D1573770

Münchener Kommentar zur Insolvenzordnung

Herausgegeben von

Hans-Peter Kirchhof

Richter am Bundesgerichtshof a.D.

Prof. Dr. Horst Eidenmüller, LL.M. (Cambr.)

Ludwigs-Maximilians-Universität München und Oxford University

Prof. Dr. Dres. h.c. Rolf Stürner

em. o. Professor an der Universität Freiburg i. Br.
Richter am Oberlandesgericht a.D.

Band 1

§§ 1–79 InsO
InsVV

Die einzelnen Bände des Münchener Kommentars zur InsO

Band 1
Einleitung
§§ 1–79
Insolvenzrechtliche
Vergütungsverordnung (InsVV)

Band 2
§§ 80–216

Band 3
§§ 217–359
und Art. 103a–110 EGInsO
Konzerninsolvenzrecht
Insolvenzsteuerrecht

Band 4
Europäische Insolvenzverordnung (EuInsVO)
Einführungsgesetz zur Insolvenzordnung (EGInsO) Art. 102, 102a
Länderberichte
Gesamtsachverzeichnis

Münchener Kommentar zur Insolvenzordnung

Band 1
§§ 1–79
Insolvenzrechtliche
Vergütungsverordnung
(InsVV)

3. Auflage

Verlag C. H. Beck München 2013

Zitiervorschlag:
MünchKommInsO-*Kirchhof* § 137 RdNr. 4

www.beck.de

ISBN 978 3 406 64341 5

© 2013 Verlag C. H. Beck oHG
Wilhelmstraße 9, 80801 München
Druck und Bindung: Druckerei C.H.Beck
(Adresse wie Verlag)
Satz: Meta Systems Publishing & Printservices GmbH,
Wustermark

Gedruckt auf säurefreiem, alterungsbeständigem Papier
(hergestellt aus chlorfrei gebleichtem Zellstoff)

Im Einzelnen haben bearbeitet:

Einleitung	Dr. Dres. h.c. Rolf Stürner
§§ 1–10	Dr. Hans Gerhard Ganter/Ilse Lohmann
§§ 11, 12	Dr. Claus Ott/Dr. Mihai Vuia
§§ 13, 14	Dr. Hermannjosef Schmahl/Dr. Mihai Vuia
§§ 15, 15a	Dr. Lars Klöhn
§ 16	Dr. Hermannjosef Schmahl/Dr. Mihai Vuia
§ 17	Dr. Guido Eilenberger
§ 18	Dr. Dr. h.c. Jochen Drukarczyk
§ 19	Dr. Dr. h.c. Jochen Drukarczyk/ Dr. Schüler
§ 20	Dr. Hermannjosef Schmahl/Dr. Mihai Vuia
§§ 21–26	Dr. Hans Haarmeyer
§ 26a	Dr. Hans Haarmeyer
§§ 27–34	Dr. Hermannjosef Schmahl/Dr. Klaus-Peter Busch
§§ 35–36	Dr. Bernd Peters
§ 37	Dr. Eva Schumann
§§ 38, 39	Dr. Ulrich Ehricke
§ 40	Dr. Eva Schumann
§§ 41–46	Dr. Georg Bitter
§§ 47–52	Dr. Hans Gerhard Ganter
§§ 53–55	Dr. Hendrik Hefermehl
§§ 56–59	Dr. Thorsten Graeber
§§ 60, 62	Helmut Brandes/Dr. Heinrich Schoppmeyer
§ 61	Dr. Heinrich Schoppmeyer
§§ 63, 65, §§ 6, 9–20 InsVV	Guido Stephan
§§ 64, 66, §§ 1–5, 7, 8 InsVV	Ernst Riedel
§§ 67–72	Dr. Klaus Schmid-Burgk
§ 73	Guido Stephan/Ernst Riedel
§§ 74–79	Dr. Ulrich Ehricke

Vorwort zur 3. Auflage

Mit der 3. Auflage des „Münchener Kommentar zur Insolvenzordnung" legen Herausgeber und Verlag ein Werk vor, das seinen Nutzern, wie schon die Vorauflagen, Orientierung und wissenschaftlich fundiertes Handlungswissen in einem dynamischen, internationalen und ökonomisch bedeutsamen Rechtsumfeld bieten will.

Seit dem Erscheinen der 2. Auflage im Jahre 2007 hat der Gesetzgeber die Insolvenzordnung wieder mehrfach geändert. Zu erwähnen sind vor allem das Gesetz zur Modernisierung des GmbH-Rechts und zur Bekämpfung von Missbräuchen (MoMiG), das Haushaltsbegleitgesetz 2011, dessen Titel die insolvenzrechtlichen Eingriffe verschleiert, und vor allem das Gesetz zur weiteren Erleichterung der Sanierung von Unternehmen (ESUG). Alle Änderungen sind in der Neuauflage dieses Kommentars verarbeitet worden. Auch die weiterhin ertragreiche Rechtsprechung, insbesondere des BGH, wurde umfassend ausgewertet. Dasselbe gilt für die zunehmend bedeutsam werdende Rechtsprechung anderer Gerichtsbarkeiten. Ferner sind vermehrt Fragen des internationalen Insolvenzrechts praktisch relevant und geklärt worden. Außerdem hat die Anzahl der Kommentare und sonstigen Veröffentlichungen zur Insolvenzordnung erheblich zugenommen.

Alle Autoren dieser Neuauflage haben sich bemüht, sämtliche Erkenntnisquellen möglichst umfassend auszuwerten. Denn der Kommentar soll sich weiterhin als zuverlässiger Führer durch die Rechtsprechung und Literatur sowie als Ratgeber in praktischen und theoretischen Zweifelsfragen bewähren. Der Umfang des Werkes ist deshalb im Interesse einer benutzerfreundlichen Gestaltung auf vier Bände angewachsen.

Als neuer Herausgeber für den auf eigenen Wunsch ausgeschiedenen Professor Dr. Hans-Jürgen Lwowski konnte Professor Dr. Horst Eidenmüller gewonnen werden. Auch eine Anzahl von Autoren hat im Vergleich zur Vorauflage gewechselt. Anstelle von ausgeschiedenen Autoren sowie zur Entlastung einiger bewährter Autoren sind neue Autoren hinzugetreten, nämlich Dr. Klaus-Peter Busch, Dr. Jörg Fried, Professor Dr. Markus Gehrlein, Dr. Michael Jaffé, Dr. Christoph Janssen, Prof. Dr. Godehard Kayser, Dr. Frank Kebekus, Professor Dr. Christoph A. Kern, Professor Dr. Lars Klöhn, Ilse Lohmann, Professor Dr. Stephan Madaus, Ernst Riedel, Dr. Thorsten Schleich, Dr. Heinrich Schoppmeyer, Frank Schwarzer sowie Professor Dr. Christoph Thole. Weiterhin ist es gelungen, einen Autorenkreis zu erhalten, dem nicht nur Hochschullehrer, sondern auch erfahrene und maßgebliche Praktiker angehören.

Auch die Ergänzung um Betriebswirte mit ihrem wirtschaftlichen Sachverstand ist ein bleibendes Merkmal dieser Kommentierung, die auf diese Weise der verstärkten ökonomischen Ausrichtung des Insolvenzrechts und der Insolvenzverwaltung gerecht zu werden versucht. Das Insolvenzsteuerrecht wird wie in der Vorauflage in Band 3 gesondert abgehandelt, wobei Querverweise den Zusammenhang mit den Kommentierungen einzelner Vorschriften herstellen sollen.

Alle Beteiligten bleiben bemüht, die einzelnen Kommentierungen nach einem grundsätzlich einheitlichen Grundmuster aufzubauen. Die Erläuterung beginnt mit einer Darstellung des Normzwecks und der Entstehungsgeschichte der einzelnen Vorschrift, die insbesondere bei neueren Änderungen für die Rechtsanwendung besonders bedeutsam ist. Rechtstatsachen werden aufbereitet, soweit ein ausreichender Kenntnisstand gegeben ist und sie das Verständnis der kommentierten Norm fördern. Die detaillierte Erläuterung des Gesetzestextes schließt sich dann jeweils an.

Rechtsprechung, Literatur und Gesetzesstand sind allgemein mindestens bis Sommer 2012 berücksichtigt worden. In den Bänden 2 bis 4 können auch noch spätere Veröffentlichungen mitverarbeitet werden.

Vorwort

Dem nunmehr erschienenen Band 1 sollen die Bände 2 bis 4 in Kürze folgen. Als Neuerung wird jedem einzelnen Band ein Sachverzeichnis angefügt. Das Sachverzeichnis für die Gesamtkommentierung folgt in Band 4.

Im März 2013　　　　　　　　　　　　　　　　　　　　　　　Herausgeber und Verlag

Inhaltsverzeichnis

§§

Band 1

Verzeichnis der Bearbeiter aller vier Bände (mit Ausnahme der Länderberichte) (S. XI)
Verzeichnis der Abkürzungen und der abgekürzt zitierten Literatur (S. XV)
Einleitung
Erster Teil. Allgemeine Vorschriften 1–10
Zweiter Teil. Eröffnung des Insolvenzverfahrens. Erfasstes Vermögen und
    Verfahrensbeteiligte 11–79
  Erster Abschnitt. Eröffnungsvoraussetzungen und Eröffnungsverfahren 11–34
  Zweiter Abschnitt. Insolvenzmasse. Einteilung der Gläubiger 35–55
  Dritter Abschnitt. Insolvenzverwalter. Organe der Gläubiger 56–79
Anhang zu § 65: Insolvenzrechtliche Vergütungsverordnung (InsVV)
Sachverzeichnis zu Band 1

Band 2

Dritter Teil. Wirkungen der Eröffnung des Insolvenzverfahrens 80–147
  Erster Abschnitt. Allgemeine Wirkungen 80–102
  Zweiter Abschnitt. Erfüllung der Rechtsgeschäfte. Mitwirkung des Betriebsrats 103–128
  Dritter Abschnitt. Insolvenzanfechtung 129–147
Vierter Teil. Verwaltung und Verwertung der Insolvenzmasse 148–173
  Erster Abschnitt. Sicherung der Insolvenzmasse 148–155
  Zweiter Abschnitt. Entscheidung über die Verwertung 156–164
  Dritter Abschnitt. Gegenstände mit Absonderungsrechten 165–173
Fünfter Teil. Befriedigung der Insolvenzgläubiger. Einstellung des Verfahrens 174–216
  Erster Abschnitt. Feststellung der Forderungen 174–186
  Zweiter Abschnitt. Verteilung 187–206
  Dritter Abschnitt. Einstellung des Verfahrens 207–216
Sachverzeichnis zu Band 2

Band 3

Sechster Teil. Insolvenzplan 217–269
  Erster Abschnitt. Aufstellung des Plans 217–234
  Zweiter Abschnitt. Annahme und Bestätigung des Plans 235–253
  Dritter Abschnitt. Wirkungen des bestätigten Plans. Überwachung der Planerfüllung 254–269
Siebter Teil. Eigenverwaltung 270–285
Achter Teil. Restschuldbefreiung 286–303
Neunter Teil. Verbraucherinsolvenzverfahren und sonstige Kleinverfahren 304–314
  Erster Abschnitt. Anwendungsbereich 304
  Zweiter Abschnitt. Schuldenbereinigungsplan 305–310
  Dritter Abschnitt. Vereinfachtes Insolvenzverfahren 311–314
Zehnter Teil. Besondere Arten des Insolvenzverfahrens 315–334

Inhaltsverzeichnis

	§§
Erster Abschnitt. Nachlassinsolvenzverfahren	315–331
Zweiter Abschnitt. Insolvenzverfahren über das Gesamtgut einer fortgesetzten Gütergemeinschaft	332
Dritter Abschnitt. Insolvenzverfahren über das gemeinschaftlich verwaltete Gesamtgut einer Gütergemeinschaft	333, 334
Elfter Teil. Internationales Insolvenzrecht	335–358
Erster Abschnitt. Allgemeine Vorschriften	335–342
Zweiter Abschnitt. Ausländisches Insolvenzverfahren	343–353
Dritter Abschnitt. Partikularverfahren über das Inlandsvermögen	354–358
Zwölfter Teil. Inkrafttreten	359 (mit Art. 103a–110 EGInsO)

Konzerninsolvenzrecht

Insolvenzsteuerrecht

Sachverzeichnis zu Band 3

Band 4

Europäische Insolvenzverordnung (EuInsVO)
   Vorbemerkungen vor Art. 1

Allgemeine Vorschriften	Art. 1–15
Anerkennung der Insolvenzverfahren	Art. 16–26
Sekundärinsolvenzverfahren	Art. 27–38
Unterrichtung der Gläubiger und Anmeldung ihrer Forderungen	Art. 39–42
Übergangs- und Schlussbestimmungen	Art. 43–47
Einführungsgesetz zur Insolvenzordnung (EGInsO)	Art. 102 §§ 1–18 Art. 102a

Länderberichte

Sachverzeichnis für die Bände 1–4

Die Bearbeiter aller vier Bände
(mit Ausnahme der Länderberichte)

Dr. Georg Bitter
o. Professor an der Universität Mannheim

Wolfgang Breuer
Rechtsanwalt und Fachanwalt
für Insolvenz- und für Steuerrecht in Köln

Dr. Klaus-Peter Busch
Richter am Amtsgericht Detmold a.D.

Dr. Georg Caspers
o. Professor an der Universität Erlangen-Nürnberg

Dr. Dr. h.c. Jochen Drukarczyk
em. o. Professor an der Universität Regensburg

Hans-Georg Eckert
Vorsitzender Richter am Oberlandesgericht Rostock a. D.

Dr. Ulrich Ehricke, LL.M., M.A.
o. Professor an der Universität Köln

Dr. Horst Eidenmüller, LL.M.
o. Professor an der Universität München und Professor an der Oxford University

Dr. Guido Eilenberger
em. o. Professor an der Universität Rostock

Dr. Jörg Fried, LL.M.
Rechtsanwalt und Solicitor (England & Wales) in Berlin

Dr. Hans Gerhard Ganter
Vorsitzender Richter am Bundesgerichtshof a.D.

Dr. Markus Gehrlein
Richter am Bundesgerichtshof
Honorarprofessor der Universität Mannheim

Dr. Thorsten Graeber
Richter am Amtsgericht Potsdam (Insolvenzgericht)

Dr. Hans Haarmeyer
em. Professor an der Hochschule Koblenz, RheinAhrCampus Remagen

Dr. Hendrik Hefermehl
Rechtsanwalt, Fachanwalt für Insovenzrecht, Notar und vereidigter Buchprüfer in Stuttgart

Udo Hintzen
Diplom-Rechtspfleger, Professor an der Hochschule für Wirtschaft und Recht Berlin

Dr. Michael Huber
Präsident des Landgerichts Passau
Honorarprofessor an der Universität Passau

Dr. Michael Jaffé
Rechtsanwalt, Fachanwalt für Steuerrecht und Insolvenzrecht

Dr. Uwe Jahn
Rechtsanwalt in Frankfurt a. M.

Dr. Christoph Janssen
Rechtsanwalt in Köln

Die Bearbeiter aller vier Bände (m. Ausnahme d. Länderberichte)

Dr. Godehard Kayser
Vorsitzender Richter am Bundesgerichtshof
Honorarprofessor an der Universität Münster

Dr. Frank Kebekus
Rechtsanwalt, Fachanwalt für Insolvenzrecht

Dr. Christoph A. Kern, LL.M.
o. Prof. an der Universität Lausanne

Hans-Peter Kirchhof
Richter am Bundesgerichtshof a.D.

Dr. Lars Klöhn, LL.M.
o. Professor an der Universität München

Dr. Gerhart Kreft
Vorsitzender Richter am Bundesgerichtshof a. D.

Ilse Lohmann
Richterin am Bundesgerichtshof

Dr. Stephan Madaus
o. Professor an der Universität Regensburg

Dr. Claus Ott
em. o. Professor an der Universität Hamburg

Dr. Bernd Peters
Rechtsanwalt in Hamburg

Dr. Stefan Reinhart
Rechtsanwalt in Frankfurt a.M.

Ernst Riedel
Diplom-Rechtspfleger

Winfried Ruh
Dipl. Betriebswirt (FH) und Steuerberater in Freiburg

Dr. Thorsten Schleich
Rechtsanwalt in Villingen-Schwenningen

Dr. Klaus Schmid-Burgk
Rechtsanwalt in Hamburg

Dr. Heinrich Schoppmeyer
Vizepräsident des Landgerichts, Offenburg

Dr. Andreas Schüler
Professor an der Universität der Bundeswehr München

Dr. Robert Schumacher, LL.M.
Notar in Aachen

Dr. Eva Schumann
o. Professorin an der Universität Göttingen

Dr. Matthias Schüppen
Rechtsanwalt, Wirtschaftsprüfer und Steuerberater in Stuttgart

Frank Schwarzer
Rechtsanwalt in Mönchengladbach

Dr. Matthias Siegmann
Rechtsanwalt beim Bundesgerichtshof, Karlsruhe

Dr. Ralf Sinz
Rechtsanwalt, Fachanwalt für Insolvenzrecht und Diplom-Kaufmann in Köln/Hannover, Professor an der RFH Köln

Guido Stephan
Richter am Amtsgericht Darmstadt a. D.

Die Bearbeiter aller vier Bände (m. Ausnahme d. Länderberichte)

Dr. Dres. h.c. Rolf Stürner
em. o. Professor an der Universität Freiburg i. Br.
Richter am Oberlandesgericht Karlsruhe a. D.

Dr. Christian Tetzlaff †
Rechtsanwalt in Dresden

Dr. Christoph Thole
Diplom-Kaufmann und o. Professor an der Universität Tübingen

Dr. Mihai Vuia
Richter am Amtsgericht Bad Segeberg

Verzeichnis der Abkürzungen und der abgekürzt zitierten Literatur

Zeitschriften werden, soweit nicht anders angegeben, nach Jahrgang und Seite zitiert.

1. EheRG	Erstes Gesetz zur Reform des Ehe- und Familienrechts idF v. 3.4.2009 (BGBl. I S. 700)
1. KommBer.	Bundesministerium der Justiz, Erster Bericht der Kommission für Insolvenzrecht, 1985
2. KommBer.	Bundesministerium der Justiz, Zweiter Bericht der Kommission für Insolvenzrecht, 1986
aA	anderer Ansicht
aaO	am angegebenen Ort
AAÜG	Gesetz zur Überführung der Ansprüche und Anwartschaften aus Zusatz- und Sonderversorgungssystemen des Beitrittsgebiets (Anspruchs- und Anwartschaftsüberführungsgesetz – AAÜG) idF v. 19.12.2007 (BGBl. I S. 3024)
Abg.	Abgeordneter
Abh.	Abhandlung(en)
Abk.	Abkommen
ABl.	Amtsblatt
abl.	ablehnend
ABl. EG	Amtsblatt der Europäischen Gemeinschaften
Abs.	Absatz
Abschn.	Abschnitt
Abt.	Abteilung
abw.	abweichend
AcP	Archiv für die civilistische Praxis (Zeitschrift; zitiert nach Band und Seite; in Klammer Erscheinungsjahr des jeweiligen Bandes)
ADSp.	Allgemeine Deutsche Spediteurbedingungen
aE	am Ende
aF	alte(r) Fassung
AFG	Arbeitsförderungsgesetz idF v. 24.3.1997 (BGBl. I S. 594)
AfP	Archiv für Presserecht (Zeitschrift)
AG	Aktiengesellschaft; Die Aktiengesellschaft (Zeitschrift); Amtsgericht (mit Ortsnamen)
AGB	Allgemeine Geschäftsbedingungen
AGBG	Gesetz zur Regelung des Rechts der Allgemeinen Geschäftsbedingungen idF v. 26.11.2001 (BGBl. I S. 3138)
AGBSpK	Allgemeine Geschäftsbedingungen der Sparkassen
AGG	Allgemeines Gleichbehandlungsgesetz idF v. 5.2.2009 (BGBl. I S. 160, ber. S. 462)
AgrarR	Agrarrecht, Zeitschrift für das gesamte Recht der Landwirtschaft, der Agrarmärkte und des ländlichen Raumes
AgV	Arbeitsgemeinschaft für Verbraucher
AHB	Allgemeine Versicherungsbedingungen für die Haftpflichtversicherung
Ahrens/Gehrlein/Ringstmeier, InsO	Ahrens/Gehrlein/Ringstmeier, Fachanwaltskommentar Insolvenzrecht, 2012
AiB	Arbeitsrecht im Betrieb (Zeitschrift)
AIZ	Allgemeine Immobilien-Zeitung
AKB	Allgemeine Bedingungen für die Kraftfahrversicherung idF v. 26.7.1988 (BAnz. S. 3658)
AK-BGB-Bearbeiter	Alternativkommentar zum Bürgerlichen Gesetzbuch, hrsg. v. Wassermann, 1979 ff.

Abkürzungsverzeichnis

AK-ZPO-*Bearbeiter*	Ankermann/Wassermann (Hrsg.), Alternativkommentar zur Zivilprozeßordnung, 1987
AktG	Aktiengesetz idF v. 22.12.2011 (BGBl. I S. 3044)
allg.	allgemein
allgM	allgemeine Meinung
ALR	Allgemeines Landrecht für die Preußischen Staaten von 1794 (zitiert nach §, Teil und Titel)
Alt.	Alternative
AltersteilzeitG	Altersteilzeitgesetz idF v. 12.4.2012 (BGBl. I S. 579)
aM	anderer Meinung
Amtl. Begr.	Amtliche Begründung
ANBA	Amtliche Nachrichten der Bundesanstalt für Arbeit
ÄndG	Gesetz zur Änderung
Andres/Leithaus	Andres/Leithaus/Dahl, Insolvenzordnung, Kommentar, 2. Auflage 2011
AnfG	Gesetz, betr. die Anfechtung von Rechtshandlungen eines Schuldners außerhalb des Konkursverfahrens idF v. 20.5.1898 (RGBl. S. 369)
AngKSchG	Gesetz über die Fristen für die Kündigung von Angestellten v. 9.7.1926 (RGBl. I S. 399)
Anh.	Anhang
Anm.	Anmerkung
AnwBl.	Anwaltsblatt (Zeitschrift)
AO	Abgabenordnung (AO) idF v. 21.7.2012 (BGBl. I S. 1566)
AöR	Archiv des öffentlichen Rechts (Zeitschrift, zitiert nach Band und Seite)
AP	Arbeitsrechtliche Praxis, Nachschlagewerk des Bundesarbeitsgerichts (Nr. ohne Gesetzesstelle bezieht sich auf den gerade kommentierten Paragraphen)
AppG	Appellationsgericht
APS-*Bearbeiter*	Ascheid/Preis/Schmidt, Kündigungsrecht, 4. Aufl. 2012
ARB	Allgemeine Reisebedingungen, AGB-Empfehlungen des Deutschen Reisebüro-Verband e. V.
ArbG	Arbeitsgericht (mit Ortsnamen)
ArbGeb.	Der Arbeitgeber (Zeitschrift)
ArbGG	Arbeitsgerichtsgesetz idF v. 21.7.2012 (BGBl. I S. 1577)
AR-Blattei	Arbeitsrecht-Blattei, Handbuch für die Praxis, begr. v. Sitzler, hrsg. v. Oehmann u. Dieterich
ArbnErfG	Gesetz über Arbeitnehmererfindungen idF v. 31.7.2009 (BGBl. I S. 2521)
ArbPlSchG	Arbeitsplatzschutzgesetz idF v. 22.4.2005 (BGBl. I S. 1106)
ArbRGeg.	Das Arbeitsrecht der Gegenwart (Zeitschrift)
ArbuR	Arbeit und Recht, Zeitschrift für die Arbeitsrechtspraxis
Arch.	Archiv
ArchBürgR	Archiv für Bürgerliches Recht (Zeitschrift; 1. 1888–43. 1919)
arg.	argumentum
Arnold/Meyer-Stolte	Arnold/Meyer-Stolte/Herrmann/Rellermeyer/Hintzen, RPflG, 7. Auflage 2009
ARSt.	Arbeitsrecht in Stichworten (Entscheidungssammlung)
Art.	Artikel
ASp.	Arbeit und Sozialpolitik (Zeitschrift)
AT	Allgemeiner Teil
AtG	Atomgesetz idF v. 24.2.2012 (BGBl. I S. 212)
AtW	Die Atomwirtschaft, Zeitschrift für die wirtschaftlichen Fragen der Kernumwandlung
AuA	Arbeit und Arbeitsrecht (Zeitschrift)
AUB	Allgemeine Unfallversicherungs-Bedingungen
Aufl.	Auflage
AÜG	Arbeitnehmerüberlassungsgesetz idF v. 20.12.2011 (BGBl. I S. 2854)
AusfG	Ausführungsgesetz
AusfVO	Ausführungsverordnung
AuslInvestmG	Auslandinvestment-Gesetz idF v. 15.12.2003 (BGBl. I S. 2676)

Abkürzungsverzeichnis

AVB	Allgemeine Versicherungsbedingungen; Allgemeine Vertragsbestimmungen
AVO	Ausführungsverordnung
AVV	Allgemeine Verwaltungsvorschrift
AWD	Außenwirtschaftsdienst des Betriebsberaters (Zeitschrift, 4. 1958–20. 1974; vorher und anschließend RIW)
AWG	Außenwirtschaftsgesetz idF v. 15.12.2011 (BAnz. S. 4653)
AWV	Außenwirtschaftsverordnung
Az.	Aktenzeichen
B	Bundes-
BA	Bundesagentur für Arbeit
BABl.	Bundesarbeitsblatt (Zeitschrift)
Bad.-Württ.	Baden-Württemberg
bad.-württ.	baden-württembergisch
BAföG	Bundesausbildungsförderungsgesetz idF v. 7.2.2012 (BGBl. I S. 197)
BAG	Bundesarbeitsgericht
BAGE	Entscheidungen des Bundesarbeitsgerichts
BAKred.	Bundesaufsichtsamt für das Kreditwesen zum 1.5.2002 ging diese Behörde in der BaFin auf
BaFin	Bundesanstalt für Finanzdienstleistungen, gegründet am 1. Mai 2002 auf der Grundlage des Gesetzes über die integrierte Finanzdienstleistungsaufsicht (FinDAG) vom 22.4.2002
Balz/Landfermann	Balz/Landfermann, Die neuen Insolvenzgesetze, 1999
BankA	Bank-Archiv (Zeitschrift, 1. 1901–43. 1943; aufgegangen in Bankwirtschaft [1943–1945])
bank und markt	bank und markt (Zeitschrift)
BAnz.	Bundesanzeiger
BarwÄndV	Verordnung zur Änderung der BarwertV v. 22.5.1984 (BGBl. I S. 692)
BarwertV	Barwert-Verordnung idF v. 3.4.2009 (BGBl. I S. 700)
Bassenge/Roth, FGG (bzw. RPflG)	Bassenge/Herbst, Kommentar zum FGG/RPflG, 12. Aufl. 2009
BAT	Bundes-Angestellten-Tarifvertrag
Bauer/v. Oefele/ *Bearbeiter*	Bauer/v. Oefele, Grundbuchordnung, Kommentar, 3. Auflage 2013
BauGB	Baugesetzbuch idF v. 22.7.2011 (BGBl. I S. 1509)
Baumbach/Lauterbach/ *Bearbeiter*	Baumbach/Lauterbach/Albers/Hartmann, Zivilprozeßordnung, 71. Auflage 2013
Baumbach/Hopt	Baumbach/Hopt, Handelsgesetzbuch, Kommentar, 35. Aufl. 2012
Baumbach/Hefermehl	Baumbach/Hefermehl/Casper, Wechselgesetz, Scheckgesetz, Recht der kartengestützten Zahlungen, Kommentar, 23. Auflage 2008
Baumbach/Hefermehl, Wettbewerbsrecht	Baumbach/Hefermehl, Wettbewerbsrecht, 22. Aufl. 2001
Baumbach/Hopt/ *Bearbeiter*	Baumbach/Hopt, Handelsgesetzbuch, Kommentar, 35. Aufl. 2012
Baumbach/Hueck, AktG	Baumbach/Hueck, Aktiengesetz, 13. Aufl. 1968 (ergänzt 1970)
Baumbach/Hueck, GmbHG	Baumbach/Hueck, GmbHG, Kommentar, 20. Auflage 2013
Baumgärtel	Baumgärtel, Handbuch der Beweislast im Privatrecht, Kommentar, 1982 ff.
BauNVO	Baunutzungsverordnung idF v. 22.4.1993 (BGBl. I S. 466)
Baur/Stürner, SachenR	Baur/Stürner, Lehrbuch des Sachenrechts, 18. Aufl. 2009 (bzw. 17. Aufl. 1999)

Abkürzungsverzeichnis

Baur/Stürner, Zwangsvollstreckung (bzw. I)	Baur/Stürner, Zwangsvollstreckungs-, Konkurs- und Vergleichsrecht, Bd. I, Einzelzwangsvollstreckungsrecht, 13. Aufl., 2006
Baur/Stürner, Insolvenzrecht (bzw. II)	Baur/Stürner, Zwangsvollstreckungs-, Konkurs- und Vergleichsrecht, Bd. II, Insolvenzrecht, 12. Aufl., 1990
BauR	Baurecht (Zeitschrift 1. 1970 ff.)
BauSpkG	Gesetz über Bausparkassen idF v. 29.7.2008 (BGBl. I S. 1509)
BauSpkVO	Verordnung zum Schutz der Gläubiger von Bausparkassen v. 16.1.1973 (BGBl. I S. 41) (außer Kraft am 31.12.1990)
Bay., bay.	Bayern, bayerisch
BayAGBGB	Bayerisches Ausführungsgesetz zum BGB
BayBS	Bereinigte Sammlung des bayerischen Landesrechts
BayJMBl.	Bayerisches Justizministerialblatt
BayObLG	Bayerisches Oberstes Landesgericht, aufgelöst zum 30.6.2006
BayObLGZ	Amtliche Sammlung von Entscheidungen des Bayerischen Obersten Landesgerichts in Zivilsachen
BayObLGSt.	Amtliche Sammlung von Entscheidungen des Bayerischen Obersten Landesgerichts in Strafsachen
BayVBl.	Bayerische Verwaltungsblätter (Zeitschrift)
BayVerfG	Bayerischer Verfassungsgerichtshof
BayVerfGE	Sammlung von Entscheidungen des Bayerischen Verfassungsgerichtshofes
BayZ	Zeitschrift für Rechtspflege in Bayern
BB	Betriebs-Berater (Zeitschrift)
BBankG	Gesetz über die Deutsche Bundesbank idF v. 22.12.2011 (BGBl. I S. 2959)
BBauBl.	Bundesbaublatt (Zeitschrift)
BBiG	Berufsbildungsgesetz idF v. 20.12.2011 (BGBl. I S. 2854)
Bd. (Bde.)	Band (Bände)
BC	Bankruptcy Code
BDA	Bundesvereinigung der Deutschen Arbeitgeberverbände
BDSG	Bundesdatenschutzgesetz v. 14.8.2009 (BGBl. I S. 2814)
Bearb., bearb.	Bearbeitung/*Bearbeiter*; bearbeitet
Becker, Insolvenzrecht	Becker, Insolvenzrecht, 3. Auflage 2010
Beck FormB/*Bearbeiter*	Beck'sches Formularbuch zum Bürgerlichen, Handels- und Wirtschaftsrecht, 11. Auflage 2013
BeckHdb-GmbH	Welf Müller/Burkhard Hense (Hrsg.), Beck'sches Handbuch der GmbH. Gesellschaftrecht. Steuerrecht. 4. Aufl. 2009
BEG	Bundesentschädigungsgesetz idF v. 5.2.2009 (BGBl. I S. 160, ber. S. 462)
Begr.	Begründung
Begr. RegE	Begründung zum Regierungsentwurf einer InsO, 1992, BT-Drucks. 12/2443
Begr. RegE EGInsO	Begründung zum Regierungsentwurf eines EGInsO, 1992, BT-Drucks. 12/3803
Beih.	Beiheft
Beil.	Beilage
Bek.	Bekanntmachung
Bem.	Bemerkung
ber.	berichtigt
Bericht BTag	Bericht des Rechtsausschusses des Bundestags zum Regierungsentwurf einer InsO, 1994, BT-Drucks. 12/7302
Bericht BTag EG	Bericht des Rechtsausschusses des Bundestags zum Regierungsentwurf eines EGInsO, 1994, BT-Drucks. 12/7303
BErzGG	Bundeserziehungsgeldgesetz idF v. 13 10.7.2012 (BGBl. I S. 1898)
bes.	besonders

Abkürzungsverzeichnis

BeschFG	Gesetz über arbeitsrechtliche Vorschriften zur Beschäftigungsförderung v. 26.4.1985 (BGBl. I S. 710)
bespr.	besprochen
bestr.	bestritten
betr.	betreffend; betreffs
BetrAV	Betriebliche Altersversorgung, Mitteilungsblatt der Arbeitsgemeinschaft für betriebliche Altersversorgung
BetrAVG	Betriebsrentengesetz idF v. 21.12.2008 (BGBl. I S. 2940)
BetrR	Der Betriebsrat (Zeitschrift)
BetrVG	Betriebsverfassungsgesetz idF v. 29.7.2009 (BGBl. I S. 2424)
BeurkG	Beurkundungsgesetz idF v. 22.12.2010 (BGBl. I S. 2255)
Beuthin	Beuthin, Genossenschaftsgesetz, 14. Aufl. 2004
BewG	Bewertungsgesetz idF v. 12.4.2012 (BGBl. I S. 579)
bez.	bezüglich
BezG	Bezirksgericht
BfA	Bundesversicherungsanstalt für Angestellte
BfAI	Bundesstelle für Außenhandelsinformation
BFH	Bundesfinanzhof
BFHE	Sammlung der Entscheidungen und Gutachten des Bundesfinanzhofs
BFM	Bundesfinanzministerium
BFuP	Betriebswirtschaftliche Forschung und Praxis (Zeitschrift)
BGB	Bürgerliches Gesetzbuch idF v. 19.10.2012 (BGBl. I S. 2182)
BGBl.	Bundesgesetzblatt
BGH	Bundesgerichtshof
BGHSt.	Entscheidungen des Bundesgerichtshofs in Strafsachen
BGHWarn.	Rechtsprechung des Bundesgerichtshofs in Zivilsachen – in der Amtlichen Sammlung nicht enthaltene Entscheidungen (als Fortsetzung von WarnR)
BGHZ	Entscheidungen des Bundesgerichtshofs in Zivilsachen
BImSchG	Bundes-Immissionsschutzgesetz idF v. 27.6.2012 (BGBl. I S. 1421)
BKartA	Bundeskartellamt
BKGG	Bundeskindergeldgesetz idF v. 7.12.2011 (BGBl. I S. 2592)
BKleinG	Bundeskleingartengesetz idF v. 19.9.2006 (BGBl. I S. 2146)
Bl.	Blatt
BerlKomm-*Bearbeiter*	Blersch/Goetsch/Haas (Hrsg.), Berliner Kommentar zum Insolvenzrecht, Loseblatt, Stand: Dezember 2011
Berliner Kommentar Insolvenzrecht	
Bley/Mohrbutter, VerglO	Bley/Mohrbutter, Kommentar zur Vergleichsordnung, 4. Aufl. 1979/1981
BLG	Bundesleistungsgesetz idF v. 11.8.2009 (BGBl. I S. 2723)
BlGBW	Blätter für Grundstücks-, Bau- und Wohnungsrecht
BlGenW	Blätter für Genossenschaftswesen
Bln.	Berlin(er)
BlPMZ	Blatt für Patent-, Muster- und Zeichenwesen
BlStSozArbR	Blätter für Steuerrecht, Sozialversicherung und Arbeitsrecht
BMA	Bundesminister(ium) für Arbeit und Sozialordnung
BMBau	Bundesminister(ium) für Raumordnung, Bauwesen und Städtebau
BMI	Bundesminister(ium) des Innern
BMJ	Bundesminister(ium) der Justiz
BNotO	Bundesnotarordnung idF v. 6.12.2011 (BGBl. I S. 2515)
Böhle-Stamschräder/Kilger	Böhle-Stamschräder/Kilger, Vergleichsordnung. Kommentar. 11. Aufl. 1986
BöhmsZ	Zeitschrift für internationales Privat- und Strafrecht (ab 12. 1903: für internationales Privat- und Öffentliches Recht), begr. v. Böhm (ab 1915: NiemeyersZ)
BonnKomm-*Bearbeiter*	Kommentar zum Bonner Grundgesetz, Loseblatt Stand 2005

Abkürzungsverzeichnis

Bork	Reinhard Bork, Einführung in das neue Insolvenzrecht, 6. Aufl. 2012
BörsG	Börsengesetz idF v. 6.11.2012 (BGBl. I S. 2286)
BPatA	Bundespatentamt
BPatG	Bundespatentgericht
BPersVG	Bundespersonalvertretungsgesetz idF v. 5.2.2009 (BGBl. I S. 160, ber. S. 462)
BRAGO	Bundesgebührenordnung für Rechtsanwälte idF v. 5.5.2004 (BGBl. I S. 718)
Brandes	Brandes, Höchstrichterliche Rechtsprechung zum Insolvenzrecht, 3. Aufl. 1997
BRAO	Bundesrechtsanwaltsordnung idF v. 6.12.2011 (BGBl. I S. 2515)
BRat	Bundesrat
Braun	Braun (Hrsg.), Insolvenzordnung Kommentar, 5. Auflage 2012
Braun/ Uhlenbruck	Eberhard Braun/Wilhelm Uhlenbruck, Unternehmensinsolvenz. Grundlagen, Gestaltungsmöglichkeiten, Sanierung mit der Insolvenzordnung, 1997
BR-Drucks.	Drucksache des Deutschen Bundesrates
BReg.	Bundesregierung
Brei/Bultmann	Brei/Bultmann, Insolvenzrecht-Handbuch, 2008
Breithaupt	Breithaupt, Sammlung von Entscheidungen aus dem Sozialrecht
Brem.; brem.	Bremen; bremisch
BRepD	Bundesrepublik Deutschland
Breuer, Insolvenzrecht	Wolfgang Breuer, Insolvenzrecht, 3. Aufl. 2011
Breuer, Insolvenzrechts-Formularbuch	Wolfgang Breuer, Insolvenzrechts-Formularbuch mit Erläuterungen, 3. Aufl. 2007
Brox/Walker	Brox/Walker, Zwangsvollstreckungsrecht, 9. Aufl. 2011
BR-Prot.	Protokoll des Deutschen Bundesrates
BinSchG	Binnenschiffahrtsgesetz idF v. 31.7.2009 (BGBl. I S. 2585)
BSG	Bundessozialgericht
BSGE	Entscheidungen des Bundessozialgerichts
BSHG	Bundessozialhilfegesetz idF v. 21.3.2005 (BGBl. I S. 818)
BSpkG	Gesetz über Bausparkassen idF v. 29.7.2008 (BGBl. I S. 1509)
BStBl.	Bundessteuerblatt
BT	Besonderer Teil
BTag	Bundestag
BT-Drucks.	Drucksache des Deutschen Bundestages
BT-Prot.	Protokoll des Deutschen Bundestages
BuB	Bankrecht und Bankpraxis, Loseblattwerk, 1979 ff, 6 Bände (Stand: 99.Lieferung 09/12)
Bub/Treier/Bearbeiter	Bub/Treier, Handbuch der Geschäfts- und Wohnraummiete, 4. Aufl. 2013
Buchst.	Buchstabe
Bülow	PeterBülow, Recht der Kreditsicherheiten, 8. Aufl. 2012
Bülow WechselG (ScheckG)	Bülow, Kommentar zum Wechsel- und Scheckgesetz, 4. Aufl. 2004
Bumiller/Harders	Bumiller/Harders, Freiwillige Gerichtsbarkeit, 10. Aufl. 2011
Bunte	Bunte, Entscheidungssammlung zum AGB-Gesetz
Bunte Hdb.	Bunte, Handbuch der Allgemeinen Geschäftsbedingungen, 1982
BUrlG	Mindesturlaubsgesetz für Arbeitnehmer (Bundesurlaubsgesetz) v. 8.1.1963 (BGBl. I S. 2)
Buth/Hermanns (/Bearbeiter)	Buth/Hermanns, Restrukturierung, Sanierung, Insolvenz, 3. Aufl. 2009
Büro	Das Büro (Zeitschrift)
II. BV	Verordnung über wohnungswirtschaftliche Berechnungen (Zweite Berechnungsverordnung) idF v. 23.11.2007 (BGBl. I S. 2614)
BVerfG	Bundesverfassungsgericht
BVerfGE	Entscheidungen des Bundesverfassungsgerichts
BVerfGG	Bundesverfassungsgerichtsgesetz idF v. 12.7.2012 (BGBl. I S. 1501)

Abkürzungsverzeichnis

BVerwG	Bundesverwaltungsgericht
BVerwGE	Entscheidungen des Bundesverwaltungsgerichts
BVFG	Bundesvertriebenengesetz idF v. 23.10.2012 (BGBl. I S. 2246)
BVG	Bundesversorgungsgesetz idF v. 21.6.2012 (BGBl. I S. 1391)
BZRG	Bundeszentralregistergesetz idF v. 15.12.2011 (BGBl. I S. 2714)
bzw.	beziehungsweise
ca.	circa
Canaris	Canaris, Handelsrecht, 24. Aufl. 2006 (bzw. Capelle/Canaris, 22. Aufl. 1995)
Canaris, Bankvertragsrecht	Canaris, Bankvertragsrecht, 1. Teil 3. Aufl. 1988, 2. Teil 3. Auflage 1991
Canaris, Vertrauenshaftung	Canaris, Die Vertrauenshaftung im deutschen Privatrecht, 1971
c.i.c.	culpa in contrahendo
c.i.f.	cost, insurance, freight
Clemente	Clemente, Recht der Sicherungsgrundschuld, 3. Aufl. 1999
Cod.	Codex
Cosack/Mitteis	Cosack/Mitteis, Lehrbuch des Bürgerlichen Rechts, 8. Aufl. 1927
CR	Computer und Recht (Zeitschrift)
DAVorm	Der Amtsvormund, Rundbrief des Deutschen Instituts für Vormundschaftswesen
DB	Der Betrieb (Zeitschrift)
DBW	Die Betriebswirtschaft (Zeitschrift)
DE	BMJ (Hrsg.), Diskussionsentwurf, Gesetz zur Reform des Insolvenzrechts, Entwurf einer Insolvenzordnung (EInsO), 1988
Demharter	Demharter, Grundbuchordnung, Kurz-Kommentar, 28. Aufl. 2012
DepotG	Depotgesetz idF v. 31.7.2009 (BGBl. I S. 2512)
ders.	derselbe
DFG	Deutsche Freiwillige Gerichtsbarkeit (Zeitschrift, 1. 1936–9. 1944)
DFL-*Bearbeiter*	Dornbusch/Fischermeier/Löwisch, Fachanwalts-Kommentar, 5. Aufl. 2013
DGB	Deutscher Gewerkschaftsbund
dgl.	desgleichen; dergleichen
DGVZ	Deutsche Gerichtsvollzieher-Zeitung
DGWR	Deutsches Gemein- und Wirtschaftsrecht (Zeitschrift, 1. 1935–7. 1942)
d. h.	das heißt
Die Bank	Die Bank (Zeitschrift)
dies.	dieselbe(n)
Dig.	Digesten
DiskE-ESUG	BMJ, Diskussionsentwurf, Gesetz zur weiteren Erleichterung der Sanierung von Unternehmen, 2010
Diss.	Dissertation (Universitätsort)
Dittmann/Reimann/Bengel	Dittmann/Reimann/Bengel, Testament und Erbvertrag, 2. Aufl. 1986
DJ	Deutsche Justiz (Zeitschrift)
DJT	Deutscher Juristentag
DJZ	Deutsche Juristenzeitung (Zeitschrift)
DNotZ	Deutsche Notar-Zeitung (Zeitschrift)
Dok.	Dokument
DÖV	Die öffentliche Verwaltung (Zeitschrift)
DR	Deutsches Recht (Zeitschrift)
DRdA	Das Recht der Arbeit (österreichische Zeitschrift)
DRiG	Deutsches Richtergesetz idF v. 6.12.2011 (BGBl. I S. 2515)
DRiZ	Deutsche Richterzeitung (Zeitschrift)
DRspr.	Deutsche Rechtsprechung, Entscheidungssammlung und Aufsatzhinweise
DRZ	Deutsche Rechts-Zeitschrift
DSb.	Der Sozialberater (Zeitschrift)
DStR	Deutsches Steuerrecht (Zeitschrift)
DStZ/A	Deutsche Steuerzeitung Ausgabe A

Abkürzungsverzeichnis

Dt.; dt.	deutsch
DtZ	Deutsch-Deutsche Rechts-Zeitschrift
DuR	Demokratie und Recht (Zeitschrift)
DVBl.	Deutsches Verwaltungsblatt
DVerkStRdsch.	Deutsche Verkehrsteuer-Rundschau
DVO	Durchführungsverordnung
DWW	Deutsche Wohnungswirtschaft (herausgegeben vom Zentralverband der deutschen Haus-, Wohnungs- und Grundeigentümer; Zeitschrift)
DZWir	Deutsche Zeitschrift für Wirtschaftrecht (Zeitschrift, ab 1999: DZWIR)
DZWIR	Deutsche Zeitschrift für Wirtschafts- und Insolvenzrecht (ab 1999; vorher: DZWir)
E	Entwurf, Entscheidung (in der amtlichen Sammlung)
Ebenroth/Boujong/Joost/Strohn/*Bearbeiter*	Ebenroth/Boujong/Joost/Strohn, Handelsgesetzbuch, Kommentar, 2009
ebd.	ebenda
ECHR	ECHR Reports of Judgements and Decisions (amtliche Entscheidungssammlung des Europäischen Gerichtshofs für Menschenrechte)
ECU	European Currency Unit
EFG	Entscheidungen der Finanzgerichte
EFZG	Entgeltfortzahlungsgesetz idF v. 21.7.2012 (BGBl. I S. 1601)
EG	Einführungsgesetz; Europäische Gemeinschaft(en)
EGBGB	Einführungsgesetz zum Bürgerlichen Gesetzbuch idF v. 12.9.2011 (BGBl. I S. 1942)
EGInsO	Einführungsgesetz zur Insolvenzordnung idF v. 22.12.2011 (BGBl. I S. 3044)
EGKS	Europäische Gemeinschaft für Kohle und Stahl
EGKO	Gesetz, betreffend die Einführung der Konkursordnung vom 10.2.1877 (RGBl. S. 390)
EheG	Ehegesetz v. 26.2.1946 (= KRG Nr. 16; ABlKR S. 77)
EignungsübungsG	Eignungsübungsgesetz idF v. 5.2.2009 (BGBl. I S. 160, ber. S. 462)
Einf.	Einführung
Einl.	Einleitung
EInsO	siehe DE
Eisenhardt/Wackerbarth, Gesellschaftsrecht	Eisenhardt/Wackerbarth, Gesellschaftsrecht, 15. Aufl. 2011
EKMR	Europäische Kommission für Menschenrechte
Emmerich/Sonnenschein	Emmerich/Sonnenschein, Miete Handkommentar, 8. Aufl. 2003
Entsch.	Entscheidung
entspr.	entsprechend
ErbbauVO	Verordnung über das Erbbaurecht idF v. 26.3.2007 (BGBl. I S. 370)
ErbStG	Erbschaftsteuer- und Schenkungsteuergesetz idF v. 15.3.2012 (BGBl. II S. 178)
ErfKomm-*Bearbeiter*	Erfurter Kommentar zum Arbeitsrecht, 13. Aufl. 2013
Erg.	Ergänzung
Erl.	Erlass; Erläuterung
Erman/*Bearbeiter*	Erman, Handkommentar zum Bürgerlichen Gesetzbuch, Band I und II, 13. Aufl. 2011
Esser/Weyers, BT/1	Esser/Weyers, Schuldrecht, Band II: Besonderer Teil, Teilband 1, 8. Aufl. 1998
EStG	Einkommensteuergesetz
etc.	et cetera
EuG	Europäisches Gericht Erster Instanz
EuGH	Gerichtshof der Europäischen Gemeinschaften

Abkürzungsverzeichnis

EuGHE	Entscheidungen des Gerichtshofes der Europäischen Gemeinschaften
EuGHMR	Europäischer Gerichtshof für Menschenrechte
EuGVÜ	Europäisches Übereinkommen über die gerichtliche Zuständigkeit und die Vollstreckung gerichtlicher Entscheidungen in Zivil- und Handelssachen v. 27.9.1968 (BGBl. 1972 II S. 773; 1986 II S. 1020)
EHUG	Gesetz über elektronische Handelsregister und Genossenschaftsregister sowie das Unternehmensregister (EHUG) vom 10.11.2006 (BGBl. I S. 2553)
EuInsVO	Verordnung (EG) Nr. 1346/2000 über Insolvenzverfahren vom 29.5.2000 (ABl. L 160 vom 30.6.2000, S. 1 = NZI 2000, 407) zul. geänd. durch VO v. 9.6.2011 (ABl. Nr. L 160 S. 52)
EuR	Europarecht (Zeitschrift)
EuZW	Europäische Zeitschrift für Wirtschaftsrecht
EV	Eigentumsvorbehalt
e. V.	eingetragener Verein
EVertr.	Einigungsvertrag v. 31.8.1990 (BGBl. II S. 889)
evtl.	eventuell
EVÜ	(Europäisches) Übereinkommen über das auf vertragliche Schuldverhältnisse anzuwendende Recht v. 19.6.1980 (BGBl. 1986 II S. 809; 1991 II S. 871)
EWG	Europäische Wirtschaftsgemeinschaft
EWGV	Vertrag zur Gründung der Europäischen Wirtschaftsgemeinschaft v. 25.3.1957 (BGBl. II S. 766)
EWiR	Entscheidungen zum Wirtschaftsrecht (Zeitschrift)
EWIV	Europäische wirtschaftliche Interessenvereinigung
EWIV-AG	EWIV-Ausführungsgesetz idF v. 23.10.2008 (BGBl. I S. 2026)
EWIV-VO	Verordnung (EWG) Nr. 2137/85 des Rates der EG über die Schaffung der Europäischen wirtschaftlichen Interessenvereinigung v. 25.7.1985 (ABl. EG Nr. L 199, S. 1)
EWS	Europäisches Währungssystem
EzA	Entscheidungen zum Arbeitsrecht, hrsg. von Stahlhacke (Nr. ohne Gesetzesstelle bezieht sich auf den gerade kommentierten Paragraphen)
f., ff.	folgend(e)
FamRZ	Zeitschrift für das gesamte Familienrecht
Ferid/Firsching	Ferid/Firsching, Internationales Erbrecht, 7 Bde, 1955 ff. (Loseblattausgabe) 4. Aufl. 1997
Ferid/Firsching/ Dörner/ Hausmann	Ferid/Firsching/Dörner/Hausmann, seit 1999, Internationales Erbrecht, 9 Bde (Loseblattausgabe), 86. Aufl. 2012
FernUSG	Gesetz zum Schutz der Teilnehmer am Fernunterricht (Fernunterrichtsschutzgesetz) v. 24.8.1976 (BGBl. I S. 2525)
FGG	Gesetz über die Angelegenheit der freiwilligen Gerichtsbarkeit v. 17.5.1898 (RGBl. I S. 189) idF v. 12.3.2009 (BGBl. I S. 470)
FGO	Finanzgerichtsordnung v. 6.10.1965 (BGBl. I S. 1477) idF v. 21.7.2012 (BGBl. I S. 1577)
FGPrax	Praxis der Freiwilligen Gerichtsbarkeit (Zeitschrift)
Fikentscher, Heinemann	Fikentscher, Heinemann, Schuldrecht, 10. Aufl. 2006
FinDAG	Gesetz über die Bundesanstalt für Finanzdienstleistungsaufsicht idF v. 28.11.2012 (BGBl. I S. 2369)
FinG	Finanzgericht
Firsching/Graf	Firsching/Graf, Nachlaßrecht, 8. Aufl. 1999
Firsching/ v. Hoffmann	Firsching/v. Hoffmann, Internationales Privatrecht, 6. Aufl. 1999
Fischer, StGB	Thomas Fischer, Strafgesetzbuch, 60. Aufl. 2013
Fitting/Engels/ Schmidt/ Trebinger/ Linsenmaier	Betriebsverfassungsgesetz, Handkommentar, 26. Aufl. 2012
FK-*Bearbeiter*	Wimmer (Hrsg.) Frankfurter Kommentar zur Insolvenzordnung, 7. Aufl. 2013

Abkürzungsverzeichnis

FLF	Finanzierung-Leasing-Factoring (Zeitschrift)
Flume	Flume, Allgemeiner Teil des Bürgerlichen Rechts, 1. Bd., 1. Teil: Die Personengesellschaft, 1977, 1. Bd. 2. Teil: Die juristische Person, 1983, 2. Bd.: Das Rechtsgeschäft, 4. Aufl. 1992
Flume, Eigenschaftsirrtum .	Flume, Eigenschaftsirrtum und Kauf, 1948
FlurbG	Flurbereinigungsgesetz idF v. 19.12.2008 (BGBl. I S. 2794)
Fn.	Fußnote
FNA	Fundstellennachweis A, Beilage zum Bundesgesetzblatt Teil I
FNB	Fundstellennachweis B, Beilage zum Bundesgesetzblatt Teil II
FN-IDW	Fachnachrichten des Instituts der Wirtschaftsprüfer
Foerste	Foerste, Insolvenzrecht-Handbuch, 5. Aufl. 2010
FR	Finanz-Rundschau (Zeitschrift)
Frankfurter Kommentar	Wimmer, Frankfurter Kommentar zur InsO (FK), 7. Aufl. 2013
Frege/Keller/Riedel	Handbuch der Rechtspraxis Insolvenzrecht, 8. Aufl. 2002
FRG	Fremdrentengesetz idF v. 12.4.2012 (BGBl. I S. 579)
GA	Goltdammer's Archiv für Strafrecht (1953 ff.; vorher: Dt. Strafrecht)
Gaberdiel, Gamm	Gaberdiel, Gamm, Kreditsicherung durch Grundschulden, 7. Aufl. 2004
GAL	Gesetz über die Alterssicherung für Landwirte idF v. 20.4.2007 (BGBl. I S. 554)
GBl.	Gesetzblatt
GBl. DDR ...	Gesetzblatt Deutsche Demokratische Republik
GBO	Grundbuchordnung idF v. 15.12.2011 (BGBl. I S. 2714)
GbR	Gesellschaft bürgerlichen Rechts
GBMaßnG ...	Gesetz über Maßnahmen auf dem Gebiet des Grundbuchwesens idF v. 11.8.2009 (BGBl. I S. 2713)
GBVfg.	Allgemeine Verfügung über die Einrichtung und Führung des Grundbuchs (Grundbuchverfügung) v. 8.8.1935 (RMBl. S. 637)
GDO	Grundstücksdokumentationsordnung vom 6.11.1975 (GBl. DDR I S. 697)
GebrMG	Gebrauchsmustergesetz idF v. 24.11.2011 (BGBl. I S. 2302)
Geigel	Geigel, Der Haftpflichtprozess, 26. Aufl. 2011
Geimer, IZPR	Reinhold Geimer, Internationales Zivilprozeßrecht, 6. Aufl. 2009
Gerhardt, Grundbegriffe	Walter Gerhardt, Grundbegriffe des Vollstreckungs- und Insolvenzrechts, 1985
gem.	gemäß
GenG	Genossenschaftsgesetz idF v. 25.5.2009 (BGBl. I S. 1102)
Ges.; ges.	Gesetz; gesetzlich
GeschmMG ..	Geschmacksmustergesetz idF v. 24.11.2011 (BGBl. I S. 2302)
GesO	Gesamtvollstreckungsordnung idF v. 23.5.1991 (BGBl. I S. 1185); außer Kraft am 31.12.1998 (Art. 2 EGInsO)
GesRZ	Der Gesellschafter (Zeitschrift, 1. 1972 ff.)
Gessner/Rhode/Strate/Ziegert	Gessner/Rhode/Strate/Ziegert, Die Praxis der Konkursabwicklung in der Bundesrepublik Deutschland, 1978
GewA	Gewerbe-Archiv (Zeitschrift)
GewO	Gewerbeordnung idF v. 1.1.2012 (BGBl. I S. 3999)
GewStG	Gewerbesteuergesetz idF v. 10.10.2012 (BGBl. I S. 2344)
GG	Grundgesetz für die Bundesrepublik Deutschland idF v. 11.7.2012 (BGBl. I S. 1478)
ggf.	gegebenenfalls
Gierke/Sandrock	J. v. Gierke/Sandrock, Handels- und Wirtschaftsrecht, 9. Aufl., 1. Band 1975
Gitter	Gitter, Gebrauchsüberlassungsverträge, Handbuch des Schuldrechts, Band 7, 1988
GIW	Gesetz über internationale Wirtschaftsverträge v. 5.2.1976 (GBl. DDR I S. 61), zuletzt geändert durch Gesetz vom 28.6.1990 (GBl. DDR I S. 483)

Abkürzungsverzeichnis

GK-AktG-*Bearbeiter*	Hopt/Wiedemann (Hrsg.), Aktiengesetz, Großkommentar, 4. Aufl. 1992 ff. (bzw. 3. Aufl. 1970 ff.)
GK-BetrVG-*Bearbeiter*	Gemeinschaftskommentar zum Betriebsverfassungsgesetz, hrsg. von Wiese/Kreutz u.a. Bd. 1 und Bd. 2, 9. Aufl. 2010
GK-HGB-*Bearbeiter*	Ensthaler (Hrsg.), Gemeinschaftskommentar zum HGB, 7. Aufl. 2007
GKG	Gerichtskostengesetz idF v. 19.10.2012 (BGBl. I S. 2182)
GK-SGB VI-*Bearbeiter*	Lueg/v. Maydell/Ruland, Gemeinschaftskommentar zum Sozialgesetzbuch, Gesetzliche Rentenversicherung, 2007
gl. Ans.	gleiche Ansicht
GmbH	Gesellschaft mit beschränkter Haftung
GmbH & Co. (KG)	Gesellschaft mit beschränkter Haftung und Compagnie (Kommanditgesellschaft)
GmbHG	Gesetz betreffend die Gesellschaften mit beschränkter Haftung idF v. 22.12.2011 (BGBl. I S. 3044)
GmbHR	GmbH-Rundschau (Zeitschrift)
GMBl.	Gemeinsames Ministerialblatt
GmS-OGB	Gemeinsamer Senat der obersten Gerichtshöfe des Bundes
GOÄ	Gebührenordnung für Ärzte idF v. 4.12.2001 (BGBl. I S. 3320)
GoA	Geschäftsführung ohne Auftrag
Gola/Schomerus	Peter Gola/Rudolf Schomerus, Bundesdatenschutzgesetz, 9. Aufl. 2007
Gottwald/*Bearbeiter*, Insolvenzrechts-Handbuch	Peter Gottwald (Hrsg.), Insolvenzrechts-Handbuch, 4. Aufl. 2010 (bzw. 1. Aufl. 1990, mit Nachtrag „Gesamtvollstreckungsordnung", 1993)
Gottwald/Riedel/Frege/Keller/Jelinsky	Gottwald/Riedel/Frege/Keller/Jelinsky, Praxishandbuch Insolvenzrecht, Loseblatt, Stand 2012
Graf-Schlicker/*Bearbeiter*	Graf-Schlicker (Hrsg.), Insolvenzordnung, 3. Aufl. 2012
GrdstVG	Grundstücksverkehrsgesetz idF v. 13.4.2006 (BGBl. I S. 855)
GrEStG 1983	Grunderwerbsteuergesetz idF v. 18.7.2012 (BGBl. I S. 1770)
griech.	griechisch
GrS	Großer Senat
Gruchot	Beiträge zur Erläuterung des (bis 15. 1871: Preußischen) Deutschen Rechts, begr. von Gruchot (1. 1857–73. 1933)
GrundE	Das Grundeigentum (Zeitschrift)
Grunewald, Gesellschaftsrecht	Barbara Grunewald, Gesellschaftsrecht, 8. Aufl. 2011
GrünhutsZ	Zeitschrift für das Privat- und öffentliche Recht der Gegenwart, begr. v. Grünhut
GRUR	Gewerblicher Rechtsschutz und Urheberrecht (Zeitschrift)
GRUR Ausl.	Gewerblicher Rechtsschutz und Urheberrecht, Auslands- und internationaler Teil (Zeitschrift), 1952–1969
GRURInt.	Gewerblicher Rechtsschutz und Urheberrecht, Internationaler Teil (Zeitschrift, 1970 ff.)
GüKG	Güterkraftverkehrsgesetz idF v. 25.11.2012 (BGBl. II S. 1381)
GuG	Grundstücksmarkt und Grundstücksrecht (Zeitschrift), 1990 ff.
GVBl.	Gesetz- und Verordnungsblatt
GVG	Gerichtsverfassungsgesetz idF v. 19.10.2012 (BGBl. I S. 2182)
GvKostG	Gerichtsvollzieherkostengesetz idF v. 30.7.2009 (BGBl. I S. 2474)
GVO	Grundstücksverkehrsordnung idF v. 22.9.2005 (BGBl. I S. 2809)

Abkürzungsverzeichnis

GVÜ	siehe EuGVÜ
GWB	Gesetz gegen Wettbewerbsbeschränkungen idF v. 22.12.2011 (BGBl. I S. 3044)
GWW	Gemeinnütziges Wohnungswesen (herausgegeben vom Gesamtverband Gemeinnütziger Wohnungsunternehmen; Zeitschrift)
Haarmeyer/ Frind	Haarmeyer/Frind, Insolvenzrecht, 3. Aufl. 2012
Haarmeyer/ Wutzke/Förster GesO	Haarmeyer/Wutzke/Förster, Gesamtvollstreckungsordnung, 4. Aufl. 1998
Haarmeyer/ Wutzke/Förster, Handbuch	Haarmeyer/Wutzke/Förster, Handbuch zur Insolvenzordnung. InsO/ EGInsO. 3. Aufl. 2001 (bzw. 2. Aufl. 1998)
Haarmeyer/ Wutzke/Förster/ Hintzen ZVG (bzw. ZwangsverwalterVO)	Haarmeyer/Wutzke/Förster/Hintzen, Zwangsverwaltung. ZwangsversteigerungsG (§§ 146–161) und ZwangsverwalterVO, 5. Aufl. 2011
Haarmeyer/ Wutzke/Förster InsVV (bzw. VergVO)	Haarmeyer/Wutzke/Förster, Vergütung in Insolvenzverfahren. InsVV/VergVO, 4. Aufl. 2007
Habilschr.	Habilitationsschrift
Habscheid FG	Habscheid, Freiwillige Gerichtsbarkeit, 7. Aufl. 1983
Hachenburg/ Bearbeiter	Hachenburg, Kommentar zum GmbHG, 8. Aufl. 1992
Haegele/Schöner/ Stöber	Haegele/Schöner/Stöber, Grundbuchrecht, 11. Aufl. 1997
Schöner/Stöber	Schöner/Stöber, Grundbuchrecht, 15. Aufl. 2012
Haegele/Winkler TV	Haegele/Winkler, Der Testamentsvollstrecker nach bürgerlichem, Handels- und Steuerrecht, 15. Aufl. 2004
HaftpflG	Haftpflichtgesetz idF v. 19.4.2006 (BGBl. I S. 866, 891)
HAG	Heimarbeitsgesetz idF v. 31.10.2006 (BGBl. I S. 2407, ber. 2007 S. 2149)
Hahn, Materialien	C. Hahn (Hrsg.), Die gesamten Materialien zu den Reichsjustizgesetzen, Band IV: Materialien zur Konkursordnung, 1881
HaKo-*Bearbeiter*	Fiebig/Gallner/Mestwerdt/Nägele, Kündigungsschutzrecht- Handkommentar, 4. Aufl. 2012
Halbbd.	Halbband
HambKomm-*Bearbeiter*	Schmidt (Hrsg.), Hamburger Kommentar zum Insolvenzrecht, 4. Aufl. 2012 (1. Aufl. 2006)
Hamb.; hamb.	Hamburg; hamburgisch
HansGZ	Hanseatische Gerichtszeitung
HansOLG	Hanseatisches Oberlandesgericht
HansRGZ	Hanseatische Rechts- und Gerichtszeitschrift
HansRZ	Hanseatische Rechtszeitschrift für Handel, Schiffahrt und Versicherung, Kolonial- und Auslandsbeziehungen
Häsemeyer	Häsemeyer, Insolvenzrecht, 4. Aufl. 2007
Hauck/Heines	Hauck/Heines, Kommentar zum Sozialgesetzbuch, Stand 1996
HAuslG	Gesetz über die Rechtsstellung heimatloser Ausländer im Bundesgebiet v. 25.4.1951 (BGBl. I S. 269)
HausratsV	Verordnung über die Behandlung der Ehewohnung und des Hausrats v. 21.10.1944 (RGBl. I S. 256)

Abkürzungsverzeichnis

HausTWG ...	Gesetz über den Widerruf von Haustürgeschäften und ähnlichen Geschäften v. 16.1.1986 (BGBl. I S. 122)
Hdb.	Handbuch
HdWW	Handwörterbuch der Wirtschaftswissenschaften, Bd. 1–10, 1977 ff.
Hefermehl/ Köhler/ Bornkamm ...	Gesetz gegen den unlauteren Wettbewerb, 30. Aufl., 2012 (bis 22. Aufl. Baumbach/Hefermehl)
HeimG	Heimgesetz idF v. 29.7.2009 (BGBl. I S. 2319)
Heinsius/Horn/ Than DepG ..	Heinsius/Horn/Than, Depotgesetz, Kommentar, 1975
Heiß/Born ...	Heiß/Born, Unterhaltsrecht, Loseblatt, 31. Aufl. 2007
HeizkostenV .	Verordnung über die verbrauchsabhängige Abrechnung der Heiz- und Warmwasserkosten idF v. 5.10.2009 (BGBl. I S. 3250)
Henckel/Kreft, Insolvenzrecht	Henckel/Kreft, Insolvenzrecht 1998, RWS-Forum Bd. 14, 1999
Henssler	Henssler, Partnerschaftsgesellschaftsgesetz, 1997
Henrich	Henrich, Familienrecht, 5. Aufl. 1995
Hess.; hess. ...	Hessen; hessisch
Hess/Binz/ Wienberg GesO	Hess/Binz/Wienberg, Gesamtvollstreckungsordnung, 4. Aufl. 1998
Hess InsO ...	Harald Hess, Kommentar zur Insolvenzordnung mit EGInsO in 3 Bänden, 1999; 2007 (Neufassung)
Hess KO	Harald Hess, Konkursordnung, 6. Aufl. 1998
Hess/Weis, Anfechtungsrecht	Harald Hess/Michaela Weis, Das neue Anfechtungsrecht. §§ 129–147 InsO, §§ 1–20 AnfG, 2. Aufl. 1999
Hess/Weis/ Wienberg	Hess/Weis/Wienberg, Kommentar zur Insolvenzordnung, 2. Aufl. 2001 (in der Auflage 2007 nur: Hess, Kommentar zur InsO in 3 Bänden)
Heymann, HGB	Heymann, Handelsgesetzbuch, Kommentar, 2. Aufl. 1995
Hess/ Obermüller ..	Hess/Obermüller, Insolvenzplan, Restschuldbefreiung und Verbraucherinsolvenz, 3. Aufl. 2003
HEZ	Höchstrichterliche Entscheidungen (Entscheidungssammlung)
HFR	Höchstrichterliche Finanzrechtsprechung
HGB	Handelsgesetzbuch idF v. 22.12.2011 (BGBl. I S. 3044)
hins.	hinsichtlich
HintO	Hinterlegungsordnung idF v. 23.11.2007 (BGBl. I S. 2614)
Hintzen/Wolf, Mobiliarvollstreckung	Udo Hintzen/Hans-Joachim Wolf, Handbuch der Mobiliarvollstreckung, 2. Aufl. 1999
HK-*Bearbeiter* .	Kreft (Hrsg.), Heidelberger Kommentar zur Insolvenzordnung, 6. Aufl. 2011 (1. Aufl. 1999)
HK-GmbH-*Bearbeiter*	Bartl (Hrsg.), Heidelberger Kommentar zum GmbH-Recht, 6. Aufl. 2009
HK-HGB-*Bearbeiter*	Glanegger u. a., Heidelberger Kommentar zum HGB, 7. Aufl. 2007
hL	herrschende Lehre
hM	herrschende Meinung
HöfeO	Höfeordnung idF v. 17.12.2008 (BGBl. I S. 2586)
Hoffmann, Thorn	Hoffmann, Thorn, Internationales Privatrecht einschließlich der Grundzüge des internationalen Zivilverfahrensrechts, 9. Aufl. 2007
Hölzle, Praxisleitfaden ESUG ..	Hölzle, Praxisleitfaden ESUG, 2012

Abkürzungsverzeichnis

Hopt, Hehl, Gesellschaftsrecht	Hopt, Hehl, Gesellschaftsrecht, 4. Aufl. 1996
HPflG	Haftpflichtgesetz idF v. 19.4.2006 (BGBl. I S. 866, 891)
HRR	Höchstrichterliche Rechtsprechung (Zeitschrift)
Hrsg.; hrsg.	Herausgeber; herausgegeben
HRV	Verfügung über die Einrichtung und Führung des Handelsregisters (Handelsregisterverfügung) v. 12.8.1937 (RMBl. S. 515)
HS	Halbsatz
Huber, AnfG	Michael Huber, Anfechtungsgesetz, 10. Aufl. 2006
Hübschmann/Hepp/Spitaler AO (bzw FGO)	Hübschmann/Hepp/Spitaler, Abgabenordnung, Finanzgerichtsordnung, 2007
Windbichler	Windbichler, Gesellschaftsrecht, 22. Aufl. 2009
Hueck/Canaris	Hueck/Canaris, Das Recht der Wertpapiere, Kommentar, 12. Aufl. 1986
von Hoyningen-Huene/Linck	v. Hoyningen-Huene/Linck, Kündigungsschutzgesetz, 14. Aufl. 2007
Hueck, OHG	A. Hueck, Das Recht der offenen Handelsgesellschaft, 4. Aufl. 1971
Hüffer, AktG	Hüffer, Aktiengesetz, 10. Aufl. 2012
HWB	Handwörterbuch
HWBdSozW	Handwörterbuch der Sozialwissenschaften (1956 ff.)
HWBRWiss.	Handwörterbuch der Rechtswissenschaft, hrsg. v. Stier-Somlo und Elster (Band u. Seite)
HWK-Bearbeiter	Henssler/Willemsen/Kalb, Arbeitsrecht Kommentar, 5. Aufl. 2012
HwO	Handwerksordnung idF v. 20.12.2011 (BGBl. I S. 2854)
HypBankG	Hypothekenbankgesetz idF v. 9.9.1998 (BGBl. I S. 2074) aufgeh. durch G. v. 22.5.2005 (BGBl. I S. 1373)
i. a.	im allgemeinen
idF (v.)	in der Fassung (vom)
IDR	Internationales Deliktsrecht
idR	in der Regel
idS	in diesem Sinne
IDW	Institut deutscher Wirtschaftprüfer
i. e.	im einzelnen
INF	Die Information über Steuer und Wirtschaft (Zeitschrift)
InsBekV	Verordnung zu öff. Bekanntmachung in Insolvenzverfahren im Internet v. 12.2.2002 (BGBl. I S. 677), zul. geändert d. G. v. 13.4.2007 (BGBl. I S. 509)
Insbüro	Zeitschrift für das Insolvenzbüro
InsO	Insolvenzordnung idF v. 20.12.2011 (BGBl. I S. 2854)
InsOÄndG 2001	Gesetz zur Änderung der Insolvenzordnung und anderer Gesetze (zitiert nach dem RegE v. 5.1.2001, BR-Drucks. 14/01 = NZI 2001, Beilage zu Heft 1)
InsVfVereinfG 2007	Gesetz zur Vereinfachung des Insolvenzverfahrens vom 13.4.2007 (BGBl. I S. 509)
IntHK	Internationale Handelskammer
InVo	Insolvenz und Vollstreckung (Zeitschrift)
InVorG	Investitionsvorranggesetz idF der Bek. v. 19.12.2006 (BGBl. I S. 3230)
IPG	Gutachten zum internationalen und ausländischen Privatrecht
IPR	Internationales Privatrecht
IPRax	Praxis des internationalen Privat- und Verfahrensrechts (Zeitschrift, 1. 1981 ff.)
IPRG	Gesetz zur Neuregelung des Internationalen Privatrechts v. 25.7.1986 (BGBl. I S. 1142)
IPRspr.	Makarov/Gamillscheg/Müller/Dierk/Kropholler, Die deutsche Rechtsprechung auf dem Gebiet des internationalen Privatrechts, 1952 ff.
iran.	iranisch
iS	im Sinne
i. S. d.	im Sinne der (des)

Abkürzungsverzeichnis

i. S. v.	im Sinne von
ital.	italienisch
i. ü.	im übrigen
i. V. m.	in Verbindung mit
i. w.	im wesentlichen
iwS	im weiteren Sinne
IZPR	Internationales Zivilprozeßrecht
iZw.	im Zweifel
JA	Juristische Arbeitsblätter (Zeitschrift)
Jaeger/*Bearbeiter*	Jaeger/Henckel/Gerhardt, Insolvenzordnung, Großkommentar, 2004
Jaeger/Henckel, KO	Jaeger/Henckel, Konkursordnung, Kommentar, 9. Aufl. 1977–1997
Jaeger/Lent, (bzw. Weber) KO	Jaeger, Konkursordnung, Kommentar, 8. Aufl. 1958–1973
Jansen/v. Schuckmann/Sonnenfeld FGG	FGG (Kommentar), 3 Bde, 3. Aufl. 2006
Jarass/Pieroth, GG	Jarass/Pieroth, Grundgesetz für die Bundesrepublik Deutschland, 12. Aufl. 2012
JArbSchG	Jugendarbeitsschutzgesetz idF v. 7.12.2011 (BGBl. I S. 2592)
Jauernig/*Bearbeiter*	Jauernig, Bürgerliches Gesetzbuch, Kommentar, 14. Aufl. 2011
Jauernig/Berger, Zwangsvollstreckung	Jauernig/Berger, Zwangsvollstreckungs- und Insolvenzrecht, 23. Aufl. 2010
Jb.	Jahrbuch
JBeitrO	Justizbeitreibungsordnung v. 11.3.1937 (RGBl. I S. 298)
JbfpÖ	Jahrbuch für politische Ökonomie
JbIntR	Jahrbuch des internationalen Rechts
JbPraxSchG	Jahrbuch für die Praxis der Schiedsgerichtsbarkeit
Jg.	Jahrgang
Jh.	Jahrhundert
JherJb.	Jherings Jahrbuch für die Dogmatik des bürgerlichen Rechts (Zeitschrift, Band u. Seite)
JIBFL	Journal of International Banking and Financial Law
JM	Justizministerium
JMBl.	Justizministerialblatt
JNPÖ	Jahrbuch für Neue Politische Ökonomie
JöR	Jahrbuch des öffentlichen Rechts der Gegenwart
JR	Juristische Rundschau (Zeitschrift)
JRfPrV	Juristische Rundschau für die Privatversicherung (Zeitschrift)
Jura	Juristische Ausbildung (Zeitschrift)
JurA	Juristische Analysen (Zeitschrift)
JuS	Juristische Schulung (Zeitschrift)
Justiz	Die Justiz (Zeitschrift)
JVBl.	Justizverwaltungsblatt (Zeitschrift)
JW	Juristische Wochenschrift (Zeitschrift)
JZ	Juristenzeitung (Zeitschrift)
KAGG	Gesetz über Kapitalanlagegesellschaften idF v. 22.12.2003 (BGBl. I S. 2840)
Kant.G	Kantonsgericht
Kap.	Kapital; Kapitel
Kapp/Ebeling	Kapp/Ebeling, Erbschaftsteuer- und Schenkungsteuergesetz, Kommentar, Loseblatt, 2012
Kayser, Rechtsprechung	Kayser, Höchstrichterliche Rechtsprechung zum Insolvenzrecht, 5. Aufl. 2011

Abkürzungsverzeichnis

Kegel/Schurig, IPR	Kegel/Schurig, Internationales Privatrecht, 9. Aufl. 2004
Keidel/ Engelhardt/ Sternal	Keidel/ Engelhardt/Sternal, Freiwillige Gerichtsbarkeit, Kommentar, 17. Aufl. 2011
Keller	Ulrich Keller, Vergütung und Kosten im Insolvenzverfahren, 2. Aufl. 2007
Kfz.	Kraftfahrzeug
KG	Kammergericht (Berlin); Kommanditgesellschaft
KGaA	Kommanditgesellschaft auf Aktien
Kilger/ K. Schmidt ...	Joachim Kilger/Karsten Schmidt, Insolvenzgesetze KO, VerglO, GesO, 17. Aufl. 1997
Kirchhof, Leitfaden	Hans-Peter Kirchhof, Leitfaden zum Insolvenzrecht, 2. Aufl. 2000
Kipp/Coing ..	Kipp/Coing, Erbrecht, 14. Aufl. 1990
Kissel/Mayer GVG	Kissel/Mayer, Gerichtsverfassungsgesetz, Kommentar, 7. Aufl. 2013, mit Nachtrag 1998
KiStG	Kirchensteuergesetz
Klein	Franz Klein, Abgabenordnung, 11. Aufl. 2012
Klingelhöffer .	Vermögensverwaltung in Nachlaßsache, 1. Aufl. 2002
KO	Konkursordnung idF v. 20.5.1898 (RGBl. S. 369, 612); außer Kraft am 31.12.1998
Köhler/ Bornkamm ...	Köhler/Bornkamm, Gesetz gegen den unlauteren Wettbewerb: UWG mit PAngV, UKlaG, DL-InfoV, Kommentar, 30. Aufl. 2012 (bis 22. Aufl. Baumbach/Hefermehl)
Kossmann, Hdb.	Kossmann, Handbuch der Wohnraummiete, 6. Aufl. 2003
Koller/Roth/ Morck	Koller/Roth/Morck, Handelsgesetzbuch, 6. Aufl. 2007
Kölner Schrift	Arbeitskreis für Insolvenz- und Schiedsgerichtswesen e. V., Köln (Hrsg.), Kölner Schrift zur Insolvenzordnung. Das neue Insolvenzrecht in der Praxis, 2. Aufl. 2000, 3. Aufl. 2009
KölnKommAktG-*Bearbeiter*	Kölner Kommentar zum Aktiengesetz, hrsg. v. Zöllner, 3. Aufl. 2004 ff.
Komm.	Kommentar
KonsG	Konsulargesetz idF v. 17.12.2008 (BGBl. I S. 2586)
Konv.	Konvention
KostO	Kostenordnung idF v. 5.12.2012 (BGBl. I S. 2418)
Kraemer/ Vallender/ Vogelsang	Handbuch zur Insolvenz, Loseblatt, Stand 2012
KR-*Bearbeiter* .	Etzel/Bader/Fischermeier/Friedrich u.a., Gemeinschaftskommentar zum Kündigungsschutzgesetz und zu sonstigen kündigungsschutzrechtlichen Vorschriften, 10. Aufl. 2013
KreisG	Kreisgericht
krit.	kritisch
KritJ	Kritische Justiz (Zeitschrift)
KrVjschr.	Kritische Vierteljahresschrift für Gesetzgebung und Rechtswissenschaft
KSchG	Kündigungsschutzgesetz idF v. 26.3.2008 (BGBl. I S. 444)
KStG	Körperschaftsteuergesetz idF v. 7.12.2011 (BGBl. I S. 2592)
KTS	Zeitschrift für Konkurs-, Treuhand- und Schiedsgerichtswesen (vor 1942: KuT)
Kübler/Assmann Gesellschaftsrecht	Kübler, Gesellschaftsrecht, 6. Aufl. 2006
Kübler, HRI .	Kübler, Handbuch Restrukturierung in der Insolvenz (HRI), 1. Aufl. 2012

Abkürzungsverzeichnis

Kübler, Neuordnung	Kübler (Hrsg.), Neuordnung des Insolvenzrechts, 1989
Kübler/Prütting (oder: Kübler/Prütting, Dok.)	Kübler/Prütting, Das neue Insolvenzrecht, RWS-Dokumentation 18, 1994 (bzw. 2. Aufl. 2000)
Kübler/Prütting/ *Bearbeiter*	Kommentar zur Insolvenzordnung (Loseblatt), 2007
Kübler/Prütting/ Bork/*Bearbeiter*	Kübler/ Prütting/ Bork (Hrsg.), Kommentar zur Insolvenzordnung (Loseblatt), 51. EL 2012
Kuhn/ Uhlenbruck . .	Kuhn/Uhlenbruck, Konkursordnung, Kommentar, 11. Aufl. 1994
Kuntze/Ertl/ Herrmann/ Eickmann	Kuntze/Ertl/Hermann/Eickmann, Grundbuchrecht, 6. Aufl. 2006
KuT	Konkurs- und Treuhandwesen (Zeitschrift ab 1942: KTS)
KVO	Kraftverkehrsordnung für den Güterfernverkehr mit Kraftfahrzeugen (Beförderungsbedingungen) idF v. 23.12.1958 (BAnz. 31.12.1958 Nr. 249)
KWG	Kreditwesengesetz idF v. 5.12.2012 (BGBl. I S. 2418)
L	Landes-
Lackner(/Kühl)	Lackner/Kühl, Strafgesetzbuch, 27. Aufl. 2011
LAG	Landesarbeitsgericht (mit Ortsnamen); Lastenausgleichsgesetz idF v. 23.5.2011 (BGBl. I S. 920); Landwirtschaftsanpassungsgesetz idF v. 3.7.1991 (BGBl. I S. 1418)
LAGE	Entscheidungen der Landesarbeitsgerichte, hrsg. v. Stahlhacke
Landmann/ Rohmer *Bearbeiter*	Landmann/Rohmer, Gewerbeordnung und ergänzende Vorschriften, Kommentar (Loseblatt), 61. Aufl. 2012
Lang/Weidmüller, GenG	Lang/Weidmüller, Genossenschaftsgesetz, 37. Aufl. 2011
Lange/ Kuchinke	Lange/Kuchinke, Lehrbuch des Erbrechts, 5. Aufl. 2001
Langenfeld . . .	Langenfeld, Handbuch der Eheverträge und Scheidungsvereinbarungen, 6. Aufl. 2011
Larenz I	Larenz, Lehrbuch des Schuldrechts, Band I Allg. Teil, 14. Aufl. 1987
Larenz II 1 . . .	Larenz, Lehrbuch des Schuldrechts, Band II 1 Besonderer Teil/1. Halbband, 13. Aufl. 1986
Larenz/Canaris II 2	Larenz/Canaris, Lehrbuch des Schuldrechts, Band II 2 Besonderer Teil/2. Halbband, 13. Aufl. 1994
Larenz/Wolf AT	Larenz/Wolf, Allgemeiner Teil des deutschen Bürgerlichen Rechts, 9. Aufl. 2004
Laufs/ Uhlenbruck . .	Laufs/Uhlenbruck, Handbuch des Arztrechts, 4. Aufl. 2010
Leipold(/ *Bearbeiter*)	Leipold (Hrsg.), Insolvenzrecht im Umbruch, 1991
Leonhardt/Smid/ Zeuner	Leonhardt/Smid/Zeuner, Internationales Insolvenzrecht, 3. Aufl. 2010
Lewald	Lewald, Das deutsche internationale Privatrecht, 1931
LG	Landgericht (mit Ortsnamen)
LGZ	(österreichisches) Landgericht für Zivilrechtssachen
Lit.	Literatur
LK-Verfasser . .	Strafgesetzbuch – Leipziger Kommentar, 12. Aufl. 2007 ff.
LM	Lindenmaier/Möhring, Nachschlagewerk des Bundesgerichtshofs (Nr. ohne Gesetzesstelle bezieht sich auf den gerade kommentierten Paragraphen)

Abkürzungsverzeichnis

Löwe/v. Westphalen/Trinkner	Löwe/Graf v. Westphalen/Trinkner, Großkommentar zum AGB-Gesetz, 2. Aufl., Band 1 (1985), Band 2 (1983), Band 3 (1985)
LPachtVG	Gesetz über die Anzeige und Beanstandung von Landpachtverträgen (Landpachtverkehrsgesetz) v. 8.11.1985 (BGBl. I S. 2075)
LPersVG	Landespersonalvertretungsgesetz
LPG	Landwirtschaftliche Produktionsgenossenschaft
LPG-G	Gesetz über die landwirtschaftlichen Produktionsgenossenschaften v. 2.7.1982 (GBl. I S. 443)
LS	Leitsatz
LSG	Landessozialgericht (mit Ortsnamen)
LuftfzRG	Gesetz über Rechte an Luftfahrzeugen v. 26.2.1959 (BGBl. I S. 57, 223)
LuftRegV	Verordnung über die Einrichtung und Führung des Registers für Pfandrechte an Luftfahrzeugen v. 2.3.1999 (BGBl. I S. 279)
LuftVG	Luftverkehrsgesetz idF v. 10.5.2007 (BGBl. I S. 698)
Lutter/Hommelhoff	GmbH-Gesetz, Kommentar, 18. Aufl. 2012 (bzw. 14. Aufl. 1995)
lux.	luxemburgisch
LVA	Landesversicherungsanstalt
LwG	Landwirtschaftsgericht
Lwowski/Fischer/Langenbucher	Lwowski/Fischer/Langenbucher (Hrsg.), Das Recht der Kreditsicherung, 9. Aufl. 2011
LwVG	Gesetz über das gerichtliche Verfahren in Landwirtschaftssachen v. 21.7.1953 (BGBl. I S. 667)
LZ	Leipziger Zeitschrift für Deutsches Recht
MA	Der Markenartikel (Zeitschrift, 1. 1934 – 11. 1944; 12. 1950 ff.)
m. abl. Anm.	mit ablehnender Anmerkung
MaBV	Verordnung über die Pflichten der Makler, Darlehens- und Anlagenvermittler, Bauträger und Baubetreuer (Makler- und Bauträgerverordnung) idF v. 7.11.1990 (BGBl. I S. 2749)
m. Änd.	mit Änderung(en)
m. Anm.	mit Anmerkung
Marotzke	Marotzke, Gegenseitige Verträge im neuen Insolvenzrecht, 3. Aufl. 2001
Maunz/Dürig/*Bearbeiter*	Maunz/Dürig, Grundgesetz, Loseblatt-Kommentar, 66. Aufl. 2012
maW	mit anderen Worten
MBl.	Ministerialblatt
MDR	Monatsschrift für Deutsches Recht (Zeitschrift)
mE	meines Erachtens
MecklZ	Mecklenburgische Zeitschrift für Rechtspflege, Rechtswissenschaft, Verwaltung (Band u. Seite)
MedR	Medizinrecht (Zeitschrift 1. 1983 ff.)
Meikel	Meikel, Grundbuchrecht, Kommentar zur Grundbuchordnung, bearb. von Bestemeyer, Böhringer, Böttcher, Brambring, Göttlinger, Grziwotz, Kraiß, Morvilius, Roth u. a., 8. Aufl. 1997 ff.
Meilicke/Graf v. Westphalen/Hoffmann/Lenz	Meilicke/Graf v. Westphalen/Hoffmann/Lenz, Partnerschaftsgesellschaftsgesetz, 2. Aufl. 2006
Melchior	Melchior, Die Grundlagen des deutschen internationalen Privatrechts, 1932 – MHbeG
Meyer-Goßner	Meyer-Goßner, Strafprozeßordnung, 55. Aufl. 2012
MHG	Gesetz zur Regelung der Miethöhe v. 18.12.1974, BGBl. I S. 3603
Mio.	Million(en)
Mitt.	Mitteilung(en)
MittBayNot.	Mitteilungen des Bayerischen Notarvereins (Zeitschrift)
MittBl. Königsteiner Kreis	Mitteilungsblatt des Königsteiner Kreises

Abkürzungsverzeichnis

MittHV	Mitteilungen des Hochschulverbandes
MittPat.	Mitteilungen der deutschen Patentanwälte (Zeitschrift)
MittRhNotK	Mitteilungen der Rheinischen Notarkammer (Zeitschrift)
m. krit. Anm.	mit kritischer Anmerkung
MitbestG	Gesetz über die Mitbestimmung der Arbeitnehmer (Mitbestimmungsgesetz) idF v. 22.12.2011 (BGBl. I S. 3044)
MiZi	Allgemeine Verfügung über Mitteilungen in Zivilsachen v. 1.10.1967 (BAnz. Nr. 218)
MMR	Multimedia und Recht (Zeitschrift)
Mohrbutter/ Ringstmeier (/*Bearbeiter*)	Mohrbutter/Ringstmeier, Handbuch der Insolvenzverwaltung, 8. Aufl. 2007 (bzw. Handbuch der Konkurs- und Vergleichsverwaltung, 6. Aufl. 1990)
Möhring	Möhring/v. Selzam, Vermögensverwaltung in Vormundschafts- und Nachlaßsachen, 8. Aufl. 1999
MoMiG	Gesetz zur Modernisierung des GmbH-Rechts und zur Bekämpfung von Missbräuchen v. 23.10.2008 (BGBl. I S. 2026)
mon.	monatlich
Mot. I–V	Motive zu dem Entwurf eines Bürgerlichen Gesetzbuches für das Deutsche Reich (Bd. I Allgemeiner Teil; Bd. II Recht der Schuldverhältnisse; Bd. III Sachenrecht; Bd. IV Familienrecht; Bd. V Erbrecht)
Motive zur KO	Motive zu dem Entwurf einer Konkursordnung, RT-Drucks. 2. Legislaturperiode, II. Session 1874 Nr. 200 = III. Session 1875/76 Nr. 20
MRK	Konvention zum Schutze der Menschenrechte und Grundfreiheiten v. 4.11.1950 (Gesetz v. 7.8.1952, BGBl. II S. 685)
MRS	Mietrechtssammlung, Rechtsprechung des BVerfG, des BGH, des BayObLG, des Kammergerichts und der OLGe zum Mietrecht, hrsg. von Otto, 1980 ff.
MTV	Manteltarifvertrag
MuA	Mensch und Arbeit (Zeitschrift)
MünchHdbArbR-*Bearbeiter*	Münchener Handbuch zum Arbeitsrecht, hrsg. v. Richardi/Wlotzke/Wissmann/Oetker, 3. Aufl. 2009
MünchHdbGesR I (bzw. II–IV) – *Bearbeiter*	Münchener Handbuch zum Gesellschaftsrecht, Bd. 1 hrsg. v. Hans Gummert, Bodo Riegger und Lutz Weipert, 3. Aufl. 2009; Bd. 2 hrsg. v. Bodo Riegger u. Lutz Weipert, 3. Aufl. 2009; Bd. 3 hrsg. v. Hans-Joachim Priester und Dieter Mayer, 4. Aufl. 2012; Bd. 4 hrsg. v. Michael Hoffmann-Becking, 3. Aufl. 2007; Bd. 5 hrsg. v. Volker Beuthien und Hans Gummert, 3. Aufl. 2009
MünchKomm-AktG-*Bearbeiter*	Münchener Kommentar zum Aktiengesetz, hrsg. v. Bruno Kropff, Johannes Semler, Wulf Goette, Mathias Habersack, 3. Aufl. 2008 ff.
Münch-KommBGB-*Bearbeiter*	Münchener Kommentar zum Bürgerlichen Gesetzbuch, 6. Aufl. 2012
Münch-KommHGB-*Bearbeiter*	Münchener Kommentar zum Handelsgesetzbuch, Bd. 1–6 hrsg. v. Karsten Schmidt, 3. Aufl. 2010 ff.
Münch-KommZPO-Bearbeiter	Krüger/Rauscher (Hrsg.), Münchener Kommentar zur Zivilprozeßordnung mit Gerichtsverfassungsgesetz und Nebengesetzen, 4. Aufl. 2012
Mugdan	Die gesamten Materialien zum Bürgerlichen Gesetzbuch für das deutsche Reich, hrsg. v. Mugdan, Band I–V, 1899
MuSchG	Mutterschutzgesetz idF v. 23.10.2012 (BGBl. I S. 2246)
Musielak/ *Bearbeiter*	Musielak, Zivilprozeßordnung, Kommentar, hrsg. v. Hans-Joachim Musielak, 9. Aufl. 2012 (bzw. 1. Aufl. 1999)

Abkürzungsverzeichnis

MuW	Markenschutz und Wettbewerb (Zeitschrift)
mwN	mit weiteren Nachweisen
m. zahlr. Nachw.	mit zahlreichen Nachweisen
m. zust. Anm.	mit zustimmender Anmerkung
n. a.	nicht abgedruckt
nachf.	nachfolgend
Nachw.	Nachweis
Nds.; nds.	Niedersachsen; niedersächsisch
NdsRpfl.	Niedersächsische Rechtspflege (Zeitschrift)
NDV	Nachrichtendienst des Deutschen Vereins für öffentliche und private Fürsorge
Nerlich/Niehus AnfG	Jörg Nerlich/Christoph Niehus, Anfechtungsgesetz, 2000
Nerlich/Römermann/*Bearbeiter*	Nerlich/Römermann (Hrsg.), Insolvenzordnung, Kommentar (Loseblatt), 24. Aufl. 2012
Neuhaus	Neuhaus, Die Grundbegriffe des internationalen Privatrechts, 2. Aufl. 1976
nF	neue Fassung
NF	Neue Folge
NiemeyersZ	Niemeyers Zeitschrift für internationales Recht (25. 1915–52. 1937/38; vorher s. BöhmsZ, danach: ZIR)
NJ	Neue Justiz (Zeitschrift)
NJW	Neue Juristische Wochenschrift
NJW-FER	NJW-Entscheidungsdienst Familien- und Erbrecht (Zeitschrift)
NJW-MietR	NJW-Entscheidungsdienst Miet- und Wohnungsrecht (Zeitschrift)
NJW-RR	NJW-Rechtsprechungs-Report, Zivilrecht (Zeitschrift)
NJW-VHR	NJW-Entscheidungsdienst Versicherungs- und Haftungsrecht (Zeitschrift)
NJW-WettbR	NJW-Entscheidungsdienst Wettbewerbsrecht (Zeitschrift)
NMV	Verordnung über die Ermittlung der zulässigen Miete für preisgebundene Wohnungen (Neubaumietenverordnung 1970) idF v. 25.11.2003 (BGBl. I S. 2346)
Noak, Gesellschaftsrecht	Noack, Gesellschaftsrecht (Sonderband 1 zu Kübler/Prütting InsO), 1999
Nov.	Novelle
Nr.	Nummer(n)
NRW	Nordrhein-Westfalen
NStZ	Neue Zeitschrift für Strafrecht
NStZ-RR	NStZ-Rechtsprechungs-Report Strafrecht (Zeitschrift)
NuR	Natur und Recht (Zeitschrift)
Nußbaum	Nußbaum, Deutsches IPR, 1932
NVersZ	Neue Zeitschrift für Versicherung und Recht
NVwZ	Neue Zeitschrift für Verwaltungsrecht
NVwZ-RR	Rechtsprechungs-Report Verwaltungsrecht (Zeitschrift)
NWB	Neue Wirtschaftsbriefe (Loseblatt-Sammlung)
NZA	Neue Zeitschrift für Arbeits- und Sozialrecht
NZA-RR	NZA-Rechtsprechungs-Report Arbeitsrecht (Zeitschrift)
NZG	Neue Zeitschrift für Gesellschaftsrecht
NZI	Neue Zeitschrift für das Recht der Insolvenz und Sanierung
NZM	Neue Zeitschrift für Mietrecht
NZS	Neue Zeitschrift für Sozialrecht
NZV	Neue Zeitschrift für Verkehrsrecht
o.	oben
o. a.	oben angegeben
o. ä.	oder ähnliches
ObG	Obergericht
Obermüller	Manfred Obermüller, Insolvenzrecht in der Bankpraxis, 8. Aufl. 2011 (4. Aufl. 1991 unter dem Titel „Handbuch Insolvenzrecht für die Kreditwirtschaft")

Abkürzungsverzeichnis

Obermüller/Hess	Manfred Obermüller/Harald Hess, InsO. Eine systematische Darstellung des neuen Insolvenzrechts, 4. Aufl. 2003
OECD	Organization of Economic Cooperation and Development
OEEC	Organisation für Europäische Wirtschaftliche Zusammenarbeit
OG	Oberstes Gericht (der ehem. DDR)
OGH	Oberster Gerichtshof (Österreich)
OHG	offene Handelsgesellschaft
oJ	ohne Jahrgang
ÖJZ	Österreichische Juristenzeitung (Zeitschrift)
OLG	Oberlandesgericht
OLG-NL	OLG-Rechtsprechung Neue Länder (Zeitschrift)
OLGRspr.	Die Rechtsprechung der Oberlandesgerichte auf dem Gebiete des Zivilrechts, hrsg. v. Mugdan und Falkmann (1. 1900–46. 1928; aufgegangen in HRR)
OLGZ	Rechtsprechung der Oberlandesgerichte in Zivilsachen, Amtliche Entscheidungssammlung
o. O.	ohne Ort
OR	Schweizerisches Obligationsrecht
ORDO	ORDO, Jahrbuch für die Ordnung von Wirtschaft und Gesellschaft
österr.	österreichisch
OCT	over the counter
oV	ohne Verfasser
OVG	Oberverwaltungsgericht
OWiG	Gesetz über Ordnungswidrigkeiten idF v. 29.7.2009 (BGBl. I S. 2353)
PAngV	Preisangabenverordnung idF v. 1.8.2012 (BGBl. I S. 1706)
Palandt/Bearbeiter	Palandt, Bürgerliches Gesetzbuch, 72. Aufl. 2013 (bzw. 65. Aufl. 2006)
Pape/Uhlenbruck/Voigt-Salus	Insolvenzrecht, 2. Aufl. 2010
ParteiG	Gesetz über die politischen Parteien (Parteiengesetz) idF v. 20.12.2011 (BGBl. I S. 3141)
PartGG	Partnerschaftsgesellschaftsgesetz idF v. 23.10.2008 (BGBl. I S. 2026)
PatG	Patentgesetz idF v. 24.11.2011 (BGBl. I S. 2302)
PersV	Die Personalvertretung (Zeitschrift)
PfandBG 2005	Pfandbriefgesetz vom 9.12.2010 (BGBl. I S. 1900)
Picone/Wengler	Picone/Wengler, Internationales Privatrecht, 1974
Pikart/Henn	Pikart/Henn, Lehrbuch der freiwilligen Gerichtsbarkeit, 1963
PK-HWF	Präsenzkommentar InsO Haarmeyer/Wutzke/Förster
port.	portugiesisch
PostSO	Postsparkassenordnung v. 24.4.1986 (BGBl. I S. 626)
PostStruktG	Gesetz zur Neustrukturierung des Post- und Fernmeldewesens und der Deutschen Bundespost (Poststrukturgesetz – PostStruktG) v. 8.6.1989 (BGBl. I S. 1026)
Pr.; pr.	Preußen; preußisch
PrAGKO	Preußisches Ausführungsgesetz zur Deutschen Konkursordnung vom 6.3.1879, PrGS S. 109
PresseG	Gesetz über die Presse v. 7.5.1874 (RGBl. S. 65)
Preuße/Bearbeiter, SchVG	Preuße (Hrsg.), SchVG Kommentar, 2010
PrGS	Gesetzsammlung (preußisches Gesetzblatt)
ProdHaftG	Gesetz über die Haftung für fehlerhafte Produkte (Produkthaftungsgesetz) idF v. 19.4.2006 (BGBl. I S. 866)
Prot. I–VI	Protokolle der Kommission für die zweite Lesung des Entwurfs des BGB (Bd. I und IV 1897; Bd. II 1898; Bd. III, V und VI 1899)
ProtRA	Protokolle des Rechtsausschusses
PrOVG	Preußisches Oberverwaltungsgericht
PStG	Personenstandsgesetz idF v. 22.12.2010 (BGBl. I S. 2255)

Abkürzungsverzeichnis

PStV	Verordnung zur Ausführung des Personenstandsgesetzes idF v. 22.12.2011 (BGBl. I S. 3044)
PSV(aG)	Pensionssicherungsverein (auf Gegenseitigkeit)
PVÜ	Pariser Verbandsübereinkunft zum Schutz des gewerblichen Eigentums vom 20.3.1983, revidiert in Stockholm am 14.7.1967 (BGBl. 1970 II S. 293, 391, 1073; 1971 II S. 1015)
pVV	positive Vertragsverletzung
RA	Rechtsausschuß
Raape	Raape, Internationales Privatrecht, 5. Aufl. 1961
Raape/Sturm	Raape/Sturm, Internationales Privatrecht Band I, 6. Aufl. 1977
RabelsZ	Zeitschrift für ausländisches und internationales Privatrecht (Band u. Seite)
RabG	Gesetz über Preisnachlässe (Rabattgesetz) v. 25.11.1933 (RGBl. S. 1011)
RAG	Reichsarbeitsgericht, zugleich amtliche Sammlung der Entscheidungen (Band u. Seite)
RAnwG DDR	Gesetz über die Anwendung des Rechts auf internationale zivil-, familien- und arbeitsrechtliche Beziehungen sowie auf internationale Wirtschaftsverträge (Rechtsanwendungsgesetz) v. 5.12.1975 (GBl. DDR I S. 748)
RBerG	Rechtsberatungsgesetz v. 13.12.1935 (RGBl. S. 1478)
RdA	Recht der Arbeit (Zeitschrift)
RdErl.	Runderlass
RdJB	Recht der Jugend und des Bildungswesens (Zeitschrift)
RdK	Das Recht des Kraftfahrers (Zeitschrift, ab 1952: Deutsches Autorecht)
RdL	Recht der Landwirtschaft (Zeitschrift)
RdNr.	Randnummer(n)
RdSchr.	Rundschreiben
RE	Rechtsentscheid
Recht	Das Recht (Zeitschrift)
Rechtstheorie	Rechtstheorie (Zeitschrift)
rechtsw.	rechtswidrig
RefE	Referentenentwurf; speziell: Gesetz zur Reform des Insolvenzrechts, hrsg. vom BMJ (1989)
Reg.	Regierung
RegBez.	Regierungsbezirk
RegBl.	Regierungsblatt
RegE	Regierungsentwurf
RegE InsOÄndG 2001	RegE eines Gesetzes zur Änderung der Insolvenzordnung und anderer Gesetze v. 5.1.2001 (BR-Drucks. 14/01 = NZI 2001, Beilage zu Heft 1)
RegE InsVGVereinfG 2007	Regierungsentwurf eines Gesetzes zur Vereinfachung des Insolvenzverfahrens vom 11.8.2006 (BR-Drucks. 549/06 = BT-Drucks. 16/3227)
RegE RBerNG	Regierungsentwurf eines Gesetzes zur Neuregelung des Rechtsberatungsgesetzes vom 1.9.2006 (BR-Drucks. 623/06 = BT-Drucks. 16/3655)
Reithmann/Martiny	Reithmann/Martiny, Internationales Vertragsrecht. Das IPR der Schuldverträge, 7. Aufl. 2010
REMiet.	Rechtsentscheide Mietrecht (Thieler/Frantzioch/Uetzmann)
RES	Sammlung der Rechtsentscheide in Wohnraummietsachen, hrsg. v. Landfermann, Heerde, Band I Entscheidungen 1980/1981, Band II Entscheidungen 1982, Band III Entscheidungen 1983, Band IV Entscheidungen 1984, Band V Entscheidungen 1985, Band VI Entscheidungen 1986/1987
RFH	Reichsfinanzhof, zugleich amtliche Sammlung der Entscheidungen (Band u. Seite)
RG	Reichsgericht
RGBl.	Reichsgesetzblatt
RGRK-*Bearbeiter*	Das Bürgerliche Gesetzbuch, Kommentar, herausgegeben von Mitgliedern des Bundesgerichtshofs, 12. Aufl. 1974 ff.

Abkürzungsverzeichnis

RGSt.	Amtliche Sammlung von Entscheidungen des Reichsgerichts in Strafsachen
RGZ	Amtliche Sammlung von Entscheidungen des Reichsgerichts in Zivilsachen
RHeimstG	Reichsheimstättengesetz idF v. 25.11.1937 (RGBl. I S. 1291)
RheinZ	Rheinische Zeitschrift für Zivil- und Prozeßrecht
Rh.-Pf.; rh.-pf.	Rheinland-Pfalz; rheinland-pfälzisch
Riering	Riering, Die Betriebsfortführung durch den Konkursverwalter, 1987
Riezler	Riezler, Internationales Zivilprozeßrecht und prozessuales Fremdenrecht, 1949
RiM	Rechtsentscheide im Mietrecht (Müller, Oske, Becker, Blümmel)
RiW	Recht der internationalen Wirtschaft (Zeitschrift, 1. 1954/55–3. 1957 u. 21. 1975 ff.; früher AWD)
RKW	Rationalisierungs-Kuratorium der deutschen Wirtschaft
RL	Richtlinie
RNotZ	Rheinische Notar-Zeitung (ab 2001, Fortsetzung der MittRhNotK)
ROHG	Reichsoberhandelsgericht, auch Entscheidungssammlung (Band und Seite)
Röhricht/v. Westphalen HGB	Röhricht/v. Westphalen, Kommentar zum HGB, 2. Auflage 2002 mit Nachtrag 2003
Rosenberg/Gaul/Schilken	Rosenberg/Gaul/Schilken, Zwangsvollstreckungsrecht, 11. Aufl. 1997
Rosenberg/Schwab/Gottwald	Rosenberg/Schwab/Gottwald, Zivilprozessrecht, 17. Aufl. 2010
Roth/Weller, Handels- und Gesellschaftsrecht	Roth/Weller, Handels- und Gesellschaftsrecht, 7. Aufl. 2010
Roth/Altmeppen	Roth/Altmeppen, GmbHG, 7. Aufl. 2012
ROW	Recht in Ost und West (Zeitschrift)
Rowedder/Schmidt-Leithoff GmbHG	Rowedder/Schmidt-Leithoff (Hrsg.), GmbH-Gesetz, 5. Aufl. 2013
Rpfleger	Der Deutsche Rechtspfleger (Zeitschrift)
RPflG	Rechtspflegergesetz idF v. 5.12.2012 (BGBl. I S. 2418)
RPflJb.	Rechtspflegerjahrbuch
Rspr.	Rechtsprechung
RT-Drucks.	Drucksache des Reichstags
RuG	Recht und Gesellschaft (Zeitschrift)
r+s	Recht und Schaden
Rüve, Diss. Uni Hamburg 2008	Rüve, Mehrheitsbeschaffung durch die Gruppenbildung im Insolvenzplan, Diss. Univ. Hamburg, 2008
Runkel InsO	Runkel, Anwalts-Handbuch Insolvenzrecht, 2. Aufl. 2008
RuW	Recht und Wirtschaft (Zeitschrift)
RV	Die Rentenversicherung (Zeitschrift)
RvglHWB	Rechtsvergleichendes Handwörterbuch für das Zivil- und Handelsrecht des In- und Auslandes (Band u. Seite)
RVO	Reichsversicherungsordnung idF v. 23.10.2012 (BGBl. I S. 2246)
RzW	Rechtsprechung zum Wiedergutmachungsrecht (Zeitschrift)
S.	Seite; Recueil Sirey
s.	siehe; section
s. a.	siehe auch
saarl., Saarl.	saarländisch, Saarland
SaarlRStZ	Saarländische Rechts- und Steuerzeitschrift
SaBremR	Sammlung des bremischen Rechts
SAE	Sammlung arbeitsrechtlicher Entscheidungen (Zeitschrift)
SCEAG	Gesetz zur Ausführung der Verordnung (EG) Nr. 1435/2003 des Rates vom 22.7.2003 über das Statut der Europäischen Genossenschaft (SCE-Ausführungsgesetz) vom 14.8.2006 (BGBl. I S. 1911)

Abkürzungsverzeichnis

SCE	Societas Cooperativa Europaea (Europäische Genossenschaft)
SCEVO	Verordnung (EG) Nr. 1435/2003 über das Statut der Europäischen Genossenschaft (SCE) vom 22.7.2003 (ABl. EU 2003 Nr. L 207 vom 18.8.2003, S. 1), in Kraft ab 18.8.2006
SächsAnn. ...	Annalen des Sächsischen Oberlandesgerichts zu Dresden
SächsArch. ...	Sächsisches Archiv für Rechtspflege (Zeitschrift)
Schäfer/Finnern/ Hochstein	Schäfer/Finnern/Hochstein, Rechtsprechung zum privaten Baurecht, Entscheidungssammlung mit Anmerkungen, Loseblatt, Stand Sept. 2006
Schaub	Schaub, Arbeitsrechts-Handbuch, 14. Aufl. 2011
ScheckG	Scheckgesetz v. 14.8.1933 (RGBl. I S. 597)
Schimansky/ Bunte/Lwowski, Bankrechts-Handbuch	Herbert Schimansky/Hermann J. Bunte/Hans J. Lwowski (Hrsg.), Bankrechts-Handbuch, 2. Aufl. 2001 (bzw. 4. Aufl. 2011)
Schlegelberger/ *Bearbeiter*	Schlegelberger, Handelsgesetzbuch, Kommentar von Geßler, Hefermehl, Hildebrand, Schröder, Martens und Karsten Schmidt, 5. Aufl. 1973 ff.
SchlH	Schleswig-Holstein
SchlHA	Schleswig-Holsteinische Anzeigen (NF 1. 1837 ff. Zeitschrift)
Schlüter	Schlüter, Erbrecht, 16. Auflage 2007
K. Schmidt, Gesellschaftsrecht	Karsten Schmidt, Gesellschaftsrecht, 4. Aufl. 2002
K. Schmidt, Handelsrecht	Karsten Schmidt, Handelsrecht, 5. Aufl. 1999
K. Schmidt/ Uhlenbruck ..	Karsten Schmidt/Wilhelm Uhlenbruck (Hrsg.), Die GmbH in Krise, Sanierung, Insolvenz, 4. Aufl. 2009
Schmidt-Futterer (/*Bearbeiter*) ...	Schmidt-Futterer, Mietrecht, Kommentar, 10. Aufl. 2011
Schmidt-Räntsch, Insolvenzordnung	Ruth Schmidt-Räntsch, Insolvenzordnung mit Einführungsgesetz, 1995
Schönke/ Schröder/ *Bearbeiter*	Schönke/Schröder, Strafgesetzbuch, Kommentar, 25. Aufl. 1997 (bzw. 28. Aufl. 2010)
Scholz/*Bearbeiter*, GmbHG	Scholz, Kommentar zum GmbHG, 10. Aufl. 2010
Scholz/Lwowski, Kreditsicherung	Hellmut Scholz/Hans-Jürgen Lwowski, Das Recht der Kreditsicherung, 8. Aufl. 2000
SchRegO	Schiffregisterordnung v. 19.12.1940 (RGBl. I S. 1591)
SchRG	Gesetz über Rechte an eingetragenen Schiffen und Schiffsbauwerken v. 15.11.1940 (RGBl. I 1499)
Schulze, Rechtspr.	Rechtsprechung zum Urheberrecht; Entscheidungssammlung mit Anm. von E. Schulze, 1988
Schwab/ Prütting	Schwab/Prütting, Sachenrecht, 34. Aufl. 2010
SchwbG	Gesetz zur Sicherung der Eingliederung Schwerbehinderter in Arbeit, Beruf und Gesellschaft (Schwerbehindertengesetz) idF v. 26.8.1986 (BGBl. I S. 1422); aufgehoben m.W. v. 1.7.2001 (jetzt SGB IX vom 19.6.2001, BGBl. I S. 1046)
schweiz.	schweizerisch
SchweizAG ..	Schweizerische Aktiengesellschaft, Société anonyme suisse (Zeitschrift)
Schwerdtner ..	Schwerdtner, Arbeitsrecht I, 2. Aufl. 1990

Abkürzungsverzeichnis

Schwintowski/Schäfer	Schwintowski/Schäfer, Bankrecht, 3. Aufl. 2011
SE	Societas Europaea (Europäische Gesellschaft, Europäische Aktiengesellschaft)
SEAG	Gesetz zur Ausführung der Verordnung (EG) Nr. 2157/2001 über das Statut der Europäischen Gesellschaft (SE) (SE-Ausführungsgesetz) vom 22.12.2004 (BGBl. I S. 3675)
Senst/Eickmann/Mohn	Senst/Eickmann/Mohn, Handbuch für das Konkursgericht, 5. Aufl. 1976
Serick	Serick, Eigentumsvorbehalt und Sicherungsübereignung, Bände II, III und V, 1970 ff.
SeuffA	Seufferts Archiv für Entscheidungen der obersten Gerichte in den deutschen Staaten (Zeitschrift, zitiert nach Band u. Nr.; 1. 1847–98. 1944)
SEVO	Verordnung (EG) Nr. 2157/2001 über das Statut der Europäischen Gesellschaft (SE) vom 8.10.2001 (ABl. EU 2001 Nr. L 294 vom 10.11.2001, S. 1)
SG	Sozialgericht
SGB	Sozialgesetzbuch
SGb	Die Sozialgerichtsbarkeit (Zeitschrift)
SGG	Sozialgerichtsgesetz idF v. 21.7.2012 (BGBl. I S. 1577)
SigG	Verordnung zur digitalen Signatur (Signaturgesetz – SigG)
SigV	Verordnung zur digitalen Signatur (Signaturverordnung – SigV)
SK-*Bearbeiter*	Systematischer Kommentar zum Strafgesetzbuch, bearb. v. Rudolphi/Horn/Samson u. a. (Loseblatt)
Smid (/*Bearbeiter*), GesO	Smid, Gesamtvollstreckungsordnung, 3. Aufl. 1997
Smid, Grundzüge	Smid, Grundzüge des Insolvenzrechts, 4. Aufl. 2002
s. o.	siehe oben
Soergel/*Bearbeiter*	Bürgerliches Gesetzbuch mit Einführungsgesetz und Nebengesetzen, begründet von Soergel, 13. Aufl. 2000 ff. (bzw. 12. Aufl. 1987 ff.)
sog.	sogenannt
SozPlG	Gesetz über den Sozialplan im Konkurs- und Vergleichsverfahren v. 20.2.1985 (BGBl. I S. 369), außer Kraft am 31.12.1998
SozR	Sozialrecht, Rechtsprechung und Schrifttum, bearbeitet von den Richtern des Bundessozialgerichts
SozVers.	Die Sozialversicherung (Zeitschrift)
SozW	Sozialwissenschaft(en)
Sp.	Spalte
SpTrUG	Gesetz über die Spaltung der von der Treuhandanstalt verwalteten Unternehmen idF v. 4.12.2004 (BGBl. I S. 3166)
SpuRt	Zeitschrift für Sport und Recht (Zeitschrift)
st.	ständig
StA	Staatsangehörigkeit
StAG	Staatsangehörigkeitsgesetz idF v. 1.6.2012 (BGBl. I S. 1224), bis 31.12.1999 amtliche Überschrift: Reichs- und Staatsangehörigkeitsgesetz
Staub/Canaris/Habersack/*Bearbeiter*	Staub/*Bearbeiter*, Handelsgesetzbuch, Großkommentar, 5. Aufl. 2012
Staudinger/*Bearbeiter*	Kommentar zum Bürgerlichen Gesetzbuch, 12. Aufl. 1978 ff. und 13. Bearbeitung 1993 ff. und Neubearbeitung 1998 ff.
StAZ	Das Standesamt (Zeitschrift)
StB	Der Steuerberater (Zeitschrift)
StBerG	Steuerberatungsgesetz idF v. 6.12.2011 (BGBl. I S. 2515)
Stbg.	Die Steuerberatung (Zeitschrift)
StBGebV	Gebührenordnung für Steuerberater, Steuerbevollmächtigte und Steuerberatungsgesellschaften (Steuerberater-Gebührenverordnung-StBGebV) idF v. 8.4.2008 (BGBl. I S. 666)
StBp.	Die steuerliche Betriebsprüfung (Zeitschrift)

Abkürzungsverzeichnis

Stein/Jonas/*Bearbeiter*	Stein/Jonas, Zivilprozeßordnung, 22. Aufl. 2002 ff.
Sten. Prot.	Stenographisches Protokoll
StGB	Strafgesetzbuch idF v. 5.12.2012 (BGBl. I S. 2425)
StiftG	Stiftungsgesetz
StPO	Strafprozeßordnung idF v. 5.12.2012 (BGBl. I S. 2425)
Stöber, Forderungspfändung	Kurt Stöber, Forderungspfändung, Zwangsvollstreckung in Forderungen und andere Vermögensrechte, 15. Aufl. 2010
Stöber, ZVG	Stöber, Zwangsversteigerungsgesetz, 20. Aufl. 2012
Stöber, ZVG-Handbuch	Kurt Stöber, Zwangsvollstreckung in das unbewegliche Vermögen – ZVG-Handbuch, Handbuch der Rechtspraxis, 9. Aufl. 2010
str.	streitig
st. Rspr.	ständige Rechtsprechung
StuW	Steuer und Wirtschaft (Zeitschrift)
StVG	Straßenverkehrsgesetz v. 19.12.1952 idF v. 22.12.2011 (BGBl. I S. 3044)
StVj.	Steuerliche Vierteljahresschrift
s. u.	siehe unten
TA-Lärm	Technische Anleitung zum Schutz gegen Lärm v. 16.7.1968 (Beilage zu BAnz. Nr. 137/1968)
TA-Luft	Technische Anleitung zur Reinhaltung der Luft v. 27.2.1986 (Beilage zu BAnz. Nr. 58/1986)
teilw.	teilweise
Thomas/Putzo	Thomas/Putzo, Zivilprozeßordnung mit Gerichtsverfassungsgesetz und den Einführungsgesetzen, 33. Aufl. 2012
Tipke/Kruse	Klaus Tipke/Heinrich Wilhelm Kruse, Abgabenordnung, Finanzgerichtsordnung, 16. Aufl. 1996 (Loseblatt)
TKG	Telekommunikationsgesetz idF v. 3.5.2012 (BGBl. I S. 958)
TranspR	Transport- und Speditionsrecht (Zeitschrift)
türk.	türkisch
TÜV	Technischer Überwachungsverein
TVG	Tarifvertragsgesetz idF v. 8.12.2010 (BGBl. I S. 1864)
TzBfG	Gesetz über Teilzeitarbeit und befristete Arbeitsverträge idF v. 20.12.2011 (BGBl. I S. 2854)
u.	und; unten; unter
u. a.	unter anderem; und andere
u. a. m.	und andere(s) mehr
u. ä.	und ähnliche(s)
u.ä.m.	und ähnliches mehr
überwM	überwiegende Meinung
Übk.	Übereinkommen
UFITA	Archiv für Urheber-, Film-, Funk- und Theaterrecht (Zeitschrift, zitiert nach Band und Seite)
Uhlenbruck, Das neue Insolvenzrecht	Wilhelm Uhlenbruck, Das neue Insolvenzrecht, Insolvenzverordnung und Einführungsgesetz nebst Materialien mit Praxishinweisen, 1994
Uhlenbruck/*Bearbeiter*	Uhlenbruck/Hirte/Vallender (Hrsg.), Insolvenzordnung, Kommentar, 13. Aufl. 2010
Uhlenbruck/Delhaes, HRP	Wilhelm Uhlenbruck/Karl Delhaes, Konkurs- und Vergleichsverfahren, Handbuch der Rechtspraxis, 5. Aufl. 1990
Ulmer/Brandner/Hensen	Ulmer/Brandner/Hensen, Kommentar zum Gesetz zur Regelung des Rechts der Allgemeinen Geschäftsbedingungen, 11. Aufl. 2011
UNCTAD	United Nations Congress of Trade and Development

Abkürzungsverzeichnis

UNIDROIT	Institut International pour l'Unification du Droit Privé
UN-KaufR	(Wiener) Übereinkommen der Vereinten Nationen über Verträge über den internationalen Warenkauf v. 11.4.1980 (BGBl. 1989 II S. 586; 1990 II S. 1477), siehe auch CISG
UNO	United Nations Organization
unstr.	unstreitig
Unterhaltsrecht-Bearbeiter	Unterhaltsrecht, Handbuch für die Praxis, von G. Heiß, und Born, Loseblatt, 42. Aufl. 2012
UPR	Umwelt- und Planungsrecht (Zeitschrift)
UR	Umsatzsteuer-Rundschau
UrhG	Gesetz über Urheberrecht und verwandte Schutzrechte (Urheberrechtsgesetz) idF v. 22.12.2011 (BGBl. I S. 3044)
Urt.	Urteil
U.S.	United States Reports (amtliche Entscheidungssammlung des U.S. Supreme Court)
UStG	Umsatzsteuergesetz idF v. 8.5.2012 (BGBl. I S. 1030)
usw.	und so weiter
uU	unter Umständen
UWG	Gesetz gegen den unlauteren Wettbewerb idF v. 3.3.2010 (BGBl. I S. 254)
v.	vom; von
VA	Vermittlungsausschuß
VAG	Gesetz über die Beaufsichtigung der Versicherungsunternehmen (Versicherungsaufsichtsgesetz) idF v. 5.12.2012 (BGBl. I S. 2418)
VBL	Versorgungsanstalt des Bundes und der Länder
Veranneman/Bearbeiter	Veranneman (Hrsg.), Schuldverschreibungsgesetz Kommentar, 2010
VerBAV	Veröffentlichungen des Bundesaufsichtsamtes f. das Versicherungs- und Bausparwesen (Zeitschrift)
Verb. Komm.	Verbandskommentar, Kommentar zur Reichsversicherungsordnung (4. und 5. Buch), hrsg. v. Verband Deutscher Rentenversicherungsträger
Verb. Komm. SGB VI	Kommentar zum Recht der gesetzlichen Rentenversicherung. Sozialgesetzbuch, Sechstes Buch – Gesetzliche Rentenversicherung, hrsg. vom Verband Deutscher Rentenversicherungsträger
VerbrKrG	Verbraucherkreditgesetz idF v. 26.11.2001 (BGBl. I S. 3138)
VereinsG	Vereinsgesetz v. 5.8.1964 (BGBl. I S. 593)
Verf.	Verfassung
VerglO	Vergleichsordnung v. 26.2.1935 (RGBl. I S. 321)
Verh.	Verhandlung(en)
Verhdlg. DJT	Verhandlungen des Deutschen Juristentages
VerlG	Gesetz über das Verlagsrecht v. 19.6.1901 (RGBl. S. 217)
VermG	Gesetz zur Regelung der offenen Vermögensfragen (Vermögensgesetz) idF v. 23.5.2011 (BGBl. I S. 920)
Veröff.	Veröffentlichung
VersArch.	Versicherungswissenschaftliches Archiv (Zeitschrift)
VersR	Versicherungsrecht, Juristische Rundschau für die Individualversicherung (Zeitschrift)
VersRdSch.	Versicherungsrundschau (österreichische Zeitschrift)
VersW	Versicherungswirtschaft (Zeitschrift)
Verw.	Verwaltung
VerwA	Verwaltungsarchiv (Zeitschrift)
VerwG	Verwaltungsgericht
VerwGH	Verwaltungsgerichtshof
VerwRspr.	Verwaltungsrechtsprechung in Deutschland (Band u. Seite)
Vfg.	Verfügung
VGH	Verfassungsgerichtshof
vgl.	vergleiche
vH	von (vom) Hundert

Abkürzungsverzeichnis

Virgos/Schmit	Virgos/Schmit, Erläuternder Bericht zu dem EU-Übereinkommen über Insolvenzverfahren, in: Stoll (Hrsg.), Vorschläge und Gutachten zur Umsetzung des EU-Übereinkommens über Insolvenzverfahren im deutschen Recht, 1997, S. 32
VIZ	Zeitschrift für Vermögens- und Investitionsrecht
VMBl.	Ministerialblatt des Bundesministers für (ab 1962: der) Verteidigung
VO	Verordnung
VOB Teil A/B	Verdingungsordnung für Bauleistungen, Teil A: Allg. Best. für die Vergabe von Bauleistungen, Teil B: Allg. Vertragsbedingungen für die Ausführung von Bauleistungen v. 25.10.1979 (BAnz. 1979 Nr. 208 S. 4)
VOBl.	Verordnungsblatt
VollstrA	Allgemeine Verwaltungsvorschrift über die Durchführung der Vollstreckung nach der Abgabenordnung (Vollstreckungsanweisung – VollstrA) v. 13.3.1980 (BStBl. I S. 112)
Voraufl.	Vorauflage
vor	Vorbemerkung(en) vor
VSSR	Vierteljahresschrift für Sozialrecht
VStG	Vermögensteuergesetz idF v. 29.10.2001 (BGBl. I S. 2785)
VuR	Verbraucher und Recht (Zeitschrift)
VVaG	Versicherungsverein auf Gegenseitigkeit
VVG	Gesetz über den Versicherungsvertrag v. 30.5.1908 (RGBl. S. 263)
VwGO	Verwaltungsgerichtsordnung idF v. 21.7.2012 (BGBl. I S. 1577)
VwKostG	Verwaltungskostengesetz idF v. 5.12.2012 (BGBl. I S. 2415)
VwV	Verwaltungsverordnung; Verwaltungsvorschrift
VwVfG	Verwaltungsverfahrensgesetz idF v. 14.8.2009 (BGBl. I S. 2827)
VwZG	Verwaltungszustellungsgesetz idF v. 22.12.2011 (BGBl. I S. 3044)
VZS	Vereinigte Zivilsenate
Waltermann	Waltermann, Arbeitsrecht, 16. Aufl. 2012
WarnR	Rechtsprechung des Reichsgerichts, herausgegeben von Warneyer (Band u. Nr.), ab 1961: Rechtsprechung des Bundesgerichtshofs in Zivilsachen
Weber, Kreditsicherheiten	Hansjörg Weber, Kreditsicherungsrecht, 8. Aufl. 2006
WEG	Wohnungseigentumsgesetz idF v. 10.5.2012 (BGBl. I S. 1084)
v. Westphalen/ *Bearbeiter*	Graf v. Westphalen, Vertragsrecht und AGB-Klauselwerke, 31. Aufl. 2012
WG	Wechselgesetz v. 21.6.1933 (RGBl. I S. 399))
WHG	Wasserhaushaltsgesetz idF v. 5.12.2012 (BGBl. I S. 2449)
WiB	Wirtschaftsrechtliche Beratung (Zeitschrift)
Wieczorek/ Schütze	Wieczorek/Schütze, Zivilprozeßordnung und Nebengesetze, 2. Aufl. 1976–1989 (bzw. 4. Aufl. 2012 ff.)
Wiedemann	Wiedemann, Gesellschaftsrecht, Band 1: Grundlagen, 1980
WiRO	Wirtschaft und Recht in Osteuropa (Zeitschrift)
WiSta	Wirtschaft und Statistik (herausgegeben vom Statistischen Bundesamt; Zeitschrift)
WiStG	Wirtschaftsstrafgesetz idF v. 8.12.2010 (BGBl. I S. 1864)
wistra	Zeitschrift für Wirtschaft, Steuer, Strafrecht
WM	Wertpapiermitteilungen (Zeitschrift)
Wolf/Lindacher/ Pfeiffer	M. Wolf/Lindacher/Pfeiffer, AGB-Recht, Kommentar, 5. Aufl. 2009
Wolff	M. Wolff, Das Internationale Privatrecht Deutschlands 1954
WoM	Wohnungswirtschaft und Mietrecht (Informationsdienst des Deutschen Mieterbundes; Zeitschrift)
WP	Wahlperiode
WP-Handbuch	Institut der Wirtschaftsprüfer (Hrsg.), WP-Handbuch 2000, Band 1, 12. Aufl. 2001, WP-Handbuch 1998, Band 2, 11. Aufl. 1998
WPg.	Die Wirtschaftsprüfung (Zeitschrift)
WpHG	Wertpapierhandelsgesetz (Schönfelder Erg.-Bd. Nr. 58)
Wprax	Wirtschaftsrecht und Praxis (Zeitschrift)

Abkürzungsverzeichnis

WPO	Wirtschaftsprüferordnung
WRP	Wettbewerb in Recht und Praxis (Zeitschrift)
WRV	Weimarer Reichsverfassung v. 11.8.1919 (RGBl. S. 1383)
WStG	Wehrstrafgesetz idF v. 22.4.2005 (BGBl. I S. 1106)
WuB	Wirtschafts- und Bankrecht (Zeitschrift)
WuM	Wohnungswirtschaft und Mietrecht (Zeitschrift, 1. 1948 ff.)
WuR	Die Wirtschaft und das Recht (Zeitschrift)
WuW	Wirtschaft und Wettbewerb (Zeitschrift)
WuW/E	Wirtschaft und Wettbewerb – Entscheidungssammlung
ZAP	Zeitschrift für die Anwaltspraxis
ZAS	Zeitschrift für Arbeits- und Sozialrecht (Österreich)
zB	zum Beispiel
ZBB	Zeitschrift für Bankrecht und Bankwirtschaft
ZBergR	Zeitschrift für Bergrecht
ZblSozVers.	Zentralblatt für Sozialversicherung, Sozialhilfe und -versorgung
ZDJ	Zeitschrift des Bundes Deutscher Justizamtmänner
ZDG	Zivildienstgesetz idF v. 20.6.2011 (BGBl. I S. 1114)
ZErb	Zeitschrift für die Steuer- und Erbrechtspraxis (seit 1999)
ZEuP	Zeitschrift für Europäisches Privatrecht
ZEV	Zeitschrift für Erbrecht und Vermögensnachfolge
ZfA	Zeitschrift für Arbeitsrecht
ZfB	Zeitschrift für Betriebswirtschaft
ZfbF	Zeitschrift für betriebswirtschaftliche Forschung
ZfbF	(Schmalenbachs) Zeitschrift für betriebswirtschaftliche Forschung
ZfBR	Zeitschrift für deutsches und internationales Baurecht (1. 1978 ff.)
ZfgK	Zeitschrift für das gesamte Kreditwesen
ZfJ	Zeitschrift für Jugendrecht
ZfIR	Zeitschrift für Immobilienrecht
ZfRV	Zeitschrift für Rechtsvergleichung (Österreich)
ZfS	Zeitschrift für Schadensrecht (1. 1980 ff.)
ZfSH	Zeitschrift für Sozialhilfe (1. 1962 ff.)
ZfSozW	Zeitschrift für Sozialwissenschaft
ZfVersWesen	Zeitschrift für Versicherungswesen
ZGB	Schweizerisches Zivilgesetzbuch
ZGB DDR	Zivilgesetzbuch der Deutschen Demokratischen Republik v. 19.6.1975 (GBl. DDR I S. 465)
ZgesGenW	Zeitschrift für das gesamte Genossenschaftswesen
ZgesKredW	Zeitschrift für das gesamte Kreditwesen
ZgesStaatsW	Zeitschrift für die gesamte Staatswissenschaft
ZGR	Zeitschrift für Unternehmens- und Gesellschaftsrecht
ZHR	Zeitschrift für das gesamte Handelsrecht und Wirtschaftsrecht (früher Zeitschrift für das gesamte Handelsrecht und Konkursrecht)
Ziff.	Ziffer(n)
ZInsO	Zeitschrift für das gesamte Insolvenzrecht
ZIP	Zeitschrift für Wirtschaftsrecht (bis 1982: Zeitschrift für Wirtschaftsrecht und Insolvenzpraxis)
ZIR	Zeitschrift für internationales Recht (früher NiemeyersZ)
ZKredW	Zeitschrift für das gesamte Kreditwesen
ZLR	Zeitschrift für Luftrecht
ZLW	Zeitschrift für Luftrecht und Weltraumrechtsfragen
ZMR	Zeitschrift für Miet- und Raumrecht
Zöller/*Bearbeiter*	Zöller, Zivilprozessordnung, 26. Aufl. 2007
Zöllner/Loritz/Hergenröder ArbR	Loritz/Zöllner/Hergenröder Arbeitsrecht, 6. Aufl. 2008
Zöllner, Wertpapierrecht	Zöllner, Wertpapierrecht, 15. Aufl. 1999
ZPO	Zivilprozeßordnung idF v. 5.12.2012 (BGBl. I S. 2418)

Abkürzungsverzeichnis

ZRG	Zeitschrift der Savigny-Stiftung für Rechtsgeschichte (germ. Abt. = germanistische Abteilung; rom. Abt. = romanistische Abteilung, kanon. Abt. = kanonistische Abteilung)
ZRHO	Rechtshilfeordnung für Zivilsachen (einheitliche Verwaltungsvorschrift des Bundes und der Länder)
ZRP	Zeitschrift für Rechtspolitik
ZRvgl.	Zeitschrift für Rechtsvergleichung
ZS	Zivilsenat
ZSEG	Gesetz über die Entschädigung von Zeugen und Sachverständigen idF v. 5.5.2004 (BGBl. I S. 718)
ZSR	Zeitschrift für Sozialreform
ZStrW	Zeitschrift für die gesamte Strafrechtswissenschaft (Band u. Seite)
zT	zum Teil
zust.	zuständig; zustimmend
zutr.	zutreffend
z.V. b.	zur Veröffentlichung bestimmt
ZVersWes.	Zeitschrift für Versicherungswesen
ZVersWiss.	Zeitschrift für die gesamte Versicherungswissenschaft (1. 1901–43. 1943; 49. 1960 ff.)
ZVG	Gesetz über die Zwangsversteigerung und Zwangsverwaltung idF v. 20.5.1898 (RGBl. S. 369, 713)
ZVI	Zeitschrift für Verbraucher und Privatinsolvenzrecht
ZVglRWiss.	Zeitschrift für vergleichende Rechtswissenschaft (Band, Jahr u. Seite)
ZVP	Zeitschrift für Verbraucherpolitik
zZ	zur Zeit
ZZP	Zeitschrift für Zivilprozeß (Band u. Seite)

Insolvenzordnung (InsO)

Vom 5. Oktober 1994 (BGBl. I S. 2866)

Geändert durch Gesetze vom 19.7.1996 (BGBl. I S. 1013), vom 28.10.1996 (BGBl. I S. 1546), vom 24.3.1997 (BGBl. I S. 594), vom 16.12.1997 (BGBl. I S. 2942 und S. 2968), vom 6.4.1998 (BGBl. I S. 666), vom 22.7.1998 (BGBl. I S. 1878), vom 25.8.1998 (BGBl. I S. 2489) und vom 19.12.1998 (BGBl. I S. 3836), vom 21.7.1999 (BGBl. I S. 1642), vom 8.12.1999 (BGBl. I S. 2384), vom 16.2.2001 (BGBl. I S. 266), durch das Mietrechtsreformgesetz vom 19.6.2001 (BGBl. I S. 1149, 1171), durch das Zivilprozessreformgesetz vom 27.7.2001 (BGBl. I S. 1887), durch Gesetz vom 26.10.2001 (BGBl. I S. 2710), vom 13.12.2001 (BGBl. I S. 3574), vom 14.3.2003 (BGBl. I S. 345), vom 23.12.2003 (BGBl. I S. 2848), vom 24.12.2003 (BGBl. I S. 3002), vom 5.4.2004 (BGBl. I S. 502), vom 9.12.2004 (BGBl. I S. 3214), vom 15.12.2004 (BGBl. I S. 3396), vom 22.3.2005 (BGBl. I S. 837), vom 10.11.2006 (BGBl. I S. 2553), vom 22.12.2006 (BGBl. I S. 3416), vom 26.3.2007 (BGBl. I S. 368), vom 13.4.2007 (BGBl. I S. 509), vom 12.12.2007 (BGBl. I S. 2840), vom 17.10.2008 (BGBl. I S. 1982), vom 23.10.2008 (BGBl. I S. 2026), vom 7.4.2009 (BGBl. I S. 725), vom 7.7.2009 (BGBl. I S. 1707), vom 29.7.2009 (BGBl. I S. 2258 und S. 2355), vom 24.9.2009 (BGBl. I S. 3151), vom 19.11.2010 (BGBl. I S. 1592), vom 9.12.2010 (BGBl. I S. 1885), vom 21.10.2011 (BGBl. I S. 2082), vom 7.12.2011 (BGBl. I S. 2582, ber. S. 2800), vom 20.12.2011 (BGBl. I S. 2854) und zuletzt vom 5.12.2012 (BGBl. I S. 2418)

BGBl. III/FNA 311-13

Einleitung

Übersicht

	Rn.		Rn.
I. Insolvenzzwecke	1–5	4. Die Kritik an der Konkurs- und Vergleichsordnung und die Arbeit der Insolvenzrechtskommission	33–38
1. Gleichmäßige Gläubigerbefriedigung	1	a) Die Entwicklung der Insolvenzstatistik und der Funktionsverlust der Insolvenzverfahren	33
2. Liquidation und Unternehmenserhaltung	2	b) Ursachen des Funktionsverlustes	34
3. Hierarchie der Insolvenzzwecke und wirtschaftspolitische Grundverfassung	3	c) Die Rahmenbedingungen der Kommissionsarbeit	35
4. Gläubiger- und Gerichtsmacht und Hierarchie der Insolvenzzwecke im Insolvenzplanverfahren	4	d) Die Kommissionsvorschläge	36–38
5. Entschuldung als Insolvenzzweck	5	5. Die Entstehung der neuen Insolvenzordnung	39–45c
II. Verfahrensstruktur und Verfahrensgang	6–24d	a) Die Änderung der Rahmenbedingungen	39
1. Einheitsverfahren	6–6a	b) Der Diskussionsentwurf des Bundesjustizministeriums	40
2. Eröffnungsverfahren	7–9	c) Der Referentenentwurf des Bundesjustizministeriums	41
a) Eröffnungsvoraussetzungen und Eröffnungsbeschluss	7, 8	d) Die Gesamtvollstreckungsordnung der neuen Bundesländer	42
b) Wirkungen der Eröffnung	9	e) Der Regierungsentwurf einer Insolvenzordnung	43
3. Liquidationsverfahren	10–16	f) Die Arbeit des Rechtsausschusses des Deutschen Bundestages	44
a) Die Insolvenzmasse	10	g) Verabschiedung und Inkrafttreten. Erneuter Reformbedarf	45–45c
b) Bereinigung der Istmasse	11	6. Statistik und Bewährung	45d
c) Vermehrung der Istmasse	12	**IV. Verfahrensgrundsätze der Insolvenzordnung**	46–76
d) Verwertungsentscheidung	13	1. Bedeutung der Verfahrensgrundsätze	46
e) Feststellung der Passivmasse	14	2. Allgemeine Grundsätze des Insolvenzverfahrens	47–61
f) Verteilung	15	a) Parteidisposition	47–50
g) Aufhebung des Verfahrens	16	b) Untersuchungsgrundsatz	51
4. Insolvenzplanverfahren	17–20	c) Amtsbetrieb	52
a) Inhalt	18	d) Mündlichkeit	53–55
b) Annahme und Bestätigung	19	e) Öffentlichkeit	56–58
c) Ausführung	20	f) Konzentrationsmaxime	59
5. Besondere Verfahrensarten	21–24d	g) Rechtliches Gehör	60, 61
a) Eigenverwaltung	21	3. Insolvenzspezifische Verfahrensgrundsätze	62–73
b) Restschuldbefreiung	22	a) Gleichmäßige Gläubigerbefriedigung (par conditio creditorum)	62, 63
c) Kleininsolvenz und Verbraucherinsolvenz	23	b) Universalitätsgrundsatz	64
d) Das Sondervermögen und sein Siegeszug	24–24a	c) Grundsatz der Geldliquidation	65, 66
e) Sonderinsolvenzrecht und Sanierungsverfahren für Banken und Versicherungen	24b–24d	d) Allzuständigkeit des Insolvenzgerichts oder dezentrale Zuständigkeit	67, 68
III. Stand und Geschichte des Insolvenzrechts	25–45d	e) Formalisierungsgrundsatz	69
1. Vorbemerkung	25	f) Nachforderungs- und Entschuldungsprinzip	70, 71
2. Historische Grundlagen bis zur alten Konkursordnung	26–30	g) Freier oder insolvenzgebundener Neuerwerb?	72, 73
a) Römisches Recht als Grundlage	26	4. Grundsätze insolvenzrechtlicher Verwertung	74–76
b) Italienische Stadtrechte und frühe deutsche Rezeption	27	a) Grundsatz des beschränkten Vollstreckungszugriffs	74
c) Gemeines deutsches Recht	28	b) Freie und formgebundene Verwertung	75
d) Der französische Konkurs	29	c) Grundsatz effektiver Verwertung	76
e) Die Preußische Konkursordnung von 1855	30		
3. Die alte Konkursordnung von 1877 und das Vergleichsrecht	31, 32		
a) Entstehung der KO 1877	31		
b) Das Vergleichsrecht und die Fortentwicklung des Konkursrechts	32		

Einleitung 1–3

I. Insolvenzzwecke

	Rn.		Rn.
V. Insolvenzrecht und Verfassung	77–101	d) Auskunfts- und Mitwirkungspflichten	91
1. Institutsgarantie	77–80	e) Eingriffe in das Recht auf informationelle Selbstbestimmung	92
a) Gleichmäßige Liquidation	77, 78	f) Menschenwürde und Entschuldungsprinzip	93
b) Insolvenzplanverfahren und vergleichsweise Verfahrensbeendigung	79, 80	g) Befugnis zur Verfassungsbeschwerde	94
2. Verfassung und Verfahrensausgestaltung	81–87	4. Gläubigerstellung und Verfassungsrecht	95–97
a) Garantie der Parteidispositon und Gläubigerautonomie	81–83	5. Der Ehegatte in der Insolvenz	98, 99
b) Rechtliches Gehör	84	6. Verfassungsrechtliche Rahmenbedingungen des Berufsrechts der Insolvenzverwalter	100
c) Gesetzlicher Richter	85		
d) Gewährleistung schleunigen Rechtsschutzes	86	7. Rechtsschutzgewährleistung und Rechtsbehelfe in der Insolvenz	101
e) Öffentlichkeit und Mündlichkeit	87	**VI. Staateninsolvenz**	102
3. Grundrechte des Gemeinschuldners	88–94	**VII. Vertragliches Schuldnerschutz- oder Umschuldungsverfahren**	103–105
a) Eingriffe in Freiheit und Eigentum	88		
b) Eingriffe in die Wohnung	89		
c) Eingriffe in das Briefgeheimnis	90		

I. Insolvenzzwecke

1. Gleichmäßige Gläubigerbefriedigung. Die alte Konkursordnung hat ihren Verfahrenszweck nicht ausdrücklich genannt. Wohl nach ursprünglich französischem Vorbild[1] stellt die Insolvenzordnung den Verfahrenszweck voran und findet ihn in der gemeinschaftlichen Gläubigerbefriedigung als **primärem Verfahrenszweck.**[2] Das Insolvenzverfahren ist damit durchgängig Gesamtvollstreckungsverfahren. Es unterscheidet sich vom Einzelvollstreckungsverfahren, in dem der Prioritätsgrundsatz gilt, durch die Geltung des Gleichbehandlungsgrundsatzes, der zwar nicht stets und immer den Gleichrang aller Gläubiger verlangt, aber doch Privilegierung nur in sachlich begründeten Ausnahmefällen zulässt.

2. Liquidation und Unternehmenserhaltung. Demgegenüber sind Liquidation und Unternehmenserhaltung **sekundäre Verfahrenszwecke,** die dem übergeordneten Zweck der Gläubigerbefriedigung dienen. Für das gesetzliche Liquidationsverfahren ergibt sich diese dienende Funktion aus der Pflicht aller Verfahrensorgane, die bestmöglichste Verwertung zu suchen. Wo die Gesamtveräußerung oder Teilveräußerung des „lebenden" Unternehmens (§§ 160 ff.) bessere Ergebnisse erzielt, ist sie die vorzuziehende Verwertungsform (sanierende Liquidation), wo die Gefahr unterwertiger Veräußerung besteht, trifft das Gesetz Sicherungsmaßnahmen. Auch im Insolvenzplanverfahren kann sich der Sekundärzweck der Unternehmenserhaltung nicht verselbständigen: Gläubigeropfer zur Unternehmenserhaltung können nicht erzwungen werden (§§ 225a Abs. 2 Satz 2, 245, 251).

3. Hierarchie der Insolvenzzwecke und wirtschaftspolitische Grundverfassung. Hinter dieser Hierarchie der Insolvenzzwecke steht die Grundvorstellung, dass die Sanierung eines für den freien Markt bestimmten Unternehmens nur durch **freiwillige** Neuinvestition gefördert werden sollte, nicht durch Zwangssubvention der Altgläubiger. Wo die Bereitschaft zu freier Investition fehlt, soll das Unternehmen aus dem Markt ausscheiden und liquidiert werden. Der Marktwert bestimmt also über die Fortexistenz: reicht er zur Erhaltung aus, kann das Unternehmen weiter existieren, sonst nicht. Die Insolvenzordnung mit ihren Insolvenzzwecken ist demnach Ausdruck freier Marktwirtschaft und ihrer Regeln. Unternehmenserhaltung gegen den Markt ist nur denkbar bei offener Subventionierung durch die öffentliche Hand oder andere Geldgeber. Es gilt der Grundsatz der Transparenz staatlicher oder privater Subventionierung, der grundsätzlich auch dann heilsame Wirkung hat, wenn man staatlicher Intervention in bestimmten Fällen aufgeschlossener gegenübersteht.

---

[1] Art. 1 Insolvenzgesetz 1985. Allerdings erschöpfte sich der Rückgriff auf das französische Vorbild in der Systematik, weil in Frankreich „redressement judiciaire" primärer Insolvenzzweck war. Zur Reintegration des Insolvenzverfahrens in den Code de Commerce (Art. 610-1-670-8) und der Einführung der „procédure de sauvegarde" im Jahre 2005 ausführlich MünchKommInsO-*Niggemann* Band 3 Anh. Frankreich RdNr. 1.

[2] Hierzu und zum folgenden Allgemeine Begründung zur Insolvenzordnung BR-Drucks. 1/92 sub 2 und 3. Weniger eindeutig im Sinne einer Hierarchie der Insolvenzzwecke Kübler/Prütting § 1 RdNr. 13 ff.; *Uhlenbruck/Pape* § 1 RdNr. 4 ff.; eher wie hier HKInsO-*Kirchhof* § 1 RdNr. 3 ff.; *Bork,* Einführung, RdNr. 1 ff.; *Eidenmüller,* Unternehmenssanierung zwischen Markt und Gesetz, 1999, S. 17 ff., 25 ff.; MünchKommInsO-*Lohmann* § 1 RdNr. 20 ff. Zur Bedeutung der Verfahrenszwecke für die flexible Handhabung der InsO *Zipperer* NZI 2012, 385 ff.

Eine andere Frage ist, ob der strikt am realisierbaren Marktwert des Unternehmens orientierte Grundansatz der Insolvenzordnung nicht zu extrem ist,[3] mag er auch im Regelfall zu zutreffenden Ergebnissen führen. Ein Unternehmen ist nicht nur ein handelbares Gut, sondern es ist nicht selten Teil des wirtschaftlichen und gesellschaftlichen Lebens einer Region und ihrer Bürger und verkörpert insoweit einen Mehrwert, der sich in seinem handelbaren Wert nicht widerspiegelt und von der Region nicht aufgebracht werden kann. Wenn dann mehrere Investoren sich um das Unternehmen oder Teile eines Unternehmens bemühen, so bilden ihre Angebote den realisierbaren Marktwert innerhalb einer gewissen Spanne ab. In diesem Falle stellt sich die Frage, ob es der Gläubigermehrheit und dem Insolvenzverwalter verwehrt sein soll, innerhalb bestimmter Grenzen den für den Unternehmenserhalt günstigeren, aber rechnerisch niedrigeren Marktwert als Maßstab zu wählen und dabei vom Prinzip der Höchstpreisverwertung etwas abzuweichen. Die Insolvenzordnung ist insoweit durchaus puristisch und erlaubt diesen Schritt eigentlich nicht,[4] sondern zwingt die Beteiligten zum Spiel mit verdeckten Karten, wenn sie z. B. im Verfahren vom etwas niedrigeren Angebot eines Investors ausgehen, dessen Konzeption den Unternehmenserhalt nachhaltig erlaubt oder in größerem Umfang gestattet. Im Extremfall hängt dann das Schicksal einer durchaus noch rentablen Unternehmenseinheit von spekulativen Erwägungen ab, die den „wahren" Marktwert verzerren (z. B. Aufkauf zur Stilllegung eines Konkurrenten etc.). In solchen Fällen wäre etwas mehr Flexibilität wünschenswert, die das Gesetz erschwert oder verunmöglicht, weil es den Gedanken höchstpreisorientierter Verwertung zu sehr ideologisiert. Es bleibt Aufgabe vor allem einer geschickten Insolvenzverwaltung, die versteckten Spielräume zu nutzen, was häufig auch geschieht. Besser wäre etwas mehr offene Flexibilität des Gesetzes, das seinen Grundsatz deshalb nicht aufgeben muss: „Summum ius summa iniuria".

4. Gläubiger- und Gerichtsmacht und Hierarchie der Insolvenzzwecke im Insolvenzplanverfahren. Die Hierarchie der Insolvenzzwecke erfährt insbesondere im Insolvenzplanverfahren eine gewisse Abmilderung durch die Macht des Insolvenzgerichts: es entscheidet im Streitfalle über die Höhe des Liquidations- und Fortführungswertes (§§ 245, 251) und damit über zwei hypothetische Größen, deren Festlegung großen Beurteilungsspielraum lässt.[5] Die Gläubiger erhalten dann unter Umständen nicht den Anteil am „wahren" oder realisierten Marktwert des Schuldnervermögens, sondern ihren Anteil an einem fiktiven Verkauf, dessen Kalkulation versteckte Spielräume für eine Umgewichtung der Verfahrenszwecke lässt. Es ist kaum zu verifizieren, wie die Insolvenzgerichte diesen Spielraum handhaben, schon weil die Zahl der Insolvenzplanverfahren relativ gering ist und Fallmaterial kaum vorliegt. Wenn man die Hierarchie der Insolvenzzwecke ernst nimmt, so müsste die Grundregel „in dubio pro liquidatione" gelten. Sie findet im Gesetz insofern Ausdruck, als die Gläubigermehrheit selbst grundsätzlich über die Wertigkeit entscheidet (§ 244) und damit über die Art der Rechtsverwirklichung. Das Obstruktionsverbot (§ 245) greift nur, falls die Gleichstellung mit dem Liquidationswert feststeht, es gilt also eine Beweislastregel zugunsten einer ablehnenden Gläubigermehrheit. Nur beim Schutz des überstimmten Gläubigers (§ 251) liegt die objektive Beweislast für den höheren Liquidationswert beim Gläubiger. Aus der Hierarchie der Normzwecke folgt, dass das Insolvenzgericht strenge Maßstäbe anzulegen hat, wenn es den Gläubigern die Liquidation und damit die reale Wertverwirklichung verwehrt.[6]

5. Entschuldung als Insolvenzzweck. Als Verfahrenszweck wird schließlich die Restschuldbefreiung (§§ 286 ff.) gesetzlich festgeschrieben, die aber nur für natürliche Personen möglich ist. Juristische Personen werden entweder aufgelöst oder im Insolvenzplan saniert und erreichen auf diese

---

[3] Hierzu und zum Folgenden *Stürner*, Das Berufsethos des Insolvenzverwalters in der modernen Marktgesellschaft, ZZPInt 112 (2009), 265 ff., 276 ff.

[4] Bei der übertragenden Sanierung im Rahmen eines Liquidationsverfahrens (Austausch des Unternehmensträgers) trifft den Verwalter grundsätzlich die haftungsrechtliche Pflicht einer „Höchstpreisverwertung" (BGH ZIP 1985, 423 ff.; 1995, 290 ff.; ferner HK-*Lohmann* § 60 RdNr. 14 und MünchKomm-*Schoppmeyer* § 60 RdNr. 31). Nach §§ 158-163 InsO kann die Gläubigermehrheit zwar einer etwas unterwertigen Veräußerung zustimmen und dabei die Bedenken des Schuldners oder der qualifizierten Gläubigerminderheit (§§ 163, 75 Abs. 1 Nr. 3 InsO) hintanstellen, eine Enthaftung des Verwalters ist jedoch damit nicht ohne weiteres verbunden (hierzu HK-*Lohmann* § 60 RdNr. 35 ff., 37; MünchKomm-*Schoppmeyer* § 60 RdNr. 96 ff., 102 ff.). Wenn im Insolvenzplanverfahren eine Veräußerung oder eine Sanierung unter Beibehalt des Unternehmensträgers erfolgt, bindet § 251 InsO auf Widerspruch ebenso an den Höchstpreis als gültigen Maßstab wie die Notwendigkeit, vom Obstruktionsverbot Gebrauch zu machen (§ 245 InsO).

[5] Zu dieser Problematik *Leipold/Stürner*, Insolvenzrecht im Umbruch, 1991, S. 41, 46 ff.; *Kübler/Prütting/Otte* § 245 RdNr. 57 ff.; 59 ff.; *Eidenmüller* aaO S. 81 ff., 91 ff.; HK-*Flessner* § 245 RdNr. 9 ff.; *Uhlenbruck/Pape* § 1 RdNr. 9.

[6] Zu US-amerikanischen Überlegungen, im Falle der Insolvenz richterliche Bewertung durch marktmäßige Wertbildung zu ersetzen, *Hinrichs*, Insolvenzbewältigung durch Optionen?, 2002, mwN.

Weise gegebenenfalls eine vergleichsweise Restschuldbefreiung, die auch natürlichen Personen zusätzlich offensteht. Die Entschuldung ist neben der Gläubigerbefriedigung ein selbstständiger Verfahrenszweck, der die Gläubigerbefriedigung letztlich begrenzt. Allzu tief ist der Einschnitt aber nicht.[7] Denn die Entschuldung motiviert den Schuldner, über Jahre Anstrengungen zur Gläubigerbefriedigung zu unternehmen.[8] Die lebenslängliche Vollstreckung gegen den Schuldner bringt meist bei hohem Aufwand geringen Ertrag, weil sich der Schuldner einer weiteren Tilgung durch wirtschaftliche Passivität entziehen kann, indem er sein Einkommen selbst unter die Pfändungsgrenze setzt. Beide Insolvenzzwecke stehen also nicht in unvereinbarem Widerspruch.

II. Verfahrensstruktur und Verfahrensgang

6 **1. Einheitsverfahren.** Das alte Insolvenzrecht kannte drei verschiedene Verfahrensarten: den konkursabwendenden Vergleich der Vergleichsordnung, das Liquidationsverfahren der KO und den konkursbeendenden Vergleich der KO. Die Insolvenzordnung kombiniert alle drei Verfahrensarten, indem sie in jedem Verfahrensstadium das Insolvenzplanverfahren als Alternative zum gesetzlichen Liquidationsverfahren zulässt. Der Schuldner kann mit dem Eröffnungsantrag den Insolvenzplan vorlegen (§ 218 Abs. 1 Satz 2) und damit einen liquidationsabwendenden Vergleich anstreben. Das gesetzliche Liquidationsverfahren kann bis zum Schlusstermin in ein Insolvenzplanverfahren überführt werden (§ 218 Abs. 1 Satz 3). Das Einheitsverfahren ist elastischer und anpassungsfähiger als das frühere dreigeteilte Verfahren und vermeidet oft schwer verständliche gesetzliche Regelungsunterschiede. Die Gliederung des Verfahrens ist beim Liquidationsverfahren und Insolvenzplanverfahren verschieden; gemeinsam ist das Eröffnungsverfahren.

6a Anders als andere Rechtsordnungen[9] kannte das Insolvenzrecht der InsO ursprünglich kein gesetzliches, aber mehr oder weniger „außergerichtliches" Sanierungsverfahren im Vorfeld der Insolvenz, das die Einigung mit den Gläubigern erleichtert.[10] Man ging davon aus, dass ein solches Verfahren die Einheitlichkeit des neuen Rechts zerstöre und die Möglichkeit ausreiche, den Eröffnungsantrag bei drohender Zahlungsunfähigkeit (§ 18 InsO) oder bestehender Überschuldung mit der Vorlage eines reorganisierenden Insolvenzplans zu verbinden. Diese Erwartung blieb aber unerfüllt, weil die mit dem Insolvenzantrag einhergehenden Verfahrenswirkungen und vor allem die Entmachtung der seitherigen Geschäftsführung von einem solchen Vorgehen abschreckten. Die Reform des Gesetzes zur Erleichterung der Sanierung von Unternehmen (ESUG)[11] hat deshalb 2012 im Rahmen der Regelung zur Eigenverwaltung (§§ 270 ff. InsO) eine Art Schuldnerschutzverfahren („Schutzschirmverfahren") geschaffen (§§ 270a-c InsO).[12] Bei drohender Zahlungsunfähigkeit oder bestehender Überschuldung kann der Schuldner Verfahrenseröffnung unter Eigenverwaltung beantragen. Der Schuldner mit seiner bisherigen Geschäftsführung bleibt verfügungsbefugt, untersteht aber der Aufsicht und Betreuung durch einen (vorläufigen) Sachwalter (§§ 270a Abs. 1, 270b Abs. 2, 274 f. InsO). Während einer höchstens dreimonatigen Frist muss der Schuldner einen sanierenden Insolvenzplan vorlegen. Während dieser Zeit können durch das

---

[7] Hierzu Allgemeine Begründung zum RegE aaO sub 3 d.
[8] Wo diese Motivation fehlt und dem Schuldner allzu leicht Entschuldung gewährt wird, führt dies allerdings zu Missbräuchen. Dies lehrt die Reform des US-Insolvenzrechts im Bankruptcy Abuse Prevention and Consumer Protection Act 2005; dazu *Paulus* NZI 2005, 439; *King* DAJV-Newsletter 2005, 75. Der Referentenentwurf eines Gesetzes zur Verkürzung des Restschuldbefreiungsverfahrens etc. vom 23.1.2012 (*Schmerbach* NZI 2012, 161; *Harder* NZI 2012, 113 ff.) und dementsprechend der Regierungsentwurf vom 18.07.2012 (dazu RdNr. 22) wollen diese Motivation durch Verkürzung der Frist verstärken, falls der Schuldner eine bestimmte Rückzahlungsquote in kürzerer Frist erreicht; hierzu *Bruns* KTS 2008, 41 ff., 54 f.; *Schmerbach* NZI 2012, 689 ff., 693 f.
[9] Hierzu statt vieler *Flessner* KTS 2010, 127-147; *Bork* ZIP 2010, 397-413; *ders.*, Sanierungsrecht in Deutschland und England, 2011; *Jacoby* ZGR 2010, 127 ff., 144 ff.; *Westphal* ZGR 2010, 385 ff., 421 f.; *Jaffé/Friedrich* ZIP 2008, 1849, 1856 ff.; ferner auf teilweise älterem Stand die Länderberichte MünchKommInsO-*Schlegel* Band 3 Anh. England RdNr. 28; MünchKommInsO-*Niggemann* Band 3 Anh. Frankreich RdNr. 1 ff., 23 ff.; MünchKommInsO-*Santonocito/Mare-Ehlers* Band 3 Anh. Italien RdNr. 83 ff.; MünchKommInsO-*Huisman* Band 3 Anh. USA RdNr. 38 ff.; MünchKommInsO-*Krohe* Band 3 Anh. Japan RdNr. 19 ff., 37 ff.; zu Japan neuerdings noch *Mikami* ZZPInt 14 (2009), 287 ff.
[10] Zur Problematik eines hieraus folgenden „Wettbewerbs der Rechtsordnungen" um Sanierungsverfahren insbesondere *Hölzle* KTS 2011, 291 ff.; *Eidenmüller* ZGR 2006, 467 ff.; *Weller* ZGR 2008, 835; *Paulus* DB 2008, 6; *Eidenmüller/Frobenius/Prusko* NZI 2010, 545; *Maier* NZI 2011, 305 ff.; *Westphal/Knapp* ZIP 2011, 2033; (Anerkennung eines englischen „scheme of arrangement").
[11] G vom 07.12.2011, BGBl I, 2582; dazu kritisch *Flöther* ZIP 2012, 1833 ff.
[12] Zur Reform insoweit insbesondere *Desch* BB 2011, 841 ff.; *Braun/Heinrich* NZI 2011, 505 ff., 511; *Hölzle* NZI 2011, 124 ff., 129 ff.; *ders.* ZIP 2012, 158 ff.; 855 ff.; *Hofmann* NZI 2010, 798 ff.; *Brinkmann/Zipperer* ZIP 2011, 1337 ff.; *Rattunde* AnwaltsBl. 2012, 144, 145; *Willemsen/Rechel* BB 2012, 203 ff., 205 f.; *Eidenmüller* ZHR 175 (2011), 11 ff.; *Zipperer/Vallender* NZI 2012, 729 ff.; *Ganter* NZI 2012, 433 ff.; *Schelo* ZIP 2012, 712 ff.; *Schmidt/Linker* ZIP 2012, 963 ff.; *Zipperer* ZZIP 2012, 1492 ff.; *Keller* ZIP 2012, 1895 ff.

II. Verfahrensstruktur und Verfahrensgang   7–12 **Einleitung**

Gericht Schutzmaßnahmen angeordnet werden, die insbesondere die Vollstreckungsverschonung sowie zeitweilige Verwertungsverbote bei Sicherheiten betreffen (§§ 270b Abs. 2, 21 Abs. 2 InsO) und dem Schuldner die Begründung von Masseverbindlichkeiten erlauben (§ 270b Abs. 3 InsO). Das Verfahren geht nach Ablauf der Frist im Erfolgsfalle entweder nach Verfahrenseröffnung in ein Insolvenzplanverfahren unter Eigenverwaltung über oder aber es findet mit der Eröffnung ein Verfahren nach allgemeinen Regeln statt. Das Schuldnerschutz- oder „Schutzschirm"verfahren kann nur erfolgreich sein, wenn die Schutzfrist zur Einigung mit Gläubigern auf einen Insolvenzplan genutzt werden kann. Es wäre noch effizienter, wenn das Gesetz die gerichtliche Bestätigung eines solchen außergerichtlich erarbeiteten Plans ausdrücklich regeln würde.[13] Der Gedanke eines Einheitsverfahrens ist durch ein vorgeschaltetes Schuldnerschutzverfahren zur Ausarbeitung einer überwiegend gütlichen Einigung nicht beschädigt.

2. Eröffnungsverfahren. a) Eröffnungsvoraussetzungen und Eröffnungsbeschluss. Gläubiger oder Schuldner können bei Vorliegen eines Insolvenzgrundes[14] (§§ 17 bis 19: Zahlungsunfähigkeit, Überschuldung juristischer Personen, drohende Zahlungsunfähigkeit bei Schuldnerantrag) das Verfahren beantragen (§§ 13 ff.). Im Eröffnungsverfahren entscheidet das Gericht über das Vorliegen der Verfahrensvoraussetzungen (insbesondere Insolvenzgründe). Während des Eröffnungsverfahrens können Sicherungsmaßnahmen zum Masseerhalt – auch gegenüber aus- und absonderungsberechtigten Gläubigern – getroffen werden (§ 21), insbesondere kann ein vorläufiger Verwalter bestellt werden (§ 22). Die Verfahrenseröffnung wird vor allem dann abgelehnt, wenn Insolvenzgründe nicht vorliegen oder Kostendeckung nicht gewährleistet erscheint (§ 26), sofern keine Kostenstundung gewährt ist (§ 4a–4d). 7

Der Eröffnungsbeschluss (§§ 27 ff.) enthält die Bezeichnung des Schuldners, die Bestellung des Insolvenzverwalters, die Uhrzeit, die Aufforderung zur Anmeldung von Forderungen (§ 28) und zur Schuldtilgung an den Verwalter, ferner den Prüfungstermin zur Prüfung der Forderungen und den Berichtstermin zum Beschluss über den Verfahrensfortgang (§ 29). 8

b) Wirkungen der Eröffnung. Der Eröffnungsbeschluss bewirkt den Übergang der Verfügungsbefugnis auf den Verwalter (§ 80), die grundsätzliche Unwirksamkeit schuldnerischer Verfügungen (§ 81) und schuldnerischer Forderungseinziehung beim bösgläubigen Drittschuldner (§§ 81, 82), die Unwirksamkeit zwangsvollstreckungsrechtlicher Sicherung innerhalb Monatsfrist (§ 88) und ein Vollstreckungsverbot (§§ 89, 90). Er ist zur Zerstörung guten Glaubens bekanntzumachen und in Register bzw. Grundbuch einzutragen (§ 30 ff.). Der Eröffnungsbeschluss unterbricht gerichtliche Verfahren (§ 240 ZPO), die gesonderten Aufnahmeregelungen unterliegen (§§ 85, 86). Insolvenzgläubiger können ihre Ansprüche nur noch durch Anmeldung im Verfahren verfolgen (§§ 87, 147 ff.). 9

3. Liquidationsverfahren. a) Die Insolvenzmasse. Der Insolvenzverwalter nimmt nach Verfahrenseröffnung die Insolvenzmasse in Besitz (§ 148); zur Insolvenzmasse gehören grundsätzlich alle pfändbaren Gegenstände (§ 36), die dem Schuldner bei Eröffnung gehören und die er später erwirbt (§ 35). Die **„Istmasse"**, die der Verwalter tatsächlich in Besitz nimmt, ist von der **„Sollmasse"** als dem endgültigen verwertbaren Bestand zu unterscheiden. 10

b) Bereinigung der Istmasse. Die Istmasse wird vielfach geschmälert: massefremde Gegenstände werden ausgesondert (§§ 47 f.); Pfand- und Sicherungsgläubiger können im Wege der Absonderung bevorrechtigte Befriedigung aus dem Sicherungsgut verlangen (§§ 49–52, 166 ff.); aufrechnungsberechtigten Gläubigern bleibt grundsätzlich die Aufrechnungsmöglichkeit als Form der Befriedigung durch Selbstexekution erhalten (§§ 94 ff.); Verfahrenskosten und Verwaltungsverbindlichkeiten sind als Masseverbindlichkeiten vorweg zu befriedigen (§§ 53 ff., 208 ff.). Eine Belastung der Istmasse können auch ganz oder zeitweise trotz Insolvenz durchzuführende Verträge sein: Erfüllung vorgemerkter Ansprüche (§ 106) und des Verkaufs unter Eigentumsvorbehalt (§ 107 Abs. 1); Fortbestehen von Mietverhältnissen über Immobilien oder sicherungsübereignete bewegliche Gegenstände (§ 108 Abs. 1); Fortlauf von Arbeitsverhältnissen mit den Beendigungsmöglichkeiten des Arbeitsinsolvenzrechts (§§ 108 Abs. 1, 113, 120 ff.). 11

c) Vermehrung der Istmasse. Eine Vermehrung der Istmasse ist denkbar durch die günstige Abwicklung laufender Geschäfte, weshalb der Insolvenzverwalter generell die Abwicklung beiderseits nicht voll erfüllter Verträge wählen kann (§ 103 Abs. 1). Massemindernde Geschäfte in der Krise oder in weiter zurückliegender Zeit kann er anfechten und rückabwickeln (§§ 129 ff.), falls sie absehbar und letztlich unredlich die gleichmäßige Befriedigung der Gläubiger zu verhindern geeig- 12

---

[13] Hierzu *Madaus* NZI 2011, 622 ff.; *ders.*, Insolvenzplan, 2011, insbes. S. 544 ff., mwNw.
[14] Grundlegend zu den Insolvenzgründen auf rechtsvergleichender Basis *Steffek* KTS 2009, 317 ff.; zum „zweistufigen" Überschuldungsbegriff und seiner Problematik insbesondere *K. Schmidt* DB 2008, 2467 ff.; *Frystatzki* NZI 2011, 521 ff.; *Pott* NZI 2012, 4 ff.; *Bitter/Hommerich/Reiß* ZIP 2012, 1201 ff.; *Bitter/Kresser* ZIP 2012, 1733 ff.

net waren oder unentgeltlich erfolgten. Der Vermehrung der „Istmasse" dient oft auch die Möglichkeit, Sicherungsgut gegen Entgelt weiter zu nutzen (§ 172).

13 **d) Verwertungsentscheidung.** Die Gläubiger müssen sich regelmäßig im Berichtstermin (§§ 156, 157) entscheiden, ob und inwieweit sie eine zerschlagende Verwertung anstreben oder die (teilweise) Verwertung des fortgeführten Unternehmens durch (Teil)Betriebsveräußerung (sanierende Liquidation). Bei Fortführung und allen Formen der Gesamtverwertung verstärken sich die Mitwirkungsrechte der Gläubiger (§§ 160 ff.), während im Übrigen der Insolvenzverwalter die Verwertungsform nach pflichtgemäßem Ermessen bestimmt.

14 **e) Feststellung der Passivmasse.** Parallel zur Bildung der „Sollmasse" ist die Feststellung der Passivmasse (Schuldenmasse) notwendig (§§ 174 ff.): Anmeldung der Forderungen und ihre Feststellung in einem formalisierten Verfahren (§ 178); Ausklammerung materieller Streitigkeiten, die grundsätzlich im gewöhnlichen Zivilprozess oder sonst anwendbaren Verfahren entschieden werden (§§ 179 ff.).

15 **f) Verteilung.** Der sich aus der Verwertung der Insolvenzmasse (Sollmasse) ergebende Erlös („Teilungsmasse") wird – nach Abzug der Masseverbindlichkeiten (§§ 53 ff.) – unter die Insolvenzgläubiger verteilt (§§ 187 ff.), wobei Abschlagsverteilungen, Schlussverteilung und Nachtragsverteilung zu unterscheiden sind.

16 **g) Aufhebung des Verfahrens.** Nach Vollzug der Schlussverteilung wird das Insolvenzverfahren aufgehoben (§ 200). Die Gläubiger können grundsätzlich aus der Tabelle vollstrecken (§ 201), falls nicht Restschuldbefreiung greift (§ 286 ff.).

17 **4. Insolvenzplanverfahren.** Im Insolvenzplanverfahren beschließt die Gläubigermehrheit eine vom gesetzlichen Regelverfahren abweichende Form der Gläubigerbefriedigung (§§ 217 ff.), die wie im Liquidationsverfahren in einer zerschlagenden Liquidation oder/und einer Unternehmens(teil)veräußerung bestehen kann, aber auch in einer sanierenden Unternehmensfortführung durch den identischen schuldnerischen Unternehmensträger. Antragsberechtigt sind der Schuldner und der Insolvenzverwalter, den die Gläubiger entsprechend beauftragen können (§ 218).

18 **a) Inhalt.** Der Plan enthält eine Darstellung des „Ist-Zustandes" und eine Beschreibung der geplanten Rechtsänderungen für absonderungsberechtigte Beteiligte und Insolvenzgläubiger (§§ 219 ff.), insbesondere also Forderungskürzungen und Stundungen; er enthält alle Willenserklärungen zu vorgesehenen Änderungen sachenrechtlicher und gesellschaftsrechtlicher Art.[15] Neuerdings kann der Plan auch vorsehen, dass Gläubigerforderungen in Anteils- oder Mitgliedschaftsrechte am schuldnerischen Unternehmen umgewandelt werden (sog. debt equity swap; §§ 217 Satz 2, 222 Abs. 1 Nr. 4, 225a, 235 Abs. 3 Satz 3 und 4, 238a, 244 Abs. 3, 246a, 254a und b).[16] Die Gläubiger werden in Gruppen gleicher Rechtsstellung und gleicher wirtschaftlicher Interessenlage eingeteilt und müssen innerhalb dieser Gruppen gleichbehandelt werden.

19 **b) Annahme und Bestätigung.** Die Annahme des Plans (§§ 235 ff.) bedarf der Annahme in jeder Gruppe durch Kopf- und Summenmehrheit bzw. Beteiligungsmehrheit bei am schuldnerischen Unternehmen beteiligten Gruppenmitgliedern. Über das Stimmrecht der Gläubiger bestrittener Forderungen entscheidet das Insolvenzgericht. Falls die Mehrheit der Gruppen zustimmt, kann das Gericht die Zustimmung einzelner Gruppen ersetzen, wenn der Plan sie nicht schlechter stellt als das gesetzliche Liquidationsverfahren (§ 245). Umgekehrt ist die Planbestätigung des Gerichts (§ 248) zu versagen, wenn schlechtergestellte Gläubiger dem Plan widersprechen (§ 251). Auch der Widerspruch des Schuldners ist unbeachtlich (§ 247), falls der Plan ihn nicht schlechter stellt als eine Liquidation. Die Zustimmungsersetzungsbefugnis gibt dem Gericht einen gewichtigen Beurteilungsspielraum bei der Gewichtung der Insolvenzzwecke (s. RdNr. 4).

20 **c) Ausführung.** Der bestätigte rechtskräftige Insolvenzplan hat rechtsgestaltende Wirkung (§§ 254, 254a) und ist gleichzeitig Vollstreckungstitel (§ 257). Der Schuldner erlangt mit der Aufhe-

---

[15] Die wohl noch hM betrachtet den Insolvenzplan als vertragsähnliches Instrument der Beteiligtenautonomie, zB *Häsemeyer*, Insolvenzrecht, RdNr. 28.65 ff., S. 720 ff. („Vertragstheorie"); *Madaus*, Insolvenzplan, 2011, S. 173 ff. Vorzugswürdig erscheint demgegenüber sein Verständnis als privatrechtsgestaltender Verfahrensakt („Verfahrenstheorie"); dazu *Leipold* KTS 2006, 109 ff. Neuerer Überblick zu Grundfragen des Insolvenzplanverfahrens bei *Rugullis* KTS 2012, 269 ff.

[16] Dazu *Braun/Heinrich* NZI 2011, 505, 506 ff.; *Heinrich* NZI 2012, 235 ff.; *Hirte/Knof/Mock* DB 2011, 632 ff., 636 ff.; *Brinkmann* WM 2011, 97 ff., 99 ff.; *Hölzle* NZI 2011, 124 ff., 127 ff.; zur vorausgehenden Reformdiskussion insbesondere *Uhlenbruck* NZI 2008, 201 ff., 202 ff.; *ders.* NZI 2009, 1 ff., 3; *Eidenmüller*, Finanzkrise, Wirtschaftskrise und das deutsche Insolvenzrecht, 2009, S. 19 f.; *ders.* ZIP 2007, 1729; *Eidenmüller/Engert* ZIP 2009, 541; *Bitter* ZGR 2010, 147 ff., 157 ff.

II. Verfahrensstruktur und Verfahrensgang

bung des Insolvenzverfahrens (§§ 258 ff.) seine Verfügungsbefugnis wieder, der Insolvenzverwalter überwacht die Plandurchführung, falls der Plan dies so vorsieht (§§ 260 ff.); auch Zustimmungspflichten für bestimmte Geschäfte können Plangegenstand sein (§ 263). In einer erneuten Insolvenz werden Stundung und Erlass hinfällig (§ 255 Abs. 2). Gläubiger von Sanierungskrediten haben Vorrang, falls der Insolvenzplan dies vorsieht (§§ 264 f.); damit soll die Einwerbung von Sanierungsdarlehen erleichtert werden.

5. Besondere Verfahrensarten. a) Eigenverwaltung. In der Eigenverwaltung – geschaffen nach dem U. S.-amerikanischen Vorbild des „debtor in possession" – verwaltet der Schuldner mit Zustimmung der Gläubiger unter Aufsicht eines Sachwalters sein Vermögen selbst (§§ 270 ff.). Die Eigenverwaltung hat einen legitimen Anwendungsbereich, wenn der Schuldner voll vertrauenswürdig ist und die Insolvenz nicht verschuldet hat. Bei juristischen Personen mag die Auswechslung der leitenden Organmitglieder schon im Vorfeld der Insolvenz oder in der Insolvenz, wie sie nicht selten vorkommt, die kostensparende Eigenverwaltung häufiger erlauben.[17] Besonders im letzten Falle sind die Vorbehalte gegen eine Eigenverwaltung, wie sie oft artikuliert werden, nicht gerechtfertigt und wirken etwas pauschal.[18] Denn vor allem im Falle schon ausgetauschten Führungspersonals setzt die Eigenverwaltung bereits erworbenes know how sinnvoll um. Es ist deshalb zu begrüßen, dass der Reformgesetzgeber des Jahres 2012 die Eigenverwaltung attraktiver gestaltet vor allem dadurch, dass er sie in Fällen aussichtsreicher Sanierung mit einem bis zu dreimonatigen Schuldenschutzverfahren verknüpft.[19]

b) Restschuldbefreiung. Die Restschuldbefreiung ist ein „Anhangsverfahren" zum Insolvenzverfahren (§§ 286 ff.). Es gestattet der redlichen natürlichen Person als Schuldner, sich ihrer Schulden durch sechsjähriges gläubigerfreundliches Wohlverhalten im Anschluss an die Insolvenz zu entledigen. Der Schuldner tritt seine nicht pfändbaren Forderungen an einen Treuhänder ab, der ihren Erlös an die Gläubiger verteilt. Vorbilder dieses Entschuldungsverfahrens waren die angloamerikanische „discharge" und das französische Insolvenzrecht 1985, die allerdings die Entschuldung großzügiger handhabten.[20] Das Verfahren der Restschuldbefreiung soll durch eine Reform effizienter gestaltet werden. Vor allem soll ein Anreiz zu größerer Anstrengung dadurch geschaffen werden, dass schon nach drei Jahren Restschuldbefreiung eintritt, falls der Schuldner mindestens 25 % seiner Schulden bezahlt hat.[21]

c) Kleininsolvenz und Verbraucherinsolvenz. Für Kleininsolvenzen bzw. Verbraucherinsolvenzen sieht das Gesetz stark vereinfachte Verfahren vor (§§ 304 ff.). Nach gescheiterter außergerichtlicher Einigung mit den Gläubigern kann der Schuldner einen Schuldenbereinigungsplan vorlegen, über den im schriftlichen Umlaufverfahren entschieden wird. Das Gericht kann die Gläubigerzustimmung bis zur Hälfte der Summenmehrheit ersetzen, falls der Schuldenbereinigungsplan nicht schlechter stellt als die Liquidation (§ 309). Bei berechtigten Einwendungen gegen den Schuldenbereinigungsplan findet ein vereinfachtes Verteilungsverfahren des Massewerts unter Aufsicht eines Treuhänders statt (§§ 311 ff.). Das Kleininsolvenzverfahren kann mit dem Restschuldbefreiungsverfahren kombiniert werden (§§ 305 Abs. 1 Nr. 2, 314 Abs. 3). Das Reformvorhaben zur Restschuldbefreiung schließt Änderungen der Verfahren nach §§ 305 und 311 ff. ein.[22]

d) Das Sondervermögen und sein Siegeszug. Für den Nachlass (§§ 315 ff.) und das Gesamtgut einer gemeinschaftlich verwalteten oder fortgesetzten Gütergemeinschaft (§§ 37, 332 ff.) sieht das

---

[17] Zur Thematik sind bemerkenswert viele neuere Dissertationen erschienen: *Koch*, Die Eigenverwaltung nach der Insolvenzordnung, 1998; *Schlegel*, Die Eigenverwaltung in der Insolvenz, 1999; *Dietrich*, Die Eigenverwaltung als Sanierungsweg nach dem neuen Insolvenzrecht, 2002; *Huhn*, Die Eigenverwaltung im Insolvenzverfahren, 2003; *Kruse*, Die Eigenverwaltung in der Insolvenz mit ihren gesellschaftsrechtlichen Bezügen, 2004; *Gulde*, Die Anordnung der Eigenverwaltung durch das Insolvenzgericht, 2005.

[18] Dies auch gegen *Bork* RdNr. 401 und *Leipold*, Insolvenzrecht im Umbruch, 1991, S. 165 ff.; zur Eigenverwaltung in Frankreich *Dammann/Undritz* NZI 2005, 198, 200.

[19] Dazu ausführlicher RdNr. 6a mwN.; allgemein zur Gläubigerakzeptanz der Eigenverwaltung *Bartels* KTS 2010, 259 ff.

[20] Zur Entschuldungswirkung der gewerblichen Insolvenz in Frankreich unter heutigem Recht MünchKommInsO-*Niggemann* Band 3 Anhang Frankreich RdNr. 48 sowie Art. 643-11 Code de Commerce; zur Verbraucherentschuldung (Loi Neiertz 1989) art. L 331 ff. Code de la Consommation. Zum US-amerikanischen Recht MünchKommInsO-*Huisman* Band 3 Anhang USA RdNr. 7 (natürliche Personen bei Liquidation) und RdNr. 42 (Reorganisation).

[21] Zum Referentenentwurf des Bundesjustizministeriums vom 23.1.2012 siehe *Laroche/Pruskowski/Schöttler/Siebert/Vallender* ZIP 2012, 558 ff.; *Harder* NZI 2012, 113 ff.; *Schmerbach* NZI 2012, 161 ff.; zum Regierungsentwurf vom 18.07.2012 insbesondere *Schmerbach* NZI 2012, 689 ff.; ferner die Dokumentation KTS 2012, 366 ff. und 501 ff. zur vorausgehenden Diskussion statt vieler *Bruns* KTS 2008, 41 ff.; *Ahrens* NZI 2011, 425 ff. mwN; siehe auch Einl. RdNr. 5 und 45a.

[22] Dazu RdNr. 22 mwN.

Gesetz wie schon die KO Sonderinsolvenzen vor, die der teilweisen rechtlichen Verselbständigung Rechnung tragen.

24a Der Gedanke des Sondervermögens, das am Insolvenzverfahren über das übrige Vermögen seines Trägers nicht teilnimmt, sondern unter Beteiligung nur bestimmter Gläubiger eine besondere Abwicklung erfährt, hat im letzten Jahrzehnt einen Siegeszug angetreten. Aufgrund eines Gutachtens[23] hat der Gesetzgeber im Jahre 1998 das frühere Konkursvorrecht von Pfandbriefgläubigern an Deckungswerten der Pfandbriefbanken durch die Konstruktion eines Sondervermögens abgelöst, das bei Insolvenz der Pfandbriefbank nicht in die Insolvenzmasse fällt, sondern als gesonderte Masse von einem Sachwalter zugunsten der Pfandbriefgläubiger verwaltet wird. Einzelvollstreckungen gewöhnlicher Bankgläubiger außerhalb der Insolvenz sind ebenso ausgeschlossen wie Aufrechnungen. Im späteren Pfandbriefgesetz des Jahres 2005 ist diese Sondervermögenskonstruktion übernommen („Pfandbriefbank mit beschränkter Geschäftstätigkeit").[24] Sie ist in ähnlicher Weise im Refinanzierungsregistergesetz 2005 verwirklicht (§§ 22a-k KWG), insbesondere für den Fall, dass ein Refinanzierungsunternehmen – meist eine Bank – Forderungen oder Grundpfandrechte für eine andere Bank oder eine Zweckgesellschaft hält. Dies kann im Rahmen von Verbriefungsaktionen[25] geschehen, bei denen Deckungsmassen Obligationen in besonderer Weise sichern und die Forderungen oder Grundpfandrechte als Bestandteile der Deckungsmasse nicht förmlich übertragen werden sollen. Denkbar sind solche Gestaltungen aber auch bei Konsortialfinanzierungen. Stets geht es darum, Sondervermögen mit voller Aussonderungsfähigkeit in der Insolvenz des treuhänderischen Rechtsträgers zu schaffen. Das deutsche Insolvenzrecht lässt dies – ein schwerer Geburtsfehler – allgemein nicht ohne weiteres zu, weil aussonderungsfähiges Treugut bei der uneigennützigen Treuhand unmittelbar vom Treugeber erworben sein muss und Sicherheiten ohne Publizität in der Regel nur insolvenzimmanente abgesonderte Befriedigung bewirken könnten (§§ 49 ff., 166 ff.). Bei Verbriefungen bliebe nur die volle Übertragung auf Emittenten in Gestalt einer Zweckgesellschaft im Wege des Verkaufs („True Sale"-Modell).[26] Sie ist bei Verbriefungen zunächst einmal kostenaufwendig. Anders als das Pfandbriefmodell verlangt das „True Sale"-Modell zudem stets die Gründung einer besonderen Zweckgesellschaft und die Ausgliederung aus dem Aktivvermögen der Bank („Originator"). So ersetzt die Sondervermögenskonstruktion die aussonderungsfähige, vom Insolvenzgesetzgeber eigentlich verwehrte Sicherheit. Eine ähnliche Lösung wählt § 32 DepotG 1999 für den Fall der Insolvenz eines Wertpapierverwahrers oder Wertpapierkommissionärs.

24b **e) Sonderinsolvenzrecht und Sanierungsverfahren für Banken und Versicherungen.** Für Banken und Versicherungen schaffen §§ 45 ff. KWG, 88 f. VAG aufsichtsbehördliche Sanierungsmöglichkeiten und besondere insolvenzrechtliche Antragsbefugnisse der Aufsichtsbehörden, also der Finanzdienstleistungsaufsicht.[27] Es ist umstritten, ob dieses Nebeneinander von aufsichtsbehördlicher und insolvenzgerichtlicher Kompetenz wirklich vorteilhaft ist. Immerhin entspricht die Vorstellung EU-einheitlicher Grundauffassung, dass Banken und Versicherungen nicht einfach den abrupten Erschütterungen gewöhnlicher Insolvenzverfahren ausgeliefert sein sollten, weil darunter ihre Gemeinwohlfunktion leiden könnte. Dies kommt in der überwiegenden Zahl nationaler Rechte mit ihren aufsichtsbehördlichen Sanierungsverfahren[28] und für grenzüberschreitende Insolvenzen in den EU-Liquidationsrichtlinien für Banken[29] und Versicherungen[30] deutlich zum Ausdruck. Insbe-

---

[23] *Stürner,* Die Sicherung der Pfandbrief- und Obligationengläubiger vor einer Insolvenz der Hypothekenbank. Geltendes Recht und Reformvorschläge, 1998.

[24] Zum alten Recht §§ 35, 41 HBG 1998; §§ 6, 8 ÖPG; § 36 SchBG und *Kern,* Die Sicherheit gedeckter Wertpapiere, 2004, S. 80; zum neuen Recht §§ 29 ff. PfandbriefG 2005. Hingegen verharrt die Regelung versicherungsrechtlicher Deckungsstöcke (nunmehr: „Sicherungsvermögen") im alten Vorrechtsmodell, §§ 77a Abs. 1, 78 VAG.

[25] Dazu *Baur/Stürner,* Sachenrecht, 18. Aufl. 2009, § 58 RdNr. 15a sowie § 3 RdNr. 34.

[26] Zum „True Sale"-Modell *Kern,* Die Sicherheit gedeckter Wertpapiere, 2004, S. 37 ff., 119 ff.; *Stürner,* Deutsche öffentliche Pfandbriefe und Deckungswerte aus Darlehen an U.S.-amerikanische öffentliche Körperschaften, 2005, S. 42 ff.

[27] Ausführlich *Binder,* Bankeninsolvenzen im Spannungsfeld zwischen Bankaufsichts- und Insolvenzrecht, 2005; *Stürner,* Die Sicherung der Pfandbrief- und Obligationengläubiger vor einer Insolvenz der Hypothekenbank, 1998, S. 13 ff.; *Henning,* Die Zwangsliquidation von Versicherungsunternehmen, 1998.

[28] Dazu die Überblicksdarstellungen bei *Giovanoli/Heinrich* (Herausgeber), International Bank Insolvencies, 1999; für England ausführlich *Binder,* Bankeninsolvenzen, S. 161 ff., 261 ff.; für USA *Stürner,* Deutsche öffentliche Pfandbriefe, S. 13 ff., 72.

[29] EG-Richtlinie 2001/24 über die Sanierung und Liquidation der Kreditinstitute; zur deutschen Umsetzung in §§ 46b ff. KWG und §§ 335 ff. InsO teilweise kritisch *Binder,* Bankeninsolvenzen, S. 712 ff.; *Stürner* KTS 2005, 269 ff.

[30] EG-Richtlinie 2001/17 über die Sanierung und Liquidation von Versicherungsunternehmen; dazu *Wimmer* ZInsO 2002, 897 ff.

sondere für Bankinsolvenzen sehen Finanzsicherheitenrichtlinie, Finalitätsrichtlinie und Einlagensicherungsrichtlinie[31] zusätzlich besonderen Schutz für Zahlungs- sowie Wertpapierabrechnungssysteme, für Sicherheiten insbesondere zugunsten solcher Systeme und für Einlagen vor. Teilweise wird dabei eine deutliche Tendenz zur Privilegierung bankmäßiger Gesamtsysteme sichtbar: ihre Stabilität erscheint wichtiger als Gläubigergleichheit – letztlich aus guten Gründen.[32]

Darüber hinaus hat der deutsche Gesetzgeber im Jahre 2010 besondere Verfahren zur Restrukturierung und geordneten Abwicklung von Kreditinstituten geschaffen, eine Folge der Erfahrung drohender Bankenzusammenbrüche in der Finanzkrise.[33] Das Kreditinstitutereorganisationsgesetz[34] sieht auf Antrag der Bundesanstalt für Finanzdienstleistungsaufsicht ein Sanierungsverfahren im Vorfeld der Insolvenz vor (§§ 2–6 KredReorG). In diesem Verfahren kann die Bank aufgrund eines Sanierungsplans mit Hilfe eines Sanierungsberaters unter der Aufsicht und Leitung des Oberlandesgerichts saniert werden, wobei das Gericht teilweise ähnliche Maßnahmen anordnen darf wie die Finanzdienstleistungsaufsicht nach §§ 45 ff. KWG. In einem Reorganisationsverfahren (§§ 7-23 KredReorgG) kann die Bank wiederum auf Antrag der Bundesanstalt eine weitreichende Neuordnung ihrer eigenen gesellschaftsrechtlichen Organisation und ihres Verhältnisses zu ihren Gläubigern erreichen. Das Verfahren – wiederum unter Aufsicht und Leitung des Oberlandesgerichts – ähnelt stark dem reformierten Insolvenzplanverfahren: Stundung oder Teilerlass von Forderungen, Möglichkeit eines debt equity swap, völlige oder teilweise Ausgliederung auf einen bestehenden oder neu zu gründenden Rechtsträger, Reorganisationsplan, der einer Abstimmung in Gläubiger- und Anteilsinhabergruppen sowie einer gerichtlichen Bestätigung unterliegt. Das Verfahren ist vor der Reform des Insolvenzplanverfahrens in Kraft getreten. Ob unter heutiger Rechtslage die bankrechtsspezifischen Besonderheiten ein vollständiges Sonderverfahren notwendig erscheinen lassen, mag dahinstehen.

Zusätzlich ist – wohl nach US-amerikanischem Vorbild[35] – in das Kreditwesengesetz ein administratives Sanierungs- und Reorganisationsverfahren eingefügt worden (§§ 48a-48s KWG),[36] das bei Gefahren für die Stabilität des Finanzsystems die ganze oder teilweise Übertragung der notleidenden Bank im Wege der Ausgliederung auf ein „Brückeninstitut" vorsieht. Dieses aufnehmende Institut kann auch aus Mitteln des neu geschaffenen Restrukturierungsfonds der Banken unterstützt werden.[37] Um einen raschen Vollzug zu gewährleisten, kann nach Vollübertragungen eine teilweise Rückübertragung angeordnet werden, und Auslandswerte kann die übertragende Bank treuhänderisch für die übernehmende Bank halten. Für den Rechtsschutz ist das Oberverwaltungsgericht zuständig – bei einer für diese Gerichtsbarkeit doch sehr sachfremden Materie. Insgesamt besteht nun eine eher bedenkliche Vielfalt an verfahrensrechtlichen Möglichkeiten, die in ihrem Erfolg aber alle von der Frage der Finanzierbarkeit einer Restrukturierung abhängen. Dabei bleibt häufig nur die Sozialisierung der Kosten auf direktem oder indirektem Wege, falls man rasche Zusammenbrüche verhindern will – eine ebenso einfache wie alte Weisheit im geschäftigen Lärm moderner und fremdwortgespickter Diskussion um bankenrechtliche Insolvenzgesetzgebung.

III. Stand und Geschichte des Insolvenzrechts

1. Vorbemerkung. Das neue Insolvenzrecht ist nur aus seinen historischen Grundlagen verständlich, die man sich in Zweifelsfragen der Rechtsanwendung immer wieder vergegenwärtigen sollte. Denn das Insolvenzrecht ist nicht nur „technisches Recht", sondern Ausdruck wirtschaftlicher und gesellschaftlicher Grundverfassung. Die europäischen Rezeptionsströme, wie sie auch die Gegenwart prägen, sind nur vor dem Hintergrund gemeinsamer Geschichte und Tradition verständlich.

---

[31] EG-Richtlinien 1994/19; 1998/26 und 2002/47; zum Ganzen und zur deutschen Umsetzung *Binder*, Bankeninsolvenzen, S. 352 ff., 357 ff., 456 ff. mNw.

[32] Dazu unten RdNr. 63.

[33] Gesetz zur Restrukturierung und geordneten Abwicklung von Kreditinstituten, zur Errichtung eines Restrukturierungsfonds für Kreditinstitute etc. (Restrukturierungsgesetz) vom 09.12.2010, BGBl. I Nr. 63, 1900; hierzu *Müller* KTS 2011, 1 ff.; *Spetzler* KTS 2010, 433 ff.; *Obermüller* NZI 2011, 81 ff.; *Bormann* NZI 2011, 892 ff.; *Schelo* NJW 2011, 186 f.; allgemein zu den Besonderheiten einer Bankeninsolvenz *Hopt/Fleckner/Kumpan/Steffek* WM 2009, 821; *Eidenmüller*, FS Hopt, 2010, S. 1713; *Binder*, Bankeninsolvenz im Spannungsfeld zwischen Bankenaufsichts- und Insolvenzrecht, 2005.

[34] Art. 1 Restrukturierungsgesetz 2010.

[35] Zum sog. Dodd-Frank Act und der „orderly liquidation authority" insbesondere *Spindler/Brandt/Raapke* RIW 2010, 746 ff., 751 f.

[36] Art. 2 Restrukturierungsgesetz 2010.

[37] Art. 3 Restrukturierungsgesetz 2010: Restrukturierungsfondsgesetz.

26   2. Historische Grundlagen bis zur alten Konkursordnung. a) Römisches Recht als Grundlage. Die römische Gesamtvollstreckung[38] war ursprünglich eine Form der Urteilsvollstreckung. Der Gläubiger konnte nicht nur – wie ursprünglich – auf die Person des Schuldners zugreifen, sondern die Einweisung in das schuldnerische Vermögen beantragen (missio in bona); andere Gläubiger konnten beitreten und über einen magister bonorum die Gesamtveräußerung des Vermögens an den meistbietenden Erwerber betreiben (venditio bonorum). Aussonderung durch rei vindicatio war ebenso möglich wie die Pfandklage auf bevorzugte Befriedigung. Es gab auch schon privilegierte Forderungen. Aus der Gesamtvollstreckung entwickelte sich in der nachklassischen Zeit die Einzelvollstreckung, die Gesamtvollstreckung blieb auf Fälle der Leistungsunfähigkeit oder Flucht beschränkt. Gewichtige Weiterentwicklungen der Gesamtvollstreckung waren die Möglichkeit zerschlagender Liquidation (distractio bonorum) neben der Gesamtveräußerung (venditio bonorum), ferner die Zusammenfassung der Ansprüche aus gläubigerbenachteiligenden Geschäften in der actio pauliana, der Vorläuferin des modernen Anfechtungsrechts; als gütliche Abwicklungsformen entwickelten sich bereits das Moratorium und der Gesamtvergleich mit magistratischer Betätigung.

27   b) Italienische Stadtrechte und frühe deutsche Rezeption. Diese relativ fertige Gestalt eines Insolvenzverfahrens erfuhr im italienischen Statutarrecht[39] weitere Verfeinerung: bei Zahlungsunfähigkeit (cessatio) Verfahrenseinleitung ohne vorausgehendes Leistungsurteil; Antragsrecht von Gläubigern und Schuldner, „syndici" bzw. curatores bonorum als Verwalter im Gläubigerinteresse; Ausbau des Vergleichs (Konkordat) auf Grund qualifizierter Mehrheit; Fortentwicklung der Anfechtungstatbestände; Nachhaftung des Schuldners nach Verfahrensende.[40] Die deutschen Stadtrechte des Mittelalters[41] waren in der Vollstreckung ursprünglich vom Gedanken der Prävention beherrscht, die an den Klagzeitpunkt oder die „Besetzung" des Vermögens des Schuldners anknüpfte. Inwieweit die Entwicklung zum Gleichrang eigenen Gesetzlichkeiten folgte oder das Ergebnis einsetzender oberitalienischer Rezeption war, ist schwer zu entscheiden; wahrscheinlich ist allerdings ein prägender rezeptiver Einfluss, weil die Gestalt der Verfahren stark dem italienischen Vorbild ähnelte, wenngleich die magistratische Kompetenz stärker in Erscheinung trat und ausgefeilte Systeme privilegierter Forderungen existierten. Die Kodifikation der frühen Landesrechte widmete sich vor allem der Rangordnung von Gläubigern, weniger einem Verfahren gleichrangiger Gläubigerbefriedigung.

28   c) Gemeines deutsches Recht[42]. Der gemeine deutsche „Gantprozess" stand im Banne ausladender Gerichtsmacht und rechtlicher Perfektion, wie sie den gemeinen Prozess allgemein beherrschte. Das pragmatische italienische Verfahren verlor als Vorbild seinen Einfluss und wich einem bürokratisierenden spanischen Konkursmodell.[43] Das stark gerichtsbeherrschte Verfahren untergliederte sich in drei Verfahrensabschnitte: Liquidationsverfahren (Forderungssammlung mit prozessualer Feststellung bei Streitigkeiten), Prioritätsverfahren (Festlegung der Rangklassen), Distributionsverfahren (Verteilung der versilberten Masse). Der gemeine Konkurs litt unter einem übermächtigen Gericht, seiner Rechtsmittelfülle, Allzuständigkeit des Konkursgerichts (vis attractiva concursus) und einem filigranen System materiellrechtlicher Privilegien.

29   d) Der französische Konkurs[44]. Der französische Konkurs hat seine Orientierung am italienischen Vorbild nie so stark aufgegeben wie der deutsche gemeine Konkurs. Seine Prägung erhielt er durch Erlasse Ludwigs XIV. und endgültige Gestalt im Code de commerce von 1807 (art. 437 ff.). Für diesen Kaufmannskonkurs war typisch die Gläubigerherrschaft bei gerichtlicher Aufsicht, die Fremdverwaltung durch Syndiken, die Ausgliederung von Sicherungsgläubigern und Forderungsstreitigkeiten, schließlich der Vergleich bei Kopfmehrheit und qualifizierter Summenmehrheit.

---

[38] *Kaser*, Das Römische Zivilprozessrecht, 1966, §§ 20, 56 ff., 76, 96; *Stüdemann*, Der Konkursverwalter als Unternehmer, 100 Jahre Konkursordnung, 1977, S. 401 ff., 414 ff.; *Baur/Stürner* II, RdNr. 3.2 ff. mit vollem Überblick über die Rechtsgeschichte; ähnlich *Kübler/Prütting* Einl. RdNr. 4 ff.; ferner *Paulus* KTS 2000, 239 ff.; ders. JZ 2009, 1148 ff.; *Zipperer* KTS 2007, 1 ff.

[39] *Hellmann*, Lehrbuch des deutschen Konkursrechts, 1907, § 3; *Kohler*, Lehrbuch des Konkursrechts, 1891, § 4; *Endemann* ZZP 12 (1888), 24 ff.; *Fuchs*, Das Concursverfahren, 1863, S. 10 ff.; *Seuffert*, Zur Geschichte und Dogmatik des Deutschen Konkursrechts, 1888, S. 49 ff.

[40] Zur spätmittelalterlichen Entwicklung des Insolvenzrechts im übrigen Europa *Paulus* JZ 2009, 1148 ff., 1153 ff.

[41] *Hellmann* aaO §§ 4, 5; *Kohler* aaO § 7.

[42] *Fuchs*, Das Concursverfahren, 1863; *Endemann* aaO §§ 383 ff.; *Kohler* aaO §§ 6, 8; *Seuffert*, Deutsches Konkursprozessrecht, 1899, § 5; *Hellmann* aaO § 6.

[43] *Salgado de Samoza*, Labyrinthus creditorum concurrentium, 1646.

[44] *Renouard*, Traité des faillites et banqueroutes, 1842, Vol. I.

e) **Die Preußische Konkursordnung von 1855**[45]. Die Preußische Konkursordnung lehnte 30 sich stark an das französische Vorbild an und verabschiedete Zentralismus und Schwerfälligkeit des gemeinrechtlichen Konkursverfahrens. Sie übernahm nicht die Beschränkung auf den Kaufmannskonkurs, weil in Deutschland anders als in Frankreich[46] für die Einzelvollstreckung nicht Gleichrang, sondern Priorität galt und folglich auch für den Nichtkaufmann ein vom Gleichrang beherrschtes Verfahren notwendig schien. Allerdings gab es für den Kaufmanns- und Privatkonkurs verschiedene Verfahren. Weitere originäre Schöpfungen waren die Regelung der Konkurswirkung auf schwebende Verträge, ausführliche Anfechtungstatbestände, Verwaltungsrat und Teilungsplan.

3. Die alte Konkursordnung von 1877 und das Vergleichsrecht. a) Entstehung der KO 31 **1877.** Versuche, ein neues kaufmännisches Konkursrecht in einem Allgemeinen Deutschen Handelsgesetzbuch zu schaffen, schlugen ebenso fehl wie ähnliche landesrechtliche Anläufe. 1870 beauftragte der Bundesrat des neu gegründeten deutschen Reiches den Reichskanzler mit der Vorlage eines Entwurfs, den dann *Franz Förster* und *Carl Hagens* im Preußischen Justizministerium auf der Basis der Preußischen Konkursordnung erarbeiteten; diesen Justizministerialentwurf von 1873 beriet zunächst eine Bundesratskommission. Nach Vorlage an den Reichstag war die neue KO Gegenstand der Beratungen einer Reichstagskommission und wurde dann 1876 verabschiedet. Die Ausfertigung stammt vom 10.2.1877, am 1.10.1879 trat die neue KO in Kraft. Die Motive zur KO haben das preußische Vorbild nicht verleugnet. Jedoch schuf die KO den Einheitskonkurs für Kaufleute und Privatleute. Der konkursabwendende Vergleich, wie ihn der Bundesratsentwurf noch vorgesehen hatte, fiel allerdings den Beratungen zum Opfer.

b) Das Vergleichsrecht und die Fortentwicklung des Konkursrechts. Bereits in der Krisen- 32 zeit des 1. Weltkriegs zeigte sich, dass der konkursabwendende Vergleich, wie ihn auch das gemeine Insolvenzrecht und das nachgebesserte französische Vorbild kannten, wirtschaftlicher Notwendigkeit und Vernunft entsprach. Aus dem Verordnungsrecht der Jahre 1914 und 1916 („Geschäftsaufsicht zur Abwendung des Konkurses") entstand schließlich 1927 die *Vergleichsordnung* (RGBl. I, 139), die 1935 neue Gestalt erhielt (RGBl. I, 321).[47] Im *Arbeitsinsolvenzrecht* entsprach zwar die Privilegierung rückständiger Lohnansprüche historischer Tradition.[48] Allgemein stellte sich aber für die Rechtsentwicklung der Bundesrepublik die Frage, inwieweit die neuere arbeitsrechtliche Schutzgesetzgebung bei Insolvenz Geltung beanspruchen konnte; insbesondere etwa die Kündigungsschutz-[49] oder Sozialplangesetzgebung[50] oder die Regeln zur Betriebsübernahme (§ 613a BGB).[51] Die Rechtsprechung des BAG tendierte zur vollen oder modifizierten Berücksichtigung, erlitt dabei allerdings einen Rückschlag, als das BVerfG seinen rechtsfortbildenden Ehrgeiz in Schranken wies;[52] der Gesetzgeber fügte dann im SozialplanG die Sozialplanforderungen in das System des Insolvenzrechts ein. Die Stellung der Arbeitnehmer hatte der Gesetzgeber teilweise durch die Sozialisierung des Insolvenzrisikos deutlich verbessert: so im ArbeitsförderungsG 1974 (Konkursausfallgeld) und im Gesetz zur Verbesserung der betrieblichen Altersversorgung 1974/1975 (Sicherung betrieblicher Pensionen durch Pensionssicherungsverein). Die Absicherung der Arbeitnehmer im Insolvenzfalle entsprach teilweise EG-rechtlichen Vorgaben.[53] Überhaupt war und ist die Europäisierung der nationalen Insolvenzrechte im Bereich des Arbeitsrechtes relativ weit fortgeschritten.[54]

4. Die Kritik an der Konkurs- und Vergleichsordnung und die Arbeit der Insolvenz- 33 **rechtskommission. a) Die Entwicklung der Insolvenzstatistik und der Funktionsverlust der Insolvenzverfahren.** Das Insolvenzrecht der KO und VerglO sah sich spätestens seit Mitte der siebziger Jahre starken Belastungen ausgesetzt. Die Zahl der konkursabwendenden Vergleichsverfah-

---

[45] *Thieme*, Zur Entstehung der Konkursordnung, in: Einhundert Jahre Konkursordnung, 1977, S. 35 ff.; *Hahn*, Materialien zur Konkursordnung, 1881, S. 37 ff.; *Goltdammer*, Kommentar und vollständige Materialien zur Konkursordnung vom 8.5.1855, 2. Aufl. 1858; *Koch*, Die Preußische Konkursordnung, 1867.
[46] Hierzu *Baur/Stürner/Bruns*, Zwangsvollstreckungsrecht, 13. Aufl. 2006, RdNr. 3.21, 59.7, 59.8, 59.11; *Baur/Stürner*, Bd. II, RdNr. 3.20, 39.1.
[47] Zum Einfluss des Nationalsozialismus auf das Insolvenzrecht neuerdings insbesondere *Paulus* NZI 2011, 657 ff.; *Riel* KTS 2012, 167 ff. (für Österreich).
[48] § 61 Nr. 1 KO mit seiner Privilegierung hatte gemeinrechtliche Wurzeln; zu entsprechenden Regelungen in Frankreich, Großbritannien, Italien, Schweiz und USA *Baur/Stürner* II, RdNr. 39.6, 39.27, 39.54, 39.81, 39.89 mwN.
[49] Hierzu BAG NJW 1983, 1341.
[50] Hierzu BAG NJW 1979, 774 ff. (Rangordnung „§ 61 Nr. 0 KO").
[51] Hierzu BAG NJW 1980, 1124 ff.; 1982, 1607; 1984, 627 ff.
[52] BVerfGE 65, 182 = NJW 1984, 475 (Notwendigkeit gesetzlicher Regelung des Ranges von Sozialplansprüchen).
[53] Zur Parallelregelung in Frankreich, Großbritannien und Italien *Baur/Stürner* II, RdNr. 39.1, 39.27, 39.55.
[54] Hierzu auch *Schumacher*, Das englische Insolvenzarbeitsrecht, 2001, S. 46 ff., 54 f., 138 ff., 189 ff., 266 ff.

ren sank von 30 % in der Weimarer Zeit auf unter 1 %; vielfach mussten die wenigen erfolgreichen Vergleichsverfahren extra oder gar contra legem abgewickelt werden. Der Anteil nicht eröffneter Mangelkonkurse stieg auf über 80 % an. Normale Konkursforderungen erreichten eine durchschnittliche Befriedigungsquote zwischen 3,5 % und 7 %, privilegierte Konkursforderungen von 25 %; dingliche Gläubiger, meist Kreditinstitute, konnten mit ca. 80 % befriedigt werden. Bei Unternehmenskonkursen entfiel vor allem auf die GmbH der Löwenanteil.[55] Insgesamt war ein Funktionsverlust des Insolvenzrechts festzustellen, weil Vergleiche kaum mehr zustande kamen und Konkurse keinen oder wenig Ertrag brachten.

34 **b) Ursachen des Funktionsverlustes.** Schon die frühe Reformdiskussion war sich über die Ursache dieses Funktionsverlustes rasch einig.[56] Die alte Vergleichsordnung stellte überzogene Anforderungen an die Vergleichsfähigkeit (persönlichkeitsbezogene Ablehnungsgründe, überhöhte Anforderung an Vergleichsinhalt und Gläubigermehrheit) und ließ sonderungsberechtigte und bevorrechtigte Gläubiger außerhalb des Vergleichs. Den Fehlschlag des Konkursverfahrens verursachten verbreitete Unterkapitalisierung und gängige Masseaushöhlung durch versteckte Sicherungsrechte (Eigentumsvorbehalt mit Verlängerungsformen, Sicherungsübereignung und Sicherungszession bis zur Globalzession) und bevorrechtigte Forderungen (Arbeitnehmer, Fiskusprivileg etc.), teilweise fehlende Befugnisse des Insolvenzverwalters, die Zerschlagung der Masse wirksam zu verhindern.

35 **c) Die Rahmenbedingungen der Kommissionsarbeit.** 1978 setzte der Bundesjustizminister eine Kommission für Insolvenzrecht ein. Die Insolvenzrechtsreform war bereits zu diesem Zeitpunkt Gegenstand nicht nur insolvenzrechtlicher Überlegung, sondern auch rechtsvergleichender, unternehmensrechtlicher, arbeitsrechtlicher und betriebs- und volkswirtschaftlicher Bemühung. Rechtsvergleichenden Einfluss übte die U.S.-amerikanische Reform des Bankruptcy Code und seines Reorganisationsverfahrens aus;[57] auch Frankreich,[58] Italien,[59] Österreich,[60] Großbritannien[61] und Japan[62] führten die Diskussion um verbesserte Sanierungsmöglichkeiten. Das Unternehmens- und Gesellschaftsrecht brachte den Gedanken der Sanierung in sehr dezidierter Form ein, um das Insolvenzrecht aus einer auf den Gemeinschuldner als Person fixierten Betrachtungsweise herauszulösen.[63] Der Juristentag 1982, der die Insolvenzrechtsreform behandelte, stand ganz im Banne der Sanierung durch verfahrensrechtliche Unternehmensumbildung.[64] Dieser Diskussionsstand prägte die Arbeit der Insolvenzrechtskommission.

36 **d) Die Kommissionsvorschläge**[65]**.** Die Kommission schlug ein einheitliches Verfahren vor, das nach einem prüfenden Vorverfahren in Liquidation oder Reorganisation münden sollte, wobei hierüber das *Konkursgericht* zu entscheiden hatte. Im Vorverfahren erfuhr die Stellung des vorläufigen Insolvenzverwalters ausführliche und sorgfältige Regelung. Im *Liquidationsverfahren* sollte die Abwicklung eines Unternehmens der Regelfall und die Fortführung zur späteren Veräußerung die Ausnahme sein, die der Zustimmung des Insolvenzgerichts nach Anhörung des Gläubigerausschusses bedurfte. Zur Massenanreicherung machte die Kommission weitreichende Vorschläge: Konkurswirk-

---

[55] Ausführlich Erster Bericht der Kommission für Insolvenzrecht, 1985, S. 457 ff.; ähnlich die Allgemeine Begründung des Regierungsentwurfs zur InsO bei *Balz/Landfermann*, Die neuen Insolvenzgesetze, 1995, S. 4 ff. mwN.

[56] Grundlegende Beiträge aus der frühen Reformdiskussion *Weber* KTS 1959, 80 ff.; *Kilger* KTS 1975, 142 ff. („Konkurs des Konkurses"); *Hanisch* ZZP 90 (1977), 1 ff.; *ders., Rechtszuständigkeit der Konkursmasse, 1973; Drobnig/Henckel/Kilger,* 51. DJT 1976 (Reform der Mobiliarsicherheiten); *Gessner/Rohde/Strate/Ziegert,* Die Praxis der Konkursabwicklung in der Bundesrepublik Deutschland, 1978; weitere Literatur bei *Baur/Stürner* II, § 4.

[57] *Flessner,* Sanierung und Reorganisation, 1982.

[58] *Arnold* ZIP 1982, 713 ff.; *Balz* ZIP 1983, 1153 ff.; *Klopp* KTS 1988, 267 ff.

[59] *Grunsky* ZIP 1981, 1303 ff.

[60] *Jellinek* ZIP 1984, 495.

[61] *Cork/Graham* ZIP 1982, 1275 ff.

[62] *Mikami* ZZP 101 (1988), 34 ff.; *Shimojima* ZIP 1982, 805 f.

[63] *K. Schmidt* ZIP 1980, 233 ff.; 1982, 9 ff.; KTS 1988, 1 ff.; *Meyer-Cording* NJW 1981, 1242 ff.

[64] *K. Schmidt, Hanau, Zeuner,* Möglichkeiten der Sanierung von Unternehmen durch Maßnahmen im Unternehmens-, Arbeits-, Sozial- und Insolvenzrecht, 54. DJT 1982; sehr kritisch zu dieser Tendenz *Stürner* ZIP 1982, 761 ff.

[65] Erster und Zweiter Bericht der Kommission für Insolvenzrecht, 1985/1986; hierzu schon *Baur/Stürner* II, RdNr. 4.13 ff.; aus der Literatur ferner *Henckel* ZZP 1984, 369 ff.; *Heinsius/Kreutzer* WM 1985, Beilage 2; *Ulmer* ZHR 1985, 541; *Drukarczyk,* Mobiliarsicherheiten, 1985; *Zeuner* ZIP 1985, 1297 ff.; *Sehrick* BB 1985, 2202; *Uhlenbruck* KTS 1986, 27 ff.; *K. Schmidt* ZGR 1986, 178 ff.; *Gravenbrucher Kreis,* Stellungnahme zu den Reformvorschlägen der Kommission für Insolvenzrecht, 1986; *Grub/Kübler/Wellensiek* BB 1986, Beilage 15; *Sehrick,* Mobiliarsicherheiten und Insolvenzrechtsreform, 1987; *Drukarczyk,* Unternehmen und Insolvenz, 1987; ausführliche weitere Nachweise bei *Baur/Stürner* II, § 4.

III. Stand und Geschichte des Insolvenzrechts

samkeit von Mobiliarsicherheiten nur bei Schriftlichkeit; Unwirksamkeit des Konzernvorbehalts; Verwertungshoheit des Verwalters bei Mobiliarsicherheiten; 25 % Verfahrensbeitrag der Mobiliarsicherungsgläubiger; Abschaffung aller Konkursvorrechte („klassenloser Konkurs"); Beschränkung der Sozialplananspräche der Arbeitnehmer; Aufrechterhaltung des Konkursausfallgeldes zur Masseentlastung; erleichterte Kündigungsmöglichkeit gegenüber Arbeitnehmern vor allem bei Betriebsveräußerung; Verschärfung des Anfechtungsrechtes.

Das *Reorganisationsverfahren* sah bereits einen Reorganisationsplan mit darstellendem und gestaltendem Teil vor, ferner Gläubigergruppen mit unterschiedlichen Mehrheitserfordernissen und nur gruppeninternem Gleichbehandlungsgrundsatz. Die Gläubiger von Mobiliarsicherheiten waren in das Reorganisationsverfahren weithin eingebunden, gegen Mehrheitsbeschlüsse war bloß 50 %iger Werterhalt garantiert; Grundpfandrechte mussten zwar Moratorien hinnehmen, blieben aber im Übrigen weithin unangetastet. Insolvenzgericht und Gläubigern standen weitreichende gesellschaftsrechtliche Gestaltungsmöglichkeiten zu (Änderung der Kapitalbeteiligungsverhältnisse, Zwangsausschluss etc.). Die Arbeitnehmerrechte mussten Anpassungen an den Reorganisationszweck dulden. Wichtig war der Gedanke der Privilegierung von Neugläubigern. Für *Kleininsolvenzen* plante die Kommission ein vereinfachtes Verfahren, *Restschuldbefreiung* lehnte sie grundsätzlich ab.

Viele Elemente der neuen Insolvenzordnung entstammen den Kommissionsvorschlägen. Manche Schwächen der Kommissionsvorschläge, wie allzu weitreichende richterliche Gestaltungsmacht, Entwertung der Mobiliarsicherheiten oder Verschlossenheit gegenüber der Restschuldbefreiung, hat die weitere Entwicklung indessen vermieden. Auch die Überschätzung der Möglichkeit einer Unternehmensfortführung durch eher sozial orientierte „planification" haben spätere Entwürfe korrigiert. Letztlich fehlte den Kommissionsvorschlägen der klare Maßstab für die Gläubigeropfergrenze bei Sanierungen; das hatten sie mit dem französischen Insolvenzrecht gemein.

5. Die Entstehung der neuen Insolvenzordnung. a) Die Änderung der Rahmenbedingungen. Der Wechsel von einer sozialliberalen Regierungskoalition zur christlich-liberalen Koalition führte nach und nach zu einer stärkeren Betonung der markt- und ordnungspolitischen Dimension des Insolvenzverfahrens,[66] der Gedanke der Sanierung aus sozialen Gründen und aus Gründen regionaler Strukturpolitik trat in den Hintergrund.[67] Das Interesse der Gewerkschaften am Insolvenzrecht als Unternehmensrecht und an Sanierung unter Mitverantwortung der Arbeitnehmer erlahmte unter dem Eindruck unglücklicher Einbindung der Gewerkschaften in Unternehmenskrisen (Neue Heimat etc.), welche die beschränkten Möglichkeiten gemeinwirtschaftlichen Unternehmertums voll sichtbar werden ließen.[68] Die ökonomische Analyse als kräftige Strömung der Methodenlehre brachte der marktwirtschaftlichen Betrachtungsweise neuen Auftrieb und verstärkte den Einfluss U. S.-amerikanischen Denkens.[69] Sozialpolitisch rückte die lebenslängliche Überschuldung des Verbrauchers verstärkt ins Bewusstsein.[70] Allerdings entsprach die Skepsis gegenüber einer Sanierung durch Verfahren und Umgestaltung des alten Unternehmensträgers unabhängig von Zeitströmungen schon immer einem wirtschaftlich pragmatischen Ansatz, der die Sanierung durch Übertragung auf einen neuen Unternehmensträger zu Marktbedingungen dem verfahrensmäßigen Retortenprodukt vorzog.[71]

b) Der Diskussionsentwurf des Bundesjustizministeriums. Im Bundesjustizministerium erarbeiteten *Manfred Balz* und *Hans-Georg Landfermann* einen Diskussionsentwurf, der 1988 der Öffentlichkeit vorgestellt wurde.[72] Er war – wie seine Autoren[73] – geprägt vom Gedanken marktkonformer Sanierung und vom Gedanken deregulierter Insolvenzabwicklung; sein Insolvenzplanverfahren stand voll unter amerikanischem Einfluss (Bankruptcy Code, Chapter 11, Reorganization), wie ihn vor allem auch *Stefan Riesenfeld*[74] in Deutschland maßgeblich repräsentierte. Der Diskussi-

---

[66] *Engelhard* ZIP 1986, 1287; *Graf Lambsdorff* ZIP 1987, 809.
[67] Zum Ganzen *Baur/Stürner* II, § 4 RdNr. 4.34.
[68] Zu den ursprünglichen Intentionen der Gewerkschaften insbesondere der Tagungsband: Das Sanierungsverfahren in einem zukünftigen Insolvenzverfahren; herausgegeben vom Vorstand der Industriegewerkschaft Metall für die Bundesrepublik Deutschland, 1982.
[69] Vor allem *Drukarczyk* ZIP 1989, 341 ff.; 1987, 205 ff.; *ders.*, Unternehmen und Insolvenz, 1987.
[70] ZB *Scholz* ZIP 1988, 1157 ff.
[71] Sehr dezidiert *Stürner* ZIP 1982, 769 ff.
[72] Diskussionsentwurf (DE) eines Gesetzes zur Reform des Insolvenzrechts, Bd. I 1988; Bd. II (Ergänzungen) 1989.
[73] Vor allem *Balz,* Sanierung von Unternehmen oder Unternehmensträgern?, 1986; *ders.* ZIP 1988, 273; neuerdings *Balz/Landfermann,* Die neuen Insolvenzgesetze, 1995; S. XXXIV ff. mwN.
[74] *Birk/Kreuzer/Riesenfeld* (Herausgeber), Das Unternehmen in der Krise. Probleme der Insolvenzvermeidung in rechtsvergleichender Sicht, 1986, S. 135 ff.; hierzu noch *Stürner* in Lutter/Stiefel/Höflich, Der Einfluss deutscher Emigranten auf die Rechtsentwicklung in den USA und in Deutschland, 1993, S. 493 ff., 497 ff.

onsentwurf stellte das einheitliche Insolvenzverfahren unter den Gedanken der Gläubigerbefriedigung durch Marktwertrealisierung, das Insolvenzplanverfahren verstand sich als Form deregulierter Marktwertrealisierung, die Zukunftswerte erfassen und damit effektiver sein sollte als die sofortige Liquidation. Aus diesem Ansatz wird verständlich, dass Gläubigeropfer und Gläubigerwille ihre Grenze am Marktwert ebenso finden wie Schuldneropfer (hierzu RdNr. 1 ff., 19). Der Ansatz der Marktwertrealisierung im Gläubigerinteresse führt auch zur Betonung der Gläubigerautonomie bei größerer Zurückhaltung gegenüber richterlicher Gestaltungsmacht, als dies den Kommissionsvorschlägen entsprach; allerdings nimmt dieser Ansatz verborgene richterliche Macht bei Wertbestimmungsstreitigkeiten in Kauf (RdNr. 4). Ein marktkonformes Insolvenzrecht konnte weder die übertragende Sanierung im Liquidationsverfahren so stark gängeln noch die marktstimulierende Funktion insolvenzfester Mobiliarsicherheiten soweit vernachlässigen wie die Kommissionsvorschläge. Die Restschuldbefreiung entsprach ökonomischer und sozialer Vernunft ebenso wie gesamteuropäischer und internationaler Entwicklung und war deshalb zu Recht Entwurfsbestandteil.[75] So legte der Diskussionsentwurf als geschlossene Konzeption die Grundlagen zur heutigen InsO.

41 **c) Der Referentenentwurf des Bundesjustizministeriums.** Ende 1989 veröffentlichte das Bundesjustizministerium den nur wenig geänderten Diskussionsentwurf als Referentenentwurf.[76] Er übernahm im Wesentlichen den Diskussionsentwurf, änderte aber das Insolvenzarbeitsrecht auf Anregung des Arbeitsministeriums[77] und fügte sich Bedenken des Finanzministeriums gegen die Herabstufung der Umsatzsteuer aus Verwertung von Sicherungsgut zur normalen Insolvenzforderung. Dem Referentenentwurf zur InsO trat 1990 der Referentenentwurf eines Einführungsgesetzes zur InsO hinzu. Dieses EGInsO enthielt den Entwurf eines internationalen Insolvenzrechts, der sich am werdenden Europäischen Konkursübereinkommen orientierte.[78] Darüber hinaus stellte es alle notwendigen Änderungen anderer Gesetze zusammen, unter anderem die ersatzlose Streichung des § 419 BGB zugunsten eines verbesserten Anfechtungsrechts.

42 **d) Die Gesamtvollstreckungsordnung der neuen Bundesländer.** Die Darstellung des Entstehens der InsO bliebe unvollständig, wäre die Gesamtvollstreckungsordnung der neuen Bundesländer unerwähnt. Noch während des Bestehens der DDR wurde 1990 die alte und bisher wirtschaftlich bedeutungslose Gesamtvollstreckungsordnung umgestaltet, damit auf ihre künftig wichtigere Aufgabe nach dem Beitritt der neuen Bundesländer vorbereitet[79] und mit einigen Modifikationen durch den Einigungsvertrag zum partiellen Bundesrecht erhoben.[80] Die Gesamtvollstreckungsordnung sollte eine Überforderung der Rechtspflegeorgane der neuen Bundesländer durch Neueinführung der KO und VerglO vermeiden, in ihrer reformierten Gestalt nahm sie teilweise Züge des künftigen einheitlichen Insolvenzverfahrens vorweg. Man setzte auch darauf, dass die Aufrechterhaltung der Rechtsspaltung dem Reformdruck günstig sein könnte. Dieses Kalkül sollte aufgehen: im Bereich der neuen Bundesländer entwickelte sich aus der Gemengelage zwischen einer rudimentären Gesamtvollstreckungsordnung und hilfsweise herangezogener KO und InsO eine insolvenzrechtliche Subkultur, deren Ende wünschenswert erscheinen musste, so dass ihre wirre Existenz sich durchaus als Reformkatalysator auswirkte. Darin erschöpfte sich allerdings ihr positiver Effekt, im Übrigen war ihre modifizierte Fortexistenz eine krasse gesetzgeberische Fehlentscheidung mit viel Mehrarbeit für die Rechtspflegeorgane und fragwürdigem Ansporn zu literarischer Produktivität.

43 **e) Der Regierungsentwurf einer Insolvenzordnung**[81]. Der Regierungsentwurf des Jahres 1992 war eine verfeinerte und überarbeitete Fassung des Referentenentwurfs.[82] Wichtige Änderungen waren: voller Schutz des Vorbehaltsverkäufers abweichend von anderen Mobiliarsicherheiten; Umsatzsteuerbelastung der Sicherungsnehmer; Nichtigkeit des Konzernvorbehalts (§ 455 Abs. 2 BGB a. F.; heute § 449 Abs. 3 BGB); stärkere Begrenzung des Sozialplanvolumens; Inkorporation

---

[75] Zur Diskussion des DE insbesondere der Band *Kübler* (Herausgeber), Neuordnung des Insolvenzrechts, 1989, mit Beiträgen von *Balz* (Reformziele), *Hax* (ökonomische Aspekte), *Stürner* (Einfachheit und Funktionsfähigkeit des Verfahrens), *Kübler* (Gläubigerautonomie), *Grub* (Insolvenzverwalter), *Heinze* (Arbeitsrecht), *Ulmer* (Gesellschaftsrecht), *Rümker* (Kreditwirtschaft) und *Hanau* (Generalbericht).
[76] RefE einer Insolvenzordnung, 1989.
[77] Hierzu *Balz/Landfermann,* Die neuen Insolvenzgesetze, 1995, S. XXXIX.
[78] Einer der Verfasser des DE zur InsO, *Manfred Balz,* war Vorsitzender der Arbeitsgruppe zum Vorentwurf eines Europäischen Konkursübereinkommens beim Rat der EG.
[79] *Krefeld/Wagner* NJ 1990, 297 ff.; *Lübchen/Landfermann* ZIP 1990, 829 ff.
[80] Einigungsvertrag Anlage II Kap. III A Abschn. II Nr. 1 a.
[81] BT-Drucks. 12/2443.
[82] Zur Würzburger Arbeitstagung der Zivilprozessrechtslehrer 1990 und ihrer Wirkung auf den Regierungsentwurf der Tagungsband *Leipold,* Insolvenzrecht im Umbruch, 1991, mit Beiträgen insbesondere von *Bork, Gerhard, Häsemeyer, Leipold, K. Schmidt, Smid* und *Stürner; Balz/Landfermann,* Die neuen Insolvenzgesetze, S. XLI.

III. Stand und Geschichte des Insolvenzrechts   44–45a **Einleitung**

des internationalen Insolvenzrechts in die InsO. Der Regierungsentwurf musste sich erneuter Fundamentalkritik vor allem aus der Praxis[83] stellen und stieß auf den Einwand fehlender personeller Umsetzbarkeit seitens der Bundesländer und ihrer Justizverwaltungen.[84] Trotzdem gelangte er in das parlamentarische Gesetzgebungsverfahren.

f) Die Arbeit des Rechtsausschusses des Deutschen Bundestages. Der Rechtsausschuss des 44 Deutschen Bundestages befasste sich seit 1992 mit dem Regierungsentwurf; seine Arbeit stand wiederum stark unter dem Einfluss U. S.-amerikanischen Rechts. Gegenüber dem Regierungsentwurf ergaben die parlamentarischen Beratungen folgende wichtige Änderungen: Vereinfachung und Umgestaltung des Insolvenzplanverfahrens (Initiativrecht, Vereinfachung der Gruppenbildung, höhere Anforderungen an die richterliche Ersetzung der Gläubigerzustimmung etc.); Erleichterungen für die übertragende Sanierung außerhalb des Insolvenzplanverfahrens; größere Schonung der Mobiliarsicherheiten und Vereinfachungen beim Verwertungsverfahren; Beschränkungen des Kündigungsschutzes; Enthaltsamkeit im internationalen Insolvenzrecht, um zukünftige europäische und internationale Entwicklungen offenzuhalten; Schuldenbereinigungsplan bei Kleininsolvenzen vor allem von Verbrauchern.

g) Verabschiedung und Inkrafttreten. Erneuter Reformbedarf. Der Bundestag hat die 45 Gesetzesfassung des Rechtsausschusses am 21.4.1994 beschlossen.[85] Den Bedenken der Landesjustizverwaltungen war schließlich dadurch Rechnung getragen, dass sich Bundesrat und Bundestag auf Empfehlung des Vermittlungsausschusses auf 1.1.1999 als Zeitpunkt des Inkrafttretens einigten. Diese Vorbereitungszeit war im 19. Jahrhundert bei allen größeren Gesetzgebungswerken der Regelfall, es war falsch, sie für die Gegenwart zu beklagen. Noch im ersten Geltungsjahr machte die EG-Finalitätsrichtlinie Korrekturen zur Sicherung von Zahlungs- und Abrechnungssystemen erforderlich.[86] Schon kurz nach ihrem Inkrafttreten zeigte dann die neue InsO in einzelnen Bereichen entscheidende Schwächen, die ein Gesetz zur Änderung der InsO beheben sollte.[87] Der Zugang völlig überschuldeter Gemeinschuldner zur Verbraucherinsolvenz (§§ 304 ff.) und damit zur Restschuldbefreiung (§§ 246 ff.; hierzu RdNr. 22, 23) war dadurch erschwert, dass die Rechtsprechung Prozesskostenhilfe (§ 4 InsO, 114 ff. ZPO) nur zögernd oder gar nicht gewährte; der Gesetzgeber musste deshalb Kostenstundungsvorschriften einfügen (§§ 4a–4d). Das Klein- bzw. Verbraucherinsolvenzverfahren bedurfte klarerer personeller Begrenzung (§ 304 nF) und zahlreicher verfahrensorganisatorischer Änderungen und Ergänzungen (§ 305 ff.), um es praktikabel zu gestalten. Der Gesetzgeber hat die Gelegenheit eines Reparaturgesetzes genutzt, um noch weitere kleinere Änderungen an der InsO vorzunehmen (insbesondere §§ 55 Abs. 3, 57 Satz 2, 109 Abs. 1).

In neuerer Zeit brachten vor allem das Gesetz zur Neuregelung des Internationalen Insolvenz- 45a rechts 2003[88] und das Gesetz zur Umsetzung der Richtlinie 2002/47/EG über Finanzsicherheiten 2004[89] einschneidende Veränderungen. Die Neuregelung bzw. Neukodifikation des Internationalen Insolvenzrechts trug der Tatsache Rechnung, dass man von einer erschöpfenden Kodifikation dieser Materie zunächst abgesehen hatte, weil der Ausgang der europäischen Rechtsentwicklung noch etwas offen war. Inzwischen waren die EuInsVO[90] und auf übereuropäischer internationaler Ebene das Uncitral-Modellgesetz[91] verabschiedet und geschaffen, sodass der europäische und internationale Trend in ausreichender Weise einen Rahmen vorgab, um ein adäquates deutsches autonomes Internationales Insolvenzrecht zu konzipieren. Zudem wurden dabei auch die EG-Liquidationsrichtlinien für Banken und Versicherungen in mehr oder weniger gelungener Form teilweise – soweit nämlich nicht im KWG und VAG – umgesetzt.[92] Die Umsetzung der Finanzsi-

---

[83] Gravenbrucher Kreis, ZIP 1992, 657; ZIP 1993, 625; *Grub* WM 1994, 880; ZIP 1993, 393; *Uhlenbruck* KTS 1992, 499.
[84] Hierzu *Balz/Landfermann*, Die neuen Insolvenzgesetze, S. XLIII.
[85] Beschlussempfehlung des Rechtsausschusses BT-Drucks. 12/7302; Vorlage an den Bundesrat BR-Drucks. 336/94.
[86] Gesetz zur Änderung insolvenzrechtlicher und kreditrechtlicher Vorschriften vom 8.12.1999, BGBl. I, 2384 (insbes. §§ 96 Abs. 2, 147 Abs. 1, 166 Abs. 2).
[87] Dazu Gesetz zur Änderung der Insolvenzordnung und anderer Gesetze vom 26.10.2001, BGBl. I, 2710. Wichtige Beiträge zur Reform der InsO: *Marotzke* ZIP 2001, 173 f. (Verwalterwahl); *Pape/Pape* ZIP 2000, 1553 ff.; *Fuchs* NZI 2001, 15 ff.; *Hess/Wienberg/Titze-Fischer* NZI 2000, 97 ff.; *Uhlenbruck* NZI 1998, 1 ff., 6 ff.
[88] BGBl. I, 345 ff. (§§ 335-358).
[89] BGBl. I, 502 ff. (insbesondere §§ 104 Abs. 2, 130 Abs. 1 Satz 2, 147, 166 Abs. 2).
[90] VO (EG) Nr. 1346/2000 v. 29.5.2000; ABl. EG Nr. L 160, 1 ff.; dazu *Eidenmüller* IPRax 2001, 2 ff.; *Huber* ZZP 114 (2001), 133 ff.; *Lüke* ZZP 111 (1998), 275 ff.; *Paulus* NZI 2001, 505 ff.; *Wimmer* NJW 2002, 2427 ff.
[91] Dazu *Wimmer* ZIP 1997, 2220; *Paulus* IPRax 1999, 148.
[92] Dazu Einl. RdNr. 24b.

cherheitenrichtlinie[93] vollendete die mit der Umsetzung der Finalitätsrichtlinie 1999 bereits begonnene Privilegierung kollektiver Zahlungs- und Abrechnungssysteme unter Banken, Intermediären etc., die dem insolvenzmäßigen Zugriff möglichst entzogen sein sollten. Einige wichtige Neuerungen vor allem für Unternehmensinsolvenzen brachte das Gesetz zur Vereinfachung des Insolvenzverfahrens.[94]

Ein Gesetzentwurf, der überwiegend dem Wechsel zur neuen Legislaturperiode 2005 zum Opfer fiel, wollte u. a. die Stellung des vorläufigen Insolvenzverwalters festigen und die Anfechtung vor allem von Zwangsvollstreckungsakten vor der Insolvenz einschränken, was insbesondere dem Steuerfiskus und Sozialversicherungsträgern zugute gekommen wäre[95] (dazu ausführlich RdNr. 63). Übrig geblieben ist dann nur ein kleinerer Teil des Vorhabens zum Pfändungsschutz der Altersvorsorge[96] bzw. später zum Schutz des Arbeitnehmeranteils gegen Anfechtungen.[97] Ein Gesetzentwurf der Bundesregierung zur Entschuldung mittelloser Personen und zur Änderung des Verbraucherinsolvenzverfahrens sollte Restschuldbefreiung und Verbraucherinsolvenz vereinfachen,[98] fiel aber dann der Diskontinuität zum Opfer.

45b Die Jahre nach 2007 brachten – vielfach im Gefolge der Finanzkrise – eine ganze Reihe größerer und kleinerer Veränderungen: §§ 15a, 19, 39, 44a, 135, 143 durch Art. 9 MoMiG;[99] § 36 durch Art. 3 KontenpfändungsschutzG;[100] §§ 26, 98 durch Art. 4 Nr. 6 des Gesetzes zur Reform der zwangsvollstreckungsrechtlichen Sachaufklärung;[101] §§ 22, 96, 116, 147 durch Art. 8 Nr. 7 des Gesetzes zur Umsetzung der Zahlungsdienstrichtlinie;[102] § 19 durch Art. 5 Finanzmarktstabilisierungsgesetz;[103] §§ 21, 96, 166, 223 durch Art. 2 des Umsetzungsgesetzes zur geänderten Banken- und Kapitaladäquanzrichtlinie;[104] §§ 14, 55 durch Art 3 Haushaltbegleitgesetz 2011;[105] Aufhebung des § 7 durch Art. 2 des Gesetzes zur Änderung des § 522 ZPO,[106] sodass künftig für Rechtsbeschwerden § 574 Abs. 1 Nr. 2 ZPO gilt. Das sog. Restrukturierungsgesetz[107] hat in seinem Art. 1 das Kreditinstitutereorganisationsgesetz geschaffen, das ein besonderes Sanierungsverfahren und Reorganisationsverfahren für Banken vorsieht (Einl. RdNr. 24c). Art 2 des Restrukturierungsgesetzes führt zusätzlich für Banken eine administrative Reorganisation durch behördliche Übertragungsanordnung auf ein Brückeninstitut ein (§§ 48a ff. KWG; hierzu Einl. RdNr. 24d). Eine bedeutende Veränderung des Insolvenzrechts bringt das Gesetz zur weiteren Erleichterung der Sanierung von

---

[93] Dazu *Obermüller* ZIP 2003, 2336 ff.; *Kieper*, Abwicklungssysteme in der Insolvenz, 2004.
[94] Dazu BT-Drucks. 16/4194. Wichtige Änderungen in §§ 5 Abs. 2; 8 Abs. 1, 3; 9; 13; 20 Abs. 1; 21 Abs. 2 Satz 1 Nr. 5; 35 Abs. 2 und 3; 56 Abs. 1; 108 Abs. 2; 109 Abs. 1; 138 Abs. 1 Nr. 4; 158; 160; 184 Abs. 2; 188 Satz 3; zum Entwurf *Sternal* NZI 2006, 185 ff.; *Pannen/Riedemann* NZI 2006, 193 ff.; *Andres* NZI 2006, 198 ff.
[95] Zum Referentenentwurf eines Gesetzes zum Pfändungsschutz der Altersvorsorge und zur Anpassung des Rechts der Insolvenzanfechtung 2005 NZI 2005 Nr. 7, S. VI-IX; Nr. 9, S. VIII; dazu *Leithaus* NZI 2005, 436; kritisch *Vallender* NZI 2005, 599; *Huber* ZIP 2007, 501 ff.; zustimmend *Stürner* NZI 2005, 597 f.
[96] Gesetz zum Pfändungsschutz der Altersvorsorge, BT-Drucks. 16/3844, abgedruckt ZVI 2007, 38.
[97] § 28e Abs. 1 Satz 2 SGB IV (Gesetz zur Änderung des Vierten Buches Sozialgesetzbuch und anderer Gesetze vom 22.12.2007, BGBl. I, 3024); siehe aber BGH ZIP 2008, 747 und BGHZ 182, 317 = ZIP 2009, 2009 Rz 16 sowie BGHZ 183, 86. Ein späterer Versuch zur Privilegierung des Steuerfiskus bei der Aufrechnung im Rahmen des Haushaltbegleitgesetzes 2011 ist nicht Gesetz geworden; BT-Drucks. 17/3030, 17, 42 f. und Art. 3 des G vom 09.12.2010, BGBl. I, 1885.
[98] Gesetzentwurf der Bundesregierung vom 23.1.2007; zur Reform *Vallender* NZI 2006, 279 ff.; *Heyer* NZI 2007, Nr. 3, S. VII; zum Entwurf Stand 2.3.2006 KTS 2006, 343 ff.
[99] Gesetz zur Modernisierung des GmbH-Rechts und zur Bekämpfung von Missbräuchen vom 28.10.2008, BGBl. I, 2026.
[100] Gesetz zur Reform des Kontenpfändungsschutzes vom 07.7.2009, BGBl. I, 1707.
[101] Gesetz zur Reform der Sachaufklärung in der Zwangsvollstreckung vom 27.9.2009, BGBl. I, 2258.
[102] Gesetz zur Umsetzung der Verbraucherkreditrichtlinie, des zivilrechtlichen Teils der Zahlungsdienstrichtlinie sowie zur Neuordnung der Vorschriften über das Widerrufs- und Rückgaberecht vom 29.7.2009, BGBl. I, 2355.
[103] Gesetz zur Umsetzung eines Maßnahmepakets zur Stabilisierung des Finanzmarktes vom 17.10.2008, BGBl. I, 1982, und Verlängerung im Gesetz zur Erleichterung der Sanierung von Unternehmen vom 24.9.2009, BGBl. I, 3151.
[104] Gesetz zur Umsetzung der geänderten Bankenrichtlinie und der geänderten Kapitaladäquanzrichtlinie vom 09.11.2010, BGBl. I, 1592.
[105] G vom 09.12.2010, BGBl. I, 1885; siehe auch Art. 4 des Gesetzes mit der Übergangsvorschrift des Art. 103e EGInsO; zu diesen Änderungen *Marotzke* ZInsO 2011, 841; *Gundlach/Rautmann* NZI 2011, 315; *Kahlert* ZIP 2011, 410; *Heinze* ZInsO 2011, 603; *Onussert* ZInsO 2011, 641.
[106] G vom 21.10.2011, BGBl. I, 2082; BT-Drucks. 17/5334 und 17/5388; siehe aber auch Art. 4 zu Art. 102 § 7 EGInsO und dem Übergangsrecht.
[107] Gesetz zur Restrukturierung und geordneten Abwicklung von Kreditinstituten etc., vom 09.12.2010, BGBl. I, 1900.

III. Stand und Geschichte des Insolvenzrechts　　　　　　　　　　　　　45c, 45d　**Einleitung**

Unternehmen (ESUG),[108] das überwiegend am 1.3.2012 in Kraft getreten ist: vorläufiger Gläubigerausschuss (§§ 21 Abs. 2 Satz 1 Nr. 1a, 22a, 26a), erhöhter Gläubigereinfluss bei Verwalterbestellung (§§ 56, 56a), debt equity swap (§§ 217, 222, 225a, 235, 238a, 244, 246, 254a und b), Schutzschirmverfahren bei Eigenverwaltung (Einl. RdNr. 6a) u.a.

Für die Zukunft stehen vor allem zwei wichtige Reformvorhaben an: die Reform der Rest-　45c schuldbefreiung und Verbraucherinsolvenz sowie die Kodifikation einer Konzerninsolvenz. Die Reform der Restschuldbefreiung und der Verbraucherinsolvenz hat bereits in einem Regierungsentwurf Gestalt gewonnen (dazu Einl. RdNr. 22, 23). Die Diskussion um eine Kodifikation eines Konzerninsolvenzrechts ist noch in vollem Gange und inzwischen ein Dauerbrenner der neueren Rechtsgeschichte.[109] Letztlich stehen sich bis heute Koordinationsmodelle, die mehrere einzelne Verfahren koordinieren wollen (gerichtliche Zuständigkeit, fakultative gemeinsame Insolvenzverwaltung und Sonderinsolvenzverwaltung, Informationspflichten zur Koordination) und Einheitsmodelle („konsolidierte" Insolvenzabwicklung) gegenüber. Gegenüber einem verfahrensrechtlichen Kolossalismus ist ähnlich wie bei Class Actions Vorsicht angezeigt. Hier wie dort versucht man das Fehlen materiellrechtlicher Regelungsmechanismen durch Verfahrensrecht zu überspielen. Der konsolidierten Insolvenz fehlt die klare materiellrechtliche Grundlage eines Konzernrechts ebenso wie der Class Action ein materielles Massenhaftungsrecht.[110] Man sollte den Erfolg von konsolidierten Verfahren nüchtern bewerten. Die Empfehlung muss deshalb wie im Diskussionsentwurf des BJM vom 03.01.2013 (Beilage 1 ZIP 2/2013) einem Koordinationsmodell mit hoher Flexibilität gelten.[111]

6. Statistik und Bewährung. Ob das Insolvenzrecht die hohen Erwartungen erfüllen konnte,　45d die an seine Reform geknüpft waren, ist eine durchaus offene Frage. Im Jahre 2010 gab es in Deutschland 168.458 Insolvenzverfahren mit einem Gläubigerforderungsvolumen von ca. 39 Milliarden Euro gegenüber ca. 85 Milliarden Euro 2009. Von den Insolvenzen waren 31.998 Unternehmensinsolvenzen und 108.798 Verbraucherinsolvenzen, 23.065 Insolvenzen ehemals selbständig Tätiger sowie 2.783 Nachlassinsolvenzen. Insgesamt fielen 1.814 natürliche Personen in Insolvenz, die als Gesellschafter von größeren Unternehmen betroffen waren. Im Jahre 2009 lag die Zahl der Unternehmensinsolvenzen ca. 2 % höher, 2010 waren ca. 131.000 Arbeitnehmer von Insolvenzen geschädigt, 2009 waren es 251.000 Arbeitnehmer. Der Höchststand von Unternehmensinsolvenzen lag mit 39.320 im Jahre 2003. Für das Jahr 2011 gelten ähnliche Zahlen wie 2010.[112] Der Aufwand der Verbraucherinsolvenzen hat sich vor diesem Hintergrund als zu groß erwiesen. Der Erfolg des Insolvenzplanverfahrens ist bisher eher skeptisch zu beurteilen. In der Zeit von 1999 bis 2005 sind von insgesamt 127.600 eröffneten Insolvenzverfahren nur 767 mit der Bestätigung des Insolvenzplans beendigt worden.[113] Insbesondere ist nach wie vor die Frage offen, ob nicht übertragende (Teil)Sanierungen im Rahmen der Liquidation ausgereicht hätten. Der Rechtsträgerwechsel außerhalb eines komplizierten Planverfahrens ist einfacher strukturiert und eine übertragende Sanierung ist leichter marktwertorientiert durchzuführen als die verfahrensmäßige Umformung der insolventen Einheit.[114] Die Masseanreicherung als Reformziel ist ebenfalls eher Wunsch als Wirklichkeit, weil

---

[108] G vom 07.12.2011, BGBl. I, 2582; hierzu *Frind*, ZInsO 2011, 757; *Fröhlich/Bächstädt* ZIP 2011, 985; *Riggert* NZI 2011, 121; *Hölzle* NZI 2011, 124; *ders.* ZIP 2012, 158; *Becker* NZI 2011, 961; *Braun/Heinrich* NZI 2011, 505; *Bauer/Dimmling* NZI 2011, 517; *Pape* ZInsO 2011, 1033; *Brinkmann/Zipperer* ZIP 2011, 1337; *Desch* BB 2011, 841; *Rattunde* AnwaltsBl. 2012, 144; *Willemsen/Rechel* BB 2012, 203; *Römermann* NJW 2012, 645; *Vallender* MDR 2012, 61; *Heinrich* NZI 2012, 234 ff.; siehe ferner Einl. RdNr. 6a; zur Reformdiskussion über die Insolvenzfestigkeit von Lizenzverträgen *Wimmer* ZIP 2012, 545 ff.

[109] Hierzu die ausgewählte Literatur: *Baur/Stürner*, Zwangsvollstreckungs-, Konkurs- und Vergleichsrecht, Band II, Insolvenzrecht, 12. Aufl. 1990, § 35, S. 412 ff. (mit Literaturnachweis zur älteren Literatur); *K. Schmidt* ZGR 1983, 513 ff.; *B.M. Kübler* ZGR 1984, 560 ff.; *Mertens* ZGR 1984, 543 ff.; *Uhlenbruck* KTS 1986, 419 ff.; *Scheel*, Konzerninsolvenz, 1995; *Ehricke*, Das abhängige Unternehmen in der Insolvenz, 1998; *Eidenmüller* ZHR 169 (2005), 528 ff.; *Adam*, Zuständigkeitsfragen bei der Insolvenz bei nationalen Unternehmensverbindungen, 2006; *Rostegge*, Konzerninsolvenz, 2007; *Nidt*, Konzernorganisation in der Insolvenz, 2009; *Uncitral*, Legislative Guide on Insolvency Law. Part Three. Treatment of Enterprise Groups in Insolvency, 2010 (dazu *Riewe* NZI 2010, 641); *K. Schmidt* KTS 2010, 1 ff.; *ders.* KTS 2011, 161 ff.; *Vallender/Deyda* NZI 2009, 825 ff.; *Hirte* ZIP 2008, 444 ff.; *Uhlenbruck* NZI 2008, 201 ff., 205 f.; *Rieble/Kolbe* KTS 2009, 281 ff. (Mitbestimmung); *Paulus* ZGR 2010, 270 ff.

[110] Dazu *Stürner*, The Role of Judges and Lawyers in Collective Actions. Equality of Parties. Conflicts of Interest, in: *Oteiza* (Herausg.), Procesos Coletivos. Class Actions. International Conference of Procedural Law. Buenos Aires 2012, S. 67 ff., 86 f.

[111] Zutreffend *K. Schmidt* KTS 2010, 1 ff.; 2011, 161 ff.; ZIP 2012, 1053 ff.; ähnlich schon *Baur/Stürner*, Insolvenzrecht, 12. Aufl. 1990, RdNr. 35.22; zum Diskussionsentwurf *Leutheusser-Schnarrenberger* ZIP 2013; 97 ff.

[112] Zum Ganzen NZI aktuell NZI 2011 Nr. 6, S. VIII f.

[113] Hierzu *Uhlenbruck* NZI 2009, 1 ff., 4 mwN.

[114] Dies lehrt die durchaus längere französische Erfahrung; dazu *Dammann/Undritz* NZI 2005, 198: 90 % Liquidation, 10 % Sanierung durch „plan de cession", nur in Ausnahmefällen durch „plan de continuation".

der „Aushöhlung" der Masse durch Sicherungsrechte nicht Einhalt geboten werden konnte und die Bedeutung von zuverlässigen Sicherheiten gerade angesichts internationaler Verflechtung von Zahlungs- und Wertpapierabrechnungssystemen eher zunimmt.[115] Auch der Trend zur „Verbriefung" von Außenständen fördert die Bildung von Sondermassen und Sondervermögen mit oder ohne gesonderte Zweckgesellschaft („Special Purpose Vehicle").[116] Gerade die U. S.-amerikanische Entwicklung, die „Security Interests" im Bankruptcy Code in die Masse gezogen und dann gleichzeitig dem „True Sale"-Modell zur sichernden Separierung Raum gegeben hat,[117] zeigt deutlich an, dass Masseanreicherung durch Einbeziehung von Sicherheiten in der Welt moderner Finanzmarktprodukte ihre Grenzen haben könnte. Die Komplizierung des „True Sale"-Modells, das weltweit seinen für die Finanzmarktstabilität zweifelhaften Siegeszug angetreten hat,[118] wäre unnötig gewesen, hätte man voll wirksame Mobiliarsicherheiten von vornherein in ausreichendem Maße zugelassen. Hier erweist sich der „klassenlose Konkurs"[119] als historischer Irrtum, zu dessen Kultivierung die Insolvenzverwalter und ihre starken Interessenvertretungen ähnlich einer intensivmedizinischen Ärztelobby sehr beigetragen haben. Moderne Finanzmarktprodukte versuchen, das Kapitalverlustrisiko auf den Anleger auszulagern, indem sie die Wertigkeit einer Forderung an den Wert von Deckungsmassen oder Referenzmassen knüpfen und damit die Insolvenz des haftenden nominellen oder wahren Emittenten vermeiden. Die „Sicherheit" einer Deckungsmasse wird so bei vielen Produkten gleichzeitig zu einem vertraglich eingebauten insolvenzmäßigen Befriedigungsmechanismus. Die wirtschaftliche Bedeutung von Insolvenzverfahren im Sinne eines Werterhaltungseffektes wird immer mäßig bleiben. Der Weg des noch atmenden Leichnams in die Intensivstation endet eben letztlich häufiger in der Anatomie als in neuem Leben,[120] und selbst wenn die Wiederbelebung gelingt, erzeugt sie zweifelhafte wirtschaftliche Vitalität. Jedes Insolvenzrecht sollte hier Illusionen meiden. Die geplanten und neuerdings bereits initiierten Reformen (Einl. RdNr. 45a–c) mögen gewisse Verbesserungen bringen, jedoch ist die Insolvenz selten die Stunde verfahrensmäßiger Neugeburt, eher vergleichbar dem Todesfall mit Entsorgung und Verteilung der Hinterlassenschaft. Sich dagegen ernsthaft mit Verfahrensregeln stemmen, hieße die Realität von Leben und Tod zu leugnen – sicher kein Akt menschlicher und wirtschaftlicher Weisheit.

IV. Verfahrensgrundsätze der Insolvenzordnung

46   **1. Bedeutung der Verfahrensgrundsätze.** Verfahrensgrundsätze haben im Insolvenzverfahren anders als im Erkenntnisverfahren keine lange Tradition. Als Maßstab einer Gleichheitskontrolle und als Basis einer Rechtsanalogie anhand des „Bauplans" des Gesetzgebers haben sie aber auch hier Bedeutung.[121] Oft stehen sich zwei Maximen als Antipoden gegenüber, die das Verfahren wechselnd bestimmen und auch in ihrem Wechselspiel inneren Gesetzen folgen. Die Verfahrensmaximen des Insolvenzrechts kann man einteilen in allgemeine Verfahrensgrundsätze, wie sie jedes Verfahren bestimmen, und in insolvenzspezifische Grundsätze.

47   **2. Allgemeine Grundsätze des Insolvenzverfahrens. a) Parteidisposition.** Die Parteiherrschaft kann das „Ob", den Gegenstand und das „Wie" des Verfahrens erfassen; demgegenüber bestimmen unter Geltung der Offizialmaxime Behörden oder Gerichte über Anfang, Ende, Gegenstand und „Wie" des Verfahrens. Die Insolvenzordnung ist – wie ihre Vorläufer, nämlich KO und VerglO (RdNr. 31 ff.), und überwiegend die anderen europäischen nationalen Insolvenzrechte – weithin von Parteidisposition bestimmt, nur in geringerem Umfang begegnen Elemente der Offizialmaxime.

48   Der *Anfang* des Verfahrens bedarf des Antrags der Gläubiger oder des Schuldners (§§ 13 ff.), wobei das Antragsrecht der Gläubiger nach hM verzichtbar ist.[122] Amtswegige Verfahrenseröffnung gibt es – anders als im gemeinen Konkurs – grundsätzlich nicht. Jedoch führen Antragspflichten des

---

[115] Einl. RdNr. 24 b.
[116] *Kern*, Die Sicherheit gedeckter Wertpapiere, 2004.
[117] *Stürner*, Deutsche öffentliche Pfandbriefe und Deckungswerte aus Darlehen an U. S.-amerikanische öffentliche Körperschaften, 2005.
[118] Zu Recht kritisch *Nasarre-Aznar*, Securitisation and Mortgage Bonds, 2004; *Stürner/Kern*, Deutsche Hypothekenpfandbriefe und US-amerikanische Deckungswerte, 2007, S. 49 ff.; allgemein für risikoauslagernde Finanzprodukte *Stürner*, Markt und Wettbewerb über Alles?, 2007, 111 ff., 113, 258 ff., 263 ff.
[119] Dazu Einl. RdNr. 36; *Stürner* NZI 2005, 597–598. Die möglichst klassenlose Insolvenz verteidigen dagegen zB *Vallender* NZI 2005, 597 ff.; *Huber* ZIP 2007, 501 ff., ohne auf die Erfordernisse des Kapitalmarkts einzugehen.
[120] *Stürner* ZIP 1982, 761 ff., 772.
[121] Ausführlich *Baur/Stürner* II, RdNr. 5.1 ff.; weithin zustimmend und folgend *Prütting*, Kölner Schrift zur Insolvenzordnung, 2. Aufl. 2000, S. 221 ff.; *Kübler/Prütting* Einl. RdNr. 63 ff. und § 5 RdNr. 37 ff.
[122] Zum alten Recht *Baur/Stürner* II, RdNr. 5.4, 7.14; nur schuldrechtliche Wirkung behaupten Kilger/ *K. Schmidt* § 103 KO Bem. 2 aE.; zum neuen Recht § 13 RdNr. 54; *Kübler/Prütting/Pape* § 13 RdNr. 19. Aber kein Verzicht durch den Schuldner (§ 138 Abs. 1 BGB)!

IV. Verfahrensgrundsätze der Insolvenzordnung 49–51 **Einleitung**

Gesellschafts- und Strafrechts zu einer mittelbaren Beschränkung freier Schuldnerdisposition.[123] Das Ende des Verfahrens kann der Antragsteller einseitig durch Antragsrücknahme nur bis zur wirksamen Eröffnung (§ 13 Abs. 2) herbeiführen;[124] allseitige einverständliche Beendigung erlaubt die Einstellung mit Gläubigerzustimmung (§ 213). Die Verfahrensbeendigung durch Insolvenzplan (§§ 217 ff.) knüpft an Mehrheitsentscheidungen der Gläubiger auf Antrag des Schuldners oder Insolvenzverwalters (§ 218). Eine gewisse Beschränkung der Gläubigerdisposition durch offiziale Elemente liegt im Antragsrecht des Verwalters, das die Gläubiger mediatisiert (§ 218), ferner in der Plankontrolle durch das Insolvenzgericht (§§ 231, 250, 251) und seiner Befugnis, ablehnende Parteierklärungen durch gerichtliche Zustimmung zu ersetzen (§§ 245, 247). Diese sehr weitreichenden Eingriffsmöglichkeiten in die Parteiautonomie sind sehr fragwürdig, soweit sie die Bewertung durch die Gläubiger ablösen und durch angeblich objektive wirtschaftliche Bewertung ersetzen, die aber immer ein Restrisiko lässt und deshalb subjektiver Parteiwillensbildung unterliegen sollte.[125]

Die Parteidisposition über den *Verfahrensgegenstand* ist bezüglich der *Passivmasse* für die Gläubiger 49 gegeben, die über die Berücksichtigung einer Forderung im Insolvenzverfahren wesentlich mitbestimmen (§§ 176 ff., 178 Abs. 1), wobei allerdings der Insolvenzverwalter die objektivierten Parteiinteressen vertritt und insoweit die individuelle Parteidisposition beschränkt. Die Verfügung über die *Aktivmasse* besteht für Gläubiger und Schuldner nur sehr eingeschränkt, weil der Insolvenzverwalter bei der Bestimmung von Verwertungsmaßnahmen neben den Gläubigern bzw. dem Gläubigerausschuss eine maßgebliche Rolle spielt (§§ 156 ff., 165 ff.) und über die Masseanreicherung durch Anfechtung entscheidet (§§ 129 ff.). Im Insolvenzplanverfahren folgt zwar aus der Mehrheitsentscheidung die Parteidisposition der Gläubiger auch über die Aktivmasse, jedoch kann jeder einzelne Gläubiger einen Plan zu Fall bringen, der den Liquidationswert verfehlt, falls der Plan ihn für diesen Fall nicht entschädigt (§ 251); schließlich sperrt der Gleichbehandlungsgrundsatz Mehrheitsentscheidungen gegen einzelne Gläubiger (§§ 226, 250 Nr. 2). Die Beschränkung der Parteidisposition durch Kompetenzen des Verwalters und offiziale gerichtliche Kontrollelemente ist auch grundsätzlich berechtigt, weil anders als in einem Zweiparteienverfahren die Vielzahl divergierender Interessen ihre Koordination anhand objektivierender Ordnungsgrößen verlangt. Dabei übertreibt die InsO die Orientierung an nur scheinbar objektiven Wertgrößen, um so die wirtschaftliche Entscheidung in die Hand gutachtender Wirtschaftsprüfer zu legen. Die *Autonomie der Gläubiger* gegenüber einer überbordenden Macht des Insolvenzverwalters oder des Insolvenzgerichts ist auch dadurch gewahrt, dass die Gläubiger die Auswahl des Verwalters dominieren, ein Grundsatz, den jüngste Reformen noch verstärkt haben (§§ 56-57, 59 und insbesondere §§ 22a, 56a).

Eine *Disposition über Verfahrensrecht* ist nur sehr beschränkt denkbar. Die Parteien können natürlich 50 außerhalb des gesetzlichen Verfahrens sich auf einen außergerichtlichen Vergleich einigen, der aber unbeteiligte Gläubiger nach hM nicht bindet.[126] Im gesetzlichen Verfahren ist es möglich, Anträge nicht zu stellen oder Rechtsbehelfe nicht einzulegen; denkbar ist auch der Verzicht auf Antragsrechte und Rechtsbehelfe.[127] Einverständliches Parteihandeln von Beteiligten jenseits der InsO wird man darüber hinaus aber als unzulässig zu betrachten haben, weil das Verfahrensrecht gerade für Verfahren mit vielen Parteien eine unverzichtbare Ordnungsfunktion im öffentlichen Interesse erfüllt. Eine andere Frage ist, inwieweit durch vorinsolvenzliche Vereinbarungen Mehrheiten für Abstimmungen über einen Insolvenzplan bindend geschaffen werden können, sodass der Verfahrensgang schon vor Antragstellung und Eröffnung für den Schuldner überschaubar und voraussehbar wird (sog. „prevoted bankruptcy").[128] Eine solche – grundsätzlich wünschenswerte – Disposition über den Verfahrensgang würde allerdings eine entsprechende gesetzliche Regelung in den §§ 235 ff. voraussetzen.

b) Untersuchungsgrundsatz. Das Begriffspaar Untersuchungsgrundsatz und Verhandlungs- 51 bzw. Beibringungsgrundsatz beschreibt die Frage, ob das Gericht bzw. amtliche Organe von sich aus Tatsachen erforschen und Beweise beschaffen und erheben oder ob die Parteien Tatsachen und

---

[123] §§ 42 II, 48, 53, 86, 88, 89 II; 1489 II, 1980, 1985 BGB; § 15a InsO (zur Rechtsgeschichte dieser Norm und der Bestimmungen bei den einzelnen Gesellschaftsformen HK-*Kleindiek* § 15a RdNr. 1). Eine ähnliche Wirkung wie amtswegige Verfahrenseröffnung hat die Monopolisierung des Antragsrechts bei Aufsichtsbehörden: §§ 46b KWG (Banken), 88 Abs. 1 VAG (Versicherungen).

[124] § 13 RdNr. 114 ff., ferner *Kübler/Prütting/Pape* § 13 RdNr. 20 und *Baur/Stürner* II, RdNr. 5.4 mwN zum alten Recht.

[125] Hierzu *Leipold/Stürner,* Insolvenzrecht im Umbruch, 1991, S. 41 ff., 46 ff.

[126] BGHZ 116, 319 = LM Nr. 58 zu § 779 BGB m. Anm. *Stürner* („Akkordstörer"); teilweise aA insbesondere *Eidenmüller,* Unternehmenssanierung zwischen Markt und Gesetz, 1999, S. 551 ff., der durchsetzbare und schadensersatzbewehrte Kooperationspflichten annimmt; zusammenfassende Kritik zuletzt bei *Madaus* NZI 2011, 622, 624 l.Sp

[127] Hierzu §§ 4 InsO, 514 ZPO; zum alten Recht *Baur/Stürner* II, RdNr. 5.11.

[128] Hierzu *Madaus* NZI 2011, 622 ff.; *ders.,* Insolvenzplan, 2011, S. 544 ff.; siehe auch RdNr. 6a.

Beweismittel einbringen müssen. Die Sachverhaltserforschung des Insolvenzverfahrens obliegt dem Insolvenzgericht (§§ 5 Abs. 1, 97 ff.) und dem Insolvenzverwalter (§§ 148 ff., 97 ff., 260 ff.). Eine unechte Einschränkung erfährt der Untersuchungsgrundsatz durch die Ausgliederung der Feststellungsverfahren über bestrittene Forderungen (§§ 174 ff.), für die dann natürlich wie in jedem zivilprozessualen Erkenntnisverfahren die Verhandlungsmaxime gilt; die Beibringungslast verschiedener Antragsteller (§§ 14 f., 270 ff., 251 Abs. 1, 272 Abs. 2, 287, 305) ist hingegen eine echte Ausnahme vom Untersuchungsgrundsatz. Der Untersuchungsgrundsatz trägt der Tatsache Rechnung, dass im Vielparteienverfahren mit seinen diffusen und divergierenden Interessen bloße Parteiinitiative zur Sachaufklärung nicht ausreicht, vielmehr Aufklärungsorgane mit umfassender Kompetenz und Zugriffsmöglichkeit vonnöten sind. Ob die inquisitorische Überwachung der Planerfüllung durch den Insolvenzverwalter eine sachgerechte Lösung ist (§§ 260 ff.), muss allerdings mit einem Fragezeichen versehen bleiben.

52   **c) Amtsbetrieb.** Das Begriffspaar Parteibetrieb und Amtsbetrieb beschreibt den Promotor des Verfahrens: es kann dem Gericht bzw. amtlichen Organen obliegen, das einmal eingeleitete Verfahren fortzuführen oder Aufgabe der Parteien bzw. Beteiligten sein, durch Anträge und Prozesshandlungen das Verfahren in Gang zu halten. Das Insolvenzverfahren ist ganz überwiegend vom Grundsatz des Amtsbetriebs beherrscht: Terminierung durch das Gericht (§§ 28 ff., 74, 197, 235 f., 252); Entscheidungen des Insolvenzgerichts nach Verfahrensstand ohne notwendigen Antrag (§§ 21, 22a, 56, 59, 64, 67, 70, 97 Abs. 3, 98, 99, 178 Abs. 2, 179 Abs. 3, 207, 211, 231, §§ 248–250, 268); Zustellungen, Bekanntmachung und Eintragungen von Amts wegen (§§ 8, 9, 23, 30 ff., 74 Abs. 2, 200 Abs. 2, 214 f., 235 Abs. 2 und Abs. 3, 252 Abs. 1, 268 Abs. 2, 273, 307); Erfüllung der Aufgaben des Insolvenzverwalters, des Gläubigerausschusses und der Gläubigerversammlung grundsätzlich ohne Antrag (§§ 22, 60, 74, 103 ff., 129, 148 ff., 156 ff., 165 ff., 187 ff., 218 Abs. 1, 3, 232, 261–263, 274 Abs. 2, 3); Überwachung des Verwalters durch das Insolvenzgericht ohne Antrag bzw. besondere Anregung der Gläubiger (§ 58). Die grundsätzliche Geltung des Amtsbetriebs schließt nicht aus, dass vor allem *besondere Verfahrenslagen* oder Ausnahmesituationen einen Beteiligtenantrag voraussetzen (§§ 157 Satz 2, 161 Satz 2, 163, 173 Abs. 2, 194, 212, 213, 218, 247, 251, 270 Abs. 2, 270b, 271, 272, 284 Abs. 1, 287, 296–298, 303, 314), so dass insoweit der Parteibetrieb gilt. Diese Aufteilung nach dem Regel-Ausnahme-Prinzip erscheint sachgerecht und praktikabel.

53   **d) Mündlichkeit.** Entscheidungen des Insolvenzgerichts (zB Verfahrenseröffnung, Einstellung) geht nur fakultativ eine mündliche Verhandlung voraus (§ 5 Abs. 3 Satz 1). Diese Regelung, die dem § 73 KO entspricht, rührt vom vollstreckungsrechtlichen Verständnis der Insolvenz (ähnlich § 764 Abs. 3 ZPO für das Vollstreckungsgericht) und berücksichtigt zu wenig, dass das Insolvenzverfahren häufig wie ein Erkenntnisverfahren den Titel zur Vollstreckung erst schafft (§§ 174 ff.). Es hat deshalb an den Verfahrensgarantien des Erkenntnisverfahrens teil.[129] Zumindest auf Antrag sollte folglich das Insolvenzgericht über wesentliche Weichenstellungen des Verfahrens mündlich verhandeln.[130]

54   Der Entscheidung durch die Gläubigerversammlung geht die mündliche Erörterung voraus (§§ 74 ff., 235 ff.), mag auch im Insolvenzplanverfahren die Abstimmung teilweise schriftlich erfolgen können (§ 242); auch der Verhandlung im Prüfungstermin über die angemeldeten Forderungen ist grundsätzlich mündlich (§§ 176, 179), nur ausnahmsweise gibt es schriftliche Prüfungsverfahren (§ 177). Hingegen gilt für das Verfahren des Gläubigerausschusses nur fakultative Mündlichkeit (§ 72).

55   Ähnlich wie im Erkenntnisverfahren der ZPO gibt es auch im Insolvenzverfahren vor allem **vorbereitende obligatorische Schriftlichkeit** (§§ 13 ff., 151–154, 174, 175, 188 ff., 218 ff., 232 ff., 287 Abs. 2, 305). Ein gewichtiger und nicht unbedenklicher Eingriff in das Mündlichkeitsprinzip liegt in der **Einführung fakultativer Schriftlichkeit für kleine Verfahren** in § 5 Abs. 2 durch das Gesetz zur Vereinfachung des Insolvenzverfahrens 2007 (dazu RdNr. 45 a). Der Regierungsentwurf eines Gesetzes zu Änderungen in Insolvenzverfahren natürlicher Personen (dazu RdNr. 22) plant in kleinen Verfahren sogar die Einführung fakultativer Mündlichkeit durch einen erneut geänderten § 5 Abs. 2 – insgesamt eine bedauerliche Entwicklung zur Bürokratisierung des Verfahrens für den „kleinen Mann"!

Insgesamt überwiegt im Regelinsolvenzverfahren die Mündlichkeit, für die eine Zweifelsregel spricht, vor allem in Verfahrensteilen mehr erkennenden Charakters. Die Kombination aus Münd-

---

[129] Insbesondere Art. 6 Abs. 1 MRK: öffentliche und damit auch mündliche Anhörung über zivilrechtliche Verpflichtungen! Zur grundsätzlichen verfassungsrechtlichen Garantie der Mündlichkeit und Öffentlichkeit des Zivilprozesses *Stürner*, FS Baur, 1981, S. 647 ff., 661–664.

[130] AA die ganz hM: § 5 RdNr. 65; *Uhlenbruck/Pape* § 5 RdNr. 29; *Prütting*, Kölner Schrift zur Insolvenzordnung, 2. Aufl. 2000, S. 236 f., RdNr. 47; *Kübler/Prütting* § 5 RdNr. 51 f.; HKInsO-*Kirchhof* § 5 RdNr. 23; *Nerlich/Römermann/Becker* § 5 RdNr. 34 ff.; Andres/*Leithaus* § 5 RdNr. 22.

IV. Verfahrensgrundsätze der Insolvenzordnung   56–60   **Einleitung**

lichkeit und – vor allem präparatorischer – Schriftlichkeit entspricht der Entwicklung im Erkenntnisverfahren und erfüllt Gebote praktischer Vernunft.

e) Öffentlichkeit. Soweit das Insolvenzgericht mündlich verhandelt, soll nach hM Öffentlichkeit **56** gelten (§§ 4 InsO, 169 GVG). Gegen diese nur „fakultative" Öffentlichkeit sprechen die gleichen Bedenken wie gegen fakultative Mündlichkeit (RdNr. 53). Die insolvenzgerichtlich geleiteten Gläubigerversammlungen sind nach hM aber vom Öffentlichkeitsgrundsatz nicht erfasst, weil es sich um keine „Verhandlung vor dem erkennenden Gericht" (§§ 4 InsO; 169 Satz 1 GVG) handele. Ausnahmsweise soll aber das Insolvenzgericht analog § 175 Abs. 2 Satz 1 GVG Medienöffentlichkeit herstellen dürfen, wenn Insolvenzverfahren öffentlichen Interesses betroffen sind.[131]

Nachdem das Insolvenzverfahren oft das Erkenntnisverfahren bei der Rechtsdurchsetzung ersetzt **57** (RdNr. 53), entspricht die Öffentlichkeit als Grundsatz für alle insolvenzgerichtlich geleiteten Termine gerichtsverfassungsrechtlichen Grundanforderungen. Die Kontrolle des Verfahrens und der Verfahrensbeteiligten durch die Öffentlichkeit ist im demokratischen Staat für alle Verfahren ein verfassungsrechtliches und menschenrechtliches Gebot, soweit gewichtige Gegeninteressen nicht bestehen. Entgegen der hM sollte man deshalb das Regel-Ausnahme-Prinzip umkehren und wie im gerichtlichen Erkenntnisverfahren §§ 169 ff. GVG auf alle gerichtlich geleiteten Termine anwenden.

Öffentlichkeit der Gerichtsakten für Dritte wird man wie im Zivilprozess nur bei berechtigtem **58** Interesse oder – eher illusorisch – Einwilligung aller Verfahrensbeteiligter annehmen dürfen (§§ 4 InsO, 299 Abs. 2 ZPO; s.a. § 4 RdNr. 57 ff.).

f) Konzentrationsmaxime. Das Insolvenzverfahren soll möglichst rasch Gläubigerbefriedigung **59** und gegebenenfalls Sanierung erreichen. Beschleunigungsinstrumente des Gesetzgebers sind: Höchstfristen (zB §§ 29, 168 Abs. 1 Satz 2, 189 Abs. 1, 190 Abs. 1, 193, 194 Abs. 1, 197 Abs. 2, 214 Abs. 1 Satz 3, 235, 241, 296 Abs. 1 Satz 2, 303 Abs. 2, 307 Abs. 1); richterliche Fristen (zB §§ 232 Abs. 3, 296 Abs. 2 Satz 3); gesetzliche Appelle wie „unverzüglich", „alsbald", „angemessene" Frist etc. (§§ 159, 218 Abs. 2, 252); Möglichkeit der Terminzusammenlegung zur Straffung des Ablaufes (zB §§ 29 Abs. 2, 236). Während das Gericht naturgemäß bei zögerlicher Verfahrensführung Sanktionen nicht zu gewärtigen hat, werden Gläubiger oder Schuldner ganz oder teilweise präkludiert (§§ 177, 186, 189 ff., 296 Abs. 2, 303 Abs. 2, 307 Abs. 2 etc.), dem Insolvenzverwalter droht Haftung für Verzögerungsschäden (§ 60 Abs. 1). Verfahrenskonzentration verträgt sich nur eingeschränkt mit sinnvollen Verfahrensergebnissen. Anmeldungen, bestätigende oder überwachende Gerichtsentscheidungen kann man festen Fristen unterwerfen; sanierende oder verwertende Maßnahmen oder Entscheidungen verlangen hingegen zeitliche Flexibilität. Insgesamt erfüllt die InsO diese Anforderungen; wo das zeitliche Korsett ausnahmsweise trotzdem zu eng gewählt wird, sollte Großzügigkeit walten. Eine andere Frage ist, inwieweit das Gebot schleunigen Rechtsschutzes sich mit Insolvenzplänen verträgt, die eine sehr gestreckte Erfüllung vorsehen (Einl. RdNr. 86).

g) Rechtliches Gehör[132]. Der Grundsatz rechtlichen Gehörs besagt, dass dem Betroffenen vor **60** einer gerichtlichen Entscheidung Gelegenheit zur mündlichen oder schriftlichen Äußerung zu geben ist und keine Tatsachen oder Beweismittel verwertbar sind, die er nicht kennen kann und zu denen er sich nicht äußern durfte. Im Insolvenzverfahren vermengen sich Elemente des Erkenntnisverfahrens und des Vollstreckungsverfahrens. Während im Erkenntnisverfahren grundsätzlich rechtliches Gehör zu gewähren ist (Art. 103 Abs. 1 GG), ist das Vollstreckungsverfahren im Ausgangspunkt ein einseitiges Verfahren, das Gehör nur in Sonderfällen oder in den Rechtsbehelfsverfahren verlangt.[133] Der Grundsatz rechtlichen Gehörs gilt im Insolvenzverfahren angesichts der Gemengelage aus Erkenntnis- und Vollstreckungsverfahren nur in sehr differenzierter Form. Soweit das Insolvenzgericht auf Grund subsumtiver Erkenntnis über Gläubigeranträge entscheidet oder in Schuldnerrechte eingreift, ist im Allgemeinen – falls kein schädlicher Warnungseffekt eintritt – Gehör zu gewähren (Art. 103 Abs. 1 GG): §§ 14 Abs. 2, 15 Abs. 2 Satz 2, Abs. 3, 21 Abs. 3, 56a Abs. 1, 98 Abs. 2, 99 Abs. 1, 176, 207, 214, 232, 258 Abs. 3, 270 Abs. 3, 272 Abs. 2, 289, 296 Abs. 2, 300 Abs. 1, 303 Abs. 3, 307, 314 Abs. 2 etc. Wenn das Insolvenzgericht hingegen Verwaltungsmaßnahmen trifft, muss es ähnlich wie ein Vollstreckungsorgan vorheriges Gehör grundsätzlich nicht

---

[131] LG Frankfurt ZIP 1983, 344 (AEG-Vergleichstermin); § 4 RdNr. 7–9; statt vieler *Uhlenbruck/Pape* § 4 RdNr. 40; zurückhaltend *Kübler/Prütting* § 5 RdNr. 55 ff.; offen *Nerlich/Römermann/Becker* § 4 RdNr. 21.

[132] Hierzu vor allem *Maintzer* KTS 1985, 617 ff.; *Uhlenbruck*, FS Baumgärtel, 1990, S. 569 ff.; *Vallender*, Kölner FS zur Insolvenzordnung, 2. Aufl. 2000, S. 249 ff.; *Kübler/Prütting* § 5 RdNr. 21 ff.; HKInsO-*Kirchhof* § 4 RdNr. 22; FKInsO-*Schmerbach* § 5 RdNr. 28; *Jaeger/Gerhardt* § 5 RdNr. 36 ff.; BVerG ZIP 1988, 1410; NZI 2002, 30; § 5 RdNr. 76 ff.; zum alten Recht *Baur/Stürner* II, RdNr. 5.30 ff.

[133] Hierzu EuGVVO Art. 41 Satz 2, 42 und 43 sowie zu den einzelnen Staaten Anhang (Bd. 3) mit Länderberichten; zum deutschen Recht § 834 ZPO und allgemein statt vieler *Baur/Stürner/Bruns*, Zwangsvollstreckungsrecht, 13. Aufl. 2006, RdNr. 6.26 ff.

ermöglichen: § 58 (Aufsichtsmaßnahmen gegen den Verwalter), §§ 21 Abs. 2 Nr. 1a, 67 (Einsetzung eines Gläubigerausschusses), § 74 Abs. 1 Satz 1 (Einberufung der Gläubigerversammlung); anders falls das Insolvenzgericht in die Rechtsstellung von Organwaltern eingreifen will (§§ 59, 70).

61 In der Gläubigerversammlung folgen Vortrags- und Informationsrechte der Gläubiger und des Schuldners zwar nicht aus Art. 103 Abs. 1 GG, wohl aber aus den Erfordernissen eines fairen, rechtsstaatlichen Rechtsschutzverfahrens; sie sind vom einfachen Gesetzgeber deshalb auch weithin vorgesehen (§§ 74 Abs. 1 Satz 2, 156 Abs. 2, 176, 177 Abs. 3, 197, 218, 235 Abs. 3, 241 Abs. 2). Hingegen bestehen solche Rechte im Gläubigerausschuss mit seiner reinen Unterstützungs- und Überwachungsfunktion nicht (§§ 67, 68, 72). Verwaltungsmaßnahmen des Verwalters bedürfen als Vollstreckungsakte grundsätzlich keines vorherigen Gehörs der betroffenen Gläubiger oder des Schuldners (§§ 148 ff., 169). Etwas anderes gilt nur bei besonderen Maßnahmen (§§ 160 ff., 167 f.).

62 **3. Insolvenzspezifische Verfahrensgrundsätze. a) Gleichmäßige Gläubigerbefriedigung (par conditio creditorum).** Die gleichmäßige Gläubigerbefriedigung ist primärer Zweck des Insolvenzverfahrens (RdNr. 1) und damit oberster Verfahrensgrundsatz (§§ 1, 38 ff., 120 f., 174 ff., 187 ff., 224, 226, 245 Abs. 2 Nr. 3, 294). Er steht im Gegensatz zum Prioritätsprinzip der Einzelvollstreckung.[134] Beide Grundsätze ergänzen sich zu einem Gesamtsystem effektiver und gerechter Rechtsverwirklichung. Auf den ersten Blick verlangt die par conditio creditorum die proportionale Verlustgemeinschaft aller Gläubiger und wendet sich damit gegen jedwede Privilegierung. Der rechtsgeschichtliche Behauptungsgrund der Insolvenzverfahren liegt durchaus im Bedürfnis nach formaler Gleichheit.[135] In dem Grundsatz der par conditio creditorum begegnet indessen von Anfang an der Grundwiderspruch, wie er für den Gleichheitssatz typisch ist: man muss Gleiches gleich und Ungleiches ungleich behandeln. Formale Rechtsgleichheit und Differenzierungsgebot als widerstreitende Elemente jedweder Gerechtigkeit lassen verständlich erscheinen, warum es in Rechtsgeschichte und Rechtsvergleichung niemals Verfahren ohne jede Privilegierung gab. Die Insolvenzordnung kennt folgende Gläubigergruppen (§§ 38 ff.): Insolvenzgläubiger mit anteiligem Befriedigungsrecht; nachrangige Insolvenzgläubiger, die praktisch nie zum Zuge kommen; aussonderungsberechtigte Gläubiger voller gegenständlicher Privilegierung (§ 47); absonderungsberechtigte Gläubiger forderungsmäßiger Privilegierung (§§ 49 ff., 165 ff.); Massegläubiger mit Vorrang vor Insolvenzgläubigern (§§ 53 ff.). Auch die Aufrechnung (§§ 94 ff.) führt zu einer Privilegierung, letztlich auch die Vertragsfortführung in all ihren besonderen Formen (§§ 103 ff.). Neuere Reformen haben vor allem für Bank-, Zahlungs- und Abrechnungssysteme und ihre Sicherheiten Formen weitreichender Bevorzugung geschaffen (§§ 21 Abs. 2 Satz 4 und 5, 81 Abs. 3 Satz 2, 96 Abs. 2, 130 Abs. 1 Satz 2, 147 Satz 2, 166 Abs. 3; Einl. RdNr. 24b). Eine besonders augenscheinliche Bevorzugung aus sozialpolitischen Gründen liegt in der Einordnung der Sozialplanansprüche als Masseverbindlichkeiten (§§ 123 ff.). Hinzu treten Privilegierungen von Gläubigergruppen in Sondergesetzen durch Sondermassenbildung (Einl. RdNr. 24a) und Vorrangigkeit: §§ 29 ff. PfandbriefG, § 77a VAG, § 32 DepotG. Die „klassenlose" Insolvenz ist also unter neuem Recht nur insoweit verwirklicht, als die Privilegien der öffentlichen Hand („Fiskusprivileg") und weitergehende Privilegien der Arbeitnehmer abgeschafft sind. Dabei ist Deutschland zusammen mit Österreich innerhalb der EU und des europäischen Wirtschaftsraums allerdings eher die große Ausnahme,[136] was bei grenzüberschreitender Insolvenz zu Verwerfungen führen muss, weil es zur Eröffnung von Sekundärinsolvenzen anregt, in denen weiterreichende ausländische Privilegien gelten.

63 Insgesamt bringt die Insolvenzordnung die Gebote formaler Gleichheit und sachgerechter Differenzierung in befriedigende Balance, sieht man einmal vom fehlenden europäischen Gleichklang ab. Übertriebenen Tendenzen zu Eingriffen vor allem in Mobiliarsicherheiten (RdNr. 33 ff.) hat der Reformgesetzgeber zu Recht eine Absage erteilt, wenngleich sie rückblickend teilweise nicht stark genug ausgefallen sein mag. Die Entwicklung der modernen Finanzmärkte und ihrer Produkte zeigt, dass der Bedarf an vollwertigen Sicherheiten zunimmt und unter europäischem und internationalem Druck neue Sicherungspositionen und Sondermassen fortlaufend entstehen (Einl. RdNr. 24a, 24b). Ob das „Fiskusprivileg" insoweit bisher richtig behandelt worden ist, mag man kritisch beurteilen: letztlich hat die öffentliche Hand vor allem durch Stundungen von Steuern und Abgaben oft Sanierungshilfe im Vorfeld der Insolvenz geleistet, nicht zuletzt im Vertrauen auf ihre privilegienbedingte Absicherung. Die übrigen Rechtsordnungen stehen diesem Phänomen nicht ganz so skeptisch

---

[134] Hierzu *Baur/Stürner/Bruns*, Zwangsvollstreckungsrecht, RdNr. 6.37 ff.; *Rosenberg/Gaul/Schilken*, Zwangsvollstreckungsrecht, 12. Aufl. 2010, § 5 VI 5, S. 96 ff., RdNr. 84 ff.

[135] Zum Ganzen *Baur/Stürner* II, RdNr. 5.36 ff.; zustimmend *Kübler/Prütting* § 5 RdNr. 60 ff., 65.

[136] Überblick zum Recht wichtiger anderer europäischer Staaten bei EuInsVO Anhang (Bd. 3) und zur älteren Rechtslage bei *Baur/Stürner* II, RdNr. 39.6 (Frankreich); 39.27 (England); 39.54 (Italien); 39.71 (Österreich); 39.81 (Schweiz).

gegenüber; ob hier gerade der deutsche Reformgesetzgeber Recht behalten wird? Erste, aber bisher gescheiterte Anläufe zur Besserstellung von Steuerfiskus und Sozialversicherungsträgern in der Anfechtung (Einl. RdNr. 45a) deuten einen Wandel an, der sich im Bereich des Banken- und Finanzmarktrechts bereits stillschweigend vollzogen hat (Einl. RdNr. 24a, 24b, 45a).

b) Universalitätsgrundsatz. Der Universalitätsgrundsatz im nationalen Insolvenzrecht[137] will besagen, dass alle Gläubiger ohne Rücksicht auf Vorrecht und Privilegien am Insolvenzverfahren teilnehmen und jedem Gläubiger die Befriedigung außerhalb des Insolvenzverfahrens verwehrt ist. Der Universalitätsgrundsatz ist logische Folge der par conditio creditorum: Gleichheit gibt es nur bei Verfahrensbeteiligung möglichst aller Gläubiger. Die InsO verwirklicht diesen Grundsatz weitgehend, indem sie Insolvenzgläubiger, nachrangige Insolvenzgläubiger und absonderungsberechtigte Gläubiger von Mobiliarsicherheiten in das Insolvenzverfahren weithin einbezieht (§§ 87 ff., 166 ff., 174 ff.). Außerhalb des Insolvenzverfahrens befriedigen sich als „Separatisten" aussonderungsberechtigte Gläubiger (§§ 47 f., 86 Abs. 1 Nr. 1, 88–90) einschließlich der Vorbehaltsverkäufers, absonderungsberechtigte Gläubiger an Immobilien mit zeitlichen Beschränkungen (§§ 49, 86 Abs. 1 Nr. 2, 165 InsO, 30d bis f, 153b und c ZVG) und Gläubiger von Masseverbindlichkeiten mit teilweise geringfügigen zeitlichen Beschränkungen (§§ 53 ff., 86 Abs. 1 Nr. 3, 90).[138] Die Reform 2007 (RdNr. 45a) verordnete selbst den „Separatisten" während des Eröffnungsverfahrens teilweise ein Moratorium nach gerichtlichem Ermessen (§ 21 Abs. 2 Satz 1 Nr. 5). Gegenüber der alten KO und VerglO hat die InsO den Universalitätsgrundsatz etwas ausgedehnt, indem sie nicht besitzenden absonderungsberechtigten Mobiliarsicherheitsgläubigern die Verwertungshoheit genommen hat, um eine Zerschlagung lebensfähiger Unternehmsteile zu verhindern. Diese Entwicklung ist grundsätzlich zu begrüßen, wenngleich sie insoweit etwas übertrieben war, als sie das Allgemeininteresse an vollwertiger Sicherheit besonders im Banken- und Wertpapierbereich zu wenig berücksichtigt hat. Vor allem die Tendenz zur Sondermassenbildung hat hier Abhilfe geschaffen (Einl. RdNr. 24a) und den Universalitätsgrundsatz durch Spaltung der Insolvenzverfahren faktisch beschränkt.

c) Grundsatz der Geldliquidation. Die Forderungen der Gläubiger können im Insolvenzverfahren grundsätzlich nur in Geld liquidiert werden; Naturalvollstreckung, wie sie für das deutsche materielle Recht und Vollstreckungsrecht (§§ 883 ff. ZPO) gilt, ist im Insolvenzverfahren nur ganz ausnahmsweise denkbar. Auch der Grundsatz der Geldliquidation hängt eng mit dem Gleichbehandlungsgrundsatz zusammen: nur der Geldwert erlaubt Vergleichbarkeit und proportionale Kürzung. Die InsO verwirklicht den Grundsatz der Geldliquidation sehr weitgehend (§§ 38, 41 Abs. 2, 45, 46). Vor allem aussonderungsberechtigte Gläubiger erlangen Naturalerfüllung (§ 47), vormerkungsgesicherte Gläubiger stehen ihnen gleich (§ 106). Absonderungsberechtigte Gläubiger erhalten bloß geldwerte Befriedigung.

Naturalerfüllung steht schließlich an, wenn Masseverbindlichkeiten auf andere Leistungen als Geld lauten (§ 55 Abs. 1). Vor allem bei Verträgen (§§ 103 ff.) kann solche Naturalerfüllung sowohl dem Interesse der Masse (zB § 103) als auch des anderen Teils dienen (zB § 108 Abs. 1); soweit Interessen des anderen Teils gewahrt sind und zu seiner Privilegierung führen, fehlt teilweise der überzeugende innere Grund für Naturalerfüllung und Privilegierung.

d) Allzuständigkeit des Insolvenzgerichts oder dezentrale Zuständigkeit. Die Zuständigkeit des Insolvenzgerichts kann eine weitgehende Zentralisierung aller justiziellen Aufgaben intendieren („vis attractiva concursus"): neben den Entscheidungen über den Verfahrensablauf und der Überwachung der Insolvenzorgane auch die Entscheidung über Streitigkeiten wegen Aus- und Absonderung, über Konkursforderungsstreitigkeiten, Masseforderungsstreitigkeiten, Anfechtungsstreitigkeiten etc. Dieser Grundsatz der Allzuständigkeit behauptet für sich den Vorteil konzentrierter und koordinierter Erledigung, was zutreffen mag, wenn das Insolvenzgericht optimal arbeitet. Er birgt aber den Nachteil der Verschleppung und Überorganisation. Ihn vermeidet die dezentrale Zuständigkeit, die möglichst viele „gewöhnliche" Zuständigkeiten belässt und in der Aufgabenverteilung die bessere Organisationsform sieht.

Die InsO verwirklicht wie ihre Vorgängerin – die KO und die Vergleichsordnung – letztlich eine eher dezentrale Organisation. Beim Insolvenzgericht liegen die Entscheidungen über den Verfahrensablauf und Überwachungsentscheidungen (§§ 13 ff., 26 ff.; §§ 58 f.; §§ 67 ff.; §§ 74 ff.; §§ 97 ff.; §§ 158 Abs. 2, 161, 163; §§ 174 ff., 178 Abs. 2; §§ 194, 197, 200; §§ 207 ff.; §§ 218 Abs. 1, 231 ff.,

---

[137] Zur gemeinrechtlichen Herkunft *Endemann,* Das deutsche Zivilprozessrecht, 1868, § 286 I, S. 1110/1111. Er ist nicht zu verwechseln mit dem Universalitätsprinzip des Internationalen Insolvenzrechts, das im Gegensatz zum Territorialitätsprinzip steht und Reichweite von Gläubigerteilnahme und Beschlagnahme beschreibt. Wie hier schon *Baur/Stürner* II, RdNr. 5.40 ff.; zustimmend *Kübler/Prütting* § 5 RdNr. 70 ff.

[138] Siehe zum Fall der Masseunzulänglichkeit §§ 208 ff.

235 ff., 248 ff., 258, 268; §§ 270 ff.; §§ 287 ff.; § 305 ff. etc.). Alle Streitigkeiten über Aussonderung, Absonderung, Masseverbindlichkeiten und Anfechtungen bleiben aber ebenso bei den „gewöhnlichen" Gerichten wie arbeitsrechtliche Streitigkeiten (s. §§ 86, 113, 120 ff., 129 ff., 180 ff.). Ein Zugeständnis an den Gedanken der Zentralisierung liegt in der Änderung örtlicher Zuständigkeit bei Feststellungsstreitigkeiten über Insolvenzforderungen (§ 180). Zu Recht hat der Gedanke, den Zeitpunkt der Krise für alle Anfechtungsfolgen durch das Insolvenzgericht einheitlich festzulegen,[139] keinen Eingang in die InsO gefunden. Das Modell der InsO berücksichtigt in glücklicher Weise die historische Erfahrung, wie sie dem gemeinen Konkursprozess entfließt, dass nämlich Zentralisierung in aller Regel die versprochenen Beschleunigungseffekte und Koordinationsvorteile nicht realisieren kann: das Risiko zentraler Fehlbesetzung ist einfach zu groß. Allerdings machen sich in der Rechtsprechung des EuGH bei der Auslegung des Art. 3 EuInsVO neuerdings Tendenzen bemerkbar, der „vis attractiva concursus" im Rahmen der Bestimmung internationaler Zuständigkeit verstärkt Tribut zu zollen.[140] Dies sollte nicht Schule machen.

69 e) **Formalisierungsgrundsatz.** Die Beteiligung am Insolvenzverfahren kann an formale Kriterien anknüpfen oder volle Prüfung materieller Berechtigung voraussetzen. Ähnlich wie im Einzelvollstreckungsrecht die vollstreckungsrechtliche Beteiligtenrolle an Titelinhaberschaft, schuldnerischen Gewahrsam, schuldnerische Buchposition oder behauptete schuldnerische Rechtsinhaberschaft anknüpft und eine materiellrechtliche Kontrolle durch Prozessgerichte außerhalb des Vollstreckungsverfahrens erfolgt,[141] hängt auch im Insolvenzverfahren die Beteiligung zunächst von formalen Kriterien ab. Über das Stimmrecht in der Gläubigerversammlung entscheidet primär die Einigung der Beteiligten (§§ 77, 237, 238), hilfsweise das Insolvenzgericht, und zwar summarisch ohne Präjudiz für die materielle Berechtigung. Die Beteiligung an insolvenzrechtlicher Befriedigung hängt wiederum zuvörderst von der Einverständlichkeit unter den Beteiligten ab (§§ 174 ff., 176, 201); materiellrechtliche Streitigkeiten werden im ausgegliederten Erkenntnisverfahren entschieden (§§ 179 ff.).

Die Formalisierung der Beteiligung ist gegenüber dem gemeinen Prozess, der zur materiellrechtlichen Prüfung neigte, ein rechtshistorischer Fortschritt, den die Insolvenzordnung zur Beschleunigung und Effektivierung des Verfahrens zu Recht erhalten hat. Der Formalisierungsgrundsatz steht in untrennbarem Zusammenhang mit dezentraler Verfahrensgestaltung, die materiellrechtliche Streitigkeiten zur Entlastung des Insolvenzverfahrens ausgliedert.

70 f) **Nachforderungs- und Entschuldungsprinzip.** Die Insolvenz kann – nach angloamerikanischem Vorbild – zur Entschuldung des Gemeinschuldners führen oder die Gläubiger haben – so eher die deutsche Tradition – nach Beendigung des Insolvenzverfahrens das Recht der freien Nachforderung noch nicht liquidierter Beträge. Das Prinzip der freien Nachforderung führt die Haftungsverwirklichung durch Vollstreckung bis zum bitteren Ende konsequent fort. Der Entschuldungsgrundsatz trägt dem Gedanken Rechnung, dass in gewissem Umfange das Recht auf einen Neuanfang nach finanziellem Scheitern menschlicher Würde besser entspricht als die dauerhafte unabänderliche Stellung als Objekt einer Vollstreckung bis zur Pfändungsgrenze (Einl. RdNr. 93); hinzu kommt, dass eine mögliche Entschuldung auch Anreize zur freiwilligen Gläubigerbefriedigung schafft.

71 Die InsO hält für natürliche Personen zwar am Grundsatz der Nachforderung fest (§ 201), gestattet aber auf Antrag Restschuldbefreiung nach einer Wohlverhaltensphase (§§ 286 ff.). Eine Form der Entschuldung kann natürlich auch ein Insolvenzplan gewähren (§§ 217 ff.), soweit er Rechte der Gläubiger kürzt (§§ 223, 224). Die Verweigerung der Restschuldbefreiung für juristische Personen ist folgerichtig: entweder überleben sie durch ein Insolvenzplanverfahren oder sie werden insolvenzmäßig liquidiert. Insgesamt ist der InsO die Ausgewogenheit ihrer Lösung zu attestieren.

72 g) **Freier oder insolvenzgebundener Neuerwerb?** Ein Insolvenzverfahren kann den Neuerwerb nach Insolvenzeröffnung dem Gemeinschuldner frei belassen, um ihm auf diese Weise schon während des Verfahrens den neuen Start zu ermöglichen und Neugläubigern eine Haftungsmasse zu schaffen. Es kann aber auch den Neuerwerb während des Verfahrens in die Masse fallen lassen und auf diese Weise den Neuanfang erst nach Verfahrensbeendigung zulassen.

73 Die InsO verwirklicht zunächst einmal den Grundsatz insolvenzgebundenen Neuerwerbs (§ 35 Abs. 1). Da Neugläubiger nicht Insolvenzgläubiger sind (§ 38), liegt der zeitliche Schnitt auf der

---

[139] So noch §§ 157, 158 RegE, die der Rechtsausschuss zu Recht gestrichen hat; kritisch schon *Baur/Stürner* II, RdNr. 4.32.

[140] EuGH ZIP 2009, 427; kritisch zu Recht *Schack*, Internationales Zivilverfahrensrecht, 5. Aufl. 2010, RdNr. 1186, S. 394; *Stürner/Kern* LMK 2009, 278572; *Mock* ZInsO 2009, 470; *Mankowski/Willemer* RIW 2009, 669 und BGH EuZW 2007, 582 (Vorlagebeschluss) mAnm *Stürner/Kern* LMK 2007, 248521.

[141] Zum vollstreckungsrechtlichen Formalisierungsgrundsatz *Rosenberg/Gaul/Schilken*, Zwangsvollstreckungsrecht, 12. Aufl. 2010, § 5 IV, S. 82 ff., RdNr. 39 ff.; *Baur/Stürner/Bruns*, Zwangsvollstreckungsrecht, RdNr. 6.53; zur Übertragung auf das Insolvenzrecht schon *Baur/Stürner* II, RdNr. 5.52 ff.; zustimmend *Kübler/Prütting* § 5 RdNr. 78 ff.

Aktiv- und Passivseite allerdings unterschiedlich. Die alte KO ließ den Zeitpunkt konkursfreien Neuerwerbs und konkursfreier Neuverschuldung in der Verfahrenseröffnung zusammenfallen (§§ 1, 3 KO). Die Regelung der InsO erspart viele Abgrenzungsfragen, welche die Entstehung des Erwerbsgrundes bereits vor Verfahrenseröffnung betrafen; sie beseitigt auch den Widerspruch, der darin lag, dass der Neuerwerb zunächst konkursfrei blieb, aber die Konkursgläubiger später in den Neuerwerb vollstrecken und sich wohl auch an einem zweiten Insolvenzverfahren beteiligen konnten; endlich harmoniert die Insolvenzbindung des Neuerwerbs auch mit dem Gedanken der Restschuldbefreiung und dem Gedanken der Unternehmenserhaltung vor allem im Insolvenzplanverfahren. Die Vorteile insolvenzgebundenen Neuerwerbs überwiegen also letztlich den – wohl unvermeidbaren – Nachteil des Auseinanderfallens von Neuerwerbsfähigkeit und insolvenzfreier Verpflichtungsfähigkeit. Der insolvenzgebundene Neuerwerb entspricht auch eher dem international bevorzugten Grundmuster. Die Reform des Gesetzes zur Vereinfachung des Insolvenzverfahrens 2007 (RdNr. 45a) entschloss sich zu einem Zugeständnis an die Freiheit des Neuerwerbs. Danach kann die neue selbstständige Tätigkeit des Schuldners nach dem Ermessen des Verwalters, der Gläubiger und des Gerichts zur teilweisen Insolvenzfreiheit des Neuerwerbs führen (§ 35 Abs. 2 und 3). Dies soll dem Schuldner Anreiz zu neuer Aktivität bieten. Damit hat der Gesetzgeber sich nunmehr an einem Kompromiss zwischen beiden Grundsätzen durchgerungen.

4. Grundsätze insolvenzrechtlicher Verwertung. a) Grundsatz des beschränkten Vollstreckungszugriffs. Die Einzelvollstreckung ist vom Grundsatz des beschränkten Vollstreckungszugriffs beherrscht: der Schuldner ist vor der Pfändung und Verwertung persönlicher und existenznotwendiger Gegenstände geschützt, es verbleibt ihm ein Mindesteinkommen (§§ 811, 850 ff. ZPO).[142] Dieser Schutz gilt auch im Insolvenzverfahren (§§ 36, 100, 287 Abs. 2). Der Grundsatz des beschränkten Vollstreckungszugriffs ist seinem Kern von der Verfassung garantiert (Art. 1, 2 GG i. V. m. Sozialstaatsprinzip; s.a. Einl. RdNr. 88).

b) Freie und formgebundene Verwertung. Das Schuldnervermögen kann in einem förmlichen Verfahren liquidiert (zB Zwangsversteigerung, öffentliches Aufgebot etc.) oder freihändig nach dem Ermessen des Verwalters verkauft werden. Während die Einzelvollstreckung überwiegend von formgebundener Verwertung geprägt ist (§§ 814 ff. ZPO; ZVG), bewendet es im Insolvenzverfahren überwiegend mit freier Verwertung (§§ 159 ff., 165 ff.). Davon gibt es allerdings gewisse Ausnahmen: der Verwalter kann – wie unter altem Recht – bei Immobilien die förmliche Verwertung des ZVG wählen (§ 165). Das Verwertungsrecht des Verwalters an beweglichen Sachen ist zugunsten der Verwertungsmöglichkeit beschränkt, die ein absonderungsberechtigter Gläubiger auf Mitteilung der Veräußerungsabsicht wählt (§ 168). Die Entscheidung der InsO für freie Verwertung ist zu begrüßen, weil sie die Elastizität wahrt und jenseits starrer Form Möglichkeiten gewährt, günstige Veräußerungschancen zu nutzen.

c) Grundsatz effektiver Verwertung. Das Insolvenzverfahren intendiert effektive Verwertung (argumentum ex § 1) und will vor unterwertiger Veräußerung schützen. Während aber das Einzelvollstreckungsrecht Bewertungsregeln aufstellt, um so Verschleuderungen zu vermeiden (§§ 812, 813, 817a ZPO; §§ 30a, 74a, 85a ZVG), gewährleistet das Insolvenzverfahren effektive Verwertung nur durch mittelbare Schutzmechanismen: Haftung des verwertenden Verwalters (§ 60); Aufsicht über den Verwalter mit Entlassungsmöglichkeit (§§ 58 f., 69); Genehmigungs- und Mitteilungspflichten in besonderen Verwertungsfällen (§§ 160 Abs. 2 Nr. 1, 161–163, 168), allerdings ohne Einfluss auf die Außenwirkung (§ 164); Bindung insolvenzmäßiger Verwertung an den hypothetischen Liquidationswert (§§ 247 Abs. 2, 251). Dieser mittelbare Verschleuderungsschutz der InsO gewährt den verwertenden Organen die notwendige Beweglichkeit, wie sie die marktgerechte Verwertung größerer Werte unbedingt braucht. Er harmoniert mit dem Grundsatz freier Verwertung.

V. Insolvenzrecht und Verfassung[143]

1. Institutsgarantie. a) Gleichmäßige Liquidation. Die verfassungsrechtliche Gewährleistung effektiven Rechtsschutzes, wie sie dem materiell betroffenen Grundrecht (zB Art. 2 Abs. 1, 14 Abs. 1 GG) i. V. m. dem Rechtsstaatsprinzip entfließt (Selbsthilfeverbot, staatliches Gewaltmonopol),[144]

---

[142] *Stürner* ZZP 99 (1986), 291 ff., 318, 320; *Thomas/Putzo/Seiler*, Vor § 704 RdNr. 35; *Baur/Stürner/Bruns*, Zwangsvollstreckungsrecht, RdNr. 6.66 ff.

[143] *Lepa*, Insolvenzordnung und Verfassung, 2002.

[144] BVerfGE 35, 348, 361; st. Rspr.; neuere Entscheidungen BVerfGE 79, 80, 84; 85, 337, 345; 88, 118, 123; 93, 99, 107; NJW-RR 2010, 207, 208; hierzu schon *Stürner*, Die Aufklärungspflicht der Parteien des Zivilprozesses, 1976, S. 31 ff., 39 f.; *ders.*, FS Baur, 1981, S. 649 mwN.

umfasst auch die Rechtsverwirklichung durch Vollstreckung.[145] Das Prioritätsprinzip der Einzelvollstreckung, das den rascheren Gläubiger begünstigt und neben seinem Gleichlauf mit dem materiellen Recht im Regelfalle auch die bessere Praktikabilität für sich anführen kann,[146] verliert dort seine innere Berechtigung, wo das Vermögen des Schuldners absehbar nicht für alle Gläubiger reicht und die volle Befriedigung eines Gläubigers unter Hintansetzung aller übrigen willkürliche Züge tragen müsste. Hier verlangen Gleichheitssatz (Art. 3 Abs. 1 GG) und Sozialstaatsprinzip ein geordnetes Gesamtverfahren, das neben formaler Gleichheit nur sachlich begründete Differenzierungen kennt, die sich nicht allein aus rascher Beschlagnahme des Schuldnervermögens legitimieren. Die Liquidation unter gleichmäßiger Gläubigerbeteiligung ist deshalb als Rechtsinstitut neben der Einzelvollstreckung und ihrem Prioritätsprinzip verfassungsrechtlich gewährleistet.[147] Erst das Gesamtsystem aus Einzelvollstreckung und Gesamtvollstreckung garantiert effektiven Rechtsschutz im Sinne fairer Chance zur Rechtsverwirklichung. Natürlich wäre es dem Gesetzgeber freigestellt, bereits in der Einzelvollstreckung das Gleichrangprinzip zu berücksichtigen und damit beide Verfahrensarten zu verbinden – so denn auch teilweise die durchaus voll rechtsstaatliche romanische Tradition.

78 Die verfassungsrechtliche Garantie konkursmäßiger Befriedigung hat zur Folge, dass das Verfahren gleichmäßiger Liquidation den Gläubigern auch tatsächlich zugänglich sein muss. Daraus folgt die Notwendigkeit der Prozesskostenstundung für den Insolvenzantrag[148] ebenso wie die Notwendigkeit vereinfachter kostengünstiger Verfahren, die das Insolvenzverfahren nicht von vornherein an einer übertriebenen Kostenhürde scheitern lassen. Vor allem das Verfahren der §§ 304 ff. versucht dieser Verfassungslage gerecht zu werden (Einl. RdNr. 23).

79 **b) Insolvenzplanverfahren und vergleichsweise Verfahrensbeendigung.** Die Verfassung mit ihren Grundrechten (Art. 2 Abs. 1, 14 Abs. 1 GG) garantiert dem Gläubiger die freie Disposition über seine Rechte. Der einfache Gesetzgeber kann deshalb dem Gläubiger auch im Vollstreckungsstadium nicht verbieten, sich vergleichsweise zu einigen; insoweit ist die Möglichkeit zum Vergleich verfassungsrechtlich gewährleistet. Es bleibt indessen gesetzgeberischem Ermessensspielraum anheimgestellt, ob er den Parteien nur den Raum freier Gestaltung überlässt oder ein besonderes Verfahren schafft. Das Rechtsinstitut des Vergleichs als Verfahrensart ist sonach nicht von Verfassungs wegen geboten, ebenso wenig das Insolvenzplanverfahren (§§ 217 ff.).

80 Eine andere Frage ist, ob ein Vergleichs- bzw. Insolvenzplanverfahren bestimmte verfassungsrechtliche Grundanforderungen zu erfüllen hat. Wenn die liquidationsmäßige Gesamtvollstreckung an der Rechtsschutzgewährleistung teil hat, so stellt sich die Frage nach der Zulässigkeit ihrer Beschränkung oder Gestaltung durch Mehrheitsentscheidungen.[149] Die InsO belässt den Gläubigern auch im Insolvenzplanverfahren den Liquidationswert (§ 251) als Mindestbefriedigung, duldet also von der Grundidee her nur die Regelung der Art und Weise der Befriedigung durch die Mehrheit. Immerhin lässt sich der quantitative Eingriff von bloß qualitativer Regulierung schwer unterscheiden, weil mit „Planwert" und „Liquidationswert" hypothetische Größen zu vergleichen sind, die viel Beurteilungsspielraum lassen. Die Gläubigerdisposition über die Art und Weise der Rechtswahrnehmung, die verfassungsrechtlich gewährleistet ist, wäre nur bei voller Einstimmigkeit und damit in der Realität selten oder nie unter Wahrung der Gleichheit zu verwirklichen, wollte man jede Möglichkeit inhaltlicher Bindung individueller Rechtswahrnehmung verneinen. Weil letztlich die Gläubigerdisposition als grundrechtlich gewährleistete Freiheit den Eingriff in die individuelle Gewährleistung rechtfertigt, erscheint eine qualifizierte Mehrheitsentscheidung als Eingriffsvoraussetzung tragfähig und ausreichend. Sie entspricht auch historischer Tradition und rechtsvergleichendem Bestand:[150] überwiegend begegnen Kopfmehrheit gepaart mit qualifizierter Wertmehrheit. Wenn die InsO auf eine qualifizierte Mehrheit in den Gläubigergruppen bei Kopf- und Wertmehrheit ganz verzichtet, hat der Eingriff in das individuelle Rechtsschutzgrundrecht bedenklich geringe

---

[145] *Rosenberg/Gaul/Schilken*, Zwangsvollstreckungsrecht, 12. Aufl. 2010, § 3 III 4, S. 42 f., RdNr. 43 ff.; *Baur/Stürner/Bruns*, Zwangsvollstreckungsrecht, RdNr. 7.1; letztlich merkwürdig falsch gewichtet BVerfGE 61, 126, 136: „… Öffentliches Interesse …, dem Vollstreckungsgläubiger, dem der Staat als Inhaber des Zwangsmonopols die Selbsthilfe verbietet, die Verwirklichung seines Anspruchs zu ermöglichen".

[146] Hierzu und zum Folgenden *Baur/Stürner/Bruns*, Zwangsvollstreckungsrecht, RdNr. 6.37 ff., 6.41 ff.

[147] *Baur/Stürner* II, RdNr. 6.2.

[148] Nunmehr §§ 4 a–d; zur Entstehungsgeschichte RdNr. 45.

[149] Zu dieser Fragestellung schon *Leipold/Stürner*, Insolvenzrecht im Umbruch, 1991, S. 41 ff., 47; *Baur/Stürner* II, RdNr. 6.5 ff.

[150] Ausführlich EuInsVO Anhang (Bd. 3) mit Länderberichten und zum älteren Rechtsstand *Baur/Stürner* II, RdNr. 3.7 (italienisches Statutarrecht); RdNr. 3.20 (Code de Commerce 1807); RdNr. 24.8 (§ 182 KO für Zwangsvergleich); RdNr. 28.6 f. (§ 74 VerglO); RdNr. 39.72 (Voluntary arrangement in England); RdNr. 39.58 f. (Concordato in Italien); RdNr. 39.72 f. (Ausgleich in Österreich); RdNr. 39.82 (Nachlassvertrag der Schweiz); RdNr. 39.92 (Reorganisation in U. S. A.).

V. Insolvenzrecht und Verfassung · 81–86 **Einleitung**

Legitimation. Sie schrumpft noch mehr, wenn das Gericht die Gläubigerzustimmung ersetzt (§ 245) und damit die Rechtsverwirklichung in Gestalt der gläubigerbeherrschten Liquidation gegen eine Prognose austauscht. Die Rechtsschutzgewährleistung des Erkenntnisverfahrens wäre ohne Zweifel verletzt, wollte man das Urteil mit seiner Beweisaufnahme durch einen richterlichen Zwangsschiedsspruch mit Prognosecharakter ersetzen. Sollte es bei der Gewährleistung der Rechtsverwirklichung anders sein? Hier bleiben gewichtige verfassungsrechtliche Fragezeichen, die es angeraten erscheinen lassen, die richterliche Ersetzungsbefugnis klaren Missbrauchsfällen vorzubehalten („in dubio pro liquidatione"; s. noch RdNr. 4, 48).[151] Gegen das Schuldenbereinigungsverfahren bei Verbraucher- und Kleininsolvenzen gelten diese Bedenken nur eingeschränkt, weil Gläubigerkopf- und Wertmehrheit stets notwendig und nicht richterlich ersetzbar sind und kleinere wirtschaftliche Werte eine Verfahrensvereinfachung eher rechtfertigen.

2. Verfassung und Verfahrensausgestaltung. a) Garantie der Parteidispositon und Gläubigerautonomie. Das *Initiativrecht* der Beteiligten (Einl. RdNr. 48) ist verfassungsrechtlich geschützt durch Art. 2 Abs. 1 i. V. m. dem Rechtsstaatsprinzip und Art. 3 Abs. 1 GG (s.a. RdNr. 77 ff.). Ein amtswegig eingeleitetes Verfahren müsste die Freiheit der Rechtswahrnehmung (Art. 2 Abs. 1 GG) beeinträchtigen und idR verfassungsrechtlich bedenklich erscheinen (s.a. RdNr. 47 ff.). Soweit die Individualinitiative andere zur Verfahrensbeteiligung zwingt, handelt es sich um den unvermeidbaren Reflex individueller Rechtswahrnehmung, den andere Grundrechtsinhaber als Eingriff in die Freiheit ihrer Rechtswahrnehmung notgedrungen hinnehmen müssen. 81

Einschränkungen der Disposition über das *Verfahrensende* begründen sich überwiegend mit der Pluralität der Beteiligten, sollten aber gerade deshalb an den klaren Mehrheitswillen anknüpfen; Eingriffe bloß nach richterlicher Prognose sind hingegen verfassungsrechtlich durchaus bedenklich (RdNr. 80). 82

Wenn die InsO die Parteidisposition über den *Verfahrensgegenstand* (Passivmasse, Aktivmasse, Verwertung) vor allem durch die Verwaltermitwirkung und durch Verfahrensrechte anderer Beteiligter beschränkt (RdNr. 49), so ist dies wiederum die unumgängliche Konsequenz der Kollision einer Vielzahl grundrechtlicher Gewährleistungen.[152] Allerdings wird man die Gläubigerautonomie auch dort für verfassungsrechtlich geschützt zu erachten haben, wo der Verwalter Gläubigerinteressen zu wahren hat; die „Selbstverwaltung" der Insolvenzgläubiger in Gestalt der Mitwirkung bei der Verwalterbestellung und der Überwachungs- und Mitspracherechte der Gläubigerversammlung oder des Gläubigerausschlusses ist in ihrem Kern verfassungsrechtlich garantiert: allzu weitgehende Mediatisierung erschiene mit Art. 2, 14 GG unvereinbar. 83

b) Rechtliches Gehör. In Verfahrensabschnitten vor justiziellen Entscheidungen gilt grundsätzlich Art. 103 Abs. 1 GG; bei schädlichem Warneffekt reicht nachträgliches Gehör. In der Gläubigerversammlung folgen Informations- und Äußerungsrechte der Beteiligten aus der grundrechtlichen Gewährleistung eines fairen rechtsstaatlichen Verfahrens. Kein Gehör gibt es in der Regel vor Verwaltungs- und Überwachungsmaßnahmen (Einzelheiten Einl. RdNr. 60, 61). 84

c) Gesetzlicher Richter. Art. 101 Abs. 1 Satz 2 GG gilt auch für das Insolvenzgericht. Verfahrensrecht und Geschäftsverteilung müssen den zuständigen Insolvenzrichter normativ abstrakt festlegen. Neutralität und Unbefangenheit des Insolvenzrichters müssen Ablehnungs- und Ausschließungsvorschriften sichern (§§ 4 InsO, 41 ff. ZPO). Die grundrechtliche Gewährleistung des gesetzlichen Richters kann nur verletzt sein, wenn eigene Rechte Verfahrensgegenstand sind.[153] 85

d) Gewährleistung schleunigen Rechtsschutzes. Es ist bereits bei den Verfahrensgrundsätzen ausgeführt, dass die InsO in zahlreichen Vorschriften Verfahrenskonzentration intendiert (Einl. RdNr. 59). Sie kommt dabei einem Verfassungsgebot nach, weil zur rechtsstaatlichen Rechtsschutzgewährleistung auch Rechtsschutz in angemessener Zeit gehört. Problematisch ist, ob Gläubiger Anspruch auf die Befriedigungsform haben, die bei gleicher Quote zum schnelleren Ergebnis führt. Diese Frage kann sich zB stellen, wenn ein Insolvenzplan die Erfüllung aufschiebt und dabei – wie vom Gesetz verlangt – die Befriedigungsquote sofortiger Liquidation leistet (§ 251 Abs. 1 Nr. 2). Man wird anzunehmen haben, dass die Interessen anderer Gläubiger oder auch des Schuldners den mehrheitlich beschlossenen Aufschub grundsätzlich rechtfertigen, also die zeitnahe Beschränkung 86

---

[151] Grundsätzlich zustimmend zur Kritik *Jauernig/Berger*, Zwangsvollstreckungs- und Insolvenzrecht, 23. Aufl. 2010, § 61 RdNr. 12; vorsichtig *Bork*, Insolvenzrecht, 6. Aufl. 2012, RdNr. 342; *Foerste*, Insolvenzrecht, 5. Aufl. 2010, RdNr. 504 ff.; *Uhlenbruck*, Das neue Insolvenzrecht, 1994, S. 109.
[152] Die Klagesperren nach §§ 92, 93 sind deshalb mit Art. 6 Abs. 1 EMRK und Art. 14 GG vereinbar; im Ergebnis zutreffend *Oepen* ZIP 2000, 526.
[153] Hierzu BVerfG KTS 1988, 309 ff. (Verfassungsbeschwerde des Verwalters, der den Insolvenzverwalter wegen persönlicher Spannungen ablehnen will).

der vollstreckungsmäßigen Rechtsschutzgewährleistung zugunsten eines Gläubigers erlauben. Es gibt aber eine Opfergrenze. So wird es zB nicht möglich sein, Gläubigern eine Befriedigungsquote von 30 % nach 6 Jahren verzinst zuzumuten, wenn die sofortige Liquidation auch 30 % Befriedigung brächte. § 251 Abs. 1 Nr. 2 InsO bedarf entsprechender verfassungskonformer Auslegung, auch wenn der Gesetzgeber starre Regelungen nach dem Vorbild des § 7 Abs. 2 VerglO zu Recht aufgegeben hat (sehr str.).

87   e) **Öffentlichkeit und Mündlichkeit.** Für Verfahrensabschnitte, welche die Wirkung eines Erkenntnisverfahrens haben, folgen aus der Gewährleistung eines rechtsstaatlichen Verfahrens und aus Art. 6 Abs. 1 EMRK Öffentlichkeit und Mündlichkeit zumindest auf Antrag (str. ausführlich Einl. 53 ff., 56 ff.). Auch Mündlichkeit und Öffentlichkeit insolvenzgerichtlich geleiteter Gläubigerversammlungen fallen richtigerweise unter diese Verfahrensgarantien.

88   **3. Grundrechte des Gemeinschuldners. a) Eingriffe in Freiheit und Eigentum.** Die Rechtsschutzgewährleistung für die Gläubiger (Art. 2 Abs. 1, 14 Abs. 1 GG) rechtfertigt ebenso wie das öffentliche Interesse an geordneter Rechtspflege (s. Einl. RdNr. 77) durchaus schwerwiegende Eingriffe in Freiheit und Eigentum des Gemeinschuldners (Art. 2 Abs. 1, 14 Abs. 1 GG): praktische Konkordanz kollidierender Grundrechte.[154] Dem Gemeinschuldner muss aber immer so viel verbleiben, dass ihm und seiner Familie die ausreichende materielle Basis gewährleistet ist (§§ 36, 40, 100, 287 Abs. 2) und der innere persönliche Lebensbereich als unantastbar geachtet ist (Tagebücher, Ehering, Gegenstände der Religionsausübung etc.). Der Grundsatz des beschränkten Vollstreckungszugriffs (Einl. RdNr. 74) hat deshalb Verfassungsrang.

89   **b) Eingriffe in die Wohnung.** Der Verwalter kann aus der vollstreckbaren Ausfertigung des Eröffnungsbeschlusses vollstrecken (§ 148 Abs. 2). Die Problematik des Art. 13 Abs. 2 GG und des richterlichen Durchsuchungsbeschlusses[155] für Wohn- und Geschäftsräume stellt sich nur ähnlich, aber nicht gleich wie im Einzelvollstreckungsrecht. Im Einzelvollstreckungsrecht verlangt § 758a Abs. 2 ZPO für die Herausgabevollstreckung mobiler Gegenstände eine gesonderte richterliche Durchsuchungsanordnung, nicht jedoch für die Räumungsvollstreckung in Immobilien, weil hier dem richterlichen Titel die Zwangseinwirkung auf die Wohnung immanent und Ausräumen kein Durchsuchen sei.[156] Der hM und Neuregelung kann man mit guten Gründen entgegenhalten, dass schon für die Einzelvollstreckung diese Differenzierung nicht überzeugt: der Richter des Erkenntnisverfahrens hat von Notwendigkeit, Zeitpunkt und Umständen einer Zwangsräumung so wenig Vorstellung wie bei der Mobiliarvollstreckung in Räumen; die Differenzierung zwischen „Durchsuchen" und „Ausräumen" ist spitzfindig, weil es keine gründlichere Inspektion einer Wohnung gibt als ihr Ausräumen. Der Eröffnungsbeschluss des § 148 Abs. 2 ist ein „Pauschaltitel" ohne richterliche Erkenntnis über eine Zwangsräumung, so dass in der Insolvenz ein wichtiges Argument für die Privilegierung der Räumung fehlt. Das gewaltsame Eindringen in Wohnung oder Geschäftsräume des Gemeinschuldners bedarf daher immer richterlicher Durchsuchungsanordnung (sehr str.).[157] Wenn der Gemeinschuldner seine Wohnung mit einem Mitbesitzer teilt, so ist nach neuerer Rechtsprechung insbesondere wegen Art. 13 GG und des Grundsatzes der Gesetzmäßigkeit des Eingriffes in Freiheitsrechte ein Titel auch gegen diesen Mitbesitzer notwendig,[158] was bei Eheleuten häufig der Fall sein wird. Der Eröffnungsbeschluss schafft keinen Titel gegen Ehegatten oder dritte Mitbewohner, sodass der Insolvenzverwalter gegebenenfalls klagen muss, falls man der neuen Rechtsprechung im Insolvenzfalle folgt. Das Grundrecht von Mitbewohnern will § 758a Abs. 3 ZPO im Falle von Durchsuchungen zur Herausgabevollstreckung in bewegliche Sachen nur nachträglich berücksichtigen (§§ 766, 793 ZPO), selbst wenn solche Mitbewohner dem Verwalter oder Gerichtsvollzieher genau bekannt sind – ein verfassungsrechtlich bedenklicher Widerspruch zur präventiven Vorsorge gegenüber dem Schuldner, gegen den immerhin ein Titel existiert.[159] Insgesamt bleibt auch

---

[154] BVerfGE 51, 405, 408.
[155] BVerfGE 51, 97; 57, 346; 76, 83. Zum grundrechtlichen Schutz von Geschäftsräumen insbesondere BVerfGE 76, 83, 88; 44, 353, 371; 32, 54, 69 ff.; aA für Geschäftsräume und gemeinschaftsrechtlichen Wohnungsschutz EuGH NJW 1989, 3080, 3081 (Hoechst). Auch die Begründung zu § 758a ZPO bezog Geschäftsräume ein.
[156] Zum Meinungsstand Zöller/Stöber, ZPO, 29. Aufl. 2012, § 758a RdNr. 33; Baur/Stürner/Bruns, Zwangsvollstreckungsrecht, RdNr. 8.12 ff.
[157] Anders die ganz hM: HK-Depré § 148 RdNr. 9; Uhlenbruck § 148 RdNr. 30 f.; § 148 RdNr. 73.
[158] BGHZ 159, 383, 384 f. = NJW 2004, 3041 mNw (Eheleute); BGH NJW 2008, 1959 (nichtehelicher Lebensgefährte). Zur Problematik Baur/Stürner/Bruns, Zwangsvollstreckungsrecht, RdNr. 39.10 mit großzügigerer Tendenz.
[159] Kritisch hierzu Baur/Stürner/Bruns, Zwangsvollstreckungsrecht, RdNr. 8.17, 8. 18; Stein/Jonas-Münzberg § 758a RdNr. 8.

V. Insolvenzrecht und Verfassung   90–93   **Einleitung**

im Insolvenzrecht eine überzogene und in ihren Auswirkungen unausgewogene Bundesverfassungsgerichtsrechtsprechung zur Wohnungsdurchsuchung beim Vollstreckungsschuldner zu verdauen, die besser von vornherein für alle Fälle beim repressiven Schuldnerschutz geblieben wäre.[160]

c) Eingriffe in das Briefgeheimnis. Die Postsperre nach § 99 gestattet den Eingriff in das   90
Briefgeheimnis (Art. 10 Abs. 1 GG). Er ist durch die verfassungswerten Rechtsschutzinteressen der Gläubiger gerechtfertigt.[161] § 99 gewährt dem Schuldner Gehör (Art. 103 Abs. 1 GG) und trägt den Grundsätzen der Erforderlichkeit und Verhältnismäßigkeit in ausreichender Weise Rechnung, vor allem durch die Pflicht des Gerichts zur amtswegigen Prüfung des Fortfalls der Sperrvoraussetzungen. Diese Vorschrift wird rechtsstaatlichen Anforderungen besser gerecht als der frühere § 121 KO.

d) Auskunfts- und Mitwirkungspflichten. Die Rechtsschutzgewährleistung für die Gläubiger   91
erfordert in Gestalt der Auskunfts- und Mitwirkungspflichten (§ 97) besonders weitgehende Eingriffe in die Freiheit des Schuldners (s. schon RdNr. 88), die eigener Erwähnung bedürfen. Das verfassungsrechtliche Gebot des „nemo tenetur se accusare" (Art. 1, 2 Abs. 1 GG) ist betroffen, wenn der Gemeinschuldner über Vorgänge Auskunft unter Zwangsdrohung (§ 98) geben soll, die ihn strafrechtlicher Verfolgung auszusetzen geeignet sein können. Das BVerfG[162] und ihm folgend der Gesetzgeber der InsO (§ 97 Abs. 1 Satz 2 und 3) halten an strafbewehrter Auskunftspflicht fest, schaffen aber – letztlich nach amerikanischem Vorbild[163] – ein Verwertungsverbot für Strafverfahren, allerdings wohl ohne „Fernwirkung"[164] und damit rechtsstaatlich durchaus problematisch. Die Allgemeinheit der erzwingbaren Mitwirkungspflicht (§§ 97 Abs. 2, 98) stößt auf verfassungsrechtliche Bedenken, wo aus ihr sehr weitgehende konkrete Handlungspflichten abgeleitet werden, zB die Pflicht des Gemeinschuldners, dem Verwalter eine Vollmacht für Auslandsgeschäfte zu erteilen, falls im Ausland die gesetzlichen Befugnisse des Verwalters nicht anerkannt werden.[165] Mit dem Grundsatz der Bestimmtheit formalgesetzlicher Eingriffsbefugnis ist diese Konkretisierung schwer vereinbar, zumal dem Gemeinschuldner die Mitwirkung bei der Täuschung ausländischer Rechtsordnungen abverlangt ist. Der InsO hätte eine klarstellende ausdrückliche Regelung gut angestanden.

e) Eingriffe in das Recht auf informationelle Selbstbestimmung. Das Insolvenzverfahren   92
führt zur Offenbarung zerrütteter Vermögensverhältnisse in Registern und Verzeichnissen (insbesondere §§ 26 Abs. 2, 30 ff.). Der Eingriff in die grundrechtliche Gewährleistung informationeller Selbstbestimmung (Art. 1, 2 GG)[166] ist grundsätzlich trotz seiner Prangerwirkung unbedenklich, weil Rechtsschutzgrundrechte von Gläubigern und das Interesse der Allgemeinheit an lauterem Schuldnergebaren solche Beschränkungen erfordern.[167] Wie in der ZPO (§§ 915 ff.) ist dem Schutz gegen zweckentfremdenden Zugriff Rechnung getragen (§ 26 Abs. 2). Die verschiedene Löschungsfrist von drei Jahren in der Einzelvollstreckung (§ 915a Abs. 1 ZPO) und fünf Jahren in der Insolvenzordnung, die vom Rechtsausschuss verlangt worden ist,[168] lässt sich zwar sachlich nur ganz schwer begründen, dürfte aber im Gestaltungsspielraum des Gesetzgebers liegen, zumal auch im Schuldnerverzeichnis nunmehr vorzeitige Löschungen bei Gläubigerbefriedigung denkbar sind.[169]

f) Menschenwürde und Entschuldungsprinzip. Ob aus Art. 1, 2 Abs. 1 GG die Gewährleis-   93
tung eines Rechts auf Neuanfang nach finanziellem Zusammenbruch folgt (s.a. Einl. RdNr. 70), ist wenig erörtert. Eine solche Gewährleistung ist vom bloßen Schuldnerschutz zu unterscheiden (Einl. RdNr. 74, 88), der eine ausreichende materielle Mindestbasis garantiert. Der Gedanke eines Rechts zum Neuanfang entspricht biblischen Gerechtigkeitsvorstellungen[170] ebenso wie dem Gedanken des „pursuit of happiness" im Sinne der Menschenrechtsdeklaration. Seine Berücksichtigung im Rah-

---

[160] BVerfGE 16, 239; *Baur/Stürner/Bruns*, Zwangsvollstreckungsrecht, RdNr. 8.29. Vielleicht waren den Bundesverfassungsrichtern der ersten Jahre die genaueren Umstände einer Vollstreckung noch geläufiger als ihren Nachfolgern.
[161] BVerfG ZIP 1986, 1337 (Kammerentscheidung).
[162] BVerfGE 56, 37 ff.
[163] Zur Gewährung von „immunity" in künftigen Strafverfahren, falls im Verwaltungsverfahren der Federal Trade Commission bei der Aufklärung mitzuwirken ist, *Stürner* ZVglRWiss 81 (1982), 159 ff., 175.
[164] Ausführlich *Stürner* NJW 1981, 1757 ff.
[165] BVerfG ZIP 1986, 1336 = EWiR 1986, 1125 m. Anm. *Balz;* BGH NJW-RR 2004, 134; OLG Koblenz ZIP 1993, 844; kritisch und gegen die hM *Leipold,* in: Recht in Ost und West, FS zum 30-jährigen Bestehen des Instituts für Rechtsvergleichung der Waseda Universität, 1988, S. 787 ff., *Baur/Stürner* II, RdNr. 6.20, 37.5; siehe aber zur hM § 97 RdNr. 32.
[166] Vgl. BVerfGE 65, 1 ff.
[167] BVerfG NJW 1988, 3009 f. (Kammer).
[168] Hierzu *Balz/Landfermann,* Die neuen Insolvenzgesetze, 1995, S. 105.
[169] Zu Einzelheiten § 26 RdNr. 44.
[170] 3. Mose, Kap. 25, Verse 8 ff.; 5. Mose, Kap. 15; Jeremia Kap. 34, Verse 8 ff.

men der Art. 1, 2 GG liegt vor allem dort nahe, wo gewöhnliche oder ganz leichte Fahrlässigkeit zu hohen Schulden und Insolvenz führt[171] und damit ohne Entschuldung eine massive lebenslängliche Existenzbeeinträchtigung zur Folge hat, ohne dass für die Gläubiger ein ins Gewicht fallender Befriedigungseffekt gewonnen wäre.[172]

94 **g) Befugnis zur Verfassungsbeschwerde.** Die materiellrechtliche Verfügungsbefugnis über insolvenzbefangene Gegenstände liegt beim Insolvenzverwalter (§ 80 Abs. 1). Diese Abspaltung der Rechtsmacht vollzieht sich auch im Bereich grundrechtlichen Rechtsschutzes, soweit insolvenzbefangene Gegenstände betroffen sind: der Insolvenzverwalter, nicht der Schuldner kann und muss sich zB gegen verschleudernde Versteigerung unter dem ZVG durch Rechtsbehelfe und Verfassungsbeschwerde wehren.[173] Der Gemeinschuldner als insoweit nicht beschwerdebefugter Grundrechtsträger ist seinerseits darauf angewiesen, die Rechtsbehelfe und Schutzmöglichkeiten des Insolvenzverfahrens auszuschöpfen (zB Benachrichtigung des Insolvenzgerichts mit den Folgen der §§ 58 f.; Haftung des Verwalters, § 60; gerichtliche Untersagung von Verwertungshandlungen, §§ 161, 163 etc.); Verfassungsbeschwerde kann er selbst nur unmittelbar gegen Maßnahmen des Insolvenzverfahrens erheben, falls sie mit den Geboten rechtsstaatlichen fairen Verfahrens unvereinbar erscheinen und insolvenzverfahrensrechtliche Rechtsbehelfe ausgeschöpft sind.

95 **4. Gläubigerstellung und Verfassungsrecht.** Die verfassungsrechtliche Stellung der Insolvenzgläubiger ergibt sich im Wesentlichen aus den Überlegungen zur Garantie des Insolvenzverfahrens als Institut (Einl. RdNr. 77 ff.): Rechtsschutzgewährleistung im Sinne gleicher Befriedigungschance als Ausfluss der Art. 2, 14 GG i. V. m. Art. 3 GG und dem Sozialstaatsprinzip; Mehrheitsprinzip als Rechtsschutzbeschränkung bei kollidierenden Rechtsschutzgewährleistungen; Minderheitenschutz als Ausfluss der Rechtsschutzgewährleistung. Der Gesetzgeber hat im Spannungsfeld von formaler Gleichheit und Differenzierung Spielraum, inwieweit er sachlich begründete Vorrechte schaffen will; sowohl die alte KO mit ihren Vorrechten als auch die geltende InsO ohne traditionelle Vorrechte bewegen sich in diesem Gestaltungsspielraum. Allerdings muss diese Differenzierung unter dem Gewaltenteilungsprinzip (Art. 20 Abs. 3 GG) vom Gesetzgeber vorgenommen werden und darf in aller Regel nicht der Rechtsfortbildung durch die Rechtsprechung überlassen bleiben.[174] Indessen gibt es wenige sachlich zwingende Gesichtspunkte, die eine Besserstellung verlangen. Dies gilt generell für die klassischen Masseverbindlichkeiten (§§ 53 ff.);[175] ihre Gleichstellung mit Konkursgläubigern wäre so extrem sachwidrig und damit willkürlich, dass sie mit Art. 3 Abs. 1 GG unvereinbar erscheinen müsste. Auch die Einordnung des Gemeinschuldnerunterhalts als Masseverbindlichkeit (§§ 209 Abs. 1 Nr. 3, 100) ist verfassungsrechtlich geboten (Art. 1, 2 GG). Für Sozialplanforderungen (§ 123 Abs. 2) erscheint dies jedoch außerordentlich zweifelhaft.

96 Die *Aussonderungsbefugnis* dinglicher Rechtsinhaber entspricht zwar ungebrochener historischer Tradition und rechtsvergleichendem Grundbestand. Ohne Zweifel ist solche Rechtsinhaberschaft auch vom Schutz des Art. 14 Abs. 1 GG erfasst.[176] Nur gilt der Schutz des Art. 14 Abs. 1 GG auch schuldrechtlichen Ansprüchen,[177] so dass bei der Zuordnung der Gläubigerbefriedigung auch auf verfassungsrechtlicher Ebene eine Abwägung stattzufinden hat. Der verfassungsrechtliche Schutz dinglicher Gläubiger lässt sich am ehesten aus einem Differenzierungsgebot herleiten (Art. 3 Abs. 1 GG), das der Funktion dinglicher Rechte als Ausschlussrechte gerecht wird. Diesem Gebot zur Besserstellung lässt sich aber wohl nicht ein verfassungsrechtliches Gebot entnehmen, dinglichen Gläubigern („Separatisten") jedes Vermögensopfer zu ersparen.[178]

97 Soweit nicht echte Aussonderungsfälle in Frage stehen, sondern nur Sicherungsrechte, gilt dieses Differenzierungsgebot (Art. 3 Abs. 1 GG) nur abgeschwächt: die volle Gleichbehandlung von gesicherten und ungesicherten Gläubigern wäre willkürlich und widersprüchlich, falls die Rechtsordnung Siche-

---

[171] Zur verfassungsrechtlichen Fragwürdigkeit unbegrenzter Fahrlässigkeitshaftung *Canaris* JZ 1987, 993 ff.; 1988, 494 ff.; zum Zusammenhang zwischen materiellem Haftungsumfang und Entschuldung *Medicus* ZIP 1989, 817, 823 mwN; zum Ganzen *Baur/Stürner* II, RdNr. 6.24.

[172] Ausführlich *Bruns* KTS 2008, 41 ff., 49 f. mwNw; *ders.*, Haftungsbeschränkung und Mindesthaftung, 2003, S. 161. Die Entscheidungen BVerfG NZI 2003, 162 (Kammer) und NZI 2004, 222 (Kammer) sind zu einer Abwägung der Verfassungsgewährleistung der Gläubigerrechte (Art. 14 GG) mit verfassungsrechtlich geschützten Gütern des Schuldners fallbedingt nicht vorgedrungen. Gegen eine verfassungsrechtliche Gewährleistung BGHZ 107, 92, 102.

[173] BVerfGE 51, 405, 408; ausführlicher hierzu schon *Baur/Stürner* II, RdNr. 6.25 und RdNr. 6.26.

[174] BVerfG NJW 1984, 475 gegen BAG NJW 1979, 774 (Sozialplansprüche mit Rang „§ 61 Nr. 0" KO).

[175] Zum verfassungsrechtlich zwingenden Vorrang von Verwalterkosten innerhalb der Masseverbindlichkeiten (Art. 12 Abs. 1 GG) BVerfGE 88, 145 f.; BVerfG ZIP 1993, 1246 ff.; nunmehr § 209 Abs. 1 Nr. 1.

[176] ZB BVerfGE 70, 191, 199.

[177] ZB BVerfGE 83, 201, 208; 68, 193, 222; 45, 142, 179.

[178] Zu weitgehend *Seiffert* ZIP 1986, 1157 ff.; wie hier schon *Baur/Stürner* II, RdNr. 6.29.

rungsrechte überhaupt zulässt. Der Gesetzgeber hat insoweit aber einen relativ weiten Gestaltungsspielraum, er könnte von Verfassungs wegen die Befriedigungsquote gesicherter Gläubiger stark reduzieren – ob dies wirtschaftspolitisch sinnvoll wäre, ist eine andere Frage (RdNr. 33 ff., 63).

5. Der Ehegatte in der Insolvenz. Den Ehegatten des Gemeinschuldners berührt die Insolvenz mehrfach nachteilig: Beeinträchtigung der Aussonderung wegen § 1362 BGB; Übergreifen der Insolvenz bei Gütergemeinschaft (§ 37 Abs. 1); Erweiterung der Anfechtungsmöglichkeiten (§§ 138 Abs. 1 Nr. 1, 130 Abs. 3, 131 Abs. 2 Satz 2, 133 Abs. 2). Art. 6 Abs. 1 GG verbietet in Zwangsvollstreckung und Insolvenz eine Schlechterstellung des Ehegatten dann nicht, wenn sie ehespezifischen Gefahren einer Vermögensverschiebung begegnet und dabei das Übermaßverbot nicht verletzt.[179] Diesen Anforderungen werden §§ 1362 BGB, 37, 130 ff. InsO gerecht, weil sie räumlichen oder rechtlichen Verflechtungen Rechnung tragen wollen. 98

Schwieriger ist teilweise die Ungleichbehandlung von Eheleuten (Art. 6 Abs. 1, 3 Abs. 1 GG) mit anderen Personen zu begründen, die dem Schuldner gleichermaßen nahe stehen und ähnliche Verschiebungsgefahren heraufbeschwören: nichteheliche Gemeinschafter, Wohngemeinschafter, Organwalter oder Teilhaber juristischer Personen etc. Im Anfechtungsrecht der §§ 130 ff. trägt § 138 („nahe stehende Personen") dem Gleichbehandlungserfordernis inzwischen Rechnung, so dass das alte Ärgernis der Ungleichbehandlung in § 32 Nr. 2 KO nicht fortexistiert.[180] Hingegen ist das Aussonderungsrecht (§ 47) des Ehegatten mit gleicher Hypothek belastet wie im Einzelvollstreckungsrecht § 771 ZPO: entgegen § 1006 BGB muss der besitzende oder mitbesitzende Ehegatte vollen Beweis des Eigentums bzw. Miteigentums erbringen, um sich durchzusetzen, wohingegen nichteheliche Gemeinschafter, Wohngemeinschafter, herrschende Teilhaber juristischer Personen etc. sich ohne weiteres auf § 1006 BGB berufen können. Das BVerfG klammert die Frage der Ungleichbehandlung leider aus,[181] ähnlich die bisherigen Vollstreckungsrechtsreformen, die § 739 ZPO ebenso unverändert gelassen haben wie § 1362 BGB.[182] § 1362 BGB ist indessen bei heutigen gesellschaftlichen Lebensgepflogenheiten klar verfassungswidrig. 99

6. Verfassungsrechtliche Rahmenbedingungen des Berufsrechts der Insolvenzverwalter. Die Insolvenzverwaltung ist vom BVerfG in Kammerentscheidungen als „Beruf" eingeordnet und damit dem Schutzbereich des Art. 12 GG unterstellt worden.[183] Auswirkungen hat dies bisher beim Verbot der Unangemessenheit festgesetzter Vergütung[184] und bei den Anforderungen an ein geordnetes Vorauswahlverfahren für Insolvenzverwalter[185] gezeigt. Es verdient durchaus Erwähnung, dass sich das BVerfG hier zu engerer Kontrolle bereit gezeigt hat als zB bei der Schlechterstellung von Eheleuten durch § 1362 BGB. Die konkreten Ergebnisse des BVerfG auf diesem Gebiet des Berufsrechts verdienen aber uneingeschränkte Zustimmung. Manches spricht angesichts der vielfach zu beobachtenden Wandlung des Insolvenzverwalters vom Organ der Rechtspflege zum Restrukturierungsunternehmer dafür, dass die Vergabe der Verwaltung auf Dauer auch europarechtliche Vorgaben zu berücksichtigen haben wird.[186] 100

7. Rechtsschutzgewährleistung und Rechtsbehelfe in der Insolvenz. Die verfassungsrechtliche Rechtsschutzgewährleistung verlangt nicht die Rechtsmittelfähigkeit, wohl aber Klarheit und innere Logik eines bestehenden Rechtsmittelsystems.[187] Das Enumerationsprinzip (§ 6 Abs. 1) schafft Klarheit und Transparenz für die Voraussetzungen wirksamer Einlegung. Die einheitliche Zweiwochenfrist (§§ 4 InsO, 577 Abs. 2 Satz 1 ZPO) wahrt Klarheit für den Fristenlauf und bildet – anders als einwöchige Fristen des alten Rechts[188] – keine unüberwindlichen Hürden auch dort, wo der 101

---

[179] BVerfGE 24, 104 ff.
[180] Hierzu *Baur/Stürner* II, RdNr. 6.31 ff.
[181] BVerfG NJW 1991, 2695, 2696 r. Sp.
[182] Wie hier kritisch *Brox* FamRZ 1981, 1125 ff.; *Brox/Walker* RdNr. 241; *Jauernig/Berger* § 17 RdNr. 12; *Rosenberg/Gaul/Schilken* § 20 II 1 RdNr. 8 ff., S. 402 f.; *Baur/Stürner/Bruns*, Zwangsvollstreckungsrecht, RdNr. 7.38 f., 19.9; aA statt vieler *Gernhuber/Coester-Waltjen*, Familienrecht, 6. Aufl. 2010, § 20 RdNr. 13; *Stein/Jonas-Münzberg* § 739 RdNr.9.In BGH ZIP 2010, 2009, 2010 hat diese Frage keine Rolle gespielt, weil die Insolvenzmasse Alleinbesitz hatte.
[183] BVerfG ZIP 1989, 282; NJW 2004, 2725.
[184] BVerfG ZIP 1989, 282; dazu *Uhlenbruck/Mock* § 63 RdNr. 3 und 4.
[185] BVerfG NJW 2004, 2725; ZIP 2006, 1355 = NZI 2006, 454 ff.; dazu statt vieler *Vallender* NJZ 2006, 2597; *Höfling* JZ 2009, 339 ff.; *Uhlenbruck* NZI 2006, 489 ff.; *Graeber* NZI 2006, 499 ff.; *ders.* NZI 2004, 546 ff.; *Römermann* ZIP 2006, 1332; *ders.* ZInsO 2009, 2004, 937 ff.; *Sabel/Wimmer* ZIP 2008, 2097, 2098. Die heutige Fassung des § 56 Abs. 1 wird den verfassungsgerichtlichen Vorgaben weithin gerecht; siehe § 56 RdNr. 56 ff.; 81 ff.
[186] Dazu *Sabel/Wimmer* ZIP 2008, 2097 ff.; *Höfling* JZ 2009, 339 ff., 348; *Stürner* ZZP 122 (2009), 265 ff., 285; aA statt vieler *Marotzke* ZInsO 2009, 1929, 1931; *Smid* ZInsO 2009, 113.
[187] BVerfGE 19, 323, 326 ff.; 49, 148 ff., 163/164; 54, 277 ff., 291 ff.; 74, 228, 234; 77, 275, 284.
[188] BVerfGE 77, 275, 286 (§ 121 Abs. 2 VerglO).

Fristenlauf mit Verkündung ohne Einzelzustellung beginnt. Die innere Logik ist vielleicht nicht immer gewahrt: gegen eine Entscheidung über die Zulassung eines Gläubigers zur Insolvenzplanabstimmung fehlt ein Rechtsmittel (§§ 237, 77, 6), obwohl die Abstimmung zum teilweisen Forderungsverlust führen kann (§§ 221, 224, 254); hingegen kann über den Bestand einer Forderung jeder Gläubiger einen Rechtsstreit mit Rechtsmitteln betreiben (§ 179). Dies ist nicht unbedenklich, weil zeitliche Dringlichkeit bei Entscheidungen solcher Tragweite diese Differenzierung schwerlich rechtfertigt.[189] Zu Recht ist deshalb der BGH um eine Flexibilisierung des Enumerationsprinzips bemüht, soweit gravierende Eingriffe anstehen.[190]

VI. Staateninsolvenz

102   Die Insolvenzordnung geht in langer historischer Tradition davon aus, dass Staaten und weithin auch Körperschaften und Anstalten des öffentlichen Rechts nicht insolvenzfähig sind[191] (§ 12). Der Grund für diese Doktrin liegt in der grundsätzlichen Unvereinbarkeit von demokratischer staatlicher Willensbildung sowie staatlicher Aufgabenstellung und insolvenzmäßiger Abwicklung.[192] Die traditionelle Lehre geht vielmehr davon aus, dass der Staat bei Zahlungsunfähigkeit oder Überschuldung durch demokratisch legitimierte Gesetzgebung entweder steuerliche Refinanzierung neu schafft oder Forderungen gegen den Staat sowie künftige Ausgaben kürzt, uU auch die Geldmenge steuert mit der Gefahr einer Inflationierung.[193] Bestimmte staatliche Aufgaben einer Grundversorgung erscheinen dabei unverzichtbar und bedürfen auch im Insolvenzfalle einer Fortfinanzierung.[194] Bei juristischen Personen unterhalb der staatlichen Ebene zeigt sich das deutsche Insolvenzrecht flexibler,[195] wenngleich es nicht so weit geht wie das US-amerikanische Recht, das für Kommunen ein besonderes Insolvenzverfahren vorsieht.[196] Nationalstaatliche Gesetzgebung vermag inzwischen den Fall staatlicher Zahlungsunfähigkeit vor allem dort nicht mehr stets befriedigend zu bewältigen, wo der Staat als Emittent von international gehandelten Wertpapieren versagt.[197] Für diese sich vermehrenden Fälle begegnen verstärkt Versuche, ein geordnetes Schuldenbereinigungsverfahren auf völkervertraglicher Basis zu schaffen, in dem unter Aufsicht eines vertraglichen „Sovereign Debt Tribunal" eine Schuldenregulierung erfolgt.[198] Sie besteht in einem teilweisen Schulderlass oder einer Stundung, die aber mit einer Restrukturierung der Staatsfinanzen und der nationalen Finanzwirtschaft verbunden sind. Auf diese Weise soll eine Sanierungsmöglichkeit geschaffen sein, die einerseits einen Neuanfang ermöglicht, andererseits aber an Bedingungen einer Restrukturierung geknüpft ist, um von leichtfertigem Wirtschaften abzuschrecken. Das Problem solcher „Resolvenzverfahren"[199] liegt in ihrer Akzeptanz durch die betroffene Bevölkerung als dem Souverän. Oft wird im Zorn über das Versagen der eigenen Organe zu einem politischen Vertrauensverlust führen, der eine Restrukturierung unter Opfern stark erschwert.[200] Während der Vorschlag der Weltbank für einen „Sovereign Debt Restructuring Mechanism" (SDMR) eine weltweite Lösung intendierte und bisher scheiterte,[201] schafft der geplante Europäische Stabilitätsmechanismus (ESM) für den Bereich der EU ein Restrukturierungsverfahren zur Wiederherstellung der Ertragsfähigkeit.[202]

---

[189] Zum alten Recht schon *Baur/Stürner* II, RdNr. 6.35.; zum neuen Recht *Kübler/Prütting/Kübler* § 77 RdNr. 22 und 23; *Kübler/Prütting/Otte* § 237 RdNr. 17 mwN.
[190] Dazu BGH NJW 2004, 2015 und *Stürner/Rink* LMK 2004, 147; verneinend aber BGH NZI 2009, 106 ff. für die Stimmrechtsentscheidung nach § 77 Abs. 2.
[191] Siehe § 12 RdNr. 3 ff.
[192] Dazu ausführlich BVerfGE 15, 126, 135 f.; ähnlich BVerfGE 60, 135, 157 f. (öffentliche Stiftung); BVerfGE 66, 1 ff., 21 ff. (Kirchen); *Baur/Stürner* II, RdNr. 6,38 ff.; zum Ganzen statt vieler *Kratzmann* JZ 1982, 319 ff.; *Ohler* JZ 2005, 590 ff.; *Paulus* WM 2002, 725 ff.; *Stoll* KTS 1992, 521 ff.; *von Lewinski*, Öffentlichrechtliche Insolvenz und Staatsbankrott, 2011; *Hornfischer/Skauradszum* KTS 2012, 1 ff.
[193] Zusammenfassend *Paulus* ZIP 2011, 2433.
[194] BVerfGE 89, 144 (öffentliche Rundfunkanstalten).
[195] Zu entsprechendem Bundesrecht und zum Landrecht des § 12 Abs. 1 Nr. 2 ausführlich § 12 RdNr. 12 ff., 14 ff.
[196] Hierzu US-Bankruptcy Code Chapter 9 (dazu *Naguschewski*, Kommunale Insolvenz – Untersuchungen zu einem Insolvenzverfahren nach Vorbild des US-amerikanischen Chapter 9, 2011); zur Kommunalinsolvenz ferner *Hornfischer*, Die Insolvenzfähigkeit von Kommunen, 2010; *Cranshaw*, Insolvenz- und finanzrechtliche Perspektiven der Insolvenz von juristischen Personen des öffentlichen Rechts, insbesondere Kommunen, 2007; *Frielinghaus*, Die kommunale Insolvenz, 2007; *Paulus* ZInsO 2003, 869 ff.
[197] Zur fehlenden völkerrechtlichen Regel, im Rahmen eines Staatsnotstandes die Erfüllung privatrechtlicher Zahlungsansprüche zu verweigern, BVerfGE 118, 124 ff.
[198] Ausführlich zuletzt *Paulus* ZIP 2011, 2433 ff.
[199] *Paulus* ZIP 2011, 2433 ff., 2435 r.Sp.
[200] Dazu *Stürner* JZ 2012, 10 ff., 24.
[201] Zusammenfassend *Paulus* ZIP 2011, 2433, 2434 f. mwN.
[202] Art. 12 ESM-Vertrag; dazu European Council Decision 2011/199/EU. Siehe auch unten RdNr. 104.

VII. Vertragliches Schuldnerschutz- oder Umschuldungsverfahren

Anleihebedingungen sehen teilweise ein vertraglich vereinbartes Schuldnerschutz- oder Umschuldungsverfahren vor. Der Schuldnerschutz kann darin bestehen, dass der Schuldner bei Zahlungsschwierigkeiten ein Moratorium von beispielsweise drei Monaten beanspruchen darf, um sich neu zu refinanzieren, sich umzustrukturieren oder eine Umschuldung unter Einbeziehung der Gläubiger vorzubereiten. Diese Umschuldung kann dann nicht nur im Rahmen eines gesetzlichen Insolvenzverfahrens erfolgen. Vielmehr können die Anleihebedingungen vorsehen, dass eine Gläubigermehrheit von beispielsweise 75 % bei Vorliegen bestimmter Krisenindikatoren einen teilweisen Schuldenerlass oder einen Zahlungsaufschub oder kombiniert beides beschließen kann. Auch das reformierte Recht der deutschen Schuldverschreibung erlaubt solche Anleihebedingungen (§ 15 SchVG). Solche sog. *Collective Action Clauses* sollen die Vorteile früher Umschuldung ausnutzen und die völlige Insolvenz auch im Interesse der Gläubiger vermeiden. Bisher ist allerdings die Wirkung auf Darlehensversicherungen bzw. Credit Default Swaps unklar. Es müsste eine Anpassung ihrer Bedingungen erfolgen.

Bei staatlichen Anleihen können Collective Action Clauses eine Staateninsolvenz verhindern. Art. 12 Abs. 3 EMS-Vertrag sieht aus diesem Grunde bei Euro-Anleihen künftig solche „CACs" vor. Solange es kein völkerrechtlich verankertes Staateninsolvenzverfahren gibt, erscheint für staatliche Anleihen die Vereinbarung eines Umschuldungsverfahrens in Anleihebedingungen erwägenswert.[203] Allerdings fehlt bei Staaten letztlich stets die volle rechtliche Erzwingbarkeit. Es ist vor allem die Furcht vor dem Vertrauensverlust, die eine Unterwerfung unter Verfahrensergebnisse nahe legen kann, aber nicht unbedingt muss.

Das Urteil über Collective Action Clauses muss zwiespältig ausfallen. Einerseits können sie durch frühzeitige Umschuldung insolvenzvermeidend wirken. Andererseits weichen sie die strikte Zahlungsverpflichtung auf und verführen zur Großzügigkeit des Schuldners im Umgang mit Verbindlichkeiten, indem sie die Vorzüge eines „fresh start" und einer „second chance" mehr betonen als den Stellenwert des Vorsichtsprinzips, der Risikoprävention und der Zuverlässigkeit. Es ist das angloamerikanische Verhältnis zum Risiko und seiner Überwälzung auf andere,[204] das den Grundgedanken der Collective Action Clauses prägt. Caveat Emptor – wenn er kann, was bei gleichförmigen Angeboten risikoüberwälzender Anleihen kaum möglich sein wird. Solche Entwicklungen verändern das soziale Klima einer Gesellschaft, weil das wechselseitige Vertrauen leidet und die Umschuldung zur Normalität zu werden droht.

---

[203] Dazu *Paulus* ZIP 2011, 2433, 2439 ff.
[204] Dazu *Stürner* AcP 210 (2010), 105 ff., 117 ff.; *ders.* JZ 2012, 10 ff., 18 ff.

Erster Teil. Allgemeine Vorschriften

§ 1 Ziele des Insolvenzverfahrens

¹Das Insolvenzverfahren dient dazu, die Gläubiger eines Schuldners gemeinschaftlich zu befriedigen, indem das Vermögen des Schuldners verwertet und der Erlös verteilt oder in einem Insolvenzplan eine abweichende Regelung insbesondere zum Erhalt des Unternehmens getroffen wird. ²Dem redlichen Schuldner wird Gelegenheit gegeben, sich von seinen restlichen Verbindlichkeiten zu befreien.

Schrifttum: *Ahrens,* Privatinsolvenzrecht – Umrisse eines Systems, ZZP 122 (2009), 133; *Arnold,* West-Ost-Wanderung zwecks Schuldbefreiung?, BB 1992, 2227; *Balz,* Sanierung von Unternehmen oder von Unternehmensträgern?, Beiträge zum Insolvenzrecht Bd. 1, 1986; *ders.,* Aufgaben und Struktur des künftigen einheitlichen Insolvenzverfahrens, ZIP 1988, 273; *ders.,* Logik und Grenzen des Insolvenzrechts, ZIP 1988, 1438; *ders.,* Die Ziele des Reformentwurfs, in *Kübler,* Neuordnung des Insolvenzrechts, 1989, 1; *ders.,* Die Ziele der Insolvenzordnung, in Kölner Schrift zur Insolvenzordnung, 2. Aufl. 2000, 3; *Benckendorff,* Freigabe von Kreditsicherheiten in der Insolvenz, in Kölner Schrift zur Insolvenzordnung, 3. Aufl. 2009, 1389; *Beule,* Die Umsetzung der Insolvenzrechtsreform in die Justizpraxis, in Kölner Schrift zur Insolvenzordnung, 2. Aufl. 2000, 23; *Bork,* Prozeßkostenhilfe für den Schuldner des Insolvenzverfahrens?, ZIP 1998, 1209; *Brandstätter,* Die Prüfung der Sanierungsfähigkeit notleidender Unternehmen, 1993; *Braun,* Die Prüfung von Sanierungskonzepten, WPg 1989, 683; *Brinkmann/Zipperer,* Die Eigenverwaltung nach dem ESUG, ZIP 2011, 1337; *Busch/Graf-Schlicker,* Restschuldbefreiung mit Prozeßkostenhilfe?, InVo 1998, 269; *Dorndorf,* Zur Dogmatik des Verfahrenszwecks in einem marktadäquaten Insolvenzrecht, FS F. Merz, 1992, 31; *Flessner,* Sanierung und Reorganisation, 1982; *Gaiser,* Die Auskunfts- und Mitwirkungspflichten des Schuldners gemäß § 97 InsO und die Frage nach alternativen Auskunftsquellen, ZInsO 2002, 472; *Ganter,* Die Anwendung des § 878 BGB bei der Gläubigeranfechtung innerhalb und außerhalb des Konkurses, DNotZ 1995, 517; *Gerhardt,* Zielbestimmung und Einheitlichkeit des Insolvenzverfahrens, in Leipold, Insolvenzrecht im Umbruch 1991, 1; *ders.,* Verfügungsbeschränkungen in der Eröffnungsphase und nach Verfahrenseröffnung, in Kölner Schrift zur Insolvenzordnung, 2. Aufl. 2000, 193; *Grub,* Überjustizialisierung und die Eigenverwaltung des Pleitiers, WM 1994, 880; *ders.,* Die Stellung des Schuldners im Insolvenzverfahren, in Kölner Schrift zur Insolvenzordnung, 3. Aufl. 2009, 491; *Grub/Rinn,* Die neue Insolvenzordnung – ein Freifahrschein für Bankrotteure?, ZIP 1993, 1583; *Hax,* Die ökonomischen Aspekte der neuen Insolvenzordnung, in Kübler, Neuordnung des Insolvenzrechts 1989, 21; *Henckel,* Deregulierung im Insolvenzverfahren?, KTS 1989, 477; *ders.,* Insolvenzrechtsreform zwischen Vollstreckungsrecht und Unternehmensrecht, FS F. Merz, 1992, 197; *ders.,* Insolvenzanfechtung, in: Kölner Schrift zur Insolvenzordnung, 2. Aufl. 2000, 813; *Hess/Fechner,* Sanierungshandbuch, 2. Aufl. 1991; *Hess/Weis,* Die Neuregelungen des Konkursarbeitsrechts, InVo 1996, 309; *Kilger,* Rechtsanwendung im Konkurs, FS F. Merz, 1992, 253; *Jauernig,* Ist die Rechtsmacht des Konkursverwalters durch den Konkurszweck begrenzt?, FS Weber, 1975, S. 307; *Kirchhof,* Das Verbraucherinsolvenzverfahren aus Gläubigersicht, ZInsO 1999, 54 ff.; *ders.,* Von Denkmälern und Dauerbaustellen, ZInsO 2008, 395; *Kohte,* Schuldenbereinigungsverfahren – ein untauglicher Versuch, ZIP 1994, 184; *Landfermann,* Zur Gestaltung und Formulierung der Insolvenzordnung, FS W. Henckel, 1995, 515; *Landfermann,* Das neue Unternehmenssanierungsgesetz (ESUG), WM 2012, 821 ff., 869 ff.; *Lissner,* Die Reform des Verbraucherinsolvenzrechts, ZVI 2012, 93; *Lohkemper,* Die Bedeutung des neuen Insolvenzrechts für das Arbeitsrecht, KTS 1996, 1; *G. Pape,* Muß es eine Restschuldbefreiung im Insolvenzverfahren geben?, ZRP 1993, 285; *ders.,* Zur Regelung der Insolvenz privater Verbraucher nach der Insolvenzordnung (InsO), Rpfleger 1995, 133; *ders.,* Keine Prozeßkostenhilfe für den Gesamtvollstreckungsschuldner zwecks Restschuldbefreiung?, ZIP 1997, 190; *ders.,* Die Gläubigerautonomie in der Insolvenzordnung, ZInsO 1999, 305; *ders.,* Aufhebung von Beschlüssen der Gläubigerversammlung und Beurteilung des gemeinsamen Interesses nach § 78 InsO, ZInsO 2000, 469; *ders.,* Gläubigerbeteiligung im Insolvenzverfahren, 2000; *Pape/Haarmeyer,* Von der legislativen zur judikativen Rechtssetzung? Ein Beitrag zur Prozeßkostenhilfe im Verbraucherinsolvenzverfahren, ZInsO 1999, 135; *Pawlowski,* Zur Auslegung der Insolvenzordnung, DZWIR 2001, 45; *Prütting,* Restschuldbefreiung, ZIP 1992, 883; *ders.,* Allgemeine Verfahrensgrundsätze der Insolvenzordnung, in: Kölner Schrift zur Insolvenzordnung, 3. Aufl. 2009, 1 ff.; *Rattunde,* Sanierung durch Insolvenz, ZIP 2003, 2103; *Rittweger,* Konkursausfallgeld und Arbeitsrecht, NZA 199?, 858; *Schmidt-Räntsch,* Das neue Verbraucherinsolvenzverfahren, MDR 1994, 321; *K. Schmidt,* Möglichkeiten der Sanierung von Unternehmen durch Maßnahmen im Unternehmens-, Arbeits-, Sozial- und Insolvenzrecht, Gutachten D zum 54. DJT 1982; *ders.,* Wege zum Insolvenzrecht der Unternehmen, 1990; *ders.,* Unterbrechung und Fortsetzung von Prozessen im Konkurs einer Handelsgesellschaft – Fragen und Thesen zu §§ 240 ZPO, 10 f. KO (§§ 96 ff. InsO), KTS 1994, 309; *ders.,* Insolvenzordnung und Unternehmensrecht – Was bringt die Reform?, in: Kölner Schrift zur Insolvenzordnung, 2. Aufl. 2000, 1199; *Smid,* Erfahrungen mit der Verbraucherinsolvenz nach der Gesamtvollstreckungsordnung der neuen Bundesländer, DtZ 1993, 98; *ders.,* Zum „Obstruktionsverbot" – § 245, InVo 1996, 314; *ders.,* Die Aufgaben des neuen Insolvenzverfahrens, DZWiR 1997, 309; *Smid/Nellesen,* Acht Thesen zum Verhältnis der Aufgaben von Insolvenzgericht und Insolvenzverwalter zu den verfahrensrechtlichen Befugnissen des Schuldners im neuen Insolvenzverfahren, InVo 1998, 113; *Spickhoff,* Insolvenzzweckwidrige Rechtshandlungen des

§ 1 Erster Teil. Allgemeine Vorschriften

Insolvenzverwalters, KTS 2000, 15; *Spieker,* Die Unternehmensveräußerung in der Insolvenz Diss. Bonn 2001; *Stephan,* Stellungnahme zum Referentenentwurf eines Gesetzes zur Verkürzung des Restschuldbefreiungsverfahrens, zur Stärkung der Gläubigerrechte und zur Insolvenzfestigkeit von Lizenzen, ZVI 2012, 85; *Stürner,* Prinzipien der Einzelvollstreckung, ZZP 99 (1986), 291; *ders.,* Einfachheit und Funktionsfähigkeit des einheitlichen Insolvenzverfahrens, in: *Kübler,* Neuordnung des Insolvenzrechts, 1989, 41; *J. Uhlenbruck,* Die Rechtsfolgen der Abweisung oder Einstellung mangels Masse für die Gesellschaft mit beschränkter Haftung, in: Kölner Schrift zur Insolvenzordnung, 2. Aufl. 2000, 1187; *Uhlenbruck,* Zum Regierungs-Entwurf einer Insolvenzordnung und dem Entwurf eines Einführungsgesetzes, KTS 1992, 499; *ders.,* Das neue Insolvenzrecht, 1994; *ders.,* Gesellschaftsrechtliche Aspekte des neuen Insolvenzrechts, in: Kölner Schrift zur Insolvenzordnung, 2. Aufl. 2000, 1157; *ders.,* Mitwirkung und Mitarbeit des Schuldners und seiner organschaftlichen Vertreter im künftigen Insolvenzverfahren, InVo 1997, 225; *ders.,* Mit der Insolvenzordnung 1999 in das neue Jahrtausend, NZI 1998, 1; *ders.,* Kompetenzverteilung und Entscheidungsbefugnisse im neuen Insolvenzverfahren, WM 1999, 1191; *Warrikoff,* Die Stellung der Arbeitnehmer nach der neuen Insolvenzordnung, BB 1994, 2338; *ders.,* Die Möglichkeiten zum Unternehmenserhalt nach dem neuen Insolvenzrecht, KTS 1996, 489; *ders.,* Auskunfts- und Mitwirkungspflichten des Schuldners und seiner organschaftlichen Vertreter im Insolvenzverfahren, NZI 2002, 401; *Wellensiek,* Übertragende Sanierung, NZI 2002, 233; *Wenzel,* Interlokaler Restschuldtourismus, MDR 1992, 1023; *Zipperer,* Das Insolvenzverfahrensrecht – Disziplin oder Disziplinlosigkeit?, NZI 2012, 385; *Zwanziger,* Das Arbeitsrecht der Insolvenzordnung 2. Aufl.

Übersicht

	Rn.
A. Einleitung	1–5
B. Normzweck	6, 7
C. Notwendigkeit eines Insolvenzverfahrens	8
D. Einheitlichkeit des Insolvenzverfahrens	9–19
I. Zusammenfassung von Konkursordnung und Vergleichsordnung	9–18
II. Herstellung der innerdeutschen Rechtseinheit	19
E. Ziele des Insolvenzverfahrens	20–134
I. Bestmögliche Befriedigung der Gläubiger	20–50
1. Maßnahmen gegen die Massearmut	21–42
a) Ermöglichung einer frühzeitigen Eröffnung des Verfahrens	22–27
b) Maßnahmen zur Maximierung der Verteilungsmasse	28–42
2. Marktkonformität der Insolvenzabwicklung	43–50
a) Ausrichtung des Verfahrens an den Vermögensinteressen der Gläubiger	44
b) Gleichrang von Liquidation, übertragender Sanierung und Schuldnersanierung	45
c) Flexible Insolvenzabwicklung durch Deregulierung	46
d) Vollabwicklung des Schuldnervermögens	47
e) Verzicht auf Zwangseingriffe in Vermögensrechte	48, 49
f) Einbindung dinglich gesicherter Gläubiger	50
II. Gemeinschaftliche Befriedigung der Gläubiger	51–84
1. Stärkung der Gläubigerautonomie	53–68
a) Mitsprache über die Art der Masseverwertung	54–60
b) Mitbestimmung über den Insolvenzplan	61–67
c) Einflussnahme auf den Gang des Verfahrens	68
2. Gemeinschaftliche Haftungsverwirklichung nach dem Vermögenswert der Gläubigerrechte	69, 70
3. Keine Einflussnahme finanziell Unbeteiligter	71
4. Gerechte Verteilung der Insolvenzmasse	72–84
a) Massegläubiger	73–82
b) Insolvenzgläubiger	83, 84
III. Förderung der Sanierung	85–96
1. Förderung der außergerichtlichen Sanierung	86–89
2. Sanierung im Insolvenzverfahren, insbesondere durch übertragende Sanierung	90–95
3. Vereinfachte Kapitalherabsetzung bei Gesellschaften mit beschränkter Haftung	96
IV. Schuldnerschutz	97–134
1. Restschuldbefreiung	100–109
2. Verbraucherinsolvenzverfahren	110–118
3. Eigenverwaltung des Schuldners	119–122
4. Sonstige Verfahrensbeteiligung des Schuldners	123–134
a) Gestaltungsrechte	124, 125
b) Anhörungsrechte	126
c) Teilnahmerechte	127
d) Informationsrechte	128
e) Antragsrechte	129
f) Auskunfts- und Mitwirkungspflichten	130–134

A. Einleitung

Die Fassung der Vorschrift, die in der Konkursordnung kein Vorbild hat, geht auf die Beschluss- 1
empfehlung des Rechtsausschusses zurück. In dessen Begründung[1] heißt es, die Vorschrift sei **redaktionell gestrafft** und dadurch auf ihre wesentlichen Elemente zurückgeführt worden. In Wirklichkeit sind von § 1 RegE nur Abs. 1 und Abs. 2 Satz 2 inhaltlich unverändert geblieben. Außerdem sind die **Ziele des Insolvenzverfahrens anders gewichtet** worden.[2]

§ 1 Abs. 3 Satz 2 RegE sah vor, dass die Beteiligten in einem Insolvenzplan insbesondere sollten 2
bestimmen können, dass der Schuldner sein **Unternehmen fortführt** und die Gläubiger aus den Erträgen des Unternehmens befriedigt werden. Mit der Verweisung auf den Insolvenzplan sollte den Beteiligten ein rechtlicher Rahmen geboten werden, in dem die Verhandlungen über die Fortführung oder Stilllegung eines insolventen Unternehmens nach marktwirtschaftlichen Grundsätzen sollten stattfinden können. Ein eigenständiges Ziel des Insolvenzverfahrens war die Erhaltung von Unternehmen oder von Betrieben aber nicht.[3] Der Rechtsausschuss schlug demgegenüber die schließlich Gesetz gewordene Fassung vor, mit der Abs. 3 Satz 2 in Abs. 1 integriert wird. Damit kommt – wesentlich stärker als noch im Regierungsentwurf – zum Ausdruck, dass die Erhaltung von Unternehmen einen Weg zur Gläubigerbefriedigung darstellt, der gleichwertig ist der Verwertung des Schuldnervermögens und Verteilung des Erlöses[4] (s.u. RdNr. 85).

In § 1 Abs. 2 Satz 1 RegE war vorgesehen, dass die **Interessen des Schuldners und seiner Familie** 3
sowie die Interessen der Arbeitnehmer des Schuldners im Verfahren berücksichtigt werden. Dieser Satz wurde auf Vorschlag des Rechtsausschusses gestrichen. Die Maßnahme bedeutet, soweit der Schuldner und seine Familie betroffen sind, eine Schmälerung ihrer Rechtsposition. Denn gleichzeitig wurde auch der gesicherte Unterhaltsanspruch des Schuldners und seiner Familie, der in § 114 Abs. 1 RegE (jetzt § 100) vorgesehen war, wesentlich eingeschränkt. Ob und in welchem Umfang dem Schuldner und seiner Familie Unterhalt aus der Insolvenzmasse gewährt werden soll, ist nunmehr der Entscheidung der Gläubigerversammlung überlassen. Wegen der Einbeziehung des Neuerwerbs in die Insolvenzmasse werden die Unterhaltsberechtigten außerdem im Hinblick auf den laufenden Unterhalt schlechter gestellt als nach der Konkursordnung. Dieser Nachteil wurde in Kauf genommen.[5]

Die im Regierungsentwurf angeordnete Rücksichtnahme auf die **Interessen der Arbeitnehmer** 4
des Schuldners[6] wird nicht mehr ausdrücklich betont. Sachliches Gewicht ist dem aber nicht beizumessen. Dass das gerichtliche Insolvenzverfahren nicht dazu dient, das Arbeitsplatzinteresse der Arbeitnehmer gegenüber Rentabilitätsgesichtspunkten durchzusetzen, war bereits in der Begründung zum Regierungsentwurf gesagt.[7] Beim Einbau des Insolvenzarbeitsrechts in die Insolvenzordnung hat man allerdings noch stärker darauf geachtet, dass die Abwicklung der Insolvenz nicht durch die bestehenden Arbeitsverhältnisse behindert wird (vgl. zB § 113 Abs. 1 Satz 2).

Die Streitfrage, ob für **juristische Personen und Gesellschaften ohne Rechtspersönlichkeit** das 5
Insolvenzverfahren an die Stelle der gesellschafts- oder organisationsrechtlichen Abwicklung tritt, hat der Gesetzgeber nicht klar beantwortet. In § 1 Abs. 2 Satz 3 RegE war dies vorgesehen. Diese Bestimmung des Entwurfs ist jedoch ersatzlos gestrichen worden. Anderseits heißt es in der Begründung zu Art. 22 RegE EGInsO, es solle bei Gesellschaften vermieden werden, dass sich an die Liquidation im Insolvenzverfahren noch eine gesellschaftsrechtliche Liquidation anschließen müsse; eine Gesellschaft solle im Insolvenzverfahren bis zur Löschungsreife abgewickelt werden.[8] Diese Vorschrift wurde im Gesetzgebungsverfahren nicht beanstandet.[9] Deshalb war es außerordentlich umstritten, ob der Insolvenzverwalter die Aufgaben des gesellschaftsrechtlichen Liquidators wahrnehmen kann.[10] Sowohl der BGH[11] als auch

---

[1] BT-Drucks. 12/7302 S. 155.
[2] Vgl. *Balz*, Kölner Schrift, S. 3, 14 ff. RdNr. 38 ff.
[3] Begr. zu § 1 RegE, BR-Drucks. 12/2443 S. 109.
[4] Begr. des Rechtsausschusses zu § 1, BT-Drucks. 12/7302 S. 155.
[5] Vgl. Begr. des Rechtsausschusses zu § 114, BT-Drucks. 12/7302 S. 167.
[6] Vgl. Begr. zu § 1 RegE, BT-Drucks. 12/2443 S. 108 f.
[7] BT-Drucks. 12/2443 S. 76.
[8] BT-Drucks. 12/3803 S. 70 f.
[9] Vgl. BT-Drucks. 12/7303 S. 109.
[10] Dafür *K. Schmidt*, Gutachten D zum 54. DJT 1982, S. D 45 ff.; *ders.*, Wege zum Insolvenzrecht der Unternehmen S. 99 ff.; *ders.* KTS 1994, 309 ff.; *ders.*, Kölner Schrift, 2. Aufl. S. 1199, 1211 RdNr. 24 ff.; *Bork*, Einführung in das Insolvenzrecht RdNr. 133 ff.; *Uhlenbruck/I. Pape* § 1 RdNr. 11; *Schulz* NJW 1984, 2428; wohl auch *Balz*, Kölner Schrift, 2. Aufl. S. 3, 12 RdNr. 31; dagegen *Häsemeyer*, Insolvenzrecht RdNr. 30.30 und 30.52; *Henckel* ZIP 1991, 133 ff.; *ders.*, FS F. Merz S. 197, 203 ff.; *ders.*, FS Kreft S. 291, 300 ff.; *Kilger*, FS F. Merz S. 253, 270; *Lwowski/Tetzlaff* WM 1999, 2336, 2345 f.; *Nerlich/Römermann/Andres* § 36 RdNr. 48 ff.
[11] BGHZ 148, 252, 258 = NJW 2001, 2966 = NZI 2001, 531; BGHZ 163, 32, 34 = NJW 2005, 2015, 2016 = NZI 2005, 387.

das BVerwG[12] sind jedoch der Auffassung entgegengetreten, die Liquidation der insolventen Gesellschaft sei ein Nebenzweck des Insolvenzverfahrens. Danach kann auch in dem Insolvenzverfahren über das Vermögen einer Gesellschaft der Verwalter einen Massegegenstand freigeben, und es muss bei der Abwicklung der insolventen Gesellschaft nach ihrem jeweiligen Gesellschaftsrecht außerhalb des Insolvenzverfahrens verbleiben. Eine Ausweitung der Pflichten des Insolvenzverwalters unter Einbeziehung einer Vollabwicklung der Gesellschaft des Schuldners wäre systemwidrig.[13] Im Falle einer Eigenverwaltung können weitergehende Möglichkeiten bestehen (vgl. u. RdNr. 119).[14]

B. Normzweck

6 Dass der Gesetzgeber das Gesetz mit einer „Zielbestimmung" des neuen Insolvenzverfahrens einleitet, hat Kritik ausgelöst. Die Geltung des positiv gesetzten Rechts und die Autorität des Gesetzgebers hätten ihre Selbstverständlichkeit weithin eingebüßt; es habe den Anschein, dass sie sich in eine Teleologie von legitimen Absichten einfügen müssten, um auf Akzeptanz hoffen zu können.[15] Diese Kritik erscheint unberechtigt.[16] Nach der das Reformvorhaben begleitenden teilweise ausufernden Diskussion über Sinn und Zweck des Insolvenzverfahrens (das Wort vom „Funktionsverlust" des überkommenen Konkursrechts machte die Runde) lag es nahe, dass der Gesetzgeber seine Auffassung klarstellte. Dies ist aber mit gesetzgeberischer Autorität geschehen.

7 § 1 beschreibt umfassend die Ziele des Insolvenzverfahrens. Es werden Leitlinien für das Insolvenzverfahren aufgezeigt, an denen – soweit nähere Bestimmungen fehlen – Einzelentscheidungen ausgerichtet werden können.[17] Die Verfahrensziele begrenzen die **Rechtsmacht des Insolvenzverwalters**.[18] Dessen Rechtshandlungen sind unwirksam, soweit sie evident insolvenzzweckwidrig sind und sich dem Geschäftspartner auf Grund der Umstände des Einzelfalls ohne weiteres begründete Zweifel an der Vereinbarkeit der Handlungen mit dem Zweck des Insolvenzverfahrens aufdrängen mussten.[19] Darüber hinaus verhindern die Verfahrensziele eine Instrumentalisierung des Insolvenzverfahrens zur Verfolgung anderer Zwecke.[20] **Rechtsmissbräuchlich** ist deshalb auch ein **Insolvenzantrag**, mit dem ein Gläubiger lediglich zusätzlichen Druck auf den Schuldner ausüben will, damit dieser außerhalb eines Insolvenzverfahrens seine Forderung befriedige,[21] oder mit dem der ausschließliche Zweck verfolgt wird, einen Konkurrenten aus dem Wettbewerb zu entfernen.[22] Einem Gläubiger, dem eine Forderung zusteht und der einen Eröffnungsgrund glaubhaft macht, wird das rechtliche Interesse an der Eröffnung des Insolvenzverfahrens regelmäßig aber nicht abgesprochen werden können.[23]

C. Notwendigkeit eines Insolvenzverfahrens

8 Die Insolvenzordnung geht davon aus, dass die Gläubiger autonom über die Form und die Art der Masseverwertung sowie den Gang des Verfahrens entscheiden sollen (s.u. RdNr. 53). Der privatautonomen Abwicklung der Insolvenz werden – einer Tendenz zur Deregulierung folgend – so wenig Schranken wie möglich gesetzt (s.u. RdNr. 46). Deswegen könnte man fragen, weshalb es dann überhaupt eines Insolvenzverfahrens bedarf. Die wirtschaftliche, soziale und – insbesondere bei Großinsolvenzen – politische Bedeutung von Insolvenzen verlangt nach Lösungen, die sich auf die

---

[12] BVerwG NZI 2005, 51, 52 f.
[13] So auch *Rigol* BGH-Report 2005, 1080.
[14] Vgl. *Uhlenbruck,* FS Kirchhof 2003 S. 479, 489 ff.
[15] *Smid* DZWiR 1997, 309 f.
[16] *Smid* anerkennt denn auch selbst, dass § 1 einen unmittelbaren Regelungsgehalt hat, DZWiR 1997, 309, 312.
[17] *Landfermann,* FS Henckel S. 515, 532; HKInsO-*Kirchhof* § 1 RdNr. 2; *Nerlich/Römermann/Becker* § 1 RdNr. 2; vgl. auch auch *Uhlenbruck/I. Pape* § 1 RdNr. 5: An den Verfahrenszielen „hat sich das Handeln der Verfahrensbeteiligten zu orientieren".
[18] Vgl. BGH LM § 6 KO Nr. 3; BGH NJW 1974, 2000, 2002; *Smid* DZWiR 1997, 309, 314; *Jauernig,* FS Weber, 1975, S. 307 f.; *Spickhoff,* KTS 2000, 15 ff.
[19] BGHZ 150, 353, 360 = NJW 2002, 2783 = NZI 2002, 375; BGH NZI 2008, 365 RdNr. 6; NZI 2011, 486 RdNr. 10; HKInsO-*Kirchhof* § 1 RdNr. 2.
[20] *Smid* DZWiR 1997, 309, 312, 313.
[21] BT-Drucks. 12/2443, S. 113; vgl. hierzu OLG Brandenburg ZIP 2002, 139; LG Meiningen ZIP 2000, 1451, 1452; AG Hamburg ZIP 2000, 1019 f.; 2001, 257 = EWiR 2001, 679 *(Huber);* AG Oldenburg NZI 2002, 391; zur Möglichkeit einer Haftung des Gläubigers gem. § 823 Abs. 1 BGB vgl. *Gottwald/Klopp/Kluth,* Insolvenzrechts-Handbuch, 4. Aufl., § 23 RdNr. 46.
[22] BGH NZI 2011, 540 RdNr. 5.
[23] BGH NZI 2006, 588 RdNr. 7; NZI 2011, 540 RdNr. 5.

Autorität des Rechts stützen können. Darauf zu verzichten, würde eine rechtsstaatlich unträgbare Selbsthilfe der Gläubiger bedeuten.[24] Jeder Einzelne könnte das Vermögen des Schuldners durch Einzelzugriff vermindern und den Verbundwert zerschlagen.[25] Dass sich alle freiwillig auf einen Befriedigungs- und Vollstreckungsstopp einlassen, ist nicht zu erwarten. Jedenfalls müssten Ungleichheiten auf Grund wirtschaftlicher Macht und sozialer Unterlegenheit hingenommen werden. Selbst wenn die Gläubiger den Versuch einer autonomen Insolvenzbereinigung unternehmen sollten, würden die unstrukturierten Verhandlungen einer Vielzahl rechtlich unverbundener Beteiligter Zeit und Geld kosten.[26] Beides ist in der Insolvenz knapp.

D. Einheitlichkeit des Insolvenzverfahrens

I. Zusammenfassung von Konkursordnung und Vergleichsordnung

Nach früherem Recht gab es unterschiedliche Verfahren je nach der Zielrichtung, mit der die Insolvenz bewältigt werden sollte. Sollte das Schuldnervermögen vollständig abgewickelt werden, wurde ein Konkursverfahren durchgeführt. War an eine Sanierung des Schuldners gedacht, trat an die Stelle des Konkurs- ein Vergleichsverfahren. Das neue Insolvenzverfahren vereinigt diese verschiedenen Verfahren und deren Zwecke. § 1 Abs. 1 bringt die Einheitlichkeit des neuen Insolvenzverfahrens dadurch zum Ausdruck, dass er die Verfahrensziele der Konkursordnung (§ 3 Abs. 1 KO) und der Vergleichsordnung (§ 1 VerglO) zusammenfasst. Jedes Insolvenzverfahren ist künftig einem einheitlichen, von der angestrebten Verwertungsart unabhängigen Hauptzweck unterworfen: der Verwirklichung der Vermögenshaftung des Schuldners.[27] Dessen Sanierung, die bisher den Zweck des Vergleichsverfahrens bildete, ist nunmehr ein der Liquidation gleichrangiges Mittel der Haftungsverwirklichung.

Die Einheitlichkeit des Verfahrens verhindert nicht, dass es sich in Sonderinsolvenzverfahren „auffächern" kann.[28] Indes führt die Vereinheitlichung des Insolvenzverfahrens dazu, dass die Beteiligten im Einzelfall – entsprechend den von ihnen verfolgten Zielen – das Verfahren gestalten müssen. Sie müssen insbesondere den konkreten Verfahrenszweck aushandeln. Insofern wird dieser „prozeduralisiert".[29] Das Insolvenzrecht entfernt sich damit ein Stück weit von seiner Tradition als Verfahrensrecht und nötigt zur Rezeption unternehmensrechtlicher Gedanken.[30] Die von den Beteiligten vorgenommenen Weichenstellungen haben zur Folge, dass die denkbaren Verfahrensziele praktisch nie gleichmäßig verwirklicht werden. Suchen die Gläubiger eine schnelle Befriedigung, wird die Sanierung des Schuldners oft nicht zu erreichen sein. Liegt den Gläubigern umgekehrt an einer Sanierung des Schuldners oder einer sanierenden Übertragung, werden sie sich manchmal mit einer geringeren Quote – soweit die erwirtschafteten Erträge eben reichen – zufrieden geben müssen.[31] Die Restschuldbefreiung des Schuldners kontrastiert – jedenfalls auf den ersten Blick – ebenfalls mit dem Verfahrensziel der bestmöglichen Gläubigerbefriedigung. Mit Hilfe eines Insolvenzplans, der sich als Instrument zur Sanierung des Schuldners anbietet, kann der Grundsatz der gleichmäßigen Befriedigung der Gläubiger eingeschränkt werden.

Die Insolvenzordnung führt – mit gewissen Einschränkungen (s.u. RdNr. 18) – eine **einheitliche,** von der angestrebten Verwertungsart unabhängige **Verfahrensstruktur** ein. Die Verwirklichung der Vermögenshaftung kann wahlweise durch Liquidation des Schuldnervermögens, durch Sanierung des Schuldners oder durch übertragende Sanierung (bei der das im Wege der Übertragung zu sanierende Unternehmen von dem zu liquidierenden Unternehmensträger getrennt wird) erfolgen. Keine dieser Möglichkeiten hat einen gesetzlichen Vorrang. Anders als nach bisherigem Recht – in dem die Entscheidung über „Konkurs" oder „Vergleich" meist zu einem Zeitpunkt getroffen werden musste, zu dem die Sanierungschancen noch nicht abschließend beurteilt werden konnten – fällt die Entscheidung darüber, welcher der in Frage kommenden Wege die beste Gläubigerbefriedigung verspricht und deshalb beschritten werden soll, nach einem für alle Verwertungsformen gemeinsamen, einheitlichen Verfahrensbeginn erst im Berichtstermin (§§ 29 Abs. 1 Nr. 1, 76

---

[24] *Uhlenbruck*, Das neue Insolvenzrecht S. 40, dort insbes. Fn. 51.
[25] Vgl. *Balz* ZIP 1988, 1438, 1439; *ders.*, Kölner Schrift, 2. Aufl. S. 3, 6 RdNr. 11.
[26] *Balz*, Kölner Schrift, 2. Aufl. S. 3, 6 RdNr. 9.
[27] Begr. des RegE, BT-Drucks. 12/2443 S. 83.
[28] *Smid* DZWiR 1997, 309, 311 beklagt deswegen die „Fragmentierung des früheren einheitlichen Konkursrechts".
[29] *Dorndorf*, FS F. Merz, S. 31, 46 f.
[30] Vgl. *K. Schmidt*, Wege zum Insolvenzrecht der Unternehmen S. 19; *Dorndorf*, aaO S. 47; *Henckel*, FS F. Merz, S. 197, 203.
[31] Zur Polarität der Verfahrenszwecke vgl. auch *Kübler/Stürner*, Neuordnung des Insolvenzrechts S. 41, 42 f.

Abs. 2, 157 Satz 1). Auch dann ist die Entscheidung noch nicht endgültig; sie kann in späteren Terminen geändert werden (§ 157 Satz 3).[32]

12 Es gehörte zu den Ungereimtheiten des alten zweispurigen Insolvenzrechts, dass **Gläubigerbenachteiligungen** lediglich im Konkursverfahren, nicht aber im Vergleichsverfahren durch **Anfechtung** rückgängig gemacht werden konnten. Die Insolvenzordnung hat deshalb das bisherige Recht der Konkursanfechtung zu einem einheitlichen Insolvenzverfahrens ausgebaut. Gläubigerbenachteiligende Handlungen können nunmehr unabhängig davon angefochten werden, ob das Vermögen des Schuldners liquidiert oder ob dieser saniert wird, ob eine Zwangsverwertung durchgeführt oder das Insolvenzverfahren durch einen Plan beendet wird und ob ein Insolvenzverwalter bestellt wird oder dem Schuldner die Eigenverwaltung verbleibt. Allerdings kann die Einheitlichkeit des Anfechtungsrechts neue Probleme aufwerfen (s.u. RdNr. 41).

13 Das **Mitwirkungsrecht** eines Verfahrensbeteiligten – also sein Recht, auf die Wahl des Verfahrensergebnisses Einfluss zu nehmen – ist unabhängig davon, für welche Art der Verwertung und für welche Verwertungsform (Zwangsverwertung oder Plan) man sich entscheidet. Maßgeblich ist allein, welchen Vermögenswert das Recht des jeweiligen Verfahrensbeteiligten hat. Gleiche Rechte werden auch gleich behandelt (s. RdNr. 59, 69).

14 Der Schutz der **Vermögensrechte** der Beteiligten ist ebenfalls einheitlich ausgestaltet, soweit nicht einverständlich in einem Plan anderes vereinbart wird. Der einheitliche Schutz der Vermögensrechte gilt auch für den Schuldner und die an dem schuldnerischen Unternehmen beteiligten Personen. Ihre Stellung ist unabhängig davon, ob das Schuldnervermögen zu Liquidationswerten veräußert oder ob sein Fortführungswert im Rahmen einer Sanierung realisiert wird und ob dies im Wege der Zwangsverwertung oder durch einen Plan geschieht.

15 Die mit dem konkreten Insolvenzfall zusammenhängenden Rechtsverhältnisse werden möglichst gleich mitabgewickelt. Die **gesicherten Gläubiger** werden voll in das Insolvenzverfahren eingebunden. Soweit sie absonderungsberechtigt sind, dürfen sie das Sicherungsgut grundsätzlich nicht mehr selbst verwerten, wenn der Verwalter – wie insbesondere bei der Sicherungsübereignung – es im Besitz hat (§ 166 Abs. 1). Kein Selbstverwertungsrecht haben ferner die Zessionare bei der Sicherungsabtretung (§ 166 Abs. 2). Die Verwertung obliegt vielmehr dem Insolvenzverwalter. Auf diese Weise bleibt der technisch-organisatorische Verbund eines Betriebes erhalten. Der Einbeziehung der gesicherten Gläubiger dient außerdem das Verbot des **Konzernvorbehalts** (§ 449 Abs. 3 BGB) sowie die Einführung der bislang nur im Vergleichsrecht sowie in der Gesamtvollstreckungsordnung geltenden Rückschlagsperre (§ 88): Durch Zwangsvollstreckung in der Krise erlangte Pfändungspfandrechte werden mit der Verfahrenseröffnung ohne Anfechtung unwirksam.

16 In das Verfahren einbezogen werden ferner der **Schuldner** und – teilweise – die **Gesellschafter des Schuldnerunternehmens.** Ansprüche gegen einen persönlich haftenden Gesellschafter kann während der Dauer des Insolvenzverfahrens nur der Insolvenzverwalter geltend machen (§ 93). Denn auch das Vermögen des persönlich haftenden Gesellschafters soll allen Gläubigern und nicht nur dem am schnellsten zugreifenden Gläubiger zugutekommen. Die sich aus der Erfüllung eines Insolvenzplans ergebende Restschuldbefreiung kommt, falls der Schuldner eine Gesellschaft ohne Rechtspersönlichkeit oder eine KGaA ist, auch den persönlich haftenden Gesellschaftern zugute (§ 227 Abs. 2). Wer als Gesellschafter ein eigenkapitalersetzendes Darlehen gegeben hat, gehört nunmehr zu den nachrangigen Insolvenzgläubigern (§ 39 Abs. 1 Nr. 5). Im Insolvenzplanverfahren bleiben die Anteils- oder Mitgliedschaftsrechte der am Schuldner beteiligten Personen grundsätzlich unberührt (§ 217 Satz 2). Seit dem Inkrafttreten des ESUG[33] am 1.3.2012 können die Anteils- oder Mitgliedschaftsrechte der am Schuldner beteiligten Personen jedoch auch in den Plan einbezogen werden (§ 217 Satz 2). Die bis dahin geltende Trennung von Gesellschafts- und Insolvenzrecht - die für eine Sanierung etwa erforderlichen gesellschaftsrechtlichen Beschlüsse waren außerhalb des Insolvenzverfahrens zu fassen[34] – ist dadurch aufgehoben worden, dass es nunmehr möglich ist, gesellschaftsrechtliche Beschlüsse in den Insolvenzplan aufzunehmen und sie damit der Abstimmung über den Plan zu unterstellen. Das gilt auch für die Umwandlung von Forderungen der Gläubiger in Anteilsrechte am Schuldnerunternehmen (debt-equity-swap). Alle gesellschaftsrechtlichen Beschlüsse, die üblicherweise mit diesem Vorgang verbunden sind – die Kapitalherabsetzung in Anpassung an die Verluste, Kapitalerhöhung zur Zuführung neuen Kapitals, Ausschluss des Bezugsrechts der Altgesellschafter, Zulassung der Forderungen als Sacheinlagen – können in den gestaltenden Teil des Insolvenzplans aufgenommen werden (§ 225a Abs. 2) und werden mit der Rechtskraft der Bestäti-

---

[32] Kritisch zu dieser späten Weichenstellung *Henckel* KTS 1989, 477, 487; *ders.,* Kölner Schrift, 2. Aufl. S. 813, 814 RdNr. 2; *Leipold/Gerhardt,* Insolvenzrecht im Umbruch S. 1, 6.
[33] Gesetz zur weiteren Erleichterung der Sanierung von Unternehmen vom 7.12.2011, BGBl. I S. 2582.
[34] Vgl. zum Ganzen *Uhlenbruck,* Kölner Schrift, 2. Aufl. S. 1157, 1174 RdNr. 25.

gung des Plans wirksam.³⁵ Im Plan kann jede Regelung getroffen werden, die gesellschaftsrechtlich zulässig ist (§ 225a Abs. 3). Macht der Plan von einer dieser Möglichkeiten Gebrauch, stimmen die Anteilseigner in einer oder mehreren Gruppen mit über die vorgesehenen Maßnahmen ab (§ 222 Abs. 1 Nr. 4). Beschränkt sich der Plan darauf, die Rechte der Gläubiger und des Schuldners zu regeln, haben die Anteilsgegner dagegen kein Stimmrecht; etwa erforderliche gesellschaftsrechtliche Maßnahmen müssen gesondert beschlossen werden.

Am Insolvenzverfahren beteiligt sind daneben auch die Gläubiger, die bisher gemäß § 63 KO mit ihren Forderungen im Konkursverfahren ausgeschlossen waren (§ 39 Abs. 1 Nr. 1 bis 4). **17**

Nur eingeschränkt beibehalten wurde der Grundsatz der Konkursordnung, dass für die **Insolvenz** **18** **der natürlichen** und der **juristischen Personen,** der **Kaufleute** und **Nicht-Kaufleute** dieselben Regeln gelten. Ein Insolvenzverfahren kann zwar über das Vermögen jeder Person eröffnet werden, sei es eine natürliche oder juristische Person, ein nicht rechtsfähiger Verein oder eine Gesellschaft ohne Rechtspersönlichkeit (§§ 11 Abs. 1 und Abs. 2 Nr. 1). Für Arbeitnehmer einschließlich der leitenden Angestellten, Kleingewerbetreibende, nicht geschäftsführende Personengesellschafter und Erwerbslose ist aber das **Verbraucherinsolvenzverfahren** zwingend vorgeschrieben (§§ 305 ff. InsO). Für alle juristischen Personen, alle Gesellschaften ohne Rechtspersönlichkeit und alle nicht nur geringfügig wirtschaftlich selbständig Tätigen, auch Alleingesellschafter, die zugleich Geschäftsführer sind,³⁶ kommen demgegenüber die allgemeinen Vorschriften zur Anwendung. Ein besonderes Insolvenzrecht der Unternehmensträger gibt es nicht. Allerdings können im Insolvenzverfahren andere Abwicklungsmechanismen geboten sein, wenn es einen Unternehmensträger und insbesondere eine Gesellschaft trifft, als wenn es gegen eine nicht unternehmerisch tätige Person geführt wird. Geht es um der Haftungsverwirklichung aus einem Unternehmen, ist das Insolvenzrecht zugleich Vollstreckungsrecht (vgl. aber vor §§ 2–10 RdNr. 3 ff.) und Unternehmensrecht.³⁷ Mittlerweile wird vorgeschlagen, eher zwischen dem Privat- und dem Unternehmensinsolvenzrecht zu unterscheiden und das **Privatinsolvenzrecht** als das Insolvenzrecht natürlicher Personen als eigenständigen Verfahrenstyp anzuerkennen.³⁸

II. Herstellung der innerdeutschen Rechtseinheit

Die Vereinheitlichung des Insolvenzverfahrens hat das durch die deutsche Wiedervereinigung **19** entstandene **Nebeneinander von Ost- und Westrecht** beseitigt. Die Insolvenzordnung hat das Insolvenzrecht der „alten Bundesländer" (hauptsächlich die Konkursordnung und die Vergleichsordnung) wie auch die in den „neuen Bundesländern" geltende Gesamtvollstreckungsordnung (GesO) vom 6. Juni 1990 in der Fassung des Einigungsvertrages vom 31. August 1990 (Art. 2 Nr. 1, 4, 7 EGInsO) ersetzt. Bundeseinheitlich gelten seitdem dieselben Vorschriften.³⁹

E. Ziele des Insolvenzverfahrens

I. Bestmögliche Befriedigung der Gläubiger

Das neue einheitliche Verfahren hat zum **Hauptziel** die bestmögliche Befriedigung der Gläubiger **20** (zu möglicherweise zu beachtenden **Nebenzielen** vgl. RdNr. 85, 97).⁴⁰ Dieses Ziel ist in erster Linie maßgeblich für die Entscheidungen, die innerhalb des Verfahrens zu treffen sind. Das Insolvenzrecht dient der Verwirklichung der Vermögenshaftung in Fällen, in denen der Schuldner zur vollen Befriedigung seiner Gläubiger nicht mehr in der Lage ist. Insofern ergänzt es das Recht der Einzelvollstreckung, das im achten Buch der Zivilprozessordnung geregelt ist. Um eine für die Gläubiger möglichst vorteilhafte Vermögenshaftung des Schuldners zu gewährleisten, ist in der Insolvenzordnung insbesondere folgendes vorgesehen:

1. Maßnahmen gegen die Massearmut. Unter der Geltung der Konkursordnung wurde ein **21** großer Teil der Verfahren mangels Masse gar nicht erst eröffnet oder später wieder eingestellt. Das

---

³⁵ Vgl. *Landfermann* WM 2012, 821, 827 f.
³⁶ BGH NZI 2005, 676.
³⁷ *Henckel,* FS F. Merz S. 197, 203.
³⁸ *Ahrens* ZZP 122 (2009), 133.
³⁹ Zu den Bemühungen um Rechtsvereinheitlichung auf europäischer Ebene vgl. *Lüer,* Deutsches Internationales Insolvenzrecht nach der neuen Insolvenzordnung, in: Kölner Schrift, 2. Aufl. S. 297, 299 RdNr. 4.
⁴⁰ BVerfG NZI 2006, 453, 454; BGHZ 163, 32, 35 = NJW 2005, 2015, 2016 = NZI 2005, 387; BGHZ 167, 363 RdNr. 17 = NZI 2006, 457; *Jaeger/Henckel* § 1 RdNr. 3; HKInsO-*Kirchhof* § 1 RdNr. 3; *Rattunde* ZIP 2003, 2103, 2104.

führte zur weitgehenden Funktionslosigkeit des Konkursverfahrens und zu schweren Missständen im Wirtschaftsleben. Die Insolvenzordnung sieht eine Reihe von Maßnahmen vor, mit denen erreicht werden soll, dass die Verfahren häufiger und frühzeitiger eröffnet werden als bisher und dass sie zu einer größeren Verteilungsmasse führen.

22   **a) Ermöglichung einer frühzeitigen Eröffnung des Verfahrens. aa) Einführung des neuen Eröffnungsgrunds der drohenden Zahlungsunfähigkeit (§ 18).** Dieser neue Eröffnungsgrund ist geschaffen worden, um das Verfahren möglichst früh eröffnen zu können. Der Schuldner droht zahlungsunfähig zu werden, wenn er voraussichtlich nicht in der Lage sein wird, die bestehenden Zahlungspflichten im Zeitpunkt der Fälligkeit zu erfüllen. Ist ein Unternehmen – wie häufig – durch Missmanagement und „Verlustproduktion" in eine Schieflage geraten, ist es umso besser, je früher dem ein Ende bereitet wird. Der Eröffnungsgrund der drohenden Zahlungsunfähigkeit schafft die Möglichkeit, bei einer sich deutlich abzeichnenden Insolvenz bereits vor ihrem Eintritt verfahrensrechtliche Gegenmaßnahmen einzuleiten.[41] Die Aussichten, ein Unternehmen und seine Arbeitsplätze zu erhalten, können durch ein frühzeitig eröffnetes Insolvenzverfahren wesentlich gefördert werden. Ist die Insolvenz letztlich unvermeidlich, kann dennoch verhindert werden, dass der Schuldner die Masse vollends verwirtschaftet, ehe der Antrag gestellt wird. Allerdings kann der neue Eröffnungsgrund der drohenden Zahlungsunfähigkeit nur herangezogen werden, wenn der Schuldner selbst den Insolvenzantrag stellt. Nach den bisherigen Erfahrungen wird davon wenig Gebrauch gemacht.

23   **bb) Verfahrenseröffnung bei Kostendeckung.** Gemäß § 26 Abs. 1 Satz 1 müssen, damit das Verfahren eröffnet werden kann, **nur noch die Verfahrenskosten gedeckt** sein. Dies sind die Gerichtskosten für das Insolvenzverfahren sowie die Vergütungen und Auslagen des vorläufigen Insolvenzverwalters, des Insolvenzverwalters und der Mitglieder des Gläubigerausschusses (§ 54).[42] Wegen des früher bestehenden Vorrechts der auf Handlungen oder Entscheidungen des Konkursverwalters beruhenden Ansprüche nach §§ 60 Abs. 1 Nr. 1, 59 Abs. 1 Nr. 1 und 2 KO hatten die Konkursgerichte häufig Massekostenvorschüsse eingefordert, die nicht nur die Massekosten im Sinne von § 58 Nr. 1 und 2 KO deckten, sondern auch die vorgehenden Masseschulden. Die Insolvenzordnung kennt keine den Verfahrenskosten vorgehenden sonstigen Masseverbindlichkeiten mehr (vgl. §§ 53 ff., 209).

24   **cc) Verbilligung des Verfahrens.** Damit weniger Masse zur Deckung der Verfahrenskosten benötigt wird, soll das Verfahren billiger werden. Erreicht werden sollte dies durch die Neuordnung der Vergütung der beteiligten Organe (vgl. §§ 65, 73 Abs. 2, 274 Abs. 1; Insolvenzrechtliche Vergütungsverordnung des Bundesministers der Justiz – InsVV – vom 19. August 1998,[43] zuletzt geändert durch Art. 2 des SanG vom 7.12.2011[44]). Außerdem sollte die Einführung des vereinfachten Verbraucherinsolvenzverfahrens (§§ 304 ff. InsO) zur Kostendämpfung beitragen. Gemäß § 310 haben die Gläubiger gegen den Schuldner keinen Anspruch auf Erstattung der Kosten, die ihnen im Zusammenhang mit dem Schuldenbereinigungsplan entstehen. Eine Verbilligung des Verfahrens versprach sich der Gesetzgeber schließlich von der Einführung der Eigenverwaltung durch den Schuldner unter der Aufsicht eines Sachwalters (§§ 270 ff. InsO; vgl. insbesondere § 282 Abs. 1 Satz 2 und 3).

25   Die bisherigen Erfahrungen mit der Insolvenzordnung sind insofern ernüchternd. Die Vergütungspraxis zeigte teilweise schlimme Auswüchse, die der BGH und der Verordnungsgeber inzwischen zurückzuschneiden versucht haben. Das aufwändige Verbraucherinsolvenzverfahren führt, seit es – erwartungsgemäß – massenhaft in Anspruch genommen wird, zu einer starken Belastung der öffentlichen Haushalte.

25a   Auch bei manchen Änderungen der Insolvenzordnung hatte der Gesetzgeber – was die Kostenfolgen angeht – keine glückliche Hand. Das durch das **InsOÄndG 2001** eingeführte Stundungsverfahren (§§ 4a bis 4 d) hat zu einer Kostenexplosion geführt. Nicht zuletzt aus Ersparnisgründen hat der Gesetzgeber die InsO mehrfach geändert, so bei den Zustellungen (§ 8) und öffentlichen Bekanntmachungen (§ 9). Die Zustellungen können dem Insolvenzverwalter übertragen werden (der sie jedoch auch nicht kostenlos erledigt), und die öffentlichen Bekanntmachungen erfolgen inzwischen kostensparend über das Internet.

26   **dd) Anreize für den Schuldner zur frühzeitigen Stellung des Antrags.** Natürliche Personen verlieren die Aussicht auf eine Restschuldbefreiung (§§ 286 ff. InsO), wenn sie ohne Aussicht auf eine Besserung ihrer wirtschaftlichen Lage die Eröffnung des Insolvenzverfahrens verzögern

---

[41] Begr. zu § 22 RegE, BT-Drucks. 12/2443 S. 114; vgl. dazu auch *Uhlenbruck* NZI 1999, 1, 5.
[42] *Uhlenbruck* NZI 1999, 1, 5 weist mit Recht auf praktische Schwierigkeiten der Wertberechnung hin.
[43] BGBl. I S. 2205.
[44] Gesetz zur weiteren Erleichterung der Sanierung von Unternehmen, BGBl. I S. 2582, 2588.

(§ 290 Abs. 1 Nr. 4). Bei Gesellschaften soll durch die Regelung des § 26 Abs. 3 Druck auf die zur Antragstellung verpflichteten Organmitglieder ausgeübt werden: Sie schulden, wenn sie entgegen den Vorschriften des Gesellschaftsrechts den Antrag auf Eröffnung des Insolvenzverfahrens pflichtwidrig und schuldhaft nicht gestellt haben, einem Gläubiger, der die Verfahrenskosten vorgeschossen und damit die Eröffnung des Verfahrens ermöglicht hat, Erstattung des vorgeschossenen Betrages. Zur Leistung eines Verfahrenskostenvorschusses (§ 26 Abs. 1 Satz 2) ist seit dem Inkrafttreten des ESUG[45] am 1.3.2012 jede Person verpflichtet, die entgegen den Vorschriften des Insolvenz- oder Gesellschaftsrechts (vgl. vor allem § 15a) pflichtwidrig und schuldhaft keinen Antrag auf Eröffnung des Insolvenzverfahrens gestellt hat.

Schon bei drohender Zahlungsunfähigkeit den Antrag zu stellen, ist für den Schuldner insbesondere deswegen interessant, weil er, wenn er von dinglich gesicherten Gläubigern bedrängt wird, sich auf diese Weise eine „Atempause" verschaffen kann: Der Verkäufer, der Ware unter Eigentumsvorbehalt an den Schuldner geliefert hat, kann die Ware nicht vor dem Berichtstermin von dem Insolvenzverwalter herausverlangen (vgl. § 107 Abs. 2); durch den neuen § 30d ZVG wird die Einstellung der Zwangsversteigerung erleichtert; im Übrigen kann der Schuldner beizeiten die Weichen für eine Betriebsfortführung und Sanierung stellen. Besondere Bedeutung kommt dem Eröffnungsgrund der drohenden Zahlungsunfähigkeit im Recht der **Eigenverwaltung** zu (§§ 270 ff). Hat der Schuldner den Eröffnungsantrag bei drohender Zahlungsunfähigkeit gestellt und die Eigenverwaltung beantragt, sieht das Gericht jedoch die Voraussetzungen der Eigenverwaltung nicht als gegeben an, so hat es seine Bedenken dem Schuldner mitzuteilen und ihm Gelegenheit zu geben, den Eröffnungsantrag zurückzunehmen (§ 270a Abs. 2). Bestehen keine Bedenken und strebt der Schuldner eine Sanierung an, die nach der vorzulegenden Bescheinigung eines Steuerberaters, Wirtschaftsprüfers oder Rechtsanwalts oder einer Person mit vergleichbarer Qualifikation nicht offensichtlich aussichtslos ist, so bestimmt das Insolvenzgericht auf Antrag des Schuldners eine Frist zur Vorlage eines Insolvenzplans (§ 270b; sog. **Schutzschirmverfahren**).

b) Maßnahmen zur Maximierung der Verteilungsmasse. Es soll erreicht werden, dass das einmal eröffnete Verfahren nicht wegen Massearmut eingestellt werden muss und dass eine möglichst große Masse verteilt werden kann. Dazu sollen, neben den unter a) aufgeführten Maßnahmen, zahlreiche weitere Neuerungen beitragen. Sie bezwecken teilweise eine Mehrung der Aktivmasse, teilweise eine Reduzierung der Masseverbindlichkeiten.

aa) Einbeziehung des Neuerwerbs. Zur Masseanreicherung wird der **Neuerwerb** des Schuldners während des Insolvenzverfahrens **zur Masse gezogen** (§ 35). Dies betrifft vor allem die Einkünfte, die eine natürliche Person aus einer beruflichen Tätigkeit nach der Verfahrenseröffnung bezieht. Aber auch Erbschaften und Schenkungen, die dem Schuldner während des Verfahrens zufallen, werden erfasst. Die Neuregelung benachteiligt die Neugläubiger. Einerseits gehen ihre Leistungen in der Insolvenzmasse auf; diese steht ihnen andererseits als haftende Masse nicht zur Verfügung, weil die Neugläubiger nicht am Insolvenzverfahren teilnehmen (§ 38).[46]

Neuerwerb ist auch das **künftige Arbeitseinkommen** des Schuldners. Die Einbeziehung des künftigen Arbeitslohns in die Masse hat der Gesetzgeber mit der Erwägung gerechtfertigt, die daraus resultierende Benachteiligung der Neugläubiger wiege nicht schwer, weil der künftige Arbeitslohn wegen vorrangiger Sicherungsabtretungen oder Pfändungen zugunsten der Altgläubiger den Neugläubigern ohnehin nicht zur Verfügung gestanden hätte.[47] Dem dürfte ein Missverständnis zu Grunde liegen. Die Sicherungsabtretung oder Verpfändung des künftigen Arbeitslohns ist der Masse gegenüber unwirksam (§ 91; vgl. Vorbemerkungen vor §§ 49 bis 52 RdNr. 24a). Dieses Missverständnis schlägt auch auf § 114 Abs. 1 durch. Danach verlieren Lohnabtretungen oder -verpfändungen nach Ablauf von drei Jahren nach Eröffnung des Verfahrens ihre Wirkung. Mit dieser Bestimmung wollte der Gesetzgeber erreichen, dass die Einbeziehung des künftigen Arbeitslohns in die Insolvenzmasse nicht leerläuft. Einerseits sollte die Masse angereichert und zugleich – zur Erleichterung der Restschuldbefreiung – dafür Sorge getragen werden, dass die laufenden Bezüge des Schuldners nach Beendigung des Verfahrens den Insolvenzgläubigern zur Verfügung stehen. Andererseits sollten die vertraglichen Sicherheiten an den laufenden Bezügen nicht über Gebühr entwertet werden. § 114 war also – ungeachtet ihres Kompromisscharakters – als eine Vorschrift zum Schutz der Masse gedacht.[48] Tatsächlich schränkt sie die masseschützende Wirkung des § 91 ein.[49]

---

[45] Gesetz zur weiteren Erleichterung der Sanierung von Unternehmen vom 7.12.2011, BGBl. I, 2582.
[46] Kritisch deshalb *Häsemeyer*, Insolvenzrecht RdNr. 9.2.
[47] Begr. zu § 42 RegE, BT-Drucks. 12/2443 S. 122.
[48] Begr. zu § 132 RegE, BT-Drucks. 12/2443 S. 150 f.
[49] Vgl. BGHZ 167, 363 RdNr. 9 ff. = NZI 2006, 457; BGH NJW 2007, 81 = NZI 2007, 39 vgl. auch BT-Drucks. 14/5680, S. 17.

30 **bb) Einbeziehung von Forderungen aus Dauerschuldverhältnissen.** Ergänzend ist angeordnet, dass die Abtretung, Verpfändung oder Pfändung von Miet- und Pachtzinsforderungen des Schuldners nur wirksam ist, soweit sie sich auf den zurzeit der Eröffnung des Verfahrens laufenden Kalendermonat – allenfalls noch auf den darauf folgenden – beziehen (§ 110 Abs. 1 und 2). Weitergehende Wirkungen hat auch eine Aufrechnung nicht (§ 110 Abs. 3).

31 **cc) Einbeziehung der gesicherten Gläubiger in das einheitliche Insolvenzverfahren.** Die **absonderungsberechtigten Gläubiger,** die aus dem Sicherungsgegenstand volle Befriedigung erwarten konnten, hatten bei einer Fortführung des Schuldner-Unternehmens nichts zu gewinnen. Sie liefen allenfalls Gefahr, dass das Sicherungsgut an Wert verliert oder sogar untergeht. Im Allgemeinen waren die Absonderungsberechtigten deshalb auf einen sofortigen Zugriff aus. Das hatte oft zur Folge, dass dem Unternehmen ein wesentlicher Teil seiner Betriebsmittel entzogen und damit die Fortführung unmöglich wurde. Nunmehr dürfen die Absonderungsberechtigten den Sicherungsgegenstand grundsätzlich nicht mehr **selbst verwerten.** Dies galt unter der Geltung der KO nur dann, wenn Sicherungsgegenstand ein Recht war.[50] Insofern ändert sich nichts (vgl. § 166 Abs. 2). Nunmehr ist das Verwertungsrecht des Verwalters auch auf bewegliche Sachen erstreckt worden, die er in seinem Besitz hat (§ 166 Abs. 1). Das ist regelmäßig zum Beispiel bei der Sicherungsübereignung (nicht bei der Verpfändung) der Fall. Da das Betriebsinventar meist sicherungsübereignet ist, führte das Selbstverwertungsrecht des Sicherungseigentümers zu einer Zerschlagung wirtschaftlicher Einheiten und zu einer Schmälerung der Erlösaussichten. Ohne das Inventar war der Betrieb oft nicht sinnvoll zu verwerten. Indem die Sicherungsgläubiger dem Verwalter die Verwertung überlassen müssen, werden für die Verwertung des Schuldnervermögens im Ganzen günstigere Bedingungen geschaffen. Bewegliche Sachen, die der Insolvenzverwalter selbst verwertet, darf er auch ohne entsprechende Vereinbarung für die Insolvenzmasse **benutzen, verbinden, vermischen und verarbeiten** (§ 172 Abs. 1 und 2). Damit wird dem Bedürfnis Rechnung getragen, ein Unternehmen als wirtschaftliche Einheit fortzuführen.

32 Hinzu kommt, dass der Erlös aus der Verwertung von beweglichen Sachen oder Forderungen, die dem Verwertungsrecht des Insolvenzverwalters unterliegen, vor der Befriedigung des absonderungsberechtigten Gläubigers um einen **Kostenbeitrag für die Feststellung und Verwertung** des Sicherungsgegenstands gekürzt wird (§§ 170, 171). Für die Feststellung werden pauschal 4 % des Verwertungserlöses angesetzt. Als Kosten der Verwertung können – falls diese nicht erheblich niedriger oder erheblich höher liegen – noch einmal pauschal 5 % berechnet werden. Nach § 171 Abs. 2 Satz 3 erhöhen sich die Verwertungskosten um die **Umsatzsteuerbelastung,** die bei der Verwertung von Sicherungsgut entsteht. Früher mussten die Konkursgläubiger die Steuerbelastung tragen (Massekosten i.S.v. § 58 Nr. 2 KO) und den dem Sicherungsnehmer ungeschmälert zufließenden Bruttoerlös mitfinanzieren.[51]

33 Allerdings werden diese Vorteile weitgehend wieder aufgehoben durch eine Ausweitung der Ersatzabsonderung: Sie ist – analog § 48 – nunmehr auch dann möglich, wenn die Gegenleistung schon vor Verfahrenseröffnung erbracht worden, aber in der Masse noch unterscheidbar vorhanden ist.

34 Auch **aussonderungsberechtigte Gläubiger** werden am Insolvenzverfahren in gewisser Weise beteiligt. Zwar erstreckt sich das Verwertungsrecht des Insolvenzverwalters nicht auf Sachen, die im Vorbehaltseigentum Dritter stehen. Nach § 107 Abs. 2 braucht der Insolvenzverwalter jedoch erst nach dem Berichtstermin (§ 156) zu entscheiden, ob er gemäß § 103 die Erfüllung wählt. Unter (einfachem) Eigentumsvorbehalt gekaufte Sachen können folglich nicht sogleich nach der Verfahrenseröffnung abgezogen werden. Das im Besitz des Schuldners befindliche Vermögen wird zunächst zusammengehalten.[52] Im **Eröffnungsverfahren** kann das Insolvenzgericht sogar anordnen, dass im Falle der Eröffnung der Aussonderung unterliegende Gegenstände vom Gläubiger nicht herausverlangt und zur Fortführung des Unternehmens des Schuldners eingesetzt werden dürfen (§ 21 Abs. 2 Satz 1 Nr. 5).

35 Der **Konzernvorbehalt** zugunsten des **Eigentumsvorbehaltsverkäufers** ist durch den neuen § 449 Abs. 3 BGB für unzulässig erklärt worden.[53]

36 Für in anfechtbarer Weise erlangte Aufrechnungslagen ist ein **Aufrechnungsverbot** (§ 96 Abs. 1 Nr. 3) eingeführt worden. Einer Geltendmachung der Insolvenzanfechtung bedarf es in diesem Falle

---

[50] *Kuhn/Uhlenbruck* KO § 127 RdNr. 13a; zur Verwertung unbeweglicher Sachen vgl. *Kuhn/Uhlenbruck* KO § 126 RdNr. 1a.
[51] Vgl. BFH WM 1987, 1181, 1182; ZIP 1993, 1247, 1248.
[52] Dazu und zu den dadurch eröffneten Chancen vgl. *Gottwald/Adolphsen,* Kölner Schrift, 2. Aufl. S. 1043, 1072 RdNr. 113.
[53] Vgl. BT-Drucks. 12/3803 S. 77 f.

nicht. Ist die Aufrechnung schon vor der Verfahrenseröffnung erklärt worden, so wird diese Erklärung mit der Eröffnung insolvenzrechtlich unwirksam.[54] Eine nach der Verfahrenseröffnung erklärte Aufrechnung hat von vornherein keine Wirkung. Außerdem ist die Möglichkeit der **Aufrechnung mit nichtliquiden Forderungen** (§ 54 KO) beseitigt worden (§ 95 Abs. 1 Satz 1), weil sie in systemwidriger Weise die Rechtsstellung dieser Gläubiger zum Nachteil der übrigen verstärkte.

Um eine Anreicherung der Insolvenzmasse zu erzielen, ist die **objektive Rückschlagsperre** 37 übernommen worden (§ 88), die bisher aus §§ 28 Abs. 1, 87, 104 VerglO, § 7 Abs. 3 GesO bekannt war. Eine Sicherung, die ein Insolvenzgläubiger im letzten Monat vor der Antragstellung oder danach an einem zur Masse gehörenden Gegenstand im Wege der Zwangsvollstreckung erlangt hat, wird – ohne Anfechtung – mit der Eröffnung unwirksam. Damit wird für diese Gläubigergruppe, falls es zur Verfahrenseröffnung kommt, der Gleichbehandlungsgrundsatz vorverlagert, und zwar unabhängig von subjektiven Erfordernissen auf Seiten des Vollstreckungsgläubigers.[55]

dd) Verschärfung des Anfechtungsrechts. Der Nachweis der **subjektiven Tatbestands-** 38 **merkmale** ist nunmehr leichter zu führen; teilweise wird ganz darauf verzichtet. Der Kenntnis der Zahlungsunfähigkeit, des Eröffnungsantrags oder der Gläubigerbenachteiligung steht die Kenntnis von Umständen gleich, die zwingend auf die Zahlungsunfähigkeit, den Eröffnungsantrag oder die Benachteiligung schließen lassen (§§ 130 Abs. 2, 131 Abs. 2 Satz 1). Die Kenntnis der tatsächlichen Umstände muss feststehen; für die weitere Frage, ob sich daraus die Zahlungsunfähigkeit, der Eröffnungsantrag oder die Gläubigerbenachteiligung ergibt, reicht eine grob fahrlässige Fehlbewertung. Gegenüber einer Person, die dem Schuldner zurzeit der Handlung nahestand (§ 138), wird vermutet, dass sie die Zahlungsunfähigkeit, den Eröffnungsantrag oder die Gläubigerbenachteiligung kannte (§§ 130 Abs. 3, 131 Abs. 2 Satz 2). Eine Rechtshandlung, die dem Anfechtungsgegner eine inkongruente Deckung verschafft, ist unter Umständen sogar ohne jede subjektive Voraussetzung anfechtbar: nämlich bei Rechtshandlungen innerhalb des letzten Monats vor dem Eröffnungsantrag ohne weiteres, innerhalb der letzten drei Monate bei objektiv bestehender Zahlungsunfähigkeit des Schuldners (§ 131 Abs. 1 Nr. 1 und 2).

Die Konkursanfechtung nach § 30 KO griff nur ein, wenn das betreffende Geschäft nach der 39 Zahlungseinstellung oder dem Eröffnungsantrag oder äußerstenfalls 10 Tage vorher vorgenommen wurde. Diese **kritische Zeit** ist auf bis zu drei Monate vor dem Eröffnungsantrag verlängert worden (§ 130 Abs. 1 Nr. 1).

Die **Anfechtungsfrist** ist von einer Ausschluss- in eine Verjährungsfrist umgestaltet und den 40 Vorschriften des BGB über die regelmäßige Verjährung unterstellt worden (§ 146). Bei Grundstücksgeschäften hat sich die Verlängerung kaum ausgewirkt: Für den Bereich der „neuen Bundesländer" änderte sich praktisch nichts (vgl. §§ 10 Abs. 2 und 3 GesO sowie § 146 aF). Für die „alten Bundesländer" stellte die Rechtsprechung bisher, weil die Anfechtungsfristen der Konkursordnung als zu kurz empfunden wurden, bei der Fristberechnung auf die Vollendung des Rechtserwerbs ab. Bei Grundstücksgeschäften war also der Zeitpunkt der Eintragung maßgeblich; § 878 BGB war nicht anwendbar.[56] Nach § 140 Abs. 2 kommt es jetzt einheitlich meist schon auf den Eingang des Eintragungsantrags beim Grundbuchamt an, ggf. schon auf den Eingang des Antrags auf Eintragung einer Vormerkung. Faktisch wird damit die Fristverlängerung bei Grundstücksgeschäften teilweise wieder zurückgenommen.

Das Anfechtungsrecht ist **einheitlich** und unterscheidet nicht nach den unterschiedlichen Zielen 41 des Insolvenzverfahrens. Dies ist nicht selbstverständlich. Wird das Schuldnervermögen verteilt, kommt der Ertrag der Anfechtung unmittelbar den Gläubigern zugute. Wird das Unternehmen des Schuldners aber saniert und bleibt es ihm erhalten, kommt der Schuldner (neben den Gläubigern) aber wieder in den Genuss aller Vermögensgegenstände, die der Verwalter im Wege der Anfechtung in die Masse zurückgeholt hat. Das ist problematisch, sofern die Gegenstände mit dem Vorsatz der Gläubigerbenachteiligung oder unentgeltlich weggegeben worden waren.[57]

Die Gleichbehandlung der Gläubiger (s.u. RdNr. 52) ist insbesondere durch die Abschaffung 41a der **Konkursvorrechte** erreicht worden. Mit dem **Referentenentwurf Juni 2005** sollten gewisse öffentlich-rechtliche Gläubiger von Einschränkungen des Anfechtungsrechts profitieren. Verankert werden sollte dies in dem **Gesetz zum Pfändungsschutz der Altersvorsorge**. Nach massiven öffentlichen Protesten[58] und der Anhörung von Experten, deren ablehnende Haltung vom Rechts-

---

[54] BGHZ 169, 158 RdNr. 11 = NJW 2007, 78 = NZI 2007, 31.
[55] *Gerhardt*, Kölner Schrift, 2. Aufl. S. 193, 217 RdNr. 49.
[56] Vgl. *Ganter* DNotZ 1995, 517 ff.
[57] *Henckel*, Kölner Schrift, 2. Aufl. S. 813, 816 RdNr. 6.
[58] Vgl. die „Hamburger Thesen" v. 8./9.8.2005, ZInsO 2005, 982, 983.

ausschuss des deutschen Bundestages aufgenommen wurde,[59] ist das Gesetz am 26.1.2007 ohne Änderung der insolvenzanfechtungsrechtlichen Vorschriften verabschiedet worden.[60]

42 **ee) Verhinderung einer Betriebsveräußerung unter Wert.** Gemäß § 162 ist die Veräußerung eines Unternehmens oder Betriebs an „Insider" nur mit Zustimmung der Gläubigerversammlung zulässig, weil hier die Vermutung naheliegt, dass der bei der Veräußerung erzielte Preis nicht dem Marktpreis entspricht.[61] Die Zustimmung der Gläubigerversammlung zu der Veräußerung ist ferner dann erforderlich (§ 163 Abs. 1), wenn zwar keine „Insider" als Erwerber auftreten oder am Erwerber beteiligt sind, wenn aber aus anderen Gründen anzunehmen ist, dass die Veräußerung des Unternehmens oder des Betriebs an einen sonstigen Interessenten für die Insolvenzmasse günstiger wäre. Die Möglichkeit des Schuldners oder einer Mehrzahl von Gläubigern (§ 75 Abs. 1 Nr. 3), ein besseres Angebot nachzuweisen oder selbst abzugeben, dient der Erzielung eines marktgerechten Preises[62] (s.u. RdNr. 87).

43 **2. Marktkonformität der Insolvenzabwicklung.** Die Insolvenzordnung begreift die Insolvenz nicht nur und nicht einmal in erster Linie als einen bereits eingetretenen Sozialkonflikt, der durch eine gerechte, justizförmige Lastenverteilung zu bewältigen ist. Nach der Vorstellung des Gesetzgebers hat, wenn es zur Insolvenz kommt, nicht der Markt versagt, sondern der Schuldner. Die Insolvenz ist deshalb kein Anlass, die Marktmechanismen durch hoheitliche Wirtschaftsregulierung zu verdrängen. Hauptsächlich geht es darum, wie der am Markt versagende Schuldner aus dem Markt genommen oder die finanziellen Verhältnisse des Schuldners marktgerecht umgestaltet werden. Demgemäß hat der Gesetzgeber das Insolvenzrecht so angelegt, dass die Gesetze des Marktes die Insolvenzabwicklung steuern.[63] Der Wettbewerb zwischen gesunden und insolventen Unternehmen darf nicht zugunsten letzterer verzerrt werden. Das öffentliche Interesse an der Erhaltung insolventer Unternehmen oder an der Kontinuität ihrer Unternehmensträger darf nicht gegen die Marktgesetze durchgesetzt werden. Die Verwertungsentscheidungen sollen denselben Gesetzen gehorchen, die bei jeder anderen privatwirtschaftlichen Investitions- oder Desinvestitionsentscheidung zugrunde gelegt werden. Der Gesetzgeber vertraut darauf, dass solche marktwirtschaftlich rationalen Erwägungen auch bei der Bewältigung einer Insolvenz die für den Einzelfall angemessensten und zugleich im gesamtwirtschaftlichen Interesse liegende Ergebnisse herbeiführen. Es ist deshalb darauf geachtet worden, die Entscheidungsstruktur im gerichtlichen Insolvenzverfahren marktkonform auszugestalten.

44 **a) Ausrichtung des Verfahrens an den Vermögensinteressen der Gläubiger.** Ein marktkonformes Verfahren, das die bestmögliche Verwertung des Schuldnervermögens zum Ziel hat, ist an den Vermögensinteressen der Gläubiger auszurichten. Finanziell Unbeteiligte dürfen auf das Verfahren keinen Einfluss haben (s.u. RdNr. 71). Gegenstand der Haftung ist das Vermögen des Schuldners. Das Insolvenzverfahren verzichtet darauf, in das **Organisationsrecht der Unternehmen** einzugreifen. Die Gläubiger können zum Beispiel nicht verlangen, dass das Schuldnerunternehmen seine Rechtsform aus dem Kreise der Gesellschaften ändert oder dass sich der persönlich haftende Gesellschafter zur künftigen Haftungsübernahme bereitfindet.[64] Das Insolvenzgericht kann den (vorläufigen oder endgültigen) Verwalter auch nicht ermächtigen, die Organe des Schuldners von ihren Aufgaben zu entbinden, etwa den Geschäftsführer einer juristischen Person abzuberufen.[65] Andererseits schützt die Insolvenzordnung aber nicht den Unternehmensträger vor einer Liquidation oder einer übertragenden Sanierung. Unter marktwirtschaftlichen Gesichtspunkten ist ein Unternehmen dann zu sanieren, wenn seine Fortführung – durch den bisherigen oder einen neuen Rechtsträger – für die Gläubiger vorteilhafter ist als seine Liquidation. Ist der Liquidationswert höher als der Fortführungswert, ist zu liquidieren. Die **Bewertung der verschiedenen Verwertungsalternativen** richtet sich nicht allein danach, welche Zahlungen aus dem Schuldnervermögen an die Gläubiger fließen. Vielmehr sind alle im Einzelfall zu erwartenden positiven und negativen Auswirkungen – wie etwa der Fortbestand oder der Abbruch einer bewährten Geschäftsbeziehung – zu berücksichtigen. Seit dem 1.3.2012 können die Anteils- oder Mitgliedschaftsrechte der am Schuldner beteiligten Personen in einen Insolvenzplan einbezogen werden (§ 217 Satz 2). Insbesondere kann im gestalten-

---

[59] ZVI 2007, 38, 40.
[60] BT-Drucks. 48/07.
[61] Begr. zu § 181 RegE, BT-Drucks. 12/2443 S. 174.
[62] Begr. zu § 182 RegE, BT-Drucks. 12/2443 S. 175.
[63] *Balz*, Kölner Schrift, 2. Aufl., S. 3, 5 RdNr. 6. Über die zwischenzeitlichen Erfahrungen verhält sich zB *Marotzke* ZInsO 2004, 113 ff., 178 ff. Zur ökonomischen Sicht vgl. *Bigus/Eger* ZInsO 2003, 1 ff.
[64] *Balz*, Kölner Schrift, 2. Aufl., S. 3, 8 f. RdNr. 17.
[65] BGH NZI 2007, 231 RdNr. 20 ff.

den Teil des Plans vorgesehen werden, dass Forderungen von Gläubigern in Anteils- oder Mitgliedschaftsrechte am Schuldner umgewandelt werden (**debt-equitiy-swap**, vgl. § 225a Abs. 2).

b) Gleichrang von Liquidation, übertragender Sanierung und Schuldnersanierung. Welche Verwertung des Schuldnervermögens am ertragreichsten ist, lässt sich nur im Einzelfall entscheiden. Wirtschaftspolitisch gibt es nach Ansicht des Gesetzgebers keine Gründe, die Sanierung des Schuldners generell vor der übertragenden Sanierung des Unternehmens zu bevorzugen.[66] Ebensowenig ist die Sanierung – welcher Art auch immer – stets der Zerschlagungsliquidation vorzuziehen.[67] Deshalb werden sämtliche Verwertungsarten den Beteiligten gleichrangig angeboten. Das Verfahren ist ein **neutraler Rechtsrahmen,** in dem die Beteiligten die für sie vorteilhafteste Lösung finden und durchsetzen können.[68] Darüber hinaus fördert die Insolvenzordnung eine Verhandlungslösung auch in solchen Fällen, in denen diese ohne ein gerichtliches Verfahren nicht zustande kommt.[69] Vgl. ferner RdNr. 85 ff.

c) Flexible Insolvenzabwicklung durch Deregulierung. Der Gesetzgeber verzichtet nicht nur auf ein normatives Sanierungsleitbild, sondern auch auf einen gesetzlichen Typenzwang der Verwertungsarten. Fußend auf der Überzeugung, dass privatautonome Entscheidungen ein Höchstmaß an wirtschaftlicher Effizienz verbürgen, legt die Insolvenzordnung die Gesamtvollstreckung auf Selbstbestimmung an und setzt der **privatautonomen Abwicklung** der Insolvenz so wenig Schranken wie möglich. Dies gilt insbesondere für die Verwertungsform des Insolvenzplans. In einem solchen können die Beteiligten von der gesetzlichen Zwangsverwertung in jeder Hinsicht abweichen. Insofern kann man von einer „Deregulierung" des Insolvenzverfahrens sprechen[70] Andererseits wird – nicht ganz zu Unrecht – kritisiert, der Gesetzgeber habe insbesondere im Insolvenzplan- und im Restschuldbefreiungsverfahren „nahezu uferlose Beschwerdemöglichkeiten geschaffen" und eine „Überjustizialisierung" herbeigeführt, weil an die Stelle der Abstimmung von Insolvenzverwalter und Gläubigerausschuss Entscheidungsaufgaben des Insolvenzgerichts getreten seien.[71]

d) Vollabwicklung des Schuldnervermögens. Im Insolvenzverfahren ist das gesamte Aktivvermögen abzuwickeln; ebenso sind alle Finanzbeiträge, also auch diejenigen der nachrangigen Gläubiger und der Eigenkapitalgeber, zu erledigen.[72] Schuldner oder Gesellschafter des Schuldnerunternehmens erhalten nur dann Vermögen aus der Masse zurück, wenn alle Gläubiger befriedigt (auch hinsichtlich der während des Verfahrens aufgelaufenen Zinsen) sind. Der Grundsatz der Vollabwicklung steht einer **Freigabe** nicht entgegen (arge. § 32 Abs. 3).[73] Mit der Regelung in § 207 Abs. 3 Satz 2 wird der Grundsatz der Vollabwicklung nicht durchbrochen,[74] weil dieser nur bei Durchführung des Insolvenzverfahrens gilt, nicht bei dessen vorzeitiger Einstellung. Nicht vollständig beseitigt wurde das Nebeneinander von Insolvenzverfahren und **gesellschaftsrechtlicher Liquidation** (s.o. RdNr. 5).

e) Verzicht auf Zwangseingriffe in Vermögensrechte. Die Insolvenzordnung steht auf dem Standpunkt, dass das Insolvenzverfahren nicht zu Vermögensverschiebungen (Umwertung von Rechten) führen dürfe.[75] Materiellrechtliche Rechtspositionen dürften deshalb nicht angetastet werden. Da es nach Meinung des Gesetzgebers nicht marktkonform wäre, die Quote ungesicherter Gläubiger durch Zwangseingriffe in die Rechte dinglich gesicherter Gläubiger aufzubessern, hat er davon abgesehen, in die Wertsubstanz der besitzlosen Mobiliarsicherheiten einzugreifen, wie es in der Reformdiskussion teilweise vertreten worden war. Ihnen bei der Durchsetzung ihrer Rechte gewisse Rücksichtnahmen abzuverlangen (Verwertungsrecht des Verwalters!) oder ihnen Kostenbeiträge aufzuerlegen, schien dem Gesetzgeber unter marktwirtschaftlichen Gesichtspunkten unbedenklich. Damit marktwidrige Verfahrensergebnisse, insbesondere Wettbewerbsvorteile des insolventen gegenüber gesunden Unternehmen, vermieden werden, muss die den Sicherungsnehmern zeitweilig vorenthaltene Nutzung des Sicherungsguts mit einem marktgerechten Preis bezahlt wer-

---

[66] Zur Forderung nach Ausgewogenheit der Insolvenzverfahrenszwecke vgl. *Stürner* in *Kübler*, Neuordnung des Insolvenzrechts S. 41, 42 ff.
[67] *Jaeger/Henckel* § 1 RdNr. 11; *Uhlenbruck/I. Pape* § 1 RdNr. 7.
[68] Wenn *Rattunde* ZIP 2003, 2103, 2 104 meint, die Strukturen des Insolvenzrechts seien sanierungsfreundlich, bedeutet dies wohl noch keine Präferenz.
[69] Begr. des RegE, BT-Drucks. 12/2443 S. 77.
[70] Vgl. *Henckel* KTS 1989, 477 ff.; *Dorndorf*, FS F. Merz, S. 31, 33; *Balz,* Kölner Schrift, 2. Aufl. S. 3, 5 f. RdNr. 8 ff.
[71] *Uhlenbruck* GmbHR 1993, R IX; *ders.* NZI 1999, 1, 4; *Smid/Nellesen* InVo 1998, 113, 116.
[72] *Balz,* Kölner Schrift, 2. Aufl., S. 3, 12 RdNr. 30 ff.
[73] BGHZ 163, 32, 35 ff. = NJW 2005, 2015 = NZI 2005, 387.
[74] AA *Uhlenbruck,* Kölner Schrift, 2. Aufl. S. 1187, 1194 RdNr. 15.
[75] *Balz,* Kölner Schrift, 2. Aufl. S. 3, 9 ff. RdNr. 22 ff.

den (§ 172 Abs. 1). Die Auferlegung von Kostenbeiträgen ist marktkonform, wenn diese Belastung durch eine ausreichende Bemessung der Sicherheiten aufgefangen werden kann.[76] Das kann zweifelhaft erscheinen, weil die Rechtsprechung lediglich eine 20 %-ige Überdeckung für zulässig gehalten hat.[77] Diese „Marge" beruht jedoch auf Erfahrungen vor Inkrafttreten der Insolvenzordnung. Sie berücksichtigt nicht die durch die §§ 170, 171 geschaffene neue Rechtslage. Die Deckungsgrenze muss deshalb entsprechend erhöht werden können.[78]

49 Die **Restschuldbefreiung** mit den Grundsätzen der Marktkonformität und des Verzichts auf Zwangseingriffe in Vermögensrechte in Einklang zu bringen, fällt schwer.[79] Sie entspricht eher einem sozialen Anliegen. Deshalb darf sie aber nicht als Systembruch angesehen werden. Für die Restschuldbefreiung gibt es auch marktwirtschaftlich plausible Gründe (s.u. RdNr. 101).

50 **f) Einbindung dinglich gesicherter Gläubiger.** Die Einbeziehung dinglich gesicherter Gläubiger (vgl. RdNr. 15, 30 ff., 48) entspricht auch einem Gebot der Marktkonformität. Wenn einzelne Sicherungsnehmer das ihnen haftende Sicherungsgut aus dem technisch-organisatorischen Verbund des Schuldnervermögens lösen, verhindern diese externen Wirkungen des Individualzugriffs **marktgerechte Voraussetzungen für die günstigste Masseverwertung.**

II. Gemeinschaftliche Befriedigung der Gläubiger

51 Die Befriedigung der Gläubiger im Wege des Insolvenzverfahrens soll nicht nur die für sie bestmögliche sein, sondern auch eine gemeinschaftliche Befriedigung darstellen (§ 1 Satz 1). Durch das Element der gemeinschaftlichen Befriedigung unterscheidet sich das Insolvenzverfahren von der Einzelzwangsvollstreckung. Bei dieser greift ein Gläubiger auf einzelne Vermögensgegenstände zu. Haben es mehrere Gläubiger auf denselben Gegenstand abgesehen, vollstreckt jeder für sich. Der Verwertungserlös wird nach dem **Prioritätsprinzip** verteilt, also in der Reihenfolge des Zugriffs (vgl. § 804 Abs. 3 ZPO). Der dadurch bedingte „Wettlauf der Gläubiger" ist rechtsstaatlich nur solange unbedenklich, wie das Schuldnervermögen für alle Gläubiger ausreicht. Ist dies nicht der Fall, wäre es ungerecht, die Forderung des schnellsten Gläubigers voll zu befriedigen, die übrigen aber leer ausgehen zu lassen.[80]

52 Reicht das Schuldnervermögen nicht zur Befriedigung aller Gläubiger aus, liegt mithin ein Insolvenzgrund vor, bedeutet eine gemeinschaftliche Befriedigung aller (Insolvenz-) Gläubiger nicht nur eine **gemeinsame,** sondern immer auch eine **gleichmäßige** und somit **anteilige Befriedigung**. Ihre Forderungen werden nicht voll, sondern zu einem bestimmten Prozentsatz erfüllt. Die Höhe dieser Quote hängt davon ab, wieviel verwertbares Vermögen zur Verfügung steht. Die Quote soll für alle Insolvenzgläubiger gleich hoch sein (**Grundsatz der Gleichbehandlung,** „par conditio creditorum").[81] Nicht zuletzt dadurch wird das Insolvenzrecht seiner Befriedungsfunktion gerecht. Der Grundsatz der gleichmäßigen Befriedigung gilt nicht für die Gläubiger der Masseverbindlichkeiten (§ 209). Soweit nicht die Beteiligten einer abweichenden Regelung in einem Insolvenzplan zustimmen, wird die zivilrechtliche Haftung unabhängig davon durchgesetzt, wie das Schuldnervermögen verwertet oder genutzt wird. Dem Anliegen der gemeinschaftlichen Gläubigerbefriedigung dienen folgende Maßnahmen:

53 **1. Stärkung der Gläubigerautonomie.** Der Insolvenzordnung liegt die Vorstellung zugrunde,[82] dass die Gläubiger, weil deren Vermögensinteressen auf dem Spiel stehen und riskante, oft auch unumkehrbare Entscheidungen zu treffen sind, autonom über die Form und die Art der Masseverwertung sowie den Gang des Verfahrens zu entscheiden haben. Dabei bringt die Insolvenzordnung das Mehrheitsprinzip stärker zur Geltung als noch der Regierungsentwurf (s.u. RdNr. 59, 64, 66).[83] Das Insolvenzgericht hat sich darauf zu beschränken, die Rechtmäßigkeit des Verfahrens zu überwachen. Die Insolvenzordnung verstärkt die Gläubigerautonomie vor allem durch erhöhte

---
[76] Davon geht die Begr. des RegE aus, vgl. BT-Drucks. 12/2443 S. 89.
[77] BGHZ 130, 115, 124 = NJW 1995, 2221 = WuB I F 4.–6.95 *(Richrath)* = EWiR 1995, 767 *(Tiedtke)* = JZ 1995, 1181 *(Hj. Weber).*
[78] Ebenso BGH NJW 1997, 1570, 1576; *M. Wolf* LM BGB § 138 (Aa) Nr. 51 d; *Pfeiffer* ZIP 1997, 49, 58.
[79] Kritisch zB *Henckel,* FS F. Merz S. 197, 213; *Leipold/Gerhardt,* Insolvenzrecht im Umbruch S. 1, 3; vgl. auch *Balz,* Kölner Schrift, 2. Aufl. S. 3, 12 f. RdNr. 34.
[80] *Stürner* ZZP 99 (1986), 291, 326.
[81] Nach *Jaeger/Henckel* § 1 RdNr. 6; HKInsO-*Kirchhof* § 1 RdNr. 4 folgt der Gleichbehandlungsgrundsatz nicht unmittelbar aus § 1.
[82] Vgl. BT-Drucks. 12/2443 S. 100.
[83] Zu den Grenzen und Durchbrechungen des Prinzips der Gläubigerautonomie in der InsO vgl. *Uhlenbruck* WM 1999, 1197, 1201 f.

Mitspracherechte hinsichtlich der Art und Form der Masseverwertung.[84] Die Art der Masseverwertung ist angesprochen, wenn über „Liquidation oder Sanierung" zu entscheiden ist; die Form der Masseverwertung ist gemeint, wenn gefragt wird, ob die Insolvenz mit oder ohne Insolvenzplan bewältigt werden soll.

a) Mitsprache über die Art der Masseverwertung. Das einheitliche Insolvenzverfahren muss größere Interessengegensätze bewältigen als das frühere Recht. In das Verfahren sind nicht nur – wie in das Konkurs- und Vergleichsverfahren – die ungesicherten Insolvenzgläubiger einbezogen, sondern auch Gläubiger mit Absonderungsrechten, ungesicherte Gläubiger mit nachrangigen Forderungen sowie – hinsichtlich ihrer vermögensrechtlichen Stellung – Eigenkapitalgeber, das heißt der Schuldner und die an ihm beteiligten Personen. 54

Die Gläubiger wirken in den **Gläubigergremien** – Gläubigerversammlung (§ 74 Abs. 1 Satz 2), Gläubigerausschuss (§ 67 Abs. 2) und vorläufiger Gläubigerausschuss (§§ 21 Abs. 2 Nr. 1a, 22a) – mit, die in ihrer Zusammensetzung möglichst die Interessenvielfalt der Gläubiger widerspiegeln sollen. 55

Die **Gläubigerversammlung,** das oberste Insolvenzorgan, entscheidet, ob das Unternehmen des Schuldners stillgelegt oder fortgeführt und ob Sanierungsbemühungen aufgenommen oder eingestellt werden sollen (§§ 157, 159). Diese starke Stellung der Gläubiger ist nicht ohne Gefahren. Denn im Insolvenzverfahren geht es nicht nur um die Interessen der Gläubiger, sondern auch des Schuldners (und sogar Dritter). Von der Art der Verwertung und dem dabei erzielten Ertrag hängt ab, in welchem Ausmaß der Schuldner von seinen Verbindlichkeiten befreit wird. Dieses Interesse kann nicht deswegen vernachlässigt werden, weil dem Schuldner Restschuldbefreiung gewährt werden kann.[85] Es ist deshalb die Aufgabe des Insolvenzverwalters, bei der Beratung der Gläubiger die Belange des Schuldners zur Geltung zu bringen.[86] 56

Die Gläubigerversammlung kann an Stelle des vom Insolvenzgericht bestellten Verwalters eine andere Person wählen (§ 57 Satz 1). Die Gläubigerversammlung beschließt, ob ein Gläubigerausschuss eingesetzt oder – falls das Insolvenzgericht bereits einen solchen eingesetzt hat – beibehalten werden soll (§ 68 Abs. 1). Nach § 218 Abs. 1 kann die Gläubigerversammlung den Verwalter beauftragen, einen Insolvenzplan auszuarbeiten. Die Gläubigerversammlung beschließt, ob und in welchem Umfang dem Schuldner und seiner Familie Unterhalt aus der Insolvenzmasse gewährt werden soll (§ 100 Abs. 1). 57

Zur **Teilnahme** an der Gläubigerversammlung sind zunächst einmal alle Insolvenzgläubiger – auch die nachrangigen (vgl. § 77 Abs. 1 Satz 2) –, der Insolvenzverwalter und der Schuldner berechtigt (§ 74 Abs. 1 Satz 2). Das war auch nach bisherigem Recht nicht anders. Ausgebaut wurde – wegen ihrer Einbeziehung in das Verfahren – die Beteiligung der absonderungsberechtigten Gläubiger. Die Aussonderungsberechtigten sind – weil sie keine Insolvenzgläubiger sind – nicht zur Teilnahme an den Versammlungen berechtigt. Gleiches gilt für Massegläubiger. 58

Ein **Stimmrecht** haben nur Gläubiger (§ 77), die nicht nachrangig sind (§ 77 Abs. 1 Satz 2). Es genügt die Anmeldung und das fehlende Bestreiten; auf die Feststellung der Forderung kommt es nicht mehr an. Gläubiger, deren Forderungen bestritten werden, sind stimmberechtigt, soweit sich in der Gläubigerversammlung der Verwalter und die erschienenen stimmberechtigten Gläubiger über das Stimmrecht geeinigt haben; kommt es nicht zu einer Einigung, entscheidet das Insolvenzgericht (§ 77 Abs. 2). Die absonderungsberechtigten Gläubiger sind mit dem vollen Betrag ihrer Forderungen – und nicht nur, wie bisher, in Höhe ihres mutmaßlichen Ausfalls – stimmberechtigt (vgl. § 77 Abs. 3 Nr. 2). Die Voraussetzungen für eine Beschlussfassung in der Gläubigerversammlung sind vom Rechtsausschuss auf das Erfordernis der Summenmehrheit reduziert worden (vgl. §§ 76, 78 gegenüber §§ 87, 89 RegE). In § 76 Abs. 2 werden gesicherte und ungesicherte Gläubiger „in einen Topf geworfen"; dies widerspricht dem Grundsatz, dass die Einflusschancen nach dem wirklichen Wert der Beteiligtenrechte zu bemessen sind.[87] Stimmrechtsentscheidungen können auf Antrag des Verwalters oder eines Gläubigers durch den Rechtspfleger selbst geändert werden (§ 77 Abs. 2 Satz 3). Hat sich die Entscheidung des Rechtspflegers auf das Ergebnis einer Abstimmung ausgewirkt, kann der Richter auf Antrag eines Gläubigers oder des Verwalters das Stimmrecht neu festsetzen und die Wiederholung der Abstimmung anordnen; der Antrag muss in dem Termin gestellt werden, in welchem die Abstimmung stattgefunden hat (§ 18 Abs. 3 Satz 2 RpflG). Die Entscheidung des Richters kann nicht mit der sofortigen Beschwerde angefochten werden.[88] 59

---

[84] Skeptisch *Uhlenbruck* WM 1999, 1197, 1198 ff.; *Pape* ZInsO 2000, 469 f.; *Marotzke,* FS Kirchhof 2003 S. 1 ff. (Zweitveröffentlichung in ZInsO 2003, 726 ff.).
[85] Vgl. *Henckel,* FS F. Merz, S. 197, 207.
[86] Zu den Aufsichtsbefugnissen des Insolvenzgerichts vgl. *Pape* ZInsO 1999, 305, 306, 316.
[87] *Balz,* Kölner Schrift 2. Aufl. S. 3, 17 RdNr. 44.
[88] BGH NZI 2009, 106 RdNr. 8.

60 Die Mitglieder des – fakultativ eingesetzten – **Gläubigerausschusses** haben den Insolvenzverwalter bei seiner Geschäftsführung zu unterstützen und zu überwachen (§ 69 Satz 1). Will der Insolvenzverwalter Rechtshandlungen vornehmen, die für das Insolvenzverfahren von besonderer Bedeutung sind, hat er die Zustimmung des Gläubigerausschusses – falls kein solcher besteht: der Gläubigerversammlung – einzuholen (§ 160). Im Eröffnungsverfahren ist bei Vorliegen der Voraussetzungen des § 22a Abs. 1 ein **vorläufiger Gläubigerausschuss** (§ 21 Abs. 2 Nr. 1a) einzusetzen ("Muss-Ausschuss"). Liegen diese Voraussetzungen nicht vor, soll auf Antrag des Schuldners, des vorläufigen Insolvenzverwalters oder eines Gläubigers ein vorläufiger Gläubigerausschuss eingesetzt werden, wenn im Antrag Personen benannt werden, die sich schriftlich zur Übernahme dieses Amtes bereit erklärt haben (§ 22a Abs. 2; "Soll-Ausschuss"), der Geschäftsbetrieb des Schuldners nicht eingestellt worden ist, die Einsetzung des vorläufigen Gläubigerausschusses nicht außer Verhältnis zur zu erwartenden Insolvenzmasse steht und die mit der Einsetzung verbundene Verzögerung nicht zu einer nachteiligen Veränderung der Vermögenslage des Schuldners führt (§ 22a Abs. 3). Auch ohne Antrag kann das Insolvenzgericht einen vorläufigen Gläubigerausschuss einsetzen (§ 22a Abs. 4; "Kann-Ausschuss"). Der vorläufige Gläubigerausschuss kann vor allem Einfluss auf die **Bestellung des Insolvenzverwalters** nehmen (§ 56a).

61 **b) Mitbestimmung über den Insolvenzplan.** Der Insolvenzplan (§§ 217 ff. InsO) ersetzt den früheren Vergleich nach der Vergleichsordnung und den Zwangsvergleich (§§ 173 ff. KO). Diese waren auf die Abwendung oder Beendigung des Konkurses gerichtet und in erster Linie auf die Sanierung des Schuldners durch Schuldenregulierung angelegt. Demgegenüber steht der Insolvenzplan für alle Verwertungsarten des Schuldnervermögens und sogar bei Masseunzulänglichkeit[89] zur Verfügung (vgl. aber § 258 Abs. 2). Der Insolvenzplan ist nicht – zumindest nicht nur – als Instrument des Schuldnerschutzes und der Sanierung von Unternehmensträgern gedacht;[90] die Restschuldbefreiung ist auch kein notwendiges Element einer planmäßigen Regelung (§ 227 Abs. 1). Mit dem Insolvenzplan wird den Beteiligten vielmehr ein **neutraler**, weit gespannter Rechtsrahmen für die **einvernehmliche Bewältigung der Insolvenz** zur Verfügung gestellt. Innerhalb dieses Rahmens wird den Beteiligten ein Höchstmaß an Flexibilität zugestanden. § 217 geht über § 1 hinaus.[91] In einem gesetzlich zustande gekommenen Plan kann grundsätzlich von sämtlichen Vorschriften über die „konkursmäßige" Zwangsverwertung und Verteilung abgewichen werden. Der Plan ist somit die privatautonome, den gesetzlichen Rahmenvorschriften entsprechende Übereinkunft der mitspracheberechtigten Beteiligten über die Verwertung des haftenden Schuldnervermögens. Nach § 217 Satz 2 können dann, wenn der Schuldner keine natürliche Person ist, sogar die Anteils- oder Mitgliedschaftsrechte der am Schuldner beteiligten Personen in den Plan einbezogen werden. Im gestaltenden Teil des Plans kann vorgesehen werden, dass Forderungen von Gläubigern in Anteils- oder Mitgliedschaftsrechte am Schuldner umgewandelt werden (§ 225a Abs. 2). Allerdings kann der Schuldner die Planbestätigung unter den Voraussetzungen des § 247 Abs. 2 verhindern. Diese Voraussetzung ist zB gegeben, wenn in dem Insolvenzplan von den Vorschriften der §§ 286 ff. über die Restschuldbefreiung abgewichen wird.[92] Gegen den Beschluss, durch den der Insolvenzplan bestätigt wird, steht (auch) dem Schuldner und ggfs. den am Schuldner beteiligten Personen die sofortige Beschwerde zu (§ 253 Abs. 1).

62 **aa) Recht zur Planinitiative.** Entsprechend einem Vorschlag des Rechtsausschusses ist zwar das in § 255 Abs. 1 Nr. 1 RegE auch Gläubigergruppen zugebilligte Recht zur Planinitiative entfallen.[93] Dadurch sollten aber nur die praktischen Schwierigkeiten vermieden werden, die sich nach dem Regierungsentwurf bei konkurrierenden Insolvenzplänen von Gläubigergruppen hätten ergeben können.[94] Das Recht der Gläubigerversammlung, den Insolvenzverwalter mit der Ausarbeitung eines Insolvenzplans zu beauftragen (§ 218 Abs. 2), blieb unangetastet. Es ist der Gläubigerversammlung oder einzelnen Gläubigergruppen sogar unbenommen, dem Insolvenzverwalter einen mehr oder weniger ausgearbeiteten Plan mit der Anregung vorzulegen, ihn dem Insolvenzgericht als eigenen zu präsentieren.

63 Das Recht zur Planinitiative soll der Findung der optimalen Verwertungsmöglichkeit dienen, aber nicht Verfahrensabläufe blockieren, die im Interesse der Gläubiger liegen. Dem **Antrag** des Schuldners oder Insolvenzverwalters, **die Verwertung und Verteilung der Masse auszusetzen**

---

[89] Der Verzicht auf die Regelung des § 323 Abs. 2 RegE steht nicht entgegen, vgl. *Balz*, Kölner Schrift, 2. Aufl., S. 3, 16 RdNr. 43.
[90] *Balz*, Sanierung S. 5 ff.; *ders.*, Kölner Schrift, 2. Aufl., S. 3, 14 f. RdNr. 40; aA *Jaeger/Henckel* § 1 RdNr. 7.
[91] *Jaeger/Henckel* § 1 RdNr. 10.
[92] *Jaeger/Henckel* § 1 RdNr. 18.
[93] Kritisch deswegen *Balz*, Kölner Schrift, 2. Aufl., S. 3, 14 f. RdNr. 40.
[94] Beschlussempfehlung und Bericht des Rechtsausschusses, BT-Drucks. 12/7302 S. 181.

(§ 233 Satz 1), darf das Insolvenzgericht deshalb nicht stattgeben, wenn erhebliche Nachteile für die Masse zu gewärtigen sind. Wird der Antrag vom Schuldner gestellt, ist von der Aussetzung auch dann abzusehen, wenn der Verwalter mit Zustimmung des Gläubigerausschusses oder der Gläubigerversammlung die Fortsetzung der Verwertung und Verteilung beantragt (§ 233 Satz 2). Unter den gleichen Voraussetzungen ist eine bereits ausgesprochene Aussetzung wieder aufzuheben.

bb) Legitimierung des Plans durch die Beteiligten. Als Regelungsgrundlage bedarf der Plan – unabhängig davon, von wem er vorgelegt worden ist – der Legitimierung durch die Gläubiger, deren Forderungen beeinträchtigt werden (§ 237 Abs. 2). Gläubiger, deren Rechte bei einer Zwangsverwertung unterschiedlichen Rang haben, gemeinsam über den Plan abstimmen zu lassen, wäre mit dem Gleichbehandlungsgebot nicht zu vereinbaren. Auch kann das Mehrheitsprinzip seine Aufgabe, die Blockade sinnvoller Verwertungsentscheidungen durch eine Minderheit zu verhindern, lediglich dann erfüllen, wenn nur die Stimmen solcher Beteiligter addiert werden, deren Rechte im Wesentlichen gleichartig sind. Gemäß § 222 sind deshalb im Insolvenzplan für Gläubiger mit unterschiedlicher Rechtsstellung eigene Abstimmungsgruppen zu bilden. Im Vergleich zu § 265 RegE ist die Gruppenbildung „vereinfacht" worden. Maßgeblich ist nunmehr die Gleichartigkeit der Rechtsstellung, nicht der wirtschaftlichen Interessen.[95] Jede Gruppe stimmt gesondert über den Insolvenzplan ab (§ 243).

Zur Annahme des Insolvenzplans durch die Gläubiger ist es erforderlich, dass in jeder Gruppe die Mehrheit der abstimmenden Gläubiger dem Plan zustimmt und die Summe der Ansprüche der zustimmenden Gläubiger mehr als die Hälfte der Summe der Ansprüche der abstimmenden Gläubiger beträgt (§ 244 Abs. 1). Damit ist – in Verbindung mit den Vorschriften über die Bestätigung des Plans (s. RdNr. 67) – der **Minderheitenschutz** gewährleistet.

Besondere Aufmerksamkeit ist dem – aus dem amerikanischen Recht („cram-down-rule") übernommenen – **Obstruktionsverbot** gewidmet.[96] Die Gläubigerautonomie geht nicht so weit, dass sich eine Gruppe ihre Zustimmung von einer anderen durch ungerechtfertigte Zugeständnisse „bezahlen" lassen kann. Andernfalls würde die Marktkonformität des Verfahrens in Frage gestellt. Gemäß § 245 gilt die Zustimmung einer Abstimmungsgruppe – auch wenn die erforderlichen Mehrheiten nicht erreicht worden sind – als erteilt, wenn drei Voraussetzungen vorliegen: Die Gläubiger dieser Gruppe werden durch den Plan nicht schlechter gestellt, als sie ohne ihn stünden; die Gläubiger dieser Gruppe werden angemessen an dem wirtschaftlichen Wert beteiligt, der auf der Grundlage des Plans den Beteiligten zufließen soll; die Mehrheit der abstimmenden Gruppen hat dem Plan mit den erforderlichen Mehrheiten zugestimmt. Letzteres bedeutet gegenüber § 290 Abs. 1 RegE eine erhebliche Verschärfung. Danach genügte die Zustimmung *einer* vom Plan betroffenen Gruppe. Hinter der Gesetz gewordenen Regelung steckt die zweifelhafte Vorstellung, der Mehrheitswille biete eine ökonomische Richtigkeitsgewähr.[97]

Ein zusätzlicher **Schutz überstimmter Minderheiten** wird dadurch erreicht, dass derjenige, der ohne den Plan besser stünde, als er danach steht, dem Plan widersprechen und damit die gerichtliche Bestätigung verhindern kann (§ 251). Der Versagungsantrag ist allerdings abzuweisen, wenn im gestaltenden Teil des Plans Mittel für den Fall bereitgestellt werden, dass ein Beteiligter eine Schlechterstellung nachweist; ob der Beteiligte einen Ausgleich aus diesen Mitteln erhält, ist außerhalb des Insolvenzverfahrens zu klären (§ 251 Abs. 3). Andererseits setzt die Bestätigung des Plans nicht notwendig voraus, dass dieser für die **zustimmenden** Beteiligten mindestens die gleichen Zahlungen aus dem Schuldnervermögen sicherstellt, wie sie bei einer „konkursmäßigen" Zwangsverwertung zu erwarten wären. Die Beteiligten, die einem Plan zustimmen, können selbst am besten beurteilen, was für sie vorteilhaft ist.

c) Einflussnahme auf den Gang des Verfahrens. Ungesicherte und erst recht nachrangige Gläubiger sowie der Schuldner und die an ihm beteiligten Personen, die durch eine Liquidation alles verlieren, durch eine Sanierung aber viel gewinnen können, werden häufig auch noch so geringe Sanierungschancen erproben und hierfür großen Zeitaufwand in Kauf nehmen wollen. Demgegenüber werden gesicherte Gläubiger eher an einem baldigen Liquiditätszufluss durch zügige Verwertung ihrer Sicherheiten interessiert sein. Damit das Verfahren nicht zu kompliziert und schwerfällig wird, haben nur die – am Verfahren beteiligten (vgl. § 47) – Inhaber werthaltiger Rechte ein Mitspracherecht über die Verfahrensgestaltung. Dazu gehören nicht Gläubiger mit nachrangigen Forderungen sowie der Schuldner selbst. Seine Eigenkapitalgeber können

---

[95] Kritisch hierzu *Balz*, Kölner Schrift, 2. Aufl., S. 3, 15 f. RdNr. 42.
[96] Vgl. dazu *Smid* InVo 1996, 314 ff.
[97] *Balz*, Kölner Schrift, 2. Aufl., S. 3, 15 RdNr. 41.

einbezogen werden (§ 217 Satz 2, § 225a Abs. 2 und 3); ist dies nicht der Fall, bleiben die Anteils- oder Mitgliedschaftsrechte der am Schuldner vom Plan unberührt (§ 225a Abs. 1).

69 **2. Gemeinschaftliche Haftungsverwirklichung nach dem Vermögenswert der Gläubigerrechte.** Maßgebend für die Teilhabe eines Gläubigers an der gemeinschaftlichen Verwirklichung der Vermögenshaftung des Schuldners ist der Wert des in das Verfahren einbezogenen Gläubigerrechts. Die haftungsrechtliche Rangfolge der gesicherten Gläubiger, der einfachen Insolvenzgläubiger, der nachrangigen Insolvenzgläubiger und der Eigenkapitalgeber bleibt solange gewahrt, wie die Beteiligten nicht einer abweichenden Regelung in einem Insolvenzplan zustimmen. Die zivilrechtliche Haftungsordnung ist nicht nur dann maßgeblich, wenn das Schuldnervermögen liquidiert wird, sondern auch dann, wenn es im Rahmen einer Fortführung oder Sanierung investiert bleibt. Im Falle der Sanierung haben sämtliche Gläubiger ein Anrecht darauf, ihrem Rang gemäß an einem Fortführungserfolg teilzunehmen.

70 Durch Art. 91 Nr. 2 EGInsO ist § 7 Abs. 4 des Gesetzes zur Verbesserung der betrieblichen Altersversorgung um eine „Besserungsklausel" ergänzt worden: In einem Insolvenzplan soll vorgesehen werden, dass bei einer nachhaltigen Besserung der wirtschaftlichen Lage des insolventen Arbeitgebers die vom Träger der Insolvenzsicherung zu erbringenden Leistungen ganz oder zum Teil wieder vom Arbeitgeber oder sonstigen Träger der Versorgung übernommen werden. Ob dieses Sonderrecht für den Träger der betrieblichen Altersversorgung mit dem **Gleichbehandlungsgrundsatz** (s. RdNr. 52) vereinbar ist, erscheint fraglich.[98]

71 **3. Keine Einflussnahme finanziell Unbeteiligter.** Da es um eine gemeinschaftliche Durchsetzung der Haftungsverwirklichung geht und das Verfahren am Vermögen des Schuldners orientiert ist (s.o. RdNr. 43), steht die Entscheidung über die Verwertung der Insolvenzmasse den Gläubigern und Eigenkapitalgebern des Schuldners zu, deren Rechte einen positiven Vermögenswert besitzen (zur Beteiligung des Schuldners s. RdNr. 119 ff.). Interessen Außenstehender sind nicht zur Geltung zu bringen. Da das Insolvenzverfahren „vermögensorientiert" ist, gehören die Arbeitnehmer als solche nicht zu den Beteiligten, die den Verfahrenszweck festlegen.[99] Im Planverfahren sollen sie eine besondere Gruppe bilden, wenn sie als Insolvenzgläubiger mit nicht unerheblichen Forderungen beteiligt sind (§ 222 Abs. 3 Satz 1); beteiligt sind sie hier als Gläubiger, nicht als Arbeitnehmer als solche. Das Gesetz gewährt auch der von der Insolvenz mittelbar betroffenen Solidargemeinschaft der Arbeitslosenversicherung, den Gebietskörperschaften, den Gewerkschaften und Berufsorganisationen sowie den zuständigen Kammern keine Entscheidungskompetenzen. Das Verfahren soll keine Investitionslenkung durch Externe ermöglichen. Wollen sie Einfluss auf das Verfahren nehmen, müssen sie die Beteiligten, insbesondere die Gläubiger, für ihre Ziele gewinnen oder sich durch Abtretung in das Verfahren „einkaufen".

72 **4. Gerechte Verteilung der Insolvenzmasse.** Um eine höhere Verteilungsgerechtigkeit zu erzielen, strukturiert die Insolvenzordnung die Gläubigergruppen anders als die Konkursordnung. Betroffen sind vor allem die Masse- und die Insolvenzgläubiger. Im Übrigen wurde das Insolvenz-Arbeitsrecht in die Insolvenzordnung eingebaut.

73 **a) Massegläubiger.** Gemäß § 55 Abs. 1 Nr. 2 sind Verbindlichkeiten aus **gegenseitigen Verträgen,** die vor der Verfahrenseröffnung begründet wurden, Masseverbindlichkeiten nur noch dann, wenn und soweit die Erfüllung zur Insolvenzmasse verlangt wird oder für die Zeit nach Eröffnung des Insolvenzverfahrens erfolgen muss.

74 Die erste Alternative („... verlangt wird") zielt auf die Regelungen der §§ 103 ff. InsO. Danach kann der Insolvenzverwalter **bei gegenseitigen Verträgen,** die zurzeit der Eröffnung des Insolvenzverfahrens vom Schuldner und vom anderen Vertragsteil nicht oder nicht vollständig erfüllt waren, anstelle des Schuldners den Vertrag erfüllen und die **Erfüllung** vom anderen Teil **verlangen.** Die Forderung des Vertragspartners begründet dann eine Masseverbindlichkeit. Bei Verträgen, die auf teilbare Leistungen gerichtet sind, gilt dies allerdings nur für die Vergütung der nach der Verfahrenseröffnung erbrachten Leistungen (§ 105; vergl. auch § 55 Abs. 1 Nr. 2: „soweit"). Der Vergütungsanspruch für die davor erbrachten Leistungen stellt eine einfache Insolvenzforderung dar. Die Regelung ermöglicht es dem Insolvenzverwalter, für die Masse vorteilhafte Verträge im Interesse der Gläubigergesamtheit zu erfüllen. Der Vertragspartner wird davor geschützt, seine Leistung erbringen zu müssen, wegen der Gegenleistung aber auf die Quote verwiesen zu werden. Soweit der Vertragspartner seine Leistung bereits vor der Eröffnung des Verfahrens erbracht hatte, bedarf er dieses Schutzes nicht. Müsste der Insolvenzverwalter, um den Vertrag durchführen zu können, auch die

---
[98] Vgl. *Grub* WM 1994, 880, 881.
[99] *Kübler/Balz,* Neuordnung des Insolvenzrechts S. 1, 13.

bereits vor der Verfahrenseröffnung erhaltenen Teilleistungen voll bezahlen,[100] würde der Vertragspartner gegenüber anderen Gläubigern ungerechtfertigt bevorzugt.[101]

Die zweite Alternative („... erfolgen muss") bezieht sich insbesondere auf **Dauernutzungs-** und **Dienstverhältnisse** des Schuldners. Solche Schuldverhältnisse bestehen mit Wirkung für die Masse fort (§ 108 Abs. 1). Deshalb muss der Insolvenzverwalter zB die Arbeitnehmer des Schuldners zunächst einmal (vgl. aber § 113) weiterbeschäftigen und ihre Löhne aus der Masse bezahlen. Das **Konkursvorrecht** aus § 59 Abs. 1 Nr. 3 KO ist abgeschafft. Ansprüche der Arbeitnehmer aus der Zeit vor der Eröffnung des Verfahrens begründen keine Masseverbindlichkeiten mehr (§ 108 Abs. 2). Die Arbeitnehmer erhalten statt dessen für die letzten drei Monate vor der Eröffnung Insolvenzausfallgeld (§§ 165 ff. SGB III). Diese Regelung gestattet es dem vorläufigen Insolvenzverwalter, das Unternehmen in der Eröffnungsphase fortzuführen, ohne dass die dadurch anfallenden Arbeitslöhne die Masse belasten. Allerdings muss der vorläufige Verwalter das Insolvenzausfallgeld vorfinanzieren. Das geschieht in der Weise, dass ein Kreditinstitut gegen Abtretung der Lohnforderungen die Löhne bezahlt. Mit der Abtretung der Lohnforderungen geht auch der Anspruch auf das Insolvenzausfallgeld auf das Kreditinstitut über.[102]

§ 123 tritt an die Stelle des Gesetzes über den **Sozialplan** im Konkurs- und Vergleichsverfahren vom 20. Februar 1985,[103] das bis zum 31.12.1998 verlängert wurde. Verbindlichkeiten aus einem Sozialplan waren früher im Range des § 61 Abs. 1 Nr. 1 KO zu berichtigen. § 123 Abs. 2 Satz 1 erklärt sie nunmehr zu Masseverbindlichkeiten.[104] Wenn kein Insolvenzplan zustande kommt, darf allerdings für die Berichtigung von Sozialplanforderungen nicht mehr als ein Drittel der Masse verwendet werden, die ohne einen Sozialplan für die Verteilung zur Verfügung stünde (§ 123 Abs. 2 Satz 2).

In einem Sozialplan geregelt werden sollen **Nachteilsausgleichsansprüche** der Arbeitnehmer wegen Betriebsänderungen. Solche Ansprüche können entstehen, wenn die Stilllegung, Einschränkung oder Verlegung des Betriebes oder von wesentlichen Betriebsteilen zu Entlassung, Lohnkürzung oder Wegfall von Sondervorteilen führen (§ 112 Abs. 1 Satz 2 BetrVG). Werden die Ansprüche auf Nachteilsausgleich nicht in einen Sozialplan aufgenommen, begründen sie dennoch eine Masseverbindlichkeit im Sinne von § 55 Abs. 1 Nr. 1, wenn die Betriebsänderung nach Eröffnung des Insolvenzverfahrens beschlossen und durchgeführt wird und der Insolvenzverwalter die Betriebsänderung ohne den Versuch eines Interessenausgleichs begonnen hat.[105] Die Nachteilsausgleichsansprüche sind bloße Insolvenzforderungen (§ 38), wenn der Schuldner, ohne den Versuch eines Interessenausgleichs unternommen zu haben, vor der Eröffnung des Insolvenzverfahrens mit der Durchführung der Betriebsänderung begonnen hat. Dass die konkreten Nachteile erst durch eine Maßnahme des Insolvenzverwalters bei der Fortführung der vom Schuldner begonnenen Betriebsänderung eingetreten sind, ist unerheblich.[106]

Zu den Masseverbindlichkeiten gehören wie bisher die **Verfahrenskosten** (§ 54), zu denen jetzt auch die Vergütungen und Auslagen des Insolvenzverwalters und der Mitglieder des Gläubigerausschusses gezählt werden (vgl. §§ 64, 73). Des Weiteren ist sichergestellt, dass der vorläufige Insolvenzverwalter nach der Eröffnung des Verfahrens seine Vergütung aus der Insolvenzmasse erhält. Reicht die Masse nicht aus, um neben den Kosten auch die Neumasseverbindlichkeiten (§ 209 Abs. 1 Nr. 2) zu berichtigen, hat in entsprechender Anwendung des § 210 die Berichtigung der Kosten absoluten Vorrang.[107]

§ 55 Abs. 1 Nr. 1 knüpft an § 59 Abs. 1 Nr. 1 KO an, erfasst jedoch zusätzlich die über die „Kosten des Verfahrens" (§ 54) hinausgehenden Ausgaben für die Verwaltung, Verwertung und Verteilung der Masse, die bisher als „Massekosten" nach § 58 Nr. 2 KO einzuordnen waren. § 55 Abs. 1 Nr. 3 übernimmt die Regelung des § 59 Abs. 1 Nr. 4 KO.

§ 55 Abs. 2 dient dem Schutz der Personen, die **Geschäfte mit einem vorläufigen Insolvenzverwalter** abschließen oder ihm gegenüber ein Dauerschuldverhältnis erfüllen, das sie mit dem Schuldner vereinbart hatten. Die Vorschrift gilt nicht nur für vertragliche, sondern auch für gesetzli-

---

[100] So für § 17 KO BGHZ 97, 87, 90 = NJW 1986, 1496 = EWiR 1986, 387 *(Kilger)*.
[101] Anders deshalb – im Vorgriff auf § 105 – bereits BGHZ 129, 336, 339 ff. = NJW 1995, 1966 = WuB VI B. § 17 KO 2.95 *(Paulus)* = EWiR 1995, 691 *(Uhlenbruck)*; BGHZ 135, 25, 28 = LM GesO Nr. 24 *(Marotzke)* = EWiR 1997, 517 *(Huber)* = WuB VI G. § 9 GesO 2.97 *(Hess)*; zum Ganzen vgl. *Kreft* ZIP 1997, 865 ff.
[102] Vgl. BSG ZIP 1995, 935 ff.
[103] BGBl. I S. 359.
[104] *Uhlenbruck,* Das neue Insolvenzrecht S. 47: „Superprivileg der Arbeitnehmer".
[105] Vgl. BAG WM 1986, 299.
[106] Vgl. BAG ZIP 1990, 873.
[107] BGHZ 167, 178 RdNR. 22 ff. = NJW 2006, 2997 = NZI 2006, 392; BGH NZI 2010, 188 RdNr. 14; NZI 2011, 60 RdNr. 7.

che Verbindlichkeiten, die der vorläufige Verwalter im Zusammenhang mit seiner Tätigkeit begründet, etwa Umsatzsteuerforderungen aus Veräußerungsgeschäften, die der vorläufige Verwalter im Rahmen einer Betriebsfortführung abschließt. Voraussetzung ist aber stets, dass die Verfügungsbefugnis über das Vermögen des Schuldners auf den vorläufigen Insolvenzverwalter übergegangen ist (vgl. § 22 Abs. 1). Nach früherem Recht begründeten Rechtsgeschäfte oder Handlungen des nach § 106 Abs. 1 Satz 2 KO bestellten Sequesters keine Masseschulden.[108] Das hat der Gesetzgeber ändern wollen, weil das Schicksal des Schuldnervermögens vielfach bereits in der Phase zwischen Eröffnungsantrag und Eröffnungsbeschluss entschieden wird. Dabei kommt dem vorläufigen Insolvenzverwalter eine Schlüsselrolle zu. In der Praxis wird von der Möglichkeit der Bestellung eines vorläufigen Insolvenzverwalters mit Verfügungsbefugnis kaum Gebrauch gemacht. Üblich sind dagegen Einzelermächtigungen, die dem vorläufigen Insolvenzverwalter ermöglichen, einzelne, im Voraus genau festgelegte Verpflichtungen zu Lasten der späteren Insolvenzmasse einzugehen.[109]

81   Als **Masseverbindlichkeiten** zu berücksichtigen sind gegebenenfalls auch die **Nutzungszinsen** der Sicherungseigentümer gemäß § 169 und (vgl. § 209 Abs. 1 Nr. 3) der **Unterhalt** für den Gemeinschuldner und seine Familie gemäß § 100 sowie für den vertretungsberechtigten persönlich haftenden Gesellschafter des Schuldners gemäß § 101 Abs. 1 Satz 3.

82   Bei **Masseunzulänglichkeit** richtet sich die Rangfolge der Massegläubiger nunmehr nach § 209.[110] Zunächst werden die Kosten des Verfahrens berichtigt, sodann die „Neumasseverbindlichkeiten", die nach der Anzeige der Masseunzulänglichkeit begründet worden sind, ohne zu den Kosten des Verfahrens zu gehören,[111] zuletzt die übrigen Masseverbindlichkeiten. Unter diesen „Altmasseverbindlichkeiten" werden die Sozialplanforderungen nach Maßgabe des § 123 Abs. 2 Satz 2 und 3[112] und zuletzt der dem Schuldner bewilligte Unterhalt berichtigt. Weiter wird nicht differenziert. Dies ist für einen Insolvenzverwalter, der den Betrieb des Schuldners fortführen möchte, insofern nachteilig, als er – falls keine Sicherheiten zur Verfügung stehen – von den Banken kaum Kredit erhalten wird. Denn bei Masseunzulänglichkeit hätten die Banken mit anderen „Altmassegläubigern" denselben Rang.

83   **b) Insolvenzgläubiger.** Die Konkursvorrechte des § 61 Abs. 1 KO und vergleichbare Vorrechte in anderen gesetzlichen Vorschriften sind ersatzlos weggefallen. Es gibt jetzt nur noch die einfachen (§ 38) und die nachrangigen Insolvenzforderungen (§ 39), zu denen nunmehr – anders als nach § 63 KO, § 32a GmbHG – auch Gesellschafterforderungen auf Rückgewähr kapitalersetzender Darlehen oder gleichgestellte Forderungen gezählt werden (§ 39 Abs. 1 Nr. 5).

84   Maßgeblich für die Abschaffung der Konkursvorrechte war der Gedanke, dass solche Vorrechte häufig den Ausschluss der nicht privilegierten Gläubiger von jeglicher Befriedigung bedeuteten, während die bevorrechtigten Gläubiger Aussicht auf volle oder doch sehr weitgehende Befriedigung hatten. Die Verfahrenseröffnung führte deshalb – verglichen mit der zivilrechtlichen Haftungslage – zu einer Umwertung der Gläubigerrechte.[113] Die bevorrechtigten Gläubiger konnten den Antrag auf Verfahrenseröffnung als Instrument einsetzen, um Vermögensvorteile zu erlangen. Von der Streichung der Konkursvorrechte erwartet der Gesetzgeber, dass für die einfachen Insolvenzgläubiger deutlich höhere Quoten anfallen und dass sie deshalb stärker an einer Mitwirkung im Verfahren interessiert sein werden.[114] Zumindest erleichtert der Wegfall der Vorrechte die Abwicklung der Insolvenz, insbesondere die Aufstellung eines Insolvenzplans.

III. Förderung der Sanierung

85   Ob der **Erhalt des Unternehmens** (Sanierung, Reorganisation) ein Ziel des Insolvenzverfahrens ist und welchen Rang dieses ggf. hat, ist umstritten. Teilweise wird die Sanierung als **Verfahrensziel** anerkannt. Manche Vertreter dieser Auffassung sprechen von einem Nebenziel,[115] wieder andere von einem gleichrangigen Verfahrensziel.[116] Von anderen wird die Meinung vertreten, die Sanierung

---

[108] BGHZ 130, 38, 41 f. = NJW 1995, 2783 = EWiR 1995, 795 *(Gerhardt)* = JZ 1995, 531 *(Henckel)* = WuB VI B. § 55 KO 1.96 *(Paulus)*.
[109] BGHZ 151, 353, 358 ff. = NJW 2002, 3326 = NZI 2002, 543; BGH NZI 2008, 39 RdNr. 9.
[110] Vgl. dazu *Kübler,* Kölner Schrift, 2. Aufl., S. 967, 977 ff. RdNr. 34 ff.
[111] Die Rechtsprechung, die eine Privilegierung dieser „Neumasseverbindlichkeiten" früher grundsätzlich abgelehnt hatte, vgl. BGHZ 90, 145, 152 f., differenzierend BGHZ 116, 233 ff., ist damit überholt.
[112] Dazu *Warikoff* BB 1994, 2338, 2345.
[113] Vgl. *Balz,* Kölner Schrift, 2. Aufl., S. 3, 10 RdNr. 24.
[114] Begr. des RegE, BT-Drucks. 12/2443 S. 81.
[115] *Smid* § 1 RdNr. 40.
[116] *Prütting,* Kölner Schrift, 2. Aufl., S. 221, 240 RdNr. 60; *Bork,* Einführung in das Insolvenzrecht 4. Aufl. RdNr. 356; ebenso hier die 1. Auflage.

von Unternehmen sei kein Verfahrensziel, sondern lediglich ein Mittel zur Gläubigerbefriedigung.[117] Zutreffend erscheint weder das eine noch das andere. Es geht zu weit, den Erhalt des Schuldnerunternehmens als generelles Verfahrensziel zu verstehen. Zwar ist der Erhalt des Unternehmens erstrebenswert, weil durch die Sanierung die bedrohten Arbeitsplätze – wenigstens zum Teil – gerettet werden und dem Wettbewerb ein (gesundeter) Marktteilnehmer erhalten bleibt.[118] Auch ist nicht zu verkennen, dass der Rechtsausschuss mit einem Verfahrensziel „Sanierung" sympathisiert hat.[119] Diese Bestrebungen haben in § 1 jedoch keinen ausreichenden Niederschlag gefunden, weil der Erhalt des Unternehmens lediglich als Orientierungsmaßstab für abweichende Regelungen in einem Insolvenzplan genannt ist. Dieser Ausschnitt ist zu schmal. Im Übrigen spricht gegen die Fixierung auf ein generelles Verfahrensziel, dass dieses verfehlt werden müsste, wenn es zu einer Liquidation kommt, und diese ist eben doch in der Mehrzahl der Fälle nicht zu vermeiden. Ein Ziel, das meistens nicht zu erreichen ist, kann der Gesetzgeber nicht generell (auch nicht als Nebenziel) vorgegeben haben. Dieser hat die Sanierung nicht schlechthin vor der Liquidation des Schuldnervermögens bevorzugt (s. RdNr. 45). Sie soll nur – dann aber immer – angestrebt werden, wenn dadurch kein Gläubiger schlechter gestellt wird als durch die Liquidation.[120] Zugleich machen diese Überlegungen jedoch deutlich, dass auch die Auffassung, die den Erhalt des Schuldner-Unternehmens rein instrumental – als Mittel zur Gläubigerbefriedigung – versteht, dem Sanierungsgedanken nicht gerecht wird. In solchen Fällen, in denen das Unternehmen sanierungsfähig ist und die Sanierung für die Gläubiger mindestens gleiche Befriedigungschancen bietet, ist sie als gesetzgeberisches Ziel zu beachten. Man könnte insofern von einem nachgeordneten oder partiellen Verfahrensziel sprechen.

1. Förderung der außergerichtlichen Sanierung. Der Versuch einer wirtschaftlich sinnvollen Sanierung kann und soll bereits außergerichtlich – vor Stellung eines Insolvenzantrags – unternommen werden. Indem der Gesetzgeber den Beteiligten einen Rechtsrahmen zur Verfügung stellt, in welchem sie die für sie vorteilhafteste Lösung finden und durchsetzen sollen, wird der Spielraum für die außergerichtliche Insolvenzabwicklung nicht eingeengt und die freie Sanierung von Unternehmen nicht zurückgedrängt.[121] Trotzdem werden auch in Zukunft die gerichtlichen Insolvenzverfahren die Regel sein (s.o. RdNr. 8). 86

Wirtschaftlich sinnvoll ist eine Sanierung, wenn die Fortführung des Schuldner-Unternehmens – durch den bisherigen oder einen neuen Rechtsträger – für die Beteiligten oder für neue Geldgeber vorteilhafter ist als eine Liquidation. Die Verzögerung, mit der die Gläubiger befriedigt werden, wenn das Schuldner-Unternehmen fortgeführt wird, ist in der Regel für die Gläubiger vorteilhaft, wenn die Unternehmensfortführung im Vergleich zur sofortigen Stilllegung und Liquidation einen Mehrertrag verspricht, der höher ist als die rechnerischen Zinsen, die die Gläubiger für die Verzögerung ihrer Befriedigung kalkulieren müssen.[122] Im Übrigen gelten für die außergerichtliche Sanierung auch künftig im Wesentlichen die Grundsätze, die von der Betriebswirtschaftslehre entwickelt worden sind.[123] Vielfach sind unternehmerische Wertungsspielräume anzuerkennen, die es nicht zulassen, nur *eine* rechtlich richtige Entscheidung anzunehmen.[124] 87

Eine außergerichtliche Sanierung kommt nicht mehr in Betracht, wenn ein Insolvenzgrund vorliegt, der eine juristische Person dazu verpflichtet, den Insolvenzantrag zu stellen. Die Frage „gerichtliches oder außergerichtliches Verfahren" stellt sich nur, wenn der Insolvenzgrund der drohenden Zahlungsunfähigkeit (§ 18) vorliegt. 88

Für **Verbraucher** hat die außergerichtliche Sanierung sogar den Vorrang: Nach § 305 Abs. 1 Nr. 1 hat der Schuldner, bei dem es sich um eine natürliche Person handelt, die keine oder nur eine geringfügige selbständige wirtschaftliche Tätigkeit ausübt, mit dem Insolvenzantrag dem Gericht eine Bescheinigung vorzulegen, aus der sich ergibt, dass mit den Gläubigern eine außergerichtliche Einigung über die Schuldenbereinigung auf der Grundlage eines Plans innerhalb der letzten sechs 89

---

[117] *Jaeger/Henckel* § 1 RdNr. 2; *Uhlenbruck/I. Pape* § 1 RdNr. 1; HKInsO-*Kirchhof* § 1 RdNr. 3; *Brinkmann/Zipperer* ZIP 2011, 1337, 1338; *Landfermann* WM 2012, 821, 822. Vgl. auch *Balz*, Kölner Schrift, 2. Aufl., S. 3, 15 RdNr. 40.
[118] *Prütting*, Kölner Schrift, 2. Aufl., S. 221, 241 f. RdNr. 62.
[119] BT-Drucks. 12/ 7302 S. 155. Zu den gesetzgeberischen Absichten vgl. auch *Tetzlaff* EWiR 2003, 1091, 1092.
[120] Vgl. *Jaeger/Henckel* § 1 RdNr. 8.
[121] Begr. des RegE, BT-Drucks. 12/2443 S. 77.
[122] *Dorndorf*, FS F. Merz, S. 31, 36.
[123] Vgl. *Braun*, Die Prüfung von Sanierungskonzepten, WPg 1989, 683 ff.; *Flessner*, Sanierung und Reorganisation S. 253; *Gottwald/Drukarczyk/Brüchner*, Insolvenzrechts-Handbuch 2. Aufl. § 3; *Hess/Fechner*, Sanierungshandbuch Teil B bis F; *Brandstätter*, Die Prüfung der Sanierungsfähigkeit notleidender Unternehmen S. 53.
[124] *Dorndorf*, FS F. Merz, S. 31, 37.

Monate vor dem Eröffnungsantrag erfolglos versucht worden ist. Dass der Schuldner eine Restschuldbefreiung auch gegen den Willen der Gläubiger erlangen kann (vgl. §§ 289 ff. InsO), wird die Bereitschaft der Gläubiger zu einer einvernehmlichen Schuldenbereinigung erhöhen, weil diese für die Gläubiger günstiger sein kann als die gesetzliche Restschuldbefreiung.

90 **2. Sanierung im Insolvenzverfahren, insbesondere durch übertragende Sanierung.** Die InsO kennt drei Möglichkeiten, die zu einer Unternehmenssanierung beitragen können: die übertragende Sanierung, das Insolvenzplanverfahren und die Eigenverwaltung.[125] Die Eigenverwaltung hat bei Unternehmensinsolvenzen – von spektakulären Einzelfällen abgesehen[126] – bisher kaum praktische Bedeutung gewonnen.[127] Die Neuregelung der §§ 270 ff. durch das ESUG[128] soll die Eigenverwaltung als Sanierungsinstrument stärken, indem die Voraussetzungen ihrer Anordnung „maßvoll gelockert" und die Geschäftsführung erleichtert wurden (dazu unten RdNr. 199 ff.). Der Schuldner soll so zu einem frühzeitigen Eröffnungsantrag schon bei drohender Zahlungsunfähigkeit (§ 18) veranlasst werden.[129] Ob dieses Ziel erreicht werden wird, wird die Zukunft weisen. Nach ersten Berichten aus der Praxis haben die mit einem Antrag auf Eigenverwaltung verbundenen Eröffnungsanträge deutlich zugenommen, während von dem „Schutzschirmverfahren" des § 270b bisher nur zurückhaltend Gebrauch gemacht wird. Nach wie vor sind das durch das ESUG ebenfalls reformierte Insolvenzplanverfahren (dazu o. RdNr. 61 f.) und die übertragende Sanierung gängige, freilich noch ausbaufähige Instrumente der Insolvenzabwicklung.

90a Bei der **übertragenden Sanierung** wird das Unternehmen vom Unternehmensträger getrennt, also veräußert. Dabei kommen in Betracht die Veräußerung der Geschäftsanteile (Share Deal) und die des Unternehmens (Asset Deal). Beim **Share Deal** kann der Insolvenzverwalter ein vom Schuldner als Einzelunternehmen geführtes Unternehmen, einen Betrieb oder einen Teilbetrieb vor dem Verkauf nach §§ 123 ff., 152 ff. UmwG auf eine bestehende oder neu gegründete Kapitalgesellschaft ausgliedern und anschließend die Gesellschaftsanteile veräußern. Dieser Fall dürfte wegen des damit verbundenen Aufwands an Organisation, Zeit und Kosten eher selten vorkommen. Eine andere Form des Share Deals setzt die Errichtung einer Auffang- oder Betriebsübernahmegesellschaft durch den Insolvenzverwalter voraus. Dabei überträgt der Insolvenzverwalter die Vermögensgegenstände des zu übertragenden Unternehmens im Wege der Einzelrechtsnachfolge auf eine zur Masse gehörende, neu gegründete Gesellschaft, um anschließend deren Geschäftsanteile zu veräußern. Bei dem **Asset Deal** werden die Einzelnen zu dem Unternehmen gehörenden Bestandteile sowie sein Zubehör jeweils für sich – durch eine Vielzahl von Übertragungsakten – veräußert.[130]

91 Im eröffneten Insolvenzverfahren kann die übertragende Sanierung sowohl im Regelverfahren als auch im Rahmen eines Insolvenzplans erfolgen. Die zweite Variante ist aufwändiger und kostspieliger. Durch die Belastung des Gerichts mit schwierigen betriebswirtschaftlichen Prüfungen kann sie auch zu Verzögerungen führen, welche die Masse auszehren. Im Allgemeinen wird deshalb, falls eine übertragende Sanierung durch Unternehmensveräußerung in das Blickfeld gerät, kein Insolvenzplan vorgelegt.[131]

92 Wenn der neue Unternehmensträger, also der Erwerber, für die Altverbindlichkeiten weiter haften würde, fände sich kaum ein Interessent. Deshalb werden zunächst die zum Unternehmen gehörenden Vermögensgegenstände (Aktiva) von den beim Unternehmensträger verbleibenden Verbindlichkeiten (Passiva) getrennt.[132] Der Erwerber wird **haftungsrechtlich privilegiert.** Vorschriften mit sanierungshemmender Wirkung wurden entweder aufgehoben oder sie sind nicht oder nur eingeschränkt anwendbar. Aufgehoben wurde **§ 419 BGB.**[133] Wenn der Insolvenzverwalter aus der Masse ein Handelsgeschäft veräußert, entfällt des Weiteren die sonst nach **§ 25 HGB** bestehende Haftung des Erwerbers für die im bisherigen Geschäftsbetrieb begründeten Verbindlichkeiten.[134] In gleicher Weise entfällt die Haftung für die betrieblichen Steuern aus dem letzten Kalenderjahr vor der Betriebsübernahme (**§ 75 Abs. 2 AO**). Wer außergerichtlich das Unternehmen eines illiquiden Unternehmensträgers erwirbt, haftet allerdings mit dem übernommenen Vermögen weiterhin für die in diesem Betrieb begründeten Steuerschulden (§ 75 Abs. 1 AO).

---

[125] *Rattunde* ZIP 2003, 2104, 2105.
[126] Dazu HK-*Landfermann* Vor §§ 270 ff RdNr. 12 f.
[127] Vgl. die Begründung des Regierungsentwurfs eines Gesetzes zur weiteren Erleichterung der Sanierung von Unternehmen vom 4.5.2011, BT-Drucks. 17/5712 S. 1, 17.
[128] Gesetz zur weiteren Erleichterung der Sanierung von Unternehmen vom 7.12.2011, BGBl. I 2582.
[129] BT-Drucks. 17/5712, S. 19.
[130] *Kübler/Prütting/Onnusseit*, InsO § 160 RdNr. 10.
[131] *Spieker*, aaO S. 38; *Jaeger/Henckel* § 1 RdNr. 15.
[132] *Wellensiek* NZI 2002, 233, 235; *Spieker,* aaO S. 28.
[133] Vgl. dazu die 1. Aufl.. RdNr. 91 f.
[134] BGH NJW 1992, 911.

Eine ähnlich sanierungshemmende Wirkung wie der frühere § 419 BGB hat **§ 613a BGB**. 93
Danach tritt, wenn ein Betrieb oder Betriebsteil veräußert wird, der Erwerber in die Rechte und
Pflichten aus bestehenden Arbeitsverhältnissen ein. Diese Vorschrift – wie in der Reformdiskussion
vielfach gefordert[135] – für Betriebsübertragungen im Insolvenzverfahren auszuschließen, hat sich
der Gesetzgeber nicht entschließen können. Die Vorschrift ist von der Rechtsprechung jedoch
teleologisch reduziert worden. Der Erwerber wird von der Haftung für die arbeitsrechtlichen
Verbindlichkeiten des früheren Unternehmensträgers freigestellt, wenn der Betriebsübergang nach
Eröffnung des Insolvenzverfahrens stattfindet.[136] Begründet wird dies mit dem das Insolvenzrecht
beherrschenden Grundsatz der Gläubigergleichbehandlung. Würde die vom Erwerber übernommene Belegschaft einen neuen zahlungskräftigen Haftungsschuldner für bereits entstandene Ansprüche erhalten, wäre sie im Verhältnis zu anderen Insolvenzgläubigern bevorzugt. Dieser Vorteil müsste
zudem von den anderen Insolvenzgläubigern finanziert werden, weil der Erwerber den Kaufpreis
mit Rücksicht auf die übernommene Haftung mindern würde. Dadurch würde die Verteilungsmasse
geschmälert. Der Betriebserwerber haftet somit nicht für Lohnansprüche der Arbeitnehmer, die vor
der Eröffnung des Insolvenzverfahrens entstanden sind.[137] Er muss auch nicht für das Insolvenzgeld
eintreten, das von der Bundesanstalt für Arbeit in den letzten drei Monaten vor Insolvenzeröffnung
gezahlt worden ist. In die Versorgungsanwartschaften tritt der Erwerber nur insoweit ein, als sie der
Arbeitnehmer nach Insolvenzeröffnung erdient hat.[138] Nach Ansicht des BAG muss der Erwerber
auch nicht Urlaubsansprüche erfüllen, soweit sie einem Zeitpunkt vor Insolvenzeröffnung zugeordnet werden können.[139] Ob ein Arbeitsverhältnis nach dem Betriebsübergang weiter einem Tarifvertrag unterfällt, ergibt sich aus dem Tarifrecht. Probleme können insoweit etwa dann entstehen, wenn
der neue Rechtsträger nicht in dem Arbeitgeberverband ist, der den Tarifvertrag abgeschlossen
hat.[140] Soweit Kollektivnormen nicht kollektivrechtlich weitergelten, werden sie gemäß § 613a
Abs. 1 Satz 2 bis 4 BGB Inhalt des Arbeitsvertrages.[141] Sie ändern mithin ihren Charakter.

Um dem Unternehmen eine verkaufsfähige Struktur zu geben, sind seine betriebswirtschaftlichen 94
Rahmenbedingungen zu verbessern.[142] Zu diesem Zweck müssen die Schwachstellen und Defizite
des insolventen Unternehmens ermittelt und Gegenmaßnahmen durchgeführt werden. Hierbei kann
ein Abbau von Personal unumgänglich sein. Ferner kann es notwendig sein, solche Betriebsteile, die
nicht rentabel fortgeführt werden können, stillzulegen. Meist ist damit ebenfalls ein Personalabbau
verbunden. Nach § 613a Abs. 4 BGB kann grundsätzlich aus Anlass eines Betriebsübergangs keinem
Arbeitnehmer gekündigt werden. Allerdings verstößt die Kündigung durch den Insolvenzverwalter
dann nicht gegen § 613a Abs. 4 BGB, wenn ein verbindliches Konzept oder ein Sanierungsplan des
Erwerbers vorliegt, dessen Durchführung im Zeitpunkt des Zugangs der Kündigungserklärung
bereits greifbare Formen angenommen hat.[143] Um etwaige sanierungsschädliche Auswirkungen des
§ 613a Abs. 4 BGB weiter einzudämmen, ordnet § 128 Abs. 1 InsO an, dass die §§ 125 bis 127
InsO – die den Kündigungsschutz für die Arbeitnehmer eines insolventen Unternehmens modifizieren – auch im Fall einer Betriebsveräußerung durch den Insolvenzverwalter gelten. Wenn der
Betrieb auf die Erfordernisse des Erwerbers umgestellt und ein Teil der Arbeitnehmer entlassen
werden soll, ist der Insolvenzverwalter nicht darauf angewiesen, die Betriebsänderung selbst durchzuführen und den Betrieb erst anschließend zu veräußern. § 128 Abs. 1 InsO ermöglicht es, dass erst
der Erwerber die Betriebsänderung durchführt, der Insolvenzverwalter aber schon vor der Betriebsveräußerung die erforderlichen Kündigungen ausspricht und deren Wirksamkeit in den Verfahren
nach §§ 125, 126 InsO klärt. Ergänzend bestimmt § 128 Abs. 2 InsO, dass ein Arbeitnehmer, der auf
Grund von §§ 125, 126 InsO die Wirksamkeit der betriebsbedingten Kündigung nicht mehr in
Frage stellen kann, sich auch nicht mehr gemäß § 613a Abs. 4 BGB darauf berufen kann, die Kündigung sei „wegen des Betriebsübergangs" erfolgt.

Teilweise wird beklagt, bei der übertragenden Sanierung habe das Gesetz gegenüber dem Regie- 95
rungsentwurf einen Rückschritt gebracht.[144] In §§ 181, 182 RegE war vorgesehen, dass Betriebsveräußerungen unter Wert oder an besonders Interessierte (Insider) nur auf der Grundlage eines Insol-

---

[135] Vgl. nur Gravenbrucher Kreis ZIP 1994, 585, 586.
[136] BAG NZI 2003, 222, 225 unter Übernahme der Rechtsprechung zur Konkursordnung BAGE 32, 326 = NJW 1980, 1124; BAG NJW 1993, 2259.
[137] BAG NZI 2003, 222, 225.
[138] BAG NZA 1990, 188. Grundlegend BAGE 32, 326 = NJW 1980, 1124.
[139] BGH NJW 2004, 1972, 1973.
[140] *Zwanziger,* aaO Vor § 128 InsO RdNr. 33.
[141] *Zwanziger,* aaO Vor § 128 InsO RdNr. 37.
[142] *Wellensiek* NZI 2002, 233, 235.
[143] BAG NJW 2003, 3506, 3507.
[144] *Balz,* Kölner Schrift, 2. Aufl. S. 3, 18 RdNr. 48 f.

venzplans stattfinden dürfen. Nach §§ 162, 163 genügt die Zustimmung durch die Gläubigerversammlung. Es wird befürchtet, dass die „groben Mechanismen der Willensbildung" in der Gläubigerversammlung Sanierungen im Wege des regelungstechnisch aufwändigeren Insolvenzplans deutlich in den Hintergrund drängen wird und dass *deshalb* Unternehmensveräußerungen unter Liquidationswert auch in Zukunft häufig vorkommen werden. Das Erste mag zutreffen, das zweite kaum. Die „Vergröberung" der Willensbildung – insbesondere das „In-einen-Topf-werfen" der gesicherten und der ungesicherten Gläubiger (s.o. RdNr. 59) – stärkt eher den Einfluss der ungesicherten Gläubiger; diese werden sich einer Betriebsveräußerung unter Wert aber am nachhaltigsten widersetzen, weil sie sich davon nichts versprechen können.

96   **3. Vereinfachte Kapitalherabsetzung bei Gesellschaften mit beschränkter Haftung.** Ein Unternehmen, das saniert werden soll, braucht Kapital. Die eingetretene Überschuldung zeigt, dass das vorhandene Kapital entweder aufgezehrt ist oder von vornherein nicht in ausreichendem Maße vorhanden war. Mit einer nominellen Kapitalherabsetzung wird deklaratorisch zum Ausdruck gebracht, dass das ursprüngliche Eigenkapital durch Wertminderungen oder Verluste aufgebraucht ist und im Falle einer Liquidation nicht mehr an die Gesellschafter zurückgezahlt werden kann. Nach §§ 58 a–f GmbHG gibt es bei der Gesellschaft mit beschränkter Haftung die Möglichkeit einer vereinfachten Kapitalherabsetzung. Diese orientiert sich an dem Vorbild der §§ 229–236 AktG. Gleichzeitig kann die Kapitalherabsetzung von einer effektiven Kapitalerhöhung begleitet werden. Dadurch werden zum Zwecke der Kapitalzufuhr neue Gesellschaftsanteile geschaffen, die von den bisherigen oder neu zu gewinnenden Gesellschaftern gegen Leistung der Stammeinlage übernommen werden können.[145] Seit dem 1.3.2012, dem Inkrafttreten des ESUG, können eine Kapitalherabsetzung oder -erhöhung, die Leistung von Sacheinlagen, der Ausschluss von Bezugsrechten oder die Zahlungen von Abfindungen an ausscheidende Anteilsinhaber auch in einem Insolvenzplan geregelt werden (§ 225a Abs. 2 Satz 2).

IV. Schuldnerschutz

97   Ebenso wie das Einzelzwangsvollstreckungsverfahren kann auch das Insolvenzverfahren nicht ausschließlich an den Interessen der Gläubiger ausgerichtet werden. Vielmehr sind schutzwürdige Interessen des Schuldners – und u. U. sogar Dritter (etwa der Familie des Schuldners, vgl. etwa § 100; zu den Arbeitnehmern vgl. o. RdNr. 85) – mitzuberücksichtigen.[146] Ob der Satz 2 des § 1, demzufolge dem redlichen Schuldner Gelegenheit gegeben wird, sich von seinen restlichen Verbindlichkeiten zu befreien, ein zusätzliches **Verfahrensziel** normiert, ist umstritten. Teilweise wird diese Frage ohne Umschweife bejaht,[147] teilweise wird sie verneint.[148] Der Wortlaut der Vorschrift spricht eher gegen die These, bei der Restschuldbefreiung handele es sich um ein Ziel des Insolvenzverfahrens. Es ist auffällig, dass es im ersten Satz heißt „dient dazu", im zweiten hingegen nur „wird Gelegenheit gegeben". Die Gesetzgebungsgeschichte trägt zur Erhellung wenig bei. Im Regierungsentwurf war der Satz 2 noch im Absatz 2 „versteckt", der sehr heterogene Regelungen enthielt. Die Aussage über die Möglichkeit der Restschuldbefreiung ist dann auf Betreiben des Rechtsausschusses in den ersten Absatz „aufgerückt". Zur Begründung wurde allerdings nicht etwa darauf hingewiesen, dass die Restschuldbefreiung ein weiteres Verfahrensziel sei; vielmehr wurde die Maßnahme als „redaktionelle Straffung" und „Rückführung auf die wesentlichen Elemente" erläutert.[149] Immerhin spricht die Verankerung der Restschuldbefreiung in § 1 Abs. 1 bei einer systematischen Auslegung nunmehr eher für die Auffassung, es handele sich um ein weiteres Verfahrensziel. Andererseits war es keineswegs selbstverständlich, dass die Restschuldbefreiung überhaupt in der Insolvenzordnung geregelt wird. Das Verfahren der Restschuldbefreiung ist dem Insolvenzverfahren „aufgepfropft" worden, was sich zB daran zeigt, dass die Restschuldbefreiung in einem besonderen Verfahren gewährt wird, das einen entsprechenden Antrag voraussetzt (§ 287 Abs. 1) und die Aufhebung des Insolvenzverfahrens überdauert (§ 287 Abs. 2 Satz 1). Auch wenn sich letztlich die Befürworter der Auffassung durchgesetzt haben, Regelungsstandort der Restschuldbefreiung müsse die Insolvenzordnung sein (dazu unten RdNr. 104), votierte eine beachtliche Mindermeinung dafür, jene nicht an ein Insolvenzverfahren zu knüpfen. Das wäre sicherlich möglich gewesen, und dies spricht wiederum dagegen, dass es sich bei der Restschuldbefreiung um ein unmittelbares Ziel des Insolvenzverfahrens

---

[145] Vgl. *Hirte,* Kölner Schrift, 2. Aufl., S. 1253 ff.
[146] *Uhlenbruck/I. Pape* § 1 RdNr. 1, 16.
[147] So zB von BGHZ 144, 78, 83 = NJW 2000, 1869, 1870: „... die beiden in § 1 genannten Verfahrensziele"; BGHZ 175, 307 RdNr. 10 = NZI 2008, 382; ebenso HKInsO-*Kirchhof* § 1 RdNr. 7; *Häsemeyer,* Insolvenzrecht RdNr. 1.12; *Ahrens,* ZZP 122 (2009), 133, 139.
[148] *Jaeger/Henckel* § 1 RdNr. 20.
[149] BT-Drucks. 12/7302 S. 155.

handelt. Vorlagen des AG München mit dem Ziel, die Verfassungswidrigkeit der §§ 286 ff. feststellen zu lassen, sind allerdings sämtlich beim BVerfG gescheitert.[150] Bemerkenswert ist in diesem Zusammenhang auch der am 25.1.2007 vorgelegte Referentenentwurf eines Gesetzes zur Entschuldung völlig mittelloser Personen und zur Änderung des Verbraucherinsolvenzverfahrens. Danach sollte in den masselosen Fällen die Eröffnung abgelehnt (§ 26) und unmittelbar in das Restschuldverfahren übergegangen werden. Ein Insolvenzverfahren sollte hier also gerade nicht stattfinden. Dann kann die Restschuldbefreiung auch nicht dessen Ziel sein.

Bisher wird man davon ausgehen müssen, dass die Restschuldbefreiung zwar kein unmittelbares Ziel des Insolvenzverfahrens ist, weil dieses Ziel nicht in diesem, sondern erst in einem weiteren Verfahren erreicht werden kann. Da es aber keine Restschuldbefreiung ohne Insolvenzverfahren gibt,[151] soll dieses dem Schuldner den Zugang zu dieser „Rechtswohltat" öffnen. Der Weg ist also das Ziel. Dieser Weg soll dem Schuldner im Insolvenzverfahren nicht verbaut, vielmehr geebnet werden. Insofern ist auch das Insolvenzverfahren auf das „Fernziel" Restschuldbefreiung bezogen, und man kann sagen, mittelbar bezwecke das Insolvenzverfahren auch diese. Das **InsOÄndG 2001** bekräftigt dies. In dem ihm zu Grunde liegenden Regierungsentwurf wurde der ungleichmäßige Zugang zur Restschuldbefreiung als „eine der wesentlichen Schwächen des Verbraucherinsolvenzverfahrens" bezeichnet. Das Ziel, dem Schuldner die Möglichkeit der Restschuldbefreiung zu eröffnen, ist indessen dem Ziel der gleichmäßigen Gläubigerbefriedigung *nicht* gleichberechtigt an die Seite gestellt.[152] In der Begründung des Regierungsentwurfs zu § 1 heißt es, dass „dem neuen Verfahren ein einheitliches Hauptziel zugrunde (liegt), die bestmögliche Befriedigung der Gläubiger. Dieses Ziel ist in erster Linie maßgebend für die Entscheidungen, die innerhalb des Verfahrens zu treffen sind".[153]

Im Übrigen hat sich der Gesetzgeber nicht dazu bekannt, dass er die Position des Schuldners hat stärken wollen. Aus der Bezeichnung des Gesetzes als *Insolvenz*ordnung kann etwas derartiges nicht hergeleitet werden. Zwar bezieht sich die Insolvenz auf die Person des Schuldners, während der Konkurs, welcher der *Konkurs*ordnung den Namen gab, auf die „zusammenlaufenden, sich vereinigenden" (von lat.: „concurrere") Gläubiger abzielte. Es ist jedoch nicht erkennbar, dass der Gesetzgeber die Namenswahl programmatisch getroffen hat. Soweit der Schuldner im Vergleich zum früheren Recht bessergestellt wird, etwa, um nur das neben der Restschuldbefreiung Wichtigste zu nennen, durch Vorschriften über den Insolvenzplan und die Eigenverwaltung (s. RdNr. 61 ff., 119 ff.), handelt es sich um Reflexe auf andere Verfahrensziele.[154] Eine in § 1 Abs. 2 Satz 2 RegE vorgesehene Berücksichtigung der Schuldnerinteressen wurde sogar gestrichen. Soweit beanstandet worden ist, die InsO schränke die Rechte des Schuldners – etwa durch die Einbeziehung des Neuerwerbs in die Insolvenzmasse – über Gebühr ein,[155] geht diese Auffassung deshalb fehl, weil sie den rechtlichen Zusammenhang mit den Regeln über die Restschuldbefreiung verkennt (vgl. u. RdNr. 103).[156]

1. Restschuldbefreiung. Das Insolvenzverfahren führt allein noch nicht zur Entschuldung. Vielmehr bleibt es insoweit bei dem allgemeinen Grundsatz der freien Nachforderung (§ 201). Die §§ 286 ff. InsO enthalten deshalb eine **Ausnahmeregelung.** Der Schuldner, der danach eine Restschuldbefreiung erlangen will, wird auf ein besonderes Verfahren verwiesen, das einen entsprechenden Antrag voraussetzt. Durch die Einführung der Restschuldbefreiung ist eine bislang vorliegende Ungleichbehandlung der Schuldner beseitigt worden. In den neuen Bundesländern war – jedenfalls im praktischen Ergebnis – eine Restschuldbefreiung möglich (vgl. § 18 GesO),[157] in den alten Bundesländern aber grundsätzlich nicht (vgl. § 164 Abs. 1 KO).[158] Innerhalb der alten Bundesländer

---

[150] BVerfG NZI 2003, 162 f.; 2004, 222 f.

[151] Nach ganz hM setzt die Gewährung der Restschuldbefreiung sogar einen Eigenantrag des Schuldners voraus, vgl. BGH NZI 2004, 511; 2004, 593; 2005, 271, 272.

[152] *Thomas,* Kölner Schrift, 2. Aufl., S. 1763, 1765 RdNr.7.*Busch/Graf-Schlicker* InVo 1998, 269; *Häsemeyer,* Insolvenzrecht RdNr. 1.12; ebenso bereits *Dorndorf,* FS Merz, S. 31, 38; aA AG München NJW 1999, 432 f.; *Reifner/Krüger* EWiR 1999, 85, 86; *I. Pape* NZI 1999, 89, 91; vgl. auch *Smid/Nellesen* InVo 1998, 113.

[153] BT-Drucks. 12/2443, S. 108; vgl. auch die Begr. zu § 66, BT-Drucks. 12/2443, S. 127.

[154] *Grub/Rinn* ZIP 1993, 1583, 1587; vgl. aber auch *Grub,* Kölner Schrift, 2. Aufl., S. 671, 709. RdNr. 100 ff.

[155] *Roellenbleg* NZI 2004, 176, 178.

[156] BGH ZVI 2004, 518.

[157] Dazu *Wenzel,* Die „Restschuldbefreiung" in den neuen Bundesländern, 1994; Kilger/*K. Schmidt* § 18 GesO Anm. 3 b.

[158] Die Befürchtung, dass diese regionalen Unterschiede zu einem „Restschuldtourismus" größeren Ausmaßes führen könnten – so zB *Arnold* BB 1992, 2232 f.; *Wenzel* MDR 1992, 1023 – hat sich allerdings – entgegen der Annahme von *Paulus* ZInsO 1999, 242, 246 – nicht bewahrheitet. Zur europaweiten Dimension des Problems s. *Knof* ZInsO 2005, 1017 ff.; *Hergenröder* DZWiK 2009, 309; *Mankowski* NZI 2011, 958.

bestand überdies eine Schieflage insoweit, als juristische Personen nach Abschluss des Konkursverfahrens oder auch bei Nichteröffnung mangels Masse aus dem Register gelöscht wurden. Damit trat faktisch eine Restschuldbefreiung ein.[159]

101 Das Ziel der Restschuldbefreiung ist es, dem Schuldner eine Perspektive auf eine dauerhaft gesicherte wirtschaftliche Existenz zu geben. Dieses Ziel darf jedoch nicht ausschließlich auf die Person des Schuldners bezogen und von dem Ziel der Haftungsverwirklichung abgekoppelt werden. Das wäre nicht einmal dann statthaft, wenn beide Verfahrensziele gleichberechtigt nebeneinander stünden; in Wirklichkeit stellt die Haftungsverwirklichung sogar das Hauptziel dar (s.o. RdNr. 20, 98). Deswegen ist das Insolvenzverfahren als reines Entschuldungsverfahren unstatthaft. Die Restschuldbefreiung muss auch den Gläubigern **Vorteile** bringen und das tut sie regelmäßig auch. Die Insolvenzordnung erschließt das künftige Einkommen des Schuldners für die Gesamtvollstreckung überhaupt erst, indem sie Lohnabtretungen und -pfändungen einschränkt (vgl. oben RdNr. 29a).[160] Vorteile hat die neue Regelung für die Gläubiger auch deshalb, weil ein Schuldner, der auf Restschuldbefreiung hoffen darf, eher motiviert sein wird, aktiv an der Bewältigung der Insolvenz mitzuwirken, als jemand, der eine jahrzehntelange, möglicherweise sogar lebenslängliche „Schuldknechtschaft" befürchten muss. Deshalb – und weil die Restschuldbefreiung voraussetzt, dass der Schuldner zuvor sein vorhandenes verwertbares Vermögen zur Befriedigung der Gläubiger eingesetzt hat – steht die Restschuldbefreiung, auch wenn sie zuallererst ein soziales Anliegen ist,[161] nicht von vornherein im Gegensatz zum Verfahrensziel der Haftungsverwirklichung. Insofern unterscheidet sich die Restschuldbefreiung nach §§ 286 ff. InsO (vgl. aber RdNr. 111) von der „discharge" in den USA, die jener als Vorbild gedient hat. Dort ist der vorrangige Zweck des Insolvenzverfahrens, die Gläubigerbefriedigung, ganz in den Hintergrund gerückt. Im Vordergrund steht die Schuldbefreiung.[162]

102 Die Restschuldbefreiung kann nach den **gesetzlichen Vorschriften** (§§ 286 ff. InsO) oder durch einen **Insolvenzplan** (s. RdNr. 61) erreicht werden. Der Insolvenzplan erlaubt – ähnlich wie der Vergleich des früheren Rechts – eine einvernehmliche Schuldenbereinigung zwischen dem Schuldnern und den Gläubigern. In einem Insolvenzplan kann die Restschuldbefreiung beliebig geregelt werden, solange der Schuldner nicht gegen seinen Willen schlechter gestellt wird, als er im gesetzlichen Restschuldbefreiungsverfahren stünde (vgl. § 247 Abs. 2 Nr. 1). Ist im Insolvenzplan bestimmt, dass die Insolvenzgläubiger innerhalb eines gewissen Zeitraums eine bestimmte Quote auf ihre Forderungen bekommen sollen, wird der Schuldner – wenn im Insolvenzplan nichts anderes bestimmt ist – mit der Ausschüttung dieser Quote an die Gläubiger von seinen restlichen Verbindlichkeiten gegenüber diesen Gläubigern befreit; entsprechendes gilt für die Gesellschafterhaftung (§ 227).

103 Während die Annahme eines Insolvenzplans die Zustimmung der Gläubigermehrheit voraussetzt (§§ 244–246), ermöglichen es die Vorschriften der §§ 286 ff. InsO einem redlichen Schuldner, auch **ohne Zustimmung der Gläubiger** die Restschuldbefreiung zu erlangen. Konflikte mit Art. 14 GG entstehen deswegen nicht, weil der Schuldner sein vorhandenes verwertbares Vermögen für die Gläubiger zur Verfügung stellen muss, ehe ihm Restschuldbefreiung gewährt werden kann.

104 In der Reformdiskussion vor Erlass der InsO ist die Frage aufgeworfen worden, ob die Restschuldbefreiung unbedingt dem Insolvenzrecht angegliedert werden muss oder ob eine eigenständige Regelung Vorteile hätte.[163] Der Gesetzgeber hat sich in der InsO dafür entschieden, dass die gesetzliche Restschuldbefreiung Bestandteil des Insolvenzrechts und die **Durchführung eines Insolvenzverfahrens Voraussetzung der gesetzlichen Restschuldbefreiung** ist.[164] Deshalb findet kein Restschuldbefreiungsverfahren statt, wenn das **Insolvenzverfahren mangels Masse nicht eröffnet** wird (§ 26). Es ist als „widersinnig" angeprangert worden, dass eine Restschuldbefreiung nur für denjenigen in Betracht kommt, dessen Vermögen gerade noch ausreicht, um die Kosten eines Insolvenzverfahrens zu decken, nicht aber für die „Ärmsten der Armen".[165] Dieser Vorwurf ist unberechtigt. Da der Schuldner, der unter größten Anstrengungen die Insolvenz gerade noch vermeidet, mit keinem Schuldnachlass rechnen darf, aber derjenige, der leichtfertig in die Insolvenz steuert, mit der Restschuldbefreiung belohnt wird,[166] sollte man in dem vorliegenden Zusammenhang mit „sozial"

---

[159] Vgl. *Pape* ZRP 1993, 285 mwN; *Uhlenbruck* § 1 RdNr. 15.
[160] *Balz*, Kölner Schrift, 2. Aufl., S. 3, 13 RdNr. 36.
[161] *Balz* aaO RdNr. 34.
[162] *Leipold/Gerhardt*, Insolvenzrecht im Umbruch S. 1, 2.
[163] Dazu *Uhlenbruck* KTS 1992, 518; *ders.* NZI 1999, 1, 7; *Prütting* ZIP 1992, 883; *Smid* DtZ 1993, 98, 100; *Pape* ZRP 1993, 285, 289; vgl. auch *dens.* ZInsO 1999, 49, 50.
[164] Kritisch *Uhlenbruck* NZI 1998, 1, 7, 9; *Jaeger/Henckel* § 1 RdNr. 23.
[165] Vgl. *Pape* ZRP 1993, 285, 290; *ders.* Rpfleger 1995, 133, 138; *ders.* ZIP 1997, 190, 192; *ders.* ZInsO 1999, 49 ff.
[166] *Nerlich/Römermann/Becker* § 1 RdNr. 31.

unterlegten Argumenten vorsichtig sein. Außerdem ist es ein anerkanntes Ziel der Insolvenzordnung, dass der Schuldner möglichst frühzeitig – also solange er noch etwas hat – einen Insolvenzantrag stellt (vgl. § 18). Wenn er alles verwirtschaftet, so dass die Masse nicht einmal mehr die Verfahrenskosten deckt, und dann erst den Insolvenzantrag stellt, erscheint es nicht als unbillig, dass er auf die Restschuldbefreiung verzichten muss. Schließlich ist die Restschuldbefreiung – so wie der Gesetzgeber sie bisher ausgestaltet hat – nur gerechtfertigt, wenn sie **auch den Interessen der Gläubiger** dient (s. RdNr. 101). Deswegen bleibt für sie kein Raum in solchen Fällen, in denen für die Gläubiger überhaupt nichts zu „holen" ist. Hier könnte nicht von einer „Rest-"Schuldbefreiung, sondern nur von einer Schuldbefreiung gesprochen werden, die allein dem Schuldner zustatten käme. Derselbe Gedanke kommt bei der Einstellung des Insolvenzverfahrens zum Tragen. In diesem Falle kann Restschuldbefreiung nur erteilt werden, wenn nach Anzeige der Masseunzulänglichkeit die Insolvenzmasse gemäß § 209 verteilt worden ist und die Einstellung nach § 211 erfolgt (§ 289 Abs. 3 Satz 1). Im Falle des § 207 scheidet eine Restschuldbefreiung aus. Verfassungsrechtlich ist diese Lösung unbedenklich.[167] Der Gesetzgeber war weder durch Art. 3 Abs. 1 noch durch Art. 103 GG gehalten, Schuldnern, die nicht einmal die Kosten eines Insolvenzverfahrens aufbringen können, eine Restschuldbefreiung zu ermöglichen.

Allerdings hat der Gesetzgeber mit dem **Insolvenzänderungsgesetz 2001** das Verhältnis der Restschuldbefreiung zu dem Verfahrensziel des § 1 Satz 1 (vgl. dazu oben RdNr. 97 f.) umgedreht. Das **Stundungsmodell** hat dann, wenn der Schuldner bis zur Restschuldbefreiung so viel – aber nicht mehr – verdient, dass der Treuhänder die zur Tilgung der gestundeten Verfahrenskosten notwendigen Beträge an den Fiskus abführen kann, zur Folge, dass die Gläubiger durch den erzwungenen Verzicht auf den Vollstreckungszugriff ein Verfahren finanzieren, das lediglich zum Verlust ihrer Forderungen führt. Die Wohlverhaltensphase verändert damit ihren Charakter: Nach der ursprünglichen Konzeption des Gesetzgebers sollte sie dazu dienen, „die Chancen der Insolvenzgläubiger, vom Schuldner tatsächlich Befriedigung zu erlangen", zu erhöhen.[168] Jetzt soll das Restschuldbefreiungsverfahren in erster Linie die Kosten aufbringen, um dem Schuldner eine Entschuldung zu ermöglichen. Die in Verfahren mit geringer Masse auftretenden Friktionen zwischen den beiden in § 1 normierten Verfahrenszielen werden damit einseitig zugunsten der eigentlich als Nebenzweck gedachten Restschuldbefreiung aufgelöst. In einem solchen Fall wird das Insolvenzverfahren unzulässigerweise zu einem reinen Entschuldungsverfahren.

Mit dem am 25.1.2007 vorgelegte Referentenentwurf eines **Gesetzes zur Entschuldung völlig mittelloser Personen und zur Änderung des Verbraucherinsolvenzverfahrens** kündigte sich ein Paradigmenwechsel an. Mit dem darin enthaltenen **Entschuldungsmodell** sollte die Entscheidung des Gesetzgebers aus dem Jahr 1994, wonach die gesetzliche Restschuldbefreiung Bestandteil des Insolvenzverfahrens und dessen Durchführung Voraussetzung der gesetzlichen Restschuldbefreiung ist, aufgegeben werden. In den masselosen Fällen sei, so hieß es, ein Insolvenzverfahren überflüssig. An die Ablehnung der Eröffnung (§ 26) sollte sich unmittelbar ein Restschuldbefreiungsverfahren anschließen. Unabhängig davon, ob der Schuldner Verbraucher war oder nicht, sollte er die in § 305 genannte Bescheinigung und die einschlägigen Verzeichnisse vorlegen müssen, außerdem, als „Ausgleich für das nicht stattfindende Insolvenzverfahren",[169] eine eidesstattliche Versicherung über seine Vermögensverhältnisse. Damit sollte den Gläubigern in etwa die gleiche Kenntnis über die Vermögensverhältnisse des Schuldners verschafft werden, wie sie sie in einem eröffneten Insolvenzverfahren erlangen könnten. Da diese Art der Restschuldbefreiung außerhalb eines Insolvenzverfahrens zu erlangen sein sollte, wäre der Grundsatz, dass das Insolvenzverfahren nicht zu einem reinen Entschuldungsverfahren werden darf, nicht angetastet worden. Dieser Entwurf ist jedoch nicht weiter verfolgt worden.

Am 18.1.2012 hat das BMJ den Entwurf eines **Gesetzes zur Verkürzung des Restschuldbefreiungsverfahrens, zur Stärkung der Gläubigerrechte und zur Insolvenzfestigkeit von Lizenzen** vorgelegt. Die Dauer der Restschuldbefreiung soll unter bestimmten Voraussetzungen – Erreichen einer Mindestbefriedigungsquote von 25 %, Deckung der Verfahrenskosten – verkürzt werden. Hierdurch soll insbesondere Unternehmensgründern nach einem Fehlstart zügig eine zweite Chance eröffnet werden. Die Anforderungen, die hierfür gestellt werden, sollen den Schuldner zu besonderen Anforderungen motivieren und zugleich die verfassungsrechtlichen Eigentumsrechte der Gläubiger wahren. Restschuldbefreiungsverfahren und Verbraucherinsolvenzverfahren sollen flexibler, effektiver und weniger aufwändig gestaltet werden. Ob und in welcher Form dieser Entwurf Gesetz werden wird, bleibt abzuwarten.

---

[167] Vgl. *Pawlowski* DZWIR 2001, 45, 54.
[168] Amtl. Begr. zum Dritten Abschnitt des RegE-InsO, BT-Drucks. 12/2443 S. 188.
[169] Allgemeine Begr. des RefE, Beilage 1 zu ZVI 2007 Heft 1 S. 3.

107 Nach § 286 (anders im Insolvenzplan) kann dem Schuldner nur dann Restschuldbefreiung gewährt werden, wenn es sich um eine **natürliche Person** handelt. Juristische Personen oder Gesellschaften ohne Rechtspersönlichkeit bedürfen keiner gesetzlichen Restschuldbefreiung, weil sie im Insolvenzverfahren entweder liquidiert oder saniert werden. Die natürliche Person, die eine Restschuldbefreiung begehrt, muss Schuldner in einem über ihr eigenes Vermögen geführten Insolvenzverfahren sein. Der persönlich haftende Gesellschafter einer Gesellschaft kann also nicht auf Grund eines Insolvenzverfahrens über das Vermögen der Gesellschaft von seiner Mithaftung für die Gesellschaftsschulden befreit werden. Dazu ist ein Insolvenzverfahren über sein eigenes Vermögen durchzuführen. Ebenso kann die Ehefrau eines insolventen Unternehmers, die durch Bürgschaft oder Schuldbeitritt die Mithaftung für dessen Verbindlichkeiten übernommen hat, von dieser Haftung nur befreit werden, wenn auch ein Insolvenzverfahren über ihr Vermögen durchgeführt wird.

108 Es ist kein Ziel des Insolvenzverfahrens, einem **unredlichen** Schuldner Gelegenheit zur Restschuldbefreiung zu geben, wenn auch selbst davon in einem Insolvenzplan abgewichen werden kann. Welcher Schuldner unredlich ist, wird in § 290 Abs. 1 definiert. Dass Redlichkeit allein nicht genügt, zeigt die dort aufgeführte Nr. 3: Ist dem Schuldner in den letzten zehn Jahren vor dem Antrag auf Eröffnung des Insolvenzverfahrens oder nach diesem Antrag schon einmal Restschuldbefreiung erteilt (oder nach den §§ 296, 297 versagt) worden, kann ihm keine Restschuldbefreiung gewährt werden. In der Begründung zu § 239 RegE, dem § 290 entspricht, heißt es dazu, es solle ein Missbrauch des Insolvenzverfahrens als Mittel zur wiederholten Reduzierung der Schuldenlast verhindert werden. Die Restschuldbefreiung solle als Hilfe für unverschuldet in Not geratene Personen dienen, nicht als Zuflucht für diejenigen, die bewusst finanzielle Risiken auf andere abwälzen wollen.[170] Allein der Umstand, dass der Schuldner innerhalb von zehn Jahren nach Erteilung einer Restschuldbefreiung wieder insolvent geworden ist, rechtfertigt aber noch nicht die Annahme eines Missbrauchs. Der Versagungsgrund der Nr. 3 kann eher mit der Erwägung gerechtfertigt werden, dass es den Gläubigern dieses Schuldners nicht zugemutet werden kann, ihm eine weitere Chance zu geben. Hier kommen die – ansonsten abgeschafften – Würdigkeitsvoraussetzungen (vgl. § 18 VerglO) wieder zum Vorschein.

109 Ein Schuldner, dem die Restschuldbefreiung gemäß § 291 angekündigt worden war und der in der Folgezeit „Wohlverhalten" an den Tag legte, insbesondere alle Obliegenheiten gemäß § 295 erfüllte, konnte gleichwohl zunächst nicht sicher mit der Erteilung der Restschuldbefreiung rechnen. Die Restschuldbefreiung wurde nach § 298 Abs. 1 auf Antrag des Treuhänders versagt, wenn die an diesen vom Schuldner abgeführten Beträge die **Mindestvergütung des Treuhänders** nicht deckten. Begründet wurde dies damit, es könne dem Treuhänder nicht zugemutet werden, über einen längeren Zeitraum hinweg ohne jede Vergütung tätig zu sein.[171] Das hat sich mit der Einführung des **Stundungsmodells** durch das **InsO ÄndG 2001** geändert (§ 298 Abs. 1 Satz 2). Auch die Kosten der Wohlverhaltensperiode können gemäß § 4a Abs. 1 Satz 1 und 2, Abs. 3 Satz 2 gestundet werden.

110 **2. Verbraucherinsolvenzverfahren.** Das Verbraucherinsolvenzverfahren (§§ 304 ff.) ist erst durch den Rechtsausschuss in den Gesetzentwurf eingefügt worden. Nach der vom Rechtsausschuss gegebenen Begründung sollte dadurch den besonderen Bedürfnissen der Verbraucher und Kleingewerbetreibenden[172] besser Rechnung getragen werden können; gleichzeitig versprach man sich eine Entlastung der Gerichte.[173] Entscheidend dürfte der zuletzt genannte Grund gewesen sein. Die Restschuldbefreiung nach §§ 286 ff. InsO ist nur im Anschluss an ein Insolvenzverfahren möglich. Angesichts der hohen Zahl überschuldeter Haushalte befürchtete man ein Flut von Kleininsolvenzverfahren, deren Eröffnung lediglich wegen der Aussicht auf die Restschuldbefreiung beantragt wird.[174] Um dies zu vermeiden, ist das Verbraucherinsolvenzverfahren **für Verbraucher zwingend** vorgeschrieben worden; die §§ 286 ff. InsO gelten für sie nicht. Innerhalb des Verbraucherinsolvenzverfahrens wird eine außergerichtliche Entschuldung nicht nur ermöglicht, sondern eindeutig favorisiert. Erweist sich dieser Weg im Einzelfall nicht als Erfolg versprechend, ist lediglich ein vereinfachtes Insolvenzverfahren durchzuführen. Aktive **Kleinunternehmer** fallen nicht in den Anwendungsbereich des Verbraucherinsolvenzverfahrens; ehemalige Kleinunternehmer fallen nur darunter, wenn ihre Vermögensverhältnisse überschaubar sind (d. h. wenn sie zu dem Zeitpunkt, zu dem der Insolvenzantrag

---

[170] BT-Drucks. 12/2443 S. 190; aus ähnlichen Erwägungen war in der Reformdiskussion sogar gefordert worden, jede natürliche Person dürfe nur einmal in ihrem Leben Restschuldbefreiung erhalten, vgl. *Prütting* ZIP 1992, 882, 883.
[171] Begr. zu § 246 RegE, BT-Drucks. 12/2443 S. 193.
[172] Vgl. hierzu: *Kögel* DZWIR 1999, 235 ff.
[173] BT-Drucks. 12/7302 S. 189.
[174] Stellungnahme des BRats zu §§ 235 ff. RegE, BT-Drucks. 12/2443 S. 255.

gestellt wird, weniger als 20 Gläubiger haben) und gegen sie keine Forderungen aus Arbeitsverhältnissen bestehen (§ 304 Abs. 1 Satz 2 und Abs. 2).

Bei Verbrauchern (zum Begriff vgl. § 304 Abs. 1) ist in der Regel wenig Vermögen zu verwerten. **111** Deshalb tritt hier die Liquidation in den Hintergrund. Vorrangig geht es darum, dem Schuldner durch eine angemessene Schuldenbereinigung einen wirtschaftlichen Neuanfang („fresh start") zu ermöglichen.[175] Dazu bedarf es nicht notwendig eines gerichtlichen Verfahrens.

Da bei einem insolventen Verbraucher nicht viel zu „holen" ist, wäre für die Abwicklung der **112** Verbraucherinsolvenz das Regelverfahren – trotz seiner Tendenz zur Deregulierung (s. RdNr. 46) – viel zu aufwändig und teuer. Für die Verbraucherinsolvenz hat der Gesetzgeber deshalb den Zwang zur außergerichtlichen Einigung wesentlich verstärkt und ein – vermeintlich zweckentsprechendes – dreistufiges Verfahren vorgesehen (§§ 305 bis 314).

Wegen des Ablaufs des Verbraucherinsolvenzverfahrens vgl. Vorauflage RdNr. 113, 114, 117, **113** 118. Inzwischen hat sich herausgestellt, dass dieser Verfahrensgang viel zu umständlich ausgestaltet worden ist. Das Kosteninteresse, das für diese Konzeption maßgeblich war, ist auch verfehlt worden. Dieser Misserfolg hat sich vor allem nach der als flankierende Maßnahme gedachten Einführung des **Stundungsmodells** (§§ 4a bis 4 d) dramatisch verschärft. Die Erwartung, durch die Gewährung einer Verfahrenskostenstundung anstelle von Prozesskostenhilfe werde die finanzielle Belastung der Länder geringer, hat – wie absehbar – getrogen.

entfallen **114–118**

3. Eigenverwaltung des Schuldners. Durch die Eröffnung des Insolvenzverfahrens geht das **119** Recht des Schuldners, das zur Insolvenzmasse gehörende Vermögen zu **verwalten** und über es zu **verfügen,** auf den Insolvenzverwalter über (§ 80 Abs. 1). Auf Antrag des Schuldners kann aber das Insolvenzgericht in dem Beschluss über die Eröffnung des Insolvenzverfahrens die Eigenverwaltung anordnen. Die Anordnung setzt neben dem Schuldnerantrag voraus, dass keine Umstände bekannt sind, die erwarten lassen, dass die Anordnung zu Nachteilen für die Gläubiger führen wird (§ 270 Abs. 2 Nr. 2); diese Voraussetzung gilt als erfüllt, wenn der Antrag von einem einstimmigen Beschluss des vorläufigen Gläubigerausschusses unterstützt wird (§ 270 Abs. 3 Satz 2). Das ESUG[176] hat die Voraussetzungen für die Anordnung der Eigenverwaltung auch im Übrigen maßvoll gelockert. Beantragt der Schuldner schon bei drohender Zahlungsunfähigkeit (§ 18) die Eröffnung eines Insolvenzverfahrens mit Eigenverwaltung, so hat ihm das Gericht etwaige Bedenken gegen die Anordnung der Eigenverwaltung rechtzeitig vor der Verfahrenseröffnung mitzuteilen und ihm Gelegenheit zu geben, den Eröffnungsantrag zurückzunehmen (§ 270a Abs. 2). Ein aussichtsreicher Antrag auf Eigenverwaltung darf nicht durch die Einsetzung eines „starken" vorläufigen Insolvenzverwalters negativ präjudiziert werden. Das Gericht bestellt deshalb keinen vorläufigen Verwalter, sondern lediglich einen vorläufigen Sachwalter (§ 270a Abs. 1). Schließlich bietet § 270b lediglich bei drohender Zahlungsunfähigkeit oder Überschuldung den Schuldnern die Möglichkeit, unter der Sicherheit eines „Schutzschirms"[177] und in Eigenverwaltung einen Sanierungsplan zu erarbeiten. Wird das Insolvenzverfahren eröffnet und die Eigenverwaltung angeordnet, ist der Schuldner berechtigt, unter der Aufsicht eines Sachwalters die Insolvenzmasse zu verwalten und über sie zu verfügen (§ 270 Abs. 1 Satz 1). Grundsätzlich ist der Schuldner in einem solchen Falle auch für die Durchführung des Insolvenzverfahrens zuständig. Er hat die sonst in die Zuständigkeit des Insolvenzverwalters fallenden Verzeichnisse zu erstellen (§ 281 Abs. 1 Satz 1). Im Berichtstermin hat der Schuldner wie ein Insolvenzverwalter den Gläubigern Bericht zu erstatten (§ 281 Abs. 2 Satz 1). Der Schuldner ist berechtigt, der Insolvenzmasse die Mittel zu entnehmen, die für den Lebensunterhalt seiner Familie erforderlich sind (§ 278 Abs. 1). Er entscheidet grundsätzlich über die Fortsetzung beiderseits nicht vollständig erfüllter Vertragsverhältnisse (§ 279 Satz 1) und über die Aufnahme von Prozessen.[178] Auch für die Verwertung der Masse einschließlich solcher Gegenstände, an denen Absonderungsrechte bestehen, ist der Schuldner zuständig (§ 282 Abs. 1 Satz 1). Die Gläubigerversammlung kann den Schuldner mit der Ausarbeitung eines Insolvenzplans beauftragen (§ 284 Abs. 1).

Insbesondere aus dem Kreise der Insolvenzverwalter ist zunächst die Befürchtung geäußert worden, bei so viel **„Entgegenkommen" gegenüber dem Schuldner** werde die Eigenverwaltung **120** bei mittleren und größeren Wirtschaftsunternehmen zum Regelinsolvenzverfahren werden. Wenn die abschreckende Wirkung des Entzugs der Verfügungsmacht entfalle, werde der Schuldner ein Insolvenzverfahren ungehemmt als Sanierungsmittel einsetzen. Da ca. 90 % aller Insolvenzen auf Managementfehlern beruhten und bei ca. 80 % aller Firmenzusammenbrüche Insolvenzstraftaten

---

[175] *Smid/Nellesen* InVo 1998, 113.
[176] Gesetz zur weiteren Erleichterung der Sanierung von Unternehmen vom 7.12.2011, BGBl. I S. 2582.
[177] BT-Drucks. 17/5712 S. 19.
[178] Begr. zu § 331 RegR, BT-Drucks. 12/2443 S. 223.

verübt würden, werde sozusagen „der Bock zum Gärtner gemacht", wenn die Insolvenzordnung dem Schuldner das rechtliche Instrument anbiete, sich in der Insolvenz selbst zu verwalten.[179]

121 Eine derartige – nicht wünschenswerte – Entwicklung ist indessen vom Gesetzgeber der InsO nicht beabsichtigt. Schon in der Begründung zum Regierungsentwurf ist hervorgehoben worden, es erscheine zweckmäßig, für den **Regelfall** des Insolvenzverfahrens anzuordnen, dass **nicht der Schuldner** die Verfügungs- und Verwaltungsbefugnisse über die Insolvenzmasse ausübe, sondern ein unabhängiger Insolvenzverwalter. Eine Person, die den Eintritt der Insolvenz nicht habe vermeiden können, werde meist nicht dazu geeignet sein, die Insolvenzmasse optimal zu verwerten und bei der Durchführung des Insolvenzverfahrens die Interessen der Gläubiger über die eigenen Interessen zu stellen.[180] Diese Tendenz ist durch die Beschlussempfehlung des Rechtsausschusses, auf den die Gesetzesfassung zurückgeht, noch verschärft worden. Darin heißt es, die Eigenverwaltung des Schuldners solle nicht zum Nachteil der Gläubiger praktiziert werden können. Insbesondere sei es nicht Zweck eines derartigen Verfahrens, dass der Schuldner über längere Zeit ein Unternehmen oder einen Betrieb weiterführen könne, ohne das Ziel des Insolvenzverfahrens, die bestmögliche Gläubigerbefriedigung, zu fördern. Der Ausschuss ging ausdrücklich davon aus, dass die Eigenverwaltung die Ausnahme und nicht die Regel sein wird.[181] Danach kam die Anordnung der Eigenverwaltung regelmäßig nur dann in Betracht, wenn es für die Gläubiger günstiger war, dem Schuldner die Verwaltungs- und Verfügungsbefugnis zu belassen. Dies war zum Beispiel dann der Fall, wenn die Kenntnisse und Erfahrungen des Schuldners für die Geschäftsführung des Unternehmens unentbehrlich sind und nicht auf andere Weise genutzt werden können oder wenn ein Fremdverwalter eine zu lange Einarbeitungszeit benötigt. Bei Kleininsolvenzen konnte sich die Eigenverwaltung deshalb empfehlen, weil die Einschaltung eines Fremdverwalters zu aufwändig war.

122 Seit dem Inkrafttreten des ESUG am 1.3.2012 gelten weniger strenge Anforderungen. Der Gläubiger, der den Eröffnungsantrag gestellt hat, braucht dem Antrag auf Anordnung der Eigenverwaltung nicht mehr zuzustimmen; § 270 Abs. 2 Nr. 2 InsO aF wurde gestrichen. Die Anordnung hindernde Belange der Gläubiger müssen bekannt sein, um der Anordnung entgegen zu stehen (§ 270 Abs. 2 Nr. 2); Unklarheiten über mögliche Nachteile der Gläubiger (vgl. § 270 Abs. 2 Nr. 3 aF) gehen damit nicht mehr zu Lasten des Schuldners. Stimmt der vorläufige Gläubigerausschuss dem Antrag auf Eigenverwaltung einstimmig zu, gilt die Anordnung nicht als nachteilig für die Gläubiger (§ 279 Abs. 3). Führt die Eigenverwaltung zu Nachteilen für die Gläubiger, ist sie auf deren Antrag **aufzuheben** (§ 272 Abs. 1 Nr. 1 und 2). Nach den bisherigen Erfahrungen spielt die Eigenverwaltung – von einigen spektakulären Fällen abgesehen[182] – in der Praxis kaum eine Rolle.[183] Seit dem Inkrafttreten des ESUG soll die Zahl der mit dem Antrag auf Anordnung der Eigenverwaltung verbundenen Eröffnungsanträge deutlich gestiegen sein; von dem „Schutzschirmverfahren" des § 270b wird Berichten aus der Praxis zufolge hingegen nur wenig Gebrauch gemacht.

123 **4. Sonstige Verfahrensbeteiligung des Schuldners.** Es ist bereits darauf hingewiesen worden, dass es kein Ziel des Insolvenzverfahrens ist, allgemein die Rechtsstellung des Schuldners zu stärken (s. RdNr. 99). Insbesondere kann – von einzelnen Ausnahmen abgesehen – keine Rede davon sein, dass die Mitbestimmungsrechte des Schuldners erheblich ausgeweitet worden seien.[184] Gefördert wird indessen seine aktive Mitwirkung bei der Erreichung der Verfahrensziele.

124 **a) Gestaltungsrechte.** Allerdings kann der Schuldner das **Insolvenzverfahren** als einziger schon dann **in Gang bringen**, wenn die **Zahlungsunfähigkeit** noch gar nicht eingetreten ist, sondern erst **droht** (§ 18). Dritten steht dieses Antragsrecht nicht zu. Dem Schuldner wird damit ein Instrument an die Hand gegeben, bei einer sich deutlich abzeichnenden Insolvenz bereits vor ihrem Eintritt verfahrensrechtliche Gegenmaßnahmen einzuleiten. Dazu gehört insbesondere das Schutzschirmverfahren des § 270b, die Vorlage eines Insolvenzplans (vgl. § 218 Abs. 1 Satz 1) oder – falls der Schuldner ein Verbraucher ist – eines Schuldenbereinigungsplans (§ 305 Abs. 1 Nr. 4).

125 Außerhalb des neu geschaffenen Insolvenzgrunds der drohenden Zahlungsunfähigkeit ist das **Initiativrecht des Schuldners zur Vorlage eines Insolvenzplans** (§ 218 Abs. 1 Satz 1) nicht bedeutsamer als das schon frühere (sogar ausschließliche) Recht, einen Vergleich zu beantragen (vgl. § 2 Abs. 1 Satz 2 VerglO). Die Gläubiger können einen vom Schuldner vorgelegten Insolvenzplan mit einfacher Mehrheit verwerfen (§ 244). Wichtiger als die verfahrensrechtlichen Möglichkeiten des

---

[179] Vgl. *Grub/Rinn* ZIP 1993, 1583, 1587; *Grub* WM 1994, 880, 881; *ders.*, Kölner Schrift, 3. Aufl., S. 491 RdNr. 38 ff., 150.
[180] BT-Drucks. 12/2443 S. 222.
[181] BT-Drucks. 12/7302 S. 185; vgl auch *Uhlenbruck* NZI 1998, 1, 7; *Smid/Nellesen* InVo 1998, 113, 114.
[182] Dazu HK-*Landfermann* Vor §§ 270 ff. RdNr. 10 ff.
[183] Im Jahre 2007 gab es bei 29.160 Unternehmensinsolvenzverfahren nur 147 Eigenverwaltungen.
[184] Anders *Smid/Nellesen* InVo 1998, 113, 114.

Schuldners sind die Vorteile, die ihm daraus erwachsen, dass die Würdigkeitsvoraussetzungen (vgl. §§ 17, 18 VerglO) großteils entfallen sind (s. aber RdNr. 108), dass keine Mindestquote (vgl. § 7 Abs. 1 VerglO) mehr erreicht werden muss, dass Zahlungsfristen (vgl. § 7 Abs. 2 VerglO) nur noch kraft Vereinbarung beachtlich sind und dass Aus- und Absonderungsberechtigte sowie Vorrechtsgläubiger (vgl. § 26 Abs. 1 VerglO) nunmehr miteinbezogen werden.

b) Anhörungsrechte. Es trifft gewiss zu, dass der Schuldner nicht nur im Verfahren anzuhören ist (vgl. die in § 10 RdNr. 3 angegebenen Beispiele), sondern gemäß Art. 103 Abs. 1 GG einen Anspruch auf rechtliches Gehör hat (zum Unterschied vgl. § 5 RdNr. 76). Diesen hatte er aber auch schon nach früherem Recht. Vermöge dieser verfassungsrechtlichen Garantie kann der Schuldner auf den Lauf des Verfahrens somit nicht mehr Einfluss nehmen als früher.[185]   126

c) Teilnahmerechte. Nach § 156 Abs. 2 Satz 1 ist dem Schuldner Gelegenheit zu geben, am Berichtstermin teilzunehmen und sich zu dem Bericht des Insolvenzverwalters zu äußern. Nach der Begründung zu § 175 RegE, dem § 156 entspricht, dient die Anhörung allerdings weniger den Schuldnerinteressen als vielmehr „der umfassenden Unterrichtung der Gläubiger".[186] Wie bisher (vgl. § 141 Abs. 2 KO) ist auch eine Teilnahme des Schuldners am Prüfungstermin vorgesehen (vgl. § 176). Hat der Schuldner den Prüfungstermin (schuldlos) versäumt, so hat ihm das Insolvenzgericht auf Antrag die Wiedereinsetzung in den vorigen Stand zu gewähren (§ 186).   127

d) Informationsrechte. Will der Insolvenzverwalter vor dem Berichtstermin das Unternehmen des Schuldners stilllegen, hat er diesem von seinem Vorhaben Kenntnis zu geben (§ 158 Abs. 2 Satz 1). Auch vor anderen bedeutsamen Rechtshandlungen muss der Insolvenzverwalter den Schuldner unterrichten, wenn dies ohne nachteilige Verzögerung möglich ist (§ 161 Satz 1). Ein Unterschied zum früheren Recht (vgl. §§ 130, 135 Abs. 1 KO) besteht in beiden Fällen nicht.   128

e) Antragsrechte.[187] Auf Antrag des Schuldners kann das Insolvenzgericht die Stilllegung des Schuldner-Betriebes oder andere besonders bedeutsame Rechtshandlungen vorläufig untersagen, es sei denn die Gläubigerversammlung hat bereits ihre Zustimmung erteilt (§§ 158 Abs. 2 Satz 2, 161 Satz 2). Auch insofern hat die Insolvenzordnung die Rechte des Schuldners kaum erweitert (vgl. §§ 130 Abs. 2, 135 KO).[188] Neu ist zwar das Antragsrecht gemäß § 163 Abs. 1: Der Schuldner kann beantragen, dass eine geplante Veräußerung seines Unternehmens oder eines Betriebes nur mit Zustimmung der Gläubigerversammlung zulässig ist, wenn er glaubhaft macht, dass eine Veräußerung an einen anderen Erwerber für die Insolvenzmasse günstiger wäre.[189] Die Gläubigerversammlung kann sich über die Bedenken des Schuldners hinwegsetzen. Neu ist ferner, dass der Schuldner nach § 212 die Möglichkeit hat, beim Insolvenzgericht die Einstellung des Insolvenzverfahrens zu beantragen, wenn er glaubhaft macht, dass der Eröffnungsgrund weggefallen ist. Der außerdem mögliche Einstellungsantrag mit Zustimmung der Gläubiger (§ 213) entspricht dem früheren Recht (vgl. § 202 KO).   129

f) Auskunfts- und Mitwirkungspflichten. Die Insolvenzordnung legt mehr Wert als etwa die Konkursordnung auf eine **aktive Mitwirkung des Schuldners** bei der Erreichung der Verfahrensziele. Er soll nicht die Möglichkeit haben, „sich passiv und gleichsam träge in die Hand eines staatlich geordneten Verfahrens zu geben, an dessen Ende – quasi automatisch – die Befreiung von seinen restlichen Schulden steht".[190] Vielmehr ist der Schuldner gemäß § 97 in mannigfacher Weise zur Auskunft und Mitwirkung verpflichtet (vgl. § 5 RdNr. 60 ff.);[191] auch hat er den Verwalter bei der Erfüllung von dessen Aufgaben zu unterstützen. Um die Berechtigung zur Eigenverwaltung und die Restschuldbefreiung zu erlangen, muss der Schuldner das Verfahren ebenfalls aktiv fördern. Während der Laufzeit der Abtretungserklärung (vgl. § 287 Abs. 2 Satz 1) werden dem Schuldner bestimmte Obliegenheiten auferlegt (§ 295). In besonderem Maße wird der Einsatz des Schuldners im Verbraucherinsolvenzverfahren erwartet. Er hat sich schon im Vorfeld der Insolvenz („erste Stufe", s.o. RdNr. 113) um eine außergerichtliche Einigung zu bemühen (vgl. § 305 Abs. 1 Nr. 1) und muss diese Bemühungen in der „zweiten Stufe" (s.o. RdNr. 114) fortsetzen.   130

Ist der Schuldner keine natürliche Person, so treffen die Auskunfts- und Mitwirkungspflichten die Mitglieder des Vertretungs- oder Aufsichtsorgans und die vertretungsberechtigten persönlich   131

---

[185] Anders wohl *Smid/Nellesen* InVo 1998, 113, 114.
[186] BT-Drucks. 12/2443 S. 173.
[187] Vgl. dazu *Grub*, Kölner Schrift, 2. Aufl. S. 671, 693 RdNr. 58 ff.
[188] AA *Smid/Nellesen* InVo 1998, 113, 115, die aber eine „schadensbegrenzende Auslegung" der Vorschrift befürworten.
[189] Auch insoweit schlagen *Smid/Nellesen* InVo 1998, 113, 115 f. eine restriktive Handhabung vor.
[190] *Schmidt-Räntsch* MDR 1994, 321, 323.
[191] Vgl. dazu BGH NZI 2004, 21 m. Anm. *Uhlenbruck*; *Uhlenbruck* NZI 2002, 401; *Gaiser* ZInsO 2002, 472.

haftenden Gesellschafter des Schuldners (§ 101 Abs. 1 Satz 1). Genauso in der Pflicht sind auch Personen, die nicht früher als zwei Jahre vor dem Insolvenzantrag aus einer solchen Stellung ausgeschieden sind (§ 101 Abs. 1 Satz 2) sowie Angestellte und frühere Angestellte des Schuldners (§ 101 Abs. 2).

132 Bevor im Einzelfall eine Auskunfts- oder Mitwirkungspflicht des Schuldners und seiner organschaftlichen Vertreter (§ 101) angenommen wird, ist stets zu prüfen, ob die Verpflichtung nicht den Insolvenzverwalter unmittelbar trifft.[192] So hat der Insolvenzverwalter in Fällen der Betriebsfortführung dem Arbeitnehmer auch dann ein Zeugnis auszustellen, wenn sich dieses auch auf die Zeit vor Insolvenzeröffnung erstreckt.[193] Wenn der Insolvenzverwalter hierzu eine Stellungnahme des Schuldners benötigt, ist dieser zu deren Abgabe verpflichtet.

133 Die Mitwirkungspflicht des Schuldners und seiner organschaftlichen Vertreter (§ 101) ist außerdem abzugrenzen von einer – gesondert zu vergütenden – **Mitarbeit** im Rahmen der Insolvenzabwicklung.[194] Eine Mitarbeitspflicht des Schuldners oder seiner organschaftlichen Vertreter besteht, wenn das Schuldnerunternehmen entweder im ausschließlichen Interesse des Schuldners oder der Gesellschafter oder auf Grund eines Insolvenzplans im Interesse aller Beteiligten fortgeführt werden soll.[195]

134 Die Erfüllung der Auskunfts- und Mitwirkungspflichten kann nach § 98 erzwungen werden. Verstöße gegen Auskunfts- und Mitwirkungspflichten führen außerdem zur Versagung der Restschuldbefreiung (§ 290 Abs. 1 Nr. 5); in gleicher Weise werden unrichtige oder unvollständige Angaben sanktioniert (§ 290 Abs. 1 Nr. 6). Die Verletzung der in § 295 normierten Obliegenheiten kann ebenfalls die Versagung der Restschuldbefreiung zur Folge haben (§§ 296, 303). Für die Mitarbeitspflichten scheidet eine – direkte oder analoge – Anwendung des § 98 aus.[196]

Vorbemerkungen vor §§ 2 bis 10

Schrifttum: *Berges,* Der Konkurs als Aufgabe treuhänderischer Rechtspflege – Die Grundzüge des deutschen Konkurses, KTS 1960, 1 ff.; *Bötticher,* Regelungsstreitigkeiten, FS Fr. Lent, 1957, 89 ff.; *ders.,* Die Konkursmasse als Rechtsträger und der Konkursverwalter als ihr Organ, ZZP 77 (1964), 55 ff.; *ders.,* Funktionelle und instrumentale Züge des Konkursverfahrens, ZZP 86 (1973), 373 ff.; *Busch/Graf-Schlicker,* Restschuldbefreiung mit Prozeßkostenhilfe?, InVo 1998, 269 ff.; *Fritsche,* Die Zulässigkeit des Insolvenzantrags, DZWIR 2003, 234 ff.; *Hax,* Die ökonomischen Aspekte der neuen Insolvenzordnung, in Kübler, Neuordnung des Insolvenzrechts 1989, 21 ff.; *Henckel,* Wert und Unwert juristischer Konstruktion im Konkursrecht, FS Fr. Weber, 1975, 237 ff.; *Lorenz,* Kann der Konkursantrag durch den Gläubiger nach Ablehnung mangels Masse (§ 107 Abs. 1 KO) noch zurückgenommen werden?, KTS 1963, 237 ff.; *Münzel,* Freiwillige Gerichtsbarkeit und Zivilprozess in der neueren Entwicklung, ZZP 66 (1953), 334 ff.; *K. Schmidt,* Das Insolvenzrecht und seine Reform zwischen Prozessrecht und Unternehmensrecht, KTS 1988, 1 ff.; *Smid,* Grund und Grenzen der Rechtsmittelbefugnis des Konkursverwalters, ZIP 1995, 1137 ff.

I. Insolvenzverfahrensrecht

1 Während die Konkursordnung in ihrem ersten Buche unter der Überschrift „Konkursrecht" das materielle Konkursrecht und im zweiten Buche „das Konkursverfahren", also das formelle Konkursrecht, behandelte, folgt die Insolvenzordnung in ihrem Aufbau dem Gang des Verfahrens. Schon der erste Teil enthält mit den §§ 2–10 die **grundlegenden Vorschriften des Insolvenzverfahrensrechts (formellen Insolvenzrechts)**.[1] Weitere insolvenzverfahrensrechtliche Vorschriften enthalten insbesondere die §§ 11 f. (Insolvenzfähigkeit), §§ 13 bis 34 (Eröffnungsverfahren), §§ 35 ff. (Insolvenzmasse), §§ 38 ff. (Insolvenzgläubiger), § 89 (Vollstreckungsverbot), §§ 148 ff. (Verwaltung und Verwertung der Insolvenzmasse) und die §§ 174 ff. (Feststellung der Insolvenzforderungen),

2 Das Insolvenzverfahrensrecht ist – wie jedes Verfahrensrecht – öffentliches Recht. Die *besonderen* Vorschriften über das Insolvenzverfahren sind weitgehend dispositiv. Die Insolvenzordnung ist um eine „Deregulierung" bemüht (siehe § 1 RdNr. 46 und unten RdNr. 6 f.) und setzt der privatautonomen Abwicklung der Insolvenz so wenig Schranken wie möglich. Demgegenüber enthalten die *allgemeinen* Vorschriften der §§ 2 bis 10 grundsätzlich **zwingendes Recht**.[2]

---

[192] *Uhlenbruck* InVo 1997, 225.
[193] BAG ZIP 1991, 744.
[194] *Uhlenbruck* InVo 1997, 225, 227.
[195] *Uhlenbruck* InVo 1997, 225, 227.
[196] *Uhlenbruck* InVo 1997, 225, 227.
[1] *Häsemeyer,* Insolvenzrecht RdNr. 3.1.
[2] *Jaeger/Gerhardt* § 2 RdNr. 6; HKInsO-*Kirchhof* § 2 RdNr. 1.

Abzugrenzen ist das formelle Insolvenzrecht von dem **materiellen Insolvenzrecht.** Darunter 2a fallen die Normen, die auf die materielle Rechtslage einwirken, so etwa die §§ 47 ff. (Aus- und Absonderung), §§ 53 ff. (Masseverbindlichkeiten und Massegläubiger), § 60 f. (Haftung des Insolvenzverwalters), §§ 94 ff. (Aufrechnung), §§ 103 ff. (Erfüllung gegenseitiger Verträge) und die §§ 129 ff. (Anfechtung).

II. Begriff und Wesen des Insolvenzverfahrens

Die – in ihrer praktischen Bedeutung als gering zu bewertende – Streitfrage, ob das Insolvenzverfahren zum Vollstreckungsrecht und somit zur streitigen Gerichtsbarkeit gehört oder ob es sich um einen Teil der freiwilligen Gerichtsbarkeit handelt, ist nicht eindeutig zu beantworten: 3

Das **Konkursverfahren** war nach herrschender Meinung[3] ein (Gesamt-)Vollstreckungsverfahren 4 und somit der streitigen Gerichtsbarkeit zuzurechnen. Die Gegenmeinung[4] rückte es als „Regelungsstreitigkeit"[5] in die Nähe der freiwilligen Gerichtsbarkeit.

Für das **Insolvenzverfahren** sind die Meinungen ebenfalls geteilt.[6] Das Insolvenzverfahren ist, 5 weil das Vermögen des Schuldners beschlagnahmt und verwertet wird, ein **Instrument zur Haftungsverwirklichung;** insofern ähnelt es einem Vollstreckungsverfahren.[7] Dem trägt die Insolvenzordnung dadurch Rechnung, dass sie die entsprechende Anwendung der Vorschriften der Zivilprozessordnung vorschreibt, falls nichts Gegenteiliges gesagt wird (§ 4). Andererseits hat das Insolvenzverfahren – mehr noch als bisher schon das Konkursverfahren – **eigenartige Züge,** durch die es sich von der Zwangsvollstreckung deutlich unterscheidet und einem Verfahren der freiwilligen Gerichtsbarkeit annähert:[8] Das Insolvenzverfahren kann auch auf Antrag des Schuldners – also ohne jede Initiative der Gläubiger – eröffnet werden.[9] Ein Gläubiger bedarf, um die Eröffnung des Verfahrens zu beantragen und an dem Verfahren teilzunehmen, keines Vollstreckungstitels. Für das Verfahren gilt die Untersuchungsmaxime (§ 5 Abs. 1). Die Verwertung erfolgt grundsätzlich nicht durch staatliche Behörden, sondern durch den gerichtlich bestellten und überwachten Insolvenzverwalter, der im Wesentlichen unternehmerisch tätig wird, im Zusammenwirken mit den Organen der Gläubiger.

Die Insolvenzordnung ermöglicht sogar eine **Eigenverwaltung** des Schuldners (§§ 270 ff. InsO). 6 Hier verwertet der Schuldner auch selbst (vgl. § 282). Damit entfällt ein wesentliches Element einer staatlichen „Zwangs-"Vollstreckung (siehe § 1 RdNr. 119).

Indem die Insolvenzordnung auf einen gesetzlichen Typenzwang der Verwertungsarten verzichtet 7 und den Gläubigern anheimstellt, in einem **Insolvenzplan** (§§ 217 ff. InsO) von der gesetzlichen Zwangsverwertung in jeder Hinsicht abzuweichen, entfernt sich jene noch weiter vom Leitbild einer Zwangsvollstreckung. Die Insolvenzordnung beschränkt sich darauf, den Beteiligten einen rechtlichen Rahmen abzustecken, innerhalb dessen sie sich – nach Art eines Globalvergleichs – mit dem Schuldner über eine Bereinigung ihrer Rechtsverhältnisse verständigen können.

Untypisch für ein Zwangsvollstreckungsverfahren ist ferner die Förderung der **außergerichtli-** 8 **chen Sanierung des Schuldners** (vgl. § 1 RdNr. 85 ff.). Ein dahingehender Versuch ist in der Insolvenz der Verbraucher sogar vorrangig zu unternehmen (siehe § 1 RdNr. 113). Nicht um ein Instrument der Zwangsvollstreckung, sondern um Daseinsvorsorge handelt es sich vollends bei der durch die Insolvenzordnung geschaffenen Möglichkeit einer **Restschuldbefreiung** (§§ 286 ff. InsO). Indem er dem Schuldner die Gelegenheit zu einem unbeschwerten Neuanfang bietet, verfolgt der Gesetzgeber eine sozialpolitische Absicht.

---

[3] RG LZ 1911, Sp. 557; BGH NJW 1961, 2016 f.; KTS 1983, 588, 590; *Jaeger/Weber,* Vorbem. vor § 71 KO RdNr. 3; *Kuhn/Uhlenbruck* KO § 72 RdNr. 1.

[4] *Baur/Stürner,* Insolvenzrecht RdNr. 1.10; *Münzel* ZZP (1953), 334, 337 f.; *Berges* KTS 1960, 1, 3; 1964, 56; *Lorenz* KTS 1963, 237, 238; *Bötticher* ZZP 77 (1964), 55, 63; *ders.* ZZP 86 (1973), 373, 378 ff.

[5] *Bötticher,* FS Lent, 89 ff.

[6] Für Einordnung in die streitige Gerichtsbarkeit: *Jauernig,* aaO § 67 II 2 (S. 275); *Jaeger/Gerhardt* § 2 RdNr. 13; *Vallender* Kölner Schrift, 2. Aufl. S. 249, 251 RdNr. 2; *Prütting,* Kölner Schrift, 2. Aufl. S. 221 f. RdNr. 1; FKInsO-*Schmerbach* § 1 RdNr. 5 und § 4 RdNr. 2; demgegenüber betonen die Nähe zur Freiwilligen Gerichtsbarkeit *Busch/Graf-Schlicker* InVo 1998, 269; *Häsemeyer,* Insolvenzrecht RdNr. 3.05; *Smid,* ZIP 1995, 1137, 1141; *Nerlich/Römermann/Becker* § 2 RdNr. 8.

[7] Nach BVerfG NZI 2006, 453, 454 ist das Insolvenzverfahren „Teil des Zwangsvollstreckungsrechts".

[8] *Baur/Stürner,* Insolvenzrecht RdNr. 1.5; *Häsemeyer,* Insolvenzrecht RdNr. 3.05; *Smid* DZWIR 2000, 387, 389; *Jaeger/Gerhardt* § 2 RdNr. 9, 16 ff., 22.

[9] Zutreffend weist *Jaeger/Gerhardt* § 2 RdNr. 27 darauf hin, dass das Eröffnungsverfahren auf Antrag des Schuldners einem Verfahren der freiwilligen Gerichtsbarkeit ähnelt, weil hier zunächst allein der Schuldner Verfahrensbeteiligter ist.

9 Da sich das Insolvenzverfahren einer klaren Zuordnung verschließt, vielmehr ganz unterschiedliche Elemente in sich vereint (auch das materielle Insolvenzrecht strahlt in die unterschiedlichsten Bereiche aus, zum Beispiel in das allgemeine Vertrags-, Miet-, Arbeits-, Gesellschafts- und Kreditsicherungsrecht), sind bei der Auslegung der allgemeinen Vorschriften und der entsprechenden Heranziehung der Zivilprozessordnung (§ 4) die Zusammenhänge **von Fall zu Fall zu prüfen**.[10]

III. Beteiligte des Insolvenzverfahrens

10 **1. Insolvenzgericht.** Obwohl der Gesetzgeber die Gläubigerautonomie ausgebaut hat (s.u. RdNr. 13 und o. § 1 RdNr. 53 ff.), sind die Leitentscheidungen des Verfahrens, die den ordnungsgemäßen Ablauf gewährleisten sollen,[11] dem Insolvenzgericht vorbehalten. Andernfalls wären der Schutz des Schuldners und die Erhaltung des öffentlichen Friedens nicht gewährleistet. Das Insolvenzgericht hat insbesondere zu entscheiden über die Eröffnung des Verfahrens (§§ 11 ff. InsO), Sicherungsmaßnahmen (§§ 21 ff. InsO), Anwendung von Zwangsmitteln (§ 58 Abs. 2, §§ 97, 98, 99), Ernennung,[12] Beaufsichtigung und Entlassung eines Insolvenzverwalters (§ 27 Abs. 1 Satz 1, § 58 Abs. 1, § 59), Einstellung und Aufhebung des Verfahrens (§§ 207, 211 bis 213, 258 Abs. 1), Bestätigung eines Insolvenzplans (§ 248 Abs. 1), Restschuldbefreiung (§ 300 Abs. 1). Neben diesen „prozessualen" Aufgaben nimmt es auch zahlreiche andere wahr, die „administrativer" Natur sind.[13] Insolvenzgericht ist das Amtsgericht (§ 2). Die örtliche Zuständigkeit richtet sich nach § 3. Die Verfahrensgrundsätze ergeben sich aus § 5.

11 Verletzt der Richter oder Rechtspfleger schuldhaft in den §§ 2–10 enthaltene Verfahrensvorschriften (oder sonstige Amtspflichten bei einer insolvenzgerichtlichen Tätigkeit) und entsteht einem Beteiligten hierdurch ein Schaden, so haftet hierfür der öffentlich-rechtliche Dienstherr (§ 839 BGB, Art. 34 GG). Für den Richter entfällt das Privileg des § 839 Abs. 2 BGB, weil das Insolvenzgericht keine Urteile zu erlassen hat (vgl. § 4 RdNr. 81).[14]

12 **2. Schuldner.** Beteiligter eines Insolvenzverfahrens können alle insolvenzfähigen Schuldner sein. Insolvenzfähig ist jede natürliche und juristische Person (§ 11 Abs. 1 Satz 1), ebenso der nicht rechtsfähige Verein (§ 11 Abs. 1 Satz 2) und die Gesellschaft ohne Rechtspersönlichkeit (§ 11 Abs. 2 Nr. 1). Auch verselbständigte Vermögensmassen wie der Nachlass und das Gesamtgut sind insolvenzfähig (§ 11 Abs. 2 Nr. 2). Über das Vermögen einer Wohnungseigentümergemeinschaft kann ein Insolvenzverfahren dagegen nicht stattfinden (§ 11 Abs. 3 WEG).[15]

13 **3. Gläubiger.** Betroffen sind durch das Insolvenzverfahren grundsätzlich die persönlichen Gläubiger des Schuldners (§ 38). Deswegen sind sie aber noch nicht beteiligt. Sie können auf die Anmeldung ihrer Forderungen, durch die sie erst zu Beteiligten werden (§§ 87, 174 ff. InsO), auch verzichten. Allerdings können sie in keinem Falle ihre Forderungen gegen den Schuldner außerhalb des Insolvenzverfahrens verfolgen oder im Wege der Einzelzwangsvollstreckung durchsetzen (§§ 87, 89). Die in § 38 genannten einfachen Insolvenzgläubiger sind rechtlich gleichberechtigt. Ihnen gehen die in § 39 Abs. 1 genannten Gläubiger im Range nach. Vor den einfachen Insolvenzgläubigern befriedigt – allerdings nicht aus der Masse, sondern aus einzelnen Massegegenständen, an denen diese Gläubiger ein Recht zur abgesonderten Befriedigung erworben haben (§§ 49 bis 51) – werden die absonderungsberechtigten Gläubiger. Die Gläubiger von Masseverbindlichkeiten (§§ 53 bis 55) sind aus der Masse vorab zu befriedigen. Sie können ihre Forderungen gegen den Schuldner außerhalb des Insolvenzverfahrens verfolgen und im Wege der Einzelzwangsvollstreckung durchsetzen (§ 90). Die Gläubiger können in der Gläubigerversammlung bzw. dem fakultativen Gläubigerausschuss in vielfältiger Weise auf das Verfahren Einfluss nehmen, etwa indem sie über die Person des Insolvenzverwalters bestimmen (§§ 57, 59), das konkrete Verfahrensziel (Liquidation oder Sanierung) festlegen (§§ 157, 159) oder einen Insolvenzplan beschließen (§§ 237 ff.). Vgl. im Übrigen zur „Gläubigerautonomie" § 1 RdNr. 53 ff.

14 **4. Insolvenzverwalter.** Insolvenzverwalter kann nur eine natürliche Person sein (§ 56 Abs. 1 Satz 1). Der Verwalter hat das Verwaltungs- und Verfügungsrecht über das gesamte zur Insolvenzmasse gehörende Schuldnervermögen (§ 80 Abs. 1). Im Regelverfahren hat er das Schuldnervermögen zu

---

[10] So auch Jaeger/Gerhardt § 2 RdNr. 18.
[11] Jaeger/Gerhardt § 2 RdNr. 26 betont – überpointiert – den mehr formellen Charakter dieser Entscheidungen; eine inhaltlich gestaltende Lenkung der materiellen Vermögensabwicklung sei dem Insolvenzgericht überwiegend versagt.
[12] Nach BVerfG NZI 2006, 453 ff. ist die Auswahlentscheidung kein Akt der Rechtsprechung.
[13] Jaeger/Gerhardt § 2 RdNr. 29.
[14] Jaeger/Gerhardt § 2 RdNr. 63.
[15] Zur Insolvenzfähigkeit einer Wohnungseigentümergemeinschaft vgl. G. Fischer NZI 2005, 586 ff.

sammeln, zu verwerten und den Erlös an die Gläubiger zu verteilen (§§ 148, 159). Er ist weder Vertreter des Insolvenzschuldners noch Werkzeug des Insolvenzgerichts, sondern Träger amtsähnlicher Eigenbefugnisse. Für die Erfüllung seiner Aufgaben haftet er gemäß §§ 60 Abs. 1 Satz 1, 61.

IV. Gang des Insolvenzverfahrens

Das Insolvenzverfahren gliedert sich verfahrensrechtlich in drei Abschnitte, die jeweils besonderen verfahrensrechtlichen Regelungen unterliegen. 15

Mit Eingang eines Antrags auf Eröffnung eines Insolvenzverfahrens wird das – einseitige[16] – **Zulassungsverfahren** in Gang gesetzt. In diesem Abschnitt wird geprüft, ob die Voraussetzungen für einen formell und materiell wirksamen Antrag vorliegen; insoweit gilt der zivilverfahrensrechtliche Beibringungsgrundsatz.[17] Entsprechend § 253 Abs. 2 Nr. 2 ZPO ist zu verlangen, dass der Antragsteller einen Eröffnungsgrund in substantiierter, nachvollziehbarer Form darlegt. Eine Schlüssigkeit im technischen Sinne wird nicht verlangt.[18] Der Gläubiger – nicht der Schuldner (vgl. § 14 Abs. 1) – muss als Antragsteller schon in diesem Verfahrensstadium seine Forderung und den Eröffnungsgrund mit den Mitteln des § 294 ZPO glaubhaft machen. Das Zulassungsverfahren endet mit der gerichtlichen Zulassung. Bei dieser handelt es sich, falls der Schuldner den Antrag gestellt hatte, lediglich um einen gerichtsinternen Vorgang. Hatte ein Gläubiger den Antrag gestellt, endet das Zulassungsverfahren mit der Zustellung an den Schuldner.[19] 16

Bei dem anschließenden **Eröffnungsverfahren** handelt es sich um ein quasi-streitiges Verfahren.[20] Hat ein Gläubiger den Antrag gestellt, erhält der Schuldner nunmehr Gelegenheit, die Glaubhaftmachung durch den Antragsteller zu erschüttern. Im Eröffnungsverfahren ist der Antragsteller Herr des Verfahrens; er kann jederzeit verfahrensabschließende Erklärungen abgeben. 17

Erst wenn der Antragsteller einen Eröffnungsgrund in hinreichend substantiierter Form dargelegt und somit die Schwelle vom Zulassungs- zum Eröffnungsverfahren überschritten hat, greift der **Amtsermittlungsgrundsatz** ein.[21] Ggf. darf das Insolvenzgericht, falls es sich vom Vorliegen eines Eröffnungsgrundes wegen unzureichender Angaben und fehlender Unterlagen nicht überzeugen kann, nicht schon deswegen den Eröffnungsantrag zurückweisen. Vielmehr muss es versuchen, die Ergänzung der Angaben und die Vorlage der Unterlagen mit den Mitteln des § 20 Abs. 1 Satz 2 i. V. m. §§ 97, 98, 101 zu erzwingen.[22] 17a

Das **eröffnete Verfahren** ist ein reines Amtsverfahren, das der Parteidisposition entzogen ist (vgl. § 5 RdNr. 6 ff., 9 ff.). 18

§ 2 Amtsgericht als Insolvenzgericht

(1) Für das Insolvenzverfahren ist das Amtsgericht, in dessen Bezirk ein Landgericht seinen Sitz hat, als Insolvenzgericht für den Bezirk dieses Landgerichts ausschließlich zuständig.

(2) ¹Die Landesregierungen werden ermächtigt, zur sachdienlichen Förderung oder schnelleren Erledigung der Verfahren durch Rechtsverordnung andere oder zusätzliche Amtsgerichte zu Insolvenzgerichten zu bestimmen und die Bezirke der Insolvenzgerichte abweichend festzulegen. ²Die Landesregierungen können die Ermächtigung auf die Landesjustizverwaltungen übertragen.

Schrifttum: *Becker,* Ausführung der Reform des Insolvenzrechts durch die Länder, KTS 2000, 157 ff.; *Bernsen,* Probleme der Insolvenzrechtsreform aus der Sicht des Rechtspflegers, in: Kölner Schrift zur Insolvenzordnung, 2. Aufl. S. 1843 ff.; *Beule,* Die Umsetzung der Insolvenzrechtsreform in der Justizpraxis, in: Kölner Schrift zur Insolvenzordnung, 2. Aufl. S. 23 ff.; *Borchers,* Die funktionelle Zuständigkeit von Richter, Rechtspfleger und Geschäftsstelle im Insolvenzverfahren am Beispiel des „Hamburger Modells", in: Kölner Schrift zur Insolvenzordnung, 1997, 1269 ff.; *Breiter u.a.,* Konzentration zum „großen" Insolvenzgericht – Der richtige Weg?, ZInsO

---

[16] BayObLG NJW 1999, 367.
[17] *Haarmeyer* ZInsO 1998, 92.
[18] BGHZ 153, 205, 208 = NJW 2003, 1187 = NZI 2003, 147 = EWiR 2003, 589 *(Gundlach/Frenzel).*
[19] BayObLG NJW 1999, 367.
[20] BGHZ 149, 178, 181 = NJW 2002, 515, 516.
[21] BGHZ 153, 205, 208 = NJW 2003, 1187 = NZI 2003, 147 = EWiR 2003, 589 *(Gundlach/Frenzel);* BGH NZI 2003, 647.
[22] Bei seiner Kritik an der Anwendung von Zwangsmaßnahmen „im Rahmen der Zulässigkeitsprüfung" verkennt *Fritsche* DZWIR 2003, 234, 236, dass BGHZ 153, 205 ff. diese Anwendung nur für die Zeit nach Überschreitung jener Schwelle postuliert hat.

2011, 860; *Frind,* Praxis-Prüfstand: Die Vorschläge zur Neuordnung des Insolvenzverfahrens natürlicher Personen – Teil 1, ZInsO 2012, 475; *Fuchs,* Die Zuständigkeitsverteilung zwischen Richter und Rechtspfleger im Insolvenzeröffnungs- und eröffneten Insolvenzverfahren, ZInsO 2001, 1033 ff.; *Harder,* Die geplante Reform des Verbraucherinsolvenzrechts, NZI 2012, 113; *Helwich,* Neuordnung der Zuständigkeitsregelungen im künftigen Insolvenzverfahren, MDR 1997, 13 ff.; *Hoffmann,* Unklarheiten beim Richtervorbehalt im neuen Rechtspflegergesetz bei Konkurs- und Vergleichsverfahren, RPfleger 1970, 373 ff.; *Holzer,* Die Entscheidungsträger im Insolvenzverfahren, 1996 (zit.: Entscheidungsträger); *ders.,* Die neuen Insolvenzgerichte, ZIP 1998, 2183 ff.; *Jahr,* Die gerichtliche Zuständigkeit für das Konkursverfahren und für die Entscheidung von Streitigkeiten, die mit dem Konkursverfahren zusammenhängen, ZZP 79 (1966), 351 ff.; *Landfehrmann,* Das neue Unternehmenssanierungsgesetz (ESUG), WM 2012, 821 ff., 869 ff.; *Lissner,* Die Reform des Verbraucherinsolvenzrechts – Zuständigkeit des Rechtspflegers unabdingbar; ZVI 2012, 93; *Mohrbutter/Drischler,* Richter- und Rechtspflegerzuständigkeit in Konkurs- und Vergleichsverfahren, NJW 1971, 361 f.; *Pape,* Verbraucherinsolvenz 2012 – gefühlter und tatsächlicher Reformbedarf, ZVI 2012, 150; *Prütting,* Aktuelle Fragen der Rechtsmittel im Insolvenzrecht, NZI 2000, 145 ff.; *Römermann,* Neues Insolvenz- und Sanierungsrecht durch das ESUG, NJW 2012, 645; *Schmerbach,* Das „Große" Insolvenzgericht als Kompetenzzentrum, ZInsO 2011, 405; *Schmerbach,* RefE 2012: Geplante Änderungen im Restschuldbefreiungsverfahren und Vollübertragung auf den Rechtspfleger, NZI 2012, 161; *K. Schmidt,* Unterlassungsanspruch, Unterlassungsklage und deliktischer Ersatzanspruch im Konkurs, ZZP 90 (1977), 38 ff.; *Uhlenbruck,* Die Zusammenarbeit von Richter und Rechtspfleger in einem künftigen Insolvenzverfahren, Rpfleger 1997, 356 ff.; *Vallender,* Gesetz zur weiteren Erleichterung der Sanierung von Unternehmen [ESUG] – Das reformierte Plan- und Eigenverwaltungsverfahren, MDR 2012, 125; *Vallender/Laroche,* 13 Jahre sind genug! – Plädoyer für die Abschaffung des (eigenständigen) Verbraucherinsolvenzverfahrens, VIA 2012, 9; *Zimmermann,* Kann der Richter den Rechtspfleger mit der Anhörung des Schuldners gemäß § 105 Abs. 2 KO beauftragen?, Rpfleger 1966, 361 ff.

Übersicht

	Rn.		Rn.
I. Einleitung	1	5. Arbeitsgerichtliche Streitigkeiten	10
II. Normzweck	2	IV. Ausschließliche Zuständigkeit	11, 12
III. Sachliche Zuständigkeit (Abs. 1)	3–10	1. Allgemeines	11
1. Amtsgericht als Insolvenzgericht	3, 4	2. Rechtshilfe	12
2. Amtsgericht als Vollstreckungsgericht	5, 6	V. Zuständigkeitsprüfung von Amts wegen	13
3. Zuständigkeit als Gericht in Angelegenheiten der freiwilligen Gerichtsbarkeit	6a	VI. Ermächtigung zu abweichenden Regelungen (Abs. 2)	14–19a
4. Zuständigkeit des Prozessgerichts	7–9	VII. Funktionelle Zuständigkeit	20–24

I. Einleitung

1 § 2 entspricht § 2 RegE, der im Gesetzgebungsverfahren nicht verändert wurde. Die Vorschrift ersetzt § 71 Abs. 1 und 3 KO, § 2 Abs. 1 Satz 1 VerglO und § 1 Abs. 2 GesO. Abweichend von den genannten Vorschriften regelt die InsO die sachliche und die örtliche Zuständigkeit getrennt (zur örtlichen Zuständigkeit vgl. § 3). Über die Motive hat sich der Gesetzgeber nicht geäußert. Sie liegen aber auf der Hand: Die Trennung dient der dogmatischen Klarheit und Übersichtlichkeit.

II. Normzweck

2 Die Norm regelt die sachliche Zuständigkeit für Insolvenzverfahren. Um dessen **zügige Abwicklung** zu gewährleisten und um das bewährte Zusammenwirken von Richter und Rechtspfleger beizubehalten, bleibt es – wie bisher – bei der Zuständigkeit des Amtsgerichts. Durch die Konzentration auf bestimmte Amtsgerichte soll erreicht werden, dass die an diesen Gerichten tätigen Richter und Rechtspfleger **besondere Sachkunde und Erfahrung** auf dem Gebiet des Insolvenzrechts erwerben und damit auch den zum Teil erhöhten Anforderungen des neuen Insolvenzverfahrens gewachsen sind.[1] Berufsanfänger dürfen mit Insolvenzsachen nicht befasst werden.[2] Mit gut ausgebildeten und erfahrenen Richtern und Rechtspflegern ist auch eine wirksamere Aufsicht über die Tätigkeit der Insolvenzverwalter gewährleistet.[3] Die Zusammenfassung der Zuständigkeit erlaubt es darüber hinaus, die **technischen Hilfsmittel,** die insbesondere für die Abwicklung großer Verfahren erforderlich sind, auf die Insolvenzgerichte **zu konzentrieren.**[4]

---
[1] *Holzer* ZIP 1998, 2183.
[2] Vgl. § 22 Abs. 6 GVG; § 18 Abs. 4 RpflG.
[3] *Naumann,* Kölner Schrift, 2. Aufl., S. 431, 433 RdNr. 8.
[4] *Beule,* Kölner Schrift, 2. Aufl., S. 23, 62 RdNr. 99 ff.; *Holzer* ZIP 1998, 2183.

III. Sachliche Zuständigkeit (Abs. 1)

1. Amtsgericht als Insolvenzgericht. Für das Insolvenzverfahren ist das Amtsgericht als Insolvenzgericht sachlich zuständig (§ 2 Abs. 1).[5] Mit der bisherigen Zuständigkeit des Amtsgerichts als Konkursgericht hatte man alles in allem zufriedenstellende Erfahrungen gemacht.[6] Danach konnte die Zuständigkeit beim Amtsgericht verbleiben, weil die Rolle des Insolvenzgerichts nicht wesentlich von desjenigen des Konkursgerichts im bisherigen Verfahren abweicht. Zwar sind dem Insolvenzgericht einzelne neue, bedeutsame Entscheidungen übertragen, etwa zur Restschuldbefreiung (vgl. §§ 291, 296, 300, 303). Diese neuen Aufgaben rechtfertigen es aber nicht, die Zuständigkeit des Amtsgerichts durch die des Landgerichts zu ersetzen. Die gebotene zügige Abwicklung des Insolvenzverfahrens wäre bei einem Kollegialgericht weniger gewährleistet.

Das Insolvenzgericht ist die – gemäß § 22 GVG mit einem Einzelrichter besetzte – **Abteilung des Amtsgerichts,** die nach dem Geschäftsverteilungsplan für Insolvenzverfahren zuständig ist. Wenn mehrere Amtsgerichte in einem Landgerichtsbezirk liegen, ist nur dasjenige Amtsgericht zuständig, in dessen Bezirk das Landgericht seinen Sitz hat. Es ist also eine **Konzentration der Insolvenzverfahren** gewollt. Dadurch sollen die mit den Insolvenzverfahren befassten Richter und Rechtspfleger eine besondere Sachkunde und Erfahrung erwerben; zugleich soll der technische Apparat effizienter eingesetzt werden. Aufgrund der Ermächtigung in § 2 Abs. 2 können die Landesregierungen allerdings im Verordnungswege diese Konzentration „aufweichen", indem sie andere oder zusätzliche Amtsgerichte zu Insolvenzgerichten bestimmen (s. dazu RdNr. 14 f.). Immerhin ist das gesetzliche Regel-/Ausnahmeverhältnis umgedreht worden.[7] Nach § 71 KO waren alle Amtsgerichte Konkursgerichte. Um eine Zusammenfassung der Zuständigkeiten für Insolvenzsachen zu bewirken, war eine landesrechtliche Verordnung – auf Grund der Ermächtigung in § 71 Abs. 3 KO – erforderlich. Von dieser Ermächtigung hatten die einzelnen Länder in sehr unterschiedlichem Umfang Gebrauch gemacht.[8] Nunmehr ist die Konzentration der gesetzliche Regelfall. Gemäß § 22 Abs. 6 Satz 1 GVG darf ein Richter auf Probe im ersten Jahr nach seiner Ernennung Geschäfte in Insolvenzsachen nicht wahrnehmen. Richter in Insolvenzsachen sollen außerdem über belegbare Kenntnisse auf den Gebieten des Insolvenzrechts, des Handels- und Gesellschaftsrechts sowie über Grundkenntnisse der für das Insolvenzverfahren notwendigen Teile des Arbeits-, Sozial- und Steuerrechts und des Rechnungswesens verfügen. Einem Richter, dessen Kenntnisse auf diesen Gebieten nicht belegt sind, dürfen die Aufgaben eines Insolvenzrichters nur zugewiesen werden, wenn der Erwerb der Kenntnisse alsbald zu erwarten ist (§ 22 Abs. 6 Satz 2 und 3 GVG).[9] Diese besonderen Anforderungen bilden den wesentlichen Grund für die Zuständigkeit des Insolvenzgerichts. Es geht um mehr als rudimentäre Grundkenntnisse in den genannten Bereichen. Einschlägige Kenntnisse können im Studium im Rahmen von Wahlfächern, Schwerpunktbereichen oder Nebenstudiengängen erworben werden oder im Rahmen einer systematischen berufsbegleitenden oder sonstigen Fortbildung. Die Frage, ob aufgrund derartiger Anhaltspunkte von einer Erfüllung der Qualifikationsanforderungen des Satzes 1 ausgegangen werden kann, ist Gegenstand einer wertenden Entscheidung des Präsidiums.[10] Zum Rechtspfleger vgl. RdNr. 20.

2. Amtsgericht als Vollstreckungsgericht. Nach bisherigem Recht mussten die Tätigkeiten des Konkursgerichts als solchen scharf unterschieden werden von Verrichtungen, die das Amtsgericht als Vollstreckungsgericht wahrzunehmen hatte. Eine eidesstattliche Versicherung, etwa nach Anfertigung des Inventars (§ 125 KO), hatte der Gemeinschuldner nicht vor dem Konkursgericht, sondern vor dem „Amtsgericht, bei welchem das Konkursverfahren anhängig ist", abzugeben. Hier

---

[5] Zur Gesetzgebungskompetenz des Bundes für diese Regelung vgl. *Jaeger/Gerhardt* § 2 RdNr. 43.
[6] Vgl. aber *Jahr* ZZP 79 (1966), 347, 384.
[7] *Jaeger/Gerhardt* § 2 RdNr. 2, 38.
[8] Hessen und Niedersachsen hatten nicht konzentriert; dort waren alle 58 bzw. 80 Amtsgerichte zugleich Konkursgerichte. Für Berlin, Hamburg und das Saarland war jeweils ein Konkursgericht ausschließlich zuständig. In Baden-Württemberg waren von 108 Amtsgerichten 47 zugleich Konkursgerichte, in Bayern von 72 Amtsgerichten 31, in Nordrhein-Westfalen von 130 Amtsgerichten 59, in Rheinland-Pfalz von 47 Amtsgerichten 22, in Schleswig-Holstein von 28 Amtsgerichten 21. In den fünf neuen Bundesländern waren die an die Stelle der ehemaligen Kreisgerichte getretenen Amtsgerichte am Sitz des Landgerichts für Gesamtvollstreckungssachen zuständig, nämlich in Brandenburg, Mecklenburg-Vorpommern, Sachsen-Anhalt und Thüringen jeweils 4 und in Sachsen 6, vgl. *Beule,* Kölner Schrift, 1. Aufl., S. 23, 34 Fn. 77, 78.
[9] § 22 Abs. 6 Satz 2 u. 3 GVG eingefügt durch Art. 4 des Gesetzes zur weiteren Erleichterung der Sanierung von Unternehmen (ESUG) vom 7.12.2011 mit Wirkung vom 1.1.2013.
[10] BT-Drucks. 17/5712, S. 43 f; vgl. auch die Gegenäußerung des Rechtsausschusses des Bundesrats BR-Drucks. 679/1/11, S. 3 ff.

wurde das Amtsgericht als Vollstreckungsgericht tätig (§ 764 ZPO), wobei der Konkurs nur eine Veränderung der örtlichen Zuständigkeit zur Folge hatte. Nunmehr ist für die Abnahme der eidesstattlichen Versicherung das Insolvenzgericht selbst sachlich zuständig (vgl. §§ 98, 101 Abs. 1, 153 Abs. 2 Satz 1). Das Vollstreckungsgericht ist aber nach wie vor zuständig für die Anordnung der Zwangsversteigerung oder Zwangsverwaltung eines unbeweglichen Gegenstandes der Insolvenzmasse (§ 165).

6 Für Vollstreckungserinnerungen (§ 89 Abs. 3, § 148 Abs. 2 Satz 2) ist nach Eröffnung des Insolvenzverfahrens an Stelle des sonst nach §§ 766, 764 Abs. 2 ZPO zuständigen Vollstreckungsgerichts das Insolvenzgericht zuständig. Damit soll dessen größere Sachnähe genutzt werden.[11] Entsprechendes gilt für Entscheidungen über die Erinnerung bei einem Verstoß gegen das Vollstreckungsverbot des § 210[12] oder Anträge gemäß § 765a ZPO.[13] Das Insolvenzgericht bleibt auch dann zuständig, wenn nach Einlegung eines Rechtsbehelfs, aber vor der abschließenden Entscheidung, das Insolvenzverfahren aufgehoben wird.[14] Das **InsOÄnderungsgesetz 2001** hat in § 36 den Abs. 4 eingefügt, wonach das Insolvenzgericht auch für Entscheidungen zuständig ist, ob ein Gegenstand „nach den in Abs. 1 Satz 2 genannten Vorschriften" der Zwangsvollstreckung – und somit dem Insolvenzbeschlag – unterliegt. Es handelt sich um die Vorschriften der §§ 850, 850a, 850 c, 850 e, 850 f. Abs. 1, §§ 850g bis 850i ZPO. Der Grund für diese Zuständigkeitskonzentration ist hier ebenfalls die größere Sachnähe des Insolvenzgerichts.[15] Dieses ist auch schon im Eröffnungsverfahren zuständig (§ 36 Abs. 4 Satz 3). Teilweise war die Zuständigkeit des Insolvenzgerichts – auch ohne ausdrückliche gesetzliche Regelung – schon vor der Kodifikation des Jahres 2001 angenommen worden, so etwa für Anträge, den pfändbaren Teil des Arbeitseinkommens zu erhöhen (§ 850c Abs. 4 ZPO),[16] Arbeitseinkommen zusammenzurechnen (§ 850e Nr. 2a ZPO)[17] oder einen gewissen Betrag von der zur Restschuldbefreiung erforderlichen Abtretung des Arbeitseinkommens auszunehmen (§ 850 f. ZPO).[18] Die 1. Auflage hatte sich dem angeschlossen. Für „Altverfahren", die nach dem früheren Recht abzuwickeln sind (Art. 103a EGInsO), bleibt es dabei.

6a **3. Zuständigkeit als Gericht in Angelegenheiten der freiwilligen Gerichtsbarkeit.** Die Bestellung, Überwachung und Entlassung eines **Pflegers** gehört im Allgemeinen zur freiwilligen Gerichtsbarkeit. Aus Zweckmäßigkeitserwägungen werden diese Aufgaben jedoch in § 78 Abs. 1 Satz 2 VAG, § 32 Abs. 5 DepotG dem Insolvenzgericht zugewiesen.

7 **4. Zuständigkeit des Prozessgerichts.** Außerdem ist die Zuständigkeit des Insolvenzgerichts von derjenigen des Prozessgerichts zu unterscheiden (vgl. § 19a ZPO). Dieses bleibt für Rechtsstreitigkeiten zuständig, die bei Eröffnung des Insolvenzverfahrens anhängig waren. Die gemeinrechtliche *vis attractiva concursus* gilt nicht mehr.[19] Vom Prozessgericht – und nicht vom Insolvenzgericht – sind ferner solche Streitigkeiten zu entscheiden, die im Verlauf des Insolvenzverfahrens entstehen und folgende Gegenstände betreffen: Streitigkeiten zwischen Verwalter und Schuldner über die Massezugehörigkeit einer Forderung,[20] etwa einer bedingt pfändbaren Berufsunfähigkeitsrente[21] oder pfändbarer Lohnanteile,[22] soweit der Streit keine Vollstreckungshandlung und keine Anordnung des Vollstreckungsgerichts betrifft, oder eines anderen Vermögensgegenstandes[23]; Streitigkeiten über das Bestehen von Aus- und Absonderungsrechten, Forderungen des Insolvenzschuldners gegen Drittschuldner, Forderungen von Gläubigern gegen die Masse, die Forderungsfeststellung zur Insolvenzta-

---

[11] BT-Drucks. 12/2443 S. 138 zu § 100 RegE; vgl. AG Hamburg NZI 2000, 96; AG Göttingen NZI 2000, 493, 494; *Prütting* NZI 2000, 145, 147; aA: AG Köln NZI 1999, 381.
[12] BGH NZI 2006, 697 = WuB VI A. § 89 InsO 2.07 *(Pape)*.
[13] AG Göttingen ZInsO 2001, 275, 276; HKInsO-*Kirchhof* 4. Aufl. § 2 RdNr. 5.
[14] AG Göttingen NZI 2006, 714, 715.
[15] BT-Drucks. 14/6468 S. 17. Krit. hierzu *Keller* NZI 2001, 449, 451 ff.
[16] LG Wuppertal NZI 2000, 327, 328; AG München ZInsO 2000, 407.
[17] OLG Hamburg NZI 2001, 320; vgl. dazu auch *Wolf* InVo 2002, 128 ff.
[18] OLG Köln NZI 2000, 529, 531; 2000, 590, 591; OLG Frankfurt NZI 2000, 531, 532; LG Dortmund NZI 2000, 182, 183; LG Offenburg NZI 2000, 277 f.; aA AG Duisburg NZI 2000, 385, 386; AG Köln ZInsO 2001, 139, 140.
[19] *Jaeger/Gerhardt* § 2 RdNr. 35 meint, durch den punktuellen Ausbau der Zuständigkeit des Insolvenzgerichts habe der Gesetzgeber der InsO das Prinzip der *vis attractiva concursus* wieder stärker berücksichtigt.
[20] Vgl. BGHZ 92, 339, 340 = NJW 1985, 976; BGH NJW 1962, 1392; ZIP 1984, 1501, 1502; NZI 2008, 244 RdNr. 7; AG Duisburg NZI 2000, 385.
[21] BGH NZI 2010, 141; zur Abgrenzung der Zuständigkeiten vgl. weiter BGH NZI 2011, 979 RdNr. 14.
[22] BGH NZI 2010, 584 RdNr. 2; Wu 2013, 137 RdNr. 5 ff.
[23] BGH NZI 2008, 753 RdNr. 5.

belle (vgl. §§ 180, 185),[24] Streitigkeiten bei der Vollstreckung der festgestellten Forderungen (§ 202), über Anfechtungsansprüche,[25] über die persönliche Haftung des Insolvenzverwalters oder von Gesellschaftern des Schuldner-Unternehmens, Streitigkeiten über das nicht-massezugehörige Vermögen des Schuldners, solche bei der Auseinandersetzung von Gesellschaften oder Gemeinschaften (§ 84),[26] über Vollstreckungsgegenklagen.[27]

In die Zuständigkeit des Prozessgerichts fallen schließlich auch solche Streitigkeiten des Schuldners, die gar nicht die Masse betreffen. Dazu gehören nichtvermögensrechtliche Streitigkeiten – zB ein Ehescheidungsverfahren – oder Prozesse, mit denen der Schuldner persönlich auf Leistung – zB auf eine persönlich geschuldete, nicht mit der gewerblichen Tätigkeit zusammenhängende Unterlassung[28] – in Anspruch genommen wird.

Die Regelung des Besitzrechts des vorläufigen Insolvenzverwalters erfolgt jedoch durch Beschluss des Insolvenzgerichts. Ist der Schuldner mit der Art und Weise, wie das Besitzrecht ausgeübt wird, nicht einverstanden, hat er die Aufsicht des Insolvenzgerichts (§ 58 Abs. 1 Satz 1) anzurufen. Für eine einstweilige Verfügung des Zivilgerichts ist kein Raum.[29]

5. Arbeitsgerichtliche Streitigkeiten. Nicht zuständig ist das Insolvenzgericht für arbeitsrechtliche Streitigkeiten, an denen der Insolvenzverwalter beteiligt ist (vgl. zB §§ 122, 126 Abs. 1 Satz 1, 127).[30] Die Arbeitsgerichte sind auch für auf Insolvenzanfechtung gestützte Klagen des Insolvenzverwalters auf Rückgewähr vom Schuldner geleisteter Vergütung zuständig.[31]

IV. Ausschließliche Zuständigkeit

1. Allgemeines. Die sachliche Zuständigkeit des Insolvenzgerichts ist ausschließlich, also nicht durch Vereinbarung abänderbar (§ 40 Abs. 2 Satz 1 Nr. 2 ZPO). Dass ein Gericht, das kein Insolvenzgericht ist, mit einem Eröffnungsantrag befasst wird, dürfte selten sein. Häufiger werden Zweifel bestehen, welches Insolvenzgericht **örtlich zuständig** ist. Wegen der Verweisung an das zuständige Gericht, der Ablehnung der Eröffnung wegen Unzuständigkeit, der Eröffnung durch ein unzuständiges Gericht und der Behandlung von Zuständigkeitsstreitigkeiten wird deshalb auf die Kommentierung zu § 3 (dort RdNr. 27 ff.) verwiesen.

2. Rechtshilfe. Soweit das Amtsgericht, in dessen Bezirk ein Landgericht seinen Sitz hat, als Insolvenzgericht für den Bezirk dieses Landgerichts zuständig ist, ist der **Bezirk** des Amtsgerichts speziell für Insolvenzsachen gesetzlich **erweitert.** Andere Amtsgerichte innerhalb dieses erweiterten Bezirks können vom Insolvenzgericht nicht als Rechtshilfegerichte in Anspruch genommen werden,[32] weil die Amtshandlung nicht „in deren Bezirk" vorzunehmen ist (vgl. § 157 Abs. 1 GVG).[33] Die ältere Rechtsprechung zur entsprechenden Anwendung der §§ 156 ff. GVG im Konkursverfahren[34] ist überholt,[35] weil sie darauf beruhte, dass die Zuweisung der Konkurssachen gemäß § 71 Abs. 3 KO den Bezirk des Konkursgerichts im Sinne des Gerichtsverfassungsgesetzes nicht veränderte. Auf dieser Grundlage wurde zwischen allgemeinen prozessualen Verrichtungen und solchen Amtshandlungen unterschieden, die das Konkursgericht notwendig selbst erledigen musste. Zu den Maßnahmen der erstgenannten Art wurde die Anhörung Beteiligter gezählt, zu den Maßnahmen der letztgenannten Art die Abhaltung eines Konkurstermins. Für eine derartige Differenzierung lässt die gesetzliche Erweiterung des Amtsbezirks in § 2 Abs. 1 keinen Raum mehr. Im Übrigen wären Rechtshilfeersuchen des Insolvenzgerichts an ein anderes Amtsgericht im selben Landgerichtsbezirk auch kaum der Beschleunigung des Verfahrens dienlich.

---

[24] Ob der Nachweis gemäß § 189 Abs. 2 rechtzeitig geführt worden ist, muss aber das Insolvenzgericht entscheiden, BGH WM 1998, 622, 623.
[25] Nach LG Hamburg ZIP 1998, 480 = EWiR 1998, 459 *(Brehm)* ist für die Kapitalersatzklage des Insolvenzverwalters gegen einen Gesellschafter der Schuldner-GmbH die Kammer für Handelssachen zuständig.
[26] *Jaeger/Gerhardt* § 2 RdNr. 33.
[27] OLG Düsseldorf NZI 2002, 388.
[28] Vgl. *K. Schmidt* ZZP 90 (1977), 38 ff.
[29] LG Duisburg ZIP 1999, 1106 = EWiR 2000, 41 *(Grub)*.
[30] Vgl. dazu: LAG Mecklenburg-Vorpommern ZInsO 2000, 680 f.; *Müller* DZWiR 1999, 221 ff.; kritisch zur Zuständigkeit der Arbeitsgerichte – wegen der damit verbundenen Verfahrensverzögerung – *Uhlenbruck* NZI 1998, 1, 7.
[31] BGHZ 187, 105 = NJW 2011, 1211 = NZI 2011, 15.
[32] Begründung zu § 2 RegE, BT-Drucks. 12/2443 S. 110.
[33] Dazu auch OLG Koblenz MDR 1977, 59;
[34] OLG Nürnberg KTS 1958, 156, 157; OLG Düsseldorf JMBl NRW 1968, 115, 116; vgl. auch *Jaeger/Weber* KO § 72 RdNr. 3a; *Kuhn/Uhlenbruck* KO § 71 RdNr. 9; *Kilger/K. Schmidt* KO § 71 Anm. 8.
[35] Ebenso OLG Brandenburg ZInsO 2002, 372; *Jaeger/Gerhardt* § 2 RdNr. 40; *Uhlenbruck/I. Pape* § 2 RdNr. 2; FKInsO-*Schmerbach* § 2 RdNr. 12; aA *Smid* § 2 RdNr. 8.

V. Zuständigkeitsprüfung von Amts wegen

13 Das angegangene Gericht hat seine sachliche Zuständigkeit – wie stets – von Amts wegen (§ 5 Abs. 1 Satz 1), auch ohne Rüge, zu prüfen. Hält es sich für unzuständig, hat es dem Antragsteller Gelegenheit zu geben, die Verweisung an das zuständige Gericht zu beantragen (§ 4 i. V. m. § 281 Abs. 1 Satz 1 ZPO; s.u. § 3 RdNr. 27 f.). Gehört das Gericht einem anderen Gerichtszweig an, verweist es von Amts wegen an das zuständige Insolvenzgericht (§ 17a Abs. 2 GVG i. V. m. § 48 Abs. 1 ArbGG, § 173 VwGO, § 155 FGO oder § 202 SGO). Eröffnet ein sachlich unzuständiges Gericht ein Insolvenzverfahren, kann der Schuldner dagegen sofortige Beschwerde erheben (§ 34 Abs. 2). Rügelose Einlassung heilt den Mangel nicht (§ 4 i. V. m. § 40 Abs. 2 Satz 2 ZPO). Verneint das angegangene Insolvenzgericht zu Unrecht seine sachliche Zuständigkeit und lehnt es deshalb die Eröffnung ab, so steht dem Antragsteller die sofortige Beschwerde zu (§ 34 Abs. 1).

VI. Ermächtigung zu abweichenden Regelungen (Abs. 2)

14 Für den Fall, dass die in § 2 Abs. 1 vorgesehene Konzentration der Insolvenzsachen auf ein Amtsgericht im Landgerichtsbezirk nach den besonderen örtlichen Verhältnissen nicht zweckmäßig erscheint, erlaubt es Abs. 2 Satz 1 den Landesregierungen, die sachliche Zuständigkeit für Insolvenzsachen **abweichend zu regeln.** Nach Satz 2 können die Landesregierungen die Ermächtigung auf die Landesjustizverwaltungen übertragen.

15 Inhaltlich sind verschiedene Varianten möglich. So kann statt des Amtsgerichts am Sitz des Landgerichts ein anderes Amtsgericht zum Insolvenzgericht bestimmt werden. Dies kommt insbesondere dann in Betracht, wenn sich der Sitz jenes anderen Amtsgerichts an dem wirtschaftlichen Schwerpunkt des Landgerichtsbezirks befindet. Ferner können in einem Landgerichtsbezirk – entsprechend der Verteilung der Wirtschaftszentren – statt eines Amtsgerichts mehrere Amtsgerichte zu Insolvenzgerichten bestimmt werden. Alle Amtsgerichte zu Insolvenzgerichten zu bestimmen, mag zwar vom Wortlaut der Vorschrift gedeckt sein; mit ihrem Sinn und Zweck wäre eine derartige Maßnahme aber schwerlich zu vereinbaren (s. die nachfolgende RdNr. 16). Dagegen kann es im Einzelfall zweckmäßig sein, die Insolvenzsachen über einen Landgerichtsbezirk hinaus zu konzentrieren. Eine Konzentration über die Landesgrenzen hinaus, wie sie zum Beispiel § 689 Abs. 3 Satz 4 ZPO erlaubt, ist nicht vorgesehen.[36]

16 Voraussetzung einer abweichenden Regelung ist stets, dass sie der **sachdienlichen Förderung oder schnelleren Erledigung der Verfahren** dient. Unzulässig wäre es, die Insolvenzverfahren in ihrer Gesamtheit dadurch schneller erledigen zu wollen, dass sie, anstatt nur ein Gericht oder wenige Gerichte damit zu belasten, auf möglichst viele Gerichte verteilt werden. Denn das wäre das Gegenteil einer Konzentration (vgl. hierzu die Berliner Regelung, unten RdNr. 18). Die genannten Kriterien – die im Wesentlichen denjenigen entsprechen, die § 71 Abs. 3 KO für die Konzentration der Konkurssachen über den Amtsgerichtsbezirk hinaus vorsah – sind zwar justiziabel; solange die Ausübung der Ermächtigung durch die Länder nicht willkürlich erscheint, ist sie jedoch mit Aussicht auf Erfolg nicht angreifbar.[37] Hat ein Bundesland, das von der Konzentrationsmöglichkeit des § 71 Abs. 3 KO Gebrauch gemacht hatte,[38] die damals ausgewählten Konkursgerichte zu Insolvenzgerichten bestimmt, dürfte dies aber mit dem Ziel des § 2 Abs. 2 nicht ohne weiteres in Einklang stehen. Denn die Gesichtspunkte, die seinerzeit zur Rechtfertigung der – gesetzlich freigestellten – Konzentration herangezogen wurden, können kaum die Abweichung von der nunmehr gesetzlich angeordneten Konzentration begründen.

17 Die Ermächtigung zu abweichenden Regelungen ist gemäß Art. 110 Abs. 2 Satz 1 EGInsO bereits am 19. November 1994 **in Kraft** getreten (die neuen Zuständigkeiten gelten hingegen erst seit dem 1. Januar 1999). Die einzelnen Bundesländer haben von dieser Ermächtigung unterschiedlichen Gebrauch gemacht:[39]

18 **Baden-Württemberg:** Von den 108 Amtsgerichten sind 24 Insolvenzgerichte, davon 17 am Ort der Landgerichte;[40]
Bayern: Von den 72 Amtsgerichten sind 32 Insolvenzgerichte, davon 22 am Ort der Landgerichte;[41]

---

[36] *Nerlich/Römermann/Becker* § 2 RdNr. 10 hält, mit Recht, die Einrichtung eines Insolvenzgerichts mit länderübergreifender Zuständigkeit für denkbar; allerdings ist hierfür eine staatsvertragliche Regelung erforderlich.
[37] *Prütting* in *Kübler/Prütting* § 2 RdNr. 16.
[38] Vgl. dazu *Kuhn/Uhlenbruck* KO § 71 RdNr. 9.
[39] Vgl. das Verzeichnis der ab 1.1.1999 zuständigen Insolvenzgerichte in ZInsO 1998, 270 ff.
[40] §§ 2, 3 der VO v. 29.1.1998, GBl. Ba.-Wü. 1998, 77.
[41] § 29 Abs. 1 BayGZVJu v. 2.2.1988 idF v. 15.6.1998, Bay. GVBl. 1998, 356.

Berlin: Für Verbraucherinsolvenzverfahren und sonstige Kleinverfahren nach dem Neunten Teil der Insolvenzordnung, die vom Schuldner selbst beantragt werden, ist jedes der 12 Amtsgerichte Insolvenzgericht; für die übrigen Verfahren ist es das AG Charlottenburg.[42] Ob dies dem Sinn und Zweck der gesetzlichen Ermächtigung (s.o. RdNr. 16) entspricht,[43] erscheint zweifelhaft.[44] Mit der Berliner Regelung sollen die aus den Verbraucherinsolvenzverfahren resultierenden Arbeitsbelastungen verteilt und das für Regelinsolvenzverfahren zuständige AG Charlottenburg entlastet werden. Die Bestimmung aller Berliner Amtsgerichte zu Insolvenzgerichten nur für Verbraucherinsolvenzverfahren dient damit weder der sachdienlichen Förderung oder schnelleren Erledigung dieser Verfahren noch der in der Zuständigkeit des AG Charlottenburg verbleibenden Regelinsolvenzverfahren. Zwar werden so die persönlichen und sächlichen Mittel beim AG Charlottenburg auf weniger – und „wichtigere" (?) – Verfahren konzentriert. Das ist indes nicht die Konzentration, die der Gesetzgeber vor Augen hatte.

Brandenburg: Wie bisher 4 Insolvenzgerichte am Ort der 4 Landgerichte;
Bremen: Von den 3 Amtsgerichten sind 2 Insolvenzgerichte, davon 1 am Ort des Landgerichts;[45]
Hamburg: Wie bisher 1 Insolvenzgericht;
Hessen: Von den 58 Amtsgerichten sind 17 Insolvenzgerichte, davon 9 am Ort der Landgerichte;[46]
Mecklenburg-Vorpommern: Wie bisher 4 Insolvenzgerichte am Ort der 4 Landgerichte;
Niedersachsen: Von den 80 Amtsgerichten sind 33 Insolvenzgerichte, davon 11 am Ort der Landgerichte;[47]
Nordrhein-Westfalen: Die Amtsgerichte am Ort der 19 Landgerichte sind Insolvenzgerichte;[48]
Rheinland-Pfalz: Von den 47 Amtsgerichten sind 22 Insolvenzgerichte, davon 7 am Ort eines Landgerichts; im Bezirk des LG Frankenthal befindet sich am Ort des Landgerichts kein Insolvenzgericht;[49]
Saarland: Wie bisher 1 Insolvenzgericht;[50]
Sachsen: Von den 30 Amtsgerichten sind 3 Insolvenzgerichte; sie befinden sich sämtlich am Ort eines Landgerichts; in 3 weiteren Landgerichtsbezirken gibt es kein Insolvenzgericht;[51]
Sachsen-Anhalt: Wie bisher 4 Insolvenzgerichte am Ort der 4 Landgerichte.
Schleswig-Holstein: Von den 28 Amtsgerichten sind 13 Insolvenzgerichte, davon 4 am Ort der Landgerichte;[52]
Thüringen: Wie bisher 4 Insolvenzgerichte am Ort der 4 Landgerichte.[53]

Soweit die Aufgaben des Insolvenzgerichts bei einem Amtsgericht konzentriert worden sind, ist dieses für den ganzen Bezirk **örtlich zuständig**.

De lege ferenda wird gefordert, die Ermächtigung in § 2 Abs. 2 besser auszunutzen und die **Zuständigkeit für Unternehmensinsolvenzen** bei großen, spezialisierten Gerichtseinheiten zu konzentrieren.[54] Vgl. dazu auch o. RdNr. 18 (Berliner Regelung). Die Bundesregierung hat versucht, die Regelung des § 2 Abs. 2 enger zu fassen, um eine stärkere Konzentration der Insolvenzgerichte zu erreichen. Nach Art. 1 Nr. 1 Nr. 1 RegE-ESUG sollten die Landesregierungen in § 2 Abs. 2 Satz 1 nur noch ermächtigt werden, in Abweichung von Abs. 1 (Zuständigkeit des Amtsgerichts, in dessen Bezirk ein Landgericht seinen Sitz hat) ein anderes Amtsgericht (nicht: mehrere andere oder zusätzliche Amtsgerichte) zur Insolvenzgericht für den Landgerichtsbezirk zu bestimmen und die Zuständigkeit eines Insolvenzgerichts über den Landgerichtsbezirk hinaus zu erstrecken.[55] Die Vorgaben des § 2 Abs. 1 seien nicht durchgängig beachtet worden, so dass es bei 116 Landgerichtsbezirken in Deutschland insgesamt 191 Insolvenzgerichte gebe.[56] Der Vorstoß ist

---

[42] Art. 1 der VO v. 27.11.1998, GVBl. Berlin 1998, 397.
[43] Verneinend AG Neukölln DZWIR 1999, 371 mit Anm. von *Smid*; bejahend LG Berlin DZWIR 1999, 517 mit Anm. *Müller-York*.
[44] Ebenso *Becker* KTS 2000, 157, 174; FKInsO-*Schmerbach* 4. Aufl. § 2 RdNr. 11a.
[45] §§ 1, 2 der VO v. 8.10.1998, Brem. GBl. 1998, 287.
[46] VO v. 9.7.1998, GVBl. 1998 I, 259; vgl. hierzu *Hofmann* ZInsO 1998, 79 ff.
[47] VO v. 21.9.1998, Nds. GVBl. 1998, 629.
[48] Vgl. *Beule* ZInsO 1998, 200, 201.
[49] § 8a Abs. 1 AGZPO v. 30.8.1974 idF v. § 9 AGInsO v. 20.7.1998, GVBl. 1998, 216.
[50] VO v. 15.7.1994 ABl. S. 201.
[51] SächsZustVOJu v. 1998.
[52] VO v. 26.10.1998, GVBl. Schl.-H. 1998, 325.
[53] Vgl. hierzu *Pippert* ZInsO 1999, 29 f.
[54] "Hamburger Thesen" v. 8./9.6.2005, ZInsO 2005, 982.
[55] Vgl. Art. 1 Nr. 1 des Entwurfs eines Gesetzes zur weiteren Erleichterung der Sanierung von Unternehmen, BT-Drucks. 17/5712, S. 7; dazu *Landfehrmann* WM 2012, 869, 875.
[56] BT-Drucks. 17/5712, S. 22.

gescheitert. Der Bundesrat hat jede Einschränkung des Gestaltungsspielraums der Bundesländer abgelehnt.[57] Als Gründe wurden die Ortsnähe der Justiz in großen Landgerichtsbezirken und die Kosten einer Umstrukturierung genannt; belegbare Erkenntnisse über Effizienzverluste oder fachliche Defizite gebe es nicht. Im Rechtsausschuss ist die Neufassung des § 2 daraufhin gestrichen worden. Entsprechend dem Subsidiaritätsprinzip bleibt es weiterhin den Ländern überlassen, in welchem Maße sie die von der InsO grundsätzlich vorgesehene Konzentration der Insolvenzgerichte auf das Amtsgericht am Sitz des Landgerichts (Abs. 1) umsetzen. Auch ohne die Streichung der Öffnungsklausel haben die Länder ihrer in § 2 verankerten Verpflichtung zur Steigerung der Sachkompetenz der Insolvenzgerichte nachzukommen.[58]

VII. Funktionelle Zuständigkeit

20   Die Durchführung des Insolvenzverfahrens ist grundsätzlich dem Rechtspfleger übertragen (§ 3 Nr. 2e RPflG i. V. m. Art. 14 Nr. 1 EGInsO).[59] Ein Beamter auf Probe darf im ersten Jahr nach seiner Ernennung Geschäfte des Rechtspflegers in Insolvenzsachen nicht wahrnehmen (§ 18 Abs. 4 Satz 1 RPflG). Rechtspfleger in Insolvenzsachen sollen über belegbare Kenntnisse des Insolvenzrechts und Grundkenntnisse des Handels- und Gesellschaftsrechts und der für das Insolvenzverfahren notwendigen Teile des Arbeits-, Sozial- und Steuerrechts und des Rechnungswesens verfügen. Einem Rechtspfleger, dessen Kenntnisse auf diesen Gebieten nicht belegt sind, dürfen die Aufgaben eines Rechtspflegers in Insolvenzsachen nur zugewiesen werden, wenn der Erwerb der Kenntnisse alsbald zu erwarten ist (§ 18 Abs. 4 Satz 2 und 3 RPflG).[60] Zur vergleichbaren Regelung für den Richter vgl. RdNr. 4. Dem Richter vorbehalten bleiben: das Verfahren bis zur Entscheidung über den Eröffnungsantrag (unter Einschluss dieser Entscheidung) und der Ernennung des Insolvenzverwalters sowie das Verfahren über einen Schuldenbereinigungsplan nach den §§ 305 bis 310 (§ 18 Abs. 1 Nr. 1 RPflG); bei einem Antrag des Schuldners auf Erteilung der Restschuldbefreiung die Entscheidungen nach den §§ 289, 291, 296, 297 und 300, wenn ein Insolvenzgläubiger die Versagung der Restschuldbefreiung beantragt, sowie die Entscheidung über den Widerruf der Restschuldbefreiung nach § 303 (§ 18 Abs. 1 Nr. 2 RPflG).[61] Wenn nicht über einen Versagungsantrag eines Gläubigers zu befinden, sondern der Antrag auf Restschuldbefreiung wegen eines formellen Mangels als unzulässig zurückzuweisen ist, fällt die Entscheidung in die Zuständigkeit des Rechtspflegers.[62] Die nach § 89 Abs. 3 zu treffenden Entscheidungen sind gemäß § 20 Nr. 17 Satz 2 Buchst. a RPflG dem Richter vorbehalten.[63] Gemäß § 18 Abs. 1 Nr. 3 RPflG sind schließlich die Entscheidungen nach den §§ 344 bis 436 dem Richter vorbehalten. Mit der Eröffnung des Insolvenzverfahrens wird der Rechtspfleger auch für die Festsetzung der Vergütung des vorläufigen Verwalters zuständig.[64] § 18 Abs. 1 Nr. 2 RPflG idF v. 7.12.2011, der am 1.1.2013 in Kraft treten wird, weist das Verfahren über einen Insolvenzplan nach den §§ 217 bis 256 und den §§ 258 bis 269 ausschließlich dem Richter zu.

21   Der Richter ist nach § 18 Abs. 2 RPflG befugt, sich das Verfahren auch im Übrigen ganz oder teilweise **vorzubehalten,** wenn er dies für geboten erachtet. Anlass hierzu können zB besondere rechtliche Schwierigkeiten des Verfahrens oder dessen wirtschaftliche Bedeutung sein.[65] Der Richtervorbehalt kann in jedem beliebigen Verfahrensstadium ausgesprochen werden.[66] Wenn sich die Gründe, die die Bearbeitung der Sache durch den Richter geboten erscheinen lassen, erst nach dem gesetzlichen Übergang der Zuständigkeit auf den Rechtspfleger herausstellen, ist es sinnvoll, dass der Richter die Sache auch jetzt noch an sich ziehen kann. Zwar handelt es sich dann nicht um ein „Wieder-an-sich-ziehen" i.S.v. § 18 Abs. 2 Satz 3 RPflG. Wenn aber der Richter eine Sache „wieder" an sich ziehen kann, obwohl er sie dem Rechtspfleger übertragen hatte, muss ein erstmaliges Ansichziehen *erst recht* möglich sein, falls er sie nicht übertragen hatte. Beim Ausspruch des Richter-

---

[57] BT-Drucks. 17/5712 S. 50 f.
[58] BT-Drucks. 17/7511 S. 33.
[59] Einzelheiten bei *Holzer,* Entscheidungsträger RdNr. 60–102.
[60] § 18 Abs. 4 Satz 2 und 3 RPflG eingefügt durch Art. 5 Nr. 2 lit. c des Gesetzes zur weiteren Erleichterung der Sanierung von Unternehmen (ESUG) vom 7.12.2011 mit Wirkung vom 1.1.2013; krit. die Gegenäußerung des Rechtsausschusses des Bundesrats BR-Drucks. 679/1/11, S. 6 f.
[61] Kritisch dazu *Helwich* MDR 1997, 13, 15.
[62] OLG Zweibrücken NZI 2000, 271, 272; OLG Köln NZI 2000, 587, 588.
[63] BGH NZI 2004, 278; 2005, 520; AG Hamburg NZI 2000, 96.
[64] BGH NZI 2010, 977 RdNr. 23 ff; OLG Zweibrücken NZI 2000, 314, 315; OLG Köln NZI 2000, 585, 586.
[65] *Uhlenbruck/I. Pape* § 2 RdNr. 6.
[66] AG Köln NZI 2000, 331, 332; *Fuchs* ZInsO 2001, 1033, 1034; *Jaeger/Gerhardt* § 2 RdNr. 55; *Uhlenbruck/I. Pape* § 2 RdNr. 6; FKInsO-*Schmerbach* § 2 RdNr. 36; aA *Hoffmann* Rpfleger 1970, 373, 374; *Bernsen,* Kölner Schrift, 2. Aufl. S. 1843, 1846 RdNr. 5; *Holzer,* Entscheidungsträger RdNr. 45; anders auch noch *Ganter* in der 1. Auflage.

vorbehalts – wann auch immer er erfolgt – hat der Richter kein Ermessen,[67] weil bloße Zweckmäßigkeitserwägungen die Ausübung des Vorbehaltsrechts nicht rechtfertigen; er hat jedoch einen Beurteilungsspielraum.[68] Ein besonderer Beschluss ist nicht erforderlich; doch sollte der Vorbehalt aktenkundig gemacht werden.[69] Der Vorbehalt ist unanfechtbar.[70] Hält der Richter, nachdem er sich das weitere Verfahren zunächst vorbehalten hatte, den Vorbehalt nicht mehr für erforderlich, kann er das Verfahren dem Rechtspfleger übertragen. Auch nach der Übertragung kann er es wieder an sich ziehen, wenn und solange er dies für erforderlich hält **(Evokationsrecht)**.[71] Wegen der Möglichkeit eines Teil-Vorbehalts kann auch eine gemeinsame Bearbeitung durch den Richter und den Rechtspfleger erfolgen; dann sollten die Aufgabenbereiche jedoch deutlich voneinander abgegrenzt werden.[72]

Den Rechtspfleger mit der Mitwirkung bei Geschäften, die vom Richter wahrzunehmen sind, zu beauftragen, ist nach der ersatzlosen Streichung des § 25 RPflG durch das Gesetz vom 6. August 1998[73] nicht mehr möglich.[74] Insbesondere scheidet nunmehr die Vorbereitung richterlicher Amtshandlungen, etwa durch Anfertigung von Entwürfen, durch den Rechtspfleger aus. **22**

Obwohl zuächst die Zuständigkeit des Rechtspflegers gegeben ist, *muss* dieser die Sache zur Entscheidung **dem Richter vorlegen,** wenn zwischen dem Rechtspfleger-Geschäft und einem vom Richter wahrzunehmenden Geschäft ein so enger Zusammenhang besteht, dass eine getrennte Behandlung nicht sachdienlich ist (§ 5 Abs. 1 Nr. 2 RPflG). Der Rechtspfleger *kann* ein ihm übertragenes Geschäft dem Richter vorlegen, wenn die Anwendung ausländischen Rechts in Betracht kommt (§ 5 Abs. 2 RPflG). Die vorgelegten Sachen bearbeitet der Richter, solange er es für erforderlich hält; er kann sie dem Rechtspfleger zurückgeben; ggf. ist dieser an eine vom Richter mitgeteilte Rechtsauffassung gebunden (§ 5 Abs. 3 RPflG). Mit § 5 Abs. 1 Nr. 2 korrespondiert die Vorschrift des § 6 RPflG (die zuerst genannte Vorschrift wendet sich an den Rechtspfleger, die zuletzt genannte an den Richter): Steht ein dem Rechtspfleger übertragenes Geschäft mit einem vom Richter wahrzunehmenden Geschäft in einem so engen Zusammenhang, dass eine getrennte Bearbeitung nicht sachdienlich wäre, so soll der Richter die gesamte Angelegenheit bearbeiten. **22a**

Bei **Streit** oder Ungewissheit darüber, ob ein Geschäft von dem Richter oder dem Rechtspfleger zu bearbeiten ist, entscheidet der Richter über die Zuständigkeit durch Beschluss; dass der Richter im Wege einer innerdienstlichen, den Beteiligten nicht bekannt gemachten Verfügung die Sache dem Rechtspfleger „zuständigkeitshalber" zuschreibt, genügt nicht.[75] Der Beschluss ist unanfechtbar (§ 7 RPflG). **22b**

Ist der Rechtspfleger – sei es kraft Gesetzes, sei es auf Grund richterlicher Übertragung nach § 18 Abs. 2 Satz 2 RPflG – funktionell zuständig, entscheidet er **eigenverantwortlich** und ohne Bindung an sachliche Weisungen des Richters (§ 4 Abs. 1, § 9 RPflG). **22c**

Überschreitet der Rechtspfleger die Grenzen seiner funktionellen Zuständigkeit, sind die von ihm getroffenen Maßnahmen unwirksam (§ 8 Abs. 4 Satz 1 RPflG).[76] Eine Heilung findet auch nicht dadurch statt, dass der Richter der Beschwerde gegen den unwirksamen Beschluss des Rechtspflegers nicht abhilft[77] oder das Beschwerdegericht die Entscheidung in der Sache billigt.[78] Die Maßnahme ist im Rechtsmittelverfahren unabhängig von ihrer inhaltlichen Richtigkeit aufzuheben.[79] Im Rechtsbeschwerdeverfahren ist die Missachtung der funktionellen Zuständigkeit durch den Rechtspfleger von Amts wegen zu berücksichtigen, ohne dass es insoweit einer Verfahrensrüge nach § 577 Abs. 2 Satz 3 ZPO bedarf.[80] Nimmt umgekehrt der Richter Aufgaben des Rechtspflegers wahr, ohne diese gemäß § 18 Abs. 2 RPflG sich vorbehalten oder an sich gezogen zu haben, berührt dies die Wirksamkeit seiner Maßnahmen nicht (§ 8 Abs. 1 RPflG).[81] **23**

---

[67] Anders noch die 1. Auflage.
[68] *Jaeger/Gerhardt* § 2 RdNr. 56 f.
[69] *Mohrbutter/Drischler* NJW 1971, 361 Fn. 10.
[70] *Mohrbutter/Drischler* NJW 1971, 361; *Jaeger/Gerhardt* § 2 RdNr. 58.
[71] Für eine Streichung des Evokationsrechts plädiert *Borchers,* Kölner Schrift zur Insolvenzordnung, 1. Aufl., S. 1269 ff. RdNr. 24.
[72] *Uhlenbruck/I. Pape* § 2 RdNr. 6; FKInsO-*Schmerbach* § 2 RdNr. 37.
[73] BGBl. I S. 2030.
[74] *Bernsen,* Kölner Schrift, 2. Aufl. S. 1843, 1847 RdNr. 7; wohl auch *Jaeger/Gerhardt* § 2 RdNr. 60 f.
[75] BGH NZI 2005, 520.
[76] BGH NZI 2005, 520; LG Berlin ZInsO 2004, 987, 988; *Jaeger/Gerhardt* § 2 RdNr. 59.
[77] LG Berlin ZInsO 2004, 987, 988.
[78] BGH NZI 2005, 520; NZI 2010, 977 RdNr. 22.
[79] BGH NZI 2010, 977 RdNr. 22.
[80] BGH NZI 2010, 977 RdNr. 22.
[81] *Jaeger/Gerhardt* § 2 RdNr. 59.

24 Aus Kreisen der Rechtspfleger ist gefordert worden, diesem die Geschäfte des Insolvenzgerichts voll zu übertragen.[82] Dem stehen jedoch – zumindest – verfassungsrechtliche Hindernisse (Art. 97 GG) entgegen.[83] Abgesehen davon hat sich der bisherige Rechtszustand praktisch bewährt.

Der Referentenentwurf eines Gesetzes zur Verkürzung des Restschuldbefreiungsverfahrens, zur Stärkung der Gläubigerrechte und zur Insolvenzfestigkeit von Lizenzen vom 18. Januar 2012[84] sieht vor, dem Rechtspfleger sämtliche Entscheidungen in Verbraucherinsolvenzsachen sowie im Restschuldbefreiungsverfahren zu übertragen.[85] Ziel der Vollübertragung soll sein, die bislang vorgegebenen Zuständigkeitswechsel zu vermeiden und damit die Verfahrenseffizienz zu steigern. Durch die Vollübertragung würden Reibungs- und Zeitverluste verhindert und das Verfahren weiter beschleunigt. Darüber hinaus stelle die Vollübertragung einen Ausgleich für die Übertragung der Zuständigkeit für das Planverfahren auf den Richter dar. Die Möglichkeit, das Verfahren nach § 18 Abs. 2 RpflG an sich zu ziehen, soll ebenso erhalten bleiben wie die Zuständigkeit des Richters für die Beschwerde als letztverbindliche Entscheidung. Die Abgrenzung zwischen dem Regelverfahren und dem Verbraucherinsolvenzverfahren kann schwierig sein[86]. Manipulationen sind möglich und kommen in der Praxis durchaus vor.[87] In der Literatur wird mit guten Gründen vorgeschlagen, die Unterscheidung zwischen dem Regel- und dem Verbraucherinsolvenzverfahren aufzugeben, statt sie durch die geplante gespaltene funktionelle Zuständigkeit zu „zementieren".[88] Mit den verfassungsrechtlichen Bedenken gegen die Vollübertragung[89] befasst sich der Entwurf ebenfalls nicht.

§ 3 Örtliche Zuständigkeit

(1) [1]**Örtlich zuständig ist ausschließlich das Insolvenzgericht, in dessen Bezirk der Schuldner seinen allgemeinen Gerichtsstand hat.** [2]**Liegt der Mittelpunkt einer selbständigen wirtschaftlichen Tätigkeit des Schuldners an einem anderen Ort, so ist ausschließlich das Insolvenzgericht zuständig, in dessen Bezirk dieser Ort liegt.**

(2) Sind mehrere Gerichte zuständig, so schließt das Gericht, bei dem zuerst die Eröffnung des Insolvenzverfahrens beantragt worden ist, die übrigen aus.

Schrifttum: *Ebenroth,* Die Inlandswirkungen der ausländischen lex fori concursus bei Insolvenz einer Gesellschaft, ZZP 101 (1988), 121 ff.; *Ehricke,* Konzerninsolvenzrecht, Kölner Schrift zur Insolvenzordnung, 3. Aufl., S. 1037 ff; *Gutachten* zur örtlichen Zuständigkeit des Insolvenzgerichts im Verfahren über das Vermögen der Quelle GmbH, ZInsO 2009, 2188; *Frind,* Forum PINing?, ZInsO 2008, 363; *Haertlein/Schmidt,* Positiver Kompetenzkonflikt und kollidierende Anordnungen von Sicherungsmaßnahmen zweier Insolvenzgerichte, ZInsO 2004, 603 ff.; *Knof/Mock,* Innerstaatliches Forum Shopping in der Konzerninsolvenz – Cologne Calling?, ZInsO 2008, 253; *dies.,* Noch einmal: Forumshopping in der Konzerninsolvenz, ZInsO 2008, 499; *Kübler,* Konzern und Insolvenz, ZGR 1984, 560 ff.; *Leipold,* Zur Internationalen Zuständigkeit im Insolvenzrecht, FS G. Baumgärtel, 1990, 291 ff.; *Pape,* Die Lösung von Kompetenzkonflikten zwischen Konkursordnung und Gesamtvollstreckungsordnung, WiB 1995, 150 ff.; *Pielorz,* Auslandskonkurs und Disposition über das Inlandsvermögen, 1977; *Rotstegge,* ZIP 2008, 955; *J. Schmidt,* System des Deutschen internationalen Konkursrechts, 1972; *K. Schmidt,* Der allgemeine Gerichtsstand konkursbefangener Gesellschaften, NJW 1984, 1341 ff.; *ders.,* Konzern-Insolvenzrecht – Entwicklungsstand und Perspektiven, KTS 71 (2010), 1 ff; *ders.,* Ein gesetzlicher „Konzerngerichtsstand" im Insolvenzrecht?, FS Hans Gerhard Ganter, 2010, S. 353 ff; *ders.,* Flexibilität und Praktikabilität im Konzerninsolvenzrecht, ZIP 2012, 1053; *Skrotzki,* Der Gerichtsstand im Insolvenzverfahren, KTS 1960, 71 ff.; *Uhlenbruck,* Konzerninsolvenzrecht als Problem der Insolvenzrechtsreform, KTS 1986, 419 ff.; *Vallender/Deyda,* Brauchen wir einen Konzerninsolvenzgerichtsstand?, NZI 2009, 825; *Weber,* Zur Zulässigkeit eines Vergleichsverfahrens über das deutsche Vermögen eines ausländischen Schuldners, KTS 1965, 95 ff.; *Wellensiek,* Risiken von Beteiligungen

---

[82] Schreiben des BDR an das BMJ v. 8.4.2001, ZInsO 2001, 1097 f.; dazu – befürwortend – *Heyrath,* ZInsO 2002, 216 ff.
[83] Abl. auch *Uhlenbruck* ZInsO 2001, 1129 ff.; *Keller* NZI 2002 Heft 3, V; *Frind* NZI 2002, 138 ff; *Harder* NZI 2012, 113, 119; *Pape* ZVI 2012, 150, 152; *Schmerbach* NZI 2012, 161, 166 f.
[84] ZVI 2012, Beilage 1 zu Heft 2.
[85] Kritisch hierzu *Frind* ZInsO 2012, 475 ff; *Stephan* ZVI 2012, 85, 92; zustimmend *Lisser* ZVI 2012, 93, 95.
[86] Im Fall BGH NZI 2011, 202, der eine Beraterhaftung zum Gegenstand hatte, war die Abgrenzung danach zu treffen, ob der Lohnanspruch von Arbeitnehmern, die Insolvenzgeld beantragt hatten, nach dem Übergang auf die Bundesagentur für Arbeit noch ein solcher aus einem Arbeitsverhältnis gemäß § 304 Abs. 1 Satz 2 war.
[87] Vgl. den Fall BGH NZI 2011, 410, in welchem die Eröffnung des Regelinsolvenzverfahrens dazu diente, einen Insolvenzplan durchzusetzen, der Forderungen aus unerlaubter Handlung mit „erledigte"; weitere Beispiele bei *Vallender/Laroche,* VIA 2012, 9, 10.
[88] *Vallender/Laroche* VIA 2012, 9 ff.
[89] Vgl. etwa *Pape* ZVI 2012, 150, 152.

in (durch) Insolvenzverfahren der Muttergesellschaften, ZIP 1984, 541 ff.; *Wenzel,* Interlokaler Restschuldtourismus, MDR 1992, 1023 ff.; *Wessel,* Begründet der Sitz des Insolvenzgerichts den allgemeinen Gerichtsstand eines Insolvenzverwalters auch für Aktivprozesse?, DZWIR 2000, 196 f.

Übersicht

	Rn.		Rn.
I. Einleitung	1	**IV. Internationale Zuständigkeit**	22–26
II. Normzweck	2, 3	1. Anwendungsbereich der EuInsVO	23
III. Örtliche Zuständigkeit	4–21	2. Rechtslage außerhalb des Anwendungsbereichs der EuInsVO	24–26
1. Ausübung einer selbständigen wirtschaftlichen Tätigkeit	7–9a	**V. Ausschließliche Zuständigkeit**	27–36a
a) Wirtschaftliche Tätigkeit	7, 8	1. Verweisung an das zuständige Gericht	28–30a
b) Selbständigkeit	9–9a	2. Ablehnung des Eröffnungsantrags wegen Unzuständigkeit	31
2. Mittelpunkt der Tätigkeit	10–15	3. Eröffnung der Insolvenz durch ein unzuständiges Gericht	32
a) Anknüpfung an die tatsächlichen Verhältnisse	10–10a	4. Anordnung von Sicherungsmaßnahmen durch verschiedene Insolvenzgerichte	32a
b) Mehrere Niederlassungen	11	5. Gerichtsstandsbestimmung durch das höhere Gericht	33–36a
c) Mehrere selbständige wirtschaftliche Tätigkeiten	12	a) Negativer Kompetenzkonflikt	34
d) Gerichtsstand von juristischen Personen und Gesellschaften	13	b) Positiver Kompetenzkonflikt	35
e) Gerichtsstand von verbundenen Unternehmen	14	c) Insolvenz mehrerer Mitschuldner mit verschiedenen Gerichtsständen	36–36a
f) Gerichtsstand von Gesellschaftern	15	**VI. Zuständigkeitsprüfung von Amts wegen**	37
3. Allgemeiner Gerichtsstand	16–19	**VII. Gerichtsstandserschleichung**	38–45
a) Natürliche Personen	17, 18		
b) Juristische Personen, Personenvereinigungen und Gemeinschaften	19		
4. Mehrfache Zuständigkeiten (Abs. 2)	20, 21		

I. Einleitung

Die Vorschrift wurde im Gesetzgebungsverfahren nicht verändert (vgl. § 2 RegE).[1] Sie entspricht im Wesentlichen dem früheren Recht (vgl. § 71 Abs. 1 und 2 KO, § 2 Abs. 1 Satz 1 VerglO, § 1 Abs. 2 GesO). 1

II. Normzweck

§ 3 regelt die örtliche und – soweit nicht Art. 3 EuInsVO eingreift – in Verbindung mit Art. 102 Abs. 1 Nr. 1 EGInsO die internationale[2] Zuständigkeit des *Insolvenz*gerichts. Durch die Art der Anknüpfung werden Gerechtigkeits- und Zweckmäßigkeitsvorstellungen verwirklicht.[3] Der insolvent gewordene Schuldner wird ein Insolvenzverfahren am ehesten akzeptieren, wenn es dort stattfindet, wo er sich wirtschaftlich betätigt oder wo er seinen allgemeinen Gerichtsstand hat. Die Zuständigkeit des dortigen Gerichts ist darüber hinaus zweckmäßig, weil sich in dessen Bezirk auch ein Großteil der Masse und der Gläubiger befinden wird. Eine entsprechende Regelung enthält § 315 für das **Nachlassinsolvenzverfahren.** Für **Partikularverfahren** über das inländische Vermögen eines Schuldners ist § 354 Abs. 3, für Entscheidungen nach §§ 344 bis 346 im Rahmen eines **ausländischen Insolvenzverfahrens** ist § 348 Abs. 1 zu beachten (vgl. zu beidem RdNr. 22 ff.). 2

Über die Zuständigkeit des *Prozess*gerichts für auf die Insolvenzmasse bezogene Prozesse des Insolvenzverwalters sagt § 3 nichts aus. Für Passivprozesse des Insolvenzverwalters bestimmt sich sein allgemeiner Gerichtsstand nach dem Sitz des Insolvenzgerichts (§ 19a ZPO). Für Aktivprozesse des Insolvenzverwalters ergibt sich daraus nichts.[4] 3

---

[1] BT-Drucks. 12/2443, S. 10.
[2] HKInsO-*Kirchhof* § 3 RdNr. 3.
[3] AG Köln NZI 2008, 254, 255.
[4] BGH ZIP 1990, 246, 247; NJW 2003, 2916; WM 2012, 1449 RdNr. 8; OLG Schleswig ZInsO 2001, 968, 969; *Herbst* DZWIR 2001, 190 ff.; aA *Wessel* DZWIR 2000, 196, 197.

III. Örtliche Zuständigkeit

4 Nach Abs. 1 Satz 2 ist **vorrangig zu prüfen,** ob der Schuldner eine selbständige wirtschaftliche Tätigkeit ausübt;[5] gegebenenfalls bestimmt deren Mittelpunkt, falls er vom Ort des allgemeinen Gerichtsstandes abweicht, den Gerichtsstand. Es ist zweckmäßig, die Schulden dort abzuwickeln, wo sie entstanden sind.[6] Übt der Schuldner keine selbständige wirtschaftliche Tätigkeit aus oder fällt deren Mittelpunkt mit dem Ort des allgemeinen Gerichtsstands zusammen,[7] ist nach Abs. 1 Satz 1 das Insolvenzgericht örtlich zuständig, in dessen Bezirk der Schuldner seinen allgemeinen Gerichtsstand hat. Ist fraglich, ob der Schuldner selbständig wirtschaftlich tätig ist, führte dies gegebenenfalls aber nur zur Zuständigkeit des Gerichts, in dessen Bezirk der Schuldner auch seinen allgemeinen Gerichtsstand hat, bedarf es keiner weiteren Aufklärung durch das Insolvenzgericht, weil damit kein praktischer Nutzen verbunden wäre.

5 **Maßgeblicher Zeitpunkt** für das Vorliegen der Anknüpfungstatsachen ist zunächst der Eingang des Insolvenzantrags bei Gericht.[8] Dies gilt unabhängig davon, ob es sich um einen Eigen- oder einen Gläubigerantrag handelt.[9] Die § 261 Abs. 1 und 3, § 253 Abs. 1 ZPO sind im Rahmen der Zulässigkeitsprüfung nicht entsprechend anwendbar, weil das Zulassungsverfahren ein einseitiges Verfahren ist (vgl. vor §§ 2 bis 10 RdNr. 16). Ist der Antrag zugestellt worden, gilt § 261 Abs. 3 Nr. 2 ZPO (i. V. m. § 4; vgl. § 4 RdNr. 53). Bei der Nachlassinsolvenz entscheidet der Zeitpunkt des Todes des Erblassers (§ 315). Hier kommen spätere Veränderungen nicht in Betracht. Bei normalen Insolvenzverfahren bedarf es einer differenzierten Betrachtung. Ist im Zeitpunkt des Antragseingangs die Zuständigkeit gegeben, sind spätere Veränderungen unerheblich, und zwar auch dann, wenn sie vor der Entscheidung über den Antrag vollzogen werden (§ 261 Abs. 3 Nr. 2 ZPO).[10] Ist nach den Verhältnissen zum Zeitpunkt des Antragseingangs die Zuständigkeit nicht gegeben, sind – vorbehaltlich des Abs. 2 – Änderungen noch bis zur Entscheidung zu berücksichtigen.[11] Ist der Sitz des Schuldners kurz vor der Stellung des Antrags oder gar erst danach in den Bezirk des angegangenen Gerichts verlegt worden, um dessen Zuständigkeit zu begründen, so ist zu prüfen, ob der Gerichtsstand erschlichen werden soll (s. RdNr. 38 ff.).[12]

6 Die Anknüpfungstatsachen müssen tatsächlich vorliegen; ein bloßer **Rechtsschein** genügt nicht, um die Zuständigkeit zu begründen.[13] Eine nur vorgetäuschte Sitzverlegung, bei welcher der Mittelpunkt der wirtschaftlichen Betätigung in Wahrheit unverändert blieb, ist unbeachtlich.[14] „Briefkastenadressen" reichen nicht aus, um die Zuständigkeit eines Gerichts zu begründen.[15]

7 **1. Ausübung einer selbständigen wirtschaftlichen Tätigkeit. a) Wirtschaftliche Tätigkeit. aa) Allgemeines.** Die Tätigkeit braucht kein Gewerbe im Rechtssinn zu sein.[16] Eine Eintragung in das Handelsregister ist weder erforderlich noch maßgeblich. Es genügt eine nachhaltig auf Erwerb gerichtete Unternehmung. Eine wirtschaftliche Tätigkeit in diesem Sinne üben auch Landwirte und Freiberufler aus. Liebhaberei und gemeinnützige Arbeit sind keine wirtschaftlichen Tätigkeiten.

7a **bb) Beginn der wirtschaftlichen Tätigkeit.** Die wirtschaftliche Tätigkeit muss bereits aufgenommen sein.[17] Das Gründungsstadium eines Betriebes fällt bereits darunter.

---

[5] OLG München ZInsO 2009, 838; AG Köln NZI 2008, 254, 255.
[6] *Jaeger/Gerhardt* § 3 RdNr. 14; krit. *Nerlich/Römermann/Becker* § 3 RdNr. 24 f.
[7] *Jaeger/Gerhardt* § 3 RdNr. 2.
[8] BGH NZI 2007, 344 RdNr. 5; BayObLG NZI 2000, 148; 2004, 90, 91; OLG Hamm NZI 2000, 220, 221; OLG Naumburg NZI 2001, 476; OLG Frankfurt NZI 2002, 499; OLG Köln NZI 2003, 567, 568; OLG Schleswig NZI 2004, 264; *Uhlenbruck/I. Pape* § 3 RdNr. 3; HKInsO-*Kirchhof* § 3 RdNr. 5.
[9] AA OLG Düsseldorf NZI 2004, 146; *Jaeger/Gerhardt* § 3 RdNr. 40.
[10] BGH NZI 2007, 344 RdNr. 5 = NJW-RR 2007, 1062; Beschl. v. 17.09 2009 – IX ZB 81/09, RdNr. 3; OLG Celle ZIP 2001, 469; OLG Frankfurt NZI 2002, 499; OLG Köln NZI 2003, 567, 568; AG Köln NZI 2008, 254, 255; *Jaeger/Gerhardt* § 3 RdNr. 40; HKInsO-*Kirchhof* § 3 RdNr. 5; zu Art. 3 Abs. 1 EuInsVO vgl. BGH ZIP 2004, 94 f. = EWiR 2004, 229 *(Mankowski);* EuGH ZIP 2006, 188 f.; zum früheren Recht vgl. OLG Köln OLGR 19 (1909), 218; OLG München Rpfleger 1987, 78; LG Stuttgart ZIP 1983, 348, 350.
[11] AG Göttingen ZIP 2010, 640 (nur insoweit richtig); *Weber* KTS 1965, 95, 126 f.; *Jaeger/Gerhardt* § 3 RdNr. 40; HKInsO-*Kirchhof* § 3 RdNr. 5.
[12] AG Köln NZI 2008, 254, 255.
[13] AG Göttingen ZIP 2007, 1282; *Jaeger/Gerhardt* § 3 RdNr. 22; HKInsO-*Kirchhof* § 3 RdNr. 6.
[14] *Skrotzki* KTS 1960, 71; *Gottwald/Klopp/Kluth*, Insolvenzrechts-Handbuch 4. Aufl. § 17 RdNr. 6.
[15] FKInsO-*Schmerbach* § 3 RdNr. 27.
[16] Begr. zu § 3 RegE, BT-Drucks. 12/2443 S. 110.
[17] BayObLG Rpfleger 1980, 486.

Örtliche Zuständigkeit 7b–9 § 3

cc) Beendigung der wirtschaftlichen Tätigkeit. War die wirtschaftliche Tätigkeit bei Antrag- 7b
stellung bereits voll beendet, kann Abs. 1 Satz 2 nicht mehr eingreifen. Für das Abwicklungsstadium ist die Rechtslage umstritten. Teilweise wird darauf abgestellt, ob noch – wenngleich in nur noch geringem Umfang – eine „werbende Tätigkeit" entfaltet wird.[18] Nach anderer Ansicht sind auch „Abwicklungsmaßnahmen mit Außenwirkung" wirtschaftliche Tätigkeiten i.S.v. § 3 Abs. 1 Satz 2.[19] Dem wird man zustimmen können, solange die Geschäftsräume noch nicht aufgegeben sind und restliche Warenbestände oder Inventar verkauft oder Außenstände eingezogen werden. Keine wirtschaftliche Tätigkeit sind bloße Verwaltungsmaßnahmen wie die Aufbewahrung der Geschäftsbücher,[20] das Führen von Korrespondenz, die Entgegennahme von Zustellungen, die noch ausstehende Schuldentilgung[21] oder das Betreiben des Insolvenzverfahrens.[22]

Für das Insolvenzverfahren einer GmbH, die ihre wirtschaftliche Tätigkeit bereits vor der Stellung 8
des Insolvenzantrags eingestellt hatte, ist deshalb das Insolvenzgericht zuständig, in dessen Bezirk die Schuldnerin ihren satzungsmäßig festgelegten Sitz hat.[23] Die Bestellung eines neuen Geschäftsführers mit dem Aufgabenkreis der Durchführung und Abwicklung eines Insolvenzverfahrens begründet für sich genommen keine Zuständigkeit am Sitz des Geschäftsführers.[24] Dessen Wohnsitz ist insbesondere dann nicht maßgeblich, wenn die GmbH ihren Betrieb eingestellt, die Geschäftsräume aufgegeben und der Geschäftsführer die Geschäftsbücher und Unterlagen an seinen Wohnsitz mitgenommen hat.[25] Ist die werbende Tätigkeit insgesamt beendet, kann der Mittelpunkt der wirtschaftlichen Tätigkeit der GmbH nicht mehr verlegt werden.[26] Für die Eröffnung des Insolvenzverfahrens über das Vermögen einer gemäß § 394 FamFG (vormals § 141 a FGG, § 2 LöschG) wegen Vermögenslosigkeit gelöschten Gesellschaft ist das Insolvenzgericht örtlich zuständig, in dessen Bezirk die Gesellschaft zuletzt im Handelsregister eingetragen war.[27] Zur **Zuständigkeitserschleichung** vgl. u. RdNr. 38 ff.).

b) Selbständigkeit. aa) Natürliche Personen. Eine selbständige wirtschaftliche Tätigkeit setzt 9
Handeln in eigenem Namen voraus. Selbständig tätig wird auch ein Kommissionär. Unerheblich ist, wem die Sachmittel gehören, die zu der wirtschaftlichen Tätigkeit eingesetzt werden. Deshalb ist auch ein Pächter selbständig im Sinne von Abs. 1 Satz 2. Ferner kommt es nicht darauf an, ob die Tätigkeit im Haupt- oder im Nebenberuf ausgeübt wird.[28] Selbst wenn die selbständige wirtschaftliche Tätigkeit relativ geringfügigen Umfang hat, begründet sie – falls sie überhaupt Gewicht hat, was immer der Fall ist, wenn die Insolvenz auf dieser Tätigkeit beruht – den Gerichtsstand des Abs. 1 Satz 2.[29] In Verbraucherinsolvenzverfahren ist diese Vorschrift unanwendbar.[30] Eine selbständige wirtschaftliche Tätigkeit, die der Schuldner früher einmal ausgeübt hat, steht zwar der Durchführung eines Verbraucherinsolvenzverfahrens nicht entgegen, falls die Vermögensverhältnisse des Schuldners überschaubar sind und gegen ihn keine Forderungen aus Arbeitsverhältnissen bestehen (§ 304 Abs. 1); diese frühere Tätigkeit ist aber nicht zuständigkeitsbegründend, weil es insofern auf den Zeitpunkt der Stellung des Insolvenzantrags ankommt (vgl. o. RdNr. 5). Umgekehrt ist ein Verbraucherinsolvenzverfahren ausgeschlossen, wenn der Schuldner auch noch im Zeitpunkt der Stellung des Insolvenzantrags eine selbständige wirtschaftliche Tätigkeit ausübt. Ausschließlich abhängig Beschäftigte – und seien sie auch leitende Angestellte – fallen nicht unter Abs. 1 Satz 2.

---

[18] BayObLG NZI 2001, 372, 373; 2004, 88, 89; 2004, 90, 91; 2004, 148; OLG Schleswig NZI 2004, 264.
[19] OLG Braunschweig NZI 2000, 266, 267; OLG Karlsruhe NZI 2004, 262, 263; *Jaeger/Gerhardt* § 3 RdNr. 11, 25; HKInsO-*Kirchhof* § 3 RdNr. 8; *Nerlich/Römermann/Becker* § 3 RdNr. 39.
[20] *Jaeger/Gerhardt* § 3 RdNr. 11; *Uhlenbruck/I. Pape* § 3 RdNr. 11; HKInsO-*Kirchhof* § 3 RdNr. 8; *Nerlich/Römermann/Becker* § 3 RdNr. 39; aA LG Hamburg ZInsO 2001, 118; FKInsO-*Schmerbach* § 3 RdNr. 5; wohl auch *Frind* EWiR 2000, 679, 690.
[21] BGH, Beschl. v. 8.10.2009 – IX ZB 83/09, RdNr. 1.
[22] BayObLG ZInsO 2003, 1142, 1143.
[23] BayObLG NZI 1999, 457; 2004, 88, 89; 2004, 90, 91; 2004, 148; OLG Hamm ZInsO 1999, 533; NZI 2000, 220, 221; OLG Braunschweig NZI 2000, 266, 267; OLG Zweibrücken InVo 2002, 367; OLG Schleswig NZI 2004, 264.
[24] OLG Hamm ZInsO 1999, 533, 534.
[25] OLG Düsseldorf DZWIR 1999, 463; OLG Braunschweig NZI 2000, 266, 267; OLG Hamm NZI 2000, 220, 221; *Jaeger/Gerhardt* § 3 RdNr. 13; aA OLG Schleswig NZI 1999, 416; KG NZI 1999, 499; FKInsO-*Schmerbach* § 3 RdNr. 5.
[26] HKInsO-*Kirchhof* § 3 RdNr. 8.
[27] OLG Koblenz Rpfleger 1989, 251; *Jaeger/Gerhardt* § 3 RdNr. 26; *Uhlenbruck/I. Pape* § 3 RdNr. 11; HKInsO-*Kirchhof* § 3 RdNr. 16.
[28] Vgl. hierzu LG Bremen NJW 1968, 1384.
[29] HKInsO-*Kirchhof* § 3 RdNr. 11; *Nerlich/Römermann/Becker* § 3 RdNr. 34.
[30] *Jaeger/Gerhardt* § 3 RdNr. 20; HKInsO-*Kirchhof* § 3 RdNr. 8.

9a **bb) Juristische Personen, nichtrechtsfähige Vereine und Personengesellschaften.** Für diese hat das Merkmal der Selbständigkeit keine Bedeutung, weil sie anders schwerlich tätig werden können.[31]

10 **2. Mittelpunkt der Tätigkeit. a) Anknüpfung an die tatsächlichen Verhältnisse.** Da die wirtschaftliche Tätigkeit kein Gewerbe sein muss (vgl. RdNr. 7), braucht auch der Tätigkeitsmittelpunkt nicht die Voraussetzungen einer „gewerblichen Niederlassung" i.S.v. § 21 ZPO zu erfüllen.[32] Im Übrigen ist die Bestimmung des Tätigkeitsmittelpunkts umstritten. Nach der einen Auffassung liegt der Mittelpunkt der selbständigen wirtschaftlichen Tätigkeit dort, von wo aus der der wesentliche Teil der Geschäfte selbständig getätigt wird; entscheidend sei nicht der innere Geschäftsgang, sondern der Verkehr nach außen.[33] Nach einer anderen Ansicht kommt es auf die örtliche Einrichtung an, von der die wesentlichen unternehmensleitenden Entscheidungsbefugnisse wahrgenommen werden; wo diese Entscheidungen in laufende Geschäftsführungsakte umgesetzt würden, sei unerheblich.[34] Anknüpfend an dem Zweck des Gesetzes, durch ortsnahe Abwicklung die Effizienz zu erhöhen (vgl. o. RdNr. 4), wird man den Tätigkeitsmittelpunkt richtigerweise dort verorten müssen, wo die Entscheidungen manifest werden, wo sie somit dokumentiert werden und in Gestalt von nachvollziehbaren Geschäftsunterlagen ihren Niederschlag finden. Das muss nicht zwingend die Stelle sein, wo die Entscheidungen Außenwirkung erlangen, etwa Vertragsabschlüsse getätigt werden; vgl. RdNr. 11. Andererseits kann auch nicht auf den Ort abgestellt werden, wo sie intern beschlossen werden, sofern dieser Vorgang nicht organisatorisch verfestigt ist, insbesondere darüber keine verwertbaren Unterlagen angefertigt werden. Pflegt beispielsweise der Firmenchef wichtige Geschäftsabschlüsse oder Produktionsschritte telefonisch von seinem Schlafzimmer aus anzuordnen, ohne dass derartige Lenkungsmaßnahmen dort dokumentiert werden, ist Tätigkeitsmittelpunkt nicht der Wohnsitz des Firmenchefs, sondern die Firmenzentrale (der Verwaltungssitz), welche(r) die telefonische Weisung aufnimmt und umsetzt.[35] In dem veröffentlichen Gutachten zur örtlichen Zuständigkeit des Insolvenzgerichts im Insolvenzeröffnungsverfahren über das Vermögen der Quelle GmbH[36] werden folgende Kriterien dargestellt, anhand derer der Ort des operativen Geschäfts und damit der Mittelpunkt der wirtschaftlichen Tätigkeit bestimmt werden kann:

- Geschäftsführung (operatives Geschäft, strategische Entscheidung: eigene Aufgabenbereiche, Weisungsabhängigkeit); Entscheidung über das Budget (Investitionen)
- Lage der Geschäftsbücher und Unterlagen
- Rechnungswesen
- Controlling
- IT-Dienstleistungen
- Einkauf
- Verkauf
- Eigene Vertragsbeziehung (Lieferanten, Kunden, Banken, Versicherung, Immobilien); Orte des Vertragsschlusses
- Mahnwesen, Abwicklung von Gewährleistung, Rechtsabteilung
- Abwicklung des Zahlungsverkehrs (Cash-Pool, Gewinnabführungsvertrag)
- Personalwesen
- Öffentlichkeitsarbeit
- zuständiges Finanzamt
- Gewerbeerlaubnis
- zuständige Banken.

Weisen die genannten Umstände in unterschiedliche Bezirke, hat eine Abwägung zu erfolgen, die sich am eingangs (RdNr. 2) genannten Zweck der Anknüpfung an den Schwerpunkt der wirtschaftlichen Tätigkeit zu orientieren hat. Die Abwicklung der wirtschaftlichen Tätigkeit sollte dort erfolgen, wo sie stattgefunden hat und wo sich die Masse und die Gläubiger ganz oder überwiegend befinden könnten. Eine abstrakte Gewichtung der einzelnen Faktoren kann hier nicht weiterhelfen.

10a Gliedert sich ein Unternehmen in Betriebsstätte und Verwaltungssitz und befinden sich beide nicht am selben Ort, ist der Verwaltungssitz maßgeblich.[37] Gemeint ist der tatsächliche Verwaltungs-

---

[31] *Nerlich/Römermann/Becker* § 3 RdNr. 39.
[32] *Jaeger/Gerhardt* § 3 RdNr. 15.
[33] OLG Brandenburg NZI 2002, 438, 439; HKInsO-*Kirchhof* § 3 RdNr. 9; *Braun/Kießner* § 3 RdNr. 7; ebenso noch die 1. Auflage.
[34] *Jaeger/Gerhardt* § 3 RdNr. 16 f.
[35] Auf das Kriterium der Umsetzung der Entscheidungen der Unternehmensleitung wird denn auch weiter Wert gelegt von *Uhlenbruck/I. Pape* § 3 RdNr. 4; HKInsO-*Kirchhof* § 3 RdNr. 9; FKInsO-*Schmerbach* § 3 RdNr. 7 f. Auch *Jaeger/Gerhardt* § 3 RdNr. 19 verlangt eine „organisatorische Einrichtung" zur Bewältigung der Tätigkeit.
[36] ZInsO 2009, 2188.
[37] AG Köln NZI 2008, 254.

sitz. Verlautbarungen wie die Anmeldung eines Gewerbebetriebes, die Eintragung ins Handelsregister (vgl. unten RdNr. 13) oder die satzungsmäßige Festlegung des Gesellschaftssitzes sind grundsätzlich nicht maßgebend. Sie können allerdings Fingerzeige auf die tatsächlichen Verhältnisse geben.[38] Es geht zu weit, von einer „widerlegbaren Vermutung" zu sprechen.[39] Denn dies würde darauf hin deuten, dass das Insolvenzgericht sich zunächst einmal an der Satzungsbestimmung oder der Registereintragung ausrichten und es demjenigen, der damit nicht einverstanden ist, überlassen dürfte, diese Vermutung zu widerlegen. Dies wäre nicht vereinbar mit dem Grundsatz, dass der Antragsteller die Tatsachen, welche die Zuständigkeit des angegangenen Gerichts begründen, darzulegen (vgl. u. RdNr. 37)[40] und das Gericht diese von Amts wegen aufzuklären hat.[41] Wird die Gerichtszuständigkeit für den Ort des satzungsmäßigen oder im Handelsregister eingetragenen Sitzes reklamiert, ist das Gericht also nicht der Nachprüfung enthoben, ob der Tätigkeitsmittelpunkt damit übereinstimmt.[42] Wird eine Sitzverlegung erst mit Eintragung in das Register wirksam (§ 54 Abs. 3 GmbHG),[43] wirkt sie dennoch zuständigkeitsbegründend, wenn sie tatsächlich bereits vorher vollzogen ist. Umgekehrt ist eine im Handelsregister eingetragene Sitzverlegung bedeutungslos, wenn sich tatsächlich nichts geändert hat (zur Zuständigkeitserschleichung s.u. RdNr. 38 ff.).[44]

b) Mehrere Niederlassungen. Wird eine einheitliche selbständige wirtschaftliche Tätigkeit an mehreren Niederlassungen ausgeübt, ist der Ort der Hauptniederlassung entscheidend.[45] Wenn der Schuldner mehrere rechtlich unselbständige Filialen betreibt, denen er von einer Zentrale aus Anweisungen erteilt, ohne selbst unmittelbar Geschäfte mit Dritten abzuschließen, ist die Zentrale der Tätigkeitsmittelpunkt; diese Zentrale kann auch am Wohnsitz des Schuldners sein, falls von dort aus die Verwaltung der Filialen erfolgt.[46] Ist eine Filiale rechtlich und wirtschaftlich selbständig, ist ihr Sitz maßgeblich. Ist ein Unternehmen zwar rechtlich, jedoch nicht wirtschaftlich selbständig, werden seine Geschicke also von einem verbundenen Unternehmen bestimmt, ist auf RdNr. 14 zu verweisen. Andererseits kann eine rechtlich unselbständige Zweigniederlassung einen Insolvenzgerichtsstand nur für das inländische Vermögen eines im Ausland ansässigen Schuldners begründen (vgl. Art. 102 Abs. 3 Satz 1 EGInsO; s. unten RdNr. 23). Im Einzelfall kann die Feststellung des „Mittelpunkts der geschäftlichen Betätigung nach außen" erhebliche Schwierigkeiten bereiten. Verschiedene Insolvenzgerichte können unterschiedliche Mittelpunkte finden. Dann muss die Zuweisung durch das übergeordnete Gericht entscheiden (s.u. RdNr. 33 ff.). **11**

c) Mehrere selbständige wirtschaftliche Tätigkeiten. Von mehreren selbständigen wirtschaftlichen Tätigkeiten eines und desselben Schuldners bleiben offensichtlich ganz untergeordnete Tätigkeiten außer Betracht.[47] Von dieser Ausnahme abgesehen, wäre es allzu umständlich und das Risiko einer Fehleinschätzung wäre allzu hoch, würde man zunächst nach der wirtschaftlich bedeutsamsten Tätigkeit und sodann nach deren Mittelpunkt fragen. Die Tätigkeiten getrennt zu betrachten,[48] würde zu einer Vielzahl von zuständigen Insolvenzgerichten (mit den in RdNr. 20 beschriebenen Folgen) führen. Das ist grundsätzlich nicht wünschenswert. Vorzugswürdig erscheint eine Gesamtbetrachtung der mehreren Tätigkeiten. Werden die mehreren selbständigen wirtschaftlichen Tätigkeiten von einer Zentrale aus koordiniert, ist diese der Mittelpunkt der wirtschaftlichen Tätigkeit. Fehlt eine derartige Zentrale, wird man wohl § 3 Abs. 1 Satz 1 anwenden können (vgl. auch u. RdNr. 15).[49] **12**

d) Gerichtsstand von juristischen Personen und Gesellschaften. Solange die juristische Person oder Gesellschaft eine selbständige wirtschaftliche Tätigkeit ausübt, bemisst sich die Zuständigkeit nach § 3 Abs. 1 Satz 2, nicht nach Satz 1. Der Mittelpunkt der geschäftlichen Tätigkeit muss nicht zwingend mit dem satzungsmäßigen oder zum Register angemeldeten Sitz übereinstimmen. Eine derartige Festlegung des Sitzes ist nur ein – freilich oft entscheidendes – Indiz bei der Feststellung des tatsächlichen Geschäftszentrums (s. RdNr. 10). Bei der AG ist der Gesellschaftssitz grund- **13**

---

[38] BayObLG NJW 1999, 367; *Pape* WiB 1995, 150, 151.
[39] So jedoch *Jaeger/Gerhardt* § 3 RdNr. 22; FKInsO-*Schmerbach* § 3 RdNr. 5.
[40] *Jaeger/Gerhardt* § 3 RdNr. 42.
[41] *Jaeger/Gerhardt* § 3 RdNr. 22.
[42] So auch *Jaeger/Gerhardt* § 3 RdNr. 42.
[43] Der bloße Sitzverlegungsbeschluss einer GmbH ist unerheblich, vgl. OLG Brandenburg ZIP 2003, 965, 966 = EWiR 2004, 859 *(Runkel)*.
[44] OLG Frankfurt/M. ZInsO 2005, 822, 823.
[45] Begr. zu § 3 RegE, BT-Drucks. 12/2443 S. 110.
[46] *Jaeger/Gerhardt* § 3 RdNr. 23.
[47] HKInsO-*Kirchhof* § 3 RdNr. 11.
[48] So *Nerlich/Römermann/Becker* § 3 RdNr. 28.
[49] *Jaeger/Gerhardt* § 3 RdNr. 18; HKInsO-*Kirchhof* § 3 RdNr. 11.

sätzlich auch der tatsächliche Verwaltungssitz. Bei den Personenhandelsgesellschaften, der Partnerschaftsgesellschaft und der BGB-Gesellschaft fallen der Tätigkeitsmittelpunkt und der Ort des allgemeinen Gerichtsstandes ebenfalls zusammen;[50] deshalb ist hier letzterer maßgeblich (vgl. RdNr. 4). Im Falle der GmbH, des Vereins und der Genossenschaft können der Sitz der juristischen Person und der tatsächliche Verwaltungssitz auseinanderfallen. Aus praktischen Gründen wird dies aber nur selten der Fall sein.

14   **e) Gerichtsstand von verbundenen Unternehmen.** Werden verbundene Unternehmen (Schwestergesellschaften oder Mutter- und Tochtergesellschaften) insolvent, lässt sich eine Verfahrenskonzentration bei einem Insolvenzgericht für sämtliche betroffenen Gesellschaften nicht durchführen, wenn die jeweils verantwortlichen Geschäftsleitungen in verschiedenen Gerichtsbezirken ihren Sitz haben. Das Insolvenzgericht am Sitz der Muttergesellschaft ist für das Insolvenzverfahren der Tochtergesellschaft somit nur zuständig, wenn deren Geschäfte ebenfalls von der Konzernzentrale aus geleitet wurden.[51] Ob dies nach außen deutlich wird, ist wiederum (vgl. RdNr. 10, 10a, 11) ohne Belang;[52] Voraussetzung ist lediglich, dass die Konzernleitung an einem bestimmten Ort organisatorisch verfestigt und dass dort auch die Geschäftsleitung der Tochtergesellschaft angesiedelt ist. Eine Leitung der Tochtergesellschaft von der Konzernzentrale aus kann nicht schon dann angenommen werden, wenn dort die wesentlichen Weichenstellungen vorgenommen werden (dies ist im Konzern praktisch immer der Fall) und die Geschäftsleitung der Tochtergesellschaft die Anweisungen der Konzernmutter auszuführen hat. Das Amtsgericht Köln hat in der vielfach besprochenen Entscheidung „PIN I"[53] ausreichen lassen, dass die wesentlichen Entscheidungen für die zu einer Unternehmensgruppe gehörende, in Bremen ansässige und in Bremen und Umgebung tätige Schuldnerin von einem in der Konzernzentrale in Köln tagenden „zentralen Lenkungsausschuss" getroffen wurden und dass in Köln die Pressearbeit, die Abgrenzung des Kundenkreises, die Personalpolitik sowie die Sicherung der wechselseitigen Zahlungsströme zwischen den einzelnen Gesellschaften der Unternehmensgruppe ebenfalls in Köln stattfanden; das geht recht weit.

Die Anregung,[54] der insolventen Tochtergesellschaft oder deren Gläubigern gesetzlich zu gestatten, den Insolvenzantrag fakultativ sowohl am Sitz der Tochtergesellschaft als auch der Muttergesellschaft zu stellen, hat der Gesetzgeber nicht aufgegriffen.

15   **f) Gerichtsstand von Gesellschaftern.** Das Geschäftszentrum einer Personenhandelsgesellschaft ist nicht ohne weiteres auch das ihrer Gesellschafter. Denn nicht die Gesellschafter sind Unternehmensträger, sondern die Gesellschaft ist es. Trotzdem kann ein persönlich haftender Gesellschafter, der sonst nicht in dieser oder einer ähnlichen Weise tätig ist, am Sitze der Gesellschaft auch den Schwerpunkt seines eigenen wirtschaftlichen Daseins haben.[55] Dies ist dann der Fall, wenn er seine organschaftlichen Geschäftsführungsbefugnisse aktiv ausübt.[56] Wenn sich die „Tätigkeit", von der § 3 Abs. 1 Satz 2 spricht, nicht auf die Gesellschaft bezieht, weil der Gesellschafter seine Geschäftsführungsbefugnisse vertraglich einem Mitgesellschafter überlassen hat, der Gesellschafter also nur den eigenen Gesellschafteranteil verwaltet (nur dieser fällt in die Haftungsmasse des insolventen Gesellschafters), ist das Geschäftszentrum der Gesellschaft für den Gesellschafter nicht maßgebend.[57] Auch dann, wenn der Gesellschafter an mehreren, an verschiedenen Orten wirtschaftenden Gesellschaften beteiligt ist oder er neben seiner Beteiligung noch ein einzelkaufmännisches Unternehmen betreibt und er demgemäß an verschiedenen Orten wirtschaftlich tätig ist, wird sich häufig ein Mittelpunkt seiner wirtschaftlichen Tätigkeit nicht feststellen lassen; dann ist das Wohnsitzgericht zuständig.[58]

16   **3. Allgemeiner Gerichtsstand.** Liegen die Voraussetzungen des Abs. 1 Satz 2 nicht vor, ist nach Satz 1 zuständig das Insolvenzgericht, in dessen Bezirk der Schuldner seinen allgemeinen Gerichts-

---

[50] *Jaeger/Gerhardt* § 3 RdNr. 12.
[51] OLG Brandenburg NZI 2002, 438; LG Dessau ZIP 1998, 1006 = EWiR 1998, 557 *(Schmahl); Kübler* ZGR 1984, 560, 571, 587 f.; *Uhlenbruck* KTS 1986, 419, 424; *Uhlenbruck/I. Pape* § 3 RdNr. 13; *Jaeger/Gerhardt* § 3 RdNr. 34 f.; HKInsO-*Kirchhof* § 3 RdNr. 12; FKInsO-*Schmerbach* § 3 RdNr. 6 f.; *Nerlich/Römermann/Becker* § 3 RdNr. 40; *Braun/Kießner* § 3 RdNr. 18, 20; vgl. auch BGHZ 138, 40, 45 = NJW 1998, 1318, 1319.
[52] *Jaeger/Gerhardt* § 3 RdNr. 35 aE.
[53] NZI 2008, 254, 255 ff., dazu etwa *Knof/Mock* ZInsO 2008, 253; *dies.,* ZInsO 2008, 499; *Rotstegge,* ZIP 2008, 955; *Frind,* ZInsO 2008, 363; vgl. auch HK/*Kirchhof* § 3 RdNr. 9; Gutachten zur örtlichen Zuständigkeit des Insolvenzgerichts im Verfahren über das Vermögen der Quelle GmbH, ZInsO 2009, 2188, 2189 f.
[54] *Kübler* ZGR 1984, 560, 571, 587 f.
[55] KG NZI 2001, 156, 157; *Uhlenbruck/I. Pape* § 3 RdNr. 10; HKInsO-*Kirchhof* § 3 RdNr. 13;.
[56] KG NZI 2001, 156, 157; HKInsO-*Kirchhof* § 3 RdNr. 13; *Uhlenbruck/I. Pape* § 3 RdNr. 10.
[57] AA OLG Düsseldorf KTS 1978, 181, 183; *Jaeger/Gerhardt* § 3 RdNr. 29 f.
[58] *Jaeger/Gerhardt* § 3 RdNr. 31.

stand hat. Dieser wird durch die §§ 13 bis 19 ZPO bestimmt. Dabei entscheiden auch hier die tatsächlichen Verhältnisse.[59]

a) Natürliche Personen. Gemäß § 13 ZPO richtet sich der allgemeine Gerichtsstand einer 17 natürlichen Person nach ihrem (inländischen) **Wohnsitz**. Die polizeiliche Anmeldung ist hierfür nur ein Indiz. Der Wohnsitz einer natürlichen Person wird dadurch gekennzeichnet, dass an diesem Ort für eine – gewisse oder ungewisse – Dauer der räumliche Mittelpunkt der gesamten Lebensverhältnisse liegen soll.[60] Hat der Schuldner weder im Inland noch im Ausland[61] einen Wohnsitz, wird der allgemeine Gerichtsstand durch den Aufenthaltsort im Inland und, wenn ein solcher nicht bekannt ist, durch den letzten inländischen Wohnsitz bestimmt (§ 16 ZPO). Unerheblich ist, ob ein ausländischer Aufenthaltsort bekannt ist. Für exterritoriale Deutsche und im Ausland beschäftigte deutsche Angehörige des öffentlichen Dienstes gilt § 15 Abs. 1 ZPO. Ob für Eigenanträge von Schuldnern, die sich im sog. **Zeugenschutzprogramm** befinden, das Insolvenzgericht an ihrem früheren oder derzeitigen Wohnort zuständig ist,[62] ist höchstrichterlich noch nicht entschieden.

Für das **Nachlassinsolvenzverfahren** ist gemäß § 315 ausschließlich das Insolvenzgericht örtlich 18 zuständig, in dessen Bezirk der Erblasser zur Zeit seines Todes seinen allgemeinen Gerichtsstand hatte. Lag der Mittelpunkt einer selbständigen wirtschaftlichen Tätigkeit des Erblassers an einem anderen Ort, so ist ausschließlich das Insolvenzgericht zuständig, in dessen Bezirk dieser Ort liegt. Im Verfahren über das Gesamtgut bei **fortgesetzter Gütergemeinschaft** gilt die Regelung für das Nachlassinsolvenzverfahren entsprechend (§ 332 Abs. 1). Bei **bestehender Gütergemeinschaft** (§§ 333 f.) – und ebenso **nach deren Beendigung,** falls danach ein Insolvenzverfahren wegen des Gesamtguts noch möglich ist[63] – gilt § 3. Maßgeblich ist hier der gemeinsame Wohnsitz, der gemeinsame Aufenthaltsort oder der gemeinsame letzte Wohnsitz der Ehegatten. Hat nur einer der Ehegatten einen inländischen Wohnsitz, ist dieser aber mit dem Aufenthaltsort des anderen Ehegatten identisch, ist das Insolvenzgericht örtlich zuständig, in dessen Bezirk dieser Ort liegt.

b) Juristische Personen, Personenvereinigungen und Gemeinschaften. Für juristische Personen und wenigstens passiv parteifähige Personenvereinigungen ohne eigene Rechtspersönlichkeit 19 ist § 17 ZPO heranzuziehen. **Juristische Personen** haben ihren Sitz in der Satzung festzulegen (vgl. §§ 5, 278 Abs. 3 AktG; § 3 Abs. 1 Nr. 1, § 4a GmbHG;[64] §§ 24, 57, 81 Abs. 1 Satz 3 Nr. 2 BGB; § 6 Nr. 1 GenG; § 18 VAG). Der Sitz von **Personenhandelsgesellschaften** ist zum Handelsregister anzumelden (vgl. §§ 106 Abs. 2, 161 Abs. 2 HGB). Auf den Wohnsitz des organschaftlichen Vertreters kommt es in diesem Zusammenhang nur an, wenn die Gesellschaft ihren Betrieb am satzungsmäßigen Sitz eingestellt, ihre Geschäftsräume aufgegeben und der Vertreter die Geschäftsbücher sowie die sonstigen Unterlagen an seinen Wohnsitz mitgenommen hat. Dass der Vertreter dort Zustellungen entgegennimmt, lässt keine Rückschlüsse auf eine derartige Verlegung zu.[65] Auch bei der **Partnerschaftsgesellschaft** ist der Sitz zum Partnerschaftsregister anzumelden (§ 3 Abs. 2 Nr. 1, § 4 Abs. 1 Satz 2 PartGG). Bei **BGB-Gesellschaften** war früher maßgeblich der Ort, an der (die) geschäftsführungsbefugte(n) Gesellschafter seinen (ihren) Wohnsitz hat (haben). Seitdem jedoch der BGH der **(Außen-)Gesellschaft** bürgerlichen Rechts Rechtsfähigkeit beigemessen hat[66] und über ihr Vermögen ein Insolvenzverfahren eröffnet werden kann (§ 11 Abs. 2 Nr. 1), ist auf diese – soweit nicht § 3 Abs. 1 Satz 2 eingreift – § 17 ZPO, bezogen auf das Gesamthandvermögen, unmittelbar anwendbar.[67] Für **Innengesellschaften** ist dies umstritten. Teilweise werden diese verfahrensrechtlich immer noch über ihre Gesellschafter definiert. Dies würde, wenn die Gesellschafter einer insolventen BGB-Gesellschaft verschiedene Wohnsitze haben, zu mehrfachen Zuständigkeiten führen (vgl. u. RdNr. 20). Zutreffend erscheint, hier § 17 Abs. 1 ZPO analog anzuwenden.[68] Zwar ist eine Innengesellschaft nicht rechtsfähig; insolvenzfähig ist sie jedoch durchaus. Abzustellen ist hier auf den Ort, an dem das gesamthänderisch gebundene Vermögen verwaltet wird.

Eine Sitzverlegung ist nur beachtlich, wenn sie wirksam vorgenommen wurde. Dazu gehört bei einer GmbH die Beachtung der notariellen Form (§ 53 Abs. 2 GmbHG) und die Eintragung im

---

[59] Vgl. AG Düsseldorf NZI 2000, 555.
[60] AG Düsseldorf NZI 2000, 555.
[61] Vgl. LSG Schleswig-Holstein ZIP 1988, 1140, 1141; OLG Saarbrücken NJW-RR 1993, 191.
[62] Vgl. AG Hamburg ZInsO 2004, 561; 2005, 276, 279.
[63] Vgl. § 13 Abs. 3 RegE; Begr. des Rechtsausschusses zu § 378a seiner Beschlussempfehlung, BT-Drucks. 12/7302 S. 194.
[64] Dazu OLG Naumburg NZI 2001, 476.
[65] BayObLG NJW 1999, 367.
[66] BGHZ 146, 341 = NJW 2001, 1056.
[67] *Jaeger/Gerhardt* § 3 RdNr. 7.
[68] *Jaeger/Gerhardt* § 3 RdNr. 9.

Handelsregister (§ 54 Abs. 3 GmbHG).[69] Für eine GmbH, die (schon oder noch) eine selbständige wirtschaftliche Tätigkeit ausübt, gilt RdNr. 10. Für ein Insolvenzverfahren über das Gesamtgut einer Gütergemeinschaft (§ 11 Abs. 2 Nr. 2) richtet sich die Zuständigkeit nach dem (letzten) gemeinsamen Wohnsitz der Ehegatten.[70]

20 **4. Mehrfache Zuständigkeiten (Abs. 2).** § 3 Abs. 2 regelt das Konkurrenzverhältnis zwischen mehreren zuständigen Insolvenzgerichten im Sinne des **Prioritätsprinzips.** Wenn der ältere Antrag bei einem unzuständigen Gericht eingereicht worden ist, genießt er keine Priorität. Mehrere Insolvenzgerichte können örtlich zuständig sein, wenn der Schuldner an mehreren Orten selbständige wirtschaftlich tätig ist, ohne dass ein Mittelpunkt festzustellen ist (Abs. 1 Satz 2),[71] wenn der Schuldner mehrere Wohnsitze hat[72] oder neben dem Geschäftssitz (§ 17 Abs. 1 ZPO) noch ein besonderer statutarischer Gerichtsstand (§ 17 Abs. 3 ZPO) besteht (Abs. 1 Satz 1). Dann haben die Antragsberechtigten die Wahl zwischen den mehreren Gerichtsständen (vgl. § 35 ZPO).[73] Derjenige, der den ersten Antrag stellt, legt die Zuständigkeit fest; das angegangene Gericht schließt die übrigen aus (Abs. 2). Das zuerst angerufene Insolvenzgericht bleibt auch dann örtlich zuständig, wenn der Schuldner später den die Zuständigkeit dieses Gerichts begründenden Wohnsitz aufgibt (s.o. RdNr. 5). Das später angegangene Gericht (Zweitgericht) ist solange ausgeschlossen, als der beim Erstgericht eingegangene frühere Antrag noch nicht erledigt ist. Auf den Zeitpunkt der Verfahrenseröffnung beim Erstgericht kommt es nicht an. Wird der frühere Antrag wirksam zurückgenommen oder bestandskräftig abgewiesen, so kann das Zweitgericht auf Grund des späteren Antrags eröffnen. Beschließt das Zweitgericht die Eröffnung schon vorher, also unter Missachtung seines Ausschlusses, ist dieser Beschluss auf die sofortige Beschwerde des Schuldners aufzuheben. Wird der Eröffnungsbeschluss bestandskräftig, so kann das Erstgericht nicht mehr eröffnen. Werden sowohl Eröffnungsbeschlüsse des Erst- wie auch des Zweitgerichts bestandskräftig, muss das übergeordnete Gericht gemäß § 4 i. V. m. § 36 Nr. 5 ZPO das Erstgericht als zuständiges Gericht bestimmen. Die Entscheidungen des durch das Erstgericht ausgeschlossenen Zweitgerichts kann das Erstgericht *nicht* aufheben oder abändern. Dies ist vielmehr dem im Instanzenzug übergeordneten Gericht vorbehalten. Vgl. zum positiven Kompetenzkonflikt ferner RdNr. 35.

21 Lässt sich nicht feststellen, welcher der bei mehreren Insolvenzgerichten gestellten Eröffnungsanträge der älteste ist, muss ebenfalls das übergeordnete Gericht in analoger Anwendung von § 36 Abs. 1 Nr. 5 ZPO das zuständige Gericht bestimmen.

IV. Internationale Zuständigkeit

22 Die internationale Zuständigkeit inländischer Insolvenzgerichte ist in der InsO nicht geregelt. Für den Bereich der EU (mit Ausnahme von Dänemark) gilt die am 31.5.2002 in Kraft getretene Europäische Verordnung über Insolvenzverfahren **(EuInsVO)**.[74] Für Dänemark und die Staaten, die nicht der EU angehören, richtet sich die internationale Zuständigkeit – entsprechend den allgemeinen Grundsätzen des IPR – nach der örtlichen Zuständigkeit, weil der Gesichtspunkt der Sachnähe auch – und erst recht – bei der internationalen Kompetenz durchschlagen muss.[75] Die EuInsVO findet keine Anwendung auf außereuropäische Kapitalgesellschaften mit Verwaltungssitz in Deutschland. Hat das Insolvenzgericht seine internationale Zuständigkeit zu Unrecht verneint, kann darauf eine Rechtsbeschwerde gestützt werden.[76]

23 **1. Anwendungsbereich der EuInsVO.** Das internationale Insolvenzrecht regelt Insolvenzen, bei denen das Schuldnervermögen auf mehrere Länder verteilt ist. Erforderlich ist ein „grenzüberschreitender Bezug" des Insolvenzsachverhalts, der sich unter eine Bestimmung der EuInsVO subsumieren lässt. Anwendungsanlass kann bereits das Vorhandensein eines Gläubigers in einem anderen Mitgliedstaat sein, der gemäß Art. 39 EuInsVO berechtigt ist, seine Forderungen in dem Insolvenzverfahren schriftlich anzumelden.[77] Nach Art. 3 Abs. 1 Satz 1 EuInsVO wird die Eröffnungszuständigkeit objektiv bestimmt durch den Mittelpunkt der hauptsächlichen Interessen des Schuldners (center of main interest – kurz: COMI). Für Gesellschaften und juristische Personen wird nach

---

[69] Vgl. OLG Brandenburg ZIP 2003, 965 f.; HKInsO-*Kirchhof* Aufl. RdNr. 16.
[70] HKInsO-*Kirchhof* § 3 RdNr. 15.
[71] Vgl. OLG München ZInsO 2009, 838, 839.
[72] RGZ 102, 82, 84; HKInsO-*Kirchhof* § 3 RdNr. 17.
[73] *Jaeger/Gerhardt* § 3 RdNr. 43.
[74] VO (EG) Nr. 1346/00 des Rates v. 29.5.2000 über Insolvenzverfahren, AblEG Nr. L 160 v. 30.6.2000 S. 1.
[75] *J. Schmidt*, System des Deutschen internationalen Konkursrechts, 1972, S. 161 ff.; *Pielorz*, Auslandskonkurs und Disposition über das Inlandsvermögen, 1977, S. 68.
[76] Vgl. BGH NJW 2003, 2916.
[77] AG Hamburg NZI 2009, 343, 344.

Satz 2 vermutet, dass der satzungsmäßige Sitz jenen „Mittelpunkt" bildet. Bei natürlichen Personen kommt es regelmäßig auf den Wohnsitz an. Eine analoge Anwendung des § 15 ZPO (allgemeiner Gerichtsstand für exterritoriale Deutsche am letzten inländischen Wohnsitz, hilfsweise beim Amtsgericht Schöneberg in Berlin), um allen im Ausland ansässigen Deutschen den Zugang zu einem inländischen Insolvenzverfahren zu eröffnen, kommt nicht in Betracht.[78] Auf reine Binnensachverhalte ist die EuInsVO nicht anwendbar. Sie regelt lediglich Fälle grenzüberschreitender Insolvenzen.[79] Lässt sich im Rahmen der Amtsermittlung der Mittelpunkt der hauptsächlichen Interessen des Schuldners nicht ermitteln, trägt dieser die Darlegungs- und Feststellungslast für seine Behauptung, zum Zeitpunkt des Eröffnungsantrags einen Wohnsitz im Ausland begründet zu haben.[80] Lässt sich die Richtigkeit dieser Behauptung nicht feststellen, ist die EuInsVO wegen fehlenden Auslandsbezuges nicht anwendbar; der allgemeine Gerichtsstand des Schuldners (Abs. 1 Satz 1) ist notfalls gemäß § 16 ZPO nach dem Aufenthaltsort im Inland, hilfsweise nach dem letzten Wohnsitz zu bestimmen. Vgl. ferner die ausführliche Kommentierung des Art. 3 EuInsVO in Band 4.

2. Rechtslage außerhalb des Anwendungsbereichs der EuInsVO. Analog § 3 Abs. 1 sind **inländische Insolvenzgerichte international zuständig,** wenn der Schuldner im Inland seinen allgemeinen Gerichtsstand oder einen davon abweichenden Mittelpunkt einer selbständigen wirtschaftlichen Tätigkeit hat. Hat er zwar seinen allgemeinen Gerichtsstand im Inland, befindet sich aber der Mittelpunkt seiner wirtschaftlichen Betätigung im Ausland, sind die inländischen Insolvenzgerichte nicht zuständig.[81] Ein von einem deutschen Gericht eröffnetes Insolvenzverfahren erfasst auch das Auslandsvermögen des Schuldners. Übt der Schuldner zwar eine selbständige wirtschaftliche Tätigkeit aus, befindet sich deren Mittelpunkt jedoch im Ausland, kann gleichwohl – unabhängig davon, ob im Ausland ein Insolvenzverfahren bereits eröffnet ist oder nicht – über das im Inland gelegene Vermögen ein gegenständlich beschränktes Insolvenzverfahren eröffnet werden (§§ 354 ff.; Art. 3 Abs. 2 EUInsVO).[82] Ein derartiges Verfahren ist allerdings nicht durchführbar, wenn das inländische Vermögen bereits für andere Berechtigte vollständige insolvenzfest beschlagnahmt ist.[83] Zuständig ist das Insolvenzgericht, in dessen Bezirk sich die inländische Niederlassung des hiesigen Vermögens befindet. Wird dieses von der ausländischen Zentrale aus verwaltet, scheidet eine gegenständlich beschränkte Insolvenz im Inland aus. Es reicht nicht aus, dass sich im Inland ein zur Durchführung eines Insolvenzverfahrens ausreichendes Vermögen befindet (wegen Einzelheiten vgl. die Erläuterungen zu Art. 3 EuInsVO). Die Rüge der fehlenden internationalen Zuständigkeit ist auch im Beschwerdeverfahren zulässig (vgl. § 6 RdNr. 43).

Die Ableitung der internationalen Zuständigkeit aus der örtlichen gilt auch für den umgekehrten Fall, dass – vom Standpunkt des deutschen Rechts aus – die **internationale Zuständigkeit ausländischer Insolvenzgerichte** zu prüfen ist. Diese Frage stellt sich, wenn es um die Anerkennung der Rechtswirkungen eines ausländischen Insolvenzverfahrens im Inland geht (vgl. § 343 Abs. 1 Satz 2 Nr. 1).

In diesem Sinne ist die internationale Zuständigkeit der Insolvenzgerichte eines anderen Staates dann zu bejahen, wenn der Schuldner in dem Gebiet dieses Staates den Mittelpunkt einer selbständigen wirtschaftlichen Tätigkeit oder – falls er nicht selbständig wirtschaftlich tätig ist – seinen allgemeinen Gerichtsstand hat, ferner dann, wenn er dort eine Zweigniederlassung mit im Wesentlichen selbständiger Leitung unterhält (wegen Einzelheiten vgl. die Erläuterungen zu § 343). Das von dem international zuständigen ausländischen Gericht eröffnete Insolvenzverfahren erfasst auch das Inlandsvermögen des Schuldners. Für Maßnahmen nach §§ 344 bis 346 im Rahmen eines ausländischen Insolvenzverfahrens ist nach § 348 Abs. 1 Satz 1 ausschließlich das Insolvenzgericht zuständig, in dessen Bezirk die Niederlassung oder, wenn eine Niederlassung fehlt, Vermögen des Schuldners belegen ist.

Besteht bei entsprechender Anwendung des § 3 Abs. 1 eine **konkurrierende internationale Zuständigkeit** in- und ausländischer Insolvenzgerichte, so ist die Prioritätsregel des § 3 Abs. 2 nicht entsprechend anzuwenden (vgl. die Erläuterungen zu Art. 102 EGInsO).

V. Ausschließliche Zuständigkeit

Die örtliche Zuständigkeit des Insolvenzgerichts ist ausschließlich, also nicht durch Vereinbarung abänderbar (§ 40 Abs. 2 Satz 1 Nr. 2 ZPO). Es besteht auch kein Wahlrecht, statt des Insolvenzge-

---

[78] OLG Köln ZInsO 2001, 622, 623 f.
[79] AG Köln NZI 2012, 379, 380.
[80] AG Köln NZI 2012, 379, 381 f.
[81] AG Münster DZWIR 2000, 123.
[82] OLG Karlsruhe NZI 2002, 387, 388.
[83] OLG Karlsruhe NZI 2002, 387, 388.

richts des Tätigkeitsmittelpunkts dasjenige des allgemeinen Gerichtsstands anzurufen.[84] Wenn sich das angerufene Gericht für unzuständig hält, hat es dem Antragsteller Gelegenheit zu geben (vgl. § 139 ZPO), den Antrag auf Verweisung an das zuständige Gericht zu stellen (vgl. §§ 281 Abs. 1, 495 ZPO). Dieses muss der Antragsteller in dem Verweisungsantrag konkret bezeichnen.[85] Stellt der Antragsteller trotz des gerichtlichen Hinweises keinen Verweisungsantrag, ist der Eröffnungsantrag als unzulässig abzuweisen.

28 **1. Verweisung an das zuständige Gericht.** Wird der Antrag gestellt, hat das angerufene Gericht durch Beschluss seine Unzuständigkeit auszusprechen und den Eröffnungsantrag an das zuständige Gericht zu verweisen.[86] Die Verweisung setzt die Unzuständigkeit des angerufenen Gerichts voraus. Eine Verweisung kommt folglich nur dann in Betracht, wenn bei dem verweisenden Gericht ein Gerichtsstand nicht eröffnet ist.[87] (Heilbare) Mängel des Insolvenzantrags hindern die Verweisung nicht. Die Verweisung kann der zunächst einmal abgewiesene Antragsteller noch im Beschwerdeverfahren (§ 34 Abs. 1) erwirken. Der Verweisungsbeschluss ist nicht anfechtbar (§§ 281 Abs. 2 Satz 1 HS 1, 495 ZPO).[88] Er ist für das im Verweisungsbeschluss bezeichnete Gericht bindend (vgl. §§ 281 Abs. 2 Satz 4, 495 ZPO).[89] Dies gilt selbst dann, wenn dieses Gericht in einem früheren Verfahren den Antrag rechtskräftig wegen örtlicher Unzuständigkeit abgewiesen hatte.[90] Die Bindungswirkung entfällt, wenn die Verweisung willkürlich ist oder unter schweren Verfahrensfehlern leidet.

28a **Willkürlich** ist sie, wenn sie auf einer offensichtlich unzureichenden Erfassung des Sachverhalts beruht[91] oder ihr jede gesetzliche Grundlage fehlt.[92] Nicht bindend ist zB eine Verweisung an das Gericht des allgemeinen Gerichtsstandes (§ 3 Abs. 1 Satz 1) ohne jede Prüfung eines anderweitigen wirtschaftlichen Mittelpunktes, obwohl der Antragsteller selbst eine abweichende Anschrift angegeben hatte.[93] Von einer offensichtlich unzureichenden Erfassung des Sachverhalts ist auch dann auszugehen, wenn das Insolvenzgericht unter Verstoß gegen seine Amtsermittlungspflicht (§ 5) dem nahe liegenden Verdacht auf eine gewerbsmäßige „Firmenbestattung" (dazu unten RdNr. 40) nicht nachgegangen ist und sich ohne Umschweife auf pauschale und substanzlose Angaben des (neuen) Geschäftsführers verlassen hat.[94] Sehr weitgehend erscheint es, eine Verweisung schon deshalb als willkürlich anzusehen, weil sie „gegenüber einer veröffentlichten, einhelligen obergerichtlichen Rechtsprechung auch nicht ansatzweise eine vertretbar erscheinende Gegenmeinung erkennen lässt".[95] Eindeutig zu weit geht die Annahme der Willkür, wenn die Verweisung auf einer Täuschung der beteiligten Richter über die für den Sitz des Schuldners maßgeblichen Umstände beruht.[96] Etwas anderes kann allenfalls dann gelten, wenn die Richter die Täuschung nur deshalb nicht durchschaut haben, weil sie sich mit den betreffenden Angaben überhaupt nicht befasst haben.[97]

28b **Schwer verfahrensfehlerhaft** ist eine Verweisung, wenn sie nach Ende der „Rechtshängigkeit"[98] oder unter Verletzung des **rechtlichen Gehörs** ergangen ist.[99] Das rechtliche Gehör ist verletzt, wenn der Verweisungsbeschluss dem Antragsteller und (bei Personenverschiedenheit) dem

---

[84] *Jaeger/Gerhardt* § 3 RdNr. 2.
[85] AG Göttingen ZIP 2001, 387.
[86] RGZ 131, 197, 200.
[87] AG Köln NZI 2008, 254.
[88] Die Entscheidung BGHZ 138, 40 = NJW 1998, 1318, 1319 betraf einen Sonderfall, nämlich eine Verweisung, die zur Folge hatte, dass statt der Gesamtvollstreckungsordnung die Konkursordnung anzuwenden war.
[89] BGHZ 138, 40 = NJW 1998, 1318, 1319; OLG München Rpfleger 1987, 78.
[90] BGH NJW 1997, 869.
[91] BGH NJW 1996, 3013, 3014; OLG Braunschweig NZI 2000, 266, 267; OLG Frankfurt NZI 2002, 499, 500; OLG Stuttgart ZInsO 2004, 750, 751; OLG Celle NZI 2004, 258, 260; OLG Schleswig NZI 2004, 264; OLG Celle ZIP 2012, 1263 f.; *Neuenhahn* NZI 2004, 261, 262.
[92] BGHZ 28, 349, 350; 71, 69, 72 f.; BGH NZI 2006, 164; OLG Düsseldorf NZI 2000, 601; KG DZWIR 2004, 38; OLG Brandenburg NJW 2004, 780.
[93] OLG München ZInsO 2009, 838.
[94] BayObLG NZI 2004, 88, 89; 2004, 90, 91; OLG Celle NZI 2004, 258, 260; OLG Schleswig NZI 2004, 264; aA OLG Karlsruhe NZI 2004, 262, 263; 2005, 505, 508 f.
[95] BayObLG NZI 2001, 372, 373; vgl. ferner OLG Celle ZInsO 2005, 100 f.
[96] Unzutreffend BayObLG NZI 2004, 147, 148 mit zust. Anm. *Frind* EWiR 2004, 663; OLG Celle NZI 2004, 260.
[97] Vgl. *Frind* aaO: „Verweisungsbeschlüsse, die schlicht auf einem Glauben an die Angaben der (Abwicklungs-)Geschäftsführung beruhen".
[98] OLG Frankfurt/M. ZInsO 2005, 822, 823.
[99] BGH NJW 1996, 3013, 3014; NZI 2006, 164; OLG Hamm ZInsO 1999, 533, 534; KG NZI 1999, 499; ZInsO 2000, 44, 45; OLG Brandenburg NJW 2004, 780; OLG Frankfurt/M. NZI 2002, 499, 500; ZInsO 2005, 822, 823.

Schuldner nicht mitgeteilt worden ist.[100] Im Zulassungsverfahren (s.o. Vorbemerkungen vor § 2 RdNr. 16) nach einem Gläubigerantrag entfällt die Bindungswirkung eines Verweisungsbeschlusses nicht schon deshalb, weil vor dessen Erlass dem Schuldner kein rechtliches Gehör gewährt wurde.[101] Die Anhörung des Schuldners ist erst dann geboten, wenn der Antrag des Gläubigers zugelassen ist. Welches Gericht für das Verfahren zuständig ist, kann ohne Beteiligung des Schuldners geklärt werden. Würde der Schuldner bereits im Zulassungsverfahren angehört, hätte er die Möglichkeit, sein Vermögen beiseite zu schaffen. Sobald dem Schuldner der Insolvenzantrag eines Gläubigers zugestellt worden ist, muss ihm auch der Verweisungsbeschluss bekannt gemacht werden.[102] Dabei genügt – wegen der Unanfechtbarkeit des Verweisungsbeschlusses – eine formlose Mitteilung.[103] Keine bindende Wirkung hat nach einer verbreiteten Auffassung auch ein Verweisungsbeschluss, der **nicht begründet** ist.[104] Teilweise wird die Bindungswirkung sogar schon dann verneint, wenn die Begründung für „nicht ausreichend" angesehen wird.[105] Das erscheint recht weitgehend.[106] Begründungsmängel können die Bindungswirkung einer Verweisung allenfalls dann entfallen lassen, wenn auch das Ergebnis nicht mehr vertretbar erscheint. Dies mag der Fall sein, wenn „der Verweisungsbeschluss eine Auseinandersetzung mit einer im Kern einhelligen gegenteiligen Auffassung vermissen" lässt.[107] Falls eine Begründung erforderlich ist, muss sie nicht im Verweisungsbeschluss enthalten sein; vielmehr genügt ein Aktenvermerk.[108] Generell ist bei der Annahme eines schweren Verfahrensverstoßes Zurückhaltung geboten. Es ist nämlich der Sinn der von § 281 Abs. 2 Satz 4 ZPO angeordneten Bindungswirkung, Zuständigkeitsstreitigkeiten, welche die Erledigung der Sache selbst nicht fördern, tunlichst zu vermeiden. Deshalb sollten auch solche Verweisungsbeschlüsse, die schlicht unzutreffend, „einfach rechtsfehlerhaft" (aber nicht willkürlich) sind, als bindend behandelt werden.[109]

Hält das Gericht, an das verwiesen wird, die Verweisung für unwirksam, kann es die Übernahme 29 seinerseits durch Beschluss ablehnen. Das Erstgericht kann die Sache dann wieder übernehmen oder sie dem übergeordneten Gericht zur Bestimmung des zuständigen Gerichts vorlegen (§ 4 i. V. m. § 36 Abs. 1 Nr. 6 ZPO; dazu unten RdNr. 33). Das Gericht, an das verwiesen wird, kann auch sogleich die Akte dem übergeordneten Gericht vorlegen. Sendet das Gericht, an welches verwiesen wird, die Akten auf Grund einer bloßen Verfügung an das verweisende Gericht zurück mit der „Anregung", den Verweisungsbeschluss aufzuheben, so liegt darin keine endgültige Unzuständigkeitserklärung,[110] die eine Gerichtsstandsbestimmung durch das übergeordnete Gericht nach § 36 Abs. 1 Nr. 6 ZPO (vgl. dazu RdNr. 34) ermöglichen würde.

Die Verweisung erhält dem Insolvenzantrag die Wirksamkeit. Dies ist insbesondere für die Insol- 30 venzanfechtung (vgl. §§ 130 ff. InsO) von Bedeutung, weil die Berechnung der kritischen Zeit allenthalben an den Zeitpunkt des Eröffnungsantrags anknüpft.

Von der Verweisung zu unterscheiden ist die **Abgabe**. Diese ist formlos möglich, aber für das 30a Gericht, an welches abgegeben wird, nicht bindend.[111] Dieses kann die Sache an das abgebende Gericht zurückgeben, welches dann entweder die Sache wieder übernehmen oder einen Verweisungsbeschluss erlassen muss. Eine Vorlage an das nächst höhere Gericht gemäß § 36 Abs. 1 Nr. 6 ZPO ist ihm verwehrt (vgl. RdNr. 34).

2. Ablehnung des Eröffnungsantrags wegen Unzuständigkeit. Wird der Verweisungsantrag 31 nicht oder nicht gehörig (s.o. RdNr. 27) gestellt, obwohl das angegangene Gericht darauf aufmerksam gemacht hat, dass es sich als unzuständig ansehe, ist der Eröffnungsantrag abzuweisen. Dagegen kann der Antragsteller sofortige Beschwerde einlegen (§ 34 Abs. 1). Die Verweisung kann noch in zweiter Instanz beantragt werden.[112]

---

[100] OLG Köln NZI 2000, 75.
[101] BGH NJW 1996, 3013; KG NZI 1999, 499; ZInsO 2000, 44, 45; OLG Dresden, Beschl. v. 19.8.1998, ZIP 1998, 1595, 1596 = EWiR 1998, 1005 *(Pape);* anders BayObLG NZI 2003, 98; OLG Dresden, Beschl. v.5.8. 1998, ZIP 1998, 1596; OLG Brandenburg DZWiR 1999, 293 m. ablehn. Anm. von *Holzer;* zu weitgehend auch OLG Köln NZI 2000, 75; *Jaeger/Gerhardt* § 3 RdNr. 44.
[102] BayObLG NJW 1999, 367.
[103] OLG München NJW-RR 1987, 382, 383.
[104] BGH NZI 2006, 164; OLG Rostock ZInsO 2001, 1064, 1065; OLG Zweibrücken InVo 2002, 367.
[105] OLG Stuttgart ZInsO 2004, 750, 751; vgl. auch OLG München ZInsO 2009, 838 (Prüfung der Zuständigkeit trotz fehlender Begründung).
[106] Gegen jeden Begründungszwang OLG Karlsruhe NZI 2005, 505, 506, dessen Vorlage bei dem BGH allerdings keinen Erfolg hatte, vgl. BGH NZI 2006, 164.
[107] BayObLG NZI 2001, 372, 373; OLG Celle ZInsO 2005, 100 f.
[108] BGH DtZ 1992, 330, 331.
[109] BGH NJW 1993, 1273; OLG Brandenburg NJW 2004, 780; OLG Düsseldorf NZI 2004, 146.
[110] OLG Köln NZI 2000, 75.
[111] *Uhlenbruck/I. Pape* § 3 RdNr. 17; FKInsO-*Schmerbach* § 3 RdNr. 43.
[112] LG Hamburg ZZP 49 (1925), 279 mit zust. Anm. *Jaeger.*

32 3. Eröffnung der Insolvenz durch ein unzuständiges Gericht. Wird das Insolvenzverfahren von einem sachlich oder örtlich unzuständigen Gericht eröffnet, steht dem Schuldner hiergegen die sofortige Beschwerde zu (§ 34 Abs. 2). Bei örtlicher Unzuständigkeit ist eine **Beschwerde** gemäß § 571 Abs. 2 Satz 2 ZPO ausgeschlossen, wenn der Beschwerdeführer ausreichend Gelegenheit zur Stellungnahme hatte (vgl. § 6 RdNr. 43).[113] Auf die sachliche Unzuständigkeit lässt sich dies – trotz des einschränkungslosen Wortlauts – nicht übertragen,[114] weil die Durchführung des Insolvenzverfahrens vor einem anderen als dem Insolvenzgericht dem öffentlichen Interesse zuwiderläuft. Dass ein Gericht, das kein Insolvenzgericht ist, ein Insolvenzverfahren eröffnet, dürfte aber kaum jemals vorkommen. Rügeloses Einlassen auf ein vom örtlich unzuständigen Insolvenzgericht eröffnetes Insolvenzverfahren heilt den Verfahrensmangel nicht (§ 4 i. V. m. § 40 Abs. 2 Satz 1 Nr. 2 ZPO).[115] Die Heilung tritt jedoch mit Eintritt der Rechtskraft des Eröffnungsbeschlusses ein. Erkennt das Gericht seine bisherige Unzuständigkeit, nachdem es das Verfahren eröffnet hat, so darf es den Beschluss nicht deswegen von Amts wegen aufheben.[116] Tritt der – praktisch unwahrscheinliche – Fall ein, dass verschiedene Insolvenzgerichte, von denen nur eines zuständig sein kann, Insolvenzverfahren für denselben Zeitpunkt eröffnen (§ 27 Abs. 2 Nr. 3, Abs. 3) und die betreffenden Beschlüsse bestandskräftig werden, muss das übergeordnete Gericht die Zuständigkeit bestimmen (s.u. RdNr. 35). Eröffnen verschiedene Insolvenzgerichte zeitlich nacheinander das Insolvenzverfahren über das Vermögen ein und desselben Schuldners, hat der Eröffnungsbeschluss, der als erster rechtskräftig wird, die Verfahrenswirkungen ausgelöst. Das zweite Verfahren kann dann nur noch eingestellt werden (§ 207).[117]

32a 4. Anordnung von Sicherungsmaßnahmen durch verschiedene Insolvenzgerichte. Gehen bei verschiedenen Insolvenzgerichten denselben Schuldner betreffende Insolvenzanträge ein, kann es dazu kommen, dass von allen Insolvenzgerichten, weil sie vorerst von den jeweils anderen Verfahren nichts wissen, Sicherungsmaßnahmen angeordnet, etwa vorläufige Insolvenzverwalter bestellt werden.[118] Hier sind zunächst einmal alle Beschlüsse wirksam; aber selbstverständlich kann nur derjenige des zuständigen Gerichts bei Bestand bleiben, während das unzuständige seinen Beschluss aufheben muss. Die nötige Klärung herbeizuführen, ist Aufgabe der „konkurrierenden" vorläufigen Insolvenzverwalter, die zwangsläufig alsbald von dem bestehenden „Konkurrenzverhältnis" erfahren. Einer „Feststellungsklage" oder einer „Regelungsverfügung" bedarf es nicht;[119] wenn der unwahrscheinliche Fall eintreten sollte, dass die beteiligten Gerichte sich nicht über die Zuständigkeit einigen, werden sie hierüber Zwischenentscheidungen treffen (zur Zulässigkeit vgl. § 4 RdNr. 55a) und so letztlich eine Zuständigkeitsbestimmung des übergeordneten Gerichts herbeiführen.

33 5. Gerichtsstandsbestimmung durch das höhere Gericht. In bestimmten Fällen wird das zuständige Insolvenzgericht durch das im Rechtsmittelzug übergeordnete Gericht bestimmt. Zwischen Amtsgerichten desselben LG-Bezirks kann ein derartiger Kompetenzkonflikt nur entstehen, wenn das Land von der Ermächtigung in § 2 Abs. 2 Gebrauch gemacht und zusätzliche Insolvenzgerichte eingerichtet hat; gegebenenfalls ist das gemeinsame Landgericht zur Entscheidung berufen. Betrifft der Kompetenzkonflikt Amtsgerichte in demselben OLG-Bezirk (aber verschiedenen LG-Bezirken), so entscheidet das Oberlandesgericht. Ist das nächst höhere gemeinschaftliche Gericht der Bundesgerichtshof, so wird das zuständige Gericht durch das Oberlandesgericht bestimmt, zu dessen Bezirk das zuerst mit der Sache befasste Insolvenzgericht gehört (§ 36 Abs. 2 ZPO).[120] Der Bundesgerichtshof entscheidet nur, wenn das gemäß § 36 Abs. 2 ZPO mit der Sache befasste Oberlandesgericht bei der Bestimmung des zuständigen Gerichts in einer Rechtsfrage von der Entscheidung eines anderen Oberlandesgerichts oder des Bundesgerichtshofs abweichen will (§ 36 Abs. 3 ZPO). Die Gerichtsstandsbestimmung steht als eigenständiges Verfahren außerhalb des Insolvenzverfahrens.[121] Der Beschluss, der ein bestimmtes Gericht zum zuständigen Insolvenzgericht erklärt, ist

---

[113] BGH NZI 2005, 184; OLG Köln NJW-RR 1990, 894, 895 f.; NZI 2000, 276; OLG Celle ZInsO 2001, 128, 129; vgl. auch LG Frankfurt MDR 1990, 1022; *Jaeger/Gerhardt* § 3 RdNr. 45.
[114] AA *Jaeger/Gerhardt* § 3 RdNr. 45.
[115] *Nerlich/Römermann/Becker* § 3 RdNr. 48.
[116] *Jaeger/Gerhardt* § 3 RdNr. 45; *Uhlenbruck/I. Pape* § 3 RdNr. 18, 19.
[117] *Jaeger/Gerhardt* § 3 RdNr. 48.
[118] Vgl. OLG Hamburg ZInsO 2004, 624.
[119] Anders *Haertlein/Schmidt* ZInsO 2004, 603, 604 f.
[120] BGH NJW 1999, 1403, 1404; OLG Frankfurt/M. ZInsO 2005, 822, 823; *Uhlenbruck/I. Pape* § 3 RdNr. 7. Die abweichende Ansicht von *Jaeger/Gerhardt* § 3 RdNr. 46 verkennt, dass die originäre Zuständigkeit des BGH als bestimmendes Gericht nach § 36 Abs. 1 ZPO im Zuge der Reform des Zuständigkeitsbestimmungsverfahrens (Art. 1 Nr. 1 SchiedsVfG) mit Wirkung ab dem 1.4.1998 beseitigt worden ist.
[121] Vgl. RGZ 125, 299, 310.

unanfechtbar (vgl. § 37 Abs. 2 ZPO). Er ist obendrein sowohl von dem für zuständig erklärten als auch von dem für unzuständig erklärten Gericht hinzunehmen.[122]

a) Negativer Kompetenzkonflikt. Eine Gerichtsstandsbestimmung durch das übergeordnete Gericht gemäß § 36 Abs. 1 Nr. 6 ZPO setzt zunächst voraus, dass mehrere Gerichte sich durch Abweisung des Insolvenzantrags „rechtskräftig" für unzuständig erklärt haben. Die Rechtskraft des Verweisungsbeschlusses ergibt sich aus dessen Unanfechtbarkeit (§ 281 Abs. 2 Satz 2 ZPO). Hat das Gericht, an welches verwiesen worden ist, die Übernahme des Verfahrens abgelehnt (das kann es nur mit der Begründung, es sei unzuständig und der Verweisungsbeschluss sei wegen besonders schwerwiegender Mängel nicht bindend) und die Ablehnung den Verfahrensbeteiligten mitgeteilt, so genügt dies, um zur Anwendung des § 36 Abs. 1 Nr. 6 ZPO zu gelangen.[123] Die Ablehnung der Übernahme „im derzeitigen Ermittlungsstand" reicht jedoch nicht aus,[124] ebenso wenig die Rücksendung der Akten mit der „Anregung", den Verweisungsbeschluss aufzuheben.[125] Hinzukommen muss entweder das Ansuchen des abgewiesenen Antragstellers (oder eines anderen Insolvenzantragsberechtigten), dass das zuständige Gericht bestimmt werden möge,[126] oder die Vorlage der Sache durch ein seine Zuständigkeit leugnendes Gericht,[127] sei es auch nach Verweisung an das vorlegende Gericht.[128] Ein Verweisungsbeschluss, der gemäß § 281 Abs. 2 Satz 5 ZPO bindend ist (dazu s.o. RdNr. 28 ff.), muss auch von dem übergeordneten Gericht beachtet werden.[129] Das übergeordnete Gericht kann ein drittes, am Kompetenzkonflikt nicht beteiligtes Gericht zum Insolvenzgericht bestimmen, wenn der erforderliche Verweisungsantrag gestellt ist.[130] **34**

b) Positiver Kompetenzkonflikt. Der Fall des § 36 Abs. 1 Nr. 5 ZPO ist denkbar dann, wenn mehrere Insolvenzgerichte ihre Zuständigkeit in rechtskräftigen Zwischenentscheidungen (zur Zulässigkeit nach § 4, § 280 ZPO vgl. § 4 RdNr. 55a) bejaht[131] oder wenn verschiedene Gerichte in jeweils bestandskräftigen Beschlüssen für denselben Zeitpunkt Insolvenzverfahren eröffnet haben. Solche Fälle werden praktisch kaum vorkommen.[132] Zu einer Zwischenentscheidung kann allenfalls dann Anlass bestehen, wenn das Insolvenzgericht Kenntnis davon hat, dass ein weiteres Insolvenzgericht mit der Sache befasst ist, und die Zuständigkeit durch eine Entscheidung des übergeordneten Gerichts geklärt wissen will. Regelmäßig wird es sich jedoch mit dem „konkurrierenden" Insolvenzgericht ins Benehmen setzen, so dass sich der umständliche und zeitraubende Weg über eine Zwischenentscheidung und Anrufung des übergeordneten Gerichts erübrigt. Verschiedene Eröffnungsbeschlüsse für denselben Zeitpunkt (§ 27 Abs. 2 Nr. 3, Abs. 3) sind ebenfalls unwahrscheinlich (vgl. RdNr. 32). Eher kann es zur Eröffnung mit unterschiedlichen Zeitpunkten kommen; dieser Fall ist jedoch nicht über eine Gerichtsstandsbestimmung zu lösen (vgl. RdNr. 32). **35**

c) Insolvenz mehrerer Mitschuldner mit verschiedenen Gerichtsständen. Für die Insolvenzverfahren mehrerer Mitschuldner mit verschiedenen insolvenzrechtlichen Gerichtsständen kann in entsprechender Anwendung des § 36 Abs. 1 Nr. 3 ZPO ein und dasselbe Gericht als das zuständige Insolvenzgericht bestimmt werden. Ggf. werden die verschiedenen Insolvenzverfahren beim gleichen Gericht, jedoch als selbständige Verfahren geführt.[133] **36**

Eine analoge Anwendung des § 36 Abs. 1 Nr. 3 ZPO kommt auch in Betracht, wenn Insolvenzverfahren gegen mehrere – aber nicht alle – Gesellschafter einer BGB-Gesellschaft geführt werden sollen und kein gemeinschaftlicher Gerichtsstand besteht.[134] Sind alle Gesellschafter insolvent, fehlt wegen der Anerkennung der Insolvenzfähigkeit der BGB-Gesellschaft (§ 11 Abs. 2 Nr. 1) regelmäßig ein praktisches Bedürfnis für die Anwendung des § 36 Abs. 1 Nr. 3 ZPO. Denn in der Gesellschafts- **36a**

---

[122] Vgl. RGZ 86, 404, 406; RG WarnRspr. 1917 Nr. 123.
[123] BGHZ 102, 338, 339 f.; BGH NJW 2002, 3634, 3635; BayObLG NZI 1999, 457; OLG Brandenburg EWiR 2004, 859 f. *(Runkel)*; FKInsO-*Schmerbach* 4. Aufl. § 3 RdNr. 37.
[124] BayObLG NZI 1999, 457.
[125] BayObLG NZI 1999, 457; OLG Köln NZI 2000, 75; aA *Uhlenbruck* § 3 RdNr. 17.
[126] BGH NJW 1996, 3013.
[127] BayObLG BB 1981, 1726.
[128] BGH ZIP 1992, 1274 = WuB VI H. § 21 GesO 1.93 *(Smid)* = EWiR 1992, 993 *(Pape)*; OLG München Rpfleger 1987, 78.
[129] OLG Hamm ZInsO 1999, 533, 534; NZI 2000, 220, 221.
[130] BGHZ 71, 69, 74 = NJW 1978, 1163.
[131] Zum Erfordernis einer rechtskräftigen Zwischenentscheidung vgl. *Haertlein/Schmidt* ZInsO 2004, 603 mwN. *Nerlich/Römermann/Becker* § 3 RdNr. 45 verzichtet auf Grund einer „doppelten Analogie" darauf. Das entfernt sich – ohne dass dafür ein praktisches Bedürfnis erkennbar wäre – zu weit vom Gesetz.
[132] Auch im Falle des OLG Hamburg ZInsO 2004, 624 lag kein solcher vor.
[133] *Jaeger/Gerhardt* § 3 RdNr. 51.
[134] BGH NJW 1951, 312 f.; *Jaeger/Gerhardt* § 3 RdNr. 50.

insolvenz kann der Insolvenzverwalter auch die persönliche Gesellschafterhaftung geltend machen (§ 93).

VI. Zuständigkeitsprüfung von Amts wegen

37 Das angerufene Gericht hat seine Zuständigkeit von Amts wegen zu prüfen.[135] Wegen der Geltung des insolvenzrechtlichen **Untersuchungsgrundsatzes** (§ 5 Abs. 1) ist für die Anwendung des § 15 HGB kein Raum. Allerdings gilt die Amtsermittlungspflicht noch nicht im Zulassungsverfahren, in dem das Insolvenzgericht erstmals mit der Frage nach seiner Zuständigkeit befasst wird (§ 5 RdNr. 13). Eine Prüfung von Amts wegen bedeutet noch keine Ermittlung von Amts wegen.[136] Der Antragsteller hat im Insolvenzantrag alle die Zuständigkeit des angegangenen Gerichts begründenden Umstände anzugeben.[137] Er muss vor allem die ladungsfähige Anschrift des Schuldners benennen und den Ort einer gewerblichen Niederlassung sowie eine etwaige Handelsregistereintragung (auch wenn diese für sich allein nicht maßgeblich ist, s.o. RdNr. 10) bezeichnen. Sind die Angaben unsubstantiiert und bessert der Antragsteller auch nach gerichtlichem Hinweis nicht nach, kann das Gericht den Antrag ohne weiteres als unzulässig zurückweisen.[138] Sind die Angaben substantiiert, ermittelt das Gericht, sofern erforderlich, die seine Zuständigkeit begründenden Tatsachen von Amts wegen. Etwaigen Zweifeln an ihrer Richtigkeit muss es von sich aus nachgehen.

VII. Gerichtsstandserschleichung

38 Ist der Schuldner eine **natürliche Person,** die kurz vor dem Eingang eines Insolvenzantrags über ihr Vermögen den Mittelpunkt der selbständigen wirtschaftlichen Tätigkeit verlegt hat, liegt der Gedanke an eine Zuständigkeitserschleichung fern. Hat der Schuldner seinen allgemeinen Gerichtsstand verlegt, kann es darauf nur ankommen, wenn er nicht selbständig wirtschaftlich tätig ist.[139] Im Übrigen muss man zunächst prüfen, ob die Voraussetzungen des § 3 formal gegeben sind. Handelt es sich bei der neuen Adresse um eine bloße Briefkastenanschrift, wirkt diese schon aus diesem Grunde nicht zuständigkeitsbegründend. Erfüllt die neue Anschrift die Voraussetzungen des § 3, begründet sie dennoch nicht die örtliche Zuständigkeit des angegangenen Insolvenzgerichts, wenn der Antragsteller den Eintritt dieser Voraussetzungen rechtsmissbräuchlich herbeigeführt hat. Ein derartiger Missbrauch kann vorliegen, wenn der Schuldner – der entweder der Antragsteller ist oder mit diesem einvernehmlich zusammenwirkt – angesichts der bereits eingetretenen oder greifbar nahen Insolvenz seinen allgemeinen Gerichtsstand ausschließlich oder doch vorrangig zu dem Zweck verlegt hat, damit das Insolvenzverfahren woanders eröffnet wird.[140]

39 Ein Anreiz zur Gerichtsstandserschleichung war – in Gestalt des sog. „Restschuldtourismus" – gegeben, als noch mit der Konkursordnung und der Gesamtvollstreckungsordnung zwei Insolvenzordnungen nebeneinander existierten, von denen die zweite eine Restschuldbefreiung kannte (§ 18 Abs. 2 Satz 3 GesO), die erste aber nicht (dazu § 1 RdNr. 100). Mit Inkrafttreten der Insolvenzordnung ist dieser Anreiz für missbräuchliche (Wohn-)Sitzverlagerungen entfallen. Gleichwohl kann der Schuldner noch – aus anderen Gründen – ein Interesse daran haben, dass das Insolvenzverfahren an einem anderen Ort stattfindet.

40 Bei **Gesellschaften** steht das Problem der Sitzverlegung im Vordergrund. Übernimmt ein neuer Gesellschafter/Geschäftsführer die Geschäftsanteile einer notleidenden GmbH, verlegt er den Sitz in ein anderes Bundesland und stellt er hier kurz danach den nach § 64 Abs. 1 GmbHG gebotenen Insolvenzantrag, liegt der Verdacht nahe, dass es sich um einen Fall der gewerbsmäßigen **„Firmenbestattung"** handelt.[141] In solchen Fällen übernimmt es ein Firmenaufkäufer, GmbH-Insolvenzen gerichtlich abzuwickeln, wobei er nach Möglichkeit vermeidet, dass die Abwicklung einen ordnungsgemäßen Gang nimmt. Der Antragsteller entzieht sich nämlich gern seiner Verpflichtung

---

[135] BGH NZI 2006, 164; OLG Hamm ZInsO 1999, 533, 534; NZI 2000, 220, 221; OLG Frankfurt/M. ZInsO 2005, 822, 823; *Jaeger/Gerhardt* § 3 RdNr. 42; HKInsO-*Kirchhof* § 3 RdNr. 22.
[136] BGH NJW 1991, 3095, 3096; NZI 2012, 151 RdNr. 10.
[137] BGH NZI 2012, 151 RdNr. 12.
[138] Vgl. AG Göttingen ZInsO 2001, 137.
[139] Die Verlegung des Sitzes einer Gesellschaft, die an dem neuen Sitz keine werbende Tätigkeit entfaltet, vielmehr ausschließlich an dem alten Sitz, begründet entgegen FKInsO-*Schmerbach* 4. Aufl. § 3 RdNr. 21 keine Vermutung für eine Zuständigkeitserschleichung; hier fehlt es schon an dem formalen Anknüpfungspunkt für die Anwendung des § 3, vgl. o. RdNr. 10.
[140] LG Göttingen ZIP 1997, 988, 989; aA – es bleibe dem Schuldner unbenommen, sein Geschäft vor der Einleitung des Insolvenzverfahrens an einen Ort zu verlegen, der die Zuständigkeit eines ihm örtlich zusagenden Gerichts begründe – *Skrotzki* KTS 1960, 71.
[141] Zu deren strafrechtlicher Komponente vgl. LG Potsdam ZInsO 2005, 1225 ff.

(§§ 15, 20, 97, 98, 101), ein Verzeichnis der Gläubiger und Schuldner sowie eine Übersicht der Vermögensmasse bei Stellung des Antrags einzureichen. Dazu dient der Vorwand, solche Unterlagen seien nicht vorhanden. Kommt es zu einer Abweisung mangels Masse und wird die GmbH im Handelsregister gelöscht, ist eine Realisierung von Ansprüchen gegen die eigentlich Verantwortlichen oft nicht mehr möglich. Da sämtliche Veröffentlichungen nur im Bereich des neuen Firmensitzes erfolgen, erfahren viele Gläubiger aus dem ursprünglichen Geschäftsbereich nichts oder verspätet von der Einleitung des Insolvenzverfahrens. Die früheren Gesellschafter/Geschäftsführer haben sich durch die Übertragung ihrer Geschäftsanteile mit Erfolg aus der Haftung gestohlen.[142]

41 Solchen Machenschaften ist durch Nichtanerkennung der Sitzverlegung zu wehren. Allerdings kann eine missbräuchliche Inanspruchnahme der Zuständigkeit nach der Rechtsprechung des Bundesgerichtshofs[143] nicht allein daraus abgeleitet werden, dass eine große Anzahl von Firmen übernommen und anschließend deren Sitz verlegt worden ist. Es kann jedoch ausreichen, dass der Antrag auf Eröffnung des Insolvenzverfahrens innerhalb von drei Wochen (vgl. § 15a InsO) nach Beurkundung (§ 53 Abs. 2 GmbHG) des Beschlusses über die Sitzverlegung gestellt wurde.[144] In diesem Falle ist die Vermutung gerechtfertigt,[145] dass die Gesellschaft schon im Zeitpunkt der Sitzverlegung insolvenzreif war. Es ist dann Sache der Gesellschaft, diese Vermutung zu widerlegen.

42 Ist der Insolvenzantrag später als drei Wochen nach der Beurkundung der Sitzverlegung gestellt worden, kann deren Ernsthaftigkeit zweifelhaft erscheinen, wenn die Gesellschaft an ihrem neuen Sitz keine nennenswerte werbende Tätigkeit entfaltet hat. Mehr als ein Indiz ist dieser Umstand aber wohl nicht. Insbesondere spricht hier noch keine Vermutung für eine Gerichtsstandserschleichung.[146] Die Gründe, weshalb die Gesellschaft an dem neuen Sitz keine nachhaltige werbende Tätigkeit aufgenommen hat, können vielgestaltig sein.[147] Ein weiteres Indiz für eine Zuständigkeitserschleichung ist das Vorhandensein von Geschäftsräumen am alten Firmensitz nach der angeblichen Sitzverlegung.[148] Hat die Gesellschaft an dem neuen Sitz keine nennenswerte werbende Tätigkeit entfaltet, vielmehr hauptsächlich an dem alten Sitz, ist die formale Sitzverlegung schon kein Anknüpfungspunkt für die Anwendung des § 3; auf eine Zuständigkeitserschleichung kommt es dann nicht an.

43 Die vorstehenden Erwägungen gelten entsprechend für nicht antragspflichtige[149] **Vorgesellschaften.**

44 Allgemein kann der Anreiz für derartige Sitzverlegungen abgeschwächt werden, indem das Insolvenzgericht die Insolvenzeröffnung auch im Bereich des alten Sitzes öffentlich bekanntmacht (§ 9 RdNr. 15). Gegenüber natürlichen Personen ist überdies daran zu denken, wegen derartiger Machenschaften, die häufig eine Gläubigerschädigung zur Folge haben, eine Restschuldbefreiung zu versagen (§ 290 Abs. 1 Nr. 4 analog?).

45 Bei **Sitzverlegungen ins Ausland,** die allein mit Rücksicht auf die bereits absehbare Stellung eines Insolvenzantrags erfolgen, geht es nicht um die Erschleichung eines innerdeutschen Gerichtsstands. Hier will sich der Schuldner vielmehr dem deutschen Insolvenzrecht und seinen Wirkungen entziehen. Das deutsche Gericht, das auf Grund des später gestellten Insolvenzantrags seine Zuständigkeit prüft, muss sich darüber schlüssig werden, ob die Sitzverlegung nur zum Schein erfolgt ist, der Schuldner überhaupt noch geschäftlich aktiv ist und ob dies gegebenenfalls von dem bisherigen Sitz aus geschieht.

§ 4 Anwendbarkeit der Zivilprozeßordnung

Für das Insolvenzverfahren gelten, soweit dieses Gesetz nichts anderes bestimmt, die Vorschriften der Zivilprozeßordnung entsprechend.

---

[142] Vgl. zum Ganzen *Uhlenbruck* WuB VI B. § 71 KO 1.96 sowie den Bericht von *Eckardt* ZIP 1996, 2045, 2046 über die Diskussion auf dem RWS-Forum Insolvenzrecht 1996.

[143] BGHZ 132, 195, 197 f. = WM 1996, 933, 934 = WuB VI B. § 71 KO 1.96 *(Uhlenbruck)* = EWiR 1996, 741 *(Paulus)* = DZWiR 1996, 322 *(Smid).*

[144] BGH aaO; LG Magdeburg ZIP 1996, 2027; *Uhlenbruck* § 3 RdNr. 12; FKInsO-*Schmerbach* 4. Aufl. § 3 RdNr. 20.

[145] Zurückhaltender *Jaeger/Gerhardt* § 3 RdNr. 41: „Indiz".

[146] Auch HKInsO-*Kirchhof* § 3 RdNr. 21 lässt bloße Zweifel an der Ernsthaftigkeit der Sitzverlegung nicht genügen; aA FKInsO-*Schmerbach* § 3 RdNr. 30.

[147] Ob allerdings schon die Absicht, durch die Sitzverlegung das Schuldnerverzeichnis am früheren Sitz des Unternehmens „sauber" zu halten (vgl. § 26 Abs. 2), einen Missbrauch ausschließt – so wohl *Uhlenbruck* GmbHR 1986, 65 – erscheint fraglich.

[148] LG Göttingen ZIP 1997, 988, 989.

[149] *Altmeppen* ZIP 1997, 273, 274 f.

Schrifttum: *Ahrens,* Insolvenzrechtliche Hinweispflichten, FS Gerhard Ganter, S. 77 ff; *Boennecke,* Einzelfragen aus der konkursrichterlichen Praxis, KTS 1955, 173; *Bork,* Prozeßkostenhilfe für den Schuldner des Insolvenzverfahrens?, ZIP 1998, 1209 ff.; *Busch/Graf-Schlicker,* Restschuldbefreiung mit Prozeßkostenhilfe?, InVo 1998, 269 ff.; *Bork/Jacoby,* Auskunftsansprüche des Schuldners und des persönlich haftenden Gesellschafters gegen den Insolvenzverwalter, ZInsO 2002, 398 ff.; *Delhaes,* Die Stellung, Rücknahme und Erledigung verfahrenseinleitender Anträge nach der Insolvenzordnung, Kölner Schrift 2. Aufl. 2000, S. 141 ff.; *Döbereiner,* Die Restschuldbefreiung nach der Insolvenzordnung, 1997; *Frind/Schmidt,* Sozialversicherungsträger – Nassauer des Insolvenzverfahrens, ZInsO 2001, 1133 ff., 2002, 8 ff.; *Funke,* Restschuldbefreiung und Prozeßkostenhilfe, ZIP 1998, 1708 ff.; *Gerhardt,* Verfügungsbeschränkungen in der Eröffnungsphase und nach Verfahrenseröffnung, in: Kölner Schrift, 2. Aufl. S. 193; *Graf/Wunsch,* Akteneinsicht im Insolvenzverfahren, ZIP 2001, 1800 ff.; *Grote,* Erhöhung der Pfändungsgrenzen nach § 850 f. ZPO im Insolvenzverfahren, ZInsO 2000, 490 ff.; *Gundlach/Frenzel/Schmidt,* Die Gewährung von Prozesskostenhilfe an den Insolvenzverwalter, NJW 2003, 2412 ff.; *Haarmeyer,* Noch einmal: Akteneinsicht in Insolvenzverfahren – zwischen Geheimverfahren und Versteckspiel?, InVo 1997, 253 ff.; *Haarmeyer/Seibt,* Akteneinsicht durch Gläubiger und „Dritte" im Insolvenzverfahren, Rpfleger 1996, 221 ff.; *Heeseler,* Auskunfts-/Akteneinsichtsrechte und weitere Informationsmöglichkeiten des Gläubigers im Regelinsolvenzverfahren, ZInsO 2001, 873 ff.; *Heil,* Akteneinsicht und Auskunft im Konkurs unter besonderer Berücksichtigung des Eröffnungsverfahrens, 1995; *Heinze,* Zur Frage der Masseverwertung bei Kostenunterdeckung bei Insolvenznatürlicher Personen bei möglicher Stundung, ZVI 2010, 189; *Henning,* Die praktische Umsetzung des Verbraucherinsolvenzverfahrens, InVo 1996, 288 ff.; *Holch,* Zur Einsicht in Gerichtsakten durch Behörden und Gerichte, ZZP 87 (1984), 14 ff.; *Holzer,* Die Akteneinsicht im Insolvenzverfahren, ZIP 1998, 1333 ff.; *Horstkotte,* Die führungslose GmbH im Insolvenzantragsverfahren, ZInsO 2009, 209; *Jänich,* Eröffnung des Konkursverfahrens trotz Zahlung durch den Schuldner?, ZZP 109 (1996), 183 ff.; *Kohte,* Die Behandlung von Unterhaltsansprüchen nach der Insolvenzordnung, Kölner Schrift, 2. Aufl., S. 781 ff.; *Maier,* Insolvenzordnung und Prozeßkostenhilfe, Rpfleger 1999, 1 ff.; *Maintzer,* Die Gewährung rechtlichen Gehörs im Rahmen des Konkursverfahrens, KTS 1985, 617 ff.; *Mäusezahl,* Zur Anwendbarkeit der § 850 ff. ZPO in der Verbraucherinsolvenz, ZInsO 2000, 193 ff.; *Mitlehner,* Prozesskostenhilfe für den Insolvenzverwalter, NZI 2001, 617 ff.; *Lackhoff/Vogel,* Hat ein Massegläubiger Anspruch auf Einsicht in die Insolvenznatürlichen?, ZInsO 2011, 1974; *Mitlehner,* Prozesskostenhilfe für den Insolvenzverwalter, NZI 2001, 617; *G. Pape,* Keine Prozeßkostenhilfe für den Gesamtvollstreckungsschuldner zwecks Restschuldbefreiung?, ZIP 1997, 190 ff.; *ders.,* Restschuldbefreiung und Masselosigkeit, Rpfleger 1997, 237 ff.; *ders.,* Recht auf Einsicht in Konkursakten – ein Versteckspiel für die Gläubiger?, ZIP 1997, 1367 ff.; *ders.,* Rechtsprechungsübersicht: Entscheidungen zum Verbraucherinsolvenzverfahren, insbesondere zur Bewilligung von Insolvenzkostenhilfe und zur Zulässigkeit sog. „Nullpläne" (Stand: September 1999), ZInsO 1999, 602 ff.; *ders.,* Akteneinsicht für Insolvenzgläubiger – Ein ständiges Ärgernis, ZIP 2004, 598 ff.; *Pape/Haarmeyer,* Von der legislativen zur judikativen Rechtsetzung? Ein Beitrag zur Prozeßkostenhilfe im Verbraucherinsolvenzverfahren, ZInsO 1999, 135 ff.; *I. Pape,* Zur Finanzierung der Verfahrenskosten im Verbraucherinsolvenzverfahren, NZI 1999, 89 ff.; *Pohle,* Zwangsvollstreckungsnotrecht 16. Aufl.; *Prütting,* Allgemeine Verfahrensgrundsätze der Insolvenzordnung, in: Kölner Schrift zur Insolvenzordnung, 3. Aufl. S. 1; *Rein,* Die Akteneinsicht Dritter im Insolvenzverfahren, NJW-Spezial 2012, 213; *Ringstmeier/Homann,* Prozesskostenhilfe für den Insolvenzverwalter, ZIP 2005, 284; *Robrecht,* Das Mandat des Rechtsanwalts im Insolvenzverfahren, AnwBl 1969, 106; *Schmeel,* Das Recht des Gläubigers auf Einsicht in die Insolvenzakte, MDR 1997, 437; *Schmidt-Räntsch,* Verbraucherinsolvenzverfahren und Restschuldbefreiung, in: Kölner Schrift, 1. Aufl. 1997, S. 1177; *Schmittmann,* Rechtsprechungsübersicht zur Entlassung des (vorläufigen) Insolvenzverwalters von Amts wegen, NZI 2004, 239; *Skrotzki,* Das rechtliche Gehör im Konkursverfahren, KTS 1956, 105 ff.; *Smid,* Prozeßkostenhilfe für den Eigenantrag des Gemeinschuldners im Insolvenzverfahren nach geltendem Recht?, NJW 1994, 2678; *Stephan,* § 850 f. Abs. 1 ZPO im Verbraucherinsolvenz- und Restschuldbefreiungsverfahren – Kein gesetzgeberischer Handlungsbedarf?, ZInsO 2000, 376; *Stöcker,* Prozesskostenhilfe für Insolvenzverwalter im Steuerprozess, NZI 2003, 365; *Thomas,* Mindestquote als Voraussetzung für die Restschuldbefreiung, in: Kölner Schrift, 2. Aufl. S. 1763; *Uhlenbruck,* Das Recht auf Akteneinsicht im Konkurs- und Vergleichsverfahren, AnwBl 1971, 331; *ders.,* Die Konkurs- und Vergleichsvollmacht nach der Vereinfachungsnovelle, MDR 1978, 8; *ders.,* Prozeßkostenhilfe im Konkurs, ZIP 1982, 288; *ders.,* Falsche Kostenentscheidung der Gerichte bei Antragsrücknahme und Abweisung des Konkursantrages mangels Masse?, KTS 1983, 341; *ders.,* Das Auskunfts- und Akteneinsichtsrecht im Konkurs- und Vergleichsverfahren, KTS 1989, 527; *ders.,* Das rechtliche Gehör im Konkurseröffnungsverfahren, FS G. Baumgärtel, 1990 S. 569; *Vallender,* Erste gerichtliche Erfahrungen mit dem Verbraucherinsolvenzverfahren, ZIP 1999, 125; *Zipperer,* Private und behördliche Einsicht in Insolvenzakten – eine systematische Betandsaufnahme, NZI 2002, 244; *ders.,* Treuepflichten im Insolvenzeröffnungsverfahren, NZI 2010, 281; *ders.,* Das Insolvenzverfahrensrecht – Disziplin oder Disziplinlosigkeit?, NZI 2012, 385.

Übersicht

	Rn.
I. Einleitung	1
II. Normzweck	2
III. Verweisung auf die Vorschriften der Zivilprozessordnung	3, 4
1. Allgemeine Verweisung	3
2. Vorrang besonderer Verweisungen	4
IV. Subsidiäre Geltung der Zivilprozessordnung	5
V. Entsprechende Anwendung der Zivilprozessordnung	6
VI. Besonderheiten des Insolvenzverfahrens, welche die Anwendung der Zivilprozessordnung ausschließen	7–36
1. Öffentlichkeit der Verhandlung (§§ 169 ff. GVG)	7–10
a) Gläubigerversammlungen	7–9a

Anwendbarkeit der Zivilprozeßordnung **1, 2 § 4**

	Rn.		Rn.
b) Mündliche Verhandlungen zur Vorbereitung einer dem Insolvenzgericht obliegenden Entscheidung	10	6. Protokoll (§§ 159 bis 165, § 510a ZPO i. V. m. §§ 182, 183, 185, 190 GVG)	48
2. Untersuchungsgrundsatz, Amtsbetrieb	11, 12	7. Terminsbestimmungen (§§ 214, 216, 217, 219, 227 ZPO)	49
3. Schriftliches Verfahren, freigestellte mündliche Verhandlung	13	8. Fristen (§§ 221, 222, 224 Abs. 2, 225 Abs. 1 und 3, 227 Abs. 3 Satz 3 ZPO)	50
4. Streitgenossenschaft, Nebenintervention (§§ 59 ff., 66 ff. ZPO)	14	9. Wiedereinsetzung in den vorigen Stand (§§ 230, 231, 233 bis 238 ZPO)	51, 52
5. Aussetzung, Unterbrechung und Ruhen des Verfahrens (§§ 148 ff., 239 ff. ZPO)	15	10. Schriftsätze (§ 253 Abs. 2, § 496 ZPO)	52a
6. Versäumnisverfahren (§§ 330 ff. ZPO)	16	11. Rechtshängigkeitswirkung (§ 261 Abs. 3 Nr. 2 ZPO)	53
7. Prozesskostenhilfe (§§ 114 ff. ZPO)	17–24b	12. Antragsrücknahme (§ 269 Abs. 3 ZPO)	54
a) Antrag des Schuldners	17–20	13. Zwischenentscheidung über die Zulässigkeit (§ 280 ZPO)	54a
b) Antrag des Insolvenzverwalters	21–22c	14. Verweisung (§§ 281, 495 ZPO)	55
c) Antrag eines Insolvenzgläubigers	23–24a	15. Freie Beweiswürdigung, offenkundige Tatsachen, Glaubhaftmachung (§§ 286, 287, 291, 294 ZPO)	56
d) Wiedereinsetzung nach Bewilligung von Prozesskostenhilfe	24b	16. Akteneinsicht	57–78
8. Erklärungen zu Protokoll (§ 129a ZPO)	25	a) Akteneinsicht durch Beteiligte (§ 299 Abs. 1 ZPO)	57–61
9. Zustellungen (§§ 166 ff. ZPO)	26	b) Akteneinsicht durch Dritte (§ 299 Abs. 2 ZPO)	62–68
10. Kosten	27–30	c) Verfahren der Akteneinsicht	69–75
11. Anfechtbarkeit von Entscheidungen	31	d) Erteilung von Auskünften	76–78
12. Zwangsvollstreckung (§§ 703 ff. ZPO)	32–36	17. Berichtigung (§§ 319 f. ZPO)	79
VII. Anwendbare Vorschriften der Zivilprozessordnung	37–89	18. Materielle Rechtskraft (§§ 322 ff. ZPO)	80–80f
1. Allgemeiner Gerichtsstand (§§ 13 bis 19, 40 Abs. 2 Satz 1 ZPO)	38	19. Beschlussform (§ 329 ZPO)	81–85
2. Bestimmung des zuständigen Gerichts (§ 36 ZPO)	39	20. Beweisaufnahme (§§ 355 ff. ZPO)	86
3. Ausschließung und Ablehnung von Gerichtspersonen (§§ 41 bis 49 ZPO)	40–44b	21. Erklärungen im Termin oder zu Protokoll (§ 496 ZPO)	87
a) Ausschließung	40	22. Beschwerde (§§ 567 ff. ZPO)	88
b) Ablehnung	41–44b	23. Wiederaufnahme (§§ 578 ff. ZPO)	89
4. Parteifähigkeit, Prozessfähigkeit und Vertretung (§§ 50, 51 bis 57, 79 bis 90, 157 ZPO)	45, 46	**VIII. Anwendbare Vorschriften aus anderen Gesetzen**	90
		1. Geschäftsverteilung (§ 21e GVG)	90
		2. Rechtshilfe (§§ 156 ff. GVG)	91, 92
5. Wahrheitspflicht (§ 138 Abs. 1 ZPO), Prozessleitung (§§ 136, 139 bis 144, 147 ZPO)	47	3. Sitzungspolizei, Gerichtssprache (§§ 176 bis 191 GVG)	93

I. Einleitung

§ 4 wurde im Gesetzgebungsverfahren nicht verändert (vgl. § 4 RegE). Er entspricht dem bisherigen Recht (vgl. § 72 KO, § 115 VerglO, § 1 Abs. 3 GesO). **1**

II. Normzweck

Die Vorschrift bezweckt, indem sie ergänzend auf die Regelungen der Zivilprozessordnung verweist, eine **Entlastung der Insolvenzordnung.** Zu der – umstrittenen – Frage der systematischen Einordnung des Insolvenzrechts (s. Vorbem. vor § 2 RdNr. 5) wollte der Gesetzgeber damit unmittelbar nichts beitragen.[1] Allerdings erlaubt § 4 gewisse Rückschlüsse auf das Vorverständnis des Gesetzgebers. **2**

---

[1] Anders wohl *Bork*, Einführung RdNr. 46.

III. Verweisung auf die Vorschriften der Zivilprozessordnung

3   **1. Allgemeine Verweisung.** § 4 enthält eine allgemeine Verweisung auf die Vorschriften der Zivilprozessordnung. Diese Verweisung ist möglich, weil das Insolvenzverfahrensrecht eben auch und wohl in erster Linie Gesamtvollstreckungsrecht ist; insofern gehört es zur **streitigen Gerichtsbarkeit** (vor §§ 2–10 RdNr. 5 ff.). Die Verweisung in § 4 gilt aber nur für das Insolvenzverfahrensrecht, nicht für das materielle Insolvenzrecht. Deshalb sind zum Beispiel die §§ 221 ff. ZPO auf die Anfechtungsfristen nicht anwendbar.[2] Die Verweisung betrifft ferner nicht Streitigkeiten außerhalb des Insolvenzverfahrens; für diese gilt unter Umständen die Zivilprozessordnung unmittelbar. Die Maßgeblichkeit des **Gerichtsverfassungsgesetzes** wird als selbstverständlich vorausgesetzt.[3] Nach herrschender Meinung ist das Gesetz über das Verfahren in Familiensachen und in Verfahren der freiwilligen Gerichtsbarkeit (FamFG) hingegen – auch im Verbraucherinsolvenzverfahren – nicht anwendbar.[4] Wo dessen Vorschriften als Vorbild für InsO-Regelungen gedient haben, kann eine analoge Anwendung aber nicht ausgeschlossen werden (vgl. Vorbemerkungen vor §§ 2 bis 10 RdNr. 9). Auch sonst kann ein Rückgriff auf Vorschriften des FamFG zulässig und geboten sein, falls der zu bewertende Vorgang einem Akt der Freiwilligen Gerichtsbarkeit nahe steht und weder die InsO noch die ZPO eine passende Regelung enthält.

4   **2. Vorrang besonderer Verweisungen.** Soweit die InsO in einzelnen Vorschriften besondere Verweisungen auf die Zivilprozessordnung oder andere Gesetze enthält, gehen diese der allgemeinen Verweisung nach § 4 vor. § 3 Abs. 1 Satz 1 bezieht sich wegen der örtlichen Zuständigkeit auf den allgemeinen Gerichtsstand des Schuldners, womit auf die §§ 13 ff. ZPO verwiesen wird.[5] Weitere Fälle: §§ 36 Abs. 2 Nr. 2, 64 Abs. 3 Satz 2, 98 Abs. 1 Satz 2, Abs. 3 Satz 1, 186 Abs. 1 Satz 2.

IV. Subsidiäre Geltung der Zivilprozessordnung

5   Die Vorschriften der Zivilprozessordnung gelten aber **nur ergänzend (subsidiär)**, nämlich dann, wenn sich aus der Insolvenzordnung (einschließlich des Einführungsgesetzes) nichts anderes ergibt (dazu s. RdNr. 7 ff.). Dies muss nicht ausdrücklich geschehen. Unanwendbar sind Vorschriften der Zivilprozessordnung auch dann, wenn Verfahrensvorschriften entgegenstehen, die sich der InsO durch Auslegung entnehmen lassen, sowie dann, wenn sie mit der Natur des Insolvenzverfahrens unvereinbar sind.[6] In beiderlei Hinsicht hat der Gesetzgeber der InsO seinen Willen geäußert. Dieser darf nicht durch vorschnellen Rückgriff auf Vorschriften der Zivilprozessordnung verdunkelt werden.

V. Entsprechende Anwendung der Zivilprozessordnung

6   Selbst wenn sich aus der Insolvenzordnung nichts ergibt, was der Anwendung der Zivilprozessordnung entgegensteht, sind deren Vorschriften **nur entsprechend** – nicht unmittelbar – anwendbar, weil das Insolvenzverfahren eben kein Erkenntnisverfahren ist (vor § 2 RdNr. 5 ff.).

VI. Besonderheiten des Insolvenzverfahrens, welche die Anwendung der Zivilprozessordnung ausschließen

7   **1. Öffentlichkeit der Verhandlung (§§ 169 ff. GVG). a) Gläubigerversammlungen.** Für die Gläubigerversammlungen – Berichtstermin (§ 156), Prüfungstermin (§ 176), Schlusstermin (§ 197) und in den sonstigen vom Insolvenzgericht einberufenen Gläubigerversammlungen – gilt der Grundsatz der Öffentlichkeit nicht, weil der Richter hier nicht als „erkennender Richter" im Sinne des § 169 GVG tätig wird.[7] Das Insolvenzgericht kann jedoch gemäß § 175 Abs. 2 GVG nach seinem Ermessen einzelnen Personen den Zutritt gestatten.

8   Dies gilt namentlich für **Presseberichterstatter,** wenn es sich um ein für die gesamte deutsche Wirtschaft bedeutsames Verfahren handelt und das Informationsbedürfnis der Öffentlichkeit durch

---

[2] Vgl. RGZ 17, 328, 331.
[3] Vgl. *Hahn,* Materialien des GVG 1879, S. 187, 370.
[4] BGH, Beschl. v. 18.2.2009 – IX ZB 252/09, RdNr. 2; v. 18.2. 2009 – 264/09, RdNr. 2; HKInsO-*Kirchhof* § 4 RdNr. 4; *Kübler/Prütting*/Bork § 4 RdNr. 4; *Braun/Kießner* § 4 RdNr. 4; aA *Smid* NJW 1994, 2678, 2680; offen gelassen von LG Freiburg ZIP 1982, 477, 478; auf den Einzelfall abstellend *Jaeger/Gerhardt* § 4 RdNr. 2.
[5] *Kübler/Prütting*/Bork § 4 RdNr. 6.
[6] BGH NJW 1961, 2016.
[7] *Jaeger/Gerhardt* § 4 RdNr. 3; *Uhlenbruck/I. Pape* § 4 RdNr. 1; i.E. ebenso *Prütting,* Kölner Schrift, 3. Aufl. S. 1 RdNr. 58; Bedenken bei *Baur/Stürner,* Insolvenzrecht RdNr. 5.26.

Pressemitteilungen der Justizverwaltung nicht hinreichend befriedigt werden kann.[8] Die vorherige Anhörung der Verfahrensbeteiligten ist nicht erforderlich.[9] Von der Möglichkeit des § 175 Abs. 2 GVG ist zurückhaltend Gebrauch zu machen, weil oft über vertrauliche Sachverhalte (zB Betriebsgeheimnisse) gesprochen wird. Wenn ein Beteiligter widerspricht, bedarf die Zulassung der Presse einer besonders sorgfältigen Interessenabwägung.[10] Dass nur „einzelnen" Personen der Zutritt gestattet werden kann, gibt dem Insolvenzgericht keine Handhabe, unter mehreren Pressevertretern nach Gutdünken einen oder einige wenige zuzulassen, andere aber zurückzuweisen. Falls sich die Presse nicht darauf einigen kann, die Zahl der Berichterstatter zu begrenzen, die Zulassung aller aber kein geordnetes Verfahren zuließe, bleibt dem Insolvenzgericht nichts anderes übrig, als die Presse insgesamt auszuschließen. Wird diese allgemein zugelassen, können einzelne Pressevertreter davon nicht deswegen ausgenommen werden, weil sie bisher in unsachlicher Weise über das Verfahren berichtet haben.[11]

Andere Personen, die gemäß § 175 Abs. 2 GVG zugelassen werden können, sind beispielsweise 9 Repräsentanten von **Gläubigerschutzverbänden, Gewerkschaften, Arbeitgeberverbänden** oder Auszubildende **(Studenten, Referendare).**

Entsprechend § 174 Abs. 3 Satz 1 GVG kann den Anwesenden zur Pflicht gemacht werden, 9a bestimmte Tatsachen geheim zu halten. Ein Verstoß ist jedoch erfahrungsgemäß schwer nachzuweisen. Deshalb bietet diese Maßnahme nur sehr eingeschränkt Schutz. Wirkungsvoller ist es, die Zulassung vorübergehend aussetzen, wenn vertraulich zu behandelnde Punkte zur Sprache kommen.[12]

b) Mündliche Verhandlungen zur Vorbereitung einer dem Insolvenzgericht obliegen- 10 **den Entscheidung.** Ordnet das Insolvenzgericht zur Vorbereitung einer Entscheidung mündliche Verhandlung an (vgl. § 5 Abs. 3), so ist diese öffentlich.[13]

2. Untersuchungsgrundsatz, Amtsbetrieb. Während es nach der Zivilprozessordnung jeder 11 Partei freisteht, das vorzutragen, was sie für richtig und zweckmäßig hält, und das Gericht an diesen Vortrag gebunden ist (Verhandlungsmaxime), hat das Insolvenzgericht nach § 5 **von Amts wegen** alle Umstände zu ermitteln, die für das Insolvenzverfahren von Bedeutung sind; es kann zu diesem Zweck insbesondere Zeugen und Sachverständige vernehmen, desgleichen den Schuldner (§§ 20, 97 Abs. 1), und Auskünfte aller Art einholen. Dies gilt nicht nur zur Vorbereitung von ihm selbst obliegenden Entscheidungen,[14] sondern auch zur Hilfe für Insolvenzverwalter und Gläubigerausschuss bei der Erfüllung ihrer Aufgaben (vgl. § 5 RdNr. 16).

Dem Insolvenzgericht wird zugleich die **amtliche Betreibung des Verfahrens** in weitem 12 Umfang zur Pflicht gemacht. Das Insolvenzgericht kann von Amts wegen Maßnahmen zur Sicherung der Masse treffen (§§ 21, 98 f.) und Zwangsmaßnahmen gegen den Insolvenzverwalter einleiten (§ 58 Abs. 2), diesen sogar entlassen (§ 59 Abs. 1 Satz 2). Es bestimmt Termine und Anmeldefrist von Amts wegen (§§ 28 Abs. 1, 29). Zustellungen und öffentliche Bekanntmachungen geschehen von Amts wegen (§§ 8 Abs. 1 Satz 1, 9), desgleichen die Versagung der Planbestätigung (§ 250), die Aufhebung des Verfahrens (§§ 200, 258) und die Einstellung mangels Masse (§ 207 Abs. 1).

3. Schriftliches Verfahren, freigestellte mündliche Verhandlung. Das Insolvenzgericht 13 kann das Verfahren oder einzelne seiner Teile schriftlich durchführen (§ 5 Abs. 2). Auch wenn es davon absieht, kann es seine Entscheidungen ohne vorherige mündliche Verhandlung treffen (§ 5 Abs. 3). Sie ergehen niemals als Urteil, sondern stets als Beschluss (s. RdNr. 81 f.).

4. Streitgenossenschaft, Nebenintervention (§§ 59 ff., 66 ff. ZPO). Der Zivilprozess ist 14 durch das Zweiparteienprinzip geprägt. Es stehen sich zwei Parteien (die jeweils aus mehreren Personen bestehen können, Fall der Streitgenossenschaft) gegenüber, von denen die eine gegen die andere Rechtsschutz begehrt. Über die Streitverkündung (§ 72 ZPO) oder die Nebenintervention (§§ 66 ff.) können Dritte am Prozess beteiligt werden. Für das Insolvenzverfahren gilt das Zweiparteienprinzip nicht. Notwendige **Beteiligte** sind der Schuldner und die Gläubiger, die Forderungen angemeldet haben; darüber hinaus können aber auch insbesondere der Insolvenzverwalter oder der Treuhänder (§ 313) beteiligt sein. Absonderungsberechtigte können als solche – neben ihrer Eigenschaft als Gläubiger – beteiligt sein. In Rechtsmittelverfahren kann der Kreis der Beteiligten ein anderer sein. Hier ist Beteiligter im materiellen Sinn jede Person, deren Rechte und Pflichten durch die zu erwartende

---

[8] LG Frankfurt ZIP 1983, 344 f.; *Uhlenbruck/I. Pape* § 4 RdNr. 40.
[9] *Uhlenbruck/I. Pape* § 4 RdNr. 40.
[10] *Uhlenbruck/I. Pape* § 4 RdNr. 40.
[11] *Löwe/Rosenberg/Schäfer/Wickern*, GVG 24. Aufl. § 175 RdNr. 10.
[12] *Jaeger/Gerhardt* § 4 RdNr. 3.
[13] *Jaeger/Gerhardt* § 4 RdNr. 5; HKInsO-*Kirchhof* § 4 RdNr. 26.
[14] BGH KTS 1957, 12, 13 f.

Entscheidung unmittelbar betroffen werden oder betroffen werden können.[15] Formell Beteiligter ist, wer zur Wahrnehmung (eigener) sachlicher Interessen am Verfahren teilnimmt oder zu ihm – auch eventuell zu Unrecht – zugezogen worden ist.[16] Beteiligt sich jemand ohne eigenes Antragsrecht durch Anregungen an einem Verfahren, so wird er dadurch noch nicht zum formell Beteiligten.[17] Über das Vermögen einer jeden insolventen – insolvenzfähigen (vgl. § 11) – Person wird ein selbständiges Insolvenzverfahren geführt. Da das Insolvenzverfahren alle Beteiligten – aber auch nur diese – erfasst, können Dritte nicht beitreten. Damit nicht zu verwechseln ist die Nebenintervention bei Prozessen über Massegegenstände außerhalb des Insolvenzverfahrens.

15 **5. Aussetzung, Unterbrechung und Ruhen des Verfahrens (§§ 148 ff., 239 ff. ZPO).** Diese Vorschriften sind auf das Insolvenzverfahren nicht anwendbar,[18] weil dieses auf die rasche Befriedigung der Gläubiger angelegt ist.[19] Stirbt der Schuldner, während ein Insolvenzverfahren über sein Vermögen läuft, geht das Insolvenzverfahren in ein Nachlassinsolvenzverfahren (§§ 315 ff. InsO) über. Das gilt auch für ein Verbraucherinsolvenzverfahren, welches als allgemeines Nachlassinsolvenzverfahren fortgeführt wird.[20] Ein Antrag auf Eröffnung des Insolvenzverfahrens gilt als Antrag auf Eröffnung des Nachlassinsolvenzverfahrens fort.[21] Stirbt ein Gläubiger, tritt der Erbe an dessen Stelle. Ein Ruhen des Insolvenzverfahrens kann von dem Antragsteller nicht beantragt werden. Er mag seinen Antrag zurücknehmen, wenn er auf die beschleunigte Durchführung des Verfahrens keinen Wert legt. Die Gläubigerversammlung kann ein Ruhen des Verfahrens nicht beschließen.

16 **6. Versäumnisverfahren (§§ 330 ff. ZPO).** Für ein solches bietet das Insolvenzverfahren, weil es dem Amtsbetrieb unterliegt (§ 5), keinen Raum.[22]

17 **7. Prozesskostenhilfe (§§ 114 ff. ZPO). a) Antrag des Schuldners.** Die früher außerordentliche umstrittene (vgl. 1. Auflage RdNr. 17 ff.) Gewährung von Prozesskostenhilfe (Insolvenzkostenhilfe) für eine **natürliche Person** als Schuldner wird durch die im Jahre 2001 eingefügten Sondervorschriften der §§ 4a bis 4d ausgeschlossen,[23] soweit diese reichen (dazu RdNr. 18). Die Erwartung, durch die Einführung der Stundungsregelung der §§ 4a bis 4d sei die Diskussion über die Gewährung von Prozesskostenhilfe „faktisch und rechtlich beendet",[24] dürfte sich allerdings nicht bewahrheiten. Zeitweilig hatte es den Anschein, als werde der Gesetzgeber die Stundungsregelung – weil zu teuer – bald wieder kassieren. Das BJM hat am 25.1.2007 den Referentenentwurf eines Gesetzes zur Entschuldung völlig mittelloser Personen und zur Änderung des Verbraucherinsolvenzverfahrens (EntschuldungsG) vorgelegt. Danach sollten die §§ 4a bis 4d ersatzlos aufgehoben werden. Dies hätte jedoch nicht zu einer „Renaissance" der Prozesskostenhilfe geführt, weil die neue Konzeption dahin ging, bei fehlender Deckung der Verfahrenskosten die Eröffnung abzulehnen und unmittelbar in ein Restschuldbefreiungsverfahren überzugehen (vgl. Vorbemerkungen vor §§ 4a bis 4d RdNr. 5). Zugleich sollte jedoch ausdrücklich bestimmt werden, dass „im Übrigen ... die Vorschriften der Zivilprozessordnung über die Prozesskostenhilfe keine Anwendung" finden. Der Entwurf ist nicht Gesetz geworden.

17a **Juristischen Personen** als Schuldnern kann keine Prozesskostenhilfe gewährt werden.[25] Ihnen wird zugemutet, ihre Ziele, auch solche verfahrensrechtlicher Art, aus eigener Kraft zu verfolgen.[26]

18 Anwendbar sind die §§ 114 ff. ZPO hauptsächlich noch auf **Rechtsbehelfsverfahren**[27] und auf – nach Restschuldbefreiung – eingeleitete **Widerrufsverfahren** gemäß § 303. Legt der Schuldner gegen eine die Stundung der Verfahrenskosten ablehnende Entscheidung Beschwerde ein, kann er

---

[15] Vgl. etwa *Keidel/Zimmermann,* FGG 15. Aufl. § 6 RdNr. 18.
[16] Vgl. BGH NJW 1999, 3713719.
[17] Vgl. BGH, Beschl. v. 17.7.2003 – IX ZB 448/02, n.v.: In einem Verfahren, das die Entlassung eines Mitglieds des Gläubigerausschusses zum Gegenstand hat, ist der Insolvenzverwalter weder materiell noch formell Beteiligter.
[18] BGH NZI 2006, 642; NZI 2007, 408 RdNr. 12; NZI 2010, 226 RdNr. 11; *Jaeger/Gerhardt* § 4 RdNr. 57; HKInsO-*Kirchhof* § 4 RdNr. 25.
[19] LG Köln KTS 1986, 362; AG Düsseldorf KTS 1976, 69, 70.
[20] BGHZ 175, 307 RdNr. 6 = NZI 2008, 382.
[21] BGHZ 157, 350, 354 = NJW 2004, 1444 = NZI 2004, 206.
[22] HKInsO-*Kirchhof* § 4 RdNr. 25.
[23] *Jaeger/Eckardt* § 4a RdNr. 15.
[24] *Jaeger/Eckardt* § 4a RdNr. 15.
[25] *Uhlenbruck/I. Pape* § 4 RdNr. 23; HKInsO-*Kirchhof* § 4 RdNr. 9.
[26] BVerfGE 35, 348, 356 = NJW 1974, 229; BGH NZI 2005, 560, 561.
[27] BGH NZI 2002, 574, 575; NJW 2002, 2793, 2794; BGH NJW 2003, 2910 = NZI 2003, 556, insoweit in BGHZ 156, 92 nicht abgedr.; *Jaeger/Gerhardt* § 4 RdNr. 51.

also für das Beschwerdeverfahren Prozesskostenhilfe beantragen, wenn die gesetzlichen Voraussetzungen vorliegen. § 4a enthält insoweit keine Sonderregelung.[28]

Dem Schuldner kann Prozesskostenhilfe nicht gewährt werden, wenn er die Kosten des beabsichtigten Rechtsmittels aus eigenem Vermögen aufzubringen vermag (§ 115 Abs. 2 und 3 ZPO). Zum eigenen Vermögen gehört auch ein durchsetzbarer Anspruch auf **Prozesskostenvorschuss** gegen den Ehegatten (§ 1360a Abs. 4 BGB) oder einen anderen unterhaltspflichtigen Verwandten.[29] **19**

Für die Beratung, ob und wie die Eröffnung eines Insolvenzverfahrens zu beantragen ist, und die Beratung über das vorgerichtliche Schuldenbereinigungsplanverfahren kann eine natürliche Person als Schuldner **Beratungshilfe** nach dem Beratungshilfegesetz[30] erhalten.[31] Über entsprechende Anträge in Insolvenzsachen sollte nach § 24a Abs. 1 Nr. 1 RPflG der Rechtspfleger des Insolvenzgerichts befinden.[32] **20**

b) Antrag des Insolvenzverwalters. Für das eröffnete **Insolvenzverfahren** kann dem Insolvenzverwalter keine Prozesskostenhilfe bewilligt werden.[33] Wenn die Masse unzulänglich ist, sind die §§ 207, 209 anzuwenden. Für die Geltendmachung des eigenen **Vergütungsanspruchs** wird ein Anspruch auf Prozesskostenhilfe in Betracht gezogen.[34] Der Vergütungsanspruch muss jedoch in eigenem Namen geltend gemacht werden, weil es sich um einen eigenen Anspruch des Verwalters, nicht um einen Anspruch der Masse handelt; es kommt dabei also auf die persönlichen und wirtschaftlichen Verhältnisse des Verwalters selbst an, nicht auf diejenigen der Masse. Im Verfahren über den Antrag eines Gläubigers auf Versagung der **Restschuldbefreiung** wird der Verwalter gehört; weil er nicht Partei dieses Verfahrens und nicht antrags- und nicht beschwerdebefugt ist, hat er jedoch keinen Anspruch auf Prozesskostenhilfe für das Beschwerde- und Rechtsbeschwerdeverfahren.[35] **21**

Führt der Insolvenzverwalter als Partei kraft Amtes Prozesse für die Masse **(Masseprozesse)**, etwa Anfechtungsprozesse, sind die Vorschriften der §§ 114 ff. ZPO unmittelbar anwendbar. Im Insolvenzverfahren über das Vermögen einer juristischen Person gilt nicht § 116 Satz 1 Nr. 2 ZPO, sondern Nr. 1, und zwar unabhängig davon, ob der Insolvenzverwalter den Betrieb der juristischen Person liquidiert oder vorerst fortführt.[36] Auch in dem zuletzt genannten Fall wird er nicht wie ein normaler Teilnehmer am Wirtschaftsverkehr tätig; die Betriebsfortführung dient vielmehr vorrangig dem Hauptziel des Insolvenzverfahrens, der bestmöglichen und gemeinschaftlichen Gläubigerbefriedigung. Dies gilt selbst dann, wenn er mit seinem Vergütungsanspruch selbst der rangbeste Gläubiger nach Verbrauch der baren Masse ist.[37] **22**

Erste Voraussetzung für die Bewilligung von Prozesskostenhilfe ist, dass die Kosten nicht aus der verwalteten Vermögensmasse aufgebracht werden können (§ 116 Satz 1 Nr. 1 HS 1 ZPO). Hat der Insolvenzverwalter **Masseunzulänglichkeit** angezeigt (§ 208), ist grundsätzlich davon auszugehen, dass die Voraussetzung erfüllt ist.[38] Dass die Prozesskosten in einem solchen Fall Neumassekosten darstellen, ändert hieran nichts. Die Frage nach der Bedürftigkeit der Masse ist vielmehr unter Einbeziehung der Altmasseverbindlichkeiten zu beantworten. Anderenfalls hätten die Altmassegläubiger und die Insolvenzgläubiger das Kostenrisiko zu tragen, während der Erlös vorrangig den Neumassegläubigern zugute käme.[39] Die Masseunzulänglichkeit steht der Bewilligung von Prozesskostenhilfe auch nicht entgegen. Anderes gilt im Falle der **Kostenarmut** (§ 207). Sind die Verfahrenskosten nicht gedeckt und reicht der Erlös des beabsichtigten Rechtsstreits nicht aus, die Kostenarmut zu beheben, kann Prozesskostenhilfe nicht bewilligt werden. In einem solchen Fall ist das Insolvenzverfahren vielmehr einzustellen (§ 207).[40] Unterbleibt die Einstellung, weil ein ausreichender Geldbetrag vorgeschossen oder die Kosten nach § 4a gestundet werden, kommt dieser Gesichtspunkt nicht zum Tragen.

---

[28] BGH NJW 2003, 2910 = NZI 2003, 556, insoweit in BGHZ 156, 92 nicht abgedr.
[29] BGH KTS 2003, 576; NJW 2005, 1722; NJW-RR 2008, 1531RdNr. 8.
[30] BGBl. I 1980, 689.
[31] BGH NZI 2007, 418 RdNr. 4; *Uhlenbruck/I. Pape* § 4 RdNr. 22; HKInsO-*Kirchhof* § 4 RdNr. 9.
[32] *Uhlenbruck/I. Pape* § 4 RdNr. 22.
[33] *Jaeger/Gerhardt* § 4 RdNr. 48.
[34] OLG Frankfurt ZIP 1997, 1600 = EWiR 1997, 859 *(Grub)*; *Kübler/Prütting* § 4 RdNr. 11.
[35] BGH NJW 2012, 1215 = NZI 2012, 278 RdNr. 24.
[36] BGH NZI 2005, 560, 561; vgl. ferner *Stöcker* NZI 2003, 365.
[37] BGH NJW 1998, 1229; NZI 2004, 26; NZI 2009, 602 RdNr. 5.
[38] BGH NZI 2008, 98 RdNr. 4; NZI 2008, 431 RdNr. 6; BAG ZIP 2003, 1947 f.; BVerwG ZIP 2006, 1542, 1543.
[39] BGH NZI 2008, 98 RdNr. 7 ff.
[40] BGH NZI 2009, 602 RdNr. 6 ff.; OLG Dresden ZVI 2010, 188; OLG Celle ZIP 2010, 1464; OLG Stuttgart MDR 2012, 551; vgl. auch BGH ZIP 2012, 2526 RdNr. 5, 10.

Können die Kosten nicht aus der verwalteten Vermögensmasse aufgebracht werden (§ 116 Satz 1 Nr. 1 HS 1 ZPO), kommt es weiter darauf an, ob den am Gegenstand des Rechtsstreits **wirtschaftlich Beteiligten zuzumuten ist, die Prozesskosten aufzubringen** (§ 116 Satz 1 Nr. 1 HS 2 ZPO). Dies ist anhand einer wertenden Abwägung aller Gesamtumstände des Einzelfalls zu ermitteln. Hierbei sind insbesondere die im Falle der Rechtsverfolgung zu erwartende Insolvenzquote, das Prozess- und Vollstreckungsrisiko und die Gläubigerstruktur zu berücksichtigen.[41] Der Insolvenzverwalter muss zunächst versuchen, die Finanzierung der Prozessführung durch die wirtschaftlich Beteiligten zu betreiben und zu koordinieren.[42] Feste Grenzen hinsichtlich der Anzahl der heranzuziehenden Gläubiger gibt es nicht.[43] Allein der Umstand, dass der Insolvenzverwalter versuchen muss, die Finanzierung der Prozessführung durch 26 Gläubiger zu erreichen, zwingt nicht zur Gewährung von Prozesskostenhilfe.[44] Prozesskostenhilfe kann nicht bewilligt werden, wenn die Aufbringung der Kosten auch nur einem oder mehreren wirtschaftlichen Beteiligten zuzumuten ist; es kommt nicht darauf an, ob dies für alle Gläubiger gilt, die vom Erfolg des beabsichtigten Prozesses profitieren würden.[45] Dem Insolvenzverwalter ist die Finanzierung des Prozesses nicht zumutbar. Das Gleiche gilt für Arbeitnehmer,[46] für die Bundesagentur für Arbeit[47] und für die Sozialversicherungsträger.[48] Für die Finanzbehörden ist dies umstritten.[49] Privaten Gläubigern ist die Finanzierung nicht zumutbar, wenn ein Prozesserfolg zu keiner nennenswerten Verbesserung der Befriedigungsaussichten führen würde oder es sich um Gläubiger mit Minimalforderungen handelt. Auszunehmen sind außerdem die Gläubiger bestrittener Forderungen.[50] Für Massegläubiger gilt dies nicht generell. Nimmt der Insolvenzverwalter etwa die Mitglieder des Gläubigerausschusses gemäß § 71 auf Schadensersatz in Anspruch, sind die Massegläubiger nicht vorschusspflichtig, weil sie nicht in den Schutzbereich des § 71 einbezogen sind und keinen Anteil am Erfolg des Rechtsstreits hätten.[51] Ist die Masse unzulänglich, würde sich dies aber im Falle eines Prozesserfolgs ändern, sind dagegen auch Massegläubiger vorschusspflichtig.[52]

Prozesskostenhilfe wird nur gewährt, wenn die beabsichtigte Rechtsverfolgung Aussicht auf Erfolg hat und nicht mutwillig erscheint (§ 114 Satz 1 ZPO). Hinsichtlich der Erfolgsaussichten gelten für Insolvenzverwalter keine Besonderheiten. „**Mutwillig**" ist eine Rechtsverfolgung dann, wenn eine verständige Partei ihr Recht auch auf eigene Kosten in gleicher Weise verfolgen würde.[53] Der Unbemittelte muss grundsätzlich ebenso wirksam Rechtsschutz in Anspruch nehmen können wie ein Begüterter. Er ist einem solchen Bemittelten gleichzustellen, der seine Aussichten vernünftig abwägt und dabei auch sein Kostenrisiko berücksichtigt.[54] Eine Insolvenzanfechtungsklage ist nicht schon dann mutwillig, wenn der Verwalter Masseunzulänglichkeit angezeigt hat.[55] Die beabsichtigte Erhebung einer **Teilklage** durch den Insolvenzverwalter ist nicht als solche mutwillig. Der Verwalter muss jedoch nachvollziehbare Gründe darlegen können, aus denen er von der Geltendmachung der gesamten Forderung Abstand nimmt; gibt es solche Gründe nicht, wird Prozesskostenhilfe nicht gewährt.[56] Mutwillen ist angenommen worden in einem Fall, in welchem die beabsichtigte Teilklage im Falle des Erfolgs nur dazu geführt hätte, dass die Kosten des Insolvenzverfahrens einschließlich der Verwaltervergütung gedeckt gewesen wären, während die Gläubiger weiterhin leer ausgegangen wären. Dass für eine derartige Teilklage die Voraussetzungen des § 116 Satz 1 Nr. 1 HS 2 ZPO nicht herbeigeführt zu werden brauchen, weil es keine am Gegenstand des Rechtsstreits wirtschaftlich Beteiligte gibt, rechtfertigt die Teilklage (selbstverständlich) nicht.

Der **vorläufige Insolvenzverwalter** ist dann Partei kraft Amtes i.S.v. § 116 Satz 1 Nr. 1 ZPO, wenn dem Schuldner ein allgemeines Verfügungsverbot auferlegt worden ist (§ 21 Abs. 2 Nr. 2 HS 1,

---

[41] BGH NZI 2006, 348; NZI 2008, 98 RdNr. 9; OLG Celle ZIP 2009, 933.
[42] BGH ZIP 2011, 98 RdNr. 12; OLG Koblenz OLGR 2009, 968, 969.
[43] BGH, Beschl. v. 27.5.2009 – III ZB 15/09, RdNr. 7; ZIP 2011, 98 RdNr. 12.
[44] BGH ZIP 2011, 98.
[45] OLG Hamburg NZI 2010, 817 f.
[46] BGH NJW 1991, 40, 41; BAG ZIP 2003, 1947, 1948.
[47] BGH NJW 1991, 40, 41.
[48] BGHZ 119, 372, 378 = NJW 1993, 135.
[49] Vgl. BGH NJW 1994, 3170, 3171; 1998, 1868 f., NZI 1999, 450; Mitlehner NZI 2001, 617, 620; Gundlach/Frenzel/Schmidt NJW 2003, 2412, 2415 f.
[50] Uhlenbruck § 80 RdNr. 120.
[51] OLG Celle ZIP 2009, 933.
[52] OLG Celle ZIP 1994, 1973, 1974; ZIP 2009, 933; Uhlenbruck § 80 RdNr. 120; Mitlehner NZI 2001, 617, 619; aA BFH ZInsO 2005, 1216; Zöller/Philippi, ZPO 25. Aufl. § 116 RdNr. 10 b.
[53] BGH JurBüro 1981, 1170; MDR 2010, 828, 829.
[54] BVerfG NJW 2009, 209 RdNr. 31; BGHZ 179, 315 RdNr. 8 = NJW 2009, 1423.
[55] BGH NZI 2008, 431.
[56] BGH NZI 2011, 104 RdNr. 8 ff.

§ 22 Abs. 1). Ist die Verfügungsbefugnis über das Vermögen des Schuldners auf einen vorläufigen Insolvenzverwalter[57] übergegangen, geht auch die Prozessführungsbefugnis für alle das verwaltete Vermögen betreffenden Prozesse auf diesen über.[58] Ist kein allgemeines Verfügungsverbot angeordnet worden, gilt dies nicht.[59] Der „schwache" oder nur mit einem Zustimmungsvorbehalt ausgestattete vorläufige Insolvenzverwalter ist nicht prozessführungsbefugt.[60] In einem solchen Fall kann der vorläufige Verwalter allerdings im Wege der Einzelanordnung (§ 22 Abs. 2)[61] zur Sicherung und Erhaltung des Schuldnervermögens gerichtlich zur Führung eines die künftige Masse betreffenden Prozesses ermächtigt werden.[62] Durch eine solche Ermächtigung wird der vorläufige Insolvenzverwalter jedoch nicht zu einer Partei kraft Amtes, so dass Prozesskostenhilfe nicht bewilligt werden kann. Es gibt keine von ihm verwaltete Vermögensmasse, aus welcher die Kosten aufgebracht oder eben nicht aufgebracht werden könnten. Die Einzelermächtigung stellt überdies der Sache nach eine Prozessstandschaft dar. Der vorläufige Insolvenzverwalter wird ermächtigt, das dem künftigen Insolvenzschuldner zustehende Recht im eigenen Namen geltend zu machen. Wer ein fremdes Recht im eigenen Namen geltend macht, erhält nur dann Prozesskostenhilfe, wenn auch der Rechtsinhaber die Prozesskosten nicht aufbringen kann.[63] Ist der Schuldner eine natürliche Person, kann jedoch die Stundung der Verfahrenskosten beantragt werden (§ 4a). Einer juristischen Person oder einer parteifähigen Vereinigung darf Prozesskostenhilfe nur unter den Voraussetzungen des § 116 Satz 1 Nr. 2 ZPO bewilligt werden, dann also, wenn die Unterlassung der Rechtsverfolgung allgemeinen Interessen zuwiderlaufen würde. Diese Voraussetzung ist regelmäßig nicht erfüllt. Insbesondere reicht es nicht aus, dass der vorläufige Verwalter durch die beabsichtigte Klage die Voraussetzungen für die Eröffnung des Insolvenzverfahrens schaffen will.[64] Die Finanzierung eines Insolvenzverfahrens ist in der InsO abschließend geregelt (§§ 4a ff., 26).

22a Beabsichtigt der Insolvenzverwalter, Ansprüche geltend zu machen, die nicht zum verwalteten Vermögen gehören (Beispiel: Ansprüche vom Massegläubigern aus § 61 InsO gegen den Amtsvorgänger), wird er nicht als Partei kraft Amtes tätig. Folgerichtig ist nicht § 116 ZPO einschlägig; vielmehr gelten die §§ 114, 115 ZPO. Für die Gewährung von Prozesskostenhilfe kommt es dann sowohl auf die Person des Insolvenzverwalters als auch die des Dritten an, in dessen rechtlichem oder wirtschaftlichem Interesse der Rechtsstreit geführt werden soll.[65]

22b Ist dem Insolvenzverwalter Prozesskostenhilfe zu gewähren, ist ihm, falls er dies beantragt und im Prozess eine Vertretung durch Rechtsanwälte vorgeschrieben ist, auch ein **Rechtsanwalt** als Prozessbevollmächtigter **beizuordnen** (§ 121 Abs. 1 ZPO). Dies gilt selbst dann, wenn der Insolvenzverwalter selbst Rechtsanwalt ist und sich vertreten könnte.[66] Auch zur Führung eines Prozesses, für den kein Anwaltszwang besteht, kann dem Insolvenzverwalter bei Vorliegen der sonstigen Voraussetzungen ein Anwalt beigeordnet werden, selbst wenn er selbst Volljurist und der Anfechtungsgegner nicht durch einen Rechtsanwalt vertreten ist;[67] ist der Gegner durch einen Rechtsanwalt vertreten, ist zwingend ein zur Vertretung bereiter Rechtsanwalt beizuordnen.[68]

22c Hat ein Insolvenzverwalter, dem für die Prozessführung Prozesskostenhilfe bewilligt worden war, aufgrund eines obsiegenden Urteils oder im Vergleichswege von den Beklagten Zahlungen erhalten, die jedoch nach wie vor nicht ausreichen, um die Kosten des Insolvenzverfahrens und die sonstigen Masseverbindlichkeiten zu decken, kann keine Änderungsentscheidung nach § 120 Abs. 4 ZPO ergehen. Es gibt keinen allgemeinen Grundsatz, dass der Ertrag eines erfolgreichen Prozesses vorrangig zur Deckung der von der Staatskasse verauslagten Prozesskosten einzusetzen ist. Ein Vorrang des

---

[57] OLG Hamm NZI 2004, 35.
[58] HKInsO-*Kirchhof* § 22 RdNr. 47; vgl. auch § 24 Abs. 2.
[59] Vgl. BGH WM 1998, 1845 zum Sequester nach § 106 KO. Der BGH hat Prozesskostenhilfe im Ergebnis deshalb versagt, weil der Sequester nichts zu den Voraussetzungen des § 116 Satz 1 HS 2 ZPO vorgetragen hatte. Es sei kein Grund ersichtlich, dem Sequester unter einfacheren Bedingungen Prozesskostenhilfe zu gewähren als dem Konkursverwalter, zumal dies dazu führen könnte, Rechtsstreitigkeiten in das Eröffnungsverfahren zu verlagern. I. E. ebenso OLG Hamburg ZIP 1985, 1012; ZIP 1987, 385.
[60] BGH NZI 2012, 365 RdNr. 9.
[61] BGHZ 151, 353, 366 f. = NJW 2002, 3326 = NZI 2002, 543; BGHZ 189, 299 RdNr. 54 = NZI 2011, 602.
[62] BGH NZI 2012, 365 RdNr. 9; OLG Köln ZIP 2004, 2450, 2451; *Jaeger/Gerhardt* § 22 RdNr. 144; *Gottwald/Uhlenbruck/Vuia*, Insolvenzrechts-Handbuch, 4. Aufl., § 14 RdNr. 114.
[63] BGHZ 96, 151, 153 = NJW 1986, 850; BGH VersR 1992, 594.
[64] Vgl. BAG NZI 2011, 781 RdNr. 28, wonach nicht jede die Masse betreffende Rechtsverteidigung nach Bestellung eines vorläufigen Verwalters im allgemeinen Interesse i.S.v. § 116 Satz 1 Nr. 2 ZPO liegt.
[65] BGH NZI 2006, 580 RdNr. 6.
[66] BGH NJW 2002, 2179; BFH ZInsO 2005, 1216, 1217.
[67] BGH, NZI 2006, 341.
[68] BGH NZI 2006, 420.

Erstattungsanspruchs der Staatskasse aus § 120 Abs. 4 ZPO würde den Vorschriften der Insolvenzordnung über die Abwicklung eines massearmen Insolvenzverfahrens widersprechen.[69]

23 **c) Antrag eines Insolvenzgläubigers.** Dass die Vorschriften über die Prozesskostenhilfe auf die Gläubiger anwendbar sind,[70] obwohl man dies für den Schuldner weitgehend ausschließt (zu dieser merkwürdigen rechtlichen Ungleichbehandlung s.1.Auflage RdNr. 23), soll nicht mehr in Zweifel gezogen werden. Die Position des Schuldners wurde in anderer Weise gestärkt; deshalb hat das Argument Gewicht, dass der Gesetzgeber diejenige der Gläubiger – jedenfalls hinsichtlich der ihnen früher fraglos offen stehenden Möglichkeit, Prozesskostenhilfe zu beantragen – nicht hat schwächen wollen.

24 Die Prozesskostenhilfe für den Gläubiger ist im Einzelfall, mangels Erfolgsaussicht, zu versagen, wenn das Vermögen des Schuldners voraussichtlich nicht ausreichen wird, um die Kosten des Verfahrens zu decken (§ 26 Abs. 1 Satz 1).[71] Ist das Schuldnervermögen zur Kostendeckung ausreichend oder leistet der Gläubiger – oder ein Dritter – den Massekostenvorschuss (§ 26 Abs. 1 Satz 2), ist die Prozesskostenhilfe gleichwohl in der Regel zu versagen, wenn der Gläubiger voraussichtlich keine Quote erhält.[72] Sie ist ferner zu versagen, wenn der antragstellende Gläubiger kein schutzwürdiges Interesse an der Insolvenzeröffnung hat, etwa weil er auf einfachere Art und Weise Befriedigung erlangen kann.[73] Für das Insolvenzverfahren als Ganzes kann keine Prozesskostenhilfe bewilligt werden. Nach § 4 i. V. m. § 119 Abs. 1 Satz 1 ZPO erfolgt die Bewilligung von Prozesskostenhilfe für jeden Rechtszug besonders. „Rechtszug" ist jeder Verfahrensabschnitt, der besondere Kosten verursacht (vgl. dazu RdNr. 24a). Für die **Anmeldung einer Insolvenzforderung** wird nur ganz ausnahmsweise Prozesskostenhilfe bewilligt werden können. Zwar kann der anmeldende Gläubiger dabei keine Hilfeleistung durch die Geschäftsstelle mehr erwarten;[74] jedoch sind für die – kostenfreie – Forderungsanmeldung regelmäßig keine Rechtskenntnisse erforderlich, so dass ein vernünftiger Gläubiger, der die Prozesskosten selbst aufbringen kann, zumeist davon absieht, sich im Anmeldungsverfahren durch einen Rechtsanwalt vertreten zu lassen.[75] Entsprechendes gilt für sonstige **auf die Herbeiführung einer insolvenzgerichtlichen Entscheidung gerichtete Anträge.**[76] Über das Prozesskostenhilfegesuch entscheidet das Insolvenzgericht. Vor der Bewilligung der Prozesskostenhilfe ist dem Schuldner regelmäßig rechtliches Gehör zu gewähren (§ 118 Abs. 1 Satz 1 ZPO).

24a Dem Gläubiger kann im Insolvenzverfahren auf seinen Antrag ein zur Vertretung bereiter **Rechtsanwalt beigeordnet** werden, wenn die Vertretung durch einen Rechtsanwalt erforderlich erscheint (§ 4 i. V. m. § 121 Abs. 2 Fall 1 ZPO).[77] Der Umstand, dass der Schuldner durch einen Rechtsanwalt vertreten ist, gibt keine Veranlassung, dem Gläubiger einen Rechtsanwalt beizuordnen. § 121 Abs. 2 Fall 2 ZPO ist auf das Insolvenzverfahren nicht anwendbar. Die Regelungen der Insolvenzordnung sind auch nicht so kompliziert, dass generell die anwaltliche Vertretung des Gläubigers erforderlich wäre. Da die Bewilligung von Prozesskostenhilfe für jeden Rechtszug besonders erfolgt (vgl. RdNr. 24), muss auch für die Beiordnung eines Rechtsanwalts jeweils geprüft werden, welcher Verfahrensabschnitt besondere Kosten verursacht und für welchen dieser Abschnitte die Beiordnung erforderlich ist. Besondere Kosten verursachen das Verfahren über einen Antrag auf Eröffnung (Nr. 3314 Anl. 1 zu § 2 Abs. 2 RVG – fortan VV), die Anmeldung einer Insolvenzforderung (Nr. 3320 VV), das Verfahren über den Schuldenbereinigungsplan (Nr. 3316 VV), das Insolvenzverfahren (Nr. 3317 VV), die Verfahren über den Antrag auf Restschuldbefreiung und über einen Insolvenzplan, außerdem nach Aufhebung des Insolvenzverfahrens das Verfahren auf Versagung oder Widerruf der Restschuldbefreiung (Nr. 3318, 3321 VV). Die Frage nach der Erforderlichkeit der Beiordnung bemisst sich danach, ob ein Gläubiger, der die Kosten einer Vertretung durch einen Rechtsanwalt aufbringen kann, sich in der Situation des antragstellenden Gläubigers von einem

---

[69] BGH ZIP 2006, 2055.
[70] BGH NJW 2004, 3260 = NZI 2004, 595 = EWiR 2005, 81 *(Römermann)*; *Jaeger/Gerhardt* § 4 RdNr. 46; *Uhlenbruck/I. Pape* § 4 RdNr. 18; *HKInsO-Kirchhof* § 4 RdNr. 10.
[71] BGH NJW 2004, 3260, 3261 = NZI 2004, 595.
[72] BGH NJW 2004, 3260, 3261 = NZI 2004, 595; *Nerlich/Römermann/Mönning* § 13 RdNr. 37.
[73] OLG Frankfurt MDR 1973, 235; *Jaeger/Gerhardt* § 4 RdNr. 46; *Uhlenbruck/I. Pape* § 4 RdNr. 18.
[74] *Jaeger/Gerhardt* § 4 RdNr. 49.
[75] BVerfG NJW 1989, 3271; LG Oldenburg ZIP 1991, 115 = EWiR 1991, 199 *(Kunkel)*; LG Duisburg Rpfleger 2000, 294; *Jaeger/Gerhardt* § 4 RdNr. 49; *HKInsO-Kirchhof* InsO § 4 RdNr. 10; aA LG Hannover AnwBl. 1985, 596; *MünchKommZPO-Wax*, 2. Aufl. § 121 ZPO RdNr. 33.
[76] *Jaeger/Gerhardt* § 4 RdNr. 50.
[77] Im Falle des AG Mannheim ZVI 2004, 488 war es wohl nicht erforderlich, für die Beiordnung auf den Grundsatz der „fairen Verfahrensgestaltung" (Art. 2 Abs. 1, 20 Abs. 3 GG) zurückzugreifen; § 121 Abs. 2 Fall 1 ZPO war nicht durch § 4a ausgeschlossen, weil der Schuldner keinen Antrag auf Restschuldbefreiung gestellt hatte.

Rechtsanwalt vertreten ließe. Im Einzelnen kann es darauf ankommen, wie geschäftsgewandt und rechtlich erfahren der Gläubiger ist, welchen Umfang die von ihm geltend zu machenden Ansprüche haben, ob die Sach- und Rechtslage schwierig ist und welche Fürsorgemöglichkeiten das zuständige Insolvenzgericht hat.[78]

d) Wiedereinsetzung nach Bewilligung von Prozesskostenhilfe. Die Mittellosigkeit desjenigen, der ein Rechtsmittel gegen eine insolvenzgerichtliche Entscheidung einlegen will, kann zur Versäumung der Rechtsmittel- und Rechtsmittelbegründungsfrist führen. Ggf. ist die Versäumung unverschuldet. Das setzt aber voraus, dass das Prozesskostenhilfegesuch bis zum Ablauf der Fristen und den gesetzlichen Anforderungen (§ 117 Abs. 4 ZPO) entsprechend unter Beifügung der erforderlichen Unterlagen eingereicht worden ist.[79] Die Gewährung von Prozesskostenhilfe lässt das der Fristwahrung entgegenstehende Hindernis entfallen. Damit beginnt die zweiwöchige Wiedereinsetzungsfrist (§ 234 Abs. 2 ZPO). 24b

8. Erklärungen zu Protokoll (§ 129a ZPO). Die Möglichkeit, Erklärungen und Anträge bei einem beliebigen Amtsgericht anzubringen, besteht im Insolvenzverfahren *nicht*,[80] weil sie einem zügigen Verfahrensgang abträglich wäre. 25

9. Zustellungen (§§ 166 ff. ZPO). Die Zivilprozessordnung geht – entsprechend der dort herrschenden Dispositionsmaxime – davon aus, dass regelmäßig im Parteibetrieb zugestellt wird; allerdings herrscht in der Praxis die Amtszustellung auch im Zivilprozess vor. Im Insolvenzverfahren, das dem Amtsbetrieb unterliegt (§ 5), ist die Amtszustellung der gesetzliche Regelfall (§ 8 Abs. 1 Satz 1). Sie erfolgt außerdem in wesentlich vereinfachter Form. 26

10. Kosten. Die Kostenvorschriften der Zivilprozessordnung sind **nur im Eröffnungsverfahren** (Vorbemerkungen vor §§ 2 bis 10 RdNr. 17) anwendbar. Wenn sich hier Gläubiger und Schuldner darüber streiten, ob die Voraussetzungen der Eröffnung vorliegen, stehen sie sich ähnlich wie im Zivilprozess als Parteien eines Rechtsstreits gegenüber. Wird ein Eröffnungsantrag abgewiesen, hat deshalb der Antragsteller nach § 4, **§ 91 ZPO** analog die Kosten zu tragen. Dies gilt auch im Falle der Abweisung mangels Masse (§ 26 Abs. 1 Satz 1), falls der Gläubiger auf seinem Antrag beharrt, obwohl ihm Gelegenheit gegeben worden ist, seinen Antrag in der Hauptsache für erledigt zu erklären (§ 91a ZPO).[81] **§ 93 ZPO** ist wegen § 5 Abs. 1 Satz 1 nicht entsprechend anwendbar. Die Kosten der erfolglosen Beschwerde gegen die Ablehnung der Eröffnung fallen nach § 4, **§ 97 ZPO** analog dem Beschwerdeführer zur Last. Der Gläubiger, dessen Eröffnungsantrag erst im Beschwerdeverfahren abgelehnt wird, hat jedoch nicht die Auslagen und die Vergütung des Insolvenzverwalters und des Gläubigerausschusses zu tragen.[82] Nimmt der Antragsteller den Insolvenzantrag zurück, ist **§ 269 Abs. 3 Satz 2 ZPO** analog anwendbar (s. RdNr. 54). **Im eröffneten Insolvenzverfahren** stehen sich nicht zwei Prozessparteien gegenüber; wird das Verfahren eingestellt oder aufgehoben, ist für die Anwendung der §§ 91 ff. ZPO kein Raum. 27

Die für den Zivilprozess zur Erledigungserklärung entwickelten Grundsätze gelten – teilweise in modifizierter Form – entsprechend auch im Insolvenzverfahren (vgl. unten § 13 RdNr. 111 ff.). Das war schon unter der Geltung der KO herrschende Meinung;[83] seit dem Inkrafttreten der InsO ist dies kaum noch streitig.[84] Der Gläubiger, der einen Eröffnungsantrag gestellt hat, kann die **Hauptsache für erledigt erklären** (ein Eigenantrag des Schuldners, dem kein Gläubiger widersprochen hat, kann nur zurückgenommen werden,[85] vgl. unten RdNr. 54). Diese Möglichkeit besteht, solange das Gericht den Eröffnungsbeschluss nicht erlassen hat, aber auch dann, wenn der Eröffnungsbeschluss auf einen anderen Antrag hin ergangen ist, der erste Antrag sich also infolge prozessualer Überholung erledigt hat.[86] Die Erledigungserklärung des Antragstellers ist 28

---

[78] BGH NZI 2004, 595, 596.
[79] BGH NJW 2002, 2180; FamRZ 2006, 1522.
[80] AA HKInsO-*Kirchhof* § 4 RdNr. 11; *Nerlich/Römermann/Becker* § 2 RdNr. 25 ff., § 3 RdNr. 44, 53, § 5 RdNr. 39; vgl. ferner OLG Jena ZInsO 2001, 268 f.
[81] HKInsO-*Kirchhof* 4. Aufl. § 26 RdNr. 25; aA FKInsO-*Schmerbach* § 26 RdNr. 68.
[82] BGH NJW 1961, 2016; vgl. auch OLG Koblenz ZIP 1989, 660, 661 = EWiR 1989, 723 (*Eickmann*).
[83] OLG Köln ZIP 1993, 1483, 1484; OLG Brandenburg ZInsO 1998, 138, 139; LG Düsseldorf ZIP 1985, 697, 698; LG Münster ZIP 1993, 1103; *Kuhn/Uhlenbruck* § 103 KO RdNr. 3f, g; *Kilger/K. Schmidt* § 103 KO Anm. 2; *Mohrbutter/Mohrbutter/Pape* RdNr. II 27. Zur abw. Ansicht vgl. die Nachweise bei AG Köln NZI 2000, 89, 90.
[84] BGHZ 149, 178, 181 = NJW 2002, 515, 516 = NZI 2002, 91; OLG Celle ZInsO 2001, 42, 43; OLG Köln ZInsO 2001, 420, 422; aA AG Kleve DZWIR 2000, 215 f.
[85] BGH, Beschl. v. 22.9.2005 – IX ZB 205/04; LG Berlin ZInsO 2002, 884, 885; HKInsO-*Kirchhof* § 14 RdNr. 55.
[86] BGH NZI 2005, 108; Beschl. v. 22.9.2005 – IX ZB 205/04.

selbst dann beachtlich, wenn sie darauf zurückzuführen ist, dass er vom Schuldner befriedigt worden ist.[87] Ein für erledigt erklärter Antrag kann nicht Grundlage eines Eröffnungsbeschlusses sein.[88] Die gegenteilige Ansicht[89] verkennt das in § 13 Abs. 1 hinreichend deutlich zum Ausdruck kommende Antragsprinzip.[90] Nach Eröffnung des Insolvenzverfahrens kann der Gläubiger, der den Antrag gestellt hat, auf den hin das Verfahren eröffnet worden ist, die Hauptsache nicht mehr für erledigt erklären, weil das eröffnete Insolvenzverfahren kein Parteienstreit ist.[91] Umgekehrt kann ein Eröffnungsantrag, der für erledigt erklärt wird, nicht mehr zur Eröffnung führen.[92] Die Erledigungserklärung ist auch noch im Rechtsmittelzug möglich, falls das Rechtsmittel zulässig ist.[93] Die Grundsätze der **beiderseitigen Erledigungserklärung (§ 91a ZPO)** gelten, wenn der – hierzu anzuhörende – Schuldner der Erledigungserklärung zustimmt. Erklärt der Gläubiger seinen Insolvenzantrag für erledigt, so liegt, falls der Schuldner keine Stellungnahme abgibt und die Voraussetzungen des § 91 Abs. 1 Satz 2 nicht erfüllt sind, eine **einseitige Erledigungserklärung** vor.[94] In diesem Falle hat das Gericht zunächst zu prüfen, ob der Antrag bis zu dem erledigenden Ereignis zulässig gewesen ist; wird die Erledigung in einem höheren Rechtszug erklärt, muss auch das Rechtsmittel zulässig gewesen sein.[95] Alsdann ist zu prüfen, ob der Gläubiger einen gemäß § 14 Erfolg versprechenden Antrag gestellt hatte[96] und ob sich dieser nach Eingang der Antragsschrift erledigt hat. Es wäre jedoch unter wirtschaftlichen Gesichtspunkten nicht zu rechtfertigen, wenn nunmehr noch eine Sachaufklärung zu der Frage erfolgen müsste, ob der Antrag tatsächlich erledigt ist, insbesondere darüber, ob ein Insolvenzgrund vorgelegen hat. Deshalb ist eine Sachentscheidung nach dem gegenwärtigen Verfahrensstand zu treffen.[97] Ist die Hauptsache erledigt, hat der Schuldner analog § 91 ZPO die Kosten zu tragen. Die Billigkeitserwägungen des § 91a ZPO finden keine Anwendung.[98] Die Erledigung der Hauptsache kann im Tenor des Beschlusses zum Ausdruck gebracht werden.[99] Ist die Hauptsache nicht erledigt, weist das Gericht den Insolvenzantrag auf Kosten des Antragstellers ab. Die Haftung des Antragstellers für die **Auslagen** (§ 23 Abs. 1 Satz 2 GKG) kann nicht auf den Fall der Erledigung der Hauptsache ausgedehnt werden.[100] Die Kosten der vorläufigen Insolvenzverwaltung gehören nicht zu den Kosten, für welche der Antragsteller nach § 23 GKG haftet.[101] Auch ohne eine Erledigungserklärung des antragstellenden Gläubigers trägt der Schuldner die Verfahrenskosten, wenn ein Antrag als unbegründet abgewiesen wird, weil die Forderung des Gläubigers nach Antragstellung erfüllt worden ist (**§ 14 Abs. 3**).

29   § 788 ZPO passt – wie die meisten Vorschriften über die Zwangsvollstreckung (s. RdNr. 32 ff.) – nicht auf das Insolvenzverfahren;[102] dies schließt aber nicht aus, dass Grundgedanken dieser Vorschrift im Einzelfall fruchtbar gemacht werden können.[103] Liegt eine Kostenentscheidung analog §§ 91 ff. ZPO vor, gelten auch die **§§ 103 bis 107 ZPO** für die Kostenfestsetzung entsprechend.[104] Eine Verzinsung der Vergütung des Insolvenzverwalters entsprechend § 104 Abs. 1 Satz 2 ZPO scheidet jedoch aus.[105] Für die Streitwertbestimmung ist **§ 3 ZPO** analog anwendbar.[106] Das Verfahren

---

[87] HKInsO-*Kirchhof* § 14 RdNr. 57; *Ferslev* EWiR 2003, 605, 606.
[88] BGHZ 149, 178, 181 f. = NJW 2002, 515 = NZI 2002, 91.
[89] AG Hamburg NZI 2003, 104; LG Duisburg NZI 2009, 911, 912; *Frind/Schmidt* ZInsO 2002, 8, 9; wohl auch *Zipperer* NZI 2010, 281, 283.
[90] HKInsO-*Kirchhof* § 14 RdNr. 57; vgl. auch *Zipperer* NZI 2012, 385, 388 f.
[91] LG Potsdam DZWIR 2002, 437.
[92] BGHZ 149, 178, 181 = NJW 2002, 515 = NZI 2002, 91; BGH NZI 2004, 216.
[93] Zur einseitigen Erledigungserklärung: BGH NZI 2004, 216; 2005, 108; zur beiderseitigen Erledigungserklärung: BGH, Beschl. v. 13.7.2006 – IX ZB 194/04.
[94] HKInsO-*Kirchhof* § 14 RdNr. 56.
[95] BGH NZI 2004, 216; 2005, 108.
[96] Vgl. OLG Köln ZIP 1993, 1483, 1484; NZI 2002, 157, 158; AG Köln ZIP 1999, 1889; *Pape* EWiR 1986, 1123 f.; *Jänich* ZZP 109 (1996), 183, 192.
[97] OLG Köln NZI 2002, 157, 158. Demgegenüber will das LG Bonn NZI 2001, 488, 489 die einseitige Erledigungserklärung mit einer Kostenentscheidung nach § 91 Abs. 1 Satz 1 ZPO nur zulassen, wenn keine weiteren Ermittlungen des Insolvenzgerichts erforderlich sind.
[98] OLG Köln NZI 2002, 157, 158.
[99] AG Köln ZIP 1999, 1889.
[100] OLG Köln MDR 2006, 471; OLG Düsseldorf ZIP 2007, 400.
[101] BGHZ 157, 370, 374, 377 = NJW 2004, 1957 = NZI 2004, 245; BGHZ 175, 48 RdNr. 9 = NJW 2008, 583 = NZI 2008, 170; BGH NZI 2010, 98 RdNr. 7.
[102] LG Essen KTS 1984, 152, 153.
[103] Vgl. BGH NJW 1961, 2016, 2017.
[104] HKInsO-*Kirchhof* § 4 RdNr. 7.
[105] BGH ZInsO 2004, 268.
[106] OLG Celle ZInsO 2002, 33; HKInsO-*Kirchhof* § 4 RdNr. 5.

zur Festsetzung des Streitwerts richtet sich nach dem **GKG**;[107] die **KostO** findet keine Anwendung.[108]

Die **isolierte Anfechtung einer Kostengrundentscheidung** ist nicht zulässig. **§ 99 Abs. 1 ZPO** ist entsprechend anwendbar.[109] Sein Grundgedanke, widersprüchliche Beurteilungen derselben Frage zu verhindern, gilt auch im Insolvenzverfahren. Möglich ist die isolierte Anfechtung einer Kostenentscheidung nach einer Erledigung der Hauptsache (**§ 91a Abs. 2 Satz 1 ZPO** analog)[110] und nach der Rücknahme eines Antrags gemäß § 13 Abs.2.In dem zuletzt genannten Fall ist die sofortige Beschwerde gemäß § 4 i. V. m. **§ 269 Abs. 3 Satz 5 ZPO** zulässig.[111] Zulässig ist die sofortige Beschwerde gegen eine Kostenentscheidung auch dann, wenn die Kosten einem an dem Verfahren nicht beteiligten Dritten auferlegt worden sind.[112]

11. Anfechtbarkeit von Entscheidungen. Die Zivilprozessordnung geht davon aus, dass gerichtliche Entscheidungen grundsätzlich mit Rechtsmitteln anfechtbar sind. Demgegenüber sind Entscheidungen im Insolvenzverfahren regelmäßig unanfechtbar, um dessen zügigen Ablauf zu gewährleisten. Nur ausnahmsweise – in vom Gesetz ausdrücklich vorgesehenen Fällen – ist ein Rechtsmittel statthaft (§ 6 Abs. 1). Eine **Rechtsmittelbelehrung** ist im Gesetz nicht vorgesehen[113] und von Verfassungs wegen nicht geboten.[114] Das Insolvenzgericht ist befugt, einer sofortigen Beschwerde selbst abzuhelfen (§ 572 Abs. 1 ZPO). Die sofortige Beschwerde muss deshalb zwingend beim Insolvenzgericht eingelegt werden (§ 6 Abs. 1 Satz 2). Dadurch wird der zügige Fortgang des Insolvenzverfahrens gefördert.

12. Zwangsvollstreckung (§§ 703 ff. ZPO). Die Vorschriften über die Zwangsvollstreckung sind größtenteils unanwendbar. Obwohl das Insolvenzverfahren wesentliche Elemente eines Vollstreckungsverfahrens aufweist (vor §§ 2–10 RdNr. 5 ff.), steht es als **Gesamt**vollstreckung doch in striktem Gegensatz zur **Einzel**vollstreckung der §§ 703 ff. ZPO. Allerdings können bei der Durchführung des Gesamtvollstreckungsverfahrens „Insolvenz" Maßnahmen erforderlich werden, die sich als Einzelvollstreckung darstellen. Dies ist der Fall, wenn der Schuldner massezugehörige Sachen, die sich in seinem Gewahrsam befinden, nicht freiwillig an den Insolvenzverwalter herausgibt. Hier muss der zur Sammlung der Insolvenzmasse verpflichtete Verwalter auf Grund einer vollstreckbaren Ausfertigung des Eröffnungsbeschlusses die Herausgabe im Wege der (Einzel-)Zwangsvollstreckung durchsetzen (§ 148 Abs. 2 Satz 1). Für deren Durchführung gelten die Vorschriften des 8. Buches der Zivilprozessordnung, unter ihnen auch **§ 739 ZPO**, nach dem der Schuldner als Gewahrsamsinhaber gilt, soweit auf Grund von § 1362 BGB vermutet wird, dass ihm bewegliche Sachen gehören, die sich im Besitz seines Ehegatten oder im Mitbesitz beider befinden.[115] Namentlich finden hier die **§§ 758, 758a, 766, 775 Nr. 1** und **2, 883 ff. ZPO** Anwendung (zu § 766 ZPO vgl. § 148 Abs. 2 Satz 2). Zu § 765a ZPO s. RdNr. 34 und zu § 767 ZPO s. RdNr. 35.

Außerhalb solcher Maßnahmen der Einzelzwangsvollstreckung taugen zur Anwendung in der Insolvenz nur solche Vorschriften des 8. Buches der Zivilprozessordnung, die durch den Gegensatz von Gesamt- und Einzelvollstreckung nicht berührt werden.[116] Anwendbar sind: **§ 705 ZPO** auf die formelle Rechtskraft einer insolvenzgerichtlichen Entscheidung; **§§ 807, 899 bis 910, 913 ZPO** auf die eidesstattliche Offenbarungsversicherung und Haft (insbesondere in den Fällen der §§ 20, 98, 101); **§§ 915 Abs. 2, 915a Abs. 1, 2 Nr. 2, 915b bis 915h ZPO** auf die Eintragung im Schuldnerverzeichnis (§ 26 Abs. 2 Satz 2).

Die Schuldnerschutzvorschrift des **§ 765a ZPO** ist im Insolvenzverfahren nicht uneingeschränkt anwendbar. Vielmehr ist zu differenzieren. In einer älteren, noch zur KO ergangenen Entscheidung hat der BGH die Anwendung des § 765a ZPO im Eröffnungsverfahren in einem Fall nicht von vornherein für ausgeschlossen gehalten, in welchem der Schuldner unverschuldet (im konkreten Fall: wegen unrechtmäßiger Inhaftierung in der DDR) an der Wahrnehmung seiner

---

[107] OLG Celle ZIP 2001, 1597; OLG Köln ZIP 2001, 164.
[108] OLG Celle ZIP 2001, 621.
[109] BGH, Beschl. v. 13.7.2006 – IX ZB 27/04, n. v.; OLG Köln ZIP 2000, 1168, 1169 m. zust. Anm. *Sabel* EWiR 2000, 973; NZI 2001, 664; OLG Zweibrücken NZI 2000, 271, 272; OLG Celle NZI 2001, 150; OLG Brandenburg NZI 2001, 483; LG München I ZInsO 2002, 42; HKInsO-*Kirchhof* § 6 RdNr. 4; aA LG Memmingen NZI 2000, 278.
[110] OLG Köln NZI 2002, 157 f.
[111] LG Memmingen NZI 2000, 278.
[112] OLG Köln NZI 2001, 304.
[113] BGH NZI 2004, 85; Beschl. v.10.11. 2005 – IX ZB 195/05, n.v.
[114] Vgl. BVerfG NJW 1995, 3173.
[115] Begr. zu § 167 RegE, BT-Drucks. 12/2443 S. 170.
[116] *Jaeger/Gerhardt* § 4 RdNr. 56.

Interessen verhindert war; weitere Voraussetzung, an welcher es im entschiedenen Fall fehlte, sei, dass der Schuldner bei einer einstweiligen Verschonung mit Zwangsmaßnahmen voraussichtlich in der Lage sein werde, die Konkurseröffnung noch abzuwenden.[117] Die mit den guten Sitten nicht vereinbarte Härte kann jedenfalls nicht in der Eröffnung des Insolvenzverfahrens selbst liegen, sondern allenfalls in besonderen Begleitumständen. Diskutiert worden ist dies etwa im Zusammenhang mit sog. „Druckanträgen", mit Eröffnungsanträgen also, welche Zahlungen des Schuldners erzwingen, nicht aber zur Insolvenzeröffnung führen sollten. Der Schuldner ist jedoch insoweit ausreichend dadurch geschützt, dass der Gläubiger gem. § 14 Abs. 1 Satz 1 ein rechtliches Interesse an der Eröffnung des Insolvenzverfahrens glaubhaft machen muss.[118] Ein Insolvenzantrag ist rechtsmissbräuchlich, wenn mit dem Insolvenzverfahren der ausschließliche Zweck verfolgt wird, einen Konkurrenten aus dem Wettbewerb zu entfernen.[119] Die im RegE des InsOÄndG 2001 noch vorgesehene[120] Erweiterung des § 765a ZPO ist nicht Gesetz geworden.[121] Im eröffneten Verfahren kann Vollstreckungsschutz gemäß § 765a ZPO dann am Platze sein, wenn in schwer wiegender, insolvenzuntypischer Weise in die Rechte einzelner (natürlicher) Personen, insbesondere des Schuldners, eingegriffen wird, insbesondere bei Einzelzwangsvollstreckungen gemäß § 148 Abs. 2 (s.o. RdNr. 32 und § 148 RdNr. 72), insbesondere bei Zwangsräumungen.[122] Als Generalklausel des Schuldnerschutzes kann § 765a ZPO, der vom Bundesverfassungsgericht auch in Zwangsversteigerungsverfahren angewandt wird,[123] einem Schuldner grundsätzlich auch nach Insolvenzeröffnung mit Rücksicht auf die auch im Insolvenzverfahren zu beachtenden Grundrechte (Art. 2 Abs. 2, Art. 14 Abs. 1 GG) und die Wertentscheidungen des Grundgesetzes gegen einzelne Verwertungsmaßnahmen Vollstreckungsschutz vermitteln. Insbesondere das Grundrecht aus Art. 2 Abs. 2 Satz 1 GG verpflichtet die Vollstreckungsgerichte, bei der Prüfung eines möglichen Vollstreckungsschutzes die dem Schuldner in einer Zwangsvollstreckung zu gewährenden Grundrechte zu berücksichtigen. Ergibt die Abwägung, dass die der Zwangsvollstreckung entgegenstehenden, unmittelbar dem Leben und Gesundheit dienenden Interesse des Schuldners im konkreten Fall schwerer wiegen als die Belange, deren Wahrung die Vollstreckungsmaßnahme dienen soll, so kann der trotzdem erfolgende Eingriff das Prinzip der Verhältnismäßigkeit und das Grundrecht des Schuldners aus Art. 2 Abs. 2 Satz 1 GG verletzen.[124] Für das Insolvenzverfahren, in welchem das Insolvenzgericht als besonderes Vollstreckungsgericht tätig wird, kann nichts anderes gelten. Im entschiedenen Fall hat der BGH die Rechtsbeschwerde des Verwalters gegen die einstweilige Einstellung einer Zwangsräumung wegen Suizidgefahr zurückgewiesen. Falls der Antrag gemäß § 765a ZPO in den Tatsacheninstanzen nicht gestellt worden ist, kann er im Rechtsbeschwerdeverfahren nicht mehr nachgeholt werden.[125] Insolvenztypische Nachteile können – ebenso wie im Eröffnungsverfahren – grundsätzlich nicht über § 765a ZPO abgewehrt werden. Insbesondere kann § 765a ZPO nicht dazu eingesetzt werden, der Masse ausdrücklich kraft Gesetzes (§§ 35, 36) zugewiesene Vermögenswerte, etwa private Versicherungsrenten eines Selbständigen oder Freiberuflers[126], den Anteil des Schuldners an einer Wohnungsgenossenschaft[127] oder einen Miteigentumsanteil an einem Hausgrundstück[128] vorzuenthalten. Die Pfändung von Einkünften, die nicht nach den Bestimmungen der §§ 850 ff ZPO unpfändbar sind, begründet auch außerhalb eines Insolvenzverfahrens keine sittenwidrige Härte im Sinne von § 765a ZPO, und zwar selbst dann nicht, wenn der Schuldner infolge der Pfändung Sozialhilfe zur Sicherung des Lebensunterhalts in Anspruch nehmen muss.[129]

35   Einwendungen gegen die gemäß § 178 festgestellte Forderung sind durch Vollstreckungsabwehrklage (§ 767 ZPO) beim Prozessgericht – also nicht im Insolvenzverfahren – geltend zu machen.[130] Im Insolvenzverfahren ist die Vorschrift nicht anwendbar. Hat der vom Insolvenzverwalter gemäß § 148 Abs. 2 beauftragte Gerichtsvollzieher dem Schuldner eine Sache, die nicht dem Insolvenzbe-

---

[117] WM 1977, 1201.
[118] BT-Drucks. 12/2443, S. 113; BGH NZI 2006, 588.
[119] BGH NZI 2011, 540 RdNr. 5.
[120] Vgl. 1. Auflage § 4 RdNr. 34.
[121] Vgl. dazu BR-Drucks. 689/01 S. 6.
[122] BGH NZI 2009, 48 RdNr. 17 ff.; NZI 2011, 138 RdNr. 16.
[123] BVerfG 46, 325, 331 ff.; 49, 220, 227 f.
[124] BVerfGE 52, 214, 220 f.; BVerfG NJW-RR 2001, 1523; NJW 2004, 49; BGH NZI 2009, 48 RdNr. 18.
[125] BGH NZI 2008, 95 RdNr. 15; OLG Köln ZInsO 2001, 104, 107.
[126] BGH NZI 2008, 93 RdNr. 21.
[127] BGH ZIP 2011, 90 RdNr. 5 ff.
[128] BGH NZI 2011, 138 RdNr. 16.
[129] BGHZ 161, 371, 374 = NJW 2005, 681
[130] RGZ 57, 271; 85, 54; BGHZ 100, 222, 224 = NJW 1987, 1691; 113, 381, 383 = NJW 1991, 1615; *Eckardt*, Kölner Schrift 2. Aufl. S. 743, 767 RdNr. 45; *Jaeger/Gerhardt* § 4 RdNr. 56.

schlag unterliegt, nach den §§ 883 ff. ZPO weggenommen, ist dagegen die Vollstreckungserinnerung nach den §§ 766, 795 ZPO gegeben (§ 148 RdNr. 75).

In Rechtsprechung und Schrifttum war umstritten, ob die **§§ 850 ff. ZPO** im Insolvenzverfahren anwendbar sind.[131] Für die §§ 850, 850a, 850c, 850e, 850 f. Abs. 1, §§ 850g bis 850i hat der Gesetzgeber diese Frage durch die neuen § 36 Abs. 1 Satz 2 und Abs. 4 (InsOÄndG 2001) positiv beantwortet. Nach § 36 Abs. 4 Satz 1 ist für die Entscheidung, ob Arbeitseinkommen des Schuldners der Zwangsvollstreckung unterliegt, das Insolvenzgericht zuständig. Das ist sachgerecht, weil dem Insolvenzgericht regelmäßig alle Unterlagen vorliegen, die für die zu treffende Entscheidung maßgeblich sind.[132] Funktionell zuständig ist der Rechtspfleger (vgl. § 2 RdNr. 20). 36

VII. Anwendbare Vorschriften der Zivilprozessordnung

Im vorhergehenden Abschnitt VI sind bereits einzelne Vorschriften der Zivilprozessordnung genannt worden, die trotz vorherrschender Besonderheiten der Insolvenzordnung beachtet werden müssen. Außerdem sind – nun im Wesentlichen ohne Einschränkung – die folgenden Vorschriften anwendbar: 37

1. Allgemeiner Gerichtsstand (§§ 13 bis 19, 40 Abs. 2 Satz 1 ZPO). Vgl. dazu § 3 RdNr. 16 ff. 38

2. Bestimmung des zuständigen Gerichts (§ 36 ZPO). Vgl. dazu § 3 RdNr. 33 ff. Die Gerichtsstandsbestimmung durch das höhere Gericht steht als eigenständiges Verfahren außerhalb des Insolvenzverfahrens.[133] Die §§ 38 bis 40 ZPO sind nicht anwendbar, weil die Gerichtsstände der InsO ausschließliche sind; sie sind vom Insolvenzgericht von Amts wegen zu prüfen (§ 5).[134] 39

3. Ausschließung und Ablehnung von Gerichtspersonen (§§ 41 bis 49 ZPO). a) Ausschließung. Ein Richter oder Rechtspfleger (§ 10 Satz 1 RpflG) ist in Insolvenzsachen kraft Gesetzes insbesondere dann ausgeschlossen, wenn er oder ein in § 41 Nr. 2 und 3 ZPO bezeichneter Angehöriger entweder als Schuldner oder als Gläubiger beteiligt ist. An die Stelle des ausgeschlossenen Richters tritt der geschäftsplanmäßig berufene Vertreter (§§ 21 e, 21g GVG). Ist kein Vertreter (mehr) vorhanden, ist der zuständige Richter entsprechend § 36 Nr. 1 ZPO zu bestimmen. 40

b) Ablehnung. Entsprechend § 42 Abs. 2 ZPO kann der **Insolvenzrichter** wegen Besorgnis der Befangenheit abgelehnt werden, wenn objektiv ein Grund vorliegt, der vernünftigerweise geeignet ist, Misstrauen gegen seine Unparteilichkeit zu hegen.[135] Diese (Tat-) Frage ist im Insolvenzverfahren nicht mit den aus dem Erkenntnisverfahren vertrauten Maßstäben zu prüfen. Vielmehr muss dem Amtsbetrieb mit seinen eigenartigen richterlichen Ermessens-, Überwachungs- und Betreuungsaufgaben Rechnung getragen werden.[136] Durch das Ablehnungsrecht darf nicht die – dem Insolvenzverwalter sicher manchmal lästige – Aufsicht des Insolvenzgerichts unterlaufen werden. Erhebliche persönliche Spannungen zwischen dem Insolvenzgericht und dem Insolvenzverwalter können die Besorgnis der Befangenheit deshalb nur begründen, wenn konkrete, verfahrensbezogene Umstände für eine negative Einstellung gegenüber dem Insolvenzverwalter sprechen. Für eine Ablehnung durch den Schuldner oder einen Gläubiger gelten die gleichen Maßstäbe. Arbeitet der Richter neben dem Insolvenzverwalter als Autor an einem Kommentar mit, rechtfertigt das nicht ohne weiteres seine Ablehnung.[137] Demgegenüber stellt es einen Ablehnungsgrund dar, wenn die Verfahrensweise den Eindruck erweckt, die Interessen der Gläubiger würden nicht objektiv und einheitlich behandelt.[138] 41

Abgelehnt werden können außerdem der funktionell zuständige (s. § 2 RdNr. 20 f.) **Rechtspfleger** (§ 10 Satz 1 RpflG)[139] sowie der **Urkundsbeamte** (vgl. § 49 ZPO), nicht der **Insolvenzver-** 42

---

[131] Vgl. Vorauflage § 4 RdNr. 36.
[132] Begr. Beschlussempfehlung des Rechtsausschusses zu § 36, BT-Drucks. 14/6468, S. 24; *Vallender* NZI 2001, 561, 562.
[133] Vgl. RGZ 125, 299, 310.
[134] *Vallender/Deyda* NZI 2009, 825, 826.
[135] BVerfG ZIP 1988, 174; BGH NZI 2007, 284 RdNr. 18; OLG Köln ZIP 1988, 110 = EWiR 1988, 89 (*Meurer*); NZI 2001, 658; LG Düsseldorf ZIP 1985, 631; HKInsO-*Kirchhof* § 4 RdNr. 5.
[136] Vgl. OLG Koblenz KTS 1971, 220, 221; OLG Köln aaO; *Jaeger/Gerhardt* § 4 RdNr. 10; *Uhlenbruck/I. Pape* § 4 RdNr. 5.
[137] LG Göttingen NJW 1999, 2826 = EWiR 1999, 1065 (*Bähr*).
[138] LG Göttingen NZI 1999, 238, 239.
[139] LG Göttingen NZI 1999, 238, 239.

walter.[140] Für diesen gelten Sondervorschriften (§§ 58 bis 60).[141] Demgemäß kann auch ein Sonderinsolvenzverwalter, der Schadensersatzansprüche gegen den Insolvenzverwalter prüfen und geltend machen soll, nicht abgelehnt werden.[142] Ein vom Insolvenzgericht **im Eröffnungsverfahren** beauftragter **Gutachter** (der nicht zugleich vorläufiger Insolvenzverwalter ist) kann weder vom Schuldner noch von einem Gläubiger abgelehnt werden.[143] Er ist weniger mit dem Sachverständigen im Zivilprozess vergleichbar, als mit dem vorläufigen Insolvenzverwalter, der in vielen Fällen zugleich die Aufgaben des Gutachters wahrnimmt. Gibt der **vorläufige Verwalter** bei der Begutachtung Anlass, an seiner Unvoreingenommenheit zu zweifeln, ist seine Bestellung von Amts wegen aufzuheben.[144] Dann ist nicht einzusehen, weshalb bei jemandem, der „nur" als Gutachter tätig ist, ein Ablehnungsrecht bestehen soll (zur Aufsichtspflicht über den Gutachter gelten § 21 Abs. 2 Nr. 1, 58, 59 analog). **Außerhalb des Insolvenzeröffnungsverfahrens** kann ein Gutachter vom Insolvenzverwalter abgelehnt werden, insbesondere der mit der Prüfung der Schlussrechnung beauftragte Sachverständige.[145]

43 **Ablehnungsberechtigt** sind der Schuldner, der Insolvenzverwalter und jeder einzelne Gläubiger.[146] Um verfahrenstaktische Ablehnungsgesuche (die es nach jeder Verfahrensordnung geben kann) durch Gläubiger zu unterbinden, braucht ihnen das Ablehnungsrecht nicht generell vorenthalten zu werden. Allerdings hat der Gläubiger das Ablehnungsrecht nur, wenn er glaubhaft macht, dass er durch eine Maßnahme des Abgelehnten unmittelbar betroffen ist. Kein eigenes Ablehnungsrecht hat der Bevollmächtigte eines Gläubigers. Für einen Gläubiger, der sich selbst in der Insolvenz befindet, ist der dortige Insolvenzverwalter ablehnungsberechtigt.[147]

43a Richter und Rechtspfleger haben das Recht zur **„Selbstablehnung"** (§ 48 ZPO). Über die entsprechende Anzeige des Rechtspflegers entscheidet der Richter (§ 28 RpflG). Wird die „Selbstablehnung" für begründet erklärt, findet dagegen kein Rechtsmittel statt. Wird sie für unbegründet erklärt, ist die sofortige Beschwerde gegeben (§ 46 Abs. 2 ZPO).

44 Ein wegen Besorgnis der Befangenheit abgelehnter Richter oder Rechtspfleger darf entsprechend § 47 ZPO vor rechtskräftiger Erledigung des Ablehnungsgesuchs nur solche **Handlungen** vornehmen, **die keinen Aufschub gestatten.** Insolvenzverfahren sind – namentlich in der Eröffnungsphase – eilbedürftig. Im Zweifel dürfen die notwendigen und im Interesse aller Verfahrensbeteiligten gebotenen richterlichen Maßnahmen nicht bis zum Abschluss des Ablehnungsverfahrens zurückgestellt werden.

44a Unzulässig ist ein Ablehnungsgesuch, mit dem offensichtlich lediglich das Verfahren verschleppt werden soll oder mit dem offensichtlich verfahrensfremde Zwecke verfolgt werden.

44b Über ein unzulässiges Ablehnungsgesuch (vgl. RdNr. 44a) entscheidet der Abgelehnte selbst. Gehört er einem Kollegialgericht an, entscheidet dieses unter Mitwirkung des Abgelehnten. Ist das Ablehnungsgesuch zulässig, hat über die Befangenheit eines Richters am Insolvenzgericht ein nach dem Geschäftsverteilungsplan hierfür berufener anderer Richter des Amtsgerichts zu befinden (§ 4 i. V. m. § 45 Abs. 2 Satz 1 ZPO). Gehört der Abgelehnte einem Spruchkörper an, entscheidet dieser ohne Mitwirkung des Abgelehnten. Wird der ganze Spruchkörper abgelehnt (hier ist die Zulässigkeit besonders intensiv zu prüfen), hat der geschäftsplanmäßig zur Vertretung berufene Spruchkörper zu entscheiden. Geht es um einen Rechtspfleger, ist der Insolvenzrichter zuständig (§ 4 i. V. m. § 10 Satz 2, § 28 RPflG); Entsprechendes gilt bei Ablehnung eines Urkundsbeamten (§ 4 i. V. m. § 49 ZPO). Wird das Ablehnungsgesuch für begründet erklärt, findet dagegen kein **Rechtsmittel** statt; wird das Ablehnungsgesuch zurückgewiesen, kann die Entscheidung mit der sofortigen (Erst-) Beschwerde angefochten werden (§ 4 i. V. m. § 46 Abs. 2, § 567 Abs. 1 Nr. 1 ZPO).[148] Hierüber entscheidet das LG. Gegen dessen Beschwerdeentscheidung ist die Rechtsbeschwerde zum BGH statthaft, falls diese zugelassen wird (§ 4 i. V. m. § 574 Abs. 1 Satz 1 Nr. 2 ZPO).[149]

---

[140] BGH NZI 2007, 284; LG Frankfurt Rpfleger 1989, 474; *Jaeger/Gerhardt* § 4 RdNr. 9; HKInsO-*Kirchhof* § 4 RdNr. 5.
[141] Dazu näher *Schmittmann* NZI 2004, 239, 240 ff.
[142] BGH NZI 2007, 284; LG Wuppertal ZVI 2005, 499.
[143] BGH NZI 2007, 284 RdNr. 19; LG Frankfurt ZInsO 2006, 107, 108; AG Göttingen ZInsO 2000, 347 f.; ZInsO 2007, 720; HKInsO-*Kirchhof* § 4 RdNr. 17; *Vallender* ZInsO 2010, 1461; aA OLG Köln ZIP 1990, 58, 60; LG München I ZInsO 2001, 813, 815; LG Stendal ZInsO 2003, 721; LG Ulm ZInsO 2004, 1268.
[144] *Schmittmann* NZI 2004, 239, 240.
[145] OLG Köln ZIP 1990, 58, 59; AG Göttingen ZInsO 2000, 347, 348; HKInsO-*Kirchhof* § 4 RdNr. 17.
[146] Zutreffend AG Göttingen Rpfleger 1999, 289; *Jaeger/Gerhardt* § 4 RdNr. 10; FKInsO-*Schmerbach* § 4 RdNr. 34 f.; aA *Uhlenbruck/I. Pape* § 4 RdNr. 13.
[147] *Meurer* EWiR 1988, 89, 90; aA OLG Köln ZIP 1988, 110.
[148] BGH NZI 2011, 486 RdNr. 6; OLG Karlsruhe InVo 2000, 51; OLG Köln NZI 2001, 658.
[149] BGH WM 2005, 76, 77; NZI 2011, 486 RdNr. 6 (beide noch zu § 7 InsO alten Rechts); OLG Köln NZI 2001, 657 = EWiR 2001, 1097 *(Bork).*

4. Parteifähigkeit, Prozessfähigkeit und Vertretung (§§ 50, 51 bis 57, 79 bis 90, 157 ZPO). Für den Schuldner ist die **Parteifähigkeit** durch § 11 geregelt. Für die übrigen Beteiligten gilt § 50 ZPO analog.[150] Ein Insolvenzantrag gegen einen nicht **prozessfähigen** Schuldner muss zurückgewiesen werden (damit ist der „faktische" Geschäftsführer nicht von der Pflicht entbunden, bei Insolvenzreife der GmbH Insolvenzantrag zu stellen).[151] Will ein Gläubiger einen Insolvenzantrag gegen einen nicht prozessfähigen Schuldner (zB gegen eine GmbH, die keinen Geschäftsführer hat) stellen, muss er nicht beim Registergericht entsprechend § 29 BGB die Bestellung eines Notgeschäftsführers betreiben (mit den dadurch entstehenden Kosten wird er sich nicht belasten wollen);[152] statt dessen kann er beim Insolvenzgericht entsprechend § 57 ZPO die Bestellung eines Verfahrenspflegers beantragen.[153] Diese Möglichkeit besteht auch im Falle eines Eigenantrags.[154] Zur Abgabe und Entgegennahme von Erklärungen – insbesondere zur Antragstellung, Forderungsanmeldung, Abstimmung, Einwendung und zur Einlegung einer Beschwerde – müssen Schuldner und Gläubiger ebenfalls prozessfähig sein. Insofern sind die §§ 51 bis 57 ZPO wiederum entsprechend anwendbar.[155] Ist ein Beteiligter nicht nach Vorschrift des Gesetzes vertreten, liegt ein absoluter Beschwerdegrund vor (§ 4 i. V. m. § 547 Nr. 4, § 576 Abs. 3 ZPO). Sofern der Mangel nicht dem Insolvenzantrag anhaftet, wird er durch die ausdrückliche oder stillschweigende Genehmigung geheilt.[156] Dies kann auch noch im Rechtsbeschwerdeverfahren geschehen.

Fraglich ist, ob diese bisher als gesichert geltenden Grundsätze durch das Inkrafttreten des MoMiG[157] modifiziert werden müssen. § 15 Abs. 1 Satz 2 berechtigt im Falle einer führungslosen juristischen Person die Gesellschafter (der GmbH) und die Mitglieder des Aufsichtsrats (der AG oder Genossenschaft) zur Stellung des Insolvenzantrags. Gemäß §10 Abs. 2 Satz 2 können in diesem Fall statt des Vertretungsorgans die an der juristischen Person Beteiligten gehört werden. In der Kommentarliteratur wird vertreten, dass die Vorschriften der §§ 15 Abs. 1 Satz 2, 15a Abs. 3, 10 Abs. 2 Satz 2 eine gegenständlich beschränkte Prozessfähigkeit der führungslosen Gesellschaft begründen. Es sei sinnlos, den Gesellschafter einer führungslosen GmbH selbst zur Antragstellung zu verpflichten, wenn das Verfahren sodann mangels Verfahrensfähigkeit der GmbH ohne Bestellung eines Notgeschäftsführers nicht durchgeführt werden könne.[158] Das geben die genannten Vorschriften jedoch nicht her. § 15 Abs. 1 Satz 2 ermöglicht es den Gesellschaftern und den Mitgliedern des Aufsichtsrates, der durch § 15a Abs. 3 begründeten Insolvenzantragspflicht nachzukommen; § 10 Abs. 2 Satz 2 erleichtert die Arbeit des Insolvenzgerichts, welches die an der Gesellschaft beteiligten Person anhören kann, aber nicht muss. Im Insolvenzantragsverfahren könnte sich die durch § 15 Abs. 1 Satz 2 für den **Eigenantrag** der Gesellschaft begründete „Vertretungsmacht"[159] fortsetzen, ebenso im Verfahren der sofortigen Beschwerde und der Rechtsbeschwerde.[160] Im Übrigen bleibt es jedoch bei den allgemeinen Regeln. Die Gesellschaft muss im Insolvenzverfahren gesetzlich vertreten sein. Gibt es keinen gesetzlichen Vertreter, muss ein Notgeschäftsführer nach § 29 BGB durch das Registergericht oder ein Verfahrenspfleger nach § 4 InsO, § 57 ZPO durch das Insolvenzgericht bestellt werden.[161] Stellt ein Gläubiger einen **Fremdantrag** auf Eröffnung des Insolvenzverfahrens über das Vermögen einer GmbH, kann dieser den Gesellschaftern zugestellt werden; denn nach § 35 Abs. 1 Satz 2 GmbHG wird die führungslose Gesellschaft für den Fall, dass ihr gegenüber Willenserklärungen abgegeben oder Schriftstücke zugestellt werden, durch die Gesellschafter vertreten. Die führungslose Aktiengesellschaft wird insoweit gemäß § 78 Abs. 1 Satz 2 AktG durch den Aufsichtsrat vertreten, ebenso die führungslose Genossenschaft (§ 24 Abs. 1 Satz 2 GenG). Weiter reichen die durch § 35 Abs. 1 Satz 2 GmbHG, § 78 Abs. 1 Satz 2 AktG, § 24 Abs. 1 Satz 2 GenG begründeten Befugnisse jedoch nicht[162]. Die Vorschriften sind eingefügt worden, um die Vereitelung von Zustellungen und den Zugang von Erklärungen an die Gesellschaft durch Abberufung der Geschäftsführer

---

[150] OLG Zweibrücken ZIP 2000, 2172, 2173 = EWiR 2001, 233 (*Paulus*).
[151] BGH ZIP 2007, 144 RdNr. 11.
[152] So aber OLG Köln NZI 2000, 134, 135 f.; OLG Dresden NZI 2000, 136, 137.
[153] OLG Zweibrücken ZInsO 2001, 472 = EWiR 2002, 223 (*G. Pape*); LG Berlin NZI 2002, 163; AG Göttingen ZInsO 2003, 1107, 1108; *Jaeger/Gerhardt* § 4 RdNr. 15; *Kutzer* ZIP 2000, 654 ff.; *Henckel* ZIP 2000, 2045, 2046 f.
[154] AG Göttingen ZInsO 2003, 1107, 1108.
[155] Vgl. KG KTS 1962, 111, 112; OLG Dresden NZI 2000, 136, 137; *Jaeger/Gerhardt* § 4 RdNr. 15.
[156] BGH NZI 2003, 375.
[157] Gesetz zur Modernisierung des GmbH-Rechts und zur Bekämpfung von Missbräuchen vom 23.10.2008, BGBl. I S. 2026.
[158] HambKomm-*Rüther* § 4 RdNr. 20a.
[159] *Horstkotte* ZInsO 2009, 209, 212.
[160] *Horstkotte* ZInsO 2009, 209, 212; *Berger* ZInsO 2009, 1977, 1984.
[161] *Berger* ZInsO 2009, 1977, 1979, 1984.
[162] BGH NJW-RR 2011, 115 RdNr. 11 ff; *Gehrlein/Ekkenga/Simon*, GmbHG, Vor. § 64 GmbHG RdNr. 65

zu erschweren.¹⁶³ Änderungen der Grundsätze über die Prozessfähigkeit der GmbH, der AG und der Genossenschaft waren nicht beabsichtigt; sie sind auch nicht erforderlich, weil der Mangel der Prozessfähigkeit durch die Bestellung eines Notgeschäftsführers oder -vorstands (§ 29 BGB analog) oder eines Prozesspflegers (§ 57 ZPO) geheilt werden kann.

46 **Anwaltszwang** besteht im Verfahren der Rechtsbeschwerde; hier muss der Beschwerdeführer durch einen beim BGH zugelassenen Rechtsanwalt vertreten sein (§ 78 Abs. 1 Satz 3 ZPO). Die Vorschrift des § 78b ZPO (Bestellung eines **Notanwalts**) ist anwendbar. Im Übrigen besteht Anwaltszwang auch dann nicht mehr, wenn das Gericht der sofortigen Beschwerde eine mündliche Verhandlung anordnet (siehe § 6 RdNr. 42). Im Allgemeinen (anders bei der Vornahme von Verfahrenshandlungen, vgl § 6 RdNr. 24) sind anwaltliche **Vollmachten** nicht von Amts wegen zu prüfen, wohl aber solche von nichtanwaltlichen Vertretern. Ein vollmachtloser Vertreter kann – ausgenommen bei der Stellung eines Insolvenzantrags – einstweilen zugelassen werden (**§ 89 ZPO** analog). Wenn ein Rechtsanwalt seine Bevollmächtigung anwaltlich versichert, darf das Insolvenzgericht die Vollmacht als glaubhaft gemacht ansehen. Einzelne Beteiligte können den Mangel der Vollmacht des für einen anderen Beteiligten auftretenden Vertreters entsprechend **§ 88 ZPO** rügen, wenn sie sich als „Gegner" gegenüber stehen. Das ist im Verhältnis von Gläubigern untereinander nicht schon deshalb der Fall, weil sie Konkurrenten sind, wohl aber etwa im Falle des Bestreitens eines Stimmrechts (§ 77 Abs. 1 Satz 1) oder des Widerspruchs gegen eine angemeldete Forderung (§ 178 Abs. 1 Satz 1).¹⁶⁴ Nichtanwaltliche Bevollmächtigte oder Beistände, die sachlich oder persönlich ungeeignet sind, können vom Insolvenzgericht zurückgewiesen werden. Dies gilt für zur Vorbereitung einer Entscheidung angesetzte mündliche Verhandlungen ebenso wie für Gläubigerversammlungen.¹⁶⁵ Für den Empfang der zu verteilenden Dividende (§ 187) ist eine entsprechende Vollmacht nachzuweisen (vgl. § 81 ZPO). Hinsichtlich der Vorschrift des **§ 85 Abs. 2 ZPO**, nach welcher die Partei sich das Verschulden ihres Bevollmächtigten zuzurechnen hat, ist zu differenzieren. Im Rahmen eines Antrags auf **Versagung der Restschuldbefreiung** wegen vorsätzlicher oder grob fahrlässiger Verletzung von Auskunfts- oder Mitwirkungspflichten (§ 290 Abs. 1 Nr. 5) oder wegen vorsätzlich oder grob fahrlässig unrichtiger oder unvollständiger Angaben in den nach § 305 Abs. 1 Nr. 3 vorzulegenden Verzeichnissen (§ 290 Abs. 1 Nr. 6) kommt es ausschließlich auf das Verhalten und das Verschulden des Schuldners selbst an. § 85 Abs. 2 ZPO gilt hier nicht. So kann dem Schuldner das Fehlverhalten seines Verfahrensbevollmächtigten, der das vollständig ausgefüllte und unterzeichnete Vermögensverzeichnis eigenmächtig ändert, nicht als eigenes qualifiziertes Verschulden zugerechnet werden.¹⁶⁶ Wegen der analogen Anwendung des § 85 Abs. 2 ZPO im Rahmen der **Versäumung einer Verfahrenshandlung** vgl. RdNr. 52. Eine Zurechnung ist hier grundsätzlich möglich.¹⁶⁷ Wird auf einen Gläubigerantrag hin, den ein nicht vertretungsberechtigter Vertreter gestellt hat, das Insolvenzverfahren eröffnet, kann der Gläubiger auch noch im Beschwerdeverfahren den Antrag genehmigen und so den Antragsmangel rückwirkend beseitigen.¹⁶⁸

47 **5. Wahrheitspflicht (§ 138 Abs. 1 ZPO), Prozessleitung (§§ 136, 139 bis 144, 147 ZPO).** Die Verfahrensbeteiligten unterliegen der Wahrheitspflicht des **§ 138 Abs. 1 ZPO**.¹⁶⁹ Soweit das Insolvenzgericht Auskünfte des Insolvenzverwalters oder Gläubigerausschusses eingeholt hat, kann es sich auf Grund der Stellung dieser Organe im Insolvenzverfahren grundsätzlich darauf verlassen, dass die Auskünfte sachgerecht und objektiv erteilt worden sind. Eine Nachprüfungspflicht trifft das Insolvenzgericht nur, falls begründete Zweifel an der Vollständigkeit und Richtigkeit bestehen.¹⁷⁰ Mündliche Verhandlungen und Gläubigerversammlungen werden entsprechend **§ 136 ZPO** vom Richter (Rechtspfleger) eröffnet und geleitet. Entsprechend dem Grundsatz der Amtsermittlung (vgl. § 5 Abs. 1) kommt den Pflichten aus § 139 ZPO analog erhöhte Bedeutung zu.¹⁷¹ Das Insolvenzgericht hat insbesondere auf die Stellung richtiger Anträge hinzuwirken.¹⁷² Der Richter (Rechtspfleger) ist jedoch nicht verpflichtet, unrichtige Anmeldungen zur Tabelle von Amts wegen zu berichtigen oder im Rahmen der Forderungsprüfung eigene Rechtsmeinungen vorzutragen. Zur Anordnung der Vorlage von Urkunden gemäß **§ 142 ZPO** vgl. § 5 RdNr. 50. Liegen Eröffnungsan-

---

¹⁶³ BT-Drucks. 16/6140, S. 42.
¹⁶⁴ *Jaeger/Gerhardt* § 4 RdNr. 16.
¹⁶⁵ *Uhlenbruck/I. Pape* § 4 RdNr. 40.
¹⁶⁶ BGH NJW 2011, 1229 = NZI 2011, 254 RdNr. 8 f.
¹⁶⁷ Weitere Einzelheiten zur Vertretung im Insolvenzverfahren bei *Uhlenbruck* MDR 1978, 8.
¹⁶⁸ BGH NZI 2003, 375.
¹⁶⁹ Vgl. *Bley/Mohrbutter* VerglO § 116 RdNr. 1.
¹⁷⁰ Vgl. *Bley/Mohrbutter* VerglO § 116 RdNr. 3.
¹⁷¹ Vgl. *Vallender*, Kölner Schrift 2. Aufl. S. 249, 257 RdNr. 21.
¹⁷² Vgl. für den Fall, dass die Eröffnung eines Regelinsolvenzverfahrens beantragt wird, obwohl nach dem Vortrag die Eröffnung eines Verbraucherinsolvenzverfahrens in Betracht kommt, LG Mannheim NZI 2000, 490 f.

träge des Schuldners und eines oder mehrerer Gläubiger oder auch nur mehrerer Gläubiger vor, die zunächst unter verschiedenen Aktenzeichen geführt wurden, hat das Insolvenzgericht die Verfahren spätestens mit der Eröffnung des Insolvenzverfahrens entsprechend **§ 147 ZPO** durch unanfechtbaren Beschluss zu verbinden. Geschieht dies nicht, sind die übrigen Anträge, auf die hin keine Eröffnung erfolgt, für erledigt zu erklären.[173] Anträge, über die mangels Verbindung nicht entschieden worden ist, werden unzulässig.[174]

6. Protokoll (§§ 159 bis 165, § 510a ZPO i. V. m. §§ 182, 183, 185, 190 GVG). Diese 48 Vorschriften sind für Niederschriften über mündliche Verhandlungen und Gläubigerversammlungen[175] gleichermaßen anwendbar. Die für Rechtsgeschäfte vorgeschriebene Form der gerichtlichen oder notariellen Beurkundung (§§ 127a, 128 BGB) wie auch die gesetzlich geforderte Schriftform (§ 126 BGB) – vgl. zum Beispiel § 766 BGB für die Bürgschaft – werden durch das Protokoll ersetzt.

7. Terminsbestimmungen (§§ 214, 216, 217, 219, 227 ZPO). Die Wahl von Terminstag und 49 -stunde steht in dem durch § 216 Abs. 3 ZPO gebundenen Ermessen des Insolvenzgerichts.[176] Da Insolvenzverfahren eilbedürftig sind, wird ein „Notfall" eher anzunehmen sein als in einem Erkenntnisverfahren. Zu den Fragen, ob Verfahrensbeteiligte vor der Terminierung anzuhören sind und wann eine Verlegung im Falle ihrer Verhinderung angezeigt ist, vgl. § 5 RdNr. 74, 85. Was den Terminsort angeht, wird man dem Insolvenzgericht ebenfalls zubilligen müssen, das Erfordernis einer „sonstigen Handlung", die an der Gerichtsstelle nicht vorgenommen werden kann (§ 219 Abs. 1 ZPO), großzügig auszulegen. § 217 ZPO gilt nicht im Eröffnungsverfahren, weil dieses besonderer Beschleunigung bedarf, wohl aber für die Ladung zu Gläubigerversammlungen.[177] Bei der Bemessung der Ladungsfrist muss der Bedeutung des Termins angemessen Rechnung getragen werden.[178] Andernfalls kommt eine Verletzung des rechtlichen Gehörs in Betracht. In einem derartigen Fall kann das Gericht gehalten sein, sogar eine formell unanfechtbare Entscheidung auf Gegenvorstellungen hin zu überprüfen.[179] Für die Aufhebung oder Verlegung eines Termins oder die Vertagung einer Verhandlung ist § 227 Abs. 1,[180] Abs. 4 Satz 3 ZPO[181] analog anwendbar. Die Anwendung des § 227 Abs. 3 Satz 1 ZPO ist durch § 5 Abs. 3 Satz 2 ausgeschlossen. Da schon die aufgehobenen[182] Vorschriften über die Gerichtsferien für das Konkursverfahren nicht anwendbar gewesen waren (vgl. § 202 GVG aF), braucht das Insolvenzgericht einem Antrag auf Verlegung eines in der Zeit zwischen dem 1. Juli bis 31. August anberaumten Termins nicht stattzugeben (vgl. § 227 Abs. 3 Satz 3 ZPO). Die Sondervorschriften der §§ 29, 75 Abs. 2, § 197 Abs. 2, § 235 Abs. 1 Satz 2 sind zu beachten.

8. Fristen (§§ 221, 222, 224 Abs. 2, 225 Abs. 1 und 3, 227 Abs. 3 Satz 3 ZPO). Die 50 Vorschriften über die Berechnung, Abkürzung und Verlängerung von Fristen sind anwendbar; sie gelten aber nur für das Insolvenzverfahren, nicht für Fristen des materiellen Insolvenzrechts (§§ 88, 130 bis 136, 139; s. RdNr. 3). Wenn das Insolvenzgericht eine selbst gesetzte Frist nicht abwartet, kann dadurch der Anspruch auf rechtliches Gehör verletzt werden (s. § 5 RdNr. 76 ff.). Besondere Vorschriften über Fristen enthalten § 9 Abs. 1 Satz 3, § 28 Abs. 1 Satz 2, §§ 139, 214 Abs. 1 Satz 3.

9. Wiedereinsetzung in den vorigen Stand (§§ 230, 231, 233 bis 238 ZPO). Die Wieder- 51 einsetzung kann auf Antrag (§§ 233, 236 ZPO i. V. m. § 4) oder von Amts wegen (§ 236 Abs. 2 Satz 2 Halbsatz 2 ZPO i. V. m. § 4) gewährt werden. Die Wiedereinsetzung kommt insbesondere dann in Betracht, wenn ein fristgebundener Schriftsatz – zB eine Beschwerdeschrift oder eine Beschwerdebegründung – ohne Verschulden des Absenders nicht rechtzeitig einging, etwa an ein falsches Gericht adressiert wurde, indes beim gewöhnlichen Lauf der Dinge im ordentlichen Geschäftsgang rechtzeitig an das zuständige Gericht hätte weitergeleitet werden können.[183] Ist eine Rechtsmittelfrist versäumt worden, weil das Gericht über deren Beginn falsch belehrt hat, ist an

---

[173] BGH NZI 2010, 441 RdNr. 7.
[174] BGHZ 162, 181 = NJW 2005, 1433 = NZI 2005, 271; BGH NZI 2008, 609 RdNr. 8 ff.; NZI 2010, 441 RdNr. 8.
[175] Vgl. RGZ 64, 82, 85.
[176] Vgl. Zöller/Stöber, ZPO 25. Aufl. § 216 RdNr. 18.
[177] FKInsO-*Schmerbach* § 4 RdNr. 13.
[178] BGH LM GesO Nr. 34 *(Pape)*.
[179] Vgl. BGHZ 130, 97, 99 f. = NJW 1995, 2497.
[180] AG Hohenschönhausen ZInsO 2000, 168.
[181] LG Bad Kreuznach NZI 2006, 111.
[182] Gesetz v. 28.10.1996, BGBl. I, S. 1546.
[183] Vgl. OLG Köln NZI 1999, 458 m. Anm. *Becker* DZWIR 2000, 26, 27 f.; OLG Köln ZIP 2000, 195, 196.

eine Wiedereinsetzung von Amts wegen zu denken.[184] Weist das Beschwerdegericht den nach Versäumung der Frist zur Einlegung der sofortigen Beschwerde gestellten Wiedereinsetzungsantrag zurück und verwirft es zugleich die sofortige Beschwerde als unzulässig, ist hiergegen das einheitliche Rechtsmittel der Rechtsbeschwerde gegeben (§ 238 Abs. 2 Satz 1 ZPO).[185] Auch in die ausdrücklich so bezeichnete Notfrist des § 307 Abs. 1 Satz 1 kann bei Vorliegen der Voraussetzungen der §§ 233 ff. ZPO Wiedereinsetzung gewährt werden.[186] Ausgeschlossen ist eine Wiedereinsetzung bei Versäumung der Zweiwochenfrist für den Antrag auf Restschuldbefreiung (§ 287 Abs. 1 Satz 2), weil es sich nicht um eine Notfrist handelt (vgl. § 287 RdNr. 14).[187]

52 Für die Versäumung des Prüfungstermins durch den Schuldner ist die Sondervorschrift des § 186 zu beachten. Zwar ist nur dort auf die §§ 51 Abs. 2, 85 Abs. 2 ZPO – in denen angeordnet ist, dass sich der Insolvenzbeteiligte ein Verschulden seines gesetzlichen Vertreters oder Bevollmächtigten zurechnen lassen muss – Bezug genommen. Die analoge Anwendung des **§ 85 Abs. 2 ZPO** ist – über § 4 – aber auch außerhalb des Anwendungsbereichs des § 186, nämlich bei jeder Versäumung einer Verfahrenshandlung gerechtfertigt.

52a **10. Schriftsätze (§ 253 Abs. 2, § 496 ZPO).** Anträge auf Eröffnung eines Insolvenzverfahrens müssen die Darlegung eines Eröffnungsgrundes (§§ 17 f.) in substantiierter, nachvollziehbare Form enthalten. Erforderlich – aber auch genügend – ist die Mitteilung von Tatsachen, welche die wesentlichen Merkmale eines Eröffnungsgrundes erkennen lassen. Eine Schlüssigkeit im technischen Sinne wird nicht vorausgesetzt.[188] Entsprechendes gilt für Anträge jeder Art. § 253 Abs. 1 ZPO ist nicht entsprechend anwendbar, weil das Zulassungsverfahren ein einseitiges Verfahren ist. Bestimmende Schriftsätze, mit denen durch einen Anwalt ein befristetes Rechtsmittel eingelegt werden soll, bedürfen grundsätzlich der eigenhändigen anwaltlichen Unterschrift. Wird der Rechtsmittelführer nicht anwaltlich vertreten, schadet seine fehlende Unterschrift im Allgemeinen nicht. Zur Möglichkeit, **Erklärungen zum Protokoll** abzugeben (**§ 496 ZPO**), vgl. RdNr. 87.

53 **11. Rechtshängigkeitswirkung (§ 261 Abs. 3 Nr. 2 ZPO).** Das Insolvenzgericht bleibt auch dann zuständig, wenn der Schuldner zwischen Antragstellung und Verfahrenseröffnung den Mittelpunkt seiner selbständigen wirtschaftlichen Tätigkeit oder seinen allgemeinen Gerichtsstand verlegt (s. § 3 RdNr. 5).

54 **12. Antragsrücknahme (§ 269 Abs. 3 ZPO).** Nach § 13 Abs. 2 kann ein Insolvenzantrag zurückgenommen werden, bis das Verfahren eröffnet oder der Antrag rechtskräftig abgewiesen ist.[189] Schon die Eröffnung schließt eine Rücknahme des Eröffnungsantrags aus; die Rechtskraft des Eröffnungsbeschlusses ist nicht vorausgesetzt.[190] Im Interesse der Rechtssicherheit soll eine Verfahrenseröffnung mit ihren Wirkungen gegenüber Dritten durch eine Rücknahme des Antrags nicht mehr in Frage gestellt werden können.[191] Ist die Rücknahme wirksam, treten die Folgen des § 269 Abs. 3 Satz 1 HS 1, Satz 2 ZPO ein;[192] wird ein Gläubigerantrag zurückgenommen, hat auf Antrag des Schuldners ein gerichtlicher Beschluss zu ergehen (§ 269 Abs. 3 Satz 3 ZPO analog), der diese Folgen ausspricht.[193] Der Verfahrensbevollmächtigte des Antragsgegners (Schuldners) kann seine Kosten gegen den Antragsteller festsetzen lassen. War der Antrag zunächst zulässig gewesen, empfiehlt sich für den Gläubiger anstelle der Zurücknahme eine **Erledigungserklärung** (s.o. RdNr. 28). Nimmt der Schuldner einen Eigenantrag zurück, so hat nach § 269 Abs. 3 Satz 2 ZPO in Verbindung mit § 4 InsO grundsätzlich er die Kosten des Verfahrens zu tragen. Hat für die Schuldnerin ein organschaftlicher Vertreter oder Gesellschafter den Antrag gestellt, trifft die Kostenlast den Rechtsträger als solchen und nicht den Vertreter oder Gesellschafter.[194]

54a **13. Zwischenentscheidung über die Zulässigkeit (§ 280 ZPO).** § 280 ZPO ist im Insolvenzverfahren entsprechend anwendbar, wird allerdings kaum praktisch. Wenn ein Insolvenzgericht

---

[184] BGH NJW-RR 2004, 408 = NZI 2004, 85, 86.
[185] Vgl. BGH NJW 2003, 69; *Zöller/Greger*, ZPO 25. Aufl. § 238 RdNr. 7; aA – sofortige (Erst-) Beschwerde gegeben – OLG Brandenburg NZI 2001, 93; OLG Zweibrücken ZInsO 2001, 811.
[186] Beschlussempfehlung und Bericht des Rechtsausschusses zum Entwurf einer Insolvenzordnung, BT-Drucks. 12/7302, S. 191 zu § 357d RegE.
[187] aA LG Dresden ZInsO 2008, 48.
[188] BGHZ 153, 205, 207 = NJW 2003, 1187 = NZI 2003, 147.
[189] Vgl. BGH ZVI 2006, 564; OLG Brandenburg ZInsO 1998, 138, 139; *Haarmeyer* ZInsO 1998, 92; Einzelheiten bei *Delhaes*, Kölner Schrift, 3. Aufl. S. 98 ff. RdNr. 23 ff.
[190] BGH ZVI 2006, 564.
[191] BT-Drucks. 12/2443, S. 113.
[192] LG Essen KTS 1984, 152, 153.
[193] *Uhlenbruck* KTS 1983, 341, 344.
[194] BGH NZI 2007, 40.

Sicherungsmaßnahmen anordnet oder ein Insolvenzverfahren eröffnet, mag es inzidenter seine Zuständigkeit bejahen; eine in Rechtskraft erwachsende Entscheidung über seine Zuständigkeit liegt darin jedoch nicht (vgl. § 3 RdNr. 35). Anlass für eine solche Entscheidung könnte nur dann bestehen, wenn das Insolvenzgericht Kenntnis davon hat, dass ein anderes Insolvenzgericht ebenfalls mit der Sache befasst ist. Dann werden sich die Gerichte aber untereinander darüber verständigen, wer zuständig ist.

14. Verweisung (§§ 281, 495 ZPO). Im Eröffnungsverfahren gelten §§ 281, 495 ZPO entsprechend. Auf Antrag dessen, der den Eröffnungsantrag gestellt hat, hat das unzuständige angerufene Gericht seine Unzuständigkeit durch Beschluss auszusprechen und die Sache an das vom Antragsteller zu bezeichnende Gericht zu verweisen. War der Eröffnungsantrag bereits zugestellt worden (§ 14 Abs. 2), ist dem Schuldner zuvor rechtliches Gehör zu gewähren. Die Verweisung ist für das im Verweisungsbeschluss bezeichnete Gericht grundsätzlich bindend (§ 281 Abs. 2 Satz 4 ZPO). Näheres hierzu s. § 3 RdNr. 28 ff.

Ändern sich die zuständigkeitsbegründenden Umstände (Wohnsitz, Mittelpunkt der selbständigen wirtschaftlichen Tätigkeit) nach Eingang des Eröffnungsantrags beim Insolvenzgericht, rechtfertigt dies eine Verweisung nach § 281 ZPO nicht, weil das zuerst angerufene Gericht zuständig bleibt (§ 261 Abs. 3 Nr. 2 ZPO); § 281 Abs. 1 ZPO setzt die Unzuständigkeit des angerufenen Gerichts voraus. Nach der Eröffnung des Insolvenzverfahrens ist die Verweisung an ein anderes Insolvenzgericht nicht mehr möglich.

Im Verhältnis der freiwilligen zur streitigen ordentlichen Gerichtsbarkeit findet eine Verweisung gemäß oder entsprechend § 281 ZPO wegen der unterschiedlichen Ausgestaltung der jeweiligen Verfahren nicht statt.[195] Vielmehr gelten §§ 17 bis 17b GVG. In einem Amtsverfahren, etwa im Rahmen der Aufsicht des Insolvenzgerichts über den Verwalter nach § 59, kommt eine Verweisung von vornherein nicht in Betracht.[196]

15. Freie Beweiswürdigung, offenkundige Tatsachen, Glaubhaftmachung (§§ 286, 287, 291, 294 ZPO). Der Grundsatz der freien Beweiswürdigung gilt auch für das Insolvenzgericht. Offenkundige Tatsachen darf es ohne weiteres seinen Entschließungen zugrundelegen. Insbesondere ist dann eine Beweisaufnahme entbehrlich. Auf die Grundsätze des § 287 ZPO kann beispielsweise dann zurückgegriffen werden, wenn die Vergütung des Insolvenzverwalters nach dem Schätzwert der Masse zu berechnen ist (§ 1 Abs. 1 Satz 2 InsVV).[197] Soweit eine Glaubhaftmachung erforderlich, aber auch ausreichend ist (vgl. zB §§ 14 Abs. 1, 190 Abs. 2 Satz 1, 251 Abs. 2, 317 Abs. 2 Satz 1, 318 Abs. 2 Satz 1), ist § 294 ZPO analog anwendbar. Es bedarf nicht des vollen Beweises; vielmehr genügt die überwiegende Wahrscheinlichkeit, dass eine Tatsachenbehauptung zutrifft.[198] Zur Glaubhaftmachung sind die allgemeinen Beweismittel der ZPO und die Versicherung an Eides Statt zugelassen. Da das Insolvenzverfahren im Allgemeinen und das Insolvenzeröffnungsverfahren im Besonderen eilbedürftig sind, kommt meist nur eine Glaubhaftmachung anhand präsenter Beweismittel in Betracht (§ 294 Abs. 2 ZPO).[199] Jedenfalls eine auf Grund richterlicher Sachprüfung ergangene rechtskräftige Entscheidung reicht zur Glaubhaftmachung des aus ihr ersichtlichen rechtserheblichen Sachverhalts aus.[200] Bei einem Insolvenzeröffnungsantrag einer Behörde sind geringere Anforderungen an die Glaubhaftmachung zu stellen als bei einem Privaten; so reichen etwa Leistungsbescheide zur Glaubhaftmachung der Forderung aus.[201] Die Vorschriften über das **Geständnis** (§§ 288 ff. ZPO) sind im Geltungsbereich des § 5 Abs. 1 nicht anwendbar (vgl. § 5 RdNr. 11).[202]

16. Akteneinsicht. a) Akteneinsicht durch Beteiligte (§ 299 Abs. 1 ZPO). Die Insolvenzordnung sieht vielfach vor (vgl. zB §§ 66 Abs. 2 Satz 2, 150, 154, 175, 188 Satz 2, 234), dass die **gerichtlichen Insolvenzakten** durch Verfahrensbeteiligte (vgl. dazu o. RdNr. 14) eingesehen werden können. Abgesehen von diesen gesetzlichen Fällen dürfen die Beteiligten aber grundsätzlich in

---

[195] BGH ZVI 2007, 80.
[196] BGH ZVI 2007, 80.
[197] Dazu BGH NZI 2003, 626, 627.
[198] BGH NZI 2002, 601; BayObLG NZI 2000, 320; OLG Köln NZI 2000, 78.
[199] BGH NZI 2002, 601; OLG Köln ZInsO 2000, 43. Zu den Ausnahmen vgl. Zöller/Geimer/Greger, ZPO 26. Aufl. § 294 RdNr. 3.
[200] BGHZ 156, 139, 144 = NZI 2003, 662 m. Anm. Fuchs (Nachweis der tatbestandlichen Voraussetzungen des § 290 Abs. 1 Nr. 2 durch Strafbefehl).
[201] BGH NZI 2004, 587 f. (Sozialversicherungsträger); NZI 2006, 172 (Finanzamt); OLG Köln ZInsO 2000, 43.
[202] OLG Köln NZI 2000, 480, 483; Smid DZWIR 2000, 387, 388.

jedem Verfahrensabschnitt die Akten einsehen.[203] Dies folgt aus der – über § 4 eröffneten – entsprechenden Anwendung des § 299 Abs. 1 ZPO. Dort ist der allgemeine Grundsatz niedergelegt, dass Verfahrensakten „parteiöffentlich" sind. Das Einverständnis der übrigen Beteiligten ist für die Akteneinsicht nicht erforderlich.[204] Auch brauchen die Beteiligten kein rechtliches Interesse an der Akteneinsicht glaubhaft zu machen. Mit der Erwägung, als Verfahrensbeteiligter könne der Antragsteller sich anderweitig über den Verfahrensstand kundig machen, etwa indem er als Gläubiger an den Gläubigerversammlungen teilnehme oder sich über die Organe der Gläubigerselbstverwaltung informiere, kann das Ersuchen um Akteneinsicht nicht zurückgewiesen werden.[205] Bei der Entscheidung über das Ersuchen besteht kein Ermessen. Dass das Akteneinsichtsrecht der Beteiligten nicht schrankenlos besteht,[206] ist aber selbstverständlich (vgl. RdNr. 75). In Missbrauchsfällen ist es gänzlich zu versagen.[207]

58 Ein Einsichtsrecht besteht auch dann, wenn **Verfahrensakten** nicht beim Gericht, sondern – zum Beispiel gemäß §§ 174 ff. InsO – ausschließlich **beim Verwalter geführt** werden.[208] Es besteht jedoch nur, wenn und solange sich diese Unterlagen beim Insolvenzgericht befinden; zu diesem Zweck sind sie vom Verwalter beim Gericht niederzulegen (vgl. § 175 Abs. 1 Satz 2 InsO). Ein Einsichtsrecht beim Verwalter besteht nicht. In seine **eigenen (Hand-)Akten** braucht der Verwalter niemandem Einsicht zu gewähren.[209] Das Insolvenzgericht darf ihn auch nicht dazu anhalten. Zwar mag man den Verwalter im Verhältnis zu den Verfahrensbeteiligten eine Stellung beimessen, die derjenigen eines privaten Treuhänders ähnelt;[210] ein Auftragsverhältnis – wie zwischen einem Rechtsanwalt und seinem Mandanten –, aus dem Verfahrensbeteiligte einen Anspruch auf Einsichtnahme oder gar Herausgabe der „Handakten" erwerben könnten, liegt jedoch nicht vor. Die Einsicht in die Akten des Verwalters ist zum Schutz der Interessen der Verfahrensbeteiligten auch nicht erforderlich. Der Verwalter hat ohnehin über seine Amtsführung Rechenschaft abzulegen.

59 **aa) Beteiligte im Eröffnungsverfahren.** Wenn das Insolvenzgericht den Insolvenzantrag zugelassen hat (vgl. vor §§ 2 bis 10 RdNr. 16),[211] eine abschließende Entscheidung darüber jedoch noch aussteht, sind Verfahrensbeteiligte („Parteien" im Sinne des § 299 Abs. 1 ZPO): bei einem Eigenantrag des Schuldners lediglich dieser (wenn ein Mitglied des Vertretungsorgans einer juristischen Person den Insolvenzantrag gestellt hat, haben auch andere Mitglieder eine Akteneinsichtsrecht),[212] bei einem Gläubigerantrag der antragstellende Gläubiger und der Schuldner als Antragsgegner. Die (anderen) Insolvenzgläubiger sind im Rahmen des Eröffnungsverfahrens noch nicht beteiligt. Dass dem vorläufigen Insolvenzverwalter oder dem Gutachter, der mit der Feststellung des Insolvenzgrundes beauftragt ist, ein Recht auf Akteneinsicht zusteht, ist selbstverständlich.[213]

60 **bb) Beteiligte nach Ablehnung des Insolvenzantrags.** Nach Ablehnung des Insolvenzantrags oder Aufhebung des Eröffnungsbeschlusses durch die Beschwerdekammer ist der Kreis der Beteiligten derselbe wie zuvor. Dasselbe gilt, wenn das Eröffnungsverfahren durch Rücknahme des Antrags oder Erledigungserklärung des Antragstellers vorzeitig beendet wurde. In allen genannten Fällen sind die potenziellen Insolvenzgläubiger – mit Ausnahme des Antragstellers – „Dritte" i. S. des § 299 Abs. 2 ZPO.[214]

61 **cc) Beteiligte im eröffneten oder nach Eröffnung abgeschlossenen Insolvenzverfahren.** Nach Eröffnung des Insolvenzverfahrens sind neben den sonstigen Verfahrensbeteiligten auch alle

---

[203] *Robrecht* AnwBl. 1969, 106, 111; *Uhlenbruck* AnwBl. 1971, 331; *Pape* ZIP 1997, 1367; aA *Boennecke* KTS 1955, 173, 176.
[204] *Holzer* ZIP 1998, 1333, 1334; aA: *Haarmeyer/Seibt* Rpfleger 1996, 221, 223.
[205] OLG Celle NZI 2005, 116; *G. Pape* ZIP 2004, 598, 603.
[206] *Holzer* ZIP 1998, 1333, 1337.
[207] Vgl. *Uhlenbruck/I. Pape* § 4 RdNr. 29: Presseunternehmen kauft Insolvenzforderung auf, um mittels Akteneinsicht über das Verfahren berichten zu können. Vgl. ferner u. RdNr. 76.
[208] AG Frankfurt/O. ZInsO 1998, 142; *Uhlenbruck/I. Pape* § 4 RdNr. 29; HKInsO-*Kirchhof* § 4 RdNr. 13.
[209] *Jaeger/Gerhardt* § 4 RdNr. 40; *Nerlich/Römermann/Becker* § 4 RdNr. 24; *Graf/Wunsch* ZIP 2001, 1800; ebenso schon zur KO OLG Stuttgart OLGReport 1997, 66, 67.
[210] S. u. § 56 RdNr. 109.
[211] Vor der Zulassung ist nur der Antragsteller am Verfahren beteiligt. Ihm ist zwar (entgegen *G. Pape* ZIP 2004, 598, 600) das Recht auf Akteneinsicht nicht schlechthin zu versagen, weil auch im Zulassungsverfahren Akten geführt werden; ein praktisches Bedürfnis wird insoweit jedoch nur ausnahmsweise entstehen.
[212] AG Göttingen NZI 2000, 89; *Jaeger/Gerhardt* § 4 RdNr. 22.
[213] *Uhlenbruck* AnwBl. 1971, 331, 332.
[214] *G. Pape* ZIP 2004, 598, 601.

am Verfahren beteiligten Gläubiger mit berücksichtigungsfähigen Forderungen „Parteien" im Sinne des § 299 Abs. 1 ZPO. Zu Verfahrensbeteiligten werden die Gläubiger i. S. von § 38 erst mit der Anmeldung ihrer Forderungen gemäß den §§ 174 ff.[215] Ob die Forderung tituliert ist oder nicht, ist unerheblich,[216] sofern sie nicht bestritten ist. Bestrittene Forderungen sind nach § 189 Abs. 1, 3 nur berücksichtigungsfähig, wenn für sie ein vollstreckbarer Titel oder ein Endurteil vorliegt oder die Erhebung einer Feststellungsklage nachgewiesen ist. Sind diese Voraussetzungen nicht gegeben, ist der betreffende Gläubiger nicht entsprechend § 299 Abs. 1 ZPO zur Akteneinsicht berechtigt.[217] Das gilt insbesondere für einen Gläubiger, der auf eine Teilnahme am Insolvenzverfahren verzichtet hat[218] oder am Insolvenzverfahren nicht teilnehmen kann, weil über sein eigenes Vermögen ebenfalls ein Insolvenzverfahren eröffnet ist. In dem zuletzt genannten Fall ist der Insolvenzverwalter gemäß § 299 Abs. 1 ZPO zur Akteneinsicht berechtigt; für den Gläubiger (Schuldner in seinem eigenen Verfahren) bleibt nur die Möglichkeit über § 299 Abs. 2 ZPO.[219] Etwas Besonderes gilt für Gläubiger, denen ein Aus- oder Absonderungsrecht zusteht.[220] Sie müssen etwaige persönliche Forderungen nicht anmelden (vgl. § 52 RdNr. 16); trotzdem sind sie am Verfahren beteiligt. Dies gilt nicht für Personen, die Verpflichtungen gegenüber dem Schuldner haben (Drittschuldner).[221] Massegläubiger sind ebenfalls Dritte iSv § 299 Abs. 2 ZPO, weil ihre Ansprüche außerhalb des Insolvenzverfahrens geltend zu machen haben und außerhalb des Insolvenzverfahrens zu befriedigen sind.[222] Nach Abschluss des Verfahrens – sei es nach Einstellung (§§ 207, 211, 212, 213) oder Abhaltung des Schlusstermins – behalten alle Beteiligten (insbesondere die Gläubiger) ihren Status als „Partei", den sie zuvor hatten.[223] Zwischen den Fällen der §§ 207, 211 einerseits und denjenigen der §§ 212, 213 andererseits kann dabei nicht differenziert werden,[224] weil weder der nachträgliche Wegfall des Eröffnungsgrundes noch die Zustimmung der Gläubiger zur Einstellung des Verfahrens deren vorherige Beteiligung berührt.

b) Akteneinsicht durch Dritte (§ 299 Abs. 2 ZPO). Hier besteht ein Spannungsverhältnis zwischen dem Recht des Schuldners auf „informationelle Selbstbestimmung" und dem Informationsbedürfnis am Verfahren nicht beteiligter Dritter. Deshalb kann Dritten Akteneinsicht nur gestattet werden, wenn der Schuldner sein **Einverständnis** erteilt oder wenn von dem Dritten ein **rechtliches Interesse** glaubhaft gemacht wird.[225] Ein anerkennenswertes rechtliches Interesse ist gegeben, wenn Belange des Antragstellers berührt sind, die einen rechtlichen Bezug (der nicht eng zu verstehen ist) zu dem Inhalt der einzusehenden Akten haben.[226] Insofern ist eine Ermessensentscheidung zu treffen.[227] Dabei sind die Interessen des Dritten an der Akteneinsicht, des Schuldners und etwa sonst noch Beteiligter, deren informationelles Selbstbestimmungsrecht berührt sein kann, an der Geheimhaltung gegeneinander abzuwägen.[228] Hierbei kann es – abhängig vom Verfahrensstand – darauf ankommen, ob es sich bei dem Schuldner um eine natürliche Person oder um eine (aufgelöste, vielleicht sogar bereits gelöschte) GmbH handelt. Eine ermessensfehlerfreie Interessenabwägung setzt voraus, dass dem Schuldner im Rahmen des Möglichen und Zumutbaren Gelegenheit gegeben wird, sein Geheimhaltungsinteresse geltend zu machen.[229] **Dritte** sind solche Personen,

---

[215] OLG Celle ZIP 2004, 370, 371; OLG Frankfurt ZInsO 2005, 1327, 1328; HKInsO-*Kirchhof* 4. Aufl. § 4 RdNr. 14 f.; FKInsO-*Schmerbach* 4. Aufl. § 4 RdNr. 62a; vgl. ferner *Braun/Kießner* § 174 RdNr. 35; aA LG Karlsruhe ZInsO 2004, 690; LG Bad Kreuznach NZI 2006, 111. Zu weitgehend. auch OLG Celle NZI 2005, 126; *Graf/Wunsch* ZIP 2001, 1800, 1801; *Heeseler* ZInsO 2001, 873, 882; *Zipperer* NZI 2002, 244, 251; *Uhlenbruck/I. Pape* § 4 RdNr. 25, 29: „Durch die Aufforderung zur Anmeldung ihrer Forderungen (§ 28 Abs 1 S 1) werden sämtliche Insolvenzgläubiger … in das Verfahren eingebunden".
[216] *Jaeger/Gerhardt* § 4 RdNr. 22; *Holzer* ZIP 1998, 1333, 1336.
[217] LG Karlsruhe NZI 2003, 327, 328.
[218] OLG Celle ZInsO 2004, 204.
[219] Offen gelassen von OLG Celle NZI 2006, 475, 476; a. A. *Fuchs* EWiR 2006, 703, 704, der jedoch nicht erklären kann, dass beide nebeneinander „Beteiligte" sind.
[220] *Jaeger/Gerhardt* § 4 RdNr. 21; *Uhlenbruck/I. Pape* § 4 RdNr. 29.
[221] AA *Uhlenbruck* § 4 RdNr. 29.
[222] LG Düsseldorf ZIP 2007, 1388; OLG Frankfurt NZI 2010, 773, 774; *Lackhoff/Vogel* ZInsO 2011, 1974, 1975; aA *Jaeger/Gerhardt* § 4 RdNr. 21.
[223] *Graf/Wunsch* ZIP 2001, 1800, 1801; *G. Pape* ZIP 2004, 598, 601; *Jaeger/Gerhardt* § 4 RdNr. 23.
[224] So jedoch *Uhlenbruck/I. Pape* § 4 RdNr. 31, die in den Fällen der §§ 207, 211 Abs. 1 die „Parteistellung" beibehalten möchten, nicht aber in den Fällen der §§ 212, 213.
[225] Missverständlich OLG Celle ZIP 2004, 370, 372; OLG Frankfurt ZInsO 2005, 1327, 1329, die in einem Fall des § 299 Abs. 2 ZPO auf die Darlegung eines „besonderen Interesses" verzichten wollen.
[226] OLG Brandenburg NZI 2002, 49; *Jaeger/Gerhardt* § 4 RdNr. 24.
[227] OLG Düsseldorf NZI 2000, 178; OLG Dresden ZIP 2003, 39, 40; OLG Frankfurt ZInsO 2005, 1327, 1328.
[228] OLG Köln NZI 1999, 502, 503 = EWiR 1999, 973 *(Pape)*; OLG Düsseldorf NZI 2000, 178.
[229] BGH ZIP 1998, 961 f.

die nicht Verfahrensbeteiligte („Parteien" im Sinne von § 299 Abs. 1 ZPO) sind. Im Rahmen des Eröffnungsverfahrens sind die Gläubiger – ausgenommen der Antragsteller – Dritte. Im eröffneten Verfahren sind Gläubiger, die ihre Forderungen nicht zur Tabelle angemeldet haben, ebenfalls Dritte (s. RdNr. 61); sie fallen also unter § 299 Abs. 2 ZPO. Gleiches gilt für Massegläubiger oder -schuldner.[230]

63 Ist über den Insolvenzantrag noch nicht entschieden oder ist er abgewiesen oder das Insolvenzverfahren mangels Masse eingestellt,[231] hat ein **Gläubiger,** der nicht der Antragsteller ist/war (in diesem Falle griffe § 299 Abs. 1 ZPO ein), ein rechtliches Interesse im Sinne von § 299 Abs. 2 ZPO schon dann, wenn er glaubhaft macht, dass er im Falle der Eröffnung oder der Nichteinstellung Insolvenzgläubiger (gewesen) wäre, und **feststellen will, ob der Schuldner noch über Vermögen verfügt.**[232] Darüber hinaus ergibt sich sein rechtliches Interesse daraus, dass er seinerseits die Möglichkeit hätte, Insolvenzantrag zu stellen.[233] Es wäre sinnlos, diesen Antrag durch die Ablehnung des Akteneinsichtsrechts zu provozieren.[234] Entsprechendes gilt, wenn der Gläubiger mittels Akteneinsicht feststellen will, ob ihm Durchgriffs- und Schadensersatzansprüche gegen Dritte, insbesondere Geschäftsführer oder Gesellschafter der Schuldnerin, zustehen. Dieses Interesse wäre zwar an sich durch § 299 Abs. 2 InsO nicht geschützt. Es steht jedoch in einem untrennbaren Zusammenhang zu dem geschützten Interesse an der Feststellung, ob noch Vermögen bei der Schuldnerin vorhanden ist.[235]

64 Will ein Gläubiger im Verfahren über die Eröffnung des Insolvenzverfahrens über das Vermögen einer GmbH im Wege der Akteneinsicht **feststellen, ob die Stammeinlagen erbracht sind,** kann ihm das rechtliche Interesse nicht abgesprochen werden. Denn er will ermitteln, ob die GmbH noch Vermögen (Anspruch auf Erbringung der Stammeinlagen) hat.[236]

65 Ob das Interesse eines am Verfahren nicht beteiligten Gläubigers ausreicht, **Schadensersatzansprüche wegen Verletzung der Insolvenzantragspflicht** zu prüfen, ist umstritten. Teilweise wird geltend gemacht, es handele sich nicht um ein auf ein Insolvenzverfahren bezogenes Interesse.[237] Das Gegenteil ergibt sich indes aus § 26 Abs. 3, § 207 Abs. 1 Satz 2.[238] Deshalb ist insoweit ein rechtliches Interesse des Gläubigers an der Akteneinsicht anzuerkennen.[239]

65a Kein rechtliches Interesse an der Akteneinsicht besteht, wenn jemand aus der Insolvenzakte lediglich tatsächliche Angaben entnehmen möchte, mit denen er einen **eigenen Anspruch** begründen will, der **zu dem Streitstoff des Insolvenzverfahrens keinen Bezug** hat.[240] Dies ist beispielsweise der Fall, wenn der Antragsteller über die Akteneinsicht Fakten über die wirtschaftliche Situation seines Gegners zu erfahren hofft, die zur Grundlage einer Klage auf Zahlung des ehegüterrechtlichen Zugewinns dienen können.[241] Auch das von dem Antragsteller vorgetragene Interesse, ein Strafverfahren gegen den Schuldner oder den Geschäftsführer der Schuldner-GmbH betreiben zu wollen, rechtfertigt die entsprechende Anwendung des § 299 Abs. 2 ZPO nicht.[242] Ob ein Gläubiger, der seine Forderung nicht zur Tabelle anmelden will (andernfalls wäre er als Verfahrensbeteiligter

---

[230] OLG Frankfurt NZI 2010, 773, 774; OLG Naumburg NZI 2010, 766; *Lackhoff/Vogel,* ZInsO 2010, 1974, 1975.
[231] Ob die Schuldner-GmbH bereits gelöscht ist, hat keine Bedeutung, vgl. OLG Dresden ZIP 2003, 39; Uhlenbruck/I. Pape § 4 RdNr. 25.
[232] OLG Hamburg NZI 2002, 99, 100; OLG Stuttgart NZI 2002, 663; OLG Dresden ZIP 2003, 39; OLG Hamm ZIP 2004, 283, 284; OLG Celle NJW 2004, 863 = NZI 2004, 167; OLG Frankfurt ZInsO 2005, 1327, 1329; *Heeseler* ZInsO 2001, 873, 882 f.; *G. Pape* ZIP 2004, 598, 601; *Jaeger/Gerhardt* § 4 RdNr. 25; Uhlenbruck/I. Pape § 4 RdNr. 28; HKInsO-*Kirchhof* § 4 RdNr. 15; FKInsO-*Schmerbach* § 4 RdNr. 66, 68; aA – Akteneinsicht nur für die Inhaber titulierter oder festgestellter Forderungen – OLG Celle NZI 2002, 261; wieder anders AG Göttingen ZInsO 2005, 952, das ein Akteneinsichtsrecht generell verneint, wenn das Verfahren beendet ist, ohne dass feststeht, dass ein Insolvenzgrund bestanden hat. Zur Rechtslage nach früherem Recht vgl. die 1. Auflage § 4 RdNr. 63 Fn. 124.
[233] OLG Braunschweig ZIP 1997, 894; OLG Naumburg ZIP 1997, 895.
[234] Zurückhaltender *Holzer* ZIP 1998, 1333, 1338.
[235] BGH NZI 2006, 472, 473.
[236] OLG Köln NZI 1999, 502; *Pape* ZIP 2004, 598, 602; Uhlenbruck/I. Pape § 4 RdNr. 26, 28.
[237] OLG Köln WM 1998, 1092; OLG Brandenburg ZIP 2000, 1541 f. = EWiR 2000, 1079 *(Frind)*; NZI 2002, 49; 2003, 36; OLG Celle NZI 2000, 319 f.; OLG Jena ZVI 2002, 318, 319; OLG Dresden ZInsO 2003, 1148; *Heeseler* ZInsO 2001, 873, 883; *Zipperer* NZI 2002, 244, 252; *Jaeger/Gerhardt* § 4 RdNr. 26; ebenso noch die 1. Auflage.
[238] *Pape* ZIP 2004, 598, 602 f.
[239] *Graf/Wunsch* ZIP 2001, 1800. 1802; *Pape* EWiR 2002, 173, 174; *Flöther* DZWIR 2002, 25 f.; Uhlenbruck/I. Pape § 4 RdNr. 25, 28; HKInsO-*Kirchhof* § 4 RdNr. 15; FKInsO-*Schmerbach* § 4 RdNr. 68.
[240] Vgl. OLG Köln NZI 1999, 502, 503 = EWiR 1999, 973 *(Pape)*; OLG Dresden ZInsO 2003, 1148, 1149.
[241] OLG Dresden ZInsO 2003, 1148, 1149.
[242] AG Hamburg NZI 2002, 117.

entsprechend § 299 Abs. 1 ZPO privilegiert), ein rechtlich zu schützendes Interesse daran hat, durch Einsicht in die Insolvenzakten Erkenntnisse zu gewinnen, die ihn zu einer Gläubigeranfechtung nach §§ 3 ff. AnfG befähigen,[243] erscheint zweifelhaft. Einerseits hat die Aufdeckung anfechtungsrelevanter Vorgänge Bezug zum Streitstoff des Insolvenzverfahrens; andererseits gehört die Anfechtung zu den ureigenen Aufgaben des Insolvenzverwalters. Wenn er diese wahrnimmt, bleibt für eine individuelle Gläubigeranfechtung kein Raum mehr. Wenn das Insolvenzverfahren eröffnet worden ist, wird das rechtliche Interesse an der Akteneinsicht also eher verneint werden müssen. Ist das Verfahren hingegen nicht eröffnet worden oder beendet, sollte das rechtliche Interesse anerkannt werden.[244]

Begehren Privatpersonen **aus wissenschaftlichen Gründen** Akteneinsicht, können sie sich nicht auf § 4 in Verbindung mit § 299 ZPO stützen. Sie können aber aus Art. 5 Abs. 3 GG ein Akteneinsichtsrecht haben.[245] Darüber ist gemäß § 23 EGGVG zu entscheiden.

Der vom Insolvenzgericht bestellte **Gutachter** hat ein aus § 404a Abs. 1 und § 407a Abs. 4 Satz 1 ZPO folgendes Recht auf Akteneinsicht.[246] Der **vorläufige Insolvenzverwalter,** der nicht zugleich als Gutachter eingesetzt ist, und der **Verwalter** haben ein Einsichtsrecht gemäß § 4 in Verbindung mit § 299 Abs. 1 ZPO.[247] Der Verwalter kann obendrein auch die Ermittlungsakten der Staatsanwaltschaft einsehen.[248] Die Akten eines vom Schuldner geführten Prozesses kann der Verwalter bereits vor Aufnahme des unterbrochenen Verfahrens einsehen.[249]

Gerichte, Behörden und **Sozialversicherungsträger** sind – soweit sie nicht Verfahrensbeteiligte (s.o. RdNr. 59 ff.) sind – zwar Dritte. Sie begehren aber regelmäßig die Akteneinsicht im Wege der **Amtshilfe** (vgl. Art. 35 GG). Eine derartige Akteneinsicht ist regelmäßig spezialgesetzlich geregelt (vgl. etwa §§ 3 ff., 69 Abs. 3 Nr. 1 SGB X, § 111 AO). Darauf ist § 299 Abs. 2 ZPO nicht anzuwenden;[250] vielmehr ist den ersuchenden Stellen die Akteneinsicht stets zu ermöglichen, falls nicht das Interesse am Fortgang des Insolvenzverfahrens überwiegt.[251] Wenn die Akten vorläufig unentbehrlich sind, kann der Zweck des Ersuchens meist auch durch die Versendung von Kopien, möglicherweise auch durch eine Auskunft erfüllt werden (dazu s.u. RdNr. 76 ff.). Zuständig für die Entscheidung über das Ersuchen ist der Vorstand des ersuchten Insolvenzgerichts als Organ der Justizverwaltung. Gegen die Überlassung der Akten im Wege der Amtshilfe kann sich der Schuldner gemäß §§ 23 ff. EGGVG zur Wehr setzen.[252]

c) **Verfahren der Akteneinsicht.** Die **Zuständigkeit** richtet sich danach, ob ein Fall des § 299 Abs. 1 ZPO oder des Abs. 2 vorliegt. Den „Parteien" im Sinne des § 299 Abs. 1 ZPO ist die Akteneinsicht durch den Richter oder den Rechtspfleger als Rechtsprechungsorgan zu gewähren. Nach verbreiteter Übung wird diese Aufgabe jedoch auf den Urkundsbeamten der Geschäftsstelle übertragen. Hat dieser Zweifel an der Berechtigung des Ersuchens, muss er die Entscheidung dem Richter oder Rechtspfleger überlassen. Gegen die Entscheidung des Richters ist die sofortige Beschwerde nach § 4 in Verbindung mit § 567 Abs. 1 ZPO statthaft (s.u. § 6 RdNr. 68).[253] Gegen die Versagung durch den Rechtspfleger oder Urkundsbeamten kann Erinnerung eingelegt werden (s.u. § 6 RdNr. 58 ff.).[254] Demgegenüber muss die Akteneinsicht durch Dritte von dem Vorstand des Insolvenzgerichts (Präsident oder Direktor des Amtsgerichts) gestattet werden. Es handelt sich in diesem Falle um eine Angelegenheit der Justizverwaltung (§ 23 EGGVG).[255] Bei Versagung der Akteneinsicht kann das Oberlandesgericht angerufen werden (§ 25 EGGVG).

---

[243] KG NJW 1988, 1738 f.; AG Dresden ZInsO 2002, 146, 147; vgl. auch *Haarmeyer/Seibt* Rpfleger 1996, 221, 225.
[244] HKInsO-*Kirchhof* § 4 RdNr. 15.
[245] *Holzer* ZIP 1998, 1333, 1334; vgl. ferner *Uhlenbruck/I. Pape* § 4 RdNr. 32 (mit Hinweis auf besondere ministerielle Anordnungen); FKInsO-*Schmerbach* § 4 RdNr. 71.
[246] *Uhlenbruck* AnwBl. 1971, 331, 332; *Holzer* ZIP 1998, 1333, 1334.
[247] *Uhlenbruck* AnwBl. 1971, 331, 332; *Holzer* ZIP 1998, 1333, 1334.
[248] OLG Hamm wistra 1997, 39; *Holzer* ZIP 1998, 1333, 1334.
[249] BFH NZI 2000, 504.
[250] *Zipperer* NZI 2002, 244, 245; *Holch* ZZP 87 (1984), 14, 17; *Uhlenbruck* KTS 1989, 527, 533; *Holzer* ZIP 1998, 1333; *G. Pape* ZIP 2004, 598, 604.
[251] *Uhlenbruck/I. Pape* § 4 RdNr. 26; zweifelnd *Rein* NJW-Spezial 2012, 213.
[252] *Zipperer* NZI 2002, 244, 245. Vgl. ferner BGH NJW 1964, 2415; 1969, 1302, 1303 (für die Auskunftspflicht); *Holch* ZZP 87 (1984), 14, 19 ff.; *Uhlenbruck* KTS 1989, 527, 533, 537 ff.
[253] OLG Celle ZIP 2004, 370, 371; *G. Pape* ZIP 2004, 598, 604.
[254] OLG Celle NZI 2005, 126.
[255] OLG Köln NZI 1999, 502; OLG Düsseldorf ZIP 2000, 322; OLG Brandenburg NZI 2002, 49; OLG Dresden ZIP 2003, 39; OLG Frankfurt NZI 2010, 773; OLG Naumburg NZI 2010, 766.

70 Falls Antragsteller nicht der Schuldner ist und das Gericht beabsichtigt, dem Antrag stattzugeben, ist grundsätzlich vor der Entscheidung dem Schuldner **rechtliches Gehör** zu gewähren.[256] Unerheblich ist, ob dem Verfahren ein Eigenantrag des Schuldners zu Grunde liegt, ob die Akteneinsicht im Eröffnungsverfahren oder im eröffneten Verfahren begehrt wird und ob der Schuldner eine natürliche oder juristische Person ist.[257] Allerdings steht die Gewährung rechtlichen Gehörs unter dem Vorbehalt des „Möglichen und Zumutbaren".[258] Deshalb braucht rechtliches Gehör nicht gewährt zu werden, wenn offensichtlich Geheimhaltungsinteressen des Schuldners nicht berührt werden können.[259] Ist der Geschäftsführer der Schuldner-GmbH unauffindbar, braucht ihm das Anerbieten zur Stellungnahme nicht öffentlich zugestellt zu werden.

71 Eine **Aktenversendung** in laufenden Verfahren kommt grundsätzlich nicht in Betracht, weil die Akten für das Insolvenzgericht ständig greifbar sein müssen. Die Akten sind deshalb an der Gerichtsstelle einzusehen.[260] Dies gilt auch für Rechtsanwälte.[261] Eine Überlassung der Akten in die Wohnung oder die Geschäftsräume eines Berechtigten bzw. seines Verfahrensbevollmächtigten oder die Versendung an auswärtige Gerichte würde dem Beschleunigungszweck zuwiderlaufen und die Verfügbarkeit der Akten für das Gericht und andere Einsichtsberechtigte über Gebühr einschränken.[262] Ausnahmen gelten für den Gutachter und den Insolvenzverwalter, auch den vorläufigen, sowie öffentliche Stellen, welche Akteneinsicht im Wege der Amtshilfe beantragen: Ihnen können die Akten auch zur Einsichtnahme in ihrem Büro/ihrer Dienststelle überlassen werden. Mit der Verfahrensbeendigung entfällt die Notwendigkeit, dass die Akten ständig auf der Geschäftsstelle des Insolvenzgerichts verfügbar sein müssen. Wenn darum nachgesucht wird, sind die Akten nunmehr an das Amtsgericht zu versenden, das für den Wohnsitz des Antragstellers zuständig ist;[263] dem Verfahrensbevollmächtigten des Antragstellers können die Akten allenfalls in Ausnahmefällen in seine Kanzlei überlassen werden.

72 Alle Verfahrensbeteiligten haben – im Rahmen der personellen und sächlichen Möglichkeiten des Gerichts – das Recht, dass auf ihre Kosten **Kopien oder Abschriften** (§ 299 Abs. 1 ZPO) gefertigt werden.[264] Auf diese Weise lässt sich das Informationsbedürfnis des Antragstellers oft befriedigen, ohne dass die Akten – die während des laufenden Verfahrens meist unentbehrlich sind – verschickt werden müssen. Die Anfertigung von Kopien oder Abschriften kann abgelehnt werden, wenn konkrete Anhaltspunkte für einen beabsichtigten Missbrauch bestehen. In der für Dritte geltenden Vorschrift des § 299 Abs. 2 ZPO wird ein Anspruch auf die Erteilung von Kopien oder Abschriften zwar nicht erwähnt. Falls diese ein rechtliches Interesse an der Akteneinsicht glaubhaft gemacht haben, kann jedoch auch hier statt der Akteneinsicht die Überlassung von Kopien in Betracht kommen.[265] Wer befugtermaßen die Akten einsieht, kann auch selbst Kopien oder Abschriften anfertigen. Sofern Insolvenzakten nur in **elektronischer Form** vorliegen, gilt § 299 Abs. 3 ZPO entsprechend. Die Geschäftsstelle kann Akteneinsicht durch Erteilung eines Aktenausdrucks, durch Wiedergabe auf einem Bildschirm oder durch Übermittlung von elektronischen Dokumenten gewähren. Nach dem Ermessen des Vorsitzenden kann einem Rechtsanwalt als Bevollmächtigten auch der elektronische Zugriff auf den Inhalt der Akten gestattet werden.

73 § 299 ZPO gilt nur für die Verfahrensakten, nicht für ein **Beiheft zur Prozesskostenhilfe**[266] und nicht für die **Geschäftsbücher des Schuldners,** selbst wenn diese zu den Gerichtsakten genommen wurden.[267] Den Gläubigerausschussmitgliedern darf die Einsicht in die Bücher aber nicht vorenthalten werden (§ 69 Satz 2). **Beigezogene Akten** sind zwar keine Verfahrensakten; soweit sie im Verfahren verwertet werden, unterliegen sie jedoch grundsätzlich der Akteneinsicht;[268]

---

[256] BGH ZIP 1998, 961, 962; OLG Köln NZI 1999, 502, 503 = EWiR 1999, 973 *(Pape)*; OLG Brandenburg NZI 1999, 503; OLG Dresden ZIP 2003, 39, 40; OLG Frankfurt ZInsO 2005, 1327, 1328; *Graf/Wunsch* ZIP 2001, 1800, 1805.
[257] OLG Köln NZI 1999, 502, 503 = EWiR 1999, 973 *(Pape); Graf/Wunsch* ZIP 2001, 1800, 1805; aA FKInsO-*Schmerbach* 4. Aufl. § 4 RdNr. 75 a.
[258] BGH ZIP 1998, 961, 962.
[259] *Graf/Wunsch* ZIP 2001, 1800, 1805.
[260] BGH NJW 1961, 559; *Uhlenbruck* AnwBl. 1971, 331; *ders.* KTS 1989, 527 ff.; *Pape* ZIP 1997, 1367, 1368; aA LG Hagen Rpfleger 1987, 427 m. Anm. *Schneider.* Für Akten, die beim Insolvenzverwalter aufbewahrt werden, vgl. AG Frankfurt/O. ZInsO 1998, 142.
[261] OLG Stuttgart AnwBl. 1958, 95 f.; OLG Köln KTS 1984, 133, 135; AG Göttingen ZInsO 2002, 385, 386; vgl. ferner OLG Hamm NJW 1990, 843, 844; *Uhlenbruck* § 4 RdNr. 33.
[262] Ebenso *Pape* ZIP 1997, 1367, 1368.
[263] AG Göttingen NZI 2002, 266.
[264] OLG Celle ZIP 2004, 370, 371; *Pape* ZIP 1997, 1367, 1368; *ders.* ZIP 2004, 598, 604.
[265] OLG Celle NJW 2004, 863, 864 = NZI 2004, 167; ZIP 2004, 370, 372; ZInsO 2007, 150, 151.
[266] BVerfG NJW 1991, 2078; BGHZ 89, 65 = NJW 1984, 740.
[267] *Jaeger/Gerhardt* § 4 RdNr. 27; *Uhlenbruck/I.* Pape § 4 RdNr. 33; *Holzer* ZIP 1998, 1333.
[268] *Uhlenbruck/I. Pape* § 4 RdNr. 33.

eine Ausnahme kommt für beigezogene Strafakten in Betracht. Das Einsichtsrecht bezieht sich auch auf die Anlagen zum Insolvenzplan (§§ 229, 230).

Zu den Akten des Insolvenzverfahrens gehört auch das **Gutachten,** das eingeholt wurde, um zu prüfen, ob für die Eröffnung ausreichend Masse vorhanden ist. Der Ansicht, das Gutachten sei lediglich ein Internum des Insolvenzgerichts im Sinne von § 299 Abs. 3 ZPO, das den Verfahrensbeteiligten des eröffneten Verfahrens nicht zugänglich gemacht werden dürfe,[269] ist nicht zu folgen. Das Gutachten ist einem bloßen Entwurf oder einem internen Votum nicht gleichzuachten. Es ist vielmehr eine wesentliche Entscheidungsgrundlage für das Gericht, die den Verfahrensbeteiligten oder sonst Einsichtsberechtigten nicht vorenthalten werden darf.[270] Andernfalls könnten sie nicht überprüfen, ob das Gericht die Eröffnung zu Recht beschlossen hat. Im Falle der Nichteröffnung oder Einstellung des Verfahrens mangels Masse besteht das Recht zur Einsichtnahme in das Gutachten regelmäßig im gleichen Umfang.[271] Zwar ist grundsätzlich eine Interessenabwägung erforderlich.[272] Indes überwiegen die Interessen der Gläubiger regelmäßig diejenigen des Schuldners.[273] Die Gläubiger müssen kontrollieren können, ob die Nichteröffnung oder Einstellung auf einer ausreichenden Tatsachengrundlage beruht.[274] Würde ihnen die Einsichtnahme in das Gutachten versagt, könnten sie ohne weiteres selbst einen neuen Insolvenzantrag stellen. Dabei müsste ihnen das frühere Gutachten – oder ein neu einzuholendes – uneingeschränkt zugänglich gemacht werden. Der Schutz des informationellen Selbstbestimmungsrechts des Schuldners wäre also nur vorübergehend erreicht worden, und um welchen Aufwand.

Teile der Akten können von der Einsicht durch Dritte, ausnahmsweise auch durch Verfahrensbeteiligte, ausgeschlossen werden, wenn insoweit ein besonderes Geheimhaltungsinteresse besteht (vgl. § 120 Abs. 2 Satz 2 VerglO). Dies ist zum einen der Fall, wenn durch eine unbeschränkte Akteneinsicht der Verfahrenszweck gefährdet würde.[275] Insoweit müssen aber konkrete Anhaltspunkte für eine derartige Gefährdung vorliegen.[276] Ein besonderes Geheimhaltungsinteresse ist zum Beispiel dann anzuerkennen, wenn sich aus den Akten Einzelheiten über Patente oder Geheimverfahren ersehen lassen, die den Verkaufswert eines insolventen Unternehmens erhöhen. Entsprechendes gilt, wenn der Insolvenzverwalter mitteilt, er beabsichtige, ein zur Masse gehöriges Wertpapierpaket zu verkaufen; in einem solchen Fall ist es untunlich, dass dies vorzeitig bekannt wird. Unter Umständen ist es auch nicht wünschenswert, den Antragsteller aus den Akten ersehen zu lassen, dass der Insolvenzverwalter gegen ihn einen Anfechtungsprozess vorbereitet.[277] Schriftstücke, die einen zwischen dem Antragsteller und dem Insolvenzverwalter bereits schwebenden Rechtsstreit betreffen, können ebenfalls von der Akteneinsicht ausgenommen werden.[278] Zum andern können im Schuldnerinteresse besonders sensible Unterlagen von der Akteneinsicht ausgenommen werden, etwa ein Strafregisterauszug, sofern nicht dessen Kenntnis für die Rechtsdurchsetzung des Antragstellers unverzichtbar ist.[279]

d) Erteilung von Auskünften. Ob für die Erteilung von Auskünften dieselben Maßstäbe gelten wie für die Gewährung von Akteneinsicht, ist umstritten.[280] Richtigerweise wird man darin zwei rechtlich selbständige Formen der Information über das Insolvenzverfahren sehen müssen. Will etwa

---

[269] LG Magdeburg Rpfleger 1996, 364; *Haarmeyer/Seibt* Rpfleger 1996, 221, 222; *Haarmeyer* EWiR 1997, 457; *ders.* InVo 1997, 253, 256.

[270] Wie hier OLG Braunschweig ZIP 1997, 894 = EWiR 1997, 373 *(Pape);* OLG Brandenburg NZI 1999, 503; OLG Düsseldorf NZI 2000, 178; OLG Hamburg NZI 2002, 99 = EWiR 2002, 267 *(Bork);* OLG Celle NZI 2002, 261 f.; 2005, 116; LG Potsdam ZIP 1997, 987 = EWiR 1997, 669 *(Uhlenbruck);* LG Bad Kreuznach NZI 2006, 111; *Pape* ZIP 1997, 1367, 1369; ders. ZIP 2004, 598, 602; *Holzer* ZIP 1998, 1333; *Graf/Wunsch* ZIP 2001, 1800, 1803; *Heeseler* ZInsO 2001, 873, 882 ff.; *Jaeger/Gerhardt* § 4 RdNr. 28.

[271] *Uhlenbruck/I. Pape* § 4 RdNr. 28; aA OLG Celle NZI 2000, 318, 319.

[272] BGH ZIP 1998, 961 f.

[273] AA *Haarmeyer* aaO sowie *Holzer* DZWIR 1999, 82, der zu Unrecht ein besonderes Geheimhaltungsinteresse bezüglich des Gutachtens annimmt.

[274] OLG Braunschweig ZIP 1997, 894 = EWiR 1997, 373 *(Pape);* OLG Brandenburg DZWiR 1999, 80 = EWiR 1999, 87 *(Pape);* LG Potsdam ZIP 1997, 987 = EWiR 1997, 669 *(Uhlenbruck); Pape* ZIP 1997, 1367, 1369; *Wienberg* in *Hess/Weis/Wienberg* § 4 RdNr. 73.

[275] Vgl. LG Darmstadt ZIP 1990, 1424 f. = EWiR 1990, 1111 *(Hegmanns);* AG Köln KTS 1989, 935; AG Dresden InVo 2001, 141, 142; 2002, 106; *Pape* ZIP 1997, 1367, 1368; *Holzer* DZWIR 1999, 82; *Heil* aaO RdNr. 242, 255 bis 260.

[276] *Pape* ZIP 2004, 598, 604.

[277] AA LG Bad Kreuznach NZI 2006, 111.

[278] *Jaeger/Gerhardt* § 4 RdNr. 29.

[279] *Uhlenbruck* KTS 1989, 527, 547; *Jaeger/Gerhardt* § 4 RdNr. 30.

[280] Vgl. etwa *Uhlenbruck/I. Pape* § 4 RdNr. 27, die eher die Nähe der Institute betonen, und *Jaeger/Gerhardt* § 4 RdNr. 19, der die Unterschiede hervorhebt.

die **Presse** über ein Insolvenzverfahren berichten, kann sie nur Auskünfte erfragen; ein Recht auf Akteneinsicht steht ihr nicht zu. Da die Konfliktsituation – auf der einen Seite das Informationsbedürfnis des Ansuchenden, auf der anderen Seite das Interesse des Schuldners und etwaiger anderer Verfahrensbeteiligter, sensible Daten vor den neugierigen Blicken Unbefugter geheimzuhalten – dieselbe ist, können jedoch Wertungen, die für die Akteneinsicht getroffen wurden, auch für die Erteilung von Auskünften fruchtbar gemacht werden (und umgekehrt).

76a   **aa) Eröffnungsverfahren.** Aktuelle oder potentielle Gläubiger fragen häufig beim Insolvenzgericht an, ob ein Insolvenzantrag gegen einen bestimmten Schuldner gestellt ist. Liegt ein Eigenantrag vor, darf das Gericht – auch telefonisch[281] – Auskunft erteilen.[282] Im Falle eines Gläubigerantrags gilt dies nicht.[283] Ausnahmsweise darf das Gericht jedoch über angeordnete Sicherungsmaßnahmen Auskunft erteilen, die ohnehin öffentlich bekannt gemacht werden.[284] Werden Auskünfte im Wege der Amtshilfe erbeten, gelten die diesbezüglichen Ausführungen zur Akteneinsicht (s.o. RdNr. 69) entsprechend.

77   **bb) Eröffnetes Verfahren.** Frägt ein Außenstehender an, ob gegen einen bestimmten Schuldner, dem gegenüber sich der Anfragende einer Forderung berühmt, ein Insolvenzverfahren eröffnet worden ist, darf das Insolvenzgericht Auskunft erteilen, und zwar sowohl im bejahenden als auch im verneinenden Sinne. Der Anfragende kann nicht darauf verwiesen werden, sich anhand der einschlägigen Veröffentlichungen (§ 9) zu informieren. Könnte er, weil er seine Forderung glaubhaft gemacht hat, Akteneinsicht nehmen, sollte die begehrte Auskunft nicht unter Hinweis auf diese Möglichkeit abgelehnt werden. Diese bringt sowohl für das Insolvenzgericht als auch für den Anfragenden größere Belastungen mit sich. Schützenswerte Interessen des Schuldners können weder durch die positive noch die negative Auskunft verletzt werden.[285] Ansonsten haben Private grundsätzlich keinen Anspruch darauf, dass ihnen Auskünfte aus den Insolvenzakten erteilt werden.[286] Insbesondere braucht das Gericht grundsätzlich keine **Anfragen nach dem Verfahrensstand** zu beantworten. Die Verfahrensbeteiligten können sich die notwendigen Informationen anderweitig verschaffen.[287]

78   **cc) Beendetes Verfahren.** Wurde der Insolvenzantrag zurückgenommen oder für erledigt erklärt, soll nur noch die Gewährung von Akteneinsicht in Betracht kommen.[288] Auch hier gilt jedoch: Wenn der Anfragende Akteneinsicht begehren könnte, darf ihm das Gericht auch eine leicht zu erteilende Auskunft erteilen. Dasselbe gilt, wenn das Insolvenzverfahren mangels Masse (§ 207) eingestellt worden ist. Zu Auskunftsersuchen aus wissenschaftlichen Gründen gelten die Ausführungen o. RdNr. 66 entsprechend.

79   **17. Berichtigung (§§ 319 f. ZPO).** Die Berichtigung offenbarer Unrichtigkeiten von Amts wegen ist zulässig. Berichtigt werden können der **Eröffnungsbeschluss,**[289] der eine Eröffnung ablehnende Beschluss[290] und die **Insolvenztabelle.**[291]

80   **18. Materielle Rechtskraft (§§ 322 ff. ZPO).**[292] Die **Eintragung in die Insolvenztabelle** wirkt hinsichtlich der festgestellten Forderungen im Umfang der Feststellung gegenüber allen Insolvenzgläubigern und dem Insolvenzverwalter wie ein rechtskräftiges Urteil (§ 178 Abs. 3).[293] Die Rechtskraftwirkung des Tabelleneintrags besteht – über das Insolvenzverfahren hinaus – auch gegenüber dem Schuldner, wenn und soweit er nicht widersprochen hat. Vgl. im Übrigen die Kommentierung zu § 178 Abs. 3.

80a   Materiell rechtskräftig werden auch **insolvenzgerichtliche Beschlüsse,** die bürgerlich-rechtliche Beziehungen unter Verfahrensbeteiligten regeln. Darunter fällt zum Beispiel die Festsetzung der

---

[281] Dazu *Heeseler* ZInsO 2001, 873, 884.
[282] *Jaeger/Gerhardt* § 4 RdNr. 41; *Uhlenbruck/I. Pape* § 4 RdNr. 27; FKInsO-*Schmerbach* § 4 RdNr. 62; aA *Frege/Keller/Riedel* aaO RdNr. 174.
[283] OLG Brandenburg NZI 2001, 591 f.; FKInsO-*Schmerbach* § 4 RdNr. 62.
[284] *Jaeger/Gerhardt* § 4 RdNr. 41; weitergehend (Pflicht zur Auskunft): *Uhlenbruck/I. Pape* § 4 RdNr. 27.
[285] OLG Brandenburg NZI 2001, 591 f.
[286] *Uhlenbruck/I. Pape* § 4 RdNr. 29 f.; mißverständlich OLG Brandenburg DZWIR 1999, 80, 81: Das Recht auf Akteneinsicht sei nicht darauf „beschränkt", Auskünfte aus den Akten zu erhalten.
[287] *Pape* ZIP 1997, 1367; *Heeseler* ZInsO 2001, 873, 882. Zu Auskunftsansprüchen des Schuldners gegen den Insolvenzverwalter vgl. *Heeseler* ZInsO 2001, 873, 877 ff.; *Bork/Jacoby* ZInsO 2002, 398 ff.
[288] FKInsO-*Schmerbach* § 4 RdNr. 64.
[289] *Uhlenbruck* § 4 RdNr. 38.
[290] OLG Köln ZIP 2000, 1168, 1170; LG München I ZInsO 2001, 523, 524.
[291] OLG Celle KTS 1964, 118; LG Wuppertal KTS 1970, 237, 238.
[292] BGH ZIP 1986, 319, 322 = EWiR 1986, 295 *(Eickmann)*.
[293] Vgl. BT-Drucks. 12/2443, S. 185; BGHZ 113, 381, 383 (zu § 145 KO).

Ansprüche des Insolvenzverwalters und der Mitglieder des Gläubigerausschusses auf Vergütung und Auslagenersatz (§§ 64, 73 Abs. 2). Werden die rechtskräftig festgesetzten Ansprüche in einem späteren Prozess bestritten, so ist das Prozessgericht an die Festsetzung gebunden.[294]

Keine materielle Rechtskraft hat der **Eröffnungsbeschluss.** Die Bejahung des Insolvenzgrundes bindet weder den Prozessrichter – zum Beispiel im Anfechtungsprozess (§ 129) oder im Streit über die Schadensersatzpflicht wegen Verletzung der Antragspflicht (§ 15a) – noch den Strafrichter in einem wegen der Verletzung des Insolvenzantragspflicht eingeleiteten Strafverfahren. Der unanfechtbar gewordene Eröffnungsbeschluss hat jedoch bindende Tatbestandswirkung.[295] Dies folgt aus seiner formellen Rechtskraft in Verbindung mit dem allgemeinen Grundsatz, wonach ein Hoheitsakt nur in dem dafür vorgesehenen Verfahren beseitigt werden kann und, solange dies nicht geschehen ist, grundsätzlich wirksam ist. Deshalb hat das Prozessgericht auch davon auszugehen, dass der Verwalter wirksam bestellt worden ist und nicht als Nichtberechtigter verfügt hat. Der etwaige Mangel der Insolvenzfähigkeit wird durch die formelle Rechtskraft des Eröffnungsbeschlusses geheilt,[296] nicht jedoch der Mangel der deutschen Gerichtsbarkeit.[297]

80b

Ein Beschluss, durch den ein **Antrag auf Eröffnung** des Insolvenzverfahrens formell rechtskräftig **abgewiesen** wurde, hindert nicht, dass der abgewiesene Antragsteller mit verbesserter Begründung oder unter Behauptung neuer Umstände einen neuen Antrag stellt; umso weniger steht er dem Antrag eines anderen Antragsberechtigten entgegen.[298] Die Verneinung des Insolvenzgrundes bindet den Prozessrichter ebenso wenig wie die Bejahung (dazu oben RdNr. 80).

80c

Die **Aufhebung** (§§ 200, 258) und **Einstellung** (§§ 207, 213) des Insolvenzverfahrens sowie die **Bestätigung des Insolvenzplans** (§ 248 Abs. 1) haben keinen der materiellen Rechtskraft fähigen Inhalt.[299] Der Prozessrichter hat zum Beispiel eine Einstellung mangels Masse als wirksam hinzunehmen (Folge der formellen Rechtskraft); dass keine ausreichende Masse vorhanden war, ist jedoch nicht bindend festgestellt.[300]

80d

Ein nach (formell) rechtskräftiger Entscheidung über einen Restschuldbefreiungsantrag in demselben Verfahren erneut gestellter Antrag ist wirkungslos und braucht nicht beschieden zu werden. Der Schuldner kann die Rechtskraft des Beschlusses nicht durch einen neuen Antrag im selben Insolvenzverfahren unterlaufen.[301]

80e

Die **Festsetzung der Verwaltervergütung** im Insolvenzverfahren entfaltet materielle Rechtskraft für den Vergütungsanspruch als solchen und für den Umfang des Vergütungsanspruchs. Die Berechnungsgrundlage und der Vergütungssatz einschließlich der hierbei bejahten oder verneinten Zu- oder Abschläge nehmen als Vorfragen an der Rechtskraft nicht teil. Ein Zweitverfahren über die Festsetzung der Verwaltervergütung kann deshalb nicht auf Umstände gestützt werden, die bereits im Erstverfahren geltend gemacht worden sind oder hätten geltend gemacht werden können.[302]

80f

19. Beschlussform (§ 329 ZPO). Anders als das RG[303] hatte der BGH schon zur Konkursordnung ausgesprochen, dass § 329 ZPO jedenfalls teilweise anwendbar sei.[304] Entscheidungen des Insolvenzgerichts ergehen nach dem Sprachgebrauch der Zivilprozessordnung als Beschlüsse (vgl. zB §§ 27, 200, 252, 253, 258). Auch wenn das Gericht die mündliche Verhandlung angeordnet hatte, ergeht die Entscheidung in Beschlussform, weil die Mündlichkeit freigestellt war (§ 5 Abs. 2).

81

Im schriftlichen Verfahren ergehende – und deshalb nicht verkündete – Beschlüsse müssen eigenhändig **unterschrieben** werden.[305] Ein nicht unterschriebener Beschluss, durch den ein vorläufiger Insolvenzverwalter eingesetzt oder das Insolvenzverfahren eröffnet wird, ist nichtig.[306] Er wird auch nicht durch die öffentliche Bekanntmachung existent.[307] Die Unterschrift kann zwar nachgeholt werden; doch wirkt die nachgeholte Unterschrift nur *ex nunc*.[308] Wird ein Beschluss verkündet, so

82

---

[294] Vgl. Jaeger/Gerhardt § 6 RdNr. 52.
[295] BGHZ 113, 216, 218 = EWiR 1991, 481 *(K. Schmid)*; Jaeger/Gerhardt § 6 RdNr. 54; HKInsO-*Kirchhof* § 6 RdNr. 40.
[296] BGHZ 113, 216, 218.
[297] Jaeger/Gerhardt § 6 RdNr. 57.
[298] Vgl. Jaeger/Gerhardt § 6 RdNr. 55.
[299] Vgl. Jaeger/Gerhardt § 6 RdNr. 56.
[300] Zur Bindung der Arbeitsgerichte an die Einstellung mangels Masse vgl. BAG ZIP 1989, 798, 799.
[301] BGH NZI 2007, 243 RdNr. 9.
[302] BGHZ 185, 353 = NZI 2010, 643.
[303] RGZ 137, 243, 248.
[304] BGHZ 137, 49, 52 = BGH NJW 1998, 609, 610.
[305] BGHZ 137, 49, 51 = NJW 1998, 609 = WuB VI G. § 10 GesO 2.98 *(Pape)* = LM GesO Nr. 29 *(Huber)*; OLG Köln ZIP 1988, 1001 f.
[306] BGH NZI 2003, 197, 198.
[307] BGHZ 137, 49, 51 = NJW 1998, 609.
[308] BGHZ 137, 49, 53 = NJW 1998, 609.

genügt dies, um ihn – notfalls auch ohne Unterschrift – als endgültigen, verbindlichen hoheitlichen Ausspruch erscheinen zu lassen.

83 Es ist zwischen dem **Erlass** – dem „Existentwerden" – und der **Wirksamkeit** – dem Entfalten von Rechtswirkungen – insolvenzgerichtlicher Entscheidungen zu differenzieren. Verkündete Entscheidungen werden mit der Verkündung existent und bindend.[309] Nicht zu verkündende Entscheidungen werden erlassen (existent) in dem Zeitpunkt, in dem das Gericht sich ihrer in einer der Verkündung vergleichbaren Weise entäußert hat. Dies setzt voraus, dass die Entscheidung die Geschäftsstelle mit der unmittelbaren Zweckbestimmung verlassen hat, den Parteien bekannt gegeben zu werden.[310] Verkündete Entscheidungen werden mit der Verkündung zugleich wirksam (§ 4 i. V. m. § 312 Abs. 1 ZPO), selbst wenn diese in Abwesenheit des Betroffenen erfolgt und noch eine Zustellung erfolgen muss. Nicht verkündete Entscheidungen werden wirksam mit Zustellung an den Betroffenen oder – falls eine öffentliche Bekanntmachung erforderlich ist – in dem Zeitpunkt, in dem diese als bewirkt gilt (§ 9 Abs. 1 Satz 3, vgl. § 9 RdNr. 20 ff.). Unanfechtbare Entscheidungen werden im Übrigen auch mit ihrer formlosen Mitteilung wirksam (§ 4 i. V. m. § 329 Abs. 2 Satz 1 ZPO). Mit Tag und Stunde datierte Beschlüsse nach §§ 21, 27 werden mit dem angegebenen Zeitpunkt wirksam, nicht datierte Beschlüsse mit der Mittagsstunde des Tages, an dem sie erlassen wurden (vgl. § 27 Abs. 2 Nr. 3, Abs. 3.[311] Zur Wirksamkeit von Beschwerdeentscheidungen vgl. § 6 RdNr. 74. Es gibt auch **wirkungslose Entscheidungen,** nämlich solche, die zwar der formellen Rechtskraft fähig sind, jedoch wegen schwerwiegender Mängel keine Wirkungen erzeugen. Darunter fällt beispielsweise die Eröffnung eines Insolvenzverfahrens über das Vermögen einer Person, die nicht der deutschen Gerichtsbarkeit unterliegt,[312] oder die Entscheidung durch einen Rechtspfleger, obwohl jene dem Richter vorbehalten war (s.o. § 2 RdNr. 23). Die Wirkungslosigkeit der Entscheidung ist mit dem Rechtsmittel geltend zu machen, das gegen die wirksame Entscheidung gegeben wäre. Zum Rechtsbehelf gegen zwar wirkungslose, jedoch einen gegenteiligen Anschein erweckende „Entscheidungen" vgl. § 6 RdNr. 39, zur Beseitigung wirkungsloser, aber formell rechtskräftige Entscheidungen vgl. § 6 RdNr. 71c.

84 Beschlüsse, mit denen ein Antrag ganz oder teilweise abgelehnt wird oder gegen die ein Rechtsmittel statthaft ist, sind zu **begründen;** die fehlende Begründung ist eine zur Aufhebung führende Gesetzesverletzung (§ 4 i. V. m. § 547 Nr. 6, § 576 Abs. 3 ZPO).[313] Die verbreitete Übung, die Begründung bei Einlegung eines Rechtsmittels nachzuholen, ist bedenklich. Denn anhand der Begründung sollen die Verfahrensbeteiligten gerade beurteilen können, ob sie ein Rechtsmittel einlegen wollen oder nicht.[314]

85 Im Allgemeinen genügt es, einen nicht verkündeten Beschluss den Beteiligten formlos mitzuteilen; enthält er eine Terminsbestimmung oder setzt er eine Frist in Lauf oder ist er mit einem Rechtsmittel anfechtbar, so ist er **zuzustellen** (§ 329 Abs. 2 und 3 ZPO analog).[315] Die Zustellung hat von Amts wegen zu erfolgen (§ 8 Abs. 1 Satz 1).

86 **20. Beweisaufnahme (§§ 355 ff. ZPO).** Auf eine nach § 5 Abs. 1 angeordnete Beweisaufnahme finden die §§ 355 ff. ZPO entsprechende Anwendung. Modifikationen ergeben sich durch die Geltung des Amtsermittlungsgrundsatzes (Einzelheiten zum Beweisaufnahmerecht bei § 5 RdNr. 51 ff.). Zur Beweiswürdigung und Glaubhaftmachung vgl. RdNr. 56.

87 **21. Erklärungen im Termin oder zu Protokoll (§ 496 ZPO).** Manche Erklärungen müssen „im Termin" (mündliche Verhandlung oder Gläubigerversammlung) abgegeben werden (vgl. § 5 RdNr. 71). Außerhalb eines Termins können Anträge und Erklärungen nicht nur in schriftlicher Form (vgl. RdNr. 52a), sondern auch bei dem Insolvenzgericht (vgl. o. RdNr. 25) mündlich zu Protokoll der Geschäftsstelle angebracht werden.[316] Für den Eröffnungsantrag gilt dies allerdings nicht mehr. Sowohl das Regel- als auch das Verbraucherinsolvenzverfahren wird nur auf schriftlichen Antrag hin eröffnet (§ 13 Abs. 1, § 305 Abs. 1). Wegen weiterer Ausnahmen vgl. § 174 Abs. 1 Satz 1, § 242 Abs. 1.

---

[309] *Stein/Jonas/Münzberg,* ZPO 22. Aufl. § 705 RdNr. 4.
[310] BGH NJW-RR 2004, 1574; ZVI 2006, 565.
[311] BGHZ 133, 307, 310 = EWiR 1996, 1077 *(Henckel);* BGH ZIP 1995, 40, 41 = EWiR 1995, 57 *(Uhlenbruck); Jaeger/Gerhardt* § 6 RdNr. 47 f.; überholt sind BGH NJW 1982, 2074 f.; BAG ZIP 1998, 33, 34 = EWiR 1998, 183 *(Brandes).*
[312] *Jaeger/Gerhardt* § 6 RdNr. 57.
[313] OLG Celle ZInsO 2000, 667, 668; OLG Köln ZInsO 2001, 420, 421; *Gerhardt,* FS Uhlenbruck, S. 75, 96; aA RG JW 1900, 50.
[314] Zutreffend *Jaeger/Gerhardt* § 5 RdNr. 33.
[315] Vgl. dazu BVerfG ZIP 1988, 1409, 1410.
[316] *Jaeger/Gerhardt* § 4 RdNr. 17; HKInsO-*Kirchhof* § 4 RdNr. 17.

22. Beschwerde (§§ 567 ff. ZPO). Insofern gelten die allgemeinen Vorschriften der Zivilprozessordnung nach näherer Maßgabe des § 6 (vgl. die dortige Kommentierung). Die sofortige Beschwerde des Schuldners (§ 34 Abs. 2) gegen die Verfahrenseröffnung kann gemäß § 571 Abs. 2 Satz 2 ZPO nicht auf die örtliche Unzuständigkeit des Insolvenzgerichts gestützt werden (s. § 3 RdNr. 32). 88

23. Wiederaufnahme (§§ 578 ff. ZPO). Die Vorschriften über die Wiederaufnahme sind auf unanfechtbar gewordene, streitentscheidende Beschlüsse im Insolvenzverfahren entsprechend anzuwenden (vgl. § 6 RdNr. 86 f.).[317] Urkunden, auf die ein Restitutionsverfahren gestützt werden soll, müssen so zeitig errichtet worden sein, dass sie bei der Beschlussfassung noch hätten berücksichtigt werden können. Über das Wiederaufnahmegesuch ist im Beschlussverfahren zu entscheiden. Für das Wiederaufgreifen eines rechtskräftig abgeschlossenen **Vergütungsfestsetzungsverfahrens** gemäß § 64 Abs. 1 i.V.m. § 8 Abs. 1 und 2 InsVV sind die Wiederaufnahmevorschriften nicht entsprechend anwendbar.[318] 89

VIII. Anwendbare Vorschriften aus anderen Gesetzen

1. Geschäftsverteilung (§ 21e GVG). Die Regeln über die Verteilung der richterlichen Geschäfte gelten auch für das Insolvenzgericht. 90

2. Rechtshilfe (§§ 156 ff. GVG). Das Insolvenzgericht kann ein **anderes Insolvenzgericht** oder ein **Amtsgericht im Bezirk eines anderen Insolvenzgerichts** um Rechtshilfe ersuchen. Das Rechtshilfegericht braucht nicht selbst Insolvenzgericht zu sein.[319] Ein anderes Amtsgericht im Bezirk des ersuchenden Insolvenzgerichts darf nicht als Rechtshilfegericht eingeschaltet werden (s. § 2 RdNr. 12). 91

Im Wege der Rechtshilfe kann der weit entfernt wohnhafte oder inhaftierte Schuldner durch ein ortsnahes Gericht angehört oder es kann ihm eine Offenbarungsversicherung abgenommen werden. Unter den gleichen Umständen können auswärtige Zeugen vernommen werden. Ob eine bestimmte Verfahrensweise zweckmäßig ist, hat allein das ersuchende Gericht zu beurteilen.[320] Ein anderes Insolvenzgericht kann jedoch nicht um die Durchführung eines Insolvenztermins oder einer Gläubigerversammlung ersucht werden. Dabei handelt es sich um Kernstücke des Insolvenzverfahrens, die vor dem zuständigen Insolvenzgericht durchgeführt werden müssen.[321] Auch der Erlass einer Vorführungsanordnung oder eines Haftbefehls kann nicht dem ersuchten Richter überlassen werden.[322] 92

3. Sitzungspolizei, Gerichtssprache (§§ 176 bis 191 GVG). Die allgemeinen Vorschriften über die Leitung von Sitzungen und die Sitzungspolizei (vgl. auch §§ 136, 139 bis 144, 156, 157 ZPO, dazu u. RdNr. 47) gelten auch für die Sitzungen (mündliche Verhandlungen und Gläubigerversammlungen) im Insolvenzverfahren. Die Gerichtssprache ist deutsch. An sich haben die Insolvenzgläubiger deshalb ihre Forderungen in deutscher Sprache anzumelden. Gemäß Art. 42 Abs. 2 EuInsVO kann jedoch ein Gläubiger, der seinen gewöhnlichen Aufenthalt, Wohnsitz oder Sitz in einem (anderen) Mitgliedstaat der EU hat, seine Forderung auch in der Amtssprache oder einer der Amtssprachen dieses anderen Staates anmelden. In diesem Fall muss die Anmeldung jedoch mindestens die Überschrift „Anmeldung einer Forderung" in deutscher Sprache tragen. Vom Gläubiger kann eine deutsche Übersetzung der Anmeldung verlangt werden. 93

Vorbemerkungen vor §§ 4a bis 4d

Schrifttum: *Ahrens,* Versagung oder Aufhebung der Kostenstundung, ZVI 2003, 268; *Ahrens,* Eckpunkte des Bundesjustizministeriums zur Reform der Verbraucherinsolvenz, NZI 2011, 425; *Förster,* Klartext: Von der Kostenstundung zur Restschuldbefreiung – Formaler Zirkus ohne Nutzen! ZInsO 2002, 116; *Frind,* Das neue „Entschuldungsverfahren" – Eigentor des Gesetzgebers? DRiZ 2006, 193; *Fuchs,* Die Änderungen im Verbraucherinsolvenzverfahren – Problemlösung oder neue Fragen? NZI 2002, 239; *Göbel,* Bericht der Bund-Länder-Arbeitsgruppe – Anmerkungen aus der Sicht der Schuldnerberatung, ZInsO 2000, 383; *Graf-Schlicker,* Analysen und Änderungsvorschläge zum neuen Insolvenzrecht, WM 2000, 1984; *dies.,* Die Kostenhürde im Verbraucherinsolvenzverfahren, FS Uhlenbruck, 2000, S. 573; *Graf-Schlicker/Remmert,* Das neue Insolvenzrecht auf dem Prüf-

---

[317] BGHZ 159, 122, 127 = NJW-RR 2004, 1422 = NZI 2004, 440, 441; BGH NZI 2006, 234, 235; ZIP 2007, 144 RdNr. 5.
[318] BGHZ 185, 353 RdNr. 6 = NZI 2010, 643
[319] Zöller/Gummer, ZPO 25. Aufl. § 156 GVG RdNr. 2.
[320] BGH NJW 1990, 2936, 2937; BayObLG Rpfleger 1994, 103; OLG Düsseldorf MDR 1996, 843, 844; OLG Köln NZI 1999, 459.
[321] OLG München OLGE 42 (1922), 76; Jaeger/Gerhardt § 4 RdNr. 8.
[322] OLG Köln NZI 1999, 459 f.

stand, ZInsO 2000, 321; *Grote,* Die Entscheidung über den Antrag auf Kostenstundung nach § 4a InsO, ZInsO 2002, 179; *Grote/Müllers,* Rückflüsse an die Staatskasse bei der Kostenstundung in Insolvenz- und Restschuldbefreiungsverfahren, ZInsO 2006, 187; *Hergenröder,* Schulden ohne Ende oder Ende ohne Schulden? DZWIR 2001, 403; *ders.,* Entschuldungsmodell statt Verbraucherinsolvenz bei Masselosigkeit, DZWIR 2006, 265; *Hess/Wienberg/Titze-Fischer,* Zur Notwendigkeit einer Reform des Verbraucherinsolvenzverfahrens, NZI 2000, 97; *Heyer,* Reform des Restschuldbefreiungssystems, ZInsO 2005, 1009; *ders.,* Strafgefangene im Insolvenz- und Restschuldbefreiungsverfahren, NZI 2010, 81; *ders.,* Verfahrenskostenstundung – wofür wir sie brauchen und benutzen, ZVI 2012, 130; *Homann,* Prüfungsumfang im Stundungsverfahren, ZVI 2012, 285; *Hueb/Webel,* Zur Kostenrisikoverteilung in massearmen Verfahren bei Kostenstundung, NZI 2011, 389; *Kirchhof,* Zwei Jahre Insolvenzordnung – ein Rückblick, ZInsO 2001, 1; *Kocher,* Entschuldung jetzt auch für mittellose Schuldner? DZWIR 2002, 45; *Laroche/Prukowski/Schöttler/Siebert/Vallender,* Insolvenzrechtsreform 2. Stufe – die geplanten Änderungen in der Insolvenz natürlicher Personen, ZIP 2012, 558; *Leibner,* Die Änderungen des Insolvenzrechts aus anwaltlicher Sicht, NZI 2001, 574; *I. Pape/G. Pape,* Vorschläge zur Reform des Insolvenzverfahrens, insbesondere des Verbraucherinsolvenzverfahrens, ZIP 2000, 1553; *I. Pape,* Änderung des Verbraucherinsolvenzverfahrens – Vereinfachung oder Schaffung neuer Probleme?, NZI 2000, Heft 12 S. V; *dies.,* Ausfüllung von Gesetzeslücken bei den Stundungsvorschriften – Widerruf bei der Verletzung von Mitwirkungspflichten, NZI 2005, 594; *Pieper,* Aufhebung der Verfahrenskostenstundung in der Wohlverhaltensperiode des Schuldners wegen Verletzung von Mitwirkungspflichten auch vor Versagung / Widerruf der Restschuldbefreiung?, ZVI 2009, 241; *Schäferhoff,* Die Vorschusspflicht des Ehegatten im Stundungsverfahren, ZVI 2004, 80; *Schmerbach/Stephan,* Der Diskussionsentwurf zur Änderung der Insolvenzordnung und anderer Gesetze – Anmerkungen aus insolvenzrichterlicher Sicht, ZInsO 2000, 541; *Schmidt,* Verbraucherinsolvenz in neuem Gewand, InVo 2005, 481; *Schmittmann,* Versagung der Restschuldbefreiung durch die Hintertür: Widerruf der Verfahrenskostenstundung bei mangelnder Mitwirkung des Schuldners, VIA 2ß11, 57; *Vallender,* Ein Hoffnungsschimmer für verschuldete Verbraucher, NZI 2000 Heft 7 S. V; *ders.,* Die Vorschusspflicht des Ehegatten im Stundungsverfahren, ZVI 2003, 505; *ders.,* Ein redlicher Schuldner? ZVI 2003, 253; *ders.,* Der Referentenentwurf eines Gesetzes zur Änderung der Insolvenzordnung, des Kreditwesengesetzes und anderer Gesetze, InVo 2004, 478; *Wegener,* Die Aufhebung der Verfahrenskostenstundung nach § 4c InsO – Tatbestände, Bedeutung für den Schuldner, Ausblick; VIA 2012, 33.

1 Die sogenannte **Stundungsregelung** der §§ 4a bis 4d ist entstanden, um den Streit zu beenden, ob dem Schuldner Prozesskostenhilfe bewilligt werden darf, um die Kosten des Insolvenzverfahrens zu decken. Zur Entstehungsgeschichte wird auf die ausführliche Darstellung in der 1. Auflage (Vorbemerkungen vor §§ 4a bis 4 d, RdNr. 1 bis 3) verwiesen.

2 Das Stundungsmodell ist eine **modifizierte Form der staatlichen Finanzhilfe.** Es soll diejenigen Schuldner, die nicht einmal mehr die Kosten des Insolvenzverfahrens aufbringen können, ebenfalls den Genuss der Restschuldbefreiung verschaffen, die nach der Konzeption der Insolvenzordnung das Durchlaufen eines Insolvenzverfahrens voraussetzt (vgl. § 1 RdNr. 104). Die Verfahrenskosten sollen nicht endgültig von der Staatskasse übernommen werden, sondern die Fälligkeit der Kostenansprüche soll hinausgeschoben werden. Nach einer wirtschaftlichen Erholung hat der Schuldner die Verfahrenskosten selbst zu tragen.

3 Dem überschuldeten Teil der Bevölkerung sollte nicht mehr und nicht weniger als ein **wirtschaftlicher Neuanfang** ermöglicht werden.[1] Von der Einführung des Stundungsmodells versprach man sich auch **günstige finanzielle Effekte.** Es sollte den Staat deutlich weniger kosten als etwa die Bewilligung von Prozesskostenhilfe. In der amtlichen Begründung wurde geschätzt, dass nach Erteilung der Restschuldbefreiung, womit die Stundung endet, ca. 50 % der vom Staat eingesetzten Mittel wieder an diesen zurückfließen. Außerdem versprach man sich eine Kostenersparnis durch die Einschränkung der Beiordnung von Rechtsanwälten. Ferner setzte man auf eine **„Signalwirkung" gegenüber den Schuldnern.** Diesen werde deutlich gemacht, dass eine Restschuldbefreiung nur auf Grund erheblicher eigener Anstrengung zu erlangen sei. Überschuldeten Menschen werde ein Anreiz gegeben, sich wieder in den Arbeitsprozess einzugliedern und nicht in die Schattenwirtschaft abzutauchen oder überhaupt keiner Arbeit mehr nachzugehen. Eine Entschuldung zum Nulltarif werde es regelmäßig nicht geben (zu den Normzwecken vgl 1. Aufl. §§ 4a bis 4d RdNr. 2, 3). Schließlich wurde in der amtlichen Begründung die Hoffnung geäußert, das Stundungsmodell werde zur **Entlastung der Justiz** führen, weil Schuldner, die ohne nennenswerte eigene Anstrengungen die „Rechtswohltat" der Restschuldbefreiung erreichen wollten, vom Eintritt in das Verfahren abgehalten würden.[2]

---

[1] Entwurf eines Gesetzes zur Änderung der Insolvenzordnung und anderer Gesetze vom 28.3.2001, BT-Drucks. 14/5680, S. 1, 11.

[2] BT-Drucks. 14/5680, S. 13.

Dieser vermeintlichen Vorteile wegen hat der Gesetzgeber die Interessen der Insolvenzgläu- 4
biger geopfert (dazu 1. Aufl. §§ 4a bis 4d RdNr. 4). Darüber hinaus hatte die Stundungsregelung jedoch auch einen „Geburtsfehler" zu Lasten des Schuldners: Kann er nach dem Ende der Stundung keine oder keine nennenswerten Zahlungen leisten, wird sein wirtschaftlicher Neuanfang nach Erteilung der Restschuldbefreiung mit Schulden auf Grund der noch offenen Verfahrenskosten belastet, die leicht mehrere tausend Euro erreichen können und ggfs. erneut gestundet werden müssen (vgl. § 4b). Im Hinblick darauf wäre es wünschenswert gewesen, die Vergütung des Insolvenzverwalters bzw. Treuhänders in massearmen Verfahren gering zu halten. Dieses Ziel ließ sich jedoch nicht erreichen, weil den genannten Personen aus verfassungsrechtlichen Gründen eine auskömmliche Vergütung nicht vorenthalten werden darf.[3] Die – unvermeidliche – Anhebung der Mindestvergütungen für Insolvenzverwalter und Treuhänder durch die Verordnung zur Änderung der insolvenzrechtlichen Vergütungsverordnung vom 4. Oktober 2004[4] hat die Problematik noch verschärft.

Die Hoffnungen des Gesetzgebers (o. RdNr. 2) haben sich insgesamt nicht erfüllt. Es ist 5
nicht zu einer Entlastung, sondern zu einer immensen Belastung der Justiz durch zahllose, aufwändige Verfahren gekommen. Nach einer Pressemitteilung des Statistischen Bundesamts vom 3.3.2006 stieg die Zahl der Verbraucherinsolvenzverfahren von 2.305 im ersten Jahr nach dem Inkrafttreten der InsO auf 68.898 im Jahre 2005. Eine Trendwende ist nicht in Sicht. Im ersten Quartal 2012 meldeten die deutschen Amtsgerichte 25.426 Verbraucherinsolvenzverfahren; insgesamt gab es 39.339 Privat- und Nachlassinsolvenzverfahren.[5] Die erhoffte Schonung der öffentlichen Haushalte hat sich in das Gegenteil verkehrt.[6] Von einer Signalwirkung gegenüber den Schuldnern ist wenig zu spüren. Deswegen ist der Ruf nach einer **„Reform der Reform"** laut geworden. Der Referentenentwurf vom 16.9.2004 begnügte sich noch mit moderaten Änderungen.[7] Am 25.1.2007 legte das BMJ den Referentenentwurf eines „Gesetzes zur Entschuldung völlig mittelloser Personen und zur Änderung des Verbraucherinsolvenzverfahrens" (EntschuldungsG) vor.[8] In dem Entwurf wurde vorgeschlagen, auch in Verbraucherinsolvenzverfahren bei fehlender Deckung der Verfahrenskosten die Eröffnung mangels Masse abzulehnen und – wie bisher bei Gesellschaftsinsolvenzen – unmittelbar in ein Restschuldbefreiungsverfahren überzuleiten. Der Schuldner sollte in angemessenem Umfang an den Verfahrenskosten beteiligt werden. Die §§ 4a bis 4d sollten ersatzlos gestrichen werden.[9] Im Kern erhalten bleiben sollte lediglich § 4a Abs. 2 (Beiordnung eines Rechtsanwalts). Der Vorschlag, der einen echten Paradigmenwechsel bedeutet hätte, ist dann aber nicht weiter verfolgt worden. Am 18. Januar 2012 hat das BMJ den Entwurf eines **„Gesetzes zur Verkürzung des Restschuldbefreiungsverfahrens, zur Stärkung der Gläubigerrechte und zur Insolvenzfestigkeit von Lizenzen"** vorgelegt.[10] Nach diesem Entwurf bleibt es bei den Stundungsvorschriften und dem eröffneten Verfahren als Voraussetzung der Restschuldbefreiung. Alle natürlichen Personen sollen jedoch die Möglichkeit erhalten, die Dauer der Restschuldbefreiung von sechs auf drei Jahre zu verkürzen. Voraussetzung hierfür ist, dass der Schuldner innerhalb von drei Jahren eine Mindestbefriedigungsquote von 25 Prozent erfüllt und die Verfahrenskosten begleicht. Bei einem Schuldner, der die Quote von 25 Prozent nicht erreicht, aber die Verfahrenskosten begleichen kann, verkürzt sich die Wohlverhaltensperiode auf fünf Jahre. Der Entwurf will so einen Ausgleich zwischen den Interessen der Schuldner an einem baldigen wirtschaftlichen Neubeginn und den Interessen der Gläubiger an einer möglichst umfassenden Befriedigung ihrer Forderungen herstellen.

---

[3] Vgl. BGH NZI 2004, 224 (verfassungskonforme Auslegung der § 2 Abs. 2, § 13 Satz 3 HS 1 InsVV); NZI 2005, 228.
[4] BGBl. I S. 256 a.
[5] Pressemitteilung des Statistischen Bundesamts Nr. 198 vom 12.6.2012; zum Begriff des Privatinsolvenzverfahrens vgl. *Ahrens* ZZP 122 (2009), 133.
[6] Die Rückführungsquote pro Verfahren haben *Grote/Müllers* ZInsO 2006, 187, 190 mit 37,2 % ermittelt.
[7] ZInsO 2004, 1016 ff.
[8] Beilage zu ZVI 2007 Heft 1.
[9] Zu dem Entwurf vgl. *Stephan*, Die Reform des Verbraucherinsolvenz- und Restschuldbefreiungsverfahrens, NZI 2006, 671; *Heyer* NZI aktuell 2007 Heft 3.
[10] Abgedruckt z. B. ZVI 2012, Beilage 1.

§ 4a Stundung der Kosten des Insolvenzverfahrens

(1) ¹Ist der Schuldner eine natürliche Person und hat er einen Antrag auf Restschuldbefreiung gestellt, so werden ihm auf Antrag die Kosten des Insolvenzverfahrens bis zur Erteilung der Restschuldbefreiung gestundet, soweit sein Vermögen voraussichtlich nicht ausreichen wird, um diese Kosten zu decken. ²Die Stundung nach Satz 1 umfasst auch die Kosten des Verfahrens über den Schuldenbereinigungsplan und des Verfahrens zur Restschuldbefreiung. ³Der Schuldner hat dem Antrag eine Erklärung beizufügen, ob einer der Versagungsgründe des § 290 Abs. 1 Nr. 1 und 3 vorliegt. ⁴Liegt ein solcher Grund vor, ist eine Stundung ausgeschlossen.

(2) ¹Werden dem Schuldner die Verfahrenskosten gestundet, so wird ihm auf Antrag ein zur Vertretung bereiter Rechtsanwalt seiner Wahl beigeordnet, wenn die Vertretung durch einen Rechtsanwalt trotz der dem Gericht obliegenden Fürsorge erforderlich erscheint. ²§ 121 Abs. 3 bis 5 der Zivilprozessordnung gilt entsprechend.

(3) ¹Die Stundung bewirkt, dass
1. die Bundes- oder Landeskasse
   a) die rückständigen und die entstehenden Gerichtskosten,
   b) die auf sie übergegangenen Ansprüche des beigeordneten Rechtsanwalts
   c) nur nach den Bestimmungen, die das Gericht trifft, gegen den Schuldner geltend machen kann;
2. der beigeordnete Rechtsanwalt Ansprüche auf Vergütung gegen den Schuldner nicht geltend machen kann.

²Die Stundung erfolgt für jeden Verfahrensabschnitt besonders. ³Bis zur Entscheidung über die Stundung treten die in Satz 1 genannten Wirkungen einstweilig ein. ⁴§ 4b Abs. 2 gilt entsprechend.

Übersicht

	Rn.		Rn.
I. Einleitung	1	4. Erfolgsaussicht	14–20
		a) Fehlen von Versagungsgründen	15–17
II. Normzweck	2	b) Fehlen sonstiger Hindernisse	18–20
III. Anwendungsbereich	3–5	V. Beiordnung eines Rechtsanwalts	21–24
1. Persönlicher Anwendungsbereich	3	VI. Wirkungen der Stundung	25–32
2. Sachlicher Anwendungsbereich	4	VII. Verfahren	33–46
3. Zeitlicher Anwendungsbereich	5	1. Anforderungen an den Stundungsantrag	33–36
IV. Voraussetzungen der Stundung	6–20	a) Form und Frist	33
1. Antrag auf Stundung	6	b) Inhalt	34–36
2. Antrag auf Insolvenzeröffnung und Restschuldbefreiung	7	2. Prüfung durch das Insolvenzgericht	37–40
3. Bedürftigkeit	8–13	3. Entscheidung des Insolvenzgerichts	41–44
a) Verfahrenskosten	9, 10	4. Rechtsmittel	45
b) Vermögen	11–13	5. Änderung von Amts wegen	46

I. Einleitung

1   Die Vorschrift ist durch das InsOÄndG 2001 eingeführt worden und zum 1. Dezember 2001 in Kraft getreten. Zur Entstehungsgeschichte und zu Bestrebungen nach einer „Reform der Reform" vgl. die Vorbemerkungen vor § 4a bis § 4 d.

II. Normzweck

2   Auch völlig mittellosen natürlichen Personen soll es ermöglicht werden, Schuldbefreiung zu erlangen. Das dazu notwendigerweise vorgeschaltete Insolvenzverfahren (vgl. § 1 RdNr. 104) soll – entgegen §§ 26, 207 – auch ohne Kostendeckung eröffnet werden können, indem die Kosten vorläufig gestundet werden. Die Kostenstundung ersetzt die sonst zu erwägende Bewilligung von Prozesskostenhilfe. Vgl. im Übrigen die Vorbemerkungen vor § 4a bis § 4 d.

III. Anwendungsbereich

1. Persönlicher Anwendungsbereich. Gestundet werden können die Kosten des Insolvenzverfahrens nicht nur denjenigen, die ein Verbraucherinsolvenzverfahren durchlaufen können. Vielmehr wird der begünstigte Personenkreis „aus Gründen der verfassungsrechtlich gebotenen Gleichbehandlung" auf alle Personen, die eine Restschuldbefreiung nach den §§ 286 ff. erlangen können, also auf **alle natürlichen Personen**[1], erweitert.

2. Sachlicher Anwendungsbereich. § 4a regelt die Entlastung des Schuldners von den Kosten des Verfahrens abschließend.[2] Die Vorschrift findet Anwendung, sobald der Schuldner die Eröffnung des Insolvenzverfahrens beantragt hat, und deckt den Zeitraum bis vier Jahre nach Erteilung der Restschuldbefreiung ab (§ 4b Abs. 1). Rechtsbehelfsverfahren, die in einem in diesen Zeitraum fallenden Verfahrensabschnitt ihren Ausgangspunkt haben, fallen nicht unter § 4a, sondern unter § 114 ZPO.[3] Allerdings kann ein Rechtsanwalt nach § 121 Abs. 2 ZPO nicht unter geringeren Voraussetzungen als nach § 4a Abs. 2 Satz 1 beigeordnet werden (s.u. RdNr. 21 ff.). Entsprechend anwendbar ist § 4a Abs. 2 im gerichtlichen Schuldenbereinigungsverfahren (§ 309 Abs. 2 Satz 4).

3. Zeitlicher Anwendungsbereich. Die Verfahrenskostenstundung ist nur in Verfahren möglich, die am 1. Dezember 2001 oder später eröffnet worden sind (Art. 103a EGInsO).[4]

IV. Voraussetzungen der Stundung

1. Antrag auf Stundung. Die Stundung wird nur auf Antrag gewährt. Antragsberechtigt sind nur Schuldner, nicht Gläubiger.[5] Da die Stundung für den Schuldner zusätzliche Obliegenheiten mit sich bringt (vgl. etwa § 4c Nr. 4 i. V. m. § 295 Abs. 1 Nr. 1), muss es seine Sache bleiben, ob er den Antrag stellen will oder nicht.

2. Antrag auf Insolvenzeröffnung und Restschuldbefreiung. Die Zulässigkeit des Stundungsantrags hängt nach § 4a Abs. 1 Satz 1 davon ab, ob der Schuldner einen Antrag auf Restschuldbefreiung gestellt hat. Da die Restschuldbefreiung nur gewährt werden darf, wenn der Schuldner selbst einen Antrag auf Insolvenzeröffnung gestellt hat,[6] ist der Eigenantrag zugleich Zulässigkeitsvoraussetzung für die Kostenstundung.[7] Der Antrag auf Restschuldbefreiung ist üblicherweise mit einem Eigenantrag verbunden. Ist nur ein Insolvenzantrag gestellt, jedoch kein Restschuldbefreiungsantrag, hat das Insolvenzgericht dem Schuldner einen Hinweis nach § 287 Abs. 1 Satz 2, § 20 Abs. 2 zu erteilen. Binnen einer Ausschlussfrist von zwei Wochen kann der Restschuldbefreiungsantrag nachgeholt werden. Ist – nach einem Gläubigerantrag – lediglich ein Restschuldbefreiungsantrag gestellt worden, jedoch kein Eigenantrag, ist der Schuldner auf dessen Erforderlichkeit hinzuweisen und ihm zur Nachholung eine richterliche Frist zu setzen.[8] Ein **Gläubigerantrag** auf Eröffnung des Insolvenzverfahrens über das Vermögen des Schuldners darf nicht mangels Masse abgewiesen werden, wenn der Schuldner einen mit einem Eröffnungsantrag verbundenen Stundungsantrag gestellt hat. Nach § 26 Abs. 1 Satz 2 unterbleibt die Abweisung mangels Masse, wenn die Kosten nach § 4a gestundet werden; das Insolvenzgericht muss deshalb den Stundungsantrag vor dem Eröffnungsantrag – auch vor dem Fremdantrag – bescheiden.[9] Der Schuldner darf allerdings keinen Eigenantrag unter der Bedingung stellen, dass das Gericht den Gläubigerantrag für zulässig und begründet hält; der Eröffnungsantrag ist bedingungsfeindlich.[10] Der Schuldner muss sich also entscheiden, ob er einen Eigenantrag stellt und zugleich Restschuldbefreiung nebst Stundung der Verfahrenskosten beantragt oder ob er dem Fremdantrag entgegen tritt, um dessen Abweisung zu erreichen.[11] Zulässig ist jedoch ein Eigenantrag unter der innerprozessualen Bedingung, dass das Gericht seine internationale und örtliche Zuständigkeit bejaht.[12]

---

[1] *Ahrens* ZZP 122 (2009), S. 133, 143
[2] BGH NZI 2007, 418 RdNr. 4; *Jaeger/Eckardt* § 4a RdNr. 15, 17; HKInsO-*Kirchhof* § 4a RdNr. 3.
[3] BGH NZI 2002, 574, 575; *Jaeger/Eckardt* § 4a RdNr. 75 ff., 94; HKInsO-*Kirchhof* § 4a RdNr. 15.
[4] BGH NZI 2004, 635.
[5] HKInsO-*Kirchhof* § 4a RdNr. 5.
[6] BGH ZVI 2003, 606; NZI 2004, 593.
[7] HKInsO-*Kirchhof* § 4a RdNr. 6.
[8] BGHZ 162, 181, 184, 186 = NJW 2005, 1433 = NZI 2005, 271.
[9] BGH ZIP 2012, 582 RdNr. 9 = NJW-RR 2012, 503.
[10] BGH NZI 2010, 441 RdNr. 7.
[11] Krit. dazu mit beachtlichen Gründen *Häsemeyer* KTS 2011, 151.
[12] BGH ZIP 2012, 582 RdNr. 13 f. = NJW-RR 2012, 503.

8   **3. Bedürftigkeit.** Voraussetzung für die Stundung ist, dass das Vermögen des Schuldners voraussichtlich nicht ausreicht, um die Verfahrenskosten zu decken. Für den Verfahrensabschnitt des Insolvenzverfahrens entspricht die Fragestellung, über die das Gericht zu entscheiden hat, derjenigen des § 26 Abs. 1 Satz 1.[13]

9   **a) Verfahrenskosten.** Da die Stundung für jeden Verfahrensabschnitt besonders erfolgt (§ 4a Abs. 3 Satz 2), muss auch für jeden Abschnitt gesondert untersucht werden, ob der Schuldner die hierbei anfallenden Kosten bezahlen kann. Für das Eröffnungsverfahren fällt eine Gebühr nach Nr. 2310 KV-GKG an, die Vergütung des vorläufigen Insolvenzverwalters ist zu berichtigen, und es entstehen Auslagen (vgl. Nr. 9004, 9005 KV-GKG). In einem etwaigen gerichtlichen Verfahren über den Schuldenbereinigungsplan (§§ 306 bis 309) entstehen Auslagen (Nr. 9000, 9002 KV-GKG). Für den Abschnitt des Insolvenzverfahrens müssen die in § 54 genannten Kosten gedeckt sein. Die im Restschuldbefreiungsverfahren anfallende Gerichtsgebühr (KV-GVG Nr. 2350) ist nicht zu berücksichtigen. Sie fällt dem Schuldner nur dann zur Last, wenn die Restschuldbefreiung abgelehnt wird, und wenn damit zu rechnen ist, darf die Stundung nicht erfolgen. Die sich an die Ankündigung der Restschuldbefreiung (§ 291) und Aufhebung des Insolvenzverfahrens (§ 289 Abs. 2 Satz 2) anschließende „Wohlverhaltensphase" (§§ 292 ff.) ist ein eigenständiger Verfahrensabschnitt,[14] für den zwar keine Gerichtskosten anfallen, wohl aber die Vergütung des Treuhänders (§ 293). Diese Kosten sind dem Schuldner regelmäßig schon deshalb zu stunden (§ 63 Abs. 2, KV-GVG Nr. 9018), weil ihm auf Grund seiner Abtretungserklärung (§ 287 Abs. 2) kein pfändbares Vermögen mehr verbleibt.

10   Ist in dem Verfahrensabschnitt, für den die Stundung beantragt wird, die Beiordnung eines Rechtsanwalts geboten, sind auch die hierfür anfallenden Kosten in die Berechnung einzustellen.[15] Generell gilt, dass eine genaue Ermittlung der anfallenden Kosten nicht nötig ist; es genügt eine kursorische Schätzung.[16]

11   **b) Vermögen.** Das vom Schuldner einzusetzende Vermögen ist nach Maßgabe der Vorschriften der §§ 35 bis 37 über die Insolvenzmasse zu bestimmen.[17] Da auch der Neuerwerb des Schuldners während des Insolvenzverfahrens zur Masse gehört (§ 35 Abs. 1), ist vor der Gewährung der Stundung zu prüfen, ob das vom Schuldner in dem fraglichen Zeitraum erlangte pfändbare Einkommen die Verfahrenskosten deckt.[18] Dieses bestimmt sich nach § 36. Uneinbringliche Außenstände sind nicht zu berücksichtigen. § 115 ZPO gilt – anders als bei der Entscheidung über eine Verlängerung der Stundung nach § 4b – bei der Entscheidung über die erstmalige Bewilligung der Stundung nicht. Dem Schuldner zuzumuten sein, vor dem Stundungsantrag zunächst eine Steuererklärung einzureichen, um die Verfahrenskosten mit Hilfe der zu erwartenden Erstattung zu finanzieren,[19] oder Grundbesitz zu veräußern.[20] Zu hohe Anforderungen sollten hier jedoch nicht gestellt werden. Nur Vermögen, dass innerhalb eines überschaubaren zeitlichen Rahmens verwertet werden kann, steht einer Stundung der Verfahrenskosten entgegen. Die Stundung kann auch und gerade zur Überbrückung von Liquiditätslücken bewilligt werden.[21] Wird die Stundung bewilligt, obwohl noch verwertbares Vermögen vorhanden ist, hätte der Verwalter oder Treuhänder dieses Vermögen im eröffneten Verfahren zu verwerten und aus dem Erlös vorab die Verfahrenskosten zu berichtigen (§§ 53, 209 Abs. 1 Nr. 1), so dass weder der Staatskasse noch der Gläubigergesamtheit ein wesentlicher Nachteil entstehen dürfte.

12   Die Verfahrenskosten sind selbst dann zu stunden, wenn der Schuldner unter Berücksichtigung der voraussichtlichen Dauer des Bewilligungszeitraums die in dem jeweiligen Verfahrensabschnitt anfallenden Kosten zwar im Wege von **Ratenzahlungen,** nicht aber durch eine Einmalzahlung aufbringen könnte[22]. Reicht das erzielte pfändbare Arbeitseinkommen nicht aus, um die Kosten durch eine Einmalzahlung zu decken, braucht das Insolvenzgericht in dem Antragsverfahren nach § 4a also – anders als nach § 115 Abs. 3, § 120 Abs. 1 ZPO – nicht zu prüfen, wie sich der pfändbare

---

[13] BGHZ 156, 92, 93 f. = NJW 2003, 2910, 2911 = NZI 2003, 556, 557.
[14] HKInsO-*Kirchhof* § 4a RdNr. 14; aM *Jaeger/Eckardt* § 4a RdNr. 73.
[15] HKInsO-*Kirchhof* § 4a RdNr. 16.
[16] *Jaeger/Eckardt* § 4a RdNr. 21; HKInsO-*Kirchhof* § 4a RdNr. 10.
[17] BGHZ 156, 92, 93 f. = NJW 2003, 2910 = NZI 2003, 556; NZI 2005, 45.
[18] BGHZ 156, 92, 93 f = NJW 2003, 2910, 2911 = NZI 2003, 556, 557.
[19] BGH NZI 2010, 614.
[20] AG Kleve NZI 2011, 332.
[21] *Jaeger/Eckardt* § 4a RdNr. 20.
[22] BGH NZI 2003, 665, 666; NZI 2008, 47 RdNr. 8; VuR 2012, 158 RdNr. 8; LG Duisburg NZI 2011, 949, 950.

Teil des Arbeitseinkommens voraussichtlich entwickeln wird.[23] Im Falle der Stundung ist die Anforderung eines Kostenvorschusses unzulässig.[24] Eine „stundungsbegleitende Auflage", mit welcher dem Schuldner Kompensationszahlungen in Form von Raten aufgegeben werden, ist im Gesetz nicht vorgesehen und ist daher unzulässig.[25] Nach der Erteilung der Restschuldbefreiung endet die Stundung der Verfahrenskosten (vgl. Abs. 1 Satz 1). Der Schuldner ist nunmehr verpflichtet, diese an die Staatskasse zu zahlen. Ist er hierzu nicht in der Lage, können die Verfahrenskosten erneut gestundet werden (§ 4b); erst jetzt ist eine Ratenzahlungsanordnung nach den Vorschriften der ZPO über die Prozesskostenhilfe möglich.

Die Stundung kommt nicht in Betracht, wenn der Schuldner **gegen seinen Ehegatten** einen Anspruch auf einen **Kostenvorschuss** gemäß § 1360a Abs. 4 BGB hat.[26] Der finanziell leistungsfähige Ehegatte hat die Führung eines „Rechtsstreits" (das sind gerichtliche Verfahren aller Art) zu bevorschussen, der eine persönliche Angelegenheit des Partners betrifft. Allerdings muss dies der Billigkeit entsprechen. Dies ist nicht der Fall, wenn die Insolvenz des Antragstellers im Wesentlichen auf vorehelichen Schulden oder solchen Verbindlichkeiten beruht, die weder zum Aufbau oder zur Erhaltung einer wirtschaftlichen Existenz der Eheleute eingegangen wurden noch aus sonstigen Gründen mit der gemeinsamen Lebensführung in Zusammenhang stehen. Ein verheirateter Schuldner, der Stundung begehrt, hat folglich Auskunft darüber zu erteilen, woraus die Verbindlichkeiten herrühren, die zur Insolvenz geführt haben. Ferner muss er sich zu den Einkünften und dem Vermögen des Ehegatten erklären.[27] Ist der Ehepartner vorschusspflichtig und leistungsfähig, jedoch leistungsunwillig, muss der Schuldner den Anspruch klageweise durchsetzen. Zwar kann nicht gewartet werden, bis der Vorschussanspruch „ausprozessiert" ist; indes kann der Schuldner eine einstweilige Anordnung nach § 246 Abs. 1 FamFG (§§ 644, 621 Abs. 1 Nr. 5 ZPO aF) erwirken.[28] Der Kostenvorschuss nach § 1360a Abs. 4 BGB ist auch Teil des Trennungsunterhalts (§ 1361 Abs. 4 Satz 4 BGB). Die Leistung eines Verfahrenskostenvorschusses ist dem Ehegatten jedoch dann nicht zuzumuten, wenn der Schuldner in einer neuen verfestigten Lebensgemeinschaft lebt (vgl. § 1579 Nr. 2 BGB).[29] Ist der Ehegatte grundsätzlich unterhaltspflichtig, kann er aber seinerseits nur Raten aufbringen, sind die Kosten insgesamt zu stunden.[30] Der Schuldner ist auch dann nicht bedürftig, wenn ein **Dritter** – sei es freiwillig – die Kosten vorschießt.[31]

Der Schuldner ist nicht gehalten, **Rücklagen** für die zu erwartenden Kosten eines Insolvenzverfahrens über sein Vermögen zu bilden.[32] Die von der Rechtsprechung zu den Voraussetzungen für eine Bewilligung von Prozesskostenhilfe entwickelten Grundsätze zur von der Partei selbst herbeigeführten Vermögenslosigkeit können nicht auf das Stundungsverfahren übertragen werden. Gegebenenfalls kann die Stundung gemäß § 4c Nr. 5 wieder aufgehoben werden, wenn die Voraussetzungen des Versagungsgrundes des § 290 Abs. 1 Nr. 5 erfüllt sind, der Schuldner also unangemessene Verbindlichkeiten begründet oder Vermögen verschwendet oder ohne Aussicht auf Besserung seiner wirtschaftlichen Lage die Eröffnung des Insolvenzverfahrens verzögert hat. Die Stundung soll aber nicht von aufwendigen Ermittlungen dazu abhängig gemacht werden, ob und warum ein Schuldner sich der ihm verbliebenen Vermögenswerte entäußert hat; außerdem kann der Schuldner etwa vorhandene Rücklagen bis zum Insolvenzantrag nicht vor dem Zugriff einzelner Gläubiger schützen, welche die Zwangsvollstreckung in sein Vermögen betreiben. Der Schuldner ist jedoch gehalten, vor einem Stundungsantrag **Steuererstattungsansprüche** geltend zu machen. Bei diesen handelt es sich um gegenwärtiges Vermögen, welches bei der Prüfung der Vermögensverhältnisse des Schuldners zu berücksichtigen ist.[33]

4. Erfolgsaussicht. Weitere Voraussetzung für die Stundung ist die Wahrscheinlichkeit, dass es letztlich zur Restschuldbefreiung kommt. Ähnlich der Prozesskostenhilfe (§§ 114 ff. ZPO) setzt die Verfahrenskostenstundung also auch Erfolgsaussicht voraus.[34]

---

[23] BGH NJW 2003, 3780, 3781 = NZI 2003, 665, 666; ZInsO 2006, 773 RdNr.11; aA LG Kaiserslautern ZInsO 2001, 628; HambKomm-*Nies* § 4a RdNr. 11.
[24] BGH ZInsO 2006, 773 RdNr. 12.
[25] LG Duisburg NZI 2011, 949.
[26] BGHZ 156, 92, 95 = NJW 2003, 2910, 2911 = NZI 2003, 556, 557; NZI 2007, 298 RdNr. 5.
[27] BGHZ 156, 92, 96 = NJW 2003, 2910, 2911 = NZI 2003, 556, 557.
[28] BGH NZI 2007, 298 RdNr. 7.
[29] AG Duisburg ZVI 2008, 477.
[30] LG Duisburg NZI 2011, 949.
[31] BT-Drucks. 14/5680, S. 20; HKInsO-*Kirchhof* § 4a RdNr. 19.
[32] BGH NZI 2006, 712 RdNr. 11; NZI 2008, 46 RdNr. 7; NZI 2010, 614 RdNr.9.
[33] BGH NZI 2010, 614.
[34] BT-Drucks. 14/5680, S. 20; *Uhlenbruck/Mock* § 4a RdNr. 10; *Kübler/Prütting/Wenzel* § 4a RdNr. 31, 34.

15 **a) Fehlen von Versagungsgründen.** Da es wenig sinnvoll wäre, ein massearmes Insolvenzverfahren mit öffentlichen Geldern zu finanzieren, wenn anschließend die Restschuldbefreiung im Schlusstermin auf Antrag eines Gläubigers versagt werden muss, hat sich der Schuldner bei der Antragstellung darüber zu erklären, ob einer der Versagungsgründe des § 290 Abs. 1 Nr. 1 (rechtskräftige Verurteilung des Schuldners wegen einer Straftat nach den §§ 283 bis 283c StGB) und Nr. 3 (frühere Erteilung oder Versagung einer Restschuldbefreiung) gegeben ist. Die Tatsachen, welche diese Versagungsgründe ausfüllen, sind leicht festzustellen und auch für den Schuldner offensichtlich.[35] Unerheblich ist, ob deswegen bereits im Zeitpunkt der Entscheidung über die Stundung die Stellung eines Versagungsantrags gemäß § 290 absehbar ist.[36]

16 Die Regelung des § 4a Abs. 1 Satz 4, welche nur auf die Versagungsgründe des § 290 Abs. 1 Nr. 1 und 3 verweist, ist nicht abschließend. Nach mittlerweile gefestigter Rechtsprechung des BGH ist die Stundung auch dann abzulehnen, wenn bereits im Insolvenzeröffnungsverfahren zweifelsfrei feststeht, dass der Schuldner aus einem der nicht in Abs. 1 Satz 4 aufgeführten Versagungsgründe keine Restschuldbefreiung erlangen kann.[37] Dies ist freilich nach wie vor nicht unumstritten.[38] Der Gesetzgeber wollte die Versagung der Stundung an leicht feststellbare und für den Schuldner offensichtliche Tatsachen knüpfen (vgl. RdNr. 15). Dies trifft für die Versagungsgründe nach § 290 Abs. 1 Nr. 1 und 3 zu. Die anderen in § 290 Abs. 1 genannten Versagungsgründe sind laut amtlicher Begründung keine tauglichen Anknüpfungspunkte, weil die entsprechenden Tatsachen entweder im Zeitpunkt der Antragstellung noch nicht vorliegen könnten oder erfahrungsgemäß streitig seien und eingehende Recherchen mit schwierigen Abgrenzungsfragen erforderten.[39] Sie sollten deswegen erst bei der Entscheidung über die Aufhebung der Stundung berücksichtigt werden (§ 4c Nr. 5). Daraus folgt jedoch nicht, dass andere Versagungsgründe bei der Entscheidung über die Stundung stets unberücksichtigt bleiben müssen. Die Stundung nach § 4a Abs. 1 Sätze 3 und 4 ist nicht nur bei Vorliegen eines der in § 290 Abs. 1 Nr. 1 und 3 InsO genannten Versagungsgründe für die Restschuldbefreiung, sondern auch in anderen Fällen des § 290 Abs. 1 InsO ausgeschlossen, wenn die tatsächlichen Voraussetzungen des jeweiligen Versagungsgrundes feststehen.

17 Räumt der Schuldner beispielsweise ein, dass er in den letzten drei Jahren vor dem Antrag auf Eröffnung des Insolvenzverfahrens oder danach vorsätzlich unrichtige schriftliche Angaben über seine wirtschaftlichen Verhältnisse gemacht habe, um einen Kredit zu erhalten (§ 290 Abs. 1 Nr. 2 InsO), kann das Insolvenzgericht nicht verpflichtet sein, die Stundung zunächst zu gewähren, um sie später aus eben diesem Grund aufzuheben. Auch unter dem Gesichtspunkt des § 290 Abs. 1 Nr. 5 InsO kann bereits die Stundung versagt werden, wenn etwa der Schuldner eindeutig seine aus § 97 Abs. 3 Satz 1 InsO folgende Bereitschaftspflicht verletzt, indem er sich ins Ausland absetzt, oder dem § 97 Abs. 1 Satz 1 InsO zuwiderhandelt, indem er die Auskünfte über Umstände verweigert, die für eine spätere Anfechtung von Bedeutung sein können.

18 **b) Fehlen sonstiger Hindernisse.** Aus § 4a Abs. 1 Satz 3 und 4 ergibt sich, dass eine Stundung nicht gewährt werden soll, wenn eine Restschuldbefreiung offensichtlich zu versagen ist. Deshalb scheidet eine Stundung auch dann aus, wenn die Restschuldbefreiung aus anderen Gründen als wegen des Vorliegens von Versagungsgründen offensichtlich nicht erreicht werden kann,[40] etwa weil der Schuldnerantrag unzulässig ist[41] oder die wesentlichen am Verfahren teilnehmenden Forderungen gemäß § 302 von der Restschuldbefreiung ausgenommen sind.[42]

19 Ist der Antrag auf Restschuldbefreiung **unzulässig,** so schlägt dies auf den Stundungsantrag durch.[43] Hat der Schuldner etwa den Restschuldbefreiungsantrag verspätet gestellt (§ 287 Abs. 1 Satz 2 InsO aF), können auch die Verfahrenskosten nicht gestundet werden. Regelmäßig unzulässig sind „**Zweitanträge**", also Anträge auf Restschuldbefreiung in einem wiederholten Insolvenzverfahren nach Aufhebung eines ersten Verfahrens vor Ablauf der Sperrfrist oder in einem Zweitverfah-

---

[35] BGH NZI 2003, 665.
[36] *Kübler/Prütting/Wenzel* § 4a RdNr. 37.
[37] BGH NZI 2005, 232; WM 2008, 546 RdNr. 18; ZVI 2008, 515 RdNr. 5; NZI 2010, 948 RdNr. 13; ZInsO 2011, 1223 RdNr. 3; LG München ZVI 2003, 301, 302; HKInsO-*Kirchhof* § 4a RdNr. 8; *Nerlich/Römermann/Becker* § 4a RdNr. 32 ff.; *Uhlenbruck/Mock* § 4a RdNr. 31.
[38] Ablehnend: LG Berlin ZInsO 2002, 680, 681; AG Hannover NZI 2004, 391, 392; *Ahrens* ZVI 2003, 269; *Kübler/Prütting/Wenzel* § 4a RdNr. 38; krit. auch *Ahrens/Gehrlein/Ringstmeier* § 4a RdNr. 49 ff.; *Graf-Schlicker/Kexel* § 4a RdNr. 17.
[39] BT-Drucks. 14/5680, S. 20.
[40] *Kübler/Prütting/Wenzel* § 4a RdNr. 38 a.
[41] AG Köln NZI 2002, 618.
[42] BGH NZI 2006, 712 RdNr. 10; AG Siegen ZInsO 2003, 478; AG Marburg ZVI 2002, 275; AG München ZVI 2003, 369, 370.
[43] BGH NZI 2006, 712 RdNr. 10; AG Köln NZI 2002, 618.

ren über das Vermögen aus einer in einem laufenden Verfahren nach § 35 Abs. 2 freigegebener Tätigkeit. Der Antrag des Schuldners auf Restschuldbefreiung ist unzulässig, wenn er innerhalb von drei Jahren nach rechtskräftiger Versagung der Restschuldbefreiung in einem früheren Verfahren wegen einer vorsätzlichen oder grob fahrlässigen Verletzung seiner Auskunfts- oder Mitwirkungspflichten gestellt worden ist.[44] Gleiches gilt, wenn der Schuldner in dem früheren Insolvenzverfahren den Antrag auf Restschuldbefreiung zurückgenommen hat. Auch dann ist ein neuer Antrag erst nach Ablauf einer Sperrfrist von drei Jahren zulässig.[45] Nimmt der Schuldner seinen Eröffnungsantrag zurück, nachdem ihm wegen eines Verstoßes gegen § 290 Abs. 1 Nr. 5 die Kostenstundung versagt worden ist, ist ein neuer Antrag auf Restschuldbefreiung erst nach Ablauf einer Sperrfrist von drei Jahre zulässig.[46] In allen diesen Fällen scheidet auch eine Stundung der Verfahrenskosten aus. Für eine Versagung der Restschuldbefreiung nach § 298 dürfte nichts anderes gelten.[47] Höchstrichterlich noch nicht entschieden ist die Frage, ob Restschuldbefreiung und Stundung der Verfahrenskosten bewilligt werden können, wenn der Verwalter im eröffneten Verfahren die selbständige Tätigkeit des Schuldners **nach § 35 Abs. 2 freigegeben** hat und der Schuldner die Eröffnung eines Insolvenzverfahrens über das Vermögen aus dieser Tätigkeit beantragt. Ein zweites Insolvenzverfahren ist grundsätzlich möglich.[48] Dem erneuten Restschuldbefreiungs- und Stundungsantrag dürfte jedoch die oben beschriebene Sperrfrist entgegen stehen. Für den „Zweitantrag" gelten keine geringeren Anforderungen als für den erneuten Antrag.[49] Die Verfahrenskosten des „Zweitverfahrens" können daher nicht gestundet werden.[50] Das gilt auch dann, wenn das erste Insolvenzverfahren bereits aufgehoben worden ist und der Schuldner sich in der Wohlverhaltensphase befindet.[51]

Nach der Begründung des Regierungsentwurfs eines Gesetzes zur Änderung der Insolvenzordnung und anderer Gesetze vom 28.3.2001[52] sieht das Gesetz „aus Gründen der Verfahrensvereinfachung und -beschleunigung" davon ab, die Stundung davon abhängig zu machen, dass der Schuldner der in § 295 Abs. 1 Nr. 1 genannten Obliegenheit nachkommt, eine angemessene Erwerbstätigkeit auszuüben oder sich um eine solche zu bemühen. Vielmehr soll diese Obliegenheitsverletzung des Schuldners erst bei den Gründen berücksichtigt werden, die eine Aufhebung der Stundung rechtfertigen (§ 4c Nr. 4). Diese Gesetzesbegründung führt in die Irre. So verständlich das Anliegen wäre, die Entscheidung über die Stundung nur von einer kursorischen Prüfung abhängig zu machen, so wenig wäre einzusehen, weshalb ein Schuldner, der bereits bei Abgabe der Abtretungserklärung (§ 287 Abs. 2 Satz 1) jegliche Anstrengung vermissen lässt, eine angemessene Erwerbstätigkeit auszuüben oder sich um eine solche zu bemühen, zunächst in den Genuss der Stundung kommen soll.[53] Erfahrungsgemäß nimmt die Bereitschaft, sich einer lästigen Pflicht zu unterziehen, nach Erhalt der nachgesuchten Vergünstigung eher ab als zu; anderseits fällt es schwerer, eine einmal gewährte Vergünstigung wieder zu entziehen, als sie von vornherein zu versagen. Indes – und deswegen führt die amtliche Begründung in die Irre – kann einem Schuldner, der sich bis zu diesem Zeitpunkt nicht um eine angemessene Erwerbstätigkeit bemüht hat, die Stundung schon deswegen nicht versagt werden, weil nach § 295 Abs. 1 Nr. 1 die entsprechende Obliegenheit erst nach Abgabe der Abtretungserklärung besteht und § 4c Nr. 4 HS 1 sie auch nur auf den Zeitraum ab Stundung der Verfahrenskosten vorverlegt (§ 4c RdNr. 11).

Maßgebender Zeitpunkt für die Beurteilung der Frage, ob die Voraussetzungen für die Stundung der Verfahrenskosten vorgelegen haben, ist der Zeitpunkt der letzten Tatsachenentscheidung über die Stundung.[54] Das gilt auch dann, wenn über den Antrag nicht in angemessener Zeit, sondern erst verspätet entschieden wird.

V. Beiordnung eines Rechtsanwalts

Nach § 4a Abs. 2 setzt die Beiordnung eines Rechtsanwalts die Stundung der Verfahrenskosten gemäß § 4a Abs. 1 voraus (vgl. aber Vorbemerkungen RdNr. 5).[55] **Für das Stundungsverfahren**

---

[44] BGHZ 183, 13 = NZI 2009, 691 = NJW 2009, 3650; BGH ZInsO 2010, 491.
[45] BGH NZI 2011, 544.
[46] BGH NZI 2011, 948.
[47] LG Lübeck NZI 2011, 411; AG Lübeck ZInsO 2011, 495; aA LG Kiel ZVI 2011, 234; AG Göttingen NZI 2011, 545.
[48] Vgl. BGH NZI 2011, 633 zum Insolvenzantrag eines Neugläubigers.
[49] BGH NZI 2011, 146.
[50] AG Bremen NZI 2011, 146.
[51] AG Göttingen NZI 2012, 198.
[52] BT-Drucks. 14/5680, S. 23.
[53] AA *Göbel* ZInsO 2000, 383, 385.
[54] BGH NZI 2008, 46 RdNr. 8; NZI 2008, 47 RdNr. 8; NZI 2010, 948 RdNr. 15.
[55] BGH NZI 2003, 647, 648.

selbst kann also grundsätzlich kein Rechtsanwalt beigeordnet werden.[56] Ist ein Schuldner wegen Sprachschwierigkeiten nicht in der Lage, die Anforderungen an eine ordnungsgemäße Antragstellung oder ihm erteilte Auflagen zu erfüllen, hat das Insolvenzgericht einen Dolmetscher zur Verfügung zu stellen.[57] Einem behinderten Schuldner kann sein Betreuer behilflich sein.[58] Für das außergerichtliche Schuldenbereinigungsverfahren scheidet eine Beiordnung aus, weil es sich nicht um ein gerichtliches Verfahren handelt.

22 Das Gesetz geht davon aus, dass der Schuldner **im Insolvenzverfahren** regelmäßig selbst seine Rechte wahrnehmen kann. Da dem Gericht außerdem gegenüber dem Schuldner eine Fürsorgepflicht obliegt, die im Verbraucherinsolvenzverfahren sogar eine eingehendere Beratung erforderlich machen kann, ist die Beiordnung eines Rechtsanwalts nur dann angezeigt, wenn dies insbesondere wegen der Schwierigkeit der Sach- und Rechtslage erforderlich erscheint.[59] Dass der Gegner anwaltlich vertreten ist oder über eine Rechtsabteilung mit Volljuristen verfügt, reicht nicht aus (deshalb hätte die amtliche Begründung besser nicht den „Grundsatz der Waffengleichheit" bemüht).[60] Dem Schuldner ist insbesondere nicht schon deswegen ein Anwalt beizuordnen, weil durch einen Rechtsanwalt eine Forderung angemeldet wird. Hat ein Gläubiger eine Forderung aus einer vorsätzlich begangenen unerlaubten Handlung angemeldet, muss das Insolvenzgericht gemäß § 175 Abs. 2 den Schuldner auf die Möglichkeit des Widerspruchs sowie darauf hinweisen, dass nach § 302 Abs. 1 entsprechende Verbindlichkeiten von der Erteilung der Restschuldbefreiung ausgenommen sind. Das Insolvenzgericht ist jedoch nicht verpflichtet, und wegen seiner Verpflichtung zur Neutralität wohl nicht einmal berechtigt, den Schuldner darüber zu beraten, ob die Einlegung des Widerspruchs zweckmäßig ist. Ein (von dem Schuldner auszuwählender) Rechtsanwalt wird deshalb beigeordnet werden müssen, um dem Schuldner die Möglichkeit zu geben, in einem quasi-kontradiktorischen Verfahren nach § 290 oder § 296 um seine Restschuldbefreiung zu kämpfen.[61]

23 Durch die Verweisung in § 4a Abs. 2 Satz 2 auf § 121 Abs. 3 bis 5 ZPO wird die Regelung abgerundet. So kommt die Beiordnung eines Rechtsanwalts, der nicht bei dem Landgericht zugelassen ist, in dessen Bezirk das Insolvenzgericht liegt, nur in Betracht, wenn hierdurch keine weiteren Kosten entstehen (§ 121 Abs. 3 ZPO analog). Für die Beiordnung eines Verkehrsanwalts (§ 121 Abs. 4 ZPO analog) besteht regelmäßig kein Bedürfnis. Findet der Schuldner keinen zur Vertretung bereiten Anwalt, ordnet das Insolvenzgericht ihm nach pflichtgemäßem Ermessen einen Anwalt bei (§ 121 Abs. 5 ZPO analog). Die Beiordnung eines **Rechtsbeistands** scheidet generell aus. Dessen Gleichstellung mit einem Rechtsanwalt, wie sie § 25 EGZPO – etwa für die Beiordnung nach § 121 Abs. 2 ZPO – normiert, ist für den Anwendungsbereich der InsO nicht angeordnet.

24 Zur Anfechtbarkeit von Entscheidungen über die Beiordnung vgl. § 4d RdNr. 3, 8.

VI. Wirkungen der Stundung

25 Über die **Wirkungen der Stundung** verhält sich § 4a Abs. 3, der an § 122 ZPO angelehnt ist. Wenn es in Nr. 1 der Vorschrift heißt, dass die Bundes- bzw. Landeskasse die Kosten gegen den Schuldner nur nach den Bestimmungen geltend machen kann, „die das Gericht trifft", so bedeutet dies, dass von einer Geltendmachung regelmäßig bis zur Erteilung der Restschuldbefreiung abzusehen ist. Gemeint sind die im Gerichtskostengesetz geregelten Gerichtskosten und Auslagen des Verfahrens, soweit diese von der Masse zu tragen sind (vgl. o. RdNr. 9). Die Stundung erfasst die bereits entstandenen und noch entstehenden Kostenansprüche, so dass ein Auslagenvorschuss nicht erhoben werden kann. Ob einem Schuldner ein **Reisekostenvorschuss** wegen eines gerichtlich angeordneten Anhörungstermins gewährt werden kann, hängt von den Umständen des Einzelfalls ab.[62]

26 Unberührt bleibt die **Verpflichtung des Insolvenzverwalters/Treuhänders,** aus etwa anfallender Masse (zB aus dem Ertrag einer erfolgreichen Insolvenzanfechtung) **die Kosten zu berichtigen** (§ 53).[63] Für das Arbeitseinkommen des Schuldners während der anschließenden Wohlverhaltensperiode wird dieser Vorrang durch den in § 292 Abs. 1 Satz 2 eingefügten Halbsatz 2

---

[56] BGH NJW-RR 2003, 697 = NZI 2003, 270; NJW 2003, 2910 = NZI 2003, 556, insofern in BGHZ 156, 92 nicht abgedr.
[57] BGH NJW 2003, 2910, 2912 = NZI 2003, 556, 558, insofern in BGHZ 156, 92 nicht abgedr.
[58] LG Bochum ZInsO 2003, 131, 132.
[59] BVerfG NJW 2003, 2668 = NZI 2004, 448; BGH NJW 2003, 2910 = NZI 2003, 556, insofern in BGHZ 156, 92 nicht abgedr.
[60] BGH NZI 2003, 270.
[61] BGH NJW-RR 2004, 47, 48 = NZI 2004, 39, 40; *Jaeger/Eckardt* § 4a RdNr. 90.
[62] AG Potsdam ZInsO 2006, 1176.
[63] HKInsO-*Kirchhof* § 4a RdNr. 45; *Kübler/Prütting/Wenzel* § 4a RdNr. 42; 53; HambKomm-*Nies* § 4a RdNr. 23.

verlängert.[64] Danach hat der Treuhänder die nach § 4a gestundeten Verfahrenskosten vorab zu berichtigen, bevor er Leistungen an die Insolvenzgläubiger erbringen darf. Der Masse entzogen sind allerdings (wirksam und unanfechtbar) abgetretene Forderungen, soweit sie sich auf Bezüge für die Zeit vor Ablauf von zwei Jahren nach dem Ende des zur Zeit der Verfahrenseröffnung laufenden Kalendermonats beziehen (§ 114 Abs. 1). Bei **Masseunzulänglichkeit** gilt die Befriedigungsreihenfolge des § 209, insbesondere der Vorrang der Verfahrenskosten, auch dann, wenn dem Schuldner die Verfahrenskosten gestundet wurden. Die Berichtigung der Kosten des Insolvenzverfahrens und damit auch der Vergütung und der Auslagen des Insolvenzverwalters (§ 54 Nr. 2) hat auch im Fall der Stundung absoluten Vorrang vor der Befriedigung der Masseverbindlichkeiten.[65] Veräußert der Verwalter nach eingetretener Masseunzulänglichkeit Massegegenstände, gehört die dabei anfallende Umsatzsteuer nicht zu den vorrangig zu berichtigenden Kosten des Insolvenzverfahrens. Der Verwalter darf sie nicht an das Finanzamt abführen, solange die Verfahrenskosten einschließlich seines Vergütungsanspruchs nicht gedeckt sind. Hält er die in § 209 vorgeschriebene Tilgungsreihenfolge nicht ein, ist sein Erstattungsanspruch gegen die Staatskasse (§ 63 Abs. 2) entsprechend zu kürzen.[66] Die Insolvenzmasse war insoweit nicht unzureichend.[67]

Die vorläufigen und endgültigen Insolvenzverwalter, Sachverständigen (vgl. KV-GKG Nr. 9005), **27** Mitglieder des Gläubigerausschusses und Treuhänder haben selbständige Ansprüche, die der Staat nicht stunden kann. Deshalb erhalten diese Personen – soweit eine Befriedigung aus der Masse nicht möglich ist – einen Sekundäranspruch gegen die Staatskasse (vgl. § 63 Abs. 2). Der Auslagenerstattungsanspruch gegen den Schuldner, den die Staatskasse dafür erhält (Nr. 9018 KV-GKG), wird gestundet. Nach Ablauf der Stundung kann die Staatskasse die verauslagten Beträge vom Schuldner verlangen.

Unvermeidbare Steuerberaterkosten hat der BGH unter bestimmten engen Voraussetzungen als **28** Auslagen behandelt, die dem Verwalter bei Verfahrenskostenstundung und Masseunzulänglichkeit nach § 63 Abs. 2 aus der Staatskasse zu erstatten sind. Ein Anspruch des Insolvenzverwalters auf Erstattung von Auslagen, die ihm zur Erfüllung einer Verfügung der Finanzverwaltung, Steuererklärungen und Bilanzen für den Schuldner zu erstellen, entstanden sind, kann nicht mit der Erwägung verneint werden, eine solche Verfügung sei bei masselosen Verfahren rechtswidrig.[68] Der Insolvenzverwalter kann von der Staatskasse einen Vorschuss verlangen; dieser richtet sich nach den für die Entnahme von Auslagen aus der Masse geltenden Regeln.[69] Es handelt sich um einen Ausnahmefall. Im Übrigen hat der BGH die Einordnung der sog. „unausweichlichen Verwaltungskosten" bisher offen gelassen.[70] Umsatzsteuer fällt nicht unter diesen Ausnahmetatbestand (s.o. RdNr. 26).

Der Vergütungsanspruch des beigeordneten Rechtsanwalts geht mit der Befriedigung durch die **29** Bundes- oder Landeskasse auf diese über (vgl. § 59 RVG) und kann von dieser wie die Gerichtskosten gegen den Schuldner geltend gemacht werden (§ 4a Abs. 3 Satz 1 Nr. 1 Buchst. b). Durch § 4a Abs. 3 Satz 1 Nr. 2 ist der beigeordnete Rechtsanwalt gehindert, seinen Vergütungsanspruch gegenüber dem Schuldner geltend zu machen. Vielmehr ist er auf seine Ansprüche gegen die Staatskasse verwiesen (vgl. 45 RVG). Soweit Gebührenansprüche aus einer vertraglichen Tätigkeit des Rechtsanwalts vor seiner Beiordnung die Gebühren kraft Beiordnung (§§ 45 ff. RVG) übersteigen, liegt nur eine Insolvenzforderung vor. Weder der Schuldner noch die Masse können bereits gezahlte Gebühren nach der späteren Beiordnung zurückfordern.[71] In der Wohlverhaltensphase haben die Kosten des beigeordneten Rechtsanwalts keinen Vorrang vor den Insolvenzforderungen (§ 292 Abs. 1 Satz 2 letzter Halbsatz).

Nach § 4a Abs. 3 Satz 2 erfolgt die Stundung **für jeden Verfahrensabschnitt besonders**. Wie **30** der Begriff des „Rechtszuges" in der Parallelvorschrift des § 119 Satz 1 ZPO ist auch der des „Verfahrensabschnitts" kostenrechtlich zu verstehen. Darunter fällt jeder Teil des Verfahrens, der besondere Kosten verursacht. Das Gesetz selbst unterscheidet in Abs. 1 Satz 1 und 2 „das gerichtliche Schuldenbereinigungsplanverfahren, das Regel- bzw. Verbraucherinsolvenzverfahren und das Restschuldbefreiungsverfahren" als jeweils gesonderte Verfahrensabschnitte. Genauer erscheint folgende Differenzierung: Wird die Eröffnung eines Verbraucherinsolvenzverfahrens beantragt, sind das Eröff-

---

[64] Art. 1 Nr. 16 des InsOÄndG 2001.
[65] BGH NZI 2010, 188 RdNr. 17 f; NZI 2011, 60 RdNr. 7; vgl. auch BGHZ 167, 178 RdNr. 22 = NJW 2006, 2997 = NZI 2006, 392.
[66] BGH NZI 2011, 60 RdNr. 7
[67] Hueb/Webel NZI 2011, 389, 390.
[68] BGHZ 160, 176 ff. = NJW 2004, 2976 = NZI 2004, 577.
[69] BGHZ 160, 176 ff. = NJW 2004, 2976 = NZI 2004, 577.
[70] BGH NZI 2010, 188 RdNr. 27; NZI 2011, RdNr. 7; dazu Hueb/Webel, NZI 2011, 389, 391.
[71] Kübler/Prütting/Wenzel § 4a RdNr. 52; HKInsO-Kirchhof § 4a RdNr. 42.

nungsverfahren,[72] das Schuldenbereinigungsplanverfahren (§§ 305 ff.), das anschließende („vereinfachte") Insolvenzverfahren (§§ 311 ff.), das Restschuldbefreiungsverfahren (von der Antragstellung, § 287, bis zur Entscheidung nach §§ 290, 291) und die „Wohlverhaltensphase" (bis zur endgültigen Entscheidung gemäß § 300) jeweils besondere Verfahrensabschnitte.[73] Im Regelverfahren gibt es keinen Schuldenbereinigungsplan. Eine Zusammenfassung des Eröffnungsverfahrens und des eröffneten Insolvenzverfahrens kommt nicht in Betracht, weil der Eröffnungsantrag eine besondere Gebühr auslöst.[74] Auch mit dem Schuldenbereinigungsplanverfahren kann das Eröffnungsverfahren nicht zusammengefasst werden, weil die Gebühr für das Eröffnungsverfahren auch dann entsteht, wenn dieses Verfahren nach § 306 Abs. 1 ruht.[75]

31   Die Wirkungen der Stundung **treten** an sich erst mit deren Bewilligung **ein**. Vor diesem Zeitpunkt gezahlte Beträge können nicht zurückgefordert werden. Um zu verhindern, dass vor der Bewilligung Vorschüsse vom Schuldner angefordert werden, sieht § 4a Abs. 3 Satz 3 einen **einstweiligen Eintritt der Wirkungen** bereits **ab Stellung** eines zulässigen Stundungsantrags vor. Solange dieser nicht beschieden ist, darf das Insolvenzgericht die Eröffnung nicht mangels Masse ablehnen (§ 26), das Verfahren einstellen (§ 207) oder die Restschuldbefreiung wegen mangelnder Deckung der Mindestvergütung des Treuhänders versagen (§ 298) Wegen dieser Vorverlagerung der Wirkungen ist es sinnvoll, dem Gericht in entsprechender Anwendung des § 4b Abs. 2 die Möglichkeit zu geben, die vorläufigen Wirkungen der Stundung zu modifizieren, soweit sich die für sie maßgebenden persönlichen und wirtschaftlichen Verhältnisse seit der Antragstellung wesentlich geändert haben (§ 4a Abs. 3 Satz 4). Da es eine Entscheidung über die Stundung noch nicht gibt, eine solche also auch nicht geändert werden kann, hat eine Art „einstweilige Anordnung" zu ergehen.

32   Die Stundungswirkungen **enden** regelmäßig, sobald der Beschluss über die Restschuldbefreiung (§§ 299, 300) in Rechtskraft erwächst. Die Versagung der Restschuldbefreiung führt – anders als deren Erteilung – nicht automatisch zur Beendigung der Stundung, sondern schafft nur einen Aufhebungsgrund (§ 4c Nr. 5).

Wird die Restschuldbefreiung erteilt, kann die Stundungswirkung verlängert werden, falls der Schuldner weiterhin nicht in der Lage ist, den gestundeten Betrag aus seinem Einkommen und seinem Vermögen zu zahlen (§ 4b Abs. 1). Andernfalls hat der Schuldner diesen Betrag nunmehr an die Staatskasse zu zahlen. Die Zahlung hat auch dann zu erfolgen, wenn die Restschuldbefreiung versagt wird. Spätestens jetzt endet auch die Beiordnung eines Rechtsanwalts. Verdient dieser danach noch eine Vergütung, hat der Schuldner diese selbst zu entrichten.[76]

VII. Verfahren

33   **1. Anforderungen an den Stundungsantrag. a) Form und Frist.** Der Stundungsantrag kann formlos eingereicht werden. Ein Formularzwang besteht nicht. § 117 ZPO findet keine entsprechende Anwendung.[77] Der Antrag muss vor der rechtskräftigen Entscheidung über den betreffenden Verfahrensabschnitt gestellt werden.

34   **b) Inhalt.** Die Anforderungen an die Begründung eines Stundungsantrags sind am Maßstab der § 20, § 26 Abs. 1 Satz 1 auszurichten. Danach hat der Schuldner dem Insolvenzgericht umfassend Auskunft über seine Vermögensverhältnisse zu erteilen, insbesondere ein Verzeichnis seiner Gläubiger und Schuldner sowie eine geordnete Übersicht seiner Vermögensgegenstände vorzulegen;[78] dass zuvor bereits ein Insolvenzantrag mangels Masse abgewiesen worden ist (§ 26 Abs. 1), ändert daran nichts.[79]

35   Der Stundungsantrag muss diejenigen Angaben enthalten, welche das Insolvenzgericht zur Beurteilung benötigt, ob das Vermögen des Schuldners voraussichtlich zur Deckung der anfallenden Kosten ausreicht oder nicht. Die Angaben müssen substantiiert und nachvollziehbar sein. Ebenso wenig wie für den Eröffnungsantrag ist jedoch eine Schlüssigkeit im technischen Sinn zu verlangen. Jedenfalls dann, wenn die dem § 20 Abs. 1 Satz 1 entsprechenden Angaben des Schuldners ergeben, dass die Verfahrenskosten durch das vorhandene Vermögen und den zu erwartenden Neuerwerb voraussichtlich nicht gedeckt sind, hat er im Rahmen des § 4a ausreichend vorgetragen. Die Bezugnahme auf ein zeitnah erstelltes Gutachten kann ausreichen, in welchem der Sachverständige ermit-

---

[72] BGH NJW 2003, 3780 = NZI 2003, 665.
[73] Vgl. auch *Schmerbach/Stephan* ZInsO 2000, 541, 543.
[74] BGH NJW 2003, 3780 = NZI 2003, 665, 666.
[75] BGH NJW 2003, 3780 = NZI 2003, 665, 666.
[76] HKInsO-*Kirchhof* § 4a RdNr. 46.
[77] BGHZ 156, 92, 94 = NJW 2003, 2910, 2911 = NZI 2003, 556, 557.
[78] BGHZ 156, 92, 94 = NJW 2003, 2910, 2911 = NZI 2003, 556, 557; BGH ZVI 2004, 281.
[79] BGH, Beschl. v. 13.4.2006 – IX ZA 1/04.

telt hat, der Schuldner verfüge über kein die Kosten des Verfahrens deckendes Vermögen.[80] Sind die Angaben unvollständig oder in sich widersprüchlich, hat das Insolvenzgericht die Mängel konkret zu bezeichnen und dem Schuldner aufzugeben, binnen angemessener Frist Darlegung und Nachweise zu ergänzen.[81] Diese Auflagen müssen sich jedoch ebenfalls im Rahmen der Frage halten, ob die Verfahrenskosten gedeckt sind.[82] Fragen nach dem Grund der Verschuldung sind regelmäßig nicht angebracht, auch nicht Fragen danach, wozu ein Darlehen, welches der Schuldner aufgenommen hatte, verwendet worden ist.[83] Kommt der Schuldner einer Auflage des Insolvenzgerichts nicht nach, ist sein Antrag unzulässig; auf § 290 Abs. 1 Nr. 5 kommt es in diesem Zusammenhang nicht an.[84]

Haben sich die persönlichen oder wirtschaftlichen Verhältnisse des Schuldners in dem Zeitraum zwischen der Antragstellung und der Entscheidung des Gerichts wesentlich verändert, hat der Schuldner dies anzuzeigen.[85] Andernfalls riskiert er, dass die Stundung später nach § 4c Nr. 1 aufgehoben wird. **36**

2. Prüfung durch das Insolvenzgericht. Das Insolvenzgericht prüft **von Amts wegen,** ob der Stundungsantrag zulässig ist. Liegt für den Verfahrensabschnitt, für den die Stundung begehrt wird, bereits eine rechtskräftige Entscheidung vor, kann der Antrag nichts mehr bewirken; ggf. ist er mangels Rechtsschutzinteresses unzulässig. Ferner ist von Amts wegen zu prüfen, ob Versagungsgründe vorliegen. In diesem Falle ist der Antrag unbegründet. Zwar obliegt dem Insolvenzgericht hierbei keine Amtsermittlungspflicht.[86] Es hat jedoch nicht nur die Erklärung des Schuldners, sondern auch alle ihm dienstlich bekannt gewordenen Vorgänge zu berücksichtigen. Die Versagungsgründe nach § 290 Abs. 1 Nr. 1 und 3 sind oft anhand von öffentlichen Urkunden zu erkennen. Liegt klar zu Tage, dass ein anderer Versagungsgrund vorliegt, darf das Insolvenzgericht auch hiervor nicht die Augen verschließen.[87] **37**

Fragen, die für die Entscheidung über den Stundungsantrag nicht erheblich sind, braucht der Schuldner nicht zu beantworten. So ist es nicht angezeigt, die Ursachen der Insolvenz im Einzelnen aufzuklären, bevor über den Stundungsantrag entschieden wird. Wenn auf Grund eines in sich stimmigen Stundungsantrags objektiv keine Zweifel bestehen, dass der Antragsteller voraussichtlich nicht in der Lage ist, die anfallenden Kosten zu decken, hat das Insolvenzgericht nicht zu prüfen, wie es dazu kommen konnte, dass er derart verarmt ist.[88] **38**

Bei der Prüfung, ob die Kosten **voraussichtlich** gedeckt sein werden (§ 4a Abs. 1 Satz 1), hat das Insolvenzgericht zu ermitteln, ob das Unvermögen zur Kostendeckung wahrscheinlicher ist als das Vermögen.[89] Hierbei ist das Beweismaß niedriger als nach § 286 ZPO. **39**

Sind die **Angaben des Schuldners unvollständig,** hat das Insolvenzgericht ihn vor der Abweisung des Antrags unter Fristsetzung konkret darauf hinzuweisen, welche Punkte ergänzungsbedürftig sind.[90] **40**

3. Entscheidung des Insolvenzgerichts. Über den Stundungsantrag hat das Insolvenzgericht durch **Beschluss** zu entscheiden. Die konkludente Zurückweisung eines Stundungsantrags ist nicht statthaft.[91] Aus Gründen der Rechtssicherheit muss feststehen, wann die in § 4 Abs. 3 Satz 3 angeordneten vorläufigen Wirkungen des Stundungsantrags enden; außerdem steht dem Schuldner gemäß § 4d gegen die Ablehnung der Stundung die sofortige Beschwerde zu. **Zuständig** ist – sofern die Entscheidung spätestens mit dem Eröffnungsbeschluss ergeht – der Insolvenzrichter, danach der Rechtspfleger (§ 3 Nr. 2 Buchst. 2, § 18 Abs. 1 Nr. 1 RPflG). Über den Antrag muss grundsätzlich zu Beginn des jeweiligen Verfahrensabschnitts entschieden werden.[92] Vor der abschließenden Entscheidung kann das Gericht einstweilige Anordnungen erlassen. Hat der Schuldner einen mehrere **41**

---

[80] BGH NZI 2005, 45.
[81] BGHZ 156, 92 = NJW 2003, 2910, 2911 = NZI 2003, 556, 557; BGH NZI 2005, 45; ZVI 2008, 515 RdNr. 5; ZInsO 2011, 931 RdNr. 9.
[82] BGH ZInsO 2011, 931 RdNr. 8.
[83] BGH NZI 2005, 273; ZVI 2005, 119; ZInsO 2011, 931 RdNr. 9.
[84] BGH NZI 2005, 232; 205, 273, 274.
[85] So auch HambKomm-*Nies* § 4b RdNr. 4, der allerdings die Anzeigepflicht aus den Vorwirkungen der Stundung (§ 4a Abs. 3 Satz 4 entnimmt).
[86] HKInsO-*Kirchhof* § 4a RdNr. 8.
[87] BGH NZI 2005, 232.
[88] BGH NZI 2005, 273, 274.
[89] HKInsO-*Kirchhof* § 4a RdNr. 21.
[90] BGHZ 153, 205, 207 f.; 156, 92, 94 f. = NJW 2003, 2910, 2911 = NZI 2003, 556, 557; BGH ZVI 2004, 281; NZI 2005, 45; 2005, 232; 2005, 273, 274.
[91] BGH NZI 2008, 47 RdNr. 6; NZI 2010, 948 RdNr. 9.
[92] BGH NZI 2010, 948 RdNr. 9; HKInsO-*Kirchhof* § 4a RdNr. 26..

§ 4b 1, 2   Erster Teil. Allgemeine Vorschriften

Verfahrensabschnitte betreffenden oder sogar umfassenden Antrag gestellt, darf das Insolvenzgericht über einzelne Abschnitte entscheiden und im Übrigen die Entscheidung zurückstellen.[93]

42   Wird ein Stundungsantrag **abgelehnt,** kann der Schuldner auf Grund neuen Vorbringens abermals einen Stundungsantrag stellen.[94] Das gilt selbst nach Rechtskraft des Ablehnungsbeschlusses.[95]

43   **Bewilligt** wird die Stundung für jeden Verfahrensabschnitt besonders (Abs. 3 Satz 2). Liegen die Stundungsvoraussetzungen vor, ordnet das Insolvenzgericht die Stundung endgültig und nicht nur vorläufig an. Nachträgliche Anpassungen sind über § 4b Abs. 2 und § 4c möglich. Das Gericht sollte den Schuldner darüber belehren, dass dieser gemäß § 4b Abs. 2 Satz 2 eine wesentliche Veränderung seiner persönlichen oder wirtschaftlichen Verhältnisse unverzüglich anzuzeigen hat.[96] Bei nur teilweiser Leistungsfähigkeit des Schuldners ist die Stundung insgesamt und nicht nur teilweise auszusprechen.[97] Davon unberührt bleibt die Verpflichtung des Insolvenzverwalters oder Treuhänders (§ 53, § 292 Abs. 1 Satz 2 und 5), die Kosten zu berichtigen, soweit das vorhandene Vermögen des Schuldners dafür reicht.

44   Im Hinblick auf die Beschwerdeberechtigung der Staatskasse (§ 4d Abs. 2) sollte die Stundungsentscheidung auch jener von Amts wegen mitgeteilt werden. § 127 Abs. 3 Satz 6 ZPO gilt nicht entsprechend.[98] In der Praxis unterbleibt diese Mitteilung zumeist.[99] Wegen der Auswirkungen auf die Beschwerdefrist vgl. § 4d RdNr. 10.

45   **4. Rechtsmittel.** Gegen eine Entscheidung, die den Schuldner beschwert (also insbesondere im Fall der Ablehnung der Stundung) steht dem Schuldner die sofortige Beschwerde zu (§ 4d Abs. 1). Wird die Stundung bewilligt, kann die Staatskasse hiergegen sofortige Beschwerde einlegen (§ 4d Abs. 2 Satz 1).

46   **5. Änderung von Amts wegen.** Innerhalb der laufenden Rechtsmittelfrist kann das Insolvenzgericht einen Stundungsbeschluss von Amts wegen ändern.[100] Eine unanfechtbar bewilligte Stundung kann nur gemäß § 4c aufgehoben werden. Eine Änderung ist nach Maßgabe des § 4b Abs. 2 möglich. § 4b Abs. 1 erlaubt eine Verlängerung der Stundung.

§ 4b Rückzahlung und Anpassung der gestundeten Beträge

(1) ¹Ist der Schuldner nach Erteilung der Restschuldbefreiung nicht in der Lage, den gestundeten Betrag aus seinem Einkommen und seinem Vermögen zu zahlen, so kann das Gericht die Stundung verlängern und die zu zahlenden Monatsraten festsetzen. ²§ 115 Abs. 1 und 2 sowie § 120 Abs. 2 der Zivilprozessordnung gelten entsprechend.

(2) ¹Das Gericht kann die Entscheidung über die Stundung und die Monatsraten jederzeit ändern, soweit sich die für sie maßgebenden persönlichen oder wirtschaftlichen Verhältnisse wesentlich geändert haben. ²Der Schuldner ist verpflichtet, dem Gericht eine wesentliche Änderung dieser Verhältnisse unverzüglich anzuzeigen. ³§ 120 Abs. 4 Satz 1 und 2 der Zivilprozessordnung gilt entsprechend. ⁴Eine Änderung zum Nachteil des Schuldners ist ausgeschlossen, wenn seit der Beendigung des Verfahrens vier Jahre vergangen sind.

I. Einleitung

1   Die Vorschrift wurde wie § 4a durch das InsOÄndG 2001 neu eingeführt. Der Abs. 2 ist dem § 120 Abs. 4 ZPO nachgebildet.

II. Normzweck

2   Abs. 1 soll verhindern, dass die gewährte Restschuldbefreiung durch die **Nachhaftung für Masseverbindlichkeiten** sogleich zunichte gemacht wird. Die Erteilung der Restschuldbefreiung soll

---

[93] HKInsO-*Kirchhof* § 4a RdNr. 26.
[94] HKInsO-*Kirchhof* § 4a RdNr. 27.
[95] HKInsO-*Kirchhof* § 4a RdNr. 30.
[96] HambKomm-*Nies* § 4b RdNr. 4.
[97] HKInsO-*Kirchhof* § 4a RdNr. 28; einschränkend *Nerlich/Römermann/Becker* § 4a RdNr. 70; HambKomm-*Nies* § 4a RdNr. 10.
[98] HKInsO-*Kirchhof* § 4d RdNr. 8.
[99] Im RefE September 2004 war in Anlehnung an § 127 Abs. 3 Satz 6 ZPO vorgesehen, dass die Entscheidungen der Staatskasse nicht von Amts wegen mitgeteilt werden. Die gängige Praxis wäre damit legalisiert worden.
[100] Vgl. BGH, Beschl. v. 13.7.2006 – IX ZB 117/04.

dem Schuldner einen wirtschaftlichen Neuanfang ermöglichen. Dieses Ziel würde verfehlt, wenn sich der Schuldner nach Ablauf der Stundung Kostenansprüchen ausgesetzt sähe, die seine wirtschaftliche Leistungsfähigkeit weit übersteigen.[1] Die Stundung endet mit der Erteilung der Restschuldbefreiung. Grundsätzlich hat der Schuldner nunmehr die gestundeten und noch nicht bezahlten Verfahrenskosten an die Staatskasse zu entrichten (§ 23 Abs. 3 GKG). Im Allgemeinen haftet der Schuldner nach Beendigung des Verfahrens für nicht getilgte Masseverbindlichkeiten nur gegenständlich beschränkt mit der ihm überantworteten Masse. Eine solche gibt es hier nicht (sonst wären die Verfahrenskosten vorher daraus gezahlt worden). Falls der Schuldner für die Verfahrenskosten nach der Erteilung der Restschuldbefreiung uneingeschränkt persönlich haften sollte, wird er wirtschaftlich sehr oft nicht leistungsfähig sein. „Regelmäßig", so heißt es in der amtlichen Begründung, wird er den gestundeten Betrag nicht auf einmal begleichen können. In diesem Fall ermöglicht **Abs. 1 Satz 1** eine **Verlängerung der Stundung** und die **Bewilligung von Ratenzahlungen**. **Abs. 2** erlaubt es, die nach § 4a vorausschauend getroffene Stundungsregelung an die tatsächlichen Verhältnisse **anzupassen**, die sich nachträglich ergeben haben.

III. Verlängerung der Stundung (Abs. 1)

1. Anwendungsbereich. Die Stundung kann, wie sich schon aus dem Wortlaut des Abs. 1 ergibt, nur dann verlängert werden, wenn Restschuldbefreiung nach § 300 gewährt worden ist. Die schuldbefreiende Wirkung eines Insolvenzplans (§ 227 Abs. 1) steht dem nicht gleich.[2] Hier sind die Kosten von vornherein einzuplanen und vorrangig zu berichtigen (§ 258 Abs. 2). Auch eine entsprechende Anwendung der Vorschrift kommt nicht in Betracht. Die Vorschriften über das Insolvenzplanverfahren (§§ 217 ff) enthalten eine die Verfahrenskosten betreffende Sonderregelung. Gemäß § 258 Abs. 2 hat der Verwalter vor der Aufhebung des Insolvenzverfahrens die unstreitigen Masseansprüche zu berichtigen und für die streitigen Masseansprüche Sicherheit zu leisten. Hierunter fallen auch die Verfahrenskosten (§ 53). Eine Anwendung der Stundungsvorschriften, die dazu führt, dass die Masse unter den Masse- und den Insolvenzgläubigern verteilt wird, die Verfahrenskosten aber von der Staatskasse zu tragen sind, ist ausgeschlossen; denn öffentliche Mittel werden nur dann zur Deckung der Verfahrenskosten eingesetzt, wenn der Schuldner unter Heranziehung des während des Verfahrens erlangten Neuerwerbs nicht in der Lage ist, diese Kosten selbst zu tragen.[3] Ist dies nicht möglich, kann sich ein neues Insolvenzverfahren anschließen. Nach Zustandekommen eines Schuldenbereinigungsplans (§§ 308, 309) könnte § 4b dagegen entsprechend anwendbar sein.[4] Nach § 308 Abs. 2 gelten die Anträge auf Eröffnung des Insolvenzverfahrens und auf Erteilung von Restschuldbefreiung zwar als zurückgenommen. Die §§ 305 ff enthalten jedoch keine die Verfahrenskosten betreffende Sondervorschrift. Auch der Gesetzgeber scheint davon ausgegangen zu sein, dass die Verfahrenskosten während des Schuldenbereinigungsplanverfahrens (§§ 305 ff) gestundet werden können.[5] Der Grundsatz, dass Zahlungen an die Gläubiger erst nach Begleichung der Verfahrenskosten erfolgen können (vgl. auch § 292 Abs. 1 Satz 2), würde dann allerdings nicht durchgehalten. Die Anwaltsbeiordnung (§ 4a Abs. 2) ist nicht zu verlängern. Erwägenswert ist die Anordnung einer Auslaufregelung analog Abs. 1, wenn alle Gläubiger schon während der Wohlverhaltensperiode befriedigt werden oder der Schuldner sich mit ihnen verständigt.[6]

2. Voraussetzungen. Die Verlängerung der Stundung setzt voraus, dass der Schuldner den gestundeten Betrag nicht zahlen kann. Hier gelten andere Maßstäbe als im Stundungsverfahren nach § 4a. Im Stundungsverfahren gilt grundsätzlich Vollstreckungsrecht, im Verfahren der erneuten Stundung wegen der Verweisung auf § 115 ZPO, der wiederum auf Vorschriften des SGB XII verweist, Sozialrecht. Der Schuldner hat sein **Vermögen** gemäß § 115 Abs. 3 ZPO einzusetzen. § 4b Abs. 1 Satz 2 verweist zwar nur auf § 115 Abs. 1 und 2 ZPO. Hierbei handelt es sich jedoch um ein Redaktionsversehen.[7] § 4b ist wie die anderen Vorschriften über die Stundung der Verfahrenskosten (§§ 4a bis 4d) durch das InsÄndG 2001[8] in die InsO eingefügt worden. Seinerzeit war

---

[1] Begründung des Entwurfs eines Gesetzes zur Änderung der Insolvenzordnung und anderer Gesetze vom 28.3.2001, BT-Drucks. 14/5680 S. 21.
[2] BGH NZI 2011, 683 RdNr. 11; HKInsO-*Kirchhof* § 4b RdNr. 3; aA *Jaeger/Eckardt* § 4a RdNr. 16; *Kohte/ Ahrens/Grote* § 4b RdNr. 11; HambKomm-*Nies* § 4b RdNr. 6.
[3] BT-Drucks. 14/6580, S. 28.
[4] AG Hamburg ZVI 2009, 268; *Kohte/Ahrens/Grote* § 4b RdNr. 9; HambKomm-*Nies* § 4b RdNr. 6; zweifelnd HKInsO-*Kirchhof* § 4b RdNr. 3; aA die Vorauflage.
[5] BT-Drucks. 14/5680, S. 22.
[6] *Nerlich/Römermann/Becker* § 4b RdNr. 4; HambKomm-*Nies* § 4b RdNr. 6.
[7] LG Dresden ZVI 2010, 67 f.; FK-*Kohte,* § 4b RdNr.6.
[8] Gesetz zur Änderung der Insolvenzordnung und anderer Gesetze vom 26.10.2001, BGBl. I S. 2710.

die Pflicht des Schuldners, im Rahmen der Zumutbarkeit sein gesamtes verwertbares Vermögen zur Deckung der Prozesskosten einzusetzen, in § 115 Abs. 2 ZPO geregelt. § 115 Abs. 2 Satz 2 ZPO verwies auf § 88 BSHG (heute: § 90 SGB XII). Diese Vorschrift sollte damit auch für die Stundung im Insolvenzverfahren maßgebend sein.[9] Durch Art. 1 Nr. 2d JKomG[10] wurde § 115 Abs.1 Satz 4 ZPO af zu § 115 Abs. 2; Abs. 2 und 3 wurden zu Abs. 3 und 4. In § 4b Abs. 1 Satz 2 InsO ist diese Änderung nicht nachvollzogen worden. Die instanzgerichtliche Rechtsprechung[11] und die Kommentarliteratur[12] geht deshalb durchweg von einer Fortgeltung der Verweisung auf § 90 SGB XII aus. Nach § 90 Abs. 1 SGB XII ist das gesamte verwertbare Vermögen einzusetzen. Da das vorhandene Vermögen bis zur Aufhebung des Insolvenzverfahrens verwertet worden sein dürfte, kann es hier nur um Neuerwerb gehen. Mit dem unpfändbaren Lohnanteil wird der Schuldner in der Wohlverhaltensphase aber kaum Vermögen ansammeln können. Einsetzen muss der Schuldner auch einen Erwerb von Todes wegen, und zwar – über die Verpflichtung aus § 295 Abs. 1 Nr. 2 hinaus – in vollem Umfang. Zum Vermögen zählt auch ein Vorschussanspruch gegen den Ehegatten gemäß § 1360a Abs. 4 Satz 1 BGB.[13] Hat der Schuldner einen Anspruch auf Leistung eines Kostenvorschusses nach **§ 1360a Abs. 4 BGB**, so ist sein Stundungsantrag unbegründet; denn der Gesetzgeber wollte öffentlich-rechtliche Mittel zur Durchführung des Insolvenzverfahrens nur zur Verfügung stellen, sofern für den Schuldner keine Möglichkeit besteht, auf andere Weise die Verfahrenskosten aufzubringen.[14] Einzusetzen ist schließlich auch Vermögen, dass der Schuldner **von Todes wegen** oder mit Rücksicht auf ein künftiges Erbrecht erwirbt, und zwar in vollem Umfang. Die Vorschrift des § 295 Abs. 1 Nr. 1, nach welcher dieses Vermögen nur zur Hälfte an den Treuhänder herauszugeben ist, gilt im Rahmen der Stundungsvorschriften nicht. Der Schuldner hat also auch Vermögen, das, während des Restschuldbefreiungsverfahrens nicht den Insolvenzgläubigern zugute kommt, für die Verfahrenskosten einzusetzen.[15] Nicht eingesetzt werden muss das in **§ 90 Abs. 2 SGB XII** aufgeführte Schonvermögen. Die Vorschrift lautet:

„Die Sozialhilfe darf nicht abhängig gemacht werden vom Einsatz oder von der Verwertung

1. eines Vermögens, das aus öffentlichen Mitteln zum Aufbau oder zur Sicherung einer Lebensgrundlage oder zur Gründung eines Hausstandes erbracht wird,

2. eines Kapitals einschließlich seiner Erträge, das der zusätzlichen Altersvorsorge im Sinne des § 10a oder des Abschnitts XI des Einkommensteuergesetzes dient und dessen Ansammlung staatlich gefördert wurde,

3. eines sonstigen Vermögens, solange es nachweislich zur baldigen Beschaffung oder Erhaltung eines Hausgrundstücks im Sinne der Nummer 8 bestimmt ist, soweit dieses Wohnzwecken behinderter (§ 53 Satz 1 und § 72) oder pflegebedürftiger Menschen (§ 61) dient oder dienen soll und dieser Zweck durch den Einsatz oder die Verwertung des Vermögens gefährdet würde,

4. eines angemessenen Hausrats; dabei sind die bisherigen Lebensverhältnisse der nachfragenden Person zu berücksichtigen,

5. von Gegenständen, die zur Aufnahme oder Fortsetzung der Berufsausbildung oder der Erwerbstätigkeit unentbehrlich sind,

6. von Familien- und Erbstücken, deren Veräußerung für die nachfragende Person oder ihre Familie eine besondere Härte bedeuten würde,

7. Von Gegenständen, die zur Befriedigung geistiger, insbesondere wissenschaftlicher oder künstlerischer Bedürfnisse dienen und deren Besitz nicht Luxus ist,

8. eines angemessenen Hausgrundstücks, das von der nachfragende Person oder einer anderen in den § 19 Abs. 1 und 3 genannten Person allein oder zusammen mit Angehörigen ganz oder teilweise bewohnt wird und nach ihrem Tod von ihren Angehörigen bewohnt werden soll. Die Angemessenheit bestimmt sich nach der Zahl der Bewohner, dem Wohnbedarf (zum Beispiel behinderter, blinder oder pflegebedürftiger Menschen), der Grundstücksgröße, der Hausgröße, dem Zuschnitt und der

---

[9] Vgl. BT-Drucks. 14/5680, S. 22.
[10] Gesetz über die Verwendung elektronischer Kommunikationsformen in der Justiz – Justizkommunikationsgesetz vom 22.3.2005, BGBl. I S. 837. 838.
[11] LG Dresden ZVI 2010, 67 f; LG Trier VIA 2011, 5.
[12] HKInsO-*Kirchhof* § 4b RdNr. 5; A/G/R-*Ahrens* § 4b RdNr. 23; *Uhlenbruck/Mock* § 4b RdNr. 11; *Graf-Schlicker/Kexel* § 4b RdNr.5.
[13] Vgl. BGHZ 156, 92, 95 = NJW 2003, 2910 = NZI 2003, 2910; BGH NZI 2007, 298 (jeweils zu § 4a InsO).
[14] Vgl. die Begründung des Entwurfs eines Gesetzes zur Änderung der Insolvenzordnung und anderer Gesetze vom 28.3.2001, BT-Drucks. 14/5680, S. 20.
[15] BT-Drucks. 14/5680, S. 22.

Ausstattung des Wohngebäudes sowie dem Wert des Grundstücks einschließlich des Wohngebäudes,

9. kleinerer Barbeträge oder sonstiger Geldwerte; dabei ist eine besondere Notlage der nachfragenden Person zu berücksichtigen.

Wegen des einzusetzenden laufenden **Einkommens** wird auf § 115 Abs. 1 Satz 2 bis 4 ZPO verwiesen. Zum Einkommen gehören alle Einkünfte in Geld oder Geldeswert (§ 115 Abs. 1 Satz 2 ZPO). Von ihm sind die in § 82 Abs. 2 SGB XII bezeichneten Beträge abzusetzen (§ 115 Abs. 1 Satz 3 Nr. 1.a ZPO):

1. auf das Einkommen entrichtete Steuern,

2. Pflichtbeiträge zur Sozialversicherung einschließlich der Beiträge zur Arbeitsförderung,

3. Beiträge zu öffentlichen und privaten Versicherungen oder ähnlichen Einrichtungen, soweit diese Beiträge gesetzlich vorgeschrieben oder nach Grund und Höhe angemessen sind, sowie geförderte Beiträge nach § 82 des Einkommensteuergesetzes, soweit sie den Mindesteigenbetrag nach § 86 des Einkommensteuergesetzes nicht überschreiten,

4. die mit der Erzielung des Einkommens verbundenen notwendigen Auslagen,

5. das Arbeitsförderungsgeld und die Erhöhungsbeträge des Arbeitsentgeltes im Sinne von § 43 Satz 4 SGB IX.

Abzusetzen sind ferner die weiteren in § 115 Abs. 1 Satz 3 ZPO genannten Positionen:

1.b) bei Parteien, die ein Einkommen aus Erwerbstätigkeit erzielen, ein Betrag in Höhe von 50 vom Hundert des höchsten Regelsatzes, der für den alleinstehenden oder alleinerziehenden Leistungsberechtigten gemäß er Regelbedarfsstufe 1 nach der Anlage zu § 28 SGB XII festgesetzt oder fortgeschrieben worden ist;

2.a) für die Partei und ihren Ehegatten oder ihren Lebenspartner jeweils ein Betrag in Höhe des um 10 vom Hundert erhöhten höchsten Regelsatzes, der für den alleinstehenden oder alleinerziehenden Leistungsberechtigten gemäß der Regelbedarfsstufe 1 nach der Anlage zu § 28 SGB XII festgesetzt oder fortgeschrieben worden ist;

b) bei weiteren Unterhaltsleistungen auf Grund gesetzlicher Unterhaltspflicht für jede unterhaltsberechtigte Person jeweils ein Betrag in Höhe des um 10 vom Hundert erhöhten höchsten Regelsatzes, der für eine Person ihres Alters gemäß den Regelbedarfsstufen 3 bis 6 nach der Anlage zu § 28 SGB XII festgesetzt oder fortgeschrieben worden ist;

3. die Kosten der Unterkunft und Heizung, soweit sie nicht in einem auffälligen Missverhältnis zu den Lebensverhältnissen der Partei stehen;

4. weitere Beträge, soweit dies mit Rücksicht auf besondere Belastungen angemessen ist; § 1610a BGB gilt entsprechend.

Das BMJ gibt jährlich die vom 1. Juli bis zum 30. Juni des Folgejahres maßgebenden Beträge nach § 115 Abs. 1 Satz 3 Nr. 1 lit. b, Nr. 2 ZPO im Bundesgesetzblatt bekannt (§ 115 Abs. 1 Satz 5 ZPO). Bei den besonderen Belastungen (§ 115 Abs. 1 Satz 3 Nr. 4 ZPO) sollen nach verbreiteter Ansicht die vom Schuldner zu erfüllenden Verpflichtungen aus einem Schuldenbereinigungsplan anzusetzen sein, da dessen Erfolgsaussichten nicht durch die Kostenstundung gefährdet werden dürften.[16] Wäre dies richtig, würden Einkommen und Vermögen des Schuldners zur Befriedigung des Gläubigers eingesetzt, während die Staatskasse – wenn auch zunächst nur vorläufig – für die Verfahrenskosten aufzukommen hat. Grundsätzlich können Ausschüttungen an die Gläubiger jedoch nur dann erfolgen, wenn die Verfahrenskosten beglichen sind; es gibt keinen Grund für die Annahme, dass dies im Falle eines Schuldenbereinigungsplanes nicht ebenfalls gilt.

Ist der Schuldner in der Lage, einen Teil der Kosten zu tragen, kann wegen des Rests die Stundung verlängert werden.

3. Festsetzung von Raten. Anders als im Rahmen der erstmaligen Stundung nach § 4a können bei der Entscheidung über die Verlängerung der Stundung nach Erteilung der Restschuldbefreiung Raten festgesetzt werden.[17] Ob der Schuldner Raten zu leisten hat und gegebenenfalls in welcher Höhe, ist anhand der Tabelle zu § 115 Abs. 1 Satz 4 ZPO zu ermitteln. Kann der Schuldner die Kosten in vier Monatsraten bezahlen, ist die Stundung gleichwohl zu verlängern. Denn auf § 115

---

[16] *Uhlenbruck/Mock* § 4b RdNr. 9; A/G/R-*Ahrens* § 4b RdNr. 22.
[17] Vgl. auch LG Duisburg NZI 2011, 949, 950.

Abs. 3 ZPO ist nicht verwiesen. Übersteigt das einzusetzende Einkommen den Schwellenwert (15 Euro) nicht, hat der Schuldner keine Raten zu zahlen.

6   Die Höchstzahl der monatlichen Raten beläuft sich auf 48 (Abs. 1 Satz 2 i. V. m. § 115 Abs. 2 ZPO)[18]. Ratenfreie Monate zählen hierbei mit.[19] Wenn der Schuldner zunächst zu keinen Ratenzahlungen in der Lage war, seine Einkommensverhältnisse sich dann aber verbessern, oder wenn er zunächst Raten aufbringen konnte, seine Einkommensverhältnisse sich später jedoch verschlechtern, muss die Staatskasse den Betrag, der nach 48 Monaten noch offen ist, endgültig übernehmen.

7   **4. Verfahrensfragen.** Das Insolvenzgericht wird nur auf Antrag des Schuldners tätig. Es hat nicht von Amts wegen über eine Verlängerung der Verfahrenskostenstundung zu entscheiden.[20] Der Wortlaut des Abs. 1 ist insoweit zwar eindeutig. Dem Schuldner dürfen die Wirkungen der weiteren Stundung einschließlich der ihn belastenden Auskunfts- und Verhaltensobliegenheiten jedoch nicht gegen oder ohne seinen Willen aufgedrängt werden.[21] Hat das Gericht Anhaltspunkte dafür, dass der Schuldner die Verfahrenskosten nicht aufbringen kann, wird es auf die Möglichkeit eines erneuten Stundungsantrags hinweisen, nicht jedoch die Stundung von Amts wegen bewilligen. Der Antrag unterliegt keiner Form. Er kann auch zu Protokoll der Geschäftsstelle gestellt werden.[22] Es gibt keinen amtlichen Vordruck, der zwingend verwendet werden muss.[23] Der Antrag auf Verlängerung der Stundung ist nicht an eine Frist gebunden.[24] Zuständig ist der Rechtspfleger (§ 3 Nr. 2 Buchst. e, § 4 Abs. 1, § 18 RPflG). Wenn die Voraussetzungen für eine Verlängerung der Stundung vorliegen, hat das Insolvenzgericht kein Ermessen. Streitig und bisher ungeklärt ist, ob die Antragstellung in entsprechender Anwendung von § 4a Abs. 3 Satz 3 eine einstweilige Stundung bewirkt.[25] In der Regel sollte nicht vor der Entscheidung des Insolvenzgerichts mit der Beitreibung der Kostenforderung begonnen werden.

IV. Änderung der Entscheidung über Stundung (Abs. 2)

8   **1. Anwendungsbereich.** Entsprechend § 120 Abs. 4 Satz 1 und 2 ZPO soll dem Insolvenzgericht die Möglichkeit eröffnet werden, bei einer Veränderung der für die Stundung und die Ratenzahlungen maßgebenden Verhältnisse die **Entscheidung über die Stundung** zu ändern (Abs. 2 Satz 1 und 3). Bestand diese Entscheidung in der Abweisung eines Stundungsantrags, ist Abs. 2 nicht anzuwenden; der Antrag kann jederzeit wiederholt werden, solange für den betreffenden Verfahrensabschnitt noch keine abschließende Entscheidung ergangen ist (s.o. § 4a RdNr. 42). Auch eine Aufhebung der Stundung kann nicht nach Abs. 2 erfolgen. Denn insoweit stellt § 4c strengere Voraussetzungen auf.

9   **2. Voraussetzungen.** Abs. 2 Satz 1 setzt eine wesentliche Veränderung der für die bereits getroffene Entscheidung maßgebenden persönlichen oder wirtschaftlichen Verhältnisse voraus. Die Veränderung darf nicht nur vorübergehend sein. Sie kann in einer Verbesserung oder Verschlechterung der Einkommens- und Vermögensverhältnisse des Schuldners beruhen. Eine Verbesserung ist wesentlich, wenn sie den wirtschaftlichen und sozialen Lebensstandard prägt. Eine Verschlechterung ist schon dann wesentlich, wenn sie zu einer günstigeren Anwendung der Tabelle gemäß § 115 Abs. 1 Satz 4 ZPO führt.

10   Wenn seit Beendigung des Verfahrens (Erteilung der Restschuldbefreiung) **vier Jahre** vergangen sind, ist eine Änderung zum Nachteil des Schuldners ausgeschlossen (Abs. 2 Satz 4).[26] Dies gilt selbst dann, wenn das Insolvenzgericht erst nach Ablauf der Frist von der Veränderung Kenntnis erlangt hat. Ist die Änderungsentscheidung innerhalb der Frist erfolgt, kann der Schuldner durch die Einlegung eines erfolglosen Rechtsmittels nicht den ihm günstigen Fristablauf herbeiführen. U. U. kann das Unterlassen der nach Satz 2 gebotenen Anzeige (s.u. RdNr. 12) die Berufung des Schuldners auf den Fristablauf als rechtsmissbräuchlich erscheinen lassen.

---

[18] Vgl. BT-Drucks. 14/5680, S. 22.
[19] *Uhlenbruck/Mock* § 4b RdNr. 4; HKInsO-*Kirchhof* § 4b RdNr. 10; aA *Kübler/Prütting/Wenzel* § 4b RdNr. 14.
[20] BGH NZI 2011, 683 RdNr. 10.
[21] BGH NZI 2011, 683 RdNr. 10; *Jaeger/Eckardt* § 4b RdNr. 23.
[22] *Jaeger/Eckardt* § 4b RdNr. 24.
[23] *A/G/R-Ahrens* § 4b RdNr. 21.
[24] LG Trier ZVI 2010, 381; *Jaeger/Eckardt* § 4b RdNr. 24.
[25] Bejahend *Jaeger/Eckardt* § 4b RdNr. 26; *A/G/R-Ahrens* § 4b RdNr. 28; verneinend *Nerlich/Römermann/Becker* § 4b RdNr. 7.
[26] *Uhlenbruck/Mock* § 4b RdNr. 20; *Nerlich/Römermann/Becker* § 4c RdNr. 49; HambKomm-*Nies* § 4b RdNr. 6; enger – vier Jahre seit Beendigung des jeweiligen Verfahrensabschnitts, auf den sich die Änderung auswirken soll – HKInsO-*Kirchhof* § 4 b RdNr. 19.

Die Entscheidung über die Änderung hat **an die letzte Regelung** des Insolvenzgerichts über 11
die Stundung oder die Ratenzahlungen **anzuknüpfen**. Diese Regelung kann ihrerseits eine Änderung nach Abs. 2 gewesen sein. Nur bereits eingetretene Veränderungen können zu einer Anpassung Anlass geben. Werden Veränderungen erst erwartet, ist das noch kein Grund für eine Anpassung. War die Veränderung bereits vor der Letzten (formell rechtskräftigen) Regelung eingetreten und ist sie lediglich nachträglich bekannt geworden, reicht dies für eine Anpassung nicht aus.

3. Verfahrensfragen. Das Insolvenzgericht wird grundsätzlich **von Amts wegen** tätig. Eine 12
Änderung des Eckregelsatzes für den Haushaltsvorstand gemäß Anlage zu § 28 SGB XII ist jedoch nur auf Antrag des Schuldners zu berücksichtigen, wie sich aus der Verweisung in Abs. 2 Satz 3 ergibt (§ 120 Abs. 4 Satz 1 Halbsatz 2, § 115 Abs. 1 Satz 3 Nr. 1 lit. b, Nr. 2 ZPO). Zuständig ist vor der Eröffnung der Richter, danach der Rechtspfleger (§ 3 Nr. 2 Buchst. e, § 18 Abs. 1 Nr. 1 RPflG). Dieser kann ggf. auch richterliche Entscheidungen ändern. Um den Aufwand bei der Anpassung für das Gericht gering zu halten, wird dem Schuldner eine **Unterrichtungspflicht** auferlegt (Abs. 2 Satz 2). Der Schuldner ist verpflichtet, dem Gericht eine wesentliche Änderung seiner Verhältnisse unverzüglich anzuzeigen. „Unverzüglich" bedeutet „ohne schuldhaftes Zögern" (§ 121 Abs. 1 Satz 1 BGB). Das Unterlassen ist nicht sanktioniert, sofern nicht §§ 295, 297 eingreifen. Unabhängig davon kann das Gericht den Schuldner zu einer Erklärung über seine Verhältnisse auffordern (Abs. 2 Satz 3 i. V. m. § 120 Abs. 4 Satz 2 ZPO). In der Kommentarliteratur ist zeitweilig vertreten worden, eine Aufforderung sei nur dann zulässig und für den Schuldner verbindlich, wenn das Insolvenzgericht Anhaltspunkte für eine wesentliche Änderung habe und diese dem Schuldner mitteile.[27] Im Wortlaut des Gesetzes (vgl. § 120 Abs. 4 Satz 2 ZPO) findet diese Ansicht indes keine Stütze. Das Insolvenzgericht kann vom Schuldner eine Erklärung über seine Verhältnisse verlangen, um überhaupt erst prüfen zu können, ob sich dessen wirtschaftliche Verhältnisse verbessert haben und die Entscheidung über die Stundung deshalb zu ändern ist.[28] Es wird dies in regelmäßigen Abständen auch tun; teilweise wird sogar eine entsprechende Amtspflicht des Insolvenzgerichts angenommen.[29] Leistet der Schuldner der Aufforderung des Gerichts keine Folge, kann die Stundung aufgehoben werden (§ 4c Abs. 1 Nr. 1 Fall 2). Bevor die Entscheidung zum Nachteil des Schuldners geändert wird, ist dieser (ggf. sein Verfahrensbevollmächtigter) zu hören.

Das Insolvenzgericht hat einen **Ermessensspielraum**. Die Anpassung kann im **Ergebnis** dazu 13
führen, dass frühere oder spätere Zahlungstermine bestimmt, die Ratenzahlungen erhöht oder verringert werden oder ganz entfallen. Auch kann die Beiordnung eines Rechtsanwalts geändert werden. Haben sich die Verhältnisse des Schuldners verbessert, sollte die Anpassung rückwirkend auf den Zeitpunkt angeordnet werden, zu dem der Schuldner die Änderung angezeigt hat oder gemäß Abs. 2 Satz 2 hätte anzeigen müssen. Im Falle einer Verschlechterung sollte die Anpassung rückwirkend auf den Zeitpunkt der Verschlechterung angeordnet werden.[30] Zur Anfechtbarkeit s.u. § 4d RdNr. 4.

§ 4c Aufhebung der Stundung

Das Gericht kann die Stundung aufheben, wenn
1. **der Schuldner vorsätzlich oder grob fahrlässig unrichtige Angaben über Umstände gemacht hat, die für die Eröffnung des Insolvenzverfahrens oder die Stundung maßgebend sind, oder eine vom Gericht verlangte Erklärung über seine Verhältnisse nicht abgegeben hat;**
2. **die persönlichen oder wirtschaftlichen Voraussetzungen für die Stundung nicht vorgelegen haben; in diesem Fall ist die Aufhebung ausgeschlossen, wenn seit der Beendigung des Verfahrens vier Jahre vergangen sind;**
3. **der Schuldner länger als drei Monate mit der Zahlung einer Monatsrate oder mit der Zahlung eines sonstigen Betrages schuldhaft in Rückstand ist;**
4. **der Schuldner keine angemessene Erwerbstätigkeit ausübt und, wenn er ohne Beschäftigung ist, sich nicht um eine solche bemüht oder eine zumutbare Tätigkeit ablehnt; § 296 Abs. 2 Satz 2 und 3 gilt entsprechend;**
5. **die Restschuldbefreiung versagt oder widerrufen wird.**

---

[27] *Uhlenbruck* 12. Aufl. § 4c RdNr. 2; ähnlich die Vorauflage.
[28] BGH ZInsO 2009, 2405 RdNr. 5.
[29] *Uhlenbruck/Mock,* § 4b RdNr. 18; aA HK-InsO-*Kirchhof* § 4b RdNr. 21.
[30] AA A/G/R-*Ahrens* § 4b RdNr. 47: Die Änderung kann nur für die Zukunft angeordnet werden.

Übersicht

	Rn.		Rn.
I. Einleitung	1	3. Zahlungsrückstand (Nr. 3)	9, 10
II. Normzweck	2	4. Fehlen einer Erwerbstätigkeit (Nr. 4)	11–14
III. Voraussetzungen der Aufhebung	3–16	5. Versagung oder Widerruf der Restschuldbefreiung (Nr. 5)	15, 16
1. Unrichtige oder unterlassene Angaben (Nr. 1)	3–7	IV. Wirkung der Aufhebung	17
2. Fehlen der Voraussetzungen für die Stundung (Nr. 2)	8	V. Verfahrensfragen	18–20

I. Einleitung

1 Die Vorschrift wurde wie § 4a durch das InsOÄndG 2001 neu eingeführt. Sie ist dem § 124 ZPO nachgebildet.[1] § 4c setzt voraus, dass dem Schuldner nach § 4a oder § 4b Abs. 1 Kosten gestundet wurden.

II. Normzweck

2 Nach der amtlichen Begründung soll durch die Aufhebung insbesondere eine Stundung beseitigt werden, die von Anfang an unrichtig war.[2] Bei Lichte besehen trifft dies aber nur für die Aufhebungsgründe Nr. 1 erste Alternative und Nr. 2 zu. In den Fällen der Nr. 1 zweite Alternative, 3 bis 5 kann der Aufhebungsgrund nur nach der Stundungsbewilligung eingetreten sein. Insofern bezweckt die Norm, den Schuldner zur Einhaltung seiner Obliegenheiten anzuhalten. Inwiefern eine erteilte Stundung zum Nachteil des Schuldners aufgehoben werden kann, ist in § 4c abschließend geregelt.[3]

III. Voraussetzungen der Aufhebung

3 **1. Unrichtige oder unterlassene Angaben (Nr. 1).** Der **Aufhebungsgrund Nr. 1 erste Alternative** setzt voraus, dass der Schuldner unrichtige Angaben über Umstände gemacht hat, die entweder für die Eröffnung des Insolvenzverfahrens oder für die Stundung selbst maßgebend sind. Der erste Fall liegt beispielsweise dann vor, wenn der Schuldner falsche Angaben zu seinen Gläubigern gemacht hat, und sei es auch nur in einem Verzeichnis gemäß § 305 Abs. 1 Nr.3. Auch unrichtige Angaben hinsichtlich seiner Zahlungsfähigkeit oder die Erschleichung der deutschen Gerichtsbarkeit durch Behauptung eines inländischen Wohnsitzes fallen darunter. Unter den zweiten Fall sind demgegenüber falsche Angaben zur Bedürftigkeit des Schuldners (s.o. § 4a RdNr. 8 ff.) oder zum Nichtvorliegen der Versagungsgründe nach § 290 Abs. 1 Nr. 1 und 3 (s.o. § 4a RdNr. 15 ff.) zu subsumieren. Nach der amtlichen Begründung soll eine Aufhebung der Stundung auch dann möglich sein, wenn ein Versagungsgrund nach § 290 Abs. 1 Nr. 1 und 3 erst nach Gewährung der Stundung eingetreten ist. Um die Voraussetzungen des Aufhebungsgrundes Nr. 1 erste Alternative zu erfüllen, müsste der Schuldner also grob schuldhaft unrichtige Angaben zu einem noch gar nicht vorliegenden Versagungsgrund gemacht haben. Etwas derartiges ist schlecht vorstellbar.

4 **Unrichtig** sind Angaben, die von der Wirklichkeit abweichen oder unvollständig sind, jedoch den Anschein der Vollständigkeit erwecken.[4] Verschweigt der Schuldner beispielsweise ein Konto, auf dem Arbeitsentgelt eingeht, fällt dies unter Nr. 1 erste Alternative.[5] Eine vor der Aufhebung erfolgende Berichtigung ist zu berücksichtigen.

5 Der **Aufhebungsgrund Nr. 1 zweite Alternative** knüpft im Wesentlichen an die Verletzung der Verpflichtung aus § 4b Abs. 2 Satz 3 i. V. m. § 120 Abs. 4 Satz 2 ZPO an, ist jedoch nicht auf Fragen zu nachträglich eingetretenen Veränderungen beschränkt, sondern umfasst jegliche Anfragen des Gerichts, die stundungsrelevante Umstände betreffen.[6] Sanktioniert wird ein **Unterlassen**, nämlich die Nichtabgabe einer vom Gericht nach der Stundung verlangten Erklärung über seine Verhältnisse. Die Verweigerung der Mitwirkung bei der Aufklärung sonstiger Umstände, die nicht „seine

---

[1] BT-Drucks. 14/5680, S. 22.
[2] BT-Drucks. 14/5680, S. 22.
[3] BT-Drucks. 14/5680, S. 22.
[4] BGH NZI 2009, 188 RdNr. 7.
[5] LG Potsdam ZInsO 2002, 941.
[6] FK-*Kohte* § 4c RdNr. 13.

Verhältnisse" betreffen, wird von dieser Vorschrift nicht erfasst.[7] Die Folgen unterlassener Auskünfte hinsichtlich der Erwerbstätigkeit des Schuldners ist in Nr. 4 Halbsatz 2 gesondert geregelt. Nicht abgegeben ist eine Erklärung, wenn sie im Ausgangsverfahren nicht mehr berücksichtigt werden kann. Eine schuldhaft verspätet – nach Ablauf einer vom Gericht gesetzten Frist – abgegebene Erklärung rechtfertigt noch nicht die Aufhebung der Stundung.[8] Auch eine im Verfahren der sofortigen Beschwerde nachgereichte Erklärung ist noch zu berücksichtigen und schließt dann, wenn sie vollständig und richtig ist, eine Aufhebung der Stundung aus.[9] Eine Ausschlussfrist sieht das Gesetz nicht vor; dann gilt § 571 Abs. 2 Satz 1 ZPO (i.V.m § 4), wonach die Beschwerde auf neue Angriffs- und Verteidigungsmittel gestützt werden kann. Eine Belehrung über die Folgen nicht abgegebener Erklärungen ist nicht vorgeschrieben, sollte aber gleichwohl erfolgen.[10]

Nur **vorsätzliche** oder **grob fahrlässige** Verstöße führen zur Aufhebung der Stundung. Erforderlich ist, dass der Schuldner die erforderliche Sorgfalt in besonders schwerem Maße verletzt und schon einfachste Überlegungen nicht angestellt oder etwas unterlassen hat, dessen Erforderlichkeit jedem Insolvenzschuldner hätte einleuchten müssen.[11] Bei Rechtsunkenntnis ist der Maßstab weniger streng als bei Tatsachenirrtum. Ein Schuldner, der die Restschuldbefreiung anstrebt, hat grundsätzlich gerichtliche Fragen schleunig zu beantworten. Ein Verschulden seines Vertreters (§ 85 Abs. 2 ZPO) braucht er sich nicht zurechnen zu lassen, doch kann ihn ein eigenes Verschulden treffen, wenn er die Erklärungen seines Vertreters nicht überprüft. 6

Der Aufhebungsgrund Nr. 1 erste Alternative soll nach h.M. voraussetzen, dass die unrichtigen Angaben des Schuldners für die Entscheidung des Gerichts **ursächlich** waren.[12] Der BGH hat dies aus der Formulierung des Gesetzes abgeleitet, die Angaben müssten für die Bewilligung der Stundung „maßgebend" gewesen sein. Folglich könne das Gericht die Stundung nur aufheben, wenn dem Schuldner bei vollständigen und richtigen Angaben die Stundung von Anfang an zu versagen gewesen wäre.[13] Systematische Gründe sprechen jedoch gegen diese Lösung. Steht fest, dass die persönlichen oder wirtschaftlichen Voraussetzungen für die Stundung nicht vorgelegen haben, kann die Stundung nach § 4c Nr. 2 aufgehoben werden. Die Vorschrift des § 4c Nr. 1 erste Alternative wäre überflüssig. Sie stellt überdies strenge Anforderungen an die Aufhebung der Entscheidung, setzt nämlich Vorsatz oder grobe Fahrlässigkeit voraus, während Nr. 2 die objektive Unrichtigkeit der zunächst getroffenen Stundungsentscheidung ausreichen lässt. Dafür gibt es keinen Grund, wenn in beiden Fällen (Nr. 1 erste Alternative, Nr. 2) die Unrichtigkeit der Stundungsentscheidung festgestellt werden muss. Für eine Aufhebung nach Nr. 1 erste Alternative reicht daher aus, dass die unrichtigen oder unvollständigen Angaben ihrer Art nach geeignet waren, die Entscheidung über die Stundung zu beeinflussen. Der Schuldner, der vorsätzlich oder grob fahrlässig unwahre Angaben macht, hat sein Recht auf eine Stundung der Verfahrenskosten verwirkt. Gleiches gilt für den Aufhebungsgrund der unterlassenen Angaben gemäß Nr. 1 zweite Alternative. Wenn der Schuldner eine vom Gericht verlangte Erklärung über seine Verhältnisse nicht abgibt, ist die Stundung aufzuheben; das Gericht ist nicht verpflichtet, vor einer Aufhebung anderweitige Ermittlungen anzustellen, ob die Stundung zu Unrecht bewilligt worden ist. 7

2. Fehlen der Voraussetzungen für die Stundung (Nr. 2). Haben die persönlichen oder wirtschaftlichen Voraussetzungen für die Stundung von Anfang an[14] nicht vorgelegen, greift der **Aufhebungsgrund Nr. 2** ein. Im Unterschied zu dem Aufhebungsgrund Nr. 1 ist ein Verschulden des Schuldners nicht erforderlich.[15] Außerdem fällt nicht jede Unrichtigkeit der Stundung darunter, sondern nur eine solche, die auf der unzutreffenden Beurteilung der persönlichen und wirtschaftlichen Verhältnisse beruht. Aufgehoben werden kann die Stundung auch und gerade dann, wenn das Gericht die vollständigen und zutreffenden Angaben des Schuldners falsch ausgewertet hat.[16] Die Stundung mag für den Schuldner von existentieller Bedeutung sein; Nr. 2 erfasst jedoch gerade die 8

---

[7] LG München I ZVI 2006, 505.
[8] LG Mühlhausen VuR 2009, 30; LG Göttingen NZI 2011, 909; HKInsO-*Kirchhof* § 4b RdNr. 10; aA *Kübler/Prütting/Wenzel* § 4c RdNr. 20.
[9] LG Mühlhausen VuR 2009, 30; LG Göttingen NZI 2011, 909.
[10] Vgl. LG München ZVI 2006, 505; A/G/P/*Ahrens* § 4c RdNr. 19; zur Bedeutung von Belehrungspflichten bei einschneidenden Folgen einer Versäumung von Verfahrenshandlungen vgl. BGH ZInsO 2011, 837 RdNr. 7 ff.
[11] BGH NZI 2006, 299.
[12] BGH NZI 2009, 188 RdNr. 9 f; *Jaeger/Eckardt* § 4c RdNr. 17 f.; *Braun/Buck* § 4c RdNr. 3; HambKomm-*Nies* § 4c RdNr. 2; ebenso die Vorauflage; aA AG Göttingen NZI 2004, 47; AG Göttingen ZVI 2009, 512; HKInsO-*Kirchhof* § 4b RdNr. 12; *Kübler/Prütting/Wenzel* § 4c RdNr. 10, 13; *Nerlich/Römermann/Becker* § 4c RdNr. 18.
[13] BGH NZI 2009, 188 RdNr. 11.
[14] BT-Drucks. 14/5680, S. 22.
[15] BT-Drucks. 14/5680, S. 23; *Jaeger/Eckardt* § 4c RdNr. 32; HKInsO-*Kirchhof* § 4c RdNr. 13.
[16] AA *Uhlenbruck/Mock* § 4c RdN 14; FK-*Kohtee* § 4c RdNr. 18 f.

Fälle, in denen die Stundung – sei es auch aus Rechtsgründen – nicht hätte gewährt werden dürfen. In jedem Falle muss der unzutreffend bewertete Umstand für die Stundung ursächlich geworden sein. Nach HS 2 ist die Aufhebung ausgeschlossen, wenn seit der Beendigung des Verfahrens vier Jahre vergangen sind. Mit dem Verfahren ist dabei nicht der jeweilige Stundungsabschnitt, sondern das Insolvenzverfahren insgesamt gemeint.[17] Der Zeitraum von vier Jahren entspricht der Verjährungsregelung in § 5 GKG (§ 10 GKG aF). Da die rein objektiv begründete Aufhebung den Schuldner insbesondere dann hart trifft, wenn schon geraume Zeit vergangen ist, hat das Insolvenzgericht bei seiner Ermessensentscheidung (s.u. RdNr. 19) die bereits verflossene Zeit und das Verhalten des Schuldners zu berücksichtigen.[18]

9   **3. Zahlungsrückstand (Nr. 3).** Der **Aufhebungsgrund Nr. 3** gilt für den Fall, dass der Schuldner länger als drei Monate mit einer Monatsrate oder der Zahlung eines sonstigen Betrages, der dem Schuldner bei der Stundung oder deren Verlängerung auferlegt worden ist, schuldhaft in Rückstand ist. Damit soll der Schuldner insbesondere zu pünktlichen Ratenzahlungen angehalten werden. Bei monatlicher Zahlungsweise schaden dem Schuldner Teilrückstände mit mehreren Raten erst, wenn sie insgesamt den Betrag einer Monatsrate erreichen. Für Beträge, die nicht monatlich zu entrichten sind, besteht kein Schwellenwert. Ganz geringfügige Rückstände werden aber für sich allein keine Aufhebung rechtfertigen.

10 Einer Mahnung des Schuldners bedarf es nicht. Nur ein schuldhafter Rückstand kann jedoch eine Aufhebung rechtfertigen. Das entspricht der Rechtsprechung des BGH zu § 124 Nr. 4 ZPO;[19] weil die Auslegung der Vorschrift des § 124 Nr. 4 ZPO umstritten war, eine Unsicherheit über die Voraussetzungen der Aufhebung der Stundung wegen deren oft existenziellen Bedeutung jedoch nicht akzeptabel sei, hat sich der Gesetzgeber veranlasst gesehen, das Verschuldenserfordernis ausdrücklich in den Tatbestand der Nr. 3 aufzunehmen.[20] Nicht schuldhaft ist eine Säumnis, die auf einer nachteiligen Veränderung der wirtschaftlichen Verhältnisse des Schuldners beruht; in einem derartigen Fall hat das Gericht eine Neuordnung der Ratenzahlungen gemäß § 4b Abs. 2 Satz 1 zu prüfen.[21]

11 **4. Fehlen einer Erwerbstätigkeit (Nr. 4).** Den **Aufhebungsgrund Nr. 4, erste Alternative,** erfüllt der Schuldner, der keine angemessene Erwerbstätigkeit ausübt und, wenn er ohne Beschäftigung ist, sich nicht um eine solche bemüht oder eine zumutbare Tätigkeit ablehnt. Eine derartige Obliegenheit besteht nach § 295 Abs. 1 Nr. 1 lediglich während der Laufzeit der Abtretungserklärung. Nr. 4 HS 1 erstreckt diese Obliegenheit auch auf den Zeitraum ab Stundung der Verfahrenskosten.[22] Dem Schuldner obliegt es, aktiv nach Arbeit zu suchen. Offenkundig aussichtslose Scheinbewerbungen genügen nicht.[23] Zwanzig bis dreißig Bewerbungen im Monat können andererseits aber auch nicht verlangt werden. Im Regelfall muss der Schuldner als arbeitssuchend gemeldet sein und laufend Kontakt zu den zuständigen Mitarbeitern halten. Er muss sich aktiv und ernsthaft um eine Arbeitsstelle bemühen. Als ungefähre Richtgröße können zwei bis drei Bewerbungen in der Woche gelten.[24] Die Obliegenheit bezieht sich auch auf selbständige Tätigkeiten[25] und besteht so lange, bis (bei Fortdauer der Zahlungsanordnung) die gestundeten Beträge zurückgezahlt sind.

12 Wohl auf Grund eines Redaktionsversehens ist auf § 296 Abs. 1 Satz 1 nicht verwiesen.[26] Indes wird man für die Aufhebung doch auch die Beeinträchtigung der Gläubigerinteressen durch die Obliegenheitsverletzung und ein Verschulden verlangen müssen.[27] Für die Stundung, die nur ein Mittel zum Zweck der Erreichung der Restschuldbefreiung darstellt, dürfen keine strengeren Anforderungen gestellt werden als an die Restschuldbefreiung selbst.[28] Eine abstrakte Gefährdung der Befriedigungsinteressen der Gläubiger reicht nicht aus. Erforderlich ist eine messbare tatsächliche Beeinträchtigung.[29] Im Rahmen einer Vergleichsrechnung ist die Differenz zwischen der Tilgung der Verbindlichkeiten mit und

---

[17] *Jaeger/Eckardt* § 4c RdNr. 39; HKInsO-*Kirchhof* § 4c RdNr. 15; *Nerlich/Römermann/Becker* § 4c RdNr. 22; aA *Uhlenbruck/Mock* § 4c RdNr. 15; *Kübler/Prütting/Wenzel* § 4c RdNr. 26; HambKomm-*Nies* § 4c RdNr. 4.
[18] BT-Drucks. 14/5680, S. 23.
[19] BGH NJW 1997, 1077.
[20] BT-Drucks. 14/5680, S. 23.
[21] BT-Drucks. 14/5680, S. 23.
[22] BGH NZI 2009, 899 RdNr. 10; LG Berlin ZInsO 2002, 680, 681; *Jaeger/Eckardt* § 4c RdNr. 57; HKInsO-*Kirchhof* § 4b RdNr. 20; vgl. auch BT-Drucks. 14/5680, S. 23.
[23] AG Gera NZI 2011, 293; LG Gera ZInsO 2011, 1254.
[24] BGH NZI 2011, 596 RdNr. 17 (zu § 295 Abs. 1 Nr. 1); N21 2012, 852 RdNr. 8.
[25] *Nerlich/Römermann/Becker* § 4c RdNr. 29.
[26] *Jaeger/Eckardt* § 4c RdNr. 53 f.
[27] BGH NZI 2009, 899 RdNr. 12; ZInsO 2010, 1153 RdNr. 8; ZVI 2011, 92 RdNr. 7; N21 2012, 852 RdNr. 9.
[28] BGH NZI 2009, 899 RdNr. 13.
[29] BGH NZI 2006, 413.

ohne Obliegenheitsverletzung zu ermitteln. Nach Abzug aller vorrangig zu befriedigenden Verbindlichkeiten muss eine pfändbare Summe verblieben und dieser an die Insolvenzgläubiger zu verteilende Betrag durch die Obliegenheitsverletzung verkürzt worden sein. Gibt der Schuldner eine Erwerbstätigkeit auf, die keine pfändbaren Beträge erbracht hat, oder lehnt er eine solche Beschäftigung ab oder zeigt er die Aufnahme einer Erwerbstätigkeit nicht an, die ihm insgesamt nur unpfändbare Einkünfte verschafft, kann darin zwar eine Obliegenheitsverletzung zu sehen sein, doch führt sie zu keiner Gläubigerbeeinträchtigung.[30] Auf bloß theoretische, tatsächlich aber unrealistische Möglichkeiten, einen angemessenen Arbeitsplatz zu finden, darf ein Schuldner nicht verwiesen werden.[31] Bei einer in einer Obdachlosenunterkunft lebenden Schuldnerin, welche die Sonderschule für Lernbehinderte nach der 6. Klasse abgebrochen und keine weitere Ausbildung erfahren hat, sollten keine hohen Anforderungen an die Bemühungen um Aufnahme einer Erwerbstätigkeit gestellt werden.[32] Zu überlegen ist allerdings, ob im Rahmen der Entscheidung über eine Aufhebung der Verfahrenskostenstundung auf die Beeinträchtigung der Gläubigerinteressen abgestellt werden kann; nach Sinn und Zweck der Vorschrift müsste ausreichen, dass der Schuldner die Verfahrenskosten ganz oder teilweise hätte tragen können. In anderem Zusammenhang, nämlich im Rahmen einer Versagung der Restschuldbefreiung wegen Verstoßes gegen die Mitwirkungsobliegenheiten des § 295 Abs. 1 Nr. 3, hat der BGH ausreichen lassen, dass die vorenthaltenen Beträge zur teilweisen Deckung der Verfahrenskosten ausgereicht hätten.[33] Die Befriedigung der Gläubiger wird auch dann beeinträchtigt, wenn nur Massegläubiger einschließlich der Staatskasse hinsichtlich der Verfahrenskosten betroffen sind.

13 Ist dem Schuldner von seinem Arbeitgeber gekündigt worden, kommt es darauf an, ob der Schuldner die Kündigung vorsätzlich oder grob fahrlässig herbeigeführt hat.[34] Hat der Schuldner selbst gekündigt, ist dies keine Obliegenheitsverletzung, wenn er für die Kündigung anerkennenswerte Gründe hatte.[35]

14 Eine **zumutbare Tätigkeit** kann der Schuldner nicht ablehnen, ohne die Aufhebung der Stundung zu riskieren. Bei der Frage der Angemessenheit kann zunächst auf die Vorschrift des § 1574 Abs. 2 BGB und die dazu ergangene Rechtsprechung zurückgegriffen werden.[36] Angemessen ist danach eine Erwerbstätigkeit, die der Ausbildung, den Fähigkeiten, einer früheren Erwerbstätigkeit, dem Lebensalter und dem Gesundheitszustand des Schuldners entspricht. Allerdings dürfte die Erwerbsobliegenheit des Schuldners weiter reichen als diejenige eines geschiedenen Ehegatten (§ 1574 Abs. 1 BGB). Sofern eine angemessene Tätigkeit in dem erlernten oder bisher ausgeübten Beruf nicht erlangt werden kann, ist auch eine solche mit geringerem Einkommen oder außerhalb des vertrauten Berufs zumutbar. Zu weitgehend erscheint die Ansicht, die einem Strafgefangenen gewährte Stundung sei aufzuheben, wenn die Haft über die Hälfte der Wohlverhaltensperiode hinaus dauere.[37] Es kann nicht Sinn der gesetzlichen Regelung sein, einem Schuldner, der gar nicht die Möglichkeit hat, sich um eine angemessene Erwerbstätigkeit zu bemühen, die Stundung zu entziehen. Andernfalls schiede ein Personenkreis, der typischerweise der Stundung in besonderem Maße bedarf, von vornherein als Adressat aus.[38]

Nr. 4, zweite Alternative, enthält einen weiteren Aufhebungsgrund, der unabhängig von demjenigen gemäß Nr. 4, erste Alternative, besteht.[39] In Nr. 4 Halbsatz 2 wird auf § 296 Abs. 2 Satz 2 und 3 verwiesen. Danach hat der Schuldner über die Erfüllung seiner Obliegenheiten Auskunft zu erteilen und, wenn es der Gläubiger beantragt, die Richtigkeit dieser Auskunft an Eides Statt zu versichern. Gibt er die Auskunft oder die eidesstattliche Versicherung ohne hinreichende Entschuldigung nicht innerhalb der ihm gesetzten Frist ab oder erscheint er trotz ordnungsgemäßer Ladung ohne hinreichende Entschuldigung nicht zu einem Termin, den das Gericht für die Erteilung der Auskunft oder die eidesstattliche Versicherung anberaumt hat, so ist die Stundung aufzuheben. Das Insolvenzgericht kann den Schuldner auffordern, seine Bemühungen um eine Arbeitsstelle nachzuweisen. Dabei kann es von Amts wegen tätig werden. Ob das Insolvenzgericht sogar verpflichtet ist, sich in regelmäßigen Abständen von der Erfüllung der Erwerbsobliegenheit zu überzeugen,[40] hat der BGH bisher offen gelassen.[41] Der amtlichen Begründung nach sollte keine Pflicht des Gerichts

---

[30] BGH NZI 2009, 899 RdNr. 11.
[31] BGH ZInsO 2010, 1153 RdNr. 9; ZVI 2011, 92 RdNr. 7.
[32] Vgl. den Fall BGH ZVI 2011, 92.
[33] BGH NZI 2011, 639 RdNr. 4 ff.; LG Göttingen NZI 2008, 625.
[34] *Uhlenbruck/Mock* § 4c RdNr. 19.
[35] *Uhlenbruck/Mock* § 4c RdNr. 19.
[36] BGH ZVI 2011, 92 RdNr. 7; AG Gera NZI 2011, 293, 294; *Uhlenbruck/Mock* § 4c RdNr. 18.
[37] So AG Hannover NZI 2004, 391, 392.
[38] Vgl. BGH NZI 2010, 911 RdNr. 12; *Heyer* NZI 2010, 81, 82.
[39] BGH NZI 2008, 507.
[40] So *Jaeger/Eckardt* § 4c RdNr. 62; gegen eine Überwachungspflicht HKInsO-*Kirchhof* § 4c RdNr. 25.
[41] BGH NZI 2008, 507 RdNr. 5.

begründet werde, die Erwerbsobliegenheiten des Schuldners zu überwachen; das Gericht sei nur dann gehalten tätig zu werden, wenn tatsächliche Anhaltspunkte, etwa der Hinweis eines Gläubigers, eine Obliegenheitsverletzung seitens des Schuldners nahe legten.[42]

15 **5. Versagung oder Widerruf der Restschuldbefreiung (Nr. 5). Der Aufhebungsgrund Nr. 5** ist gegeben, wenn die Restschuldbefreiung nach § 290, nach § 314 Abs. 3 Satz 2 oder nach §§ 296 bis 298 versagt oder gemäß § 303 widerrufen wird. Die Stundung der Verfahrenskosten dient dem Ziel, dem Schuldner den Zugang zur Restschuldbefreiung zu ermöglichen. Steht fest, dass dieses Ziel nicht mehr erreicht werden kann, ist eine Stundung nicht mehr zu rechtfertigen. Ob die Stundung versagt oder widerrufen wird, ist unerheblich. Streitig war (und ist), ob der Aufhebungsgrund der Nr. 5 eine Versagungs- oder Stundungsentscheidung des Insolvenzgerichts voraussetzt oder ob das Vorliegen eines solchen Grundes im Aufhebungsverfahren selbständig geprüft werden kann oder sogar muss. Der Wortlaut der Vorschrift spricht eher dafür, dass das Insolvenzgericht bereits entschieden haben muss. Den Materialien zufolge wurde bewusst davon abgesehen, die Versagungsgründe des § 290 Abs. 1 oder einen Verstoß gegen die in § 295 Abs. 1 genannten Obliegenheiten als selbständige Aufhebungsgründe auszugestalten. Wenn die Gläubiger das Vorliegen eines Versagungsgrundes nach § 290 Abs. 1 Nr. 2, 4 bis 6 oder einen Verstoß gegen die in § 295 Abs. 1 genannten Obliegenheiten nicht als so schwerwiegend ansehen, um die Versagung der Restschuldbefreiung zu beantragen, sei es auch nicht geboten, dass das Gericht die Stundung aufhebt.[43] In der Vorauflage wurde deshalb die Ansicht vertreten, das Gericht könne die Stundung ohne einen Versagungsantrag eines Gläubigers nicht aufheben, selbst wenn zweifelsfrei feststehe, dass ein Versagungsgrund für die Restschuldbefreiung vorliege.[44] Zwischenzeitlich hatte der BGH jedoch zu § 4a Abs. 2 Satz 4 entschieden, dass die Stundung der Verfahrenskosten bei zweifelsfreiem Vorliegen eines Versagungsgrundes nach § 290 Abs. 1 ausgeschlossen ist, obwohl § 4a Abs. 1 Satz 3 nur auf § 290 Abs. 1 Nr. 1 und 3 verweist, nicht auf die übrigen Versagungsgründe.[45] Eine Stundung, die offensichtlich nicht zur Restschuldbefreiung führen kann, ist sinnlos. Ist die Stundung gewährt und das Verfahren eröffnet worden, könnte bei wörtlichem Verständnis des Aufhebungsgrundes erst nach dem Schlusstermin über eine Aufhebung entschieden werden; denn Versagungsanträge können nach derzeitiger Rechtslage erst im Schlusstermin gestellt werden (§ 290 Abs. 1). Das ist wenig sinnvoll.[46] Ein Schuldner, der sich unredlich verhalten hat, verdient keinen Schutz. Nach § 1 Satz 2 soll nur der redliche Schuldner Gelegenheit gegeben werden, sich von seinen restlichen Verbindlichkeiten zu befreien. Steht der Versagungsgrund zweifelsfrei fest, kann eine bereits gewährte Stundung deshalb vorzeitig aufgehoben werden.[47]

16 Analog anwendbar ist Nr. 5, wenn der Antrag auf Restschuldbefreiung zurückgenommen wird oder die Forderungen sämtlicher Insolvenzgläubiger gemäß § 302 von der Restschuldbefreiung ausgenommen sind. Das Gleiche gilt, wenn das Insolvenzverfahren oder das Verfahren nach §§ 212, 213 eingestellt wird oder der Schuldner stirbt.[48] In allen genannten Fällen kommt eine Restschuldbefreiung nicht mehr in Betracht; damit gibt es keinen Grund für eine Stundung der Verfahrenskosten mehr.

IV. Wirkung der Aufhebung

17 Mit der Aufhebung **entfallen die Wirkungen der Stundung,** jedoch **nicht rückwirkend.**[49] Die Kosten werden sofort in ihrer vollen noch ausstehenden Höhe fällig.[50] Befindet sich das Verfahren noch in der Eröffnungsphase, wird regelmäßig eine Abweisung mangels Masse zu erfolgen haben (§ 26). Ist es bereits eröffnet, ist es mangels Masse einzustellen (§ 207). Wird die Stundung erst in der Treuhandphase des Restschuldbefreiungsverfahrens aufgehoben, unterliegt der Schuldner, der nunmehr für die Treuhänderkosten selbst aufkommen muss, der Gefahr, dass die Restschuldbefreiung nach § 298 versagt wird. Nach Erteilung der Restschuldbefreiung hat die Aufhebung der (verlängerten) Stundung zur Folge, dass die Bewilligung von Ratenzahlungen entfällt. Dies kann zur erneuten Zahlungsunfähigkeit des Schuldners führen. Ein etwaiges Vertrauen des Schuldners darauf,

---

[42] BT-Drucks. 14/5680, S. 23.
[43] BT-Drucks. 14/5680, S. 23.
[44] Ebenso LG Mönchengladbach ZVI 2006, 521; aA bereits damals LG Göttingen ZInsO 2005, 1340.
[45] BGH NZI 2005, 232; NZI 2010, 948 RdNr. 13.
[46] *Pieper* ZVI 2009, 241, 247.
[47] BGH ZInsO 2008, 111 RdNr. 18; NZI 2008, 624 RdNr. 5; NZI 2009, 615 RdNr. 6; NZI 2010, 948 RdNr. 16; LG Göttingen NZI 2008, 54; NZI 2008, 626; *Uhlenbruck/Mock* § 4c RdNr. 23; nach wie vor kritisch *A/G/R/Ahrens* § 4c RdNr. 47; *Graf-Schlicker/Kexel* § 4c RdNr. 11.
[48] *Nerlich/Römermann/Becker* § 4c RdNr. 54; HambKomm-*Nies* § 4c RdNr. 9.
[49] *Jaeger/Eckardt* § 4c RdNr. 95; offen gelassen von BGH NZI 2010, 948 RdNr. 17.
[50] BGH NZI 2010, 948 RdNr. 17; *Schmittmann* VIA 2011, 57.

dass bereits angefallene Kosten nicht nachgefordert werden, wäre nicht schutzwürdig.[51] Beigeordnete Rechtsanwälte, deren Vergütungsansprüche bislang undurchsetzbar waren (§ 4a Abs. 3 Nr. 2), können diese jetzt unmittelbar gegen den Schuldner geltend machen und festsetzen lassen. Die Staatskasse behält die auf sie übergegangenen Vergütungsansprüche gegen den Schuldner.

V. Verfahrensfragen

Zuständig ist bis zur Eröffnung der Richter, danach der Rechtspfleger (§ 3 Nr. 2 Buchst. 2, § 18 Abs. 1 Nr. 1 RPflG). Das Vorliegen der Aufhebungsgründe ist **von Amts wegen** zu prüfen, wenn dem Insolvenzgericht ein Sachverhalt bekannt wird, der einen konkreten Verdacht weckt. Das Gericht muss nicht von sich aus den Schuldner überwachen. Dies gilt für alle Aufhebungsgründe, auch denjenigen nach Nr. 4.[52] Liegt insofern ein Anfangsverdacht vor, kann das Insolvenzgericht eine Auskunft des Schuldners über die Erfüllung seiner Erwerbsobliegenheit einholen (Nr. 4 HS 2 i. V. m. § 296 Abs. 2 Satz 2 und 3). Auf Antrag eines Gläubigers hat der Schuldner die Richtigkeit der Auskunft an Eides Statt zu versichern. 18

Vor der Aufhebung ist dem Schuldner rechtliches Gehör zu gewähren. Die tatsächlichen Voraussetzungen der Aufhebung müssen **festgestellt** sein. Die Aufhebungsentscheidung selbst steht im pflichtgemäßen **Ermessen** des Gerichts.[53] Aufgehoben werden sollte entweder ganz oder gar nicht; „abgemilderte Formen der Aufhebung" sieht das Gesetz nicht vor.[54] Bei seiner Entscheidung sollte das Gericht das Ausmaß des Verstoßes und dessen Auswirkungen, den Verschuldensgrad auf Seiten des Schuldners und etwaige ausgleichende Bemühungen sowie die Zeit berücksichtigen, die seit der Bewilligung der Stundung verstrichen ist.[55] Im Falle des Aufhebungsgrundes gemäß Nr. 3 – Zahlungsrückstand – ist bei der Ausübung des Ermessens zu berücksichtigen, dass der Schuldner seine Pflichten zunächst seinen Verpflichtungen nachgekommen war und den zwischenzeitlich eingetretenen Rückstand vor der Entscheidung ausgeglichen hat.[56] Unberührt bleibt außerdem § 4b Abs. 2: Hat das Insolvenzgericht Anhaltspunkte dafür, dass der Zahlungsrückstand des Schuldners (Nr. 3) mit einer Verschlechterung seiner wirtschaftlichen Verhältnisse zusammenhängt, sollte es vor einer Aufhebung der Stundung prüfen, ob eine Anpassung der zuvor angeordneten Leistungen angezeigt ist.[57] 19

Wie sich insbesondere aus der Nr. 2 ergibt, gibt es für die Aufhebung grundsätzlich **keine zeitliche Grenze.** Faktisch ist sie aber nur so lange sinnvoll, wie die Stundung noch Wirkungen entfaltet. Unanwendbar ist § 4 c, sobald alle gestundeten Kosten zurückgezahlt wurden oder die Kostenforderung verjährt ist. Wegen der **Anfechtbarkeit** der Aufhebung s.u. § 4d RdNr. 3. 20

§ 4d Rechtsmittel

(1) Gegen die Ablehnung der Stundung oder deren Aufhebung sowie gegen die Ablehnung der Beiordnung eines Rechtsanwalts steht dem Schuldner die sofortige Beschwerde zu.

(2) ¹Wird die Stundung bewilligt, so steht der Staatskasse die sofortige Beschwerde zu. ²Diese kann nur darauf gestützt werden, dass nach den persönlichen oder wirtschaftlichen Verhältnissen des Schuldners die Stundung hätte abgelehnt werden müssen.

I. Einleitung

Die Vorschrift wurde wie § 4a durch das InsOÄndG 2001 neu eingeführt. Der Abs. 2 ist dem § 127 Abs. 3 ZPO nachgebildet. 1

II. Normzweck

Wegen der existentiellen Bedeutung der Stundung, von der regelmäßig die Durchführung des Insolvenzverfahrens und die Erlangung der Restschuldbefreiung abhängt, wird – anders als noch im Diskussi- 2

---

[51] HKInsO-*Kirchhof* § 4c RdNr. 29 mit Fn. 64; aA *Jaeger/Eckardt* § 4c RdNr. 40.
[52] *Uhlenbruck* § 4c RdNr. 6; HKInsO-*Kirchhof* § 4c RdNr. 25; *Nerlich/Römermann/Becker* § 4c RdNr. 37; aA *Jaeger/Eckardt* § 4c RdNr. 82.
[53] LG Berlin ZInsO 2007, 824; HKInsO-*Kirchhof* § 4c RdNr. 27.
[54] HKInsO-*Kirchhof* 4§ 4c RdNr. 27; aA aA *Jaeger/Eckardt* § 4c RdNr. 88; *Nerlich/Römermann/Becker* § 4c RdNr. 10.
[55] LG Mühlhausen VuR 2009, 30; HKInsO-*Kirchhof* § 4c RdNr. 27.
[56] LG Berlin ZInsO 2007, 824.
[57] HKInsO-*Kirchhof* § 4c RdNr. 27, 19.

onsentwurf vorgesehen[1] – **dem Schuldner** in Abs. 1 gegen die Ablehnung der Stundung oder deren Aufhebung sowie gegen die Ablehnung der Beiordnung eines Rechtsanwalts die sofortige Beschwerde gewährt. Umgekehrt ermöglicht Abs. 2 **der Staatskasse** die sofortige Beschwerde gegen die gewährte Stundung, um einer etwa zu großzügigen Gewährungspraxis der Gerichte entgegenzuwirken.

III. Rechtsmittel des Schuldners

3   Der Schuldner kann sowohl gegen die Entscheidung des Richters im Eröffnungsverfahren als auch gegen diejenige des Rechtspflegers im eröffneten Verfahren sofortige Beschwerde einlegen. Diese kann sich richten gegen die Ablehnung einer vom Schuldner beantragten Stundung (§ 4a Abs. 1) oder einer Verlängerung (§ 4b Abs. 1),[2] die Aufhebung einer zunächst gewährten Stundung (§ 4 c) und gegen die Ablehnung der Beiordnung eines Rechtsanwalts (§ 4a Abs. 2) oder die Beiordnung eines anderen als des gewünschten Rechtsanwalts.[3]

4   Nicht beschwerdefähig sind Anordnungen des Insolvenzgerichts über einzelne Wirkungen der Stundung (§ 4a Abs. 3 Nr. 1 Buchst. b) oder über die Rückzahlung oder Anpassung der gestundeten Beträge (§ 4b).[4] Hat der Rechtspfleger solche Entscheidungen getroffen, kommt eine sofortige Erinnerung gemäß § 11 Abs. 2 RPflG in Betracht.

IV. Rechtsmittel der Staatskasse

5   Wird die Stundung bewilligt, hat gemäß § 4d Abs. 2 – in Anlehnung an § 127 Abs. 3 ZPO – die Staatskasse die Beschwerdebefugnis. Auch gegen die Verlängerung der Stundung gemäß § 4b Abs. 1 wird man der Staatskasse ein Beschwerderecht zubilligen müssen. Zweck des Beschwerderechts ist es, einer allzu großzügigen Stundungspraxis der Insolvenzgerichte entgegen zu wirken und die durch die gesetzlichen Regelungen in den §§ 4a bis 4d entstehende zusätzliche Belastung der Länderhaushalte in Grenzen zu halten.[5]

6   Kein Beschwerderecht hat die Staatskasse gegen gerichtliche Anordnungen zur Durchführung der Stundung, etwa die Berechnung von Raten, die Beiordnung eines Rechtsanwalts oder das Unterlassen einer Aufhebung. Solche Entscheidungen sind – analog § 127 Abs. 3 Satz 1 ZPO – auch nicht mit einer Erinnerung gemäß § 11 Abs. 2 RPflG angreifbar.[6]

7   Allerdings kann die Beschwerde hier nur darauf gestützt werden, dass nach „den persönlichen oder wirtschaftlichen Verhältnissen" des Schuldners die Stundung hätte abgelehnt werden müssen. Deshalb kann die Staatskasse nicht mit Aussicht auf Erfolg geltend machen, der Eröffnungsantrag hätte beanstandet werden müssen, weil die Angaben des Schuldners zu seiner Person gemäß Anlage 1 zum Eröffnungsantrag unvollständig gewesen seien,[7] oder das Insolvenzgericht habe eine Stundung gewährt, die gar nicht oder nicht formgerecht beantragt worden sei.[8] Auch die „persönlichen Verhältnisse" sind allein auf die wirtschaftliche Zahlungsfähigkeit des Schuldners zu beziehen. Das ergibt sich aus der Parallelvorschrift des § 127 Abs. 3 Satz 2 ZPO. Deswegen kann die Staatskasse eine Beschwerde nicht darauf stützen, das Insolvenzgericht habe das Vorliegen eines Versagungsgrundes nach § 290 Abs. 1 Nr. 1 oder 3 verkannt.[9] Statthaft ist dagegen die Rüge unzureichender Aufklärung der wirtschaftlichen Verhältnisse des Schuldners.[10] Gerügt werden kann auch die Berechnung der Kosten durch das Insolvenzgericht; denn diese können in Wechselwirkung zur Leistungsfähigkeit des Schuldners stehen.[11]

V. Rechtsmittel Dritter

8   Andere als der Schuldner und die Staatskasse sind nicht beschwerdeberechtigt, mögen sie auch an der Gewährung der Stundung oder der Versagung ein Interesse haben. Kein Beschwerderecht hat insbesondere der **Rechtsanwalt,** dessen Beiordnung das Insolvenzgericht abgelehnt oder aufgehoben hat.[12]

---

[1] Vgl. Beilage zu ZInsO Heft 9/2000 S. 6 li. Sp.
[2] *Jaeger/Eckardt* § 4d RdNr. 14; *Nerlich/Römermann/Becker* § 4b RdNr. 23; HKInsO-*Kirchhof* § 4d RdNr. 3.
[3] HKInsO-*Kirchhof* § 4d RdNr. 3.
[4] *Jaeger/Eckardt* § 4d RdNr. 15; HKInsO-*Kirchhof* § 4d RdNr. 5; aA *Nerlich/Römermann/Becker* § 4d RdNr. 9.
[5] LG Duisburg NZI 2005, 688.
[6] *Jaeger/Eckardt* § 4d RdNr. 38; HKInsO-*Kirchhof* 4. § 4d RdNr. 6; *Nerlich/Römermann/Becker* § 4c RdNr. 51.
[7] AG Duisburg ZVI 2008, 477.
[8] HKInsO-*Kirchhof* § 4d RdNr. 7; HambKomm-*Nies* § 4d RdNr. 3.
[9] HKInsO-*Kirchhof* § 4d RdNr. 7.
[10] LG Duisburg NZI 2005, 688.
[11] HKInsO/*Kirchhof* § 4d RdNr. 7; aA LG Berlin ZInsO 2003, 130 f; *Uhlenbruck/Mock* § 4d RdNr. 6.
[12] *Jaeger/Eckardt* § 4d RdNr. 23; HKInsO-*Kirchhof* § 4d RdNr. 3, 10.

VI. Verfahrensfragen

Mit der sofortigen Beschwerde ist diejenige nach § 6 i. V. m. §§ 567 ff. ZPO gemeint. Ihre Statthaftigkeit ist unabhängig davon, ob in erster Instanz der Richter oder der Rechtspfleger entschieden hat. **9**

Die **Wirkungen der Stundung** werden durch eine Beschwerde der Staatskasse gegen deren Gewährung nicht aufgeschoben; umgekehrt bewirkt eine Beschwerde des Schuldners gegen die Aufhebung der Stundung nicht deren Verlängerung; ebenso wird die vorläufige Stundungswirkung durch eine Schuldnerbeschwerde gegen die Ablehnung der Stundung nicht verlängert.[13] Sowohl das Erstgericht als auch das Beschwerdegericht kann jedoch die Vollziehung der angefochtenen Entscheidung aussetzen (§ 4 i. V. m. § 570 Abs. 2, 3 ZPO).[14] Im Falle der Ablehnung der Stundung kann das Beschwerdegericht außerdem eine einstweilige Anordnung des Inhalts erlassen, dass die Stundungswirkungen vorläufig eintreten. **10**

Sowohl für den Schuldner (Abs. 1) als auch für die Staatskasse (Abs. 2) gilt die zweiwöchige **Beschwerdefrist** gemäß § 4 i. V. m. § 569 Abs. 1 Satz 1 ZPO. Ist die Stundungsentscheidung der Staatskasse – wie in der Praxis üblich – nicht mitgeteilt worden (s.o. § 4a RdNr. 44), mag § 569 Abs. 1 Satz 2 ZPO entsprechend Anwendung finden (vgl. § 6 RdNr. 38).[15] **11**

Gegen die Entscheidung über die sofortige Beschwerde findet gemäß § 7 die Rechtsbeschwerde statt. Die frühere Rechtsprechung, die ein weiteres Rechtsmittel gegen Beschwerdeentscheidungen in Prozesskostenhilfesachen ablehnte, ist überholt. Die Ermessensausübung gemäß § 4c (s.o. § 4c RdNr. 19) kann allerdings vom Rechtsbeschwerdegericht nur eingeschränkt nachgeprüft werden. **12**

Legt der Schuldner gegen eine die Stundung der Verfahrenskosten ablehnende Entscheidung Beschwerde ein, kann er für das Beschwerdeverfahren **Prozesskostenhilfe** nach §§ 114 ff. ZPO beantragen, falls die gesetzlichen Voraussetzungen vorliegen. § 4a enthält insoweit keine Sonderregelung.[16] **13**

§ 5 Verfahrensgrundsätze

(1) ¹**Das Insolvenzgericht hat von Amts wegen alle Umstände zu ermitteln, die für das Insolvenzverfahren von Bedeutung sind.** ²**Es kann zu diesem Zweck insbesondere Zeugen und Sachverständige vernehmen.**

(2) ¹**Sind die Vermögensverhältnisse des Schuldners überschaubar und die Zahl der Gläubiger oder die Höhe der Verbindlichkeiten gering, kann das Insolvenzgericht anordnen, dass das Verfahren oder einzelne seiner Teile schriftlich durchgeführt werden.** ²**Es kann diese Anordnung jederzeit aufheben oder abändern.** ³**Die Anordnung, ihre Aufhebung oder Abänderung sind öffentlich bekannt zu machen.**

(3) ¹**Die Entscheidungen des Gerichts können ohne mündliche Verhandlung ergehen.** ²**Findet eine mündliche Verhandlung statt, so ist § 227 Abs. 3 Satz 1 der Zivilprozeßordnung nicht anzuwenden.**

(4) ¹**Tabellen und Verzeichnisse können maschinell hergestellt und bearbeitet werden.** ²**Die Landesregierungen werden ermächtigt, durch Rechtsverordnung nähere Bestimmungen über die Führung der Tabellen und Verzeichnisse, ihre elektronische Einreichung sowie die elektronische Einreichung der dazugehörigen Dokumente und deren Aufbewahrung zu treffen.** ³**Dabei können sie auch Vorgaben für die Datenformate der elektronischen Einreichung machen.** ⁴**Die Landesregierungen können die Ermächtigung auf die Landesjustizverwaltungen übertragen.**

Schrifttum: *Bollig,* Aufgaben, Befugnisse und Entschädigung des gerichtlichen Sachverständigen im Konkurseröffnungsverfahren, KTS 1990, 599 ff.; *Brass,* Aufklärungspflichten im Konkursverfahren, KTS 1956, 25 ff.; *Delhaes,* Die Aufgaben des Konkursgerichts bei der Ermittlung der Schuldenmasse, KTS 1961, 33 ff.; *Fritsche,* Die Zulässigkeit des Insolvenzantrags, DZWIR 2003, 234 ff.; *König,* Rechtliches Gehör des Schuldners im öster-

---

[13] *Nerlich/Römermann/Becker* § 4d RdNr. 11.
[14] *Nerlich/Römermann/Becker* § 4d RdNr. 12.
[15] Nach dem RefE September 2004 sollte die Frist mit der Bekanntgabe des Beschlusses beginnen. Gegenüber der Staatskasse sollte diese unterbleiben. Nach Ablauf eines Monats seit Verkündung oder Übergabe des unterschriebenen Beschlusses an die Geschäftsstelle sollte die Beschwerde nicht mehr statthaft sein.
[16] BGH NJW 2003, 2910, insofern in BGHZ 156, 92 nicht abgedr. = NZI 2003, 556 m. Anm. *Ahrens*; BGH NZI 2003, 647, 648.

reichischen Konkurseröffnungsverfahren, KTS 1973, 46 ff.; *Maintzer,* Die Gewährung rechtlichen Gehörs im Rahmen des Konkursverfahrens, KTS 1985, 617 ff.; *Prütting,* Allgemeine Verfahrensgrundsätze der Insolvenzordnung, in: Kölner Schrift zur Insolvenzordnung, 1997, 183 ff.; *Rendels,* Probleme der Gutachtertätigkeit im Insolvenzeröffnungsverfahren, NZG 1998, 841 ff.; *H. Schmidt,* Ermittlungen nach § 75 KO und die dadurch entstehenden Kosten, KTS 1984, 201 f.; *Skrotzki,* Das rechtliche Gehör im Konkursverfahren, KTS 1956, 105 ff.; *Uhlenbruck,* Das rechtliche Gehör im Konkurseröffnungsverfahren, FS G. Baumgärtel 1990, 569 ff.; *ders.,* Probleme des Eröffnungsverfahrens nach dem Insolvenzrechts-Reformgesetz 1994, KTS 1994, 169 ff.; *Vallender,* Das rechtliche Gehör im Insolvenzverfahren, in: Kölner Schrift zum Insolvenzrecht, 1997, 209 ff.; *Wassermann,* Zur Bedeutung, zum Inhalt und zum Umfang des Rechts auf Gehör (Art. 103 Abs. 1 GG), DRiZ 1984, 425 ff.; *Wessel,* Der Sachverständige im Konkurseröffnungsverfahren 1993; *ders.,* Der Sachverständige im Insolvenzeröffnungsverfahren nach § 5, DZWIR 1999, 230 ff.

Übersicht

	Rn.		Rn.
I. Einleitung	1–3b	4. Öffentliche Bekanntmachung	64d
II. Normzweck	4	5. Rechtsmittel	64e
III. Verfahrenseinleitung und Verfahrensherrschaft	5–7a	**VII. Freigestellte mündliche Verhandlung (Abs. 3)**	65–71
IV. Amtsbetrieb	8–10	1. Allgemeines	65
V. Amtsermittlungspflicht (Abs. 1)	11–64	2. Entscheidungen des Insolvenzgerichts	66–68
1. Untersuchungsgrundsatz	11–56	3. Anordnung der mündlichen Verhandlung	69, 70
a) Anwendungsbereich	12–17	4. Vorgeschriebene Termine	71
b) Notwendigkeit der Ermittlungen	18–20	**VIII. Unmittelbarkeit und Öffentlichkeit**	72
c) Art und Umfang der Ermittlungen	21, 22	**IX. Verfassungsrechtlich gewährleistete Verfahrensgrundsätze**	73–89
d) Aufklärungsmittel	23–50	1. Rechtsstaatsprinzip	74
e) Beweisverfahren	51–55	2. Gesetzlicher Richter	75
f) Selbständiges Beweisverfahren (§§ 485 bis 494 ZPO analog)	56	3. Rechtliches Gehör	76–89
2. Amtsermittlungen und Sicherungsmaßnahmen	57	**X. Maschinelle Herstellung von Tabellen und Verzeichnissen (Abs. 4)**	90–93
3. Kosten	58–60	1. Maschinelle Bearbeitung bei gerichtlichen Tätigkeiten	90
4. Rechtsmittel	61	2. Maschineneinsatz durch Insolvenzverwalter und Schuldner	91
5. Haftungsfragen	62–64	3. Einheitliches Formularwesen	92
VI. Freigestelltes schriftliches Verfahren (Abs. 2)	64a–64e	4. Ermächtigung	93
1. Anordnung	64a		
2. Voraussetzungen	64b		
3. Aufhebung oder Änderung der Anordnung	64c		

I. Einleitung

1   § 5 unterscheidet sich von § 5 RegE zunächst nur insoweit, als hier in Abs. 1 Satz 2 zusätzlich die Befugnis des Insolvenzgerichts festgehalten war, den Schuldner zu hören. Auf Anregung des Rechtsausschusses[1] ist dieser Hinweis entfallen. Er war entbehrlich, weil die Auskunftspflichten des Schuldners in §§ 20, 97, 98 im Einzelnen geregelt sind.

2   Die Regelung des **Abs. 1** hat – wie § 2 Abs. 2 Satz 2 und 3 GesO – ihre Vorbilder in § 75 KO und § 116 VerglO. **Abs. 2** ist – wie § 2 Abs. 2 Satz 4 GesO – den § 73 Abs. 1 KO, § 117 VerglO nachgebildet. **Abs. 3** ist neu.

3   **Abs. 2 Satz 2** wurde angefügt durch Art. 3 Abs. 7 des Gesetzes zur Abschaffung der Gerichtsferien vom 28. Oktober 1996.[2]

3a   Durch das am 1.2.2007 vom BTag beschlossene **Gesetz zur Vereinfachung des Insolvenzverfahrens** ist die Möglichkeit eingeführt worden, dass auf Anordnung des Insolvenzgerichts das gesamte Insolvenzverfahren oder Teile davon schriftlich durchgeführt werden, wenn die Vermögensverhältnisse des Schuldners überschaubar sind und die Zahl der Gläubiger oder die Höhe der Verbindlichkeiten gering ist. Vgl. u. RdNr. 64a ff.

---

[1] Vgl. BT-Drucks. 12/7302, S. 155.
[2] BGBl. I S. 1546, 1547.

Der Referentenentwurf eines Gesetzes zur Verkürzung des Restschuldbefreiungsverfahrens, zur **3b** Stärkung der Gläubigerrechte und zur Insolvenzfestigkeit von Lizenzen vom 18. Januar 2012[3] sieht vor, § 5 Abs. 2 wie folgt zu fassen: „Sind die Vermögensverhältnisse des Schuldners überschaubar und die Zahl der Gläubiger oder die Höhe der Verbindlichkeiten gering, wird das Verfahren schriftlich durchgeführt. Das Insolvenzgericht kann anordnen, dass das Verfahren oder einzelne seiner Teile mündlich durchgeführt werden, wenn dies zur Förderung des Verfahrensablaufs angezeigt ist. Es kann diese Anordnung jederzeit aufheben oder ändern. Die Anordnung ihre Aufhebung oder Abänderung sind öffentlich bekannt zu machen." Die in Aussicht genommene Umkehrung des Regel-Ausnahme-Verhältnisses soll das Verfahren weiter vereinfachen.

II. Normzweck

Die Vorschrift dient der **Verwirklichung der materiellen Wahrheit** bei der gemeinsamen **4** Befriedigung der Gläubiger, zugleich der **Beschleunigung** und **Vereinfachung** des Verfahrens.[4] Die in § 5 normierten Verfahrensgrundsätze ergänzen die übergeordneten Grundsätze („Ziele") des § 1.

III. Verfahrenseinleitung und Verfahrensherrschaft

Das Insolvenzverfahren wird nur auf Antrag **eingeleitet** (§ 13 Abs. 1). Allerdings besteht für den **5** Schuldner häufig eine – unter Umständen strafbewehrte (vgl. § 130b HGB; § 84 Abs. 1 Nr. 2 GmbHG) – Pflicht zur Antragstellung (vgl. § 15a). Der Antrag kann zurückgenommen werden, bis das Insolvenzverfahren eröffnet oder der Antrag rechtskräftig abgewiesen ist (§ 13 Abs. 2). Insofern gilt also die **Dispositionsmaxime**.

An einen **gestellten Antrag** ist das Gericht **gebunden** (vgl. aber RdNr. 21).[5] Beantragt der **6** Schuldner zum Beispiel die Durchführung des Insolvenzverfahrens in einer bestimmten, für ihn aber nicht zutreffenden Verfahrensart – als Regel- statt als Verbraucherinsolvenzverfahren (oder umgekehrt) – und stellt er seinen Antrag auch nach einem (gebotenen) gerichtlichen Hinweis nicht um, so ist der Antrag als unzulässig zurückzuweisen (vgl. jedoch RdNr. 15b). Er kann aber den Antrag stellen, das Regel-, hilfsweise das Verbraucherinsolvenzverfahren durchzuführen (oder umgekehrt). Dann darf über den **Hilfsantrag** nicht vor der Entscheidung über den Hauptantrag entschieden werden.[6]

Nach Eröffnung des Verfahrens herrscht die Dispositionsmaxime nur noch eingeschränkt. Die **7** Beteiligten können weder den Verfahrensgegenstand bestimmen noch bestimmte Tatsachen unstreitig stellen.[7] Die **Sammlung und Bereinigung der Insolvenzmasse** obliegt dem Insolvenzverwalter unter der Aufsicht des Insolvenzgerichts. Insofern sind die Dispositionsmöglichkeiten des Schuldners ausgeschlossen. Diejenigen der Gläubiger sind eingeschränkt.[8] Es steht ihnen allerdings frei, ob und in welcher Höhe sie Forderungen zur Tabelle anmelden. Auch können sie im Insolvenz- oder Schuldenbereinigungsplan auf Ansprüche verzichten. Im Übrigen können sie im Rahmen der **Gläubigerselbstverwaltung** das Verfahren lenken. Insbesondere können sie darauf Einfluss nehmen, auf welche Weise ihre Forderungen befriedigt werden sollen (Liquidation, übertragende Sanierung, Schuldnersanierung, vgl. § 1 RdNr. 45).

Über das **Verfahrensende** können die Beteiligten ebenfalls nur eingeschränkt disponieren.[9] Zwar **7a** kann auf Antrag des Schuldners eine Einstellung wegen Wegfalls des Eröffnungsgrundes erfolgen (§ 212). Auch eine einverständliche Einstellung ist möglich (§ 213). Die Einstellung mangels Masse geschieht indessen von Amts wegen (§ 207 Abs. 1 Satz 1). Ist genügend Masse vorhanden, wird das Verfahren, falls es nicht zu einer Einstellung gemäß §§ 212, 213 kommt, bis zur Schlussverteilung durchgeführt und sodann – wiederum von Amts wegen – aufgehoben (§ 200 Abs. 1).

IV. Amtsbetrieb

Im Insolvenzverfahren herrscht **Amtsbetrieb.** Dies bedeutet, dass es dem Insolvenzgericht **8** obliegt, das durch einen Antrag einmal in Gang gesetzte Verfahren fortzuführen. Bei der Vielzahl

---

[3] ZVI 2012, Heft 2 Beilage 1.
[4] Vgl. *Jaeger/Gerhardt* § 5 RdNr. 2.
[5] OLG Schleswig NZI 2000, 164; OLG Köln NZI 2000, 542, 543; LG Göttingen ZInsO 2007, 166, 167; ebenso nunmehr *Gottwald/Uhlenbruck,* Insolvenzrechts-Handbuch, 3. Aufl., § 9 RdNr. 16.
[6] OLG Köln NZI 2000, 542, 543.
[7] BGH NZI 2007, 45.
[8] *Baur/Stürner,* Insolvenzrecht RdNr. 5.9.
[9] Vgl. OLG Celle ZIP 2000, 673, 675.

der Beteiligten und den oft sehr unterschiedlichen Interessen würde ein Parteibetrieb das Verfahren lähmen. Anträge oder Anregungen der Beteiligten können den Verfahrensgang beeinflussen; sie sind jedoch fakultativ.[10] Der Amtsbetrieb gilt auch im Beschwerdeverfahren.[11] Das Ruhen des Eröffnungsverfahrens gemäß § 306 Abs. 1 lässt die Pflicht des Insolvenzgerichts unberührt, die Zulässigkeit des Insolvenzantrags zu prüfen.[12]

9   Das Insolvenzgericht erfüllt seine Aufgabe, das Verfahren in Schwung zu halten, in vielfältiger Weise. Von Amts wegen erfolgen zum Beispiel **Terminierungen** (§§ 29, 74 Abs. 1 Nr. 1, 197 Abs. 1 Satz 1, 235 Abs. 1 Satz 1, 241 Abs. 1 Satz 1) und **Entscheidungen,** insbesondere über die Eröffnung, Einstellung und Aufhebung des Verfahrens (§§ 26, 27, 200, 203, 207, 211 bis 213, 258 Abs. 2, 311) einschließlich der Sicherungsmaßnahmen (§§ 21, 98, 99), über die Bestellung und Entlassung des Insolvenzverwalters (§§ 27 Abs. 2 Nr. 2, 57 Satz 2, 59), über die Einsetzung des Gläubigerausschusses und die Entlassung einzelner Mitglieder (§§ 67 bis 70), über die Anordnung der Eigenverwaltung (§ 270), über die Zurückweisung und die Genehmigung des Insolvenzplans (§§ 231, 248), über die Festsetzung einer Vergütung (§§ 64, 73). **Zustellungen** (§ 8 Abs. 1 Satz 1), **Bekanntmachungen** (§§ 23 Abs. 1 Satz 1, 30 Abs. 1 Satz 1, 74 Abs. 2 Satz 1, 200 Abs. 2 Satz 1, 215 Abs. 1 Satz 1, 267, 268 Abs. 2, 273) und **Eintragungen** (§§ 178 Abs. 2 und 3, 179 Abs. 3) erfolgen ebenfalls von Amts wegen. Folge des Amtsbetriebs sind ferner die **Beaufsichtigung des Insolvenzverwalters** (§ 58) und die **Überwachung der Erfüllung des Insolvenzplans** (§§ 267, 268).

10   **Nicht** von Amts wegen betrieben wird das Verfahren, soweit das Insolvenzgericht **nur auf Antrag** tätig wird (§§ 13 Abs. 1, 78 Abs. 1, 173 Abs. 2, 212, 213, 270 Abs. 2 Nr. 1, 272, 277, 287, 290, 296 bis 298, 300 Abs. 2, 303, 305 Abs. 1 Nr. 2, 306 Abs. 3, 309 Abs. 1 Satz 1, 314) und der Antrag noch aussteht. Ferner scheidet ein Amtsbetrieb aus, soweit die **eigenverantwortlichen Befugnisse des Insolvenzverwalters** (§§ 148 ff., 209)[13] oder die **Gläubigerselbstverwaltung** reichen.

V. Amtsermittlungspflicht (Abs. 1)

11   **1. Untersuchungsgrundsatz.** Von Amts wegen erfolgt – jedenfalls im Grundsatz – auch die **Sachverhaltserforschung** im Insolvenzverfahren. Es herrscht der Untersuchungsgrundsatz (Inquisitionsmaxime). Eine Übertragung des im zivilprozessualen Erkenntnisverfahren geltenden Beibringungsgrundsatzes (Verhandlungsmaxime) würde nicht zu sinnvollen Ergebnissen führen. Für den einzelnen Insolvenzbeteiligten ist die Lage zu unübersichtlich. Die Anwendung der Regeln des Parteibetriebs auf die Sachverhaltsaufklärung wäre zu aufwändig und umständlich.[14]

12   **a) Anwendungsbereich.** Nach § 5 Abs. 1 Satz 1 hat das Insolvenzgericht von Amts wegen alle Umstände aufzuklären, die **„für das Insolvenzverfahren"** von Bedeutung sind. Der Untersuchungsgrundsatz gilt von der Zulassung des Eröffnungsantrags an (vgl. § 14 Abs. 1 und 2) für das ganze gerichtliche Verfahren einschließlich des Verfahrens der sofortigen Beschwerde.[15]

12a   **aa) Begrenzung durch die Schranken des Amtsbetriebs.** Die Amtsermittlung gehört zum Amtsbetrieb. Wo kein Amtsbetrieb herrscht, hat das Gericht auch nicht von Amts wegen zu ermitteln. Wird das Insolvenzgericht nur auf Antrag tätig, greift die Ermittlungspflicht also erst ein, wenn der Antrag – in zulässiger Art und Weise – gestellt ist.[16] Umgekehrt muss zwischen der Amtsprüfung und der Amtsermittlungspflicht unterschieden werden. Bestimmte Fragen (etwa die allgemeinen Prozessvoraussetzungen) sind von Amts wegen zu prüfen. Ermittlungen sind anzustellen, wenn die Sach- und Rechtslage Anlass hierzu bietet; das Gericht hat insoweit einen gewissen Beurteilungsspielraum.[17]

13   Im **Zulassungsverfahren** (s.o. Vorbem. vor § 2 RdNr. 16) besteht grundsätzlich noch keine Amtsermittlungspflicht.[18] Diese setzt einen zulässigen Eröffnungsantrag voraus. Ein antragstellender Gläubiger muss ein rechtliches Interesse an der Verfahrenseröffnung dartun; außerdem muss er seine Forderung und den Eröffnungsgrund glaubhaft machen (§ 14 Abs. 1 Satz 1). Die **allgemeinen**

---

[10] *Baur/Stürner,* Insolvenzrecht RdNr. 5.17.
[11] *Brass* KTS 1956, 25, 26.
[12] BGH ZVI 2004, 281 f.
[13] Vgl. OLG Koblenz KTS 1971, 220, 221.
[14] *Baur/Stürner,* Insolvenzrecht RdNr. 5.12 ff.
[15] *Jaeger/Gerhardt* § 5 RdNr. 2, 12; *Uhlenbruck/I. Pape* § 5 RdNr. 1; HKInsO-*Kirchhof* § 5 RdNr. 5.
[16] HKInsO-*Kirchhof* § 5 RdNr. 6.
[17] BGH NZI 2012, 151 RdNr. 11.
[18] BGHZ 153, 205, 208 = NJW 2003, 1187; NZI 2012, 151 RdNr. 11; ZIP 2012, 1615 RdNr. 8; OLG Zweibrücken NZI 2001, 32, 33; *Jaeger/Gerhardt* § 5 RdNr. 2; *Uhlenbruck/I. Pape* § 5 RdNr. 1; HKInsO-*Kirchhof* § 14 RdNr. 42.

Zulassungsvoraussetzungen, zB die Zuständigkeit des angerufenen Gerichts und die Insolvenzfähigkeit des Schuldners,[19] sind von Amts wegen zu prüfen, ebenso die Frage, ob ein Regel- oder ein Verbraucherinsolvenzverfahren in Betracht kommt (s.u. RdNr. 15b). Eine uneingeschränkte Ermittlungspflicht des Insolvenzgerichts besteht jedoch auch insoweit nicht. Der Antragsteller muss, um die Prüfung der örtlichen Zuständigkeit des angerufenen Gerichts nach § 3 zu ermöglichen und seinen Antrag zulässig zu machen, alle die örtliche Zuständigkeit des angerufenen Gerichts begründenden Tatsachen angeben. Erst dann ermittelt das Gericht erforderlichenfalls die seine örtliche (§ 3) oder internationale (Art. 3 Abs. 1 EuInsVO) Zuständigkeit begründenden Umstände von Amts wegen.[20] Wie ein unzulässiger Antrag ist ein solcher zu behandeln, der zurückgenommen oder für erledigt erklärt wurde. In einem derartigen Fall ist das Insolvenzgericht nicht gehalten, zur Berechnung der Vergütung des vorläufigen Insolvenzverwalters den Wert der „Ist-Masse" von Amts wegen zu prüfen.[21]

Die Amtsermittlungspflicht greift erst im **Eröffnungsverfahren** (s.o. Vorbem. vor § 2 RdNr. 17) **14** ein, das einen zulässigen Eröffnungsantrag voraussetzt und mit dessen Zustellung an den Schuldner beginnt (§ 14 Abs. 2).[22] Bestehen Bedenken an der Insolvenzfähigkeit des Schuldners oder dem Rechtsschutzinteresse des Antragstellers, hat das Gericht diesen Bedenken von sich aus nachzugehen. Bei gegebenem Anlass hat es auch die Voraussetzungen für die örtliche Zuständigkeit nach § 3 zu prüfen (vgl. § 3 RdNr. 37). Es hat festzustellen, ob ein Eröffnungsgrund vorliegt und eine die Kosten des Verfahrens deckende Masse vorhanden ist. Bei der Ermittlung der Eröffnungsvoraussetzungen hat das Insolvenzgericht Erklärungen des Schuldners hinsichtlich seiner Zahlungsunfähigkeit oder Überschuldung nicht unbesehen zugrundezulegen, sondern zu werten. Bei einem Fremdantrag können Antragsteller und Schuldner das Insolvenzgericht nicht durch ein „Unstreitigstellen" von Tatsachen binden.[23] Außerdem hat es zu prüfen, ob Anlass für Sicherungsmaßnahmen besteht. Das Insolvenzgericht kann den vorläufigen Insolvenzverwalter nicht ermächtigen, Räume eines am Eröffnungsverfahren nicht beteiligten Dritten zu durchsuchen.[24]

Im **eröffneten Verfahren** gilt der Untersuchungsgrundsatz beispielsweise für die Einstellung und **15** Aufhebung des Verfahrens, die Anordnung und Aufhebung der Eigenverwaltung.

Im Verfahren über die Versagung oder den Widerruf der **Restschuldbefreiung** finden Amts- **15a** ermittlungen statt, sobald ein entsprechender Gläubigerantrag vorliegt und der Antragsteller den Versagungsgrund glaubhaft gemacht hat (§§ 290 Abs. 2, 296 Abs. 1 Satz 3, 303 Abs. 2).[25]

Im **Verbraucherinsolvenzverfahren** ist die Anwendung des Amtsermittlungsgrundsatzes eben- **15b** falls eingeschränkt.[26] Bei einem Eigenantrag des Schuldners muss dieser grundsätzlich die Voraussetzungen des § 304 dartun und die erforderlichen Unterlagen beibringen (§ 305 Abs. 1). Tut er dies trotz gerichtlicher Aufforderung nicht rechtzeitig oder nicht vollständig, gilt sein Antrag auf Eröffnung des Insolvenzverfahrens als zurückgenommen (§ 305 Abs. 3 Satz 2). Geht es um die Ersetzung der Einwendungen eines Gläubigers gegen einen Schuldenbereinigungsplan durch die Zustimmung des Gerichts, hat der Gläubiger de Gründe glaubhaft zu machen, die der Ersetzung entgegenstehen (§ 309 Abs. 2 Satz 2). Auch § 309 Abs. 3 veranschaulicht die eingeschränkte Geltung des Amtsermittlungsgrundsatzes. Andererseits muss einem Schuldner, der in seinen Angelegenheiten keine Ordnung gehalten hat und deshalb weder in der Lage ist nachzuweisen, dass seine Vermögensverhältnisse überschaubar sind und gegen ihn keine Forderungen aus Arbeitsverhältnissen bestehen (§ 304 Abs. 1 Satz 2), noch das Gegenteil, zumindest das Regelverfahren offen stehen.[27] Bei einem Gläubigerantrag hat das Gericht zu ermitteln, ob die Voraussetzungen für das Regel- oder das Verbraucherinsolvenzverfahren vorliegen.[28]

Die Geltung des Amtsermittlungsgrundsatzes im **Insolvenzplanverfahren** ist umstritten.[29] **15c** Zumindest hat das Insolvenzgericht von Amts wegen zu ermitteln, ob ein vom Schuldner vorgelegter Plan offensichtlich keine Aussicht auf Annahme durch die Gläubiger oder auf Bestätigung hat (§ 231 Abs. 1 Nr. 2 und 3).[30]

---

[19] *Uhlenbruck/I. Pape* § 5 RdNr. 1.
[20] BGH NZI 2012, 151 RdNr. 12; ZIP 2012, 1615 RdNr. 10; vgl. auch AG Köln NZI 2006, 57.
[21] BGH, Beschl. v. 9.6.2005 – IX ZB 284/03, n.v.
[22] AG Köln NZI 2011, 593.
[23] BGH NZI 2007, 45; *Smid* DZWIR 2000, 387, 389.
[24] BGN 21 2009, 766.
[25] *Uhlenbruck/I. Pape* § 5 RdNr. 2; vgl. auch *Pfeffer* ZVI 2004, 232 f.
[26] *Uhlenbruck/I. Pape* § 5 RdNr. 2.
[27] Dahin tendierend BGH NZI 2003, 647.
[28] *Uhlenbruck/I. Pape* § 5 RdNr. 8.
[29] Befürwortend zB *Eidenmüller* NJW 1999, 1837, 1838; HKInsO-*Kirchhof* § 5 RdNr. 5; abl. *Kübler/Prütting/Otte* § 245 RdNr. 66; *Braun/Kießner* § 5 RdNr. 9.
[30] *Uhlenbruck/I. Pape* § 5 RdNr. 3.

15d Im **Vergütungsfestsetzungsverfahren** gilt der Amtsermittlungsgrundsatz, sobald ein Festsetzungsantrag vorliegt. Er erstreckt sich dann aber beispielsweise auch auf die Frage, ob der Insolvenzverwalter seine Bestellung in strafbarer Weise erschlichen hat und somit von der Festsetzung einer Vergütung nach § 63 Abs. 1 Satz 1 ausgeschlossen ist.[31]

15e **bb) Begrenzung durch Sondervorschriften.** Grundsätzlich ist das Insolvenzgericht nicht befugt, die Ermittlungen auf die **Verfahrensabwicklung durch den Insolvenzverwalter** zu erstrecken. Denn die Aufsicht des Insolvenzgerichts ist in § 58 gesondert geregelt. Liegen jedoch Anhaltspunkte für Unregelmäßigkeiten des Verwalters vor, die durch nach § 58 Abs. 1 Satz 2 angeforderte Auskünfte und Berichte nicht ausgeräumt werden, kann das Insolvenzgericht zu Amtsermittlungen nicht nur berechtigt, sondern sogar verpflichtet sein. Anders lässt sich eine wirksame Aufsicht nämlich nicht durchführen.[32] Es ist nicht Aufgabe des Insolvenzgerichts, von Amts wegen die Schuldenmasse zu ermitteln.[33] Insofern muss die Initiative von den Gläubigern ausgehen, indem sie ihre Forderungen anmelden. Insolvenzgericht und -verwalter haben, selbst wenn ihnen Ansprüche bei der Amtstätigkeit bekannt werden, dies auch nicht anzuregen.[34] Der Bestand einer angemeldeten Forderung ist vom Insolvenzgericht nicht nachzuprüfen.[35] Denn das Feststellungsverfahren ist insgesamt aus dem Insolvenzverfahren ausgegliedert (§ 180 Abs. 1 Satz 1). Demgegenüber dürfen sich die Ermittlungen auch auf – vielleicht nur vermeintlich – freies Vermögen des Schuldners (§§ 36 f. InsO) erstrecken. Denn es kann erforderlich sein festzustellen, wie weit der Insolvenzbeschlag reicht oder ob der Schuldner und seine Familie unterstützungsbedürftig sind.[36]

16 **cc) Gegenständliche Begrenzung.** Das Insolvenzgericht hat nicht nur solche Tatsachen zu erforschen, deren Feststellung zum Zwecke der dem Gericht obliegenden Maßnahmen erforderlich ist.[37] Zum „Insolvenzverfahren" i. S. d. § 5 Abs. 1 Satz 1 gehört auch die Verwaltung und Verwertung der Insolvenzmasse. Umstände, die hierfür von Bedeutung sind, hat das Insolvenzgericht ebenfalls aufzuklären. Dies kann auch zur Vorbereitung oder Unterstützung von Maßnahmen des **Gläubigerausschusses** oder des **Insolvenzverwalters** dienen.[38] Prüft dieser, ob auf Kosten der Insolvenzmasse ein selbständiger Prozess geführt oder das Wahlrecht nach § 103 ausgeübt werden soll, darf er mithin – über §§ 97 ff., 101 hinaus – das Insolvenzgericht um Sachverhaltsaufklärung ersuchen.

17 Es geht jedoch zu weit, wenn ein Insolvenzverwalter die **Begründetheit einer beabsichtigten Anfechtungsklage** vorweg durch Amtsermittlungen des Insolvenzgerichts prüfen lässt.[39] Die Grenze erst dort zu ziehen, wo es dem Insolvenzverwalter ausschließlich darum geht, durch insolvenzgerichtliche Ermittlung die Beweiswürdigung durch das Zivilgericht in dem angestrebten späteren Prozess vorwegzunehmen,[40] ist unpraktikabel. Die insolvenzgerichtlichen Ermittlungen haben immer Einfluss auf die spätere Beweiswürdigung. Es versteht sich deshalb von selbst, dass Zeugenvernehmungen durch das Insolvenzgericht nicht mehr zulässig sind, wenn das Verfahren vor dem Prozessgericht bereits anhängig ist.[41] Soll nur ermittelt werden, ob ein bestimmter Gegenstand früher zum Vermögen des Schuldners gehört hat – und deshalb eine Anfechtungsklage in Betracht kommt –, ist dagegen nichts einzuwenden.

18 **b) Notwendigkeit der Ermittlungen.** Keiner Ermittlungen bedarf es, wenn das Insolvenzgericht sich auf offenkundige – allgemeinkundige oder gerichtskundige – Tatsachen stützen kann (§ 4 i. V. m. § 291 ZPO; s.o. § 4 RdNr. 56).

19 Sofern Ermittlungen erforderlich sind, wurde schon zu § 75 KO die Ansicht vertreten, dass den Konkursrichter trotz der Verwendung des Wortes „kann" eine **Ermittlungspflicht** traf.[42] § 5 Abs. 1 bringt dies nun auch sprachlich zum Ausdruck.[43] Hält das Insolvenzgericht einen Umstand für

---

[31] BGHZ 159, 122, 128 = NZI 2004, 440, 442.
[32] *Jaeger/Gerhardt* § 5 RdNr. 8.
[33] *Jaeger/Gerhardt* § 5 RdNr. 11.
[34] *Delhaes* KTS 1961, 33, 34.
[35] OLG Koblenz KTS 1971, 220, 221.
[36] *Brass* KTS 1956, 25, 27.
[37] Vgl. *Jaeger/Gerhardt* § 5 RdNr. 6.
[38] *Jaeger/Gerhardt* § 5 RdNr. 7.
[39] *Uhlenbruck*/I. Pape § 5 RdNr. 22; *Goetsch* in *Breutigam/Blersch/Goetsch* § 5 RdNr. 6; *H. Schmidt* KTS 1984, 201; aA LG Hildesheim ZIP 1983, 598 f.; LG Hamburg WM 1988, 1009, 1010; AG Duisburg KTS 1992, 135, 136; HKInsO-*Kirchhof* § 5 RdNr. 7.
[40] *Jaeger/Gerhardt* § 5 RdNr. 9.
[41] *Jaeger/Gerhardt* § 5 RdNr. 10.
[42] Vgl. OLG Hamm MDR 1972, 521; *Jaeger/Weber* KO § 75 RdNr. 1; *Kuhn/Uhlenbruck* KO § 75 RdNr. 1; aA – nur „pflichtgemäßes Ermessen": *Kilger/K. Schmidt* KO § 75 Anm. 3; *Smid* GesO § 2 RdNr. 49.
[43] Vgl. *Jaeger/Gerhardt* § 5 RdNr. 2.

erheblich, hat es diesen zu ermitteln. Lehnt es etwa der Schuldner ab, eine ordnungsgemäße Vermögensübersicht aufzustellen, darf das Gericht also nicht auf das Vorliegen eines Insolvenzgrundes schließen; vielmehr ist es zu weiteren Ermittlungen verpflichtet.[44]

Eine andere Frage ist, wann das Gericht einen Umstand für erheblich halten muss. Insofern hat es einen gewissen **Beurteilungsspielraum**.[45] So setzt etwa die Anordnung der **Eigenverwaltung** u. a. voraus, dass keine Umstände bekannt sind, die erwarten lassen, dass die Anordnung zu Nachteilen für die Gläubiger führt (§ 270 Abs. 2 Nr. 2). Hier muss das Insolvenzgericht ohne greifbaren Anhaltspunkte keine Ermittlungen anstellen; es muss lediglich die bekannten Umstände werten. **20**

c) Art und Umfang der Ermittlungen. Art und Umfang der Ermittlungen stehen im pflichtgemäßen **Ermessen** des Insolvenzgerichts.[46] Das Insolvenzgericht ist, ohne an Anträge gebunden zu sein, berechtigt, die Ermittlungen so zu gestalten, wie es sie für erforderlich und angemessen erachtet. Soweit die Insolvenzordnung die Anhörung des Schuldners zwingend vorschreibt (vgl. § 14 Abs. 2), hat dies mit der Amtsermittlungspflicht nicht notwendig etwas zu tun (vgl. unten RdNr. 77 ff. sowie § 10 RdNr. 3 ff.). Bestreitet der Schuldner den Insolvenzgrund, sind die Ermittlungen besonders sorgfältig zu führen. Davon abzugehen, gibt die Undurchsichtigkeit der Vermögenslage des Schuldners sowie seine mangelnde Bereitschaft, zur Aufklärung beizutragen und seine vorhandenen Vermögenswerte für die Gläubiger zu versilbern, keinen Anlass. Ebenso wenig berechtigt das Drängen eines Hauptgläubigers dazu. Denn wenn der Insolvenzantrag nur gestellt wird, um eigene Vollstreckungsmaßnahmen zu ersparen und einen zahlungsfähigen, wenn auch vielleicht nicht zahlungswilligen Schuldner unter Druck zu setzen, fehlt das für den Insolvenzantrag erforderliche Rechtsschutzinteresse.[47] **21**

Bei der wirtschaftlichen Bedeutung eines Insolvenzverfahrens muss verlangt werden, dass sich der Insolvenzrichter die erforderliche **Überzeugung von einer bestrittenen Zahlungsunfähigkeit** des Schuldners in der Regel dadurch verschafft, dass er sich eine geordnete und vollständige Vermögensübersicht vorlegen lässt.[48] Von diesen Unterlagen – jedenfalls zunächst einmal – auszugehen, empfiehlt sich im Übrigen auch deshalb, weil das Insolvenzgericht über keinen eigenen Ermittlungsapparat verfügt und bei eigenen Ermittlungen darauf achten muss, den Anschein der Befangenheit zu vermeiden. Erfordert die Klärung des Insolvenzgrundes einen besonderen Aufwand, handelt es sich bei dem Schuldner vielleicht um ein größeres Unternehmen, wird das Insolvenzgericht in der Regel um die Beiziehung eines **Sachverständigen** nicht herumkommen. Da dessen Gutachten letztlich über die Insolvenzeröffnung entscheidet und der Sachverständige meist zum Insolvenzverwalter bestellt wird, ist der Auswahl des Sachverständigen besondere Sorgfalt zu widmen. **22**

d) Aufklärungsmittel. Diese wählt das Insolvenzgericht ebenfalls nach pflichtgemäßem Ermessen aus. In Abs. 1 Satz 2 sind Zeugen und Sachverständige nur beispielhaft aufgeführt.[49] Berichte in den Medien, Anzeigen und Leserbriefe werden selbst kaum als Beweismittel in Betracht kommen,[50] können aber Anlass zu amtswegigen Ermittlungen geben. Hauptsächlich wird sich das Insolvenzgericht folgender Beweismittel bedienen: **23**

aa) Zeugen. Das Insolvenzgericht kann Zeugen nach Maßgabe der Vorschriften der Zivilprozessordnung (§§ 373 ff.) eidlich oder uneidlich vernehmen. Es kann auch im Wege des Freibeweises schriftliche Auskünfte einholen (vgl. u. RdNr. 51). **24**

Angestellte des Schuldners kann das Insolvenzgericht im Rahmen seiner Ermittlungen als Zeugen vernehmen. Dasselbe gilt für Personen, die früher beim Schuldner angestellt waren. Eine zeitliche Grenze für ihr Ausscheiden besteht insoweit nicht. Es ist auch gleichgültig, ob der Schuldner eine natürliche oder eine juristische Person ist. Die Vernehmung unterliegt den zivilprozessualen Vorschriften über den Zeugenbeweis einschließlich der Bestimmungen über Ordnungsmittel (§ 380 ZPO) und über Zeugnisverweigerungsrechte (§§ 383 bis 385 ZPO). Ist der Schuldner keine natürliche Person, sind Angestellte und frühere Angestellte des Schuldners – diese allerdings nur, sofern sie nicht früher als zwei Jahre vor dem Eröffnungsantrag ausgeschieden sind – außerdem nach § 101 Abs. 2 zur Auskunft verpflichtet (s.u. RdNr. 45). **Angestellte eines Gläubigers** haben als solche kein Zeugnisverweigerungsrecht.[51] **25**

---

[44] Vgl. BGH KTS 1957, 12, 13; LG Karlsruhe KTS 1978, 57.
[45] Für eine Frage des Ermessens halten dies jedoch *Jaeger/Gerhardt* § 5 RdNr. 2; HKInsO-*Kirchhof* § 5 RdNr. 8.
[46] Vgl. BGH KTS 1957, 12, 13; *Jaeger/Gerhardt* § 5 RdNr. 8; *Uhlenbruck/I. Pape* § 5 RdNr. 4.
[47] BGH KTS 1957, 12, 14.
[48] Vgl. BGH KTS 1957, 12, 13.
[49] *Prütting*, Kölner Schrift, 3. Aufl. S. 1 RdNr. 47.
[50] Anders *Nerlich/Römermann/Becker* § 5 RdNr. 19.
[51] LG Hamburg WM 1988, 1009 f.; *Jaeger/Gerhardt* § 5 RdNr. 20; HKInsO-*Kirchhof* § 5 RdNr. 10.

26 Der **Insolvenzverwalter** ist nicht Zeuge, sondern nach § 58 Abs. 1 Satz 2 dem Gericht zur Auskunft verpflichtet. Darüber hinaus besteht eine entsprechende Pflicht gegenüber den Insolvenzbeteiligten.[52]

27 Es gelten die allgemeinen **Zeugnisverweigerungsrechte** der §§ 383 ff. ZPO. Den **Angehörigen des Schuldners** steht gemäß §§ 383, 384 Nr. 1, 385 Abs. 1 Nr. 3 ZPO analog ein Zeugnisverweigerungsrecht zu.[53] Hinsichtlich eines anfechtbaren Erwerbs kann das Zeugnis gemäß § 384 Nr. 1 ZPO analog verweigert werden.[54] Ist ein Zeuge kraft seines Amtes, Standes oder Gewerbes zur Verschwiegenheit verpflichtet (§ 383 Abs. 1 Nr. 6 ZPO), ist hinsichtlich der **Befugnis, den Zeugen von der Pflicht zur Verschwiegenheit entbinden,** zu unterscheiden:

28 Ist der Zeuge **in einem Masseprozess** benannt, steht die Befugnis dem Insolvenzverwalter zu, falls sich das Ergebnis des Prozesses auch zugunsten der Insolvenzmasse auswirken kann.[55] Die Dispositionsbefugnis des „Geheimnisherrn" ist mit der Insolvenzeröffnung auf den Verwalter übergegangen. Ob dieser selbst den Prozess führt, ist unerheblich. Kann sich das Ergebnis des Prozesses zugunsten der Insolvenzmasse auswirken und steht deshalb das Recht, den Zeugen von seiner Verschwiegenheitspflicht zu entbinden, zunächst einmal dem Insolvenzverwalter zu, ist nicht ausgeschlossen, dass auch dritte Personen am Geheimnisschutz teilhaben. Die Tatsache, dass organschaftliche Vertreter des Schuldners, etwa der Geschäftsführer einer GmbH, ein persönliches Interesse an der Geheimhaltung haben, genügt jedoch nicht, um die Zeugenvernehmung auch von ihrer Befreiungserklärung abhängig zu machen.[56]

29 Bei **Amtsermittlungen im Eröffnungsverfahren** kann ein schweigepflichtiger Zeuge vom „starken" vorläufigen Insolvenzverwalter – auch gegen den Widerspruch des Schuldners – von seiner Verschwiegenheitspflicht befreit werden.[57] Dem vorläufigen Insolvenzverwalter gemäß § 22 Abs. 2 kann das Insolvenzgericht eine entsprechende Ermächtigung erteilen.[58] Liegt keiner dieser beiden Fälle vor, geht die Weigerung des Schuldners, den Zeugen von seiner Schweigepflicht zu entbinden, zu seinen Lasten: Sein Eigenantrag kann gegebenenfalls als unbegründet abgelehnt werden, und seine Einwendung gegen einen Gläubigerantrag kann ohne die Aussage des Zeugen unsubstantiiert sein.

30 Die Geschäftsbeziehungen zwischen einem Kreditinstitut und dem Schuldner fallen unter das **Bankgeheimnis.** Davon kann der Insolvenzverwalter (ebenso der vorläufige mit Verfügungsbefugnis) das Kreditinstitut entbinden, aber nur insoweit, als das Verwaltungs- und Verfügungsrecht des Verwalters reicht. Deshalb darf ein Bankangestellter auf die Frage, welche Sicherheiten die Gesellschafter des Schuldners für Kredite der Bank an den Schuldner gestellt haben, das Zeugnis trotz Entbindung vom Bankgeheimnis durch den Insolvenzverwalter verweigern, falls die Bank die Sicherheiten unmittelbar von den Gesellschaftern ohne Kenntnis des Schuldners erhalten hat. Denn in diesem Fall gehört die Sicherheitenbestellung nicht zum Bereich der geschäftlichen Beziehungen zwischen Kreditinstitut und Schuldner. Anders ist es, wenn der Schuldner selbst – etwa auf Grund einer Aufforderung des Kreditinstituts, Sicherheiten zu stellen oder zu verstärken – mit der Beschaffung von Sicherheiten befasst war.[59] Besteht der dringende Verdacht, dass der Geschäftsführer der Schuldnerin Verdunkelungshandlungen vornimmt, kann das Insolvenzgericht bei Kreditinstituten Auskünfte auch über deren Geschäftsbeziehungen zum Geschäftsführer einholen. Dieser kann sich nicht auf das Bankgeheimnis berufen.[60]

30a Nach denselben Grundsätzen kann der Insolvenzverwalter (auch der vorläufige mit Verfügungsbefugnis) für den Schuldner tätig gewesene Rechtsanwälte, Notare, Steuerberater, Wirtschaftsprüfer und vereidigte Buchprüfer von ihrer **Pflicht zur Berufsverschwiegenheit** entbinden.

31 Macht ein Zeuge berechtigterweise von seinem Zeugnisverweigerungsrecht (§ 384 Nr. 1 ZPO) Gebrauch, um einer Inanspruchnahme im Wege einer Insolvenzanfechtung zu entgehen, kann der Verwalter das Zeugnisverweigerungsrecht nicht dadurch unterlaufen, dass er **den Zeugen,** gegen den nur ein „begründeter Verdacht" besteht, er könnte vom Schuldner in anfechtbarer Weise etwas erworben haben, **auf Auskunftserteilung verklagt.**[61] Ein möglicher Anfechtungsgegner ist nicht verpflichtet oder auch nur gehalten, dem Verwalter Auskunft über Voraussetzungen und Umfang

---

[52] *Brass* KTS 1956, 25, 27 f.
[53] *Jaeger/Gerhardt* § 5 RdNr. 19.
[54] OLG Düsseldorf NJW 1964, 2357.
[55] BGHZ 109, 260, 270 = NJW 1990, 510; OLG Nürnberg OLGZ 1977, 370, 372 f.; OLG Schleswig ZIP 1983, 968, 969; *Henckel* ZIP 1983, 712 f.; HKInsO-*Kirchhof* § 5 RdNr. 16.
[56] *Henckel* ZIP 1983, 712, 714; *Kuhn/Uhlenbruck* § 75 KO RdNr. 4 a.
[57] *Uhlenbruck/I. Pape* § 5 RdNr. 20; HKInsO-*Kirchhof* § 5 RdNr. 16; FKInsO-*Schmerbach* § 5 RdNr. 16.
[58] HKInsO-*Kirchhof* § 5 RdNr. 16; FKInsO-*Schmerbach* § 5 RdNr. 146
[59] LG Hamburg WM 1988, 1009 = WuB VI B. § 75 KO 1.88 *(Obermüller).*
[60] Vgl. AG Duisburg NZI 2000, 606.
[61] BGH NJW 1978, 1002, 1003; 1979, 1832.

eines etwaigen Anfechtungsanspruchs zu erteilen.[62] Eine Auskunftspflicht des Anfechtungsgegners besteht allerdings dann, wenn der Anfechtungsanspruch dem Grunde nach feststeht.[63]

Über die **Beeidigung** von Zeugen entscheidet das Insolvenzgericht nach seinem Ermessen. Die Notwendigkeit der Beeidigung hat, wenn der Rechtspfleger als Insolvenzgericht tätig wird, der Richter zu beurteilen (§ 4 Abs. 2 Nr. 1, Abs. 3 RpflG). Ein Verzicht der Beteiligten auf die Beeidigung (vgl. §§ 391, 402 ZPO) ist unbeachtlich. 32

Zeugen sind nach § 19 JVEG vom 5.5.2004[64] zu **entschädigen**. 33

bb) Sachverständige. Zur Klärung der Fragen, ob ein Eröffnungsgrund vorliegt und ob das Schuldnervermögen ausreicht, die Kosten des Verfahrens zu decken, wird häufig die Vernehmung eines Sachverständigen erforderlich sein. Falls die Voraussetzungen des § 407 Abs. 1 ZPO nicht vorliegen, wovon meist auszugehen sein wird, darf der Sachverständige den Auftrag ablehnen. Die Vernehmung geschieht normalerweise in der Weise, dass ein **schriftliches Gutachten** erstattet wird. Der vom Insolvenzgericht **im Eröffnungsverfahren** beauftragter **Gutachter** (der nicht zugleich vorläufiger Insolvenzverwalter ist) kann weder vom Schuldner noch von einem Gläubiger abgelehnt werden.[65] Er ist weniger mit dem Sachverständigen im Zivilprozess vergleichbar als mit dem vorläufigen Insolvenzverwalter, der in vielen Fällen zugleich die Aufgaben des Gutachters wahrnimmt. Gibt der vorläufige Verwalter bei der Begutachtung Anlass, an seiner Unvoreingenommenheit zu zweifeln, ist seine Bestellung von Amts wegen aufzuheben.[66] Dann ist nicht einzusehen, weshalb bei jemandem, der „nur" als Gutachter tätig ist, ein Ablehnungsrecht bestehen soll. Liegt ein „Ablehnungsgrund" vor, war der Sachverständige etwa früher für den Schuldner oder einen Gläubiger tätig, kann das Insolvenzgericht den Gutachter entpflichten und einen anderen Gutachter bestellen (zur Aufsichtspflicht über den Gutachter gelten § 21 Abs. 2 Nr. 1, 58, 59 analog). 34

Da der Schuldner den erforderlichen vollständigen Überblick oft selbst nicht hat oder vollständige Auskünfte geflissentlich vermeidet, darf sich der Sachverständige nicht – zumindest nicht ausschließlich – auf die Angaben des Schuldners verlassen, sondern muss sich durch **eigene Ermittlungen** ein zuverlässiges Bild über die Vermögenslage des Schuldners machen. Selbst dann, wenn dessen Auskünfte vollständig und richtig sind, die Buchhaltung auf dem laufenden ist und die Jahresabschlüsse zeitnah erstellt sind, darf sich der Sachverständige nicht ohne weiteres damit zufriedengeben. Denn manche Ansprüche – etwa Anfechtungsansprüche gemäß § 135 – sind aus einem Jahresabschluss nicht ersichtlich; andere Ansprüche werden in der Insolvenz anders bewertet. Bei einem Eigenantrag des Schuldners darf – und muss – der Sachverständige prüfen, ob die angezeigte drohende Zahlungsunfähigkeit vorliegt.[67] Andernfalls könnte sich ein tatsächlich bereits zahlungsunfähiger Schuldner in unzulässiger Weise die Erlaubnis zur Eigenverwaltung nach §§ 270 ff. verschaffen. 35

Die **Ermittlungsbefugnisse** des Sachverständigen gehen über diejenigen, die durch §§ 402 ff. ZPO verliehen werden, nicht wesentlich hinaus.[68] Im Zivilprozess ist es nicht Aufgabe des Sachverständigen, die tatsächlichen Grundlagen des Gutachtens zu ermitteln.[69] Dem Insolvenzgericht ist es demgegenüber in beschränktem Maße erlaubt, durch **Beschluss gemäß § 21 Abs. 1** den Sachverständigen mit Ermittlungsbefugnissen auszustatten.[70] Ggf. darf er insbesondere vom Schuldner und von Gläubigern (etwa Kreditgebern, Sozialversicherungsträgern und Finanzbehörden) Auskünfte einholen. Das Insolvenzgericht kann ihm jedoch keinerlei Zwangsmittel an die Hand geben. Andernfalls würden die Rechtsinstitute des Sachverständigen und des vorläufigen Insolvenzverwalters in unzulässiger Weise vermischt. Die Auskunftspflicht des Schuldners im Eröffnungsverfahren besteht nur gegenüber dem Gericht (§ 20) und gegenüber einem vorläufigen Insolvenzverwalter (§ 22 Abs. 3 Satz 3). Wenn der Schuldner widerspricht, darf der Sachverständige dessen Wohn- und Geschäftsräume nicht betreten und die Geschäftsunterlagen nicht einsehen.[71] Er kann Sozialversiche- 36

---

[62] BGH NZI 2008, 240 RdNr. 9.
[63] RGZ 150, 42, 46; BGH NJW 1979, 1832 f.
[64] BGBl. I S. 718.
[65] BGH NZI 2007, 284 RdNr. 19; LG Frankfurt ZInsO 2006, 107, 108; AG Göttingen ZInsO 2000, 347 f.; ZInsO 2007, 720; HKInsO-*Kirchhof* § 4 RdNr. 17; *Vallender* ZInsO 2010, 1461; aA OLG Köln ZIP 1990, 58, 60; LG München I ZInsO 2001, 813, 815; LG Stendal ZInsO 2003, 721; LG Ulm ZInsO 2004, 1268.
[66] *Schmittmann* NZI 2004, 239, 240.
[67] *Wessel* DZWIR 1999, 230, 232; aA *Rendels* NZG 1998, 841.
[68] *Bollig* KTS 1990, 599, 602 f.; *Rendels* NZG 1998, 841; *Jaeger/Gerhardt* § 5 RdNr. 15; *Uhlenbruck* § 5 RdNr. 13; HKInsO-*Kirchhof* 4. Aufl. § 5 RdNr. 13; aA *Wessel*, Der Sachverständige im Konkurseröffnungsverfahren S. 73 ff., 82, 89; *ders.* DZWIR 1999, 230, 231.
[69] *Zöller/Greger*, ZPO 25. Aufl. § 402 RdNr. 5.
[70] Vgl. BGHZ 158, 212, 216 = NJW 2004, 2015 = NZI 2004, 312; OLG Köln NZI 2001, 598, 599; *Bollig* KTS 1990, 599, 609; *Jaeger/Gerhardt* § 5 RdNr. 16; HKInsO-*Kirchhof* § 5 RdNr. 13.
[71] BGHZ 158, 212, 217 = NJW 2004, 2015; *Bollig* KTS 1990, 599, 609 f.; HKInsO-*Kirchhof* § 5 RdNr. 13.

rungsträger und Finanzbehörden nicht zur Auskunft zwingen,[72] ebenso wenig die Bank des Schuldners. Auch kann er weder Auskunftspersonen von gesetzlichen Verschwiegenheitspflichten befreien (der Schuldner kann jedoch vom Insolvenzgericht angehalten werden, dies zu tun), noch den Schuldner zur Befriedigung des antragstellenden Gläubigers anhalten, um eine Erledigung des Insolvenzantrags zu bewirken, und die entsprechende Zahlung des Schuldners vermitteln.[73]

36a Ist dem Sachverständigen eine sinnvolle Erledigung seines Auftrags unmöglich, weil die Insolvenzbeteiligten ihre Mitwirkung versagen, muss das Insolvenzgericht entweder selbst tätig werden – zum Beispiel des Schuldner vernehmen – oder einen **vorläufigen Insolvenzverwalter** bestellen (§ 21 Abs. 2 Nr. 1), der die Auskunftspflicht des Schuldners mit Zwangsmitteln durchsetzen kann (§§ 22 Abs. 3 Satz 3, 98). Zum vorläufigen Insolvenzverwalter – der regelmäßig mit der Eröffnung des Verfahrens zum endgültigen Verwalter bestellt wird[74] – kann auch der Sachverständige bestellt werden. Ohne diese Bestellung können dem Sachverständigen aber nicht Auskunftsrechte, Einsichtsrechte und Befugnisse zum Betreten von Geschäftsräumen „verliehen" werden.[75] Der Sachverständige würde dadurch zu einer Art „dritten Variante des vorläufigen Insolvenzverwalters". Dafür bietet § 5 keine Grundlage.

37 Anstatt zunächst einen Sachverständigen zu beauftragen, kann das Insolvenzgericht auch gleich einen **vorläufigen Insolvenzverwalter** bestellen. Dieser kann die Aufgaben wahrnehmen, für die sonst ein besonderer Sachverständiger eingeschaltet werden müsste. Wird dem Schuldner nicht zugleich ein allgemeines Verfügungsverbot auferlegt (§ 21 Abs. 2 Nr. 2), kann der vorläufige Insolvenzverwalter beauftragt werden, als Sachverständiger zu prüfen, ob das Vermögen des Schuldners die Kosten des Verfahrens decken wird, ob ein Eröffnungsgrund vorliegt und welche Aussichten für eine Fortführung des Unternehmens des Schuldners bestehen (§ 22 Abs. 2). Wird ein vorläufiger Insolvenzverwalter bestellt und zugleich dem Schuldner ein allgemeines Verfügungsverbot auferlegt, hat er von Amts wegen zu prüfen, ob eine kostendeckende Masse vorhanden ist (§ 22 Abs. 1 Satz 2 Nr. 3); insofern bedarf es also keines besonderen Auftrags.

38 Die Tätigkeit des Sachverständigen ist nach § 8 JVEG[76] zu **vergüten**. Die Vergütung fällt unter die Kosten des Insolvenzverfahrens gemäß § 54 Nr. 1. Gegen den gerichtlichen Festsetzungsbeschluss ist die einfache, unbefristete Beschwerde nach § 4 Abs. 3 JVEG zulässig, wenn der Wert des Beschwerdegegenstands höher ist als 200 Euro. Beschwerdeberechtigt sind der Sachverständige und die Staatskasse (Bezirksrevisor).

39 Eine **Aufteilung von Sachverständigenkosten auf verschiedene Verfahren** ist möglich, wenn mehrere Eröffnungsanträge gegen den gleichen Schuldner anhängig sind und in jedem Verfahren eine Gutachterbestellung erfolgt ist.[77] Dieser Gedanke ist auch auf andere Ermittlungsmaßnahmen übertragbar, falls sie für mehrere Verfahren einheitlich angeordnet worden sind.

40 **cc) Insolvenzschuldner.** Der Schuldner ist – wie auch sein gesetzlicher Vertreter – nicht Zeuge, sondern **Partei**.[78] Allerdings kann er nicht nach den Regeln der §§ 445 ff. ZPO als Partei vernommen werden. Dieses kontradiktorische Verfahren wäre für ein Insolvenzverfahren nicht geeignet; außerdem ist die Auskunftspflicht des Schuldners in §§ 5 Abs. 1 Satz 1, 20, 97, 98, 101 Abs. 1 Satz 1 gesondert geregelt. Verletzt der Schuldner seine Auskunftspflicht, kann die Restschuldbefreiung versagt werden (§ 290 Abs. 1 Nr. 5). Geständnisse des Schuldners haben nicht die Wirkung des § 288 Abs. 1 ZPO (vgl. § 4 RdNr. 56).[79]

41 Die Ermittlungstätigkeit des Gerichts nach § 5 Abs. 1 hat mit der in § 14 Abs. 2 geregelten Anhörung nichts zu tun. Im Rahmen der Anhörung steht es dem Schuldner frei, sich zu äußern. Demgegenüber ist er im Rahmen gerichtlicher Ermittlungstätigkeit – vor und nach der Verfahrenseröffnung – **zur Auskunft verpflichtet**.[80] Ein Auskunftsverweigerungsrecht steht ihm nicht zu.[81]

42 Die unter der Geltung der Konkursordnung streitige Frage, ob der Schuldner schon bei einer Vernehmung im Eröffnungsverfahren **eigene strafbare Handlungen offenbaren** muss, hat der Gesetzgeber durch die Verweisung auf § 97 in § 20 Abs. 1 Satz 2 bejaht. Entsprechende Auskünfte dürfen allerdings in einem Strafverfahren gegen den Schuldner oder einen seiner Angehörigen nur

---

[72] *Wessel*, aaO S. 92 f.
[73] OLG Köln ZIP 2004; HKInsO-*Kirchhof* § 5 RdNr. 13.
[74] *Uhlenbruck* KTS 1994, 169, 177.
[75] AA *Rendels* NZG 1998, 841, 842; *Wessel* DZWIR 1999, 230, 232.
[76] BGBl. I S. 718.
[77] *Uhlenbruck*/*I. Pape* § 5 RdNr. 8; vgl. auch LG Duisburg Rpfleger 1990, 434.
[78] BGHSt 3, 309, 311; *Uhlenbruck*/*I.Pape* § 5 RdNr. 20.
[79] OLG Köln ZInsO 2000, 396; *Jaeger/Gerhardt* § 5 RdNr. 15; HKInsO-*Kirchhof* § 5 RdNr. 11.
[80] Vgl. BVerfG NJW 1981, 1431, 1432; *Gottwald/Uhlenbruck*, Insolvenzrechts-Handbuch 1. Aufl. § 13 RdNr. 47.
[81] *Jaeger/Gerhardt* § 5 RdNr. 24.

mit Zustimmung des Schuldners verwertet werden (§ 97 Abs. 1 Satz 3). Er kann durch **Vorführung** und **Haft** zur Aussage angehalten werden (§§ 20 Satz 2, 98 Abs. 2). Unterliegt der Schuldner, zum Beispiel als Rechtsanwalt oder Steuerberater, einer Schweigepflicht, berechtigt diese ihn dem Insolvenzverwalter gegenüber nicht, Auskünfte über Honorarforderungen oder eingehende Mandantengelder zu verweigern.[82]

Um wahrheitsgemäße Aussagen herbeizuführen, ist die Anordnung der **eidesstattlichen Versicherung** zulässig (§ 98 Abs. 1, § 97 Abs. 1 Satz 2).[83] Für eine Beeidigung ist daneben kein Raum. 43

Ist der **Schuldner keine natürliche Person,** gelten die Auskunftspflichten entsprechend für **Mitglieder des Vertretungs- oder Aufsichtsorgans** und die vertretungsberechtigten persönlich haftenden **Gesellschafter** des Schuldners (§§ 20 Abs. 1 Satz 2, 101 Abs. 1 Satz 1). Personen, die nicht früher als zwei Jahre vor dem Antrag auf Eröffnung des Insolvenzverfahrens aus einer dieser Stellungen ausgeschieden sind, werden insofern gleichbehandelt.[84] 44

Nach § 101 Abs. 2 gilt die Auskunftspflicht entsprechend auch für **Angestellte** des Schuldners, sofern dieser keine natürliche Person ist, und frühere Angestellte, wenn sie nicht früher als zwei Jahre vor dem Eröffnungsantrag beim Schuldner ausgeschieden sind. Als Auskunftspersonen sind die Angestellten keine Zeugen (vgl. oben RdNr. 25). Sie nehmen vielmehr eine eigenartige Stellung zwischen Schuldner und Zeugen ein. Im Unterschied zum Schuldner brauchen Angestellte und frühere Angestellte keine Straftaten zu offenbaren. Ihre Auskunftspflichten können nicht mit den besonderen Maßnahmen des Insolvenzgerichts (§ 98 Abs. 2, 3) durchgesetzt werden, weil die Angestellten am Verfahren nicht unmittelbar beteiligt sind und daher nicht der Entscheidungsgewalt des Insolvenzgerichts unterstehen.[85] Geben die Angestellten nicht freiwillig Auskunft, kann sie der Insolvenzverwalter vor dem Prozessgericht verklagen. Stattdessen kann er das Insolvenzgericht auch ersuchen, die Angestellten als Zeugen zu vernehmen. 45

Von der Erfüllung seiner Auskunftspflicht abgesehen, ist der Schuldner im Eröffnungsverfahren nicht zur **Mitwirkung** bei amtlichen Ermittlungen verpflichtet.[86] Die Verweisung auf die §§ 97 ff. in § 20 Abs. 1 Satz 2 ist nur im Hinblick auf die in Satz 1 statuierte Auskunftspflicht erfolgt.[87] Damit ist insbesondere § 97 Abs. 2 im Eröffnungsverfahren nicht anwendbar. 46

dd) Gläubiger. Die Insolvenzgläubiger haben im Eröffnungsverfahren ebenfalls die Stellung einer **Partei.** Sie können daher im Verfahren vernommen werden – auch eidlich –, aber nicht zur Aussage gezwungen werden.[88] Verweigern sie die Aussage oder den Eid, ist § 453 Abs. 2 ZPO analog anwendbar. Die Frage, ob sich ein Insolvenzgläubiger auf seine Parteistellung und sein Recht zur Aussageverweigerung auch dann berufen kann, wenn die von ihm angemeldete Forderung völlig unbegründet und die Anmeldung nur deshalb erfolgt ist, um sich einer Aussage im Insolvenzverfahren zu entziehen, wird sich praktisch nie stellen. Denn die Begründetheit der angemeldeten Forderung hat das Insolvenzgericht nicht zu prüfen. An Stelle der Vernehmung kommt auch die Einholung einer schriftlichen Auskunft in Betracht.[89] Zu Angestellten eines Gläubigers vgl. RdNr. 25. 47

ee) Sonstige Aufklärungsmittel. Das Insolvenzgericht kann außerdem **Auskünfte** von Behörden und – über § 273 Abs. 2 Nr. 2 ZPO hinaus – auskunftsbereiten Privatpersonen einholen[90] sowie **Gutachten** von Handelskammern und anderen Standesvertretungen anfordern. Es kann **Akteneinsicht** verlangen, **Akten** und im amtlichen Besitz befindliche **Urkunden beiziehen** (zu beschlagnahmten Unterlagen s.u. RdNr. 49) sowie **Registerauszüge** vom Registergericht erheben. Sachen im Besitz des Schuldners oder Insolvenzverwalters kann das Insolvenzgericht in **Augenschein** nehmen (vgl. 371 ZPO). 48

Das Insolvenzgericht kann Unterlagen des Schuldners, die von der Staatsanwaltschaft beschlagnahmt wurden, beiziehen.[91] Der Insolvenzverwalter hat ein Einsichtsrecht. Früher war die Ermächtigungsgrundlage zweifelhaft.[92] Sie findet sich nunmehr in den §§ 20, 22 Abs. 3, 97 Abs. 1. 49

Darüber hinaus kann das Insolvenzgericht (§ 4 i. V. m. § 142 ZPO) die Vorlage von **Urkunden von Privatpersonen** verlangen, wenn diese – zum Beispiel als Prozessgegner (§ 422 ZPO) oder 50

---

[82] BGH NJW 2004, 2015, 2017, insofern in BGHZ 158, 212 nicht abgedr.
[83] LG Göttingen NZI 1999, 367.
[84] LG Göttingen NZI 1999, 367.
[85] Amtl. Begr. zu § 115 RegE, BT-Drucks. 12/2443, S. 144.
[86] AA *Uhlenbruck* KTS 1994, 169, 175 f.
[87] Vgl. amtl. Begr. zu § 24 RegE, BT-Drucks. 12/2443, S. 115.
[88] OLG Düsseldorf KTS 1964, 245; 1966, 102, 103; LG Braunschweig MDR 1969, 674.
[89] AG Duisburg ZInsO 2002, 738.
[90] Hierzu ausführlich *Uhlenbruck/I. Pape* § 5 RdNr. 21.
[91] *Uhlenbruck/I. Pape* § 5 RdNr. 21.
[92] Vgl. OLG Koblenz NJW 1985, 2038, 2040; 1986, 3093, 3094 ff.; OLG Celle NJW 1992, 253 f.; OLG Karlsruhe MDR 1993, 1229 f.; OLG Frankfurt NJW 1996, 1484 f.; OLG Hamm NStZ-RR 1996, 11, 12 f.

Dritter (§ 429 ZPO) – dem Schuldner gegenüber entsprechend verpflichtet sind (vgl. zB §§ 371, 402, 716, 810 BGB; §§ 118, 157 HGB).[93] Erzwingen kann das Insolvenzgericht die Vorlage nicht; wird sie trotz Vorlegungspflicht verweigert, kann das Insolvenzgericht dies frei würdigen. Die Beweisregeln der §§ 416, 440 ZPO sind nicht anwendbar.[94]

51   e) **Beweisverfahren.** Dieses richtet sich grundsätzlich nach §§ 355 ff. ZPO. Das Insolvenzgericht kann jedoch auch davon abweichen und sich des Freibeweises bedienen.[95] Eines förmlichen **Beweisbeschlusses** bedarf es in der Regel nicht.[96] Eine Ausnahme gilt für die Bestellung eines Sachverständigen. In dem Beschluss sind die Aufgaben des Sachverständigen möglichst genau zu beschreiben. Vor der Anordnung von Amtsermittlungen ist kein **rechtliches Gehör** zu gewähren.[97] Dies gilt auch dann, wenn das Ergebnis der Ermittlungen geeignet ist, zu einer einem Beteiligten nachteiligen Entscheidung zu führen.[98] Erst vor dem Ergehen dieser Entscheidung ist der davon Betroffene zu dem Ermittlungsergebnis hören. Wird die Vernehmung von Zeugen angeordnet, ist diesen der Gegenstand der Vernehmung regelmäßig vorher mitzuteilen (§ 377 Abs. 2 Nr. 2 ZPO).[99] Besteht Streit über das Bestehen eines **Zeugnisverweigerungsrechts,** hat das Insolvenzgericht darüber gemäß § 4 i. V. m. § 387 ZPO durch Beschluss zu entscheiden. Dagegen ist die sofortige Beschwerde eröffnet (§ 387 Abs. 3 ZPO), die Rechtsbeschwerde jedoch nur im Falle der Zulassung durch das Beschwerdegericht.

52   Insolvenzverwalter, Gläubiger und Schuldner sind berechtigt, an jeglicher Vernehmung **teilzunehmen**[100] und **Fragen zu stellen** bzw. stellen zu lassen (§ 4 i. V. m. §§ 357, 397, 402, 451 ZPO). Zum Zeugnisverweigerungsrecht und zur Entbindung von der Schweigepflicht vgl. oben RdNr. 27 ff.

53   Zur **Abnahme des Eides** bei Zeugen und Sachverständigen ist nur der Richter befugt (§ 4 Abs. 2 Nr. 1, Abs. 3 RpflG). Der Rechtspfleger darf aber eidesstattliche Versicherungen entgegennehmen. Er darf sich damit oder sogar mit uneidlichen Aussagen begnügen, ohne den Richter einschalten zu müssen. Hatte der Richter jedoch eine Eidesleistung angeordnet, muss der Rechtspfleger die Sache dem Richter erneut vorlegen (§ 5 Abs. 1 Nr. 1 RpflG). Ein Verzicht der Beteiligten auf die Beeidigung (§ 4 i. V. m. §§ 391, 402 ZPO) ist unvereinbar mit dem Amtsermittlungsgrundsatz und deshalb unbeachtlich.[101]

54   Eine **formelle Beweisführungslast** besteht nicht. **Materiell** darf das Insolvenzgericht Maßnahmen regelmäßig nur treffen, wenn die dafür vorausgesetzten Tatsachen mit an Sicherheit grenzender Wahrscheinlichkeit bewiesen sind (§ 286 Abs. 1 Satz 1 ZPO analog). Glaubhaftmachung (vgl. zB §§ 14 Abs. 1, 190 Abs. 2 Satz 1, 251 Abs. 2, 317 Abs. 2 Satz 1, 318 Abs. 2 Satz 1) oder das Vorliegen eines ernsthaften Verdachts (§§ 98, 99) reicht nur ausnahmsweise aus.

55   Wenn das Insolvenzgericht auf Grund des § 5 Abs. 1 die Vernehmung von auswärtigen Auskunftspersonen – zum Beispiel Zeugen oder Sachverständigen – anordnet, kann es **Rechtshilfe** im Sinne von § 156 GVG verlangen (vgl. § 4 RdNr. 92 f.).

56   f) **Selbständiges Beweisverfahren (§§ 485 bis 494 ZPO analog).** Ob ein solches vor oder nach Stellung eines Insolvenzantrags zulässig ist,[102] mag dahinstehen. Jedenfalls dürfte dafür kaum jemals Bedarf bestehen. Kann ein Insolvenzantrag noch nicht gestellt werden, weil die Voraussetzungen zu diesem Zeitpunkt nicht vorliegen, ist nicht ersichtlich, zu welchen für ein künftiges Insolvenzverfahren erheblichen Fragen ein Sachverständiger sich äußern könnte. Ist der Insolvenzantrag bereits gestellt, bedarf es wegen der durch § 5 Abs. 1 eröffneten Möglichkeiten wiederum keines selbständigen Beweisverfahrens.

57   2. **Amtsermittlungen und Sicherungsmaßnahmen.** Amtliche Ermittlungen können neben Sicherungsmaßnahmen gemäß §§ 21 ff. InsO angeordnet werden. Das Gericht kann insbesondere einen vorläufigen Insolvenzverwalter bestellen und zugleich als Gutachter mit der Feststellung betrauen, ob ein Insolvenzgrund vorliegt (vgl. oben RdNr. 37).

---

[93] HKInsO-*Kirchhof* § 5 RdNr. 14.
[94] *Jaeger/Gerhardt* § 5 RdNr. 29.
[95] *Jaeger/Gerhardt* § 5 RdNr. 13.
[96] LG Hannover KTS 1955, 190, 191.
[97] *Vallender*, Kölner Schrift 3. Aufl. Kap. 5 RdNr. 45.
[98] AA *Uhlenbruck/I. Pape* § 5 RdNr. 6.
[99] *Jaeger/Gerhardt* § 5 RdNr. 18; *Schako* KTS 1955, 191; aA LG Hannover KTS 1955, 190.
[100] OLG Nürnberg OLGZ 19 (1909), 222; *Jaeger/Gerhardt* § 5 RdNr. 20; HKInsO-*Kirchhof* § 5 RdNr. 18; *Nerlich/Römermann/Becker* § 5 RdNr. 11.
[101] *Jaeger/Gerhardt* § 5 RdNr. 18.
[102] Dafür *Nerlich/Römermann/Becker* § 5 RdNr. 15 ff.

3. Kosten. Die gerichtlichen Ermittlungen werden **gebührenfrei** durchgeführt. Dagegen können **Auslagen** anfallen, zum Beispiel Zeugen- oder Sachverständigengebühren. Diese Auslagen (Nr. 9000 ff. KV-GKG) sind nach § 54 Nr. 1 Massekosten, sofern sie nicht gemäß § 23 Abs. 1 Satz 2, Abs. 2 GKG dem mit seinem Insolvenzantrag abgewiesenen Antragsteller zur Last fallen. Die Vergütung des vorläufigen Insolvenzverwalters fällt nicht unter die vom Antragsteller zu erstattenden Auslagen (Nr. 9018 KV-GKG).[103] 58

Wegen der Auslagen darf zwar vom Antragsteller ein **Vorschuss** verlangt werden (§ 17 Abs. 3 GKG); die Ermittlungen dürfen aber nicht von dessen Einzahlung abhängig gemacht werden, weil dies der Amtsermittlungspflicht widerspräche.[104] 59

Wenn bei amtlichen Ermittlungen der Insolvenzverwalter oder – bei Ermittlungen vor der Eröffnung des Verfahrens – der vorläufige Insolvenzverwalter mitwirkt, wird dessen Tätigkeit durch die **Verwaltervergütung** abgegolten. Ist der Verwalter Rechtsanwalt, kann er daneben keine Gebühren nach dem RVG berechnen. Bei der Bemessung der Verwaltervergütung ist der Umfang der Tätigkeit zu berücksichtigen.[105] 60

4. Rechtsmittel. Weder gegen die Anordnung noch gegen die Ablehnung von Ermittlungen ist ein Rechtsmittel gegeben.[106] Erst die den Verfahrensabschnitt abschließende Entscheidung kann unter Berufung auf die angebliche Verletzung des § 5 Abs. 1 angefochten werden. Zu § 75 KO wurde die Auffassung vertreten, die sofortige Beschwerde sei zulässig, wenn das Gericht den „Antrag" eines Verfahrensbeteiligten auf Durchführung von Amtsermittlungen durch förmlichen Beschluss zurückweise.[107] Dies war inkonsequent insoweit, als ein Rechtsmittel versagt wurde, wenn das Gericht auf einen solchen „Antrag" hin überhaupt nichts unternahm.[108] Unter der Geltung der Insolvenzordnung wird man – angesichts ihrer Tendenz, die Einlegung von Rechtsmitteln einzudämmen (vgl. § 6 gegenüber § 73 Abs. 3 KO) – an der früheren Auffassung nicht festhalten können. Das Unterlassen einer nach § 5 Abs. 1 gebotenen Beweiserhebung kann einen Verstoß gegen Art. 103 Abs. 1 GG darstellen, wenn es im Verfahrensrecht keine Stütze mehr findet.[109] Im Rahmen der früheren kraft Gesetzes statthaften Rechtsbeschwerde (§ 7 aF) begründete ein solcher Verstoß die Zulässigkeit der Rechtsbeschwerde nach § 574 Abs. 2 Nr. 2 ZPO (Zulässigkeitsgrund der Sicherung einer einheitlichen Rechtsprechung). 61

5. Haftungsfragen. Kommt der **Richter** der Verpflichtung zu Amtsermittlungen schuldhaft nicht nach und entsteht einem Verfahrensbeteiligten hierdurch ein Schaden, so haftet das Land, in dessen Diensten der Richter steht (vor §§ 2–10 RdNr. 11).[110] 62

Wird ein **vorläufiger Insolvenzverwalter** zugleich beauftragt, als Sachverständiger zu untersuchen, ob eine die Kosten des Verfahrens deckende freie Masse vorhanden ist, so haftet er für die Verletzung von Sorgfaltspflichten gemäß §§ 21 Abs. 2 Nr. 1, 60.[111] 63

Ein im Eröffnungsverfahren eingeschalteter **Sachverständiger** haftet, auch wenn er nicht zugleich vorläufiger Insolvenzverwalter ist, für ein vorsätzlich oder grob fahrlässig unrichtig erstattetes Gutachten (§ 839a BGB, in Kraft seit 1.8.2002).[112] 64

VI. Freigestelltes schriftliches Verfahren (Abs. 2)

1. Anordnung. Die Möglichkeit, das Insolvenzverfahren oder Teile davon schriftlich abzuwickeln, war bisher nur in § 312 Abs. 2 für das vereinfachte Insolvenzverfahren vorgesehen. Das **Gesetz zur Vereinfachung des Insolvenzverfahrens** (vgl. o. RdNr. 3a) hat diese Möglichkeit nunmehr auch für das Regelinsolvenzverfahren eröffnet. Die Anordnung des schriftlichen Verfahrens ist eine Frage der **Zweckmäßigkeit.** Sie steht im freien **Ermessen** des Gerichts. Für die Wahl des schriftli- 64a

---

[103] BGHZ 157, 370, 377 = NZI 2004, 245.
[104] BGH MDR 1976, 396; *Uhlenbruck/I. Pape* KO § 5 RdNr. 24; HKInsO-*Kirchhof* § 5 RdNr. 21; FKInsO-*Schmerbach* § 5 RdNr. 19.
[105] *H. Schmidt* KTS 1984, 201, 202.
[106] BGH NZI 1999, 42 = EWiR 1999, 131 *(Mohrbutter)*; NJW-RR 2004, 54 = NZI 2004, 29; *Uhlenbruck/Pape* § 5 RdNr. 26; HKInsO-*Kirchhof* § 5 RdNr. 22.
[107] OLG Hamm KTS 1972, 105, 106 f.; *Jaeger/Weber* KO § 75 RdNr. 1; *Kuhn/Uhlenbruck* KO § 73 RdNr. 1, § 75 KO RdNr. 9; *Kilger/K. Schmidt* KO § 75 Anm. 3; *Brass* KTS 1956, 25, 27.
[108] *Jaeger/Weber* KO § 73 RdNr. 1; *Kuhn/Uhlenbruck* KO § 73 RdNr. 1.
[109] BGH ZInsO 2012, 1236 RdNr. 6; vgl. auch BVerfG NJW 2003, 1655; BGH NJW-RR 2007, 500 RdNr. 9.
[110] Vgl. LG Dortmund KTS 1984, 147, 149 m. Anm. *Mohrbutter*.
[111] Zur Haftung des Sequesters nach früherem Recht BGHZ 105, 230, 232 = WM 1988, 1610 = WuB VI C. § 106 KO 1.89 *(Sundermann)* = EWiR 1988, 1118 *(Lüke)*.
[112] Vgl. *Uhlenbruck/I. Pape* § 5 RdNr. 19; zur früheren Rechtslage vgl. 1. Auflage und die dortigen Nachweise.

chen Verfahrens kann sprechen, dass dadurch eine Erleichterung und Beschleunigung des Verfahrens bewirkt wird. Umgekehrt kann es einer zügigen Verfahrensdurchführung sogar förderlich sein, sich mit den Verfahrensbeteiligten unmittelbar mündlich austauschen zu können.[113] Zuständig für die Anordnung ist – falls sie mit der Insolvenzeröffnung zusammenfällt – der Richter, später der Rechtspfleger. Die Anordnung hat ausdrücklich zu erfolgen, grundsätzlich durch einen (nicht beschwerdefähigen) Beschluss, der den Beteiligten bekannt gegeben werden muss.[114]

64b **2. Voraussetzungen.** Voraussetzung für die Anordnung des schriftlichen Verfahrens ist, dass (1) die Vermögensverhältnisse des Schuldners überschaubar *und* (2) die Zahl der Gläubiger oder die Höhe der Verbindlichkeiten gering sind. Es handelt sich um mehrere, getrennt voneinander festzustellende und zu bewertende Voraussetzungen. Die Vermögensverhältnisse sind also nicht schon deswegen überschaubar, weil die Zahl der Gläubiger oder die Höhe der Verbindlichkeiten gering ist. Diese Umstände haben – anders als in § 304 Abs. 2 – für die Überschaubarkeit der Vermögensverhältnisse des Schuldners nur indizielle Bedeutung. **Überschaubar** sind die **Vermögensverhältnisse**, wenn sich bereits aus den bisherigen Ermittlungen ein zuverlässiger Überblick über das Vermögen, das Einkommen und die Verbindlichkeiten des Schuldners gewinnen lässt. Ist dies bereits im Eröffnungsverfahren geschehen, etwa auf Grund des Gutachtens des Sachverständigen, kann (falls auch die sonstigen Voraussetzungen vorliegen) das Insolvenzverfahren von Anfang an schriftlich geführt werden. Ob die **Zahl der Gläubiger** oder die **Höhe der Verbindlichkeiten gering** ist, bestimmt sich nicht nach den zu § 312 Abs. 2 entwickelten Grundsätzen. Insbesondere können die dort geltenden Obergrenzen nicht maßgeblich sein. Andernfalls wäre das Verfahren für natürliche Personen entweder als vereinfachtes Verfahren – mit der schon bisher bestehenden Möglichkeit eines schriftlichen Verfahrens – oder als Regelinsolvenzverfahren ohne diese Möglichkeit zu führen, und die neue Vorschrift des § 5 Abs. 2 liefe insoweit leer. Eine schematische Feststellung von Obergrenzen ist untunlich. Als Faustregel wird man vielleicht an § 304 Abs. 2 anknüpfen und sagen können, dass 20 Gläubiger keine geringe Zahl mehr bedeuten. Dem entsprechend dürften Verbindlichkeiten von 25 000 Euro ebenfalls nicht mehr gering sein.[115] Die Gesetzesbegründung hält es für möglich, dass sich eine schriftliche Abwicklung auch bei der Insolvenz eines „Kleinstunternehmens" anbietet.[116]

64c **3. Aufhebung oder Änderung der Anordnung.** Das Insolvenzgericht kann die Anordnung des schriftlichen Verfahrens jederzeit – ganz oder für Teile des Verfahrens – aufheben oder ändern. Grundsätzlich steht dies im **Ermessen** des Gerichts. Die Aufhebung oder Änderung wird zu erwägen sein, wenn sich zeigt, dass eine mündliche Erörterung mit den Beteiligten der Verfahrensabwicklung zumindest förderlich ist. Besteht Streit über Bestand und Höhe der angemeldeten Forderungen, sollte das Gericht den Prüfungstermin nicht schriftlich durchführen.[117] Die Aufhebung des schriftlichen Verfahrens jedenfalls für den betreffenden Verfahrensabschnitt liegt auch dann nahe, wenn ein Gläubiger eine Forderung aus einer vorsätzlich begangenen unerlaubten Handlung anmeldet (§ 174 Abs. 2) und das Gericht nach Belehrung des Schuldners (§ 175 Abs. 2) meint, es bestehe Bedarf für eine mündliche Erörterung.[118] Ungeachtet der Anordnung des schriftlichen Verfahrens ist eine Gläubigerversammlung einzuberufen, wenn ein dahingehender begründeter Antrag nach § 75 gestellt wird. Ob das Gericht in diesem Fall die Anordnung des schriftlichen Verfahrens insgesamt aufhebt, wird von den Umständen des Einzelfalles abhängen. Für eine nach Eröffnung des Insolvenzverfahrens auszusprechende Aufhebung oder Änderung ist der Rechtspfleger zuständig, selbst wenn die ursprüngliche Anordnung vom Richter stammt. Etwas anderes gilt, wenn sich der Richter die Entscheidung vorbehalten hat.

64d **4. Öffentliche Bekanntmachung.** Wegen der damit verbundenen Rechtsfolgen für die Beteiligten sind die Anordnung des schriftlichen Verfahrens, die Aufhebung und Änderung der Anordnung öffentlich bekannt zu machen (Abs. 2 Satz 2).

64e **5. Rechtsmittel.** Die Anordnung des schriftlichen Verfahrens, die Aufhebung und Änderung der Anordnung sind, sofern die Maßnahmen vom Richter stammen, mit Rechtsmitteln nicht angreifbar.[119] Dies gilt auch dann, wenn die Anordnung mit dem Eröffnungsbeschluss verbunden

---

[113] Amtl. Begründung zu Art. 1 Nr. 1 des Entwurfs eines Gesetzes zur Vereinfachung des Insolvenzverfahrens, BT-Drucks. 16/3227, S. 13.
[114] BGH NZI 2006, 481 RdNr. 10.
[115] Diese Zahl nennt *Uhlenbruck/Vallender* § 312 RdNr. 75 sogar als maßgeblich für das vereinfachte Verfahren.
[116] Amtl. Begründung aaO.
[117] Vgl. *Uhlenbruck/Vallender* § 312 RdNr. 78.
[118] Vgl. *Uhlenbruck/Vallender* § 312 RdNr. 81.
[119] BGH NZI 2006, 481 RdNr. 10.

worden ist.[120] Gegen die Entscheidung des Rechtspflegers ist die Erinnerung gemäß § 11 RPflG statthaft.

VII. Freigestellte mündliche Verhandlung (Abs. 3)

1. Allgemeines. Auch wenn kein schriftliches Verfahren angeordnet war, können zur Beschleunigung und Vereinfachung des Verfahrens Entscheidungen des Gerichts – wie bisher – ohne mündliche Verhandlung ergehen. Stellt ein Beteiligter einen gegenteiligen Antrag, ist dies eine bloße Anregung, der das Insolvenzgericht nicht Folge leisten muss. Der geringe Stellenwert der Mündlichkeit hat seinen Grund im vollstreckungsrechtlichen Verständnis des Insolvenzverfahrens;[121] auch das Vollstreckungsgericht der Einzelvollstreckung kann ohne vorgängige mündliche Verhandlung entscheiden (§ 764 Abs. 3 ZPO). Dass das Insolvenzverfahren zur Befriedigung aus dem Schuldnervermögen ohne öffentliche gerichtliche Verhandlung über die Forderungen einzelner Gläubiger führen kann, ist verfassungsrechtlich nicht bedenklich.[122] Denn der Insolvenzverwalter kann diese Befriedigung durch seinen Widerspruch verhindern (§ 179). Er wird meist widersprechen, wenn der Schuldner die Forderung bestreitet. Widerspricht der Verwalter nicht, muss der Schuldner, der die Forderung bestreitet, dies hinnehmen, weil der Insolvenzverwalter die Masse für ihn verwaltet (§ 80 Abs. 1). Im Übrigen sind die Folgen einer „Disharmonie" zwischen Verwalter und Schuldner für diesen begrenzt. Der Gläubiger nimmt dann zwar an der Verteilung der Insolvenzmasse teil, er kann aber nach Verfahrensbeendigung nicht ohne einen erst noch zu erwirkenden Titel die Zwangsvollstreckung gegen den Schuldner betreiben (§ 201 Abs. 2 Satz 1).

2. Entscheidungen des Insolvenzgerichts. Entscheidungen (vgl. dazu § 4 RdNr. 81 ff.) sind Richtersprüche aller Art, gleichgültig ob sie das Gesamtverfahren oder nur Zwischenfragen (wie zB die Zuerkennung oder Versagung eines Stimmrechts, § 77 Abs. 2 Satz 2) betreffen, ob sie einen sachlichen Inhalt oder nur prozessleitenden Charakter (wie zB die Verhängung von Ordnungsmitteln gegen Zeugen und Sachverständige, §§ 380, 409 Abs. 1 ZPO analog) haben.

Keine Entscheidungen sind die bloße Untätigkeit des Gerichts oder Maßnahmen, durch die Entscheidungen lediglich vorbereitet werden, wie zum Beispiel die Anordnung von Ermittlungen nach § 5 Abs. 1, ebenso wenig wie die Beurkundung der Erörterungen im Prüfungstermin (vgl. § 6 RdNr. 12 ff.). Beschlüsse der Gläubigerversammlung und des Gläubigerausschusses sowie Maßnahmen des Insolvenzverwalters (vgl. dazu § 6 RdNr. 17, 18) gehören nicht hierher, weil sie keine gerichtlichen Entscheidungen sind.

Auch wenn das Gericht die mündliche Verhandlung angeordnet hatte, ergeht die Entscheidung in **Beschluss-** und nicht in Urteilsform. Aufgrund einer mündlichen Verhandlung ergehende Beschlüsse sind zu verkünden (§ 329 Abs. 1 ZPO analog), außerdem zuzustellen.

3. Anordnung der mündlichen Verhandlung. Diese steht im Ermessen des Insolvenzgerichts, das insoweit an Anträge nicht gebunden ist.[123] Ordnet es die mündliche Verhandlung an, hat das Gericht bei seiner Entscheidung neben dem Vorbringen in der mündlichen Verhandlung auch Schriftsätze zu berücksichtigen. Denn die mündliche Verhandlung hat nur den Zweck, den Inhalt der Akten zu ergänzen. In der mündlichen Verhandlung besteht kein Anwaltszwang (§ 78 Abs. 1 ZPO analog). Persönliche Anwesenheit der Beteiligten ist nur erforderlich, wenn das Insolvenzgericht sie eigens anordnet (§ 4 i. V. m. §§ 141, 273 Abs. 2 Nr. 3 ZPO).

Ist in die Zeit terminiert worden, die man früher als **„Gerichtsferien"** bezeichnet hat, haben die Beteiligten nicht die Möglichkeit, ohne besonderen Grund die Verlegung des Termins zu beantragen; § 227 Abs. 3 Satz 1 ZPO ist nicht entsprechend anzuwenden (§ 5 Abs. 3 Satz 2). Ihren Grund hat diese Sonderregelung in der Eilbedürftigkeit des Insolvenzverfahrens. Für Prozesse aus Anlass des Insolvenzverfahrens (etwa Aus- und Absonderungsstreitigkeiten, Anfechtungsprozesse) gilt sie nicht.

4. Vorgeschriebene Termine. Soweit es im Insolvenzverfahren Angelegenheiten gibt, die in Terminen erledigt werden (vgl. zB §§ 29, 57, 68, 75, 160 Abs. 1 Satz 2, 176, 197, 235), handelt es sich bei diesen Terminen grundsätzlich nicht um mündliche Verhandlungen im Sinne von § 5 Abs. 3.[124] In diesen Terminen soll in der Regel nicht die Grundlage für gerichtliche Entscheidungen geschaffen werden; vielmehr dienen sie der Vorbereitung von Entscheidungen der Gläubigerver-

---

[120] Vgl. *Uhlenbruck/Vallender* § 312 RdNr. 76.
[121] *Baur/Stürner*, Insolvenzrecht RdNr. 5.20.
[122] AA *Baur/Stürner*, Insolvenzrecht RdNr. 5.20; 6.13.
[123] *Jaeger/Gerhardt* § 5 RdNr. 31; HKInsO-*Kirchhof* § 5 RdNr. 24.
[124] HKInsO-*Kirchhof* § 5 RdNr. 23.

sammlung. Eine Ausnahme gilt dann, wenn das Insolvenzgericht einen Verfahrensbeteiligten mündlich anhört, um danach eine Entscheidung zu treffen.

VIII. Unmittelbarkeit und Öffentlichkeit

72 Das Unmittelbarkeitsprinzip, demzufolge mündliche Verhandlung und Beweisaufnahme unmittelbar vor dem erkennenden Gericht stattzufinden haben, gilt im Insolvenzverfahren nur insoweit, als eine mündliche Verhandlung angeordnet wird. Zur Öffentlichkeit der Verhandlung s.o. § 4 RdNr. 7 ff.

IX. Verfassungsrechtlich gewährleistete Verfahrensgrundsätze

73 Im Insolvenzverfahren sind neben den in § 5 normierten Verfahrensgrundsätzen die allgemeinen rechtsstaatlichen Verfahrensgrundsätze zu beachten. Diese sind unmittelbar geltendes Verfahrensrecht.[125]

74 **1. Rechtsstaatsprinzip.** Das in Art. 20 Abs. 3, 28 Abs. 1 GG niedergelegte Rechtsstaatsprinzip bindet das Insolvenzgericht an die Gesetze, verpflichtet es zur Einhaltung eines justizförmigen Verfahrens und zur Gewährung effektiven Rechtsschutzes in einem fairen Geiste und in angemessener Zeit (vgl. auch Art. 6 Abs. 1 EMRK). Weist zB der Insolvenzverwalter nach, dass er sich an dem vom Insolvenzgericht – ohne seine Anhörung – anberaumten Prüfungstermin auf einer langfristig geplanten Auslandsreise befindet, entspricht es einer fairen Verfahrensführung, den Termin zu verlegen (vgl. auch u. RdNr. 84).[126] Legt das Insolvenzgericht ein Gesetz – sei es eine Norm des Verfahrens-, sei es eine solche des materiellen Rechts – in einer Weise aus, die unter keinem rechtlichen Gesichtspunkt vertretbar ist, so liegt darin ein Verstoß gegen das Grundrecht auf ein objektiv willkürfreies Verfahren (Art. 3 Abs. 1, 20 Abs. 3 GG).[127]

75 **2. Gesetzlicher Richter.** Gemäß Art. 101 Abs. 1 Satz 2 GG bedarf es auch für die Insolvenzgerichte einer genauen Regelung der sachlichen, örtlichen und funktionellen Zuständigkeit (§§ 2 und 3, § 18 RpflG) sowie eines Geschäftsverteilungsplans, aus dem sich der für die einzelne Sache zuständige Richter oder Spruchkörper im Voraus möglichst eindeutig entnehmen lässt. Lässt der Einzelrichter der Zivilkammer beim Landgericht die Rechtsbeschwerde zum BGH zu, ist er nicht der gesetzliche Richter.

76 **3. Rechtliches Gehör.** Der Verfassungsgrundsatz des rechtlichen Gehörs (Art. 103 Abs. 1 GG) gilt auch im Insolvenzverfahren. Das Recht des Betroffenen auf Gehör verlangt, dass dem Betroffenen ausreichend Gelegenheit gegeben wird, sich zu dem Sachverhalt, der einer ihm nachteiligen gerichtlichen Entscheidung zugrunde gelegt werden soll, vor Erlass der Entscheidung zu äußern[128] und Anträge zu stellen; außerdem dürfen der Entscheidung nur solche Tatsachen und Beweisergebnisse zugrunde gelegt werden, zu denen die Beteiligten Stellung nehmen konnten.[129] Ist dem Schuldner nach Zulassung des Eröffnungsantrags rechtliches Gehör gewährt worden, braucht ihm nicht vor jeder weiteren Beschlussfassung erneut rechtliches Gehör gewährt zu werden.[130] Rechtliches Gehör hat der Betroffene bereits dann gehabt, wenn ihm Gelegenheit zur mündlichen oder schriftlichen Äußerung geboten worden ist. Das Anhörungsrecht gewährt keinen Anspruch auf mündliche Verhandlung. Wird die Möglichkeit zur Stellungnahme nicht wahrgenommen, ist sie verwirkt.[131] In einem solchen Falle ist es weder erforderlich noch zulässig, gegen den Schuldner Zwangsmittel anzuwenden.[132] Wird eine Verfahrensvorschrift, deren Zweck es ist, den Beteiligten rechtliches Gehör zu gewähren, verletzt, unterlässt es jedoch der Betroffene oder sein Vertreter, sich mit prozessualen Mitteln das rechtliche Gehör zu verschaffen, ist dieses nicht „versagt" worden.[133]

77 Eine in der InsO vorgeschriebene **Anhörung** (vgl. §§ 10, 14 Abs. 2, 15 Abs. 2 Satz 2, 58 Abs. 2 Satz 1, 98 Abs. 2, 99 Abs. 1 Satz 2, Abs. 3 Satz 2, 173 Abs. 2, 317 Abs. 2 Satz 2, Abs. 3, 318 Abs. 2

---

[125] BVerfGE 9, 89, 96.
[126] AG Hohenschönhausen ZInsO 2000, 168 m. Anm. *Nowak*.
[127] BGH NJW 2000, 590.
[128] BVerfGE 1, 418, 429; 6, 19, 20; 9, 122, 124.
[129] BVerfGE 6, 12, 14; 7, 275, 278; 18, 399, 404; BVerfG KTS 1988, 495, 496; BGH KTS 1978, 24, 27; *Wassermann* DRiZ 1984, 425 ff.; *Maintzer* KTS 1985, 617, 619.
[130] LG Göttingen NZI 1999, 30, 31.
[131] BVerfGE 5, 9, 10; vgl. auch LG Frankfurt ZIP 1995, 1836, 1837.
[132] LG Göttingen ZIP 1996, 144, 145; *Skrotzki* KTS 1956, 105, 106.
[133] BVerwGE 19, 231, 237; BVerwG NJW 1989, 601.

Satz 2, 332 Abs. 1, Abs. 3 Satz 2, 333 Abs. 2 Satz 2) wird meist der **Gewährung rechtlichen Gehörs** dienen (vgl. § 10 RdNr. 3).

Falls die Insolvenzordnung nicht ausdrücklich eine Anhörung der Beteiligten vorschreibt, kann 77a dennoch die Gewährung rechtlichen Gehörs veranlasst sein (vgl. § 10 RdNr. 4). Sie beruht dann unmittelbar auf dem Verfassungsgebot des Art. 103 Abs. 1 GG.[134]

Andererseits ist die Anhörung der Beteiligten zur Gewährung rechtlichen Gehörs zu unterscheiden von der **Anhörung zur Aufklärung des Sachverhalts** (s.o. RdNr. 41 und § 10 RdNr. 5). In dem zuletzt genannten Fall kann der Schuldner zu Angaben gezwungen werden. 78

Zur Gewährung rechtlichen Gehörs **verpflichtet** ist das Insolvenzgericht, also der Richter oder der Rechtspfleger. Nicht dazu verpflichtet sind grundsätzlich Insolvenzverwalter, Sachwalter, Treuhänder und die Gläubigergremien. Vor besonders einschneidenden Maßnahmen des Verwalters ist der Schuldner aber wenigstens zu verständigen, so zum Beispiel dann, wenn der Verwalter den Betrieb des Schuldners stilllegen (§ 158 Abs. 2 Satz 1) oder freihändig veräußern möchte (§ 161 Abs. 1 Satz 1: „... hat der Insolvenzverwalter ... den Schuldner zu unterrichten, wenn dies ohne nachteilige Verzögerung möglich ist"). 79

Zu gewähren ist das rechtliche Gehör jedem von der anstehenden Maßnahme Betroffenen. In erster Linie kommt der Schuldner in Betracht, aber auch seine Angehörigen, sodann Gläubiger als solche sowie als Mitglieder der Gläubigergremien (vgl. aber unten RdNr. 87), weiterhin der Insolvenzverwalter, Sachwalter oder Treuhänder, soweit es um seine Stellung geht. Ist der Anzuhörende keine natürliche Person, gilt folgendes: Bei einer GmbH sind sämtliche Geschäftsführer, bei einer Aktiengesellschaft sämtliche Vorstandsmitglieder anzuhören. Bei einer OHG oder KG sind nicht nur die geschäftsführenden, sondern alle Gesellschafter anzuhören.[135] Bei einer BGB-Gesellschaft gilt grundsätzlich das Gleiche. 80

Auf welche **Art und Weise** rechtliches Gehör zu gewähren ist, lässt sich dem Gesetz oft nicht entnehmen. Sind die Beteiligten lediglich „zu hören" (vgl. zB §§ 14 Abs. 2, 15 Abs. 2 Satz 2, 21 Abs. 3 Satz 1, 99 Abs. 3 Satz 2, 207 Abs. 2; ferner § 156 Abs. 2 Satz 1), haben sie kein Recht auf **mündliche Äußerung;** vielmehr genügt es, dass ihnen die Möglichkeit zu **schriftlicher Stellungnahme** geboten wird.[136] Gibt das Gericht Gelegenheit zur schriftlichen Äußerung, ist es nicht erforderlich, aber zweckmäßig, eine Frist zu setzen; dann muss deren Ablauf abgewartet werden, ehe eine Entscheidung getroffen wird.[137] Unzumutbar kurze Äußerungsfristen kommen einer Nichtanhörung gleich.[138] 81

Für die Gewährung rechtlichen Gehörs **in einem Termin** reicht es aus, wenn Gelegenheit zur mündlichen Äußerung gegeben wird; dies gilt unabhängig davon, ob der Termin gesetzlich vorgesehen ist (so zB in § 289 Abs. 1 Satz 1) oder nicht. Andere Beteiligte haben kein Recht zur Anwesenheit, wenn die „Anhörung" wirklich nur der Gewährung rechtlichen Gehörs dient. Dies ist zum Beispiel bei der Anhörung nach § 14 Abs. 2 *nicht* der Fall; deshalb können die Gläubiger hier auf ihrer Anwesenheit bestehen. 82

Besonders geregelt ist die Anhörung des Schuldners oder – wenn dieser keine natürliche Person ist – der Vertretungsberechtigten oder Beteiligten für den Fall, dass die Anzuhörenden sich im Ausland aufhalten oder unbekannten Aufenthalts sind, in **§ 10**. 83

Würde der Zweck einer Maßnahme durch eine vorherige Anhörung des Schuldners ernsthaft gefährdet, so kann sie auch im Nachhinein erfolgen (vgl. zB § 99 Abs. 1 Satz 3). Dies ist verfassungsrechtlich unbedenklich.[139] Der Anspruch auf rechtliches Gehör besteht nur in den durch den Verfahrenszweck gezogenen Grenzen.[140] Im Zulassungsverfahren kann die örtliche Zuständigkeit des Gerichts ohne vorherige Anhörung des Schuldners geklärt werden (s.o. § 3 RdNr. 28). Insbesondere bei eiligen **Sicherungsmaßnahmen** (zB der Anordnung eines allgemeinen Verfügungsverbots, § 21 Abs. 2 Nr. 2, oder der zwangsweisen Vorführung, § 98 Abs. 2) würde deren Zweck verfehlt, gewährte man dem Schuldner zuvor rechtliches Gehör. Dadurch würde er gewarnt und könnte Vermögen beiseite schaffen. Auch bei der Anordnung einer Postsperre kann die vorherige Anhörung unterbleiben; sie ist dann unverzüglich nachzuholen (§ 99 Abs. 1 Satz 3). Die Anordnung der Haft setzt zwar die vorherige Anhörung voraus, kann und sollte dieser aber „auf dem Fuße" folgen, um dem Schuldner keine Gelegenheit mehr zum Untertauchen zu geben. 84

---

[134] *Maintzer* KTS 1985, 617, 619; *Vallender*, Kölner Schrift, 3. Aufl. S. 115 RdNr. 7; *Jaeger/Gerhardt* § 5 RdNr. 37.
[135] BGH KTS 1978, 24, 27.
[136] OLG Köln KTS 1958, 13, 15; *Maintzer* KTS 1985, 617, 619.
[137] Vgl. BVerfG NJW 1982, 1691; 1988, 1773, 1774.
[138] Vgl. BGH WM 1998, 622.
[139] Vgl. BVerfG NJW 1981, 2111, 2112.
[140] *Uhlenbruck*, FS Baumgärtel S. 569, 573.

85 Trifft das Gericht **Verwaltungsmaßnahmen** – bestellt es zum Beispiel den Verwalter oder den Gläubigerausschuss oder beruft es die Gläubigerversammlung ein –, muss es grundsätzlich kein rechtliches Gehör gewähren. Die Beteiligten können sich mit Rechtsbehelfen wehren, wenn sie ihre Rechte verletzt glauben.[141] Es geht zu weit, dass der Insolvenzverwalter vor der Anberaumung eines Prüfungstermins zu dessen Zeitpunkt gehört werden muss.[142] Weist der – vorab nicht informierte – Verwalter später nach, dass er an dem vorgesehenen Termin verhindert ist, wird dieser allerdings regelmäßig verlegt werden müssen (s.o. RdNr. 74).

86 Bei insolvenzgerichtlichen **Aufsichtsmaßnahmen** finden sich differenzierende Regelungen. So ist der Insolvenzverwalter nach § 59 Abs. 1 Satz 3 zu hören, bevor er entlassen wird. Bei Überwachungsmaßnahmen gegenüber Gläubigergremien – zum Beispiel im Falle der Aufhebung eines Beschlusses der Gläubigerversammlung (§ 78 Abs. 1) – ist eine vorherige Anhörung nicht vorgesehen. Gleichwohl sollte zuvor Gelegenheit zur Stellungnahme gegeben werden.[143]

87 **In den Gremien** haben die Gläubiger zwar keinen Anspruch auf rechtliches Gehör, weil durch die dort geführten Verhandlungen keine gerichtliche Entscheidung über ihnen zustehende Rechte vorbereitet wird; es gehört aber zu einem rechtsstaatlichen justiziellen Verfahren, dass sich die stimmberechtigten Gläubiger über alle wesentlichen Punkte unterrichten und dazu äußern können.[144] Dem Schuldner ist in den Gläubigerversammlungen Gehör zu schenken. Dies ist für den Berichtstermin (vgl. § 156 Abs. 2 Satz 1) ausdrücklich angeordnet, gilt aber auch für den Prüfungstermin (vgl. §§ 176 Satz 2, 177 Abs. 3 Satz 2).

88 Eine Verletzung des rechtlichen Gehörs bedeutet einen wesentlichen Verfahrensmangel. Er rechtfertigt die **sofortige Beschwerde**, sofern dieses Rechtsmittel statthaft ist (§ 6 Abs. 1), bzw. die Rechtspflegererinnerung. Das Rechtsmittel ist aber kaum Erfolg versprechend. Zum einen muss der Beschwerdeführer die ihm zur Verfügung stehenden Möglichkeiten, sich Gehör zu verschaffen, ausgeschöpft haben (oben RdNr. 76). Um feststellen zu können, ob die angegriffene Entscheidung auf der Verletzung beruht, muss er zum anderen darlegen, was er bei ordnungsgemäßem Verfahren vorgetragen und dass er damit eine ihm günstigere Entscheidung erreicht hätte.[145] Schließlich kann die Gewährung rechtlichen Gehörs noch im Beschwerdeverfahren nachgeholt werden; damit ist der Verfahrensmangel geheilt.[146] Im **Rechtsbeschwerdeverfahren** ist eine Nachholung allerdings nicht mehr möglich.[147]

89 Ist eine sofortige Beschwerde nicht statthaft oder wird eine Gehörsverletzung durch das Rechtsbeschwerdegericht geltend gemacht, steht die durch das ZPO-RG eingeführte **Gehörsrüge** nach § 321a ZPO zur Verfügung (vgl. § 6 RdNr. 90). Daneben hat die sogenannte „**außerordentliche Beschwerde wegen greifbarer Gesetzwidrigkeit**" keine Bedeutung mehr.

X. Maschinelle Herstellung von Tabellen und Verzeichnissen (Abs. 4)

90 **1. Maschinelle Bearbeitung bei gerichtlichen Tätigkeiten.** Nachdem bereits die Zivilprozessordnung den Einsatz von Maschinen zu Rationalisierungszwecken zugelassen hat (vgl. §§ 689 Abs. 1 Satz 2, 703c Abs. 1 Satz 2 Nr. 1 ZPO), wird durch § 5 Abs. 3 klargestellt, dass das Gericht „Tabellen und Verzeichnisse", zum Beispiel die Stimmliste (§ 239), mit Hilfe von maschinellen Einrichtungen, insbesondere im Wege der elektronischen Datenverarbeitung, erstellen kann. Die Fassung des Gesetzes bringt zum Ausdruck, dass die Insolvenzordnung einem weitergehenden Einsatz moderner Bürotechnik nichts in den Weg legt.[148] Da insolvenzgerichtliche Beschlüsse unterschrieben werden müssen, kann auf deren Verkörperung in einem Schriftstück nicht verzichtet werden (s.o. § 4 RdNr. 82). Insofern sind der Anwendung elektronischer Datenverarbeitung Grenzen gesetzt.

91 **2. Maschineneinsatz durch Insolvenzverwalter und Schuldner.** Dass auch der **Insolvenzverwalter** berechtigt ist, sich moderner Maschinentechnik zu bedienen, insbesondere wenn er das

---

[141] Baur/Stürner, Insolvenzrecht RdNr. 5.31; König KTS 1973, 46, 53; Prütting, Kölner Schrift, 2. Aufl. S. 221, 230 RdNr. 27.
[142] So aber AG Hohenschönhausen ZInsO 2000, 168 m. Anm. Nowak.
[143] Baur/Stürner, Insolvenzrecht RdNr. 5.31; aA – das Beschwerderecht genügt – Prütting, Kölner Schrift, 2. Aufl. S. 221, 230 RdNr. 28.
[144] Baur/Stürner, Insolvenzrecht RdNr. 5.32.
[145] BVerfGE 7, 95, 99; 7, 239, 241; BGHZ 27, 163, 169.
[146] BGH ZVI 2004, 24; NZI 2009, 604 RdNr. 11; NZI 2011, 282 RdNr. 10.
[147] OLG Celle ZInsO 2001, 711, 712.
[148] Vgl. die Stellungnahme des Bundesrats zu § 5 Abs. 3, Anl. 2 zu BT-Drucks. 12/2443 S. 248, und die Gegenäußerung der Bundesregierung, Anl. 3 zu BT-Drucks. 12/2443 S. 261; im Rechtsausschuss wurde daraufhin kein Regelungsbedarf mehr gesehen.

Verzeichnis der Massegegenstände, das Gläubigerverzeichnis und die Vermögensübersicht (§§ 151 bis 153), die Tabelle der Forderungen (§ 175) und das Verteilungsverzeichnis (§ 188) erstellt, ist selbstverständlich.[149] Dasselbe gilt für den **Schuldner,** der im Rahmen der Eigenverwaltung anstelle des Insolvenzverwalters die Verzeichnisse der §§ 151 bis 153 anfertigt (§ 281 Abs. 1 Satz 1).

3. Einheitliches Formularwesen. Durch das am 4. Dezember 1998 vom Bundestag verabschiedete Änderungsgesetz zur EGInsO[150] hat der Gesetzgeber eine Ermächtigungsgrundlage zur Einführung bundeseinheitlicher Formulare geschaffen. Dies soll – neben einem EDV-gestützten Verfahrensablauf – ebenfalls dazu beitragen, dass die knappen personellen Ressourcen effizient eingesetzt werden.[151] 92

4. Ermächtigung. Durch das **Gesetz zur Vereinfachung des Insolvenzverfahrens** von 2007 sind in Abs. 4 die Sätze 2 bis 4 eingefügt worden. Darin werden die Landesregierungen ermächtigt, durch Rechtsverordnung nähere Bestimmungen über die Führung der Tabellen und Verzeichnisse, ihre elektronische Einreichung sowie die elektronische Einreichung der dazugehörigen Dokumente und deren Aufbewahrung zu treffen. Dabei können sie auch Vorgaben für die Datenformate der elektronischen Einreichung machen. Die Landesregierungen können die Ermächtigung auf die Landesjustizverwaltungen übertragen. 93

§ 6 Sofortige Beschwerde

(1) ¹Die Entscheidungen des Insolvenzgerichts unterliegen nur in den Fällen einem Rechtsmittel, in denen dieses Gesetz die sofortige Beschwerde vorsieht. ²Die sofortige Beschwerde ist bei dem Insolvenzgericht einzulegen.

(2) Die Beschwerdefrist beginnt mit der Verkündung der Entscheidung oder, wenn diese nicht verkündet wird, mit deren Zustellung.

(3) ¹Die Entscheidung über die Beschwerde wird erst mit der Rechtskraft wirksam. ²Das Beschwerdegericht kann jedoch die sofortige Wirksamkeit der Entscheidung anordnen.

Schrifttum: *Ahrens,* Rechtsmittelzug im Insolvenzverfahren: Sofortige weitere Beschwerde in PKH-Angelegenheiten?, ZInsO 1999, 190 ff.; *Ahrens,* Gerichtliche Zulassung der Rechtsbeschwerde in Insolvenzsachen, NJW-Spezial 2012, 85; *Althammer/Löhnig,* Das Insolvenzgericht in der Rolle des Vollstreckungsgerichts, KTS 2004, 525 ff.; *App,* Das Rechtsbehelfsverfahren gegen Vollstreckungsmaßnahmen nach Eröffnung des Insolvenzverfahrens, NZI 1999, 138 ff.; *F. Baur,* „Steckengebliebene" Insolvenzverfahren, in: Festschr. für F. Weber 1975, 41 ff.; *Buchholz,* § 7 InsO vor der Aufhebung, NZI 2011, 584; *Foltis,* Grenzen des Gläubigers in der Sonderinsolvenzverwaltung, ZInsO 2010, 545;, *Gaier,* Verfassungsrechtliche Aspekte der Auswahl und der Abwahl des Insolvenzverwalters, ZInsO 2006, 1177; *Gerhardt,* Die Beschwerde im Insolvenzverfahren, FS Uhlenbruck, 2000, S. 75 ff.; *Gilles,* Anschließung, Beschwer, Verbot der reformatio in peius und Parteidispositionen über die Sache in höherer Instanz, ZZP 91 (1978), 128 ff.; *Heintzmann,* Befugnis der Gesellschafter einer Gründer-GmbH zur Einlegung eines Rechtsmittels gegen die Konkurseröffnung, BB 1979, 454 f.; *Hintzen,* Zwangsvollstreckungsverbote im Insolvenzeröffnungsverfahren, ZInsO 1998, 174 ff.; *Hoffmann,* Rechtsmittel im Insolvenzrecht unter besonderer Berücksichtigung des Verbraucherinsolvenzverfahrens, NZI 1999, 425 ff.; *Hofmann,* Das Verbot der reformatio in peius im Beschwerdeverfahren der freiwilligen Gerichtsbarkeit, 1992; *Kahlke,* Die Verlagerung der Verfassungsrechtsschutzes in die Fachgerichtsbarkeit – dogmatische und kostenrechtliche Konsequenzen, ZZP 101 (1988), 1 ff.; *Kapsa,* Verbot der reformatio in peius 1976; *Kirchhof,* Insolvenzrechtliche weitere Beschwerden im Zickzackkurs, ZInsO 2012, 16; *Kreft,* „Greifbare Gesetzwidrigkeit" – Gedanken zur Entlarvung eines Phantoms, Festgabe für K. Graßhof 1998, S. 185 ff.; *Lipp,* Beschwerden wegen „greifbarer Gesetzwidrigkeit" nach der ZPO-Reform 2002, NJW 2002, 1700 ff.; *Lotz,* Die „greifbare Gesetzwidrigkeit" – eine den Wertentscheidungen des Grundgesetzes Rechnung tragende Rechtsschöpfung des BGH?, NJW 1996, 2130 ff.; *Nassall,* Zehn Jahre ZPO-Reform vor dem BGH, NJW 2012, 113; *Pape,* Aufhebung von Beschlüssen der Gläubigerversammlung und Beurteilung des gemeinsamen Interesses nach § 78 InsO, ZInsO 2000, 469 ff.; *ders.,* Das Rechtsschutzsystem im Insolvenzverfahren – Ein Beitrag zur Auslegung und Anwendung der §§ 6, 7 InsO, FS Uhlenbruck, 2000, S. 49 ff.; *Prütting,* Aktuelle Fragen der Rechtsmittel im Insolvenzrecht, NZI 2000, 145 ff.; *Schmidt,* BRAGO – RVG/Auswirkungen in der Verbraucherinsolvenz, ZInsO 2004, 302; *Smid,* „Rechtsschutz" gegen Insolvenzrichter, DZWIR 2005, 359 ff.; *Uhlenbruck,* Grenzen der Mitwirkung von Gläubigerausschuß und Gläubigerbeirat im Insolvenzverfahren, BB 1976, 1189 ff.; *ders.,* Rechtsmittelzug bei Insolvenzkostenhilfe und Vergütungsfestsetzung, NZI 1999, 175 ff.; *Vallender,* Erste gerichtliche Erfahrungen mit dem Verbraucherinsolvenzverfahren, ZIP 1999, 125 ff.; *Voßkuhle,* Erosionserscheinungen des zivilprozessualen Rechtsmittelsystems, NJW 1995, 1377, 1380; *ders.,* Bruch mit einem Dogma: Die Verfassung garantiert Rechtsschutz gegen den Richter, NJW 2003, 2193 ff.; *Waldner,* Der Anspruch auf rechtliches Gehör 1989; *Wenz,*

---

[149] Begr. zu § 5 Abs. 3 RegE, BT-Drucks. 12/2443 S. 110.
[150] BT-Drucks. 14/4925.
[151] *Uhlenbruck* NZI 1999, 1, 3.

§ 6

Erwiderung zu Zimmer, ZInsO 2011, 1689 ff. „Das neue Beschwerderecht in Insolvenzsachen", ZInsO 2011, 2120; *Zimmer*, Gesetz zur Änderung des § 522 ZPO (und des § 7 InsO!) – Das neue Beschwerderecht in Insolvenzsachen, ZInsO 2011, 1689.

Übersicht

	Rn.
I. Einleitung	1–4k
1. Die sofortige Beschwerde in der bis 31. Dezember 2001 geltenden Fassung des § 6	1–4
2. Die ab 1. Januar 2002 geltenden Änderungen durch das Gesetz zur Reform des Zivilprozesses (Zivilprozessreformgesetz – ZPO-RG) vom 27. Juli 2001.	4a–4i
3. Weitere Änderungen.	4j–4k
II. Normzweck	5
III. Rechtsmittel gegen Entscheidungen des Insolvenzgerichts	6–87
1. Sofortige Beschwerde (Abs. 1)	6–56
a) Enumerationsprinzip	6–11
b) Entscheidung des Insolvenzgerichts	12–18
c) Beschwerde nach Beendigung des Verfahrens	19, 20
d) Allgemeine Verfahrenshandlungsvoraussetzungen	21–25
e) Beschwerdeberechtigung	26–29
f) Beschwer	30–34a
g) Rechtsschutzbedürfnis	35, 36
h) Zulässiger Angriff	36a
i) Beschwerdesumme	37
j) Beschwerdefrist (Abs. 2 Satz 1)	38–39a
k) Einlegung der Beschwerde (Abs. 1 Satz 2)	40–42
l) Beschwerdegründe	43
m) Abhilfe durch Insolvenzgericht	44–50
n) Keine aufschiebende Wirkung der Beschwerde	51
o) Anschlussbeschwerde	52
p) Rücknahme der sofortigen Beschwerde	52a
q) Grundsätze des Beschwerdeverfahrens	53–53a
r) Entscheidung des Beschwerdegerichts	54–56
2. Weitere Rechtsbehelfe	57–71c
a) Erinnerung	57–64
b) Einfache Beschwerde	65
c) Sofortige Beschwerde außerhalb des § 6	66–69
d) Außerordentliche Beschwerde wegen „greifbarer Gesetzwidrigkeit" und Rechtsschutz gegen tiefgreifende Grundrechtseingriffe	70–71c
3. Verbot der Schlechterstellung, ne ultra petita	72
4. Zustellung	73
5. Wirksamkeit der Beschwerdeentscheidung	74–82
a) Wirksamkeit mit Rechtskraft (Abs. 3 Satz 1)	74
b) Anordnung der sofortigen Wirksamkeit (Abs. 3 Satz 2)	75–78

	Rn.
c) Rechtskraftwirkung insolvenzgerichtlicher Beschlüsse	79–82
6. Kosten der Beschwerde	83–85
7. Wiederaufnahme des Verfahrens	86, 87
IV. Abänderbarkeit auf Gegenvorstellung oder von Amts wegen	88–90
V. Anhang: Die Rechtsbeschwerde	91–171
1. Allgemeines	91
2. Die Zulässigkeit der Rechtsbeschwerde	92–103
a) Zulassung	92–100
b) Beschwer	101
c) Rechtsschutzbedürfnis	102
d) Zulässiger Angriff	103
3. Die Einlegung der Rechtsbeschwerde	104–116
a) Frist	104, 105
b) Form und notwendiger Inhalt der Rechtsbeschwerdeschrift	106
c) Anwaltszwang	107
d) Aufschiebende Wirkung; einstweilige Anordnungen	108, 109
e) Die Begründung der Rechtsbeschwerde	110–116
4. Abhilfebefugnis	117
5. Anschlussrechtsbeschwerde	118–120
6. Rücknahme der Rechtsbeschwerde	121
7. Verfahren vor dem Rechtsbeschwerdegericht	122–135
a) Aktenanforderung	122
b) Prüfung der Zulässigkeit	123, 124
c) Umfang der Begründetheitsprüfung	125–135
8. Die Begründetheit der Rechtsbeschwerde	136–141
a) Verletzung des Gesetzes	136, 137
b) Beruhen der Beschwerdeentscheidung auf der Gesetzesverletzung	138–141
9. Die Entscheidung über die Rechtsbeschwerde	142–154
a) Verwerfung als unzulässig	143
b) Zurückweisung als unbegründet	144
c) Aufhebung der Beschwerdescheidung und Stattgabe	145, 146
d) Aufhebung der Beschwerdescheidung und Verwerfung der sofortigen Beschwerde	147
e) Aufhebung der Beschwerdescheidung und Zurückverweisung	148–150
f) Sonstige Entscheidungen	151–153
g) Bekanntgabe	154
10. Bindungswirkung der Entscheidung	155–169
11. Gehörsrüge und außerordentliche Rechtsbeschwerde	170, 171

I. Einleitung

1. Die sofortige Beschwerde in der bis 31. Dezember 2001 geltenden Fassung des § 6. 1
Schon die Insolvenzrechtskommission hatte sich dafür ausgesprochen,[1] dass Entscheidungen des Gerichts nur mit der sofortigen Beschwerde und nur in den ausdrücklich zu bestimmenden Fällen sollten angefochten werden können. Die bis 31.12.2001 geltende Regelung entsprach im Wesentlichen § 6 des Regierungsentwurfs; allein Abs. 3 Satz 1 wurde auf Betreiben des Rechtsausschusses redaktionell gestrafft.[2]

Die Vorschrift griff § 121 Abs. 1 und 2 Satz 1 VerglO auf. Im Vergleichsverfahren waren schon 2 bisher die Entscheidungen **grundsätzlich unanfechtbar;** eine Anfechtung war nur möglich, wenn und soweit das Gesetz dies besonders zuließ. Demgegenüber waren die Entscheidungen des Konkursgerichts grundsätzlich anfechtbar; waren sie ausnahmsweise unanfechtbar, musste dies im Gesetz besonders bestimmt werden.

Die Regelung des § 121 Abs. 2 Satz 2 VerglO über die **Beschwerdefrist** (eine Woche) wurde 3 indes nicht übernommen. Damit wurde die allgemeine Regelfrist von zwei Wochen (vgl. § 577 Abs. 2 Satz 1 ZPO aF), die auch für das Insolvenzverfahren als angemessen erschien, in Kraft gesetzt. Während die Insolvenzordnung insofern eine früher vorhandene Abweichung von der Zivilprozessordnung nicht fortsetzte, brachte sie eine weitere Neuerung eine Abweichung, mit der die Vergleichsordnung sich noch mit der Zivilprozessordnung im Einklang befand: Gemäß § 6 Abs. 2 Satz 3 konnte das Insolvenzgericht – anders als nach § 577 Abs. 3 ZPO aF – der Beschwerde **abhelfen.** Allerdings hatte die Vergleichsordnung diese Abhilfemöglichkeit bereits für bestimmte Einzelfälle vorgesehen (vgl. §§ 41 Abs. 4 Satz 2, 43 Abs. 3 Satz 2, 45 Abs. 2 Satz 2 VerglO). § 6 Abs. 3, der den Zeitpunkt des Wirksamwerdens der Beschwerdeentscheidung regelt, entsprach § 74 KO.

Zu § 121 Abs. 1 VerglO wurde einhellig die Meinung vertreten, dass die grundsätzliche Unan- 4 fechtbarkeit nicht galt für solche Entscheidungen, die ihre Rechtsgrundlage nicht in der VerglO hatten. Außerhalb der VerglO vorgesehene Rechtsmittel sollten deshalb nicht ausgeschlossen sein.[3] Diese **Zweispurigkeit der Rechtsmittelwege** setzte sich unter der Geltung der InsO fort.

2. Die ab 1. Januar 2002 geltenden Änderungen durch das Gesetz zur Reform des Zivil- 4a **prozesses (Zivilprozessreformgesetz – ZPO-RG) vom 27. Juli 2001.**[4] Dadurch wurde auch das Recht der sofortigen Beschwerde in Insolvenzsachen geändert. **§ 6 Abs. 2 Satz 2** (betreffend die Abhilfebefugnis) wurde aufgehoben, **Abs. 3** (der nur Beschwerdeentscheidungen des Landgerichts im Blick hatte) verallgemeinert (vgl. Art. 12 Nr. 1 ZPO-RG). Die amtliche Begründung des Regierungsentwurfs ist insofern irreführend. Denn dort heißt es: „Die Neuregelung des Beschwerderechts gilt nur für die Beschwerden, die dem Recht der Zivilprozessordnung unterliegen".[5] Dabei wurde übersehen, dass bei Rechtsmitteln gegen Entscheidungen des Insolvenzgerichts zwischen dem insolvenzrechtlichen und dem zivilprozessualen Instanzenzug unterschieden wurde (vgl. § 6 RdNr. 4, 5, 65 ff.). Die Änderungen betrafen aber beide.

Die **Zweispurigkeit der Rechtsmittelwege** ist durch die Neuregelung keineswegs beseitigt 4b worden. In den Fällen, in denen die InsO die sofortige Beschwerde gegen eine Entscheidung des Insolvenzgerichts vorsieht, ist der Rechtsmittelweg gemäß § 567 Abs. 1 Nr. 1 ZPO i. V. m. § 6 gegeben. Ist die sofortige Beschwerde in einem anderen Gesetz vorgesehen, gilt § 567 Abs. 1 Nr. 1 ZPO i. V. m. der Bestimmung jenes anderen Gesetzes.[6] Handelt es sich um eine solche keine mündliche Verhandlung nicht erfordernde Entscheidung, durch die ein das Verfahren betreffendes Gesuch zurückgewiesen worden ist, steht der Rechtsmittelweg gemäß § 567 Abs. 1 Nr. 2 ZPO zur Verfügung. Es bleibt also dabei, dass Entscheidungen, die ihre Rechtsgrundlage außerhalb der InsO haben, im Instanzenzug der jeweiligen Rechtsordnung – und nicht dem der InsO – anzufechten sind (vgl. u. RdNr. 64 ff.).[7] Es verbleibt auch bei der Möglichkeit der befristeten Erinnerung gegen Entscheidungen des Rechtspflegers, gegen welche in der InsO keine sofortige Beschwerde eröffnet ist (§ 11 Abs. 2 RPflG; vgl. § 6 RdNr. 59).[8]

---

[1] Erster Bericht LS 1.1.6.
[2] BT-Drucks. 12/7302 S. 155.
[3] *Gottwald/Uhlenbruck,* Insolvenzrechts-Handbuch, 1. Aufl., § 71 RdNr. 15; *Bley/Mohrbutter* VerglO § 121 RdNr. 5, 10; *Böhle-Stamschräder/Kilger* VerglO § 121 RdNr. 8.
[4] BGBl. I S. 1887.
[5] BT-Drucks. 14/4722, S. 68 unter 4.
[6] *I. Pape* NZI 2001, 516, 519.
[7] So auch *Pape* ZInsO 2001, 1074, 1080; *Lüke* KTS 2001, 395, 408; vgl. ferner *Schmerbach* ZInsO 2001, 1087, 1088.
[8] HKInsO-*Kirchhof* § 6 RdNr. 15.

4c Allerdings hat diese Zweispurigkeit nicht mehr so einschneidende Wirkungen wie früher. Aufgrund der Neuregelung der §§ 567 ff. ZPO gibt es auch im Anwendungsbereich dieser Vorschriften nur noch **sofortige Beschwerden**. Gegen eine jede Beschwerdeentscheidung ist – gleichgültig, ob es sich um eine insolvenzrechtliche oder eine zivilverfahrensrechtliche handelt – die **Rechtsbeschwerde** statthaft, wenn das Beschwerdegericht sie in dem Beschluss zugelassen hat (vgl. § 574 Abs. 1 Satz 1 Nr. 2 ZPO). Die Vorschrift des § 7, nach welcher die Rechtsbeschwerde kraft Gesetzes statthaft war und damit unter § 574 Abs. 1 Satz 1 Nr. 1 ZPO fiel, ist durch das Gesetz zur Änderung des § 522 der Zivilprozessordnung vom 21. Oktober 2011[9] aufgehoben worden[10].

4d § 6 Abs. 1 InsO beschränkt die Beschwerde in Insolvenzverfahren auf die in der InsO ausdrücklich normierten Fälle. Zu den bisherigen hat das **InsO-ÄndG** vom 26. Oktober 2001 einige hinzugefügt. Der Gesetzgeber hat einseitig den Schuldner mit zusätzlichen Beschwerdemöglichkeiten ausgestattet, insbesondere bei der Kostenstundung (§ 4 d) sowie gegen Sicherungsmaßnahmen im Eröffnungsverfahren (§ 21 Abs. 1 Satz 2).

4e Die Regelung der **Abhilfemöglichkeit** in Abs. 2 Satz 2 ist entfallen, weil nunmehr allgemein eine solche durch den judex a quo vorgesehen ist (§ 572 Abs. 1 Satz 1 HS 1 ZPO, vgl. u. RdNr. 44). Seit dem Inkrafttreten des ESUG[11] kann die sofortige Beschwerde – abweichend von § 569 Abs. 1 Satz 1 ZPO – nur beim Insolvenzgericht eingelegt werden.

4f **Beschwerdegericht** ist bis auf weiteres das Landgericht. In Abs. 3 wird dieses zwar nicht mehr ausdrücklich als solches genannt; diese Änderung hängt damit zusammen, dass wegen der **Experimentierklausel** in § 119 Abs. 3 GVG aF längerfristig statt des Landgerichts auch das Oberlandesgericht als Beschwerdegericht in Betracht kam. Dessen alleinige Zuständigkeit für Erstbeschwerden gegen Entscheidungen sowohl des AG als auch des LG war ein wesentliches Reformanliegen.[12] Durch die Experimentierklausel war der Landesgesetzgeber ermächtigt worden zu bestimmen, dass die Oberlandesgerichte über Abs. 1 hinaus für die Berufungen und Beschwerden gegen amtsgerichtliche Entscheidungen (Abs. 3 Satz 1) oder wenigstens für Beschwerden gegen die Entscheidungen einzelner Amtsgerichte[13] oder bestimmter Sachen – etwa Insolvenzsachen – (Abs. 3 Satz 2) zuständig sind.[14] Die Justizminister der Länder verständigten sich jedoch, in Insolvenzsachen hiervon keinen Gebrauch zu machen. § 119 Abs. 3 GVG ist zwischenzeitlich durch Art. 22 Nr. 14 lit. b FGG-RG aufgehoben worden.[15] Gemäß § 568 Satz 1 ZPO nF ist der originäre **Einzelrichter** am LG für die Entscheidung über die sofortigen Beschwerden in Insolvenzsachen zuständig. Gemäß § 568 Satz 2 ZPO überträgt der Einzelrichter das Verfahren dem Kollegium, wenn die Sache besondere Schwierigkeiten tatsächlicher oder rechtlicher Art aufweist (Nr. 1) oder die Rechtssache grundsätzliche Bedeutung hat (Nr. 2). Das bedeutet zugleich, dass nur die vollbesetzte **Kammer** (§ 75 GVG) die Rechtsbeschwerde **zulassen** darf. Der Einzelrichter kann nicht die grundsätzliche Bedeutung iSv § 568 Satz 2 Nr. 2 ZPO, welche die Übertragung der Sache auf die Kammer verlangt, verneinen, die grundsätzliche Bedeutung i.S.v. § 574 Abs. 3, Abs. 2 Nr. 1 ZPO, welche Voraussetzung der Zulassung ist, aber bejahen.

4g Neu ist die Möglichkeit einer **Fristsetzung für das Vorbringen von Angriffs- und Verteidigungsmitteln** im Beschwerdeverfahren (§ 4 i. V. m. § 571 Abs. 3 Satz 1 ZPO, vgl. u. RdNr. 43).

4h Die **Beschwerdesumme** für die Zulässigkeit von Beschwerden gegen Kostenentscheidungen (zwischen Kostengrundentscheidungen und sonstigen Kostenentscheidungen wird nicht mehr differenziert) beträgt nunmehr einheitlich 200 € (§ 4 i. V. m. § 567 Abs. 2 ZPO, vgl. u. RdNr. 37).

4i Die Möglichkeit einer selbständigen Anschlussbeschwerde (vgl. § 577a Satz 3 ZPO aF) ist entfallen. Eine selbständige Anschlussbeschwerde lag bisher vor, wenn sich der Beschwerdegegner bei einer sofortigen Beschwerde vor Ablauf der Beschwerdefrist angeschlossen und zuvor nicht auf das Beschwerderecht verzichtet hatte. Nunmehr gibt es nur noch die **unselbständige Anschlussbeschwerde** (§ 567 Abs. 3 ZPO; vgl. u. RdNr. 52). Für eine selbständige Anschlussbeschwerde besteht nach Ansicht des Gesetzgebers kein Bedürfnis mehr. Will der Beschwerdegegner unabhängig vom Beschwerdeführer selbst Beschwerde einlegen, so kann er das unter denselben Voraussetzungen wie dieser. Auf eine Anschließungsmöglichkeit ist der Beschwerdegegner nur angewiesen, wenn er trotz

---

[9] BGBl. I S. 2082.
[10] Zum Gang des Gesetzgebungsverfahrens und zu den Stellungnahmen der Fachverbände vgl. *Zimmer* ZinsO 2011, 1689.
[11] Gesetz zur weiteren Erleichterung der Sanierung von Unternehmen vom 7.12.2011, BGBl. I S. 2582.
[12] Amtl. Begr. zu § 119 GVG nF, BT-Drucks. 14/4722 S. 72.
[13] Welche Fälle der Gesetzgeber damit erfassen wollte, ist unklar (so auch *Lüke* ZIP 2001, 1061, 1062 Fn. 9); möglicherweise hat er an die Insolvenzgerichte gedacht.
[14] Zu diesen Möglichkeiten *Pape* ZInsO 2001, 777, 778 f.
[15] Gesetz zur Reform des Verfahrens in Familiensachen und in den Angelegenheiten der freiwilligen Gerichtsbarkeit (FGG-Reformgesetz – FGG-RG) vom 17.12.2008, BGBl. I 2586.

einer ihm durch die Entscheidung auferlegten Beschwer von der Einlegung der Beschwerde zunächst abgesehen hat, weil er darauf hoffte, auch der andere Beteiligte werde keine Beschwerde einlegen. Wird er in dieser Hoffnung enttäuscht, soll ihm selbst im Falle eines Rechtsmittelverzichts oder des zwischenzeitlichen Ablaufs der Beschwerdefrist Gelegenheit gegeben werden, durch eine (unselbständige) Anschlussbeschwerde die Entscheidung auch zu seinen Gunsten überprüfen zu lassen. Die unselbständige Anschlussbeschwerde ist vom Schicksal der Hauptbeschwerde abhängig. Sie verliert mithin ihre Wirkung, wenn die Hauptbeschwerde zurückgenommen oder als unzulässig verworfen wird (§ 567 Abs. 3 Satz 2 ZPO).

3. Weitere Änderungen. Die Vorschrift des § 7, nach welcher im Insolvenzverfahren die Rechtsbeschwerde kraft Gesetzes statthaft war (vgl. § 574 Abs. 1 Satz 1 Nr. 1 ZPO), wenn die sofortige Beschwerde statthaft war[16], ist durch das Gesetz zur Änderung des § 522 ZPO[17] aufgehoben worden. Seither findet auch in Insolvenzsachen die Rechtsbeschwerde nur dann statt, wenn sie gemäß § 574 Abs. 1 Satz 1 Nr. 2 ZPO zugelassen worden ist. § 102 § 7 Satz 2 EGZPO verweist nunmehr ohne Einschränkungen auf §§ 574 bis 577 ZPO. Begründet wurde die Abschaffung der zulassungsfreie Rechtsbeschwerde damit, dass die Zulassungsgründe der §§ 543 Abs. 2, 574 Abs. 2 ZPO durch die Rechtsprechung des BGH mittlerweile hinreichend konturiert seien; damit sei sichergestellt, dass auch nach Einführung der **Zulassungsrechtsbeschwerde** die Fälle, die eine höchstrichterliche Entscheidung in der Sache rechtfertigen, zum BGH gelangten. Die Abschaffung der zulassungsfreien Rechtsbeschwerde sollte zugleich eine partielle Kompensation der mit der Änderung von § 522 ZPO verbundenen zusätzlichen Belastung des BGH bewirken.[18] Nach der **Übergangsregelung** des Art. 103f EGInsO gilt dann, wenn im Zeitpunkt des Inkrafttreten der Gesetzesänderung am 27. Oktober 2011 die Fristen zur Einlegung und Begründung der Rechtsbeschwerde (§ 575 ZPO) noch nicht verstrichen war, das bisherige Recht. Gesetzgebungstechnisch ist Art. 103f EGInsO misslungen. Dem Wortlaut der Vorschrift nach gilt § 7 damit dauerhaft fort, weil die genannten Fristen auch dann nicht abgelaufen sein können, wenn die anzufechtenden Entscheidungen noch gar nicht ergangen sind.[19] Es ist auch vertreten worden, § 7 sei jedenfalls in allen am 27. Oktober 2011 anhängigen Beschwerdeverfahren weiter anzuwenden.[20] Nach der amtlichen Begründung sollte für Beschwerdeentscheidungen, die nach dem 27. Oktober 2011 (dem Zeitpunkt des Inkrafttretens) ergehen, neues Recht gelten, während die Rechtsbeschwerde gegen zuvor ergangene Entscheidungen zulassungsfrei bleiben sollte.[21] Der BGH legt Art.103f EGInsO entsprechend aus, hat sich aber immerhin zu einer diesbezüglichen Leitsatzentscheidung veranlasst gesehen.[22]

Durch Art. 1 Nr. 2 **ESUG**[23], in Kraft getreten am 1. März 2012, wurde Absatz 1 Satz 2 angefügt. Danach kann die sofortige Beschwerde – anders, als in § 568 ZPO vorgesehen – nur beim Insolvenzgericht eingelegt werden. Eine entsprechende Vorschrift findet sich in § 64 Abs. 1 FamFG. Die Änderung soll der Verkürzung des Verfahrens und der Entlastung des Beschwerdegerichts dienen (RdNr. 40).

II. Normzweck

Dem Gesetzgeber kam es bei der Einschränkung des Beschwerderechts in § 6 Abs. 1 darauf an, den zügigen Fortgang des Insolvenzverfahrens zu fördern.[24] Die Verlängerung der Beschwerdefrist von einer auf zwei Wochen scheint dem Normzweck zuwiderzulaufen. Indes hindert sie den raschen und straffen Verfahrensfortgang nicht wesentlich; sie zeigt zugleich, dass mit der Norm ein angemessener Rechtsschutz gewährleistet werden soll.[25] Aus der Balance geraten ist die gesetzliche Regelung allenfalls durch die Einführung „nahezu uferloser Beschwerdemöglichkeiten" im Insolvenzplan- und Restschuldbefreiungsverfahren.[26] Dies gilt umso mehr, als § 6 Abs. 1 (andere) Rechtsmittel gegen Entscheidungen, die ihre Rechtsgrundlage nicht unmittelbar in der InsO haben, nicht ausschließt (siehe RdNr. 4, 4b).

---

[16] BGHZ 158, 212, 214 = NJW 2004, 2015 = NZI 2004, 312; BGH NJW 2009, 3653 RdNr. 5 = NZI 2009, 553.
[17] Vom 21.10.2011, BGBl. I S. 2082.
[18] BT-Drucks. 17/5334, S. 9.
[19] Vgl. den Fall BGH ZIP 2012, 1146.
[20] *Zimmer* ZInsO 2011, 1689, 1695; dagegen zu Recht *Wenz* ZInsO 2011, 2120.
[21] BT-Drucks. 17/5334, S. 9.
[22] BGH ZIP 2012, 1146; i.E. ebenso *Landfehrmann* WM 2012, 821, 827 Fn. 53.
[23] Gesetz zur weiteren Erleichterung der Sanierung von Unternehmen vom 7.12.2011, BGBl. I S. 2582.
[24] BT-Drucks. 12/2443, S. 110.
[25] HKInsO-*Kirchhof* § 6 RdNr. 2.
[26] *Uhlenbruck* NZI 1998, 1, 4: „Überjustizialisierung".

III. Rechtsmittel gegen Entscheidungen des Insolvenzgerichts

6 **1. Sofortige Beschwerde (Abs. 1). a) Enumerationsprinzip.** Die Entscheidungen des Insolvenzgerichts sind grundsätzlich nicht anfechtbar. Nach dem Wortlaut des Gesetzes unterliegen sie einem Rechtsmittel nur dann, wenn „dieses Gesetz die sofortige Beschwerde vorsieht". Dieser Wortlaut ist zu eng. Denn danach wäre eine Entscheidung, gegen die in der InsO keine sofortige Beschwerde vorgesehen ist, überhaupt nicht anfechtbar. Ein Beschwerderecht, das sich aus anderen Gesetzen ergibt, sollte aber nicht ausgeschlossen werden.[27] Die Vorschrift ist deshalb so zu lesen, dass Entscheidungen des Insolvenzgerichts nur in den Fällen, in denen dies besonders angeordnet ist, dem insolvenzrechtlichen Rechtsmittel der sofortigen Beschwerde unterliegen. Eine derartige Anordnung ist in folgenden Vorschriften enthalten: §§ 4d Abs. 1 und 2,[28] 20 Satz 2, 21 Abs. 1 Satz 2,[29] Abs. 3 Satz 3 i. V. m. § 98 Abs. 3 Satz 3, § 26a Abs. 2, § 34 Abs. 1 und 2, § 57 Satz 3, § 58 Abs. 2 Satz 3 und Abs. 3, § 59 Abs. 2 Satz 1 und Satz 2, § 64 Abs. 3, § 70 Satz 3, § 73 Abs. 2 i. V. m. § 64 Abs. 3, § 75 Abs. 3, § 78 Abs. 2 Satz 2 und 3, § 98 Abs. 3 Satz 3, § 99 Abs. 3, § 101 Abs. 1 Satz 2 i. V. m. § 98 Abs. 3 Satz 3, § 153 Abs. 2 Satz 2 i. V. m. § 98 Abs. 3 Satz 3, § 194 Abs. 2 Satz 2 und Abs. 3 Satz 2, § 197 Abs. 3 i. V. m. § 194 Abs. 3, § 204, § 211 Abs. 3 Satz 2, § 216, § 231 Abs. 3, § 253, § 272 Abs. 2 Satz 2, § 274 Abs. 1 i. V. m. § 64 Abs. 3, § 274 Abs. 2 Satz 2 i. V. m. §§ 22 Abs. 3, 98 Abs. 3, § 289 Abs. 2 Satz 2, § 292 Abs. 3 Satz 2, § 293 Abs. 2 i. V. m. § 64 Abs. 3, § 296 Abs. 3 Satz 1, § 297 Abs. 2, § 298 Abs. 3, § 300 Abs. 3 Satz 3, § 303 Abs. 3 Satz 2, § 309 Abs. 2 Satz 3, § 313 Abs. 1 Satz 3 i. V. m. §§ 57 Satz 3, 58 Abs. 2 Satz 3, 59 Abs. 2 Satz 1 und 2, 64 Abs. 3, § 344 Abs. 2, § 345 Abs. 3 Satz 3, § 346 Abs. 2 Satz 2 und 3.

6a Insbesondere im Verbraucherinsolvenzverfahren werden mehrere Beschwerdemöglichkeiten diskutiert, die auf eine **analoge Anwendung** des § 34 gestützt werden sollen: gegen die Aufforderung nach § 305 Abs. 3 Satz 1,[30] gegen die Rücknahmefiktion nach § 305 Abs. 3 Satz 2, wenn fehlende Antragsunterlagen trotz Aufforderung des Gerichts nicht binnen eines Monats vorlegt werden,[31] gegen die Abweisung als in der gewählten Verfahrensart (Regelinsolvenz-/Verbraucherinsolvenzverfahren) unzulässig,[32] gegen die Feststellung der Annahme des Schuldenbereinigungsplans nach § 308 Abs. 1 Satz 1.[33] So verständlich im Einzelfall das Bemühen ist, (vermeintliche) Rechtsschutzlücken zu füllen, ist es doch wegen der gegenteiligen Tendenz des Gesetzes – eben des Enumerationsprinzips – bedenklich.[34]

7 Bei der Fülle der enumerativ zugelassenen Anfechtungsmöglichkeiten kann kaum gesagt werden, die InsO habe insgesamt eine „deutliche Einschränkung des Beschwerderechts" mit sich gebracht.[35] Immerhin ist im Gegensatz zur KO nach der InsO insbesondere in folgenden Fällen kein Rechtsbehelf mehr gegeben: Verbot an einen Absonderungsberechtigten, sein Absonderungsgut abzuholen,[36] Festsetzung eines Gläubigervorschusses (§ 26 Abs. 1 Satz 2), Stimmrechtsentscheidung über bestrittene Forderungen (§ 77 Abs. 2 Satz 2), Ablehnung oder Vornahme der Tabellberichtigung (§ 178), Verfahrenseinstellung wegen Masseunzulänglichkeit (§ 211).[37] Nicht beschwerdefähig ist – abweichend vom Konkursrecht[38] – auch der Beschluss, mit dem die Anregung eines Beteiligten zurückgewiesen wird, Ermittlungen gemäß § 5 anzustellen oder aufsichtsrechtliche Maßnahmen einzuleiten.[39]

---

[27] *Gerhardt*, FS Uhlenbruck S. 79 ff.; HKInsO-*Kirchhof* 4. Aufl. § 6 RdNr. 12.
[28] S. o. RdNr. 4 d.
[29] Mit der Einführung dieser Beschwerdemöglichkeit durch das InsOÄndG 2001 (vgl. o. RdNr. 4 d) ist eine zuvor beklagte spürbare Restriktion weggefallen. Anfechtbar ist auch die Aufhebung eines Beschlusses, mit dem die Anordnung von Sicherungsmaßnahmen aufgehoben worden war (Fall des OLG Celle NZI 2001, 306); denn ein solcher Beschluss kommt der erstmaligen Anordnung von Sicherungsmaßnahmen gleich.
[30] Abl. BGH NZI 2004, 40, 41; 2005, 403. Offen gelassen hat der BGH lediglich die Frage, ob § 34 Abs. 1 dann analog anwendbar ist, wenn die gerichtliche Aufforderung nicht erfüllbar ist oder Anforderungen gestellt werden, die mit § 305 Abs. 1 nicht im Einklang stehen; insofern für eine analoge Anwendung HKInsO-*Kirchhof* § 6 RdNr. 8; weitergehend OLG Celle NZI 2000, 229, 230.
[31] Abl. BGH NZI 2004, 40, 41.
[32] Abl. LG Göttingen ZInsO 2002, 244; aA OLG Schleswig NZI 2000, 164; OLG Köln ZIP 2000, 2031, 2032 f..
[33] Abl. HKInsO-*Kirchhof* § 6 RdN. 9; zurückhaltend auch *Vallender* ZInsO 2000, 441, 443.
[34] BGH NZI 2010, 159 RdNr. 7.
[35] So aber zB *Pape*, FS Uhlenbruck S. 49, 53.
[36] LG Berlin ZInsO 1999, 355; vgl. hierzu die „Prüfbitte" des BRats zu Art. 1 Nr. 4 InsOÄndG 2001 ZInsO 2001, 311, und die Gegenäußerung der BReg. ZInsO 2001, 310, 311.
[37] Entgegen *Gerhardt*, FS Uhlenbruck S. 75, 78, waren – jetzt auf § 5 zu stützende (wegen der Rechtsmittel vgl. dort RdNr. 64) – von Amts wegen eingeleitete Ermittlungsmaßnahmen auch nach der KO nicht anfechtbar, vgl. *Kuhn/Uhlenbruck* KO § 75 RdNr. 9 mwN.
[38] OLG Hamm KTS 1972, 105, 106 f.; LG Hildesheim ZIP 1983, 598 f.; *Jaeger/Weber* § 75 KO RdNr. 1.
[39] BGH NZI 2006, 593; *Jaeger/Gerhardt* § 6 RdNr. 17; *Uhlenbruck/I. Pape* § 6 RdNr. 6.

Aufsichtsanordnungen des Insolvenzgerichts nach § 58 Abs. 1 InsO können als solche ebenfalls nicht mit der sofortigen Beschwerde angegriffen werden.[40] Dem Insolvenzverwalter steht auch kein eigenständiges Beschwerderecht gegen die Bestellung eines Sonderinsolvenzverwalters zu, welcher Schadensersatzansprüche der Gläubigergesamtheit gegen ihn prüfen soll.[41]

Wenn das Insolvenzgericht mehrere Anordnungen, von denen die einen unanfechtbar, die anderen nach den genannten Vorschriften anfechtbar sind, alle aber auch einzeln getroffen werden könnten, in einem einheitlichen Beschluss zusammenfasst, so bleibt es bei der Unanfechtbarkeit der zuerst genannten Anordnungen.[42] Die Zusammenfassung ändert an der rechtlichen Qualität der einzelnen Anordnungen nichts. Im Falle einer „untrennbaren" Verbindung mag etwas anderes gelten. Ein solcher Fall liegt aber nur vor, wenn die einzelnen Maßnahmen isoliert nicht sinnvoll angeordnet werden können; das ist schwer vorstellbar. Die Ablehnung des Antrags auf Anordnung der Eigenverwaltung kann weder isoliert noch mit der sofortigen Beschwerde gegen die Abweisung des Antrags auf Eröffnung des Insolvenzverfahrens mangels Masse[43] noch mit der sofortigen Beschwerde gegen den Eröffnungsbeschluss angefochten werden.[44] Der Insolvenzverwalter kann mit der gem. § 58 Abs. 2 Satz 3 statthaften sofortigen Beschwerde gegen die Festsetzung eines Zwangsgeldes nicht die Überprüfung einer nach der InsO unanfechtbaren, nur der Rechtspflegererinnerung (§ 11 Abs. 2 RPflG) unterliegenden aufsichtsrechtlichen Maßnahme erreichen.[45] 8

Die allgemeine Einschränkung der Rechtsschutzmöglichkeiten im Insolvenzverfahren ist verfassungsrechtlich unbedenklich.[46] Zwar muss der Betroffene gemäß Art. 19 Abs. 4 Satz 1 GG die Möglichkeit haben, hoheitliche Maßnahmen gerichtlich überprüfen zu lassen. Dies gilt aber nicht für spruchrichterliche Entscheidungen. Einen verfassungsrechtlich abgesicherten Justizgewährungsanspruch gegen judizielle Rechtshandlungen des Richters gibt es nicht.[47] Auch ist die Einrichtung mehrerer Rechtszüge verfassungsrechtlich nicht gewährleistet.[48] 9

Etwas anderes gilt, soweit der Richter, funktional gesehen, Eingriffe vollziehender Gewalt vornimmt.[49] Dies ist bei einem erstinstanzlichen Insolvenzrichter nicht selten der Fall. Die Eingriffe in das Recht auf Freiheit (Art. 104 GG) und auf Unverletzlichkeit der Wohnung (Art. 13 GG) hat das Grundgesetz dem Richter vorbehalten. Wegen der den Betroffenen besonders beeinträchtigenden Wirkungen solcher Anordnungen müssen diese durch ein Rechtsmittel überprüft werden können (Art. 19 Abs. 4 GG). Insbesondere muss es möglich sein, Rechtsschutz gegen solche in Grundrechte des Betroffenen eingreifenden richterlichen Maßnahmen zu erlangen, die von vornherein außerhalb der Befugnisse liegen, die dem Insolvenzgericht von Gesetzes wegen verliehen sind. Insofern steht das Enumerationsprinzip nicht entgegen[50] (vgl. RdNr. 14a, 71). 9a

Es bedeutet keinen Widerspruch, dass für Beschwerden gegen richterliche Entscheidungen das Enumerationsprinzip gilt, bei Tätigkeiten des Rechtspflegers hingegen stets eine Überprüfung möglich ist. Die Erinnerung gegen dessen Entscheidungen gewährleistet lediglich eine *richterliche* Kontrolle. Wird von vornherein der Richter tätig, bedarf es dieser Kontrolle nur ausnahmsweise, nämlich unter den o. RdNr. 9a erörterten Voraussetzungen.[51] 10

Bei der Entscheidung über die **Bestellung eines Insolvenzverwalters** ist zu differenzieren: Die Vorauswahl der Bewerber, die generell als Insolvenzverwalter in Betracht kommen, ist nach Ansicht des BVerfG nach §§ 23 ff. EGGVG überprüfbar.[52] Ob die Auswahl im konkreten Einzelfall von den Mitbewerbern, die nicht zum Zuge gekommen sind, nur mit den in der InsO vorgesehenen Rechtsbehelfen – die es nicht gibt – angegriffen werden kann[53] oder ob auch diese Auswahl als 11

---

[40] BGH NZI 2003, 31, 32; NZI 2008, 753 RdNr. 5; NZI 2011, 442 RdNr. 6.
[41] BGH NZI 2007, 237 RdNr. 6 ff; NZI 2010, 301 RdNr. RdNr. 6; ZInsO 2010, 186 RdNr. 6; aA *Lüke* ZIP 2004, 1693, 1698.
[42] BGH NZI 2007, 238 RdNr. 9; NZI 2007, 240 RdNr. 10; AG Köln ZIP 2005, 1975; *Prütting* NZI 2000, 145, 147; HKInsO-*Kirchhof* § 6 RdNr. 5.
[43] BGH NZI 2007, 238 RdNr. 9 ff.
[44] BGH NZI 2007, 240 RdNr. 7 ff.
[45] BGH NZI 2011, 442 RdNr. 6 ff.
[46] BVerfG NJW 1993, 513 (zum Konkursrecht); BGH NZI 2006, 593; *Hoffmann* NZI 1999, 425, 426.
[47] *Prütting* NZI 2000, 145, 146.
[48] BVerfGE 54, 277, 291.
[49] BGHZ 158, 212, 214 = NJW 2004, 2015, 2016 = NZI 2004, 312.
[50] BGHZ 158, 212 = NJW 2004, 2015, 2016 = NZI 2004, 312 = WuB VI C. § 6 InsO 2.04 *(Smid);* BGH NZI 2010, 159 RdNr. 7.
[51] Vgl. *Nerlich/Römermann/Becker* § 6 RdNr. 29.
[52] BVerf ZInsO 2004, 913; vgl dazu *Frind* ZInsO 2004, 897; *Graeber* NZI 2004 m 546; *ders.* NJW 2004, 3614; *Pape* ZInsO 2004, 1126; *Vallender* NJW 2004, 3614.
[53] OLG Hamm NJW 2005, 834 = NZI 2005, 111 m. abl. Anm. *Wieland* ZIP 2005, 270 u. *Kleine-Cosack* EWiR 2005, 215.

Justizverwaltungsakt i.S.v. § 23 EGGVG angesehen werden muss,[54] war umstritten. Das BVerfG hat entschieden, dass Art. 3 Abs. 1 GG dem Bewerber um das Amt eines Insolvenzverwalters zwar einen Rechtsanspruch auf fehlerfreie Ausübung des Auswahlermessens nach § 56 Abs. 1 vermittelt, dass es aber mit dem grundgesetzlichen Gebot effektiven Rechtsschutzes vereinbar ist, eine Anfechtung der Bestellung zum Insolvenzverwalter durch Mitbewerber und einen vorläufigen Rechtsschutz zur Verhinderung der Bestellung zu versagen.[55]

12   **b) Entscheidung des Insolvenzgerichts.** § 6 betrifft lediglich **Entscheidungen** des Insolvenzgerichts. Ob die Entscheidung vom Richter oder Rechtspfleger des Insolvenzgerichts erlassen worden ist, macht keinen Unterschied.[56]

13   Insolvenzgerichtliche Beschlüsse können **mehrere Entscheidungen** zusammenfassen. Ggf. ist nur die Entscheidung anfechtbar, gegen welche die sofortige Beschwerde vorgesehen ist (vgl. RdNr. 8).[57] So ist die Beschwerde gegen die Eröffnung des Insolvenzverfahrens statthaft (§ 34 Abs. 2), nicht jedoch gegen die Ablehnung der Anordnung der Eigenverwaltung im selben Beschluss.[58] **Einzelne Elemente** einer Entscheidung können isoliert mit der sofortigen Beschwerde angefochten werden.[59] **Nebenentscheidungen über Kosten** sind nicht isoliert, sondern nur im Zusammenhang mit der Hauptsache mit der Beschwerde anfechtbar (siehe § 4 RdNr. 30). Hat sich die Hauptsache allerdings erledigt oder sind einem Dritten, der an dem Verfahren nicht beteiligt war, die Kosten auferlegt worden, ist eine sofortige Beschwerde gegen die Kostenentscheidung zulässig (siehe § 4 RdNr. 28). Ein Gleiches gilt für die Beschwerde gegen die Kostenentscheidung analog § 269 Abs. 3 Satz 2 und 5 ZPO.

14   Das schlichte **Untätigbleiben**[60] des Gerichts oder solche Tätigkeiten, mit denen Entscheidungen lediglich **vorbereitet** oder **angekündigt** werden,[61] sind keine Entscheidungen und somit grundsätzlich nicht anfechtbar. Der Ansicht,[62] diese Unterscheidung sei überholt, weil die Zulässigkeit einer in der InsO angeordneten Beschwerde in keinem Falle mit der Begründung verneint werden dürfe, angegriffen werde eine bloße Maßnahme (und keine Entscheidung) des Insolvenzgerichts, ist nicht zu folgen. Auch wenn in der InsO ausdrücklich eine Beschwerdemöglichkeit vorgesehen ist, ist die Beschwerde im konkreten Fall nur statthaft, wenn eine Entscheidung des Insolvenzgerichts vorliegt[63]. So kann beispielsweise die Bestellung des gewählten Verwalters auch durch schlichte Untätigkeit des Insolvenzgerichts „versagt" werden (§ 57 Satz 3). Hiergegen gibt es – trotz des § 57 Satz 4 – keine Beschwerdemöglichkeit i.S.v. § 6 (sondern nur eine Dienstaufsichtsbeschwerde). Die Anordnung von Ermittlungen nach § 5 Abs. 1 ist grundsätzlich nicht anfechtbar.[64] Dasselbe gilt für die Ablehnung solcher Ermittlungen oder die Ablehnung eines Einschreitens gegen den Insolvenzverwalter gemäß § 58.[65] Ebenfalls keine Entscheidung ist die Vertagung des Berichtstermins[66] oder die Beurkundung der Erörterungen im Prüfungstermin. Versagt der Rechtspfleger dem Insolvenzverwalter die beantragte Genehmigung zur Entnahme eines Gebührenvorschusses aus der Insolvenzmasse, so ist dies zwar eine – im Rahmen der Aufsicht gemäß § 58 getroffene – Entscheidung. Dagegen sieht die InsO jedoch keine sofortige Beschwerde vor. Statthaft ist lediglich die befristete Erinnerung nach § 11 Abs. 2 RPflG.[67]

---

[54] OLG Koblenz NJW-RR 2005, 865 = NZI 2005, 473 m. abl. Anm. *Vallender* NZI 2005, 473; zurückhaltend auch *Römermann* EWiR 2005, 865.
[55] BVerfGE 116, 1 = NZI 2006, 453; dazu *Gaier* ZInsO 2006, 1177 ff.
[56] *Jaeger/Gerhardt* § 6 RdNr. 16.
[57] BGH NZI 2007, 240 RdNr. 10; AG Köln ZIP 2005, 1975; HKInsO-*Kirchhof* § 6 RdNr. 5.
[58] BGH NZI 2007, 240.
[59] LG Münster InVo 2002, 419 (Beschwerde gegen einzelne Anordnungen eines Eröffnungsbeschlusses).
[60] *Jaeger/Gerhardt* § 6 RdNr. 24; aA OLG Zweibrücken NZI 2001, 471, 472.
[61] Zu Maßnahmen im Rahmen der Amtsermittlungspflicht gemäß § 5 vgl. BGHZ 158, 212, 214 = NJW 2004, 2015, 2016 = NZI 2004, 312; BGH NJW-RR 2004, 54 = NZI 2004, 29; ZIP 2012, 1615 RdNr. 6.
[62] *Pape*, FS Uhlenbruck S. 49, 61 f.
[63] BGH ZIP 2011, 134 RdNr. 11 (Beschwerde gegen die Ablehnung eines Eröffnungsantrags, über den noch nicht entschieden worden war).
[64] BGH NZI 1999, 42 = EWiR 1999, 131 *(Mohrbutter)*; NZI 2004, 29; LG Düsseldorf KTS 1966, 184 f.: Auftrag an Sachverständigen, die Geschäftsunterlagen des Schuldners darauf zu überprüfen, ob ein Insolvenzgrund vorliegt und die Masse zulänglich ist, und Anordnung an Schuldner, dem Sachverständigen die Geschäftsunterlagen zur Einsicht zur Verfügung zu stellen; vgl. auch KG KTS 1960, 61; 1963, 111; OLG Hamm KTS 1972, 105; OLG Düsseldorf EWiR 1991, 1225 *(Mohrbutter)*; LG Hamburg ZIP 1988, 590, 591; LG Göttingen WM 1994, 2090 = WuB VI B. § 73 KO 1.95 *(Benckendorff)*.
[65] BGH ZVI 2007, 80 RdNr. 4.
[66] LG Göttingen ZIP 2000, 1945.
[67] BGH NJW 2003, 210 = NZI 2003, 31; NZI 2011, 442 RdNr. 6 ff.

Ausnahmsweise sind auch bloß vorbereitende Maßnahmen des Insolvenzgerichts nach § 5 rechts- 14a
mittelfähig, wenn sie von vornherein außerhalb der Befugnisse liegen, die dem Insolvenzgericht von
Gesetzes wegen verliehen sind, und in Grundrechte des Betroffenen eingreifen. Beispielsweise darf
das Insolvenzgericht den Gutachter nicht ermächtigen, die Wohn- und Geschäftsräume des Schuldners zu betreten und dort Nachforschungen anzustellen.[68] Das Insolvenzgericht kann den vorläufigen Insolvenzverwalter auch nicht ermächtigen, Räume eines am Eröffnungsverfahren nicht beteiligten Dritten zu durchsuchen; der Dritte kann sich mit der sofortigen Beschwerde wehren.[69]

Nicht nach § 6 anfechtbar sind insbesondere Entscheidungen, die das Amtsgericht als **Vollstre-** 15
ckungsgericht getroffen hat (vgl. § 2 RdNr. 5 f.). Das gilt zB für Entscheidungen, ob ein Gegenstand nach § 36 Abs. 1 Satz 2 i. V. m. den dort genannten Vorschriften der Zwangsvollstreckung
unterliegt – und somit zur Insolvenzmasse gehört – oder für die Anordnung der Zwangsversteigerung oder Zwangsverwaltung eines unbeweglichen Gegenstands der Insolvenzmasse. Der Rechtsmittelzug richtet sich in diesen Fällen nach den allgemeinen vollstreckungsrechtlichen Vorschriften.[70]
Im Fall des § 36 Abs. 1 Satz 2 ist die sofortige Beschwerde nach § 793 ZPO gegeben (vgl. hierzu
RdNr. 68), im zweiten Fall die Erinnerung nach § 766 Abs. 1 Satz 1 ZPO (vgl. hierzu RdNr. 64).

Versagt der Gerichtsvorstand die **Akteneinsicht** durch einen Dritten, handelt es sich nicht um 16
eine Entscheidung, sondern um einen Justizverwaltungsakt, gegen den nicht die sofortige
Beschwerde, sondern ein Antrag auf gerichtliche Entscheidung gemäß § 23 Abs. 1 Satz 1 EGGVG
zulässig ist (vgl. § 4 RdNr. 69).

Gegen die Einberufung der Gläubigerversammlung gibt es keine sofortige Beschwerde,[71] wohl 17
aber gegen die Ablehnung der Einberufung (§ 75 Abs. 3). Beschlüsse der **Gläubigerversammlung**
und des **Gläubigerausschusses** sind keine beschwerdefähigen Entscheidungen.[72] Hebt aber das
Insolvenzgericht einen Beschluss der Gläubigerversammlung (der Gläubigerausschuss unterliegt nicht
der Aufsicht des Insolvenzgerichts[73]) auf Antrag auf, kann dagegen jeder absonderungsberechtigte
Gläubiger und jeder nicht nachrangige Insolvenzgläubiger sofortige Beschwerde einlegen (§ 78
Abs. 2 Satz 2). Der Insolvenzverwalter ist, obwohl er ein Antragsrecht hat (§ 78 Abs. 1), nicht anfechtungsberechtigt; mit Rücksicht auf das weite Beschwerderecht der Gläubiger (das nicht davon abhängig ist, ob sie an der fraglichen Versammlung teilgenommen haben) hat der Gesetzgeber eine
Beschwerdeberechtigung des Insolvenzverwalters zur Wahrung der Gläubigerinteressen nicht für
erforderlich gehalten.[74] Gegen die Ablehnung des Antrags auf Aufhebung steht dem Antragsteller
die sofortige Beschwerde zu (§ 78 Abs. 2 Satz 3).

Maßnahmen des **Insolvenzverwalters** sind keine gerichtlichen Entscheidungen. Deshalb hat der 18
Schuldner kein Beschwerderecht.[75] Ein solches lässt sich auch nicht aus Art. 14 GG herleiten.[76] Die
Gläubiger können gegen Maßnahmen des Insolvenzverwalters ebenfalls keine Beschwerde einlegen.
Die Gläubigerversammlung oder der Gläubigerausschuss kann allerdings beim Gericht die Entlassung
des Verwalters beantragen (§ 59 Abs. 1 Satz 2). Wird der Antrag abgelehnt, kann – sofern die Gläubigerversammlung ihn gestellt hatte – jeder einzelne Insolvenzgläubiger sofortige Beschwerde einlegen
(§ 59 Abs. 2 Satz 2). Die Ablehnung minderschwerer aufsichtsrechtlicher Maßnahmen (§ 58) ist –
wie schon im Konkursverfahren[77] – nicht anfechtbar.[78]

c) Beschwerde nach Beendigung des Verfahrens. Eine sofortige Beschwerde kann noch nach 19
Beendigung des Insolvenzverfahrens **eingelegt** werden, wenn sie dem Gegenstande nach von der
Fortdauer des Verfahrens unabhängig ist.[79] Dies ist zum Beispiel dann der Fall, wenn sich der
Verwalter gegen die Höhe der Festsetzung seiner Gebühren wendet.[80]

---

[68] BGHZ 158, 212 = NJW 2004, 2015, 2016 = NZI 2004, 312; NZI 2009, 766 RdNr. 9; ZInsO 2011, 1499 RdNr. 7; ZIP 2012, 1615 RdNr. 7.
[69] BGH NZI 2009, 766 RdNr. 9, 13 ff.
[70] BGH NZI 2004, 278; NZI 2006, 246; v. 9.3.2006 – IX ZB 119/04, nv; NZI 2006, 420; v.6.7. 2006 – IX ZB 220/04, nv; NZI 2006, 697; 2006, 699; v. 26.10.2006 – IX ZA 29/06, nv; WuM 2011, 486 RdNr. 4.
[71] OLG Köln ZInsO 2001, 1112.
[72] OLG Zweibrücken ZInsO 2000, 670, 671; OLG Saarbrücken NZI 2000, 179, 180; LG Düsseldorf KTS 1970, 56; LG Göttingen NZI 2000, 490; HKInsO-*Kirchhof* § 6 RdNr. 7.
[73] BGH WM 1965, 1158.
[74] Begr. zu § 89 RegE, BT-Drucks. 12/2443 S. 135.
[75] BGH, Beschl. v.5.8. 2002 – IX ZB 198/02, n.v..
[76] BVerfG NJW 1993, 513.
[77] OLG Schleswig SchlHA 1972, 205; LG Düsseldorf ZIP 1983, 972, 973.
[78] BGH NJW 2003, 210 = NZI 2003, 31, 32; ZVI 2007, 80 RdNr. 4; LG Göttingen EWiR 2000, 827 m. Anm. *Pape*.
[79] LG Koblenz KTS 1965, 241 f.; *Jaeger/Gerhardt* § 6 RdNr. 3; *Uhlenbruck/I. Pape* § 6 RdNr. 12; HKInsO-*Kirchhof* . § 6 RdNr. 26.
[80] Vgl. auch OLG Frankfurt NJW-RR 1992, 487, 488; HKInsO-*Kirchhof* § 6 RdNr. 26.

20 **Schwebt** bei Beendigung des Insolvenzverfahrens ein Erinnerungs- oder Beschwerdeverfahren, ist unter derselben Voraussetzung (RdNr. 19) noch darüber zu entscheiden; andernfalls ist es in der Hauptsache erledigt und es ist nur noch über die Kosten zu entscheiden.[81] Hatte das Insolvenzgericht gegen den Verwalter ein Zwangsgeld festgesetzt, um die Erfüllung einer dem Verwalter obliegenden Pflicht zu erzwingen (§ 58 Abs. 2 Satz 1), dürfte zwar die Vollstreckung des festgesetzten Zwangsgeldes nach der Verfahrensbeendigung nicht mehr zulässig sein. Gleichwohl wird man ein von dem Verwalter eingeleitetes Beschwerdeverfahren nicht als erledigt betrachten dürfen. Dieser hat ein schutzwürdiges Interesse daran, den gegen ihn vorliegenden Vollstreckungstitel aus der Welt zu schaffen[82] (zum Wegfall des Rechtsschutzbedürfnisses durch prozessuale Überholung vgl. RdNr. 35). Werden im Schlusstermin Einwendungen eines Gläubigers gegen das Schlussverzeichnis zurückgewiesen, darf die Aufhebung des Insolvenzverfahrens nach § 200 erst beschlossen werden, wenn die Einwendungen rechtskräftig erledigt sind.[83] Denn eine Erinnerung oder Beschwerde gegen die Zurückweisung der Einwendungen würde mit Ergehen des – nicht anfechtbaren – Aufhebungsbeschlusses unzulässig.[84]

21 **d) Allgemeine Verfahrenshandlungsvoraussetzungen.** Die Beschwerde ist eine Verfahrenshandlung, die nur dann wirksam ist, wenn die – von Amts wegen zu prüfenden – allgemeinen Verfahrenshandlungsvoraussetzungen gegeben sind:

22 **aa) Beteiligtenfähigkeit.** Die **Beteiligtenfähigkeit** entspricht im Wesentlichen der Rechtsfähigkeit (vgl. § 4 RdNr. 45). Bei Ausländern bestimmt sie sich nach deren Heimatrecht. Im materiellen Sinne ist **Beteiligter** des Beschwerdeverfahrens, wer durch die zu erwartende Entscheidung in seinen Rechten oder Pflichten unmittelbar betroffen sein kann.[85] Dies kann auch jemand sein, dessen Beteiligtenfähigkeit in der angefochtenen Entscheidung verneint worden ist. Formell Beteiligter ist, wer zur Wahrnehmung sachlicher Interessen am Verfahren teilnimmt oder zu diesem, wenn auch vielleicht zu Unrecht, hinzugezogen worden ist.[86] Der Insolvenzverwalter ist an einem Verfahren, das die Entlassung eines Mitglieds des Gläubigerausschusses zum Gegenstand hat, weder materiell noch formell beteiligt.

23 **bb) Verfahrensfähigkeit.** Dies ist die Fähigkeit, Verfahrenshandlungen selbst oder durch einen selbst bestellten Vertreter wirksam vor- oder entgegenzunehmen (zB Zustellungen).[87] Sie bestimmt sich grundsätzlich nach § 51 ZPO, §§ 104 ff. BGB (vgl. § 4 RdNr. 45) und ist während ihrer Prüfung im Verfahren zu unterstellen.[88]

24 **cc) Vertretungsmacht.** Wer als Vertreter eines Verfahrensbeteiligten eine Verfahrenshandlung vornimmt – zum Beispiel eine Beschwerde einlegt –, muss im Besitz einer wirksamen Vollmacht sein. Auch bei anwaltlichen Vertretern ist dies von Amts wegen zu prüfen (vgl. § 4 RdNr. 46). Bei Gesellschaften ist grundsätzlich die gesellschaftsvertragliche Vertretungsregelung maßgeblich. Falls bei einer GmbH auch ein allein nicht vertretungsberechtigter Geschäftsführer den Insolvenzantrag stellen kann (§ 64 Abs. 1 GmbHG), berechtigt ihn das noch nicht dazu, im Verfahren allein Beschwerde einzulegen.[89]

25 **dd) Bedingungslosigkeit.** Wie jede Verfahrenshandlung ist auch die Einlegung einer Beschwerde bedingungsfeindlich. Eine Beschwerde für den Fall der Bewilligung von Prozesskostenhilfe oder der Wiedereinsetzung in den vorigen Stand ist unwirksam. Wirksam ist aber die Beschwerde für den Fall der Nichtabhilfe, weil hier ein Verfahrensvorgang innerhalb des bereits eröffneten Verfahrens Bedingung ist.

26 **e) Beschwerdeberechtigung.** Wenn jemand Beteiligter sein kann (vgl. RdNr. 22), ist damit noch nichts über seine **Beschwerdeberechtigung** gesagt. Diese ergibt sich abschließend aus den Vorschriften, welche die Beschwerde für zulässig erklären.[90] Wer als **Insolvenzgläubiger** im eröffneten Insolvenzverfahren ein Beschwerderecht ausüben will, muss seine Forderung angemeldet haben oder zumindest mit der Einlegung der Beschwerde anmelden.[91] Nicht erforderlich ist, dass die angemeldete Forderung vor der Einlegung der Beschwerde geprüft wurde. Gegen die Eröffnung

---

[81] *Gerhardt*, FS Uhlenbruck, S. 75, 89; *Jaeger/Gerhardt* § 6 RdNr. 3.
[82] *Gerhardt*, FS Uhlenbruck S. 75, 90 f.; *Jaeger/Gerhardt* § 6 RdNr. 3.
[83] OLG Frankfurt NJW-RR 1992, 487, 488; *Gerhardt*, FS Uhlenbruck S. 75, 92; *Jaeger/Gerhardt* § 6 RdNr. 4.
[84] Vgl. OLG Frankfurt NJW-RR 1992, 487, 488.
[85] BGH ZInsO 2003, 751.
[86] BGH NJW 1999, 3718, 3719; ZInsO 2003, 751.
[87] Vgl. KG NJW 1978, 2454.
[88] KG KTS 1962, 111.
[89] Zu weitgehend LG Dessau ZIP 1998, 1006, 1007 = EWiR 1998, 557 *(Schmahl)*; *Hess* § 6 RdNr. 83.
[90] *Jaeger/Gerhardt* § 6 RdNr. 28; *Uhlenbruck/I. Pape* § 6 RdNr. 12; HKInsO-*Kirchhof* § 6 RdNr. 24.
[91] BGH NZI 2007, 241, 242; *Gerhardt*, FS Uhlenbruck S. 75, 85.

des Insolvenzverfahrens steht nur dem **Schuldner** (vgl. aber RdNr. 32), nicht aber einem Gläubiger die sofortige Beschwerde zu (§ 34 Abs. 2 InsO). Dies ist verfassungsrechtlich unbedenklich.[92]

Der **Insolvenzverwalter** ist nur dann gemäß § 6 beschwerdeberechtigt, wenn dies in der InsO ausdrücklich angeordnet ist. Die früher vertretene Ansicht, der Insolvenzverwalter könne sich wegen jeder insolvenzgerichtlichen Maßnahme beschweren; seine sofortige Beschwerde sei kraft seiner Amtsstellung statthaft,[93] ist mit § 6 Abs. 1 nicht vereinbar. So billigt die InsO dem vom Gericht bestellten Insolvenzverwalter kein Beschwerderecht gegen seine Abwahl durch die Gläubigerversammlung (§ 57 Satz 4).[94] Die insoweit einschlägige Vorschrift des § 57 Satz 4 InsO, die nur „jedem Insolvenzgläubiger" ein Beschwerderecht einräumt, ist Ausdruck der Gläubigerautonomie. Das Bundesverfassungsgericht hat die Regelung gebilligt, weil kein subjektives Recht des Verwalters verletzt sei; zum Berufsbild eines Insolvenzverwalters nach der InsO gehöre es, dass er in der ersten Gläubigerversammlung abgewählt werden könne.[95] Dem von der Gläubigerversammlung neu gewählten Verwalter steht kein Beschwerderecht gegen die Versagung seiner Ernennung durch das Insolvenzgericht ein eigenes Beschwerderecht zu.[96] Beschwerdeberechtigt ist gemäß § 57 Satz 4 nur „jeder Insolvenzgläubiger". Dessen Beschwerderecht ist auf den All der Versagung der Ernennung beschränkt. Die Bestellung des neu gewählten Verwalters ist unanfechtbar.[97] Auch die **Einsetzung eines Sonderinsolvenzverwalters** ist unanfechtbar. Der Insolvenzverwalter kann die Einsetzung eines Sonderinsolvenzverwalters, der Ersatzansprüche der Gläubigergesamtheit gegen ihn prüfen soll, nicht mit der sofortigen Beschwerde anfechten.[98]

Räumt die InsO dem Insolvenzverwalter ein Beschwerderecht ein, ist sorgfältig zu prüfen, ob ihm dieses **als Partei kraft Amtes oder persönlich** zusteht. Regelmäßig wird er als Partei kraft Amtes angesprochen sein. Als solche nimmt er Verfahrensrechte zugunsten der Masse war. Es gibt jedoch Ausnahmen. Das dem Verwalter in § 59 Abs. 2 InsO eingeräumte Recht der sofortigen Beschwerde die Entlassung aus dem Amte steht dem Verwalter persönlich zu.[99] Die Entlassung aus wichtigem Grund (§ 59 Abs. 1 InsO) knüpft an ein Fehlverhalten des Verwalters an. Mit der sofortigen Beschwerde nimmt dieser daher ein eigenes Recht wahr, nicht ein solches der Masse. Gleiches gilt, wenn der Verwalter entlassen wird, weil die Entlassung des zunächst bestellten Verwalters im Rechtsmittelzug keinen Bestand hat. Die sofortige Beschwerde gegen die Festsetzung seiner Vergütung steht dem Verwalter ebenfalls persönlich zu, nicht als Partei kraft Amtes. Auch hier folgt das eigene Beschwerderecht des Verwalters persönlich aus seiner persönlichen Betroffenheit; sein Interesse an einer möglichst hohen Vergütung steht im Widerspruch zum Interesse der Gläubigergesamtheit an einer möglichst hohen Quote. Wichtig ist die Unterscheidung zwischen der persönlichen Beschwerdebefugnis und dem Beschwerderecht der Partei kraft Amtes dann, wenn der Verwalter **Prozesskostenhilfe** beantragt. § 116 Satz 1 Nr. 1 ZPO gilt nur für den Verwalter als Partei kraft Amtes. Nur als solche kann sich der Verwalter also darauf berufen, dass die Prozess- oder Verfahrenskosten nicht aus der Masse aufgebracht werden können; nimmt er persönliche Rechte wahr, kommt es auf seine eigenen persönlichen und wirtschaftlichen Verhältnisse an (§ 114 ZPO). Außerdem kommt die Masse nur dann für die **Kosten** einer erfolglosen sofortigen Beschwerde auf (§ 97 Abs. 1 ZPO), wenn der Verwalter diese als Partei kraft Amtes eingelegt hat.

In der **Gesellschaftsinsolvenz** gilt für die Beschwerdeberechtigung folgendes: Dass nur der Schuldner beschwerdebefugt ist, gilt auch dann, wenn das Insolvenzverfahren über das Vermögen einer (parteifähigen) **Gesellschaft bürgerlichen Rechts** eröffnet wird. Die Rechte der einzelnen Gesellschafter werden dadurch gewahrt, dass sie, soweit sie persönlich haften, analog § 15 Abs. 1 InsO berechtigt sind, unabhängig von den gesellschaftsvertraglichen Vertretungsregelungen und den §§ 709, 714 BGB für die Gesellschaft Rechtsmittel einzulegen. Dass die im Eröffnungsbeschluss als Schuldnerin bezeichnete Gesellschaft bürgerlichen Rechts vor der Eröffnung durch das Ausscheiden aller bis auf einen Gesellschafter beendet worden ist, verleiht den ausgeschiedenen Gesellschaftern kein eigenes Beschwerderecht.[100] Wird der Antrag auf Eröffnung des Insolvenzverfahrens über das Vermögen einer **offenen Handelsgesellschaft** oder einer **Kommanditgesellschaft** abgelehnt, so

---

[92] BGH, Beschl. v. 30.3.2006 – IX ZB 36/05, nv.
[93] *Smid*, InsO 2. Aufl. § 6 RdNr. 12.
[94] BGH ZIP 2003, 1613; NZI 2005, 32.
[95] BVerfG ZIP 2005, 537.
[96] Vgl. OLG Zweibrücken NZI 2001, 204; *Vallender* EWiR 1998, 73, 74; HKInsO-*Kirchhof* § 6 RdNr. 24.
[97] BGH NZI 2009, 246 RdNr. 3.
[98] BGH NZI 2007, 237 RdNr. 6 f.; NZI 2010, 301 RdNr. 6; ZInsO 2010, 186 RdNr. 6; zur (fehlenden) Beschwerdeberechtigung des Schuldners vgl. BGH NZI 2006, 474; zur (fehlenden) Beschwerdeberechtigung des einzelnen Insolvenzgläubigers vgl. BGH NZI 2009, 238; ZInsO 2011, 131 RdNr. 7.
[99] BGH ZIP 2010, 2118 RdNr. 4.
[100] BGH, Beschl. v.6.7. 2006 – IX ZA 5/05, nv.

steht dem antragstellenden persönlich haftenden Gesellschafter oder Liquidator die sofortige Beschwerde zu, bei mehreren Antragstellern jedem einzeln. Im Falle der Eröffnung ist jeder persönlich haftende Gesellschafter oder Liquidator, der nicht an der Antragstellung beteiligt war, beschwerdeberechtigt, nicht aber ein Kommanditist in der Insolvenz der Kommanditgesellschaft.[101] Bei einer **Aktiengesellschaft** kann der Eröffnungsbeschluss von jedem einzelnen Vorstandsmitglied oder Liquidator, der an der Antragstellung nicht beteiligt war, angefochten werden. Bei einer **GmbH** und einer **GmbH & Co KG** hat der Geschäftsführer der GmbH das Beschwerderecht, und zwar auch dann, wenn der Antrag eines Gläubigers mangels Masse abgelehnt worden ist.[102] Ein GmbH-Gesellschafter ist nicht beschwerdeberechtigt.[103]

27a Der nach Gesellschaftsrecht berufene gesetzliche Vertreter der Schuldnerin kann für diese auch dann Beschwerde gegen die Eröffnung des Insolvenzverfahrens einlegen, wenn der nach § 37 KWG bestellte Abwickler den Insolvenzantrag gestellt hat. Denn bei dieser Antragstellung ist nicht gewährleistet, dass der gesellschaftsrechtlich berufene Vertreter seiner Sicht der Dinge hat Geltung verschaffen können.[104]

28 Der **Gläubigerausschuss** ist beschwerdeberechtigt, wenn er erfolglos von einem Antragsrecht Gebrauch gemacht hat (vgl. § 59 Abs. 2 Satz 2). Der **Gläubigerversammlung** wird ein Gleiches – wie bisher[105] – versagt (vgl. §§ 57 Satz 3, 59 Abs. 2 Satz 2), weil ein ihr zustehendes Beschwerderecht meist die Einberufung einer besonderen Gläubigerversammlung erforderlich machen würde und daher nur schwer praktikabel wäre.[106] Beschwerdeberechtigt sind statt der Gläubigerversammlung die einzelnen Insolvenzgläubiger, sofern sie durch die Entscheidung persönlich beschwert werden.

29 Die **Mitglieder des Gläubigerausschusses** haben ein Beschwerderecht, wenn sie als solche durch die Entscheidung betroffen sind, zum Beispiel durch die Festsetzung ihrer Vergütung (vgl. § 73 Abs. 2 in Verbindung mit § 64 Abs. 2).

30 **f) Beschwer.** Dass die InsO für einen Beteiligten eine Beschwerdemöglichkeit eröffnet (vgl. o. RdNr. 25a), besagt noch nichts über dessen Beschwer.[107] Diese muss vielmehr zur Beschwerdeberechtigung hinzukommen. Ohne Beschwer ist auch eine an sich statthafte selbstständige Beschwerde unzulässig. Es bleibt dann nur die **unselbständige Anschließung** an die von einem anderen zulässigerweise eingelegte Beschwerde. Die Beschwer muss auch noch im **Zeitpunkt der Entscheidung** vorliegen; ihr Wegfall macht das Rechtsmittel unzulässig.[108] Selbst wenn eine Beschwer besteht, muss noch ein Rechtsschutzbedürfnis hinzukommen (vgl. RdNr. 35).[109]

31 Eine Beschwer liegt vor, wenn dem Beschwerdeführer etwas versagt wurde, was er beantragt hatte (**formelle Beschwer,** vgl. § 34 Abs. 1 1. Alt. InsO).[110] Im Übrigen ist beschwert, wer durch die Entscheidung in seinen Interessen nachteilig betroffen sein kann (**materielle Beschwer**).[111] Der formell beschwerte Antragsteller ist regelmäßig auch materiell beschwert. Selbst wenn es an der materiellen Beschwer fehlt, kann ihm auf Grund der formellen Beschwer die Beschwerdebefugnis nicht abgesprochen werden. Ist er nur materiell, nicht aber formell beschwert, weil die Entscheidung gemäß seinem Antrag ergangen ist, kann er grundsätzlich kein zulässiges Rechtsmittel einlegen, weil es an dem außerdem erforderlichen Rechtsschutzbedürfnis fehlt (s.u. RdNr. 35). Hinweise und Anordnungen des Insolvenzgerichts im Eröffnungsbeschluss, die nur die gesetzliche Rechtslage wiedergeben, begründen keine Rechtsmittelbeschwer.[112] Unzulässig ist auch eine Beschwerde nur gegen die Gründe der angefochtenen Entscheidung.[113]

32 Der **Schuldner** ist zum Beispiel materiell beschwert durch die Eröffnung des Insolvenzverfahrens.[114] Beruht die Eröffnung auf einem Gläubigerantrag, dem der Schuldner entgegengetreten ist, folgt daraus sogar dessen formelle Beschwer.[115] Hatte er den Antrag selbst gestellt, ist er zwar materi-

---

[101] OLG Hamm KTS 1972, 105.
[102] OLG Köln NJW-RR 1990, 894, 895.
[103] Zur Beschwerdebefugnis der Gesellschafter einer Gründer-GmbH vgl. *Heintzmann* BB 1979, 454 f.
[104] BGH NZI 2006, 594.
[105] Vgl. LG Frankfurt NJW 1951, 663 mit abl. Anm. *Sautermeister.*
[106] Vgl. Begr. zu § 66 Satz 3 RegE, BT-Drucks. 12/2443 S. 127.
[107] OLG Celle NZI 2001, 480; aA *Hess* § 6 RdNr. 58.
[108] BGH NJW-RR 2004, 1365; NZI 2007, 34 RdNr. 5; NZI 2009, 766 RdNr. 10; zu den Ausnahmen vgl. RdNr. 36, 71b.
[109] BGH NZI 2004, 625.
[110] BGH ZIP 2007, 499 RdNr. 6; OLG Hamm KTS 1972, 105, 107.
[111] HKInsO-*Kirchhof* § 6 RdNr. 25; *Prütting* in *Kübler/Prütting/Bork* § 6 RdNr. 21 b.
[112] OLG Köln ZIP 1986, 384, 386 = EWiR 1986, 397 *(E. Schneider).*
[113] *Gerhardt,* FS Uhlenbruck S. 75, 85; *Jaeger/Gerhardt* § 6 RdNr. 30.
[114] BGH NZI 2004, 625 m. Anm. *Smid* WuB VI C. § 34 InsO 1.4.
[115] BGH NZI 2004, 625 m. Anm. *Smid* WuB VI C. § 34 InsO 1.4.

ell beschwert; es fehlt jedoch die formelle Beschwer und oft auch das Rechtsschutzbedürfnis. Eine sofortige Beschwerde des Schuldners ist hier grundsätzlich unzulässig.[116] Das gilt auch dann, wenn neben dem Schuldner auch ein Gläubiger einen Insolvenzantrag gestellt hatte.[117] Eine Ausnahme ist etwa für den Fall angenommen worden, dass der Schuldner mit dem Antrag lediglich seiner gesetzlichen Pflicht genügte.[118] Da der Schuldner zur Stellung des Antrags auch verpflichtet sei, wenn dieser mangels Masse nicht zur Eröffnung führen könne, dürfe ihm – falls das Verfahren wider Erwarten doch eröffnet werde – nicht die Möglichkeit genommen werden, die Masseunzulänglichkeit im Beschwerdeverfahren geltend zu machen. Der BGH hat zwischenzeitlich jedoch entschieden, dass die sofortige Beschwerde des Schuldners **gegen die von ihm selbst beantragte Eröffnung** des Insolvenzverfahrens auch dann unzulässig ist, wenn sie auf die Rüge einer die Kosten des Verfahrens nicht deckenden Masse gestützt wird.[119] Aus der Insolvenzantragspflicht kann nicht auf eine Befugnis des Schuldners geschlossen werden, die beantragte Verfahrenseröffnung wegen Masselosigkeit anzugreifen. Hat der Schuldner den Eröffnungsantrag mit einem Antrag auf Anordnung der **Eigenverwaltung** verbunden, hat das Insolvenzgericht aber mit dem Eröffnungsbeschluss einen Insolvenzverwalter eingesetzt, kann die Ablehnung des Antrags auf Anordnung der Eigenverwaltung weder isoliert noch mit der sofortigen Beschwerde gegen den Eröffnungsbeschluss angefochten werden. Der Schuldner ist formell beschwert; die InsO sieht eine sofortige Beschwerde jedoch nicht vor (Abs. 1).[120] Der Gesetzgeber des ESUG[121] hat das Problem des Antrags auf Eigenverwaltung anderweitig gelöst. Gemäß § 270 Abs. 2 hat das Gericht dann, wenn der Schuldner den Eröffnungsantrag bei drohender Zahlungsunfähigkeit gestellt und die Eigenverwaltung beantragt hat, den Schuldner auf etwaige Bedenken gegen die Anordnung der Eigenverwaltung hinzuweisen und ihm Gelegenheit zu geben, den Eröffnungsantrag vor der Entscheidung über die Eröffnung zurückzunehmen. Von der Schaffung eines Rechtsmittels gegen die Entscheidung des Gerichts über den Antrag auf Eigenverwaltung wurde bewusst abgesehen.[122] Im Übrigen gilt weiterhin: Ein Schuldner, der selbst die Eröffnung des Insolvenzverfahrens beantragt hat, mag, falls der Insolvenzgrund nachträglich weggefallen ist, die Verfahrensaufhebung beantragen (§ 212)[123]. Gegen die Ablehnung dieses Antrags kann er dann Beschwerde einlegen (§ 216 Abs. 2). Weist das Insolvenzgericht einen Fremdantrag mangels Masse ab (§ 26 Abs. 1 Satz 1, Abs. 2), ist der Schuldner gem. § 34 Abs. 1 2. Alt. beschwerdebefugt. Soweit das Insolvenzgericht einen unzulässigen Schuldnerantrag als unbegründet zurückgewiesen hat, ist der Schuldner beschwert;[124] allerdings kann sein Rechtsmittel keinen Erfolg haben.

Der von einer Abstimmung ausgeschlossene **Insolvenzgläubiger** (§ 77) ist nicht mehr berechtigt, einen Gerichtsbeschluss anzufechten, der den Gegenstand der Abstimmung betrifft.[125] Gegen den Beschluss der Gläubigerversammlung, die Aufhebung der Eigenverwaltung zu beantragen, steht dem überstimmten Gläubiger kein Rechtsmittel zu; der Beschluss kann auch nicht im Verfahren nach § 78 Abs. 1 InsO angefochten werden.[126] Ein einfacher Insolvenzgläubiger ist durch die Festsetzung der Insolvenzverwaltervergütung im masselosen Verfahren nicht beschwert, es sei denn die Masselosigkeit wird erst durch diese Festsetzung herbeigeführt.[127] Dies gilt jedoch dann nicht, wenn mit Neuerwerb des Schuldners zu rechnen ist, der durch die – nach Ansicht des beschwerdeführenden Gläubigers überhöht festgesetzte – Vergütung zu Lasten des Gläubigers aufgezehrt wird.[128]

Durch das Ersuchen um Eintragung des Insolvenzvermerks wird ein **Absonderungsberechtigter** nicht beschwert.[129]

---

[116] BGH ZIP 2007, 499 RdNr. 6; NZI 2008, 557 RdNr. 4; NZI 2012, 318 RdNr. 4; OLG Celle NZI 1999, 493; OLG Stuttgart NZI 1999, 491, 492; OLG Köln NZI 2002, 101; *Uhlenbruck/I. Pape* § 34 RdNr. 14; aA OLG Frankfurt KTS 1971, 219; OLG Karlsruhe NJW-RR 1992, 830, 831; OLG Hamm ZIP 1993, 777; differenzierend HKInsO-*Kirchhof* § 34 RdNr. 9 ff.
[117] BGH NZI 2012, 318 RdNr. 5 f.
[118] Vgl. OLG Bamberg ZIP 1983, 200; OLG Karlsruhe ZIP 1989, 1070; OLG Hamm ZIP 1993, 777; ebenso die Vorauflage.
[119] BGH NZI 2008, 557 RdNr. 4 ff; OLG Celle NZI 1999, 493; OLG Stuttgart NZI 1999, 491; aA weiterhin HKInsO-*Kirchhof* § 34 RdNr.9.
[120] BGH NZI 2007, 240 RdNr. 7 ff; HKInsO-*Kirchhof* § 34 RdNr. 13; HK-*Landfermann* § 270 RdNR. 24; *Vallender* WuB VI A § 270 InsO 1.07; aA die Vorauflage sowie *Jaeger/Schilken* § 34 RdNr. 22; *Uhlenbruck* ZInsO 2003, 821 f; *Smid* KTS 2008, 82.
[121] Gesetz zur weiteren Erleichterung der Sanierung von Unternehmen vom 7.12.2011, BGBl. I, 2582.
[122] Vgl. die amtl. Begründung der Neufassung des § 270, BT-Drucks. 17/5712, S. 38 f.
[123] Offen gelassen von BGH ZIP 2007, 499 RdNr. 14; NZI 2012, 318 RdNr. 8.
[124] Insoweit unzutreffend BGHZ 153, 205, 206 = NJW 2003, 1187 = NZI 2003, 147.
[125] *Gerhardt*, FS Uhlenbruck S. 75, 85.
[126] BGH NZI 2011, 760 RdNr. 4.
[127] LG Frankfurt ZIP 1991, 1442; *Uhlenbruck/Mock* § 64 RdNr. 15; HKInsO-*Kirchhof* § 6 RdNr. 28.
[128] BGH NZI 2006, 250 gegen LG Göttingen ZInsO 2004, 496.
[129] OLG Hamm KTS 1970, 314.

34   Der **Verwalter** ist materiell beschwert, wenn er in den von ihm vertretenen oder in eigenen Interessen betroffen sein kann.[130] Das Erste ist der Fall, wenn der Verwalter sich gegen Entscheidungen wendet, die nach seinem Verständnis von den gesetzlich normierten Verfahrensaufgaben zweckwidrig sind, insbesondere die Masse schädigen. Wegen der Verletzung eigener Interessen liegt eine materielle Beschwer des Insolvenzverwalters namentlich dann vor, wenn die Vergütung und die zu erstattenden Auslagen unrichtig festgesetzt werden (vgl. § 64 Abs. 3). Kein Beschwerderecht hat der Verwalter (oder der vorläufige Verwalter) gegen die Aufhebung eines allgemeinen Verfügungsverbots,[131] gegen die Aufhebung des Eröffnungsbeschlusses,[132] gegen die Einsetzung eines Sonderinsolvenzverwalters.[133]

34a   **Gläubigerausschuss** und **Gläubigerversammlung** vertreten im Insolvenzverfahren weder eigene selbständige Interessen noch die Interessen der Gläubigergesamtheit gegenüber dem Insolvenzgericht. Sie können durch dessen Entscheidungen deshalb grundsätzlich nicht beeinträchtigt werden. Eine Ausnahme wird für den Fall anerkannt, dass der Gläubigerausschuss ein Antragsrecht hatte und von diesem erfolglos Gebrauch gemacht hat (vgl. RdNr. 28).

35   **g) Rechtsschutzbedürfnis.** Ohne dieses ist jeder Rechtsbehelf unzulässig. Das Rechtsschutzbedürfnis wird im Allgemeinen durch eine vorhandene Beschwer indiziert. Es fehlt jedoch dann, wenn der Beschwerdeführer nicht die Beseitigung gerade derjenigen Beschwer erstrebt, derentwegen das Rechtsmittel statthaft ist,[134] er sich von dem Rechtsmittel materiell nicht erhoffen kann[135] oder wenn die angegriffene Entscheidung prozessual überholt ist (dazu RdNr. 36). Die sofortige Beschwerde gegen einen Eröffnungsbeschluss, mit welcher das Ziel verfolgt wird, dass die Eröffnung auf einen anderen Zeitpunkt ausgesprochen[136] oder ein anderer Treuhänder bestellt wird,[137] ist unzulässig. Hat der Schuldner, ohne gesetzlich hierzu verpflichtet zu sein, selbst die Eröffnung des Insolvenzverfahrens beantragt, fehlt ihm das Rechtsschutzbedürfnis für eine Beschwerde, wenn das Verfahren entgegen seiner Erwartung eröffnet wird (vgl. o. RdNr. 28). Ein Gleiches gilt, wenn er auf die Beschwerde **verzichtet** hat (§ 4 i. V. m. § 515 ZPO analog).[138]

36   Das Rechtsschutzbedürfnis entfällt, wenn das Insolvenzgericht lediglich eine vorläufige, zeitlich bis zur Entscheidung über den Eröffnungsantrag begrenzte Maßnahme getroffen hat, mit der Eröffnung.[139] In diesem Fall liegt eine **prozessuale Überholung** vor. Eine Aufhebung der angefochtenen früheren Entscheidung durch das Rechtsmittelgericht könnte die Rechtsstellung des Beschwerdeführers nicht mehr verbessern. Eine sofortige Beschwerde gegen die Anordnung einer vorläufigen Postsperre (§ 21 Abs. 2 Nr. 4 InsO) wird nach deren Aufhebung unzulässig, weil keine Beschwer mehr gegeben ist.[140] Ist der Eröffnungsantrag eines Gläubigers abgewiesen worden, wird dann jedoch nach Einlegung der sofortigen Beschwerde auf Antrag eines anderen Gläubigers eröffnet, entfällt dadurch nicht die Beschwer des Beschwerdeführers. Auch hat sich sein Antragsverfahren jedenfalls dann nicht erledigt, wenn er auf einer sachlichen Bescheidung seines Antrags besteht. Die zwischenzeitliche Eröffnung hat jedoch zu einem Wegfall des Rechtsschutzbedürfnisses infolge prozessualer Überholung geführt.[141] Eine Überprüfung prozessual überholter gerichtlicher Entscheidungen lediglich zu dem Zweck, ihre Rechtswidrigkeit festzustellen, wie es beispielsweise im Verwaltungsprozess möglich ist (**Fortsetzungsfeststellungsantrag** nach § 113 Abs. 1 Satz 4 VwGO), ist der InsO wie auch der ZPO fremd. Zur Gewährung des von Art. 19 Abs. 4 GG geforderten effektiven Rechtsschutzes bleibt ein Rechtsmittel gegen eine prozessual überholte gerichtliche Entscheidung in Fällen tiefgreifender, tatsächlich jedoch nicht mehr fortwirkender Grundrechtseingriffe dann zulässig, wenn sich die Tragweite der Entscheidung nach dem typischen Verfahrensablauf auf eine Zeitspanne

---

[130] *Jaeger/Gerhardt* § 6 RdNr. 30; HKInsO-*Kirchhof* § 6 RdNr. 24.
[131] BGH NZI 2007, 99.
[132] BGH NZI 2007, 349; Beschl. v. 14.1.2010 – IX ZB 72/08, nv, RdNr. 2.
[133] BGH NZI 2007, 237; vgl. auch BVerfG NZI 2010, 525.
[134] HKInsO-*Kirchhof* § 6 RdNr. 27.
[135] Vgl. BGH NZI 2006, 250, 251: Für die Beschwerde eines Gläubigers gegen die Festsetzung der Vergütung des Insolvenzverwalters fehlt das Rechtsschutzinteresse, wenn bereits im Zeitpunkt der Einlegung der Beschwerde mit Sicherheit feststeht, dass auf die Forderung des beschwerdeführenden Gläubigers keine Quote entfällt. Vgl. ferner BGH NZI 2007, 241.
[136] LG Duisburg ZInsO 2002, 990.
[137] LG Münster ZInsO 2002, 777.
[138] HKInsO-*Kirchhof* § 6 RNr. 22.
[139] OLG Köln ZIP 2000, 1221, 1222 = EWiR 2000, 829 *(Holzer)*.
[140] BGH NZI 2007, 34 m. Anm. *Zipperer*.
[141] BGH, Beschl. v. 22.3.2007 – IX ZB 208/05. Zur prozessualen Überholung in einem Kostenfestsetzungsverfahren vgl. BGH NJW-RR 2007, 784.

beschränkt, in welcher der Betroffene eine Überprüfung im Beschwerdeverfahren nicht oder kaum erlangen kann (vgl. u. RdNr. 71b).[142]

h) Zulässiger Angriff. Ein Rechtsmittel, das keinen zulässigen Angriff enthält, ist unzulässig.[143] **36a** So kann eine sofortige Beschwerde beispielsweise nicht darauf gestützt werden, dass das Gericht des ersten Rechtszuges seine Zuständigkeit zu Unrecht angenommen hat (§ 571 Abs. 2 Satz 2 ZPO).

i) Beschwerdesumme. Gemäß § 4 in Verbindung mit § 567 Abs. 2 ZPO muss der Wert des **37** Beschwerdegegenstandes in den Fällen der §§ 64 Abs. 3, 73 Abs. 2 den Betrag von 200 € übersteigen (vgl. o. RdNr. 4 h). Der für die Zulässigkeit maßgebliche Wert des Beschwerdegegenstandes nach dem Betrag, um den der Beschwerdeführer durch den angefochtenen Beschluss in seinem Recht verkürzt zu sein behauptet und in dessen Höhe er mit seinem Beschwerdeantrag die Abänderung der erstinstanzlichen Entscheidung begehrt.[144] Ein in der Beschwerdeinstanz **erweiterter Antrag** ist bei der Berechnung der Beschwerdesumme nicht zu berücksichtigen. Der Antrag kann den Wert des Beschwerdegegenstandes im Verhältnis zur Beschwer verringern, wenn nur die Beseitigung eines Teils der erlittenen Beschwer verlangt wird.[145] Eine Erhöhung des Wertes des Beschwerdegegenstandes über die Beschwer hinaus ist dagegen nicht möglich. Auch eine Antragserweiterung in erster Instanz, die nicht mehr Gegenstand der Ausgangsentscheidung werden konnte, ist bei der Bestimmung des Wertes des Beschwerdegegenstandes außer Betracht zu lassen.[146]

j) Beschwerdefrist (Abs. 2 Satz 1). Diese ist eine Notfrist (§ 224 ZPO) – duldet also keine **38** Abkürzung oder Verlängerung – und beträgt gemäß §§ 4, 6 i. V. m. § 569 Abs. 1 Satz 1 ZPO zwei Wochen. Liegen die Voraussetzungen einer Nichtigkeits- oder Restitutionsklage vor (siehe RdNr. 86), kann die sofortige Beschwerde noch innerhalb der für diese Klagen geltenden Notfrist erhoben werden.[147] Die Frist beginnt mit der Verkündung der Entscheidung (so etwa im Falle des § 252 Abs. 1 Satz 1) oder, wenn diese – wie im Regelfall – nicht verkündet wird, mit deren Zustellung (§§ 4, 8). § 569 Abs. 1 Satz 2 ZPO hat für die Insolvenzbeschwerde keine Bedeutung. § 6 Abs. 2 Satz 1 und die Bestimmungen über die Beschwerdefrist bleiben auch dann maßgeblich, wenn das Gericht hierüber falsch belehrt hat.[148] Ein mittels Aufgabe zur Post zugestelltes Schriftstück gilt zwei Wochen nach dieser Aufgabe als zugestellt (§ 4 i. V. m. § 184 Abs. 2 Satz 1 ZPO). Die Zustellung einer nicht unterschriebenen und nicht verkündeten Entscheidung setzt die Beschwerdefrist nicht in Lauf.[149] Leidet die Zustellung einer nicht verkündeten Entscheidung unter Mängeln, beginnt der Lauf der Beschwerdefrist mit dem Zeitpunkt, in dem die Entscheidung tatsächlich zugegangen ist (§ 4 i. V. m. § 189 ZPO). Die Zustellung kann – mit einheitlicher Wirkung gegen alle Beteiligten – durch die öffentliche Bekanntmachung gemäß § 9 Abs. 3 ersetzt werden (dazu u. § 9 RdNr. 23). Sie gilt dann als bewirkt, sobald nach dem Tag der Veröffentlichung zwei weitere Tage verstrichen sind (§ 9 Abs. 1 Satz 3). Erfolgt die öffentliche Bekanntmachung neben der Zustellung, ist für den Beginn der Beschwerdefrist das frühere Ereignis maßgebend (vgl. § 8 RdNr. 9 und § 9 RdNr. 23).[150] Voraussetzung ist, dass die öffentliche Bekanntmachung wirksam ist[151] und die anzufechtende Entscheidung hinreichend deutlich erkennen lässt.[152] In dem Sonderfall des § 194 Abs. 3 Satz 3 beginnt die Beschwerdefrist mit der Niederlegung der Entscheidung in der Geschäftsstelle. Die Beifügung einer Rechtsmittelbelehrung ist für die Ingangsetzung der Beschwerdefrist nicht erforderlich.[153] Für die Fristberechnung gelten §§ 222 ff. ZPO, §§ 187, 188 BGB.

Die Einlegung der Beschwerde ist auch schon vor der Zustellung oder der öffentlichen Bekannt- **39** machung zulässig. Der anzufechtende Beschluss muss allerdings schon existent sein. Soll eine nicht zu verkündende Entscheidung angefochten werden, muss sich das Gericht dieser – vor der Zustellung –

---

[142] BVerfGE 96, 27, 40 = NJW 1997, 2163, 2164; BVerfG NJW 1998, 2131, 2132; BGHZ 158, 212, 216 ff. = NJW 2004, 2015, 2017; BGH NZI 2007, 34 RdNr. 8; NZI 2009, 766 RdNr. 9. Kritisch hierzu *Sternal* KTS 2004, 578, 579; *Zipperer* NZI 2006, 68 ff.
[143] BGH NZI 2005, 184.
[144] BGH NJW-RR 2011, 1430 RdNr. 4; NZI 2012, 619 RdNr. 10.
[145] BGH NJW-RR 2009, 853 RdNr. 5 ff.
[146] BGH NJW-RR 1997, 1486; NJW-RR 2009, 853 RdNr. 5 ff.; Beschl. v. 19.4.2012 – IX ZB 162/10, z.V.b., RdNr. 10.
[147] Vgl. LG Frankfurt ZIP 1995, 1836; HKInsO-*Kirchhof* § 6 RdNr. 17.
[148] BGH NJW-RR 2004, 408 = NZI 2004, 85.
[149] BGH NJW 1998, 609 f.; zur Statthaftigkeit der Beschwerde in diesem Fall vgl. BGH NJW 1995, 404; 1996, 1969 f.
[150] BGH NZI 2004, 341; NZI 2010, 159 RdNr. 9; Beschl. v.12.5. 2011 – IX ZB 181/09, RdNr. 2; HKInsO-*Kirchhof* § 6 RdNr. 18; *Uhlenbruck/I. Pape* § 6 RdNr. 14; aA *Jaeger/Gerhardt* § 6 RdNr. 32.
[151] *Jaeger/Gerhardt* § 6 RdNr. 32; HKInsO-*Kirchhof* § 6 RdNr. 19.
[152] BVerfG NJW 1988, 1256 unter III.
[153] Vgl. BVerfG NJW 1995, 3173 f.; BGH NJW-RR 1996, 388.

"entäußert" haben;[154] die anzufechtende Entscheidung muss aus dem internen Geschäftsbereich des Insolvenzgerichts hinausgelangt sein (vgl. § 4 RdNr. 83). Eine zu verkündende Entscheidung muss bereits verkündet sein. Ausnahmsweise ist auch gegen eine nicht existente (etwa vom Richter nicht unterzeichnete) Entscheidung eine sofortige Beschwerde statthaft, wenn das Gericht einen gegenteiligen Anschein geschaffen hat.[155] Vgl. auch u. RdNr. 71c.

39a Nach Versäumung der Beschwerdefrist ist nur noch eine Anschließung an die von einem anderen Beteiligten eingelegte Beschwerde zulässig (**unselbständige Anschlussbeschwerde;** dazu unten RdNr. 52). Bei schuldloser Fristversäumung kann **Wiedereinsetzung in den vorigen Stand** gewährt werden (vgl. § 4 RdNr. 51). Eine solche kommt insbesondere in Betracht, wenn das Gericht über die Beschwerdefrist falsch belehrt hat.[156] Auch die schuldlose Unkenntnis von einer öffentlichen Bekanntmachung kann die Wiedereinsetzung rechtfertigen.[157]

40 **k) Einlegung der Beschwerde (Abs. 1 Satz 2).** Nach Abs. 1 S. 2 kann die sofortige Beschwerde seit dem Inkrafttreten des ESUG[158] nur beim Insolvenzgericht eingelegt werden. Die Vorschrift, die auf einen Vorschlag des Rechtsausschusses zurückgeht, weicht damit von § 569 Abs. 1 Satz 1 ZPO ab, wonach die sofortige Beschwerde sowohl beim Ausgangs- als auch beim Beschwerdegericht eingelegt werden kann. Eine entsprechende Regelung findet sich in § 64 Abs. 1 FamFG. Die zwingende Einlegung der Beschwerde beim Insolvenzgericht hat den Vorteil, dass der Insolvenzrichter sofort überprüfen kann, ob er von seiner Abhilfebefugnis nach § 572 Abs. 1 Satz 1 ZPO Gebrauch machen will. Hilft er der Beschwerde ab, so tritt Erledigung ein, wodurch das Verfahren verkürzt und das Beschwerdegericht entlastet wird.[159] Die sofortige Beschwerde kann schriftlich – auch per Telegramm, Telefax, Computerfax (vgl. § 130 Nr. 6 ZPO)[160] oder, wenn die Landesregierungen eine entsprechende Verordnung erlassen haben, als elektronisches Dokument nach § 130a ZPO mit einer qualifizierten elektronischen Signatur nach dem Signaturgesetz v. 16.5.2001[161] – oder zu Protokoll der Geschäftsstelle eingelegt werden (§ 4 i. V. m. § 569 Abs. 2, 3 ZPO). Eine **E-Mail** fällt nicht unter § 130 ZPO, sondern unter § 130a ZPO. Sie stellt ein elektronisches Dokument dar, welches aus der in einer elektronischen Datei enthaltenen Datenfolge besteht.[162] Dass ein elektronisches Dokument die in § 130 ZPO vorausgesetzte Schriftform für vorbereitende und bestimmende Schriftsätze nicht wahrt, folgt bereits aus der Systematik des Gesetzes. Die Vorschrift des § 130a ZPO wäre nicht erforderlich, wenn das elektronische Dokument bereits von § 130 ZPO erfasst würde. In einem Ausnahmefall hat der BGH eine durch E-Mail übermittelte Rechtsmittelbegründung für ausreichend gehalten. Im diesem Fall hatte der Rechtsmittelführer die vollständige Begründung einschließlich der nach § 130 Nr. 6 ZPO erforderlichen Unterschrift eingescannt und übersandt; bei Ablauf der Begründungsfrist lag der vollständige Ausdruck vor. Der Ausdruck – nicht die elektronische Nachricht und nicht die Bilddatei – wahrte die Schriftform einschließlich des Unterschriftserfordernisses.[163] Bei der Einreichung einer Beschwerdeschrift muss diese grundsätzlich eigenhändig unterzeichnet werden (§ 4 i. V. m. § 130 Nr. 6 ZPO). Ist die Unterschrift vergessen worden oder die Beschwerdeschrift nur paraphiert, ist die Beschwerde gleichwohl wirksam, wenn keine Zweifel an der Urheberschaft und der autorisierten Übermittlung des Schriftstücks bestehen.[164] Wird der Beschwerdeführer durch einen Anwalt vertreten, kann auf dessen eigenhändige Unterschrift jedoch nicht verzichtet werden, damit ausgeschlossen ist, dass ein bloßer Entwurf, der versehentlich an das Insolvenzgericht gelangt ist, als ordnungsgemäße Rechtsmittelschrift behandelt wird.[165] Die Unterschrift soll die Identifizierung des Urhebers der schriftlichen Prozesshandlung ermöglichen und dessen unbedingten Willen zum Ausdruck bringen, die Verantwortung für den Inhalt des Schriftsatzes zu übernehmen. Zugleich soll sichergestellt werden, dass es sich bei dem Schriftstück nicht um einen Entwurf handelt, sondern dass dieses mit Wissen und Wollen des Berechtigten dem Gericht zugeleitet worden ist.[166] Daran hat die Rechtsprechung, dass bei einem

---

[154] Vgl. BGHZ 12, 248, 252; 25, 60, 66; BGH FamRZ 1987, 921, 922.
[155] Vgl. zur Berufung BGH NJW 1995, 404; 1996, 1969 f.
[156] BGH NJW-RR 2004, 408 = NZI 2004, 85.
[157] HKInsO-*Kirchhof* § 6 RdNr. 18.
[158] Gesetz zur weiteren Erleichterung der Sanierung von Unternehmen vom 7.12.2011, BGBl. I S. 2582.
[159] BT-Drucks. 17/7511, S. 33.
[160] BGH NJW 2005, 2086, 2087; OLG Köln NJW-RR 1990, 894; *Hoffmann* NZI 1999, 425, 429; *Jaeger/Gerhardt* § 6 RdNr. 2; *Nerlich/Römermann/Becker* § 6 RdNr. 56.
[161] BGBl. I S. 876.
[162] BGH NJW 2008, 2649 RdNr. 10; NJW-RR 2009, 357 RdNr. 6.
[163] BGH NJW 2008, 2649 RdNr. 8, 13; NJW-RR 2009, 357 RdNr.10.
[164] *Nerlich/Römermann/Becker* § 6 RdNr. 56.
[165] OLG Köln NZI 2000, 435.
[166] BGH AnwBl. 2012, 659 RdNr. 7.

Computerfax die eingescannte Unterschrift ausreicht,[167] nichts geändert.[168] Nach § 129a Abs. 1 ZPO in Verbindung mit § 4 kann die Beschwerde bei der Geschäftsstelle eines beliebigen Amtsgerichts – mündlich zur Niederschrift oder durch Übergabe eines Schriftsatzes – eingelegt werden. Das Risiko der Übermittlungsdauer trägt dann aber der Beschwerdeführer. Die Geschäftsstellen der Land- und Oberlandesgerichte stehen für die Protokollierung einer Beschwerde oder einer Beschwerdebegründung nicht zur Verfügung.

Gemäß § 569 Abs. 2 Satz 2 ZPO i. V. m. § 4 muss die Beschwerdeschrift die Bezeichnung der **41** angefochtenen Entscheidung sowie die Erklärung enthalten, dass Beschwerde gegen die Entscheidung eingelegt werde. Es reicht jedoch aus, wenn die Schrift bei großzügiger Auslegung den Beschwerdeführer, die angefochtene Entscheidung und das Anliegen der Überprüfung derselben durch die höhere Instanz hinreichend klar erkennen lässt. Schreibt der Betroffene dem Insolvenzgericht, er könne dessen Entscheidung nicht nachvollziehen, zur problemlosen Beseitigung der Unklarheiten bitte er um einen Termin zu einem klärenden Gespräch, ist dies nicht der Fall.[169] Ist der Anfechtungswille auch bei großzügiger Auslegung nicht erkennbar, kann eine Eingabe an das Gericht nicht nachträglich dadurch zu einer Beschwerde gemacht werden, dass die Partei erklärt, die Eingabe möge als Beschwerde gewertet werden.[170] Eine – zu spät kommende – Stellungnahme des Schuldners, die mit dem Ziel abgegeben wird, bei der Entscheidung über die die Eröffnung des Insolvenzverfahrens berücksichtigt zu werden, kann deshalb nicht in eine Beschwerde gegen die Eröffnung umgedeutet werden. Die Beschwerde bedarf weder eines bestimmten **Antrags**[171] noch einer **Begründung**.[172] § 571 Abs. 1 ZPO ist nur eine Sollvorschrift. Es ist jedoch zweckmäßig, zumindest die inhaltliche Zielrichtung des Angriffs anzudeuten.

Beschwerdegericht ist die zuständige Zivilkammer des dem Insolvenzgericht übergeordneten **42** Landgerichts (vgl. o. RdNr. 4 f).[173] Jedenfalls für die Einlegung der Beschwerde besteht kein **Anwaltszwang.** Für eine von dem Beschwerdegericht angeordnete (§ 5 Abs. 3) mündliche Verhandlung wurde früher etwas Anderes vertreten.[174] Doch lässt sich dies wegen § 571 Abs. 4 Satz 1 ZPO nun wohl nicht mehr aufrechterhalten.[175]

l) Beschwerdegründe. Die sofortige Beschwerde kann auf neue Tatsachen und Beweise gestützt **43** werden (§ 4 i. V. m. § 571 Abs. 2 ZPO), aber auch auf Umstände, die schon vor Erlass der angefochtenen Entscheidung entstanden und geltend gemacht waren. Für das Vorbringen von neuen Angriffs- und Verteidigungsmitteln kann eine Frist gesetzt werden (§ 4 i. V. m. § 571 Abs. 3 Satz 1 ZPO; vgl. oben RdNr. 4 g). Werden die Angriffs- oder Verteidigungsmittel nicht innerhalb der Frist vorgebracht, so sind sie nur zuzulassen, wenn nach der freien Überzeugung des Gerichts ihre Zulassung die Erledigung des Verfahrens nicht verzögern würde oder wenn die Partei die Verspätung genügend entschuldigt. Die Vorschriften der §§ 530 bis 532 ZPO sind auf das Beschwerdeverfahren nicht anwendbar, weil es kein Verfahren mit notwendiger mündlicher Verhandlung ist. Entsprechend § 513 Abs. 2 ZPO kann die sofortige Beschwerde nicht auf die **örtliche Unzuständigkeit** des Insolvenzgerichts gestützt werden.[176] Das Rechtsmittel ist ggf. als unzulässig zu verwerfen.[177] Zulässig ist die Rüge der fehlenden **internationalen Zuständigkeit**.

m) Abhilfe durch Insolvenzgericht. Durch Art. 12 ZPO-RG wurde § 6 Abs. 2 Satz 2 aufge- **44** hoben. Diese Regelung wurde überflüssig, weil sich die **Abhilfebefugnis** nunmehr schon aus § 572 Abs. 1 ZPO ergibt. Die Abhilfe bezweckt, die kostenverursachende und zeitraubende Befassung des Beschwerdegerichts mit der Sache zu vermeiden, wenn gebotene Korrekturen der Erstentscheidung unschwer durch das Insolvenzgericht selbst vorgenommen werden können.

Die Abhilfemöglichkeit ist unabhängig davon, ob der Insolvenzrichter oder der **Insolvenz-** **45** **rechtspfleger** entschieden hat. Zwar hat der Gesetzgeber bei der Einführung der Abhilfemöglichkeit für den Richter (§ 6 Abs. 2 Satz 2 aF) ein vergleichbares Bedürfnis für den Rechtspfleger verneint. Wenn innerhalb desselben Gerichts der Richter und nicht der Rechtspfleger entscheide,

---

[167] GmS OGB BGHZ 144, 160, 162 ff. = NJW 2000, 2340; BGH NJW 2005, 2086, 2087.
[168] AA *Römermann/van der Moolen* EWiR 2000, 778.
[169] BGH, Beschl. v. 30.3.2006 – IX ZB 15/05, n. v.
[170] BGH NJW 2004, 1112, 1113 = NZI 2004, 166.
[171] *Jaeger/Gerhardt* § 6 RdNr. 31.
[172] *Jaeger/Gerhardt* § 6 RdNr. 31.
[173] Nach den Vorstellungen der Insolvenzrechtskommission hatte Beschwerdegericht ein Senat des übergeordneten OLG sein sollen (Begründung zu LS. 1.4).
[174] *Hoffmann* NZI 1999, 425, 429; *Jaeger/Weber* KO § 73 RdNr. 6.
[175] *Jaeger/Gerhardt* § 6 RdNr. 31.
[176] OLG Köln NJW-RR 1990, 895; LG Frankfurt/M. MDR 1990, 1022.
[177] Vgl. für die Berufung BGH NJW 1998, 1230.

bedeute dies keinen großen Unterschied für den zeitlichen Ablauf des Verfahrens.[178] Diese Begründung ließ außer Acht, dass mit der Neuregelung die bewährte Abhilfemöglichkeit bei Rechtsmitteln gegen Kosten- und Vergütungsfestsetzungen abgeschafft wurde. Sie ist außerdem inzwischen überholt, weil der Rechtsmittelzug bei einer sofortigen Beschwerde gegen eine Rechtspflegerentscheidung unmittelbar zum Beschwerdegericht führt. Nach § 11 Abs. 1 RPflG gelten für das Rechtsmittel gegen die Rechtspflegerentscheidung „die allgemeinen verfahrensrechtlichen Vorschriften". Damit sind diejenigen Vorschriften gemeint, die für ein Rechtsmittel gegen eine Entscheidung des Richters gelten würden. Eine „allgemeine Vorschrift" im Sinne des § 11 Abs. 1 RPflG ist aber auch § 572 Abs. 1 HS 1 ZPO.[179]

46 Eine Änderung des Verfahrensgegenstands[180] und in der Beschwerdeschrift enthaltenes **neues Vorbringen** müssen im Rahmen des Abhilfeverfahrens berücksichtigt werden. Wird eine Beschwerde ohne Begründung eingelegt, darf das Insolvenzgericht die Sache sofort vorlegen. Es braucht grundsätzlich nicht abzuwarten, ob der Beschwerdeführer eine Begründung nachreicht. Etwas anderes gilt, wenn der Beschwerdeführer eine Begründung ankündigt. Dann muss das Insolvenzgericht entweder diese abwarten oder für die Begründung eine angemessene Frist setzen. Unterlässt es beides, ist der Nichtabhilfebeschluss wegen Verletzung **rechtlichen Gehörs** (Art. 103 Abs. 1 GG) verfahrensfehlerhaft.[181] Bevor ein abändernder Beschluss ergeht, ist dem Gegner rechtliches Gehör zu gewähren. Im Falle einer Nichtabhilfeentscheidung bedarf es dessen nicht. War die Beschwerde ohne Begründung eingelegt und hatte der Beschwerdeführer eine Begründung auch nicht angekündigt oder hatte er die dafür gesetzte Frist versäumt, ist die Begründung, wenn sie schließlich eintrifft, nachdem das Insolvenzgericht die Sache dem Beschwerdegericht vorgelegt hatte, einfach an dieses weiterzuleiten.

47 Ob das Insolvenzgericht auch einer unzulässigen Beschwerde abhelfen kann, ist streitig.[182] Selbst im Falle einer unstatthaften Beschwerde wird man die Frage nicht generell verneinen können, weil das Insolvenzgericht unanfechtbare Entscheidungen in gewissen Grenzen von Amts wegen ändern kann (s.u. RdNr. 81). Besteht im Einzelfall eine derartige Änderungsmöglichkeit nicht, ist auch keine Abhilfemöglichkeit gegeben.

48 Über die **Abhilfe** hat das Insolvenzgericht **durch Beschluss** zu entscheiden. Eine bloße Vorlageverfügung genügt nicht. Aus dem Beschluss muss sich ergeben, ob und in welchem Umfang abgeholfen wird. Hatte der Beschwerdeführer neue Tatsachen vorgebracht, deren Erheblichkeit das Insolvenzgericht verneinen will, muss es den Nichtabhilfebeschluss **begründen**.[183] Hilft das Insolvenzgericht der Beschwerde vollständig ab, muss der Abhilfebeschluss eine Kostenentscheidung enthalten; andernfalls entscheidet das Beschwerdegericht über die Kosten (s.u. RdNr. 83 f.).

49 Der im Abhilfeverfahren ergehende Beschluss ist, gleichgültig welchen Inhalt er hat, den Beteiligten mitzuteilen. Soweit das Insolvenzgericht abhilft, ist die Beschwerde erledigt. Im Umfange der Abhilfe kann nunmehr ein anderer Beteiligter beschwert sein. Dann kann dieser gegen den Abhilfebeschluss eine sofortige Beschwerde gemäß § 6 Abs. 1 einlegen, wenn er eine Beschwerdemöglichkeit auch gehabt hätte, falls der Abhilfebeschluss als Erstentscheidung ergangen wäre.[184] Hilft das Insolvenzgericht teilweise ab, kann das Beschwerdegericht auf diese Weise mit zwei Beschwerden befasst werden. Der uneingeschränkte Nichtabhilfebeschluss ist unanfechtbar. Die Vorlage der Beschwerde, der nicht abgeholfen wird, an das Beschwerdegericht braucht der vorlegende Richter den am Beschwerdeverfahren Beteiligten nicht gesondert mitzuteilen.[185]

50 Die ordnungsgemäße Durchführung des Abhilfeverfahrens ist nicht Verfahrensvoraussetzung für das Beschwerdeverfahren.[186] Mit der Vorlage ist die Sache beim Beschwerdegericht angefallen, das alsdann über die sofortige Beschwerde zu entscheiden hat. Leidet das Nichtabhilfeverfahren unter wesentlichen Mängeln, hat der Beschwerdeführer etwa keine Möglichkeit erhalten, sein Rechtsmittel zu begründen, hat das Ausgangsgericht neues Vorbringen nicht berücksichtig oder fehlt eine

---

[178] Begr. zu § 6 RegE, BT-Drucks. 12/2443, S. 110.
[179] Vgl. OLG Stuttgart NJW 1999, 368; OLG München MDR 1999, 58; OLG Koblenz NJW-RR 1999, 941; OLG Zweibrücken NJW 1999, 2051; *Gerhardt,* FS Uhlenbruck S. 75, 88; *Jaeger/Gerhardt* § 6 RdNr. 34; HKInsO-*Kirchhof* § 6 RdNr. 31; aA OLG Karlsruhe NJW 1999, 1266, 1267; OLG Brandenburg NJW 1999, 1268; OLG Dresden NJW 1999, 2051; *Rellermeyer* Rpfleger 1998, 310; *Schneider* Rpfleger 1998, 499.
[180] OLG Köln ZInsO 2001, 420, 422.
[181] LG Erfurt ZIP 2003, 1955 = EWiR 2004, 561 *(Johlke/Schröder)*.
[182] Bejahend: OLG Nürnberg JurBüro 1962, 359; verneinend: LG München I ZInsO 2001, 425.
[183] *Hoffmann* NZI 1999, 425, 429; vgl. ferner OLG Hamburg OLGZ 1982, 391, 392 f.; LG München I ZInsO 2001, 425.
[184] *Jaeger/Gerhardt* § 6 RdNr. 37; HKInsO-*Kirchhof* § 6 RdNr. 31.
[185] *Jaeger/Gerhardt* § 6 RdNr. 34.
[186] Vgl. *Zöller/Gummer,* ZPO 29. Aufl. § 572 RdNr. 4.

Begründung der Nichtabhilfeentscheidung, kann das Beschwerdegericht jedoch den Nichtabhilfebeschluss aufheben und die Sache an das Insolvenzgericht zurückverweisen.

n) Keine aufschiebende Wirkung der Beschwerde. Die Beschwerde hat grundsätzlich keine aufschiebende Wirkung (§ 4 i. V. m. § 570 Abs. 1 ZPO). Das Insolvenzgericht, dessen Entscheidung angefochten wird, oder das Beschwerdegericht kann jedoch anordnen, dass ihre **Vollziehung auszusetzen** sei (§ 4 i. V. m. § 570 Abs. 2 und 3 HS 2 ZPO). Werden rechtsgestaltende Entscheidungen angefochten, die keiner Vollziehung bedürfen, geht die Aussetzung der Vollziehung ins Leere. Im Übrigen bewirkt die Aussetzung, dass das Verfahren in dem rechtlichen und tatsächlichen Zustand verbleibt, in dem es sich bei der Entscheidung befunden hat. Die Aussetzung der Vollziehung sollte deshalb auf solche Fälle beschränkt werden, in denen der Beschwerde eine erhebliche Erfolgsaussicht beigemessen wird. Der Eröffnungsbeschluss kann zwar außer Vollzug gesetzt werden; die kraft Gesetzes eintretenden Wirkungen des Eröffnungsbeschlusses (vgl. §§ 80, 89, 91) bleiben jedoch unberührt.[187] Gehemmt wird lediglich die Verwaltung und Verwertung des Schuldnervermögens durch den Insolvenzverwalter. Da dies in der Praxis zu unerwünschten Ergebnissen führen kann, sollte das Insolvenzgericht prüfen, ob statt der Aussetzung des Vollzuges nicht weniger einschneidende Anordnungen zu treffen sind (§ 4 i. V. m. § 570 Abs. 3 HS 1 ZPO).[188]

o) Anschlussbeschwerde. Gemäß § 567 Abs. 3 Satz 1 ZPO ist eine unselbständige Anschlussbeschwerde statthaft, sofern die angefochtene Entscheidung mit einer statthaften Hauptbeschwerde angegriffen ist. Die Anschließung ist auch dann möglich, wenn auf die Beschwerde verzichtet worden ist oder die Beschwerdefrist verstrichen ist. Ob mit der Anschlussbeschwerde andere Teile angegriffen werden können als mit der Hauptbeschwerde,[189] erscheint wegen der das Beschwerderecht einschränkenden Tendenz des § 6 fraglich. Für die Anschlussbeschwerde ist eine Beschwer nicht erforderlich. Ist die Hauptbeschwerde unzulässig oder wird sie zurückgenommen, wird die unselbständige Anschlussbeschwerde wirkungslos (§ 567 Abs. 3 Satz 2 ZPO).[190]

p) Rücknahme der sofortigen Beschwerde. Solange nicht über die sofortige Beschwerde entschieden ist, kann der Beschwerdeführer sie zurücknehmen (§ 516 Abs. 1 ZPO analog). Dann hat das Beschwerdegericht, wenn es die Wirksamkeit der Rücknahme bejaht, durch Verlustigkeitsbeschluss – zugleich über die Kosten – zu entscheiden (§ 516 Abs. 3 Satz 1, 2 ZPO analog).

q) Grundsätze des Beschwerdeverfahrens. Grundsätzlich ist die Zulässigkeit eines Rechtsmittels vor dessen Begründetheit zu prüfen. Im Beschwerdeverfahren gilt dies jedoch nicht ausnahmslos. Ist eine sofortige Beschwerde jedenfalls unbegründet, hat ihre Zurückweisung keine weitergehenden Folgen als ihre Verwerfung (so z. B. bei der Verwerfung/Zurückweisung einer sofortigen Beschwerde gegen einen Eröffnungsbeschluss) und stehen auch im Übrigen die Interessen der Parteien nicht entgegen, kann unabhängig von der Zulässigkeit der sofortigen Beschwerde eine Sachentscheidung über sie ergehen.[191]

Das Beschwerdegericht ist als vollwertige zweite Tatsacheninstanz[192] ebenfalls „Insolvenzgericht". Es ist daher nicht gehindert, die angefochtene Entscheidung mit einer anderen Begründung zu bestätigen.[193] Hat das Insolvenzgericht einen Antrag auf Eröffnung des Insolvenzverfahrens abgewiesen, hat das Beschwerdegericht über diesen Antrag nach dem Sach- und Streitstand im Zeitpunkt der Beschwerdeentscheidung neu zu entscheiden.[194] Sind die Voraussetzungen für die Eröffnung des Insolvenzverfahrens erst im Verfahren der sofortigen Beschwerde gegen die Abweisung mangels Masse gegeben, kann das Beschwerdegericht die Eröffnung selbst beschließen.[195] Im umgekehrten Fall der sofortigen Beschwerde gegen den Eröffnungsbeschluss gilt dies insofern nicht, als die Insolvenzordnung einen Insolvenzgrund im Zeitpunkt der Eröffnung voraussetzt; auch hier hat das Beschwerdegericht jedoch aufgrund des Sach- und Streitstandes im Zeitpunkt seiner Entscheidung zu entscheiden.[196] Wird – zulässigerweise – eine Entscheidung angefochten, die auf einer Ermessensausübung beruht (zB die Entlassung des Insolvenzver-

---

[187] *Jaeger/Gerhardt* § 6 RdNr. 33; *Kübler/Prütting* § 6 RdNr. 25.
[188] *Jaeger/Gerhardt* § 6 RdNr. 33.
[189] So HKInsO-*Kirchhof* § 6 RdNr. 14.
[190] Zur Kostenentscheidung bei Unzulässigkeit vgl. BGH NJW-RR 1994, 762, bei Rücknahme BGHZ 4, 233 ff.
[191] BGH NZI 2006, 606.
[192] BGH NZI 2007, 166 RdNr. 20; NZI 2008, 391 RdNr. 6; NZI 2009, 864 RdNr. 3; ZIP 2012, 583 RdNr. 5; NZI 2012, 619 RdNr. 16.
[193] BGH NZI 2009, 864 RdNr. 3.
[194] BGH NZI 2008, 391 RdNr. 7.
[195] LG Potsdam NZI 2002, 554, 555.
[196] BGHZ 169, 17 RdNr. 8 ff, 10 = NJW 2006, 3553 = NZI 2006, 693.

walters),¹⁹⁷ so hat das Beschwerdegericht eine eigene Ermessenskompetenz.¹⁹⁸ Eine Antragserweiterung ist im Beschwerdeverfahren uneingeschränkt zulässig, auch dann, wenn dafür neue (oder andere) Tatsachen vorgetragen werden müssen (vgl. § 571 Abs. 2 Satz 1, Abs. 3 ZPO).¹⁹⁹ Es gelten die allgemeinen Verfahrensgrundsätze des § 5, namentlich der Untersuchungsgrundsatz.

54   **r) Entscheidung des Beschwerdegerichts.** Das **Beschwerdegericht** (vgl. o. RdNr. 4 f) kann ohne **mündliche Verhandlung** entscheiden (§ 4 i. V. m. § 128 Abs. 4 ZPO). Hatte das Insolvenzgericht das Recht eines Beteiligten auf rechtliches Gehör missachtet, kann das Beschwerdegericht den Verstoß heilen, indem es nunmehr rechtliches Gehör gewährt.²⁰⁰ Das Beschwerdegericht entscheidet durch **Beschluss** (§ 4 i. V. m. § 572 Abs. 4 ZPO). Dieser muss eine **Sachverhaltsdarstellung** und eine **Begründung** enthalten, wenn die Rechtsbeschwerde zugelassen wird (§ 4 i. V. m. § 547 Nr. 6, § 576 Abs. 3 ZPO). Beschlüsse, welche der Rechtsbeschwerde unterliegen, müssen den maßgeblichen Sachverhalt, über den entschieden wird, wiedergeben und den Streitgegenstand und die Anträge in beiden Instanzen erkennen lassen. Anderenfalls sind sie nicht mit den nach dem Gesetz erforderlichen Gründen versehen (§ 4 i. V. m. § 577 Abs. 2 Satz 4, § 559 ZPO) und unterliegen allein wegen dieses Mangels, welcher auch ohne Rüge von Amts wegen zu berücksichtigen ist, der Aufhebung.²⁰¹ Seit die Rechtsbeschwerde nach Aufhebung des § 7 nicht mehr kraft Gesetzes statthaft ist, hat das Beschwerdegericht außerdem über die **Zulassung der Rechtsbeschwerde** zu befinden.²⁰² Der Beschluss ist dem Unterlegenen zuzustellen (§ 4 i. V. m. § 329 Abs. 3 ZPO). Hat eine mündliche Verhandlung stattgefunden, ist er obendrein zu verkünden (§ 4 i. V. m. § 329 Abs. 1 ZPO).

55   Hält das Beschwerdegericht die Beschwerde für unzulässig, ist diese zu verwerfen (§ 4 i. V. m. § 572 Abs. 2 Satz 2 ZPO). Eine unbegründete Beschwerde ist zurückzuweisen. Wird diese für begründet erachtet, hebt das Beschwerdegericht die angefochtene Entscheidung auf und entscheidet entweder in der Sache selbst²⁰³ oder verweist diese an das Insolvenzgericht zurück (§ 4 i. V. m. § 572 Abs. 3 ZPO). Das Beschwerdegericht hat weiter gehende Befugnisse zur Zurückverweisung als das Berufungsgericht (vgl § 538 Abs. 2 ZPO). Die Zurückverweisung an die erste Instanz ist allerdings ausgeschlossen, wenn bereits der BGH an das Beschwerdegericht zurückverwiesen hatte. Wer nach Zurückverweisung an die erste Instanz die neuerliche Entscheidung zu treffen hat, ergibt sich aus der ursprünglichen funktionellen Zuständigkeitsverteilung zwischen Rechtspfleger und Richter (s.o. § 2 RdNr. 20 ff.). Das Insolvenzgericht ist nach der Zurückverweisung an die tragenden Gründe der Beschwerdeentscheidung gebunden (§ 4 i. V. m. § 577 Abs. 4 Satz 4 ZPO). Gebunden ist auch das Beschwerdegericht selbst, wenn es sich mit derselben Sache ein zweites Mal befassen muss, weil die nach Zurückverweisung ergangene Entscheidung des Insolvenzgerichts wiederum angefochten wird (sog. **Rückbindung**). Es kann seiner Entscheidung nicht eine andere Rechtsauffassung zu Grunde legen als die, auf der sein zurückverweisender Beschluss beruhte.²⁰⁴ In dem Umfang, in welchem das Beschwerdegericht an seine aufhebende Entscheidung gebunden ist, ist auch das Rechtsbeschwerdegericht gebunden. Hält sich das Beschwerdegericht an die Bindung, die durch die erste zurückverweisende Entscheidung entstanden ist, kann darin keine Rechtsverletzung liegen; die frühere Entscheidung steht nicht zur Überprüfung durch das Rechtsbeschwerdegericht.²⁰⁵ Zum Verbot der Schlechterstellung siehe RdNr. 72. Wegen der Kosten der Beschwerde vgl. unten RdNr. 83 ff., der Wirksamkeit der Beschwerdeentscheidung unten RdNr. 74 ff.

55a   Wird mit der sofortigen Beschwerde ein neuer **Hilfsantrag** gestellt, darf das Beschwerdegericht dessen Bescheidung nicht wegen Fehlens einer Abhilfeentscheidung unterlassen, weil sich diese nicht auf den Hilfsantrag beziehen konnte.²⁰⁶

56   Wird ein am Beschwerdeverfahren Beteiligter (insbesondere der Beschwerdegegner) durch die Beschwerdeentscheidung erstmals beschwert, kann er sich dagegen mit der Rechtsbeschwerde zur

---

¹⁹⁷ *Jaeger/Gerhardt* § 59 RdNr. 6; HK-*Eickmann* § 59 RdNr. 4.
¹⁹⁸ BGH ZIP 2012, 583 RdNr. 6; *Gerhardt*, FS Uhlenbruck S. 75, 95; *Jaeger/Gerhardt* § 6 RdNr. 42; HKInsO-*Kirchhof* § 6 RdNr. 33.
¹⁹⁹ BGH NZI 2007, 166 RdNr. 20.
²⁰⁰ BVerfG KTS 2002, 679; BGH ZVI 2004, 24 f.; NZI 2011, 282 RdNr. 9 ff.; KG NZI 2001, 379, 380; OLG Köln ZInsO 2000, 397.
²⁰¹ BGH NZI 2006, 481 RdNr. 6; NZI 2008, 391 RdNr. 3; NZI 2009, 325 RdNr. 5; NZI 2011, 714 RdNr. 6
²⁰² S. dazu unten unter V. 2a bb, RdNr. 96 ff.
²⁰³ Zur Eröffnung des Insolvenzverfahrens durch das Beschwerdegericht vgl. BGH NZI 2008, 391; LG Potsdam NZI 2002, 554.
²⁰⁴ BGHZ 159, 122, 127 = NZI 2004, 440; NZI 2009, 384 RdNr. 9.
²⁰⁵ BGH NZI 2009, 384 RdNr. 9.
²⁰⁶ BGH ZIP 2007, 188.

Sofortige Beschwerde 57–61 § 6

Wehr setzen,[207] falls der Gegenstand der Entscheidung nach der InsO beschwerdefähig ist. Dass ein am Beschwerdeverfahren bisher nicht beteiligter Dritter durch die Beschwerdeentscheidung erstmals beschwert wird, sollte eigentlich nicht vorkommen. Geschieht dies dennoch, kann er jedenfalls keine Rechtsbeschwerde einlegen. Im Übrigen ist umstritten, ob und wie sich der Dritte zur Wehr setzen kann. Nach der einen Auffassung steht ihm die sofortige (Erst-) Beschwerde zur Verfügung.[208] Nach anderer Ansicht wird eine Gegenvorstellung oder – als ultima ratio – eine außerordentliche Beschwerde wegen greifbarer Gesetzwidrigkeit befürwortet.[209] Der zuletzt genannten Auffassung ist zu folgen. Das im Instanzenzug übergeordnete Gericht ist der BGH, und dieser kann nicht mit einer sofortigen (Erst-)Beschwerde, die auch eine Tatsachenprüfung mit sich brächte, befasst werden. Zur sofortigen Beschwerde gegen eine Abhilfeentscheidung, durch die ein anderer erstmals beschwert wird, vgl. o. RdNr. 44.

2. Weitere Rechtsbehelfe. a) Erinnerung. aa) gegen Entscheidungen des beauftragten oder ersuchten Richters. Insoweit findet eine befristete Erinnerung statt (§ 4 i. V. m. § 573 Abs. 1 ZPO), über die das mit der Sache selbst befasste (Insolvenz-) Gericht zu entscheiden hat. Gegen dessen Entscheidung ist die sofortige Beschwerde gegeben (§ 4 i. V. m. § 573 Abs. 2 ZPO). 57

bb) gegen Entscheidungen des Rechtspflegers. Durch das Dritte Gesetz zur Änderung des Rechtspflegergesetzes vom 6. August 1998[210] sind die Rechtsbehelfe gegen Entscheidungen des Rechtspflegers neu geordnet worden. Sieht die InsO gegen eine bestimmte Entscheidung das Rechtsmittel der sofortigen Beschwerde ausdrücklich vor (§ 6 Abs. 1), so unterliegt die Entscheidung auch dann der **sofortigen Beschwerde**, wenn sie der Insolvenz-Rechtspfleger erlassen hat. Der Rechtsmittelzug führt vom Insolvenz-Rechtspfleger direkt zum Landgericht als Beschwerdegericht (§ 11 Abs. 1 RPflG). Der Insolvenzrichter beim Amtsgericht wird also übergangen. Vielfach wird sich diese Gestaltung des Rechtsmittelzugs verfahrensverzögernd auswirken. Im Einzelnen gelten die vorstehenden Ausführungen der RdNr. 6 ff. Zur Abhilfemöglichkeit des Rechtspflegers siehe RdNr. 45. 58

Sieht die InsO die sofortige Beschwerde nicht vor, ist gegen die Entscheidung des Insolvenz-Rechtspflegers die befristete **Erinnerung** gegeben (§ 11 Abs. 2 Satz 1 RPflG).[211] Das Enumerationsprinzip gilt insofern nicht. Die Erinnerung findet zB statt gegen eine Entscheidung des Insolvenz-Rechtspflegers über die Erteilung einer titelergänzenden oder titelübertragenden Vollstreckungsklausel (§ 20 Nr. 12 RPflG).[212] Ausgeschlossen ist die Erinnerung gemäß § 11 Abs. 3 Satz 2 HS 2 RPflG nur gegen die Entscheidungen über die Gewährung eines Stimmrechts (§§ 77, 237 und 238). Hat sich die Entscheidung des Rechtspflegers auf das Ergebnis einer Abstimmung ausgewirkt, so kann der Richter auf Antrag eines Gläubigers oder des Insolvenzverwalters das Stimmrecht neu festsetzen und die Wiederholung der Abstimmung anordnen; der Antrag kann nur bis zu dem Schluss des Termins gestellt werden, in dem die Abstimmung stattgefunden hat (§ 18 Abs. 3 Satz 2 RPflG). 59

Die Erinnerung ist binnen der für die sofortige Beschwerde geltenden **Frist** einzulegen (§ 11 Abs. 2 Satz 1 RPflG i. V. m. § 6), und zwar beim Amtsgericht als Insolvenzgericht. Wie die sofortige Beschwerde (vgl. RdNr. 51) hat auch die befristete Erinnerung keine aufschiebende Wirkung (vgl. § 11 Abs. 2 Satz 4 RPflG). Einer befristeten Erinnerung konnte der Rechtspfleger früher nicht **abhelfen** (§ 11 Abs. 2 Satz 1 RPflG aF). Das ist nach der Neufassung (vgl. § 11 Abs. 2 Satz 2 RPflG) anders. Nunmehr hat der Rechtspfleger auch hier zu prüfen, ob er der Erinnerung abhilft.[213] Hilft er ganz oder teilweise nicht ab, legt er die Sache dem Richter vor (§ 11 Abs. 2 Satz 3 RPflG). Hilft er ab, kann dadurch ein anderer Beteiligter beschwert werden; ggf. kann nun dieser seinerseits Erinnerung einlegen.[214] 60

Über die Erinnerung entscheidet abschließend der Insolvenz-Richter beim Amtsgericht. Entweder gibt er der Erinnerung statt oder er weist sie zurück. Die früher gegebene „**Durchgriffserinnerung**" ist abgeschafft. Weist der Richter die Erinnerung zurück, hat der Betroffene hiergegen keine Beschwerdemöglichkeit, weil es sich in den Fällen des § 11 Abs. 2 RPflG nicht um einen nach § 6 Abs. 1 beschwerdefähigen Gegenstand handelt. Gibt der Richter der Erinnerung – ganz oder teil- 61

---

[207] BGH NZI 2006, 239; HKInsO-*Kirchhof* § 7 RdNr. 41; *Nerlich/Römermann/Becker* § 6 RdNr. 80.
[208] HKInsO-*Kirchhof* § 7 RdNr. 8.
[209] *Nerlich/Römermann/Becker* § 6 RdNr. 80.
[210] BGBl. I S. 2030.
[211] Vgl. BGH NZI 2003, 31.
[212] S. u. § 202 RdNr. 39 *(Hintzen)*.
[213] *Jaeger/Gerhardt* § 6 RdNr. 20, 36; *Nerlich/Römermann/Becker* § 6 RdNr. 14; *Gerhardt*, FS Uhlenbruck S. 75, 88.
[214] *Nerlich/Römermann/Becker* § 6 RdNr. 14.

weise – statt, kann ein anderer Beteiligter zwar dadurch beschwert werden. Für diesen Beteiligten ist aber ebenfalls keine Beschwerdemöglichkeit eröffnet. Im Wege einer Zwischenentscheidung kann der Richter – sobald die Erinnerung ihm vorgelegt worden ist – die Vollziehung der angefochtenen Entscheidung aussetzen (§ 4 i. V. m. § 11 Abs. 2 Satz 4 RPflG). Wird gegen die ursprüngliche Entscheidung des Insolvenz-Rechtspflegers eine nicht statthafte sofortige Beschwerde eingelegt, ist diese nicht als unzulässig zu verwerfen;[215] vielmehr ist der Rechtsbehelf – unter Aufhebung der Vorlageverfügung des Rechtspflegers – an das Amtsgericht zur eigenen abschließenden Entscheidung nach § 11 Abs. 2 RPflG zurückzugeben.[216]

62 **cc) gegen Entscheidungen des Urkundsbeamten.** Weigert sich der hierfür zuständige (§ 724 Abs. 2 ZPO) Urkundsbeamte der Geschäftsstelle, eine **vollstreckbare Ausfertigung aus der Tabelle** gem. § 201 Abs. 2 Satz 1 zu erteilen, kann der Betroffene hiergegen mit der befristeten Erinnerung die Entscheidung des Amtsgerichts anrufen, bei dem das Insolvenzverfahren anhängig war (§ 4 i. V. m. § 573 Abs. 1 ZPO).[217] Lehnt das Amtsgericht das Ersuchen gleichfalls ab, ist hiergegen die sofortige Beschwerde statthaft (§ 4 i. V. m. § 573 Abs. 2 ZPO). Entsprechendes gilt auch bei Verweigerung der **Akteneinsicht**[218] (zur Verweigerung durch den Insolvenzrichter s.u. RdNr. 68). Gegen die Entscheidung des Amtsgerichts ist sodann die sofortige Beschwerde gegeben (s.u. RdNr. 68).

63 **dd) gegen Maßnahmen der Zwangsvollstreckung.** Wird das Vollstreckungsverbot des § 89 im Einzelfall nicht beachtet, so ist nach allgemeinem Vollstreckungsrecht die **Erinnerung** statthaft (§ 766 Abs. 1 Satz 1 ZPO).[219] Die Erinnerung ist an keine Frist gebunden.[220] Jedenfalls bei der Vollstreckung in eine bewegliche Sache des Schuldnervermögens entscheidet nicht das Vollstreckungsgericht, sondern das – sachnähere – Insolvenzgericht (§ 89 Abs. 3 Satz 1). Dieses ist bereits im Eröffnungsverfahren zuständig.[221] Hier entscheidet das Insolvenzgericht „als Vollstreckungsgericht".[222] Deshalb richtet sich der Rechtsmittelzug nach den allgemeinen vollstreckungsrechtlichen Vorschriften. Funktionell zuständig ist nicht der Rechtspfleger, sondern der Richter (§ 20 Nr. 17 RPflG).[223] Vor dessen Entscheidung hat das Vollstreckungsorgan die Abhilfemöglichkeit zu prüfen. Betrifft die Zwangsvollstreckung einen unbeweglichen Gegenstand des Schuldnervermögens, ist streitig, ob über die Erinnerung das Insolvenzgericht[224] oder das Vollstreckungsgericht[225] zu entscheiden hat. Verneint das Insolvenzgericht einen Verstoß gegen § 89 Abs. 1 und 2 und bestreitet der Erinnerungsführer die Zulässigkeit der Zwangsvollstreckung noch unter anderen Gesichtspunkten, muss das Insolvenzgericht den Fall an das Vollstreckungsgericht abgeben, falls es nicht nach dem Geschäftsverteilungsplan zugleich dessen Aufgaben wahrnimmt.[226] Das Insolvenzgericht kann auch vorläufigen Rechtsschutz gewähren (§ 89 Abs. 3 Satz 2). Gegen Entscheidungen des Grundbuchamts – etwa die Ablehnung der Eintragung einer Zwangs- oder Arresthypothek – stehen die grundbuchrechtlichen Rechtsbehelfe zur Verfügung (§§ 71 ff. GBO).[227]

64 Gibt der Richter der Erinnerung nicht statt, so ist dagegen die **sofortige Beschwerde** (§ 793 Abs. 1 ZPO) gegeben.[228] Hat die angegriffene Maßnahme Entscheidungscharakter, so ist von vornherein nur die sofortige Beschwerde nach § 4 i. V. m. § 793 Abs. 1 ZPO statthaft (vgl. RdNr. 68).[229] Dies ist zB der Fall, wenn das Insolvenzgericht in Überschreitung seiner Kompetenzen aus § 21 Abs. 2 Nr. 3 die Herausgabevollstreckung eines aussonderungsberechtigten Gläubigers untersagt.

---

[215] So jedoch LG Dortmund NZI 2000, 182, 183.
[216] OLG Köln NZI 2000, 529, 530.
[217] AG Göttingen ZVI 2008, 447, 450; *Jaeger/Gerhardt* § 6 RdNr. 10; *Uhlenbruck/I. Pape* § 6 RdNr. 7.
[218] *Zöller/Greger*, ZPO 25. Aufl. § 299 RdNr. 5g.
[219] BGH NZI 2004, 278; 2004, 447.
[220] *App* NZI 1999, 138, 140.
[221] *Hintzen* ZInsO 1998, 174, 176.
[222] BGH NZI 2004, 278 = EWiR 2004, 1231 (*Lüke/Ellke*); 2004, 447.
[223] BGH NZI 2004, 278 = EWiR 2004, 1231 (*Lüke/Ellke*); HKInso-*Kayser* § 89 RdNr. 35; aA – Rechtspfleger zuständig – *Althammer/Löhnig* KTS 2004, 525, 528.
[224] So zB *Breuer*, unten § 89 RdNr. 38; *Kübler/Prütting/Lüke* § 89 RdNr. 34; *Breutigam/Blersch/Goetsch* § 89 RdNr. 13.
[225] So zB *Landfermann*, Kölner Schrift, 2. Aufl., S. 159, 170 RdNr. 36; *Zöller/Stöber*, ZPO 29. Aufl. § 766 RdNr. 26; *Nerlich/Römermann/Wittkowski* § 89 RdNr. 30.
[226] *App* NZI 1999, 138, 140.
[227] *Nerlich/Römermann/Wittkowski* § 89 RdNr. 26, 30; *Landfermann*, Kölner Schrift, 2. Aufl., S. 159, 170 RdNr. 36; aA *Kübler/Prütting/Lüke* § 89 RdNr. 36; *Breutigam/Blersch/Goetsch* § 89 RdNr. 13.
[228] LG Traunstein NZI 2000, 438.
[229] BGH NZI 2004, 278; 2004, 447; 2006, 246, 247; OLG Köln NZI 2002, 554.

b) Einfache Beschwerde. Der Anwendungsbereich der **einfachen Beschwerde** ist durch das 65
ZPO-RG vom 27.7.2001[230] wesentlich eingeschränkt worden.[231] Sie findet praktisch nur noch statt
gegen den Kostenansatz (§ 66 Abs. 2 GKG) und die Festsetzung des Gegenstandswerts (§ 68 GKG).
In diesen Fällen gelten weder die Verfahrensvorschriften des § 6 noch die der §§ 567 ff. ZPO.[232]
Die unbefristete **Kostenbeschwerde** findet statt, wenn eine vorgeschaltete, ebenfalls an keine Frist
gebundene Erinnerung fruchtlos geblieben ist. Werden Erinnerung und Beschwerde für begründet
erachtet, hat das Erstgericht abzuhelfen.[233] Erinnerung und Beschwerde haben keine aufschiebende
Wirkung (§ 66 Abs. 7 Satz 1 GKG); die aufschiebende Wirkung kann jedoch angeordnet werden
(§ 66 Abs. 7 Satz 2 GKG). Eine (Erst-) Beschwerde an den BGH ist nicht statthaft (§ 66 Abs. 3 Satz 3
GKG). Unter den Voraussetzungen des § 66 Abs. 4 GKG ist jedoch eine weitere Beschwerde statthaft.
Hierüber entscheidet das OLG (§ 66 Abs. 4 Satz 3 GKG). Die **Streitwertbeschwerde** ist
befristet (§ 68 Abs. 1 Satz 3 i. V. m. § 63 Abs. 3 Satz 2 GKG). Sie hat aufschiebende Wirkung
(Umkehrschluss aus § 68 Abs. 1 Satz 5 i. V. m. § 66 Abs. 7 GKG). Das Insolvenzgericht kann der
Beschwerde abhelfen (§ 68 Abs. 1 Satz 5 i. V. m. § 66 Abs. 3 Satz 1 GKG).[234] Die (Erst-) Beschwerde
an den BGH ist unstatthaft (§ 68 Abs. 1 Satz 5 i. V. m. § 66 Abs. 3 Satz 4 GKG). Gegen die Entscheidung
des Beschwerdegerichts ist die weitere Beschwerde zulässig (§ 68 Abs. 1 Satz 6 GKG). Hierfür
ist das OLG zuständig (§ 68 Abs. 1 Satz 5 i. V. m. § 66 Abs. 4 Satz 3 GKG).

c) Sofortige Beschwerde außerhalb des § 6. Im selben Maße, wie der Anwendungsbereich 66
der einfachen Beschwerde eingeschränkt worden ist, hat derjenige der sofortigen Beschwerde eine
Ausweitung erfahren. Als Beschwerde kennt die ZPO nur noch die letztere (§ 567 ZPO). Gleichwohl
muss, wenn eine sofortige Beschwerde eingelegt werden soll, die insolvenzrechtliche sorgsam
von anderen Instanzenzügen, insbesondere dem zivilprozessualen, unterschieden werden.

Im Verfahren der **Prozesskostenhilfe** ist seit dem Inkrafttreten des ZPO-Reformgesetzes[235] eine 67
sofortige Beschwerde (§ 127 Abs. 2, 3 ZPO) und zusätzlich die Rechtsbeschwerde möglich. Die
Vorschrift des § 6 findet auf Prozesskostenhilfeentscheidungen, die in Insolvenzverfahren ergehen,
nach wie vor keine Anwendung. Zwar kann nicht bezweifelt werden, dass bei einem zurückgewiesenen
Antrag auf Bewilligung von Prozesskostenhilfe eine Entscheidung des Insolvenzgerichts vorliegt.
Damit der insolvenzrechtliche Beschwerdeweg eröffnet ist, muss aber nach § 6 Abs. 1 noch hinzukommen,
dass „durch die InsO" ein Rechtsmittel zugelassen wird. Das ist hier nicht der Fall.
Ob die Entscheidung Fragen aus dem Insolvenzrecht betrifft, ist ohne Belang. Die Prüfung der
Erfolgsaussicht soll nicht dazu dienen, die Rechtsverfolgung oder -verteidigung selbst in das Nebenverfahren
der Prozesskostenhilfe vorzuverlagern und dieses an die Stelle des Hauptsacheverfahrens
treten zu lassen.[236]

Die sofortige Beschwerde ist ferner statthaft gegen Entscheidungen darüber, ob ein Gegenstand 68
der Pfändung unterliegt und somit vom **Insolvenzbeschlag** erfasst wird (§ 36 Abs. 4),[237] **Kostengrundentscheidungen**
(§ 4 i. V. m. § 91a Abs. 2 Satz 1, § 269 Abs. 3 Satz 5 ZPO),[238] die Zurückweisung
eines **Ablehnungsgesuchs** (§ 4 i. V. m. § 46 Abs. 2, § 49 ZPO, § 10 RPflG),[239] den Ausschluss
von Bevollmächtigten nach den Bestimmungen des Rechtsdienstleistungsgesetzes oder nach
§ 157 ZPO[240] oder den eine **Wiedereinsetzung** versagenden (§ 4 i. V. m. § 238 Abs. 3 ZPO)[241]
Beschluss. Ein Gleiches gilt bei Ablehnung der von einem Verfahrensbeteiligten beantragten[242]
Akteneinsicht oder der Verweigerung der Erteilung von Abschriften durch den Insolvenzrichter

---

[230] BGBl. I S. 1887.
[231] Für Beschwerden gegen Entscheidungen, die vor dem 1.1.2002 ergangen sind, beachte die Übergangsvorschrift in § 26 Nr. 10 EGZPO.
[232] OLG Köln ZIP 1999, 586, 587; *Gerhardt*, FS Uhlenbruck, S. 75, 80; HKInsO-*Kirchhof* § 6 RdNr. 12; *Hartmann*, Kostengesetze 35. Aufl. § 68 GKG RdNr. 3.
[233] *Hartmann*, Kostengesetze 35. Aufl. § 66 GKG RdNr. 41.
[234] *Hartmann*, Kostengesetze 35. Aufl. § 68 GKG RdNr. 16.
[235] ZPO-RG v. 27.7.2001 (BGBl. I S. 1887).
[236] BVerfG NJW 1991, 413.
[237] BGH NZI 2006, 246, 247; 2006, 420; 2006, 697; 2006, 699; *Grote* ZInsO 2000, 490, 491; *Vallender* NZI 2001, 561, 562; HambKomm-*Lüdtke* § 36 RdNr. 58. Nach aA (OLG Köln NZI 2000, 529, 531; OLG Hamburg NZI 2001, 320) handelt es sich hierbei um eine Entscheidung im Insolvenzverfahren, für die der Rechtspfleger zuständig und gegen die deshalb die befristete Erinnerung gemäß § 11 Abs. 2 Satz 1 RPflG eröffnet ist.
[238] Der Beschwerdewert muss 600 € übersteigen (§ 269 Abs. 5 Satz 1 iVm. § 511 Abs. 2 Nr. 1 ZPO).
[239] *Jaeger/Gerhardt* § 6 RdNr. 12.
[240] BGH NZI 2004, 456.
[241] Vgl. OLG Brandenburg ZInsO 2001, 75.
[242] Gegen die Versagung der von Dritten beantragten Akteneinsicht ist nach Art. 23 ff. EGGVG vorzugehen, vgl. *Musielak/Huber* ZPO 4. Aufl. § 299 RdNr. 5.

(zur Ablehnung durch den Urkundsbeamten der Geschäftsstelle s.o. RdNr. 63),[243] die Festsetzung der Gebühren von Zeugen und Sachverständigen, die gemäß § 5 Abs. 1 Satz 2 vernommen wurden, die Festsetzung von **Ordnungsmitteln** gegen solche Personen (§ 4 i. V. m. § 380 Abs. 3, § 390 Abs. 3, § 409 Abs. 2 ZPO; vgl. auch RdNr. 69) sowie die gegen **§ 18 SchuldverschrG**[244] verstoßende Ablehnung des Antrags, die Gläubigerversammlung einzuberufen.[245] Erklärt das Amtsgericht, bei dem das Verfahren anhängig war, die Weigerung der Geschäftsstelle, eine **vollstreckbare Tabellausfertigung** gemäß § 201 Abs. 2 Satz 1 zu erteilen, trotz Erinnerung (s.o. RdNr. 63) für berechtigt, ist dagegen die sofortige Beschwerde gegeben (§ 4 i. V. m. § 567 ZPO).[246] Eine Rechtsbeschwerde muss vom Beschwerdegericht zugelassen werden (§ 4 i. V. m. § 574 Abs. 1 Nr. 2 ZPO; dazu § 7 RdNr. 24).

69 Gegen die Festsetzung von **Ordnungsmitteln** wegen Ungebühr (§ 4 i. V. m. §§ 178, 180 GVG; vgl. auch RdNr. 68) kann binnen einer Frist von einer Woche nach ihrer Bekanntmachung Beschwerde zum Oberlandesgericht eingelegt werden (§ 4 i. V. m. § 181 GVG). Es handelt sich der Sache nach ebenfalls um eine sofortige Beschwerde,[247] auf die jedoch die §§ 567 ff. ZPO nicht anwendbar sind.[248] Auch hier (vgl. zum selben Problem bei der sofortigen Beschwerde nach § 6 oben RdNr. 20) erledigt sich ein Beschwerdeverfahren nicht durch die Beendigung des Insolvenzverfahrens. Da das Ordnungsmittel auch noch danach vollstreckt werden kann, ist die Beschwer des Betroffenen nicht weggefallen.[249]

70 d) **Außerordentliche Beschwerde wegen „greifbarer Gesetzwidrigkeit" und Rechtsschutz gegen tiefgreifende Grundrechtseingriffe.** Nachdem die Entscheidungen der Insolvenzgerichte grundsätzlich unanfechtbar sind (oben RdNr. 6), war damit zu rechnen, dass nach dem Inkrafttreten der InsO vermehrt Beschwerden wegen „greifbarer Gesetzwidrigkeit" eingelegt werden würden. Unter diesem Gesichtspunkt wurde eine an sich nicht eröffnete (oder gesetzlich ausgeschlossene) Beschwerde nur ganz ausnahmsweise in Fällen „krassen Unrechts" zugelassen. Ein solcher Fall wurde angenommen, wenn die angefochtene Entscheidung mit der geltenden Rechtsordnung schlechthin unvereinbar war, weil sie jeder gesetzlichen Grundlage entbehrte und inhaltlich dem Gesetz fremd war.[250] Ggf. verstieß, so wurde gesagt, die Entscheidung gegen das insbesondere aus Art. 3 Abs. 1, 20 Abs. 3 GG folgende Verbot willkürlicher Rechtsanwendung.[251] Insofern verlagerte die Zulassung der außerordentlichen Beschwerde den Verfassungsrechtsschutz in die Fachgerichtsbarkeit.[252]

71a Es wurde jedoch alsbald ausgesprochen, dass die Verletzung rechtlichen Gehörs (Art. 103 Abs. 1 GG) für sich allein noch keine zusätzliche Instanz eröffnet, sondern nur die Möglichkeit einer Gegenvorstellung bei dem Gericht bietet, das die Entscheidung erlassen hat (insofern ist nunmehr die Gehörsrüge eröffnet, vgl. unten RdNr. 90).[253] Das Gleiche gilt im Falle eines Verstoßes gegen den Gleichheitssatz in Verbindung mit dem Rechtsstaatsprinzip.[254] Beseitigt das Gericht nach Überprüfung seiner Entscheidung den Verstoß nicht, kann jedoch eine außerordentliche Beschwerde statthaft sein.[255] Ein derartiger Fall war bisher nicht zu entscheiden.

71b Nach mittlerweile gefestigter Rechtsprechung des BGH schließt das Enumerationsprinzip ein Rechtsmittel gegen eine gerichtliche Maßnahme im Rahmen der Amtsermittlungspflicht gemäß § 5 allerdings dann nicht aus, wenn die Maßnahme von vornherein außerhalb der Befugnisse liegt, die das Gesetz dem Insolvenzgericht verliehen hat, und in Grundrechte des Betroffenen eingreift.[256]

---

[243] Vgl. *Zöller/Greger* ZPO 29. Aufl. § 299 RdNr. 5.
[244] Neu gefasst durch Art. 53 EGInsO.
[245] *Jaeger/Gerhardt* § 6 RdNr. 25 f.
[246] *Jaeger/Gerhardt* § 6 RdNr. 10.
[247] *Zöller/Gummer*, ZPO 25. Aufl. § 181 GVG RdNr. 2; *Jaeger/Gerhardt* § 6 RdNr. 12.
[248] *Zöller/Gummer*, ZPO 25. Aufl. § 181 GVG RdNr. 2.
[249] OLG Karlsruhe MDR 1994, 728; *Gerhardt,* FS Uhlenbruck, S. 75, 90.
[250] BGHZ 109, 41, 43 f.; 119, 372, 374; BGH NJW 1996, 466, 467.
[251] Das soll zB zutreffen, wenn das Insolvenzgericht nach der – unzulässigen – Rücknahme des Antrags einem Eröffnungsbeschluss die Wirksamkeit abspricht, vgl. Brandenburgisches OLG ZInsO 1998, 138, 139.
[252] *Waldner,* aaO RdNr. 520 ff.; *Kahlke* ZZP 101 (1988), 1 ff.; *Braun* ZZP 106 (1993), 236 ff.; *Voßkuhle* NJW 1995, 1377, 1380; *Lotz* NJW 1996, 2130 ff.; *Kreft,* Festgabe für Graßhof, S. 185 ff., 190 ff.
[253] BGHZ 130, 97, 99 = NJW 1995, 2497; 136, 336, 338 ff.; BGH NJW 1990, 838, 840; 1995, 403; VIZ 1997, 374; str., vgl. *Benda* ZZP 104 (1991), 243, 244; *Nerlich/Römermann/Becker* § 10 RdNr. 23.
[254] BGH NJW 1998, 82 = EWiR 1997, 957 *(Jauch);* 1998, 1229, 1230 = EWiR 1998, 239 *(Uhlenbruck)* = WuB VII A. § 116 ZPO 1.98 *(Wrobel-Sachs);* 2000, 590.
[255] *Kreft,* Festgabe für Graßhof, S. 185 ff., 194.
[256] BGHZ 158, 212, 214 ff. = NJW 2004, 2015, 2016 = NZI 2004, 312 = WuB VI C. § 6 InsO 2.04 *(Smid);* BGH NJW 2009, 3438 = NZI 2009, 766 RdNr. 9; NZI 2010, 159 RdNr. 7; ZInsO 2011, 1499 RdNr. 7. Zustimmend *Smid* DZWIR 2004, 359 ff. Die Prämisse des BGH wird infrage gestellt von LG Duisburg NZI 2004, 388. Kritisch auch *Sternal* KTS 2004, 578; *Jaeger/Gerhardt* § 6 RdNr. 27; HKInsO-*Kirchhof* § 6 RdNr. 16.

Diese Entscheidung darf nicht im Sinne einer Renaissance der außerordentlichen Beschwerde wegen greifbarer Gesetzwidrigkeit verstanden werden. Vielmehr rechtfertigt sie sich (trotz Bedenken unter dem Gesichtspunkt fehlender Rechtsmittelklarheit[257]) aus einer Analogie zu § 21 Abs. 1 Satz 2. In dem Fall, welcher der ersten Entscheidung aus dem Jahre 2004[258] zugrunde lag, hatte das Insolvenzgericht im Eröffnungsverfahren den mit der Erstellung eines Gutachtens beauftragten Sachverständigen ermächtigt, die Wohn- und Geschäftsräume des Schuldners zu betreten und dort Nachforschungen anzustellen. Bestellt das Gericht einen vorläufigen Insolvenzverwalter (§ 21 Abs. 2 Nr. 1), der von Gesetzes wegen berechtigt ist, die Geschäftsräume des Schuldners zu betreten und dort Nachforschungen anzustellen (§ 22 Abs. 3), steht dem Schuldner hiergegen die sofortige Beschwerde zu. Die Wohnräume des Schuldners darf der vorläufige Insolvenzverwalter auf Grund dieser gesetzlichen Ermächtigung nur betreten, soweit darin ein Teil des Geschäftsbetriebs des Schuldners stattfindet. Im Streitfall lief die gerichtliche Ermächtigung darauf hinaus, dem bloßen Sachverständigen noch weitergehende Befugnisse zu verschaffen. Deshalb musste der Schuldner erst recht die Möglichkeit haben, sich dagegen zu wehren. Nichts anderes konnte in einem späteren Fall gelten, in welchem das Insolvenzgericht den vorläufigen Insolvenzverwalter ermächtigt hatte, Räume eines am Eröffnungsverfahren nicht beteiligten Dritten zu durchsuchen.[259] § 21 Abs. 1 Satz 2 sieht eine sofortige Beschwerde Dritter gegen Sicherungsmaßnahmen im Eröffnungsverfahren nicht vor. Das Enumerationsprinzip des § 6 kann sich nur auf solche Maßnahmen beziehen, die nach Wortlaut, Inhalt und Zweck der InsO überhaupt in Betracht kommen können. Zwangsmaßnahmen gegen Dritte sind in der InsO jedoch nicht vorgesehen. Liegt die gerichtliche Maßnahme von vornherein außerhalb der Befugnisse, welche dem Insolvenzgericht von Gesetzes wegen verliehen sind, fehlt es an einer insolvenzrechtlichen Regelung, für die das Enumerationsprinzip gelten könnte. Zur Zulässigkeit eines Fortsetzungsfeststellungsantrags in derartigen Fällen[260] vgl. RdNr. 36a.

71c Ist ein wirkungsloser Beschluss (vgl. § 4 RdNr. 83) formell rechtskräftig geworden, ist ein Antrag des Betroffenen auf deklaratorische Feststellung der Wirkungslosigkeit zulässig. Der Antrag ist an das Insolvenzgericht zu richten und setzt ein entsprechendes Rechtsschutzbedürfnis voraus.[261]

72 **3. Verbot der Schlechterstellung, ne ultra petita.** Das Verbot der Schlechterstellung (reformatio in peius) ist auch für das Erinnerungs- und Beschwerdeverfahren (für die Rechtsbeschwerde vgl. § 577 Abs. 2 Satz 1 ZPO) in der Insolvenz zu beachten.[262] Grundsätzlich darf eine Entscheidung nicht zum Nachteil dessen abgeändert werden, der als einziger Erinnerung oder Beschwerde eingelegt hat. Dies gilt auch nach Aufhebung und Zurückverweisung. Wenn das Rechtsmittelgericht nicht in der Sache entscheidet, sondern die angefochtene Entscheidung aufhebt und zurückverweist, darf dies den Rechtsmittelführer nicht schlechter stellen als eine eigene Sachentscheidung des Rechtsmittelgerichts.[263] In Vergütungssachen hindert das Verbot der Schlechterstellung das Beschwerdegericht nicht, bei Feststellung der angemessenen Vergütung im Einzelfall Zu- und Abschläge anders zu bemessen als das Insolvenzgericht, soweit es den Vergütungssatz insgesamt nicht zum Nachteil des Beschwerdeführers abändert.[264] Das Verschlechterungsverbot wird auch dann nicht berührt, wenn das Beschwerdegericht die Berechnungsgrundlage herabsetzt, den Nachteil jedoch durch die Gewährung eines Zuschlags kompensiert. Umgekehrt gilt dasselbe.[265] Andererseits darf das Gericht nicht über das Begehren des Antragstellers hinausgehen (ne ultra petita).[266]

73 **4. Zustellung.** Die Beschwerdeentscheidung muss förmlich zugestellt werden (s. unten § 8 RdNr. 7, 8). Fehlt es daran, wird weder die Notfrist von einem Monat für die Einlegung der (zugelassenen) Rechtsbeschwerde (§ 575 Abs. 1 Satz 1 ZPO) in Gang gesetzt, noch tritt eine Rechtskraftwirkung ein.

74 **5. Wirksamkeit der Beschwerdeentscheidung. a) Wirksamkeit mit Rechtskraft (Abs. 3 Satz 1).** Anders als die Entscheidungen des Erstgerichts – die auch dann, wenn sie anfechtbar sind, regelmäßig entweder mit der Verkündung oder der Zustellung oder Bekanntgabe an den Betroffenen

---

[257] BVerfGE 107, 416 ff.
[258] BGHZ 158, 212 = NJW 2004, 2015 = NZI 2004, 312.
[259] BGH NJW 2009, 3438 = NZI 2009, 766.
[260] Vgl. BGH NZI 2007, 34 RdNr. 7 ff einerseits, BGH NZI 2009, 766 RdNr. RdNr. 10 andererseits.
[261] *Jaeger/Gerhardt* § 6 RdNr. 58.
[262] BGHZ 159, 122, 124 = NZI 2004, 440; *Jaeger/Gerhardt* § 6 RdNr. 44; allgemein zum Verschlechterungsverbot *Kapsa*, Verbot der reformatio in peius, 1976; *Gilles* ZZP 91 (1978), 128, 154 ff.; *Hofmann*, Das Verbot der reformatio in peius im Beschwerdeverfahren der freiwilligen Gerichtsbarkeit, 1992.
[263] BGHZ 159, 122, 124 f. = NZI 2004, 440.
[264] BGH NZI 2005, 559, 560; 2006, 235, 237.
[265] BGH NZI 2007, 45.
[266] BGH NZI 2007, 45, 46.

(siehe § 4 RdNr. 83, § 8 RdNr. 11) wirksam sind – werden die Entscheidungen des Beschwerdegerichts erst mit dem Eintritt der formellen Rechtskraft (§ 4 i. V. m. § 705 ZPO) wirksam. Für die Entscheidungen des Richters auf die Erinnerung gegen Beschlüsse des Rechtspflegers gilt dasselbe. Dadurch wird verhindert, dass eine Entscheidung des Insolvenzgerichts, die vom Landgericht aufgehoben, auf die Rechtsbeschwerde hin aber vom BGH bestätigt wird, zunächst unwirksam wird und sodann von neuem getroffen werden muss. Hat zum Beispiel das Landgericht den Eröffnungsbeschluss des Insolvenzgerichts aufgehoben, der BGH diesen aber bestätigt, hat der Insolvenzbeschlag ununterbrochen fortbestanden.[267]

75 **b) Anordnung der sofortigen Wirksamkeit (Abs. 3 Satz 2).** Das Beschwerdegericht kann anordnen, dass seine Entscheidung sofort wirksam wird. Diese Anordnung muss gleichzeitig mit der Beschwerdeentscheidung ergehen und ist nur zusammen mit dieser nach Maßgabe des § 574 ZPO anfechtbar. Die Anordnung sofortiger Wirksamkeit der Beschwerdeentscheidung kann vom Rechtsbeschwerdegericht durch einstweilige Anordnung (§ 4 i. V. m. § 575 Abs. 5, § 570 Abs. 3 ZPO) außer Kraft gesetzt werden. Umgekehrt kann das Rechtsbeschwerdegericht die vom Beschwerdegericht unterlassene Anordnung sofortiger Wirksamkeit nicht nachholen. Dies liefe auf eine unzulässige Änderung des angefochtenen Beschlusses zum Nachteil des Beschwerdeführers hinaus (siehe oben RdNr. 72).

76 Die Anordnung der sofortigen Wirksamkeit steht grundsätzlich im **Ermessen** des Beschwerdegerichts. Dieses wird die Anordnung umso eher treffen, je mehr Gefahr im Verzuge ist. Erlässt auf die Beschwerde des vom Insolvenzgericht abgewiesenen Antragstellers erst das Beschwerdegericht den Eröffnungsbeschluss, schrumpft das Ermessen sogar auf Null. Die Feststellung des Zeitpunkts der Eröffnung (§ 27 Abs. 2 Nr. 3, Abs. 3) wäre unmöglich, wenn die Wirksamkeit des Beschlusses aufgeschoben wäre; auch wäre der Aufschub des Insolvenzbeschlags für die Gläubiger unerträglich.[268]

77 Wird in einer mit sofortiger Wirksamkeit ausgestatteten Beschwerdeentscheidung das Insolvenzverfahren eröffnet, diese Entscheidung aber auf die weitere Beschwerde hin wieder aufgehoben, so hat der Schuldner gegen den Gläubiger, der die Beschwerdeentscheidung erwirkt hat, keinen Anspruch auf **Schadensersatz** entsprechend §§ 717 Abs. 2, 945 ZPO. Die Anordnung der sofortigen Wirksamkeit der Beschwerdeentscheidung soll eine richterliche Entscheidung verwirklichen; sie ist keine Maßregel, die speziell dem Sicherungsbedürfnis des Gläubigers dient.[269]

78 Solche Rechtsfolgen, die das Gesetz ausdrücklich oder stillschweigend erst an den Eintritt der **Rechtskraft des Eröffnungsbeschlusses** knüpft – Beispiele: §§ 42 Abs. 1, 728 Satz 1, 1670 Abs. 1 HS 1, 1781 Nr. 3 BGB, § 32 HGB, §§ 13, 14 VVG, fraglich bei § 240 ZPO –, setzen trotz Anordnung der sofortigen Wirksamkeit erst mit der Rechtskraft ein.[270]

79 **c) Rechtskraftwirkung insolvenzgerichtlicher Beschlüsse.** § 6 Abs. 3 besagt nichts darüber, in welchem Umfang Entscheidungen im Insolvenzverfahren der **materiellen Rechtskraft** fähig sind. Vgl. hierzu § 4 RdNr. 80 ff.

80–82 RdNr. 80–82 fallen aus

83 **6. Kosten der Beschwerde.** Ist ein Beschwerdegegner vorhanden, richtet sich die Kostenentscheidung nach §§ 91 ff., § 97 ZPO.[271] Gibt es keinen Beschwerdegegner, ist die Rechtslage umstritten. Nach der einen Auffassung sind die Kosten, sofern die Beschwerde Erfolg hat, der Staatskasse, andernfalls dem Beschwerdeführer aufzuerlegen.[272] Zutreffend ist die andere Auffassung, wonach hier eine Kostenerstattung nicht in Betracht kommt.[273] Da die Staatskasse nicht Partei ist, kann sie nicht mit Kosten belastet werden. Die Kosten einer erfolglosen Beschwerde des Insolvenzverwalters gegen ein ihm auferlegtes Zwangsgeld (§ 58 Abs. 2) fallen ihm persönlich und nicht der Insolvenzmasse zur Last.[274] Legt der Schuldner nach Insolvenzeröffnung ein erfolgloses Rechtsmittel ein, muss er die Kosten aus seinem freien Vermögen bestreiten. **Hilft** das Insolvenzgericht der Beschwerde in vollem Umfange **ab,** so dass diese erledigt ist, hat es auch über die Kosten der Beschwerde zu entscheiden (oben RdNr. 48). Bei teilweiser Abhilfe hat das Beschwerdegericht eine einheitliche

---

[267] Vgl. RG Warn 1940 Nr. 112; *F. Baur*, FS F. Weber S. 41, 49 ff.; *Jaeger/Gerhardt* § 6 RdNr. 49; HKInsO-*Kirchhof* § 6 RdNr. 38.
[268] Vgl. *Jaeger/Gerhardt* § 6 RdNr. 51.
[269] *Jaeger/Gerhardt* § 6 RdNr. 50; *Uhlenbruck* § 6 RdNr. 20.
[270] Vgl. *Jaeger/Gerhardt* § 6 RdNr. 51.
[271] *Hoffmann* NZI 1999, 425, 429; HKInsO-*Kirchhof* § 6 RdNr. 33; vgl. ferner OLG Koblenz Rpfleger 1989, 340. Zu den Kosten einer erfolglosen Beschwerde des Schuldners gegen die Eröffnung des Insolvenzverfahrens vgl. OLG Celle ZInsO 2001, 266, 268.
[272] LG Essen ZInsO 2000, 47, 48.
[273] OLG Köln NZI 2001, 304, 305; HKInsO-*Kirchhof* § 34 RdNr. 33.
[274] HKInsO-*Kirchhof* § 6 RdNr. 37.

Kostenentscheidung zu treffen.[275] Verweist das Beschwerdegericht die Sache an das Amtsgericht zurück, wird es diesem auch die Entscheidung über die Kosten des Beschwerdeverfahrens übertragen.

Wird gegen den über die Eröffnung des Insolvenzverfahrens entscheidenden Beschluss **84** Beschwerde eingelegt, so fällt hierfür **bei Gericht** eine volle Gebühr nach Nr. 2360 KostVerz an. Der Ausgang des Beschwerdeverfahrens ist gleichgültig. Bei sonstigen Beschwerden wird, falls sie als unzulässig verworfen oder zurückgewiesen werden, eine Gebühr nach Nr. 2361 KostVerz erhoben. Die Wertberechnung richtet sich nach §§ 58 Abs. 2 und 3, 47 GKG. Ist die Beschwerde begründet – und das Verfahren somit gerichtsgebührenfrei –, können auch keine Auslagen erhoben werden. Sie fallen dann unter § 54 Nr. 1. Werden die Kosten dem Beschwerdegegner auferlegt, sind auch die Auslagen von ihm zu erheben.

Im Beschwerdeverfahren steht dem Rechtsanwalt eine halbe Gebühr nach KV RVG Nr. 3500 **85** zu, gegebenenfalls zuzüglich einer halben Gebühr als Terminsgebühr (KV RVG Nr. 3513).[276] Für den Gegenstandswert gilt § 28 RVG.

7. Wiederaufnahme des Verfahrens. Rechtskräftige Beschlüsse im Insolvenzverfahren können **86** entsprechend § 4 in Verbindung mit §§ 578 ff. ZPO wiederaufgenommen werden (s.o. § 4 RdNr. 89).[277] Soweit es um einen Beschluss geht, der mit der sofortigen Beschwerde hätte angegriffen werden können, wird das Wiederaufnahmeverfahren durch die Möglichkeit verdrängt, die sofortige Beschwerde auch nach Ablauf der zweiwöchigen Frist einzulegen, falls die Voraussetzungen einer Wiederaufnahme vorliegen.[278] Über das Wiederaufnahmegesuch ist im Beschlussverfahren zu entscheiden.[279]

Personen, die nach den Vorschriften der InsO nicht beschwerdeberechtigt sind, können auch **87** kein Wiederaufnahmeverfahren betreiben.[280] Dann ist es nur konsequent, das Wiederaufnahmeverfahren auch nicht zur Beseitigung eines wegen § 6 Abs. 1 unanfechtbaren Beschlusses zur Verfügung zu stellen.[281] Geht es darum, schwerste Verfahrensfehler zu bereinigen oder Beschlüsse auf verfälschter Tatsachengrundlage aus der Welt zu schaffen, muss notfalls die „außerordentliche Beschwerde wegen greifbarer Gesetzwidrigkeit" (vgl. RdNr. 70 ff.) zugelassen werden.

IV. Abänderbarkeit auf Gegenvorstellung oder von Amts wegen

Beschwerdefähige Beschlüsse des Insolvenzgerichts können grundsätzlich innerhalb laufender **88** Beschwerdefrist von Amts wegen geändert werden. Die Vorschrift des § 318 ZPO ist in § 329 Abs. 1 Satz 2 ZPO nicht genannt; das spricht dafür, dass das Gericht bis zum Eintritt der formellen Rechtskraft an seine Beschlüsse nicht gebunden ist. Die Interessen desjenigen, der dadurch betroffen wird, stehen einer Änderung nicht entgegen. Zum einen muss er damit rechnen, dass die Beschwerde eingelegt wird, dass es also nicht bei dem gegenwärtigen Rechtszustand bleibt; zum andern kann er, soweit ihn die Änderung beschwert, seinerseits dagegen Beschwerde einlegen.[282]

Unanfechtbare Entscheidungen kann das Insolvenzgericht auf **Gegenvorstellung** oder **von** **89** **Amts wegen** abändern, so zum Beispiel, wenn sich die Sachlage verändert hat.[283] Grenzen der Abänderbarkeit von Amts wegen ergeben sich teilweise aus besonderen Bestimmungen des Gesetzes. So kann gemäß § 77 Abs. 2 Satz 3 die Entscheidung des Insolvenzgerichts über die Stimmrechte nur auf Antrag geändert werden. Nicht abänderbar sind ferner privatrechtsgestaltende Beschlüsse, wie zum Beispiel der Eröffnungsbeschluss.

Die durch das ZPO-RG eingeführte fristgebundene **Gehörsrüge** nach § 321a ZPO ist eine Art **90** Gegenvorstellung gegen unanfechtbare Endentscheidungen (vgl. § 321a Abs. 1 Satz 2 ZPO). Sie ist auf unanfechtbare Beschlüsse entsprechend anwendbar.[284] Da das Gebot des rechtlichen Gehörs das Gericht nicht verpflichtet, alle Einzelpunkte des Parteivortrags in den Gründen der Entscheidung

---

[275] Vgl. *Zöller/Gummer*, ZPO 25. Aufl. § 572, RdNr. 15.
[276] *Schmidt* ZInsO 2004, 302.
[277] BGHZ 159, 122, 127 = NJW-RR 2004, 1422 = NZI 2004, 440, 441; BGH NZI 2006, 234; ZIP 2007, 144 RdNr. 5 OLG Frankfurt ZIP 1996, 556 f.; HKInsO-*Kirchhof* § 6 RdNr. 38; aM *Mitlehner* EWiR 1996, 520.
[278] *Gerhardt*, FS Uhlenbruck, S. 75, 93 f.; *Jaeger/Gerhardt* § 6 RdNr. 45; *Stein/Jonas/Grunsky*, ZPO 21. Aufl. § 577 RdNr. 10: aA MünchKomm-ZPO/*Braun* 2. Aufl. § 577 RdNr. 7.
[279] Vgl. *Jaeger/Gerhardt* § 6 RdNr. 45.
[280] *Gerhardt*, FS Uhlenbruck, S. 75, 93 f.
[281] AA *Gerhardt*, FS Uhlenbruck, S. 75, 94.
[282] BGH NZI 2006, 599; vgl. ferner OLG Schleswig MDR 2002, 1392; LG Rostock ZInsO 2004, 283; aA *Jaeger/Gerhardt* § 6 RdNr. 38.
[283] *Gerhardt*, FS Uhlenbruck, S. 75, 92 f; *Jaeger/Gerhardt* § 6 RdNr. 39.
[284] *Lipp* NJW 2002, 1700, 1701; *Voßkuhle* NJW 2003, 2193, 2198 f; *Jaeger/Gerhardt* § 6 RdNr. 27; *Prütting/Gehrlein/Thole*, ZPO 4. Aufl. § 321a RdNr. 2; *Zöller/Vollkommer*, ZPO 29. Aufl. § 321a RdNr. 3.

auch ausdrücklich zu bescheiden,[285] kann die Gehörsrüge nicht dazu eingelegt werden, eine Ergänzung der Begründung des beanstandeten Beschlusses herbeizuführen.[286] Eine Gehörsrüge gegen anfechtbare Beschlüsse ist unzulässig (§ 321a Abs. 1 Satz 1 Nr. 1 ZPO).

V. Anhang: Die Rechtsbeschwerde

91 **1. Allgemeines.** Nach § 7 war die Rechtsbeschwerde gegen Beschwerdeentscheidungen (§ 6) ohne Zulassung statthaft. Zur Gesetzgebungsgeschichte wird auf die Kommentierung in der Vorauflage verwiesen.[287] Diese Vorschrift ist durch das Gesetz zur Änderung des § 522 ZPO[288] aufgehoben worden. Damit gelten nunmehr die allgemeinen Bestimmungen der §§ 574 ff. ZPO uneingeschränkt.

92 **2. Die Zulässigkeit der Rechtsbeschwerde. a) Zulassung. aa)** Die Rechtsbeschwerde ist statthaft, wenn sie vom Beschwerdegericht zugelassen worden ist (§ 574 Abs. 1 Satz 2 Nr. 2 ZPO). Eine Zulassung durch ein Amtsgericht ist ausnahmslos ausgeschlossen. Das gilt auch, wenn das Amtsgericht nach § 11 Abs. 2 RPflG über Erinnerungen gegen Entscheidungen des Rechtspflegers entscheidet.[289] Über die Zulassung muss im anzufechtenden Beschluss entschieden werden, sei es im Tenor oder in den Gründen.[290] Die Zulassung kann auf abtrennbare **Teile des Streitstoffes** beschränkt werden. Die Beschränkung muss nicht in der Beschlussformel enthalten sein, sondern kann sich auch aus den Gründen der angefochtenen Entscheidung ergeben; dies muss dann jedoch eindeutig geschehen. Die Zulassung kann nicht wirksam auf die Frage der Zulässigkeit der sofortigen Beschwerde beschränkt werden.[291]

93 Eine Ergänzungsentscheidung entsprechend § 321 ZPO ist grundsätzlich unzulässig. Eine nachträgliche Zulassung kommt ausnahmsweise dann in Betracht, wenn dem Beschwerdegericht ein Verstoß gegen das **Grundrecht auf rechtliches Gehör** (Art. 103 Abs. 1 G) unterlaufen ist. Allerdings räumt die Anhörungsrüge nach § 321a ZPO dem Gericht keine umfassende Abhilfemöglichkeit ein, sondern dient allein der Behebung von Verstößen gegen den Anspruch auf rechtliches Gehör. Die unterbliebene Zulassung der Rechtsbeschwerde als solche kann den Anspruch auf rechtliches Gehör nicht verletzen.[292] Lässt das Beschwerdegericht auf eine Anhörungsrüge hin die Rechtsbeschwerde nachträglich zu, muss sich der Begründung des erneuten Beschlusses daher entnehmen lassen, dass das Beschwerdegericht einen Verstoß gegen den Anspruch auf rechtliches Gehör geprüft und festgestellt hat; denn nur eine Verletzung dieses Verfahrensgrundrechts lässt die Bindung des Gerichts an seine bereits getroffene Entscheidung (§ 318 ZPO) entfallen.[293] Die Anhörungsrüge kann deshalb nur dann zu einer wirksamen Zulassung der Revision führen, wenn das Verfahren auf Grund eines Gehörsverstoßes gemäß § 321a Abs. 4 ZPO fortgesetzt wird und sich erst aus dem anschließend gewährten rechtlichen Gehör ein Grund für die Zulassung der Revision ergibt.[294] Sind diese Voraussetzungen nicht erfüllt, ist bindet eine gleichwohl erfolgte Zulassung das Rechtsbeschwerdegericht nicht. Die frühere Rechtsprechung des BGH dazu, dass eine nachträgliche Zulassung analog § 321a ZPO möglich sei,[295] ist damit weitgehend überholt. Eine nachträgliche Zulassung analog § 321a ZPO unter den Gesichtspunkt des Anspruchs auf den gesetzlichen Richter und des Rechts auf Gewährung effektiven Rechtsschutzes schützen nicht vor jeder fehlerhaften Anwendung der Prozessordnung, sondern setzen eine willkürlich unterlassene Zulassung oder eine unzumutbare, sachlich nicht mehr zu rechtfertigende Verkürzung des Instanzenzuges voraus.[296] Dass diese Voraussetzung erfüllt ist, müsste sich gleichfalls aus dem auf die Anhörungsrüge hin ergangenen zweiten Beschluss des Beschwerdegerichts ergeben.

94 Möglich ist eine Berichtigung entsprechend § 319 ZPO, falls die Zulassung in dem Beschluss versehentlich nicht ausgesprochen wurde.[297] Die nachträgliche Zulassung der Rechtsbeschwerde

---

[285] BVerfGE 96, 205, 216 f.
[286] Vgl. BT-Drucks. 15/3706 S. 16; BGH NJW 2005, 1432, 1433.
[287] MünchKommInsO-*Ganter* 2. Aufl. § 7 RdNr.1 ff.; vgl. auch *Kirchhof* ZInsO 2012, 16.
[288] Vom 21.10.2011, BGBl. I S. 2082.
[289] BGH NJW-RR 2007, 22.
[290] BGH NJW 2004, 779.
[291] BGH NJW 2012, 858 RdNr. 10.
[292] BVerfG NJW-RR 2008, 75, 76; BGH NJW 2011, 1516 RdNr. 6; NJW-RR 2012, 306 RdNr. 8.
[293] BGH NJW 2011, 1516 RdNr. 7; NJW-RR 2012, 306 RdNr. 8 (jeweils zur nachträglichen Zulassung der Revision).
[294] BGH NJW 2011, 1516 RdNr. 7; NJW-RR 2012, 306 RdNr. 8.
[295] BGH NJW 2004, 2529 f.; NJW-RR 2007, 1564; NJW-RR 2007, 1653 RdNr. 4; offen gelassen von BGH NJW 2006, 1978 RdNr. 6; BVerfG NJW-RR 2008, 75, 76.
[296] BVerfGE 101, 331, 359 f.; FamRZ 2010, 1235, 1236; BGH NJW-RR 2012, 306 RdNr. 12.
[297] BGH NJW 2005, 156; *Jaeger/Gerhardt* § 7 RdNr. 15.

durch das Beschwerdegericht, die nicht lediglich eine Berichtigung nach § 139 ZPO oder die Heilung Gehörsverstoßes darstellt, ist wirkungslos. Das gilt auch und gerade dann, wenn das Beschwerdegericht zunächst irrig davon ausgegangen war, die Rechtsbeschwerde sei kraft Gesetzes statthaft (§ 574 Abs. 1 Satz 1 Nr. 1 ZPO)[298] Die Nichtzulassungsentscheidung kann nicht mit einem Rechtsmittel angegriffen werden[299] Insbesondere gibt es – im Gegensatz zum Revisionsrecht (vgl. § 544 ZPO) und verfassungsrechtlich unbedenklich[300] – **keine Nichtzulassungsbeschwerde.**[301]

Ebenso wenig angreifbar ist die Zulassung. Das gilt insbesondere dann, wenn der **Einzelrichter** 95 am Landgericht die Rechtsbeschwerde zugelassen hat. Zwar liegt darin ein Verfahrensfehler. Indem der Einzelrichter die Rechtsbeschwerde zulässt, dokumentiert er, dass die Sache in seinen Augen grundsätzliche Bedeutung (im weiteren Sinne) hat. Dann hätte er nicht selbst entscheiden dürfen, sondern die Sache an die vollbesetzte Kammer abgeben müssen (§ 568 Satz 2 Nr. 2 ZPO). Der Gesetzgeber hat aber nicht gewollt, dass auf diesen Verfahrensverstoß ein Rechtsmittel gestützt werden kann. Eine andere Frage ist, ob das Rechtsbeschwerdegericht in diesem Fall von sich aus die Beschwerdeentscheidung aufheben und die Sache zurückverweisen kann. Diese Frage ist zu bejahen, weil sich das Vorgehen des Einzelrichters als Entziehung des gesetzlichen Richters darstellt.

bb) Gemäß § 574 Abs. 3 Satz 1 ZPO darf das Beschwerdegericht die Rechtsbeschwerde nur 96 zulassen, wenn die **besondere Zulässigkeitsvoraussetzung** des Abs. 2 vorliegt: Die Rechtssache muss grundsätzliche Bedeutung haben (Abs. 2 Nr. 1) oder die Fortbildung des Rechts oder die Sicherung einer einheitlichen Rechtsprechung muss eine Entscheidung des Rechtsbeschwerdegerichts erfordern (Abs. 2 Nr. 2). Die Zulassung kann – ebenso wie die Zulassung der Revision – auf einen tatsächlich oder rechtlich selbständigen Teil des Gesamtstreitstoffs beschränkt werden.[302]

(1) **Grundsätzliche Bedeutung** (§ 574 Abs. 3, Abs. 2 Satz 1 Nr. 1 ZPO) kommt einer Rechtssa- 97 che zu, wenn sie eine entscheidungserhebliche, klärungsbedürftige und klärungsfähige Rechtsfrage aufwirft, die sich in einer unbestimmten Vielzahl von Fällen stellen kann und deshalb von allgemeinem Interesse ist.[303] Klärungsbedürftig ist eine Rechtsfrage, deren Beantwortung zweifelhaft ist oder zu denen unterschiedliche Auffassungen vertreten werden und die noch nicht oder nicht hinreichend höchstrichterlich geklärt sind. Ist die Rechtsfrage durch die Rechtsprechung der Oberlandesgerichte aus der Zeit vor der ZPO-Reform geklärt worden, ist eine nochmalige Beantwortung der Rechtsfrage durch den BGH nicht allein deshalb erforderlich, weil nunmehr die Rechtsbeschwerde zum BGH stattfindet.[304] Gleiches gilt, wenn eine Rechtsfrage höchstrichterlich noch nicht entschieden ist, in der Rechtsprechung der Oberlandesgerichte aber einhellig beantwortet wird und die hierzu in der Literatur vertretenen abweichenden Meinungen vereinzelt geblieben sind und nicht oder nicht nachvollziehbar begründet werden.[305] Nicht jede Gegenstimme in der Literatur oder in der untergerichtlichen Rechtsprechung begründet einen Klärungsbedarf.[306] Eine Rechtsfrage, die früheres oder auslaufendes Recht betrifft, hat regelmäßig keine grundsätzliche Bedeutung. Etwas anderes gilt, wenn die Frage noch für eine nicht ganz geringfügige Anzahl noch nicht abgeschlossener Verfahren erheblich ist oder wenn sie sich nach neuem Recht in gleicher oder ähnlicher Form stellt.[307]

(2) Zur **Fortbildung des Rechts** (§ 574 Abs. 3, Abs. 2 Satz 1 Fall 1 ZPO) soll nach der amtlichen 98 Begründung – entsprechend der Rechtsprechung des BGH zu § 80 Abs. 1 OWiG[308] – eine Rechtsbeschwerde erforderlich sein, wenn der Fall Veranlassung gibt, Leitsätze für die Auslegung von Gesetzesbestimmungen des materiellen oder formellen Rechts aufzustellen oder Gesetzeslücken auszufüllen.[309] Es erscheint recht weitgehend, dass „die Aufstellung von Leitsätzen für die Auslegung von Gesetzesbestimmungen" schlechthin der Rechtsfortbildung dient. Der BGH hat sich jedoch über solche Bedenken hinweg gesetzt. Nach seiner Rechtsprechung besteht ein Anlass zur Rechtsfortbildung immer dann, wenn es für die rechtliche Beurteilung typischer oder verallgemeinerungs-

---

[298] BGH NZI 2009, 744 RdNr. 11 f.
[299] Amtl. Begr. zum RegE, BT-Drucks. 14/4722 S. 116.
[300] *Jaeger/Gerhardt* § 7 RdNr. 14.
[301] BGHZ 150, 133, 135 = NZI 2002, 398.
[302] BGH NJW 2011, 2371 RdNr. 5; NJW-RR 2011, 427 RdNr. 7.
[303] Amtl. Begr. RegE zu § 543 Abs. 2 Satz 1 Nr. 2, BT-Drucks. 14/4722 S. 105; BVerfG FamRZ 2009, 192 f.; BGHZ 152, 182, 190 f. = NJW 2003, 65; 159, 135, 137 = = NJW 2004, 2222.
[304] BGH NJW 2002, 2945, 2946.
[305] BGH WM 2010, 936 RdNr. 3.
[306] BVerfG NJW-RR 2009, 1026.
[307] BGH NZI 2006, 606.
[308] BGHSt 24, 15, 21 = NJW 1971, 389; vgl. ferner *Lange* NJW 2001, 1098, 2000.
[309] Amtl. Begr. RegE zu § 543 Abs. 2 Satz 1 Nr. 1, BT-Drucks. 14/4722 S. 104.

fähiger Lebenssachverhalte an einer richtungsweisenden Orientierungshilfe ganz oder teilweise fehlt.[310] Dies kann schon der Fall sein, wenn es noch keine divergierende Rechtsprechung gibt, wohl aber Meinungsverschiedenheiten in der Literatur, und sogar dann, wenn eine zweifelhafte Rechtsfrage erstmals auftritt.[311] Nach neuerer Rechtsprechung des BGH stellt der Zulassungsgrund der Rechtsfortbildung einen Unterfall der Grundsatzbedeutung dar.[312]

99 (3) Zur **Sicherung einer einheitlichen Rechtsprechung** ist die Rechtsbeschwerde zuzulassen, wenn die Entscheidung des Beschwerdegerichts von derjenigen eines höherrangigen oder eines gleichgeordneten Gerichts (nicht: eines nachgeordneten Gerichts[313] anderen abweicht oder wenn ihr ein Rechtsanwendungsfehler zugrunde liegt, der eine Wiederholungs- oder Nachahmungsgefahr begründet, oder die Entscheidung auf einem Verstoß gegen Verfahrensgrundrechte beruht.[314] Diesem Zulassungsgrund kam große Bedeutung zu, solange die Rechtsbeschwerde in Insolvenzsachen gemäß § 7 kraft Gesetzes statthaft war und die Revision – wenn auch unter den in § 574 Abs. 2 ZPO genannten Voraussetzungen – auch der Fehlerkorrektur diente. Zur Begründung einer Zulassungsentscheidung des Beschwerdegerichts wird er kaum je herangezogen werden können. Will das Beschwerdegericht bewusst von der Rechtsprechung des Bundesgerichtshofs oder anderer Landgerichte abweichen, wird es in der Regel schon den Zulassungsgrund der grundsätzlichen Bedeutung oder der Rechtsfortbildung annehmen und aus diesem Grund die Rechtsbeschwerde zulassen.

100 cc) Gemäß § 574 Abs. 3 Satz 2 ZPO ist der BGH **an die Zulassung gebunden**. Er kann die Rechtsbeschwerde nicht mit der Begründung verwerfen, das Beschwerdegericht habe die besondere Zulassungsvoraussetzung des § 574 Abs. 2 ZPO zu Unrecht angenommen. Die – irrige – Zulassung der Rechtsbeschwerde durch das Beschwerdegericht ist unbeachtlich, wenn ein Rechtsmittel schlechthin ausgeschlossen ist. Eine nach dem Gesetz unanfechtbare Entscheidung kann nicht durch Zulassung einer Anfechtung unterworfen werden.[315] Die Rechtsbeschwerde gegen eine **Streitwertfestsetzung** ist schlechthin unstatthaft.[316] Gleiches gilt für eine Rechtsbeschwerde gegen die Ablehnung eines **Aussetzungsantrags** nach § 570 Abs. 3 ZPO[317] und die anschließende Zurückweisung eines Fortführungsantrags nach § 321a ZPO.[318] Die Bewilligung von **Prozesskostenhilfe** kann vom Gegner nicht mit der Rechtsbeschwerde angefochten werden.[319] Entsprechendes gilt für die Gewährung der **Wiedereinsetzung in den vorigen Stand** (§ 238 Abs. 3 ZPO).[320] Gegen die Ablehnung der Wiedereinsetzung ist der Rechtsbehelf statthaft, der für die Anfechtung der Entscheidung über die nachgeholte Verfahrenshandlung eröffnet wäre (vgl. § 238 Abs. 2 Satz 1 ZPO). Nicht in Betracht kommt eine Zulassung der Rechtsbeschwerde auch im Verfahren der **Zuständigkeitsbestimmung** nach § 36 ZPO (s.o. § 3 RdNr. 33)[321] oder zur Überprüfung des **Kostenansatzes** (§ 6 RdNr. 66).[322] Eine unstatthafte Rechtsbeschwerde ist selbst dann unzulässig, wenn dem Beschwerdegericht ein Verstoß gegen Verfahrensgrundrechte wie das Recht auf den gesetzlichen Richter[323] oder auf rechtliches Gehör[324] unterlaufen ist.

101 b) **Beschwer.** Dafür ist nunmehr die Beschwerdeentscheidung maßgeblich. Wer durch sie in seinen Rechten beeinträchtigt sein kann, hat das Beschwerderecht auch dann, wenn ihm dieses gegen die erstinstanzliche Entscheidung nicht zugestanden hätte. Das Beschwerderecht steht dem Erstbeschwerdeführer zu, dessen sofortige Beschwerde verworfen oder zurückgewiesen wurde oder nur zur Zurückverweisung an die erste Instanz geführt hat.[325] Bereits bisher am Beschwerdeverfahren Beteiligte haben das Beschwerderecht, wenn sie durch die erfolgreiche sofortige Beschwerde erstmals beschwert sind (s. § 6 RdNr. 56). Wurde die sofortige Beschwerde zurückgewiesen, so kann ein anderer Beteiligter, der von seiner Befugnis zur sofortigen Beschwerde keinen Gebrauch gemacht

---

[310] BGHZ 154, 288, 292 = NJW 2003, 1943; 159, 135, 139 = NJW 2004, 2222.
[311] HKInsO-*Kirchhof* § 7 RdNr. 19.
[312] BGH WM WM 2010, 237 RdNr. 4; Beschl. v. 26.1.2012 – IX ZR 69/11, n.v., RdNr. 5.
[313] BGH, Beschl. v. 8.6.2010 – IX ZB 162/09, n.v., RdNr. 2.
[314] Amtl. Begr. RegE zu § 543 Abs. 2 Satz 1 Nr. 2, BT-Drucks. 14/4722 S. 104.
[315] BGHZ 159, 14, 15 = NJW 2004, 2224 mwN; BGH BGHReport 2006, 113; MDR 2009, 45 f.; NJW-RR 2010, 1318 RdNr. 8.
[316] BGH, Beschl. v. 9.3.2006 – IX ZA 31/05, n. v.; vgl. ferner BGH ZInsO 2002, 432.
[317] BGH, Beschl. v.12.10. 2006 – IX ZB 33/05, nv.
[318] BGH, Beschl. v.12.10. 2006 – IX ZB 33/05, nv.
[319] BGH NJW 2002, 3554.
[320] BGH NJW 2003, 211, 212.
[321] BayObLG NJW 2002, 2888.
[322] BGH NJW 2003, 70.
[323] BGH, Beschl. v. 30.3.2006 – IX ZB 36/05, nv.
[324] BGH, Beschl. v.3.4.2006 – IX ZB 49/05, nv.
[325] OLG Köln ZInsO 2001, 378.

hatte, die Beschwerdeentscheidung grundsätzlich nicht mit einer Rechtsbeschwerde anfechten. Der Verlust des Beschwerderechts gegen die erstinstanzliche Entscheidung hat für ihn auch den Verlust der Rechtsbeschwerde gegen die – auf das Rechtsmittel eines anderen ergangene – Beschwerdeentscheidung zur Folge, sofern diese keine Abänderung der erstinstanzlichen Entscheidung zu seinen Ungunsten enthält.[326] Eine Ausnahme gilt nur in den – seltenen – Fällen der notwendigen Streitgenossenschaft (§ 62 ZPO). Hat die sofortige Beschwerde zur Aufhebung und Zurückverweisung geführt, kann wegen der Bindungswirkung gemäß § 4, § 563 Abs. 2 ZPO auch der Gegner beschwert sein.[327] § 567 Abs. 2 (Mindestbeschwerdewert bei Entscheidungen über Kosten) ist im Rechtsbeschwerdeverfahren nicht entsprechend anwendbar.[328]

c) Rechtsschutzbedürfnis. Wegen der vielfach kaum zu vermeidenden längeren Dauer der Rechtsbeschwerdeverfahren (vgl. oben RdNr. 12) wird es häufig zu einer **prozessualen Überholung** der nachzuprüfenden Beschwerdeentscheidung kommen. Dann entfällt regelmäßig das Rechtsschutzbedürfnis für eine Rechtsbeschwerde (s. § 6 RdNr. 20, 35). Das Rechtsmittel ist in der Hauptsache erledigt und es ist gemäß § 91a ZPO nur noch über die Kosten zu entscheiden. Indes kann eine Rechtsbeschwerde unter denselben Voraussetzungen, unter denen eine sofortige Beschwerde eingelegt werden könnte, auch noch nach Beendigung des Insolvenzverfahrens eingelegt werden (§ 6 RdNr. 19, 20, 36). Eine Rechtsbeschwerde, die nur mit dem Ziel eingelegt wird, eine Zurückweisung der sofortigen Beschwerde als unzulässig statt als unbegründet zu erreichen, ist wegen fehlenden Rechtsschutzbedürfnisses unzulässig.[329]   102

d) Zulässiger Angriff. Ein Rechtsmittel, das keinen zulässigen Angriff enthält, ist unzulässig (§ 6 RdNr. 36a). So kann gemäß § 576 Abs. 2 ZPO die Rechtsbeschwerde nicht darauf gestützt werden, dass das Gericht des ersten Rechtszuges seine Zuständigkeit zu Unrecht angenommen oder verneint hat.[330]   103

3. Die Einlegung der Rechtsbeschwerde. a) Frist. Die Rechtsbeschwerde ist binnen einer Notfrist von einem Monat seit Zustellung der Beschwerdeentscheidung beim BGH als Rechtsbeschwerdegericht einzulegen (§ 575 Abs. 1 Satz 1 ZPO, § 133 GVG). Die Sonderregelung für **bayerische Sachen** ist nach Aufhebung des BayObLG gegenstandslos. Eine Einreichung beim Beschwerdegericht wahrt die Frist nicht. Bei fehlerhafter oder unwirksamer Zustellung gilt § 189 ZPO. Die Zustellung gilt als bewirkt, sobald die Person, an welche die Zustellung erfolgen sollte, die Beschwerdeentscheidung tatsächlich erhalten hat. War eine Zustellung überhaupt nicht gewollt oder ist ein tatsächlicher Zugang nicht nachweisbar, ist die Rechtslage zweifelhaft. Nach der einen Auffassung läuft keine Frist, weil es an einer dem § 569 Abs. 1 Satz 2 ZPO entsprechenden Bestimmung fehlt.[331] Nach der anderen Meinung ist § 569 Abs. 1 Satz 2 ZPO analog anzuwenden, so dass die Rechtsbeschwerdefrist spätestens fünf Monate nach Verkündung der Entscheidung zu laufen beginnt.[332] Dieser Ansicht wird man folgen können, weil insofern kein Grund für die unterschiedliche Behandlung von Revision und Rechtsbeschwerde ersichtlich ist. Für nicht verkündete Entscheidungen gilt dies nicht. Eine Rechtsmittelfrist kann nicht zu laufen beginnen, wenn der Betroffene keine Möglichkeit hatte, die anzufechtende Entscheidung zur Kenntnis zu nehmen.   104

Wird die Notfrist zur Einlegung der Rechtsbeschwerde ohne Verschulden des Beschwerdeführers versäumt, kann ihm **Wiedereinsetzung in den vorigen Stand** gewährt werden (§ 4 i. V. m. § 233 ZPO). Die Fristversäumung ist insbesondere dann unverschuldet, wenn der Beschwerdeführer nicht die finanziellen Mittel hat, einen BGH-Anwalt zu beauftragen. Er muss dann aber innerhalb der laufenden Rechtsbeschwerdefrist Prozesskostenhilfe zur Durchführung der Rechtsbeschwerde beantragen und entweder den nach § 117 Abs. 4 ZPO erforderlichen Vordruck vorlegen oder unter Bezugnahme auf die Vorlage des Vordrucks in den Vorinstanzen erklären, dass sich seither nichts verändert habe.[333] Der Hinweis, aus der Eröffnung des Insolvenzverfahrens über das Vermögen des Antragstellers ergebe sich dessen Bedürftigkeit, genügt nicht.[334]   105

---

[326] OLG Köln NZI 2002, 158, 159; vgl. BGH NJW 1980, 1960, 1961; 1984, 2414; *Hoffmann* NZI 1999, 425, 429; HKInsO-*Kirchhof* § 7 RdNr. 41.
[327] BGH, Beschl. v. 15.12.2005 – IX ZB 54/04; HKInsO-*Kirchhof* § 7 RdNr. 4.
[328] BGH RPfleger 2005, 114 f.
[329] BGH NZI 2006, 606.
[330] BGH NZI 2005, 184.
[331] So noch die Vorauflage § 7 nF RdNr. 54; ebenso Baumbach/Lauterbach/*Albers*/Hartmann, ZPO 63. Aufl. § 575 RdNr. 1; *Zöller*/*Gummer* ZPO 29. Aufl. § 575 RdNr. 2.
[332] HKInsO-*Kirchhof* § 7 RdNr. 27; *Musielak*/*Ball*, ZPO 9. Aufl. § 575 RdNr. 5.
[333] BGH NJW 1997, 1078; ZVI 2003, 600.
[334] BGH NJW 2002, 2793; Beschl. v. 6.5.2004 – IX ZB 41/04, nv.

106 **b) Form und notwendiger Inhalt der Rechtsbeschwerdeschrift.** Die Rechtsbeschwerde ist durch **Einreichen einer Beschwerdeschrift** einzulegen (§ 575 Abs. 1 Satz 1 ZPO). Nach § 575 Abs. 4 Satz 1 ZPO gelten für die Beschwerde- (und die Begründungs-)-schrift die allgemeinen Vorschriften über die **vorbereitenden Schriftsätze** (§§ 130 ff. ZPO). Deshalb muss sie die entweder für sich allein betrachtet oder mit Hilfe weiterer Unterlagen bis zum Ablauf der Rechtsmittelfrist eindeutig erkennen lassen, wer **Rechtsmittelführer** und wer Rechtsmittelgegner ist.[335] Jeder Zweifel an der Person des Rechtsmittelführers ausgeschlossen sein; dabei sind jedoch, wie allgemein bei der Auslegung von Prozesserklärungen, alle Umstände des jeweiligen Einzelfalls zu berücksichtigen. Die Rechtsbeschwerdeschrift muss die **Entscheidung bezeichnen, gegen die die Rechtsbeschwerde gerichtet wird** (§ 575 Abs. 1 Satz 2 Nr. 1 ZPO), und die **Erklärung, dass gegen diese Entscheidung Rechtsbeschwerde eingelegt werde** (§ 575 Abs. 1 Satz 2 Nr. 2 ZPO). Der Gebrauch des Wortes „Rechtsbeschwerde" ist nicht erforderlich; aus dem Inhalt der Beschwerdeschrift muss sich nur ergeben, dass gerade dieses Rechtsmittel eingelegt werden soll.[336] Mit der Rechtsbeschwerdeschrift soll eine **Ausfertigung** oder **beglaubigte Abschrift der angefochtenen Entscheidung** vorgelegt werden (§ 575 Abs. 1 Satz 3 ZPO). Es handelt sich um eine Ordnungsvorschrift, deren Verletzung keine prozessualen Nachteile mit sich bringt. Sie hat den Zweck, das Rechtsbeschwerdegericht frühzeitig, nämlich vor dem Eintreffen der angeforderten Akten, über den Rechtsmittelinhalt in Kenntnis zu setzen.[337]

107 **c) Anwaltszwang.** Der Rechtsbeschwerdeführer muss sich gemäß § 78 Abs. 1 Satz 3 ZPO **durch einen beim BGH zugelassenen Rechtsanwalt vertreten** lassen (vgl. § 78 Abs. 2 .[338] Das Rechtsbeschwerdeverfahren dient der Klärung von Grundsatzfragen, der Fortbildung des Rechts und der Sicherung der Einheitlichkeit der Rechtsprechung (§ 574 Abs. 3, 2 ZPO). Zur Filterung und Strukturierung solcher Verfahren bedarf es der besonderen Kenntnis und des Sachverstandes der Rechtsanwaltschaft beim BGH;[339] der durch die Einschaltung eines BGH-Anwalts verursachte Aufwand steht nicht außer Verhältnis zur Bedeutung der Sache.[340] Der Anwaltszwang gilt auch für die Rechtsbeschwerde gemäß § 15 Abs. 1 AVAG, der auf § 574 Abs. 1 Nr. 1, Abs. 2 ZPO verweist, § 16 Abs. 1 AVAG.[341] Unter den Anwaltszwang fallen alle verfahrensgestaltenden Handlungen, also nicht nur bestimmende, sondern auch vorbereitende Schriftsätze.[342] Dies alles gilt auch für eine im Verfahren der Rechtsbeschwerde erhobene **Anhörungsrüge** nach § 321a ZPO.[343] Die **Staatskasse** kann sich auch dann nicht durch den Bezirksrevisor vertreten lassen, wenn der Gegenstand der Beschwerde mit ihrer amtlichen Aufgabe unmittelbar zusammenhängt. Das Behördenprivileg des § 78 Abs. 2 ZPO ist durch die Neuregelung des Rechtsberatungsgesetzes[344] eingeschränkt worden. Behörden und juristische Personen können sich seither nur noch durch eigene Beschäftigte mit Befähigung zum Richteramt oder durch Beschäftigte mit Befähigung zum Richteramt vertreten lassen (vgl. § 78 Abs. 2 ZPO).[345] Die Beiordnung eines **Notanwalts** (§ 78b Abs. 1 ZPO) kommt erst dann in Betracht, wenn die Partei darlegt und in geeigneter Weise glaubhaft macht, dass sie sich erfolglos an mehr als vier beim BGH zugelassene Rechtsanwälte gewandt hat.[346]

108 **d) Aufschiebende Wirkung; einstweilige Anordnungen.** Im Allgemeinen hat die Einlegung der Rechtsbeschwerde keine aufschiebende Wirkung. Etwas anderes gilt nur bei der Rechtsbeschwerde gegen die **Festsetzung eines Ordnungs- oder Zwangsmittels** (§ 575 Abs. 5 i. V. m. § 570 Abs. 3 ZPO).

109 Nach § 575 Abs. 5 i. V. m. § 570 Abs. 1 und 3 ZPO kann das Rechtsbeschwerdegericht vor der Entscheidung eine **einstweilige Anordnung** erlassen. Das Rechtsmittelgericht soll nach seinem pflichtgemäßen Ermessen die Möglichkeit haben, für die Dauer des Rechtsbeschwerdeverfahrens die Wirkungen zu hemmen, die von den im Instanzenzug vorausgegangenen Entscheidungen ausgehen.[347] Es kann insbesondere die Vollziehung der angefochtenen Entscheidung und/oder der Ent-

---

[335] BGH NJW 2010, 281 RdNr. 9; NJW-RR 2011, 359 RdNr. 10; NJW 2011, 2371 RdNr. 10.
[336] *Schmerbach* ZInsO 2001, 1087, 1089.
[337] Amtl. Begr. RegE zu § 575 ZPO, BT-Drucks. 14/4722 S. 117.
[338] BGH NJW 2002, 1958; 2002, 2181 = NZI 2002, 399.
[339] BGH NJW 2003, 70.
[340] *Kirchhof* ZInsO 2001, 1073; *Schmerbach* ZInsO 2001, 1087, 1090.
[341] BGH ZInsO 2002, 425, 426.
[342] BGH NJW 2004, 2529.
[343] BGH NJW 2005, 2017.
[344] Gesetz zur Neuregelung des Rechtsberatungsgesetzes vom 12.12.2007, BGBl. I 2840.
[345] BGH FamRZ 2010, 1544 RdNr. 9 ff.; die Entscheidung BGH NJW-RR 2005, 1237 ist damit überholt.
[346] BGH NJW-RR 2004, 864; FamRZ 2007, 635 f.; WuM 2011, 323 RdNr. 2.
[347] BGH NZI 2006, 122.

scheidung erster Instanz[348] aussetzen oder gegen Sicherheitsleistung einstellen oder anordnen, dass die Vollziehung nur gegen Sicherheitsleistung fortzusetzen ist.[349] Dabei sind die Erfolgsaussichten des Rechtsmittels und die drohenden Nachteile für die Gläubigergesamtheit gegeneinander abzuwägen (vgl. § 34 RdNr. 18). Die Aussetzung der Vollziehung einer erstinstanzlichen Entscheidung, die durch das Gericht der ersten Beschwerde bestätigt worden ist, wird regelmäßig nur in Betracht kommen, wenn durch die Vollziehung dem Rechtsbeschwerdeführer größere Nachteile drohen als den anderen Beteiligten im Falle der Aufschiebung der vom Insolvenzgericht beschlossenen Maßnahme, die Rechtslage zumindest zweifelhaft ist und die Rechtsbeschwerde zulässig erscheint.[350] Um das Verfahren nicht völlig zum Ruhen zu bringen, ist stets zu prüfen, ob die einstweilige Anordnung nicht auf einzelne Wirkungen beschränkt werden kann.[351] Einstweilige Anordnungen nach § 575 Abs. 5 i. V. m. § 570 Abs. 1 und 3 ZPO haben nicht den Charakter einer einstweiligen Verfügung. Maßnahmen, die darauf gerichtet sind, vorläufigen Rechtsschutz durch die erstmalige Anordnung von Sicherungsmaßnahmen zu verschaffen, sind von den genannten Vorschriften nicht gedeckt. Die Zuständigkeit des Rechtsbeschwerdegerichts ist darauf beschränkt, die Anordnung oder Ablehnung solcher Maßnahmen rechtlich zu überprüfen, soweit diese anfechtbar und ihm im Rechtsmittelzug zur Entscheidung angefallen sind. Eine Rechtsschutzlücke ergibt sich daraus nicht. Stellt sich nach Erlass der letzten tatrichterlichen Entscheidung heraus, dass Bedarf nach Sicherungsmaßnahmen besteht, hat das Insolvenzgericht nach § 21 Abs. 2 von Amts wegen oder auf Antrag solche anzuordnen.[352]

e) Die Begründung der Rechtsbeschwerde. Die Rechtsbeschwerde bedarf einer Begründung. Ist diese nicht schon in der Rechtsbeschwerdeschrift enthalten, muss die Rechtsbeschwerde binnen eines Monats begründet werden (§ 575 Abs. 2 Satz 1 ZPO). Diese **Frist** beginnt ebenfalls mit der Zustellung der angefochtenen Entscheidung (§ 575 Abs. 2 Satz 2 ZPO). Es handelt sich aber nicht um eine Notfrist. Sie kann ohne Einwilligung des Gegners – oder wenn kein Gegner vorhanden ist – um bis zu zwei Monate **verlängert** werden, wenn nach freier Überzeugung des Vorsitzenden das Verfahren durch die Verlängerung nicht verzögert wird oder wenn der Beschwerdeführer erhebliche Gründe darlegt (§ 575 Abs. 2 Satz 3 i. V. m. § 551 Abs. 2 Satz 6 ZPO). Das Verfahren wird nicht verzögert, wenn das Rechtsbeschwerdegericht sich mit der Rechtsbeschwerde auch bei früherer Begründung nicht eher befassen könnte. Erhebliche Gründe für die Verlängerung der Frist liegen zB dann vor, wenn die Schwierigkeit oder der Umfang der Sache eine längere Vorbereitung erfordern. Mit Einwilligung des Gegners kann die Begründungsfrist ohne die genannten Einschränkungen verlängert werden (§ 575 Abs. 2 Satz 3 i. V. m. § 551 Abs. 2 Satz 5 ZPO), auch mehrfach.[353] Der Vorsitzende sollte von dieser Möglichkeit aber nur zurückhaltenden Gebrauch mache. Dass bei einem Einverständnis des Rechtsmittelgegners der Gedanke der Verfahrensbeschleunigung zurücktrete,[354] gilt für das Insolvenzverfahren, auch das Beschwerdeverfahren, nur eingeschränkt, weil es regelmäßig **eilbedürftig** ist und dem **Amtsbetrieb** unterliegt (§ 5 RdNr. 8). Wird die Frist zur Beschwerdebegründung ohne Verschulden des Beschwerdeführers versäumt, kann ihm auch insoweit **Wiedereinsetzung in den vorigen Stand** gewährt werden (§ 4 i. V. m. § 233 ZPO, vgl. § 4 RdNr. 17, 51). Früher musste die Begründung der Rechtsbeschwerde innerhalb von zwei Wochen nach Behebung des Hindernisses – also nach Gewährung der Prozesskostenhilfe – nachgeholt werden. Dies war verfassungsrechtlich nicht hinnehmbar.[355] Der Gesetzgeber hat deshalb § 234 Abs. 1 Satz 2 ZPO eingefügt, wonach die Frist nunmehr einen Monat beträgt. Die Frist beginnt mit der Bekanntgabe der Bewilligung der Prozesskostenhilfe und nicht erst ab Bekanntgabe der Wiedereinsetzung.[356] Sie kann nicht verlängert werden (vgl. § 224 Abs. 2 ZPO).

Auch die Rechtsbeschwerdebegründungsschrift unterliegt den allgemeinen Vorschriften über vorbereitende Schriftsätze (§ 575 Abs. 4 Satz 1 i. V. m. §§ 130 ff. ZPO). Gemäß § 575 Abs. 3 ZPO muss die Begründung zwingend folgende Angaben enthalten:

aa) Die Begründung der Rechtsbeschwerde muss die **Rechtsbeschwerdeanträge** enthalten, nämlich die Erklärung, inwieweit die Entscheidung des Beschwerdegerichts angefochten und deren

---
[348] BGH ZIP 2002, 718 = EWiR 2002, 595 *(Frind)*; NJW-RR 2004, 54 = NZI 2004, 29; *Jaeger/Gerhardt* § 7 RdNr. 24.
[349] BT-Drucks. 14/4722 S. 118.
[350] BGH ZIP 2002, 718; BGHZ 169, 17 RdNr. 31 = NJW 2006, 3553 = NZI 2006, 693.
[351] *Frind* EWiR 2002, 595, 596.
[352] BGH NZI 2006, 122, 123.
[353] Amtl. Begr. RegE zu § 551 ZPO, BT-Drucks. 14/4722 S. 107.
[354] Amtl. Begr. RegE zu § 551 ZPO, BT-Drucks. 14/4722 S. 107.
[355] BGH NJW 2003, 3275, 3276; 2003, 3782 m. Anm. *Deichfuß* BGHReport 2003, 1362.
[356] BGHZ 176, 379 RdNr. 7 ff. = NJW 2008, 3500.

Aufhebung beantragt wird (§ 575 Abs. 3 Nr. 1 ZPO). Die Parallele zu § 551 Abs. 3 Nr. 1 ZPO fällt ins Auge. Das Rechtsbeschwerdegericht prüft nur die gestellten Anträge (§ 577 Abs. 2 Satz 1 ZPO). Aus den Anträgen muss deutlich werden, ob die Beschwerdeentscheidung im Ganzen oder nur zum Teil – und gegebenenfalls welchem – angegriffen und welche Änderung angestrebt wird. Sind keine ausdrücklichen Anträge formuliert worden, so genügt es, wenn sich Umfang und Zielrichtung des Angriffs aus dem Inhalt der Beschwerdebegründung erschließen.

113 **bb)** Die Rechtsbeschwerde muss einen **zulässigen Angriff** enthalten, andernfalls ist sie unzulässig (vgl. § 6 RdNr. 36a).[357] § 575 Abs. 3 Nr. 3 ZPO ist dem § 551 Abs. 3 Nr. 2 ZPO nachgebildet. Dadurch wird deutlich, dass an die Angabe der Rechtsbeschwerdegründe ebenso strenge Anforderungen wie an eine Revisionsbegründung zu stellen sind.[358] Wie im Revisionsrecht wird zwischen Sach- und Verfahrensrügen unterschieden.

114 **cc)** Die Begründung der Rechtsbeschwerde muss die **bestimmte Bezeichnung der Umstände** enthalten, aus denen sich die **Rechtsverletzung** ergibt. Hier und in der Parallelvorschrift des § 551 Abs. 3 Nr. 2a hat der Gesetzgeber die Darlegungsanforderungen für die Geltendmachung der Rechtsverletzung im Sinne der zu § 554 Abs. 3 Nr. 3a ZPO aF ergangenen Rechtsprechung konkretisiert.[359] Danach muss die Rechtsbeschwerdebegründung die Richtung des Angriffs erkennen lassen und eine sachliche Auseinandersetzung mit den Gründen der Beschwerdeentscheidung enthalten. Hat das Beschwerdegericht seine Entscheidung auf mehrere selbständige Begründungen gestützt, muss der Rechtsbeschwerdeführer zu allen Begründungen Stellung nehmen.

115 **dd)** Wird die Rechtsbeschwerde darauf gestützt, dass das Gesetz in Bezug auf das Verfahren verletzt sei, muss im Wege der **Verfahrensrüge** die Tatsachen bezeichnen, welche den Mangel ergeben (§ 575 Abs. 3 Nr. 3b ZPO). Wird zB beanstandet, der Schuldner sei zu einem aufklärungsbedürftigen Punkt nicht gehört worden, obwohl er hätte gehört werden müssen, muss im Einzelnen dargelegt werden, welche entscheidungserheblichen Tatsachen der Schuldner bekundet hätte. Wird die mangelnde Auswertung von Beiakten gerügt, müssen die nicht berücksichtigten Aktenstellen genau bezeichnet werden.[360] Wenn das Übergehen von Beweisangeboten gerügt wird, müssen die Stellen in den Schriftsätzen angegeben werden, an denen die Beweise angeboten worden sind.[361] Der Rechtsbeschwerdeführer muss ferner dartun, dass der Verfahrensverstoß für die angefochtene Entscheidung ursächlich geworden ist. Gemäß § 576 Abs. 2 ZPO kann die Rechtsbeschwerde nicht darauf gestützt werden, dass das Gericht des ersten Rechtszuges seine Zuständigkeit zu Unrecht angenommen oder verneint hat (vgl. § 3 RdNr. 32, § 6 RdNr. 43).

116 **ee)** Das Rechtsbeschwerdegericht ist an die geltend gemachten Rechtsbeschwerdegründe **nicht gebunden** (§ 577 Abs. 2 Satz 2 ZPO). Das Rechtsbeschwerdegericht kann deshalb andere als die vom Beschwerdeführer geltend gemachten Gründe in die Prüfung einbeziehen.

117 **4. Abhilfebefugnis.** Eine Abhilfebefugnis der Vorinstanz besteht nicht. Das ergibt sich daraus, dass die Rechtsbeschwerde beim Rechtsbeschwerdegericht *(iudex ad quem)* einzulegen ist.[362]

118 **5. Anschlussrechtsbeschwerde.** In Parallele zur Neuregelung der Anschlussbeschwerde (§ 6 RdNr. 96) hat der Gesetzgeber auch bei der Rechtsbeschwerde auf die Möglichkeit einer selbständigen Anschlussrechtsbeschwerde verzichtet. Zulässig ist eine **unselbständige Anschlussrechtsbeschwerde.** Nach § 574 Abs. 4 Satz 1 ZPO kann sich der Rechtsbeschwerdegegner der Rechtsbeschwerde anschließen, auch wenn er auf die Rechtsbeschwerde verzichtet hat, die Rechtsbeschwerdefrist verstrichen oder die Rechtsbeschwerde nicht zugelassen worden ist. Dem Rechtsbeschwerdegegner soll damit die Möglichkeit eröffnet werden, eine Abänderung der Entscheidung zu seinen Gunsten zu erreichen, wenn das Rechtsbeschwerdeverfahren ohnehin durchgeführt werden muss. Für die Zulässigkeit der unselbständigen Anschlussrechtsbeschwerde sprechen zum einen Billigkeitsgründe. Der friedfertigen Partei, die bereit ist, sich mit der Entscheidung abzufinden, soll die Anschließungsmöglichkeit für den Fall offen stehen, dass der Gegner wider Erwarten die Entscheidung angreift.[363] Zum anderen dient die Vorschrift dem Zweck, die Einlegung von Rechtsbeschwerden zu vermeiden und somit eine rasche Befriedung zu erreichen. Keiner der durch die Entscheidung Beschwerten muss diese aus der Erwägung heraus

---

[357] BGH NZI 2004, 184.
[358] Amtl. Begr. RegE zu § 575 Abs. 3, BT-Drucks. 14/4722 S. 117.
[359] Amtl. Begr. RegE zu § 551 Abs. 3, BT-Drucks. 14/4722 S. 107.
[360] Vgl. BGH NJW 1956, 1755.
[361] BGHZ 14, 210.
[362] Amtl. Begr. RegE zu § 575 Abs. 1 Satz 1, BT-Drucks. 14/4722 S. 117.
[363] Amtl. Begr. RegE zu § 574 Abs. 4, BT-Drucks. 14/4722 S. 117.

angreifen, dass es sonst vielleicht der Gegner tut. Die Anschlussbeschwerde setzt voraus, dass der Anschlussbeschwerdeführer durch die angefochtene Entscheidung beschwert wird; den in der Rechtsbeschwerdeinstanz können keine neuen, geänderten oder erweiterte Anträge in das Verfahren eingeführt werden.[364]

Die **Anschließung** erfolgt durch Einreichen einer Rechtsbeschwerdeanschlussschrift beim BGH als Rechtsbeschwerdegericht (§ 133 GVG). Die Rechtsbeschwerdeanschlussschrift muss den Anforderungen an eine Rechtsbeschwerdeschrift (§ 575 Abs. 1 Satz 2 und 3 ZPO) genügen, weil es sich inhaltlich um die Einlegung einer Rechtsbeschwerde handelt. Sie muss also die angegriffene Entscheidung hinreichend bestimmt bezeichnen sowie die Erklärung enthalten, dass Anschlussrechtsbeschwerde eingelegt werde. Im Interesse einer Verfahrensbeschleunigung wird die Möglichkeit der Anschließung auf einen Monat ab Zustellung der Begründungsschrift der Rechtsbeschwerde befristet. Die Frist ist eine **Notfrist**, die nicht verlängert werden kann. Gemäß § 574 Abs. 4 Satz 2 ZPO ist die Anschlussrechtsbeschwerde schon in der Rechtsbeschwerdeanschlussschrift zu **begründen**. Das beruht darauf, dass dem Rechtsbeschwerdegegner spätestens mit Zustellung der Rechtsbeschwerdebegründung die Angriffe des Rechtsbeschwerdeführers bekannt sind und ihm Überlegungen zur Anschließung ermöglichen.[365] **119**

Nach § 574 Abs. 4 Satz 3 ZPO **verliert** die Anschlussrechtsbeschwerde **ihre Wirkung**, wenn die Rechtsbeschwerde zurückgenommen oder als unzulässig verworfen wird (vgl. die Parallelvorschrift des § 567 Abs. 3 Satz 2 ZPO). **120**

6. Rücknahme der Rechtsbeschwerde. Solange nicht über die Rechtsbeschwerde entschieden ist, kann der Beschwerdeführer sie zurücknehmen (§§ 565, 516 Abs. 1 ZPO analog). Dann hat das Rechtsbeschwerdegericht, wenn es die Wirksamkeit der Rücknahme bejaht, durch Verlustigkeitsbeschluss zu entscheiden (§§ 565, 516 Abs. 3 Satz 2 ZPO analog).[366] **121**

7. Verfahren vor dem Rechtsbeschwerdegericht. a) Aktenanforderung. Sobald die Rechtsbeschwerdeschrift beim BGH eingegangen ist, fordert dieser die Akten vom Beschwerdegericht an (§ 575 Abs. 5 i. V. m. § 541 Abs. 1 ZPO). **122**

b) Prüfung der Zulässigkeit. Nach § 577 Abs. 1 Satz 1 ZPO prüft der BGH zunächst von Amts wegen, ob die Rechtsbeschwerde an sich statthaft und ob sie in der gesetzlichen Form und Frist eingelegt und begründet ist. Wird eine dieser Fragen verneint, ist die Rechtsbeschwerde als unzulässig zu verwerfen. Unzulässig ist die Rechtsbeschwerde auch dann, wenn sie keinen zulässigen Angriff enthält, etwa darauf gestützt wird, das Gericht des ersten Rechtszuges habe sein örtliche Zuständigkeit zu Unrecht bejaht oder verneint (§ 576 Abs. 2 ZPO).[367] Die internationale Zuständigkeit der deutschen Gerichte ist in jedem Verfahrensabschnitt, auch im Rechtsbeschwerdeverfahren, von Amts wegen zu prüfen.[368] Ist die Insolvenzrechtsbeschwerde unzulässig, kann die Hauptsache weder einseitig[369] noch übereinstimmend[370] für erledigt erklärt werden. Wird die Zulässigkeit verneint, braucht dem Gegner zuvor kein rechtliches Gehör gewährt zu werden.[371] Wird sie bejaht, sind die Rechtsbeschwerde und die Begründung der Gegenpartei zuzustellen (§ 575 Abs. 4 Satz 2 ZPO). **123**

Im Rahmen der Prüfung der Zulässigkeit kann neues Vorbringen zu den vom Rechtsbeschwerdegericht von Amts wegen zu prüfenden Fragen berücksichtigt werden. Dies gilt insbesondere bei der Prüfung der Gerichtsbarkeit und der Zuständigkeit sowie der allgemeinen Verfahrenshandlungsvoraussetzungen (vgl. § 6 RdNr. 21 ff.).[372] Beachtlich ist ferner der Wegfall des Rechtsschutzinteresses durch Beendigung des Insolvenzverfahrens oder der Wegfall der Beschwerdeberechtigung.[373] Das Rechtsbeschwerdegericht ist insoweit Tatsacheninstanz; an einschlägige Feststellungen der Vorinstanz ist es nicht gebunden.[374] Es gilt der Freibeweis. Die **Zulässigkeit der Erstbeschwerde** hat das Rechtsbeschwerdegericht ebenfalls eigenständig zu prüfen.[375] **124**

---

[364] HKInsO-*Kirchhof* § 7 RdNr. 43; aA die Vorauflage.
[365] BT-Drucks. 14/4722, S. 117.
[366] BGH, Beschl. v. 25.1.2007 – IX ZB 156/06.
[367] BGH NZI 2005, 184.
[368] Vgl. BGH VersR 2012, 114 RdNr. 10; BGH NJW 2012, 2345 RdNr. 7; jeweils für das Revisionsverfahren.
[369] BGH NJW-RR 2005, 418 = NZI 2005, 108.
[370] BGH NZI 2004, 416.
[371] *Jaeger/Gerhardt* § 7 RdNr. 27.
[372] HKInsO-*Kirchhof* § 7 RdNr. 48.
[373] Vgl. BGH WM 1986, 1201, 1202.
[374] BGHZ 48, 15.
[375] BGH NJW 2004, 1112 = NZI 2004, 166; NZI 2004, 447; ZIP 2007, 188.

125 **c) Umfang der Begründetheitsprüfung. aa)** Hinsichtlich der **tatsächlichen Grundlagen** der Begründetheitsprüfung unterscheidet sich die Rechtsbeschwerde nicht von der weiteren Beschwerde des früheren Rechts. Der BGH prüft die angefochtene Entscheidung nur in rechtlicher Hinsicht; dabei hat er grundsätzlich von dem **Sachverhalt** auszugehen, den das Beschwerdegericht festgestellt hat (§ 577 Abs. 2 Satz 4 i. V. m. § 559 ZPO).

126 Im Rahmen der Prüfung der Begründetheit ist das Rechtsbeschwerdegericht nicht so frei wie bei der Prüfung der Zulässigkeit. Das Vorbringen **neuer Tatsachen** oder **Beweise** grundsätzlich ausgeschlossen. Neue Tatsachen dürfen grundsätzlich auch dann nicht berücksichtigt werden, wenn sie unstreitig[376] oder offenkundig sind.[377] Die Gewährung rechtlichen Gehörs kann im Rechtsbeschwerdeverfahren nicht nachgeholt werden.[378] Tatsachen, die sich erst während der Rechtsbeschwerdeinstanz ereignen, können ausnahmsweise in die Entscheidung des Rechtsbeschwerdegerichts einfließen, wenn sie unstreitig sind oder ihr Vorliegen in der Revisionsinstanz ohnehin von Amts wegen zu beachten ist und schützenswerte Belange der Gegenseite nicht entgegenstehen. Der Gedanke der Konzentration der Rechtsbeschwerdeinstanz auf die rechtliche Bewertung eines festgestellten Sachverhalts verliert nämlich an Gewicht, wenn die Berücksichtigung von neuen tatsächlichen Umständen keine nennenswerte Mehrarbeit verursacht und die Belange des Prozessgegners gewahrt bleiben. Dann kann es aus prozessökonomischen Gründen nicht zu verantworten sein, die vom Tatsachenausschluss betroffene Partei auf ein neues, ggfs. durch mehrere Instanzen zu führendes Verfahren zu verweisen; vielmehr ist durch die Zulassung des neuen Vorbringens eine rasche und endgültige Streitbereinigung herbeizuführen.[379] Unabhängig hiervon sind Vorgänge beachtlich, welche die prozessuale Rechtslage erst in der Rechtsbeschwerdeinstanz verändert haben.[380] Dazu gehört etwa die Rücknahme des Antrags, dessen Ablehnung der Rechtsbeschwerde zugrunde liegt. Neue unstreitige Tatsachen kann der BGH schließlich dann selbst feststellen, wenn sie im Falle der Rechtskraft der Beschwerdeentscheidung eine Wiederaufnahme rechtfertigen würden.[381] Darüber hinaus können Entscheidungen Berücksichtigung finden, die eine vorgreifliche Frage rechtskräftig klären, von deren Beantwortung das Ergebnis des zur Beurteilung stehenden Rechtsstreits abhängt.[382]

127 **bb)** Die **Auslegung** von Satzungen, Formularverträgen,[383] Verfahrenshandlungen[384] oder hoheitlichen Handlungen (Urteile,[385] Pfändungsbeschlüsse und -verfügungen,[386] Verwaltungsakte,[387] Registereintragungen[388]) darf das Rechtsbeschwerdegericht uneingeschränkt nachprüfen. Die Auslegung individueller Erklärungen unterliegt der Nachprüfung dagegen nur insoweit, als gesetzliche Auslegungsregeln, allgemein anerkannte Auslegungsgrundsätze, Erfahrungssätze, Denkgesetze oder Verfahrensvorschriften außer Acht geblieben sind.[389]

128 Die Beurteilung und Bewertung von Tatsachen – insbesondere im Rahmen der **Beweiswürdigung** – kann daraufhin überprüft werden, ob das Beschwerdegericht die Vorschriften des Beweisverfahrens beachtet und ob es sich umfassend und widerspruchsfrei mit dem Tatsachenstoff auseinandergesetzt hat, die Würdigung also vollständig und rechtlich möglich ist und nicht gegen gesetzliche Beweisregeln, anerkannte Grundsätze (zB des Anscheinsbeweises oder der Beweislast) die Denkgesetze und Erfahrungssätze verstößt.[390] Entsprechend gestaltet sich die Überprüfung, ob eine bestimmte Tatsache glaubhaft gemacht ist oder nicht. Hier kann das Rechtsbeschwerdegericht untersuchen, ob die Anforderungen an die Glaubhaftmachung zu hoch oder zu niedrig angesetzt worden sind.[391]

129 Die Handhabung von **Ermessen** ist der Nachprüfung durch das Rechtsbeschwerdegericht im Allgemeinen entzogen. Es hat aber zu prüfen, ob die Voraussetzungen für eine Ermessensentschei-

---

[376] Vgl. aber BGH NJW 1983, 867.
[377] BGHZ 53, 131; BGH ZZP 87 (1974), 460 m. zust. Anm. *Gottwald*; *Zöller/Heßler*, ZPO 29. Aufl. § 559 RdNr. 8.
[378] OLG Köln NZI 2002, 167, 169; HKInsO-*Kirchhof* § 7 RdNr. 51.
[379] BGH NJW 2009, 3783 RdNr. 27.
[380] Vgl. BGH WM 1995, 1806, 1807; NJW 2001, 1730 f.
[381] BGHZ 3, 65, 67; 104, 215, 221 = NJW 1988, 3092.
[382] BGH BGHR ZPO § 561 Abs. 1 Satz 1 – Durchbrechung 2, 4; NJW 2001, 1730, 1731.
[383] BGH NJW-RR 2008, 251 RdNr. 7.
[384] BGH NJW 1995, 2563, 2564; NJW-RR 1996, 1210, 1211.
[385] BGH NJW 1994, 49, 50.
[386] BGH NJW 1983, 886; WM 1991, 779, 780 f.
[387] BGHZ 69, 73; 86, 104, 110; BGH WM 1994, 1775, 1776.
[388] BGHZ 92, 351, 355.
[389] Vgl. BGHZ 131, 136, 138 = NJW 1996, 248; BGHZ 180, 191 RdNr. 14 = NJW-RR 2009, 979.
[390] Vgl. BGH NJW 1993, 935, 937; NJW-RR 2005, 558; WM 2009, 739 RdNr. 21.
[391] BayObLG NZI 2000, 320; OLG Celle NZI 2000, 214, 215; OLG Köln ZInsO 2000, 43; zum früheren Recht vgl. OLG Frankfurt Rpfleger 1993, 115, 116.

dung vorgelegen haben, ob von dem Ermessen überhaupt und dann auch dem Zwecke der Ermächtigung entsprechend Gebrauch gemacht worden ist, ob die Grenzen des Ermessens eingehalten und ob alle wesentlichen Umstände beachtet worden sind.[392] Bei der Einordnung des festgestellten Sachverhalts unter einen **unbestimmten Rechtsbegriff** ist nachprüfbar, ob alle für die Beurteilung wesentlichen Umstände berücksichtigt worden sind und ob der Rechtsbegriff nicht als solcher verkannt worden ist.[393]

130 cc) Wegen der grundsätzlichen Bindung des Rechtsbeschwerdegerichts an den vom Beschwerdegericht festgestellten Sachverhalt muss die Beschwerdeentscheidung eine vollständige **Sachverhaltsdarstellung** enthalten, die lediglich in Einzelpunkten durch konkrete Bezugnahme auf bestimmte Teile der Akten (insbesondere Urkunden) ersetzt werden darf; der Umfang der Bezugnahme muss zweifelsfrei gekennzeichnet sein und die Entscheidung des Beschwerdegerichts in sich verständlich bleiben.[394] Jedenfalls bezüglich des **Vorbringens in der Beschwerdeinstanz** reicht eine Bezugnahme auf die Begründung des Beschlusses des Insolvenzgerichts keinesfalls aus.[395] Ausnahmsweise kann es ausreichen, dass sich der Sachverhalt aus den Entscheidungsgründen ergibt.[396] Fehlt eine Sachverhaltsdarstellung, so dass keine rechtliche Überprüfung möglich ist, muss die angefochtene Entscheidung – auch ohne Rüge – nach § 4 InsO i. V. mit § 576 Abs. 3, § 547 Nr. 6 ZPO aufgehoben werden.[397]

131 dd) Der **Umfang der Begründetheitsprüfung** wird durch § 577 Abs. 2 ZPO bestimmt. Der Prüfung des Rechtsbeschwerdegerichts unterliegen nur die von den Parteien gestellten **Rechtsbeschwerde-** und **Anschließungsanträge** (§ 577 Abs. 2 Satz 1 ZPO). An die geltend gemachten **Rechtsbeschwerdegründe** (§ 575 Abs. 3 ZPO) ist das Rechtsbeschwerdegericht nicht gebunden (§ 577 Abs. 2 Satz 2 ZPO). Es kann also von Amts wegen die angefochtene Entscheidung überprüfen. Dabei ist allerdings zwischen der Anwendung des materiellen Rechts und der Anwendung des Verfahrensrechts zu differenzieren.

132 (1) Die Anwendung des für den zu beurteilenden Sachverhalt maßgeblichen **materiellen Rechts** kann das Rechtsbeschwerdegericht nur darauf überprüfen, ob sie auf der Verletzung des Bundesrechts oder einer Vorschrift beruht, deren Geltungsbereich sich über den Bezirk eines OLG hinaus erstreckt (§ 576 Abs. 1 ZPO), in diesem Rahmen allerdings umfassend[398]. An die tatsächlichen Feststellungen der Vorinstanz über Bestehen und Inhalt **nur im Bereich eines OLG geltenden** oder **ausländischen Rechts** ist das Rechtsbeschwerdegericht gebunden (§ 576 Abs. 3 i. V. m. § 560 ZPO). Die revisionsrechtliche Vorschrift des § 560 ZPO bezog sich bisher auch auf diejenige des § 545 ZPO. Diese ist durch das FGG-Reformgesetz[399] mit Wirkung vom 1.9.2009 dahingehend geändert worden, dass mit der Revision die Verletzung „des Rechts" gerügt werden kann. Im Recht der Rechtsbeschwerde gilt der bisherige Rechtszustand fort; die Verweisung auf § 560 ZPO und damit diese Vorschrift selbst behält so ihren Sinn.[400]

133 (2) **Verfahrensmängel**, die nicht von Amts wegen zu berücksichtigen sind, unterliegen nur dann einer Nachprüfung, wenn sie in der Rechtsbeschwerdebegründungsschrift oder in der Anschließungsschrift (vgl. §§ 575 Abs. 3 Nr. 3b, 574 Abs. 4 Satz 2 ZPO) vorgebracht worden sind (§ 577 Abs. 2 Satz 3 ZPO). Von Amts wegen zu berücksichtigen sind zB[401] fehlende Gerichtsbarkeit, Unzulässigkeit des Rechtsweges, anderweitige Rechtshängigkeit, das Vorliegen einer rechtskräftigen Entscheidung, das Hinausgehen über die gestellten Anträge, der Verstoß gegen das Verbot der Schlechterstellung eines Rechtsmittelführers, der Mangel der Parteifähigkeit (§ 56 Abs. 1 ZPO), das Fehlen der Sachverhaltsdarstellung (§ 576 Abs. 3, § 547 Nr. 6 ZPO),[402] das Fehlen von Gründen ((§ 576 Abs. 3, § 547 Abs. 1 Nr. 6 ZPO).[403] Nicht mit Gründen versehen ist eine Entscheidung auch dann, wenn das Gericht auf erhebliche – insbesondere neue – Angriffs- oder Verteidigungsmittel nicht eingeht oder wenn die Entscheidungsgründe sich auf nichtssagende Floskeln oder die Wiedergabe der Rechtsansichten der Parteien beschränken.

---

[392] BGHZ 23, 175, 183; BGH NJW 1989, 3222 f.
[393] BGH VersR 1976, 688; BGH NJW 2009, 3783 RdNr. 19.
[394] BGH NJW 2002, 2648 = NZI 2002, 575; NJW-RR 2005, 916 = NZI 2005, 414; NJW 2011, 3450 RdNr. 9; BayObLG NZI 2000, 434; OLG Köln NZI 2000, 80; 2000, 133.
[395] BGH NZI 2006, 481.
[396] OLG Celle NZI 2000, 592, 593.
[397] BGH NZI 2006, 248; 2006, 481; ZVI 2006, 285; 2006, 565.
[398] Amtl. Begr. RegE zu § 577 Abs. 2 Satz 2, BT-Drucks. 14/4722 S. 118.
[399] Vom 17.12.2008, BGBl. I, 2586.
[400] Offen gelassen von BGHZ 188, 177 RdNr. 14 = NJW 2011, 1818.
[401] Vgl. *Zöller/Heßler*, ZPO 29. Aufl. § 557 RdNr. 7 ff.
[402] BGH NJW-RR 2005, 916 = NZI 2005, 414.
[403] Vgl. OLG Köln NZI 2001, 318, 319.

134 Die Rechtsbeschwerde kann (ebenso wie die Berufung, die Revision und die sofortige Beschwerde, vgl. §§ 513 Abs. 2, 545 Abs. 2, 571 Abs. 2 Satz 2 ZPO) nicht darauf gestützt werden, dass das Gericht des ersten Rechtszuges seine (örtliche) Zuständigkeit zu Unrecht angenommen oder verneint hat (§ 576 Abs. 2 ZPO). Durch den **Ausschluss von Zuständigkeitsrügen** werden Streitigkeiten vermieden, die allein auf die Frage der Zuständigkeit des erstinstanzlichen Gerichts gestützt werden.[404] Das dient der Entlastung des Rechtsbeschwerdegerichts und verhindert zugleich, dass die vom erstinstanzlichen Gericht geleistete Sacharbeit wegen fehlender Zuständigkeit hinfällig wird.

135 Die Verletzung einer das Verfahren vor dem Beschwerdegericht betreffenden Vorschrift kann mit der Rechtsbeschwerde nicht mehr gerügt werden, wenn die Partei das **Rügerecht** bereits in der Beschwerdeinstanz nach den Vorschriften des § 295 ZPO **verloren** hat (§ 576 Abs. 3 i. V. m. § 556 ZPO). Das kann der Fall sein auf Grund Verzichts oder Unterlassung rechtzeitiger Rüge in einer eventuell anberaumten mündlichen Verhandlung.[405]

136 **8. Die Begründetheit der Rechtsbeschwerde. a) Verletzung des Gesetzes.** Die Rechtsbeschwerde ist begründet, wenn die Entscheidung des Beschwerdegerichts auf der Verletzung einer **Rechtsnorm** (§ 12 EGZPO) beruht, die dem Bundesrecht angehört oder deren Geltungsbereich sich über den Bezirk eines OLG hinaus erstreckt (§ 576 Abs. 1 ZPO). Um eine Rechtsnorm der Insolvenzordnung muss es sich nicht handeln.[406] Bei einer **Rechtsänderung** ist das im Zeitpunkt der Entscheidung über die Rechtsbeschwerde geltende Recht maßgeblich, sofern nicht der Verfahrensgegenstand nach dem zeitlichen Geltungsbereich des neuen Rechts von der Änderung unberührt bleibt.[407] Die Wirksamkeit von Verfahrenshandlungen bestimmt sich nach dem Recht, das zurzeit der Vornahme gilt.[408]

137 **Verletzt** ist das Gesetz, wenn die betreffende Rechtsnorm nicht oder nicht richtig angewendet worden ist (§ 576 Abs. 3 i. V. m. § 546 ZPO). Die Gesetzesverletzung kann bestehen in einem **Interpretationsfehler** (die abstrakten Tatbestandsmerkmale der Rechtsnorm oder deren Rechtsfolgen werden nicht richtig erkannt), in einem **Subsumtionsfehler** (der festgestellte Sachverhalt erfüllt nicht die Tatbestandsmerkmale der angewendeten Norm oder er erfüllt die Tatbestandsmerkmale einer nicht angewendeten Norm) oder in einem **Gültigkeitsirrtum** (fälschlich wird die angewendete Norm für gültig oder eine nicht angewendete für nicht gültig gehalten).

138 **b) Beruhen der Beschwerdeentscheidung auf der Gesetzesverletzung.** Für die Begründetheit der Rechtsbeschwerde genügt nicht, dass die Beschwerdeentscheidung eine Gesetzesverletzung erkennen lässt; vielmehr muss die Entscheidung auf der Gesetzesverletzung beruhen. Dies ist der Fall, wenn die Entscheidung ohne die Gesetzesverletzung anders ausgefallen wäre. Bei **Verfahrensverstößen** besteht der ursächliche Zusammenhang zwischen dem Verstoß und der Entscheidung dann, wenn ohne den Verfahrensverstoß möglicherweise eine andere Entscheidung getroffen worden wäre.[409]

139 Die Ursächlichkeit der Gesetzesverletzung für die angefochtene Entscheidung wird **unwiderlegbar vermutet,** wenn sich die Gesetzesverletzung als **absoluter Beschwerdegrund** darstellt (§ 576 Abs. 3 i. V. m. § 547 ZPO). Die Vorschrift des § 547 ZPO gilt auch im Insolvenzverfahren: Nr. 1 (vorschriftsmäßige Besetzung des Gerichts), Nr. 2 (Mitwirkung eines ausgeschlossenen Richters, vgl. § 4 RdNr. 40), Nr. 3 (Mitwirkung eines abgelehnten Richters, vgl. § 4 RdNr. 41), Nr. 4 (mangelnde Vertretung, vgl. § 4 RdNr. 45 f.), Nr. 5 (Verletzung der Öffentlichkeit der Verhandlung, vgl. § 4 RdNr. 10), Nr. 6 (fehlende Entscheidungsgründe, vgl. § 4 RdNr. 84). In den genannten Fällen ist § 577 Abs. 3 ZPO nicht anwendbar.

140 Ein Verstoß gegen § 547 Nr. 1 ZPO ist schon dann zu bejahen, wenn der **Einzelrichter** am Landgericht die Rechtsbeschwerde zugelassen hat.[410] Indem er die Rechtsbeschwerde zulässt, dokumentiert er, dass die Sache in seinen Augen grundsätzliche Bedeutung (im weiteren Sinne) hat. Dann hätte er konsequenterweise nicht selbst entscheiden dürfen, sondern die Sache an die vollbesetzte Kammer abgeben müssen (§ 568 Satz 2 Nr. 2 ZPO). Ein praktisch bedeutsamer Anwendungsfall des § 547 Nr. 6 ZPO ist gegeben, wenn die Beschwerdeentscheidung keine subsumtionsfähige **Sachverhaltsdarstellung** enthält.[411]

---

[404] Vgl. Amtl. Begr. zu § 571 Abs. 2 Satz 2 RegE, BT-Drucks. 14/4722 S. 113.
[405] Amtl. Begr. zu § 576 Abs. 3 RegE, BT-Drucks. 14/4722 S. 118.
[406] Schmerbach ZInsO 2001, 1087, 1093; ebenso zu § 7 aF Pape NJW 2001, 22, 24 f.; HKInsO-Kirchhof 1. Aufl. § 7 RdNr. 17, 23; aA OLG Dresden DZWIR 2000, 464, 466 m. abl. Anm. Becker S. 470.
[407] Vgl. BGHZ 104, 215, 221; BGH ZIP 1995, 290, 292.
[408] Vgl. BayObLGZ 1989, 153, 154.
[409] Schmerbach ZInsO 2001, 1087, 1093.
[410] BGHZ 154, 200 = NJW 2003, 1254 = NZI 2003, 398; BGH NJW 2004, 233, NJW-RR 2012, 441; ständ. Rspr.
[411] BGH NZI 2004, 587 m. Anm. Gundlach/Frenzel; NJW 2011, 3450 RdNr. 9.

Außerhalb des Anwendungsbereichs des § 547 ZPO ist eine Gesetzesverletzung dann nicht 141
ursächlich, wenn sich die angefochtene **Entscheidung aus anderen Gründen** als **richtig** darstellt
(§ 577 Abs. 3 ZPO). Deshalb hat das Rechtsbeschwerdegericht im Rahmen der gestellten Anträge
und des der Prüfung zugrundezulegenden Sachverhalts den angefochtenen Beschluss unter allen
rechtlichen Gesichtspunkten nachzuprüfen (vgl. oben RdNr. 79, 80), soweit eine Prüfung von Amts
wegen überhaupt in Betracht kommt (also in Bezug auf materielle Mängel und absolute Verfahrensfehler). Enthält die Beschwerdeentscheidung keine subsumtionsfähige Sachverhaltsdarstellung,[412] ist
deshalb die Rechtsbeschwerde gleichwohl zurückzuweisen, wenn der Rechtsbeschwerdeführer
schon die sofortige Beschwerde eingelegt hatte, dies aber verspätet.[413]

9. Die Entscheidung über die Rechtsbeschwerde. Der BGH entscheidet regelmäßig ohne 142
mündliche Verhandlung durch begründeten Beschluss (§ 577 Abs. 6 Satz 1 ZPO). Soweit Rügen von
Verfahrensmängeln nicht für durchgreifend erachtet werden, braucht der Beschluss nicht begründet zu
werden (§ 577 Abs. 6 Satz 2 i. V. m. § 564 Satz 1 ZPO). Eine Ausnahme gilt, wenn Verfahrensmängel
i.S.v. § 547 ZPO gerügt worden sind (§ 577 Abs. 6 Satz 2 i. V. m. § 564 Satz 2 ZPO). Er kann (unter
Beachtung des Verbots der reformation in peius, vgl. § 6 RdNr. 72) wie folgt entscheiden:

a) Verwerfung als unzulässig. Ist die Rechtsbeschwerde nicht kraft ausdrücklicher Gesetzesbe- 143
stimmung statthaft (§ 574 Abs. 1 Nr. 1 ZPO) und auch nicht von der Vorinstanz zugelassen worden
(§ 574 Abs. 1 Nr. 2 ZPO) oder fehlt es an einer allgemeinen Verfahrenshandlungsvoraussetzung,
dem Rechtsschutzbedürfnis oder der Beschwer oder ist die Rechtsbeschwerde nicht in der gesetzlichen Form und Frist eingelegt und begründet worden oder enthält sie keinen zulässigen Angriff,
muss die Rechtsbeschwerde ohne Sachprüfung als unzulässig verworfen werden. Unzulässig ist die
Rechtsbeschwerde auch dann, wenn bereits die sofortige Beschwerde unstatthaft war. War die sofortige Beschwerde statthaft, aber aus anderen Gründen unzulässig, ist sie aber vom Beschwerdegericht
sachlich beschieden worden, ist die Rechtsbeschwerde bei Vorliegen der übrigen Zulässigkeitsvoraussetzungen zulässig.[414]

b) Zurückweisung als unbegründet. Ist die angefochtene Entscheidung des Beschwerdege- 144
richts rechtsfehlerfrei oder beruht sie nicht auf einem an sich festgestellten Rechtsfehler oder ist sie
aus anderen Gründen im Ergebnis richtig, ist die Rechtsbeschwerde als unbegründet zurückzuweisen. Um eine Zurückweisung der Rechtsbeschwerde handelt es sich auch dann, wenn die Formel
der Beschwerdeentscheidung zur Klarstellung geändert („Die Rechtsbeschwerde wird mit der Maßgabe zurückgewiesen, dass . . .") oder wenn die Zurückweisung der Erstbeschwerde als unbegründet
abgeändert wird in eine Verwerfung als unzulässig.[415]

c) Aufhebung der Beschwerdeentscheidung und Stattgabe. Liegt ein für die angefochtene 145
Beschwerdeentscheidung ursächlicher Rechtsfehler vor, hebt das Rechtsbeschwerdegericht jene auf.
Es trifft eine eigene Sachentscheidung, wenn die Sache ohne weitere Ermittlungen – oder nur auf
Grund solcher, zu denen das Rechtsbeschwerdegericht ausnahmsweise befugt ist – entscheidungsreif
ist (§ 577 Abs. 5 Satz 1 ZPO).

Bedarf die Rechtsbeschwerdeentscheidung einer **Vollziehung,** ist diese regelmäßig dem Insol- 146
venzgericht zu übertragen. Wird zB der vom Insolvenzgericht mangels Masse abgelehnte Insolvenzantrag in der Rechtsbeschwerdeinstanz vom Antragsteller für erledigt erklärt (vgl. § 4 RdNr. 28), so
kann der Ausspruch, dass der den Insolvenzantrag abweisende Beschluss wirkungslos ist, durch den
BGH erfolgen. Eine Zurückgabe an das Insolvenzgericht, damit dieses die Feststellung ausspreche,
ist nicht geboten.[416]

d) Aufhebung der Beschwerdeentscheidung und Verwerfung der sofortigen Be- 147
schwerde. Hatte das Beschwerdegericht der sofortigen Beschwerde stattgegeben, so hat das Rechtsbeschwerdegericht – wenn es bei der Prüfung der Zulässigkeit der sofortigen Beschwerde, zu der es
von Amts wegen verpflichtet ist, zu dem Ergebnis gelangt, dass die sofortige Beschwerde statthaft,
aber unzulässig war, die Beschwerdeentscheidung aufzuheben und die sofortige Beschwerde zu verwerfen.[417]

---

[412] Entgegen *Schmerbach* ZInsO 2001, 1087, 1093, ist das kein Fall des § 547 Nr. 6 ZPO nF; vgl. zum früheren Recht *Zöller/Gummer,* ZPO 22. Aufl. § 551 RdNr. 9.
[413] OLG Celle NZI 2000, 545, 546; unzutreffend OLG Frankfurt NZI 2000, 137, 138.
[414] BGH NZI 2004, 447; aA aber BGH NJW-RR 2011, 143 RdNr. 4: die Rechtsbeschwerde sei unzulässig.
[415] Vgl. BGH NZI 2004, 447; BGHZ 6, 369; OLG Frankfurt OLGZ 1991, 412, 413.
[416] OLG Köln ZIP 1993, 1483, 1484; aA *Mohrbutter* EWiR 1993, 801, 802.
[417] BGH NZI 2004, 447 (fehlende Beschwer); aA aber BGH NJW-RR 2011, 143 RdNr. 4: die Rechtsbeschwerde sei unzulässig.

148 **e) Aufhebung der Beschwerdeentscheidung und Zurückverweisung.** Liegt ein für die angefochtene Beschwerdeentscheidung ursächlicher Rechtsfehler vor und sind weitere tatsächliche Feststellungen erforderlich, ist die angefochtene Entscheidung aufzuheben und die Sache zur erneuten Entscheidung zurückzuverweisen (§ 577 Abs. 4 Satz 1 ZPO). So ist regelmäßig zu verfahren, wenn das Beschwerdegericht die sofortige Beschwerde zu Unrecht als unzulässig verworfen hat.[418] Das Gleiche gilt, wenn das Beschwerdegericht der sofortigen Beschwerde stattgegeben hatte, diese nach dem Vorbringen der vom Gegner eingelegten Rechtsbeschwerde jedoch unzulässig war und insofern noch Feststellungen getroffen werden müssen, die dem BGH als Rechtsbeschwerdegericht nicht möglich sind. Mit der Zurückverweisung wird die Vorinstanz wieder eröffnet. In entsprechender Anwendung des § 562 Abs. 2 ZPO ist im Falle der Aufhebung wegen eines Verfahrensmangels zugleich das Verfahren insoweit aufzuheben, als es durch den Mangel betroffen wird (§ 577 Abs. 4 Satz 2 ZPO). Eine Aufhebung und Zurückverweisung kann auch dann erfolgen, wenn Gesetze, auf deren Verletzung die Rechtsbeschwerde nicht gestützt werden kann, anwendbar sind oder sein könnten (§ 577 Abs. 5 Satz 2 i. V. m. § 563 Abs. 4 ZPO). Das Gericht, an das zurückverwiesen wurde, hat das Verbot der Schlechterstellung zu beachten (s.o. § 6 RdNr. 72).[419] Es entscheidet auch über die Kosten der Rechtsbeschwerde.[420]

149 Die Zurückverweisung kann **an einen anderen Spruchkörper** des Gerichts erfolgen, das die angefochtene Entscheidung erlassen hat (§ 577 Abs. 4 Satz 3 ZPO).[421] Eine solche Vorgehensweise bietet sich in Verfahren an, in denen der Eindruck entstanden ist, die Vorinstanz habe sich innerlich so festgelegt, dass die Gefahr einer Voreingenommenheit besteht.[422] In der Praxis wird von dieser Möglichkeit nur selten Gebrauch gemacht. Sind die Insolvenzsachen gerichtsintern bei einer Kammer konzentriert, kann regelmäßig nicht erwartet werden, dass andere Kammer über die erforderliche Sachkunde verfügen (vgl. § 22 Abs. 6 GVG). Zurückverwiesen wird an den Einzelrichter, wenn dieser die angefochtene Entscheidung erlassen hat,[423] sonst an die vollbesetzte Kammer. Erfolgt die Aufhebung allein deshalb, weil die Rechtsbeschwerde entgegen § 568 Abs. 1 Satz 2 ZPO vom Einzelrichter zugelassen worden ist,[424] wird ebenfalls an den Einzelrichter zurückverwiesen. Hält dieser die Zulassung der Rechtsbeschwerde nach wie vor für geboten, muss er die Sache der Kammer vorlegen. Diese Entscheidung kann ihm das Rechtsbeschwerdegericht nicht abnehmen.

150 Statt an das Beschwerdegericht kann auch **an das erstinstanzliche Gericht** zurückverwiesen werden, falls das Beschwerdegericht bei richtiger Entscheidung seinerseits an dieses hätte zurückverweisen müssen oder wenn die Entscheidung des erstinstanzlichen Gerichts auf dem gleichen Verfahrensfehler beruht wie die Beschwerdeentscheidung.[425] § 577 Abs. 4 Satz 1 ZPO schreibt nicht vor, an welches Gericht zurückzuverweisen ist. Sieht der BGH von einer Zurückverweisung an das erstinstanzliche Gericht ab, darf das Beschwerdegericht dies in seiner neu zu treffenden Entscheidung nicht an seiner Statt tun.

151 **f) Sonstige Entscheidungen.** Das Rechtsbeschwerdegericht ist auch für **Zwischenentscheidungen** zuständig. Als solche kommen insbesondere die Wiedereinsetzung wegen Versäumung der Frist zur Einlegung oder Begründung der Rechtsbeschwerde, die Verbindung mehrerer Verfahren sowie der Erlass einer einstweiligen Anordnung in Betracht.

152 Das Rechtsbeschwerdegericht kann **einstweilige Anordnungen** erlassen (§ 575 Abs. 5, § 570 Abs. 3 ZPO). Diese einstweiligen Anordnungen haben nicht den Charakter einer einstweiligen Verfügung. Das Rechtsmittelgericht ist darauf beschränkt, Anordnungen in Bezug auf die Wirkungen der angefochtenen Entscheidung zu treffen. Dies folgt bereits daraus, dass die angeordneten Maßnahmen regelmäßig mit der Entscheidung des Rechtsbeschwerdegerichts über die Rechtsbeschwerde außer Kraft treten.[426] Im Wege der einstweiligen Anordnung kann insbesondere die Vollziehung der Entscheidung des Beschwerdegerichts und auch der Entscheidung erster Instanz ausgesetzt werden.[427] Die Aussetzung einer erstinstanzlichen Entscheidung kommt nur dann in Betracht, wenn durch die weiterer Vollziehung dem Rechtsbe-

---

[418] BGH, Beschl. v. 16.12.2004 – IX ZB 166/03, n.v.
[419] BGHZ 159, 122, 127 = NJW-RR 2004, 1422 = NZI 2004, 440, 441.
[420] OLG Köln NZI 2000, 78, 79; *Schmerbach* ZInsO 2001, 1087, 1094.
[421] *Jaeger/Gerhardt* § 7 RdNr. 34.
[422] BT-Drucks. 14/4722, S. 119.
[423] BGH NJW-RR 2003, 936.
[424] BGHZ 154, 200, 202 ff. = NJW 2003, 1254; BGHZ 156, 320, 322 = NJW 2004, 856; BGH NJW-RR 2012, 441 RdNr. 6 ff.
[425] BGHZ 160, 176,185 = NJW 2004, 2976 = NZI 2004, 577, 580 m. Anm. *Bernsau*; BGH NJW-RR 2005, 199 = NZI 2005, 45, 46; NZI 2011, 596 RdNr. 23; NZI 2011, 939 RdNr. 19; ZIP 2012, 582 RdNr. 15..
[426] BGH NZI 2006, 122.
[427] BGHZ 169, 17 RdNr. 30 = NJW 2006, 3553 = NZI 2006, 693; BGH NJW 2002, 1658 = NZI 2002, 338.

schwerdeführer größere Nachteile drohen als den anderen Beteiligten im Falle der Aussetzung, die Rechtslage zumindest zweifelhaft ist und die Rechtsbeschwerde zulässig erscheint. Ohne eine den gesetzlichen Anforderungen genügende Begründung der Rechtsbeschwerde kann letzteres nicht angenommen werden.[428] Liegen die engen Voraussetzungen einer Aussetzung der Vollziehung dagegen vor, kann das Rechtsbeschwerdegericht zusätzlich anordnen, dass die Vollziehung bis zur Entscheidung des Beschwerdegerichts ausgesetzt bleibt.[429] Sinnvoll ist eine solche Anordnung dann, wenn Insolvenzgericht und Beschwerdegericht gleichlautend entschieden haben, also etwa das Insolvenzverfahren eröffnet und die sofortige Beschwerde des Schuldners zurückgewiesen wurde. Hebt das Rechtsbeschwerdegericht dann nur die Beschwerdeentscheidung auf, bliebe der Eröffnungsbeschluss in Kraft; denn der sofortigen Beschwerde kommt in der Regel keine aufschiebende Wirkung zu (§ 570 Abs. 1 ZPO), und darauf, ob das Beschwerdegericht seinerseits eine einstweilige Anordnung trifft, hat das Rechtsbeschwerdegericht keinen Einfluss. Eine Entscheidung nach § 575 Abs. 5, § 570 Abs. 3 ZPO kann auch von Amts wegen ergehen.[430]

Über einen Antrag des Schuldners auf **Einstellung des Insolvenzverfahrens** (§§ 212, 213), mit denen wegen der tendenziell längeren Dauer der Verfahren vor dem Rechtsbeschwerdegericht gerechnet werden muss, hat das Insolvenzgericht zu entscheiden (§ 214 Abs. 2 Satz 1).

g) Bekanntgabe. Die Entscheidung über die Rechtsbeschwerde hat das Rechtsbeschwerdegericht dem Rechtsbeschwerdeführer und den sonstigen Beteiligten formlos bekanntzugeben. Da die Entscheidung nicht anfechtbar ist und keine Frist in Lauf gesetzt wird, braucht grundsätzlich keine Zustellung zu erfolgen (vgl. § 8 RdNr. 7). Etwas anderes gilt dann, wenn die Entscheidung einen Vollstreckungstitel enthält (§ 329 Abs. 3 ZPO).

10. Bindungswirkung der Entscheidung. Entscheidet der BGH über eine Rechtsbeschwerde, wird der Beschluss mit seinem Erlass **formell rechtskräftig**. Hebt der BGH eine Beschwerdeentscheidung auf und verweist er die Sache zurück, so ist das Gericht, an das der BGH zurückverweist, an die rechtliche Beurteilung, die der Aufhebung unmittelbar zugrunde liegt, **gebunden** (§ 577 Abs. 4 Satz 4 ZPO).[431] Die Reichweite der Bindungswirkung ist genau zu prüfen. Auf Rechtsausführungen, welche die Entscheidung nicht tragen, bezieht sie sich nicht. Sie gilt auch nicht, soweit das Rechtsmittelgericht die angefochtene Entscheidung ausdrücklich oder stillschweigend billigt.[432] Wenn das Gericht, an das zurückverwiesen wird, neue Tatsachen feststellt und auf der Grundlage eines wesentlich geänderten Sachverhalts entscheidet, ist es ebenfalls nicht gebunden.[433] Auf andere Verfahren erstreckt sich die Bindungswirkung nicht. Legt ein Beschwerdegericht seiner Entscheidung einen von der Rechtsprechung des BGH abweichenden Rechtssatz zugrunde, ist es jedoch gehalten, die Rechtsbeschwerde zuzulassen (§ 574 Abs. 1 Satz 1 Nr. 2, Absatz 3 ZPO; Zulassungsgrund der Fortbildung des Rechts oder der Sicherung einer einheitlichen Rechtsprechung). Verweist der BGH an das Beschwerdegericht zurück, darf dieses nicht seinerseits an das Amtsgericht zurückverweisen.[434]

Der BGH ist selbst an die der Zurückverweisung zugrunde liegende Rechtsauffassung gebunden, falls die Sache auf eine erneute Rechtsbeschwerde hin noch einmal an ihn gelangt.[435] Die **Rückbindung** des BGH entfällt, wenn er – bevor er zum zweiten Mal entscheidet – aus Anlass einer anderen Sache seine Rechtsauffassung geändert hat.[436] Sie gilt auch dann nicht, wenn das Beschwerdegericht aufgrund wesentlich geänderter Tatsachen entscheidet (s.o.).

11. Gehörsrüge und außerordentliche Rechtsbeschwerde. Vgl. zunächst zur außerordentlichen Beschwerde wegen „greifbarer Gesetzwidrigkeit" oder Verletzung von Verfahrensgrundrechten § 6 RdNr. 70 ff. Ist eine **Rechtsbeschwerde statthaft**, erfüllt die „greifbare Gesetzwidrigkeit" der Beschwerdeentscheidung oder die Verletzung von Verfahrensgrundrechten durch das Beschwerdegericht stets die besondere Zulässigkeitsvoraussetzung des § 574 Abs. 2 Nr. 2 Alt. 3 ZPO, weil in derartigen Fällen ein allgemeines Interesse an einer Korrektur besteht. Ist eine **Rechtsbeschwerde nicht**

---

[428] BGH NZI 2002, 338, 339.
[429] BGHZ 169, 17 RdNr. 30 = NJW 2006, 3553 = NZI 2006, 693.
[430] BGHZ 169, 17 RdNr. 31 = NJW 2006, 3553 = NZI 2006, 693.
[431] BGHZ 159, 122, 127 = NJW-RR 2004, 1422 = NZI 2004, 440, 441; vgl. ferner GmS-OGB NJW 1973, 1273, 1274.
[432] BGHZ 159, 122, 127 = NJW-RR 2004, 1422 = NZI 2004, 440, 441.
[433] BGHZ 159, 122, 127 = NJW-RR 2004, 1422 = NZI 2004, 440, 441.
[434] OLG Köln NZI 2001, 323; OLG Celle ZInsO 2001, 760; HKInsO-*Kirchhof* § 7 RdNr. 57; vgl. auch BayObLG FamRZ 1991, 724, 725.
[435] BGH NZI 2009, 384 RdNr. 8 f.
[436] Vgl. GmS-OGB NJW 1973, 1273, 1274.

statthaft, führt die rechtzeitig erhobene **Gehörsrüge** nach § 321a ZPO[437] gegebenenfalls zu einer Fortführung des Verfahrens vor dem Beschwerdegericht (vgl. dazu § 6 RdNr. 90). Außerhalb des Anwendungsbereichs des § 321a ZPO ist ein außerordentliches Rechtsmittel zum Bundesgerichtshof auch dann nicht gegeben, wenn die Entscheidung des Beschwerdegerichts „greifbar gesetzwidrig" oder ein Verfahrensgrundrecht des Beschwerdeführers verletzt worden ist. Der Gesetzgeber hat die Problematik der Verletzung von Verfahrensgrundrechten gesehen. Wenn er gleichwohl eine Nichtzulassungsbeschwerde gegen die Entscheidung des Beschwerdegerichts nicht eröffnet hat, fehlt es an einer planwidrigen Regelungslücke.[438]

171 Verstößt die Beschwerdeentscheidung gegen ein anderes Verfahrensgrundrecht, greift § 321a ZPO nicht ein.[439] Die Zurückweisung der Gegenvorstellung kann ihrerseits willkürlich sein. Ob insoweit der Ausschluss der Rechtsbeschwerde noch rechtsstaatlichen Grundsätzen genügt, erscheint fraglich.[440]

§ 7 (aufgehoben)

§ 8 Zustellungen

(1) ¹Die Zustellungen erfolgen von Amts wegen, ohne dass es einer Beglaubigung des zuzustellenden Schriftstücks bedarf. ²Sie können dadurch bewirkt werden, dass das Schriftstück unter der Anschrift des Zustellungsadressaten zur Post gegeben wird; § 184 Abs. 2 Satz 1, 2 und 4 der Zivilprozessordnung gilt entsprechend. ³Soll die Zustellung im Inland bewirkt werden, gilt das Schriftstück drei Tage nach Aufgabe zur Post als zugestellt.

(2) ¹An Personen, deren Aufenthalt unbekannt ist, wird nicht zugestellt. ²Haben sie einen zur Entgegennahme von Zustellungen berechtigten Vertreter, so wird dem Vertreter zugestellt.

(3) ¹Das Insolvenzgericht kann den Insolvenzverwalter beauftragen, die Zustellungen nach Absatz 1 durchzuführen. ²Zur Durchführung der Zustellung und zur Erfassung in den Akten kann er sich Dritter, insbesondere auch eigenen Personals, bedienen. ³Der Insolvenzverwalter hat die von ihm nach § 184 Abs. 2 Satz 4 der Zivilprozessordnung angefertigten Vermerke unverzüglich zu den Gerichtsakten zu reichen.

Schrifttum: *Bernsen,* Probleme der Insolvenzrechtsreform aus der Sicht des Rechtspflegers, in: Kölner Schrift zur Insolvenzordnung, 2. Aufl. 2000, S. 1843 ff.; *Ehricke,* Die Änderungen im Unternehmensinsolvenzrecht nach dem RefE eines Gesetzes zur Änderung der InsO, des KWG und anderer Gesetze, ZIP 2004, 2262 ff.; *Gerhardt,* Zum Zeitpunkt der Wirksamkeit von Beschlüssen nach § 106 KO, KTS 1979, 260 ff.; *Graeber,* Zur Übertragung der Zustellungen nach § 8 Abs. 3 InsO und ihre Berücksichtigung bei der Vergütungsfestsetzung, ZInsO 2005, 752 ff.; *Heß,* Neues deutsches und europäisches Zustellungsrecht, NJW 2002, 2417 ff.; *Keller,* Auswirkungen des Zustellungsreformgesetzes auf das Insolvenzverfahren, NZI 2002, 581 ff.; *Sabel,* Zustellungsfragen in der InsO, ZIP 1999, 305 ff.; *Stephan,* Das InsO-Änderungsgesetz 2005, NZI 2004, 521 ff.; *Uhlenbruck,* Probleme des Eröffnungsverfahrens, KTS 1994, 169 ff.; *ders.,* Mit der Insolvenzordnung 1999 in das neue Jahrtausend, NZI 1999, 1 ff.; *Wimmer,* Jüngste Gesetzesänderungen vor Inkrafttreten der Insolvenzordnung, DZWiR 1999, 62 ff.

Übersicht

	Rn.		Rn.
I. Einleitung	1–4b	2. Abgrenzung bei Entscheidungen	9
II. Normzweck	5	IV. Zustellungsadressaten	10–10a
III. Zustellungsbedürftige Schriftstücke	6–9	V. Zustellung als Wirksamkeitserfordernis	11
1. Allgemeines	6–8		

---

[437] Fassung des Anhörungsrügengesetzes v. 9.12.2004, BGBl. I S. 3220; vgl. dazu *Treber,* Neuerungen durch das Anhörungsrügengesetz, NJW 2005, 97 ff.

[438] BGHZ 150, 133, 135 = NJW 2002, 1577 = NZI 2002, 398 = EWiR 2002, 835 *(Prütting);* OLG Celle NJW 2002, 3715; im Ergebnis ebenso *Lipp* NJW 2002, 1700 ff.; kritisch *Vollkommer* WuB VII A. § 774 ZPO 1.2.

[439] Für eine analoge Anwendung des § 321a ZPO in einem solchen Fall zB *Lipp* NJW 2002, 1700, 1701.

[440] Vgl. BVerfG NJW 2003, 1924; ferner *Voßkuhle* NJW 2003, 2193 ff.; *Nassall* ZRP 2004, 164, 168; *Bloching/Kettinger* NJW 2005, 860 ff.; Bedenken auch bei *Jaeger/Gerhardt* § 6 RdNr. 27.

VI. Bewirken der Zustellung 12–30a	d) Zustellung durch Aushändigung an der Amtsstelle 26
1. Zustellung von Amts wegen (Abs. 1 Satz 1) 12	e) Zustellung an Personen unbekannten Aufenthalts (Abs. 2) 27, 28
2. Beglaubigung des zuzustellenden Schriftstücks (Abs. 1 Satz 1) 13	f) Zustellung an Personen im Ausland 29–30a
3. Zustellung gerichtlicher Entscheidungen 14	**VII. Zustellung durch den Insolvenzverwalter (Abs. 3)** 31–38
4. Art der Zustellung (Abs. 1 Satz 2 und 3) 15–30a	**VIII. Heilung von Zustellungsmängeln** 38a
a) Zustellung durch Aufgabe zur Post 16–22	**IX. Formlose Mitteilungen** 39–41
b) Zustellung durch die Post oder einen Gerichtsbediensteten 23–24a	1. Mitteilungen des Gerichts 39
c) Zustellung an Personen, bei denen auf Grund ihres Berufes von einer erhöhten Zuverlässigkeit ausgegangen werden kann 25	2. Mitteilungen durch den Insolvenzverwalter 40
	3. Laufzeit 41

I. Einleitung

§ 8 des Regierungsentwurfs entsprach im Wesentlichen § 118 Abs. 1 und 3 VerglO (vgl. außerdem §§ 73 Abs. 2, 77 Abs. 1 KO). Allerdings wurde die Zustellung an einen Vertreter nicht davon abhängig gemacht, dass dieser im Inland wohnte. Abweichend von § 118 Abs. 2 VerglO wurde darauf verzichtet, für die Zustellung an eine Person, die sich im Ausland aufhielt, eine Einschreibsendung zu verlangen. **1**

Im Rechtsausschuss wurde **Abs. 1** dahin erweitert – und diese Erweiterung ist dann auch Gesetz geworden –, dass Zustellungen nicht nur durch Aufgabe zur Post, sondern im Einzelfall auch „förmlich" erfolgen können. Damit sollte Abs. 1 „an § 77 Abs. 1 KO angeglichen" werden.[1] Da § 77 Abs. 1 KO – gerade umgekehrt – zur Vereinfachung eine Zustellung durch Aufgabe zur Post anstelle sonstiger „förmlicher" Arten der Zustellung zuließ, erschließt sich diese Argumentation schwer dem Verständnis. Zum einen ist an Fälle gedacht, in denen es sich empfiehlt, von der einfachen und billigen Form der Aufgabe zur Post abzusehen, weil man sicher sein will, dass der Zustellungsempfänger die Sendung tatsächlich erhalten hat. Daran besteht ein Interesse, wenn der Zustellungsempfänger anschließend aktiv am Verfahren teilnehmen soll. Zum andern wollte man keine Aufgabe zur Post vorschreiben, wenn ausnahmsweise die Zustellung auf einem anderen Weg einfacher zu bewerkstelligen ist (siehe unten RdNr. 23 ff.). **2**

Des Weiteren hat der Rechtsausschuss die Regelung vorgeschlagen, die als **Abs. 3** in das Gesetz aufgenommen worden ist. Vorbild war § 6 Abs. 3 GesO. Danach oblag dem Gesamtvollstreckungsverwalter die Mitteilung des Eröffnungsbeschlusses an die ihm bekannten Gläubiger und Schuldner des Gesamtvollstreckungsschuldners. Mit dieser Regelung waren positive Erfahrungen gemacht worden. **3**

Am 4.12.1998 hat der Bundestag das Änderungsgesetz zum EGInsO[2] verabschiedet. Darin hat der Gesetzgeber durch eine Änderung des § 21 Abs. 2 den Anwendungsbereich des Abs. 3 erweitert. **4**

§ 8 Abs. 1 Satz 3 wurde durch Art. 9 JKomG vom 22.3.2005 geändert.[3] Statt „Schriftstück" hieß es nun **„Dokument"**. Eine sachliche Änderung bedeutete dies nur, wenn man zuvor davon ausging, die Vorschrift des § 8 erfasse lediglich gerichtliche Ladungen und Beschlüsse (vgl. u. RdNr. 6).[4] Mit dem am 13.4.2007 beschlossenen **Gesetz zur Vereinfachung des Insolvenzverfahrens** ist man zum alten Sprachgebrauch zurückgekehrt. **4a**

Durch dieses Gesetz haben die Absätze 1 und 3 eine sprachlich stark veränderte Fassung erhalten. Der Gesetzgeber wollte klarstellen, dass im Insolvenzverfahren die Zustellung durch Aufgabe zur Post für das Insolvenzverfahren ohne die jetzt durch § 184 Abs. 1 Satz 2 ZPO geltende Beschränkung auf Auslandszustellungen zulässig bleibt. Für Inlandszustellungen wurde die Frist des § 184 Abs. 2 Satz 1 ZPO auf drei Tage verkürzt. Durch eine Ergänzung von Abs. 3 wurde klargestellt, dass der Insolvenzverwalter, der durch die Übertragung der Zustellung wie ein beliehener Unternehmer tätig wird, sich aller in § 8 Abs. 1 in Bezug genommenen Zustellungsarten bedienen, somit auch durch Aufgabe zur Post zustellen kann. Die Neufassung ist auch auf Insolvenzverfahren anzuwenden, **4b**

---

[1] www.insolvenzbekanntmachungen.de.
[2] BT-Drucks. 14/49.
[3] BGBl. I S. 837.
[4] So *Jaeger/Gerhardt* § 8 RdNr. 2.

die vor Inkrafttreten des Gesetzes zur Vereinfachung des Insolvenzverfahrens eröffnet worden sind (Art. 103c Abs. 1 EGInsO).

II. Normzweck

5 Die Zustellung und öffentliche Bekanntmachung sollen der Insolvenz nach außen Geltung verschaffen. Die Regelungen in § 8 (und § 9) bezwecken eine **Vereinfachung** und **Beschleunigung** des hierbei einzuschlagenden Verfahrens. Daneben soll insbesondere die nach Abs. 3 zulässige Aufgabenverlagerung auf den Verwalter und den vorläufigen Verwalter eine **Entlastung des Insolvenzgerichts** (insbesondere der Geschäftsstelle und des Schreibdienstes) bewirken.[5]

III. Zustellungsbedürftige Schriftstücke

6 **1. Allgemeines.** Die Zustellung betrifft nicht nur (obgleich hauptsächlich) Entscheidungen. Deshalb spricht § 8 Abs. 1 Satz 2 von dem zuzustellenden „Schriftstück". Schriftsätze sind zwar im Regelfall formlos mitzuteilen (§ 4 i. V. m. § 270 Satz 1 ZPO); doch kann das Gesetz (etwa in § 186 Abs. 2 Satz 1) oder das Gericht die Zustellung anordnen.

7 § 8 regelt nur die Art und Weise der Zustellung, bestimmt jedoch nicht den Kreis der zustellungsbedürftigen Schriftstücke. Wann ein solches zustellungsbedürftig ist, ergibt sich aus speziellen Anordnungen des Gesetzes (§§ 23 Abs. 1 Satz 2, 25 Abs. 1, 30 Abs. 2, 64 Abs. 2 Satz 1, 73 Abs. 2, 186 Abs. 2 Satz 1, 194 Abs. 2 Satz 1 und Abs. 3 Satz 1, 204 Abs. 2 Satz 1, 208 Abs. 2 Satz 2, 235 Abs. 3, 307 Abs. 1 sowie Abs. 3 Satz 2,[6] 308 Abs. 1 Satz 3, 313 Abs. 1 Satz 3) und im Übrigen aus § 4 in Verbindung mit § 329 Abs. 2 Satz 2 und Abs. 3 ZPO analog. Im Übrigen kann das Gericht nach seinem pflichtgemäßen Ermessen weitere Zustellungen anordnen, wenn es dies für zweckmäßig hält.

8 Soweit die InsO eine **besondere Ladung** vorschreibt (insbes. nach §§ 177 Abs. 3 Satz 2, 235 Abs. 3 Satz 1, 241 Abs. 2 Satz 1, 296 Abs. 2 Satz 3), wird auch dies eine Zustellung erfordern.[7]

9 **2. Abgrenzung bei Entscheidungen. Nichtverkündete Entscheidungen** sind, wenn sie der sofortigen Beschwerde oder der befristeten Erinnerung unterliegen, eine Terminsbestimmung enthalten oder eine Frist in Lauf setzen, den Beteiligten zuzustellen, andernfalls ihnen formlos mitzuteilen (§ 4 i. V. m. § 329 Abs. 2 Satz 2 und Abs. 3 ZPO). Falls eine Zustellung erforderlich ist, genügt jede Art der Zustellung; es muss keine förmliche sein.[8] **Verkündete Entscheidungen** sind nur dann zuzustellen, wenn sie anfechtbar sind (§ 4 i. V. m. §§ 329 Abs. 3, 569 Abs. 1 Satz 2 ZPO).[9] **Öffentlich bekanntgemachte Entscheidungen** bedürfen keiner Zustellung, falls dies nicht besonders angeordnet ist.

Die öffentliche Bekanntmachung ersetzt stets – auch in solchen Fällen, in denen sie vom Gesetz nicht vorgeschrieben ist – die Einzelzustellung. Gemäß § 9 Abs. 3 genügt die öffentliche Bekanntmachung zum Nachweis der Zustellung an alle Beteiligten auch dann, wenn die Insolvenzordnung neben ihr eine besondere Zustellung vorschreibt.[10] Das **Gebot besonderer Zustellung (Ladung) neben der öffentlichen Bekanntmachung** ist deshalb nicht obsolet. Die Einzelzustellung ist – wenn sie vor der öffentlichen Bekanntmachung erfolgt – neben dieser insofern von Bedeutung, als dadurch dem Zustellungsempfänger eine **frühere Kenntnis ihres Inhalts** (vgl. §§ 81 Abs. 1 Satz 2, 82) nachgewiesen werden kann (vgl. § 9 RdNr. 28). Auch setzt bereits die Einzelzustellung – und nicht erst die öffentliche Bekanntmachung – die **Beschwerdefrist** in Lauf (vgl. § 9 RdNr. 24). Die Missachtung des Gebots besonderer Zustellung neben der öffentlichen Bekanntmachung ist pflichtwidrig, beeinträchtigt jedoch nicht die Wirksamkeit der in der öffentlichen Bekanntmachung zu sehenden Zustellung.

IV. Zustellungsadressaten

10 Zuzustellen ist an den (die) **Betroffenen.** Meist gibt die Insolvenzordnung unmittelbar Aufschluss über die Person des Zustellungsadressaten. Versagt das Gericht zum Beispiel dem von der

---

[5] Vgl. Begr. des Rechtsausschusses, BT-Drucks. 12/7302 S. 155; ebenso die amtliche Begründung des Entwurfs eines Gesetzes zur Vereinfachung des Insolvenzverfahrens , S. 13.

[6] Auf Zustellungen gemäß § 307 Abs. 1 Satz 1 und Abs. 3 Satz 2 ist lediglich § 8 Abs. 1 Satz 1 – nicht jedoch der sonstige Regelungsgehalt des § 8 – anzuwenden, § 307 Abs. 1 Satz 3, Abs. 3 Satz 3.

[7] *Jaeger/Gerhardt* § 8 RdNr. 2; HKInsO-*Kirchhof* § 8 RdNr. 3; FKInsO-*Schmerbach* § 8 RdNr. 19.

[8] AA FKInsO-*Schmerbach* 4. § 8 RdNr. 18.

[9] *Uhlenbruck/I. Pape* § 8 RdNr. 2; *Nerlich/Römermann/Becker* § 8 RdNr. 5; enger – generell keine Zustellung erforderlich – FKInsO-*Schmerbach* § 8 RdNr. 17; *Braun/Kießner* § 8 RdNr. 6.

[10] Vgl. BGHZ 137, 49, 54 = NJW 1998, 609, 610.

Gläubigerversammlung gewählten Insolvenzverwalter die Bestellung (§ 57 Satz 2), hat es seine Entscheidung allen Gläubigern zuzustellen (vgl. § 57 Satz 3). Entlässt das Gericht den Insolvenzverwalter aus seinem Amt, ist die Entlassung dem Verwalter zuzustellen (§ 59 Abs. 2 Satz 1). Die Ablehnung eines entsprechenden Antrags ist dem Antragsteller zuzustellen, also dem Verwalter, wenn er selbst um seine Entlassung nachgesucht hatte, dem Gläubigerausschuss, falls dieser den Antrag gestellt hatte, oder allen Insolvenzgläubigern, falls die Gläubigerversammlung die Entlassung betrieben hatte (§ 59 Abs. 2 Satz 2).

Selbst bei Anordnung einer **vorläufigen Postsperre** ist eine den Schuldner angehende Zustellung an ihn selbst zu bewirken.[11] Bei einer juristischen Person ist an das Vertretungsorgan zuzustellen (§ 170 ZPO), Zustellungen an eine (rechtsfähige) Gesellschaft bürgerlichen Rechts können wirksam an den geschäftsführenden Gesellschafter erfolgen, solange es sich nicht um grundlegende Angelegenheiten handelt, welche der Gestaltung durch die Gesamtheit der Gesellschafter bedürfen oder den rechtlichen Bestand der Gesellschaft als solcher berühren (§ 170 Abs. 1 ZPO).[12] Hat der Geschäftsführer einer GmbH sein Amt niedergelegt oder ist er abberufen worden und ist die entsprechende Eintragung im Handelsregister gelöscht, so ist, falls die Gesellschafter keinen neuen Geschäftsführer bestellen, an einen vom Registergericht zu bestellenden Notgeschäftsführer zuzustellen. Ist eine im Handelsregister gelöschte AG oder GmbH Zustellungsadressatin, muss ein Nachtragsliquidator bestellt werden, an den sodann zuzustellen ist. An gewillkürte Vertreter ist nur zuzustellen, wenn deren Vollmacht nachgewiesen ist (§ 171 ZPO). Wegen der Zustellung an den Vertreter von Personen unbekannten Aufenthalts s. RdNr. 28. 10a

V. Zustellung als Wirksamkeitserfordernis

Die Vorgängerbestimmung des § 73 Abs. 2 KO regelte nicht das Wirksamwerden der zuzustellenden bzw. zugestellten Entscheidung.[13] Dies trifft auch auf § 8 zu. Ob die Zustellung ein Wirksamkeitserfordernis der zuzustellenden Entscheidung ist, muss von Fall zu Fall untersucht werden (vgl. § 4 RdNr. 83). Nach der Rechtsprechung des BGH[14] bedurfte der Eröffnungsbeschluss zu seiner Wirksamkeit im Hinblick auf § 108 Abs. 2 KO nicht der Zustellung. Demgegenüber sollten nicht verkündete Beschlüsse nach § 106 Abs. 1 Satz 3 KO erst mit der Zustellung wirksam werden, weil nur die Zustellung die verlässliche Feststellung des Zeitpunkts des Wirksamwerdens gewährleiste.[15] Ist nichts Besonderes bestimmt (vgl. zB § 6 Abs. 3 Satz 1, § 27 Abs. 3), tritt die **Wirksamkeit bei zu verkündenden Entscheidungen** im Zeitpunkt der Verkündung ein, **bei nicht zu verkündenden Entscheidungen** in dem Augenblick, in dem sie dem Betroffenen bekannt gegeben, also ggf. zugestellt werden. Die Beurkundung des Zustellungsvorgangs ist nicht Wirksamkeitserfordernis, sondern dient nur Beweiszwecken.[16] 11

VI. Bewirken der Zustellung

1. Zustellung von Amts wegen (Abs. 1 Satz 1). Die Anordnung, dass Zustellungen von Amts wegen zu geschehen haben, ist zum einen – für den Teilbereich der Zustellungen – die Grundlage des **Amtsbetriebs** (vgl. dazu § 5 RdNr. 8),[17] zum andern wird damit auf die **§§ 166 bis 190 ZPO** verwiesen. Vorgenommen werden die Zustellungen – falls diese nicht auf den Gerichtsvollzieher oder eine andere Behörde (§ 4 i. V. m. § 168 Abs. 2 ZPO) oder den Insolvenzverwalter (§ 8 Abs. 3) übertragen werden – von der Geschäftsstelle (§ 4 i. V. m. § 168 Abs. 1 ZPO). Um eine Zustellung von Amts wegen handelt es sich auch, wenn der Verwalter auf Grund Übertragung durch das Gericht die Zustellung vornimmt (s.u. RdNr. 32). 12

2. Beglaubigung des zuzustellenden Schriftstücks (Abs. 1 Satz 1). Die sonst bei Zustellungen von Amts wegen erforderliche (vgl. § 169 Abs. 2 ZPO) Beglaubigung der zuzustellenden „Abschriften" ist im Insolvenzverfahren grundsätzlich – vgl. aber § 307 Abs. 1 Satz 3 – nicht erforderlich, weil dies bei der großen Zahl der Betroffenen zu umständlich wäre. Die „Abschriften" können maschinell hergestellt sein (vgl. § 5 RdNr. 90). 13

---

[11] OLG Braunschweig ZInsO 2001, 627.
[12] BGH NJW 2007, 995 RdNr. 7, 14.
[13] Vgl. BGH ZIP 1982, 464, 465.
[14] ZIP 1982, 464, 465.
[15] BGH ZIP 1982, 464, 465; vgl. auch BGH ZIP 1995, 40 = EWiR 1995, 57 f. *(Uhlenbruck)*; WM 1996, 2078 = LM GesO Nr. 19 *(Gerhardt)* = EWiR 1996, 1077 *(Henckel)* = WuB I G. § 2 GesO 1.97 *(Uhlenbruck);* Gerhardt KTS 1979, 260, 265 ff.
[16] *Heß* NJW 2002, 2417, 2418.
[17] *Jaeger/Gerhardt* § 8 RdNr. 6.

14 **3. Zustellung gerichtlicher Entscheidungen.** Ist eine insolvenzgerichtliche Entscheidung zuzustellen (s.o. RdNr. 7), kann auf die Verwendung einer **Ausfertigung** wohl nicht verzichtet werden.[18] Für die Zustellung der Ausfertigung gelten gemäß § 4 die §§ 329 Abs. 1 Satz 2, 317 Abs. 3 ZPO analog. Die Ausfertigung ist von dem Urkundsbeamten der Geschäftsstelle zu unterschreiben und mit dem Gerichtssiegel zu versehen.

15 **4. Art der Zustellung (Abs. 1 Satz 2 und 3).** Die ausdrücklich genannte Zustellung durch **Aufgabe zur Post** ist nur *eine,* allerdings die mit Abstand praktisch bedeutsamste Möglichkeit der Zustellung (zu den Hintergründen siehe oben RdNr. 2). Die Auswahl der zweckmäßigsten Art der Zustellung obliegt dem pflichtgemäßen Ermessen des Gerichts.[19]

16 **a) Zustellung durch Aufgabe zur Post.** Die **Zustellung durch Aufgabe zur Post** (vgl. §§ 183, 184 ZPO) ist zu unterscheiden von der **Zustellung durch die Post** (§§ 176 bis 182 ZPO; vgl. unten RdNr. 23). Bei beiden Zustellungsarten wird die Post als Vermittler tätig. Bei der Zustellung durch Aufgabe zur Post gilt diese nicht etwa als empfangsermächtigt;[20] sonst müsste die Zustellung bereits mit der Übergabe an die Post bewirkt sein. In Wirklichkeit wird eine fiktive Postlaufzeit hinzugerechnet (s.u. RdNr. 19). Bei der Zustellung durch die Post ist die Zustellung erst mit der Übergabe an den Empfänger bewirkt (s.u. RdNr. 24).

16a „Post" i. S. d. § 8 Abs. 1 Satz 2 ist nicht nur die Deutsche Post AG. Nach der Privatisierung der Deutschen Bundespost fällt darunter jeder beliehene Unternehmer (§ 33 Abs. 1 PostG). „Post" ist also jedes private Dienstleistungsunternehmen, das sich mit der Beförderung schriftlicher Sendungen befasst (vgl. § 168 Abs. 1 Satz 2 ZPO).

17 Die Zustellungserleichterung durch Aufgabe zur Post ist nicht im Sinne einer Rechtsgrundverweisung auf die ZPO zu verstehen.[21] Deswegen ist diese Art der Zustellung im Insolvenzverfahren generell zulässig geblieben, obwohl sie nach §§ 183, 184 Abs. 1 Satz 2 ZPO nur noch für Fälle der Auslandszustellung praktiziert werden darf. Die Zustellung durch Aufgabe zur Post ist auch zulässig, wenn durch die zuzustellende Entscheidung eine Notfrist in Lauf gesetzt wird. Das Ziel des Gesetzgebers, das Verfahren zu beschleunigen und zu vereinfachen, würde weitgehend verfehlt, wenn die Möglichkeit einer Zustellung durch Aufgabe zur Post in den bedeutsamsten und praktisch häufigsten Fällen nicht zur Verfügung stünde.[22]

18 § 8 Abs. 1 Satz 2 könnte durch seinen einschränkungslosen Wortlaut (vgl. demgegenüber § 184 Abs. 1 Satz 2 ZPO: „spätere Zustellungen") zu der Annahme verleiten, dass schlechthin alle Zustellungen durch Aufgabe zur Post bewirkt werden können. Das kann aber für die **Zustellung der verfahrenseinleitenden** Beschlüsse – insbesondere einer Anordnung gemäß § 21 oder, wenn eine solche unterbleibt, des Eröffnungsbeschlusses gemäß § 27 – jedenfalls dann nicht gelten, wenn ein anderer als der Schuldner den Eröffnungsantrag gestellt hat.[23] Andernfalls könnte ein Insolvenzverfahren durchgeführt werden, ohne dass der Schuldner davon Kenntnis hat (s.u. RdNr. 21). Dass ein Schuldner durch eine gerichtliche Maßnahme, von der er keine Kenntnis hat, die Verwaltungs- und Verfügungsbefugnis über sein Vermögen verliert, wäre – nicht zuletzt aus verfassungsrechtlicher Sicht[24] – unerträglich.

19 Nach § 184 Abs. 2 ZPO gilt das Schriftstück zwei Wochen nach der Aufgabe zur Post als zugestellt.[25] Das Gericht kann eine längere Frist bestimmen (§ 184 Abs. 2 Satz 2 ZPO). Diese – für Auslandszustellungen gedachte – Regelung ist für Inlandszustellungen im Insolvenzverfahren nicht sinnvoll. Mit Rücksicht auf die insoweit üblichen kürzeren Postlaufzeiten gilt die Zustellung drei Tage nach Aufgabe zur Post als bewirkt (§ 8 Abs. 1 Satz 3).

19a **Zur Post aufgegeben** ist die Sendung, sobald der Urkundsbeamte der Geschäftsstelle (§ 168 Abs. 1 Satz 2 ZPO) das zuzustellende Schriftstück an die Post übergeben hat. Das Schriftstück muss als verschlossener Brief übergeben werden. Der Umschlag muss die zutreffende Anschrift des Zustellungsempfängers und die Bezeichnung der absendenden Stelle (Insolvenzgericht) tragen. Die Angabe

---

[18] AA *Nerlich/Römermann/Becker* § 8 RdNr. 7.
[19] BGH NZI 2003, 341; 2004, 341, 342; ZInsO 2008, 320 RdNr. 5; vgl. ferner Begr. des Rechtsausschusses zu § 8 Abs. 1, BT-Drucks. 12/7302 S. 155.
[20] So jedoch *Jaeger/Gerhardt* § 8 RdNr. 8.
[21] BGH NZI 2003, 341; 2004, 341, 342; ZInsO 2008, 320 RdNr. 5; *Stephan* NZI 2004, 521, 523.
[22] BGH NZI 2003, 341.
[23] AA FKInsO-*Schmerbach* § 8 RdNr. 23.
[24] AA *Nerlich/Römermann/Becker* § 8 RdNr. 17 unter Hinweis auf BVerfG NJW 1997, 1772. Diese Entscheidung ist allerdings nicht aussagekräftig, weil es die im Ausland wohnhaften Beschwerdeführer damals trotz gerichtlichen Hinweises unterlassen hatten, einen Zustellungsbevollmächtigten zu bestellen. Sie kannten demgemäß das gegen sie laufende Verfahren.
[25] Vgl. BGH ZInsO 2008, 320 RdNr. 6 zur Rechtslage vor Einführung des § 8 Abs. 1 Satz 3 durch das Gesetz zur Vereinfachung des Insolvenzverfahrens vom 13.4.2007.

des Aktenzeichens auf dem Umschlag ist nicht erforderlich. Für den Empfänger muss jedoch ersichtlich sein, dass es sich um eine förmliche Zustellung handelt; es darf nicht der irrige Eindruck erweckt werden, es handele sich nur um die formlose Übersendung eines Schriftstücks zur Kenntnisnahme.[26] Der Post übergeben ist die Sendung mit der Aushändigung an einen zur Entgegennahme bereiten Postbediensteten oder dem Einwurf in den Postbriefkasten, nicht erst mit dessen Leerung[27] und nicht schon mit dem Durchlaufen der Frankierungsstelle beim Insolvenzgericht.[28]

Der Urkundsbeamte hat **in den Akten zu vermerken,** zu welcher Zeit und unter welcher **20** Adresse die Aufgabe zur Post geschehen ist (§ 8 Abs. 1 Satz 2 HS 2 i. V. m. § 182 Abs. 2 Nr. 7 ZPO). Dieser Aktenvermerk tritt an die Stelle der Zustellungsurkunde (§ 182 ZPO). Er kann nicht vor der Aufgabe zur Post angefertigt werden.[29] Gibt der Gerichtswachtmeister die Sendung auf, muss sich der Urkundsbeamte von diesem die erfolgte Aufgabe bestätigen lassen.[30] Der Aktenvermerk muss vom Urkundsbeamten unterschrieben werden. Die Unterschrift des Justizwachtmeisters genügt nicht.[31] Unwirksam ist der Aktenvermerk, wenn er schon vor der Aufgabe zur Post gefertigt wurde[32] oder wenn der Zustellungsempfänger oder dessen Anschrift nicht oder fehlerhaft wiedergegeben ist.[33] Ein unwesentlicher Fehler schadet nicht. Unwesentlich ist ein Fehler, wenn die Gefahr von Verwechslungen oder Verzögerungen auf dem Postweg nicht besteht.[34] Ein fehlender oder unwirksamer Aktenvermerk kann nachgeholt werden, solange der Urkundsbeamte noch aus eigenem Wissen die Verantwortung für diese Angaben übernehmen kann.[35]

Die Zustellung, die den vorstehenden Anforderungen genügt, ist auch dann bewirkt, wenn der **21** Empfänger die Sendung tatsächlich niemals erhalten hat[36] oder wenn die aufgegebene Sendung später als unzustellbar zurückkommt. Etwas anderes gilt, wenn die Post den Verlust der Sendung mitteilt. Hat die Postsendung den Empfänger tatsächlich nicht erreicht, kommt eine Wiedereinsetzung in den vorigen Stand (§ 4 i. V. m. § 233 ZPO) in Betracht. Voraussetzung ist aber, dass der Empfänger glaubhaft macht (§ 4 i. V. m. § 236 Abs. 2 Satz 1 Halbsatz 2 ZPO), die Sendung nicht erhalten zu haben. Vgl. ferner § 270 Satz 2 ZPO (betrifft den fiktiven Zugang bei einer formlosen Mitteilung, s.u. RdNr. 39 ff.).

Ist eine Zustellung durch Aufgabe zur Post wirksam erfolgt, können auch weitere Zustellungen **22** auf dieselbe Weise bewirkt werden, ohne dass Nachforschungen angestellt werden müssen, ob die Person, an die zugestellt werden soll, noch unter der alten Anschrift wohnt.[37] Andernfalls wäre der von § 8 Abs. 1 Satz 2 verfolgte Zweck der Beschleunigung und Vereinfachung des Verfahrens geradezu in sein Gegenteil verkehrt und der Möglichkeit zu rechtsmissbräuchlichem Verhalten Tür und Tor geöffnet. Ein Schuldner, dem der verfahrenseinleitende Beschluss in wirksamer Weise förmlich zugestellt worden ist, ist deshalb gehalten, eine spätere Wohnsitzänderung dem Gericht mitzuteilen. Erhält ein Verfahrensbeteiligter ein durch Aufgabe zur Post zugestelltes gerichtliches Schriftstück deshalb nicht, weil sich an der Anschrift, unter welcher er auftritt, kein Briefkasten befindet, ist nicht nur die Zustellung wirksam; es besteht auch kein Grund für eine Wiedereinsetzung.[38] Jeder Verfahrensbeteiligter ist danach gehalten, dafür Sorge zu tragen, dass Zustellungen durch Aufgabe zur Post ihn an der mitgeteilten Anschrift erreichen können.

b) Zustellung durch die Post oder einen Gerichtsbediensteten. Das Insolvenzgericht kann **23** sich der Post auf anderem Wege bedienen. Wird die zuzustellende Sendung per **Einschreiben mit Rückschein** versandt (§ 4 i. V. m. § 175 ZPO), führt die Geschäftsstelle die Zustellung selbst aus (§ 168 Abs. 1 Satz 1 ZPO). Zum Nachweis der Zustellung genügt der Rückschein (§ 4 i. V. m. § 175 Satz 2 ZPO). Die Übergabe der Einschreibesendung an Ersatzpersonen kann nach den Allgemeinen Geschäftsbedingungen des Postdienstleistungsunternehmens genügen, falls nicht das Gericht aus-

---

[26] Vgl. BGH MDR 1967, 475; NZI 2003, 341, 342.
[27] *Stein/Jonas/Roth* ZPO 22. Aufl. § 184 RdNr. 16.
[28] OLG Oldenburg ZInsO 2002, 247.
[29] BGH Rpfleger 1966, 143; NJW 1983, 884; *Stein/Jonas/Roth,* ZPO 22. Aufl. § 184 RdNr. 18. Das scheint das OLG Oldenburg ZInsO 2002, 247 nicht beachtet zu haben.
[30] BGH Rpfleger 1966, 143.
[31] BGH Rpfleger 1953, 235.
[32] BGH Rpfleger 1966, 143; NJW 1983, 884.
[33] BGH NJW 1987, 1707.
[34] BGH NJW 1999, 1187.
[35] BGH NJW 1983, 884; 1987, 1707; NJW-RR 1996, 387, 388.
[36] BGH NJW-RR 1996, 387, 388; *Stein/Jonas/Roth,* ZPO 22. Aufl. § 184 RdNr. 13; *Jaeger/Gerhardt* § 8 RdNr. 8; HKInsO-*Kirchhof* § 8 RdNr. 7; FKInsO-*Schmerbach* § 8 RdNr. 10; *Nerlich/Römermann/Becker* § 8 RdNr. 17.
[37] BGH NJW 1999, 1187, 1189.
[38] BGH NZI 2010, 276 RdNr. 10.

drücklich „eigenhändige" Zustellung angeordnet hat.³⁹ Dies empfiehlt sich insbesondere bei der Zustellung von Verfügungsbeschränkungen enthaltenden Anordnungen. Wird die Annahme verweigert, gilt die Zustellungsfiktion des § 179 ZPO nicht.

23a Alternativ kann eine **förmliche Zustellung** gewählt werden. Hier wird ein Zustellungsauftrag an die Post erteilt (§ 4 i. V. m.§ 168 Abs. 1 Satz 3 ZPO). Der Vorgang wird in einer Zustellungsurkunde (§ 182 ZPO) mit der Wirkung des § 418 ZPO dokumentiert. Die Postzusteller sind zwar seit 1995 keine Beamten mehr (s.o. RdNr. 16a). Jedoch sind sie gemäß Art. 6 des Postneuordnungsgesetzes vom 14.9.1994⁴⁰ in Verbindung mit § 33 Abs. 1 Satz 2 PostG⁴¹ mit dem Recht beliehen, Schriftstücke nach den Regeln des Prozess- und Verfahrensrechts förmlich zustellen zu können.⁴² Damit sind sie weiterhin als mit öffentlichem Glauben versehene Personen im Sinne des § 415 Abs. 1 ZPO anzusehen.⁴³

24 Im Falle förmlicher Zustellung verfährt die Post nach den §§ 176 bis 182 ZPO. Bewirkt ist die Zustellung mit der **Übergabe** des zuzustellenden Schriftstücks an den Empfänger (§ 177 ZPO). Dem steht gleich das Zurücklassen des Schriftstücks am Ort der Zustellung im Falle unberechtigter Annahmeverweigerung (§ 179 Satz 3 ZPO). Wird der Empfänger nicht angetroffen, kommt eine **Ersatzzustellung** in Betracht (§§ 178, 180, 181 ZPO).⁴⁴ An deren Zulässigkeit hat die Privatisierung der Deutschen Bundespost nichts geändert.⁴⁵ Die Niederlegung kann auch bei einer Postagentur erfolgen.⁴⁶

24a Das Insolvenzgericht kann Zustellungen auch durch einen **Gerichtsbediensteten,** insbesondere einen Gerichtswachtmeister, vornehmen lassen (§ 4 i. V. m. § 168 Abs. 1 Satz 2 ZPO).⁴⁷

25 c) **Zustellung an Personen, bei denen auf Grund ihres Berufes von einer erhöhten Zuverlässigkeit ausgegangen werden kann.** Der Urkundsbeamte kann das zuzustellende Schriftstück einem Anwalt, Notar usw. selbst aushändigen oder es ihm in das Gerichtsfach legen. Stattdessen kann er es auch durch den Gerichtswachtmeister oder durch die Post (mit einfachem Brief) übermitteln. Zum Nachweis der Zustellung ist genügend – aber auch erforderlich – das mit Datum und Unterschrift versehene schriftliche Empfangsbekenntnis des Anwalts, Notars usw. (§ 4 i. V. m. § 174 Abs. 1 ZPO). An die genannten Personen kann auch durch Telekopie (§ 4 i. V. m. § 174 Abs. 2 ZPO) oder E-mail (§ 4 i. V. m. § 174 Abs. 3 ZPO) zugestellt werden. Das zum Nachweis der Zustellung erforderliche Empfangsbekenntnis kann in diesen Fällen wiederum durch Telekopie oder E-mail zurückgesandt werden (§ 4 i. V. m. § 174 Abs. 4 ZPO). Die elektronische Übermittlung kann auch an Verfahrensbeteiligte erfolgen, die nicht zu den beruflich qualifizierten Personen gehören, falls diese ausdrücklich zugestimmt haben.

26 d) **Zustellung durch Aushändigung an der Amtsstelle.** Ist der Zustellungsempfänger in den Geschäftsräumen des Gerichts persönlich anwesend, kann ihm – auch wenn er nicht zu dem Personenkreis des § 174 ZPO gehört – durch Aushändigung des Schriftstücks seitens einer dazu befugten Amtsperson zugestellt werden (§ 4 i. V. m. § 173 ZPO). Als eine solche Amtsperson kommen in Betracht Richter, Rechtspfleger, Urkundsbeamter, Gerichtswachtmeister, nicht aber ein Gebäudereiniger.⁴⁸

27 e) **Zustellung an Personen unbekannten Aufenthalts (Abs. 2). aa) Öffentliche Zustellung.** An Personen, deren Aufenthaltsort unbekannt ist, wird grundsätzlich nicht zugestellt (§ 8 Abs. 2 Satz 1). Voraussetzung ist, dass zumutbare Nachforschungen erfolglos geblieben sind. Deshalb sind Auskünfte des für den letzten bekannten Wohnort zuständigen Einwohnermeldeamts und des Zustellungspostamts einzuholen.⁴⁹ Sind diese negativ verlaufen, ist auch eine öffentliche Zustellung nach §§ 185 bis 188 ZPO ausgeschlossen. Ist eine öffentliche Bekanntmachung i.S.v. § 9 vorgeschrieben, so gilt diese auch als Zustellung gegenüber Personen unbekannten Aufenthalts (§ 9 Abs. 3; vgl. oben RdNr. 9). Ist eine öffentliche Bekanntmachung nicht vorgeschrieben, so muss sie nicht deswegen erfolgen, weil eine Zustellung ausscheidet. Sie kann aber zweckmäßig sein, wenn das Insolvenz-

---

³⁹ *Keller* NZI 2002, 581, 584; *Zöller/Stöber,* ZPO 29. Aufl. § 175 RdNr. 3.
⁴⁰ BGBl. I S. 2325.
⁴¹ BGBl. 1997 I S. 3294, 3301.
⁴² Vgl. OLG Frankfurt NJW 1996, 3159; LG Bonn ZIP 1998, 401; BFH ZIP 1997, 2012.
⁴³ BGH NJW 1998, 1716; aA *Löwe/Löwe* ZIP 1997, 2002, 2003.
⁴⁴ Zu dem abgestuften System der §§ 178, 189, 181 ZPO vgl. *Heß* NJW 2002, 2417, 2420.
⁴⁵ BGH NJW 1998, 1716.
⁴⁶ VG Hannover NJW 1998, 920.
⁴⁷ HKInsO-*Kirchhof* § 8 RdNr. 6.
⁴⁸ *Zöller/Stöber,* ZPO 25. Aufl. § 173 RdNr. 5.
⁴⁹ HKInsO-*Kirchhof* § 8 RdNr. 6; vgl. auch BGH ZInsO 2003, 271, 272.

gericht auf den Nachweis der Bekanntgabe Wert legt. Hat eine Person, deren Aufenthaltsort unbekannt ist, einen zustellungsbevollmächtigten Vertreter bestellt, gilt RdNr. 28.

Ausnahmsweise wird der vom Schuldner vorgelegte **Schuldenbereinigungsplan** an Gläubiger, **27a** deren Aufenthalt unbekannt ist, öffentlich zugestellt (§ 307 Abs. 1 Satz 3). Andernfalls wäre die Absicht des Gesetzgebers, mittels einer im Schuldenbereinigungsplanverfahren erzielten gütlichen Einigung zwischen Schuldner und Gläubigern die Durchführung des Insolvenzverfahrens zu vermeiden, schwieriger zu verwirklichen.[50] Ein Gläubiger, der sich innerhalb der Frist des § 307 Abs. 1 nicht äußert, nimmt damit den Plan an (§ 308 Abs. 1 Satz 1). Deshalb muss er zuvor eine effektive Möglichkeit gehabt haben, Einwendungen vorzubringen.[51] Zum Nachweis des unbekannten Aufenthalts s.o. RdNr. 27. Für die öffentliche Zustellung bedarf es keines Parteiantrags, wohl aber einer Beglaubigung des zuzustellenden Schriftstücks. Der Insolvenzverwalter kann nicht mit der Durchführung der Zustellung beauftragt werden.

bb) Zustellung an Zustellungsbevollmächtigten (Satz 2). Hat eine Person unbekannten **28** Aufenthalts einen zur Entgegennahme von Zustellungen berechtigten Vertreter, so wird diesem zugestellt. Anders als nach § 118 Abs. 3 VerglO, der als Vorbild gedient hat, braucht der Vertreter nicht im Inland zu wohnen. Es genügt, dass dem Gericht die Adresse des Vertreters bekannt ist. Die Zustellung geschieht an diese Adresse nach Maßgabe des § 8 Abs. 1 (RdNr. 16 ff.).

f) Zustellung an Personen im Ausland. Das verfahrenseinleitende Dokument sollte tunlichst **29** auch hier in einer Weise zugestellt werden, welche die Kenntnisnahme gewährleistet.[52] Sofern auf Grund völkerrechtlicher Vereinbarungen Schriftstücke unmittelbar durch die Post übersandt werden dürfen, bietet sich dafür in erster Linie das Einschreiben mit Rückschein an (§ 4 i. V. m. § 175, § 183 Abs. 1 Nr. 1 ZPO). Die späteren Zustellungen können dann durch Aufgabe zur Post erfolgen. Anders als früher (vgl. § 118 VerglO) ist eine Einschreibsendung nicht mehr erforderlich.[53] Eine Übersetzung des zuzustellenden Schriftstücks braucht nicht beigefügt zu werden.[54] Die Zustellung nach § 184 Abs. 1 Satz 2 ZPO an einen im Ausland wohnenden Zustellungsadressaten stellt – weil die Zustellung bereits mit der Aufgabe zur Post (zuzüglich zwei Wochen) bewirkt ist – eine Zustellung im Inland dar.[55] Ist eine Zustellung im Ausland nicht möglich oder verspricht sie keinen Erfolg, kann eine öffentliche Zustellung erfolgen (§ 4 i. V. m. §§ 185 Nr. 2, 186 bis 188 ZPO). Stattdessen kann das Gericht auch die öffentliche Bekanntmachung nach § 9 Abs. 3 wählen.

Will man sichergehen, dass der im Ausland sich aufhaltende Zustellungsadressat von dem Inhalt **30** des zuzustellenden Schriftstücks tatsächlich Kenntnis erhält, ist – sofern das Einschreiben mit Rückschein (§ 4 i. V. m. § 175 Abs. 1 Nr. 1 ZPO) ausscheidet – der Weg des § 183 Abs. 1 Nr. 2 und 3 ZPO einzuschlagen.

Im Bereich der **EU** erfolgen Auslandszustellungen nach der Verordnung EG Nr. 1348/00 – **30a** ZustVO –, auf die § 183 Abs. 3 ZPO verweist.[56] Zur Wahl stehen die förmliche Zustellung nach Art. 4 ZustVO oder die Direktzustellung durch Einschreiben mit Rückschein (Art. 14 ZustVO). Das Haager Übereinkommen über die Zustellung gerichtlicher und außergerichtlicher Schriftstücke im Ausland in Zivil- und Handelssachen v. 15.11.1965,[57] das sogenannte Haager Zustellungsübereinkommen – HZÜ –, wird durch die ZustVO weitgehend verdrängt.

VII. Zustellung durch den Insolvenzverwalter (Abs. 3)

Das Insolvenzgericht kann nach seinem **pflichtgemäßen Ermessen** zu seiner eigenen Entlas- **31** tung dem Insolvenzverwalter alle oder einen Teil der Zustellungen übertragen. Vorbild war die Regelung in § 6 Abs. 3 GesO. Nach dieser Bestimmung erfolgte jedoch keine Zustellung, sondern lediglich eine formlose Mitteilung.[58] Eine solche kann nach § 8 Abs. 3 keinesfalls genügen. Der Zustellung kommt eine Schutzfunktion zugunsten des Adressaten zu, die unter einer Aufgabenverlagerung vom Gericht auf den Verwalter nicht leiden darf.

---

[50] Vgl. AG Saarbrücken ZInsO 2002, 247.
[51] *Sabel* ZIP 1999, 305; *Braun/Kießner* § 8 RdNr. 16.
[52] *Heß* NJW 2002, 2417, 2424; für generelle Zulässigkeit der Zustellung durch Aufgabe zur Post *Jaeger/Gerhardt* § 8 RdNr. 9.
[53] *Nerlich/Römermann/Becker* § 8 RdNr. 24.
[54] BGH NJW-RR 1996, 387, 388.
[55] BVerfG NJW 1997, 1772; BGHZ 98, 263, 266; BGH NJW 1992, 1701, 1702; 1999, 1187.
[56] Dazu näher *Heß* NJW 2002, 2417, 2422 f.
[57] BGBl. 1977 II S. 1452.
[58] *Kilger/K. Schmidt* § 6 GesO Anm. 3a; *Smid* GesO § 6 RdNr. 39.

32 Der Verwalter wird im Auftrag des Gerichts und nicht etwa im Parteibetrieb tätig.[59] Die Beauftragung des Insolvenzverwalters sollte durch **förmlichen Gerichtsbeschluss** erfolgen.[60] In Anbetracht der Wichtigkeit ordnungsgemäßer Zustellungen und der haftungsrechtlichen Folgen bei etwaigen Versäumnissen sollten die Kompetenzen und die Dienstpflichten des Verwalters eindeutig festgelegt werden. Die Beauftragung des Verwalters kann durch den Richter oder den Rechtspfleger erfolgen.[61] Die ihm übertragenen Amtszustellungen kann der Verwalter **in sämtlichen Zustellungsformen** vornehmen.[62] Nachdem Zweifel aufgekommen waren, ob der Verwalter auch durch Aufgabe zur Post (s.o. RdNr. 16 ff.) zustellen konnte,[63] hat der Gesetzgeber durch Einfügung der Worte „Zustellungen nach Absatz 1" in § 8 Abs. 2 Satz 1 klargestellt, dass der Verwalter, der durch die Übertragung der Zustellung wie ein beliehener Unternehmer tätig wird, sich aller in § 8 Abs. 1 in Bezug genommenen Zustellungsarten bedienen kann.[64] Die Verwalter, denen das Gericht die Zustellungen überträgt, sind damit als mit öffentlichem Glauben versehene Personen im Sinne des § 415 ZPO anzusehen.[65]

32a Der Insolvenzverwalter braucht die Zustellungen **nicht in eigener Person** vorzunehmen. Er kann sich seines Personals oder sogar dritter Personen bedienen. Dies ist in Abs. 3 Satz 2 klargestellt worden. Bevor der Verwalter ein Unternehmen mit den Zustellungen beauftragt, an welchem er selbst oder ein naher Angehöriger beteiligt ist, hat der das Insolvenzgericht zu unterrichten. Beauftragt er das Unternehmen ohne vorherige Anzeige beim Insolvenzgericht, liegt hierin eine schwerwiegende Pflichtverletzung, welche seine Entlassung aus wichtigem Grund von Amts wegen rechtfertigt (§ 56).[66] Dies gilt umso mehr, wenn der Verwalter weit überhöhte Preise von 30 € je Erstzustellung und 20 € je weiterer Zustellung vereinbart hatte. Ebenso wenig darf der Verwalter Zustellungen, die er selbst vorgenommen hat, als Drittleistungen abrechnen und aus der Masse bezahlen.[67]

33 Da der Verwalter an die Stelle des Urkundsbeamten der Geschäftsstelle tritt, kann ihm die Anfertigung des **Vermerks,** zu welcher Zeit und unter welcher Adresse die Aufgabe zur Post geschehen ist (s.o. RdNr. 20), nicht erlassen werden. Auf diese Weise übernimmt er auch die persönliche Verantwortung, falls er für die Zustellung sein Personal oder Dritte eingeschaltet hat. Der Verwalter kann, wie § 8 Abs. 3 Satz 2 klarstellt, sich auch zur Erfassung in den Akten des eigenen Personals bedienen. Da der Verwalter keinen Vermerk in den Gerichtsakten fertigt, hat er die erfolgte Zustellung **in seinen Unterlagen** zu dokumentieren.[68] Nach Abs. 3 Satz 3 hat er die von ihm gefertigten Zustellungsvermerke „unverzüglich" zu den Akten zu reichen. In der amtlichen Begründung heißt es hierzu, erst „nach Abschluss des Insolvenzverfahrens" seien die Vermerke zu den Akten zu geben, „damit auch noch zu einem späteren Zeitpunkt die Zustellung ohne besonderen Aufwand dokumentiert werden kann".[69] So wird man den Gesetzestext auch auslegen müssen, weil die Akten des Verwalters nicht auseinander gerissen werden sollten, solange das Verfahren läuft.

34 Das Insolvenzgericht kann die Zustellungen bereits auf den **vorläufigen Insolvenzverwalter** übertragen (§ 21 Abs. 2 Nr.1). Soweit Zustellungen nach § 23 Abs. 1 Satz 2 anstehen, hat das Insolvenzgericht die Zustellung an den vorläufigen Insolvenzverwalter selbst zu bewirken; ist dieser erst einmal wirksam bestellt (§ 56 Abs. 2 Satz 1) und mit der Durchführung der Zustellungen beauftragt, kann er schon die weiteren Zustellungen im Sinne von § 23 Abs. 1 Satz 2 vornehmen, insbesondere diejenigen an den Schuldner und die Personen, die Verpflichtungen gegenüber dem Schuldner haben.[70] Bis zur Bestellung eines vorläufigen Insolvenzverwalters ist ausschließlich das Insolvenzgericht für die Zustellungen zuständig.

---

[59] *Sabel* ZIP 1999, 305, 307.
[60] *Jaeger/Gerhardt* § 8 RdNr. 12; *Graf-Schlicker/Kexel* § 8 RdNr. 5; *Sabel* ZIP 1999, 305, 307; für nicht nötig halten einen Beschluss HKInsO-*Kirchhof* § 8 RdNr. 10; FKInsO-*Schmerbach* § 8 RdNr. 33; *Uhlenbruck/I. Pape* § 8 RdNr. 8.
[61] *Jaeger/Gerhardt* § 8 RdNr. 12; HKInsO-*Kirchhof* § 8 RdNr. 10; FKInsO-*Schmerbach* 4. Aufl. § 8 RdNr. 23.
[62] *Jaeger/Gerhardt* § 8 RdNr. 12; HKInsO-*Kirchhof* § 8 RdNr. 11; *Keller* NZI 2002, 581, 587; *Stephan* NZI 2004, 521, 523.
[63] *Bernsen*, Kölner Schrift zur InsO, 2. Aufl. S. 1843, 1849 RdNr. 14.
[64] Vgl. die amtliche Begründung des Entwurfs eines Gesetzes zur Vereinfachung des Insolvenzverfahrens vom 2.11.2006, BT-Drucks. 16/3227, S. 13.
[65] Vgl. BGH NJW 1998, 1716; HKInsO-*Kirchhof* § 8 RdNr. 11; *Hess* § 8 RdNr. 29.
[66] BGH NZI 2012, 247 RdNr. 12; Beschl. v. 19.4.2012 – IX ZB 18/11, RdNr. 14; ZIP 2012, 1187 RdNr. 16.
[67] BGH ZIP 2012, 1187 RdNr. 15.
[68] BT-Drucks. 16/3227, S. 13.
[69] BT-Drucks. 16/3227, S. 13.
[70] Enger FKInsO-*Schmerbach* § 8 RdNr. 33.

Den **Sachwalter** (§ 274) und den **Treuhänder** (§ 313) kann das Insolvenzgericht ebenfalls mit 35
den Zustellungen betrauen.[71] Von dieser Befugnis sollte es im Regelfall hinsichtlich des Treuhänders keinen Gebrauch machen.[72] Zum einen wird dieser durch Zustellungen oft überfordert sein; zum andern könnte ihm ein Ausgleich durch eine höhere Vergütung nicht gewährt werden (§ 13 Abs. 1 Satz 1, Abs. 2 InsVV). Damit träfe ihn auch eine Haftung unbillig. Einem **Sachverständigen** darf das Insolvenzgericht die Zustellung unter keinen Umständen übertragen.[73]

Dass durch die Beauftragung des vorläufigen Insolvenzverwalters mit der Durchführung der 36
Zustellungen das finanzielle Risiko des Eröffnungsverfahrens auf den vorläufigen Verwalter verlagert wird,[74] ist im Allgemeinen nicht zu befürchten. Die Kosten der Zustellung gehören zu den nach § 8 InsVV erstattungsfähigen Auslagen des Insolvenzverwalters. Zustellungskosten, die auf Grund einer Anordnung nach § 8 Abs. 3 entstanden sind, stellen zusätzliche Kosten für die Erledigung einer gesondert übertragenen Aufgabe außerhalb der Regeltätigkeit des Insolvenzverwalters dar. Sie könne deshalb vom Insolvenzverwalter gesondert geltend gemacht werden.[75] Gleiches gilt für den Treuhänder, für den gem. § 10 InsVV die Vorschrift des §8 InsVV entsprechende Anwendung findet.[76] Auch bei ihm handelt es sich um die Kosten für die Erledigung einer gesondert übertragenen Aufgabe außerhalb seiner Regeltätigkeit. Ist durch die Übertragung der Zustellungen ein ins Gewicht fallender Mehraufwand bewirkt worden, was ab etwa 100 Zustellungen angenommen werden kann, so kann der Verwalter außerdem einen Zuschlag entsprechend § 3 Abs. 1 InsVV verlangen.[77] Der Aufwand für die Beschäftigung eigenen Personals kann nicht im Wege des Auslagenersatzes geltend gemacht werden. Nach § 9 InsVV kann das Gericht wegen des durch die Zustellungen verursachten Aufwands einen **Vorschuss** genehmigen. Ist abzusehen, dass wegen unzureichender Massekostendeckung (§§ 26, 207, 211) der Verwalter seine Vergütung und Auslagen nicht voll erstattet erhält, sollte das Insolvenzgericht von der Übertragung der Zustellungen Abstand nehmen.[78] Kündigt ein Verwalter oder Treuhänder an, Zustellungen in dem ihm übertragenen Verfahren nur noch dann durchzuführen, wenn ihm eine Vergütung von 20 € für jede erste Zustellung und 10 € für jede weitere Zustellung gezahlt werden, rechtfertigt dies die Entlassung von Amts wegen (§ 59).[79]

Gegen die Entscheidung des Gerichts, die Zustellungen durch ihn vornehmen zu lassen, können 37
sich der Insolvenzverwalter und die gleichgestellten Personen nicht wehren.[80] Die sofortige **Beschwerde** ist nicht eröffnet (§ 6 Abs. 1). Es wäre auch sinnwidrig, eine Beschwerdemöglichkeit einzuräumen. Denn die Entlastung, die sich das Gericht durch die „Delegation" der Zustellungen auf den Verwalter soll verschaffen können, würde zunichte gemacht, wenn es sich mit dessen Beschwerde befassen müsste. Der Insolvenzverwalter oder die sonst mit der Zustellung beauftragte Person kann nur Gegenvorstellung erheben oder die Übernahme des Amts insgesamt ablehnen. Erfolgt die Beauftragung erst nach dessen Übernahme, besteht nicht einmal diese Möglichkeit.

Dem **Beschwerdegericht** steht die Befugnis gemäß Abs. 3 nicht zu.[81] Dies ergibt sich aus dem 38
Sinn und Zweck der Regelung. Bei dem Beschwerdegericht hält sich die Zahl der erforderlichen Zustellungen in Grenzen. Der Verwalter wird an den Beschwerdeverfahren häufig selbst beteiligt sein. Außerdem könnte die Übermittlung der zuzustellenden Schriftstücke vom Landgericht an den Verwalter zu Verzögerungen führen.

VIII. Heilung von Zustellungsmängeln

Mängel einer Einzelzustellung werden – soweit durch die Zustellung eine Notfrist in Gang gesetzt 38a
werden soll – geheilt, sobald die zuzustellende Entscheidung dem Empfänger tatsächlich zugegangen ist (§ 4 i. V. m. § 189 ZPO). Voraussetzung ist, dass das Gericht mit Zustellungswillen gehandelt hat, die Zustellung jedoch fehlgeschlagen ist.[82] Heilende Wirkung wird auch der öffentlichen Bekannt-

---

[71] HKInsO-*Kirchhof* § 8 RdNr. 12; aA *Graeber* ZInsO 2005, 752, 755.
[72] Uhlenbruck/I. Pape § 8 RdNr. 8; HKInsO-*Kirchhof* § 8 RdNr. 12; FKInsO-*Schmerbach* § 8 RdNr. 36. Das Gegenteil hält *Graeber* ZInsO 2005, 752, 755 für „wünschenswert".
[73] Uhlenbruck/I. Pape § 8 RdNr. 8.
[74] So *Uhlenbruck* NZI 1999, 1, 5.
[75] BGH NZI 2007, 244 RdNr. 8; NZI 2008, 444 RdNr. 29..
[76] BGH NZI 2008, 444 RdNr. 30.
[77] BGH NZI 2007, 244 RdNr. 17.
[78] HKInsO-*Kirchhof* § 8 RdNr. 13.
[79] BGH ZIP 2012, 1187 RdNr. 13.
[80] *Graeber* ZInsO 2005, 752, 753; HKInsO-*Kirchhof* § 8 RdNr. 10; *Graf-Schlicker/Kexel* § 8 RdNr. 5; aA – noch zum alten Recht –*Kübler/Prütting* § 8 RdNr. 10.
[81] Uhlenbruck/I. Pape § 8 RdNr. 8; HKInsO-*Kirchhof* § 8 RdNr. 14; FKInsO-*Schmerbach* § 8 RdNr. 33; aA Nerlich/Römermann/Becker § 8 RdNr. 21.
[82] BGH NJW 2003, 1192, 1193.

machung gemäß § 9 Abs. 3 zugeschrieben.[83] Dies kann jedoch nicht mit rückwirkender Kraft geschehen, falls die Mängel die Einzelzustellung als unwirksam erscheinen ließen. Bedeutungslos werden die Mängel erst mit dem Zeitpunkt, in dem die Zustellungswirkung durch die öffentliche Bekanntmachung ersetzt wird.

IX. Formlose Mitteilungen

39 **1. Mitteilungen des Gerichts.** Wenn die InsO eine bloße „Unterrichtung" vorschreibt (so zB in §§ 215 Abs. 1 Satz 2, 258 Abs. 3 Satz 2), genügt eine formlose Mitteilung. Zu Beweiszwecken kann sich die Versendung durch eingeschriebenen Brief empfehlen. Zum Zwecke der formlosen Mitteilung muss kein Schriftstück aufgegeben werden, vielmehr genügt zum Beispiel auch ein Telefax. Die formlose Mitteilung ersetzt eine erforderliche Zustellung im Allgemeinen nicht. Umgekehrt ist es unschädlich, wenn zugestellt wird, obwohl eine formlose Mitteilung genügt hätte.

40 **2. Mitteilungen durch den Insolvenzverwalter.** Formlose Mitteilungen (vgl. §§ 158 Abs. 2 Satz 1, 195 Abs. 2) können durch den Insolvenzverwalter, auch den vorläufigen, und die in RdNr. 35 genannten Personen jederzeit erfolgen; einer Übertragung durch das Insolvenzgericht bedarf es nicht.

41 **3. Laufzeit.** Eine durch die Post übermittelte formlose Mitteilung gilt gemäß § 4 in Verbindung mit § 270 Satz 2 ZPO am ersten Werktag nach der Aufgabe zur Post als bewirkt, falls die Wohnung des Empfängers im Bereich des Ortsbestellverkehrs liegt; andernfalls ist der zweite Werktag nach der Aufgabe zur Post maßgeblich. Diese Annahmen gelten nicht, wenn der Empfänger glaubhaft macht, dass ihm die Mitteilung nicht oder erst zu einem späteren Zeitpunkt zugegangen ist.

§ 9 Öffentliche Bekanntmachung

(1) ¹Die öffentliche Bekanntmachung erfolgt durch eine zentrale und länderübergreifende Veröffentlichung im Internet; diese kann auszugsweise geschehen. ²Dabei ist der Schuldner genau zu bezeichnen, insbesondere sind seine Anschrift und sein Geschäftszweig anzugeben. ³Die Bekanntmachung gilt als bewirkt, sobald nach dem Tag der Veröffentlichung zwei weitere Tage verstrichen sind.

(2) ¹Das Insolvenzgericht kann weitere Veröffentlichungen veranlassen, soweit dies landesrechtlich bestimmt ist. ²Das Bundesministerium der Justiz wird ermächtigt, durch Rechtsverordnung mit Zustimmung des Bundesrates die Einzelheiten der zentralen und länderübergreifenden Veröffentlichung im Internet zu regeln. ³Dabei sind insbesondere Löschungsfristen vorzusehen sowie Vorschriften, die sicherstellen, dass die Veröffentlichungen
1. unversehrt, vollständig und aktuell bleiben,
2. jederzeit ihrem Ursprung nach zugeordnet werden können.

(3) Die öffentliche Bekanntmachung genügt zum Nachweis der Zustellung an alle Beteiligten, auch wenn dieses Gesetz neben ihr eine besondere Zustellung vorschreibt.

Schrifttum: Literaturangaben zu § 8, ferner: *Bork,* Wissenszurechnung im Insolvenz(anfechtungs)recht, DB 2012, 33; *Dempewolf,* Ist die öffentliche Bekanntmachung der Ablehnung des Konkurseröffnungsantrages mangels Masse nach § 107 KO zulässig ?, DB 1976, 1141 f.; *ders.,* Zur Frage der Zweckmäßigkeit und Zulässigkeit der öffentlichen Bekanntmachung konkursabweisender Beschlüsse gem. § 107 KO, ZIP 1981, 953 ff.; *Frind,* Insolvenzgerichtliche Veröffentlichungsnotwendigkeiten bei der vorläufigen Sachwalterschaft, ZIP 2012, 1591; *Graf-Schlicker,* Analysen und Änderungsvorschläge zum neuen Insolvenzrecht, WM 2000, 1984 ff.; *Holzer,* Aktuelle Änderung der Bekanntmachungsvorschriften in Insolvenzverfahren, ZIP 2008, 391; *Horstkotte,* Öffentliche Bekanntmachung der vorläufigen Sachwalterschaft nach ESUG durch das Insolvenzgericht?, ZInsO 2012, 1161; *Keller,* Die öffentliche Bekanntmachung im Insolvenzverfahren, ZIP 2003, 149 ff.; *Keller,* Bedarf die Bestellung eines vorläufigen Sachwalters nach § 270b InsO der öffentlichen Bekanntmachung?, ZIP 2012, 1895; *Oestreich,* Öffentliche Bekanntmachungen im „Amtsblatt", Rpfleger 1988, 302 ff.; *Schmerbach/Stephan,* Der Diskussionsentwurf zur Änderung der Insolvenzordnung und anderer Gesetze – Anmerkungen aus insolvenzrichterlicher Sicht, ZInsO 2000, 541 ff; *Vallender,* Das neue Schutzschirmverfahren nach dem ESUG, GmbHR 2012, 450; *Wittmann,* Die Bedeutung des § 9 Abs. 3 InsO für die Wissenszurechnung im Insolvenzrecht, ZInsO 2008, 1010; *Wittmann/Kinzl,* Organisationsobliegenheiten bei Insolvenzbekanntmachungen, ZIP 2011, 2232.

---

[83] FKInsO-*Schmerbach* § 8 RdNr. 32.

Übersicht

	Rn.		Rn.
I. Einleitung	1–4c	e) Die Verordnung zu öffentlichen Bekanntmachungen in Insolvenzverfahren im Internet (InsNetV)	14
II. Normzweck	5, 6		
III. Anwendungsbereich	7–9	2. Weitere Veröffentlichungen (Abs. 2 Satz 1, Art. 103c Abs. 2 Satz 1 EGInsO)	15, 16
1. Anwendung kraft ausdrücklicher Vorschrift	7		
2. Fakultative Anwendung	8	V. Inhalt der öffentlichen Bekanntmachung (Abs. 1 Satz 2)	17–19
3. Anordnung	9		
IV. Art der öffentlichen Bekanntmachung	10–16	VI. Wirksamkeit der öffentlichen Bekanntmachung (Abs. 1 Satz 3)	20–22
1. Ersetzung der Printmedien durch das Internet (Abs. 1 Satz 1 HS 1)	10–16	VII. Wirkung der öffentlichen Bekanntmachung	23–29
a) Allgemeines	10	1. Zustellungswirkung (Abs. 3)	23, 24
b) Der Begriff „Internet"	11	2. Publizitätswirkung	25–28a
c) Auszugsweise Veröffentlichung (Abs. 1 Satz 1 Halbs. 2)	12	3. Keine Heilung unwirksamer Beschlüsse	29
d) Regelungsermächtigung (Abs. 2 Satz 2 und 3)	13	VIII. Kosten	30

I. Einleitung

Die Vorschrift trat an die Stelle von § 76 KO, § 119 VerglO und § 6 Abs. 1 Satz 1 GesO. Sie ist inzwischen mehrfachen Änderungen unterzogen worden. **1**

Bei der Beratung der InsO durch die Gesetzgebungsgremien waren die Absätze 2 (jetzt Abs. 2 Satz 1) und 3 nicht umstritten. Anders verhielt es sich mit Abs. 1, in welchem der Regelfall der öffentlichen Bekanntmachung bestimmt werden sollte. In § 9 Abs. 1 Satz 1 des **Regierungsentwurfs** war vorgesehen, dass die öffentliche Bekanntmachung stets durch Veröffentlichung **im Bundesanzeiger** erfolgen sollte. Zur Begründung wurde darauf hingewiesen, dass sich die Veröffentlichungen an eine Vielzahl von Personen richteten, die ihren Wohnort oder Sitz häufig außerhalb des örtlichen Bereichs des Insolvenzgerichts haben würden. Außerdem habe die Veröffentlichung im Bundesanzeiger den Vorteil, dass ein einziges Publikationsorgan lückenlos über alle öffentlichen Bekanntmachungen der Insolvenzgerichte unterrichte (BT-Drucks. 12/2443 S. 111). **2**

Gegen die durchgängige Veröffentlichung im Bundesanzeiger wandte sich der **Bundesrat**. Er wies darauf hin, dass eine Veröffentlichung im Bundesanzeiger eine Veröffentlichung in den örtlichen Blättern nicht entbehrlich mache. Für die große Mehrheit der Insolvenzverfahren, die Unternehmen mit lediglich örtlicher oder regionaler Bedeutung beträfen, sei der mit der Veröffentlichung im Bundesanzeiger verbundene Aufwand – insbesondere im Hinblick auf die damit verbundenen Kosten – nicht zu rechtfertigen. Dies gelte insbesondere für die große Masse von Insolvenzverfahren, die von Verbrauchern lediglich wegen der Möglichkeit der Restschuldbefreiung beantragt würden. Es sei deshalb in Anlehnung an die bisherigen „bewährten Regelungen" vorzusehen, dass Bekanntmachungen „in dem für das Insolvenzgericht dafür bestimmten Blatt" zu veröffentlichen seien; zur Unterrichtung überregionaler Gläubiger könne dann die auszugsweise Bekanntmachung des Eröffnungsbeschlusses im Bundesanzeiger hinzukommen.[1] Die **Bundesregierung** stimmte dem zu; auf ihre Gegenäußerung[2] geht die schließlich Gesetz gewordene Fassung des Abs. 1 Satz 1 zurück. Der **Rechtsausschuss**[3] hatte dagegen keine Einwände. **3**

Durch das **InsOÄndG 2001** wurde sodann durch Änderung des Abs. 1 die Nutzung des neuen Mediums Internet ermöglicht, von dem man sich erhebliche Kostenvorteile versprach. Die Internet-Veröffentlichung wurde als zweiter Regelfall neben der Veröffentlichung in dem für amtliche Bekanntmachungen des Insolvenzgerichts bestimmten Blatt zugelassen. Von der Möglichkeit der Internet-Veröffentlichung ausgenommen wurden damals nur die Veröffentlichungen, die nach der InsO zwingend im Bundesanzeiger bekannt zu machen waren. In Absatz 2 wurden die Sätze 2 und 3 angefügt. Darin wurde eine Ermächtigungsgrundlage für das Bundesministerium der Justiz geschaffen, eine Rechtsverordnung mit Zustimmung des Bundesrats zu erlassen, welche die Einzelheiten der Veröffentlichungen festlegt. **4**

---

[1] BT-Drucks. 12/2443, Anlage 2, S. 248 f.
[2] BT-Drucks. 12/2443, Anlage 3, S. 261.
[3] BT-Drucks. 12/7302 S. 8, 156.

4a Durch **Art. 12 Abs. 2 EHUG**[4] wurde Abs. 2 Satz 3 Nr. 3 mit Wirkung vom 1.1.2007 aufgehoben. Zugleich wurde Abs. 2 Satz 2 mit Wirkung vom 16.11.2006 geändert. Diese Änderung ist durch das am 1.2.2007 verabschiedete Gesetz zur Vereinfachung des Insolvenzverfahrens (vgl. dazu RdNr. 4b) schon wieder überholt.

4b Das Gesetz zur **Vereinfachung des Insolvenzverfahrens** vom 13.4.2007[5] hat das Medium „**Internet**" nochmals aufgewertet. Die öffentliche Bekanntmachung soll nur noch auf einer bundeseinheitlichen Internet-Plattform (www.insolvenzbekanntmachungen.de) erfolgen. Zugleich wurde die öffentliche Bekanntmachung nunmehr auch für Fälle vorgeschrieben, in denen sie bisher nicht erforderlich war (§ 26 Abs. 1, § 30 Abs. 1 Satz 2, § 35 Abs. 3 Satz 2). Durch die Internet-Bekanntmachung werden die in § 9 Abs. 2 Satz 1 genannten **weiteren Veröffentlichungen** überflüssig. Sie sollen vom Insolvenzgericht nur noch veranlasst werden, soweit dies landesrechtlich bestimmt ist. Die **wiederholten Veröffentlichungen** (vgl. dazu Vorauflage RdNr. 13) sind gänzlich weggefallen. Soweit die InsO ausnahmsweise vorschrieb, Entscheidungen – unbeschadet des § 9 – auch **im Bundesanzeiger** (auszugsweise) zu veröffentlichen, so zum Beispiel in §§ 30 Abs. 1 Satz 2, 34 Abs. 3 Satz 2, 200 Abs. 2 Satz 2, 215 Abs. 1 Satz 3, 258 Abs. 3 Satz 3, hat man auch diese Vorschriften (vgl. dazu Vorauflage RdNr. 14) aufgehoben.

4c Bei grenzüberschreitenden Insolvenzverfahren im **EU-Bereich** ist Art. 21 der VO (EG) Nr. 1346/2000 vom 29.5.2000[6] zu beachten. Danach ist auf Antrag des Verwalters in jedem anderen Mitgliedstaat der wesentliche Inhalt der Entscheidung über die Verfahrenseröffnung und ggf. der Entscheidung über eine Bestellung entsprechend den Bestimmungen des jeweiligen Staates für öffentliche Bekanntmachungen zu veröffentlichen.

II. Normzweck

5 Die öffentliche Bekanntmachung soll der Insolvenz **im Verkehr Geltung verschaffen.** Alle Personen, deren Interessen durch die Eröffnung und den Fortgang des Insolvenzverfahrens berührt werden können, deren Namen oder Wohnort (Sitz) aber unbekannt oder zweifelhaft ist, sollen dadurch unterrichtet werden.[7] An einer derartigen Unterrichtung muss zuvörderst den Verfahrensbeteiligten gelegen sein, darüber hinaus aber allen Personen, die wirtschaftlich mit dem Schuldner verkehren, ohne Verfahrensbeteiligte zu sein. Vereinfacht gesagt rundet § 9 die Regelung des § 8 ab: Die Zustellung bezweckt die Information der Verfahrensbeteiligten, die öffentliche Bekanntmachung die Unterrichtung der Allgemeinheit.

5a Die öffentliche Bekanntmachung dient daneben auch dem **Schutz der Masse.** So soll die öffentliche Bekanntmachung des Eröffnungsbeschlusses verhindern, dass an den Schuldner noch mit befreiender Wirkung geleistet werden kann (§ 82)[8] oder dass sich Vertragspartner des Schuldners auf die Fortdauer von Aufträgen oder Geschäftsbesorgungsverträgen – insbesondere Giro- und Kontokorrentverträgen – berufen können (§§ 115 Abs. 3, 116). Der gutgläubige Erwerb von Gegenständen der Masse soll ausgeschlossen werden (§§ 81 Abs. 1 Satz 2, 91 Abs. 2).[9]

6 Schließlich gestattet eine öffentliche Bekanntmachung eine **Verfahrensvereinfachung,** weil sie die sonst durch § 8 gebotene Einzelzustellung ersetzen kann (§ 9 Abs. 3; vgl. dazu § 8 RdNr. 9 und unten RdNr. 23 f.), die bei der großen Zahl der Insolvenzbeteiligten sehr aufwändig ist.

III. Anwendungsbereich

7 **1. Anwendung kraft ausdrücklicher Vorschrift.** Die Insolvenzordnung schreibt in zahlreichen Fällen die öffentliche Bekanntmachung vor, zum Beispiel in §§ 23 Abs. 1 Satz 1, 25 Abs. 1, 26 Abs. 1 Satz 2, 30 Abs. 1 Satz 1 und 2, 34 Abs. 3 Satz 1 und 2, 35 Abs. 3 Satz 2, 64 Abs. 2 Satz 1, 73 Abs. 2, 74 Abs. 2 Satz 1, 78 Abs. 2 Satz 1, 177 Abs. 3 Satz 1, 188 Satz 3, 197 Abs. 2, 200 Abs. 2 Satz 1 und 2, 208 Abs. 2 Satz 1, 214 Abs. 1 Satz 1, 215 Abs. 1 Satz 1, 235 Abs. 2 Satz 1, 258 Abs. 3 Satz 1 und 3, 267 Abs. 1 und 2, 268 Abs. 2 Satz 1, 273, 274 Abs. 1, 277 Abs. 3 Satz 1, 289 Abs. 2

---

[4] Gesetz über elektronische Handelsregister und Genossenschaftsregister sowie das Unternehmensregister vom 10.11.2006, BGBl. I S. 2553.

[5] BGBl. I S. 509.

[6] Abl.EG Nr. L 160 v. 30.6.2000.

[7] BGHZ 137, 49, 54 = NJW 1998, 609 = WuB VI G. § 10 GesO 2.98 *(Pape)* = LM GesO Nr. 29 *(Huber)*; vgl. auch die Begründung des Entwurfs eines Gesetzes zur Vereinfachung des Insolvenzverfahren vom 2.11.2006, BT-Drucks. 16/3227, S. 13 f.

[8] Vgl. BGH NZI 2006, 175; LG Dortmund ZIP 1997, 206 = EWiR 1997, 265 *(Hess)*.

[9] BGH WM 1996, 2078 = WuB VI G. § 2 GesO 1.97 *(Uhlbruck)*. Wegen der entsprechenden Wirkung der öffentlichen Bekanntmachung eines allgemeinen Verfügungsverbots vgl. BGHZ 140, 54, 56 = NJW 1999, 284 = WuB VI B. § 8 KO 1.99 *(Uhlbruck)* = LM KO § 8 Nr. 5 *(Berger)*.

Satz 3, 293 Abs. 2, 296 Abs. 3 Satz 2, 297 Abs. 2, 298 Abs. 3, 300 Abs. 3 Satz 1 und 2, 303 Abs. 3 Satz 3, 313 Abs. 1 Satz 3.

2. Fakultative Anwendung. Ist die öffentliche Bekanntmachung nicht vorgeschrieben, kann 8 sie nach bisher wohl hM doch neben vorgeschriebenen oder nicht vorgeschriebenen oder anstelle von nicht vorgeschriebenen Einzelzustellungen angeordnet werden (vgl. auch § 8 RdNr. 9, 27). Insofern besteht bei der Wahl zwischen Bekanntmachung und Zustellung ein Ermessen.[10] Die öffentliche Bekanntmachung empfiehlt sich insbesondere dann, wenn die Zahl der Beteiligten groß oder ungewiss ist, wer alles dazu gehört. Ein Ergänzungsbeschluss, mit welchem ein Insolvenzgericht klarstellt, dass eine bereits angeordnete Sicherungsmaßnahm (die Bestellung eines vorläufigen Verwalters mit Zustimmungsvorbehalt) der Vorbereitung eines Hauptinsolvenzverfahrens dient, kann entsprechend § 9 im Internet veröffentlicht werden, um die Maßnahme im Ausland bekannt zu machen und so ihre Anerkennung (Art. 25 Abs. 1 EuInsVO) zu ermöglichen.[11] Ob fakultative Veröffentlichungen überhaupt **zulässig** sind, wird insbesondere im Zusammenhang mit der Anordnung des „Schutzschirmverfahrens" (§ 270b) in Zweifel gezogen,[12] deren Bekanntmachung im Gesetz weder vorgesehen noch ausgeschlossen ist. Seinem Wortlaut nach macht § 9 Abs. 2 „weitere", also nicht ausdrücklich vorgesehene Veröffentlichungen von einer landesrechtlichen Anordnung abhängig; der Gesetzgeber scheint durch die Änderung dieser Vorschrift, die früher lautete: „Das Insolvenzgericht kann weitere und wiederholte Veröffentlichungen veranlassen", zur Regelungstechnik der Einzelermächtigung (Enumerationsprinzip) übergegangen zu sein[13] Daraus wird in der Literatur unter Hinweis auf das Grundrecht des Schuldners auf **informationelle Selbstbestimmung** (Art. 2 Abs. 1 GG) der Schluss gezogen, dass nicht vorgesehene Veröffentlichungen nicht oder allenfalls im Einzelfall unter den Voraussetzungen einer Analogie zulässig ist.[14] Ob der Gesetzgeber dies so beabsichtigt hatte, darf bezweifelt werden. In der Begründung des Entwurfs eines Gesetzes zur Vereinfachung des Insolvenzverfahrens vom 2.11.2006[15] heißt es: „Durch eine Bekanntmachung über das Internet werden auch die in § 9 Abs. 2 Satz 1 InsO genannten zusätzlichen Veröffentlichungen in aller Regel überflüssig. Wie bereits ausgeführt, wird durch eine Publikation in einem elektronischen Informations- und Kommunikationssystem ein weit höherer Verbreitungsgrad erreicht, als dies ein Printmedium je erzielen würde. Im Gegensatz zu einer gedruckten Veröffentlichung bietet das Internet überdies eine einfache Recherchemöglichkeit, die es den Interessierten erlaubt, sich während der gesamten Laufzeit des Insolvenzverfahrens über (potenzielle) Geschäftspartner zu informieren. Zudem zeigen etwa die Erfahrungen in Österreich, das ebenfalls nur eine Internetveröffentlichung kennt, dass die Zeitungen im Rahmen ihres Informationsauftrags zumindest die für die jeweilige Region bedeutsamen Insolvenzen in ihrem redaktionellen Teil melden. Amtlich veranlasste Veröffentlichungen in den Tageszeitungen sollen daher regelmäßig nicht mehr erfolgen, was zu einer ganz spürbaren Reduzierung der Verfahrenskosten führen wird. Allerdings sieht der Gesetzentwurf vor, dass die Länder zusätzliche Veröffentlichungen landesrechtlich zulassen können, soweit sie dies – etwa aus regionalen Gründen – für erforderlich halten. In diesem Fall obliegt es den Ländern, sowohl die Voraussetzungen als auch Form und Umfang weiterer Veröffentlichungen zu regeln. Die Gerichte dürfen weitere Veröffentlichungen sodann nur im Rahmen dieser landesrechtlich zugelassenen Grenzen veranlassen." Es ging also um Einsparungen in den Justizhaushalten der Länder. Auf die Beweggründe, welche den Gesetzgeber veranlassten, zusätzliche Veröffentlichungen von einer landesrechtlichen Regelung abhängig zu machen, kann es jedoch nicht entscheidend ankommen. Auch nach § 1 Satz 2 InsNetV[16] darf die Veröffentlichung im Übrigen nur diejenigen personenbezogenen Daten enthalten, die nach der Insolvenzordnung oder nach anderen Gesetzen, die eine öffentliche Bekanntmachung in Insolvenzverfahren vorsehen, bekannt zu machen sind. Reine Zweckmäßigkeitserwägungen reichen danach für eine im Gesetz nicht vorgesehene Internet-Bekanntmachung nicht aus. Die Veröffentlichung müsste vielmehr mit einer (Gesetzes- oder Rechts-) Analogie zu anderen Vorschriften begründet werden, welche eine Veröffentlichung vorsehen.

---

[10] HKInsO-*Kirchhof* § 9 RdNr. 3; vgl auch *Graf-Schlicker,* § 270b RdNr. 22.
[11] AG Hamburg NZI 2009, 343, 344 mit zust. Anm. *Mankowski* EWiR 2009, 441, 442, der ergänzend auf Art. 21 EuInsVO verweist.
[12] Für die Zulässigkeit der Veröffentlichung nach dem pflichtgemäßen Ermessen des Gerichts *Graf-Schlicker* § 370b RdNr. 22; *Vallender* GmbHR 2012, 450, 452; für eine Pflicht zur Veröffentlichung *Frind* ZIP 2012, 1591 ff.; für unzulässig halten die Veröffentlichung *Horstkotte* ZInsO 2012, 1161 ff.; *Keller* ZIP 2012, 1895 ff.
[13] *Horstkotte* ZInsO 2012, 1161, 1162.
[14] Ausf. *Horstkotte* ZInsO 2012, 1161 ff.
[15] BT-Drucks. 16/3227, S. 14.
[16] Verordnung zu öffentlichen Bekanntmachungen in Insolvenzverfahren im Internet vom 12. Februar 2002 (BGBl. I S. 677), abgedruckt als Anhang zu § 9.

9 **3. Anordnung.** Angeordnet wird die öffentliche Bekanntmachung durch das Insolvenzgericht, und zwar durch **Beschluss.** Funktionell zuständig ist – abhängig vom Verfahrensstadium – teils der Richter, teils der Rechtspfleger. Die öffentliche Bekanntmachung durch den Insolvenzverwalter (vgl. § 188 Abs. 1 Satz 3 a. F.) hat das Gesetz zur Vereinfachung des Insolvenzverfahrens vom 1.2.2007 abgeschafft.

IV. Art der öffentlichen Bekanntmachung

10 **1. Ersetzung der Printmedien durch das Internet (Abs. 1 Satz 1 HS 1). a) Allgemeines.** Hinsichtlich der Art der öffentlichen Bekanntmachung hat sich seit Inkrafttreten der InsO ein grundlegender Wandel vollzogen (vgl. oben RdNr. 2 bis 4b). Die anfängliche Skepsis gegenüber dem Medium „Internet" ist vollständig verschwunden. Die elektronische Bekanntmachungsform ist nunmehr der einzige Regelfall. Von den Printveröffentlichungen hat man sich nahezu gänzlich verabschiedet (vgl. jedoch unten RdNr. 16). Die Gründe hierfür sind folgende: Seit der Öffnung der InsO für die Internet-Bekanntmachung durch das **InsOÄndG 2001** ist der Verbreitungsgrad des Internets weiter stark angestiegen. Nach der Begründung des Entwurfs eines Gesetzes zur Vereinfachung des Insolvenzverfahrens vom 8.2.2006[17] haben etwa 50 % aller Haushalte Zugang zu diesem Informationsmedium. Bei den Wirtschaftskreisen, die in besonderem Maße an Informationen an dem Insolvenzgeschehen interessiert sind, besteht nahezu lückenlos ein Anschluss an das Internet. Demgegenüber werden der Bundesanzeiger und vergleichbare Druckerzeugnisse in den Ländern nur von einem geringen Prozentsatz der Wirtschaftsteilnehmer bezogen. Damit wird über das Internet ein weit höherer Verbreitungsgrad erreicht, als sie eine Veröffentlichung selbst über mehrere Printmedien erlangen könnte. Mit dem von Nordrhein-Westfalen betriebenen elektronischen Portal für Insolvenzbekanntmachungen (www.insolvenzbekanntmachungen.de) steht eine zentrale bundeseinheitliche Plattform zur Verfügung, die über Insolvenzen unterrichtet. Über das Internet wird sogar eine weltweite Publizität erreicht,[18] auf die wegen der Zunahme des grenzüberschreitenden Wirtschaftsverkehrs und der grenzüberschreitenden Insolvenzen immer weniger verzichtet werden kann. Die Publizitätswirkung wird über das Internet wesentlich schneller erreicht; regelmäßig wird die Veröffentlichung noch am Tage ihrer Anordnung bewirkt. Erheblich einfacher als gedruckte Veröffentlichungen bietet das Internet zudem Recherchemöglichkeiten, die es dem Interessierten erlaubt, sich während der gesamten Laufzeit des Insolvenzverfahrens über aktuelle oder potenzielle Geschäftspartner zu informieren. Dadurch werden die Insolvenzgerichte vor einer großen Zahl von Anfragen bewahrt. Da amtlich veranlasste Veröffentlichungen in den Tageszeitungen in aller Regel überflüssig sind, erhofft man sich schließlich auch eine erhebliche Kostenersparnis. Die Vielzahl der Veröffentlichungen über die verschiedenen Printmedien (Amtsblätter, Tageszeitungen und Bundesanzeiger) war kostenaufwändig und konnte dazu beitragen, dass Verfahren mit geringer Masse nicht eröffnet wurden. Dem gegenüber ist die Internet-Veröffentlichung vergleichsweise billig. Gemäß KV-GVG 9004 beträgt die Auslage pauschal je Veröffentlichung 1 €.

11 **b) Der Begriff „Internet".** Zur Bezeichnung der neuen Bekanntmachungsform sollte laut Entwurf des **InsOÄndG 2001** der Begriff „elektronisch betriebenes Informationsverbreitungssystem" aus § 15 des Wertpapierhandelsgesetzes übernommen werden. Davon nahm man Abstand, da dieser Begriff dort nicht das Internet meint, sondern ein nach außen abgeschottetes Bank- und Börseninformationssystem für eine geschlossene Benutzergruppe. Stattdessen entschied man sich auf Vorschlag des BT-Rechtsausschusses[19] für den Begriff „elektronisches Informations- und Kommunikationssystem". Das **Gesetz zur Vereinfachung des Insolvenzrechts** vom 1.2.2007 hat auch insoweit eine Vereinfachung gebracht und spricht nunmehr bündig vom „Internet". Dieser Begriff, der durch die Attribute „zentral" und „länderübergreifend" sowie zusätzlich durch die Angabe des Portals (www.insolvenzbekanntmachungen.de) in einer Fußnote erläutert wird, erlaubt die Abgrenzung von privaten Datenbanken. Über solche können öffentliche Bekanntmachungen i. S. d. § 9 nicht erfolgen. Sie stehen nur als zusätzliche Informationsquelle zur Verfügung.[20]

12 **c) Auszugsweise Veröffentlichung (Abs. 1 Satz 1 Halbs. 2).** Wie bisher kann die Veröffentlichung auszugsweise geschehen. Sie muss aber stets den durch Abs. 1 Satz 2 vorgeschriebenen Inhalt haben (dazu unten RdNr. 17 ff.); der Auszug muss außerdem den bekanntzumachenden Vorgang, zum Beispiel die Insolvenzeröffnung, erkennen lassen und das Insolvenzgericht – möglichst auch das Aktenzeichen – angeben. Eine Verweisung auf eine anderweitige vollständige Veröffentlichung

---

[17] BT-Drucks. 16/3227, S. 14 = NZI 2006, 212, 218.
[18] Vgl. BT-Drucks. 14/5680, S. 24.
[19] BT-Drucks. 14/6468 S. 5 f.
[20] *Keller* ZIP 2003, 149, 153 f.

musste der Auszug schon bisher nicht enthalten,[21] weil sonst die gesetzlich zugelassene Möglichkeit, nur einen Auszug zu veröffentlichen, leergelaufen wäre. Nach der durch das **Gesetz zur Vereinfachung des Insolvenzverfahrens**[22] geschaffenen Rechtslage ist dies nicht anders, weil man grundsätzlich mit einer Veröffentlichung auskommen will.

d) Regelungsermächtigung (Abs. 2 Satz 2 und 3). Durch das **InsOÄndG 2001** wurde eine Ermächtigung für das Bundesjustizministerium eingefügt, die Einzelheiten einer Internet-Veröffentlichung durch Rechtsverordnung zu regeln (Abs. 2 Satz 2). Die Ermächtigung für den Verordnungsgeber ist durch das **Gesetz zur Vereinfachung des Insolvenzverfahrens** vom 1.2.2007 beibehalten und lediglich dem neuen Sprachgebrauch (vgl. oben RdNr. 11) angepasst worden. Zum Schutze des Schuldners hielt der Gesetzgeber Regelungen insbesondere zur Datenintegrität und -authentizität und über Löschungsfristen für erforderlich (Abs. 2 Satz 3).

e) Die Verordnung zu öffentlichen Bekanntmachungen in Insolvenzverfahren im Internet (InsNetV). Von der Ermächtigung in Abs. 2 wurde durch Erlass der Verordnung zu öffentlichen Bekanntmachungen in Insolvenzverfahren im Internet (InsNetV) vom 12.2.2002[23] Gebrauch gemacht. Diese Verordnung, die nicht für vor dem 1.12.2001 eröffnete Insolvenzverfahren gilt, ist am 1.3.2002 in Kraft getreten. Durch das **Gesetz zur Vereinfachung des Insolvenzverfahrens** vom 1.2.2007 wurde sie geändert. Sie ist im Wortlaut als Anhang nach § 9 abgedruckt.

2. Weitere Veröffentlichungen (Abs. 2 Satz 1, Art. 103c Abs. 2 Satz 1 EGInsO). Die **weitere Veröffentlichung** ist eine Veröffentlichung durch ein anderes Medium als bei der Regelveröffentlichung. Ist diese im Internet erfolgt, kommt als weitere Veröffentlichung etwa eine solche in einem Amtsblatt, in den Tageszeitungen oder durch Anschlag an der Gerichtstafel, Mitteilung an die Gemeindeverwaltung oder die Börse in Betracht. Weitere Veröffentlichungen sollen die Publizitätswirkung steigern. Unter einer **wiederholten Veröffentlichung** – die jetzt nicht mehr vorgesehen ist – versteht man demgegenüber eine spätere Veröffentlichung durch dasselbe Medium. In Verbraucherinsolvenzverfahren ist die Anordnung weiterer Veröffentlichungen durch das InsOÄndG 2001 ausdrücklich ausgeschlossen worden, indem § 9 Abs. 2 für unanwendbar erklärt worden ist (§ 312 Abs. 1 Satz 1 HS 2). Dadurch sollen die in einem Verbraucherinsolvenzverfahren anfallenden Kosten so gering wie möglich gehalten werden.[24] Da bisher kein Bundesland von der Möglichkeit Gebrauch gemacht, weitere Veröffentlichungen zuzulassen[25] (vgl. RdNr. 16a), wirkt sich die Vorschrift des § 312 Abs. 1 Halbsatz 2 derzeit nicht aus.

Nach der **Überleitungsvorschrift in Art. 103c EGInsO** ist die Neufassung des § 9 mitsamt der Verordnung zu öffentlichen Bekanntmachungen in Insolvenzverfahren im Internet auch auf Insolvenzverfahren anzuwenden, die vor dem Inkrafttreten des **Gesetzes zur Vereinfachung des Insolvenzverfahrens** eröffnet worden sind (Art. 103c Abs. 1).[26] Bis zum 31.12.2008 konnte die öffentliche Bekanntmachung zusätzlich zu der elektronischen Bekanntmachung in einem am Wohnort oder Sitz des Schuldners periodisch erscheinenden Blatt erfolgen (Art. 103c Abs. 2 Satz 1 HS 1). Seit dem 1.1.2009 sind weitere Veröffentlichungen nur noch nach Maßgabe der **landesrechtlichen Bestimmungen** möglich. Die Länder können also weitere Veröffentlichungen neben derjenigen im Internet zulassen, soweit sie dies für erforderlich halten. Über Veröffentlichungen in den Lokalzeitungen kann etwa bei überregional tätigen Schuldner-Unternehmen auch an den Orten der Niederlassungen die Publizität gesteigert werden. Hat der Schuldner seine wirtschaftliche Tätigkeit erst vor kurzem in den Bezirk des Insolvenzgerichts verlegt, können sich Veröffentlichungen auch an seinem früheren Betätigungsort empfehlen. Für solche Fälle obliegt es den Ländern, sowohl die Voraussetzungen als auch Form und Umfang weiterer Veröffentlichungen zu regeln.[27] Auch landesrechtlich zugelassene weitere Veröffentlichungen können auszugsweise geschehen (Art. 103c Abs. 2 Satz 1 HS 2). Welche Medien für weitere Veröffentlichungen in Betracht kommen, muss, anders als bei der Regel-Veröffentlichung (vgl. o. RdNr. 11), nicht im Voraus festgelegt sein. Ein Rechtsmittel gibt es weder gegen die im Voraus getroffene Festlegung noch gegen die ad hoc beschlossene Auswahl des zusätzlichen Mediums. Bislang hat – vermutlich aus Kostengründen – kein Land von der Möglichkeit des § 9 Abs. 2 Satz 1 Gebrauch gemacht.[28]

---

[21] AA *Senst/Eickmann/Mohn* RdNr. 35.
[22] G. v. 13.4.2007, BGBl. I S. 509.
[23] BGBl. I S. 677.
[24] BT-Drucks. 14/5680, S. 15.
[25] Vgl. LG Dresden DZWiR 2011, 131, 132.
[26] Vgl. hierzu AG Duisburg NZI 2007, 531 f mit zust. Anm. *Heyer* EWiR 2008, 53.
[27] BT-Drucks. 16/3227, S. 14 = NZI 2006, 212, 218.
[28] Vgl. LG Dresden DZWiR 2011, 131, 132.

V. Inhalt der öffentlichen Bekanntmachung (Abs. 1 Satz 2)

17 Der Inhalt der öffentlichen Bekanntmachung hat sich danach auszurichten, dass die Adressaten in die Lage versetzt werden müssen, ihre Rechte wahrzunehmen, derentwegen die Bekanntmachung erfolgt.[29] Zumindest ist der **Schuldner** genau zu bezeichnen. Dabei sind sein bürgerlicher und sein kaufmännischer Name, seine Anschrift und sein Geschäftszweig anzugeben. Die Bekanntmachung muss außerdem – selbst wenn sie nur auszugsweise erfolgt – das Datum der Veröffentlichung (wegen Abs. 1 Satz 3) und den **bekanntzumachenden Vorgang**, zum Beispiel die Insolvenzeröffnung, erkennen lassen und das **Insolvenzgericht** (möglichst auch das Aktenzeichen) sowie den **Verwalter** – falls ein solcher bereits bestimmt ist – angeben. Zu einem Gerichtstermin sind Zeit und Ort mitzuteilen. Die öffentlich bekannt zu machende Tagesordnung der Gläubigerversammlung muss die Beschlussgegenstände zumindest schlagwortartig bezeichnen.[30] Eine unrichtige Bekanntmachung ist wirkungslos. Sie löst die Zustellungswirkung des Abs. 3 nicht aus und setzt den Lauf der Beschwerdefrist nicht in Gang.[31] Eine unvollständige Bekanntmachung kann wirksam sein, soweit sie erfolgt ist, sofern wenigstens die Person des Schuldners, der bekanntzumachende Vorgang und das Insolvenzgericht deutlich werden.[32] Wegen des Rests ist entweder eine ergänzende Bekanntmachung oder eine neue vollständige Veröffentlichung erforderlich.

18 Soll die **öffentliche Bekanntmachung einer Entscheidung** die Rechtsbehelfsfrist in Lauf setzen, gebietet der Anspruch auf Gewährung effektiven Rechtsschutzes, dass darin zumindest der Entscheidungsausspruch selbst mitgeteilt wird. Das Bundesverfassungsgericht[33] hat dies zwar für die nur einwöchige Rechtsbehelfsfrist des § 121 Abs. 2 Satz 2 VerglO ausgesprochen; die Verlängerung der Frist auf zwei Wochen (§§ 4 i. V. m. 577 Abs. 2 Satz 1 ZPO) dürfte aber daran nichts geändert haben. Ob einer öffentlichen Bekanntmachung trotz unbedeutender Fehler Zustellungswirkung beikommen kann, hat der BGH in einer neueren Entscheidung offen gelassen. Unabdingbare Voraussetzung für den Ersatz der Zustellung durch öffentliche Bekanntmachung gemäß Abs. 3 ist jedenfalls, dass die getroffene Entscheidung in der Bekanntmachung **zutreffend bezeichnet** wird. Hieran fehlt es, wenn veröffentlicht wird, dass die Vergütung des Insolvenzverwalters festgesetzt worden sei, es tatsächlich aber um die Vergütung des vorläufigen Insolvenzverwalters ging.[34] Die in § 64 Abs. 2 vorgeschriebene Veröffentlichung der Festsetzung der Vergütung des Insolvenzverwalters kann nicht durch die Veröffentlichung eines Beschlusses ersetzt werden, in welchem die Aufhebung des Insolvenzverfahrens angekündigt und auf den Erlass eines Vergütungsbeschlusses hingewiesen wird.[35]

19 Gelegentlich ist in der InsO angeordnet, dass bestimmte Angaben *nicht* veröffentlicht werden sollen. So sollen in dem öffentlich bekannt zu machenden Beschluss über die Festsetzung der Verwaltervergütung die für die Vergütung und die zu erstattenden Auslagen des Insolvenzverwalters festgesetzten Beträge verschwiegen werden (§ 64 Abs. 2 Satz 2 HS 1), um „unnötige Einblicke Außenstehender zu vermeiden".[36] Es ist jedoch darauf hinzuweisen, dass der vollständige Beschluss in der Geschäftsstelle eingesehen werden kann (§ 64 Abs. 2 Satz 2 HS 2). Dadurch hat jeder Gläubiger die Möglichkeit, die Höhe der Verwaltervergütung zu ermitteln, ehe die Frist für die Einlegung der sofortigen Beschwerde abläuft.

VI. Wirksamkeit der öffentlichen Bekanntmachung (Abs. 1 Satz 3)

20 Die öffentliche Bekanntmachung gilt als bewirkt, sobald nach dem Tag der **Veröffentlichung** zwei weitere Tage verstrichen sind. §§ 76 Abs. 1 Satz 2 KO, 119 Abs. 2 Satz 2 VerglO hatten auf die „Ausgabe" des die Einrückung enthaltenden Amtsblattes abgestellt. Dazu hatte der Bundesgerichtshof klargestellt, dass nicht das auf dem Blatt aufgedruckte Erscheinungsdatum, sondern der Tag seiner tatsächlichen Ausgabe maßgeblich ist.[37] Die Insolvenzordnung bringt dies zum Ausdruck, indem sie den „Tag der Veröffentlichung" entscheidend sein lässt. Es handelt sich um den **Tag der erstmaligen Einstellung in das Internet**.[38] Dieser Tag wird in die Frist nicht miteingerechnet.

---

[29] Uhlenbruck/I. Pape § 9 RdNr. 4; HKInsO-*Kirchhof* § 9 RdNr. 6.
[30] BGH NZI 2008, 430; zu den Anforderungen an die Veröffentlichung einer Tagesordnung siehe auch Uhlenbruck Rpfleger 1983, 493 f.
[31] BGH NZI 2011, 974 RdNr. 9.
[32] Uhlenbruck/I. Pape § 9 RdNr. 4; FKInsO-*Schmerbach* § 9 RdNr. 11; *Nerlich/Römermann/Becker* § 9 RdNr. 19.
[33] BVerfGE 77, 275 = NJW 1988, 1255, 1256.
[34] BGH NZI 2011, 974 RdNr. 10.
[35] BGH NZI 2011, 978 RdNr. 9; ZInsO 2012, 51 RdNr. 9.
[36] BT-Drucks. 12/2443 S. 130; vgl. auch BGH ZIP 2012, 1779 RdNr. 7; kritisch insoweit *Nerlich/Römermann/Becker* § 9 RdNr. 11.
[37] BGH KTS 1993, 415.
[38] OLG Rostock ZInsO 2006, 1684, 1685; LG Göttingen NZI 2007, 735; HKInsO-*Kirchhof* § 9 RdNr. 7.

Deren Berechnung erfolgt nach § 4 in Verbindung mit § 222 Abs. 2 ZPO. Ist die Bekanntmachung beispielsweise am 10. eines Monats im Internet erfolgt, gilt sie am 13. um 00.00 Uhr als bewirkt. Ist der zweite Tag nach dem Tag der Veröffentlichung ein Samstag, Sonntag oder ein allgemeiner Feiertag, so wird die Bekanntmachung erst wirksam mit Ablauf des nächsten Werktages. Enthält die öffentliche Bekanntmachung eine Terminsbestimmung, ist die Ladungsfrist nach § 217 ZPO einzuhalten.[39]

Sind nach dem Tag der Veröffentlichung im Internet zwei weitere Tage verstrichen, so dass die öffentliche Bekanntmachung als bewirkt gilt, sind gemäß § 9 Abs. 2 veranlasste weitere Veröffentlichungen für § 9 Abs. 1 Satz 3 unerheblich (vgl. u. RdNr. 23). **21**

Das Wirksamwerden der öffentlichen Bekanntmachung ist zu unterscheiden von dem Wirksamwerden der öffentlich bekanntzumachenden Entscheidung. Die öffentliche Bekanntmachung ist nicht Wirksamkeitsvoraussetzung. Die Wirksamkeit der Entscheidung kann unabhängig von der öffentlichen Bekanntmachung eintreten (siehe dazu auch § 8 RdNr. 11).[40] Unwirksame Beschlüsse werden durch die öffentliche Bekanntmachung nicht geheilt (s.u. RdNr. 29). **22**

VII. Wirkung der öffentlichen Bekanntmachung

1. Zustellungswirkung (Abs. 3). Die öffentliche Bekanntmachung hat die Wirkung einer Zustellung. Dies gilt unabhängig davon, ob die InsO zugleich öffentliche Bekanntmachung und Zustellung oder nur die Zustellung verlangt. Der Zeitpunkt, zu dem die öffentliche Bekanntmachung als bewirkt gilt, ist insbesondere für den Lauf der **Beschwerdefrist** (§§ 6 Abs. 2 Satz 1, 9 Abs. 3) maßgeblich. Dass die öffentliche Bekanntmachung einer Entscheidung die Wirkung einer Zustellung äußert, ist aus verfassungsrechtlicher Sicht nicht zu beanstanden, solange der gerichtliche Rechtsschutz dadurch nicht unzumutbar eingeschränkt wird.[41] Dies gilt auch dann, wenn die Veröffentlichung über Internet erfolgt.[42] Die für die Einlegung der Beschwerde maßgebliche Zwei-Wochen-Frist (§§ 4, 9 Abs. 3 i. V. m. § 569 Abs. 1 Satz 1 und 2 ZPO) hat das BVerfG in der bereits genannten, noch zu der Zustellungsfiktion des § 119 Abs. 4 VerglO ergangenen Entscheidung für mit dem Gebot des effektiven Rechtsschutzes vereinbar angesehen, weil Insolvenzverfahren (damals ging es noch um ein Vergleichsverfahren) regelmäßig eine hohe Zahl von Betroffenen aufwiesen und bei einem großen Kreis der Betroffenen diese Art der Zustellung sachgerecht erscheine.[43] Die Zustellungswirkung gilt grundsätzlich auch für Beschlüsse über die Festsetzung einer Vergütung nach § 64 Abs. 2,[44] obwohl die festgesetzten Beträge nicht mit veröffentlicht werden (§ 64 Abs. 2 Satz 2). Bedenklich ist außerdem, dass ein Schuldner, der zum Vergütungsantrag des Verwalters nicht gehört wurde, ebenso wie ein Gläubiger nicht wissen kann, ob der Antrag bereits gestellt und beschieden wurde; das Gesetz mutet beiden eine **regelmäßige Kontrolle der Internetveröffentlichungen** ohne besonderen Anlass zu. Ob dies in jedem Fall vertretbar sein kann, ist noch zu klären. Der Schuldner, der einen Eröffnungsantrag gestellt und wieder zurückgenommen hat, hat Anlass, die Insolvenzveröffentlichungen im Internet zu verfolgen. Die Veröffentlichung des die Vergütung des vorläufigen Insolvenzverwalters betreffenden Festsetzungsbeschlusses setzt die Frist zur Einlegung der sofortigen Beschwerde deshalb auch dann in Gang, wenn der Schuldner rechtswidrig nicht angehört worden ist.[45] **23**

Die Fiktion gilt nur für den Regelfall der öffentlichen Bekanntmachung über das Internet (o. RdNr. 10 ff.). Weitere Veröffentlichungen nach früherem Recht hatten nicht diese Wirkung,[46] weil sie nicht dieselbe Aufmerksamkeit des Publikums erwarten ließen wie die Regel-Veröffentlichung. Wenn sie gleichzeitig mit der Regel-Veröffentlichung erfolgten oder dieser nachfolgten, kam es darauf zwar nicht an, weil die Wirkung des § 9 Abs. 3 InsO bereits durch die Regel-Veröffentlichung ausgelöst wurde. Erfolgten die weiteren Veröffentlichungen vor der Regel-Veröffentlichung, entstand die Wirkung des § 9 Abs. 3 InsO jedoch erst durch diese. Das ist nunmehr durch Art. 103c Abs. 2 Satz 2 EGInsO ausdrücklich bestimmt. Die öffentliche Bekanntmachung ersetzt nur Zustellungen an die Beteiligten, nicht auch amtliche Anzeigen an Behörden, wie zum **23a**

---

[39] *Jaeger/Gerhardt* § 9 RdNr. 5.
[40] BGHZ 133, 307, 313 = WM 1996, 2078 ff. = WuB VI G. § 2 GesO 1.97 *(Uhlenbruck)* = LM GesO Nr. 19 *(Gerhardt)*.
[41] BVerfGE 77, 275 = NJW 1988, 1255, 1256 zu § 119 Abs. 4 VerglO; BGH NZI 2011, 974 RdNr. 16 ff.; ZIP 2012, 1779 RdNr. 7.
[42] LG Duisburg NZI 2005, 43 f.
[43] BVerfGE 77, 275 = NJW 1988, 1255, 1256.
[44] BGH NZI 2004, 277, 278; NZI 2010, 159 RdNr. 5; BayObLG NJW-RR 2002, 913 = NZI 2002, 155.
[45] BGH ZIP 2012, 1779 RdNr. 7.
[46] BGH NZI 2006, 175, 177; *Jaeger/Gerhardt* § 9 RdNr. 9; *Uhlenbruck/I. Pape* § 9 RdNr. 6.

Beispiel die Mitteilung der Insolvenz an Registergerichte und Grundbuchämter (vgl. zB §§ 31, 32).[47]

24 Wurden unter der Geltung der Konkursordnung außer der öffentlichen Bekanntmachung **Einzelzustellungen** vorgenommen, waren sie – selbst wenn sie vom Gesetz besonders vorgeschrieben waren und unabhängig davon, ob sie früher oder später als die öffentliche Bekanntmachung erfolgt waren – für die **Berechnung der Beschwerdefrist** bedeutungslos. Dadurch wurde im Interesse der Verkehrssicherheit erreicht, dass für alle Beteiligten derselbe Zeitpunkt für den Beginn der Rechtsmittelfrist maßgeblich war.[48] Ein Teil der Literatur hält daran auch unter der Geltung der Insolvenzordnung fest.[49] Das erscheint nicht richtig. Der Wortlaut des § 9 Abs. 3 unterscheidet sich in einem wesentlichen Punkt von dem des § 76 Abs. 3 KO. Während nach der zuletzt genannten Vorschrift erst die Bekanntmachung als Zustellung „gilt", bestimmt § 9 Abs. 3, dass die öffentliche Bekanntmachung zum Nachweis der Zustellung an alle Beteiligten „genügt"; diese Vorschrift hat somit den Charakter einer Beweiserleichterung und schließt den Nachweis einer früheren Zustellung an einzelne Beteiligte nicht aus.[50] Dieses Verständnis des § 9 Abs. 3 kommt dem in der InsO verfolgten Beschleunigungsanliegen entgegen. Zugleich hat der Zweck, für alle Beschwerdeberechtigten einen einheitlichen Fristlauf zu erreichen, an Gewicht verloren. Denn nach der Insolvenzordnung ist die Beschwerdeberechtigung eingeschränkt (vgl. § 6 Abs. 1). Aus diesen Gründen erscheint es nicht als statthaft, die in § 6 Abs. 2 Satz 1 bezeichnete Folge durch § 9 Abs. 3 auch dann zu überspielen, wenn sie bereits eingetreten war, als die öffentliche Bekanntmachung erfolgte. Eine frühere ordnungsgemäß bewirkte Einzelzustellung begründet zudem die Kenntnis im Sinne von §§ 81 Abs. 1 Satz 1, 82. War die Einzelzustellung mangelhaft, werden die Mängel durch die Veröffentlichung – mit Wirkung *ex nunc* – geheilt (s.o. § 8 RdNr. 38a). Eine spätere Einzelzustellung, die erfolgt, nachdem die Zustellung durch die öffentliche Bekanntmachung im Internet bereits bewirkt ist, führt nicht zu einer Verschiebung des Beginns der Rechtsmittelfrist.[51]

25 **2. Publizitätswirkung.** Bis zur öffentlichen Bekanntmachung kann sich jemand, der nach der Eröffnung des Insolvenzverfahrens an den Schuldner persönlich geleistet hat (vgl. § 82) ohne weiteres auf fehlende Kenntnis vom Eröffnungsantrag oder von der Eröffnung berufen. Nach § 82 Satz 2 wird bis zur öffentlichen Bekanntmachung der Eröffnung sogar vermutet, dass er die Eröffnung nicht kannte. Mit der Bewirkung der Bekanntmachung nach § 9 Abs. 1 Satz 3 geht die Beweislast auf den Leistenden über.[52]

26 An den **Nachweis der Unkenntnis** hat die Rechtsprechung zeitweilig strenge Anforderungen gestellt, , weil sie davon ausgegangen ist, dass der Leistende bei schuldiger Aufmerksamkeit von der öffentlichen Bekanntmachung hätte Kenntnis erlangen müssen.[53] Eine Obliegenheit zur **flächendeckenden Beobachtung** aller Veröffentlichungsblätter, welche die nach § 9 Abs. 1 InsO aF vorgeschriebenen Insolvenzbekanntmachungen brachten, hat der BGH allerdings für unzumutbar gehalten.[54] Ebenso unzumutbar ist die Überwachung aller Veröffentlichungen im Internetportal „insolvenzbekanntmachungen.de". Haben Unternehmen mit umfangreichen Zahlungsverkehr zur Erfüllung einer Verbindlichkeit an einen Insolvenzschuldner geleistet, ohne dass sie die Eröffnung des Insolvenzverfahrens kannten, hindert sie die Möglichkeit, diese Information durch eine **Einzelabfrage aus dem Internet** zu gewinnen, nach Treu und Glauben nicht daran, sich auf ihre Unkenntnis zu berufen. Sie sind auch nicht gehalten, sich wegen der Möglichkeit der Internetabfrage beweismäßig für sämtliche Mitarbeiter zu entlasten.[55]

27 Bei juristischen Personen muss der Nachweis der Unkenntnis bezüglich aller ihrer organschaftlichen Vertreter geführt werden.[56] Dasselbe gilt bei Personengesellschaften mit Gesamtvertretung.[57]

---

[47] *Jaeger/Gerhardt* § 9 RdNr. 9.
[48] OLG München Rpfleger 1979, 1078, 1079; OLG Hamm ZIP 1993, 777 = EWiR 1993, 603 *(Onusseit);* OLG Frankfurt ZIP 1996, 556; LG Frankfurt/M. ZIP 1995, 1836; *Jaeger/Weber* § 76 KO RdNr. 5.
[49] *Jaeger/Gerhardt* § 9 RdNr. 6; FKInsO-*Schmerbach* § 9 RdNr. 14; *Kübler/Prütting/Bork* § 9 RdNr. 15; *Pape,* FS Uhlenbruck, S. 49, 54; *Keller* EWiR 2003, 977, 978; *ders.* ZIP 2003, 149, 158 f.
[50] BGH NZI 2004, 341; NZI 2010, 159 RdNr. 9: OLG Köln NZI 2000, 169; *Bork* EWiR 2000, 181, 182; *Nerlich/Römermann/Becker* § 9 RdNr. 25; HKInsO-*Kirchhof* § 9 RdNr. 8; *Uhlenbruck/I. Pape* § 9 RdNr. 5; HambKomm-*Rüther* § 6 RdNr. 24.
[51] BGH NZI 2010, 159 RdNr. 9 ZIP 2012, 1779 RdNr. 6; LG Göttingen NZI 2007, 735.
[52] BGH NZI 2006, 175 RdNr. 12; BGHZ 182, 85 RdNr. 8 = NZI 2009, 680; *Bork* DB 2012, 33, 37.
[53] Vgl. LG Dortmund ZIP 1997, 206 = EWiR 1997, 265 *(Hess).*
[54] BGH NZI 2006, 175 RdNr. 15 ff.
[55] BGH NZI 2010, 480 RdNr. 13 ff.
[56] Vgl. BGHZ 109, 327, 330 f. = NJW 1990, 975.
[57] RGZ 90, 21, 23.

Bei solchen mit Einzelvertretungsberechtigung war die Frage lange umstritten.[58] Der Bundesgerichtshof hat aber nunmehr das Wissen eines anderen als des konkret handelnden, vertretungsbefugten Gesellschafters der Gesellschaft dann zugerechnet, wenn die unterlassene Weitergabe dieses Wissens an den handelnden Gesellschafter eine Verletzung der der Gesellschaft obliegenden **Organisationspflichten** darstellt. Öffentliche Bekanntmachungen, die in einem Insolvenzverfahren erfolgen, sind regelmäßig so wichtig, dass sie innergesellschaftliche Mitteilungsobliegenheiten auslösen.[59] Jede am Rechtsverkehr teilnehmende Organisation muss im Rahmen des ihr Zumutbaren sicherstellen, dass die ihr ordnungsgemäß zugehenden rechtserheblichen Informationen unverzüglich an die entscheidenden Personen weitergeleitet und von diesen zur Kenntnis genommen werden.[60] Hinsichtlich der Pflicht, sich wichtige Informationen erst zu beschaffen, gilt RdNr. 26. Arbeitsteilig organisierte Unternehmen werden insoweit nicht anders behandelt als Einzelpersonen.[61]

28 Die Einzelzustellung ist – wenn sie vor der öffentlichen Bekanntmachung erfolgt – neben dieser auch insofern von Bedeutung, als dadurch dem Zustellungsempfänger eine **frühere Kenntnis ihres Inhalts** (vgl. §§ 81 Abs. 1 Satz 2, 82) nachgewiesen werden kann. Ob eine fehlerhafte Einzelzustellung wenigstens eine Publizitätswirkung entfalten kann (zur fehlenden Zustellungswirkung vgl. o. RdNr. 24 aE), erscheint zweifelhaft. Wird die Frage verneint, können die Mängel durch die spätere öffentliche Bekanntmachung nicht mit rückwirkender Kraft geheilt werden (§ 8 RdNr. 38a).

28a Für eine nach den Anfechtungsvorschriften (§ 130 Abs. 1 Satz 1 Nr. 2) verlangte Kenntnis bedeutet die Bekanntmachung nicht mehr als ein Indiz.[62] Allein die öffentliche Bekanntmachung der Anordnung der vorläufigen Verwaltung mit Zustimmungsvorbehalt reicht nicht aus, um eine Kenntnis der Beklagten von dem Eröffnungsantrag zu unterstellen.[63]

29 **3. Keine Heilung unwirksamer Beschlüsse.** Die öffentliche Bekanntmachung vermag unwirksamen Beschlüssen nicht zur Wirksamkeit zu verhelfen.[64] Sie hat zum Beispiel nicht die Wirkung, eine fehlende richterliche Unterschrift unter einem Beschluss über die Eröffnung des Insolvenzverfahrens zu ersetzen.[65] Eine derartige Heilung würde zwar die Abwicklungsschwierigkeiten vermeiden, die sich aus der Unwirksamkeit des öffentlich bekanntgemachten Beschlusses ergeben. Es geht aber nicht an, dass Beteiligte durch die unwirksame Verfahrenseröffnung ohne ausreichende Grundlage in ihren Rechten beeinträchtigt werden.

VIII. Kosten

30 Die Kosten der Veröffentlichung trägt die Masse, falls das Verfahren eröffnet wird. Andernfalls geht die Veröffentlichung auf Kosten desjenigen, dem die Kosten auferlegt werden.

---

[58] Offen gelassen zB von BGH NJW 1995, 2159, 2160.
[59] Vgl. BGHZ 140, 54 = NJW 1999, 284 = WuB VI B. § 8 KO 1.99 *(Uhlenbruck)* = LM KO § 8 Nr. 5 *(Berger)*; BGH NZI 2006, 175, 176; NZI 2010, 480 RdNr. 11.
[60] BGHZ 182, 85 RdNr. 16 = NZI 2009, 680; *Bork* DB 2012, 33, 34 ff.
[61] *Bork* DB 2012, 33, 38.
[62] HKInsO-*Kirchhof* 4. § 9 RdNr. 9.
[63] BGH NZI 2011, 18 RdNr. 19 ff; Beschl. v. 10.11. 2011 – IX ZA 1/10, RdNr. 4; weitergehend *Bork* DB 2012, 33, 39 f.
[64] *Uhlenbruck/I. Pape* § 9 RdNr. 5 aE.
[65] BGHZ 137, 49, 53 ff. = NJW 1998, 609 = WuB VI G. § 10 GesO 2.98 *(Pape)* = LM GesO Nr. 29 *(Huber)*.

Anhang zu § 9 InsO Verordnung zu öffentlichen Bekanntmachungen in Insolvenzverfahren im Internet

Vom 12. Februar 2002 (BGBl. I S. 677),
zuletzt geändert durch Art 2 des Gesetzes vom 13. April 2007 (BGBl. I S. 509).

Auf Grund des § 9 Abs. 2 Satz 2 in Verbindung mit Satz 3 der Insolvenzordnung vom 5. Oktober 1994 (BGBl. I S. 2866), der durch Artikel 1 Nr. 2 des Gesetzes vom 26. Oktober 2001 (BGBl. I S. 2710) eingefügt worden ist, verordnet das Bundesministerium der Justiz:

§ 1 Grundsatz

Öffentliche Bekanntmachungen in Insolvenzverfahren im Internet haben den Anforderungen dieser Verordnung zu entsprechen. Die Veröffentlichung darf nur die personenbezogenen Daten enthalten, die nach der Insolvenzordnung oder nach anderen Gesetzen, die eine öffentliche Bekanntmachung in Insolvenzverfahren vorsehen, bekannt zu machen sind.

§ 2 Datensicherheit, Schutz vor Missbrauch

(1) Durch geeignete technische und organisatorische Maßnahmen ist sicherzustellen, dass die Daten

1. bei der elektronischen Übermittlung von dem Insolvenzgericht oder dem Insolvenzverwalter an die für die Veröffentlichung zuständige Stelle mindestens fortgeschritten elektronisch signiert werden,

2. während der Veröffentlichung unversehrt, vollständig und aktuell bleiben;

3. spätestens nach dem Ablauf von zwei Wochen nach dem ersten Tag der Veröffentlichung nur noch abgerufen werden können, wenn die Abfrage den Sitz des Insolvenzgerichts und mindestens eine der folgenden Angaben enthält:

a) den Familiennamen,

b) die Firma,

c) den Sitz oder Wohnsitz des Schuldners,

d) das Aktenzeichen des Insolvenzgerichts oder

e) Registernummer und Sitz des Registergerichts.

Die Angaben nach Satz 1 Nr. 3 Buchstabe a bis 3 können unvollständig sein, sofern sie Unterscheidungskraft besitzen.

(2) Als Ergebnis der Abfrage nach Absatz 1 Satz 2 darf zunächst nur eine Übersicht über die ermittelten Datensätze übermittelt werden, die nur die vollständigen Daten nach Absatz 1 Satz 1 Nr. 3 Buchstabe a bis e enthalten darf. Die übrigen nach der Insolvenzordnung zu veröffentlichenden Daten dürfen erst übermittelt werden, wenn der Nutzer den entsprechenden Datensatz aus der Übersicht ausgewählt hat.

§ 3 Löschungsfristen

(1) Die in einem elektronischen Informations- und Kommunikationssystem erfolgte Veröffentlichung von Daten aus einem Insolvenzverfahren einschließlich des Eröffnungsverfahrens wird spätestens sechs Monate nach der Aufhebung oder Rechtskraft der Einstellung des Insolvenzverfahrens gelöscht. Wird das Verfahren nicht eröffnet, beginnt die Frist mit der Aufhebung der veröffentlichten Sicherungsmaßnahmen.

(2) Für die Veröffentlichungen im Restschuldbefreiungsverfahren einschließlich des Beschlusses nach § 289 der Insolvenzordnung gilt Absatz 1 Satz 1 mit der Maßgabe, dass die Frist mit Rechtskraft der Entscheidung über die Restschuldbefreiung beginnt.

(3) Sonstige Veröffentlichungen nach der Insolvenzordnung werden einen Monat nach dem ersten Tag der Veröffentlichung gelöscht.

§ 4 Einsichtsrecht

Die Insolvenzgerichte haben sicherzustellen, dass jedermann von den öffentlichen Bekanntmachungen in angemessenem Umfang unentgeltlich Kenntnis nehmen kann.

§ 4a Anwendbares Recht

Die §§ 2 bis 4 geltend entsprechend für den Datenabruf über das Unternehmensregister (§ 8b des Handelsgesetzbuchs).

§ 5 Inkrafttreten

Diese Verordnung tritt am Tage nach der Verkündung in Kraft.
Schlussformel
Der Bundesrat hat zugestimmt.

§ 10 Anhörung des Schuldners

(1) ¹Soweit in diesem Gesetz eine Anhörung des Schuldners vorgeschrieben ist, kann sie unterbleiben, wenn sich der Schuldner im Ausland aufhält und die Anhörung das Verfahren übermäßig verzögern würde oder wenn der Aufenthalt des Schuldners unbekannt ist. ²In diesem Fall soll ein Vertreter oder Angehöriger des Schuldners gehört werden.

(2) ¹Ist der Schuldner keine natürliche Person, so gilt Absatz 1 entsprechend für die Anhörung von Personen, die zur Vertretung des Schuldners berechtigt oder an ihm beteiligt sind. ²Ist der Schuldner eine juristische Person und hat diese keinen organschaftlichen Vertreter (Führungslosigkeit), so können die an ihm beteiligten Personen gehört werden; Absatz 1 Satz 1 gilt entsprechend.

Schrifttum: *Berger,* Insolvenzantragspflicht bei Führungslosigkeit der Gesellschaft nach § 15a Abs. 3 InsO, ZInsO 2009, 1977; *Grub,* Die Stellung des Schuldners im Insolvenzverfahren, in: Kölner Schrift zur Insolvenzordnung, 3. Aufl.(2009), S. 491 ff.; *Maintzer,* Die Gewährung rechtlichen Gehörs im Rahmen des Konkursverfahrens, KTS 1985, 617 ff.; *Passage/Brete,* Führungslosigkeit in Theorie und Praxis – eine kritische Bestandsaufnahme, ZInsO 2011, 1293; *Skrotzki,* Das rechtliche Gehör im Konkursverfahren, KTS 1956, 105 ff.; *Uhlenbruck,* Das rechtliche Gehör im Konkurseröffnungsverfahren, FS G. Baumgärtel, 1990, 569 ff; *Vallender,* Das rechtliche Gehör im Insolvenzverfahren, in: Kölner Schrift zur Insolvenzordnung, 3. Aufl. (2009), S. 115 ff.; *Zimmermann,* Kann der Richter den Rechtspfleger mit der Anhörung des Schuldners gemäß § 105 Abs. 2 KO beauftragen?, RPfleger 1966, 361 ff.

Übersicht

	Rn.		Rn.
I. Einleitung	1	3. Schuldner unbekannten Aufenthalts	14
II. Normzweck	2	4. Vergleichbare Hindernisse	15
III. Vorgeschriebene Anhörung	3–8	V. Anhörung eines Vertreters oder Angehörigen (Abs. 1 Satz 2)	16–18
IV. Entbehrlichkeit der Anhörung (Abs. 1 Satz 1)	9–15	VI. Anhörung anderer als natürlicher Personen (Abs. 2)	19–21
1. Schuldner im Ausland	10, 11	VII. Durchführung der Anhörung	22, 23
2. Übermäßige Verzögerung des Verfahrens	12, 13	VIII. Rechtsfolgen unterlassener Anhörung	24

I. Einleitung

1 § 10 Abs. 1, Abs. 2 Satz 1 entspricht § 10 RegE, der im Laufe des Gesetzgebungsverfahrens nicht verändert wurde. Abs. 1 verallgemeinert die Regelung, die in § 105 Abs. 3 KO für einen Einzelfall der Anhörungspflicht getroffen war; Abs. 2 ist neu. Abs. 2 Satz 2 ist durch Art. 9 Nr. 1 MoMiG[1] eingefügt worden und am 1.11.2008 in Kraft getreten. Er regelt den Sonderfall der „Führungslosigkeit" einer juristischen Person. Gibt es keine organschaftliche Vertreter mehr, können stattdessen die Gesellschafter gehört werden; Abs. 1 Satz 1 gilt entsprechend.

II. Normzweck

2 § 10 soll verhindern, dass die in anderen Bestimmungen der InsO vorgeschriebene Anhörung des Schuldners den zügigen Fortgang des Verfahrens über Gebühr hemmt. Die Vorschrift befasst sich zwar mit dem Anspruch des Schuldners auf rechtliches Gehör (vgl. unten RdNr. 3 ff.), bezweckt jedoch nicht die Durchsetzung dieses Anspruchs, sondern im Gegenteil dessen – maßvolle – Einschränkung im Interesse der Beschleunigung des Verfahrens.[2] Wenn sich der Schuldner im Ausland aufhält oder sein Aufenthaltsort unbekannt ist, gestaltet sich seine Anhörung häufig umständlich und zeitraubend. Um dem vorzubeugen, erlaubt § 10, dass anstelle des Schuldners ein Vertreter oder Angehöriger gehört wird, von dem ein Aufenthaltsort im Inland bekannt ist. Dadurch werden der Grundsatz des rechtlichen Gehörs und der Grundsatz der Beschleunigung austariert. § 10 enthält den Gedanken der Verwirkung des rechtlichen Gehörs; verfassungsrechtlich kann er als immanente Schranke von Art. 103 GG bezeichnet werden.[3]

---

[1] Gesetz zur Modernisierung des GmbH-Rechts und zur Bekämpfung von Missbräuchen vom 23.10.2008, BGBl. I S. 2026.
[2] *Jaeger/Gerhardt* § 10 RdNr. 1.
[3] Vgl. *Prütting,* Kölner Schrift, 3. Aufl., S. 1 ff RdNr. 24.

III. Vorgeschriebene Anhörung

§ 10 setzt voraus, dass auf Grund *anderer* Normen eine Pflicht zur Anhörung des Schuldners 3 besteht. Die Vorschrift bezieht sich unmittelbar nur auf die in der Insolvenzordnung ausdrücklich vorgeschriebenen Fälle der Anhörung (zB §§ 14 Abs. 2, 15 Abs. 2 Satz 2, Abs. 3, 21 Abs. 3, 98 Abs. 2, 99 Abs. 1 Satz 2, 101 Abs. 1 Satz 1 und 2, 248 Abs. 2, 272 Abs. 2 Satz 2, 296 Abs. 2 Satz 1, 298 Abs. 2 Satz 1, 300 Abs. 1, 303 Abs. 3 Satz 1, 314 Abs. 3 Satz 3, 317 Abs. 2 Satz 2 und Abs. 3, 318 Abs. 2 Satz 2, 332 Abs. 1, 333 Abs. 2 Satz 2 Alt. 2). Diese Anhörungspflichten sind Ausprägungen des **Verfahrensgrundrechts auf Gewährung rechtlichen Gehörs** (vgl. § 5 RdNr. 77).[4]

Es gibt Fälle, in denen rechtliches Gehör gewährt werden muss, ohne dass dies in der Insolvenz- 4 ordnung ausdrücklich vorgeschrieben ist (§ 5 RdNr. 77a). Dazu gehört beispielsweise die Abweisung eines Insolvenzantrags mangels Masse (§ 26). Vorher sind der Antragsteller und der Schuldner, auch wenn er nicht der Antragsteller ist, zu hören. Auf solche Fälle ist § 10 – obwohl es sich um eine Ausnahmevorschrift handelt – **entsprechend anzuwenden.** Dieses nirgends in Zweifel gezogene Ergebnis wird gelegentlich mit einem Erst-Recht-Schluss begründet: Greife die sich aus § 10 ergebende Verfahrenserleichterung sogar dann Platz, wenn die Anhörungspflicht ausdrücklich vorgeschrieben sei, müsse gleiches erst recht dann gelten, wenn die Anhörungspflicht nur aus Art. 103 Abs. 1 GG folge.[5] Auch in der amtlichen Begründung des Entwurfs eines Gesetzes zur Modernisierung des GmbH-Rechts und zur Bekämpfung von Missbräuchen (MoMiG) heißt es, es sei zwischen der tatsächlichen Anhörung und der Gewährung rechtlichen Gehörs zu unterscheiden. Werde vom Gesetz ausdrücklich eine Anhörung vorgeschrieben, so unterläge diese strengeren Anforderungen als die Gewährung rechtlichen Gehörs; denn die gesetzlich vorgeschriebene Anhörung dürfe nur in den engen Grenzen des § 10 unterbleiben, während die Gewährung rechtlichen Gehörs lediglich bedeute, dass dem Schuldner Gelegenheit zur Äußerung gegeben werden müsse.[6] Diese Unterscheidung leuchtet nicht recht ein. Eine ausdrücklich gesetzlich vorgeschriebene Anhörung besteht ebenfalls darin, dass der Schuldner Gelegenheit zur Stellungnahme erhält.[7] Macht der Schuldner hiervon keinen Gebrauch, nimmt das Verfahren seinen Fortgang; der Schuldner kann es durch sein Schweigen also nicht blockieren. Auch in der der Frage der Heilung eines Verstoßes gegen Anhörungspflichten oder eines Gehörverstoßes gibt keine wesentlichen Unterschiede (RdNr. 24). Die entsprechende Anwendung des § 10 rechtfertigt sich aus der Überlegung, dass die spezialgesetzlich geregelten Anhörungspflichten Ausdruck des Grundrechts auf rechtliches Gehör sind; was für sie gilt, gilt ebenso für die nicht besonders geregelten Fälle.

Andererseits schreibt die Insolvenzordnung eine Anhörung des Schuldners in Situationen vor, in 5 denen die Gewährung des rechtlichen Gehörs offensichtlich keine Rolle spielt. In den §§ 20 Abs. 1 Satz 2, 97 Abs. 1 Satz 1, 101 Abs. 1 und 2, 156 Abs. 2 dient die Anhörung der **Amtsermittlung** nach § 5, um der sich daran anschließenden Entscheidung eine breitere Grundlage zu geben.[8] Während die Anhörung und die Gewährung rechtlichen Gehörs wenigstens teilweise deckungsgleich sind,[9] bedeuten die Anhörung und die von Amts wegen gebotene Befragung zur Aufklärung des Sachverhalts materiell etwas völlig Verschiedenes (vgl. § 5 RdNr. 40). Auf die **„inquisitorische" Anhörung** zur Aufklärung des Sachverhalts ist § 10 **nicht anwendbar.**[10] Ist eine solche Anhörung nach § 5 erforderlich, kann sie grundsätzlich nicht unterbleiben, selbst wenn die in § 10 Abs. 1 Satz 1 genannten Schwierigkeiten auftreten. Ist indes eine Anhörung zur Gewährung rechtlichen Gehörs geboten, braucht dem Anzuhörenden nur Gelegenheit gegeben werden, sich zu äußern. Wenn er diese Gelegenheit nicht wahrnehmen will, ist die Anhörung tatsächlich nicht erforderlich.

Die in § 14 Abs. 2 vorgeschriebene Anhörung hat eine Doppelnatur (s.u. § 14 RdNr. 109 f). 6 Einerseits wird dem Schuldner zu dem Eröffnungsantrag des Gläubigers rechtliches Gehör gewährt; andererseits dient die Anhörung auch der Ermittlung des Sachverhalts (§ 5 Abs. 1 Satz 1)..[11]

Auf die Fälle einer *allein* nach § 5 Abs. 1 Satz 1 gebotenen „inquisitorischen" Befragung ist § 10 7 nicht, auch **nicht analog anwendbar.** Allerdings kann sich das Gericht – bevor es die Befragung eines Schuldners anordnet, der sich im Ausland aufhält oder dessen Aufenthalt unbekannt ist – mit der Befragung eines Vertreters oder Angehörigen des Schuldners bescheiden, wenn es sich davon dieselben oder wenigstens ausreichende Informationen erhoffen darf. Trifft dies nicht zu, ist das

---

[4] *Uhlenbruck/I. Pape* § 10 RdNr. 1; FKInsO-*Schmerbach* § 10 RdNr. 1.
[5] *Breutigam/Blersch/Goetsch* § 10 RdNr. 6; *Uhlenbruck/I. Pape* § 10 RdNr. 3.
[6] BT-Drucks. 16/6140, S. 54.
[7] Vgl. BGH NZI 2006, 405 RdNr. 10 zu § 14 Abs. 2; HKInsO-*Kirchhof* § 10 RdNr. 4.
[8] Vgl. LG Saarbrücken Rpfleger 1992, 444; *Vallender*, Kölner Schrift, 3. Aufl., S. 115 ff RdNr. 8.
[9] *Uhlenbruck/I. Pape* § 10 RdNr. 2.
[10] *Uhlenbruck/I. Pape* § 10 RdNr. 2; HKInsO-*Kirchhof* § 10 RdNr. 5.
[11] *Vallender*, Kölner Schrift, 3. Aufl., S. 115 ff RdNr. 32 f; *Uhlenbruck/I. Pape* § 10 RdNr. 6.

Gericht verpflichtet, den Schuldner persönlich zu befragen. Eine Zustellung an Personen unbekannten Aufenthalts ist im Insolvenzverfahren nicht vorgesehen (§ 8 Abs. 2); es bleibt die Möglichkeit einer öffentlichen Bekanntmachung nach § 9.

8   Der Unterschied zwischen der Anhörung zur Gewährung rechtlichen Gehörs und derjenigen zur Aufklärung des Sachverhalts zeigt sich auch dann, wenn Sicherungsinteressen der Masse im Spiele sind. Die vorherige Anhörung des Schuldners kann – ohne dass auf § 10 zurückgegriffen werden muss – bei der Anordnung von Sicherungsmaßnahmen unterbleiben, wenn ansonsten der Sicherungszweck gefährdet oder gar vereitelt würde. Umgekehrt können Sicherungsinteressen die Befragung („Anhörung") des Schuldners besonders dringend gebieten.

IV. Entbehrlichkeit der Anhörung (Abs. 1 Satz 1)

9   § 10 erklärt die Anhörung **ausnahmsweise** unter bestimmten Voraussetzungen für entbehrlich. Bei der Anwendung dieser Ausnahmevorschrift hat das Insolvenzgericht, wie sich aus der Verwendung des Wortes „kann" ergibt, einen **Ermessensspielraum**.[12] Strenge Anforderungen sind zu stellen, wenn vorausgegangene Entscheidungen des Insolvenzgerichts, die eine wichtige Weichenstellung bedeuten, nur auf Grund der öffentlichen Bekanntmachung als dem Schuldner zugestellt gelten (§ 9 Abs. 3).[13]

10   **1. Schuldner im Ausland.** Von einem Auslandsaufenthalt ist nicht schon deswegen auszugehen, weil der Schuldner sich auf einer Auslandsreise befindet.[14] Das ändert sich erst, wenn die Reise den üblichen zeitlichen Rahmen sprengt oder überhaupt nicht absehbar ist, wann der Schuldner zurückkommt, etwa dann, wenn er dem Insolvenzgericht mitgeteilt hat, er werde mit seiner Familie auswandern, und beim Einwohnermeldeamt als mit unbekanntem Ziel verzogen registriert ist.[15]

11   Eine **mündliche** Anhörung des sich im Ausland aufhaltenden Schuldners kann, falls der Schuldner einer entsprechenden – gemäß §§ 175, 183 Abs. 1 Nr. 1, 184 Abs. 1 Satz 1 und 2 ZPO bewirkten (s. § 8 RdNr. 27) – Ladung vor das inländische Insolvenzgericht nicht freiwillig Folge leistet, nur im Wege der internationalen Rechtshilfe im Ausland erfolgen. Solche Anhörungen nehmen viel Zeit in Anspruch und sind häufig wenig ergiebig. Die Anhörung kann indes auch **schriftlich** erfolgen (s.o. § 5 RdNr. 81). Eine schriftliche Äußerung des Schuldners wird, wenn sie in einem angemessenen Zeitraum zu erlangen ist, der mündlichen Anhörung eines Vertreters oder Angehörigen meist vorzuziehen sein. Sie ist nicht schon deshalb obsolet, weil der Schuldner ins Ausland geflohen ist.[16] Allerdings kann auch eine schriftliche Äußerung des Schuldners nicht erzwungen werden. Kommt er einer Aufforderung, sich schriftlich zu äußern, binnen angemessener Frist nicht nach, hat er sein Recht auf Anhörung verwirkt.

12   **2. Übermäßige Verzögerung des Verfahrens.** Eine Anhörung, die im Ausland stattfinden müsste, kann unterbleiben, wenn das Verfahren dadurch „übermäßig verzögert" würde. Hier gilt nicht der absolute Verzögerungsbegriff, der bei der Anwendung des § 296 ZPO zugrundegelegt wird.[17] Nach dem Sinn und Zweck des § 10 Abs. 1 Satz 1 ist vielmehr entscheidend, ob die im Ausland durchzuführende Anhörung wesentlich längere Zeit in Anspruch nehmen würde als eine Anhörung im Inland. Ein allgemeiner zeitlicher Rahmen lässt sich hier schwerlich aufstellen.[18] Das Insolvenzgericht hat vor dem Hintergrund des Umfangs und der Bedeutung der Sache den Aufwand (insbesondere in zeitlicher Hinsicht) einer Auslandsanhörung gegen den voraussichtlichen Ertrag abzuwägen. Auf die Gründe der Abwesenheit kommt es für sich genommen nicht an.[19] Hat sich der Schuldner ins Ausland abgesetzt, entbindet dies das Gericht also nicht von der Prüfung, ob der Versuch, ihn gleichwohl anzuhören, das Verfahren übermäßig verzögern und dadurch den Verfahrenszweck mehr als nur unwesentlich beeinträchtigen würde. Allerdings wird die Abwägung meist

---

[12] *Jaeger/Gerhardt* § 10 RdNr. 2; *Kübler/Prütting/Bork* § 10 RdNr. 3; *Nerlich/Römermann/Becker* § 10 RdNr. 13; FKInsO-*Schmerbach* 4. § 10 RdNr. 9.

[13] Die verfahrenseinleitenden Entscheidungen können nach hiesiger Auffassung allerdings nicht durch Aufgabe zur Post zugestellt werden, vgl. § 8 RdNr. 18.

[14] LG Frankenthal Rpfleger 1995, 37 f.

[15] AG Duisburg NZI 2009, 399; AG Hamburg NZI 2010, 446, 447.

[16] *Uhlenbruck/I. Pape* § 10 RdNr. 4; HKInsO-*Kirchhof* § 10 RdNr. 7; einschränkend *Vallender*, Kölner Schrift, 3. Aufl. S. 115 ff. RdNr. 40.

[17] AA *Kübler/Prütting/Bork* § 10 RdNr. 6; *Hess* § 10 RdNr. 9: Es sei darauf abzustellen, ob das Verfahren allein durch Zuwarten auf die Anhörung des Schuldners länger dauern würde, als dies der Fall wäre, wenn man die Anhörung unterließe.

[18] Vgl. aber HKInsO-*Kirchhof* § 10 RdNr. 7: Übermäßig lang sei eine Verzögerung von 1 Monat, im Eröffnungsverfahren eine solche von 2 Wochen; ähnlich *Uhlenbruck/I. Pape* § 10 RdNr. 4.

[19] BGH NZI 2006, 405 RdNr. 13.

zuungunsten einer Anhörung ausfallen. Denn in einem derartigen Falle ist damit zu rechnen, dass der Schuldner freiwillig keine Angaben macht, und zwangsweise ist im Ausland kaum etwas auszurichten.

Das Insolvenzgericht, das einen Schuldner, der sich im Ausland aufhält, anzuhören hat, wird ihm zweckmäßigerweise eine **Frist zur schriftlichen Äußerung** setzen und die Frist so reichlich bemessen, wie sich dies im Hinblick auf den Beschleunigungszweck des Insolvenzverfahrens rechtfertigen lässt. Nach dem fruchtlosen Ablauf dieser Frist ist davon auszugehen, dass jedes weitere Zuwarten das Verfahren übermäßig verzögert. **13**

3. Schuldner unbekannten Aufenthalts. Von einem unbekannten Aufenthalt des Schuldners darf das Insolvenzgericht erst dann ausgehen, wenn die gemäß § 5 Abs. 1 Satz 1 gebotene Amtsermittlung nach dem Aufenthaltsort erfolglos geblieben ist. Die Anhörung eines Schuldners, dessen Aufenthaltsort nicht bekannt ist, führt immer zu einer übermäßigen Verfahrensverzögerung. Mit diesem Erfordernis braucht sich das Gericht deshalb hier nicht zu befassen.[20] Ist der Schuldner **untergetaucht**, sind die näheren Umstände unerheblich; wesentlich ist allein, dass der Schuldner für die Justizbehörden nicht erreichbar ist.[21] **14**

4. Vergleichbare Hindernisse. § 10 Abs. 1 ist entsprechend anzuwenden, wenn die Anhörung eines sich im Inland aufhaltenden Schuldners auf unabsehbare Zeit wegen einer Erkrankung oder eines vergleichbaren Hindernisses nicht möglich ist.[22] Ein minderjähriger Schuldner ist selbst anzuhören, falls sein gesetzlicher Vertreter einwilligt. Andernfalls ist dieser für den Schuldner anzuhören. Hält sich der minderjährige Schuldner an einem bekannten Ort im Ausland auf und stimmt der gesetzliche Vertreter seiner Anhörung zu, gelten die Ausführungen zu RdNr. 12. Ist das Kind unbekannten Aufenthalts und trägt auch der gesetzliche Vertreter nichts zur Ermittlung des Aufenthaltsorts bei, ist der Vertreter anzuhören, es sei denn, dass auch dieser nicht aufzufinden ist oder sich – mit der Folge übermäßiger Verzögerung – im Ausland aufhält.[23] **15**

V. Anhörung eines Vertreters oder Angehörigen (Abs. 1 Satz 2)

Wenn sich der Schuldner an einem bekannten Ort im Ausland befindet und einer Aufforderung des Insolvenzgerichts, sich binnen angemessener Frist zu äußern, nicht Folge leistet, hat er – bezogen auf den jeweiligen Anlass der Anhörung, nicht für das gesamte Verfahren – das rechtliche Gehör **verwirkt** (§ 5 RdNr. 76). Es ist überflüssig, ihm nun noch einmal Gelegenheit zu geben, sich durch einen Vertreter oder Angehörigen zu äußern. **16**

Kann das Gericht auf die an sich vorgeschriebene Anhörung des Schuldners verzichten, ist das Recht des Schuldners auf Gehör aber **nicht verwirkt** oder hat das Gericht noch Informationsbedarf, der voraussichtlich durch Vertreter oder Angehörige befriedigt werden kann, sollen diese Personen angehört werden. Voraussetzung ist indes, dass die Vertreter oder Angehörigen willens und in der Lage sind, sachdienliche Angaben zu machen.[24] **16a**

Als **Vertreter** ist – wie auch sonst – derjenige anzusehen, der auf Grund gesetzlicher (vgl. zB § 1629 BGB) oder rechtsgeschäftlicher Vertretungsmacht (§ 164 BGB) Erklärungen im Namen des Schuldners abgeben kann. Dem § 10 Abs. 1 Satz 2 liegt die Vorstellung zugrunde, dass der Schuldner eine natürliche Person ist. Die organschaftlichen Vertreter einer juristischen Person können nur über § 10 Abs. 2 angehört werden (dazu unten RdNr. 19 ff.). Während die Vertreter einer natürlichen Person nach der zuerst genannten Vorschrift nur in zweiter Linie anzuhören sind, sind die organschaftlichen Vertreter von vornherein die eigentlich anzuhörenden Personen. **17**

Die Frage, wie weit der Kreis der **Angehörigen** (vgl. etwa die nur für das jeweilige Gesetz geltenden Definitionen in § 11 Abs. 1 Nr. 1 StGB, in § 52 Abs. 1 StPO, und in § 383 Abs. 1 Nr. 1-3 ZPO; auch der Begriff der nahestehenden Person in § 138 Abs. 1 InsO passt hier nicht) zu ziehen ist, stellt sich hier nur insoweit, als es um die Gewährung rechtlichen Gehörs an den Schuldner geht. Angehöriger in diesem Sinne ist jedes Familienmitglied, von dem angenommen werden kann, dass es die wirtschaftlichen Interessen des Schuldners – auch und gerade im Insolvenzfall – wahrt.[25] Bezweckt die Anhörung nur die Schaffung einer Entscheidungsgrundlage für das Gericht, ist die Frage nach der Reichweite des Angehörigenbegriffs müßig. Denn jeder, der zur Sache etwas beitragen kann, kann nach § 5 als Zeuge vernommen werden. **18**

---

[20] *Uhlenbruck/I. Pape* § 10 RdNr. 5; FKInsO-*Schmerbach* § 10 RdNr. 10; *Kübler/Prütting/Bork* § 10 RdNr. 8.
[21] Vgl. LG Frankfurt ZIP 1995, 1836, 1837; *Jaeger/Gerhardt* § 10 RdNr. 3.
[22] *Uhlenbruck/I. Pape* § 10 RdNr. 7; HKInsO-*Kirchhof* § 10 RdNr. 9; *Nerlich/Römermann/Becker* § 10 RdNr. 10.
[23] *Nerlich/Römermann/Becker* § 10 RdNr. 11.
[24] Vgl. LG Frankfurt ZIP 1995, 1836, 1837.
[25] Zustimmend *Jaeger/Gerhardt* § 10 RdNr. 3.

VI. Anhörung anderer als natürlicher Personen (Abs. 2)

19 **1. Juristische Personen und insolvenzfähige Personenvereinigungen.** Ist der Schuldner keine natürliche Person (vgl. 11 Abs. 1 Satz 1 Fall 2, Satz 2, Abs. 2) und sind deshalb die Mitglieder des Vertretungs- oder Aufsichtsorgans oder die vertretungsberechtigten persönlich haftenden Gesellschafter des Schuldners (vgl. § 5 RdNr. 80, ferner §§ 101 Abs. 1 Satz 1, 15 Abs. 2 Satz 3, Abs. 3 Satz 1, 317 Abs. 2 Satz 2, 318 Abs. 2 Satz 2, 332 Abs. 3 Satz 2) zu hören, gilt Abs. 1 entsprechend, falls diese Personen sich im Ausland aufhalten oder ihr Aufenthalt unbekannt ist.

20 Sind **mehrere** Personen zur Vertretung des Schuldners berechtigt – und folglich auch anzuhören –, ist zu beachten, dass im Zweifel, vorbehaltlich abweichender Regelungen im Gesellschaftsvertrag, keine gegenseitige Vertretung stattfindet. Befindet sich ein Mitglied des Vertretungsorgans im Ausland oder ist es unbekannten Aufenthalts, bezieht sich die Sollvorschrift des Abs. 1 Satz 2 also nicht auf andere Mitglieder, deren Aufenthalt bekannt ist.[26] Ist der Schuldner eine juristische Person und hat diese keinen organschaftlichen Vertreter, gilt Abs. 2 Satz 2. Der Notgeschäftsführer scheidet für die Anhörung aus, wenn er die Verhältnisse des Schuldner-Unternehmens nicht kennt.

21 Bei der entsprechenden Anwendung von Abs. 1 Satz 2 ist es nicht sinnvoll, zum Beispiel einen Angehörigen eines sich im Ausland oder an unbekanntem Ort aufhaltenden organschaftlichen Vertreters anzuhören. Es kommt als „Ersatzperson" nur jemand in Betracht, der mit dem Schuldnervermögen umgeht. Diese Person wird auf der Ebene der (erweiterten) Geschäftsführung zu suchen sein.[27]

2. Führungslose juristische Personen. Abs. 2 Satz 2 enthält eine Sonderregelung für juristische Personen, die keinen organschaftlichen Vertreter haben. Diese Lage wird mit dem Begriff der „Führungslosigkeit" beschrieben, der auch in anderen durch das MoMiG eingeführten oder neu gefassten Vorschriften Verwendung findet (vgl. § 15 Abs. 1 Satz 2, § 15a Abs. 3 InsO, § 35 Abs. 1 Satz 2 GmbHG, § 78 Abs. 1 Satz 2 AktG, § 24 Abs. 1 Satz 2 GenG). Wann Führungslosigkeit vorliegt, richtet sich nach den **allgemeinen Regeln des Gesellschaftsrechts** über Beginn und Ende der Organstellung[28]. Eine GmbH wird durch die Geschäftsführer vertreten (§ 35 Abs. 1 GmbHG), die AG durch den Vorstand (§ 78 Abs. 1 AktG, die Genossenschaft durch ebenfalls durch den Vorstand (§ 24 Abs. 1 GenG). Führungslosigkeit kann eintreten, wenn keiner der formell bestellten Geschäftsführer einer GmbH oder Vorstandsmitglieder einer AG oder Genossenschaft rechtswirksam in das Amt berufen worden ist, wenn der einzige Geschäftsführer stirbt, wenn alle Geschäftsführer oder Vorstandsmitglieder abberufen werden, ihr Amt niederlegen oder aus anderem Grund, etwa bei nach der Bestellung eintretenden Amtsunfähigkeit aus dem Amt ausscheiden.[29] Streitig, ist, ob eine juristische Person schon dann führungslos ist, wenn das Vertretungsorgan **nicht handlungswillig oder unerreichbar** ist.[30] Der Wortlaut des Gesetzes spricht ebenso gegen diese Auslegung wie die Gesetzgebungsgeschichte[31]. In der amtlichen Begründung zu § 15a Abs. 3 (Insolvenzantragspflicht der Gesellschafter einer führungslosen GmbH) heißt es, im Referentenentwurf sei eine Antragspflicht bereits im Vorfeld der Vertreterlosigkeit vorgesehen gewesen, dann nämlich, wenn der Aufenthalt der Geschäftsführer den Gesellschaftern nicht bekannt sei; diese Regelung sei aber wegen zu vieler Zweifelsfragen fallengelassen worden.[32] Überlegen könnte man allerdings, ob das Vertretungsorgan sein Amt durch sein Verhalten, etwa durch das „Untertauchen", konkludent niedergelegt hat.[33] Problematisch hieran ist, dass die Amtsniederlegung des GmbH-Geschäftsführers gegenüber den Gesellschaftern zu erklären ist[34], die gemäß § 46 Nr. 5 GmbHG auch für die Bestellung und die Abberufung der Geschäftsführer sowie die Entlassung derselben zuständig sind. Bedeutung dürfte diese Auslegungsfrage vor allem bei § 15a Abs. 3 erlangen. Im Falle der Führungslosigkeit der GmbH ist jeder Gesellschafter, im Falle der Führungslosigkeit einer AG oder einer Genossenschaft ist jedes Mitglied des Aufsichtsrat zur Stellung des Eröffnungsantrags verpflichtet. Geht es dagegen nur um

---

[26] *Uhlenbruck/I. Pape* § 10 RdNr. 8; HKInsO-*Kirchhof* § 10 RdNr. 10; aA Breutigam/Blersch/*Goetsch* § 10 RdNr. 27.
[27] Zutreffend *Nerlich/Römermann/Becker* § 10 RdNr. 15.
[28] *Buck-Heeb* in *Gehrlein/Ekkenga/Simon* GmbHG § 35 RdNr. 71.
[29] *HK-Kleindiek* § 15a RdNr. 17.
[30] *Passarge/Brete* ZInsO 2011, 1293, 1297 ff.
[31] AG Hamburg NZI 2009, 63; HK-*Kleindiek* § 15a RdNr. 17 mit Fn. 27; *Uhlenbruck/I.Pape* § 10 RdNr. 8a; FKInsO-*Schmerbach* § 10 RdNr. 15; HambKomm-*Rüther* § 10 RdNr. 11; *Buck-Heeb* in *Gehrlein/Ekkenga/Simon* GmbHG § 35 RdNr. 72; *Horstkotte* ZInsO 2009, 209, 210; *Berger* ZInsO 2009, 1977, 1978.
[32] BT-Drucks. 16/6140, S. 55.
[33] *Gehrlein* BB 2008, 846, 848.
[34] Vgl. BGHZ 121, 257, 260 = NJW 1993, 1198; BGHZ 149, 28 = NZI 2002, 97: Es reicht aus, dass die Amtsniederlegung einem Gesellschafter gegenüber erklärt wird.

die Anhörung des Vertretungsorgans, greift dann, wenn dieses sich im Ausland aufhält oder sein Aufenthalt unbekannt ist, bereits Abs. 2 Satz 1, Abs. 1 Satz 1 Fall 2 ein[35]; eines Rückgriffs auf Abs. 2 Satz 2 bedarf es nicht.[36] Wegen der Einzelheiten kann daher auf die Kommentierung zu § 15a Abs. 3 verwiesen werden. Zur Frage der **Prozessfähigkeit** der führungslosen juristischen Person vgl. die Kommentierung zu § 4 RdNr. 45.

Bei Führungslosigkeit kann das Insolvenzgericht statt des (fehlenden) Vertretungsorgans die am Schuldner beteiligten Personen hören. Die Anhörung steht, wie sich aus der Verwendung des Wortes „kann" ergibt, in seinem pflichtgemäßen Ermessen. Damit wird dem Gericht hier ein größerer Spielraum eingeräumt als in Abs. 1 Satz 2, wo es heißt, das Gericht „solle" Vertreter oder Angehörige des Schuldners hören.[37] Es hat anhand des konkreten Einzelfalls individuell zu entscheiden, ob eine Anhörung notwendig und sinnvoll erscheint. Dies wird bei großen Publikumsgesellschaften selten der Fall sein. Zu einem anderen Ergebnis wird man jedoch häufig bei kleinen überschaubaren Kapitalgesellschaften – regelmäßig bei GmbHs – kommen, wenn die Anhörung der beteiligten Personen Erfolg verspricht.[38] Ein erreichbarer „faktischer" Geschäftsführer sollte gehört werden.[39]

VII. Durchführung der Anhörung

Vgl. zunächst § 5 RdNr. 81 ff. Die Anhörung kann **mündlich** oder **schriftlich** erfolgen.[40] Im Insolvenzeröffnungsverfahren zB ist es üblich, dem Schuldner einen Fragebogen zu übersenden, in welchem dieser Angaben zu seinen Vermögensverhältnissen zu machen und die Richtigkeit seiner Angaben an Eides Statt zu versichern hat.[41] Bei geschäftsungewandten Schuldnern ist eine mündliche Anhörung angezeigt. Liegt der Anhörung ein Rechtshilfeersuchen zugrunde, bestimmt das ersuchende Gericht die Art der Anhörung. Wird die Anhörung schriftlich durchgeführt, ist eine Frist zur Stellungnahme zu setzen. Ein Gläubiger hat – selbst wenn er die Eröffnung des Verfahrens beantragt hat – kein Recht darauf, bei der mündlichen Anhörung des Schuldners anwesend zu sein.[42] Eine Protokollabschrift oder eine Durchschrift des dem Schuldner übersandten und von ihm ausgefüllten Fragebogens wird man dem Gläubiger nicht vorenthalten können. Jedenfalls derjenige Gläubiger, der den Eröffnungsantrag gestellt hat, hat Anspruch auf Akteneinsicht.[43] Erscheint der Schuldner trotz ordnungsgemäßer Ladung zu einem Anhörungstermin nicht, der lediglich der Wahrung des rechtlichen Gehörs dient, besteht kein Anlass, den Schuldner vorführen zu lassen[44] oder andere Zwangsmaßnahmen zu verhängen.

Eine vom Schuldner – in Vorwegnahme des ihm zu gewährenden rechtlichen Gehörs – eingereichte **Schutzschrift** ist vom Insolvenzgericht zu beachten (s.u. § 14 RdNr. 124). Sie ist geeignet, den Erlass von Sicherungsmaßnahmen zu verhindern, die nach Eingang eines Gläubigerantrags häufig ohne rechtliches Gehör ergehen.[45] Eine nach § 14 Abs. 2 oder nach Art. 103 Abs. 1 GG gebotene Anhörung hat auch dann zu erfolgen, wenn eine Schutzschrift vorliegt.

VIII. Rechtsfolgen unterlassener Anhörung

Da die Unterlassung der Anhörung einen Verstoß gegen das rechtliche Gehör (Art. 103 Abs. 1 GG) und somit einen wesentlichen Verfahrensmangel darstellt, rechtfertigt sie die Aufhebung der danach ergangenen Entscheidung. Die Anhörung kann allerdings grundsätzlich noch im Beschwerdeverfahren nachgeholt werden[46], und zwar sowohl vom Insolvenzgericht im Abhilfeverfahren als auch vom Beschwerdegericht. Ausgeschlossen ist die Nachholung im Rechtsbeschwerdeverfahren.

---

[35] Vgl. BGH NZI 2006, 405 RdNr. 10, 13.
[36] HKInsO-*Kirchhof* § 10 RdNr. 12; *Uhlenbruck/I. Pape* § 10 RdNr. 8a; FKInsO-*Schmerbach* 6. Aufl. § 10 RdNr. 15.
[37] HKInsO-*Kirchhof* § 10 RdNr. 12.
[38] BT-Drucks. 16/6140, S. 55.
[39] HKInsO/*Kirchhof* § 10 RdNr. 12
[40] FKInsO-*Schmerbach* § 10 RdNr. 5.
[41] *Vallender*, Kölner Schrift, 3. Aufl., S. 115 ff. RdNr. 32.
[42] *Uhlenbruck/I. Pape* § 10 RdNr. 22.
[43] *Vallender*, Kölner Schrift, 3. Aufl., S. 115 ff. RdNr. 16.
[44] OLG Frankfurt KTS 1971, 285, 286.
[45] FKInsO-*Schmerbach* § 10 RdNr. 1; *Rein* NZI 2006, 354, 355; aA *Uhlenbruck/I. Pape* § 10 RdNr. 11.
[46] BGH ZVI 2004, 24, 25; NZI 2009, 604 RdNr. 11; NZI 2011, 282 RdNr. 9 f.; *Vallender*, Kölner Schrift, 3. Aufl., S. 115 ff RdNr. 19; FKInsO-*Schmerbach* § 10 RdNr. 19; HKInsO-*Kirchhof* § 6 RdNr. 33; aA *Uhlenbruck/I. Pape* § 10 RdNr.10.

Zweiter Teil. Eröffnung des Insolvenzverfahrens. Erfasstes Vermögen und Verfahrensbeteiligte

Erster Abschnitt. Eröffnungsvoraussetzungen und Eröffnungsverfahren

§ 11 Zulässigkeit des Insolvenzverfahrens

(1) ¹Ein Insolvenzverfahren kann über das Vermögen jeder natürlichen und jeder juristischen Person eröffnet werden. ²Der nicht rechtsfähige Verein steht insoweit einer juristischen Person gleich.

(2) Ein Insolvenzverfahren kann ferner eröffnet werden:
1. über das Vermögen einer Gesellschaft ohne Rechtspersönlichkeit (offene Handelsgesellschaft, Kommanditgesellschaft, Partnerschaftsgesellschaft, Gesellschaft des Bürgerlichen Rechts, Partenreederei, Europäische wirtschaftliche Interessenvereinigung);
2. nach Maßgabe der §§ 315 bis 334 über einen Nachlaß, über das Gesamtgut einer fortgesetzten Gütergemeinschaft oder über das Gesamtgut einer Gütergemeinschaft, das von den Ehegatten gemeinschaftlich verwaltet wird.

(3) Nach Auflösung einer juristischen Person oder einer Gesellschaft ohne Rechtspersönlichkeit ist die Eröffnung des Insolvenzverfahrens zulässig, solange die Verteilung des Vermögens nicht vollzogen ist.

Schrifttum: *Abramenko,* Praktische Auswirkungen der neuen Rechtsprechung zur Teilrechtsfähigkeit der Wohnungseigentümergemeinschaft auf das materielle Wohnungseigentumsrecht, ZMR 2005, 585 ff.; *ders.,* Die Teilrechtsfähigkeit der Wohnungseigentümergemeinschaft – Aktuelle Diskussionen und Probleme, ZMR 2006, 409 ff.; *ders.,* Die Gläubiger der Wohnungseigentümergemeinschaft und ihr Schutz – Kritische Anmerkungen zur „Gegenäußerung der Bundesregierung", ZMR 2006, 496 ff.; *Albertus/Fischer,* Gesellschaftsrechtliche Folgen der Eröffnung eines Insolvenzverfahrens über das Vermögen eines Gesellschafters in der zweigliedrigen GmbH im Fall der sog. „Simultaninsolvenz" mit der KG, ZInsO 2005, 246 ff.; *Altmeppen,* Konkursantragspflicht in der Vor-GmbH, ZIP 1997, 273 ff.; *ders.,* Das unvermeidliche Scheitern des Innenhaftungskonzepts in der Vor-GmbH, NJW 1997, 3272 ff.; *ders.,* Anmerkung zu BGH, Urt. v. 27.1.1997 – II ZR 123/94, NJW 1997, 1509 ff.; *ders.,* Rechtsentwicklung der GbR trotz § 899a BGB nicht aufzuhalten, NJW 2011, 1905 ff.; *Andres/Grund,* Die Flucht vor deutschen Insolvenzgerichten nach England – Die Entscheidungen in dem Insolvenzverfahren Hans Brochier Holdings Ltd., NZI 2007, 137 ff.; *Armbrüster,* Überlegungen zur Reform des Wohnungseigentumsrechts, DNotZ 2003, 493 ff.; *ders.,* Rechtsfähigkeit und Haftungsverfassung der Wohnungseigentümergemeinschaft, ZWE 2005, 369 ff.; *Bach/Knof,* Insolvenzfähigkeit der Stiftung, ZInsO 2005, 729 ff.; *Bachmeyer,* Die BGH-Rechtsprechung zur Rechtsfähigkeit der GbR – ein Irrweg, BWNotZ 2009, 122 ff.; *Bärmann,* Zur Theorie des Wohnungseigentumsrechts, NJW 1989, 1057 ff.; *Bärmann/Pick,* WEG, 17. Aufl., 2006; *Bärmann/Pick/Merle,* WEG, 9. Aufl., 2003; *Bauer,* Rechtsfähigkeit einer Wohnungseigentümergemeinschaft, JR 2006, 244 ff.; *Becker/Kümmel/A. Ott,* Wohnungseigentum, 2003; *Bergmann,* Ein Plädoyer für § 54 Satz 1 BGB: Der nicht rechtsfähige Verein als körperschaftlich verfasste Gesellschaft, ZGR 2005, 654 ff.; *Beuthien,* Die Vorgesellschaft im Privatrechtssystem (Teil I) – Fehlentwicklungen in Rechtsprechung und Lehre?, ZIP 1996, 305 ff.; *ders.,* Zur Begriffsverwirrung im deutschen Gesellschaftsrecht, JZ 2003, 715 ff.; *Beuthien/Ernst,* Die Gesellschaft bürgerlichen Rechts als Mitglied einer eingetragenen Genossenschaft, ZHR 156 (1992), 227, 231 ff.; *Bitter,* Richterliche Korrektur der Funktionsuntauglichkeit des § 93 InsO?, ZInsO 2002, 557 ff.; *Bork,* Insolvenzfähigkeit der Bruchteilsgemeinschaft?, ZIP 2001, 545 ff.; *ders.,* Die analoge Anwendung des § 93 InsO auf Parallelsicherheiten, NZI 2002, 362 ff.; *ders.,* Wider die Rechtsfähigkeit der Wohnungseigentümergemeinschaft – eine resignierende Polemik, ZIP 2005, 1205 ff.; *ders.,* Die Insolvenz der Wohnungseigentümergemeinschaft, ZInsO 2005, 1067 ff.; *ders.,* Anmerkung zu AG Dresden, Beschl. v. 12.1.2006 – 531 IN 3653/05, EWiR 2006, 117 f.; *Bork/Jacoby,* Das Ausscheiden des einzigen Komplementärs nach § 131 Abs. 3 HGB, ZGR 2005, 611 ff.; *Brandes,* Die Rechtsprechung des Bundesgerichtshofes zur Personengesellschaft, WM 1994, 569 ff.; *Braun/Uhlenbruck,* Unternehmensinsolvenz: Grundlagen, Gestaltungsmöglichkeiten, Sanierung mit der neuen Insolvenzordnung, 1997; *Bub/Petersen,* Konfusion von Hausgeldansprüchen und Insichprozeß in der Wohnungseigentümergemeinschaft, NZM 1999, 646 ff.; *dies.,* Zur Teilrechtsfähigkeit der Wohnungseigentümergemeinschaft, NJW 2005, 2590 ff.; *Bunke,* Zur Anwendbarkeit des § 93 InsO auf konkurrierende Individualhaftungsansprüche gegen persönlich haftende Gesellschafter, KTS 2002, 471 ff.; *Cordes,* Die Gesellschaft bürgerlichen Rechts auf dem Weg zur juristischen Person?, JZ 1998, 545 ff.; *Demharter,* Der Beschluss des BGH zur Teilrechtsfähigkeit der Gemeinschaft der Wohnungseigentümer, ZWE 2005, 357 ff.; *Derleder,* Die Aufgabe der monistischen Struktur der Gesellschaft bürgerlichen Rechts durch Verleihung der Rechtsfähigkeit, BB 2001, 2485 ff.; *Deutsch/Körner,* Strafrechtlicher Gläubigerschutz in der Vor-GmbH, wistra 1996, 8 ff.; *Dittmann,* Überlegungen zur Rechtsanwalts-GmbH, ZHR 161 (1997), 332; *Drasdo,* Rechtsfähigkeit der Wohnungseigentümergemeinschaft, NJW 2004, 1988 ff.; *ders.,* Das Dilemma ist da – Streit um die Insolvenzfähigkeit der Wohnungseigentümergemeinschaft, NZI 2006, 209 ff.; *Eckardt,*

§ 11 2. Teil. 1. Abschnitt. Eröffnungsvoraussetzungen und Eröffnungsverfahren

Anmerkung zu AG Mönchengladbach, Beschl. v. 24.2.2006 – 32 IN 26/06, EWiR 2006, 593 f.; *Eidenmüller* (Hrsg.), Ausländische Kapitalgesellschaften im deutschen Recht, 2004; *ders.,* Geschäftsleiter- und Gesellschafterhaftung bei europäischen Auslandsgesellschaften mit tatsächlichem Inlandssitz, NJW 2005, 1618 ff.; *ders.,* Der nationale und der internationale Insolvenzverwaltungsvertrag, ZZP 114 (2001), 3 ff.; *ders.,* Wettbewerb der Insolvenzrechte, ZGR 2006, 467 ff.; *Epiney,* Umgekehrte Diskriminierungen: Zulässigkeit und Grenzen der discrimination à rebours nach europäischem Gemeinschaftsrecht und nationalem Verfassungsrecht, 1995; *Fischer,* Teilrechtsfähigkeit der Wohnungseigentümergemeinschaft, NZI 2005, 586 ff.; *Flume,* Allgemeiner Teil des Bürgerlichen Rechts, Band I/1, Die Personengesellschaft, 1977; *Frind,* Bruchteilsgemeinschaft statt Wohnungseigentümergemeinschaft – Keine Umgehung von § 22 BauGB, aber insolvenzgefährdet?, ZMR 2001, 429 ff.; *Geißler,* Fragen zum Insolvenzverfahren der Vor-GmbH, DZWIR 2009, 52 ff.; *Gernhuber/Coester-Waltjen,* Lehrbuch des Familienrechts, 4. Aufl., 1994; *Goette,* Unzulässigkeit der GbR mit beschränkter Haftung, DStR 1999, 1707 f.; *ders.,* Wo steht der BGH nach „Centros" und „Inspire Art"?, DStR 2005, 197 ff.; *Gräfe,* Director's fiduciary duties als Gläubigerschutzinstrument bei britischen Limiteds mit Verwaltungssitz in Deutschland, DStR 2005, 410 ff.; *Grunewald,* Die Rechtsfähigkeit der Erbengemeinschaft, AcP 197 (1997), 305 ff.; *Gundlach/Frenzel,* Zur Insolvenzfähigkeit der Wohnungseigentümergemeinschaft, DZWIR 2006, 483 f.; *Gundlach/Frenzel/N. Schmidt,* Die Simultaninsolvenz der GmbH & Co. KG und ihrer Komplementär-GmbH, DStR 2004, 1658 ff.; *dies.,* Die Insolvenzfähigkeit der Wohnungseigentümergemeinschaft, DZWIR 2006, 149 ff.; *dies.,* Die Wohnungseigentümergemeinschaft in der Insolvenz, NZI 2006, 437 ff.; *Gundlach/N. Schmidt/Schirrmeister,* Die Gesellschaft ohne Rechtspersönlichkeit im Anwendungsbereich von § 11 Abs. 2 und 3 InsO, DZWiR 2004, 449 ff.; *Haas/Holla,* Anmerkung zu OLG Zweibrücken, Beschl. v. 20.10.2000 – 3 W 171/00, DStR 2001, 1314 f.; *dies.,* Anmerkung zu AG Potsdam, Beschl. v. 1.2.2001 – 35 IN 478/00, DStR 2001, 1264; *Haas/Müller,* Zur Reichweite des § 93 InsO, NZI 2002, 366 ff.; *Habersack,* Haftung der Mitglieder einer GbR für Bürgschaftsverpflichtungen der Gesellschaft, BB 1999, 61 ff.; *Hadding,* Zur Rechtsfähigkeit und Parteifähigkeit der (Außen-)Gesellschaft bürgerlichen Rechts sowie zur Haftung ihrer Gesellschafter für Gesellschaftsverbindlichkeiten, ZGR 2001, 712 ff.; *Häsemeyer,* Kommanditistenhaftung und Insolvenzrecht, ZHR 149 (1985), 42 ff.; *Hartung,* Die Anwalts-GmbH ist zulässig, BB 2000, 946 ff.; *Hasselbach,* Anmerkung zu BGH, Urt. v. 27.9.1999 – II ZR 371/98, MDR 2000, 95 ff.; *Häublein,* Die rechtsfähige Wohnungseigentümergemeinschaft – Auswirkungen auf die persönliche Haftung der Eigentümer und die Insolvenzfähigkeit, ZIP 2005, 1720 ff.; *ders.,* Insolvenzverfahren über das Vermögen der Wohnungseigentümergemeinschaft?, ZWE 2006, 205 ff.; *ders.,* Zur Haftung im Wohnungseigentumsrecht – Zur Rechtsfähigkeit der Wohnungseigentümergemeinschaft, ZMR 2005, 557 ff.; *ders.,* Wohnungseigentum, quo vadis?, ZMR 2006, 1 ff.; *Heermann,* Unentziehbare Mitwirkungsrechte der Minderheitsaktionäre bei außergewöhnlichen Geschäften in der GmbH & Co. KGaA, ZGR 2000, 61 ff.; *Heil,* Parteifähigkeit der GbR – Durchbruch der Gruppenlehre?, NZG 2001, 330 ff.; *Heismann,* Werdende Wohnungseigentümergemeinschaft, 2003; *Hellwig,* Die Rechtsanwalts-GmbH, ZHR 161 (1997), 337 ff.; *Henckel,* Fehler bei der Eröffnung des Insolvenzverfahrens – Abhilfe und Rechtsmittel, ZIP 2000, 2045 ff.; *Henssler,* Die Rechtsanwalts-GmbH – Zulässigkeit und Satzungserfordernisse, ZHR 161 (1997) 305; *ders.,* Die gesetzliche Regelung der Rechtsanwalts-GmbH, NJW 1999, 241; *Henze,* Beschränkungen der Gesellschafterhaftung – Teilrechtsfähigkeit der GbR im Wandel?, BB 1999, 2260 ff.; *ders.,* Aspekte des Insolvenzrechts an der Schnittstelle zum Gesellschaftsrecht, WM 2006, 1653 ff.; *Herweg/Tschauner,* Anmerkung zu AG Hamburg, Beschl. v. 1.12.2005 – 67a IN 450/05, EWiR 2006, 169 f.; *Hirte,* Die Entwicklung des Personengesellschaftsrechts in Deutschland in den Jahren 2003 bis 2004, NJW 2005, 718 ff.; *Holzer,* Anmerkung zu AG Göttingen, Beschl. v. 18.10.2000 – 74 IN 131/00, EWiR 2001, 589 f.; *ders.,* Erklärungen des Insolvenzverwalters bei Ausübung einer selbständigen Erwerbstätigkeit des Schuldners, ZVI 2007, 289 f.; *Hommelhoff,* Anlegerschutz in der GmbH & Co. KGaA, ZHR-Sonderheft 67, 1998, 9 ff.; *ders.,* Wider das Akzessorietätsdogma in der Gesellschaft bürgerlichen Rechts, ZIP 1998, 8 ff.; *Hügel,* Die Teilrechtsfähigkeit der Wohnungseigentümergemeinschaft und ihre Folgen für die notarielle Praxis, DNotZ 2005, 753 ff.; *Jäger,* Thema Börse (4): Wahl der richtigen Rechtsform, NZG 1999, 101 ff.; *Jaques,* Börsengang und Führungskontinuität durch die kapitalistische KGaA, NZG 2000, 401 ff.; *Jauernig,* Zur Rechts- und Parteifähigkeit der Gesellschaft bürgerlichen Rechts, NJW 2001, 2231 f.; *M. Junker,* Die Gesellschaft nach dem Wohnungseigentumsgesetz: Ein Beitrag zur dogmatischen Einordnung des Wohnungseigentums, 1993; *Kammel,* Die Bestimmung der zuständigen Gerichte bei grenzüberschreitenden Konzerninsolvenzen, NZI 2006, 334 ff.; *Keil,* Anmerkung zum BGH, Urt. v. 27.9.1999 – II ZR 371/98, EWiR 1999, 1053 f.; *Keller,* Zur Insolvenz der zweigliedrigen Personengesellschaft, NZI 2009, 29 ff.; *Kesseler,* Persönliche Sicherheiten und § 93 InsO, ZInsO 2002, 549 ff.; *Kindl,* Abschied von der Doppelverpflichtungstheorie bei der BGB-Gesellschaft, WM 2000, 697 ff.; *Kort,* Die Gründerhaftung in der Vor-GmbH, ZIP 1996, 109 ff.; *Köster/Sankol,* Anmerkung zu LG Dresden, Beschl. v. 15.5.2006 – 5 T 105/06, EWiR 2006, 465 f.; *dies.,* Die Insolvenzfähigkeit der Wohnungseigentümergemeinschaft, ZfIR 2006, 741 ff.; *Kreuzer,* Änderung von Teilungserklärung und Gemeinschaftsordnung, ZWE 2002, 285 ff.; *Kümmel,* Die Bindung der Wohnungseigentümer und deren Sondernachfolger an Vereinbarungen, Beschlüsse und Rechtshandlungen nach § 10 WEG, 2002; *Lehmann-Richter,* Keine Insolvenzfähigkeit der Wohnungseigentümergemeinschaft, ZMR 2006, 321 ff.; *Leuering,* Auf dem Weg zur Partnerschaftsgesellschaft mit beschränkter Berufshaftung, ZIP 2012, 1112 ff.; *Lieder,* Die Haftung der Geschäftsführer und Gesellschafter von EU-Auslandsgesellschaften mit tatsächlichem Verwaltungssitz in Deutschland, DZWIR 2005, 399 ff.; *Lindacher,* Grundfälle zur Haftung bei Personengesellschaften, JuS 1982, 36 ff.; *Lüderitz,* Familienrecht, 28. Aufl., 2007; *Lüke,* Anmerkung zu BGH, Beschl. v. 2.6.2005 – V ZB 32/05, ZfIR 2005, 516 ff.; *Lürken,* Anmerkung zu AG Hamburg, Beschl. v. 14.5.2003 – 67g IN 358/02, DStR 2003, 1763 f.; *Lutter,* Haftungsrisiken bei der Gründung einer GmbH, JuS 1998, 1073 ff.; *Lutter* (Hrsg.), Europäische Auslandsgesellschaften in Deutschland, 2005; *Mankowski,* Anmerkung zu AG München, Beschl. v. 4.5.2004 – 1501 IE 1276/04, NZI 2004, 450 f.; *ders.,* Anmerkung zu Cour d'Appel Versailles, Urt. v. 4.9.2003 – 05038/03, EWiR 2003, 1239 f.; *ders.,* Anmerkung zu AG Köln, Beschl. v. 1.12.2005 – 71 IN 564/05, EWiR 2006, 109 f.; *Maroldt,* Zur Frage der Rechtsfähigkeit der Wohnungseigentümergemeinschaft und ihre Auswirkungen auf die Praxis, ZWE 2002, 387 ff.; *Mertens,* Die Handelsgesellschaft KGaA als Gegenstand gesellschaftsrechtlicher Diskussionen und die Wissenschaft vom Gesellschaftsrecht, FS Wolfgang Ritter,

1997, S. 731 ff.; *Michalski/Barth,* Außenhaftung der Gesellschafter einer Vor-GmbH, NZG 1998, 525 ff.; *Mock/Schildt,* Insolvenz ausländischer Kapitalgesellschaften mit Sitz in Deutschland, ZInsO 2003, 396 ff.; *dies.,* Anmerkung zu AG Hamburg, Beschl. v. 14.5.2003 – 67g IN 358/02, NZI 2003, 444; *Mülbert,* Die rechtsfähige Personengesellschaft, AcP 199 (1999), 38 ff.; *Müller,* Insolvenz ausländischer Kapitalgesellschaften mit inländischem Verwaltungssitz, NZG 2003, 414 ff.; *Niedenführ/Schulze,* WEG, 8. Aufl., 2006; *Niedner/Kusterer,* Die atypisch ausgestaltete Familien-KGaA aus der Sicht der Kommanditaktionäre, DB 1997, 1451 ff.; *Nissen,* Keine Insolvenzfähigkeit der Wohnungseigentümergemeinschaft, ZMR 2006, 563 ff.; *Noack,* Gesellschaftsrecht, Sonderband I zu *Kübler/Prütting,* Kommentar zur InsO, 1999; *Paefgen,* Gläubigerschutz in der WEG-Novelle, ZfIR 2006, 529 ff.; *Pannen/Riedemann,* Anmerkung zu AG Weilheim, Beschl. v. 22.6.2005 – IN 260/05, EWiR 2005, 791 f.; *Paschke,* Die fehlerhafte Korporation ZHR 155 (1991), 1 ff.; *Paulus,* Anmerkung zu OLG Zweibrücken, Beschl. v. 20.10.2000 – 3 W 171/00, EWiR 2001, 233 f.; *ders.,* Grundlagen des neuen Insolvenzrechts – Schuldner, Gläubiger und Insolvenzverwalter, DStR 2003, 31 ff.; *ders.,* Der EuGH und das moderne Insolvenzrecht, NZG 2006, 609 ff.; *Pauly,* Zur Frage der Rechtsfähigkeit der Wohnungseigentümergemeinschaft und ihre Auswirkungen auf die Praxis, WuM 2002, 531 ff.; *Pape,* Änderungen im eröffneten Verfahren durch das Gesetz zur Vereinfachung des Insolvenzverfahrens, NZI 2007, 481 ff.; *Penzlin/Riedemann,* Anmerkung zu High Court of Justice Birmingham, NZI 2005, 469 ff.; *Poertzgen/Adam,* Die Bestimmung des „centre of main interest" gem. Art. 3 Abs. 1 EuInsVO, ZInsO 2006, 505 ff.; *Priester,* Die Kommanditgesellschaft auf Aktien ohne natürlichen Komplementär, ZHR 160 (1996), 250 ff.; *Prüßmann/Rabe,* Seehandelsrecht, 4. Aufl., 2000; *Th. Raiser,* Gesamthand und juristische Person im Licht des neuen Umwandlungsrechts, AcP 194 (1994), 495 ff.; *ders.,* Der Begriff der juristischen Person. Eine Neubesinnung, AcP 199 (1999), 104 ff.; *ders.,* Recht der Kapitalgesellschaften, 3. Aufl., 2001; *ders.,* Rechtsfähigkeit der Wohnungseigentümergemeinschaft, ZWE 2001, 173 ff.; *Rapp,* Wohnungseigentümergemeinschaft oder Verein der Wohnungseigentümer?, MittBayNot 2005, 449 ff.; *Reichert,* Handbuch des Vereins- und Verbandsrechts, 10. Aufl., 2005; *Reiff,* Die Haftungsverfassungen nichtrechtsfähiger unternehmenstragender Verbände, 1996; *ders.,* Zur persönlichen Haftung der Gesellschafter einer Gesellschaft bürgerlichen Rechts für rechtsgeschäftliche und für gesetzliche Schulden der Gesellschaft, VersR 1999, 1427 ff.; *ders.,* Die Haftungsverfassung der GbR nach dem Urt. des BGH vom 27.9.1999, NZG 2000, 281 ff.; *Reiswich,* Doppelinsolvenz von OHG und Gesellschafter, ZInsO 2010, 1809 ff.; *Römermann,* Erste Praxisprobleme mit der Neuregelung der Anwalts-GmbH, GmbHR 1999, 526 ff.; *ders.,* Satzungsgestaltung bei der Anwalts-GmbH, GmbHR 1999, 1175 ff.; *Römermann/Praß,* Die Partnerschaftsgesellschaft mit beschränkter Berufshaftung, NZG 2012, 601 ff.; *Roth,* Die kleine Erwerbsgesellschaft zwischen bürgerlichem Recht und Handelsrecht, ZHR 155 (1991), 24 ff.; *Saenger/Klockenbrink,* Neue Grenzen für ein forum shopping des Insolvenzschuldners?, DZWIR 2006, 183 ff.; *dies.,* Anerkennungsfragen im internationalen Insolvenzrecht gelöst?, EuZW 2006, 363 ff.; *Salger,* Beschränkte Berufshaftung, DB 2012, 1794 ff.; *Schäfer,* Kann die GbR Verwalter einer Wohnungseigentümergemeinschaft sein?, NJW 2006, 2160 ff.; *Schall,* Deutscher Gläubigerschutz und Europarecht, NJW 2011, 3745 ff.; *Schmerbach,* Zweitinsolvenzverfahren, ZInsO 2009, 2078 ff.; *K. Schmidt,* Zur Haftungsverfassung der Vor-GmbH – Bemerkungen zum BGH-Urteil v. 27.1.1997, ZIP 1997, 671 ff.; *ders.,* FS 100 Jahre Konkursordnung, S. 247 ff.; *ders.,* Möglichkeiten der Sanierung von Unternehmen durch Maßnahmen im Unternehmens-, Arbeits-, Sozial- und Insolvenzrecht – Unternehmens- und insolvenzrechtlicher Teil, in: Verhandlungen des 54. DJT (1982) in Nürnberg, Band I (Gutachten) Teil D, München 1982; *ders.,* Zur Vermögensordnung der Gesamthands-BGB-Gesellschaft; JZ 1985, 909 ff.; *ders.,* Das Insolvenzrecht und seine Reform zwischen Prozeßrecht und Unternehmensrecht, KTS 1988, 1 ff.; *ders.,* Unterbrechung und Fortsetzung von Prozessen im Konkurs einer Handelsgesellschaft, KTS 1994, 309 ff.; *ders.,* Bodensanierung, Ordnungspflicht und Ersatzvornahme im Konkurs einer Handelsgesellschaft, BB 1991, 1273 ff.; *ders.,* Zur Ablösung des Löschungsgesetzes, GmbHR 1994, 829 ff.; *ders.,* Deregulierung des Aktienrechts durch Denaturierung der Kommanditgesellschaft auf Aktien?, ZHR 160 (1996), 265 ff.; *ders.,* Wege zum Insolvenzrecht der Unternehmen: Befunde, Kritik, Perspektiven, Köln 1990; *ders.,* Die Vor-GmbH als Unternehmerin und als Komplementärin; NJW 1981, 1345 ff.; *ders.,* Die BGB-Außengesellschaft: rechts- und parteifähig – Besprechung des Grundlagenurteils II ZR 331/00 vom 29.1.2001, NJW 2001, 993 ff.; *ders.,* Insolvenz und Insolvenzabwicklung bei der typischen GmbH & Co. KG, GmbHR 2002, 1209 ff.; *ders.,* Konsolidierte Abwicklung von Personengesellschaften bei simultaner Gesellschafterinsolvenz?, ZIP 2008, 2337 f.; *Schmidt-Ehemann,* Die Haftung bei Insolvenz einer EU-Auslandsgesellschaft, Diss. Heidelberg 2009; *Schmittmann/Bischoff,* De facto director, shadow director und dissvolved companies: Aktuelle Rechtsfragen der scheinausländischen Limited, ZInsO 2009, 1561 ff.; *Schöpflin,* Der nichtrechtsfähige Verein, 2003; *Schüppen,* Wider die LLP, für rechtspolitische Plausibilität – es bleibt viel zu tun bei der Änderung des PartGG, BB 2012, 783 ff.; *Schwörer,* Parteifähigkeit der Wohnungseigentümergemeinschaft, NZM 2002, 421 ff.; *R. Siebert,* Insolvenzeröffnung bei der Kommanditgesellschaft auf Aktien, ZInsO 2004, 773 ff.; *U. Siebert,* Entwurf eines Mindestkapitalgesetzes (MindestkapG) – Substantielle Absenkung des Mindestkapitals, BB 2005, 1061 f.; *Stabreit,* Die Rechtsanwalts-Aktiengesellschaft, NZG 1998, 452 ff.; *Staufenbiel/Brill,* Das Nachlassinsolvenzverfahren, ZInsO 2012, 1395 ff.; *Timm,* Die Rechtsfähigkeit der Gesellschaft bürgerlichen Rechts und ihre Haftungsverfassung, NJW 1995, 3209 ff.; *Trams,* Rechtsfolgen der Gesellschafterinsolvenz bei einer aus zwei Personen bestehenden GbR mit gesellschaftsvertraglich vereinbarter Fortsetzungsklausel, NZG 2008, 736 ff.; *Triebel/Otte/Kimpel,* Die englische Limited Liability Partnership in Deutschland: Eine attraktive Rechtsform für deutsche Beratungsgesellschaften?, BB 2005, 1233 ff.; *Ulmer,* Zur Haftungsverfassung in der Vor-GmbH, ZIP 1996, 733 ff.; *ders.,* Die Gesamthandsgesellschaft – ein noch immer unbekanntes Wesen?, AcP 198 (1998), 113 ff.; *ders.,* Gesellschafterhaftung in der Gesellschaft bürgerlichen Rechts – Durchbruch der Akzessorietätstheorie?, ZIP 1999, 554 ff.; *Ulmer/Steffek,* Grundbuchfähigkeit einer rechts- und parteifähigen GbR, NJW 2002, 330 ff.; *Vallender,* Die Insolvenz von Scheinauslandsgesellschaften, ZGR 2006, 425 ff.; *Voß,* Anmerkung zu AG Potsdam, Beschl. v. 1.2.2001 – 35 IN 478/00, EWiR 2001, 573 f.; *Walterscheid,* Die englische Limited im Insolvenzverfahren, DZWIR 2006, 95 ff.; *Weber,* Anmerkung zum BGH, Urt. v. 27.9.1999 – II ZR 371/98, NZG 2000, 30 ff.; *Weitnauer/Briesemeister,* WEG, 9. Aufl., 2005; *Weller,* Forum Shopping im Internationalen Insolvenzrecht?, IPRax 2004, 412 ff.; *ders.,* Einschränkung der Gründungstheorie bei missbräuchlicher Auslandsgründung?, IPRax 2003, 520 ff.; *Weller,* Europäische Rechtsformwahlfreiheit und Gesellschafterhaftung,

Diss. Heidelberg 2004; *Wiedemann,* Rechtsverhältnisse der BGB-Gesellschaften zu Dritten, WM Sonderbeilage 4/ 1994, 7 ff.; *Wilhelm,* Die Haftung des Gesellschafters der durch Gesellschaftsvertrag errichteten GmbH aufgrund der gewerblichen Betätigung vor der Eintragung der GmbH, DB 1996, 461 ff.; *ders.,* Das Innenhaftungskonzept geht in sich, DStR 1998, 457 ff.; *ders.,* Die Grundbuchfähigkeit der Gesamthandsgesellschaft bürgerlichen Rechts, NZG 2011, 801 ff.; *Wochner,* Die unselbstständige Stiftung, ZEV 1999, 125 ff.; *Wolf,* Ausbau des Gläubigerschutzes statt Totalverbots der „GbR mit beschränkter Haftung", WM 2000, 704 ff.; *Zipperer,* Die Insolvenz des freigegebenen selbständigen Gemeinschuldners, ZVI 2007, 541 ff.; *Zöllner,* Rechtssubjektivität von Personengesellschaften?, FS Gernhuber, 1993, S. 563 ff.

Übersicht

	Rn.		Rn.
A. Einleitung	1–8	6. Konzern	35
I. Normzweck	1–5	**VI. Kommanditgesellschaft auf Aktien**	36–38
1. Grundsätzliche Festlegung der Insolvenzfähigkeit (Abs. 1)	1	1. Insolvenzfähigkeit der KGaA	36
2. Insolvenzfähigkeit besonderer Formen der Vermögensorganisation (Abs. 2)	2–4	2. Auflösung	37
		3. Haftung	38
3. Dauer der Insolvenzfähigkeit, Abs. 3	5	**VII. Genossenschaft**	39–41
II. Entstehungsgeschichte	6–8	1. Insolvenzfähigkeit	39
1. Bisherige Rechtslage	6, 7	2. Haftung	40
2. Gesetzgebungsverfahren	8	3. Auflösung	41
B. Einzelerläuterungen	9–72	**VIII. OHG und KG, stille Gesellschaft**	42–48
I. Allgemeines	9, 10	1. Insolvenzfähigkeit der OHG und der KG	42, 43
1. Funktion und Voraussetzungen der Insolvenzfähigkeit	9	2. Abgrenzung von OHG und KG gegenüber der Gesellschaft bürgerlichen Rechts	44
2. Insolvenzfähigkeit, Rechtsfähigkeit und Parteifähigkeit	10	3. Voraussetzungen für das Vorliegen einer OHG bzw. KG	45
II. Natürliche und juristische Personen	11–17c	4. Haftung der Gesellschafter für Gesellschaftsverbindlichkeiten	46
1. Insolvenzfähigkeit natürlicher Personen	11	5. Fehlerhafte Gesellschaft, Scheingesellschaft	47
2. Insolvenzfähigkeit juristischer Personen	12–17	6. Stille Gesellschaft (§§ 230 ff. HGB)	48
a) Entstehung und Auflösung juristischer Personen	13	**IX. Gesellschaft bürgerlichen Rechts**	49–56
b) Entstehungsstadien	14, 15	1. Insolvenzfähigkeit	49, 50
c) Mängel der Errichtung	16	2. Organisationsbereich der BGB-Gesellschaft	51–54
d) Verschmelzung und Umwandlung	17	3. Voraussetzungen der BGB-Gesellschaft	55
3. Auslandsgesellschaften	17a–17c	4. Haftung der Gesellschafter für Gesellschaftsverbindlichkeiten	56
III. Verein, Stiftung	18–21	**X. Partnerschaftsgesellschaft**	57–59
1. Rechtsfähiger Verein (§§ 21, 22 BGB)	18	1. Insolvenzfähigkeit	57
2. Stiftung (§ 80 BGB)	19	2. Haftung	58
3. Nichtrechtsfähiger Verein (§ 54 BGB)	20, 21	3. Auflösung	59
IV. GmbH	22–26	**XI. Europäische Wirtschaftliche Interessenvereinigung**	60, 61
1. Insolvenzfähigkeit der GmbH	22, 23	1. Rechtsnatur	60
2. Rechtsverhältnisse der Vor-GmbH	24, 25	2. Insolvenzfähigkeit	61
3. GmbH & Co. KG	26	**XII. Partenreederei**	62, 63
V. Aktiengesellschaft	27–35	1. Rechtsnatur	62
1. Insolvenz der AG	27	2. Insolvenzfähigkeit	63
2. Insolvenz im Stadium der Entstehung	28		
3. Auflösung der Gesellschaft	29		
4. Nichtigkeit der AG	30		
5. Verschmelzung und Spaltung. Umwandlung	31–34		

	Rn.		Rn.
XIII. Sonstige Rechtsgemeinschaften	63a–63c	2. Gesamtgut bei fortgesetzter Gütergemeinschaft	66, 67
1. Bruchteilsgemeinschaft	63a	3. Gemeinschaftlich verwaltetes Gesamtgut	68, 69
2. Wohnungseigentümergemeinschaft	63b	**XV. Ende der Insolvenzfähigkeit (Abs. 3)**	70–72
3. Erbengemeinschaft	63c	1. Fortdauer der Insolvenzfähigkeit nach Auflösung	70
XIV. Die Sonderinsolvenzen (Abs. 2 Nr. 2)	64–69	2. Ende der Insolvenzfähigkeit	71–71b
1. Nachlass	64, 65	3. Insolvenzverfahren und Liquidation	72

A. Einleitung

I. Normzweck

1. Grundsätzliche Festlegung der Insolvenzfähigkeit (Abs. 1). Die Vorschrift des § 11 **1** bezweckt durch Abs. 1, den Kreis der Personen und Organisationen, über deren **Vermögen**[1] im Falle der Insolvenz ein Insolvenzverfahren eröffnet werden kann, grundsätzlich festzulegen. Insolvenzfähig sind danach alle natürlichen und juristischen Personen. Das folgt in der Sache schon daraus, dass diese als solche Träger eines eigenen Vermögens und als Zurechnungssubjekt von Verbindlichkeiten auch haftungsrechtlich abgegrenzt sind. Insofern hat Abs. 1 eine klarstellende Funktion; im Übrigen werden durch diese Vorschrift die verstreuten Bestimmungen des bisher geltenden Rechts über die Konkursfähigkeit von juristischen Personen zusammengefasst. Weiter wird der nicht rechtsfähige Verein einer juristischen Person in Bezug auf die Zulässigkeit eines Insolvenzverfahrens gleichgestellt.

2. Insolvenzfähigkeit besonderer Formen der Vermögensorganisation (Abs. 2). Hin- **2** sichtlich der sonstigen Formen der Vermögensorganisation enthält **Abs. 2 Nr. 1** zunächst eine Legaldefinition, indem die in der Klammer aufgeführten Rechtsformen als **Gesellschaften ohne Rechtspersönlichkeit** bezeichnet werden. Dies betrifft Gesellschaftsformen, die nach geltendem Recht Träger von Rechten und Pflichten (Aktiva und Passiva) sein sowie unter ihrer Firma klagen und verklagt werden können. Diese Gesellschaften weisen ein eigenes, haftungsrechtlich abgegrenztes Vermögen auf und besitzen wie juristische Personen die aktive und passive Parteifähigkeit. Dies gilt für die OHG und die KG (§§ 124, 161 Abs. 2 HGB), die Partnerschaftsgesellschaft (§ 7 Abs. 2 PartGG) sowie die Partenreederei (§ 489 HGB). Auch die Europäische Wirtschaftliche Interessenvereinigung ist wie eine OHG ausgestaltet.[2]

Hinsichtlich der **Gesellschaft bürgerlichen Rechts** enthält die Vorschrift dagegen eine Erwei- **3** terung der Insolvenzfähigkeit von Organisationen, weil nach bisherigem Recht über das Vermögen einer solchen Gesellschaft kein selbstständiges Konkursverfahren durchgeführt werden konnte (s. dazu u. RdNr. 7, 49). Die Einbeziehung der Gesellschaften bürgerlichen Rechts in den Kreis der insolvenzfähigen Gesellschaften verfolgt das Ziel, die Gesellschaften bürgerlichen Rechts, die als Träger eines Unternehmens am Geschäftsverkehr teilnehmen, im Grundsatz den gleichen insolvenzrechtlichen Regelungen zu unterwerfen wie Offene Handelsgesellschaften.[3]

Abs. 2 Nr. 2 lässt Insolvenzverfahren über weitere dinglich und haftungsrechtlich abgegrenzte **4** Sondervermögen zu, nämlich über einen Nachlass, über das Gesamtgut einer fortgesetzten Gütergemeinschaft und über das gemeinschaftlich verwaltete Gesamtgut.

3. Dauer der Insolvenzfähigkeit, Abs. 3. Durch diese Vorschrift wird klargestellt, dass über **5** das Vermögen einer juristischen Person oder einer Gesellschaft ohne Rechtspersönlichkeit das Insolvenzverfahren eröffnet werden kann, solange noch Vermögen vorhanden ist, das verteilt werden kann.

II. Entstehungsgeschichte

1. Bisherige Rechtslage. Nach bisheriger Rechtslage waren die Konkursfähigkeit der Gesell- **6** schaften und die Sonderkonkurse **in verstreuten Bestimmungen geregelt.** § 207 KO regelte die

---

[1] Vgl. Uhlenbruck/*Hirte* InsO § 11 RdNr. 1.
[2] Vgl. § 1 EWIV-Ausführungsgesetz vom 14.4.1988 (BGBl. I, S. 514); Art. 24 Abs. 1 EG-VO (EWIV-VO) Nr. 2137/85 vom 25.7.1985 (Abl. Nr. L 199 v. 31.5.1985); *K. Schmidt*, Gesellschaftsrecht, § 66 I 3; *Eisenhardt*, Gesellschaftsrecht, RdNr. 208; *Grunewald*, Gesellschaftsrecht, 1. E. 1; *Häsemeyer*, Insolvenzrecht, RdNr. 31.32 f.
[3] Ausschussbericht zu § 13 Abs. 2 RegE, Bericht BTag, BT-Drucks. 12/7302.

Konkursfähigkeit der Aktiengesellschaft. § 209 KO betraf die Konkursfähigkeit von OHG, KG und KGaA.[4] § 212a KO bestimmte die Konkursfähigkeit der Partnerschaftsgesellschaft, sowie § 213 KO die Konkursfähigkeit der juristischen Personen sowie des Vereins einschließlich des nicht rechtsfähigen Vereins. § 214 KO regelte dies für den Nachlasskonkurs, § 236 Satz 1 KO für den Konkurs über das Gesamtgut bei fortgesetzter Gütergemeinschaft und § 236a Abs. 1 KO für den Konkurs über das gemeinschaftlich verwaltete Gesamtgut. § 63 Abs. 2 GmbHG regelte das Konkursverfahren über das Vermögen der GmbH, § 98 GenG das Verfahren über das Vermögen der Genossenschaft. Das Konkursverfahren über die EWIV wird gem. Art. 36 EWIV-VO nach nationalem Recht durchgeführt. Anwendbar ist das Recht der OHG (s.u. RdNr. 60), so dass die Konkursfähigkeit nach bisherigem Recht gem. § 209 KO gegeben war. Der Partenreederei wurde auch bisher als konkursfähig gem. § 209 KO angesehen.[5]

7 Die **Gesellschaft bürgerlichen Rechts** galt nach überwiegender Meinung nach bisherigem Recht nicht als konkursfähig.[6] Diese Ansicht war nicht unbestritten. Insbesondere für die unternehmenstragende Gesellschaft bürgerlichen Rechts wurde Konkursfähigkeit teils schon nach geltendem Recht vertreten, teils de lege ferenda postuliert.[7]

8 **2. Gesetzgebungsverfahren.** Die Vorschrift entspricht im Wesentlichen § 13 RegE und weist demgegenüber nur redaktionelle Änderungen auf. Die Partnerschaftsgesellschaft ist erst nachträglich eingefügt worden.[8]

B. Einzelerläuterungen

I. Allgemeines

9 **1. Funktion und Voraussetzungen der Insolvenzfähigkeit.** Mit dem Begriff der Insolvenzfähigkeit wird die Zulässigkeit des Insolvenzverfahrens über ein einheitliches Vermögen bezeichnet.[9] Generelle Voraussetzung hierfür ist, dass es sich um ein – auch haftungsrechtlich – **abgegrenztes Vermögen** handelt, das bestimmten Gläubigern unter Ausschluss anderer Gläubiger haftungsrechtlich zugewiesen ist.[10] Insolvenzfähigkeit setzt eine haftungsrechtliche Abgrenzung voraus, die eine Abwicklung der Vermögens- und Haftungsverhältnisse in einem Verfahren ermöglicht.[11] Die Rechtsform, in der diese Abgrenzung vorgenommen wird, ist demgegenüber nicht entscheidend. Demgemäß ist die Durchführung des Insolvenzverfahrens auch über Vermögen möglich, die nicht einem rechtlich voll verselbstständigten Träger in Form einer juristischen Person, sondern die einer rechtlich nur teilweise verselbstständigten Organisationsform wie einer Gesellschaft bürgerlichen Rechts zugewiesen sind oder die von anderen Vermögensbereichen des Vermögensträgers haftungsrechtlich abgegrenzt sind wie im Falle eines unter Nachlassverwaltung gestellten insolventen Nachlasses. Daraus folgt weiter, dass das Insolvenzverfahren solange eröffnet und durchgeführt werden kann, als haftungsrechtlich abgegrenztes Vermögen vorhanden ist, das für die Befriedigung der Gläubiger verwendet werden kann. Dementsprechend kann auch das nach § 35 Abs. 2 freigegebene Vermögen des Schuldners Gegenstand eines (weiteren) Insolvenzverfahrens sein.[12]

10 **2. Insolvenzfähigkeit, Rechtsfähigkeit und Parteifähigkeit.** Die Rechtsfähigkeit als die Fähigkeit, Träger von Rechten und Pflichten zu sein, ist nicht Voraussetzung der Insolvenzfähigkeit,

---

[4] Die Einordnung der KGaA bei § 209 KO war nicht systemgerecht, da die KGaA im Gegensatz zur KG eine juristische Person ist. Vgl. Kilger/*K. Schmidt* KO § 209 Anm. 6.
[5] *Prüßmann/Rabe,* Seehandelsrecht, § 489 Anm. C 3; *K. Schmidt,* Gesellschaftsrecht, § 65 I 3b mwN.
[6] BGHZ 23, 307, 313 = NJW 1957, 750; offen gelassen von BGHZ 113, 216 = NJW 1991, 922; BFH NJW-RR 1997, 28; Jaeger/*Henckel* KO § 1 RdNr. 151; *Kuhn/Uhlenbruck* KO Vorb. B 1 § 207.
[7] So insbesondere von *K. Schmidt,* FS 100 Jahre Konkursordnung, S 247, 255 ff.; *ders.* JZ 1985, 909, 914; *ders.,* Wege zum Insolvenzrecht der Unternehmen, S. 30 f.; *ders.,* Gesellschaftsrecht, § 60 IV 3; Kilger/*K. Schmidt* KO § 209 Anm. 4a; *Timm* NJW 1995, 3209, 3215.
[8] Art. 2a Gesetz zur Änderung des UmwG v. 22.7.1998, BGBl. I, S. 1878, 1881.
[9] *Häsemeyer,* Insolvenzrecht, RdNr. 6.17; Uhlenbruck/*Hirte* InsO § 11 RdNr. 1; *R. Siebert* ZInsO 2004, 773; *Henckel* ZIP 2000, 2045, 2046; Jaeger/*Ehricke* InsO § 11 RdNr. 1; ebenso *Henckel* ZIP 2000, 2045 und *Frege/Keller/Riedel* RdNr. 285, die den Begriff der „Insolvenzverfahrensfähigkeit" für zutreffender erachten.
[10] Begründung zu § 13 RegE; BT-Drucks. 12/7302, S. 156 zu Nr. 9.
[11] *Häsemeyer,* Insolvenzrecht, RdNr. 6.17.
[12] BGH NJW-RR 2011, 1615 = NZI 2011, 633; AG Köln NZI 2010, 743, 744; AG Trier, Beschl. v. 21.9.2009 – 23 IN 91/09; AG Göttingen NZI 2008, 313, 314; AG Hamburg ZInsO 2008, 680, 681; *Zipperer* ZVI 2007, 541, 542; *Schmerbach* ZInsO 2009, 2078, 2086; *Holzer* ZVI 2007, 289, 292 ff.; ohne nähere Begründung auch BGH NZI 2008, 609, 610; aA BGH NZI 2004, 444; LG Dresden NZI 2011, 291 f.; AG Dresden ZVI 2009, 289; *Pape* NZI 2007, 481, 482.

weil eine rechtliche Trennung von Vermögensmassen und eine **haftungsrechtliche Abgrenzung des Zugriffs** auf einen bestimmten Vermögensbereich auch ohne eine vollständige rechtliche Verselbstständigung des Vermögensträgers möglich ist. Zwar schließt die Rechtsfähigkeit des Vermögensträgers die Insolvenzfähigkeit ein,[13] deckt sich damit aber nicht. Gleiches gilt für die passive Parteifähigkeit des Zivilprozessrechts. Die Fähigkeit, in einem Zivilprozess als Beteiligter mitzuwirken, ist von anderen Strukturen abhängig als die Möglichkeit, über ein Vermögen ein gesondertes Gesamtvollstreckungsverfahren durchzuführen. Die Möglichkeit, ein Insolvenzverfahren über eine Vermögensmasse durchzuführen, ist nicht notwendig mit der passiven Parteifähigkeit der Vermögensorganisation verbunden, wie auch umgekehrt die Parteifähigkeit nicht Voraussetzung für die Eröffnung eines Insolvenzverfahrens ist.[14]

II. Natürliche und juristische Personen

1. Insolvenzfähigkeit natürlicher Personen. Die Insolvenzfähigkeit natürlicher Personen ist unmittelbar mit der allgemeinen Rechtsfähigkeit natürlicher Personen verbunden. Auch nach bisherigem Recht waren natürliche Personen uneingeschränkt konkursfähig, ohne Rücksicht darauf, ob sie eine selbstständige wirtschaftliche Tätigkeit ausgeübt haben. Die Sonderregelungen des 9. Abschnitts über Verbraucherinsolvenzverfahren und sonstige Kleinverfahren für Personen, die **keine selbstständige wirtschaftliche Tätigkeit** ausüben oder ausgeübt haben (§§ 304 ff.), betreffen nicht die Insolvenzfähigkeit dieser Personen, sondern sehen für diesen Personenkreis ein besonderes Verfahren vor, das die faktischen Funktionsdefizite des allgemeinen Insolvenzverfahrens in Bezug auf Insolvenzen in diesem Bereich (sog. Verbraucherinsolvenzen) beseitigen soll (s. dazu § 304 RdNr. 9). Geschäftsfähigkeit und Prozessfähigkeit des Schuldners sind keine Voraussetzungen für die Zulässigkeit des Insolvenzverfahrens.

2. Insolvenzfähigkeit juristischer Personen. Juristische Personen stehen hinsichtlich der Rechtsfähigkeit natürlichen Personen grundsätzlich gleich und sind insofern auch denselben Verfahren unterworfen wie natürliche Personen. Über ihr Vermögen kann demgemäß in gleicher Weise wie über das Vermögen natürlicher Personen ein Insolvenzverfahren durchgeführt werden. Einschränkungen der Insolvenzfähigkeit juristischer Personen ergeben sich nicht aus deren Rechtsnatur, sondern aus verfassungsrechtlichen und ordnungspolitischen Gründen (s.u. § 12 RdNr. 11).

a) Entstehung und Auflösung juristischer Personen. Die Eröffnung des Insolvenzverfahrens führt zur **Auflösung der juristischen Person.**[15] Aufgelöst wird die juristische Person auch mit der Rechtskraft des Beschlusses, durch den die Eröffnung des Insolvenzverfahrens mangels Masse abgelehnt wird.[16] Auch nach Auflösung der juristischen Person aus anderen Gründen kann über ihr Vermögen ein Insolvenzverfahren eröffnet werden, solange Vermögen noch vorhanden, die Verteilung des Vermögens mithin nicht vollzogen ist (**Abs. 3**, s. dazu u. RdNr. 71 f.). Die Auflösung der juristischen Person berührt nicht ihre Rechtsfähigkeit; diese endet vielmehr erst mit **Löschung** der Organisation im jeweiligen Register, wobei die Löschung ihrerseits **Vollbeendigung** durch Vollzug der Vermögensverteilung voraussetzt (Doppeltatbestand von Vermögenslosigkeit und Löschung); s. dazu u. RdNr. 71. Mit dem Vollzug der Vermögensverteilung endet die Insolvenzfähigkeit der juristischen Person, ohne dass es dafür auf die Beendigung der Rechtsfähigkeit ankommt. Wird das Insolvenzverfahren im Falle der Bestätigung eines den Fortbestand vorsehenden Insolvenzplans aufgehoben (§ 258 Abs. 1) oder wegen Wegfalls des Eröffnungsgrunds gem. § 212 oder mit Zustimmung der Gläubiger gem. § 213 eingestellt, so kann die juristische Person durch Beschluss der zuständigen Organe fortgesetzt werden.[17] Zur Frage, ob eine juristische Person nach einer Abweisung mangels Masse fortgesetzt werden kann s.u. § 26 RdNr. 53. Zur Frage, ob das Insolvenzverfahren aus anderen Gründen vor der Vollbeendigung beendet werden kann s.u. RdNr. 72.

b) Entstehungsstadien. Bei der Entstehung einer juristischen Person sind mehrere Stadien zu unterscheiden. **Vor Erlangung der Rechtsfähigkeit** durch Eintragung besteht die juristische Per-

---

[13] *Bork* ZIP 2001, 545, 548; *Gundlach/Frenzel/N. Schmidt* DStR 2004, 1658.
[14] Ausschussbericht zu § 13 RegE; BT-Drucks. 12/7302, S. 156 zu Nr. 9; Jaeger/*Ehricke* InsO § 11 RdNr. 13; Cranshaw/Paulus/Michel/*Paulus*, Bankenkommentar zum Insolvenzrecht, § 11 RdNr. 4; für eine Gleichsetzung von passiver Parteifähigkeit und Insolvenzfähigkeit Kübler/Prütting/Bork/*Prütting* InsO § 11 RdNr. 7.
[15] § 42 Abs. 1 BGB (e. V.), § 86 BGB (Stiftung), § 60 Abs. 1 Nr. 4 GmbHG, § 262 Abs. 1 Nr. 3 AktG (AG), §§ 289 Abs. 1 AktG, 161 Abs. 2, 131 Abs. 1 Nr. 3 HGB (KGaA), § 101 GenG (Genossenschaft), § 1 EWIV-AusführungsG, iVm.. § 131 Abs. 1 Nr. 3 HGB (EWIV).
[16] § 262 Abs. 1 Nr. 3 AktG; § 289 Abs. 2 Nr. 1 AktG (KGaA); § 60 Abs. 1 Nr. 4 GmbHG; § 81a GenG.
[17] OLG Düsseldorf NZG 2005, 363, 364; *Häsemeyer*, Insolvenzrecht, RdNr. 30.47; Uhlenbruck/*Hirte* InsO § 11 RdNr. 153; Jaeger/*Ehricke* InsO § 11 RdNr. 25 f.

son als solche, d. h. als Gesellschaft bzw. Organisation mit eigener Rechtspersönlichkeit, nicht.[18] Vor diesem Zeitpunkt existiert aber in der Regel bereits eine körperschaftliche Organisation mit eigenem Vermögen, das rechtlich gegenüber dem Vermögen der einzelnen Gesellschafter verselbstständigt ist (sog. **Vorgesellschaft**).[19] Sie entsteht mit dem formwirksamen Abschluss des Gesellschaftsvertrags und besteht in der Regel bis zur Eintragung der Organisation in das jeweilige Register fort. Die Vorgesellschaft ist eine Organisation, die einem Sonderrecht untersteht; es finden auf sie die Bestimmungen Anwendung, die die Organisationsstruktur der angestrebten Rechtsform regeln, soweit ihre Anwendung nicht davon abhängt, dass der Erwerb der Rechtsfähigkeit durch Eintragung erfolgt ist.[20] Die Vorgesellschaft kann daher – ohne schon juristische Person zu sein – selbstständige Trägerin von Rechten und Pflichten sein.[21] Dementsprechend kann bereits vor Eintragung ein **rechtlich verselbstständigtes Vermögen** vorliegen, das Gegenstand eines Insolvenzverfahrens sein kann.[22] Erst mit der Eintragung entsteht die Gesellschaft als juristische Person.

15 Treffen mehrere Personen verbindliche Absprachen darüber, eine Gesellschaft in der Rechtsform einer juristischen Person zu gründen, so handelt es sich zunächst um rein schuldrechtliche Vereinbarungen, die Verpflichtungen der einzelnen Gründungsmitglieder in Bezug auf die zur Gründung der Gesellschaft erforderlichen Maßnahmen enthalten. Dieser Personenzusammenschluss wird als **Vorgründungsgesellschaft** bezeichnet. In der Regel handelt es sich hierbei um eine reine **Innengesellschaft,** die mangels eines eigenen Gesellschaftsvermögens **nicht insolvenzfähig** ist.[23] Hat die Vorgründungsgesellschaft dagegen bereits eigenes Vermögen erworben, so ist sie als Gesellschaft bürgerlichen Rechts gem. Abs. 2 Nr. 1 insolvenzfähig.[24] Liegt bereits zu diesem Zeitpunkt ein gemeinsamer Geschäftsbetrieb vor, der in die zu gründende Gesellschaft überführt und bis zu deren Errichtung von den Gründungsgesellschaftern gemeinschaftlich geführt werden soll, so ist das Recht der OHG anzuwenden[25] und die Vorgründungsgesellschaft ist gem. Abs. 2 Nr. 1 insolvenzfähig.[26]

16 **c) Mängel der Errichtung.** Nichtigkeit oder Fehlerhaftigkeit der Satzung einer juristischen Person oder sonstige Mängel der Errichtung berühren die Insolvenzfähigkeit nicht, sofern ein vom Eigenvermögen der Beteiligten **abgegrenztes Vermögen** besteht, das der nichtigen oder fehlerhaften juristischen Person zugeordnet ist. In diesem Falle besteht die Insolvenzfähigkeit fort bis zur endgültigen Abwicklung aller Vermögenswerte.[27]

17 **d) Verschmelzung und Umwandlung.** Rechtsträger können nach Maßgabe des Umwandlungsgesetzes v. 28.10.1994 unter **Auflösung ohne Abwicklung** verschmolzen werden (§ 2 UmwG). An Verschmelzungen können Kapitalgesellschaften und sonstige juristische Personen beteiligt sein, ebenso Personenhandelsgesellschaften und in eingeschränktem Umfang natürliche Personen (s. im Einzelnen § 3 UmwG). Durch die Eintragung der Verschmelzung in das jeweilige Register

---

[18] Vgl. § 11 Abs. 1 GmbHG, § 41 Abs. 1 Satz 1 AktG, § 13 GenG, § 21 BGB.
[19] BGH NJW 1998, 1079, 1080 (Vor-GmbH als eigenständiges, von den Gründern und Gesellschaftern verschiedenes körperschaftlich strukturiertes „Rechtsgebilde" mit eigenen Rechten und Pflichten); ebenso BGHZ 117, 323, 326 = NJW 1992, 1824 (Vorgesellschaft der AG).
[20] So die st. Rspr. des BGH, BGHZ 20, 281, 285 = NJW 1956, 946; BGHZ 21, 242, 246 = NJW 1956, 1435; BGHZ 45, 338, 347 = NJW 1966, 1311; BGHZ 51, 30, 32 = NJW 1969, 509; BGH NJW 1983, 2822; Kübler/Assmann, Gesellschaftsrecht, § 25 II 3 d; K. Schmidt, Gesellschaftsrecht, § 34 III 3a; Beck GmbH-HB/Schwaiger § 2 RdNr. 17; Hüffer AktG § 41 RdNr. 4 f.; HK-GmbHR/Bartl § 11 RdNr. 10; Scholz/K. Schmidt GmbHG § 11 RdNr. 24; Lutter/Hommelhoff GmbHG § 11 RdNr. 3; Baumbach/Hueck GmbHG § 11 RdNr. 6; R. Siebert ZInsO 2004, 773, 774 f.
[21] BGHZ 80, 129, 132 = NJW 1981, 1373.
[22] AllgM, vgl. BayObLG NJW 1965, 2254, 2257 bzgl. Vor-AG; OLG Nürnberg AG 1967, 362, 363; Häsemeyer, Insolvenzrecht, RdNr. 30.22; Jaeger/Ehricke InsO § 11 RdNr. 19; BKInsO-Humberg § 11 RdNr. 16; Uhlenbruck/Hirte InsO § 11 RdNr. 38; HKInsO-Kirchhof § 11 RdNr. 10; Hess InsO § 11 RdNr. 30; Kübler/Prütting/Bork/Prütting InsO § 11 RdNr. 18; LSZ/Smid/Leonhardt InsO § 11 RdNr. 12; K. Schmidt, Gesellschaftsrecht, § 34 III 3a; HK-GmbHR/Bartl § 11 RdNr. 7; Scholz/K. Schmidt GmbHG § 11 RdNr. 35; Hachenburg/Ulmer § 11 RdNr. 50; Baumbach/Hueck GmbHG § 11 RdNr. 17; zur KGaA s. R. Siebert ZInsO 2004, 773 ff.
[23] AllgM, Häsemeyer, Insolvenzrecht, RdNr. 30.22; HambKommInsO-Wehr § 11 RdNr. 14; Hess InsO § 11 RdNr. 27; Kuhn/Uhlenbruck KO § 207 RdNr. 2; Braun/Uhlenbruck, Unternehmensinsolvenz, S. 68; Jaeger/Ehricke InsO § 11 RdNr. 18; BKInsO-Humberg § 11 RdNr. 17; Kübler/Prütting/Bork/Prütting InsO § 11 RdNr. 18; Andres/Leithaus InsO § 11 RdNr. 6; Gottwald, P./Uhlenbruck/Gundlach, Insolvenzrechts-Handbuch, § 5 RdNr. 18.
[24] HKInsO-Kirchhof § 11 RdNr. 11; Uhlenbruck/Hirte InsO § 11 RdNr. 368 f.; Cranshaw/Paulus/Michel/Paulus, Bankenkommentar zum Insolvenzrecht, § 11 RdNr. 5; zur KGaA s. R. Siebert ZInsO 2004, 773 ff.
[25] Beck GmbH-HB/Schwaiger § 2 RdNr. 10; Hachenburg/Ulmer GmbHG § 2 RdNr. 50; Lutter/Hommelhoff GmbHG § 11 RdNr. 2; Scholz/K. Schmidt GmbHG § 11 RdNr. 14.
[26] Häsemeyer, Insolvenzrecht, RdNr. 30.22.
[27] BGH NZG 2007, 69 = WM 2006, 2254; Braun/Uhlenbruck, Unternehmensinsolvenz, S. 69; Hess InsO § 11 RdNr. 39; Jaeger/Ehricke InsO § 11 RdNr. 21 f.; Kübler/Prütting/Bork/Prütting InsO § 11 RdNr. 20.

geht das Vermögen des übertragenden Rechtsträgers auf den übernehmenden Rechtsträger über; zugleich erlischt der übertragende Rechtsträger (§ 20 Abs. 1 Nr. 1, 2 UmwG). Damit endet zugleich die Insolvenzfähigkeit des übertragenden Rechtsträgers (näher dazu u. RdNr. 31).[28] Die formwechselnde Umwandlung lässt dagegen die **Identität des Rechtsträgers** und dessen Insolvenzfähigkeit unberührt (dazu u. RdNr. 34).

3. Auslandsgesellschaften. Die Beurteilung der Insolvenzfähigkeit ausländischer Schuldner bestimmt sich grundsätzlich nach dem Insolvenzstatut der lex fori concursus; dies folgt für den Bereich der EU aus Art. 4 EuInsVO.[29] Die Insolvenzfähigkeit ausländischer Schuldner richtet sich insoweit nach § 11 Abs. 1 und Abs. 2 (Art. 4 Abs. 2(a) EuInsVO). Die internationale Zuständigkeit der Insolvenzgerichte für ausländische Gesellschaften innerhalb der EU bestimmt sich gem. Art. 3 Abs. 1 Satz 1 EuInsVO nach dem Ort, an dem das Zentrum der hauptsächlichen Interessen der Gesellschaft („center of main interest" – COMI) belegen ist. Maßgeblich dafür ist der effektive, nach außen wirkende Interessenschwerpunkt;[30] ob dafür auf den Schwerpunkt der Verwaltungstätigkeit[31] oder den Hauptort der werbenden Tätigkeit abzustellen ist,[32] wird von der deutschen Rechtsprechung bislang unterschiedlich beurteilt;[33] s. dazu Band III, Art. 3 EuInsVO RdNr. 2. Bei Gesellschaften und juristischen Personen gilt gem. Art. 3 Abs. 1 S. 2 EuInsVO die widerlegliche Vermutung, dass der Mittelpunkt der hauptsächlichen Interessen der Ort des satzungsgemäßen Sitzes ist. Die Vermutung kann nur durch objektive und für Dritte feststellbare Umstände widerlegt werden.[34] Dies kommt insbesondere dann in Betracht, wenn die Gesellschaft im Land ihres satzungsmäßigen Sitzes keiner Tätigkeit nachgeht (Briefkastenfirma). Die Tatsache allein, dass die Gesellschaft, die im Gebiet des Staates, in dem sie ihren satzungsmäßigen Sitz hat, auch tätig ist, aber von einer in einem anderen Staat ansässigen Muttergesellschaft kontrolliert wird und den wirtschaftlichen Entscheidungen dieser Muttergesellschaft unterworfen ist, vermag die Vermutung des Art. 3 Abs. 1 Satz 2 EuInsVO nicht zu entkräften.[35] Durch die Eröffnung des Insolvenzverfahrens begründet das Gericht nach dem Prioritätsgrundsatz seine Zuständigkeit, die von den Gerichten der anderen Mitgliedstaaten grundsätzlich anzuerkennen ist, ohne dass diese die Zuständigkeit des Gerichts des Eröffnungsstaates überprüfen können (Art. 16 Abs. 1 Unterabs. 1 EuInsVO).[36] Nach der Eurofood-Entscheidung des EuGH gilt als Eröffnung des Insolvenzverfahrens auch schon eine Entscheidung, die im Vorfeld der eigentlichen Verfahrenseröffnung den Vermögensbeschlag gegen den Schuldner zur Folge hat und durch die ein Verwalter bestellt wird.[37] Die Zuständigkeit für die Eröffnung des Insolvenzverfahrens bleibt erhalten, wenn der Schuldner nach Antragstellung, aber vor Verfahrenseröffnung den Mittelpunkt seines hauptsächlichen Interesses in das Gebiet eines anderen Mitgliedstaats verlegt hat.[38] Soweit danach die internationale Insolvenzzuständigkeit deutscher Gerichte gegeben ist, bestimmt sich jedoch die Beurteilung der Insolvenzfähigkeit ausländischer Unternehmen jedenfalls für den Bereich der EU nicht nach dem Recht des Staates, in dem das Unternehmen seinen Sitz hat, sondern vielmehr nach dem Recht ihres **Gründungsstaats**.[39] Ob die Gesellschaft als

---

[28] S. R. Siebert ZInsO 2004, 773 ff.; Uhlenbruck/Hirte InsO § 11 RdNr. 50.
[29] Verordnung (EG) Nr. 1346/2000 des Rates vom 29.5.2000 über Insolvenzverfahren (ABl. L 160/1).
[30] Mankowski NZI 2004, 450, 451.
[31] So AG München ZIP 2004, 962.
[32] AG Mönchengladbach ZIP 2004, 1064; AG Weilheim ZIP 2005, 1611 = EWiR 2005, 791 f. (Pannen/Riedemann); AG Hamburg NZI 2006, 120 = EWiR 2006, 169 f. (Herweg/Tschauner); Poertzgen/Adam ZInsO 2006, 505, 507.
[33] S. dazu Weller IPRax 2004, 412, 414; zur Spruchpraxis englischer Gerichte ders., Rechtsformwahlfreiheit S. 412 f.; Mankowski NZI 2004, 450, sowie ders. EWiR 2003, 1239, 1240; High Court of Justice Birmingham, Beschl. vom 18.4.2005, NZI 2005, 476 mit Anm. Penzlin/Riedemann S. 469 ff.; zu Einschränkungen des forum shopping und der Flucht vor deutschen Insolvenzgerichten nach England High Court of Justice London v. 15.8.2006, NZI 2007, 187 (Brochier I) sowie v. 8.12.2006, NZI 2007, 187 (Brochier II); AG Nürnberg NZI 2007, 185 und NZI 2007, 186; Andres/Grund NZI 2007, 137; für eine Aufgabe der COMI-Anknüpfung wegen der nicht gelösten Probleme des forum shopping Eidenmüller ZGR 2006, 467, 469. S. zur Auslegung des Begriffs „Mittelpunkt der hauptsächlichen Interessen" EuGH ZInsO 2011, 2123 ff. = NZI 2011, 990 ff.; BGH ZInsO 2012, 143 ff. = NZI 2012, 151 ff.
[34] EuGH NZI 2006, 360 ff. [Eurofood]; dazu Kammel NZI 2006, 334 ff.; Saenger/Klockenbrink EuZW 2006, 363 ff.; Paulus NZG 2006, 609 ff.; Poertzgen/Adam ZInsO 2006, 505, 507.
[35] EuGH NZI 2006, 360 (Nr. 37).
[36] EuGH NZI 2006, 360 (Nr. 48).
[37] EuGH NZI 2006, 360 (Nr. 54); krit. Paulus NZG 2006, 609, 613; Poertzgen/Adam ZInsO 2006, 505, 508; iE. zust. Kammel NZI 2006, 334, 337.
[38] EuGH DZWIR 2006, 189 [Staubitz-Schreiber]; dazu Saenger/Klockenbrink DZWIR 2006, 183 ff.; BGH NZI 2006, 297 = DZWIR 2006, 211.
[39] EuGH Slg. 1999, I-1459 = NJW 1999, 2027 (Centros); EuGH Slg. 2002, I-9919 = NJW 2002, 3614 (Überseering); EuGH Slg. 2003, I-10 155 = NJW 2003, 3331 (Inspire Art); BGHZ 178, 192 = NJW 2009, 289;

juristische Person (§ 11 Abs. 1) oder als Gesellschaft ohne Rechtspersönlichkeit im Sinne des Abs. 2 zu behandeln ist, ist demgemäß von ihrer Einordnung nach dem Recht des Gründungsstatuts abhängig. Eine englische private limited company (private company limited by shares, Ltd.) ist daher als juristische Person im Sinne des § 11 Abs. 1 anzusehen, weil dies dem Recht des Gründungsstaats entspricht.[40] Die Limited ist nach dem Recht ihres Gründungsorts rechtsfähig und damit auch insolvenzfähig. Die Anerkennung des Rechts des Gründungsstaats gilt nicht nur in Bezug auf die Entstehung, sondern auch in Bezug auf die Auflösung, Liquidation und rechtliche Beendigung der Gesellschaften. Ist eine Gesellschaft nach dem Recht ihres Gründungsstaats erloschen, so ist dies innerhalb der EU für alle Gerichte verbindlich. Eine englische private limited company, die im Register durch die Registerbehörde als *defunct company* gelöscht worden ist, ist mit der Bekanntmachung der Löschung aufgelöst und besteht rechtlich nicht mehr; sie ist damit auch nach deutschem Recht nicht mehr als juristische Person insolvenzfähig.[41] Ob in einem solchen Fall eine Insolvenzfähigkeit als Gesellschaft ohne Rechtspersönlichkeit in Betracht kommt, hängt davon ab, ob mehr als ein Gesellschafter verblieben und ob noch Vermögen vorhanden ist (s. dazu u. RdNr. 73). Die englische limited liability partnership (LLP) nimmt ihrer Struktur nach eine Zwischenstellung zwischen Personen- und Kapitalgesellschaft ein; während sie im Innenverhältnis einer partnership entspricht, ist sie im Rechtsverkehr von den Mitgliedern unterschiedene Rechtsperson (body corporate) und mithin als solche rechtsfähig.[42] Sie ist demgemäß insolvenzfähig gem. § 11 Abs. 1. Im Übrigen haben mögliche Diskrepanzen zwischen ausländischem und inländischem Gesellschaftsrecht in Bezug auf die Rechtsfähigkeit von Gesellschaften und auf deren Insolvenzfähigkeit dadurch weitgehend an Bedeutung verloren, dass das deutsche Recht sowohl die Rechtsfähigkeit als auch die Insolvenzfähigkeit der Gesellschaft bürgerlichen Rechts anerkannt hat.[43]

17b Der grundsätzliche Vorrang des Rechts des Gründungsstaats innerhalb der EU gilt nur für die gesellschaftsrechtlichen Bestimmungen, die zu einer Beeinträchtigung der Niederlassungsfreiheit führen können.[44] Dies hat zur Folge, dass für diese Auslandsgesellschaften die Vorschriften über die Aufbringung und den Schutz des Mindestkapitals nicht gelten. Die damit einhergehenden Probleme in Bezug auf den Schutz der Gläubiger lassen sich vor dem Hintergrund der Niederlassungsfreiheit[45] nicht durch eine generelle **Durchgriffshaftung** der Gesellschafter unter dem Gesichtspunkt eines Rechtsformmissbrauchs (**„Scheinauslandsgesellschaften"**) lösen.[46] Vielmehr haften die Gesellschafter grundsätzlich nur dann persönlich, wenn und soweit dies dem Recht des Gründungsstaats entspricht.[47] Allerdings wird erwogen, ob nicht daneben eine persönliche Haftung der Gesellschafter nach den Grundsätzen über den **existenzvernichtenden Eingriff** aus § 826 BGB[48] in Betracht kommt.[49] Für insolvenzrechtliche Haftungstatbestände gilt der Vorrang des ausländischen Gründungsstatuts nicht; dieses wird vielmehr durch das inländische Insolvenzstatut überlagert.[50] Bei der

---

BGHZ 164, 148, 151 = NJW 2005, 3351 f.; BGH WM 2011, 1808 ff.; BGH ZIP 2011, 328; BGH ZIP 2005, 805 f.

[40] EuGH Slg. 2002, I-9919 = NJW 2002, 3614 (Übersseering); BGHZ 154, 185, 189 = NJW 2003, 1461; BGH NJW 2005, 1648, 1649; dazu *Eidenmüller* NJW 2005, 1618; BGH ZIP 2004, 1402, 1403; *Lürken* DStR 2003, 1763 f.; *Müller* NZG 2003, 414, 415 f.; *Braun/Bußhardt* InsO § 11 RdNr. 12; anders noch BGH NJW 2002, 3539 sowie AG Hamburg ZIP 2003, 1008 = EWiR 2003, 925 *(Brenner)*. Zum Nachweis der Rechts- und Parteifähigkeit einer Ltd. KG ZIP 2005, 989 = GmbHR 2005, 771.

[41] AG Duisburg NZI 2003, 658 f. = IPrax 2005, 151 f.

[42] *Triebel/Otte/Kimpel* BB 2005, 1233, 1234.

[43] S. zur fehlenden Konkursfähigkeit der GbR noch OLG Zweibrücken NJW-RR 2001, 341.

[44] EuGH Slg. 2003, I-10 155 = NJW 2003, 3331 (Inspire Art).

[45] EuGH Slg. 2003, I-10 155 = NJW 2003, 3331 (Inspire Art).

[46] So aber AG Hamburg ZIP 2003, 1008; zutreffend dagegen BGH NJW 2005, 1648, 1649; BayObLG DStR 2003, 653; OLG Celle GmbHR 2003, 532; OLG Zweibrücken ZIP 2003, 849; *Weller* IPRax 2003, 520, 523; *Vallender* ZGR 2006, 425, 435 ff. Eingehend zum Ganzen *Schmidt-Ehemann* passim.

[47] S. zur englischen Durchgriffshaftung *Eidenmüller/Rehm*, Ausländische Kapitalgesellschaften, § 10 RdNr. 66. Zu Art. 213, 214 Insolvency Act 1986 (fraudulent, wrongful trading) im englischen Recht *Lürken* DStR 2003, 1763, 1764.

[48] So für eine deutsche Gesellschaft BGH NJW 2005, 145.

[49] In diese Richtung, wenn auch ohne nähere Begründung BGH NJW 2005, 1648, 1650 („§§ 823 ff. BGB"); dafür *Lutter/Fleischer*, Europäische Auslandsgesellschaften, S. 49, 124 ff.; *Altmeppen* NJW 2004, 97, 104; *Weller*, Rechtsformwahlfreiheit, 2004; *ders.* IPRax 2004, 412, 414; ebenso in der Tendenz *Goette* DStR 2005, 197, 199; und. *Henze* WM 2006, 1653; ablehnend *Eidenmüller*, Ausländische Kapitalgesellschaften, § 4 RdNr. 22 ff., 31 mwN; *ders.* NJW 2005, 1618, 1620, der solche Haftung für europarechtswidrig hält; allerdings steht es den Mitgliedstaaten frei, Maßnahmen gegen eine missbräuchliche oder betrügerische Berufung auf die Niederlassungsfreiheit zu treffen, vgl. EuGH Slg. 2003, I-10 155 = NJW 2003, 3331 (Inspire Art).

[50] *Weller* IPRax 2003, 520, 524; s. ferner *Walterscheid* DZWIR 2006, 95 ff.; *Schmittmann/Bischoff* ZInsO 2009, 1561 ff.

Verletzung von Insolvenzantragspflichten kommt eine Haftung in Betracht, sofern es sich hierbei um insolvenzrechtliche Haftungstatbestände handelt, die nicht an das Gesellschaftsstatut anknüpfen.[51] Die Abgrenzung gegenüber den an das Gesellschaftsstatut anknüpfenden Pflichten ist im Einzelnen streitig, so insbesondere hinsichtlich einer Haftung von Gesellschaftern oder Gesellschaftsorganen aus §§ 823 ff. BGB.[52] Soweit es um die Verletzung gesellschaftsspezifischer Organpflichten geht, kommt dem Gesellschaftsstatut Vorrang zu;[53] dies gilt insbesondere in Bezug auf eine Durchgriffshaftung wegen eines existenzvernichtenden Eingriffs.[54] Eine Haftung wegen Insolvenzverschleppung ist dagegen ihrer Funktion nach insolvenzrechtlich einzuordnen.[55] Die Regelungen über die Nachrangigkeit kapitalersetzender Gesellschafterdarlehen nach § 32a GmbHG aF., § 39 Abs. 1 Nr. 5 InsO aF sind ebenso als insolvenzrechtliche Bestimmungen zu qualifizieren.[56] Zwischenzeitlich hat der Gesetzgeber durch die Einführung des § 5a GmbHG idF. des Gesetzes zur Modernisierung des GmbH-Rechts und zur Verhinderung von Missbräuchen (MoMiG) vom 23.10.2008 (BGBl. I S. 2026) auf die Problematik reagiert und die Möglichkeit geschaffen, eine Gesellschaft zu gründen, die mit einem Stammkapital gegründet wird, das den Betrag des Mindeststammkapitals nach § 5 Abs. 1 GmbHG unterschreitet. In diesem Fall muss in der Firma abweichend von § 4 GmbHG die Bezeichnung **„Unternehmergesellschaft (haftungsbeschränkt)"** oder **„UG (haftungsbeschränkt)"** geführt werden. Ferner ist die Problematik dadurch entschärft worden, dass die Insolvenzantragspflicht nunmehr rechtsformübergreifend in § 15a Abs. 1 Satz 1 geregelt ist.

Zumindest für Gesellschaften aus dem EU-Ausland gilt nach der Rechtsprechung des EuGH[57] die **17c** Gründungstheorie, auch wenn es grundsätzlich den Herkunftsstaaten freisteht, die Voraussetzungen festzulegen, die eine Gesellschaft erfüllen muss, um als eine nach seinem Recht gegründete Gesellschaft die Niederlassungsfreiheit zu erlangen und zu erhalten.[58] Entsprechendes gilt für Staaten, mit denen Deutschland bilaterale Abkommen geschlossen hat, nach denen das Recht des Gründungsstaats anzuerkennen ist (zB USA).[59] Für Gesellschaften aus sonstigen Staaten kann dagegen auch weiterhin die Sitztheorie zur Anwendung kommen, weil diese sich auf die Niederlassungsfreiheit nicht berufen können.[60] Dies hätte etwa zur Folge, dass eine im Ausland gegründete juristische Person nach deutschem Recht als offene Handelsgesellschaft oder Gesellschaft bürgerlichen Rechts anzusehen wäre.[61] Die Anwendung der Sitztheorie auf **Gesellschaften aus Nicht-EU-Staaten** würde allerdings zu einer erheblichen Verkomplizierung der Rechtslage führen.[62] Zweifelhaft wäre etwa, ob die Sitztheorie auch dann zur Anwendung kommen könnte, wenn ein Gesellschafter aus einem EU-Staat an der Gesellschaft beteiligt ist. Die **Sitztheorie** sollte daher insgesamt zugunsten der Gründungstheorie **aufgegeben werden**.[63] Praktisch relevant wird dies insbesondere für die Frage, ob die Gesellschafter persönlich für die Gesellschaftsverbindlichkeiten haften (s.o. RdNr. 17b).

III. Verein, Stiftung

1. Rechtsfähiger Verein (§§ 21, 22 BGB). Die Insolvenzfähigkeit des rechtsfähigen Vereins **18** folgt aus § 11 Abs. 1 Satz 1. Dieser stellt die „Urform" der juristischen Person dar. Er ist als solcher

---

[51] *Eidenmüller,* Ausländische Kapitalgesellschaften, § 9 RdNr. 25 ff. mwN.
[52] Dazu *Eidenmüller* NJW 2005, 1618, 1620, 1621; s. w. *Goette* DStR 2005, 197, 200.
[53] *Triebel/Otte/Kimpel* BB 2005, 1233, 1237.
[54] *Eidenmüller* NJW 2005, 1618, 1620.
[55] *Eidenmüller* NJW 2005, 1618, 1620 f.; *ders.,* Ausländische Kapitalgesellschaften, § 9 RdNr. 25 ff.; *Goette* DStR 2005, 197, 200; *Vallender* ZGR 2006, 425, 455; aA *Triebel/Otte/Kimpel* BB 2005, 1233, 1237 mwN; *Mock/Schildt* NZI 2003, 442; *dies.* ZInsO 2003, 396, 399.
[56] BGH NJW 2011, 3784, 3786 ff. mwN zum Streitstand; iE zustimmend *Schall* NJW 2011, 3745 ff.
[57] EuGH Slg. 1999, I-1459 = NJW 1999, 2027 (Centros); EuGH Slg. 2002, I-9919 = NJW 2002, 3614 (Überseering); EuGH Slg. 2003, I-10 155 = NJW 2003, 3331 (Inspire Art); AG Bad Segeberg NZI 2005, 411.
[58] EuGH Slg. 1988, I-5483 = NJW 1989, 2186 (Daily Mail); EuGH Slg. 2008, I-9641 = ZIP 2009, 24 (Cartesio); s. hierzu BGH WM 2011, 1808 ff.
[59] Vgl. BGHZ 153, 353, 356 f. = NJW 2003, 1607; BGH NJW 2004, 2731; BGH ZIP 2004, 2230, 2231. Zur Anerkennung des Gründungsstatuts gegenüber dem Fürstentum Liechtenstein BGH ZIP 2005, 1869. Zur entsprechenden Privilegierung von Gesellschaften, die nach schweizerischem Recht gegründet wurden OLG Hamm ZIP 2006, 1822.
[60] S. für eine in der Schweiz gegründete Aktiengesellschaft BGHZ 178, 192 = NJW 2009, 289.
[61] S. hierzu OLG Zweibrücken NJW-RR 2001, 341 (in Costa Rica gegründete GmbH).
[62] *Haas/Holler* DStR 2003, 1314 f.; *Paulus* EWiR 2001, 233, 234. Diese Verkomplizierung der Rechtslage hat eine verfassungsrechtliche Dimension, weil es zu einer Ungleichbehandlung von Gesellschaften aus Nicht-EU-Staaten und solchen aus EU-Staaten käme (Art. 3 Abs. 1 GG); bei einer Benachteiligung von Inländern, die sich ebenfalls nicht auf die EG-Grundfreiheiten berufen können, wird eine verfassungsrechtliche Pflicht des Heimatstaats zu einer Gleichbehandlung diskutiert (sog. Inländerdiskriminierung), vgl. hierzu eingehend *Epiney;* dies ließe sich auf Gesellschaften aus dem Nicht-EU-Ausland übertragen.
[63] AG Ludwigsburg ZIP 2006, 1507 ff.; anders BGHZ 178, 192 = NJW 2009, 289; BGH WM 2011, 1808 ff.

Träger von Rechten und Pflichten und aktiv sowie passiv parteifähig (§ 50 Abs. 1 ZPO). Das Vereinsvermögen ist vom Vermögen der Mitglieder rechtlich strikt getrennt. Für Schulden des Vereins haftet allein das Vereinsvermögen; eine Mithaftung der Mitglieder mit ihrem Vermögen setzt einen besonderen Rechtsgrund voraus.[64] Eine solche Haftung kommt außer in den Fällen einer besonderen vertraglich übernommenen Verpflichtung einzelner Mitglieder und einer eigenen Haftung von Mitgliedern aus culpa in contrahendo (§ 311 Abs. 2 BGB) oder Delikt ausnahmsweise auch in den Fällen der **Durchgriffshaftung** in Betracht, wenn die Rechtsform der juristischen Person missbraucht wird oder die Berufung auf die rechtliche Selbständigkeit gegen Treu und Glauben verstößt.[65] Eine Durchgriffshaftung kommt auch bei einem existenzvernichtenden Eingriff durch Vermögensentzug in Betracht; die dazu von der neueren Rechtsprechung des BGH für die GmbH entwickelten Grundsätze[66] sind auch auf andere juristische Personen anwendbar.[67] Dies stellt aber die grundsätzliche **Vermögenstrennung** nicht in Frage. Der Insolvenzfähigkeit des Vereins entspricht mithin seine vermögens- und haftungsrechtliche Abgrenzung gegenüber dem Vermögen und den Gläubigern der einzelnen Mitglieder. Für die Eröffnung des Insolvenzverfahrens gelten die allgemeinen Voraussetzungen (§§ 17 bis 19). Den Antrag auf Eröffnung des Insolvenzverfahrens hat der Vorstand zu stellen.

19   **2. Stiftung (§ 80 BGB).** Die Stiftung im Sinne der §§ 80 ff. BGB ist juristische Person und als solche auch insolvenzfähig, § 11 Abs. 1 Satz 1. Sie ist eine rechtsfähige, nicht verbandsmäßig organisierte Einrichtung, die einen vom Stifter bestimmten **Zweck** mit Hilfe eines dazu bestimmten Vermögens dauernd fördern soll.[68] Das Vermögen der Stiftung ist rechtlich verselbstständigt. Für die Verbindlichkeiten der Stiftung haftet nur das Stiftungsvermögen. Im Unterschied dazu weist die **unselbstständige Stiftung** keine eigene Rechtspersönlichkeit und damit auch kein rechtlich verselbstständigtes Vermögen auf; vielmehr handelt es sich hierbei um ein auf einen **Treuhänder** zur Verwaltung entsprechend dem Stiftungszweck übertragenes Vermögen.[69] Dieses Treuhandvermögen ist ein vom übrigen Vermögen des Treuhänders kraft der treuhänderischen Bindung getrenntes Sondervermögen, über das ein selbstständiges Insolvenzverfahren nicht durchgeführt werden kann. Das Vermögen der unselbstständigen Stiftung ist rechtlich zunächst Teil des Vermögens des Treuhänders als Vermögensträger,[70] jedoch hat der Stifter als wirtschaftlicher Eigentümer in der Insolvenz des Vermögensträgers ein Aussonderungsrecht.[71] In der Insolvenz des Stifters erlischt das Treuhandverhältnis gem. §§ 115, 116; der Treuhänder muss das Erlangte an die Masse herausgeben.[72]

20   **3. Nichtrechtsfähiger Verein (§ 54 BGB).** Der nicht rechtfähige Verein (§ 54 BGB) ist insolvenzfähig, § 11 Abs. 1 Satz 2. Zwar ist durch diese Bestimmung nicht die materielle Rechtslage präjudiziert. Die Gleichstellung mit den juristischen Personen entspricht aber der typischen Struktur[73] und der weitgehenden rechtlichen Verselbstständigung auch des nicht rechtsfähigen Vereins.[74] Er ist aktiv und passiv parteifähig (§ 50 Abs. 2 n.F. ZPO).[75] Dies entspricht der Anerkennung der Rechts- und Parteifähigkeit der BGB-Gesellschaft (dazu näher u. RdNr. 49). Der i. S. d. § 54 Satz 1 BGB nicht rechtsfähige Verein ist insolvenz- und vollstreckungsfähig.[76] Damit erlangt der nicht rechtsfähige Verein über das BGB-Gesellschaftsrecht, auf die § 54 Satz 1 BGB verweist, letztlich

---

[64] Palandt/*Ellenberger* BGB Einf. v. § 21 RdNr. 12.
[65] Palandt/*Ellenberger* BGB Einf. v. § 21 RdNr. 12; MünchKommBGB-*Reuter* Vor § 21 RdNr. 22 ff.; *Kübler/Assmann*, Gesellschaftsrecht, § 24 II 3, III 1; Jaeger/*Ehricke* InsO § 11 RdNr. 34.
[66] BGHZ 149, 10 = NJW 2001, 3622; BGHZ 150, 61 = NJW 2002, 1803; BGH NZG 2005, 214; BGH NJW 2006, 1344.
[67] Palandt/*Ellenberger* BGB Einf. v. § 21 RdNr. 12.
[68] Palandt/*Ellenberger* BGB Vor § 80 RdNr. 5; BayObLG NJW 1973, 249. Eingehend zur Insolvenzfähigkeit der Stiftung *Bach/Knof* ZInsO 2005, 729.
[69] Nerlich/Römermann/*Mönning* InsO § 11 RdNr. 64; Palandt/*Ellenberger* BGB Vor § 80 RdNr. 10; *Wochner* ZEV 1999, 125; 87 ff.; Staudinger/*Rawert* BGB Vor §§ 80 ff. RdNr. 151 ff.; Jaeger/*Ehricke* InsO § 11 RdNr. 38; *Bach/Knof* ZInsO 2005, 729, 734 f.
[70] HKInsO-*Kirchhof* § 11 RdNr. 12; Kübler/Prütting/Bork/*Prütting* InsO § 11 RdNr. 57.
[71] MünchKommBGB-*Reuter* Vor § 80 RdNr. 90.
[72] *Bach/Knof* ZInsO 2005, 729, 734 f.
[73] Dazu *Schöpflin*, Der nichtrechtsfähige Verein, S. 143 ff., 180 ff.; *Bergmann* ZGR 2005, 654 ff.; Jaeger/*Ehricke* InsO § 11 RdNr. 36.
[74] *Hess* InsO § 11 RdNr. 18; *Häsemeyer*, Insolvenzrecht, RdNr. 31.74; MünchKommBGB-*Reuter* § 54 RdNr. 15 ff.
[75] Einbeziehung der aktiven Parteifähigkeit in § 50 Abs. 2 n.F. ZPO durch VerRÄndG v. 24.9.2009, BGBl I S. 3145.
[76] Palandt/*Ellenberger* BGB § 54 RdNr. 11.

Rechtsfähigkeit.[77] Der nicht rechtsfähige Verein ist hinsichtlich der Vermögenszuordnung nach bisher hM demgegenüber eine Gesamthand, die wie die Gesamthandsgesellschaften fähig ist, Träger von Rechten und Pflichten zu sein;[78] das Vermögen gehört nicht den Mitgliedern, sondern dem Verein.[79] Zur Zwangsvollstreckung in das Vermögen des Vereins genügt dementsprechend ein gegen den Verein ergangenes Urteil (§ 735 ZPO). Für Verbindlichkeiten des Vereins haftet nur das Vereinsvermögen, nicht aber die Mitglieder mit ihrem Privatvermögen.[80]

Die Abgrenzung zwischen nicht rechtsfähigem Verein und Gesellschaft des bürgerlichen Rechts ist insolvenzrechtlich bedeutungslos geworden, nachdem nunmehr auch letztere insolvenzfähig ist (§ 11 Abs. 2 Nr. 1; u. RdNr. 49).[81]

IV. GmbH

1. Insolvenzfähigkeit der GmbH. Die GmbH ist juristische Person (§ 13 Abs. 1 GmbHG). Daraus folgt die strikte Trennung von Gesellschaftsvermögen und Vermögen der Gesellschafter. Demgemäß findet über das Vermögen der GmbH ein selbstständiges Insolvenzverfahren statt, wie dies auch nach bisherigem Recht der Fall war (§§ 63 Abs. 2 GmbHG, 207 Abs. 2, 208 KO). Für die Insolvenzgründe gelten die allgemeinen Bestimmungen der §§ 17 bis 19. Antragsberechtigt ist außer den Gläubigern jedes Mitglied des Vertretungsorgans (§ 15 Abs. 1; näher dazu dort RdNr. 14). Entsprechendes gilt für die **„Unternehmergesellschaft (haftungsbeschränkt)"**. Abweichend von § 49 Abs. 3 GmbHG muss die Versammlung der Gesellschafter bei drohender Zahlungsunfähigkeit unverzüglich einberufen werden (§ 5a Abs. 4 GmbHG).

Die GmbH entsteht erst mit der **Eintragung in das Handelsregister.** Vor diesem Zeitpunkt besteht die GmbH als solche nicht, § 11 Abs. 2 GmbHG. Jedoch können schon vor der Eintragung verselbstständigte Vermögensmassen entstehen, die Gegenstand eines Insolvenzverfahrens sein können (s. dazu o. RdNr. 14 und die folgende RdNr.).

2. Rechtsverhältnisse der Vor-GmbH. Die Vor-GmbH ist als solche insolvenzfähig.[82] Dies ergibt sich daraus, dass sie selbstständig Trägerin von Rechten und Pflichten sein kann[83] und damit auch schon vor Eintragung der Gesellschaft ein **rechtlich verselbstständigtes Vermögen** vorliegt. Insbesondere kann die Vor-GmbH auch Trägerin eines Unternehmens sein.[84] Das Insolvenzverfahren erstreckt sich nur auf das Vermögen der Vor-GmbH, nicht auf das Vermögen ihrer Gesellschafter. Die strikte **Trennung von Gesellschaftsvermögen und Vermögen der Gesellschafter** gilt auch im Stadium der Vorgesellschaft. Mit der Eintragung der Gesellschaft geht das Vermögen der Vor-GmbH ohne weiteren Rechtsakt auf die GmbH über.[85] Der Übergang umfasst auch sämtliche Verbindlichkeiten, die von der Vor-GmbH eingegangen oder begründet worden sind; eine Beschränkung des Übergangs auf Verbindlichkeiten, die mit der Herbeiführung der Eintragung im Zusammenhang stehen oder von der Satzung vorgesehen waren oder schließlich von der eingetrage-

---

[77] *K. Schmidt* NJW 2001, 993, 996; *Derleder* BB 2001, 2485, 2487 („absurde Logik"); krit. *Heil* NZG 2001, 300, 302; and. *Hadding* ZGR 2001, 712, 718; *Jaeger/Ehricke* InsO § 11 RdNr. 36.
[78] *K. Schmidt*, Gesellschaftsrecht, § 25 II 1a; *Schöpflin*, Der nichtrechtsfähige Verein, S. 96 ff., 99 ff., 313 ff. (Rechtsverkehrsfähigkeit des nicht rechtsfähigen Vereins); *Jaeger/Ehricke* InsO § 11 RdNr. 36; *Kübler/Assmann*, Gesellschaftsrecht, § 11 I 1, and. III 1: rechtsfähige gesamthänderische Personenvereinigung.
[79] *K. Schmidt*, Gesellschaftsrecht, § 25 II 1 a.
[80] AllgM, *Kübler/Assmann*, Gesellschaftsrecht, § 11 III 3; *K. Schmidt*, Gesellschaftsrecht, § 25 III 1, 2; Palandt/*Ellenberger* BGB § 54 RdNr. 12; *Reichert*, Handbuch des Vereins- und Verbandsrechts, RdNr. 4784; Kübler/Prütting/Bork/*Prütting* InsO § 11 RdNr. 24; Nerlich/Römermann/*Mönning* InsO § 11 RdNr. 58; vgl. BGHZ 50, 325 = NJW 1968, 1830; *Häsemeyer*, Insolvenzrecht, RdNr. 31.75.
[81] *Noack*, Gesellschaftsrecht, RdNr. 680.
[82] AllgM., vgl. BGH BB 2003, 2477; BayObLG NJW 1965, 2254; OLG Nürnberg AG 1967, 362, 363; *Geißler* DZWIR 2009, 52 ff.; Uhlenbruck/*Hirte* InsO § 11 RdNr. 37; *K. Schmidt*, Gesellschaftsrecht, § 34 III 3a; HK-GmbHR/*Bartl* § 11 RdNr. 7; Scholz/*K. Schmidt* GmbHG § 11 RdNr. 35; Hachenburg/*Ulmer* GmbHG § 11 RdNr. 50; Baumbach/*Hueck* GmbHG § 11 RdNr. 17; MünchKommAktG-*Pentz* § 41 RdNr. 52; *Jaeger/Ehricke* InsO § 11 RdNr. 42; Kübler/Prütting/Bork/*Prütting* InsO § 11 RdNr. 19.
[83] BGHZ 80, 129, 132 = NJW 1981, 1373; BGH NJW 1998, 1079 (aktive Parteifähigkeit der Vor-GmbH).
[84] *K. Schmidt*, Gesellschaftsrecht, § 34 III 3a; *ders.*, Handelsrecht, § 5 I 3; *ders.* NJW 1981, 1345; Scholz/*K. Schmidt* GmbHG § 11 RdNr. 29; *Kübler/Assmann*, Gesellschaftsrecht, § 25 II 3a; Baumbach/*Hueck* GmbHG § 11 RdNr. 13; Lutter/*Hommelhoff* GmbHG § 11 RdNr. 3; Rowedder/Rittner/Schmidt-Leithoff GmbHG § 11 RdNr. 73; s.a. BGHZ 80, 129, 139 = NJW 1981, 1373.
[85] BGHZ 45, 338, 342 = NJW 1966, 1311; BGHZ 80, 129, 139 = NJW 1981, 1373; BGHZ 105, 300, 303 = NJW 1989, 710; *Kübler/Assmann*, Gesellschaftsrecht, § 25 II 3 c; *K. Schmidt*, Gesellschaftsrecht, § 34 III 4a; Baumbach/*Hueck* GmbHG § 11 RdNr. 56; Lutter/*Hommelhoff* GmbHG § 11 RdNr. 126; Scholz/*K. Schmidt* GmbHG § 11 RdNr. 133.

nen GmbH genehmigt wurden, findet seit der **Aufgabe des sog. Vorbelastungsverbots** durch die Rechtsprechung[86] nicht mehr statt.[87]

25   Die Vor-GmbH wird durch ihre Geschäftsführer vertreten.[88] Die Geschäftsführer der Vor-GmbH sind berechtigt, den Antrag auf Eröffnung des Insolvenzverfahrens über das Vermögen der werdenden GmbH zu stellen.[89] Die **Insolvenzantragspflicht** gem. § 64 Abs. 1 GmbHG trifft auch den oder die Geschäftsführer der Vor-GmbH in entsprechender Anwendung.[90] Nicht gefolgt werden kann der Ansicht, die Bestimmung des § 64 Abs. 1 GmbHG sei auf die Vor-GmbH nicht entsprechend anwendbar, weil der Zweck der Antragspflicht, nämlich der Schutz der Gläubiger im Falle der Überschuldung der GmbH, wegen der persönlichen Haftung der Vorgesellschafter nicht eingreife.[91] Ob eine Überschuldung der Vor-GmbH vorliegt, bestimmt sich allein nach deren Vermögensverhältnissen. Das Eigenvermögen der Gesellschafter bleibt auch insoweit außer Betracht. Die Gesellschafter der Vor-GmbH unterliegen einer der Höhe nach unbegrenzten **Verlustdeckungshaftung;** diese ist grundsätzlich als **Innenhaftung** ausgestaltet.[92] Danach haften die Gesellschafter der Vor-GmbH bis zur Eintragung für die Verbindlichkeiten der Vor-GmbH der Höhe nach unbeschränkt.[93] Die Ansprüche gegen die Gesellschafter stehen der Vor-GmbH zu; sie gehören zu ihrem Vermögen und sind vom Geschäftsführer geltend zu machen.[94] Diese Ansprüche sind gem. § 246 HGB zu aktivieren und sind demgemäß für den Tatbestand der Überschuldung von Bedeutung.[95] Sie fallen bei Eröffnung des Insolvenzverfahrens in die Insolvenzmasse.[96] Ein direkter Zugriff der Gläubiger auf die Gesellschafter kommt ausnahmsweise bei der Ein-Mann-GmbH oder bei der vermögenslosen Vor-GmbH[97] sowie dann in Betracht, wenn die Gesellschafter die Eintragungsabsicht aufgeben (sog. unechte Vorgesellschaft).[98] Auch in diesem Fall sind die Verlustdeckungsansprüche gegen die Gesellschafter **Aktiva der Vor-GmbH.** Bedeutung erlangt die Haftung der Gründungsgesellschafter in der Regel nur in der Insolvenz der Vor-GmbH.[99]

26   **3. GmbH & Co. KG.** Bei dieser Gesellschaftsform handelt es sich der organisatorischen Struktur nach um eine Körperschaft, der Rechtsform nach aber um eine Personengesellschaft. Die Insolvenz-

---

[86] BGHZ 80, 129 = NJW 1981, 1373; BGHZ 105, 300 = NJW 1989, 710; das Vorbelastungsverbot war demgegenüber im Anschluss an die Rechtsprechung des RG zunächst auch vom BGH vertreten worden, BGHZ 17, 385 = NJW 1955, 1229; BGHZ 53, 210 = NJW 1970, 806; BGHZ 65, 378 = NJW 1976, 419.
[87] AllgM, *K. Schmidt,* Gesellschaftsrecht, § 34 III 3b bb; Baumbach/*Hueck* GmbHG § 11 RdNr. 61; *Lutter/Hommelhoff* GmbHG § 11 RdNr. 3, 20; *Roth/Altmeppen* GmbHG § 11 RdNr. 9 ff.; *Rowedder/Rittner/Schmidt-Leithoff* GmbHG § 11 RdNr. 25 ff.; Scholz/*K. Schmidt* GmbHG § 11 RdNr. 36 ff.; *Raiser,* Kapitalgesellschaften, § 26 RdNr. 95.
[88] *K. Schmidt,* Gesellschaftsrecht, § 34 III 3 b.
[89] *Kuhn/Uhlenbruck* KO Vorbem. D § 207 RdNr. 5.
[90] Hachenburg/*Ulmer* GmbHG § 64 RdNr. 4, § 63 RdNr. 3; *Rowedder* GmbHG § 64 RdNr. 4; Scholz/*K. Schmidt* GmbHG § 64 RdNr. 2; Baumbach/Hueck/*Schulze-Osterloh* GmbHG § 64 RdNr. 2; Uhlenbruck/*Hirte* InsO § 11 RdNr. 41; *Deutsch/Körner* wistra 1996, 8, 10 f.; *Lutter/Hommelhoff* GmbHG § 11 RdNr. 6; *Noack,* Gesellschaftsrecht, RdNr. 243; *Geißler* DZWIR 2009, 52 ff.; aA *Roth/Altmeppen* GmbHG § 64 RdNr. 2; *Altmeppen* ZIP 1997, 273; zur KGaA s. *R. Siebert* ZInsO 2004, 773 ff.
[91] *Altmeppen* ZIP 1997, 273 ff.; ihm folgend *Hess* InsO § 11 RdNr. 69; wie hier *Jaeger/Ehricke* InsO § 11 RdNr. 44.
[92] BGHZ 134, 333 = NJW 1997, 1507; BGHZ 152, 290 = NJW 2003, 429; LAG Köln ZIP 1997, 1921; LSG Baden-Württemberg ZIP 1997, 1651; *Ulmer* ZIP 1996, 733; *Lutter* JuS 1998, 1073; *Kort* ZIP 1996, 109; *Kübler/Assmann,* Gesellschaftsrecht, § 25 III 1c cc; *Lutter/Hommelhoff* GmbHG § 11 RdNr. 3, 20; *Roth/Altmeppen* GmbHG § 11 RdNr. 46; *Rowedder/Rittner/Schmidt-Leithoff* GmbHG § 11 RdNr. 89 f.; Scholz/*K. Schmidt* GmbHG § 11 RdNr. 79 ff.; krit. *Altmeppen* NJW 1997, 1509 und 3272; *Michalski/Barth* NZG 1998, 525, 526; *K. Schmidt* ZIP 1997, 671; *ders.,* Gesellschaftsrecht, § 34 III 3 c; *Wilhelm* DB 1996, 461, 462; *ders.* DStR 1998, 457.
[93] Nach Eintragung der GmbH setzt sich diese Haftung als Vorbelastungs- bzw. Unterbilanzhaftung fort, BGHZ 80, 129, 141 = NJW 1981, 1373; BGHZ 105, 300 = NJW 1989, 710; BGHZ 124, 282 = NJW 1994, 724; Baumbach/*Hueck* GmbHG § 11 RdNr. 61; *Lutter/Hommelhoff* GmbHG § 11 RdNr. 3, 20; *Roth/Altmeppen* GmbHG § 11 RdNr. 9 ff.; *Rowedder/Rittner/Schmidt-Leithoff* GmbHG § 11 RdNr. 25 ff.; Scholz/*K. Schmidt* GmbHG § 11 RdNr. 36 ff.
[94] *Altmeppen* ZIP 1997, 273 f.
[95] *Altmeppen* ZIP 1997, 273.
[96] BGHZ 134, 333, 342 = NJW 1997, 1507; *Noack,* Gesellschaftsrecht, RdNr. 247.
[97] BGHZ 134, 333, 341 = NJW 1997, 1507; BGHZ 152, 290 = NJW 2003, 429, 430.
[98] BGHZ 152, 290, 294 = NJW 2003, 429; OLG Hamm DB 2006, 2287; *Kübler/Assmann,* Gesellschaftsrecht, § 25 III 1c cc; offen gelassen von BGHZ 134, 333, 341 = NJW 1997, 1507; Beck GmbH-HB/*Schwaiger* § 2 RdNr. 34. Das BayObLG (GmbHR 1992, 108) hat entschieden, dass die Eintragung abgelehnt werden kann, wenn sich im Rahmen der Amtsermittlung herausstellt, dass zwischen Anmeldung und Eintragung erhebliche Vorbelastungen eingetreten sind und die daraus resultierenden Ansprüche der GmbH gegen die Gesellschafter nicht durchsetzbar sind.
[99] BGHZ 134, 333, 341 f. = NJW 1997, 1507.

fähigkeit folgt aus § 11 Abs. 2 Nr. 1. Die für die KG geltenden Vorschriften gelten auch für die GmbH & Co. KG. Insbesondere gilt das Trennungsprinzip in Bezug auf das Vermögen der Gesellschafter und das der Gesellschaft auch im Verhältnis der GmbH zur KG; die Insolvenz der KG erfasst nicht unmittelbar die GmbH, wird aber wegen deren unbeschränkter Haftung für die Gesellschaftsverbindlichkeiten gem. § 128 HGB die Insolvenz der GmbH regelmäßig nach sich ziehen (sog. **Simultaninsolvenz**). Mit Eröffnung des Insolvenzverfahrens über das Vermögen der Komplementär-GmbH scheidet diese gem. §§ 161 Abs. 2, 131 Abs. 3 Nr. 2 HGB aus der KG aus. Ist lediglich ein weiterer Gesellschafter vorhanden, führt dies zu einer Vollbeendigung der Gesellschaft, weil sich sämtliche Anteile in einer Hand vereinigen. Dies führt jedoch nicht dazu, dass das Insolvenzverfahren über das Vermögen der KG unzulässig wird; vielmehr findet ein **Partikularinsolvenzverfahren** über das Vermögen des verbleibenden Gesellschafters statt, weil gem. § 11 Abs. 3 die Insolvenzfähigkeit bis zur vollständigen Verteilung des Gesellschaftsvermögens fortbesteht (s.u. RdNr. 71b). Einer teleologischen Reduktion der §§ 161 Abs. 2, 131 Abs. 3 Nr. 2 HGB bedarf es daher nicht.[100]

V. Aktiengesellschaft

1. Insolvenz der AG. Die Aktiengesellschaft als juristische Person ist insolvenzfähig (§ 11 Abs. 1). Für die Insolvenzgründe gelten die allgemeinen Bestimmungen der §§ 17 bis 19. Antragsberechtigt ist außer den Gläubigern jedes Mitglied des Vertretungsorgans (§ 15 Abs. 1; näher dazu dort RdNr. 12).

2. Insolvenz im Stadium der Entstehung. Die AG entsteht als solche, d. h. als Organisation mit eigener Rechtspersönlichkeit, erst mit Eintragung in das Handelsregister, § 41 Abs. 1 AktG. In der Phase der Entstehung sind **Vorgründungs- und Vorgesellschaft** zu unterscheiden. Hinsichtlich deren rechtlicher Einordnung und Insolvenzfähigkeit gelten die allgemeinen Grundsätze, s.o. RdNr. 14. Die Vorgesellschaft der AG ist als ein selbstständiges Rechtsgebilde mit eigenem Vermögen anerkannt[101] und als solches insolvenzfähig. Im Übrigen kann auf die Ausführungen zur Vor-GmbH verwiesen werden, s.o. RdNr. 24 f.

3. Auflösung der Gesellschaft. Die wesentlichen Auflösungsgründe der AG werden in § 262 AktG aufgeführt. Dazu gehören Zeitablauf, Hauptversammlungsbeschluss, Eröffnung des Insolvenzverfahrens, Ablehnung der Insolvenzeröffnung mangels Masse und Feststellung von Satzungsmängeln. Durch die Auflösung ändert sich der Zweck der AG von der Gewinnerzielung durch den Betrieb des Gesellschaftsunternehmens in den **Zweck der Abwicklung**.[102] Die AG behält bis zur vollständigen Abwicklung ihre Rechtsfähigkeit[103] und ist folglich auch dann insolvenzfähig, wenn Auflösungsgrund nicht die Eröffnung des Insolvenzverfahrens ist.

4. Nichtigkeit der AG. Gem. § 275 Abs. 1 AktG kann jeder Aktionär und jedes Vorstands- oder Aufsichtsratsmitglied darauf klagen, dass die Gesellschaft für nichtig erklärt werde, wenn die Satzung keine Bestimmung über die Höhe des Grundkapitals enthält oder der Gegenstand des Unternehmens nicht bestimmt oder nichtig ist. Eine nach § 275 AktG für nichtig erklärte Aktiengesellschaft wird durch die Nichtigerklärung nicht beendet, sondern muss gem. § 277 Abs. 1 AktG nach den Vorschriften über die **Abwicklung** (§§ 264 ff. AktG) abgewickelt werden. Danach bleibt die AG als juristische Person bis zur **Vollbeendigung** bestehen.[104] Bis zur endgültigen Verteilung aller Vermögenswerte ist die für nichtig erklärte AG daher insolvenzfähig.[105]

5. Verschmelzung und Spaltung. Umwandlung. Die Verschmelzung stellt die rechtliche Vereinigung des Vermögens mehrerer Rechtsträger ohne Abwicklung dar (§ 2 Abs. 1 UmwG). Dies ist möglich im Wege der **Verschmelzung durch Aufnahme** durch Übertragung des Vermögens eines Rechtsträgers oder mehrerer Rechtsträger als Ganzes auf einen anderen bestehenden Rechtsträger (§ 2 Abs. 1 Nr. 1 UmwG) oder durch Übertragung des Vermögens auf einen neuen, dadurch gegründeten Rechtsträger (**Verschmelzung durch Neugründung,** § 2 Abs. 1 Nr. 2 UmwG). Mit der **Eintragung** der Verschmelzung in das Register geht das Vermögen der übertragenden Rechtsträger auf den übernehmenden Rechtsträger über (§ 20 Abs. 1 Nr. 1 UmwG); die übertragenden

---

[100] Dafür aber *K. Schmidt* GmbHR 2002, 1209, 1213 f.; *ders.* ZIP 2008, 2337 f.; Kübler/Prütting/Bork/*Prütting* InsO § 11 RdNr. 37; wie hier *Reiswich* ZInsO 2010, 1809 ff.; zutreffend BVerwG ZInsO 2011, 1891 ff.; Gundlach/Frenzel/*N. Schmidt* DStR 2004, 1658, 1660 f.; Gundlach/*N. Schmidt*/Schirrmeister DZWIR 2004, 449 ff.; eingehend zum Ganzen Bork/*Jacoby* ZGR 2005, 611 ff.
[101] BGHZ 117, 323, 326 = NJW 1992, 1824.
[102] *Hüffer* AktG § 262 RdNr. 2.
[103] Nerlich/Römermann/*Mönning* InsO § 11 RdNr. 17.
[104] *Hüffer* AktG § 277 RdNr. 3.
[105] *Hess* InsO § 11 RdNr. 39; Jaeger/*Ehricke* InsO § 11 RdNr. 49; Jaeger/*Weber* KO §§ 207, 208 RdNr. 1.

Rechtsträger erlöschen (§§ 20 Abs. 1 Nr. 2, 36 Abs. 1 UmwG). Damit endet die **Insolvenzfähigkeit** des übertragenden Rechtsträgers.[106] Insolvenzfähig ist der aufnehmende bzw. neu entstehende Rechtsträger. Als Teil des Vermögens gehen auch die **Verbindlichkeiten** des bisherigen Rechtsträgers auf den aufnehmenden bzw. neuen Rechtsträger über (§ 20 Abs. 1 Nr. 1 UmwG). Die Gläubiger müssen deshalb ihre Forderungen gegen diesen geltend machen und nehmen ggfs. an dem Insolvenzverfahren über dessen Vermögen teil.[107]

32   Bei der **Spaltung** wird das gesamte Vermögen eines Rechtsträgers aufgespalten und auf mehrere Rechtsträger übertragen, die entweder schon bestehen oder im Zuge der Spaltung neu gegründet werden (§ 123 Abs. 1 UmwG), oder es wird vom Vermögen eines Rechtsträgers ein Teil oder mehrere Teile abgespalten und auf bestehende oder neu gegründete Rechtsträger übertragen (§ 123 Abs. 2 UmwG). Unter die Spaltung fällt auch die **Ausgliederung** eines Unternehmensteils auf einen anderen Rechtsträger (§ 123 Abs. 3 UmwG). In allen Fällen findet die Spaltung statt gegen **Gewährung von Anteilen oder Mitgliedschaftsrechten** an den übernehmenden oder neu gegründeten Rechtsträgern als Entschädigung der Anteilseigner für den Verlust ihrer bisherigen Beteiligungen. Nur bei der **Aufspaltung erlischt** der übertragende Rechtsträger (§ 131 Abs. 1 Nr. 2 UmwG), so dass nur die aufnehmenden Rechtsträger als insolvenzfähig verbleiben. Bei **Abspaltung und Ausgliederung** bleibt der Rechtsträger als **insolvenzfähig** bestehen. Den Schutz der Gläubiger bezweckt § 133 UmwG, der eine gesamtschuldnerische Haftung der an der Spaltung beteiligten Rechtsträger für vor der Spaltung bei einem Rechtsträger begründete Verbindlichkeiten anordnet.

33   Die **Vermögensübertragung** (§ 174 UmwG) ist ein Sondertatbestand, der die Übertragung von Kapitalgesellschaften unter Auflösung ohne Abwicklung auf den Bund, ein Land, eine Gebietskörperschaft sowie zwischen Versicherungsunternehmen verschiedener Rechtsformen ermöglicht. Als Vollübertragung entspricht die Vermögensübertragung der Verschmelzung, als Teilübertragung der Spaltung. Sofern auf den Bund oder ein Land übertragen wird, ist hinsichtlich der Insolvenzfähigkeit § 12 Abs. 1 Nr. 1 zu beachten.

34   Durch den **Formwechsel** kann ein Rechtsträger eine andere Rechtsform erhalten (§ 190 Abs. 1 UmwG). Die **Identität** des bestehenden Rechtsträgers bleibt erhalten; er besteht in der neuen Rechtsform weiter (§ 202 Abs. 1 Nr. 1 UmwG). Der Rechtsträger bleibt folglich in seiner neuen Rechtsform insolvenzfähig.[108] Die Insolvenzfähigkeit bestimmt sich nach der neuen Rechtsform.[109]

35   **6. Konzern.** Die in einem Konzern verbundenen Unternehmen bleiben rechtlich selbstständig (§ 15 Abs. 1 AktG). Ein einheitliches Insolvenzverfahren über das Vermögen der verbundenen Unternehmen findet daher nicht statt.[110]

VI. Kommanditgesellschaft auf Aktien

36   **1. Insolvenzfähigkeit der KGaA.** Die KGaA ist juristische Person (§ 287 Abs. 1 AktG) und als solche insolvenzfähig, § 11 Abs. 1. Sie stellt eine Mischform aus personen- und kapitalgesellschaftsrechtlichen Strukturen dar. Sie hat ein **eigenes, verselbstständigtes Vermögen,** das für die Verbindlichkeiten der Gesellschaft haftet. Daneben haftet zumindest ein Gesellschafter persönlich, der auch eine juristische Person sein kann.[111] Hinsichtlich der **Vermögensträgerschaft** folgt sie jedoch dem Recht der AG. Die Einlagen der Kommanditaktionäre, die dem Aktienrecht unterliegen, gehen ebenso in das Eigentum der Gesellschaft über wie die Kapitaleinlagen der Komplementäre, die sich nach dem Recht der Kommanditgesellschaft richten.[112] Das Vermögen der KGaA ist kein Gesamthandsvermögen. Die KGaA ist ab dem Erwerb der Rechtsfähigkeit durch Eintragung bis zur Vollbeendigung insolvenzfähig. Die **Insolvenzmasse** der KGaA umfasst das gesamte der Zwangsvollstreckung unterliegende Vermögen, das der KGaA im Zeitpunkt der Insolvenzeröffnung gehört.

---

[106] *Häsemeyer,* Insolvenzrecht, RdNr. 30.23; HKInsO-*Kirchhof* § 11 RdNr. 27.
[107] S. hierzu *Häsemeyer,* Insolvenzrecht, RdNr. 30.23; *Hess* InsO § 11 RdNr. 41; *Kuhn/Uhlenbruck* KO § 207 RdNr. 5 b.
[108] HKInsO-*Kirchhof* § 11 RdNr. 27.
[109] *Häsemeyer,* Insolvenzrecht, RdNr. 30.25.
[110] *Häsemeyer,* Insolvenzrecht, RdNr. 32.03; HKInsO-*Kirchhof* § 11 RdNr. 8; *Jaeger/Ehricke* InsO § 11 RdNr. 32; *Kübler/Prütting/Bork/Prütting* InsO § 11 RdNr. 62 f.; eingehend *Uhlenbruck/Hirte* InsO § 11 RdNr. 394 ff.; in der Praxis kommt es aber häufig zur Bestellung eines gemeinsamen Insolvenzverwalters, vgl. hierzu skeptisch *Paulus* DStR 2003, 31, 32; anders *Eidenmüller* ZZP 114 (2001) 3, 8 f., der in der Bestellung eines gemeinsamen Insolvenzverwalters ein wirksames Mittel der Verfahrenskoordination sieht, eine Pflicht des Insolvenzgerichts zur Bestellung eines gemeinsamen Insolvenzverwalters jedoch ablehnt.
[111] BGHZ 134, 392 = NJW 1997, 1923; *Mertens,* FS Wolfgang Ritter, S. 731 ff.; *Jaques* NZG 2000, 401 ff.; *Heermann* ZGR 2000, 61 ff.; *Jäger* NZG 1999, 101 ff.; *Priester* ZHR 160 (1996) S. 250 ff.; hiergegen *K. Schmidt* ZHR 160 (1996) 265, 266 ff.
[112] *K. Schmidt,* Gesellschaftsrecht, § 32 III 1; Münch.Hdb.GesR IV-*Herfs* § 75 RdNr. 21 ff.

Zur Stellung des Insolvenzantrags sind erforderlichenfalls die geschäftsführenden Komplementäre gem. §§ 283 Nr. 14, 92 Abs. 2 AktG verpflichtet. Für die Vorstufen s.o. RdNr. 15 (Vorgründungsgesellschaft) und RdNr. 14 (Vorgesellschaft).

2. Auflösung. Nach § 289 Abs. 1 AktG richten sich die Gründe für die Auflösung der KGaA 37 nach dem Recht der Kommanditgesellschaft, sofern durch § 289 Abs. 1 AktG nichts anderes bestimmt wird. Wird über das Vermögen der KGaA das **Insolvenzverfahren eröffnet,** so ordnet § 131 Abs. 1 Nr. 3 HGB die Auflösung der Gesellschaft an. Der Antrag auf Eröffnung des Insolvenzverfahrens kann von jedem Gläubiger und von den Komplementären gestellt werden. Die Komplementäre haben die gleichen Antragspflichten wie der Vorstand einer AG, §§ 283 Nr. 14, 92 AktG. Hauptversammlung oder Aufsichtsrat können keinen Insolvenzantrag stellen.[113]

3. Haftung. Mindestens ein Gesellschafter haftet persönlich für die Verbindlichkeiten der KGaA, 38 während die Kommanditaktionäre an dem in Aktien zerlegten Grundkapital beteiligt sind, ohne persönlich für die Verbindlichkeiten der Gesellschaft zu haften (§ 278 Abs. 1 AktG). Der Insolvenzverwalter kann die Komplementäre auf vollständige Leistung ihrer satzungsmäßigen (§ 281 Abs. 2 AktG) Einlagen in Anspruch nehmen; außerdem haften die Komplementäre allen Gesellschaftsgläubigern ohne Begrenzung persönlich.[114] Gem. § 93 InsO kann diese persönliche Haftung während der Dauer des Verfahrens zur Gleichbehandlung der Gläubiger nur vom Insolvenzverwalter geltend gemacht werden[115] (s. dazu u. RdNr. 46). Allerdings wird die persönliche Haftung des Komplementärs für die Gläubigerbefriedigung im Vergleich zur Haftung des Grundkapitals für weniger relevant gehalten.[116] Bei der **GmbH & Co. KGaA** beschränkt sich die Haftung des Komplementärs auf das Vermögen der Komplementärgesellschaft. Diese kann insbesondere bei Familiengesellschaften aus steuerlichen Gründen eine hohe Beteiligung als Komplementärin an der KGaA aufweisen.[117]

VII. Genossenschaft

1. Insolvenzfähigkeit. Genossenschaften sind nach der Definition des § 1 Abs. 1 GenG Gesell- 39 schaften von nicht geschlossener Mitgliederzahl, welche die Förderung des Erwerbs oder der Wirtschaft ihrer Mitglieder mittels gemeinschaftlichen Geschäftsbetriebs bezwecken. Die eingetragene Genossenschaft kann gem. § 17 Abs. 1 GenG selbstständig Trägerin von Rechten und Pflichten sein und ist damit juristische Person.[118] Die Insolvenzfähigkeit der Genossenschaft ergibt sich aus § 11 Abs. 1. Durch die Eröffnung des Insolvenzverfahrens wird die Gesellschaft aufgelöst (§ 101 GenG). Für Vorstufen der eingetragenen Genossenschaft gelten die allgemeinen Grundsätze (RdNr. 14 f.).

2. Haftung. Den Gläubigern einer eingetragenen Genossenschaft haftet gem. § 2 GenG nur das 40 **Vermögen der Genossenschaft.** Das Vermögen wird durch die Leistung der Einlagen der Genossen in das Eigenkapital aufgebracht, wobei das Statut gem. § 7 Nr. 1 GenG eine Mindesteinlage vorschreiben muss. Gem. § 6 Nr. 3 GenG muss das Statut Bestimmungen darüber enthalten, ob die Genossen für den Fall, dass die Gläubiger in der Insolvenz der Genossenschaft nicht befriedigt werden, **Nachschüsse zur Insolvenzmasse** unbeschränkt, beschränkt auf eine bestimmte Summe oder überhaupt nicht zu leisten haben.[119] Sofern eine beschränkte oder unbeschränkte Nachschusspflicht vorgesehen ist, hat der Insolvenzverwalter diese Forderungen zur Insolvenzmasse einzuziehen.[120]

3. Auflösung. Die Gründe für eine Auflösung der Genossenschaft aus anderen Gründen als der 41 Eröffnung des Insolvenzverfahrens ergeben sich in §§ 78 ff. GenG. Für das Insolvenzverfahren über das Vermögen der eingetragenen Genossenschaft gilt wie stets der allgemeine Eröffnungsgrund der Zahlungsfähigkeit (§ 17). Der Eröffnungsgrund der **Überschuldung** (§ 19) gilt dagegen nur für Genossenschaften ohne Nachschusspflicht und für Genossenschaften mit beschränkter Nachschusspflicht, sofern Überschuldung ein Viertel des Gesamtbetrags der Haftsummen aller Gesellschafter übersteigt, sowie dann, wenn die Genossenschaft aufgelöst ist (§ 98 GenG). Der Antrag auf Eröffnung des Verfahrens kann außer von den Gläubigern gem. § 100 Abs. 1 GenG auch von jedem Mitglied des Vorstands gestellt werden. Treten die genannten Insolvenzgründe ein, so ist der Vorstand nach Maßgabe des § 99 GenG zur Beantragung des Insolvenzverfahrens verpflichtet.

---

[113] MünchHdbGesR IV-*Herfs* § 75 RdNr. 34; s.a. *R. Siebert* ZInsO 2004, 773 ff.
[114] Nerlich/Römermann/*Mönning* InsO § 11 RdNr. 36.
[115] Nerlich/Römermann/*Mönning* InsO § 11 RdNr. 36.
[116] BGHZ 134, 392, 397 = NJW 1997, 1923; *K. Schmidt* ZHR 160 (1996) 265, 278.
[117] Vgl. *Hommelhoff*, ZHR-Sonderheft 67, S. 9, 22 dort Fn. 77; *Niedner/Kusterer* DB 1997, 1451.
[118] Dazu *K. Schmidt*, Gesellschaftsrecht, § 41 I 2 a.
[119] Dazu etwa *Kübler*, Gesellschaftsrecht, § 13 III 1 d.
[120] Näher *K. Schmidt*, Gesellschaftsrecht, § 41 III 4 b.

VIII. OHG und KG, stille Gesellschaft

42   **1. Insolvenzfähigkeit der OHG und der KG.** OHG und KG sind rechtlich verselbstständigte Gesellschaften, die eine eigene rechtliche Identität und insbesondere ein **eigenes Vermögen** haben, das rechtlich vom Vermögen der Gesellschafter strikt getrennt ist (§ 124 HGB). Ihre Insolvenzfähigkeit ergibt sich aus § 11 Abs. 2 Nr. 1. Ob und inwieweit OHG und KG formell rechtsfähige Organisationen sind, war eine heftig umstrittene Frage, die heute zunehmend und überwiegend bejaht wird;[121] dem widerspricht allerdings die gesetzliche Einordnung als Gesellschaft ohne Rechtspersönlichkeit in § 11 Abs. 2 Nr. 1. Neuerdings – in § 14 Abs. 2 BGB[122] – geht aber auch der Gesetzgeber davon aus, dass zumindest OHG und KG rechtsfähig sind, da sie, worauf diese Vorschrift ausdrücklich abstellt, mit der Fähigkeit ausgestattet sind, Rechte zu erwerben und Verbindlichkeiten einzugehen (§ 124 Abs. 1 HGB). Ungeachtet der rechtsdogmatischen Einordnung ergibt sich eine weitgehende rechtliche Verselbstständigung dieser Gesellschaften daraus, dass diese unter ihrer Firma Rechte erwerben und Verbindlichkeiten begründen können sowie aktiv und passiv parteifähig sind (§ 124 Abs. 1 HGB). Dementsprechend ist für die Zwangsvollstreckung in das Gesellschaftsvermögen ein gegen die Gesellschaft gerichteter Schuldtitel erforderlich (§ 124 Abs. 2 HGB). Der **vermögensrechtlichen und haftungsrechtlichen Verselbstständigung** dieser Gesellschaften entspricht ihre Insolvenzfähigkeit, wie nach bisherigem Recht bestand (§ 209 Abs. 1 KO).

43   Besonderheiten der OHG und der KG gegenüber den als juristische Personen ausgestalteten Gesellschaftsformen ergeben sich aus der **persönlichen Haftung der Gesellschafter** bzw. zumindest eines Gesellschafters. Dies hat insolvenzrechtlich insofern Bedeutung, als eine Überschuldung als Eröffnungsgrund hier grundsätzlich nicht in Betracht kommt,[123] weil die Gesellschaftsgläubiger auf das Privatvermögen der Gesellschafter zugreifen können. Sofern jedoch ein Zugriff der Gesellschaftsgläubiger auf das Privatvermögen einer natürlichen Person nicht möglich ist, sondern die persönlich haftenden Gesellschafter juristische Personen sind, sind Gesellschaften ohne Rechtspersönlichkeit den juristischen Personen hinsichtlich des insolvenzrechtlichen Eröffnungsgrunds gleichgestellt (§ 19 Abs. 3). Zur Stellung des Eröffnungsantrags berechtigt ist außer den Gläubigern und den Vertretern der Gesellschaft auch jeder persönlich haftende Gesellschafter (§ 15 Abs. 1).

44   **2. Abgrenzung von OHG und KG gegenüber der Gesellschaft bürgerlichen Rechts.** Eine Gesellschaft, deren Zweck auf den Betrieb eines Handelsgewerbes gerichtet ist, ist eine OHG (§ 105 Abs. 1 HGB) bzw. eine KG, wenn bei einem oder bei einigen von den Gesellschaftern die Haftung gegenüber den Gesellschaftsgläubigern beschränkt ist (§ 161 Abs. 1 HGB). Aufgrund der Neuregelung des Begriffs des Handelsgewerbes in § 1 HGB durch das **Handelsrechtsreformgesetz**,[124] wonach grundsätzlich jeder Gewerbebetrieb als **Handelsgewerbe** gilt (§ 1 Abs. 2 HGB), ist der Anwendungsbereich der Vorschriften über Handelsgesellschaften weit ausgedehnt und der Wirkungsbereich der Gesellschaften bürgerlichen Rechts demgemäß stark zurückgedrängt worden. Hinzu kommt, dass auch Gesellschaften, deren Gewerbebetrieb kein Handelsgewerbe darstellt oder die nur eigenes Vermögen verwalten, durch **Eintragung in das Handelsregister** ebenfalls die Eigenschaft von Handelsgesellschaften erlangen (§ 105 Abs. 2 HGB). Zu dem für Gesellschaften bürgerlichen Rechts verbleibenden Organisationsbereich s.u. RdNr. 51.

45   **3. Voraussetzungen für das Vorliegen einer OHG bzw. KG.** Allgemeine Voraussetzung ist das Vorliegen eines wirksamen **Gesellschaftsvertrags**, der formfrei, insbesondere auch konkludent abgeschlossen werden kann. Eine Eintragung in das Handelsregister ist für das Entstehen einer OHG bzw. KG nicht erforderlich, sofern der Gesellschaftszweck auf den Betrieb eines Handelsgewerbes gerichtet ist (§ 105 Abs. 1 HGB).[125] In diesem Fall entsteht die Handelsgesellschaft schon **vor der Eintragung** mit dem Zeitpunkt des Geschäftsbeginns (§ 123 Abs. 2 HGB). Andernfalls besteht vor Eintragung eine Gesellschaft bürgerlichen Rechts, die als solche insolvenzfähig ist, wenn sie ihre Tätigkeit aufgenommen hat. Solange die Gesellschaft den Geschäftsbetrieb nicht aufgenommen hat

---

[121] *K. Schmidt*, Gesellschaftsrecht, § 46 II 1; *Grunewald*, Gesellschaftsrecht, 1. B. RdNr. 33; *Mülbert* AcP 199 (1999), 38, 44 ff.; 66 f.; *Raiser* AcP 194 (1994), 495, 504, *ders.* AcP 199 (1999), 104, 106; *Timm* NJW 1995, 3209; einschränkend *Ulmer* AcP 198 (1998), 113 (Teilrechtsfähigkeit); *Heymann/Emmerich*, HGB, § 105 RdNr. 32; aA *Kübler/Assmann*, Gesellschaftsrecht, § 7 I 2b; *Zöllner*, FS Gernhuber, S. 563.

[122] Eingef. durch Art. 2 Abs. 1 Nr. 1 des Gesetzes über Fernabsatzverträge und andere Fragen des Verbraucherrechts sowie zur Umstellung von Vorschriften auf EURO v. 27.6.2000, BGBl. I, S. 897.

[123] § 19 Abs. 1 InsO.

[124] Art 3 HRefG v. 22.6.1998, in Kraft getreten am 1.7.1998.

[125] *Jaeger/Ehricke* InsO § 11 RdNr. 63. Auf eine vertraglich vereinbarte Haftungsbeschränkung kann sich der Kommanditist gegenüber einem Gläubiger, der diese Vereinbarung nicht kennt, vor Eintragung nicht berufen, § 176 HGB.

und nicht in den Rechtsverkehr eingetreten ist, liegt eine reine **Innengesellschaft** ohne eigenes Vermögen vor; hier kann es für ein Insolvenzverfahren keinen Anlass geben.

4. Haftung der Gesellschafter für Gesellschaftsverbindlichkeiten. Die persönliche Haftung der Gesellschafter für die Gesellschaftsverbindlichkeiten (§ 128 HGB) kann während der Dauer des Insolvenzverfahrens nur vom Insolvenzverwalter geltend gemacht werden, § 93. Die persönliche Haftung der Komplementäre wird somit in das Insolvenzverfahren über das Gesellschaftsvermögen einbezogen. Damit soll eine Gleichbehandlung der Gläubiger auch in Bezug auf den Zugriff aus dem Vermögen der Gesellschafter erreicht werden.[126] Das Vermögen des Komplementärs bleibt im Insolvenzverfahren der Gesellschaft völlig selbstständig.[127] Dagegen sollen die aus der Haftung des Kommanditisten fließenden Mittel, die schon nach bisherigem Recht vom Verwalter zu realisieren waren (§ 171 Abs. 2 HGB), haftungsrechtlich als Gesellschaftsvermögen behandelt werden.[128] Dies betrifft jedoch nur Ansprüche aus der gesetzlichen akzessorischen Haftung des Gesellschafters für Gesellschaftsverbindlichkeiten, nicht auch Ansprüche aus einem davon unabhängigen Rechtsgrund wie insbes. Parallelbürgschaften oder andere Parallelsicherheiten[129] (s. dazu § 93 RdNr. 21). 46

5. Fehlerhafte Gesellschaft, Scheingesellschaft. Die **Unwirksamkeit des Gesellschaftsvertrags** hindert die Durchführung eines Insolvenzverfahrens nicht, sofern ein der Gesellschaft zuzurechnendes **Sondervermögen** begründet worden ist. Eine Gesellschaft auf fehlerhafter Vertragsgrundlage wird im Interesse der gutgläubigen Gesellschaftsgläubiger diesen gegenüber als wirksam und fortbestehend behandelt und erlangt **Bestandschutz** auch im Innenverhältnis;[130] an die Stelle der rückwirkenden Geltendmachung von Nichtigkeits- und Anfechtungsgründen tritt die Befugnis, das Gesellschaftsverhältnis aus wichtigem Grund mit Wirkung ex nunc zu kündigen oder aufzulösen.[131] Ist eine fehlerhafte Gesellschaft in **Vollzug gesetzt** worden und im Rechtsverkehr aufgetreten, dann besteht in der Regel auch ein gesondertes Vermögen, das Gegenstand eines Insolvenzverfahrens sein kann.[132] Ein faktisches Zusammenwirken, das nicht auf einer – wenn auch mangelbehafteten – konsensualen Grundlage beruht (sog. **faktische Gesellschaft**), führt dagegen nicht zum Entstehen einer rechtlich relevanten Organisation.[133] Eine nur tatsächliche Gemeinschaft ohne jede Vertragsgrundlage reicht nicht aus.[134] Die Durchführung eines besonderen Insolvenzverfahrens über ein nur faktisches Zusammenwirken von Personen kommt demgemäß mangels eines Substrats nicht in Betracht.[135] Im Falle einer **Scheingesellschaft** besteht kein Gesellschaftsvertrag, die Gesellschafter haften aber Dritten gegenüber, wenn sie in zurechenbarer Weise den Rechtsschein einer Personengesellschaft hervorgerufen haben, und müssen sich demgemäß so behandeln lassen, als bestünde eine Gesellschaft.[136] Anders als nach der Lehre von der fehlerhaften Gesellschaft wird hier nicht eine Gesellschaft als wirksam behandelt, sondern es werden Personen, die Dritten gegenüber als Mitglieder einer in Wirklichkeit nicht bestehenden Gesellschaft auftreten, zum **Schutz der Gläubiger,** die auf diesen Rechtsschein vertraut haben, haftungsrechtlich so behandelt, als träfe der Rechtsschein zu. Ein gemeinsames Vermögen der Scheingesellschafter wird auf Grund einer auf Rechtsschein beruhenden **Haftung gegenüber den Gläubigern** nicht gebildet. Die Durchführung eines Insolvenzverfahrens scheidet demgemäß aus.[137] Davon zu unterscheiden sind die Fälle, 47

---

[126] Vgl. dazu grundlegend *K. Schmidt,* Gutachten zum 54. DJT, D 46 f.
[127] *Häsemeyer,* Insolvenzrecht, RdNr. 31.15.
[128] *Häsemeyer,* Insolvenzrecht, RdNr. 31.41; *ders.* ZHR 149 (1985), 42, 48 ff., 55 ff.
[129] BGH NJW 2002, 2718; and. die Vorinstanz OLG Schleswig DZWIR 2002, 213; dazu *Bunke* KTS 2002, 461; *ders.* NZI 2002, 591. Ebenso BFHE 197, 1 = NZI 2002, 173; LG Bayreuth ZIP 2001, 1782 und die hM im Schrifttum, vgl. *Bitter* ZInsO 2002, 557; *Haas/Müller* NZI 2002, 366, jew. mwN; aA *Bork* NZI 2002, 362, 366; *Kesseler* ZInsO 2002, 549 mwN u. § 93 RdNr. 21.
[130] *Kübler/Assmann,* Gesellschaftsrecht, § 26 I 2, 3.
[131] RGZ 165, 193, 206; BGHZ 21, 378, 382 = NJW 1957, 19; *Paschke* ZHR 155 (1991), 1, 3 ff.; *Roth,* Handels- und Gesellschaftsrecht, S. 100 f.; *K. Schmidt,* Gesellschaftsrecht, § 6 I 1a, I 3, III 2; MünchHdbGesR I-*Bälz* § 17 RdNr. 6 ff.; s.a. *Palzer* ZGR 2012, 631, 633 ff.
[132] BGH NJW-RR 2007, 69 ff.; FKInsO-*Schmerbach* § 11 RdNr. 29; *Hess* InsO § 11 RdNr. 101; *Kuhn/Uhlenbruck* KO § 209 RdNr. 5; Andres/*Leithaus* InsO § 11 RdNr. 6; Braun/*Bußhardt* InsO § 11 RdNr. 9; Gottwald, P./Uhlenbruck/*Gundlach,* Insolvenzrechts-Handbuch, § 5 RdNr. 7; HambKommInsO-*Wehr* § 11 RdNr. 10; Frege/Keller/Riedel RdNr. 290.
[133] S. dazu BGH NJW 1992, 1501 = WuB II J. § 705 BGB 1.93 *(Ott);* aA *Hess* InsO § 11 RdNr. 101.
[134] So schon BGHZ 11, 190 = NJW 1954, 231. Vgl. auch BGH NJW 1992, 1501.
[135] Uhlenbruck/*Hirte* InsO § 11 RdNr. 239; Jaeger/*Ehricke* InsO § 11 RdNr. 64; aA FKInsO-*Schmerbach* § 11 RdNr. 28; *Hess* InsO § 11 RdNr. 101.
[136] *Kübler/Assmann,* Gesellschaftsrecht, § 26 II 1.
[137] *Hess* InsO § 11 RdNr. 103; HKInsO-*Kirchhof* § 11 RdNr. 14; Jaeger/*Ehricke* InsO § 11 RdNr. 64; Jaeger/*Weber* KO §§ 209, 210 RdNr. 4; Kübler/Prütting/Bork/*Prütting* InsO § 11 RdNr. 29; Staub/*Ulmer* HGB § 105 RdNr. 384 f.; Uhlenbruck/*Hirte* InsO § 11 RdNr. 239; HambKommInsO-*Wehr* § 11 RdNr. 25.

in denen eine Gesellschaft besteht, die sich aber zu Unrecht als Handelsgesellschaft geriert. Dies berührt die Insolvenzfähigkeit nicht, da hier ein Gesellschaftsvermögen vorhanden ist, über das ein Insolvenzverfahren durchgeführt werden kann, auch wenn Vermögensträger eine Gesellschaft bürgerlichen Rechts ist (§ 11 Abs. 2 Nr. 1).[138]

48 **6. Stille Gesellschaft (§§ 230 ff. HGB).** Die stille Gesellschaft ist als reine Innengesellschaft als solche nicht Trägerin eines Vermögens und infolgedessen nicht insolvenzfähig.[139]

IX. Gesellschaft bürgerlichen Rechts

49 **1. Insolvenzfähigkeit.** Die Gesellschaft bürgerlichen Rechts wird in Abs. 2 Nr. 1 den Gesellschaften ohne Rechtspersönlichkeit zugerechnet. Ihr wird aber als solcher Insolvenzfähigkeit zuerkannt. Letzteres enthält eine Weiterentwicklung des bisher geltenden Rechts. Danach galt die Gesellschaft bürgerlichen Rechts nicht als konkursfähig; dies wurde bereits de lege lata, vor allem aber de lege ferenda kritisiert. Die Zuerkennung der Insolvenzfähigkeit durch Abs. 2 Nr. 1 hat zunächst nur Bedeutung für die insolvenzrechtliche Behandlung dieser Gesellschaftsform. Der Streit um die **Rechtsnatur der BGB-Gesellschaft** ist durch diese gesetzliche Regelung nicht entschieden,[140] wohl aber ist dadurch die rechtliche Verselbstständigung der BGB-Gesellschaft in einem weiteren Bereich positivrechtlich bestimmt worden. Anerkannt war schon bisher, dass die BGB-Gesellschaft Trägerin eines eigenen Vermögens ist, das vom Vermögen der Gesellschafter strikt getrennt ist.[141] Anerkannt ist auch, dass die Gesellschaft bürgerlichen Rechts Trägerin eines Unternehmens sein kann.[142] Schließlich wird der Gesellschaft die Scheck- und Wechselfähigkeit zuerkannt.[143] Aus der Legaldefinition als Gesellschaft ohne Rechtspersönlichkeit lassen sich für die Rechtsnatur der dort genannten Gesellschaften keine Konsequenzen ziehen; diese ist zudem mit der Legaldefinition der rechtsfähigen Gesellschaften in § 14 Abs. 2 BGB (s.o. RdNr. 42) kaum zu vereinbaren. Die Gleichstellung der BGB-Gesellschaft mit rechtlich verselbstständigten Gesellschaftsformen, insbesondere mit OHG und KG, bedeutet aber, dass auch der Gesetzgeber von einer für die Durchführung eines Insolvenzverfahrens hinreichenden vermögens- und haftungsrechtlichen Verselbstständigung der BGB-Gesellschaft ausging. Durch das Grundsatzurteil des BGH vom 29.1.2001[144] ist die Rechtsfähigkeit der Gesellschaft bürgerlichen Rechts, soweit sie am Rechtsverkehr teilnimmt, anerkannt.[145] Eine Gleichstellung der BGB-Gesellschaft mit juristischen Personen wird zwar nur vereinzelt vertreten,[146] eine **teilweise rechtliche Verselbstständigung** lässt sich angesichts der positivrechtlichen Entwicklung aber nicht bestreiten. Das entspricht der wohl überwiegenden Meinung im Schrifttum[147] ebenso wie der bisherigen höchstrichterlichen Rechtsprechung.[148] Die Legaldefinition in Abs. 2 Nr. 1 kollidiert hiermit weder terminologisch noch in der Sache. Das folgt daraus, dass es unterhalb der Ebene von Organisationen mit eigener Rechtspersönlichkeit im Sinne der umfassenden und vollen Rechtsfähigkeit von juristischen Personen auch Organisationen gibt, die rechtlich nicht in jeder Hinsicht verselbstständigt sind.[149] Dies trifft auf die

---

[138] FKInsO-*Schmerbach* § 11 RdNr. 43.
[139] HKInsO-*Kirchhof* § 11 RdNr. 19; *Kuhn/Uhlenbruck* KO Vor C 1 § 207; Uhlenbruck/*Hirte* InsO § 11 RdNr. 384; Graf-Schlicker/*Fuchs* InsO § 11 RdNr. 15; HambKommInsO-*Wehr/Linker* § 11 RdNr. 30.
[140] *Derleder* BB 2001, 2485, 2486; *K. Schmidt* NJW 2001, 993 ff.; *Bork* ZIP 2001, 545, 548.
[141] *Kübler/Assmann*, Gesellschaftsrecht, § 6 III 3 b.
[142] S. dazu nur *K. Schmidt*, Gesellschaftsrecht, § 58 III 4a, V 1; dagegen kann die GbR nicht Verwalterin einer Wohnungseigentümergemeinschaft sein, vgl. BGH NJW 2006, 2189 ff.; *Schäfer* NJW 2006, 2160 ff.
[143] BGH NJW 1997, 2754; MünchKommBGB-*Ulmer* § 705 RdNr. 310a mwN.
[144] BGHZ 146, 341 = NJW 2001, 1056; s.a. BGH NJW 2002, 368; NJW 2002, 1207.
[145] S. dazu aus der mittlerweile fast unüberschaubaren Literatur nur *K. Schmidt* NJW 2001, 993 ff.; *Jauernig* NJW 2001, 2231; *Ulmer/Steffek* NJW 2002, 330; *Derleder* BB 2001, 2485, 2485 ff.; *Beuthien* JZ 2003, 715; ablehnend *Bachmayer* BWNotZ 2009, 122 ff.
[146] *Raiser* AcP 199, 104, 142 f.; *ders.* AcP 194 (1994), 495, 505.
[147] Grundlegend *Flume*, Personengesellschaft, § 2 III, § 5; MünchKommBGB-*Ulmer* § 705 RdNr. 303 f.; *Ulmer* AcP 198 (1998), 113 ff.; *K. Schmidt*, Gesellschaftsrecht, § 8 III; *Kübler/Assmann*, Gesellschaftsrecht, § 6 III 1; *Mülbert* AcP 1999 (1999), 38 ff.; *Timm* NJW 1995, 3209; *Wiedemann*, WM Sonderbeil. 4/1994, S. 7; *Reiff* NZG 2000, 281.
[148] BGHZ 116, 86, 88 = NJW 1992, 499; BGHZ 118, 83 = NJW 1992, 2222; BGH NJW 1997, 2754; BGH NJW 1998, 376; BGHZ 117, 168 = NJW 1992, 1615; zweifelhaft dagegen AG Potsdam DZWiR 2001, 349, das fordert, der Gläubiger müsse im Rahmen des Insolvenzantrags sämtliche Gesellschafter einer GbR bezeichnen; Insolvenzschuldnerin ist aber ausschließlich die GbR selbst, so dass der Gläubiger allenfalls die vertretungsberechtigten Gesellschafter zu benennen hat; s. hierzu auch *K. Schmidt* NJW 2001, 993, 999; Palandt/*Sprau* BGB § 714 RdNr. 23.
[149] MünchKommBGB-*Ulmer* Vor § 705 RdNr. 12 f., § 705 RdNr. 307 ff.; vgl. auch *Mülbert* AcP 199 (1999), 38, 44 ff. mwN.

Gesellschaft bürgerlichen Rechts zu, der eine förmliche rechtliche Identität im Sinne einer „Firma" fehlt.[150] Gleichwohl kann die BGB-Gesellschaft als solche klagen und verklagt werden. Dazu muss die Gesellschaft identifizierbar beschrieben werden,[151] ohne dass es aber auf den aktuellen Mitgliederstand und die Vorlage der Gesellschafterlisten ankommt.[152] Dies gilt entsprechend auch für die Bezeichnung der Gesellschaft im Insolvenzantrag.[153] Die Gesellschaft bürgerlichen Rechts ist nach überwiegender Ansicht grundbuchfähig, für sie gilt nunmehr § 47 Abs. 2 GBO.[154]

Die insolvenzrechtliche Verselbstständigung der BGB-Gesellschaft setzt somit eine sich seit längerem abzeichnende Tendenz fort, die auch in der **haftungsrechtlichen Verselbstständigung** dieser Gesellschaft ihren Ausdruck findet. Diese entspricht dem vermögensrechtlichen Trennungsprinzip, das zur Folge hat, dass Gläubiger der Gesellschafter keinen unmittelbaren Zugriff auf das Gesellschaftsvermögen haben. Das **Gesellschaftsvermögen** haftet den Gläubigern von Verbindlichkeiten der Gesellschaft; ob die Gesellschaftsgläubiger außerdem auch Zugriff auf das Eigenvermögen der Gesellschafter haben, hängt davon ab, ob und in welchem Umfang diese für Verbindlichkeiten der Gesellschaft persönlich haften. Die **persönliche Haftung der Gesellschafter** bedarf einer besonderen rechtlichen Begründung, die sich entweder aus der lange auch von der Rechtsprechung verfolgten und entwickelten **Theorie der Doppelverpflichtung** ergab, wonach persönliche Haftung der Gesellschafter von einer besonderen vertraglichen Verpflichtung der Gesellschafter selbst abhängt, die neben die für die Gesellschaft begründete Haftung tritt[155] oder – bei unternehmenstragenden Gesellschaften – auf einer Analogie zu § 128 HGB (**Akzessorietätstheorie**).[156] Beide Ansätze stimmen darin überein, dass die persönliche Haftung der Gesellschafter für Gesellschaftsverbindlichkeiten nicht identisch ist mit der Haftung der Gesellschaft und nicht aus der Rechtsnatur der Gesellschaft und ihrer Einordnung als Gesamthand abgeleitet werden kann. Die durch die Entscheidung des II. Zivilsenats vom 27.9.1999[157] vollzogene **Trendwende in der Rechtsprechung** des BGH, die eine – von Individualvereinbarungen abgesehen – zwingende persönliche Haftung der Gesellschafter für Gesellschaftsverbindlichkeiten statuiert und einer Beschränkung der Haftung der Gesellschafter einer BGB-Gesellschaft auf das Gesellschaftsvermögen den Boden entzogen hat, mag zwar als Argument für eine Rückkehr zu der überkommenen Gesamthandslehre herangezogen werden, jedoch hat sich der BGH einer Stellungnahme zum rechtsdogmatischen Streit enthalten. Die genannte Entscheidung ist vielmehr von der Intention her zu sehen, den um sich greifenden Versuchen, eine den gesetzlichen Schutzvorschriften des GmbH-Gesetzes nicht unterliegende neue Form einer Gesellschaft bürgerlichen Rechts mit beschränkter Haftung zu schaffen, einen Riegel vorzuschieben.[158]

2. Organisationsbereich der BGB-Gesellschaft. Durch die Neufassung der Vorschriften über den Begriff des Handelsgewerbes ist der Wirkungsbereich von BGB-Gesellschaften drastisch reduziert worden. BGB-Gesellschaften, die **Träger eines Unternehmens** sind, sind seit dem Inkrafttreten der §§ 1, 105 HGB nF am 1.7.1998 kraft Gesetzes offene Handelsgesellschaften, sofern sie nicht nur ein Kleingewerbe i. S. d. § 1 Abs. 2 HGB betreiben. Diese Rechtsentwicklung hat das rechtspolitische Anliegen der Statuierung der Insolvenzfähigkeit der BGB-Gesellschaft zu einem guten Teil gegenstandslos gemacht, weil diese Regelung ausdrücklich mit dem sich aus dem

---

[150] MünchKommBGB-*Ulmer* § 705 RdNr. 306.
[151] BGH NJW 2001, 1056, 1061.
[152] BGH NJW 2005, 2061, 2065; *K. Schmidt* NJW 2001, 993, 999 f.
[153] And. noch zur früheren Rechtslage AG Potsdam DZWIR 2001, 349.
[154] BGHZ 179, 102 ff. = NJW 2009, 594 f.; OLG Stuttgart ZIP 2007, 419 ff.; *Hadding* ZGR 2001, 712, 719; *Ulmer/Steffek* NJW 2002, 330; *Eickmann* ZflR 2001, 433; aA BayObLG Rpfleger 1985, 353, 354; NJW 2003, 70 ff.; NJW-RR 2004, 810 f.; NJW-RR 2005, 43; OLG Düsseldorf NJW 1997, 1991; OLG München DNotZ 2001, 535; OLG Celle NJW 2006, 2194 f.; Palandt/*Sprau* BGB § 705 RdNr. 24a; *Derleder* BB 2001, 2485, 2484; offen lassend noch BGH NJW 2006, 3716 f. Zu den Voraussetzungen für die Eintragung eines Eigentumswechsels s. BGH NJW 2011, 1958 ff. mwN. Zu der Neuregelung des § 900a BGB eingehend *Altmeppen* NJW 2011, 1905 ff.; *Wilhelm* NZG 2011, 801 ff.
[155] BGHZ 74, 240, 242 = NJW 1979, 1821; BGHZ 79, 374, 377 = NJW 1981, 1213; BGHZ 117, 168, 176 = NJW 1992, 1615; *Brandes* WM 1994, 569, 571; *Habersack* BB 1999, 61; *Hommelhoff* ZIP 1998, 8; MünchKommBGB-*Ulmer* § 714 RdNr. 25 ff.; *Grunewald*, Gesellschaftsrecht, 1. A. RdNr. 58 f., 111 ff.
[156] Insb. *K. Schmidt,* Gesellschaftsrecht, § 60 III 2; ebenso *Ulmer* ZIP 1999, 554; *ders.* AcP 198 (1998), 113, 137 ff.; *Roth* ZHR 155 (1991), 24, 38 ff.; *Lindacher* JuS 1982, 36, 40 f.; *Mülbert* AcP 199 (1999), 38, 67 ff.; *Timm* NJW 1995, 3209; *Flume*, Personengesellschaft, § 16 IV 3; *Reiff*, Die Haftungsverfassungen nichtrechtsfähiger unternehmenstragender Verbände, S. 220.
[157] BGHZ 142, 315 = NJW 1999, 3483; BGHZ 146, 341 = NJW 2001, 1056; BGH NJW 2011, 2040 RdNr. 23; *Reiff*, Die Haftungsverfassungen nichtrechtsfähiger unternehmenstragender Verbände, S. 220; *ders.* VersR 1999, 1427 ff.; *Keil* EWiR 1999, 1053 f.; *Weber* NZG 2000, 30 ff.; *Hasselbach* MDR 2000, 95 ff.; *Mülbert* AcP 199 (1999), S. 38, 67 ff.; *Timm* NJW 1995, 3209; *Goette* DStR 1999, 1707.
[158] *Kindl* WM 2000, 697 ff.; *Wolf* WM 2000, 704 ff.

52 Umstand ergebenden praktischen Bedürfnis begründet wurde, dass Gesellschaften bürgerlichen Rechts nicht selten als Träger eines Unternehmens am Rechtsverkehr teilnehmen.[159]

52 Für BGB-Gesellschaften ergibt sich ein Wirkungsbereich im gewerblichen Sektor nur noch, wenn das Unternehmen der Gesellschaft ein **Kleingewerbe** darstellt, d. h. einen in kaufmännischer Weise eingerichteten Gewerbebetrieb nicht erfordert (§ 1 Abs. 2 HGB; zur näheren Eingrenzung s.u. § 304 RdNr. 48 ff.). Weiterhin können im erwerbswirtschaftlichen Bereich Organisationen in der Rechtsform einer Gesellschaft bürgerlichen Rechts betrieben werden, die nur **eigenes Vermögen verwalten** (vgl. § 105 Abs. 2 HGB), oder die gemeinsame zeitlich begrenzte Projekte durch **überbetriebliche Zusammenschlüsse** vorübergehender Art (Arbeitsgemeinschaften, Konsortien) verfolgen[160] sowie Zusammenschlüsse wie **Kartelle, Holdinggesellschaften und Interessengemeinschaften**.[161] In Betracht kommen weiter **nichtgewerbliche Zusammenschlüsse** wie Bauherrengemeinschaften. Schließlich bleibt auch die gemeinsame Betätigung von Freiberuflern in der Rechtsform einer BGB-Gesellschaft möglich, doch dürfte die praktische Relevanz dieser Rechtsform angesichts der neuen Rechtsform der Partnerschaftsgesellschaft sowie insbesondere auch im Hinblick auf die Öffnung anderer Rechtsformen für den Zusammenschluss von **Freiberuflern**, nicht zuletzt aber auch wegen der nunmehr obligatorischen persönlichen Haftung von BGB-Gesellschaftern (s.o. RdNr. 50) künftig stark rückläufig sein.[162]

53 Von diesen Anwendungsfällen der BGB-Gesellschaft im wirtschaftlichen Bereich abgesehen verbleiben für diese Rechtsform Zusammenschlüsse, die gesellschaftliche, insbesondere kulturelle Zwecke verfolgen, sowie **Gelegenheitsgesellschaften** aller Art, von der Fahrgemeinschaft bis zur Lottogemeinschaft. Auch BGB-Gesellschaften dieser Art sind gem. § 11 Abs. 2 Nr. 1 grundsätzlich insolvenzfähig; dies gilt aber nur, wenn sie als solche am Rechtsverkehr teilnehmen und ein eigenes Gesellschaftsvermögen haben. Die Insolvenzfähigkeit derartiger Gesellschaften sollte aber im Wege der teleologischen Reduktion ausgeschlossen werden.[163] Reine **Innengesellschaften** sind mangels eigenen Vermögens von vornherein nicht insolvenzfähig.[164] Für BGB-Gesellschaften mit nichtwirtschaftlicher Zwecksetzung wird dem Insolvenzverfahren praktisch kaum eine Bedeutung zukommen.

54 Für die Insolvenz von **BGB-Gesellschaften als Unternehmensträger** sowie von BGB-Gesellschaften mit einer nur geringen selbstständigen wirtschaftlichen Tätigkeit und von BGB-Gesellschaften mit anderer als wirtschaftlicher Zwecksetzung bietet sich in der Regel das vereinfachte Insolvenzverfahren an (§ 304; s. dort RdNr. 64).

55 **3. Voraussetzungen der BGB-Gesellschaft.** Die allgemeinen Voraussetzungen einer BGB-Gesellschaft entsprechen denen der OHG. Dies gilt insbesondere für das Zustandekommen und Bestehen einer vertraglichen Grundlage. Auf die entsprechenden Ausführungen zur OHG wird verwiesen (s.o. RdNr. 42 ff.).

56 **4. Haftung der Gesellschafter für Gesellschaftsverbindlichkeiten.** Die persönliche Haftung der Gesellschafter für Gesellschaftsverbindlichkeiten kann im Falle der Insolvenz von erheblicher praktischer Bedeutung sein. Um die gleichmäßige Befriedigung der Gesellschaftsgläubiger auch insoweit zu gewährleisten, bestimmt § 93, dass die persönliche Haftung, eines Gesellschafters während der Dauer des Insolvenzverfahrens nur vom Insolvenzverwalter geltend gemacht werden kann. Wird über das Vermögen der Gesellschaft das Insolvenzverfahren eröffnet, wird analog § 17 Abs. 1 Satz 1 AnfG der Rechtsstreit gegen die Gesellschafter unterbrochen[165] (s. dazu u. § 92 RdNr. 25, § 93 RdNr. 41). Die Voraussetzungen einer persönlichen Haftung der Gesellschafter bestimmen sich nach den allgemeinen Grundsätzen des Gesellschaftsrechts (s.o. RdNr. 50). Von der vertraglichen Begründung dieser Haftung ist der BGH mittlerweile abgerückt.[166] Als Begründung bleibt danach nur die **Akzessorietätstheorie,**[167] wenn man nicht zu der die rechtliche Verselbst-

---

[159] Begründung RegE zu § 13 (Hess InsO § 11 RdNr. 3).
[160] Arbeitsgemeinschaften, Bauherrengemeinschaften; Konsortien; s. dazu näher MünchKommBGB-*Ulmer* Vor § 705 RdNr. 36, 43 ff.
[161] S. dazu näher MünchKommBGB-*Ulmer* Vor § 705 RdNr. 51 ff.
[162] § 59c Abs. 1 BRAO betr. Anwalts-GmbH; s. dazu BayObLG NJW 1995, 199; *Henssler* NJW 1999, 241 ff.; *Römermann* GmbHR 1999, 526 ff.; *ders.* GmbHR 1999, 1175 ff.; *Hellwig* ZHR 161 (1997), 337 ff.; *Henssler* ZHR 161 (1997) 305 ff.; *Dittmann* ZHR 161 (1997), 332 ff. Zur Zulässigkeit der Anwalts-AG BayObLG BB 2000, 946; *Hartung* BB 2000, 947 ff.; *Strabeit* NZG 1998, 452 ff. Zur Zahnbehandlungs-GmbH BGHZ 124, 224, 226.
[163] Für einen Ausschluss der Insolvenzfähigkeit im Wege einer teleologischen Reduktion in diesen Fällen LSZ/*Smid*/*Leonhardt* InsO § 11 RdNr. 13, 14.
[164] AG Köln NZI 2003, 614; Jaeger/*Ehricke* InsO § 11 RdNr. 68; HKInsO-*Kirchhof* § 11 RdNr. 16; Uhlenbruck/*Hirte* InsO § 11 RdNr. 374; Kübler/Prütting/Bork/*Prütting* InsO § 11 RdNr. 41.
[165] BGH NJW 2003, 590 f. = WuB VI. C § 93 InsO 1.03 *(Pape)*; OLG Koblenz ZInsO 2010, 398 f.
[166] BGH NJW 1999, 3483.
[167] S. dazu *Kindl* WM 2000, 697, 700 f.; *Henze* BB 1999, 2260.

ständigung der BGB-Gesellschaft leugnenden Gesamthandslehre zurückkehrt, wonach aus der Vermögenszuordnung zur gesamten Hand unmittelbar auch eine schuldrechtliche Haftung der Gesellschafter für die namens der Gesellschaft begründeten Verbindlichkeiten folgt.[168] Die Akzessorietätstheorie, welche die persönliche Haftung der Gesellschafter auf eine Analogie zu § 128 HGB stützt, ist allerdings für unternehmenstragende Gesellschaften bürgerlichen Rechts entwickelt worden und auch nur insoweit zu begründen, weil eine Gleichheit der Interessenlage nur in Bezug auf Unternehmensgesellschaften besteht. Für derartige Gesellschaften gilt nunmehr aber § 128 HGB unmittelbar (s.o. RdNr. 51). Für BGB-Gesellschaften mit nicht erwerbswirtschaftlicher Zwecksetzung ist eine generell nicht einschränkbare persönliche Haftung der Gesellschafter mit ihrem Privatvermögen nicht angezeigt und im Wege teleologischer Reduktion auszuschließen.

X. Partnerschaftsgesellschaft

1. Insolvenzfähigkeit. Die Partnerschaft ist insolvenzfähig, § 11 Abs. 2 Nr. 1. Sie ist eine Gesellschaft, in der sich **Angehörige freier Berufe** zur Ausübung ihrer Berufe zusammenschließen (§ 1 Abs. 1 Satz 1 PartGG).[169] Die Partnerschaftsgesellschaft kommt durch einen Partnerschaftsvertrag zustande, der von mindestens zwei natürlichen Personen, die Angehörige freier Berufe sind, geschlossen wird. Durch den Verweis in § 7 Abs. 2 PartGG auf § 124 HGB wird klargestellt, dass die Partnerschaft unter ihrem Namen Rechte erwerben und Verbindlichkeiten eingehen, Eigentum und andere dingliche Rechte an Grundstücken erwerben, vor Gericht klagen und verklagt werden kann. Wie die OHG kann die Partnerschaft daher **eigenes Vermögen** haben, das vom Vermögen der Partner zu trennen ist. Die Partnerschaftsgesellschaft wurde zunächst nicht in § 11 Abs. 2 Nr. 1 InsO aufgeführt, was auf der zeitlichen Parallele der Gesetzgebungsverfahren des PartGG und der InsO beruhte.[170] Nunmehr ist die Partnerschaft auch ausdrücklich in den Kreis der insolvenzrechtsfähigen Gesellschaften aufgenommen worden.[171]

2. Haftung. Für Verbindlichkeiten der Partnerschaft haften gem. § 8 Abs. 1 PartGG neben dem Vermögen der Partnerschaft die **Partner als Gesamtschuldner.** Eine Besonderheit zum Recht der OHG ergibt sich aus § 8 Abs. 2 PartGG. Danach können die Partner ihre Haftung wegen fehlerhafter Berufsausübung unter Verwendung vorformulierter Vertragsbedingungen auf denjenigen Partner beschränken, der die berufliche Leistung zu erbringen oder zu leiten und zu überwachen hat. Nach § 8 Abs. 3 PartGG kann für einzelne Berufe auch durch Gesetz eine **Haftungsbeschränkung** für Ansprüche aus Schäden wegen fehlerhafter Berufsausübung zugelassen werden, wenn zugleich eine Pflicht der Partner zum Abschluss einer Berufshaftpflichtversicherung begründet wird.[172]

3. Auflösung. Nach § 9 Abs. 1 PartGG sind für die Auflösung der Partnerschaft die §§ 131 bis 144 HGB anzuwenden. Damit gelten die **Auflösungsgründe der OHG** auch für die Partnerschaft. Die Partnerschaft wird daher durch die Eröffnung der Insolvenz über das Vermögen der Gesellschaft aufgelöst (§ 131 Abs. 1 Nr. 3 HGB). Bereits vor der Änderung des § 131 HGB durch das HRefG vom 22.6.1998 bestimmte § 9 Abs. 2 PartGG, dass der Tod eines Gesellschafters, die Eröffnung des Insolvenzverfahrens über das Vermögen eines Partners, die Kündigung eines Partners und die Kündigung durch den Privatgläubiger eines Partners nicht zur Auflösung der Gesellschaft führen, sondern lediglich zum Ausscheiden des Partners. Nunmehr ergeben sich hinsichtlich der Auflösungsgründe zwischen PartGG und OHG keine Unterschiede mehr. Gem. § 10 Abs. 1 PartGG sind für die **Liquidation der Partnerschaft** die Vorschriften des Rechts der OHG entsprechend anwendbar.

XI. Europäische Wirtschaftliche Interessenvereinigung

1. Rechtsnatur. Die Europäische Wirtschaftliche Interessenvereinigung soll ein flexibles Instrument für die grenzüberschreitende wirtschaftliche Kooperation von Gesellschaften oder natürlichen

---

[168] *Beuthien* ZIP 1996, 305 ff.; *Beuthien/Ernst* ZHR 156 (1992), 227, 231 ff.; *Cordes* JZ 1998, 545 ff.; *Hueck,* Gesellschaftsrecht, §§ 3 II, 5 I 5; *Hopt,* Gesellschaftsrecht, RdNr. 6, 65, 176 ff.; *Fikentscher,* Schuldrecht, § 92 I 3a RdNr. 1307; *Zöllner,* FS Gernhuber, S. 563 ff. Kritisch hierzu *Reiff* NZG 2000, 281.

[169] PartGG vom 25.6.1994 (BGBl. I, S. 1744). Im August 2012 hat die Bundesregierung den Entwurf eines Gesetzes zur Einführung einer Partnerschaftsgesellschaft mit beschränkter Berufshaftung und zur Änderung des Berufsrechts der Rechtsanwälte, Patentanwälte, Steuerberater und Wirtschaftsprüfer (PartG mbB) als Alternative zur britischen LLP vorgelegt, BT-Drucks. 17/10487; s. zu der geplanten Neuregelung *Leuering* ZIP 2012, 1112 ff.; *Römermann/Praß* NZG 2012, 601 ff.; *Salger* DB 2012, 1794 ff.; *Schüppen* BB 2012, 783 ff.

[170] Kübler/Prütting/Bork/*Prütting* InsO § 11 RdNr. 28.

[171] Art. 2a des Gesetzes zur Änderung des Umwandlungsgesetzes vom 22.7.1998, BGBl. I, S. 1878, 1881; Kübler/Prütting/Bork/*Prütting* InsO § 11 RdNr. 28.

[172] Zur Kritik an dieser Regelung vgl. *K. Schmidt,* Gesellschaftsrecht, § 64 IV 4 b.

Personen sein.¹⁷³ Die Interessenvereinigung muss nach Maßgabe des Art. 4 EWIV-VO aus mindestens zwei Gesellschaften oder natürlichen Personen in verschiedenen Mitgliedstaaten bestehen. Die Vereinigung hat nach Art. 3 Abs. 1 Satz 1 EWIV-VO den Zweck, „die wirtschaftliche Tätigkeit ihrer Mitglieder zu erleichtern oder zu entwickeln sowie die Ergebnisse dieser Tätigkeit zu verbessern oder zu steigern; sie hat nicht den Zweck, Gewinn für sich selbst zu erzielen." Gem. Art. 24 Abs. 1 EWIV-VO haften die Mitglieder der EWIV persönlich, unmittelbar, unbeschränkt und gesamtschuldnerisch für die Verbindlichkeiten der Vereinigung. Soweit die Verordnung über die EWIV keine Regelung enthält, ist gem. Art. 2 Abs. 1 EWIV-VO das innerstaatliche Recht des Staates anzuwenden, in dem die Vereinigung nach dem Gründungsvertrag ihren Sitz hat. Gem. § 1 EWIV-AusführungsG sind auf die EWIV mit Sitz in Deutschland die für die OHG geltenden Vorschriften anzuwenden.

61   **2. Insolvenzfähigkeit.** Gem. Art. 1 Abs. 2 EWIV-VO hat die Vereinigung von der Eintragung an die Fähigkeit, im eigenen Namen Träger von Rechten oder Pflichten jeder Art zu sein, Verträge zu schließen, andere Rechtshandlungen vorzunehmen und vor Gericht zu stehen. Die EWIV kann also **eigenes Vermögen** bilden, das vom Vermögen der Gesellschafter zu trennen ist. Gem. Art 36 Satz 1 EWIV-VO unterliegt die Vereinigung dem **einzelstaatlichen Insolvenzrecht.** Für EWIV mit Sitz in Deutschland legt Abs. 2 Nr. 1 die **Insolvenzfähigkeit** ausdrücklich fest. Sind an der Gemeinschuld nur Kapitalgesellschaften oder sonstige Gesellschaften mit beschränkter Haftung beteiligt, so haben die Geschäftsführer (Art. 19 EWIV-VO) die Eröffnung des Insolvenzverfahrens gem. §§ 130a HGB, 11, 15 EWIV-AusführungsG bei Zahlungsunfähigkeit und Überschuldung zu beantragen.¹⁷⁴ Die Eröffnung des Insolvenzverfahrens über das Vermögen der EWIV hat nicht automatisch zur Folge, dass ein solches Verfahren auch gegen die einzelnen Mitglieder der Vereinigung eröffnet wird, Art. 36 Satz 2 EWIV-VO. Das Insolvenzverfahren über das Vermögen der EWIV führt gem. Art. 36 EWIV nicht automatisch zur Eröffnung des Verfahrens über das Vermögen der einzelnen Mitglieder. Der Insolvenzverwalter kann aber die persönliche Haftung der Mitglieder für Verbindlichkeiten der EWIV gem. § 93 in Anspruch nehmen.¹⁷⁵

XII. Partenreederei

62   **1. Rechtsnatur.** Die Partenreederei des Seehandelsrechts stellt eine eigenständige Gesellschaftsform dar. Eine Partenreederei liegt gem. § 489 Abs. 1 HGB vor, wenn mehrere Personen ein ihnen **gemeinschaftlich zustehendes Schiff** zum Erwerbe durch die Seefahrt für gemeinschaftliche Rechnung verwenden. Nach überwiegender Meinung ist die Partenreederei eine Gesamthandsgesellschaft, die als fähig angesehen wird, selbst Trägerin von Rechten und Pflichten zu sein und vor Gericht zu klagen und verklagt zu werden.¹⁷⁶ Die Existenz der Partenreederei ist an das Schiff gebunden, das im Miteigentum der Gesellschafter stehen muss. Verlieren die Gesellschafter das Eigentum an dem Schiff – zB durch Sicherungsübereignung – so erlischt die Partenreederei als Gesellschaft.¹⁷⁷

63   **2. Insolvenzfähigkeit.** Die Partenreederei ist insolvenzfähig, § 11 Abs. 2 Nr. 1. Auch vor der Geltung der InsO wurde die Partenreederei als konkursfähig angesehen.¹⁷⁸ Für Verbindlichkeiten haftet die Reederei mit dem gesamten Reedereivermögen. Daneben tritt die persönliche Haftung der Mitreeder gem. § 507 Abs. 1 HGB. Sie haften für die Verbindlichkeiten der Reederei persönlich und akzessorisch, jedoch nur nach dem Verhältnis der Größe ihrer Schiffsparten (Schiffspart ist der Anteil eines Mitreeders). Die Gesellschafter haften also nicht wie in der OHG als Gesamtschuldner, sondern als **Teilschuldner** (§ 420 BGB). Die persönliche Haftung der Gesellschafter kann in der Insolvenz der Reederei gem. § 93 nur vom Insolvenzverwalter geltend gemacht werden. Haftungsbeschränkungen der Reederei nach §§ 486 ff. HGB gelten auf Grund der Akzessorietät auch für die persönliche Haftung des Mitreeders.¹⁷⁹ Gem. § 505 Abs. 2 HGB aF hatte die Eröffnung des Insolvenzverfahrens über das Vermögen eines Mitreeders nicht die Auflösung der Reederei zur Folge. Gem. § 506a idF des Gesetzes vom 5.10.1994 wird die Reederei durch die Verfahrenseröffnung aufgelöst.¹⁸⁰

---

¹⁷³ Vgl. *K. Schmidt,* Gesellschaftsrecht, § 66 I 2.
¹⁷⁴ Nerlich/Römermann/*Mönning* InsO § 11 RdNr. 92 ff.
¹⁷⁵ Nerlich/Römermann/*Mönning* InsO § 11 RdNr. 92 ff.
¹⁷⁶ RGZ 42, 69, 70; RGZ 71, 26, 27; RGZ 82, 131, 132; *Prüßmann/Rabe,* Seehandelsrecht, § 489 Anm. C 2; *K. Schmidt,* Gesellschaftsrecht, § 65 I 3b; Nerlich/Römermann/*Mönning* InsO § 11 RdNr. 91.
¹⁷⁷ *K. Schmidt,* Gesellschaftsrecht, § 65 I 1 b.
¹⁷⁸ *Prüßmann/Rabe,* Seehandelsrecht, § 489 Anm. C 3; *K. Schmidt,* Gesellschaftsrecht, § 65 I 3 b.
¹⁷⁹ *Prüßmann/Rabe,* Seehandelsrecht, § 507 Anm. D.
¹⁸⁰ *Hess* InsO § 11 RdNr. 157.

XIII. Sonstige Rechtsgemeinschaften

1. Bruchteilsgemeinschaft. Nach Auffassung des AG Göttingen soll auch die Bruchteilsgemeinschaft (analog) § 11 Abs. 2 Nr. 1 insolvenzfähig sein.[181] Dem Urteil ist jedoch zu Recht im Schrifttum überwiegend die Gefolgschaft versagt worden.[182] Es liegt – anders als dies hinsichtlich des ursprünglichen Fehlens der Partnerschaftsgesellschaft in § 11 Abs. 2 der Fall war – schon keine unbewusste Regelungslücke vor. Jedenfalls fehlt es an einer vergleichbaren Sach- und Interessenlage, weil die Bruchteilsgemeinschaft weder Schuldnerin gemeinschaftlicher Verpflichtungen noch selbst Trägerin eines gemeinschaftlichen, vom Vermögen der Beteiligten getrennten Vermögens ist.[183] Vielmehr handelt bei der Bruchteilsgemeinschaft jeder der Beteiligten nur für seinen eigenen rechtsgeschäftlichen Bereich und nur in Bezug auf sein eigenes Vermögen, zu dem auch der Anteil am Gegenstand der Bruchteilsgemeinschaft gehört. Demzufolge entstehen keine gemeinschaftlichen Verbindlichkeiten, und es besteht kein nur den Gläubigern aus solchen Verbindlichkeiten zugewiesenes Sondervermögen.[184] Wird das Insolvenzverfahren über das Vermögen einer Bruchteilsgemeinschaft dennoch eröffnet, ist das Verfahren analog § 212 einzustellen.[185]

2. Wohnungseigentümergemeinschaft. Auch die Wohnungseigentümergemeinschaft wurde als nicht insolvenzfähig angesehen,[186] da auch sie nicht Trägerin eines Vermögens sei.[187] In einer Entscheidung vom 2.6.2005[188] hat demgegenüber der V. Zivilsenat des BGH der Wohnungseigentümergemeinschaft entgegen der bis dahin herrschenden Meinung in der Rechtsprechung[189] und entgegen der überwiegend im Schrifttum vertretenen Ansicht[190] eine (Teil-)Rechtsfähigkeit zuerkannt.[191] Demzufolge kann auch bei einer Wohnungseigentümergemeinschaft, bei der auf der sachenrechtlichen Seite Sonder- und Bruchteilseigentum kombiniert sind, ein überindividueller Personenverband bestehen, der als solcher am Rechtsverkehr bei der Verwaltung des gemeinschaftlichen Eigentums teilnimmt und dadurch eigene Verbindlichkeiten begründet.[192] Der BGH stellt dabei insbesondere darauf ab, dass die Wohnungs-

---

[181] AG Göttingen NZI 2001, 102 f.
[182] *Bork* ZIP 2001, 545 ff.; Braun/*Bußhardt* InsO § 11 RdNr. 14; *Beck/Depré* § 1 RdNr. 9; Cranshaw/Paulus/Michel/*Paulus*, Bankenkommentar zum Insolvenzrecht, § 11 RdNr. 11; Kübler/Prütting/Bork/*Prütting* InsO § 11 RdNr. 53; Andres/*Leithaus* InsO § 11 RdNr. 6; *Frind* ZMR 2001, 429, 430; HambKommInsO–*Wehr/Linker* § 11 RdNr. 31; *Holzer* EWiR 2001, 589 f.; HKInsO–*Kirchhof* § 11 RdNr. 21; Uhlenbruck/*Hirte* InsO § 11 RdNr. 374; Gottwald, P./*Uhlenbruck/Gundlach*, Insolvenzrechts-Handbuch, § 5 RdNr. 30; aA FKInsO–*Schmerbach* § 11 RdNr. 14 a: Insolvenzfähigkeit ist zu bejahen, wenn sich der Vermögensbestand wie bei Grundvermögen sicher feststellen lässt; für eine Insolvenzfähigkeit bei einer Teilnahme am Rechtsverkehr ähnlich wie eine BGB-Gesellschaft PK-HWF/*Mitter* § 11 RdNr. 7.
[183] S. hierzu überzeugend *Bork* ZIP 2001, 545, 547 ff.; auf Grund fehlender Parteifähigkeit ablehnend Kübler/Prütting/Bork/*Prütting* InsO § 11 RdNr. 29.
[184] *Bork* ZIP 2001, 545, 550; *Frind* ZMR 2001, 429.
[185] *Holzer* EWiR 2001, 589, 590.
[186] *Frind* ZMR 2001, 429, 430.
[187] *Holzer* EWiR 2001, 589, 590.
[188] BGHZ 163, 154 = NJW 2005, 2061; zust. *Bub/Petersen* NJW 2005, 2590; abl. *Bork* ZIP 2005, 1205; *Rapp* MittBayNot 2005, 449; Staudinger/*ders.* Einl. WEG RdNr. 71 d; *Fischer* NZI 2005, 586; *Häublein* ZIP 2005, 1720; *ders.* ZMR 2005, 557; Staudinger/*Kreuzer* § 10 WEG RdNr. 8 f., 10; zu den praktischen Folgen der Entscheidung s.a. *Hügel* DNotZ 2005, 753.
[189] BGHZ 142, 290, 294; BGHZ 78, 166, 172; BGH NJW 1998, 3279; BGH NJW 1989, 2534, 2535; BGH NJW 1977, 1686; BGH NJW 1983, 1901; BVerwG NJW-RR 1995, 73, 74; BayObLG NZM 2004, 344; BayObLG NJW-RR 2002, 445; BayObLG NJW 2002, 1506; BayObLG NZM 2001, 354; BayObLG NZM 2001, 956; OLG Frankfurt a. M. NZM 2004, 503; OLG Hamburg ZWE 2002, 375; OVG Münster NJW-RR 1992, 458, 459; LG Berlin ZMR 2002, 223; LG Hamburg ZMR 2001, 856; nicht erörtert wurde die Frage der Rechtsfähigkeit bei BGH NJW-RR 2004, 874, dennoch ist die Entscheidung so zu verstehen, dass der BGH dabei von der fehlenden Rechtsfähigkeit ausgeht, vgl. *Drasdo* NJW 2004, 1988, 1990.
[190] *Drasdo* NJW 2004, 1988, 1989; *Bauer* JR 2006, 244 ff.; MünchKommBGB-*Commichau* Vorb. § 1 WEG RdNr. 47; Bamberger/Roth/*Hügel* § 10 WEG RdNr. 2 f.; RGRK-*Augustin* § 1 WEG Anm. 4, § 3 WEG Anm. 1; Erman/*Grziwotz* WEG § 10 RdNr. 11; Niedenführ/*Schulze* WEG § 10 RdNr. 2, Vorb. §§ 43 ff. RdNr. 73; Staudinger/*Rapp* Einl. z. WEG RdNr. 24 ff.; *Kümmel* S. 18 f.; *Becker/Kümmel/A. Ott* RdNr. 72; *Weitnauer/Briesemeister* WEG Vor § 1 RdNr. 30 ff.; *Heismann* S. 78 ff.; Bärmann/Pick/*Merle* WEG Einl. RdNr. 5 ff.; Demharter ZfIR 2001, 957; *Armbrüster* DNotZ 2003, 493, 512 ff.; vgl. zu einem gesellschaftsrechtlichen Ansatz *M. Junker*.
[191] So auch schon eine verbreitete Ansicht im Schrifttum: Bärmann NJW 1989, 1057, 1060 ff.; Bärmann/Pick WEG Einl. RdNr. 8, Vor § 10 RdNr. 5, 6 („Kollektiv zwischen einfacher Gemeinschaft und juristischer Person"); *Bub/Petersen* NZM 1999, 646, 648 f.; *Raiser* ZWE 2001, 173; *Derleder* PiG 63 (2002), 29; *Schwörer* NZM 2002, 421; *Kreuzer* ZWE 2002, 285, 286; *Saueren* PiG 63 (2002), 61; *Maroldt* ZWE 2002, 387; *Pauly* WuM 2002, 531; *Häublein* PiG 71, 175.
[192] BGH NJW 2005, 2061, 2063; zust. *Bub/Petersen* NJW 2005, 2590, 2591 f.

eigentümergemeinschaft über eine eigene organisatorische Struktur verfüge.[193] Der Gesetzgeber ist dieser Entscheidung des BGH gefolgt und hat die Rechtsfähigkeit der Gemeinschaft normiert und bestimmt, dass die Gemeinschaft der Wohnungseigentümer im Rahmen der gesamten Verwaltung des gemeinschaftlichen Eigentums gegenüber Dritten und Wohnungseigentümern selbst Rechte erwerben und Pflichten eingehen kann (§ 10 Abs. 6 Satz 1 WEG) und Inhaberin der gesetzlich begründeten und rechtsgeschäftlich erworbenen Rechte und Pflichten ist (Satz 2) sowie vor Gericht klagen und verklagt werden kann (Satz 5). Die Rechtsfähigkeit der Wohnungseigentümergemeinschaft bezieht und beschränkt sich auf den Bereich, der durch die Verwaltung des gemeinschaftlichen Vermögens abgegrenzt ist.[194] Dieses Verwaltungsvermögen ist nach der Entscheidung des BGH und der ihr folgenden gesetzlichen Regelung nicht länger den Wohnungseigentümern zur gesamten Hand, sondern der rechtlich selbstständigen Gemeinschaft zugeordnet (§ 10 Abs. 7 Satz 1 WEG). Von einer „Teilrechtsfähigkeit" der Gemeinschaft zu sprechen, ist nur insoweit zutreffend, als die Individualrechte der Wohnungseigentümer nicht einbezogen sind; vielmehr bleiben das Sonder- und das Gemeinschaftseigentum jeweils allein in den Händen der einzelnen Miteigentümer. Dies gilt jedoch entsprechend der Trennung von Gesellschafts- und Gesellschaftervermögen für alle Gesellschaften und Verbandsorganisationen.[195] Für die **Insolvenzfähigkeit** von entscheidender Bedeutung ist dabei, dass die Wohnungseigentümergemeinschaft über das Verwaltungsvermögen als ein eigenes Verbandsvermögen verfügt, das als einheitliches Vermögen den Gläubigern der Wohnungseigentümergemeinschaft unter Ausschluss anderer, nämlich der persönlichen Gläubiger der einzelnen Wohnungseigentümer haftungsrechtlich zugewiesen ist. Eigenständiges Vermögen der Wohnungseigentümergemeinschaft stellt dabei nur das Verwaltungsvermögen dar, das neben den für die Verwaltung erforderlichen Mitteln aus Zahlungen der Wohnungseigentümer auch die Forderungen gegen die Wohnungseigentümer gem. § 16 Abs. 2 WEG sowie gegen Dritte und Verbindlichkeiten der Gemeinschaft umfasst.[196] Nach diesen Kriterien ist die Insolvenzfähigkeit der Wohnungseigentümergemeinschaft an sich zu bejahen. Dies folgt grundsätzlich auch aus der Anerkennung ihrer Rechtsfähigkeit (s.o. RdNr. 10). Der Gesetzgeber hat aber bestimmt, dass ein **Insolvenzverfahren über das Verwaltungsvermögen der Gemeinschaft nicht stattfindet (§ 11 Abs. 3 WEG)**. Für diese auf einer Beschlussempfehlung des Rechtsausschusses des Bundestages[197] beruhende und vom Regierungsentwurf[198] abweichende Regelung wird geltend gemacht, dass der Aufwand und die Kosten eines Insolvenzverfahrens über das Verwaltungsvermögen nicht in einem angemessenen Verhältnis zu den davon erwarteten Vorteilen stünden.[199] Auch wird auf die Schwierigkeiten verwiesen, die sich in der Praxis aus einem Nebeneinander von Insolvenzverwalter und Wohnungseigentumsverwalter ergeben würden. Der RegE sah demgegenüber die Möglichkeit der Eröffnung eines Insolvenzverfahrens über das Verwaltungsvermögen der Wohnungseigentümergemeinschaft vor (§ 11 Abs. 3 RegE) und verwies zur Begründung vor allem auf den Zweck des Insolvenzverfahrens, eine möglichst gleichmäßige Befriedigung der Gläubiger und eine optimale Verwertung der Haftungsmasse, insbesondere unter Durchsetzung der Forderungen gegen die einzelnen Wohnungseigentümer, zu erreichen.[200] In der Rechtsprechung ist die Insolvenzfähigkeit der Wohnungseigentümergemeinschaft vor deren Ausschluss durch den Gesetzgeber vereinzelt behandelt und teils bejaht,[201] teils verneint worden.[202] Geteilt waren auch die Meinungen im Schrifttum. Überwiegend wurde die Insolvenzfähigkeit bejaht[203] bzw. als notwendige Konsequenz aus der Anerkennung der Rechtsfähigkeit für die Gemeinschaft abgeleitet.[204] Verbreitet wurde die Insolvenzfähigkeit dieser Gemeinschaft jedoch in Zweifel gezogen, vor allem wegen der Unauflöslichkeit der Gemeinschaft gem. § 11 Abs. 2 WEG und der sich daraus ergebenden praktischen Schwierigkeiten.[205]

---

[193] BGH NJW 2005, 2061, 2063.
[194] BGH NJW 2005, 2061, 2065, 2068.
[195] Zum Trennungsprinzip *Kübler/Assmann*, Gesellschaftsrecht, § 4 IV 2, § 24 I 1. Näher zur Frage der Teilrechtsfähigkeit *Abramenko* ZMR 2006; 409 f.; *Häublein* ZMR 2005, 557 f.
[196] BGH NJW 2005, 2061, 2064.
[197] Beschlussempfehlung v. 13.12.2006, BT-Drs. 16/3843.
[198] Gesetzentwurf der Bundesregierung v. 9.3.2006, BT-Drs. 16/887.
[199] BT-Drucks. 16/3843, S. 48.
[200] BT-Drucks. 16/887, S. 67.
[201] AG Mönchengladbach NJW 2006, 1071 = NZI 2006, 245 = EWiR 2006, 593 f. (*Eckardt*).
[202] AG Dresden NZI 2006, 246 = EWiR 2006, 117 f. (*Bork*); LG Dresden NZI 2006, 408 = EWiR 2006 465 f. (*Köster/Sankol*) = DZWIR 2006, 481 (*Gundlach/Frenzel*).
[203] *Fischer* NZI 2005, 587, 587; *Gundlach/Frenzel/N. Schmidt* DZWIR 2006, 149; *dies.* NZI 2006, 437; *Gundlach/Frenzel* DZWIR 2006, 483; HKInsO-*Kirchhof* § 11 RdNr. 18; *Köster/Sankol* ZflR 2006, 74; *Demharter* ZWE 2005, 357; *Nissen* ZMR 2006, 563 f.; *Eckardt* EWiR 2006, 593 f.; HambKommInsO-*Wehr*² § 11 RdNr. 6.
[204] *Bork* ZInsO 2006, 1067; *ders.* ZInsO 2005, 1067; *ders.* EWiR 2006, 117 f.
[205] *Häublein* ZIP 2005, 1720, 1726; *ders.* ZMR 2006, 1; *ders.* ZWE 2006, 205; *Lüke* ZflR 2005, 516 f.; *Abramenko* ZMR 2005, 585 f.; *Drasdo* NZI 2006, 206 f.; *Armbrüster* ZWE 2005, 369 f.; zu den praktischen Einwänden auch *Bork* ZInsO 2006, 1067; *ders.* ZInsO 2005, 1067; *ders.* EWiR 2006, 117 f.; *Lehmann-Richter* ZMR 2006, 321 f.

Nach dem gesetzlichen Ausschluss eines Insolvenzverfahrens über das Vermögen der Wohnungseigentümergemeinschaft steht den Gläubigern aus Ansprüchen gegen die Gemeinschaft der Zugriff auf deren Vermögen und gegen die Wohnungseigentümer auf Grund von deren teilschuldnerischer Proportionalhaftung (§ 10 Abs. 8 WEG) nach dem Prioritätsgrundsatz frei. Nicht den Gläubigern der Wohnungseigentümergemeinschaft, sondern den persönlichen Gläubigern der einzelnen Wohnungseigentümer haftungsrechtlich zugewiesen bleibt dagegen das Sonder- und Bruchteilsvermögen der Wohnungseigentümer selbst, das nicht Teil des Verwaltungsvermögens ist. Die Eröffnung des Insolvenzverfahrens über das Verwaltungsvermögen lässt die Wohnungseigentümergesellschaft im Übrigen unberührt und führt insbesondere nicht zu deren Auflösung (§ 11 Abs. 2 WEG).

3. Erbengemeinschaft. Nicht rechtsfähig und damit auch nicht insolvenzfähig ist die Erbengemeinschaft.[206] Dieser ist zwar mit dem Nachlass ein Sondervermögen zugeordnet.[207] Sie ist auch nicht notwendigerweise auf Auseinandersetzung gerichtet, vielmehr kann die Auseinandersetzung des Nachlasses auf Zeit (§ 2044 Abs. 1 BGB) oder auch auf Dauer ausgeschlossen werden (§§ 2042 Abs. 2, 749 Abs. 2 BGB).[208] Die Grundsätze zur Rechtsfähigkeit der GbR und der Wohnungseigentümergemeinschaft sind gleichwohl nicht auf die Erbengemeinschaft übertragbar, da diese über keine eigenen Organe und keine ausgeprägte Handlungsorganisation verfügt.[209]

63c

XIV. Die Sonderinsolvenzen (Abs. 2 Nr. 2)

1. Nachlass. Der Nachlass ist als Sondervermögen insolvenzfähig, § 11 Abs. 2 Nr. 2. Damit steht fest, dass das Nachlassvermögen Gegenstand eines Insolvenzverfahrens sein kann. Dagegen folgt aus § 11 Abs. 2 Nr. 2 nicht, dass der Nachlass auch Verfahrensschuldner ist; dies ist vielmehr der Erbe selbst.[210] Für das Insolvenzverfahren gelten die besonderen Bestimmungen der §§ 315 bis 321. Gem. § 1922 Abs. 1 BGB geht mit dem Tode einer Person deren Vermögen – Aktiva und Passiva – als Ganzes auf den oder die Erben über. Der Erbe haftet gem. § 1967 Abs. 1 BGB für die Nachlassverbindlichkeiten. Der Erbe kann die Erbschaft binnen sechs Wochen ausschlagen, so dass der Anfall der Erbschaft an den Ausschlagenden als nicht erfolgt gilt, § 1953 Abs. 1 BGB. Tut er dies nicht, so haftet er grundsätzlich auch mit seinem übrigen Vermögen unbegrenzt für die Nachlassverbindlichkeiten. Der Erbe kann seine Haftung jedoch gem. §§ 1975 ff. BGB **auf den Nachlass beschränken.** Dazu stehen die Nachlassverwaltung und das Nachlassinsolvenzverfahren zur Verfügung. Die **Nachlassverwaltung** ist eine besondere Nachlasspflegschaft, die der Befriedigung der Nachlassgläubiger bei zureichendem, aber unübersichtlichem Nachlass dient.[211] Die **Nachlassinsolvenz** setzt demgegenüber gem. § 320 Satz 1 Zahlungsunfähigkeit oder Überschuldung des Nachlasses voraus.

64

Das Objekt des Nachlassinsolvenzverfahrens ist der Nachlass des Erblassers gem. § 1922 Abs. 1 BGB. Was letztendlich Gegenstand der Haftungsmasse ist, bestimmt sich daher nach den Vorschriften des Erbrechts. Bei der Nachlassinsolvenz geht es um die Realisierung einer auf ein **Sondervermögen** beschränkten Vermögenshaftung.[212] Dieses Sondervermögen ist vom übrigen Vermögen des Erben strikt zu trennen. Die einzelnen Verfahrensregeln des Nachlassinsolvenzverfahrens, insbesondere die Eröffnungsgründe, beziehen sich nur auf das Sondervermögen, nicht auf den Erben als Rechtsträger des Vermögens.[213] Die Eigengläubiger des Erben können daher am Nachlassinsolvenzverfahren nicht teilnehmen.

65

2. Gesamtgut bei fortgesetzter Gütergemeinschaft. Über dieses Sondervermögen kann ein selbstständiges Insolvenzverfahren nach Maßgabe des § 332 durchgeführt werden, § 11 Abs. 2 Nr. 2. Die Ehegatten können gem. § 1483 Abs. 1 Satz 1 BGB vereinbaren, dass die Gütergemeinschaft nach dem Tode eines Ehegatten zwischen dem überlebenden Ehegatten und den gemeinschaftlichen Abkömmlingen fortgesetzt wird. Zum **Gesamtgut** gehört das bisherige eheliche Gesamtgut, soweit es nicht einem nicht anteilsberechtigten Abkömmling (§ 1483 Abs. 2 BGB) zufällt und alles, was der überlebende Ehegatte hinzu erwirbt, § 1485 Abs. 1 BGB. Nicht zum Gesamtgut gehören das Vorbehaltsgut und das Sondergut des überlebenden Ehegatten (§ 1486 BGB) und das Vermögen, das

66

---

[206] BGH NJW 2002, 3389; BGH NJW 2006, 3715 = NZG 2006, 940; AG Duisburg NZI 2004, 97; Uhlenbruck/ Lüer InsO § 315 RdNr. 12; Kübler/Prütting/Bork/*Prütting* InsO § 11 RdNr. 55; Braun/*Bußhardt* InsO § 11 RdNr. 8.
[207] BGH NJW 2006, 3715, 3716.
[208] Palandt/*Weidlich* BGB § 2042 RdNr. 3 f.; MünchKommBGB-*Ann* § 2042 RdNr. 10.
[209] MünchKommBGB-*Ann* § 2032 RdNr. 12 mwN.; aA *Grunewald* AcP 197 (1997), 305 f.
[210] So zutreffend LG Berlin ZInsO 2004, 646; aA AG Göttingen Rpfleger 2001, 95. Eingehend zum Nachlassinsolvenzverfahren *Staufenbiel/Brill* ZInsO 2012, 1395 ff.
[211] Palandt/*Weidlich* BGB § 1975 RdNr. 2; *Staufenbiel/Brill* ZInsO 2012, 1395 f.
[212] Nerlich/Römermann/*Mönning* InsO § 11 RdNr. 102; *Haarmeyer/Wutzke/Förster*, Hdb InsO, Kap. 1, RdNr. 57.
[213] Kübler/Prütting/Bork/*Prütting* InsO § 11 RdNr. 30.

ein gemeinschaftlicher Abkömmling zur Zeit des Eintritts der fortgesetzten Gütergemeinschaft hat oder später erwirbt, § 1485 Abs. 2 BGB.

67 Der Eintritt der fortgesetzten Gütergemeinschaft bedeutet keine Rechtsnachfolge am Gesamtgut, sondern lediglich einen Wechsel in der Person der Gesamthänder bei Identität der Gesamthand.[214] Für die **Gesamtgutsverbindlichkeiten** haftet der überlebende Ehegatte persönlich, § 1489 Abs. 1 BGB. Eine persönliche Haftung der anteilsberechtigten Abkömmlinge für die Verbindlichkeiten des verstorbenen oder des überlebenden Ehegatten wird durch den Eintritt der fortgesetzten Gütergemeinschaft nicht begründet, § 1488 Abs. 3 BGB. Gesamtgutsverbindlichkeiten sind gem. § 1488 BGB die Verbindlichkeiten des verstorbenen Ehegatten, soweit sie Gesamtgutsverbindlichkeiten der ehelichen Lebensgemeinschaft waren, und alle Verbindlichkeiten des überlebenden Ehegatten ohne Rücksicht darauf, wann sie entstanden sind und ob sie, falls sie vor Eintritt der fortgesetzten Gütergemeinschaft entstanden sind, Gesamtgutsverbindlichkeiten waren.[215] Eine **Haftungsbeschränkung auf das Gesamtgut** ist möglich, wenn der überlebende Ehegatte nur wegen des Eintritts der fortgesetzten Gütergemeinschaft persönlich haftet; für die Beschränkung der Haftung gelten die Grundsätze für die Beschränkung der Erbenhaftung entsprechend, § 1489 Abs. 2 BGB. Das Insolvenzverfahren wird demgemäß allein wegen der Gesamtgutsverbindlichkeiten durchgeführt.[216] **Insolvenzmasse** ist das Gesamtgut in dem Bestand, den es zur Zeit des Eintritts der fortgesetzten Gütergemeinschaft hatte, § 1489 Abs. 2 BGB.[217]

68 **3. Gemeinschaftlich verwaltetes Gesamtgut.** Die Insolvenzfähigkeit ergibt sich aus § 11 Abs. 2 Nr. 2. Die Durchführung des Insolvenzverfahrens richtet sich nach den Bestimmungen der §§ 333, 334. Das BGB kennt neben dem gesetzlichen Güterstand der Zugewinngemeinschaft gem. §§ 1363 ff. BGB als vertragliche Güterstände die Gütergemeinschaft gem. §§ 1415 ff. BGB und die Gütertrennung gem. § 1414 BGB. Die Gütergemeinschaft ist **praktisch kaum relevant.** Wenn überhaupt, dann kommt sie eher für Landwirte in Betracht als für andere Gruppen und eher für kleinere als für größere Vermögen.[218] Bei Vereinbarung der Gütergemeinschaft entstehen mehrere Vermögensmassen. Das Gesamtgut ist gem. § 1416 BGB das Vermögen des Mannes und das Vermögen der Frau, das sie in die Ehe einbringen und das durch die Gütergemeinschaft zu gemeinschaftlichem Vermögen wird. Dazu gehören auch die Vermögensgegenstände, die während der Ehe erworben werden. Über die Anteile am Gesamtgut und über die einzelnen Gegenstände des Gesamtguts können die Ehegatten gem. § 1419 Abs. 1 BGB nur gemeinschaftlich verfügen. Das **Gesamtgut** unterliegt damit einer gesamthänderischen Bindung.[219] Vom Gesamtgut sind das **Sondergut** (§ 1417 BGB) und das **Vorbehaltsgut** (§ 1418 BGB) zu trennen, die nicht der gesamthänderischen Bindung unterliegen und jeweils von Ehemann oder Ehefrau selbstständig verwaltet werden. Das Gesamtgut kann entweder gem. §§ 1422 ff. BGB durch den Ehemann oder durch die Ehefrau verwaltet werden. Es kann aber gem. §§ 1450 ff. BGB auch gemeinschaftlich verwaltet werden. In letzterem Fall sind die Ehegatten nur berechtigt, gemeinschaftlich über das Gesamtgut zu verfügen.

69 Ein gesondertes Insolvenzverfahren kann über das Gesamtgut nur durchgeführt werden, wenn es von den Ehegatten **gemeinschaftlich verwaltet** wird, § 11 Abs. 2 Nr. 2. Andernfalls fällt das Gesamtgut in die Insolvenzmasse des Ehegatten, der das Gesamtgut verwaltet (vgl. § 37 Abs. 2).[220] Schuldner sind die Ehegatten, nicht das Gesamtgut. Das Gesamtgut haftet für die **Gesamtgutsverbindlichkeiten,** § 1459 Abs. 1 BGB. Dazu gehören die durch die gemeinschaftliche Verwaltung begründeten Verbindlichkeiten, aber auch die persönlichen Verbindlichkeiten der Ehegatten nach Maßgabe der §§ 1460 bis 1462 BGB. Eröffnungsgrund für das Insolvenzverfahren ist Zahlungsunfähigkeit oder auf Antrag beider Ehegatten auch drohende Zahlungsunfähigkeit des Gesamtguts, § 333 Abs. 2. Wie beim Nachlassinsolvenzverfahren handelt es sich hier um eine Sonder- oder Partikularinsolvenz.[221] Ein Insolvenzverfahren über das Vermögen eines Ehegatten berührt das Gesamtgut nicht, wenn es von den Ehegatten gemeinschaftlich verwaltet wird, § 37 Abs. 2. Neben die Haftung des Gesamtguts tritt die gesamtschuldnerische persönliche Haftung der Ehegatten für Gesamtgutsverbindlichkeiten gem. § 1459 Abs. 2 BGB. Die persönliche Haftung eines Ehegatten für Gesamtgutsverbindlichkeiten kann während der Dauer des Insolvenzverfahrens nur vom Insolvenzverwalter bzw. dem Sachwalter geltend gemacht werden, § 334 Abs. 1.

---

[214] MünchKommBGB-*Kanzleiter* § 1483 RdNr. 9; Jaeger/*Ehricke* InsO § 11 RdNr. 86.
[215] MünchKommBGB-*Kanzleiter* § 1488 RdNr. 1.
[216] HKInsO-*Kirchhof* § 11 RdNr. 23 f.
[217] Vgl. dazu *Hess* InsO § 11 RdNr. 188; Uhlenbruck/*Hirte* InsO § 11 RdNr. 418 f.; Jaeger/*Ehricke* InsO § 11 RdNr. 89; *Kuhn/Uhlenbruck* KO § 236 RdNr. 2; Kilger/*K. Schmidt* KO § 236 Anm. 1.
[218] *Gernhuber/Coester-Waltjen,* Familienrecht, § 38 I.
[219] *Gernhuber/Coester-Waltjen,* Familienrecht, § 38 VI 1.
[220] *Häsemeyer,* Insolvenzrecht, RdNr. 34.2.
[221] FKInsO-*Schallenberg/Rafiqpoor* § 333 RdNr. 2; *Lüderitz,* Familienrecht, § 5 RdNr. 193.

XV. Ende der Insolvenzfähigkeit (Abs. 3)

1. Fortdauer der Insolvenzfähigkeit nach Auflösung. Abs. 3 bestimmt, dass die Eröffnung 70 des Insolvenzverfahrens auch nach Auflösung einer juristischen Person oder einer Gesellschaft ohne Rechtspersönlichkeit zulässig ist, solange die Verteilung des Vermögens nicht vollzogen ist. Als Auflösungsgründe kommen neben der Eröffnung des Insolvenzverfahrens[222] der Ablauf der in der Satzung bzw. dem Gesellschaftsvertrag bestimmten Zeit insbesondere ein Gesellschafterbeschluss in Betracht.[223] Die Auflösung lässt die rechtliche Selbständigkeit der Gesellschaft unberührt; die Gesellschaft ist nach ihrer Auflösung lediglich ihrem Zweck nach auf die vollständige Verteilung des Gesellschaftsvermögens und damit auf ihre Vollbeendigung angelegt. Folgerichtig lässt Abs. 3 bis zur vollständigen Verteilung des nach wie vor der Gesellschaft zustehenden Vermögens die Eröffnung eines Insolvenzverfahrens zu.[224]

2. Ende der Insolvenzfähigkeit. Die Insolvenzfähigkeit endet mit Eintritt der **Vollbeendi-** 71 **gung** der juristischen Person oder der Gesellschaft ohne Rechtspersönlichkeit. Dies ist dann der Fall, wenn das Vermögen der juristischen Person oder der Gesellschaft **vollständig verteilt** ist. Da die juristische Person oder die Gesellschaft in diesem Fall über keinerlei eigenständiges Vermögen mehr verfügt, endet damit auch ihre Insolvenzfähigkeit.

Bei **Gesellschaften mit eigener Rechtspersönlichkeit ist** die Abwicklung zur Eintragung in 71a das Handelsregister anzumelden mit der Folge gewöhnlich der Löschung der Gesellschaft.[225] Da die Löschung im Register die Abwicklung der Gesellschaft voraussetzt, führt erst beides zusammen zur Beendigung der Rechtsfähigkeit (**Doppeltatbestand von Vermögenslosigkeit und Löschung,**[226] s.a. o. RdNr. 13) und damit auch zum Ende der Insolvenzfähigkeit. Bei **Gesellschaften ohne eigene Rechtspersönlichkeit** ist die Löschung im Register dagegen nicht maßgeblich für ihren rechtlichen Bestand; ihre Vollbeendigung tritt bereits mit der vollständigen Verteilung des Vermögens ein.[227] Daraus folgt, dass sowohl bei juristischen Personen als auch bei Gesellschaften ohne Rechtspersönlichkeit die Insolvenzfähigkeit auch nach deren Löschung im jeweiligen Register solange fortbesteht, als noch **verteilbares Vermögen** vorhanden ist.[228]

Bei **Gesellschaften ohne eigene Rechtspersönlichkeit** kann eine Vollbeendigung auch 71b dadurch eintreten, dass sich sämtliche Anteile an der Gesellschaft in einer Hand vereinigen[229] (s. zum Fall der Simultaninsolvenz o. RdNr. 26). Ist das Insolvenzverfahren über das Vermögen der Gesellschaft bereits **vor Vereinigung aller Gesellschaftsanteile** eröffnet worden, so wird dieses dennoch unverändert fortgesetzt.[230] Insolvenzschuldner ist nunmehr der letzte Gesellschafter, auf den das Vermögen der nicht mehr existierenden Gesellschaft im Wege der Gesamtrechtsnachfolge übergegangen ist.[231] Bei einem Übergang im Wege der Gesamtrechtsnachfolge kommt eine **Unterbrechung** des Verfahrens gem. § 239 ZPO nicht in Betracht; diese Vorschrift ist auf das Insolvenzverfahren wegen dessen Eilbedürftigkeit nicht anwendbar (s.o. § 4 RdNr. 15).[232] Gegenstand des Insolvenzverfahrens ist unverändert das noch vorhandene Vermögen der bisherigen Gesellschaft.

---

[222] S. § 60 Abs. 1 Nr. 4 GmbHG; § 262 Abs. 1 Nr. 3 AktG; §§ 131 Abs. 1 Nr. 3, 161 Abs. 2 HGB; § 81a Nr. 1 GenG; § 9 Abs. 1 PartGG, § 131 Abs. 1 Nr. 3 HGB, § 728 Abs. 1 BGB.
[223] Zu den weiteren Auflösungsgründen s. §§ 60 bis 62 GmbHG, § 262 AktG, § 131 HGB, §§ 78, 79 GenG; § 9 Abs. 1 PartGG; §§ 726, 727, 728 Abs. 2 BGB.
[224] *Gundlach/Frenzel/N. Schmidt* DStR 2004, 1658, 1660.
[225] § 273 Abs. 1 Satz 2 AktG; § 74 Abs. 1 Satz 2 GmbHG; §§ 6, 29, 31 Abs. 2 HGB betr. eG, vgl. *K. Schmidt*, Gesellschaftsrecht, § 11 V 6a (dort Fn. 85).
[226] BGH NZI 2005, 225; Kübler/Prütting/Bork/*Prütting* InsO § 11 RdNr. 16; *K. Schmidt*, Gesellschaftsrecht, § 11 V 6; Scholz/*K. Schmidt* GmbHG § 60 RdNr. 37, Anh. § 60 RdNr. 18 ff., § 74 RdNr. 14; Rowedder/*Rasner* GmbHG § 60 RdNr. 14; *Noack*, Gesellschaftsrecht, RdNr. 83, 101; Nerlich/Römermann/*Mönning* InsO § 11 RdNr. 107; LSZ-Smid/*Leonhardt* InsO § 11 RdNr. 17; Graf-Schlicker/*Fuchs* InsO § 11 RdNr. 10. Kritisch *Hüffer* AktG § 273 RdNr. 7.
[227] HM, s. nur *K. Schmidt*, Gesellschaftsrecht, § 11 V 6 a.
[228] AG Lübeck DZWiR 2001, 368; Kübler/Prütting/Bork/*Prütting* InsO § 11 RdNr. 14, 52; *Gundlach/Frenzel/N. Schmidt* DStR 2004, 1658, 1660; Nerlich/Römermann/*Mönning* InsO § 11 RdNr. 108; Braun/*Bußhardt* InsO § 11 RdNr. 10.
[229] S. BGHZ 113, 132, 133 f.; BGHZ 71, 296, 299; BGHZ 65, 79, 83; BGH NZG 2004, 611; BGH NJW 1991, 844; BGH NZI 2008, 612; LG Essen EWiR 2005, 403 *(Wertenbruch);* *K. Schmidt*, Gesellschaftsrecht, § 52 I 2.
[230] *Gundlach/Frenzel/N. Schmidt* DStR 2004, 1658, 1660; da Insolvenzschuldner nunmehr der letzte Gesellschafter ist, ist gem. §§ 4 InsO, 319 ZPO das Rubrum zu ändern, s. hierzu *Keller* NZI 2009, 29, 31.
[231] Zum Ganzen ausf. *Bork/Jacoby* ZGR 2005, 611 ff.
[232] HKInsO-*Kirchhof* § 4 RdNr. 25. Zur prozessualen Anwendbarkeit BGH NZG 2002, 322.

Dieses unterliegt weiterhin der Verteilung an die Gläubiger.[233] In das Verfahren einbezogen sind auch weiterhin nur die Gläubiger der bisherigen Gesellschaft,[234] nicht die **Privatgläubiger** des letzten Gesellschafters. Ebenso ist nur das auf den letzten Gesellschafter übergegangene bisherige Gesellschaftsvermögen, nicht dessen sonstiges Vermögen Gegenstand des Verfahrens.[235] Entsprechendes gilt für die Eröffnung eines Insolvenzverfahrens **nach Vereinigung aller Gesellschaftsanteile** in einer Hand; Auflösung und Vollbeendigung der Gesellschaft fallen dann zeitlich zusammen. Insolvenzschuldner ist auch in diesem Fall der letzte Gesellschafter, jedoch beschränkt sich das Insolvenzverfahren auf das Aktiv- und Passivvermögen der bisherigen Gesellschaft. Weder werden die Privatgläubiger des letzten Gesellschafters in das Insolvenzverfahren einbezogen, noch wird dieses auf das sonstige Vermögen des letzten Gesellschafters erstreckt. Im Ergebnis besteht hierüber weitgehend Übereinstimmung.[236] Unterschiedliche Ansichten bestehen hinsichtlich dessen rechtlicher Ableitung. Teils wird von einem fiktiven Fortbestand der Gesellschaft für die Zwecke des Insolvenzverfahrens ausgegangen,[237] teils wird ein **Sonderinsolvenzverfahren eigener Art** als Rechtsgrundlage in Analogie zu §§ 35 ff., 332, 333 f., 354 ff. InsO herangezogen.[238] Ein Fortbestand der Gesellschaft lässt sich nicht aus § 11 Abs. 3 InsO ableiten.[239] Diese Bestimmung betrifft den Fall, dass trotz Auflösung und ggf. trotz Eintragung des Erlöschens in Wirklichkeit noch keine Vollbeendigung eingetreten ist und die Gesellschaft noch nicht erloschen ist, weil noch bislang nicht verteiltes Gesellschaftsvermögen vorhanden ist.[240] Demgegenüber entfällt mit dem Ausscheiden des vorletzten Gesellschafters einer Personengesellschaft der Tatbestand einer Gesellschaft. Bei einer Personengesellschaft führt die Vereinigung aller Anteile in einer Hand demgemäß zur liquidationslosen Vollbeendigung der Gesellschaft unter Gesamtrechtsnachfolge des letzten verbliebenen Gesellschafters; damit ist gleichzeitig die Verteilung des Vermögens vollzogen.[241] Dies gilt auch für den Fall der Eröffnung des Insolvenzverfahrens über das Vermögen der Komplementär-GmbH einer GmbH & Co KG mit nur einem Kommanditisten.[242] Der verbliebene Gesellschafter haftet in diesem Fall nur für die Verbindlichkeiten der Gesellschaft und nur mit dem ihm zugefallenen Gesellschaftsvermögen.[243] Die Fiktion eines Fortbestands der Gesellschaft als Rechtsgrundlage lässt außer Acht, dass der verbliebene Gesellschafter als Träger des Vermögens und Schuldner der Verbindlichkeiten der früheren Gesellschaft auch Insolvenzschuldner ist. Auch für eine am Vermögen als Gegenstand des Verfahrens ausgerichtete Betrachtungsweise[244] gilt, dass es ein herrenloses Vermögen und Verbindlichkeiten ohne Schuldner nicht geben kann. In der Sache geht es um die Durchführung eines **Partikularinsolvenzverfahrens,** das den Zweck hat, das Vermögen des früheren Gesellschaft zur Befriedigung von deren Gläubigern zu verwenden. Dies begründet eine Analogie zu gesetzlich geregelten Sonderinsolvenzverfahren.[245] Über das Vermögen der nicht mehr existenten Gesellschaft kann das Insolvenzverfahren dagegen nicht mehr eröffnet werden.[246]

72   **3. Insolvenzverfahren und Liquidation.** Die Auflösung der Gesellschaft aus anderen Gründen als der Eröffnung des Insolvenzverfahrens über ihr Vermögen führt zur Liquidation nach den jeweiligen gesellschaftsrechtlichen Bestimmungen. Für die aufgelöste Organisation werden Liquidatoren als

---

[233] I. E. zutreffend *Gundlach/Frenzel/N. Schmidt* DStR 2004, 1658, 1660.
[234] Vgl. OLG Hamm ZEV 1999, 234, 236.
[235] Vgl. für den Fall eines verbleibenden Kommanditisten BGHZ 113, 132, 135.
[236] *Gundlach/Frenzel/N. Schmidt* DStR 2004, 1658, 1660 f.; *Gundlach/N. Schmidt/Schirrmeister* DZWIR 2004, 449, 452.
[237] *Haas/Holla* DStR 2001, 1264.
[238] LG Dresden ZIP 2005, 955; AG Hamburg ZInsO 2009, 2404 f.; *Keller* NZI 2009, 29, 30 f.; Kübler/Prütting/Bork/*Prütting* InsO § 11 RdNr. 45.
[239] So aber *Gundlach/N. Schmidt/Schirrmeister* DZWIR 2004, 449, 452; *Gundlach/Frenzel/N. Schmidt* DStR 2004, 1658, 1660; s.a. *K. Schmidt* GmbHR 2002, 1209.
[240] Zutreffend AG Potsdam DZWIR 2001, 130 in Bezug auf eine aufgelöste GbR; zust. *Voß* EWiR 2001, 573; dag. *Haas/Holla* DStR 2001, 1264.
[241] BVerwG ZInsO 2011, 1891 ff.; LG Dresden ZIP 2005, 955, 956; AG Potsdam NZI 2001, 172; HKInsO-*Kirchhof* § 11 RdNr. 26; Uhlenbruck/*Hirte* InsO § 11 RdNr. 342; *Voß* EWiR 2001, 573 f.
[242] BGH NZG 2004, 611; aA für den Fall der Simultaninsolvenz von KG und Komplementär-GmbH *K. Schmidt* GmbHR 2002, 1209, 1213: entgegen § 131 Abs. 3 Nr. 2 HGB kein Ausscheiden der GmbH. And. *Albertus/Fischer* ZInsO 2005, 246: Fortsetzung des Insolvenzverfahrens in Analogie zum Nachlassinsolvenzverfahren.
[243] BGHZ 113, 132, 134 = NJW 1991, 844; BGH NZG 2004, 611; zust. *Hirte* NJW 2005, 718, 721.
[244] *Gundlach/Frenzel/N. Schmidt* DStR 2004, 1658 ff.
[245] So zutreffend und mit eingehender Begründung LG Dresden ZIP 2005, 955; ebenso AG Hamburg ZInsO 2009, 2404 f.; AG Köln NZI 2009, 621 f.; Braun/*Bußhardt* InsO § 11 RdNr. 8.
[246] BGH NZI 2008, 612, 613; Braun/*Bußhardt* InsO § 11 RdNr. 10 mwN.; *Trams* NZG 2008, 736 ff.

Geschäftsführung- und Vertretungsorgane eingesetzt.[247] Diesen obliegt die Abwicklung der aufgelösten Gesellschaft bis zu ihrer Vollbeendigung. Im Falle der Insolvenz tritt an die Stelle der gesellschaftsrechtlichen Abwicklung das Insolvenzverfahren; an die Stelle der Liquidatoren tritt der Insolvenzverwalter. Wird das Insolvenzverfahren ohne Verteilung des Vermögens aufgehoben oder eingestellt, so kann die Gesellschaft durch Beschluss der Gesellschafter fortgesetzt werden (s.o. RdNr. 13); andernfalls erfolgt die weitere **Abwicklung nach dem gesellschaftsrechtlichen Liquidationsverfahren.** Streitig ist, ob das Insolvenzverfahren aus anderen Gründen vorzeitig beendet werden kann mit der Folge, dass sich das gesellschaftsrechtliche Liquidationsverfahren anschließt. Dagegen wird angeführt, dass bei Gesellschaften der Zweck des Insolvenzverfahrens auf die Liquidation der Gesellschaft im Sinne ihrer Vollbeendigung gerichtet sei und die Gesellschaft das Insolvenzverfahren deshalb in keinem Fall überdauern dürfe.[248] Danach kann es insolvenzfreies Vermögen eines Unternehmens nicht geben, sofern Unternehmensträger eine juristische Person oder eine Gesellschaft ohne Rechtspersönlichkeit ist und eine Freigabe von Vermögensgegenständen durch den Insolvenzverwalter in diesen Fällen ausgeschlossen ist, s. dazu § 80 RdNr. 69.

§ 12 Juristische Personen des öffentlichen Rechts

(1) Unzulässig ist das Insolvenzverfahren über das Vermögen
1. des Bundes oder eines Landes;
2. einer juristischen Person des öffentlichen Rechts, die der Aufsicht eines Landes untersteht, wenn das Landesrecht dies bestimmt.

(2) Hat ein Land nach Absatz 1 Nr. 2 das Insolvenzverfahren über das Vermögen einer juristischen Person für unzulässig erklärt, so können im Falle der Zahlungsunfähigkeit oder der Überschuldung dieser juristischen Person deren Arbeitnehmer von dem Land die Leistungen verlangen, die sie im Falle der Eröffnung eines Insolvenzverfahrens nach den Vorschriften des Dritten Buches Sozialgesetzbuch über das Insolvenzgeld von der Agentur für Arbeit und nach den Vorschriften des Gesetzes zur Verbesserung der betrieblichen Altersversorgung vom Träger der Insolvenzsicherung beanspruchen könnten.

Schrifttum: *Alfuß*, Staatliche Haftungsbeschränkung durch Inanspruchnahme privatrechtlicher Organisationen, 1976; *Berensmann*, Insolvenzrecht für Staaten, 2007; *Bohlen-Schöning*, Krankenkassen in Finanznot, KrV 2009, 289 ff.; *Buhlert*, Die Entwicklung eines zukünftigen Staatsinsolvenzrechts, DZWIR 2002, 275 ff.; *Bull*, Allgemeines Verwaltungsrecht mit Verwaltungslehre, 7. Aufl., 2005; *ders.*, Insolvenzfähigkeit von Gemeinden – Contra, NordÖR 2010, 343 ff.; *Bultmann*, Die Insolvenzfähigkeit der gesetzlichen Krankenkassen nach dem GKV-OrgWG, MedR 2009, 25 ff.; *Bußhardt*, Insolvenzrecht für Staaten – einige Überlegungen zur Quadratur des Kreises, FS Eberhard Braun, 2008, S. 423 ff.; *Dürr*, Zum Recht der Innungen und Kreishandwerkerschaften, GewArch 2009, 107 ff.; *Duve*, Die Wiederentdeckung der kommunalen Insolvenz im Kontext bestehender Präventions- und Sanierungsstrategien, DÖV 2009, 574 ff.; *Ehlers*, Verwaltung in Privatrechtsform, 1984; *Engelsing*, Zahlungsunfähigkeit von Kommunen und anderen juristischen Personen des öffentlichen Rechts, Diss. Bonn 1999; *Faber*, Insolvenzfähigkeit der Kommunen?, DVBl 2005, 933 ff.; *Füsser*, Das GKV-OrgWG – Gesetz zur Weiterentwicklung der Organisationsstrukturen in der gesetzlichen Krankenversicherung – Inhalte und Motive, SGb 2009, 126 ff.; *Gaßner*, Neuregelung des Insolvenzrechts der Krankenkassen, GesR 2009, 121 ff.; *Gaßner/Hager*, Die Schließung von Krankenkassen wegen Überschuldung, NZS 2004, 632 ff.; *Goebel*, Auflösung staatlicher Hochschulen in Nordrhein-Westfalen durch Eröffnung des Insolvenzverfahrens? – eine Erwiderung, WissR 39 (2006), 213 ff.; *Gundlach*, Die Insolvenzfähigkeit juristischer Personen und Vermögen des öffentlichen Rechts, DÖV 1999, 815 ff.; *ders.*, Die Regelung des § 12 Abs. 2 InsO, DZWIR 2000, 368 f.; *Gundlach/Frenzel/N. Schmidt*, Die Haftung des Landes gemäß § 12 II InsO, NVwZ 2001, 778 f.; *dies.*, Die Insolvenzunfähigkeit nach der Insolvenzordnung, NZI 2000, 561 ff.; *Heeg/Kehbel*, Risiken und Nebenwirkungen der Gesundheitsreform – Droht die Insolvenz von gesetzlichen Krankenkassen?, ZIP 2009, 302 ff.; *Hientzsch*, Die politische Partei in der Insolvenz, Diss. Düsseldorf 2009; *dies.*, Die politische Partei in der Insolvenz, NVwZ 2009, 1135 ff.; *Hornfischer*, Die Insolvenzfähigkeit von Kommunen, Diss. Freiburg 2010; *Hornfischer/Skauradszun*, Von der Staateninsolvenz zur Insolvenzfähigkeit von Staaten, KTS 2012, 1 ff.; *Josten*, Kommunalkreditgeschäft: Kommunen zwischen Insolvenzunfähigkeit und finanzwirtschaftlichem Kollaps, BKR 2006, 133 ff.; *Kaller*, Die rechtliche Problematik der Ausnahmetatbestände von der Insolvenzsicherungspflicht nach § 651k Abs. 6 BGB, RRa 1996, 191 ff.; *Katz*, Haftung und Insolvenz der Kommunen und ihrer Unternehmen, der Gemeindehaushalt 2004, 49 ff.; *Kempen*, Zur Konkursfähigkeit der öffentlich-rechtlichen Rundfunkanstalten, DÖV 1988, 547 ff.; *Kleber*, Zur Konkursfähigkeit und Insolvenzsicherung juristischer Personen des öffentlichen Rechts, ZIP 1982, 1299 ff.; *Kodek*, Staateninsolvenz, 2011; *Krasney*, Das Insolvenzrecht und gesetzliche Krankenkassen, NZS 2010, 443 ff.; *Kratzmann*, Der Staatsbankrott, JZ 1982, 319 ff.; *Kuhl/Wagner*, Das

---

[247] §§ 66 GmbHG, 265 AktG, 83 GenG, 146 HGB.
[248] So vor allem *K. Schmidt* KTS 1988, 1; *ders.* BB 1991, 1273; *ders.* KTS 1994, 309; *ders.* GmbHR 1994, 829; *ders.*, Gesellschaftsrecht, § 11 VI 4; *ders.*, Wege zum Insolvenzrecht der Unternehmen, S. 69 ff.; Scholz/*K. Schmidt* GmbHG § 63 RdNr. 54.

Insolvenzrisiko der Gläubiger kommunaler Eigengesellschaften, ZIP 1995, 433 ff.; *Lehmann,* Die Konkursfähigkeit juristischer Personen des öffentlichen Rechts, Diss. Hannover 1999; *Lewinski,* Öffentlichrechtliche Insolvenz und Staatsbankrott, Diss. Berlin 2010; *Lundberg/Sänger,* Sie Insolvenz von Krankenkassen – gesetzliche Regelung trifft Wirklichkeit, ZInsO 2012, 1556 ff.; *dies.,* Krankenkassen und Insolvenz – Aufgaben und Pflichten für Vorstände, ZInsO 2010, 1905 ff.; *Marschner,* Die Haftung der Länder mit Leistungen an Arbeitnehmer aufgrund der neuen Insolvenzordnung, Finanzwirtschaft 1995, 89 ff.; *Masloff,* Konstruktion einer Ausfallhaftung des Staates für zahlungsunfähige juristische Personen des öffentlichen Rechts: Eine Untersuchung von Anstaltslasten und Gewährträgerhaftung im System der Staatshaftung i. w. S. und des Konzernrechts, Diss. Hannover 2000; *Maurer,* Allgemeines Verwaltungsrecht, 16. Aufl., 2006; *Musielak/Detterbeck,* Das Recht des Handwerks, 3. Aufl., 1995; *Ohler,* Der Staatsbankrott, JZ 2005, 590 ff.; *Paulus,* Insolvenzfähigkeit von Gemeinden – Pro, NordÖR 2010, 338 ff.; *ders.,* Überlegungen zur Insolvenzfähigkeit von Gemeinden, ZInsO 2003, 869 ff.; *ders.,* Überlegungen zu einem Insolvenzrecht für Staaten, WM 2002, 725 ff.; *Peitzsch,* Konkursfähigkeit der öffentlich-rechtlichen Kreditanstalten in Bayern, BayVBl. 1971, 178 ff., 254 ff.; *Peters,* Auflösung staatlicher Hochschulen in Nordrhein-Westfalen durch Eröffnung des Insolvenzverfahrens?, WissR 39 (2006), 114 ff.; *Pfohl/Sichert/Otto,* Die Pflicht zur Anzeige bei Insolvenz (§ 171b Abs. 2 SGB V), NZS 2011, 8 ff.; *Polaszek/Zellmann,* Krankenkassen im Fokus des Insolvenzrechts – die neuen Pflichten nach dem GKV-OrgWG, BKK 2009, 136 ff.; *Portzgen/Meyer,* Haftungsrisiken für Vorstände gesetzlicher Krankenversicherungen bei Verstoß gegen § 171b Abs. 2 SGB V?, MedR 2012, 301 ff.; *Rieger,* Kammern in der Insolvenz, Diss. Halle-Wittenberg 2009; *ders.,* Die Insolvenzfähigkeit von Kammern und die Konsequenzen, GewArch 2011, 279 ff.; *Römer,* Die Rundfunkunfähigkeit öffentlich-rechtlicher Rundfunkanstalten unter besonderer Berücksichtigung des „Zweiten Deutschen Fernsehens", Diss. Mainz 1988; *Roth,* Verfassungsrecht und Insolvenzrecht, in: *Mussgnug* (Hrsg.), Rechtsentwicklung unter dem Bonner Grundgesetz, 1990, S. 187 ff.; *Säuberlich,* Ausnahmen von der Beitragspflicht zu Insolvenzsicherung und Konkursausfallgeld bei Juristischen Personen öffentlichen Rechts, BB 1979, 168 ff.; *Schwarz,* Systematische Überlegungen zur Insolvenzfähigkeit von juristischen Personen des öffentlichen Rechts in Deutschland, ZKF 2010, 49 ff.; *Stoll,* Insolvenz und hoheitliche Aufgabenerfüllung, KTS 1992, 521 ff.; *Szodnuch,* Staateninsolvenz und private Gläubiger, Diss. Halle 2007; *Uwer,* Der rechtliche Rahmen der Insolvenz von Krankenkassen, GesR 2009, 113 ff.; *Weinzen,* Eine asymmetrische Sanktion gegen Schulden, DÖV 2009, 454 ff.; *Zeiss,* Das Recht der gemeindlichen Eigenbetriebe, 4. Aufl., 1993.

Übersicht

	Rn.		Rn.
I. Normzweck	1, 2	5. Juristische Personen des öffentlichen Rechts unter Landesaufsicht (Abs. 1 Nr. 2)	14–17
II. Entstehungsgeschichte	3–7	a) Gemeinden und Gemeindeverbände	15, 16
1. Bisherige Rechtslage	3–5	b) Sonstige	17
2. Neuregelung durch die InsO	6, 7		
III. Einzelerläuterungen	8–26	6. Nichtrechtsfähige Sondervermögen	18
1. Grundsätzliche Zulässigkeit des Insolvenzverfahrens	8, 9	7. Alternative Verfahren; Durchgriffshaftung	19, 20
2. Unzulässigkeit des Insolvenzverfahrens über das Vermögen des Bundes und der Länder (Abs. 1 Nr. 1)	10	8. Ausgleichsansprüche der Arbeitnehmer bei Zahlungsunfähigkeit oder Überschuldung juristischer Personen des öffentlichen Rechts (Abs. 2)	21–21b
3. Verfassungsrechtliche Unzulässigkeit des Insolvenzverfahrens	11		
4. Bundesgesetzliche Regelungen zur Zulässigkeit des Insolvenzverfahrens juristischer Personen des öffentlichen Rechts	12, 13	9. Zusammenstellung der landesrechtlichen Regelungen gem. Abs. 1 Nr. 2	22–26
a) Juristische Personen des öffentlichen Rechts, die ausdrücklich für insolvenzfähig erklärt wurden.	12–12a	a) Allgemeine Regelungen betreff Insolvenzunfähigkeit für Körperschaften, Anstalten oder Stiftungen des öffentlichen Rechts (Generalklauseln)	23
		b) Gemeinden	24
		c) Landkreise	25
b) Juristische Personen des öffentlichen Rechts, die nur durch Gesetz aufgelöst werden können	13	d) Sonstige juristische Personen des öffentlichen Rechts	26

I. Normzweck

1 Die Vorschrift bezweckt durch **Abs. 1,** die **Funktionsfähigkeit des Staates** und der staatlichen und anderer öffentlicher Organisationen in finanziellen Krisen insofern aufrechtzuerhalten, als die Handlungskompetenzen ihrer Organe rechtlich davon unberührt bleiben und nicht durch insolvenzrechtlich begründete Handlungskompetenzen ersetzt werden sollen. Grundsätzlich sind alle juristischen Personen insolvenzfähig in dem Sinne, dass über ihr Vermögen das Insolvenzverfahren eröffnet werden kann (§ 11 Abs. 1), mithin auch solche des öffentlichen Rechts. Dieser Grundsatz wird teils unmittelbar eingeschränkt (Abs. 1 Nr. 1), teils werden die Länder ermächtigt, weitere Einschränkungen zu bestimmen (Abs. 1 Nr. 2).

Abs. 2 der Vorschrift zielt auf den **Schutz der Arbeitnehmer** solcher juristischer Personen 2
des öffentlichen Rechts ab, über deren Vermögen auf Grund landesrechtlicher Regelungen das
Insolvenzverfahren nicht durchgeführt werden darf mit der Folge, dass den Arbeitnehmern im Falle
der Zahlungsunfähigkeit oder der Überschuldung der juristischen Person weder Ansprüche auf
Insolvenzgeld noch Ansprüche gegen den Träger der Insolvenzsicherung zustehen. Demgemäß ist
das Land in solchen Fällen im Wege einer gesetzlichen Durchgriffshaftung verpflichtet, den Arbeitnehmern die Leistungen zu erbringen, die sie sonst von der Agentur für Arbeit und vom Pensions-
Sicherungs-Verein erhalten würden.

II. Entstehungsgeschichte

1. Bisherige Rechtslage. Eine dem § 12 entsprechende Norm fehlte in der KO. § 213 KO sah 3
generell die Konkursfähigkeit juristischer Personen vor, ohne zwischen juristischen Personen des
privaten und des öffentliches Rechts zu unterscheiden. Daraus ergab sich schon nach bisherigem
Recht, dass auch juristische Personen des öffentlichen Rechts nach ganz hM **grundsätzlich konkursfähig** waren.[1] Eine generelle Konkursunfähigkeit juristischer Personen des öffentlichen Rechts
wurde demgegenüber nur von einer Minderheit vertreten.[2] Jedoch bestand auch nach bisherigem
Recht Einigkeit darüber, dass der **Bund und die Länder nicht konkursfähig** waren, wenngleich
mit unterschiedlicher Begründung. Abgestellt wurde vor allem darauf, dass die Erfüllung öffentlicher
Aufgaben nicht durch ein Konkursverfahren beeinträchtigt werden darf[3] und dass das Konkursverfahren im Falle eines Staatsbankrotts keine geeigneten Regelungen bereithält.[4] Für **Gemeinden
und Gemeindeverbände** ergab sich die Konkursunfähigkeit aus landesgesetzlichen Regelungen
der Gemeindeordnungen auf der Grundlage des Art. IV EGÄndGKO, der auf § 15 Nr. 3 EGZPO
verweist. Auf dieser Grundlage hatte das Landesrecht auch bisher schon die Konkursfähigkeit öffentlich-rechtlicher Körperschaften weitgehend ausgeschlossen.[5] Der Streit um die Frage, ob die
Beschränkung des § 15 Nr. 3 EGZPO, der in seiner ursprünglichen Fassung auch eine „Körperschaft, Stiftung oder Anstalt des öffentlichen Rechts oder eine unter der Aufsicht einer öffentlichen
Behörde stehende Körperschaft oder Stiftung" erfasste, durch Gesetz vom 28.8.1953[6] auf Gemeinden und Gemeindeverbände aus dem Kreis der juristischen Personen des öffentlichen Rechts, die
gem. Art. IV EGÄndGKO von den Regelungen der Konkursordnung unberührt bleiben sollten,
entsprechend beschränkte („dynamische Verweisung") oder im ursprünglichen Umfang weiterhin
von der Konkursordnung ausnahm („statische Verweisung"), wurde vom BVerfG[7] in letzterem Sinne
entschieden, so dass für alle juristischen Personen des öffentlichen Rechts weiterhin **durch Landesrecht** die Unzulässigkeit des Konkursverfahrens bestimmt werden konnte. Entsprechendes gilt im
Hinblick auf das Insolvenzverfahren.

Teilweise ergab sich die Konkursunfähigkeit von juristischen Personen des öffentlichen Rechts 4
nicht aus konkursrechtlichen, sondern unmittelbar aus verfassungsrechtlichen Vorschriften. So sind
Kirchen und kirchliche Organisationen, die als Körperschaften des öffentlichen Rechts anerkannt sind, nicht insolvenzfähig.[8] Das Insolvenzrecht als allgemeine staatliche Regelung geht insoweit dem durch Art. 140 GG i. V. m. Art. 137 Abs. 3 der Weimarer Reichsverfassung gewährleiste-

---

[1] BVerfGE 66, 1, 19 = NJW 1984, 2401; BVerfGE 60, 135, 137 = NJW 1982, 2859; BVerfGE 65, 359,
362 = ZIP 1984, 344 f.; BVerwGE 64, 248 = NJW 1983, 59, 60; *Gundlach/Frenzel/N. Schmidt* NVwZ 2001, 778;
Mohrbutter/Mohrbutter, Handbuch Insolvenzverwaltung, RdNr. XV.57; *Stoll* KTS 1992, 521, 523 mwN; *Kleber* ZIP
1982, 1299 ff.; Jaeger/*Ehricke* InsO § 12 RdNr. 1; *Kuhn/Uhlenbruck* KO § 13 RdNr. 1; Jaeger/*Weber* KO § 213
RdNr. 2; s. näher zum Ganzen auch *Rieger* S. 221 ff.; *ders.* GewArch 2011, 279, 280 ff.; krit. *Hornfischer/Skauradszun* KTS 2012, 1 ff., die für eine Insolvenzfähigkeit von Staaten plädieren.

[2] LSG Hamburg, Urteil v. 4.9.1979 – 1 Ubf 33/78, S. 6 ff. (zitiert nach: *Lehmann,* Konkursfähigkeit juristischer
Personen des öffentlichen Rechts, S. 19 ff.); *Kempen* DÖV 1988, 547 ff.; *Säuberlich* BB 1979, 168, 169; offen
gelassen von *Römer,* Konkursunfähigkeit öffentlich-rechtlicher Rundfunkanstalten, S. 94.

[3] *Kempen* DÖV 1988, 547, 549; *Kilger/K. Schmidt* KO § 213 Anm. 1; *Häsemeyer* RdNr. 30.03; *Roth,* Verfassungsrecht und Insolvenzrecht, S. 202; *Baur/Stürner,* Zwangsvollstreckungs-, Konkurs- und Vergleichsrecht, Bd.
II, RdNr. 6.39; *Kuhn/Uhlenbruck* KO § 213 RdNr. 2; *Uhlenbruck/Hirte* InsO § 12 RdNr. 2; *Kuhl/Wagner* ZIP
1995, 433, 434; Jaeger/*Weber* KO § 213 RdNr. 2.

[4] BVerfGE 15, 126, 135 = NJW 1963, 32.

[5] Vgl. zu den landesgesetzlichen Ausschlussregelungen nach alter Rechtslage: Jaeger/*Weber* KO § 213 RdNr. 3;
vgl. zu den landesgesetzlichen Ausschlussregelungen nach neuer Rechtslage RdNr. 22 ff.

[6] BGBl. I S. 952.

[7] BVerfGE 60, 135, 155 f. = NJW 1982, 2859, 2860; bestätigt von BVerfGE 65, 359, 375 f. = BVerfG ZIP
1984, 344, 345.

[8] BVerfGE 66, 1, 19 = NJW 1984, 2401; *Uhlenbruck/Hirte* InsO § 12 RdNr. 14; *Kuhl/Wagner* ZIP 1995,
433, 434; Jaeger/*Ehricke* InsO § 12 RdNr. 2; *Rieger* GewArch 2011, 279, 281; *Gottwald, P./Uhlenbruck/Gundlach,*
Insolvenzrechts-Handbuch, § 5 RdNr. 44.

ten kirchlichen Selbstbestimmungsrecht nicht vor, weil durch die Ausübung der Verwaltungs- und Verfügungsrechte über das Vermögen einer kirchlichen Organisation durch den Konkursverwalter in innerkirchliche Beziehungen eingegriffen und die Verwirklichung des kirchlichen Auftrags nahezu unmöglich gemacht würde.[9] Den öffentlich-rechtlichen Religionsgemeinschaften ist deshalb auch im Insolvenzfall die Selbstverwaltung ihrer Angelegenheiten zu überlassen.[10] Dagegen werden kirchliche Einrichtungen in der Rechtsform des Privatrechts als konkursfähig angesehen.[11]

5 Für **öffentlich-rechtliche Rundfunkanstalten** war ebenfalls schon nach bisherigem Recht anerkannt, dass sie unabhängig von entsprechenden landesrechtlichen Bestimmungen konkursunfähig sind.[12] Dies wurde vom BVerfG[13] unmittelbar aus Art. 5 Abs. 1 Satz 2 GG mit der Begründung abgeleitet, dass sich die verfassungsrechtlich gewährleistete Rechtsstellung der öffentlich-rechtlichen Rundfunkanstalten nicht mit einem Konkursverfahren, insbesondere nicht mit den Kompetenzen eines Konkursverwalters, vereinbaren lasse und sich im Übrigen eine finanzielle Gewährleistungspflicht der Länder für die Rundfunkanstalten ergebe (s. dazu u. RdNr. 11).

6 **2. Neuregelung durch die InsO.** Die Vorschrift entspricht wörtlich § 14 RegE. Mit der Neuregelung ist zunächst in **Abs. 1 Nr. 1** die bisher schon geltende Rechtslage in Bezug auf die Unzulässigkeit des Insolvenzverfahrens über das Vermögen des **Bundes und der Länder** gesetzlich statuiert worden. Die bisher in Art. IV EGÄndGKO enthaltene Vorschrift in Bezug auf die landesrechtliche Bestimmung der nicht einem Insolvenzverfahren unterliegenden juristischen Personen des öffentlichen Rechts, die der **Aufsicht eines Landes** unterstehen, ist durch **Abs. 1 Nr. 2** im Sinne der bisherigen Auslegung inhaltlich in die Insolvenzordnung übernommen worden.

7 **Abs. 2** der Vorschrift trägt dem Umstand Rechnung, dass die **Arbeitnehmer von juristischen Personen des öffentlichen Rechts,** welche im Falle ihrer Insolvenz kraft Gesetzes keinem Insolvenzverfahren unterliegen, keine Ansprüche auf Insolvenzgeld haben und keine Leistungen vom Pensions-Sicherungs-Verein erhalten können, weil solche juristische Personen nicht der entsprechenden Beitrags- und Umlagepflicht unterliegen. Zugunsten dieser Arbeitnehmer wird eine gesetzliche Durchgriffshaftung gegen das Land begründet, das das Insolvenzverfahren für unzulässig erklärt hat.

III. Einzelerläuterungen

8 **1. Grundsätzliche Zulässigkeit des Insolvenzverfahrens.** Insolvenzverfahren über das Vermögen juristischer Personen des öffentlichen Rechts sind **grundsätzlich zulässig.** Dies folgt aus § 11 Abs. 1 Satz 1; diese Vorschrift differenziert nicht nach juristischen Personen des privaten und des öffentlichen Rechts. § 12 Abs. 1 regelt Ausnahmen von diesem Grundsatz für Bund und Länder und für die durch Landesrecht bestimmten juristischen Personen des öffentlichen Rechts.[14] Die öffentlich-rechtliche Grundlage und Ausrichtung einer juristischen Person führt nicht für sich allein schon zum Ausschluss des Insolvenzverfahrens über ihr Vermögen.[15] Die grundsätzliche Möglichkeit der Durchführung des Insolvenzverfahrens ergibt sich vielmehr auch bei juristischen Personen des öffentlichen Rechts daraus, dass sie über ein rechtlich verselbstständigtes und insbesondere **haftungsrechtlich abgesondertes Vermögen** verfügen, das nur dem Zugriff eines bestimmten Kreises von Gläubigern unter Ausschluss anderer Gläubiger offen steht.[16] Auch die öffentlich-rechtlichen Aufgaben einer juristischen Person schließen die Durchführung des Insolvenzverfahrens über ihr Vermögen nicht von vornherein zwingend aus. Einschränkungen ergeben sich aus dem **Fiskusprivileg** des § 882a ZPO. Aus Abs. 2 dieser Vorschrift, wonach die Zwangsvollstreckung unzulässig ist in Sachen, die für die Erfüllung öffentlicher Aufgaben des Schuldners unentbehrlich sind oder deren Veräußerung ein öffentliches Interesse entgegensteht, folgt eine generelle gegenständliche Beschrän-

---

[9] FKInsO-*Schmerbach* § 12 RdNr. 5; krit. hierzu Uhlenbruck/*Hirte* InsO § 12 RdNr. 15; *Engelsing* S. 132 ff., unter Hinweis auf die mögliche Abgrenzung der innerkirchlichen Beziehungen von den Vermögensangelegenheiten der Kirche nach Maßgabe der für das Gesellschaftsrecht zum „Verdrängungsbereich" geltenden Grundsätze; s. dazu u. § 80 RdNr. 112.
[10] So ausdrücklich auch für den Geltungsbereich der InsO: Bericht BTag, BT-Drucks. 12/7302, S. 156; BVerfGE 66, 1 ff.; AG Potsdam DZWiR 2001, 527; *Lehmann*, Konkursfähigkeit juristischer Personen des öffentlichen Rechts, S. 113 f.; aA Uhlenbruck/*Hirte* InsO § 12 RdNr. 15.
[11] *Engelsing* S. 160; Gottwald, P./*Uhlenbruck*/*Gundlach*, Insolvenzrechts-Handbuch, § 5 RdNr. 44; offen gelassen von BVerfGE 66, 1, 25 = NJW 1984, 2401, 2402; *Kaller* RRa 1996, 191, 193.
[12] S. dazu u. RdNr. 11 Fn. 28.
[13] BVerfGE 89, 144, 154 = NJW 1994, 1466, 1467.
[14] *Gundlach/Frenzel/N. Schmidt* NVwZ 2001, 778; Jaeger/*Ehricke* InsO § 12 RdNr. 8; *Rieger* S. 216, 229; ders. GewArch 2011, 279.
[15] Zutreffend *Rieger* S. 229, 232 ff. mwN auch zu Gegenansichten.
[16] *Gundlach* DÖV 1999, 815, 818 f.; Jaeger/*Ehricke* InsO § 12 RdNr. 8.

kung der Einzel- wie auch der Gesamtvollstreckung (§ 36 Abs. 1).[17] Ob dies zum Schutz öffentlicher Funktionen ausreicht, hängt zum einen davon ab, wie weit der Kreis der durch § 882a Abs. 2 ZPO dem Zugriff entzogenen Gegenstände gezogen wird;[18] eine extensive Auslegung kann bereits einer **Insolvenzsperre** faktisch nahe kommen. Zum anderen ist zu berücksichtigen, dass das Insolvenzverfahren seinem ganzen Zuschnitt nach wenig geeignet ist, Fragen der Funktionsfähigkeit der öffentlichen Verwaltung zu lösen. Der Gesetzgeber hat deshalb die Möglichkeit eröffnet, das Insolvenzverfahren für juristische Personen des öffentlichen Rechts auszuschließen. Hinzu kommt, dass die Wahrnehmung der einer juristischen Person des öffentlichen Rechts übertragenen Funktionen in der Regel nicht zur Disposition des Staates steht. Die Liquidation des Funktionsträgers würde in solchen Fällen die umgehende Errichtung einer neuen Organisation erforderlich machen.[19] Die Grenzen, innerhalb derer ein Insolvenzverfahren über juristische Personen des öffentlichen Rechts in sachgerechter Weise durchgeführt werden könnte, sind deshalb eng gesteckt. Dementsprechend sind juristische Personen des öffentlichen Rechts im Bereich des Landesrechts weitgehend vom Insolvenzrecht ausgenommen (s.u. RdNr. 15 ff. und die Zusammenstellung u. RdNr. 22 ff.). Soweit für juristische Personen durch Gesetz bestimmt ist, dass sie nur durch Gesetz aufgelöst werden können, ist die Insolvenzfähigkeit zwar nicht formal, wohl aber faktisch ausgeschlossen[20] (s. dazu u. RdNr. 13). Für andere juristische Personen ergibt sich ein Ausschluss des Insolvenzverfahrens bereits aus dem Verfassungsrecht (s. dazu u. RdNr. 11).

Der Ausschluss des Insolvenzverfahrens wirft jedoch Folgeprobleme in Bezug auf den Schutz der Gläubiger einer juristischen Person des öffentlichen Rechts auf. Dies führt zur Frage einer **Durchgriffshaftung** gegen den jeweiligen Träger der juristischen Person bzw. einer Gewährleistung der finanziellen Ausstattung durch das Land, das das Insolvenzverfahren ausschließt (s.u. RdNr. 19 f.). Weitere Folgeprobleme ergeben sich in Bezug auf die Arbeitnehmer einer nicht dem Insolvenzverfahren unterliegenden juristischen Person (s. dazu o. RdNr. 2, 7 und u. RdNr. 21).

2. Unzulässigkeit des Insolvenzverfahrens über das Vermögen des Bundes und der Länder (Abs. 1 Nr. 1). Das Insolvenzverfahren über das Vermögen des Bundes und der Länder ist unzulässig. Dies entspricht der bisherigen Rechtslage (s.o. RdNr. 3). Die Durchführung eines Insolvenzverfahrens über das Vermögen des Staates ist zwar explizit gesetzlich ausgeschlossen, kommt aber schon deshalb nicht in Betracht, weil das Insolvenzverfahren nicht geeignet ist, einen **Staatsbankrott** abzuwickeln.[21] Hierbei geht es nicht allein und nicht vordringlich um die Befriedigung der Gläubiger, sondern vor allem um die Schaffung einer neuen Grundlage für die Zukunft des Gemeinwesens.[22] Wenn auch die Liquidation des Vermögens des Schuldners nicht mehr der alleinige Zweck des Insolvenzverfahrens ist, sondern vielmehr die Sanierung als Verfahrenszweck, insbesondere im Falle eines insolventen Unternehmens, hinzugekommen ist, so ändert dies nichts an der Feststellung, dass das Insolvenzverfahren für die **Sanierung der Staatsfinanzen** von vornherein nicht in Betracht kommen kann. Die Sanierung eines Unternehmens ist im Übrigen nicht der Hauptzweck des Insolvenzverfahrens, sondern nur Mittel zum Zweck der Gläubigerbefriedigung,[23] anders als im Falle des Staatsbankrotts, in dem die Sanierung des Gemeinwesens von vorrangiger Bedeutung ist. Ein Übergang der Verwaltungs- und Verfügungsbefugnis über das Staatsvermögen auf den Insolvenzverwalter wäre mit den verfassungsrechtlichen Kompetenzen der Staatsorgane unvereinbar.[24] Dies gilt selbst dann, wenn das Insolvenzverfahren entsprechend der Bestimmung des § 882a Abs. 2 ZPO auf Vermögensgegenstände beschränkt wird, die nicht zur Erfüllung hoheitlicher

---

[17] *Stoll* KTS 1992, 521, 529 ff., 532.
[18] Vgl. dazu Stein/Jonas/*Münzberg* ZPO § 882a RdNr. 19 f.; Wieczorek/Schütze/*Loeser* ZPO § 882a RdNr. 54 ff.; Baumbach/Lauterbach/Albers/*Hartmann* ZPO § 882a RdNr. 10; Musielak/*Becker* ZPO § 882a RdNr. 6.
[19] Zum Widerstreit zwischen Konkursdurchführung und öffentlicher Aufgabe vgl. *Römer,* Konkursunfähigkeit öffentlich-rechtlicher Rundfunkanstalten, S. 113 ff.; *Gundlach* DÖV 1999, 815, 817; *Stoll* KTS 1992, 521, 534.
[20] *Obermüller,* Bankpraxis, RdNr. 1.128 ff.
[21] BVerfGE 15, 126, 135 = NJW 1963, 32 (Kriegsfolgengesetz); zum Staatsbankrott und den möglichen Strategien der Bewältigung: *Kratzmann* JZ 1982, 319 ff.; *Stoll* KTS 1992, 521, 534; *Paulus* WM 2002, 725 f. Zur Diskussion um die Möglichkeiten eines Staatsbankrotts *Berensmann* passim; *Bußhardt,* FS Eberhard Braun, S. 423 ff.; *Hornfischer/Skauradszun* KTS 2012, 1 ff.; *Kodek* passim; *Lewinski* passim; *Szodruch* passim; Uhlenbruck/*Hirte* InsO § 12 RdNr. 2 mwN; Nerlich/Römermann/*Mönning* InsO § 12 RdNr. 9; Jaeger/*Ehricke* InsO § 12 RdNr. 9; LSZ-Smid/*Leonhardt* InsO § 12 RdNr. 2; *Ohler* JZ 2005, 590 ff.; *Buhlert* DZWIR 2002, 275 ff.; *Weinzen* DÖV 2009, 454 ff.
[22] BVerfGE 15, 126, 141 = NJW 1963, 32, 33; Nerlich/Römermann/*Mönning* InsO § 12 RdNr. 22.
[23] HKInsO-*Kirchhof* § 1 RdNr. 4.
[24] Baur/*Stürner,* Zwangsvollstreckungs-, Konkurs- und Vergleichsrecht, Bd. II, RdNr. 6.39; *Gundlach* DÖV 1999, 815, 817.

Aufgaben erforderlich sind,[25] weil auch durch eine solche Aufspaltung die **Handlungsmöglichkeiten der Staatsorgane** entscheidend beeinträchtigt würden. Daraus folgt, dass die Abwicklung und Überwindung eines Staatsbankrotts nur außerhalb des Insolvenzverfahrens im Rahmen der verfassungs- und verwaltungsrechtlichen Ordnung erfolgen kann.[26]

11 3. **Verfassungsrechtliche Unzulässigkeit des Insolvenzverfahrens.** Über das Vermögen der **Kirchen** und kirchlichen Organisationen ist, soweit sie als Körperschaften des öffentlichen Rechts ausgestaltet sind, wegen der verfassungsrechtlich gewährleisteten Autonomie das Insolvenzverfahren nicht zulässig[27] (s. dazu o. RdNr. 4). Für **Rundfunkanstalten des öffentlichen Rechts** folgt aus der in Art. 5 Abs. 1 Satz 2 GG gewährleisteten Freiheit der Berichterstattung durch den Rundfunk, dass ein Insolvenzverfahren über ihr Vermögen nicht zulässig ist[28] (s.o. RdNr. 5). Nach der Rechtsprechung des Bundesverfassungsgerichts muss der Gesetzgeber dafür sorgen, dass die unerlässliche Grundversorgung der Bevölkerung durch den öffentlich-rechtlichen Rundfunk ohne Einbuße erbracht wird, womit aber ein Insolvenzverfahren nicht zu vereinbaren wäre. Die Feststellung, auf die sich die Entscheidung des Bundesverfassungsgerichts stützt, dass das – damalige – Konkursrecht keine hinreichenden Vorkehrungen zum Schutz der Rundfunkfreiheit enthalte, weil nicht ausgeschlossen wäre, dass der Konkursverwalter kraft seiner Verwaltungs- und Verfügungsbefugnis den finanziellen Rahmen des Programms bestimmt oder beeinflusst, gilt unverändert auch für das neue Insolvenzrecht. Unverändert gilt auch die weitere Feststellung des Bundesverfassungsgerichts, dass wegen der die Länder treffenden **finanziellen Gewährleistungspflicht** für ihre Rundfunkanstalten kein Bedürfnis besteht, ein Insolvenzverfahren über das Vermögen der Rundfunkanstalten zuzulassen.[29] Bei **politischen Parteien** ist die Zulässigkeit eines Insolvenzverfahrens im Hinblick auf Art. 21 GG problematisch.[30] Eine Insolvenzverfahrenseröffnung ist unzulässig, wenn Gläubiger der Partei der Staat ist, wohingegen die Eröffnung eines Insolvenzverfahrens zulässig ist, wenn es sich um private Gläubiger handelt. Da die Anwendung der insolvenzrechtlichen Bestimmungen allerdings die sich aus Art. 21 GG ergebenden verfassungsrechtlichen Rechte zum Teil erheblich einschränkt, wird für die Einführung eines Sonderinsolvenzrechts für Parteien plädiert.[31]

12 4. **Bundesgesetzliche Regelungen zur Zulässigkeit des Insolvenzverfahrens juristischer Personen des öffentlichen Rechts. a) Juristische Personen des öffentlichen Rechts, die ausdrücklich für insolvenzfähig erklärt wurden.** Für **Handwerksinnungen** und **Kreishandwerkerschaften** gehen die §§ 77, 89 HWO von einer Insolvenzfähigkeit aus.[32] Für landesrechtliche Spezialregelungen ist daher kein Raum (Art. 31 GG). Jedenfalls kann nicht davon ausgegangen werden, dass von den derzeit geltenden landesrechtlichen Bestimmungen auch Innungen und Kreishandwerkerschaften erfasst sein sollten.[33] Insolvenzfähig ist auch die **Deutsche Genossenschaftsbank** gem. § 16 des Gesetzes über die Deutsche Genossenschaftsbank v. 11.5.1949, BGBl. III 7623-1, ebenso die **Deutsche Girozentrale** gem. der 3. Verordnung des Reichspräsidenten zur Sicherung von Wirtschaft und Finanzen und zur Bekämpfung politischer Ausschreitungen v. 6.10.1931, BGBl. III 7621-2,[34] die **Landwirtschaftliche Rentenbank** gem. § 15 Abs. 2 des Gesetzes über die Landwirtschaftliche Rentenbank v. 11.5.1949, BGBl. III 7624-1, und die **IKB Deutsche Industriebank AG**, was § 1 des Gesetzes über die

---

[25] S. dazu *Stoll* KTS 1992, 521, 530 ff., 533.

[26] *Kuhl/Wagner* ZIP 1995, 433, 434.

[27] BVerfGE 66, 1, 19 = NJW 1984, 2401; AG Potsdam DZWiR 2001, 526; Jaeger/*Ehricke* InsO § 12 RdNr. 37 f.; BKInsO-*Humberg* § 12 RdNr. 4; *Hess* InsO § 12 RdNr. 4; Nerlich/Römermann/*Mönning* InsO § 12 RdNr. 13 f.; FKInsO-*Schmerbach* § 12 RdNr. 5; aA Uhlenbruck/*Hirte* InsO § 12 RdNr. 15.

[28] BVerfGE 89, 144 = NJW 1994, 1466; *Gundlach/Frenzel/N. Schmidt* NVwZ 2001, 778, 779; *Kuhl/Wagner* ZIP 1995, 433, 434; *Kempen* DÖV 1988, 547; *Gundlach* DÖV 1999, 815, 817; *Römer*, Konkursunfähigkeit öffentlich-rechtlicher Rundfunkanstalten, S. 173 ff.; *Graf-Schlicker/Fuchs* InsO § 12 RdNr. 2; *Hess* InsO § 12 RdNr. 6; Uhlenbruck/*Hirte* InsO § 12 RdNr. 12; HKInsO-*Kirchhof* § 12 RdNr. 4; Jaeger/*Ehricke* InsO § 12 RdNr. 3, 39 f.; aA BVerwGE 75, 318, 322 f. = NJW 1987, 3017; *Stoll* KTS 1992, 521, 536; *Lehmann*, Konkursfähigkeit juristischer Personen des öffentlichen Rechts, S. 142 ff.; LSZ/*Smid*/*Leonhardt* InsO § 12 RdNr. 7.

[29] BVerfGE 89, 144, 154 = NJW 1994, 1466, 1467; BVerfG NJW 1994, 2348; Nerlich/Römermann/*Mönning* InsO § 12 RdNr. 14; Kübler/Prütting/Bork/*Prütting* InsO § 12 RdNr. 14.

[30] Für eine Insolvenzfähigkeit von Parteien Uhlenbruck/*Hirte* InsO § 12 RdNr. 16; Cranshaw/Paulus/Michel/*Paulus*, Bankenkommentar zum Insolvenzrecht, § 11 RdNr. 8; dasselbe soll für Gewerkschaften gelten.

[31] S. zum Ganzen *Hienzsch* passim; dies. NVwZ 2009, 1135 ff.

[32] *Rieger* GewArch 2011, 279, 283.

[33] So zutreffend *Dürr* GewArch 2009, 107; die Länder Thüringen, Sachsen-Anhalt und Rheinland-Pfalz haben ausdrücklich die Insolvenzfähigkeit von Innungen und Kreishandwerkschaften geregelt, s. hierzu *Dürr*, GewArch 2009, 107 in Fn. 61 u. 62.

[34] Jedoch haftet gem. Art. 2 § 1 der 3. Verordnung des Reichspräsidenten zur Sicherung von Wirtschaft und Finanzen und zur Bekämpfung politischer Ausschreitungen v. 6.10.1931, BGBl. III 7621-2, der Deutsche Sparkassen- und Giroverband für ihre Verbindlichkeiten.

Industriekreditbank, BGBl. III 7627-1, als selbstverständlich unterstellt. Ein eventueller Ausschluss der Insolvenzfähigkeit nach Landesrecht mittels § 12 Abs. 1 Nr. 2 InsO liefe ins Leere.

Schon nach bisherigem Recht war der **Bundesverband** einer **Krankenkasse** gem. § 11 insolvenzfähig. Ob sich aus Art. 120 Abs. 1 Satz 4 GG eine abweichende verfassungsrechtliche Vorgabe ergibt, ist zweifelhaft, bedürfte aber jedenfalls einer gesetzlichen Umsetzung.[35] Ebenfalls als insolvenzfähig angesehen wurden unter der Krankenkassen die allgemeinen Ortskrankenkassen[36] sowie die Ersatzkassen[37]. Durch Art. 1 Nr. 7 des **Gesetzes zur Weiterentwicklung der Organisationsstrukturen in der gesetzlichen Krankenversicherung** vom 15.12.2008 (GKV-OrgWG) ist für Krankenkassen mit Wirkung vom 1.1.2010 gem. § 171b Abs. 1 Satz 1 SGB V die Unanwendbarkeit des § 12 Abs. 1 Nr. 2 eingeführt worden.[38] Von diesem Zeitpunkt an gilt die Insolvenzordnung nach Maßgabe des § 171b Abs. 2 bis 7 SGB V für sämtliche gesetzlichen Krankenkassen. Tritt bei einer Krankenkasse ein Insolvenzgrund ein, hat der Vorstand der Krankenkasse dies der zuständigen Aufsichtsbehörde unter Beifügung aussagefähiger Unterlagen unverzüglich anzuzeigen (§ 171b Abs. 2 Satz 1 SGB V).[39] Ein Verstoß hiergegen ist gem. § 307a SGB V strafbewehrt. Der Antrag auf Eröffnung des Insolvenzverfahrens kann nur von der Aufsichtsbehörde gestellt (§ 171b Abs. 3 Satz 1 SGB V) und muss von der Aufsichtsbehörde dem Spitzenverband der Krankenkasse unverzüglich mitgeteilt werden (§ 171b Abs. 4 Satz 1 SGB V). Liegen zugleich die Voraussetzungen für eine Schließung wegen auf Dauer nicht mehr gesicherter Leistungsfähigkeit vor, soll die Aufsichtsbehörde anstelle des Insolvenzantrags die Krankenkasse schließen (§ 171b Abs. 3 Satz 2 SGB V). Stellt die Aufsichtsbehörde den Antrag auf Eröffnung des Insolvenzverfahrens nicht innerhalb von drei Monaten nach Eingang der Anzeige des Vorliegens eines Insolvenzgrunds gegenüber der Aufsichtsbehörde, ist die spätere Stellung eines Insolvenzantrags so lange ausgeschlossen, wie der Insolvenzgrund, der zu der Anzeige geführt hat, fortbesteht (§ 171b Abs. 3 Satz 3 SGB V). Das Insolvenzgericht hat vor Bestellung eines Insolvenzverwalters die Aufsichtsbehörde zu hören (§ 171b Abs. 4 Satz 2 SGB V). Der Aufsichtsbehörde ist der Eröffnungsbeschluss gesondert zuzustellen (§ 171b Abs. 4 Satz 3 SGB V). Der Aufsichtsbehörde und der Krankenkasse steht gegenüber dem Insolvenzgericht ein jederzeitiges Auskunftsrecht über den Stand des Verfahrens zu (§ 171b Abs. 4 Satz 4 SGB V). Mit der Eröffnung des Insolvenzverfahrens oder dem Tag der Rechtskraft des Beschlusses, durch den die Eröffnung eines Insolvenzverfahrens mangels Masse abgelehnt worden ist, ist die Krankenkasse geschlossen mit der Maßgabe, dass die Abwicklung der Geschäfte der Krankenkasse im Fall der Eröffnung des Insolvenzverfahrens nach den Vorschriften der Insolvenzordnung erfolgt (§ 171b Abs. 5 SGB V). Vom 1.1.2009 an haften die Länder nicht mehr nach § 12 Abs. 2 für die Ansprüche der Beschäftigten von Krankenkassen auf Leistungen der Altersversorgung und auf Insolvenzgeld (§ 171c SGB V). Die Haftung im Insolvenzfall (Eröffnung des Insolvenzverfahrens über das Vermögen einer Krankenkasse oder rechtskräftige Abweisung der Eröffnung mangels Masse) richtet sich nach § 171d SGB V. Für Altersversorgungsverpflichtungen sieht § 171e SGB V eine Pflicht zur Bildung eines wertgleichen Deckungskapitals vor. Für die Verbände der Krankenkassen gelten die §§ 171b bis 171e SGB V entsprechend (§ 171f SGB V).

b) **Juristische Personen des öffentlichen Rechts, die nur durch Gesetz aufgelöst werden können.** Die **Deutsche Bundesbank**[40] und die **Landeszentralbanken** gem. §§ 1, 44 BBankG, die **Deutsche Siedlungs- und Landesrentenbank** gem. §§ 1, 16 Gesetz über die Deutsche Siedlungs- und Landesrentenbank v.11.7.1989, BGBl. III 7625-10, die **Deutsche Ausgleichsbank** gem. §§ 1, 15 Gesetz über die Deutsche Ausgleichsbank v. 28.10.1954, BGBl. III 7622-2, und die **Kreditanstalt für Wiederaufbau** gem. §§ 1, 13 Abs. 1 Gesetz über die Kreditanstalt für Wiederaufbau v. 5.11.1949, BGBl. III 7622-1, können nur durch Gesetz aufgelöst werden. Obwohl sie als bundesunmittelbare juristische Personen des öffentlichen Rechts nicht unter Landes-, sondern unter Bundesaufsicht stehen, mithin nicht unter § 12 Abs. 1 Nr. 2 InsO fallen, ist ihre Insolvenzfähigkeit damit de facto ausgeschlossen.[41]

5. **Juristische Personen des öffentlichen Rechts unter Landesaufsicht (Abs. 1 Nr. 2).**
Unzulässig ist das Insolvenzverfahren über das Vermögen juristischer Personen des öffentlichen

---

[35] *Gaßner/Hager* NZS 2004, 632, 636.
[36] BVerwGE 72, 212 = NJW 1987, 793.
[37] BSG MDR 1978, 962.
[38] S. hierzu *Krasney* NZS 2010, 443 ff.; *Lundberg/Sänger* ZInsO 2010, 1905 ff.; *Heeg/Kehbel* ZIP 2009, 302 ff.; *Uwer* GesR 2009, 113 ff.; *Polaszek/Zellmann* BKK 2009, 136 ff.; *Gaßner* GesR 2009, 121 ff.; *Bultmann* MedR 2009, 25 ff.; *Füsser* SGb 2009, 126 ff.; *Gottwald, P./Haas/Mock*, Insolvenzrechts-Handbuch, § 93 RdNr. 228; kritisch *Bohlen-Schöning* KrV 2009, 289 ff.
[39] S. hierzu *Lundberg/Sänger* ZInsO 2012, 1556 ff.; *Pfohl/Sichert/Otto* NZS 2011, 8 ff.; *Poertzgen/Meyer* MedR 2012, 301 ff.
[40] And. *Lehmann*, Konkursfähigkeit juristischer Personen des öffentlichen Rechts, S. 115 ff.
[41] *Obermüller*, Bankpraxis, RdNr. 1.128 ff.

Rechts, die der Aufsicht eines Landes unterstehen, wenn das **Landesrecht** dies bestimmt.[42] Dies entspricht der bisherigen Rechtslage (s.o. RdNr. 3). Juristische Personen des öffentlichen Rechts sind alle Körperschaften, Stiftungen und Anstalten des öffentlichen Rechts sowie die rechtsfähigen Sondervermögen. Sie unterstehen grundsätzlich der Aufsicht des Landes, wenn sie nicht der Aufsicht des Bundes unterliegen.[43] Kirchen und ihre Organisationen als Körperschaften des öffentlichen Rechts unterstehen kraft ihrer verfassungsrechtlich gewährleisteten Autonomie nicht der Staatsaufsicht.[44] Ob auch dem Bund in Analogie zu § 12 Abs. 1 Nr. 2 die Möglichkeit zusteht, juristische Personen des öffentlichen Rechts unter Bundesaufsicht für insolvenzunfähig zu erklären,[45] ist zweifelhaft, weil es insoweit bereits an einer planwidrigen Regelungslücke fehlen dürfte.

15   **a) Gemeinden und Gemeindeverbände.** Gemeinden und Gemeindeverbände sind nicht dem Insolvenzverfahren unterworfen.[46] Sie nehmen ihre Selbstverwaltungsaufgaben eigenverantwortlich wahr und unterstehen dabei wie alle juristischen Personen des öffentlichen Rechts als Organe der mittelbaren Staatsverwaltung nicht der Sachaufsicht, sondern der Rechtsaufsicht des Landes.[47] Dies erfüllt jedoch die Voraussetzung für eine landesrechtliche Bestimmung der Unzulässigkeit des Insolvenzverfahrens über das Vermögen dieser Körperschaften. Die Länder haben solche Bestimmungen erlassen (s.u. RdNr. 23 f.).

16   Nicht ausgeschlossen ist das Insolvenzverfahren über das Vermögen **kommunaler Eigengesellschaften**, die in der Form von juristischen Personen des Privatrechts – in der Regel in der Rechtsform der GmbH – geführt werden und im Allein- oder Mehrheitsbesitz kommunaler Gebietskörperschaften stehen.[48] Der Umstand, dass die öffentliche Hand Allein- oder Mitgesellschafter solcher Unternehmen ist, schließt die Durchführung des Insolvenzverfahrens nicht aus. Auch der Gesetzgeber geht von der Insolvenzfähigkeit der Eigengesellschaften aus.[49] Nicht insolvenzfähig sind **kommunale Eigenbetriebe**.[50] Diese werden zwar als organisatorisch verselbstständigte Einheiten wirtschaftlich tätig,[51] sie verfügen jedoch nicht über ein haftungsrechtlich verselbstständigtes Vermögen, sondern sind vermögens- und haftungsrechtlich Teil der Gemeinde,[52] deren Insolvenzfähigkeit landesgesetzlich ausgeschlossen ist.

17   **b) Sonstige.** Als Körperschaften des öffentlichen Rechts juristische Personen und damit gem. § 11 Abs. 1 grundsätzlich insolvenzfähig sind die **Kammern**.[53] Nach bisherigem Recht wurden **Rechtsanwaltskammern**,[54] **Handwerks-**,[55] **Industrie- und Handelskammern**,[56] Sozialversi-

---

[42] Zu – zwischenzeitlich überholten – Bestrebungen um die Einführung der Insolvenzfähigkeit von Hochschulen in Nordrhein-Westfalen *Peters* WissR 39 (2006), 114 ff.; *Goebel* WissR 39 (2006), 213 ff.
[43] *Bull*, Allg. Verwaltungsrecht, RdNr. 105.
[44] BVerfGE 18, 385, 386 f. = NJW 1965, 961; BVerfGE 66, 1, 19 f. = NJW 1984, 2401; *Jarass*/*Pieroth* Art. 140, Art. 137 WRV RdNr. 7; *Maurer*, Allg. Verwaltungsrecht, § 23 RdNr. 34; *Bull*, Allg. Verwaltungsrecht, RdNr. 105; Jaeger/*Ehricke* InsO § 12 RdNr. 37 f.; i.E. ebenso OVG Magdeburg NVwZ-RR 2012, 421 f.
[45] S. hierzu offen lassend *Gaßner*/*Hager* NZS 2004, 632, 636 mwN.
[46] Zur Diskussion um die Insolvenzfähigkeit von Gemeinden *Faber* DVBl 2005, 933, 939 ff.; *Josten* BKR 2006, 133, 136 ff.; *Schwarz* ZKF 2010, 49 ff.; *Bull* NordÖR 2010, 343 ff.; *Duve* DÖV 2009, 574 ff.; *Paulus* NordÖR 2010, 338 ff.; *Hornfischer* passim.
[47] *Maurer*, Allg. Verwaltungsrecht, § 22 RdNr. 12 ff., 18, 45; *Bull*, Allg. Verwaltungsrecht, RdNr. 105, 123.
[48] HKInsO-*Kirchhof* § 12 RdNr. 7; *Kuhl*/*Wagner* ZIP 1995, 433, 434 f.; *Gundlach* DÖV 1999, 815, 822; Uhlenbruck/*Hirte* InsO § 12 RdNr. 13; Gottwald, P./*Haas*/*Mock*, Insolvenzrechts-Handbuch, § 93 RdNr. 227; FKInsO-*Schmerbach* § 12 RdNr. 5; Jaeger/*Ehricke* InsO § 12 RdNr. 13; Graf-Schlicker/*Fuchs* InsO § 12 RdNr. 4.
[49] Dazu *Gundlach* DÖV 1999, 815, 822 mit Hinweisen auf Bestimmungen in den Haushaltsordnungen des Bundes und der Länder, in denen festgelegt ist, dass die Einzahlungsverpflichtungen bei der Beteiligung an privatrechtlichen Unternehmen auf einen bestimmten Betrag begrenzt sein müssen; § 65 Abs. 1 Nr. 2 BHO, § 65 Abs. 1 Nr. 2 LHO LSA, § 65 Abs. 1 Nr. 2 HmbLHO, § 65 Abs. 1 Nr. 2 BayHO.
[50] *Gundlach* DÖV 1999, 815, 822 ff.; *Gundlach*/*Frenzel*/*N. Schmidt* NZI 2000, 561, 563; Nerlich/Römermann/*Mönning* InsO § 12 RdNr. 12; Gottwald, P./*Haas*/*Mock*, Insolvenzrechts-Handbuch, § 93 RdNr. 226; HambKommInsO-*Wehr*/*Linker* § 12 RdNr. 7.
[51] Als kommunale Eigenbetriebe kommen u. a. in Betracht: Versorgungsbetriebe (zB Wasserwerke, Gaswerke, Elektrizitätswerke), Verkehrsbetriebe (zB Straßenbahnen, Hoch- und Untergrundbahnen, Autobusse), Betriebe der Urproduktion und darauf aufgebaute Verarbeitungsbetriebe (zB Landgüter, Molkereien, Steinbrüche, Ziegeleien), sonstige Betriebe (zB Messehallen, Mehrzweckhallen, Kurbetriebe); vgl. *Zeiss*, Das Recht der gemeindlichen Eigenbetriebe, RdNr. R 28.
[52] *Gundlach* DÖV 1999, 815, 822.
[53] *Rieger* GewArch 2011, 279, 285; eingehend zu den verschiedenen Kammerorganisationen *Rieger* S. 40 ff.
[54] BVerwG BB 1982, 372; VG Düsseldorf BB 1979, 216.
[55] *Stoll* KTS 1992, 521, 535 f.; *Musielak*/*Detterbeck*, Recht des Handwerks, § 90 HWO RdNr. 26.
[56] BVerfGE 89, 132 = NJW 1994, 1465; BVerwGE 64, 248, 255 = NJW 1983, 59; *Kuhn*/*Uhlenbruck* KO § 213 RdNr. 2b; eingehend zur Insolvenzfähigkeit von Kammern *Rieger* S. 216 ff.; *ders.*, GewArch 2011, 279, 283 ff.

cherungsträger,[57] **Landesärztekammern**,[58] **öffentlich-rechtliche Kreditinstitute**[59] und staatlich anerkannte **Ersatzschulen**[60] grundsätzlich als insolvenzfähig angesehen. Einige Länder (Brandenburg, Mecklenburg-Vorpommern und Thüringen) haben die Insolvenzfähigkeit der IHKn ausdrücklich ausgeschlossen.[61] Auch nach neuem Recht wird überwiegend von einer Insolvenzfähigkeit der vorgenannten juristischen Personen ausgegangen.[62] Soweit es sich um eine Anstalt oder Körperschaft handelt, die der Aufsicht eins Landes untersteht, ist ihre Insolvenzfähigkeit jedoch aufgrund der von den Ländern erlassenen Generalklauseln (s.u. RdNr. 23) ausgeschlossen. Dies gilt insbesondere für Kammern, die der Rechtsaufsicht der Länder unterstehen.[63] Nur soweit in den landesgesetzlichen Generalklauseln Ausnahmen vom Ausschluss der Insolvenzfähigkeit gemacht werden, insbesondere für öffentlich-rechtliche Kreditinstitute,[64] ist von einer Insolvenzfähigkeit auszugehen. Entsprechendes gilt für **Reiseveranstalter** als juristische Personen des öffentlichen Rechts. Gem. § 651k Abs. 6 Nr. 3 BGB sind sie von der Insolvenzsicherungspflicht gem. § 651k Abs. 1 BGB ausgenommen.[65] Der Gesetzgeber ist bei dieser Privilegierung offenbar davon ausgegangen, dass juristische Personen des öffentlichen Rechts generell konkursunfähig sind.[66] Mit dieser generellen Ausnahmeregelung hat der Gesetzgeber die EG-Richtlinie über Pauschalreisen[67] nicht vollständig umgesetzt.[68] Zu den Rechtsfolgen bei einer Zahlungsunfähigkeit des Reiseveranstalters s.u. RdNr. 19.

6. Nichtrechtsfähige Sondervermögen. Für Sondervermögen der öffentlichen Hand, die nicht als juristische Personen des öffentlichen Rechts ausgestaltet sind, gilt § 12 Abs. 1 Nr. 2 nicht. Ihre Insolvenzfähigkeit richtet sich vielmehr nach den allgemeinen Vorschriften. Insolvenzfähigkeit setzt nicht eine volle eigene Rechtsfähigkeit voraus, sondern nur ein **haftungsrechtlich verselbstständigtes Vermögen** (vgl. § 11 Abs. 2; s. dort RdNr. 9).[69] Soweit Sondervermögen in der Weise verselbstständigt sind, dass diese nur dem Kreis ihrer Gläubiger unter Ausschluss anderer Gläubiger haften, kommt die Durchführung des Insolvenzverfahrens über diese Sondervermögen in analoger Anwendung des § 11 Abs. 2 in Betracht.[70]

7. Alternative Verfahren; Durchgriffshaftung. Der Ausschluss des Insolvenzverfahrens über das Vermögen juristischer Personen des öffentlichen Rechts wirft die Frage auf, nach welchen Regeln Zahlungsunfähigkeit bzw. Überschuldung abzuwickeln ist. Hierzu fehlen spezielle gesetzliche Regelungen.[71] Ob sich im Falle insolventer Gemeinden die Probleme eines Ausgleichs der Gläubigerinteressen und des Interesses der Allgemeinheit an der Funktionsfähigkeit der Körperschaft mit den Mitteln der Kommunalaufsicht lösen ließen, erscheint zumindest zweifelhaft.[72] Entsprechendes gilt für die Staatsaufsicht über andere juristische Personen des öffentlichen Rechts. Auch erscheint zweifelhaft, ob sich ein Ausgleich dadurch erreichen lässt, dass den Ländern die Möglichkeit eingeräumt wird, die Bestimmungen der Insolvenzordnung teilweise, insbesondere die Bestimmungen über das Planverfahren, für anwendbar zu erklären.[73] In der Praxis hat das insolvenzrechtliche Planverfahren jedenfalls keine praktische Bedeutung erlangt. Ob dies bei der Insolvenz von Gemeinden anders wäre, muss bezweifelt werden. Eine finanzielle **Gewährleistungspflicht des Staates** für juristische Personen des öffentlichen Rechts kommt nur in Betracht, wenn dies gesetzlich besonders statuiert ist[74] oder aus verfas-

---

[57] *Kaller* RRa 1996, 191, 193 (dort Fn. 30), 194.
[58] Im von BVerfGE 65, 359 = ZIP 1984, 344 entschiedenen Fall war die Konkursfähigkeit der Landesärztekammer lediglich auf Grund einer landesrechtlichen Norm, § 26 Abs. 1 Satz 4 HessVwVG, ausnahmsweise ausgeschlossen.
[59] BVerwGE 75, 292 = NJW-RR 1987, 1313; VG Schleswig ZIP 1985, 46 f.; s. w. *Peitzsch* BayVBl. 1971, 178, 254 ff.
[60] BVerwGE 85, 343 = KTS 1991, 333.
[61] S. hierzu *Rieger* S. 234; *ders*. GewArch 2011, 279, 286 mwN.
[62] *Hess* InsO § 12 RdNr. 9; Jaeger/*Ehricke* InsO § 12 RdNr. 41.
[63] So zutreffend *Rieger* S. 232 ff., 281 ff.; *ders*. GewArch 2011, 279, 286 mwN.
[64] Jaeger/*Ehricke* InsO § 12 RdNr. 46.
[65] Gesetz zur Durchführung der Richtlinie des Rates vom 13.6.1990 über Pauschalreisen vom 29.6.1994; BGBl. I, S. 1322.
[66] RegE, BT-Drucks. 12/5354, S. 38; *Kaller* RRa 1996, 191, 194 f.
[67] Richtlinie des Rats über Pauschalreisen vom 13.6.1990, 90/314/EWG, ABl. EG 1990 Nr. L 158/59.
[68] *Kaller* RRa 1996, 191, 195; Jaeger/*Ehricke* InsO § 12 RdNr. 45.
[69] *Gundlach* DÖV 1999, 815, 821.
[70] *Gundlach* DÖV 1999, 815, 821 f.
[71] *Stoll* KTS 1992, 521, 538.
[72] Näher dazu *Stoll* KTS 1992, 521, 538 ff. mwN.
[73] Hierfür *Paulus* ZInsO 2003, 869 ff.
[74] Vgl. zB die Sparkassengesetze der Länder: § 5 SparkG NRW, § 3 Hessisches SparkG.

sungsrechtlichen Gewährleistungen folgt.[75] Im Falle der Zahlungsunfähigkeit eines Reiseveranstalters in der Rechtsform einer juristischen Person des öffentlichen Rechts kommt eine Haftung des Bundes für Schäden von Verbrauchern in Betracht, die aus der mangelnden Insolvenzsicherung resultieren (s. dazu o. RdNr. 17).[76]

20 Von der Frage der Unzulässigkeit des Insolvenzverfahrens zu unterscheiden ist die Frage, inwieweit eine Insolvenzabwendungspflicht der öffentlichen Hand besteht.[77] Eine solche Pflicht wird insbesondere in Bezug auf das Verhältnis von Kommunen zu kommunalen Eigengesellschaften im Bereich der **Daseinsvorsorge** diskutiert und u. a. aus dem Sozialstaatsprinzip abgeleitet.[78] Vielfach wird auch ein öffentlich-rechtlicher Haftungsdurchgriff auf die Gemeinde für begründet erachtet.[79] Schließlich kommt ein Durchgriff auf die Gemeinde, die Allein- oder Mehrheitsgesellschafterin einer kommunalen Eigengesellschaft ist, nach den allgemeinen Regeln über den existenzvernichtenden Eingriff in Betracht.[80]

21 **8. Ausgleichsansprüche der Arbeitnehmer bei Zahlungsunfähigkeit oder Überschuldung juristischer Personen des öffentlichen Rechts (Abs. 2).** Juristische Personen des öffentlichen Rechts, über deren Vermögen das Insolvenzverfahren nicht zulässig ist, unterliegen nicht der **Beitrags- und Umlagepflicht** für das Insolvenzgeld der Bundesagentur für Arbeit und für die Betriebsrenten des **Pensions-Sicherungs-Vereins,** Versicherungsverein auf Gegenseitigkeit (PSVaG), deren rechtliche Voraussetzung gem. § 359 Abs. 2 Satz 2 SGB III, § 17 Abs. 2 BetrAVG gerade die Zulässigkeit des Insolvenzverfahrens ist.[81] Wird eine solche juristische Person insolvent, so stehen ihren Arbeitnehmern weder **Insolvenzgeld** nach § 183 SGB III noch Gelder durch Eintritt des PSVaG gem. §§ 7 Abs. 1, 14 BetrAVG zu. Um die Härte des fehlenden Schutzes der **Arbeitsentgelte** und der **Betriebsrenten** durch das SGB III und das BetrAVG zumindest in Fällen, in denen durch Landesrecht die Insolvenzunfähigkeit festgestellt wurde, im dennoch eingetretenen Insolvenzfall zu mindern, sieht die Regelung des § 12 Abs. 2 einen entsprechend den Leistungen der Agentur für Arbeit nach § 183 SGB III oder des PSVaG gem. §§ 7 Abs. 1, 14 BetrAVG bestehenden Anspruch gegen das Land vor.[82] Aus dem Normzweck folgt jedoch zugleich, dass eine Ausfallhaftung des Landes dann nicht in Betracht kommt, wenn sich aus den Regelungen des SGB III eine Ausfallhaftung etwa eines Landes- oder Bundesverbands bei Zahlungsunfähigkeit einer Allgemeinen Ortskrankenkasse ergibt. §§ 146a Satz 3, 155 Abs. 4 SGV V ergibt; diese Regelungen gehen § 12 Abs. 2 als leges speciales vor.[83] Entsprechendes gilt auch dann, wenn eine Ausfallhaftung des Bundes gem. Art. 120 Abs. 1 GG besteht.[84]

21a Der Anwendungsbereich des Ausgleichsanspruchs aus § 12 Abs. 2 ist nur dann eröffnet, wenn ein Land nach Abs. 1 Nr. 2 das Insolvenzverfahren über das Vermögen einer juristischen Person für unzulässig erklärt hat. Hieraus folgt, dass § 12 Abs. 2 dann nicht zur Anwendung kommt, wenn sich die Insolvenzunfähigkeit aus § 12 Abs. 1 Nr. 1 oder aus der Verfassung ergibt, wie etwa für **Gemeinden** (Art. 28 Abs. 2 GG).[85] In diesen Fällen haben landesrechtliche Regelungen über den Ausschluss der Insolvenzfähigkeit nur deklaratorische Bedeutung. Jedoch ergibt sich zumindest für den Fall der Insolvenz einer **öffentlich-rechtlichen Rundfunkanstalt** aus allgemeinen rechtsstaatlichen Grundsätzen eine Einstandspflicht des jeweiligen Bundeslandes entsprechend § 12 Abs. 2.[86] Dagegen gibt es eine staatliche Einstandspflicht bei

---

[75] So hinsichtlich der öffentlich-rechtlichen Rundfunkanstalten, s.o. RdNr. 11. Allgemein zur Ausfall- und Gewährträgerhaftung des Staates für juristische Personen des öffentlichen Rechts *Masloff, Rieger* S. 169 ff. sowie *Engelsing*; s. ferner Jaeger/*Ehricke* InsO § 12 RdNr. 51.
[76] *Kaller* RRa 1996, 191, 195; zur Staatshaftung bei einer Insolvenz vor Umsetzung der Vorschrift EuGH NJW 1996, 3141 [Dillenkofer]; MünchKommBGB-*Tönner* § 651 k RdNr. 46.
[77] S. dazu *Kuhl/Wagner* ZIP 1995, 433, 435 ff.
[78] *Ehlers*, Verwaltung in Privatrechtsform, S. 321; *Alfuß*, Staatliche Haftungsbeschränkung durch Inanspruchnahme privatrechtlicher Organisationen, S. 101 ff.; krit. hierzu *Kuhl/Wagner* ZIP 1995, 433, 435 ff.
[79] S. hierzu *Kuhl/Wagner* ZIP 1995, 433, 437 ff. mwN.
[80] *Katz* der gemeindehaushalt 2004, 49, 51 f.; zum konzernrechtlichen Haftungsdurchgriff, insbesondere beim qualifiziert faktischen Konzern, *Kuhl/Wagner* ZIP 1995, 433, 440 ff.
[81] Vgl. *Gundlach* DÖV 1999, 815, 816 mwN; *Marschner* Finanzwirtschaft 1995, 89 ff.
[82] Vgl. Begründung zu § 14 RegE, BT-Drucks. 12/2443, S. 113; kritisch zur praktischen Relevanz des § 12 Abs. 2 *Marschner* Finanzwirtschaft 1995, 89 f.
[83] *Gaßner/Hager* NZS 2004, 632, 634; *Gundlach/Frenzel/N. Schmidt* NVwZ 2001, 778, 779.
[84] *Gundlach/Frenzel/N. Schmidt* NVwZ 2001, 778, 779.
[85] *Gundlach/Frenzel/N. Schmidt* NVwZ 2001, 778, 779; Jaeger/*Ehricke* InsO § 12 RdNr. 56; zweifelnd auch HKInsO-*Kirchhof* § 12 RdNr. 3.
[86] Vgl. BVerfGE 89, 144, 155 = NJW 1994, 1466; Nerlich/Römermann/*Mönning* InsO § 12 RdNr. 17; anders *Gundlach/Frenzel/N. Schmidt* NVwZ 2001, 778, 779.

zahlungsunfähigen oder überschuldeten, aber insolvenzunfähigen **Religionsgemeinschaften** nicht.[87]

Zwar nennt § 12 Abs. 2 lediglich den Arbeitnehmer als Anspruchsberechtigten. Dennoch ist **21b** entsprechend der Regelung in § 17 Abs. 1 Satz 2 BetrAVG daran festzuhalten, dass auch die dort genannten Personen, die nicht Arbeitnehmer im Sinne des § 17 Abs. 1 Satz 1 BetrAVG sind, bei zulässigem Insolvenzverfahren dieselben Ansprüche nach dem BetrAVG hätten, wie Arbeitnehmer im Falle der Insolvenzunfähigkeit auch einen entsprechenden Anspruch nach § 12 Abs. 2 haben. Insofern ist der Begriff des Arbeitnehmers in § 12 Abs. 2 erweiternd auszulegen. Dagegen ist § 12 Abs. 2 nicht auf sonstige Forderungen außerhalb der betrieblichen Altersversorgung oder des Insolvenzausfallgeldes anwendbar. Dies folgt schon aus dem Normzweck.[88]

9. Zusammenstellung der landesrechtlichen Regelungen gem. Abs. 1 Nr. 2. Die bisher **22** ergangenen, nicht abschließend erfassten landesrechtlichen Regelungen, die die Insolvenzfähigkeit gem. § 12 Abs. 1 Nr. 2 ausschließen, lassen sich in die folgende Fallgruppen unterteilen.

a) Allgemeine Regelungen betreff Insolvenzunfähigkeit für Körperschaften, Anstalten **23** **oder Stiftungen des öffentlichen Rechts (Generalklauseln). Baden-Württemberg** (§ 45 AGGVG v. 16.12.1975, GVBl. S. 868, zuletzt geändert durch Gesetz v. 15.12.1998, GVBl. S. 660); **Bayern** (Art. 25 AGGVG v. 23.6.1981, GVBl. S. 188, zuletzt geändert durch Gesetz v. 11.7.1998, GVBl. S. 414); **Berlin** (§ 1 Gesetz über die Konkursunfähigkeit juristischer Personen des öffentlichen Rechts v. 27.3.1990, GVBl. S. 682); **Brandenburg** (§ 38 Abs. 3 Satz 2 VwVG v. 18.12.1991, S. 661, zuletzt geändert durch Gesetz v. 23.9.2008, GVBl. S. 202, 207); **Bremen** (§ 4 Abs. 1 AGZPO-InsO-ZVG v. 19.3.1963, BremGBl. S. 51, zuletzt geändert durch Gesetz v. 24.11.1998, BremGBl. S. 305; mit Ausnahme § 4 Abs. 2: öffentlich-rechtliche Versicherungsunternehmen, Bank- und Kreditinstitute einschließlich Sparkassen, soweit keine unbeschränkte Gewährträgerhaftung besteht); **Hamburg** (§ 1 Gesetz über die Konkursunfähigkeit juristischer Personen des öffentlichen Rechts v. 25.4.1988, GVBl. S. 49, zuletzt geändert durch Gesetz v. 22.12.1989, GVBl. S. 304); **Hessen** (§ 26 Abs. 1 VwVG v.4.7.1966, GVBl. I S. 151, zuletzt geändert durch Gesetz v. 18.5.1998, GVBl. I S. 191; mit Ausnahme § 26 Abs. 2: öffentlich-rechtliche Versicherungsunternehmen, Bank- und Kreditinstitute); **Mecklenburg-Vorpommern** (§ 115 Abs. 2 VwVfG i. V. m. § 62 Abs. 2 KommunalVerf v. 13.7.2011, GVOBl. S. 777); **Niedersachsen** (§ 1 Gesetz über die Insolvenzunfähigkeit juristischer Personen des öffentlichen Rechts v. 27.3.1987, GVBl. S. 67, zuletzt geändert durch Gesetz v. 17.12.1998, GVBl. S. 710); **Nordrhein-Westfalen** (§ 78 Abs. 3 VwVG v. 13.5.1980, GV NW S. 510, zuletzt geändert durch Gesetz v. 18.3.1997, GV NW S. 50); **Rheinland-Pfalz** (§ 8a Abs. 1 AG ZPO-ZVG-KO v. 30.8.1974, GVBl. S. 371, zuletzt geändert durch Gesetz v. 20.7.1998, GVBl. S. 216; mit Ausnahme § 8a Abs. 2: Handwerksinnungen und Kreishandwerkerschaften);[89] **Saarland** (§ 37 Abs. 1 Satz 4 SaarlVwVG v. 27.3.1974, Amtsbl. S. 430, zuletzt geändert durch Gesetz v. 24.6.1998, Amtsbl. S. 518); **Sachsen** (§ 12 JustAG v. 12.12.1997, GVBl. S. 638, zuletzt geändert durch Gesetz v. 31.3.1999, GVBl. S. 161); **Sachsen-Anhalt** (§ 1 Gesetz über die Gesamtvollstreckungsunfähigkeit juristischer Personen des öffentlichen Rechts v. 18.12.1992, GVBl. LSA S. 869; mit Ausnahme: öffentlich-rechtliche Versicherungsunternehmen, Bank- und Kreditinstitute, soweit keine unbeschränkte Gewährträgerhaftung besteht); **Schleswig-Holstein** (§ 52 Satz 2 LVwG i. V. m. § 131 Abs. 2 GO v. 28.2.2003, GVOBl. S. 57).

b) Gemeinden. Bayern (Art. 77 Abs. 3 der Gemeindeordnung für den Freistaat Bayern in der **24** Fassung der Bekanntmachung v. 22.8.1998, GVBl. S. 796, zuletzt geändert durch Gesetz v. 28.3.2000, GVBl. S. 136); **Brandenburg** (§ 129 Abs. 2 der Gemeindeordnung für das Land Brandenburg (GO) v. 15.10.1993, GVBl. I S. 398, zuletzt geändert durch Gesetz v. 7.4.1999, GVBl. I S. 90, 98); **Hessen** (§ 146 Abs. 2 Hessische Gemeindeordnung (HGO) in der Fassung v. 1.4.1993, GVBl. 1992 I S. 534, zuletzt geändert durch Gesetz v. 23.12.1999, GVBl. 2000 I S. 2); **Mecklenburg-Vorpommern** (§ 62 Abs. 2 Kommunalverfassung für das Land Mecklenburg-Vorpommern in der Fassung der Bekanntmachung v. 13.1.1998, GVOBl. S. 29, ber. S. 890, zuletzt geändert durch Gesetz v. 10.7.1998, GVOBl. S. 634); **Niedersachsen** (§ 136 Abs. 2 Niedersächsische Gemeindeordnung (NGO) in der Fassung v. 22.8.1996, GVBl. S. 382, zuletzt geändert durch Gesetz v. 12.3.1999, GVBl. S. 74); **Nordrhein-Westfalen** (§ 125 Abs. 2 Gemeindeordnung für das Land Nordrhein-Westfalen (GO) in der Fassung der Bekanntmachung v. 14.7.1994, GV NW S. 666, zuletzt geändert durch Gesetz v. 28.3.2000, GV NW S. 245); **Saarland** (§ 138 Abs. 2 Kommunalselbstverwaltungsgesetz (KSVG) in der Fassung v. 27.6.1997, Amtsbl. S. 682, zuletzt geändert durch

---

[87] *Lehmann*, Konkursfähigkeit juristischer Personen des öffentlichen Rechts, S. 114.
[88] *Gaßner/Hager* NZS 2004, 632, 635.
[89] Deren Insolvenzfähigkeit ist durch §§ 77, 89 HWO ausdrücklich zugelassen, s.o. RdNr. 12.

§ 13   2. Teil. 1. Abschnitt. Eröffnungsvoraussetzungen und Eröffnungsverfahren

Gesetz v. 14.10.1998, Amtsbl. S. 1030); **Sachsen** (§ 122 Abs. 4 Gemeindeordnung für den Freistaat Sachsen (SächsGemO) in der Fassung der Bekanntmachung v. 14.6.1999, GVBl S. 345); **Schleswig-Holstein** (§ 131 Abs. 2 Gemeindeordnung für Schleswig-Holstein (GO) in der Fassung v. 23.7.1996, GVOBl. Schl.-H. S. 529, ber. 1997 S. 350, zuletzt geändert durch Gesetz v. 16.12.1997, GVOBl. S. 474, ber. 1998 S. 35); **Thüringen** (§ 69 Abs. 3 Thüringer Gemeinde- und Landkreisordnung (ThürKO) in der Fassung der Bekanntmachung v. 14.4.1998, GVBl. S. 73). Für die Bundesländer **Berlin, Bremen** und **Hamburg** gilt § 12 Abs. 1 Nr. 1 direkt.

25   c) **Landkreise. Bayern** (Art. 71 Abs. 3 LKrO in der Fassung der Bekanntmachung v. 22.8.1998, GVBl. S. 826, zuletzt geändert durch Gesetz v. 27.12.1999, GVBl. S. 542); **Brandenburg** (§ 67 Abs. 2 LKrO v. 15.10.1993, GVBl. I S. 433, zuletzt geändert durch Gesetz v. 14.2.1994, GVBl. I S. 34, i. V. m. § 129 Abs. 2 GO); **Hessen** (§ 54 Abs. 1 HKO in der Fassung v. 1.4.1993, GVBl. 1992 I S. 569, zuletzt geändert durch Gesetz v. 17.12.1998, GVBl. I S. 562, i. V. m. § 146 Abs. 2 HGO); **Mecklenburg-Vorpommern** (§ 120 Abs. 1 i. V. m. § 62 Abs. 2 Kommunalverfassung für das Land Mecklenburg-Vorpommern in der Fassung der Bekanntmachung v. 13.1.1998, GVOBl. S. 29, ber. S. 890, zuletzt geändert durch Gesetz v. 10.7.1998, GVOBl. S. 634); **Niedersachen** (§ 68 Abs. 2 NLO in der Fassung v. 22.8.1996, GVBl. S. 365, zuletzt geändert durch Gesetz v. 12.3.1999, GVBl. S. 74); **Nordrhein-Westfalen** (§ 57 Abs. 3 KrO in der Fassung der Bekanntmachung v. 14.7.1994, GV NW S. 646, zuletzt geändert durch Gesetz v. 9.11.1999, GV NW S. 590, i. V. m. § 125 Abs. 2 GO); **Saarland** (§ 189 Abs. 1 i. V. m. § 138 Abs. 2, KSVG); **Sachsen** (§ 65 Abs. 2 SächsLKrO v. 19.7.1993, GVBl. S. 577, zuletzt geändert durch Gesetz v. 20.2.1997, GVBl. S. 105, i. V. m. § 122 Abs. 4 SächsGemO); **Schleswig-Holstein** (§ 70 Abs. 2 KrO in der Fassung v. 30.5.1997, GVOBl. Schl.-H. S. 334); **Thüringen** (§ 114 i. V. m. § 69 Abs. 3 ThürKO v. 16.8.1993).

26   d) **Sonstige juristische Personen des öffentlichen Rechts. Hessen** (Hessischer Rundfunk gem. § 1 Abs. 3 RundfunkG v. 2.10.1948, GVBl. S. 123, ber. S. 149, zuletzt geändert durch Gesetz v. 18.5.1998, GVBl. I S. 191); **Saarland** (Stadtverbände gem. §§ 216, 189 Abs. 1 i. V. m. § 138 Abs. 2 KSVG).

§ 13 Eröffnungsantrag

(1) ¹Das Insolvenzverfahren wird nur auf schriftlichen Antrag eröffnet. ²Antragsberechtigt sind die Gläubiger und der Schuldner. ³Dem Antrag des Schuldners ist ein Verzeichnis der Gläubiger und ihrer Forderungen beizufügen. ⁴Wenn der Schuldner einen Geschäftsbetrieb hat, der nicht eingestellt ist, sollen in dem Verzeichnis besonders kenntlich gemacht werden
1. die höchsten Forderungen,
2. die höchsten gesicherten Forderungen,
3. die Forderungen der Finanzverwaltung,
4. die Forderungen der Sozialversicherungsträger sowie
5. die Forderungen aus betrieblicher Altersversorgung.

⁵Der Schuldner hat in diesem Fall auch Angaben zur Bilanzsumme, zu den Umsatzerlösen und zur durchschnittlichen Zahl der Arbeitnehmer des vorangegangenen Geschäftsjahres zu machen. ⁶Die Angaben nach Satz 4 sind verpflichtend, wenn
1. der Schuldner Eigenverwaltung beantragt,
2. der Schuldner die Merkmale des § 22a Absatz 1 erfüllt oder
3. die Einsetzung eines vorläufigen Gläubigerausschusses beantragt wurde.

⁷Dem Verzeichnis nach Satz 3 und den Angaben nach den Sätzen 4 und 5 ist die Erklärung beizufügen, dass die enthaltenen Angaben richtig und vollständig sind.

(2) Der Antrag kann zurückgenommen werden, bis das Insolvenzverfahren eröffnet oder der Antrag rechtskräftig abgewiesen ist.

(3) ¹Das Bundesministerium der Justiz wird ermächtigt, durch Rechtsverordnung mit Zustimmung des Bundesrates für die Antragstellung durch den Schuldner ein Formular einzuführen. ²Soweit nach Satz 1 ein Formular eingeführt ist, muss der Schuldner dieses benutzen. ³Für Verfahren, die von den Gerichten maschinell bearbeitet, und für solche, die nicht maschinell bearbeitet werden, können unterschiedliche Formulare eingeführt werden.

§ 13

Schrifttum: *Beth,* Der unter rechtlicher Betreuung stehende Schuldner, ZInsO 2012, 316 ff.; *Blöse,* Anmerkung zu BGH, Beschl. v. 10.7.2008 – IX ZB 122/07, GmbHR 2008, 989 f.; *Bohn,* Zulässigkeit und Wirksamkeit von Konkursverträgen, KTS 1955, 135 ff.; *Busch,* Hat das ESUG die Praxis und die Kriterien der Insolvenzgerichte bei der Auswahl von Insolvenzverwalters geändert?, ZInsO 2012, 1389 ff.; *Büttner,* Zulässigkeit eines erneuten Insolvenzantrags zur Erlangung der Restschuldbefreiung, ZVI 2007, 229 ff.; *W. Delhaes,* Der Insolvenzantrag, 1994; *ders.,* Die Stellung, Rücknahme und Erledigung von das Insolvenzverfahren einleitender Anträge nach der Insolvenzordnung, Kölner Schrift zur Insolvenzordnung, 3. Aufl., 2009, S. 98 ff.; *G. Fischer,* Bewirken Leistungen, die zur Erledigung des Insolvenzantrags führen, eine kongruente Deckung? in FS Hans-Peter Kirchhof, 2003, S. 73 ff.; *Frind,* Zeugenschutz versus Insolvenzverfahren, ZVI 2005, 57 ff.; *ders.,* Zum Diskussionsentwurf für ein „Gesetz zur weiteren Erleichterung der Sanierung von Unternehmen", ZInsO 2010, 1473 ff.; *ders.,* Die Praxis fragt, „ESUG" antwortet nicht, ZInsO 2011, 2249 ff.; *Fu,* Rechtsschutz gegen Insolvenzanträge des Finanzamtes, DStR 2010, 1411 ff.; *Fuhst,* Das neue Insolvenzrecht – Ein Überblick, DStR 2012, 418 ff.; *Göb,* Aktuelle gesellschaftsrechtliche Fragen in Krise und Insolvenz, NZI 2012, 609 ff.; *ders.,* Aktuelle gesellschaftsrechtliche Fragen in Krise und Insolvenz, NZI 2012, 609 ff.; *Graf,* Anmerkung zu BGH, Beschl. v. 9.6.2011 – IX ZB 175/10, DZWIR 2011, 394 f.; *Gundlach/Müller,* Das Insolvenzantragsrecht eines nachrangigen Insolvenzgläubigers im Fall des qualifizierten Rangrücktritts, ZInsO 2011, 84 ff.; *Haarmeyer,* Die „Einsetzungsbremsen" des § 22a Abs. 3 InsO und ihre Umsetzung in die Praxis, ZInsO 2012, 1441 ff.; *Hackenberg,* Rechtsschutzbedürfnis für weiteren Insolvenzantrag mit Restschuldbefreiung?, ZVI 2005, 468 ff.; *Hansens,* Anwaltsgebühren im Insolvenzeröffnungsverfahren, RVGreport 2010, 443 ff.; *Henckel,* Fehler bei der Eröffnung des Insolvenzverfahrens – Abhilfe und Rechtsmittel, ZIP 2000, 2045 ff.; *Hirte/Knof/Mock,* Das Gesetz zur weiteren Erleichterung der Sanierung von Unternehmen (Teil I), DB 2011, 632 ff.; *dies.,* Das neue Insolvenzrecht nach dem ESUG, 2012; *Horstkotte,* Die führungslose GmbH im Insolvenzantragsverfahren, ZInsO 2009, 209 ff.; *H. Huber,* Bankkrisen und neues Insolvenzrecht – Ein Beitrag zum „Sonderinsolvenzrecht" des Kreditwesengesetzes, ZBB 1998, 193 ff.; *Jänich,* Eröffnung des Konkursverfahrens trotz Zahlung durch den Schuldner? ZZP 109 (1996), 183 ff.; *Kollhosser/Goos,* Das neue Insolvenzrecht im Versicherungsaufsichtsrecht, in FS Walter Gerhardt, 2004, S. 487 ff.; *Landfermann,* Das neue Unternehmenssanierungsgesetz (ESUG), WM 2012, 821 ff., 869 ff.; *Lundberg/Sänger,* Die Insolvenz von Krankenkassen – gesetzliche Regelung trifft Wirklichkeit, ZInsO 2012, 1556 ff.; *Marotzke,* Kann ein Erbe trotz Unkenntnis oder Ungewissheit seiner Erbenstellung verpflichtet sein, die Eröffnung eines Nachlassinsolvenzverfahrens zu beantragen?, ZInsO 2011, 2105 ff.; *Müller/Rautmann,* Die Unzulässigkeit des Antrags als Folge der neuen Vorgaben des § 13 InsO, ZInsO 2012, 918 ff.; *Neubert,* Das neue Insolvenzeröffnungsverfahren nach dem ESUG, GmbHR 2012, 439 ff.; *Obermüller,* Der Gläubigerausschuss nach dem „ESUG", ZInsO 2012, 18 ff.; *Pape,* Gesetz zur weiteren Erleichterung der Sanierung von Unternehmen, ZInsO 2011, 1033 ff.; *Pape/Wenzel,* Das Zweitinsolvenzverfahren als Weg von der Vollstreckungsbeschränkung zur Restschuldbefreiung, ZInsO 2008, 287 ff.; *Paulsdorff/Wohlleben,* Die Rechtsstellung des Pensions-Sicherungsvereins, Versicherungsverein auf Gegenseitigkeit (PSVaG) nach dem neuen Insolvenzrecht, in Kölner Schrift zur Insolvenzordnung, 2. Aufl. 2000, S. 1655 ff.; *Pfohl/Sichert/Otto,* die Pflicht zur Anzeige bei Insolvenz (§ 171b Abs. 2 SGB V), NZS 2011, 8 ff.; *Portzgen/Meyer,* Haftungsrisiken für Vorstände gesetzlicher Krankenversicherungen bei Verstoß gegen § 171b Abs. 2 SGB V?, MedR 2012, 301 ff.; *Rein,* Anmerkung zu OLG Koblenz, Beschl. v. 17.11.2005 – 10 W 705/05, NZI 2006, 354 f.; *Ries,* Materielle Verfahrenseinheit – die Kosten eines nicht eröffneten Erstverfahrens als Bestandteil der Gesamtkosten eines später eröffneten Folgeverfahrens, ZInsO 2005, 414 ff.; *ders.,* Ist der vorläufige Verwalter wegen früherer Vergütungsansprüche aus anderen Verfahren Insolvenzgläubiger i.S.v. § 38 InsO?, ZInsO 2007, 1102 ff.; *Römermann,* Wehe dem, der einen „nicht richtigen" Insolvenzantrag stellt! – Für eine Anwendung des vergessenen § 15a Abs. 4 InsO, ZInsO 2010, 353 ff.; *ders.,* Neues Insolvenz- und Sanierungsrecht durch das ESUG, NJW 2012, 645 ff.; *Schillgalis,* Rechtsschutz des Schuldners bei fahrlässig unberechtigten Insolvenzanträgen – insbesondere bei Anordnung von Sicherungsmaßnahmen gemäß § 21 InsO, Diss. Osnabrück 2005; *Schlegel,* Insolvenzantrag und Eigenverwaltungsantrag bei drohender Zahlungsunfähigkeit, ZIP 1999, 954 ff.; *Schmerbach,* Zweitinsolvenzverfahren, ZInsO 2009, 2078 ff.; *ders.,* Die Finanzgerichte und die InsO, ZInsO 2011, 895 ff.; *Schmittmann/Dannemann,* Gesetz zur weiteren Erleichterung der Sanierung von Unternehmen, VR 2012, 73 ff.; *Schumm,* Das Gesetz zur weiteren Erleichterung der Sanierung von Unternehmen (ESUG), StuB 2012, 25 ff.; *Siegmann,* Der Tod des Schuldners im Insolvenzverfahren, ZEV 2000, 345 ff.; *Smid,* Struktur und systematischer Gehalt des deutschen Insolvenzrechts in der Judikatur des IX. Zivilsenats des Bundesgerichtshofs (X, Teil 1), DZWIR 2012, 1 ff.; *Stapper/Jacobi,* Der Eigenantrag (§ 13 InsO) nach neuem Recht, ZInsO 2012, 628 f.; *Sternal,* Das Gesetz zur Vereinfachung des Insolvenzverfahrens, NJW 2007, 1909 ff.; *Tetzlaff,* Anmerkung zu BGH, Beschl. v. 9.6.2011 – IX ZB 175/10, WuB VI A § 35 InsO 1.11; *Uhlenbruck,* Falsche Kostenentscheidung der Gerichte bei Antragsrücknahme und Abweisung des Konkursantrags mangels Masse?, KTS 1983, 341 ff.; *ders.,* Die verfahrens- und kostenmäßige Behandlung von Konkursanträgen bei Zahlung der dem Konkursantrag zugrunde liegenden Forderung durch den Schuldner, KTS 1986, 541 ff.; *ders.,* Die verfahrens- und kostenmäßige Behandlung mehrerer Konkursanträge gegen den gleichen Schuldner, KTS 1987, 561 ff.; *ders.,* Probleme des Eröffnungsverfahrens nach dem Insolvenzrechts-Reformgesetz 1994, KTS 1994, 169 ff.; *ders.,* Aktuelle Fragen des Insolvenzrechts in der notariellen Praxis, MittRhNotK 1994, 305 ff.; *ders.,* Ablehnung einer Entscheidung über die Kosten des vorläufigen Insolvenzverwalters – ein Fall der Rechtsschutzverweigerung?, NZI 2010, 161 ff.; *Vallender,* Allgemeine Anforderungen an Anträge im Insolvenzverfahren, MDR 1999, 280 ff.; *ders.,* Gesetz zur weiteren Erleichterung der Sanierung von Unternehmen (ESUG) – Änderungen des Insolvenzeröffnungsverfahrens, MDR 2012, 61 ff.; *ders.,* Gesetz zur weiteren Erleichterung der Sanierung von Unternehmen [ESUG] – Das reformierte Plan- und Eigenverwaltungsverfahren, MDR 2012, 125 ff.; *Vosberg,* Anmerkung zu BGH, Beschl. v. 10.7.2008 – IX ZB 122/07, EWiR 2008, 753 f.; *Weiß/Rußwurm,* Anmerkung zu BGH, Beschl. v. 9.6.2011 – IX ZB 175/10, EWiR 2011, 751 f.; *Willemsen/Rechel,* Insolvenzrecht im Umbruch – ein Überblick über den RegE-ESUG, BB 2011, 834 ff.

§ 13 2. Teil. 1. Abschnitt. Eröffnungsvoraussetzungen und Eröffnungsverfahren

Übersicht

	Rn.		Rn.
A. Normzweck	1–4	VI. Form des Eröffnungsantrags	90–92
B. Entstehungsgeschichte	5–8	1. Schriftform	90
C. Einzelerläuterungen	9–171	2. Formularzwang (Abs. 3)	91, 92
I. Grundstruktur des Eröffnungsverfahrens	9–12	VII. Notwendiger Inhalt des Eröffnungsantrags	93–112
II. Anwendungsbereich	13	1. Bezeichnung der Parteien	93, 94
III. Antragsberechtigte	14–65	2. Darlegung der internationalen und örtlichen Zuständigkeit	95
1. Schuldner	14–24	3. Antrag und Antragsbegründung	96–108
a) Natürliche Personen	15–19	a) Allgemeines	96–98
b) Juristische Personen und Personengesellschaften	20–24	b) Gläubigerantrag	99
		c) Eigenantrag	100–108
2. Gläubiger	25–49	4. Folgen inhaltlicher Mängel des Antrags	109–111
a) Allgemeine Eingrenzung	26, 27	5. Zusatzanträge zum Eröffnungsantrag	112
b) Vermögensanspruch	28–31	VIII. Rücknahme des Eröffnungsantrags (Abs. 2)	113–126
c) Persönlicher Anspruch	32, 33	1. Allgemeines	113–115
d) Entstehungszeitpunkt der Forderung	34–37	2. Rücknahmebefugnis beim Eigenantrag	116
e) Nachrangige Forderung	38	3. Zeitliche Beschränkung	117–121
f) Beschränkung der Einziehungsbefugnis (Verpfändung, Beschlagnahme u.ä.)	39	a) Eröffnung	118, 119
g) Nachlass- und Gesamtinsolvenz	40	b) Abweisung mangels Masse, Zurückweisung	120, 121
h) Sekundär- oder sonstiges Partikularinsolvenzverfahren	41	4. Folgen der wirksamen Rücknahme	122–124
i) Arbeitnehmer, Betriebsrentner	42–45	5. Kostenfolge	125, 126
j) Träger der Insolvenzsicherung für Arbeitsentgelt und Betriebsrenten	46–48	IX. Erledigungserklärung	127–144
k) Verzicht auf Antragsrecht	49	1. Allgemeines	127–130
3. Bundesanstalt für Finanzdienstleistungsaufsicht	50–61	2. Erledigungserklärung ohne Widerspruch des Schuldners	131–136
a) Kredit- und Finanzdienstleistungssektor	51–58	a) Beiderseitige Erledigungserklärung	131
b) Versicherungswirtschaft	59, 60	b) Schweigen des Schuldners	132
c) Finanzunternehmen aus dem Europäischen Wirtschaftsraum	61	c) Verfahrensrechtliche Wirkung	133
		d) Kostenentscheidung	134–136
4. Aufsichtsbehörden der Krankenkassen	62	3. Erledigungserklärung mit Widerspruch des Schuldners	137–140
5. Ausländischer Insolvenzverwalter	63–65	4. Missbräuchliche Erledigungserklärung	141–144
IV. Antragspflichten und -obliegenheiten	66–68	X. Nachträglicher Wegfall des Antragsrechts	145–150
V. Allgemeine Anforderungen an den Eröffnungsantrag	69–89	1. Wegfall vor der Eröffnungsentscheidung	145–149
1. Eröffnungsantrag als Prozesshandlung	70–75	a) Gläubigerantrag (§ 14)	145–148
a) Bedingung oder Befristung	72–74	b) Eigenantrag (§ 15)	149
b) Anfechtbarkeit	75	2. Wegfall nach der Verfahrenseröffnung	150
2. Partei- und Prozessfähigkeit, gesetzliche Vertretung	76–81	XI. Kosten des Eröffnungsverfahrens	151–171
3. Vertretung durch Bevollmächtigte	82–85	1. Kostenentscheidungen	151–156
a) Prokura, Handlungsvollmacht, Generalvollmacht beim Eigenantrag	82	2. Gerichtskosten	157–167
		a) Gerichtsgebühren	158
b) Verfahrensbevollmächtigte	83–85	b) Auslagen	159
4. Rechtsschutzinteresse	86–89	c) Kostenschuldner	160–162
a) Grundsatz	86	d) Ermittlungskostenvorschuss (§ 17 GKG) und Verfahrenskostenvorschuss (§ 26)	163–165
b) Zweiter Eröffnungsantrag	87, 88		
c) Obstruktion des Schuldners beim Eigenantrag	89		

	Rn.		Rn.
e) Aufteilung der Ermittlungskosten bei Parallelverfahren	166	3. Kosten des vorläufigen Insolvenzverwalters	168–170
f) Kosten bei Aufhebung des Eröffnungsbeschlusses in der Beschwerdeinstanz	167	a) Vergütung und Auslagen	168, 169
		b) Sachverständigenentschädigung	170
		4. Anwaltsgebühren	171

A. Normzweck

Die Bestimmung des § 13 verdeutlicht, dass das Insolvenzverfahren nicht durch Einschreiten des Gerichts von Amts wegen, sondern nur auf Grund eines Antrags eröffnet werden kann. Damit wird auch an dieser Stelle **die Autonomie und Eigenverantwortung der Beteiligten** hervorgehoben.[1] Den Kreis der Antragsberechtigten beschränkt das Gesetz auf die unmittelbar wirtschaftlich Betroffenen: Schuldner und Gläubiger. 1

Das Erfordernis eines Antrags gilt nicht nur für die eigentliche Eröffnung des Insolvenzverfahrens, sondern schon für die Einleitung des Eröffnungsverfahrens. Das Gericht darf nur tätig werden, wenn ein Eröffnungsantrag vorliegt. Ist allerdings der Antrag einmal in zulässiger Weise gestellt, gestaltet das Gericht das **weitere Verfahren von Amts wegen** (§ 5 Abs. 1, §§ 20 ff.). Dabei sind schon vor der Eröffnung maßgeblich die gemeinsamen Interessen der gesamten Gläubigerschaft zu berücksichtigen. 2

Diesen Interessen dient auch **die Einschränkung des Abs. 2,** wonach der Antrag nach Erlass des Eröffnungsbeschlusses nicht mehr zurückgenommen werden kann. Das Initiativrecht ist dem Antragsteller nicht zum eigenen Nutzen zugewiesen, sondern es ist zugleich eingebunden in den gesetzlichen Zweck des Verfahrens (§ 1) und damit vor allem in die Belange der gesamten Gläubigerschaft.[2] Mit Erlass des Eröffnungsbeschlusses geht das Verfahren endgültig in ein Amtsverfahren über. Die Eröffnung löst schon vor ihrer Rechtskraft rechtliche Wirkungen aus, die nicht nur die Parteien des Eröffnungsverfahrens betreffen, sondern auch bisher nicht beteiligte Dritte, insbesondere die Gesamtheit der Gläubiger (vgl. §§ 80 ff., § 34 Abs. 3 Satz 3). Diese Wirkungen sollen im Interesse der Rechtssicherheit nicht mehr durch eine Rücknahme des Antrags in Frage gestellt werden können.[3] Schutzwürdige Belange des Schuldners oder des antragstellenden Gläubigers werden durch die Einschränkung nicht berührt. 3

Zweck der **Neuregelung** zu § 13 Abs. 1 S. 3 bis 7 und Abs. 3 S. 3 ist, dass der Schuldner Angaben machen soll, die für den weiteren Verlauf des Verfahrens von zentraler Bedeutung sind.[4] In den Fällen des Abs. 1 S. 6 Nr. 1-3 sind die Angaben verpflichtend, im Übrigen „soll" der Schuldner sie seinem Antrag beifügen. Auf der Grundlage dieser Angaben wird die Art und Weise einer frühzeitigen Einbeziehung der Gläubiger abhängen, insbesondere wenn es um die Einsetzung eines vorläufigen Gläubigerausschusses (§ 21 Abs. 2 Nr. 1a), um das Vorschlagsrecht der Gläubiger bei der Auswahl des Insolvenzverwalters (§ 56 Abs. 2) oder um eine Anordnung der Eigenverwaltung (§ 270 Abs. 3) geht.[5] Die Neuregelung in Abs. 3 S. 3 stellt eine Ergänzung des Formularzwangs dar; danach können für maschinell und nicht maschinell bearbeitete Verfahren unterschiedliche Formulare eingeführt werden. 4

B. Entstehungsgeschichte

Die Vorschrift, die in der ursprünglichen Fassung von 1994 wörtlich dem § 15 RegE entspricht, übernimmt die inhaltsgleiche Regelung des **alten Rechts** (§ 103 KO, § 2 GesO).[6] Überlegungen, das Antragsrecht anders zu regeln, haben in der Reformdiskussion keine wesentliche Rolle gespielt. Schon die **Kommission für Insolvenzrecht** hat den Gedanken verworfen, ein Einschreiten des Insolvenzgerichts von Amts wegen oder ein Antragsrecht der Staatsanwaltschaft vorzusehen. Ebenso wurden Vorschläge abgelehnt, die Finanzbehörden oder die Träger der Sozialversicherung zur Stellung eines Eröffnungsantrags gegen insolvente Unternehmen zu verpflichten oder dem Betriebsrat ein eigenes Antragsrecht einzuräumen. Man hielt es für richtiger, die Initiative bei den unmittelbar 5

---

[1] Vgl. dazu schon die Motive zu § 103 KO, *Hahn* S. 296; Nerlich/Römermann/*Mönning* InsO § 13 RdNr. 8 f.
[2] Vgl. BGH NJW 1961, 2016 f.; Braun/*Bußhardt* InsO § 13 RdNr. 2.
[3] Begr. RegE zu § 15 (= § 13), *Balz/Landfermann* S. 87 = *Kübler/Prütting*, Dok. Bd. I, S. 172.
[4] BT-Drucks. 17/7511, S. 45; kritisch hierzu *Frind* ZInsO 2011, 2249, 2249 ff.; *Pape* ZInsO 2011, 1033, 1035 f.; *Vallender* MDR 2012, 61 f.
[5] *Willemsen/Rechel* BB 2011, 834, 835.
[6] Zu den Einzelheiten: s. MünchKommInsO-*Schmahl*¹ § 13 RdNr. 7 f.

Beteiligten zu belassen und ihre Entschließungsfreiheit bei außergerichtlichen Sanierungsversuchen nicht durch amtliche Kontrollen über Gebühr einzuschränken.[7]

6 Die **Aussage des Abs. 2,** dass ein Eröffnungsantrag nach Erlass des Eröffnungsbeschlusses nicht mehr zurückgenommen werden kann, war im alten Recht nicht ausdrücklich normiert, jedoch allgemein anerkannt.[8]

7 Das **InsVfVereinfG 2007**[9] hat in Abs. 1 die ausschließliche Schriftform des Antrags vorgeschrieben und die Ermächtigung zur Einführung amtlicher Formulare (Abs. 3) angefügt.

8 Die Regelungen in Abs. 1 Satz 3 bis 7 und Abs. 3 Satz 3 sind durch das **Gesetz zur weiteren Erleichterung der Sanierung von Unternehmen** vom 7.12.2011 (ESUG)[10] eingeführt worden und mit Wirkung zum 1.3.2012 in Kraft getreten. Zum zeitlichen Anwendungsbereich der Neuregelung s. Art. 103g EGInsO.

C. Einzelerläuterungen

I. Grundstruktur des Eröffnungsverfahrens

9 Mit § 13 beginnen die Vorschriften über den Ablauf des **Verfahrens von der Antragstellung bis zur Entscheidung über die Eröffnung** (Eröffnungsverfahren). In diesem Verfahrensabschnitt ist vom Gericht zu klären, ob die formellen und materiellen Voraussetzungen für die Eröffnung des eigentlichen Insolvenzverfahrens vorliegen. Außerdem können bereits vorläufige Maßnahmen zur Sicherung der künftigen Insolvenzmasse angeordnet werden.

10 Das Eröffnungsverfahren gliedert sich in folgende **Unterabschnitte,** die sich in der praktischen Anwendung teilweise überlagern können, systematisch aber zu trennen sind: **Antragstellung,** §§ 13 bis 15, 305 bis 310; **Prüfung der Zulässigkeit des Antrags,** §§ 2, 3, 11 bis 15, 18 Abs. 3; **Gewährung des rechtlichen Gehörs** (Anhörung des Schuldners), § 14 Abs. 2, § 15 Abs. 2, § 10; Aufklärung der schuldnerischen Vermögenslage zur **Prüfung der Begründetheit des Antrags** und der Existenz einer kostendeckenden Masse, §§ 16 bis 19, 5 Abs. 1, § 20 Abs. 1; **vorläufige Sicherung** der künftigen Insolvenzmasse, insbesondere Einsetzung eines vorläufigen Insolvenzverwalters, §§ 21 bis 25; **Entscheidung über den Eröffnungsantrag,** §§ 26, 27.

11 Das Eröffnungsverfahren ist im Grundsatz eine **besondere Art des streitigen Verfahrens** mit Antragsteller und Antragsgegner.[11] Anders kann es nur beim Antrag des Schuldners (Eigenantrag) sein, wenn entweder der Schuldner eine natürliche Person ist oder der Antrag von allen Berechtigten aus der schuldnerischen Sphäre gestellt wird. Ist dies nicht der Fall, stehen sich Antragsteller und Antragsgegner (zB Gläubiger und Schuldner) gegenüber. Soweit das Gesetz die Glaubhaftmachung von Tatsachen verlangt, obliegt es allein der jeweiligen Partei, die ihr günstigen Tatsachen vorzutragen und die entsprechenden Beweismittel zur Glaubhaftmachung beizubringen (§ 4, § 294 ZPO). **Die Amtsermittlungspflicht des Insolvenzgerichts** (§ 5 Abs. 1, §§ 16, 26) setzt erst ein, wenn ein zulässiger Eröffnungsantrag vorliegt (s. § 16 RdNr. 6). Allerdings ist das Insolvenzgericht gem. § 139 ZPO, § 4 InsO verpflichtet, entsprechende rechtliche Hinweise zu erteilen.[12]

12 Sofern der Antrag nicht wirksam zurückgenommen (s. RdNr. 113 ff.) oder in der Hauptsache für erledigt erklärt wird (s. RdNr. 127 ff.), können zum **Abschluss des Eröffnungsverfahrens** folgende Entscheidungen des Gerichts ergehen: Zurückweisung des Antrags als **unzulässig** (s. RdNr. 109 ff.), Zurückweisung des Antrags als **unbegründet** (wegen Nichterweislichkeit eines gesetzlichen Eröffnungsgrunds, § 16 RdNr. 6 ff.), Abweisung des Antrags **mangels Masse** (es liegt zwar ein Eröffnungsgrund vor, doch sind die Kosten des Verfahrens voraussichtlich nicht gedeckt, § 26), **Eröffnungsbeschluss** (Eröffnung des Insolvenzverfahrens, §§ 27 bis 29).

---

[7] 1. KommBer. Leitsatz 1.2.1, S. 98 f.; vgl. *Uhlenbruck* BB 1984, 1949 f.
[8] OLG Hamm KTS 1976, 146, 148; OLG Köln NJW-RR 1994, 445; Jaeger/*Weber* KO § 103 RdNr. 9; *Kuhn/Uhlenbruck* KO § 103 RdNr. 3; *W. Delhaes* S. 186.
[9] Art. 1 Nr. 4 InsVfVereinfG 2007; s. hierzu *Sternal* NJW 2007, 1909 ff.
[10] BGBl. I S. 2582. S. zu den Neuregelungen des ESUG *Busch* ZInsO 2012, 1389 ff.; *Frind* ZInsO 2011, 2249 ff.; *Haarmeyer* ZInsO 2012, 1441 ff; *Landfermann* WM 2012, 821 ff., 869 ff.; *Hirte/Knof/Mock* DB 2011, 632 ff.; *dies.,* Das neue Insolvenzrecht nach dem ESUG; *Neubert* GmbHR 2012, 439 ff.; *Göb* NZI 2012, 609 ff.; *Obermüller* ZInsO 2012, 18 ff.; *Schmittmann/Dannemann* VR 2012, 73 ff.; *Schumm* StuB 2012, 25 ff.; *Römermann* NJW 2012, 645 ff.; *Vallender* MDR 2012, 61 ff.; *ders.* MDR 2012, 125 ff.; *Willemsen/Rechel* BB 2011, 834 ff.
[11] Vgl. BGHZ 149, 178, 181 = NJW 2002, 515 = NZI 2002, 91; BGH NJW 1961, 2016; BGH KTS 1978, 24, 29; OLG Celle NJW 1962, 1970; OLG Köln ZIP 1988, 664 f.; OLG Zweibrücken NZI 2001, 32 f.; *Beck/Depré* § 1 RdNr. 17; Uhlenbruck/*Uhlenbruck* InsO § 13 RdNr. 1.
[12] BGHZ 153, 205 = NJW 2003, 1187 f. = NZI 2003, 147 f.

II. Anwendungsbereich

§ 13 gilt für alle Arten des Insolvenzverfahrens. Ergänzend sind die Vorschriften über die besonderen Verfahrensarten zu beachten: Verbraucher- oder sonstige Kleininsolvenz (§ 305), Nachlassinsolvenz (§§ 317 bis 320), Gesamtgutinsolvenz (§§ 332, 333), Partikularinsolvenzverfahren über das Inlandsvermögen (Art. 3 Abs. 2 bis 4 EuInsVO, Art. 102 EGInsO, §§ 354 ff.). Regelungen über Zusätze zum Eröffnungsantrag enthält das Gesetz im Zusammenhang mit der Vorlage des Insolvenzplans (§ 218 Abs. 1 Satz 2), dem Antrag auf Eigenverwaltung (§ 270 Abs. 2 Nr. 1) und dem Antrag auf Restschuldbefreiung (§ 287 Abs. 1 Satz 3). Mehrere Eröffnungsanträge, die denselben Schuldner betreffen (Parallelanträge), lösen jeweils ein rechtlich selbstständiges Eröffnungsverfahren aus[13], der spätere Antrag ist nicht etwa, wie im Zwangsversteigerungsrecht (§ 27 ZVG), als Beitritt zu dem bereits anhängigen Verfahren zu behandeln. Etwas anderes gilt, wenn das Antragsrecht gemeinschaftlich ausgeübt und auf denselben Rechtsgrund gestützt wird (zB auf eine gemeinschaftliche Forderung oder in den Fällen des § 15 auf das gleiche Antragsrecht kraft Organstellung oder Mitgliedschaft). Die Zulässigkeit des Antrags ist jedoch auch hier für jeden Antragsteller getrennt zu beurteilen.[14]

13

III. Antragsberechtigte

1. Schuldner. Es ist eine traditionelle Eigenheit des Insolvenzrechts, dass der Schuldner die Eröffnung des Verfahrens über sein eigenes Vermögen beantragen kann (Eigenantrag).

14

a) Natürliche Personen. Eine natürliche Person kann selbst einen Eigenantrag stellen, wenn sie uneingeschränkt geschäftsfähig und damit prozessfähig ist (§ 4 InsO, § 51 Abs. 1 ZPO). Andernfalls kann sie im Verfahren vor dem Insolvenzgericht nur durch ihre gesetzlichen Vertreter handeln. Eine Antragstellung durch den Schuldner liegt auch vor, wenn in der Nachlassinsolvenz ein Erbe, Nachlasspfleger oder Testamentsvollstrecker beantragt. Einem Erben, der die Versäumung der Ausschlagungsfrist angefochten hat, steht auch dann kein Antragsrecht zu, wenn die Wirksamkeit der Anfechtung noch nicht feststeht.[15] Zur Antragspflicht s.u. RdNr. 67.

15

Ist für einen volljährigen Schuldner ein **Betreuer** mit einem Aufgabenkreis bestellt, der die gesamte Vermögenssorge umfasst (§§ 1896 ff. BGB), kann der Betreuer für den Schuldner die Eröffnung des Insolvenzverfahrens beantragen (§ 1902 BGB).[16] Solange dies nicht geschehen ist, kann auch der betreute Schuldner selbst einen Eigenantrag stellen, es sei denn, dass er geschäftsunfähig ist (§ 104 Nr. 2 BGB), ein einschlägiger Einwilligungsvorbehalt besteht (§ 1903 Abs. 1 Satz 2, § 111 BGB) oder der Betreuer im Rahmen seines Aufgabenkreises die Rechte des Schuldners im Verfahren an sich zieht[17] (§ 53 ZPO, § 4 InsO). Zur Wahrnehmung des Antragsrechts nach § 15 durch den **Betreuer des Antragsberechtigten** vgl. § 15 RdNr. 44.

16

Der Vormund, Abwesenheitspfleger (§ 1911 BGB) oder Betreuer, der für den Schuldner einen Eigenantrag stellt, bedarf hierzu grundsätzlich nicht der **vormundschaftsgerichtlichen Genehmigung** nach § 1822 Nr. 12 BGB. Der Antrag steht einem Vergleich rechtlich und wirtschaftlich nicht gleich.[18] Anders ist es beim Eigenantrag in der **Verbraucherinsolvenz,** bei dem der Schuldner einen Schuldenbereinigungsplan vorzulegen hat (§§ 304, 305 Abs. 1 Nr. 4). Dieser Plan bedarf vor seiner Vorlage der Genehmigung des Vormundschaftsgerichts nach § 1822 Nr. 12, § 1908i Abs. 1, § 1915 Abs. 1 BGB. Der Plan hat nämlich nach Annahme durch die Gläubiger die Wirkungen eines Vergleichs im Sinne des § 794 Abs. 1 Nr. 1 ZPO (vgl. § 308 Abs. 1 Satz 2). Da das Insolvenzgericht nicht überprüft, ob der Plan die Interessen des Schuldners angemessen berücksichtigt, liegt insoweit ein Fall des § 1822 Nr. 12 BGB vor. Gleiches gilt für die Vorlage eines Insolvenzplans im Namen des Schuldners im Regelverfahren (§§ 218, 254, 257).

17

Ein **verheirateter Schuldner** kann stets ohne Zustimmung des Ehegatten die Eröffnung des Insolvenzverfahrens über sein eigenes Vermögen beantragen;[19] der Schutzzweck des § 1365 BGB wird durch die §§ 16, 35 gewahrt. Nur beim **Güterstand der Gütergemeinschaft** (§§ 1415 ff. BGB) ergeben sich Besonderheiten. Das Verfahren beschränkt sich auf das Vermögen des antragstel-

18

---

[13] OLG Hamm MDR 1973, 1029; OLG Köln NZI 2001, 318, 319; FKInsO-*Schmerbach* § 13 RdNr. 36; *Boennecke* KTS 1955, 173; *Unger* KTS 1962, 205, 209; *Uhlenbruck* KTS 1987, 561, 563.
[14] *Uhlenbruck* KTS 1987, 561, 563; Jaeger/*Gerhardt* InsO § 13 RdNr. 36.
[15] BGH NZI 2011, 653 ff.; s. hierzu *Marotzke* ZInsO 2011, 2105 ff.
[16] Eingehend *Beth* ZInsO 2012, 316 ff.
[17] Vgl. BGH NJW 1988, 49, 51; *Ley* ZVI 2003, 101, 103.
[18] Jaeger/*Weber* KO § 103 RdNr. 4; HKInsO-*Kirchhof* § 13 RdNr. 4; Jaeger/*Gerhardt* InsO § 13 RdNr. 11; Nerlich/Römermann/*Mönning* InsO § 13 RdNr. 24.
[19] Uhlenbruck/*Uhlenbruck* InsO § 13 RdNr. 67, 82.

lenden Ehegatten unter Ausschluss seines Gesamtgutanteils, wenn das Gesamtgut entweder vom anderen Ehegatten allein oder von beiden Ehegatten gemeinsam verwaltet wird (§ 37 Abs. 1 Satz 3, Abs. 2). Obliegt die Verwaltung des Gesamtguts dagegen dem antragstellenden Ehegatten allein, gehört das Gesamtgut zur Insolvenzmasse seines Verfahrens (§ 37 Abs. 1 Satz 1). Bei gemeinschaftlicher Verwaltung des Gesamtguts berührt ein Insolvenzverfahren über das Vermögen eines Ehegatten das Gesamtgut nicht (§ 37 Abs. 2). In diesem Fall kann über das Gesamtgut nur ein gesondertes Insolvenzverfahren beantragt werden, und zwar von jedem Ehegatten (§ 333 Abs. 2).

19   Ein vertraglicher **Verzicht des Schuldners** auf sein Recht zur Stellung eines **Eigenantrags** ist bei natürlichen Personen grundsätzlich nach § 134 BGB unwirksam, weil er gegen die sozialstaatliche Zweckbestimmung der Vorschriften über die Restschuldbefreiung (§§ 286 ff., 227) verstößt.[20] Eine Ausnahme ist entsprechend dem Zweck der §§ 305 ff., 217 ff. nur denkbar im Rahmen einer gerichtlichen oder außergerichtlichen Einigung zwischen dem Schuldner und allen seinen Gläubigern über eine umfassende Schuldenbereinigung bei gleich bleibender Geschäftsgrundlage.

20   **b) Juristische Personen und Personengesellschaften.** Bei juristischen Personen und Gesellschaften ohne Rechtspersönlichkeit kann der Eigenantrag von jedem organschaftlichen Vertreter und jedem persönlich haftenden Gesellschafter einzeln gestellt werden. Zu den Einzelheiten vgl. § 15. Wegen der Antragsberechtigung kann sich das Gericht in der Regel auf die Eintragungen in dem für die Rechtsform des Schuldners maßgebenden öffentlichen Register verlassen (vgl. RdNr. 78 ff.).

21   Ob ein **öffentlich-rechtlicher Verwaltungskommissar** (Geschäftsleiter, Abwickler, Sonderbeauftragter o. ä.), der auf Grund eines behördlichen Aufsichtsrechts eingesetzt worden ist, das Recht hat, die Eröffnung des Insolvenzverfahrens über das schuldnerische Vermögen zu beantragen, hängt wesentlich von der Zweckbestimmung seines Amtes ab. Verdrängt sein Aufgabenkreis den Schuldner oder einen der organschaftlichen Vertreter rechtlich völlig aus der Verwaltungs- und Verfügungsbefugnis, kann das Antragsrecht nicht zweifelhaft sein (s.a. § 15 RdNr. 8). Dies gilt etwa – soweit nicht das Antragsmonopol der Aufsichtsbehörde (s. RdNr. 52 ff.) eingreift – im Fall des zwangsweise eingesetzten Geschäftsleiters oder Abwicklers eines Kredit- oder Finanzdienstleistungsinstituts als Ganzes (§ 38 Abs. 2, § 45c Abs. 2 KWG). Umfasst der Aufgabenkreis des Eingesetzten dagegen nur einen **Teilbereich der schuldnerischen Vermögensangelegenheiten,** steht ihm ein Antragsrecht nur zu, wenn er den öffentlich-rechtlichen Zweck seines Amtes bei Vorliegen eines Eröffnungsgrunds nicht mehr rechtmäßig verwirklichen kann. Dies rechtfertigt etwa das Antragsrecht eines Abwicklers, der von der Aufsichtsbehörde (nur) zur Abwicklung ungesetzlicher Bankgeschäfte oder Finanzdienstleistungen bestellt ist, dessen Aufgabenkreis also nicht notwendig das gesamte schuldnerische Unternehmen betrifft[21] (§ 37 Abs. 2 KWG).[22] Der Rechtsgedanke dieser Regelung gilt auch in gleichartigen anderen Fällen, etwa beim Sonderbeauftragten mit organschaftlicher Befugnis (§ 36 Abs. 1a KWG). Kein Antragsrecht hat dagegen zB der Abwickler einer Rechtsanwaltskanzlei[23] (§ 55 BRAO), weil er nur sektoraler Vermögensverwalter ist und die Einleitung eines Insolvenzverfahrens zur Erfüllung seiner Aufgaben nicht zwingend erforderlich ist.

22   Das Antragsrecht des Verwaltungskommissars hängt nicht von der Rechtskraft seiner Einsetzung ab. Auch bei **Aufhebung der Einsetzung** oder bei der sonstigen Beendigung des Amtes bleibt der von ihm gestellte Eröffnungsantrag, wie im Fall des nachträglich ausgeschiedenen organschaftlichen Vertreters, grundsätzlich wirksam. Gleiches gilt, wenn im vorläufigen Rechtsschutz die weitere Vollziehung der Einsetzung ausgesetzt wird (vgl. § 80 Abs. 4, 5 VwGO).[24] Selbst eine Aufhebung der bereits erfolgten Vollziehung (§ 80 Abs. 5 Satz 3 VwGO) hat unmittelbare Bedeutung für das Insolvenzverfahren nur, wenn sie ihm gegenüber in einer bestimmten prozessualen Erklärung des Antragstellers, der Antragsrücknahme oder Erledigungserklärung, zum Ausdruck kommt. Unzulässig wird der Eröffnungsantrag dagegen, wenn sich aus dem rechtskräftigen Aufhebungsakt ergibt, dass die Einsetzung bei Stellung des Antrags rechtswidrig war. In einem solchen Fall bleibt der ehemalige Verwaltungskommissar wie jeder unberechtigte Antragsteller befugt, seinen Eröffnungsantrag zurückzunehmen.

23   Verfahrensrechtlich ist der Antrag des Verwaltungskommissars wie der Antrag eines organschaftlichen Vertreters (§ 15 Abs. 1) zu behandeln. Die **Beteiligung des Schuldners am Verfahren** richtet

---

[20] Auf § 138 BGB abstellend Uhlenbruck/*Uhlenbruck* InsO § 13 RdNr. 5.
[21] BGH NZI 2003, 645; VGH Kassel ZIP 2005, 1915 f.; AG Hamburg ZInsO 2005, 838, 840; AG Hamburg ZIP 2005, 1748.
[22] Eingefügt durch Art. 6 Nr. 30 des 4. Finanzmarktförderungsgesetzes vom 21.6.2002 (BGBl. I S. 2010); dazu: BT-Drucks. 14/8017, S. 127.
[23] AG Köln InVo 1999, 82; vgl. BGH NJW 1966, 1362.
[24] Vgl. AG Hamburg ZIP 2006, 1688 f.

sich nach § 15 Abs. 2.[25] Persönlich haftende Gesellschafter oder organschaftliche Vertreter (einschließlich der vom Registergericht bestellten, vgl. etwa § 38 Abs. 2 KWG) sind zum Eröffnungsantrag anzuhören und am weiteren Verfahren förmlich zu beteiligen. Sie bleiben befugt, im Namen des Schuldners Anträge zu stellen und Rechtsmittel einzulegen (§ 15 RdNr. 89).[26] Dies gilt, solange sie nicht mit gesellschaftsrechtlicher Wirkung aus ihrer Stellung ausgeschieden sind. Unerheblich ist, ob die Aufsichtsbehörde ihnen mit öffentlich-rechtlicher Wirkung die Tätigkeit als Geschäftsleiter untersagt oder ihnen organschaftliche Befugnisse entzogen hat (vgl. etwa §§ 36, 37, 38, 46a KWG). Ist der Schuldner eine natürliche Person, gilt Entsprechendes für seine persönliche Beteiligung am Verfahren.

Ein **Sekundär- oder sonstiges Partikularinsolvenzverfahren,** das sich allein auf sein **24 Inlandsvermögen** beschränkt, kann der Schuldner selbst nicht beantragen. Ein solches Antragsrecht steht nach den spezielleren Bestimmungen der §§ 354, 356, die Vorrang vor § 13 haben, ausschließlich der Gläubigern und dem Verwalter eines ausländischen Hauptinsolvenzverfahrens oder über das schuldnerische Vermögen zu (dazu RdNr. 64 f.).[27] Die Regelung soll es dem Schuldner verfahrensrechtlich unmöglich machen, sein Vermögen „von den Rändern her zu liquidieren"[28] und damit die Versuche zur Bewältigung der Insolvenz zu zersplittern. Das gilt nicht nur für ein **isoliertes Partikularinsolvenzverfahren,** das vorliegt, wenn ein Hauptinsolvenzverfahren noch nicht beantragt ist (§ 354), sondern auch für die Beantragung eines **Sekundärinsolvenzverfahrens** (§ 356), denn hierbei handelt es sich nach der zutreffenden Systematik des Gesetzes um einen Unterfall des Partikularverfahrens (vgl. § 356 Abs. 1 Satz 2).[29] Soweit die EuInsVO anzuwenden ist, gilt nichts anderes (vgl. Art. 3 Abs. 3 Satz 1, Abs. 4 EuInsVO). Sie schließt in Art. 3 Abs. 4 lit. b das Antragsrecht des Schuldners für ein isoliertes Partikularinsolvenzverfahren aus und verweist im Übrigen wegen der Antragsbefugnis auf das nationale Recht (vgl. Art. 4 Abs. 2, Art. 29 lit. b EuInsVO); die Ausführungsbestimmungen des Art. 102 EGInsO erweitern die Regeln der §§ 354, 356 nicht.

2. Gläubiger. Antragsberechtigt sind gem. § 13 Abs. 1 Satz 1 „die Gläubiger". Das Gesetz unter- **25** scheidet dabei nicht zwischen einzelnen Arten von Gläubigern. Nach der allgemeinen zivil- und vollstreckungsrechtlichen Terminologie ist Gläubiger jeder, der gegen den Schuldner einen Anspruch hat, also berechtigt ist, von ihm ein Tun, Dulden oder Unterlassen zu verlangen (§ 194 Abs. 1, § 241 BGB). Im Rahmen des § 13 ist jedoch eine einschränkende Auslegung des Gläubigerbegriffs erforderlich.

a) Allgemeine Eingrenzung. Es wäre mit dem Ziel des Insolvenzverfahrens (§ 1 Satz 1) nicht zu **26** vereinbaren, ein Antragsrecht auch solchen Gläubigern zu geben, die ihre Ansprüche mit Hilfe eines Insolvenzverfahrens überhaupt nicht zur Geltung bringen können. Dies ist bei solchen Gläubigern der Fall, die nach der Art ihres Anspruchs im Falle der Eröffnung nicht berechtigt sind, an der verfahrensspezifischen gemeinschaftlichen Befriedigung der Gläubiger teilzunehmen, sei es durch Teilhabe am Erlös des verwerteten schuldnerischen Vermögens, sei es durch Zuwendung anderer wirtschaftlicher Werte im Rahmen eines Insolvenzplans. Damit scheiden von vornherein die Gläubiger aus, die ihr Recht innerhalb wie außerhalb des Verfahrens in gleicher Weise geltend machen können[30] oder die nach der Art ihres Anspruchs im Insolvenzverfahren keine Befriedigung erlangen können, weil der Anspruch keinen Geldwert hat und auch nicht in einen solchen Wert umgerechnet werden kann (vgl. § 45).

Hieraus folgt, dass in **Anlehnung an die Definition des Insolvenzgläubigers in § 38** nur **27** solche Gläubiger antragsberechtigt sind, die einen zur Zeit der Entscheidung über den Eröffnungsantrag begründeten persönlichen Vermögensanspruch gegen den Schuldner haben.[31] Dies gilt unabhängig davon, ob es sich rechtlich um Insolvenzgläubiger handelt oder ob der Anspruch nach der Eröffnung als Masseforderung gilt (wie etwa im Fall des § 55 Abs. 2).

b) Vermögensanspruch. Ein Antragsrecht gibt nur ein Anspruch, der vermögensbezogen ist **28** und dessen vollständige Erfüllung deshalb durch den Insolvenztatbestand (Eröffnungsgrund) in Frage

---

[25] BGH NZI 2006, 594 f. = NJW-RR 2006, 1423.
[26] BGH NZI 2006, 594 f. = NJW-RR 2006, 1423.
[27] Begr. RegE IIRNG 2003 zu § 354 und § 356, BT-Dr. 15/16, S. 25; *Liersch* NZI 2003, 302, 308 f.; Kebekus/Kirchhof, Grenzüberschreitende Insolvenzen in der Insolvenzpraxis, 2004, S. 96, 102; HKInsO-*Stephan* § 354 RdNr. 16, § 356 RdNr. 4; Kübler/Prütting/Bork/*Kemper* InsO § 354 RdNr. 15, § 356 RdNr. 12.
[28] Begr. RegE IIRNG 2003 zu § 354, BT-Dr. 15/16, S. 25.
[29] Begr. RegE IIRNG 2003 zu § 354, BT-Dr. 15/16, S. 25; ebenso Kebekus/*Kirchhof*, Grenzüberschreitende Insolvenzen in der Insolvenzpraxis, 2004, S. 96, 102; HKInsO-*Stephan* vor § 335 RdNr. 10; Kübler/Prütting/Bork/*Kemper* InsO § 356 RdNr. 1. Unrichtig deshalb AG Köln NZI 2004, 151, 153; *U. Huber*, FS Gerhardt, S. 397, 412 f.; *Vallender* InVo 2005, 41 f., 48 f.; später offen gelassen von AG Köln NZI 2006, 57.
[30] So auch Begr. RegE zu § 15 (= § 13), *Balz/Landfermann* S. 87 = *Kübler/Prütting*, Dok. Bd. I, S. 172.
[31] BGH NZI 2006, 588, 589 = NJW-RR 2006, 1482; BGH NZG 2009, 984; *Vallender* MDR 1999, 280, 283; *Jauernig*, FS Uhlenbruck, 2000, S. 3, 12; FKInsO-*Schmerbach* § 13 RdNr. 8; HKInsO-*Kirchhof* § 13 RdNr. 7; Jaeger/*Gerhardt* InsO § 13 RdNr. 4; PK-HWF/*Mitter* InsO § 13 RdNr. 9; Uhlenbruck/*Uhlenbruck* InsO § 13 RdNr. 78.

gestellt ist. Ob die Rechtsgrundlage dem privaten oder öffentlichen Recht angehört, ist ohne Bedeutung. Der Anspruch muss sich auf eine einklagbare Geldzahlung aus dem schuldnerischen Vermögen richten oder zumindest in einen Geldwert umgerechnet werden können (vgl. § 45).

29 Kein Antragsrecht ergibt sich demgegenüber aus Ansprüchen, die sich ausschließlich gegen die Person des Schuldners richten und nur von ihm selbst erfüllt werden können. Hierzu gehören neben den **immateriellen familienrechtlichen Ansprüchen** insbesondere die Ansprüche auf **Vornahme unvertretbarer Handlungen**[32] (§ 888 ZPO; etwa Erteilung von Auskünften, Rechnungslegung, Widerruf von Äußerungen, höchstpersönliche Dienstleistungen) sowie **Duldungs- und Unterlassungsansprüche**[33] (vgl. § 890 ZPO), sofern nicht eine Zuwiderhandlung bereits einen Zahlungsanspruch ausgelöst hat.

30 Kein Antragsrecht geben **Aussonderungs- und Ersatzaussonderungsansprüche** auf Grund dinglicher oder persönlicher Rechte (§§ 47, 48), weil sie nicht zur Teilnahme am Verfahren berechtigen (§ 47 Satz 2).

31 Kein Antragsrecht geben ferner einseitige **Gestaltungsrechte,** zB das Recht auf Anfechtung wegen Willensmangels, auf Kündigung oder Rücktritt, wohl aber die vermögensrechtlichen Ansprüche, die aus der Ausübung eines solchen Rechts entstehen.

32 **c) Persönlicher Anspruch.** Als Gläubiger antragsberechtigt sind nur Inhaber persönlicher (schuldrechtlicher) Ansprüche. Sie sind abzugrenzen von den Inhabern dinglicher Ansprüche, die ein Recht an einem bestimmten Vermögensgegenstand haben. Dingliche Gläubiger können ihre Ansprüche zwar im eröffneten Verfahren als Aus- oder Absonderungsrecht geltend machen (§§ 47 bis 52), sind jedoch als solche nicht zur Stellung eines Eröffnungsantrags berechtigt.[34]

33 Etwas anderes gilt für absonderungsberechtigte Gläubiger, denen der Schuldner zugleich auch persönlich haftet. Sie sind am Verfahren beteiligt (§ 52) und deshalb antragsberechtigt. Ob sie auf die abgesonderte Befriedigung verzichten oder bei ihr voraussichtlich ausfallen werden, ist unerheblich.[35] Allerdings ist hier das rechtliche Interesse (§ 14 Abs. 1) von besonderer Bedeutung, vor allem wenn bereits bei Antragstellung feststeht, dass die dingliche Sicherung des Absonderungsberechtigten ausreicht und er deshalb keinen Ausfall hinnehmen muss (vgl. § 14 RdNr. 26).

34 **d) Entstehungszeitpunkt der Forderung.** Der Anspruch des antragstellenden Gläubigers muss zur Zeit der Entscheidung über die Eröffnung begründet sein. Liegen noch nicht alle tatbestandlichen Voraussetzungen für die Entstehung des Anspruchs vor, reicht es aus, wenn das Schuldverhältnis, aus dem sich der Anspruch ergibt, bereits besteht und damit zu rechnen ist, dass der konkrete Vermögensanspruch im Verlaufe des eröffneten Verfahrens entstehen wird; zu Einzelheiten s. die Kommentierung zu § 38. Ein Gläubiger, auf den der Anspruch erst mit der Eröffnung übergeht, ist daher nicht antragsberechtigt.

35 Es entspricht allgemeiner Meinung, dass das Antragsrecht eines Gläubigers nicht von der **Fälligkeit der Forderung** abhängt.[36] Dies folgt zwar nicht aus § 41[37], weil die Bestimmung erst im eröffneten Verfahren gilt und keine Aussage über die Anforderungen an das Antragsrecht im Rahmen des § 13 Abs. 1 Satz 2 trifft (s. hierzu auch § 14 RdNr. 26). Das Antragsrecht ergibt sich jedoch daraus, dass auch Gläubiger einer nicht fälligen Forderung einen zur Zeit der Entscheidung über den Eröffnungsantrag begründeten persönlichen Vermögensanspruch gegen den Schuldner haben (s. RdNr. 27). Dies besagt indes nicht, dass die Fälligkeit der Forderung für die Prüfung der weiteren Zulässigkeitsvoraussetzungen eines Gläubigerantrags ohne Bedeutung ist.[38] Ist die Forderung (noch) nicht fällig und daher nicht durchsetzbar, fehlt das rechtliche Interesse an der Eröffnung eines Insolvenzverfahrens, sofern nicht die Voraussetzungen des Abs. 1 Satz 2 vorliegen (s. hierzu § 14 RdNr. 26). Der Gläubiger einer **aufschiebend bedingten For-**

---

[32] BGHZ 150, 305, 308 f. = NZI 2002, 425 f.; BGH NZI 2005, 628 f.
[33] BGHZ 155, 371, 378 = NJW 2003, 3060, 3062 = NZI 2003, 539, 541; KG NZI 2000, 228.
[34] FKInsO-*Schmerbach* § 14 RdNr. 35; HKInsO-*Kirchhof* § 13 RdNr. 7, § 14 RdNr. 6.
[35] BGH, Beschl. 11.7.2002 – IX ZB 28/02; HKInsO-*Kirchhof* § 13 RdNr. 7; Uhlenbruck/*Uhlenbruck* InsO § 14 RdNr. 2.
[36] Jaeger/*Weber* KO § 105 RdNr. 1; HKInsO-*Kirchhof* § 14 RdNr. 7; Jaeger/*Gerhardt* InsO § 13 RdNr. 6; Nerlich/Römermann/*Mönning* InsO § 14 RdNr. 11; *Pape/Uhlenbruck/Voigt-Salus*, Insolvenzrecht, Kap. 18 RdNr. 27; Uhlenbruck/*Uhlenbruck* InsO § 14 RdNr. 3; HambKommInsO-*Wehr* § 14 RdNr. 8.
[37] So aber MünchKommInsO-*Schmahl*² § 13 RdNr. 38; Gottwald, P./Uhlenbruck/Schmahl, Insolvenzrechts-Handbuch, § 8 RdNr. 37; HKInsO-*Kirchhof* § 14 RdNr. 7.
[38] Ausdrücklich auf das rechtliche Interesse hinweisend LG Braunschweig NJW 1961, 2316; AG Göttingen NZI 2001, 606; Gottwald, P./Uhlenbruck/Schmahl, Insolvenzrechts-Handbuch, § 8 RdNr. 37; HKInsO-*Kirchhof* § 14 RdNr. 7; Nerlich/Römermann/*Mönning* InsO § 14 RdNr. 11; *Pape/Uhlenbruck/Voigt-Salus*, Insolvenzrecht, Kap. 18 RdNr. 27; FKInsO-*Schmerbach* § 14 RdNr. 35; anders *Häsemeyer*, Insolvenzrecht, RdNr. 7.14, der die Fälligkeit der Forderung nur bei der Prüfung des Insolvenzgrunds berücksichtigt wissen will. Zur Berücksichtigung der Fälligkeit einer Forderung im Rahmen des § 17 bei einem Eigenantrag des Schuldners AG Göttingen ZInsO 2012, 1324 f.

derung ist ebenfalls antragsberechtigt, allerdings fehlt auch ihm das rechtliche Interesse an der Eröffnung des Insolvenzverfahrens (s. § 14 RdNr. 26).

Ein Antragsrecht steht ferner dem Gläubiger einer **auflösend bedingten Forderung** zu. Solange 36 die auflösende Bedingung nicht eingetreten ist, hat der Gläubiger gegen den Schuldner eine durchsetzbare Forderung.[39] Im Einzelfall kann es aber an einem rechtlichen Interesse fehlen (s. § 14 RdNr. 30). Der Gläubiger verliert sein Antragsrecht, wenn die auflösende Bedingung eintritt und das Verfahren noch nicht eröffnet worden ist (Abs. 2; s. hierzu RdNr. 145). Tritt die auflösende Bedingung erst nach der Verfahrenseröffnung ein, ist der Wegfall des Antragsrechts unerheblich (s. RdNr. 150).

Gesamtschuldner oder **Bürgen**, die noch nicht durch Befriedigung des Gläubigers eine Forde- 37 rung erworben haben, können den künftigen Rückgriffsanspruch gegen den Schuldner im Insolvenzverfahren nur verfolgen, wenn der Gläubiger seine Forderung im Verfahren nicht geltend macht (§ 44). Nur unter dieser Voraussetzung steht den potenziell Mithaftenden ein Antragsrecht zu.[40] Sie müssen also einen Verzicht des Gläubigers auf Teilnahme am Verfahren glaubhaft machen.

e) Nachrangige Forderung. Der Rang einer Forderung ist für das Antragsrecht unerheblich. 38 Auch nachrangige Insolvenzforderungen, insbesondere Geldstrafen und Geldbußen (§ 39 Abs. 1 Nr. 3) sowie Forderungen auf Rückgewähr kapitalersetzender Leistungen (§ 39 Abs. 1 Nr. 5, Abs. 4 und 5), geben ein Antragsrecht,[41] wenn sie bereits zur Zeit der Entscheidung über die Eröffnung begründet sind. Die mangelnde Quotenaussicht berührt das Antragsrecht nicht, zumal sie bei Antragstellung schwerlich abzuschätzen ist und der absehbare Ausfall der nachrangigen Insolvenzgläubiger eher das Vorliegen eines Eröffnungsgrunds bestätigt. Bei Hinweisen auf Missbrauch des Antragsrechts wird der Antragsteller allerdings sein rechtliches Interesse besonders darzulegen und glaubhaft zu machen haben (vgl. § 14 RdNr. 18 ff.).

f) Beschränkung der Einziehungsbefugnis (Verpfändung, Beschlagnahme u.ä.). Ein 39 Antragsrecht steht dem Gläubiger nur zu, wenn er zur Einziehung der Forderung berechtigt ist. Eine verpfändete Forderung gibt daher vor Pfandreife (§ 1228 Abs. 2 BGB) sowohl dem Pfandgläubiger als auch dem Pfandschuldner ein Antragsrecht, die Forderungsanmeldung kann jedoch nur zur Leistung an beide gemeinschaftlich erfolgen[42] (§ 1281 Satz 2 BGB). Soweit dem Pfandgläubiger nach Pfandreife die Einziehung der Forderung zusteht (§ 1282 Abs. 1 BGB), ist er allein antragsberechtigt. Das Gleiche gilt nach Pfändung und Überweisung einer Forderung im Wege der Zwangsvollstreckung (§§ 835, 836 ZPO, §§ 314, 315 AO). Ein Antragsrecht hat auch der Zwangsverwalter auf Grund der Ansprüche, auf die sich die Beschlagnahme erstreckt (§§ 152, 148 Abs. 1, § 21 Abs. 1, 2 ZVG). Ebenso ist antragsberechtigt der einzelne Mitgläubiger (§ 432 Abs. 1 BGB), sofern er das Ziel verfolgt, bei der späteren Verteilung Leistung an alle zu erreichen.[43] Unterliegt ein Gläubiger einer insolvenzrechtlichen Verfügungsbeschränkung (zB durch eine Sicherungsmaßnahme nach § 21 oder durch Anordnungen nach den §§ 263, 277), steht ihm ein Antragsrecht als Gläubiger nur zu, soweit er trotz der Beschränkung zur Einziehung der Forderung befugt ist.[44] Entsprechendes gilt, wenn der Gläubiger auf Grund der §§ 92, 93 zugunsten des Insolvenzverwalters sein Einzugsrecht verliert; auch hier entfällt das Antragsrecht.[45]

g) Nachlass- und Gesamtinsolvenz. Wer zum Antrag auf Eröffnung des Insolvenzverfahrens 40 über einen Nachlass befugt ist, ergibt sich aus § 317. Im Falle der fortgesetzten Gütergemeinschaften gilt § 332. Das Antragsrecht der Gläubiger in der Gesamtgutinsolvenz folgt aus § 333.

h) Sekundär- oder sonstiges Partikularinsolvenzverfahren. Das Recht der Gläubiger, ein 41 solches gegenständlich beschränktes Verfahren über das Inlandsvermögen des Schuldners zu beantragen folgt aus Art. 3 Abs. 2 bis 4, Art. 29 EuInsVO, §§ 354, 356.

i) Arbeitnehmer, Betriebsrentner. Der Arbeitnehmer mit einem Anspruch auf rückständiges 42 Arbeitsentgelt ist auch dann als Gläubiger antragsberechtigt, wenn er beim Arbeitsamt bereits Insolvenzgeld beantragt hat und damit sein Entgeltanspruch nach § 187 SGB III auf die Bundesagentur

---

[39] Dagegen auf § 42 abstellend Gottwald, P./*Uhlenbruck/Schmahl*, Insolvenzrechts-Handbuch, § 8 RdNr. 38.
[40] Zum Rechtsschutzinteresse des Mithaftenden vgl. Jaeger/*Gerhardt* InsO § 14 RdNr. 11.
[41] BGH NZI 2011, 58 f.; Braun/*Bußhardt* InsO § 13 RdNr. 4; FKInsO-*Schmerbach* § 13 RdNr. 8, 10; HKInsO-*Kirchhof* § 13 RdNr. 7; Kübler/Prütting/Bork/*Pape* InsO § 13 RdNr. 32, § 14 RdNr. 63; Uhlenbruck/*Uhlenbruck* InsO § 14 RdNr. 51; zum Antragsrecht nachrangiger Gläubiger bei Vereinbarung eines qualifizierten Rangrücktritts *Gundlach/Müller* ZInsO 2011, 84 ff.
[42] Jaeger/*Weber* KO § 103 RdNr. 2; Jaeger/*Gerhardt* InsO § 13 RdNr. 7.
[43] Vgl. KG NJW-RR 2000, 1409 f. (Antragsrecht bei § 724 ZPO).
[44] LG Duisburg DZWIR 2000, 34; HKInsO-*Kirchhof* § 13 RdNr. 8.
[45] Anders AG Hamburg ZVI 2005, 436 f.: Verwalter rückt von selbst als Antragsteller nach.

für Arbeit übergegangen ist.[46] Zwar kann der Arbeitnehmer nunmehr den Entgeltanspruch allenfalls zugunsten der Bundesagentur geltend machen,[47] doch darf der Forderungsübergang nicht zu einem Nachteil führen, der vom Normzweck des § 187 SGB III nicht gedeckt ist. Dies wäre bei einem Verlust des Antragsrechts der Fall. Der gesetzliche Forderungsübergang soll eine Übersicherung des Arbeitnehmers ausschließen.[48] Er soll aber nicht den Arbeitnehmer in einem Bereich rechtlich benachteiligen, der die geschützten Interessen der Bundesagentur nicht berührt. Zu diesem Bereich gehört das Recht zur Stellung des Eröffnungsantrags. Deshalb steht auch das praktisch bedeutungslose Antragsrecht der Bundesagentur für Arbeit (s. RdNr. 46) dem Antragsrecht des Arbeitnehmers nicht entgegen.

43 Der **Betriebsrat** des schuldnerischen Unternehmens ist nicht berechtigt, für die von ihm repräsentierten Arbeitnehmer als Gläubiger einen Eröffnungsantrag zu stellen.[49] Er ist nicht individualrechtlicher Vertreter einzelner Arbeitnehmer;[50] eine Verfahrensstandschaft für einen Dritten ist unzulässig[51] (vgl. auch § 15 RdNr. 69).

44 Auch das **rechtliche Interesse des antragstellenden Arbeitnehmers** an der Eröffnung des Insolvenzverfahrens (vgl. § 14 RdNr. 18 ff.) entfällt nicht wegen des Anspruchs auf Insolvenzgeld. Der Anspruch setzt nämlich regelmäßig gerade die Feststellung der Insolvenz des Arbeitgebers durch einen Eröffnungsbeschluss oder durch die Abweisung des Eröffnungsantrags mangels Masse voraus (§ 183 Abs. 1 Nr. 1, 2 SGB III).[52] Ausnahmsweise fehlt das rechtliche Interesse, wenn bereits bei Antragstellung[53] offenkundig damit zu rechnen ist, dass die Arbeitsagentur wegen vollständiger Beendigung der schuldnerischen Betriebstätigkeit im Inland (§ 183 Abs. 1 Nr. 3 SGB III) das Insolvenzgeld auch ohne eine Entscheidung des Insolvenzgerichts zahlt. Ohne Bedeutung für das rechtliche Interesse ist der Umstand, dass der Antragsteller mit seinem Antrag nicht ausschließlich auf den Erlass eines Eröffnungsbeschlusses abzielt, sondern von Anfang an auch die Abweisung mangels Masse in Kauf nimmt. Dies ist legitim, weil durch beide Entscheidungen gleichermaßen die Anspruchsvoraussetzung für das Insolvenzgeld geschaffen werden kann.[54]

45 Entsprechendes gilt auch für **Gläubiger mit Ansprüchen aus betrieblicher Altersversorgung**, die bei Insolvenz des Arbeitgebers durch den Pensions-Sicherungs-Verein (PSVaG) gesichert sind. Ihre Ansprüche und Anwartschaften gehen allerdings immer erst frühestens mit der Entscheidung des Insolvenzgerichts über die Eröffnung auf den Träger der Insolvenzsicherung über (§ 9 Abs. 2 BetrAVG).

46 **j) Träger der Insolvenzsicherung für Arbeitsentgelt und Betriebsrenten.** Als Gläubiger aus übergegangenem Recht können unter Umständen die Bundesagentur für Arbeit und der Pensions-Sicherungs-Verein einen Eröffnungsantrag gegen einen Arbeitgeber stellen. Die Bundesagentur für Arbeit ist antragsberechtigt, wenn der Arbeitnehmer eines zahlungsunfähig gewordenen Arbeitgebers wegen des rückständigen Arbeitsentgelts Insolvenzgeld beantragt hat.[55] Der offen stehende Entgeltanspruch des Arbeitnehmers geht bereits mit der Beantragung des Insolvenzgelds auf die Bundesagentur über (§ 187 SGB III). Das Antragsrecht des Arbeitnehmers selbst bleibt hiervon allerdings unberührt (vgl. RdNr. 42, 44).

47 Der **Pensions-Sicherungs-Verein (PSVaG)**,[56] der Träger der gesetzlichen Insolvenzsicherung für die betriebliche Altersversorgung, ist anstelle eines Versorgungsberechtigten antragsberechtigt, wenn der Sicherungsfall der Abweisung eines Eröffnungsantrags mangels Masse oder der vollständigen Beendigung der Betriebstätigkeit vorliegt (§ 7 Abs. 1 Satz 4 Nr. 1, 3 BetrAVG). Hat ein Arbeitgeber seine Betriebstätigkeit im Inland vollständig beendet, hat der PSVaG nach dieser Vorschrift im Fall der Zahlungsunfähigkeit des Arbeitgebers in dessen Verpflichtungen gegenüber dem Versor-

---

[46] Nerlich/Römermann/*Mönning* InsO § 14 RdNr. 28; HKInsO-*Kirchhof* § 13 RdNr. 9; aA HambKomm-InsO-*Wehr* § 13 RdNr. 25.

[47] LAG Schleswig EWiR 1995, 833; LAG Hamm ZInsO 2001, 240; Uhlenbruck/*Uhlenbruck* InsO § 14 RdNr. 12.

[48] BAGE 48, 229 = ZIP 1985, 1405; BAG ZIP 1998, 868; BAG NZI 2006, 539, 541.

[49] Jaeger/*Gerhardt* InsO § 13 RdNr. 13; Nerlich/Römermann/*Mönning* InsO § 13 RdNr. 70; Uhlenbruck/*Uhlenbruck* InsO § 14 RdNr. 12.

[50] Vgl. BAGE 63, 152, 158 f. = NZA 1990, 441; BAG NZA 1987, 674; BAG NZA 2006, 167, 171; BAG NJW 2007, 172, 173.

[51] *Smid* InVo 2003, 1, 2 f.; HKInsO-*Kirchhof* § 13 RdNr. 8.

[52] LG Duisburg NZI 2002, 666 f.

[53] Unrichtig deshalb LG Freiburg ZInsO 2003, 1006.

[54] LG Frankenthal Rpfleger 1984, 31; LG Bonn ZIP 1985, 1342; LG Duisburg NZI 2002, 666 f.; Kübler/Prütting/Bork/*Pape* InsO § 14 RdNr. 64.

[55] So zum alten Recht (§ 141b Abs. 3 Nr. 2 AFG, vgl. § 183 Abs. 1 Nr. 3 SGB III): BSGE 48, 269 = ZIP 1980, 126 f.; BSGE 53, 1, 3 = ZIP 1982, 469 f.; *Hilger* ZIP 1981, 460.

[56] S. hierzu *Paulsdorff/Wohlleben*, Kölner Schrift, S. 1655 ff.; *Grub* DZWIR 2000, 223; *Reinecke* BB 2004, 1625.

gungsberechtigten auch dann einzutreten, wenn ein Eröffnungsantrag nicht gestellt worden ist und „ein Insolvenzverfahren offensichtlich mangels Masse nicht in Betracht kommt". Für die Eintrittspflicht des PSVaG reicht es aus, dass die äußeren Tatsachen den Eindruck vermitteln, es sei keine hinreichende Masse vorhanden.[57] Mit der Eintrittsmitteilung an den Versorgungsberechtigten gehen dessen Ansprüche und Anwartschaften gegen den Arbeitgeber auf den PSVaG über (§ 9 Abs. 2 BetrAVG). Damit erwirbt der PSVaG ein eigenes Antragsrecht als Gläubiger.[58]

Im Sicherungsfall der Eröffnung des Insolvenzverfahrens (§ 7 Abs. 1 Satz 1 BetrAVG) ist der PSVaG nicht antragsberechtigt, weil hier das Antragsrecht erst mit der Entscheidung über den Antrag entstehen würde.[59] **48**

k) Verzicht auf Antragsrecht. Ein Gläubiger kann im Voraus oder nachträglich, solange auch die Antragsrücknahme zulässig wäre (Abs. 2), auf sein Recht zur Stellung eines Eröffnungsantrags vertraglich oder einseitig verzichten. Ein solcher Verzicht, für den der Schuldner die Beweislast trägt, hat nicht nur schuldrechtliche Bedeutung, sondern macht ebenso wie vergleichbare Bindungen im allgemeinen Vollstreckungsrecht[60] oder wie ein Rechtsmittelverzicht den Eröffnungsantrag verfahrensrechtlich unzulässig.[61] Das Insolvenzgericht hat den Antrag zurückzuweisen. Der Verzicht berührt nicht das Antragsrecht anderer Gläubiger. **49**

3. Bundesanstalt für Finanzdienstleistungsaufsicht. Für Unternehmen der Kredit-, Finanzdienstleistungs- und Versicherungswirtschaft ist in bestimmten Fällen ein ausschließliches Antragsrecht der Bundesanstalt für Finanzdienstleistungsaufsicht (BaFin)[62] vorgesehen, weil diese Wirtschaftszweige einer besonderen staatlichen Aufsicht unterliegen. Mit dem gesetzlichen Antragsmonopol soll die Bundesanstalt im öffentlichen Interesse die Möglichkeit erhalten, vorrangig durch außergerichtliches Krisenmanagement ohne Intervention einzelner Beteiligter die finanzielle Sanierung zu betreiben, den beteiligten Wirtschaftskreisen Zeit für Überlegungen und Maßnahmen zur Abwendung der Insolvenz zu verschaffen und so den volkswirtschaftlichen Schaden insgesamt möglichst gering zu halten.[63] **50**

a) Kredit- und Finanzdienstleistungssektor. Für Unternehmen aus dem Kreditwesen gilt die Sondervorschrift des § 46b Abs. 1 KWG.[64] Sie betrifft nicht nur die traditionellen Kreditinstitute einschließlich der Bausparkassen (§ 1 Abs. 1 KWG, § 3 Abs. 1 BSpKG) und der öffentlich-rechtlichen Kreditanstalten, sondern auch die ihnen gleichgestellten Kapitalanlagegesellschaften (§ 1 KAGG, § 1 Abs. 1 Nr. 6 KWG) sowie die Finanzdienstleistungsinstitute, d. h. Unternehmen, die bestimmte Finanzdienstleistungen erbringen (§ 1 Abs. 1a, 1b KWG). Zu diesen Dienstleistungen gehören u. a. die Vermittlung von Geschäften mit Wertpapieren, Geldmarktinstrumenten, Devisen und Derivaten (zB Warentermingeschäfte), der Wertpapierhandel im eigenen oder fremden Namen, der Handel mit anderen Finanzinstrumenten, die Finanzportfolioverwaltung sowie das Finanztransfergeschäft und der Handel mit Sorten (vgl. im Einzelnen § 1 Abs. 1, 1a, 1b, 11 KWG). **51**

Wird ein solches Unternehmen (Institut, vgl. § 1 Abs. 1b KWG) zahlungsunfähig, tritt seine Überschuldung ein oder droht es zahlungsunfähig zu werden, haben die Geschäftsleiter dies unverzüglich der Bundesanstalt für Finanzdienstleistungsaufsicht anzuzeigen (§ 46b Abs. 1 Satz 1 KWG). Die Anzeigepflicht tritt an die Stelle der möglicherweise bestehenden gesetzlichen Pflicht zur Stellung eines Eröffnungsantrags (§ 46b Abs. 1 Satz 2 KWG). Der **Antrag** selbst kann nur von der Bundesanstalt gestellt werden (§ 46b Abs. 1 Satz 4 KWG). **Eröffnungsgründe** sind unabhängig von der Rechtsform des Instituts drohende und eingetretene Zahlungsunfähigkeit sowie Überschuldung (§ 46b Abs. 1 Satz 3 KWG). Im Fall der drohenden Zahlungsunfähigkeit darf die Bundesanstalt den **52**

---

[57] Vgl. BAGE 34, 146, 156 = ZIP 1981, 307, 311; BAGE 47, 229, 237 f. = ZIP 1985, 764, 766 f.; BAG NZI 1998, 46 f.; *Hilger* ZIP 1981, 460, 462; *Paulsdorff/Wohlleben*, Kölner Schrift, S. 1655, 1657 f. Der in den Entscheidungen genannte § 7 Abs. 1 Satz 3 Nr. 4 BetrAVG aF entspricht dem jetzigen § 7 Abs. 1 Satz 4 Nr. 3.

[58] HambKommInsO-*Wehr* § 13 RdNr. 26; Uhlenbruck/*Uhlenbruck* InsO § 14 RdNr. 13.

[59] Uhlenbruck/*Uhlenbruck* InsO § 14 RdNr. 13; FKInsO-*Schmerbach* § 13 RdNr. 14; HKInsO-*Kirchhof* § 14 RdNr. 6.

[60] Vgl. BGH NJW 1991, 2295; OLG Hamm MDR 1977, 675; OLG München Rpfleger 1979, 466; OLG Frankfurt OLGZ 1981, 112; OLG Karlsruhe NJW 1974, 2242.

[61] *Bohn* KTS 1955, 135, 138; Jaeger/*Weber* KO § 103 RdNr. 8; HKInsO-*Kirchhof* § 14 RdNr. 40; Jaeger/*Gerhardt* InsO § 13 RdNr. 37; Uhlenbruck/*Uhlenbruck* InsO § 13 RdNr. 4.

[62] Die Anstalt ist im Jahr 2002 aus der Zusammenlegung der früheren Bundesaufsichtsämter für das Kreditwesen, das Versicherungswesen und den Wertpapierhandel entstanden; vgl. § 1 FinDAG.

[63] *Assmann* BB 1976, 579, 582; *Knapp* NJW 1976, 873, 877; *Großfeld/Schemmann* ZIP 1985, 1180, 1187; *Huber* ZBB 1998, 193, 194; *Kollhosser/Goos*, FS Gerhardt, 2004, S. 487, 494 f.; vgl. auch BVerwG, Urt. v. 13.12.2011 – 8 C 24/10; VG Köln WM 2001, 1612.

[64] Zum Folgenden vgl. auch *Pannen*, Krise und Insolvenz bei Kreditinstituten, 3. Aufl. 2010, passim; *Assmann* BB 1976, 579; *Heinsius/Kreutzer* WM 1987, 193; *Huber* ZBB 1998, 193.

Antrag allerdings in Anlehnung an § 18 Abs. 1 nur mit Zustimmung des schuldnerischen Instituts stellen. Die Zustimmung des Instituts kann nur von Personen mit konkreter gesellschaftsrechtlicher Vertretungsbefugnis erklärt werden (vgl. § 18 Abs. 3). Die Bundesanstalt braucht den zur Begründung des Antrags herangezogenen Eröffnungsgrund nicht glaubhaft zu machen; das Gesetz geht davon aus, dass sie ihr Antragsrecht sachgerecht und verantwortungsbewusst ausübt und einen Antrag nur stellt, wenn hinreichende Anhaltspunkte für eine Insolvenz vorliegen.[65] Der Eröffnungsantrag hat für das Insolvenzgericht allerdings keine bindende Wirkung[66] und ist deshalb nicht als Verwaltungsakt anzusehen.[67] Die Anhörung des Schuldners und die Prüfung der Begründetheit (§ 16) bleiben Sache des Gerichts. Vor der Bestellung des Insolvenzverwalters hat das Gericht die Bundesanstalt zu hören (§ 46b Abs. 1 Satz 6 KWG). Dies gilt erst für die Auswahl im Eröffnungsbeschluss, nicht für die Bestellung des vorläufigen Insolvenzverwalters. Die Bundesanstalt kann jedoch schon bei Antragstellung Vorschläge machen.

53 Das Antragsmonopol der Bundesanstalt gilt auch für Anträge auf Eröffnung von **Sonderinsolvenzverfahren über besondere Deckungsmassen von Pfandbriefbanken,** also Kreditinstituten, die Pfandbriefgeschäfte vornehmen (§§ 1, 30 Abs. 6 Satz 2 PfandBG; vgl. §§ 27 bis 29 RdNr. 104).

54 Die Antragstellung steht im pflichtgemäßen Ermessen der Bundesanstalt.[68] Wesentlich wird vor allem sein, ob die begründete Aussicht besteht, in angemessener Frist die Insolvenz außergerichtlich zu beseitigen. Ist dies nicht der Fall, reduziert sich das Ermessen in aller Regel auf das Mittel der Antragstellung, selbst wenn die Existenz einer kostendeckenden Masse zweifelhaft erscheint. Die Überprüfung der Kostendeckung unter Einbeziehung der Anfechtungsmöglichkeiten ist Sache des Insolvenzgerichts, nicht der Bundesanstalt (§ 26 Abs. 1, §§ 129 ff.). Ob das Ermessen rechtmäßig ausgeübt wird, unterliegt auf Antrag des schuldnerischen Instituts der **Überprüfung durch die Verwaltungsgerichte;** dabei gelten die gleichen Grundsätze wie beim Rechtsschutz gegen den Eröffnungsantrag eines öffentlich-rechtlichen Gläubigers (§ 14 RdNr. 116 ff.). Die Gläubiger des Instituts selbst haben keinen Anspruch auf (rechtzeitiges) Einschreiten der Bundesanstalt. Diese nimmt ihre Aufgaben nicht zum Schutz individueller Rechte der Gläubiger wahr, sondern ausschließlich im öffentlichen Interesse (§ 4 Abs. 4 FinDAG), d. h. zur Sicherstellung der gesamtwirtschaftlichen Funktionsfähigkeit der Kreditwirtschaft und des sonstigen Finanzdienstleistungssektors.[69]

55 **Eröffnungsanträge des Schuldners oder eines Gläubigers** sind im Anwendungsbereich des § 46b Abs. 1 KWG **unzulässig.** Sie können jedoch von der Bundesanstalt nachträglich genehmigt werden. Geht beim Insolvenzgericht ein nicht von der Bundesanstalt gestellter Eröffnungsantrag gegen ein Unternehmen ein, das möglicherweise als Kredit- oder Finanzdienstleistungsinstitut anzusehen ist, empfiehlt es sich, stets eine **Stellungnahme der Bundesanstalt** zu dem Antrag einzuholen. Sie kann nämlich für einzelne Institute festlegen, dass bestimmte Vorschriften über die behördliche Aufsicht, darunter § 46b KWG, nicht anzuwenden sind (§ 2 Abs. 4 KWG). Außerdem enthält § 2 KWG eine Fülle von Ausnahmeregelungen. § 46b KWG gilt auch für Unternehmen, die schlechthin ohne Erlaubnis der Bundesanstalt Bankgeschäfte betreiben oder Finanzdienstleistungen erbringen (vgl. § 37 KWG). Wenn das Gericht sich nicht sicher ist, ob das schuldnerische Unternehmen unter § 46b KWG fällt, kann es in Ausnahmefällen während der gesetzten Äußerungsfrist bereits **Sicherungsmaßnahmen** (§§ 21, 22) anordnen; dabei sind die möglichen volkswirtschaftlichen Folgen der Anordnung und die Gläubigerinteressen besonders sorgfältig gegeneinander abzuwägen (vgl. RdNr. 50).

56 Besteht Gefahr für die Erfüllung der Verpflichtungen eines Instituts gegenüber seinen Gläubigern, kann die **Bundesanstalt** zur Abwehr der Gefahr und zur Vermeidung eines Insolvenzverfahrens, also vor Stellung eines Eröffnungsantrags, **einstweilige Maßnahmen** treffen (§ 46 KWG). Sie reichen von Anweisungen für die Geschäftsführung über Veräußerungs- und Zahlungsverbote bis zur Schließung des Instituts für den Verkehr mit der Kundschaft.

57 Hat die Bundesanstalt einen **Eröffnungsantrag** gestellt, richten sich die Zulässigkeit neuer **Sicherungsmaßnahmen** und die Zuständigkeit für ihren Erlass allein nach den §§ 21, 22. Dies

---

[65] Vgl. 2. KommBer. (1986), Leitsatz 8.2, S. 37, 176; *Huber* ZBB 1998, 193, 198.
[66] Anders die bis 1998 geltende Fassung des § 46b Satz 5 KWG; vgl. dazu *Kuhn/Uhlenbruck* KO § 103 RdNr. 6 i; *Lappe* KTS 1985, 17.
[67] Begr. RegE EGInsO zu Art. 83 Nr. 3 (= Art. 79 Nr. 5 EGInsO), *Balz/Landfermann* S. 625 f. = *Kübler/Prütting*, Dok. Bd. II, S. 257.
[68] VG Berlin NJW-RR 1996, 1072 f. = WM 1996, 295; *Gramlich* EWiR 1996, 133; *Kollhosser/Goos*, FS Gerhardt, 2004, S. 487, 493; *Koppmann* WM 2006, 305, 306.
[69] EuGH Slg. 2004, I-9425 RdNr. 40 ff. – Paul = NJW 2004, 3479, 3481; BGHZ 162, 49 = NJW 2005, 742, 744 ff.; BGH ZIP 2005, 1168 f.; vgl. auch Begr. RegE FinDAG, 2002, BT-Drucks. 14/7033, S. 34.

folgt aus der Systematik der §§ 46, 46b KWG. Bereits getroffene einstweilige Maßnahmen der Bundesanstalt bleiben entsprechend ihrem fortbestehenden Sicherungszweck in Kraft (§ 43 Abs. 2 VwVfG), soweit das Insolvenzgericht keine entgegenstehenden Anordnungen erlässt. Für die Anhörung und die weitere förmliche **Beteiligung des Schuldners am Verfahren** einschließlich seiner Befugnis, Anträge zu stellen und Rechtsmittel einzulegen, gelten sinngemäß die allgemeinen, beim Gläubigerantrag maßgeblichen Regeln.[70]

Das ausschließliche Antragsrecht gibt der Bundesanstalt auch die Befugnis, analog § 34 **sofortige** **58 Beschwerde** gegen den Eröffnungsbeschluss oder die Abweisung mangels Masse einzulegen, wenn geltend gemacht wird, die Entscheidung sei ohne den erforderlichen Antrag der Behörde ergangen. Durch die Rechtskraft des gerichtlichen Beschlusses wird der Mangel des Antrags allerdings geheilt.

b) Versicherungswirtschaft. Ähnliche Bestimmungen enthalten die §§ 88, 89 VAG für Versicherungsunternehmen. Der Antrag auf Eröffnung eines Insolvenzverfahrens über das Vermögen eines solchen Unternehmens kann ebenfalls nur von der Bundesanstalt für Finanzdienstleistungsaufsicht gestellt werden (§ 88 Abs. 1 VAG). **59**

Die Anzeigepflicht des Vorstands und die **Befugnisse der Bundesanstalt** zu einstweiligen Maßnahmen, insbesondere einem Zahlungsverbot oder einer Herabsetzung der Leistungspflichten, sind in § 89 VAG ähnlich wie im KWG geregelt (vgl. RdNr. 56). **Eröffnungsgründe** sind unabhängig von der Rechtsform des Unternehmens Zahlungsunfähigkeit und Überschuldung (§ 88 Abs. 2 VAG). Die Bundesanstalt braucht den zur Begründung des Antrags herangezogenen Eröffnungsgrund nicht glaubhaft zu machen. Der Eröffnungsantrag hat für das Insolvenzgericht keine bindende Wirkung und ist deshalb nicht als Verwaltungsakt anzusehen.[71] Die Anhörung des Schuldners und die Prüfung der Begründetheit (§ 16) bleiben Sache des Gerichts. **Eröffnungsanträge des Schuldners oder eines Gläubigers** sind im Anwendungsbereich des § 88 VAG **unzulässig**. Für die Einholung einer Stellungnahme der Bundesanstalt in Zweifelsfällen, für das Verhältnis behördlicher zu gerichtlichen Sicherungsmaßnahmen und für die Beschwerdebefugnis der Bundesanstalt gelten sinngemäß die Ausführungen zu RdNr. 56 bis 58. **60**

c) Finanzunternehmen aus dem Europäischen Wirtschaftsraum. Richtet sich der Eröffnungsantrag gegen ein Einlagenkreditinstitut, E-Geld-Institut (§ 1 Abs. 3 d, Abs. 1 Nr. 1 KWG) oder Versicherungsunternehmen mit satzungsmäßigem Sitz oder Hauptverwaltung in einem Staat des Europäischen Wirtschaftsraums (Vertragsstaat des EWR-Abkommens),[72] kann er nur auf die Eröffnung eines Hauptinsolvenzverfahrens über das gesamte schuldnerische Vermögen gerichtet sein; die Eröffnung eines Sekundär- oder eines sonstigen Partikularinsolvenzverfahrens ist unzulässig (§ 46e Abs. 1, 2 KWG, § 88 Abs. 1a, 1b VAG). Ein Hauptinsolvenzverfahren, das in einem EWR-Vertragsstaat über ein solches Unternehmen eröffnet ist, wird ohne Rücksicht auf § 343 Abs. 1, also auch ohne den Vorbehalt des *ordre public,* anerkannt (§ 46e Abs. 1 Satz 2 KWG, § 88 Abs. 1a Satz 2 VAG).[73] Art. 26 EuInsVO gilt nicht (Art. 1 Abs. 2 EuInsVO). Diese Regelungen beruhen auf der Überlegung, dass Kreditinstitute und Versicherungsunternehmen innerhalb des Europäischen Wirtschaftsraums nach den Grundsätzen der Einheit und Universalität nicht nur beaufsichtigt, sondern auch saniert oder liquidiert werden sollen.[74] Ein Insolvenzverfahren soll deshalb ausschließlich der Zuständigkeit der Behörden oder Gerichte des Vertragsstaats unterliegen, in dem die Hauptniederlassung des Unternehmens zugelassen ist (Herkunftsstaat),[75] und die Entscheidungen dieser Stellen sollen in den übrigen Vertragsstaaten ohne weitere Formalität uneingeschränkt die gleichen Wirkungen wie im Herkunftsstaat entfalten. **61**

4. Aufsichtsbehörden der Krankenkassen. Tritt bei einer Krankenkasse ein Insolvenzgrund ein (Überschuldung, drohende Zahlungsunfähigkeit, Zahlungsunfähigkeit), hat der Vorstand der Krankenkasse dies der zuständigen Aufsichtsbehörde unter Beifügung aussagefähiger Unterlagen **62**

---

[70] BGH NZI 2006, 594 f. = NJW-RR 2006, 1423.
[71] Begr. RegE EGInsO zu Art. 91 Nr. 12 (= Art. 87 Nr. 12 EGInsO), *Balz/Landfermann* S. 635 f. = *Kübler/Prütting,* Dok. Bd. II, S. 269.
[72] EU-Mitgliedstaaten sowie Island, Norwegen und Liechtenstein (vgl. § 15a RdNr. 50).
[73] Begr. RegE des Gesetzes vom 10.12.2003 (BGBl. I S. 2478), BT-Dr. 15/1653, S. 27, 33. Das Gesetz dient zur Umsetzung der RL 2001/17/EG und 2001/24/EG über die Sanierung und Liquidation von Versicherungsunternehmen und Kreditinstituten (ABl. EG 2001 Nr. L 110, S. 28; Nr. L 125, S. 15). Vgl. dazu *Wimmer* ZInsO 2002, 897, 898 f.; *Liersch* NZI 2003, 302, 308; *Kollhosser/Goos,* FS Gerhardt, 2004, S. 487, 502 ff.
[74] Art. 8 und Begründungserwägung Nr. 10 der RL 2001/17/EG (Versicherungsunternehmen); Art. 9 und Begründungserwägungen Nr. 3 bis 7, 14 bis 17 der RL 2001/24/EG (Kreditinstitute); kritisch hierzu *Wimmer* ZInsO 2002, 897, 901 ff.
[75] § 1 Abs. 4 KWG; vgl. für Versicherungsunternehmen: Art. 2 lit. e der RL 2001/17/EG; für Kreditinstitute: Art. 2 der RL 2001/24/EG, Art. 1 Nr. 6 der RL 2000/12/EG (ABl. EG 2000 Nr. L 126, S. 1).

unverzüglich anzuzeigen (§ 171b Abs. 2 Satz 1 SGB V).[76] Der Antrag auf Eröffnung des Insolvenzverfahrens kann nur von der Aufsichtsbehörde gestellt (§ 171b Abs. 3 Satz 1 SGB V) und muss von der Aufsichtsbehörde dem Spitzenverband der Krankenkasse unverzüglich mitgeteilt werden (§ 171b Abs. 4 Satz 1 SGB V). Liegen zugleich die Voraussetzungen für eine Schließung wegen auf Dauer nicht mehr gesicherter Leistungsfähigkeit vor, soll die Aufsichtsbehörde anstelle des Insolvenzantrags die Krankenkasse schließen (§ 171b Abs. 3 Satz 2 SGB V). Stellt die Aufsichtsbehörde den Antrag auf Eröffnung des Insolvenzverfahrens nicht innerhalb von drei Monaten nach Eingang der Anzeige des Vorliegens eines Insolvenzgrunds gegenüber der Aufsichtsbehörde, ist die spätere Stellung eines Insolvenzantrags so lange ausgeschlossen, wie der Insolvenzgrund, der zu der Anzeige geführt hat, fortbesteht (§ 171b Abs. 3 Satz 3 SGB V). Das Insolvenzgericht hat vor Bestellung eines Insolvenzverwalters die Aufsichtsbehörde zu hören (§ 171b Abs. 4 Satz 2 SGB V). Der Aufsichtsbehörde ist der Eröffnungsbeschluss gesondert zuzustellen (§ 171b Abs. 4 Satz 3 SGB V). Der Aufsichtsbehörde und der Krankenkasse steht gegenüber dem Insolvenzgericht ein jederzeitiges Auskunftsrecht über den Stand des Verfahrens zu (§ 171b Abs. 4 Satz 4 SGB V). Mit der Eröffnung des Insolvenzverfahrens oder dem Tag der Rechtskraft des Beschlusses, durch den die Eröffnung eines Insolvenzverfahrens mangels Masse abgelehnt worden ist, ist die Krankenkasse geschlossen mit der Maßgabe, dass die Abwicklung der Geschäfte der Krankenkasse im Fall der Eröffnung des Insolvenzverfahrens nach den Vorschriften der Insolvenzordnung erfolgt (§ 171b Abs. 5 SGB V). Für die Verbände der Krankenkassen gelten die §§ 171b bis 171e SGB V entsprechend (§ 171f SGB V). Zur Haftung der Länder nach § 12 Abs. 2 s. die Kommentierung bei § 12 RdNr. 12a.

63 **5. Ausländischer Insolvenzverwalter.** Ist im Ausland ein nach Art. 3 Abs. 1, Art. 16 EuInsVO, § 343 anzuerkennendes Insolvenzverfahren über das gesamte Vermögen des Schuldners (Hauptinsolvenzverfahren) eröffnet worden, ist der Verwalter dieses Verfahrens berechtigt, in Deutschland die Eröffnung eines parallelen Partikularinsolvenzverfahrens über das Inlandsvermögen des Schuldners zu beantragen (Art. 27, 29 EuInsVO, § 356 Abs. 2; sog. Sekundärinsolvenzverfahren). Als ein solcher Verwalter ist jede Person oder Stelle anzusehen, deren Aufgabe es ist, in der Insolvenz des Schuldners in einem rechtlich geregelten Gesamtverfahren im Interesse der Gläubiger das schuldnerische Vermögen zu verwalten oder zu verwerten oder die Geschäftstätigkeit des Schuldners zu überwachen; dies ergibt sich allgemein aus Art. 2 lit. b, Art. 1 EuInsVO. Antragsberechtigt ist deshalb auch, wer nur eine dem Sachwalter bei der Eigenverwaltung (§§ 270, 274) ähnliche Rechtsstellung innehat. Nicht antragsberechtigt ist der eigenverwaltende Schuldner. Kein Antragsrecht besteht ferner, wenn es sich nur um einen vorläufigen Insolvenzverwalter für die Zeit bis zur Verfahrenseröffnung (vgl. Art. 38 EuInsVO, § 344)[77] oder um einen Verwalter in einem ausländischen Partikularinsolvenzverfahren handelt.

64 Bei der Antragstellung hat der ausländische Insolvenzverwalter seine **Bestellung** durch eine öffentlich beglaubigte Abschrift der Entscheidung, in der er bestellt worden ist, oder durch eine andere von der zuständigen Stelle ausgestellte Bescheinigung nachzuweisen; das deutsche Insolvenzgericht kann eine beglaubigte Übersetzung verlangen (Art. 19 EuInsVO; § 347 Abs. 1). Entsprechendes gilt für den Nachweis der Entscheidung über die eigentliche **Eröffnung des ausländischen Hauptinsolvenzverfahrens.** Ist das Hauptinsolvenzverfahren im Geltungsbereich der EuInsVO[78] eröffnet worden, kann das deutsche Insolvenzgericht für den Echtheitsnachweis außer der öffentlichen Beglaubigung der Urkunden keine zusätzliche Förmlichkeit, weder Legalisation noch Apostille,[79] verlangen (Art. 19 Abs. 2 Satz 2 EuInsVO). Dies schließt freilich eine Überprüfung der Echtheit nicht aus, wenn sie nach den Umständen zweifelhaft erscheint (§ 438 Abs. 1 ZPO, § 4; Einzelheiten bei Art. 19 EuInsVO). Außerhalb des Anwendungsbereichs der EuInsVO gilt für den Nachweis § 347 Abs. 1 in Verbindung mit § 438 Abs. 2 ZPO, § 4. Hier ist zum Beweis der Echtheit grundsätzlich die Legalisation der Urkunden durch eine deutsche konsularische oder diplomatische Vertretung oder, wenn zwischenstaatliche Verträge es zulassen, die Beglaubigung in Form der Apostille durch die zuständige ausländische Behörde erforderlich. Eine Regelung wie Art. 19 Abs. 2 Satz 2 EuInsVO, die ersichtlich in besonderer Weise an den Gedanken der europäischen Integration und den Grundsatz des gegenseitigen Vertrauens unter den EU-Mitgliedstaaten anknüpft,[80] fehlt in § 347 Abs. 1 zu Recht und ist auch nicht in diese Vorschrift hinein zu lesen.[81]

---

[76] S. hierzu *Lundberg/Sänger* ZInsO 2012, 1556 ff.; *Pfohl/Sichert/Otto* NZS 2011, 8 ff.; *Poertzgen/Meyer* MedR 2012, 301 ff.
[77] *Virgos/Schmit,* Erläuternder Bericht, Tz. 226, 262; *Vallender* InVo 2005, 41, 45.
[78] EU-Mitgliedstaaten ohne Dänemark (EuInsVO, Begründungserwägung Nr. 33).
[79] *Virgos/Schmit,* Erläuternder Bericht, Tz. 169.
[80] Vgl. EuInsVO, Begründungserwägung Nr. 22.
[81] Abzulehnen deshalb HKInsO-*Stephan* § 347 RdNr. 5; Kübler/Prütting/Bork/*Kemper* § 347 RdNr. 4.

Für die Anhörung und die weitere förmliche **Beteiligung des Schuldners am Verfahren** 65
einschließlich seiner Befugnis, Anträge zu stellen und Rechtsmittel einzulegen, gelten sinngemäß
die allgemeinen, beim Gläubigerantrag maßgeblichen Regeln.

IV. Antragspflichten und -obliegenheiten

Für **juristische Personen** und für bestimmte Erscheinungsformen der **Gesellschaften ohne** 66
Rechtspersönlichkeit, die auf Grund ihrer Mitgliederstruktur für ihre Verbindlichkeiten nur mit
einem beschränkten Vermögen haften, besteht eine gesetzliche Pflicht der organschaftlichen Vertreter zur Stellung eines Eröffnungsantrags, wenn der Rechtsträger zahlungsunfähig wird oder sich
seine Überschuldung ergibt. Einzelheiten bei § 15a RdNr. 47 ff.

Im Fall der **Nachlassinsolvenz** gilt eine entsprechende gesetzliche Antragspflicht für jeden Erben 67
(§ 1980 BGB)[82] und für den Nachlasspfleger, wenn er als Nachlassverwalter zum Zweck der Befriedigung der Nachlassgläubiger eingesetzt ist (§§ 1975, 1985 Abs. 2 BGB). Bei der **fortgesetzten**
Gütergemeinschaft kann der überlebende Ehegatte bei Insolvenz des Gesamtguts ebenfalls der
Antragspflicht unterliegen (§ 1489 Abs. 2 BGB). Zu Einzelheiten s. die Kommentierung zu den
§§ 317, 332.

Eine **natürliche Person** ist im Falle ihrer Zahlungsunfähigkeit zwar nicht zur Stellung eines 68
Eröffnungsantrags verpflichtet, doch können schuldhafte Verzögerungen bei der Antragstellung
nachteilige Folgen für eine angestrebte **Restschuldbefreiung** haben. Nach § 290 Abs. 1 Nr. 4 kann
die Ankündigung der Restschuldbefreiung versagt werden, wenn der Schuldner im letzten Jahr vor
dem Eröffnungsantrag vorsätzlich oder grob fahrlässig die Befriedigung der Insolvenzgläubiger
dadurch beeinträchtigt hat, dass er ohne Aussicht auf eine Besserung seiner wirtschaftlichen Lage
die Eröffnung des Insolvenzverfahrens verzögert hat. Den Schuldner trifft insoweit eine Obliegenheit. Sie verlangt von ihm ein Verhalten, das der Sorgfalt eines redlichen Schuldners unter Berücksichtigung seiner wohlverstandenen eigenen Interessen und der Belange der Gläubiger entspricht.
Zu den Einzelheiten s. die Kommentierung zu § 290.

V. Allgemeine Anforderungen an den Eröffnungsantrag

Gem. § 4 sind auf das Verfahren vor dem Insolvenzgericht subsidiär die Vorschriften der Zivilprozessordnung entsprechend anzuwenden. Für den Eröffnungsantrag sind deshalb auch die allgemeinen 69
Regelungen über die **Klageerhebung im Zivilprozess** als Rahmen für die besonderen Bestimmungen der Insolvenzordnung von Bedeutung.[83]

1. Eröffnungsantrag als Prozesshandlung. Auf den Eröffnungsantrag sind die Regeln über 70
Prozesshandlungen im Zivilprozess anzuwenden. Ist der Antrag bei Gericht eingegangen, steht das
Betreiben des weiteren Verfahrens nicht mehr im Ermessen der Parteien. Das Verfahren ist schon
vor der Eröffnung wesentlich darauf angelegt, das gemeinsame Interesse der gesamten Gläubigerschaft[84] an einer möglichst effektiven Haftung des Schuldners durchzusetzen. Dies zeigen die Vorschriften über die Amtsermittlungen des Gerichts (§ 5 Abs. 1) und über die Anordnung von Sicherungsmaßnahmen (§§ 21 bis 25). Der Antragsteller hat jedoch die Möglichkeit, den Antrag in den
zeitlichen Grenzen des § 13 Abs. 2 zurückzunehmen.

Die Auslegung einer Prozesshandlung hat sich an dem Grundsatz auszurichten, dass im Zweifel 71
gewollt ist, was nach den Maßstäben der Rechtsordnung vernünftig ist und der recht verstandenen
Interessenlage entspricht. Denn das Verfahrensrecht dient der Wahrung der Rechte der Beteiligten.
Es soll eine einwandfreie Durchführung des Verfahrens unter Wahrung ihrer Rechte sicherstellen
und nicht behindern.[85]

a) Bedingung oder Befristung. Aus dem Wesen des Eröffnungsantrags als Prozesshandlung 72
folgt, dass er weder bedingt noch befristet gestellt werden kann.[86] Ein bedingt oder befristet gestellter

---

[82] S. zur Antragspflicht eines Erben, der die Versäumung der Ausschlagungsfrist angefochten hat *Marotzke*
ZInsO 2011, 2105 ff.; s. zum Antragsrecht o. RdNr. 15.
[83] BGHZ 153, 205 = NJW 2003, 1187 f. = NZI 2003, 147 f.; Braun/*Bußhardt* InsO § 13 RdNr.8; Nerlich/
Römermann/*Mönning* InsO § 13 RdNr. 19 f.
[84] BGH NJW 1961, 2016 f.
[85] BGH NJW 1994, 1537, 1538; BGH NJW-RR 2005, 371, 372; BGH, NJW-RR 2012, 503 f.; LG Hamburg NZI 2012, 29 f.
[86] BGHZ 167, 190 = NJW 2006, 2701 f. = NZI 2006, 469; BGH NJW-RR 2010, 1199 f. = NZI 2010,
441 ff.; AG Köln NZI 2000, 284; *K. Schmidt* GmbHR 2002, 1209, 1212; Andres/*Leithaus* InsO § 13 RdNr. 2;
Graf-Schlicker/*Fuchs* InsO § 13 RdNr. 2; HKInsO-*Kirchhof* § 13 RdNr. 3; Jaeger/*Gerhardt* InsO § 13 RdNr. 33;
Uhlenbruck/*Uhlenbruck* InsO § 14 RdNr. 21; HambKommInsO-*Wehr* § 13 RdNr. 4.

Eröffnungsantrag ist als unzulässig abzulehnen. Wird der Eröffnungsantrag mit der Maßgabe gestellt, dessen Bearbeitung kurzfristig zurückzustellen, ist dies regelmäßig als unverbindliche, das Insolvenzgericht nicht bindende Anregung zu verstehen, dem das Insolvenzgericht nachkommen kann.[87] Ein Antrag, der mit der Maßgabe gestellt wird, dass er zunächst nicht bearbeitet wird, enthält dagegen eine unzulässige Bedingung und ist deshalb unzulässig.[88] Dasselbe gilt, wenn der Gläubiger erklärt, er werde mögliche Gutachterkosten nicht begleichen, bevor er nicht über das Ergebnis einer Anhörung des Schuldners informiert worden ist.[89] Der Eröffnungsantragsteller kann die Wirksamkeit seines Antrags nicht von einer bestimmten Gestaltung des gerichtlichen Verfahrens abhängig machen. Insbesondere geht es nicht an, dass er dem Gericht aufgibt, das Verfahren bis auf weiteres auszusetzen,[90] den Antrag nicht vor einem bestimmten Zeitpunkt zuzustellen, von kostenauslösenden Ermittlungshandlungen ohne Rücksprache mit dem Antragsteller abzusehen oder keine Sicherungsmaßnahmen[91] anzuordnen. Ebenso wenig kann er verlangen, dass das Gericht den Schuldner zunächst persönlich anhört, bevor es einen Sachverständigen beauftragt oder einen vorläufigen Insolvenzverwalter einsetzt.[92]

73 Zulässig sind dagegen innerprozessuale Bedingungen, insbesondere Hilfsanträge. Dies gilt etwa für einen Antrag, der nur für den Fall gestellt wird, dass noch kein Insolvenzverfahren gegen den Schuldner eröffnet ist. Ferner kann der Antragsteller seinen Antrag unter die Bedingung stellen, dass das Insolvenzgericht seine Zuständigkeit bejaht oder verneint.[93] Ein Gläubiger kann den Eröffnungsantrag auch für den Fall stellen, dass ihm Prozesskostenhilfe bewilligt wird.[94] Dass kein anderer Antrag anhängig ist, kann demgegenüber nicht zur Bedingung gemacht werden. Auch kann der Eigenantrag des Schuldners nicht unter die Bedingung gestellt werden, dass ein Fremdantrag zur Verfahrenseröffnung führt.[95] Der Schuldner selbst kann aber nicht die Stundung der Verfahrenskosten auf der Grundlage eines Antragsentwurfs begehren, weil die Stundung bereits die zulässige Beantragung der Restschuldbefreiung und damit einen wirksamen Eröffnungsantrag voraussetzt (§ 4a Abs. 1 Satz 1, § 287 Abs. 1) und weil erst dann die Prüfung möglich ist, ob kostendeckende Masse vorhanden ist (§ 5 Abs. 1, § 26 Abs. 1).

74 Unzulässig ist ein **Eröffnungsantrag**, der unter der Bedingung gestellt wird, dass das Gericht zugleich dem **Antrag auf Eigenverwaltung** (§ 270) stattgibt.[96] Selbst wenn der Antrag nur auf drohende Zahlungsunfähigkeit gestützt wird, kann das Gericht in seiner gesetzlichen Befugnis zur Anordnung sachgerechter Verfügungsbeschränkungen nicht durch Vorgaben eines Beteiligten eingeschränkt werden. Die Regelungen der §§ 271, 272, 277 für das Verfahren nach der Eröffnung sind Ausnahmevorschriften.

75 b) **Anfechtbarkeit.** Ebenso wie andere Prozesshandlungen[97] kann der Eröffnungsantrag aus Gründen der Rechtssicherheit nicht wegen eines Willensmangels (§§ 119 ff. BGB) angefochten werden.[98] Entspricht ein Antrag nicht dem Willen des Antragstellers, kann dieser ihn in den zeitlichen Grenzen des § 13 Abs. 2 zurücknehmen (§ 4, § 269 ZPO) oder ihn unter Beachtung der zivilprozessualen Regeln berichtigen, ergänzen oder ändern (§ 4, §§ 263, 264 ZPO).

76 2. **Partei- und Prozessfähigkeit, gesetzliche Vertretung.** Der Eröffnungsantragsteller muss nach den Regeln der §§ 50 bis 57 ZPO partei- und prozessfähig sein. Das Gericht hat einen entsprechenden Mangel von Amts wegen zu berücksichtigen (§ 4, § 56 Abs. 1 ZPO). Auftretende ernstliche Zweifel hat es grundsätzlich – unabhängig von der Ermittlungspflicht des § 5 Abs. 1[99] – wie im

---

[87] BGHZ 167, 190 = NJW 2006, 2701 f. = NZI 2006, 469; HKInsO-*Kirchhof* § 13 RdNr. 4; Jaeger/*Gerhardt* InsO § 13 RdNr. 33; Uhlenbruck/*Uhlenbruck* InsO § 13 RdNr. 60.
[88] BGHZ 167, 190 = NJW 2006, 2701 f. = NZI 2006, 469.
[89] AG Göttingen ZVI 2012, 12.
[90] OLG Frankfurt JW 1926, 2114.
[91] AG Gummersbach KTS 1964, 61.
[92] Vgl. AG Göttingen ZVI 2012, 12.
[93] BGH NJW-RR 2012, 503 f.
[94] HKInsO-*Kirchhof* § 13 RdNr. 3; HambKommInsO-*Wehr* § 13 RdNr. 4; aA Jaeger/*Gerhardt* InsO § 13 RdNr. 34; Uhlenbruck/*Uhlenbruck* InsO § 14 RdNr. 21; näher zur „Insolvenzkostenhilfe" für den Gläubigerantrag Uhlenbruck/*Uhlenbruck* InsO § 13 RdNr. 104 ff.
[95] BGH NJW-RR 2010, 1199 f. = NZI 2010, 441 ff.; BGH NJW-RR 2012, 503 f.
[96] *Schlegel* ZIP 1999, 954, 957; HKInsO-*Kirchhof* § 13 RdNr. 3; Kübler/Prütting/Bork/*Pape* InsO § 13 RdNr. 71; vgl. auch BGH NZI 2006, 34 f.
[97] BGHZ 80, 389, 391 = NJW 1981, 2193.
[98] OLG Schleswig MDR 1951, 49; LG Düsseldorf NZI 2002, 60 f.; Braun/*Bußhardt* InsO § 13 RdNr. 6; HKInsO-*Kirchhof* § 13 RdNr. 3; Nerlich/Römermann/*Mönning* InsO § 13 RdNr. 21; Jaeger/*Gerhardt* InsO § 13 RdNr. 3; Uhlenbruck/*Uhlenbruck* InsO § 14 RdNr. 21.
[99] Nur im Ergebnis richtig deshalb OLG Zweibrücken NZI 2001, 32 f.; *Paulus* EWiR 2001, 233 f.

Zivilprozess[100] von Amts wegen im Freibeweisverfahren aufzuklären, doch obliegt dem Eröffnungsantragsteller seinerseits eine besondere Mitwirkungspflicht[101] (vgl. auch § 16 RdNr. 36). Gleiches gilt für die Vertretungsbefugnis der im Verfahren auftretenden gesetzlichen Vertreter der Parteien. Ist der Antragsteller prozessunfähig, muss das Gericht ihm die Möglichkeit geben, die Bestellung eines Betreuers durch das Betreuungsgericht gem. § 1896 BGB zu erwirken.[102] Gem. § 22a Abs. 1 FamFG hat das Gericht hierzu dem Betreuungsgericht Mitteilung zu machen.

Ein Mangel der Partei- oder Prozessfähigkeit oder der Vertretungsbefugnis kann durch Genehmigung des Berechtigten und auch durch die ursprünglich prozessunfähige Partei[103] rückwirkend beseitigt werden, sogar noch im Beschwerdeverfahren[104] (§ 4, § 571 Abs. 2 Satz 1 ZPO). Der Tod des Schuldners nach Antragstellung ist nur für die Verfahrensart von Bedeutung; er führt bei einem Fremdantrag ohne Unterbrechung zur Überleitung des Verfahrens mit seinem aktuellen Stand in ein Nachlassinsolvenzverfahren.[105] Dagegen führt der Tod des Schuldners bei einem Eigenantrag zur Unterbrechung des Verfahrens (§ 4, § 239 ZPO).[106] Der Tod des antragstellenden Gläubigers führt wegen der Eilbedürftigkeit des Verfahrens nicht zu einer Unterbrechung.[107] 77

Ein **Vormund, Abwesenheitspfleger** (§ 1911 BGB) oder **Betreuer,** der für eine natürliche Person einen Gläubigerantrag stellt, bedarf hierzu nicht der vormundschaftsgerichtlichen Genehmigung nach § 1822 Nr. 12 BGB (vgl. RdNr. 17). 78

Bei juristischen Personen oder Gesellschaften ohne Rechtspersönlichkeit, die im **Handelsregister** oder in einem ähnlichen öffentlichen Register eingetragen sind, kann sich das Gericht in der Regel auf die dortigen Eintragungen über vertretungsberechtigte Personen und den Umfang ihrer Befugnis[108] verlassen. Eintragungen über vertretungsberechtigte Personen oder Gesellschafter haben zwar keine konstitutive, sondern nur deklaratorische[109] Bedeutung. Sie haben jedoch nach dem Rechtsgedanken des § 15 HGB die Vermutung der Richtigkeit und Vollständigkeit für sich. Treten insoweit ernstliche Zweifel auf, hat das Insolvenzgericht ihnen von Amts wegen nachzugehen.[110] Die Beteiligten sind verpflichtet, durch substantiierte Darstellung der ihnen bekannten Tatsachen und durch Beibringung beweiskräftiger Unterlagen (zB von Anteilsübertragungsverträgen oder Gesellschafterbeschlüssen) an der Aufklärung des Sachverhalts mitzuwirken. Dies gilt insbesondere bei Umständen aus dem unternehmensinternen Bereich, der ohne ihre Mithilfe dem Gericht weitgehend verschlossen ist (vgl. § 16 RdNr. 36). Kommen die Beteiligten dieser Mitwirkungspflicht nicht nach und lässt sich deshalb der Sachverhalt nicht hinreichend aufklären, bleiben die Eintragungen im Register maßgebend. Wer sich auf eine von der Registereintragung abweichende Rechtslage beruft, trägt die Beweislast für seine Behauptung.[111] 79

Juristische Personen und körperschaftlich strukturierte Personengesellschaften,[112] die im Register **wegen Beendigung der Abwicklung oder wegen Vermögenslosigkeit gelöscht** worden sind (§ 394 Abs. 1 FamFG), werden nicht durch die vor der Löschung zuletzt eingetragenen Organe vertreten, sondern durch besondere, vom Registergericht auf Antrag eines Beteiligten zu ernennende[113] Liquidato- 80

---

[100] BGHZ 143, 122, 124 = NJW 2000, 289 f.; BGH NJW 1996, 1059 f.; BGH NJW 2004, 2523 f.; BGH NJW-RR 2011, 284 f.; *Engelmann-Pilger* NJW 2005, 716 ff.
[101] Vgl. BGH NJW 2004, 2523 ff.; *Engelmann-Pilger* NJW 2005, 716, 718.
[102] BGH NJW-RR 2011, 284 f.
[103] OLG München MDR 2012, 117 f.
[104] GmS-OGB BGHZ 91, 111, 115; BGH NZI 2003, 375.
[105] Vgl. BGHZ 157, 350, 354 = NJW 2004, 1444, 1445 = NZI 2004, 206 f.; LG Frankenthal Rpfleger 1986, 104; AG Göttingen ZVI 2012, 192 f.; *Siegmann* ZEV 2000, 345 ff. – Für Anwendung des § 239 ZPO: Uhlenbruck/*Uhlenbruck* InsO § 13 RdNr. 138; anders für den Fall, dass sich der Eröffnungsantrag nunmehr gegen den Rechtsnachfolger richten soll, s. hierzu RdNr. 93.
[106] Uhlenbruck/*Uhlenbruck* InsO § 13 RdNr. 140 mwN.
[107] Uhlenbruck/*Uhlenbruck* InsO § 13 RdNr. 141 mwN.
[108] Vgl. zum Handelsregister: § 15 HGB, zum Vereinsregister: § 68 BGB, zum Genossenschaftsregister: § 29 GenG, zum Partnerschaftsregister: § 5 PartGG.
[109] Ausnahme: Partenreederei; die Veräußerung der Schiffspart bedarf der Eintragung in das Schiffsregister (§ 503 Abs. 1 Satz 2 HGB).
[110] RGZ 93, 240; BGH NJW 2004, 2523.
[111] BGH, Beschl. v. 13.4.2006 – IX ZB 293/04; FKInsO-*Schmerbach* § 15 RdNr. 16.
[112] BGHZ 155, 121 = NJW 2003, 2676 (Publikums-KG); vgl. zum Folgenden auch *Uhlenbruck* ZIP 1996, 1641.
[113] BGHZ 53, 264 = NJW 1970, 1044; BGH NJW 1985, 2479 f.; BAG NJW 2003, 80, 81 f.; BFHE 191, 494 = NJW-RR 2001, 244; BayObLGZ 1993, 332 f. = NJW-RR 1994, 230; BayObLG ZIP 2002, 1845; OLG Frankfurt GmbHR 1999, 866; OLG Hamm NZI 2001, 483 f.; KG NJW-RR 2004, 1555; zu den Folgen der Löschung während eines Zivilprozesses vgl. BGH KTS 1989, 857; BGH NJW-RR 1994, 542; OLG Karlsruhe BB 2004, 2324; BAGE 93, 248 = NZA 2000, 613; *Bork* JZ 1991, 841.

ren oder Abwickler (sog. Nachtragsliquidatoren oder -abwickler).[114] Die Ernennung ist unabhängig davon, ob noch verteilungsfähiges Vermögen existiert. Sie ist analog § 273 Abs. 4 AktG auch zulässig, wenn sich nach der Löschung herausstellt, dass weitere Abwicklungsmaßnahmen nötig sind.[115] Hierzu gehört auch die Vertretung in einem Insolvenzverfahren, das gegen die gelöschte Gesellschaft oder Genossenschaft anhängig gemacht wird. Entbehrlich ist der Nachtragsliquidator oder -abwickler, wenn aus der Zeit vor der Löschung noch ein wirksam bestellter Bevollmächtigter für das (erwartete) Eröffnungsverfahren vorhanden ist (§ 86 ZPO).[116] Ein **gelöschter Rechtsträger mit ausländischem Gesellschaftsstatut,** der in Deutschland nicht mehr werbend tätig, aber wegen vorhandenen Inlandsvermögens noch insolvenzfähig ist, wird, solange er nicht wieder in das Register des Heimatstaats eingetragen ist und über satzungsmäßige Vertretungsorgane verfügt, entweder durch einen nach dem Recht des Heimatstaats eingesetzten Nachtragsliquidator oder durch einen vom deutschen Vormundschaftsgericht[117] bestellten Abwesenheitspfleger (§ 1911 BGB analog; vgl. auch RdNr. 17) vertreten.[118]

81   Ist Schuldner eine **noch eingetragene juristische Person,** die zurzeit keinen gesetzlichen Vertreter hat, kann das Registergericht analog § 29 BGB, § 85 AktG auf Antrag eines Beteiligten bis zur Behebung des Mangels einen **Notvorstand (Notgeschäftsführer)** bestellen.[119] Es ist Sache des Eröffnungsantragstellers, dies zu veranlassen.[120] Nach Eingang eines Gläubigerantrags kann in dringenden Fällen auch das Insolvenzgericht auf Antrag oder von Amts wegen (§ 5 Abs. 1) einen **Verfahrenspfleger** ernennen,[121] der den Schuldner als Antragsgegner im Verfahren vertritt, solange kein ordentlicher organschaftlicher Vertreter vorhanden ist (§ 4, § 57 ZPO). Wegen der Gefahr einer unkontrollierten faktischen Minderung der Masse liegt ein dringender Fall in der Regel vor, wenn der Eröffnungsantrag im Übrigen zulässig ist (§ 21 Abs. 1). Die Ernennung des Verfahrenspflegers steht zwar im pflichtgemäßen Ermessen des Insolvenzgerichts, im Allgemeinen wird sie aber in dieser Situation geboten sein und Vorrang vor der registergerichtlichen Bestellung eines Notvorstands (Notgeschäftsführers) haben.[122] Sie kann angesichts der Dringlichkeit ohne vorherige Anhörung der Anteilsinhaber des Schuldners erfolgen. Sie ist unanfechtbar, gegen ihre Ablehnung ist die sofortige Beschwerde gegeben (§ 4, § 567 Abs. 1 Nr. 2 ZPO). Die Ernennung wird unwirksam, sobald ein organschaftlicher Vertreter bestellt wird (§ 57 ZPO, vgl. auch § 85 Abs. 2 AktG). Zur Vorbereitung eines Eigenantrags des Schuldners ist die Ernennung des Verfahrenspflegers nicht möglich. Hier würde sie nicht dazu dienen, den Fortgang eines im Übrigen zulässigerweise beantragten Verfahrens sicherzustellen, sondern erst die Antragstellung überhaupt ermöglichen; dies käme einem durch § 13 ausgeschlossenen Einschreiten des Insolvenzgerichts ohne Eröffnungsantrag gleich.[123] Darüber hinaus bieten die durch das **Gesetz zur Modernisierung des GmbH-Rechts und zur Bekämpfung von Missbräuchen** am 1.11.2008 (sog. MoMiG)[124] in Kraft getretenen Neuregelungen Erleichterungen.[125] Danach wird die führungslose Gesellschaft bei einem **Fremdantrag** für die Entgegennahme von Willenserklärungen und Zustellungen von Schriftstücken durch die Gesellschafter (§ 35 Abs. 1 Satz 2 GmbHG) bzw. den Aufsichtsrat (§ 78 Abs. 1 Satz 2 AktG; § 24 Abs. 1 Satz 2 GenG) vertreten, sie ist also passiv-, nicht jedoch aktiv prozessfähig.[126] Bei einem **Eigenantrag** ist die Gesellschaft im Hinblick auf § 15 Abs. 1 Satz 2 nicht nur passiv, sondern auch beschränkt in dem Sinne aktiv prozessfähig, dass die Gesellschafter bzw. Aufsichtsratsmitglieder

---

[114] Vgl. § 264 Abs. 2, § 290 Abs. 3 AktG; § 66 Abs. 5 GmbHG; § 145 Abs. 3, § 146 Abs. 2 HGB; § 83 Abs. 5 GenG.
[115] BGHZ 53, 264 = NJW 1970, 1044; OLG Frankfurt NJW-RR 1993, 932 f.; BayObLG ZIP 1993, 1086; OLG Hamm NZI 2001, 483 f.; KG DB 2001, 643.
[116] BayObLG ZIP 2004, 2204 f. = NZG 2004, 1164 f.; AG Hamburg ZIP 2006, 1880.
[117] Wegen der ausländischen Staatsangehörigkeit ist der Richter zuständig; vgl. BGH NJW-RR 2003, 955 f. = Rpfleger 2003, 423 f.
[118] Der früher anwendbare § 10 ZustErgG 1952 (vgl. OLG Stuttgart NJW 1974, 1627 f.; KG DB 2005, 1730 = Rpfleger 2005, 440; LG Hannover NJW 1962, 1970; *Cohn* NJW 1975, 499; *Süß* DNotZ 2005, 180, 189; *Th. Schulz* NZG 2005, 415) ist im Zuge der Rechtsbereinigung durch Art. 48 des Gesetzes vom 19.4.2006 (BGBl I. S. 866; dazu BT-Drucks. 16/47, S. 59) als vermeintlich überholt aufgehoben worden.
[119] OLG Zweibrücken NZI 2001, 378; vgl. hierzu BGH WM 1985, 52 f.; BayObLGZ 1980, 306, 313; BayObLG ZIP 1988, 1119; OLG Hamm BB 1988, 1412 f.; *H. W. Eckert* KTS 1990, 33, 38; *Helmschrott* ZIP 2001, 636.
[120] OLG Dresden NZI 2000, 136 f.; OLG Köln NZI 2000, 134, 136; krit. dazu *v. Gerkan* EWiR 2000, 399.
[121] OLG Zweibrücken NZI 2001, 378; OLG Dresden ZInsO 2003, 855 = GmbHR 2002, 163; LG Berlin NZI 2002, 163; *Kutzer* ZIP 2000, 654; *Henckel* ZIP 2000, 2045, 2046 f.; *Helmschrott* ZIP 2001, 636, 637; *G. Pape* EWiR 2002, 223; HKInsO-*Kirchhof* § 14 RdNr. 4.
[122] OLG Dresden ZInsO 2003, 855 f. = GmbHR 2002, 163; OLG Dresden ZIP 2005, 1845 f.
[123] Dies verkennt AG Göttingen NZI 2004, 38.
[124] BGBl. I S. 2026.
[125] Eingehend hierzu *Horstkotte* ZInsO 2009, 209 ff.
[126] *Horstkotte* ZInsO 2009, 209, 212 f.; HambKommInsO-*Wehr* § 13 RdNr. 14b.

sämtliche mit dem Antragsrecht in Zusammenhang stehenden Verfahrenshandlungen vornehmen dürfen.[127]

3. Vertretung durch Bevollmächtigte. a) Prokura, Handlungsvollmacht, Generalvollmacht beim Eigenantrag. Die Vertretungsbefugnis von Prokuristen und Handlungsbevollmächtigten (§§ 49, 54 HGB) ermächtigt nicht zur Stellung eines Eigenantrags im Namen des Prinzipals. Ein solcher Antrag berührt die wirtschaftliche Existenz des Schuldners schlechthin und gehört nicht zu den Geschäften, die der Betrieb eines Handelsgewerbes mit sich bringt.[128] Sogar die Mitwirkungsbefugnis des Prokuristen im Rahmen der unechten Gesamtvertretung (vgl. § 78 Abs. 3 Satz 1 AktG) erweitert nicht seine gesetzlich begrenzte Vertretungsmacht.[129] Ohne besondere Ermächtigung ist auch ein Generalbevollmächtigter nicht antragsberechtigt, selbst wenn seine Rechtsstellung der eines organschaftlichen Vertreters gleichkommt.[130] Ein Mangel der Vertretungsbefugnis kann durch Genehmigung des Berechtigten rückwirkend beseitigt werden (s. RdNr. 77). 82

b) Verfahrensbevollmächtigte. Im Verfahren vor dem Insolvenzgericht ist eine Vertretung durch Rechtsanwälte nicht vorgeschrieben. Ein Verfahrensbevollmächtigter, der nicht Anwalt ist, hat stets eine schriftliche Vollmacht zu den Akten zu reichen, die ausdrücklich zur Stellung eines Eröffnungsantrags ermächtigt; dies ist vom Gericht von Amts wegen zu beachten[131] (§ 80 Abs. 1, § 88 Abs. 2 ZPO, § 4). Ferner hat das Gericht zu prüfen, ob der Bevollmächtigte zu einer der in § 79 Abs. 2 Satz 2 ZPO genannten Personen gehört. Ist dies nicht der Fall, ist der Bevollmächtigte durch nicht anfechtbaren Beschluss zurückzuweisen (§ 4, § 79 Abs. 3 Satz 1 ZPO).[132] Für Beistände in Verhandlungen gilt § 90 Abs. 1 ZPO. Tritt als Bevollmächtigter ein Rechtsanwalt auf, kann der Mangel der Vollmacht vom Gegner in jeder Lage des Verfahrens gerügt werden (§ 4, § 88 Abs. 1 ZPO). Das Gericht kann jedoch wegen des geltenden Untersuchungsgrundsatzes (§ 5 Abs. 1) vom Rechtsanwalt auch von Amts wegen die Vorlage einer Vollmacht verlangen, wenn besondere Umstände Anlass geben, die Bevollmächtigung des Anwalts in Zweifel zu ziehen.[133] Ein Mangel der Vollmacht kann durch Genehmigung rückwirkend beseitigt werden (vgl. RdNr. 77). Die Vollmacht des Schuldners zu seiner persönlichen Vertretung im Insolvenzverfahren bleibt auch nach Erlass des Eröffnungsbeschlusses für die Teilnahme am Verfahren wirksam; sie fällt nicht unter § 117.[134] 83

In der **Verbraucherinsolvenz** (§§ 304, 305) treten Rechtsanwälte bei Eröffnungsanträgen der Schuldner vielfach nur als **Bote zur Übermittlung der amtlichen Formulare** auf. Ist ihre Bestellung zum Verfahrensbevollmächtigten zweifelhaft, sind sie nur dann als solche zu behandeln, wenn dies auf Nachfrage des Gerichts klargestellt wird. Bis zur Klarstellung sind unmittelbare Zustellungen an den Schuldner (§ 305 Abs. 3) jedenfalls dann wirksam (vgl. § 172 Abs. 1 ZPO), wenn das Gericht den Schuldner auf die unklare Lage hinweist. Im **Verfahren über den Schuldenbereinigungsplan** (§§ 305 bis 310) kann sich der Schuldner auch von der geeigneten Person oder einem Angehörigen der geeigneten Stelle vertreten lassen, welche die Bescheinigung über den erfolglosen außergerichtlichen Einigungsversuch ausgestellt hat (§ 305 Abs. 4). Eine besondere schriftliche Vollmacht ist erforderlich. Bei einer mündlichen Verhandlung in diesem Verfahrensabschnitt kann der Bevollmächtigte mitwirken (§ 305 Abs. 4 Satz 2). Das Gericht kann ihm jedoch durch unanfechtbare Anordnung den weiteren Vortrag untersagen, wenn er zum geeigneten Vortrag nicht fähig ist (§ 4, § 79 Abs. 3 Satz 3 ZPO). In den anschließenden Abschnitten des insolvenzgerichtlichen Verfahrens sind die genannten Personen und Stellen zur Vertretung des Schuldners nur berechtigt, wenn sie Rechtsanwalt sind oder über eine allgemeine Erlaubnis zur Besorgung fremder Rechtsangelegenheiten verfügen. **Unberechtigte Vertreter** sind durch nicht anfechtbaren Beschluss des Gerichts zurückzuweisen und von der Teilnahme am weiteren Verfahren auszuschließen.[135] Der Ausschluss kann nicht durch 84

---

[127] HambKommInsO-*Wehr* § 13 RdNr. 14c; weitergehend *Horstkotte* ZInsO 2009, 209, 212, der aus § 15 Abs. 1 Satz 2 umfassend die Verfahrensfähigkeit der führungslosen GmbH herleitet.

[128] HKInsO-*Kirchhof* § 13 RdNr. 4; Jaeger/*Gerhardt* InsO § 13 RdNr. 12; vgl. BGHZ 116, 190, 193 = NJW 1992, 975.

[129] BGHZ 62, 166, 169 = NJW 1974, 1194; BGHZ 99, 76, 79 = NJW 1987, 841.

[130] KG JR 1950, 343; HKInsO-*Kirchhof* § 13 RdNr. 4; vgl. auch BGHZ 34, 27, 30 = NJW 1961, 506; BGH NJW 1977, 199 f.; BGH NJW 1986, 54 f.; BGH ZIP 2002, 1895 = NJW-RR 2002, 1325; *Henze* BB 2000, 209, 210; *Fleischer* ZIP 2003, 1, 6 ff.; *ders.* NZG 2003, 449, 450.

[131] Vgl. *Uhlenbruck* MDR 1978, 8; *Vallender* MDR 1999, 280; HKInsO-*Kirchhof* § 13 RdNr. 4; Jaeger/*Gerhardt* InsO § 13 RdNr. 30.

[132] AG Ludwigshafen, Beschl. v. 9.12.2011 – 3e IN 458/11.

[133] Vgl. BGH NJW 2001, 2095; BVerwG NJW 1985, 1178; BVerwGE 71, 20 = NJW 1985, 2963; BFH NJW 2001, 2912; BFH NJW 2003, 2703.

[134] OLG Dresden ZIP 2002, 2000; zu Unrecht zweifelnd AG Hamburg ZIP 2006, 1880 f.

[135] BGH NZI 2004, 510; LG Kleve ZVI 2003, 605; LG Duisburg NZI 2004, 45; AG Duisburg NZI 2003, 455; vgl. auch BVerfG NJW 2004, 1373; BVerfG NJW-RR 2004, 1713; BVerwG NJW 2005, 1293 f.

Erteilung einer Untervollmacht des unbefugten Hauptbevollmächtigten auf einen Rechtsanwalt umgangen werden.[136] Etwa abweichendes Landesrecht verstößt gegen Bundesrecht (Art. 31, 74 Abs. 1 Nr. 1 GG, § 20 Abs. 1 Nr. 3 RDG, § 305 Abs. 4) und ist einschränkend auszulegen. Prozesshandlungen des Ausgeschlossenen sowie Zustellungen oder Mitteilungen an ihn sind bis zur Zurückweisung wirksam (§ 4, 79 Abs. 3 Satz 2 ZPO).

85 Der **Abwickler einer Rechtsanwaltskanzlei** (§ 55 BRAO) kann nicht auf Grund der Vollmacht eines Gläubigers des früheren Rechtsanwalts einen Eröffnungsantrag gegen diesen Anwalt stellen; die Vollmacht ist wegen bestehender Interessenkollision unwirksam[137] (§ 45 Abs. 1 Nr. 3 BRAO, § 134 BGB).

86 **4. Rechtsschutzinteresse. a) Grundsatz.** Zu den allgemeinen Zulässigkeitsvoraussetzungen des Eröffnungsantrags gehört wie bei jedem Antrag auf gerichtliche Entscheidung auch das Rechtsschutzinteresse des Antragstellers. Für den Gläubigerantrag ist dieses Erfordernis als „rechtliches Interesse an der Eröffnung des Insolvenzverfahrens" in § 14 Abs. 1 Satz 1 ausdrücklich normiert (zu Einzelheiten s. § 14 RdNr. 18 ff.). Es gilt jedoch auch für den Antrag des Schuldners.[138] Das Rechtsschutzinteresse liegt in aller Regel vor, wenn die übrigen Zulässigkeitsvoraussetzungen erfüllt sind. Insbesondere verlangt das Gesetz keine absolute Mindesthöhe der Verbindlichkeiten[139] oder die Existenz mehrerer Gläubiger. Werden allerdings Umstände bekannt, die ernstliche Zweifel an dem schutzwürdigen Interesse des Antragstellers aufkommen lassen, sind sie in jeder Lage des Verfahrens bis zur letzten Tatsachenentscheidung zu beachten.

87 **b) Zweiter Eröffnungsantrag.** Unabhängig von der Position des Antragstellers als Gläubiger oder Schuldner fehlt grundsätzlich das Rechtsschutzinteresse, wenn während eines bereits eröffneten inländischen Insolvenzverfahrens ein paralleler Eröffnungsantrag („echter Zweitantrag") über dasselbe schuldnerische Vermögen gestellt wird (vgl. § 14 RdNr. 21).[140] Auch das Ziel der Restschuldbefreiung des Schuldners rechtfertigt die Eröffnung eines gleichzeitigen zweiten Verfahrens nicht.[141] Ebenso wenig kann die Unzulässigkeit eines Eigenantrags nach Verfahrenseröffnung über einen Wiedereinsetzungsantrag beseitigt werden.[142] Ist das erste Verfahren auf Antrag eines Gläubigers eröffnet worden, ohne dass das Gericht den Schuldner ordnungsgemäß auf die Möglichkeit des eigenen Eröffnungs- und Restschuldbefreiungsantrags hingewiesen hat (s. dazu § 20 RdNr. 90 ff.), ist ausnahmsweise der Antrag auf Restschuldbefreiung isoliert statthaft.[143] Ein zweiter Eröffnungsantrag ist ferner zulässig, wenn er sich auf in dem ersten Verfahren gem. **§ 35 Abs. 2 freigegebene Vermögensgegenstände** bezieht (s. hierzu § 11 RdNr. 9 a.E.).[144] Hebt die Gläubigerversammlung später die Freigabe wieder auf, wird der zweite Eröffnungsantrag unzulässig. Der Gläubiger hat das Verfahren für erledigt zu erklären, wenn er eine Abweisung des Antrags als unzulässig verhindern will. Gründe des Verkehrsschutzes rechtfertigen keine abweichende Beurteilung.[145] Ebenso wenig wie die Gläubiger des Zweitverfahrens schutzwürdig in ihrem Vertrauen auf die Wirksamkeit der Freigabe sind, sind sie schutzwürdig in ihrem Vertrauen auf den Fortbestand derselben.

88 Differenziert zu beurteilen ist die Zulässigkeit eines zweiten Eröffnungsantrags nach Beendigung des aufgrund des Erstantrages initiierten Verfahrens („unechter Zweitantrag").[146] Nicht grundsätzlich ausgeschlossen ist der Eröffnungsantrag eines Gläubigers während des anschließenden Verfahrens zur Restschuldbefreiung (Laufzeit der Abtretungserklärung, sog. Wohlverhaltensperiode; § 287 Abs. 2, §§ 292 bis 302).[147] Allerdings berechtigt in diesem Fall eine Insolvenzforderung aus dem

---

[136] LG Duisburg, Beschl. v. 1.9.2006 – 7 T 187/06; AG Duisburg, Beschl. v. 23.8.2006 – 62 IK 286/06.
[137] AG Köln InVo 1999, 82 f.
[138] LG Dresden ZVI 2005, 553 f.; AG Duisburg NZI 2007, 354; Jaeger/*Gerhardt* InsO § 13 RdNr. 27.
[139] LG Göttingen NZI 2006, 603; LG Dresden ZVI 2005, 553 f.; aA AG Dresden ZVI 2005, 384.
[140] BGH NJW 2008, 3494 f. = NZI 2008, 609 ff.; Braun/*Bußhardt* InsO § 14 RdNr. 8; Uhlenbruck/*Uhlenbruck* InsO § 14 RdNr. 56; aA AG Göttingen NZI 2008, 313 ff.; .
[141] BGHZ 162, 181 = NJW 2005, 1433 = NZI 2005, 271 f.; BGH NJW-RR 2004, 1349; BGH, Beschl. v. 21.9.2006 – IX ZA 23/06; BGH NJW 2008, 3494 f.; Andres/*Leithaus* InsO § 13 RdNr. 2.
[142] BGH, Beschl. v. 17.2.2005 – IX ZB 88/03.
[143] BGH NJW 2005, 1433 f. = NZI 2005, 271 f.
[144] BGH NZI 2011, 633 f.; AG Göttingen, Beschl. v. 26.2.2008 – 74 IN 304/07; AG Hamburg ZVI 2008, 295, 296; AG Köln NZI 2010, 743, 744; HKInsO-*Kirchhof* § 14 RdNr. 26, 37; *Schmerbach* ZInsO 2009, 2078, 2086; Uhlenbruck/*Uhlenbruck* InsO § 14 RdNr. 47, 56; *Graf* DZWIR 2011, 394 f.; *Weiß/Rußwurm* EWIR 2011, 751 f.; aA LG Dresden ZVI 2011, 179 f.; AG Dresden ZVI 2009, 289, 290; krit. auch *Smid* DZWIR 2012, 1, 6; *Tetzlaff* WuB VI A § 35 InsO 1.11.
[145] In diese Richtung aber *Smid* DZWIR 2012, 1, 6.
[146] *Schmerbach* ZInsO 2009, 2078 ff. verwendet die Begriffe „nachgeschaltetes Insolvenzverfahren" und „Parallelinsolvenzverfahren".
[147] AG Göttingen ZInsO 2011, 347 f.; FKInsO-*Schmerbach* § 13 RdNr. 61 f.

ersten Verfahren nicht zur Antragstellung (§ 294 Abs. 1 analog).[148] Außerdem erfasst das neue Insolvenzverfahren nur dasjenige Vermögen des Schuldners, das nicht an den Treuhänder abgetreten ist oder dem abgetretenen Vermögen nach § 295 Abs. 2 gleichsteht.[149] Bei der Antragstellung ist entsprechend dem Rechtsgedanken des § 903 ZPO glaubhaft zu machen, dass freies Neuvermögen vorhanden ist (vgl. auch § 14 RdNr. 23).[150] Nach Aufhebung oder Einstellung des ersten Insolvenzverfahrens oder nach einer Abweisung mangels Masse ist innerhalb der ersten (maximal wohl sechs) Monate das Rechtsschutzinteresse für einen neuen Eröffnungsantrag eines Gläubigers regelmäßig nur anzuerkennen, wenn die Existenz eines verteilbaren Vermögens glaubhaft gemacht wird (vgl. auch § 14 RdNr. 23). Ein mit einem Antrag auf Restschuldbefreiung verbundener Eröffnungsantrag des Schuldners ist nicht allein deshalb unzulässig, weil zuvor der Antrag eines Gläubigers mangels Masse abgewiesen worden ist.[151] Der Ablauf einer richterlich gesetzten Antragsfrist, die in dem Erstverfahren nach Eingang eines Gläubigerantrags gesetzt worden ist, hat keine Ausschlusswirkung (s. dazu § 20 RdNr. 99). Hat dagegen der ordnungsgemäß belehrte Schuldner in einem auf seinen Antrag eröffneten Verfahren den Antrag auf Erteilung der Restschuldbefreiung nicht gestellt oder ist der Antrag auf Erteilung der Restschuldbefreiung rechtskräftig abgelehnt worden, ist entgegen einer teilweise vertretenen Auffassung[152] ein neuer Eröffnungsantrag des Schuldners mit einem erneuten Restschuldbefreiungsantrag unzulässig, wenn kein neuer Gläubiger hinzugekommen ist.[153]

c) Obstruktion des Schuldners beim Eigenantrag. Auch ein grob obstruktives Verhalten des Schuldners im Zusammenhang mit einem Eigenantrag kann das Rechtsschutzinteresse entfallen lassen, wenn es erkennen lässt, dass der Schuldner eine gesetzmäßige Durchführung des Insolvenzverfahrens nicht ernsthaft anstrebt (vgl. auch § 16 RdNr. 36; § 20 RdNr. 65), sondern ihm vor allem an Nebenwirkungen des Antrags gelegen ist, etwa an der Verhinderung der Einzelzwangsvollstreckung (§ 21 Abs. 2 Nr. 3).[154] Das theoretische Interesse der Gläubiger, dass ihnen der Versagungsgrund des § 290 Abs. 1 Nr. 5 erhalten bleibt,[155] ist unerheblich, solange nicht einer von ihnen selbst einen Eröffnungsantrag stellt. Bei beschränkt haftenden Rechtsträgern wird die Obstruktion allerdings nur ganz ausnahmsweise den Schluss auf den Wegfall des Rechtsschutzinteresses rechtfertigen. Ein solcher Fall kann etwa vorliegen, wenn der organschaftliche Vertreter des Schuldners schon bei der Antragstellung durch falsche Angaben über seine Anschrift,[156] durch Flucht oder durch erhebliche Verdunkelungshandlungen jede sinnvolle Sachaufklärung vereitelt und ohne seine Mitwirkung eine solche Aufklärung tatsächlich unmöglich ist. Regelmäßig liegt es in solchen Fällen eher im Interesse der Gläubiger, nach angemessener Ausschöpfung der verbleibenden Ermittlungsmöglichkeiten den Antrag mangels Masse abzuweisen und damit den Weg für eine Löschung des schuldnerischen Rechtsträgers wegen Vermögenslosigkeit (§ 394 Abs. 1 FamFG) freizumachen.[157]

VI. Form des Eröffnungsantrags

1. Schriftform. Der Eröffnungsantrag ist beim Insolvenzgericht schriftlich einzureichen. Mit dieser ausdrücklichen Bestimmung des Abs. 1 ist die Antragstellung durch Erklärung zu Protokoll der Geschäftsstelle gem. §§ 496, 129a ZPO ausgeschlossen (§ 4).[158] Dies gilt auch für den Antrag auf

---

[148] Vgl. dazu schon RGZ 129, 390, 393; ferner AG Göttingen ZInsO 2011, 347 f.; *Schmerbach* ZInsO 2009, 2078, 2087. Dagegen steht es dem Gläubiger frei, seine Forderung während der sog. Wohlverhaltensperiode titulieren zu lassen; s. hierzu BGH ZInsO 2011, 102 ff.; LG Arnsberg NZI 2004, 515 f.; AG Göttingen ZInsO 2011, 347 f.
[149] AG Oldenburg ZInsO 2004, 1154 f. = ZVI 2005, 44 f.
[150] AG Oldenburg ZInsO 2004, 1154 f. = ZVI 2005, 44 f.; AG Oldenburg ZVI 2009, 196 f.; AG Köln NZI 2008, 386 f.; Braun/*Bußhardt* InsO § 14 RdNr. 8; aA AG Göttingen NZI 2008, 56 f.
[151] BGH NZI 2006, 181 f.; LG Dresden ZVI 2005, 553 f.; LG Dresden ZVI 2006, 154; LG München NZI 2006, 49; AG Göttingen NZI 2005, 398; Kübler/Prütting/Bork/*Pape* § 13 RdNr. 84 f.; aA LG Koblenz NZI 2004, 679; AG Marburg ZInsO 2005, 726.
[152] AG Bremen ZVI 2009, 254 f.; AG Göttingen NZI 2005, 398 f.; AG Leipzig ZVI 2007, 280 ff.; *Büttner* ZVI 2007, 2007, 229 ff.; *Hackenberg* ZVI 2005, 468, 469 f.; Pape/*Wenzel* ZInsO 2008, 287 ff, FKInsO-*Schmerbach* § 13 RdNr. 42k.
[153] BGH NZI 2006, 601 f.; BGH ZInsO 2007, 1223 f.; LG Duisburg ZInsO 2009, 110 f.; LG Koblenz ZVI 2005, 91; LG Zweibrücken NZI 2005, 397, 398; AG Hamburg ZVI 2009, 224 ff.; AG Marburg ZInsO 2005, 726 f.; HKInsO-*Kirchhof* § 13 RdNr. 22; HambKommInsO-*Wehr* § 13 RdNr. 33.
[154] AG Dresden ZIP 2002, 862; AG Göttingen ZInsO 2002, 1152; AG Göttingen ZVI 2003, 28; *Schmahl* EWiR 2002, 721; *A. Schmidt* EWiR 2002, 767; *Graeber* ZInsO 2003, 551, 554; HKInsO-*Kirchhof* § 13 RdNr. 20.
[155] So aber LG Göttingen NZI 2002, 389; Kübler/Prütting/Bork/*Pape* InsO § 13 RdNr. 46.
[156] AG Dresden ZIP 2002, 862.
[157] Vgl. LG Arnsberg ZInsO 2002, 680; AG Göttingen ZInsO 2003, 1156; *Zipperer* NZI 2003, 590, 592 f.
[158] Begr. RegE InsVfVereinfG 2007, BT-Drucks. 16/3227, zu Art. 1 Nr. 4a, S. 14 f.; ebenso zum gleichen Thema bei § 305: Bericht des Rechtsausschusses, 2.12.1998: BT-Drucks. 14/120, zu Art. 2 Nr. 16 EGInsOÄndG 1998.

Restschuldbefreiung einschließlich der Abtretungserklärung (vgl. § 287 Abs. 1). Ein schriftlicher Antrag muss vom Antragsteller oder seinem gesetzlichen Vertreter oder Bevollmächtigten unterschrieben sein (§ 4, §§ 253 Abs. 4, 130 Nr. 6 ZPO). Die Grundsätze der Rechtsprechung über die Klageerhebung mit Hilfe elektronischer Telekommunikationsmittel[159] gelten auch für insolvenzrechtliche Eröffnungsanträge. Anhängigkeit tritt bereits mit Eingang des Fax-Schreibens ein (§ 130 Abs. 6, vgl. auch § 130a Abs. 3 ZPO).[160] Ist für die Zulässigkeit des Antrags die Glaubhaftmachung von Tatsachen notwendig, müssen Schriftstücke, die der Glaubhaftmachung dienen sollen, in aller Regel im Original oder in beglaubigter Abschrift vorgelegt werden. Ob eine als Fax-Schreiben übersandte eidesstattliche Versicherung[161] hinreichenden Beweiswert hat, hängt vom Einzelfall ab. Bei schriftlicher Antragstellung durch einen Gläubiger sind die erforderlichen Abschriften der Antragsschrift und ihrer Anlagen zur Übermittlung an den Schuldner beizufügen (§ 4, § 253 Abs. 5 ZPO).[162] Der Antragsteller hat keinen Anspruch darauf, dass sie bei Gericht angefertigt werden. Auch die Geschäftsstelle des Insolvenzgerichts ist, soweit möglich, von mechanischer Arbeit zu entlasten, damit sie die bereits laufenden Verfahren zügig bearbeiten kann.

91   **2. Formularzwang (Abs. 3).** Soweit durch Rechtsverordnung (Abs. 3) ein amtliches Antragsformular für die Antragstellung durch den Schuldner eingeführt wird, ist ein Antrag nur zulässig, wenn er auf einem solchen ordnungsgemäß ausgefüllten und unterschriebenen Formular gestellt wird (Abs. 3 Satz 2). Der Formularzwang soll durch die Standardisierung von Inhalt, Gliederung und Form die Bearbeitung des Antrags vereinfachen. Er soll dem Gericht insbesondere die kurzfristige Prüfung erleichtern, ob alle zur Zulässigkeit des Antrags erforderlichen Angaben vorliegen und ob Sicherungsmaßnahmen erforderlich sind.[163] Das eingereichte Antragsformular muss deshalb nicht nur inhaltlich, sondern auch bildlich, also nach Gestaltung, Schriftbild und Seitenumbruch (Layout), mit dem amtlichen Formular vollständig übereinstimmen. Jede nicht nur ganz unwesentliche Abweichung von diesen Vorgaben, die eine Prüfung der Übereinstimmung mit dem amtlichen Formular notwendig macht, läuft dem Vereinfachungszweck zuwider und macht den Antrag unzulässig.[164] Die Verordnungsermächtigung (Abs. 3) ist nicht auf den Eigenantrag natürlicher Personen beschränkt, sondern gilt für Schuldner jeder Rechtsform. Eine Antragstellung durch den Schuldner liegt auch vor, wenn in der Nachlassinsolvenz ein Erbe, Nachlasspfleger oder Testamentsvollstrecker oder in der Gesamtgutinsolvenz ein Ehegatte die Eröffnung beantragt. Trotz der Verwendung des Singulars deckt die Ermächtigung die Einführung unterschiedlicher Formulare oder Teilformulare für Schuldner verschiedener Rechtsformen oder für Anträge, die sich auf ein Sondervermögen beziehen. Der Formularzwang beseitigt nicht die Befugnis des Gerichts, für andere Zwecke als die Antragstellung, etwa zur Anhörung oder zur Einholung von Auskünften, zusätzlich eigene Fragebögen oder sonstige Formulare einzusetzen.

92   Die Regelung in Abs. 3 Satz 3, die durch das Gesetz zur weiteren Erleichterung der Sanierung von Unternehmen vom 7.12.2011 (ESUG) eingeführt worden und mit Wirkung zum 1.3.2012 in Kraft getreten ist (s. RdNr. 8), stellt eine Ergänzung des Formularzwangs dar. Für vom Gericht maschinell und nicht maschinell bearbeitete Verfahren können demnach unterschiedliche Formulare eingeführt und verwendet werden.

VII. Notwendiger Inhalt des Eröffnungsantrags

93   **1. Bezeichnung der Parteien.** Antragsteller und Antragsgegner, Gläubiger und Schuldner sind so genau zu bezeichnen, dass an ihrer Identität kein Zweifel besteht (§ 4, § 253 Abs. 2 Nr. 1 ZPO). Anzugeben sind deshalb neben dem Vor- und Zunamen oder der vollständigen Firma auch die Rechtsform und die zustellungsfähigen Anschriften der Beteiligten.[165] Ist eine Rechtsnachfolge eingetreten, muss der Antragsteller darlegen, ob sich der Antrag gegen den Rechtsnachfolger richten soll. Eine Auslegung des Eröffnungsantrags gegen den nicht (mehr) rechtsfähigen Rechtsvorgänger

---

[159] Vgl. BVerfG NJW 1987, 2067; BGH NJW 1993, 3141; GmS-OGB in BGHZ 144, 160; *Pape/Notthoff* NJW 1996, 417, 419; zur elektronisch übermittelten Berufungsbegründung s. BGHZ 188, 38 = NJW 2011, 1294 f.; BGH NJW 2008, 2649 ff.
[160] GmS-OGB in BGHZ 144, 160, 165; BGH, Beschl. v. 15.9.2009 – XI ZB 29/08; FKInsO-*Schmerbach* § 14 RdNr. 10; HKInsO-*Kirchhof* § 13 RdNr. 5; Uhlenbruck/*Uhlenbruck* InsO § 14 RdNr. 22.
[161] Vgl. zur Strafbarkeit falscher Angaben in einem solchen Fall: BayObLG NJW 1996, 406 ff.
[162] Anders OLG Köln NZI 2000, 80; FKInsO-*Schmerbach* § 14 RdNr. 11.
[163] Vgl. Begr. RegE InsVfVereinfG 2007, BT-Drucks. 16/3227, zu Art. 1 Nr. 4b, S. 15.
[164] Vgl. AG Köln NZI 2002, 679 f. (zu § 305 Abs. 5).
[165] LG Hamburg NZI 2006, 115; LG Hamburg NZI 2010, 865; AG Hamburg ZInsO 2005, 276; AG Hamburg ZInsO 2007, 501 ff.; ausführlich dazu *Frind* ZVI 2005, 57 ff.; Uhlenbruck/*Uhlenbruck* InsO § 13 RdNr. 59, § 14 RdNr. 24.

ist schon deshalb nicht möglich, weil der Vortrag und die Glaubhaftmachung der weiteren Antragsvoraussetzungen nicht notwendig auch für den Rechtsnachfolger gelten.[166] Bei Unternehmen, die keine eigenen Geschäftsräume (mehr) haben, gehört hierzu auch die Anschrift zumindest eines organschaftlichen Vertreters (vgl. § 171 Abs. 3 ZPO) oder die Wohnanschrift des Einzelinhabers. Behauptet der antragstellende Gläubiger, der Wohnsitz oder der Aufenthalt des Schuldners sei unbekannt, hat er unter Darlegung und Glaubhaftmachung der ernstlich angestellten Nachforschungen, zu denen zumindest zeitnahe Anfragen beim maßgebenden Einwohner- und Gewerbemelderegister, aber auch Nachfragen bei dem letzten Arbeitgeber, Vermieter u.ä. gehören, nachzuweisen, dass der Aufenthaltsort des Schuldners *allgemein* unbekannt ist.[167] Die öffentliche Zustellung des Eröffnungsantrags erfolgt sodann von Amts wegen[168] (§ 8 Abs. 1 Satz 1, insoweit gilt nicht § 8 Abs. 2 Satz 1; vgl. § 14 RdNr. 132).

Ist der Schuldner auf Grund seiner Rechtsform in das **Handelsregister** oder ein ähnliches öffentliches Register einzutragen, muss das Insolvenzgericht anhand der Angaben des Antragstellers in der Lage sein, einen Registerauszug über den Schuldner anzufordern. Die ordnungsgemäße Bezeichnung des Schuldners umfasst daher zumindest[169] auch die Angabe des zuständigen Registergerichts. Dies gilt insbesondere, wenn der tatsächliche Sitz des Schuldners (der wirtschaftliche Mittelpunkt im Sinne des § 3) nicht mit dem Ort des registerrechtlichen satzungsmäßigen Sitzes übereinstimmt. Bei einem nicht eingetragenen Rechtsträger, insbesondere der Gesellschaft des Bürgerlichen Rechts, sind zur eindeutigen Identifizierung neben der etwa verwendeten firmenähnlichen Bezeichnung alle Gesellschafter zu benennen.[170]

2. Darlegung der internationalen und örtlichen Zuständigkeit. Im Eröffnungsantrag sind ferner die Umstände anzugeben, aus denen die örtliche Zuständigkeit des Insolvenzgerichts abgeleitet wird (§ 3 Abs. 1, § 354 Abs. 3, Art. 102 § 1 EGInsO). In Fällen mit Auslandsberührung gilt gleiches für die internationale Zuständigkeit (Art. 3 EuInsVO, §§ 354, 356). Ergeben sich die maßgebenden Umstände nicht bereits aus den Angaben über die Anschrift des Schuldners, sind sie im Einzelnen darzulegen.[171] Zu denken ist etwa an Fälle, in denen der allgemeine Gerichtsstand des Schuldners und der Mittelpunkt seiner selbstständigen wirtschaftlichen Tätigkeit auseinanderfallen oder in denen es auf seinen letzten bekannten Wohnsitz ankommt (vgl. § 16 ZPO).

3. Antrag und Antragsbegründung. a) Allgemeines. Der Antrag muss zweifelsfrei zum Ausdruck bringen, dass das ernsthaft verfolgte Ziel des Antragstellers die Eröffnung des Insolvenzverfahrens über das schuldnerische Vermögen oder Sondervermögen ist (§ 4, § 253 Abs. 2 Nr. 2 ZPO). Unzulässig ist ein Antrag, der sich nur auf ein nicht selbstständig haftendes Teilvermögen bezieht (§§ 35, 320, 332, 333), etwa einen von mehreren Betrieben des Schuldners. Eine Ausnahme gilt nur für das Inlandsvermögen eines Schuldners, für dessen Gesamtvermögen deutschen Insolvenzgerichten die internationale Zuständigkeit fehlt (Art. 3 Abs. 2 bis 4 EuInsVO, §§ 354, 356). Bei Unklarheiten des Antrags hat das Gericht auf eine Erläuterung hinzuwirken (§ 4, 139 ZPO). Im Zweifel ist davon auszugehen, dass der Antragsteller mit einer Prozesserklärung das anstrebt, was nach den Maßstäben der Rechtsordnung vernünftig ist und seiner recht verstandenen Interessenlage entspricht (s. hierzu RdNr. 71).[172]

Eine bestimmte **Verfahrensart,** etwa das Regelverfahren (§§ 11 ff., 27 ff.), das vereinfachte Verfahren (§§ 304 ff., 312 ff.) oder das Nachlassinsolvenzverfahren (§§ 315 ff.), braucht der Antragsteller nicht zu wählen. Das Insolvenzgericht hat von Amts wegen die Verfahrensvorschriften anzuwenden, die nach dem jeweiligen Erkenntnisstand über die rechtlichen und tatsächlichen Verhältnisse des Schuldners (§ 5 Abs. 1) einschlägig sind.[173] Für die Durchführung eines Insolvenzverfahrens als Nachlassinsolvenzverfahren nach dem Tod des Schuldners ist dies allgemein anerkannt (vgl. RdNr. 77). Es gilt jedoch auch für die Entscheidung zwischen Regelverfahren und vereinfachtem

---
[166] BGH WM 2008, 2128 f.; Braun/*Bußhardt* InsO § 14 RdNr. 5.
[167] Vgl. BVerfG NJW 1988, 2361; BGH NJW-RR 1992, 578; BGHZ 149, 311, 315 = NJW 2002, 827; BGH NJW 2003, 1530 f.; LG Hamburg NZI 2010, 865; AG Potsdam NZI 2001, 604 f.
[168] OLG Köln, ZIP 1988, 1070.
[169] So auch AG Potsdam NZI 2001, 606; weitergehend (stets Vorlage des Registerauszugs durch den Antragsteller) Jaeger/*Weber* KO § 105 RdNr. 1; Kübler/Prütting/Bork/*Pape* InsO § 14 RdNr. 5.
[170] AG Potsdam ZIP 2001, 797; *Wellkamp* KTS 2000, 331, 342; FKInsO-*Schmerbach* § 14 RdNr. 12; aA *Hirte* NJW 2003, 1285, 1288.
[171] AG Göttingen ZIP 2001, 387; AG Potsdam NZI 2001, 606 f.; AG Köln NZI 2006, 57; FKInsO-*Schmerbach* § 14 RdNr. 13; HKInsO-*Kirchhof* § 3 RdNr. 21, § 13 RdNr. 5; Jaeger/*Gerhardt* InsO § 13 RdNr. 31; Uhlenbruck/*Uhlenbruck* InsO § 13 RdNr. 57.
[172] BGH NJW-RR 1995, 1183 f.; BGH NJW-RR 2000, 1446; BGH NZI 2006, 599, 600 f. = NJW-RR 2006, 1554.
[173] Vgl. LG Hamburg NZI 2012, 29 f.; PK-HWF/*Mitter* § 13 RdNr. 8.

Verfahren[174] sowie für die Behandlung eines Eröffnungsantrags gegen einen Schuldner, bei dem nur ein Partikularverfahren über das Inlandsvermögen in Betracht kommt (Art. 3 Abs. 2 bis 4 EuInsVO, §§ 354, 356). Fordert das Gericht den Antragsteller unter Ankündigung einer Zurückweisung des Antrags als in der gewählten Art unzulässig auf mitzuteilen, ob der Antrag in einem bestimmten Verfahren fortgesetzt werden soll und gibt der Antragsteller hieraufhin keine Erklärung ab, kann das Gericht den Antrag als unzulässig zurückweisen.[175] Darüber hinaus ist die ausdrückliche **Beschränkung des Antrags auf eine bestimmte Verfahrensart** rechtlich möglich; eine unzulässige Bedingung liegt hierin nicht (vgl. hierzu RdNr. 72 f.).[176] In diesem Fall ist der Antrag nur zulässig, wenn die – von Amts wegen (§ 5 Abs. 1) zu klärenden – Voraussetzungen für die gewählte Verfahrensart vorliegen.[177] Bei Bedenken gegen die Richtigkeit der Wahl hat das Gericht einen rechtlichen Hinweis zu erteilen, bei missverständlichen Erklärungen des Antragstellers ist auf eine Klarstellung hinzuwirken (§ 4, 139 ZPO).[178] Im Zweifel ist der Eröffnungsantrag dahin auszulegen, dass der Antragsteller ein Verfahren der richtigen, gesetzlich einschlägigen Art anstrebt (vgl. RdNr. 71); die Verwendung von Formularen oder von standardisierten Erklärungen für eine bestimmte Verfahrensart (etwa die Antragstellung auf dem amtlichen Formular für das Verbraucherinsolvenzverfahren oder die Beifügung eines gerichtlichen Fragebogens zur Unternehmensinsolvenz) bedeutet noch keine Beschränkung des Antrags. Die Beschränkung kann als teilweise Rücknahme des umfassenden Antrags auch nachträglich erfolgen; dabei sind die zeitlichen Grenzen des § 13 Abs. 2 zu beachten.

98 Ebenso wie bei einer Klage der Grund des erhobenen Anspruchs angegeben werden muss, ist auch der Eröffnungsantrag durch **Darstellung des maßgebenden Sachverhalts** zu begründen (§ 4, § 253 Abs. 2 Nr. 2, § 130 Nr. 3 ZPO).[179] Es sind die tatsächlichen Verhältnisse zu schildern, aus denen sich das Antragsrecht und ein gesetzlicher Eröffnungsgrund ergeben.[180] In Zweifelsfällen sind außerdem die tatsächlichen Grundlagen für das rechtliche Interesse des Antragstellers oder für sonstige Zulässigkeitsvoraussetzungen vorzutragen.

99 **b) Gläubigerantrag.** Für den Antrag eines Gläubigers ergibt sich die Notwendigkeit einer Sachverhaltsdarstellung aus dem Gebot des § 14 Abs. 1 Satz 1, die Forderung und den Eröffnungsgrund glaubhaft zu machen (§ 4, 294 ZPO).[181] Die Glaubhaftmachung kann sich auf Tatsachen beziehen. Sie setzt daher voraus, dass zunächst der maßgebende Sachverhalt geordnet und zusammenhängend dargestellt worden ist. Zu Einzelheiten s. § 14 RdNr. 25 ff. Darüber hinaus ergeben sich aus § 14 Abs. 1 Satz 2 und 3 weitergehende Zulässigkeitsvoraussetzungen; s. hierzu § 14 RdNr. 47 ff. Die weitergehenden Regelungen des Abs. 1 Satz 3 bis 7 gelten ausschließlich für den Antrag des Schuldners; zu der Frage, ob der Schuldner bei einem Gläubigerantrag verpflichtet ist, diese Angaben zu machen s. § 20 RdNr. 25.

100 **c) Eigenantrag.** Auch der Eröffnungsantrag des Schuldners (Eigenantrag) ist im Rahmen des Zumutbaren durch eine Darstellung der wesentlichen Umstände zu begründen, aus denen sich der behauptete Eröffnungsgrund ergibt. In den Fällen, in denen das Gesetz für Eröffnungsanträge aus der Sphäre des Schuldners die Glaubhaftmachung eines Eröffnungsgrunds verlangt (§ 15 Abs. 2 Satz 1, § 317 Abs. 2 Satz 1, § 333 Abs. 2 Satz 2), ist die Begründung schon deshalb erforderlich, weil nur Tatsachen, nicht aber Rechtsbegriffe glaubhaft gemacht werden können. Aber auch in jenen Fällen des Eigenantrags, in denen keine Glaubhaftmachung vorgeschrieben ist, gehört zu einer ordnungsgemäßen Antragstellung eine substantiierte Begründung (§ 4, § 253 Abs. 2 Nr. 2 ZPO).[182] Sie dient vor allem der Darlegung des Rechtsschutzinteresses und der Ernsthaftigkeit des Antrags. Bevor der Schuldner in eigener Sache das Insolvenzgericht in Anspruch nimmt, hat er seine wirtschaftliche

---

[174] BGH NZI 2002, 548; OLG Köln NZI 2001, 216; LG Kassel NZI 2000, 34; LG Mannheim NZI 2000, 490; AG Hamburg ZIP 2000, 323; *Bork* ZIP 1999, 301, 303; *A. Schmidt* EWiR 1999, 1069; *Henckel* ZIP 2000, 2045, 2051.
[175] LG Hamburg NZI 2012, 29 f.
[176] OLG Schleswig NZI 2000, 164; OLG Celle NZI 2000, 229, 230; OLG Köln NZI 2000, 542; LG Halle NZI 2000, 379; AG Köln NZI 1999, 241; AG Mönchengladbach ZInsO 1999, 724; *Henckel* ZIP 2000, 2045, 2051.
[177] OLG Schleswig NZI 2000, 164; OLG Köln NZI 2000, 542, 543; OLG Naumburg NZI 2000, 603; OLG Oldenburg ZInsO 2001, 560; AG Köln NZI 1999, 241 f.; Uhlenbruck/*Uhlenbruck* InsO § 13 RdNr. 57.
[178] LG Hamburg NZI 2012, 29 f.
[179] BGH ZInsO 2007, 887 f.
[180] Vgl. Motive zu den §§ 104 bis 109 KO, *Hahn* S. 298: „Der Eröffnungsantrag ... muss in sich substantiiert sein und, wenn er von einem Gläubiger gestellt wird, in den zu seiner Begründung dienenden tatsächlichen Anführungen glaubhaft gemacht sein.".
[181] Vgl. hierzu LG Bielefeld ZInsO 2010, 1194 ff.
[182] BGHZ 153, 205, 207 f. = NJW 2003, 1187 = NZI 2003, 147; AG Hamburg NZI 2000, 238; AG Köln NZI 2000, 284; AG Duisburg NZI 2002, 501; Jaeger/*Gerhardt* InsO § 13 RdNr. 25 Fn. 56.

Lage sorgfältig zu prüfen. Sein Antrag muss erkennen lassen, dass dies geschehen ist,[183] und muss das Ergebnis der Prüfung geordnet zusammenstellen. Es reicht nicht aus, dass sich der Inhalt des Antrags im Wesentlichen in der Antragsformel erschöpft und allenfalls noch die Rechtsbegriffe der Zahlungsunfähigkeit oder Überschuldung angibt. Dass das Gericht den maßgebenden Sachverhalt von Amts wegen aufzuklären hat (§ 5 Abs. 1) und es den Schuldner und seine organschaftlichen Vertreter zur Auskunft und Mitwirkung anhalten kann (§ 20 Abs. 1, §§ 97, 98, 101), ist in diesem Zusammenhang ohne Bedeutung. Die Ermittlungspflicht des Gerichts greift erst ein, wenn ein ordnungsgemäßer Eröffnungsantrag vorliegt (vgl. § 20 RdNr. 11).[184] Es ist nicht Aufgabe des Gerichts, einen unvollständigen Antrag durch eigene Ermittlungen in Ordnung zu bringen. Auch gilt es, missbräuchliche Anträge zu verhindern, die nur darauf abzielen, Vollstreckungsversuche von Gläubigern durch insolvenzgerichtliche Anordnungen nach § 21 Abs. 2 Satz 1 Nr. 3 zu vereiteln oder im Hinblick auf § 88 mit Unsicherheiten zu belasten.

Der Schuldner hat den gesetzlichen **Eröffnungsgrund**, auf den er den Antrag stützt (§§ 17 bis 19), in substantiierter, nachvollziehbarer Form darzulegen. Erforderlich ist die Mitteilung von Tatsachen, welche die wesentlichen Merkmale des herangezogenen Eröffnungsgrunds erkennen lassen. Ob sich aus ihnen bei zutreffender Rechtsanwendung schon ein Eröffnungsgrund ergibt, ist unerheblich; eine Schlüssigkeit im technischen Sinne ist nicht erforderlich.[185]

Stellt der Schuldner den Eröffnungsantrag wegen drohender oder eingetretener **Zahlungsunfähigkeit**, hat er in der Antragsbegründung seine Finanzlage (Liquiditätslage) nachvollziehbar darzustellen.[186] Er hat im Einzelnen anzugeben, welche Zahlungsverpflichtungen gegenwärtig fällig sind[187] und in absehbarer Zeit fällig werden, und ihnen die jeweils verfügbaren finanziellen Mittel gegenüberzustellen.

Wird der Eigenantrag mit **Überschuldung** begründet, ist eine aktuelle Übersicht des Vermögensstands vorzulegen. In ihr sind sämtliche Vermögensgegenstände unter Angabe des tatsächlichen Werts sowie sämtliche Verbindlichkeiten mit ihren jeweiligen Beträgen zusammenzustellen. Die Zusammenfassung zu hinreichend erläuterten Bilanzposten oder ähnlichen Sachgruppen reicht aus. Vermögensgegenstände, an denen ein Sicherungsrecht besteht oder die einem Herausgabeanspruch unterliegen, sind gesondert aufzuführen.

Oftmals ergibt die Darstellung des Schuldners, dass aus seiner Sicht **Vermögenslosigkeit** vorliegt, also keine nennenswerten Vermögensgegenstände vorhanden sind, die zur Befriedigung der Gläubiger eingesetzt werden können. In diesem Fall ist entsprechend dem Zweck der Antragsbegründung zusätzlich zu verlangen, dass der Schuldner den Verbleib seines Vermögens erläutert und die Entwicklung schildert, die – etwa im Verlaufe des letzten Jahres – zu dieser Lage geführt hat.[188]

Zur Vorbereitung der Antragsbegründung hat der Schuldner zunächst selbst die notwendigen **Nachforschungen** anzustellen. Die Anforderungen an die Antragsbegründung des Schuldners dürfen freilich die **Grenzen des Zumutbaren** nicht überschreiten; dies läge nicht im Interesse der Gläubiger. Eine Insolvenz beruht vielfach auf dem Unvermögen des Schuldners, einen hinreichenden Überblick über seine Vermögenslage zu behalten, weil ein geordnetes und vollständiges Rechnungswesen fehlt. Ist der Schuldner in einer solchen Lage trotz zumutbarer Anstrengungen nicht imstande, eine hinreichende Antragsbegründung zu erstellen, hat er stattdessen dem Gericht die Schwierigkeiten und Hindernisse sowie seine Bemühungen im Einzelnen zu schildern[189] und zumindest Ansatzpunkte für die weiteren Ermittlungen zu liefern.

Darüber hinaus *hat* der Schuldner seinem Antrag ein **Verzeichnis der Gläubiger und ihrer Forderungen** beizufügen (Abs. 1 Satz 3).[190] Anzugeben sind sämtliche Gläubiger[191], auch solche, deren Forderungen der Schuldner bestreitet oder in Zweifel zieht, weil auch diese Gläubiger am Verfahren teilnehmen können. Anzugeben sind sämtliche Forderungen, auch solche, die im Zeitpunkt der Antragstellung noch nicht fällig oder bedingt sind, weil auch Gläubiger solcher Forderun-

---

[183] BGH NZI 2003, 647 f.
[184] BGHZ 153, 205, 207 = NJW 2003, 1187 f. = NZI 2003, 147 f.; BGHZ 156, 139, 142 = NJW 2003, 3558 = NZI 2003, 662.
[185] BGHZ 153, 205, 207 = NJW 2003, 1187 = NZI 2003, 147.
[186] BGHZ 153, 205, 207 = NJW 2003, 1187 = NZI 2003, 147; LG Stendal NZI 2008, 44 f.; AG Duisburg NZI 2007, 354 ff.; AG Köln NZI 2008, 315.
[187] BGH, Beschl. v. 23.11.2006 – IX ZA 21/06.
[188] BGHZ 153, 205, 208 f. = NJW 2003, 1187 f. = NZI 2003, 147 f.; AG Duisburg NZI 2005, 415 f.
[189] BGH NZI 2003, 647 f.
[190] S. hierzu *Busch* ZInsO 2012, 1389, 1390 f.; *Fuhst* DStR 2012, 418 ff.; Nerlich/Römermann/*Mönning* InsO § 13 RdNr. 81; *Müller/Rautmann* ZInsO 2012, 918, 919; *Obermüller* ZInsO 2012, 18, 19; *Stapper/Jacobi* ZInsO 2012, 628 f.
[191] Im DiskE Juli 2010 war noch vorgesehen, dass der Schuldner eine Liste der „wesentlichen Gläubiger" vorzulegen hat; s. hierzu kritisch *Frind* ZInsO 2010, 1473, 1474 f.

gen Insolvenzgläubiger i. S. d. § 38 sind (s. hierzu RdNr. 35 f.). Hat der Schuldner einen Geschäftsbetrieb, der nicht eingestellt ist, *sollen* in dem Verzeichnis die Forderungen nach Maßgabe des Abs. 1 Satz 4 Nr. 1-5 besonders kenntlich gemacht werden.[192] In diesem Fall *hat* der Schuldner gem. Abs. 1 Satz 5 auch **Angaben zur Bilanzsumme**, zu den **Umsatzerlösen** und **zur durchschnittlichen Zahl der Arbeitnehmer** des vorangegangenen Geschäftsjahrs zu machen. Zweck der Regelung ist, dass der Schuldner Angaben zu machen hat, die für den weiteren Verlauf des Verfahrens von zentraler Bedeutung sind (s. hierzu RdNr. 4). Auf der Grundlage dieser Angaben wird die Art und Weise einer frühzeitigen Einbeziehung der Gläubiger abhängen, insbesondere wenn es um die Einsetzung eines vorläufigen Gläubigerausschusses (§ 21 Abs. 2 Nr. 1a), um das Vorschlagsrecht der Gläubiger bei der Auswahl des Insolvenzverwalters (§ 56 Abs. 2) oder um eine Anordnung der Eigenverwaltung (§ 270 Abs. 3) geht.[193] Folgerichtig sind die Angaben nach Satz 4 verpflichtend von dem Schuldner zu machen, wenn dieser die Eigenverwaltung beantragt, die Merkmale des § 22a Abs. 1 erfüllt oder die Einsetzung eines vorläufigen Gläubigerausschusses beantragt wurde (Satz 5). Ist der Geschäftsbetrieb eingestellt, hat der Schuldner lediglich die Angaben nach Satz 3 zu machen; aus Satz 6 folgt nichts Abweichendes, da diese Bestimmung lediglich regelt, wann die Angaben nach Satz 4 verpflichtend sind.[194] Dem Verzeichnis nach Satz 3 und den Angaben nach Satz 4 und 5 ist die Erklärung beizufügen, dass die enthaltenen Angaben richtig und vollständig sind (Satz 6). Eine Versicherung an Eides statt ist jedoch nicht erforderlich.[195] Zu den Folgen fehlender Angaben s. RdNr. 110; zu der Frage, ob der Schuldner bei einem Gläubigerantrag verpflichtet ist, diese Angaben zu machen s. § 20 RdNr. 25.

107 Ist der Schuldner eine natürliche Person, gehören zur ordnungsgemäßen Antragsbegründung auch nähere Angaben zu den Abgrenzungskriterien des § 304. Für Eigenanträge in Verbraucherinsolvenz- und sonstigen Kleinverfahren gelten ergänzend die Sondervorschriften des § 305.

108 Die vorstehenden Ausführungen gelten in der Nachlassinsolvenz (§ 317) sinngemäß für Eröffnungsanträge aus der Sphäre des betroffenen Vermögensträgers, also jedes Erben, Nachlasspflegers[196], Nachlassverwalters und Testamentsvollstreckers. In der Gesamtgutinsolvenz (§§ 332, 333) gelten sie sinngemäß für den Eröffnungsantrag jedes Ehegatten.

109 **4. Folgen inhaltlicher Mängel des Antrags.** Hat der Eröffnungsantrag nicht den erforderlichen wesentlichen Inhalt, hat das Gericht den Antragsteller mit einer Zwischenverfügung auf den Mangel hinzuweisen und ihm eine angemessene Frist zur Beseitigung zu setzen (§ 4, § 139 Abs. 3 ZPO).[197] Die Verfügung ist nicht anfechtbar (§ 6 Abs. 1). Wenn damit zu rechnen ist, dass der Mangel behoben wird, ist das Gericht durch die vorläufige Unvollständigkeit des Antrags nicht gehindert, nach pflichtgemäßem Ermessen bereits erste Ermittlungen anzustellen oder – insbesondere beim Eigenantrag[198] – sogar Sicherungsmaßnahmen anzuordnen. Der Antrag ist als unzulässig zurückzuweisen, wenn die Beanstandung nicht fristgemäß erledigt wird.[199] Die Auskunfts- und Mitwirkungspflichten des Schuldners nach § 20 Abs. 1 kommen erst zum Tragen, wenn der Eröffnungsantrag zulässig ist (s. hierzu § 20 RdNr. 11).

110 Das **Fehlen des Verzeichnisses** nach Abs. 1 Satz 3 oder das **Fehlen der Richtigkeitserklärung** nach Abs. 1 Satz 7 führt zur Unzulässigkeit des Antrags.[200] **Inhaltliche Unrichtigkeiten oder Unvollständigkeiten** sollen dagegen nach dem Willen des Gesetzgebers nicht zur Unzulässigkeit des Antrags führen, sofern „*trotz gebührender Anstrengung des Schuldners bei der Zusammenstellung des Verzeichnisses vereinzelte Gläubiger oder einzelne Forderungen im Verzeichnis fehlen.*"[201] Gleichwohl kann nicht jedes Verzeichnis ausreichen und der Schuldner hat im Einzelnen darzulegen, welche „gebührenden Anstrengungen" er unternommen hat. Insgesamt erscheint daher fraglich, ob die Neuregelung geeignet ist, das mit ihr verfolgte Ziel zu erreichen.[202] Das Fehlen der **Angaben nach Abs. 1**

---

[192] S. hierzu Nerlich/Römermann/*Mönning* InsO § 13 RdNr. 84 ff.
[193] *Busch* ZInsO 2012, 1389, 1390 f.; *Müller/Rautmann* ZInsO 2012, 918, 919 f.; *Obermüller* ZInsO 2012, 18, 19; *Willemsen/Rechel* BB 2011, 834, 835.
[194] *Frind* ZInsO 2011, 2249, 2252 f.; ebenso bei laufendem Betrieb AG Ludwigshafen ZInsO 2012, 2057 f.
[195] Vgl. BT-Drucks. 17/7511, S. 45.
[196] S. hierzu BGH ZInsO 2007, 887 f.
[197] Uhlenbruck/*Uhlenbruck* InsO § 13 RdNr. 57.
[198] Vgl. BGH NJW 1981, 1726 f.
[199] BGHZ 153, 205, 207 = NJW 2003, 1187 f. = NZI 2003, 147 f.
[200] AG Hamburg ZInsO 2012, 1482 f.; AG Mönchengladbach, Urt. v. 4.10.2012 - 45 IN 90/12; *Frind* ZInsO 2011, 2249, 2252; aA für das Fehlen der Richtigkeitserklärung *Müller/Rautmann* ZInsO 2012, 918, 920; s.a. *Vallender* MDR 2012, 61 (telefonische Anforderung des Verzeichnisses kann geboten sein).
[201] Vgl. BT-Drucks. 17/5712, S. 23.
[202] Zu Recht kritisch *Müller/Rautmann* ZInsO 2012, 918, 920; *Vallender* MDR 2012, 61; ebenso PK-HWF/ *Mitter* InsO § 13 RdNr. 5a; *Pape* ZInsO 2011, 1033, 1035 f.

Satz 4 führt nur dann zur Unzulässigkeit des Antrags, wenn diese gem. Abs. 5 verpflichtend sind.[203] Musste der Schuldner zunächst keine Angaben nach Abs. 1 Satz 4 machen, weil bei der Antragstellung die Voraussetzungen des Abs. 1 Satz 6 nicht vorgelegen haben, werden die Angaben jedoch nach Abs. 1 Satz 6 Nr. 3 verpflichtend[204], weil die Einsetzung eines vorläufigen Gläubigerausschusses beantragt wurde (§ 22a Abs. 2), hat das Gericht den Schuldner gem. § 4, § 139 ZPO hierauf hinzuweisen (s. RdNr. 109) und ihm eine kurze Frist zur Ergänzung zu setzen, andernfalls ist der Antrag als unzulässig zurückzuweisen.[205] Inhaltliche Mängel oder Unvollständigkeiten des Antrags führen nicht zu einer Strafbarkeit gem. § 15a Abs. 4. Nur wenn das Verzeichnis vollständig fehlt, ist der Antrag „nicht richtig" gestellt i. S. d. § 15a Abs. 4.[206] Zu den Einzelheiten s. § 15a RdNr. 322 ff.

Unerkannt gebliebene wesentliche Mängel des Eröffnungsantrags werden mit der **Rechtskraft des Eröffnungsbeschlusses** geheilt (§ 34 RdNr. 110). Das eröffnete Verfahren kann in einem solchen Fall nur nach den allgemeinen gesetzlichen Regeln beendet werden, insbesondere durch Einstellung wegen Wegfalls des Eröffnungsgrunds (§ 212) oder mit Zustimmung aller Gläubiger (§ 213). **111**

5. Zusatzanträge zum Eröffnungsantrag. Sofern der Schuldner nach Rechtsform und **112** Umfang seiner selbstständigen wirtschaftlichen Tätigkeit zur Vorlage eines **Insolvenzplans** berechtigt ist (§§ 218, 304, 312), kann er den Plan bereits bei der Stellung eines Eigenantrags einreichen (§ 218 Abs. 1 Satz 2). Unter der gleichen Voraussetzung kann er zu diesem Zeitpunkt auch schon die **Eigenverwaltung** beantragen (§ 270 Abs. 2 Nr. 1, §§ 304, 312). Einen Antrag auf **Restschuldbefreiung** kann eine natürlichen Person als Schuldner nur in Verbindung mit einem eigenen Eröffnungsantrag stellen (§ 287 Abs. 1, § 305 Abs. 1 Nr. 2; Einzelheiten bei § 20 RdNr. 90 ff. und bei § 287 und § 305).

VIII. Rücknahme des Eröffnungsantrags (Abs. 2)

1. Allgemeines. Der Eröffnungsantrag kann innerhalb der Grenzen des Abs. 2 vom Antragsteller **113** durch einseitige Erklärung gegenüber dem Gericht zurückgenommen werden. Eine Zustimmung des Antragsgegners ist nicht erforderlich. § 269 Abs. 1 ZPO greift nicht ein, weil eine mündliche Verhandlung über den Eröffnungsantrag nicht stattfindet.[207] Die Rücknahme ist wie der Eröffnungsantrag eine Prozesshandlung und deshalb bedingungsfeindlich (s. hierzu RdNr. 72).[208] Eine teilweise, etwa auf den Wegfall einer Teilforderung gestützte oder auf Teilvermögen bezogene Antragsrücknahme ist unzulässig, weil schon das Antragsrecht unteilbar ist[209] und der Antrag, abgesehen vom Sonderfall des Partikularinsolvenzverfahrens (Art. 3 Abs. 2 bis 4 EuInsVO, §§ 354, 365), nicht auf Teile des schuldnerischen Vermögens beschränkt werden kann (vgl. RdNr. 96). Im Fall des Rechtsmissbrauchs kann die Antragsrücknahme unwirksam sein.[210] Die Überlegungen zur missbräuchlichen Erledigungserklärung (s. RdNr. 141 ff.) gelten entsprechend.

Wird der Antragsteller außerhalb des Insolvenzverfahrens auf Rücknahme seines Antrags in **114** Anspruch genommen, stellt sich zunächst die Frage, ob unter Berücksichtigung der zeitlichen Grenzen des § 13 Abs. 2 ein **materiell-rechtlicher Anspruch auf Rücknahme des Eröffnungsantrags** besteht. Ist der Antragsteller im Eröffnungsverfahren ein **Privatrechtssubjekt**, ergibt sich ein Anspruch auf Rücknahme des Eröffnungsantrags aus dem zugrunde liegenden Schuldverhältnis (§§ 280 Abs. 1, 241 Abs. 2, 249 Abs. 1 BGB) bzw. §§ 823 Abs. 1 und 2 BGB grundsätzlich selbst dann nicht, wenn sich der Eröffnungsantrag als unzulässig oder unbegründet erweist. Wer sich zum Vorgehen gegen seinen Schuldner eines staatlichen, gesetzlich eingerichteten und geregelten Verfahrens bedient, greift auch dann nicht unmittelbar und rechtswidrig in den geschützten Rechtskreis des Schuldners ein, wenn sein Begehren sachlich nicht gerechtfertigt ist und dem anderen Teil aus dem Verfahren Nachteile erwachsen.[211] Den Schutz des Schuldners gegebenenfalls auch durch Interessenabwägung übernimmt vielmehr das Verfahren selbst nach Maßgabe seiner gesetzlichen Ausgestaltung (s. hierzu auch § 14 RdNr. 14). Ein Anspruch auf Rücknahme kann sich daher allen-

---

[203] BT-Drucks. 17/7511, S. 33.
[204] Kritisch hierzu *Vallender* MDR 2012, 61, 62.
[205] *Frind* ZInsO 2011, 2249, 2254; s.a. *Müller/Rautmann* ZInsO 2012, 918, 920 f.
[206] *Willemsen/Rechel* BB 2011, 834, 835; *Hirte/Knof/Mack*, ESUG, S. 10 f.; weitergehend *Römermann* ZInsO 2010, 353 ff.
[207] FKInsO-*Schmerbach* § 13 RdNr. 16; HKInsO-*Kirchhof* § 13 RdNr. 16; Jaeger/*Gerhardt* InsO § 13 RdNr. 45.
[208] Andres/*Leithaus* § 13 RdNr. 10; *Beck/Depré* § 1 RdNr. 11.
[209] AG Duisburg NZI 2003, 161; HKInsO-*Kirchhof* § 14 RdNr. 41; FKInsO-*Schmerbach* § 13 RdNr. 16; Cranshaw/Paulus/Michel/*Schultze*, Bankenkommentar zum Insolvenzrecht, § 13 RdNr. 1.
[210] BGH NJW-RR 2008, 1439 f.
[211] S. hierzu auch Zöller/*Vollkommer* ZPO § 940 RdNr. 8 „Prozessführung" mwN.

falls unter den Voraussetzungen des § 826 BGB[212] ergeben (s. hierzu auch § 14 RdNr. 13), insbesondere wenn mit der Antragstellung verfahrensfremde Zwecke verfolgt werden, wie etwa bei einem sog. **Druckantrag** (s. hierzu § 14 RdNr. 30).[213] Außerhalb dieses Tatbestands kommt ein Anspruch aus §§ 280 Abs. 1, 241 Abs. 2 BGB, § 823 Abs. 1 BGB allenfalls bei **grober Fahrlässigkeit** in Betracht (s. § 14 RdNr. 14). Die Voraussetzungen hierfür sind von dem Anspruchsteller darzulegen und glaubhaft zu machen sowie ggf. zu beweisen. Ist der Antragsteller ein **Träger öffentlicher Gewalt** (Behörde), stellt die Entscheidung, einen Eröffnungsantrag zu stellen, zwar keinen Verwaltungsakt dar, jedoch handelt es sich um schlichthoheitliches Handeln der Behörde, das eine fehlerfreie Ermessensentscheidung erfordert und einer Prüfung durch die Fachgerichte unterliegt (s. hierzu § 14 RdNr. 116 ff.).[214] Hier kann sich ein Anspruch auf Rücknahme des Antrags bei einer fehlerhaften Ermessensausübung ergeben.

115 Eine weitere Frage ist, ob ein materiell-rechtlicher Anspruch auf Rücknahme des Eröffnungsantrags im Wege **einstweiligen Rechtsschutzes**[215] **außerhalb des Insolvenzverfahrens** durchgesetzt werden kann. Da der Schuldner im Rahmen des Insolvenzverfahrens die Möglichkeit hat, sich gegen einen unzulässigen oder unbegründeten Antrag zur Wehr zu setzen, ist das **Rechtsschutzbedürfnis** für einen Antrag auf Erwirkung einer Prozesshandlung in einem anderen Verfahren fraglich. Verbreitet wird die Auffassung vertreten, dass ein Rechtsschutz außerhalb eines Insolvenzverfahrens nicht gegeben sei, weil allein dem Insolvenzgericht die Prüfungskompetenz für die Zulassungskriterien eines Insolvenzantrags zustehe.[216] Diese Auffassung überzeugt jedoch nicht. In den vorliegenden Konstellationen geht es um die Durchsetzung eines materiell-rechtlichen Anspruchs (s. RdNr. 114). Über das Bestehen eines solchen Anspruchs haben die jeweiligen Fachgerichte zu befinden. Soweit es hierbei auch darauf ankommt, ob ein Insolvenzantrag zulässig und begründet ist, stellt dies die Prüfungskompetenz der Fachgerichte nicht in Frage (vgl. § 17 Abs. 2 Satz 1 GVG). Dementsprechend sind Anträge auf einstweiligen Rechtsschutz, die auf die Rücknahme des Eröffnungsantrags gerichtet sind, zulässig.[217] Ob diese Erfolg haben, hängt vom Bestehen eines Anspruchs auf Rücknahme (s. RdNr. 114) sowie vom Vorliegen eines Verfügungsgrunds ab. Wird dem Antragsteller durch ein Fachgericht aufgegeben, einen Eröffnungsantrag zurückzunehmen, führt dies allerdings weder zur Unzulässigkeit des Antrags, noch ist das Insolvenzgericht an die Entscheidung des jeweiligen Fachgerichts gebunden (s.a. § 14 RdNr. 116 ff.).[218]

116 **2. Rücknahmebefugnis beim Eigenantrag.** Die Rücknahme des Eröffnungsantrags ist das Gegenstück zur Stellung des Antrags. Sie kann daher nur vom Antragsteller erklärt werden. Ist der Schuldner eine natürliche Person, kann er selbst oder jeder Bevollmächtigte in seinem Namen den Eigenantrag zurücknehmen. Handelt es sich bei dem Schuldner um eine juristische Person oder eine Gesellschaft ohne Rechtspersönlichkeit, sind bei der Rücknahme die Besonderheiten des Antragsrechts zu beachten (§§ 15, 18 Abs. 3). Deshalb kann der Eigenantrag hier nur von demjenigen organschaftlichen Vertreter oder persönlich haftenden Gesellschafter zurückgenommen werden, der den Antrag gestellt hat.[219] Zu den Einzelheiten s. § 15 RdNr. 82 ff. Allerdings kann der verbliebene Geschäftsführer der GmbH dem von dem mittlerweile abberufenen Geschäftsführer vor seiner Abberufung gestellten Antrag auf Eröffnung des Insolvenzverfahrens über das Vermögen der Gesellschaft unter den Voraussetzungen des § 13 Abs. 2 zurücknehmen, wenn sich dies nicht als rechtsmiss-

---

[212] Vgl. BGHZ 36, 18 = NJW 1961, 2254; OLG Koblenz NZI 2006, 353 f.; LG Dortmund, Urt. v. 8.8.2008 – 3 O 556/07; Uhlenbruck/*Uhlenbruck* InsO § 14 RdNr. 157; *Rein* NZI 2006, 354 f.; HambKomm-InsO-*Wehr* § 14 RdNr. 62; krit. Jaeger/*Gebhardt* InsO § 13 RdNr. 57. Wird die Antragstellung Dritten mitgeteilt, kommt eine Haftung gem. § 824 BGB in Betracht; s. hierzu *Schillgalis* S. 130 f.; § 14 RdNr. 15.

[213] OLG Koblenz NZI 2006, 353 f.

[214] BFH DZWIR 2011, 322 f.; FG Stuttgart EFG 2010, 1102 f.; FG Hamburg, Beschl. v. 18.8.2011 – 6 V 102/11; FG Hannover ZInsO 2011, 587 ff.; FG München, Urt. v. 21.1.2010 – 14 K 1868/09; FG Köln ZInsO 2009, 1296 ff.; in der finanzgerichtlichen Spruchpraxis sind die Anträge allerdings nur selten begründet, s. hierzu *Schmerbach* ZInsO 2011, 895, 897.

[215] Im Hinblick auf die zeitliche Grenze des § 13 Abs. 2 wird sich der Anspruch praktisch nur im Wege des einstweiligen Rechtsschutzes durchsetzen lassen.

[216] AG Göttingen ZInsO 2011, 1258 ff.; *Fu* DStR 2010, 1411 ff.; Jaeger/*Gebhardt* InsO § 13 RdNr. 23, 47; Kübler/Prütting/Bork/*Pape* InsO § 13 RdNr. 69 f.; MünchKommInsO-*Schmahl*[2] § 13 RdNr. 119, § 14 RdNr. 69; *Schmerbach* ZInsO 2011, 895 ff.; Uhlenbruck/*Uhlenbruck* InsO § 13 RdNr. 9, 130, § 14 RdNr. 147 f., 156; zumindest für den Bereich der „Zivilrechtsprechung" *Gogger*, Insolvenzgläubiger-Handbuch, § 2 RdNr. 73 f.

[217] Vgl. BFH DZWIR 2011, 322 f.; FG Köln EFG 2009, 870 f.; FG Hamburg, Beschl. v. 18.8.2011 – 6 V 102/11; iE ebenso OLG Koblenz NZI 2006, 353 f., das allerdings Fragen der Zulässigkeit und der Begründetheit eines Antrags auf Erlass einer einstweiligen Verfügung vermengt.

[218] AG Göttingen ZInsO 2011, 1258 ff.; Jaeger/*Gebhardt* InsO § 13 RdNr. 23; Kübler/Prütting/Bork/*Pape* InsO § 13 RdNr. 69 ff.; Uhlenbruck/*Uhlenbruck* InsO § 13 RdNr. 9.

[219] Zum Streitstand s. *Delhaes*, Kölner Schrift, RdNr. 30 ff. mwN.

bräuchlich darstellt (s. hierzu RdNr. 113).[220] Hat das Gericht ein allgemeines Verfügungsverbot angeordnet (§ 21 Abs. 2 Satz 1 Nr. 2 Alt. 1), kann der Schuldner seinen Antrag erst wirksam zurücknehmen, wenn dieses zuvor vom Insolvenzgericht aufgehoben worden ist.[221]

3. Zeitliche Beschränkung. Der Eröffnungsantrag kann nach Abs. 2 nur zurückgenommen 117 werden, bis das Insolvenzverfahren eröffnet oder der Antrag rechtskräftig abgewiesen worden ist.

a) Eröffnung. Die Regelung des Abs. 2 stellt klar, dass das streitige Eröffnungsverfahren zwi- 118 schen Antragsteller und Antragsgegner mit der Eröffnung endgültig in ein Amtsverfahren übergegangen ist.[222] Sie zieht die Konsequenz aus dem Umstand, dass der Eröffnungsbeschluss unmittelbar mit seiner Herausgabe aus dem internen Bereich des Insolvenzgerichts rechtliche Wirkungen auslöst, die nicht mehr nur die Parteien des Eröffnungsverfahrens betreffen, sondern auch bisher nicht beteiligte Dritte, insbesondere die Gesamtheit der Gläubiger (vgl. RdNr. 3). Ein ordnungsgemäß eröffnetes Verfahren soll deshalb nur noch unter den Voraussetzungen einer Einstellung (§§ 207 bis 213) vorzeitig abgebrochen werden können.

Die Zulässigkeit der Antragsrücknahme endet noch nicht mit der Unterzeichnung des Eröff- 119 nungsbeschlusses durch den Richter. Eröffnet ist das Verfahren erst in dem Zeitpunkt, in dem der Beschluss wirksam wird. Dies ist der Fall, sobald der Beschluss erstmals **aus dem inneren Geschäftsbetrieb des Gerichts herausgegeben** wird und damit aufhört, ein Internum des Insolvenzgerichts zu sein (vgl. §§ 27 bis 29 RdNr. 124 ff.). Der Eröffnungsantrag kann deshalb bis zu diesem Wirksamwerden des Beschlusses zurückgenommen werden; auf die Rechtskraft kommt es nicht an.[223] Wird das Verfahren erst durch das Beschwerdegericht eröffnet (vgl. §§ 27 bis 29 RdNr. 150 ff.), richtet sich die Wirksamkeit des Eröffnungsbeschlusses nach § 6 Abs. 3. Die Antragsrücknahme ist in diesem Fall bis zum Eintritt der Rechtskraft möglich, wenn das Beschwerdegericht nicht die sofortige Wirksamkeit seiner Entscheidung angeordnet hat.[224]

b) Abweisung mangels Masse, Zurückweisung. Bei der Abweisung des Eröffnungsantrags 120 besteht ein Schutzbedürfnis Dritter nicht. Deshalb kann hier der Antrag noch bis zum Eintritt der Rechtskraft zurückgenommen werden. Die Rechtskraft (§ 4, § 705 ZPO) tritt mit Ablauf der Beschwerdefrist § 569 Abs. 1 ZPO, §§ 4, 6) ein, sofern nicht rechtzeitig eine zulässige Beschwerde eingelegt worden ist.[225] Eine unzulässige Beschwerde verlängert also die Frist zur Rücknahme nicht. Die Entscheidung des Beschwerdegerichts wird unter der gleichen Bedingung erst mit Ablauf der Rechtsbeschwerdefrist bei Zulassung der Rechtsbeschwerde durch das Beschwerdegericht (§ 4, § 575 Abs. 1 ZPO, § 574 Abs. 1 Satz 1 Nr. 2 ZPO) rechtskräftig.[226]

Abs. 2 gilt nicht nur für die Abweisung mangels Masse (§ 26), sondern für jede Ablehnung des 121 Eröffnungsantrags, auch die Zurückweisung als unzulässig oder unbegründet (vgl. § 34 Abs. 1).

4. Folgen der wirksamen Rücknahme. Ein Eröffnungsbeschluss, der trotz einer rechtzeitig 122 eingegangenen Antragsrücknahme den inneren Geschäftsbereich des Gerichts verlassen hat, wird in vollem Umfang wirksam.[227] Einer entsprechenden Anwendung des § 269 Abs. 3 Satz 1 ZPO steht die besondere, auch bisher unbeteiligte Dritte betreffende rechtsgestaltende Wirkung des Eröffnungsbeschlusses entgegen (§§ 4, 34 Abs. 3 Satz 3). Der Beschluss ist keineswegs kraft Gesetzes wirkungslos, sondern bedarf der ausdrücklichen gerichtlichen Aufhebung im Beschwerdeverfahren (§ 4, § 572 ZPO).[228] Der Wegfall des Antrags ist vom Schuldner mit der Beschwerde geltend zu machen (§ 34 Abs. 2, § 6).

Eine bereits ergangene, noch nicht rechtskräftige **ablehnende Entscheidung über den Eröff-** 123 **nungsantrag** wird mit der Rücknahme des Antrags **wirkungslos,** ohne dass es einer ausdrücklichen Aufhebung bedarf (§ 4, § 269 Abs. 3 Satz 1 Hs. 2 ZPO). Das Gleiche gilt für eine Ablehnung, die in Unkenntnis der Rücknahme noch nach ihr ergeht.[229] Wirkungslos werden mit der Rücknahme auch andere Beschlüsse des Insolvenzgerichts, die bereits im Eröffnungsverfahren in die

---

[220] BGH NJW-RR 2008, 1439 f.; *Blöse* GmbHR 2008, 989 f.; PK-HWF/*Mitter* InsO § 13 RdNr. 15; *Vosberg* EWiR 2008, 753 f.
[221] Nerlich/Römermann/*Mönning* InsO § 13 RdNr. 97.
[222] Vgl. BGH NJW 1961, 2016 f.
[223] OLG Hamm KTS 1976, 146, 148; OLG Köln NJW-RR 1994, 445; OLG Celle NZI 2001, 480; Jaeger/ *Weber* KO § 103 RdNr. 9; HKInsO-*Kirchhof* § 13 RdNr. 14; Jaeger/*Gerhardt* InsO § 13 RdNr. 40.
[224] HKInsO-*Kirchhof* § 13 RdNr. 14; Jaeger/*Gerhardt* InsO § 13 RdNr. 41; Nerlich/Römermann/*Mönning* InsO § 13 RdNr. 96.
[225] OLG Hamm KTS 1978, 106.
[226] OLG Köln ZIP 1993, 936 (zu § 73 Abs. 3 KO).
[227] OLG Brandenburg NZI 2002, 44, 47; HKInsO-*Kirchhof* § 13 RdNr. 17.
[228] Anders Kübler/Prütting/Bork/*Pape* InsO § 13 RdNr. 120 (gerichtliche Feststellung der Wirkungslosigkeit).
[229] LG München I KTS 1973, 74.

Rechte des Schuldners oder einzelner Gläubiger eingegriffen haben, insbesondere **Sicherungsbeschlüsse** (§§ 21, 22) oder **Vorführungs-** und **Haftbefehle**. Im Interesse der Rechtssicherheit ist die Wirkungslosigkeit auf Antrag des Schuldners, des Eröffnungsantragstellers oder eines anderen Betroffenen durch Beschluss auszusprechen[230] (§ 4, § 269 Abs. 4 ZPO). Eine Beschwerde, die auf eine wirksame Antragsrücknahme gestützt wird, ist in einen Feststellungsantrag nach § 269 Abs. 4 ZPO umzudeuten.

124 Angeordnete **Sicherungsmaßnahmen** (§§ 21, 22) können und sollten im Interesse der Rechtssicherheit nach Rücknahme des Eröffnungsantrags von Amts wegen für wirkungslos erklärt oder (deklaratorisch) aufgehoben werden. Ist eine wirkungslos gewordene Entscheidung öffentlich bekanntgemacht worden, ist auch der Beschluss über die Feststellung der Wirkungslosigkeit in gleicher Weise bekanntzumachen (vgl. § 25 Abs. 1).

125 **5. Kostenfolge.** Nach wirksamer Rücknahme des Eröffnungsantrags hat im Regelfall kraft Gesetzes der Antragsteller die Kosten des Verfahrens zu tragen (§ 4, § 269 Abs. 3 Satz 2 ZPO).[231] Etwas anderes gilt, wenn entweder eine abweichende Vereinbarung der Verfahrensbeteiligten vorliegt[232] oder der Anlass zur Antragstellung vor Zustellung des Antrags an den Schuldner weggefallen ist und der Antrag daraufhin zurückgenommen wird (§ 269 Abs. 3 Satz 3, Abs. 4 ZPO, § 4). Hier sind die Regeln über die Erledigungserklärung (s. RdNr. 127 ff.) anzuwenden. Beantragt der antragstellende Gläubiger im gesetzlichen Regelfall bei Antragsrücknahme gleichzeitig eine Kostenentscheidung zu Lasten des Schuldners, kann ein Anlass sein, die Rücknahme durch Auslegung in eine Erledigungserklärung umzudeuten. Einem Rechtsanwalt muss allerdings der sprachliche und rechtliche Unterschied zwischen beiden Erklärungen bekannt sein; eine Umdeutung seiner Rücknahmeerklärung kommt daher nicht in Betracht.[233] Es bleibt dem antragstellenden Gläubiger unbenommen, nach Antragsrücknahme die Kosten des Verfahrens als Verzugsschaden gegen den Schuldner geltend zu machen.

126 Die von dem Antragsteller zu tragenden Kosten umfassen nicht die **Vergütung des vorläufigen Insolvenzverwalters**. Schuldner der Verwaltervergütung ist der Insolvenzschuldner.[234] Dem antragstellenden Gläubiger kann für den Fall der Antragsrücknahme oder der Erledigungserklärung auch nicht im Rahmen einer Kostengrundentscheidung gem. § 269 Abs. 3 S. 2 ZPO (analog) etwa wegen einer rechtsmissbräuchlichen Antragstellung die an den Verwalter zu entrichtende Vergütung auferlegt werden (s. hierzu RdNr. 169).

IX. Erledigungserklärung

127 **1. Allgemeines.** Um die zwingende Kostenfolge der Antragsrücknahme zu vermeiden (vgl. RdNr. 125), kann der antragstellende Gläubiger den Eröffnungsantrag in der Hauptsache für erledigt erklären, wenn er ihn nicht mehr weiterverfolgen will.[235] Dabei sind Grund und Zeitpunkt der Erledigung anzugeben. Eine teilweise Erledigungserklärung ist wegen der Unteilbarkeit des Antragsrechts unzulässig (s. RdNr. 113). Grund der Erledigung kann jedes nach Zustellung des Eröffnungsantrags eingetretene Ereignis sein, aufgrund dessen der Antrag unzulässig oder unbegründet geworden ist oder sonst seinen Sinn für den Antragsteller verloren hat. In Betracht kommt insbesondere die Erfüllung der Forderung als Grundlage des Antragsrechts, eine Zahlungsvereinbarung, der nachträgliche Wegfall des Eröffnungsgrunds, die nach Antragstellung gewonnene Erkenntnis, dass nicht einmal eine kostendeckende Insolvenzmasse vorhanden[236] ist, oder die prozessuale Überholung durch Verfahrenseröffnung auf Grund eines anderen Antrags.[237] Bei einer Erfüllung der Forderung des Gläubigers nach Antragstellung soll gem. § 14 Abs. 3 der Schuldner die Kosten des Verfahrens zu tragen haben, wenn der Antrag als unbegründet abgewiesen wird (s. hierzu § 14 RdNr. 151 ff.).

128 Die **Zulässigkeit der Erledigungserklärung** im Eröffnungsverfahren ist auf Grund der bisherigen allgemeinen konkursgerichtlichen Praxis nicht mehr zweifelhaft.[238] Die Ermittlungen des Insol-

---

[230] OLG Hamm KTS 1976, 146; OLG Köln ZIP 1993, 936; LG München I KTS 1973, 74; Uhlenbruck/*Uhlenbruck* InsO § 13 RdNr. 129.

[231] Uhlenbruck/*Uhlenbruck* InsO § 13 RdNr. 131; HambKommInsO-*Wehr* § 13 RdNr. 50.

[232] LG Memmingen NZI 2000, 278 f. mwN.

[233] Vgl. BGH NJW 2004, 223; LG Bielefeld ZIP 1986, 1593 f.; AG Köln NZI 2003, 269 f.

[234] BGHZ 157, 370 = NJW 2004, 1957; BGH NJW-RR 2006, 1204 f.; LG Celle ZIP 2000, 706; LG Stuttgart NZI 2004, 630 f.; Uhlenbruck/*Uhlenbruck* InsO § 26 RdNr. 32; FKInsO-*Schmerbach* § 26 RdNr. 70; aA LG Mainz NJW-RR 1999, 698 f.

[235] Andres/*Leithaus* InsO § 13 RdNr. 12.

[236] LG Göttingen ZIP 1992, 572 f.; LG Koblenz NZI 2001, 44; *H. Mohrbutter* EWiR 1992, 587 f.

[237] BGH NZI 2005, 108 = NJW-RR 2005, 418; BGH NZI 2006, 34.

[238] BGHZ 149, 178, 181 f. = NJW 2002, 515 f. = NZI 2002, 91 f.; OLG Celle NZI 2001, 150; OLG Köln NZI 2001, 318 f.; vgl. 1. Aufl. § 13 RdNr. 112.

venzgerichts finden zwar auch im Eröffnungsverfahren von Amts wegen statt (§ 5 Abs. 1), doch kann der Gläubiger über seinen Antrag im Rahmen des § 13 Abs. 2 grundsätzlich frei verfügen. In einem höheren Rechtszug ist die Erledigungserklärung allerdings nur zulässig, wenn auch das eingelegte Rechtsmittel zulässig ist.[239] Nach Anhörung des Schuldners wird damit der Weg frei für eine Kostenentscheidung zu Lasten des Schuldners. Gegen die Entscheidung ist die sofortige Beschwerde nach § 91a Abs. 2, § 567 ZPO gegeben (§ 4); eine anschließende Rechtsbeschwerde bedarf der Zulassung durch das Beschwerdegericht (§ 574 Abs. 1 Satz 1 Nr. 2, Abs. 3 ZPO).

Die **zeitlichen Einschränkungen des § 13 Abs. 2** (vgl. RdNr. 117 ff.) gelten nach Sinn und Zweck der Vorschrift für die Erledigungserklärung entsprechend (s. auch RdNr. 150).[240] Der Gläubiger kann daher die Erklärung nur bis zum Wirksamwerden des Eröffnungsbeschlusses oder bis zur Rechtskraft des Abweisungsbeschlusses abgeben, in diesem Rahmen auch noch in der Beschwerdeinstanz. Die Parteien haben im Eröffnungsverfahren während der Phase der Anhörung und der gerichtlichen Ermittlungen hinreichend Gelegenheit, sich rechtzeitig zu einigen. 129

Die **Wirkung der Erledigungserklärung** des Gläubigers besteht darin, dass auf Grund des betreffenden Eröffnungsantrags eine Entscheidung über die Eröffnung nicht mehr ergehen kann, weil der Antragsteller sein ursprüngliches Begehren nicht weiterverfolgen will. Bei ausdrücklicher oder konkludenter Zustimmung des Schuldners (s. RdNr. 131 f.) ist das Eröffnungsbegehren bis auf den Kostenpunkt nicht mehr anhängig. Stimmt der Schuldner der Erledigungserklärung dagegen nicht zu (s. RdNr. 137 ff.), ist der für erledigt erklärte Antrag nur noch auf den Ausspruch gerichtet, dass sich das frühere Eröffnungsbegehren erledigt hat.[241] Ein **Widerruf der Erledigungserklärung** des Gläubigers mit der Konsequenz, dass der ursprüngliche Eröffnungsantrag wieder aufgegriffen wird, ist möglich, solange der Schuldner sich der Erledigungserklärung nicht (ausdrücklich oder konkludent) angeschlossen hat oder das Gericht auf Grund der einseitig gebliebenen Erklärung noch keine rechtskräftige Entscheidung über die Erledigung getroffen hat.[242] 130

2. Erledigungserklärung ohne Widerspruch des Schuldners. a) Beiderseitige Erledigungserklärung. Schließt der Schuldner sich der Erledigungserklärung des antragstellenden Gläubigers an, ist die Rechtshängigkeit des Eröffnungsantrags beseitigt; es ergeht von Amts wegen eine Kostenentscheidung unter Berücksichtigung des bisherigen Sach- und Streitstands nach billigem Ermessen (§ 4, §§ 91a, 308 Abs. 2 ZPO). 131

b) Schweigen des Schuldners. Eine Kostenentscheidung nach § 91a ZPO ergeht auch, wenn der Schuldner der ihm zugestellten Erledigungserklärung des Gläubigers trotz eines gerichtlichen Hinweises auf die verfahrensrechtlichen Folgen seines Verhaltens innerhalb einer Notfrist von zwei Wochen nicht widerspricht (§ 91a Abs. 1 Satz 2 ZPO). Ein solches Schweigen gilt kraft gesetzlicher Fiktion als Erledigungserklärung. Geht eine anderslautende Äußerung des Schuldners nicht ein, kann das Gericht, wenn es den Schuldner hierauf hingewiesen hat, auch die tatsächlichen Angaben des Gläubigers über die Erledigung als zugestanden ansehen und bei der Kostenentscheidung berücksichtigen. Hat das Gericht einen Hinweis nicht erteilt, greift die Fiktion des § 91a Abs. 1 Satz 2 ZPO nicht ein.[243] 132

c) Verfahrensrechtliche Wirkung. Mit der Erledigungserklärung beider Seiten ist die Rechtshängigkeit des Eröffnungsantrags beseitigt (vgl. RdNr. 130). Bereits ergangene, noch nicht rechtskräftige Entscheidungen (mit Ausnahme des Eröffnungsbeschlusses) werden wie nach einer Antragsrücknahme wirkungslos. § 269 Abs. 3 Satz 1, Abs. 4 ZPO gilt entsprechend.[244] Einzelheiten bei RdNr. 123 ff. 133

d) Kostenentscheidung. Bei der Berücksichtigung des bisherigen Sach- und Streitstands (§ 4, § 91a Abs. 1 Satz 1 ZPO) ist von ausschlaggebender Bedeutung, ob der Eröffnungsantrag im Zeitpunkt des erledigenden Ereignisses noch zulässig war.[245] Liegt diese Voraussetzung vor, sind die Kosten des Verfah- 134

---

[239] BGHZ 50, 197 f. = NJW 1968, 1725; BGH NZI 2004, 216; BGH NZI 2005, 108.
[240] BGH NZI 2005, 108 = NJW-RR 2005, 418; BGH NZI 2006, 34; OLG Brandenburg NZI 1998, 88, 89 f.; OLG Celle NZI 2000, 265 f.; LG Dresden Rpfleger 1999, 505; LG Halle DZWIR 2004, 260 = ZVI 2005, 39; *Frind* EWiR 2000, 499; *H. Mohrbutter* EWiR 1992, 587 f.; Andres/*Leithaus* InsO § 13 RdNr. 12; FKInsO-*Schmerbach* § 13 RdNr. 108b; HKInsO-*Kirchhof* § 14 RdNr. 41, § 34 RdNr. 23; Jaeger/*Gerhardt* InsO § 13 RdNr. 50; Jaeger/*Schilken* InsO § 27 RdNr. 3.
[241] BGHZ 149, 178, 182 = NJW 2002, 515 f. = NZI 2002, 91.
[242] BGHZ 149, 178, 182 = NJW 2002, 515 f.; BGH NJW 2002, 442.
[243] LG Hamburg ZInsO 2008, 679 f.
[244] OLG Hamm MDR 1985, 591; OLG Frankfurt MDR 1989, 460; OLG Köln ZIP 1993, 1483; OLG Brandenburg NZI 1998, 88, 89; Zöller/*Vollkommer* ZPO § 91a RdNr. 12.
[245] LG Koblenz NZI 2001, 44; AG Köln NZI 2000, 94 f.; AG Göttingen ZIP 2007, 295 f.; Uhlenbruck/*Uhlenbruck* InsO EWiR 1997, 271; FKInsO-*Schmerbach* § 13 RdNr. 113.

rens in der Regel dem Schuldner aufzuerlegen. Die Zulässigkeit des Antrags wird dabei nicht ernstlich durch die bloße Tatsache erschüttert, dass der Schuldner nachträglich Zahlungen an den Gläubiger geleistet hat. In den meisten Fällen belegt schon die lange Dauer des Zahlungsrückstands, dass nicht nur eine vorübergehende Zahlungsstockung, sondern tatsächlich Zahlungsunfähigkeit vorlag.[246] Maßgebend ist die Finanzlage des Schuldners im Verhältnis zu seinen gesamten fälligen Verbindlichkeiten. Einzelne Zahlungen, selbst solche in beachtlicher Höhe, stehen der Annahme der Zahlungsunfähigkeit nur entgegen, wenn der Schuldner seine Zahlungen im Allgemeinen wieder aufgenommen hat, nicht aber, wenn er nur einen unwesentlichen Teil der fälligen Schulden tilgen kann.[247]

135 Eine **Kostenentscheidung zu Lasten des antragstellenden Gläubigers** kommt in Betracht, wenn sich eine Zurückweisung des Eröffnungsantrags als unzulässig abzeichnet oder wenn sich bei den gerichtlichen Ermittlungen schwerwiegende Zweifel am Vorliegen eines Eröffnungsgrunds bei Antragstellung ergeben haben. Hierbei sind auch die Umstände und Verhaltensweisen der Beteiligten zu berücksichtigen, die zu der (angeblichen) Erledigung geführt haben,[248] selbst wenn sie erst anlässlich der Erledigungserklärung zu Tage treten.[249] Ist der Eröffnungsantrag missbräuchlich als **Druckmittel** gegenüber dem Schuldner eingesetzt worden (s. hierzu § 14 RdNr. 29), sind die Kosten des Verfahrens dem Gläubiger aufzuerlegen, weil der Eröffnungsantrag von Anfang an unzulässig war.[250] Die gleiche Kostenentscheidung ist regelmäßig gerechtfertigt, wenn die **Erledigung unter Missachtung einer angeordneten Verfügungsbeschränkung**, insbesondere durch eine nach § 24 Abs. 1 unwirksame Zahlung oder Vereinbarung ohne Zustimmung des vorläufigen Insolvenzverwalters, und damit durch ein rechtswidriges Verhalten der Beteiligten zustande gekommen ist.[251] Dabei sind Leistungen, die ein Dritter im Einvernehmen mit dem Schuldner erbringt, regelmäßig als Zahlungen des Schuldners zu behandeln, weil sie zumindest aus unerlaubt aufgenommenen, aber seinem Vermögen zuzurechnenden Kreditmitteln oder Einlagen stammen (s. hierzu § 14 RdNr. 50). Der Gläubiger kann diese Kostenfolge vermeiden, indem er, spiegelbildlich zur Antragstellung (§ 14 Abs. 1 Satz 1), bei der Erledigungserklärung den **nachträglichen Wegfall der Zahlungsunfähigkeit** glaubhaft macht (§ 4, § 294 ZPO). Hierzu reicht die bloße Tatsache, dass der Schuldner die Forderung des Antragstellers beglichen hat, ebenso wenig aus[252] wie der Umstand, dass er bisher trotz gesetzlicher Antragspflicht keinen eigenen Eröffnungsantrag gestellt hat.[253] Es ist vielmehr darzulegen, dass der Gläubiger sich vor der Erledigungserklärung mit der gebotenen Sorgfalt, etwa durch Rückfrage beim Gericht, beim Sachverständigen oder beim vorläufigen Insolvenzverwalter über die Finanzlage des Schuldners erkundigt und danach auf Grund neuer Tatsachen bei zutreffender rechtlicher Würdigung (§ 130 Abs. 2) hinreichenden Grund zu der Annahme hatte, der Schuldner habe allgemein seine Zahlungen im Wesentlichen wieder aufgenommen.[254] Eine solche Erkundigung ist dem Gläubiger zuzumuten.[255]

136 Für die **Gerichtskosten** ist die Erledigungserklärung wie eine Rücknahme zu behandeln. Im **Verhältnis zur Staatskasse** bleibt deshalb der antragstellende Gläubiger Zweitschuldner der Gerichtskosten, auch wenn die Kostenentscheidung nur zu Lasten des Schuldners ergangen ist (s. RdNr. 161).

137 3. Erledigungserklärung mit Widerspruch des Schuldners. Widerspricht der Schuldner der Erledigungserklärung des antragstellenden Gläubigers (§ 91a Abs. 1 Satz 2 ZPO), ist über die Feststellung der Erledigung[256] und die Kosten nach § 91 ZPO zu entscheiden. Die Entscheidung hängt

---

[246] Vgl. AG Mönchengladbach ZInsO 2011, 1752 ff.
[247] BGHZ 149, 100, 108 f. = NJW 2002, 512 = NZI 2002, 88 mwN; BGH NJW 1982, 1952, 1954; BGH NZI 2001, 247; BGH NZI 2001, 417.
[248] Vgl. OLG Brandenburg NJW 1995, 1844.
[249] LG Hamburg NZI 2002, 164 Nr. 12; AG Hamburg NZI 2002, 561; HKInsO-*Kirchhof* § 14 RdNr. 24, 43.
[250] LG Hamburg NZI 2002, 164 Nr. 12; AG Oldenburg NZI 2002, 391; *Frind/Schmidt* ZInsO 2002, 8, 10; *Schmahl* NZI 2002, 177, 184.
[251] LG Duisburg NZI 2004, 150 f.; AG Offenbach ZInsO 2000, 624; AG Oldenburg NZI 2002, 391; AG Hamburg ZIP 2001, 257; AG Hamburg NZI 2004, 323; AG Hamburg ZIP 2007, 388; HKInsO-*Kirchhof* § 14 RdNr. 24.
[252] BGHZ 149, 178, 189 f. = NJW 2002, 515 = NZI 2002, 91; BGH NZI 2003, 542, 544.
[253] OLG Stuttgart ZIP 2004, 129, 132.
[254] LG Hamburg NZI 2002, 164 Nr. 12; AG Duisburg NZI 2002, 669; *Schmahl* NZI 2002, 177, 183 f.; vgl. zur entsprechenden Beweislast im Anfechtungsprozess BGHZ 149, 100, 109 = NJW 2002, 512 = NZI 2002, 88; OLG Frankfurt NZI 2002, 491, 493.
[255] Anders *Brückl/Kersten* NZI 2004, 422, 425 ff.
[256] BGHZ 149, 178, 181 f. = NJW 2002, 515 f. = NZI 2002, 91 f.; BGH NJW-RR 2009, 188 f.; LG Frankfurt/O. ZIP 1995, 1211, 1213; LG Bonn NZI 2001, 488, 490; LG Koblenz NZI 2001, 265; LG Duisburg NZI 2004, 150 f.; Andres/*Leithaus* InsO § 13 RdNr. 12; aA (Zurückweisung des Antrags und Kostenentscheidung unter Berücksichtigung der Sachlage bis zum Eintritt des erledigenden Ereignisses) *Delhaes*, Kölner Schrift, RdNr. 53 ff. mwN.

davon ab, ob der Eröffnungsantrag nach dem Verfahrensstand zur Zeit des angeblich erledigenden Ereignisses zulässig war und ob tatsächlich eine Erledigung (s. RdNr. 127) eingetreten ist. Der Meinungsstreit, ob die fortdauernde Zulässigkeit des Antrags ausreicht[257] oder auch seine Begründetheit nach dem bisherigen Sachstand zu berücksichtigen ist,[258] ist unergiebig, weil beide Ansichten zum gleichen Ergebnis führen. Die absehbare Begründetheit ist nichts anderes als die fortbestehende, vom Schuldner nicht ernstlich erschütterte Glaubhaftmachung des Eröffnungsgrunds durch den Gläubiger. Zudem besteht Einigkeit darüber, dass nach der wirksamen Erledigungserklärung des Gläubigers trotz des § 5 Abs. 1 keine weiteren gerichtlichen Ermittlungen zu den Eröffnungsvoraussetzungen stattfinden.[259]

Ein **unzulässiger Eröffnungsantrag** ist trotz einer einseitigen Erledigungserklärung des Gläubigers durch Entscheidung in der Sache selbst auf Kosten des Antragstellers zurückzuweisen.[260] Deshalb ist auch hier mit besonderer Aufmerksamkeit zu prüfen, ob der Eröffnungsantrag missbräuchlich als Druckmittel gegenüber dem Schuldner eingesetzt worden ist (RdNr. 135; § 14 RdNr. 18 ff., 29). **138**

War der Antrag bis zuletzt zulässig, sind die Kosten regelmäßig insbesondere dann dem Schuldner aufzuerlegen, wenn die Erledigung darauf beruht, dass die Forderung des Antragstellers durch **Erfüllung** erloschen ist. Die bloße Tatsache der Zahlung sagt nichts über die finanzielle Lage des Schuldners insgesamt aus und erschüttert deshalb nicht die Glaubhaftmachung der Zahlungsunfähigkeit (s. RdNr. 134). Der Antrag auf Feststellung der Erledigung ist allerdings auf Kosten des Gläubigers als unbegründet zurückzuweisen, wenn die Zahlung unter **Verstoß gegen eine Verfügungsbeschränkung** des Schuldners nach § 21 Abs. 2 Satz 1 Nr. 2 geleistet worden ist (s. RdNr. 135). Eine solche Zahlung oder eine Zahlungsvereinbarung mit dem Gläubiger ist rechtlich unwirksam (§ 24 Abs. 1) und stellt kein erledigendes Ereignis dar.[261] **139**

Der **Schuldner** kann die Hauptsache nicht einseitig für erledigt erklären. Gibt der antragstellende Gläubiger nach vollständiger Erfüllung seiner Forderung keine Rücknahme- oder Erledigungserklärung ab, ist der Eröffnungsantrag wegen Wegfalls des Antragsrechts unzulässig geworden und auf Kosten des Antragstellers zurückzuweisen. **140**

4. Missbräuchliche Erledigungserklärung. Die Erledigungserklärung kann in Ausnahmefällen wegen Rechtsmissbrauchs unzulässig und damit unwirksam sein, wenn sie dazu dient, trotz fortbestehender Glaubhaftmachung eines Eröffnungsgrunds dem Antragsteller einen Vorteil zu sichern, der offenkundig und schwerwiegend gegen das Gebot der gleichmäßigen Gläubigerbefriedigung in der Insolvenz verstößt.[262] Soweit diese Auffassung unter dem Gesichtspunkt der Dispositionsmaxime auf Kritik gestoßen ist,[263] überzeugt dies nicht. Ebenso wie das Antragsrecht findet auch die Freiheit des Gläubigers, über seinen gestellten Antrag zu disponieren, ihre Grenze an dem Verbot missbräuchlicher Rechtsausübung (§ 242 BGB).[264] Es untersagt den Verfahrensbeteiligten, prozessuale Rechte zu verfahrensfremden, nicht schutzwürdigen Zwecken einzusetzen. **141**

Die Grenze zum Missbrauch ist überschritten, wenn die Erledigungserklärung eine Lage schafft, die mit wesentlichen Grundsätzen des Insolvenzrechts offensichtlich unvereinbar ist. Dies gilt insbesondere, wenn der Schuldner ein beschränkt haftender Rechtsträger ist und sich nach den Umständen geradezu der Verdacht einer strafbaren **Verletzung der Insolvenzantragspflicht** aufdrängt, an der sich der Gläubiger durch die Erledigungserklärung zumindest bedingt vorsätzlich beteiligt. Eine solche Situation kann etwa bestehen, wenn ein Schuldner sich beharrlich der Feststellung seiner Finanz- und Vermögenslage entzieht und der Gläubiger trotz Anordnung einer Verfügungsbeschränkung noch eine Leistung aus dem schuldnerischen Vermögen annimmt, ohne hinreichende Anhaltspunkte für den nachträglichen Wegfall des von ihm glaubhaft gemachten Eröffnungsgrunds zu **142**

---

[257] BGH NZI 2005, 108; BGH NZI 2006, 34; OLG Köln ZIP 1993, 1483; LG Münster ZIP 1993, 1103; LG Kiel KTS 1998, 575 f.; LG Koblenz NZI 2001, 44; AG Göttingen NZI 2001, 385; *Uhlenbruck* KTS 1986, 541 ff.; FKInsO-*Schmerbach* § 13 RdNr. 113.

[258] OLG Köln NZI 2001, 318 f.; OLG Köln NZI 2002, 157 f.; LG Bonn NZI 2001, 488, 490; LG Koblenz NZI 2001, 265; LG Duisburg NZI 2004, 150 f.; Jaeger/*Gerhardt* § 13 RdNr. 69; Nerlich/Römermann/*Mönning* InsO § 13 RdNr. 122.

[259] BGH NZI 2005, 108; HKInsO-*Kirchhof* § 14 RdNr. 42; FKInsO-*Schmerbach* § 13 RdNr. 107.

[260] LG Meiningen ZIP 2000, 1451 f.; *Uhlenbruck* KTS 1986, 541, 547.

[261] LG Duisburg NZI 2004, 150 f.; AG Offenbach ZInsO 2000, 624.

[262] AG Hamburg NZI 2003, 104 (Einzelunternehmer); AG Duisburg, Beschl. v. 11.12.2002 – 62 IN 264/02, zit. bei *Brückl/Kersten* NZI 2004, 422, 423 Fn. 9 (GmbH); AG Duisburg ZVI 2005, 129 (GmbH); *Frind/Schmidt* ZInsO 2002, 8, 9; zur missbräuchlichen Rücknahme eines Eröffnungsantrags s. BGH NJW-RR 2008, 1439 f.

[263] *Ferslev* EWiR 2003, 605 f.; *Gerke* ZInsO 2003, 873, 880 f. (rechtspolitisch zustimmend); HKInsO-*Kirchhof* § 14 RdNr. 43; Kübler/Prütting/Bork/*Pape* InsO § 13 RdNr. 130; skeptisch zunächst auch *Schmahl* NZI 2002, 177, 185.

[264] LG Duisburg NZI 2009, 911 f.

haben. Die Leistung bewirkt nicht nur eine anfechtbare inkongruente Deckung (§ 131 Abs. 1 Nr. 1),[265] weshalb der Gläubiger sie zurückweisen darf,[266] sondern ist nach § 24 Abs. 1 unwirksam.[267] Wer als Antragsteller durch eine Erledigungserklärung dieses Vorgehen, das zugleich als vorsätzliche Benachteiligung der Gläubigergesamtheit (vgl. § 133 Abs. 1) zu werten ist, zumindest mit bedingtem Vorsatz unterstützt, kann sich nach Treu und Glauben nicht mehr auf die verfahrensrechtliche Dispositionsfreiheit berufen. Es bleibt ihm unbenommen, den Verdacht des Missbrauchs dadurch zu entkräften, dass er, spiegelbildlich zur Antragstellung (§ 14 Abs. 1 Satz 2), die Beseitigung des Eröffnungsgrunds glaubhaft macht (vgl. RdNr. 135). Im Anwendungsbereich des § 14 Abs. 1 Satz 2 führt die Erfüllung der Forderung darüber hinaus nicht zur Unzulässigkeit des Antrags (s. hierzu § 14 RdNr. 47 ff.).

143 Eine missbräuchliche Prozesshandlung ist unzulässig und entfaltet damit nicht die ihr zugedachte rechtliche Wirkung. Sie ist vom Gericht nicht zu beachten.[268] Eine missbräuchliche Erledigungserklärung steht der **Fortsetzung des Eröffnungsverfahrens** und der späteren Verfahrenseröffnung nicht im Wege.[269] Nur mit dieser Rechtsfolge kann dem Missbrauch noch im Verfahren selbst entgegengewirkt und den schutzwürdigen Interessen sämtlicher Gläubiger angemessen Geltung verschafft werden (§ 21 Abs. 1).

144 Ist die Sache noch nicht insgesamt entscheidungsreif, erfolgt der Ausspruch des Insolvenzgerichts, dass die Erledigungserklärung unwirksam ist und das Eröffnungsverfahren fortgesetzt wird, in einer **Zwischenentscheidung** (§ 4, § 303 ZPO).[270] Gleichzeitig kann auch das Vorliegen eines Eröffnungsgrunds festgestellt werden, wenn nur noch die Kostendeckung ungeklärt ist. Zuvor sind die Beteiligten anzuhören. Dabei ist ihnen Gelegenheit zu geben, den Wegfall des Eröffnungsgrunds glaubhaft zu machen (s. RdNr. 135, 142). Der Eröffnungsantrag bleibt vorläufig anhängig, Sicherungsanordnungen bleiben in Kraft. Gegen die Zwischenentscheidung ist die sofortige Beschwerde gegeben (§ 4, § 269 Abs. 4, 5 ZPO analog).

X. Nachträglicher Wegfall des Antragsrechts

145 **1. Wegfall vor der Eröffnungsentscheidung. a) Gläubigerantrag (§ 14).** Das Antragsrecht eines Eröffnungsantragstellers ist Voraussetzung für die Zulässigkeit des Antrags. Fällt dieses Recht im Verlaufe des Eröffnungsverfahrens weg, wird der Antrag unzulässig. Dies gilt insbesondere, wenn die ihm zugrunde gelegte Forderung des antragstellenden Gläubigers erlischt[271] oder auf einen anderen übergeht.[272] § 265 ZPO ist nicht anzuwenden.[273] Gegenstand des Verfahrens ist nicht die Forderung, sondern die Klärung der Eröffnungsvoraussetzungen (§§ 1, 16, 26). Das fortgefallene Antragsrecht wird auch im Anwendungsbereich des § 14 Abs. 1 Satz 2 nicht ersetzt (s. hierzu § 14 RdNr. 58).

146 Keine Erfüllungswirkung hat eine **Leistung des Schuldners,** die gegen eine Verfügungsbeschränkung nach § 21 Abs. 2 Satz 1 Nr. 2 verstößt (§ 24 Abs. 1, § 81 Abs. 1).[274] Der Gläubiger kommt nicht in Annahmeverzug, wenn er sie ablehnt, nur unter Vorbehalt annimmt oder an den vorläufigen Insolvenzverwalter weiterleitet. Auch ohne Anordnung einer Verfügungsbeschränkung ist der Gläubiger berechtigt, die vorbehaltlose Annahme der Leistung zu verweigern, solange er keine hinreichenden tatsächlichen Anhaltspunkte dafür hat, dass die von ihm glaubhaft gemachte Zahlungsunfähigkeit des Schuldners weggefallen ist (vgl. RdNr. 135).[275] Eine Leistung des Schuldners in dieser Lage bewirkt nämlich stets eine anfechtbare inkongruente Deckung (§ 131 Abs. 1

---

[265] BGHZ 157, 242, 246 f. = NJW 2004, 1385 f. = NZI 2004, 201 f.; BGHZ 161, 315, 322 f. = NJW 2005, 1118 = NZI 2005, 218, 220 f.; BGH NZI 2006, 159, 161; *Fischer,* FS Kirchhof, 2003, S. 73, 81; *Goette* DStR 2004, 739; *Kirchhof* ZInsO 2004, 1168, 1170 f.; *Frind/Schmidt* ZInsO 2001, 1133 f.; *Schmahl* NZI 2002, 177, 183.
[266] LG Duisburg NZI 2009, 911 f.; *Kirchhof* ZInsO 2004, 1168, 1171; *Kreft* DStR 2005, 1232, 1235.
[267] LG Duisburg NZI 2004, 150 f.; Nerlich/Römermann/*Mönning* InsO § 13 RdNr. 117.
[268] Vgl. BGHZ 10, 333 = NJW 1953, 1830; BGHZ 21, 285, 289 = NJW 1956, 1598 f.; BGH NJW 1987, 1946 f.; *Jänich* ZZP 109 (1996), 183, 187 mwN.
[269] AG Hamburg NZI 2003, 104; vgl. auch *Jänich* ZZP 109 (1996), 183, 191 mit Hinweis auf eine Entscheidung des OG Zürich aus dem Jahr 1995; ablehnend HKInsO-*Kirchhof* § 14 RdNr. 43; ebenso, allerdings ohne Erwähnung des Missbrauchs: BGH NZI 2006, 364.
[270] LG Duisburg NZI 2009, 911 f.; Nerlich/Römermann/*Mönning* InsO § 13 RdNr. 117.
[271] BGH NZI 2004, 587, 588 = NZS 2005, 24.
[272] Zum Ausnahmefall des § 187 SGB III vgl. RdNr. 42.
[273] *Smid* InVo 2003, 1, 3 ff.; HKInsO-*Kirchhof* § 13 RdNr. 8; vgl. auch BGHZ 92, 347, 349 = NJW 1985, 809; BGHZ 120, 387, 389 = NJW 1993, 1396.
[274] LG Duisburg NZI 2004, 150 f.
[275] *Kirchhof* ZInsO 2004, 1168, 1171; vgl. für den Fall, dass der antragstellende Gläubiger eine Zahlungsunfähigkeit nicht glaubhaft gemacht hat AG Leipzig ZInsO 2010, 1239 ff.

Nr. 1).[276] Dies gilt auch für die Leistung eines Dritten, die dieser im Einvernehmen mit dem Schuldner erbringt. Sie ist regelmäßig als Leistung des Schuldners zu werten, weil sie aus Kreditmitteln oder Einlagen stammt, die dem Schuldnervermögen zuzurechnen sind (vgl. auch RdNr. 135).[277]

Das Antragsrecht hängt allerdings nicht von einer bestimmten Forderung ab. Maßgebend ist **147** allein, ob der Antragsteller zum Zeitpunkt der Eröffnungsentscheidung eine glaubhaft gemachte Gläubigerstellung hat. Er darf deshalb zur Begründung seines Antragsrechts auch **weitere Forderungen** unter Beachtung des § 14 Abs. 1 in das Verfahren einführen oder Forderungen auswechseln. Dies gilt unabhängig davon, ob die ursprünglich herangezogene Forderung bereits erloschen ist.[278] Einem Missbrauch dieser Möglichkeit ist durch eine besondere Prüfung des rechtlichen Interesses zu begegnen (vgl. § 14 RdNr. 18).

Kein Antragsrecht ergibt sich dagegen aus dem bloßen **Feststellungsinteresse des ehemaligen** **148** **Gläubigers**, der nach wirksamer Tilgung seiner Forderung Klarheit darüber gewinnen will, ob beim Schuldner ein Eröffnungsgrund vorliegt oder die Tilgung anfechtungsrechtlich Bestand hat.[279]

b) Eigenantrag (§ 15). Kein Wegfall des Antragsrechts liegt vor, wenn die natürliche Person, **149** die einen Eigenantrag im Namen einer juristischen Person oder einer Gesellschaft ohne Rechtspersönlichkeit gestellt hat (§ 15), als organschaftlicher Vertreter aus dem Amt oder als persönlich haftender Gesellschafter aus der Gesellschaft ausscheidet. Hierdurch wird der Antrag nicht unzulässig. Er ist kraft gesetzlicher Vertretungsbefugnis (§ 15 Abs. 1) für den schuldnerischen Rechtsträger gestellt und bleibt ebenso wie andere Rechtshandlungen eines Vertreters auch nach dem Erlöschen der Vertretungsbefugnis wirksam.

2. Wegfall nach der Verfahrenseröffnung. Der Grundsatz, dass ein Wegfall des Antragsrechts **150** den Eröffnungsantrag unzulässig werden lässt, wird durch die zeitliche Einschränkung der Rücknahmebefugnis nach Abs. 2 durchbrochen. Nach dem Willen des Gesetzes haben mit Erlass des Eröffnungsbeschlusses die allgemeinen Wirkungen der Eröffnung Vorrang vor der Dispositionsbefugnis des Antragstellers (vgl. RdNr. 3). Nimmt man diese gesetzgeberische Entscheidung ernst, muss der Vorrang auch gelten, wenn in der Zeit zwischen Erlass und Rechtskraft des Eröffnungsbeschlusses andere Ereignisse eintreten, die dem Eröffnungsantrag erst jetzt die verfahrensrechtliche Grundlage entziehen. Dies gilt insbesondere für das Erlöschen der Forderung des antragstellenden Gläubigers.[280] Der Rechtsschutz des Schuldners ist wegen der Dauer des Eröffnungsverfahrens bei ordnungsgemäßer Mitwirkung auch in zeitlicher Hinsicht hinreichend sichergestellt. Lag zur Zeit der Eröffnung ein ordnungsgemäßer Antrag vor und waren auch die übrigen Eröffnungsvoraussetzungen gegeben, ist der spätere Wegfall der Forderung unerheblich. Ebenso wie bei den übrigen Voraussetzungen kommt es auch insoweit allein auf die Sachlage bei Verfahrenseröffnung an. Selbst wenn mit dem späteren Wegfall der Forderung die gesetzlichen Eröffnungsgründe insgesamt entfallen sind, kann dies nur mit einem Antrag auf Einstellung des Verfahrens nach § 212, nicht aber mit der Beschwerde gegen den Eröffnungsbeschluss geltend gemacht werden (vgl. § 16 RdNr. 43).[281]

XI. Kosten des Eröffnungsverfahrens

1. Kostenentscheidungen. Die Verpflichtung der Parteien, im Verhältnis zueinander die **151** gerichtlichen und außergerichtlichen Kosten des Verfahrens zu tragen, wird durch eine gerichtliche

---

[276] BGHZ 157, 242, 246 f. = NJW 2004, 1385 f. = NZI 2004, 201 f.; BGHZ 161, 315, 322 f. = NJW 2005, 1118 = NZI 2005, 218, 220 f.; BGH NZI 2006, 159, 161; *Fischer*, FS Kirchhof, 2003, S. 73, 81.

[277] Vgl. BGHZ 147, 193 = NJW 2001, 1937; BGHZ 155, 75, 81 f. = NJW 2003, 3347 f. = NZI 2003, 533 f.; BGHZ 156, 350, 355 = NJW 2004, 214 f. = NZI 2004, 78 f.; BGH NJW-RR 2001, 1490 = NZI 2001, 539; BGH NJW 2002, 1574, 1576 = NZI 2002, 255; BGH NZI 2003, 197 f.; BGH NJW 2003, 2316 f. = NZI 2003, 460; BGH NJW 2003, 3560 f. = NZI 2003, 597 f.; AG Hamburg NZI 2004, 323, 325; AG Leipzig ZInsO 2010, 1239 ff.

[278] BGH NZI 2004, 587 f. = NZS 2005, 24; BGH ZInsO 2012, 593 f.; LG Göttingen NJW-RR 1993, 767; AG Köln NZI 2000, 94 f.

[279] LG Aachen ZIP 2003, 1264; LG Düsseldorf NZI 2003, 501; aA *Brückl/Kersten* NZI 2004, 422, 429.

[280] Anders unter Geltung der KO etwa OLG Köln, Beschl. v. 17.10.1983 – 2 W 38/83, zit. bei *Kuhn/Uhlenbruck* KO § 103 RdNr. 3 g; OLG Düsseldorf, Beschl. v. 16.12.1985 – 3 W 470/85; LG Düsseldorf NJW 1977, 813; LG Stuttgart KTS 1978, 190; LG Köln ZIP 1980, 34; LG Kiel ZIP 1987, 870; LG Berlin Rpfleger 1992, 214; krit. hierzu *Dempewolf* NJW 1977, 813 f.; *Uhlenbruck* ZIP 1980, 34 f.; *ders.* KTS 1986, 541, 551; *Hess* EWiR 1998, 423; *Kuhn/Uhlenbruck* KO § 103 RdNr. 6 c, 6 f., § 109 RdNr. 3a; Kilger/*K. Schmidt* KO § 109 Anm. 3.

[281] Vgl. Nerlich/Römermann/*Mönning* InsO § 13 RdNr. 126; Uhlenbruck/*Uhlenbruck* InsO § 16 RdNr. 18; HambKommInsO-*Schröder* § 16 RdNr. 15.

Kostenentscheidung geregelt, wenn das Verfahren schon vor der Eröffnung endgültig beendet wird (§ 4, § 308 Abs. 2 ZPO). Sie richtet sich je nach Sachlage nach § 91 ZPO oder § 91a ZPO.

152 Nach wirksamer **Rücknahme des Eröffnungsantrags** hat kraft Gesetzes der Antragsteller die Kosten des Verfahrens zu tragen (§ 4, § 269 Abs. 3 Satz 2 ZPO; vgl. RdNr. 125).[282] Im Falle der **Erledigungserklärung** ergeht eine Kostenentscheidung nach § 91a ZPO oder § 91 ZPO (vgl. RdNr. 131 ff.).

153 Wird ein Eröffnungsantrag als **unzulässig** oder **unbegründet** zurückgewiesen, hat der Antragsteller die Kosten des Verfahrens zu tragen.[283] Beim Eigenantrag ist Antragsteller in diesem Sinne stets der Schuldner, auch in den Fällen des § 15 Abs. 2. Etwas anderes gilt, wenn nicht festgestellt werden kann, dass die antragstellende natürliche Person überhaupt das Recht hat, einen Eigenantrag im Namen des Schuldners zu stellen (vgl. § 15 RdNr. 88). Einen **Ausnahmefall stellt § 14 Abs. 3** dar, wenn der Antrag nach einer Erfüllung der Forderung als unbegründet abgewiesen wird (s. hierzu § 14 RdNr. 151 ff.).

154 Bei der **Abweisung mangels Masse** (§ 26) fallen die Kosten des Verfahrens grundsätzlich dem Schuldner zur Last. Der Eröffnungsgrund ist festgestellt, der Eröffnungsantrag hat sich also als begründet erwiesen. Er hat nur deshalb keinen Erfolg gehabt, weil die objektive Bedingung der Kostendeckung nicht erfüllt war.[284] Etwas anderes gilt indes, wenn der antragstellende Gläubiger (zu dessen Zweitschuldnerhaftung vgl. RdNr. 161) trotz eines Hinweises des Gerichts darauf besteht, dass die Kosten des Verfahrens voraussichtlich gedeckt seien, und das Gericht gleichwohl den Eröffnungsantrag mangels Masse abweist. In diesem Fall ist der Gläubiger der Unterliegende und muss die Kosten tragen.[285]

155 Im **Eröffnungsbeschluss** wird keine Kostenentscheidung getroffen (vgl. §§ 27 bis 29 RdNr. 117). Hier ergibt sich die Kostenfolge zu Lasten des Schuldners aus § 54 Nr. 1. Der antragstellende Gläubiger kann bereits gezahlte Gerichtskosten als Massekosten nach § 54 Nr. 1 geltend machen; seine bisherigen außergerichtlichen Verfahrenskosten fallen unter den Rang des § 38.

156 Eine Kostenentscheidung unterbleibt ferner, wenn in der Verbraucherinsolvenz das Verfahren bereits durch die **Annahme eines Schuldenbereinigungsplans** beendet wird (§ 308). In diesem Fall haben die Gläubiger gegen den Schuldner keinen Anspruch auf Kostenerstattung (§ 310). Gleiches gilt im Verhältnis der Beteiligten zu einem Gläubiger, dessen Ablehnung des Plans durch eine gerichtliche Zustimmung nach § 309 ersetzt worden ist. Der Kostenvorschrift des § 310 liegt derselbe Gedanke zugrunde wie dem § 81 FamFG. Jeder Beteiligte des Schuldenbereinigungsverfahrens hat deshalb grundsätzlich seine Verfahrenskosten selbst zu tragen. Das Gericht kann im Einzelfall eine abweichende Regelung treffen, wenn dies der Billigkeit entspricht, insbesondere wenn ein Beteiligter fremde Kosten durch grobes Verschulden verursacht hat.

157 **2. Gerichtskosten.** Für die gerichtlichen Kosten des Eröffnungsverfahrens werden Gebühren und Auslagen nach dem GKG erhoben (§ 1 Abs. 1 Nr. 2 GKG).

158 **a) Gerichtsgebühren.** Als Gebühr wird nur die vom Gegenstandswert abhängige Verfahrensgebühr erhoben (vgl. Nr. 2310, 2311 KV GKG). Sie fällt nur bei Eröffnungsanträgen eines Gläubigers, des Schuldners oder des ausländischen Insolvenzverwalters (Vorbem. 2.3 KV GKG) an, nicht bei Anträgen einer Aufsichtsbehörde.[286] Die Wertberechnung richtet sich nach § 58 GKG. Bei Gläubigeranträgen ist die Höhe der Forderung maßgebend (§ 58 Abs. 2 GKG), bei gemeinsamen Eröffnungsanträgen ist die Gebühr für jeden Antragsteller gesondert nach dem Betrag seiner Forderung zu berechnen.[287] Soweit es auf den Wert der Insolvenzmasse zur Zeit der Beendigung des Verfahrens ankommt, ist der Wert auf der Grundlage der zu diesem Zeitpunkt verfügbaren Erkenntnisse und Anhaltspunkte zu schätzen (§ 64 GKG).[288] Die Gebühr wird mit der Einreichung des Eröffnungsantrags fällig (§ 6 Abs. 1 Nr. 3 GKG), die Tätigkeit des Gerichts oder die Zulässigkeit des Antrags hängt jedoch nicht von der Zahlung eines Gerichtskostenvorschusses ab.

159 **b) Auslagen.** Zu den gerichtlichen Auslagen des Eröffnungsverfahrens gehören neben Zustellungs- und Veröffentlichungskosten vor allem die Ermittlungskosten, also die Entschädigungen für

---

[282] Andres/*Leithaus* InsO § 13 RdNr. 12.
[283] Zur Anweisung des Antrags als unbegründet s. HKInsO-*Kirchhof* § 13 RdNr. 26.
[284] LG Berlin ZInsO 2001, 269; LG München I ZInsO 2002, 42; *Uhlenbruck* KTS 1983, 341, 343 f.; *H. Mohrbutter* EWiR 1992, 587, 588; HKInsO-*Kirchhof* § 26 RdNr. 23; aA LG Münster NZI 2000, 383; zum früheren Streitstand vgl. OLG Köln NZI 2000, 374; *Sabel* EWiR 2000, 973.
[285] *H. Mohrbutter* EWiR 1992, 587, 588; HKInsO-*Kirchhof* § 26 RdNr. 23.
[286] LG Stuttgart Rpfleger 1980, 161 f.
[287] LG Berlin Rpfleger 1972, 330.
[288] BGH NZI 2005, 558 f.; AG Göttingen ZIP 1992, 790; vgl. auch OLG Köln NZI 2003, 231.

Zeugen und Sachverständige (Nr. 9005 KV GKG).[289] Die Kosten für den Sachverständigen können wegen des hierfür maßgebenden Zeitaufwands (§ 9 Abs. 2 JVEG) sehr schnell nennenswerte Beträge ausmachen. Im Allgemeinen sind sie die größte Position des Kostenansatzes.

c) Kostenschuldner. Wer im Verhältnis zur Staatskasse für die Gerichtskosten aufzukommen hat, bestimmt sich nach den §§ 23, 29 bis 33 GKG.

Kommt es zu einer Zurückweisung oder Abweisung des Eröffnungsantrags, haftet zunächst der Beteiligte, dem durch **gerichtliche Entscheidung** die Kosten des Verfahrens auferlegt worden sind (§ 29 Nr. 1, § 31 Abs. 2 Satz 1 GKG). Der Antragsteller haftet für die Gebühren und Auslagen in diesen Fällen stets als **Zweitschuldner** (§ 31 Abs. 2 Satz 1 GKG). Die Haftung trifft ihn ebenso bei **Rücknahme** des Eröffnungsantrags (§ 23 Abs. 1 GKG) und bei der ihr kostenrechtlich gleichstehenden **Erledigungserklärung**[290] (vgl. § 4, § 91a ZPO, § 29 Nr. 1, § 31 GKG). Diese Gleichstellung der Erledigungserklärung mit der Antragsrücknahme ist ebenso wie im Zivilprozess durch das Veranlassungsprinzip gerechtfertigt (§ 22 GKG).[291] Dass § 23 GKG die Erledigungserklärung nicht erwähnt, ist nicht als bewusste gesetzgeberische Entscheidung gegen die Gleichstellung mit der Antragsrücknahme zu verstehen, sondern beruht allein auf Unkenntnis der konkurs- und insolvenzgerichtlichen Praxis. Der erst 1950 geschaffene § 91a ZPO[292] wurde im Konkursverfahren bis etwa 1980 nicht oder nur ganz vereinzelt für anwendbar gehalten.[293] Deshalb galten Abweisung und Rücknahme des Antrags lange Zeit als die einzigen Möglichkeiten der Verfahrensbeendigung ohne Eröffnungsbeschluss; die Fassung des § 13 Abs. 2, welche die Erledigungserklärung ebenfalls nicht erwähnt, spiegelt dies immer noch wider. Das Kostenrecht hat diese überholte Rechtsauffassung ohne nähere Begründung[294] von Novelle zu Novelle mitgeschleppt. Bei der **Abweisung mangels Masse** greift die Zweitschuldnerhaftung des antragstellenden Gläubigers sogar vorrangig ein, weil eine Zwangsvollstreckung in das bewegliche Vermögen des Schuldners regelmäßig aussichtslos erscheinen wird (§ 31 Abs. 2 Satz 1 GKG).[295] Gleiches gilt im Fall der Erledigungserklärung nach einem ursprünglich zulässigen Eröffnungsantrag, sofern nicht feststeht, dass die Solvenz des Schuldners wiederhergestellt ist. Die Zweitschuldnerhaftung kann in Fällen dieser Art schon in der gerichtlichen Kostenentscheidung ausgesprochen werden.[296] Soweit der Schuldner gem. § 14 Abs. 3 die Kosten zu tragen hat (s. hierzu § 14 RdNr. 151 ff.), gelten § 23 Abs. 1 Satz 1 und 2 GKG nicht (vgl. § 23 Abs. 1 Satz 3 GKG).

Im Fall der **Eröffnung** sind die Gerichtskosten Teil der Massekosten, die aus der Insolvenzmasse zu begleichen sind (§ 23 Abs. 3, § 33 GKG). Für die Gerichtsgebühr für das Eröffnungsverfahren haftet daneben auch der Antragsteller (§ 23 Abs. 1 Satz 1 GKG).

d) Ermittlungskostenvorschuss (§ 17 GKG) und Verfahrenskostenvorschuss (§ 26). Zur Deckung der Kosten der gerichtlichen Ermittlungen kann vom Antragsteller im Eröffnungsverfahren ein Vorschuss erhoben werden (§ 17 Abs. 3 GKG). Die Ermittlungen selbst sind jedoch von der Anforderung und Zahlung des Vorschusses unabhängig. Sie erfolgen nicht auf Grund eines Beweisantrags (§ 17 Abs. 1 GKG), sondern sind von Amts wegen vorzunehmen (§ 17 Abs. 3 GKG, § 5 Abs. 1). Das Gericht ist nicht zur Anforderung des Vorschusses verpflichtet und darf Ermittlungshandlungen keinesfalls von seiner Einzahlung abhängig machen.[297] Das Gericht ist auch nicht gehalten, dem Antragsteller kostenträchtige Ermittlungen vorher anzukündigen.[298] § 17 Abs. 3 GKG

---

[289] LG Gera ZIP 2002, 1735.
[290] LG Dresden ZVI 2005, 329; AG Paderborn Rpfleger 1993, 366; AG Frankfurt am Main ZVI 2003, 615 f.; AG Düsseldorf ZInsO 2006, 1116; *Uhlenbruck* KTS 1983, 341, 345; *Kuhn/Uhlenbruck* KO § 103 RdNr. 3 g; *Kilger/K. Schmidt* KO § 103 Anm. 2; *Holzer* NZI 2005, 308, 315.
[291] AG Düsseldorf ZInsO 2006, 1116 f.; HambKommInsO-*Wehr* § 13 RdNr. 88; aA OLG Köln NZI 2005, 683; OLG Düsseldorf NZI 2006, 708; OLG Koblenz ZInsO 2007, 610; LG Frankenthal NZI 2002, 265; LG Göttingen NZI 2004, 501; AG Dresden ZInsO 2003, 529 = ZVI 2003, 245; *Schmerbach* NZI 2003, 422, 423; *Gundlach/Schirrmeister* EWiR 2004, 849 f.; *Kübler/Prütting/Bork/Pape* InsO § 13 RdNr. 131 a.
[292] Dazu *Ulrich* NJW 1994, 2793 f.
[293] Nachw. bei *Delhaes* S. 199 f.; *Uhlenbruck* KTS 1983, 341, 345; *ders.* KTS 1986, 541, 544 ff.; Jaeger/*Weber* KO § 103 RdNr. 7 Abs. 4; *Kuhn/Uhlenbruck* KO § 103 RdNr. 3 f.
[294] Vgl. BT-Dr. 7/2016 (§ 50 GKG 1975); Begr. RegE EG zu Art. 27, *Balz/Landfermann* S. 524 = *Kübler/Prütting*, Dok. Bd. II, S. 132; Begr. RegE KostRMoG 2004 zu § 23 GKG, BT-Dr. 15/1971, S. 153.
[295] Vgl. OLG München Rpfleger 1966, 219; OLG München Rpfleger 1986, 450; OLG Düsseldorf JMBl. NRW 1996, 262; LG Gera ZIP 2002, 1735 f.; LG Mainz, Beschl. v. 24.4.2003 – 8 T 313/02; gegen eine Zweitschuldnerhaftung für Auslagen OLG Koblenz OLGR 2007, 639 f.; AG Göttingen ZIP 2009, 1532 f.; FKInsO-*Schmerbach* § 13 RdNr. 51a.
[296] OLG Zweibrücken NZI 2000, 271 f.; AG Duisburg NZI 2004, 328, 329.
[297] BGH MDR 1976, 396; OLG Hamm MDR 1976, 779; KG NJW 1982, 111; OLG Hamburg FamRZ 1986, 196; OLG Düsseldorf AnwBl. 1989, 237; Uhlenbruck/*Uhlenbruck* InsO § 16 RdNr. 7.
[298] LG Gera ZIP 2002, 1735, 1737.

dient nicht der Warnung eines Beteiligten vor anfallenden hohen Kosten, sondern schützt allein das Interesse der Staatskasse an der Sicherstellung ihrer Auslagen. Dem Anspruch des Antragstellers auf ein faires Verfahren ist in diesem Zusammenhang angemessen Rechnung getragen, wenn er zu Beginn des Verfahrens allgemein auf seine mögliche Haftung für die Ermittlungskosten hingewiesen wird.

165 Der **Ermittlungskostenvorschuss** (§ 17 Abs. 3 GKG), der sich auf die Kosten des Verfahrensabschnitts zwischen Antragstellung und Entscheidung über die Eröffnung bezieht, ist zu unterscheiden von dem **Verfahrenskostenvorschuss** im Fall der drohenden Abweisung mangels Masse (§ 26 Abs. 1 Satz 2); dieser betrifft die Kosten, die mit und nach der Eröffnung des Verfahrens entstehen.

166 **e) Aufteilung der Ermittlungskosten bei Parallelverfahren.** Wird für mehrere Eröffnungsverfahren gegen denselben Schuldner (s. RdNr. 13) eine gemeinsame Beweisaufnahme, etwa durch Beauftragung eines Sachverständigen, durchgeführt (vgl. § 16 RdNr. 19), haften die Eröffnungsantragsteller unabhängig von einer förmlichen Verbindung der Verfahren für die Kosten dieser Ermittlungen als Gesamtschuldner (§ 31 Abs. 1 GKG). Die Kosten können auf die Antragsteller zumindest anteilig verteilt werden (vgl. auch Vorbem. 9 Abs. 2 KV GKG). Das Gleiche gilt, wenn nach Anordnung der Beweisaufnahme ein weiterer Eröffnungsantrag gestellt wird und das Ergebnis der Ermittlungen auch in diesem neuen Verfahren verwertet werden soll (vgl. § 411a ZPO).[299] Es empfiehlt sich, den neuen Antragsteller auf die bereits angeordneten Ermittlungen hinzuweisen.

167 **f) Kosten bei Aufhebung des Eröffnungsbeschlusses in der Beschwerdeinstanz.** Wird der Eröffnungsbeschluss in der Beschwerdeinstanz aufgehoben (§ 34 Abs. 3), hat der unterlegene Antragsteller nur die Kosten des Eröffnungsverfahrens und des Beschwerdeverfahrens zu tragen. Die seit der Eröffnung angefallenen Massekosten (§ 54), insbesondere die Vergütung und die Auslagen des Insolvenzverwalters oder die Kosten des Gläubigerausschusses, fallen ihm kostenrechtlich nicht zur Last (vgl. § 34 RdNr. 91, 103 ff.).

168 **3. Kosten des vorläufigen Insolvenzverwalters. a) Vergütung und Auslagen.** Nicht zu den gerichtlichen, wohl aber zu den sonstigen Kosten des Verfahrens gehören Vergütung und Auslagen des vorläufigen Insolvenzverwalters. Diese Kosten bestimmen sich nach § 21 Abs. 2 Satz 1 Nr. 1, §§ 63 bis 65. Bei einer Eröffnung des Verfahrens werden Vergütung und Auslagen des (vorläufigen) Verwalters gem. §§ 53, 54 Nr. 2, 209 Abs. 1 Nr. 1 Masseverbindlichkeiten.[300] Wird ein Erstantrag abgelehnt und das Verfahren sodann infolge eines Zweitantrags eröffnet, sollen nach einer verbreiteten Auffassung Vergütung und Auslagen des vorläufigen Verwalters aus dem Erstverfahren in dem Zweitverfahren nicht als Insolvenzforderung, sondern als Masseverbindlichkeit zu behandeln sein, wenn eine materielle Verfahrenseinheit vorliegt, wovon auszugehen sein soll, wenn zwischen den Anträgen ein nicht erheblicher Zeitraum vergangen ist, der Schuldner in dieser Zeit am Geschäftsverkehr nicht oder nur kaum teilgenommen hat und sich damit der Bestand an Gläubigern nicht verändert hat[301] oder der Erstantrag mangels örtlicher Zuständigkeit abgelehnt und das Verfahren dann aufgrund eines neuen Antrags vor dem örtlich zuständigen Gericht eröffnet wird[302]. Dem kann nicht gefolgt werden, weil auch bei Bestehen einer „materiellen Verfahrenseinheit" eine gesetzliche Grundlage für die Behandlung als Masseverbindlichkeiten im Zweitverfahren fehlt.[303]

169 Bei einer **Nichteröffnung des Verfahrens** bleibt Schuldner des Vergütungs- und Auslagenerstattungsanspruchs des vorläufigen Insolvenzverwalters der Insolvenzschuldner.[304] Ein **Erstattungsanspruch gegen die Staatskasse** steht dem Verwalter gem. § 63 Abs. 2 nur zu, wenn dem Schuldner die Kosten des Verfahrens gestundet worden sind.[305] Etwas anderes gilt nur hinsichtlich der

---

[299] Vgl. LG Duisburg Rpfleger 1990, 434 f.; *Bollig* KTS 1990, 599, 615; FKInsO-*Schmerbach* § 13 RdNr. 39; HKInsO-*Kirchhof* § 13 RdNr. 24; aA Kübler/Prütting/Bork/*Pape* InsO § 13 RdNr. 80.
[300] Uhlenbruck/*Mock* InsO § 63 RdNr. 52.
[301] So AG Neubrandenburg ZInsO 2006, 931; *Ries* ZInsO 2005, 414 ff.; *ders.* ZInsO 2007, 1102 ff.; *Haarmeyer/Wutzke/Förster* § 1 InsVV RdNr. 82; Uhlenbruck/*Mock* InsO § 63 RdNr. 54.
[302] LG Hamburg ZIP 1991, 116; AG Hamburg-Altona ZIP 89, 458, 459.
[303] BGH NZI 2009, 53.
[304] BGHZ 157, 370 = NJW 2004, 1957 = NZI 2004, 245, 247; BGHZ 175, 48 = NJW 2008, 583 = NZI 2008, 170; BGH NZI 2006, 239 = NJW-RR 2006, 1204; BGH NZI 2007, 40 f.; OLG Frankfurt ZIP 1992, 1564 f.; OLG Celle NZI 2000, 226, 227 f.; LG Stuttgart NZI 2004, 630 f.; AG Köln NZI 2000, 384 f.; *Uhlenbruck* KTS 1983, 341, 346 f.; *H. Mohrbutter* EWiR 2000, 681; *Vallender* EWiR 2004, 609; Uhlenbruck/*Uhlenbruck* InsO § 13 RdNr. 134, § 26 RdNr. 32; FKInsO-*Schmerbach* § 26 RdNr. 70; aA LG Mainz NJW-RR 1999, 698 f.; HambKommInsO-*Wehr* § 13 RdNr. 51, 90 ff.
[305] BGHZ 157, 370 = NJW 2004, 1957; LG Fulda NZI 2002, 61; HambKommInsO-*Wehr* § 13 RdNr. 80; offen lassend OLG Celle ZIP 2000, 706; aA *Haarmeyer/Wutzke/Förster* § 8 InsVV RdNr. 56 ff.

Auslagen des vorläufigen Verwalters.[306] Der antragstellende Gläubiger schuldet die Zahlung der Vergütung nicht. Für das Eröffnungsverfahren fehlt eine dem § 54 Nr. 2 vergleichbare Regelung. Dem antragstellenden Gläubiger können Vergütung und Auslagen des vorläufigen Verwalters daher auch nicht abweichend hiervon im Wege einer **Kostengrundentscheidung** auferlegt werden.[307] Der Schuldner muss für den Fall einer rechtsmissbräuchlichen Antragstellung die ihn treffenden Kosten des Verwalters im Rahmen eines Schadensersatzanspruchs gegen den Gläubiger geltend machen (s. § 14 RdNr. 12 ff.).

b) Sachverständigenentschädigung. Zu den Gerichtskosten gehören diejenigen Kosten, die durch eine Tätigkeit des vorläufigen Insolvenzverwalters als Sachverständiger nach § 22 Abs. 1 Satz 1 Nr. 3 entstanden sind (Nr. 9005 KV GKG, § 9 Abs. 2 JVEG).[308] Die Prüfung des Eröffnungsgrunds und der Fortführungsaussichten dient ebenso wie die Prüfung der Kostendeckung (insoweit liegt in § 22 Abs. 1 Satz 1 Nr. 3 eine redaktionelle Ungenauigkeit vor) nicht so sehr zur Sicherung der Masse (§ 21 Abs. 1) als vielmehr zur Ermittlung der Eröffnungsvoraussetzungen;[309] sie kann dem Sachverständigen vom Gericht auch ohne Bestellung zum vorläufigen Insolvenzverwalter übertragen werden (vgl. § 16 RdNr. 45 ff., 46). Für diese Tätigkeit ist eine Entschädigung nach dem JVEG zu zahlen, die zu den gerichtlichen Auslagen gehört (vgl. auch § 11 Abs. 2 InsVV). Die Vorschrift des § 22 Abs. 1 Satz 1 Nr. 3 soll nicht zuletzt dies klarstellen.[310] S. zur Vergütung des Sachverständigen auch § 20 RdNr. 69.

4. Anwaltsgebühren. Der Rechtsanwalt erhält zur Abgeltung der gesamten Tätigkeit im Eröffnungsverfahren eine Verfahrensgebühr, deren Satz von der Parteistellung des Mandanten abhängt und sich erhöht, wenn ein Verfahren über den Schuldenbereinigungsplan stattfindet (§ 2 RVG, Nr. 3313 bis 3316 VV RVG).[311] Der Gegenstandswert richtet sich nach § 28 Abs. 1, 2 RVG. Die Geschäftsgebühr für eine vorangegangene außergerichtliche Tätigkeit (Nr. 2400 VV RVG), etwa im Rahmen des Einigungsversuchs nach § 305 Abs. 1 Nr. 1, wird auf die Verfahrensgebühr zur Hälfte angerechnet (Vorbem. 3 Abs. 4 VV RVG). Für die Vertretung im eröffneten Verfahren erhält der Rechtsanwalt eine zusätzliche Verfahrensgebühr (Nr. 3317, 3320 VV RVG, § 28 Abs. 1, 2 RVG). Der Antrag auf Restschuldbefreiung löst keine besondere Gebühr aus. Eine solche steht dem Rechtsanwalt erst zu, wenn er mit einem Antrag auf Versagung oder Widerruf der Restschuldbefreiung befasst wird (Nr. 3321 VV RVG, § 28 Abs. 3 RVG).

§ 14 Antrag eines Gläubigers

(1) ¹Der Antrag eines Gläubigers ist zulässig, wenn der Gläubiger ein rechtliches Interesse an der Eröffnung des Insolvenzverfahrens hat und seine Forderung und den Eröffnungsgrund glaubhaft macht. ²War in einem Zeitraum von zwei Jahren vor der Antragstellung bereits ein Antrag auf Eröffnung eines Insolvenzverfahrens über das Vermögen des Schuldners gestellt worden, so wird der Antrag nicht allein dadurch unzulässig, dass die Forderung erfüllt wird. ³In diesem Fall hat der Gläubiger auch die vorherige Antragstellung glaubhaft zu machen.

(2) Ist der Antrag zulässig, so hat das Insolvenzgericht den Schuldner zu hören.

(3) Wird die Forderung des Gläubigers nach Antragstellung erfüllt, so hat der Schuldner die Kosten des Verfahrens zu tragen, wenn der Antrag als unbegründet abgewiesen wird.

Schrifttum: *App,* Checkliste für die Stellung eines Konkursantrages wegen Zahlungsunfähigkeit des Schuldners, JurBüro 1996, 177 ff.; *Baur,* Zur gegenwärtigen Lage des Insolvenzrechts, JZ 1951, 209 ff.; *Beth,* Zur Notwendigkeit der Glaubhaftmachung der fortbestehenden Zahlungsunfähigkeit nach Erfüllung der Forderung, NZI 2012, 1 ff.; *Büttner,* Anmerkung zu BGH, Beschl. v. 7.2.2008 – IX ZB 137/07, EWiR 2008, 369 f.;

---

[306] Andres/*Leithaus* InsO § 63 RdNr. 16; offen lassend BGHZ 157, 370 = NJW 2004, 1957 = NZI 2004, 245, 247.

[307] BGHZ 175, 48 = NJW 2008, 583; MünchKommInsO-*Hefermehl* § 54 RdNr. 14; HKInsO-*Kirchhof* § 14 RdNr. 60; aA AG Hamburg ZInsO 2007, 1167 f.; AG Hamburg ZInsO 2001, 1121; MünchKommInsO-*Schmahl*² § 13 RdNr. 171; *Uhlenbruck* NZI 2010, 161, 162 ff.; ebenso noch Gottwald, P./*Uhlenbruck*/*Vuia*, Insolvenzrechts-Handbuch, § 4 RdNr. 19.

[308] Vgl. hierzu auch BVerfG ZIP 1981, 365.

[309] Vgl. Begr. RegE zu § 26 (= § 22), *Balz/Landfermann* S. 98 = *Kübler/Prütting,* Dok. Bd. I, S. 184 f.

[310] Vgl. Bericht BTag zu § 26 (= § 22), *Balz/Landfermann* S. 99 = *Kübler/Prütting,* Dok. Bd. I, S. 186.

[311] Einzelheiten bei *Th. Schmidt* ZInsO 2004, 302; *Vallender* MDR 1999, 598; *Enders* JurBüro 1999, 113, 169, 225; *Hansens* RVGreport 2010, 443 ff.; s. ferner HambKommInsO-*Wehr* § 13 RdNr. 81-83.

W. Delhaes, Der Insolvenzantrag, 1994; G. Fischer, Bewirken Leistungen, die zur Erledigung des Insolvenzantrags führen, eine kongruente Deckung? in FS Hans-Peter Kirchhof, 2003, S. 73 ff.; Floeth, Anmerkung zu BGH, Beschl. v. 12.7.2007 – IX ZB 82/04, EWiR 2008, 111 f.; Frind, Stärkung der Gläubigerrechte in der InsO, NZI 2007, 555 ff.; ders., Haushaltsbegleitgesetz 2011 – Chance zur Nutzung der „Frühwarnfunktion" des Gläubigerantrags vertan, ZInsO 2010, 1784 ff.; ders., Zwischenruf: Änderung des § 14 InsO – Freibrief für den verschleppten oder unbegründeten Gläubigerantrag?, ZInsO 2010, 2183 ff.; ders., Anmerkung zu BGH, Beschl. v. 19.5.2011 – IX ZB 214/10, EWiR 2011, 467 f.; ders., Gebrauchsanleitung für den erfolgreichen Gläubigerinsolvenzantrag – unter Berücksichtigung der Neufassung des § 14 InsO in der Fassung des Haushaltsbegleitgesetzes 2011, ZInsO 2011, 412 ff.; ders., Anmerkung zu LG Berlin, Beschl. v. 10.1.2012 – 85 T 386/11, EWiR 2012, 285 f.; Frind/A. Schmidt, Sozialversicherungsträger – Nassauer des Insolvenzverfahrens? ZInsO 2001, 1133 ff. und 2002, 8 ff.; Gerhardt, Inkongruenz von Leistungen zur Abwendung eines angedrohten Insolvenzantrags, in FS Gerhart Kreft, 2004, S. 267 ff.; Gundlach/Müller, Das Insolvenzantragsrecht eines nachrangigen Insolvenzgläubigers im Fall des qualifizierten Rangrücktritts, ZInsO 2011, 84 ff.; dies., Anmerkung zu BGH, Beschl. v. 23.9.2010 – IX ZB 282/09, EWiR 2010, 819 f.; Gundlach/Rautmann, Änderungen der Insolvenzordnung durch das Haushaltsbegleitgesetz 2011, DStR 2011, 82 ff.; dies., Die Änderung des § 14 InsO durch das Haushaltsbegleitgesetz, NZI 2011, 315 ff.; Guski, Das rechtliche Interesse beim Insolvenzantrag, WM 2011, 103 ff.; Hackländer/Schur, Die Zulässigkeit des Eröffnungsantrags bei Erfüllung der Forderung des antragstellenden Gläubigers – Diskussionsstand, Lösungsansatz und Verfahrensweise, ZInsO 2012, 901 ff.; Harder, Fortsetzung des Insolvenzverfahrens gem. § 14 I 2 InsO, NJW-Spezial 2012, 277 f.; Henckel, Fehler bei der Eröffnung des Insolvenzverfahrens – Abhilfe und Rechtsmittel, ZIP 2000, 2045 ff.; Hess, Anmerkung zu BGH, Beschl. v. 13.6.2006 – IX ZB 238/05, WuB VI A § 14 InsO 1.07; Hölzle, Anmerkung zu BGH, Beschl. v. 29.11.2007 – IX ZB 12/07, EWiR 2008, 407 f.; Holzer, Krisenerkennung bei insolvenzgefährdeten Unternehmen aus Sicht der gerichtlichen Praxis, NZI 2005, 308 ff.; Hopt, Schadensersatz aus unberechtigter Verfahrenseinleitung, 1968; Hornung, Gerichtliche Vollstreckung im Verwaltungszwangsverfahren, Rpfleger 1981, 86 ff.; Jacobi, Die Glaubhaftmachung des Insolvenzgrundes: Eine Tendenz in der Praxis der Finanzverwaltung, ZInsO 2011, 1094 ff.; Jänich, Eröffnung des Konkursverfahrens trotz Zahlung durch den Schuldner? ZZP 109 (1996), 183 ff.; Jungclaus/Keller, Die Änderungen der InsO durch das Haushaltsbegleitgesetz 2011, NZI 2010, 808 ff.; Kollbach, Verfassungsmäßigkeit der Kostenregelung nach § 14 Abs. 3 InsO, ZInsO 2011, 1822 ff.; Kollbach/Lodyga/Zanthoff, Haushaltsbegleitgesetz 2011: Erledigungserklärung von Insolvenzanträgen, NZI 2010, 932 ff.; Krantz, Konkursantrag als Druckmittel zur Ratenzahlung, NJW 1952, 291 ff.; Lambrecht, Das Scheme of Arrangement zur Glaubhaftmachung des Insolvenzgrunds, ZInsO 2011, 124 ff.; Lang, Das Rechtsschutzinteresse beim Antrag auf Eröffnung des Insolvenzverfahrens, Diss. Heidelberg 2002; Maintzer, Die Gewährung rechtlichen Gehörs im Rahmen des Konkursverfahrens, KTS 1985, 617 ff.; Marotzke, Sinn und Unsinn einer insolvenzrechtlichen Privilegierung des Fiskus, ZInsO 2010, 2163 ff.; ders., Kostenfreie Weiterverfolgung eines von Gläubigerseite gestellten Insolvenzantrags trotz Wegfalls der zugrundeliegenden Forderung?, ZInsO 2011, 841 ff.; ders., Das insolvenzrechtliche Eröffnungsverfahren neuer Prägung (Teil 2), DB 2012, 617 ff.; Meyer-Löwy/Fritz, Zahlungsfähigkeit und positive Fortführungsprognose auch bei Vorlage eines Scheme of Arrangement, ZInsO 2011, 662 ff.; Pape, Unzulässige Konkursanträge aufgrund vorläufig vollstreckbarer Schuldtitel? NJW 1993, 297 ff.; ders., Schadensersatz wegen fahrlässig gestellten Konkursantrags? ZIP 1995, 623 ff.; ders., Erleichterung der Sanierung von Unternehmen durch Insolvenzverfahren bei gleichzeitiger Abschaffung der Gläubigergleichbehandlung?, ZInsO 2010, 2155 ff.; Plagemann, Sozialversicherungsbeiträge in der Insolvenz, NZS 2000, 525 ff.; Rugullis, Bestreitet, wer schweigt?, KTS 2007, 283 ff.; Schacht, Vorrechte öffentlicher und fiskalischer Forderungen im Insolvenzverfahren, ZInsO 2011, 1048 ff.; Schillgalis, Rechtsschutz des Schuldners bei fahrlässig unberechtigten Insolvenzanträgen, 2006; Schmahl, Zur Praxis öffentlich-rechtlicher Gläubiger bei der Stellung und Rücknahme von Eröffnungsanträgen, NZI 2002, 177 ff.; ders., Zur Darstellung und Glaubhaftmachung der Forderung eines öffentlich-rechtlichen Gläubigers im Insolvenzeröffnungsantrag, NZI 2007, 20 ff.; Schur, Vollstreckungsschutz nach § 765a ZPO im Insolvenzverfahren, KTS 2008, 471 ff.; Smid, Kurze kritische Anmerkungen zu den Änderungen der Insolvenzordnung durch Art. 3 und 4 Haushaltsbegleitgesetz 2011, DZWIR 2011, 133 ff.; ders., Struktur und systematischer Gehalt des deutschen Insolvenzrechts in der Judikatur des IX. Zivilsenats des Bundesgerichtshofs (X, Teil 1), DZWIR 2012, 1 ff.; Skrotzki, Das rechtliche Gehör im Konkursverfahren, KTS 1956, 105 ff.; Uhlenbruck, Konkursantrag aus Gründen der Kostenersparnis, NJW 1968, 685 ff.; ders., Der Konkursantrag der Finanzbehörden, BB 1972, 1266 ff.; ders., Der Konkursantrag der Sozialversicherungsträger, Rpfleger 1981, 377 ff.; ders., Der ordnungsmäßige Konkursantrag des Finanzamts gegen den Steuerschuldner, DStZ 1986, 39 ff.; ders., Die verfahrens- und kostenmäßige Behandlung von Konkursanträgen bei Zahlung der dem Konkursantrag zugrunde liegenden Forderung durch den Schuldner, KTS 1986, 541 ff.; ders., Das rechtliche Gehör im Konkurseröffnungsverfahren, in FS Gottfried Baumgärtel, 1990, S. 569 ff.; ders., Die Durchsetzung von Gläubigeransprüchen gegen eine vermögenslose GmbH und deren Organe nach geltendem und neuem Insolvenzrecht, ZIP 1996, 1641 ff.; Unger, Das Rechtsschutzbedürfnis beim Konkursantrag, KTS 1962, 205 ff.; Vallender, Das rechtliche Gehör im Insolvenzverfahren, in Kölner Schrift zur Insolvenzordnung, 3. Aufl. 2009, S. 115 ff.; Weber, Die Funktionsteilung zwischen Konkursverwalter und Gesellschaftsorganen im Konkurs der Kapitalgesellschaft, KTS 1970, 73 ff.; Weiland, Wi(e)der die Privilegierung der öffentlich-rechtlichen Gläubiger, DZWIR 2011, 224 ff.; Weitnauer, Der unbegründete Konkursantrag und das Recht am eingerichteten Gewerbebetrieb, DB 1962, 461 ff.; ders., Schadensersatz aus unberechtigter Verfahrenseinleitung, AcP 170 (1970), 437 ff.; Westhelle/Josephs, Krankenkasse in der Insolvenz des Beitragsschuldners, KrV 2012, 56 ff.; Wimmer, Die insolvenzrechtlichen Bestimmungen des Haushaltsbegleitgesetzes 2011, jurisPR-InsR 23/2010 Anm. 1; Zeiss, Schadensersatzpflichten aus prozessualem Verhalten, NJW 1967, 703 ff.

Übersicht

	Rn.
A. Normzweck	1
B. Entstehungsgeschichte	2–4
C. Allgemeines	5–16
I. Anwendungsbereich	5, 6
II. Gerichtliches Prüfungsverfahren	7–11
III. Schadensersatzpflicht des Gläubigers bei unberechtigter Antragstellung	12–16
1. Antragstellung	12–14
2. Bekanntgabe des Antrags	15
3. Amtshaftung	16
D. Besondere Zulässigkeitsvoraussetzungen des Gläubigerantrags (Abs. 1)	17–119
I. Rechtliches Interesse des Antragstellers	18–46
1. Zweck des Tatbestandsmerkmals	18
2. Rechtliches Interesse als Regelfall	19
3. Einzelheiten	20–46
a) Einziger Gläubiger als Antragsteller	20
b) Rechtliche oder wirtschaftliche Nutzlosigkeit des Antrags	21–26
c) Anderweitige Befriedigungsmöglichkeit	27, 28
d) Verfolgung verfahrensfremder Zwecke	29–36
e) Widersprüchliches Verhalten des Gläubigers	37, 38
f) Unverhältnismäßigkeit, sittenwidrige Härte	39–43
g) Entgegenstehende Entscheidung des Prozessgerichts	44, 45
h) Sekundär- oder sonstiges Partikularinsolvenzverfahren	46
II. Vorherige Antragstellung (Satz 2)	47–62
1. Regelungsgehalt und rechtspolitische Bewertung der Neuregelung	47, 48
2. Tatbestandsvoraussetzungen	49–57
a) Erfüllung der Forderung nach Antragstellung	49, 50
b) Zwei-Jahres-Zeitraum	51–54
c) Anforderungen an den „Erstantrag"	55–57
3. Rechtsfolge	58
4. Verhältnis zu den Zulässigkeitsvoraussetzungen des Abs. 1 Satz 1	59–62
III. Glaubhaftmachung	63–81
1. Allgemeines	63, 64
2. Beweismaß und Mittel der Glaubhaftmachung	65–69
3. Glaubhaftmachung der Forderung	70–72
4. Glaubhaftmachung des Eröffnungsgrunds	73–80
a) Allgemeines	73, 74
b) Zahlungsunfähigkeit	75–79
c) Überschuldung	80
5. Glaubhaftmachung der vorherigen Antragstellung	81
IV. Rechtsverteidigung des Schuldners	82–89
1. Glaubhaftmachung von Einwendungen	82
2. Einwendungen gegen die Forderung	83–87
a) Nicht titulierte Forderungen	83
b) Vollstreckbare Titel	84–86
c) Insolvenzbegründende Forderungen	87
3. Einwendungen gegen den Eröffnungsgrund	88, 89
V. Eröffnungsanträge öffentlich-rechtlicher Gläubiger	90–119
1. Allgemeines	90
2. Eröffnungsantrag als öffentlich-rechtliche Handlung	91–99
a) Notwendige Vollstreckbarkeit der Forderung	91
b) Rechtsgrundlagen	92, 93
c) Festsetzung der Forderung	94
d) Vollstreckungsvoraussetzungen	95–98
e) Vollstreckung gegen nicht rechtsfähige Personenvereinigungen	99
3. Einzelangaben zur Forderung	100
4. Glaubhaftmachung der Forderung	101–103
5. Glaubhaftmachung des Eröffnungsgrunds	104
6. Einwendungen gegen die Forderung und ihre Vollstreckbarkeit	105–107
7. Besonderheiten beim Antrag eines Steuergläubigers	108–110
a) Verwaltungsinterne Voraussetzungen	108
b) Steuergeheimnis	109, 110
8. Besonderheiten beim Antrag eines Sozialversicherungsträgers	111–115
a) Einzugsstellen	111, 112
b) Beitragsnachweis als (fiktiver) Leistungsbescheid	113
c) Rechtliches Interesse	114, 115
9. Rechtsschutz durch die Verwaltungs-, Finanz- und Sozialgerichtsbarkeit	116–119
E. Anhörung des Schuldners (Abs. 2)	120–150
I. Anhörung und Vernehmung	121, 122
II. Anzuhörende Personen	123–130
1. Grundsatz	123
2. Mehrzahl von Vertretungsberechtigten	124
3. Gesellschaft des Bürgerlichen Rechts	125
4. Partenreederei	126
5. Nachlassinsolvenz	127

Rn.		Rn.
6. Gesamtgutinsolvenz ... 128	VI. Themen der Anhörung ...	139, 140
7. Fehlen eines gesetzlichen Vertreters .. 129	VII. Rechtsfolgen einer unterbliebenen Anhörung ...	141–143
8. Niederlassung eines ausländischen Rechtsträgers ... 130	VIII. Anhörung zum Antrag des Gläubigers auf Bewilligung von Prozesskostenhilfe ...	144
III. Ausnahmen von der Anhörungspflicht (§ 10) ... 131		
IV. Zustellung des Antrags ... 132	IX. Weiterer Gang des Verfahrens ...	145–150
V. Art der Anhörung ... 133–138	F. Kostenentscheidung nach Erfüllung (Abs. 3) ...	151–160
1. Allgemeines ... 133, 134	I. Anwendungsbereich ...	151–156
2. Schriftliche Anhörung, Schutzschrift . 135, 136	II. Kostenentscheidung ...	157–160
3. Mündliche Anhörung ... 137, 138		

A. Normzweck

1 Die Bestimmung regelt die besonderen Zulässigkeitsvoraussetzungen für den **Eröffnungsantrag eines Gläubigers**. Sie bezweckt, einen angemessenen Ausgleich zu schaffen zwischen den **Interessen der Gläubiger** an einem schnellen Zugriff auf das in der Krise noch vorhandene schuldnerische Vermögen[1] einerseits und dem **Interesse des Schuldners** an einer eigenverantwortlichen Bewältigung seiner Schwierigkeiten andererseits. Nach dem Willen des Gesetzes soll der Eröffnungsantrag eines Gläubigers auch ohne vollstreckbaren Titel und ohne einen erfolglosen Zwangsvollstreckungsversuch möglich sein,[2] andererseits sollen die Anforderungen an den Antrag so hoch sein, dass leichtfertig und ohne genügenden Anlass gestellte oder als **Druckmittel** eingesetzte Anträge schon an der Ersten gerichtlichen Prüfung scheitern. Aus diesem Grund ist der Antrag eines Gläubigers nur zulässig, wenn der Antragsteller seine Forderung und den Eröffnungsgrund glaubhaft macht und er ein rechtliches Interesse an der Eröffnung des Insolvenzverfahrens hat. Anderseits soll durch die Regelung in § 14 Abs. 1 Satz 2 dem Schuldner die Möglichkeit genommen werden, durch Zahlung der dem Eröffnungsantrag des Gläubigers zugrunde liegenden Forderung dem Antrag den Boden zu entziehen (vgl. § 13 RdNr. 145) und auf diese Weise trotz Insolvenzreife Zeit zu gewinnen (s. zum Regelungsgehalt des Abs. 2 Satz 1 auch RdNr. 47 f.).[3] Abs. 3 hat den Zweck, dem antragstellenden Gläubiger das **Kostenrisiko** zu nehmen, wenn er den Eröffnungsantrag trotz Erfüllung der Forderung(en) aufrecht erhält und sich hinterher herausstellt, dass ein Insolvenzgrund tatsächlich nicht gegeben oder nicht beweisbar ist (s. hierzu RdNr. 151 ff.).

B. Entstehungsgeschichte

2 Die ursprüngliche, bis zum 31.12.2010 geltende Fassung des § 14 entsprach wörtlich dem § 15 RegE und hatte das **alte Recht** übernommen (§ 105 Abs. 1, 2 KO; vgl. auch § 2 Abs. 1 Satz 3, § 4 Abs. 1 Satz 1 GesO). Sie spricht auch in ihrer seit dem 1.1.2011 geltenden Fassung zu Recht nicht mehr von der Zulassung des Antrags, sondern nur von dessen Zulässigkeit. Damit wird das Missverständnis ausgeräumt, die Bewertung des Antrags als zulässig sei eine eigenständige Zwischenentscheidung des Gerichts (s. hierzu § 16 RdNr. 6, § 20 RdNr. 11). Hinzugefügt wurde der ausdrückliche Hinweis, dass der antragstellende Gläubiger ein **rechtliches Interesse** an der Eröffnung des Insolvenzverfahrens haben muss. Auch dies war nach altem Recht bereits allgemein anerkannt.[4]

3 Ein **Regierungsentwurf vom August 2005**[5] sah für § 14 Abs. 1 bereits die Anfügung des folgenden Satzes 2 vor: „Der Antrag wird nicht allein dadurch unzulässig, dass der Schuldner nach Antragstellung die Forderung erfüllt." Damit sollte der antragstellende Gläubiger die Möglichkeit haben, trotz Tilgung seiner Forderung den Eröffnungsantrag aufrechtzuerhalten, um im Interesse der gesamten Gläubigerschaft frühzeitig vom Insolvenzgericht klären zu lassen, ob der glaubhaft gemachte Eröffnungsgrund tatsächlich nicht (mehr) bestehe und die erhaltene Leistung anfechtungs-

---

[1] Vgl. Motive zu § 103 KO, *Hahn* S. 297.
[2] Vgl. Motive zu § 103 KO, *Hahn* S. 296 f.
[3] Vgl. den Gesetzentwurf der Bundesregierung vom 27.9.2010, BT-Drucks. 17/3030, S. 42; s. zu den praktischen Problemen, die zu der Neuregelung geführt haben *Gundlach/Rautmann* DtSR 2011, 82; *dies.* NZI 2011, 315; *Jungclaus/Keller* NZI 2011, 808.
[4] *Jaeger/Weber* KO § 102 RdNr. 6; *Kuhn/Uhlenbruck* KO § 105 RdNr. 6 ff.
[5] RegE eines Gesetzes zum Pfändungsschutz der Altersvorsorge und zur Anpassung des Rechts der Insolvenzanfechtung, 12.8.2005, BT-Drucks. 16/886, Art. 2 Nr. 1, Begr. S. 11.

rechtlich Bestand habe. Eine Sperre der Antragsrücknahme oder eine ausdrückliche rechtliche Bindung des Antragstellers an das Interesse aller Gläubiger war nicht vorgesehen. Die Änderung ist, vor allem wegen ihres Zusammenhangs mit Vorschlägen zum Recht der Insolvenzanfechtung, im Dezember 2006 vom Bundestag abgelehnt worden.[6]

Mit Wirkung zum 1.1.2011 (vgl. Art. 103e EGInsO) wurden durch das **Haushaltsbegleitgesetz vom 9.12.2010**[7] die Regelungen in Abs. 1 Satz 2 und 3 sowie Abs. 3 neu eingeführt. In dem Gesetzentwurf der Bundesregierung vom 27.9.2010 war lediglich vorgesehen, einen neuen Satz 2 anzufügen, der dem Regierungsentwurf vom August 2005 (s. RdNr. 3) entsprach. Die gegenüber dem Gesetzentwurf der Bundesregierung eingefügten Ergänzungen und Änderungen in den jetzigen Abs. 1 Satz 2 und 3 sowie Abs. 3[8] gehen auf die Empfehlung des Haushaltsausschusses vom 26.10.2010[9] zurück. Zu den Einzelheiten s.u. RdNr. 47 ff., 151 ff.

C. Allgemeines

I. Anwendungsbereich

Zulässigkeit und Begründetheit eines Eröffnungsantrags sind streng zu unterscheiden. § 14 enthält nur Aussagen zur **Zulässigkeit**. Neben den in § 14 geregelten besonderen Voraussetzungen sind bei der Antragstellung eines Gläubigers die **allgemeinen Voraussetzungen für die Zulässigkeit eines Eröffnungsantrags** zu beachten (vgl. § 13 RdNr. 69 ff., 90 ff., 93 ff.). Die **Begründetheit des Antrags** hängt vom Ergebnis der gerichtlichen Ermittlungen und der dabei gewonnenen Überzeugung des Gerichts ab, dass ein Eröffnungsgrund tatsächlich erwiesen ist (§§ 16 bis 19). Bei der Prüfung der Zulässigkeit genügt es, wenn die Zulässigkeitsvoraussetzungen glaubhaft gemacht werden. Für die Begründetheit des Antrags ist erforderlich, dass das Insolvenzgericht davon überzeugt ist, dass ein gesetzlicher Eröffnungsgrund vorliegt (§ 4, § 286 Abs. 1 Satz 1 ZPO); zu den Einzelheiten s. § 16 RdNr. 34 ff.

§ 14 gilt für **Gläubigeranträge in allen Arten des Insolvenzverfahrens**. Ergänzend sind die Vorschriften über die besonderen Verfahrensarten heranzuziehen, insbesondere bei der Nachlassinsolvenz[10] die §§ 319, 325, 326 sowie bei der Gesamtgutinsolvenz § 332 Abs. 2 und § 333 Abs. 1. Abweichungen für Partikularinsolvenzverfahren über das Inlandsvermögen regelt das Internationale Insolvenzrecht (Art. 3 Abs. 2 bis 4, 27, 29 EuInsVO; §§ 354 ff.).

II. Gerichtliches Prüfungsverfahren

Das Eröffnungsverfahren ist im Fall des Gläubigerantrags eine **besondere Art des streitigen Verfahrens** (s. § 13 RdNr. 3). Soweit das Gesetz als Zulässigkeitsvoraussetzung die Glaubhaftmachung von Tatsachen verlangt, gilt nicht der allgemeine Grundsatz des § 5 Abs. 1; das Gericht hat deshalb die entsprechenden Umstände nicht von Amts wegen zu ermitteln.[11] Es obliegt allein der jeweiligen Partei, die ihr günstigen Tatsachen vorzutragen und die entsprechenden Beweismittel zur Glaubhaftmachung beizubringen (zu den Einzelheiten s. § 13 RdNr. 11).[12]

Das Insolvenzgericht hat die Zulässigkeit eines Gläubigerantrags schon vor dessen Zustellung an den Schuldner zu prüfen (vgl. Abs. 2). Ist der Antrag nicht ordnungsgemäß, kann er aber möglicherweise in Ordnung gebracht werden, hat das Gericht mit einer **Zwischenverfügung** (§ 139 ZPO, § 4) den Antragsteller auf den Mangel hinzuweisen und ihm eine angemessene Frist zur Beseitigung zu setzen; die Zwischenverfügung ist nicht anfechtbar (vgl. § 6 Abs. 1). Der Antrag ist als unzulässig zurückzuweisen, wenn die Zwischenverfügung nicht fristgemäß erledigt wird (s. hierzu § 13 RdNr. 109 ff.).

---

[6] Bericht des Rechtsausschusses, 13.12.2006, BT-Drucks. 16/3844; BT-Plenarprot. 16/73, 14.12.2006, S. 7343.
[7] BGBl. I S. 1885; s. hierzu *Beth* NZI 2012, 1 ff.; *Frind* ZInsO 2010, 2183 ff.; *Gundlach/Rautmann* NZI 2011, 315 ff.; *dies.* DStR 2011, 82 ff.; *Jungclaus/Keller* NZI 2010, 808 ff.; *Kollbach/Lodyga/Zanthoff* NZI 2010, 932 ff.; *Marotzke* ZInsO 2010, 2163 ff.; *Smid* DZWIR 2011, 133 ff.; *Wimmer* jurisPR-InsR 23/2010 Anm. 1; *Andres/Leithaus* InsO § 14 RdNr. 12.
[8] Ebenso die Neuregelung des § 23 Abs. 1 Satz 4 GKG, vgl. BT-Drucks. 17/3452, S. 7; s. hierzu u. RdNr. 151, 158.
[9] BT-Drucks. 17/3406 und BT-Drucks. 17/3452.
[10] S. zu dem Eröffnungsantrag eines Nachlasspflegers BGH ZInsO 2007, 887 f.; *Floeth* EWiR 2008, 111 f.
[11] BGHZ 156, 139, 142 f. = NJW 2003, 3558 = NZI 2003, 662; BGH WM 1986, 652; OLG Köln ZIP 1989, 789.
[12] BGH KTS 1978, 24, 29.

9 Wenn damit zu rechnen ist, dass der Mangel behoben wird, ist das Gericht durch die vorläufige Unvollständigkeit des Antrags nicht gehindert, nach pflichtgemäßem Ermessen **erste Ermittlungen** anzustellen. Es kann insbesondere bereits Auskünfte des zuständigen Gerichtsvollziehers, des Schuldnerverzeichnisses, des Handelsregisters, der Gewerbemeldebehörde oder des Grundbuchamts einholen. Das Insolvenzgericht kann darüber hinaus **Sicherungsmaßnahmen nach §§ 21, 22** bereits dann ergreifen, wenn der Insolvenzantrag weder missbräuchlich noch offenkundig rechtswidrig ist.[13]

10 Wie sich aus Abs. 2 ergibt, soll der Schuldner in der Regel keine **Nachricht über den Eingang eines unvollständigen Eröffnungsantrags** erhalten. Die Zustellung eines solchen Antrags ist nicht vorgeschrieben.[14] Dies ist sachgerecht, weil andernfalls der unvollständige Antrag ungehindert die mit ihm stets verbundene und oft beabsichtigte Wirkung eines Druckmittels gegenüber dem Schuldner entfalten kann. Eine Ausnahme gilt jedoch, wenn die erforderliche Glaubhaftmachung nach der richterlichen Überzeugung zwar noch nicht vollständig vorliegt, aber immerhin eine gewisse Wahrscheinlichkeit für die Behauptungen des Gläubigers spricht. In einem solchen Fall kann es gerechtfertigt sein, den Antrag schon zu diesem Zeitpunkt zuzustellen und dem Schuldner Gelegenheit zur Stellungnahme zu geben.[15] Nach einem entsprechenden Hinweis kann das Schweigen des Schuldners dann auch die erforderliche Glaubhaftmachung ersetzen bzw. einschränken (vgl. RdNr. 67).

11 Die Bewertung des Eröffnungsantrags als zulässig ist **keine eigenständige Zwischenentscheidung**[16] und schon deshalb, unabhängig von § 6 Abs. 1, nicht mit einem Rechtsmittel anfechtbar (vgl. § 34 RdNr. 29). Sie ist nur gedanklich der erste von mehreren rechtlichen Gesichtspunkten, die für die Beurteilung des Antrags insgesamt bedeutsam sind. Sie erfordert deshalb auch keinen ausdrücklichen Bescheid an den Antragsteller, sondern allenfalls einen kurzen internen Aktenvermerk. Nach außen kommt die (vorläufige) Bewertung als zulässig regelmäßig dadurch zum Ausdruck, dass das Gericht die Anhörung des Schuldners, Beweiserhebungen oder Sicherungsmaßnahmen anordnet. Nicht selten stellt sich erst im weiteren Verlauf anhand der Stellungnahme des Schuldners oder bei den Ermittlungen des Gerichts zur Begründetheit heraus, dass der Antrag unzulässig ist oder durch nachträglich eingetretene Umstände unzulässig geworden ist. In diesem Fall muss er auch dann noch zurückgewiesen werden (s. hierzu § 16 RdNr. 6).[17]

III. Schadensersatzpflicht des Gläubigers bei unberechtigter Antragstellung

12 **1. Antragstellung.** Wer als Gläubiger einen Eröffnungsantrag stellt, kann vom Schuldner nicht allein deshalb zum Schadensersatz herangezogen werden, weil der Antrag sich im Ergebnis als unzulässig oder unbegründet erweist (s. hierzu auch § 13 RdNr. 114). Für eine solche, vom Verschulden unabhängige Haftung,[18] wie sie etwa in § 302 Abs. 4, § 717 Abs. 2 oder § 945 ZPO für ungerechtfertigte vorläufige Vollstreckungen vorgesehen ist, fehlt die rechtliche Grundlage.[19]

13 Allerdings haftet ein Gläubiger dem Schuldner, wenn er den Eröffnungsantrag einsetzt, um ihn **sittenwidrig und vorsätzlich** (auch bedingt vorsätzlich) zu schädigen (§ 826 BGB).[20] Hierzu reicht jedoch nicht die Kenntnis aus, dass der Antrag unzulässig oder unbegründet ist. Es müssen vielmehr besondere Umstände in der Art und Weise des verfahrensrechtlichen Vorgehens hinzutreten, die es als sittenwidrig prägen.[21] Dies ist etwa der Fall, wenn der Gläubiger den Antrag wissentlich auf unwahre oder unvollständige Behauptungen stützt oder mit ihm bewusst einen nicht schutzwürdigen verfahrensfremden Zweck verfolgt.[22]

14 Außerhalb dieser Sachverhalte ist mit der herrschenden Meinung[23] davon auszugehen, dass ein Gläubiger auch bei **einfacher Fahrlässigkeit** wegen Verletzung vertraglicher Nebenpflichten oder

---

[13] S. hierzu Gottwald, P./*Uhlenbruck/Vuia*, Insolvenzrechts-Handbuch, § 14 RdNr. 2 mwN.
[14] KG KTS 1960, 188, 190; *Uhlenbruck*, FS Baumgärtel, 1990, S. 569, 577; Jaeger/*Gerhardt* InsO § 14 RdNr. 23.
[15] Vgl. BGH WM 1957, 67 = LM BGB § 839 (Fi) Nr. 4; KG KTS 1960, 188, 189.
[16] Man sollte deshalb nicht von „Zulassung" des Antrags sprechen; s. hierzu RdNr. 2.
[17] BGH NZI 2006, 590; Jaeger/*Gerhardt* InsO § 14 RdNr. 27.
[18] So aber *Baur* JZ 1962, 95.
[19] Hierzu und zum folgenden *Schillgalis* S. 23 ff., 40 f.; *Weitnauer* DB 1962, 461 f.; *Zeiss* NJW 1967, 703 ff.; *Pape* ZIP 1995, 623; Jaeger/*Gerhardt* InsO § 13 RdNr. 55 ff.; Kübler/Prütting/Bork/*Pape* InsO § 13 RdNr. 111 ff.; Uhlenbruck/*Uhlenbruck* InsO § 14 RdNr. 158.
[20] Vgl. BGHZ 36, 18 = NJW 1961, 2254; OLG Koblenz NZI 2006, 353 f.; HKInsO-*Kirchhof* § 14 RdNr. 62; Uhlenbruck/*Uhlenbruck* InsO § 14 RdNr. 157; *Rein* NZI 2006, 354 f.; kritisch Jaeger/*Gebhardt* InsO § 13 RdNr. 57.
[21] BGHZ 36, 18, 20 f. = NJW 1961, 2254; BGHZ 148, 175, 182 ff. = NJW 2001, 3187, 3189 = NZI 2001, 533; BGHZ 154, 269 = NJW 2003, 1934 = NZI 2003, 461; BGH NJW 2004, 446 = NZI 2004, 518; OLG Koblenz NZI 2006, 353 mit zust. Anm. *Rein*.
[22] OLG Koblenz NZI 2006, 353 f.
[23] Anders etwa *Baur* JZ 1962, 95; *Weitnauer* DB 1962, 461; *ders.* AcP 170 (1970), 437, 449; *Hopt* S. 165 ff.; *Zeiss* NJW 1967, 703 ff.; *Schillgalis* S. 46 ff., 111 f.

wegen unerlaubten Eingriffs in den eingerichteten und ausgeübten Gewerbebetrieb des Schuldners für einen unzulässigen oder unbegründeten Eröffnungsantrag nicht haftet (§§ 280 Abs. 1, 241 Abs. 2 BGB, § 823 Abs. 1 BGB).[24] Die Verletzung eines fremden Rechtsguts durch die Nutzung eines gesetzlich geregelten gerichtlichen Verfahrens indiziert auch dann nicht die Rechtswidrigkeit, wenn das Begehren des Antragstellers sachlich nicht gerechtfertigt ist (s. hierzu auch § 13 RdNr. 114). Das gerichtliche Verfahren selbst dient in einem solchen Fall durch seine gesetzliche Ausgestaltung dem Schutz des Schuldners. Der Gläubiger ist nicht verpflichtet, mit Sorgfalt zu prüfen, ob er sich zur Antragstellung für berechtigt halten darf. Etwas anderes gilt, wenn dem Antragsteller **grobe Fahrlässigkeit (Leichtfertigkeit)** zur Last fällt, insbesondere wenn der Antrag ohne jede (oder nur nach offensichtlich gänzlich unzulänglicher) Prüfung der Voraussetzungen in tatsächlicher und rechtlicher Hinsicht gestellt worden ist, obwohl es **leicht zu überprüfende Hinweise** dafür gegeben hat, dass ein Eröffnungsantrag ungerechtfertigt ist.[25] Zwar liegt es außerhalb seines Verantwortungsbereichs, ob der Eröffnungsantrag letztlich begründet ist. Stellt ein Gläubiger jedoch **vorsätzlich** oder **grob fahrlässig** einen Eröffnungsantrag ohne die erforderliche hinreichende Glaubhaftmachung, kommt diesem Antrag keine verfahrensrechtliche Legalität zu. Der Gläubiger haftet dann im Rahmen der §§ 280 Abs. 1, 241 Abs. 2 BGB, § 823 Abs. 1 BGB für den entstehenden Schaden des Schuldners. Die Fahrlässigkeit mag bei einem rechtlich unerfahrenen Gläubiger weniger schwer wiegen als bei einem rechtskundig beratenen oder bei einer Behörde.[26] Man wird aber grobes Verschulden jedenfalls dann annehmen müssen, wenn der Gläubiger Hinweise des Insolvenzgerichts auf wesentliche Mängel des Eröffnungsantrags unbeachtet lässt und den Antrag dennoch aufrechterhält.

2. Bekanntgabe des Antrags. Ein Gläubiger, der außerhalb eines gerichtlichen Verfahrens vorsätzlich oder fahrlässig unwahre Behauptungen über die Zahlungsunfähigkeit des Schuldners in Umlauf bringt, kann sich einer Haftung wegen Kreditgefährdung aus § 824 BGB aussetzen.[27] Auch wenn er Dritten nur die Tatsache seiner Antragstellung mitteilt, wird hierin in der Regel die Aussage liegen, der Schuldner sei in einer Lage, die einen solchen Antrag rechtfertigt.[28] Solange der Gläubiger nicht sicher sein kann, dass das Insolvenzgericht den Antrag als zulässig ansieht, wird diese *außergerichtliche* Bekanntgabe nicht von der Privilegierung des gerichtlichen Verfahrens (s. RdNr. 14) umfasst. Entsprechendes gilt für die außergerichtliche Verbreitung kreditgefährdender Meinungsäußerungen oder Werturteile des Gläubigers über die Solvenz des Schuldners, wenn er hierdurch eine vertragliche Pflicht verletzt (§§ 280 Abs. 1, 241 Abs. 2 BGB).[29]

3. Amtshaftung. Gläubiger öffentlich-rechtlicher Forderungen haften für Amtspflichtverletzungen ihrer Amtsträger bei der Stellung eines Eröffnungsantrags nach Art. 34 GG, § 839 BGB.[30] Die Amtsträger haben die Pflicht, sorgfältig zu prüfen, ob die gesetzlichen Voraussetzungen für einen zulässigen und aussichtsreichen Antrag vorliegen, insbesondere ob die Forderung vollstreckbar und die erforderliche Glaubhaftmachung[31] des Eröffnungsgrunds möglich ist. Die Angaben zur Antragsbegründung müssen dem Insolvenzgericht ein möglichst vollständiges und wahrheitsgemäßes Bild der maßgeblichen Umstände (§ 14 Abs. 1) vermitteln. Außerdem haben die Amtsträger ihr Ermessen sachgerecht auszuüben und Verwaltungsvorschriften zu beachten, die (auch) im Interesse des Schuldners erlassen sind (s. hierzu § 13 RdNr. 114).

---

[24] Zu Konkursantrag und Vollstreckung: BGHZ 36, 18, 20 f. = NJW 1961, 2254 f.; BGHZ 118, 201, 206 = NJW 1992, 2014 f.; OLG Celle ZIP 1998, 1444 f.; dazu kritisch *Mankowski* EWiR 1998, 733; OLG Koblenz NZI 2006, 353; zum Betreiben eines Rechtsstreits: BGHZ 74, 9, 17 = NJW 1979, 1351 f.; BGHZ 148, 175 = NJW 2001, 3187 = NZI 2001, 533; BGHZ 154, 269 = NJW 2003, 1934 = NZI 2003, 461; BGH NJW 2004, 446 = NZI 2004, 518 f.; zur Strafanzeige: BVerfGE 74, 257 = NJW 1987, 1929; BVerfG NJW 2001, 3474; BGH NJW-RR 2003, 897 f. = ZIP 2003, 759 f.; BAG NJW 2004, 1547 f.

[25] BGHZ 36, 18, 20 f. = NJW 1961, 2254 f.; BGHZ 74, 9, 17 = NJW 1979, 1351 f.; BGHZ 118, 201, 206 = NJW 1992, 2014 f.; BGHZ 154, 269 = NJW 2003, 1934 = NZI 2003, 461; BGHZ 164, 1, 6 ff. = BGH NJW 2005, 3141 f.; BGH NJW-RR 2003, 897 f. = ZIP 2003, 759 f.

[26] Vgl. den Fall BGHZ 110, 253 = NJW 1990, 2675 f.: Konkursantrag einer Gemeinde ohne jede Glaubhaftmachung der Antragsvoraussetzungen.

[27] Vgl. BGHZ 39, 129; BGHZ 166, 84 RdNr. 61 ff. = NJW 2006, 830, 836 f.; BGH NJW 1963, 904; BGH NJW 1994, 2614, 2616; *Weitnauer* DB 1962, 461; *Pape* ZIP 1995, 623, 627.

[28] So zu Recht *Weitnauer* DB 1962, 461 f.; *Schillgalis* S. 130 f.; Jaeger/*Gerhardt* InsO § 13 RdNr. 58.

[29] Vgl. dazu BGHZ 166, 84 RdNr. 25, 37 ff. = NJW 2006, 830, 833 f.

[30] BGHZ 110, 253 ff. = NJW 1990, 2675 f.

[31] Dies verkennt BGHZ 110, 253, 257 = NJW 1990, 2675 f.; vgl. die Kritik von *Loritz* JZ 1990, 866 und *App* ZIP 1992, 460, 461 ff.

D. Besondere Zulässigkeitsvoraussetzungen des Gläubigerantrags (Abs. 1)

17 Neben den allgemeinen Zulässigkeitsvoraussetzungen (s. hierzu § 13 RdNr. 69 ff., 90 ff., 93 ff.) müssen bei einem Gläubigerantrag die besonderen Zulässigkeitsvoraussetzungen des Abs. 1 vorliegen. Erforderlich ist, dass der Gläubiger ein rechtliches Interesse an der Verfahrenseröffnung hat (s. RdNr. 18 ff.) und im Anwendungsbereich des Abs. 1 Satz 2 die Voraussetzungen einer vorherigen Antragstellung vorliegen (s. RdNr. 47 ff.). Ferner hat der Gläubiger seine Forderung (s. RdNr. 70 ff.), den Eröffnungsgrund (s. RdNr. 73 ff.) und in den Fällen des Abs. 1 Satz 2 die vorherige Antragstellung (s. RdNr. 81) glaubhaft zu machen.

I. Rechtliches Interesse des Antragstellers

18 **1. Zweck des Tatbestandsmerkmals.** Zu den allgemeinen Zulässigkeitsvoraussetzungen des Eröffnungsantrags gehört, wie bei jedem Antrag auf gerichtliche Entscheidung, das Rechtsschutzinteresse des Antragstellers, sei er Schuldner, Gläubiger oder sonst Berechtigter (§ 13 RdNr. 86 ff.).[32] Das Erfordernis des rechtlichen Interesses in Abs. 1 Satz 1 soll nach den Vorstellungen des Gesetzgebers[33] zwei verschiedene Zwecke erfüllen: Zum einen soll es der Abgrenzung des Kreises der antragsberechtigten Gläubiger schlechthin dienen, zum anderen soll es dem Missbrauch des Antragsrechts eines Gläubigers im Einzelfall entgegenwirken (s. RdNr. 1).

19 **2. Rechtliches Interesse als Regelfall.** Ein rechtliches Interesse an der Eröffnung des Insolvenzverfahrens[34] liegt in der Regel vor, wenn der Antrag die übrigen Zulässigkeitsvoraussetzungen erfüllt. Insbesondere das Erfordernis der Glaubhaftmachung der Forderung und des Eröffnungsgrunds ist bereits Ausfluss des Grundgedankens, dass niemand ohne hinreichenden Anlass einen Eröffnungsantrag soll stellen dürfen. Das im Gesetz angesprochene rechtliche Interesse wird daher, sieht man von der generellen Antragsbefugnis ab, nur bedeutsam, wenn Umstände bekannt werden, die ernstliche Zweifel an dem schutzwürdigen Anliegen des antragstellenden Gläubigers aufkommen lassen.[35] Es ist in jeder Lage des Verfahrens bis zur Entscheidung über die Eröffnung von Amts wegen[36] zu beachten. Bei ernstlichen, durch Tatsachen belegten Zweifeln hat der Gläubiger sein Interesse schlüssig zu begründen und glaubhaft zu machen, andernfalls ist der Eröffnungsantrag unzulässig.[37] Dagegen bleibt der Antrag zulässig, wenn sich nach der Glaubhaftmachung nicht mit Sicherheit feststellen lässt, dass ein Grund für den Ausschluss des rechtlichen Interesses besteht.[38] Soweit sich die Einwendung auf die zugrunde liegende Forderung bezieht (Verjährung, Fälligkeit etc.), kann der Antrag allerdings unzulässig sein, wenn der antragstellende Gläubiger das Bestehen einer durchsetzbaren Forderung nicht glaubhaft macht (s. hierzu u. RdNr. 25, 26, 83).

20 **3. Einzelheiten. a) Einziger Gläubiger als Antragsteller.** Das Insolvenzverfahren ist nach seiner gesamten Ausgestaltung zwar auf eine Mehrheit von Gläubigern angelegt. Dennoch ist eine solche Mehrheit für die Zulässigkeit eines Eröffnungsantrags nicht zwingend vorgeschrieben.[39] Schon die erweiterten Anfechtungsmöglichkeiten im Insolvenzverfahren können den Eröffnungsantrag auch für einen einzigen Gläubiger zweckmäßig erscheinen lassen.

21 **b) Rechtliche oder wirtschaftliche Nutzlosigkeit des Antrags.** Das rechtliche Interesse fehlt, wenn der Antragsteller seine Position durch die beantragte Entscheidung weder rechtlich noch wirtschaftlich verbessern kann. Zwar darf jeder Antragsberechtigte vor Verfahrenseröffnung unabhängig von der Antragstellung eines anderen Berechtigten einen Eröffnungsantrag stellen (Parallelantrag; § 13 RdNr. 13). Aus Rechtsgründen unzulässig ist jedoch etwa ein zweiter Antrag, den der Antragsteller nach Ablehnung seines ersten Antrags noch während des angestrengten Beschwerdeverfahrens einreicht (§ 261 Abs. 3 Nr. 1 ZPO, § 4).[40] Ebenso unzulässig ist ein Eröffnungsantrag,

---

[32] Eingehend hierzu *Lang* passim; *Guski* WM 2011, 103 ff.
[33] Begr. RegE zu § 16 (= § 14), *Balz/Landfermann* S. 88 = *Kübler/Prütting*, Dok. Bd. I, S. 173.
[34] Vgl. zum Folgenden insbesondere *Baur* JZ 1951, 209; *Unger* KTS 1962, 205, 209 ff.; *W. Delhaes* S. 83 ff.; s. ferner BGH NJW-RR 2011, 1411 f. = NZI 2011, 540 f.
[35] BGH NZI 2006, 588, 589 f. = NJW-RR 2006, 1482; *Baur* JZ 1951, 209, 210; *Unger* KTS 1962, 205, 218; Uhlenbruck NJW 1968, 685; *W. Delhaes* S. 84; HKInsO-*Kirchhof* § 14 RdNr. 25; Jaeger/*Gerhardt* InsO § 14 RdNr. 2, 15; Uhlenbruck/*Uhlenbruck* InsO § 14 RdNr. 42.
[36] *Unger* KTS 1962, 205, 209; *W. Delhaes* S. 84; Jaeger/*Gerhardt* InsO § 14 RdNr. 15.
[37] Instruktiv LG Kassel ZVI 2005, 435 f.
[38] *Frege/Keller/Riedel*, Insolvenzrecht, RdNr. 402; anders FKInsO-*Schmerbach* § 14 RdNr. 29.
[39] RGZ 11, 40, 42; BGH NJW 2001, 1874 = NZI 2001, 496 f.; LG Koblenz NZI 2004, 157; AG Köln NZI 2003, 560; HKInsO-*Kirchhof* § 14 RdNr. 3; *Unger* KTS 1962, 205, 213; *Pape* ZVI 2003, 624.
[40] AG Potsdam NZI 2002, 272; AG Kleve ZVI 2003, 29.

wenn über das schuldnerische Vermögen bereits ein eröffnetes inländisches Insolvenzverfahren anhängig ist.[41] Da der Neuerwerb zur Insolvenzmasse dieses Verfahrens gehört (§ 35), wäre das zweite Verfahren zwangsläufig ohne Masse. Unter diesem Gesichtspunkt sind nicht nur Insolvenz- oder Massegläubiger des eröffneten Verfahrens vom Antragsrecht ausgeschlossen, sondern auch Neugläubiger, deren Forderungen außerhalb des Verfahrens im Rahmen einer vom Insolvenzverwalter nicht erlaubten Geschäftstätigkeit des Schuldners begründet worden sind. Der Schutz dieser Gläubiger erfordert nicht die Abweisung des neuen Antrags mangels Masse. Zulässig ist ein solcher Antrag allerdings, wenn sich nach dem Vorbringen des Antragstellers schuldnerische Vermögensgegenstände, die der Verwalter in dem eröffneten Verfahren freigegeben hatte, wider Erwarten als wirtschaftlich werthaltig und verwertbar erwiesen haben.[42]

Die absehbare tatsächliche **Unzulänglichkeit der Insolvenzmasse** oder die Vermögenslosigkeit des Schuldners schließt das rechtliche Interesse des Antragstellers nicht aus.[43] Dies ergibt sich schon aus der Regelung über die Abweisung mangels Masse (§ 26). Die bloße Feststellung des Eröffnungsgrunds, die in der Abweisung mangels Masse stets enthalten ist, kann zudem im Rechtsverkehr vielfach von Bedeutung sein, zB bei Kreditversicherungen, beim Anspruch des **Arbeitnehmers** auf Insolvenzgeld (§§ 183 ff. SGB III),[44] beim Anspruch der **Sozialversicherungsträger** auf Erstattung der rückständigen Beiträge durch das Arbeitsamt (§ 208 SGB III) oder bei der **Auflösung von Gesellschaften.**[45] Es ist deshalb auch unerheblich, ob der Schuldner bereits die **eidesstattliche Offenbarungsversicherung** (§ 807 ZPO, § 284 AO) abgegeben hat.[46] 22

Etwas anderes gilt, wenn wenige (maximal wohl sechs) Monate vor der Antragstellung bereits ein **Eröffnungsantrag mangels Masse abgewiesen** oder ein **eröffnetes Verfahren beendet** worden ist (s. hierzu und auch zu einem Eröffnungsantrag während der sog. Wohlverhaltensperiode § 13 RdNr. 88). In einem solchen Fall hat der antragstellende Gläubiger ein rechtliches Interesse regelmäßig nur, wenn er entsprechend dem Rechtsgedanken des § 903 ZPO (vgl. auch § 203 Abs. 1 Nr. 3) glaubhaft macht, dass der Schuldner in der Zwischenzeit neues kostendeckendes Vermögen erworben hat oder das vorhandene Vermögen besser zu verwerten ist.[47] Dies ist allerdings entbehrlich, wenn der Antragsteller den seinerzeit nicht gezahlten Kostenvorschuss (§ 26 Abs. 1 Satz 2, § 207 Abs. 1 Satz 2) leistet. 23

Das rechtliche Interesse entfällt nicht durch den bloßen Umstand, dass der antragstellende Gläubiger nur eine **nachrangige Forderung** (§ 39 Abs. 1 Nr. 3 bis 5, Abs. 2, §§ 265, 266, 327) hat und deshalb voraussichtlich nicht mit einer Quote rechnen kann.[48] Dies gilt auch dann, wenn ein qualifizierter Rangrücktritt vereinbart worden ist.[49] Ebenso unerheblich ist, dass die Forderung auf einem noch nicht vollständig erfüllten gegenseitigen Vertrag beruht und nach Verfahrenseröffnung ein **Erfüllungswahlrecht des Insolvenzverwalters** (§ 103) besteht; der Gläubiger bleibt nämlich auch bei Ablehnung der Erfüllung als Insolvenzgläubiger am Verfahren beteiligt (§ 103 Abs. 2 Satz 1).[50] Unzulässig ist der Antrag in diesen Fällen nur, wenn zusätzlich festgestellt wird, dass der Gläubiger sein formales Antragsrecht für nicht schutzwürdige verfahrensfremde Zwecke einsetzt (vgl. RdNr. 28 ff.).[51] 24

Kein rechtliches Interesse an der Eröffnung hat der Gläubiger einer **verjährten Forderung**, selbst wenn der Schuldner die Einrede noch nicht erhoben hat.[52] Wegen der Pflicht des Insolvenz- 25

---

[41] BGH NZI 2004, 444; BGH NJW 2005, 1433 = NZI 2005, 271 f.; OLG Köln NZI 2003, 99 f.; AG Duisburg NZI 2003, 159; HKInsO-*Kirchhof* § 14 RdNr. 37. Zur Anwaltshaftung in einem ähnlichen Fall vgl. BGH WM 2004, 481 = AnwBl 2004, 661; *Jansen/Hung* NJW 2004, 3379.

[42] Vgl. dazu schon RGZ 129, 390, 392.

[43] BGH NZI 2011, 58 f.; OLG Frankfurt KTS 1971, 285; Jaeger/*Gerhardt* InsO § 14 RdNr. 10, 14; vgl. auch BGH NJW-RR 2003, 1650; anders AG St. Ingbert KTS 1983, 648.

[44] LG Frankenthal Rpfleger 1984, 31; LG Bonn ZIP 1985, 1342; LG Duisburg NZI 2002, 666 f.; vgl. auch § 13 RdNr. 42 ff.

[45] Vgl. etwa § 131 Abs. 2 HGB, § 262 Abs. 1 Nr. 4 AktG, § 50 Abs. 1 Nr. 5 GmbHG, § 81a GenG, § 42 Nr. 4 VAG.

[46] OLG Frankfurt KTS 1971, 285.

[47] BGH NZI 2002, 601; BGH NZI 2005, 225 f.; LG Hagen KTS 1988, 805; LG Zweibrücken NZI 2005, 397.

[48] BGH NZI 2011, 58 f.; *Gundlach/Müller* EWiR 2010, 819 f.; *dies.* ZInsO 2011, 84 ff.; BKInsO-*Goetsch* § 14 RdNr. 13; *Lang* S. 110 f.; *Guski* WM 2011, 103, 107 f.; aA *Smid* DZWIR 2012, 1, 4 (zumindest eine teilweise Befriedigung muss zu erwarten sein); HKInsO-*Kirchhof* § 14 RdNr. 26; Jaeger/*Gerhardt* InsO § 14 RdNr. 13; HambKommInsO-*Wehr* § 14 RdNr. 48; FKInsO-*Schmerbach* § 14 RdNr. 49a.

[49] Anders Jaeger/*Gerhardt* InsO § 14 RdNr. 13 mwN.

[50] BGH NZI 2006, 588, 589 f. = NJW-RR 2006, 1482; HKInsO-*Kirchhof* § 14 RdNr. 26.

[51] Anders Jaeger/*Gerhardt* InsO § 14 RdNr. 13 mwN.

[52] OLG Köln KTS 1970, 226 f.; *Frege/Keller/Riedel*, Insolvenzrecht, RdNr. 402; FKInsO-*Schmerbach* § 14 RdNr. 38; Nerlich/Römermann/*Mönning* InsO § 14 RdNr. 26 f.; Kübler/Prütting/Bork/*Pape* InsO § 14 RdNr. 65.

verwalters gegenüber den übrigen Gläubigern, die Verjährung geltend zu machen, ist die rechtliche Durchsetzbarkeit der Forderung als so gering einzuschätzen, dass die schutzwürdigen Interessen des Schuldners überwiegen. Die Antragstellung selbst hemmt die Verjährung nicht. Die Hemmung nach § 204 Abs. 1 Nr. 10 BGB tritt erst mit der gesetzmäßigen, auch dem antragstellenden Gläubiger nach Verfahrenseröffnung obliegenden Forderungsanmeldung unter Beachtung des § 174 ein.[53] Die Gegenmeinung[54] hält die Erhebung der Verjährungseinrede für erforderlich[55] und geht davon aus, dass der antragstellende Gläubiger nach einer Erhebung der Einrede seine Teilnahmebefugnis am Verfahren (Bestehen einer durchsetzbaren Forderung)[56] verliert. Ist zwischen dem antragstellenden Gläubiger und dem Schuldner streitig, ob die Forderung verjährt ist und lässt sich nicht mit Sicherheit feststellen, dass ein Grund für den Ausschluss des rechtlichen Interesses besteht, ist der Antrag nicht allein deshalb unzulässig (s. RdNr. 19). Allerdings kann der Eröffnungsantrag trotz rechtlichen Interesses mangels **Glaubhaftmachung einer durchsetzbaren Forderung** als unzulässig abzuweisen sein (s. hierzu RdNr. 83). Die Berechtigung der Einrede kann nur vom Prozessgericht geprüft werden.[57]

26   Der Gläubiger einer **aufschiebend bedingten** oder **nicht fälligen (sog. betagten) Forderung** hat ebenfalls kein rechtliches Interesse an der Eröffnung, sofern er sein Antragsrecht (s. § 13 RdNr. 35 f.) alleine aus einer solchen Forderung herleitet.[58] Dies gilt nicht nur für den Fall der Stundung einer Forderung.[59] Denn ist die Forderung – gleich aus welchem Grund – noch nicht fällig oder die aufschiebende Bedingung noch nicht eingetreten, steht dem Gläubiger im Zeitpunkt der erstrebten Eröffnung noch keine durchsetzbare Forderung gegen den Schuldner zu. Die **rechtliche Durchsetzbarkeit** ist hier nicht nur als gering einzuschätzen (s. RdNr. 25), sondern (noch) nicht gegeben. Sowohl die Fälligkeit als auch der Eintritt der aufschiebenden Bedingung sind Voraussetzungen für die Durchsetzbarkeit des Anspruchs. Den §§ 41, 42, 77 Abs. 3 Nr. 1 lässt sich nichts Gegenteiliges entnehmen[60], da sie erst im eröffneten Verfahren Anwendung finden und lediglich die Behandlung nicht fälliger und bedingter Forderungen betreffen, sofern aufgrund eines zulässigen Antrags das Verfahren eröffnet worden ist. Dass der Gläubiger, dem alleine eine nicht fällige Forderung zusteht, die Möglichkeit eröffnet werden soll, die Fälligkeit durch eine Verfahrenseröffnung herbeizuführen, lässt sich diesen Bestimmungen nicht entnehmen. Auch das Interesse der Gläubiger noch nicht fälliger Forderungen an einer **Sicherung noch vorhandener Vermögenswerte** begründet kein rechtliches Interesse.[61] Denn hierbei bliebe unberücksichtigt, dass dem Schuldner die Möglichkeit genommen wäre, seine Vermögensverhältnisse bis zum Eintritt der Fälligkeit der Forderung wieder so weit zu ordnen, dass er diese bedienen kann (s. RdNr. 1). Stellen andere Gläubiger mit fälligen Forderungen keinen Eröffnungsantrag, ist es hinzunehmen, dass der Schuldner trotz Vorliegen eines Insolvenzgrunds (vorerst) weiter am Rechts- und Wirtschaftsverkehr teilnimmt. Dies wird nicht zuletzt auch durch den neu eingeführten Abs. 1 Satz 2 bestätigt, in dessen Anwendungsbereich ein rechtliches Interesse an der Eröffnung eines Verfahrens auch auf der Grundlage nicht fälliger Forderungen ausnahmsweise gegeben ist (s. hierzu RdNr. 47 ff.). Hätte auch der Gläubiger einer nicht fälligen Forderung die Möglichkeit, eine Eröffnung des Verfahrens zu erreichen, hätte diese Bestimmung keinen eigenständigen Anwendungsbereich.[62] Ist zwischen dem antragstellenden Gläubiger und dem Schuldner streitig, ob die Forderung fällig bzw. die aufschiebende Bedingung eingetreten ist und lässt sich nicht mit Sicherheit feststellen, dass ein Grund für den Ausschluss des rechtlichen Interesses besteht, wird der Antrag nicht allein deshalb unzulässig

---

[53] LSG Stuttgart KTS 1985, 566, 568 f. (zu § 209 Abs. 2 Nr. 2 BGB aF); LAG Düsseldorf ZIP 1984, 858; AG Göttingen NZI 2005, 395 f.
[54] S. hierzu *Häsemeyer*, Insolvenzrecht, RdNr. 7.14; Jaeger/*Gerhardt* InsO § 14 RdNr. 12; PK-HWF/*Mitter* InsO § 14 RdNr. 14; HambKommInsO-*Wehr* § 14 RdNr. 10; Uhlenbruck/*Uhlenbruck* InsO § 14 RdNr. 5, 45.
[55] Den Entscheidungen BGH NZI 2007, 408 f. und AG Göttingen NZI 2005, 395 f. liegen jeweils Sachverhalte zugrunde, in denen der Schuldner die Einrede erhoben hatte; ob es einer Erhebung der Verjährungseinrede bedarf, musste daher nicht entschieden werden.
[56] So auch BGH NZI 2007, 408 f.; AG Göttingen NZI 2005, 395 f.
[57] BGH NZI 2007, 408 f.
[58] Vgl. BGH NJW 2008, 1380, 1381 RdNr. 13 aE; kritisch hierzu HKInsO-*Kirchhof* § 14 RdNr. 7 Fn. 24 („zu allgemein").
[59] S. hierzu LG Braunschweig NJW 1961, 2316; AG Göttingen NZI 2001, 606; HKInsO-*Kirchhof* § 14 RdNr. 15; Uhlenbruck/*Uhlenbruck* InsO § 14 RdNr. 44.
[60] So aber Andres/*Leithaus* InsO § 14 RdNr. 3; MünchKommInsO-*Schmahl*[2] § 13 RdNr. 38; Gottwald, P./ Uhlenbruck/*Schmahl*, Insolvenzrechts-Handbuch, § 8 RdNr. 37; HambKommInsO-*Wehr* § 14 RdNr. 8.
[61] So aber *Frege/Keller/Riedel*, Insolvenzrecht, RdNr. 403.
[62] Der Gesetzgeber ist ersichtlich davon ausgegangen, dass bei einer Erfüllung sämtlicher fälliger Forderungen der Antrag unzulässig wird und im Hinblick auf künftig fällig werdende Forderungen die Neuregelung erforderlich sei; vgl. hierzu BT-Drucks. 17/3030, S. 42.

(s. RdNr. 19). Allerdings kann auch hier der Eröffnungsantrag trotz rechtlichen Interesses mangels **Glaubhaftmachung einer durchsetzbaren Forderung** als unzulässig abzuweisen sein (s. hierzu RdNr. 83; zur Verjährung s. RdNr. 25).[63] Zu **auflösend bedingten Forderungen** s. RdNr. 30.

c) Anderweitige Befriedigungsmöglichkeit. Ein rechtliches Interesse an der Eröffnung des 27 Insolvenzverfahrens entfällt, wenn dem antragstellenden Gläubiger mit hinreichender Gewissheit ein einfacherer, schnellerer und günstigerer Weg zur vollständigen Befriedigung seiner Forderung zur Verfügung steht.[64] Dies ist etwa der Fall bei ausreichenden, nicht nach § 88 oder durch Anfechtungsmöglichkeiten gefährdeten Sicherungsrechten an Vermögensgegenständen des Schuldners oder eines Dritten.[65] Es gilt auch, wenn der Schuldner seinerseits dem Gläubiger nach den zivilprozessualen Vorschriften bereits zur Abwendung der Vollstreckung Sicherheit geleistet hat. Auf das Angebot des Schuldners, ihm Sicherheiten zu stellen, braucht der Gläubiger nur einzugehen, wenn ihre Werthaltigkeit und freie Verfügbarkeit zweifelsfrei gewährleistet sind. Dem Eröffnungsantrag eines Arbeitnehmers des Schuldners kann nicht entgegengehalten werden, dass dem Antragsteller ein Anspruch auf Insolvenzgeld zusteht, denn dieser Anspruch setzt regelmäßig gerade die Entscheidung des Insolvenzgerichts voraus (vgl. § 13 RdNr. 44). Entsprechendes gilt für Gläubiger von Betriebsrenten, die durch den Pensions-Sicherungs-Verein (PSVaG) gesichert sind (vgl. § 13 RdNr. 45).

Es gibt allerdings **keine allgemeine Subsidiarität des Insolvenzverfahrens** gegenüber anderen 28 Vollstreckungsmöglichkeiten. Der Gläubiger muss vor der Stellung des Eröffnungsantrags nicht die Befriedigung durch Einzelzwangsvollstreckung versuchen, erst recht nicht deren verschiedene Stadien erfolglos durchlaufen haben.[66] Ist die Krise des Schuldners so weit fortgeschritten, dass der Eröffnungsgrund glaubhaft gemacht werden kann, sind dem Gläubiger solche Verzögerungen nicht zuzumuten, zumal in dieser Situation etwaige Zahlungen des Schuldners unter dem Druck der Zwangsvollstreckung als inkongruente Deckung anfechtbar wären (§ 131). Auch ist zu beachten, dass im Insolvenzverfahren, nach Anordnung von Sicherungsmaßnahmen (§§ 21, 22) sogar schon vor der Eröffnung, die absonderungsberechtigten Gläubiger in der Verwertung ihres Sicherungsgutes eingeschränkt sind, damit dem Verwalter die vorübergehende Fortführung und Sanierung des schuldnerischen Unternehmens möglich ist (§§ 22, 165 bis 169, 172). Es muss einem absonderungsberechtigten Gläubiger unbenommen bleiben, gleichsam im Vorgriff auf diese Möglichkeit aus Gründen der Zweckmäßigkeit bewusst davon abzusehen, sein Sicherungsrecht geltend zu machen.

d) Verfolgung verfahrensfremder Zwecke. Ein rechtliches Interesse an der Eröffnung fehlt 29 ferner, wenn der Gläubiger mit seinem Eröffnungsantrag einen nicht schutzwürdigen verfahrensfremden Zweck verfolgt.[67] Dies gilt insbesondere, wenn es ihm nicht auf die gerichtliche Entscheidung über die Eröffnung ankommt, sondern auf die Nebenwirkungen, die von der Zustellung des Antrags und von den Ermittlungen des Gerichts auf den Schuldner ausgehen. Gleiches gilt für einen Gläubiger, der sich mit Hilfe der Verfahrenseröffnung einen Vorteil verschaffen will, der ihm nicht zusteht. Alleine aus dem Umstand, dass der antragstellende Gläubiger keine Auskunft erteilt über die tatsächlichen Voraussetzungen eines Anfechtungsanspruchs gegen sich, kann jedoch nicht der Schluss gezogen werden, der Gläubiger verfolge mit seinem Antrag verfahrensfremde Zwecke, weil er zu einer solchen Auskunft nicht verpflichtet ist.[68] Ferner kann alleine aus dem Umstand, dass der antragstellende Gläubiger in Kenntnis des Vorliegens der Voraussetzungen des § 14 Abs. 1 Satz 2 seinen Eröffnungsantrag für erledigt erklärt, nicht der Schluss gezogen werden, dass es sich um einen unzulässigen Druckantrag handelt[69], weil der Gläubiger zu einem „Weiterlaufenlassen" nicht verpflichtet ist (s. RdNr. 48). Es können legitime Gründe für einen Gläubiger bestehen, seinen

---

[63] Vgl. zur Verjährung der Forderung BGH NZI 2007, 408 f.; AG Göttingen NZI 2005, 395 f.; zum Bestreiten der Fälligkeit einer Forderung s. OLG Frankfurt ZInsO 2002, 75, 76 f.
[64] OLG Schleswig NJW 1951, 119; OLG Frankfurt MDR 1973, 235; OLG Hamm MDR 1973, 1029; OLG Köln ZIP 1989, 789; *Baur* JZ 1951, 209, 210; *Unger* KTS 1962, 205, 213 f.; HKInsO-*Kirchhof* § 14 RdNr. 28; Jaeger/*Gerhardt* InsO § 14 RdNr. 2, 7.
[65] BGH, Beschl. v. 11.7.2002 – IX ZB 28/02, bei *Fischer* NZI 2003, 281; BGH NZI 2008, 182 ff.; BGH ZInsO 2010, 1662 f.; BGH NZI 2011, 632 f.; BGH ZInsO 2011, 1216 f.; BFH, Beschl. v. 16.9.2010 – VII B 281/09; Graf-Schlicker/*Fuchs* InsO § 14 RdNr. 10; Nerlich/Römermann/*Mönning* InsO § 14 RdNr. 33; Cranshaw/Paulus/Michel/*Schultze*, Bankenkommentar zum Insolvenzrecht, § 14 RdNr. 8; vgl. auch OLG Brandenburg NZI 2002, 108, 109; kritisch *Hölzle* EWiR 2008, 407 f.; aA FKInsO-*Schmerbach* § 14 RdNr. 56.
[66] BGH NZI 2004, 587, 589 = NZS 2005, 24; OLG Schleswig NJW 1951, 119; OLG Celle NZI 2000, 214; OLG Dresden NZI 2001, 472 f.; LG Osnabrück KTS 1972, 270 f.; *Guski* WM 2011, 103, 108; *Unger* KTS 1962, 205, 214; *Gerhardt* EWiR 1989, 701, 702 (zu OLG Köln ZIP 1989, 789); HKInsO-*Kirchhof* § 14 RdNr. 28, 35; Uhlenbruck/*Uhlenbruck* InsO § 14 RdNr. 40.
[67] HKInsO-*Kirchhof* § 14 RdNr. 29; Jaeger/*Gerhardt* InsO § 14 RdNr. 4 ff.
[68] BGH NZI 2008, 240 f.; *Büttner* EWiR 2008, 369 f.
[69] So aber AG Hamburg NZI 2011, 859 f.

Antrag gleichwohl für erledigt zu erklären, insbesondere um seiner Glaubhaftmachungslast zu entgehen, die sich nach einer Erfüllung der Forderung nicht nur auf das Fortbestehen eines rechtlichen Interesses und eines Insolvenzgrunds, sondern auch auf die Voraussetzungen des Satz 2 bezieht und dabei insbesondere auf die Voraussetzungen, die an das Erstverfahren zu stellen sind (s. hierzu RdNr. 55 ff.). Vom Vorliegen eines unzulässigen Druckantrags kann hier nur dann ausgegangen werden, wenn weitere Indizien hinzukommen (s. RdNr. 58).

30 Unzulässig ist ein Antrag, der ersichtlich als **Druckmittel** gegenüber dem Schuldner dienen soll, um ihn zumindest zu Teilzahlungen, zur Anerkennung einer rechtlich zweifelhaften Forderung oder zur Mitwirkung an der notariellen Titulierung zu veranlassen.[70] Anhaltspunkte hierfür sind etwa die nicht durch sachliche Gründe gerechtfertigte Beschränkung des Eröffnungsantrags auf eine Teilforderung (das Antragsrecht ist unteilbar[71]) oder Versuche des Gläubigers, das Verfahren des Insolvenzgerichts zu verlangsamen. Hierzu gehören vor allem Bitten an das Gericht, den Antrag zunächst nicht zuzustellen, den Schuldner auf jeden Fall persönlich zu seiner Vermögenslage zu vernehmen, vor kostenauslösenden Ermittlungshandlungen dem Antragsteller Gelegenheit zur Äußerung zu geben oder das Verfahren wegen schwebender Vergleichsverhandlungen ruhen zu lassen.[72] Deutliches Indiz für den Einsatz des Antrags als Druckmittel ist ferner die Tatsache, dass der Gläubiger einzelne Geschäftspartner des Schuldners oder die Öffentlichkeit bereits über die Antragstellung informiert, bevor er sicher sein kann, dass das Gericht den Antrag als zulässig ansieht. Auch aus den Umständen, unter denen der Antrag für erledigt erklärt oder seine Rücknahme angekündigt wird, oder aus der Begründung für eine solche Erklärung kann sich der missbräuchliche Hintergrund ergeben. Dies gilt etwa, wenn der Gläubiger die Erledigungserklärung bereits nach einer ersten Teilzahlung ohne hinreichenden Anhaltspunkt für den Wegfall der Zahlungsunfähigkeit abgibt[73] oder wenn er sie erst für den Fall in Aussicht stellt, dass der Schuldner die gesamte Forderung erfüllt.[74] Der Gläubiger einer **auflösend bedingten Forderung** handelt missbräuchlich, wenn er den Antrag stellt, obwohl der Eintritt der auflösenden Bedingung unmittelbar oder kurz bevorsteht, weil es ihm mit der Antragstellung im Hinblick auf das alsbald wegfallende Antragsrecht (s. hierzu § 13 RdNr. 36) ersichtlich nicht auf eine gerichtliche Entscheidung über die Eröffnung ankommt.

31 Die **vorsätzliche Missachtung einer gerichtlichen Sicherungsmaßnahme** (§ 21) durch den antragstellenden Gläubiger ist in aller Regel ein schwerwiegendes Indiz für den Einsatz des Antrags als Druckmittel.[75] Dies gilt insbesondere, wenn der Gläubiger trotz einer Verfügungsbeschränkung (§ 21 Abs. 2 Satz 1 Nr. 2, § 24 Abs. 1) eine Leistung des Schuldners annimmt oder mit ihm zur Erledigung des Antrags eine Zahlungsvereinbarung trifft.[76] Jede Leistung des insolventen Schuldners an den Gläubiger zur Abwendung eines angedrohten oder bereits gestellten Eröffnungsantrags stellt grundsätzlich eine inkongruente Deckung dar, weil sie dem Gläubiger nach Sinn und Zweck der gesetzlichen Regelungen über das Insolvenzverfahren zu dieser Zeit und unter diesen Umständen nicht zukommen soll (§ 131 Abs. 1 Nr. 1).[77] Dabei sind auch Leistungen eines Dritten, die dieser im Einvernehmen mit dem Schuldner erbringt, regelmäßig als Zahlungen des Schuldners zu behandeln; sie stammen nämlich zumindest aus unerlaubt aufgenommenen, dem Schuldnervermögen zuzurechnenden Kreditmitteln oder Einlagen (vgl. § 13 RdNr. 135).[78] Nimmt ein Gläubiger in dem

---

[70] BGHZ 157, 242, 246 f. = NJW 2004, 1385 f. = NZI 2004, 201 f.; OLG Koblenz Rpfleger 1975, 318; LG Münster ZIP 1993, 1103; LG Meiningen ZIP 2000, 1451; LG Kassel ZVI 2005, 435; AG Köln JMBl. NRW 1967, 128; AG Burgsteinfurt MDR 1968, 1020; AG Holzminden ZIP 1987, 1272; AG Hamburg ZIP 2000, 1019; AG Duisburg NZI 2002, 211; *Krantz* NJW 1952, 291; *Unger* KTS 1962, 205, 214 f.; *Frind/Schmidt* ZInsO 2001, 1133; *dies.* ZInsO 2002, 8; *Schmahl* NZI 2002, 177; *Fischer*, FS Kirchhof, 2003, S. 73, 82 ff.; FKInsO-*Schmerbach* § 14 RdNr. 42; HKInsO-*Kirchhof* § 14 RdNr. 30; Jaeger/*Gerhardt* InsO § 14 RdNr. 4.

[71] Jaeger/*Weber* KO § 103 RdNr. 6; Jaeger/*Gerhardt* InsO § 14 RdNr. 6.

[72] Vgl. AG Göttingen ZVI 2012, 12.

[73] LG Hamburg NZI 2002, 164 Nr. 12; *Frind/Schmidt* ZInsO 2002, 8, 10; *Schmahl* NZI 2002, 177, 183; *Fischer*, FS Kirchhof, 2003, S. 73, 80 f.; vgl. auch OLG Hamburg ZIP 2001, 708.

[74] AG Duisburg NZI 2002, 211; insoweit aA HKInsO-*Kirchhof* § 14 RdNr. 31.

[75] *Schmahl* NZI 2002, 177, 183; HKInsO-*Kirchhof* § 14 RdNr. 30.

[76] AG Offenbach ZInsO 2000, 624; AG Hamburg ZIP 2001, 257; AG Hamburg NZI 2002, 561; AG Oldenburg NZI 2002, 391; AG Duisburg NZI 2002, 669; *Schmahl* NZI 2002, 177, 183; HKInsO-*Kirchhof* § 14 RdNr. 30.

[77] BGHZ 157, 242, 247 = NJW 2004, 1385 f. = NZI 2004, 201 f.; BGHZ 161, 315, 322 f. = NJW 2005, 1118 = NZI 2005, 218, 220 f.; BGH NZI 2006, 159, 161; *Fischer*, FS Kirchhof, 2003, S. 73, 81; vgl. auch BGHZ 155, 75, 84 = NJW 2003, 3347 f. = NZI 2003, 533, 535; *Frind/Schmidt* ZInsO 2001, 1133 f.; *Schmahl* NZI 2002, 177, 183.

[78] Vgl. BGHZ 147, 193 = NJW 2001, 1937; BGHZ 155, 75, 81 f. = NJW 2003, 3347 f. = NZI 2003, 533 f.; BGHZ 156, 350, 355 = NJW 2004, 214 f. = NZI 2004, 78 f.; BGH NJW-RR 2001, 1490 = NZI 2001, 539; BGH NJW 2002, 1574, 1576 = NZI 2002, 255; BGH NZI 2003, 197 f.; BGH NJW 2003, 2316 f. = NZI 2003, 460; BGH NJW 2003, 3560 f. = NZI 2003, 597 f.; AG Hamburg NZI 2004, 323, 325.

von ihm selbst beantragten Verfahren eine solche, nach § 24 Abs. 1 unwirksame Leistung vorbehaltlos an, zeigt dies, dass es ihm nicht auf eine umsichtig vorbereitete Eröffnungsentscheidung ankommt, sondern allein auf die Wahrung eigener Interessen ohne Rücksicht auf den Verfahrenszweck (§ 1).[79] Zur Missbräuchlichkeit einer Erledigungserklärung in diesen Fällen s. § 13 RdNr. 141 ff.

Allgemein drängt sich der Missbrauch des Antrags stets auf, wenn der antragstellende Gläubiger **32** während des Eröffnungsverfahrens eine **Zahlung des Schuldners** vorbehaltlos annimmt oder mit ihm Zahlungserleichterungen vereinbart, obwohl die finanzielle Lage des Schuldners sich nicht wesentlich besser darstellt als zur Zeit der Antragstellung;[80] im Kern liegt ein Fall des *venire contra factum proprium* vor. Dass die empfangene Leistung nach einer etwaigen Verfahrenseröffnung auf Grund eines späteren Antrags als inkongruente Deckung (§§ 131, 133) anfechtbar wäre, steht dem nicht entgegen.[81] Nimmt der Gläubiger die Zahlung an, weil er die Zahlungsunfähigkeit für beseitigt hält, muss er seinen Antrag zurücknehmen oder in der Hauptsache für erledigt erklären. Andernfalls wird der Antrag, von Fällen der missbräuchlichen Rücknahme- oder Erledigungserklärung abgesehen (§ 13 RdNr. 141 ff.) und außerhalb des § 14 Abs. 1 Satz 2 (s. RdNr. 47 ff.), unzulässig. Laufende **Vergleichsverhandlungen** des Schuldners mit seinen Gläubigern beseitigen grundsätzlich nicht das rechtliche Interesse eines antragstellenden Gläubigers,[82] es sei denn, dass mit der Antragstellung ein ungerechtfertigter Sondervorteil angestrebt wird.

Der antragstellende Gläubiger darf zur Begründung seines Antragsrechts auch weitere, im Antrag **33** noch nicht genannte **Forderungen in das Verfahren einführen**. Dies gilt unabhängig davon, ob die ursprünglich herangezogene Forderung bereits erloschen ist (vgl. § 13 RdNr. 147). Eine solche Verfahrensweise bietet in besonderem Maße die Möglichkeit des Missbrauchs. Insbesondere liegt es nahe, dass der Eröffnungsantrag als Druckmittel zur Erzwingung von Zahlungen benutzt werden soll.[83] Vor diesem Hintergrund sind erhöhte Anforderungen an die Darlegung des rechtlichen Interesses zu stellen (Abs. 1 Satz 1). Darüber hinaus ist jedoch nicht erforderlich, dass es für das Nachschieben von Forderungen einen legitimen Grund gibt und es deshalb einem sorgfältigen und auf Förderung des Verfahrens bedachten Handeln entspricht (vgl. § 282 Abs. 1 ZPO, § 4).[84] Ein rechtliches Interesse ist ohne weiteres gegeben, wenn es sich um Forderungen handelt, die erst nach der ursprünglichen Antragstellung entstanden, fällig geworden oder tituliert worden sind. Selbstverständlich ist dem Schuldner zu den neuen Forderungen gleichfalls rechtliches Gehör zu gewähren.

Unzulässig wegen Verfolgung nicht schutzwürdiger verfahrensfremder Zwecke ist ein Eröffnungs- **34** antrag, der dem Gläubiger im Wesentlichen zur **kostengünstigen Ausforschung** der schuldnerischen Vermögensverhältnisse und zur Ermittlung pfändbarer Gegenstände dient.[85]

Eine Verfolgung nicht schutzwürdiger verfahrensfremder Zwecke liegt auch vor, wenn der Eröff- **35** nungsantrag darauf abzielt, dem Schuldner unter dem Schutz von Sicherungsmaßnahmen (§ 21) Zeit für außergerichtliche Vergleichsverhandlungen mit den Gläubigern zu verschaffen[86], wenn der Schuldner mit Hilfe des Verfahrens als Konkurrent aus dem Wettbewerb ausgeschaltet[87] oder ihm ein Warenzeichen entzogen[88] werden soll, wenn die Eröffnung nur angestrebt wird, um vertragliche oder gesetzliche Erleichterungen für die Kündigung eines Dauerschuldverhältnisses im Insolvenzfall[89] nutzen zu können.

Die bloße Absicht, einen insolventen Schuldner an einer weiteren wirtschaftlichen Tätigkeit zu **36** hindern (insbesondere wenn er auf Grund seiner Rechtsform nur beschränkt haftet), schließt das rechtliche Interesse nicht aus. Die Beseitigung insolventer oder gar vermögensloser Unternehmen aus dem Wirtschaftsleben dient dem Gläubigerschutz (vgl. § 26 Abs. 2, § 394 Abs. 1 FamFG). Sie ist die legitime Nebenwirkung jeder gerichtlichen Feststellung der Insolvenz. Es steht dem Schuldner

---

[79] Vgl. *Schmahl* NZI 2002, 177, 182 ff.
[80] *Fischer,* FS Kirchhof, 2003, S. 73, 79 ff.
[81] So aber AG Göttingen NZI 2001, 385, 386 f.
[82] Jaeger/*Gerhardt* InsO § 14 RdNr. 3.
[83] Jaeger/*Gerhardt* InsO § 14 RdNr. 6.
[84] BGH NZI 2004, 587, 588 = NZS 2005, 24; BGH ZInsO 2012, 593 f.; Uhlenbruck/*Uhlenbruck* InsO § 14 RdNr. 8; anders MünchKommInsO-*Schmahl*² § 14 RdNr. 57.
[85] LG Potsdam ZInsO 2002, 1149; AG Gummersbach KTS 1964, 61; *Uhlenbruck* NJW 1968, 685, 686; *Unger* KTS 1962, 205, 215.
[86] OLG Frankfurt JW 1926, 2114.
[87] BGH NJW-RR 2011, 1411 f. = NZI 2011, 540 f.; OLG Frankfurt ZIP 1984, 195; LG Koblenz Rpfleger 1975, 318; *Baur* JZ 1951, 209 f.; *Smid* DZWIR 2012, 1, 4; auf die praktischen Probleme bei der Ermittlung einer dahingehenden Absicht des Antragstellers hinweisend *Frind* EWiR 2011, 467 f.
[88] OLG Frankfurt KTS 1971, 285.
[89] BGH WM 1962, 930; BGH NZI 2006, 588, 590 = NJW-RR 2006, 1482; BGH NZI 2008, 121 f.; OLG Oldenburg MDR 1955, 175; *Uhlenbruck* NJW 1968, 685 f.; Uhlenbruck/*Uhlenbruck* InsO § 14 RdNr. 42.

frei, seine Vermögenslage rechtzeitig durch einen Eigenantrag und einen sinnvollen Schuldenbereinigungs- oder Insolvenzplan zu sanieren.

37 **e) Widersprüchliches Verhalten des Gläubigers.** Die Regeln von Treu und Glauben gelten auch zwischen den Parteien des Eröffnungsverfahrens. Haben sie vor Antragstellung Stundung oder Ratenzahlung vereinbart, fehlt dem Antrag des Gläubigers das rechtliche Interesse, sofern sich nicht die Geschäftsgrundlage inzwischen wesentlich geändert hat.[90]

38 Bei **nachträglichem Abschluss einer** solchen **Zahlungsvereinbarung** entfällt das rechtliche Interesse des Gläubigers an der Fortsetzung des Eröffnungsverfahrens. Wird der Antrag nicht zurückgenommen oder für erledigt erklärt, ist er unzulässig.[91] Zahlungsvereinbarung und Eröffnungsantrag schließen einander aus. Ein **Ruhen des Verfahrens** oder dessen Aussetzung ist ebenso wenig zulässig wie eine einstweilige Einstellung. Das Verfahren ist wegen seiner grundlegenden Funktion, eine Krisensituation zu ordnen, als Eilverfahren ausgestaltet (vgl. § 16 RdNr. 23 f.). Widersprüchlich verhält sich der antragstellende Gläubiger auch, wenn er die Entgegennahme einer Zahlung des Schuldners oder eines Dritten verweigert, sofern die Zahlung nicht gegen eine Verfügungsbeschränkung verstößt und eine Zahlungsunfähigkeit von dem Gläubiger nicht glaubhaft gemacht worden ist (s. hierzu auch § 13 RdNr. 146; u. RdNr. 50).[92]

39 **f) Unverhältnismäßigkeit, sittenwidrige Härte.** Die geringe Höhe der Forderung lässt das rechtliche Interesse eines Gläubigers an der Eröffnung des Verfahrens nicht entfallen.[93] Eine Zurücksetzung von Kleingläubigern ist nicht gerechtfertigt. Wenn der Schuldner nicht einmal ihre Forderungen erfüllen kann, zeigt dies besonders deutlich seine bedenkliche Lage.

40 Gegen den Eröffnungsantrag eines Gläubigers ist bei **natürlichen Personen** auch ein **Schuldnerschutz nach § 765a ZPO** nicht auszuschließen.[94] Der Grundgedanke der Vorschrift betrifft nicht nur die Einzelzwangsvollstreckung.[95] Er ist Ausdruck des allgemeinen **rechtsstaatlichen Grundsatzes der Verhältnismäßigkeit,**[96] den auch die Insolvenzgerichte als Träger öffentlicher Gewalt bei drohender schwerer Gefahr für Leben oder körperliche Unversehrtheit des Schuldners zu beachten haben.

41 Einwendungen aus § 765a ZPO sind beim Insolvenzgericht vorzubringen. Die sittenwidrige Härte wird das rechtliche Interesse des antragstellenden Gläubigers an der Verfahrenseröffnung nur in äußerst seltenen Fällen vollständig beseitigen. Es reicht jedenfalls nicht aus, dass durch die Eröffnung die gegenwärtige **wirtschaftliche oder familiäre Existenz des Schuldners** gefährdet wird.[97] Auch bei drohenden **schweren gesundheitlichen Schäden** wird die mit dem Insolvenzverfahren verbundene Chance der Restschuldbefreiung die denkbare Sittenwidrigkeit der Verfahrenseröffnung in aller Regel ausschließen.

42 In Betracht kommt allenfalls ein **einstweiliges Ruhen des Eröffnungsverfahrens,**[98] und dies auch nur, wenn mit der sofortigen Eröffnung ganz besondere Härten verbunden sind, die selbst mit den Sanierungsinstrumenten des Insolvenzrechts (Eigenantrag bei drohender Zahlungsunfähigkeit, Schuldenbereinigungs- oder Insolvenzplan, Restschuldbefreiung) nicht ausgeglichen werden können. Das Verfahren wird zudem nur für kurze Zeit zum Ruhen gebracht werden können, die Dreiwochenfrist des § 64 Abs. 1 GmbHG mag als Orientierung dienen. **Sicherungsmaßnahmen** (§§ 21, 22) bleiben auch in dieser Situation zulässig (vgl. § 306 Abs. 2 sowie § 16 RdNr. 23 f.).

43 § 765a ZPO greift nicht ein, wenn der Schuldner aus gesundheitlichen Gründen nicht imstande ist, seine **Rechte im Verfahren** persönlich wahrzunehmen oder seine **Auskunfts- und Mitwirkungspflichten** zu erfüllen. Zur Wahrnehmung seiner Rechte kann sich der Schuldner eines Bevollmächtigten bedienen, notfalls ist ein Betreuer zu bestellen (vgl. auch § 22a FamFG). Die

---

[90] OLG Frankfurt WM 2001, 1629, 1631; AG Göttingen NZI 2001, 606.
[91] FKInsO-*Schmerbach* § 14 RdNr. 34.
[92] Vgl. AG Leipzig ZInsO 2010, 1239 ff.
[93] BGH NJW-RR 1986, 1188; vgl. auch 1. KommBer. Leitsatz 1.2.1, S. 98, 100; ebenso schon die Motive zu § 103 KO, *Hahn* S. 296; zum Eröffnungsantrag des Finanzamts s. BGH, Beschl. v. 7.5.2009 – IX ZB 262/08.
[94] BGH KTS 1978, 24, 29; FKInsO-*Schmerbach* § 14 RdNr. 23; HKInsO-*Kirchhof* § 4 RdNr. 19; aA OLG Nürnberg KTS 1971, 291, 292; Jaeger/*Gerhardt* InsO § 14 RdNr. 43; Kübler/Prütting/Bork/*Pape* InsO § 14 RdNr. 72; Uhlenbruck/*Uhlenbruck* InsO § 14 RdNr. 147 f.; eingehend *Schur* KTS 2008, 471 ff.
[95] So aber OLG Nürnberg KTS 1971, 291; *Unger* KTS 1962, 205, 210; Jaeger/*Gerhardt* InsO § 14 RdNr. 43; Kübler/Prütting/Bork/*Pape* InsO § 14 RdNr. 72.
[96] Vgl. BVerfGE 52, 214 ff.; BVerfG NJW 1991, 3207; BVerfG NJW 2004, 49.
[97] Vgl. hierzu aus der Sicht des kanonischen Rechts die Entscheidung des *Offizialats des Erzbistums Freiburg*, NJW 1994, 3375 f. Danach verstößt der Konkursantrag eines katholischen Gläubigers gegen einen katholischen Schuldner nicht generell gegen das Kirchenrecht oder das Gebot der Nächstenliebe; dies gilt auch, wenn dabei die wirtschaftliche und familiäre Existenz des Schuldners bedroht ist.
[98] Vgl. BVerfG NJW 1998, 295; BVerfG NJW 2004, 49; BGH KTS 1978, 24, 29 f.

notwendigen Informationen kann sich das Gericht, wenn der Schuldner sie nicht beibringen kann, auch durch eigene Ermittlungen oder die Bestellung eines Sachverständigen oder vorläufigen Insolvenzverwalters beschaffen.

g) Entgegenstehende Entscheidung des Prozessgerichts. Entscheidungen des Prozessgerichts, durch welche die Vollstreckbarkeit eines Titels nur gegen Sicherheitsleistung des Gläubigers erlaubt oder die Zwangsvollstreckung aus einem Titel einstweilen eingestellt wird, binden das Insolvenzgericht nur, wenn der Gläubiger sein Antragsrecht auf den Titel stützt. Der Gläubiger kann jedoch die titulierte Forderung auch ohne Verwertung des Titels glaubhaft machen. In diesem Fall sind die Entscheidungen des Prozessgerichts zur Vollstreckbarkeit für das Insolvenzgericht nur als Argumentationshilfe bedeutsam (vgl. RdNr. 84 f.). Ein rechtliches Interesse an dieser Verfahrensweise wird jedoch nur unter besonderen Umständen bestehen; sie sind vom antragstellenden Gläubiger glaubhaft zu machen.

Eine Entscheidung des Prozessgerichts, in der dem Gläubiger **untersagt** wird, **einen Eröffnungsantrag gegen den Schuldner zu stellen,** hat für die Wirksamkeit eines dennoch gestellten oder aufrechterhaltenen Antrages keine unmittelbare Bedeutung. Sie bindet das Insolvenzgericht nicht (s. § 13 RdNr. 115).[99] Über die Zulässigkeit eines Eröffnungsantrags entscheidet allein das Insolvenzgericht. Zur Frage des Rechtsschutzes durch die Fachgerichte s. § 13 RdNr. 114 f. und u. RdNr. 116 ff.

h) Sekundär- oder sonstiges Partikularinsolvenzverfahren. Besondere Anforderungen an das rechtliche Interesse des antragstellenden Gläubigers gelten in den Fällen, in denen nur ein Partikularinsolvenzverfahren über das Inlandsvermögen in Betracht kommt, weil es an der allgemeinen internationalen Zuständigkeit der deutschen Insolvenzgerichte fehlt (Art. 3 Abs. 2 bis 4 EuInsVO; § 354 Abs. 2). Einzelheiten bei Art. 3, 27, 29 EuInsVO; §§ 354 ff.

II. Vorherige Antragstellung (Satz 2)

1. Regelungsgehalt und rechtspolitische Bewertung der Neuregelung. Nach der bis zum 1.1.2011 geltenden Rechtslage führte die Erfüllung der dem Antrag des Gläubigers zugrunde liegenden Forderung(en) zum Wegfall des Antragsrechts, sofern dem Gläubiger keine weiteren Forderungen gegen den Schuldner zustanden (s. § 13 RdNr. 26, 145). Hatte der Gläubiger weitere Forderungen gegen den Schuldner, waren diese jedoch noch nicht durchsetzbar, entfiel infolge der Zahlung zwar nicht das Antragsrecht des Gläubigers, jedoch fehlte es an einem rechtlichen Interesse an der Durchführung eines Insolvenzverfahrens (s. § 13 RdNr. 35 und o. RdNr. 26). War es im Zeitpunkt der Erfüllung noch nicht zur Eröffnung des Verfahrens gekommen, war der Gläubiger zur Vermeidung einer nachteiligen Kostenentscheidung gehalten, den Eröffnungsantrag für erledigt zu erklären (s. § 13 RdNr. 127, 145). Da ein Insolvenzverfahren nicht durch Einschreiten des Gerichts von Amts wegen, sondern nur aufgrund eines Antrags eröffnet und bis zu seiner Eröffnung (§ 13 Abs. 2) nur auf Betreiben des Antragstellers fortgeführt werden kann (vgl. § 13 RdNr. 1 ff.), führte der Wegfall des Antragsrechts in der Praxis dazu, dass ein Insolvenzverfahren nicht eröffnet werden konnte, obwohl ein Insolvenzgrund weiterhin vorlag.

Die mit Wirkung zum 1.1.2011 in Kraft getretene Neuregelung des § 14 Abs. 1 Satz 2 bezweckt, die weitere Teilnahme insolventer Schuldner am Rechts- und Wirtschaftsverkehr einzuschränken und zu verhindern, dass Gläubiger bei einer Erfüllung der fälligen Forderung(en) fortwährend neue Eröffnungsanträge stellen müssen (sog. **Stapelanträge**) und zugleich Gefahr laufen, dass bei einer späteren Verfahrenseröffnung die in der Vergangenheit von dem Schuldner erbrachten Zahlungen durch eine Anfechtung des Insolvenzverwalters wieder zurückgewährt werden müssen.[100] Die Regelung verfolgt damit zwar einen legitimen Zweck, jedoch besteht für sie **kein praktisches Bedürfnis**.[101] Auch im Anwendungsbereich des Abs. 1 Satz 2 bleibt es dem antragstellenden Gläubiger unbenommen, den Antrag in den zeitlichen Grenzen des Abs. 2 zurückzunehmen oder für erledigt

---

[99] Jaeger/*Gerhardt* InsO § 13 RdNr. 21.
[100] Vgl. BT-Drucks. 17/3030, S. 42; *Gundlach/Rautmann* DStR 2011, 82; *dies.* NZI 2011, 315; *Jungclaus/Keller* NZI 2011, 808; *Kollbach/Lodyga/Zanthoff* NZI 2010, 932; *Andres/Leithaus* InsO § 14 RdNr. 12.
[101] Mit unterschiedlicher Begründung kritisch auch *Frind* ZInsO 2010, 1784 ff.; *ders.* ZInsO 2010, 2186 ff.; *Gundlach/Rautmann* DStR 2011, 82 ff.; *Guski* WM 2011, 103, 109 f.; *Hackländer/Schur* ZInsO 2012, 901 ff.; *Jungclaus/Keller* NZI 2011, 808 ff.; *Marotzke* ZInsO 2010, 2163 ff.; *ders.* ZInsO 2011, 841 ff.; *Weiland* ZInsO DZWIR 2011, 224 ff.; *Schacht* ZInsO 2011, 1048 ff.; Nerlich/Römermann/*Mönning* InsO § 14 RdNr. 7 ff., 119 ff.; HambKommInsO-*Wehr* § 14 RdNr. 65; die Neuregelung begrüßend dagegen *Kollbach/Lodyga/Zanthoff* NZI 2010, 932, 933; ebenso zu § 14 Abs. 1 Satz 2 idF. des Gesetzentwurfs der Bundesregierung vom 27.9.2010 *Pape* ZInsO 2010, 2155 f.

zu erklären und so dem Eröffnungsantrag den Boden zu entziehen.[102] Auch weiterhin wird man hier lediglich in den Fällen eines missbräuchlichen Gläubigerverhaltens zu einer Unbeachtlichkeit dieser Verfahrenshandlungen kommen (s. § 13 RdNr. 113, 141 ff.). Gläubiger, die wegen der fortbestehenden Zahlungsunfähigkeit an ihrem Antrag trotz der Zahlungen des Schuldners festhalten wollen, können einen Wegfall des Antragsrechts schlicht dadurch verhindern, dass sie die Annahme der Zahlung verweigern oder, sofern sie zur Annahme der Zahlungen verpflichtet sind, die Zahlung unter Vorbehalt annehmen. In einem solchen Fall fehlt es an einer wirksamen Erfüllung der Forderung, weshalb der Eröffnungsantrag unabhängig davon, ob die Voraussetzungen des Abs. 1 Satz 2 vorliegen, zulässig bleibt (s. RdNr. 49 f.). Ferner gibt die Neuregelung einem unredlichen Gläubiger eine weitere Möglichkeit an die Hand, den Schuldner zu einer vorrangigen Befriedigung seiner Forderung oder zur Stellung von Sicherheiten zu veranlassen.[103] Schließlich ist zu kritisieren, dass der Wille des Gesetzgebers im Wortlaut der Regelung weitgehend keinen Niederschlag gefunden hat und der zu weit gehende Wortlaut in mehrfacher Hinsicht einer teleologischen Reduktion bedarf (s. hierzu u. RdNr. 55 ff.).

49 **2. Tatbestandsvoraussetzungen. a) Erfüllung der Forderung nach Antragstellung.** Der Anwendungsbereich des Abs. 1 Satz 2 ist nur eröffnet, wenn die dem Eröffnungsantrag zugrunde liegende Forderung erfüllt wird. Dies ist aber nicht bei jeder Zahlung an den antragstellenden Gläubiger durch den Schuldner oder einen Dritten der Fall. Die Zulässigkeit des Antrags hängt nicht von einer bestimmten Forderung ab. Maßgebend ist allein, ob der Antragsteller zum Zeitpunkt der Eröffnungsentscheidung eine glaubhaft gemachte Gläubigerstellung hat (s. hierzu § 13 RdNr. 25 ff.). Er darf deshalb zur Begründung seines Antrags **weitere Forderungen** in das Verfahren einführen oder Forderungen auswechseln, sofern ein rechtliches Interesse an der Durchführung eines Insolvenzverfahrens weiterhin besteht (s. § 13 RdNr. 147). Nur dann, wenn durch die Zahlung des Schuldners oder des Dritten sämtliche (fälligen) Verbindlichkeiten getilgt werden, kann der Antrag unzulässig werden.

50 Neben einer Zahlung der Forderung(en) durch den Schuldner oder eines Dritten ist weiter erforderlich, dass die Zahlung wirksam erfolgt ist. **Keine Erfüllungswirkung** hat eine Leistung des Schuldners, die gegen eine Verfügungsbeschränkung nach § 21 Abs. 2 Satz 1 Nr. 2 verstößt (§ 24 Abs. 1, § 81 Abs. 1).[104] Der Gläubiger kommt nicht in Annahmeverzug, wenn er die Zahlung ablehnt, unter Vorbehalt annimmt oder an den vorläufigen Insolvenzverwalter weiterleitet. Auch ohne Anordnung einer Verfügungsbeschränkung ist der Gläubiger berechtigt, die vorbehaltlose Annahme der Leistung zu verweigern, solange er keine hinreichenden tatsächlichen Anhaltspunkte dafür hat, dass die von ihm glaubhaft gemachte Zahlungsunfähigkeit des Schuldners weggefallen ist. Dies gilt auch für die Leistung eines Dritten, die dieser im Einvernehmen mit dem Schuldner erbringt. Sie ist regelmäßig als Leistung des Schuldners zu werten (s. zum Ganzen § 13 RdNr. 146).[105] In diesem Fall bleibt der Eröffnungsantrag unabhängig davon zulässig, ob die Voraussetzungen des Abs. 1 Satz 2 vorliegen bzw. von dem Gläubiger gem. Abs. 1 Satz 3 glaubhaft gemacht worden sind.[106] Nur dann, wenn der Schuldner oder ein Dritter vor Anordnung von Sicherungsmaßnahmen durch die Zahlung sämtliche Forderungen des antragstellenden Gläubigers erfüllt und dieser die Zahlung vorbehaltlos annimmt, wird der Antrag unzulässig und der Anwendungsbereich des Abs. 1 Satz 2 ist eröffnet. Die Forderung muss ferner **nach der Antragstellung** erfüllt worden sein, weil andernfalls der Antrag von Anfang an unzulässig ist und nicht durch die Erfüllung unzulässig „wird".

51 **b) Zwei-Jahres-Zeitraum.** Abs. 1 Satz 2 setzt weiter voraus, dass in einem Zeitraum von zwei Jahren vor der Antragstellung bereits ein Antrag auf Eröffnung des Insolvenzverfahrens über das Vermögen des Schuldners gestellt worden ist, **sog. Erstantrag**. Die Regelung hat § 569 Abs. 3

---

[102] Vgl. *Gundlach/Rautmann* NZI 2011, 315, 317; HKInsO-*Kirchhof* § 14 RdNr. 16; *Marotzke* ZInsO 2010, 2163, 2166; *Pape* ZInsO 2010, 2155 f.

[103] S. hierzu *Frind* ZInsO 2010, 2183; *Guski* WM 2011, 103, 110; *Pape* ZInsO 2010, 2156; diese Gefahr würde sich noch vergrößern, wenn man dem Vorschlag von *Jungclaus/Keller* NZI 2010, 808 folgen würde, wonach der Eröffnungsantrag trotz Erfüllung der Forderung zulässig bleiben soll, sofern nicht der Schuldner sämtliche fälligen Forderungen des antragstellenden Gläubigers tilgt und für alle weiteren bereits begründeten, aber noch nicht fälligen Forderungen ausreichende Sicherheit leistet.

[104] LG Duisburg NZI 2004, 150 f.; AG Göttingen NZI 2011, 594 ff.; AG Hamburg ZInsO 2005, 158, 159; Nerlich/Römermann/*Mönning* InsO § 13 RdNr. 117; HambKommInsO-*Wehr* § 13 RdNr. 62; *Frind* ZInsO 2011, 412, 417.

[105] *Kirchhof* ZInsO 2004, 1168, 1171.

[106] Vgl. *Frind* ZInsO 2011, 412, 417; *Marotzke* ZInsO 2011, 841, 849.

Nr. 2 Satz 2 BGB zum Vorbild.[107] Das Erfordernis einer vorherigen Antragstellung („Freischuss") trägt dem Umstand Rechnung, dass das Gesetz einem Missbrauch durch den Schuldner vorbeugen und sog. **Stapelanträge** verhindern will (s. RdNr. 1, 48). Ist innerhalb eines solchen Zeitraums die Eröffnung des Verfahrens beantragt worden, besteht nach der Wertung des Gesetzgebers eine Situation, in der sich diese Gefahr verwirklichen kann und deshalb dem Gläubiger ein Instrument an die Hand gegeben werden muss, hierauf reagieren zu können.

Soweit die Regelung über den Zwei-Jahres-Zeitraum im Schrifttum auf Kritik gestoßen ist[108], **52** kam dem nicht gefolgt werden. Es trifft zwar zu, dass ein Interesse an einer Verhinderung der weiteren Teilnahme insolventer Unternehmen am Rechts- und Wirtschaftsverkehr zum Schutz der gesamten Gläubigerschaft auch dann besteht, wenn es an einer vorherigen Antragstellung fehlt. Gleichwohl darf nicht übersehen werden, dass die Neuregelung primär dem Schutz des antragstellenden Gläubigers dient (s. RdNr. 48). Eine Situation, in der sog. Stapelanträge drohen, ist bei einer erstmaligen oder länger zurück liegenden Erfüllung der Verbindlichkeiten nicht (mehr) gegeben. Das Ziel, eine weitere Teilnahme insolventer Unternehmen am Rechts- und Wirtschaftsverkehr generell zu verhindern, ließe sich allenfalls durch eine gesetzliche **Beschränkung der Dispositionsmaxime** (vgl. § 13 Abs. 2) für den Fall eines fortbestehenden Insolvenzgrunds erreichen.[109] Der Gesetzgeber hat sich für eine derart weitereichende Regelung indes nicht entschieden.

Für die **Berechnung des Zeitraums** ist der Eingang der jeweiligen Eröffnungsanträge bei dem **53** Insolvenzgericht maßgeblich. Der Zeitraum beträgt zwei Jahre und ist bezogen auf den Tag vor Eingang des **„Zweitantrags"** zu berechnen. Dies folgt aus dem Wortlaut des Abs. 1 Satz 2, der auf den Zeitraum von zwei Jahren „vor der Antragstellung" abstellt. Die Auslegungsvorschrift des § 187 Abs. 1 BGB (§ 4, § 222 Abs. 1 ZPO) ist daher nicht anwendbar.[110]

In zeitlicher Hinsicht ist nicht erforderlich, dass der **Erstantrag nach dem 31.12.2010 einge- 54 gangen** ist.[111] Der Gegenauffassung, wonach der „Zeitraum von zwei Jahren vor der Antragstellung" erst ab dem 1.1.2011 beginnen kann[112], ist nicht zu folgen. Der Gesetzesbegründung lässt sich ein dahingehender Wille nicht hinreichend deutlich entnehmen.[113] Die Gegenauffassung führt zu einer faktischen Verschiebung des zeitlichen Anwendungsbereichs der Norm, ohne dass ein Bedürfnis hierfür besteht. Gründe des Vertrauensschutzes erfordern eine solche Auslegung des Gesetzes nicht, weil es sich nicht um eine echte Rückwirkung[114] handelt, sondern um eine **unechte Rückwirkung („tatbestandliche Rückanknüpfung")** handelt.[115] Das Gesetz statuiert keine Rechtsfolgen für das bereits vor dem Inkrafttreten der Neuregelung beantragte Insolvenzverfahren („Erstverfahren"), sondern knüpft zur Begründung künftiger Rechtsfolgen in dem nachfolgenden Verfahren („Zweitverfahren") an einen in der Vergangenheit liegenden Sachverhalt an. Die mit dieser Rückanknüpfung verbundenen Rechtsnachteile für den Schuldner sind gerechtfertigt. Die Regelung dient der Förderung eines legitimen Gesetzeszwecks. Auch wenn ein praktisches Bedürfnis für die Neuregelung nicht besteht (s. RdNr. 48), ist sie zur Erreichung des Gesetzeszwecks nicht völlig ungeeignet. Darüber hinaus ist der Schuldner in seinem Vertrauen, er könne trotz fortbestehender Insolvenzgründe weiterhin am Marktgeschehen teilnehmen, nicht schutzwürdig. Jedenfalls überwiegt hier das Interesse der betroffenen Gläubigerschaft das Interesse des Schuldners, vor der Durchführung eines Insolvenzverfahrens „verschont" zu bleiben, wesentlich.[116]

c) Anforderungen an den „Erstantrag". Erforderlich ist, dass es sich bei dem Erstantrag um **55** einen **Antrag auf Eröffnung des Insolvenzverfahrens** i. S. d. § 13 Abs. 1 gehandelt hat (s. zum

---

[107] Vgl. den Bericht des Haushaltsausschusses zu dem Gesetzentwurf der Bundesregierung vom 27.10.2010, BT-Drucks. 17/3452, S. 6; krit. hierzu *Frind* ZInsO 2010, 2183, 2184.

[108] *Gundlach/Rautmann* DStR 2011, 83, 84; *Frind* ZInsO 2010, 2183, 2184.

[109] Vgl. hierzu mit unterschiedlichen Vorschlägen *Frind* NZI 2007, 555, 558 f., *dens.* ZInsO 2010, 1784 ff., *dens.* ZInsO 2010, 2183, 2185 f. (Beschränkung des Rechts auf Rücknahme- bzw. Erledigungserklärung des Antrags) sowie *Marotzke* ZInsO 2010, 2163, 2166 f. (amtswegige Fortsetzung des Verfahrens trotz wirksamer Rücknahme- bzw. Erledigungserklärung) und *Smid* DZWIR 2011, 133, 136. Demgegenüber soll nach Ansicht von *Häsemeyer*, Insolvenzrecht, RdNr. 7.14 im Rahmen der Zulässigkeitsprüfung auf das Erfordernis der Fälligkeit der Forderung schon de lege lata zu verzichten sein.

[110] Anders *Gundlach/Rautmann* NZI 2011, 315; Nerlich/Römermann/*Mönning* InsO § 14 RdNr. 89.

[111] LG Berlin NZI 2012, 248, 249; LG Dessau-Roßlau, Beschl. v. 16.7.2012 – 1 T 141/12; LG Freiburg (Breisgau) ZInsO 2012, 1232 f.; LG Leipzig NZI 2012, 274, 275; AG Wuppertal ZInsO 2012, 1531 ff.; *Harder* NJW-Spezial 2012, 277; ohne nähere Begründung auch AG Göttingen NZI 2011, 862 f.; AG Göttingen NZI 2011, 594 ff.

[112] So AG Leipzig ZInsO 2011, 1802 f.; Nerlich/Römermann/*Mönning* InsO § 14 RdNr. 85.

[113] So auch AG Leipzig ZInsO 2011, 1802 f.

[114] So aber AG Leipzig ZInsO 2011, 1802 f.

[115] LG Leipzig NZI 2012, 274, 275; LG Dessau-Roßlau, Beschl. v. 16.7.2012 – 1 T 141/12. S. zur sog. unechten Rückwirkung BVerfGE 127, 1 = NJW 2010, 3629 mwN.

[116] Vgl. zum Ganzen LG Leipzig NZI 2012, 274, 275.

Anwendungsbereich § 13 RdNr. 13). Ferner muss sich der Erstantrag auf das Vermögen des Schuldners bezogen haben. Dies kann auch ein **Partikularinsolvenzverfahren** gem. §§ 354 ff. sein (s. hierzu § 13 RdNr. 13, 24). Ausreichend ist ferner ein **ausländisches Insolvenzverfahren**, sofern dies in Deutschland anzuerkennen ist. Für die Eröffnung eines Insolvenzverfahrens in einem EU-Mitgliedstaat ist Art. 16 EuInsVO einschlägig. **Weitergehende Anforderung** an den „Erstantrag" stellt der Wortlaut des Abs. 1 Satz 2 nicht. Gleichwohl sind unterschiedliche Versuche unternommen worden, die Bestimmung teleologisch zu reduzieren. Nach einer Auffassung soll nur ein **Fremdantrag** als „Erstantrag" in Betracht kommen[117], wohingegen verbreitet die Auffassung vertreten wird, dass es unerheblich sei, ob es sich bei dem „Erstantrag" zum einen Eigen- oder einen Fremdantrag handelt[118]. Weiter wird die Auffassung vertreten, dass es unerheblich sei, welches rechtliche Schicksal der Erstantrag genommen habe, ob dieser also als unzulässig oder unbegründet abgewiesen, das Verfahren mangels Masse eingestellt oder ein Verfahren eröffnet, dann aber eingestellt worden sei.[119] Nach einer weiteren Auffassung soll für einen Erstantrag erforderlich sein, dass der antragstellende Gläubiger seine Forderung und den behaupteten Eröffnungsgrund in dem Erstverfahren vor einer Rücknahme oder Erledigungserklärung in einer den Anforderungen des § 14 Abs. 1 Satz 1 entsprechenden Weise hinreichend glaubhaft gemacht hat[120] oder der Antrag mangels Masse abgewiesen worden ist.[121] In der Beschlussempfehlung des Haushaltsausschusses vom 26.10.2010 heißt es zur Begründung der Ergänzung des Abs. 1 Satz 2: *„Durch die Änderung soll ... ein Insolvenzantrag nach Erfüllung der zugrunde liegenden Forderung künftig nur dann aufrecht erhalten werden können, wenn gegen den Schuldner in einem Zeitraum von zwei Jahren vor der Antragstellung bereits einmal ein Insolvenzantrag gestellt und das vorangegangene Verfahren nach der Begleichung der Forderung nicht fortgeführt wurde ...".*[122] Hier wird offenbar davon ausgegangen, dass in dem Erstverfahren ein Fremdantrag gestellt („gegen den Schuldner") und zum anderen das Erstverfahren infolge einer Erfüllung der Forderung(en) des antragstellenden Gläubigers beendet worden sein muss („nach der Begleichung der Forderung nicht fortgeführt").

56   Dieser gesetzgeberische Wille hat im Wortlaut der Regelung keinen Niederschlag gefunden. Gleichwohl ist im Hinblick auf den **Zweck der Regelung** (s. RdNr. 1, 48) in dreifacher Hinsicht eine teleologische Reduktion vorzunehmen: Erstens muss es sich bei dem Erstantrag um einen **Fremdantrag** gehandelt haben.[123] Zweitens ist erforderlich, dass der **Erstantrag infolge einer Zahlung** nicht mehr fortgeführt worden ist.[124] Dies gilt auch, wenn der Erstantrag zurückgenommen worden ist.[125] Drittens muss der antragstellende Gläubiger im Zweitverfahren darlegen und glaubhaft machen (Abs. 1 Satz 3), dass im Erstverfahren bis zur Erfüllung der Forderung(en) durch den Schuldner ein **Insolvenzgrund** vorgelegen hat. Denn zahlt der Schuldner auf den Eröffnungsantrag, obwohl ein Insolvenzgrund nicht gegeben ist, lässt sich hieraus nicht die Gefahr sog. Stapelanträge herleiten. Es trifft zwar zu, dass der bloß zahlungsunwillige Schuldner nicht schutzwürdig ist[126], jedoch ist es nicht die Zielrichtung der Neuregelung, ein solches Schuldnerverhalten zu sanktionieren. Der **Fortbestand des Insolvenzgrunds** nach der Erfüllung der Forderung(en) im Erstverfahren muss von dem antragstellenden Gläubiger im Zweitverfahren dagegen nicht glaubhaft gemacht werden. Denn die Notwendigkeit, den Fortbestand des Insolvenzgrunds im Rahmen des

---

[117] LG Koblenz ZInsO 2011, 1987 ff.; Nerlich/Römermann/*Mönning* InsO § 14 RdNr. 81, 87; HambKomm-InsO-*Wehr* § 14 RdNr. 67 f.; offen lassend LG Berlin, Beschl. v. 10.1.2012 – 85 T 386/11.
[118] *Frind* ZInsO 2011, 412, 416; *Gundlach/Rautmann* NZI 2011, 315; *Harder* NJW-Spezial 2012, 277; HKInsO-*Kirchhof* § 14 RdNr. 16; Kübler/Prütting/Bork/*Pape* InsO § 14 RdNr. 118; offen lassend *Marotzke* ZInsO 2011, 841, 850.
[119] *Frind* ZInsO 2011, 412, 416; HKInsO-*Kirchhof* § 14 RdNr. 16; Nerlich/Römermann/*Mönning* InsO § 14 RdNr. 82; ebenso *Gundlach/Rautmann* NZI 2011, 315, 316, die allerdings Abs. 1 Satz 2 unangewendet lassen wollen, wenn im Erstverfahren der Eröffnungsantrag abgewiesen worden ist, weil kein Insolvenzgrund bestand.
[120] HKInsO-*Kirchhof* § 14 RdNr. 16; zustimmend LG Leipzig NZI 2012, 274, 275.
[121] *Marotzke* ZInsO 2011, 841, 850, 851.
[122] BT-Drucks. 17/3452, S. 6.
[123] LG Koblenz ZInsO 2011, 1987 ff.; offen lassend LG Berlin NZI 2012, 248, 249.
[124] LG Leipzig NZI 2012, 274, 275; LG Dessau-Roßlau, Beschl. v. 16.7.2012 – 1 T 141/12; AG Göttingen NZI 2011, 862 f.; AG Göttingen NZI 2011, 594 ff.; FKInsO-*Schmerbach* § 14 RdNr. 175d; Nerlich/Römermann/*Mönning* InsO § 14 RdNr. 84; *Wimmer* jurisPR-InsR 23/2010 Anm. 1; offen lassend BGH ZIP 2012, 1674 f.; für die Notwendigkeit eines Abschlusses des vorangegangenen Verfahrens LG Aachen, Beschl. v. 23.1.2012 – 6 T 101/11.
[125] Anders HKInsO-*Kirchhof* § 14 RdNr. 16, der darauf abstellt, dass bei einer Rücknahme die „weiteren Voraussetzungen" nicht sicher festzustellen seien. Es ist aber Sache des antragstellenden Gläubigers, dies im Zweitverfahren glaubhaft zu machen; gelingt die Glaubhaftmachung nicht, liegen die Voraussetzungen des Abs. 1 Satz 3 nicht vor.
[126] Hierauf hinweisend *Kollbach/Lodyga/Zanthoff* NZI 2010, 932, 934.

Zweitverfahrens darzulegen und glaubhaft zu machen (s. RdNr. 59, 62) beruht alleine darauf, dass der antragstellende Gläubiger im Anwendungsbereich des § 14 Abs. 1 Satz 2 das Verfahren fortsetzen will und daher das Vorliegen eines Insolvenzgrunds zwingend erforderlich ist (§ 16). Eine **Identität der antragstellenden Gläubiger** im Erst- und Zweitverfahren ist nicht erforderlich.[127] Bei einer Identität der antragstellenden Gläubiger kann allerdings im Einzelfall das rechtliche Interesse an einer Fortsetzung des Zweitverfahrens fehlen (s. hierzu RdNr. 58).

Unerheblich ist, ob der Schuldner in dem Erstverfahren auf einen sog. **Druckantrag** hin die Forderung(en) des antragstellenden Gläubigers erfüllt hat.[128] Lag ein Insolvenzgrund vor, ist der Anwendungsbereich des Abs. 1 Satz 2 auch in diesem Fall eröffnet. Handelte es sich um einen unzulässigen Druckantrag, wird dies dadurch hinreichend sanktioniert, dass der Eröffnungsantrag im Erstverfahren von vornherein unzulässig gewesen ist und dem antragstellenden Gläubiger die Kosten des Verfahrens selbst dann aufzuerlegen sind, wenn er den Antrag für erledigt erklärt. Allerdings kann bei einer Identität der antragstellenden Gläubiger im Erst- und Zweitverfahren der Gläubiger insbesondere bei einer zeitlichen Nähe von Erst- und Zweitantrag widersprüchlich handeln, wenn er im Erstverfahren einen unzulässigen Druckantrag gestellt hat und im Zweitverfahren unter Berufung auf Abs. 1 Satz 2 das Verfahren fortführen will. Darüber hinaus fehlt auch bei Vorliegen der Voraussetzungen des Abs. 1 Satz 2 ein rechtliches Interesse an der Fortführung des Zweitverfahrens, wenn sie ausschließlich dazu dient, den Schuldner zu einer weiteren Zahlung oder Bestellung von Sicherheiten zu veranlassen (s. hierzu o. RdNr. 29 und RdNr. 48).

3. Rechtsfolge. Hat der antragstellende Gläubiger glaubhaft gemacht, dass die Voraussetzungen des Abs. 1 Satz 2 vorliegen, wird der Eröffnungsantrag nicht alleine infolge der Erfüllung der Forderung(en) unzulässig. Legt man den Wortlaut der Regelung zugrunde, würde sie auch diejenigen Fälle erfassen, in denen der antragstellende Gläubiger infolge der Erfüllung sein Antragsrecht verloren hat, weil ihm begründete Forderungen gegen den Schuldner nicht mehr zustehen (s. RdNr. 47, § 13 RdNr. 26, 145). Auch hier ist die nach ihrem Wortlaut zu weit geratene Bestimmung teleologisch zu reduzieren.[129] Die Gefahr sog. Stapelanträge besteht nur bei den Gläubigern, denen bereits im Zeitpunkt der Antragstellung weitere Forderungen gegen den Schuldner zustehen, die noch nicht fällig sind. Solche Gläubiger haben zwar ein Antragsrecht (s. § 13 RdNr. 35), jedoch fehlt ihnen das rechtliche Interesse an der Verfahrenseröffnung (s. § 14 RdNr. 26). Mit der Neuregelung ging es dem Gesetzgeber darum, dem Gläubiger nicht fälliger Forderungen die Möglichkeit zu eröffnen, an seinem Eröffnungsantrag fest zu halten.[130] Im Anwendungsbereich des Abs. 1 Satz 2 überwiegt das Interesse des antragstellenden Gläubigers an einer **Sicherung noch vorhandener Vermögenswerte** (vgl. RdNr. 26), weshalb es hier gerechtfertigt ist, von einem trotz Erfüllung der fälligen Forderung(en) fortbestehenden rechtlichen Interesse auszugehen. Entfällt dagegen infolge der Erfüllung das Antragsrecht, fehlt es an einer Gläubigerstellung und damit einer wesentlichen Verfahrensvoraussetzung (§ 13 Abs. 1 Satz 2). Es kann nicht davon ausgegangen werden, dass der Gesetzgeber mit der Neuregelung auch solchen Gläubigern die Fortführung eines Eröffnungsverfahrens ermöglichen wollte, die nicht mehr Gläubiger sind. Entsprechend hat Abs. 1 Satz 2 lediglich zur Folge, dass in seinem Anwendungsbereich das rechtliche Interesse nicht allein wegen der Erfüllung der Forderung(en) entfällt und für die Eröffnung des Verfahrens das Bestehen einer mangels Fälligkeit nicht durchsetzbaren Forderung genügt (s. hierzu u. RdNr. 83). Ist infolge der Erfüllung das Antragsrecht des Gläubigers entfallen, wird der Antrag auch dann unzulässig, wenn die Voraussetzungen des Abs. 1 Satz 2 erfüllt sind.[131] Nicht gefolgt werden kann daher einer verbreitet vertretenen Ansicht, die ohne nähere Diskussion und Unterscheidung zwischen dem Fortfall des Antragsrechts und des rechtlichen Interesses von einer Anwendbarkeit des § 14 Abs. 1 Satz 2 auch dann ausgeht, wenn lediglich zu erwarten ist, dass der Schuldner künftig bei dem Gläubiger neue Verbindlichkeiten begründen wird.[132] Gerade bei Forderungen des Fiskus und von Sozialversicherungsträgern wird es aber in der Regel so sein, dass die Forderungen aus einem öffentlich-rechtlichen (Dauer-)Schuldverhältnis herrühren und selbst bei Erfüllung der fälligen und festgesetzten Forderungen die Gläubigerstellung nicht entfällt (vgl. § 13 RdNr. 34). Hier endet die Gläubigerstellung erst, wenn auch das Schuldverhältnis beendet worden ist, für

---
[127] HKInsO-*Kirchhof* § 14 RdNr. 16; die Erforderlichkeit einer Identität als naheliegend, aber nicht gesetzeskonform erachtend *Marotzke* ZInsO 2011, 841, 851.
[128] Anders *Marotzke* ZInsO 2011, 841, 850; Nerlich/Römermann/*Mönning* InsO § 14 RdNr. 88.
[129] Ohne nähere Auseinandersetzung anders HambKommInsO-*Wehr* § 14 RdNr. 72.
[130] Vgl. BT-Drucks. 17/3030, S. 42; s. hierzu auch *Westhelle/Josephs* KrV 2012, 56, 57 f.
[131] Nicht überzeugend ist daher die Kritik von *Guski* WM 2011, 103, 109 f., der meint, die Neuregelung modifiziere den Gläubigerbegriff.
[132] BGH ZIP 2012, 1674 f.; LG Freiburg (Breisgau) ZInsO 2012, 1232 f.; LG Leipzig NZI 2012, 274, 275 f.; Nerlich/Römermann/*Mönning* InsO § 13 RdNr. 12, § 14 RdNr. 92; HambKommInsO-*Wehr* § 14 RdNr. 72; s. hierzu auch *Hackländer/Schur* ZInsO 2012, 901, 904, die von einer „eigenartigen Mischung vergangener und zukünftiger Rechte des antragstellenden Gläubigers" sprechen.

einen Sozialversicherungsträger also dann, wenn der Schuldner den bei ihm versicherten Arbeitnehmern gekündigt und die Betriebsstätte geschlossen hat.[133]

59   **4. Verhältnis zu den Zulässigkeitsvoraussetzungen des Abs. 1 Satz 1.** Da aus Abs. 1 Satz 2 lediglich folgt, dass das rechtliche Interesse des antragstellenden Gläubigers nicht alleine durch die Erfüllung der Forderung(en) entfällt, müssen darüber hinaus die weiteren Zulässigkeitsvoraussetzungen des Abs. 1 Satz 1 vorliegen.[134] Der gegenteiligen Auffassung, die darauf abstellt, ob im Zeitpunkt der Antragstellung ein Insolvenzgrund vorgelegen hat[135], kann nicht gefolgt werden. Bereits aus dem Wortlaut folgt, dass auch im Anwendungsbereich des Abs. 1 Satz 2 sowohl ein rechtliches Interesse als auch ein fortbestehender Insolvenzgrund gegeben sein müssen. In Satz 3 heißt es, der Gläubiger habe bei Vorliegen der Voraussetzungen des Satz 2 „auch" die vorherige Antragstellung glaubhaft zu machen. In Satz 2 heißt es weiter, der Antrag werde „nicht allein" durch die Erfüllung der Forderung(en) unzulässig. Dies verdeutlicht, dass das Gesetz lediglich den Wegfall des rechtlichen Interesses infolge der Erfüllung der Forderungen(en) bei der Prüfung der Zulässigkeit für unbeachtlich erklärt, der antragstellende Gläubiger insbesondere nicht das Bestehen einer neuen, weiteren Forderung glaubhaft machen muss (s. RdNr. 58).[136] Weiter spricht der Gesetzeszweck für diese Auslegung, da die Fortführung eines Eröffnungsantrags trotz Erfüllung der Forderung(en) des Antragstellers bei Fehlen eines fortbestehenden Insolvenzgrunds nicht dem Ziel dienen kann, eine weitere Teilnahme eines gleichwohl insolventen Unternehmens am Marktgeschehen zu verhindern und bei einem fehlenden rechtlichen Interesse an der Fortführung des Verfahrens der antragstellende Gläubiger nicht schutzbedürftig ist.[137] Darüber hinaus muss der antragstellende Gläubiger darlegen und glaubhaft machen, dass ihm eine Forderung gegen den Schuldner zusteht. Aus Abs. 1 Satz 2 folgt lediglich, dass auch eine mangels Fälligkeit nicht durchsetzbare Forderung ausreicht. Erhebt der Schuldner weitergehende Einwendungen gegen die Forderung, gelten auch im Anwendungsbereich des Abs. 1 Satz 2 die allgemeinen Anforderungen an den Gläubigerantrag (s. RdNr. 70 ff., 83 ff.).

60   Der Gesetzgeber geht offenbar selbst davon aus, dass der antragstellende Gläubiger auch nach einer Erfüllung der Forderung(en) das Fortbestehen eines rechtlichen Interesses und eines Insolvenzgrunds darzulegen bzw. glaubhaft zu machen hat.[138] Soweit es in der Gesetzesbegründung heißt, dass für den Fall der Erfüllung der Forderung(en) des Gläubigers „*besonders strenge Anforderungen an das Rechtsschutzinteresse und die Glaubhaftmachung des Insolvenzgrunds zu stellen*" seien[139], ist dies allerdings missverständlich, weil bei einem Wegfall der Forderung lediglich insoweit erhöhte Anforderungen an die Darlegung des rechtlichen Interesses und die Glaubhaftmachung des Insolvenzgrunds zu stellen sind, als aufgrund der Zahlung der Forderung(en) durch den Schuldner das Fortbestehen eines rechtlichen Interesses an der Durchführung des Insolvenzverfahrens und eines Insolvenzgrunds zweifelhaft erscheint.[140] Fehlt es an der Darlegung eines solchen Interesses bzw. der Glaubhaftmachung eines fortbestehenden Insolvenzgrunds, ist der Antrag auch im Anwendungsbereich des Abs. 1 Satz 2 unzulässig und der gleichwohl aufrecht erhaltene Eröffnungsantrag als unzulässig abzuweisen mit der Kostenfolge des § 4, § 91 Abs. 1 Satz 1 ZPO (zum hier nicht eröffneten Anwendungsbereich des Abs. 3 s.u. RdNr. 151 ff.).[141]

---

[133] S. hierzu BGH ZIP 2012, 1674 f.; LG Freiburg (Breisgau) ZInsO 2012, 1232 f.

[134] HKInsO-*Kirchhof* § 14 RdNr. 16; ebenso zur Glaubhaftmachung der fortbestehenden Zahlungsunfähigkeit LG Berlin NZI 2012, 248, 249 f.; AG Köln NZI 2011, 593 f.; AG Ludwigshafen, Beschl. v. 16.2.2012 – 3a IN 203/11; AG Wuppertal ZIP 2012, 1090 ff.; AG Wuppertal ZInsO 2012, 1531 ff.; AG Wuppertal ZIP 2012, 1363 ff.; *Beth* NZI 2012, 1, 2 ff.; *Harder* NJW-Spezial 2012, 277 f.; aA Kübler/Prütting/Bork/*Pape* InsO § 14 RdNr. 136; offen lassend FKInsO-*Schmerbach* § 14 RdNr. 175.

[135] So AG Göttingen NZI 2011, 862; *Frind* EWiR 2012, 285 f.; PK-HWF/*Mitter* InsO § 14 RdNr. 24; wohl auch AG Deggendorf ZInsO 2011, 1801, allerdings ohne Begründung; zu einer solchen Auslegung der Neuregelung auch *Marotzke* ZInsO 2011, 841, 846; *Hackländer/Schur* ZInsO 2012, 901, 903 ff.

[136] Zutreffend LG Berlin NZI 2012, 248; AG Wuppertal ZIP 2012, 1090 ff.; *Beth* NZI 2012, 1, 2; *Frind* ZInsO 2011, 412, 416; *Gundlach/Rautmann* NZI 2011, 315, 317; Kübler/Prütting/Bork/*Pape* InsO § 14 RdNr. 132.

[137] Vgl. AG Wuppertal ZIP 2012, 1090 ff.; AG Wuppertal ZInsO 2012, 1531 ff.

[138] Zutreffend *Beth* NZI 2012, 1, 2.

[139] BT-Drucks. 17/3030, S. 42; hierauf Bezug nehmend auch *Marotzke* ZInsO 2011, 841, 848, ohne allerdings darzulegen, welche „besonders strengen Anforderungen" dies sein sollen.

[140] Dies übersehen *Gundlach/Rautmann* DStR 2011, 82, 84 die meinen, es gebe keinen Grund für eine Wiederholung der Glaubhaftmachung.

[141] Die Ausführungen in der Begründung zu dem Gesetzentwurf der Bundesregierung vom 27.9.2010 dürften im Übrigen den Umstand geschuldet sein, dass in diesem lediglich die Anfügung eines Satz 2 vorgeschlagen wurde, der dem RegE vom August 2005 entsprach und die weitergehenden Änderungen und Ergänzungen nicht enthielt, die auf Vorschlag des Haushaltsausschusses umgesetzt wurden (s. hierzu RdNr. 3, 4).

Der antragstellende Gläubiger hat demnach zunächst darzulegen, dass trotz der Erfüllung seiner **61** Forderung(en) weiterhin ein **rechtliches Interesse an der Verfahrenseröffnung** besteht.[142] Das allgemeine Interesse, ein gleichwohl insolventes Unternehmen an der weiteren Teilnahme am Marktgeschehen zu hindern, reicht hierfür nicht. Soweit der Gesetzesbegründung die Annahme zugrunde liegt, der antragstellende Gläubiger handele im Interesse der gesamten Gläubigerschaft[143], bedeutet dies nicht, dass allein dies ein rechtliches Interesse an der Fortführung des Verfahrens begründet.[144] Erforderlich ist, dass der antragstellende Gläubiger trotz fortbestehender Zahlungsunfähigkeit bei in Zukunft fällig werdenden weiteren Forderungen in absehbarer Zeit erneut einen Eröffnungsantrag stellen müsste (vgl. RdNr. 48).[145] Dieses Interesse beschränkt sich entgegen der Einschätzung des Gesetzgebers[146] nicht auf den Fiskus und die Sozialversicherungsträger, sondern kann bei jedem Gläubiger bestehen, der aufgrund eines Dauerschuldverhältnisses mit dem Schuldner verbunden ist. Legt der antragstellende Gläubiger dar, dass aufgrund der bestehenden Geschäftsbeziehung zu dem Schuldner Forderungen bestehen, die künftig fällig werden, ist ein rechtliches Interesse an der Aufrechterhaltung seines Eröffnungsantrags gegeben. Das rechtliche Interesse kann fehlen, wenn ungewiss ist, ob und wann die Fälligkeit eintreten wird. Ferner ist im Anwendungsbereich des Abs. 1 Satz 2 stets zu prüfen, ob der antragstellende Gläubiger mit der Aufrechterhaltung seines Antrags verfahrensfremde Zwecke verfolgt (vgl. RdNr. 30, 48).

Darüber hinaus muss der antragstellende Gläubiger das **Fortbestehen eines Insolvenzgrunds** **62** darlegen (zur Glaubhaftmachung s.u. RdNr. 81).[147] Da bei einem Fremdantrag lediglich Überschuldung und Zahlungsunfähigkeit in Betracht kommen (vgl. § 18), hat der antragstellende Gläubiger schlüssig darzulegen, dass trotz der Erfüllung seiner Forderung(en) und unter Berücksichtigung des § 17 Abs. 2 ein Insolvenzgrund weiterhin besteht. Da auch im Anwendungsbereich des § 14 Abs. 1 Satz 2 trotz der Erfüllung der Forderung weiterhin ein Antragsrecht des Gläubigers gegeben sein muss (s. hierzu o. RdNr. 58), besteht kein Anlass, auf das Erfordernis einer Glaubhaftmachung des fortbestehenden Insolvenzgrunds zu verzichten.[148] Den Schuldner trifft hier keine sekundäre Darlegungslast.[149] Dass der Gläubiger keinen umfassenden Einblick in die Finanz- und Vermögenslage hat, führt lediglich dazu, dass an den Umfang der Glaubhaftmachung geringere Anforderungen zu stellen sind (s. RdNr. 74). Tritt der Insolvenzschuldner dem Fortbestehen eines Insolvenzgrunds substantiiert entgegen, kann dies dazu führen, dass den antragstellenden Gläubiger eine erhöhte Darlegungs- und Glaubhaftmachungslast trifft.[150]

III. Glaubhaftmachung

1. Allgemeines. Gem. § 14 Abs. 1 Satz 1 hat der antragstellende Gläubiger seine Forderung und **63** den Eröffnungsgrund glaubhaft zu machen. Da nur Tatsachen, nicht aber Rechtsfolgen glaubhaft gemacht werden können, setzt die Glaubhaftmachung der Eröffnungsvoraussetzungen schon als

---

[142] BGH ZIP 2012, 1674 f.; *Beth* NZI 2012, 1, 2; *Gundlach/Rautmann* NZI 2011, 315, 317; HambKommInsO-*Wehr* § 14 RdNr. 72.
[143] BT-Drucks. 17/3030, S. 42; kritisch hierzu *Jungclaus/Keller* NZI 2010, 808.
[144] Zutreffend Nerlich/Römermann/*Mönning* InsO § 14 RdNr. 92; HambKommInsO-*Wehr* § 14 RdNr. 72. Nach Auffassung von LG Koblenz ZInsO 2011, 1987 ff. soll die Gesetzesbegründung „unklar" sein; zur Kritik an der Gesetzesbegründung aufgrund „argumentativer Widersprüchlichkeit" s. *Marotzke* ZInsO 2011, 841, 845.
[145] Vgl. hierzu kritisch *Guski* WM 2011, 103, 110.
[146] BT-Drucks. 17/3030, S. 42; so auch BGH ZIP 2012, 1674 f.; LG Koblenz ZInsO 2011, 1987 ff.; AG Hamburg NZI 2011, 859 f.; nach *Marotzke* ZInsO 2011, 841, 848 soll die Neuregelung lediglich auf Zwangsgläubiger anzuwenden sein; ebenso *Hackländer/Schur* ZInsO 2012, 901, 907; HambKommInsO-*Wehr* § 14 RdNr. 72.
[147] So zutreffend LG Berlin NZI 2012, 248, 249 f.; AG Köln NZI 2011, 593 f.; AG Ludwigshafen, Beschl. v. 16.2.2012 – 3a IN 203/11; AG Wuppertal ZIP 2012, 1090 ff.; AG Wuppertal ZInsO 2012, 1531 ff.; AG Wuppertal ZIP 2012, 1363 ff.; *Beth* NZI 2012, 1, 2 ff.; *Harder* NJW-Spezial 2012, 277 f.; Nerlich/Römermann/*Mönning* InsO § 14 RdNr. 93; aA AG Göttingen NZI 2011, 862; Braun/*Bußhardt* InsO § 14 RdNr. 5; *Frind* EWiR 2012, 285 f.; *Hackländer/Schur* ZInsO 2012, 901, 903 ff.; PK-HWF/*Mitter* InsO § 14 RdNr. 24; Kübler/Prütting/Bork/*Pape* InsO § 14 RdNr. 136.
[148] So aber die Argumentation von *Hackländer/Schur* ZInsO 2012, 901, 904 ff., die davon ausgehen, dass auch bei Fortfall des Antragsrechts im Anwendungsbereich des § 14 Abs. 1 Satz 2 der Antrag zulässig bleibt; unter Zugrundelegung dieser Annahme erscheint es konsequent darauf abzustellen, ob im Zeitpunkt vor der Erfüllung der Forderung das Bestehen der Forderung und das Vorliegen eines Insolvenzgrunds glaubhaft gemacht worden sind.
[149] Zutreffend AG Ludwigshafen, Beschl. v. 16.2.2012 – 3a IN 203/11; AG Wuppertal ZIP 2012, 1090 ff.; *Beth* NZI 2012, 1, 3; *Harder* NJW-Spezial 2012, 277, 278; aA AG Köln NZI 2011, 593; *Hackländer/Schur* ZInsO 2012, 901, 905 f.; ebenso bei 13 vorangegangenen Insolvenzeröffnungsverfahren AG Wuppertal ZInsO 2012, 1531 ff.
[150] Vgl. hierzu LG Berlin NZI 2012, 248.

Zulässigkeitserfordernis einen schlüssigen Sachvortrag einschließlich der **Spezifizierung der Forderung**[151] sowie des **Eröffnungsgrunds**[152] voraus.

64 Es ist nicht Sache des Gerichts, von Amts wegen die tatsächlichen Grundlagen der Forderung des Antragstellers zu ermitteln.[153] Durch das Erfordernis der Glaubhaftmachung bringt das Gesetz zum Ausdruck, dass insoweit der allgemeine Grundsatz des § 5 Abs. 1 nicht gilt (s. RdNr. 7). Soweit sich Gläubiger und Schuldner darüber streiten, ob die Voraussetzungen für die Zulässigkeit des Eröffnungsantrags gegeben sind, stehen sie sich ähnlich wie im Zivilprozess als Parteien eines Rechtsstreits gegenüber (vgl. § 13 RdNr. 11). Es obliegt allein ihnen, die maßgebenden Tatsachen vorzutragen und die entsprechenden Beweismittel zur Glaubhaftmachung beizubringen. Das Eröffnungsverfahren dient nicht zur **vereinfachten Beitreibung** von Forderungen.

65 **2. Beweismaß und Mittel der Glaubhaftmachung.** Eine Tatsache ist glaubhaft gemacht, wenn das Gericht der Überzeugung ist, dass die Behauptung mit **überwiegender Wahrscheinlichkeit** zutrifft, wenn also nach einer umfassenden Würdigung der Umstände des jeweiligen Falles mehr für das Vorliegen der in Rede stehenden Behauptung spricht als dagegen.[154] Dies gilt auch und gerade dann, wenn die Tatsache bestritten ist. An die Stelle des Vollbeweises tritt eine Wahrscheinlichkeitsfeststellung.

66 Für die Mittel der Glaubhaftmachung gilt § 294 ZPO (§ 4). Der Antragsteller kann sich aller Beweismittel bedienen, die dem Gericht sofort zur Verfügung stehen (**präsente Beweismittel**, § 294 Abs. 2 ZPO)[155], oder selbst eine entsprechende **eidesstattliche Versicherung** abgeben. Die eidesstattliche Versicherung muss die Wahrnehmungen des Erklärenden im Einzelnen wiedergeben, eine Bezugnahme auf Ausführungen in der Antragsschrift oder einem anderen Schriftstück ist nicht zulässig.[156] Die bloße Benennung von Beweismitteln genügt nicht, ebenso wenig die Bezugnahme auf außerhalb der Insolvenzabteilung geführte Gerichtsakten oder das Angebot, bestimmte schriftliche Unterlagen nachzureichen. Zur Glaubhaftmachung sind auch **unbeglaubigte Fotokopien und Lichtbilder** geeignet.[157] Ausdrucke elektronisch übermittelter Dokumente (vgl. § 371 Abs. 1 Satz 2, § 371a ZPO), die eine Erklärung des ursprünglichen Absenders wiedergeben sollen, müssen diesen Absender durch ein authentisches Merkmal erkennen lassen. Ihre vollständige inhaltliche Übereinstimmung mit dem ursprünglichen Dokument ist zu beglaubigen (vgl. § 416a ZPO).[158] Gleiches gilt für Ausdrucke gescannter Dokumente.[159] Auch die **anwaltliche Versicherung** kann ein Mittel der Glaubhaftmachung sein.[160]

67 Der bloße Umstand, dass eine Behauptung vom Antragsgegner im Verfahren nicht bestritten wird, reicht, wie aus § 14 Abs. 2, § 15 Abs. 2 folgt, zur Glaubhaftmachung nicht aus.[161] Etwas anderes kann gelten, wenn das Gericht die Behauptung in gewissem Maße für wahrscheinlich hält und es den Antragsgegner nach Belehrung über die rechtliche Bedeutung ausdrücklich darauf hinweist, dass es die Darstellung als glaubhaft gemacht ansehen wird, wenn er ihr nicht im Einzelnen entgegentritt.

68 Hinsichtlich der dem Antrag zugrundeliegenden Forderung kommen als Mittel der Glaubhaftmachung neben der eidesstattlichen Versicherung einer mit dem Sachverhalt vertrauten Person vor allem **Urkunden** in Betracht, zB vollstreckbare gerichtliche Entscheidungen, die nach Schlüssig-

---

[151] BGH NZI 2006, 34.
[152] AG Leipzig ZInsO 2011, 2097 ff.; AG München ZIP 2009, 820 ff.; Jaeger/*Gerhardt* InsO § 14 RdNr. 22; HambKommInsO-*Wehr* § 14 RdNr. 24.
[153] Uhlenbruck/*Uhlenbruck* InsO § 14 RdNr. 30.
[154] BGHZ 156, 139, 141 = NJW 2003, 3558 = NZI 2003, 662; BGH VersR 1976, 928 f.; BGH NZI 2002, 601, 602 = NJW-RR 2002, 1571; BGH NJW-RR 2011, 136 ff.; OLG Köln ZIP 1988, 664; AG München ZIP 2009, 820 ff.; Braun/*Bußhardt* InsO § 14 RdNr. 13.
[155] Braun/*Bußhardt* InsO § 14 RdNr. 13.
[156] BGH NJW 1988, 2045.
[157] OLG Jena OLGR 1997, 94 f.; OLG Köln FamRZ 1983, 709 ff.; AG Leipzig ZInsO 2011, 2097 ff.; aA *Frind* ZInsO 2011, 412, 414; Nerlich/Römermann/*Mönning* InsO § 14 RdNr. 49; Uhlenbruck/*Uhlenbruck* InsO § 14 RdNr. 32, 33, 68; MünchKommInsO-*Schmahl*² § 14 RdNr. 16: Schriftstücke sind zumindest in anwaltlich oder amtlich beglaubigter Abschrift vorzulegen.
[158] LG Duisburg Beschl. v. 12.9.2006 – 7 T 201/06; AG Hamburg ZInsO 2006, 386; *Schmitz/Schlatmann* NVwZ 2002, 1281, 1288; *Roßnagel/Fischer-Dieskau* NJW 2006, 806, 808; *Schmahl* NZI 2007, 20 f.
[159] *Roßnagel/Wilke* NJW 2006, 2145, 2149.
[160] OLG Köln MDR 1986, 152; Jaeger/*Gerhardt* InsO § 14 RdNr. 18; Zöller/*Greger* ZPO § 294 RdNr. 5.
[161] BGH NZI 2006, 172 f.; LG Köln KTS 1964, 247, 248 f.; Jaeger/*Gerhardt* InsO § 14 RdNr. 17; aA FKInsO-*Schmerbach* § 14 RdNr. 51, 57; differenzierend auch *Rugullis* KTS 2007, 283 ff., nach dessen Auffassung Schweigen des Schuldners hinsichtlich der Forderung als Zugeständnis zu werten sein und nur hinsichtlich des Eröffnungsgrunds der Amtsermittlungsgrundsatz gelten soll.

keitsprüfung ergangen sind, also auch Versäumnisurteile[162] oder Arreste, ferner Vollstreckungsbescheide (selbst nur vorläufig vollstreckbare),[163] notarielle Urkunden (sofern sich aus ihnen die persönliche Forderung ergibt),[164] Entscheidungen eines Ermittlungsrichters oder sonstige Aktenstücke aus einem Ermittlungsverfahren,[165] bestätigte Lieferscheine, sonstige Bestätigungsschreiben des Schuldners, Buchungsbelege, Schuldscheine oder Wechsel. Die Überzeugungskraft der beigebrachten Mittel der Glaubhaftmachung beurteilt das Gericht in freier Beweiswürdigung. Auch die Vorlage eines **deklaratorischen Schuldanerkenntnisses** kann ausreichen. Ob die Abgabe des deklaratorischen Schuldanerkenntnisses schlüssig dargelegt und glaubhaft gemacht worden ist, hat das Insolvenzgericht zu prüfen, das auch im Wege der Auslegung zu ermitteln hat, wie weit der Einwendungsausschluss reicht.[166]

Ob die Forderung bestritten, Gegenstand eines Prozesses oder nur gegen Sicherheitsleistung vorläufig vollstreckbar ist, hat für die Anforderungen an die Glaubhaftmachung keine Bedeutung. Eine größere Gewissheit als die **überwiegende Wahrscheinlichkeit** verlangt das Gesetz auch in diesen Fällen nicht. Das Erfordernis der Glaubhaftmachung bringt vielmehr gerade zum Ausdruck, dass nicht der volle Beweis erforderlich ist.[167] Zur Prüfung insolvenzbegründender Forderungen im Rahmen der Begründetheit s. § 16 RdNr. 37 ff. 69

3. Glaubhaftmachung der Forderung. Die Glaubhaftmachung der Forderung ist eine besondere Zulässigkeitsvoraussetzung des Gläubigerantrags. Sie dient der **Legitimation des Antragstellers**. Das Insolvenzverfahren ist zwar ein Vollstreckungsverfahren,[168] doch benötigt der antragstellende Gläubiger[169] keinen vollstreckbaren Titel. Gleichwohl soll das Insolvenzgericht nicht zur entscheidenden Instanz für den Bestand der Forderung werden, sondern mit ihr nur befasst sein, soweit es für die Prüfung des Antragsrechts notwendig ist. Der Eröffnungsantrag eines Gläubigers ist zulässig, wenn er unter Berücksichtigung der von dem Schuldner erhobenen Einwendungen (s. hierzu RdNr. 82 ff.) mit überwiegender Wahrscheinlichkeit Inhaber einer durchsetzbaren Forderung[170] gegen den Schuldner ist. Ob dem Antragsteller die Forderung wirklich zusteht, hat das Insolvenzgericht nicht zu entscheiden, bei der Antragstellung ebenso wenig wie bei einer späteren Forderungsprüfung im eröffneten Verfahren (vgl. §§ 179 bis 184). Handelt es sich um eine insolvenzbegründende Forderung, stellt sich die Frage nach der Prüfungsbefugnis und des Prüfungsumfangs im Rahmen der Begründetheit des Antrags (s. hierzu § 16 RdNr. 37 ff.). 70

Der antragstellende Gläubiger hat seine Forderung schlüssig darzulegen und die Forderung zu spezifizieren.[171] Bei einer **Titulierung der Forderung** reicht die genaue Bezeichnung des Titels und der dort begründeten Forderung aus (s. hierzu auch RdNr. 68). Bei **nicht-titulierten Forderungen** ist eine geordnete und vollständige Sachverhaltsdarstellung erforderlich, aus der sich alle haftungs- und anspruchsbegründenden Umstände ergeben.[172] Die Bezugnahme auf Anlagen ist nur als Ergänzung der Darstellung zulässig, nicht aber als deren Ersatz.[173] 71

Auf die bei Antragstellung bekannten **Einwendungen des Schuldners** braucht der Gläubiger im Zusammenhang mit der Glaubhaftmachung seiner Forderung nicht einzugehen. Eine entsprechende Darstellung ist jedoch bei nicht rechtskräftig titulierten Forderungen für die Frage des Eröffnungsgrunds und seiner Glaubhaftmachung von Bedeutung, wenn die Zahlungsunfähigkeit von der **Zahlungsunwilligkeit** abzugrenzen ist. 72

4. Glaubhaftmachung des Eröffnungsgrunds. a) Allgemeines. Neben der Glaubhaftmachung der Forderung ist die Glaubhaftmachung des Eröffnungsgrunds (§§ 17, 19) eine wesentliche Voraussetzung für die Zulässigkeit des Gläubigerantrags. Mit diesem Erfordernis soll sichergestellt 73

---

[162] OLG Köln ZIP 1988, 664, 665; HKInsO-*Kirchhof* § 14 RdNr. 14; *Holzer* EWiR 1996, 601; aA LG Leipzig ZIP 1996, 880.
[163] FKInsO-*Schmerbach* § 14 RdNr. 65, 67; HKInsO-*Kirchhof* § 14 RdNr. 14; Kübler/Prütting/Bork/*Pape* InsO § 14 RdNr. 41; aA LG Potsdam NZI 2000, 233; AG Dresden ZIP-aktuell 2001 Nr. 110; *Blenske* EWiR 2001, 535 f.; Jaeger/*Gerhardt* InsO § 14 RdNr. 18.
[164] OLG Frankfurt WM 2001, 1629, 1631.
[165] LG Dresden ZIP 2004, 1062; *Schmerbach* EWiR 2004, 1135.
[166] Vgl. BGH ZInsO 2009, 767 f.
[167] OLG Köln ZIP 1988, 664 f.; zust. *Stürner/Stadler* EWiR 1988, 603; LG Aachen KTS 1988, 805.
[168] Begr. RegE zu § 1 (= § 1), *Balz/Landfermann* S. 70 f. = *Kübler/Prütting*, Dok. Bd. I, S. 153 f.
[169] Etwas anderes gilt für Gläubiger öffentlich-rechtlicher Forderungen; dazu unten RdNr. 94 ff.
[170] Vgl. hierzu BGH NZI 2007, 408 f.; OLG Frankfurt ZInsO 2002, 75, 76 f.; AG Göttingen NZI 2005, 395 f.
[171] BGH NZI 2006, 34.
[172] OLG Köln NZI 2001, 308 f.
[173] Vgl. die Kommentierungen zu § 130 Nr. 3, § 253 Abs. 2 Nr. 2 ZPO, ferner BVerfG NJW 1994, 2683; BGHZ 156, 1 = NJW-RR 2004, 639 f.; BGH NJW-RR 2005, 216 f.

werden, dass ein Gläubiger das gerichtliche Verfahren nur dann in Gang setzen kann, wenn sein Eröffnungsantrag zumindest mit einer gewissen Wahrscheinlichkeit Aussicht auf Erfolg hat.

74 Auch hier erfordert die Glaubhaftmachung zunächst einen **Tatsachenvortrag** (vgl. RdNr. 63). Allerdings kann der Gläubiger nur selten einen umfassenden und genauen Einblick in die Finanz- und Vermögenslage des Schuldners haben. Es reicht daher in der Regel aus, wenn er **Indizien** glaubhaft macht, die einzeln oder in ihrer Häufung nach der allgemeinen Erfahrung den hinreichend sicheren Schluss auf das Vorliegen des Eröffnungsgrunds erlauben.[174] Ob ein solcher Grund tatsächlich besteht, ist erst für die Begründetheit des Eröffnungsantrags von Bedeutung (§ 16). Schwebt zum Zeitpunkt der Antragstellung noch ein **Eigenantrag des Schuldners**, bedarf es der Glaubhaftmachung des Eröffnungsgrunds nicht, auch wenn der Eigenantrag später zurückgenommen wird, jedoch die tatsächlichen Grundlagen für die Annahme der Zahlungsunfähigkeit fortbestehen.[175] Zur Glaubhaftmachung kann der antragstellende Gläubiger die Beiziehung der Verfahrensakte beantragen (s. hierzu RdNr. 81). Allein durch die Vorlage eines englischen **Scheme of Arrangement** gem. ss. 895-901 Companies Act (CA) 2006 kann das Bestehen eines Insolvenzgrunds nicht glaubhaft gemacht werden.[176]

75 **b) Zahlungsunfähigkeit.** Als urkundliche Mittel der Glaubhaftmachung kommen bei der Zahlungsunfähigkeit vor allem das Protokoll eines Gerichtsvollziehers oder Vollstreckungsbeamten über einen erfolglosen Zwangsvollstreckungsversuch, aus dem sich ergibt, dass der Schuldner in seiner geschäftlichen Hauptniederlassung und (bei einer natürlichen Person) in der Wohnung pfändbare, interventionsfreie bewegliche Sachen nicht besitzt, oder die entsprechende **Fruchtlosigkeitsbescheinigung** und das Protokoll über die **Abgabe der eidesstattlichen Offenbarungsversicherung** des Schuldners (§ 807 ZPO, § 284 AO) in Betracht, ferner die Bescheinigung des Vollstreckungsgerichts, dass im Schuldnerverzeichnis (§ 915 ZPO) ein Haftbefehl gegen den Schuldner vermerkt ist, schriftliche Erklärungen des Schuldners gegenüber seinen Gläubigern, in denen er seine Zahlungsunfähigkeit für die absehbare Zukunft eingesteht, etwa Gesuche um Zahlungsaufschub von deutlich mehr als einem Monat,[177] ferner schriftliche Anerkenntnisse und Zahlungsankündigungen, denen (was gesondert glaubhaft zu machen ist) allenfalls eigenmächtige Teilzahlungen folgen[178] sowie zuverlässige substantiierte Presseberichte, auch wenn sie keine amtliche Verlautbarung enthalten.[179]

76 Der Beweiswert der Unterlagen hängt auch vom zeitlichen Abstand zwischen dem mitgeteilten Ereignis und dem Eröffnungsantrag ab. Ein Jahr[180] wird der äußerste Grenzwert sein. Sind bereits mehrere Monate vergangen, kommt es darauf an, wie der Schuldner sich in der Zwischenzeit gegenüber den Gläubiger verhalten hat. Bei einer Personengesellschaft muss sich die Glaubhaftmachung der Zahlungsunfähigkeit nur auf das Gesellschaftsvermögen beziehen, nicht auf die Finanzlage ihrer persönlich haftenden Gesellschafter.[181]

77 Als weitere Indizien, die je nach Lage des Falls, insbesondere in ihrer Häufung oder zusammen mit ähnlichen anderen Umständen, als **Zahlungseinstellung** gewertet werden können[182] oder in sonstiger Weise den Schluss auf die Zahlungsunfähigkeit erlauben (vgl. § 17 Abs. 2 Satz 2), sind zu nennen: häufige Scheck- oder Wechselproteste, häufige Zurückweisung von Lastschriften; vollständige oder überwiegende Einstellung der laufenden Zahlungen[183] wie Sozialversicherungsbeiträge oder Steuern für mindestens sechs Monate,[184] Löhne,[185] Entgelte für Energielieferungen oder ähnli-

---

[174] OLG Köln ZIP 1986, 664; Motive zu § 102 KO, *Hahn* S. 294.
[175] AG Mönchengladbach ZInsO 2011, 1752 ff.
[176] Eingehend hierzu *Meyer-Löwy/Fritz* ZInsO 2011, 662 ff.; aA *Lambrecht* ZInsO 2011, 124 ff.
[177] Vgl. BGH NZI 2002, 34 f. = NJW-RR 2002, 261 (6 Wochen); BGH NZI 2007, 36 f. (3 Monate); OLG Rostock ZIP 2003, 1459; KG NZI 2007, 247; LG Berlin ZVI 2005, 29.
[178] Vgl. *Holzer* NZI 2005, 308, 313.
[179] Vgl. BGH NZI 2001, 585.
[180] So etwa LG Düsseldorf NZI 2007, 530 f.
[181] LG Frankfurt/O. ZIP 1995, 1213.
[182] Instruktiv hierzu *App* JurBüro 1996, 177 f.; *Holzer* NZI 2005, 308, 311 ff.; zur bloßen Indizwirkung vgl. auch BGH NJW 2001, 2163 = NZI 2001, 363; BGH NZI 2002, 341, 342 f.; LG Hamburg NZI 2002, 164 Nr. 11 m.Anm. *Hess* EWiR 2002, 349; LG Potsdam ZInsO 2002, 1195 = ZVI 2002, 406; AG Hamburg NZI 2001, 163; AG Potsdam NZI 2001, 604 f.; AG Potsdam NZI 2003, 155, 157.
[183] So schon die Motive zu § 102 KO, *Hahn* S. 295; s.a. LG Bielefeld ZInsO 2010, 1194 ff.
[184] BGH NJW 2001, 2163 = NZI 2001, 363; BGH NZI 2003, 542, 544; BGH NZI 2006, 591 f. = NJW-RR 2006, 1422; OLG Celle NZI 2000, 214 m. krit. Anm. *Plagemann* EWiR 2000, 1025; OLG Köln ZInsO 2000, 43; AG Hamburg NZI 2001, 163; *Hess* WuB VI A § 14 InsO 1.07; aA LG Hamburg ZInsO 2012, 225 f.; LG Hamburg ZInsO 2010, 1650; AG München ZIP 2009, 820; zu pauschal allerdings OLG Celle ZInsO 2002, 979; OLG Naumburg KTS 2000, 440; OLG Dresden NZI 2001, 261 f.; OLG Dresden NZI 2001, 472 ff.; OLG Zweibrücken NZI 2001, 30, 31.
[185] BGH NZI 2007, 36 f.

che betriebsnotwendige Kosten; dauerhaft und regelmäßig erheblich verspätete Zahlungen[186] auf solche Verpflichtungen; umfangreiche Herausgabe von Sicherungsgut an die Sicherungsgläubiger;[187] Einstellung des Geschäftsbetriebs oder Sitzverlegung ohne geordnete Abwicklung des Geschäfts; tatsächliche Unerreichbarkeit über mehrere Monate; Flucht vor den Gläubigern.[188]

Kein ausreichendes Indiz für Zahlungsunfähigkeit ist in der Regel das bloße Hinauszögern einer fälligen und mehrmals angemahnten Zahlung, selbst wenn ein vollstreckbarer Titel existiert und die Zwangsvollstreckung droht.[189] Ebenso wenig genügt der Hinweis auf vertragliche Vereinbarungen, nach denen der Schuldner nur bei Zahlungsunfähigkeit zur Zahlungseinstellung berechtigt sein soll.[190]

Ist die Forderung des antragstellenden Gläubigers nicht rechtskräftig tituliert, ist die Gefahr besonders groß, dass der Eröffnungsantrag gegenüber dem Schuldner als **Druckmittel zur wirksamen Beitreibung der Forderung** genutzt werden soll, auch wenn sie rechtlich zweifelhaft ist. In einem solchen Fall sind deshalb strenge Anforderungen an die Glaubhaftmachung des Eröffnungsgrunds zu stellen. Der Gläubiger muss schon bei der Antragstellung Umstände darlegen und glaubhaft machen, die mit hinreichender Wahrscheinlichkeit eine bloße **Zahlungsunwilligkeit** des Schuldners ausschließen.[191] Hierzu gehört insbesondere eine Auseinandersetzung mit den Einwendungen, die der Schuldner gegenüber der Forderung des Gläubigers bisher vorgebracht hat.[192] Der Gläubiger hat diese Einwendungen mitzuteilen und mit den Mitteln der Glaubhaftmachung zu entkräften. Sind Einwendungen nicht erhoben worden, ist auch dies durch eine eidesstattliche Versicherung glaubhaft zu machen.

c) Überschuldung. Die Glaubhaftmachung der Überschuldung (§§ 19, 320, 332) erfordert grundsätzlich eine durch Beweismittel belegte Darlegung der aktuellen Vermögens- und Ertragslage des Schuldners. Dies wird einem Gläubiger in der Regel nicht möglich sein. Ein gewichtiges Indiz für die Überschuldung kann sich allerdings aus dem Jahresabschluss[193] ergeben, wenn die Bilanz einen nicht durch Eigenkapital gedeckten Fehlbetrag[194] (§ 268 Abs. 3 HGB), d. h. eine buchmäßige, bilanzielle Überschuldung ausweist und der Anhang (§ 264 HGB) weder ausgleichende stille Reserven noch eine nachvollziehbare positive Fortführungsprognose erkennen lässt (§ 264 Abs. 2 Satz 2, § 252 Abs. 1 Nr. 2, § 284 Abs. 2 Nr. 1 HGB; vgl. unten § 19).[195] Die Vorlage eines solchen (vollständigen) Jahresabschlusses für das letzte abgelaufene Geschäftsjahr dürfte zur Glaubhaftmachung der Überschuldung grundsätzlich ausreichen, sofern nicht einzelne Positionen, etwa Grundeigentum oder anderes Anlagevermögen, die Existenz ausgleichender stiller Reserven wahrscheinlich machen.[196] Zusätzlich wird der Antragsteller an Eides Statt zu versichern haben, dass ihm nichts bekannt ist, was dem im Jahresabschluss vermittelten Bild der Vermögens-, Finanz- und Ertragslage entgegensteht, und dass sich diese Lage nach seiner Kenntnis seit dem Bilanzstichtag nicht wesentlich verbessert hat.

5. Glaubhaftmachung der vorherigen Antragstellung. Gem. Abs. 1 Satz 3 hat der antragstellende Gläubiger glaubhaft zu machen, dass die Voraussetzungen des Abs. 1 Satz 2 vorliegen. Zu den Anforderungen, die an die Glaubhaftmachung sowie das Beweismaß und die zulässigen Mittel der Glaubhaftmachung zu stellen sind, kann auf die Ausführungen in den RdNr. 65 ff. Bezug genommen werden. Zur Glaubhaftmachung der vorherigen Antragstellung innerhalb des Zwei-Jahres-Zeitraums kann der antragstellende Gläubiger unter Nennung des Gerichts, bei dem das „Erstverfahren" geführt worden ist, sowie des Aktenzeichens die **Beiziehung der Akte des vorangegange-**

---

[186] OLG Rostock ZInsO 2006, 1109.
[187] OLG Stuttgart ZIP 1997, 652 f.
[188] BGH NZI 2006, 405; vgl. *Holzer* NZI 2005, 308, 313.
[189] OLG Düsseldorf NZI 2003, 439 f.; LG Hamburg NZI 2003, 441.
[190] LG Cottbus ZIP 1995, 234 f.
[191] BGH NZI 2006, 34; AG Leipzig ZInsO 2010, 1239 ff.; HKInsO-*Kirchhof* § 14 RdNr. 20; Jaeger/*Gerhardt* InsO § 14 RdNr. 22.
[192] Vgl. Motive und Protokolle zu § 102 KO, *Hahn* S. 294 f., 574 f.
[193] Bilanz, Gewinn- und Verlustrechnung, Anhang; §§ 242, 264 HGB.
[194] Vgl. hierzu *Herrmann* ZGR 1989, 273, 276 ff.; *Küting/Göth* BB 1994, 2446 f. Bei einer letztlich nur beschränkt haftenden Personenhandelsgesellschaft (Kapitalgesellschaft & Co.) entspricht ihm der „nicht durch Vermögenseinlagen gedeckte Verlustanteil" eines Gesellschafters (§ 264c Abs. 2 Satz 5, 6 HGB).
[195] Vgl. OLG München ZIP 2004, 2102, 2106; *Th. Wolf* DStR 1998, 126 f.; *Jungmann* DStR 2004, 688 f.; *Goette* DStR 1999, 553, 554 f.; *Semler/Goldschmidt* ZIP 2005, 3, 5 ff., 10 f. Anders (Angaben im Lagebericht, § 289 HGB, reichen aus) *Uhlenbruck/Leibner* KTS 2004, 505, 510. Zur indiziellen Bedeutung der Handelsbilanz für die Überschuldung vgl. BGHZ 125, 141, 145 = NJW-RR 1994, 932; BGH NZI 2005, 351 f. mwN.
[196] Zutr. *Gischer/Hommel* BB 2003, 945, 949; ähnlich Uhlenbruck/*Uhlenbruck* InsO § 14 RdNr. 89 bei mehrjähriger bilanzieller Überschuldung.

nen Verfahrens beantragen.[197] Hat das Insolvenzgericht die Akte bereits beigezogen, hat der Antragsteller gem. § 4, 299 Abs. 1 ZPO ein **Recht auf Akteneinsicht**.[198] Andernfalls kann der Gläubiger in seinem Antrag das Insolvenzgericht um Mitteilung ersuchen, ob bei diesem innerhalb des Zwei-Jahres-Zeitraums ein Insolvenzantrag anderer Gläubiger eingegangen ist.[199] Ist das vorangegangene Verfahren bei dem Gericht geführt worden, bei dem der Zweitantrag eingegangen ist, kann eine Glaubhaftmachung entbehrlich sein, wenn gerichtsbekannt ist, dass die Voraussetzungen des Abs. 1 Satz 2 vorliegen.[200] Hat das Gericht Kenntnis von einem vorangegangenen Verfahren, hat es den antragstellen Gläubiger im Hinblick auf die hieraus folgende weitergehende Darlegungs- und Glaubhaftmachungslast hinzuweisen (§ 4, § 139 ZPO).[201] Sind die Forderung(en) nicht aus dem Vermögen des Schuldners, insbesondere durch einen Dritten, erfolgt, stellt dies ein gewichtiges Indiz für den fortbestehenden Insolvenzgrund dar. Macht der antragstellende Gläubiger dies glaubhaft, wird in der Regel davon auszugehen sein, dass der bereits glaubhaft gemachte Insolvenzgrund weiterhin besteht.

IV. Rechtsverteidigung des Schuldners

82   **1. Glaubhaftmachung von Einwendungen.** Der Schuldner kann der glaubhaft gemachten Darstellung des Gläubigers ebenfalls mit Mitteln der Glaubhaftmachung entgegentreten (Gegenglaubhaftmachung).[202] Inhalt und Ausmaß seiner Erwiderung richten sich nach dem Sachvortrag des Gläubigers. Einwendungen gegen die Höhe der Forderung sind unerheblich, weil es allein auf das Bestehen einer Forderung ankommt. Das bloße Bestreiten oder das bloße Aufstellen von Gegenbehauptungen reicht in der Regel nicht aus, der Schuldner muss seine Angaben durch sofort verfügbare Beweismittel belegen. Ist der Schuldner wegen einer Verfügungsbeschränkung (§ 21 Abs. 2 Satz 1 Nr. 2) gehindert, ein Gegenrecht (zB eine bisher nicht erklärte Aufrechnung) geltend zu machen, steht das Gegenrecht, wenn seine Voraussetzungen glaubhaft gemacht sind, zwar nicht der Forderung des Gläubigers entgegen, ist jedoch gegenüber der Glaubhaftmachung des Eröffnungsgrunds wie ein liquider Aktivposten zu berücksichtigen.[203]

83   **2. Einwendungen gegen die Forderung. a) Nicht titulierte Forderungen.** Hat der Schuldner Tatsachen substantiiert dargelegt und glaubhaft gemacht, welche die Darstellung des Gläubigers ernstlich in Frage stellen **(non liquet)** sowie der Geltendmachung oder der Durchsetzbarkeit der Forderung entgegenstehen, wird der Eröffnungsantrag unzulässig.[204] Das Gleiche gilt, wenn die Einwendungen des Schuldners gegen die Forderung zwar nicht vollständig glaubhaft gemacht werden, das Vorbringen der Parteien aber erkennen lässt, dass nur durch eine eingehende Aufklärung des Sachverhalts oder durch die Beantwortung von Rechtsfragen festgestellt werden kann, ob die Forderung mit hinreichender Wahrscheinlichkeit berechtigt ist. Es gehört nicht zu den gesetzlichen Aufgaben des Insolvenzgerichts, den Bestand **ernsthaft bestrittener, rechtlich zweifelhafter Forderungen** zu überprüfen (vgl. §§ 179, 180, 184).[205] Dies hat auch Auswirkungen auf den Umfang der gerichtlichen Prüfung im Eröffnungsverfahren. Das Insolvenzgericht hat in diesem Verfahrensabschnitt das Vorbringen der Parteien zur Forderung des Gläubigers nur summarisch zu bewerten. Fällt die tatsächliche oder rechtliche Beurteilung nicht eindeutig aus, ist der Gläubiger mit seiner Glaubhaftmachung gescheitert. Die Parteien sind auf den ordentlichen Prozessweg zu verweisen.[206]

---

[197] Vgl. LG Leipzig NZI 2012, 274, 275; FKInsO-*Schmerbach* § 14 RdNr. 175e.
[198] *Frind* ZInsO 2011, 412, 416.
[199] *Frind* ZInsO 2011, 412, 416.
[200] Vgl. AG Wuppertal ZInsO 2012, 1531 ff.; AG Wuppertal ZIP 2012, 1090 ff.; *Gundlach/Rautmann* NZI 2011, 315, 316.
[201] Vgl. *Gundlach/Rautmann* NZI 2011, 315, 316; krit. Nerlich/Römermann/*Mönning* InsO § 14 RdNr. 90.
[202] BGH ZInsO 2007, 950 f.; OLG Köln ZIP 1988, 664 f.; OLG Frankfurt WM 2001, 1629, 1631; LG Dresden ZIP 2004, 1062 f.; LG Berlin ZInsO 2005, 499 f.; PK-HWF/*Mitter* InsO § 14 RdNr. 17; Nerlich/Römermann/*Mönning* InsO § 14 RdNr. 105; Uhlenbruck/*Uhlenbruck* InsO § 14 RdNr. 63; vgl. allgemein BGH MDR 1983, 749; KG MDR 1986, 1032.
[203] LG Duisburg ZVI 2004, 396, 398.
[204] LG Berlin ZInsO 2005, 499; *Uhlenbruck* KTS 1986, 541 ff., 547; *Henckel* ZIP 2000, 2045, 2047; HKInsO-*Kirchhof* § 14 RdNr. 17, 48; Jaeger/*Gerhardt* InsO § 14 RdNr. 27; Kübler/Prütting/Bork/*Pape* InsO § 14 RdNr. 47.
[205] BGH NJW-RR 2006, 1061 f. = NZI 2006, 174 f.; BGH NJW-RR 2006, 1482 f. = NZI 2006, 588 ff.; BGH NZI 2007, 408 f.
[206] Vgl. BGH NJW-RR 1992, 919 f.; BGH NZI 2002, 601 f.; BGH NZI 2005, 108; BGH NZI 2006, 588, 589 f.; BGH NZI 2007, 350; BGH NZI 2007, 408 f.; OLG Hamm KTS 1971, 54, 56; OLG Frankfurt KTS 1973, 140 f.; OLG Frankfurt KTS 1983, 148 f.; OLG Köln ZIP 1989, 789 f. OLG Köln NZI 2000, 174 f.; OLG Frankfurt WM 2001, 1629, 1631; *Frind* ZInsO 2011, 412, 414; HKInsO-*Kirchhof* § 14 RdNr. 17, 48; Uhlenbruck/*Uhlenbruck* InsO § 14 RdNr. 67; Jaeger/*Gerhardt* InsO § 14 RdNr. 28.

Legt der antragstellende Gläubiger allerdings ein **deklaratorisches Schuldanerkenntnis** vor, schließt dies die Einwendungen des Schuldners auch im Insolvenzantragsverfahren aus.[207]

b) Vollstreckbare Titel. Liegt der Forderung des antragstellenden Gläubigers ein vollstreckbarer Titel zugrunde, stellt sich die Frage, ob und in wie weit das Insolvenzgericht Einwendungen des Schuldners gegen die titulierte Forderung berücksichtigen muss bzw. darf. Der Bundesgerichtshof vertritt – ohne zwischen der Glaubhaftmachung der Forderung gem. § 14 Abs. 1 Satz 1 und des Beweises eines Eröffnungsgrunds gem. § 16 zu unterscheiden – die Auffassung, dass Einwendungen des Schuldners gegen die Vollstreckbarkeit der titulierten Forderung in dem dafür vorgesehenen Verfahren verfolgt werden müssten; solange die Vollstreckbarkeit nicht auf diese Weise beseitigt sei, brauche das Insolvenzgericht die Einwendungen des Schuldners nicht zu berücksichtigen.[208] Der Schuldner soll in diesen Fällen regelmäßig zusätzlich glaubhaft zu machen haben, dass er mit hinreichender Aussicht auf Erfolg[209] gegen den vollstreckbaren Titel des Gläubigers mit dem jeweils verfahrensrechtlich vorgesehenen Antrag vorgegangen ist, um seine Aufhebung zu erlangen oder die rechtliche Durchsetzbarkeit zu beseitigen.[210] Bei einem rechtskräftigen Titel oder einer vollstreckbaren Urkunde[211] aus dem Bereich des Zivilrechts sei die Vollstreckungsabwehrklage zu erheben (§§ 767, 769, 795 ZPO), bei einem vorläufig vollstreckbaren Titel sei der erforderliche Rechtsbehelf (das erforderliche Rechtsmittel) einzulegen, im Fall eines Vorbehaltsurteils das Nachverfahren[212] zu betreiben. Entbehrlich sei ein solcher Antrag, wenn der Schuldner ihn infolge einer Verfügungsbeschränkung (§ 240 ZPO, § 21 Abs. 2 Satz 1 Nr. 2) nicht stellen könne;[213] in diesem Fall reiche die Glaubhaftmachung der Einwendung aus.

Auch im Rahmen des § 14 erscheint es indes überzeugender danach zu differenzieren, ob dem Titel eine **gerichtliche Sachprüfung** zugrunde liegt (s. hierzu § 16 RdNr. 39). Der Unterschied zu der im Rahmen der Begründetheit durchzuführenden Prüfung, ob ein Eröffnungsgrund gegeben ist (§ 16), liegt alleine darin, dass im Rahmen der Glaubhaftmachung der Forderung gem. § 14 Abs. 1 Satz 1 ein geringeres Beweismaß (s. RdNr. 65) gilt als bei der Prüfung von Einwendungen, die das Bestehen eines Eröffnungsgrunds betreffen (vgl. § 16 RdNr. 34, 38). Entscheidungen des Prozessgerichts über die vorläufige Vollstreckbarkeit oder über die Einstellung der Zwangsvollstreckung sind für das Insolvenzgericht bindend, soweit sie der Vollstreckbarkeit der Forderung entgegenstehen. In diesem Fall gelten dieselben Grundsätze wie für Einwendungen des Schuldners gegen nicht titulierte Forderungen (s. RdNr. 83).

Beruft sich der Gläubiger nicht auf die Titulierung als Rechtsgrund seiner Forderung, sondern auf den **ursprünglichen Lebenssachverhalt** und die **materielle Rechtslage**, gelten dieselben Grundsätze wie bei einer nicht titulierten Forderung (s. RdNr. 83). Kann er die Forderung mit den allgemeinen Mitteln der Glaubhaftmachung belegen, kann er den Eröffnungsantrag auch stellen, ohne dass die Voraussetzungen für die Vollstreckbarkeit des Titels vorliegen.[214] Dies kommt etwa in Betracht, wenn der Gläubiger die angeordnete Sicherheit nicht leisten will.

c) Insolvenzbegründende Forderungen. Der vollständige Beweis, dass die Forderung des antragstellenden Gläubigers besteht, ist für die Zulässigkeit des Antrags selbst dann nicht erforderlich, wenn von dieser Forderung der Eröffnungsgrund schlechthin abhängt. Insoweit ist streng zwischen der Zulässigkeit und der Begründetheit des Eröffnungsantrags zu unterscheiden.[215] Bei der Zulässigkeit dient die Glaubhaftmachung der Forderung dazu, den Antragsteller als antragsberechtigt zu legitimieren (s. RdNr. 70).[216] Bei der Begründetheit geht es um die Frage, ob ein gesetzlicher Eröffnungsgrund vorliegt. Hier ist die Forderung des antragstellenden Gläubigers nur einer von mehreren Posten unter den Verbindlichkeiten des Schuldners und kann ebenso wie jede andere Verbindlichkeit den Ausschlag für das Bestehen des Eröffnungsgrunds geben. Kommt es hierauf für

---

[207] BGH ZInsO 2009, 767 f.
[208] BGH ZInsO 2010, 1091; BGH ZInsO 2009, 2072; ebenso im Rahmen der Zulässigkeitsprüfung gem. § 14 Abs. 1 Satz 1 MünchKommInsO-*Schmahl*² § 14 RdNr. 24.
[209] LG Göttingen ZInsO 2005, 1114 f. = ZVI 2005, 540 f.
[210] BGH NZI 2006, 588, 589 f. = NJW-RR 2006, 1482; BGH NZI 2006, 642; OLG Celle NZI 2001, 426 f.; HKInsO-*Kirchhof* § 14 RdNr. 17.
[211] Vgl. OLG Köln ZIP 1989, 789.
[212] Vgl. OLG Frankfurt KTS 1983, 148 f.
[213] LG Duisburg ZVI 2004, 396, 398.
[214] Vgl. BGH WuM 2009, 144 f.
[215] Vgl. BGH NJW-RR 1992, 919 f.; OLG Köln ZIP 1988, 664; LG Duisburg ZVI 2004, 396 f.; *Stürner/Stadler* EWiR 1988, 603, 604; *Pape* NJW 1993, 297, 299 ff.; FKInsO-*Schmerbach* § 14 RdNr. 58, 64; HKInsO-*Kirchhof* § 14 RdNr. 17, 18; Jaeger/*Gerhardt* InsO § 14 RdNr. 26, 27; Uhlenbruck/*Uhlenbruck* InsO § 14 RdNr. 62; ohne Differenzierung dagegen BGH ZInsO 2010, 1091; BGH ZInsO 2009, 2072.
[216] OLG Frankfurt KTS 1983, 148; BayObLG NZI 2001, 659 f.

die Feststellung des Eröffnungsgrunds an, muss die Forderung zur Überzeugung des Insolvenzgerichts erwiesen sein (s. § 16 RdNr. 34, 38).[217] Dies ist keine Ausnahme von der Glaubhaftmachung nach § 14 Abs. 1, sondern hängt mit einem anderen rechtlichen Gesichtspunkt zusammen, nämlich mit den Anforderungen an die Feststellung des Eröffnungsgrunds (vgl. § 16 RdNr. 34 ff.).

88 **3. Einwendungen gegen den Eröffnungsgrund.** Auch die Glaubhaftmachung des Eröffnungsgrunds kann der Schuldner erschüttern, indem er substantiierte Einwendungen erhebt und sie durch sofort verfügbare Beweismittel glaubhaft macht (Gegenglaubhaftmachung, vgl. RdNr. 82). Er kann sich gegen die vorgebrachten Indizien wenden. Er kann aber auch andere Tatsachen glaubhaft machen, aus denen sich ergibt, dass nach seiner Vermögens-, Finanz- und Ertragslage der behauptete Eröffnungsgrund nicht vorliegt.

89 Die Einwendungen des Schuldners müssen hinreichend genau sein.[218] Im Falle der behaupteten **Zahlungsunfähigkeit** kann deshalb eine Gegenglaubhaftmachung nur erfolgreich sein, wenn als Grundlage ein Zahlungsplan vorgelegt wird, aus dem sich im Einzelnen ergibt, welche Verbindlichkeiten zurzeit bestehen und in absehbarer Zeit zu erwarten sind und aus welchen Mitteln sie bei Fälligkeit in voller Höhe erfüllt werden sollen.[219] Dabei schließen Außenstände oder Anlagevermögen des Schuldners seine Zahlungsunfähigkeit nur aus, wenn sie spätestens innerhalb eines Monats[220] in verfügbare Zahlungsmittel umgesetzt werden können. Dass der Schuldner vereinzelt noch Zahlungen, selbst in beachtlicher Höhe, geleistet oder die Forderung des antragstellenden Gläubigers nachträglich erfüllt hat, steht der Annahme der Zahlungsunfähigkeit nicht unbedingt entgegen (Einzelheiten bei § 17). Zur Widerlegung der **Überschuldung** sind als Grundlage eine vollständige aktuelle Vermögensübersicht und hinreichend detaillierte Erläuterungen zu den einzelnen Positionen unter Berücksichtigung des § 19 Abs. 2 erforderlich.

V. Eröffnungsanträge öffentlich-rechtlicher Gläubiger

90 **1. Allgemeines.** Gläubiger öffentlich-rechtlicher Forderungen dürfen ihre Ansprüche nicht nur im Wege der Einzelvollstreckung verwirklichen, sondern auch durch Stellung eines Eröffnungsantrags und durch Beteiligung am Insolvenzverfahren. Soweit diese Befugnis in den Gesetzen über die Verwaltungsvollstreckung nicht, wie in § 251 Abs. 2, 3 AO, ausdrücklich erwähnt ist, wird sie in der Insolvenzordnung stillschweigend vorausgesetzt. Sie kommt insbesondere in § 185 zum Ausdruck.

91 **2. Eröffnungsantrag als öffentlich-rechtliche Handlung. a) Notwendige Vollstreckbarkeit der Forderung.** Der Gläubiger einer öffentlich-rechtlichen Forderung, der durch seine Behörde einen Eröffnungsantrag stellt, nimmt hierbei hoheitliche Aufgaben wahr. Die Behörde handelt mit dem Ziel, einen öffentlich-rechtlichen Anspruch gegen den Schuldner zwangsweise durchzusetzen; der Antrag ist eine Maßnahme der Zwangsvollstreckung.[221] Die Behörde hat daher neben den Vorschriften der Insolvenzordnung auch die Beschränkungen zu beachten, die ihr das Verwaltungsvollstreckungsrecht für die Beitreibung von Geldforderungen auferlegt. Dies ist bedeutsam für die Darstellung der Forderung bei der Glaubhaftmachung gegenüber dem Insolvenzgericht. Es reicht nicht aus, dass ein bestimmter Tatbestand des materiellen öffentlichen Rechts erfüllt ist, aus dem sich die Forderung gegen den Schuldner ergibt. Grundlage für die Verwirklichung eines Anspruchs aus dem öffentlich-rechtlichen Schuldverhältnis ist vielmehr stets die Vollstreckbarkeit der Forderung.

92 **b) Rechtsgrundlagen.** Die hierfür notwendigen Voraussetzungen ergeben sich für den Bund und die bundesunmittelbaren juristischen Personen des öffentlichen Rechts insbesondere aus der Abgabenordnung (§§ 249 ff. AO), dem Verwaltungsvollstreckungsgesetz des Bundes (§§ 1 bis 5 VwVG mit Verweisung in § 5 Abs. 1 VwVG auf Vorschriften der AO), dem Zehnten Buch des Sozialgesetzbuchs (§ 66 Abs. 1 SGB X mit Verweisung auf das VwVG) und der Justizbeitreibungsordnung.

---

[217] BGH WM 1957, 67 = LM BGB § 839 (Fi) Nr. 4; BGH ZIP 1992, 947 f. = NJW-RR 1992, 919 f.; BGH NZI 2006, 174 f. = NJW-RR 2006, 1061; BGH NZI 2006, 588, 589 f. = NJW-RR 2006, 1482; BGH NZI 2006, 590 f.; BGH ZInsO 2007, 1275; OLG Frankfurt KTS 1983, 148 f.; OLG Hamm ZIP 1980, 258 f.; OLG Köln NZI 2000, 130, 132; OLG Köln NZI 2000, 174 f.
[218] Vgl. dazu auch OLG Celle NZI 2000, 28.
[219] LG Duisburg ZVI 2004, 396, 399.
[220] BGH ZIP 1999, 76; BGHZ 163, 134 = NJW 2005, 3062 = NZI 2005, 547.
[221] BSG NJW 1978, 2359 f.; BFH ZIP 1985, 1160 f.; BFH ZIP 1991, 458 f.; BFH/NV 2004, 464 f.; vgl. auch BGHZ 110, 253, 254 = NJW 1990, 2675; kritisch hierzu App EWiR 1990, 681; ders. ZIP 1992, 460. – Auch die Vollstreckungsanweisung der Finanzverwaltung (VollstrA, s. RdNr. 108) sieht den Eröffnungsantrag als Vollstreckungsmaßnahme an; vgl. Abschn. 6 Abs. 1 Nr. 4, Abschn. 23 Abs. 1 Nr. 3, Abschn. 26 Abs. 1 Nr. 2, Abs. 2, Abschn. 58 VollstrA.

Für die **Länder** und die landesunmittelbaren juristischen Personen des öffentlichen Rechts sind 93
die jeweiligen Landesgesetze über die Verwaltungsvollstreckung oder Sonderregelungen wie etwa
Kommunalabgabengesetze maßgebend.

c) Festsetzung der Forderung. Wird der Eröffnungsantrag auf eine öffentlich-rechtliche For- 94
derung gestützt, muss stets ein vollstreckbarer Leistungsbescheid oder eine ihm gleichstehende
Urkunde vorliegen, in dem der Anspruch im Einzelnen festgesetzt ist[222] (§ 218 Abs. 1, § 249 Abs. 1
AO, § 3 Abs. 2 VwVG). Als gleichstehende Urkunden gelten Selbstberechnungserklärungen des
Schuldners[223], in denen er die Höhe seiner Schuld selbst vorläufig berechnet oder einschätzt, etwa
Steueranmeldungen (§§ 167, 168 AO) oder Beitragsnachweise des Arbeitgebers für die Gesamtsozialversicherungsbeiträge (§ 28 f. Abs. 3 SGB IV). Ohne behördliche Festsetzung können öffentlich-
rechtliche Forderungen erst nach Eröffnung des Insolvenzverfahrens geltend gemacht werden, und
zwar im allgemeinen Anmeldungs- und Prüfungsverfahren (§§ 174 ff., 185).[224]

d) Vollstreckungsvoraussetzungen. Vollstreckbar ist ein Leistungsbescheid, wenn die gesetz- 95
lich bestimmten Voraussetzungen für den Beginn der Vollstreckung vorliegen und die Vollziehung
des Verwaltungsakts nicht ausgesetzt ist (§§ 254, § 251 Abs. 1, § 361 AO, § 69 FGO, § 80 Abs. 2
Satz 1 Nr. 1 VwGO). Der Bescheid muss dem Vollstreckungsschuldner bekanntgemacht worden
sein. Die festgesetzte Leistung muss fällig und der Vollstreckungsschuldner zur Leistung aufgefordert
worden sein; das Leistungsgebot kann mit dem zu vollstreckenden Verwaltungsakt verbunden werden
(§ 254 Abs. 1 Satz 1, 2 AO, § 5 Abs. 1 VwVG, § 66 Abs. 1 SGB X). Seit der Aufforderung muss
mindestens eine Woche verstrichen sein (§ 254 Abs. 1 Satz 1 AO, § 5 Abs. 1 VwVG, § 66 Abs. 1
SGB X).

Wird die Zahlung auf Grund einer **Selbstberechnungserklärung (Steueranmeldung, Bei-** 96
tragsnachweis) geschuldet, ist weder ein Leistungsgebot noch der Ablauf der Wochenfrist erforderlich (§ 254 Abs. 1 Satz 4 AO, § 5 Abs. 1 VwVG, § 66 Abs. 1 SGB X). Säumniszuschläge, Zinsen und
Vollstreckungskosten bedürfen keines Leistungsgebots, wenn sie mit dem Hauptanspruch beigetrieben werden (§ 254 Abs. 2 AO).

Der Leistungsbescheid darf nicht nichtig sein, er braucht aber noch **nicht bestandskräftig** zu 97
sein.[225] Ein Einspruch (§ 347 AO) oder Widerspruch (§ 68 VwGO) gegen den Bescheid hat keine
aufschiebende Wirkung (§ 361 Abs. 1 AO, § 80 Abs. 2 Nr. 1 VwGO, § 86 SGG). Vollstreckbar ist
auch ein **vorläufiger** oder ein **unter Vorbehalt der Nachprüfung** ergangener Leistungsbescheid
(vgl. §§ 135, 164 AO).

Die Vollstreckbarkeit eines Leistungsbescheids entfällt,[226] wenn die Forderung **gestundet** oder 98
die Vollziehung von der Behörde oder vom zuständigen Finanz-, Sozial- oder Verwaltungsgericht
ausgesetzt wird (§ 361 Abs. 2 AO, § 69 Abs. 2, 3 FGO, § 86b SGG, § 80 Abs. 4, 5 VwGO); die
Behörde hat sodann die Vollstreckung **einzustellen** (§ 257 Abs. 1 AO, § 5 Abs. 1 VwVG, § 66 Abs. 1
SGB X). Eine Vollstreckung ist ferner unzulässig, wenn sie wegen Unbilligkeit im Einzelfall einstweilen eingestellt ist (§ 258 AO, § 5 Abs. 1 VwVG, § 66 Abs. 1 SGB X). Keinen rechtlichen Einfluss
auf die Vollstreckbarkeit hat die **Niederschlagung** der Forderung (§ 261 AO). Sie ist lediglich
eine verwaltungsinterne Maßnahme und begründet deshalb keinen Anspruch auf zeitweilige oder
dauerhafte Unterlassung von Vollstreckungsmaßnahmen.[227]

e) Vollstreckung gegen nicht rechtsfähige Personenvereinigungen. Für die Vollstreckung 99
in das Vermögen nicht rechtsfähiger Personenvereinigungen, die als solche leistungspflichtig sind,
genügt nach § 267 AO (i. V. m. § 5 Abs. 1 VwVG, § 66 Abs. 1 SGB X) ein vollstreckbarer Verwaltungsakt gegen die Vereinigung. Diese Vorschrift betrifft neben dem nicht rechtsfähigen Verein (§ 11
Abs. 1 Satz 2) alle insolvenzfähigen Gesellschaften ohne Rechtspersönlichkeit (§ 11 Abs. 2 Nr. 1),

---

[222] Vgl. BSGE 32, 263, 264 ff.; BSGE 63, 67, 68 = ZIP 1988, 659; BSG ZIP 1981, 39 f.; BSG ZIP 1981, 1108, 1110; BFH ZIP 1991, 458 f.; BGH ZInsO 2006, 828; BGH ZInsO 2009, 1533 f.; BGH NZI 2011, 712 f.; BGH NZI 2012, 95 f.; BGH ZInsO 2012, 1418 f.; LSG Bayern ZIP 1998, 1931, 1933 f.; FG Münster EFG 2000, 634; FG Köln EFG 2005, 372; AG Duisburg NZI 1999, 507.
[223] Vgl. BGH NZI 2012, 95 f.; BGH ZInsO 2012, 1418 f.
[224] Ihre Feststellung durch Verwaltungsakt ist sodann zulässig, wenn sie im Prüfungstermin bestritten worden sind (§ 185); vgl. BFHE 183, 365 = NJW 1998, 630; BFHE 201, 392 = NJW 2003, 2335 = NZI 2003, 456; BFHE 207, 10 = NJW 2005, 782; BSGE 88, 146 = NZI 2001, 609; BSGE 92, 82 = ZIP 2004, 921; BVerwG NJW 2003, 3576.
[225] BFH ZIP 1985, 1160, 1163; BFH/NV 2005, 1002.
[226] Hierzu *Seikel* BB 1991, 1165 ff.
[227] BFH/NV 1999, 285; BFH, Beschl. v. 27.11.2003 – VII B 279/03; BGH, Beschl. v. 12.10.2006 – IX ZB 107/05.

insbesondere auch die Gesellschaft bürgerlichen Rechts.[228] Die persönliche Haftung des Gesellschafters für die Gesellschaftsschuld wird durch Haftungsbescheid geltend gemacht (§ 191 AO; § 128 Abs. 2 HGB).[229]

100 **3. Einzelangaben zur Forderung.** Zur Substantiierung der Forderung sind im Eröffnungsantrag die geschuldeten Beträge nach Art (zB Steuerart), Veranlagungs- oder Abrechnungszeitraum, Haupt- und Nebenforderung sowie Fälligkeit im Einzelnen aufzuschlüsseln.[230] Zusätzlich ist zur Darstellung ihrer tatsächlichen Grundlagen der vollstreckbare Titel, in dem die Forderung im Einzelnen errechnet worden ist, unter Angabe der Art (Leistungsbescheid, Beitragsnachweis u. ä.) und des Datums zu bezeichnen.[231] Hat der Schuldner den Beitragsnachweis oder die Steueranmeldung durch elektronische Datenübertragung mitgeteilt (vgl. § 28 f. Abs. 3 SGB IV, § 41a Abs. 1 EStG, § 18 Abs. 1 UStG),[232] ist neben dieser Tatsache auch das Datum der Übermittlung anzugeben. Die bloße Beifügung von Vollstreckungsnachweisen ohne konkrete Bezugnahme auf den Titel reicht zur Substantiierung nicht aus. Der Inhalt der Antragsschrift muss den maßgebenden Sachverhalt so vollständig darstellen, dass der Schuldner in der Lage ist, in Verbindung mit dem ihm bekannten Vollstreckungstitel die Entstehung und Berechnung der Forderung nachzuvollziehen und bei der Wahrnehmung des rechtlichen Gehörs seine Rechtsverteidigung entsprechend einzurichten.

101 **4. Glaubhaftmachung der Forderung.** Zu den Umständen, die der Gläubiger einer öffentlich-rechtlichen Forderung glaubhaft zu machen hat, gehört als Teil des anspruchsbegründenden Sachverhalts die Vollstreckbarkeit (vgl. RdNr. 95 ff.).

102 Welche Mittel der Glaubhaftmachung das Gericht für die Überzeugungsbildung als ausreichend ansieht, hängt vom Einzelfall ab. Eine öffentlich-rechtliche Forderung und ihre Vollstreckbarkeit sind jedoch nicht bereits durch den bloßen Eröffnungsantrag als glaubhaft gemacht anzusehen.[233] Es gibt weder einen Rechts- noch einen Erfahrungssatz, dass schlichte Erklärungen öffentlich-rechtlicher Gläubiger im Rahmen eines massenhaft abzuwickelnden Forderungseinzugs zuverlässiger sind als solche von Privatpersonen. Die Annahme, bei öffentlich-rechtlichen Gläubigern sei wegen ihrer besonderen Bindung an das Gesetz allgemein zu vermuten, dass sie ihr Antragsrecht verantwortungsbewusst ausüben, entspricht nicht der Erfahrung der Insolvenzgerichte und der Insolvenzverwalter.[234] Auch Prozessgerichte sind zunehmend skeptisch.[235] Bestimmte Erleichterungen können allerdings gerechtfertigt sein.[236] Die Vorlage einer Abschrift des vollstreckbaren Titels oder eines beglaubigten Ausdrucks des authentischen, vom Schuldner elektronisch übermittelten Dokuments[237] ist nicht allgemein,[238] sondern nur in Zweifelsfällen erforderlich. Es reicht in der Regel aus, wenn die Behörde im

---

[228] BFHE 149, 12 = NJW 1987, 1720; BFH NJW 2004, 2773; OVG Münster DB 2002, 1545 = NVwZ-RR 2003, 149; VGH Mannheim NJW 2007, 105 f.

[229] BFHE 178, 227 = NJW 1996, 870 L; BFHE 213, 194 = ZIP 2006, 1860; BFH/NV 2005, 1141.

[230] OLG Köln NZI 2000, 78 f.; OLG Naumburg NZI 2000, 263 f.; HKInsO-*Kirchhof* § 14 RdNr. 13; Jaeger/*Gerhardt* InsO § 14 RdNr. 19.

[231] BGH NZI 2004, 587 f. = NZS 2005, 24; LG Hamburg ZInsO 1999, 651 f.; AG Duisburg NZI 1999, 507; *Pannen* EWiR 2000, 779; *Schmahl* NZI 2007, 20, 22; vgl. auch OLG Köln OLGZ 1993, 375 = Rpfleger 1993, 29 (für die Einzelvollstreckung); LG Köln MDR 2004, 355; *Uhlenbruck* Rpfleger 1981, 377, 378; *ders.* DStZ 1986, 39, 42 f.; *Strunk* BB 1990, 1530 f.; *App* InVo 1999, 65, 69; so auch Abschn. 26 Abs. 2, Abschn. 34 Abs. 2 Nr. 3 VollstrA (RdNr. 108).

[232] Vgl. auch für das Sozialrecht: Datenerfassungs- und -übermittlungsverordnung (DEÜV) idF der Bek. v. 23.1.2006 (BGBl. I S. 152); für das Steuerrecht: Steuerdaten-Übermittlungsverordnung (StDÜV) v. 28.1.2003 (BGBl. I S. 139).

[233] BGH NZI 2004, 587 f. = NZS 2005, 24 mwN; BGH ZInsO 2008, 828 f.; BGH ZInsO 2009, 1533; BGH ZInsO 2011, 1614; BGH NZI 2012, 95 f.; LG Hamburg ZInsO 1999, 651 f.; LG Duisburg, Beschl. v. 25.3.2009 – 7 T 256/08; LG Hamburg ZInsO 2010, 1650 f.; AG München ZIP 2009, 820 ff.; ebenso *App* ZIP 1992, 460; *Henckel* ZIP 2000, 2045, 2047; Jaeger/*Gerhardt* InsO § 14 RdNr. 19; Nerlich/Römermann/*Mönning* InsO § 14 RdNr. 64; Uhlenbruck/*Uhlenbruck* InsO § 14 RdNr. 72.

[234] Dazu ausführlich *Frind/Schmidt* ZInsO 2001, 1133; *dies.* ZInsO 2002, 8; *Schmahl* NZI 2002, 177; *ders.* NZS 2003, 239; vgl. auch AG Hamburg NZI 2001, 163; AG Potsdam NZI 2001, 495; AG Potsdam NZI 2003, 155 f.; ferner BGHZ 149, 100 = NJW 2002, 512 = NZI 2002, 88; BGH NZI 2003, 542, 544; OLG Hamburg ZIP 2001, 708; OLG Frankfurt NZI 2002, 491; LG Stuttgart ZIP 2001, 2014; LG Hamburg ZIP 2001, 711; LG Kiel ZIP 2001, 1726; *A. Schmidt* EWiR 2001, 185; *ders.* EWiR 2001, 921; *Frind* EWiR 2003, 531.

[235] Vgl. nur BGHZ 149, 100, 112 = NJW 2002, 512, 514 f. = NZI 2002, 88, 90; dazu *Dahl* NZI 2002, 63, 65.

[236] Vgl. BVerfGE 57, 346, 357; BGH NZI 2009, 1533; BGH ZInsO 2011, 1614; BGH NZI 2012, 95 f.; OLG Köln OLGZ 1993, 375 = Rpfleger 1993, 29.

[237] AG Hamburg ZInsO 2006, 386; *Schmitz/Schlatmann* NVwZ 2002, 1281, 1288; *Schmahl* NZI 2007, 20, 21 f.

[238] So aber BGH NZI 2004, 587 f. = NZS 2005, 24; BGH NZI 2006, 172 f.; BGH ZInsO 2008, 828 f.; BGH ZInsO 2009, 1533; BGH ZInsO 2011, 1614; BGH NZI 2012, 95 f.; OLG Hamm ZIP 1980, 258 f.; LG

Anschluss an die aufgeschlüsselte Forderungsaufstellung[239] und die genaue Bezeichnung des Titels oder des übermittelten elektronischen Dokuments bestätigt, dass die gesetzlichen Voraussetzungen für die Vollstreckung vorliegen.[240] Diese Erklärung ist in § 322 Abs. 3 Satz 2 AO für den Fall vorgeschrieben, dass eine Finanzbehörde die Einzelvollstreckung in das unbewegliche Vermögen beantragt. Die Bestätigungserklärung kann ohne Verlust an Rechtssicherheit auch für den Eröffnungsantrag und auch von anderen Behörden verwendet werden. Der Sache nach ist sie unerlässlich.[241] Zum Nachweis der Echtheit des Schriftstücks und der Vertretungsbefugnis des unterzeichnenden Amtsträgers ist dem Antrag analog § 725 ZPO, § 29 Abs. 3 GBO das Dienstsiegel (der Dienststempel) im Original beizudrücken.[242]

Die Frage, ob die Vollstreckbarkeitsbestätigung der Wahrheit entspricht, unterliegt in vollem Umfang der **Beurteilung des Insolvenzgerichts.** In Zweifelsfällen, etwa wenn der Schuldner glaubhaft vorträgt, dass das Zahlenwerk des Gläubigers unrichtig ist oder einzelne Vollstreckungsvoraussetzungen fehlen, ist das Gericht nicht gehindert, von der Behörde weitere **Erklärungen** und **Unterlagen** zu verlangen. Hierzu kann insbesondere eine geordnete Zusammenstellung der einzelnen Vollstreckungstitel, der hierauf jeweils entfallenden Zahlungen und Rückstände sowie die Vorlage der Titel und der Akten gehören.[243] Satz 3 des § 322 Abs. 3 AO, der diese Überprüfung dem Vollstreckungsgericht und dem Grundbuchamt verwehrt, gilt für das Insolvenzgericht nicht.[244]

5. Glaubhaftmachung des Eröffnungsgrunds. Auch der Eröffnungsgrund ist von öffentlich-rechtlichen Gläubigern glaubhaft zu machen. Hierbei sind keine geringeren Maßstäbe anzulegen als sonst (s. RdNr. 73 ff., 88 f.).[245] Die in Betracht kommenden Behörden haben zumindest den gleichen Einblick in die Vermögensverhältnisse des Schuldners wie andere Gläubiger, jedenfalls können sie ihn sich durch eigene Ermittlungen von Amts wegen verschaffen.[246] Im Allgemeinen werden dem Eröffnungsantrag erfolglose Einzelvollstreckungsmaßnahmen vorausgegangen sein. Ihr Ergebnis ist im Einzelnen darzustellen und durch nachvollziehbare[247] Protokolle oder Berichte der Vollziehungsorgane zu belegen. Allgemeine Erklärungen, dass Beitreibungsmaßnahmen der Behörde erfolglos geblieben seien, genügen nicht. Soweit der BGH der Auffassung ist, es könne ein Indiz für die fehlende Zahlungsfähigkeit sein, wenn der Schuldner auf Zahlungsaufforderungen durch das Finanzamt nicht reagiert und dem angekündigten Vollstreckungsversuch weder entgegentritt noch den Zugang zur Wohnung ermöglicht,[248] kann dem nicht gefolgt werden, weil zum einen nicht hinreichend zur bloßen Zahlungsunwilligkeit abgegrenzt wird und zum anderen bloße Indizien eine weitergehende Glaubhaftmachung des Eröffnungsgrunds nicht ersetzen können. Der Eilcharakter des Eröffnungsverfahrens rechtfertigt es jedenfalls in aller Regel nicht, bei der Glaubhaftmachung durch Behörden auf eine hinreichende Konkretisierung der maßgeblichen Tatsachen zu verzichten.[249]

6. Einwendungen gegen die Forderung und ihre Vollstreckbarkeit. Einwendungen gegen die dem Eröffnungsantrag zugrunde gelegte vollstreckbare öffentlich-rechtliche Forderung sind für das Insolvenzgericht unerheblich. Der Schuldner kann solche Einwendungen nur außerhalb des Insolvenzverfahrens mit den allgemein vorgesehenen Rechtsbehelfen verfolgen[250] (§ 256 AO, § 5

Itzehoe KTS 1989, 730; AG Charlottenburg ZInsO 2000, 520; AG Potsdam NZI 2001, 495; *Uhlenbruck* BB 1972, 1266, 1269; *ders.* Rpfleger 1981, 377, 378; *ders.* DStZ 1986, 39, 43; *App* InVo 1999, 65, 69.

[239] Vgl. LG Hamburg ZInsO 2010, 1842 f.
[240] Einzelheiten bei *Schmahl* NZI 2007, 20, 22; vgl. hierzu auch BGH ZInsO 2009, 1533 f.
[241] AG Duisburg NZI 1999, 507; AG Hamburg NZI 2001, 163; *Uhlenbruck* Rpfleger 1981, 377 f.; *ders.* DStZ 1986, 39, 43; vgl. auch Abschn. 26 Abs. 2 Satz 3 VollstrA (RdNr. 108).
[242] LG Aachen JurBüro 1983, 622; LG Aurich Rpfleger 1988, 198; AG Duisburg NZI 1999, 507; krit. dazu *Pannen* EWiR 2000, 779; *Hornung* Rpfleger 1981, 86, 89. Zur Gewährleistungsfunktion des Siegels vgl. BayObLGZ 1954, 322, 330; OLG Zweibrücken Rpfleger 2001, 71; OLG Düsseldorf Rpfleger 2004, 283; *Neumeyer* RNotZ 2001, 249 ff., 261 f.
[243] BGH NZI 2004, 587 f. = NZS 2005, 24; OLG Köln OLGZ 1993, 375 = Rpfleger 1993, 29.
[244] Die abweichende Aussage des Abschn. 26 Abs. 3 VollstrA (RdNr. 108), die § 322 Abs. 3 Satz 3 AO auch auf das Insolvenzgericht bezieht, ist vom Gesetz nicht gedeckt.
[245] Nerlich/Römermann/*Mönning* InsO § 14 RdNr. 70 f.
[246] § 249 Abs. 2 AO, § 5 VwVG, § 66 Abs. 1 SGB X. Zum Einsatz sog. Liquiditätsprüfer der Finanzverwaltung vgl. *Bruschke* NZI 2003, 636; *Maus* ZInsO 2004, 837.
[247] AG Potsdam NZI 2003, 155.
[248] BGH ZInsO 2012, 1418 f.
[249] So aber, zu weitgehend, BayObLG NZI 2000, 320; LG Chemnitz ZInsO 2011, 684 f.; wie hier AG Potsdam DZWIR 2001, 262; AG Potsdam NZI 2003, 155; *Jacobi* ZInsO 2011, 1094 ff.; Jaeger/*Gerhardt* InsO § 14 RdNr. 19; s.a. *Smid* DZWIR 2012, 1, 5.
[250] BGH ZVI 2003, 289; BGH NZI 2003, 645, 646; BGH ZVI 2006, 564 f.; BGH NZI 2007, 103 f. = NJW-RR 2007, 398.

Abs. 1 VwVG, § 66 Abs. 1 SGB X), in der Regel also mit dem Einspruch oder Widerspruch gegen den Leistungsbescheid und der anschließenden Anfechtungsklage. Die Beitreibung der vollstreckbaren Forderung wird hierdurch nicht kraft Gesetzes gehemmt. Die Vollstreckbarkeit der Forderung entfällt nur, wenn die Vollziehung des zugrundeliegenden Verwaltungsakts ausgesetzt ist oder die Vollstreckung aus einem anderen Grund eingestellt worden ist (vgl. RdNr. 95). Die entsprechenden Anordnungen trifft die Behörde oder das Finanz-, Sozial- oder Verwaltungsgericht.

106 Dies gilt auch für den Fall, dass **Einwendungen** gegen die Forderung erhoben werden, die erst **nach deren Bestandskraft entstanden** sind und die der Schuldner mit Rechtsbehelfen gegen den Leistungsbescheid nicht mehr geltend machen konnte (zB zwischenzeitliche Erfüllung, Verjährung). Solche Einwendungen, für die im Zivilprozess die Vollstreckungsabwehrklage (§ 767 ZPO) gegeben ist, sind mit einem Antrag auf erneute Abrechnung der Schuld (vgl. § 218 Abs. 2 AO) und auf Einstellung der Vollstreckung bei der Behörde vorzubringen.[251] Notfalls ist beim Finanz-, Sozial- oder Verwaltungsgericht einstweiliger Rechtsschutz zu beantragen (§ 114 FGO, § 86b SGG, § 123 VwGO) und Verpflichtungsklage auf Erlass eines Abrechnungsbescheids zu erheben.[252]

107 Es ist Sache des Schuldners, dem Insolvenzgericht die entsprechende **Einstellungsentscheidung** vorzulegen.[253] Mit dem Erlass einer solchen Entscheidung entfällt eine Voraussetzung für die Vollstreckbarkeit der Forderung,[254] und der Eröffnungsantrag des öffentlich-rechtlichen Gläubigers wird mangels Glaubhaftmachung der Forderung unzulässig.

108 **7. Besonderheiten beim Antrag eines Steuergläubigers. a) Verwaltungsinterne Voraussetzungen.** Für die Finanzverwaltung existiert als bundeseinheitliche allgemeine Verwaltungsvorschrift (Art. 108 Abs. 7 GG) die sog. Vollstreckungsanweisung, die den Vollstreckungsstellen der Finanzbehörden (Finanzämter und Hauptzollämter) auch Richtlinien für das Verhalten in Insolvenzverfahren gibt.[255] Bis Ende 2001 war dort vorgesehen, dass vor der Stellung eines Eröffnungsantrags die Zustimmung der Oberfinanzdirektion einzuholen sei. Diese Regelung ist aufgehoben.[256] Bestimmungen dieser Art sind keine Rechtsnormen und haben nur verwaltungsinterne Bedeutung. Ihre Missachtung durch die Finanzbehörde mag unter Umständen Amtshaftungsansprüche gegen den Steuerfiskus auslösen.[257] Sie sind jedoch für das Insolvenzgericht und für die Wirksamkeit oder Zulässigkeit des Eröffnungsantrags ohne Bedeutung.[258]

109 **b) Steuergeheimnis.** Das Steuergeheimnis, das die Amtsträger des Steuergläubigers zu wahren haben (§ 30 AO), steht der Glaubhaftmachung und der weiteren Offenbarung von Verhältnissen des Steuerpflichtigen gegenüber dem Insolvenzgericht nicht entgegen.[259] Die Offenbarung ist nämlich erlaubt, soweit sie der Durchführung eines gerichtlichen Verfahrens in Steuersachen dient (§ 30 Abs. 4 Nr. 1, Abs. 2 Nr. 1 AO). Hierzu gehört als besonderes Vollstreckungsverfahren (s. RdNr. 91) auch das Verfahren vor dem Insolvenzgericht. Das notwendige und erlaubte Ausmaß der Offenbarung hängt vom prozessualen Verhalten des Steuerschuldners ab. Je weiter und genauer er dem Vorbringen des antragstellenden Steuergläubigers entgegentritt, desto mehr müssen und dürfen dessen Amtsträger ihre Kenntnisse gegenüber dem Gericht offenbaren. Dies gilt auch, wenn die Abweisung des Eröffnungsantrags mangels Masse in Betracht kommt; es ist allein Sache des Insolvenzgerichts, sichere Feststellungen über die freie Masse zu treffen.

110 Im Übrigen hat der Schuldner schon wegen seiner eigenen umfassenden Auskunftspflicht gegenüber dem Insolvenzgericht (§ 20 Abs. 1, § 97) kein schutzwürdiges Interesse an der Geheimhaltung durch den Steuergläubiger. Deshalb dürfen auch im weiteren Verlauf des Verfahrens alle Umstände offenbart werden, die für eine Entscheidung des Insolvenzgerichts bedeutsam sein können. Welche Informationen benötigt werden, hat allein das Insolvenzgericht zu beurteilen (§ 5 Abs. 1). Der Steu-

---

[251] Vgl. BFHE 102, 446 = NJW 1972, 224; BFHE 168, 206 = NJW 1993, 350 f.; BFHE 181, 202 = NJW-RR 1997, 43; BFHE 189, 331 = NVwZ 2000, 236; BFHE 199, 71 = ZIP 2003, 85; BFH/NV 1989, 75; BFH/NV 1990, 212; BFH/NV 2006, 1446.
[252] Vgl. BVerwGE 27, 141 = NJW 1967, 1976 f.; BVerwG, Beschl. v. 16.1.1968 – IV B 156.67; BVerwG NVwZ 1984, 168 f.
[253] Uhlenbruck Rpfleger 1981, 377, 381; ders. DStZ 1986, 39, 44; OLG Celle NZI 2001, 426 f.
[254] Vgl. BFH ZIP 1985, 1160, 1163.
[255] Allgemeine Verwaltungsvorschrift über die Durchführung der Vollstreckung nach der Abgabenordnung (Vollstreckungsanordnung, VollstrA) vom 13.3.1980, an die InsO angepasst mit Wirkung ab 1.1.2002 (BStBl. I 2001, S. 605), Abschn. 26, 57 bis 64.
[256] Abschn. 60 (alt), 58 (neu) VollstrA; vgl. dazu FG Köln EFG 2005, 372.
[257] Vgl. BGHZ 110, 253 ff. = NJW 1990, 2675 f. (unklar); *App* ZIP 1992, 460, 463.
[258] BFH ZIP 1991, 457 f.; Jaeger/*Gerhardt* InsO § 13 RdNr. 19, § 14 RdNr. 19.
[259] OLG Hamm ZIP 1980, 258, 260; *Strunk* BB 1990, 1530 f.; *Seikel* BB 1990, 2314; *App* ZIP 1992, 460, 461; *Onusseit* EWiR 2001, 69 f.; *R. Beck* ZIP 2006, 2009 f.; HKInsO-*Kirchhof* § 14 RdNr. 39; Jaeger/*Gerhardt* InsO § 14 RdNr. 20; Uhlenbruck/*Uhlenbruck* InsO § 14 RdNr. 77.

ergläubiger muss und darf lediglich prüfen, ob der Zweck des Insolvenzverfahrens die Offenbarung offenkundig nicht rechtfertigt.[260]

8. Besonderheiten beim Antrag eines Sozialversicherungsträgers. a) Einzugsstellen. Die Beitragsforderungen der Sozialversicherungsträger werden in der Regel, zusammengefasst als Gesamtsozialversicherungsbeiträge, von den gesetzlichen Krankenkassen als Einzugsstellen bei den Arbeitgebern eingezogen (§§ 28d ff. SGB IV). Einzugsstelle für geringfügige Beschäftigungsverhältnisse ist bundesweit die Deutsche Rentenversicherung Knappschaft-Bahn-See (§ 28i SGB IV). Zuständig ist jeweils die für den betreffenden Arbeitnehmer maßgebliche Einzugsstelle, deshalb können mehrere Einzugsstellen Gläubiger desselben Arbeitgebers sein (§§ 28 h, 28i SGB IV). Im Verhältnis zum Arbeitgeber ist jede Einzugsstelle alleinige Gläubigerin der Gesamtforderung, auch wenn sie im Innenverhältnis zu anderen Sozialversicherungsträgern als gesetzliche Verwaltungstreuhänderin handelt.[261] 111

Gesetzliche Krankenkassen sind (vgl. § 4 Abs. 2, §§ 143 ff. SGB V): die Ortskrankenkassen, die Betriebskrankenkassen, die Innungskrankenkassen, die See-Krankenkasse, die Landwirtschaftlichen Krankenkassen, die Deutsche Rentenversicherung Knappschaft-Bahn-See als Träger der knappschaftlichen Krankenversicherung und die Ersatzkassen. Sie sind rechtsfähige Körperschaften des öffentlichen Rechts (§ 4 Abs. 1 SGB V). Je nach der regionalen Ausdehnung ihres satzungsmäßigen Zuständigkeitsbereichs, der sich zumeist aus ihrem Namen ergibt, sind sie teils bundesunmittelbar und teils landesunmittelbar (Art. 87 Abs. 2 GG, § 90 SGB IV). Von dieser Zuordnung hängt es ab, welchem Verwaltungsvollstreckungsgesetz ihre Tätigkeit unterworfen ist (§ 66 SGB X). 112

b) Beitragsnachweis als (fiktiver) Leistungsbescheid. Die Festsetzung der Beiträge geschieht im Wesentlichen durch Beitragsnachweise der Arbeitgeber, die diese der Krankenkasse spätestens bei Fälligkeit einzureichen haben (§ 28 f. Abs. 3 SGB IV). In ihnen werden, ähnlich wie bei Lohnsteueranmeldungen, die geschuldeten Beiträge im Einzelnen berechnet und zusammengestellt; sie können als Dauernachweis auch für einen längeren Zeitraum als einen Monat erstellt werden. Der Beitragsnachweis gilt für die Vollstreckung als Leistungsbescheid der Einzugsstelle (§ 28 f. Abs. 3 Satz 3 SGB IV). Werden keine ordnungsmäßigen Beitragsnachweise eingereicht, kann die Einzugsstelle den Beitrag auf der Grundlage von Schätzungen durch Leistungsbescheid festsetzen, bis der Beitragsnachweis vorliegt. Die Fälligkeit laufender Sozialversicherungsbeiträge richtet sich innerhalb der Vorgaben des § 23 Abs. 1 SGB IV nach der Satzung der Einzugsstelle.[262] 113

c) Rechtliches Interesse. Wenn der Arbeitgeber infolge seiner Zahlungsunfähigkeit nicht mehr die fälligen Gesamtsozialversicherungsbeiträge zahlt, hat die Einzugsstelle nach den §§ 208, 183 Abs. 1 SGB III einen Anspruch gegen das Arbeitsamt auf Zahlung der Pflichtbeiträge für die letzten drei Monate vor der Eröffnung des Insolvenzverfahrens oder der Abweisung mangels Masse.[263] Der Anspruch korrespondiert im Wesentlichen mit dem Anspruch der Arbeitnehmer auf Insolvenzgeld (§§ 183 ff. SGB III). 114

Um die Voraussetzungen für den Erstattungsanspruch gegen das Arbeitsamt zu schaffen, darf die Einzugsstelle auch dann einen Eröffnungsantrag stellen, wenn voraussichtlich mit einer Abweisung mangels Masse zu rechnen ist. Das rechtliche Interesse an der beantragten Entscheidung ist inzwischen in der insolvenzgerichtlichen Praxis allgemein anerkannt.[264] Die sehr zahlreichen Eröffnungsanträge der Einzugsstellen haben sich zu einem wirkungsvollen, relativ früh einsetzenden Warnsystem für Unternehmensinsolvenzen entwickelt, das auch den Interessen der übrigen Gläubiger förderlich ist. Allerdings kann nicht verkannt werden, dass viele Anträge als Druckmittel gegenüber Schuldnern eingesetzt werden, die durch andere Beitreibungsmaßnahmen nicht mehr zu beeindrucken sind.[265] 115

9. Rechtsschutz durch die Verwaltungs-, Finanz- und Sozialgerichtsbarkeit. Gegenüber dem Eröffnungsantrag eines öffentlich-rechtlichen Gläubigers kann in Ausnahmefällen auch Rechts- 116

---

[260] Vgl. BFHE 202, 411 = BB 2003, 2216.
[261] BGH NJW 2004, 2163 f. = NZI 2004, 379 f.; OLG Hamburg ZIP 2001, 708, 710.
[262] *Berndt* DStR 2006, 42; BT-Drucks. 15/5574, S. 4. Bei Unklarheit der Satzung ist der letzte zulässige Zahlungstermin maßgebend; BGH KTS 1998, 236, 238.
[263] Zu dem dritten Insolvenzfall, der vollständigen Beendigung der Betriebstätigkeit bei offensichtlicher Massellosigkeit (§ 183 Abs. 1 Nr. 3 SGB III, früher § 141b Abs. 3 Nr. 2 AFG), vgl. BSGE 48, 269 = ZIP 1980, 126 f.; BSGE 53, 1, 3 = ZIP 1982, 469 f.
[264] OLG Köln NZI 2003, 99, 100; LG Augsburg KTS 1975, 321; LG Bonn ZIP 1985, 1342; *Hornung* KTS 1976, 103 f.; *Uhlenbruck* Rpfleger 1981, 377, 380; HKInsO-*Kirchhof* § 14 RdNr. 34. Die abweichenden Entscheidungen des LG Hamburg KTS 1976, 309 und des LG Rottweil ZIP 1982, 729 (dazu abl. *Ruschke* ZIP 1982, 730) sind vereinzelt geblieben.
[265] Dazu *Frind/Schmidt* ZInsO 2001, 1133; dies. ZInsO 2002, 8; *Schmahl* NZI 2002, 177.

schutz durch die jeweils zuständige Verwaltungsgerichtsbarkeit (Finanz-, Sozial- und Verwaltungsgerichte) erlangt werden. Dies entspricht vor allem im Zuständigkeitsbereich der Finanz- und Sozialgerichte ständiger Rechtsprechung. Ein solcher Eröffnungsantrag ist zwar nach zutreffender, inzwischen überwiegender Ansicht kein Verwaltungsakt. Von ihm geht nämlich keine unmittelbare rechtliche Wirkung auf den Schuldner aus. Gleichwohl ist der Antrag eine Maßnahme, die der Verwirklichung von Ansprüchen aus dem öffentlich-rechtlichen Schuldverhältnis im Wege der Gesamtvollstreckung dient. Er ist schlichtes hoheitliches Verwaltungshandeln.[266]

117 Wenn die insolvenzrechtlichen Voraussetzungen vorliegen, steht es im **pflichtgemäßen Ermessen der Behörde,** ob sie einen Eröffnungsantrag gegen den Schuldner stellt.[267] Ob dieses Ermessen unabhängig von den insolvenzrechtlichen Voraussetzungen im Einzelfall rechtmäßig ausgeübt worden ist, unterliegt der verwaltungsgerichtlichen Nachprüfung.[268] Dabei ist insbesondere von Bedeutung, ob die Behörde aus sachfremden Erwägungen gehandelt oder den Grundsatz der Verhältnismäßigkeit nicht beachtet hat.

118 Der Rechtsschutz kann sowohl durch **einstweilige Anordnung** (§ 114 FGO, § 123 VwGO)[269] als auch durch **Klage** (allgemeine Leistungsklage)[270] erlangt werden. Ziel des Antrags muss die Verpflichtung der Behörde sein, den drohenden Eröffnungsantrag zu unterlassen[271] oder den bereits gestellten Antrag zurückzunehmen.[272] Eine Verpflichtung, die auf ein vorläufiges Ruhenlassen des Insolvenzeröffnungsverfahrens hinausläuft,[273] ist rechtlich nicht möglich, weil das Verfahren vor dem Insolvenzgericht nicht zum Ruhen gebracht werden kann (vgl. § 16 RdNr. 23 f.). Unmittelbare Wirkung gegenüber dem Insolvenzgericht hat nur eine rechtskräftige Verurteilung des Gläubigers zu einer bestimmten prozessualen Erklärung, etwa zur Rücknahme des Eröffnungsantrags. Eine solche Entscheidung ist nach § 894 ZPO zu vollstrecken (§ 151 FGO, § 198 SGG, § 167 VwGO)[274] und wird wirksam, wenn der Schuldner sie in Ausfertigung mit Rechtskraftzeugnis dem Insolvenzgericht als Adressaten vorlegt (§ 130 BGB).[275] Im Übrigen hat eine verwaltungsgerichtliche Entscheidung, etwa ein Verbot der Stellung oder Aufrechterhaltung des Eröffnungsantrags oder das Gebot der Antragsrücknahme, für das Insolvenzgericht nur Bedeutung, soweit sie durch Erklärungen der Behörde ausgeführt wird. Bevor dies geschehen ist, bietet sie allenfalls Anlass, das rechtliche Interesse des Gläubigers zu überprüfen. Das verwaltungsgerichtliche Verfahren wird gegenstandslos, wenn vor seinem Abschluss das Insolvenzverfahren eröffnet oder die Eröffnung rechtskräftig abgewiesen und damit eine Rücknahme des Eröffnungsantrags nach § 13 Abs. 2 unzulässig wird.[276]

119 Das Insolvenzrecht ist in seinem Anwendungsbereich gegenüber dem Verwaltungsrecht das speziellere Recht (vgl. § 251 Abs. 1 AO, § 185).[277] Die Rechtsprechung der Sozial- und Finanzgerichte[278] ist deshalb nur zu billigen, wenn und insoweit sie die vorrangige gesetzliche Zuständigkeit des Insolvenzgerichts beachtet.[279] Ist der Eröffnungsantrag bereits gestellt, können ihrer Beurteilung nur solche rechtlichen Gesichtspunkte unterliegen, die der Schuldner gegenüber dem Insolvenzgericht nicht geltend machen kann, weil sie für die Entscheidung des Insolvenzgerichts unerheblich sind. Es

---

[266] BFHE 124, 311 = DB 1978, 1260; BFH ZIP 1985, 1160, 1162; BFH ZIP 1991, 458 ff., 460; BFH NZI 2011, 462 ff.; BSGE 45, 109 ff. = NJW 1978, 2359 f.; FG Bremen EFG 1999, 1245; FG Münster EFG 2000, 634; FG Saarland EFG 2004, 759; FG Berlin EFG 2005, 11; FG Köln EFG 2005, 372. Für die Einordnung als Verwaltungsakt: *Lippross* DB 1985, 2482 ff.; *ders.* DB 1986, 991.

[267] Vgl. hierzu *Uhlenbruck* BB 1972, 1266; *ders.* DStZ 1986, 39, 41; *Lippross* DB 1985, 2482 ff.; *Brandis* EFG 2005, 374 ff.; *Obermair* BB 2006, 582 ff.; *Onusseit* ZInsO 2006, 1084, 1088.

[268] BFHE 124, 311 = DB 1978, 1260; BFH ZIP 1985, 1160, 1162; BFH ZIP 1989, 247, 249; BFH ZIP 1991, 457 und 458; BFH/NV 2004, 464; 2005, 1002 f.; 2006, 900 = ZInsO 2006, 603; BSG NJW 1978, 2359 f.; FG Bremen EFG 1999, 1245; FG Münster EFG 2000, 634; FG Hamburg, Beschl. v. 14.4.2003 – VI 136/03; FG Saarland EFG 2004, 759; FG Berlin EFG 2005, 11; FG Köln EFG 2005, 372 m. Anm. *Brandis*; *Plagemann* NZS 2000, 525, 527; aA AG Göttingen ZInsO 2011, 1258 ff.; s. ferner § 13 RdNr. 115.

[269] Im Bereich der Sozialgerichtsbarkeit ist im Hinblick auf Art. 19 Abs. 4 GG zumindest in schwerwiegenden Fällen § 123 VwGO sinngemäß anzuwenden; vgl. BVerfGE 46, 166.

[270] FG Saarland EFG 2004, 759; FG Berlin EFG 2005, 11; FG Köln EFG 2005, 372.

[271] BSG NJW 1978, 2359 f.

[272] BFH/NV 2006, 900 = ZInsO 2006, 603.

[273] Vgl. FG Rheinland-Pfalz EFG 1987, 103 = NJW 1987, 2704.

[274] Vgl. OVG Koblenz NJW 1987, 1220 f. mwN.

[275] Vgl. RGZ 160, 321, 324 f.

[276] BFHE 124, 311 = DB 1978, 1260; BFH ZIP 1991, 458.

[277] Vgl. auch BFHE 183, 365 = NJW 1998, 630; BFHE 201, 392 = NJW 2003, 2335 = NZI 2003, 456; BFHE 207, 10 = NJW 2005, 782; BSGE 88, 146 = NZI 2001, 609; BSGE 92, 82 = ZIP 2004, 521; BVerwG NJW 2003, 3576.

[278] Zur grundsätzlichen Kritik vgl. *App* DB 1986, 990; *ders.* ZIP 1992, 460 f.; *Kalmes* BB 1989, 818; *H. F. Müller* GmbHR 2003, 389, 393; Jaeger/*Gerhardt* InsO § 13 RdNr. 21 ff.

[279] Ebenso Jaeger/*Gerhardt* InsO § 13 RdNr. 23; Kübler/Prütting/Bork/*Pape* InsO § 14 RdNr. 69 ff.

kommen nur spezifisch verwaltungsrechtliche Gesichtspunkte wie etwa die Pflicht zur sachgerechten Ermessensausübung und zur Wahrung der Verhältnismäßigkeit[280] in Betracht, die sich aus der besonderen öffentlich-rechtlichen Bindung des hoheitlich handelnden Gläubigers ergeben und für privatrechtliche Gläubiger nicht in gleicher Weise gelten. Die bekannt gewordenen Entscheidungen zeigen allerdings immer wieder, dass die Abgrenzung zum rechtlichen Interesse und zu den übrigen Antragsvoraussetzungen des § 14 Abs. 1 praktisch sehr schwierig ist.

E. Anhörung des Schuldners (Abs. 2)

Ist der Eröffnungsantrag des Gläubigers zulässig, hat das Gericht den Schuldner zu dem Antrag anzuhören (Abs. 2). Dies gilt selbst dann, wenn das Gericht der Überzeugung ist, dass der Antrag mangels Masse abgewiesen werden muss.[281] **120**

I. Anhörung und Vernehmung

Die in Abs. 2 angesprochene Anhörung ist identisch mit der Gewährung des rechtlichen Gehörs nach Art. 103 Abs. 1 GG.[282] Die Anhörungspflicht gebietet dem Gericht, dem Schuldner Gelegenheit zu geben, die tatsächlichen und rechtlichen Gesichtspunkte vorzubringen, die er selbst als Erwiderung auf den Antrag des Gläubigers für wesentlich hält. Ob der Schuldner sein Recht ausübt, steht ihm frei. Nimmt er es nicht wahr, hat er die nachteiligen Folgen selbst zu verantworten.[283] Der weitere Fortgang des Verfahrens ist nicht davon abhängig, dass der Schuldner sich tatsächlich geäußert hat. **121**

Die Gewährung des rechtlichen Gehörs ist gedanklich zu unterscheiden von der **Vernehmung des Schuldners zur Aufklärung des Sachverhalts** (s. § 16 RdNr. 14).[284] Die inquisitorische Vernehmung steht im pflichtgemäßen Ermessen des Gerichts und dient der Ermittlung der entscheidungserheblichen Tatsachen von Amts wegen (§ 5 Abs. 1). Hier bestimmt das Gericht, welche Person vernommen wird, welche Umstände zur Sprache gebracht werden und zu welchen Themen der Schuldner auf Grund seiner gesetzlichen Verpflichtung Auskunft zu erteilen hat. Notfalls kann die Auskunft auch erzwungen werden (§ 20 Abs. 1, §§ 97, 98). Beide Aspekte, die Gewährung des rechtlichen Gehörs und die Vernehmung zur Sachaufklärung, können sich überlagern und je nach der Verfahrenslage miteinander verknüpft werden. Bei der Zustellung des Eröffnungsantrags an den Schuldner ist diese Verknüpfung die Regel. **122**

II. Anzuhörende Personen

1. Grundsatz. Das rechtliche Gehör ist dem Schuldner, d. h. der schuldnerischen Partei als solcher, zu gewähren. Ist der Schuldner eine juristische Person, ein nicht rechtsfähiger Verein (vgl. § 11 Abs. 1 Satz 2), eine Gemeinschaft oder eine Gesellschaft ohne Rechtspersönlichkeit, die unter ihrem Namen vor Gericht klagen und verklagt werden kann, werden seine Rechte von denjenigen Personen wahrgenommen, die ihn im Rechtsverkehr vertreten. Gleiches gilt, wenn der Schuldner als natürliche Person nicht unbeschränkt geschäftsfähig ist. Es obliegt den gesetzlichen Vertretern des Schuldners, durch eine sachgerechte Organisation der Vermögensangelegenheiten und des internen Informationsflusses dafür zu sorgen, dass ein Eröffnungsantrag, den das Gericht dem Schuldner zur Gewährung des rechtlichen Gehörs zuleitet, ordnungsgemäß bearbeitet werden kann (vgl. § 170 Abs. 2, § 178 Abs. 1 Nr. 2 ZPO). Dies gilt vor allem für Rechtsträger wirtschaftlicher Unternehmen.[285] Scheidet der intern zuständige gesetzliche Vertreter des Schuldners nach Zugang des Antrags aus seinem Amt aus, ist es Sache der verbliebenen Vertreter oder des Nachfolgers, die Angelegenheit an sich zu ziehen und die Stellungnahme abzugeben.[286] **123**

---

[280] FG Münster EFG 2000, 634; FG Berlin EFG 2005, 11, 13; FG Köln EFG 2005, 372 f.; vgl. AG Göttingen ZInsO 1998, 190; *Lipross* DB 1985, 2482, 2484.
[281] OLG Frankfurt KTS 1971, 285; LG Bielefeld, KTS 1956, 363; HKInsO-*Kirchhof* § 14 RdNr. 44; Jaeger/*Gerhardt* InsO § 14 RdNr. 32.
[282] *Skrotzki* KTS 1956, 105, 106; *Unger* KTS 1962, 205, 215; missverständlich insoweit *Uhlenbruck*, FS Baumgärtel, 1990, S. 569, 572, 574.
[283] BVerfGE 5, 9 ff.; BVerfGE 15, 256, 267; BVerfGE 21, 132, 137; BGH NZI 2006, 405 f. = NJW-RR 2006, 1557; OLG Frankfurt KTS 1971, 285; OLG Köln ZIP 1984, 1284 f.; *Skrotzki* KTS 1956, 105, 106; *Uhlenbruck*, FS Baumgärtel, 1990, S. 569, 572; *Vallender*, Kölner Schrift, RdNr. 13.
[284] Vgl. hierzu *Skrotzki* KTS 1956, 105, 106; *Vallender*, Kölner Schrift, RdNr. 8.
[285] Vgl. BGHZ 132, 30, 37 = NJW 1996, 1339 f.; BGHZ 140, 54, 62 = NJW 1999, 284, 286; BGH NZI 2006, 175 f.
[286] OLG Köln KTS 1958, 13, 15.

124 **2. Mehrzahl von Vertretungsberechtigten.** Sind mehrere Vertretungsberechtigte auf Seiten des Schuldners vorhanden, ist das Gericht nicht verpflichtet, den Eröffnungsantrag jedem von ihnen bekanntzugeben und so jeden Vertretungsberechtigten unmittelbar in die Gewährung des rechtlichen Gehörs einzubeziehen.[287] Die gegenteilige Ansicht wird bisher überwiegend, aber zu Unrecht aus § 15 Abs. 2 (bzw. den entsprechenden Vorschriften des alten Rechts) abgeleitet.[288] Dabei wird nicht genügend beachtet, dass die Regelung des § 15 Abs. 2 nur den Eigenantrag betrifft[289] und die dort bestimmte Anhörung der übrigen Vertreter sich allein auf diesen Fall des Eigenantrags bezieht. Ist im Zivilprozess der Beklagte zwar parteifähig, aber nicht prozessfähig, genügt bei der Klageerhebung für die Gewährung des rechtlichen Gehörs die Zustellung der Klage an *einen* der gesetzlichen Vertreter (§ 170 Abs. 3 ZPO). Diese Regelung ist anerkanntermaßen im Hinblick auf Art. 103 Abs. 1 GG verfassungsrechtlich nicht zu beanstanden.[290] Sie entspricht dem allgemeinen Grundsatz, dass bei passiver Vertretung stets die Abgabe der Erklärung gegenüber einem der Vertreter ausreicht.[291] Sie ist deshalb nach § 4 auch auf den Eröffnungsantrag eines Gläubigers entsprechend anzuwenden. Gerade wegen der Bedeutung des rechtlichen Gehörs für die Rechtmäßigkeit des weiteren gerichtlichen Verfahrens wäre für eine abweichende Regelung eine zweideutige gesetzliche Grundlage erforderlich. Eine solche ist nicht vorhanden.

125 **3. Gesellschaft des Bürgerlichen Rechts.** Zum Antrag gegen eine GbR ist dagegen in der Regel jedem einzelnen Gesellschafter rechtliches Gehör zu gewähren.[292] Dies ist auch deshalb geboten, weil weder die Personen der geschäftsführenden Gesellschafter noch ihre vertraglich bestimmte Vertretungsbefugnis (§ 714 BGB) in einem öffentlichen Register erfasst sind. Eine Ausnahme gilt allerdings, wenn die Gesellschaft nach außen als gewerbliches oder freiberufliches Unternehmen unter einer firmenähnlichen Bezeichnung auftritt und die geschäftsführenden Gesellschafter auf einem Geschäftsbrief als solche angegeben sind oder wenn dem Gericht die Person und die Vertretungsbefugnis eines geschäftsführenden Gesellschafters, etwa aus einem Parallelverfahren, sicher bekannt sind.[293] In diesem Fall reicht zur Gewährung des rechtlichen Gehörs die Zustellung an einen der geschäftsführenden Gesellschafter aus.[294]

126 **4. Partenreederei.** Zum Antrag gegen eine Partenreederei (§§ 489 bis 510 HGB) ist jeder einzelne Mitreeder anzuhören.[295] Die Partenreederei ist zwar parteifähig,[296] doch besteht keine gesetzliche Vertretungsbefugnis der Mitreeder untereinander. Der Korrespondentreeder vertritt die Reederei im Eröffnungsverfahren nur im Falle einer besonderen Vollmacht, weil er kraft Gesetzes nur zu Rechtshandlungen befugt ist, die der Geschäftsbetrieb einer Reederei gewöhnlich mit sich bringt (§ 493 Abs. 1 HGB). Die Verteidigung gegenüber einem Eröffnungsantrag geht über diese Befugnis, die noch enger als die eines Prokuristen ist (§ 49 HGB), ersichtlich hinaus.

127 **5. Nachlassinsolvenz.** Im Nachlassinsolvenzverfahren ist das rechtliche Gehör allen bekannten Erben zu gewähren (§ 317 Abs. 2, 3), auch wenn sie die Erbschaft noch nicht angenommen haben. In den Fällen des § 1960 BGB hat der antragstellende Gläubiger beim Nachlassgericht die Bestellung eines Nachlasspflegers zu erwirken (§ 1961 BGB); dieser ist sodann ebenfalls zum Antrag anzuhören. Neben den Erben oder dem Nachlasspfleger ist auch einem Testamentsvollstrecker Gelegenheit zur Stellungnahme zu geben, wenn ihm die Verwaltung des Nachlasses zusteht (§ 317 Abs. 3).

128 **6. Gesamtgutinsolvenz.** Im Insolvenzverfahren über ein Gesamtgut ist allen Mitgliedern der Gütergemeinschaft rechtliches Gehör zu gewähren.

129 **7. Fehlen eines gesetzlichen Vertreters.** Sind bei einer juristischen Person oder einer in ein Register einzutragenden Gesellschaft ohne Rechtspersönlichkeit keine gesetzlichen Vertreter mehr

---

[287] HKInsO-*Kirchhof* § 14 RdNr. 44 f.; HambKommInsO-*Wehr* § 14 RdNr. 57.
[288] *Uhlenbruck*, FS Baumgärtel, 1990, S. 569, 574; *Vallender*, Kölner Schrift, RdNr. 37; zu den entsprechenden Vorschriften des alten Rechts (§ 208 Abs. 2, § 210 Abs. 2 KO) vgl. BGH KTS 1978, 24, 27 für die OHG in einem obiter dictum unter Hinweis auf BGHZ 34, 293, 297; OLG Düsseldorf KTS 1959, 175; verallgemeinert Jaeger/*Gerhardt* InsO § 14 RdNr. 33.
[289] Vgl. *Weber* KTS 1970, 73, 74 (zu § 208 KO); HKInsO-*Kirchhof* § 14 RdNr. 45.
[290] BVerfGE 67, 208, 211; vgl. auch BGH NJW 1984, 57.
[291] Siehe § 78 Abs. 2 Satz 2 AktG, § 35 Abs. 2 Satz 3 GmbHG, § 125 Abs. 2 Satz 3 HGB, § 25 Abs. 1 Satz 3 GenG, § 28 Abs. 2, § 1629 Abs. 1 Satz 2 BGB; vgl. BGHZ 62, 166, 173; BGHZ 149, 28, 30 f. = NZI 2002, 97 f.
[292] OLG Düsseldorf KTS 1959, 175 (für die OHG unzutreffend, aber zutreffend für die GbR); *Wellkamp* KTS 2000, 331, 334: aA HKInsO-*Kirchhof* § 14 RdNr. 44.
[293] Vgl. BGH NJW 2006, 2191 f.
[294] Vgl. BGH NJW 1998, 2904 f.; BGHZ 140, 54, 61 f. = BGH NJW 1999, 284, 286; BGH NJW 2006, 2189, 2190.
[295] Vgl. RGZ 1, 295, 298.
[296] § 493 Abs. 3 HGB; vgl. RGZ 71, 26 f.; BGH MDR 1960, 665.

vorhanden, hat der antragstellende Gläubiger beim Registergericht die Bestellung eines solchen Vertreters zu erwirken (Notgeschäftsführer, Notvorstand, Liquidator, Abwickler), damit die ordnungsmäßige Anhörung stattfinden kann. In dringenden Fällen ist auch die Ernennung eines Verfahrenspflegers durch das Insolvenzgericht möglich (§ 57 ZPO, § 4). Einzelheiten bei § 13 RdNr. 76 ff., 81.

8. Niederlassung eines ausländischen Rechtsträgers. Ein Rechtsträger mit ausländischem Gesellschaftsstatut, der in Deutschland eine rechtlich unselbstständige Zweigniederlassung errichtet hat (Art. 2 lit. h EuInsVO, § 13d HGB), wird gegenüber dem Insolvenzgericht bei der Gewährung des rechtlichen Gehörs auch durch den für die Niederlassung bestellten ständigen Vertreter (§ 13e Abs. 2 Satz 4 Nr. 3 HGB) vertreten.[297] Hierzu zählt jede Person, die auf Grund rechtsgeschäftlicher Bevollmächtigung nicht nur vorübergehend zur allgemeinen Vertretung der Niederlassung befugt ist, also auch der Prokurist (§§ 49, 50 HGB) oder der General- oder Handlungsbevollmächtigte mit ständiger Prozessführungsbefugnis und genereller Vertretungsmacht (§ 54 Abs. 2 HGB).[298] Die Weiterleitung gerichtlicher Schreiben und Entscheidungen an das gesetzliche Vertretungs- oder Verwaltungsorgan ist Sache der internen Unternehmensorganisation. Dies gilt nicht nur für Verfahren, die von Anfang an auf ein Partikularinsolvenzverfahren (Art. 3 Abs. 2 EuInsVO, §§ 354, 356) abzielen, sondern auch für solche, bei denen zunächst offen ist, ob sie sich auf das gesamte oder nur auf das inländische Vermögen des Schuldners beziehen. Es gilt erst recht, wenn es sich bei der Niederlassung um die faktische Hauptniederlassung handelt.[299] Ohne Bedeutung ist auch, ob die Niederlassung und der ständige Vertreter im Handelsregister eingetragen sind; ihre Eintragung ist nicht konstitutiv, sondern nur deklaratorisch (vgl. § 13e Abs. 2 Satz 4 Nr. 3, Abs. 3 HGB).[300] Maßgebend sind die Verhältnisse, unter denen die Niederlassung und der Bevollmächtigte im Rechtsverkehr tatsächlich in Erscheinung treten.[301]

III. Ausnahmen von der Anhörungspflicht (§ 10)

Die Pflicht des Gerichts zur Anhörung des Schuldners ist im Fall des § 10 eingeschränkt. Wenn der Schuldner sich im Ausland aufhält und die Anhörung das Verfahren übermäßig verzögern würde oder wenn der Aufenthalt des Schuldners unbekannt ist, kann die Anhörung unterbleiben; allerdings soll an seiner Stelle ein Vertreter oder ein Angehöriger Gelegenheit zur Stellungnahme erhalten (§ 10 Abs. 1). Ist zu erwarten, dass Zustellungsaufträge im Ausland ordnungsgemäß erledigt werden, hat das Gericht eine Auslandszustellung zu veranlassen.[302] Entsprechendes gilt bei einem Schuldner, der keine natürliche Person ist, für seine organschaftlichen Vertreter oder Gesellschafter (§ 10 Abs. 2). Entzieht der Schuldner sich durch die Flucht bewusst der rechtlichen Verantwortung für seine Insolvenz, kann er sich nicht auf eine Verletzung seines Anspruchs auf rechtliches Gehör berufen.[303]

IV. Zustellung des Antrags

Die ordnungsgemäße Zustellung des Eröffnungsantrags an den Schuldner ist Bestandteil der Gewährung des rechtlichen Gehörs. Sie soll sicherstellen, dass der Schuldner von dem Antrag Kenntnis erhält und sich bei seiner Rechtsverteidigung auf dessen Inhalt einstellen kann.[304] Eine Ausnahme von dieser Verfahrensweise ist allenfalls gerechtfertigt, wenn der Schuldner vom Gericht auf andere Weise, etwa im Rahmen einer mündlichen Anhörung, ausreichend vom wesentlichen Inhalt des Antrags benachrichtigt wird.[305] Soweit der Schuldner nicht anzuhören ist (§ 10 Abs. 1 Satz 1), muss ihm der Antrag auch nicht zugestellt werden; die Zustellung hat dann jedoch an den Vertreter, Angehörigen oder Anteilsinhaber zu erfolgen, der an seiner Stelle angehört werden soll (§ 10 Abs. 1

---

[297] AG Duisburg NZI 2003, 610 = NJW-RR 2004, 259; *Holzer* ZVI 2005, 457, 463; *Pannen/Riedemann* MDR 2005, 496, 497; zum ständigen Vertreter allgemein *Heidinger* MittBayNot 1998, 72; *Wachter* MDR 2004, 611; *Süß* DNotZ 2005, 180; *Klose-Mokroß* DStR 2005, 1013; *Willer/Krafka* NZG 2006, 495.
[298] Begr. RegE des Gesetzes zur Durchführung der RL 89/666/EWG (Zweigniederlassungen), 1992, zu § 13e Abs. 2 HGB, BT-Dr. 12/3908, S. 16; OLG München NJW-RR 2006, 1942 = NZG 2006, 512 f.; *Heidinger* MittBayNot 1998, 72, 73.
[299] AG Duisburg NZI 2003, 610 = NJW-RR 2004, 259; *Wachter* MDR 2004, 611, 612.
[300] BGH NJW 2005, 1648, 1649; AG Duisburg NZI 2003, 610 = NJW-RR 2004, 259; *Heidinger* MittBayNot 1998, 72, 75; *Süß* DNotZ 2005, 180, 181.
[301] Vgl. BGH NJW 2004, 3706, 3707.
[302] Nerlich/Römermann/*Mönning* InsO § 14 RdNr. 99.
[303] BVerfGE 5, 9 ff.; LG Frankfurt/Main ZIP 1995, 1836; OLG Frankfurt ZIP 1996, 556; *Uhlenbruck*, FS Baumgärtel, 1990, S. 569, 572.
[304] BVerfGE 67, 208, 211; BGH NJW 1978, 1858 (für die Klage im Zivilprozess).
[305] So wohl BGH, Beschl. v. 13.6.2006 – IX ZB 212/05.

Satz 2, Abs. 2). Wenn eine solche Person nicht erreichbar ist, sollte der Antrag trotz des § 8 Abs. 2 Satz 1 wegen seiner grundlegenden Bedeutung für das gesamte Verfahren zur (fiktiven) Gewährleistung des rechtlichen Gehörs zumindest öffentlich zugestellt werden. Die öffentliche Zustellung des Antrags erfolgt von Amts wegen (§ 8 Abs. 1 Satz 1[306]) durch auszugsweise Veröffentlichung nach § 9. Die inhaltlichen Vorgaben des § 186 Abs. 2 ZPO (§ 4) sind zu beachten, insbesondere ist anzugeben, wo der Antrag eingesehen werden kann. Abweichend von § 499 Abs. 1 ZPO (§ 4) braucht der Schuldner mit der Zustellung nicht darüber belehrt zu werden, dass eine Vertretung durch einen Rechtsanwalt nicht vorgeschrieben ist. Die europäische Rechtsnorm, auf die § 499 Abs. 1 ZPO zurückgeht, ist nach ihrem ausdrücklichen Wortlaut nicht auf Insolvenzverfahren anzuwenden.[307]

V. Art der Anhörung

133 **1. Allgemeines.** Entscheidungen des Insolvenzgerichts können ohne mündliche Verhandlung ergehen (§ 5 Abs. 2). Das Gericht kann deshalb die Art und Weise der Anhörung je nach Zweckmäßigkeit bestimmen. Es kann den Schuldner zu einem mündlichen Anhörungstermin laden oder ihm Gelegenheit geben, sich schriftlich zu äußern.[308] Anträge des Gläubigers zur Art der Anhörung brauchen nicht beschieden zu werden, sie stellen bloße Anregungen dar. Bei der Anhörung im Wege der Rechtshilfe bestimmt das ersuchende Insolvenzgericht die Art der Anhörung;[309] im Zweifel ist sie vor dem ersuchten Gericht mündlich durchzuführen.

134 Die Gewährung des rechtlichen Gehörs kann mit der Anforderung von Auskünften zur Aufklärung des Sachverhalts verknüpft werden (vgl. RdNr. 120). Im Allgemeinen wird dem Schuldner deshalb ein gerichtlicher Fragebogen übersandt, mit dessen Hilfe er Einwände gegen den Antrag geltend machen und zugleich seine Vermögensverhältnisse geordnet darlegen kann. Äußert sich der Schuldner nicht, ist das Gericht weder verpflichtet noch berechtigt, die Wahrnehmung des rechtlichen Gehörs durch Zwangsmittel herbeizuführen.[310] Nur Auskünfte zur Aufklärung des Sachverhalts kann das Gericht vom Schuldner erzwingen (§ 20 Abs. 1, §§ 97, 98). Ob und wann es solche Auskünfte und die Anwendung von Zwangsmitteln für zweckmäßig hält, steht in seinem Ermessen. Es hängt vor allem von der Gestaltung und vom Ergebnis der sonstigen gerichtlichen Ermittlungen ab (§ 5 Abs. 1).

135 **2. Schriftliche Anhörung, Schutzschrift.** Bei der schriftlichen Anhörung sollte das Gericht, um Klarheit für die Beteiligten zu schaffen, dem Schuldner in der Regel eine angemessene Frist zur Stellungnahme setzen. Die Frist kann wegen der Dringlichkeit des Verfahrens kurz sein;[311] sie sollte jedoch nur ausnahmsweise weniger als eine Woche betragen, zwei Tage sind zu wenig.[312] Vor Ablauf der Frist darf das Gericht nicht in der Sache entscheiden.[313] Hat das Gericht keine Frist gesetzt und kündigt der Schuldner seinerseits die Stellungnahme innerhalb einer Frist an, ist diese Frist abzuwarten oder durch eine gerichtliche Verfügung abzukürzen.[314] Bei einer Ankündigung des Schuldners ohne Fristangabe braucht das Gericht nur eine angemessene Zeitspanne,[315] in diesem Verfahrensabschnitt jedenfalls nicht mehr als eine Woche, zu warten.

136 Als vorbeugende Anhörung kann der Schuldner bereits vor Anhängigkeit eines Eröffnungsantrags eine **Schutzschrift** einreichen.[316] Dieses gewohnheitsrechtlich anerkannte prozessuale Mittel, sich bei Gericht zur Verteidigung gegen einen erwarteten Antrag vorsorglich Gehör zu verschaffen,[317] hat auch im Insolvenzeröffnungsverfahren seine Berechtigung, weil das Gericht sofort nach Eingang

---

[306] OLG Köln ZIP 1988, 1070.
[307] Art. 2 Abs. 2, Art. 17 VO (EG) Nr. 805/2004 über einen Europäischen Vollstreckungstitel vom 21.4.2004 (ABl. EU 2004 Nr. L 143, S. 15); dazu RegE DurchfG vom 18.8.2005 (BGBl. I S. 2477), BT-Drucks. 15/5222, S. 10, 12.
[308] BGH KTS 1978, 24, 26 f.; OLG Köln KTS 1958, 13, 15; KG KTS 1960, 188, 189; AG Duisburg Rpfleger 1994, 268; *Skrotzki* KTS 1956, 105, 106; *Maintzer* KTS 1985, 617, 622; *Uhlenbruck*, FS Baumgärtel, 1990, S. 569, 577; *Vallender*, Kölner Schrift, RdNr. 9 f.
[309] Nerlich/Römermann/*Mönning* InsO § 14 RdNr. 102; FKInsO-*Schmerbach* § 14 RdNr. 102; Uhlenbruck/ *Uhlenbruck* InsO § 14 RdNr. 97.
[310] AG Duisburg Rpfleger 1994, 268; *Skrotzki* KTS 1956, 105, 106.
[311] OLG Köln ZIP 1984, 1284; vgl. auch BVerfGE 36, 298, 303; BVerfGE 60, 313, 318; BVerfGE NZI 2002, 30 = NJW 2002, 1564 L. Zur Bedeutung verfahrensrechtlicher Fristen allgemein: BVerfGE 60, 253, 269 ff.
[312] OLG Köln NZI 2000, 480, 483 f.; LG Saarbrücken Rpfleger 1995, 37.
[313] BVerfGE 49, 212, 215; BVerfG NJW 1988, 1773.
[314] OLG Köln ZIP 1984, 1284 f.; OLG Brandenburg NZI 2002, 44, 46; LG Potsdam ZIP 2006, 780.
[315] Vgl. BayObLG NJW-RR 2003, 139.
[316] *Schillgalis* S. 147 ff., FKInsO-*Schmerbach* § 14 RdNr. 107 f.; *Rein* NZI 2006, 354 f.; Uhlenbruck/*Uhlenbruck* InsO § 14 RdNr. 150; vgl. auch *Bichlmeier* DZWIR 2000, 62, 64.
[317] Vgl. BVerfG NJW 1982, 1635 f.; BGH NJW 2003, 1257 f.

eines Eröffnungsantrags Sicherungsmaßnahmen anordnen und bekannt machen kann (§§ 21, 23). Das Insolvenzgericht hat das präventive Vorbringen zu berücksichtigen und gedanklich zu würdigen, sofern es ihm rechtzeitig zur Kenntnis kommt (Art. 103 Abs. 1 GG) und durch die Befassung die Sicherung der künftigen Masse nicht gefährdet wird.[318] Die Bedeutung einer Schutzschrift hängt nicht zuletzt von der Aktualität ihres Inhalts ab. Je geringer der zeitliche Abstand zum Eröffnungsantrag ist, um so eher wird eine Schutzschrift sachdienlich sein. Wegen der Fristen, die für den Eintritt der Zahlungsunfähigkeit maßgeblich sind, wird eine Schutzschrift einen Monat nach Einreichung regelmäßig ihre Aktualität verlieren.[319]

3. Mündliche Anhörung. Der Termin zur mündlichen Anhörung des Schuldners ist nicht öffentlich. Er ist keine mündliche Verhandlung im Sinne von § 128 Abs. 1 ZPO, § 169 GVG, § 5 Abs. 2, denn er dient nicht der Verhandlung der Beteiligten über die Eröffnungsvoraussetzungen vor dem erkennenden Gericht. Zuständig ist ausschließlich der Richter (§ 18 Abs. 1 Nr. 1 RPflG). Der antragstellende Gläubiger ist berechtigt, im Termin anwesend zu sein;[320] erforderlich ist seine Anwesenheit nicht. Ohne Zustimmung des Gerichts ist es dem Gläubiger nicht erlaubt, Fragen an den Schuldner zu richten. Er hat keinen Anspruch auf Antworten im Termin. Soweit der Termin der Gewährung des rechtlichen Gehörs dient, ist es nämlich allein Sache des Schuldners und – im Rahmen des § 139 ZPO (§ 4) – des Gerichts, welche Punkte angesprochen werden. Auch bei der Vernehmung des Schuldners zur Aufklärung des Sachverhalts hat der antragstellende Gläubiger kein eigenständiges Fragerecht (vgl. § 20 RdNr. 31). Hier entscheidet ausschließlich das Gericht, welche Umstände zur Sprache gebracht werden; zur Auskunft verpflichtet ist der Schuldner nur gegenüber dem Gericht, von ihm bestellten Sachverständigen oder dem vorläufigen Insolvenzverwalter (§ 20 Abs. 1, § 22 Abs. 3, § 97). Keinesfalls darf die Anhörung als Instrument des Gläubigers zur kostengünstigen **Ausforschung der schuldnerischen Vermögensverhältnisse** missverstanden werden (s. § 20 RdNr. 31).[321]

Die anwaltliche Vertretung des Schuldners setzt der Anhörung oder der Vernehmung des Schuldners keine Schranken. Das Gericht darf den anwesenden Schuldner auch gegen den Willen des Verfahrensbevollmächtigten unmittelbar befragen.[322] Es kann **mündliche Äußerungen des Schuldners** verlangen, die Auskunftspflicht trifft den Schuldner persönlich (vgl. § 20 RdNr. 30 ff.).

VI. Themen der Anhörung

Bei seiner Anhörung kann der Schuldner alle Einwendungen gegen die Zulässigkeit oder Begründetheit des Eröffnungsantrags vorbringen. Insbesondere kann er sich gegen das rechtliche Interesse des Gläubigers wenden oder im Wege der Gegenglaubhaftmachung versuchen, die glaubhaft gemachten Behauptungen des Antragstellers in Frage zu stellen. Die entsprechenden Unterlagen und sonstigen Beweismittel müssen für das Gericht sofort verfügbar sein (Einzelheiten bei RdNr. 66). Das Gericht hat alle Einwendungen des Schuldners pflichtgemäß zu prüfen.[323] Die schuldhafte Nichtbeachtung erheblicher Einwendungen kann Amtshaftungsansprüche auslösen (vgl. auch § 34 RdNr. 109).[324]

Im Anwendungsbereich der **Verbraucherinsolvenz** (§ 304) hat das Gericht dem Schuldner vor der Entscheidung über die Eröffnung Gelegenheit zu geben, ebenfalls einen Eröffnungsantrag zu stellen (§ 306 Abs. 3). Dies geschieht zweckmäßigerweise bei der ersten Anhörung zum Gläubigerantrag. Kündigt der Schuldner einen Eigenantrag an, hindert dies das Gericht nicht, das Verfahren fortzusetzen. Das Ruhen des Verfahrens (§ 306 Abs. 1) tritt erst ein, wenn der Antrag nebst vollständigen Anlagen (§ 305 Abs. 1) eingegangen ist.

VII. Rechtsfolgen einer unterbliebenen Anhörung

Die Gewährung des rechtlichen Gehörs zum Eröffnungsantrag eines Gläubigers ist, abgesehen von den Ausnahmefällen des § 10, verfassungsrechtlich zwingend vorgeschrieben (Art. 103 Abs. 1 GG). Sie muss vom Gericht ernst genommen werden. Insbesondere die Eröffnung des Verfahrens

---

[318] *Schillgalis* S. 151.
[319] Zur Dauer der Aufbewahrung s. *Schillgalis* S. 153 (sechs bis zwölf Monate).
[320] Ebenso FKInsO-*Schmerbach* § 5 RdNr. 23; anders (Erlaubnis im Ermessen des Gerichts) *Vallender*, Kölner Schrift, RdNr. 34; Jaeger/*Gerhardt* InsO § 14 RdNr. 37; Uhlenbruck/*Uhlenbruck* InsO § 14 RdNr. 97.
[321] Vgl. *Skrotzki* KTS 1956, 105, 107; *Unger* KTS 1962, 205, 215.
[322] *Uhlenbruck* KTS 1997, 371, 385 f.; MünchKommZPO-*Peters* § 141 RdNr. 6; Zöller/*Greger* ZPO § 141 RdNr. 9.
[323] Nerlich/Römermann/*Mönning* InsO § 14 RdNr. 111.
[324] LG Dortmund MDR 1984, 144 = KTS 1984, 146 f. mit Anm. *Mohrbutter*.

hat wegen ihrer sofortigen Wirksamkeit (§§ 80 ff.) rechtlich und tatsächlich Auswirkungen, die kaum vollständig wieder rückgängig gemacht werden können.

142 Die **versäumte Anhörung** kann im Beschwerdeverfahren grundsätzlich **nachgeholt** werden.[325] Das Insolvenzgericht kann der sofortigen Beschwerde abhelfen (§ 572 Abs. 1 ZPO, § 4), erforderlichenfalls sogar den Eröffnungsbeschluss aufheben. Damit hat der Schuldner die Möglichkeit, gegenüber dem erstinstanzlichen Gericht auch jetzt noch alle Einwendungen geltend zu machen (§ 571 Abs. 2 Satz 1 ZPO, § 4). Es genügt nicht, dass er die Beschwerde allein auf die Verletzung seines Anspruchs auf rechtliches Gehör stützt. Er muss im Einzelnen die Tatsachen oder Argumente darlegen, die er bei ordnungsgemäßer Anhörung vorgebracht hätte, um eine ihm günstigere Entscheidung zu erreichen (s. § 34 RdNr. 76).

143 Nur eingeschränkt zulässig ist die nachgeholte Anhörung des Schuldners im Anwendungsbereich der **Verbraucherinsolvenz** (§ 304). Hier hat das Gericht dem Schuldner vor der Entscheidung über die Eröffnung Gelegenheit zu geben, ebenfalls einen Eröffnungsantrag zu stellen (§ 306 Abs. 3). Der Schuldner soll damit die Möglichkeit erhalten, mit Hilfe eines Schuldenbereinigungsplans eine vereinfachte endgültige Regulierung seiner Schulden zu erreichen. Dieses Recht muss gewahrt bleiben. Der Eröffnungsbeschluss ist deshalb allein wegen der Unterlassung der Anhörung aufzuheben,[326] wenn der Schuldner mit der Beschwerde vorbringt, er wolle einen Eigenantrag stellen. Man wird von ihm allerdings zumindest die Vorlage eines einfachen schriftlichen Eröffnungsantrags (Antragsformel) sowie die Glaubhaftmachung verlangen müssen, dass der außergerichtliche Einigungsversuch unmittelbar bevorsteht und der Schuldner innerhalb von drei Monaten alle erforderlichen Unterlagen wird einreichen können (vgl. § 305 Abs. 1, 3). Sicherungsmaßnahmen bleiben ohnehin zulässig.

VIII. Anhörung zum Antrag des Gläubigers auf Bewilligung von Prozesskostenhilfe

144 Hat der Gläubiger für seinen Eröffnungsantrag Prozesskostenhilfe beantragt (Einzelheiten bei § 4), kann die Anhörung des Schuldners zu beiden Anträgen miteinander verbunden werden. Dies gilt auch, wenn der Eröffnungsantrag nur als Entwurf eingereicht ist.[327] In diesem Fall ist das Gericht zwar schon berechtigt, dem Schuldner Fragen zu seiner Vermögenslage zu stellen, doch ist der Schuldner noch nicht zur Auskunft verpflichtet, weil kein zulässiger Eröffnungsantrag vorliegt (§ 20 Abs. 1, § 97).

IX. Weiterer Gang des Verfahrens

145 Zu den Behauptungen und Rechtsausführungen des Schuldners und zu den von ihm beigebrachten Mitteln der Glaubhaftmachung ist dem antragstellenden Gläubiger seinerseits **rechtliches Gehör** zu gewähren, wenn das Gericht sie für rechtserheblich hält.[328] Ergibt sich, dass der Eröffnungsantrag unzulässig ist, ist er zurückzuweisen.

146 Äußert sich der Schuldner nicht oder nur mit unerheblichen Einwendungen, hat das Gericht von Amts wegen zu untersuchen, ob der Eröffnungsantrag begründet ist, also ein gesetzlicher **Eröffnungsgrund** besteht, und ob **kostendeckende Masse** vorhanden ist (§§ 5, 16 bis 20, 26). Art und Ausmaß der Ermittlungen richten sich nach den Erfordernissen des Einzelfalls (vgl. § 16 RdNr. 6 ff.).

147 Häufig äußert sich der Schuldner erst dann zu Umständen, welche die Zulässigkeit des Antrags betreffen, wenn bereits die gerichtlichen Ermittlungen zur Aufklärung seiner Vermögensverhältnisse laufen. Insbesondere bringt er in diesem Verfahrensabschnitt oftmals gegenüber dem beauftragten Sachverständigen oder dem vorläufigen Insolvenzverwalter **Einwendungen gegen die Forderung** des antragstellenden Gläubigers vor. Ist ein Sachverhalt betroffen, den der Gläubiger glaubhaft gemacht hat (Abs. 2) und den der Schuldner demnach nur durch Gegenglaubhaftmachung in Zweifel ziehen kann, sind die Einwendungen des Schuldners für das Gericht ohne Bedeutung, solange sie nicht unter Vorlage der beizubringenden Beweismittel unmittelbar gegenüber dem Gericht geltend gemacht werden. Solche Umstände sind nicht von Amts wegen aufzuklären (vgl. RdNr. 82). Das Gericht ist deshalb nicht verpflichtet, auf diesbezügliche Mitteilungen einzugehen, wenn sie allein in einem Bericht des Sachverständigen oder des vorläufigen Insolvenzverwalters enthalten sind.

148 Anders verhält es sich mit **Einwendungen gegen den glaubhaft gemachten Eröffnungsgrund**. Sie betreffen nicht mehr vorrangig die Zulässigkeit, sondern unmittelbar die Begründetheit

---

[325] BVerfGE 22, 282, 286 f.; BVerfG NJW 2002, 1564 = NZI 2002, 30; *Frege/Keller/Riedel*, Insolvenzrecht, RdNr. 87; Nerlich/Römermann/*Becker* InsO § 10 RdNr. 22.
[326] Vgl. für die ähnliche Situation nach altem Recht (Möglichkeit des Vergleichsantrags) OLG Oldenburg MDR 1955, 175; OLG Düsseldorf KTS 1959, 173; KG KTS 1960, 188, 189.
[327] *Vallender*, Kölner Schrift, RdNr. 30.
[328] *Uhlenbruck*, FS Baumgärtel, 1990, S. 569, 576.

des Eröffnungsantrags (§ 16). In dieser Hinsicht hat das Gericht allen wesentlichen Hinweisen von Amts wegen nachzugehen; ob sie glaubhaft gemacht sind, ist nunmehr ohne Bedeutung (vgl. § 16 RdNr. 6 ff., 34 ff., 45 ff.).

Auch das **Verhalten des antragstellenden Gläubigers** kann im weiteren Verlauf des Eröffnungsverfahrens durchgreifende Zweifel an der Zulässigkeit des Antrags begründen. So kann insbesondere ein Antrag, das Verfahren wegen außergerichtlicher Vergleichsverhandlungen ruhen zu lassen (vgl. dazu § 16 RdNr. 23 f.), die Einschätzung nahelegen, dass der Eröffnungsantrag als Druckmittel gegen den Schuldner eingesetzt wird (s.a. RdNr. 30). 149

Erweist sich von **mehreren Eröffnungsanträgen** auch nur einer als zulässig und begründet, hat das Gericht, wenn die Kosten gedeckt sind, das Verfahren zu eröffnen, ohne die Unzulässigkeit der anderen Anträge in besonderen Beschlüssen auszusprechen. Mit der Eröffnung sind die übrigen Anträge erledigt (vgl. §§ 27 bis 29 RdNr. 13). 150

F. Kostenentscheidung nach Erfüllung (Abs. 3)

I. Anwendungsbereich

Die Regelung ist, wie auch Abs. 1 Satz 2 und 3, durch das Haushaltsbegleitgesetz vom 9.12.2010[329] mit Wirkung zum 1.1.2011 neu eingeführt worden (s. RdNr. 4). Ferner ist § 23 Abs. 1 GKG ein neuer Satz 4 angefügt worden, wonach die Sätze 1 und 2 des § 23 Abs. 1 GKG (Kostenhaftung des Antragstellers) nicht gelten, wenn der Schuldner gem. § 14 Abs. 3 die Kosten zu tragen hat. Insbesondere deshalb, weil Abs. 3 dem Gericht – anders als § 91a Abs. 1 Satz 1 ZPO – kein Ermessen einräumt („hat"), ist die Regelung verbreitet auf Kritik gestoßen, vereinzelt wird sie sogar wegen Verstoßes gegen Art. 3 Abs. 1 GG[330] für verfassungswidrig gehalten.[331] Ob diese Kritik berechtigt ist, kann nicht ohne eine Klärung des Anwendungsbereichs der Norm beantwortet werden. Hierzu wird teilweise die Auffassung vertreten, Abs. 3 sei auch außerhalb des Anwendungsbereichs des § 14 Abs. 1 Satz 2 und 3 anwendbar, also für alle Fälle, in denen der Antrag aufgrund einer Zahlung des Schuldners unzulässig wird.[332] Aus diesem Grund soll Abs. 3 zum Schutz des „rechtstreuen, solventen Schuldners"[333] nur gelten, wenn im Zeitpunkt der Insolvenzantragstellung ein zulässiger und begründeter Insolvenzantrag vorlag.[334] Dem kann nicht gefolgt werden. Der Anwendungsbereich des Abs. 3 ist wesentlich enger und nur dann eröffnet, wenn sämtliche Voraussetzungen des § 14 Abs. 1 Satz 2 und 3 vorliegen.[335] Wie sich sowohl aus dem **Wortlaut der Bestimmung** als auch seiner **systematischen Stellung** hinter Abs. 2 ergibt, setzt Abs. 3 einen zulässigen Eröffnungsantrag voraus. Ist der Eröffnungsantrag unzulässig (geworden), ist dieser als unzulässig abzuweisen und gerade nicht als unbegründet. Ein zulässiger Eröffnungsantrag liegt nach einer Erfüllung der Forderungen(en) des antragstellenden Gläubigers aber nur unter den Voraussetzungen des § 14 Abs. 1 Satz 2 und 3 vor. Außerhalb des Anwendungsbereichs dieser Bestimmung bleibt es dabei, dass der Eröffnungsantrag entweder infolge des fortgefallenen Antragsrechts oder mangels eines rechtlichen Interesses unzulässig wird (s. hierzu RdNr. 47, 58). Hält der Gläubiger gleichwohl an seinem Antrag fest, ist dieser als unzulässig abzuweisen mit der Folge, dass der antragstellende Gläubiger die Kosten zu tragen hat.[336] Erklärt der antragstellende Gläubiger den Antrag für erledigt, 151

---

[329] BGBl. I S. 1885; s. hierzu *Frind* ZInsO 2010, 2183 ff.; *Marotzke* ZInsO 2010, 2163 ff.

[330] Kritisch insoweit auch *Marotzke* ZInsO 2011, 841 ff.; *ders.* ZInsO 2010, 2163, 2168 f.; *ders.* DB 2012, 617 f.; Nerlich/Römermann/*Mönning* InsO § 14 RdNr. 118.

[331] So AG Deggendorf ZInsO 2011, 1801 f., das von einem „krassen Verstoß u.a. gegen das Willkürverbot" spricht, das Verfahren gem. Art. 100 Abs. 1 GG ausgesetzt und dem BVerfG zur Entscheidung vorgelegt hat. Die Vorlage dürfte schon deshalb unzulässig sein, weil das AG im Rahmen der Entscheidungserheblichkeit weder unter Berücksichtigung der Systematik, des gesetzgeberischen Willens sowie des Gesetzeszwecks auf die Frage des Anwendungsbereichs der Norm, noch darauf eingegangen ist, ob sich das für willkürlich erachtete Ergebnis durch eine verfassungskonforme Auslegung der Norm vermeiden lässt; s. hierzu BVerfGE 85, 329, 333; BVerfGE 96, 315, 324 f.; BVerfGE 121, 108, 117; *Kollbach* ZInsO 2011, 1822, 1825 f.

[332] Andres/*Leithaus* InsO § 14 RdNr. 12; *Frind* ZInsO 2010, 2183, 2184 f.; *Gundlach/Rautmann* NZI 2011, 315, 317 f.; HKInsO-*Kirchhof* § 14 RdNr. 53.

[333] So *Gundlach/Rautmann* DStR 2011, 82, 84.

[334] *Gundlach/Rautmann* NZI 2011, 315, 318.

[335] *Marotzke* ZInsO 2011, 841, 842, 844, 848, der § 14 Abs. 1 Satz 2 als „Türöffner" zu § 14 Abs. 3 bezeichnet; in diese Richtung auch LG Bonn, Beschl. v. 7.12.2011 – 6 T 258/11.

[336] Zutreffend LG Aachen, Beschl. v. 23.1.2012 – 6 T 101/11; AG Aachen, Beschl. v. 7.7.2011 – 91IN 68/11; AG Wuppertal ZIP 2012, 1363 ff.; *Beth* NZI 2012, 1, 2 f.; Nerlich/Römermann/*Mönning* InsO § 14 RdNr. 116; HambKommInsO-*Wehr* § 14 RdNr. 76; anders AG Bamberg, Beschl. v. 10.10.2011 – 4 IN 364/11, das Abs. 3 analog anwendet, ohne dies zu begründen; vgl. hierzu auch RdNr. 156.

ist Raum für eine Kostenentscheidung gem. § 91a Abs. 1 Satz 1 (s. hierzu § 13 RdNr. 127 ff.). Zumindest wenn eine Kostenentscheidung nach Abs. 3 getroffen werden soll, darf das Insolvenzgericht die Frage nach der (Un-)Zulässigkeit des Antrags nicht offenlassen.[337]

152 Aus der Erkenntnis, dass Abs. 3 nur zur Anwendung kommt, wenn die Voraussetzungen des Abs. 1 Satz 2 vorliegen, folgt, dass für eine Kostentragungs*pflicht* des Schuldners nur Raum ist, wenn in einem Zeitraum von zwei Jahren vor der Antragstellung bereits ein Eröffnungsantrag durch einen *Gläubiger* gestellt worden ist, das Erstverfahren infolge einer *Erfüllung der Forderung* durch den Schuldner nicht mehr fortgeführt worden ist, im Erstverfahren zumindest *bis zur Erfüllung der Forderung(en) ein Insolvenzgrund bestand* und der antragstellende Gläubiger in dem Zweitverfahren auch nach Erfüllung der Forderung *weitere noch nicht fällige Forderungen gegen den Schuldner* darlegt und glaubhaft macht, das Fortbestehen sowohl eines rechtlichen Interesses als auch eines Insolvenzgrunds darlegt und den fortbestehenden Insolvenzgrund glaubhaft macht. Nur in diesem Fall bleibt der Eröffnungsantrag im Zweitverfahren zulässig (s. hierzu RdNr. 56 ff.). Zu einer Kostenentscheidung gem. Abs. 3 kommt es dann nur in den wenigen Ausnahmefällen, in denen der antragstellende Gläubiger zwar das Fortbestehen des Insolvenzgrunds trotz Erfüllung der Forderung glaubhaft gemacht hat, sich aber – etwa nach Einholung eines Gutachtens – herausstellt, dass der Insolvenzgrund tatsächlich nicht besteht oder sich ein solcher nicht beweisen lässt und der – weiterhin zulässige – Eröffnungsantrag hieraufhin als unbegründet abgewiesen wird (vgl. § 16 RdNr. 34 f., 45 ff.).[338]

153 Für diese enge Auslegung des Anwendungsbereichs der Bestimmung spricht der **Wille des Gesetzgebers**. Danach soll Abs. 3 den Antragsteller von Kosten entlasten, wenn sich der Antrag zwar als zulässig, aber unbegründet erweist und daher dem Antragsteller gem. § 4, § 91 ZPO die Kosten aufzuerlegen wären. Es soll eine frühzeitige Antragstellung gefördert werden[339], ohne das Kostenrisiko des Antragstellers zu erhöhen.[340] Auch der Gesetzgeber wollte damit eine Kostenregelung nur für diejenigen Fälle schaffen, in denen der Antrag sich nach seiner Fortführung zwar als zulässig, jedoch unbegründet erweist. Zu einer solchen Situation kann es aber nur kommen, wenn die Voraussetzungen des § 14 Abs. 1 Satz 2 und 3 vorliegen. In allen anderen „Erfüllungsfällen" bleibt es bei der Unzulässigkeit des Antrags. Erklärt der antragstellende Gläubiger den Antrag für erledigt, wird der Weg für eine Kostenentscheidung nach § 4, § 91a Abs. 1 ZPO eröffnet (s. hierzu § 13 RdNr. 127 ff.). Abs. 3 ist hier nicht anwendbar, auch sein „Rechtsgedanke" kommt im Hinblick auf den eingeschränkten Anwendungsbereich der Norm nicht zur Anwendung.[341]

154 Schließlich spricht der **Gesetzeszweck** für eine enge Auslegung des Anwendungsbereichs. Ziel der Neuregelung in Abs. 3 ist, dem antragstellenden Gläubiger das Kostenrisiko zu nehmen, wenn er sich dazu entscheidet, trotz Erfüllung der Forderung(en) den Eröffnungsantrag aufrecht zu erhalten, um zu verhindern, dass aufgrund künftig fällig werdender Forderungen in absehbarer Zeit erneut ein Eröffnungsantrag gestellt werden muss (s. hierzu RdNr. 1, 48). Liefe der antragstellende Gläubiger Gefahr, bei einer auf Abs. 1 Satz 2 gestützten Fortführung des Verfahrens nach Einholung eines Sachverständigengutachtens die Kosten einschließlich der Auslagen (vgl. § 23 Abs. 1 Satz 2 GKG) tragen zu müssen, würden antragstellende Gläubiger im Hinblick auf das höhere Kostenrisiko den Antrag im Zweifel nicht fortführen, sondern für erledigt erklären. Ersichtlich soll Abs. 3 damit verhindern, dass das Regelungsziel des § 14 Abs. 1 Satz 2 und 3 infolge des Kostenrisikos leer zu laufen droht. Diesem Zweck dient auch § 23 Abs. 1 Satz 4 GKG, weil alleine durch eine Kostentragungspflicht des Schuldners das Kostenrisiko aufgrund der Zweitschuldnerhaftung des antragstellenden Gläubigers nicht entfallen würde.

155 Für die Regelung einer abweichenden Kostenentscheidung besteht im Anwendungsbereich des Abs. 1 Satz 2 auch ein **praktisches Bedürfnis**. Hält der antragstellende Gläubiger seinen Eröffnungsantrag trotz Erfüllung der Forderung(en) aufrecht und stellt sich sodann heraus, dass ein Insolvenzgrund tatsächlich nicht gegeben oder nicht zu beweisen ist, könnte der Gläubiger seinen Antrag zwar nach wie vor für erledigt erklären (vgl. §§ 13 Abs. 2, 16), jedoch wären ihm die Kosten aufzuerlegen, weil es an einem erledigenden Ereignis fehlt. Auf die Erfüllung der Forderung(en) kann nicht abgestellt werden, weil der Gläubiger seinen Antrag aufrechterhalten hat und dieser zulässig geblieben ist (vgl. § 14 Abs. 1 Satz 2). Aufgrund des nicht gegebenen oder nicht feststellbaren Insolvenz-

---

[337] Vgl. *Marotzke* ZInsO 2011, 841, 849; anders HKInsO-*Kirchhof* § 14 RdNr. 53.
[338] *Beth* NZI 2012, 1, 2 f.; Nerlich/Römermann/*Mönning* InsO § 14 RdNr. 117.
[339] In der Praxis warten Gläubiger aus Dauerschuldverhältnissen und öffentlich-rechtliche Gläubiger häufig zu lange mit der Antragstellung ab; s. hierzu *Frind* ZInsO 2011, 412 mwN.
[340] S. hierzu die Begründung des Haushaltsausschusses zu den vorgeschlagenen Änderungen gegenüber dem Gesetzentwurf der Bundesregierung, BT-Drucks. 17/3452, S. 6, 7.
[341] Im Ergebnis ebenso *Marotzke* ZInsO 2011, 841, 852; anders *Frind* ZInsO 2010, 2183, 2185.

grunds erweist sich der Antrag als zwar zulässig, jedoch von Anfang an unbegründet. Entsprechend wären gem. § 4, § 91a Abs. 1 ZPO dem antragstellenden Gläubiger die Kosten aufzuerlegen.[342]

Darüber hinaus ist es sachgerecht, dem Schuldner die Kosten aufzuerlegen, wenn ein Eröffnungsantrag zulässig bleibt, weil der antragstellende Gläubiger unter den Voraussetzungen des Abs. 1 Satz 2 das Fortbestehen eines rechtlichen Interesses und eines Insolvenzgrunds glaubhaft gemacht hat und den Eröffnungsantrag weiterbetreibt, weil der Schuldner **Veranlassung** hierzu gegeben hat.[343] In dem so verstandenen Anwendungsbereich bedarf die Bestimmung weder einer einschränkenden Auslegung, noch stellt sie sich als verfassungswidrig dar. Andererseits verbietet sich nach dem Gesagten eine **analoge Anwendung des Abs. 3** auch auf Fälle, in denen der Eröffnungsantrag infolge der Erfüllung der Forderung(en) unzulässig geworden ist.[344]

II. Kostenentscheidung

Voraussetzung für eine Kostenentscheidung gem. Abs. 3 ist, dass die Forderung(en) des Gläubigers erfüllt werden.[345] Unmaßgeblich ist auch hier (s. zu Abs. 1 Satz 2 o. RdNr. 49), ob die Zahlung von dem Schuldner oder von Dritten erbracht wird. Ferner muss durch die Zahlung eine „**Erfüllung**" eingetreten sein. Dies ist nicht der Fall, wenn eine Leistung des Schuldners gegen eine Verfügungsbeschränkung nach § 21 Abs. 2 Satz 1 Nr. 2 verstößt oder der Gläubiger die Leistung nicht annimmt, nur unter Vorbehalt annimmt oder an den vorläufigen Verwalter weiterleitet (s. hierzu RdNr. 49 f.; § 13 RdNr. 146).

Voraussetzung ist weiter, dass durch die Erfüllung der Forderung(en) der Antrag des Gläubigers unzulässig geworden und damit der Anwendungsbereich des § 14 Abs. 1 Satz 2 eröffnet ist (s. hierzu RdNr. 49 f., 151). Nur in den Fällen des Abs. 1 Satz 2 erscheint es sachgerecht, dem antragstellenden Gläubiger das Kostenrisiko abzunehmen, das mit einer Fortführung seines zulässigen Eröffnungsantrages einhergeht (s. RdNr. 154). Außerhalb dieser Konstellationen bleibt es bei der gem. § 4, § 91 Abs. 1 ZPO zu treffenden Kostenentscheidung (s. § 13 RdNr. 153). Insbesondere kommt Abs. 3 bei einer **Abweisung mangels Masse** (§ 26) nicht zur Anwendung[346], weil in diesem Fall die Abweisung nicht auf einer Erfüllung der Forderung beruht. Bei einer Abweisung mangels Masse fallen in der Regel dem Schuldner die Kosten zur Last (vgl. § 13 RdNr. 154). Diese Kostenentscheidung folgt nicht aus § 14 Abs. 3, sondern aus § 91 Abs. 1 Satz 1 ZPO bzw. § 91a Abs. 1 ZPO, weshalb es bei der Kostenhaftung des Antragstellers gem. § 23 Abs. 1 Satz 1 und 2 GKG bleibt. Zwar besteht auch bei einer Abweisung mangels Masse ein Insolvenzgrund fort, jedoch ist es nur im Anwendungsbereich des Abs. 1 Satz 2 gerechtfertigt, dem antragstellenden Gläubiger das vollständige Kostenrisiko abzunehmen (s. RdNr. 154). Das allgemeine Kostenrisiko, dass der Eröffnungsantrag trotz Insolvenzgrund mangels Masse abgewiesen wird[347], verbleibt bei dem antragstellenden Gläubiger.

Abs. 3 setzt schließlich voraus, dass die **Erfüllung nach Antragstellung** eintritt. Hat der Schuldner die Forderung(en) schon vor Antragstellung erfüllt, ist der Eröffnungsantrag von Anfang an unzulässig (s. hierzu RdNr. 50).

Gem. Abs. 3 „hat" das Gericht dem Schuldner die Kosten aufzuerlegen, es besteht also kein Ermessen. Abs. 3 ist eine Ausnahmeregelung zu § 4, § 91 Abs. 1 ZPO. In ihrem Anwendungsbereich ist eine zwingende Kostenfolge zu Lasten des Schuldners sachgerecht (s. RdNr. 156). Zu den „Kosten des Verfahrens" s. § 13 RdNr. 157 ff.

§ 15 Antragsrecht bei juristischen Personen und Gesellschaften ohne Rechtspersönlichkeit

(1) ¹Zum Antrag auf Eröffnung eines Insolvenzverfahrens über das Vermögen einer juristischen Person oder einer Gesellschaft ohne Rechtspersönlichkeit ist außer den Gläu-

---

[342] In vergleichbaren Fallgestaltungen, in denen der Gläubiger mangels Auskunft des Drittschuldners gegen diesen eine unbegründete Zahlungsklage erhoben hat, behilft sich die Rechtsprechung damit, dass der Kläger die Klage auf Feststellung umstellen kann; s. hierzu BGHZ 79, 275 = NJW 1981, 990 f.; BGH WM 1981, 386 ff.; s.a. BGH NJW 1994, 2895 f. Eine vergleichbare Möglichkeit besteht für den antragstellenden Gläubiger im Insolvenzverfahren nicht, vgl. § 13 RdNr. 148.

[343] Zutreffend *Wimmer* jurisPR-InsR 23/2010 Anm. 1; anders *Marotzke* ZInsO 2011, 841, 842 ff., dessen Argumente jedoch nicht durchgreifen, wenn man das Erfordernis einer vorherigen Antragstellung teleologisch reduziert; s. hierzu RdNr. 47 ff.

[344] So zutreffend LG Bonn NZI 2012, 460; LG Düsseldorf, Beschl. v. 25.9.2012 – 25 T 490/12; hierfür aber AG Bamberg, Beschl. v. 10.10.2011 – 4 IN 364/11; *Kollbach* ZInsO 2011, 1822, 1825.

[345] HKInsO-*Kirchhof* § 14 RdNr. 53.

[346] So aber *Marotzke* ZInsO 2011, 841, 850.

[347] S. hierzu Uhlenbruck/*Uhlenbruck* InsO § 14 RdNr. 2.

bigern jedes Mitglied des Vertretungsorgans, bei einer Gesellschaft ohne Rechtspersönlichkeit oder bei einer Kommanditgesellschaft auf Aktien jeder persönlich haftende Gesellschafter, sowie jeder Abwickler berechtigt. ²Bei einer juristischen Person ist im Fall der Führungslosigkeit auch jeder Gesellschafter, bei einer Aktiengesellschaft oder einer Genossenschaft zudem auch jedes Mitglied des Aufsichtsrats zur Antragstellung berechtigt.

(2) ¹Wird der Antrag nicht von allen Mitgliedern des Vertretungsorgans, allen persönlich haftenden Gesellschaftern, allen Gesellschaftern der juristischen Person, allen Mitgliedern des Aufsichtsrats oder allen Abwicklern gestellt, so ist er zulässig, wenn der Eröffnungsgrund glaubhaft gemacht wird. ²Zusätzlich ist bei Antragstellung durch Gesellschafter einer juristischen Person oder Mitglieder des Aufsichtsrats auch die Führungslosigkeit glaubhaft zu machen. ³Das Insolvenzgericht hat die übrigen Mitglieder des Vertretungsorgans, persönlich haftenden Gesellschafter, Gesellschafter der juristischen Person, Mitglieder des Aufsichtsrats oder Abwickler zu hören.

(3) ¹Ist bei einer Gesellschaft ohne Rechtspersönlichkeit kein persönlich haftender Gesellschafter eine natürliche Person, so gelten die Absätze 1 und 2 entsprechend für die organschaftlichen Vertreter und die Abwickler der zur Vertretung der Gesellschaft ermächtigten Gesellschafter. ²Entsprechendes gilt, wenn sich die Verbindung von Gesellschaften in dieser Art fortsetzt.

Schrifttum: *Albertus/Fischer*, Gesellschaftsrechtliche Folgen der Eröffnung des Insolvenzverfahrens über das Vermögen eines Gesellschafters in der zweigliedrigen GmbH & Co. KG im Fall der Simultaninsolvenz mit der KG, ZInsO 2005, 246; *W. R. Assmann*, Novellierung des Gesetzes über das Kreditwesen, BB 1976, 579; *Barthel*, Reichweite des Insolvenzantragsrechts nach § 15 Abs. 1 Satz 2 InsO in Fällen der Führungslosigkeit einer juristischen Person, ZInsO 2010, 1776; *Berscheid*, Beteiligung des Betriebsrats im Eröffnungsverfahren, nach Verfahrenseröffnung und im Insolvenzplanverfahren, ZInsO 1999, 27; *Beuthien/Titze*, Offene Probleme beim Insolvenzverfahren der eingetragenen Genossenschaft, ZIP 2002, 1116; *Bork/Jacoby*, Das Ausscheiden des einzigen Komplementärs nach § 131 Abs. 3 HGB, ZGR 2005, 611; *W. Delhaes*, Der Insolvenzantrag, 1994; *ders.*, Die Stellung, Rücknahme und Erledigung verfahrenseinleitender Anträge nach der Insolvenzordnung, in Kölner Schrift zur Insolvenzordnung, 2. Aufl. 2000, S. 141; *Fenski*, Rücknahme des Konkursantrags durch ein anderes Organmitglied, BB 1988, 2265; *Fleischer*, Vorstandspflichten bei rechtswidrigen Hauptversammlungsbeschlüssen, BB 2005, 2025; *ders.*, Zur Verantwortlichkeit einzelner Vorstandsmitglieder bei Kollegialentscheidungen im Aktienrecht, BB 2004, 2645; *Fritsche*, Die Stiftung des bürgerlichen Rechts im Regelinsolvenzverfahren (Teil 1), ZSt 2003, 211; *Görg*, Behindern „Holzmüller" und „Gelatine" die Sanierung der Aktiengesellschaft?, in FS Günter Greiner, 2005, S. 51; *Gundlach/Frenzel/Schmidt*, Die Simultaninsolvenz einer GmbH & Co. KG und ihrer Komplementär-GmbH, DStR 2004, 1658; *Gundlach/Müller*, Das Insolvenzantragsrecht und die Insolvenzantragspflicht des Insolvenzverwalters, ZInsO 2011, 900; *dies.*, Der Insolvenzantrag des faktischen GmbH-Geschäftsführers, ZInsO 2011, 1055; *Haas*, Insolvenzantragsrecht und -pflicht in der GmbH, insbesondere des faktischen Geschäftsführers, DStR 1998, 1359; *ders.*, Vor-GmbH und Insolvenz, DStR 1999, 985; *ders.*, Literaturbesprechung: Die Insolvenz der eingetragenen Genossenschaft, NZI 2002, 86; *ders.*, Die Disziplinierung des GmbH-Geschäftsführers im Interesse der Gesellschaftsgläubiger, WM 2006, 1417; *Heinsius/Kreutzer*, Der Zweite Bericht der Kommission für Insolvenzrecht und seine Bedeutung für Kreditinstitute, WM 1987, 193; *Hirte*, Die Insolvenz der Genossenschaft, in FS Wilhelm Uhlenbruck, 2000, S. 637; *Hoffmann-Becking*, Organe: Strukturen und Verantwortlichkeiten, insbesondere im monistischen System, ZGR 2004, 355; *Horstkotte*, Die führungslose GmbH im Insolvenzantragsverfahren, ZInsO 2009, 209; *Huber*, Bankkrisen und neues Insolvenzrecht, ZBB 1998, 193; *Kallmeyer*, Das monistische System in der SE mit Sitz in Deutschland, ZIP 2003, 1531; *Konzen*, Geschäftsführung, Weisungsrecht und Verantwortlichkeit in der GmbH und GmbH und Co KG,. NJW 1989, 2977; *Lieder*, Zustimmungsvorbehalte des Aufsichtsrats nach neuer Rechtslage, DB 2004, 2251; *Löser*, Erstreckt sich die Insolvenzantragspflicht der GmbH-Gesellschafter bei Führungslosigkeit einer Komplementär-GmbH auf das Vermögen der GmbH & Co. KG?, ZInsO 2010, 799; *Lutter/Banerjea*, Die Haftung des Geschäftsführers für existenzvernichtende Eingriffe, ZIP 2003, 2177; *Marotzke*, Die insolvente GmbH im Erbgang, ErbR 2010, 115; *Mennicke*, Zum Weisungsrecht der Gesellschafter und der Folgepflicht des GF in der mitbestimmungsfreien GmbH, NZG 2000, 622; *Merkt*, Die monistische Unternehmensverfassung für die Europäische Aktiengesellschaft aus deutscher Sicht, ZGR 2003, 650; *H. F. Müller*, Haftung des Stiftungsvorstands wegen Insolvenzverschleppung, ZIP 2010, 153; *Neye/Teichmann*, Der Entwurf für das Ausführungsgesetz zur Europäischen Aktiengesellschaft, AG 2003, 169; *Petersen*, Die fehlgeschlagene Einmann-Gründung – liquidationsloses Erlöschen oder Fiktion des Fortbestandes?, NZG 2004, 400; *Roth/Knof*, Die Stiftung in Krise und Insolvenz, KTS 2009, 163; *Schmahl*, Das Insolvenzantragsrecht im Namen der monistisch aufgebauten Societas Europaea, in FS Günter Greiner, 2005, S. 295; *ders.*, Subsidiäres Insolvenzantragsrecht bei führungslosen juristischen Personen nach dem Regierungsentwurf des MoMiG – Versuch einer rechtzeitigen begrifflichen und sachlichen Klärung, NZI 2008, 6; *J. Schmidt*, Insolvenzantragspflicht, Insolvenzverschleppungshaftung und Zahlungsverbot bei der deutschen SE, NZI 2006, 627; *K. Schmidt*, Das Vollstreckungs- und Insolvenzrecht der stillen Gesellschaft, KTS 1977, 1; *ders.*, Organverantwortlichkeit und Sanierung im Insolvenzrecht der Unternehmen, ZIP 1980, 328; *ders.*, Einmanngründung und Einmann-Vorgesellschaft, ZHR 145 (1981), 540; *ders.*,

Insolvenzordnung und Gesellschaftsrecht, ZGR 1998, 633; *Schmittmann*, Besonderheiten bei der insolventen GmbH & Co. KG, ZInsO 2005, 1314; *Schwerdtner*, Der Sozialplan im Eröffnungsverfahren und nach der Verfahrenseröffnung, in Kölner Schrift zur Insolvenzordnung, 2. Aufl. 2000, S. 1605; *Siebert*, Insolvenzeröffnung bei der Kommanditgesellschaft auf Aktien (Teil I), ZInsO 2004, 773; *Teichmann*, Die Einführung der Europäischen Aktiengesellschaft, ZGR 2002, 383; *ders.*, Gestaltungsfreiheit im monistischen Leitungssystem der Europäischen Aktiengesellschaft, BB 2004, 53; *Terback*, Die Insolvenz der eingetragenen Genossenschaft, 1999; *Uhlenbruck*, Die neue Insolvenzordnung (II), GmbHR 1995, 195; *ders.*, Die Bedeutung des neuen Insolvenzrechts für GmbH-Geschäftsführer, GmbHR 1999, 313; *Vallender*, Allgemeine Anforderungen an Anträge im Insolvenzverfahren, MDR 1999, 280; *Weber*, Die Funktionsteilung zwischen Konkursverwalter und Gesellschaftsorganen im Konkurs der Kapitalgesellschaft, KTS 1970, 73; *Weimar*, Grundprobleme und offene Fragen um den faktischen GmbH-Geschäftsführer (I), GmbHR 1997, 473; *Westermann*, Die zweigliedrige Personengesellschaft in der Krise, in FS Volker Röhricht, 2005, S. 655; *Wortberg*, Holzmüller und die Stellung eines Insolvenzantrags wegen drohender Zahlungsunfähigkeit, ZInsO 2004, 707; *Zabel*, Der missglückte Wortlaut von § 15 Abs. 1 Satz 2 InsO – Insolvenzantragsberechtigung für Aktionäre und Genossenschaftsmitglieder?, DZWIR 2009, 500.

Übersicht

	Rn.
A. Normzweck	1–4
B. Entstehungsgeschichte	5, 6
C. Antragsberechtigte	7–73
I. Juristische Personen	7–36
1. Mitglieder des Vertretungsorgans und Abwickler	7–11
a) Bestellte Mitglieder des Vertretungsorgans	7–10
b) Faktische Organmitglieder	11
2. Führungslosigkeit (Abs. 1 Satz 2)	12–18
a) Überblick	12
b) Führungslosigkeit	13
c) Gesellschafter	14–16
d) Aufsichtsratsmitglieder	17, 18
3. Antragsberechtigte im Einzelnen	19–36
a) Aktiengesellschaft	19
b) Kommanditgesellschaft auf Aktien	20
c) Gesellschaft mit beschränkter Haftung	21
d) Genossenschaft	22
e) Europäische Aktiengesellschaft (Societas Europaea)	23–26
f) Europäische Genossenschaft (Societas Cooperativa Europaea)	27
g) Eingetragener Verein	28
h) Nicht rechtsfähiger Verein	29
i) Stiftung	30
j) Vor-Kapitalgesellschaft	31–34
k) Nachgesellschaft	35
l) Kredit- und Finanzdienstleistungsinstitute sowie Versicherungen	36
II. Personengesellschaft	37–54
1. Allgemeines	37
2. Erfasste Gesellschaften	38, 39
3. Mitglieder des Vertretungsorgans	40
4. Persönlich haftende Gesellschafter	41–46
5. Abwickler	47
6. Antragsberechtigte im Einzelnen	48–54
a) Offene Handelsgesellschaft, Kommanditgesellschaft, Gesellschaft bürgerlichen Rechts	48–50
b) Partnerschaftsgesellschaft	51
c) Partenreederei	52
d) Europäische wirtschaftliche Interessenvereinigung	53
e) Stille Gesellschaft	54
III. Kapitalgesellschaft & Co. (Abs. 3)	55–62
1. Grundgedanke	55
2. Erfasste Gesellschaften	56–58
3. Mitglieder des Vertretungsorgans der zur Vertretung berechtigten Gesellschaft und Abwickler	59–61
4. Führungslosigkeit	62
IV. Auslandsgesellschaften	63–65
V. Einflussnahme anderer Organe, Gremien und Personen	66–70
1. Organe, Organmitglieder, Gesellschafter	67, 68
2. Betriebsrat	69
3. Prokuristen, Handlungs- und Generalbevollmächtigte	70
VI. Feststellung des Antragsrechts	71–73
D. Antragstellung durch einzelne Berechtigte (Abs. 2)	74–82
I. Überblick	74
II. Antragstellung durch einzelne Berechtigte	75, 76
III. Glaubhaftmachung	77
IV. Anhörung der übrigen Antragsberechtigten	78–82
E. Rücknahme des Antrags	83–86
F. Kostenpflicht bei Zurückweisung oder Rücknahme des Eigenantrags	87, 88
G. Beschwerdebefugnis	89
H. Antrag wegen drohender Zahlungsunfähigkeit (§ 18 Abs. 3 InsO)	90–94
I. Normzweck	90
II. Antragsrecht und Verfahren	91–93
III. Rücknahme	94

A. Normzweck

1 Das Insolvenzverfahren wird nur auf schriftlichen Antrag eröffnet (§ 13 Abs. 1 InsO). Während § 14 InsO die näheren Zulässigkeitsvoraussetzungen des Gläubigerantrags regelt, bestimmt § 15 InsO, wer den Eigenantrag für eine juristische Person oder Gesellschaft ohne Rechtspersönlichkeit im Falle der **Zahlungsunfähigkeit oder Überschuldung** stellen kann. Eine Sonderregelung enthält § 18 Abs. 3 InsO für den Eigenantrag bei **drohender Zahlungsunfähigkeit**. § 15 InsO ist zwingend und kann insbesondere nicht im Gesellschaftsvertrag abbedungen werden.[1] Die Norm ist abschließend, so dass eine nicht in § 15 InsO erwähnte Person auch dann keinen Eröffnungsantrag für die Gesellschaft stellen kann, wenn sie rechtsgeschäftliche oder gesetzliche Vertretungsmacht hat (Beispiel: Prokuristen und Handlungsbevollmächtigte). **Leges speciales** finden sich in § 46b KWG für Kreditinstitute und in § 88 VAG für Versicherungsunternehmen (RdNr. 36).

2 In dogmatischer Hinsicht handelt es sich bei der Antragsberechtigung nach § 15 InsO um eine **besondere gesetzliche Vertretungsmacht**,[2] die unabhängig von der organschaftlichen Vertretungsmacht des Antragsberechtigten ist. Gem. § 15 Abs. 1 Satz 1 InsO ist jedes Mitglied des Vertretungsorgans einer juristischen Person berechtigt, den Insolvenzantrag zu stellen, und zwar auch dann, wenn es zur Vertretung der Gesellschaft nur gemeinsam mit den anderen organschaftlichen Vertretern (vgl. §§ 35 Abs. 2 Satz 1 GmbHG, 78 Abs. 2 Satz 1 AktG, 25 Abs. 1 Satz 1 GenG, 26 Abs. 2 Satz 1 BGB) oder überhaupt nicht berechtigt wäre[3]. Wird der Antrag nicht von allen Mitgliedern des Vertretungsorgans gestellt, regelt § 15 Abs. 2 InsO eine **besondere Zulässigkeitsvoraussetzung** und Verfahrensanforderung: Der Antrag ist zulässig, wenn der Eröffnungsgrund glaubhaft gemacht wird (§ 15 Abs. 2 Satz 1 InsO); die übrigen Mitglieder des Vertretungsorgans sind zu hören (§ 15 Abs. 2 Satz 3 InsO). Entsprechende Regeln gelten für die persönlich haftenden Gesellschafter einer Personengesellschaft und KGaA (§ 15 Abs. 1 Satz 1, 2. Fall, Abs. 2 Satz 1 u. 3 InsO) und für die Abwickler einer juristischen Person oder Personengesellschaft (§ 15 Abs. 1 Satz 1 aE). Im Falle der Führungslosigkeit haben GmbH-Gesellschafter (RdNr. 14) und Aufsichtsratsmitglieder einer Aktiengesellschaft und Genossenschaft ein **subsidiäres Antragsrecht**, wobei in diesem Falle zusätzlich die Führungslosigkeit glaubhaft zu machen ist (§ 15 Abs. 1 Satz 2, Abs. 2 InsO). § 15 Abs. 3 InsO weist das Antragsrecht in Personengesellschaften ohne natürliche Personen als persönlich haftende Gesellschafter den Vertretungsorganen und Abwicklern der zur Vertretung berechtigten Gesellschaft zu.

3 Der **Zweck** der **Vorschriften über das Antragsrecht** ist die **Vereinfachung der Eigenantragstellung** bei juristischen Personen und Personengesellschaften. Tieferer Grund dieses Vereinfachungszwecks ist ein vierfacher: Die *Gläubiger* sollen davor geschützt werden, dass sich die Antragstellung aufgrund interner Streitigkeiten in der Gesellschaft verzögert. Das *Insolvenzgericht* soll von der Pflicht enthoben werden, die Einzelheiten der Vertretungsstrukturen zu prüfen. Den gem. § 15a InsO *Antragspflichtigen* soll ermöglicht werden, ihrer Antragspflicht nachzukommen.[4] Schließlich dient das Antragsrecht der **persönlich haftenden Gesellschafter** dem Schutz ihrer Vermögensinteressen. Wer mit seinem Vermögen für die Verbindlichkeiten der schuldnerischen Gesellschaft einzustehen hat, soll das Entstehen weiterer Verbindlichkeiten verhindern können.[5]

4 Die **besonderen Zulässigkeits- und Verfahrensanforderungen** gem. § 15 Abs. 2 InsO dienen dem **Schutz der Gesellschaft** und sollen einem leichtfertigen Gebrauch des Antragsrechts entgegenwirken.[6] Zugleich wird damit ein Verfahren zur Verfügung gestellt, mit dem interne Meinungsverschiedenheiten auf Seiten des Schuldners geklärt werden können. Hält auch nur einer der Antragsberechtigten einen Eröffnungsgrund für gegeben und kann er hierfür gute Gründe glaubhaft machen, soll er die Sache dem Gericht zur Entscheidung vorlegen können. Die übrigen Antragsberechtigten erhalten sodann die Gelegenheit, ihre Sicht der Dinge vorzubringen und von Anfang an bei der gerichtlichen Aufklärung des Sachverhalts mitzuwirken.

---

[1] AG Duisburg ZIP 1995, 582, 583; allgM, vgl. Begr. RegE zu §§ 17, 18 (= § 15) und Bericht BTag zu § 22 (= § 18), *Balz/Landfermann* S. 89, 92 = *Kübler/Prütting*, Dok. Bd. I, S. 174, 177 f.M; *Gottwald/Uhlenbruck/Schmahl* § 8 RdNr. 8.

[2] *Gottwald-Uhlenbruck/Schmahl* § 8 RdNr. 8; vgl. auch *Weber* KTS 1970, 73, 77; KG OLGZ 1965, 166, 169 = NJW 1965, 2157, 2158; LG Berlin KTS 1974, 182, 183; ähnlich *Uhlenbruck/Hirte* § 15 RdNr. 1 ("erweitert die Vertretungsmöglichkeiten").

[3] *Gottwald/Uhlenbruck/Schmahl* § 8 RdNr. 8.

[4] *Jaeger/H. F. Müller* § 15 RdNr. 2.

[5] Vgl. Motive zu § 210 KO, *Hahn* S. 395; *Jaeger/H. F. Müller* § 15 RdNr. 2.

[6] *Jaeger/H. F. Müller* § 15 RdNr. 3.

B. Entstehungsgeschichte

In § 15 InsO werden die entsprechenden, bisher auf mehrere Gesetze verteilten Bestimmungen 5
des alten Rechts[7] über das Einzelantragsrecht der organschaftlichen Vertreter und der persönlich
haftenden Gesellschafter beim Eigenantrag ohne sachliche Änderung zusammengefasst.[8] Die Regelung
gilt nunmehr zusätzlich für die Gesellschaft des Bürgerlichen Rechts und die Partenreederei,
nachdem auch diese Vereinigungen ausdrücklich in den Kreis der insolvenzfähigen Gesellschaften
ohne Rechtspersönlichkeit aufgenommen worden sind (§ 11 Abs. 2 Nr. 1 InsO).

Das Gesetz zur Modernisierung des GmbH-Rechts und zur Bekämpfung von Missbräuchen 6
(**MoMiG**)[9] führte mit Wirkung ab 1.11.2008 Regeln zur Führungslosigkeit ein, vgl. dazu unten
RdNr. 12 ff. Durch das Gesetz zur weiteren Erleichterung der Sanierung von Unternehmen (ESUG)
v. 7.12.2011[10] wurde die Bestimmung nicht geändert.

C. Antragsberechtigte

I. Juristische Personen

1. Mitglieder des Vertretungsorgans und Abwickler. a) Bestellte Mitglieder des Vertre- 7
tungsorgans. Das Recht zur Antragstellung im Namen einer juristischen Person steht gem. § 15
Abs. 1 Satz 1 InsO jedem Mitglied des Vertretungsorgans sowie jedem Abwickler zu. In der **KGaA**
sind die persönlich haftenden Gesellschafter antragsberechtigt. Ist persönlich haftender Gesellschafter
der KGaA eine **juristische Person** (zB GmbH & Co KGaA), ist § 15 Abs. 3 InsO analog anzuwenden,
da sich auch die Antragspflicht nach § 15a Abs. 1 Satz 2 InsO analog richtet (§ 15a RdNr. 85).[11]

Wer Mitglied des Vertretungsorgans und Liquidator ist, richtet sich nach den einschlägigen 8
Regeln des Gesellschaftsrechts. § 15 InsO erfasst nicht nur die Personen, die aufgrund interner
Willensbildung in ihr Amt gelangt sind. Das Antragsrecht steht auch jedem gerichtlich bestellten
Notvorstandsmitglied, Notgeschäftsführer (§ 85 AktG, § 29 BGB analog für GmbH und
Genossenschaft), **Abwickler** (§ 265 Abs. 3 AktG, § 66 Abs. 2 GmbHG, § 83 GenG) oder **Nachtragsliquidator**
(§ 13 RdNr. 80) zu. Das Gleiche gilt für stellvertretende Organmitglieder (vgl.
§§ 44 GmbH, 94 AktG, 35 GenG). Soweit nicht ein Antragsmonopol der Aufsichtsbehörde eingreift
(vgl. § 13 RdNr. 50 ff.), gilt Gleiches für solche Personen, die auf Grund eines behördlichen Aufsichtsrechts
als **öffentlich-rechtliche Verwaltungskommissare** eingesetzt sind, wenn ihre Stellung
der eines organschaftlichen Vertreters entspricht (vgl. § 13 RdNr. 19), nicht aber für bloße Aufsichtspersonen
ohne Vertretungsbefugnis. Kein Antragsrecht begründen Prokura, Handlungs- oder Generalvollmacht
(vgl. RdNr. 70). Ist der **Liquidator eine juristische Person** (vgl. §§ 265 Abs. 2 Satz 3
AktG, 83 Abs. 2 GenG), ist § 15 Abs. 3 InsO analog anzuwenden, da sich auch die Antragspflicht
nach § 15a Abs. 1 Satz 2 InsO analog richtet (§ 15a RdNr. 81).

Antragsberechtigt sind alle **wirksam bestellten** Organmitglieder, auf die Wirksamkeit eines mit 9
der Organstellung einhergehenden Anstellungsvertrags kommt es nicht an. Wurde die **Organstellung
beendet**, sei es durch Amtsniederlegung, Abberufung oder einverständliches Ausscheiden, so
endet auch das Antragsrecht, und zwar auch dann, wenn der Anstellungsvertrag fortbesteht.[12] Die
Wirkung tritt ex nunc ein. Ein bereits gestellter Antrag wird nicht durch die Beendigung der
Organstellung unwirksam.[13]

Das Antragsrecht ist unabhängig von der Verteilung der **Geschäftsführungsbefugnis und** 10
organschaftlichen Vertretungsmacht. Es kann weder durch die Satzung noch durch Beschlüsse
der Gesellschafter eingeschränkt werden (RdNr. 60).[14] Ist für den Antragsberechtigten ein Betreuer
bestellt (§§ 1896 ff. BGB), so kann dieser nicht das Insolvenzantragsrecht ausüben, da es sich hierbei
nicht um eine Angelegenheit des Betreuten, sondern um eine solche des vertretenen Rechtsträgers
handelt.[15]

---

[7] § 208 Abs. 1, 2, §§ 210, 213 KO, § 63 Abs. 2 GmbHG, § 100 Abs. 1, 2 GenG.
[8] Begr. RegE zu §§ 17, 18 (= § 15), *Balz/Landfermann* S. 88 = *Kübler/Prütting*, Dok. Bd. I, S. 174.
[9] BGBl. I S. 2026.
[10] BGBl. I, S. 2582.
[11] *Jaeger/H. F. Müller* § 15 RdNr. 44; *K. Schmidt*, ZGR 1998, 633, 654.
[12] BGHZ 82, 84; *Uhlenbruck/Hirte* § 15 RdNr. 2.
[13] LG Dortmund, ZIP 1985, 1341; AG Duisburg ZIP 1995, 582 f.; HambKomm-*Wehr* § 15 RdNr. 4; *Jaeger/
H. F. Müller* § 15 RdNr. 8; aA *Dempewolf* EWiR 1985, 993.
[14] AG Göttingen, ZInsO 2011, 1114; HKInsO-*Kirchhof* § 15 RdNr. 4; *Uhlenbruck/Hirte* § 15 RdNr. 2; *Uhlenbruck*,
GmbHR 1995, 195, 196 („ungeachtet seiner internen Zuständigkeit").
[15] Ebenso AG Göttingen NZI 2004, 38; HambKomm-*Wehr* § 15 RdNr. 3.

11 **b) Faktische Organmitglieder.** Nicht antragsberechtigt sind **faktische Organmitglieder**, etwa faktische GmbH-Geschäftsführer (zu den Voraussetzungen § 15a RdNr. 76 ff). Dass der faktische Geschäftsleiter zivilrechtlich und strafrechtlich wegen Verschleppung eines Eröffnungsantrags zur Rechenschaft gezogen werden kann, zwingt entgegen einer weit verbreiteten Lehrmeinung[16] nicht zu dem Schluss, dass er auch antragsberechtigt ist.[17] Er ist verpflichtet, auf Grund seiner faktisch übernommenen Verantwortung dafür zu sorgen, dass der nominelle organschaftliche Vertreter im Fall der Insolvenz rechtzeitig einen Eröffnungsantrag stellt (§ 15a RdNr. 75). Es besteht auch keine verfahrensökonomische Notwendigkeit, dem faktischen Geschäftsführer ein förmliches Antragsrecht zu geben. Im Gegenteil: Dem Insolvenzgericht ist es in aller Regel nicht mit vertretbarem Aufwand möglich, innerhalb der zur Verfügung stehenden kurzen Zeit festzustellen, welche tatsächlichen Machtverhältnisse zwischen den handelnden Personen bestehen und ob die Merkmale des faktischen Geschäftsführers auf den Antragsteller zutreffen.[18]

12 **2. Führungslosigkeit (Abs. 1 Satz 2). a) Überblick.** Aufgrund des MoMiG wurde Abs. 1 S. 2 eingefügt, der den Kreis der Antragsberechtigten im Falle der Führungslosigkeit einer juristischen Person erweitert. In diesem Fall ist nach dem Wortlaut des § 15 Abs. 1 Satz 2 InsO auch jeder Gesellschafter, bei einer Aktiengesellschaft oder einer Genossenschaft zudem auch jedes Mitglied des Aufsichtsrats zur Antragstellung berechtigt. **Ziel** der Regelung ist es, die in § 15a Abs. 3 InsO neu eingeführte Insolvenzantragspflicht der Gesellschafter bei Führungslosigkeit der Gesellschaft nach § 15a Abs. 3 InsO um ein entsprechendes Antragsrecht zu ergänzen.[19] Das Gesetz bezweckt also einen **Gleichlauf von Antragsrecht und Antragspflicht** gem. § 15a Abs. 3 InsO.

13 **b) Führungslosigkeit.** Zum **Begriff der Führungslosigkeit** s. § 15a RdNr. 83 ff.

14 **c) Gesellschafter.** Nach dem Wortlaut des § 15 Abs. 1 Satz 2 InsO ist im Falle der Führungslosigkeit jeder Gesellschafter *jeder* juristischen Person antragsberechtigt. Der Wortlaut ist missglückt. Da § 15 Abs. 1 Satz 2 InsO für einen Gleichlauf des Antragsrechts mit der Antragspflicht sorgen möchte, ist das Antragsrecht der Gesellschafter im Wege der teleologischen Reduktion auf **GmbH-Gesellschafter** (auch: UG[20]) zu beschränken.[21]

15 Für die Gesellschafterstellung ist die materielle Rechtslage, nicht die nur im Verhältnis zur Gesellschaft relevanten Eintragungen in das Aktenbuch bzw. die Gesellschafterliste, maßgeblich.[22] Auch auf die Eintragungen ins Handelsregister kommt es nicht an, da sie rein deklaratorisch wirken.[23] Im Übrigen gelten für Anforderungen an die Beteiligung die Ausführungen in § 15a RdNr. 82 ff. entsprechend. Im Falle des **Erbgangs** ist das Antragsrecht akzessorisch zur Antragspflicht zu bestimmen; dazu § 15a RdNr. 86.

16 Handelt es sich bei den **GmbH-Gesellschaftern** um **juristische Personen** oder § 15 Abs. 1 Satz 2 InsO unterfallende **Personengesellschaften,** so steht das Insolvenzantragsrecht gem. § 15 Abs. 1 Satz 2 InsO analog denjenigen natürlichen Personen zu, die gem. § 15a Abs. 1 Satz 2 u. Abs. 2 InsO analog antragspflichtig sind (§ 15a RdNr. 85).[24] Ist die Gesellschafter-Gesellschaft ihrerseits führungslos, sind die Gesellschafter antragsberechtigt, wobei es nicht darauf ankommt, ob man dies aus einer direkten oder analogen Anwendung des § 15 Abs. 1 Satz 2 InsO herleitet (zur Antragspflicht s. § 15a RdNr. 85). Ist über das Vermögen der Gesellschafter-Gesellschaft das Insolvenzverfahren eröffnet, ist der Insolvenzverwalter antragsberechtigt.[25]

17 **d) Aufsichtsratsmitglieder.** In der führungslosen **AG** und **Genossenschaft** ist gem. § 15 Abs. 1 Satz 2 InsO jedes Mitglied des Aufsichtsrats antragsberechtigt. Das Gleiche gilt für die **SE** mit dualistischer Verwaltungsstruktur, die insoweit wie eine AG ihres Sitzstaats behandelt wird (Art. 10

---

[16] *Uhlenbruck/Hirte* § 15 RdNr. 2; *Hachenburg/Ulmer* GmbHG § 63 RdNr. 53; *Rowedder/Schmidt-Leithoff* GmbHG § 63 RdNr. 5, 18; *W. Delhaes* S. 112; *Weimar* GmbHR 1997, 473, 477; *Kübler/Prütting/Pape* § 15 (8/01) RdNr. 4a; FKInsO-*Schmerbach* § 15 RdNr. 17 ff.; mit Einschränkungen auch *Gundlach/Müller,* ZInsO 2011, 1055.
[17] Wie hier etwa *Gottwald/Haas/Hossfeld* § 92 RdNr. 44; *Gottwald/Uhlenbruck/Schmahl* § 8, RdNr. 28; HKInsO-*Kirchhof* § 15, RdNr. 10; *Scholz/K. Schmidt/Bitter* GmbHG Vor § 64 RdNr. 66; ähnlich auch HambKomm-*Wehr,* § 15, RdNr. 14; BK-*Humberg,* § 15 RdNr. 6 (beide: Antragsrecht nur für den faktischen Geschäftsführer *mit* Bestellungsakt).
[18] *Haas* DStR 1998, 1359, 1360; *Vallender* MDR 1999, 280, 282.
[19] Begr. RegE MoMiG, BT-Drucks. 16/6140 zu Art. 9 zu Nr. 2 (Änderung von § 15), S. 55.
[20] Vgl. MünchKommGmbHG-*Rieder.* 2010, § 5a GmbHG RdNr. 46.
[21] HKInsO-*Kirchhof* § 15 RdNr. 6; *Gottwald/Haas/Mock* § 93 RdNr. 5; *Zabel* DZWiR 2009, 500, 502 f.; zum RegE auch *Schmahl,* NZI 2008, 6; aA *Uhlenbruck/Hirte* § 15 RdNr. 2a; *Barthel* ZInsO 2010, 1776, 1779 f.
[22] *Uhlenbruck/Hirte* § 15 RdNr. 2a; aA *Horstkotte* ZInsO 2009, 209, 213 ff.
[23] HKInsO-*Kirchhof* § 15 RdNr. 6.
[24] IE ebenso *Gottwald/Haas/Hossfeld* § 92 RdNr. 50.
[25] *Gottwald/Haas/Hossfeld* § 92 RdNr. 50; *Göcke* ZInsO 2008, 1305, 1307.

SEVO). In der SE mit monistischer Verwaltungsstruktur ist der Verwaltungsrat Träger der Leitungsverantwortung, sodass jedes seiner Mitglieder schon nach § 15 Abs. 1 Satz 1 InsO antragsberechtigt ist (vgl. Art. 43 Abs. 1 Satz 1 SEVO, § 22 Abs. 1, Abs. 5 Satz 2 SEAG).

Nach dem eindeutigen Wortlaut der Norm ist der Aufsichtsrat der **GmbH** nicht antragsberechtigt, und zwar selbst dann nicht, wenn er – zB gem. § 31 MitbestG – Personalkompetenz hat. Dies ist zwar rechtspolitisch und systematisch zweifelhaft, aufgrund der eindeutigen Entstehungsgeschichte der Normen über die Führungslosigkeit jedoch de lege lata zu akzeptieren (§ 15a RdNr. 93).

3. Antragsberechtigte im Einzelnen. a) Aktiengesellschaft. Antragsberechtigt in der AG ist jedes ordentliche oder stellvertretende Mitglied des Vorstands (§§ 78, 82, 94 AktG) und nach Auflösung der Gesellschaft jeder Abwickler (§§ 265, 269 AktG). Dies gilt auch für Gesellschaften, die auf Grund gerichtlicher Entscheidung als aufgelöst gelten (vgl. §§ 275, 277 AktG, § 144 Abs. 1 FGG). Ist Abwickler eine juristische Person (§ 265 Abs. 2 Satz 3 AktG), so steht das Antragsrecht gem. § 15 Abs. 3 InsO analog jedem organschaftlichen Vertreter des Abwicklers zu. Ist die Gesellschaft führungslos, steht das Antragsrecht jedem Mitglied des Aufsichtsrats, nicht aber den Aktionären zu (§ 15 Abs. 1 Satz 2 InsO).

b) Kommanditgesellschaft auf Aktien. In der Kommanditgesellschaft auf Aktien ist jeder persönlich haftende Gesellschafter (vgl. § 278 Abs. 2 AktG, §§ 161, 170, 125 Abs. 1 HGB) und jeder Abwickler (§ 290 AktG) antragsberechtigt. Dies gilt unabhängig von der satzungsmäßigen Vertretungsregelung und sogar dann, wenn der persönlich haftende Gesellschafter von der Vertretung der Gesellschaft vollständig ausgeschlossen ist (vgl. §§ 278 Abs. 2 AktG, 161 Abs. 2, 125 Abs. 1 HGB).[26] Ist keiner der persönlich haftenden Gesellschafter eine natürliche Person, so ist Abs. 3 entsprechend anzuwenden (RdNr. 7).[27]

c) Gesellschaft mit beschränkter Haftung. Das Antragsrecht in der GmbH steht jedem ordentlichen oder stellvertretenden Geschäftsführer (§§ 35, 37 Abs. 2, § 44 GmbHG) und nach Auflösung der Gesellschaft jedem Liquidator (§ 66 GmbHG) zu, und zwar unabhängig von der Vertretungsregelung des Gesellschaftsvertrags. Dies gilt auch für Gesellschaften, die auf Grund gerichtlicher Entscheidung als aufgelöst gelten (vgl. §§ 75, 76 GmbHG, § 144 Abs. 2 FGG) sowie für die **UG**. Im Falle der Führungslosigkeit steht das Antragsrecht jedem einzelnen Gesellschafter zu (§ 15 Abs. 1 Satz 2 InsO), zum Antragsrecht der organschaftlichen Vertreter von Gesellschafter-Gesellschaften gem. § 15 Abs. 3 InsO analog s. RdNr. 42.

d) Genossenschaft. In der Genossenschaft ist jedes ordentliche oder stellvertretende Mitglied des Vorstands (§§ 24, 27 Abs. 2, § 35 GenG) und jeder Liquidator (§ 83 GenG) unabhängig von der statutarischen Vertretungsregelung antragsberechtigt. Liquidator kann auch eine juristische Person sein (§ 83 Abs. 2 GenG). In einem solchen Fall ist entsprechend § 15 Abs. 3 InsO jeder organschaftliche Vertreter des Liquidators einzeln antragsberechtigt. Die Regeln für die Vor- und Nachgesellschaft (vgl. RdNr. 31 bis 35) gelten auch für Genossenschaften.[28] Ist die Genossenschaft eingetragen und damit als juristische Person entstanden, so haben ihre **Mitglieder** nur dann ein Antragsrecht, wenn sie ausnahmsweise unbeschränkt für die Gesellschaftsschulden haften oder unbeschränkt zum Nachschuss verpflichtet sind.[29] Im Falle der Führungslosigkeit ist gem. § 15 Abs. 1 Satz 2 InsO nur der Aufsichtsrat antragsberechtigt.[30]

e) Europäische Aktiengesellschaft (Societas Europaea). Hat die Gesellschaft das **dualistische Leitungssystem** mit Vorstand und Aufsichtsrat gewählt (Art. 38, 39 bis 42 SEVO, §§ 15 bis 19 SEAG), so steht das Antragsrecht wie bei der Aktiengesellschaft deutschen Rechts jedem Vorstandsmitglied zu (Artt. 9 Abs. 1 lit. c ii, 10 SEVO, § 78 AktG). Im Falle der Führungslosigkeit steht das Antragsrecht dem Aufsichtsrat zu.

Sind die Leitung der Gesellschaft und deren Überwachung nach dem **monistischen System** in einem einheitlichen Verwaltungsrat zusammengefasst (Art. 38, 43 bis 45 SEVO, §§ 20 bis 49 SEAG), so ist Vertretungsorgan im Sinne des § 15 nicht der geschäftsführende Direktor, sondern der Verwaltungsrat als Träger der grundlegenden Leitungsverantwortung (§ 22 Abs. 5 Satz 2, 1. Hs., Abs. 6

---

[26] Zur Zulässigkeit entsprechender Vereinbarungen s. *Spindler/Stilz-Bachmann* § 278, RdNr. 80; Großkomm-AktG-*Assmann/Sethe* § 278, RdNr. 159.
[27] *Jaeger/H. F. Müller* § 15 RdNr. 44; *K. Schmidt* ZGR 1998, 633, 654.
[28] Vgl. BGHZ 149, 273; BSGE 85, 200; LG Göttingen ZIP 1995, 1104.
[29] AA aA Voraufl. RdNr. 20.
[30] *Gottwald/Haas/Mock* § 93 RdNr. 114.

SEAG).³¹ Antragsberechtigt ist jedes **Mitglied des Verwaltungsrats,** unabhängig davon, ob es persönlich vertretungsbefugt ist oder nur überwachende Aufgaben hat;³² an der Leitungsverantwortung des Verwaltungsrats³³ hat jedes seiner Mitglieder gleichermaßen Anteil (Art. 43, 51 SEVO, §§ 22 Abs. 1 Satz 1, Abs. 3 Satz 2, Abs. 5 SEAG i. V. m. § 92 Abs. 2 AktG; vgl. auch die Strafandrohung des § 53 Abs. 4 Nr. 2 SEAG).

25   Zum **Nachweis der Antragsberechtigung** eines Verwaltungsratsmitglieds kann nicht der Handelsregisterauszug herangezogen werden, weil dort die Mitgliedschaft im Verwaltungsrat nicht eingetragen wird.³⁴ Der Nachweis kann jedoch durch die Pflichtmitteilungen geführt werden, die bei der Gründung der Gesellschaft und bei jeder Veränderung in der Zusammensetzung des Verwaltungsrats zum Handelsregister einzureichen sind und dort eingesehen werden können (§ 21 Abs. 2 Satz 3, § 46 Abs. 1 Satz 1, 3 SEAG, § 9 Abs. 1 HGB). Enthält die Registerakte keine entsprechenden Unterlagen, so ist es Aufgabe des Antragstellers, den Nachweis mit anderen Mitteln, etwa durch die Vorlage von Niederschriften über die Hauptversammlungen (Art. 9, 10 SEVO, § 130 AktG), zu erbringen.

26   Glaubhaftmachung und Anhörung nach § 15 Abs. 2 sind erforderlich, wenn der Eröffnungsantrag im Namen der monistisch aufgebauten SE als Schuldnerin nicht von allen Mitgliedern des Verwaltungsrats gestellt wird. Dies gilt selbst dann, wenn sämtliche geschäftsführenden Direktoren den Antrag stellen. Anzuhören sind in einem solchen Fall alle übrigen Mitglieder des Verwaltungsrats (§ 22 Abs. 6 SEAG).

27   **f) Europäische Genossenschaft (Societas Cooperativa Europaea).** Auch die SCE kann nach dem dualistischen oder dem monistischen Leitungssystem aufgebaut sein (Art. 16 SCEVO). Im dualistischen System ist jedes Vorstandsmitglied antragsberechtigt (Art. 72, 37 Abs. 1 SCEVO), im monistischen System ebenso wie bei der Societas Europaea jedes Mitglied des Verwaltungsrats (Art. 72, 42 Abs. 1 SCEVO) unabhängig von seiner persönlichen Vertretungsbefugnis (§ 18 Abs. 1, 4 Satz 2, Abs. 5 SCEAG). Wird eine juristische Person zum Liquidator bestellt oder gehört sie im Liquidationsstadium dem Verwaltungsrat an (Art. 46 Abs. 1 SCEVO, § 83 Abs. 2 GenG), ist § 15 Abs. 3 InsO analog anzuwenden.

28   **g) Eingetragener Verein.** Antragsberechtigt im eingetragenen Verein ist jedes Mitglied des Vorstands und jeder Liquidator sowie jedes ihnen gleichstehende Mitglied des satzungsmäßigen Vertretungsorgans (vgl. §§ 26, 48, 86 BGB).³⁵

29   **h) Nicht rechtsfähiger Verein.** Das Antragsrecht im nicht rechtsfähigen Verein beurteilt sich nach denselben Grundsätzen wie im eingetragenen Verein,³⁶ steht also jedem Mitglied des Vorstands und jedem Liquidator zu. Als Vorstand gilt dabei nur das Gremium, das den Verein nach der Satzung gerichtlich und außergerichtlich vertritt.

30   **i) Stiftung.** In der Stiftung ist jedes Mitglied des Vorstands antragsberechtigt (vgl. §§ 26, 86 BGB). Grundsätzlich kein eigenes Antragsrecht hat die Stiftungsaufsicht.³⁷

31   **j) Vor-Kapitalgesellschaft.** Vor der notariellen Beurkundung der Satzung oder des Gesellschaftsvertrags ist eine Vereinigung zur Gründung einer Kapitalgesellschaft nichts anderes als eine GbR oder eine oHG (sog. **Vorgründungsgesellschaft**).³⁸ Antragsberechtigt ist deshalb in diesem Stadium der Gründung jeder Gesellschafter, nicht jedoch der vorgesehene künftige organschaftliche Vertreter.

32   Ist die Satzung oder der Gesellschaftsvertrag der Kapitalgesellschaft zwar notariell beurkundet, die Gesellschaft aber noch nicht durch Eintragung in das Handelsregister zur juristischen Person geworden (sog. **Vorgesellschaft** oder **Gesellschaft in Gründung**), so hat bereits jeder einzelne organschaftliche Vertreter das Antragsrecht gem. § 15 Abs. 1 Satz 1 InsO. Auf Vorgesellschaften sind näm-

---

³¹ Hierzu ausführlich *Schmahl,* FS Greiner, 2005, S. 295, 301 ff.; ebenso *Oechsler* NZG 2005, 449, 452; aA *J. Schmidt* NZI 2006, 627 ff.
³² *Schmahl,* FS Greiner, 2005, S. 295, 309 f.; aA *J. Schmidt* NZI 2006, 627, 629.
³³ Vgl. auch Begr. RegE SEAG, 2004, zu § 22, BT-Dr. 15/3405, S. 36; *Teichmann* ZGR 2002, 383, 454; *ders.* BB 2004, 53 ff.; *Neye/Teichmann* AG 2003, 169, 177; *Kallmeyer* ZIP 2003, 1531, 1532 ff.; *Merkt* ZGR 2003, 650, 658 f.; *Hoffmann-Becking* ZGR 2004, 355, 371.
³⁴ *Schmahl,* FS Greiner, 2005, S. 295, 313.
³⁵ Vgl. auch *Gottwald/Haas/Mock* § 93 RdNr. 155.
³⁶ *Gottwald/Haas/Mock* § 93 RdNr. 205.
³⁷ *Gottwald/Haas/Mock* § 93 RdNr. 210; *H.F. Müller,* ZIP 2010, 153, 154; *Roth/Knof* KTS 2009, 163, 197 f.; aA *Fritsche* ZSt 2003, 211, 219.
³⁸ BGH NJW 1983, 1822; BGHZ 91, 148, 151 f.; BGH NJW 1992, 362 f.; BGH NJW-RR 2001, 1042 f.; BGH ZIP 2004, 1208 f.

lich die für ihre Rechtsform geltenden Regelungen anzuwenden, sofern sie nicht die Eintragung in das Handelsregister voraussetzen.[39] Die Bestellung der organschaftlichen Vertreter ist von der Eintragung nicht abhängig.

Ebenfalls antragsberechtigt ist bei der Vorgesellschaft jeder **Gesellschafter**. Bei Eintritt der Insolvenz im Gründungsstadium wirkt sich eine Fortführung der Geschäfte unmittelbar auf die persönliche Verlustdeckungshaftung der Gesellschafter bis zur Eintragung der Gesellschaft und auf ihre persönliche Unterbilanzhaftung nach der Eintragung aus.[40] Es ist deshalb sachgerecht, vor der Eintragung jeden Gesellschafter hinsichtlich des Antragsrechts so zu behandeln wie den persönlich haftenden Gesellschafter einer Gesellschaft ohne Rechtspersönlichkeit.[41] Ist der Gesellschafter eine **juristische Person** oder **Personengesellschaft**, gelten daher auch die Grundsätze zum Antragsrecht bei der Personengesellschaft entsprechend (RdNr. 37 ff). 33

Die gleichen Grundsätze gelten für den Fall, dass die Vorgesellschaft vor der Eintragung wieder aufgelöst worden ist, etwa durch widerspruchslose Zurückweisung der Registeranmeldung oder durch Aufgabe der Eintragungsabsicht. Für eine solche **Vorgesellschaft in Liquidation** ist, solange die Verteilung des Vermögens an die Gesellschafter noch nicht vollzogen ist (§ 11 Abs. 3), jeder Gesellschafter[42] und, falls ein solcher bestellt wurde, jeder organschaftliche Vertreter (Liquidator, Abwickler) antragsberechtigt.[43] Wird das Unternehmen jedoch nicht abgewickelt, sondern als Gesellschaft ohne Rechtspersönlichkeit fortgeführt (sog. **unechte Vorgesellschaft**),[44] so ist entsprechend den für diese Gattung maßgebenden Regeln nur noch jeder persönlich haftende Gesellschafter antragsberechtigt, nicht jedoch ein vormals bestellter organschaftlicher Vertreter (Geschäftsführer, Vorstandsmitglied).[45] Bei der **aufgelösten Einmann-Vorgesellschaft** ist stets nur der Alleingesellschafter antragsberechtigt. Mit der Auflösung geht das Gesellschaftsvermögen mit den Verbindlichkeiten im Wege der Gesamtrechtsnachfolge ohne Abwicklung auf den bisherigen Alleingesellschafter über;[46] der eigene Eröffnungsantrag betrifft also nicht nur das Gesellschaftsvermögen, sondern das gesamte Vermögen des Gesellschafters. 34

k) Nachgesellschaft. Bei einer Kapitalgesellschaft oder Genossenschaft, die im Register wegen Beendigung der Abwicklung oder wegen Vermögenslosigkeit (§ 141a FGG) gelöscht worden ist (sog. Nachgesellschaft), ist jeder vom Registergericht ernannte Nachtragsliquidator oder -abwickler unabhängig von einer etwa gerichtlich festgelegten Gesamtvertretungsbefugnis kraft Gesetzes einzeln antragsberechtigt. Die vor der Löschung zuletzt amtierenden organschaftlichen Vertreter sind dagegen nicht mehr antragsberechtigt, sie haben ihr Amt und ihr Antragsrecht durch die Löschung verloren. Den Anteilsinhabern steht auch nach der Löschung mangels persönlicher Haftung kein Antragsrecht zu. 35

l) Kredit- und Finanzdienstleistungsinstitute sowie Versicherungen. Der Antrag auf Eröffnung des Insolvenzverfahrens über das Vermögen des Kredit- oder Finanzdienstleistungsinstituts i. S. d. KWG oder der nach § 10a Abs. 3 Satz 6 oder Satz 7 KWG als übergeordnetes Unternehmen geltenden Finanzholding-Gesellschaft kann gem. § 46b Abs. 1 S. 4 KWG nur von der Bundesanstalt für Finanzdienstleistungsaufsicht (**BaFin**) gestellt werden. Dieses **ausschließliche Antragsrecht** der BaFin verdrängt die Antragsrechte nach § 15 InsO.[47] Die Geschäftsleiter trifft eine Anzeigepflicht gegenüber der BaFin gem. § 46b Abs. 1 S. 1 KWG. Gem. § 37 Abs. 2 KWG ist der Abwickler (§ 37 Abs. 1 KWG) zum Antrag auf Eröffnung eines Insolvenzverfahrens über das Vermögen eines Unternehmens befugt, das ohne Erlaubnis Bankgeschäfte betreibt oder Finanzdienstleistungen erbracht hat.[48] Entsprechende Regeln gelten gem. §§ 81f Abs. 2, 88 Abs. 1 u. 2 VAG für Versicherungsunternehmen.[49] 36

---

[39] BGHZ 21, 242, 246; BGHZ 80, 129; BGH ZIP 2005, 253 NZG 2005, 263; BGH NJW 2007, 589, 590.
[40] Vgl. BGHZ 80, 129, 140 f.; BGHZ 105, 300; BGHZ 134, 333; BGHZ 152, 290; BAGE 85, 94; BAGE 86, 38; BAGE 93, 151; BAG ZIP 2005, 350; BSGE 85, 192; BFHE 185, 356.
[41] So auch *Jaeger/H. F. Müller* § 15 RdNr. 20; *Gottwald/Haas/Hossfeld* § 92 RdNr. 560; *Haas* DStR 1999, 985, 987.
[42] BGHZ 51, 30, 34; *Jaeger/H. F. Müller* § 15 RdNr. 21.
[43] BGH NJW 1998, 1079; BGH NJW 2007, 589, 592; *Jaeger/H. F. Müller* § 15 RdNr. 21.
[44] BGHZ 22, 240, 244 f.; BGHZ 143, 314, 319; BGHZ 152, 290; OLG Hamm ZIP 2006, 2031 f.
[45] *Jaeger/H. F. Müller* § 15 RdNr. 22.
[46] Vgl. BGH WM 1979, 249 f.; BGH ZIP 1999, 489, 490 f.; BGH NJW 2001, 2092; BFHE 197, 304; BayObLG NJW-RR 1987, 812; LG Berlin NJW-RR 1998, 1183; *K. Schmidt* ZHR 145 (1981), 540, 562 ff.; *Wertenbruch* EWiR 2005, 403; krit. *Priester* EWiR 2003, 221 f.; *Petersen* NZG 2004, 400, 406 (zu liquidierendes Sondervermögen).
[47] *Gottwald/Uhlenbruck/Schmahl* § 8 RdNr. 47; *Gottwald/Haas/Mock* § 93 RdNr. 222; *W. R. Assmann*, BB 1976, 579, 582; *Heinsius/Kreutzer*, WM 1987, 193, 197; *Huber* ZBB 1998, 193, 196; *Ruzik* BKR 2009, 133, 137 f.; *Scholz/K. Schmidt/Bitter* GmbHG Vor § 64, RdNr. 71.
[48] Eingehend dazu HambKomm-*Wehr* § 15 RdNr. 5 mwN.
[49] *Gottwald/Haas/Mock* § 93 RdNr. 221.

II. Personengesellschaft

37 **1. Allgemeines.** In der Gesellschaft ohne Rechtspersönlichkeit ist gem. § 15 Abs. 1 Satz 1 InsO neben den Mitgliedern des Vertretungsorgans (zu dieser unklaren Bestimmung s. RdNr. 40) jeder persönlich haftende Gesellschafter und jeder Abwickler zur Antragstellung berechtigt. Zweck des Antragsrechts der persönlich haftenden Gesellschafter ist die Verhinderung weiterer persönlicher Haftung bei Insolvenz der Personengesellschaft (RdNr. 3).

38 **2. Erfasste Gesellschaften.** Die Regelung gilt grundsätzlich nur für Gesellschaften ohne Rechtspersönlichkeit, d.h. für (insolvenzfähige) **Personengesellschaften**. Zur Sonderregelung des § 15 Abs. 3 in Personengesellschaften ohne natürliche Person als persönlich haftenden Gesellschafter s. RdNr. 55 ff.

39 Da Zweck des Antragsrechts die Verhinderung weiterer persönlicher Haftung ist (RdNr. 3), ist eine **analoge Anwendung** auf **juristische Personen** geboten, wenn deren Gesellschafter ausnahmsweise unbeschränkt nach außen für die Schulden der Gesellschaft haften oder unbeschränkt nachschusspflichtig sind bzw. einer vergleichbaren Haftung unterliegen.[50]

40 **3. Mitglieder des Vertretungsorgans.** § 15 Abs. 1 Satz 1 InsO weist das Antragsrecht auch in der Personengesellschaft jedem „Mitglied des Vertretungsorgans" zu. Dies ist verwirrend, denn Personengesellschaften haben aufgrund des Grundsatzes der Selbstorganschaft **kein besonderes Vertretungsorgan**, sondern werden durch die persönlich haftenden Gesellschafter vertreten. Kommanditisten haben keine organschaftliche Vertretungsmacht (§ 170 HGB), können aber bevollmächtigt werden. Ein relevanter Anwendungsbereich bliebe § 15 Abs. 1 InsO in der EWIV, in der die Fremdorganschaft erlaubt ist. Hier bestimmt aber schon § 11 EWIV-AG ausdrücklich, dass die Geschäftsführer einzeln antragsberechtigt sind. Man wird als „Mitglieder des Vertretungsorgans" daher nur die mit organschaftlicher Vertretungsmacht ausgestatteten Gesellschafter anzusehen haben.[51] Ein relevanter Regelungsbereich dürfte dieser Bestimmung neben dem Antragsrecht der persönlich haftenden Gesellschafter damit jedoch nicht verbleiben.

41 **4. Persönlich haftende Gesellschafter. Persönlich haftender** Gesellschafter ist jeder Gesellschafter, der **kraft Gesellschaftsrechts unbeschränkt** für die Schulden der Gesellschafter haftet; eine Haftung auf vertraglicher Grundlage genügt nicht. Für das Antragsrecht kommt es auf die **Wirksamkeit der Beteiligung als Gesellschafter** an, nicht auf eventuelle begleitende Vertragsverhältnisse mit der Gesellschaft (Managermodell etc.). Eine wirksame Beteiligung an der Gesellschaft liegt auch dann vor, wenn die Beteiligung zwar an einem Wirksamkeitsmangel leidet, aber nach den Grundsätzen über die fehlerhafte Gesellschaft als wirksam behandelt wird. Ist der Gesellschafter ausgeschieden, hat er auch dann kein Antragsrecht mehr, wenn er für neue Schulden der Gesellschaft weiter persönlich haftet (etwa gem. § 15 Abs. 1 HGB).[52]

42 Antragsberechtigte Gesellschafter können sowohl **natürliche Personen** als auch **juristische Personen oder Personengesellschaften** sein, die wiederum durch ihre Vertreter handeln. Zwar scheinen manche Kommentatoren das Antragsrecht gem. § 15 InsO auf natürliche Personen beschränken zu wollen.[53] Dafür enthält jedoch weder der Wortlaut noch die Systematik des § 15 InsO einen Hinweis. Insbesondere ist die Regelung des § 15 Abs. 3 InsO nicht überflüssig, wenn man ein Antragsrecht der Gesellschafter-Gesellschaften anerkennt. Denn erstens ist das Antragsrecht der Vertretungsorgane gem. § 15 Abs. 3 von der Vertretungsregelung in der Gesellschafter-Gesellschaft unabhängig, während eine wirksame Antragstellung durch die Gesellschafter-Gesellschaft gem. § 15 Abs. 1 InsO deren wirksame Vertretung voraussetzt. Zweitens dient das Antragsrecht gem. § 15 Abs. 3 InsO vor allem dem Schutz der gem. § 15a Abs. 1 Satz 2 u. Abs. 2 InsO antragsverpflichteten natürlichen Personen, während das Antragsrecht gem. § 15 Abs. 1 Satz 1 InsO dem Gesellschafter ermöglichen möchte, weitere persönliche Haftung zu vermeiden. Ein anerkennenswertes Interesse an der Vermeidung weiterer Haftung haben aber nicht nur natürliche Personen, sondern auch Gesellschaften, unabhängig davon, ob an ihnen eine natürliche Person als persönlich haftende Gesellschafterin beteiligt ist. Das ist auch kein Widerspruch zur Rechtslage bei den juristischen Personen. Zwar wird dort das Antragsrecht in Fällen, in denen eine juristische Person die Stellung als formal Antragsberechtigter hält, gem. § 15 Abs. 3 InsO analog auf die Vertretungsorgane erstreckt (zB die

---

[50] *Jaeger/H. F. Müller* § 15 RdNr. 13; *Gottwald/Haas/Mock* § 93 RdNr. 115; *Beuthien/Tietze* ZIP 2002, 1116 f.; *Haas* NZI 2002, 86; aA *Uhlenbruck/Hirte* § 15 RdNr. 2; *Terback*, Die Insolvenz der eingetragenen Genossenschaft, 1999, RdNr. 113 ff.; *Hirte*, FS Uhlenbruck, 2000, S. 637, 638.

[51] MünchHdbGesR I-*Butzer/Knof* § 85, RdNr. 16; *Gottwald/Haas/Vogel* § 94 RdNr. 10a (alle Gesellschafter, soweit sie nicht von der gesellschaftsrechtlichen Vertretung ausgeschlossen sind).

[52] *Uhlenbruck/Hirte* § 15 RdNr. 2.

[53] Vgl. Voraufl. RdNr. 1.

Vertretungsorgane der Gesellschafter-Gesellschaft idF § 15 Abs. 1 Satz 2, 1. Fall InsO oder der juristischen Person als Abwickler idF § 15 Abs. 1 Satz 1 InsO). Das Antragsrecht in diesen Fällen hat jedoch nicht den Zweck, die persönliche Haftung als Gesellschafter zu vermeiden, sondern einen Gleichlauf zwischen Antragsrecht und Antragspflicht gem. § 15a InsO herzustellen.

Nicht anzuerkennen ist hingegen ein eigenes Antragsrecht der persönlich haftenden Gesellschafter **43** einer Gesellschaft, die ihrerseits als persönlich haftende Gesellschafterin an einer Personengesellschaft beteiligt ist (Beispiel: Gesellschafter einer oHG, die an einer überschuldeten KG als Komplementärin beteiligt ist).[54] Diese Personen können einen Insolvenzantrag nach den in RdNr. 42 dargestellten Grundsätzen vielmehr nur im Namen der Gesellschafter-Gesellschaft stellen, sofern sie Vertretungsmacht haben; im Übrigen sind sie darauf angewiesen, die organschaftlichen Vertreter der Gesellschafter-Gesellschaft zur Antragstellung zu bewegen. Dagegen spricht auch nicht der Zweck des Antragsrechts, die persönlich haftenden Gesellschafter vor dem Entstehen weiterer Verbindlichkeiten zu schützen.[55] Denn da diese Gesellschafter bereits *in ihrer Gesellschaft* das Entstehen weiterer Verbindlichkeiten nur im Rahmen ihrer Vertretungsmacht und gesellschaftsinternen Rechtsbehelfe verhindern können, ist es auch nicht unbillig, sie wegen des Insolvenzantrags in einer Gesellschaft, an der die Gesellschaft *beteiligt ist*, auf die Grenzen ihrer Vertretungsmacht und gesellschaftsinternen Einwirkungsbefugnisse zu verweisen.

Das Antragsrecht ist **unabhängig von der Regelung der organschaftlichen Vertretungs-** **44** **macht** und der Geschäftsführungsbefugnis. § 15 InsO gewährt sogar denjenigen ein Antragsrecht, die von der organschaftlichen Vertretung der Gesellschaft ausgeschlossen sind (vgl. §§ 125 Abs. 1, 127 HGB).[56] Ist für den Gesellschafter ein **Betreuer** bestellt (§§ 1896 ff. BGB), so übt er das Antragsrecht aus. Da es um die Vermeidung der persönlichen Haftung des Gesellschafters geht, handelt es sich um eine Angelegenheit des Betreuten und nicht der Gesellschaft.

Wer durch **Erbgang** gem. § 1922 BGB in die Stellung eines persönlich haftenden Gesellschafters **45** einrückt, ist auch zur Antragstellung gem. § 15 InsO berechtigt. Zweifelhaft ist, ob dies auch für den **Erben eines oHG-Gesellschafters** gilt, solange er gem. § 139 HGB aus der Gesellschaft austreten kann, wenn die übrigen Gesellschafter nicht der Umwandlung seiner Beteiligung in eine Kommanditbeteiligung zustimmen. Richtigerweise sollte die Frage verneint werden. Zweck des Antragsrechts ist der Schutz des Gesellschafters vor weiterer persönlicher Haftung. Dieses Schutzes bedarf nicht, wer die persönliche Haftung gem. § 139 HGB in einer die Interessen der übrigen Gesellschafter stärker schonenden Weise vermeiden kann.

Ist über das Vermögen eines persönlich haftenden Gesellschafters das **Insolvenzverfahren** eröff- **46** net worden, so wird das diesem Gesellschafter zustehende Antragsrecht durch den **Insolvenzverwalter** ausgeübt (§ 80 InsO).[57] Dies gilt nicht nur, wenn der Gesellschafter eine natürliche Person ist, sondern auch wenn es sich um eine juristische Person oder Personengesellschaft handelt.[58] Da die Beteiligung an der insolventen Gesellschaft zu dem Vermögen der Gesellschafter-Gesellschaft gehört, ist kein Grund ersichtlich, warum diese Beteiligung von dem Übergang des Verwaltungs- und Verfügungsrechts gem. § 80 InsO ausgeschlossen bleiben sollte.

5. Abwickler. Wer Abwickler ist, bestimmt sich nach den einschlägigen Regeln des Gesell- **47** schaftsrechts (vgl. etwa § 146 Abs. 1 Satz 1 HGB). Auch insoweit kommt es nur auf die Organstellung als Abwickler, aber nicht auf etwaige begleitende Vertragsverhältnisse an. Die Antragsberechtigung der Abwickler ist ebenso wie die der persönlich haftenden Gesellschafter unabhängig von der Regelung der organschaftlichen Vertretungsmacht und Geschäftsführungsbefugnis. Zur **juristischen Person** oder **Personengesellschaft** als Abwickler sowie deren persönlich haftende Gesellschafter gelten die Ausführungen in RdNr. 8 entsprechend.

6. Antragsberechtigte im Einzelnen. a) Offene Handelsgesellschaft, Kommanditgesell- **48** **schaft, Gesellschaft bürgerlichen Rechts.** Antragsberechtigt ist jeder persönlich haftende Gesellschafter unabhängig davon, ob er nach dem Gesellschaftsvertrag vertretungsbefugt ist; dies gilt selbst dann, wenn er von der Vertretung der Gesellschaft vollständig ausgeschlossen ist. Nach Auflösung einer oHG oder KG ist auch jeder Liquidator antragsberechtigt, der kein persönlich haftender Gesellschafter ist (vgl. §§ 146, 161 Abs. 2 HGB). Zur **Kapitalgesellschaft & Co** s. RdNr. 55 ff.

---

[54] AA *Jaeger/H. F. Müller* § 15 RdNr. 41; *Uhlenbruck/Hirte* § 15 RdNr. 14.
[55] AA *Jaeger/H. F. Müller* § 15 RdNr. 41.
[56] HKInsO-*Kirchhof* § 15 RdNr. 4; *Jaeger/H. F. Müller* § 15 RdNr. 6; *Uhlenbruck/Hirte* § 15 RdNr. 2; *Gottwald/ Haas/Vogel* § 94 RdNr. 10b.
[57] *Gundlach/Müller* ZInsO 2011, 900, 901 f.; aA *Kübler/Prütting/Pape* § 15 (8/01), RdNr. 19; HKInsO-*Kirchhof* § 15 RdNr. 6 allerdings mit Verweis auf *Gundlach/Müller* ZInsO 2011, 900, 901; referierend FKInsO-*Schmerbach* § 15 RdNr. 9.
[58] AA Voraufl. RdNr. 13 u. 38.

49 Kommanditisten sind nicht antragsberechtigt.[59] Eine Ausnahme gilt, wenn der **Kommanditist** den Eröffnungsantrag in einer Situation stellt, in der er unbeschränkt **persönlich für die Verbindlichkeiten der Gesellschaft haftet**, weil seine Stellung als Kommanditist noch nicht in das Handelsregister eingetragen ist (§ 176 Abs. 1, 2 HGB).[60] Das Antragsrecht knüpft bei Gesellschaften ohne Rechtspersönlichkeit nicht an die Vertretungsbefugnis an, sondern an die persönliche Haftung. Kann der Kommanditist in den Fällen des § 176 HGB den Eröffnungsgrund glaubhaft machen, so besteht kein Grund, ihm das Antragsrecht zu verweigern.

50 Falls das Gesellschaftsvermögen durch Ausscheiden aller persönlich haftenden Gesellschafter im Wege der **Gesamtrechtsnachfolge auf einen Kommanditisten übergegangen ist**, steht diesem das Antragsrecht im Namen der Gesellschaft zu, wenn er das Geschäft nicht länger als drei Monate fortgeführt hat. In diesem Fall haftet der Kommanditist nämlich für die Verbindlichkeiten der Gesellschaft analog § 27 Abs. 2 HGB nur mit dem ihm zugefallenen Gesellschaftsvermögen,[61] so dass dieses als Sondervermögen fortbesteht und Gegenstand eines Sonderinsolvenzverfahrens sein kann.[62]

51 **b) Partnerschaftsgesellschaft.** Antragsberechtigter persönlich haftender Gesellschafter ist jeder Partner (§ 8 Abs. 1 PartGG), auch wenn er nicht für sämtliche Verbindlichkeiten der Partnerschaft persönlich haftet (§ 8 Abs. 2 PartGG). Das Antragsrecht ist unabhängig von der partnerschaftsvertraglichen Vertretungsbefugnis und besteht selbst dann, wenn der Partner von der Vertretung vollständig ausgeschlossen ist (§ 7 Abs. 3 PartGG, § 125 Abs. 1 HGB).

52 **c) Partenreederei.** Antragsberechtigter persönlich haftender Gesellschafter ist jeder Mitreeder (§ 507 HGB), der Korrespondentreeder (§ 14 RdNr. 114) nur, wenn er zu den Mitreedern gehört.

53 **d) Europäische wirtschaftliche Interessenvereinigung.** Bei der EWIV hat jedes Mitglied als persönlich haftender Gesellschafter (Art. 24 Abs. 1 EWIV-VO, § 1 EWIV-AG) das Antragsrecht, obwohl aus der Mitgliedschaft keine allgemeine Vertretungsbefugnis folgt (vgl. Art. 19, 20 EWIV-VO). Die Geschäftsführer und sind gem. § 11 EWIV-AG einzeln antragsberechtigt (§ 11 EWIV-AG).

54 **e) Stille Gesellschaft.** Die stille Gesellschaft ist als reine Innengesellschaft nicht insolvenzfähig.[63] Der Inhaber des Handelsgeschäfts und der stille Gesellschafter können nur als Gläubiger des jeweils anderen einen Eröffnungsantrag nach Maßgabe des § 14 InsO stellen (vgl. Erl. zu § 38).

III. Kapitalgesellschaft & Co. (Abs. 3)

55 **1. Grundgedanke.** Ist bei einer Gesellschaft ohne Rechtspersönlichkeit kein persönlich haftender Gesellschafter eine natürliche Person, so gelten die Absätze 1 und 2 entsprechend für die organschaftlichen Vertreter und die Abwickler der zur Vertretung der Gesellschaft berechtigten Gesellschafter (Abs. 3 Satz 1). Entsprechendes gilt, wenn sich die Verbindung von Gesellschaften in dieser Art fortsetzt (Abs. 3 Satz 2). Da in diesen Personengesellschaften keine natürliche Person dem Risiko unbeschränkter Haftung für die Gesellschaftsschulden ausgesetzt ist, verpflichtet § 15a Abs. 1 Satz 2 u. Abs. 2 InsO die Personen, die mittelbar das Handeln der Personengesellschaft steuern, zur Stellung des Eröffnungsantrags (§ 15a RdNr. 95 ff.). § 15 Abs. 3 InsO räumt diesen Personen das **Antragsrecht** ein, das sie **benötigen, um ihre Antragspflicht gem. § 15a InsO zu erfüllen**. Das gem. § 15 Abs. 1 Satz 1 InsO bestehende Antragsrecht der Gesellschaften, die als persönlich haftende Gesellschafter an der Personengesellschaft beteiligt sind (RdNr. 42), wird durch § 15 Abs. 3 InsO nicht ausgeschlossen, hat aber neben dem eigenen Antragsrecht der Mitglieder der vertretungsberechtigten Organe dieser Gesellschaften kaum praktische Bedeutung.

56 **2. Erfasste Gesellschaften.** Nach seinem Wortlaut gilt § 15 Abs. 3 InsO nur für Personengesellschaften. Es ist aber zu Recht weitgehend anerkannt, dass die Vorschrift entsprechend für **juristische Personen** gilt, wenn deren organschaftliche Vertreter gem. § 15a InsO antragspflichtig sind.[64] Anwendungsfälle sind das Antragsrecht der Geschäftsleiter der Komplementär-Gesellschaft in der

---

[59] Motive zu § 210 KO, *Hahn* S. 395.
[60] Anders *Jaeger/H. F. Müller* § 15 RdNr. 26 mwN.
[61] Vgl. BGHZ 113, 132, 134 ff.; BGH NZI 2005, 287 f.; *Bork/Jacoby* ZGR 2005, 611, 643; dies verkennen *Gundlach/Frenzel/Schmidt* DStR 2004, 1658, 1660 f.
[62] OLG Frankfurt JW 1930, 2812 f.; OLG Hamm ZIP 2003, 2264 f.; LG Dresden ZIP 2005, 955 f.; AG Hamburg ZInsO 2005, 837; *Albertus/Fischer* ZInsO 2005, 246, 249; *Herchen* EWiR 2005, 809 f.; *Bork/Jacoby* ZGR 2005, 611, 630 f., 643 f.; *Schmittmann* ZInsO 2005, 1314, 1316; *Westermann*, FS Röhricht, 2005, S. 655, 671.
[63] Hierzu *K. Schmidt* KTS 1977, 1 ff., 65 ff.
[64] Vgl. *Jaeger/H. F. Müller* § 15 RdNr. 41.

Kapitalgesellschaft & Co KGaA, sowie das Antragsrecht der organschaftlichen Vertreter einer Liquidatoren-Gesellschaft (§§ 265 Abs. 2 Satz 3 AktG, 83 Abs. 2 GenG) oder einer Gesellschafter-Gesellschaft im Falle der Führungslosigkeit (RdNr. 62).

Das Antragsrecht gem. § 15 Abs. 3 InsO besteht nur in Personengesellschaften, an denen **keine** 57 **natürliche Person als persönlich haftende Gesellschafterin** beteiligt ist. Über den Wortlaut des § 15 Abs. 3 Satz 1 InsO hinaus ist das Antragsrecht dann *ausgeschlossen*, wenn eine natürliche Person vermittelt durch ihre Beteiligung an einer Gesellschafter-Gesellschaft für die Schulden der Personengesellschaft haftet, da in diesem Fall auch keine Antragspflicht gem. § 15a Abs. 1 Satz 2 u. Abs. 2 InsO besteht. Davon geht inzident auch das Gesetz aus, wenn es in § 15 Abs. 3 Satz 2 InsO anordnet, dass § 15 Abs. 3 InsO in drei- und mehrstöckigen Konstruktionen (nur) zur Anwendung kommt, wenn sich die Verbindung von Gesellschaften „in dieser Art", also ohne natürliche Person als persönlich haftende Gesellschafterin, fortsetzt. Für die Auswirkungen der Beteiligung einer **vermögenslosen Person** als persönlich haftenden Gesellschafter gelten die Ausführungen in § 15a RdNr. 100 entsprechend.

Unerheblich ist, ob die **Personengesellschaft aufgelöst** ist.[65] Ist die **Vertretungsgesellschaft** 58 **aufgelöst**, haben die Liquidatoren dieser Gesellschaft das Antragsrecht. Ist über das Vermögen der **Vertretungsgesellschaft** das **Insolvenzverfahren eröffnet** und ein Insolvenzverwalter bestellt, ist der Insolvenzverwalter zur Antragstellung in der Personengesellschaft berechtigt (zur Antragspflicht s. § 15a RdNr. 101).[66]

3. Mitglieder des Vertretungsorgans der zur Vertretung berechtigten Gesellschaft und 59 **Abwickler.** Antragsberechtigt sind die **Mitglieder des Vertretungsorgans** und die **Abwickler** der zur Vertretung berechtigten Gesellschafter-Gesellschaften. Vertretungsberechtigte Gesellschaft i. S. d. § 15 Abs. 3 InsO ist nur die mit organschaftlicher Vertretungsmacht ausgestattete Gesellschaft; Vollmacht genügt nicht.[67]

Das Antragsrecht steht jedem Mitglied des Vertretungsorgans der vertretungsberechtigten Gesell- 60 schaft sowie jedem Abwickler der Vertretungsgesellschaft zu, unabhängig von ihrer organschaftlichen Vertretungsmacht und Geschäftsführungsbefugnis. Die Stellung als **faktischer Organwalter** der Vertretungsgesellschaft begründet kein Antragsrecht (entsprechend RdNr. 11). Für die Anforderungen an die Organstellung sowie die Auswirkungen der Beendigung der Organstellung gelten die Ausführungen zu § 15 Abs. 1 InsO entsprechend (RdNr. 7 ff.).

Dies alles gilt nach Abs. 3 Satz 2 auch bei **mehrstufigen Konstruktionen** dieser Art. Hier ist 61 ebenfalls jede natürliche Person antragsberechtigt, die vermittelt über zwei oder mehrere Gesellschaften über die Geschicke der Personengesellschaft entscheidet. In einer typischen **doppelstöckigen GmbH & Co KG**, d.h. einer KG, deren einzige Komplementärin eine GmbH & Co KG ist, sind die Geschäftsführer der GmbH also antragsberechtigt für die GmbH gem. § 15 Abs. 1 Satz 1 InsO,[68] für die GmbH & Co KG auf der mittleren Stufe gem. § 15 Abs. 3 Satz 1 InsO und für die KG auf der untersten Stufe gem. § 15 Abs. 3 Satz 1 u. 2 InsO.

4. Führungslosigkeit. § 15 Abs. 3 InsO ordnet die entsprechende Geltung von § 15 Abs. 1 u. 2 62 InsO nur für die organschaftlichen Vertreter und die Abwickler der zur Vertretung der Personengesellschaft ermächtigten Gesellschafter an. Diese Regelung läuft ins Leere, wenn die Gesellschafter-Gesellschaft führungslos ist. Entsprechend dem **Rechtsgedanken des § 15 Abs. 1 Satz 2 InsO** sind in diesem Fall diejenigen, die in der Gesellschafter-Gesellschaft antragsberechtigt sind, auch für die Personengesellschaft antragsberechtigt.[69] Dies ist auch deshalb erforderlich, weil sie gem. § 15a InsO auch zur Stellung des Insolvenzantrags in der Personengesellschaft verpflichtet sind (§ 15a RdNr. 113 u. 115). Antragsberechtigt sind daher insbesondere die Gesellschafter der führungslosen Komplementär-GmbH in der typischen GmbH & Co KG sowie die Aufsichtsratsmitglieder der führungslosen AG in der typischen AG & Co KG.

IV. Auslandsgesellschaften

Inwieweit § 15 InsO auf Auslandsgesellschaften Anwendung findet, ist eine Frage der kollisions- 63 rechtlichen Qualifikation. Insoweit ist zu differenzieren: Die Frage, wem das **Antragsrecht** für

---

[65] *Gottwald/Uhlenbruck/Schmahl* § 8 RdNr. 10.
[66] AG Hamburg ZIP 2006, 390 f.; *Uhlenbruck/Hirte* § 15 RdNr. 14; aA Voraufl. RdNr. 38; AG Dresden ZIP 2003, 1264; HKInsO-*Kirchhof* § 15 RdNr. 13; *Kübler/Prütting/Pape* § 15 (8/01) RdNr. 19; referierend FKInsO-*Schmerbach* § 15 RdNr. 9.
[67] *Gottwald/Haas/Vogel* § 94 RdNr. 13.
[68] Vgl. auch HambKomm-*Wehr* § 15 RdNr. 9.
[69] HambKomm-*Wehr* § 15 RdNr. 8a; *Löser* ZInsO 2010, 799, 801; iE ebenso *Gottwald/Haas/Vogel* § 94 RdNr. 13.

einen zahlungsunfähigen oder überschuldeten Rechtsträger ausländischer Rechtsform zusteht, ist insolvenzrechtlich zu qualifizieren und richtet sich daher nach der lex fori concursus. § 15 InsO ist auf Auslandsgesellschaften daher anwendbar, wenn sich deren Insolvenzstatut nach deutschem Recht richtet.[70]

64 Ist § 15 InsO anwendbar, so sind dessen Voraussetzungen grundsätzlich autonom nach den Maßstäben des deutschen Rechts auszulegen. Soweit im Rahmen des § 15 InsO jedoch **gesellschaftsrechtliche Vorfragen** zu klären sind (Beispiel: Wer ist Vertretungsorgan? Wurde der Antragsberechtigte wirksam in das Vertretungsorgan berufen? Liegt ein wirksamer Gesellschafterbeitritt vor?), richtet sich deren Beantwortung nach dem Gesellschaftsstatut des ausländischen Rechtsträgers. In Grenzbereichen müssen das Insolvenz- und Gesellschaftsstatut mit Augenmaß abgestimmt werden: So bestimmt sich der Begriff der Führungslosigkeit nach den Wertungen des deutschen Rechts (§§ 35 Abs. 1 S. 2 GmbHG, 78 Abs. 1 S. 2 AktG, 24 Abs. 1 S. 2 GenG),[71] aber es ist eine Frage des Gesellschaftsstatuts, ob das Vertretungsorgan des ausländischen Rechtsträgers besetzt ist.

65 Für einen **nach ausländischem Recht gelöschten Rechtsträger,** der in Deutschland nicht mehr werbend tätig, aber wegen vorhandenen Inlandsvermögens noch insolvenzfähig ist, wird das Antragsrecht entweder durch einen nach dem Recht des Heimatstaats eingesetzten Nachtragsliquidator (vgl. RdNr. 35) oder durch einen vom deutschen Vormundschaftsgericht bestellten Abwesenheitspfleger ausgeübt (§ 1911 BGB analog, § 39 FGG, § 14 Abs. 1 Nr. 4 RPflG; vgl. § 13 RdNr. 17, 80).

V. Einflussnahme anderer Organe, Gremien und Personen

66 Die Regelung des § 15 InsO über das Antragsrecht ist zwingend und abschließend. Von ihr können Satzung, Gesellschaftsvertrag oder Statut nicht abweichen.

67 **1. Organe, Organmitglieder, Gesellschafter.** Organe und Organmitglieder der insolventen Gesellschaft sind nur unter den Voraussetzungen des § 15 InsO antragsberechtigt; ein nicht an die Voraussetzungen des § 15 InsO gebundenes Antragsrecht existiert nicht. Dies gilt selbst dann, wenn sämtliche organschaftlichen Vertreter sich weigern, eine Weisung des anderen Organs zur Antragstellung zu befolgen. Allerdings können andere Organmitglieder und Gesellschafter gleichzeitig **Gesellschaftsgläubiger** und daher gem. § 14 InsO antragsberechtigt sein.[72]

68 Im **Innenverhältnis** können die Antragsberechtigten bei der Ausübung ihres Rechts von anderen Organen nur in beschränktem Maße beeinflusst werden. Sie können durch Beschluss der Versammlung der Anteilsinhaber oder des Aufsichtsrats die **positive Weisung** erhalten, einen Eröffnungsantrag zu stellen. Kommen sie dieser Weisung nicht nach, kann dies haftungsrechtliche Folgen haben (vgl. etwa § 93 AktG, § 43 GmbHG).[73] Dagegen ist eine **negative Weisung** oder eine Ermächtigung, den Eröffnungsantrag entgegen einer gesetzlichen Antragspflicht nicht zu stellen, rechtlich unwirksam.[74] Gleiches gilt für einen entsprechenden **Beschluss des kollegialen Vertretungsorgans** selbst.[75]

69 **2. Betriebsrat.** Der Betriebsrat kann zwar selbst Gläubiger eines vermögensrechtlichen Anspruchs gegen den Arbeitgeber sein (vgl. zB § 40 BetrVG) und als solcher einen Eröffnungsantrag stellen. Ihm steht jedoch **kein Antragsrecht** im Namen der von ihm repräsentierten Arbeitnehmer zu; er ist nicht deren individualrechtlicher Vertreter (§ 13 RdNr. 43). Der Betriebsrat ist vom Insolvenzgericht auch nicht zu einem Eigenantrag des Schuldners anzuhören. Ob und in welchem Umfang die Unternehmensleitung wegen der Betriebsänderungen, die sich in der Regel an den Eröffnungsantrag anschließen, den Betriebsrat nach § 111 BetrVG unterrichten muss, ist für die rechtliche Wirksamkeit des Antrags gegenüber dem Insolvenzgericht ohne Bedeutung.[76]

70 **3. Prokuristen, Handlungs- und Generalbevollmächtigte.** Prokuristen sowie Handlungs- oder Generalbevollmächtigte der insolventen Gesellschaft haben **kein Antragsrecht**.[77] Da § 15 InsO

---

[70] Vgl. auch Uhlenbruck/Hirte § 15 RdNr. 2 f.
[71] In diesem Sinne wohl auch Uhlenbruck/Hirte § 15 RdNr. 2a.
[72] S. nur Gottwald/Haas/Hossfeld § 92 RdNr. 46.
[73] Vgl. BGH NJW 1974, 1088 f.; K. Schmidt ZIP 1980, 328, 330; Jaeger/H. F. Müller § 15 RdNr. 31.
[74] BGHZ 31, 258, 278; BGH NJW 1974, 1088 f.; BGH DStR 2001, 1537 f. m. Anm. Goette; BGH ZIP 2003, 945 f.; BGH ZIP 2007, 674 f.; LG Dortmund, ZIP 1985, 1341 f.; Konzen NJW 1989, 2977, 2982; Mennicke NZG 2000, 622, 623; Lutter/Banerjea ZIP 2003, 2177; Fleischer BB 2005, 2025 f.; Haas WM 2006, 1417 f.
[75] Fleischer BB 2004, 2645 ff.; KölnKommAktG-Mertens § 92 RdNr. 42; MünchKommAktG-Spindler § 92 RdNr. 32.
[76] Berscheid ZInsO 1999, 27; Ries/Zobel, Kölner Schrift, S. 1140, 1141; vgl. auch BAGE 100, 157.
[77] Braun/Bußhardt § 15 RdNr. 6; HKInsO-Kirchhof § 15 RdNr. 9; Jaeger/Müller § 15 RdNr. 32; Uhlenbruck/Hirte § 15 RdNr. 3; HambKomm-Wehr § 15 RdNr. 7.

eine spezielle Regelung der Vertretungsmacht enthält, die die organschaftlichen, gesetzlichen und rechtsgeschäftlichen Vertretungsverhältnisse in der Gesellschaft überlagert, gilt dies auch dann, wenn den Personen umfassende, den organschaftlichen Vertretern vergleichbare Vertretungsmacht eingeräumt wurde.

VI. Feststellung des Antragsrechts

Ein Eigenantrag ist in den Fällen des § 15 nur zulässig, wenn die Rechtsposition des Antragstellers, die ihm ein Antragsrecht gibt, zur **Überzeugung des Gerichts** feststeht.[78] Die bloße Glaubhaftmachung reicht nicht aus. Die gerichtliche Amtsermittlungspflicht (§ 5 Abs. 1) greift erst ein, wenn ein zulässiger Eröffnungsantrag vorliegt. Ob eine Person zum Kreis der Antragsberechtigten gehört und ob weitere (anzuhörende) Berechtigte vorhanden sind, ergibt sich in der Regel aus dem für die Rechtsform des Schuldners maßgebenden **öffentlichen Register**.[79] Wer sich auf eine von der Registereintragung abweichende Rechtslage beruft, trägt die materielle Beweislast für seine Darstellung. Einzelheiten bei § 13 RdNr. 83. 71

Bei Rechtsträgern, die nicht in einem öffentlichen Register erfasst sind, hat der Antragsteller die Umstände, aus denen sich sein Antragsrecht ergibt, bei der Antragstellung nachzuweisen. Eine bloße Glaubhaftmachung genügt auch hier nicht. Dies gilt insbesondere in der GbR und in der noch nicht eingetragenen Personenhandelsgesellschaft. Die Pflicht des Gerichts, den Sachverhalt **von Amts wegen aufzuklären**, greift erst ein, wenn Mitberechtigte bei ihrer Anhörung das nachgewiesene Antragsrecht bestreiten oder sonst ernstliche Zweifel auftreten. In diesem Fall haben die Beteiligten die Ermittlungen des Gerichts durch Sachvortrag und Beibringung von Beweismitteln in gleicher Weise wie bei eingetragenen Gesellschaften zu unterstützen (vgl. § 13 RdNr. 83). Die materielle Beweislast für die Umstände, die das Antragsrecht begründen, bleibt beim Antragsteller. 72

Lässt sich nicht feststellen, dass dem Antragsteller ein Antragsrecht zusteht, so ist der Antrag als unzulässig zurückzuweisen. Wegen der Kostenfolge vgl. RdNr. 87. 73

D. Antragstellung durch einzelne Berechtigte (Abs. 2)

I. Überblick

Wird der Eigenantrag nicht von allen gem. § 15 InsO Antragsberechtigten gestellt, so statuiert § 15 Abs. 2 InsO eine besondere Zulässigkeitsvoraussetzung und Verfahrensanforderung. Zweck dieser Regeln ist einerseits der Schutz der Gesellschaft. Das Gesetz möchte einen leichtfertigen Gebrauch des Antragsrechts verhindern.[80] Andererseits wird ein Verfahren zur Verfügung gestellt, mit dem interne Meinungsverschiedenheiten auf Seiten des Schuldners geklärt werden können. 74

II. Antragstellung durch einzelne Berechtigte

§ 15 Abs. 2 InsO verlangt, dass der Insolvenzantrag **nicht von allen Mitgliedern** des Vertretungsorgans, allen persönlich haftenden Gesellschaftern, allen Gesellschaftern der juristischen Person, allen Mitgliedern des Aufsichtsrats oder allen Abwicklern gestellt wird. Unerheblich ist, ob der Antragsteller nach den allgemeinen Regeln vertretungsbefugt ist.[81] 75

Nicht eindeutig ist die Bestimmung, wenn das Antragsrecht im konkreten Fall den Mitgliedern **mehrerer in § 15 Abs. 2 InsO genannten Personengruppen** zusteht. Denkbar ist dies zB in einer KG, die eine A- und eine B-GmbH mit nicht identischen Geschäftsführern als persönlich haftende Gesellschafter hat. In diesem Fall sind die GmbHs gem. § 15 Abs. 1 InsO (RdNr. 42) und jeder GmbH-Geschäftsführer gem. § 15 Abs. 3 InsO antragsberechtigt. Ein weiterer Anwendungsfall ist denkbar, wenn man neben den persönlich haftenden Gesellschaftern einer Personengesellschaft auch diejenigen Gesellschafter für antragsberechtigt hält, die als persönlich haftende Gesellschafter an einer Gesellschafter-Gesellschaft beteiligt sind (RdNr. 43). Gleiches gilt, wenn sich unter den gem. § 15 Abs. 1 Satz 2 InsO antragsberechtigten GmbH-Gesellschaftern eine führungslose GmbH befindet, deren Gesellschafter antragsberechtigt sind (RdNr. 16). In all diesen Fällen stellt sich die Frage, ob § 15 Abs. 2 InsO voraussetzt, dass *sämtliche Antragsberechtigte* den Antrag stellen, oder ob es genügt, wenn *sämtliche Mitglieder einer Personengruppe, die ihr Antragsrecht aus derselben Beziehung zur* 76

---

[78] BGH 13.4.2006 – IX ZB 293/04, unveröff.
[79] Handels-, Vereins-, Genossenschafts- oder Partnerschaftsregister sowie Schiffsregister.
[80] *Jaeger/H. F. Müller* § 15 RdNr. 3; *Mönning* in Nerlich/Römermann § 15 (1/09) RdNr. 25 f.; *Ehricke/Rotstegge* in Bayer/Habersack, Aktienrecht im Wandel, Bd. 2, 2007, Kap. 25 RdNr. 85, S. 1164.
[81] Vgl. LG Baden-Baden ZIP 1983, 205.

insolventen Gesellschaft herleiten, den Antrag stellen. Aufgrund des Zwecks von § 15 Abs. 2 InsO, zum Schutz der Gesellschaft eine leichtfertige Ausübung des Antragsrechts zu verhindern, ist diese Frage im zuerst genannten Sinn zu beantworten. In dem Beispielsfall der GmbH & Co KG müssen also sämtliche Geschäftsführer der beiden Komplementär-GmbHs den Antrag stellen, damit § 15 Abs. 2 InsO nicht eingreift. Ein ausdrücklicher Antrag der GmbHs, die ein eigenes Antragsrecht gem. § 15 Abs. 1 InsO haben (RdNr. 42), ist daneben entbehrlich, alles andere wäre – wenn man den Antrag nicht als konkludent erklärt ansieht – übertriebener Formalismus.

III. Glaubhaftmachung

77   Liegen die Voraussetzungen des § 15 Abs. 2 InsO vor, so ist der Antrag nur zulässig, wenn der Eröffnungsgrund glaubhaft gemacht wird. Stellen einzelne Gesellschafter oder Aufsichtsratsmitglieder im Falle der Führungslosigkeit den Antrag, so ist auch die Führungslosigkeit glaubhaft zu machen (§ 15 Abs. 1 Satz 2 InsO). Für die Glaubhaftmachung gelten die gleichen Regeln wie beim Gläubigerantrag (vgl. § 14 RdNr. 63 ff.). Bei fehlender Glaubhaftmachung ist der Antrag als unzulässig zurückzuweisen.

IV. Anhörung der übrigen Antragsberechtigten

78   Treten einzelne oder alle anderen Berechtigten dem Antrag nicht bei oder widersprechen sie ihm, so werden sie damit zur *altera pars,* zu **Antragsgegnern;** für sie ist die Lage nicht wesentlich anders, als hätte ein Gläubiger den Antrag gestellt.[82] § 15 Abs. 2 InsO schreibt daher vor, dass sie anzuhören sind. Die Anhörung kann, wenn sie versäumt worden ist, nach Einlegung der Beschwerde vom Insolvenzgericht vor der Entscheidung über die Abhilfe nachgeholt werden (vgl. § 14 RdNr. 142; § 34 RdNr. 76). Auch die vorbeugende Einreichung einer **Schutzschrift** (§ 14 RdNr. 136) ist möglich.

79   Bei der Anhörung, die auch hier nach dem Ermessen des Gerichts mündlich oder schriftlich zulässig ist (vgl. § 14 RdNr. 133), können die übrigen Antragsberechtigten alle Gesichtspunkte vorbringen, die gegen die Zulässigkeit oder Begründetheit des Eröffnungsantrags sprechen. Sie können insbesondere das Antragsrecht des Antragstellers in Zweifel ziehen oder Einwände gegen den glaubhaft gemachten Sachvortrag zum Eröffnungsgrund geltend machen. Ebenso können sie vorbringen, der Eröffnungsgrund sei nachträglich beseitigt worden, etwa durch finanzielle Leistungen der Anteilsinhaber. Zurücknehmen können sie den Antrag nicht (vgl. RdNr. 83 ff.).

80   **Treten** sie dem **Antragsrecht** des Antragstellers **entgegen**, indem sie behaupten, er sei bereits vor Antragstellung abberufen oder nicht ordnungsgemäß bestellt worden, so hat das Gericht dem von Amts wegen nachzugehen. Die Beteiligten haben bei der Aufklärung des Sachverhalts mitzuwirken. Einzelheiten bei § 13 RdNr. 79.

81   **Einwände** gegen den vom Antragsteller dargelegten und glaubhaft gemachten **Eröffnungsgrund** haben besonderes Gewicht, wenn sie ihrerseits glaubhaft gemacht werden. Beseitigt diese Gegenglaubhaftmachung (vgl. § 14 RdNr. 88, 147 f.) die überwiegende Wahrscheinlichkeit der Angaben des Antragstellers, so wird der Eröffnungsantrag unzulässig. Im Übrigen können die widersprechenden Beteiligten den weiteren Gang des Eröffnungsverfahrens in gleicher Weise beeinflussen wie in jedem anderen gerichtlichen Verfahren: durch Rechtsausführungen, Sachvortrag sowie Vorlage oder Benennung von Beweismitteln. Außerdem kann jeder Einzelne von ihnen gegen die abschließende Entscheidung über die Eröffnung des Insolvenzverfahrens **sofortige Beschwerde** einlegen (vgl. RdNr. 89) und geltend machen, ein Eröffnungsgrund liege nicht vor.

82   Auch den Einwand des **Missbrauchs des Antragsrechts** können die übrigen Antragsberechtigten dem Eröffnungsantrag entgegenhalten. Ist das Vorbringen schlüssig, so hat das Gericht ihm unter dem Gesichtspunkt des allgemeinen Rechtsschutzinteresses (Verfolgung nicht schutzwürdiger Zwecke) von Amts wegen nachzugehen; ein missbräuchlicher Eröffnungsantrag ist unzulässig.

E. Rücknahme des Antrags

83   Nicht ausdrücklich geregelt ist die Frage, wer den wegen Zahlungsunfähigkeit oder Überschuldung gestellten Eigenantrag zurücknehmen kann (vgl. § 13 Abs. 2 InsO).[83] Wendet man § 15 InsO unbesehen auf die Antragsrücknahme an, müsste man zu dem Ergebnis kommen, dass der Antrag grundsätzlich von jedem Antragsberechtigten zurückgenommen werden kann. Dieses Ergebnis ist

---

[82] Vgl. Motive zu § 208 KO, *Hahn* S. 391. Das LG Tübingen KTS 1961, 158 hat in dieser Situation die Vorstandsmitglieder ausdrücklich als Antragsteller und Antragsgegner bezeichnet.
[83] BGH NZG 2008, 709 RdNr. 5; *Jaeger/H. F. Müller* § 15 RdNr. 54; *Gottwald/Haas/Hossfeld* § 92 RdNr. 53.

aber offensichtlich nicht gewollt, denn damit würde die speziell für den Fall der Meinungsverschiedenheiten unter mehreren Antragsberechtigten vorgesehene Regelung des § 15 Abs. 2 InsO weitgehend leerlaufen. Gleiches gilt, wenn man die Befugnis zur Antragsrücknahme unter Rückgriff auf die allgemeinen Vertretungsregelungen bestimmt,[84] da in der Praxis die Mitglieder des Vertretungsorgans *in praxi* häufig einzelvertretungsberechtigt sind oder dies zumindest nachträglich vorgesehen werden kann. **Grundsätzlich** kann der Insolvenzantrag daher nur von **demjenigen zurückgenommen werden, der den Antrag gestellt hat.**[85] Da es sich bei der Antragsrücknahme um den *actus contrarius* der Antragstellung handelt, muss der Antragsteller zum Zeitpunkt der Antragsrücknahme noch **antragsberechtigt** sein.[86]

Der Grundsatz, dass nur der Antragsberechtigte zur Rücknahme des Antrags befugt ist, kann jedoch **nicht ohne Ausnahme** gelten. Denn jedenfalls in den Fällen, in denen der Antragsteller – zB durch Ausscheiden aus der Gesellschaft – sein Antragsrecht verliert, droht ein Bruch mit dem insolvenzrechtlichen Dispositionsgrundsatz, da niemand mehr den Antrag zurücknehmen könnte. Zudem würde die Gesellschaft in einer für ihren Bestand zentralen Angelegenheit handlungsunfähig. Der **BGH** hat daher zu Recht entschieden, dass jedenfalls in dem Fall, in dem der Antragsteller aus der Gesellschaft ausscheidet, der danach verbleibende einzige vertretungsberechtigte Geschäftsführer den Insolvenzantrag zurücknehmen kann.[87] Eine **Gegenausnahme** gilt dann, wenn die Rücknahme rechtsmissbräuchlich ist.[88] Dies ist insbesondere dann zu bejahen, wenn der Antragsteller allein wegen der Antragstellung aus seinem Amt entfernt bzw. aus der Gesellschaft ausgeschlossen wurde. Dabei sollte der ehemalige Antragsberechtigte – falls er nicht verstorben oder aus einem anderen Grund nicht anhörungsfähig ist – analog § 15 Abs. 2 Satz 3 InsO gehört werden. Zu prüfen ist in all diesen Fällen freilich, ob die Organ- bzw. Gesellschafterstellung überhaupt wirksam beendet wurde. Obwohl der BGH sich in dem Urteil ausdrücklich auf den Fall beschränkt, in dem die Gesellschaft nach dem Ausscheiden des Antragstellers einzig durch den die Rücknahme erklärenden Geschäftsführer vertreten wird, wird man die Grundsätze dieses Urteils auf alle Fälle übertragen können, in denen **sämtliche Antragsberechtigte** nach dem Ausscheiden des Antragstellers die Rücknahme des Antrags erklären.[89]

Eine wirksame Antragsrücknahme hat zur **Folge**, dass der Antrag ex nunc seine Wirkung verliert (§ 269 Abs. 3 ZPO i. V. m. § 4 InsO).[90] Zur Kostenfolge RdNr. 87. Zu den Auswirkungen auf die Insolvenzantragspflicht s. § 15a RdNr. 134.

Eine **Erledigungserklärung (§ 91a ZPO i. V. m. § 4 InsO)** anstelle der Antragsrücknahme durch den Schuldner ist beim Eigenantrag nicht statthaft. Da kein Antragsgegner vorhanden ist, dem die Kosten des Verfahrens auferlegt werden könnten, fehlt ein Rechtsschutzinteresse.[91] Kostenschuldner ist beim (echten) Eigenantrag stets der schuldnerische Rechtsträger als solcher (RdNr. 87 f.).

F. Kostenpflicht bei Zurückweisung oder Rücknahme des Eigenantrags

Wird der Eigenantrag als unzulässig oder unbegründet zurückgewiesen oder wird er wirksam zurückgenommen, so hat grundsätzlich der Schuldner die Kosten des Verfahrens zu tragen (§ 4,

---

[84] So LG Berlin KTS 1974, 182, 184; *Uhlenbruck/Hirte* § 15 RdNr. 6; *Gottwald/Uhlenbruck/Schmahl* § 10 RdNr. 4; *Delhaes*, Kölner Schrift, S. 191 ff.; *ders.*, Kölner Schrift, S. 98, 107 ff.; *Fenski* BB 1988, 2265, 2266 f.; *K. Schmidt* ZGR 1998, 633, 655; für die drohende Zahlungsunfähigkeit (§ 18 InsO) auch *Scholz/K. Schmidt/Bitter* GmbHG Vor § 64 RdNr. 73.

[85] LG Tübingen KTS 1961, 158 f.; LG Dortmund NJW-RR 1986, 258 f.; LG Hamburg 20.6.1995 – 326 T 54/95, zit. bei *Delhaes*, Kölner Schrift, S. 98, 106, *Fenski* BB 1988, 2265, 2266; AG Duisburg ZIP 1995, 582 f.; AG Potsdam NZI 2000, 328; AG Hamburg ZIP 2006, 1688, 1689; AG Magdeburg ZInsO 1998, 43; *Jaeger/H. F. Müller* § 15 RdNr. 57; FKInsO-*Schmerbach* § 15 RdNr. 26 ff.; HKInsO-*Kirchhof* § 13 RdNr. 16; *Haas* DStR 1998, 1359, 1360 f.

[86] BGH NZI 2006, 700; LG Duisburg 22.11.1994 – 4 T 250/94 (unveröffentlicht); auch BGH NZG 2008, 709, 710.

[87] BGH NZG 2008, 709 RdNr. 6, 12; aA Voraufl. RdNr. 82; LG Dortmund NJW-RR 1986, 258 f.; LG Hamburg 20.6.1995 – 326 T 54/95, zit. bei *Delhaes*, Kölner Schrift, S. 98, 106; AG Duisburg ZIP 1995, 582 f. und NZI 2002, 209 f.; AG Magdeburg ZInsO 1998, 43; *Rowedder/Schmidt-Leithoff* GmbHG § 63 RdNr. 17; *Kübler/Prütting/Pape* § 13 (2/05) RdNr. 122 ff.; *Scholz/K. Schmidt/Bitter* Vor § 64 RdNr. 73.

[88] BGH NZG 2008, 709 RdNr. 14; *K. Schmidt* ZGR 1998, 633, 655; FKInsO-*Schmerbach* § 15 RdNr. 30; HKInsO-*Kirchhof* § 13 RdNr. 16.

[89] Weitergehend (für Rücknahmebefugnis des Nachfolgers und jedes Antragsberechtigten) *Jaeger/H. F. Müller* § 15 RdNr. 58.

[90] Vgl. BK-*Humberg* § 15 RdNr. 22 (Antragspflichten „leben wieder auf").

[91] LG Berlin ZInsO 2002, 884 f.; HK-Kirchhof § 15 RdNr. 17.

§§ 91, 269 ZPO, § 23 Abs. 1, § 58 Abs. 1 GKG)[92]. Antragsteller im kostenrechtlichen Sinn ist der **schuldnerische Rechtsträger** als solcher, nicht der antragstellende organschaftliche Vertreter oder Gesellschafter.[93] Dies gilt auch, wenn nur einzelne Antragsberechtigte den Antrag gestellt hatten und andere Berechtigte ihm mit Erfolg entgegengetreten sind.[94] Interne Ersatzansprüche des Schuldners wegen einer Verletzung organ- oder mitgliedschaftlicher Pflichten bleiben unberührt.

88 Anders ist es nur, wenn die Umstände, aus denen sich das Antragsrecht des **antragstellenden Vertreters oder Gesellschafters** ergeben soll, nicht zur Überzeugung des Gerichts festgestellt worden sind. In diesem Fall sind die Kosten des Verfahrens in aller Regel der Person aufzuerlegen, die sich erfolglos des Antragsrechts berühmt hat. Es gelten die Grundsätze des Zivilprozesses über die Kostenpflicht eines vollmachtlosen Vertreters.[95]

G. Beschwerdebefugnis

89 Jeder Antragsberechtigte kann im Rahmen des § 34 InsO namens des Schuldners Beschwerde gegen die Entscheidung über die Eröffnung des Insolvenzverfahrens einlegen.[96] Dabei kommt es nicht darauf an, ob der Beschwerdeführer selbst den Eröffnungsantrag gestellt hat. Die Beschwerdebefugnis steht jedem Antragsberechtigten auch und gerade dann zu, wenn er mit dem Eröffnungsantrag eines anderen Antragsberechtigten nicht einverstanden war.[97] Nicht antragsberechtigte Organe haben kein Beschwerderecht.

H. Antrag wegen drohender Zahlungsunfähigkeit (§ 18 Abs. 3 InsO)

I. Normzweck

90 Für den Eigenantrag im Fall der **drohenden Zahlungsunfähigkeit** enthält § 18 Abs. 3 InsO eine Sonderregelung des Antragsrechts. Da die Gläubigerinteressen nicht ebenso stark gefährdet sind wie in den Fällen der Zahlungsunfähigkeit und Überschuldung, kann ein solcher Antrag von den Berechtigten nur im Rahmen ihrer konkreten gesellschaftsrechtlichen Vertretungsbefugnis gestellt werden.

II. Antragsrecht und Verfahren

91 Gem. § 18 Abs. 3 InsO reicht das Antragsrecht so weit wie die **Vertretungsmacht**. Im Fall der gesetzlich oder satzungsmäßig vorgesehenen Gesamtvertretung kann der Antrag also nur von Antragsberechtigten in vertretungsberechtigter Anzahl gestellt werden; dabei können im Rahmen der unechten Gesamtvertretung[98] auch Prokuristen mitwirken. All dies gilt auch im Falle der Führungslosigkeit; § 15 Abs. 1 Satz 2 InsO ist nicht analog anzuwenden.[99] Die Zustimmung der Anteilsinhaber oder des Aufsichtsrats als verfahrensrechtliche Zulässigkeitsvoraussetzung sieht das Gesetz nicht vor. Eine etwaige gesellschaftsrechtliche Bindung der Antragsberechtigten an eine solche Zustimmung hat nur im Innenverhältnis Bedeutung; sie schränkt jedoch die Vertretungsbefugnis und damit das Antragsrecht gegenüber dem Gericht nicht ein.[100]

92 Erfahrungsgemäß werden viele Eröffnungsanträge wegen drohender Zahlungsunfähigkeit gestellt, obwohl diese längst eingetreten ist. Kommt es für die Zulässigkeit des Antrags auf die **Abgrenzung zur Zahlungsunfähigkeit** an, weil der Antragsteller keine konkrete gesellschaftsrechtliche Vertretungsbe-

---

[92] Näher zur Berechnung vgl. FA-InsR/*Hefermehl* Kap 1 RdNr. 33.
[93] BGH NZI 2007, 40 f.
[94] LG Berlin ZInsO 2002, 884 f.
[95] LG Duisburg DZWIR 2000, 34, 35; allgemein hierzu BGH NJW 1983, 883 f.; BGHZ 121, 397, 400; BGH NZI 2000, 420, 422; OLG Brandenburg NZI 2001, 255 f.; OLG Karlsruhe NZI 2005, 39 f.; OLG Bamberg InVo 2006, 184
[96] BGH Beschluss v. 17.7.2008 – IX ZB 48/08 (unveröffentlicht), HKInsO-*Kirchhof* § 15 RdNr. 3; Jaeger/*Müller* § 15 RdNr. 61 ff.
[97] RG JW 1895, 454; BGH NZI 2006, 594 f.; BGH NZI 2006, 700; OLG Frankfurt JW 1930, 2812; KG OLGZ 1965, 166, 168; LG Tübingen KTS 1961, 158 f.; LG Dessau ZIP 1998, 1006 (dazu *Schmahl* EWiR 1998, 557); HKInsO-*Kirchhof* § 34 RdNr. 9; Jaeger/*H. F. Müller* § 15 RdNr. 61 ff.; *Uhlenbruck* § 34 RdNr. 11; *Uhlenbruck*/*Hirte* § 15 RdNr. 9.
[98] § 78 Abs. 3 AktG; vgl. BGH NJW 2001, 3183 f.
[99] *Gottwald*/*Haas*/*Hossfeld* § 92 RdNr. 51.
[100] Vgl. BGHZ 83, 122, 131; BGHZ 159, 30, 38 f.; *Wortberg* ZInsO 2004, 707, 711; *Lieder* DB 2004, 2251, 2254; *Görg*, FS Greiner, 2005, S. 51, 52 ff.

fugnis hat, so ist zur Zeit der Antragstellung für die Anwendung des § 18 Abs. 3 nicht die Wortwahl maßgebend, sondern die aus der Antragsbegründung ersichtliche Liquiditätslage. Bietet die Begründung das Bild einer bereits eingetretenen Zahlungsunfähigkeit, so ist vorläufig nicht § 18 Abs. 3 InsO, sondern § 15 InsO anzuwenden. Die endgültige Zulässigkeit des Antrags hängt von der Sachlage bei Entscheidungsreife ab. Stellt sich bei den Ermittlungen zum Eröffnungsgrund heraus (§ 16 InsO), dass die zunächst als eingetreten glaubhaft gemachte Zahlungsunfähigkeit tatsächlich nur droht (und auch keine Überschuldung vorliegt), so gilt uneingeschränkt § 18 Abs. 3 InsO.

Wird der Antrag nicht von allen Antragsberechtigten gestellt, so gilt die Vorschrift des **§ 15 Abs. 2 InsO** analog für den Antrag gem. § 18 InsO.[101] **93**

III. Rücknahme

Die Rücknahme des Antrags wegen drohender Zahlungsunfähigkeit folgt *nicht* denselben Grundsätzen wie die Rücknahme des Antrags wegen Zahlungsunfähigkeit und Überschuldung (RdNr. 83 ff.).[102] Da das Gesetz die Antragsbefugnis in § 18 Abs. 3 InsO unter Rückgriff auf die Vertretungsbefugnis der Antragsteller bestimmt, richtet sich auch die Rücknahme des Antrags nach den **allgemeinen Vertretungsregeln**.[103] Dies ist auch sachlich gerechtfertigt, da das Gläubigerinteresse im Falle der drohenden Zahlungsunfähigkeit nicht in demselben Maße gefährdet ist wie in den Fällen der §§ 17, 18 InsO. Bei Meinungsverschiedenheiten sollte § 15 Abs. 2 InsO *nicht* analog angewendet werden, da in dem Anhörungsverfahren nur über das Vorliegen drohender Zahlungsunfähigkeit zu befinden wäre, nicht aber darüber, auf welche Weise die Krise überwunden werden soll. Darüber sollten die Antragsberechtigten zunächst einen gesellschaftsinternen Konsens erzielen.[104] **94**

§ 15a Antragspflicht bei juristischen Personen und Gesellschaften ohne Rechtspersönlichkeit

(1) ¹Wird eine juristische Person zahlungsunfähig oder überschuldet, haben die Mitglieder des Vertretungsorgans oder die Abwickler ohne schuldhaftes Zögern, spätestens aber drei Wochen nach Eintritt der Zahlungsunfähigkeit oder Überschuldung, einen Eröffnungsantrag zu stellen. ²Das Gleiche gilt für die organschaftlichen Vertreter der zur Vertretung der Gesellschaft ermächtigten Gesellschafter oder die Abwickler bei einer Gesellschaft ohne Rechtspersönlichkeit, bei der kein persönlich haftender Gesellschafter eine natürliche Person ist; dies gilt nicht, wenn zu den persönlich haftenden Gesellschaftern eine andere Gesellschaft gehört, bei der ein persönlich haftender Gesellschafter eine natürliche Person ist.

(2) Bei einer Gesellschaft im Sinne des Absatzes 1 Satz 2 gilt Absatz 1 sinngemäß, wenn die organschaftlichen Vertreter der zur Vertretung der Gesellschaft ermächtigten Gesellschafter ihrerseits Gesellschaften sind, bei denen kein persönlich haftender Gesellschafter eine natürliche Person ist, oder sich die Verbindung von Gesellschaften in dieser Art fortsetzt.

(3) Im Fall der Führungslosigkeit einer Gesellschaft mit beschränkter Haftung ist auch jeder Gesellschafter, im Fall der Führungslosigkeit einer Aktiengesellschaft oder einer Genossenschaft ist auch jedes Mitglied des Aufsichtsrats zur Stellung des Antrags verpflichtet, es sei denn, diese Person hat von der Zahlungsunfähigkeit und der Überschuldung oder der Führungslosigkeit keine Kenntnis.

(4) Mit Freiheitsstrafe bis zu drei Jahren oder mit Geldstrafe wird bestraft, wer entgegen Absatz 1 Satz 1, auch in Verbindung mit Satz 2 oder Absatz 2 oder Absatz 3, einen Eröffnungsantrag nicht, nicht richtig oder nicht rechtzeitig stellt.

(5) Handelt der Täter in den Fällen des Absatzes 4 fahrlässig, ist die Strafe Freiheitsstrafe bis zu einem Jahr oder Geldstrafe.

Literatur: A) Allgemein: *Altmeppen,* Gesellschafterhaftung und "Konzernhaftung" bei der GmbH, NJW 2002, 321; *ders.,* Grundlegend Neues zum "qualifiziert faktischen" Konzern und zum Gläubigerschutz in der Einmann-GmbH, ZIP 2001, 1837; *ders.,* Haftung der Geschäftsleiter einer Kapitalgesellschaft für Verletzung von

---
[101] *Jaeger/H. F. Müller* § 15 RdNr. 47; HKInsO-*Kirchhof* § 18 RdNr. 19; *Uhlenbruck* GmbHR 1999, 313, 318.
[102] AA Voraufl. RdNr. 85.
[103] *Jaeger/H. F. Müller* § 15 RdNr. 60.
[104] *Jaeger/H. F. Müller* § 15 RdNr. 60.

§ 15a 2. Teil. 1. Abschnitt. Eröffnungsvoraussetzungen und Eröffnungsverfahren

Verkehrssicherungspflichten, ZIP 1995, 881; *ders.*, Insolvenzverschleppungshaftung Stand 2001, ZIP 2001, 2201; *ders.*, Konkursantragspflicht in der Vor-GmbH? ZIP 1997, 273; *ders.*, Probleme der Konkursverschleppungshaftung, ZIP 1997, 1173; *ders.*, Schutz vor „europäischen" Kapitalgesellschaften, NJW 2004, 97; *Altmeppen/Wilhelm*, Quotenschaden, Individualschaden und Klagebefugnis bei der Verschleppung des Insolvenzverfahrens über das Vermögen der GmbH, NJW 1999, 673; *A. Arnold*, Die GmbH & Co KGaA, 2001; *Backes*, Die Insolvenz des Versicherungsunternehmens, 2003; *Bayer/Lieder*, Ersatz des Vertrauensschadens wegen Insolvenzverschleppung und Haftung des Teilnehmers, WM 2006, 1; *Bayer/Schmidt*, Die Insolvenzantragspflicht der Geschäftsführung nach § 92 Abs.2 AktG, § 64 Abs.1 GmbHG, AG 2005, 644; *Beck*, Die Pflicht des Geschäftsführers zur Erstattung von Insolvenzgeld bei verspäteter Insolvenzantragstellung, ZInsO 2008, 713; *Bellen/Stehl*, Pflichten und Haftung der Geschäftsführung in der Krise der GmbH – ein Überblick, BB 2010, 2579; *Binder*, Bankeninsolvenzen, 2005; *Binz/Sorg*, Die GmbH & Co. KG im Gesellschafts- und Steuerrecht, 11. Aufl. 2010; *Bitter*, Haftung von Gesellschaftern und Geschäftsführern in der Insolvenz der GmbH – Teil 1, ZInsO 2010, 1505; *ders.*, Haftung von Gesellschaftern und Geschäftsführern in der Insolvenz ihrer GmbH – Teil 2, ZInsO 2010, 1561; *ders.*, Sanierung in der Insolvenz – Der Beitrag von Treue- und Aufopferungspflichten zum Sanierungserfolg, ZGR 2010, 147; *ders.*, Zur Haftung des Geschäftsführers aus § 64 Abs. 2 GmbHG für „Zahlungen" nach Insolvenzreife, WM 2001, 666; *Bittmann*, Strafrechtliche Folgen des MoMiG, NStZ 2009, 113; *Blank*, Haftung des Geschäftsführers einer GmbH gegenüber der Bundesagentur für Arbeit für gezahltes Insolvenzgeld bei verspäteter Insolvenzantragstellung (§ 826 BGB), ZInsO 2007, 188; *Borges*, Gläubigerschutz bei ausländischen Gesellschaften mit inländischem Sitz, ZIP 2004, 733; *Bork*, Die Haftung des GmbH-Geschäftsführers wegen verspäteten Konkursantrags, ZGR 1995, 505; *Bormann*, Eigennützige Sanierungsdarlehen und § 32a III 3 GmbHG, NZI 1999, 389; *ders.*, Sanierungsdarlehen und § 32a III 3 GmbHG, NZI 1999, 389; *Brand/Reschke*, Insolvenzverschleppen – künftig auch im eingetragenen Verein strafbar?, NJW 2009, 2343; *Büchler*, Beraterhaftung in der GmbH-Insolvenz, Erfolgsaussichten von Klagen des Insolvenzverwalters gegen Steuer- und Sanierungsberater, InsVZ 2010, 68; *Burgard*, Garantie- und Verschuldenshaftung von Mitgesellschaftern einer GmbH, NZG 2002, 606; *Cahn*, Die Ausfallhaftung des GmbH-Gesellschafters, ZGR 2003, 298; *Canaris*, Die Haftung für fahrlässige Verletzungen der Konkursantragspflicht nach § 64 GmbHG, JZ 1993, 649; *Casper*, Haftungsrechtliche Anreizstrukturen der Insolvenzverschleppungshaftung, in Bachman/Casper/Schäfer/Veil (Hrsg.), Steuerungsfunktionen des Haftungsrechts im Gesellschafts- und Kapitalmarktrecht, 2007, S. 33; *Coing*, Eine neue Entscheidung zur Haftung der Banken wegen Gläubigergefährdung, WM 1980, 1026; *Dauner-Lieb*, Die Berechnung des Quotenschadens, ZGR 1998, 617; *Dellinger*, Fehlentwicklungen bei der Konkursverschleppungshaftung, FS Straube, 2009, S. 3; *ders.*, Quotenschaden oder Vertrauensschaden, wbl. 1996, 173; *Deutler*, Änderung handels- und konkursrechtlicher Vorschriften durch das Erste Gesetz zur Bekämpfung der Wirtschaftskriminalität, GmbHR 1977, 36; *Diekmann*, Reichweite der über den Ersatz des Quotenschadens hinausgehenden Insolvenzverschleppungshaftung, NZG 2006, 255; *Drygala*, Zweifelsfragen im Regierungsentwurf zum MoMiG, NZG 2007, 561; *du Carrois*, Haftungsgefahren für Erben von Gesellschaftsanteilen durch das MoMiG, ZInsO 2009, 373; *Eckhoff*, Die Haftung der Gesellschaftsleiter gegenüber den Gläubigern der Gesellschaft wegen Insolvenzverschleppung, 2010; *Ehlers*, Das Haftungspotenzial gegenüber Beratern in der Unternehmenskrise, NZI 2008, 211; *Ehricke*, Zur Teilnehmerhaftung von Gesellschaftern bei Verletzungen von Organpflichten mit Außenwirkung durch den Geschäftsführer einer GmbH, ZGR 2000, 351; *Eidenmüller*, Unternehmenssanierung zwischen Markt und Gesetz, 1999; *Ekkenga*, Die Insolvenzhaftung gegenüber dem „Neugesellschafter" nach GmbH- und Aktienrecht, FS Hadding, 2004, S. 343; *Engert*, Die Haftung für drittschädigende Kreditgewährung, 2005; *Eybers*, Aktivlegitimation des Konkursverwalters bei Wegfall des „Quotensschadens", NJW 1994, 1622; *Fichtelmann*, Die Rechtsstellung des Geschäftsführers der GmbH in der Insolvenz der Gesellschaft, GmbHR 2008, 76; *Fischhoff*, Baruch: Hindsight ≠ foresight: The effect of outcome knowledge on judgment under uncertainty, 1 J. J. Exp. Psychol: Hum. Percep. Perf. 288 (1975); *Fischhoff/Beyth*, "I knew it would happen" – Remembered probabilities of once-future-things, 13 Org. Behav. & Hum. Perf. 1 (1975); *Fleck*, Zur Haftung des GmbH-Geschäftsführers, GmbHR 1974, 224; *Fleischer*, Die „Business Judgment Rule" im Spiegel von Rechtsvergleichung und Rechtsökonomie, FS Wiedemann, 2002, S. 827; *ders.*, Rechtsrat und Organwalterhaftung, FS Hüffer, 2010, S. 187; *ders.*, Vertrauen von Geschäftsleitern und Aufsichtsratsmitgliedern auf Informationen Dritter, ZIP 2009, 1397; *ders.*, Zur aktienrechtlichen Verantwortlichkeit faktischer Organe, AG 2004, 517; *ders.*, Erweiterte Außenhaftung der Organmitglieder im Europäischen Gesellschafts- und Kapitalmarktrecht, ZGR 2004, 437; *Flume*, Die Haftung des GmbH-Geschäftsführers bei Geschäften nach Konkursreife der GmbH, ZIP 1994, 337; *Fritsche/Lieder*, Persönliche Haftung und Haftungsabwicklung bei Verstoß gegen die Insolvenzantragspflicht, DZWIR 2004, 93; *Froehner*, Deliktische Haftung für die Beihilfe zur Insolvenzverschleppung gegenüber dem Neugläubiger, ZInsO 2011, 1617; *Fuhst*, Das neue Insolvenzrecht – Ein Überblick, DStR 2012, 418; *Gehrlein*, Die Behandlung von Gesellschafterdarlehen durch das MoMiG, BB 2008, 846; *ders.*, Schadensersatzpflicht des GmbH-Geschäftsführers gegenüber Neugläubigern wegen Insolvenzverschleppung, BB 2007, 901; *Gehrlein/Witt*, GmbH-Recht in der Praxis, 2. Aufl. 2008; *Geibel*, Die Lehre von der fehlerhaften Gesellschaft als Beschränkung von Schadensersatzansprüchen?, BB 2005, 1009; *Geißler*, Die Haftung des faktischen GmbH-Geschäftsführers, GmbHR 2003, 1106; *ders.*, Fragen zum Insolvenzverfahren der Vor-GmbH, DZWiR 2009, 52; *ders.*, Verhaltensmaßnahmen und Rechtspflichten des Geschäftsführers in der Krise der GmbH, DZWiR 2011, 309; *Geschwandtner*, Haftung der Vorstandsmitglieder einer eG gegenüber den Genossenschaftsmitgliedern wegen Insolvenzverfahrensverschleppung, BB 2010, 2194; *Goette*, Einführung in das neue GmbH-Recht, 2008; *ders.*, Haftung des Geschäftsführers in Krise und Insolvenz der GmbH, ZInsO 2001, 529; *ders.*, Leitung, Aufsicht, Haftung - zur Rolle der Rechtsprechung bei der Sicherung einer modernen Unternehmensführung, FS 50 Jahre BGH, 2000, S. 123; *ders.*, Zur persönlichen Haftung des Geschäftsführers einer GmbH gegenüber Dritten aus Geschäften, die nach Eintritt der Konkursreife mit ihnen geschlossen werden, DStR 1994, 1048; *ders.*, Zur systematischen Einordnung des § 64 Abs. 2 GmbHG, FS Kreft, 2004, S. 53; *Goette/Habersack*

(Hrsg.), Das MoMiG in Wissenschaft und Praxis, 2009; *Gräfe,* Haftungsgefahren des Steuerberaters/Wirtschaftsprüfers in der Unternehmenskrise des Mandanten (Teil I), DStR 2010, 618; *ders.,* Haftungsgefahren des Steuerberaters/Wirtschaftsprüfers in der Unternehmenskrise des Mandanten (Teil II), DStR 2010, 669; *Grigoleit,* Gesellschafterhaftung für interne Einflussnahme im Recht der GmbH, 2006; *Grube/Maurer,* Zur strafbefreienden Wirkung des Insolvenzantrags eines Gläubigers zugunsten des GmbH-Geschäftsführers, GmbHR 2003, 1461; *Grundmann,* Europäisches Schuldvertragsrecht, 1. Teil, 1999; *Grunewald,* Geschäftsführerhaftung wegen Konkursverschleppung und Neugläubigerschäden. GmbHR 1994, 665; *Grunewald/Hennrichs,* Haftungsrisiken für Vorstandsmitglieder insolvenzgefährdeter Vereine, FS Hopt, 2010, S. 93; *Gundlach/Müller,* Das Insolvenzantragsrecht und die Insolvenzantragspflicht des Insolvenzverwalters, ZInsO 2011, 900; *Guski,* Gesellschafterhaftung wegen Existenzvernichtung, § 826 BGB als Fugenkitt?, KTS 2010, 277; *Haas,* Aktuelle Rechtsprechung zur Insolvenzantragspflicht der GmbH-Geschäftsführer nach § 64 Abs.1 GmbHG, DStR 2003, 423; *ders.,* Die Haftung des GmbH-Geschäftsführers in der Krise der Gesellschaft, in Heintzen/Kruschwitz (Hrsg.), Unternehmen in der Krise, 2004, S. 75; *ders.,* Die maßgebende Verjährungsfrist für den Schadensersatzanspruch wegen Insolvenzverschleppung, NZG 2009, 976; *ders.,* Die Verjährung von Insolvenzverschleppungsansprüchen, NZG 2011, 691; *ders.,* Fragen zur Insolvenzverschleppungshaftung des GmbH-Geschäftsführers, NZG 1999, 379; *ders.,* Geschäftsführerhaftung und Gläubigerschutz, 1997; *ders.,* Ist das Trihotel-Haftungsmodel Vorbild auch für andere dem Schutz der Gläubigergesamtheit dienende Haftungsansprüche?, ZIP 2009, 1257; *ders.,* Krisenhaftungsansprüche und Verjährung, FS Hopt, 2010, S. 703; *ders.,* Reform des gesellschaftsrechtlichen Gläubigerschutzes, Gutachten E für den 66. Deutschen Juristentag, in DJT (Hrsg.), Verhandlungen des Sechsundsechzigsten Deutschen Juristentages, Band I, Gutachten, Teil E, 2006; *Habersack/Schürnbrand,* Die Rechtsnatur der Haftung aus §§ 93 Abs. 3 AktG, 43 Abs. 3 GmbHG, WM 2005, 957; *Hasselbach,* Die Geltendmachung von Gesamtschadensansprüchen der Gläubiger durch den Insolvenzverwalter, DB 1996, 2213; *Häuser,* Rechte und Pflichten der Kreditinstitute bei der Sanierung von Unternehmen, Sicherheitenfreigabe und Unternehmenssanierung – Aktuelle Rechtsfragen – Bankrechtstag 1994, 1995; *Hecker/Glozbach,* Offene Fragen zur Anwendung des gegenwärtigen Überschuldungsbegriffs, BB 2009, 1544; *Heitsch,* Zur Haftung bei Insolvenzverschleppung: § 43 Abs. 2 GmbHG, § 93 Abs. 2 AktG als Anspruchsgrundlagen, ZInsO 2009, 1571; *Hellgardt,* Die deliktische Außenhaftung von Gesellschaftsorganen für unternehmensbezogene Pflichtverletzungen, WM 2006, 1514; *Henssler/Dedek,* Gesamtschaden wegen verspäteter Antragstellung, FS Uhlenbruck, 2000, S. 175; *Henze,* Holzmüller vollendet das 21. Lebensjahr; FS Ulmer, 2003, S. 211; *Herzberg,* Das vollendete vorsätzliche Begehungsdelikt als qualifiziertes Versuchs-, Fahrlässigkeits- und Unterlassungsdelikt, JuS 1996, 377; *Hirschman,* Exit, Voice, and Loyalty, 1970; *Hirte,* Abschied vom Quotenschaden: Erweiterte Haftung des GmbH-Geschäftsführers gegenüber Neugläubigern wegen Konkursverschleppung, NJW 1995, 1202; *ders.,* Die Entwicklung des Insolvenz-Gesellschaftsrechts in Deutschland im Jahr 2010, ZInsO 2012, 58; *ders.,* Die Grundsätze der „Wrongful-Trading-Alternative" zur gesetzlichen Insolvenzantragspflicht, ZInsO 2010, 1986; *ders.,* Die organisierte „Bestattung" von Kapitalgesellschaften: Gesetzgeberischer Handlungsbedarf im Gesellschafts- und Insolvenzrecht, ZInsO 2003, 833; *ders.,* Insolvenzantragsrecht und -pflicht bei „Schein-Auslandsgesellschaften", FS Lüer, 2008, S. 387; *ders.,* Neuregelungen mit Bezug zum gesellschaftsrechtlichen Gläubigerschutz und im Insolvenzrecht durch das Gesetz zur Modernisierung des GmbH-Rechts und zur Bekämpfung von Missbräuchen (MoMiG), ZInsO 2008, 689; *ders.,* Ökonomische Überlegungen zur Zwingenden Insolvenzantragspflicht des deutschen Rechts, FS Schäfer, 2008, S. 605; *ders.,* Reform des gesellschaftsrechtlichen Gläubigerschutzes, Referat für den 66. Deutschen Juristentag, in DJT (Hrsg.), Verhandlungen des Sechsundsechzigsten Deutschen Juristentages, Band II/1, Teil P, 2006, S. 11; *ders.,* Stellungnahme zum RegE eines Gesetzes zur Modernisierung des GmbH-Rechts und zur Bekämpfung von Missbräuchen (MoMiG) für den Deutschen Bundestag, ZInsO 2008, 146; *Hirte/Mock,* Wohin mit der Insolvenzantragspflicht?, ZIP 2005, 474; *Hoffmann G.,* Grenzen der Einflussnahme auf Unternehmensleitungsentscheidungen durch Kreditgläubiger,WM 2012, 10; *Hommelhoff/Schwab,* Die Außenhaftung des GmbH-Geschäftsführers und sein Regreß gegen die Gesellschaft, FS Kraft, 1998, S. 263; *Hübner,* Mindestkapital und alternativer Gläubigerschutz, FS Canaris, Band 2, 2007, S. 129; *Hüffer,* Bewertungsprobleme in der Überschuldungsbilanz, FS Wiedemann, 2002, S. 1047; *Jacoby,* Vorinstanzliche Sanierungsverfahren, ZGR 2010, 359; *Karollus,* Die Rückkehr zum individuellen deliktischen Schadensersatz bei der Konkursverschleppung und der aktuelle Streit um die Aktivlegitimation, FS Steffen, 1995, S. 213; *ders.,* Weitere Präzisierung der Insolvenzverschleppungshaftung, ZIP 1995, 269; *Keuk,* Vermögensschaden und Interesse, 1972; *Kiethe,* Der Sanierungskredit in der Insolvenz, KTS 2005, 179; *Kindler,* Die Abgrenzung von Gesellschafts- und Insolvenzstatut, Sonnenberger, Vorschläge und Berichte zur Reform des europäischen und deutschen internationalen Gesellschaftsrechts, 2007, S. 497; *Klein,* Die Haftung der Geschäftsleitung in Frankreich, RIW 2010, 352; *Kleindiek,* Ordnungswidrige Liquidation durch organisierte „Firmenbestattung", ZGR 2007, 276; *ders.,* Reform des gesellschaftsrechtlichen Gläubigerschutzes, Referat für den 66. Deutschen Juristentag, in DJT (Hrsg.), Verhandlungen des Sechsundsechzigsten Deutschen Juristentages, Band II/1, Teil P, 2006, S. 75; *Kliebisch,* Die Vereinsvorstandshaftung in Insolvenzfällen: Quo Vadis?, ZStV 2010, 206; *Klöhn,* Der individuelle Insolvenzverschleppungsschaden, KTS 2012, 33; *ders.,* Interessenkonflikte zwischen Aktionären und Gläubigern der Aktiengesellschaft im Spiegel der Vorstandspflichten, ZGR 2008, 110; *Knops/Bamberger/Maier-Reimer,* Recht der Sanierungsfinanzierung, 2005; *Kocher/Widder,* Ad-hoc-Publizität in Unternehmenskrise und Insolvenz, NZG 2010, 925; *Koller,* Sittenwidrigkeit der Gläubigergefährdung und Gläubigerbenachteiligung, JZ 1985, 1013; *Köndgen,* Risiken der Kreditinstitute bei der Sanierung von Unternehmen, Sicherheitenfreigabe und Unternehmenssanierung – Aktuelle Rechtsfragen – Bankrechtstag 1994, 1995; *Konow,* Gesellschafter-Haftung für die Vorbereitung der Konkursmasse, GmbHR 1975, 104; *Konu/Topoglu/Calcagno,* § 15a III InsO – „Positive Kenntnis" oder „Kennenmüssen", NZI 2010, 244; *Konzen,* Geschäftsführung, Weisungsrecht und Verantwortlichkeit in der GmbH & Co KG, NJW 1989, 2977; *Kraft,* Die Rechtsprechung des Bundesgerichtshofs zur Publikums-KG zwischen Vertragsauslegungund Rechtsfortbildung, in FS R. Fischer, 1979, S. 322; *B.M. Kübler,* Die

Konkursverschleppungshaftung des GmbH-Geschäftsführers nach der „Wende" des Bundesgerichtshofs – Bedeutung für die Praxis, ZGR 1995, 481; *Kühn*, Die Konkursantragspflicht bei Überschuldung einer GmbH, 1969; *Kuntz*, Die Insolvenz der Limited mit deutschem Verwaltungssitz - EU-Kapitalgesellschaften in Deutschland nach „Inspire Art", NZI 2005, 424; *ders.*, Haftung von Banken gegenüber anderen Gläubigern nach § 826 BGB wegen Finanzierung von Leveraged Buyouts?, ZIP 2008, 814; *Lange C.*, Schadensersatzpflicht des Steuerberaters wegen Beihilfe zur Insolvenzverschleppung eines GmbH-Geschäftsführers, DStR 2007, 954; *Larenz/Canaris*, Lehrbuch des Schuldrechts II/2, 13. Aufl. 1994; *Leutner/Langner*, Zur Frage der Haftung des Alleingesellschafter Geschäftsführers einer englischen Limited wegen Insolvenzverschleppung, GmbHR 2006, 713; *Löser*, Erstreckt sich die Insolvenzantragspflicht des GmbH-Geschäftsführers bei Führungslosigkeit einer Komplementär-GmbH auf das Vermögen der GmbH&Co KG?, ZInsO 2010, 799; *Lutter*, Gefahren persönlicher Haftung für Gesellschafter und Geschäftsführer einer GmbH, DB 1994, 129; *ders.*, Haftungsrisiken des Geschäftsführers einer GmbH, GmbHR 1997, 329; *ders.*, Zur persönlichen Haftung des Geschäftsführers aus deliktischen Schäden im Unternehmen, ZHR 157 (1993), 464; *Marotzke*, Das insolvenzrechtliche Eröffnungsverfahren neuer Prägung (Teil 1), DB 2012, 560; *ders.*, Die insolvente GmbH im Erbgang, ErbR 2010, 115; *Marquardt/Hau*, Risiken für Muttergesellschaften nach französischem Insolvenz- und Haftungsrecht, RIW 1998, 441; *Mascala*, Panorama des fautes de gestion, RTD com. 1999, 983; *Medicus*, Deliktische Außenhaftung der Vorstandsmitglieder und Geschäftsführer, ZGR 1998, 570; *ders.*, Die Außenhaftung des GmbH-Geschäftsführers, GmbHR 1993, 533; *ders.*, Zur deliktischen Eigenhaftung von Organpersonen, FS W. Lorenz, 1991, S. 155; *Mertens*, Schadensfragen im Kapitalgesellschaftsrecht, FS Lange, 1992, S. 561; *ders.*, Geschäftsführerhaftung in der GmbH und das ITT-Urteil, FS Fischer, 1979, S. 461; *ders.*, Zur Bankenhaftung wegen Gläubigerbenachteiligung, ZHR 143 (1979) 174; *Meyer/Gros*, Die französische Geschäftsleiterhaftung nach der Insolvenzrechtsreform 2005, GmbHR 2006, 1032; *Meyer-Cording*, Konkursverzögerung durch erfolglose Sanierungsversuche, NJW 1981, 1242; *Möllers/Beutel*, Haftung für Äußerungen zur Bonität des Bankkunden, NZG 2006, 338; *Mühlberger*, Rechtliche Bestandssicherung der GmbH & Co. KG und Haftungsrisiken für Geschäftsführer und Gesellschafter bei Überschuldung, GmbHR 1977, 146; *G. Müller*, Zum Schutz der Neugläubiger nach § 64 GmbHG, GmbHR 1994, 209; *ders.*, Zur Haftung des Gesellschafter-Geschäftsführers aus culpa in contrahendo und aus § 64 Abs. 1 GmbHG, ZIP 1993, 1531; *H. F. Müller*, Haftung des Stiftungsvorstands wegen Insolvenzverschleppung, ZIP 2010, 153; *ders.*, Der Verband in der Insolvenz, 2002; *Münch*, Amtsniederlegung, Abberufung und Geschäftsunfähigkeit des Geschäftsführers einer GmbH, DStR 1993, 916; *ders.*, Amtsniederlegung, Abberufung und Geschäftsunfähigkeit des Geschäftsführers einer GmbH, DStR 1993, 916; *Müsgen*, Die Konkursverschleppungshaftung des GmbH-Geschäftsführers, DZWiR 1994, 455; *Nauschütz*, Haftung des faktischen GmbH-Geschäftsführers wegen unzulässiger Zahlungen aus der Masse, NZG 2005, 921; *Noack*, Reform des deutschen Kapitalgesellschaftsrecht: Das Gesetz zur Modernisierung des GmbH-Rechts und zur Bekämpfung von Missbräuchen, DB 2006, 1475; *Obermüller*, Insolvenzrecht in der Bankpraxis, 8. Auflage, 2011; *Oechsler*, Die Existenzvernichtungshaftung und das Beweisrecht, FS Uwe H. Schneider, 2011, S. 913; *Palzer*, Fortwirkende organschaftliche Pflichten des Geschäftsführers einer GmbH, 2001; *Paulus*, Änderungen des deutschen Insolvenzrechts durch die Europäische Insolvenzverordnung, ZIP 2002, 729; *Piekenbrock*, Zur Geschäftsführerhaftung gegenüber der Bundesagentur für Arbeit, ZIP 2010, 2421; *Poertzgen*, Der 3-Wochen-Zeitraum im Rahmen der Antragspflicht (§ 15a InsO), ZInsO 2008, 944; *ders.*, Der einheitliche Quotenschaden bei Verstoß gegen § 64 Abs.1 GmbHG, DZWiR 2007, 101; *ders.*, Die künftige Insolvenzverschleppungshaftung nach dem MoMiG, GmbHR 2007, 1258; *ders.*, Die Rechtsformneutrale Insolvenzantragspflicht (§ 15a InsO), ZInsO 2007, 574; *ders.*, Geschäftsführerhaftung aus § 64 Satz 1 GmbHG – Anwendungspraxis und rechtspolitische Kritik, ZInsO 2011, 305; *ders.*, Insolvenzverschleppungshaftung der Geschäftsführer aus c.i.c.? – Teil 1, ZInsO 2010, 416; *ders.*, Neues zur Insolvenzverschleppungshaftung – der Regierungsentwurf des MoMiG, NZI 2008, 9; *ders.*, Organhaftung wegen Insolvenzverschleppung, 2006; *ders.*, Organschaftliche Krisenpflichten – in der (Wirtschafts-)Krise?, ZInsO 2010, 785; *ders.*, Vorstandshaftung wegen Insolvenzverschleppung (§ 42 II BGB), NZG 2010, 772; *Poertzgen/Meyer*, Keine Insolvenzverschleppungshaftung von Bankvorständen?, WM 2010, 968; *Reck*, Der Berater und die Insolvenzverschleppung, ZInsO 2000, 121; *Reiff/Arnold*, Unbeschränkte Konkursverschleppungshaftung des Geschäftsführers einer GmbHG auch gegenüber gesetzlichen Neugläubigern?, ZIP 1998, 1893; *Reul/Heckschen/Wienberg*, Insolvenzrecht in der Kautelarpraxis, 2006; *Riedemann*, Das Auseinanderfallen von Gesellschafts- und Insolvenzstatus, GmbHR 2004, 345; *Rodewald*, Alte und neue Haftungsrisiken für GmbH-Geschäftsführer vor und in Krise oder Insolvenz, GmbHR 2009, 1301; *Röhricht*, Insolvenzrechtliche Aspekte im Gesellschaftsrecht, ZIP 2005, 505; *Roitsch*, Auflösung, Liquidation und Insolvenz der Europäischen Aktiengesellschaft (SE) mit Sitz in Deutschland, 2006; *Römermann*, Insolvenzrecht im MoMiG, NZI 2008, 641; *ders.*, Insolvenzverschleppung und die Folgen, NZG 2009, 854; *ders.*, Rechtsprechungsüberblick zum insolvenznahen Arbeits- und Sozialrecht im Jahr 2008, ZInsO 2009, 353; *G. Roth/Knof*, Die Stiftung in Krise und Insolvenz, KTS 2009, 163; *G. H. Roth.*, Die Haftung faktischer Geschäftsführer im Konkurs der GmbH, ZGR 1989, 421; *ders.*, Gläubigerschutz bei der GmbH: Was ist unverzichtbar?, FS Doralt, 2004, S. 479; *ders.*, Gläubigerschutz durch Existenzschutz, NZG 2003, 1081; *M. Roth*, Unternehmerisches Ermessen und Haftung des Vorstands, 2001; *Rümker*, Gläubigerbenachteiligung durch Gewährung und Belassung von Krediten, ZHR 143 (1979) 195; *Rugullis*, Die Insolvenzantragspflicht beim Verein - Eine Interpretation des § 42 II BGB, NZI 2007, 323; *Rust*, Die Beteiligung von Minderjährigen im Gesellschaftsrecht, DStR 2005, 1942; *Sandberger*, Die Außenhaftung des GmbH-Geschäftsführers, 1997; *C. Schäfer*, Die Lehre vom fehlerhaften Verband, 2004; *ders.*, Der täuschungsbedingte Beitritt zur (Personen-)Gesellschaft und die Lehre vom fehlerhaften Verband, ZHR 170 (2006), 373; *Schäffler*, Bankenhaftung wegen Insolvenzverschleppung bei Auskehrung von Krediten in der Unternehmenskrise, BB 2006, 56; *Schanze*, Gesellschafterhaftung für unlautere Einflussnahme nach § 826 BGB: Die Trihotel-Doktrin des BGH, NZG 2007, 681; *Schlitt*, Die GmbH & Co KG in der Insolvenz nach neuem Recht (1. Teil), NZG 1998, 701; *Schmahl*, Subsidiäres Insolvenzantragsrecht bei führungslosen juristischen Personen nach dem Regierungsentwurf des MoMiG – Versuch einer rechtzeitigen begrifflichen und sachlichen Klärung, NZI 2008, 6; *H. Schmidt,* Die ökonomische Grundstruktur des Insolvenzrechts, AG 1981, 35; *K. Schmidt,* Debitorisches Bankkonto und Insolvenzverschleppungshaftung: Ist Geben seliger denn Nehmen, ZIP 2008, 1401; *ders.,* Die GmbH & Co. KG als Lehrmeisterin des Personengesellschaftsrechts, JZ 2008, 425; *ders.,* Die Handels-Personengesellschaft in der Liquidation, ZHR 153 (1989), 270; *ders.,* Die Strafbarkeit „faktischer Geschäftsführer" wegen Konkursverschleppung als Methodenproblem, FS Rebmann 1989, 419; *ders.,* "Fehlerhafte Gesellschaft" und allgemeines Verbandsrecht, AcP 186 (1986), 421; *ders.,* Gesetzlicher Handlungsbedarf im Insolvenzverschleppungsrecht – eine Depesche an das Bundesjustizministerium, ZIP 2009, 1551; *ders.,* Haftungsrealisierung in der Gesellschaftsinsolvenz – Funktion und Aufgaben des Verwalters nach Gesellschafts- und Insolvenzrecht, KTS 2001, 373; *ders.,* Insolvenzeröffnung mit Massekostenvorschuss – Vor einer neuerlichen Änderung des § 26 InsO, NJW 2011, 1255; *ders.,* Insolvenzgründe und Haftung für Insolvenzverschleppung, in Lutter (Hrsg.), Das Kapital der Aktiengesellschaft in Europa, 2006, S. 188; *ders.,* Insolvenzordnung und Gesellschaftsrecht, ZGR 1998, 633; *ders.,* Insolvenzverschleppungshaftung – Haftungsrechtsprechung zwischen Gesellschafts-, Insolvenz- und Zivilrecht, JurBl. 2000, 477; *ders.,* Kein Abschied vom „Quotenschaden" bei der Insolvenzverschleppungshaftung! – Altgläubigerschutz, Neugläubigerschutz und der § 92 I InsO, NZI 1998, 9; *ders.,* Konkursantragspflicht bei der GmbH und bürgerliches Deliktsrecht, JZ 1978, 661; *ders.,* Konkursverschleppungshaftung und Konkursverursachungshaftung, ZIP 1988, 1497; *ders.,* Löschungsgesetz und GmbH & Co., BB 1980, 1497; *ders.,* Reform der Kapitalsicherung und Kapitalaufbringung in der Krise nach dem Regierungsentwurf des MoMiG, GmbHR 2007, 1072; *ders.,* Übermäßige Geschäftsführerrisiken aus § 64 Abs.2 GmbHG, 130a Abs.3 HGB? ZIP 2005, 2177; *ders.,* Verbotene Zahlungen in der Krise von Handelsgesellschaften und die daraus resultierenden Ersatzpflichten, ZHR 168 (2004), 637; *ders.,* Vom Sonderrecht der „führungslosen GmbH" zur subsidiären Selbstorganschaft? – Überlegungen im Anschluss an das MoMiG, FS Uwe H. Schneider, 2011, S. 1157; *ders.,* Weg mit den „Zahlungsverboten" in Insolvenzverschleppungsfällen!, ZHR 175 (2011), 433; *ders.,* Zur Durchgriffsfestigkeit der GmbH, ZIP 1994, 837; *Schmittmann,* Vorsicht Falle: Haftung des Steuerberaters der Schuldnerin für den Erstattungsanspruch gegen den Geschäftsführer aus § 64 Abs. 2 GmbHG, ZInsO 2008, 1170; *Schmülling,* Haftet der GmbH-Geschäftsführer der Bundesagentur für Arbeit bei Insolvenzverschleppung aus § 826 BGB auf Ersatz des geleisteten Insolvenzgelds? ZIP 2007, 1095; *U.H. Schneider,* Die Pflichten des Geschäftsführers in der Krise der GmbH, GmbHR 2010, 57; *ders.,* Die Wahrnehmung öffentlich-rechtlicher Pflichten durch den Geschäftsführer, FS 100 Jahre GmbHG, 1992, S. 473; *Schröder,* Geschäftsführer, Gesellschafter und Mitarbeiter der GmbH als Insider, GmbHR 2007, 907; *Schubert/Hommelhoff,* Hundert Jahre modernes Aktienrecht, 1985; *Schüppen,* Aktuelle Fragen der Konkursverschleppung durch den GmbH-Geschäftsführer, DB 1994, 197; *Schürnbrand,* Organschaft im Recht der privaten Verbände, 2007; *Schulze-Osterloh,* § 64 Abs.1 GmbHG als Schutzgesetz i. S. d. § 823 Abs.2 BGB, FS Lutter, 2000, S. 707; *ders.,* Grenzen des Gläubigerschutzes bei fahrlässiger Konkursverschleppung, AG 1984, 141; *Schumann,* Die englische Limited mit Verwaltungssitz in Deutschland: Kapitalaufbringung, Kapitalerhaltung und Haftung bei Insolvenz, DB 2004, 743; *Schummer,* Haftung des GmbH-Geschäftsführers wegen Konkursverschleppung – ebenfalls ein Irrweg?, FS Koppensteiner, 2001, S. 211; *Schwarz/Ernst,* Ansprüche des Grundstücksbesitzers gegen „Falschparker", NJW 1997, 2550; *Siebert,* Die Kommanditgesellschaft auf Aktien in der Insolvenz, Jur. Diss. Jena 2003; *ders.,* Insolvenzeröffnung bei der Kommanditgesellschaft auf Aktien (Teil I), ZInsO 2004, 773; *Sieger/Hasselbach,* Die Haftung des GmbH-Geschäftsführers bei Unternehmenskäufen. Schadenersatzansprüche gegen den Geschäftsführer des „Targets", GmbHR 1998, 957; *Siegmann/Vogel,* Die Verantwortlichkeit des Strohmanngeschäftsführers einer GmbH, ZIP 1994, 1821; *ders.,* Die Verantwortlichkeit des Strohmanngeschäftsführers einer GmbH, ZIP 1994, 182; *Smid/Rattunde,* Der Insolvenzplan, 1998; *Spindler,* Unternehmensorganisationspflichten, 2001; *Stadler,* Managerhaftung in der Insolvenz, 2008; *Stapelfeld,* Die Haftung des GmbH-Geschäftsführers für Fehlverhalten in der Gesellschaftskrise, 1990; *Staudinger,* Existenzvernichtender Eingriff und Haftung des Gesellschafters, AnwBl. 2008, 316; *Steenken,* Die Insolvenz der Vor-GmbH, 2002; *Steffek,* Gläubigerschutz in der Kapitalgesellschaft: Krise und Insolvenz im englischen und deutschen Gesellschafts- und Insolvenzrecht, 2011; *ders.,* Wrongful Trading – Grundlagen und Spruchpraxis, NZI 2010, 589; *Stein,* Das faktische Organ, 1984; *ders.,* Die Normadressaten der §§ 64, 84 GmbHG und die Verantwortlichkeit von Nichtgeschäftsführern wegen Konkursverschleppung, ZHR 148 (1984), 207; *Stöber,* Die Insolvenzverschleppungshaftung in Europa, ZHR 176 (2012), 326; *Strohn,* Faktische Organe - Rechte, Pflichten, Haftung, DB 2011, 158; *ders.,* Geschäftsführerhaftung als Innen- und Außenhaftung, ZInsO 2009, 1417; *ders.,* Organhaftung im Vorfeld der Insolvenz, NZG 2011, 1161; *Theewen,* Haftungsrisiken der Kreditinstitue in der Krise ihrer Schuldner, BKR 2003, 141; *Thiessen,* Haftung des Aufsichtsrats für Zahlungen nach Insolvenzreife, ZGR 2011, 275; *Thole,* Gläubigerbenachteiligung und Gläubigerbegünstigung unter § 826 BGB – zur Dritthaftung von Kreditgebern wegen sittenwidrigen Verhaltens, WM 2010, 685; *ders.,* Gläubigerschutz und Insolvenzrecht, 2010; *ders.,* Managerhaftung für Gesetzesverstöße - Die Legalitätspflicht des Vorstands gegenüber seiner Aktiengesellschaft, ZHR 173 (2009), 504; *ders.,* Vom Totengräber zum Heilsbringer? IPRax 2011, 765; *Thümmel,* Aufgaben und Haftungsrisiken des Managements in der Krise des Unternehmens, BB 2002, 1105; *Trölitzsch,* Die Amtsniederlegung von Geschäftsführern in der Krise der GmbH, GmbHR 1995, 857; *Uhlenbruck,* Die Legitimation zur Geltendmachung von Neugläubigerschäden wegen Konkursverschleppung, ZIP 1994, 1153; *ders.,* Die Rechtsstellung des Geschäftsführers im Konkurs der GmbH, 1972, 170; *Ulmer,* Gläubigerschutz bei Scheinauslandsgesellschaften - Zum Verhältnis zwischen gläubigerschützendem nationalen Gesellschafts-, Delikts- und Insolvenzrecht und der EG-Niederlassungsfreiheit, NJW 2004, 1201; *ders.,* Konkursantragspflicht bei Überschuldung der GmbH und Haftungsrisiken bei Konkursverschleppung, KTS 1981, 469; *ders.,* Volle Haftung des Gesellschafter/Geschäftsführers einer GmbH für Gläubigerschäden aus fahrlässiger Konkursverschleppung?, NJW 1983, 1577; *Ulrich/Poertzgen/Pröm,* Einführung in das französische Insolvenzrecht, ZInsO 2006, 64; *v. Bar,* Zur Struktur der Deliktshaftung von juristischen Personen, ihren Organen und ihren Verrichtungsgehilfen, FS Kitagawa, 1992, S. 279; *Vallender,* Gefahren für den Insolvenzstandort Deutschland, NZI 2007, 129; *Veil,* Krisenbewältigung durch Gesellschaftsrecht, ZGR 2006, 374; *Verhoeven,* GmbH-Konzern-Innenrecht, 1978; *Verse,* Organwalterhaftung und Gesetzesverstoß, ZHR 170 (2006), 398; *J. Vetter,* Reform des gesellschaftsrechtlichen Gläubigerschutzes, Referat für den 66. Deutschen Juristentag, in DJT (Hrsg.), Verhandlungen des Sechsundsechzigsten Deutschen Juristentages, Band II/1, Teil P, 2006, S. 45; *Vuia,* Die Verantwortlichkeit von Banken in der Krise von Unternehmen, 2007; *G. Wagner,* Deliktshaftung und Insolvenzrecht, FS Gerhardt, 2004, S. 1043 *ders.,* Grundfragen der Insolvenzverschleppungshaftung nach der GmbH-Reform, FS K. Schmidt, 2009, S. 1665; *G. Wagner/Bronny,* Insolvenzverschleppungshaftung des Geschäftsführers für Insolvenzgeld, ZInsO 2009, 622; *M. Wagner,* Der Steuerberater in der Zwickmühle – Die Wahl zwischen Mandatsniederlegung oder Beihilfe zur Insolvenzverschleppung, ZInsO 2009, 449; *M. Wagner/Zabel,* Insolvenzverschleppungshaftung nach § 64 II GmbHG wegen Überschuldung, NZI 2008, 660; *Wälzholz,* Die insolvenzrechtliche Behandlung haftungsbeschränkter Gesellschaften nach der Reform durch das MoMiG, DStR 2007, 1914; *Weber,* Gesellschaftsrecht und Gläubigerschutz im Internationalen Zivilverfahrensrecht, 2011; *Weimar,* Grundprobleme und offene Fragen um den faktischen GmbH-Geschäftsführer (I), GmbHR 1997, 473; *Weller,* Die Neuausrichtung der Existenzvernichtungshaftung durch den BGH und ihre Implikationen durch die Praxis, ZIP 2007, 1681; *Wellkamp,* Ausweitung und Einschränkung der Eigenhaftung des GmbH-Geschäftsführers, DB 1994, 869; *Werner,* Beteiligung Minderjähriger an gesellschaftsrechtlichen Transaktionen im Recht der GmbH und GmbH & Co. KG., GmbHR 2006, 737; *Weyand,* Strafrechtliche Aspekte des MoMiG im Zusammenhang mit juristischen Personen, ZInsO 2008, 702; *Wiesner,* Die Lehre von der fehlerhaften Gesellschaft, 1980; *Wilhelm,* Konkursantragspflicht des GmbH-Geschäftsführers und Quotenschaden, ZIP 1993, 1833; *Willemer,* Vis attractiva concursus und die Europäische Insolvenzordnung, 2006; *Wolany,* Rechte und Pflichten des Gesellschafters einer GmbH, 1964; *Wübbelsmann,* Streitschrift gegen die Insolvenzverschleppungshaftung – zugleich Erwiderung auf das Urteil des OLG Saarbrücken v. 6.5.2008 – 4 U 484/07-165, GmbHR 2008, 1303; *Wüst,* Unterkapitalisierung und Überschuldung bei Beschränkthaftern, JZ 1985, 817; *Zech,* Haftung der Geschäftsführer einer GmbH gegenüber deren Gläubigern, JA 2009, 769; *Zeuner,* Schadensbegriff und Ersatz von Vermögensschäden, AcP 163 (1964), 380; *Zugehör,* Haftung des Steuerberaters für Insolvenzverschleppungsschäden, NZI 2008, 652.

B) Regulierungstheoretische Grundlagen: *Andres/Grund,* Die Flucht vor deutschen Insolvenzgerichten nach Deutschland, NZI 2007, 137; *Baird/Jackson,* Corporate Reorganizations and the Treatment of Diverse Ownership Interests: A Comment on Adequate Protection of Secured Creditors in Bankruptcy, 51 U. Chi. L. Rev. 97 (1984); *Baker/Butler/McDermott,* Corporate Governance of Troubled Companies and the Role of Restructuring Counsel, 63 Bus. Law. 855 (2008); *Beattie/Baron,* Confirmation and matching biases in hypothesis testing, 40 Q. J. Exp. Psychol. 269 (1988); *Bebchuk/Spamann,* Regulating Bankers' Pay, 98 Geo. L.J. 247 (2010); *Benartzi/Thaler,* Myopic Loss Aversion and the Equity Premium Puzzle, 110 Q. J. Econ. 73 (1995); *Bulow/Shoven,* The bankruptcy decision, 9 Bell J. Econ. 437 (1978); *Canaris,* Die Feststellung von Lücken im Gesetz, 2. Aufl. 1983; *ders.,* Schutzgesetze – Verkehrspflichten – Schutzpflichten, FS Larenz, 1983, S. 27; *Casper,* Haftungsrechtliche Anreizstrukturen der Insolvenzverschleppungshaftung, in Bachman/Casper/Schäfer/Veil (Hrsg.), Steuerungsfunktionen des Haftungsrechts im Gesellschafts- und Kapitalmarktrecht, 2007, S. 33; *Colasacco,* Where were the Accountants? Deepening Insolvency asa Means of Esuring Accountants' Presence when Corporate Turmoil Materializes, 78 Fordham L. Rev. 793 (2009); *Davies,* Directors' Creditor – Regarding Duties in Respect of Trading Decisions Taken in the Vicinity of Insolvency, EBOR 7 (2006) 301; *Eidenmüller,* Die GmbH im Wettbewerb der Rechtsformen, ZGR 2007, 168; *ders.,* Recht als Produkt, JZ 2009, 641; *ders.,* Reformperspektiven im Restrukturierungsrecht, ZIP 2010, 649; *ders.,* Trading in Times of Crisis: Formal Insolvency Proceedings, Workouts and the Incentives for Shareholders/Managers, EBOR 7 (2006), 239; *Fleischer/Schmolke/Zimmer,* Verhaltensökonomik als Forschungsgegenstand für das Wirtschaftsrecht, in Fleischer/Zimmer, Beitrag der Verhaltensökonomie (Behavioral Economics) zum Handels- und Wirtschaftsrecht (ZHR-Beiheft Nr. 75), 2011, S. 9; *Gertner/Scharfstein,* A Theory of Workouts and the Effects of Reorganization Law, 46 J. Fin. 1189 (1991); *Girgis,* Deepening Insolvency in Canada?, 53 McGill L.J. 167 (2008); *Habersack/Verse,* Wrongful Trading – Grundlage einer europäischen Insolvenzverschleppungshaftung? ZHR 168 (2004) 174; *Hirte,* Die Grundsätze der "Wrongful-Trading-Alternative" zur gesetzlichen Insolvenzantragspflicht, ZInsO 2010, 1986; *Hu/Westbrook,* Abolition of the Corporate Duty to Creditors, 107 Colum. L. Rev. 1321 (2007); *Irwin,* Stated Expectations as functions of probability and desirability of outcomes, 21 J. Personality 3 (1953); *Jensen/Meckling,* Theory of the Firm: Managerial Behavior, Agency Costs and Ownership Structure, 3 J. Fin. Econ. 305 (1976); *Kahneman/Tversky,* Choices, Values and Frames, 39 Am. Psychologist 341 (1984); *ders.,* Prospect Theory: An Analysis of Decision under Risk, 47 Econometrica 263 (1979); *Klöhn,* Die Herabsetzung der Vorstandsvergütung gem. § 87 Abs. 2 AktG in der börsennotierten Aktiengesellschaft, ZGR 2012, 1; *ders.,* Die Kondiktionssperre gem. § 817 S. 2 BGB beim beidseitigen Gesetzes- und Sittenverstoß, AcP 210 (2010), 804; *ders.,* Kapitalmarkt, Spekulation und Behavioral Finance, 2006; *ders.,* Organpflichten von Direktoren einer Delaware-Gesellschaft in Insolvenz und Insolvenznähe, RIW 2008, 37; *Kraakman,* Gatekeepers: Anatomy of a Third Party Enforcement Strategy, 2 J. L. Econ. & Org. 53 (1986); *Kunda* Motivated Inference: Self-Serving Generation and Evaluation of Causal Theories, 53 J. Pers. & Soc. Psychol. 636 (1987); *Lord/Lepper/Preston,* Considering the opposite: A corrective strategy for social judgment, 47 J. Pers. & Soc. Psychol. 1231 (1984); *Lord/Ross/Lepper,* Biased Assimilation and Attitude Polarization, The Effect of Prior Theories on Subsequently Considered Evidence, 37 J. Pers. & Soc. Psychol. 2098 (1979); *Mülbert,* A Synthetic View of Different Concepts of Creditor Protection, or: A High-Level Framework for Corporate Creditor Protection, EBOR 7 (2006), 357; *O'Hara/Ribstein,* The Law Market, 2009; *Rabin/Schrag,* First Impressions Matter: A Model of Confirmatory Bias, 114 Q. J. Econ. 37, 38 (1999); *Rasmussen/Skeel,* The Economic Analysis of Corporate Bankruptcy Law, 3 ABI Law Review 85 (1995); *Rokas,* Die Insolvenzprophylaxe als Bestandteil der Corporate Governance im deutschen Aktienrecht, 2012; *Shavell,* Foundations of Economic Analysis of Law, 2004; *Snyder/*

Cantor, Testing Hypothesis about other People: The Use of Historical Knowledge, 15 J. Exp. Soc. Psychol. 330 (1979); *Snyder/Swann,* Hypothesis-testing processes in social interaction, 36 J. Pers. & Soc. Psychol. 1202 (1978); *Spindler,* Der Gläubigerschutz zwischen Gesellschafts- und Insolvenzrecht, JZ 2006, 839; *ders.,* Trading in the Vicinity of Insolvency, EBOR 7 (2006), 339; *Stau,* Knee-Deep in the Big Muddy: A Study of Escalating Commitment toa Chosen Course of Action, 16 Org. Behav. & Hum. Perf. 27 (1976); *Thaler,* From Homo Economicus to Homo Sapiens, 14(1) J. Econ. Persp. 133 (2000); *Thole,* Die US-amerikanische Neuschöpfung des „Tort of Deepening Insolvency" – ein Vorbild für den deutschen Gläubigerschutz?, ZIP 2007, 1590; *Triebel/Otte,* 20 Vorschläge für eine GmbH-Reform - Welche Lektion kann der deutsche Gesetzgeber vom englischen lernen?, ZIP 2006, 311; *Tversky/Kahneman,* Loss Aversion in Riskless Choice: A Reference-Dependent Model, 106 Q. J. Econ. 1039 (1991); *Vallender,* Gefahren für den Insolvenzstandort Deutschland, NZI 2007, 129; *Warren,* Bakruptcy Policy, 54 U. Chi. L. Rev. 775 (1987); *Weinstein,* Unrealistic optimism about future life events, 39 J. Pers. & Soc. Psychol. 806 (1980); *Weinstein/Klein,* Unrealistic optimism: Present and future, 15 J. Soc. & Clin. Psychol. 1 (1996); *White,* Public Policy Towards Bankruptey: Me first and Other Priority Rules, 11 Bell J. Econ. 550 (1980); *White,* The Corporate Bankruptcy Decision, 3(2) J. Econ. Persp. 129 (1989); *Willett,* Gheewalla and the Director's Dilemma, 64 Bus. Law. 1087 (2009).

C) Auslandsgesellschaften: *Altmeppen/Wilhelm,* Gegen die Hysterie um die Niederlassungsfreiheit der Scheinauslandsgesellschaft, DB 2004, 1083; *Angermüller,* Die persönliche Haftung von Unternehmensleitern, insbesondere Leitern juristischer Personen, bei Insolvenz des Unternehmens nach dem französischen Insolvenzgesetz vom 13. Juli 1967, 1986; *Aukhatov,* Durchgriffs- und Existenzvernichtungshaftung im deutschen und russischen Sach- und Kollisionsrecht, 2009; *Balthasar,* Gesellschaftsstatut und Gläubigerschutz: ein Plädoyer für die Gründungstheorie, RIW 2009, 221; *Barthel,* Deutsche Insolvenzantragspflicht und Insolvenzverschleppungshaftung in Scheinauslandsgesellschaften nach dem MoMiG, 2009; *Basedow,* Der kollisionsrechtliche Gehalt der Produktfreiheiten im europäischen Binnenmarkt:favor offerentis, AcP 59 (1995) 1; *Bayer,* Die EuGH-Entscheidung "Inspire Art" und die deutsche GmbH im Wettbewerb der europäischen Rechsordnungen, BB 2003, 2357; *Berner/Klöhn,* Insolvenzantragspflicht, Qualifikation und Niederlassungsfreiheit, ZIP 2007, 106; *Bittmann/Gruber,* Limited – Insolvenzantragspflicht gem. § 15a InsO: Europarechtlich unwirksam?, GmbHR 2008, 867; *Borges,* Gläubigerschutz bei ausländischen Gesellschaften mit inländischem Sitz, ZIP 2004, 733; *Drygala,* Stand und Entwicklung des europäischen Gesellschaftsrecht, ZEuP 2004, 337; *Eidenmüller,* Ausländische Kapitalgesellschaften im deutschen Recht, 2004; *ders.,* Geschäftsleiter- und Gesellschafterhaftung bei europäischen Auslandsgesellschaften, NJW 2005, 1618; *ders.,* Gesellschaftsstatut und Insolvenzstatut, RabelsZ 70 (2006) 474; *Falcke,* Konzernrecht in Frankreich, 1986; *Fleischer/Schmolke,* Die Rechtsprechung zum deutschen internationalen Gesellschaftsrecht seit 1991, JZ 2008, 233; *Franzen,* Privatrechtsangleichung durch die Europäische Gemeinschaft, 1999; *Goette,* Wo steht der BGH nach „Centros" und "Inspire Art", DStR 2005, 197; *Gross/Schork,* Strafbarkeit des directors einer Private Company Limited by Shares wegen verspäteter Antragsstellung, NZI 2006, 10; *Haas,* Die internationale und örtliche Zuständigkeit für Klagen nach § 64 II GmbHG aF (bzw. § 64 S.1 GmbHG n.F), NZG 2010, 495; *Hefendehl,* Der Straftatbestand der Insolvenzverschleppung und die unstete Wirtschaft: Ausländische Gesellschaftsformen – faktische Organe – Führungslosigkeit, ZIP 2011, 601; *Hess,* Methoden der Rechtsfindung im Europäishen Zivilprozessrecht, IPRax 2006, 348; *Hirte,* Insolvenzantragsrecht und -pflicht bei „Schein-Auslandsgesellschaften", FS Lüer, 2008, S. 387; *ders.,* Insolvenzrecht und Gesellschaftsrecht, VGR, Gesellschaftsrecht in der Diskussion 2006, S. 147; *Hirte/Bücker,* Grenzüberschreitende Gesellschaften, 2006; *Holzer,* Rechte und Pflichten des Geschäftsführers einer nach englischem Recht gegründeten limited im Hinblick auf das deutsche Insolvenzverfahren, ZVI 2005, 457; *U. Huber,* Gesellschafterdarlehen in der Inlandsinsolvenz von Auslandsgesellschaften, in Lutter (Hrsg.), Europäische Auslandsgesellschaften in Deutschland, 2005, S. 307; *Junker,* Internationales Privatrecht, 2. Aufl. 2012; *Just,* Die englische Limited in der Praxis, 3. Aufl. 2008; *Kindler,* GmbH-Reform und internationales Gesellschaftsrecht, AG 2007, 721; *Klöhn,* Supranationale Rechtsformen und vertikaler Wettbewerb der Gesetzgeber im europäischen Gesellschaftsrecht, RabelsZ 76 (2012), 276; *Klöhn/Schaper,* Grenzüberschreitende Kombination von Gesellschaftsformen und Niederlassungsfreiheit, ZIP 2013, 49; *Knof/Mock,* Das MoMiG und die Auslandsinsolvenz haftungsbeschränkter Gesellschaften, GmbHR 2007, 852; *Krüger,* Die persönliche Haftung des handelnden Person einer Private Limited Company im Überblick, ZInsO 2007, 861; *Kuntz,* Die Insolvenz der Limited mit deutschem Verwaltungssitz - EU-Kapitalgesellschaften in Deutschland nach „Inspire Art", NZI 2005, 424; *Lanzius,* Anwendbares Recht und Sonderanknüpfungen unter der Gründungstheorie, 2005; *Leithaus/Riewe,* Inhalt und Reichweite der Insolvenzantragspflicht bei europaweiter Konzerninsolvenz, NZI 2008, 598; *Lieder,* Die Haftung der Geschäftsführer und Gesellschafter von EU-Auslandsgesellschaften mit tatsächlichem Verwaltungssitz in Deutschland, DZWiR 2005, 399; *Mock,* Safe harbour für Qualifikationsprobleme bei der Insolvenzantragspflicht?, NZI 2006, 24; *Mock/Schildt,* Insolvenz ausländischer Kapitalgesellschaften mit Sitz in Deutschland, ZInsO 2003, 396; *Mock/Westhoff,* Verwendung ausländischer Kapitalgesellschaften bei Unternehmensakquisitionen; DZWIR 2004, 23; *K. J. Müller,* Die englische Limited in Deutschland - für welche Unternehmen ist sie tatsächlich geeignet, BB 2006, 837; *H.-F. Müller,* Insolvenz ausländischer Kapitalgesellschaften mit inländischem Verwaltungssitz, NZG 2003, 414; *Otte,* Das Kapitalschutzsystem der englischen private limited company im Vergleich zur deutschen GmbH, 2006; *Paefgen,* Wider gesellschaftsrechtliche Ausländerphobie, ZIP 2004, 2253; *Pannen/Riedemann,* Checkliste: Die englische „Ltd." mit Verwaltungssitz in Deutschland in der Insolvenz, MDR 2005, 496; *Radtke/Hoffmann,* Die Anwendbarkeit von nationalem Insolvenzstrafrecht auf EU-Auslandsgesellschaften, EuZW 2009, 404; *Renner,* Insolvenzverschleppungshaftung in internationalen Fällen, 2007; *Richter,* „Scheinauslandsgesellschaften" in der deutschen Strafverfolgungspraxis, FS Tiedemann, 2008, S. 1023; *Riedemann,* Das Auseinanderfallen von Gesellschafts- und Insolvenzstatut, GmbHR 2004, 345; *Ringe/Willemer,* Die deutsche Limited" in der Insolvenz, EuZW 2006, 478; *dies.,* Zur Anwendung von § 64 GmbHG auf eine englische Limited, 2010, 56; *Röhricht,* Insolvenzrechtliche Aspekte im Gesellschaftsrecht, ZIP 2005, 505; *Schall,* Englischer Gläubigerschutz bei der Limited in Deutschland, ZIP 2005, 965; *ders.,* Kapitalgesellschaftsrechtlicher Gläubigerschutz, 2009; *Schanze/Jüttner,* Kollisionsrecht und Gesellschaftsrecht nach "Inspire Art", AG 2003, 661; *J. Schmidt,* Insolvenzantragspflicht und Insolvenzverschleppungshaftung bei der „deutschen" Limited, ZInsO 2006, 737; *Schüppen,* Aktuelle Fragen der Konkursverschleppung durch den GmbH-Geschäftsführer, DB 1994, 197; *Schumann,* Die englische Limited mit Verwaltungssitz in Deutschland: Kapitalaufbringung, Kapitalerhaltung und Haftung bei Insolvenz, DB 2004, 743; *Spindler/Berner,* Der Gläubigerschutz im Gesellschaftsrecht nach Inspire Art, RIW 2004, 7; *Terhoven,* Zivilrechtliche Geschäftsleiterhaftung bei Kapitalgesellschaften in Frankreich, 1993; *Trunk,* Internationales Insolvenzrecht, 1998; *Ulmer,* Gläubigerschutz bei Scheinauslandsgesellschaften, NJW 2004, 1201; *ders.,* Insolvenzrechtlicher Gläubigerschutz gegenüber Scheinauslandsgesellschaften ohne hinreichende Kapitalausstattung?, KTS 2004, 291; *Ungan,* Gläubigerschutz nach dem EuGH-Urteil in "Inspire Art", ZVglRWiss 104 (2005), 355; *von Hase,* Insolvenzantragspflicht für directors einer Limited in Deutschland?, BB 2006, 2141; *Vallender,* Die Insolvenz von Scheinauslandsgesellschaften, ZGR 2006, 425; *Vallender/Fuchs,* Die Antragspflicht organschaftlicher Vertreter einer GmbH vor dem Hintergrund der Europäischen Insolvenzordnung, ZIP 2004, 829; *Wachter,* Persönliche Haftung des Gründers einer englischen private limited company, BB 2006, 1463; *M. Wagner,* Insolvenzantragstellung nur im EU-Ausland?, ZIP 2006, 1934; *Wais,* Internationale Zuständigkeit bei gesellschaftsrechtlichen Ansprüchen aus Geschäftsführerhaftung gemäß § 64 Abs. 2 Satz 1 GmbHG aF/§ 64 Satz 1 GmbHG n.F., IPRax 2011, 138; *Walterscheid,* Die englische Limited im Insolvenzverfahren, DZWIR 2006, 95; *Weller,* Europäische Rechtswahlfreiheit, 2004; *ders.,* „Inspire Art": Weitgehende Freiheiten eim EInsatz ausländischer Briefkastengesellschaften, DStR 2003, 1800; *ders.,* Das Internationale Gesellschaftsrecht in der neusten BGH-Rechtsprechung, IPRax 2003, 324; *ders.,* Einschränkungen der Gründungstheorie bei missbräuchlicher Auslandsgründung?, IPRax 2003, 520; *ders.,* Forum Shopping im Internationalen Insolvenzrecht?, IPRax 2004, 412; *H.P. Westermann,* Auf dem Weg zum Wettbewerb der Gesellschaftsrechtsordnungen, ZIP 2005, 1849; *Wilhelmi,* Das Mindestkapital als Mindestschutz, GmbHR 2006, 13; *Wilk/Stewen,* Die Insolvenz der Limited in der deutschen Strafrechtspraxis, wistra 2011, 161; *Zahn,* Geschäftsleiterhaftung und Gläubigerschutz bei Kapitalgesellschaften in Frankreich, 1986; *Zerres,* Deutsche Insolvenzantragspflicht für die englische Limited mit Inlandssitz, DZWIR 2006, 356; *Zimmer,* Internationales Gesellschaftsrecht, 1996; *ders.,* Nach „Inspire Art": Grenzenlose Gestaltungsfreiheit für deutsche Unternehmen?, NJW 2003, 3585; *Zöllner,* Konkurrenz für inländische Kapitgesellschaften durch ausländische Rechtsträger; insbesondere durch die englische Private Limited Company, GmbHR 2006, 1.

D) Strafrecht: *Bittmann/Pikarski,* Strafbarkeit der Verantwortlichen der vor-GmbH, wistra 1995, 91; *Büttner,* Der neue Überschuldungsbegriff und die Änderung des Insolvenzstrafrechts, ZInsO 2009, 841; *Cavero,* Zur strafrechtlichen Verantwortlichkeit des faktischen Geschäftsführers, FS Tiedemann, 2008, S. 299; *Hefendehl,* Der Straftatbestand der Insolvenzverschleppung und die unstete Wirtschaft: Ausländische Gesellschaftsformen – faktische Organe – Führungslosigkeit, ZIP 2011, 601; *Hiebl,* Neue strafrechtliche Risiken durch die Neufassung des Straftatbestandes der Insolvenzverschleppung in § 15a InsO infolge des MoMiG vom 1.11.2008, FS Mehle, 2009, S. 273; *Hirte/Knof/Mock,* Das Gesetz zur weiteren Erleichterung der Sanierung von Unternehmen (Teil I), DB 2011, 632; *Joerden,* Grenzen der Auslegung des § 84 Abs.1 Nr-2 GmbHG, wistra 1990, 1; *Kliebisch,* Vereinsvorstandshaftung in Insolvenzfällen: Quo Vadis? (Teil 2), ZStV 2010, 206; *Mankowski/Bock,* Fremdrechtsanwendung im Strafrecht durch Zivilrechtsakzessorität bei Sachverhalten mit Auslandsbezug für Blanketttatbestände und Tatbestände mit normativem Tatbestandsmerkmal, ZStW 120 (2008) 704; *Marotzke,* Das insolvenzrechtliche Eröffnungsverfahren neuer Prägung, DB 2012, 560; *Maurer,* Strafbewehrte Handlungspflichten des GmbH-Geschäftsführers in der Krise, wistra 2003, 174; *Pananis/Börner,* Strafbarkeit des Vermittlers der ordentlichen Abwicklung einer GmbH?, GmbHR 2006, 513; *Pfeiffer,* Unterlassen der Verlustanzeige und des Konkurs- oder Vergleichsantrags nach § 84 GmbHG, FS Rowedder, 1994, S. 347; *Ransiek,* Unternehmensstrafrecht, 1995; *Richter,* Der Konkurs der GmbH aus der Sicht der Strafrechtspraxis, GmbHR 1984, 113; *Römermann,* Wehe dem, der einen „nicht richtigen" Insolvenzantrag stellt! – Für eine Anwendung des vergessenen § 15a Abs. 4 InsO, ZInsO 2010, 353; *Weiß,* Der unzureichend begründete Insolvenzantrag einer GmbH aus strafrechtlicher Sicht, ZInsO 2009, 1520; *Weyand,* Strafbarkeit wegen "nicht richtiger" Insolvenzantragstellung - strafrechtlicher Flankenschutz für Insolvenzgerichte und Verwalter? ZInsO 2010, 359; *Weyand,* Strafrechtliche Aspekte des MoMiG im Zusammenhang mit juristischen Personen, ZInsO 2008, 702.

Übersicht

	Rn.		Rn.
I. Allgemeine Vorbemerkungen	1–46	c) Persönlicher Schutzbereich	8, 9
1. Überblick	1	d) Sachlicher Schutzbereich	10–28
2. Entstehungsgeschichte	2–5	e) Tieferer Grund der Eröffnungsantragspflicht	29
a) Ursprung der Insolvenzantragspflicht und von § 15a InsO	2	4. Dogmatische Einordnung	30–32
b) Änderungen durch das MoMiG	3	5. Systematik	33, 34
c) Änderungen durch das ESUG	4	6. Regulierungstheoretischer Hintergrund	35–44
d) Zeitlicher Anwendungsbereich	5	a) Die Anreize zur Verzögerung des Insolvenzantrags	35–37
3. Normzweck	6–29		
a) Überblick	6		
b) Grundsätzliches Ziel	7	b) Psychologische Faktoren	38

	Rn.		Rn.
c) Lösungsstrategien	39	b) Voraussetzungen	159–248
d) Rechtsvergleichender Überblick	40–43	c) Verjährung	249–252
e) § 15a InsO als Mittel zur Lösung des Anreizproblems	44	d) Prozessuales	253–270
		e) Haftung mehrerer	271
7. Unionsrecht	45, 46	f) Verzicht und Vergleich	272, 273
II. Voraussetzungen der Antragspflicht	47–139	2. Haftung Dritter	274–283
		a) Überblick	274
1. Erfasste Gesellschaften	47–63	b) Teilnehmerhaftung	275–278
a) Juristische Person	48	c) Eigene Haftungstatbestände	279–283
b) Gesellschaft ohne Rechtspersönlichkeit	49	3. Weitere Anspruchsgrundlagen der Gläubiger	284–316
c) Anwendbarkeit auf Gesellschaften ausländischer Rechtsform	50–62	a) Culpa in Contrahendo	284–289
d) Auswirkung von Umwandlungen und anderen Strukturmaßnahmen	63	b) § 823 Abs. 2 BGB i. V. m. weiteren Schutzgesetzen	290–294
2. Antragspflichtige	64–115	c) § 826 BGB	295–315
a) Allgemeine Vorbemerkungen	64	d) § 26 Abs. 3 u. 4 InsO	316
b) Juristische Person	65–94	4. Sonstige Rechtsfolgen der Antragspflichtverletzung	317–321
c) Personengesellschaft	95–115	a) Gesellschaftsrecht	317–319
3. Insolvenzgrund	116	b) Kapitalmarktrecht	320
4. Antragsfrist	117–131	c) Arbeitsrecht	321
a) Dogmatische Einordnung	117	**IV. Strafbarkeit (§ 15a Abs. 4 u. 5 InsO)**	322–339
b) Fristbeginn	118, 119		
c) Fristende	120–131	1. Allgemeine Vorbemerkungen	322, 323
5. Erfüllung der Antragspflicht	132–134	2. Voraussetzungen der Strafbarkeit	324–336
6. Erlöschen der Antragspflicht	135–138	a) Objektiver Tatbestand	324–334
7. Dispositivität	139	b) Subjektiver Tatbestand	335, 336
III. Insolvenzverschleppungshaftung	140–321	3. Teilnahme	337
1. Haftung gem. § 823 Abs. 2 BGB i. V. m. § 15a InsO	140–273	4. Versuch	338
a) Allgemeine Vorbemerkungen	140–158	5. Verjährung	339

I. Allgemeine Vorbemerkungen

1. Überblick. § 15a InsO statuiert die Insolvenzantragspflicht. Die Vorschrift ist eine der wichtigsten Bestimmungen des Unternehmensinsolvenzrechts, denn sie bestimmt den Zeitpunkt, ab dem Unternehmen **nicht ohne insolvenzrechtlichen Gläubigerschutz fortgeführt** werden dürfen. Durchgesetzt wird § 15a InsO mit Hilfe der auf § 823 Abs. 2 BGB gestützten **Insolvenzverschleppungshaftung**[1] sowie durch die Strafandrohung des § 15a Abs. 4 u. 5 InsO. Insolvenzrechtliche Sanktionen ergeben sich aus § 28 Abs. 4 InsO (Kostenvorschusspflicht) sowie aus § 26 Abs. 3 InsO (Regresspflicht). Diese Rechtsfolgen geben den Antragspflichtigen, vor allem den Geschäftsleitern der Gesellschaft, einen Anreiz zur fortlaufenden Überprüfung der Finanzlage und zu Sanierungsanstrengungen vor und während der Krise, um eine Insolvenz zu vermeiden.[2] **1**

2. Entstehungsgeschichte. a) Ursprung der Insolvenzantragspflicht und von § 15a InsO. Ursprung der Insolvenzantragspflicht im deutschen Recht ist Art. 240 Abs. 2 ADHGB 1861.[3] § 15a InsO wurde aufgrund des Gesetzes zur Modernisierung des GmbH-Rechts und zur Bekämpfung von Missbräuchen (**MoMiG**) v. 23. Oktober 2008[4] eingeführt. Zuvor war die Insolvenzantragspflicht rechtsformspezifisch, aber inhaltlich homogen in den jeweiligen gesellschaftsrechtlichen Regelwerken enthalten, vgl. §§ 92 Abs. 2 AktG aF (ggf. i. V. m. §§ 268 Abs. 2 Satz 1, 283 Nr. 14 AktG), 64 Abs. 1 GmbHG aF (ggf. i. V. m. § 71 Abs. 4 GmbHG), 130a, 177a HGB aF; 99 Abs. 1 GenG aF. Die Strafandrohung fand sich in §§ 401 Abs. 1 Nr. 2, Abs. 2 AktG, 84 Abs. 1 Nr. 2, Abs. 2 GmbHG aF, 130b, 177a HGB aF, 148 Abs. 1 Nr. 2, Abs. 2 GenG aF. Eine rechtsformspezifi- **2**

---

[1] Nicht glücklich erscheint der Begriff „Exit"-Haftung (so Hirte ZInsO 2010, 1986, 1987). Im regulierungstheoretischen Zusammenhang erinnert dieser Begriff an die Trias „Exit Voice und Loyalty" (vgl. *Hirschman*, Exit, Voice, and Loyalty, 1970), die mit der Insolvenzverschleppungshaftung jedoch nichts zu tun hat.
[2] Statt aller *Scholz/K. Schmidt* GmbHG Anh. § 64 RdNr. 3, 4.
[3] Der Normtext ist abgedruckt bei *Bitter* WM 2001, 666, 668; *Schubert/Hommelhoff*, Hundert Jahre modernes Aktienrecht, 1985, S. 599 f.
[4] BGBl. I, S. 2026.

sche Sonderregelung der Insolvenzantragspflicht findet sich heute noch im Recht des eingetragenen Vereins (§ 42 Abs. 2 BGB).[5]

3 **b) Änderungen durch das MoMiG.** Ziel des MoMiG war es, die Insolvenzantragspflicht rechtsformneutral auszugestalten, um die Anwendbarkeit der Antragspflicht auf Auslandsgesellschaften mit tatsächlichem Sitz in Deutschland sicherzustellen.[6] Inhaltlich wurde die Insolvenzantragspflicht im Vergleich zu den Vorgängernormen des Gesellschaftsrechts kaum verändert. Daher ist auch die Rechtsprechung zu diesen Normen für die Auslegung des § 15a InsO weiterhin verwertbar.[7] Unterschiede ergeben sich insoweit, als die Antragspflicht nach § 15a InsO voraussetzt, dass die Gesellschaft überschuldet „wird", während die Vorgängervorschriften forderten, dass sich die Überschuldung „ergibt" (etwa §§ 92 Abs. 2 Satz 2 AktG aF, 64 Abs. 1 Satz 2 GmbHG). Außerdem hat das MoMiG die Insolvenzantragspflicht der GmbH-Gesellschafter und des Aufsichtsrats in der AG und Genossenschaft bei Führungslosigkeit der Gesellschaft eingeführt (§ 15a Abs. 3 InsO).

4 **c) Änderungen durch das ESUG.** Durch das Gesetz zur weiteren Erleichterung der Sanierung von Unternehmen (ESUG) v. 7.12.2011[8] wurde der Begriff des Insolvenzantrags durch den des Eröffnungsantrags ersetzt und § 15a InsO damit terminologisch § 13 InsO angeglichen. In § 15a Abs. 2 InsO wurde ein Redaktionsversehen des MoMiG-Gesetzgebers korrigiert und klargestellt, dass die Insolvenzantragspflicht in dem dort geregelten Fall voraussetzt, dass keine natürliche Person *persönlich haftender* Gesellschafter ist.

5 **d) Zeitlicher Anwendungsbereich.** § 15a InsO ist am 1. November 2008 in Kraft getreten (Art. 25 MoMiG). Ob in Insolvenzverschleppungsfällen an § 15a InsO oder die gesellschaftsrechtlichen Vorgängernormen anzuknüpfen ist, richtet sich nicht nach Art. 103d EGInsO (Datum der Verfahrenseröffnung), da es sich bei § 15a InsO um keine Verfahrensvorschrift handelt und eine Haftung gem. § 823 Abs. 2 BGB i. V. m. § 15a InsO auch dann in Betracht kommt, wenn die Eröffnung des Verfahrens mangels Masse abgelehnt wird.[9] Einschlägig sind stattdessen die Regeln des **intertemporären Deliktsrechts**, es kommt also darauf an, ob der Haftungstatbestand vor dem 1.11.2008 oder danach verwirklicht wurde.[10] Da die Insolvenzverschleppung ein Dauerdelikt ist (RdNr. 143), kann dies dazu führen, dass eine einheitliche Verschleppungstat teils nach altem, teils nach neuem Recht beurteilt wird.[11] Daraus resultieren kaum Schwierigkeiten, weil der Inhalt des § 15a InsO im Vergleich zu den vorher geltenden gesellschaftsrechtlichen Einzelbestimmungen nicht geändert wurde (RdNr. 3).[12]

6 **3. Normzweck. a) Überblick.** Bei der teleologischen Interpretation des § 15a InsO bietet es sich an, zu unterscheiden zwischen (a) dem grundsätzlichen Ziel der Norm (RdNr. 7), (b) den Personengruppen, in deren Interesse dieses Ziel erreicht werden soll (persönlicher Schutzbereich, RdNr. 8), und (c) den Gefahren, vor denen die geschützten Personen durch die Norm bewahrt werden sollen (sachlicher Schutzbereich, RdNr. 10).

7 **b) Grundsätzliches Ziel.** Grundsätzliches Ziel des § 15a InsO ist die **rechtzeitige Einleitung des Insolvenzverfahrens**,[13] damit insolvenzreife Gesellschaften, für deren Schulden keine natürliche Person unbegrenzt haftet, nicht ohne insolvenzrechtlichen Schutz des Rechtsverkehrs fortgeführt werden.[14]

8 **c) Persönlicher Schutzbereich.** Dieses Ziel dient dem Gläubigerschutz (vgl. auch § 1 Satz 1 InsO). In den **persönlichen Schutzbereich** fallen also die **Gläubiger** der Gesellschaft, wobei es nach heute wohl allgemeiner Ansicht nicht darauf ankommt, wann die Gläubiger ihren Anspruch erworben haben (Alt- oder Neugläubiger) und aus welchem Grund die Gesellschaft den Gläubigern haftet (vertragliche und gesetzliche Gläubiger). Auch die Unterscheidung zwischen gesicherten und

---

[5] Zu ihr etwa *Grunewald/Hennrichs,* FS Hopt, 2010, S. 93; *Poertzgen* NZG 2010, 772.
[6] Begr RegE MoMiG BT-Drucks. 16/6140, S. 55. Für eine rechtsformneutrale Regelung im Insolvenzrecht hatte sich auch der 66. Deutsche Juristentag ausgesprochen, s. 66. DJT, 2006, P 144 Nr. 24.
[7] Ebenso *Scholz/K. Schmidt* GmbHG Anh. § 64 RdNr. 11.
[8] BGBl. I, S. 2582.
[9] *Scholz/K. Schmidt* GmbHG Anh. § 64 RdNr. 5; *Goette,* Einführung in das neue GmbH-Recht, 2008, Einf. RdNr. 82 ff.
[10] *Baumbach/Hueck/Haas*[19] § 64 RdNr. 112; gleichsinnig *Scholz/K. Schmidt* GmbHG Anh. § 64 RdNr. 5 (wann die Insolvenzverschleppungshandlung geschah).
[11] *Scholz/K. Schmidt* GmbHG Anh. § 64 RdNr. 5; aA *Baumbach/Hueck/Haas*[19] § 64 RdNr. 112 (einheitliche Anwendung des alten Rechts).
[12] Ebenso *Scholz/K. Schmidt* GmbHG Anh. § 64 RdNr. 5.
[13] Begr RegE MoMiG BT-Drucks. 16/6140, S. 55.
[14] Ausführlich *Klöhn* KTS 2012, 133, 150 ff.; ebenso im Ausgangspunkt etwa *Baumbach/Hueck/Haas*[19] § 64 RdNr. 128.

ungesicherten Gläubigern sollte man erst im Rahmen des sachlichen Schutzbereichs beantworten, da sie eng mit den Gefahren verknüpft ist, vor denen § 15a InsO schützen möchte (ausführlich RdNr. 20 ff.). Zu Aus- und Absonderungsberechtigten s. noch RdNr. 161.

Die Insolvenzantragspflicht soll darüber hinaus im **Allgemeininteresse** liegen.[15] Die Gesetzesbegründung zu § 15a InsO erwähnt diesen Gedanken allerdings nicht. Auch die dogmatische Verortung des § 15a InsO im Insolvenzrecht (RdNr. 30 ff.) spricht dafür, die Norm allein im Lichte des Gläubigerschutzziels des § 1 Satz 1 InsO zu interpretieren.[16] Zudem ist fraglich, welchen Mehrwert eine Interpretation des § 15a InsO als Norm zum Schutz der Allgemeinheit hat. Soweit ersichtlich, beziehen auch die Befürworter einer solchen Auslegung keine Nicht-Gläubiger in den Schutzbereich des § 15a InsO ein.[17] **Bedeutung** könnte der Streit bei der Bestimmung der Länge der Antragsfrist haben. Wer § 15a InsO als Norm zum Schutz der Allgemeinheit auffasst, kann das Unterlassen des Antrags auch dann als nicht schuldhaft ansehen, wenn es zwar nicht die Aussicht der Gläubiger auf Befriedigung erhöht, aber auf andere im Allgemeininteresse liegende Gründe gestützt werden kann. Insoweit ähnelt der Streit „Gläubiger- vs. Allgemeininteresse" der aus dem Gesellschaftsrecht bekannten Debatte „Shareholder vs. Stakeholder Value".[18] Damit ist freilich ein weiteres Argument gegen die Interpretation des § 15a InsO als Norm im Allgemeininteresse gewonnen: die Unbestimmtheit des Begriffs „Allgemeininteresse" und die daraus folgende Gefahr eines Steuerungsverlusts im Rahmen der Dreiwochenfrist (in ökonomischen Termini: die Erhöhung von *Agency*-Kosten).[19] § 15a InsO sollte daher nicht als Norm zum Schutz der Allgemeinheit interpretiert werden. 9

d) Sachlicher Schutzbereich. aa) Bedeutung. Die Frage nach dem sachlichen Schutzbereich von § 15a InsO, d.h. nach den Gefahren, vor denen § 15a InsO die Gläubiger schützen möchte, hat höchste dogmatische Bedeutung, da nur Schäden, die innerhalb des sachlichen Schutzbereiches der Norm liegen, im Rahmen der Insolvenzverschleppungshaftung nach § 823 Abs. 2 BGB i. V. m. § 15a InsO zu ersetzen sind.[20] 10

bb) Bestandsaufnahme. α) Entwicklung der Rechtsprechung. Nachdem der BGH den Schutzgesetzcharakter der Vorgängernormen von § 15a InsO anerkannt hatte,[21] vertrat er zunächst in ständiger Rechtsprechung, dass der Zweck der Antragspflicht darin bestünde, die Gesellschaftsgläubiger gegen eine weitere Aushöhlung der Insolvenzmasse zu schützen.[22] Dies galt auch für die nach Eintritt der Insolvenzreife hinzukommenden Gläubiger (**Neugläubiger**). Sie konnten im Wege der Insolvenzverschleppungshaftung nicht ihr gesamtes negatives Interesse geltend machen, sondern ebenso wie die schon vorhandenen Gläubiger (**Altgläubiger**) nur den sog. Quotenschaden (auch: Quotenverringerungsschaden[23]), d.h. die Differenz zwischen ihrer tatsächlichen (Ist-)Quote und der (Soll-)Quote, die sie erhalten hätten, wenn der Antrag rechtzeitig gestellt worden wäre.[24] Der so errechnete Gesamtquotenschaden der Alt- und Neugläubiger wurde von dem Insolvenzverwalter geltend gemacht (vgl. jetzt § 92 InsO).[25] Da seine Voraussetzungen nur schwer darzulegen waren,[26] spielte die Insolvenzverschleppungshaftung in der Praxis kaum eine Rolle[27] und entfaltete nur geringe Disziplinierungswirkung.[28] 11

---

[15] Vgl. bereits RGZ 72, 285, 289 (zu § 64 GmbHG aF); dem folgend etwa *Spindler/Stilz/Fleischer* § 92 RdNr. 47; *Goette*, FS Kreft, 2004, S. 53, 55; ähnlich *Uhlenbruck/Hirte* § 15a RdNr. 1: „Schutz der Gläubiger (...), aber auch allgemein zum Schutz des Rechtsverkehrs".

[16] Nach hM ist die Gläubigerbefriedigung die oberste Maxime des Insolvenzrechts; vgl. Begr RegE InsO, BT-Drucks. 12/2443, S. 108 f.; *Jaeger/Henckel* § 1 RdNr. 3; *Uhlenbruck/Pape* § 1 RdNr. 7 (s. aber auch RdNr. 16 aE); FK-*Schmerbach* § 1 RdNr. 11; *Thole* JZ 2011, 765, 771; umfassend zur Diskussion § 1 RdNr. 62 ff.

[17] Ausnahme bei *Uhlenbruck/Hirte* § 15a RdNr. 59 f., der Gesellschafter unter den Schutzbereich des § 15a InsO fasst, dies aber nicht damit begründet, dass § 15a InsO die Allgemeinheit schütze.

[18] Zur grundsätzlichen Frage, wessen Interessen das Insolvenzrecht schützen sollte, vgl. etwa *Eidenmüller*, Unternehmenssanierung zwischen Markt und Gesetz, 1999, S. 17 ff.; *Baird/Jackson*, 51 U. Chi. L. Rev. 97 (1984); *Rasmussen/Skeel*, 3 ABI Law Review 85 (1995); *H. Schmidt* AG 1981, 35; *Thole* JZ 2011, 765,771 ff.; *Warren*, 54 U. Chi. L. Rev. 775 (1987). Zur gesellschaftsrechtlichen Diskussion etwa *Klöhn* ZGR 2008, 110, 111 ff.; *Thole* ZHR 173 (2009), 504, 513 f. jeweils mwN.

[19] Vgl. im Zusammenhang mit dem Gesellschaftsrecht *Klöhn* ZGR 2008, 110, 118 ff.

[20] Vgl. zunächst nur BGH ZIP 1993, 763, 767 (§ 64 Abs. 1 GmbHG aF); BGH NJW 1993, 2931, 2932 (§ 64 Abs. 1 GmbHG aF); *K. Schmidt* NJW 1993, 2934.

[21] Grundlegend BGHZ 29, 100, 102 f. (§ 64 Abs. 1 GmbHG aF).

[22] BGHZ 29, 100, 105 (§ 64 Abs. 1 GmbHG aF); BGHZ 75, 96, 106 (§ 92 Abs. 2 AktG aF iVm. § 283 Nr. 14 AktG); BGHZ 100, 19, 23 (§ 64 Abs. 1 GmbHG aF); BGHZ 108, 134, 136 (§ 64 Abs. 1 GmbHG aF).

[23] Etwa BGHZ 138, 211, 214 (§ 64 Abs. 1 GmbHG aF).

[24] BGHZ 29, 100, 104 ff. (§ 64 Abs. 1 GmbHG aF); BGHZ 100, 19, 23 f. (§ 64 Abs. 1 GmbHG aF).

[25] BGH NJW-RR 1986, 579, 580 (§ 64 Abs. 1 GmbHG aF).

[26] *Bork* ZGR 1995, 505, 516; *Goette* DStR 1994, 1048, 1051; *Mertens*, FS Lange, 1992, S. 561, 577; *Schanze* AG 1993, 376, 380.

[27] *Altmeppen* ZIP 2001, 2201, 2203; *G. Müller* GmbHR 1994, 209, 212; *Schanze* AG 1993, 376, 380.

[28] *Wagner*, FS K. Schmidt, 2009, S. 1665,1683.

12 Diese restriktive Linie gab der II. Senat in der **Grundlagenentscheidung BGHZ 126, 181**[29] auf und judizierte: „Der Normzweck der gesetzlichen Konkursantragspflichten besteht darin, konkursreife Gesellschaften mit beschränktem Haftungsfonds vom Geschäftsverkehr fernzuhalten, damit durch das Auftreten solcher Gebilde nicht Gläubiger geschädigt oder gefährdet werden."[30] Vom sachlichen Schutzbereich umfasst waren demnach zwei grundsätzlich verschiedene Schadensarten. Altgläubiger sollten vor einer weiteren Verschlechterung der Insolvenzquote geschützt werden, Neugläubiger vor dem Kontakt mit der Gesellschaft.[31] Wenngleich es an kritischen Stimmen nicht fehlte[32], stimmte die Literatur dieser Wende in der Rechtsprechung zu[33].

13 Unklar blieb, ob Neugläubiger vor *jeglichem* Kontakt mit der Gesellschaft geschützt werden sollten oder nur vor einer *bestimmten Art des Kontakts*. Im Rahmen der Schadensberechnung führte der BGH nämlich aus, der wegen Insolvenzverschleppung Haftende sei verpflichtet, „den Gläubigern, die infolge des Unterbleibens des Konkursantrags mit der GmbH *in Geschäftsbeziehungen treten* und ihr *Kredit gewähren*, den ihnen dadurch entstehenden Schaden (...) zu ersetzen"[34]. Diesen Schaden nannte der II. Senat „Vertrauensschaden"[35]. Bedeutung hatte diese Frage vor allem für den Schutz gesetzlicher Gläubiger, da diese der Gesellschaft – zumindest typischerweise – keinen Kredit geben.

14 Der BGH ließ diese Frage zunächst offen[36] und verwendete im Rahmen der Schadensberechnung einerseits die Formel, Neugläubiger seien so zu stellen, als wären sie mit der Gesellschaft nicht in *Kontakt* gekommen bzw. als wären sie nicht mit der Gesellschaft in *Rechtsbeziehungen* getreten,[37] andererseits die Wendung, sie müssten so gestellt werden, als hätten sie keinen *Vertrag* mit der Gesellschaft geschlossen[38]. Die Klarstellung erfolgte dann in dem Urteil **BGHZ 164, 50**, in dem der II. Senat an seine Ausführungen in BGHZ 126, 181 anknüpfte und schrieb, Neugläubiger sollten (nur) „davor geschützt werden, mit einer insolventen GmbH in Geschäftsbeziehungen zu treten und ihr, z. B. durch eine Vorleistung, Kredit zu gewähren"[39]. Die Insolvenzantragspflicht habe nicht den Zweck, potenzielle Deliktsgläubiger davor zu bewahren, nach Insolvenzreife Opfer eines Delikts zu werden[40]. Folge dieser Rechtsprechung ist, dass Neugläubiger lediglich ihren **Kreditgewährungsschaden** ersetzt verlangen können, also den Schaden, den sie dadurch erleiden, dass sie der Gesellschaft Kredit gewährt haben[41], wobei der BGH diesen Schaden weiterhin „Vertrauensschaden" nennt[42] und man von einer völlig einheitlichen Linie der Rechtsprechung nicht sprechen kann[43].

15 β) **Ansichten in der Literatur.** In der Literatur ist man sich darüber einig, dass § 15a InsO Altgläubiger vor einer weiteren Verkürzung der Insolvenzquote schützen möchte.[44] Zum Schutz der

---

[29] Vorausgegangen war der Anfragebeschluss BGH ZIP 1993, 763 (§ 64 Abs. 1 GmbHG aF) (an den VIII. und IX Zivilsenat) und der Vorlagebeschluss BGH NJW 1993, 2931 (§ 64 Abs. 1 GmbHG aF) (an den Gemeinsamen Senat der Obersten Gerichtshöfe des Bundes). Die Senate des BGH des BAG, die zuvor eine abweichende Rechtsprechung vertreten hatten, erklärten daraufhin ihre Zustimmung zur Rechtsprechungsänderung, vgl. BGHZ 126, 181, 192 (§ 64 Abs. 1 GmbHG aF).

[30] BGHZ 126, 181, 194 (§ 64 Abs. 1 GmbHG aF); ebenso danach BGH NJW 1995, 398, 399 (§ 64 Abs. 1 GmbHG aF); BGH ZIP 2003, 1713, 1714 (§ 64 Abs. 1 GmbHG aF); OLG Koblenz NZI 2007, 113, 116 (§ 64 Abs. 1 GmbHG aF); OLG Oldenburg BeckRS 2010, 02819 sub. II.1.a)(5) (§ 64 Abs. 1 GmbHG aF).

[31] BGHZ 126, 181, 192 f. (§ 64 Abs. 1 GmbHG aF).

[32] *Bauder* BB 1993, 2472; *Canaris* JZ 1993, 649, 650 ff.; *G. Müller* ZIP 1993, 1531, 1535 ff.; *G. Müller* GmbHR 1994, 209; *Müsgen* DZWiR 1994, 455, 457 f.; *K. Schmidt* NJW 1993, 2934; *Schüppen* DB 1994, 197, 200 ff.; *Ulmer* ZIP 1993, 769.

[33] *Spindler/Stilz/Fleischer* § 92 RdNr. 78; *Lutter/Hommelhoff/Kleindiek* Anh. zu § 64 RdNr. 74; KölnKomm-AktG-*Mertens/Cahn* Anh. § 92 RdNr. 41; *Gottwald/Haas/Hossfeld* § 92 RdNr. 95; *Bork* ZGR 1995, 505, 512 ff.; *Flume* ZIP 1994, 337, 339 ff.; *Lutter* DB 1994, 129, 133 ff.; *Roth* EWiR 1993, 1095, 1096; *Wellkamp* DB 1994, 869, 873; *Wiedemann* EWiR 1993, 583, 584; offen *Medicus* GmbHR 1993, 533, 538 f.; anderes Konzept bei *Scholz/K. Schmidt* GmbHG Anh. § 64 RdNr. 55 ff.

[34] BGHZ 126, 181, 192 (§ 64 Abs. 1 GmbHG aF), Hervorhebung nur hier.

[35] BGHZ 126, 181, 198 (§ 64 Abs. 1 GmbHG aF).

[36] BGHZ 126, 181, 196 ff. (§ 64 Abs. 1 GmbHG aF); BGH ZIP 2003, 1713, 1714 (§ 64 Abs. 1 GmbHG aF).

[37] BGH NJW 1999, 2182, 2183 (§ 64 Abs. 1 GmbHG aF); BGH ZIP 2003, 1713, 1714 (§ 64 Abs. 1 GmbHG aF).

[38] BGH NJW 1995, 398, 399 (§ 64 Abs. 1 GmbHG aF).

[39] BGHZ 164, 50, 60 (§ 64 Abs. 1 GmbHG aF).

[40] BGHZ 164, 50, 61 f. (§ 64 Abs. 1 GmbHG aF).

[41] BGHZ 164, 50, 60 (§ 64 Abs. 1 GmbHG aF); BGHZ 171, 46 RdNr. 13 (§ 64 Abs. 1 GmbHG aF); BGHZ 175, 58 RdNr. 25 (§ 64 Abs. 1 GmbHG aF); BGH NZG 2009, 750 RdNr. 19 (§ 64 Abs. 1 GmbHG aF); BGH NJW-RR 2010, 1048 RdNr. 22 (§ 99 GenG aF).

[42] BGHZ 164, 50, 60 (§ 64 Abs. 1 GmbHG aF); BGH NJW 2011, 2427 RdNr. 40 (§ 64 Abs. 1 GmbHG aF).

[43] So findet sich die Formulierung, der Gläubiger sei so zu stellen, als sei er mit der Gesellschaft nicht in Rechtsbeziehungen getreten in BGHZ 171, 46 RdNr. 13 (§ 64 Abs. 1 GmbHG aF). BGH NZG 2009, 750 RdNr. 15 (§ 64 Abs. 1 GmbHG aF) geht davon aus, Neugläubiger seien so zu stellen, wie sie ohne Vertragsschluss mit der Gesellschaft stünden.

[44] Repräsentativ *Baumbach/Hueck/Haas*[19] § 64 RdNr. 109; MünchKommGmbHG-*H. F. Müller* § 64 RdNr. 57.

Neugläubiger finden sich unterschiedliche Formulierungen. So liest man, die Gesellschaft solle „aus dem Verkehr" gezogen werden.[45] Enger ist die Formulierung, die Insolvenzantragspflicht habe den Zweck, die Gesellschaft vom „Geschäftsverkehr"[46] bzw. vom „Rechts- und Geschäftsverkehr"[47] fernzuhalten oder „vom Markt" zu nehmen[48], was bedeuten würde, dass kein gesetzlicher Gesellschaftsgläubiger Schadensersatz gem. § 823 Abs. 2 BGB i. V. m. § 15a InsO verlangen könnte[49]. Gleiches gilt für die Formulierung, § 15a InsO wolle Gläubiger vor dem Vertragsschluss mit der Gesellschaft schützen.[50] Noch enger ist die Ansicht, wonach die Gläubiger davon abgehalten werden sollten, der Gesellschaft Kredit zu gewähren,[51] wenn man davon ausgeht, dass Kredit in diesem Sinne nur der vertragliche Kredit ist. Andere kombinieren beide Sätze und schreiben, Neugläubiger sollten nicht nur vor der Eingehung neuer Verträge mit insolventen Gesellschaften, sondern auch davor geschützt werden, einer solchen Gesellschaft Kredit zu geben.[52]

γ) **Äußerungen des Gesetzgebers.** Laut Begründung des MoMiG-Regierungsentwurfs **16** bezweckt § 15a InsO die rechtzeitige Einleitung des Insolvenzverfahrens und damit den Schutz „sowohl der Altgläubiger vor weiterer Verringerung der Haftungsmasse als auch der Neugläubiger vor Vertragsabschluss mit notleidenden Gesellschaften"[53]. Der Gesetzgeber knüpft somit an die Rechtsprechung des BGH an und begrenzt den Schutzzweck des § 15a InsO im Hinblick auf die Neugläubiger auf den Geschäftsverkehr, geht über diese Rechtsprechung jedoch hinaus, indem er keine Kreditvergabe verlangt, sondern den Vertragsabschluss genügen lässt.

cc) **Festlegung des Schutzzwecks durch den MoMiG-Gesetzgeber?** Jede Analyse des sach- **17** lichen Schutzbereichs von § 15a InsO muss bei den Äußerungen des MoMiG-Gesetzgebers beginnen. Sollten diese als verbindliche Schutzzweckdefinition zu verstehen sein, wäre für abweichende Konzepte kein Raum. Dies ist jedoch nicht der Fall.[54] Zwar knüpft die Regierung terminologisch an die bisherige Rechtsprechung an. Es ist jedoch nicht ersichtlich, dass diese Rechtsprechung auch für die zukünftige Auslegung des § 15a InsO für verbindlich erklärt werden soll. Unmittelbar geht es nicht um eine Zweckanalyse des § 15a InsO, sondern um die dogmatische Einordnung der Antragspflicht als insolvenzrechtliche Bestimmung, die mit dem Zweck der Vorschrift begründet wird.[55] Daher fehlt es auch an einer vertieften Auseinandersetzung mit dem Hintergrund und den Implikationen des sachlichen Schutzbereiches von § 15a InsO. Zudem werden andere Streitfragen, etwa der Schutz der nach der Insolvenzreife beitretenden Gesellschafter, nicht aufgegriffen. Schließlich wäre es äußerst unüblich, wenn der deutschen Gesetzgeber, wenn er den Schutzzweck einer so stark im Fluss befindlichen Norm wie § 15a InsO abschließend definieren wollte.

Das bedeutet nicht, dass die Äußerungen des MoMiG-Gesetzgebers völlig unbrauchbar für die **18** teleologische Interpretation des § 15a InsO wären. So **wird deutlich,** (1) dass die Norm dem Gläubigerschutz dient, (2) dass dieser Gläubigerschutz „insolvenzrechtlich", nicht aber „gesellschaftsrechtlich" verstanden wird (dazu noch u. RdNr. 9), (3) dass sowohl Alt- als auch die Neugläubiger vom Schutzbereich umfasst sein sollen und (4) dass beide Gläubigergruppen vor unterschiedlichen Gefahren geschützt werden (Masseverkürzung einerseits, Vertragsschluss andererseits).[56] Die vorstehenden Gründe sprechen jedoch dafür, dass die Begrenzung des Schutzes auf vertragliche Neugläu-

---

[45] *Michalski/Nerlich* § 64 RdNr. 76; *Drygala* NZG 2007, 561, 563.
[46] *Baumbach/Hueck/Haas*[19] § 64 RdNr. 109 (vgl. aber auch Fn. 52); MünchKommGmbHG-*H. F. Müller* § 64 RdNr. 184; *Goette*, FS Kreft, 2004, S. 53, 55 („Geschäfte eingehen").
[47] MünchKommGmbHG-*H. F. Müller* § 64 RdNr. 57.
[48] GroßkommGmbHG-*Casper* § 64 RdNr. 5, 131; vgl. auch *Staudinger/Hager* § 823 RdNr. G 30; *Lutter/Hommelhoff/Kleindiek* Anh zu § 64 RdNr. 76.
[49] Anders aber *Lutter/Hommelhoff/Kleindiek* Anh zu § 64 RdNr. 76 (Einbeziehung gesetzlicher Gläubiger).
[50] GroßkommGmbHG-*Casper* § 64 RdNr. 5, 131; *Ekkenga*, FS Hadding, 2004, S. 343, 344.
[51] GroßkommGmbHG-*Casper* § 64 RdNr. 133; *Hüffer* § 92 RdNr. 19; *Diekmann* NZG 2006, 255, 255 f.; *Haas* NZI 2006, 61, 61 f. *Haas* ZIP 2009, 1257, 1259; *Strohn* ZInsO 2009, 1417, 1423.
[52] *Baumbach/Hueck/Haas*[19] § 64 RdNr. 131 (vgl. aber auch Fn. 46).
[53] Begr RegE MoMiG BT-Drucks. 16/6140, S. 55.
[54] *Klöhn* KTS 2012, 133, 149 f.
[55] Begr RegE MoMiG BT-Drucks. 16/6140, S. 55: „Die bisherige Regelung der Insolvenzantragspflicht in den einzelnen Gesellschaftsrechtsgesetzen ist historisch bedingt; eine dogmatische Einordnung oder bewusste Entscheidung lag dem nicht zugrunde. Anlässlich der Reform des GmbH-Rechts ist es geboten, auf den Sinn und Zweck der Insolvenzantragspflicht abzustellen. Dieser ist ein insolvenzrechtlicher. Bezweckt wird durch die Antragspflicht die rechtzeitige Einleitung des Insolvenzverfahrens und damit der Schutz sowohl der Altgläubiger vor weiterer Verringerung der Haftungsmasse als auch der Neugläubiger vor Vertragsabschluss mit notleidenden Gesellschaften. Dieser Regelungszweck ist von jeher Anliegen des Insolvenzrechts".
[56] *Klöhn* KTS 2012, 133, 150.

biger **höchstens im Sinne einer Momentaufnahme** des gegenwärtigen Standes der herrschenden Dogmatik gemeint ist, nicht aber im Sinne einer verbindlichen Auslegungsanweisung.[57]

19 **dd) Der insolvenzrechtsakzessorische Schutzzweck des § 15a InsO. α) § 15a InsO als insolvenzrechtliche Schutznorm.** Haben die Äußerungen des MoMiG-Gesetzgebers somit nur begrenzte Bedeutung für die Bestimmung des sachlichen Schutzbereichs von § 15a InsO, muss sich die weitere Analyse an systematischen und teleologischen Gesichtspunkten orientieren. Aufgrund der ausdrücklichen gesetzgeberischen Qualifizierung des § 15a InsO als insolvenzrechtliche Schutznorm liegt es nahe, den Schutzbereich der Insolvenzantragspflicht im Lichte der allgemeinen Zwecksetzung des § 1 Satz 1 InsO zu interpretieren. § 15a InsO dient also dem Gläubigerschutz, und zwar durch die Statuierung einer Pflicht zur rechtzeitigen Stellung des Eröffnungsantrags, damit materiell insolvente Gesellschaften, für deren Schulden keine natürliche Person unbeschränkt haftet, nicht ohne insolvenzrechtlichen Schutz fortgeführt werden. Folglich will § 15a InsO die Gläubiger vor allen **Gefahren** schützen, **zu deren Abwendung insolvenzrechtliche Schutzvorschriften** existieren. Der Schutzzweck des § 15a InsO ist damit abhängig vom Schutzzweck derjenigen Bestimmungen, in deren Genuss die Gläubiger gem. § 15a InsO kommen sollen (*insolvenzrechtsakzessorische Schutzbestimmung* des § 15a InsO).[58]

20 **β) Gläubigergruppen.** Dabei sollten verschiedene Gefahren und mit ihnen verbunden verschiedene Gläubigergruppen unterschieden werden.[59]

21 Diejenigen **Insolvenzgläubiger, die zum Zeitpunkt der Antragspflicht auf die Verteilung der Insolvenzmasse angewiesen sind,** sollen gegen eine *Verkürzung ihrer Insolvenzquote* geschützt werden.[60] Zu diesem Zweck existieren zahlreiche Schutzvorschriften in der InsO, etwa die Normen über den Massebeschlag (§ 80 ff. InsO), über die Behandlung schwebender Geschäfte (§§ 103 ff. InsO) und über die Insolvenzanfechtung (§ 129 ff. InsO). Die durch dieses gemeinsame Schutzbedürfnis definierte Gläubigergruppe ist mit der Gruppe der Altgläubiger im Sinne der hM (Gläubiger, die zum Zeitpunkt der Insolvenzantragspflicht eine Forderung gegen die Gesellschaft haben) weitgehend deckungsgleich, aber nicht identisch. Entscheidend ist nicht, ob die Gläubiger zum Zeitpunkt der Insolvenzantragspflicht einen Anspruch gegen die Gesellschaft haben. Entscheidend ist, ob die Gläubiger zum Zeitpunkt der Insolvenzantragsstellung eine im Insolvenzverfahren nicht spezifisch geschützte Rechtsposition innehaben (zB Sicherungs- und Zurückbehaltungsrechte) und somit bereits zum Zeitpunkt der Insolvenzantragspflicht auf die Verteilung der Insolvenzmasse angewiesen sind.[61]

22 Am anderen Ende des Spektrums insolvenzrechtlichen Schutzes stehen diejenigen **Gläubiger, die erst nach dem Entstehen der Insolvenzantragspflicht mit der Gesellschaft in Kontakt kommen.** Diese Gläubiger sollen *nicht* schlechthin vor dem Kontakt mit der Gesellschaft geschützt werden. Denn in einem Insolvenzrecht, das den Erhalt des Unternehmens als (zumindest) gleichwertige Zielbestimmung zur Liquidation enthält (§ 1 Satz 1 InsO) und in dem die Sanierung von Unternehmen zuletzt durch das ESUG in vielerlei Hinsicht erleichtert worden ist, wird man kaum noch sagen können, Ziel der Eröffnungsantrags sei es, materiell insolvente Gesellschaften „aus dem Verkehr zu ziehen".[62] Dem Schutzprogramm der InsO allein gerecht wird der folgende Ansatz:[63] Diejenigen, die zum Zeitpunkt der Insolvenzantragspflicht nicht Gläubiger der Gesellschaft sind, möchte § 15a InsO vor der Gefahr bewahren, *ohne insolvenzrechtlichen Schutz Gläubiger der Gesellschaft zu werden.* Das insolvenzrechtliche Schutzprogramm wiederum besteht im Hinblick auf diese Gläubiger aus zwei wesentlichen Punkten:

23 Gesellschaften, die über eine so desolate Finanzlage verfügen, dass der (vorläufige) Insolvenzverwalter zur **vorzeitigen Betriebsstilllegung** verpflichtet ist, sollen mit der Antragstellung aus dem Verkehr gezogen werden.[64] Potenzielle Gesellschaftsgläubiger sollen also vor jeglichem Kontakt mit

---

[57] *Klöhn* KTS 2012, 133, 150.
[58] Vgl. *Klöhn* KTS 2012, 133, 150; im Ansatz ähnlich *Baumbach/Hueck/Haas*[19] § 64 RdNr. 128, *Goette*, FS Kreft, 2004, S. 53, 55.
[59] Ausführlich zum Folgenden *Klöhn* KTS 2012, 133, 150 ff.
[60] *Klöhn* KTS 2012, 133, 150 f.
[61] *Klöhn* KTS 2012, 133, 150. Inzident ebenso OLG Celle NZG 2002, 730, 732 (§ 64 Abs. 1 GmbHG aF); OLG Oldenburg BeckRS 2010, 02819 sub. II.1.a)(5) (§ 64 Abs. 1 GmbHG aF); *Wagner*, FS K. Schmidt, S. 1665, 1676 f.
[62] Ebenfalls kritisch zu der Formel des „Aus-dem-Verkehr-Ziehens" (allerdings aus anderen Gründen) aus österreichischer Sicht *Dellinger*, FS Straube, 2009, S. 3, 4 ff.
[63] *Klöhn* KTS 2012, 133, 151.
[64] Insoweit ähnlich GroßkommGmbHG-*Casper* § 64 RdNr. 1: „Aufgabe, nicht mehr lebensfähige Gesellschaften vom Markt zu nehmen oder einer Restrukturierung bzw. einer Abwicklung zuzuführen".

der Gesellschaft geschützt werden. Es soll bereits *jeglicher Vermögensabfluss aufgrund des Kontakts mit einer insolventen Gesellschaft* vermieden werden.[65]

Alle anderen Gesellschaften sollen nicht aus dem Verkehr gezogen werden, sondern können 24 zumindest für eine Übergangszeit fortgeführt werden. Dies soll allerdings nur nach Maßgabe der Schutzbestimmungen der InsO geschehen. § 15a InsO möchte den Rechtsverkehr also vor denjenigen Gefahren der (vorläufigen) Unternehmensfortführung schützen, zu deren Vermeidung besondere insolvenzrechtliche Schutzbestimmungen existieren. Zu diesen Bestimmungen gehört vor allem die Einsetzung eines vorläufigen Insolvenzverwalters und sonstigen Sicherungsmaßnahmen gem. § 21 InsO, die Information der Gläubiger und des Rechtsverkehrs über die Insolvenz (§§ 30 ff. InsO), die Bestimmung des § 55 InsO und die Haftung des Insolvenzverwalters gem. §§ 60 ff. InsO. Diese Bestimmungen sind nicht nur auf die Verhinderung des Vermögensabflusses aufgrund des Kontakts mit einer insolventen Gesellschaft gerichtet, obwohl auch dies zum Zweck dieser Vorschriften gehört (vgl. etwa die Information gem. § 30 Abs. 2 InsO, welche die Gläubiger in die Lage versetzen soll, den Kontakt mit der Gesellschaft einzustellen). Daneben geht es dem Gesetz darum, Gläubigern, die mit der Gesellschaft in Kontakt kommen und einen Vermögensabfluss zu verzeichnen haben (zB einen Kredit geben oder Opfer einer unerlaubten Handlung werden), einen *werthaltigen Gegen- bzw. Kompensationsanspruch* einzuräumen (vor allem §§ 55, 60, 61 InsO).[66]

Zwischen beiden vorgenannten Gläubigergruppen stehen diejenigen **Gläubiger, die zum Zeit-** 25 **punkt der Eröffnungsantragspflicht bereits einen Anspruch gegen die Gesellschaft haben, aber (noch) nicht auf die Verteilung der Insolvenzmasse angewiesen sind,** weil sie durch spezielle Vorschriften oder besondere Rechte gesichert sind. Hierzu gehören vor allem aus- und absonderungsberechtigte Gläubiger sowie Gläubiger mit Einreden und sonstigen Zurückbehaltungsrechten. Diese Gläubiger nur gegen die Gefahr von Masseverkürzungen zu schützen, würde dem Zweck der Insolvenzantragspflicht nicht gerecht. Denn diese Gläubiger hätten bei rechtzeitiger Beantragung des Insolvenzverfahrens nicht nur eine höhere Insolvenzquote erhalten, sie hätten ihre gesicherte Rechtsposition nicht verloren. Diese Gläubiger will § 15a InsO folglich davor bewahren, dass ihre *gesicherte Position ohne insolvenzrechtlichen Schutz entwertet* wird.[67] Dieser Schutz besteht ebenfalls in der Information über die Insolvenz der Gesellschaft (§ 30 InsO), in Rechten auf bevorzugte Befriedigung und in sonstigen Sicherungsrechten. Zu Letzteren gehören die §§ 47 ff. InsO ebenso wie § 55 Abs. 1 Nr. 1 u. 2, Abs. 2 InsO i. V. m. §§ 103 ff. InsO, die dafür sorgen, dass Gläubiger, die nach der Antragstellung an die Gesellschaft leisten müssen, die Stellung von Massegläubigern erhalten.

γ) **Dogmatische und terminologische Konsequenzen.** Die Einzelheiten des vorstehenden 26 Schutzzweckkonzepts sind erst im Rahmen der Insolvenzverschleppungshaftung auszuleuchten (RdNr. 140 ff.). Bereits hier sollten jedoch zwei Zwischenergebnisse festgehalten werden:

Zweck des § 15a InsO ist nicht, die Gesellschaft „aus dem Verkehr", „aus dem Rechtsverkehr" 27 oder „aus dem Geschäftsverkehr" zu ziehen. **§ 15a InsO bezweckt** die rechtzeitige Einleitung von Eröffnungsverfahren, damit materiell insolvente Gesellschaften *nicht ohne insolvenzrechtlichen Schutz zu Lasten gegenwärtiger und zukünftiger Gläubiger fortgeführt werden.* § 15a InsO möchte Insolvenzverschleppungsschäden verhindern, soweit zu deren Abwendung insolvenzrechtliche Schutznormen existieren (insolvenzrechtsakzessorische Schutzzweckbestimmung).

Der Zeitpunkt der Forderungsentstehung ist nach dem Schutzzweck des § 15a InsO für die 28 Abgrenzung derjenigen Gläubigergruppe, die allein gegen die Gefahr der Masseverkürzung geschützt wird, ohne Relevanz. Entscheidend ist nicht, wann die Forderung entstanden ist. Entscheidend ist allein, ob der Gläubiger *bei Beginn der Antragspflicht auf die Verteilung der Insolvenzmasse angewiesen war,* weil er über keine insolvenzrechtlich speziell geschützte Rechtsposition verfügte. Ist dies der Fall, erleiden er und alle anderen Gläubiger, die ebenfalls bei Insolvenzreife auf die Verteilung der Insolvenzmassen angewiesen waren, einen **gemeinschaftlichen** (§ 92 InsO) Insolvenzverschleppungsschaden (Quotenschaden). Alle anderen Gläubiger können einen **individuellen**, d.h. nicht von § 92 InsO erfassten, **Insolvenzverschleppungsschaden** erleiden. Da sich die Terminologie jedoch eingebürgert hat, sollen Erstere auch im Folgenden als „Altgläubiger" und Letztere als „Neugläubiger" bezeichnet werden.

e) **Tieferer Grund der Eröffnungsantragspflicht.** Den tieferen Grund der Eröffnungsantrags- 29 pflicht kann man aus verschiedenen Perspektiven betrachten: **Insolvenzrechtlich** bietet es sich an, bei Gesellschaften, für deren Schulden keine natürlichen Personen (mittelbar) persönlich haften, diejenigen zur Antragstellung zu verpflichten, die als Erste von dem Eintritt der materiellen Insol-

---

[65] *Klöhn* KTS 2012, 133, 151.
[66] *Klöhn* KTS 2012, 133, 152.
[67] Im Gedankengang ähnlich *Wagner,* FS K. Schmidt, 2009, S. 1665, 1676 f.

venz erfahren. Dies sind primär die Geschäftsleiter und Liquidatoren, subsidiär bei Führungslosigkeit – je nach der Struktur der Gesellschaft – der Aufsichtsrat oder die Gesellschafter. Sie werden als „Torwächter" (*gatekeepers*) verpflichtet, um weiteren Schaden von den Gläubigern abzuwenden.[68] **Gesellschaftsrechtlich** wird die Insolvenzantragspflicht zusammen mit den Kapitalaufbringungs- und -erhaltungsvorschriften[69] als notwendige Bedingung für die Rechtfertigung der Haftungsbeschränkung auf das Gesellschaftsvermögen angesehen.[70] Diese Haftungsbeschränkung habe ihre Legitimation verloren, wenn das Gesellschaftsvermögen „vollständig verwirtschaftet ist"[71]. Diese Betrachtung kann man **rechtsökonomisch** mit der Neigung der Geschäftsleiter und Gesellschafter untermauern, in der Krise exzessive Risiken auf Kosten der Gläubiger einzugehen (*gambling for resurrection*, dazu RdNr. 35 ff.).

30 **4. Dogmatische Einordnung.** Schon vor der Neuregelung durch das MoMiG war umstritten, ob die Insolvenzantragspflicht Teil des Insolvenz-[72] oder des Gesellschaftsrechts[73] ist. Dieser Streit ist auch nach der Neuregelung nicht beendet. Von Teilen der Literatur wird § 15a InsO insolvenzrechtlich[74], von anderen gesellschaftsrechtlich[75] qualifiziert. Der BGH hat – soweit ersichtlich – bisher keine Stellung bezogen.

31 Dogmatische **Bedeutung** hat der Streit im Wesentlichen in zweierlei Hinsicht: Im *materiell-rechtlichen Kontext*[76] kann die dogmatische Zuordnung der Antragspflicht zu der einen oder anderen Materie als Argument dafür dienen, sie im Lichte der das jeweilige Rechtsgebiet beherrschenden Grundgedanken zu interpretieren. Rechtsmethodisch lauert hier freilich die Gefahr eines Zirkelschlusses. Denn nicht die Zuordnung einer Norm zu einem bestimmten Rechtsgebiet rechtfertigt es, diese Norm im Lichte der das Rechtsgebiet beherrschenden Prinzipien zu interpretieren, sondern umgekehrt führt die Einbettung der Norm in die ein bestimmtes Rechtsgebiet beherrschenden Grundgedanken dazu, die Norm dem Rechtsgebiet zuzuordnen. Im *kollisionsrechtlichen Kontext* entscheidet die Qualifikation einer Norm als insolvenz- oder gesellschaftsrechtlich darüber, ob sie Teil des Insolvenz- oder Gesellschaftsstatuts ist und nach den jeweils geltenden kollisionsrechtlichen Bestimmungen angeknüpft wird. Beide Einordnungen können unterschiedlich ausfallen, weil die Grundsätze, nach denen sich die Qualifikation im kollisionsrechtlichen und im materiell-rechtlichen Zusammenhang richten, unterschiedlich sein können. Es ist also denkbar, dass man § 15a InsO im Dogmengebäude der deutschen Rechtsordnung als insolvenzrechtlich qualifiziert, aber gleichwohl nicht als Teil des Insolvenzstatuts ansieht.

32 **Materiell-rechtlich** (zur kollisionsrechtlichen Qualifikation s. noch u. RdNr. 57) handelt es sich bei § 15a InsO um eine **insolvenzrechtliche Norm**. Dies folgt zwar nicht aus der bloßen Stellung in der InsO.[77] Hierfür spricht jedoch der ausdrückliche Wille des MoMiG-Gesetzgebers[78] sowie die rechtsformneutrale Ausgestaltung. Diese Qualifikation ist auch teleologisch gerechtfertigt, denn Zweck von § 15a InsO ist die rechtzeitige Beantragung des Eröffnungsverfahrens, damit die dem Anwendungsbereich des § 15a InsO unterfallenden Gesellschaften nicht ohne das insolvenzrechtliche Schutzprogramm fortgeführt werden (RdNr. 19 ff.).

---

[68] Grundlegend zur gatekeeper liability *Kraakman*, 2 J. L. Econ. & Org. 53 (1986).
[69] BGHZ 126, 181, 197 (GmbH); *K. Schmidt* ZIP 1988, 1497; *Stapelfeld*, Die Haftung des GmbH-Geschäftsführers für Fehlverhalten in der Gesellschaftskrise, 1990, S. 171.
[70] BGHZ 126, 181, 196 f. (§ 64 Abs. 1 GmbHG aF); BGH ZIP 1993, 763, 768 (§ 64 Abs. 1 GmbHG aF); BGH NJW 1993, 2931, 2933 (§ 64 Abs. 1 GmbHG aF); GroßkommGmbHG-*Casper* § 64 RdNr. 8; MünchKommGmbHG-*H. F. Müller* § 64 RdNr. 57.
[71] BGHZ 126, 181, 196 f. (§ 64 Abs. 1 GmbHG aF); ähnlich *Haas* in Heintzen/Kruschwitz (Hrsg.), Unternehmen in der Krise, 2004, S. 75, 88.
[72] LG Kiel NZG 2006, 672 f. (§ 64 Abs.1 GmbHG aF); GroßkommGmbHG-*Casper* § 64 RdNr. 33; *Eidenmüller* in Eidenmüller, Ausländische Kapitalgesellschaften im deutschen Recht, 2004, § 9 RdNr. 25 ff.; *Altmeppen* NJW 2004, 97, 100 f.; *Borges* ZIP 2004, 733, 737, 739; *Kuntz* NZI 2005, 424, 426; *H. F. Müller* NZG 2003, 414, 416; *Riedemann* GmbHR 2004, 345, 348 f.; *Weller* IPRax 2003, 520, 524.
[73] *Mock/Schildt* in Hirte/Bücker, Grenzüberschreitende Gesellschaften, 2005, § 17 RdNr. 67; *Berner/Klöhn* ZIP 2007, 106, 107 ff.; *Ulmer* NJW 2004, 1201, 1207; *G.H. Roth*, FS Doralt, 2004, S. 479, 491; *K. Schmidt* GmbHR 2007, 1072, 1077; *J. Schmidt* ZInsO 2006, 737, 739 ff.; *Schumann* DB 2004, 743, 746; *Zimmer* NJW 2003, 3585, 3590.
[74] GroßkommGmbHG-*Casper* § 64 RdNr. 33; *Poertzgen* ZInsO 2007, 574, 575 f.; *Poertzgen* NZI 2008, 9, 10; *Weyand* ZInsO 2008, 702, 705.
[75] *Hirte* ZInsO 2010, 1986, 1991; an der insolvenzrechtlichen Qualifikation zweifelnd *Uhlenbruck/Hirte* § 15a RdNr. 3.
[76] Materiell-rechtlich hier verstanden als Gegenbegriff zu kollisionsrechtlich. Vgl. zu den verschiedenen Bedeutungen des Begriffs „materiell-rechtlich" *Junker*, Internationales Privatrecht, 1998, RdNr. 116.
[77] *Hirte* ZInsO 2010, 1986, 1991.
[78] Begr RegE MoMiG BT-Drucks. 16/6140, S. 55.

5. Systematik. Es existieren spezielle Normen über die Insolvenzantragspflicht. So verpflichten 33 die §§ 46b Abs. 1 KWG[79], 88 Abs. 2 VAG[80] die Geschäftsleiter von Kredit- und Finanzdienstleistungsinstituten sowie Versicherungsunternehmen zur Anzeige der Zahlungsunfähigkeit bzw. Überschuldung bei der zuständigen Aufsichtsbehörde. Sie verdrängen § 15a InsO im Wege der Spezialität.[81] § 42 Abs. 2 BGB (ggf. i. V. m. § 48 Abs. 2 BGB) ist abschließendes lex specialis für den **eingetragenen Verein**;[82] Auswirkungen hat dies vor allem auf die Strafbarkeit (RdNr. 325). Gleiches gilt wegen § 11 Abs. 1 Satz 2 InsO für den **nicht eingetragenen Verein**[83] sowie gem. § 86 Satz 1 BGB für die **Stiftung**.[84]

§ 15a InsO gehört zu den **Eckpfeilern des Gläubigerschutzes** im deutschen Kapitalgesell- 34 schaftsrecht.[85] Die Insolvenzantragspflicht steht in einem systematischen Zusammenhang mit den Kapitalaufbringungs- und Kapitalerhaltungsregeln, den Normen über eigenkapitalersetzende Gesellschafterleistungen und den gesellschaftsrechtlichen Zahlungsverboten (etwa §§ 92 Abs. 2 AktG, 64 GmbHG). Dabei kommt § 15a InsO die spezifische Funktion zu, dafür zu sorgen, dass zahlungsunfähige und überschuldete Gesellschaften nicht ohne insolvenzrechtlichen Schutz zu Lasten der Alt- und Neugläubiger fortgeführt werden (RdNr. 19). Flankiert wird § 15a InsO durch die (sonstigen) Geschäftsleiterpflichten in der Krise, die aus der allgemeinen Sorgfaltspflicht des Geschäftsleiters gegenüber seiner Gesellschaft abgeleitet werden können (etwa §§ 93 AktG, 43 GmbHG).

6. Regulierungstheoretischer Hintergrund. a) Die Anreize zur Verzögerung des Insol- 35 **venzantrags.** Jede Rechtsordnung muss folgendes Anreizproblem lösen: Wenn Gesellschaften in Insolvenznähe wirtschaften, haben die Gesellschafter und Geschäftsleiter – sofern sie nicht persönlich für die Schulden der Gesellschaft haften – einen Anreiz, die Insolvenz über den **optimalen Liquidations- bzw. Reorganisationszeitpunkt** zu Lasten der Gläubiger **hinauszuschieben**.[86] Bildlich gesprochen, neigen sie dazu, „mit dem Geld der Gläubiger zu spielen" (*gambling for resurrection*). Grund hierfür ist, dass sie zwar von den Chancen risikoreicher Geschäfte profitieren, aber nicht in entsprechendem Umfang an den Risiken teilhaben. Es geht also um ein klassisches Externalitätenproblem. Geschäftsleiter und Gesellschafter formen eine Koalition, die die Interessen der von der Insolvenzverschleppung betroffenen Gläubiger nicht hinreichend berücksichtigt.[87]

Dies erkennt man an folgendem, zur besseren Verständnis sehr stilisiertem **Beispiel**:[88] Eine 36 GmbH mit einem Stammkapital von € 10 hält Aktiva in Höhe von € 100 und hat ungesicherte Kredite in Höhe von € 90 aufgenommen. Die Geschäftsführung hat die Möglichkeit, die Gesellschaft sofort aufzulösen oder in ein risikoreiches Projekt P zu investieren, das mit 50 %iger Wahrscheinlichkeit gelingt und mit 50 %iger Wahrscheinlichkeit fehlschlägt (zur Vereinfachung sei angenommen, dass Gewinn und Verlust sofort eintreten). Scheitert das Projekt, verliert die Gesellschaft Aktiva in Höhe € 20. Ist das Projekt erfolgreich, gewinnt die Gesellschaft eine bestimmte Summe s. Aus der Sicht der Gläubiger sollte die Gesellschaft sofort aufgelöst werden, da P die Rückzahlung ihrer Kredite unnötig gefährdet.[89] Aus Sicht aller Investoren (dem aggregierten Interesse der Gesell-

---

[79] Dazu *Binder*, Bankeninsolvenzen, 2005, S. 155 ff.; *Poertzgen/Meyer* WM 2010, 968.
[80] Monographisch *Backes*, Die Insolvenz des Versicherungsunternehmens, 2003
[81] *Spindler/Stilz/Fleischer* § 92 RdNr. 48; MünchKommGmbHG-*H. F. Müller* § 64 RdNr. 59.
[82] Begr RegE MoMiG BT-Drucks. 16/6140, S. 55; FK-*Schmerbach* § 15a RdNr. 7; *Haas/Goetsch* in Münch. Hdb. GesR, Bd. 5, 3. Aufl. 2009, § 60 RdNr. 30; *Brand/Reschke* NJW 2009, 2343, 2344 ff.; *Kliebisch* ZStV 2010, 206, 207 ff.; *H. F. Müller* ZIP 2010, 153, 154; *Poertzgen* ZInsO 2007, 574, 577; *Rugullis* NZI 2007, 323, 326; aA *Grunewald/Hennrichs*, FS Hopt, 2010, S. 93, 96; kritisch bzgl. der Regelungstechnik *G. Roth/Knof* KTS 2009, 163, 168 f.
[83] *Uhlenbruck/Hirte* § 15a RdNr. 6.
[84] *Braun/Bußhardt* § 15a RdNr. 4; *Gottwald/Haas/Mock* § 93 RdNr. 211.
[85] Vgl. hierzu *Scholz/K. Schmidt* GmbHG Anh. § 64 RdNr. 4; *Hirte* NJW 1995, 1202.
[86] GroßkommGmbHG-*Casper* § 64 RdNr. 9; *Casper* in Bachman/Casper/Schäfer/Veil (Hrsg.), Steuerungsfunktionen des Haftungsrechts im Gesellschafts- und Kapitalmarktrecht, 2007, S. 33, 35 f.; *Davies* EBOR 7 (2006), 301, 306; *Fleischer* ZGR 2004, 437, 446; *Spindler* EBOR 7 (2006), 339, 340. Aus der rechtsvergleichenden Spruchpraxis *Credit Lyonnais Bank Nederland, N.V. v. Pathe Communications Corp.*, 17 Del. J. Corp. L. 1099, 1991 WL 277613, sub. 34 Fn. 55 (Del. Ch. 1991) (Delaware); *Peoples Department Stores v. Wise*, [2004] 3 SCR 461, 483 (Kanada). Grundlegend aus dem ökonomischen Schrifttum *Jensen/Meckling*, 3 J. Fin. Econ. 305, 334 ff. (1976). Zweifelnd *M. Roth*, Unternehmerisches Ermessen und Haftung des Vorstandes, 2001, S. 216.
[87] Vgl. die Modelle von *Bulow/Shoven*, 9 Bell J. Econ. 437, 440 ff. (1978); *White*, 3(2) J. Econ. Persp. 129, 133 (1989).
[88] Zum folgenden *Bebchuk/Spamann*, 98 Geo. L.J. 247, 255 ff. (2010); *Klöhn* ZGR 2012, 1, 15 sowie die gleich gelagerten Beispiele von *Klöhn* ZGR 2008, 110, 114; *Klöhn* RIW 2008, 37, 38. Aus der Rechtsprechung *Credit Lyonnais Bank Nederland, N.V. v. Pathe Communications Corp.*, 17 Del. J. Corp. L. 1099, 1991 WL 277613, sub. 34 Fn. 55 (Del. Ch. 1991).
[89] Gelingt P, erhalten die Gläubiger gleichwohl höchstens € 90 aus dem Gesellschaftsvermögen.

schafter und Gläubiger an der Maximierung des Unternehmenswertes) sollte der Vorstand in P investieren, wenn $s >$ € 20.[90] Aus Sicht der Gesellschafter existiert ein Korridor von € 10 $< s <$ € 20, in dem sie sich für das Projekt aussprechen würden, obwohl es insgesamt einen negativen Kapitalwert hat.[91] Der Grund ist, dass die Aktionäre zwar von dem Erfolg des Projekts in voller Höhe profitieren, im Falle des Fehlschlags aber nicht € 20, sondern nur € 10 verlieren. Sie stehen allen Verlusten in Höhe von mehr als € 10 daher indifferent gegenüber.

37 Das beschriebene **Anreizproblem** ist umso **größer**, je niedriger der Überschuss der Aktiva über die Passiva und je risikoreicher das Geschäft der Gesellschaft ist.[92]

38 b) **Psychologische Faktoren.** Selbst wenn die Geschäftsleiter und Gesellschafter gutgläubig im Interesse der Gläubiger handeln wollen, werden sie zudem durch **Wahrnehmungs- und Urteilsverzerrungen** zum Hinausschieben des optimalen Liquidations- bzw. Reorganisationszeitpunkts verleitet, die jedem Insolvenzpraktiker der Sache nach bestens bekannt und die psychologisch mittlerweile sehr gut erforscht sind:[93] Wie alle Menschen sind Gesellschafter und Geschäftsleiter bei der Einschätzung der Überlebenschancen der Gesellschaft systematisch zu optimistisch (*overoptimism*) und neigen zum Wunschdenken (*wishful thinking*).[94] Sie ignorieren Anzeichen für eine Krise und überbewerten solche Informationen, die sie in ihrer Fortführungsentscheidung (scheinbar) bestätigen (*confirmation bias*).[95] Sie sind verlustavers (*loss averse*), d.h., sie werden risikofreudig, wenn es darum geht, drohende Verluste zu vermeiden.[96] Sie weigern sich, Fehlentscheidungen als solche anzuerkennen, und erhöhen häufig ihr Engagement, obwohl sich die Anzeichen häufen, dass es sich dabei um eine Fehlentscheidung handelt (*escalation of commitment*).[97]

39 c) **Lösungsstrategien.** Zur Lösung dieses Problems gibt es grundsätzlich vier Strategien:
- Man kann denjenigen, die die Geschäfte führen, die persönliche Haftung androhen, wenn sie die Insolvenz hinauszögern („**Haftungsstrategie**"). Dies kann durch die Vorgabe einer strengen Regel (*rule*) geschehen, die im Vorhinein genau vorschreibt, was zu tun ist (etwa die Stellung des Insolvenzantrags zu einem bestimmten Zeitpunkt), oder durch die Vorgabe eines Ziels (zB keine Beeinträchtigung der Gläubigerinteressen), die dem Geschäftsleiter die Wahl überlässt, wie er dieses Ziel erreicht (*standard*). Die Haftung kann *zivilrechtlich* (Verpflichtung zum Schadensersatz) oder *strafrechtlich* (Strafbarkeit) ausgestaltet sein. Letzteres bietet sich insbesondere dann an, wenn zu befürchten ist, dass sich der Normadressat durch die Androhung einer Schadensersatzpflicht nicht abschrecken lässt, zB weil er ohnehin nicht genügend Geld hat, um dieser Verpflichtung nachzukommen (*judgment-proof-problem*).[98]
- Man kann Geschäftsleiter, die sich der Insolvenzverschleppung schuldig gemacht haben, verbieten, erneut als Geschäftsleiter tätig zu sein („**Disqualifizierungsstrategie**").
- Man kann den Geschäftsleiter durch ein managerfreundliches Reorganisationsverfahren für die frühzeitige Antragstellung belohnen („**Belohnungsstrategie**").[99]
- Man kann den Gläubigern weitgehende Insolvenzantragsrechte einräumen, so dass sie einen Anreiz haben, die Solvenz des Schuldners zu beobachten und einzuschreiten, wenn dies notwendig wird („**Kontrollstrategie**").[100]

---

[90] Die Berechnung des Nutzenerwartungswerts (*V*) von *P aus der Sicht aller Investoren* richtet sich nach der Formel $V = \frac{1}{2}s + \frac{1}{2} \times (-$ € 20$)$. *V* ist nur positiv, wenn $s >$ € 20.

[91] Die Berechnung des Nutzenerwartungswerts (*V*) von *P aus der Sicht der Gesellschafter* richtet sich nach der Formel $V = \frac{1}{2}s + \frac{1}{2} \times (-$ € 10$)$. Für die Aktionäre lohnt sich das Projekt daher, sobald $s >$ € 10.

[92] Vgl. *White* in Newman (ed.), The New Palgrave Dictionary of Economics and the Law, 1998, Stichwort: „corporate bankruptcy".

[93] Für einen Überblick über weitere denkbare Urteilsverzerrungen *Klöhn*, Kapitalmarkt, Spekulation und Behavioral Finance, 2006, S. 91 ff.; *Fleischer/Schmolke/Zimmer* in Fleischer/Zimmer, Beitrag der Verhaltensökonomie (Behavioral Economics) zum Handels- und Wirtschaftsrecht (ZHR-Beiheft Nr. 75), 2011, S. 9, 14 ff.

[94] *Irwin*, 21 J. Personality 329 (1953); *Weinstein*, 39 J. Pers. & Soc. Psychol. 806 (1980); *Kunda* 53 J. Pers. & Soc. Psychol. 636 (1987); *Weinstein/Klein*, 15 J. Soc. & Clin. Psychol. 1 (1996); *Thaler*, 14(1) J. Econ. Persp. 133 (2000).

[95] Vgl. dazu *Snyder/Swann*, 36 J. Pers. & Soc. Psychol. 1202 (1978); *Lord/Ross/Lepper*, 37 J. Pers. & Soc. Psychol. 2098 (1979); *Snyder/Cantor*, 15 J. Exp. Soc. Psychol. 330 (1979); *Lord/Lepper/Preston*, 47 J. Pers. & Soc. Psychol. 1231 (1984); *Beattie/Baron*, 40 Q. J. Exp. Soc. Psychol. 269 (1988); *Rabin/Schrag*, 114 Q. J. Econ. 37, 38 (1999).

[96] *Kahneman/Tversky*, Choices, Values and Frames, 39 Am. Psychologist 341 (1984); *Tversky/Kahneman*, Loss Aversion in Riskless Choice: A Reference-Dependent Model, 106 Q. J. Econ. 1039 (1991); *Benartzi/Thaler*, Myopic Loss Aversion and the Equity Premium Puzzle, 110 Q. J. Econ. 73 (1995); grundlegend *Kahneman/Tversky*, Prospect Theory: An Analysis of Decision under Risk, 47 Econometrica 263 (1979).

[97] Grundlegend *Staw*, 16 Org. Behav. & Hum. Perf. 27 (1976).

[98] Dazu etwa *Shavell*, Foundations of Economic Analysis of Law, 2004, S. 230 ff.

[99] Vgl. *Hirte* ZInsO 2010, 1986, 1992.

[100] Vgl. *Hirte* ZInsO 2010, 1986, 1992.

d) Rechtsvergleichender Überblick. Ein rechtsvergleichender Überblick zeigt, dass Gesetzgeber meist eine Kombination der oben genannten Strategien wählen, um das beschriebene Anreizproblem zu lösen.[101] Dennoch existieren teils erhebliche Unterschiede in der Schwerpunktsetzung. **40**

Das **US-amerikanische** Insolvenzrecht verlässt sich weitgehend auf die Belohnungsstrategie, indem es das schuldner- und managementfreundliche Verfahren nach Chapter 11 des US Bankcrupty Code zur Verfügung stellt. Haftungsandrohungen sind dem US-amerikanischen Recht zwar nicht unbekannt,[102] aber weit weniger streng als in anderen Rechtsordnungen.[103] **41**

In **England** existieren mit den Regelungen zum *wrongful trading* gem. s. 214 Insolvency Act und zum *fraudulent trading* gem. s. 213 Insolvency Act, s. 993 Companies Act zwar einschlägige Haftungsnormen.[104] Eine Regel, die strikt zur Stellung des Insolvenzantrags ab einem bestimmten Zeitpunkt verpflichtet, ist dem englischen Recht jedoch unbekannt. Kompensiert wird die fehlende Insolvenzantragspflicht vor allem durch erleichterte gesellschaftsexterne Insolvenzeröffnungsmöglichkeiten auf vertraglicher Basis (*company voluntary arrangements, administrative receiverships, administration* und *scheme of arrangement*)[105] sowie durch relativ scharfe Tätigkeitsverbote nach dem Company Directors Disqualification Act[106]. **42**

Das **französische Recht** kennt eine Antragspflicht für den Fall der Zahlungseinstellung. Gemäß Art. L. 631-4 C.com. muss innerhalb von 45 Tagen nach der Zahlungseinstellung[107] ein Reorganisationsverfahren eingeleitet werden. Haftungsrechtlich sanktioniert die *action en comblement du passif*[108] (Art. 651-2 C.com.) die Insolvenzverursachung.[109] Voraussetzung der Haftung ist ein Geschäftsführungsfehler (*faute de gestion*), der regelmäßig in der verspäteten Antragsstellung zu sehen ist.[110] Der Verstoß gegen die Pflicht zur rechtzeitigen Mitteilung der Zahlungseinstellung kann daneben mit einer beruflichen Disqualifizierung gem. Art. L. 653-8 C.com. geahndet werden (*interdiction de gerer*). Seit 2005 sieht das französische Recht zudem ein frühzeitiges managerfreundliches Reorganisationsverfahren (*procedure de sauvegarde*) vor, das an das Chapter-11-Verfahren des US-amerikanischen Rechts angelehnt ist. **43**

e) § 15a InsO als Mittel zur Lösung des Anreizproblems. Mit § 15a InsO hat sich der deutsche Gesetzgeber für eine **Haftungsstrategie** entschieden, die – anders als englische und französische Recht – einen bestimmten Zeitpunkt vorgibt, ab dem der Insolvenzantrag gestellt werden muss.[111] Die Erforschung der rechtsökonomischen Sinnhaftigkeit dieser Strategie steht noch am Anfang.[112] Während einige die Insolvenzantragspflicht aus rechtspolitischer Sicht begrüßen[113], fordern andere ihre Abschaffung bzw. Ersetzung durch andere Regeln[114]. Bemängelt wird, dass die Insolvenzverschleppungshaftung **44**

---

[101] Vgl. die Länderberichte in Band 4.

[102] Vgl. zum tort of deepening insolvency etwa *Colasanto*, 78 Fordham L. Rev. 793 (2009); zum kanadischen Recht *Girgis*, 53 McGill L.J. 167 (2008); aus dem deutschsprachigen Schrifttum *Thole* ZIP 2007, 1590.

[103] S. vor allem *North American Catholic Educational Programming Foundation, Inc. v. Gheewalla*, 930 A.2d 92 (Del.Supr.2007) und dazu *Baker/Butler/McDermott*, 63 Bus. Law. 855, 863 ff. (2008); *Hu/Westbrook*, 107 Colum. L. Rev. 1321 (2007); *Willett*, 64 Bus. Law. 1087 (2009); aus dem deutschsprachigen Schrifttum *Rokas*, Die Insolvenzprophylaxe als Bestandteil der Corporate Governance im deutschen Aktienrecht, 2012, S. 163 ff.; *Klöhn* RIW 2008, 37, 43; *Klöhn* ZGR 2008, 110, 120 ff.

[104] Zu ihnen vor allem *Steffek*, Gläubigerschutz in der Kapitalgesellschaft, 2011, S. 312 ff.; *Just*, Die englische Limited in der Praxis, 3. Aufl. 2008, RdNr. 182; *Thole*, Gläubigerschutz durch Insolvenzrecht, 2010, 214 ff.; *Habersack/Verse* ZHR 168 (2004), 174; *Schall* ZIP 2005, 965; *Steffek* NZI 2010, 589.

[105] *Steffek*, Gläubigerschutz in der Kapitalgesellschaft, 2011, S. 233.

[106] Dazu *Steffek*, Gläubigerschutz in der Kapitalgesellschaft, 2011, S. 592 ff.

[107] Bis 2005 war die Frist mit 15 Tagen deutlich kürzer gefasst.

[108] Seit der Insolvenzrechtsreform ist im Gesetz von „action en responsibilité pour insuffisance d'actif" die Rede.

[109] Dazu etwa *Angermüller*, Die persönliche Haftung von Unternehmensleitern, insbesondere Leitern juristischer Personen, bei Insolvenz des Unternehmens nach dem französischen Insolvenzgesetz vom 13.7.1967, 1986; *Falcke*, Konzernrecht in Frankreich, 1986; *Stadler*, Managerhaftung in der Insolvenz, 2008; *M. Roth*, Unternehmerisches Ermessen und Haftung des Vorstands, 2001, S. 197 ff; *Terboven*, Zivilrechtliche Geschäftsleiterhaftung bei Kapitalgesellschaften in Frankreich, 1993; *Willemer*, Vis attractiva concursus und die Europäische Insolvenzordnung, 2006, S: 273 ff; *Zahn*, Geschäftsleiterhaftung und Gläubigerschutz bei Kapitalgesellschaften in Frankreich, 1986; *Habersack/Verse* ZHR 168 (2004), 174, 202 ff.; *Klein* RIW 2010, 352, 356; *Marquardt/Hau* RIW 1998, 441; *Meyer/Gros* GmbHR 2006, 1032, 1035; *Ulrich/Poertzgen/Pröm* ZInsO 2006, 64, 68.

[110] *Mascala* RTD com. 1999, 983.

[111] Vgl. nur *Mülbert* EBOR 7 (2006), 357, 382.

[112] Eine verdienstvolle rechtsvergleichende Bestandsaufnahme zum englischen und deutschen Recht findet sich bei *Steffek*, Gläubigerschutz in der Kapitalgesellschaft, 2011, S. 440 ff.

[113] *Scholz/K. Schmidt* GmbHG Anh. § 64 RdNr. 4.

[114] *Hirte*, FS Schäfer, 2008, S. 605; *Hirte*, FS Lüer, 2008, S. 387; *Eidenmüller* ZGR 2007, 168, 194; *Eidenmüller* ZIP 2010, 649, 653.

zu einem zu späten Zeitpunkt einsetze[115] und dass sie sanierungsfeindlich sei[116]. Letzteres stelle einen Standortnachteil im Wettbewerb der Insolvenzordnungen dar.[117]

45 **7. Unionsrecht.** Es existiert gegenwärtig **keine unionsrechtliche Vorgabe** zur Insolvenzantragspflicht. Die von der Kommission im Jahre 2001 eingesetzte Hochrangige Gruppe von Experten auf dem Gebiet des Gesellschaftsrechts hat in ihrem Bericht vom 4.11.2002[118] empfohlen, „[e]ine Regelung über die Konkursverschleppungshaftung (einzuführen), nach der Direktoren von Unternehmen (einschließlich Schattendirektoren) zur Rechenschaft gezogen würden, wenn sie zulassen, dass die Geschäftstätigkeit nicht eingestellt wird, obwohl sie erkennen sollten, dass das Unternehmen seine Verbindlichkeiten nicht mehr begleichen können wird"[119]. Die Kommission hat diesen Vorschlag in ihrem Aktionsplan „Modernisierung des Gesellschaftsrechts und Verbesserung der Corporate Governance in der Europäischen Union" vom 21.5.2003 ausdrücklich befürwortet und mittelfristig einen Richtlinienvorschlag für eine Insolvenzverschleppung angekündigt.[120] Dieser Richtlinienvorschlag ist bis heute nicht ergangen. Ende 2011 hat sich das Europäische Parlament dafür ausgesprochen, bestimmte Aspekte der Eröffnung des Insolvenzverfahrens in einer Richtlinie zu harmonisieren.[121] Was die Insolvenzantragspflicht angeht, werden die Mitgliedstaaten jedoch nur aufgefordert, „Regelungen zur Haftung des Schuldners im Fall der unterlassenen oder nicht ordnungsgemäßen Anmeldung zu treffen und für wirksame, angemessene und abschreckende Sanktionen zu sorgen".[122]

46 Ob eine **Harmonisierung der Insolvenzantragspflicht** bzw. Insolvenzverschleppungshaftung **erstrebenswert** ist, erscheint alles andere als sicher.[123] Denn erstens hängt die gebotene Schärfe der Insolvenzverschleppungshaftung von den anderen Gläubigerschutzmechanismen des jeweiligen Insolvenz- und Gesellschaftsrechts ab. Da diese in den verschiedenen Mitgliedstaaten sehr unterschiedlich ausgestaltet sind, ohne dass das Gläubigerschutzniveau dieser Staaten merklich hinter das von Staaten mit Insolvenzantragspflicht zurückfallen würde,[124] erscheint jedenfalls das Bedürfnis für eine Insolvenzantragspflicht nach deutschem Vorbild aus EU-weiter Perspektive nicht zwingend. Zweitens weist die Insolvenzverschleppungshaftung zahlreiche Querbezüge zum materiellen Insolvenz- und Gesellschaftsrecht auf, und es erscheint mehr als zweifelhaft, dass man sich beim gegenwärtigen Harmonisierungsstand des materiellen Insolvenz- und Gesellschaftsrechts überhaupt auf eine gemeinsame Regelung ohne umfangreiche Opt-out-Klauseln wird einigen können, die sich ohne Friktionen in die Rechtsordnungen aller Mitgliedstaaten eingliedern lässt. Drittens mahnt die weltweit wahrnehmbare Diskrepanz bei der Regelung des Gläubigerschutzes in Insolvenznähe (RdNr. 40) zur Vorsicht, ob sich der EU-Gesetzgeber nicht durch die Statuierung einer entsprechenden Pflicht ein Wissen anmaßt, dessen Entdeckung er dem Markt für Gesellschafts- und Insolvenzrecht überlassen sollte.[125]

---

[115] *Eidenmüller* ZGR 2007, 168, 194; *Eidenmüller* ZIP 2010, 649, 653; *Hirte* ZInsO 2003, 833, 842; *Hirte*, 66. DJT, 2006, P 30; ähnlich aus englischer Sicht *Davies* EBOR 7 (2006), 301, 314; kritisch *Haas*, 66. DJT, 2006, E 30 ff.; *Veil* ZGR 2006, 374, 376 ff.; *Vetter*, 66. DJT, 2006, P 123.
[116] *Wüst* JZ 1985, 817, 819; vgl. auch *Hirte* ZInsO 2010, 1986, 1993 mit dem Vorschlag, die Dreiwochenfrist des § 15a Abs. 1 InsO abzuschaffen oder großzügiger zu fassen.
[117] Andres/*Grund* NZI 2007, 137, 138; *Vallender* NZI 2007, 129, 131; *Hirte* ZInsO 2010, 1986, 1989.
[118] Bericht der Hochrangigen Gruppe von Experten auf dem Gebiet des Gesellschaftsrechts über Moderne Gesellschaftsrechtliche Rahmenbedingungen in Europa (4.11.2002), abrufbar unter http://ec.europa.eu/internal_market/company/docs/modern/report_de.pdf.
[119] Bericht der Hochrangigen Gruppe von Experten auf dem Gebiet des Gesellschaftsrechts über Moderne Gesellschaftsrechtliche Rahmenbedingungen in Europa (4.11.2002), S. 12, abrufbar unter http://ec.europa.eu/internal_market/company/docs/modern/report_de.pdf.
[120] Mitteilung der Kommission an den Rat und das Europäische Parlament, Modernisierung des Gesellschaftsrechts und Verbesserung der Corporate Governance in der Europäischen Union – Aktionsplan, KOM (2003), 284 endg., Ziff. 3.1.3; dazu *Fleischer* ZGR 2004, 437, 455.
[121] Bericht mit Empfehlungen an die Kommission zu Insolvenzverfahren im Rahmen des EU-Gesellschaftsrechts (2011/2006(INI)).
[122] Bericht mit Empfehlungen an die Kommission zu Insolvenzverfahren im Rahmen des EU-Gesellschaftsrechts (2011/2006(INI)), Teil 1, 1.1, letzter Spiegelstrich.
[123] Dafür *Triebel/Otte* ZIP 2006, 311, 314 (die für eine Vereinheitlichung auf Basis der englischen *wrongful trading*-Regulierung votieren); *Stöber* ZHR 176 (2012), 326, 331 ff., der in der rechtsvergleichenden Zusammenschau zahlreicher EU-Mitgliedstaaten konkrete Vorschläge für eine harmonisierte Insolvenzantragspflicht unterbreitet und sich dabei stark an das deutsche Vorbild anlehnt.
[124] Für eine eingehende rechtsvergleichende Analyse des deutschen und englischen Rechts *Steffek*, Gläubigerschutz in der Kapitalgesellschaft: Krise und Insolvenz im englischen und deutschen Gesellschafts- und Insolvenzrecht, 2011.
[125] Allgemein zum Vorteil dezentraler Rechtsetzung aufgrund der geringeren Gefahr von Wissensanmaßung etwa *O'Hara/Ribstein*, The Law Market, 2009, S. 23 f.; *Klöhn* RabelsZ 76 (2012), 276, 308 ff.; zum Rechtsmarkt (u.a.) für Gesellschafts- und Insolvenzrecht aus dem deutschen Schrifttum etwa *Eidenmüller* JZ 2009, 641.

II. Voraussetzungen der Antragspflicht

1. Erfasste Gesellschaften. § 15a InsO erfasst juristische Personen (Abs. 1 Satz 1) und Gesellschaften ohne Rechtspersönlichkeit, bei der kein (mittelbar) persönlich haftender Gesellschafter eine natürliche Person ist (Abs. 1 Satz 2 u. Abs. 2). Die Pflicht zur Beantragung eines **Verbraucherinsolvenzverfahrens** kann sich aus besonderen Rechtsverhältnissen zu der insolventen natürlichen Person ergeben, beispielsweise aus familienrechtlichen Unterhaltspflichten.[126] Die Verletzung dieser Pflichten führt aber grds. nicht zum Schadensersatz gegenüber den Alt- und Neugläubigern, da diese nicht in den Schutzbereich dieser Pflichten einbezogen sind.

a) Juristische Person. Juristische Personen sind insbesondere die AG (§ 1 Abs. 1 Satz 1 AktG), die GmbH (§ 13 Abs. 1 GmbHG) inklusive UG[127], die KGaA (§ 278 Abs. 1 AktG), die SE (Art. 1 Abs. 3 SE-VO) sowie die eG (§ 17 Abs. 1 GenG). Auf den Verein ist § 15a InsO nicht anwendbar, da § 42 Abs. 2 BGB abschließend speziell ist (RdNr. 133). Nach hM erfasst § 15a InsO auch die echte **Vor-GmbH** und **Vor-AG**.[128] Unerheblich ist, ob die Gesellschaft aufgelöst ist (arg ex § 15a Abs. 1 S. 1, 2. Fall InsO: Abwickler als Antragspflichtige).[129]

b) Gesellschaft ohne Rechtspersönlichkeit. § 15a InsO erfasst außerdem Gesellschaften ohne Rechtspersönlichkeit, bei der keine natürliche Person (mittelbar) persönlich haftender Gesellschafter ist (Abs. 1 Satz 2 u. Abs. 2). Der Begriff der Gesellschaft ohne Rechtspersönlichkeit (§ 11 Abs. 2 Nr. 1 InsO) ist identisch mit dem der rechtsfähigen Personengesellschaft iSv § 14 BGB.[130] Erfasst sind insbesondere Kommanditgesellschaften, vor allem in der Form der Kapitalgesellschaft & Co, Vorgesellschaft & Co[131] und – soweit zulässig – Stiftung & Co[132], aber auch Gesellschaften bürgerlichen Rechts und offene Handelsgesellschaften. Erforderlich ist, dass weder auf der Ebene der Gesellschaft noch auf der Ebene der persönlich haftenden Gesellschafter (Abs. 1 S. 2, 2. Hs.) noch – in Abs. 1 S. 2 InsO nicht erwähnt – auf der dritten oder einer weiteren Ebene[133] eine natürliche Person (mittelbar) für die Schulden der Gesellschaft persönlich haftet. Diese Haftung muss kraft Gesetzes bestehen, rechtsgeschäftliche Vereinbarungen genügen nicht.[134] Unerheblich ist, ob die Personengesellschaft aufgelöst ist (arg ex § 15a Abs. 1 Satz 2, 1. HS 2. Fall InsO: Abwickler).

c) Anwendbarkeit auf Gesellschaften ausländischer Rechtsform. aa) Überblick. Ob § 15a InsO auf Gesellschaften ausländischer Rechtsform anwendbar ist, gehört zu den umstrittensten Fragen des (Internationalen) Gesellschafts- und Insolvenzrechts. Die Antwort hängt davon ab, wie man die Insolvenzantragspflicht qualifiziert. Ordnet man die Insolvenzantragspflicht dem **Gesellschaftsstatut** zu, richtet sich das anwendbare Recht nach dem in Deutschland mehrfach gespaltenen Gesellschaftskollisionsrecht.[135] Nach der st. Rspr. des BGH ist im Anwendungsbereich der Niederlassungsfreiheit (Artt. 49, 54 AEUV) das Recht des Gründungsstaates einschlägig.[136] Dies gilt nicht nur für Gesellschaftsformen der EU-Mitgliedstaaten, sondern auch für Gesellschaftsformen aus Staaten des Europäischen Wirtschaftsraums (EWR), die nicht zugleich EU-Mitgliedstaaten sind, also Liechtenstein, Norwegen und Island.[137] Gleiches gilt, soweit Staatsverträge, die gem. Art. 3 Abs. 2 Satz 1 EGBGB Vorrang vor dem autonomen deutschen Gesellschaftskollisionsrecht haben, spezielle Regelungen zum Gesellschaftskollisionsrecht enthalten und der Gründungstheorie folgen,[138] wie dies insbesondere in Art. XXV des Deutsch-US-amerikanischen Freundschaftsvertrags unter dem

---

[126] BGHZ 162, 234, 238 f. (§ 1601 BGB); OLG Stuttgart ZInsO 2003, 622 (§ 1601 BGB); HambKomm-*Wehr* § 15a RdNr. 7; zu den Grenzen s. BGHZ 175, 67 (§ 1361 BGB).
[127] Dazu *Scholz/K. Schmidt* GmbHG Anh. § 64 RdNr. 16.
[128] GroßkommGmbHG-*Casper* § 64 RdNr. 30; MünchKommGmbHG-*H. F. Müller* § 64 RdNr. 59; KPB/*Preuß* St. 2/10, § 15a RdNr. 15; *Gottwald/Haas* § 92 RdNr. 555; *Geißler* DZWiR 2009, 52, 54; aA *Roth/Altmeppen/Altmeppen* Vor § 64 RdNr. 10; *Poertzgen*, Organhaftung wegen Insolvenzverschleppung, 2006, S. 183; *Steenken*, Die Insolvenz der Vor-GmbH, 2002, S. 73 ff.; *Altmeppen* ZIP 1997, 273.
[129] *Scholz/K. Schmidt* GmbHG Anh. § 64 RdNr. 16.
[130] § 11 RdNr. 42; s. im Übrigen *Scholz/K. Schmidt* GmbHG Anh. § 64 RdNr. 18.
[131] Unstr., s. nur *Roth/Altmeppen/Altmeppen* Vor § 64 RdNr. 10; *Scholz/K. Schmidt* GmbHG Anh. § 64 RdNr. 18.
[132] *Scholz/K. Schmidt* GmbHG Anh. § 64 RdNr. 18.
[133] *Scholz/K. Schmidt* GmbHG Anh. § 64 RdNr. 18.
[134] *Scholz/K. Schmidt* GmbHG Anh. § 64 RdNr. 18.
[135] Dazu MünchKommGmbHG-*Weller* Einl. RdNr. 338 ff.; *Fleischer/Schmolke* JZ 2008, 233, 236 ff.; *Kindler* AG 2007, 721, 725 ff.; *Weller* IPRax 2003, 324 f.
[136] BGHZ 164, 148, 151; BGHZ 178, 192 RdNr. 19 (Trabrennbahn).
[137] BGHZ 164, 148, 151.
[138] Allg. MünchKommGmbHG-*Weller* Einl. RdNr. 369 ff.

§ 15a   51–53   2. Teil. 1. Abschnitt. Eröffnungsvoraussetzungen und Eröffnungsverfahren

Vorbehalt des sog. *genuine link* vorgesehen ist.[139] Ist – wie insbesondere im Verhältnis zur Schweiz – das unkodifizierte autonome deutsche Gesellschaftskollisionsrecht einschlägig, so richtet sich das Gesellschaftsstatut nach dem Recht des Staates, in dem die Gesellschaft ihren tatsächlichen Sitz hat.[140]

51   Qualifiziert man die Insolvenzantragspflicht **insolvenzrechtlich**, richtet sich das anwendbare Recht im Anwendungsbereich der EuInsVO nach dem Recht des Staates, in dem die Gesellschaft ihren Mittelpunkt der hauptsächlichen Interessen (Centre of Main Interest, COMI) hat (Artt. 4, 3 EuInsVO), im Übrigen nach § 335 InsO.[141]

52   Favorisiert man eine **deliktsrechtliche Qualifikation** (der Insolvenzverschleppungshaftung), richtet sich das anwendbare Recht im Anwendungsbereich der Rom-II-VO grds. nach dem Recht des Staates, in dem der Schaden eingetreten ist (Art. 4 Abs. 1 Rom-II-VO), im Übrigen nach den Regeln des völkerrechtlichen oder autonomen deutschen Internationalen Deliktsrechts (Artt. 40 ff. EGBGB).

53   **bb) Meinungsstand.** Der BGH hat sich zur Qualifikation der Insolvenzantragspflicht bzw. der Insolvenzverschleppungshaftung bisher nicht geäußert. Die unterinstanzlichen Urteile favorisieren eine insolvenzrechtliche Qualifikation.[142] Dem folgt ein Teil der Literatur.[143] Andere qualifizieren die Insolvenzantragspflicht gesellschaftsrechtlich[144] oder die Insolvenzverschleppungshaftung deliktsrechtlich[145]; wieder andere favorisieren eine Sonderanknüpfung[146] oder Doppelqualifikation[147].

---

[139] BGH NJW 2003, 1607, 1608; BGH NZG 2004, 1001; BGH NZG 2005, 44 f.
[140] BGHZ 178, 192 RdNr. 13 ff. (Trabrennbahn).
[141] *Baumbach/Hueck/Haas*[19] § 64 RdNr. 17.
[142] LG Kiel ZIP 2006, 1248, 1249 m. Anm. *Just*; AG Köln ZIP 2005, 1566; aA (gesellschaftsrechtliche Qualifikation) AG Bad Segeberg NZG 2005, 762, 763(§ 64 Abs.1 GmbHG aF).
[143] GroßkommGmbHG-*Casper* § 64 RdNr. 33; *Geimer/Schütze*, Europäisches Zivilverfahrensrecht, 3. Aufl. 2010, A.5 Art. 4 RdNr. 8; *Baumbach/Hueck/Haas*[19] § 64 RdNr. 148 f.; MünchKommBGB-*Kindler* RdNr. 661 ff.; *Paulus*, EuInsVO, 2. Aufl. 2008, Art. 4 RdNr. 10; MünchKommGmbHG-*Weller* Einl. RdNr. 425; *Haubold* in Gebauer/Wiedmann, Zivilrecht unter europäischem Einfluss, 2. Aufl. 2010, Kap. 32 RdNr. 92; *Kienle* in Süß/Wachter, Handbuch des internationalen GmbH-Rechts, 2006, RdNr. 181 ff.; Trunk, Internationales Insolvenzrecht, 1998, S. 103; *Balthasar* RIW 2009, 221, 226; *Borges* ZIP 2004, 733, 739 f.; *Eidenmüller* NJW 2005, 1618, 1621; *Eidenmüller* RabelsZ 70 (2006), 474, 495; *Haas* NZG 2010, 495; *Habersack/Verse* ZHR 168 (2004), 174, 207; *Hefendehl* ZIP 2011, 601, 603; *Hiebl*, FS Mehle, 2009, S. 273, 281; *Holzer*, ZVI 2005, 357, 467; *Hübner*, FS Canaris, Band 2, 2007, S. 129, 143 f.; *Kindler* in Sonnenberger, Vorschläge und Berichte zur Reform des europäischen und deutschen Internationalen Gesellschaftsrechts, 2007, S. 497, 506 ff., *Kuntz* NZI 2005, 424, 426; *Leithaus/Riewe* NZI 2008, 598, 600; *Leutner/Langner* GmbHR 2006, 713, 714; *Lieder* NZG 2005, 399, 405 f.; *H.-F. Müller* NZG 2003, 414, 416; *Paulus* ZIP 2002, 729, 734; *Poertzgen* NZI 2008, 9, 10; *Radtke/Hoffmann* EuZW 2009, 404, 407; *Riedemann* GmbHR 2004, 345, 348; *G.H. Roth* NZG 2003, 1081, 1085; *Schilling* EWiR 2006; 429; *Vallender* ZGR 2006, 425, 455; *Weller*, Europäische Rechtswahlfreiheit, 2004, S. 263 f; *Walterscheid* DZWiR 2006, 95, 98; *Wachter* BB 2006 1463, 1464 f.; *Ungan* ZVglRWiss 104 (2005), 355, 366 ff.; *Vallender* ZGR 2006, 425, 440 f.; *Wilhelmi* GmbHR 2006, 13, 17; *Weller* DStR 2003, 1800, 1804; *Weller* IPRax 2003, 324, 328; *Weller* IPRax 2004, 412, 414; *Zerres* DZWiR 2006, 356, 359; *Zimmer* NJW 2003, 3585, 3589 f.; sympathisierend *Goette* DStR 2005, 197, 200; *Röhricht* ZIP 2005, 505, 508; für den Anspruch der Altgläubiger *Renner*, Insolvenzverschleppungshaftung in internationalen Fällen, 2007, S. 193 ff.
[144] *Mäsch* in Rauscher, EuZPR/EuIPR, 3. Aufl. 2010, Art. 4 EG-InsVO RdNr. 9; *Hirte* in VGR, Gesellschaftsreht in der Diskussion 2006, S. 147, 183 ff.; *Hirte*, FS Lüer, 2008, S. 387, 388 ff.; *U. Huber* in Lutter (Hrsg.), Europäische Auslandsgesellschaften in Deutschland, 2005, S. 307, 328 ff.; *Mock/Schildt* in Hirte/Bücker, Grenzüberschreitende Gesellschaften, 2. Aufl. 2006, § 17 RdNr. 67 ff.; *Lanzius*, Anwendbares Recht und Sonderanknüpfung unter der Gründungstheorie, 2005, S. 243 ff.; *Otte*, Das Kapitalschutzsystem der englischen private limited company im Vergleich zur deutschen GmbH, 2006, S. 157 f.; *Zimmer*, Internationales Gesellschaftsrecht, 1996, S. 296 f.; *Berner/Klöhn* ZIP 2007, 106, 107 f.; *Dichtl* GmbHR 2005, 886, 888; *Drygala*, ZEuP 2004, 337, 361 f.; *Gross/Schork* NZI 2006, 10, 14; *von Hase* BB 2006, 2141, 2146; *Hirte* ZInsO 2010, 1986, 1991; *Hirte/Mock* ZIP 2005, 474, 475 ff.; *Krüger* ZInsO 2007, 861, 865; *Mock/Schildt* ZInsO 2003, 396, 399 f.; *Mock/Westhoff* DZWiR 2004, 23, 27; *K. Müller* BB 2006, 837, 839; *Paefgen* ZIP 2004, 2253, 2260; *Ringe/Willemer* EuZW 2006, 621, 623 f; *Ringe/Willemer* NZG 2010, 56 f.; *Schall* ZIP 2005, 965, 974 f.; *J. Schmidt* ZInsO 2006, 737, 739 f.; *K. Schmidt* ZHR 168 (2004), 493, 497 f.; *K. Schmidt* GmbHR 2007, 1072, 1077; *Spindler/Berner* RIW 2004, 7, 12; *Schumann* DB 2004, 743, 746; *Ulmer* NJW 2004, 1201, 1208; *Ulmer* KTS 2004, 291, 301; *Vallender/Fuchs* ZIP 2004, 829, 830.
[145] *Pannen/Riedemann*, in Pannen, EuInsVO, 2007, Art. 4 RdNr. 87; *Barthel*, Deutsche Insolvenzantragspflicht und Insolvenzverschleppungshaftung in Scheinauslandsgesellschaften nach dem MoMiG, 2009, S. 218 ff.; *Pannen/Riedemann* MDR 2005, 496, 498; *Pannen/Riedemann* NZI 2005, 413, 414; *Riedemann* GmbHR 2004, 345, 348; *Bayer* BB 2003, 2357, 2365; *Schanze/Jüttner* AG 2003, 661, 670; *Zöllner* GmbHR 2006, 1, 7; für den Anspruch der Neugläubiger *Renner*, Insolvenzverschleppungshaftung in internationalen Fällen, 2007, S. 197 ff.
[146] *Altmeppen* NJW 2004, 97, 100 f.; *Altmeppen/Wilhelm* DB 2004, 1083, 1088.
[147] *Schall*, Kapitalgesellschaftsrechtlicher Gläubigerschutz, 2009, S. 210.

cc) Stellungnahme. Für eine Stellungnahme sollten mehrere Fragen voneinander abgeschichtet **54** werden. Zunächst sollte Einigkeit darüber zu erzielen sein, dass die ausdrückliche Einordnung der Insolvenzantragspflicht als insolvenzrechtliche Gläubigerschutzbestimmung durch den **MoMiG-Gesetzgeber nicht über die kollisionsrechtliche Qualifikation entscheidet.**[148] Dies gilt im Anwendungsbereich supranationaler (etwa Artt. 49, 54 AEUV, Art. 4 EuInsVO) und völkerrechtlicher Kollisionsnormen (etwa Art. XXV des Deutsch-US-amerikanischen Freundschaftsvertrags), weil der deutsche Gesetzgeber nicht den Inhalt dieser Rechtsakte festlegen kann.[149] Dies muss nach richtiger Ansicht aber auch im Rahmen des autonomen deutschen Kollisionsrechts gelten, da die Qualifikation nicht unbesehen anhand der Systembegriffe der *lex fori* vorgenommen werden darf, sondern Rechtsinstitute stets nach ihrem Sinn und Zweck im Wege einer rechtsvergleichenden Zusammenschau erfassen sollte.[150]

Die vorrangig zu beantwortende Frage lautet, welche **Vorgaben** die **Niederlassungsfreiheit 55 (Artt. 49, 54 AEUV)** für die Anwendung der Insolvenzantragspflicht auf Auslandsgesellschaften macht. Verbieten nämlich die Artt. 49, 54 AEUV die Anwendung des § 15a InsO auf Auslandsgesellschaften mit tatsächlichem Sitz in Deutschland, setzt sich diese Vorgabe auch gegenüber einer eventuellen Subsumtion unter Art. 4 EuInsVO[151] sowie einer deliktsrechtlichen Qualifikation und dem damit verbundenen Verweis auf deutsches Recht durch, ohne dass es darauf ankäme, ob die Artt. 49, 54 AEUV eine versteckte Kollisionsnorm zugunsten eines primärrechtlichen Herkunftslandsprinzips[152] oder lediglich Kollisionsrahmenrecht[153] enthielten.[154]

Tatsächlich **verbieten** die **Artt. 49, 54 AEUV** die **Anwendung der Insolvenzantragspflicht 56 auf Auslandsgesellschaften**.[155] Der Eingriff in die Niederlassungsfreiheit ergibt sich aus der Tatsache, dass die Ausgestaltung der Pflichtenlage der Gesellschaftsorgane elementarer Bestandteil des gesellschaftsrechtlichen Rechtsverhältnisses und damit der „Identität" der Gesellschaft ist. Die Entscheidung, sich in eine andere Volkswirtschaft zu integrieren (d.h. den Zugang zu einem anderen Markt zu suchen), hängt wesentlich davon ab, unter welchen Umständen diese Gesellschaft ihre Tätigkeit einstellen und sich aus dem Markt zurückziehen muss. Hinzu kommt, dass die Insolvenzantragspflicht in Deutschland mit der Androhung persönlicher Haftung gem. § 823 Abs. 2 BGB verbunden ist, was sich als handfestes Einstellungshindernis bei der Suche nach qualifizierten Geschäftsleitern erweisen kann. Schließlich bringt die Insolvenzantragspflicht die Obliegenheit mit sich, die Liquidität stetig zu überprüfen und Sanierungsmaßnahmen zu ergreifen, um die Antragspflicht zu vermeiden. Die Sanktionswirkung des § 15a InsO erfasst daher nicht nur die Fortführung der Gesellschaft nach Eintritt der Insolvenz, sondern auch die Zeit davor. Dieser Eingriff in die Niederlassungsfreiheit ist – zumal nach dem Inspire-Art-Urteil des EuGH[156] – auch **nicht gerechtfertigt**, da dem notwendigen Gläubigerschutz durch die jeweilige Vorschriften des Herkunftsstaats hinreichend Rechnung getragen wird.[157] Dass ein Mitgliedstaat der EU systematisch den Gläubigerschutz aufweichen würde, um Gesellschaftsgründungen anzuziehen, lässt sich derzeit nicht beobachten und ist auch in Zukunft höchst unwahrscheinlich, da die entsprechenden finanziellen Anreize zu einem

---

[148] Ebenso *Hirte* ZInsO 2010, 1986, 1991; *Hefendehl* ZIP 2011, 601, 603; wohl auch BGH NJW 2011, 3784, 3785 (PIN).
[149] Insoweit wohl unstr., vgl. etwa *Baumbach/Hueck/Haas*[19] § 64 RdNr. 147a; *Paulus*, EuInsVO, 2. Aufl. 2008, Art. 4 RdNr. 4; *Berner/Klöhn* ZIP 2007, 106, 107; zumindest missverständlich GroßkommGmbHG-*Casper* § 64 RdNr. 33; *Balthasar* RIW 2009, 221, 226; *Poertzgen* NZI 2008, 9, 10; *Knof/Mock* GmbHR 2007, 852, 853.
[150] Vgl. zu diesem Themenkreis etwa *Junker*, Internationales Privatrecht, 1998, RdNr. 160. AA im vorliegenden Zusammenhang jedoch *Baumbach/Hueck/Haas*[19] § 64 RdNr. 147a.
[151] Vgl. *Berner/Klöhn* ZIP 2007, 106, 111; *Hess* IPRax 2006, 348, 350 f.; *Schall* ZIP 2005, 965, 974.
[152] So *Grundmann*, Europäisches Schuldvertragsrecht, 1. Teil, 1999, RdNr. 45; *Basedow* RabelsZ 59 (1995), 1, 13.
[153] Dazu *Wendehorst* in Langenbucher, Europarechtliche Bezüge des Privatrechts, 2. Aufl. 2008, § 8 RdNr. 49.
[154] Für eine kollisionsrechtliche Neutralität der Grundfreiheiten allerdings *Franzen*, Privatrechtsangleichung durch die Europäische Gemeinschaft, 1999, S. 145 f.
[155] *Berner/Klöhn* ZIP 2007, 106, 111 ff.; *Hirte* ZInsO 2010, 1986, 1991; *Hirte* ZInsO 2008, 146, 147; *Knof/Mock* GmbHR 2007, 852, 854; *Spindler/Berner* RIW 2004, 7, 12; *Stöber* ZHR 176 (2012), 326, 331; an der Vereinbarkeit der Anwendung des § 15a InsO auf Scheinauslandsgesellschaften zweifelnd *Uhlenbruck/Hirte* § 15a RdNr. 3; aA LG Kiel ZIP 2006, 1248, 1249 (§ 64 Abs.1 GmbHG aF); *Barthel*, Deutsche Insolvenzantragspflicht und Insolvenzverschleppungshaftung in Scheinauslandsgesellschaften nach dem MoMiG, 2009, S. 435 ff.; *Thole*, Gläubigerschutz durch Insolvenzrecht, 2009, S. 897; *Baumbach/Hueck/Haas*[10] § 64 RdNr. 153; *Paulus*, EuInsVO, 2. Aufl. 2008, Art. 4 RdNr. 11; *Poertzgen* ZInsO 2007, 574, 575 f.
[156] EuGH v. 30.9.2003, Rs. C-167/01 (Inspire Art), Slg. 2003, I-10155.
[157] AG Bad Segeberg GmbHR 2005, 884, 885; *Berner/Klöhn* ZIP 2007, 106, 113; *Hirte* ZInsO 2010, 1986, 1991; *Hirte*, FS Lüer, 2008, S. 387, 390 f.; Hirte/Mock ZIP 2005, 474, 476 ff.; *Schall* ZIP 2005, 965, 974 f.; *Stöber* ZHR 176 (2012), 326, 331; insoweit auch *Paulus*, EuInsVO, 2. Aufl. 2008, Art. 4 RdNr. 10; vgl. auch *H.P. Westermann* ZIP 2005, 1849, 1853 f.

solchen *race to the bottom* fehlen.[158] Hinzu kommt, dass der Rechtsverkehr durch die Information über die ausländische Rechtsform hinreichend gewarnt ist. Zwar verbleibt insoweit ein Schutzbedürfnis gesetzlicher Gläubiger. Exakt dieses Schutzbedürfnis wird durch die bisherige Interpretation des § 15a InsO durch den BGH aber gerade nicht befriedigt (RdNr. 209 ff.).

57 Selbst wenn man der vorstehenden Argumentation nicht folgt, sprechen die besseren Argumente für eine **gesellschaftsrechtliche Qualifikation** der Insolvenzantragspflicht und der daran anknüpfenden Insolvenzverschleppungshaftung gem. § 823 Abs. 2 BGB i. V. m§ 15a InsO (zu Haftung gem. § 826 s. RdNr. 312).[159] Zwar ist § 15a Abs. 1 InsO rechtsformneutral ausgestaltet, weist aber insoweit spezifisch gesellschaftsrechtliche Züge auf, als die Norm keine Gesellschaften erfasst, bei denen eine natürliche Person (mittelbar) unbeschränkt für die Gesellschaftsschulden haftet[160], die Antragspflicht weiterhin an eine bestimmte Organstellung in der Gesellschaft anknüpft[161] und wesentliche Pflichten dieser Organe regelt, deren Steuerungswirkung sich nicht in der Bestimmung zum Insolvenzantrag nach Eintritt der Insolvenzreife erschöpft (RdNr. 1).

58 Schließlich fällt die Insolvenzantragspflicht auch **nicht** unter die *lex fori concursus* gem. **Art. 4 EuInsVO**:[162] Erstens betrifft sie nicht das Insolvenzverfahren und dessen Wirkungen i. S. d. Art. 4 Abs. 1 EuInsVO, da sie unabhängig von der Eröffnung eines Insolvenzverfahrens eingreift und sich folglich von der einzigen zwingenden Voraussetzung des Art. 4 EuInsVO (!) löst. Zweitens entfaltet sie Schutzwirkung vor allem zugunsten von Neugläubigern und geht insoweit gerade über das Ziel der *par condtio creditorum* hinaus – das klassische insolvenzrechtliche Ordnungsziel, dem auch die EuInsVO durch ihren Fokus auf Gesamtvollstreckungsverfahren verpflichtet ist (Art. 1 Abs. 1 EuInsVO). Da der Anwendungsbefehl des Art. 4 EuInsVO schließlich nicht nur Haupt-, sondern auch Partikularinsolvenzverfahren erfasst (vgl. Artt 3 Abs. 3 u. 4, 28 EuInsVO), müsste eine Subsumtion der Insolvenzantragspflicht unter Art. 4 EuInsVO konsequent dazu führen, dass diese auch im Hinblick auf jedes Partikularinsolvenzverfahren gelten würde, sofern sie nicht nach nationalen Recht auf Hauptinsolvenzverfahren beschränkt ist (vgl. zu § 15a InsO noch RdNr. 132). Geschäftsleiter müssten Insolvenzantragspflichten und entsprechend zu qualifizierende funktionale Äquivalente (*wrongful trading, action en comblement du passif* etc.) in sämtlichen Mitgliedstaaten berücksichtigen, in denen ein Partikularinsolvenzverfahren eröffnet werden kann. Es ist nicht davon auszugehen, dass die EuInsVO Geschäftsleiter diesem Risiko aussetzen wollte, zumal dies ein ernsthaftes Hindernis für den Binnenmarkt darstellen würde.

59 All dies gilt nicht nur für die unmittelbare Insolvenzantragspflicht gem. § 15a Abs. 1 InsO und die daran anknüpfende Insolvenzverschleppungshaftung gem. § 823 Abs. 2 BGB i. V. m. § 15a InsO, sondern auch für die **tatbestandlichen Erweiterungen** auf faktische Geschäftsführer gem. § 15a Abs. 3 InsO auf Gesellschafter und Aufsichtsratsmitglieder, da die Antragspflicht auch insoweit an eine besondere Stellung in der Gesellschaft anknüpft und in das interne Pflichtengefüge eingegriffen wird. Gleiches gilt aufgrund der insoweit gebotenen akzessorischen Anknüpfung für die **Teilnehmerhaftung** gem. § 830 Abs. 2 BGB.

60 Zusammenfassend ist eine **Anwendung der Insolvenzantragspflicht** auf **Auslandsgesellschaften** demnach **ausgeschlossen**: (1) Im Anwendungsbereich der Niederlassungsfreiheit folgt dies aus den Artt. 49, 54 AEUV. (2) Ist der Anwendungsbereich der Niederlassungsfreiheit nicht eröffnet, folgt dasselbe Ergebnis aus der gesellschaftsrechtlichen Qualifikation der Insolvenzantragspflicht, soweit sich das Gesellschaftsstatut aufgrund einer völkerrechtlichen Kollisionsnorm (Art. 3 Abs. 2 Satz 1 EGBGB) nach der Gründungstheorie richtet. (3) Soweit die Sitztheorie gilt, führt die gesellschaftsrechtliche Qualifikation zwar zu einer Anknüpfung an deutsches Recht und damit an § 15a InsO; in diesem Fall hat man es aber gerade *nicht* (mehr) mit einer *Gesellschaft ausländischer Rechtsform* zu tun, da sich das gesamte Gesellschaftsstatut nach deutschem Recht richtet.[163]

61 **dd) Insbesondere: Partikular-Insolvenz einer Auslandsgesellschaft in Deutschland.** Nach der hier vertretenen Ansicht kommt eine Anwendung des § 15a InsO auf EU-Auslandsgesellschaften nicht in Betracht (RdNr. 56). § 15a InsO kann in einer solchen Gesellschaft daher auch nicht die

---

[158] Vgl. zu den Anreizen der Gesetzgeber im Wettbewerb der Gesellschaftsrechte *Klöhn* RabelsZ 76 (2012), 276, 292 ff. mwN.
[159] Ausführlicher zum Folgenden *Berner/Klöhn* ZIP 2007, 106, 107 ff.
[160] Vgl. *Hirte* ZInsO 2010, 1986, 1991.
[161] *Stöber* ZHR 176 (2012), 326, 333.
[162] Ausführlicher zum Folgenden *Berner/Klöhn* ZIP 2007, 106, 107 ff.; iE ebenso etwa *Barthel*, Deutsche Insolvenzantragspflicht und Insolvenzverschleppungshaftung in Scheinauslandsgesellschaften nach dem MoMiG, 2009, S. 138 ff.
[163] S dazu nur BGHZ 178, 192 RdNr. 23 (Trabrennbahn): „[Die AG schweizerischen Rechts mit Verwaltungssitz im Inland] ist (...) nach der Rechtsprechung des Senats als rechtsfähige Personengesellschaft *deutschen Rechts* zu behandeln" (Hervorhebung nur hier).

Pflicht zur Beantragung eines Partikularinsolvenzverfahrens (vgl. Art. 3 Abs. 2-4 EuInsVO) begründen, wenn die Gesellschaft Vermögen im Inland hat. Diejenigen, die § 15a insolvenzrechtlich qualifizieren, gelangen überwiegend zu demselben Ergebnis.[164] Zur Begründung kann man entweder bei der Kollisionsnorm des Art. 4 EuInsVO ansetzen (dagegen jedoch RdNr. 58) oder bei § 15a InsO, da diese Vorschrift nur eine Pflicht zur Beantragung von Hauptinsolvenzverfahren begründet (RdNr. 132)[165].

ee) Anwendbarkeit in der Auslandsgesellschaft & Co. Die Anwendung des § 15a InsO auf die Auslandsgesellschaft & Co (etwa die Ltd. & Co KG) begegnet **keinen Bedenken**.[166] Aufgrund ihrer gesellschaftsrechtlichen Qualifikation ist die Insolvenzantragspflicht Teil des Gesellschaftsstatuts der deutschen Personengesellschaft und nicht des Gesellschaftsstatuts der ausländischen Gesellschafter-Gesellschaft, da es für die Zahlungsunfähigkeit und Überschuldung auf die Personengesellschaft ankommt. Dies stellt auch keinen Eingriff in die Niederlassungsfreiheit dar, denn die Artt. 49, 54 AEUV verbürgen nicht das Recht, das Gesellschaftsstatut einer bestimmten inländischen Rechtsform (hier: Personengesellschaft) durch die Kombination mit einer ausländischen Gesellschafter-Gesellschaft (hier: Auslandsgesellschaft) zu verändern. **62**

d) Auswirkung von Umwandlungen und anderen Strukturmaßnahmen. Wird ein § 15a InsO unterfallender Rechtsträger in eine Gesellschaft umgewandelt, für die § 15a InsO nicht gilt, so **endet** die Insolvenzantragspflicht, sobald § 15a InsO nicht mehr anwendbar ist. Diese Wirkung tritt **ex nunc** ein, hebt vergangene Verstöße gegen die Insolvenzantragspflicht also nicht auf. Beispiele sind die Verschmelzung einer GmbH auf eine Personengesellschaft mit natürlicher Person als persönlich haftende Gesellschafterin oder das Ausscheiden des persönlich haftenden Gesellschafters einer zweigliedrigen, § 15a Abs. 1 Satz 2 InsO unterfallenden Personengesellschaft.[167] **63**

2. Antragspflichtige. a) Allgemeine Vorbemerkungen. Das Gesetz weist die Antragspflicht rechtsformspezifisch verschiedenen Personen zu. Dabei ist zwischen juristischen Personen und Personengesellschaften zu differenzieren. **64**

b) Juristische Person. aa) Mitglied des Vertretungsorgans. Der Antragspflicht unterliegen die Mitglieder des Vertretungsorgans einer juristischen Person (§ 15a Abs. 1 Satz 1 InsO). **65**

α) **Vertretungsorgane.** Antragspflichtig in der **AG** sind die Mitglieder des Vorstands (§ 78 AktG), einschließlich der Stellvertreter von Vorstandsmitgliedern[168] (§ 94 AktG). Gleiches gilt für die **Genossenschaft** (§§ 24, 35 GenG). In der **GmbH** trifft die Antragspflicht die Geschäftsführer (§ 35 GmbHG), einschließlich der stellvertretenden Geschäftsführer (§ 44 GmbHG).[169] Für den **Verein** gilt § 42 Abs. 2 BGB, der in seinem Anwendungsbereich § 15a InsO im Wege der Spezialität verdrängt. **66**

In der gesetzestypischen **KGaA** mit einer natürlichen Person als Komplementär ist der Komplementär antragspflichtig (§ 283 Nr. 14 AktG). Zwar entspricht dies nicht dem Grundgedanken des § 15a InsO, denn es sollen nur Gesellschaften erfasst sein, bei denen keine natürliche Person für die Gesellschaftsschulden haftet (RdNr. 19).[170] Dies berechtigt gleichwohl nicht zu einer teleologischen Reduktion, denn der MoMiG-Gesetzgeber kannte diese Kritik und hat sie weder in § 15a InsO noch in § 283 Nr. 14 AktG berücksichtigt. In der Kapitalgesellschaft & Co KGaA ohne natürliche Person als Komplementär trifft die Antragspflicht den organschaftlichen Vertreter der Komplementär-Gesellschaft.[171] Rechtsmethodisch lässt sich dies allerdings nur auf eine Gesetzesanalogie zu § 15a Abs. 1 Satz 2 InsO stützen, da § 15a Abs. 1 Satz 2 InsO in seinem unmittelbaren Anwendungsbereich auf Gesellschaften ohne Rechtspersönlichkeit beschränkt ist (vgl. dagegen § 278 Abs. 1 AktG). **67**

---

[164] *Baumbach/Hueck/Haas*[19] § 64 RdNr. 150; *Poertzgen* NZI 2008, 9, 12; teilw. abw. *Poertzgen* ZInsO 2007, 574, 576; *Wälzholz* DStR 2007, 1914, 1916 ff.
[165] So AG Köln NZG 2005, 858, 859 (§ 64 Abs.1 GmbHG aF); *Baumbach/Hueck/Haas*[19] § 64 RdNr. 150.
[166] *Klöhn/Schaper*, ZIP 2013, 49, 50 f., 53 ff.
[167] Zu den Rechtsfolgen des Ausscheidens des vorletzten Gesellschafters einer zweigliedrigen Personengesellschaft etwa *Henssler/Strohn/Klöhn* § 131 HGB RdNr. 63 ff.
[168] *Spindler/Stilz/Fleischer* § 94 RdNr. 6.
[169] MünchKommGmbHG-*Goette* § 44 RdNr. 21; *Michalski/Terlau* § 44 RdNr. 8; *Baumbach/Hueck/Zöllner/Noack* § 44 RdNr.11.
[170] Vgl. *K. Schmidt/Lutter/K. Schmidt* § 283 RdNr. 20.
[171] *Binz/Sorg*, Die GmbH & Co. KG im Gesellschafts- und Steuerrecht, 11. Aufl. 2010, § 12 RdNr. 25; *K. Schmidt/Lutter/K. Schmidt* § 283 RdNr. 20; *A. Arnold*, Die GmbH & Co KGaA, 2001, S. 97; aA (aber unklar) *Siebert* ZInsO 2004, 773, 777; *Siebert*, Die Kommanditgesellschaft auf Aktien in der Insolvenz, Jur. Diss. Jena 2003, S. 35 f.

§ 15a 68–73   2. Teil. 1. Abschnitt. Eröffnungsvoraussetzungen und Eröffnungsverfahren

68   In der deutschem Recht unterliegenden **SE** mit dualistischer Verwaltungsstruktur trifft den Vorstand als Vertretungsorgan die Antragspflicht (Artt. 9 Abs. 1 lit. c ii, 10 SE-VO, § 78 AktG).[172] In der monistisch strukturierten SE ist jedes Mitglied des Verwaltungsrats antragspflichtig (§ 22 Abs. 5 Satz 2, 1.Hs., Abs. 6 SEAG).[173]

69   Bejaht man die Anwendbarkeit des § 15a InsO auf Auslandsgesellschaften (dagegen RdNr. 54 ff.), so richtet sich nach dem **Gesellschaftsstatut**, wer vertretungsberechtigtes Organ i. S. d. § 15a InsO ist. In der englischen *company* sind dies die *directors*.[174]

70   **β) Bestellte Organmitglieder.** Antragspflichtig sind bestellte Mitglieder des Vertretungsorgans. Wie der Wortlaut des § 15a InsO klarstellt, trifft jedes einzelne Mitglied – und nicht das Organ – die Antragspflicht.[175] Sie ist nicht delegierbar[176] und hängt weder von der Vertretungsregelung[177] noch der Geschäftsführungsbefugnis[178] ab, weil auch das Antragsrecht gem. § 15 InsO hiervon unabhängig ist (s. dort RdNr. 10). Das einzelne Mitglied muss den Antrag notfalls allein stellen.[179]

71   Erfasst sind alle **wirksam bestellten** Mitglieder des Vertretungsorgans, auch Strohmann-Organwalter[180]. Unerheblich ist, ob die Organstellung durch interne Willensbildung oder einen gerichtlichen Bestellungsakt ins Amt gelangt sind. Auch das Notvorstandsmitglied (§ 85 AktG) ist daher insolvenzantragspflichtig. Auf die Wirksamkeit des Anstellungsvertrags kommt es nicht an. Daneben erfasst § 15a InsO **fehlerhaft bestellte** Organmitglieder, d.h. solche, bei denen ein organschaftlicher Bestellungsakt vorliegt, der jedoch an einem Wirksamkeitsmangel leidet, wenn diese Personen das Amt annehmen[181] oder ihre Tätigkeit ausführen.[182]

72   Mit der **Beendigung der Organstellung** endet auch die Insolvenzantragspflicht. Dies gilt unabhängig von dem Grund der Beendigung[183] (Amtsniederlegung[184], einvernehmliches Ausscheiden, Abberufung). Die Antragspflicht erlischt allerdings nur mit Wirkung ex nunc. Vergangene Antragspflichtverletzungen entfallen nicht rückwirkend.[185] Entscheidend ist die Beendigung der Organstellung, auf das Schicksal des Dienstvertrags kommt es nicht an.[186] Die Unwirksamkeit einer Amtsniederlegung kann aber nicht allein mit der materiellen Insolvenz der Gesellschaft begründet werden, da der Organwalter anerkennenswerte Motive für seine Amtsniederlegung haben kann.[187]

73   Trotz Beendigung der Organstellung kann der Organwalter **fortwirkende Pflichten** haben, insbesondere zur Information und Veranlassung seiner ehemaligen Kollegen oder Nachfolger zur

---

[172] S. nur *Roitsch*, Auflösung, Liquidation und Insolvenz der Europäischen Aktiengesellschaft (SE) mit Sitz in Deutschland, 2006, S. 134.
[173] MünchKommAktG-*Oechsler* VO (EG) 2157/2001 Art. 5 RdNr. 23.
[174] S. nur *Ringe/Otte* in Triebel/Illmer/Ringe/Vogenauer/Ziegler, Englisches Handels- und Wirtschaftsrecht, 3. Aufl. 2012, § 7 RdNr. 224.
[175] BGH NJW 1994, 2149, 2150 (§ 64 Abs.1 GmbHG aF); *Lutter/Hommelhoff/Kleindiek* Anh zu § 64 RdNr. 45; *Andres/Leithaus/Leithaus* § 15a RdNr. 3; *Scholz/K. Schmidt* GmbHG Anh. § 64 RdNr. 19; *Rodewald* GmbHR 2009, 1301, 1303; *Wagner*, FS K. Schmidt, 2009, S. 1665, 1688.
[176] BGH NJW 1994, 2149, 2150 (§ 64 Abs. 1 GmbHG aF).
[177] GroßkommGmbHG-*Casper* § 64 RdNr. 36; *Uhlenbruck/Hirte* § 15a RdNr. 7; *Andres/Leithaus/Leithaus* § 15a RdNr. 3; *Scholz/K. Schmidt* GmbHG Anh. § 64 RdNr. 19.
[178] GroßkommGmbHG-*Casper* § 64 RdNr. 36; *Baumbach/Hueck/Haas*[19] § 64 RdNr. 114; MünchKommGmbHG-*H. F. Müller* § 64 RdNr. 60.
[179] *Spindler/Stilz/Fleischer* § 92 RdNr. 60; KölnKommAktG-*Mertens/Cahn* Anh. § 92 RdNr. 25; MünchKommAktG-*Spindler* § 92 RdNr. 43.
[180] MünchKommGmbHG-*H. F. Müller* § 64 RdNr. 60; *Siegmann/Vogel* ZIP 1994, 1821, 1827.
[181] Vgl. im Rahmen des § 43 GmbHG MünchKommGmbHG-*Fleischer*, § 43 RdNr. 219; *Baumbach/Hueck/Zöllner/Noack*[19] § 43 RdNr. 2; aA *Lutter/Hommelhoff* Vor § 35 RdNr. 11; *Scholz/U.H. Schneider* GmbHG § 43 RdNr. 22.
[182] Vgl. BGHZ 41, 282, 287 (§ 75 AktG aF); *Spindler/Stilz/Fleischer* § 92 RdNr. 62; *Baumbach/Hueck/Haas*[19] § 64 RdNr. 113; GroßkommAktG-*Habersack* § 92 RdNr. 32; *Andres/Leithaus/Leithaus* § 15a RdNr. 3; MünchKommGmbHG-*H. F. Müller* § 64 RdNr. 61. Teils werden diese Organwalter als faktische Organwalter eingeordnet, so *Scholz/K. Schmidt* GmbHG Anh. § 64 RdNr. 22; *Stein* ZHR 148 (1984), 207, 221 f.
[183] Ebenso im Ansatz *Uhlenbruck/Hirte* § 15a RdNr. 12.
[184] BGHSt 2, 53, 54 (§ 84 Abs.1 GmbHG aF); BayObLG DB 1999, 1748; *Scholz/K. Schmidt* GmbHG Anh. § 64 RdNr. 39; *Palzer*, Fortwirkende organschaftliche Pflichten des Geschäftsführers einer GmbH, 2001, S. 56 ff., 131 ff., 236; *Fichtelmann* GmbHR 2008, 76, 79; aA *Fleck* GmbHR 1974, 224, 229 .
[185] BGHSt 2, 53, 54 (§ 84 Abs.1 GmbHG aF); GroßkommGmbHG-*Casper* § 64 RdNr. 37; *Baumbach/Hueck/Haas*[19] § 64 RdNr. 115; *Uhlenbruck/Hirte* § 15a RdNr. 12; *Lutter/Hommelhoff/Kleindiek* Anh zu § 64 RdNr. 83; *Andres/Leithaus/Leithaus* § 15a RdNr. 4; *Scholz/K. Schmidt* GmbHG Anh. § 64 RdNr. 40; *Trölitzsch* GmbHR 1995, 857, 860.
[186] *Scholz/K. Schmidt* GmbHG Anh. § 64 RdNr. 39.
[187] AA mit verschiedenen Begründungen LG Potsdam wistra 1995, 193, 195 f.; AG Memmingen Beschl. v. 2.12.2003 – HRB 8361 GmbH 2004, 952, 954 f.; *Münch* DStR 1993, 916, 919 f.; sympathisierend *Kleindiek* ZGR 2007, 276, 290 f.

Antragstellung.¹⁸⁸ Zwar ergibt sich dies nicht aus dem Wortlaut des § 15a InsO, doch kann man entsprechende insolvenzrechtliche Pflichten im Wertungsabgleich zur Dogmatik der deliktischen Verkehrspflichten herleiten. Auch im Deliktsrecht ist anerkannt, dass die bloße Aufgabe der gefahrbezogenen Tätigkeit nicht von den mit ihr verbundenen Verkehrspflichten befreit. Die Pflichten setzen **nicht** voraus, dass die Gesellschaft **bereits insolvent** war, als die Organstellung beendet wurde, sondern können auch davor einsetzen, insbesondere wenn die baldige Insolvenz absehbar ist.

Die **Intensität** der fortwirkenden Pflichten hängt von dem drohenden Schaden für die Gläubiger, der Erkennbarkeit der Insolvenz und der Zumutbarkeit der jeweiligen Maßnahme ab. Lehnen die Antragsberechtigten die Antragstellung ab, kann das ausgeschiedene Organmitglied verpflichtet sein, weitergehende Schritte einzuleiten, insbesondere **Gläubiger zur Antragstellung zu ermutigen**. Insoweit kann jedoch eine Pflichtenkollision aufgrund der nachwirkenden Geheimhaltungspflicht des Organwalters entstehen. Zur Einwirkung auf die Antragsberechtigten ist der ehemalige Organwalter nicht verpflichtet, wenn dies offensichtlich keinen Erfolg verspricht. Jedoch kann er zu anderen Maßnahmen verpflichtet sein, etwa zur Information der Gläubiger. Teilweise wird angenommen, der Geschäftsleiter habe keine Pflicht zur Einwirkung auf andere oder neue Geschäftsleiter, wenn er abberufen wurde, weil er einen Insolvenzantrag stellen wollte.¹⁸⁹ Dem ist jedoch nicht zuzustimmen, da die beschriebenen Pflichten im Gläubigerinteresse bestehen. **74**

γ) Faktische Organmitglieder. αα) Grundgedanke. Auch faktische Organmitglieder unterliegen der Antragspflicht.¹⁹⁰ Rechtsmethodisch ergibt sich dies aus einer **analogen Anwendung von § 15a InsO**.¹⁹¹ Zur Begründung werden verschiedene Gesichtspunkte herangezogen, insbesondere der Gleichlauf zwischen Herrschaft und Haftung,¹⁹² die Duldung durch das zur Bestellung zuständige Organ,¹⁹³ sowie der Gedanke der Ingerenz¹⁹⁴. Im Zusammenhang mit der Insolvenzantragspflicht am überzeugendsten ist der in der allgemeinen Dogmatik zu den Verkehrspflichten wurzelnde Ansatz, wonach es für die Zurechnung deliktischer Verhaltenspflichten nicht auf die rechtsgeschäftliche Mandatierung ankommt, sondern auf die tatsächliche Übernahme der entsprechenden Aufgabe.¹⁹⁵ Deshalb überzeugt auch das Gegenargument nicht, der faktische Organwalter habe kein Antragsrecht (dies ist str., vgl. § 15 RdNr. 11) und könne daher nicht zur Antragstellung verpflichtet sein.¹⁹⁶ Dafür spricht auch, dass der faktische Organwalter typischerweise für die Antragstellung durch eine dazu befugte Person sorgen kann.¹⁹⁷ Die Einführung des § 15a Abs. 3 InsO (Insolvenzantragspflicht der Gesellschafter bei Führungslosigkeit der Gesellschaft) hat hieran ausweislich der Regierungsbegründung nichts geändert.¹⁹⁸ Der faktische Geschäftsführer kann im Falle der Führungslosigkeit also neben den Gesellschaftern antragspflichtig sein. **75**

ββ) Voraussetzungen. Nach der Rechtsprechung ist faktisches Leitungsorgan, wer mit Wissen und Wollen der Gesellschaft¹⁹⁹ bzw. im Einverständnis der Gesellschafter²⁰⁰ nach dem Gesamter- **76**

---

¹⁸⁸ *Baumbach/Hueck/Haas*¹⁹ § 64 RdNr. 115; *Lutter/Hommelhoff/Kleindiek* Anh zu § 64 RdNr. 83; *Andres/Leithaus/Leithaus* § 15a RdNr. 4; ähnlich *Scholz/K. Schmidt* GmbHG Anh. § 64 RdNr. 40: Amtsniederlegung kann diese Pflicht mit sich bringen.

¹⁸⁹ *Lutter/Hommelhoff/Kleindiek* Anh zu § 64 RdNr. 84.

¹⁹⁰ BGHZ 104, 44, 47 f. (§ 130a HGB aF); BGHSt 31, 118, 121 f (§ 84 Abs. 1 GmbHG aF); BGH NJW 2000, 2285 (§ 82 Abs.1 GmbHG).; OLG Karlsruhe NJW 2006, 1364 (§ 84 Abs.1 GmbHG); *Braun/Bußhardt* § 15a RdNr. 6; *Uhlenbruck/Hirte* § 15a RdNr. 8; *Lutter/Hommelhoff/Kleindiek* Anh zu § 64 RdNr. 49; *Scholz/K. Schmidt* GmbHG Anh. § 64 RdNr. 22; *Poertzgen*, Organhaftung wegen Insolvenzverschleppung, 2005, S. 160; *K. Schmidt* ZIP 1988, 1497, 1500 f.; *K. Schmidt*, FS Rebmann, 1989, S. 419, 433; *Weimar* GmbHR 1997, 473, 477; *Nauschütz* NZG 2005, 921, 921 f.; für das österreichische Recht OGH ecolex 1998, 327, 328; aA *Bitter* ZInsO 2010, 1561, 1572; MünchKommGmbHG-*H. F. Müller* § 64 RdNr. 61 f. (wonach der faktische Geschäftsführer aber verpflichtet sein soll, auf die Antragsberechtigten einzuwirken, damit diese den Antrag stellen); *Gottwald/Haas* § 92 RdNr. 62; *Haas* DStR 2003, 423, 423 f.; *Stein* ZHR 148 (1984), 207, 222 ff.

¹⁹¹ BGHZ 119, 257, 261 (§ 43 GmbHG).

¹⁹² BGHZ 104, 44, 47 f. (§ 130a HGB aF).

¹⁹³ GroßkommGmbHG-*Casper* § 64 RdNr. 39.

¹⁹⁴ OGH GesRZ 2008, 159.

¹⁹⁵ *Fleischer* AG 2004, 517, 523 f.; *Wagner*, FS K. Schmidt, 2009, S. 1665, 1690.

¹⁹⁶ So aber MünchKommGmbHG-*H. F. Müller* § 64 RdNr. 61; *Haas* DStR 2003, 423, 423 f.

¹⁹⁷ *Scholz/K. Schmidt* GmbHG Anh. § 64 RdNr. 23.

¹⁹⁸ Begr RegE MoMiG, BT-Drucks. 16/6140, S. 56; *Scholz/K. Schmidt* GmbHG Anh. § 64 RdNr. 22; *Hirte* ZInsO 2008, 689, 702; *Wagner*, FS K. Schmidt, 2009, S. 1665, 1689.

¹⁹⁹ Bei einer AG das Einverständnis des Aufsichtsrat forderne BGHSt 21, 101, 104 (§ 83 GmbHG aF, § 244 KO aF).

²⁰⁰ BGHSt 3, 32, 38 (§ 246 StGB); BGHSt 21, 101, 103 (§ 83 GmbHG aF; § 244 KO aF); BGHSt 31, 118, 122 (§ 84 Abs.1 GmbHG aF); BGH GmbHR 1990, 173 (LS) (§ 64 Abs.1 GmbHG aF); BayObLG NJW 1997, 1936 (§ 84 Abs.1 Nr.1 GmbHG); OLG Karlsruhe NJW 2006, 1364 (§ 84 Abs.1 GmbHG).

scheinungsbild des Auftretens die Geschicke der Gesellschaft – über die interne Einwirkung auf die satzungsmäßige Geschäftsführung hinaus – maßgeblich durch eigenes Handeln im Außenverhältnis, das die Tätigkeit des rechtlichen Geschäftsführungsorgans nachhaltig prägt, in die Hand genommen hat.[201] Das faktische Leitungsorgan muss die Geschäftsführung tatsächlich übernommen haben, die bloße Möglichkeit der Geschäftsführung genügt nicht. Die Übernahme einzelner Geschäftsführungsaufgaben genügt, wenn diese die Tätigkeit des Leitungsorgans maßgeblich prägt.[202] Wenn neben dem faktischen Geschäftsführer ein bestellter Geschäftsführer tätig ist, muss der faktische Geschäftsführer die Geschäftsführungsaufgabe in maßgeblichem Umfang wahrnehmen.[203] Entscheidend sind dabei insbesondere die Intensität der Unternehmensführung[204] und die Dauer der Tätigkeit[205]. Nicht erforderlich ist, dass das faktische Leitungsorgan die bestellten Leitungsorgane verdrängt.[206] Nach der Rechtsprechung darf das faktische Leitungsorgan keiner strengeren Haftung unterliegen als der bestellte Geschäftsleiter.[207] Eine **juristische Person** kann daher nicht faktisches Leitungsorgan sein (arg ex §§ 6 Abs. 2 Satz 1 GmbHG, 76 Abs. 3 Satz 1 AktG, 9 Abs. 2 Satz 1, 1. Fall GenG).[208]

77 Dieser Rechtsprechung ist grundsätzlich zuzustimmen, wenngleich auf sie auf zwei Voraussetzungen verzichten sollte: Das **Einverständnis der Gesellschafter** ist für die Fälle des faktischen Leitungsorgans zwar typisch, aber nicht notwendig.[209] Es ist vom Haftungsgrund her nicht zwingend[210] und führt zu Anwendungsproblemen, insbesondere zu der Frage, welche Mehrheit für ein Einverständnis erforderlich ist. Entschieden wurde, dass das Einverständnis der Gesellschaftermehrheit „jedenfalls" dann ausreiche, wenn sie für die Bestellung des Geschäftsführers ausgereicht hätte.[211]

78 Verzichten sollte die Rechtsprechung außerdem auf das Erfordernis eines **Handelns im Außenverhältnis**.[212] Auch der klassische *shadow director*, d.h. der hinter einem Strohmann-Geschäftsführer (oder -Vorstand) Stehende, kann daher faktisches Leitungsorgan sein.[213] Die **Ausübung von Gesellschafterrechten** (z. B. Weisungsrecht) begründet hingegen auch dann keine Leitungsorganeigenschaft, selbst wenn die Gesellschafter Aufgaben an sich ziehen, die originär den Geschäftsführer zugewiesen sind und und den bestellten Geschäftsführer zum „Befehlsempfänger" degradieren.[214] Insbesondere der Allein- oder herrschende Gesellschafter wird durch die Wahrnehmung von Gesellschafterrechten nicht zum faktischen Leitungsorgan.[215] Die Führungslosigkeit der GmbH macht die Gesellschafter für sich genommen nicht zu faktischen Geschäftsführern (arg ex § 15a Abs. 3 InsO).[216]

79 γγ) **Einzelfälle.** Führungspersonen unterhalb der obersten Leitungsebene (zB **Prokuristen**) sind typischerweise keine faktischen Leitungsorgane, weil sie keine organtypischen Funktionen wahrneh-

---

[201] BGHZ 150, 61, 69 f (§ 43 Abs.2 GmbHG); BGHZ 104, 44, 48 (§ 130a HGB aF); BGH NZG 2008, 468, 469 (§ 64 Abs. 2 GmbHG aF); BGH NZG 2005, 755 (§ 823 Abs.2 BGB iVm. § 266 Abs.1 StGB); BGH NZG 2005, 816 (§ 64 Abs.2 GmbHG aF); inzident OLG Brandenburg NZG 2001, 807, 807 f. (§ 64 Abs.2 GmbHG aF); OLG Düsseldorf GmbHR 1994, 317, 318 (§ 43 Abs.2 GmbHG).

[202] OLG Düsseldorf NZG 2000, 312, 313 (§ 826 BGB).

[203] BGHZ 150, 61, 69 f (§ 43 Abs.2 GmbHG); BGHZ 104, 44, 48 (§ 130a HGB aF); *Geißler* GmbHR 2003, 1106, 1112.

[204] BGHZ 104, 44, 48 (§ 130a HGB aF); inzident OLG Brandenburg NZG 2001, 807, 808 (64 Abs.2 GmbHG aF); s. ferner *G.H. Roth* ZGR 1989, 421, 424 ff.

[205] OLG Brandenburg NZG 2001, 807, 808.

[206] BGHZ 150, 61, 69 (§ 43 Abs.2 GmbHG); BGHZ 104, 44, 47 f. (§ 130a HGB aF); OLG Düsseldorf NZG 2000, 312, 313 (§ 826 BGB); GroßkommGmbHG-*Casper* § 64 RdNr. 39; *Scholz/K. Schmidt* GmbHG Anh. § 64 RdNr. 22; aA BGHZ 75, 96, 106 (§ 92 Abs. 2 AktG aF iVm. § 283 Nr. 14 AktG); *U. Stein*, Das faktische Organ, S. 184 ff.

[207] BGHZ 119, 257, 261; KG NZG 2000, 1032.

[208] BGHZ 150, 61, 68; aA MünchKommGmbHG-*Fleischer* § 43 RdNr. 235.

[209] *Scholz/K. Schmidt* GmbHG Anh. § 64 RdNr. 22.

[210] Ebenso *Scholz/K. Schmidt* GmbHG Anh. § 64 RdNr. 22.

[211] OLG Karlsruhe NJW 2006, 1364 (§ 84 Abs.1 GmbHG).

[212] Ebenso etwa MünchKommGmbHG-*Fleischer* § 43 RdNr. 231 ff.; *Scholz/U.H. Schneider* GmbHG § 43 RdNr. 26; *Lutter/Hommelhoff/Kleindiek* § 43 RdNr. 2; *Schürnbrand*, Organschaft, S. 307 ff; *Grigoleit*, Gesellschafterhaftung, S. 117; *Burgard* NZG 2002, 606, 608; *Fleischer* AG 2004, 517, 525; differenzierend *Strohn* DB 2011, 158, 161.

[213] *Fleischer* AG 2004, 517, 525.

[214] BGHZ 150, 61, 69 (§ 43 Abs.2 GmbHG) (mit dem Argument, dies sei eine rein interne Einwirkung); BGH NZG 2005, 755, 756 (§ 823 Abs.2 BGB iVm. § 266 Abs.1 StGB); *Gehrlein/Witt*, GmbH-Recht in der Praxis, 5. Kap RdNr. 90; *Mertens*, FS Robert Fischer, S. 460, 464 ff; *Cahn* ZGR 2003, 298, 314 f; *Konzen* NJW 1989, 2977, 2985; aA OLG Jena ZIP 2002, 631, 632 (64 Abs.1 GmbHG aF); ähnlich *Flume*, Die juristische Person, S. 61, 85 ff; *Altmeppen* ZIP 2001, 1837, 1843 f; *Altmeppen* NJW 2002, 321, 323 f.

[215] BGHZ 31, 258, 277 f. (§ 43 GmbHG).

[216] *Scholz/K. Schmidt* GmbHG Anh. § 64 RdNr. 22.

men.²¹⁷ Gleiches gilt für **Gesellschafter**, die im Übrigen nicht allein durch die Ausübung von Gesellschafterrechten zu faktischen Leitungsorganen werden (RdNr. 78). Aus demselben Grund sind **professionelle Berater** (Steuerberater, Wirtschaftsprüfer, Anwälte etc.) üblicherweise nicht als faktische Organe zu qualifizieren.²¹⁸ **Kreditgeber** können ausnahmsweise faktische Geschäftsleiter sein, wenn sie die Leitung der Gesellschaft in der Krise an sich reißen. Banken scheiden nach der Rechtsprechung als faktische Organe aber schon deshalb aus, weil sie üblicherweise als juristische Personen verfasst sind (RdNr. 76). Zur Haftung von Kreditgebern wegen Insolvenzverschleppung gem. § 826 BGB s. RdNr. 300 ff.

δδ) **Rechtsfolgen.** Liegen die Voraussetzungen faktischer Geschäftsleitung vor, so gelten auf **Rechtsfolgenseite** grundsätzlich dieselben Regeln wie für bestellte Geschäftsleiter. Faktische Organmitglieder dürfen insbesondere keiner strengeren Haftung unterliegen als bestellte Geschäftsleiter.²¹⁹

bb) Abwickler. Ist die Gesellschaft aufgelöst, trifft die Insolvenzantragspflicht die Liquidatoren. Es gilt das zu den Vertretungsorganen Gesagte entsprechend.²²⁰ Insbesondere trifft die Insolvenzantragspflicht jeden Liquidator und nicht bloß die Gesamtheit der Abwickler. Sie ist von der Vertretungsregelung und Geschäftsverteilung unabhängig. Ist Liquidator eine juristische Person (vgl. §§ 265 Abs. 2 Satz 3 AktG, 83 Abs. 2 GenG) trifft die Antragspflicht gem. § 15a Abs. 1 Satz 2 InsO analog deren organschaftlichen Vertreter.

cc) Gesellschafter. Gesellschafter haben, selbst wenn sie herrschende Unternehmen i. S. d. § 17 AktG sind, grundsätzlich keine Insolvenzantragspflicht. Etwas anderes gilt, wenn sie ausnahmsweise die Voraussetzungen faktischer Geschäftsleiter erfüllen (RdNr. 75 ff.). GmbH-Gesellschafter trifft zudem eine subsidiäre Insolvenzantragspflicht, wenn die Gesellschaft führungslos ist (§ 15a Abs. 3 InsO, RdNr. 83 ff.). Eine Insolvenzverschleppungshaftung der Gesellschafter kommt schließlich unter dem Gesichtspunkt der Teilnahme an dem Delikt eines Antragspflichtigen (§ 830 BGB, RdNr. 275)²²¹ sowie wegen Existenzvernichtung gem. § 826 BGB in Betracht.

Gem. § 15a Abs. 3, 1. Fall InsO sind im Fall der **Führungslosigkeit einer GmbH** auch alle Gesellschafter zur Stellung des Insolvenzantrags verpflichtet, es sei denn, sie haben von der „Zahlungsunfähigkeit und der Überschuldung oder der Führungslosigkeit" keine Kenntnis. Die Vorschrift wurde mit dem MoMiG eingeführt (RdNr. 3); eine entsprechende Regelung war den gesellschaftsrechtlichen Vorgängervorschriften von § 15a InsO unbekannt. Zweck dieser Norm ist, die Gesellschafter dazu zu bewegen, stets für eine ordnungsgemäße Vertretung der Gesellschaft zu sorgen.²²² Dogmatisch enthält § 15a Abs. 3 InsO nach dem Willen des Gesetzgebers eine subsidiäre „**Ersatzzuständigkeit**"²²³ der GmbH-Gesellschafter für die Antragsstellung.²²⁴

Der Antragspflicht unterliegen nur die **Gesellschafter einer GmbH** (auch: UG²²⁵), nicht aber der AG oder Genossenschaft²²⁶ und auch nicht die Kommanditisten einer GmbH & Co KG. Gesellschafter ist jeder Inhaber eines Geschäftsanteils zu dem Zeitpunkt, zu dem der Insolvenzantrag gestellt werden muss. Ein Mindestumfang der Beteiligung ist nicht erforderlich.²²⁷ Entscheidend ist die formale Beteiligung an der Gesellschaft. Nicht ausreichend ist daher eine gesellschafterähnliche

---

²¹⁷ OLG Düsseldorf GmbHR 1993, 159 (§ 64 Abs.2 GmbHG aF); *Scholz/K. Schmidt* GmbHG Anh. § 64 RdNr. 22.
²¹⁸ *Fleischer* AG 2004, 517, 527.
²¹⁹ BGHZ 119, 257, 261; KG NZG 2000, 1032.
²²⁰ Vgl. auch GroßkommGmbHG-*Casper* § 64 RdNr. 38.
²²¹ BGHZ 75, 96, 107 (§ 92 Abs. 3 AktG aF iVm. § 283 Nr. 14 AktG); GroßkommGmbHG-*Casper* § 64 RdNr. 162; *Scholz/K. Schmidt* GmbHG Anh. § 64 RdNr. 141; *Wolany*, Rechte und Pflichten des Gesellschafters einer GmbH, 1964, S. 115 f.; *Konow* GmbHR 1975, 104; *K. Schmidt* JZ 1978, 661, 666; für das österreichische Recht OGH ZIP 1993, 1871, 1873; dazu *Karollus* EWiR 1993, 1222.
²²² Begr RegE MoMiG BT-Drucks. 16/6140, S. 55; aus der Literatur etwa *Roth/Altmeppen/Altmeppen* Vor § 64 RdNr. 62; *Spindler/Stilz/Fleischer* § 92 RdNr. 66.
²²³ So Begr RegE MoMiG, BT-Drucks. 16/6140, S. 55; *Gehrlein* BB 2008, 846, 848; vgl. auch *Roth/Altmeppen/Altmeppen* Vor § 64 RdNr. 62; *Goette/Habersack/Casper* RdNr. 6.31: „Ausfallzuständigkeit".
²²⁴ Dies vertiefend *K. Schmidt*, FS Uwe H. Schneider, 2011, S. 1157.
²²⁵ MünchKommGmbHG-*Rieder* § 5a GmbHG RdNr. 46; *Roth/Altmeppen/Roth* § 5a RdNr. 4; *Wicke* § 5a RdNr. 5.
²²⁶ *Uhlenbruck/Hirte* § 15a RdNr. 62.
²²⁷ *Uhlenbruck/Hirte* § 15a RdNr. 62; *Lutter/Hommelhoff/Kleindiek* Anh zu § 64 RdNr. 46; *Scholz/K. Schmidt* GmbHG Anh. § 64 RdNr. 27; *Gottwald/Haas/Hossfeld* § 92 RdNr. 64; *Goette/Habersack/Casper* RdNr. 6.33. Rechtspolitisch für ein Kleinstbeteiligungsprivileg *Noack* DB 2006, 1475, 1477; *K. Schmidt* GmbHR 2007, 1072, 1078.

Beteiligung[228] oder der nicht durch eine Gesellschaftsbeteiligung vermittelte unternehmerische Einfluss i. S. d. § 17 AktG. Bei treuhänderischen Beteiligungsstrukturen sind daher die Treuhänder, nicht aber die Treugeber nach Abs. 3 antragspflichtig.[229] Die Antragspflicht trifft jeden einzelnen Gesellschafter, nicht die Gesellschafterversammlung als Organ.

85 Handelt es sich bei den GmbH-Gesellschaftern um juristische Personen oder um § 15a Abs. 1 Satz 2 InsO unterfallende Personengesellschaften, so trifft die Insolvenzantragspflicht in analoger Anwendung des § 15a Abs. 1 Satz 2 u. Abs. 2 InsO diejenigen natürlichen Personen, die das Handeln dieser Gesellschaften steuern (RdNr. 97 ff.).[230] Ist die **Gesellschafter-Gesellschaft** ihrerseits führungslos, so trifft die Insolvenzantragspflicht diejenigen, die nach § 15a Abs. 3 InsO zuständig sind.[231]

86 Soweit die Gesellschafterstellung vererblich ist, tritt der **Erbe** auch in die Pflichten aus § 15a Abs. 3 InsO ein.[232] In der Miterbengemeinschaft ist jeder Erbe einzeln zum Antrag verpflichtet (vgl. auch § 317 InsO).[233] Die Insolvenzantragspflicht der Erben ist erträglich, weil sie nur unter den strengen subjektiven Voraussetzungen des § 15a Abs. 3 InsO eingreift. Für eine Anwendung des Rechtsgedankens des § 139 Abs. 4 HGB besteht daher kein Bedürfnis.[234] Eine entsprechende Rechtsfortbildung, bei der es sich wohl um eine teleologische Extension handeln würde,[235] ist im Übrigen auch nicht gerechtfertigt, weil die *ratio legis* des § 139 Abs. 4 HGB nicht dessen Erstreckung auf die Antragspflicht noch erfordert. § 139 Abs. 4 HGB befreit den Erben eines persönlich haftenden Gesellschafters aus dem Dilemma, entweder das Risiko persönlicher Haftung auf sich zu nehmen oder die Erbschaft insgesamt auszuschlagen.[236] Ein ähnliches Dilemma droht dem Gesellschafter-Erben im Falle des § 15a Abs. 3 InsO nicht. Er muss schlicht den Insolvenzantrag stellen, sobald er Kenntnis von dem Insolvenzgrund und der Führungslosigkeit erlangt bzw. sich ihm diese Kenntnis geradezu aufdrängen muss. Zwar trägt er im Prozess insoweit die Beweislast. Dem Erben dürfte dieser Beweis in der Regel aber nicht schwer fallen. Erwägenswert erscheint hingegen, § 15a Abs. 3 InsO im Wege einer teleologischen Reduktion nicht auf Gesellschafter-Erben anzuwenden, die die Erbschaft noch ausschlagen können.[237] Nachlasspfleger (§§ 1960 f. BGB) sind ebensowenig zum Antrag verpflichtet wie Nachlassverwalter (§§ 1980 ff. BGB), Nachlassinsolvenzverwalter (§§ 315 ff. InsO) und **Testamentsvollstrecker** (§§ 2197 ff. BGB);[238] die Antragspflicht des Gesellschafter-Erben bleibt insoweit unberührt[239].

87 Nach dem Wortlaut des § 15 Abs. 3 InsO sind die Gesellschafter auch dann antragspflichtig, wenn die Gesellschaft über einen **Aufsichtsrat** verfügt. Dies ist rechtspolitisch und systematisch zweifelhaft, wenn der Aufsichtsrat Personalkompetenz hat wie insbesondere in nach MitbestG mitbestimmten Gesellschaften (§ 31 MitbestG).[240] Eine entsprechende Gesetzeskorrektur scheitert de lege lata jedoch an der Entstehungsgeschichte der Vorschriften über die Führungslosigkeit.[241]

88 Die Gesellschaft ist **führungslos**, wenn sie keinen Geschäftsführer hat (§§ 35 Abs. 1 S. 2 GmbHG, 10 Abs. 2 Satz 2, 1. HS InsO). Dies ist dann der Fall, wenn kein wirksam bestellter und noch im Amt befindlicher Geschäftsführer vorhanden ist.[242] Der Grund für die Führungslosigkeit (Abberufung, Niederlegung, einvernehmliches Ausscheiden des letzten Geschäftsführers etc.) ist unerheblich. Die Existenz eines faktischen Geschäftsführers hindert die Führungslosigkeit nicht.[243] Keine Führungslo-

---

[228] *Scholz/K. Schmidt* GmbHG Anh. § 64 RdNr. 27.
[229] *Scholz/K. Schmidt* GmbHG Anh. § 64 RdNr. 27.
[230] GroßkommGmbHG-*Casper*, MoMiG-Ergänzungsband, 2008, § 64 RdNr. 176 aE; *Baumbach/Hueck/Haas*[19] § 64 RdNr. 169; *Gottwald/Haas/Hossfeld* § 92 RdNr. 65; aA *Kübler/Prütting/Bork/Preuß* St. 2/10, § 15a RdNr. 38.
[231] GroßkommGmbHG-*Casper* § 64 RdNr. 176 aE.
[232] *Roth/Altmeppen/Altmeppen* Vor § 64 RdNr. 62; *Uhlenbruck/Hirte* § 15a RdNr. 62; *du Carrois* ZInsO 2009, 373, 374.
[233] *Marotzke* ErbR 2010, 115, 118.
[234] AA *Uhlenbruck/Hirte* § 15a RdNr. 62; wie hier wohl auch *Marotzke* ErbR 2010, 115, 116 ff., der eine analoge Anwendung des § 139 Abs. 4 HGB nicht diskutiert.
[235] Dazu *Canaris*, Die Feststellung von Lücken im Gesetz, 2. Aufl. 1983, S. 89 ff.
[236] S. nur *Henssler/Strohn/Klöhn* § 139 RdNr. 1.
[237] Dafür *Marotzke* ErbR 2010, 115, 117 f.
[238] *Marotzke* ErbR 2010, 115, 119 f.; teilw aA *du Carrois* ZInsO 2009, 373, 374.
[239] *Marotzke*, ErbR 2010, 115, 120.
[240] *Goette/Habersack/Casper* RdNr. 6.34; *Gehrlein* BB 2008, 846, 847; *Habersack* JZ 2010, 1191, 1192; *Poertzgen* GmbHR 2007, 1258, 1260.
[241] Dazu GroßkommGmbHG-*Casper*, MoMiG-Ergänzungsband, 2008, § 64 RdNr. 176; *Goette/Habersack/Casper* RdNr. 6.34; ebenso *Roth/Altmeppen/Altmeppen* Vor § 64 RdNr.64; *Kübler/Prütting/Bork/Preuß* St. 2/10, § 15a RdNr. 35; aA *Baumbach/Hueck/Haas*[19] § 64 RdNr. 169 (ohne Begründung).
[242] *Scholz/K. Schmidt* GmbHG Anh. § 64 RdNr. 26.
[243] Begr RegE MoMiG, BT-Drucks. 16/6140, S. 56; *Scholz/K. Schmidt* GmbHG Anh. § 64 RdNr. 26; *Goette/Habersack/Casper* RdNr. 6.36.

sigkeit begründen die bloße Untätigkeit[244] oder Führungsschwäche[245] des Geschäftsführers. Gleiches gilt für die Unerreichbarkeit des Geschäftsführers,[246] wobei in diesen Fällen genau zu prüfen ist, ob der Geschäftsleiter sein Amt konkludent niedergelegt hat. Die Führungslosigkeit wird beendet, sobald ein Geschäftsleiter wirksam bestellt wurde. Dies befreit die Gesellschafter allerdings nur mit Wirkung ex nunc von ihrer Insolvenzantragspflicht.[247] Haben die Gesellschafter ihre Insolvenzantragspflicht bereits verletzt, wird diese Verletzung nicht durch die Beendigung der Führungslosigkeit aufgehoben.[248]

Nach dem Wortlaut des § 15a Abs. 3 InsO besteht keine Antragspflicht, wenn der Gesellschafter keine **Kenntnis** „von der Zahlungsunfähigkeit *und* der Überschuldung *oder* der Führungslosigkeit" hat. Der Gesetzeswortlaut ist missverständlich. Wie sich aus der Begründung zum Gesetzesentwurf des MoMiG ergibt,[249] ist das „und" im Sinne eines „und/oder" zu lesen: Der Gesellschafter ist zum Antrag verpflichtet, wenn er Kenntnis der Führungslosigkeit und eines Insolvenzgrundes hat.[250] Die Kenntnis der weiteren Voraussetzungen der Insolvenzantragspflicht, zB der Aussichtslosigkeit einer Sanierung innerhalb der Dreiwochenfrist, ist nicht erforderlich. Deren Unkenntnis kann aber – wenn sie nicht fahrlässig ist – das Verschulden im Rahmen der Insolvenzverschleppung entfallen lassen. **89**

Nach dem Wortlaut des § 15a Abs. 3 InsO setzt die Antragspflicht die positive Kenntnis des Insolvenzgrunds und der Führungslosigkeit voraus. Wie sich aus der Begründung zum MoMiG ergibt,[251] ist dem jedoch das **bewusste Verschließen vor der Kenntnis** gleichzustellen.[252] Zwar mag man bestreiten, dass dieser Wille des Gesetzgebers hinreichend im Wortlaut des Gesetzes zum Ausdruck kommt.[253] Die Gleichsetzung des bewussten Augenverschließens mit der Kenntnis hat im deutschen Zivilrecht jedoch Tradition (etwa im Rahmen von § 138 BGB[254] § 817 S. 2 BGB[255] und § 826 BGB[256]), so dass die Wortlautgrenze in § 15a Abs. 3 InsO nicht überschritten wird. Hinzu kommt, dass man das Kenntniserfordernis konsequent nicht nur auf die tatsächlichen Voraussetzungen des Insolvenzgrunds, sondern auch auf die rechtliche Wertung, dass die Gesellschaft sei insolvent, erstrecken müsste,[257] da der Verbotsirrtum im Zivilrecht grundsätzlich den Vorsatz ausschließt[258]. Dann hätte die Ersatzpflicht der Gesellschafter gem. § 15a Abs. 3 InsO aber nur geringe Relevanz. **Bloßes Kennenmüssen** löst jedoch keine Antragspflicht aus.[259] **90**

Hat der Gesellschafter Kenntnis von der Insolvenz oder der Führungslosigkeit, treffen ihn gesteigerte **Nachforschungspflichten** hinsichtlich der jeweiligen anderen Voraussetzung der Insolvenzantragspflicht.[260] Kennt der Gesellschafter die Insolvenz, darf ihm die Führungslosigkeit grundsätzlich nicht verborgen bleiben.[261] Welche Anstrengungen Gesellschafter, die die Führungslosigkeit der **91**

---

[244] *Scholz/K. Schmidt* GmbHG Anh. § 64 RdNr. 26.
[245] *Scholz/K. Schmidt* GmbHG Anh. § 64 RdNr. 26.
[246] Begr RegE MoMiG, BT-Drucks. 16/6140, S. 55; AG Hamburg NZI 2009, 63 (§ 15a Abs.1, 3 InsO); *Uhlenbruck/Hirte* § 15a RdNr. 62; *Scholz/K. Schmidt* GmbHG Anh. § 64 RdNr. 26; *Wälzholz* DStR 2007, 1914, 1916.
[247] *Scholz/K. Schmidt* GmbHG Anh. § 64 RdNr. 26.
[248] *Scholz/K. Schmidt* GmbHG Anh. § 64 RdNr. 26.
[249] Begr RegE MoMiG, BT-Drucks. 16/6140, S. 55: „Die Antragspflicht des Gesellschafters entfällt, wenn der Gesellschafter nur eines der beiden Elemente – entweder den Insolvenzgrund oder die Führungslosigkeit – nicht kennt".
[250] *Roth/Altmeppen/Altmeppen* Vor § 64 RdNr. 63; *Uhlenbruck/Hirte* § 15a RdNr. 63; *Lutter/Hommelhoff/Kleindiek* Anh zu § 64 RdNr. 64; MünchKommGmbHG-*H. F. Müller* § 64 RdNr. 63.
[251] Begr RegE MoMiG, BT-Drucks. 16/6140, S. 56: „Nach der Intention des Entwurfs soll dieses bewusste Verschließen vor der Kenntnis in Bezug auf die Insolvenzantragspflicht der Gesellschafter der positiven Kenntnis gleichstehen."
[252] *Spindler/Stilz/Fleischer* § 92 RdNr. 66; *Uhlenbruck/Hirte* § 15a RdNr. 63; HKInsO-*Kirchhof* § 15a RdNr. 21; *Lutter/Hommelhoff/Kleindiek* Anh zu § 64 RdNr. 46; MünchKommGmbHG-*H. F. Müller* § 64 RdNr. 64; *Goette/Habersack/Casper* RdNr. 6.35; *Poertzgen* ZInsO 2007, 574, 577.
[253] Kenntnis verlangt *Scholz/K. Schmidt* GmbHG Anh. § 64 RdNr. 28; die Ausführungen des Gesetzgebers nur referierend *Roth/Altmeppen/Altmeppen* Vor § 64 RdNr. 63.
[254] RGZ 150, 1, 5 f (§ 138 Abs.1 BGB); BGH NJW 1998, 2531, 2532 (§ 138 Abs.1 BGB).
[255] BGH NJW 1983, 1420, 1423; BGH NJW 1984, 2150, 2151.
[256] BGH NJW 1994, 2289, 2291.
[257] AA *Scholz/K. Schmidt* GmbHG Anh. § 64 RdNr. 28: Erforderlich ist nur die Tatsachenkenntnis.
[258] Vgl. RGZ 72, 4, 6; BGHZ 170, 226 RdNr. 25 aE; BGHZ 69, 128, 142 (§§ 823, 839 BGB); BGH 1985, 134, 135; BGH BeckRS 2010, 29986 RdNr. 12.
[259] Begr RegE MoMiG, BT-Drucks. 16/6140, S. 55; *Spindler/Stilz/Fleischer* § 92 RdNr. 66; *Uhlenbruck/Hirte* § 15a RdNr. 63; *Lutter/Hommelhoff/Kleindiek* Anh. zu § 64 RdNr. 46; *Bittmann*, NStZ 2009, 113, 115; aA wohl nur *Konu/Topoglu/Calcagno* NZI 2010, 244.
[260] Begr RegE MoMiG, BT-Drucks. 16/6140, S. 55.
[261] Begr RegE MoMiG, BT-Drucks. 16/6140, S. 55.

Gesellschaft kennen, unternehmen müssen, damit ihre Unkenntnis der Insolvenz nicht als bewusstes Augenverschließen qualifiziert wird, muss derzeit als **offen** bezeichnet werden. Aus der Gesetzesbegründung ergibt sich, dass den Gesellschaftern keine „ausufernden Nachforschungspflichten auferlegt" werden dürfen.[262] Dies wird man im Sinne eines grundsätzlichen Zurückhaltungsgebots für die Annahme bewussten Augenverschließens interpretieren müssen. Im Übrigen verbietet sich jede schematische Betrachtung,[263] es kommt stets auf den Einzelfall an. Der Umfang der Nachforschungspflichten hängt insbesondere von der Offensichtlichkeit der Krise ab sowie von der Höhe der Beteiligung des Gesellschafters. Ein nur in **geringem Umfang beteiligter Gesellschafter** (die Regierungsbegründung setzt diese Grenze bei zehn Prozent an[264], tatsächlich kommt es auf die jeweilige Beteiligungsstruktur der Gesellschaft an) hat nur geringen Anlass zur Überprüfung.[265]

92   Die besonderen Voraussetzungen der Antragspflicht gem. § 15 Abs. 3 InsO muss der Kläger **darlegen und beweisen**. Dem beklagten Gesellschafter obliegt es, darzulegen und ggf. zu beweisen, dass er keine Kenntnis von dem Insolvenzgrund oder der Führungslosigkeit der Gesellschaft hatte und sich dieser Einsicht auch nicht bewusst verschloss.[266] Zur weiteren Verteilung der Beweislast RdNr. 265 ff. sowie insbesondere RdNr. 268 (zur Frage, inwieweit sich der Kläger in einem Prozess gegen gem. § 15a Abs. 3 InsO Antragspflichtige auf die im Rahmen des § 15a InsO allgemein anerkannten Beweiserleichterungen berufen kann).

93   **dd) Aufsichtsrat.** In der **AG** und **Genossenschaft** ist der Aufsichtsrat subsidiär zur Stellung des Insolvenzantrags verpflichtet, wenn die Gesellschaft führungslos ist (§ 15a Abs. 3, 2. Fall InsO). Gleiches gilt in der **SE** mit dualistischer Führungsstruktur, die insoweit wie eine AG ihres Sitzstaats behandelt wird (Art. 10 SEVO). In der SE mit monistischer Leitungsstruktur ist der Verwaltungsrat als (alleiniger) Träger der Leitungsverantwortung (vgl. Art. 43 Abs. 1 Satz 1 SEVO) schon gem. § 15a Abs. 1 Satz 1 InsO insolvenzantragspflichtig. § 22 Abs. 5 Satz 2 SEAG stellt dies klar.[267] Diese Pflicht trifft jedes einzelne Aufsichtsrats- bzw. Verwaltungsratsmitglied, nicht den Aufsichts- bzw. Verwaltungsrat als Organ.[268] Es gelten die Ausführungen zur Ersatzzuständigkeit der GmbH-Gesellschafter entsprechend (RdNr. 83 ff.). Im Übrigen sind Aufsichts- und Beiratsmitglieder nicht antragspflichtig, es sei denn, sie erfüllen die Voraussetzungen faktischer Geschäftsleiter (RdNr. 75 ff.).[269] Insbesondere trifft die Insolvenzantragspflicht im Falle der Führungslosigkeit einer **GmbH** gem. § 15a Abs. 3. 1.Fall InsO selbst dann nur die Gesellschafter und nicht den Aufsichtsrat, wenn dieser – etwa gem. § 31 MitbestG – Personalkompetenz hat (RdNr. 87).[270]

94   Von der Insolvenzantragspflicht zu trennen ist die **gesellschaftsrechtliche Überwachungspflicht** des Aufsichtsrats, die sich grds. auch auf die Erfüllung der Insolvenzantragspflicht gem. § 15a InsO durch die Geschäftsleiter erstreckt.[271] Für deren Verletzung haftet der Aufsichtsrat gegenüber der Gesellschaft nach den jeweils einschlägigen Regeln, d.h. vor allem nach **§§ 93, 116 AktG**.[272] Allerdings fehlt es in diesen Fällen grds. an einem Schaden der Gesellschaft, da weder der Quotenschaden der Alt- noch der individuelle Schaden der Neugläubiger mit einem Schaden der Gesellschaft gleichzusetzen ist.[273] Schließlich können Beirats- und Aufsichtsratsmitglieder gem. § 830 Abs. 2 BGB als Teilnehmer am Insolvenzverschleppungsdelikt der Antragspflichtigen haften.[274]

---

[262] Begr RegE MoMiG, BT-Drucks. 16/6140, S. 55.
[263] Zu strikt *Hecker/Glozbach* BB 2009, 1544, 1547.
[264] Begr RegE MoMiG, BT-Drucks. 16/6140, S. 55; dem zust. *Uhlenbruck/Hirte* § 15a RdNr. 63; *Goette/Habersack/Casper* RdNr. 6.35.
[265] Begr RegE MoMiG, BT-Drucks. 16/6140, S. 55. Weitergehend de lege ferenda (Ausschluss kleinbeteiligter Gesellschafter aus der Antragspflicht) *Noack* DB 2006, 1475, 1477; *K. Schmidt* GmbHR 2007, 1072, 1078.
[266] *Goette/Habersack/Casper* RdNr. 6.35; *Bittmann* NStZ 2009, 113, 115; *Gehrlein* BB 2008, 846, 848; *Poertzgen* ZInsO 2007, 574, 577; *Römermann* NZI 2008, 641, 646; *Walzholz* DStR 2007, 1914, 1915.
[267] Vgl. zu § 15 InsO *Gottwald/Uhlenbruck/Schmahl* § 8 RdNr. 15.
[268] *Spindler/Stilz/Fleischer* § 92 RdNr. 66.
[269] *Scholz/K. Schmidt* GmbHG Anh. § 64 RdNr. 24.
[270] GroßkommGmbHG-*Casper* § 64 RdNr. 176; *Roth/Altmeppen/Altmeppen* Vor § 64 RdNr.64; aA *Baumbach/Hueck/Haas*[19] § 64 RdNr. 169; nur de lege ferenda *Poertzgen* GmbHR 2007, 1258, 1260; wohl auch *Habersack* JZ 2010, 1191, 1192.
[271] BGH NJW 2009, 2454 RdNr. 15; MünchKommAktG-*Habersack* § 116 RdNr. 20; ErfKomm-*Oetker* § 116 AktG RdNr. 7; *Spindler/Stilz/Spindler* § 116 RdNr. 51.
[272] Vgl. BGHZ 187, 60 RdNr. 14 (Doberlug) (§ 64 S. 1 GmbHG); BGH NJW 2009, 2454 RdNr. 15 (§ 92 Abs. 2 AktG); OLG Brandenburg ZIP 2009, 866 (Doberlug).
[273] Vgl. BGHZ 187, 60 RdNr. 11, 15, 21 (Doberlug) (§ 64 S. 1 GmbHG): Gleichsetzung des Gläubigerschadens mit einem Gesellschaftsschaden nicht außerhalb des § 93 Abs. 3 Nr. 6 AktG; dem zust. etwa *Habersack* JZ 2010, 1191; *Hirte* ZInsO 2010, 58, 59; *Poertzgen* NZI 2010, 915, 916; vertiefend *Poertzgen*, Organhaftung wegen Insolvenzverschleppung, 2006, S. 194 ff., 234 ff.; *Habersack/Schürnbrand* WM 2005, 957, 959.
[274] *Scholz/K. Schmidt* GmbHG Anh. § 64 RdNr. 24; *Poertzgen* NZI 2010, 915, 917.

c) Personengesellschaft. aa) Grundgedanke. Bei den gesetzestypischen Personengesellschaf- 95
ten ist eine Insolvenzantragspflicht grundsätzlich nicht nötig. Da zumindest eine natürliche Person
unbegrenzbar für die Schulden der Gesellschaft haftet (vgl. § 128 HGB) und diese Person wegen des
Grundsatzes der Selbstorganschaft grundsätzlich nicht von der Vertretung der Gesellschaft ausgeschlossen werden kann[275], ist die Gefahr einer Fortführung der Gesellschaft auf Kosten der Gläubiger
auch ohne insolvenzrechtlichen Schutz gebannt.[276] Etwas anderes gilt, wenn keine natürliche Person
für die Schulden der Personengesellschaft haftet – man denke nur an die typische GmbH & Co KG.
Da in diesem Fall kein „eingebauter Notbremsmechanismus" aufgrund der persönlichen Gesellschafterhaftung existiert, erstreckt § 15a Abs. 1 Satz 2 u. Abs. 2 InsO die Antragspflicht auf diejenigen
natürlichen Personen, die die Personengesellschaft mittelbar vertreten. Dabei regelt § 15a Abs. 1
Satz 2 InsO den Fall der durch *eine* Gesellschaft vermittelten Vertretung der Personengesellschaft.
§ 15a Abs. 2 InsO erweitert die Geltung des § 15a Abs. 2 InsO auf Fälle der *zwei-* oder *mehrfach*
vermittelten Vertretung der Personengesellschaft.

bb) Erfasste Personengesellschaften. Die Regelungen des § 15a Abs. 1 Satz 2 und Abs. 2 InsO 96
gelten für alle Gesellschaften ohne Rechtspersönlichkeit, d.h. für alle **rechtsfähigen Personengesellschaften** (§ 11 Abs. 2 Nr. 1 InsO), deren Gesellschafter keine natürlichen Personen sein müssen.
Erfasst ist also nicht nur die KG, sondern insbesondere auch die oHG, die GbR sowie die EWIV
(vgl. auch § 11 Satz 2 EWIV-AusfG). Nicht erfasst ist hingegen die Partnerschaftsgesellschaft (§ 1
Abs. 1 Satz 3 PartGG).[277]

cc) Mitglieder des Vertretungsorgans der Vertretungsgesellschaft. § 15a Abs. 1 S. 2 u. 97
Abs. 2 InsO verpflichtet diejenigen natürlichen Personen zum Insolvenzantrag, die vermittelt über
eine oder mehrere Vertretungsgesellschaften über das Handeln der Personengesellschaft entscheiden.
Dabei ist zwischen Fällen der einfach vermittelten Stellvertretung (Abs. 1 Satz 2, RdNr. 98 ff.) und
mehrfach vermittelten Stellvertretung (Abs. 2, RdNr. 102 ff.) zu unterscheiden. In der **EWIV** –
in der die Fremdorganschaft erlaubt ist – sind im Fall des § 15a Abs. 1 Satz 2 InsO die Geschäftsführer
und die Abwickler verpflichtet, den Antrag zu stellen (§ 11 Satz 2 EWIV-AusfG).

α) Einfach vermittelte Stellvertretung (Abs. 1 S. 2 InsO). § 15a Abs. 1 Satz 2 InsO regelt 98
den Fall der einfach vermittelten Stellvertretung der Personengesellschaft. Die Antragspflicht trifft
sämtliche **organschaftlichen Vertreter** sämtlicher zur organschaftlichen Vertretung der Personengesellschaft berechtigten Gesellschafter-Gesellschaften,[278] in der typischen GmbH & Co KG also die
Geschäftsführer der Komplementär-GmbH. Es kommt auf die organschaftliche Stellvertretung an,
unerheblich ist eine etwaige rechtsgeschäftliche Vertretungsmacht für die Personengesellschaft oder
für ihre organschaftlichen Vertreter.[279] **Faktische Organwalter** werden den (wirksam oder fehlerhaft) bestellten Organwaltern nach den allgemeinen Grundsätzen gleichgestellt (RdNr. 75 ff.).[280]
Mehrere Antragspflichtige sind einzeln und nicht bloß in ihrer Gesamtheit zur Stellung des Insolvenzantrags verpflichtet.[281] Auf die Verteilung der Vertretungsmacht und die interne Aufgabenverteilung innerhalb der Vertretungsgesellschaft und der Personengesellschaft kommt es nicht an. Bei
Gesamtvertretungsmacht mehrerer Gesellschafter der Personengesellschaft sind also sämtliche organschaftliche Vertreter der gesamtvertretungsberechtigten Gesellschafter zur Antragstellung verpflichtet.[282] Im Übrigen, insbesondere im Hinblick auf die Auswirkungen von Amtsniederlegung und
Abberufung, gelten die zu § 15a Abs. 1 Satz 1 InsO gemachten Ausführungen entsprechend
(RdNr. 64 ff.).

Voraussetzung ist eine **Personengesellschaft, in der keine natürliche Person persönlich** 99
haftender Gesellschafter ist, d.h. unbeschränkbar für die Gesellschaftsschulden haftet. Diese Haftung muss sich aus dem Gesellschaftsrecht ergeben, eine Haftung auf vertraglicher Grundlage genügt
nicht. Dabei wird die Insolvenzantragspflicht nicht nur dadurch ausgeschlossen, dass an der Personengesellschaft eine natürliche Person als persönlich haftender Gesellschafter beteiligt ist (§ 15a
Abs. 1 Satz 2, 1. HS InsO, Beispiel: atypische GmbH & Co KG, an der neben der GmbH eine
natürliche Person als persönlich haftende Gesellschafterin beteiligt ist), sondern auch dadurch, dass

---
[275] Dazu *K. Schmidt*, Gesellschaftsrecht, 4. Aufl. 2002, S. 411.
[276] Vgl. nur *Uhlenbruck/Hirte* § 15a RdNr. 8.
[277] Kritisch wegen der Haftungsbeschränkungsmöglichkeit gem. § 8 Abs. 3 PartGG *Uhlenbruck/Hirte* § 11 RdNr. 248 u. § 15a RdNr. 9.
[278] Vgl. *Staub/Habersack* § 130a RdNr. 11.
[279] *Staub/Habersack* § 130a RdNr. 11.
[280] *Koller/Roth/Morck/Koller* § 130a RdNr. 2; MünchKommHGB-*K. Schmidt* § 130a RdNr. 16; Münch-KommHGB-*K. Schmidt* § 130a RdNr. 13; aA *Staub/Habersack* § 130a RdNr. 12.
[281] GroßkommGmbHG-*Casper* § 64 RdNr. 175; *Uhlenbruck/Hirte* § 15a RdNr. 10.
[282] *Staub/Habersack* § 130a RdNr. 11.

eine natürliche Person persönlich haftende Gesellschafterin einer Gesellschaft ist, die an der insolvenzreifen Personengesellschaft als persönlich haftende Gesellschafterin beteiligt ist (§ 15a Abs. 1 Satz 2, 2. HS InsO; „entlastende Mehrstufigkeit"[283]). Letzteres ist zB denkbar in der atypischen zweistufigen GmbH & Co KG, also einer KG mit GmbH & Co KG als Komplementärin, an der neben der GmbH eine natürliche Person als persönlich haftende Gesellschafterin beteiligt ist. Auf die Rechtsform dieser Gesellschaft kommt es nicht an. Die Anwendung des § 15a Abs. 1 Satz 2 InsO ist daher auch dann ausgeschlossen, wenn an der insolvenzreifen Personengesellschaft eine KGaA mit natürlicher Person als Komplementär beteiligt ist.[284] Nach dem Grundgedanken des § 15a Abs. 1 Satz 2 InsO (RdNr. 95) wird die Insolvenzantragspflicht schließlich dadurch ausgeschlossen, dass eine natürliche Person als persönlich haftende Gesellschafterin innerhalb einer mehrstöckigen Kapitalgesellschaft & Co so beteiligt ist, dass sie für die Gesellschaftsschulden der Personengesellschaft auf unterster Ebene unbeschränkbar kraft Gesellschaftsrechts haftet.[285]

100   Zweifelhaft ist, ob man die Insolvenzantragspflicht gem. § 15a Abs. 1 Satz 2 InsO dadurch ausschließen kann, dass man eine **vermögenslose natürliche Person** zum (mittelbar) persönlich haftenden Gesellschafter der Personengesellschaft macht.[286] Hier sollten mehrere Fragen auseinandergehalten werden: In *gesellschaftsrechtlicher Hinsicht* ist die Frage zu klären, ob überhaupt eine wirksame Gesellschafterstellung begründet wurde.[287] Ist dies der Fall, dürfte *insolvenzrechtlich* kein Weg daran vorbeiführen, dass § 15a Abs. 1 Satz 2 InsO keine Antragspflicht begründet. Zwar ist richtig, dass die Anreize eines vermögenslosen Gesellschafters zur Unterbindung der Fortführung der Gesellschaft begrenzt sind, sodass die in § 15a Abs. 1 Satz 2 InsO adressierte Gefahrenlage für die Gläubiger entstehen kann[288] – in der ökonomischen Analyse des Rechts spricht man allgemein von einem *judgment proof problem* (RdNr. 39). § 15a Abs. 1 Satz 2 InsO hat sich insoweit jedoch nicht für eine „materielle" Betrachtung der konkreten Anreize der Gesellschafter entschieden, sondern für eine „formelle" Betrachtungsweise, die auf die Art der Beteiligung abstellt. Dies erkennt man insbesondere an dem Ausschluss der Partnerschaftsgesellschaft (§ 1 Abs. 1 Satz 3 PartGG), obwohl die Gesellschafter hier sogar in den Genuss einer rechtlichen Haftungsbeschränkung kommen (§ 8 Abs. 3 PartGG). Im Übrigen würde die Anwendung des § 15a Abs. 1 Satz 2 InsO auf solche Gesellschaften dazu zwingen, Regeln zu formulieren, ab wann ein Gesellschafter so vermögenslos ist, dass es der Insolvenzantragspflicht als Korrektiv bedarf, was in der Praxis kaum gelingen kann, ohne eine unzumutbare Rechtsunsicherheit zu schaffen. *Deliktsrechtlich* kommt eine Haftung der Gesellschafter unter den allgemeinen Voraussetzungen des § 826 BGB in Betracht.

101   Die Antragspflicht der organschaftlichen Vertreter der Vertretungsgesellschaft gilt trotz der ausdrücklichen Erwähnung der Abwickler der Personengesellschaft in § 15a Abs. 1 Satz 2, 1. HS InsO auch dann, wenn die **Personengesellschaft aufgelöst** ist. Ist die **Vertretungsgesellschaft aufgelöst**, sind die Liquidatoren dieser Gesellschaft zur Antragstellung verpflichtet.[289] Im Fall der **Simultaninsolvenz** der Personengesellschaft und ihrer Vertretungsgesellschaft tritt die Antragspflicht der organschaftlichen Vertreter der Vertretungsgesellschaft wegen deren Insolvenz gem. § 15a Abs. 1 Satz 1 InsO neben die Antragspflicht wegen der Insolvenz der Personengesellschaft gem. § 15a Abs. 1 Satz 2 InsO.[290] Die Erfüllung der einen Antragspflicht lässt die andere Antragspflicht grundsätzlich unberührt.[291] Ist über das Vermögen der **Vertretungsgesellschaft** das **Insolvenzverfahren eröffnet** und ein Insolvenzverwalter bestellt, ist der Insolvenzverwalter zur Antragstellung in der Personengesellschaft verpflichtet (zum Antragsrecht s. § 15 RdNr. 58).[292]

102   β) **Doppelt und mehrfach vermittelte Stellvertretung (Abs. 2).** Der **Zweck** des § 15a Abs. 2 InsO besteht darin, die Insolvenzantragspflicht auch in Fällen der doppelt oder mehrfach

---

[283] MünchKommHGB-*K. Schmidt* § 130a RdNr. 10.
[284] MünchKommHGB-*K. Schmidt* § 130a RdNr. 10.
[285] HK-*Kleindiek* § 15a RdNr. 3; MünchKommHGB-*K. Schmidt* § 130a RdNr. 10; *Gottwald/Haas/Vogel* § 94 RdNr. 20.
[286] Dagegen *Mühlberger* GmbHR 1977, 146, 149.
[287] Als bedenklich wird diese Praxis bewertet von *Uhlenbruck/Hirte* § 15a RdNr. 9 aE; *Mühlberger* GmbHR 1997, 146, 149 zieht § 117 BGB heran, falls gleichzeitig Ausschluss von Geschäftsführung und Vertretung vereinbart wird.
[288] *Uhlenbruck/Hirte* § 15a RdNr. 9.
[289] *Scholz/K. Schmidt* GmbHG Anh. § 64 RdNr. 20.
[290] OLG Oldenburg NZG 2008, 778 (§ 64 Abs. 1 GmbHG aF und §§ 130a Abs. 1, 177a HGB aF); *Uhlenbruck/Hirte* § 15a RdNr. 9.
[291] *Uhlenbruck/Hirte* § 15a RdNr. 9.
[292] *Uhlenbruck/Hirte* § 15a RdNr. 10; *Kübler/Prütting/Noack* GesR RdNr. 566; *Gundlach/Müller* ZInsO 2011, 900, 902; aA *Schlitt* NZG 1998, 701, 706.

vermittelten Stellvertretung[293] einer Personengesellschaft ohne natürliche Person als (mittelbar) haftenden Gesellschafter denjenigen Personen aufzuerlegen, die über die Geschicke der Personengesellschaft entscheiden.[294]

Bei den **Voraussetzungen** des § 15a Abs. 2 InsO sollte man zwischen dem Grundtatbestand der doppelt vermittelten Stellvertretung der Personengesellschaft (Abs. 2, 1. Fall, RdNr. 104 ff.) und den Fällen mehrfach vermittelter Stellvertretung dieser Gesellschaft (Abs. 2, 2. Fall, RdNr. 107) unterscheiden. **103**

§ 15a Abs. 2 InsO setzt auf **unterster Ebene** eine **Gesellschaft i. S. d. § 15a Abs. 1 S. 2 InsO** voraus, also eine Personengesellschaft, bei welcher keine natürliche Person (mittelbar) persönlich für die Gesellschaftsschulden haftet. § 15a Abs. 2 InsO ordnet die Insolvenzantragspflicht nur in dieser Gesellschaft an, nicht aber auch in den Gesellschafter-Gesellschaften. Daran zweifeln könnte man, weil § 15a Abs. 2 InsO *den gesamten Abs. 1* für entsprechend anwendbar erklärt und nicht bloß Abs. 1 Satz 2. Diese weite Fassung ergäbe keinen Sinn, wäre § 15a Abs. 2 InsO ohnehin auf Personengesellschaften beschränkt. Jedoch dürfte es sich hierbei um ein Redaktionsversehen handeln, das leider auch durch das ESUG nicht korrigiert wurde. Die Vorgängernorm des § 130a Abs. 4 HGB aF war unstr. auf Personengesellschaften beschränkt.[295] Dessen Wortlaut, der alle vorherigen Absätze des § 130a HGB aF für entsprechend anwendbar erklärte, wurde unreflektiert übernommen, ohne dass der Anwendungsbereich dieser Vorschrift erweitert werden sollte.[296] Keine Anwendung findet § 15a Abs. 2 InsO daher insbesondere auf die Komplementär-GmbH & Co KGaA einer KG. In dieser Gesellschaft ist der Geschäftsführer der GmbH antragspflichtig für die GmbH gem. § 15a Abs. 1 S. 1 InsO (direkt), für die KGaA gem. § 15 Abs. 1 S. 2 InsO analog (s.o. RdNr. 67) sowie für die KG gem. § 15a Abs. 1 S. 2 i. V. m. § 15a Abs. 2 InsO. **104**

Sodann verlangt § 15a Abs. 2 InsO, dass die **organschaftlichen Vertreter** der zur Vertretung der Personengesellschaft berechtigten („ermächtigten") Gesellschaft (Vertretergesellschaft) ihrerseits Gesellschaften sind, bei denen keine natürliche Person persönlich haftender[297] Gesellschafter ist. Auf die Rechtsform der Vertreter-Gesellschaft und ihrer Vertreterin kommt es nicht an. In Betracht kommen sowohl Personengesellschaften als auch juristische Personen.[298] Dass eine juristische Person in Fällen des § 15a Abs. 2 InsO Vertretergesellschaft ist, wird in praxi jedoch kaum vorkommen, da diese grundsätzlich durch natürliche Personen vertreten werden müssen (§§ 6 Abs. 2 Satz 1 GmbHG, 76 Abs. 3 Satz 1 AktG, 9 Abs. 2 Satz 1, 1. Fall GenG) und dann nicht mehr § 15a Abs. 2 InsO, sondern § 15a Abs. 1 Satz 2 InsO einschlägig ist. Anders ist dies, wenn eine Kapitalgesellschaft & Co KGaA als Vertretungsgesellschaft dazwischengeschaltet ist (vgl. bereits RdNr. 104). Zum Begriff der persönlichen Haftung RdNr. 49. **105**

Paradigmatisch für einen Fall des § 15a Abs. 2, 1. Fall InsO ist die **zweistöckige** (doppelstöckige) **GmbH & Co KG**, also eine KG mit einer typischen GmbH & Co KG als Komplementärin. Für diesen Fall ordnet § 15a Abs. 2 InsO die entsprechende Anwendung des § 15a Abs. 1 Satz 2 InsO auf der Ebene der untersten Gesellschaft an. In der zweistöckigen GmbH & Co KG sind also die Geschäftsführer der GmbH antragspflichtig für die GmbH (§ 15a Abs. 1 S. 1 InsO), die GmbH & Co KG (§ 15 Abs. 1 S. 2 InsO) sowie für die KG auf der untersten Ebene (§ 15a Abs. 1 S. 2 InsO i. V. m. § 15a Abs. 2 InsO).[299] **106**

§ 15a Abs. 2 InsO erfasst nicht nur den Fall, in dem die Vertretung der unter Abs. 1 Satz 2 fallenden Personengesellschaft durch zwei Gesellschaften vermittelt wird (Abs. 2, 1. Fall), sondern **107**

---

[293] Häufig liest man, durch § 15a Abs. 2 InsO würden „auch mittelbare" organschaftliche Vertreter in die Insolvenzantragspflicht einbezogen (vgl. stellvertretend Begr RegE MoMiG, BT-Drucks. 16/6140, S. 55). Das ist nicht falsch, sollte aber nicht zu der Annahme verleiten, hierin bestünde die Besonderheit des § 15a Abs. 2 InsO, denn auch § 15a Abs. 1 S. 2 InsO regelt die Insolvenzantragspflicht eines nur „mittelbaren" Stellvertreters (paradigmatisch des Geschäftsführers der Komplementär GmbH der GmbH & Co KG). Die Besonderheit des § 15a Abs. 2 InsO besteht darin, dass er Fälle zwei- (Abs. 2, 1. Fall) oder mehrfach (Abs. 2, 2. Fall) vermittelter Stellvertretung regelt.
[294] Vgl. *Staub/Habersack* § 130a RdNr. 13.
[295] Nach seiner Systematik galt § 130a HGB für die oHG und für die KG kraft der Verweisungsnorm des § 177a HGB. Auf Gesellschaften bürgerlichen Rechts wurde er analog angewandt (s. etwa MünchKommHGB-*K. Schmidt* § 130a RdNr. 7).
[296] Vgl. erneut Begr RegE MoMiG, BT-Drucks. 16/6140, S. 55: „Die bislang in § 130a Abs. 4 für die Insolvenzantragspflicht enthaltene Regelung wird in die Insolvenzordnung übertragen, so dass in den entsprechenden Fällen auch mittelbare organschaftliche Vertreter weiterhin der Insolvenzantragspflicht unterliegen."
[297] Ursprünglich lautete der Wortlaut des § 15a Abs. 2 InsO schlicht: „bei denen kein Gesellschafter eine natürliche Person ist". Hierbei handelte es sich um ein aus der unreflektierten Übernahme des § 130a Abs. 4 HGB aF folgendes Redaktionsversehen, das aufgrund des ESUG korrigiert wurde (vgl. Begr RegE ESUG BT-Drucks. 17/5712, S. 23 f.).
[298] Vgl. im Rahmen des § 130a Abs. 4 HGB MünchKommHGB-*K. Schmidt* § 130a RdNr. 11 aE.
[299] *Scholz/K. Schmidt* GmbHG Anh. § 64 RdNr. 21.

auch den Fall, in dem sich die Verbindung von Gesellschaften **in dieser Art fortsetzt** (Abs. 2, 2. Fall). Erfasst sind damit Fälle der drei- oder mehrfach durch Rechtsträger vermittelten Stellvertretung der Personengesellschaft auf unterster Ebene. Die Voraussetzungen sind dieselben des Grundtatbestands (Abs. 2, 1. Fall); die Anzahl der zwischen den Antragspflichtigen und die Personengesellschaft geschalteten Gesellschaften wird ignoriert. Notwendig ist also, dass die insolvenzreife Gesellschaft die Voraussetzungen des § 15a Abs. 1 S. 2 InsO erfüllt und letztlich durch einen Rechtsträger vertreten wird, der seinerseits nicht durch eine natürliche Person organschaftlich vertreten wird. Wird die Vertretung der Personengesellschaft durch die natürliche Person durch zwei Rechtsträger vermittelt, ist § 15a Abs. 2, 1. Fall InsO einschlägig; sind drei oder mehr Gesellschaften dazwischengeschaltet, ordnet § 15a Abs. 2, 2. Fall InsO an, dass die Anzahl der dazwischengeschalteten Gesellschaften keine Rolle spielt.

108   Die **Rechtsfolge** des § 15a Abs. 2 InsO besteht in der entsprechenden Anwendung von Abs. 1, wobei freilich nur die Anwendung von Abs. 1 Satz 2 in Frage kommt (RdNr. 104). „Entsprechende Anwendung" bedeutet, dass die Insolvenzantragspflicht auf diejenige natürliche Person erstreckt wird, die – vermittelt über die Vertretungsgesellschaft und deren Vertreter – die Geschicke der insolvenzreifen Personengesellschaft steuert.[300]

109   **dd) Abwickler.** Ist die Personengesellschaft aufgelöst, so sind die Abwickler (Liquidatoren) der Personengesellschaft gem. § 15a Abs. 1 Satz 2, 2. Fall InsO antragspflichtig. Wer Abwickler ist, richtet sich nach den einschlägigen Bestimmungen des Gesellschaftsrechts, insbesondere § 146 HGB.

110   Wird die Personengesellschaft – wie im Regelfall – von sämtlichen oder einzelnen **Gesellschafter-Gesellschaften** abgewickelt, trifft die Antragspflicht schon gem. § 15a Abs. 1 Satz 2, 1. Fall InsO die organschaftlichen Vertreter der Gesellschafter-Gesellschaften.[301] Die Antragspflicht der Liquidatoren gem. § 15a Abs. 1 Satz 2, 1. Hs., 2. Fall InsO hat daneben keine eigenständige Bedeutung.[302] In der typischen GmbH & Co KG fällt die Liquidatorenrolle in der KG nach zutreffender Ansicht grundsätzlich der Komplementär-GmbH zu, da es dem Willen der Gesellschafter typischerweise entspricht, dass die Gesellschaft während der Liquidation wie zuvor vertreten wird.[303] Antragspflichtig sind gem. § 15a Abs. 1 Satz 2, 1. Fall InsO die Geschäftsführer der Komplementär-GmbH.[304]

111   Eigenständige Bedeutung hat § 15a Abs. 1 Satz 2, 2. Fall InsO, soweit **Dritte** zu Liquidatoren der Insolvenzschuldnerin bestellt werden (gekorene Liquidatoren). Ist der gekorene Liquidator keine natürliche Person, sind seine organschaftlichen Vertreter verpflichtet.[305] Mehrere Abwickler sind eigenständig und unabhängig von der Geschäftsführungs- und Vertretungsregelung antragsverpflichtet. Zur Amtsniederlegung und Abberufung gelten die zu den Vertretungsorganen gemachten Ausführungen entsprechend (RdNr. 65 ff.).

112   **ee) Gesellschafter.** Die an der Personengesellschaft (als Kommanditisten) beteiligten natürlichen Personen sind als solche nicht gem. § 15a InsO antragspflichtig. Dies gilt auch bei Führungslosigkeit der Gesellschaft, da § 15a Abs. 3 InsO nicht analog auf die Gesellschafter der Personengesellschaft anwendbar ist.[306]

113   Ist in der § 15a InsO unterfallenden GmbH & Co die **Komplementär-GmbH führungslos**, so trifft die Gesellschafter der GmbH die Insolvenzantragspflicht für die **GmbH und die KG**.[307] Für eine Antragspflicht auch in der KG spricht der Rechtsgedanke des § 15a Abs. 3 InsO, im Falle der Führungslosigkeit der GmbH die Gesellschafter in die Insolvenzantragspflicht der Geschäftsführer eintreten zu lassen (RdNr. 83). Da sich diese Insolvenzantragspflicht bei der typischen GmbH & Co KG nicht nur auf die GmbH (Abs. 1 S. 1), sondern auch auf die KG bezieht (Abs. 1 S. 2), ist es nur konsequent, auch letztere Pflicht auf die GmbH-Gesellschafter zu erstrecken. Rechtsmethodisch ergibt sich die Antragspflicht der GmbH-Gesellschafter für die KG aus einer direkten Anwendung des § 15a Abs. 3 InsO, da die Wortlautgrenze („zur Stellung des Insolvenzantrags verpflichtet") nicht überschritten und eine analoge Anwendung des § 15a Abs. 3 InsO somit nicht erforderlich ist. Die

---

[300] Vgl. zum gleichlautenden § 130a Abs. 3 HGB *Henssler/Strohn/Servatius* § 130a RdNr. 35.
[301] *Staub/Habersack* § 130a RdNr. 14.
[302] *Staub/Habersack* § 130a RdNr. 14.
[303] Vgl. *Staub/Habersack* § 146 RdNr. 13; MünchKommHGB-*K. Schmidt* § 146 RdNr. 14; *Henssler/Strohn/Klöhn* § 146 RdNr. 5; *K. Schmidt* BB 1980, 1497, 1499; *K. Schmidt* ZHR 153 (1989), 270, 291; *K. Schmidt* JZ 2008, 425, 433.
[304] *Scholz/K. Schmidt* GmbHG Anh. § 64 RdNr. 20; aA *Deutler* GmbHR 1977, 36, 39.
[305] *Staub/Habersack* § 130a RdNr. 14.
[306] MünchKommHGB-*K. Schmidt* § 130a RdNr. 13 aE.
[307] *Scholz/K. Schmidt* GmbHG Anh. § 64 RdNr. 27; MünchKommHGB-*K. Schmidt* § 130a RdNr. 13; *Löser* ZInsO 2010, 799, 801 f.; aA wohl *Uhlenbruck/Hirte* § 15a RdNr. 61.

Kommanditisten haben hingegen keine Insolvenzantragspflicht, da § 15 Abs. 3, 1. Fall InsO auf die GmbH-Gesellschafter beschränkt ist (RdNr. 84).[308]

Wird die GmbH & Co KG dadurch führungslos (aber nicht aufgelöst), dass die **GmbH austritt**, müssen die Kommanditisten die Führungslosigkeit beseitigen oder die Liquidation einleiten, um nicht nach oHG-Grundsätzen zu haften.[309] Außerdem können die Gesellschafter als Abwickler gem. § 15a Abs. 1 Satz 2, 1. Hs., 2. Fall InsO antragspflichtig sein (RdNr. 109). Eine Insolvenzverschleppungshaftung gem. § 823 Abs. 2 i. V. m. § 15a InsO ist unter dem Gesichtspunkt der Teilnahme denkbar (§ 830 BGB). Außerdem kommt eine Haftung der Gesellschafter gem. § 826 BGB in Betracht (RdNr. 305).

ff) Aufsichtsrat. Entsprechend o. RdNr. 93 sind in der § 15a Abs. 1 Satz 2 InsO unterfallenden AG & Co und Genossenschaft & Co die Aufsichtsratsmitglieder der AG anstelle der Vorstandsmitglieder gem. § 15 Abs. 3, 2. Fall InsO zur Antragstellung für die KG verpflichtet, wenn die AG oder Genossenschaft **führungslos** ist.[310]

3. Insolvenzgrund. Die Antragspflicht gem. § 15a InsO setzt voraus, dass die Gesellschaft zahlungsunfähig (§ 17 InsO) oder überschuldet (§ 19 InsO) ist. In der Genossenschaft ist die Überschuldung nur unter den engeren Voraussetzungen des § 98 GenG Insolvenzgrund.[311] Die drohende Zahlungsunfähigkeit (§ 18 InsO) reicht bei keiner Gesellschaft aus.[312] Es genügt das objektive Vorliegen des Insolvenzgrundes. Auf die Kenntnis des Antragspflichtigen vom Insolvenzgrund kommt es nicht an.[313] Zum Beginn der Dreiwochenfrist s.u. RdNr. 118. Unerheblich ist, ob eine die **Kosten des Insolvenzverfahrens deckende Insolvenzmasse** vorhanden ist. Die Adressaten des § 15a InsO sind also auch dann zur Antragstellung verpflichtet, wenn sie meinen, der Antrag werde mangels Masse abgelehnt, denn der Zweck der Insolvenzantragspflicht besteht auch darin, dem Gericht eine entsprechende Prüfung frühzeitig zu ermöglichen.[314]

4. Antragsfrist. a) Dogmatische Einordnung. Wird die Gesellschaft zahlungsunfähig oder überschuldet, müssen die Normadressaten den Eröffnungsantrag ohne schuldhaftes Zögern, spätestens aber nach drei Wochen stellen (§ 15a Abs. 1 Satz 1 InsO). Aus dieser Regelung ergibt sich die Antragsfrist. Sie ist keine Frist im prozessualen Sinn, kann also nicht zB durch Vergleichsverhandlungen gehemmt werden,[315] sondern konkretisiert nur den Inhalt der Antragspflicht, und zwar im Sinne einer zeitlichen Begrenzung des Ermessens, eine Sanierung zu unternehmen.[316] Die Dreiwochenfrist ist eine **Höchstfrist**, entfaltet also keine Aufschubwirkung.[317] Wird das Zögern des Antrags vorher schuldhaft, ist § 15a InsO verletzt. Ebenso wenig schließt ihr Ablauf den fortwährenden Verstoß gegen die Insolvenzantragspflicht aus.[318]

b) Fristbeginn. Schon vor der Neuregelung der Insolvenzantragspflicht in § 15a InsO war umstritten, wann die Antragsfrist beginnt. Grund hierfür war der Wortlaut der gesellschaftsrechtlichen Vorgängernormen des § 15a InsO. Demnach war der Insolvenzantrag zu stellen, wenn die Gesellschaft „zahlungsunfähig wird" oder „sich eine Überschuldung der Gesellschaft ergibt".[319] Überwiegend wurde hieraus der Schluss gezogen, dass die Antragsfrist nicht schon dann zu laufen beginne, wenn der Insolvenzgrund objektiv eintrete, sondern dass weitere **subjektive Anforderungen** bestünden. Dabei stellte man teils auf die Erkennbarkeit des Insolvenzgrunds ab (so der BGH

---

[308] *Scholz/K. Schmidt* GmbHG Anh. § 64 RdNr. 27; *MünchKommHGB-K. Schmidt* § 130a RdNr. 13; *Löser* ZInsO 2010, 799, 801 f.
[309] *Scholz/K. Schmidt* GmbHG Anh. § 64 RdNr. 27.
[310] *MünchKommHGB-K. Schmidt* § 130a RdNr. 13; *Löser* ZInsO 2010, 799, 801 f.
[311] *Uhlenbruck/Hirte* § 15a RdNr. 6.
[312] S. nur *MünchKommGmbHG-H. F. Müller* § 64 RdNr. 59.
[313] BGHZ 143, 184, 185 (§ 64 Abs. 2 GmbHG aF); *Scholz/K. Schmidt* GmbHG Anh. § 64 RdNr. 30; *Ulmer* KTS 1981, 469, 483.
[314] OLG Bamberg ZIP 1983, 200; *Spindler/Stilz/Fleischer* § 92 RdNr. 67; *Uhlenbruck/Hirte* § 15a RdNr. 18; *MünchKommGmbHG-H. F. Müller* § 64 RdNr. 59; *Scholz/K. Schmidt* GmbHG Anh. § 64 RdNr. 31.
[315] *Kübler/Prütting/Noack* GesR RdNr. 266.
[316] *Scholz/K. Schmidt* GmbHG Anh. § 64 RdNr. 32.
[317] BGHZ 75, 96, 111 (§ 92 Abs. 2 AktG aF iVm. § 283 Nr. 14 AktG); BGHSt 48, 307, 309 (§ 266a StGB); BGH NZG 2007, 396 Rz. 17 (§ 99 Abs. 1 GenG aF); *Beuthien*, GenG, 15. Aufl. 2011, § 99 RdNr. 4; GroßkommGmbHG-*Casper* § 64 RdNr. 65; *Baumbach/Hueck/Haas*[19] § 64 RdNr. 123; *Scholz/K. Schmidt* GmbHG Anh. § 64 RdNr. 32; HambKomm-*Wehr* § 15a RdNr. 17.
[318] *Scholz/K. Schmidt* GmbHG Anh. § 64 RdNr. 32.
[319] §§ 92 Abs. 2 AktG aF, 64 Abs. 1 GmbHG aF; § 130a Abs. 1 Satz 1 HGB aF; anders § 99 Abs. 2 Satz 2 GenG aF, der auf das „Bestehen" der gem. § 98 GenG qualifizierten Überschuldung abstellte; auch § 130a Abs. 1 Satz 3 HGB aF stellte anders als § 130a Abs. 1 Satz 1 HGB aF auf den „Eintritt" der Überschuldung ab.

zu § 64 Abs. 1 GmbHG),[320] teils verlangte man, dass der Antragspflichtige Kenntnis von dem Insolvenzgrund habe (so der BGH zu § 92 Abs. 2 AktG),[321] wobei das bewusste Augenverschließen bzw. die böswillige Unkenntnis der Kenntnis meist gleichgestellt wurde[322]. Teilweise wurden diese subjektiven Lesarten ausdrücklich auf den Insolvenzgrund der Überschuldung begrenzt, so dass der objektive Eintritt der Zahlungsunfähigkeit genügte, um die Antragsfrist in Gang zu setzen;[323] dies führte kaum zu abweichenden Ergebnissen, da die Antragspflichtigen typischerweise sofortige Kenntnis von der Zahlungsunfähigkeit erlangen.[324]

119 Auch nach Inkrafttreten des MoMiG werden diese Ansichten vertreten.[325] Vorzugswürdig ist demgegenüber die Ansicht, wonach die Frist bereits mit dem **objektiven Eintritt des Insolvenzgrundes** zu laufen beginnt, unabhängig von der Kenntnis oder dem Kennenmüssen des Antragspflichtigen.[326] Dies ergibt sich bereits aus dem Wortlaut des § 15a Abs. 1 InsO, der im Gegensatz zu den gesellschaftsrechtlichen Vorgängervorschriften nun einheitlich auf den objektiven Eintritt von Zahlungsunfähigkeit und Überschuldung abstellt. Die Kenntnis des Insolvenzgrundes kann jedenfalls nicht mehr verlangt werden, weil der Gesetzgeber dies ausdrücklich nur im Falle der Führungslosigkeit voraussetzt (§ 15a Abs. 3 InsO). Doch auch für ein Kennenmüssen fehlt in dem klaren System des § 15a Abs. 1 InsO einerseits („Wird") und § 15a Abs. 3 InsO andererseits („Kenntnis") jeglicher Anknüpfungspunkt. Eine entsprechende Anforderung könnte daher höchstens im Wege der Rechtsfortbildung contra legem eingeführt werden, für die es aber an einem hinreichenden Bedürfnis fehlt.[327] Zwar ist richtig, dass die Antragspflicht gem. § 15a InsO nach dieser Lesart verletzt sein kann, ohne dass dem Antragspflichtigen ein Vorwurf zu machen wäre. Dies ist jedoch nicht weiter schlimm, da die Insolvenzverschleppungshaftung gem. § 823 Abs. 2 BGB i. V. m. § 15a InsO ebenso wie die Strafbarkeit wegen Insolvenzverschleppung Verschulden voraussetzt. Auf dem Boden der hier vertretenen objektiven Theorie ist selbstverständlich, dass die Antragsfrist im Falle der Überschuldung auch dann zu laufen beginnt, wenn keine Überschuldungsbilanz aufgestellt wurde.[328] Im Falle der **Führungslosigkeit** beginnt die Antragsfrist hingegen erst zu laufen, wenn der Antragspflichtige Kenntnis vom Insolvenzgrund hat oder sich dieser Kenntnis bewusst verschließt (RdNr. 118).

120 **c) Fristende.** Die Antragsfrist endet, sobald das Zögern schuldhaft wird, spätestens nach drei Wochen. Die Dreiwochenfrist des § 15a Abs. 1 S. 1 InsO ist also eine Höchstfrist.[329] Nach Ablauf der Dreiwochenfrist ist jedes Zögern schuldhaft,[330] unabhängig davon, wie sinnvoll etwaige Sanierungsbemühungen sind.[331]

---

[320] BGHZ 143, 184, 185; BGHZ 171, 46 RdNr. 8 (§ 64 Abs. 1 GmbHG aF); BGH NZI 2008, 557 RdNr. 10; GroßkommAktG-*Habersack* § 92 RdNr. 62; *Bayer/J. Schmidt* AG 2005, 644, 648 ff.; *Hüffer*, FS Wiedemann, 2002, S. 1047, 1048; In diesem Sinne ist wohl auch BGHZ 143, 184, 185 f. zu verstehen: „subjektiver Tatbestand" des § 64 Abs. 1 GmbHG aF; vgl. auch OLG Frankfurt NZG 2004, 1157, 1159 (§ 92 Abs. 2 AktG aF).

[321] BGHZ 75, 96, 110 f. (§ 92 Abs. 2 AktG aF iVm. § 283 Nr. 14 AktG); BGHSt 48, 307, 309 (§ 266a StGB); OLG Frankfurt NZG 2004, 1157, 1159 (§ 92 Abs. 2 AktG aF).

[322] OLG Frankfurt NZG 2004, 1157, 1159 (§ 92 Abs. 2 AktG aF); OLG Koblenz Urt. v. 5.11.2004 – 5 U 875/04 NZG 2005, 79, 81.; *Thümmel* BB 2002, 1105, 1106; *Schulze-Osterloh*, FS Lutter, 2000, S. 707, 718.

[323] *Lutter/Hommelhoff/Kleindieck* Anh zu § 64 RdNr. 51; *Scholz/K. Schmidt* GmbHG Anh § 64 RdNr. 33.

[324] GroßkommGmbHG-*Casper* § 64 RdNr. 64; *Baumbach/Hueck/Haas*[19], 19. Aufl. 2010, § 64 RdNr. 124; *Scholz/K. Schmidt* GmbHG Anh. § 64 RdNr. 33.

[325] Zumindest böswillige Unkenntnis des Insolvenzgrunds verlangen *Roth/Altmeppen/Altmeppen* Vor § 64 RdNr. 71; Kübler/Prütting/Bork/*Preuß* St. 2/10, § 15a RdNr. 55 („evidente Erkennbarkeit"). Für Erkennbarkeit des Insolvenzgrunds *Spindler/Stilz/Fleischer* § 92 RdNr. 68; *Hüffer* § 92 RdNr. 9; MünchKommGmbHG-*H. F. Müller* § 64 RdNr. 67; MünchKommAktG-*Spindler* § 92 RdNr. 39; *Eckhoff*, Die Haftung der Geschäftsleiter gegenüber den Gläubigern der Gesellschaft wegen Insolvenzverschleppung, 2010, S. 94 f.; *Bitter* ZInsO 2010, 1561, 1572; *Poertzgen* ZInsO 2008, 944, 947 f.

[326] *Uhlenbruck/Hirte* § 15a RdNr. 14; *Scholz/K. Schmidt* GmbHG Anh. § 64 RdNr. 33.

[327] Zu den Voraussetzungen der Rechtsfortbildung contra legem *Larenz*, Methodenlehre der Rechtswissenschaft, 6. Aufl. 1991, S. 426 ff.

[328] Dazu BGHZ 100, 19, 21 f. (§ 64 Abs. 1 GmbHG aF); BGHZ 164, 50, 59 (§ 64 Abs.1 GmbHG aF); BGH NJW 1991, 3146. 3147; *Spindler/Stilz/Fleischer* § 92 RdNr. 68; GroßkommAktG-*Habersack* § 92 RdNr. 62; *Heidel/Oltmanns* § 92 AktG RdNr. 12; MünchKommAktG-*Spindler* § 92 RdNr. 39.

[329] BGHZ 75, 96, 111 (§ 92 Abs. 2 AktG aF iVm. § 283 Nr. 14 AktG); BGHSt 48, 307, 309 (§ 266a StGB); *Spindler/Stilz/Fleischer* § 92 RdNr. 69; GroßkommAktG-*Habersack* § 92 RdNr. 66; *Hüffer* § 92 RdNr. 13; *Andres/Leithaus/Leithaus* § 15a RdNr. 6; KölnKomm-*Mertens/Cahn* Anh. § 92 RdNr. 23; MünchKommAktG-*Spindler* § 92 RdNr. 40.

[330] *Spindler/Stilz/Fleischer* § 92 RdNr. 69; *Scholz/K. Schmidt* GmbHG Anh. § 64 RdNr. 32.

[331] Begr RegE EGInsO BT-Drucks. 12/3803 S. 81; BGHZ 75, 96, 108 (§ 92 Abs. 2 AktG aF iVm. § 283 Nr. 14 AktG); *Spindler/Stilz/Fleischer* § 92 RdNr. 69; *Hüffer* § 92 RdNr. 13; *Scholz/K. Schmidt* GmbHG Anh. § 64 RdNr. 32; MünchKommAktG-*Spindler* § 92 RdNr. 40.

aa) Ohne schuldhaftes Zögern. α) Zweck und Geschichte. § 15a InsO gewährt dem 121 Antragspflichtigen eine Frist von maximal drei Wochen, um den Insolvenzantrag noch abzuwenden. Zweck dieser Regelung ist der **Gläubigerschutz**. Es kann nämlich im Interesse aller Gläubiger liegen, die Geschäfte zunächst fortzuführen, wenn die Insolvenz hierdurch abgewendet werden kann. Denkbare Maßnahmen sind die Beschaffung neuen Kapitals[332], freiwillige Zuschüsse der Gesellschafter sowie Verhandlungen mit einzelnen Gläubigern[333], etwa die Vereinbarung eines Rangrücktritts, Schuldenerlasses usw.[334] Damit diese Fortführung nicht auf Kosten der Gläubiger geschieht, setzt das Gesetz dem Fortführungsermessen des Antragspflichtigen eine **starre Grenze** von drei Wochen und eine **bewegliche Grenze**, die von den Umständen des Einzelfalls abhängt („ohne schuldhaftes Zögern").

β) Inhalt. αα) Überblick. Die Antragsfrist endet, sobald das Zögern, d.h. das Nichtstellen des 122 Antrags, schuldhaft wird. Die Subsumtion unter diese Bestimmung verlangt ein normatives Urteil darüber, wann der sorgfältige Antragspflichtige unter Berücksichtigung aller Umstände des Einzelfalls den Antrag gestellt hätte. Dies gelingt nur, wenn man sich Klarheit darüber verschafft hat, in wessen Interesse der Antrag zu stellen ist (RdNr. 123), welche alternativen Handlungen dabei zu berücksichtigen sind (RdNr. 125), aus welcher Perspektive das Zögern zu beurteilen ist (RdNr. 124) und ob es der vollen oder einer nur eingeschränkten richterlichen Überprüfbarkeit unterliegt (RdNr. 126).

ββ) Maßstab. Ob das Zögern der Antragstellung schuldhaft ist, ist anhand des **Gläubigerinte-** 123 **resses** zu beurteilen. Andere Interessen, etwa die der Gesellschafter, der Allgemeinheit oder der Arbeitnehmer (die nicht zugleich Gläubigerinteressen sind), dürfen nicht berücksichtigt werden. Dies widerspricht zwar der bisherigen Rechtsprechung des BGH, der insbesondere auch „allgemeinwirtschaftliche Belange" berücksichtigen will,[335] ergibt sich aber zwingend aus der Tatsache, dass § 15a InsO allein dem Gläubigerschutz, aber nicht darüber hinaus auch dem Allgemeininteresse oder sonstigen Interessen dient (RdNr. 9).[336] Gläubigerinteresse in diesem Sinne ist das **aggregierte Interesse** aller in den Schutzbereich des § 15a InsO fallenden Gläubiger an der möglichst hohen Befriedigung ihrer Ansprüche. Es kann daher – wie auch der BGH klarstellt[337] – zulässig sein, die Schädigung einzelner Gläubiger im Interesse der Gläubigergesamtheit zu riskieren, wenn der erwartete Verlust dieser Gläubiger geringer ist als die erwarteten Gewinne für die Gläubigergesamtheit. Zuzugeben ist, dass die Subsumtion unter diesen Maßstab in der Praxis große Schwierigkeiten bereiten kann, insbesondere wenn es darum geht, eine gemeinsame Risikopräferenz aller Gläubiger zu definieren.

γγ) Perspektive. Ob das Zögern der Antragstellung schuldhaft ist, ist aus einer **Ex-ante-Per-** 124 **spektive** aus der **Sicht des Antragspflichtigen** zu beurteilen.[338] Es ist – für sich genommen – unerheblich, dass sich die Einschätzung der Antragsteller im Nachhinein als falsch herausgestellt hat.[339] Allerdings muss der Antragspflichtige seine Entscheidung auf der Grundlage aller bei Anwendung der erforderlichen Sorgfalt verfügbaren Informationen treffen.[340] Welche Informationen dies sind, hängt von den Umständen des Einzelfalls ab, insbesondere dem Informationsaufwand sowie dem Zeitdruck. Bei schwieriger Informationslage kann das Zögern des Antrags nicht schuldhaft zu bewerten sein, der Antragspflichtige aber seine vorgelagerte gesellschaftsrechtliche Pflicht zur Beobachtung der Finanzlage (vgl. nur § 91 Abs. 2 AktG) verletzt haben und nach gesellschaftsrechtlichen Grundsätzen haften.

---

[332] BGHZ 75, 96, 108 (§ 92 Abs. 2 AktG aF iVm. § 283 Nr. 14 AktG).
[333] BGHZ 75, 96, 108 (§ 92 Abs. 2 AktG aF iVm. § 283 Nr. 14 AktG).
[334] Vgl. *Spindler/Stilz/Fleischer* § 92 RdNr. 70; GroßkommAktG-*Habersack* § 92 RdNr. 61.
[335] BGHZ 75, 96, 108 (§ 92 Abs. 2 AktG aF iVm. § 283 Nr. 14 AktG); *Spindler/Stilz/Fleischer* § 92 RdNr. 70; KölnKomm-*Mertens/Cahn* Anh. § 92 RdNr. 23; *Goette* in Hopt/Hommelhoff/v. Werder, Handbuch Corporate Governance, 2. Aufl. 2009, S. 713, 732 f.
[336] Der Maßstab der „allgemeinwirtschaftlichen Belange" aus BGHZ 75, 96, 108 (§ 92 Abs. 2 AktG aF iVm. § 283 Nr. 14 AktG) dürfte außerdem dadurch bedingt sein, dass die Spezialregelung des § 46b KWG zu diesem Zeitpunkt noch nicht existierte und es in der Entscheidung um die Vermeidung eines sog. bank run ging; vgl. deutlich BGH aaO: „Diese Gesichtspunkte konnten jedenfalls zu der hier maßgeblichen Zeit gerade auch bei einem Bankhaus dazu nötigen, einem Rettungsversuch zunächst den Vorzug zu geben (...)".
[337] BGHZ 75, 96, 110 (§ 92 Abs. 2 AktG aF iVm. § 283 Nr. 14 AktG).
[338] BGHZ 75, 96, 113 (§ 92 Abs. 2 AktG aF iVm. § 283 Nr. 14 AktG); BGHZ 126, 181, 199 (§ 64 Abs. 1 GmbHG aF); OLG Koblenz NZG 2003, 776, 777 (§ 64 Abs. 1 GmbHG aF); *Baumbach/Hueck/Haas*[19] § 64 RdNr. 125.
[339] BGHZ 75, 96, 113 (§ 92 Abs. 2 AktG aF iVm. § 283 Nr. 14 AktG).
[340] Vgl. auch BGHZ 75, 96, 112 (§ 92 Abs. 2 AktG aF iVm. § 283 Nr. 14 AktG).

125 **δδ) Entscheidungsalternativen.** Die Schuldhaftigkeit der Antragszögerung kann nur beurteilt werden, wenn man weiß, welche Handlungsalternativen dem Antragspflichtigen zur Verfügung stehen. Diese sind **begrenzt**, denn zu beurteilen ist nicht das Aufschieben des Insolvenzantrags *an sich*, sondern das Aufschieben des Insolvenzantrags *im Rahmen der Dreiwochenfrist*. Das heißt: (1) Besteht keine Aussicht, den Insolvenzgrund innerhalb der Dreiwochenfrist zu beseitigen, muss sich der Antragspflichtige zwischen den Alternativen „sofortige Antragstellung" und „spätere Antragstellung" entscheiden. Der Antragspflichtige darf den Antrag grundsätzlich nicht zugunsten von Sanierungsmaßnahmen verschieben, die erst nach drei Wochen zu einer Sanierung der Gesellschaft führen könnten.[341] (2) *Besteht eine Aussicht, den Insolvenzgrund innerhalb der Dreiwochenfrist zu beseitigen*, kommt als dritte Handlungsvariante der Sanierungsversuch hinzu.

126 **εε) Richterliche Überprüfbarkeit.** Die Entscheidung über den Insolvenzantrag unterliegt **nicht** der aus dem Gesellschaftsrecht bekannten ***business judgment rule*** (vgl. § 93 Abs. 1 Satz 2 AktG). Während es bei dieser darum geht, Geschäftsleitern risikoreiche Entscheidungen im Interesse der Gesellschafter zu ermöglichen, geht es hier um die Frage, ob die Fortführung der Gesellschaft im Interesse der Gläubiger geboten ist. Gesellschafter und Gläubiger haben jedoch fundamental unterschiedliche Interessen. Während Gesellschafter an ihrem *return on capital* interessiert sind, geht es Gläubigern um den *return of capital*.[342] Gesellschafter sind daher grundsätzlich risikofreudiger als Gläubiger, und exakt diesem Interesse dient die *business judgment rule*, indem sie Geschäftsleitern einen richterlich nicht kontrollierbaren Haftungsfreiraum für unternehmerische Entscheidungen einräumt.[343]

127 Die Entscheidung über das Zögern des Antrags unterliegt nach der Rechtsprechung des BGH und hM gleichwohl nur eingeschränkt der richterlichen Kontrolle. So soll keine Pflichtverletzung vorliegen, wenn das Absehen von dem Insolvenzantrag vertretbar ist.[344] Der Geschäftsleiter habe bei der Entscheidung über den Antrag ein **pflichtgemäßes Ermessen**.[345] Für diese Judikatur spricht, dass die Gerichte nicht leichtfertig ihr unternehmerisches Urteil an die Stelle des Antragspflichtigen setzen und vor allem vermeiden sollten, die Anfangswahrscheinlichkeiten unsicherer Ereignisse aufgrund des sog. Rückschaufehlers (*hindsight bias*[346]) zu überschätzen. Zum **Beurteilungsspielraum** bei der **Feststellung der Insolvenzreife**, der im Rahmen des Verschuldens der Insolvenzverschleppung eine Rolle spielt, s.u. RdNr. 179.

128 **γ) Leitlinien.** Aus den vorstehenden Grundsätzen lassen sich im Abgleich mit der bisherigen Rechtsprechung des BGH konkrete Leitlinien formulieren, anhand derer die Entscheidung über den Zeitpunkt der Antragstellung beurteilt werden kann.

129 **αα) Formale Vorgaben.** In formeller Hinsicht ist ein **Sanierungsplan** zu erstellen, in dem die Handlungsalternativen sowie deren Risiken und Erfolgsaussichten „zunächst" überschlägig zu bewerten sind.[347] Die Antragspflichtigen müssen alle für und gegen den sofortigen Eröffnungsantrag sprechenden Gesichtspunkte sorgfältig abwägen.[348] Nach teils vertretener Ansicht ist darüber hinaus erforderlich, dass ernsthafte Sanierungsverhandlungen geführt werden;[349] dem ist jedoch nicht zuzustimmen, da Sanierungsmaßnahmen zwar typischerweise, aber nicht notwendig solche Verhandlungen voraussetzen.

130 **ββ) Inhaltliche Anforderungen.** Die Antragspflichtigen müssen den Antrag stellen, wenn aus der Sicht sorgfältig informierter Antragspflichtiger (RdNr. 124) keine der verfügbaren Handlungsoptionen (RdNr. 125) das **Interesse der Gläubiger an der möglichst vollständigen Auszahlung** (RdNr. 123) besser fördert. Dazu sind die erwarteten Folgen jeder Option auf das Gläubigerinteresse abzuschätzen und auf dieser Grundlage der Erwartungswert jeder Handlungsoption für die Gläubiger

---

[341] BGHZ 75, 96, 111 f. (§ 92 Abs. 2 AktG aF iVm. § 283 Nr. 14 AktG); BGHSt 48, 307, 309 (§ 266a StGB); MünchKommGmbHG-*H. F. Müller* § 64 RdNr. 68; *Strohn* ZInsO 2009, 1417, 1423; inzident BGHZ 75, 96, 108 (§ 92 Abs. 2 AktG aF iVm. § 283 Nr. 14 AktG).

[342] *Klöhn* ZGR 2008, 110, 112.

[343] Vgl. zum teleologischen Hintergrund der business judgment rule *Fleischer*, FS Wiedemann, 2002, S. 827.

[344] BGHZ Urt. v. 6.6.1994 – II ZR 292/91 126, 181, 200.

[345] BGHZ 75, 96, 108 (§ 92 Abs. 2 AktG aF iVm. § 283 Nr. 14 AktG); BGHZ 108, 134, 144 (§ 64 Abs.1 GmbHG aF); BGHZ 138, 211, 223 (§ 64 Abs.1 GmbHG aF); zust. *Spindler/Stilz/Fleischer* § 92 RdNr. 74; *Goette* in Hopt/Hommelhoff/v. Werder, Handbuch Corporate Governance, 2. Aufl. 2009, S. 713, 733.

[346] Grundlegend dazu *Fischhoff*, 1 J. Exp. Psychol: Hum. Percep. Perf. 288 (1975); *Fischhoff/Beyth*, 13 Org. Behav. & Hum. Perf. 1 (1975).

[347] So BGHZ 75, 96, 112 (§ 92 Abs. 2 AktG aF iVm. § 283 Nr. 14 AktG) mit Bezug auf *Mertens* ZHR 143 (1979) 174, 189.

[348] BGHZ 75, 96, 110 (§ 92 Abs. 2 AktG aF iVm. § 283 Nr. 14 AktG).

[349] *Strohn* ZInsO 2009, 1417, 1423, der sich hierfür auf BGHZ 75, 96, 107 f. bezieht.

zu überschlagen. Je größer das Risiko einer Schädigung gutgläubiger Geschäftspartner, desto gewissenhafter ist zu überlegen, ob dieses Risiko in Kauf genommen werden kann bzw. muss.[350] Welcher Grad von Erfolgsaussicht ein Sanierungsversuch aufweisen muss, lässt sich nicht allgemein sagen, sondern nur von Fall zu Fall beantworten.[351] Der Antrag muss unverzüglich gestellt werden, wenn von Anfang an feststeht oder sich abzeichnet, dass eine rechtzeitige Sanierung nicht ernstlich zu erwarten ist.[352] Ansonsten ist grundsätzlich Raum für alternative Handlungen, allerdings darf die Dreiwochenfrist nicht ohne triftigen Grund ausgeschöpft werden.[353] Im Falle der Überschuldung darf der Antrag aufgeschoben werden, wenn eine hinreichende Aussicht besteht, unabhängig von der Inanspruchnahme von Krediten, die an der Schuldenlast nichts ändern, durch Verstärkung der Eigenmittel oder Herabsetzung der Verbindlichkeiten die Vermögensbilanz bei Ansatz der wirklichen Werte mindestens voll ausgleichen zu können.[354]

bb) Spätestens nach drei Wochen. Der Antrag muss spätestens drei Wochen nach dem Entstehen der Antragspflicht gestellt werden. Es handelt sich um eine Ereignisfrist, so dass für die Berechnung die §§ 187 Abs. 1, 188 Abs. 2 BGB gelten.[355] **131**

5. Erfüllung der Antragspflicht. Die Antragspflicht wird durch die Stellung des Insolvenzantrags erfüllt. Auf die Verfahrenseröffnung kommt es nicht an.[356] Die Erfüllung der Insolvenzantragspflicht wirkt nur ex nunc, beseitigt also nicht die bereits eingetretene Insolvenzverschleppung.[357] Inhaltlich muss der Antrag auf die Eröffnung eines Verfahrens zur gerichtlich überwachten, kollektiven Gläubigerbefriedigung gerichtet sein, das das **gesamte Vermögen** der Gesellschaft erfasst,[358] im Anwendungsbereich der EuInsVO also auf die Eröffnung eines Hauptinsolvenzverfahrens i. S. d. Art. 3 Abs. 1 EuInsVO[359]. Der Antrag muss **zulässig** sein (§ 13 RdNr. 69 ff.),[360] insbesondere muss er bei dem international und örtlich zuständigen Gericht gestellt werden.[361] Liegen zweifelsfrei die Voraussetzungen für die Anerkennung eines Hauptinsolvenzverfahrens im EU-Ausland vor, wird die Antragspflicht auch durch Einreichung bei einem international unzuständigen Insolvenzgericht erfüllt.[362] Unter den Voraussetzungen des § 15 Abs. 2 InsO müssen der Eröffnungsgrund und ggf. die Führungslosigkeit glaubhaft gemacht werden (§ 15 RdNr. 77). **132**

Darüber hinaus muss der Antrag **vollständig** sein und darf **keine unrichtigen Angaben** enthalten (arg ex § 15 Abs. 4 InsO). Umstritten ist, ob und inwieweit das Fehlen oder die Unrichtigkeit einzelner Angaben die Erfüllung der Antragspflicht unberührt lassen. Die Bedeutung dieser Frage hat aufgrund der Verschärfung der Anforderungen an den Eröffnungsantrag durch das ESUG zugenommen.[363] Einerseits wird die Ansicht vertreten, die Verletzung der durch das ESUG erweiterten Angabepflichten gem. § 13 Abs. 1 S. 3-7 InsO sei zumindest strafrechtlich nicht durch § 15a InsO sanktioniert.[364] Dies widerspricht jedoch dem ausdrücklichen Willen des Gesetzgebers, der klargestellt hat, dass durch § 13 Abs. 1 S. 3-7 InsO die Anforderungen an den „richtigen Antrag" i. S. d. § 15 Abs. 4 InsO konkretisiert werden.[365] Gleichwohl kann nach dem Sinn und Zweck der Insolvenzantragspflicht (RdNr. 6 ff.) nicht jede Unvollständigkeit oder Unrichtigkeit des Antrags zur Verletzung des § 15a InsO führen.[366] Es sollten daher nur solche Fehl- oder Falschangaben schaden, **133**

---

[350] BGHZ 75, 96, 110 (§ 92 Abs. 2 AktG aF iVm. § 283 Nr. 14 AktG).
[351] BGHZ 75, 96, 112 (§ 92 Abs. 2 AktG aF iVm. § 283 Nr. 14 AktG).
[352] BGHZ 75, 96, 111 f. (§ 92 Abs. 2 AktG aF iVm. § 283 Nr. 14 AktG); BGHZ 75, 96, 111 f.; *Spindler/Stilz/Fleischer* § 92 RdNr. 69; GroßkommAktG-*Habersack* § 92 RdNr. 66; KölnKommAktG-*Mertens/Cahn* Anh. § 92 RdNr. 23; *Goette*, FS 50 Jahre BGH, 2000, S. 123, 138;
[353] BGHZ 75, 96, 111 (§ 92 Abs. 2 AktG aF iVm. § 283 Nr. 14 AktG); vgl. auch *Spindler/Stilz/Fleischer* § 92 RdNr. 69; GroßkommAktG-*Habersack* § 92 RdNr. 66.
[354] BGHZ 75, 96, 113 (§ 92 Abs. 2 AktG aF iVm. § 283 Nr. 14 AktG).
[355] *Poertzgen* ZInsO 2008, 944, 948.
[356] *Scholz/K. Schmidt* GmbHG Anh. § 64 RdNr. 35.
[357] *Scholz/K. Schmidt* GmbHG Anh. § 64 RdNr. 35.
[358] Vgl. *Mock* NZI 2006, 24, 25.
[359] Inzident AG Köln NZI 2005, 564, 565 (§ 64 Abs. 1 GmbHG aF).
[360] *Andres/Leithaus/Leithaus* § 15a RdNr. 8; MünchKommGmbHG-*H. F. Müller* § 64 RdNr. 65; *Römermann* ZInsO 2010, 353, 355; *Schmahl* NZI 2008, 6, 9; *Schmittmann* NZI 2007, 356, 357.
[361] GroßkommGmbHG-*Casper* § 64 RdNr. 58; MünchKommGmbHG-*H. F. Müller* § 64 RdNr. 65.
[362] Vgl. AG Köln NZI 2005, 564 (§ 64 Abs. 1 GmbHG aF): AG Hamburg NZI 2006, 486, 487 (§ 64 Abs. 1 GmbHG aF); MünchKommGmbHG-*H. F. Müller* § 64 RdNr. 65; *Mock* NZI 2006, 24, 25 f.; aA *M. Wagner* ZIP 2006, 1934, 1935.
[363] Ausführlich *Marotzke* DB 2012, 560, 565 ff.
[364] *Hirte/Knof/Mock* DB 2011, 632 f.; zust. HK-*Kleindiek* § 15a RdNr. 15.
[365] Begr RegE ESUG, BT-Drucks. 17/5712, S. 23; wie hier *Marotzke* DB 2012, 560, 565.
[366] AA *Braun/Bußhardt* § 15a RdNr. 10; *Baumbach/Hueck/Haas*[19] § 64 RdNr. 119; HambKomm-*Wehr* § 15a RdNr. 18; *Fuhst* DStR 2012, 418: vollständiger Antrag erforderlich; *Marotzke* DB 2012, 560, 566: nur die Soll-Vorschriften des § 13 Abs. 1 InsO brauchen nicht beachtet zu werden.

die die **gerichtliche Entscheidung verhindern** oder **erheblich erschweren**.[367] Unerheblich ist daher das bloße Vergessen des Gläubiger- und Schuldnerverzeichnisses,[368] erst recht die Unterschlagung einzelner Gläubiger und Schuldner, nicht aber der Übersicht über die Vermögenslage der Gesellschaft[369]. Die Erfüllung der Antragspflicht scheitert nicht allein daran, dass der Antragsteller den Antrag zur Verschleierung seiner eigenen Haftung auf drohende Zahlungsunfähigkeit stützt (§ 18 InsO), obwohl die Gesellschaft zahlungsunfähig ist.[370] Zu bejahen ist die Unrichtigkeit des Antrags hingegen, wenn der Antragsteller die Vermögenslage der Gesellschaft falsch darstellt, um eine Abweisung mangels Masse (§ 26 InsO) zu erreichen.[371]

134 Wird der Antrag **zurückgenommen** (§ 15 RdNr. 83 ff., 94 ff.), so lebt die Insolvenzantragspflicht mit Wirkung ex nunc wieder auf. Dies wirkt sich zu Lasten des ursprünglichen Antragstellers freilich nur dann aus, wenn er weiterhin Antragspflichtiger i. S. d. § 15a InsO ist. Ist dies der Fall und geschieht die Rücknahme gegen den Willen des ursprünglichen Antragstellers (str. ist, inwieweit die Rücknahme in einem solchen Fall überhaupt möglich ist, s. § 15 RdNr. 84), so ist er jedenfalls dann nicht mehr zur erneuten Antragstellung verpflichtet, wenn er dem Insolvenzgericht zuvor seine Bedenken gegen die Rücknahme – zB im Rahmen einer Anhörung (§ 15 Abs. 2 Satz 3 InsO analog, vgl. § 15 RdNr. 84) – mitgeteilt hat, da eine solche Pflicht zur erneuten Antragstellung reiner Formalismus wäre (vgl. § 15 Abs. 2 InsO).[372]

135 **6. Erlöschen der Antragspflicht.** Die Antragspflicht erlischt außer durch Erfüllung (RdNr. 132 ff.) mit der **Beseitigung des Insolvenzgrunds**.[373] Wird die Gesellschaft wieder zahlungsunfähig oder überschuldet, entsteht die Insolvenzantragspflicht von Neuem.[374] Erforderlich ist freilich die tatsächliche, nicht bloß scheinbare Beseitigung des Insolvenzgrundes aufgrund kurzfristiger kosmetischer Maßnahmen.[375] Ein darüber hinaus gehendes Erfordernis einer „nachhaltigen Beseitigung"[376] ist jedoch – sollte es wirklich im Sinne zusätzlicher, über die Beseitigung hinausgehender Anforderungen gemeint sein – nicht anzuerkennen. Die bloße Sanierungshoffnung beseitigt die Antragspflicht ebenso wenig[377] wie die feste Aussicht, die Gesellschaft könne *nach* Ablauf der Dreiwochenfrist saniert werden (RdNr. 125). Außerdem erlischt die Antragspflicht mit der **Eröffnung des Insolvenzverfahrens**[378], mit der Ablehnung der Eröffnung des Insolvenzverfahrens mangels Masse[379] und mit dem Fortfall einer sonstigen Voraussetzung der Insolvenzantragspflicht, zB der Beendigung der Organstellung (zu den nachwirkenden Pflichten in diesem Fall s.o. RdNr. 73 f.).

136 Stellt ein **anderer Antragspflichtiger** einen Antrag, der die in RdNr. 132 genannten Voraussetzungen erfüllt, erlischt die Antragspflicht der anderen ebenfalls.[380] Andere sprechen in diesem Zusammenhang vom „Ruhen"[381], der „Erledigung"[382] oder „Suspension"[383] der Antragspflicht. Die übrigen Antragspflichtigen sind verpflichtet, dem Insolvenzgericht im Rahmen der Anhörung

---

[367] *MünchKommGmbHG-H. F. Müller* § 64 RdNr. 65; *Kübler/Prütting/Bork/Preuß* St. 2/10, § 15a RdNr. 75; *Weiß* ZInsO 2009, 1520, 1521.
[368] *Lutter/Hommelhoff/Kleindiek* Anh zu § 64 RdNr. 87.
[369] AA *Lutter/Hommelhoff/Kleindiek* Anh zu § 64 RdNr. 87.
[370] *Scholz/K. Schmidt* GmbHG Anh. § 64 RdNr. 35; dazu neigend *HK-Kleindiek* § 15a RdNr. 15.
[371] *HK-Kleindiek* § 15a RdNr. 15.
[372] In diesem Sinne wohl auch BGH NZG 2008, 709 RdNr. 7 (der aaO nicht danach differenziert, ob der Antragsteller noch antragsberechtigt ist oder nicht).
[373] RG GmbHRspr. IV Nr. 9 zu § 64 GmbHG; BGHSt 15, 306, 310; BGH NJW 2007, 3130 RdNr. 15; *Roth/Altmeppen/Altmeppen* Vor § 64 RdNr. 83; *GroßkommGmbHG-Casper* § 64 RdNr. 68; *GroßkommAktG-Habersack* § 92 RdNr. 67; *Uhlenbruck/Hirte* § 15a RdNr. 18; *Andres/Leithaus/Leithaus* § 15a RdNr. 9; *Scholz/K. Schmidt* GmbHG Anh. § 64 RdNr. 36.
[374] *Andres/Leithaus/Leithaus* § 15a RdNr. 9.
[375] Vgl. *Roth/Altmeppen/Altmeppen* Vor § 64 RdNr. 83; *Scholz/K. Schmidt* GmbHG Anh. § 64 RdNr. 36.
[376] Vgl. BGH NJW 2007, 3130 RdNr. 15 (§ 64 Abs. 1 GmbHG aF); *Lutter/Hommelhoff/Kleindiek* Anh zu § 64 RdNr. 54; *MünchKommGmbHG-H. F. Müller* § 64 RdNr. 69.
[377] RGSt 37, 324, 326; RGSt 61, 291, 292; *Scholz/K. Schmidt* GmbHG Anh. § 64 RdNr. 36.
[378] BGHSt 53, 24 RdNr. 22; OLG Dresden GmbHR 1998, 830; *Spindler/Stilz/Fleischer* § 92 RdNr. 59; *Uhlenbruck/Hirte* § 15a RdNr. 18; *Lutter/Hommelhoff/Kleindiek* Anh zu § 64 RdNr. 48; *MünchKommGmbHG-H. F. Müller* § 64 RdNr. 69.
[379] OLG Dresden GmbHR 1998, 830; *GroßkommGmbHG-Casper* § 64 RdNr. 66; *Uhlenbruck/Hirte* § 15a RdNr. 18; *Lutter/Hommelhoff/Kleindiek* Anh zu § 64 RdNr. 48; *MünchKommGmbHG-H. F. Müller* § 64 RdNr. 69.
[380] *MünchKommGmbHG-H. F. Müller* § 64 RdNr. 69.
[381] *Baumbach/Hueck/Haas*[19] § 64 RdNr. 115; *Andres/Leithaus/Leithaus* § 15a RdNr. 3.
[382] *Scholz/K. Schmidt* GmbHG Anh. § 64 RdNr. 35.
[383] *Uhlenbruck/Hirte* § 15a RdNr. 12.

alle erforderlichen Informationen zu erteilen.[384] Verstoßen sie hiergegen, haften sie nach § 823 Abs. 2 i. V. m. § 15a InsO,[385] da es sich bei diesen Pflichten – ähnlich wie bei den Pflichten des ausscheidenden Geschäftsleiters (RdNr. 73 f.) – um nachwirkende Pflichten eines gem. § 15a InsO Zuständigen handelt. Die Antragspflicht entsteht von Neuem, wenn der Antrag zurückgenommen[386] oder abgewiesen[387] wird und der Insolvenzgrund nicht zwischenzeitlich entfallen ist.

Die Antragspflicht erlischt **nicht** allein aufgrund eines **Gläubigerantrags**.[388] Die Antragspflichtigen müssen sich in diesem Fall dem Gläubigerantrag anschließen.[389] **137**

Erlischt die Antragspflicht, so tritt diese **Wirkung ex nunc** ein. Eine bereits verwirklichte Insolvenzverschleppung wird nicht rückwirkend beseitigt.[390] Der Antragspflichtige haftet allerdings im Rahmen des § 823 Abs. 2 BGB i. V. m. § 15a InsO nur für die Schäden, die durch die bisherige Verschleppung verursacht wurden, vgl. dazu RdNr. 221. **138**

7. Dispositivität. § 15a InsO enthält zwingendes Recht. Weder können die Gesellschafter den Antragspflichtigen von seiner Pflicht befreien[391] noch sämtliche Gläubiger[392], da § 15a InsO auch zukünftige Gläubiger schützt. Die Einwilligung einzelner (Neu-)Gläubiger in die Fortführung der Gesellschaft kann jedoch im Rahmen des Mitverschuldens zu berücksichtigen sein.[393] **139**

III. Insolvenzverschleppungshaftung

1. Haftung gem. § 823 Abs. 2 BGB i. V. m. § 15a InsO. a) Allgemeine Vorbemerkungen. 140 aa) Schutzgesetzcharakter. § 15a InsO ist nach ganz überwiegender Ansicht Schutzgesetz i. S. d. § 823 Abs. 2 BGB.[394] Die zu den Vorgängervorschriften des § 15a InsO entwickelte Gegenansicht[395] ist jedenfalls mit dem Willen des MoMiG-Gesetzgebers unvereinbar, der inzident davon ausgeht, dass die Altgläubiger ihren Quotenschaden und Neugläubiger ihren Vertragsabschlussschaden ersetzt

---

[384] GroßkommGmbHG-*Casper* § 64 RdNr. 66; MünchKommGmbHG-*H. F. Müller* § 64 RdNr. 69.

[385] GroßkommGmbHG-*Casper* § 64 RdNr. 66.

[386] *Andres/Leithaus/Leithaus* § 15a RdNr. 9; MünchKommGmbHG-*H. F. Müller* § 64 RdNr. 69.

[387] AG Hamburg NZI 2006 486, 487 (§ 64 Abs.1 GmbHG aF); *Baumbach/Hueck/Haas*[19] § 64 RdNr. 115.

[388] BGHSt 53, 24 RdNr. 24 (§ 84 Abs.1 Nr.2 GmbHG); BGH BB 1957, 273 (§ 64 GmbHG aF); BGH wistra 1988, 69 (§ 84 Abs.1 Nr.1 GmbHG); OLG Dresden NZG 1998, 818, 819 (§ 84 Abs.1 Nr.2 GmbHG aF); *Uhlenbruck/Hirte* § 15a RdNr. 12; *Spindler/Stilz/Fleischer* § 92 RdNr. 59; GroßkommAktG-*Habersack* § 92 RdNr. 67; *Lutter/Hommelhoff/Kleindiek* Anh zu § 64 RdNr. 48; *Andres/Leithaus/Leithaus* § 15a RdNr. 3: MünchKommGmbHG-*H. F. Müller* § 64 RdNr. 69; KPB/*Preuß* St. 2/10, § 15a RdNr. 25; *Scholz/K. Schmidt* GmbHG Anh. § 64 RdNr. 36; *Fleck* GmbHR 1974, 224, 229; *Grube/Maurer* GmbHR 2003, 1461, 1462 ff.; *Schröder* GmbHR 2009, 207, 208; *Uhlenbruck* GmbHR 1972, 170, 172; aA *Baumbach/Hueck/Haas*[19] § 64 RdNr. 115: Ruhen der Antragspflicht wie beim Antrag eines anderen Antragspflichtigen.

[389] RG JW 1905, 551; OLG Kiel SchlHA 1954, 155; GroßkommGmbHG-*Casper* § 64 RdNr. 67; *Scholz/K. Schmidt* GmbHG Anh. § 64 RdNr. 35.

[390] GroßkommGmbHG-*Casper* § 64 RdNr. 68.

[391] *Andres/Leithaus/Leithaus* § 15a RdNr. 5; MünchKommGmbHG-*H. F. Müller* § 64 RdNr. 70; *Scholz/K. Schmidt* GmbHG Anh. § 64 RdNr. 37; iE GroßkommGmbHG-*Casper* § 64 RdNr. 36; *Uhlenbruck/Hirte* § 15a RdNr. 12: öffentlich-rechtlicher Charakter der Antragspflicht.

[392] GroßkommGmbHG-*Casper* § 64 RdNr. 69; *Spindler/Stilz/Fleischer* § 92 RdNr. 59; *Uhlenbruck/Hirte* § 15a RdNr. 12; MünchKommGmbHG-*H. F. Müller* § 64 RdNr. 70; iE offen noch RGZ 72, 285, 289 (§§ 64, 71 GmbHG aF).

[393] *Scholz/K. Schmidt* GmbHG Anh. § 64 RdNr. 38.

[394] RG JW 1935, 3301, 3302; BGHZ 29, 100, 102 f. (§ 64 Abs. 1 GmbHG aF); BGHZ 75, 96, 106 (§ 92 Abs. 2 AktG aF iVm. § 283 Nr. 14 AktG); BGHZ 100, 19, 21 (§ 64 Abs. 1 GmbHG aF); BGHZ 108, 134, 136 (§ 64 Abs. 1 GmbHG aF); BGHZ 126, 181, 190 (§ 64 Abs. 1 GmbHG aF); BGHZ 138, 211, 214 (§ 64 Abs. 1 GmbHG aF); BGHZ 171, 46, 49 ff. (§ 64 Abs. 1 GmbHG aF); BGH ZIP 1993, 763, 765 (§ 64 Abs. 1 GmbHG aF); BGH NJW 1993, 2931 (§ 64 Abs. 1 GmbHG aF); OLG Brandenburg NZG 2005, 602, 603 (§ 64 Abs. 1 GmbHG aF); OLG Düsseldorf NJW-RR 1998, 1256 (§ 64 Abs. 1 GmbHG aF); OLG Düsseldorf NZG 1999, 944, 945 (§ 64 Abs. 1 GmbHG aF); OLG Frankfurt NZG 1999, 947 (§ 64 Abs. 1 GmbHG); OLG Köln NZG 2001, 411 (§ 64 Abs. 1 GmbHG aF); OLG Oldenburg BeckRS 2010, 02819 sub. II.1.a)(4) (§ 64 Abs. 1 GmbHG aF); OLG Saarbrücken NZG 2001, 414, 415 (§ 64 Abs. 1 GmbHG aF); OLG Saarbrücken NZG 2007, 105 (§ 826 BGB); OLG Saarbrücken NJW-RR 2008, 1621 (§ 64 Abs. 1 GmbHG aF); LG Bonn ZIP 1998, 923 (§ 64 Abs. 1 GmbHG aF); GroßkommGmbHG-*Casper* § 64 RdNr. 118; *Baumbach/Hueck/Haas*[19] § 64 RdNr. 109; *Uhlenbruck/Hirte* § 15a RdNr. 39; *Andres/Leithaus/Leithaus* § 15a RdNr. 1; MünchKommGmbHG-*H. F. Müller* § 64 RdNr. 116; MünchKommBGB-*Wagner* § 823 RdNr. 396; *Goette/Habersack/Casper* RdNr. 6.19; *K. Schmidt/Uhlenbruck/K. Schmidt* RdNr. 11.8; *Bellen/Stehl* BB 2010 2579, 2584; *Ekkenga*, FS Hadding, 2004, S. 343, 344; *Poertzgen* ZInsO 2007, 574, 575; *K. Schmidt* JZ 1978, 661, 663 ff.; *Strohn* ZInsO 2009, 1417, 1423; *Strohn* NZG 2011, 1161; *Schulze-Osterloh*, FS Lutter, 2000, S. 707, 708 ff.; *Wälzholz* DStR 2007, 1914, 1915; *K. Schmidt* NJW 1993, 2934; *K. Schmidt* ZHR 168 (2004), 637, 639; *Wagner*, FS K. Schmidt, 2009, S. 1665, 1672.

[395] *Altmeppen/Wilhelm* NJW 1999, 673, 679; *Altmeppen* ZIP 2001, 2201, 2205 f.; *Wilhelm*, Kapitalgesellschaftsrecht, 2009, RdNr. 494a; *Wübbelsmann* GmbHR 2008, 1303.

verlangen können³⁹⁶. Schließlich setzt § 92 InsO voraus, dass die Insolvenzverschleppung zumindest Ansprüche der Altgläubiger auf Ersatz ihres Quotenschadens auslöst.³⁹⁷ Der genaue Umfang des personellen und sachlichen Schutzbereichs ist sehr str. (RdNr. 8 ff.).

141 **bb) Dogmatische Einordnung.** Aus dem Schutzgesetzcharakter des § 15a InsO folgt das zivilrechtliche Delikt der Insolvenzverschleppung (§ 823 Abs. 2 BGB i. V. m. § 15a InsO). Dieses Institut lässt sich nach verschiedenen Gesichtspunkten in das System der Zivilrechtsdelikte einordnen:

142 α) **Sonderdelikt.** Die Insolvenzverschleppung ist ein Sonderdelikt. Wer nicht gem. § 15a InsO antragspflichtig ist, kann nicht als Täter nach § 823 Abs. 2 BGB i. V. m. § 15a InsO haften.³⁹⁸

143 β) **Dauerdelikt.** Die Insolvenzverschleppung ist ein Dauerdelikt.³⁹⁹ § 15a InsO wird während des gesamten Zeitraums verletzt, in dem der Eröffnungsantrag trotz Antragspflicht nicht gestellt wird.

144 γ) **Vermögensdelikt.** Die Insolvenzverschleppung führt zu einer Haftung für reine Vermögensschäden. Zweck des § 15a InsO ist es, die Vermögensinteressen der Alt- und Neugläubiger vor den Gefahren zu schützen, die sich aus der Fortführung materiell insolventer Gesellschaften ergibt.⁴⁰⁰ Dies erscheint selbstverständlich, sollte gleichwohl nicht unerwähnt bleiben. Die Insolvenzverschleppungshaftung ist eine Ausnahme von dem Prinzip, wonach das Vermögen keinen deliktischen Schutz genießt.⁴⁰¹

145 δ) **Gefährdungsdelikt.** Vor dem Hintergrund, dass die Insolvenzverschleppungshaftung eine Haftung für reine Vermögensschäden ist, begründet § 823 Abs. 2 BGB i. V. m. § 15a InsO ein Gefährdungsdelikt.⁴⁰² Vorsatz und Fahrlässigkeit müssen sich nur auf die Verletzung der Antragspflicht beziehen, nicht aber auch auf den Vermögensschaden (RdNr. 170).

146 ε) **Unterlassungsdelikt.** § 823 Abs. 2 BGB i. V. m. § 15a InsO begründet ein zivilrechtliches Unterlassungsdelikt.⁴⁰³ § 15a InsO wird dadurch verletzt, dass der Antragspflichtige den Eröffnungsantrag unterlässt, obwohl er nach § 15a InsO hierzu verpflichtet ist.⁴⁰⁴

147 Im Gegensatz dazu konzipiert **K. Schmidt** die Insolvenzverschleppung als **Tätigkeitsdelikt**.⁴⁰⁵ § 15a InsO enthalte nicht nur den Normbefehl der Antragstellung, sondern auch das Verbot, das Unternehmen im Stadium materieller Insolvenz ohne Insolvenzantrag fortzuführen.⁴⁰⁶ „Kern und Ziel der Antragspflicht" bestehe „nicht eigentlich in einem Zwang zur Stellung des Insolvenzantrags, sondern darin, die Fortführung überschuldeter bzw. zahlungsunfähiger Unternehmen zu unterbinden".⁴⁰⁷ Der bloße Blick auf die Insolvenzantragspflicht lasse eine Sanierung nur als rechtmäßiges Alternativverhalten erscheinen und verstümmele die normative Wirkung des § 15a InsO.⁴⁰⁸ Die Insolvenzantragspflicht und die mit ihr verbundene Haftung seien dem englischen Institut des *wrongful trading* daher sehr ähnlich.⁴⁰⁹

148 Richtig und wohl auch nicht bestritten ist zunächst, dass es sich bei der Haftung wegen *wrongful trading* und der Insolvenzverschleppungshaftung in rechtsvergleichender Terminologie um funktionale Äquivalente handelt, weil sie dasselbe Ziel verfolgen, nämlich die Gefahren für den Rechtsver-

---

³⁹⁶ Begr RegE MoMiG, BT-Drucks. 16/6140, S. 55.
³⁹⁷ *Scholz/K. Schmidt* GmbHG Anh. § 64 RdNr. 57.
³⁹⁸ BGHZ 164, 50, 57 (§ 64 Abs. 1 GmbHG aF); BGH GmbHR 1974, 7, 8 (§ 64 Abs. 1 GmbHG aF); *Froehner* ZInsO 2011, 1617.
³⁹⁹ BGHZ 164, 50, 56 (§ 64 Abs. 1 GmbHG aF); BGHZ 171, 46 RdNr. 8 (§ 64 Abs. 1 GmbHG aF); BGH NJW 2005, 3069, 3070 (§ 64 Abs. 1 GmbHG aF); BGH NJW 2011, 2427 RdNr. 9 (§ 64 Abs. 1 GmbHG aF); *Scholz/K. Schmidt* GmbHG Anh. § 64 RdNr. 2; *Froehner* ZInsO 2011, 1617, 1617 f.; *Gehrlein* BB 2005, 1700,1701; *Keil* DZWiR 2006, 157, 158.
⁴⁰⁰ S.o. RdNr. 7.
⁴⁰¹ *Canaris* JZ 1993, 649, 651; vgl. auch *Wagner*, FS K. Schmidt, 2009, S. 1665, 1672.
⁴⁰² *Canaris* JZ 1993, 649, 651.
⁴⁰³ Vgl. *Bork/Schäfer/Bork* § 64 RdNr. 68; GroßkommGmbHG-*Casper* § 64 RdNr. 119; MünchKommGmbHG-*H.F Müller* § 64 RdNr. 180; *Michalski/Nerlich* § 64 RdNr. 64; *Froehner* ZInsO 2011, 1617, 1618.
⁴⁰⁴ *Steffek*, Gläubigerschutz in der Kapitalgesellschaft, 2011, S. 456; *Wagner*, FS K. Schmidt, 2009, S. 1665, 1674.
⁴⁰⁵ *Scholz/K. Schmidt* GmbHG Anh. § 64 RdNr. 2; *K. Schmidt/Uhlenbruck/K. Schmidt* RdNr. 11.27; *K. Schmidt*, FS Rebmann, 1989, S. 419, 434; *K. Schmidt* NJW 1993, 2934; *K. Schmidt* ZGR 1998, 633, 655 f.
⁴⁰⁶ *Scholz/K. Schmidt* GmbHG Anh. § 64 RdNr. 2.
⁴⁰⁷ *Scholz/K. Schmidt* GmbHG Anh. § 64 RdNr. 2.
⁴⁰⁸ *Scholz/K. Schmidt* GmbHG Anh. § 64 RdNr. 2.
⁴⁰⁹ *Scholz/K. Schmidt* GmbHG Anh. § 64 RdNr. 2; *K. Schmidt/Uhlenbruck/K. Schmidt* RdNr. 11.1 ff.; *K. Schmidt* in Lutter (Hrsg.), Das Kapital der Aktiengesellschaft in Europa, 2006, S. 188, 198 ff.; *K. Schmidt* NJW 2011, 1255.

kehr zu minimieren, die sich aus der Fortführung materiell insolventer Gesellschaften ohne (mittelbar) persönlich haftenden Gesellschafter ergeben (RdNr. 19).[410] Ebenso offensichtlich – und von K. Schmidt auch nicht bestritten – ist jedoch, dass allein dieser Befund nicht dazu zwingt, die dogmatische Struktur des *wrongful trading* als Tätigkeitsdelikt auf § 15a InsO zu übertragen. Aus dem Strafrecht wissen wir freilich, dass sich die Kategorien der Unterlassungs- und Tätigkeitsdelikte keineswegs gegenseitig ausschließen.[411]

Ob die Insolvenzverschleppung als Tätigkeitsdelikt zu verstehen ist, sollte man von den **Implikationen einer solchen Einordnung** für die Auslegung abhängig machen. Dabei dürfte es im Wesentlichen um die folgenden Punkte gehen: (1) Versteht man die Haftung nach § 823 Abs. 2 BGB i. V. m. § 15a InsO als Tätigkeitsdelikt, kann man die haftungsauslösende Handlung nicht nur im Unterlassen des Antrags sehen, sondern auch in einem späteren aktiven Tun. Dies erlaubt in einigen Fällen eine im Vergleich zur hM zumindest elegantere Herleitung von Schadensersatzansprüchen. So kann K. Schmidt in Fällen, in denen der einzige GmbH-Geschäftsführer sein Amt niederlegt und es danach im Stadium der Führungslosigkeit zu einem Geschäftsabschluss kommt, an die Amtsniederlegung als haftungsbegründende Handlung anknüpfen,[412] während die hier vertretene Ansicht das Konzept nachwirkender Pflichten bemühen muss (RdNr. 73). (2) Konzipiert man die Insolvenzverschleppungshaftung als Verbot, materiell insolvente Unternehmen ohne Sanierungsaussicht fortzuführen, werden die gesellschaftsrechtlichen Zahlungsverbote (§§ 92 Abs. 2 S. 1 AktG, 64 S. 1 GmbHG, 99 GenG, 130a Abs. 1 HGB) zu speziellen Normierungen eines umfassenden in § 15a InsO normierten Verbots des *wrongful trading*, was auf dogmatischer Ebene einen Wertungsabgleich mit weitgehenden Konsequenzen für die Auslegung beider Normen ermöglicht[413] und auf rechtspolitischer Ebene die Forderung stützt, die speziellen Zahlungsverbote abzuschaffen[414].

Inwieweit es rechtspolitisch sinnvoll wäre, die Eröffnungsantragspflicht zu einem umfassenden Verbot des *wrongful trading* auszugestalten, liegt jenseits des Zwecks dieser Kommentierung. Auf der Ebene des geschriebenen Rechts dürfte **kein Weg daran vorbeiführen**, dass die Insolvenzverschleppungshaftung ein **Unterlassungsdelikt** ist. Der Normverstoß im Falle des § 823 Abs. 2 BGB i. V. m. § 15a InsO liegt nach dem eindeutigen Wortlaut des § 15a InsO in dem Unterlassen des Eröffnungsantrags trotz Antragspflicht.[415] Tätigkeiten sind (u.a.) in den Zahlungsverboten der §§ 92 Abs. 2 S. 1 AktG, 64 S. 1 GmbHG, 99 GenG, 130a Abs. 1 HGB sanktioniert. Statt diese Normen als Spezialrecht innerhalb des Regelungsbereichs eines umfassenden Verbots des *wrongful trading* gem. § 15a InsO zu verstehen, dürfte es näher liegen, den Umkehrschluss zu ziehen, dass Tätigkeiten von § 15a InsO *nicht* erfasst sind. Der Verstoß gegen die Zahlungsverbote führt schon nach dem Wortlaut der Vorschriften nicht zu einem Schadensersatz-, sondern – wie der BGH ausgesprochen hat – zu einem „Ausgleichsanspruch eigener Art".[416] Dieser zentrale Unterschied[417] auf Rechtsfolgenebene könnte eingeebnet werden, würde man die Zahlungsverbote als Spezialfälle des § 15a InsO konzipieren. Die unterschiedliche dogmatische Struktur der Zahlungsverbote einerseits und der Insolvenzverschleppungshaftung andererseits hat der Gesetzgeber bestätigt, indem er die Antragspflicht aus den gesellschaftsrechtlichen Regelungen mit der Ausnahme des § 42 Abs. 2 BGB herausgenommen, die Zahlungsverbote aber an ihrer Stelle gelassen und ihre spezifische Regelung, zB im Hinblick auf die Verjährung (vgl. nur § 64 Satz 4 GmbHG)[418], nicht verändert hat.

cc) **Innen- und Außenhaftung.** Obwohl die Insolvenzverschleppungshaftung einheitlich aus § 823 Abs. 2 BGB i. V. m. § 15a InsO folgt, enthält sie zwei **unterschiedliche Haftungsregime**. Während die Neugläubiger den Ersatz ihres vollen negativen Interesses (Individualschaden) verlan-

---

[410] S. nur Steffek, Gläubigerschutz in der Kapitalgesellschaft, 2011, S. 440 ff.; Eidenmüller EBOR 7 (2006), 239, 251 ff.; Eidenmüller ZGR 2007, 168, 194; Spindler JZ 2006, 839, 846 ff.; Steffek NZI 2010, 589.
[411] Herzberg JuS 1996, 372, 382 ff.
[412] Scholz/K. Schmidt GmbHG Anh. § 64 RdNr. 40.
[413] Zusf. Scholz/K. Schmidt GmbHG Anh. § 64 RdNr. 2.
[414] So K. Schmidt ZHR 168 (2004), 637, 655 ff.; K. Schmidt ZIP 2009, 1551, 1554; K. Schmidt ZHR 175 (2011), 433.
[415] So auch Bork/Schäfer/Bork § 64 RdNr. 68; GroßkommGmbHG-Casper § 64 RdNr. 119; MünchKommGmbHG-H.F Müller § 64 RdNr. 180; Michalski/Nerlich § 64 RdNr. 64. Rugullis NZI 2007, 323, 326
[416] BGHZ 146, 264, 278; BGH NJW 2011, 2427 RdNr. 20 f.; anders freilich Scholz/K. Schmidt GmbHG Anh. § 64 RdNr. 29.
[417] Nahe liegt es, als wichtigsten Unterschied zwischen den Zahlungsverboten und der Insolvenzverschleppungshaftung die Tatsache zu sehen, dass der Ausgleichsanspruch wegen des Verstoßes gegen die Zahlungspflichten der Gesellschaft zusteht und der Schadensersatzanspruch gem. § 823 Abs. 2 BGB iVm. § 15a InsO den Gläubigern. Dieser Unterschied wird jedoch eingeebnet, wenn man bedenkt, dass der Quotenschaden gem. § 92 InsO durch den Insolvenzverwalter geltend gemacht wird und die Erstreckung der Insolvenzverschleppungshaftung auf das vollständige negative Interesse der Neugläubiger keineswegs selbstverständlich ist.
[418] Dazu noch u. RdNr. 249.

gen können, haben die Altgläubiger lediglich einen Anspruch auf den Ersatz ihres Quotenschadens. Obwohl in beiden Fällen die Gläubiger und nicht die insolvente Gesellschaft Inhaber der Schadensersatzansprüche sind, **ähnelt** die Haftung gegenüber den **Altgläubigern** nach ihren Rechtsfolgen einer **Innenhaftung**:[419] Der Schadensersatzanspruch richtet sich auf den Erhalt des Gesellschaftsvermögens und wird zentral durch den Insolvenzverwalter geltend gemacht (§ 92 InsO). Beides gilt nicht für die Haftung gegenüber den Neugläubigern.

152 Die Insolvenzverschleppungshaftung gegenüber den Altgläubigern rückt damit in die Nähe zu anderen gläubigerschützenden Vorschriften und richterrechtlichen Instituten, die ebenfalls zu einer Innenhaftung führen. Zu nennen sind vor allem das Kapitalerhaltungsrecht (§§ 57 ff. AktG, 30 f. GmbHG), die Zahlungsverbote (§§ 92 Abs. 2 AktG, 64 GmbHG, 99 GenG, 130a Abs. 1 HGB), die Geschäftsleiterhaftung (§§ 93 AktG, 43 GmbHG, 34 GenG) und die Existenzvernichtungshaftung, die der BGH zwar auf § 826 BGB stützt, aber als Innenhaftung ausgestaltet hat.[420] Dies wirft die allgemeine Frage auf, inwieweit einzelne Regeln oder Grundsätze dieser Institute auf die Insolvenzverschleppungshaftung gegenüber den Altgläubigern zu übertragen sind (vgl. dazu RdNr. 251, 253).[421]

153 **dd) Konkurrenzen. α) Spezialgesetz.** Die Insolvenzverschleppungshaftung ist für den eingetragenen Verein spezialgesetzlich in **§ 42 Abs. 2 S. 2 BGB** normiert, der die allgemeine Insolvenzverschleppungshaftung gem. § 823 Abs. 2 BGB i. V. m. § 15a InsO verdrängt.[422]

154 Kein Spezialgesetz ist **§ 130a Abs. 2 Satz 1, 1. Fall HGB**, der keinen Schadensersatzanspruch der Gläubiger, sondern der Gesellschaft begründet, also zu einer Innenhaftung führt,[423] und außerdem auf einen normativen Schadensbegriff aufbaut, weil die insolvente Gesellschaft durch die Insolvenzverschleppung grundsätzlich keinen Schaden erleidet (RdNr. 94)[424]. Die Haftung gem. § 130a Abs. 2 Satz 1, 1. Fall HGB erfüllt freilich dieselbe Funktion wie die Haftung gegenüber den Altgläubigern gem. § 823 Abs. 2 BGB i. V. m. § 15a InsO, da auch diese Haftung auf die Auffüllung des Gesellschaftsvermögens gerichtet ist und zentral vom Insolvenzverwalter geltend gemacht wird (§ 92 InsO), s. allg. RdNr. 152.[425] Im Verhältnis zur Insolvenzverschleppungshaftung gem. § 823 Abs. 2 BGB i. V. m. § 15a InsO besteht **Idealkonkurrenz**.[426]

155 **β) Allgemeine Geschäftsleiter- und Liquidatorenhaftung.** Verletzen Geschäftsleiter § 15a InsO, so verletzen sie gleichzeitig ihre gesellschaftsrechtliche Legalitätspflicht und haften folglich gem. §§ 93 AktG, 43 GmbHG, 34 GenG.[427] Entsprechendes gilt für Liquidatoren (§§ 268 Abs. 2 Satz 1 AktG, 71 Abs. 4 GmbHG, 89 Satz 1 GenG). Diese Ansprüche konkurrieren mit denen aus § 823 Abs. 2 BGB i. V. m. § 15a InsO ideal.[428] Jedoch entsteht der Gesellschaft infolge der Insolvenzverschleppung grundsätzlich **kein Schaden** (dieser entsteht bei den Gläubigern), s. RdNr. 94.

156 **γ) Gesellschaftsrechtliche Zahlungsverbote.** Wer als Geschäftsleiter im Stadium der Zahlungsunfähigkeit oder Überschuldung Zahlungen leistet, die nicht mit der Sorgfalt eines ordentlichen und gewissenhaften Geschäftsleiters vereinbar sind, ist der Gesellschaft zum Ersatz verpflichtet (§ 93 Abs. 3 Nr. 6 AktG i. V. m. § 92 Abs. 2 AktG, §§ 64 Satz 1 GmbHG, § 34 Abs. 3 Nr. 4 i. V. m. § 99 GenG, § 130a Abs. 1 u. Abs. 2 Satz 1 HGB). Nach der Rechtsprechung handelt es sich bei diesem Anspruch nicht um einen Schadensersatz-, sondern einen „Ersatzanspruch eigener Art".[429] Er dient ähnlich wie die Insolvenzverschleppungshaftung gegenüber den Altgläubigern der Erhal-

---

[419] Vgl. *Haas* ZIP 2009, 1257, 1259 f.; *Poertzgen* GmbHR 2011, 646, 647.
[420] Offen zuletzt BGHZ 179, 344 Tz. 39 (Sanitary); krit. etwa *Schanze* NZG 2007, 681, 685; *Guski* KTS 2010, 277.
[421] S. allgemein *Haas* ZIP 2009, 1257, 1259.
[422] Begr RegE MoMiG, BT-Drucks. 16/6140, S. 55; FKInsO-*Schmerbach* § 15a RdNr. 7; *Brand/Reschke* NJW 2009, 2343, 2344 ff.; *H. F. Müller* ZIP 2010, 153, 154; *Poertzgen* ZInsO 2007, 574, 577; *Rugullis* NZI 2007, 323, 326; aA *Grunewald/Hennrichs*, FS Hopt, 2010, S. 93, 96; kritisch bzgl. der Regelungstechnik *G. Roth/Knopf* KTS 2009, 163, 168 f.
[423] MünchKommHGB-*K. Schmidt* § 130a RdNr. 20; aA wohl *Uhlenbruck/Hirte* § 15a RdNr. 41 (aber leicht widersprüchlich, weil auch § 92 InsO anwendbar sein soll).
[424] Vgl. dazu BGH NZG 2007, 462 RdNr. 7 (§ 130a Abs. 3 HGB aF); wie hier MünchKommGmbHG-*H. F. Müller* § 64 RdNr. 128; *Thiessen* ZGR 2011, 275, 287.
[425] MünchKommHGB-*K. Schmidt* § 130a RdNr. 20; *Gottwald/Haas/Vogel* § 94 RdNr. 27.
[426] MünchKommHGB-*K. Schmidt* § 130a RdNr. 43 ff.; *Ebenroth/Joost/Strohn/Boujong/Hillmann* § 130a RdNr. 32; aA (abschließende Regelung des Anspruchs der Altgläubiger in § 130a HGB) *Gottwald/Haas/Vogel* § 94 RdNr. 31.
[427] Vgl. *Scholz/K. Schmidt* GmbHG Anh. § 64 RdNr. 88
[428] GroßkommGmbHG-*Casper* § 64 RdNr. 100; *Scholz/K. Schmidt* GmbHG Anh. § 64 RdNr. 88; *Heitsch* ZInsO 2009, 1571.
[429] BGHZ 146, 264, 278; BGH NJW 2011, 2427 RdNr. 20 f. (§ 64 Abs. 1 GmbHG aF).

tung der Insolvenzmasse.[430] Im Vergleich zur Haftung aus § 823 Abs. 2 BGB i. V. m. § 15a InsO gegenüber den Altgläubigern ist die Haftung wegen des Verstoßes gegen ein gesellschaftsrechtliches Zahlungsverbot **einerseits strenger, andererseits milder**. Strenger ist die Haftung vor allem, weil die Zahlungsverbote auch während der Dreiwochenfrist eingreifen, in der das Zögern der Antragstellung noch nicht schuldhaft ist.[431] Milder ist sie insbesondere deshalb, weil sie eine individualisierbare Leistung voraussetzt,[432] während es für die Insolvenzverschleppungshaftung grundsätzlich nicht darauf ankommt, warum der Quotenschaden eingetreten ist.[433] Auf Konkurrenzebene herrscht sowohl im Hinblick auf die Insolvenzverschleppung gegenüber den Neu-[434] als auch gegenüber den Altgläubigern[435] **Idealkonkurrenz**.

δ) **Insolvenzverursachungshaftung**. Idealkonkurrenz herrscht auch zwischen der Insolvenzverschleppungshaftung und Insolvenzverursachungshaftung gem. § 93 Abs. 3 Nr. 5 AktG i. V. m. § 92 Abs. 2 Satz 3 AktG, §§ 64 Satz 3 GmbHG, 130a Abs. 1 Satz 3 u. Abs. 2 Satz 1 HGB.[436] Zu tatbestandlichen Überschneidungen kann es kommen, weil die Insolvenzverursachungshaftung auch Zahlungen im Stadium der Überschuldung erfasst, die zur Zahlungsunfähigkeit führen mussten.[437]

ee) **Tatsächliche Bedeutung**. Bei der Beurteilung der tatsächlichen Bedeutung der Insolvenzverschleppungshaftung ist zwischen den beiden Haftungsregimen des § 823 Abs. 2 BGB i. V. m. § 15a InsO (RdNr. 151) zu unterscheiden:[438] Klagen des Insolvenzverwalters auf Ersatz des Quotenschadens der Altgläubiger kommen sowohl in der Praxis als auch in der veröffentlichten Rechtsprechung[439] kaum vor.[440] Etwas anderes gilt für Klagen von Neugläubigern auf Ersatz ihres Individualschadens, die von der **Rechtsprechung schrittweise attraktiver ausgestaltet** worden sind, zunächst durch die Einbeziehung des vollen Individualschadens in den sachlichen Schutzbereich des § 15a InsO (RdNr. 12 ff.),[441] dann durch die Befugnis der Neugläubiger zur individuellen Geltendmachung dieses Schadens (RdNr. 256 ff.)[442] und schließlich durch die Ablehnung der Anrechnung des Anspruchs auf Ersatz des Quotenschadens auf diesen Anspruch (Anwendung des § 255 BGB, RdNr. 188)[443]. Verhaltenssteuernde Wirkung geht daher nur von der Androhung der Haftung gegenüber den Neugläubigern aus.[444]

b) **Voraussetzungen. aa) Verletzung der Insolvenzantragspflicht.** Die Haftung aus § 823 Abs. 2 BGB i. V. m. § 15a InsO verlangt zunächst den Verstoß gegen § 15a InsO.[445] Dies ist der

---

[430] BGH NJW 2011, 2427 RdNr. 20 (§ 64 Abs. 1 GmbHG aF); BGH NZG 2010, 346 RdNr. 10; *Roth/Altmeppen/Altmeppen* § 64 RdNr. 1; *Beuthien*, GenG, 15. Aufl. 2011, § 99 RdNr. 6; *Spindler/Stilz/Fleischer* § 92 RdNr. 18; *Baumbach/Hueck/Haas*[19] § 64 RdNr. 110; *Großkomm AktG-Habersack* § 92 RdNr. 90; *Hüffer* § 92 RdNr. 14; *Koller/Roth/Mork/Koller* § 130a RdNr. 1; *Schmidt/Lutter/Krieger/Sailer-Coceani* § 92 RdNr. 14; *Michalski/Nerlich* § 64 RdNr. 40; *MünchKommAktG-Spindler* § 92 RdNr. 57;
[431] *Baumbach/Hueck/Haas*[19] § 64 RdNr. 110.
[432] Dazu *Roth/Altmeppen/Altmeppen* § 64 RdNr. 2; *Spindler/Stilz/Fleischer* § 92 RdNr. 22 f.; *Baumbach/Hueck/Haas*[19] § 64 RdNr. 110; *Großkomm AktG-Habersack* § 92 RdNr. 93; *Hüffer* § 92 RdNr. 14; *Lutter/Hommelhoff/Kleindiek* § 64 RdNr. 2; *Schmidt/Lutter/Krieger/Sailer-Coceani* § 92 RdNr. 14; *Michalski/Nerlich* § 64 RdNr. 41; *MünchKommHGB-K. Schmidt* 2011, § 130a RdNr. 30; *MünchKommAktG-Spindler* § 92 RdNr. 59.
[433] Ähnlich *Baumbach/Hueck/Haas*[19] § 64 RdNr. 110.
[434] *Poertzgen* GmbHR 2011, 646, 647; inzident BGH NJW 2011, 2427 RdNr. 20 f. (§ 64 Abs. 1 GmbHG aF).
[435] *Michalski/Nerlich* § 64 RdNr. 40; *Poertzgen* GmbHR 2011, 646, 647; ohne Differenzierung zwischen Alt- und Neugläubigern von Idealkonkurrenz ausgehend BGH NJW 1974, 1088, 1089 (§ 64 Abs. 1 GmbHG aF); *Baumbach/Hueck/Haas*[19] § 64 RdNr. 110; *Lutter/Hommelhoff/Kleindiek* § 64 RdNr. 2; *MünchKommGmbHG-H. F. Müller* § 64 RdNr. 125.
[436] *Scholz/K. Schmidt* GmbHG Anh. § 64 RdNr. 98; *MünchKommAktG-Spindler* § 93 RdNr. 259.
[437] *MünchKommGmbHG-H. F. Müller* § 64 RdNr. 154.
[438] Zum Folgenden s. auch die statistischen Auswertungen in *Steffek*, Gläubigerschutz in der Kapitalgesellschaft, 2011, S. 538 f.
[439] Um Klagen auf Ersatz des Quotenschadens ging es in BGHZ 138, 211, 221 (§ 64 Abs. 1 GmbHG aF); BGH NJW 1997, 3021 (§ 64 Abs. 1 GmbHG aF).
[440] *Goette* DStR 1994, 1048, 1053 „zahnlose Sanktion"; *Poertzgen* GmbHR 2011, 646, 648: „Schattendasein"; *Röhricht* ZIP 2005, 505, 508: „toter Buchstabe"; *Strohn* ZInsO 2009, 1417, 1424: „eher theoretische Möglichkeit"; sowie bereits BGHZ 128, 181, 197 f. (§ 64 Abs. 1 GmbHG aF); *Mertens*, FS Lange, 1992, S. 561, 577; *Schanze* AG 1993, 376, 380: „ebenso ästhetisch anziehend wie praktisch undurchführbar".
[441] BGHZ 126, 181, 197 (§ 64 Abs. 1 GmbHG aF).
[442] BGHZ 138, 211, 216(§ 64 Abs. 1 GmbHG aF).
[443] BGHZ 171, 46 RdNr. 20 (§ 64 Abs. 1 GmbHG aF).
[444] Vgl. *Wagner*, FS K. Schmidt, 2009, S. 1665,1683; skeptisch *Hirte* ZInsO 2010, 1986, 1989 (ohne Begründung).
[445] S. nur *GroßkommGmbHG-Casper* § 64 RdNr. 119; *Lutter/Hommelhoff/Kleindiek* Anh zu § 64 RdNr. 69.

Fall, wenn der Eröffnungsantrag trotz Zahlungsunfähigkeit oder Überschuldung nicht unverzüglich, spätestens innerhalb von drei Wochen, gestellt wurde.

160 **bb) Persönlicher Schutzbereich. α) Gläubiger.** In den persönlichen Schutzbereich des § 15a InsO fallen sämtliche Gesellschaftsgläubiger, und zwar unabhängig davon, wann sie ihren Anspruch erworben haben (Alt- oder Neugläubiger)[446] und aus welchem Grund die Gesellschaft den Gläubigern haftet (vertragliche und gesetzliche Gläubiger)[447]. Allerdings soll nicht erfasst sein, wer seinen Anspruch erst **nach der Eröffnung** des Insolvenzverfahrens erworben hat.[448] Dies ist so jedoch nicht richtig (RdNr. 218 ff). **Gläubiger nachgeordneter Forderungen** (§ 39 InsO) fallen zwar in den persönlichen Schutzbereich des § 15a InsO, sie erleiden wegen ihrer Nachrangigkeit jedoch in der Regel keinen nach § 823 Abs. 2 i. V. m. § 15a InsO ersatzfähigen Schaden. Soweit Gesellschafter Gläubiger aufgrund sog. **Drittbeziehungen** mit der Gesellschaft sind, genießen sie denselben Schutz wie andere Gläubiger.[449]

161 **β) Aus- und Absonderungsberechtigte.** Nach hM sind Aus- und Absonderungsberechtigte nicht als solche, sondern nur als Insolvenzgläubiger geschützt.[450] Der BGH hat entschieden, dass der Verlust von Aussonderungsrechten infolge der verspäteten Antragstellung nicht als Insolvenzverschleppungsschaden ersatzfähig sei.[451] Diese Entscheidung wird noch heute überwiegend zustimmend zitiert.[452] Dem ist zu **widersprechen**.[453] Zwar sind dinglich Berechtigte als solche keine Gläubiger i. S. d. § 1 InsO.[454] Ihre Rechtsposition wird im Insolvenzverfahren jedoch speziell geschützt (§§ 47 ff. InsO). Da § 15a InsO dafür sorgen möchte, dass materiell insolvente Gesellschaften ohne (mittelbar) persönlich haftenden Gesellschafter nicht ohne insolvenzrechtlichen Schutz fortgeführt werden, und in seinen Schutzbereich daher grundsätzlich alle Personen fallen, die durch die InsO geschützt werden (RdNr. 8), fallen auch Rechtsinhaber, die nicht Gläubiger der Gesellschaft sind, in den persönlichen Schutzbereich des § 15a InsO. Die mit der Fallgruppe der Rechtsinhaber verbundenen Fragen sind tatsächlich solche des sachlichen Schutzbereiches, also danach, inwieweit § 15a InsO nach seinem objektiven Schutzzweck bestimmte Schäden vermeiden möchte.[455]

162 **γ) Gesellschaft und Gesellschafter. Nicht** geschützt von § 15a InsO ist die **Gesellschaft**.[456] Dasselbe gilt für die **Gesellschafter**, und zwar unabhängig davon, ob es sich um Alt- oder Neugesellschafter handelt und ob die Gesellschafter zum Nachschuss verpflichtet sind (RdNr. 163 ff.).

---

[446] BGHZ 29, 100, 104 (§ 64 Abs. 1 GmbHG aF); BGHZ 108, 134, 136 (§ 64 Abs. 1 GmbHG aF); BGHZ 126, 181, 192 (§ 64 Abs. 1 GmbHG aF); BGHZ 171, 46 RdNr. 13 (§ 64 Abs. 1 GmbHG aF); BGH ZIP 1993, 763, 766 (§ 64 Abs. 1 GmbHG aF); BGH NJW 1993, 2931 (§ 64 Abs. 1 GmbHG aF); OLG Köln NZG 2001, 411 (§ 64 Abs. 1 GmbHG aF); OLG Saarbrücken NZG 2001, 414, 415 (§ 64 Abs. 1 GmbHG aF); LG Bonn ZIP 1998, 923 (§ 64 Abs. 1 GmbHG aF); GroßkommGmbHG-*Casper* § 64 RdNr. 5; *Baumbach/Hueck/Haas*[19] § 64 RdNr. 111; MünchKommGmbHG-*H. F. Müller* § 64 RdNr. 179; *Wagner/Bronny* ZInsO 2009, 622, *Wagner*, FS K. Schmidt, 2009, S. 1665, 1679; aA insoweit *Bork* ZGR 1995, 505, 521 f.

[447] Insoweit unstr., vgl. GroßkommGmbHG-*Casper* § 64 RdNr. 135; *Baumbach/Hueck/Haas*[19] § 64 RdNr. 111; MünchKommGmbHG-*H. F. Müller* § 64 RdNr. 179 f.; MünchKommAktG-*Spindler* § 92 RdNr. 51; *Piekenbrock* ZIP 2010, 2421, 2426 Fn. 73; *Reiff/Arnold* ZIP 1998, 1893; *Wagner*, FS K. Schmidt, 2009, S. 1665, 1678 f; *Wagner/Bronny* ZInsO 2009, 622, 623.

[448] BGHZ 108, 134, 136 (§ 64 Abs. 1 GmbHG aF); BGHZ 110, 342, 361; OLG Frankfurt NZG 1999, 947 (§ 64 Abs. 1 GmbHG); OLG Stuttgart NJW 1989, 593; LG Stuttgart ZIP 2008, 1428, 1429; GroßkommGmbHG-*Casper* § 64 RdNr. 121; *Baumbach/Hueck/Haas*[19] § 64 RdNr. 109, 111; *Lutter/Hommelhoff/Kleindiek* Anh zu § 64 RdNr. 65; MünchKommGmbHG-*H. F. Müller* § 64 RdNr. 179; *Michalski/Nerlich* § 64 RdNr. 55; *Scholz/K. Schmidt* GmbHG Anh. § 64 RdNr. 46; *Gottwald/Haas/Hossfeld* § 92 RdNr. 84 *Wagner/Bronny* ZInsO 2009, 622, 623 f.

[449] BGH NJW-RR 2010, 1048 RdNr. 22 (§ 99 GenG aF); *Baumert* EWiR 2010, 475, 476; *Hirte* ZInsO 2010, 58, 61.

[450] *Baumbach/Hueck/Haas*[19] § 64 RdNr. 135; *Saenger/Inhester/Kolmann* Vor § 64 RdNr. 243; überwiegend werden gesicherte Gläubiger pauschal aus dem Schutzbereich des § 15a InsO ausgeklammert, s. etwa *Scholz/K. Schmidt* GmbHG Anh. § 64 RdNr. 45, 59.

[451] BGHZ 100, 19, 24 (§ 64 Abs. 1 GmbHG aF); ebenso OLG Köln ZIP 1982, 1086 (§ 64 Abs. 1 GmbHG aF).

[452] GroßkommGmbHG-*Casper* § 64 RdNr. 136; *Baumbach/Hueck/Haas*[19] § 64 RdNr. 135; *Lutter/Hommelhoff/Kleindiek* Anh zu § 64 RdNr. 73; MünchKommGmbHG-*H. F. Müller* § 64 RdNr. 183; *Klaas* EWiR 1987, 483, 484.

[453] S. bereits OLG Düsseldorf BB 1974, 712, 713 (§ 64 Abs. 1 GmbHG aF); *Ulmer* KTS 1981, 469, 488; *Ulmer* NJW 1983, 1577, 1580 ff. sowie *Klöhn* KTS 2012, 133, 161 ff.; *Poertzgen*, Organhaftung und Insolvenzverschleppung, 2005, S. 304

[454] Statt aller *Jaeger/Henckel* § 1 RdNr. 4, § 38 RdNr. 19.

[455] Ausführlich dazu *Klöhn* KTS 2012, 133, 161 ff.

[456] *Scholz/K. Schmidt* GmbHG Anh. § 64 RdNr. 1; aA noch RGZ 72, 285, 289; RGZ 73, 30, 33 f.; BGHZ 96, 231, 237 (obiter); *K. Schmidt* JZ 1978, 661, 664; *G. Müller* ZIP 1993, 1531, 1536 (der tatsächlich aber wohl die Gesamtheit der Gläubiger meint, die durch eine Innenhaftung des Antragspflichtigen geschützt werden).

Soweit Gesellschafter Gläubiger aufgrund sog. **Drittbeziehungen** mit der Gesellschaft sind, genießen sie denselben Schutz wie andere Gläubiger (RdNr. 160).

Der Ausschluss der Gesellschafter aus dem persönlichen Schutzbereich des § 15a InsO steht nahezu außer Streit, soweit es um **Altgesellschafter** geht, also solche, die bereits zum Zeitpunkt der Insolvenzantragspflicht an der Gesellschaft beteiligt waren.[457] Wenn sie nicht zum Nachschuss verpflichtet sind, erleiden sie in der Regel auch keinen Insolvenzverschleppungsschaden, da ihre Gesellschaftsbeteiligung mit dem Eintritt der Insolvenzreife entwertet ist.[458] Wegen der Zweckbestimmung des § 1 InsO und der rechtsformneutralen Ausgestaltung des § 15a InsO muss all dies auch für **Genossenschaftsmitglieder** gelten.[459] Diese werden dadurch nicht unzumutbar belastet, da sie den Schutz des § 15a InsO genießen, wenn sie ihre Austauschbeziehung zur Genossenschaft schuldrechtlich ausgestalten (RdNr. 162).

Auch **Neugesellschafter** fallen nicht in den persönlichen Schutzbereich des § 15a InsO.[460] Wie oben dargelegt, bezweckt § 15a InsO, dass Gesellschaften ohne natürliche Person als (mittelbar) haftenden Gesellschafter nicht ohne insolvenzrechtlichen Schutz fortgeführt werden. Das insolvenzrechtliche Schutzprogramm ist jedoch auf den Gläubigerschutz beschränkt (§ 1 Satz 1 InsO). Würde man dies anders sehen, erhielten Gesellschafter über § 15a InsO eine Position, die ihnen im Insolvenzverfahren nicht zukäme.[461]

Für Neugesellschafter, die **Zweiterwerber** eines anderen Gesellschafters sind, ist dies fast allgA.[462] Dass sie nicht von § 15a InsO erfasst sind, belegt auch folgende Erwägung: Existieren liquide Zweitmärkte für die Gesellschaftsanteile und haben Gesellschafter keinen Einfluss auf die Unternehmensführung, so *profitieren* sie von der Insolvenzverschleppung, wenn sie ihren Anteil während der Verschleppungsphase *veräußern*, und sie *leiden*, wenn sie Anteile *erwerben*. Sie können sich gegen das Risiko der Insolvenzverschleppung daher am besten durch eine Diversifizierung ihres Portfolios versichern. § 15a InsO hat nicht den Zweck, einen darüber hinaus gehenden Gesellschafterschutz bereitzustellen.[463] Dies würde im Übrigen auch zu einem kaum kalkulier- und versicherbaren Haftungsrisiko für die Antragspflichtigen führen, die nicht ohne Weiteres überschauen können, inwieweit Gesellschaftsanteile die Hände wechseln und im Rahmen von § 823 Abs. 2 BGB i. V. m. § 15a InsO für jede Fahrlässigkeit haften. Diese Argumente haben zwar geringeres Gewicht, soweit liquide Zweitmärkte für Gesellschaftsanteile nicht existieren. Da die Insolvenzantragspflicht jedoch rechtsformneutral ausgestaltet ist und zwingende Gründe für eine Ungleichbehandlung kapitalmarktnaher und -ferner Gesellschaften hier nicht ersichtlich sind, bleibt es bei dem gefundenen Auslegungsergebnis, zumal diese Argumente ohnehin nur das aus § 1 Satz 1 InsO abgeleitete Resultat unterstützen.

Zweifel an dem Ausschluss der Neu-Gesellschafter aus dem persönlichen Schutzbereich des § 15a InsO kommen im Hinblick auf diejenigen Gesellschafter auf, die der Gesellschaft nach Eintritt der Antragspflicht **frisches Kapital** zuführen. Diese Zweifel resultieren aber nicht schon aus der Überlegung, dass § 15a InsO den Zweck habe, Fehlallokationen zu verhindern, und insoweit nicht einzusehen sei, warum Eigenkapitalgeber anders behandelt würden als Fremdkapitalgeber.[464] Unabhängig davon, ob der Zweck des § 15a InsO in der Vermeidung von Fehlallokationen besteht, erfolgt diese Verhinderung jedenfalls nur im Rahmen der vom Gesetz vorgegebenen Wertungen, und diese sind auf den Gläubigerschutz beschränkt (§ 1 Satz 1 InsO). Dass Fremd- und Eigenkapitalinvestitionen unterschiedlich geschützt werden, weil die Eigenkapitalgeber den mit der Gesellschaft verbunde-

---

[457] *Roth/Altmeppen/Altmeppen* Vorb § 64 RdNr. 123; *Lutter/Hommelhoff/Kleindiek* Anh zu § 64 RdNr. 64; MünchKommGmbHG-*H. F. Müller* § 64 RdNr. 179; MünchKommAktG-*Spindler* § 92 RdNr. 46; *Wicke* § 64 RdNr. 11; *Gottwald/Haas/Hossfeld* § 92 RdNr. 84; *Ekkenga*, FS Hadding, 2004, S. 343, 346; *Wagner*, FS K. Schmidt, 2009, S. 1665, 1680 f.; aA *Verhoeven*, GmbH-Konzern-Innenrecht, 1978, RdNr. 276

[458] Vgl. *Ekkenga*, FS Hadding, 2004, S. 343, 346.

[459] AA *Beuthien*, GenG, 15. Aufl. 2011, § 99 RdNr. 5; *Geschwandtner* BB 2010, 2194, 2195 ff.; wie hier offenbar *Fandrich* in Pöhlmann/Fandrich/Bloehs, GenG, 3. Aufl. 2007, § 99 RdNr. 10.

[460] RGZ 159, 211, 234; RG JW 1935, 3301, 3302; *Spindler/Stilz/Fleischer* § 92 RdNr. 73; GroßkommAktG-*Habersack* § 92 RdNr. 71; *Scholz/K. Schmidt* GmbHG Anh. § 64 RdNr. 1.; MünchKommAktG-*Spindler* § 92 RdNr. 46; MünchKommBGB-*Wagner* § 823 RdNr. 403; *Wagner*, FS K. Schmidt, 2009, S. 1665, 1680 f.; aA RGZ 81, 269, 271; *Ekkenga*, FS Hadding, 2004, S. 343 ff.; *Verhoeven*, GmbH-Konzern-Innenrecht, 1978, RdNr. 276; *K. Schmidt* JZ 1978, 661,664 (mittlerweile aufgegeben, s. *Scholz/K. Schmidt* GmbHG Anh. § 64 RdNr. 47); aA im Hinblick auf das österreichische Recht OGH GesRZ 2007, 266, 268.

[461] *Wagner*, FS K. Schmidt, 2010, S. 1665, 1680 f.

[462] BGHZ 96, 231, 237 f. (obiter); *Ekkenga*, FS Hadding, 2004, S. 343, 352 f.; aA *Uhlenbruck/Hirte* § 15a RdNr. 59; *Müller*, GenG, 2. Aufl. 2000, § 99 RdNr. 10.

[463] Vgl. auch BGHZ 96, 231, 237 (§ 826 BGB), wonach Zweiterwerber nicht von ihrem spekulativen Risiko entlastet werden sollen.

[464] So aber *Ekkenga*, FS Hadding, 2004, S. 343, 351; i.E. auch *Uhlenbruck/Hirte* § 15a RdNr. 59.

nen Risiken „näher stehen", ist außerdem aus der Lehre von der fehlerhaften Gesellschaft bekannt.[465] Auch dass Neu-Gesellschafter ebenso wie Fremdkapitalgeber Vertrauen in die Solvenz der Gesellschaft investierten,[466] genügt nicht für einen Einbezug in den persönlichen Schutzbereich des § 15a InsO, da der Schutzzweck des § 15a InsO ganz allgemein unabhängig von dem Vertrauensgedanken ist. Zum Schutz der Neugesellschafter gem. § 826 BGB s.u. RdNr. 309.

167 Eine Rückversicherung über den Ausschluss der Neu-Gesellschafter, die der Gesellschaft nach Beginn der Antragspflicht frisches Kapital zuführen, ist jedoch geboten, weil diese Gesellschafter häufig **gleichzeitig** die Stellung eines **quasi-vertraglichen oder gesetzlichen Gläubigers** haben. So ist durchaus denkbar, dass den Neu-Gesellschaftern Ansprüche gegen die Gesellschaft auf Rückabwicklung ihrer Beteiligung und/oder Schadensersatz aus vorvertraglicher Aufklärungspflichtverletzung (§§ 280 Abs. 1, 311 Abs. 2 u. 3, 241 Abs. 2 BGB) oder aus delikts- und bereicherungsrechtlichen Anspruchsgrundlagen zustehen (etwa §§ 812 Abs. 1 S. 1, 1. Fall, 123 BGB, § 823 Abs. 2 BGB i. V. m. § 263 StGB). Zu berücksichtigen ist jedoch, dass diese Ansprüche grundsätzlich nach der **Lehre von der fehlerhaften Gesellschaft** modifiziert werden und den Gesellschaftern die Stellung eines üblichen Gläubigers gerade verwehren.[467] Demnach können die Neu-Gesellschafter keine Rückabwicklung ihrer Beteiligung mit Wirkung ex tunc verlangen, sondern sind auf die Kündigung ihrer Gesellschafterstellung verwiesen.[468] Schadensersatzansprüche werden zu bloßen Rechnungsposten der Auseinandersetzungsbilanz;[469] dies gilt sogar für den Anspruch aus § 826 BGB[470].

168 Eine Einbeziehung der Neu-Gesellschafter im Hinblick auf ihre Stellung als quasi-vertragliche oder gesetzliche Gläubiger kommt daher nur in Betracht, soweit die Grundsätze der **fehlerhaften Gesellschaft nicht eingreifen** – man denke an den Minderjährigen, der ohne Genehmigung des Familiengerichts (§§ 1629 Abs. 1, 1643 Abs. 1, 1822 Nr. 3 BGB) einen Kommanditanteil an einer insolventen GmbH & Co KG erwirbt.[471] In diesen Fällen liegt allerdings grundsätzlich schon kein wirksamer Gesellschafterbeitritt vor, so dass man es gar nicht mit einem Neu-Gesellschafter, sondern einem schlichten quasi-vertraglichen oder gesetzlichen Neugläubiger zu tun hat.

169 cc) **Rechtswidrigkeit.** Im Rahmen des § 823 Abs. 2 BGB wird die Rechtswidrigkeit durch die Schutzgesetzverletzung **indiziert**.[472] Rechtfertigungsgründe für das Hinauszögern des Antrags nach dem Ablauf der Dreiwochenfrist sind kaum denkbar, insbesondere rechtfertigt auch die Einwilligung sämtlicher Altgläubiger keinen Verstoß gegen § 15a InsO (RdNr. 139).

170 dd) **Verschulden. α) Bezugspunkt.** Der Antragspflichtige muss die Antragspflicht schuldhaft verletzt haben. Bezugspunkt des Verschuldensurteils ist – wie allgemein im Rahmen des § 823 Abs. 2 BGB[473] – der **Verstoß** gegen das Schutzgesetz, hier **§ 15a InsO**. Das Verschulden muss sich also beziehen auf das Erkennen der Eigenschaft als Antragspflichtiger, den Eintritt des Insolvenzgrunds und das Unterlassen des Antrags trotz Ablaufs der Antragsfrist, nicht aber auf den Insolvenzverschleppungsschaden.

---

[465] BGHZ 55, 5, 10; BGHZ 63, 338, 344; BGHZ 148, 201, 207; BGHZ 159, 280, 291; BGH NJW 1976, 894; BGH NJW 1982, 877, 879; BGH NJW 1992, 2696, 2698; MünchKommBGB-*Ulmer* § 705 RdNr. 340; GroßkommGmbHG-*Ulmer* § 2 RdNr. 121; *Assmann/Schütze/Wagner* § 16 RdNr. 70; *Wiesner*, Die Lehre von der fehlerhaften Gesellschaft, 1980, S. 134; *Staudinger/Habermeier* § 705 RdNr. 70; *K. Schmidt* AcP 186 (1986), 421, 445; *C. Schäfer*, Die Lehre vom fehlerhaften Verband, 2004, S. 279.

[466] *Ekkenga*, FS Hadding, 2004, S. 343, 351; iE auch *Uhlenbruck/Hirte* § 15a RdNr. 59.

[467] Vgl. allgemein BGH NJW 2000, 3558, 3560; BGH NJW RR 2000, 1576, 1577; *Wiesner*, Die Lehre von der fehlerhaften Gesellschaft, 1980, S. 122 ff.; MünchKommBGB-*Ulmer* § 705 RdNr. 342 ff.; MünchKommBGB-*Ulmer/Schäfer* § 723 RdNr. 46; *C. Schäfer* ZHR 170 (2006), 373; anders freilich die Rechtsprechung des BGH für Prospekthaftungsansprüche stiller Gesellschafter, vgl. nur BGH NJW-RR 2006, 178.

[468] MünchKommHGB-*K. Schmidt* § 105 RdNr. 245; *ders.* in AcP 1986, 421, 435; *Kraft*, FS Fischer, S. 322, 323 ff.; *Baumbach/Hopt/Hopt* § 105 RdNr. 88.

[469] BGHZ 23, 17, 29 f.; BGHZ 37, 299, 304; BGH NJW-RR 1988, 997; BGH NJW-RR 1993, 1187; BGH NJW 1995, 2843, 2844; *Wiesner*, Die Lehre von der fehlerhaften Gesellschaft, 1980, S. 129; *Baumbach/Hopt/Hopt* § 105 RdNr. 90.

[470] *Baumbach/Hopt/Hopt* § 105 RdNr. 89, 90; *Geibel* BB 2005, 1009, 1011.

[471] Der Erwerb eines Kommanditanteils unterfällt § 1822 Nr. 3 BGB, vgl. BGHZ 53 17, 160 (Gründung einer KG mit einem Minderjährigen); OLG Frankfurt FamRZ 2009, 620; MünchKommBGB-*Wagenitz* § 1822 RdNr. 16; *Rust* DStR 2005, 1942, 1946; *Werner* GmbHR 2006, 737, 740; aA bei schenkweiser Übertragung eines voll eingezahlten Kommanditanteils OLG Bremen FamRZ 2009, 621, 622.

[472] BGH NJW 1993, 1580, 1581; *Bamberger/Roth/Spindler* § 823 RdNr. 260.

[473] RGZ 66, 251, 255; BGHZ 7, 198, 207; BGHZ 103, 197, 200; *Staudinger/Hager* § 823 RdNr. G 34; MünchKommBGB-*Wagner* § 823 RdNr. 358; aA *Fikentscher/Heinemann*, Schuldrecht, 10. Aufl. 2006, RdNr. 1635; *U. Huber* JZ 1969, 755.

β) **Verschuldensmaßstab.** Es genügt einfache Fahrlässigkeit (§ 823 Abs. 2 BGB).[474] Trotz der **171** Strafandrohung in § 15a Abs. 4 u. 5 InsO ist das Verschulden anhand zivilrechtlicher Maßstäbe zu beurteilen.[475] **Geschäftsleiter und Liquidatoren** müssen – wie auch im Rahmen ihrer allgemeinen gesellschaftsrechtlichen Haftung (§§ 93 Abs. 2 Satz 2 AktG, 43 GmbHG, 34 GenG, für Liquidatoren i. V. m. 268 Abs. 2 Satz 1 AktG, 71 Abs. 4 GmbHG, 89 Satz 1 GenG) – die Sorgfalt eines ordentlichen Geschäftsleiters bzw. Geschäftsmannes einhalten.[476] Wie üblich entschuldigen mangelnde Sachkenntnis und individuelle Unzulänglichkeiten grundsätzlich nicht;[477] der Antragspflichtige muss die ggf. erforderlichen Kenntnisse erwerben, die Hilfe Dritter heranziehen[478] oder darf seine Aufgabe nicht übernehmen. Vorübergehende Verhinderung (Krankheit, Abwesenheit etc.) entschuldigt nur dann, wenn der Antragspflichtige alle zumutbaren Maßnahmen getroffen hat, damit er seiner Antragspflicht genügen kann.[479] Welche Maßnahmen zumutbar sind, richtet sich nach den Umständen des Einzelfalls, vor allem nach der Erkennbarkeit der Insolvenz.

Für antragspflichtige **Aufsichtsräte** und **Gesellschafter** gilt der Maßstab des sorgfältigen **172** Geschäftsmannes nicht, sondern die geringeren Anforderungen an einen umsichtigen Aufsichtsrat bzw. Gesellschafter in vergleichbarer Position. Allerdings dürfte sich dieser Unterschied in praxi kaum auswirken, da diese Personen ohnehin nur dann gem. § 15a Abs. 3 InsO antragspflichtig sind, wenn sie sowohl die Führungslosigkeit als auch den Insolvenzgrund kennen bzw. bewusst die Augen davor verschließen (RdNr. 90).

γ) **Erkennbarkeit der Insolvenz.** Eine zentrale Rolle für das Verschulden von Vertretungsorga- **173** nen und Liquidatoren (für Aufsichtsräte und Gesellschafter s. RdNr. 172) spielt die Erkennbarkeit der Insolvenz. Insoweit ist zu bedenken, dass diese Personen schon gesellschaftsrechtlich grundsätzlich zur fortwährenden Überwachung der Finanzlage verpflichtet sind (s. nur § 92 Abs. 1 AktG). Diese Pflicht wird in der Krise intensiviert und führt zu einer **Insolvenzerkennungspflicht.**[480]

Ob der Antragspflichtige seiner Insolvenzerkennungspflicht nachgekommen ist, muss unter **174** Berücksichtigung aller Umstände des Einzelfalls aus **der Ex-ante-Sicht des Antragspflichtigen** beurteilt werden.[481] Entscheidend sind die Größe und das Alter des Unternehmens sowie die Finanzierungsstruktur der Gesellschaft, insbesondere der Fremdkapitalanteil.[482] Der Antragspflichtige ist verpflichtet, sich stets über die wirtschaftliche Lage der Gesellschaft zu vergewissern.[483] Bei Anzeichen für eine Krise muss er sich einen Überblick über den Vermögensstand verschaffen.[484] Je stärker diese Anzeichen, desto eingehender muss er die Finanzlage prüfen.[485] Verfügt er nicht über die Kenntnisse, um die Finanzlage zu beurteilen, muss er sich ggf. **extern beraten** lassen.[486] Eine schlichte Anfrage bei einer für fachkundig gehaltenen Person genügt dafür nicht; erforderlich ist vielmehr, dass sich der Antragspflichtige unter umfassender Darstellung der Verhältnisse der Gesellschaft und Offenlegung der erforderlichen Unterlagen von einem unabhängigen, für die zu klärenden Fragestellungen fachlich qualifizierten Berufsträger beraten lässt.[487] Wären auch fachkundige Dritte zu dem vertretbaren Ergebnis gekommen, dass die Gesellschaft nicht insolvent war, hat der Antragspflichtige seine Insolvenzerkennungspflicht auch dann nicht verletzt, wenn er keinen Rat eingeholt hat.[488]

---

[474] BGHZ 126, 181, 199; OLG Saarbrücken NJW-RR 2008, 1621, 1622 (§ 64 Abs. 1 GmbHG aF); GroßkommGmbHG-*Casper* § 64 RdNr. 120; *Scholz/K. Schmidt* GmbHG Anh. § 64 RdNr. 48; teilw. aA *Schulze-Osterloh* AG 1984, 141 ff. (Kenntnis der materiellen Insolvenz erforderlich).
[475] Vgl. zur Problematik allgemein MünchKommBGB-*Wagner* § 823 RdNr. 360 f.
[476] OLG Hamm NZG 2002, 782 (§ 64 Abs. 1 GmbHG): Sorgfalt eines ordentlichen Kaufmanns.
[477] RG LZ 1928, 1339; *Scholz/K. Schmidt* GmbHG Anh. § 64 RdNr. 48.
[478] BGHZ 126, 181, 199 (§ 64 Abs. 1 GmbHG aF); BGH NJW 2007, 2118 RdNr. 16 (§ 92 Abs. 2 AktG aF); OLG Düsseldorf NZG 1999, 944, 946 (§ 64 Abs. 1 GmbHG aF); OLG Frankfurt NZG 2001, 173, 174 (§ 64 Abs. 1 GmbHG aF); OLG Oldenburg NZG 2008, 778, 779 (§ 64 Abs. 1 GmbHG aF und §§ 130a Abs. 1, 177a HGB aF).
[479] Vgl. *Scholz/K. Schmidt* GmbHG Anh. § 64 RdNr. 48.
[480] BGHZ 126, 181, 199 (§ 64 Abs. 1 GmbHG aF); *Spindler/Stilz/Fleischer* § 92 RdNr. 75.
[481] BGH NZG 2007, 396 Rz. 16 (§ 99 Abs. 1 GenG aF); GroßkommAktG-*Habersack* § 92 RdNr. 62.
[482] Vgl. BGH NJW 2007, 2118 RdNr. 17 (§ 92 Abs. 2 AktG aF): Intensive Prüfung erforderlich bei Startup-Unternehmen in der Anlaufphase, das von Förderdarlehen abhängig ist.
[483] BGH NJW 2007, 2118 RdNr. 16 (§ 92 Abs. 2 AktG aF).
[484] OLG Oldenburg NZG 2008, 778, 779 (§ 64 Abs. 1 GmbHG aF und §§ 130a Abs. 1, 177a HGB aF).
[485] *Spindler/Stilz/Fleischer* § 92 RdNr. 75.
[486] BGHZ 126, 181, 199 (§ 64 Abs. 1 GmbHG aF); BGH NJW 2007, 2118 RdNr. 16 (§ 92 Abs. 2 AktG aF); OLG Düsseldorf NZG 1999, 944, 946 (§ 64 Abs. 1 GmbHG aF); OLG Frankfurt NZG 2001, 173, 174 (§ 64 Abs. 1 GmbHG aF); OLG Oldenburg NZG 2008, 778, 779 (§ 64 Abs. 1 GmbHG aF und §§ 130a Abs. 1, 177a HGB aF).
[487] BGH NJW 2007, 2118 RdNr. 16 (§ 92 Abs. 2 AktG aF).
[488] OLG Frankfurt NZG 2001, 173, 174 (§ 64 Abs. 1 GmbHG aF).

175 Hängt die Insolvenzprüfung von einer **rechtlichen Beurteilung** ab, ist dem Antragspflichtigen nach der Rechtsprechung kein Vorwurf zu machen, wenn zum Zeitpunkt der Entscheidung auch Rechtsanwälte keine eindeutige Auskunft hätten erteilen können, weil die Rechtslage umstritten war.[489] Dem wird man nur mit der Einschränkung zustimmen können, dass bei zweifelhafter Rechtslage grundsätzlich Vorsicht geboten ist,[490] gerade bei bilanzrechtlichen Fragen (vgl. § 252 Abs. 1 Nr. 4, 1. Hs., 1. Alt. HGB). In jedem Fall genügt allein das Berufen auf ein in Auftrag gegebenes Rechtsgutachten nicht, um den Verschuldensvorwurf zu entkräften.[491]

176 δ) **Arbeitsteilung, Überwachungspflichten, Vertrauen auf den Rat Dritter.** Die Insolvenzantragspflicht ist eine **nicht delegierbare Pflichtaufgabe** jedes Antragspflichtigen (RdNr. 70).[492] Der Antragspflichtige – relevant ist dies vor allem bei Geschäftsleitern – kann sich daher nicht mit dem Hinweis darauf entlasten, er sei intern nicht für die Überwachung der Finanzlage und Stellung des Insolvenzantrags zuständig gewesen.[493]

177 Nicht ausgeschlossen ist jedoch, dass sich Antragspflichtige in einer das Verschulden ausschließenden Weise auf die **Informationen bzw. das Verhalten anderer** verlassen dürfen, seien es andere Antragspflichtige[494], nachgeordnete Mitarbeiter oder externe Dritte wie Wirtschaftsprüfer oder Rechtsanwälte[495]. Ob in diesen Fällen ein Verschulden vorliegt, richtet sich vor allem nach den Kontroll- und Überwachungspflichten des Antragspflichtigen im Hinblick auf diese Personen.[496] Eine Exkulpation scheidet überdies aus, wenn dem Antragspflichtigen bei der Auswahl derjenigen, auf die er sich verlässt, ein **Auswahlverschulden** zur Last fällt.[497] Dies gilt im Rahmen der allgemeinen gesellschaftsrechtlichen Geschäftsleiterhaftung (§§ 93 AktG, 43 GmbHG, 34 GenG) bei delegierbaren Aufgaben[498] und muss erst recht im Bereich nicht delegierbarer Aufgaben – wie hier – gelten.

178 An die **Kontroll- und Überwachungspflichten** des Antragspflichtigen sind strengere Anforderungen zu stellen als bei delegierbaren Aufgaben[499].[500] Ihr Umfang hängt von den Umständen des Einzelfalls ab und richtet sich vor allem nach den erkennbaren Anzeichen für eine Insolvenz[501] und nach der Verlässlichkeit und den bisherigen Erfahrungen mit der Person, auf deren Informationen oder Verhalten sich der Antragspflichtige verlässt.[502] Vertraut er auf den Rat Dritter, muss er dem Berater den zu beurteilenden **Sachverhalt vollständig schildern**[503] bzw. überprüfen, auf welcher Informationsgrundlage der Rat erteilt wurde[504] und etwaige Lücken der Informationsgrundlage bei seinem Umgang mit dem Rat berücksichtigen. Darüber hinaus muss er den Rat jedenfalls einer **Plausibilitätsprüfung** unterziehen.[505] Das Verschulden entfällt, wenn der Antragspflichtige den Rat eines unabhängigen, fachlich qualifizierten Berufsträgers einholt, diesen über sämtliche für die Beurteilung erheblichen Umstände ordnungsgemäß informiert und nach eigener Plausibilitätskontrolle der ihm daraufhin erteilten Antwort dem Rat folgt und von der Stellung eines Insolvenzantrags absieht.[506] Gleiches gilt, wenn sich der Antragspflichtige aufgrund des fehlerhaften Rats qualifizierter

---

[489] OLG Düsseldorf NJW-RR 1998, 1256, 1258 (§ 64 Abs. 1 GmbHG aF).
[490] *Scholz/K. Schmidt* GmbHG Anh. § 64 RdNr. 48.
[491] *Scholz/K. Schmidt* GmbHG Anh. § 64 RdNr. 48.
[492] BGH NJW 1994, 2149, 2150 (§ 64 Abs. 1 GmbHG aF); MünchKommGmbHG-*Fleischer* § 43 RdNr. 116; *Bork/Schäfer/Klöhn* § 43 RdNr. 24.
[493] BGH NJW 1994, 2149, 2150 (§ 64 Abs. 1 GmbHG aF); *Uhlenbruck/Hirte* § 15a RdNr. 7; *Roth/Altmeppen/Altmeppen* Vorb. § 64 RdNr. 73; *Scholz/K. Schmidt* GmbHG Anh. § 64 RdNr. 48; *K. Schmidt/Uhlenbruck/K. Schmidt* RdNr. 11.11.
[494] BGH NJW 1994, 2149, 2150 (§ 64 Abs. 1 GmbHG aF); *Baumbach/Hueck/Haas*[19] § 64 RdNr. 126.
[495] RGZ 72, 285 288 f.; RGZ 80, 104, 109 f.; OLG Celle NZG 2002, 730, 732 (§ 64 Abs. 1 GmbHG aF); *Scholz/K. Schmidt* GmbHG Anh. § 64 RdNr. 48; *Fleischer* ZIP 2009, 1397, 1400.
[496] Im Hinblick auf andere Geschäftsführer BGH NJW 1994, 2149, 2150 (§ 64 Abs. 1 GmbHG aF); *Baumbach/Hueck/Haas*[19] § 64 RdNr. 126; *Scholz/K. Schmidt* GmbHG Anh. § 64 RdNr. 78.
[497] Ebenso OLG Schleswig ZIP 2010, 516; *Bitter* ZInsO 2010, 1561, 1573; *Fleischer* ZIP 2009, 1397, 1403.
[498] S. etwa BGHZ 127, 336, 347; *Spindler/Stilz/Fleischer* § 93 RdNr. 2009; *Bork/Schäfer/Klöhn* § 43 RdNr. 25.
[499] Zu ihnen etwa MünchKommGmbHG-*Fleischer* § 43 RdNr. 119 ff.; *Bork/Schäfer/Klöhn* § 43 RdNr. 27.
[500] Vgl. BGH NJW 1994, 2149, 2150 (§ 64 Abs. 1 GmbHG aF): „in diesem Fall besonders weitgehende Kontroll- und Überwachungspflichten".
[501] BGH NJW 1994, 2149, 2151 (§ 64 Abs. 1 GmbHG aF).
[502] Vgl. in anderem Zusammenhang BGH ZIP 1987, 1050, 1051 (§ 43 GmbHG).
[503] Vgl. BGH NJW 2007, 2118 RdNr. 18; *Fleischer* ZIP 2009, 1397, 1403; *Fleischer*, FS Hüffer, 2010, S. 187, 193.
[504] BGH NJW 2007, 2118 RdNr. 18 (§ 92 Abs. 2 AktG aF).
[505] BGH NJW 2007, 2118 RdNr. 18 (§ 92 Abs. 2 AktG aF); *Baumbach/Hueck/Haas*[19] § 64 RdNr. 126; *Fleischer* ZIP 2009, 1397, 1404; inzident OLG Hamm NZG 2002, 782 (§ 64 Abs. 1 GmbHG): kein exkulpierendes Vertrauen bei nicht näher begründeter Auskunft eines Anwalts.
[506] BGH NJW 2007, 2118 RdNr. 18 (§ 92 Abs. 2 AktG aF); OLG Stuttgart NZG 1998, 232, 233; zust. etwa *Uhlenbruck/Hirte* § 15a RdNr. 43; *Altmeppen* NJW 2007, 2121.

Dritter in einem entschuldbaren Rechtsirrtum befindet;[507] es gilt der allgemeine aus dem Vertrags- und Deliktsrecht bekannte strenge Maßstab.[508]

ε) **Richterliche Nachprüfbarkeit.** Die Verschuldensfrage unterliegt grundsätzlich der uneingeschränkten richterlichen Nachprüfung. Allerdings hat die Rechtsprechung dem Antragspflichtigen bei der Feststellung der Überschuldung[509], insbesondere im Hinblick auf die Fortführungsprognose[510] einen **Beurteilungsspielraum** zuerkannt. Er ist überschritten, wenn die Einschätzung der Finanzlage aus der Ex-ante-Sicht des Antragspflichtigen auf der Grundlage aller bei Anwendung der gebotenen Sorgfalt verfügbaren Informationen unvertretbar ist. Zum Vertrauen auf den Rat Dritter RdNr. 176 ff.

ee) **Schaden. α) Überblick.** Die Haftung nach § 823 Abs. 2 BGB i. V. m. § 15a InsO setzt einen Insolvenzverschleppungsschaden voraus. Dessen Ermittlung richtet sich nach der **Differenzhypothese**, erfolgt also durch einen Vergleich des realen Güterzustands des Gläubigers mit demjenigen, der ohne den zum Schadensersatz verpflichtenden Umstand (hier: Verletzung der Insolvenzantragspflicht) herrschen würde.[511] Im Prozess kommt **§ 287 ZPO** zur Anwendung.[512] Dogmatisch sind die Fragen der Schadensberechnung nach der Differenzhypothese streng von der Eingrenzung dieses Schadens aufgrund des Schutzzwecks des § 15a InsO zu trennen.[513] In der Rechtsprechung des BGH werden diese Fragen leider miteinander vermengt.[514]

β) **Der Quotenschaden der Altgläubiger.** Aus der Anwendung der Differenzhypothese[515] ergibt sich, dass diejenigen, die schon bei Eintritt der Antragspflicht Gesellschaftsgläubiger waren und durch keinerlei besondere Schutzrechte (zB Einreden, Zurückbehaltungsrechte, Aus- und Absonderungsrechte) gesichert, mithin auf die Verteilung der Insolvenzmasse angewiesen waren (Altgläubiger), lediglich den Quotenschaden (auch: Quotenverringerungsschaden[516] oder Quotenverminderungsschaden[517]) ersetzt verlangen können.[518]

Entscheidend für die **Eigenschaft als Altgläubiger** sind zwei Merkmale: (1) Der Gläubiger war schon zum Zeitpunkt der Antragspflicht Gesellschaftsgläubiger. (2) Seine Rechtsposition war durch keinerlei Zurückbehaltungs-, Sicherungs- oder sonstige Rechte geschützt. Unerheblich ist der Rechtsgrund der Forderung (vertraglich, quasi-vertraglich oder gesetzlich), ob die Forderung bereits bei Insolvenzreife fällig war (arg ex § 41 Abs. 1 InsO) und ob die Forderung auflösend bedingt war (arg ex § 42 InsO).

Der Quotenschaden ist die **Differenz** zwischen der **Soll-Quote**, die sich bei rechtzeitiger Stellung des Eröffnungsantrags ergeben hätte, und der **Ist-Quote** bei Beendigung des Insolvenzverfah-

---

[507] OLG Stuttgart NZG 1998, 232; *Baumbach/Hueck/Haas*[19] § 64 RdNr. 126.
[508] S. etwa BGHZ 89, 296, 303; BGH NJW 1974, 1903, 1904; BGH NJW 1994 2754, 2755; BGH NJW 2001, 3114, 3115; *Palandt/Grüneberg* § 276 RdNr. 22.
[509] BGHZ 126, 181, 199 f. (§ 64 Abs. 1 GmbHG aF); BGH NZG 2007, 396 Rz. 16 (§ 99 Abs. 1 GenG aF); *Strohn* ZInsO 2009, 1417, 1423; *Strohn* NZG 2011, 1161, 1162.
[510] BGHZ 126, 181, 199 (§ 64 Abs. 1 GmbHG aF); OLG Koblenz NJW-RR 2003, 1198, 1199 (§ 64 Abs. 1 GmbHG aF); OLG Saarbrücken NZG 2001, 414, 415 (§ 64 Abs. 1 GmbHG aF); OLG Düsseldorf NZG 1999, 944, 946 (§ 64 Abs. 1 GmbHG aF).
[511] Vgl. allgemein *Erman/Ebert* Vor §§ 249-253 RdNr. 23; *Soergel/Mertens*, 12. Aufl. 1990, Vor § 249 RdNr. 41 f.; *MünchKommBGB-Oetker* § 249 RdNr. 18; *Zeuner* AcP 163 (1964), 380, 382; kritisch vor allem *Keuk*, Vermögensschaden und Interesse, 1972, S. 19 ff.
[512] BGH NZG 2009, 750 RdNr. 23 (§ 64 Abs. 1 GmbHG aF); *Spindler/Stilz/Fleischer* § 92 RdNr. 77; *Scholz/K. Schmidt* GmbHG Anh. § 64 RdNr. 73.
[513] *Klöhn* KTS 2012, 133, 146 f.
[514] Ausführlich *Klöhn* KTS 2012, 133, 143 ff. mwN.
[515] AA offenbar *Lutter/Hommelhoff/Kleindiek* Anh zu § 64 RdNr. 73 (Schutzzweck des § 15a InsO).
[516] Etwa BGHZ 138, 211, 214 (§ 64 Abs. 1 GmbHG aF).
[517] *Bitter* ZInsO 2010, 1561, 1573.
[518] BGHZ 29, 100, 104 ff. (§ 64 Abs. 1 GmbHG aF); BGHZ 100, 19, 23 f. (§ 64 Abs. 1 GmbHG aF); *Roth/Altmeppen/Altmeppen* Vorb. § 64 RdNr. 124; GroßkommGmbHG-*Casper* § 64 RdNr. 122; *Spindler/Stilz/Fleischer* § 92 RdNr. 77; *Baumbach/Hueck/Haas*[19] § 64 RdNr. 132; GroßkommAktG-*Habersack* § 92 RdNr. 77; *Baumbach/Hopt/Hopt* § 130a RdNr. 8; *Hüffer* § 92 RdNr. 17; HK-*Kleindiek* § 15a RdNr. 31; *Lutter/Hommelhoff/Kleindiek* Anh zu § 64 RdNr. 73; *Koller/Roth/Mork/Koller* § 130a RdNr. 4; *Andres/Leithaus/Leithaus* § 15a RdNr. 11; KölnKommAktG-*Mertens/Cahn* Anh. § 92 RdNr. 39; MünchKomm GmbHG-*H. F. Müller* § 64 RdNr. 183; *Michalski/Nerlich* § 64 RdNr. 67; MünchKomm HGB-*K. Schmidt* § 130a RdNr. 18; *Scholz/K. Schmidt* GmbHG Anh. § 64 RdNr. 49; MünchKommAktG-*Spindler* § 92 RdNr. 48; *Fleischer* in Fleischer, Handbuch des Vorstandsrechts, 2006, § 20 RdNr. 42; *Gottwald/Haas/Hossfeld* § 92 RdNr. 88 ff.; *K. Schmidt/Uhlenbruck/K. Schmidt* RdNr. 11.20; MünchHdbGesR I (bzw. II-IV)-*Wiesner/Kraft* § 26 RdNr. 36; *Dauner-Lieb* ZGR 1998, 617, 618; *Henssler/Dedek*, FS Uhlenbruck 2000, S. 175, 176; *Römermann* NZG 2009, 854, 856; *K. Schmidt* NZI 1998, 9; *K. Schmidt* KTS 2001, 373, 381 f.; *K. Schmidt* ZGR 1998, 633, 664; *Wagner*, FS Gerhardt, 2004, S. 1043, 1061; *Wagner*, FS K. Schmidt, 2009, S. 1665 1675. Ebenso für das österreichische Recht OGH ecolex 1998, 327, 328.

rens,[519] also der Betrag, um den sich die Konkursquote infolge der verspäteten Antragstellung verringert hat.[520] Irreführend ist der Begriff „Masseverkürzungsschaden"[521], denn für den Quotenschaden kommt es allein auf die Verringerung der Insolvenzquote an. Einen solchen Schaden können die Altgläubiger auch dann erleiden, wenn die Masse nicht verkürzt, sondern sogar vergrößert wird, aber neue Gläubiger hinzukommen.[522] Wird das Insolvenzverfahren mangels Masse abgelehnt, so entspricht der Schaden der Altgläubiger der hypothetischen Auszahlung, wäre der Eröffnungsantrag rechtzeitig gestellt worden.[523]

184 Obwohl die **Berechnung** in der Praxis äußerste Schwierigkeiten bereitet,[524] lehnt die Rechtsprechung[525] und herrschende Meinung[526] eine abstrakt-pauschalierende Betrachtungsweise weitgehend ab und berechnet den Quotenschaden konkret, wobei sich Erleichterungen aus der Anwendung des § 287 ZPO ergeben.[527] Das Gericht muss zur Berechnung des Quotenschadens also ermitteln, welche Quote sich ergeben hätte, wäre der Eröffnungsantrag rechtzeitig gestellt worden. Ganz ohne Abstrahierungen kommt freilich auch der BGH und die hM nicht aus. So geht man bei der Anwendung der Differenzhypothese stets von der Annahme aus, dass die Gesellschaft im Zeitpunkt der Insolvenzreife (= Entstehen der Antragspflicht) liquidiert und nicht zunächst fortgeführt worden wäre.[528] Demgemäß wird der Quotenschaden auch als der Betrag definiert, um den sich die Insolvenzquote vom *Zeitpunkt der Insolvenzantragspflicht* bis zur tatsächlichen Eröffnung des Verfahrens verringert hat.[529] Dies erscheint – zumal im Rahmen des § 287 ZPO – schon aus Praktikabilitätsgründen nicht nur vertretbar, sondern geradezu zwingend.

185 Im Rahmen der konkreten Schadensberechnung muss das Gericht **folgende Schritte** durchführen: Zunächst ist die hypothetische Insolvenzmasse bei Beginn der Antragspflicht zu ermitteln.[530] Dies erfolgt anhand einer hypothetischen Bilanz, in der die Aktiva mit Liquidationswerten anzusetzen sind.[531] Forderungen der GmbH gegen Dritte sind grundsätzlich einzuberechnen,[532] zur Insolvenzanfechtung s. aber noch RdNr. 186. Abzuziehen ist der Betrag, der erforderlich gewesen wäre, um die Insolvenzkosten und (sonstigen) Masseverbindlichkeiten abzudecken.[533] Anschließend sind diese Aktiva durch die Summe der hypothetischen Passiva zum Zeitpunkt der Antragspflicht zu teilen,[534] wobei alle Forderungen herauszurechnen sind, soweit sie durch ein Ab- oder Aussonderungsrecht gesichert gewesen wären[535]. Die so ermittelte Soll-Quote ist mit der Ist-Quote zu vergleichen, die sich am Ende des tatsächlich durchgeführten Insolvenzverfahrens ergibt. Der Quotenschaden ist derjenige Betrag, um den die Insolvenzmasse aufgefüllt werden muss, um die Soll-Quote zu erreichen.

---

[519] BGHZ 126, 181, 190 (§ 64 Abs. 1 GmbHG aF); BGHZ 138, 211, 221 (§ 64 Abs. 1 GmbHG aF); GroßkommGmbHG-*Casper* § 64 RdNr. 122; *Spindler/Stilz/Fleischer* § 92 RdNr. 77; GroßkommAktG-*Habersack* § 92 RdNr. 77; *Andres/Leithaus/Leithaus* § 15a RdNr. 11; MünchKommGmbHG-*H. F. Müller* § 64 RdNr. 183; *Bitter* ZInsO 2010, 1561, 1574; *Dauner-Lieb* ZGR 1998, 617, 626; *Geißler* DZWiR 2011, 309, 314; *Wagner*, FS K. Schmidt, 2009, S. 1665, 1674.

[520] BGHZ 29, 100, 105 (§ 64 Abs. 1 GmbHG aF); OLG Köln NZG 2001, 411 (§ 64 Abs. 1 GmbHG aF); *Beck* ZInsO 2008, 713, 717; *Wagner/Bronny* ZInsO 2009, 622.

[521] Vgl. *Uhlenbruck* ZIP 1994, 1153, 1155.

[522] *Dauner-Lieb* ZGR 1998, 617, 624 ff.

[523] *Wagner*, FS K. Schmidt, 2009, S. 1665, 1674.

[524] S. nur *Bork* ZGR 1995, 505, 516; *Goette* DStR 1994, 1048, 1051; *Mertens*, FS Lange, 1992, S. 561, 577; *Schanze* AG 1993, 376, 380; *Strohn* NZG 2011, 1161, 1162.

[525] BGH NJW 1997, 3021 (§ 64 Abs. 1 GmbHG aF); vgl. auch BGHZ 138, 211, 221 (§ 64 Abs. 1 GmbHG aF).

[526] *Dauner-Lieb* ZGR 1998, 617, 618; *G. Müller* ZIP 1993, 1531, 1535; *Ulmer* KTS 1981, 469, 487.

[527] *Dauner-Lieb* ZGR 1998, 617, 618. 622 f., 626.

[528] Vgl. BGHZ 138, 211, 221 (§ 64 Abs. 1 GmbHG aF): Ermittlung der Soll-Quote aus dem „Verhältnis der den Altgläubigern bei Konkursreife zur Verfügung stehenden Masse zu ihren damaligen Forderungen"; GroßkommGmbHG-*Casper* § 64 RdNr. 122: „Stichtag der Antragspflicht"; gleichsinnig *Baumbach/Hueck/Haas*[19] § 64 RdNr. 133; *K. Schmidt* NZI 1998, 9, 13.

[529] *Goette* DStR 1998, 654.

[530] Vgl. BGH NJW 1997, 3021, 3022 (§ 64 Abs. 1 GmbHG aF); *Dauner-Lieb* ZGR 1998, 617, 622 f.; *Wagner*, FS K. Schmidt, 2009, S. 1665, 1674.

[531] BGH NJW 1997, 3021, 3022 (§ 64 Abs. 1 GmbHG aF); *Dauner-Lieb* ZGR 1998, 617, 622 f.; *Wagner*, FS K. Schmidt, 2009, S. 1665, 1674

[532] BGHZ 138, 211, 221 (§ 64 Abs. 1 GmbHG aF); *Goette* DStR 1998, 654.

[533] *Dauner-Lieb* ZGR 1998, 617, 623.

[534] *Dauner-Lieb* ZGR 1998, 617, 626; *Schulze-Osterloh* WuB II C § 64 GmbHG, 2.97, sub. 1; *Wagner*, FS K. Schmidt, 2009, S. 1665, 1674.

[535] BGH NJW 1997, 3021, 3022 (§ 64 Abs. 1 GmbHG aF); *Uhlenbruck/Hirte* § 15a RdNr. 42; *Baumbach/Hueck/Haas*[19] § 64 RdNr. 133; MünchKommGmbHG-*H. F. Müller* § 64 RdNr. 183; *Dauner-Lieb* ZGR 1998, 617, 626; *Schulze-Osterloh* WuB II C § 64 GmbHG, 2.97 sub. 2b.

Der Antragspflichtige kann gegen die Haftung nicht einwenden, der Insolvenzverwalter müsse 186 zunächst die Möglichkeiten der **Insolvenzanfechtung** ausschöpfen; diese Ansprüche sind aber gem. § 255 BGB analog an den Ersatzpflichtigen abzutreten.[536] Auch kann der Antragspflichtige die Haftung gegenüber den Altgläubigern nicht mit dem Argument abwehren, dass er der Gesellschaft aus anderem Grund hafte (zB gem. §§ 93 Abs. 2 Satz 1, Abs. 3 Nr. 6, 92 AktG, 43 Abs. 2, 64 Satz 1 GmbHG). Zum Konkurrenzverhältnis dieser Ansprüche zum Anspruch auf Ersatz des Quotenschadens RdNr. 155.

γ) **Der individuelle Insolvenzverschleppungsschaden der Neugläubiger.** Aus der Diffe- 187 renzhypothese folgt, dass diejenigen Gläubiger, die erst nach Beginn der Antragspflicht mit der Gesellschaft in Kontakt kommen und diejenigen, die zwar schon zu diesem Zeitpunkt Gläubiger der Gesellschaft waren, jedoch über eine insolvenzrechtlich geschützte Position verfügten (zB Zurückbehaltungsrecht, Einrede etc.), die also nicht schon bei Insolvenzreife auf die Verteilung der Insolvenzmasse angewiesen waren, einen über den Quotenschaden hinausgehenden, individuellen Insolvenzverschleppungsschaden erleiden können. Dieser Insolvenzverschleppungsschaden wird in Rechtsprechung und Literatur meist schon begrifflich in bestimmter Weise begrenzt und als Vertrauensschaden[537], Kontrahierungsschaden[538] oder Kreditgewährungsschaden[539] bezeichnet. Diese Begrenzungen ergeben sich aber nicht schon aus der Differenzhypothese, sondern – wenn überhaupt – aus der Eingrenzung des ersatzfähigen Schadens unter Schutzzweckgesichtspunkten.[540]

Die **Berechnung** des individuellen Insolvenzverschleppungsschadens richtet sich nach den allge- 188 meinen Grundsätzen der konkreten Schadensberechnung. § 287 ZPO kommt zur Anwendung. Es ist also im Wege der Differenzhypothese die aktuelle Rechtsgüter- und Vermögenssituation des Klägers mit der hypothetischen Situation bei rechtzeitiger Stellung des Eröffnungsantrags zu vergleichen. Dabei ist mittlerweile anerkannt, dass die Insolvenzforderung, die der Gläubiger tatsächlich gegen die Gesellschaft erworben hat, gem. **§ 255 BGB analog** bei der Schadensberechnung außer Betracht bleibt.[541]

Neugläubiger insolvenzreifer Gesellschaften verzeichnen typischerweise **zwei Vermögensverän-** 189 **derungen**, die Bestandteile des individuellen Insolvenzverschleppungsschadens in Betracht kommen: Sie erleiden einerseits einen (freiwilligen oder unfreiwilligen) Vermögensverlust, geben etwa ein Gelddarlehen, übereignen eine Sache oder werden durch eine unerlaubte Handlung geschädigt. Diese Veränderung soll im Folgenden **Vermögensabfluss** genannt werden. Auf der anderen Seite erwerben sie eine Forderung gegen die Gesellschaft – ansonsten wären sie nicht Gläubiger –, die aufgrund der Insolvenz nicht ebenso werthaltig ist wie der Vermögensabfluss. Der Darlehensgeber erwirbt einen entwerteten Rückzahlungsanspruch gem. § 488 Abs. 1 Satz 2, 2. Fall BGB, der Verkäufer eine Insolvenzforderung gem. § 433 Abs. 2 BGB, der Geschädigte kann seinen Schadensersatzanspruch gem. § 823 Abs. 1 BGB nur zur Insolvenztabelle anmelden. Diese Ansprüche sollen im Folgenden unter der Bezeichnung **Kompensationsanspruch** zusammengefasst werden.

Kaum erörtert ist die Frage, **welcher hypothetische Kausalverlauf** bei der Berechnung des 190 individuellen Insolvenzverschleppungsschadens zu unterstellen ist. Denkbar sind drei[542] verschiedene Szenarien:[543]

---

[536] MünchKommGmbHG-*H. F. Müller* § 64 RdNr. 183; *Poertzgen*, Organhaftung wegen Insolvenzverschleppung, 2005, S. 298 f.
[537] BGHZ 126, 181, 198 (§ 64 Abs. 1 GmbHG aF); BGHZ 164, 50, 60 (§ 64 Abs. 1 GmbHG aF); BGH NJW 2011, 2427 RdNr. 40 (§ 64 Abs. 1 GmbHG aF); für Österreich OGH ecolex 1998, 327, 329; aus der Literatur etwa Kübler/Prütting/Bork/*Preuß* St. 2/10, § 15a RdNr. 83.
[538] Vgl. BGH NJW 1995, 398, 399 (§ 64 Abs. 1 GmbHG aF); aus der Literatur etwa *Roth/Altmeppen/Altmeppen* Vor § 64 RdNr. 130; *Bitter* ZInsO 2010, 1561, 1574.
[539] Vgl. BGHZ 164, 50, 60 (§ 64 Abs. 1 GmbHG aF); BGHZ 171, 46 RdNr. 13 (§ 64 Abs. 1 GmbHG aF); BGHZ 175, 58 RdNr. 25 (§ 64 Abs. 1 GmbHG aF); BGH NZG 2009, 750 RdNr. 19 (§ 64 Abs. 1 GmbHG aF); BGH NJW-RR 2010, 1048 RdNr. 22 (§ 99 GenG aF); aus der Literatur etwa *Baumbach/Hueck/Haas*[19] § 64 RdNr. 131; *Lutter/Hommelhoff/Kleindiek* Anh zu § 64 RdNr. 72; *Bitter* ZInsO 2010, 1561, 1574; *Haas* DStR 2003, 423, 427.
[540] Ausführlich *Klöhn* KTS 2012, 133, 138 ff., 149 ff.
[541] BGHZ 171, 46 RdNr. 20 (§ 64 Abs. 1 GmbHG aF); BGH NZG 2009, 750 RdNr. 21 (§ 64 Abs. 1 GmbHG aF); BGH NJW 2011, 2427 RdNr. 40 (§ 64 Abs. 1 GmbHG aF); zust. GroßkommGmbHG-*Casper* § 64 RdNr. 134; *Baumbach/Hueck/Haas*[19] § 64 RdNr. 140; *Uhlenbruck/Hirte* § 15a RdNr. 42; *Lutter/Hommelhoff/Kleindiek* Anh zu § 64 RdNr. 73; MünchKommGmbH-*H. F. Müller* § 64 RdNr. 187; *Gehrlein* BB 2007, 901, 902; *Wagner*, FS K. Schmidt, 2009, S. 1665, 1676; zuvor bereits *Altmeppen* ZIP 1997, 1173, 1181; kritisch *Haas/Reiche* EWiR 2007, 305, 306.
[542] Theoretisch denkbar ist, dass der Eröffnungsantrag schon beim erstmaligen Entstehen der Antragspflicht mangels Masse abgelehnt worden wäre. Dieser Fall erscheint praktisch aber so unwahrscheinlich, dass er grundsätzlich bei der Schadensberechnung ignoriert werden kann.
[543] Vgl. bereits *Klöhn* KTS 2012, 133, 139 ff.

- **Szenario 1**: Das Unternehmen der Insolvenzschuldnerin wird stillgelegt (§§ 21, 22 Abs. 1 Satz 2 Nr. 2, 2. HS InsO) und die Gesellschaft stellt ihre werbende Tätigkeit ein. Sie wird „aus dem Verkehr gezogen".
- **Szenario 2**: Das Unternehmen wird von einem (vorläufigen) Insolvenzverwalter oder der Insolvenzschuldnerin (vgl. § 270b InsO) fortgeführt, der *Vermögensabfluss* des Gläubigers wird jedoch vermieden – sei es, weil der Gläubiger durch die Eröffnung des Insolvenzverfahrens gewarnt ist und den Kontakt mit der Gesellschaft vermeidet, sei es, weil es der vorläufige Insolvenzverwalter oder die Insolvenzschuldnerin nicht zum Vermögensabfluss des Gläubigers kommen lässt.
- **Szenario 3**: Das Unternehmen wird fortgeführt und es kommt zu demselben *Vermögensabfluss* wie in der Realität. Der Gläubiger schließt also trotz des Insolvenzantrags einen Vertrag mit der Gesellschaft und leistet vor oder wird auf gleiche Weise geschädigt wie in der Realität. Anders als in der Realität erwirbt er jedoch in diesem Szenario aufgrund der rechtzeitigen Antragstellung idR eine *Masseverbindlichkeit* gegen die Gesellschaft (§ 55 InsO), in manchen Fällen alternativ oder kumulativ einen *Anspruch gegen den Insolvenzverwalter* (§§ 60, 61 InsO).

191 Welches **Szenario das Gericht zugrunde zu legen** hat, richtet sich nach den allgemeinen Grundsätzen zur Schadensermittlung und Beweiswürdigung, d.h. insbesondere § 287 ZPO. Grundsätzlich ist derjenige hypothetische Kausalverlauf zu unterstellen, der ohne besondere Vorkommnisse zu erwarten gewesen wäre.[544] Gewisse Typisierungen sind unumgänglich.[545] Der **BGH** lässt in seiner Rechtsprechung zwei solche Typisierungen erkennen: (1) Grundsätzlich sei davon auszugehen, dass der Insolvenzantrag in den meisten Fällen nicht zur sofortigen Einstellung der Geschäftstätigkeit führe.[546] (2) Außerdem bestehe die Vermutung, dass Gläubiger, die bereits vor der Insolvenzverschleppung mit der Gesellschaft in Kontakt standen, die ihnen zum Zeitpunkt der Insolvenzreife zur Verfügung stehenden Schutzinstrumente (Kündigung, Einrede etc.) ausgeübt hätten.[547] Wenn man dies akzeptiert, dürfte es (3) nur konsequent sein, wenn man in den Fällen, in denen es vor der Insolvenzverschleppung keinen Kontakt zwischen der Gesellschaft und dem Gläubiger gab, davon ausgeht, dass der Gläubiger diesen Kontakt vermieden hätte.[548]

192 Die **Struktur des individuellen Insolvenzverschleppungsschadens** hängt davon ab, welches Szenario man unterstellt:[549]

- In *Szenario 1* und in *Szenario 2* besteht der Insolvenzverschleppungsschaden ausschließlich in dem **Vermögensabfluss**. Man denke nur an einen Darlehensgeber, der einer unter § 15a InsO fallenden Gesellschaft ein zinsloses Darlehen in Höhe von € 1.000 gegeben hat. Wäre er bei rechtzeitiger Antragstellung gar nicht mit der Gesellschaft in Kontakt gekommen (*Szenario 1*) oder hätte er zwar Kontakt gehabt, aufgrund der Antragstellung aber kein Darlehen gegeben (*Szenario 2*), so hätte er seinen Vermögensabfluss in Höhe von € 1.000 vermieden. Dies ist sein Insolvenzverschleppungsschaden. Die tatsächlich erworbene Kompensationsforderung des Neugläubigers wird gem. § 255 BGB analog nicht angerechnet (RdNr. 188). In dem entwerteten Rückzahlungsanspruch gem. § 488 Abs. 1 Satz 2, 2. Fall BGB (Kompensationsanspruch) liegt hingegen kein Schaden im Sinne der Differenzhypothese. Da der Gläubiger diesen Anspruch bei rechtzeitiger Antragstellung *gar nicht* erworben hätte, liegt auch in seiner insolvenzbedingten „Entwertung" keine Vermögenseinbuße.[550]
- In *Szenario 3* ergibt sich ein individueller Insolvenzverschleppungsschaden allein insoweit, als der tatsächlich erworbene Kompensationsanspruch im Vergleich zu den hypothetisch erworbenen Ansprüchen gegen die Gesellschaft oder den Insolvenzverwalter (§§ 55, 60, 61 InsO) weniger werthaltig ist. Hätte der Darlehensgeber also auch im Falle der rechtzeitigen Antragstellung ein Darlehen in Höhe von € 1.000 gewährt, liegt in diesem Vermögensabfluss kein Schaden im Sinne der Differenzhypothese. In diesem Fall hätte er aber regelmäßig eine Masseverbindlichkeit gegen die Gesellschaft gem. § 55 InsO oder einen Schadensersatzanspruch gegen den (vorläufigen) Insolvenzverwalter gem. §§ 60, 61 InsO erworben. Diese Ansprüche wären idR werthaltiger gewesen als der tatsächlich erworbene Kompensationsanspruch.[551] Der Insolvenzverschleppungsschaden

---

[544] S. allg. *Soergel/Mertens*, 12. Aufl. 1990, Vor § 249 RdNr. 44.
[545] S. allg. *Lange/Schiemann*, Schadensersatz, 3. Aufl. 2003, S. 353.
[546] BGHZ 175, 58 RdNr. 26 (§ 826 BGB); BGH NJW-RR 2010, 351 (§ 826 BGB).
[547] BGHZ 171, 46 RdNr. 14 (§ 64 Abs. 1 GmbHG aF) (Kündigung); ebenso OLG Oldenburg BeckRS 2010, 02819 sub. II.1.a)(4) (§ 64 Abs. 1 GmbHG aF) (Berufung auf Einrede gem. §§ 320, 321 BGB).
[548] *Klöhn* KTS 2012, 133, 145; davon gehen die meisten Kommentatoren wie selbstverständlich aus, vgl. etwa *Baumbach/Hueck/Haas*[19] § 64 RdNr. 137; *Drygala* NZG 2007, 561, 563.
[549] Vertiefend zum Folgenden *Klöhn* KTS 2012, 133, 140 ff.
[550] *Klöhn* KTS 2012, 133, 140 f.
[551] Verfügte die Gesellschaft schon bei Insolvenzreife über ein so geringes Vermögen, dass sie Masseverbindlichkeiten nicht voll befriedigen konnte, so sollte man sich erneut fragen, ob Szenario 3 wirklich als hypothetischer Kausalverlauf im Rahmen der Differenzhypothese unterstellt werden sollte.

besteht in der Differenz zwischen dem Wert des tatsächlich erworbenen gegenüber den hypothetisch erworbenen Kompensationsansprüchen. Dabei wird der Wert des tatsächlich erworbenen Kompensationsanspruchs mit null angesetzt (§ 255 BGB analog), so dass der Schaden im Ergebnis in dem **entgangenen hypothetischen Kompensationsanspruch** besteht.[552]

- Es lassen sich ohne Weiteres hybride Fälle denken, die „zwischen" den o.g. Szenarien liegen und in denen der Insolvenzverschleppungsschaden aus einer **Kombination** von **Vermögensabfluss** und **entgangenem Kompensationsanspruch** besteht. Hätte der Kreditgeber sein Darlehen bei rechtzeitiger Antragstellung auf € 500 reduziert, aber weiterhin keine Zinsen verlangt, so besteht sein Insolvenzverschleppungsschaden weiterhin in Höhe von € 1.000, setzt sich aber anders zusammen. In Höhe von € 500 hätte der Gläubiger einen Vermögensabfluss vermieden, in Höhe von € 500 (dem tatsächlich gewährten Darlehen) hätte er idR einen Rückzahlungsanspruch als Masseverbindlichkeit gem. § 55 Abs. 1 Nr. 1, Abs. 2 Satz 1 InsO erworben. Sein Gesamtschaden beträgt € 1.000.

In Rechtsprechung und Literatur wird der Insolvenzverschleppungsschaden wie selbstverständlich als **Vermögensschaden** qualifiziert. Der Schadensbegriff des BGB geht freilich weiter und erfasst auch Nichtvermögensschäden (arg ex § 253 BGB).[553] Diese Schäden lassen sich ohne Weiteres als Folge der unterlassenen Antragstellung denken. Als Beispiel stelle man sich vor, dass die Redaktion einer Zeitung, die von einer insolventen Gesellschaft veröffentlicht wird, einen ehrverletzenden Bericht über einen unbescholtenen Bürger veröffentlicht. Sieht es das Gericht als erwiesen an, dass die Zeitung bei rechtzeitiger Antragstellung gem. § 22 Abs. 1 Satz 2 Nr. 2 InsO eingestellt worden wäre (*Szenario 1*), dann wäre der Bericht nicht erschienen. Die Ehrverletzung ist – bei alleiniger Anwendung der Differenzhypothese – ein Insolvenzverschleppungsschaden.[554] Zur Eingrenzung auf Vermögensschäden aus Schutzzweckerwägungen RdNr. 205.

Nach wohl allgemeiner Ansicht ist gem. § 823 Abs. 2 BGB i. V. m. § 15a InsO das **negative Interesse** zu ersetzen, nicht aber das positive Interesse.[555] Diese Ansicht ist im Ergebnis richtig (RdNr. 206 ff.). Sie ergibt sich aber nicht bereits aus der Differenzhypothese:[556] Man stelle sich einen Darlehensgeber vor, der der Gesellschaft nach Eintritt der Antragspflicht ein Darlehen in Höhe von € 1.000 zum Zinssatz von 4 % gegeben hat. Sieht es das Gericht als erwiesen an (§ 287 ZPO), dass der Gläubiger der Gesellschaft im Falle der rechtzeitigen Antragstellung ein Darlehen in derselben Höhe, aber zum Zinssatz von 8 % gegeben hätte (*Szenario 3*), so besteht der Insolvenzverschleppungsschaden nicht allein in dem weniger werthaltigen Rückzahlungsanspruch, sondern auch in den weniger wertvollen Zinszahlungsansprüchen. Der tatsächlich erworbene Anspruch in Höhe von 4 % p.a. ist aus zwei Gründen weniger wert als der Zinszahlungsanspruch, den der Darlehensgeber bei rechtzeitiger Stellung des Insolvenzantrags erworben hätte. Seine Höhe ist vier Prozentpunkte niedriger und er genießt keinen Vorrang gem. § 55 Abs. 1 Nr. 1, Abs. 2 Satz 1 InsO. Daraus folgt: Allein nach der Differenzhypothese ist der individuelle Insolvenzverschleppungsschaden keineswegs auf das negative Interesse begrenzt, sondern umfasst das positive Interesse, wenn der Neugläubiger geltend machen kann, er hätte im Falle der Insolvenz einen günstigeren Vertrag mit der Gesellschaft geschlossen. Dies gilt allerdings nur in *Szenario 3*. In den *Szenarien 1* und *2* wäre es nicht zu dem entscheidenden Kontakt zwischen dem Gläubiger und der Gesellschaft gekommen.

Im Rahmen seines negativen Interesses kann der Gläubiger auch **entgangenen Gewinn** (§ 252 BGB) verlangen, wenn er seine Ressourcen ohne die Insolvenzverschleppung anderweitig hätte einsetzen können.[557] Zur Darlegungs- und Beweislast RdNr. 269. Soweit der Kläger Brutto-Rechnungsbeträge geltend macht, sind **Umsatzsteueranteile** abzuziehen, da der vom Beklagten zu zahlende Schadensersatz nicht der Umsatzsteuerpflicht unterliegt.[558]

---

[552] *Klöhn* KTS 2012, 133, 141.
[553] Vgl. statt aller *Larenz*, Schuldrecht I, 14. Aufl. 1987, S. 428.
[554] *Klöhn* KTS 2012, 133, 143.
[555] BGH NJW 1999, 2182, 2183 (§ 64 Abs. 1 GmbHG aF); BGH NZG 2003, 923, 924 (§ 64 Abs. 1 GmbHG aF); OLG Celle NZG 2002, 730, 733 (§ 64 Abs. 1 GmbHG aF); *Bork/Schäfer/Bork* § 64 RdNr. 69; GroßkommGmbHG-*Casper* § 64 RdNr. 131; *Wicke* § 64 RdNr.15; *Gottwald/Haas/Hossfeld* § 92 RdNr. 86, 97.
[556] Zum Folgenden *Klöhn* KTS 2012, 133, 142.
[557] BGHZ 171, 46 RdNr. 21 (§ 64 Abs. 1 GmbHG aF); BGH NJW 1999, 2182, 2183 (§ 64 Abs. 1 GmbHG aF); BGH NZG 2009, 750 RdNr. 16 (§ 64 Abs. 1 GmbHG aF); BGH NJW 2011, 2427 RdNr. 40 (§ 64 Abs. 1 GmbHG aF); OLG Celle BauR 2005, 1195, 1196 (§ 64 Abs. 1 GmbHG aF); der Sache nach BGHZ 171, 46 RdNr. 21 (§ 64 Abs. 1 GmbHG aF); zust. *Roth/Altmeppen/Altmeppen* § 64 RdNr. 138; *Bork/Schäfer/Bork* § 64 RdNr. 64; GroßkommGmbHG-*Casper* § 64 RdNr. 133; MünchKommGmbHG-*H. F. Müller* § 64 RdNr. 186; *Wicke* § 64 RdNr. 15; *Gottwald/Haas/Hossfeld* § 92 RdNr. 98; *Poertzgen*, Organhaftung wegen Insolvenzverschleppung, 2005, S. 313; *Röhricht* ZIP 2005, 505, 508. Gleichsinnig zum österreichischen Recht OGH ecolex 1998, 327, 329.
[558] OLG Celle NZG 2002, 730, 733 (§ 64 Abs. 1 GmbHG aF); OLG Celle BauR 2005, 1195, 1196 (§ 64 Abs. 1 GmbHG aF).

196 Eine **Bank**, die gem. § 823 Abs. 2 BGB i. V. m. § 15a InsO ihren **Kreditausfallschaden** geltend macht, kann nach einem Urteil des BGH in diesen Schaden Darlehenszinsen nur insoweit einrechnen, als sie mit eigenen Kapitalreserven gearbeitet und das während der Verschleppungsperiode ausgereichte Kapital zur anderweitigen Kreditvergabe verwendet hätte.[559] Wenn eine Bank ihre Kredite refinanziert, kann sie im Rahmen des negativen Interesses nur die Refinanzierungskosten ersetzt verlangen.[560] Nach aA kann eine Bank Kreditzinsen immer dann verlangen, wenn der Kredit zu denselben Konditionen hätte vergeben werden können.[561]

197 Der Anspruch auf Ersatz des individuellen Insolvenzverschleppungsschadens umfasst auch den Ersatz solcher Kosten, die dem Neugläubiger wegen der **Verfolgung seiner Zahlungsansprüche** gegen die insolvenzreife Gesellschaft entstanden sind.[562]

198 Vorteile des Gläubigers aufgrund der Insolvenzverschleppung sind nach den allgemeinen Regeln über die **Vorteilsausgleichung** anzurechnen. Demnach müssen zwei Voraussetzungen vorliegen: ein adäquater Kausalzusammenhang zwischen der Insolvenzverschleppung und dem Vorteil (tatsächliches Element) sowie die Anrechenbarkeit des Vorteils nach dem Zweck der zum Schadensersatz verpflichtenden Norm (normatives Element).[563] Die Anrechnung darf den Geschädigten nicht unzumutbar belasten und zu einer unbilligen Entlastung des Schädigers führen.[564]

199 Zahlungen der Gesellschaft auf **Altforderungen** des Neugläubigers, die bei rechtzeitiger Antragstellung nur quotal zu befriedigen gewesen wären, sind nach diesem Maßstab nicht auf den Individualschaden anzurechnen.[565] Da die Zahlungen aus dem Gesellschaftsvermögen stammen und daher den Insolvenzgläubigern als Inhabern des Residualinteresses an der insolventen Gesellschaft zustanden, wäre es eine unbillige, mit dem Zweck der Insolvenzantragspflicht nicht vereinbare Entlastung des Geschäftsführers, wenn diese Zahlungen seine Schadensersatzpflicht mindern würden.[566] Die Zahlung von **Insolvenzgeld** durch die Bundesagentur für Arbeit ist nicht auf den Schadensersatzanspruch der Arbeitnehmer gem. § 823 Abs. 2 BGB i. V. m. § 15a InsO anzurechnen (arg ex § 187 S. 1 SGB III, da die Legalzession ansonsten ins Leere greifen würde)

200 **ff) Haftungsausfüllende Kausalität. α) Überblick.** Haftung aus § 823 Abs. 2 BGB i. V. m. § 15a InsO droht nur, soweit die Voraussetzungen der haftungsausfüllenden Kausalität besteht, also Kausalität zwischen der Verletzung der Antragspflicht und dem sich aus der Differenzhypothese ergebenden Schaden. Wie üblich ist die Kausalität anhand der Äquivalenz-, Adäquanztheorie und der Lehre vom Schutzzweck der Norm zu prüfen. Praktische Bedeutung hat allein die Eingrenzung nach der Lehre vom Schutzzweck der Norm.

201 **β) Lehre vom Schutzzweck der Norm. αα) Zivilrechtliche Grundlagen.** Nach der Lehre vom Schutzzweck der Norm sind nur solche Schäden zu ersetzen, die (nach Geschädigtem, Art und Entstehungsweise) in den Schutzbereich der haftungsbegründenden Norm fallen, die also nach dem **Zweck des verletzten Gesetzes**[567] zu ersetzen sind.[568] Die Schäden müssen von denjenigen Gefahren herrühren, zu deren Verhinderung die betreffende Norm erlassen wurde,[569] d.h. deren Verhinderung Aufgabe der Norm ist[570]. Das Metathema der Schutzzweckanalyse von § 15a InsO ist die Abgrenzung des allgemeinen Betriebs- bzw. Lebensrisikos von dem spezifischen Risiko, vor dem die Insolvenzverschleppungshaftung die aktuellen und potenziellen Gläubiger der Gesellschaft schützen möchte.[571]

---

[559] BGHZ 171, 46 RdNr. 21 (§ 64 Abs. 1 GmbHG aF).
[560] BGHZ 171, 46 RdNr. 21 (§ 64 Abs. 1 GmbHG aF).
[561] *Gehrlein* BB 2007, 901, 902.
[562] BGH NZG 2009, 750 RdNr. 19 (§ 64 Abs. 1 GmbHG aF); OLG Celle NZG 1999, 1160; OLG Jena ZIP 2002, 631, 632; *Henssler/Strohn/Arnold* § 64 GmbHG RdNr. 107; *Saenger/Inhester/Kolmann* Vor § 64 RdNr. 230; MünchKommGmbHG-*H. F. Müller* § 64 RdNr. 186.
[563] S. allgemein BGH NJW 1968, 491, 492; BGH NJW 1982, 32, 33; BGH NJW 1990, 1360; MünchKommBGB-*Oetker* § 249 RdNr. 222 ff.; *Bamberger/Roth/Schubert* § 249 RdNr. 102 ff.; *Staudinger/Schiemann* § 249 RdNr. 132 ff.; *Palandt/Grüneberg* Vor § 249 RdNr. 68.
[564] S. allgemein BGH NJW 2006, 499; BGH NJW 2007, 3130, 3132 (§ 64 Abs. 1 GmbHG aF); BGH NJW 2010, 675, 676.
[565] BGH NJW 2007, 3130 RdNr. 17 (§ 64 Abs. 1 GmbHG aF); zust. *Spindler/Stilz/Fleischer* § 92 RdNr. 80; *Uhlenbruck/Hirte* § 15a RdNr. 42; *Lutter/Hommelhoff/Kleindiek* Anh zu § 64 RdNr. 75; MünchKommGmbHG-*H. F. Müller* § 64 RdNr. 187; *Bachmann* WuB II C. § 64 GmbHG 4.7.
[566] BGH NJW 2007, 3130 RdNr. 21 (§ 64 Abs. 1 GmbHG aF); vgl. auch BGH NJW-RR 1992, 1397.
[567] Allgemeiner: nach dem Zweck der verletzten Verhaltenspflicht, s. *Larenz/Canaris* Lehrbuch des Schuldrechts II/2, 13. Aufl. 1994, § 76 III 6a = S. 423.
[568] *Palandt/Grüneberg* Vor v § 249 RdNr. 29; *Staudinger/Schiemann* § 249 RdNr. 27.
[569] BGHZ 27, 137, 140; BGHZ 29, 100, 104 f.; BGHZ 59, 175, 176; BGHZ 105, 121, 129; *Bamberger/Roth/Spindler* § 823 RdNr. 161.
[570] MünchKommBGB-*Oetker* § 249 RdNr. 119.
[571] Vgl. etwa GroßkommGmbHG-*Casper* § 64 RdNr. 131: „allgemeines Gläubigerrisiko".

ββ) **Objektiver Schutzzweck des § 15a InsO.** Zum objektiven Schutzzweck des § 15a InsO 202
s. bereits RdNr. 10 ff. § 15a InsO bezweckt die rechtzeitige Einleitung von Eröffnungsverfahren,
damit materiell insolvente Gesellschaften ohne natürliche Person als (mittelbar) persönlich haftenden
Gesellschafter nicht ohne insolvenzrechtlichen Schutz zu Lasten gegenwärtiger und zukünftiger
Gläubiger fortgeführt werden. § 15a InsO möchte Insolvenzverschleppungsschäden verhindern,
soweit zu deren Abwendung insolvenzrechtliche Schutznormen existieren.

γγ) **Einschränkung des Quotenschadens aufgrund des Schutzzwecks von § 15a InsO.** 203
Der Quotenschaden (RdNr. 181 ff.) liegt stets im Schutzbereich der Insolvenzantragspflicht. § 15a InsO
hat den Zweck, diejenigen Gläubiger, die zum Zeitpunkt der Antragspflicht über keine besonderen
Sicherungsrechte verfügen und nicht durch andere besondere Bestimmungen geschützt sind, vor einer
weiteren Reduzierung der Insolvenzmasse zu schützen (RdNr. 15). Exakt dies ist die Gefahr, die sich
im Quotenschaden verwirklicht. Die in RdNr. 221 behandelte Einschränkung des Schadensersatzes bei
zwischenzeitlicher Behebung der Insolvenz gilt allerdings auch hier: Wird also der Insolvenzgrund
zwischenzeitlich beseitigt und tritt die Insolvenzreife danach erneut ein, können die Altgläubiger grds.
nur den Quotenschaden aufgrund der letzten Verschleppungsperiode ersetzt verlangen.

δδ) **Einschränkung des individuellen Insolvenzverschleppungsschadens aufgrund des** 204
Schutzzwecks von § 15a InsO. Macht ein Neugläubiger seinen Insolvenzverschleppungsschaden
geltend, kann der sich nach der Differenzhypothese ergebende Schaden aufgrund von Schutzzweckerwägungen zu kürzen oder gar auszuschließen sein.

ααα) **Vermögensschaden.** Nur Vermögensschäden sind als individuelle Insolvenzverschlep- 205
pungsschäden ersatzfähig. Dies dürfte im Ergebnis unstreitig sein,[572] folgt aber nicht schon aus der
Differenzhypothese (RdNr. 193).[573] Eine entsprechende Einschränkung ergibt sich jedoch aus dem
Schutzzweck des § 15a InsO, denn die Bewahrung ideeller Interessen vor Beeinträchtigungen, die
zu keinem Vermögensschaden führen, liegt jenseits des Schutzprogramms der InsO.[574]

βββ) **Negatives Interesse.** Nach wohl allgA ist gem. § 823 Abs. 2 BGB i. V. m. § 15a InsO das 206
negative Interesse zu ersetzen, nicht aber das positive Interesse.[575] Wie oben gesehen, folgt diese
Einschränkung nur in den *Szenarien 1* und *2* (vgl. dazu RdNr. 194) schon **aus der Differenzhypothese**, denn nur in diesen Szenarien hätte der Gläubiger den zum Vermögensabfluss führenden
Kontakt mit der Gesellschaft vermieden.

Anders ist dies jedoch in *Szenario 3*: Geht man davon aus, dass der Gläubiger bei rechtzeitiger 207
Stellung des Eröffnungsantrags gleichwohl mit der Gesellschaft in Kontakt gekommen und zB anders
mit ihr kontrahiert hätte, dann wäre der Gläubiger allein nach Maßgabe der Differenzhypothese so
zu stellen, wie er nach dem Abschluss und ggf. der Durchführung dieses hypothetischen Vertrags
stünde (RdNr. 194). Gleichwohl kann er auch in diesem Fall **aufgrund des Schutzzwecks des
§ 15a InsO** nur den Ersatz seines negativen Interesses verlangen, da § 55 InsO nicht primär dem
Schutz der Massegläubiger, sondern der Verwaltung der Insolvenzmasse dient.[576] Der Vorrang der
Massegläubiger ist nicht Zweck des § 55 InsO, sondern Rechtsreflex.[577] Da der Schutzbereich des
§ 15a InsO insolvenzrechtsakzessorisch zu bestimmen ist (RdNr. 19), kann § 15a InsO keinen weiter
gehenden Schutz bereitstellen.[578]

Das bedeutet nicht, dass der Gläubiger keinen entgangenen Gewinn verlangen könnte. Er muss 208
im Rahmen des § 252 BGB jedoch behaupten und ggf. beweisen, dass er durch den anderweitigen
Einsatz seiner Ressourcen einen Gewinn erzielt hätte (RdNr. 269).[579]

---

[572] Statt aller *Poertzgen*, Organhaftung wegen Insolvenzverschleppung, 2005, S. 258.
[573] *Klöhn* KTS 2012, 133, 143.
[574] Näher *Klöhn*, KTS 2012, 133, 153.
[575] BGH NJW 1999, 2182, 2183 (§ 64 Abs. 1 GmbHG aF); BGH NZG 2003, 923, 924 (§ 64 Abs. 1 GmbHG aF); OLG Celle NZG 2002, 730, 733 (§ 64 Abs. 1 GmbHG aF); Henssler/Strohn/Arnold § 64 GmbHG RdNr. 107; Bork/Schäfer/Bork § 64 RdNr. 69; GroßkommGmbHG-Casper § 64 RdNr. 131; Wicke § 64 RdNr.15; Gottwald/Haas/Hossfeld § 92 RdNr. 86, 97.
[576] *Klöhn* KTS 2012, 133, 153 f.
[577] Vgl. *Jaeger/Henckel* § 55 RdNr. 5.
[578] *Klöhn* KTS 2012, 133, 154.
[579] BGHZ 171, 46 RdNr. 21 (§ 64 Abs. 1 GmbHG aF); BGH NJW 1999, 2182, 2183 (§ 64 Abs. 1 GmbHG aF); BGH NZG 2009, 750 RdNr. 16 (§ 64 Abs. 1 GmbHG aF); BGH NJW 2011, 2427 RdNr. 40 (§ 64 Abs. 1 GmbHG aF); OLG Celle BauR 2005, 1195, 1196 (§ 64 Abs. 1 GmbHG aF); der Sache nach BGHZ 171, 46 RdNr. 21 (§ 64 Abs. 1 GmbHG aF); zust. Roth/Altmeppen/Altmeppen Vor § 64 RdNr. 137; Bork/Schäfer/Bork § 64 RdNr. 64; GroßkommGmbHG-Casper § 64 RdNr. 133; MünchKommGmbHG-H. F. Müller § 64 RdNr. 186; Wicke § 64 RdNr. 15; Gottwald/Haas/Hossfeld § 92 RdNr. 98; Poertzgen, Organhaftung wegen Insolvenzverschleppung, 2005, S. 313; Röhricht ZIP 2005, 505, 508.

§ 15a   209–211   2. Teil. 1. Abschnitt. Eröffnungsvoraussetzungen und Eröffnungsverfahren

209   γγγ) **Gesetzliche Gläubiger.** Ob gesetzliche Gläubiger ihren individuellen Insolvenzverschleppungsschaden gem. § 823 Abs. 2 BGB i. V. m. § 15a InsO ersetzt verlangen können, ist eine Frage des **sachlichen, nicht des persönlichen Schutzbereichs** der Antragspflicht.[580] Denn erstens ist unstrittig, dass gesetzliche Altgläubiger ihren Quotenschaden geltend machen können,[581] zweitens lautet die hinter dem Streit stehende Frage, ob § 15a InsO den Rechtsverkehr nur vor einer bestimmten *Art des Kontakts* mit der insolventen Gesellschaft schützen möchte.

210   Die wohl hM in der Literatur schließt gesetzliche Gläubiger aus dem Schutzbereich des § 15a InsO aus.[582] Dagegen wendet sich eine an Anhängerschaft gewinnende Ansicht.[583] Der **BGH** hat sich nicht umfassend zum Schutz gesetzlicher Gläubiger geäußert, aber klargestellt, dass die Antragspflicht nicht zur Abwendung der Gefahr diene, nach dem Eintritt der Insolvenzreife Opfer eines **Delikts** zu werden.[584] Diese Rechtsprechung ist in Folgeentscheidungen bestätigt worden.[585] Ob der BGH ebenso für den berechtigten Geschäftsführer ohne Auftrag oder den Bereicherungsgläubiger einer Leistungskondiktion entscheiden würde, ist offen, da diese Gläubiger durchaus Vertrauen in die Solvenz der Gesellschaft investieren und folglich einen „Vertrauens-" oder „Kreditgewährungsschaden" erleiden können.[586]

211   Für eine **Stellungnahme** sollte zunächst festgehalten werden: Einen Insolvenzverschleppungsschaden nach Maßgabe der Differenzhypothese können gesetzliche Gläubiger in **allen** oben genannten **drei Szenarien** erleiden (dazu RdNr. 190):[587] In *Szenario 1* und *Szenario 2* wäre es bei rechtzeitiger Antragstellung nicht zu dem Vermögensabfluss gekommen.[588] Die Gläubiger wären also nicht durch die Gesellschaft geschädigt worden, hätten nicht an sie geleistet oder kein Geschäft für sie geführt. Ihr Schaden besteht in diesem Vermögensabfluss, die Kompensationsforderung gegen die Gesellschaft wird bei der Schadensberechnung gem. § 255 BGB analog ausgeblendet. In *Szenario 3* hätten sie denselben Vermögensabfluss verzeichnet (hätten also denselben Schaden erlitten, hätten geleistet oder dasselbe Geschäft geführt), hätten aber idR eine vollwertige Masseverbindlichkeit gem. § 55 InsO und/oder[589] einen Anspruch gegen den Insolvenzverwalter gem. §§ 60, 61 InsO erworben. Ihr Schaden besteht in der nicht erworbenen Forderung, der tatsächlich erworbene Anspruch gegen die Gesellschaft wird gem. § 255 BGB analog ignoriert.

---

[580] Insoweit wohl unstr., vgl. BGHZ 164, 50, 60 (zu § 64 Abs. 1 GmbHG aF); GroßkommGmbHG-*Casper* § 64 RdNr. 135; *Baumbach/Hueck/Haas*[19] § 64 RdNr. 111; MünchKommGmbHG-*H. F. Müller* § 64 RdNr. 189 f.; MünchKommAktG-*Spindler* § 92 RdNr. 50; *Piekenbrock* ZIP 2010, 2421, 2426 Fn. 73; *Reiff/Arnold* ZIP 1998, 1893, 1895 ff.; *Wagner/Bronny* ZInsO 2009, 622, 623.

[581] MünchKommAktG-*Spindler* § 92 RdNr. 51; *Haas*, Geschäftsführerhaftung und Gläubigerschutz, 1997, S. 234; *Bayer/Lieder* WM 2006, 1, 6; *Wagner*, FS Gerhardt, 2004, S. 1043, 1060 f.; *Wagner/Bronny* ZInsO 2009, 622, 623.

[582] *Altmeppen* in Krieger/U.H. Schneider, Handbuch Managerhaftung, 2. Aufl. 2010, § 7 RdNr. 49; *Roth/Altmeppen/Altmeppen* Vor § 64 RdNr. 135; GroßkommGmbHG-*Casper* § 64 RdNr. 135; *Baumbach/Hueck/Haas*[19] § 64 RdNr. 129; *Hüffer* § 92 RdNr. 19; MünchKommGmbHG-*H. F. Müller* § 64 RdNr. 189; *Kübler/Prütting/Bork/Preuß* St. 2/10, § 15a RdNr. 85; *Wicke* § 64 RdNr. 16; *Casper* in Bachmann/Casper/Schäfer/Veil (Hrsg.), Steuerungsfunktion des Haftungsrechts, 2007, S. 33, 39; *Gottwald/Haas/Hossfeld* § 92 RdNr. 105; *Haas*, Geschäftsführerhaftung und Gläubigerschutz, 1997, S. 234 ff.; *Kühn*, Die Konkursantragspflicht bei Überschuldung einer GmbH, 1969, S. 39 f.; *Diekmann* NZG 2006, 255, 255 f.; *Bayer/Lieder* WM 2006, 1, 6 f.; *Haas* NZG 1999, 373, 377; *Haas* NZI 2006, 61, 61 f.; *Haas* DStR 2003, 423, 429 f.; *Rodewald* GmbHR 2009, 329, 332; *Rodewald* GmbHR 2009, 1301, 1303; im Grundsatz auch *Bork* ZGR 1995, 505, 519 (der jedoch Ausnahmen zulässt, s.u. Fn. 581); zum österreichischen Recht *Dellinger*, wbl. 1996, 173, 182.

[583] *Henssler/Strohn/Arnold* § 64 GmbHG RdNr. 105; *Spindler/Stilz/Fleischer* § 92 RdNr. 79; GroßkommAktG-*Habersack* § 92 RdNr. 80; *Lutter/Hommelhoff/Kleindiek* Anh zu § 64 RdNr. 76; KölnKomm-*Mertens/Cahn* Anh. § 92 RdNr. 42; *Michalski/Nerlich* § 64 RdNr. 76; MünchKommAktG-*Spindler* § 92 RdNr. 51 f.; MünchKommBGB-*Wagner* § 823 RdNr. 402; *Poertzgen*, Organhaftung wegen Insolvenzverschleppung, 2005, S. 316 f.; *Roth*, Unternehmerisches Ermessen und Haftung des Vorstands, 2001, S. 281; *Sandberger*, Die Außenhaftung des GmbH-Geschäftsführers, 1997, S. 216 ff.; *Fleischer* ZGR 2004, 437, 451 f.; *Poertzgen* ZInsO 2007, 285, 289; *Reiff/Arnold* ZIP 1998, 1893, 1896 ff.; *Röhricht* ZIP 2005, 505, 509; *Wagner*, FS Gerhardt, 2004, S. 1043, 1063; *Wagner* in FS K. Schmidt, 2009, S. 1665, 1676 ff.; dazu neigend *B.M. Kübler* ZGR 1995, 481, 496; im Hinblick auf einige Bereicherungs- und GoA-Gläubiger *Bork* ZGR 1995, 505, 519; *Bitter* ZInsO 2010, 1561, 1575 f. möchte Deliktsgläubiger einbeziehen, wenn diese darlegen und beweisen können, dass die Gesellschaft vom Markt genommen worden wäre.

[584] BGHZ 164, 50, 60 (§ 64 Abs. 1 GmbHG aF); zust. MünchKommGmbHG-*H. F. Müller* § 64 RdNr. 189.

[585] BGH NZG 2009, 280 RdNr. 3 (§ 130a Abs. 1 HGB aF); BGH NZG 2009, 750 RdNr. 19 (§ 64 Abs. 1 GmbHG aF); BGH NJW-RR 2010, 1048 RdNr. 22 (§ 99 GenG aF).

[586] Vgl. auch *Reiff/Arnold* ZIP 1998, 1893, 1898; dagegen ausdrücklich für den Ausschluss aller Bereicherungsgläubiger MünchKommGmbHG-*H. F. Müller* § 64 RdNr. 189.

[587] *Klöhn* KTS 2012, 133, 156 f.

[588] Vgl. *Wagner*, FS Gerhardt, 2004, S. 1043, 1064; *Wagner*, FS K. Schmidt, 2009, S. 1665, 1680.

[589] Zur Idealkonkurrenz der Ansprüche aus §§ 60, 61 InsO mit Masseansprüchen gegen die Insolvenzschuldnerin s. statt aller *Jaeger/Henckel* § 55 RdNr. 20.

Der individuelle Insolvenzverschleppungsschaden der gesetzlichen Gläubiger **fällt grundsätzlich** 212 **in den Schutzbereich des § 15a InsO**. Wäre das Unternehmen der Gesellschaft bei rechtzeitiger Antragstellung eingestellt worden (*Szenario 1*), so verwirklicht sich in dem Schaden das Risiko der Fortführung des eigentlich gem. § 22 Abs. 1 Satz 2 Nr. 2 InsO einzustellenden Unternehmens. Der Schaden, den gesetzliche Gläubiger infolge der Fortführung des Unternehmens erleiden, wäre nur dann *nicht* von § 15a InsO erfasst, wenn die Pflicht zur Einstellung des Unternehmens gem. § 22 Abs. 1 Satz 2 Nr. 2 InsO nur dem Schutz vertraglicher Neugläubiger dienen würde. Das ist nicht der Fall. Im Gegenteil drängt sich hier ein *argumentuma fortiori* auf: Wenn Gesellschaften auch zum Schutze vertraglicher Gläubiger „aus dem Verkehr gezogen" werden sollen, dann muss dies erst recht in Interesse zukünftiger gesetzlicher Gläubiger geschehen, die in der Regel nicht einmal die theoretische Möglichkeit haben, sich über die Solvenz der Gesellschaft zu informieren und ihre Ansprüche durch besondere Vereinbarungen abzusichern.[590]

Wäre das Unternehmen zwar fortgeführt worden, es aber trotzdem nicht zum Vermögensabfluss 213 gekommen (*Szenario 2*), oder hätte der Gläubiger eine Masseforderung gegen die Gesellschaft bzw. einen Schadensersatzanspruch gegen den Insolvenzverwalter erworben (*Szenario 3*), ergeben sich ebenfalls keine Hinweise darauf, dass die jeweiligen Schutznormen der InsO auf vertragliche Gläubiger beschränkt wären. So bezieht § 55 Abs. 1 Nr. 1 InsO sowohl deliktische Gläubiger als auch Geschäftsführer ohne Auftrag mit ein.[591] Bereicherungsgläubiger sind in § 55 Abs. 1 Nr. 3 InsO eigens erwähnt. Entsprechendes gilt für die Insolvenzverwalterhaftung gem. §§ 60, 61 InsO, die ebenfalls nicht auf vertragliche Gläubiger der Insolvenzschuldnerin beschränkt ist.[592] Was den Schutz der Gläubiger und des Rechtsverkehrs durch die Information über die Insolvenz vor allem gem. § 30 InsO angeht, lässt sich zwar nicht bestreiten, dass gesetzliche Gläubiger selten in der Lage sein werden, von diesem Schutzmechanismus zu profitieren. Gerade aus diesem Grund fallen diese Gläubiger aber unter das Schutzregime der §§ 55, 60, 61 InsO. Im Übrigen spricht nichts dafür, dass § 30 InsO gesetzliche Gläubiger aus seinem Schutzzweck ausklammern würde.[593] Warum sollte zB zwar der vertragliche Gläubiger in den Schutzbereich des § 15a InsO fallen, der von der Vorleistung an die Gesellschaft aufgrund der Information nach § 30 Abs. 2 InsO abgesehen hätte, nicht aber der Geschäftsführer ohne Auftrag, der bei entsprechender Information von seiner Geschäftsführung und den damit verbundenen Aufwendungen abgesehen hätte?

Die in Rechtsprechung und Literatur **gegen den Schutz gesetzlicher Gläubiger angeführten** 214 Argumente **überzeugen nicht**.[594] Dies gilt vor allem für die Behauptung, gesetzliche Gläubiger seien durch besondere Vorschriften des Straf-, Verkehrs- und übrigen Sonderdeliktsrechts hinreichend geschützt.[595] Erstens ändert allein der Verweis auf Sondervorschriften nichts an der Tatsache, dass § 15a InsO aus sich heraus den Schutz gesetzlicher Gläubiger fordert, weil der Schutzzweck der Antragspflicht insolvenzrechtsakzessorisch zu bestimmen ist und die einschlägigen Schutzvorschriften nicht auf vertragliche Gläubiger beschränkt sind. Zweitens ist dieser Schutz keineswegs lückenlos, da nicht mit jedem Delikt der Gesellschaft ein persönliches Delikt des Geschäftsleiters korrespondiert – dies gilt vor allem für die Fälle, in denen die Handlung des Geschäftsleiters zu einer Verkehrspflichtverletzung der Gesellschaft führt („Baustoff"-Fälle).[596] Drittens hat der BGH die Erweiterung

---

[590] Vgl. *Spindler/Stilz/Fleischer* § 92 RdNr. 79; *Lutter/Hommelhoff/Kleindiek* Anh zu § 64 RdNr. 76; MünchKommBGB-*Wagner* § 823 RdNr. 402; *Roth*, Unternehmerisches Ermessen und Haftung des Vorstands, 2001, S. 281; *Röhricht* ZIP 2005, 505, 509; *Wagner*, FS Gerhardt, 2004, S. 1043, 1064; *Wagner*, FS K. Schmidt, 2009, S. 1665, 1678; s. auch *Reiff/Arnold* ZIP 1998, 1893, 1897.
[591] *Jaeger/Henckel* § 55 RdNr. 9, 11; hinsichtlich deliktischer Gläubiger HK-*Lohmann* § 55 RdNr. 4; FK-*Schumacher* § 55 RdNr. 55.
[592] Vgl. nur MünchKommInsO-*Brandes* §§ 60, 61 RdNr. 1; *Braun/Kind* § 60 RdNr. 6; *Leonhardt/Smid/Zeuner/Smid* § 60 RdNr. .
[593] AA wohl *Haas*, Geschäftsführerhaftung und Gläubigerschutz, 1997, S. 95 ff.
[594] Ausführlich *Klöhn* KTS 2012, 133, 158 ff.
[595] So aber BGHZ 164, 50, 61 f. (§ 64 Abs. 1 GmbHG aF); *Bayer/Lieder* WM 2006, 1, 6; *Diekmann* NZG 2006, 255, 256.
[596] Anders freilich BGHZ (VI. Senat) 109, 297, 304 (Baustoff); BGH (VI. Senat) ZIP 1996, 786, 786 ff. (Lamborghini-Nachbau); BGH (VI. Senat) ZIP 2001, 379, 380 f. (Kindertee); BGH (XI. Senat) ZIP 2006, 317, 330 RdNr. 125 (Kirch/Breuer), insoweit in BGHZ 166, 84, 113 ff nicht abgedr. Diese Rechtsprechung ist jedoch abzulehnen, s. MünchKommGmbHG-*Fleischer* § 43 RdNr. 350 f.; *Schäfer/Bork/Klöhn* § 43 RdNr. 83; *K. Schmidt*, Gesellschaftsrecht, 4. Aufl. 2002, § 36 II 5 d); *Spindler*, Unternehmensorganisationspflichten, S. 844 ff.; *Fleischer* ZGR 2004, 437, 443 ff.; *Hellgardt* WM 2006, 1514, 1518; *Lutter* ZHR 157 (1993), 464, 482; *Medicus*, FS W. Lorenz, 1991, S. 155; *Medicus* ZGR 1998, 570, 579; *Mertens/Mertens* JZ 1990, 488, 488 f.; *Möllers/Beutel* NZG 2006, 338, 340; in der Tendenz abl. BGHZ (II. Senat) 125, 366, 375 f.; der o.g. Rechtsprechung zust. *Altmeppen* ZIP 1995, 881, 887; *v. Bar*, FS Kitagawa, 1992, S. 279, 293 f.; *Brüggemeier*, AcP 191 (1991), 33, 64 ff.; *U.H. Schneider*, FS 100 Jahre GmbHG, 1992, S. 473, 478 ff.

der Insolvenzverschleppungshaftung auf das volle negative Interesse der Neugläubiger unter anderem mit der Erwägung begründet, dass der Gläubigerschutz unvollkommen sei, würde man die Neugläubiger auf das sonstige Deliktsrecht verweisen.[597] Dass er dieses Argument nun anführt, um deliktische Gläubiger aus dem Schutz herauszunehmen, ist widersprüchlich und auch in der Sache nicht begründet. Denn diese Vorschriften schützen viertens nur vor dem unmittelbaren Delikt des Geschäftsleiters, also vor dem Vermögensabfluss in den *Szenarien 1* und *2*. Sie sanktionieren jedoch nicht die spezifische Gefährdung, die sich in *Szenario 3* daraus ergibt, dass der Gläubiger mit einer materiell insolventen Gesellschaft in Kontakt kommt.[598]

215 Aus diesem Grund kann auch das vielfach angeführte Gegenargument nicht überzeugen, es sei **nicht Zweck der Antragspflicht, den Rechtsverkehr vor Delikten der Gesellschaft zu schützen**,[599] da die Insolvenzschuldnerin bzw. die ihr zurechenbaren Personen auch in der Insolvenz Delikte begehen könnten[600] und die verspätete Antragstellung daher nicht die Gefahr deliktischer Schädigungen erhöhen[601], sich in dem Delikt also das allgemeine Lebensrisiko verwirklichen würde[602]. Zum einen ist bereits für sich genommen zweifelhaft, ob die materielle Insolvenz nicht doch die Gefahr deliktischer Schädigungen steigert.[603] Zum anderen erhöht die Insolvenzverschleppung jedenfalls das Risiko, dass gesetzliche Gläubiger keine werthaltige Kompensationsforderungen gem. §§ 55, 60, 61 InsO erwerben.[604] *Insoweit* verwirklicht sich in dem Schaden des Neugläubigers gerade nicht das allgemeine Lebensrisiko, sondern das der verspäteten Antragstellung.[605]

216 Nicht überzeugend ist auch das Argument, gesetzliche – vor allem deliktische – Gläubiger würden **kein Vertrauen** in die Solvenz der Gesellschaft investieren.[606] Warum eine solche Vertrauensinvestition notwendige Bedingung für den Schutz durch § 15a InsO sein soll, ist bisher, soweit ersichtlich, nicht begründet worden.[607] Tatsächlich folgt aus dem Schutzzweck des § 15a InsO kein Erfordernis einer Vertrauensinvestition.[608] Auch hier liegt es viel näher, einen Erstrechtschluss zu ziehen: Wer Vertrauen investiert, hat idR die Möglichkeit, seine Interessen vertraglich abzusichern. Wer „zur Kreditvergabe gezwungen" wird, bedarf des Schutzes durch § 15a InsO umso dringender.[609]

217 δδδ) **Integritätsinteresse vertraglicher Gläubiger.** Aus denselben Gründen, derentwegen deliktische Neugläubiger grundsätzlich vom Schutzzweck des § 15a InsO erfasst sind (RdNr. 211 ff.), können vertragliche und quasi-vertragliche Gläubiger Integritätsschäden als Insolvenzverschleppungsschäden **gem. § 823 Abs. 2 BGB i. V. m. § 15a InsO geltend machen**, obwohl es sich hierbei weder um Vertrauens- noch um Kreditgewährungsschäden handelt.[610] Wer also beim Betreten der Geschäftsräume einer GmbH auf einer Bananenschale ausrutscht und einen Schadensersatzanspruch gem. §§ 280 Abs. 1, 311 Abs. 2 u. 3, 278 BGB gegen die Gesellschaft erwirbt, der aufgrund der Insolvenz dieser Gesellschaft wertlos ist, hat – unter den übrigen Voraussetzungen – einen Anspruch gegen deren Geschäftsführer gem. § 823 Abs. 2 BGB i. V. m. § 15a InsO, wenn die Gesellschaft bei rechtzeitiger Antragstellung entweder ihr Unternehmen eingestellt (*Szenario 1*), der

---

[597] BGH ZIP 1993, 763, 768 (§ 64 Abs. 1 GmbHG aF); BGH NJW 1993, 2931, 2933 (§ 64 Abs. 1 GmbHG aF).
[598] Vgl. auch *Wagner*, FS K. Schmidt, 2009, S. 1665, 1680.
[599] *Roth/Altmeppen/Altmeppen* Vor § 64 RdNr. 135; GroßkommGmbHG-*Casper* § 64 RdNr. 135; *Bork* ZGR 1995, 505, 519; *Stengel* WuB II. C § 43 GmbHG 2.93.
[600] GroßkommGmbHG-*Casper* § 64 RdNr. 135; *Haas*, Geschäftsführerhaftung und Gläubigerschutz, 1997, S. 238; *Haas* NZG 1999, 373, 377.
[601] *Haas*, Geschäftsführerhaftung und Gläubigerschutz, 1997, S. 235 ff.
[602] GroßkommGmbHG-*Casper* § 64 RdNr. 135.
[603] Vertiefend *Klöhn* KTS 2012, 133, 159; im Zusammenhang mit § 817 Satz 2 BGB *Klöhn* AcP 210 (2010), 804, 838.
[604] *Reiff/Arnold* ZIP 1998, 1893, 1896; *Wagner*, FS Gerhardt, 2004, S. 1043, 1064; *Wagner*, FS K. Schmidt, 2009, S. 1665, 1680.
[605] *Reiff/Arnold* ZIP 1998, 1893, 1896 f.; *Wagner*, FS Gerhardt, 2004, S. 1043, 1065; *Wagner*, FS K. Schmidt, 2009, S. 1665, 1680.
[606] LG Bonn ZIP 1998, 923 (§ 64 Abs. 1 GmbHG aF); *Roth/Altmeppen/Altmeppen* Vor § 64 RdNr. 136; *Staudinger/Hager* § 823 RdNr. G 30; *Altmeppen* ZIP 1997, 1173, 1179; *Bayer/Lieder* WM 2006, 1, 6; *Haas* DStR 2003, 423, 430; *Haas* NZI 2006, 61, 62.
[607] Vgl. bereits *Reiff/Arnold* ZIP 1998, 1893, 1897.
[608] GroßkommAktG-*Habersack* § 92 RdNr. 80; *Roth*, Unternehmerisches Ermessen und Haftung des Vorstands, 2001, S. 280; *Sandberger*, Die Außenhaftung des GmbH-Geschäftsführers, 1997, S. 218; *Poertzgen* ZInsO 2007, 285, 289; *K. Schmidt* JZ 1978, 661, 664; *K. Schmidt* NJW 1993, 2934; *Ulmer* ZIP 1993, 769, 772; *Wagner*, FS K. Schmidt, 2009, S. 1665, 1679.
[609] *Wagner*, FS Gerhardt, 2004, S. 1043, 1064; *Wagner*, FS K. Schmidt, 2009, S. 1665, 1679.
[610] *Klöhn* KTS 2012, 133, 160 f.; *Wagner*, FS K. Schmidt, 2009, S. 1665, 1677: „unfreiwillige Gläubiger"; aA *Meyke* EWiR 2002, 243, 244 („in der Regel").

Geschädigte, der Insolvenzverwalter oder der Insolvenzschuldner den Schaden vermieden (*Szenario 2*) oder der Geschädigte eine vollwertige Masseforderung gegen die Insolvenzschuldnerin gem. § 55 Abs. 1 Nr. 1 InsO und/oder einen Anspruch gegen den (vorläufigen) Insolvenzverwalter gem. §§ 60, 61 InsO erworben hätte (*Szenario 3*). Das Gleiche gilt mutatis mutandis für vertragliche Gläubiger, die einen Integritätsschaden erleiden, ohne dass es darauf ankäme, ob sie Vertrauen in die Solvenz der Gesellschaft investiert oder ihr einen Kredit gegeben hätten.

εεε) **Zeitliche Zurechnungsfragen.** Nach wohl allgemeiner Ansicht fallen diejenigen Gläubiger nicht in den Schutzbereich des § 15a InsO, die ihre **Forderung** gegen die Gesellschaft **nach Stellung des Insolvenzantrags erworben** haben.[611] Gleichsinnig wird der *Begriff des Neugläubigers* auf solche Gläubiger beschränkt, die ihre Forderungen vor der Verfahrenseröffnung erwerben.[612] Unklar bleibt, ob die Frage, wann ein Anspruch erworben wurde, an denselben Maßstäben zu messen ist wie im Rahmen des § 38 InsO[613] oder ob es auf das tatsächliche Entstehen der Forderung ankommen soll. Die Begründung lautet, dass es an dem Kausalzusammenhang zwischen der Insolvenzverschleppung und der Gläubigerposition fehle, wenn der Gläubiger seine Forderung nach der Antragstellung erwerbe.[614] **218**

Diese Ansicht trifft **in dieser Allgemeinheit nicht zu**. Erstens besteht der Insolvenzverschleppungsschaden des Neugläubigers nach den Annahmen der Rechtsprechung üblicherweise nicht in dem Erwerb einer entwerteten Forderung, sondern in der damit einhergehenden Vermögenseinbuße (RdNr. 192). Bezugspunkt der Kausalitätsprüfung ist daher nicht der Erwerb der *Kompensationsforderung*, sondern der *Vermögensabfluss* (vgl. zu diesen Begriffen RdNr. 189). Dass der Gläubiger die Forderung nach Antragstellung erwirbt, ist für sich genommen also unerheblich; es kommt darauf an, ob ein hinreichender Zurechnungszusammenhang zwischen der Insolvenzverschleppung und dem Vermögensabfluss besteht. Die Insolvenzverschleppung kann aber auch für Vermögensminderungen, die nach der Antragstellung eintreten, kausal sein. Man stelle sich hierfür eine hoffnungslos überschuldete GmbH vor, deren Betrieb bei rechtzeitiger Antragstellung sofort eingestellt worden wäre und deren Geschäftsführer während der Verschleppungsperiode Abbrucharbeiten auf dem Betriebsgrundstück durchführen lässt. Nachdem der Geschäftsführer den Eröffnungsantrag gestellt hat, rutscht der Hang auf das Nachbargrundstück ab, wodurch dieses irreparabel beschädigt wird. Dieser Substanzschaden ist Folge der Insolvenzverschleppung, denn es wäre nicht zum Abbruch gekommen, wenn der Antrag rechtzeitig gestellt worden wäre. Der Schaden entfällt auch nicht, weil der Eigentümer eine Masseforderung gem. § 55 InsO erwirbt. Selbst wenn man die Voraussetzungen des § 55 InsO im Einzelfall bejahen wollte, genügt dieser Anspruch als Kompensation nicht, da die Gesellschaft hoffnungslos überschuldet ist und daher auch ihre Masseverbindlichkeiten nicht voll befriedigen kann. In dem Abrutschen des Hangs verwirklicht sich schließlich auch eine Gefahr, vor der § 15a InsO schützen möchte, da es zum Schutzprogramm der InsO gehört, hoffnungslos überschuldete Gesellschaften – die voraussichtlich nicht einmal ihre Masseverbindlichkeiten erfüllen können – sofort aus dem Verkehr zu ziehen (RdNr. 23). **219**

Gläubiger, die ihre Stellung nach Antragstellung erwerben, scheiden daher **nicht zwingend aus dem Schutzbereich des § 15a InsO aus**. Es ist jedoch im Einzelfall genau zu prüfen, ob sie (1) wirklich einen Schaden erlitten haben (häufig entfällt dieser gem. § 55 InsO) und (2) ob sich in diesem Schaden die Gefahr der verspäteten Antragstellung verwirklicht. **220**

Die Rechtsprechung ist mehrfach mit Fällen befasst gewesen, in denen sich Perioden der Insolvenzverschleppung und der **zwischenzeitlichen Erholung** der Gesellschaft abwechselten. Diese Fälle werfen die Frage nach den Anforderungen an den zeitlichen Zusammenhang zwischen der Insolvenzverschleppung und dem Insolvenzverschleppungsschaden auf. Einigkeit sollte darin bestehen, dass eine einmal gegebene Antragspflichtverletzung nicht genügt, um dem Antragspflichtigen jede spätere Gläubigerschädigung mit der Begründung zuzurechnen, dass es dazu bei Erfüllung der ursprünglichen Antragspflicht nicht gekommen wäre.[615] Der BGH und die ihm zustimmende hM **221**

---

[611] *Henssler/Strohn/Arnold* § 64 GmbHG RdNr. 97; GroßkommGmbHG-*Casper* § 64 RdNr. 121; GroßkommAktG-*Habersack* § 92 RdNr. 75; *Baumbach/Hueck/Haas* § 64 RdNr. 109; *Lutter/Hommelhoff/Kleindiek* Anh zu § 64 RdNr. 65; *Saenger/Inhester/Kolmann* Vor § 64 RdNr. 224; MünchKommGmbHG- *H. F. Müller* § 64 RdNr. 179; *Michalski/Nerlich* § 64 RdNr. 55; *Spliedt* in Runkel, Anwaltshandbuch Insolvenzrecht, 2. Aufl. 2008, § 2 RdNr. 65; *Roth*, Unternehmerisches Ermessen und Haftung des Vorstands, 2001, S. 281; *Wagner/Bronny* ZInsO 2009, 622, 623.

[612] Statt vieler *Spindler/Stilz/Fleischer* § 92 RdNr. 78; MünchKommAktG-*Spindler* § 92 RdNr. 47; *Rodewald* GmbHR 2009, 1301, 1303.

[613] Sodass etwa bei deliktischen Forderungen nicht das Entstehen der Forderung, sondern die schädigende Handlung entscheidend wäre.

[614] *Wagner/Bronny* ZInsO 2009, 622, 623.

[615] BGHZ 171, 46 RdNr. 10 (§ 64 Abs. 1 GmbHG aF).

verlangen darüber hinaus, dass die Insolvenzverschleppung in der zum Schaden des Vertragspartners der Gesellschaft führenden **Geschäftssituation**[616] (auch: Geschäftsabschluss[617]) noch anhält.

222 Für eine **Stellungnahme** sind mehrere Fragen voneinander abzuschichten: Erstens setzt das Entstehen des Anspruchs aus § 823 Abs. 2 BGB i. V. m. § 15a InsO voraus, dass das Insolvenzverfahren eröffnet oder der Eröffnungsantrag mangels Masse abgewiesen wird (RdNr. 248). Zweitens entfällt bereits nach Maßgabe der Differenzhypothese der Schaden, wenn die materielle Insolvenz zum Zeitpunkt des Vermögensabflusses (*Szenarien 1* und *2*) oder des Erwerbs des Kompensationsanspruchs (*Szenario 3*) beseitigt ist (zu diesen Begriffen RdNr. 189 f.). Ist dies der Fall, kann der Gläubiger durch eine weitere Insolvenzverschleppungshaftung höchstens als Altgläubiger gem. § 823 Abs. 2 BGB i. V. m. § 15a InsO berechtigt sein; auch dies folgt aus der schlichten Anwendung der Differenzhypothese.

223 Ein Erfordernis, dass die Antragspflicht bereits zum Zeitpunkt des Geschäftsabschlusses oder bei Begründung der zum Schaden führenden Gläubigerstellung[618] verletzt worden sein muss, ist hingegen nicht anzuerkennen. Dies wäre auch nicht mit den eigenen Grundsätzen der Rechtsprechung vereinbar, wonach es für die Begründung der Stellung als Neugläubiger auf den Zeitpunkt *der Kreditgewährung* ankommt. Wenn Gläubiger G also einen Vertrag mit der Gesellschaft vor Beginn der Verschleppungsperiode schließt und während der Verschleppungsperiode vorleistet, erleidet er einen ersatzfähigen individuellen Insolvenzverschleppungsschaden. Es ist daher zu begrüßen, dass der BGH ausdrücklich nicht auf den Geschäftsschluss, sondern die zum Schaden führende Geschäftssituation abstellt (s.o. RdNr. 221). Noch präziser kommt es auf den **Zeitpunkt des Schadenseintritts** an[619] – ein Ergebnis, das – wie gesehen (RdNr. 222) – schon aus der Differenzhypothese folgt.

224 γ) **Besondere Fallgruppen der Schadensberechnung. αα) Dauerschuldverhältnisse, langfristige Geschäftsbeziehungen, Kontokorrent.** Wenn die Beteiligten eines Dauerschuldverhältnisses oder einer dauerhaften Geschäftsbeziehung Ansprüche aus Insolvenzverschleppung geltend machen, stellt sich die Frage, ob sie auf ihren Quotenschaden beschränkt sind oder einen Individualschaden geltend machen können. Für diese **Abgrenzung** ist nicht entscheidend, wann das Dauerschuldverhältnis bzw. die Geschäftsbeziehung begründet wurde.[620] Auch ist für sich genommen nicht maßgeblich, wann die einzelnen Forderungen entstanden sind.[621] Entscheidend ist vielmehr, ob es nach dem Eintritt der Insolvenzantragspflicht beim Gläubiger zu Vermögensminderungen kommt, die bei rechtzeitiger Antragstellung entweder vermieden worden wären oder für die der Gläubiger im Gegenzug eine werthaltige Masseforderung gem. § 55 InsO (bzw. einen Anspruch gegen den Insolvenzverwalter gem. §§ 60 f. InsO) erworben hätte. Soweit dies zu bejahen ist, ist dieser Gläubiger ein Neugläubiger im Sinne der eingeschliffenen Terminologie (allg. zu diesen Begriffen RdNr. 28). Im Falle des **Kontokorrents** ist der andere Teil also Neugläubiger, soweit sich die Saldoforderung nach Beginn der Insolvenzantragspflicht erhöht hat;[622] es kommt weder auf die einzelnen in das Kontokorrent eingestellten Forderungen noch auf etwaige Novationen der Kreditschuld an.[623] Das Kreditvolumen bzw. die Saldoforderung bei Eintritt der Insolvenzantragspflicht darf gem. § 287 ZPO anhand eines Durchschnittsbetrags geschätzt werden.[624]

225 Die **Berechnung** des individuellen Insolvenzverschleppungsschadens richtet sich nach den allgemeinen Grundsätzen (RdNr. 188 ff.). Geht man davon aus, dass der Gläubiger bei rechtzeitiger Antragstellung das Dauerschuldverhältnis bzw. die Geschäftsbeziehung mit der Gesellschaft beendet und daher weitere Vermögensminderungen vermieden hätte (*Szenario 2*), ergibt sich bereits aus der

---

[616] So BGHZ 171, 46 RdNr. 10 (§ 64 Abs. 1 GmbHG aF); zust. GroßkommGmbHG-*Casper* § 64 RdNr. 133; *Baumbach/Hueck/Haas*[19] § 64 RdNr. 130.

[617] So BGHZ 164, 50, 56 (§ 64 Abs. 1 GmbHG aF); BGH NJW 2011, 2427 RdNr. 9 (§ 64 Abs. 1 GmbHG aF); inzident BGH NJW 2007, 3130 RdNr. 15 (§ 64 Abs. 1 GmbHG aF).

[618] So *Lutter/Hommelhoff/Kleindiek* Anh zu § 64 RdNr. 72.

[619] Ebenso *Gehrlein* BB 2007, 901.

[620] BGHZ 171, 46 RdNr. 13 (§ 64 Abs. 1 GmbHG aF); aA OLG Hamburg ZIP 2007, 2318, 2318 f. (§ 130a Abs.1 HGB aF); LG Mainz NJW-RR 1998, 473 (§ 64 Abs.1 GmbHG aF); *Roth/Altmeppen/Altmeppen* Vor § 64 RdNr. 123; *Scholz/K. Schmidt* GmbHG Anh. § 64 RdNr. 45.

[621] BGHZ 171, 46 RdNr. 13 (§ 64 Abs. 1 GmbHG aF); zumindest missverständlich BGH NJW 2007, 3130 RdNr. 16 (§ 64 Abs. 1 GmbHG aF); GroßkommGmbHG-*Casper* § 64 RdNr. 121; MünchKommGmbHG-*H. F. Müller* § 64 RdNr. 185.

[622] BGHZ 171, 46 RdNr. 13 (§ 64 Abs. 1 GmbHG aF); *Henssler/Strohn/Arnold* § 64 GmbHG RdNr. 106; GroßkommGmbHG-*Casper* § 64 RdNr. 121; *Lutter/Hommelhoff/Kleindiek* Anh zu § 64 RdNr. 72; MünchKommGmbHG-*H. F. Müller* § 64 RdNr. 185; *Scholz/K. Schmidt* GmbHG Anh. § 64 RdNr. 45.

[623] BGHZ 171, 46 RdNr. 13 (§ 64 Abs. 1 GmbHG aF); GroßkommGmbHG-*Casper* § 64 RdNr. 121; MünchKommGmbHG-*H. F. Müller* § 64 RdNr. 185.

[624] BGHZ 171, 46 RdNr. 14 (§ 64 Abs. 1 GmbHG aF); OLG Koblenz WM 2011, 1237, 1240.

Differenzhypothese, dass sein Insolvenzverschleppungsschaden in den nicht vermiedenen Vermögensminderungen sowie unter den Voraussetzungen des § 252 BGB einem entgangenen Gewinn besteht; der tatsächlich erworbene Anspruch gegen die Gesellschaft wird bei der Schadensberechnung gem. § 255 BGB analog ignoriert.

Geht man davon aus, dass der Gläubiger bei rechtzeitiger Antragstellung das Dauerschuldverhältnis bzw. die Geschäftsbeziehung fortgesetzt, sein Vermögen also gleichwohl gemindert, jedoch Masseforderungen gem. § 55 InsO (oder Ansprüche gegen den Insolvenzverwalter gem. §§ 60 f. InsO) erworben hätte (*Szenario 3*), besteht sein Schaden nach Maßgabe der Differenzhypothese in den nicht erworbenen Masseforderungen, der tatsächlich erworbene Anspruch gegen die Gesellschaft wird bei der Schadensberechnung gem. § 255 BGB analog ignoriert. Auch in diesem Fall ist der Gläubiger jedoch aufgrund des Schutzzwecks des § 15a InsO auf die Geltendmachung seines negativen Interesses inkl. eines evtl. entgangenen Gewinns beschränkt. Zur Frage, inwieweit die **bloße Arbeit, Tätigkeit oder Geschäftsbesorgung** einen ersatzfähigen Schaden darstellt RdNr. 229. 226

ββ) **Arbeitnehmer, Dienstverpflichtete, Werkunternehmer, Geschäftsbesorger.** Häufig machen Arbeitnehmer, Werkunternehmer und Dienstverpflichtete ihren entgangenen Lohn als individuellen Insolvenzverschleppungsschaden geltend. Insoweit sind mehrere Fragen zu unterscheiden. Ob diese Personen **Alt- oder Neugläubiger** im Sinne der herrschenden Terminologie sind, hängt von den allgemeinen Grundsätzen, insbesondere über Dauerschuldverhältnisse und langfristige Geschäftsbeziehungen ab (RdNr. 224 ff.). 227

Sind sie zum Ersatz ihres individuellen Insolvenzverschleppungsschadens berechtigt, hängt die **Schadensberechnung** davon ab, von welchen Annahmen man im Rahmen der Differenzhypothese ausgeht (allg. dazu RdNr. 188 ff.). Unterstellt man, dass der Gläubiger bei rechtzeitiger Antragstellung nicht für die Gesellschaft tätig geworden wäre (*Szenarien 1 und 2*), besteht sein Schaden in allen Vermögenseinbußen, die der Gläubiger im Zusammenhang mit seiner Tätigkeit erleidet. Dabei ist zu berücksichtigen, dass die Arbeit für sich genommen nach ganz hM ebenso wenig einen ersatzfähigen Vermögensschaden darstellt[625] wie die mit der Tätigkeit verbundene Einbuße an Freizeit[626]. Selbst der Wegfall der Arbeitskraft stellt *als solcher* keinen Vermögensschaden dar.[627] Daher können Werkunternehmer gem. § 823 Abs. 2 BGB i. V. m. § 15a InsO nicht die vereinbarte Vergütung, sondern nur die Selbstkosten verlangen.[628] Ein ersatzfähiger Schaden kann sich jedoch daraus ergeben, dass der Gläubiger zur Abwendung eines (anderen) Insolvenzverschleppungsschadens überpflichtmäßige, d.h. nicht nach § 254 BGB gebotene Anstrengungen macht.[629] Entgangenen Gewinn kann der Gläubiger unter den Voraussetzungen des § 252 BGB verlangen (RdNr. 195, 269). 228

Unterstellt man, dass die Gesellschaft nach dem rechtzeitig gestellten Antrag fortgeführt worden wäre und die Gläubiger einen Masseanspruch gem. § 55 InsO erworben hätten (*Szenario 3*), besteht ihr Schaden nach Maßgabe der Differenzhypothese in dem nicht erworbenen Masseanspruch. Dieser Schaden ist gleichwohl nicht gem. § 823 Abs. 2 i. V. m. § 15a InsO ersatzfähig, weil er auf den Ersatz des positiven Interesses hinausläuft (RdNr. 207). Auch in diesem Fall ist der ersatzfähige Schaden nach dem Schutzzweck des § 15a InsO also auf die eigentlichen Vermögenseinbußen sowie den entgangenen Gewinn beschränkt und hat folglich denselben Umfang wie unter den Annahmen in RdNr. 228. 229

Die vorstehenden Grundsätze gelten nicht nur für vertragliche Gläubiger, die gem. § 823 Abs. 2 BGB i. V. m. § 15a InsO Schadensersatz für ihre Tätigkeit verlangen, sondern auch für gesetzliche Gläubiger, etwa Geschäftsführer ohne Auftrag oder Gläubiger einer Leistungs- oder Aufwendungskondiktion (allg. zum Schutz gesetzlicher Gläubiger RdNr. 209 ff.). 230

γγ) **Hybride Finanzierungsformen.** Dem Schutzbereich des § 15a InsO unterfallen grundsätzlich nur Gläubiger, nicht aber Gesellschafter (RdNr. 162). Zwischen beiden Gruppen stehen diejenigen, die aus hybriden Finanzierungsformen berechtigt sind, die Charakteristika von **Eigen- und Fremdkapital** verbinden. Soweit diese Fälle erörtert werden, geht man von der Einbeziehung in den Schutzbereich des § 15a InsO aus.[630] Dem ist in der Tendenz zuzustimmen, wenngleich es stets 231

---

[625] BGH NJW 1977, 1446; LAG Hessen NZA-RR 2001, 154, 155; *Baumbach/Hueck/Haas*[19] § 64 RdNr. 139; aA OLG Jena ZIP 2002, 631, 632 (§ 64 Abs. 1 GmbHG aF) (ohne Begründung); OLG Naumburg BB 1999, 1570, 1571 (§ 64 Abs. 1 GmbHG aF) (ohne Begründung).
[626] BGHZ 106 28, 31 f; BVerwGE 88, 60, 63 f; aA *Schwarz/Ernst* NJW 1997, 2550, 2553 f.
[627] BGHZ 54, 45, 50 ff.; BGH NJW 1995, 1023, 1024.
[628] *Baumbach/Hueck/Haas*[19] § 64 RdNr. 138; *Rowedder/Schmidt-Leithoff* § 64 RdNr. 46; aA OLG Jena ZIP 2002, 631, 632 (§ 64 Abs. 1 GmbHG aF) (ohne Begründung); OLG Naumburg BB 1999, 1570, 1571 (§ 64 Abs. 1 GmbHG aF) (ohne Begründung).
[629] Allg. dazu *Palandt/Grüneberg* § 249 RdNr. 68.
[630] Für Genussrechtsgläubiger *Gottwald/Haas/Mock* § 93 RdNr. 8.

auf eine Betrachtung des Einzelfalls ankommt. Da die Reichweite des Schutzzwecks von § 15a InsO akzessorisch zu den Wertungen der InsO bestimmt werden muss (RdNr. 19), kommt es entscheidend darauf an, inwieweit die InsO dem Inhaber des Finanzierungsinstruments die Stellung eines herkömmlichen **Insolvenzschuldners** beimisst oder auf andere Weise Schutz gewährt. Ist dies zu bejahen, fällt er in den Schutzbereich des § 15a InsO.

232 δδ) **Sozialversicherungsträger.** Von erheblicher Bedeutung ist die Frage, ob Sozialversicherungsträger Schadensersatz gem. § 823 Abs. 2 BGB i. V. m. § 15a InsO wegen der nach Beginn der Antragspflicht entstandenen, aber nicht vollständig abgeführten Sozialversicherungsbeiträge verlangen können. Die **praktische Relevanz** dieser Fallgruppe ergibt sich daraus, dass die gem. § 15a InsO zum Antrag Verpflichteten in diesen Fällen zwar auch gem. § 823 Abs. 2 BGB i. V. m. §§ 266a, 14 StGB haften können, diese Haftung allerdings nur die Arbeitnehmer-, nicht aber die Arbeitgeberanteile zur Sozialversicherung erfasst,[631] während die Insolvenzverschleppungshaftung die Möglichkeit eröffnet, den Gesamtsozialversicherungsbeitrag vom Antragspflichtigen zu erlangen.[632] Außerdem ist der Kreis der Antragspflichtigen weiter als der Täterkreis der §§ 266a, 14 StGB und erfasst insbesondere die Gesellschafter im Falle der Führungslosigkeit der Gesellschaft. Macht ein Sozialversicherungsträger Ansprüche wegen Insolvenzverschleppung geltend, bietet es sich an, zwischen zwei Fragen zu unterscheiden: (1) Ist nach den Vorgaben der Differenzhypothese überhaupt ein ersatzfähiger Schaden entstanden? (2) Liegt dieser Schaden im Schutzbereich des § 15a InsO? Diese beiden Fragen stellen sich im Hinblick auf verschiedene denkbare Schadensposten.

233 Es dürfte allgemein anerkannt sein, dass die insolvenzbedingte **Entwertung der nach Beginn der Antragspflicht entstandenen Sozialversicherungsansprüche** für sich genommen keinen ersatzfähigen Schaden darstellt.[633] Unterstellt man, dass die Beschäftigungsverhältnisse bei rechtzeitiger Antragstellung beendet worden wären, wären Ansprüche des Sozialversicherungsträgers insoweit gar nicht entstanden; die Entwertung stellt also keinen Schaden im Sinne der Differenzhypothese dar.[634] Unterstellt man, dass die Beschäftigungsverhältnisse bei rechtzeitiger Antragstellung fortgeführt worden wären, ist es zwar durchaus möglich, dass der Sozialversicherungsträger eine verglichen mit der tatsächlichen Lage höhere Beitragszahlung erhalten hätte. Hierbei handelt es sich jedoch um keinen nach dem Schutzzweck des § 15a InsO ersatzfähigen Schaden, weil der Sozialversicherungsträger insoweit nicht sein negatives, sondern sein positives Interesse geltend macht.[635]

234 Denkbar ist ein Schaden unter dem Gesichtspunkt des **entgangenen Gewinns** (§ 252 BGB). Voraussetzung dafür ist, dass der Arbeitnehmer bei rechtzeitiger Antragstellung sein Arbeitsverhältnis mit der Gesellschaft beendet und wieder Arbeit gefunden hätte und weiterhin bei dem klagenden Sozialversicherungsträger versichert gewesen wäre.[636] Dies zu beweisen, dürfte in der Praxis kaum möglich sein. Eine Vermutung gem. § 252 Satz 2 BGB für einen entsprechenden Tatsachenverlauf hat der BGH abgelehnt.[637] Dem ist zuzustimmen. Richtiger Ansicht nach kann man nach dem gewöhnlichen Lauf der Dinge schon nicht davon ausgehen, dass insolvenzbedingt entlassene Arbeitnehmer zeitnah neue Arbeit finden (RdNr. 269). Noch fernliegender ist die Unterstellung, dass sie bei dem bisherigen Sozialversicherungsträger versichert bleiben, da Arbeitnehmer ihre Krankenkasse grundsätzlich frei wählen können (vgl. § 28i SGB IV i. V. m. §§ 173, 175 SGB V).[638]

235 Einen Schaden könnte man in jedem **verschleppungsbedingten Vermögensabfluss** des Sozialversicherungsträgers sehen. Hierzu gehört nach der Rspr. aber weder die generelle Bereitstellung von Sozialversicherungsschutz, weil es sich insoweit um keine konkrete Vermögensreduzierung handelt,[639] noch Leistungen des Sozialversicherungsträgers nach der Antragstellung, weil zu diesem Zeitpunkt das Insolvenzverschleppungsdelikt beendet ist (nicht ganz zweifelsfrei, vgl. RdNr. 219)[640]. Als ersatzfähiger Schaden kommen daher nur **konkrete Leistungen während der Verschleppungsphase** in Betracht, zu denen der Sozialversicherungsträger nicht verpflichtet gewesen wäre, wenn der Insolvenzantrag rechtzeitig gestellt worden wäre.[641]

---

[631] Zu ihr etwa Bork/Schäfer/Klöhn § 43 RdNr. 88.
[632] Vgl. etwa den Sachverhalt in BGH NJW 1999, 2182 (§ 64 Abs. 1 GmbHG aF).
[633] BGH NJW 1999, 2182, 2183 (§ 64 Abs. 1 GmbHG aF); *Wicke* § 64 RdNr. 17; *Peters-Lange* EWiR 1999, 651, 652.
[634] BGH NJW 1999, 2182, 2183 (§ 64 Abs. 1 GmbHG aF); *Uhlenbruck/Hirte* § 15a RdNr. 48; *Bitter* ZInsO 2010, 1561, 1576.
[635] BGH NJW 1999, 2182, 2183 (§ 64 Abs. 1 GmbHG aF); *Saenger/Inhester/Kolmann* Vor § 64 RdNr. 236.
[636] BGH NZG 2003, 923, 924 (§ 64 Abs. 1 GmbHG aF).
[637] BGH NZG 2003, 923, 924 (§ 64 Abs. 1 GmbHG aF).
[638] BGH NZG 2003, 923, 924 (§ 64 Abs. 1 GmbHG aF).
[639] BGH NJW 1999, 2182, 2183 (§ 64 Abs. 1 GmbHG aF).
[640] BGH NJW 1999, 2182, 2183 (§ 64 Abs. 1 GmbHG aF).
[641] BGH NJW 1999, 2182, 2183 (§ 64 Abs. 1 GmbHG aF).

Fraglich ist, ob diese Schäden im Schutzbereich des § 15a InsO liegen. Auf der Grundlage der **BGH-Rechtsprechung** ist dies zu verneinen, weil die Sozialversicherungsansprüche kraft Gesetzes entstehen.[642] Nach der **hier vertretenen Ansicht**, wonach gesetzliche Gläubiger grundsätzlich in den Schutzbereich des § 15a InsO fallen (RdNr. 209 ff.), kommt es entscheidend darauf an, ob sich in den Leistungen des Sozialversicherungsträgers eine Gefahr verwirklicht, vor der § 15a InsO diese Gläubiger bewahren möchte. Da der Schutzzweck des § 15a InsO akzessorisch zu den Wertungen der InsO bestimmt werden muss (RdNr. 19), hängt diese Frage wiederum davon ab, inwieweit es zu dem Schutzprogramm der InsO gehört, Sozialversicherungsträger davor zu bewahren, Leistungen ohne Kompensation zu erbringen. **Gegen** die Einbeziehung von Sozialversicherungsträgern spricht, dass diese auch während des Insolvenzverfahrens unabhängig von den Beitragsleistungen der Gesellschaft zur Leistung verpflichtet sind (vgl. § 19 SGB IV i. V. m. §§ 2 Abs. 2 Nr. 1, 7 Abs. 1 SGB IV). Sie verfügen über keine Sicherungsrechte, mit denen sie die Leistungen verweigern oder von der Beitragszahlung abhängig machen könnten. Auch auf den Bestand der Beschäftigungsverhältnisse haben Sozialversicherungsträger keinen rechtlich fundierten Einfluss.[643] Schutz genießen Sozialversicherungsträger aber gem. § 55 InsO. Sozialversicherungsbeiträge, die sich aus vom Insolvenzverwalter *neu abgeschlossenen* Arbeitsverträgen ergeben, sind als Masseverbindlichkeiten nach § 55 Abs. 1 Nr. 1 InsO vorrangig zu begleichen.[644] Sozialversicherungsbeiträge für nach Insolvenzeröffnung *fortbestehende Arbeitsverhältnisse* sind Masseverbindlichkeiten nach § 55 Abs. 1 Nr. 2 InsO.[645] Dies ist der Schutz, den die InsO den Sozialversicherungsträgern zukommen lässt. Da § 15a InsO den Zweck hat zu verhindern, dass materiell insolvente Gesellschaften ohne insolvenzrechtlichen Schutz zu Lasten gegenwärtiger und zukünftiger Gläubiger fortgeführt werden, verwirklicht sich in der Erbringung konkreter Leistungen während der Verschleppungsphase auch die von § 15a InsO bekämpfte Gefahr. Es handelt sich folglich um einen ersatzfähigen Schaden gem. § 823 Abs. 2 BGB i. V. m. § 15a InsO.

εε) **Bundesagentur für Arbeit.** Wird das Insolvenzverfahren über das Vermögen eines Arbeitgebers eröffnet oder der Eröffnungsantrag mangels Masse abgelehnt (Insolvenzereignis), zahlt die Bundesagentur für Arbeit gem. §§ 183, 185 Abs. 3 SGB III Insolvenzgeld für die Lohnrückstände der letzten drei Monate vor dem Insolvenzereignis.[646] Die Bundesagentur zahlt das Insolvenzgeld an die Arbeitnehmer und erwirbt deren Lohnforderungen kraft Gesetzes (§ 187 S. 1 SGB III). Diese Forderungen kann sie (nur) als Insolvenzforderungen geltend machen (§ 55 Abs. 3 Satz 1 InsO). Die Rechtsprechung hat sich des Öfteren mit Klagen beschäftigt, in denen die Bundesagentur das gezahlte Insolvenzgeld als Insolvenzverschleppungsschaden gem. § 823 Abs. 2 BGB i. V. m. § 15a InsO geltend machte. Im Zentrum stehen zwei Fragen: (1) Liegt nach Maßgabe der Differenzhypothese ein ersatzfähiger Schaden vor? (2) Fällt dieser Schaden in den sachlichen Schutzbereich des § 15a InsO?[647]

Ein **Schaden** der Bundesagentur für Arbeit kommt unter zwei Gesichtspunkten in Betracht.[648] Denkbar ist, dass die Bundesagentur infolge der verspäteten Antragstellung mehr Insolvenzgeld zahlen muss als bei rechtzeitiger Antragstellung. Denkbar ist auch, dass sie zwar ebenso viel Insolvenzgeld zahlen muss, dass aber die Forderungen, die sie gem. § 187 S. 1 SGB III erwirbt, aufgrund der verspäteten Antragstellung weniger wert sind als bei rechtzeitiger Antragstellung. Im ersten Fall stellt der insolvenzbedingt höhere *Vermögensabfluss* (Insolvenzgeld) den Insolvenzverschleppungsschaden dar, im zweiten Fall die insolvenzbedingte Entwertung der *Rückgriffsansprüche*.

Was die **Entwertung der Rückgriffsansprüche** angeht, handelt es sich allerdings um einen Gesamtschaden i. S. d. § 92 InsO, den die Bundesagentur nur geltend machen kann, wenn es nicht zum Insolvenzverfahren kommt. Zwar ist richtig, dass der hier diskutierte Fall insoweit vom Normalfall des Quotenschadens abweicht, als nicht dieselbe Forderung aufgrund der Insolvenzverschleppung an Wert verliert, sondern die Bundesagentur wegen der Antragsverzögerung Forderungen weniger werthaltige Forderungen erwirbt.[649] Die Berechnung dieses Schadens hängt jedoch von denselben Faktoren ab, die den Quotenschaden bestimmen. Es geht insoweit nicht um individuelle,

---

[642] Im Ergebnis BGH NJW 1999, 2182, 2183 (§ 64 Abs. 1 GmbHG aF), insoweit aber ohne Begründung. Zust. etwa *Uhlenbruck/Hirte* § 15a RdNr. 48. Offen BGH NZG 2003, 923, 924 (§ 64 Abs. 1 GmbHG aF).
[643] BGH NJW 1999, 2182, 2183 (§ 64 Abs. 1 GmbHG aF).
[644] § 55 RdNr. 191.
[645] § 55 RdNr. 191.
[646] Gleiches gilt gem. § 183 Abs. 1 Satz 1 Nr. 3 SGB III bei vollständiger Beendigung der Betriebstätigkeit im Inland, wenn ein Antrag auf Eröffnung des Insolvenzverfahrens nicht gestellt worden ist und ein Insolvenzverfahren offensichtlich mangels Masse nicht in Betracht kommt.
[647] Schon den persönlichen Schutzbereich verneint offenbar OLG Saarbrücken NZG 2007, 105 (§ 64 Abs. 1 GmbHG aF) mit unklarer Argumentation.
[648] *Piekenbrock* ZIP 2010, 2421, 2422.
[649] *Piekenbrock* ZIP 2010, 2421, 2424.

für den Insolvenzverwalter nicht durchschaubare Gegebenheiten, sondern um die Umstände, die der Insolvenzverwalter auch bei der Berechnung des klassischen Quotenschadens betrachten muss.

240 Dies ist im Übrigen auch aus folgendem Grund notwendig: Nach der Rechtsprechung des BGH ist die Bundesagentur verpflichtet, dem Antragspflichtigen ihre Forderungen gegen die Gesellschaft gem. § 255 BGB abzutreten. Bei der Berechnung des Individualschadens werden diese Forderungen daher ausgeblendet (RdNr. 188). Im vorliegenden Fall sind dies die Forderungen der Arbeitnehmer, die die Bundesagentur gem. § 187 S. 1 SGB III erwirbt. Sie werden also schon gem. § 255 BGB aus der Schadensberechnung ausgeblendet. Folglich kann auch ihre Entwertung keinen individuellen Insolvenzschaden darstellen. Dem entspricht auch die Praxis der Rechtsprechung, die sich mit den entwerteten Rückgriffsansprüchen als Insolvenzverschleppungsschaden bisher – soweit ersichtlich – nicht beschäftigt hat.[650]

241 Was die **Zahlung des Insolvenzgelds** angeht, so fehlt es dann an einem Schaden, wenn die Bundesagentur Insolvenzgeld in derselben Höhe auch bei rechtzeitiger Antragstellung gezahlt hätte. Antragspflichtige tragen dies in Haftungsprozessen regelmäßig vor. Die entscheidende Frage lautet, wie die **Darlegungs- und Beweislast** verteilt ist. Dies wiederum hängt davon ab, wie man den Einwand dogmatisch qualifiziert. In der oberlandesgerichtlichen Rechtsprechung war dies umstritten. Teilweise qualifizierte man die Einwendung als Bestreiten des Schadens, was zur Darlegungs- und Beweislast des Klägers führte.[651] Teils sah man in dem Einwand das Vorbringen einer Reserveursache[652] oder die Berufung auf ein rechtmäßiges Alternativverhalten mit der Folge, dass der Beklagte die Darlegungs- und Beweislast trug[653]. Der BGH schloss sich der zuerst genannten Meinung an. Der Einwand des Beklagten, Insolvenzgeld hätte auch bei rechtzeitigem Antrag gezahlt werden müssen, sei als qualifiziertes Bestreiten des Schadens zu qualifizieren.[654] Die Darlegungs- und Beweislast dafür, dass weniger Insolvenzgeld gezahlt worden wäre, trägt die klagende Bundesagentur für Arbeit.[655] Dem ist **zuzustimmen**, weil der Einwand des rechtmäßigen Alternativverhaltens nicht nur das Hinwegdenken des verbotenen Verhaltens erfordert, sondern auch das Hinzudenken weiterer Umstände, die als rechtmäßig zu qualifizieren sind, aber gleichwohl den Schaden auf andere Weise verursacht hätten.[656]

242 Der **Nachweis** eines solchen Schadens wird als sehr schwer eingeschätzt,[657] zumal nach der BGH-Rechtsprechung allein die Tatsache, dass die Gesellschaft nach Eintritt der Insolvenzreife noch Arbeitsentgelt gezahlt hat, keine tatsächliche Vermutung dafür begründet, dass bei einer zu diesem Zeitpunkt erfolgten Antragstellung genügend Mittel für Löhne und Gehälter vorhanden gewesen wären.[658] Auch Beweiserleichterungen unter dem Gesichtspunkt, dass die vorzutragenden Tatsachen außerhalb der Wahrnehmungssphäre der Klägerin lägen, hat der BGH bisher abgelehnt.[659]

243 Selbst wenn die Bundesagentur nachweisen kann, dass sie aufgrund der verspäteten Antragstellung weniger Insolvenzgeld gezahlt hätte, stellt sich die Frage, ob dieser Schaden im **sachlichen Schutzbereich** des § 15a InsO liegt. Auf der Grundlage der **BGH-Rechtsprechung** ist die Frage schon deshalb zu verneinen, weil die Bundesagentur gesetzliche Gläubigerin ist, die kein Vertrauen in die Solvenz der Gesellschaft investiert hat.[660]

244 Folgt man der **hier vertretenen Ansicht**, wonach grundsätzlich auch die Schäden gesetzlicher Gläubiger, die nicht auf die Solvenz der Gesellschaft vertrauen, vom Schutzbereich des § 15a InsO erfasst sein können (RdNr. 209 ff.), so lässt sich die aufgeworfene Frage nicht schon mit dem Argument verneinen, dass die Bundesagentur ihre Gläubigerstellung erst nach der Stellung des Eröffnungsantrags erlangt hat,[661] weil dies für sich genommen keinen Ausschluss aus dem sachlichen Schutzbereich des § 15a InsO begründet (RdNr. 219).

---

[650] Paradigmatisch BGH NJW-RR 2010, 351 (§ 826 BGB): „Ein Schaden ist der Kl. durch die verspätete Stellung des Insolvenzantrags folglich nur (!) dann entstanden, wenn eine rechtzeitige Antragstellung dazu geführt hätte, dass Insolvenzgeld nicht oder in geringerem Umfang hätte gezahlt werden müssen" (Hervorhebung nur hier).

[651] OLG Saarbrücken NZG 2007, 105, 106 f. (§ 826 BGB).

[652] OLG Koblenz NZI 2007, 113, 115 f. (§ 826 BGB); zust. *J. Schmidt* EWiR 2007, 231, 232.

[653] OLG Frankfurt NZG 1999, 947, 948 (§ 826 BGB).

[654] BGHZ 175, 58 RdNr. 20 (§ 826 BGB); BGH NJW-RR 2010, 351 (§ 826 BGB).

[655] BGHZ 175, 58 RdNr. 23 (§ 826 BGB); BGH NJW-RR 2010, 351 (§ 826 BGB).

[656] BGH NJW 1986, 246, 247; BGH NJW 1986, 576, 579; BGH NJW 1992, 2694, 2695; BGH NJW 1996, 311, 312; *Piekenbrock* ZIP 2010, 2421, 2422; *Schmülling* ZIP 2007, 1095, 1096 f.; ähnlich *Poertzgen* ZInsO 2010, 785, 789; *Wagner/Bronny* ZInsO 2009, 622, 627.

[657] Vgl. *Piekenbrock* ZIP 2010, 2421, 2423.

[658] BGH NJW-RR 2010, 351 (§ 826 BGB).

[659] BGHZ 175, 58 RdNr. 26 (§ 64 Abs. 1 GmbHG aF); BGH NJW-RR 2010, 351 (§ 826 BGB); an der Richtigkeit dieser Rspr. zweifelnd *Blöse* GmbHR 2010, 139, 140 f.

[660] BGHZ 175, 58 RdNr. 25 (§ 64 Abs. 1 GmbHG aF); BGH NJW-RR 2010, 351 (§ 64 Abs. 1 GmbHG aF).

[661] So aber BGHZ 108, 134, 136 f. (§ 64 Abs. 1 GmbHG aF); *Lutter/Hommelhoff/Kleindiek* Anh zu § 64 RdNr. 65; *Wagner/Bronny* ZInsO 2009, 622, 623 f.

Im Ergebnis ist der **BGH-Rechtsprechung** gleichwohl **zuzustimmen**.[662] Ob ein Schaden im 245 objektiven Schutzbereich des § 15a InsO liegt, hängt davon ab, ob sich in ihm eine Gefahr realisiert, die nach dem Zweck des § 15a InsO durch die rechtzeitige Stellung des Insolvenzantrags verhindert werden soll. Dafür kommt es darauf an, inwieweit der jeweilige Gläubiger nach den Regeln der InsO bei rechtzeitiger Antragstellung geschützt gewesen wäre (RdNr. 19). In den hier zu besprechenden Fällen ist die Höhe des Insolvenzverschleppungsschadens der Bundesagentur davon abhängig, wie viel Arbeitslohn die Gesellschaft in den drei Monaten vor dem Eintritt des Insolvenzereignisses bei rechtzeitiger Antragstellung tatsächlich ausgezahlt hat bzw. ausgezahlt hätte. Auf das Zahlungsverhalten der Gesellschaft hat die Bundesagentur aber auch ohne Insolvenzverschleppung keinerlei Einfluss – vor allem, wenn der Betrieb durch einen vorläufigen Insolvenzverwalter fortgeführt wird.[663] Sie wird insoweit durch keine Vorschrift des Sozial- und Insolvenzrechts geschützt. Würde man ihren Ausfallschaden über § 823 Abs. 2 i. V. m. § 15a InsO ersetzen, würde also aus der bloßen Erwartung, zu einem gegenwärtigen Zeitpunkt eine bestimmte Insolvenzgeldverpflichtung zu haben, eine deliktisch geschützte Rechtsposition. Es ist daher nicht Zweck des § 15a InsO, die Bundesagentur vor einer erhöhten Insolvenzgeldverpflichtung zu bewahren.

In Betracht kommt ein Anspruch aus **§ 826 BGB** (RdNr. 295 ff.). Die Einschränkungen des 246 § 15a InsO im Hinblick auf den persönlichen und sachlichen Schutzbereich gelten dabei nicht (RdNr. 296, 308). Zum Schaden gilt jedoch das unter RdNr. 238 ff. Gesagte entsprechend.[664]

gg) Mitverschulden. Der Anspruch auf Ersatz des Insolvenzverschleppungsschadens kann unter 247 den allgemeinen Voraussetzungen wegen Mitverschuldens gem. § 254 BGB zu kürzen sein.[665] Hauptanwendungsfall einer Obliegenheitsverletzung des Schadensersatzberechtigten ist die fehlende oder nicht ausreichende **Information über die Kreditwürdigkeit** der Gesellschaft. Sie ist zu bejahen, wenn erkennbare Umstände für die materielle Insolvenz der Gesellschaft vorlagen.[666] Allein die geringe Höhe des satzungsmäßigen Kapitals der Gesellschaft reicht dafür jedoch nicht aus.[667] Die **versäumte Beantragung von Insolvenzgeld** stellt kein Mitverschulden dar,[668] weil die Zahlung von Insolvenzgeld nicht zur Vorteilsanrechnung führt (RdNr. 199).

hh) Entstehung und Fälligkeit des Schadensersatzanspruchs. Der Anspruch auf Schadens- 248 ersatz gem. § 823 Abs. 2 BGB i. V. m. § 15a InsO entsteht mit der **Eröffnung des Insolvenzverfahrens** oder **Abweisung des Antrags mangels Massen,** und zwar unabhängig davon, ob er auf Ersatz des Quoten- oder des individuellen Insolvenzverschleppungsschadens gerichtet ist.[669] Zuvor fehlt es an der Voraussetzung eines ersatzfähigen Schadens, denn dieser entfällt, wenn der Insolvenzgrund beseitigt wird und es nicht zur Eröffnung des Insolvenzverfahrens kommt.[670] Mit der Entstehung ist der Anspruch fällig (§ 271 Abs. 1 BGB). Beim Anspruch auf Ersatz des Quotenschadens muss grundsätzlich hinzukommen, dass der Beschluss, mit dem das Insolvenzverfahren eingestellt oder aufgehoben wird, rechtskräftig geworden ist, da erst dann der Quotenschaden feststeht.[671] Zum Beginn der Verjährungsfrist RdNr. 252.

c) Verjährung. aa) Verjährungsregime. Welchem Verjährungsregime der Anspruch aus § 823 249 Abs. 2 BGB i. V. m. § 15a InsO unterliegt, ist sehr umstritten. In Betracht kommen die allgemeinen Vorschriften, die für die Verjährung **deliktischer Ansprüche** gelten,[672] d.h. § 852 BGB aF, soweit

---

[662] AA *Piekenbrock* ZIP 2010, 2421, 2428, weil die Bundesanstalt einer Bürgin ähnele, deren Verschleppungsschaden ebenfalls von § 823 Abs. 2 BGB iVm. § 15a InsO erfasst sei.
[663] Dazu *Barnert* EWiR 2010, 389, 390; *Blank* ZInsO 2007, 188, 191; *Blöse* GmbHR 2010, 139, 140.
[664] BGHZ 175, 58 RdNr. 20 ff. (§ 826 BGB); BGH NJW-RR 2010, 351 (§ 826 BGB); OLG Saarbrücken NZG 2007, 105, 106 ff.; *Wagner/Bronny* ZInsO 2009, 622, 625 ff.
[665] BGHZ 126, 181, 200 (§ 64 Abs. 1 GmbHG aF); *Spindler/Stilz/Fleischer* § 92 RdNr. 80; GroßkommAktG-*Habersack* § 92 RdNr. 82.
[666] BGHZ 126, 181, 200 f. (§ 64 Abs. 1 GmbHG aF); *Spindler/Stilz/Fleischer* § 92 RdNr. 80.
[667] BGHZ 126, 181, 201 (§ 64 Abs. 1 GmbHG aF); GroßkommGmbHG-*Casper* § 64 RdNr. 134; *Bork* ZGR 1995, 505, 520; aA *Flume* ZIP 1994, 337, 341.
[668] AA LAG Hamm EWiR 2001, 871; *Baumbach/Hueck/Haas*[19] § 64 RdNr. 140.
[669] *Henssler/Strohn/Arnold* § 64 GmbHG RdNr. 111; *Baumbach/Hueck/Haas*[19] § 64 RdNr. 127.
[670] *Baumbach/Hueck/Haas*[19] § 64 RdNr. 127.
[671] BGHZ 159, 25, 28 (§ 82 KO aF); *Uhlenbruck/Hirte* § 15a RdNr. 42; aA wohl *Baumbach/Hueck/Haas*[19] § 64 RdNr. 146 (Eröffnung des Insolvenzverfahrens).
[672] OLG Frankfurt BeckRS 2007, 10668 II 4. (§ 64 Abs.1 GmbHG aF); OLG Saarbrücken NJW-RR 2008, 1621, 1622 (§ 64 Abs. 1 GmbHG aF); OLG Schleswig DZWiR 2001, 330, 331 (§ 64 Abs.1 GmbHG aF); *Bork/Schäfer/Bork* § 64 RdNr. 72; GroßkommGmbHG-*Casper* § 64 RdNr. 144; MünchKommGmbHG-*H. F. Müller* § 64 RdNr. 195; *Poertzgen* GmbHR 2011, 646, 647.

das vor der Schuldrechtsmodernisierung geltende Verjährungsregime einschlägig ist,[673] und §§ 195, 199 Abs. 1 BGB, soweit das neue Verjährungsrecht anwendbar ist[674]. Andererseits wurde vertreten, das objektive Verjährungsregime der §§ 64 S. 4, 43 Abs. 4 GmbHG analog auf die Insolvenzverschleppungshaftung anzuwenden.[675] Andere wollen differenzieren und wenden die Vorschriften für deliktische Ansprüche an, wenn zeitgleich mit der Insolvenzverschleppungshaftung die Voraussetzungen eines anderen Delikts verwirklicht sind und die §§ 64 S. 4, 43 Abs. 4 GmbHG analog, wenn der Schadensersatzanspruch ausschließlich auf die Insolvenzverschleppungshaftung gestützt wird.[676] Schließlich könnte man aufgrund der dogmatischen Nähe des Anspruchs auf Ersatz des Quotenschadens zu dem Anspruch auf Ersatz verbotener Zahlungen die §§ 64 S. 4, 43 Abs. 4 GmbHG nur dann analog anwenden, wenn der Insolvenzverwalter gem. § 92 InsO klagt und im Übrigen auf das deliktische Verjährungsregime zurückgreifen.[677]

250 Der BGH hat entschieden, dass der **Anspruch der Neugläubiger** auf Ersatz ihres Individualschadens dem allgemeinen Verjährungsregime deliktischer Ansprüche unterliegt.[678] Dem ist zuzustimmen.[679] Für eine analoge Anwendung der §§ 64 S. 4, 43 Abs. 4 GmbHG fehlt es bereits an einer Regelungslücke, weil der Gesetzgeber der Schuldrechtsmodernisierung die objektiven Sonderverjährungsregime zugunsten von Gesellschaftsorganen bewusst nicht auf sämtliche Ersatzansprüche ausgeweitet hat.[680] Außerdem existieren erhebliche funktionale Unterschiede zwischen der Innenhaftung, für welche die §§ 64 S. 4, 43 Abs. 4 GmbHG gelten, und der Haftung gegenüber Neugläubigern, zumal die Insolvenzverschleppungshaftung gegenüber Neugläubigern einen über die Masseerhaltung hinausgehenden Zweck hat.[681] Aus diesem Grund wird durch die Anwendung der allgemeinen Verjährungsfristen der Anwendungsbereich der §§ 64 S. 4, 43 Abs. 4 GmbHG auch nicht ausgehöhlt.[682]

251 Ob all dies auch für die Haftung gegenüber den **Altgläubigern** gilt, ist nach der Rechtsprechung des BGH offen.[683] Eine analoge Anwendung der §§ 64 S. 4, 43 Abs. 4 GmbHG dürfte nicht am Fehlen einer Regelungslücke scheitern, denn dass der Gesetzgeber in der o.g. Entscheidung auch an die Insolvenzverschleppungshaftung gegenüber Altgläubigern gedacht hat, ist aufgrund deren praktischer Bedeutungslosigkeit (RdNr. 158) sehr zweifelhaft. Da die funktionalen Unterschiede zwischen der Haftung wegen Verstoßes gegen die gesellschaftsrechtlichen Zahlungsverbote und der Insolvenzverschleppungshaftung insoweit nicht allzu hoch ist, sollte eine analoge Anwendung der §§ 64 S. 4, 43 Abs. 4 GmbHG bejaht werden.[684]

252 **bb) Verjährungsbeginn.** Der Verjährungsbeginn richtet sich nach den jeweiligen Regeln des einschlägigen Verjährungsregimes (RdNr. 249 ff.). Dabei ist zu berücksichtigen, dass der Anspruch gem. § 823 Abs. 2 i. V. m. § 15a InsO weder mit der ersten für einen Schaden kausalen Verletzung der Antragspflicht entsteht noch mit der Beendigung der schuldhaften Verfahrensverschleppung[685], sondern frühestens mit der Eröffnung des Insolvenzverfahrens oder Ablehnung des Antrags mangels Masse (RdNr. 248).[686] Beim Anspruch auf Ersatz des Quotenschadens muss grundsätzlich hinzukommen, dass der Beschluss, mit dem das Insolvenzverfahren eingestellt oder aufgehoben wird, rechtskräftig geworden

---

[673] BGH NJW 2011, 2427 RdNr. 14 (§ 64 Abs. 1 GmbHG aF); OLG Saarbrücken NJW-RR 2008, 1621, 1622 (§ 64 Abs. 1 GmbHG aF).
[674] OLG Saarbrücken NJW-RR 2008, 1621, 1622 (§ 64 Abs. 1 GmbHG aF); *K. Schmidt/Uhlenbruck/ K. Schmidt* RdNr. 11.13.
[675] OLG Köln NZG 2001, 411, 412 (§ 64 Abs.1 GmbHG aF); OLG Saarbrücken NZG 2000, 559 (§ 64 Abs.1 GmbHG aF); GroßkommGmbHG-*Casper* § 64 RdNr. 99; *Uhlenbruck/Hirte* § 15a RdNr. 42; *Saenger/Inhester/Kolmann* Vor § 64 RdNr. 250; *Scholz/K. Schmidt* GmbHG Anh. § 64 RdNr. 77; *Wübbelsmann* GmbHR 2008, 1303, 1304 f.
[676] OLG Naumburg NJW-RR 2004, 613 (§ 64 Abs. 1 GmbHG aF); OLG Saarbrücken NZG 2000, 559 (§ 64 Abs.1 GmbHG aF); OLG Stuttgart NJW-RR 2001, 174 (§ 64 Abs.1 GmbHG aF); *Lutter/Hommelhoff/Kleindiek* Anh zu § 64 RdNr. 85.
[677] *Baumbach/Hueck/Haas*[19] § 64 RdNr. 145; *Haas* NZG 2009, 976, 977; dem folgend *Henssler/Strohn/Arnold* § 64 GmbHG RdNr. 112.
[678] BGH NJW 2011, 2427 RdNr. 14 (§ 64 Abs. 1 GmbHG aF).
[679] So auch *Haas*, FS Hopt, 2010, S. 703, 721; *Haas* NZG 2011, 691.
[680] BGH NJW 2011, 2427 RdNr. 18 (§ 64 Abs. 1 GmbHG aF); OLG Saarbrücken NJW-RR 2008, 1621, 1622 f. (§ 64 Abs. 1 GmbHG aF).
[681] BGH NJW 2011, 2427 RdNr. 20 (§ 64 Abs. 1 GmbHG aF).
[682] BGH NJW 2011, 2427 RdNr. 19 f. (§ 64 Abs. 1 GmbHG aF).
[683] Ebenso die Einschätzung von *Haas* NZG 2011, 691, 692.
[684] IE ebenso *Haas* NZG 2011, 691, 693; *Haas*, FS Hopt, 2010, S. 703, 719; *Pöschke* WuB II C. § 64 GmbHG 2.11; aA *Weppner/Biehl*, GWR 2011, 284.
[685] Hierauf abstellend GroßkommGmbHG-*Casper* § 64 RdNr. 144; *Scholz/K. Schmidt* GmbHG Anh. § 64 RdNr. 77.
[686] *Baumbach/Hueck/Haas*[19] § 64 RdNr. 146 mit Verweis auf RdNr. 127; *Haas*, FS Hopt, 2010, S. 703, 721.

ist, da erst dann der Quotenschaden feststeht.[687] Soweit § 199 BGB zur Anwendung kommt, beginnt die Verjährung frühestens zu laufen, wenn der Gläubiger von den den Anspruch begründenden Umständen und der Person des Schuldners Kenntnis erlangt oder ohne grobe Fahrlässigkeit erlangen musste. Der Gläubiger hat keine Pflicht zur frühzeitigen und umfassenden Auswertung der Insolvenzakte.[688]

d) Prozessuales. aa) Geltendmachung. α) Quotenschaden. Die Geltendmachung des Quotenschadens erfolgt durch den **Insolvenzverwalter** gem. § 92 InsO, die Geltendmachung durch den einzelnen (Alt-)gläubiger ist ausgeschlossen.[689] Im Falle der Eigenverwaltung wird der Anspruch durch den Sachwalter gem. §§ 92, 280 InsO geltend gemacht.[690] Wird die Eröffnung des Insolvenzverfahrens **mangels Masse abgelehnt**, können die Gläubiger ihren Anspruch auf Ersatz des Quotenschadens selbst geltend machen.[691] Eine Zuweisung dieses Anspruchs an die Gesellschaft kommt de lege lata nicht in Betracht, da die Haftung gem. § 823 Abs. 2 BGB i. V. m. § 15a InsO als Außenhaftung konzipiert ist und die dogmatische Nähe der Insolvenzverschleppungshaftung zu anderen gesellschaftsrechtlichen Instituten, die in vergleichbarer Situation eine Innenhaftung begründen (insbesondere die Zahlungsverbote gem. § 93 Abs. 3 Nr. 6 AktG i. V. m. § 92 Abs. 2 AktG, §§ 64 Satz 1 GmbHG, § 34 Abs. 3 Nr. 4 i. V. m. § 98 GenG, § 130a Abs. 1 u. Abs. 2 Satz 1 HGB) nicht so groß sind, dass sie eine Rechtsfortbildung contra legem rechtfertigen würden.[692]

Es gelten die üblichen Regeln für die Geltendmachung des Gesamtschadens (dazu § 92 RdNr. 1 ff.). Aus den eingezogenen Beträgen ist eine **Sondermasse** zugunsten der Altgläubiger zu bilden.[693] Soweit der Insolvenzverwalter bzw. Sachwalter zur Geltendmachung des Gesamtschadens berechtigt ist, kann der Haftende nicht mit befreiender Leistung an die Altgläubiger leisten.[694] Ebensowenig kann der Altgläubiger gegenüber einer Forderung des Haftenden aufrechnen.[695]

Die Geltendmachung des Quotenschadens ist mit **erheblichen praktischen Schwierigkeiten** verbunden.[696] Der Insolvenzverwalter muss vor der Klageerhebung den Zeitpunkt der Insolvenzreife richtig bestimmen, die Gläubiger in zwei Gruppen (Alt- und Neugläubiger) einteilen und sodann den gemeinsamen Quotenschaden der Altgläubiger ausrechnen. Berechnet er einen zu hohen Quotenschaden, riskiert er die teilweise Klageabweisung mit entsprechenden Kostenfolgen. Ob diese Schwierigkeiten durch die neue Rechtsprechung des BGH zur Anwendbarkeit des § 255 BGB im Rahmen der Neugläubigerklage (RdNr. 188) die Geltendmachung des Quotenschadens merklich verringert wurden,[697] wird die Praxis zeigen. Darüber hinaus ist die Geltendmachung dieses Schadensersatzanspruchs für den Insolvenzverwalter im Vergleich zu dem Anspruch auf Ersatz verbotener Zahlungen (§ 93 Abs. 3 Nr. 6 AktG i. V. m. § 92 Abs. 2 AktG, §§ 64 Satz 1 GmbHG, § 34 Abs. 3 Nr. 4 i. V. m. § 98 GenG, § 130a Abs. 1 u. Abs. 2 Satz 1 HGB) deutlich weniger attraktiv, vor allem weil es für diese Ansprüche nicht auf das Vorliegen eines Schadens ankommt.[698] In der Praxis kommt die Klage auf Ersatz des Quotenschadens kaum vor (RdNr. 158).

β) Individualschaden. In seiner Grundlagenentscheidung zur Einbeziehung des vollen Neugläubigerschadens in den sachlichen Schutzbereich der Insolvenzverschleppungshaftung ließ der BGH offen, ob der Insolvenzverwalter (damals: Konkursverwalter) neben (!) dem Gläubiger zur Geltendmachung des Anspruchs berechtigt sein sollte.[699] Anschließend sprach er nur aus, dass der

---

[687] BGHZ 159, 25, 28 (§ 82 KO aF); *Uhlenbruck/Hirte* § 15a RdNr. 42; aA wohl *Baumbach/Hueck/Haas*[19] § 64 RdNr. 146 (Eröffnung des Insolvenzverfahrens).
[688] OLG Saarbrücken GmbHR 2008, 1036, 1038; *Baumbach/Hueck/Haas*[19] § 64 RdNr. 146.
[689] BGHZ 138, 211, 214 ff. (§ 64 Abs. 1 GmbHG aF); BGHZ 159, 25, 26 (obiter); GroßkommGmbHG-*Casper* § 64 RdNr. 123, 137; *Baumbach/Hueck/Haas*[19] § 64 RdNr. 141; *Lutter/Hommelhoff/Kleindiek* Anh zu § 64 RdNr. 78; KPB/*Preuß* St. 2/10, § 15a RdNr. 94; *Scholz/K. Schmidt* GmbHG Anh. § 64 RdNr. 49 ff.; *Henssler/Dedek*, FS Uhlenbruck, 2000, S. 175,185 ff.; *Spindler* JZ 2006, 839, 849.
[690] *Baumbach/Hueck/Haas*[19] § 64 RdNr. 141.
[691] *Henssler/Strohn/Arnold* § 64 GmbHG RdNr. 103; GroßkommGmbHG-*Casper* § 64 RdNr. 123; MünchKommGmbHG-*H. F. Müller* § 64 RdNr. 191;
[692] AA *Baumbach/Hueck/Haas*[19] § 64 RdNr. 132; *Haas* ZIP 2009, 1257, 1259 ff.: Zuweisung des Anspruchs an die Gesellschaft in Anlehnung an die Trihotel-Rechtsprechung des BGH und wegen der dogmatischen Nähe zu den gesellschaftsrechtlichen Zahlungsverboten.
[693] MünchKommGmbHG-*H. F. Müller* § 64 RdNr. 191; *Dauner-Lieb* ZGR 1998, 617, 627; *Wagner*, FS K. Schmidt, 2009, S. 1665, 1685.
[694] BK-*Blersch/v. Olshausen* § 92 RdNr. 7; *Haas* ZIP 2009, 1257, 1260.
[695] HK-*Kayser* § 92 RdNr. 30; *Haas* ZIP 2009, 1257, 1260.
[696] *Scholz/K. Schmidt* GmbHG Anh. § 64 RdNr. 56; *Hirte* ZInsO 2010, 1986, 1989; *Wagner*, FS K. Schmidt, 2009, S. 1665, 1685;
[697] So *Wagner*, FS K. Schmidt, 2009, S. 1665, 1685 ff.
[698] MünchKommGmbHG-*H. F. Müller* § 64 RdNr. 191.
[699] BGHZ 126, 181, 201 (§ 64 Abs. 1 GmbHG aF); dazu kritisch *Grunewald* GmbHR 1994, 665, 666; *Eyber* NJW 1994, 1622, 1622 f.

Gläubiger seinen Anspruch selbst geltend machen könne, und ließ offen, inwieweit eine Befugnis des Insolvenzverwalters bestünde.[700] Heute ist in ständiger Rechtsprechung anerkannt: Den Anspruch auf Ersatz des Individualschadens macht jeder (Neu-)Gläubiger **außerhalb des Insolvenzverfahrens** nach den allgemeinen Regeln der ZPO geltend; **§ 92 InsO** gilt **nicht**.[701] Dies findet auch in der Literatur überwiegend Zustimmung.[702]

257 γ) **Alternativkonzepte.** In der Literatur sind Alternativkonzepte zu den vorstehend referierten Grundsätzen formuliert worden. Vereint sind diese Konzepte in der Kritik an der Rechtsprechung des BGH. Deren wesentlicher Mangel wird darin gesehen, dass die Geltendmachung des Quotenschadens der Altgläubiger mit unüberwindbaren Schwierigkeiten verbunden ist, was zur praktischen Bedeutungslosigkeit dieser Klage geführt hat[703], zur Flucht der Insolvenzverwalter in die gesellschaftsrechtlichen Zahlungsverbote (§ 93 Abs. 3 Nr. 6 AktG i. V. m. § 92 Abs. 2 AktG, §§ 64 Satz 1 GmbHG, § 34 Abs. 3 Nr. 4 i. V. m. § 98 GenG, § 130a Abs. 1 u. Abs. 2 Satz 1 HGB) sowie zu einer bedenklichen Auslegung dieser Normen.[704]

258 Zu diesen Alternativkonzepten gehört die von *Altmeppen* und *Wilhelm* entwickelte Ansicht, die den **Schutzgesetzcharakter** des § 15a InsO **ablehnt** und aus einem erweiterten Verständnis der gesellschaftsrechtlichen Zahlungsverbote (§ 93 Abs. 3 Nr. 6 AktG i. V. m. § 92 Abs. 2 AktG, §§ 64 Satz 1 GmbHG, § 34 Abs. 3 Nr. 4 i. V. m. § 98 GenG, § 130a Abs. 1 u. Abs. 2 Satz 1 HGB) eine Haftung für Insolvenzverschleppungsverluste herleitet.[705] Sie ist, jedenfalls was die Interpretation des § 15a InsO angeht, nicht mit geltendem Recht vereinbar (RdNr. 140).

259 Andere erkennen zwar die Schutzgesetzeigenschaft des § 15a InsO an, erstrecken jedoch die Befugnis des **Insolvenzverwalters** zur Geltendmachung des Insolvenzverschleppungsschadens auf den **Neugläubigerschaden**.[706] Auch diese Ansicht ist mit dem Gesetz unvereinbar. Wenn man anerkennt, dass Neugläubiger ihren individuellen Insolvenzverschleppungsschaden gem. § 823 Abs. 2 BGB i. V. m. § 15a InsO ersetzt verlangen können, kommt eine Anwendung des § 92 InsO auf diesen Anspruch nicht in Betracht. Erstens hängt die Berechnung dieses Schadens von zahlreichen individuellen Faktoren ab, so dass insoweit gerade kein Gesamtschaden vorliegt.[707] Zweitens müsste auch im Rahmen des § 92 InsO der Neugläubigerschaden für jeden einzelnen Gläubiger individuell berechnet werden, was unüberwindliche praktische Probleme aufwerfen würde.[708] Drittens ist Folgendes zu bedenken: Wendet man § 92 InsO auch auf die Neugläubigerschäden an, dann käme ein Teil dieser Schadensersatzforderung der Masse zugute und würde zugunsten der Altgläubiger „sozialisiert". Dies wäre unter rechtsökonomischen Gesichtspunkten ein ungerechtfertigtes Zufallsgeschenk[709] und würde die materiellen Rechte des Neugläubigers verletzen[710]. Selbst unter Anwendung des § 92 InsO müsste der Insolvenzverwalter daher eine Sondermasse zugunsten der Neugläubiger bilden, wodurch die praktischen Vorteile des § 92 InsO weiter gesenkt würden.[711]

---

[700] BGH NJW 1995, 398, 399 (§ 64 Abs. 1 GmbHG aF).

[701] BGHZ 138, 211, 214 ff. (§ 64 Abs. 1 GmbHG aF); BGHZ 171, 46, 51 f. (§ 64 Abs. 1 GmbHG aF); BGH NJW 1995, 398, 399 (§ 64 Abs. 1 GmbHG aF).

[702] *Spindler/Stilz/Fleischer* § 92 RdNr. 78, 81; *Baumbach/Hueck/Haas*[19] § 64 RdNr. 141; GroßkommAktG-*Habersack* § 92 RdNr. 81; *Lutter/Hommelhoff/Kleindiek* Anh zu § 64 RdNr. 80; KölnKommAktG-*Mertens/Cahn* 2010, Anh. § 92 RdNr. 41; MünchKommGmbHG-*H. F. Müller* § 64 RdNr. 188; KPB/*Preuß* St. 2/10, § 15a RdNr. 96; MünchKommAktG-*Spindler* § 92 RdNr. 49; MünchKommBGB-*Wagner* § 823 RdNr. 397 ff.; *Henssler/Strohn/Arnold* § 64 GmbHG RdNr. 110; *Altmeppen* ZIP 1997, 1173, 1182; *Bork* ZGR 1995, 505, 523 ff.; *Eyber* NJW 1994, 1622, 1624 f.; *Goette* DStR 1994, 1094; *Goette* ZInsO 2001, 529, 537; *Grunewald* JZ 1994, 964, 965; *Grunewald* GmbHR 1994, 665, 666; *Henssler/Dedek*, FS Uhlenbruck, 2000, S. 175, 187 ff.; *Karollus* ZIP 1995, 269, 270 f.; *Karollus*, FS Steffen, 1995, S. 213; *Lutter* DB 1994, 129, 135; *Lutter* GmbHR 1997, 329, 333; *Reiff/Arnold* ZIP 1998, 1893, 1899; *U.H. Schneider* GmbHR 2010, 57, 61; *Wagner*, FS K. Schmidt, 2009, S. 1665, 1673 ff.

[703] Vgl. etwa *Scholz/K. Schmidt* GmbHG Anh. § 64 RdNr. 56; *K. Schmidt/Uhlenbruck/K. Schmidt* RdNr. 11.26; *K. Schmidt* NZI 1998, 9 f.; *K. Schmidt* KTS 2001, 373, 385 f.; *K. Schmidt* ZIP 2005, 2177, 2178; *Fritsche/Lieder* DZWiR 2004, 93, 102; ebenso in Österreich *Dellinger*, WBl 1996, 173, 175 Fn.11.

[704] *Scholz/K. Schmidt* GmbHG Anh. § 64 RdNr. 56; *K. Schmidt* ZHR 146 (2004), 637, 640; *K. Schmidt* ZIP 2005, 2177, 2178 f; *K. Schmidt* ZIP 2008, 1401, 1402; *K. Schmidt* ZIP 2009, 1551, 1553; *Poertzgen* ZInsO 2011, 305.

[705] *Altmeppen/Wilhelm* NJW 1999, 673, 678; *Altmeppen* ZIP 2001, 2201, 2205 f.; *Wilhelm*, Kapitalgesellschaftsrecht, 3. Aufl. 2009, RdNr. 495; ähnlich für Österreich *Schummer*, FS Koppensteiner, 2001, S. 211, 214 ff.

[706] S. mit unterschiedlichen Begründungen und dogmatischen Konzepten *Dauner-Lieb* ZGR 1998, 617, 629; *Hasselbach* DB 1996, 2213, 2214 f.; *Uhlenbruck* ZIP 1994, 1153, 1156; *Wilhelm* ZIP 1993, 1833, 1837; *Wilhelm* EWiR 1994, 791, 792.

[707] BGHZ 138, 211, 214, 216 (§ 64 Abs. 1 GmbHG aF); *Wagner*, FS K. Schmidt, 2009, S. 1665, 1684.

[708] BGHZ 138, 211, 214 (§ 64 Abs. 1 GmbHG aF): „in der Insolvenzpraxis nicht darstellbar".

[709] Vgl. *Fleischer* ZGR 2004, 437, 450 f.

[710] *Wagner*, FS K. Schmidt, 2009, S. 1665, 1684.

[711] Vgl. *Wagner*, FS K. Schmidt, 2009, S. 1665, 1684.

Ein weiteres Alternativkonzept hat **K. Schmidt** entwickelt.[712] Danach schützt § 15a InsO die **260** Gesellschaftsgläubiger nur in ihrer Gesamtheit und nur bezüglich ihrer Erfüllungserwartung, d.h. bezüglich des Quotenschadens. Der gemeinsame Quotenschaden aller Gläubiger ist Gesamtschaden und wird gem. § 92 InsO vom Insolvenzverwalter geltend gemacht.[713] Dies ist der Betrag, um den die Masse aufgefüllt werden muss, damit alle Gläubiger – auch die Neugläubiger – die Soll-Quote erhalten, die sie bei Beginn der Antragspflicht erhalten hätten.[714] Man kann ihn errechnen, indem man die Ist-Passiva mit der hypothetischen Quote multipliziert und von diesem Produkt die Ist-Aktiva abzieht.[715] Grundsätzlich entspricht er dem bilanziell festzustellenden Verlust der Gesellschaft in der Verschleppungsperiode.[716] Neugläubiger können ihren individuellen Vertrauensschaden „wohl"[717] nur nach den Grundsätzen der *culpa in contrahendo*, aber nicht gem. § 823 Abs. 2 i. V. m. § 15a InsO ersetzt verlangen.

Auch diese Auffassung ist **abzulehnen**. Gegen sie sprechen alle Argumente, die für die Einbezie- **261** hung des individuellen Neugläubigerschadens in den objektiven Schutzbereich des § 15a InsO sprechen (RdNr. 22 ff., 187).[718] Wenn man dies bejaht, kommt eine Anwendung des § 92 InsO auf diesen Schadensersatzanspruch aus den o. RdNr. 259 genannten Gründen nicht in Betracht. Hinzu kommt, dass jede Anwendung des § 92 InsO auf den individuellen (Neu-)Gläubigerschaden zwar die Arbeit des Insolvenzverwalters erleichtert. Andererseits sinken jedoch die Anreize der Neugläubiger zur Geltendmachung ihres Schadens, da sie von ihrem negativen Interesse den kaum zuverlässig zu errechnenden Quotenschaden abziehen müssen, um nicht eine teilweise Klageabweisung zu riskieren.[719] Das Mehr an Sanktions- und Steuerungswirkung der Insolvenzverschleppung im Hinblick auf den Quotenschaden wird also mit einem Weniger an Sanktionswirkung im Hinblick auf den Neugläubigerschaden erkauft. Es trifft auch nicht zu, dass die Rechtsprechung des BGH und die mit ihr verbundene Bildung einer Sondermasse dem Grundsatz der Gleichberechtigung aller Insolvenzgläubiger, d.h. der Wertung des § 38 InsO, widersprechen würde.[720] Denn der Gedanke der *par condicio creditorum* setzt zwar das Prioritätsprinzip des Einzelvollstreckungsrechts außer Kraft, lässt jedoch die materiellen Rechte der Gläubiger unberührt.[721] Dass Vergleiche zwischen dem Insolvenzverwalter und dem aus Insolvenzverschleppung Haftenden durch die höchstrichterliche Rechtsprechung erschwert werden,[722] ist zwar richtig. Soweit man jedoch anerkennt, dass die Neugläubiger zur Geltendmachung ihres Schadens außerhalb des Insolvenzverfahrens berechtigt sind, ist diese Erschwernis auf der Grundlage des geltenden Rechts unvermeidbar (zur möglichen Erleichterung durch die analoge Anwendung des § 255 BGB s. RdNr. 255).

bb) Zuständigkeit. Die **sachliche Zuständigkeit** des Gerichts ergibt sich aus §§ 23, 71 **262** GVG.[723] Gerichtsstände befinden sich am allgemeinen Gerichtsstand des Antragspflichtigen (§ 12 ZPO) sowie am Gerichtsstand der unerlaubten Handlung (§ 32 ZPO).[724] Der Erfolgsort ist dort, wo der Schaden eingetreten ist, d.h. dort, wo die Forderung des Gläubigers belegen ist.[725] Dies wiederum ist der Sitz der Gesellschaft als Schuldnerin der Forderung.[726] Handlungsort ist der Ort, an dem die Pflichtverletzung begangen worden ist.[727] Dies ist ebenfalls der Sitz der Gesellschaft.[728]

---

[712] *K. Schmidt* JZ 1978, 661; *K. Schmidt* ZIP 1988, 1497; *K. Schmidt* NZI 1998, 9; *K. Schmidt* JurBl. 2000, 477; *K. Schmidt* KTS 2001, 373, 380 ff.; *K. Schmidt* ZIP 2005, 2177; *K. Schmidt* ZIP 2008, 1401, 1402; *K. Schmidt* ZIP 2009, 1551, 1553; zusf. *Scholz/K. Schmidt* GmbHG Anh. § 64 RdNr. 58.
[713] *Scholz/K. Schmidt* GmbHG Anh. § 64 RdNr. 58; *K. Schmidt* NZI 1998, 9 ff.; *K. Schmidt* ZGR 1998, 633, 668 f.; *GroßkommGmbHG-Casper* § 64 RdNr. 126; *Fritsche/Lieder* DZWiR 2004, 93, 101, 102; *Poertzgen*, 2005, S. 327 ff.; *Poertzgen* DZWiR 2007, 101; *Poertzgen* GmbHR 2011, 646, 648; für Österreich *K. Schmidt*, JurBl. 2000, 477, 484.
[714] *Scholz/K. Schmidt* GmbHG Anh. § 64 RdNr. 67; *K. Schmidt* NZI 1998, 9, 13; zust. *GroßkommGmbHG-Casper* § 64 RdNr. 130.
[715] *Wagner*, FS K. Schmidt, 2009, S. 1665, 1687 Fn. 92; iE ebenso *K. Schmidt* NZI 1998, 9, 13.
[716] *Scholz/K. Schmidt* GmbHG Anh. § 64 RdNr. 63; *Schulze-Osterloh*, FS Lutter, 2000, S. 707, 720.
[717] *Scholz/K. Schmidt* GmbHG Anh. § 64 RdNr. 58.
[718] Vgl. auch *Spindler/Stilz/Fleischer* § 92 RdNr. 78; *Fleischer* ZGR 2004, 437, 450 f.
[719] *Wagner*, FS K. Schmidt, 2009, S. 1665, 1685.
[720] So aber *GroßkommGmbHG-Casper* § 64 RdNr. 126.
[721] *Wagner*, FS K. Schmidt, 2009, S. 1665, 1684.
[722] *Scholz/K. Schmidt* GmbHG Anh. § 64 RdNr. 56; *K. Schmidt/Uhlenbruck/K. Schmidt* RdNr. 11.26.
[723] *Baumbach/Hueck/Haas*[19] § 64 RdNr. 142; *Saenger/Inhester/Kolmann* Vor § 64 RdNr. 258.
[724] *Baumbach/Hueck/Haas*[19] § 64 RdNr. 142; *Gottwald/Haas/Hossfeld* § 92 RdNr. 119; *Saenger/Inhester/Kolmann* Vor § 64 RdNr. 258.
[725] *Baumbach/Hueck/Haas*[19] § 64 RdNr. 142.
[726] *Baumbach/Hueck/Haas*[19] § 64 RdNr. 142.
[727] *Baumbach/Hueck/Haas*[19] § 64 RdNr. 142.
[728] *Baumbach/Hueck/Haas*[19] § 64 RdNr. 142.

263 Grundsätzlich ist der Rechtsweg zu den **Zivilgerichten** eröffnet (§ 13 GVG).[729] Zweifelhaft ist dies bei Insolvenzverschleppungsklagen von **Arbeitnehmern**. Teils sieht man die Zuständigkeit in diesen Fällen bei den Arbeitsgerichten, und zwar unabhängig davon, ob Alt-[730] oder Neugläubigerschäden[731] geltend gemacht werden. Diese Ansicht ist jedoch abzulehnen.[732] Der Haftungsanspruch aus § 823 Abs. 2 BGB i. V. m. § 15a InsO ist unabhängig von der Eigenschaft des Klägers als Arbeitnehmer.[733] Auch sind selten spezifische Fragen des Arbeitsrechts zu erörtern, mit denen die ordentliche Gerichtsbarkeit nicht auch im Übrigen, zB bei Klagen von Sozialversicherungsträgern oder der Bundesagentur für Arbeit, konfrontiert werden könnte. Erstreckt man die Zuständigkeit der Arbeitsgerichte sogar auf Klagen des Insolvenzverwalters gem. § 92 InsO, wird die Liquidation des Gesamtschadens erheblich erschwert.[734]

264 Wenig ausgeleuchtet ist die Frage der **internationalen Zuständigkeit**. Sie könnte sich sowohl nach der EuInsVO als auch nach der EuGVVO richten. Richtigerweise sollte man differenzieren: Die Zuständigkeit für die Klage des Insolvenzverwalters auf Ersatz des Quotenschadens richtet sich nach Art. 3 Abs. 1 EuInsVO.[735] Klagt ein Gläubiger auf Ersatz seines individuellen Insolvenzverschleppungsschadens, ist die EuGVVO, insbesondere deren Art. 5 Nr. 3, einschlägig.[736] Gleiches gilt für die Klage auf Ersatz des Altgläubigerschadens, wenn die Eröffnung des Verfahrens mangels Masse abgelehnt wird. Praktische Relevanz wird diese Unterscheidung jedoch nur selten haben, da auch die Anknüpfung an die EuGVVO zumeist zu einem Gerichtsstand am tatsächlichen Sitz der Gesellschaft führt.[737]

265 **cc) Darlegungs- und Beweislast. α) Überblick.** Die Verteilung der Darlegungs- und Beweislast richtet sich grundsätzlich nach den allgemeinen Regeln. Jede Partei muss also diejenigen Tatsachen vortragen und ggf. beweisen, die für sie günstig sind. Diese Regel wird im Hinblick auf das **Verschulden** jedoch durchbrochen, weil der BGH in ständiger Rechtsprechung davon ausgeht, dass der objektive Tatbestand der Insolvenzverschleppung eine Vermutung für das Verschulden begründet.[738] Außerdem gibt es vereinzelt Beweiserleichterungen.

266 Grundsätzlich trägt der **Kläger** also die Darlegungs- und Beweislast für den objektiven Tatbestand der Insolvenzverschleppung,[739] d.h. für die Eigenschaft des Beklagten als Antragspflichtiger[740], für den Eintritt des Insolvenzgrunds[741] sowie für das Nichtstellen des Antrags trotz Antragspflicht[742], für den Schaden[743] und für die haftungsausfüllende Kausalität[744]. Der **Beklagte** trägt die Darle-

---

[729] Vgl. *Thomas/Putzo/Hütege* § 13 RdNr. 12; *Saenger/Inhester/Kolmann* Vor § 64 RdNr. 259; *Musielak/Wittschier* § 13 GVG RdNr. 23.
[730] LAG Hamm BB 1997, 2656; *Gruss* BB 1995, 2586, 2587; vgl. auch BAG DB 1996, 1932.
[731] Hess LAG NZA-RR 2001, 154, 154 f.
[732] LAG Nürnberg BB 1995, 2586; *Baumbach/Hueck/Haas*[19] § 64 RdNr. 142; *Gottwald/Haas/Hossfeld* § 92 RdNr. 120.
[733] *Baumbach/Hueck/Haas*[19] § 64 RdNr. 142.
[734] *Baumbach/Hueck/Haas*[19] § 64 RdNr. 142.
[735] *Baumbach/Hueck/Haas*[19] § 64 RdNr. 142; *Renner*, Insolvenzverschleppungshaftung in internationalen Fällen, 2007, S. 131; *Weber*, Gesellschaftsrecht und Gläubigerschutz im Internationalen Zivilverfahrensrecht, 2011, S. 136 ff.
[736] *Baumbach/Hueck/Haas*[19] § 64 RdNr. 142; *Renner*, Insolvenzverschleppungshaftung in internationalen Fällen, 2007, S. 131; *Weber*, Gesellschaftsrecht und Gläubigerschutz im Internationalen Zivilverfahrensrecht, 2011, S. 149.
[737] Vgl. zum Parallelproblem der internationalen Zuständigkeit für den Anspruch bei Verstoß gegen gesellschaftsrechtliche Zahlungsverbote (zB § 64 GmbHG) OLG Karlsruhe NZG 2010, 509; *Wais* IPRax 2011, 138, 142.
[738] BGHZ 143, 184, 185 (§ 64 Abs. 1 GmbHG aF); BGH NJW 2149, 2150 (§ 64 Abs. 1 GmbHG aF).
[739] BGHZ 126, 181, 200 (§ 64 Abs.1 GmbH aF); BGHZ 164, 50, 57 (§ 64 Abs.1 GmbHG aF); BGHZ 171, 46 RdNr. 16 (§ 64 Abs. 1 GmbHG aF); BGH NJW 2007, 3130 RdNr. 12 (§ 64 Abs. 1 GmbHG aF); BGH NJW 2011, 2427 RdNr. 9 (§ 64 Abs. 1 GmbHG aF); OLG Koblenz DStR 2011, 929, 930 (§ 64 Abs. 1 GmbHG).
[740] Vgl. OLG Düsseldorf NZG 1999, 944, 946 (§ 64 Abs. 1 GmbHG aF).
[741] BGHZ 126, 181, 200 (§ 64 Abs.1); BGHZ 171, 46 RdNr. 16; BGH NJW 2007, 3130, 3131 RdNr. 14; BGH NZG 2009, 750 RdNr. 9 (§ 64 Abs. 1 GmbHG aF); BGH NJW 2011, 2427 RdNr. 9 (§ 64 Abs. 1 GmbHG aF); OLG Brandenburg NZG 2005, 602, 603 (§ 64 Abs. 1 GmbHG aF); OLG Düsseldorf NZG 1999, 944, 946 (§ 64 Abs. 1 GmbHG aF); OLG Koblenz NJW-RR 2003, 1198 (§ 64 Abs. 1 GmbHG aF); OLG Saarbrücken NZG 2001, 414, 415 (§ 64 Abs. 1 GmbHG aF); *Spindler/Stilz/Fleischer* § 92 RdNr. 75; *Scholz/K. Schmidt* GmbHG Anh. § 64 RdNr. 72; *Haas* NZG 1999, 379; *Römermann* NZG 2009, 854, 855.
[742] BGHZ 126, 181, 200 (§ 64 Abs. 1 GmbHG aF); BGHZ 171, 46 RdNr. 16 (§ 64 Abs. 1 GmbHG aF); BGH NZG 2009, 750 RdNr. 9 (§ 64 Abs. 1 GmbHG aF); BGH NJW 2011, 2427 RdNr. 9 (§ 64 Abs. 1 GmbHG aF); GroßkommGmbHG-*Casper* § 64 RdNr. 141; *Baumbach/Hueck/Haas*[19] § 64 RdNr. 143; *Saenger/Inhester/Kolmann* Vor § 64 RdNr. 253; MünchKommGmbHG-*H. F. Müller* § 64 RdNr. 181; *Scholz/K. Schmidt* GmbHG Anh. § 64 RdNr. 74.
[743] *Scholz/K. Schmidt* GmbHG Anh. § 64 RdNr. 72; inzident BGH NZG 2009, 750 RdNr. 17 (§ 64 Abs. 1 GmbHG aF).
[744] *Baumbach/Hueck/Haas*[19] § 64 RdNr. 144.

gungs- und Beweislast für sein fehlendes Verschulden[745], für das Mitverschulden des Klägers sowie für den Einwand rechtmäßigen Alternativverhaltens[746].

β) Überschuldung. αα) Grundsatz. Häufig wirft der Nachweis der Überschuldung Fragen auf. Im Grundsatz muss der Kläger sie anhand einer **Überschuldungsbilanz** beweisen, in der die Vermögenswerte der Gesellschaft mit ihren aktuellen Verkehrs- oder Liquidationswerten auszuweisen sind.[747] In der Rechtsprechung sind folgende **Beweiserleichterungen** anerkannt:

- Der **beklagte** Geschäftsleiter trägt wegen seiner größeren Sachnähe und fortlaufenden Beobachtungspflicht[748] die Darlegungs- und Beweislast dafür, dass bei der Prüfung der Überschuldung von einer **Fortführungsprognose** auszugehen war.[749] Dies gilt sowohl für den einstufigen[750] als auch für den zweistufigen Überschuldungsbegriff.[751] Die Erfüllung der Darlegungslast setzt eine umfassende Einschätzung der Unternehmenslage voraus.[752] Erforderlich ist grundsätzlich ein aussagekräftiger, schriftlich dokumentierter Ertrags- und Finanzplan.[753] S. im Übrigen § 19 RdNr. 63.
- Eine in der **(fortgeschriebenen) Handelsbilanz** ausgewiesene Unterdeckung hat nach st. Rspr. „indizielle Bedeutung"[754]. Legt der Kläger eine solche Bilanz vor, hat er jedenfalls die Ansätze dieser Bilanz daraufhin zu überprüfen und zu erläutern, ob und gegebenenfalls in welchem Umfang stille Reserven oder sonstige aus ihr nicht ersichtliche Vermögenswerte vorhanden sind.[755] Ist der Anspruchsteller diesen Anforderungen nachgekommen, muss der Beklagte im Rahmen einer sekundären Darlegungslast im Einzelnen vortragen, welche stillen Reserven oder sonstigen relevanten Werte in der Handelsbilanz nicht abgebildet sind.[756]
- Kann der Kläger den Nachweis der Überschuldung nur deshalb nicht führen, weil der Beklagte seine Pflicht zur Führung und **Aufbewahrung von Büchern und Belegen** (vgl. §§ 257 HGB, 273 Abs. 2 AktG, 74 Abs. 2 GmbHG) verletzt hat, gilt der Nachweis nach dem Rechtsgedanken der §§ 427, 441 Abs. 3, 444, 446, 453 Abs. 2, 454 Abs. 2 ZPO, § 242 BGB als geführt.[757]

---

[745] BGHZ 126, 181, 200 (§ 64 Abs. 1 GmbHG aF); BGHZ 143, 184, 185 (§ 64 Abs. 2 GmbHG aF); BGHZ 171, 46 RdNr. 8 (§ 64 Abs. 1 GmbHG aF); BGH NJW 2007, 2118 RdNr. 15 (§ 92 Abs. 2 AktG aF); BGH NJW 2011, 2427 RdNr. 38 (§ 64 Abs. 1 GmbHG aF); OLG Köln NZG 2001, 411 (§ 64 Abs. 1 GmbHG aF); OLG Saarbrücken NJW-RR 2008, 1621, 1622 (§ 64 Abs. 1 GmbHG aF); GroßkommGmbHG-*Casper* § 64 RdNr. 141; *Lutter/Hommelhoff/Kleindiek* Anh zu § 64 RdNr. 70; *Saenger/Inhester/Kolmann* Vor § 64 RdNr. 254; *Scholz/K. Schmidt* GmbHG Anh. § 64 RdNr. 74; *Bitter* ZInsO 2010, 1561, 1573; *Strohn* ZInsO 2009, 1417, 1424; *Wagner*, FS K. Schmidt, 2009, S. 1665, 1688.

[746] BGHZ 175, 58 RdNr. 25 (§ 826 BGB); *Wagner/Bronny* ZInsO 2009, 622, 626; iE ebenso *Baumbach/Hueck/Haas*[19] § 64 RdNr. 144.

[747] BGHZ 146, 264, 268 (§ 64 Abs. 2 GmbHG aF); BGH NZG 2009, 750 RdNr. 9 (§ 64 Abs. 1 GmbHG aF); BGH NJW-RR 2010, 1048 RdNr. 19 (§ 99 GenG aF); BGH NJW 2011, 2427 RdNr. 33 (§ 64 Abs. 1 GmbHG aF); BGH NZG 1999, 944, 946 (§ 64 Abs. 1 GmbHG aF); kritisch zur Beweislast des Klägers *Roth/Altmeppen/Altmeppen* Vor § 64 RdNr. 39.

[748] OLG Celle NZG 2002, 730, 731 (§ 64 Abs. 1 GmbHG aF).

[749] BGH NZI 2007, 44 RdNr. 3 (§ 64 Abs. 2 GmbHG aF); BGH NZG 2009, 750 RdNr. 11 (§ 64 Abs. 1 GmbHG aF); BGH NZG 2010, 1393 RdNr. 11 (§ 64 Abs. 2 GmbHG aF); OLG Koblenz NJW-RR 2003, 1198 (§ 64 Abs. 1 GmbHG aF); OLG Saarbrücken NZG 2001, 414, 415 (§ 64 Abs. 1 GmbHG aF); nur die Darlegungslast erwähnend BGHZ 126, 181, 200 (§ 64 Abs. 1 GmbHG aF); BGH NJW 2011, 2427 RdNr. 31 (§ 64 Abs. 1 GmbHG aF); OLG Köln NZG 2001, 411 (§ 64 Abs. 1 GmbHG aF); *Lutter/Hommelhoff/Kleindiek* Anh zu § 64 RdNr. 70; aA OLG Düsseldorf GmbHR 1999, 718; *Bork* ZGR 1995, 505, 521 (Darlegungslast beim Antragspflichtigen; bei qualifiziertem Bestreiten jedoch Beweislast für negative Fortführungsprognose beim Gläubiger).

[750] BGH NZI 2007, 44 RdNr. 3 (§ 64 Abs. 2 GmbHG aF); BGH NZG 2009, 750 RdNr. 11 (§ 64 Abs. 1 GmbHG aF); BGH NZG 2010, 1393 RdNr. 11 (§ 64 Abs. 2 GmbHG aF); OLG Celle NZG 2002, 730, 731 (§ 64 Abs. 1 GmbHG aF); OLG Koblenz NJW-RR 2003, 1198 (§ 64 Abs. 1 GmbHG aF).

[751] *Lutter/Hommelhoff/Kleindiek* Anh zu § 64 RdNr. 70; *Strohn* ZInsO 2009, 1417, 1423; dies aus der Sicht des II. Senats prognostizierend *Goette* DStR 2006, 2186.

[752] BGH NJW 2011, 2427 RdNr. 31 (§ 64 Abs. 1 GmbHG aF); BGH NZI 2007, 44 RdNr. 3 (§ 64 Abs. 2 GmbHG aF); BGH NZG 2010, 1393 RdNr. 13 (§ 64 Abs. 2 GmbHG aF).

[753] BGH NZI 2007, 44 RdNr. 3 (§ 64 Abs. 2 GmbHG aF); BGH 2010, 1393 RdNr. 13 (§ 64 Abs. 2 GmbHG aF); *Strohn* ZInsO 2009, 1417, 1423.

[754] BGH NZG 2009, 750 RdNr. 9 (§ 64 Abs. 1 GmbHG aF); BGH NJW 2009, 2454 RdNr. 10 (§ 92 Abs. 2 AktG aF); BGH NJW-RR 2010, 1048 RdNr. 19 (§ 99 GenG aF); BGH NJW 2011, 2427 RdNr. 33 (§ 64 Abs. 1 GmbHG aF); offen noch BGHZ 146, 264, 268 (§ 64 Abs. 2 GmbHG aF).

[755] BGHZ 146, 264, 268; BGH NZG 2005, 482, 483; BGH NJW 2009, 2454 RdNr. 10 (§ 92 Abs.2 AktG aF); BGH NZG 2009, 750 RdNr. 9 (§ 64 Abs. 1 GmbHG aF); BGH NJW 2011, 2427 RdNr. 33 (§ 64 Abs. 1 GmbHG aF).

[756] BGH NJW 2009, 2454 RdNr. 10 (§ 92 Abs. 2 AktG aF); BGH NZG 2009, 750 RdNr. 9 (§ 64 Abs. 1 GmbHG aF); BGH NJW 2011, 2427 RdNr. 33 (§ 64 Abs. 1 GmbHG aF).

[757] BGH NJW 2007, 3130 RdNr. 14 (§ 64 Abs. 1 GmbHG aF); aA OLG Brandenburg NZG 2005, 602, 603 f. (§ 64 Abs. 1 GmbHG aF) (keine Beweiserleichterung); *Oechsler*, FS Uwe H. Schneider, 2011, S. 913, 927 (bloßer Anscheinsbeweis für den Eintritt der Überschuldung).

– Ist die **Insolvenzreife** für einen **früheren Zeitpunkt** bewiesen, so gilt der Nachweis der im Zeitpunkt des Geschäftsabschlusses noch andauernden Verletzung der Insolvenzantragspflicht jedenfalls bei relativ zeitnah erteilten Aufträgen als geführt, wenn der Beklagte nicht seinerseits darlegt, dass im Zeitpunkt der Auftragserteilung die Überschuldung nachhaltig beseitigt und damit die Antragspflicht wieder entfallen war.[758] Von einem solchen Zeitraum ist jedenfalls bei neun Monaten[759], möglicherweise sogar noch bei zwölf Monaten[760] auszugehen. Eine von der Massenlosigkeit ausgehende Vermutung dafür, dass die Gesellschaft schon zu einem früheren Zeitpunkt überschuldet war, hat der BGH bisher nicht anerkannt.[761]

268 ββ) **Modifikationen bei Führungslosigkeit?** Die vorstehenden Grundsätze sind von der Rechtsprechung in **Prozessen gegen Geschäftsleiter** und Liquidatoren entwickelt worden. Daher stellt sich die Frage, ob sie unmodifiziert zur Anwendung kommen, wenn der Beklagte ein gem. § 15 Abs. 3 InsO antragspflichtiger Gesellschafter oder Aufsichtsrat ist. Einerseits könnte man darauf verweisen, dass die Grundlage der obigen Beweiserleichterungen in dem besseren Zugang der Geschäftsleiter zu den Informationen über die Finanzlage der Gesellschaft liegt. Dann dürften die Beweiserleichterungen zu Lasten von Aufsichtsräten und Gesellschaftern nur angewendet werden, wenn diese in concreto über ähnliche Informationsvorteile verfügten. Andererseits ist die in § 15a Abs. 3 InsO zum Ausdruck kommende gesetzgeberische Entscheidung zu berücksichtigen, wonach die Gesellschafter und Aufsichtsratsmitglieder das Risiko der Führungslosigkeit tragen und in die Pflichten der Geschäftsleiter eintreten sollen. Da ihnen darüber hinaus die Aufgabe zukommt, die Geschäftsleiter zu überwachen, bzw. da sie zur Überwachung jedenfalls besser in der Lage sind als Gläubiger, sollten die Beweiserleichterungen **auch zu ihren Lasten** Anwendung finden.

269 γ) **Schaden.** Die Darlegungs- und Beweislast für den Insolvenzverschleppungsschaden trägt der Kläger. Es gilt § 287 ZPO. Ergänzend[762] kommt bei der Berechnung des entgangenen Gewinns § 252 Satz 2 BGB zur Anwendung. Macht der Kläger entgangenen Gewinn geltend, weil er seine Ressourcen nicht anderweitig eingesetzt hat, geht der BGH grundsätzlich davon aus, dass ein auf **Rentabilität ausgerichteter Geschäftsbetrieb** ausgelastet war.[763] Der Beklagte muss dann den Gegenbeweis erbringen, dass der Kläger keine anderweitige Verwendung für seine Kapazitäten gehabt hätte.[764] Es besteht jedoch keine Vermutung, dass ein **Arbeitnehmer** ohne die Insolvenzverschleppung das Arbeitsverhältnis nicht eingegangen wäre oder fristlos beendet und sofort einen anderen Arbeitsplatz gefunden hätte.[765]

270 δ) **Haftungsausfüllende Kausalität.** Der Kläger muss die Voraussetzungen der haftungsausfüllenden Kausalität darlegen und ggf. beweisen. Auch insoweit kommt ihm die Beweiserleichterung des § 287 ZPO zugute.[766] Der Beklagte trägt jedoch – wie üblich – die Darlegungs- und Beweislast für den Einwand des rechtmäßigen Alternativverhaltens. Gleiches gilt, wenn sich der Beklagte auf eine zwischenzeitliche Erholung beruft.[767]

271 e) **Haftung mehrerer.** Sind mehrere Antragspflichtige mit- oder nebeneinander nach § 823 Abs. 2 BGB i. V. m. § 15a InsO haftbar, so haften sie als Mit- oder Nebentäter gesamtschuldnerisch (§§ 830, 840 BGB).[768] Der **Innenausgleich** richtet sich nach § 426 BGB. Für die Verteilung der Schadenslast im Innenverhältnis gelten die Grundsätze zu § 840 BGB, d.h., es ist eine Abwägung nach Art und Schwere der Pflichtwidrigkeit und des Verschuldens vorzunehmen. Trifft die unmittelbare Schädigung eines Antragspflichtigen mit der Verletzung einer Überwachungspflicht eines ande-

---

[758] BGH NJW 2007, 3130 RdNr. 15 (§ 64 Abs. 1 GmbHG aF) (unter fälschlicher Berufung auf BGHZ 164, 50, 55 f.); BGH NJW 2011, 2427 RdNr. 10 (§ 64 Abs. 1 GmbHG aF).
[759] BGH NJW 2011, 2427 RdNr. 10 (§ 64 Abs. 1 GmbHG aF).
[760] Vgl. BGH NJW 2007, 3130 RdNr. 15 (§ 64 Abs. 1 GmbHG aF): Nachweis der Insolvenzreife für Ende 1994 erbracht, Auftragserteilung von Juni bis Dezember 1995. In BGH NJW 2011, 2427 RdNr. 10 (§ 64 Abs. 1 GmbHG aF) wird dieses Urteil allerdings nur als Referenz für einen neunmonatigen Zeitraum herangezogen.
[761] Nach *Scholz/K. Schmidt* GmbHG Anh. § 64 RdNr. 72 spricht in diesem Fall ein erster Anschein für die Verschleppung.
[762] Allg. dazu *Palandt/Grüneberg* § 252 RdNr. 4.
[763] OLG Celle NZG 2002, 730, 733 (§ 64 Abs. 1 GmbHG aF); OLG Celle BauR 2005, 1195, 1196 (§ 64 Abs. 1 GmbHG aF); ähnlich OLG Koblenz NJW-RR 2000, 182, 183 (§ 64 Abs. 1 GmbHG aF).
[764] OLG Celle NZG 2002, 730, 733 (§ 64 Abs. 1 GmbHG aF).
[765] BGH NZG 2003, 923, 924 (§ 64 Abs. 1 GmbHG aF); LAG Brandenburg BB 2005, 2196 (§ 64 Abs. 1 GmbHG aF).
[766] Allg. BGH NJW 1998, 3417, 3418; BGH NJW 2000, 1572, 1573; MünchKommZPO-*Prütting* § 287 RdNr. 13; *Thomas/Putzo/Reichold* § 287 RdNr. 4.
[767] BGH NJW 2007, 3130, 3131 RdNr. 15 (§ 64 Abs. 1 GmbHG aF); OLG Celle NZG 1999, 1160, 1160 f. (§ 64 Abs. 1 GmbHG aF); MünchKommGmbHG-*H. F. Müller* § 64 RdNr. 180.
[768] MünchKommGmbHG-*H. F. Müller* § 64 RdNr. 194; *Scholz/K. Schmidt* GmbHG Anh. § 64 RdNr. 78.

ren Antragspflichtigen zusammen (zB bei entsprechender Geschäftsverteilung unter mehreren Geschäftsleitern), trägt nach dem Rechtsgedanken des § 840 Abs. 2 BGB der unmittelbare Schädiger grds. den gesamten Schaden.[769] Gleiches gilt im Verhältnis von gem. § 15a Abs. 1 u. 2 InsO primär und gem. § 15a Abs. 3 InsO subsidiär Antragspflichtigen; hier tragen Erstere im Innenverhältnis den gesamten Schaden.

f) Verzicht und Vergleich. Neugläubiger können auf ihren Schadensersatzanspruch gem. 272 § 823 Abs. 2 BGB i. V. m. § 15a InsO verzichten[770] und sich hierüber vergleichen[771]. Eine entsprechende Befugnis des Insolvenzverwalters besteht nicht.[772]

Umstritten ist, ob und ggf. wer über den Anspruch der Altgläubiger auf Ersatz des **Quotenscha-** 273 **dens** verfügen darf. Da das Gesetz diesen Anspruch nicht der Gesellschaft, sondern den einzelnen Gläubigern zuweist, kommt eine analoge Anwendung der §§ 64 S. 4, 43 Abs. 3, 9b Abs. 1 GmbHG – also eine grundsätzliche Verzichts- und Vergleichsmöglichkeit der Gesellschaft – nicht in Betracht.[773] Jedoch kann sich der Insolvenzverwalter (im Falle der Eigenverwaltung: der Sachwalter), der den Quotenschaden gem. § 92 InsO geltend macht, in den Grenzen des Insolvenzzwecks über den Anspruch vergleichen[774] und hierauf verzichten.[775]

2. Haftung Dritter. a) Überblick. Nicht nur Antragspflichtige können in Insolvenzverschlep- 274 pungsfällen haften, sondern auch andere Personen. Zu denken ist vor allem an die Gesellschafter, aber auch an einzelne Gläubiger, die den Antragspflichtigen möglicherweise zur Verzögerung des Insolvenzantrags gedrängt haben. In Betracht kommt auch eine Haftung von Steuerberatern, Anwälten und Wirtschaftsprüfern, die die Gesellschaft in der Krise beraten haben.[776] Die Haftung kann gegenüber den Gesellschaftsgläubigern, gegenüber der Gesellschaft oder gegenüber dem Antragspflichtigen bestehen. Als Haftungsgründe kommen die Teilnahme an dem Insolvenzverschleppungsdelikt des Antragspflichtigen (RdNr. 275 ff.) oder von den Voraussetzungen des § 15a InsO unabhängige („eigene") Haftungstatbestände in Betracht (RdNr. 279 ff.). Liegen die Voraussetzungen faktischer Organschaft vor, kann sich auch eine Haftung aus § 823 Abs. 2 BGB i. V. m. § 15a InsO ergeben.

b) Teilnehmerhaftung. Die **Insolvenzverschleppung** ist ein Sonderdelikt (RdNr. 142). Wer 275 nicht gem. § 15a InsO antragspflichtig ist, kann nicht als Täter gem. § 823 Abs. 2 BGB i. V. m. § 15a InsO haften. Denkbar ist jedoch eine Haftung als Teilnehmer am Insolvenzverschleppungsdelikt des Antragspflichtigen (§ 823 Abs. 2 BGB i. V. m. § 15a InsO, § 830 Abs. 2 BGB).[777]

Voraussetzung hierfür ist neben dem Vorsatz des Teilnehmers bezüglich der Haupttat und seiner 276 Teilnahmehandlung[778], dass der **Antragspflichtige vorsätzlich gegen § 15a InsO verstößt**[779]. An diesem doppelten Vorsatzerfordernis ist trotz kritischer Stimmen in der Literatur festzuhalten.[780] Es entspricht der allgemeinen deliktsrechtlichen Dogmatik, dass sich die Voraussetzungen der Teilnehmerhaftung gem. § 830 Abs. 2 BGB nach strafrechtlichen Grundsätzen richten.[781] Dies ist sachlich

---

[769] Vgl. zur gleich gelagerten Diskussion im Rahmen der allgemeinen gesellschaftsrechtlichen Geschäftsführerhaftung MünchKommGmbHG-*Fleischer* § 43 RdNr. 319; *Bork/Schäfer/Klöhn* § 43 RdNr. 64; *Konzen* NJW 1989, 2977, 2987 f.; restriktiver Krieger/U.H. Schneider-*Altmeppen*, Hdb. Mangerhaftung, § 7 RdNr. 79.
[770] GroßkommGmbHG-*Casper* § 64 RdNr. 142; *Scholz/K. Schmidt* GmbHG Anh. § 64 RdNr. 75.
[771] *Scholz/K. Schmidt* GmbHG Anh. § 64 RdNr. 75.
[772] *Scholz/K. Schmidt* GmbHG Anh. § 64 RdNr. 76 (kritisch).
[773] *Baumbach/Hueck/Haas*[19] § 64 RdNr. 145; aA GroßkommGmbHG-*Casper* § 64 RdNr. 142; *Scholz/K. Schmidt* GmbHG Anh. § 64 RdNr. 75.
[774] *Lutter/Hommelhoff/Kleindiek* Anh zu § 64 RdNr. 78; *Baumbach/Hueck/Haas*[19] § 64 RdNr. 132; *Haas* ZIP 2009, 1257, 1260
[775] *Baumbach/Hueck/Haas*[19] § 64 RdNr. 132; *Haas* ZIP 2009, 1257, 1260.
[776] Allg. dazu *Ehlers* NZI 2008, 211; *Gräfe* DStR 2010, 618; *Reck* ZInsO 2000, 121.
[777] BGHZ 75, 96, 107 (§ 92 Abs. 2 AktG aF iVm. § 283 Nr. 14 AktG); BGHZ 164, 50, 57 ff. (§ 64 Abs. 1 GmbHG aF); GroßkommGmbHG-*Casper* § 64 RdNr. 163; *Spindler/Stilz/Fleischer* § 92 RdNr. 82; GroßkommAktG-*Habersack* § 92 RdNr. 84; KölnKommAktG-*Mertens/Cahn* Anh. § 92 RdNr. 35; MünchKommAktG-*Spindler* § 92 RdNr. 68; *Büchler* InsVZ 2010, 68, 73; *Ehricke* ZGR 2000, 351, 356 ff.
[778] Dazu BGHZ 75, 96, 107 (§ 92 Abs. 2 AktG aF iVm. § 283 Nr. 14 AktG); BGHZ 164, 50, 57 (§ 64 Abs. 1 GmbHG aF); GroßkommGmbHG-*Casper* § 64 RdNr. 163.
[779] BGHZ 75, 96, 107 (§ 92 Abs. 2 AktG aF iVm. § 283 Nr. 14 AktG); BGHZ 164, 50, 57 (§ 64 Abs. 1 GmbHG aF); GroßkommGmbHG-*Casper* § 64 RdNr. 163; *Bayer/Lieder* WM 2006, 1, 9 ff.; *Froehner* ZInsO 2011, 1617, 1620 f.; *Wagner*, FS K. Schmidt, 2009, S. 1665, 1690.
[780] Gegen das Erfordernis einer vorsätzlichen Insolvenzverschleppung des Haupttäters *Scholz/K. Schmidt* GmbHG Anh. § 64 RdNr. 79; *Kühn*, Die Konkursantragspflicht bei Überschuldung einer GmbH, 1969, S. 98 ff.; *Hommelhoff/Schwab*, FS Kraft, 1998, S. 263, 269; *Konow* GmbHR 1975, 104, 106; *K. Schmidt* JZ 1978, 661, 666; *Ehricke* ZGR 2000, 351, 358 ff.
[781] BGHZ 8, 288, 292; BGHZ 63, 124, 126; BGHZ 89, 383, 389; BGHZ 137, 89, 102; BGHZ 164, 50, 57 (§ 64 Abs. 1 GmbHG aF); MünchKommBGB-*Wagner* § 830 RdNr. 7.

gut begründet, denn ohne das Vorsatzerfordernis drohen die Konturen der Zurechnungsnorm des § 830 Abs. 2 BGB zu verschwimmen.[782] Schließlich drohen auch keine unzumutbaren Haftungslücken, da derjenige, der die fahrlässige oder schuldlose Insolvenzverschleppung des Antragspflichtigen kennt und unterstützt, gem. § 826 BGB haften kann (RdNr. 295).[783]

277 Rechtsanwälte, Steuerberater, Wirtschaftsprüfer und andere Berater können wegen der Teilnahme an den Delikten des Antragspflichtigen haften. In diesen Fällen stellt sich häufig die Frage, inwieweit **berufstypische „neutrale" Unterstützungshandlungen** eine Beihilfe begründen können.[784] Nach der straf- und zivilrechtlichen Rechtsprechung zu dieser Problematik gelten die folgenden Grundsätze: *Weiß* der Berater, dass das Handeln des Antragspflichtigen ausschließlich auf die Insolvenzverschleppung gerichtet ist und leistet er gleichwohl Hilfe, so verliert seine Handlung den berufstypischen sozialadäquaten Charakter und kann als Beihilfe i. S. d. § 830 Abs. 2 BGB qualifiziert werden.[785] *Hält der Berater es lediglich für möglich*, dass der Antragspflichtige die Insolvenz verschleppen will, so ist sein Handeln regelmäßig noch nicht als Beihilfehandlung zu beurteilen, es sei denn, der Täter war erkennbar tatgeneigt.[786] Dies ist insbesondere dann zu bejahen, wenn der Berater bewusst die Augen verschließt und den Antragspflichtigen „schalten und walten" lässt.[787]

278 Eine **Beihilfe durch Unterlassen**, zB durch Nichtaufklärung über die Notwendigkeit, einen Insolvenzantrag zu stellen, setzt eine Garantenstellung voraus. Diese kann nicht allein aus einschlägigen Berufspflichten, etwa der Rechtsanwälte oder Steuerberater[788], hergeleitet werden, da diese Normen grundsätzlich nur die Lauterkeit der Berufsausübung schützen wollen.

279 **c) Eigene Haftungstatbestände. aa) Haftung gegenüber der Gesellschaft.** Denkbar ist die Verwirklichung einer Reihe von Haftungstatbeständen, die nicht antragspflichtige Dritte zum Schadensersatz gegenüber der Gesellschaft verpflichten. Dies gilt zunächst für **Gesellschafter**, die wegen der Verletzung gesellschaftsrechtlicher Pflichten (insbesondere ihrer Treuepflicht) oder aufgrund spezieller Haftungsnormen zum Schadensersatz verpflichtet sein können (zB § 117 Abs. 1 Satz 1 AktG). Die größte praktische Bedeutung hat die **Haftung wegen existenzvernichtenden Eingriffs**, die der BGH auf § 826 BGB stützt und die als Innenhaftung ausgestaltet ist.[789]

280 Rechtsanwälte, Steuerberater, Wirtschaftsprüfer und andere **Berater** können vor allem wegen Verletzung ihrer vertraglichen Pflichten gegenüber der Gesellschaft zum Schadensersatz verpflichtet sein. Grundsätzlich müssen Steuerberater ihre Mandanten auf die Notwendigkeit der Antragstellung hinweisen, wenn sie erkannt haben, dass die Gesellschaft insolvent ist oder die Insolvenz droht.[790] Dies gilt auch dann, wenn sie nur mit der Bilanzerstellung, nicht aber mit der laufenden Finanzbuchhaltung betraut sind.[791] Ebenso müssen grundsätzlich auch Anwälte über die Pflicht zur Antragstellung aufklären, wenn sie Kenntnis von der Insolvenzreife erlangen.[792] Die Kenntnis des Antragspflichtigen von der Insolvenz schließt eine Aufklärungspflicht über deren rechtliche Konsequenzen nicht aus.[793] Zu berücksichtigen ist aber auch hier, dass der **Gesellschaft** *infolge der Insolvenzverschleppung* grundsätzlich **kein ersatzfähiger Schaden** entsteht – dieser entsteht bei den Alt- und Neugläubigern (RdNr. 94). Daneben kommt eine Haftung wegen der Verletzung spezieller Schutzgesetze oder Straftatbestände in Betracht, etwa gem. § 823 Abs. 2 BGB i. V. m. § 266 StGB.

281 **Gläubiger** können der Gesellschaft vor allem gem. § 143 InsO i. V. m. §§ 129 ff. InsO zur Rückgewähr dessen verpflichtet sein, was sie durch die anfechtbare Handlung erlangt haben. Daneben

---

[782] *Wagner*, FS K. Schmidt, 2009, S. 1665, 1691.
[783] *Wagner*, FS K. Schmidt, 2009, S. 1665, 1691.
[784] OLG Köln (St) BeckRS 2011, 03078 sub II.3; *Froehner* ZInsO 2011, 1617 1621.
[785] OLG Köln (St) BeckRS 2011, 03078 sub II.3.; allg. BGHSt 46, 107, 112 f.; BGH NStZ 2000, 34; BGH NJW 2001, 2409, 2410; BGH NJW 2003, 2996, 2999; BGH NJW-RR 2011, 197, 201 47; BGH NZG 2011, 69 RdNr. 47.
[786] OLG Köln (St) BeckRS 2011, 03078 sub II.3.; allg. BGHSt 46, 107, 112 f.; BGH NStZ 2000, 34; BGH NJW 2003, 2996, 2999.; BGH NZG 2011, 69 RdNr. 47.
[787] Vgl. in anderem Zusammenhang BGH NJW-RR 2011, 1193 RdNr. 32; BGH WM 2011, 548 RdNr. 41; BGH NJW-RR 2011, 844, 846 RdNr. 50.
[788] MünchKommGmbHG-*Wißmann* § 84 RdNr. 87; in Bezug auf die Garantenstellung des Steuerberaters hinsichtlich einer Steuerhinterziehung *C. Lange* DStR 2007, 954, 956.
[789] BGHZ 173, 246 (Trihotel); BGHZ 176, 204 (GAMMA); BGHZ 179, 344 (Sanitary).
[790] OLG Schleswig ZInsO 2011, 2280, 2285; LG Stuttgart DStR 2011, 288; *Büchler* InsVZ 2010, 68, 71; *Ehlers* NZI 2008, 211, 212; *Wagner/Zabel* NZI 2008, 660, 663;*Wagner* ZInsO 2009, 449; *Zugehör* NZI 2008, 652, 654; offen OLG Celle ZInsO 2011, 1004, 1106.
[791] OLG Schleswig ZInsO 2011, 2280, 2284 f.
[792] BGH NJW 2001, 517, 518.
[793] AA OLG Schleswig, GI 1993, 373 (2. Ls.); LG Koblenz DStRE 2010, 647, (1. Ls.), 648; dagegen wiederum *M. Wagner* EWiR 2010, 317, 318.

können sie wegen der Verletzung ihres Vertrags mit der Gesellschaft, wegen des Verstoßes gegen spezielle Schutzgesetze oder gem. § 826 BGB (RdNr. 295 ff.) haften.[794]

bb) Haftung gegenüber Gläubigern. Mangels Vertrags und außervertraglichen Schuldverhältnisses kommt eine Haftung Dritter gegenüber den Gläubigern der insolventen Gesellschaft nur aufgrund besonderer Normen in Betracht. Zu denken ist etwa an die sog. „Expertenhaftung", deren Grundlage der BGH in einem Vertrag mit Schutzwirkung zugunsten Dritter sieht.[795] Schließlich kommt unter den allgemeinen Voraussetzungen eine deliktische Haftung in Betracht, vor allem gem. § 826 BGB.[796] Verstoßen Rechtsanwälte, Wirtschaftsprüfer und andere Berater gegen **Berufsrecht**, so haften sie allein deswegen grds. nicht gem. § 823 Abs. 2 BGB, da diese Vorschriften die allgemeine Lauterkeit der Berufsausübung schützen und daher nicht als Schutzgesetze zu qualifizieren sind.[797]

cc) Haftung gegenüber Antragspflichtigen. Antragspflichtige, die gem. § 823 Abs. 2 BGB i. V. m. § 15a InsO haften, können Regressansprüche gegen nicht antragspflichtige Dritte haben. Zu denken ist einerseits an den **Gesamtschuldnerausgleich** im Verhältnis mehrerer am Insolvenzverschleppungsdelikt Beteiligter (§§ 830, 840, 426 BGB). In Betracht kommen andererseits besondere Ansprüche des Antragspflichtigen auf vertraglicher, quasi-vertraglicher und gesetzlicher Grundlage. Insbesondere können die Geschäftsleiter der Insolvenzschuldnerin in den **Schutzbereich** eines (Steuer-)Beratungsvertrags mit der Gesellschaft einbezogen sein.[798]

3. Weitere Anspruchsgrundlagen der Gläubiger. a) Culpa in Contrahendo. aa) Allgemeine Vorbemerkungen. Gesellschaftsgläubiger, die infolge der Insolvenzverschleppung einen Schaden erlitten haben, können unter Umständen Ansprüche gegen die am Vertragsschluss mitwirkenden Personen aus *culpa in contrahendo* (c.i.c.) geltend machen (sog. Eigenhaftung gem. §§ 280 Abs. 1, 241 Abs. 2, 311 Abs. 2 u. 3 BGB). Diese Haftung ist in einigen Punkten **günstiger als die Insolvenzverschleppungshaftung** gem. § 823 Abs. 2 i. V. m. § 15a InsO. Der Kreis der Haftungsadressaten ist nicht auf die gem. § 15a InsO Antragspflichtigen beschränkt und kann zB auch Gesellschafter erfassen, die an den Vertragsverhandlungen mitwirken.[799] Handlungen Dritter können dem aus c.i.c. Haftenden gem. § 278 BGB zugerechnet werden. Schließlich profitiert der Gläubiger von der Beweislastumkehr gem. § 280 Abs. 1 Satz 2 BGB (zu den idR § 823 Abs. 2 i. V. m. § 15a InsO eingreifenden Beweiserleichterungen s. RdNr. 265 ff.). **Keine Bedeutung** hat die Eigenhaftung aus c.i.c. im Hinblick auf den **ersatzfähigen Schaden**. Seitdem der BGH anerkannt hat, dass Neugläubiger gem. § 823 Abs. 2 i. V. m. § 15a InsO ihr volles negatives Interesse erhalten, entspricht der gem. §§ 280 Abs. 1, 241 Abs. 2, 311 Abs. 2 u. 3 BGB zu ersetzende Schaden der Rechtsfolge des § 823 Abs. 2 i. V. m. § 15a InsO.[800] Die **praktische Relevanz** der *culpa in contrahendo* ist gering, da der BGH die Voraussetzungen einer Eigenhaftung mittlerweile sehr streng fasst (RdNr. 285 ff.)[801]

bb) Voraussetzungen. α) Vorvertragliches Schuldverhältnis. Das für die Haftung aus c.i.c. erforderliche vorvertragliche Schuldverhältnis besteht grundsätzlich zwischen dem Gläubiger und der Gesellschaft.[802] Eine Eigenhaftung von Personen, die – wie zB die Geschäftsleiter der Gesellschaft – nicht Vertragspartner werden sollen, ist zwar möglich (§ 311 Abs. 3 Satz 1 BGB), kommt aber nur unter besonderen Voraussetzungen in Betracht.

Denkbar ist eine *culpa in contrahendo* bei der Inanspruchnahme eines **besonderen persönlichen Vertrauens,** wenn der Dritte hierdurch die Vertragsverhandlungen oder den Vertragsschluss erheblich beeinflusst (§ 311 Abs. 3 Satz 2 BGB).[803] Ein solches Vertrauen ist nach der Rechtsprechung des BGH begründet, wenn der Schuldner eine über das normale Verhandlungsvertrauen hinausge-

---

[794] BGHZ 162, 143, 155 f.
[795] BGHZ 138, 257, 260 ff.; BGHZ 167, 155, 161 f.; BGH NJW-RR 2002, 1528, 1528.
[796] Dazu *Wagner*, FS K. Schmidt, 2009, S. 1665, 1691.
[797] *Staudinger/Hager* § 823 RdNr. G 55; *Bamberger/Roth/Spindler* § 823 RdNr. 188; *Palandt/Sprau* § 823 RdNr. 68.
[798] BGH NZG 2011, 1384 RdNr. 5 ff.; *Schmittmann* ZInsO 2008, 1170, 1172 f.; *M. Wagner/Zabel* NZI 2008, 660, 663 ff.; *M. Wagner* EWiR 2012, 11, 12; aA OLG ZInsO 2011, 1004, 1008; OLG Schleswig ZInsO 2011, 2280 (1. Ls.), 2283 ff.; *Gräfe* DStR 2010, 670 f.
[799] *Scholz/K. Schmidt* GmbHG Anh. § 64 RdNr. 83; *K. Schmidt* ZIP 1988, 1497, 1503 f.
[800] *Wagner*, FS K. Schmidt, 2009, S. 1665, 1673.
[801] Ebenso die Einschätzung von *Scholz/K. Schmidt* GmbHG Anh. § 64 RdNr. 82.
[802] S. nur BGH NJW-RR 1991, 1312, 1313.
[803] BGHZ 126, 181, 183; BGH NJW-RR 2002, 1309, 1310; BGH ZIP 1995, 31, 31 f; BGH NJW-RR 1993, 342, 344; BGH NJW-RR 1991, 1312, 1313 f.; BGH ZIP 1990, 1402, 1403; BGH NJW-RR 1990, 614, 614; BGH NJW 1990, 389; OLG Düsseldorf NZG 1999, 944, 945; OLG Dresden NZG 1999, 267, 267; OLG Koblenz NJW-RR 2003, 1198, 1999; OLG Köln NZG 2000, 439, 439 f.; OLG Köln GmbHR 1996, 766, 766 f.; OLG Zweibrücken NZG 2002, 423, 423.

hende, von ihm persönlich ausgehende Gewähr für die Seriosität und die Erfüllung des Geschäfts oder die Richtigkeit und Vollständigkeit seiner Erklärungen bietet, die für den Willensentschluss des anderen Teils bedeutsam ist.[804] Teils findet sich die Formulierung, es müsse sich um Erklärungen „im Vorfeld einer Garantiezusage" handeln.[805] Ein besonderes persönliches Vertrauen ist denkbar bei einer engen verwandtschaftlichen Beziehung zum Vertragspartner[806] oder gegenüber dem Liquidator, der eine illiquide Gesellschaft abwickelt, die auf die Gewährung eines Liquidationsdarlehens angewiesen ist[807]. **Nicht allein ausreichend** sind (unzutreffende)[808] Erklärungen zur (guten) finanziellen Lage der Gesellschaft,[809] Hinweise auf eine besondere Sachkunde des Schuldners,[810] auf seine persönliche Überwachung der Pflichterfüllung der Gesellschaft,[811] auf die vorherige private Kontaktaufnahme zu dem Dritten[812] sowie auf eine längere persönliche Geschäftsbeziehung zwischen den Vertragsparteien[813].

287 Daneben kommt die persönliche Haftung des Geschäftsführers aus *culpa in contrahendo* in Fällen eines **wirtschaftlichen Eigeninteresses** des Dritten in Betracht. Voraussetzung hierfür ist ein „qualifiziertes Eigeninteresse".[814] Der Schuldner muss „gleichsam in eigener Sache handeln".[815] Die Rechtsprechung hat die Voraussetzungen dieser Fallgruppe zuletzt **streng** gefasst: Für das wirtschaftliche Eigeninteresse reicht eine maßgebliche Beteiligung und Herrschaftsmacht des Dritten für sich genommen ebenso wenig aus[816] wie die Stellung als Alleingesellschafter und alleiniger Geschäftsführer[817], die Bestellung persönlicher oder dinglicher Sicherheiten[818], ein Provisionsanspruch[819] oder eine Umsatzbeteiligung[820]. Bejaht wurde ein wirtschaftliches Eigeninteresse in Fällen, in denen der Geschäftsleiter bei Abschluss des Vertrages die Absicht hatte, die vom Vertragspartner der Gesellschaft zu erbringende Leistung zum eigenen Nutzen zu verwenden und nicht an die Gesellschaft weiterzuleiten.[821] Das wirtschaftliche Interesse des Geschäftsführers, nach einem Buy-Out in der Gesellschaft zu bleiben, begründet für sich genommen kein wirtschaftliches Eigeninteresse bzw. ein besonderes persönliches Vertrauen.[822]

288 **β) Pflichtverletzung.** Erforderlich ist weiterhin eine Pflichtverletzung. In Betracht kommt insbesondere die Verletzung einer **Aufklärungspflicht über die finanzielle Lage der Gesellschaft.** Der aus c.i.c. Haftende ist grds. verpflichtet, über alle Umstände aufzuklären, die für den Vertragspartner von wesentlicher Bedeutung sind und deren Mitteilung nach Treu und Glauben erwartet

---

[804] BGH NJW-RR 2002, 1309, 1310; BGH ZIP 1995, 31, 32; BGH NJW-RR 1993, 342, 344; BGH NJW-RR 1992, 605, 605 f; BGH NJW-RR 1991, 1312, 1313 f.; BGH NJW-RR 1990, 614, 614 f.; BGH NJW 1990, 389, 389 f.; OLG Koblenz NJW-RR 2003, 1198, 1999; OLG Köln NZG 2000, 439, 439 f; OLG Köln GmbHR 1996, 766, 767; OLG Zweibrücken NZG 2002, 423, 423; großzügiger *Scholz/K. Schmidt* GmbHG Anh. § 64 RdNr. 86; *K. Schmidt*, Gesellschaftsrecht, 4. Aufl. 2002, § 36 II 5 c; *K. Schmidt* ZIP 1988, 1503: Geschäftsführer der GmbH nimmt grundsätzlich Solvenzvertrauen in Anspruch.
[805] BGHZ 126, 181, 189; OLG Zweibrücken NZG 2002, 423; MünchKommGmbHG-*Fleischer* § 43 RdNr. 344; *Goette*, Die GmbH, § 8 RdNr. 235: „garantieähnlich"; *Medicus* GmbHR 1993, 533, 536 f; *Bork* ZGR 1995, 505, 509. Bejaht wurde eine solche Konstellation etwa in BGH NJW-RR 1990, 614, 615.
[806] BGHZ 87, 27, 33; BGH ZIP 1990, 1402, 1403; krit. *Scholz/U.H. Schneider* GmbHG § 43 RdNr. 316.
[807] OLG Dresden NZG 1999, 267.
[808] BGH NJW-RR 1991, 1312, 1314.
[809] BGHZ 126, 181, 189; BAG NZG 2011, 1422 RdNr. 46; OLG Zweibrücken NZG 2002, 423, 424; *Scholz/U.H. Schneider* GmbHG § 43 RdNr. 316; *Goette*, Die GmbH, § 8 RdNr. 151; aA *K. Schmidt*, Gesellschaftsrecht, 4. Aufl. 2002, § 36 II 5 c); *K. Schmidt* NJW 1993, 2931, 2935; *K. Schmidt* ZIP 1988, 1497, 1503.
[810] BGH NJW 1990, 1907, 1908; BGH NJW-RR 1990, 614, 614 f.; BGH NJW 1990, 389, 389 f.
[811] OLG Köln GmbHR 1996, 766, 767.
[812] BGH NJW-RR 1992, 605, 606.
[813] BGH NJW-RR 1992, 605, 605 f.; BGH NJW-RR 1991, 1312, 1314; BGH NJW 1990, 389, 390.
[814] BGH NJW-RR 2002, 1309, 1310.
[815] BGHZ 126, 181, 184 f.; BGH NJW-RR 1995, 289; BGH NJW-RR 1992, 1061, 1061 f.; BGH NJW-RR 1991, 1312, 1313; BGH ZIP 1990, 1402, 1403; BGH NJW 1990, 389, 390; BGH NJW-RR 1989, 110, 111; BGH NJW 1988, 2234, 2234 f.; BGH NJW 1986, 586, 587; BAG NZG 2011, 1422 RdNr. 46; OLG Köln GmbHR 1996, 766, 767; OLG München 1994, 2900, 2901.
[816] BGHZ 126, 181, 184 f; BGH DStR 2002, 1541, 1541; BGH NJW-RR 2002, 1309, 1310; BGH NJW 1995, 398, 399; BGH NJW-RR 1995, 289; BGH NJW-RR 1991, 1312, 1313 f.; BGH NJW 1989 292, 292 f.; BGH NJW 1986, 586, 587; BGH NJW 1981, 2810; OLG Köln NZG 2000, 439, 439 f.
[817] BGH ZIP 1995, 31; BGH NJW 1989, 292.
[818] BGHZ 126, 181, 186 f.; BGH NJW-RR 1995, 289; anders noch BGH NJW 1986, 586, 588.
[819] Vgl. BGH NJW-RR 1989, 110, 111; OLG Hamm BB 1999, 1679, 1680.
[820] BGH NJW-RR 1992, 1061, 1061 f.
[821] BGH NJW 1986, 586, 588; zust. GroßkommGmbHG-*Paefgen* § 43 RdNr. 200; *Michalski/Haas/Ziemons* § 43 RdNr. 310; krit. *Scholz/U.H. Schneider* GmbHG § 43 RdNr. 320.
[822] *Baumbach/Hueck/Zöllner/Noack*[19] § 43 RdNr. 74; MünchHdbGesR-III-*Marsch-Barner/Diekmann* § 46 RdNr. 65; *Sieger/Hasselbach* GmbHR 1998, 957, 959.

werden kann.[823] Der Umfang der Aufklärungspflicht ist abhängig von den Umständen des Einzelfalls, insbesondere der Tiefe des zwischen den Parteien herrschenden Vertrauens, der Dauer der Geschäftsbeziehung, dem Informationszugang und der Gefährdung der Gläubigerinteressen. In der Rechtsprechung hat sich bisher keine völlig eindeutige Linie herauskristallisiert.[824] Grundsätzlich muss der Vertragspartner **ab Eintritt der materiellen Insolvenz** über die Finanzlage der Gesellschaft aufgeklärt werden, es sei denn, er verfügt über Sicherungs- und Zurückbehaltungsrechte (einschließlich der Einrede gem. §§ 320, 321 BGB).[825] Um den Zweck der Dreiwochenfrist des § 15a Abs. 1 InsO nicht zu gefährden, wird man allerdings davon ausgehen müssen, dass keine Aufklärungspflicht besteht, solange das Hinauszögern des Insolvenzantrags nicht schuldhaft ist.[826] Gleichwohl darf der Dritte **keine unrichtigen Angaben** zur Finanzlage machen, da nach den allgemeinen Grundsätzen zur *culpa in contrahendo*[827] das Vorspiegeln falscher Tatsachen auch dann eine vorvertragliche Pflichtverletzung darstellt, wenn keine Aufklärungspflicht besteht.[828] Daher sind insbesondere konkrete Fragen – wenn auch unter Wahrung von Geschäftsgeheimnissen – wahrheitsgemäß zu beantworten.[829]

Aufklärungspflichten können auch **vor dem Eintritt der materiellen Insolvenz** entstehen.[830] **289** Insoweit kommt es auf die Intensität des Vertrauensverhältnisses und die Gefährdung des Gläubigerinteresses an. Wie gefährdet die Gläubigerinteressen sind, hängt nicht nur von der Finanzlage der Gesellschaft ab, sondern auch von den Risiken des Geschäftsbetriebs. Bei extrem risikoreichen Geschäften können auch finanziell gesunde Unternehmen in Insolvenznähe wirtschaften (vgl. allg. RdNr. 35 ff.). Bei einem hinreichenden Vertrauensverhältnis ist der Vertragspartner darüber aufzuklären. Etwas anderes folgt auch nicht aus der Wertung des § 15a Abs. 1 Satz 1 InsO (keine Aufklärungspflicht, soweit das Unterlassen des Insolvenzantrags nicht schuldhaft ist), da dieses Sanierungsprivileg dem Interesse der Altgläubiger der insolventen Gesellschaft dient (RdNr. 121), deren Interessen durch die hier besprochene Aufklärungspflicht aber gar nicht unzulässig gefährdet werden.

b) § 823 Abs. 2 BGB i. V. m. weiteren Schutzgesetzen. aa) Betrug und Falschangaben **290** **(v.a. §§ 263, 265b StGB, 82 GmbHG, 399 f. AktG).** In Insolvenzverschleppungsfällen droht Antragspflichtigen eine Haftung aus § 823 Abs. 2 BGB i. V. m. § 263 StGB. Die Schutzgesetzeigenschaft des § 263 StGB ist allgemein anerkannt.[831] Die Voraussetzungen dieser Haftung sind **strenger** als diejenigen der Insolvenzverschleppungshaftung, insbesondere muss der Täter Täuschungs- und Schädigungsvorsatz haben, während für die Haftung gem. § 823 Abs. 2 BGB i. V. m. § 15a InsO die fahrlässige Insolvenzverschleppung ausreicht. Hinzu kommt, dass der Kläger die Beweislast für den Vorsatz des Täters trägt.

Als **Betrugshandlung** genügt grundsätzlich, dass der Antragspflichtige der Fortsetzung der **291** Geschäftstätigkeit nach Insolvenzreife zustimmt und die einzelnen schädigenden Geschäfte von den Angestellten der Gesellschaft abgeschlossen werden.[832] Hat der Antragspflichtige Kenntnis von der materiellen Insolvenz, ist er verpflichtet, über die wirtschaftliche Lage der Gesellschaft aufzuklären; ansonsten begeht er eine Täuschung durch Unterlassen.[833] Ist jedoch das Hinauszögern des Insolvenzantrags im Rahmen der Dreiwochenfrist des § 15a Abs. 1 Satz 1 InsO gerechtfertigt, ist der Geschäftsleiter oder sonstige Antragspflichtige nicht verpflichtet, Neugläubiger auf die Insolvenz hinzuweisen, sofern dies die Sanierung gefährdet.[834] Es gelten im Rahmen der *culpa in contrahendo* gemachten Ausführungen entsprechend (RdNr. 288, d.h. insbesondere kein Recht zur Lüge). Ist dem anderen die wirtschaftliche Lage der Gesellschaft bekannt, entfällt der für § 263 StGB erforderli-

---

[823] St. Rspr., s. etwa BGHZ 132, 30, 34.
[824] Vgl. auch *Scholz/K. Schmidt* GmbHG Anh. § 64 RdNr. 87.
[825] Vgl. BGHZ 87, 27, 34 BGH NJW 1984, 2284, 2286; BGH NJW 1988, 2234; BGH NJW-RR 1991, 1312, 1313; OLG München NJW-RR 1993, 491 (Ls.); OLG Hamm GmbHR 1993, 585, 586; großzügiger *Zech* JA 2009, 769, 772 (Gleichklang mit § 64 Satz 3 GmbHG); restriktiver OLG Düsseldorf DB 1981, 1182, 1183 (Aufklärungspflicht über Überschuldung nur, wenn ein besonderes Vertrauensverhältnis besteht oder es sich um die Anbahnung besonders auf gegenseitigem Vertrauen beruhender Geschäftsbeziehungen handelt).
[826] *Scholz/K. Schmidt* GmbHG Anh. § 64 RdNr. 87; *Poertzgen* ZInsO 2010, 416, 421.
[827] *Palandt/Grüneberg* § 311 RdNr. 40.
[828] Dazu etwa BGH NJW-RR 1997,144 (1. Ls.); inzident BGH NJW-RR 1991, 1312, 1314.
[829] *Scholz/K. Schmidt* GmbHG Anh. § 64 RdNr. 87.
[830] BGHZ 87, 27, 34 („erhebliche wirtschaftliche Schwierigkeiten"); aA *Poertzgen* ZInsO 2010, 416, 420 f.
[831] BGHZ 57, 137, 138, 142; BGH WM 1985, 384, 385; BGH ZIP 1995, 31, 32; GroßkommGmbHG-*Casper* § 64 RdNr. 147; MünchKommBGB-*Wagner* § 823 RdNr. 369; *Palandt/Sprau* § 823 RdNr. 69.
[832] Vgl. BGH(St) NJW 1998, 767, 769; *Schulze-Osterloh*, FS Lutter, 2000, S. 707, 713.
[833] GroßkommGmbHG-*Casper* § 64 RdNr. 147.
[834] Vgl. BGHZ 75, 96, 115 (§ 92 Abs. 2 AktG aF iVm. § 283 Nr. 14 AktG); aA *Baumbach/Hueck/Haas*[19] § 64 RdNr. 159; *Schulze-Osterloh*, FS Lutter, 2000, S. 707, 713.

che Irrtum.[835] **Rechtsfolge** des Anspruchs gem. § 823 Abs. 2 BGB i. V. m. § 263 StGB ist der Ersatz des durch die Täuschung entstandenen Schadens.[836] Dieser Schadensersatzanspruch kann schon vor der Eröffnung des Insolvenzverfahrens entstehen (zum Anspruch aus Insolvenzverschleppungshaftung RdNr. 248) und ist außerhalb des Insolvenzverfahrens geltend zu machen[837].

292   Eine Haftung kann sich außerdem aus § 823 Abs. 2 BGB i. V. m. § 264a StGB (Kapitalanlagebetrug)[838] oder § 265b StGB (Kreditbetrug)[839] sowie i. V. m. **sonstigen Schutznormen** ergeben, die **Falschangaben** sanktionieren, etwa §§ 82 GmbHG[840], 399 AktG[841], 400 AktG[842], § 331 HGB[843].

293   **bb) Veruntreuung (§§ 266, 266a StGB).** Eine Haftung kann sich auch aus einem Verstoß gegen das strafrechtliche Untreueverbot (§ 823 Abs. 2 BGB i. V. m. § 266 StGB) oder gegen untreueähnliche Tatbestände ergeben, etwa § 266a Abs. 1 StGB[844], § 266a Abs. 2 StGB[845] oder § 69 S. 1 i. V. m. § 34 AO.

294   **cc) Insolvenzstraftaten (§§ 283-283d StGB).** Macht sich der Antragspflichtige gem. §§ 283 ff. StGB strafbar, kann er zivilrechtlich gem. § 823 Abs. 2 BGB haften. Der BGH hat die Schutzgesetzeigenschaft des § 283 StGB bisher offengelassen.[846] Richtigerweise ist sie zu bejahen.[847] Ob auch § 15a Abs. 4 u. 5 InsO Schutzgesetzeigenschaft zukommt, mag man bezweifeln;[848] jedenfalls kann die Haftung wegen Verstoßes gegen diese Vorschriften nicht weiter gehen als gem. § 823 Abs. 2 BGB i. V. m. § 15a Abs. 1-3 InsO[849].

295   **c) § 826 BGB. aa) Überblick und Bedeutung neben § 823 Abs. 2 BGB i. V. m. § 15a InsO.** Wer durch die Fortführung des insolventen Unternehmens geschädigt wurde, kann einen Schadensersatzanspruch wegen sittenwidriger Schädigung gem. § 826 BGB unter dem Gesichtspunkt der **Insolvenzverschleppung** haben. Auf **weitere relevante Fallgruppen** des § 826 BGB, etwa die Gläubigergefährdung, Knebelung, Sanierungs- und Vollstreckungsvereitelung, den existenzvernichtenden Eingriff und andere Formen der missbräuchlichen Verwendung der gesellschaftsrechtlichen Haftungsbeschränkung kann hier nicht eingegangen werden.

296   Die Haftung wegen Insolvenzverschleppung gem. § 826 BGB hat neben der Haftung gem. § 823 Abs. 2 BGB i. V. m. § 15a InsO **Bedeutung**, weil sie in **personeller Hinsicht weiter** reicht. Das Verbot des § 826 BGB richtet sich an jedermann, ist also nicht auf die gem. § 15a InsO Antragspflichtigen beschränkt. Sie erfasst insbesondere Kreditgeber und – unabhängig von den Voraussetzungen des § 15a Abs. 3 InsO – Gesellschafter. Außerdem hat der BGH wiederholt ausgesprochen, dass der Anspruch gem. § 826 BGB auch nicht den **schutzzweckspezifischen Schranken** unterliegt, die für die Insolvenzverschleppungshaftung gem. § 823 Abs. 2 BGB i. V. m. § 15a InsO gelten (RdNr. 308 f.). **Sperrwirkung** entfaltet § 15a InsO allerdings insoweit, als ein mit § 15a InsO konformes Verhalten, insbesondere die berechtigte Aufschiebung des Eröffnungsantrags, nicht gleichzeitig gegen die guten Sitten verstoßen kann (RdNr. 298).

297   **bb) Sittenwidrigkeit. α) Überblick.** Unter welchen Voraussetzungen die Verschleppung der Insolvenz dem Verdikt der Sittenwidrigkeit i. S. d. § 826 BGB unterliegt, hat die Rechtsprechung

---

[835] *Schulze-Osterloh*, FS Lutter, 2000, S. 707, 7134
[836] *Schulze-Osterloh*, FS Lutter, 2000, S. 707, 714.
[837] Dazu GroßkommGmbHG-*Casper* § 64 RdNr. 147.
[838] Zum Schutzgesetzcharakter des § 264a StGB BVerfG NJW 2008, 1726, 1727; BGHZ 116, 7, 12 ff.; BGH NJW 2000, 3346, 3346.
[839] Zum Schutzgesetzcharakter des § 265b StGB OLG Hamm NZG 2004, 289, 290; LG Oldenburg WM 2001, 2115, 2116; GroßkommGmbHG-*Casper* § 64 RdNr. 148; MünchKommGmbHG-*H. F. Müller* § 64 RdNr. 207.
[840] Zum Schutzgesetzcharakter OLG München NJW-RR 1988, 290 (§ 82 Abs. 1 Nr. 1 GmbHG).
[841] Zum Schutzgesetzcharakter BGHZ 105, 121, 125 (§ 399 Abs. 1 Nr. 4 AktG) mwN.
[842] Zum Schutzgesetzcharakter BGHZ 149, 10, 20 f.; BGHZ 160, 134, 140 f.; BGH NJW 2005, 2450, 2451 (jeweils zu § 400 Abs. 1 Nr. 1 AktG).
[843] Zum Schutzgesetzcharakter LG Bonn AG 2001, 484, 486; *Baumbach/Hopt/Merkt* § 331 RdNr.1; MünchKommHGB-*Quedenfeld* § 331 RdNr. 2; *Ebenroth/Boujong/Joost/Strohn/Wiedemann* § 331 RdNr. 8.
[844] Zum Schutzgesetzcharakter BGHZ 134, 304, 307 ff.; BGH ZIP 2005, 1026, 1027.
[845] Zum Schutzgesetzcharakter *Verse* ZHR 170 (2006), 398, 412.
[846] BGHZ 125, 366, 378; BGH 2002, 1122, 1122; OLG Düsseldorf NJW-RR 1994, 424, 425; OLG Düsseldorf NZG 2005, 602, 603; OLG Frankfurt BKR 2002, 403, 405.
[847] LG Duisburg NZI 2011, 69, 71; *Staudinger/Hager* § 823 G 42; MünchKommGmbHG-*H. F. Müller* § 64 RdNr. 207; *Scholz/K. Schmidt* GmbHG Anh. § 64 RdNr. 92; *K. Schmidt* ZIP 1994, 842; *Canaris*, FS Larenz, 1983, S. 27, 73 f.; bejahend, aber die Möglichkeit einer weitergehenden Haftung als gem. § 823 Abs. 2 BGB iVm. § 15a InsO verneinend GroßkommGmbHG-*Casper* § 64 RdNr. 150.
[848] Ablehnend GroßkommGmbHG-*Casper* § 64 RdNr. 149.
[849] Insoweit übereinstimmend GroßkommGmbHG-*Casper* § 64 RdNr. 149.

fallgruppenspezifisch konkretisiert. Zu unterscheiden sind die Haftung von Geschäftsleitern und anderen Antragspflichtigen (RdNr. 298), Kreditgebern (RdNr. 300) und Gesellschaftern (RdNr. 305).

β) **Geschäftsleiter und andere Antragspflichtige.** Nach st. Rspr. kann die vorsätzliche Insolvenzverschleppung in der Absicht, den als unabwendbar erkannten Todeskampf eines Unternehmens so lange wie möglich hinauszuzögern, den Tatbestand einer sittenwidrigen Schädigung erfüllen.[850] Trotz der vorsichtigen Formulierung „kann" und trotz vereinzelter Gegenstimmen[851] begründet grds. schon der **Verstoß gegen § 15a InsO die Sittenwidrigkeit**; es müssen grds. keine weiteren erschwerenden Umstände hinzukommen.[852] Ein mit § 15a InsO konformes Verhalten, insbesondere die berechtigte Aufschiebung des Eröffnungsantrags, kann nicht gleichzeitig sittenwidrig sein.[853] Die Grundsätze der Rechtsprechung beziehen sich durchweg auf Geschäftsleiter. Sie sind jedoch nach der Neuregelung der Insolvenzantragspflicht jedoch auch auf die anderen Antragspflichtigen zu übertragen. In **subjektiver Hinsicht** genügt, dass sich der Antragspflichtige der Insolvenzreife gewissenlos, also leichtfertig, verschließt.[854] 298

Die Sittenwidrigkeit entfällt, wenn der Antragspflichtige die rechtzeitige Antragstellung deshalb versäumte, weil er die Krise den Umständen nach als überwindbar und darum Bemühungen um ihre Behebung durch einen **Sanierungsversuch** als lohnend und berechtigt ansehen durfte.[855] Hingegen kann sich der Antragspflichtige nicht auf seine Sanierungsabsicht berufen, wenn ernste Zweifel an dem Gelingen eines Sanierungsversuchs bestehen und deshalb damit zu rechnen ist, dass er den Zusammenbruch des Unternehmens allenfalls verzögert, aber nicht auf Dauer verhindert.[856] Wie diese Formulierungen zeigen, knüpft die Rechtsprechung zwar terminologisch an die Motive des Antragspflichtigen an. Diese Motive werden jedoch einer normativen Wertung anhand aller objektiven Umstände des Einzelfalls unterzogen („annehmen durfte"). Entscheidend ist dabei vor allem die erkennbare Lage der Gesellschaft.[857] Zur Darlegungs- und Beweislast bezüglich dieses Merkmals s. RdNr. 314. 299

γ) **Kreditgeber.** Auch Kreditgeber können die Insolvenz der Gesellschaft verschleppen, um sich Vorteile gegenüber den anderen Gläubigern zu verschaffen, sei es durch die Einräumung von Zahlungsaufschüben, die Gewährung von Überbrückungskrediten, die Begleitung einer Kapitalerhöhung oder auf sonstige Maßnahmen.[858] Die Rechtsprechung hat die Voraussetzungen, unter denen solche Handlungen zur Haftung gem. § 826 BGB führen, in zahlreichen Urteilen ausbuchstabiert.[859] **Ausgangspunkt** ist die Feststellung, dass die gute Sitte einer Bank oder einem anderen Kreditgeber nicht ansinnt, die Wahrnehmung ihrer eigenen Interessen hinter den Belangen anderer Gläubiger zurücktreten zu lassen.[860] Aus volkswirtschaftlicher Perspektive ist es durchaus erwünscht, 300

---

[850] BGHZ 108, 134, 142; BGH NZI 2008, 242, 243 RdNr. 15 (insoweit in BGHZ 175, 58 nicht abgedr.); OLG Frankfurt NZG 1999, 947, 948; OLG Stuttgart ZInsO 2010, 245, 247.

[851] LG Stuttgart ZIP 2008, 1428, 1430; ArbG Offenbach ZIP 2002, 997, 998 f. (§ 64 Abs. 1 GmbHG); Michalski/Nerlich § 64 RdNr. 85; Schmülling EWiR 2002, 615, 616.

[852] Vgl. BGH NJW-RR 2010, 351; OLG Saarbrücken NZG 2007, 105; aus der Literatur etwa Staudinger/Oechsler § 826 RdNr. 355; Bamberger/Roth/Spindler § 826 RdNr. 47; MünchKommBGB-Wagner § 826 RdNr. 90; Moll/Langhoff EWiR 2002, 623, 624.

[853] BGHZ 75, 96, 114; OLG Stuttgart ZInsO 2004, 1150, 1151; zust. Staudinger/Oechsler § 826 RdNr. 355; Bamberger/Roth/Spindler § 826 RdNr. 45; MünchKommBGB-Wagner § 826 RdNr. 90; kritisch zu übertriebener Sanierungseuphorie Meyer-Cording NJW 1981, 1242.

[854] OLG Düsseldorf ZIP 1985, 876, 886.

[855] BGHZ 75, 96, 114 f.; BGHZ 108, 134, 144; BGH NZI 2008, 242, 243 RdNr. 17 (insoweit in BGHZ 175, 58 nicht abgedr.); BGH NJW-RR 1991, 1312, 1315; OLG Frankfurt NZG 1999, 947, 948; OLG Stuttgart ZInsO 2004, 1150, 1152.

[856] BGHZ 75, 96, 114 (§ 92 Abs. 2 AktG aF iVm. § 283 Nr. 14 AktG).

[857] BGH NZI 2008, 242, 243 RdNr. 17 (insoweit in BGHZ 175, 58 nicht abgedr.).

[858] Monographisch Engert, Die Haftung für drittschädigende Kreditgewährung, 2005; Gawaz, Bankenhaftung für Sanierungskredite, 1997; Vuia, Die Verantwortlichkeit von Banken in der Krise von Unternehmen, 2007, S. 254 ff.

[859] Zu den wichtigsten Urteilen gehören BGH ZIP 1984, 572, 582 ff. (insoweit in BGHZ 90, 381, 399 nur teilw. abgedr.); BGHZ 96, 231, 235 ff.; BGH WM 1961, 1126, 1127 f.; BGH WM 1964, 671, 672 ff.; BGH WM 1965, 475, 476; BGH NJW 1970, 657, 658; BGH BB 1972, 1028; BGH ZIP 1992, 1464, 1475 ff.; BGH NJW 2001, 2632; OLG Düsseldorf ZIP 1983, 786, 799 f.; OLG Köln ZIP 2000, 743; OLG Köln WM 1981, 1238, 1240 f.; vgl. auch BGHZ 10, 228, 231 ff., ein Urteil, das zwar zu § 138 BGB unter dem Gesichtspunkt der Gläubigergefährdung ergangen ist, auf das sich aber viele Urteile zu § 826 BGB wegen Insolvenzverschleppung beziehen.

[860] BGH NJW 1970, 657, 658; BGH BB 1972, 1028; BGH ZIP 1984, 572, 581 f. (insoweit in BGHZ 90, 381, 399 nur teilw. abgedr.); BGH NJW 2001, 2632, 2633; LG Köln BeckRS 2010, 03014; Soergel/Hönn § 826 RdNr. 151.

ein in die Krise geratenes Unternehmen zu stützen.[861] Solche „echten"[862] Sanierungsversuche dürfen nicht allein deshalb mit dem Verdikt der Sittenwidrigkeit überzogen werden, weil sie die Möglichkeit des Misslingens und damit der Schädigung nicht informierter Gläubiger einschließen.[863] Die Grenze zur Sittenwidrigkeit ist jedoch überschritten, wenn Kreditgeber in rücksichtsloser Weise Maßnahmen ergreifen, die nicht bei der Überwindung der Krise helfen, sondern lediglich den **„Todeskampf" der Gesellschaft** auf Kosten anderer Gläubiger verlängern.[864] Diese Haftung wird durch die §§ 129 ff. InsO, 3 ff. AnfG nicht verdrängt.[865]

301 Obwohl der BGH in einem vielzitierten Ausspruch klargestellt hat, dass die Grenze zwischen legitimen Sanierungsversuch und sittenwidriger Handlung „fließend" verläuft,[866] hat die Rechtsprechung vier „harte" Voraussetzungen formuliert, die vorliegen müssen, damit der Tatbestand des § 826 BGB erfüllt ist. Die erste „harte" Voraussetzung ergibt sich daraus, dass die Gesellschaft zum Zeitpunkt der Kreditvergabe materiell **insolvent**, also zahlungsunfähig oder überschuldet, sein muss.[867] Der Eintritt der Krise (im Sinne von Kreditunwürdigkeit) genügt nicht.[868] Voraussetzung ist weiterhin, dass die Bank zum Zeitpunkt der Gläubigergefährdung bereits **Kreditgeberin** der Gesellschaft war. Die Haftung neuer Kreditgeber lässt sich nicht unter dem Gesichtspunkt der Insolvenzverschleppung, sondern allenfalls unter demjenigen der Kollusion oder anderen anerkannten Fallgruppen des § 826 BGB begründen.[869] Erforderlich ist drittens, dass die Bank die Insolvenz der Gesellschaft **gekannt** oder sich dieser Einsicht **leichtfertig verschlossen hat**.[870] Der Sanierer muss seine Einschätzung auf der Grundlage einer sorgfältigen Prüfung der Vermögenslage des Schuldners und einer Einschätzung der Geschäftsaussichten bilden.[871] Externer Rat ist hierfür nicht zwingend erforderlich,[872] wenngleich empfehlenswert[873].

302 Darüber hinaus wird häufig **eigennütziges** bzw. **eigensüchtiges Handeln** verlangt.[874] Zwingende Voraussetzung für § 826 BGB ist dies jedoch nicht, da erstens auch der fremdnützig Handelnde nicht entscheiden darf, wer von dem Hinauszögern des Insolvenzverfahrens profitieren und wer darunter leiden soll, zweitens der Umgehung Tür und Tor geöffnet wären, würde man auf einem entsprechenden subjektiven Merkmal bestehen.[875] Umgekehrt hängt auch der Umfang der Prüfungspflichten (vorige RdNr.) nicht davon ab, ob der Kreditgeber eigen- oder fremdnützig handelt.[876]

303 Liegen die zuvor genannten Voraussetzungen vor, grenzt die Rechtsprechung die sittenwidrige Kreditvergabe von dem wohlgemeinten **Sanierungskredit** durch eine faktenintensive Interessenabwägung anhand **aller Umstände des Einzelfalls** ab.[877] Die einschlägigen Urteile knüpfen durch-

---

[861] Vgl. *Soergel/Hönn* § 826 RdNr. 152; *Erman/Schiemann* § 826 RdNr. 34; MünchKommBGB-*Wagner* § 826 RdNr. 92; *Obermüller*, Insolvenzrecht in der Bankpraxis, RdNr. 5.106; kritisch *Meyer-Cording* NJW 1981, 1242.
[862] So BGHZ 96, 231, 235.
[863] BGHZ 90, 381, 399; BGHZ 96, 231, 235; BGHZ 75, 96, 114; BGH ZIP 1984, 572, 581 f. (insoweit in BGHZ 90, 381, 399 nur teilw. abgedr.); OLG Köln WM 1981, 1238, 1240.
[864] BGHZ 90, 381, 399; BGHZ 96, 231, 235 f.; BGH NJW 1970, 657, 658; BGH ZIP 1984, 572, 582 (insoweit in BGHZ 90, 381, 399 nur teilw. abgedr.); OLG Köln WM 1981, 1238, 1240.
[865] Ausführlich dazu *Vuia*, Die Verantwortlichkeit von Banken in der Krise von Unternehmen, 2007, S. 256 ff.
[866] BGH NJW 1970, 657, 658; LG Köln BeckRS 2010, 03014.
[867] BGH WM 1961, 1126, 1127; BGH WM 1964, 671, 672; BGH NJW 1970, 657, 659; BGH BB 1972, 1028, 1029; *Bamberger/Roth/Spindler* § 826 RdNr. 45; *Engert*, Die Haftung für drittschädigende Kreditgewährung, 2005, S. 179 f.; MünchKommBGB-*Wagner* § 826 RdNr. 93; inzident OLG Köln WM 1981, 1238, 1240.
[868] AA *Staudinger/Oechsler* § 826 RdNr. 352.
[869] MünchKommBGB-*Wagner* § 826 RdNr. 91; vgl. auch *Kuntz* ZIP 2008, 814, 822 f.
[870] BGH WM 1961, 776; BGH WM 1961, 1126, 1127; BGH WM 1962, 962, 965; OLG Frankfurt WM 1990, 2010, 2012; *Coing* WM 1980, 1026, 1028; vertiefend MünchKommBGB-*Wagner* § 826 RdNr. 93.
[871] BGHZ 10, 228, 234 (§ 138 Abs. 1 BGB); BGHZ 75, 96, 106, 112 f (§ 92 Abs. 2AktG aF); BGH WM 1964, 671, 672; BGH NJW 1986, 837, 841; *Mertens* ZHR 143 (1979) 174, 188; kritisch *Koller* JZ 1985, 1013, 1015; dem zust. *Bamberger/Roth/Spindler* § 826 RdNr. 44 Fn. 284.
[872] *Staudinger/Oechsler* § 826 RdNr. 366; *Schäffler* BB 2006, 56, 59.
[873] *Staudinger/Oechsler* § 826 RdNr. 366; *Soergel/Hönn* § 826 RdNr. 152; *Obermüller*, Insolvenzrecht in der Bankpraxis, RdNr. 5.129; *Theewen*, BKR 2003, 141, 145.
[874] BGHZ 96, 231, 235 f.; BGH ZIP 1984, 572, 582 (insoweit in BGHZ 90, 381, 399 nur teilw. abgedr.); BGH NJW 1992, 3167, 3174; OLG Düsseldorf ZIP 1983, 786, 800; OLG Köln WM 1981, 1238, 1240; LG Köln BeckRS 2010, 03014; GroßkommGmbHG-*Casper* § 64 RdNr. 152; *Palandt/Sprau* § 826 RdNr. 44; *Bormann* NZI 1999, 389, 390; *Kiethe* KTS 2005, 179, 210; *Schäffler* BB 2006, 56, 58; *Rümker* ZHR 143 (1979) 195, 204; relativierend BGHZ 75, 96, 114; BGH WM 1964, 671, 674; BGH NJW 1970, 657, 658; BGH BB 1972, 1028 f.: „vor allem".
[875] *Staudinger/Oechsler* § 826 RdNr. 352.
[876] So auch *Staudinger/Oechsler* § 826 RdNr. 366; aA BGHZ 10, 228, 233 (§ 138 Abs. 1 BGB).
[877] BGH NJW 1970, 657, 658; LG Köln BeckRS 2010, 03014.

weg an die Motivlage des Kreditgebers an, unterziehen diese Motive jedoch – ähnlich wie die Sanierungsabsicht des Geschäftsleiters (RdNr. 299)[878] – einer normativen Bewertung. Sittenwidrig handelt der Kreditgeber, wenn er nicht davon ausgeht, dass es sich um eine überwindbare und vorübergehende Krise handelt, sondern wenn er in rücksichtsloser und eigennütziger Weise seine Stellung bei dem in Kürze erwarteten Zusammenbruch auf Kosten der anderen Gläubiger verbessern möchte.[879] Entscheidend sind (a) die dem Gläubiger erkennbare Lage der Gesellschaft[880], (b) das Risiko, das der Kreditgeber eingeht, insbesondere ob es sich hierbei um einen ernsthaften Sanierungsbeitrag handelt[881], (c) ob seine Maßnahmen auf die Schädigung der anderen Gläubiger ausgerichtet waren (zB zur Verhinderung von Anfechtungen[882]), (d) die Kontrolle, die der Gläubiger über die Gesellschaft erlangt[883].

Entschließen sich die Gläubiger zur **außergerichtlichen Sanierung** einer Gesellschaft (sog. **304** work-out), können sich daraus Kooperationspflichten ergeben, deren Verletzung bei krassem Fehlverhalten zur Haftung gem. § 826 BGB gegenüber den anderen Gläubigern führt.[884]

δ) Gesellschafter. Auch Gesellschafter können gem. § 826 BGB haften, wenn sie den „Todes- **305** kampf" ihrer Gesellschaft hinauszögern, um sich oder anderen dadurch Vorteile auf Kosten der Gläubiger zu verschaffen.[885] Im Gegensatz zur Haftung der Kreditgeber (RdNr. 300 ff.) existieren kaum aussagekräftige Urteile zur Haftung der Gesellschafter;[886] die Rechtsprechung knüpft – wenn sie § 826 BGB thematisiert – meistens an andere Fallgruppen der sittenwidrigen Schädigung an, in neuerer Zeit vor allem an die Haftung wegen existenzvernichtenden Eingriffs. Gleichwohl spricht nichts dagegen, die von der Rechtsprechung für die Gläubiger entwickelten Grundsätze auf **Gesellschafter zu übertragen**.[887] Da § 826 BGB nur ein rechtsethisches Minimum statuiert, wird diese Haftung weder durch spezielle gläubigerschützende Vorschriften des Gesellschaftsrechts (etwa §§ 30, 31 GmbHG) noch durch andere Fallgruppen des § 826 BGB – etwa des existenzvernichtenden Eingriffs – ausgeschlossen. Insbesondere lässt sich § 15a Abs. 3 InsO nicht e contrario die Wertung entnehmen, dass die Gesellschafter das „Leben" der Gesellschaft künstlich auf Kosten der Gläubiger verlängern dürften.[888]

Erforderlich für die Haftung gem. § 826 BGB wegen Insolvenzverschleppung ist demnach eine **306 Maßnahme des Gesellschafters** zu einem Zeitpunkt, in der die Gesellschaft **bereits insolvent** ist und lediglich den „Todeskampf" dieser Gesellschaft auf Kosten der Gläubiger hinauszögert. Dies kann auch eine Weisung an den Geschäftsführer sein.[889] Es reicht nicht, dass der Gesellschafter es unterlassen hat, auf einen Insolvenzantrag zu drängen (arg ex § 15a Abs. 3 InsO). Unerheblich ist, ob der Gesellschafter eigen- oder fremdnützig handelt (RdNr. 302). Er muss jedoch die Insolvenz der Gesellschaft erkannt oder sich dieser Erkenntnis leichtfertig verschlossen haben (RdNr. 301).

---

[878] Tatsächlich wurden die Grundsätze zur Sanierungsabsicht des Geschäftsleiters in Anlehnung an die Grundsätze über die Haftung von Kreditgebern entwickelt, BGHZ 75, 96, 114.

[879] BGH WM 1962, 962, 965; BGH WM 1964, 671, 673; BGH WM 1965, 475, 476; BGH WM 1965, 918, 919; BGH NJW 1970, 657, 658; BGH BB 1972, 1028 f.; BGH ZIP 1984, 572, 582 (insoweit in BGHZ 90, 381, 399 nur teilw. abgedr.); OLG Düsseldorf ZIP 1983, 786, 800; OLG Köln WM 1981, 1238, 1240; vgl. auch BGHZ 10, 228, 233 f. (§ 138 Abs. 1 BGB).

[880] BGHZ 10, 228, 233 (§ 138 Abs. 1 BGB); BGH WM 1964, 671, 673; OLG Köln WM 1981, 1238, 1240.

[881] BGH WM 1964, 617, 673; BGH WM 1965, 475, 476; BGH NJW 1970, 657, 658; BGH BB 1972, 1028, 1029; BGH ZIP 1984, 572, 582 (insoweit in BGHZ 90, 381, 399 nur teilw. abgedr.); OLG Düsseldorf ZIP 1983, 786, 800 u. 801; OLG Köln WM 1981, 1238, 1240; Erman/Schiemann § 826 RdNr. 34; Bamberger/Roth/Spindler § 826 RdNr. 43; MünchKommBGB-Wagner § 826 RdNr. 92; zur Konkurrenz zwischen Anfechtungsrecht und § 826 vgl. Thole WM 2010, 685, 688.

[882] BGHZ 162, 143, 156; Bamberger/Roth/Spindler § 826 RdNr. 43.

[883] BGH WM 1964, 671, 673; BGH WM 1965, 475, 476; Bamberger/Roth/Spindler § 826 RdNr. 43; MünchKommBGB-Wagner § 826 RdNr. 92; Engert, Die Haftung für drittschädigende Kreditgewährung, 2005, S. 77 ff.; G. Hoffmann WM 2012, 10, 18.

[884] Näher dazu Eidenmüller, Unternehmenssanierung zwischen Markt und Gesetz, 1999, S. 844 ff.; H. F. Müller, Der Verband in der Insolvenz, 2002, 270 ff.; Vuia, Die Verantwortlichkeit von Banken in der Krise von Unternehmen, 2007, S. 380 ff.; Bamberger in Knops/Bamberger/Maier-Reimer, Recht der Sanierungsfinanzierung, 2005, § 16 RdNr. 36 ff.; Bitter ZGR 2010, 147, 167 ff.; Häuser, Bankrechtstag 1994, 1995, 65, 106 ff.; Köndgen, Bankrechtstag 1994, 1995, 141, 145 f., 193 f.; Theewen BKR 2003, 141, 148; Jacoby ZGR 2010, 359, 382.

[885] GroßkommGmbHG-Casper § 64 RdNr. 164; Staudinger/Oechsler § 826 RdNr. 360 ff.; Bamberger/Roth/Spindler § 826 RdNr. 47; Goette/Habersack/Casper RdNr.6.40; wohl auch Baumbach/Hueck/Haas[19] § 64 RdNr. 163.

[886] Vgl. etwa BGH WM 1973, 1354 = LM § 826 (Ge) BGB Nr. 9, wo die Haftung zwar für möglich gehalten, aber nicht näher diskutiert wird.

[887] Ebenso ausdrücklich GroßkommGmbHG-Casper § 64 RdNr. 164 mit Verweis auf RdNr. 151.

[888] Restriktiver möglicherweise Staudinger/Oechsler § 826 RdNr. 362.

[889] Vgl. BGHZ 31, 258, 278 f.

Abzugrenzen ist die sittenwidrige Insolvenzverschleppung von gut gemeinten, aber gescheiterten Sanierungsversuchen. Ob die Grenze zur Sittenwidrigkeit überschritten ist, muss anhand einer Würdigung aller Umstände des Einzelfalls ermittelt werden, wobei die für Kreditgeber herausgearbeiteten Kriterien entsprechend herangezogen werden können (Lage der Gesellschaft, Beitrag des Gesellschafters, Zweck der Maßnahme und Kontrolle).

307 **cc) Schaden.** Die Haftung gem. § 826 BGB setzt einen Schaden voraus, der aufgrund der Differenzhypothese ermittelt wird. **Anknüpfungshandlung** ist bei der Haftung von Geschäftsleitern und anderen Antragspflichtigen das Unterlassen der rechtzeitigen Antragstellung,[890] im Falle der Kreditgeber und der Gesellschafter die den „Todeskampf" verlängernde Maßgabe, insbesondere die Kredit- oder Eigenmittelzuführung. Altgläubiger können deshalb auch nach § 826 BGB lediglich ihren Quotenschaden ersetzt verlangen, während Neugläubiger einen Anspruch auf Ersatz ihres vollen negativen Interesses haben. Es gelten die allgemeinen Ausführungen zu § 823 Abs. 2 BGB i. V. m. § 15a InsO entsprechend (RdNr. 180 ff.).

308 **dd) Schutzbereich.** Die Haftung gem. § 826 BGB setzt voraus, dass der Schaden (nach Art und Geschädigten) im Schutzbereich des verletzten Sittengebots, d.h. der über § 826 BGB begründeten Verhaltensnorm, liegt.[891] Der BGH begrenzt den Schutzzweck des über § 826 BGB begründeten Insolvenzverschleppungsverbots nicht auf diejenigen Personen und Schäden, die in den personellen und sachlichen Schutzbereich des § 15a InsO fallen.[892] Dem ist zuzustimmen, denn erstens entspricht diese Auslegung dem Zweck des § 826 BGB als Auffangtatbestand, zweitens wird der weitere Haftungsbereich des § 826 BGB durch die strengen Anforderungen an die schädigende Handlung und den Vorsatz ausgeglichen.[893] Eine Haftung gem. § 826 BGB kommt daher insbesondere gegenüber der **Bundesagentur für Arbeit** wegen der Zahlung von Insolvenzgeld in Betracht.[894] Für die Schadensberechnung gelten die Ausführungen in RdNr. 238 ff. entsprechend. Der Einwand, Insolvenzgeld hätte auch bei rechtzeitiger Antragstellung gestellt werden müssen, stellt sich als ein qualifiziertes Bestreiten der Schadensentstehung dar und nicht als Vorbringen eines rechtmäßigen Alternativverhaltens, für das der Beklagte beweisbelastet wäre (RdNr. 241).[895]

309 Unter dem Gesichtspunkt der Insolvenzverschleppung grundsätzlich nicht auf § 826 BGB berufen können sich **Gesellschafter**, die ihre Anteile nach der Insolvenzverschleppung erwerben.[896] Etwas anderes gilt nach der Rechtsprechung des BGH, wenn im Einzelfall besondere Umstände vorliegen, die das Verhalten auch gegenüber den Gesellschaftern als sittenwidrig erscheinen lassen.[897] Ein solcher Ausnahmefall kommt etwa hinsichtlich der Erwerber junger Aktien in Betracht, wenn die **Ausgabe neuer Anteile das Mittel der sittenwidrigen Insolvenzverschleppung** darstellt.[898] Abzugrenzen sind außerdem die Fälle, in denen sich Neugesellschafter von ihrer Beteiligung lösen können (bzw. nie eine Beteiligung erworben haben), ohne durch die Grundsätze über die fehlerhafte Gesellschaft daran gehindert zu sein, denn in diesem Fall haben sie gerade nicht die Stellung von Gesellschaftern (RdNr. 168).

310 **ee) Vorsatz.** Gem. § 826 BGB haftet nur, wer Vorsatz bezüglich seines sittenwidrigen Verhaltens, des Schadens und der haftungsausfüllenden Kausalität hatte.[899] Eventualvorsatz genügt.[900] Das Vorsatzerfordernis des § 826 BGB ist von der Rechtsprechung in mancher Hinsicht **abgeschwächt** worden.

311 Im Hinblick auf die **Sittenwidrigkeit** reicht aus, dass der Schädiger Kenntnis der die Sittenwidrigkeit des Verhaltens begründenden Umstände hat, er muss nicht das Urteil der Sittenwidrigkeit

---

[890] OLG Saarbrücken NZG 2007, 105, 106 (§ 826 BGB); offen BGHZ 175, 58 RdNr. 23; *Staudinger/Oechsler* § 826 RdNr. 357.
[891] *MünchKommBGB-Wagner* § 826 RdNr. 32.
[892] BGHZ 108, 134, 141 ff.; BGHZ 175, 58 RdNr. 14; BGH NJW-RR 2010, 351; OLG Frankfurt NZG 1999, 947, 948; OLG Koblenz NZI 2007, 113, 115; offen OLG Stuttgart ZInsO 2010, 245, 247; aA LG Stuttgart ZIP 2008, 1428, 1430; *Beck* ZInsO 2008, 713, 717 f.; *Piekenbrock* ZIP 2010, 2421, 2425 f.; *Schmülling* ZIP 2007, 1095, 1099.
[893] Ähnlich *Wagner/Bronny* ZInsO 2009, 622, 624 f.
[894] BGHZ 108, 134, 141 ff.; BGHZ 175, 58 RdNr. 14; BGH NJW-RR 2010, 351.
[895] BGHZ 175, 58 RdNr. 23 ff.
[896] BGHZ 75, 96, 114; BGHZ 96, 231, 237; aA *Staudinger/Oechsler* § 826 RdNr. 358; *Ekkenga*, FS Hadding, 2004, S. 343, 345 f.
[897] BGHZ 96, 231, 238.
[898] BGHZ 96, 231, 238; *Staudinger/Oechsler* § 826 RdNr. 368; *MünchKommBGB-Wagner* § 826 RdNr. 95; *Ekkenga*, FS Hadding, 2004, 343, 345 f.
[899] Vgl. zusf. *MünchKommBGB-Wagner* § 826 RdNr. 24.
[900] RGZ 143, 48, 51; BGH NJW 1951, 596, 597 f.; BGH NJW 1987, 3205, 3206; OLG Frankfurt NZG 1999, 947, 948.

nachvollzogen haben.[901] Was den **Schaden** anbelangt, so muss der Täter nicht den zum Schaden führenden Kausalverlauf im Einzelnen nachvollzogen haben. Es reicht aus, wenn der Schädiger die Art des möglicherweise eintretenden Schadens vorausgesehen und billigend in Kauf genommen hat.[902] Der Vorsatz muss sich jedoch auf die gesamten Schadensfolgen beziehen.[903] Im Hinblick auf den **Geschädigten** reicht es aus, wenn der Schädiger die Richtung, in der sich sein Verhalten zum Schaden anderer auswirken konnte, billigend in Kauf genommen hat.[904] Daher muss sich der Schädiger den Geschädigten nicht zutreffend individuell vorgestellt haben.[905] Ausreichend ist das Bewusstsein, anderen Personen Schaden zuzufügen.[906] Schließlich wird jedenfalls was den Vorsatz bezüglich der Insolvenzreife der Gesellschaft angeht, das **leichtfertige Verschließen** vor der Einsicht der Kenntnis gleichgestellt (RdNr. 298 [Antragspflichtige], 301 [Kreditgeber], 306 [Gesellschafter]).

ff) Anwendung auf Auslandsgesellschaften. Wenig erörtert ist die Frage, wie die Insolvenzverschleppungshaftung gem. § 826 BGB kollisionsrechtlich zu qualifizieren ist. Allein die dogmatische Anknüpfung an § 826 BGB zwingt nicht dazu, sie dem Deliktsrecht zuzuschreiben.[907] Richtigerweise sollte man differenzieren: Die Insolvenzverschleppungshaftung von **Geschäftsleitern und anderen Antragstellern** gem. § 826 BGB ist ebenso wie die Haftung gem. § 823 Abs. 2 BGB i. V. m. § 15a InsO (dazu RdNr. 57) gesellschaftsrechtlich zu qualifizieren, weil der Sittenverstoß grundsätzlich in dem wissentlichen oder leichtfertigen Verstoß gegen § 15a InsO liegt (RdNr. 311). Im europäischen Kontext spricht hierfür auch die Niederlassungsfreiheit, die die Anwendung der Haftung gem. § 823 Abs. 2 BGB i. V. m. § 15a InsO auf in Deutschland tätige Auslandsgesellschaften verbietet, da die Haftung gem. § 826 BGB der Haftung aus § 823 Abs. 2 BGB wegen der Gleichsetzung von vorsätzlichem und leichtfertigem Verhalten im Einzelfall durchaus nahekommen kann, und es für den Eingriff in die Niederlassungsfreiheit nicht auf die dogmatische Verankerung der beschränkenden Norm ankommt. Die Haftung der **Kreditgeber** gem. § 826 BGB ist hingegen von den gesellschaftsrechtlichen Interna unabhängig und unterliegt daher dem Deliktsstatut. Zwischen beiden Gruppen ist die Haftung der **Gesellschafter** anzusiedeln. Da auch diese Haftung an eine konkrete gläubigergefährdende Maßnahme anknüpft und nicht an das Unterlassen der Antragstellung, steht sie der Haftung der Kreditgeber jedoch näher und sollte daher ebenfalls deliktsrechtlich qualifiziert werden.

gg) Prozessuales. α) Darlegungs- und Beweislast. Darlegungs- und Beweislast für die Voraussetzungen des § 826 BGB liegen grds. beim Geschädigten. Im Hinblick auf die materielle Insolvenz gelten die auch im Rahmen von § 823 Abs. 2 BGB i. V. m. § 15a InsO anerkannten Beweiserleichterungen (RdNr. 265 ff.).[908] Was den **Schädigungsvorsatz** des Beklagten angeht, so hat die Rechtsprechung mehrfach ausgesprochen, dass derjenige, der den als unabwendbar erkannten „Todeskampf" so lange wie möglich hinausschiebt, regelmäßig die Schädigung von Unternehmensgläubigern in Kauf nimmt.[909]

Ist streitig, ob der beklagte Geschäftsleiter mit einer die Sittenwidrigkeit ausschließenden **Sanierungsabsicht** (RdNr. 299) handelte, so genügt der Kläger seiner Darlegungslast, wenn er die ständig wachsende Verschuldung der Gesellschaft referiert, die entsprechend dem erwarteten Verlauf der Dinge zum Zusammenbruch der Gesellschaft geführt hat.[910] Es ist dann Sache des Antragspflichtigen, zu einer abweichenden Motivation vorzutragen.[911]

---

[901] RGZ 72, 4, 7; BGHZ 8, 83, 87 f.; BGHZ 74, 281, 284 f.; relativierend BGHZ 101, 380, 388.
[902] BGHZ 108, 134, 143; OLG Düsseldorf ZIP 1985, 876, 885; OLG Frankfurt NZG 1999, 947, 948; OLG Koblenz NZI 2007, 113, 114; OLG Stuttgart ZInsO 2004, 1150, 1152.
[903] BGH NZI 2008, 242 RdNr. 16 (insoweit in BGHZ 175, 58 nicht abgedr.); BGH NJW 1951, 596 (2. Ls.); BGH NJW 1963, 148, 151; BGH NJW 1987, 3205, 3206; OLG Düsseldorf ZIP 1983, 786, 799; OLG Düsseldorf ZIP 1985, 876, 885.
[904] BGHZ 108, 134, 143; OLG Frankfurt NZG 1999, 947, 948; OLG Koblenz NZI 2007, 113, 114; GroßkommGmbHG-*Casper* § 64 RdNr. 151.
[905] BGHZ 108, 134, 143; OLG Koblenz NZI 2007, 113, 114; OLG Frankfurt NZG 1999, 947, 948; OLG Saarbrücken NZG 2007, 105, 106; *Wagner/Bronny* ZInsO 2009, 622, 625.
[906] OLG Saarbrücken NZG 2007, 105, 106; *Wagner/Bronny* ZInsO 2009, 622, 625.
[907] Vgl. aus der insoweit gleich gelagerten Diskussion über die Qualifikation der Existenzvernichtungshaftung etwa MünchKommAktG-*Altmeppen/Ego* Europäische Niederlassungsfreiheit RdNr. 267 ff.; *Michalski/Servatius* Systematische Darstellung 4 Konzernrecht RdNr. 387; *Aukhatov*, Durchgriffs- und Existenzvernichtungshaftung im deutschen und russischen Sach- und Kollisionsrecht, 2009, S. 199 ff.; *Staudinger* AnwBl. 2008, 316; *Weller* ZIP 2007, 1681, 1688 f.
[908] OLG Koblenz NZI 2007, 113, 115.
[909] BGHZ 108, 134, 142; OLG Frankfurt NZG 1999, 947, 948; OLG Koblenz NZI 2007, 113, 114.
[910] BGHZ 108, 134, 145; BGH NZI 2008, 242, 243 RdNr. 17 (insoweit in BGHZ 175, 58 nicht abgedr.); OLG Saarbrücken NZG 2007, 105, 106.
[911] BGH NZI 2008, 242 RdNr. 17 (insoweit in BGHZ 175, 58 nicht abgedr.); OLG Saarbrücken NZG 2007, 105, 106.

315 **β) Geltendmachung.** Der individuelle Insolvenzverschleppungsschaden, der gem. § 826 BGB geltend gemacht wird, ist kein Gesamtschaden i. S. d. § 92 InsO und kann daher vom jeweiligen Gläubiger eingeklagt werden.[912] Daran hat auch die Rechtsprechung des BGH zur Existenzvernichtungshaftung (Konzept der Innenhaftung, RdNr. 279) nichts geändert.[913] Zur Abgrenzung des individuellen Insolvenzverschleppungsschadens vom Gesamtschaden gelten die Ausführungen zu § 823 Abs. 2 BGB i. V. m. § 15a InsO entsprechend (RdNr. 180 ff.).

316 **d) § 26 Abs. 3 u. 4 InsO.** Gem. § 26 Abs. 4 InsO ist derjenige, der entgegen § 15a InsO keinen Antrag auf Eröffnung des Insolvenzverfahrens stellt, zur Leistung eines **Vorschusses** gem. § 26 Abs. 1 Satz 2 InsO (Vermeidung der Abweisung des Eröffnungsantrags mangels Masse) verpflichtet. Wer einen solchen Vorschuss geleistet hat, kann die **Erstattung** des vorgeschossenen Betrags von dem Antragspflichtigen verlangen, wenn dieser seine Insolvenzantragspflicht verletzt hat (§ 26 Abs. 3 InsO). Das Gleiche gilt gem. § 207 Abs. 1 Satz 2, 2. HS InsO, falls ein Geldbetrag vorgeschossen wurde, um die spätere Einstellung des Verfahrens mangels Masse zu verhindern. Mehrere Antragspflichtige haften als Gesamtschuldner analog §§ 830, 840 BGB[914] Zu den Einzelheiten § 26 RdNr. 60 ff.

317 **4. Sonstige Rechtsfolgen der Antragspflichtverletzung. a) Gesellschaftsrecht. aa) Haftung gegenüber der Gesellschaft.** Der Verstoß gegen § 15a InsO stellt – auch wenn er auf Weisung der Gesellschafter erfolgt[915] – eine Verletzung der Legalitätspflicht der Geschäftsleiter dar und kann daher grundsätzlich eine Innenhaftung gegenüber der Gesellschaft begründen (§§ 93 Abs. 2 S. 1 AktG, 43 Abs. 2 GmbHG, 130 Abs. 2 S. 1 HGB; 34 Abs. 2 S. 1 GenG),[916] doch fehlt es regelmäßig an einem Schaden der Gesellschaft (RdNr. 94).[917] Häufig liegt gleichzeitig ein Verstoß gegen die gesellschaftsrechtlichen Zahlungsverbote vor (§§ 92 Abs. 2 S. 1 AktG, 64 S. 1 GmbHG, 99 GenG, 130a Abs. 1 HGB). Für die daraus resultierenden Ersatzansprüche ist das Vorliegen eines Schadens der Gesellschaft nicht erforderlich.

318 **bb) Bestellungshindernis.** Gem. § 6 Abs. 2 Nr. 3a GmbHG können wegen Insolvenzverschleppung strafrechtlich verurteilte Personen nicht zum Geschäftsführer einer GmbH bestellt werden. Gleiches gilt gem. § 76 Abs. 3 S. 2 Nr. 3a AktG für Vorstände einer Aktiengesellschaft. Die genannten Vorschriften definieren die Insolvenzverschleppung als **„Unterlassen der Antragstellung"**. Daraus könnte man den Schluss ziehen, dass eine Verurteilung wegen *verspäteter* bzw. *nicht richtiger* Antragsstellung kein Bestellungshindernis darstellt.[918] Hiergegen ist jedoch Folgendes zu bedenken: Bei der Insolvenzverschleppungshaftung gem. § 15a Abs. 4 InsO handelt es sich um ein echtes Unterlassungsdelikt. Der Tatbestand kann durch drei Begehungsweisen verwirklicht werden, nämlich (1) durch das vollständige Unterlassen der Antragstellung, (2) das Unterlassen der rechtzeitigen Antragstellung und (3) das Unterlassen der richtigen Antragstellung (RdNr. 146 ff., 324). Damit lassen sich alle drei Varianten ohne Weiteres unter den Wortlaut der §§ 6 Abs. 2 Nr. 3a GmbHG und 76 Abs. 3 S. 2 Nr. 3a AktG subsumieren. Gegen eine Beschränkung des Bestellungshindernisses auf das vollständige Unterlassen der Antragstellung spricht außerdem der Wille des MoMiG-Gesetzgebers, der ausweislich der Gesetzesbegründung „Verurteilungen auf Grundlage des neuen § 15a Abs. 4 InsO-E" erfassen wollte.[919] Die Bestellungshindernisse der §§ 6 Abs. 2 Nr. 3a GmbHG und 76 Abs. 3 S. 2 Nr. 3a AktG sind daher als Verweis auf § 15a Abs. 4 InsO insgesamt zu sehen.[920] Die Inhabilität besteht ab **Rechtskraft des Urteils** für die Dauer von fünf Jahren, wobei behördlich angeordnete Verwahrungen des Delinquenten in einer Anstalt nicht berücksichtigt werden.[921]

---

[912] BGHZ 175, 58 RdNr. 10; BGH ZIP 1984, 572, 582 (insoweit in BGHZ 90, 381, 399 nur teilw. abgedr.); *Bamberger/Roth/Spindler* § 826 RdNr. 46.

[913] BGHZ 175, 58 RdNr. 11.

[914] MünchKommGmbHG-*H. F. Müller* § 64 RdNr. 198.

[915] BGH ZIP 2003, 945, 946 (§ 43 GmbHG); MünchKommGmbHG-*Fleischer* § 43 RdNr. 297; aA BGH NJW 1974, 1088, 1089 (§ 43 GmbHG); offen BGH NJW 1994, 2149, 2152 (§ 64 Abs.1, Abs.2 GmbHG aF).

[916] GroßkommGmbHG-*Casper* § 64 RdNr. 100; *Spindler/Stilz/Fleischer* § 92 RdNr. 72; *Baumbach/Hueck/Haas*[19] § 64 RdNr. 160; *Hüffer* § 92 RdNr. 16; *Lutter/Hommelhoff/Kleindiek* Anh. § 64 RdNr. 62; MünchKommGmbHG-*H. F. Müller* § 64 RdNr. 196; *Michalski/Nerlich* § 64 RdNr. 98; MünchKommAktG-*Spindler* § 92 RdNr. 45

[917] OLG Koblenz AG 2009, 336, 337; *Spindler/Stilz/Fleischer* § 92 RdNr. 72; GroßkommAktG-*Habersack* § 92 RdNr. 72; MünchKommAktG-*Spindler* § 92 RdNr. 45; *Fleischer* in Fleischer, Hdb. d. VorstR, 2006, § 20 RdNr. 37; aA noch RGZ 129, 142 f., das den Schaden der Gesellschaft in dem wachsenden Unvermögen sah, die Gläubiger zu befriedigen.

[918] So *Römermann* NZI 2008, 641, 646.

[919] Begr RegE MoMiG, BT-Drucks. 16/6140, S. 32.

[920] So i.E. auch MünchKommGmbHG-*Goette* 2010, § 6 RdNr. 33; *Gundlach/Müller* NZI 2011, 480, 482; kritisch bzgl. nicht richtiger Antragsstellung *Lutter/Hommelhoff/Kleindiek* § 6 RdNr. 23.

[921] Zur Übergangsregelung des § 3 Abs. 2 EGGmbHG *Baumbach/Hueck/Fastrich*[19] § 6 RdNr. 15.

cc) Abberufung und Ausschluss aus wichtigem Grund. Die Verletzung der Insolvenzan- 319
tragspflicht ist ein wichtiger Grund für die Abberufung des Geschäftsleiters.[922] Gleiches gilt für die
Abberufung von Aufsichtsratsmitgliedern aus wichtigem Grund gem. § 103 Abs. 3 AktG, wenn sie
ihre subsidiäre Insolvenzantragspflicht gem. § 15a Abs. 3 InsO verletzen, zumal diese Pflicht Kenntnis
oder bewusstes Augenverschließen vor der Führungslosigkeit und Insolvenz voraussetzt (RdNr. 90).
GmbH-Gesellschafter können wegen eines Verstoßes gegen die Insolvenzantragspflicht nur dann
aus der Gesellschaft ausgeschlossen werden, wenn in der Insolvenzverschleppung zugleich ein erheblicher Vertrauensbruch gegenüber den anderen Gesellschaftern liegt.[923]

b) Kapitalmarktrecht. Die Insolvenz der Gesellschaft ist – sofern sie nicht öffentlich bekannt 320
ist – eine **Insiderinformation** i. S. d. § 13 WpHG[924] und muss daher von Gesellschaften, die dem
sachlichen Anwendungsbereich des § 15 WpHG unterfallen, grundsätzlich im Wege einer Ad-hoc-
Meldung bekannt gemacht werden (§ 15 Abs. 1 WpHG). Solange die Aufschiebung des Antrags
während der **Dreiwochenfrist** gem. § 15a InsO berechtigt ist, braucht grundsätzlich keine Ad-hoc-
Meldung zu ergehen, es sei denn, die Gesellschaft kann die Vertraulichkeit der Information nicht
gewährleisten oder es ist – zB bei entsprechenden Gerüchten und erhöhtem Handelsvolumen – eine
Irreführung des Publikums zu befürchten (§ 15 Abs. 3 WpHG).[925]

c) Arbeitsrecht. Die Insolvenzverschleppung kann eine **außerordentliche Kündigung** des 321
Anstellungsvertrags des antragspflichtigen Geschäftsleiters gem. § 626 Abs. 1 BGB rechtfertigen.[926]
Der bloße Verstoß gegen § 15a InsO reicht für sich genommen als Kündigungsgrund nicht aus; zu
prüfen ist, ob der Gesellschaft die Fortsetzung des Anstellungsverhältnisses aufgrund der Insolvenzverschleppung zumutbar ist.[927] Dabei kann die Gesellschaft jedoch nach der Rspr. auf ihr Interesse
verweisen, ihre noch vorhandene Vermögensmasse im Interesse der Gläubiger zu erhalten.[928] Im
Regelfall ist es ihr daher **unzumutbar**, einen die Insolvenz schuldhaft verschleppenden Geschäftsleiter zu beschäftigen und ihm über die Eröffnung des Insolvenzverfahrens hinaus – bis zur Kündigung durch den Insolvenzverwalter gem. § 113 Abs. 1 InsO – Gehalt aus der Insolvenzmasse zu
zahlen.[929] Der gekündigte Geschäftsleiter kann dem nicht entgegenhalten, dass auch die an der
Kündigung mitwirkenden Geschäftsleiter zur rechtzeitigen Stellung des Insolvenzantrags verpflichtet
gewesen wären, denn das Gesellschaftsinteresse ist hiervon unabhängig.[930] Die **Kündigungsfrist
des § 626 Abs. 2 BGB** beginnt nicht vor dem Ende der Insolvenzverschleppung zu laufen, da es
sich bei der Insolvenzverschleppung um ein Dauerdelikt handelt.[931]

IV. Strafbarkeit (§ 15a Abs. 4 u. 5 InsO)

1. Allgemeine Vorbemerkungen. Gem. § 15a Abs. 4 InsO macht sich wegen **Insolvenzver-** 322
schleppung [vgl. die Legaldefinition in §§ 6 Abs. 2 Nr. 3 lit. a) GmbHG, 76 Abs. 3 S. 2 Nr. 3 lit. a)
AktG] strafbar, wer vorsätzlich (§ 15 StGB) unter Verletzung seiner Insolvenzantragspflicht gem.
§ 15a Abs. 1-3 InsO einen Insolvenzantrag (gar) nicht, nicht richtig oder nicht rechtzeitig stellt.
Handelt der Täter fahrlässig, ist er gem. § 15a Abs. 5 InsO strafbar. Die Vorschriften sind aufgrund
des MoMiG in die InsO gelangt und fassen die zuvor in den gesellschaftsrechtlichen Regelwerken
enthaltenen Strafandrohungen in einer einheitlichen Vorschrift zusammen. Geschütztes **Rechtsgut**
ist das Vermögensinteresse der gegenwärtigen und künftigen Gläubiger der GmbH.[932] Zum **zeitlichen Anwendungsbereich** des MoMiG s. RdNr. 5; das neue Recht ist auf Unterlassungen nach
dem 31.10.2008 anwendbar.[933] Eine **Spezialvorschrift** findet sich in §§ 53 Abs. 4 Nr. 2 SEAG,
einen **Verweis** auf § 15a Abs. 4 u. 5 InsO enthält § 36 Abs. 1 SCEAG.

---

[922] *Scholz/K. Schmidt* GmbHG Anh. § 64 RdNr. 43.
[923] Vgl. zu den allgemeinen Voraussetzungen, unter denen GmbH-Gesellschafter aus der Gesellschaft ausgeschlossen werden können, etwa *Kort* in Münch. Hdb. GesR, Bd. 3, 3. Aufl. 2009, § 29 RdNr. 32 ff.; Münch-
KommGmbHG-*Strohn* § 34 RdNr. 108 ff.; *Henssler/Strohn/Fleischer* § 34 GmbHG RdNr. 24 f.
[924] BaFin, Emittentenleitfaden, 2009, S. 56; *Gottwald/Haas/Mock* § 93 RdNr. 92.
[925] Dazu *Kocher/Widder* NZG 2010, 925, 928 ff.
[926] BGH NJW 2005, 3069, 3070 (§ 64 Abs. 1 GmbHG aF); *Keil* DZWiR 2006, 157, 158.
[927] BGH NJW 2005, 3069, 3070 (§ 64 Abs. 1 GmbHG aF).
[928] BGH NJW 2005, 3069, 3070 (§ 64 Abs. 1 GmbHG aF).
[929] BGH NJW 2005, 3069, 3070 (§ 64 Abs. 1 GmbHG aF); zust. *M. Zimmermann* WuB II C. § 262, 1.05, sub. 3.
[930] BGH NJW 2005, 3069, 3070 (§ 64 Abs. 1 GmbHG aF).
[931] BGH NJW 2005, 3069, 3070 (§ 64 Abs. 1 GmbHG aF); *Gehrlein* BB 2005, 1700, 1701; *Keil* DZWiR 2006, 157, 158.
[932] *Scholz/Tiedemann* GmbHG Vor §§ 82 ff. RdNr. 30; vgl. auch BGHSt 9, 84, 86 (§ 240 Abs.1 KO aF).
[933] *Weyand* ZInsO 2008, 702, im Hinblick auf den geänderten Überschuldungsbegriff *Büttner* ZInsO 2009, 841, 852.

323 Im **System der strafrechtlichen Delikte** handelt es sich bei der Insolvenzverschleppung um ein *Dauerdelikt*[934], das mit dem erstmaligen Verstoß gegen die Insolvenzantragspflicht vollendet[935] und erst beendet ist, wenn die Pflicht erfüllt wird oder entfällt.[936] Die Insolvenzverschleppung ist ein *echtes Unterlassungsdelikt*,[937] und zwar auch im Hinblick auf die Variante der nicht richtigen Antragstellung[938], weil der Schwerpunkt der Vorwerfbarkeit nicht auf der Stellung des unrichtigen Antrags, sondern dem Unterlassen der richtigen Antragstellung liegt.[939] Es handelt sich um ein *Sonderdelikt*, da als Täter nur bestimmte organschaftliche Entscheidungsträger in Betracht kommen.[940] Schließlich ist die Insolvenzverschleppungshaftung als *abstraktes (Vermögens-)Gefährdungsdelikt* einzuordnen,[941] da sich die Tatbestandsverwirklichung in dem Unterlassen des rechtzeitigen und richtigen Antrags erschöpft und ein darüber hinaus gehender konkreter Verletzungs- oder Gefährdungserfolg nicht eingetreten sein muss.

324 **2. Voraussetzungen der Strafbarkeit. a) Objektiver Tatbestand. aa) Überblick.** Der objektive Tatbestand des strafrechtlichen Insolvenzverschleppungsdelikts setzt voraus, dass ein Antragspflichtiger den Eröffnungsantrag trotz Antragspflicht nicht, nicht rechtzeitig oder nicht richtig stellt. Ein darüber hinausgehender Erfolg muss nicht eintreten.[942]

325 **bb) Antragspflicht.** Der Kreis der Antragspflichtigen richtet sich nach § 15a Abs. 1-3 InsO. Es gelten grds. die Ausführungen in RdNr. 64 ff. Insbesondere kommt es bei den Vertretungsorganen für die Antragspflicht nicht auf die Regelung der Geschäftsführungsbefugnis[943] und Vertretungsmacht[944] an. Im **eingetragenen Verein** ist die Insolvenzverschleppung nicht strafbar, da § 42 Abs. 2 BGB abschließendes *lex specialis* gegenüber § 15a InsO ist (str., s. RdNr. 33).

326 Was die Antragspflicht der **Gesellschafter und Aufsichtsratsmitglieder** gem. § 15a Abs. 3 InsO angeht, so ist zu beachten, dass die Insolvenzantragspflicht zivilrechtlich erst dann entsteht, wenn die Gesellschafter Kenntnis von der Führungslosigkeit und der materiellen Insolvenz haben. Ohne diese Kenntnis kann es deshalb auch nicht zur Strafbarkeit gem. § 15a Abs. 4 u. 5 InsO kommen.[945] Anders als im Zivilrecht (RdNr. 90) genügt auch das **bewusste Augenverschließen** *nicht*, da dieser Fall vom Wortlaut der Norm nicht umfasst wird.[946] Die in § 15a Abs. 3 InsO enthaltene Beweislastumkehr für das Kenntniserfordernis ist mit dem Grundsatz „in dubio pro reo" unvereinbar und findet daher im Strafprozess keine Anwendung.[947]

327 Auf **Auslandsgesellschaften** ist § 15a Abs. 1 InsO nach der hier vertretenen Ansicht nicht anwendbar (RdNr. 50 ff.). Da die Strafbarkeit gem. § 15a Abs. 4 u. 5 InsO an die Verletzung des § 15a Abs. 1 InsO anknüpft, ist dies auch in strafrechtlicher Hinsicht zu beachten.[948]

328 Keine Strafbarkeit ergibt sich aus § 15a Abs. 4 u. 5 InsO wegen des Analogieverbots des Art. 103 Abs. 2 GG (§ 1 StGB), soweit sich die **Antragspflicht zivilrechtlich nur im Wege der Analogie** (oder sonstigen den Wortlaut übersteigenden Rechtsfortbildung) begründen lässt. Dies betrifft die Antragspflicht in der Vor-GmbH, da es sich bei dieser Gesellschaft um keine juristische Person handelt,[949] und

---

[934] BGHSt 53, 24 RdNr. 22 (§ 84 Abs.1 GmbHG aF); *Scholz/Tiedemann* GmbHG Vor §§ 82 ff. RdNr. 31.
[935] BGHSt 14, 280, 281 (§ 84 Abs.1 GmbHG aF); BGHSt 28, 371, 379 f. (§ 84 Abs.1 GmbHG aF); BGHSt 28, 371, 379; BGH wistra 1988, 69 (§ 84 Abs.1 GmbHG aF); *Scholz/Tiedemann* GmbHG Vor §§ 82 ff. RdNr. 48; MünchKommGmbHG-*Wißmann* § 84 RdNr. 238.
[936] Vgl. BGHSt 14, 280, 281 (§ 84 Abs.1 GmbHG aF); BGHSt 28, 371, 379 f. (§ 84 Abs.1 GmbHG aF); BGHSt 53, 24 RdNr.21 (§ 84 Abs. 1 GmbHG aF); *Scholz/Tiedemann* GmbHG Vor §§ 82 ff. RdNr. 31; MünchKommGmbHG-*Wißmann* § 84 RdNr. 239.
[937] BGHSt 28, 371, 380 (§ 84 Abs.1 GmbHG aF); *Scholz/Tiedemann* GmbHG Vor §§ 82 ff. RdNr. 31; *Richter* in Müller-Gugenberger/Bieneck, Wirtschaftsstrafrecht, 5. Aufl. 2011, § 84 RdNr. 6.
[938] *Scholz/Tiedemann* GmbHG Vor §§ 82 ff. RdNr. 31; *Otte* in Graf/Jäger/Wittig, Wirtschafts- und Steuerstrafrecht, 2011, 405 § 15a InsO RdNr. 123.
[939] MünchKommStGB-*Kiethe/Hohmann* § 15a InsO RdNr. 8; *Bittmann*, NStZ 2009, 113, 116.
[940] BGHSt 14, 280, 281 f. (§ 84 Abs.1 GmbHG aF); MünchKommGmbHG-*H. F. Müller* § 64 RdNr. 71; GroßkommGmbHG-*Ransiek* § 84 RdNr. 34.
[941] Vgl. GroßkommGmbHG-*Ransiek* § 84 RdNr. 29.
[942] MünchKommGmbHG-*Wißmann* § 84 RdNr. 120.
[943] GroßkommGmbHG-*Ransiek* § 84 RdNr. 39; *Scholz/Tiedemann* GmbHG Vor §§ 82 ff. RdNr. 32; MünchKommGmbHG-*Wißmann* § 84 RdNr. 194.
[944] *Scholz/Tiedemann* GmbHG Vor §§ 82 ff. RdNr. 32.
[945] *Braun/Bußhardt* § 15a RdNr. 19a; *Scholz/Tiedemann* GmbHG Vor §§ 82 ff. RdNr. 35.
[946] So wohl auch *Scholz/Tiedemann* GmbHG Vor §§ 82 ff. RdNr. 35.
[947] IE auch *Spindler/Stilz/Hefendehl* § 401 RdNr. 14; *Hiebl*, FS Mehle, 2009, S. 273, 291.
[948] AA iE the hM, s. *Scholz/Tiedemann* GmbHG Vor §§ 82 ff. RdNr. 65; *Bittmann/Gruber* GmbHR 2008, 867, 873; *Mankowski/Bock*, ZStW 120 (2008), 704, 753 f.; *Radtke/Hoffmann* EuZW 2009, 404, 407 f.; *Richter*, FS Tiedemann, 2008, S. 1023, 1032 f; *Wilk/Stewen* wistra 2011, 161, 163 f.
[949] *Otte* in Graf/Jäger/Wittig, Wirtschafts- und Steuerstrafrecht, 2011, 405 § 15a InsO RdNr. 108; *Richter*, FS Tiedemann, 2008, S. 1023, 1029 f.; *Scholz/Tiedemann* GmbHG Vor §§ 82 ff. RdNr. 31; *Bittmann/Pikarski* wistra 1995, 91, 92.

entgegen der st. Rspr. des BGH auch die **faktischen Geschäftsleiter** (RdNr. 75 ff.).[950] Scheidet das Vertretungsorgan aus der Gesellschaft aus, soll die Verletzung der in diesem Fall nach ganz hM bestehenden Pflicht zur Einwirkung auf die anderen Antragsberechtigten, auf den Antrag hinzuwirken, ebenfalls zur Strafbarkeit gem. § 15a Abs. 4 u. 5 InsO führen.[951] Auch dies scheitert jedoch an Art. 103 Abs. 2 GG, da diese Pflicht nicht mehr vom Wortlaut des § 15a InsO gedeckt ist.

Nicht ausgeschlossen ist hingegen die strafrechtliche Insolvenzantragspflicht der organschaftlichen **329** Vertreter der Komplementär-Gesellschaft in der Kapitalgesellschaft & Co KGaA (RdNr. 67, 104), der organschaftlichen Vertreter der juristischen Person als Liquidator (vgl. §§ 265 Abs. 2 Satz 3 AktG, 83 Abs. 2 GenG, RdNr. 81) sowie der organschaftlichen Vertreter der Gesellschafter-Gesellschaften im Falle des § 15a Abs. 3 InsO, da sich die Insolvenzantragspflicht strafrechtlich insoweit gem. **§ 14 Abs. 1 StGB** begründen lässt.[952]

cc) **Insolvenzgrund.** Die Gesellschaft muss überschuldet oder zahlungsunfähig sein. Sehr **330** umstritten ist, ob die Legaldefinitionen der §§ 17, 19 InsO unmodifiziert im Strafrecht gelten. Die Antworten auf diese Frage reichen von einer zivilrechtsakzessorischen über eine zivilrechtsorientierte bis zu einer strafrechtsautonomen Begriffsbestimmung.[953]

dd) **Verletzung der Antragspflicht.** Die Insolvenzantragspflicht ist verletzt, wenn der Eröff- **331** nungsantrag trotz Ablaufs der Antragsfrist nicht (d.h. gar nicht oder zu spät) oder nicht richtig gestellt wurde. Hinsichtlich der Antragsfrist gelten die in RdNr. 117 ff. herausgearbeiteten Grundsätze entsprechend. Insbesondere ist der Lauf der Antragsfrist von der **Kenntnis des Antragspflichtigen unabhängig** (Ausnahme: § 15a Abs. 3 InsO).[954] Die Dreiwochenfrist des § 15a Abs. 1 InsO ist auch in strafrechtlicher Hinsicht eine Höchstfrist; sie läuft vorher ab, wenn das Unterlassen des Antrags schuldhaft wird.[955] Die Antragspflicht erlischt mit der **Ablehnung des Antrags mangels Masse** (RdNr. 135). Fallen der Gesellschaft neue Vermögenswerte zu, die die Kosten eines neuen Insolvenzverfahrens voraussichtlich decken, soll die Insolvenzantragspflicht nach der Rechtsprechung des BGH nicht wiederaufleben.[956]

Stellt ein **anderer Antragsberechtigter** (auch: Gläubiger) einen zulässigen Eröffnungsantrag, **332** so ist die Tatbestandsverwirklichung ab diesem Zeitpunkt ausgeschlossen, da eine Gefährdung der Gläubigerinteressen insoweit ausgeschlossen ist und die Verletzung der zivilrechtlichen „Restpflichten" des Antragspflichtigen (RdNr. 136) jenseits des Wortlauts des § 15a Abs. 1 InsO liegt.[957]

Umstritten ist, unter welchen Voraussetzungen der Antrag **nicht richtig** gestellt wurde.[958] Nach **333** vorzugswürdiger Ansicht muss der Antrag nicht nur zulässig, sondern grds. auch vollständig sein und

---

[950] *Staub/Habersack* § 130b RdNr. 5; MünchKommStGB-*Kiethe/Hohmann* 2010, § 15a InsO RdNr. 21; *Lutter/Hommelhoff/Kleindiek* Anh zu § 64 RdNr. 89; GroßkommGmbHG-*Ransiek* § 84 RdNr.36; *Wegner* in Achenbach/Ransiek, Handbuch Wirtschaftsstrafrecht, 3. Aufl. 2012, Kap. 2 VII RdNr. 29; *Joerden* wistra 1990, 1, 4; *Schüppen* DB 1994, 197, 203 f.; aA RGSt 16, 269, 270 f (§§ 210, 214 KO aF).; BGHSt Urt. v. 24.6.1952 – 1 StR 153/52 3, 32, 37 ff. (§ 239 Abs. 1 KO aF); BGHSt 21, 101, 102 (§ 244 KO aF); BGHSt 31, 118, 121 f (§ 84 Abs.1 GmbHG aF).; BGHSt 46, 62, 64 (§ 84 Abs. 1 GmbHG aF); *Otte* in Graf/Jäger/Wittig, Wirtschafts- und Steuerstrafrecht, 2011, 405 § 15a InsO RdNr. 22 f.; OLG Karlsruhe NJW 2006, 1364 (§ 84 Abs. 1 GmbHG aF). Andere halten eine Strafbarkeit für möglich, wollen aber die Voraussetzungen enger definieren als die hM im Zivilrecht und sehen überwiegend als faktischen Geschäftsführer nur an, wer im Falle der Führungslosigkeit dauerhaft die wesentlichen Geschäfte tätigt (*Scholz/Tiedemann* GmbHG Vor §§ 82 ff. RdNr. 32; *Cavero*, FS Tiedemann, 2008, S. 299, 309 ff.).
[951] *Scholz/Tiedemann* GmbHG Vor §§ 82 ff. RdNr. 34.
[952] Vgl. *Hefendehl* ZIP 2011, 601, 603; *Wilk/Stewen* wistra 2011, 161, 164.
[953] Zu dieser Diskussion und den Einzelfragen MünchKommStGB-*Kiethe/Hohmann* § 15a InsO RdNr. 35; MünchKommStGB-*Radtke* Vor §§ 283 ff RdNr. 71 ff.; *Scholz/Tiedemann* GmbHG Vor §§ 82 ff. RdNr. 37; MünchKommGmbHG-*Wißmann* § 84 RdNr. 121 ff.; *Büttner* ZInsO 2009, 841, 855 f.
[954] MünchKommStGB-*Kiethe/Hohmann* § 15a InsO RdNr. 63; GroßkommAktG-*Otto* § 401 RdNr. 49; *Scholz/Tiedemann* Vor §§ 82 ff. RdNr. 37 u. 45; MünchKommGmbHG-*Wißmann* § 84 RdNr. 209; *Otte* in Graf/Jäger/Wittig, Wirtschafts- und Steuerstrafrecht, 2011, 405 § 15a InsO RdNr. 114; *Ransiek*, Unternehmensstrafrecht, 1995, S. 161; aA *Wegner* in Achenbach/Ransiek, Handbuch Wirtschaftsstrafrecht, 3. Aufl. 2012, S. 937 f.
[955] BGHSt 48, 307, 309 (§ 266a StGB); MünchKommGmbHG-*Wißmann* § 84 RdNr. 196.
[956] BGH 53, 24 RdNr. 30 (§ 84 Abs. 1 GmbHG aF); *Otte* in Graf/Jäger/Wittig, Wirtschafts- und Steuerstrafrecht, 2011, 405 § 15a InsO RdNr. 109; *Maurer* wistra 2003, 174, 176; *Pfeiffer*, FS Rowedder, 1994, S. 347, 364; *Poertzgen* NZI 2009, 127, 128; *Schork/Ganninger* EWiR 2009, 235, 236; *Schröder* GmbHR 2007, 207, 209; aA *Scholz/Tiedemann* GmbHG 9. Aufl. 2002, § 84 RdNr. 88.
[957] IE ebenso *Scholz/Tiedemann* GmbHG Vor §§ 82 ff. RdNr. 51; *Tiedemann*, FS Gauweiler, 2009, S. 533, 540 ff.; aA BGH 53, 24 RdNr. 24 (§ 84 Abs. 1 GmbHG aF); im Hinblick auf Gläubigerantrag *Braun/Bußhardt* § 15a InsO RdNr. 19; MünchKommStGB-*Kiethe/Hohmann* § 15a InsO RdNr. 60; MünchKommGmbHG-*Wißmann* § 84 RdNr. 217 f.
[958] Dazu *Hirte/Knof/Mock* DB 2011, 632 f.; *Marotzke* DB 2012, 560, 565 ff.; *Römermann* ZInsO 2009, 353; *Weiß* ZInsO 2009, 1520; *Weyand* ZInsO 2010, 359.

darf keine Falschangaben enthalten. Nach dem Zweck des § 15a InsO schaden jedoch nur solche Fehl- oder Falschangaben, die die **gerichtliche Entscheidung verhindern** oder **erheblich erschweren** (s. im einzelnen o. RdNr. 133).⁹⁵⁹ Liegt ein unrichtiger Antrag vor und weist das Gericht den Antragsteller darauf hin, ist die Nachholung dieser Angaben als tätige Reue zu qualifizieren, die die Strafbarkeit entfallen lässt.⁹⁶⁰

334 Da die Insolvenzantragspflicht das Vermögensinteresse der gegenwärtigen und künftigen Gläubiger schützt, können weder die Gesellschafter noch die Gläubiger ein strafrechtlich relevantes **Einverständnis** in den Verstoß gegen § 15a Abs. 1 InsO erklären.⁹⁶¹ Ist dem Antragspflichtigen die Erfüllung der Antragspflicht ausnahmsweise aus faktischen (zB Krankheit) oder rechtlichen Gründen nicht möglich, ist der objektive Tatbestand des Insolvenzverschleppungsdelikts nicht erfüllt.⁹⁶²

335 **b) Subjektiver Tatbestand.** Strafbar ist die vorsätzliche (§ 15 StGB) und die fahrlässige Verletzung der Antragspflicht (§ 15a Abs. 5 InsO). Die **zivilrechtlichen Beweisregeln** zur Vermutung des Verschuldens (RdNr. 265) und die Beweiserleichterungen zur Vermutung der Überschuldung der Gesellschaft (RdNr. 267 ff.) lassen sich wegen des Grundsatzes „in dubio pro reo" nicht auf die strafrechtliche Beurteilung übertragen.⁹⁶³

336 Der **Irrtum** über das Vorliegen der Voraussetzungen der Antragspflicht, insbesondere des Insolvenzgrundes, ist Tatbestandsirrtum.⁹⁶⁴ Dies gilt unabhängig davon, ob der Täter in tatsächlicher oder rechtlicher Hinsicht irrt.⁹⁶⁵ Der Irrtum über das Bestehen und die Reichweite der Antragspflicht ist ein Verbotsirrtum i. S. d. § 17 StGB in der Form des Gebotsirrtums.⁹⁶⁶

337 **3. Teilnahme.** Die strafrechtliche Teilnahme am Insolvenzverschleppungsdelikt richtet sich nach den allgemeinen Regeln des Strafrechts (§§ 26, 27 StGB), setzt also insbesondere eine vorsätzliche Haupttat sowie den entsprechenden Teilnehmervorsatz voraus.⁹⁶⁷ Zur Beihilfe durch **berufsneutrales Verhalten** s. RdNr. 277. Die Eigenschaft als Antragspflichtiger ist ein strafbegründendes besonderes persönliches Merkmal iSv § 28 Abs. 1 StGB.⁹⁶⁸

338 **4. Versuch.** Der Versuch der Insolvenzverschleppung ist nicht strafbar. § 15a InsO sieht keine Versuchsstrafbarkeit vor. Da es sich bei der Insolvenzverschleppungshaftung um ein Vergehen handelt (§ 12 Abs. 2 StGB), ergibt sich die Versuchsstrafbarkeit auch nicht aus § 23 StGB.

339 **5. Verjährung.** Die Verjährung beträgt bei Vorsatztaten fünf Jahre (§ 78 Abs. 3 Nr. 4 StGB) und bei Fahrlässigkeit drei Jahre (§ 78 Abs. 3 Nr. 5 StGB). Die Frist beginnt mit der Beendigung der Tat zu laufen (§ 78a StGB). **Beendet** ist die Insolvenzverschleppung, wenn die Insolvenzantragspflicht entfallen ist oder erfüllt wurde.⁹⁶⁹

---

⁹⁵⁹ Vgl. MüchKommStGB-*Kiethe/Hohmann* § 15a InsO RdNr. 56; *Scholz/Tiedemann* Vor §§ 82 ff. RdNr. 49; *Otte* in Graf/Jäger/Wittig, Wirtschafts- und Steuerstrafrecht, 2011, 405 § 15a InsO RdNr. 124; *Richter* in Müller-Gugenberger/Bieneck, Wirtschaftsstrafrecht, 5. Aufl. 2011, § 84 RdNr. 49; darauf abstellend, ob der Verstoß das Gläubigervermögen tatsächlich tangiert, *Spinder/Stilz/Hefendehl* § 401 RdNr. 14.

⁹⁶⁰ *Scholz/Tiedemann* GmbHG Vor §§ 82 ff. RdNr. 49.

⁹⁶¹ *Scholz/Tiedemann* GmbHG Vor §§ 82 ff. RdNr. 52 f.; MünchKommGmbHG-*Wißmann* § 84 RdNr. 237; *Otte* in Graf/Jäger/Wittig, Wirtschafts- und Steuerstrafrecht, 2011, 405 § 15a InsO RdNr. 147 f.; *Richter* in Müller-Gugenberger/Bieneck, Wirtschaftsstrafrecht, 5. Aufl. 2011, § 84 RdNr. 38; *Pfeiffer*, FS Rowedder, 1994, S. 347, 364 f.

⁹⁶² GroßkommGmbHG-*Ransiek* § 84 RdNr. 4, 40; MünchKommGmbHG-*Wißmann* § 84 RdNr. 120 aE.

⁹⁶³ Vgl. MünchKommGmbHG-*Wißmann* § 84 RdNr. 224.

⁹⁶⁴ *Uhlenbruck/Hirte* § 15a InsO RdNr. 65; GroßkommAktG-*Otto* § 401 RdNr. 61; KPB/*Preuß* St. 2/10, § 15a RdNr. 77; *Scholz/Tiedemann* GmbHG Vor §§ 82 ff. RdNr. 55; *Richter* in Müller-Gugenberger/Bieneck, Wirtschaftsstrafrecht, 5. Aufl. 2011, § 84 RdNr. 53; *Wegner* in Achenbach/Ransiek, Handbuch Wirtschaftsstrafrecht, 3. Aufl. 2012, Kap. 2 VII RdNr. 60; *Richter* GmbHR 1984, 113, 120.

⁹⁶⁵ *Scholz/Tiedemann* GmbHG Vor §§ 82 ff. RdNr. 55; MünchKommGmbHG-*Wißmann* § 84 RdNr. 230.

⁹⁶⁶ *Uhlenbruck/Hirte* § 15a InsO RdNr. 65; KPB/*Preuß* St. 2/10, § 15a RdNr. 78; *Scholz/Tiedemann* GmbHG Vor §§ 82 ff. RdNr. 57; MünchKommGmbHG-*Wißmann* § 84 RdNr. 231; *Richter* in Müller-Gugenberger/Bieneck, Wirtschaftsstrafrecht, 5. Aufl. 2011, § 84 RdNr. 51; *Knierim/Smok* in Dannecker/Knierim/Hagemeier, Insolvenzstrafrecht, 2. Aufl. 2012, RdNr. 535; *Wegner* in Achenbach/Ransiek, Handbuch Wirtschaftsstrafrecht, 3. Aufl. 2012, Kap.2 VII RdNr. 60; *Weyand* ZInsO 2010, 359, 363.

⁹⁶⁷ *Scholz/Tiedemann* GmbHG Vor §§ 82 ff. RdNr. 36.

⁹⁶⁸ GroßkommAktG-*Otto* § 401 RdNr. 66; *Wegner* in Achenbach/Ransiek, Handbuch Wirtschaftsstrafrecht, 3. Aufl. 2012, Kap.2 VII RdNr. 68; *Pananis/Börner* GmbHR 2006, 513, 514.

⁹⁶⁹ BGHSt 28, 371, 379 u. 380 (§ 84 Abs.1 GmbHG aF); *Lutter/Hommelhoff/Kleindiek* Anh zu § 64 RdNr. 92; GroßkommAktG-*Otto* § 401 RdNr. 74; *Otte* in Graf/Jäger/Wittig, Wirtschafts- und Steuerstrafrecht, 2011, 405 § 15a InsO RdNr. 130; *Richter* in Müller-Gugenberger/Bieneck, Wirtschaftsstrafrecht, 5. Aufl. 2011, § 84 RdNr. 43. GroßkommAktG-*Otto* § 401 RdNr. 51.

§ 16 Eröffnungsgrund

Die Eröffnung des Insolvenzverfahrens setzt voraus, daß ein Eröffnungsgrund gegeben ist.

Schrifttum: *Beissenhirtz*, Plädoyer für ein Gesetz zur vorinsolvenzlichen Sanierung von Unternehmen, ZInsO 2011, 57 ff.; *Bollig*, Aufgaben, Befugnisse und Entschädigung des gerichtlichen Sachverständigen im Konkurseröffnungsverfahren, KTS 1990, 559 ff.; *Frind*, Vorinsolvenzliche Sanierungsregelungen oder Relaunch des Insolvenzplanverfahrens?, ZInsO 2010, 1426 ff.; *Greil/Herden*, Die Eröffnungsgründe des Insolvenzverfahrens, ZJS 2010, 690 ff.; *Gruber*, Zur Frage, zu welchem Zeitpunkt die Gründe für die Eröffnung des Insolvenzverfahrens vorliegen müssen, DZWIR 2007, 154 ff.; *Henkel*, Die Prüfung des Eröffnungsgrundes durch das Insolvenzgericht bei Ableitung aus einer streitigen Verbindlichkeit, ZInsO 2011, 1237 ff.; *Jacoby*, Vorinsolvenzliches Sanierungsverfahren, ZGR 2010, 359 ff.; *Jaffé*, Insolvenzverfahren, Eigenverwaltung und vorinsolvenzliche Sanierung, in Kölner Schrift, 3. Aufl. 2009, S. 743 ff.; *Jessnitzer*, Der gerichtliche Sachverständige, KTS 1971, 81 ff.; *Leipold*, Die gerichtliche Anordnung der Urkundenvorlage im reformierten Zivilprozess, in FS Walter Gerhardt, 2004, S. 563 ff.; *Maintzer*, Die Gewährung rechtlichen Gehörs im Rahmen des Konkursverfahrens, KTS 1985, 617 ff.; *Oberle*, Außergerichtliche Sanierung oder Sanierung in der Insolvenz? – Ansätze für eine Vergleichsrechnung –, FS Jobst Wellensiek, 2011, S. 73 ff.; *Pape*, Insolvenzgründe im Verbraucherinsolvenzverfahren, WM 1998, 2125 ff.; *ders.*, Die Bestellung eines „starken Gutachters" als Mittel zur Sicherung der Insolvenzmasse, ZInsO 2001, 830 ff.; *ders.*, Zahlungsunfähigkeit in der Gerichtspraxis, WM 2008, 1949 ff.; *Plagens/Wilkes*, Betriebswirtschaftliche Aspekte und offene Fragen im Zusammenhang mit der Definition des Begriffs „Zahlungsunfähigkeit" aufgrund der jüngeren BGH-Entscheidungen, ZInsO 2010, 2107 ff.; *Pohl*, Der Insolvenzgrund der Zahlungsunfähigkeit, Diss. Bielefeld 2010; *Rendels*, Probleme der Gutachtertätigkeit im Insolvenzeröffnungsverfahren, NZG 1998, 839 ff.; *Schäfer*, Die Interessenverteilung zwischen Konkursverwalter und Staatsanwalt im Konkurs- und Strafverfahren, KTS 1991, 23 ff.; *Schmahl*, Zur Darstellung und Glaubhaftmachung der Forderung eines öffentlich-rechtlichen Gläubigers im Insolvenzeröffnungsantrag, NZI 2007, 20 ff.; *K. Schmidt*, Sinnwandel und Funktion des Überschuldungstatbestandes, JZ 1982, 165 ff.; *Smid*, Struktur und systematischer Gehalt des deutschen Insolvenzrechts in der Judikatur des IX. Zivilsenats des Bundesgerichtshofs (X, Teil 1), DZWIR 2012, 1 ff.; *Tetzlaff*, Unzugänglichmachung des Insolvenzeröffnungsgutachtens für die Staatsanwaltschaft? NZI 2005, 316 ff.; *Uhlenbruck*, Die verfahrens- und kostenmäßige Behandlung mehrerer Konkursanträge gegen den gleichen Schuldner, KTS 1987, 561 ff.; *ders.*, Aus- und Abwahl des Insolvenzverwalters – eine Schicksalsfrage der Insolvenzrechtsreform, KTS 1989, 229 ff.; *ders.*, Das Auskunfts- und Akteneinsichtsrecht im Konkurs- und Vergleichsverfahren, KTS 1989, 527 ff.; *ders.*, Das rechtliche Gehör im Konkurseröffnungsverfahren, in FS Gottfried Baumgärtel, 1990, S. 569 ff.; *ders.*, Auskunfts- und Mitwirkungspflichten des Schuldners und seiner organschaftlichen Vertreter, KTS 1997, 371 ff.; *ders.*, Der Insolvenzgrund im Verbraucherinsolvenzverfahren, NZI 2000, 15 ff.; *ders.*, Die Rechtsstellung des gerichtlich bestellten Sachverständigen im Insolvenzeröffnungsverfahren, in FS Günter Greiner, 2005, S. 317 ff.; *Undritz*, Möglichkeiten und Grenzen vorinsolvenzlicher Unternehmenssanierung, in Kölner Schrift, 3. Aufl. 2009, S. 932 ff.; *Vallender*, Das rechtliche Gehör im Insolvenzverfahren, in Kölner Schrift zur Insolvenzordnung, 3. Aufl. 2009, S. 115 ff.; *Vuia*, Die Verantwortlichkeit von Banken in der Krise von Unternehmen, Diss. Hamburg 2006; *Wessel*, Der Sachverständige im Konkurseröffnungsverfahren, 1993; *ders.*, Der Sachverständige im Insolvenzeröffnungsverfahren, DZWIR 1999, 230 ff.; *Zipperer*, Nichtverweislichkeit des Insolvenzgrundes oder Abweisung mangels Masse – Zum Rechnen mit Unbekannten, NZI 2003, 590 ff.; *Arbeitshinweise des AG Duisburg für Insolvenzsachverständige im Eröffnungsverfahren*, NZI 1999, 308 ff.

Übersicht

	Rn.		Rn.
A. Allgemeines	1–4	**III. Eröffnungsverfahren als Eilverfahren**	22–24
I. Normzweck und Entstehungsgeschichte	1–3	**IV. Rechtliches Gehör zum Ergebnis der Ermittlungen**	25–33
II. Systematik	4	1. Grundsatz	25
B. Einzelerläuterungen	5–69	2. Anhörung bei Eröffnungsreife	26–30
I. Anwendungsbereich	5	3. Anhörung vor Abweisung mangels Masse	31, 32
II. Die Amtsermittlungspflicht des Insolvenzgerichts	6–21	4. Anhörung vor Zurückweisung wegen Unzulässigkeit oder Unbegründetheit	33
1. Beginn und Umfang	6–12	**V. Erforderliche Überzeugung des Gerichts**	34–44
2. Mitwirkung des Schuldners	13–16	1. Allgemeines	34, 35
3. Zulässige Beweismittel	17, 18	2. Obstruktion eines Beteiligten	36
4. Beweisanordnungen in Parallelverfahren	19	3. Insolvenzbegründende Forderung	37–39
5. Rechtsmittel gegen Beweisanordnungen	20, 21	4. Materielle Beweislast	40

	Rn.		Rn.
5. Maßgebender Zeitpunkt	41–44	4. Ermittlungsbefugnisse	56–63
a) Verfahrenseröffnung	41–43	a) Grundsatz	56
b) Ablehnung der Eröffnung	44	b) Auskunfts- und Einsichtsrecht	57–62
		c) Zutrittsrecht	63
VI. Ermittlungen mit Hilfe eines Sachverständigen	45–69	5. Fragerecht gegenüber Dritten	64
		6. Sachverständiger und Strafverfolgungsbehörden	65
1. Grundsatz	45	7. Auskünfte zum Verfahrensstand	66
2. Aufgabenkreis des Sachverständigen	46–53	8. Anforderungen an das Gutachten	67, 68
3. Auswahl	54, 55	9. Entschädigung und Vergütung	69

A. Allgemeines

I. Normzweck und Entstehungsgeschichte

1 Kommt es zu einer wirtschaftlichen Krise des Schuldners, treffen die zum Teil gegenläufigen Interessen der beteiligten Personengruppen (gesicherte Gläubiger, ungesicherte Gläubiger, Schuldner) aufeinander.[1] Versuche, die Krise durch eine Sanierung zu bewältigen, sind in der Regel dann am aussichtsreichsten, wenn sie möglichst frühzeitig erfolgen.[2] Allerdings drohen **außergerichtliche Sanierungsversuche** infolge obstruktiven Gläubigerverhaltens und aufgrund fehlender gesetzlicher Regelungsinstrumente zu scheitern, weshalb es durchaus ratsam sein kann, einen Sanierungsversuch erst im gerichtlichen Verfahren zu starten.[3] Liquidation und Sanierung stehen dabei als Mittel zur Erreichung einer gleichmäßigen Gläubigerbefriedigung gleichrangig nebeneinander (§ 1 Satz 1). Vor diesem Hintergrund kann es sachgerecht und wirtschaftlich sinnvoll sein, das Insolvenzverfahren mit seinen Regelungsinstrumenten möglichst frühzeitig zu eröffnen, wenn nämlich eine **Sanierungsbedürftigkeit** eingetreten ist.[4]

2 Wie § 16 mit deklaratorischer Bedeutung klar zum Ausdruck bringt, knüpft das geltende Recht nicht an diese praktischen Bedürfnisse für die Durchführung eines Insolvenzverfahrens an, sondern stellt auf das **Vorliegen definierter Eröffnungsgründe** ab, die unmittelbar an den Grad der wirtschaftlichen Krise anknüpfen, wenn diese sich nämlich derart verfestigt hat, dass der Schuldner überschuldet oder zahlungsunfähig ist oder zahlungsunfähig zu werden droht.[5] Durch das Anknüpfen an diese Eröffnungsgründe stellt das Gesetz zugleich sicher, dass in die Rechte der Beteiligten (Gläubiger und Schuldner) nur dann eingegriffen wird[6], wenn dies zur Vermeidung weiteren Schadens, der durch eine weitere Teilnahme des Schuldners am Wirtschaftsleben entstehen würde, erforderlich ist.[7] Eine Eröffnung des Insolvenzverfahrens soll demnach nur rechtmäßig sein, wenn der entscheidungserhebliche Eröffnungsgrund zur Zeit der Eröffnung vorliegt.[8]

3 Die Vorschrift entspricht der Sache nach dem alten Recht (§ 102 Abs. 1 KO). Sie fasst gemeinsam mit den §§ 17 bis 19 die verstreuten Vorschriften über die Eröffnungsgründe begrifflich zusammen und verallgemeinert sie.[9]

II. Systematik

4 Die Bestimmung des § 16 leitet von den Anforderungen an die Zulässigkeit (§§ 11 bis 15) zu den **Voraussetzungen über die Begründetheit** über (§§ 17 bis 19). Sie legt allgemein die Voraussetzung fest, unter der ein Eröffnungsantrag in der Sache begründet ist. Da die **Amtsermittlungspflicht des Insolvenzgerichts** (§ 5 Abs. 1, §§ 16, 26) einsetzt, sobald ein zulässiger Eröffnungsantrag

---

[1] S. hierzu *Vuia* S. 36 ff., 45 ff.; Uhlenbruck/*Uhlenbruck* InsO § 16 RdNr. 1.
[2] Zu den Anforderung an die Durchführung eines gesetzlich geregelten vorinsolvenzlichen Sanierungsverfahrens s. *Beissenhirtz* ZInsO 2011, 57 ff.; *Jacoby* ZGR 2010, 359 ff.; kritisch *Frind* ZInsO 2010, 1426 ff.
[3] P. Gottwald/*Uhlenbruck/Vuia*, Insolvenzrechts-Handbuch, § 14 RdNr. 1. Zu den Vor- und Nachteilen von Sanierungsversuchen in der Vorinsolvenzphase sowie zur rechtlichen Ausgestaltung des Sanierungsverfahrens s. *Oberle*, FS Jobst Wellensiek, S. 73 ff.; *Jacoby* ZGR 2010, 359 ff.; *Jaffé*, Kölner Schrift, RdNr. 9 ff.; *Undritz*, Kölner Schrift, RdNr. 4 ff.; *Vuia* S. 69 ff.
[4] Vgl. zum Begriff der Sanierungsbedürftigkeit *Vuia* S. 40 f. mwN.
[5] S. hierzu Uhlenbruck/*Uhlenbruck* InsO § 16 RdNr. 3; Nerlich/Römermann/*Mönning* InsO § 16 RdNr. 2, 6.
[6] S. hierzu Uhlenbruck/*Uhlenbruck* InsO § 16 RdNr. 3; Nerlich/Römermann/*Mönning* InsO § 16 RdNr. 5.
[7] Vgl. Braun/*Bußhardt* InsO § 16 RdNr. 1; Uhlenbruck/*Uhlenbruck* InsO § 16 RdNr. 3; *K. Schmidt* JZ 1982, 165, 166.
[8] Nerlich/Römermann/*Mönning* InsO § 16 RdNr. 11.
[9] Braun/*Bußhardt* InsO § 16 RdNr. 2.

vorliegt (vgl. § 13 RdNr. 11), ist für die Begründetheit eines Eröffnungsantrags nicht mehr, wie bei der Zulässigkeit, der glaubhaft gemachte Sachvortrag des Antragstellers maßgebend, vielmehr gilt statt dessen der Untersuchungsgrundsatz, der das Gericht verpflichtet, von Amts wegen aufzuklären, ob ein Eröffnungsgrund vorliegt. Dabei ist „Eröffnungsgrund" der Oberbegriff für die einzelnen Insolvenztatbestände, die je nach Rechtsform des Schuldners, nach betroffener Vermögensmasse und nach Antragsteller unterschiedlich sein können.[10] **Zahlungsunfähigkeit:**[11] Sie ist allgemeiner Eröffnungsgrund und gilt für alle Rechtsformen und Anträge (§§ 17, 320); **drohende Zahlungsunfähigkeit:** Sie ist zusätzlicher Eröffnungsgrund bei Eigenanträgen nach Maßgabe der §§ 18, 320 Satz 2, § 333 Abs. 2 Satz 3; **Überschuldung:** Sie ist unabhängig vom Antragsteller zusätzlicher Eröffnungsgrund bei juristischen Personen (§ 19 Abs. 1, 2), bei Gesellschaften ohne Rechtspersönlichkeit, sofern keiner der im Ergebnis persönlich haftenden Gesellschafter eine natürliche Person ist (§ 19 Abs. 3), sowie beim Nachlass und beim Gesamtgut einer Gütergemeinschaft (§§ 320, 332 Abs. 1, § 333).

B. Einzelerläuterungen

I. Anwendungsbereich

Die Bestimmung des § 16 ist grundsätzlich auf alle Arten des Insolvenzverfahrens anzuwenden. Auf den gem. § 305 Abs. 1 Nr. 1 vorgeschriebenen **außergerichtlichen Einigungsversuch** ist § 16 nicht anwendbar, da es sich nicht um ein gerichtliches Insolvenzverfahren handelt.[12] Auch auf das **gerichtliche Schuldenregulierungsverfahren** gem. §§ 305 ff. ist § 16 weder direkt noch analog anwendbar, da dieses Verfahren weder im außergerichtlichen Bereich angesiedelt ist noch als eröffnetes Verfahren behandelt wird.[13] Etwas anderes gilt, wenn das Gericht die verweigerte Zustimmung von Gläubigern gem. § 309 ersetzt, denn ein Eingriff in die Rechte der Gläubiger ist nur bei Vorliegen eines Insolvenzgrunds gerechtfertigt (s. RdNr. 2).[14] Hat das Insolvenzgericht Anhaltspunkte für einen Missbrauch des Verfahrens, ist es allerdings im Hinblick auf § 5 Abs. 1 berechtigt, Ermittlungen zum Vorliegen eines Insolvenzgrundes anzustellen.[15] Ausnahmsweise entbehrlich ist die Feststellung des Eröffnungsgrundes, wenn bereits **im Ausland ein anzuerkennendes Hauptinsolvenzverfahren** (Art. 3 Abs. 1, Art. 16 EuInsVO, § 343) eröffnet ist und daher in Deutschland nur die Eröffnung eines Sekundärinsolvenzverfahrens über das Inlandsvermögen in Betracht kommt (Art. 27 EuInsVO, § 356 Abs. 3); in einem solchen Fall ist – vorbehaltlich des deutschen *ordre public* – das Sekundärinsolvenzverfahren auch dann zu eröffnen, wenn das ausländische Verfahren auf einem Eröffnungsgrund beruht, den das deutsche Recht nicht kennt.[16] Zusätzliche Voraussetzung für die Eröffnung ist stets, dass die Kosten des Verfahrens entweder aus dem schuldnerischen Vermögen selbst oder auf Grund einer Vorschusszahlung oder Stundung gedeckt sind (§ 26 Abs. 1, Art. 30 EuInsVO). Soweit ein Rechtsträger mit ausländischem Gesellschaftsstatut der internationalen Zuständigkeit deutscher Insolvenzgerichte und damit dem deutschen Insolvenzstatut unterliegt, gelten die jeweiligen Eröffnungsgründe je nach rechtlicher Qualifikation des Rechtsträgers für ihn entsprechend (*lex fori concursus;* Art. 4 Abs. 2 Satz 1 EuInsVO, § 335).[17]

II. Die Amtsermittlungspflicht des Insolvenzgerichts

1. Beginn und Umfang. Die Pflicht des Insolvenzgerichts zur Ermittlung der für das Insolvenzverfahren bedeutsamen Umstände gem. § 5 Abs. 1 setzt ein, wenn und sobald der Eröffnungsantrag zulässig ist (§§ 11-15).[18] Die **Zulassung des Eröffnungsantrags als zulässig** ist im Gesetz nicht vorgesehen, insbesondere bedarf sie keiner förmlichen (anfechtbaren) Zwischenentscheidung durch das Insolvenzgericht.[19] Hat das Insolvenzgericht den Eröffnungsantrag als zulässig angesehen und

---

[10] Vgl. zu den Eröffnungsgründen auch *Greil/Herden* ZJS 2010, 690 ff.; Uhlenbruck/*Uhlenbruck* InsO § 16 RdNr. 4 f.
[11] S. hierzu eingehend *Pohl* passim; s. ferner *Pape* WM 2008, 1949 ff.; *Plagens/Wilkes* ZInsO 2010, 2107 ff.
[12] *Uhlenbruck* NZI 2000, 15; Braun/*Bußhardt* InsO § 16 RdNr. 4.
[13] *Uhlenbruck* NZI 2000, 15 ff.; aA *Pape* WM 1998, 2125, 2128.
[14] *Pape* WM 1998, 2125, 2128; *Uhlenbruck* NZI 2005, 15, 16 f.
[15] Vgl. HambKommInsO-*Schröder* § 16 RdNr. 17.
[16] Begr. RegE IIRNG 2003 zu § 356, BT-Dr. 15/16, S. 25.
[17] *H. F. Müller* NZG 2003, 414, 415 f.; *U. Huber*, FS Gerhardt, 2004, S. 397, 408.
[18] Vgl. BGH ZInsO 2011, 1499 f. auch zu der Frage, in wie weit die Anordnung eines Sachverständigengutachtens zur Beurteilung der Voraussetzungen der Verfahrenseröffnung zulässig ist.
[19] BGH NJW-RR 2007, 1062; LG Aachen, Beschl. v. 6.2.2007 – 6 T 19/07; P. Gottwald/*Uhlenbruck/Vuia*, Insolvenzrechts-Handbuch, § 14 RdNr. 2 mwN. zum Streitstand; Uhlenbruck/*Vallender* InsO § 21 RdNr. 2.

dies aktenkundig gemacht, ist es dadurch im weiteren Verlauf des Eröffnungsverfahrens nicht von der Prüfung der Zulässigkeitsvoraussetzungen entbunden.[20]

7 Umfang und Art der Ermittlungen stehen im pflichtgemäßen Ermessen des Gerichts. Es ist nicht an **Beweisanträge** oder **unstreitiges Vorbringen** der Beteiligten gebunden.[21] Nicht einmal das ausdrückliche Geständnis des Schuldners muss vom Gericht ohne weiteres hingenommen werden.[22] Angesichts der Missbrauchsmöglichkeiten bei der Sanierung durch einen Insolvenzplan oder durch die Restschuldbefreiung ist eine eigenständige gerichtliche Feststellung des Eröffnungsgrunds unerlässlich. Weder die Undurchsichtigkeit der Verhältnisse oder die mangelnde Bereitschaft des Schuldners, zur Aufklärung beizutragen, noch das Drängen des Antragstellers auf eine schnelle Entscheidung dürfen das Gericht von seiner Aufgabe abhalten, im Rahmen des gesetzlich Zulässigen den Sachverhalt so weit aufzuklären, dass eine sachgerechte Entscheidung getroffen werden kann.[23]

8 Wegen der wirtschaftlichen Bedeutung des Insolvenzverfahrens für alle Beteiligten sind die Ermittlungen zum Eröffnungsgrund mit **besonderer Sorgfalt** zu führen.[24] Verletzt das Gericht seine Amtsermittlungs*pflicht* grob schuldhaft, kann dies zu einer Amtshaftung führen (§ 839 BGB, Art. 34 GG); s. hierzu auch § 34 RdNr. 109. Ziel der Ermittlungen muss sein, eine ordnungsmäßige, den tatsächlichen Verhältnissen entsprechende Übersicht über die schuldnerische **Vermögens-, Finanz- und Ertragslage** einschließlich der Verbindlichkeiten unter Berücksichtigung der Aus- und Absonderungsrechte zu erlangen. Außerdem hat das Gericht seine Aufmerksamkeit darauf zu richten, ob **Sicherungsmaßnahmen** (§§ 21 bis 25) notwendig sind.

9 Mit Beginn der Amtsermittlungspflicht hat das Gericht von Amts wegen die erforderlichen Ermittlungen einzuleiten, um gesicherte **Feststellungen über die Eröffnungsvoraussetzungen** zu treffen. Zu diesen Voraussetzungen gehört als Begründetheit im engeren Sinne das Vorliegen eines gesetzlichen Eröffnungsgrunds (§ 16). Bei den Ermittlungen ist das Gericht an den Inhalt der **Antragsbegründung**, insbesondere an den dort genannten oder glaubhaft gemachten Eröffnungsgrund nicht gebunden.[25] Es muss von Amts wegen jeden nach der Rechtsform des Schuldners einschlägigen Eröffnungsgrund prüfen (s. RdNr. 34). Etwas anderes gilt nur für die drohende Zahlungsunfähigkeit. Sie hat das Gericht nur zu prüfen, wenn ein Eigenantrag vorliegt und der Schuldner selbst sich in zulässiger Weise auf diesen Eröffnungsgrund berufen hat (§ 18 Abs. 1, 3).

10 Weiter hat das Gericht von Amts wegen die Existenz einer **kostendeckenden Masse** zu klären. Diese Frage betrifft allerdings nicht die eigentliche Begründetheit des Eröffnungsantrags, sondern eine zusätzliche objektive Bedingung der Eröffnung. Liegt ein Eröffnungsgrund vor, ohne dass die Kosten gedeckt sind, ist der Antrag gleichwohl begründet. Dies hat Konsequenzen für die Kostenentscheidung bei der Abweisung eines Gläubigerantrags mangels Masse (vgl. § 13 RdNr. 154). Daneben ist auch die Frage zu klären, ob eine kostendeckende Masse vorhanden ist oder ob die Eröffnung nur nach Einzahlung eines Kostenvorschusses oder Stundung der Verfahrenskosten möglich sein wird (§ 26 Abs. 1, § 4a).

11 Ist der Schuldner eine natürliche Person, ist außerdem zu prüfen, ob die **Voraussetzungen** des § 304 **für das vereinfachte Insolvenzverfahren** vorliegen (§§ 311 ff.). Hinreichende Erkenntnisse über Art und Umfang der wirtschaftlichen Tätigkeit werden sich im Allgemeinen aus den übrigen Ermittlungen ergeben.

12 Keine zusätzlichen Nachforschungen sind erforderlich, wenn der Schuldner einen (zulässigen) Antrag auf Anordnung der **Eigenverwaltung** (§ 270) gestellt hat (§ 13 Abs. 1 Satz 6 Nr. 1). Wegen des Ausnahmecharakters der Eigenverwaltung ist es allein Sache des Schuldners,[26] dem Gericht anlässlich der allgemeinen Ermittlungen zum Eröffnungsgrund die Überzeugung zu vermitteln, dass nach den bekannt gewordenen Umständen die Anordnung der Eigenverwaltung nicht zu Nachteilen für die Gläubiger führen wird (§ 270 Abs. 2 Nr. 3). Dem Gericht ist es allerdings nicht verwehrt, zur Vorbereitung seiner Entscheidung gem. § 5 Abs. 1 selbst Ermittlungen anzustellen sowie vom Schuldner Auskünfte und Unterlagen zu verlangen, die Aufschluss über seine Zuverlässigkeit und seine Eignung für Eigenverwaltung geben können.

---

[20] BGH NJW-RR 2006, 1641 = NZI 2006, 590 f.; Uhlenbruck/*Vallender* InsO § 21 RdNr. 2, 2a.
[21] Vgl. BGH NZI 2008, 121 f.
[22] BGH NZI 2007, 45; OLG Köln NZI 2000, 480, 483; HKInsO-*Kirchhof* § 16 RdNr. 10; Jaeger/*Gerhardt* InsO § 13 RdNr. 26, § 14 RdNr. 40; Jaeger/*H. F. Müller* InsO § 16 RdNr. 10; Uhlenbruck/*Uhlenbruck* InsO § 16 RdNr. 7.
[23] Vgl. BGH NZI 2006, 405 f.; LG Karlsruhe KTS 1978, 57; LG Stendal ZIP 1995, 1106 f.; LG Göttingen ZIP 1996, 144 f.; *Runkel* EWiR 1996, 271.
[24] BGH WM 1957, 67 = LM BGB § 839 (Fi) Nr. 4; BGH KTS 1978, 24, 27 f.; Jaeger/*H. F. Müller* InsO § 16 RdNr. 11; Uhlenbruck/*Uhlenbruck* InsO § 16 RdNr. 7.
[25] Uhlenbruck/*Uhlenbruck* InsO § 16 RdNr. 6.
[26] AG Potsdam DZWIR 2000, 343; Begr. RegE zu § 331 (= § 270); *Balz/Landfermann* S. 389 = Kübler/Prütting, Dok. Bd. I, S. 512; *Vallender* WM 1998, 2129, 2133; *Smid* WM 1998, 2489, 2508.

2. Mitwirkung des Schuldners. Ohne Auskünfte des Schuldners wird eine hinreichende Aufklärung der Eröffnungsvoraussetzungen in den wenigsten Fällen möglich sein. Der Schuldner ist deshalb gegenüber dem Gericht schon vor der Eröffnung verpflichtet, alle Auskünfte zu erteilen, die für die Entscheidung über den Eröffnungsantrag erforderlich sind (§ 20 Abs. 1). Er wird als **Partei** vernommen.[27] An die Stelle der §§ 445 bis 455 ZPO treten § 20 Abs. 1 und die dort genannten Vorschriften (s. § 20 RdNr. 2, 54).

Die Vernehmung des Schuldners zur Aufklärung des Sachverhalts ist gedanklich zu trennen von der Anhörung zur Gewährung rechtlichen Gehörs (vgl. § 14 RdNr. 122). Die **inquisitorische Vernehmung** steht als Ermittlungshandlung im pflichtgemäßen Ermessen des Gerichts. Bei welchem Stand der Ermittlungen die Vernehmung stattfindet, welcher organschaftliche Vertreter vernommen wird, zu welchen Themen der Schuldner Auskunft erteilen soll und ob dies mündlich oder schriftlich geschieht, bestimmt allein das Gericht.[28] Allerdings können beide Aspekte, die Gewährung des rechtlichen Gehörs und die Vernehmung zur Sachaufklärung, sich überlagern und je nach Verfahrenslage miteinander verknüpft werden. Deshalb wird dem Schuldner bei der Zustellung des Eröffnungsantrags üblicherweise ein Fragebogen übersandt, mit dessen Hilfe er dem Gericht einen ersten Überblick über seine Vermögensverhältnisse geben soll. Darüber hinaus kann sich aus § 13 Abs. 1 Satz 4 und 5 eine Pflicht des Schuldners ergeben, für die weitere Verfahrensgestaltung wesentliche Informationen dem Gericht mitzuteilen (s. § 13 RdNr. 106).

Umfang und Durchsetzung der **Auskunfts- und Mitwirkungspflichten des Schuldners** ergeben sich aus § 20 Abs. 1 i. V. m. den §§ 97, 98, 101 Abs. 1 Satz 1, 2. Auch im Eröffnungsverfahren kann daher die Erfüllung der Pflichten durch zwangsweise Vorführung und anschließende Anordnung der Haft erzwungen werden. Ebenso ist der Schuldner auf Anordnung des Gerichts zur Abgabe der eidesstattlichen Versicherung verpflichtet, dass er die von ihm verlangte Auskunft nach bestem Wissen und Gewissen richtig und vollständig erteilt habe.

Die Auskunfts- und Mitwirkungspflichten des Schuldners bestehen auch gegenüber dem **vorläufigen Insolvenzverwalter** (§ 22 Abs. 3). Sie bestehen ferner gegenüber einem vom Gericht bestellten **Sachverständigen,** wenn das Gericht eine entsprechende Verpflichtung ausdrücklich festgelegt hat. In diesen Fällen haben der Schuldner und seine organschaftlichen Vertreter auch dem vorläufigen Insolvenzverwalter oder dem Sachverständigen die erforderlichen Auskünfte zu erteilen und die benötigten Unterlagen herauszugeben (s. § 20 RdNr. 43).

3. Zulässige Beweismittel. Zur Aufklärung des Sachverhalts kann das Gericht sich aller gesetzlich zulässigen Beweismittel bedienen. Es kann von den Verfahrensbeteiligten Auskünfte oder die Vorlage schriftlicher (Original-)Unterlagen verlangen, bei Gerichten oder Behörden **amtliche Auskünfte** einholen und, sofern keine gesetzlichen Hinderungsgründe bestehen, Einsicht in deren **Akten** nehmen (zB Register-, Grundbuch-, Prozess-, Straf-, Vormundschafts-, Sozialhilfeakten). Es kann ferner **Zeugen** vernehmen und Gutachten von **Sachverständigen** einholen. Für das **Verfahren bei der Beweisaufnahme** gelten die Vorschriften der ZPO entsprechend (§ 4), jedoch können sich aus dem Grundsatz der Amtsermittlung und aus der Notwendigkeit, die künftige Masse zu sichern (§ 21), Besonderheiten ergeben. So kann es in Ausnahmefällen geboten sein, den Schuldner von der Anwesenheit bei einer Zeugenvernehmung auszuschließen, wenn zu befürchten ist, dass er die Kenntnis des Beweisergebnisses zum Schaden der Insolvenzmasse verwendet.[29] Ein förmlicher Beweisbeschluss ist nicht erforderlich.[30]

Bei der gerichtlichen **Vernehmung von Zeugen** ist die **erweiterte Auskunftspflicht** nach den §§ 101, 97 Abs. 1 zu beachten, die auch im Eröffnungsverfahren gilt (§ 20 Abs. 1 Satz 2, § 22 Abs. 3 Satz 3). Von den in § 101 genannten Personen sind Zeugen nur die in Abs. 2 genannten gegenwärtigen und früheren **Angestellten des Schuldners** (s. § 20 RdNr. 20). Die in § 101 Abs. 1 Satz 1, 2 aufgeführten **organschaftlichen Vertreter** einschließlich der Mitglieder des Aufsichtsorgans und der **faktischen Geschäftsführer** (§ 20 RdNr. 17) gelten als Partei, auch wenn sie innerhalb der letzten zwei Jahre vor der Stellung des Eröffnungsantrags oder während des Verfahrens aus einer solchen Position ausgeschieden sind. Die Auskunftspflicht obliegt ihnen auf Grund ihrer früheren Organstellung (vgl. § 20 RdNr. 16, 17 und die Erl. zu § 101). Sonstige ehemalige organschaftliche Vertreter sind Zeugen mit allen Pflichten und Rechten, auch dem Zeugnisverweigerungsrecht nach § 384 Abs. 1 Nr. 2 ZPO.

4. Beweisanordnungen in Parallelverfahren. In gleichzeitig anhängigen Eröffnungsverfahren gegen denselben Schuldner (§ 13 RdNr. 13) können Anordnungen zur Beweisaufnahme auch ohne

---

[27] Uhlenbruck/*Uhlenbruck* InsO § 16 RdNr. 7.
[28] Vgl. AG Duisburg Rpfleger 1994, 268.
[29] Jaeger/*Weber* KO § 72 RdNr. 3 c.
[30] HKInsO-*Kirchhof* § 5 RdNr. 18; Jaeger/*Gerhardt* InsO § 5 RdNr. 18.

Verbindung der Verfahren einheitlich ergehen,[31] etwa als gleich lautende Beschlüsse. Die Ergebnisse der Ermittlungen können außerdem in weiteren (etwa später hinzu kommenden) Parallelverfahren verwertet werden (vgl. § 4, § 411a ZPO). Die förmliche Verbindung von Verfahren vor der Eröffnung ist wegen der häufigen Antragsrücknahmen oder Erledigungserklärungen nur selten zweckmäßig. Geboten ist die Verbindung erst, sobald aufgrund mehrerer (zulässiger) Anträge ein Eröffnungsbeschluss ergeht; über ein identisches Vermögen kann nämlich zur gleichen Zeit nur ein einziges Insolvenzverfahren eröffnet werden (vgl. §§ 27 bis 29 RdNr. 13).

5. Rechtsmittel gegen Beweisanordnungen. Richterliche Maßnahmen, mit denen die Entscheidung über die Verfahrenseröffnung vorbereitet wird, sind unabhängig von § 6 Abs. 1 nicht beschwerdefähig.[32] Hierzu gehören auch die Anordnung einer Beweisaufnahme, die Bestimmung ihrer Art und Weise (vgl. § 4, § 355 Abs. 2 ZPO) und die Ablehnung beantragter Ermittlungshandlungen. Unanfechtbar ist deshalb insbesondere die Beauftragung eines Sachverständigen mit der näheren Untersuchung der schuldnerischen Vermögensverhältnisse.[33] Die mit diesen Ermittlungen verbundenen Auswirkungen auf seine wirtschaftliche und persönliche Entscheidungsfreiheit muss der Schuldner hinnehmen. Etwas anderes gilt in Analogie zu § 21 Abs. 1 Satz 2, wenn die vom Insolvenzgericht angeordnete Maßnahme von vorneherein außerhalb seiner gesetzlichen Befugnisse liegt.[34] Darüber hinaus hat der durch die Beweisanordnung Beschwerte die Möglichkeit, im Wege einer **Gegenvorstellung** eine Überprüfung der Anordnung durch das Gericht zu veranlassen. Solange die Entscheidung noch abänderbar ist, kann das Gericht sie abändern.[35] Ändert das Gericht auf die Gegenvorstellung hin den Beschluss ab, kann dem durch die Abänderung betroffenen Beteiligten hiergegen die sofortige Beschwerde zustehen.

III. Eröffnungsverfahren als Eilverfahren

Das Eröffnungsverfahren ist, wenn ein ordnungsgemäßer, zulässiger Antrag vorliegt, nach seiner gesetzlichen Zweckbestimmung ein Eilverfahren. Wie die Antragsvoraussetzungen der §§ 14, 15 Abs. 2 zeigen, soll es nur bei deutlichen Anzeichen für eine krisenhafte Entwicklung der schuldnerischen Finanz- oder Vermögenslage stattfinden. In dieser Situation tragen Verzögerungen besonders große Gefahren in sich.[36] Selbst wenn sich eine längere Dauer des Verfahrens auf die Anfechtbarkeit von Rechtshandlungen nicht auswirkt (vgl. § 139), ist eine schnelle Klärung der Eröffnungsvoraussetzungen unabdingbar.[37] Sie liegt im **Interesse der gesamten Gläubigerschaft** ebenso wie im wohlverstandenen Interesse des Schuldners. Das Verfahren zielt schon vor der Eröffnung nicht auf die Durchsetzung von Ansprüchen einzelner Gläubiger ab, sondern auf die gemeinschaftliche Befriedigung aller Insolvenzgläubiger (§§ 1, 21).

Das Eröffnungsverfahren kann deshalb **nicht ausgesetzt, zum Ruhen gebracht** oder **einstweilen eingestellt** werden.[38] Es ist, abgesehen vom Sonderfall des § 306 Abs. 1, nicht die Zeit der außergerichtlichen Vergleichsverhandlungen und Sanierungsversuche. Auch die Gewährung rechtlichen Gehörs (§ 14 Abs. 2, § 15 Abs. 2) dient nicht dem Zweck, den Verfahrensbeteiligten Zeit zu geben, um neue Tatsachen zu schaffen und so die Entscheidungsgrundlage des Gerichts zu ihren Gunsten zu beeinflussen.[39] Mit Zustimmung des antragstellenden Gläubigers mag es je nach Lage des Schuldners und dem Sicherungsbedürfnis der Gläubiger vertretbar sein, die Bearbeitung des Verfahrens wenige Tage, höchstens zwei Wochen, zurückzustellen (vgl. § 13 RdNr. 72). Will der Gläubiger dem Schuldner jedoch weitergehende Erleichterungen bewilligen, muss er den Eröffnungsantrag zurücknehmen (§ 13 RdNr. 113 ff.) oder in der Hauptsache für erledigt erklären (§ 13 RdNr. 127 ff.). Nach Scheitern der Einigungsbemühungen kann der Gläubiger unter Beachtung des § 14 einen neuen Antrag stellen.

---

[31] Uhlenbruck KTS 1987, 561, 562 f.
[32] BGH NZI 1998, 42; KG KTS 1960, 61; OLG Hamm KTS 1972, 105; OLG Köln Rpfleger 1990, 353; OLG Düsseldorf NJW-RR 1993, 1256.
[33] BGHZ 158, 212, 214 = NJW 2004, 2015 = NZI 2004, 312; BGH NZI 1998, 42; OLG Hamm ZIP 1986, 724; Uhlenbruck/Uhlenbruck InsO § 16 RdNr. 9.
[34] BGH ZInsO 2011, 1499 f.
[35] Vgl. BVerfGE 122, 190 = NJW 2009, 829; BGH, Beschl. v. 29.6.2011 – XII ZB 113/11; BGH, Beschl. v. 21.7.2011 – I ZR 138/10; BGH VersR 1982, 598; BFHE 225, 310 = NJW 2009, 3053.
[36] Vgl. Motive zu den §§ 104 bis 109 KO, Hahn S. 297 ff., 298.
[37] BGHZ 154, 72, 80 = NZI 2003, 259, 260; BGH KTS 1986, 470; Kübler/Prütting/Bork/Pape InsO § 13 RdNr. 3; Uhlenbruck/Uhlenbruck InsO § 14 RdNr. 57.
[38] BGH NZI 2006, 642; BGH NZI 2007, 408 f.; OLG Frankfurt JW 1926, 2114; LG Köln KTS 1986, 362; AG Hamburg NZI 2000, 445.
[39] BVerfG NZI 2002, 30.

Nicht ausgeschlossen ist, dass das Gericht in Ausnahmefällen trotz Eröffnungsreife den Zeitpunkt 24 seiner Entscheidung nach pflichtgemäßem Ermessen auch nach Zweckmäßigkeitserwägungen bestimmt, soweit das **Hinausschieben der Eröffnung im gemeinsamen Interesse der Gläubiger** liegt. Dies kommt etwa in Betracht, wenn der vorläufige Insolvenzverwalter die Aussichten für eine sinnvolle Fortführung des schuldnerischen Unternehmens noch nicht hinreichend geklärt hat[40] (vgl. § 22 Abs. 1 Nr. 3) oder wenn es sachdienlich erscheint, mehrere Möglichkeiten einer Verwertung der Masse vorab zu untersuchen. Die besonderen **Interessen einzelner Gläubiger** werden durch das Beschleunigungsgebot nicht geschützt (vgl. § 1 Satz 1). Eine Amtspflicht des Insolvenzgerichts, auch diese Belange, etwa das Interesse an der Erhaltung eines zeitlich beschränkten Kreditversicherungsschutzes, bei der Verfahrensgestaltung zu beachten, besteht deshalb nicht.[41]

IV. Rechtliches Gehör zum Ergebnis der Ermittlungen

1. Grundsatz. Wie in jedem gerichtlichen Verfahren haben die Beteiligten auch im Eröffnungs- 25 verfahren grundsätzlich Anspruch auf rechtliches Gehör zu den Ermittlungsergebnissen, die das Gericht seiner Entscheidung zugrunde legen will (Art. 103 Abs. 1 GG).[42] Das Verfahren ist nicht nur Vollstreckungsverfahren. Es dient zugleich der verbindlichen Feststellung vielschichtiger gesetzlicher Tatbestandsmerkmale.

2. Anhörung bei Eröffnungsreife. Andererseits besteht eine vom Verfahrenszweck vorgege- 26 bene besondere Lage, wenn das Gericht zu der Einschätzung kommt, das Insolvenzverfahren sei zur Eröffnung reif. Hier liegt in aller Regel eine wirtschaftliche und verfahrensrechtliche Situation vor, die keinen weiteren Aufschub gestattet. Zumindest die Gläubiger haben ein schutzwürdiges Interesse daran, dass nunmehr möglichst schnell das schuldnerische Vermögen ihrem gemeinsamen Zugriff unterliegt und die hierzu erforderlichen gesetzlichen Verfahrensschritte vollzogen werden. Für die Arbeitnehmer des Schuldners hat der Zeitpunkt der Entscheidung zudem wesentliche Bedeutung für den Bezug des Insolvenzgeldes.

Diese besondere Verfahrenslage bei der Eröffnungsreife erfordert es, bei der Gewährung rechtli- 27 chen Gehörs auf das **bisherige Verhalten des Schuldners** im Verfahren abzustellen. Ist der Schuldner dem Antrag eines Gläubigers mit einer substantiierten und schlüssigen Sachdarstellung entgegengetreten, muss er Gelegenheit erhalten, zu den Ermittlungsergebnissen Stellung zu nehmen, die seine Einwendungen entkräften sollen.[43] In allen anderen Fällen ist die Anhörung in der Regel entbehrlich. Dies gilt insbesondere, wenn der Schuldner den Eröffnungsgrund nur schlicht bestritten hat. Ein Schuldner, der seine Rechte im Verfahren nicht oder nicht sorgfältig genug wahrnimmt, muss sich eine vermeidbare Gleichgültigkeit verfahrensrechtlich zurechnen lassen[44] und darf durch sie nicht die Interessen der Gläubiger noch zusätzlich gefährden.[45]

Die **Frist zur Stellungnahme** darf wegen der Eilbedürftigkeit der Entscheidung (s. RdNr. 22 f.) 28 kurz bemessen sein,[46] sie kann je nach Sachlage weniger als eine Woche betragen.[47] Erscheint eine längere Frist angemessen oder ergibt sich auf Grund der Anhörung die Notwendigkeit weiterer Ermittlungen, wird es nahe liegen, Sicherungsmaßnahmen (§§ 21, 22) anzuordnen; dies kann ohne vorherige Anhörung des Schuldners geschehen.[48]

Die gleichen Regeln gelten, wenn in den Fällen des § 15 einer von mehreren **Antragsberechtig-** 29 **ten aus der Sphäre des Schuldners** den Antrag gestellt hat und andere Antragsberechtigte dem Antrag widersprochen haben. Die widersprechenden Berechtigten sind so zu behandeln wie der Schuldner bei einem Gläubigerantrag.

Der **Eröffnungsantragsteller** selbst, sei es ein Gläubiger, der Schuldner oder ein in § 15 genann- 30 ter Berechtigter, ist bei Eröffnungsreife nicht mehr zum Ergebnis der Ermittlungen zu hören. Dies gilt auch, wenn das Gericht einen anderen Eröffnungsgrund als erwiesen ansieht, als er dem Antrag zugrunde liegt. Ist bei einem Eigenantrag erkennbar, dass der Schuldner die Abweisung mangels

---

[40] Bericht BTag zu § 26 (= § 22), *Balz/Landfermann* S. 99 = *Kübler/Prütting*, Dok. Bd. I, S. 186; LG Duisburg NZI 2002, 666 f.; AG Hamburg ZIP 2001, 1885; AG Hamburg NZI 2003, 153, 155; *Pannen* NZI 2000, 575; *Spliedt* EWiR 2001, 1099; *Undritz* NZI 2003, 136, 140.
[41] LG Münster NZI 2005, 632 f. = NJW-RR 2005, 845 f.
[42] *Uhlenbruck*, FS Baumgärtel, 1990, S. 569, 571.
[43] OLG Köln KTS 1989, 450; LG München I ZInsO 2001, 814 f.; *Uhlenbruck*, FS Baumgärtel, 1990, S. 569, 579; *Vallender*, Kölner Schrift, RdNr. 60; FKInsO-*Schmerbach* § 27 RdNr. 12.
[44] Vgl. BVerfGE 42, 120, 126 f.; BVerfG NJW 1996, 1811 f.
[45] Vgl. AG Hamburg ZInsO 2012, 1484.
[46] *Uhlenbruck*, FS Baumgärtel, 1990, S. 569, 579 f.; vgl. auch BVerfG NZI 2002, 30.
[47] Vgl. OLG Köln ZIP 1984, 1284.
[48] OLG Düsseldorf NJW-RR 1994, 1126; *Maintzer* KTS 1985, 617, 621; *Vallender*, Kölner Schrift, RdNr. 45.

Masse erwartet, erfordert auch dies keine Anhörung zum Ermittlungsergebnis.[49] In allen diesen Fällen entspricht die Entscheidung dem Antrag und kann deshalb den Antragsteller nicht überraschen.[50]

31   **3. Anhörung vor Abweisung mangels Masse.** Soll der Eröffnungsantrag eines Gläubigers mangels Masse abgewiesen werden, erhält der Antragsteller rechtliches Gehör, indem ihm nach § 26 Abs. 1 Satz 2 Gelegenheit gegeben wird, einen Verfahrenskostenvorschuss einzuzahlen. Dabei ist ihm das wesentliche Ergebnis der Ermittlungen mitzuteilen, damit er die Notwendigkeit und die Höhe des Vorschusses nachvollziehen kann. Ob auch der Schuldner vor der Entscheidung über den Gläubigerantrag nochmals anzuhören ist, richtet sich wie bei der Eröffnungsreife nach seinem bisherigen Vorbringen (vgl. RdNr. 27). Sofern nicht Arbeitnehmer vorhanden sind, die Insolvenzgeld beantragen wollen, wird die Anhörung in diesen Fällen im Zweifel keine unangemessene Verzögerung mit sich bringen.

32   Der **Schuldner als Eröffnungsantragsteller** braucht vor der Abweisung mangels Masse regelmäßig nicht mehr zum Ermittlungsergebnis angehört zu werden, weil erfahrungsgemäß mit der Einzahlung eines Kostenvorschusses von dieser Seite nicht zu rechnen ist. Etwas anderes gilt allerdings, wenn der Schuldner eine **natürliche Person** ist und er bereits Restschuldbefreiung, aber noch keine Stundung der Verfahrenskosten beantragt hat. In diesem Fall muss er Gelegenheit erhalten, entweder den Stundungsantrag nachzuholen oder aus Fremdmitteln die Durchführung des Verfahrens zumindest bis zur Einstellung wegen Masseunzulänglichkeit zu ermöglichen, weil ihm andernfalls kraft Gesetzes die Restschuldbefreiung verwehrt ist (§ 289 Abs. 3).

33   **4. Anhörung vor Zurückweisung wegen Unzulässigkeit oder Unbegründetheit.** Ergibt sich im Verlaufe der Ermittlungen, dass der Antrag möglicherweise unzulässig oder unbegründet ist, ist dem Antragsteller vor der Entscheidung rechtliches Gehör zu gewähren. Die Anhörung kann nur dann unterbleiben, wenn das Gericht es für ausgeschlossen hält, dass der Antragsteller den Mangel seines Antrags beheben oder dem Gericht Hinweise auf neue Ermittlungsmöglichkeiten geben kann.

V. Erforderliche Überzeugung des Gerichts

34   **1. Allgemeines.** Das Gericht kann das Insolvenzverfahren nur eröffnen (§ 27) oder den Eröffnungsantrag mangels kostendeckender Masse abweisen (§ 26), wenn der Antrag zulässig ist und es davon überzeugt ist, dass ein gesetzlicher Eröffnungsgrund vorliegt (§ 4, § 286 Abs. 1 Satz 1 ZPO).[51] Dabei reicht, wie auch sonst, die Feststellung der wesentlichen Umstände aus, die mit einem hinreichenden, für das praktische Leben brauchbaren Grad an Gewissheit auf die entscheidungserheblichen Tatsachen schließen lassen.[52] Abstrakt-theoretische Möglichkeiten ohne reale Anhaltspunkte im Streitfall können außer Betracht bleiben. Es muss nicht unbedingt derselbe Eröffnungsgrund festgestellt sein, der dem Antrag zugrunde gelegt und erforderlichenfalls glaubhaft gemacht worden ist. Das Gericht muss jeden gesetzlich zulässigen Eröffnungsgrund von Amts wegen prüfen und selbst dann von der Insolvenz ausgehen, wenn der im Antrag genannte Eröffnungsgrund (zB Zahlungsunfähigkeit) durch die Ermittlungen widerlegt ist, sich aber zugleich ein anderer, nach der Rechtsform des Schuldners einschlägiger Eröffnungsgrund (zB Überschuldung) herausgestellt hat.[53] Etwas anderes gilt nur bei der drohenden Zahlungsunfähigkeit. Auf sie darf das Gericht seine Entscheidung nur stützen, wenn ein Eigenantrag vorliegt und der Schuldner selbst sich auf diesen Eröffnungsgrund berufen hat (s. RdNr. 9).

35   Hängt die Feststellung des Eröffnungsgrunds vom rechtlichen Bestand oder vom Wertansatz eines bestimmten Vermögensgegenstandes oder einer bestimmten Verbindlichkeit ab, obliegt dem Insolvenzgericht im Rahmen seiner Ermittlungspflicht nur eine **summarische rechtliche Prüfung.** Es ist nicht seine Aufgabe, in diesem Zusammenhang offene und streitige Rechtsfragen zu klären oder zweifelhafte Willenserklärungen auszulegen. Solche Entscheidungen, die zudem nicht selten auch detaillierte tatsächliche Feststellungen voraussetzen, sind Sache der Prozessgerichte. Verbleiben ernst-

---

[49] *Vallender*, Kölner Schrift, RdNr. 59.
[50] *Uhlenbruck*, FS Baumgärtel, 1990, S. 569, 576, 581; *Vallender*, Kölner Schrift, RdNr. 59.
[51] AllgM, vgl. Motive zu § 102 KO und Protokolle zu den §§ 104, 105 KO, *Hahn* S. 291 ff., 294 f., 576; BGH WM 1957, 67 = LM BGB § 839 (Fi) Nr. 4; BGH ZIP 1992, 947 = NJW-RR 1992, 919 f.
[52] BGH NZI 2006, 405 f.; OLG Hamm ZIP 1980, 258; OLG Stuttgart NZI 1999, 491 f.; *Zipperer* NZI 2003, 590, 592; HKInsO-*Kirchhof* § 16 RdNr. 9.
[53] LG Frankenthal Rpfleger 1986, 104; HKInsO-*Kirchhof* § 16 RdNr. 7; Jaeger/*H. F. Müller* InsO § 16 RdNr. 8; Uhlenbruck/*Uhlenbruck* InsO § 16 RdNr. 4.

hafte Zweifel, die das Insolvenzgericht nicht ausräumen kann, ist der Eröffnungsgrund nicht festzustellen und die Beteiligten sind auf den Prozessweg zu verweisen.[54]

2. Obstruktion eines Beteiligten. Für die Bildung der richterlichen Überzeugung gelten die Regeln des § 286 ZPO. Besonderheiten ergeben sich aus dem Grundsatz der Amtsermittlung (§ 5 Abs. 1). Er verbietet es, unstreitiges Vorbringen der Beteiligten ohne weiteres als erwiesen anzusehen. Jedoch kann das Insolvenzgericht bei der Tatsachenfeststellung das **gesamte Verhalten eines Beteiligten** vor und nach Antragstellung berücksichtigen. Dies gilt vor allem für das Verhalten des Schuldners. Gelegentlich können vom Schuldner trotz Anordnung der gebotenen Zwangsmaßnahmen keine hinreichenden Auskünfte erlangt werden, weil er geschäftliche Unterlagen nicht sorgfältig genug geführt oder aufbewahrt hat, sich der Mitwirkung bei der Feststellung seiner Vermögenslage entzieht oder auf andere Weise der Aufklärung vereitelt. In einem solchen Fall ist es nach Ausschöpfung aller vertretbaren Ermittlungsmöglichkeiten[55] zulässig, bei der Tatsachenfeststellung aus dem Verhalten des Schuldners nachteilige Folgerungen zu ziehen. In Verfahren, für die der Grundsatz der Amtsermittlung gilt (mit Ausnahme des Strafprozesses), ist jeder Verfahrensbeteiligte verpflichtet, die ihm bekannten Tatsachen mitzuteilen und bei der Beschaffung aussagekräftiger Beweismittel mitzuwirken. Diese Pflicht ist umso größer, je mehr das Gericht wegen der Nähe des Beteiligten zum Sachverhalt oder zum Beweismittel auf dessen Mitwirkung angewiesen ist. Kommt ein Beteiligter trotz Belehrung seiner Mitwirkungspflicht nicht nach, obwohl ihre Erfüllung ihm möglich und zumutbar ist, kann dies zu einer Verminderung der Anforderungen an die Aufklärungspflicht des Gerichts führen und Schlussfolgerungen zum Nachteil des Beteiligten zulassen.[56] Zu den Zwangsmitteln und sonstigen Sanktionen gegen den Schuldner bei einer Verweigerung der Mitwirkung s. § 20 RdNr. 67 ff., 70 ff. 36

3. Insolvenzbegründende Forderung. Die Forderung des antragstellenden Gläubigers ist im Allgemeinen nur für seine Antragsberechtigung und damit für die **Zulässigkeit** des Eröffnungsantrags von Bedeutung. Insoweit reicht es auch zum Zeitpunkt der Entscheidung aus, dass sie glaubhaft gemacht ist (§ 14 Abs. 1 Satz 1; vgl. § 14 RdNr. 70).[57] 37

Hängt dagegen der **Eröffnungsgrund** nach dem Ergebnis der Ermittlungen vom Bestehen der Forderung des antragstellenden Gläubigers ab, kann das Insolvenzgericht den Eröffnungsgrund nur feststellen, wenn die Forderung nach seiner Überzeugung zweifelsfrei besteht.[58] Bei einem **Bestreiten des Schuldners** hat der antragstellende Gläubiger die Forderung für die Eröffnung des Insolvenzverfahrens zu beweisen.[59] Die Forderung ist hier im Rahmen der Begründetheit ein Posten unter den Verbindlichkeiten des Schuldners und kann ebenso wie jede andere Verbindlichkeit oder wie jeder Aktivposten den Ausschlag für den Eröffnungsgrund geben. Kann das Insolvenzgericht eine Überzeugung über das Bestehen des Insolvenzgrunds nicht gewinnen, hat es den Antrag als unbegründet zurückzuweisen (s. RdNr. 40).[60] 38

Ist die insolvenzbegründende **Forderung rechtskräftig tituliert**, sind Einwendungen des Schuldners gegen die Forderung unbeachtlich.[61] Dies gilt auch für einen rechtskräftigen Vollstreckungsbescheid.[62] Steht die Rechtskraft des Titels nicht fest, ist der Titel wie ein nicht rechtskräftiger Titel zu behandeln, sofern der Schuldner mit nicht offensichtlich erfolglosen Argumenten die wirksame Zustel- 39

---

[54] BGH NZI 2002, 601 f.; BGH NZI 2007, 350; AG Köln NZI 2007, 666 ff.
[55] BGHZ 153, 205, 208 = NJW 2003, 1187 f. = NZI 2003, 147 f.; LG Köln NZI 2001, 559; LG Göttingen NZI 2002, 389; LG Arnsberg ZInsO 2002, 680.
[56] Vgl. zu § 12 FGG: OLG Köln Rpfleger 1981, 65; KG NJW-RR 1997, 1127, 1129; KG NJW-RR 2005, 1677; AG Duisburg NJW-RR 1998, 246 f.; zu § 86 VwGO: BVerwGE 19, 87, 94; 74, 222, 223 f.; BVerwG ZIP 1995, 563, 567 = NJW 1995, 1850 L; zur FGO: BFHE 156, 38 = DB 1990, 259 f. – Entsprechend für schuldhafte Beweisvereitelung des Gegners im Zivilprozess: BGH ZIP 1985, 312, 314; BGH NJW 1994, 1594 f.; BGH NJW 2002, 825, 827.
[57] S. hierzu BGH NJW-RR 2006, 1641 = NZI 2006, 590 f.; BGH ZIP 2004, 1466; *Schmahl* NZI 2007, 20 ff.; aA Uhlenbruck/*Uhlenbruck* InsO § 14 RdNr. 65 f.
[58] BGH WM 1957, 67 = LM BGB § 839 (Fi) Nr. 4; BGH ZIP 1992, 947 = NJW-RR 1992, 919 f.; BGH NZI 2006, 174 f. = NJW-RR 2006, 1061; BGH NZI 2006, 588, 589 f. = NJW-RR 2006, 1482; BGH NZI 2006, 590 f.; BGH ZInsO 2007, 1275; OLG Frankfurt KTS 1983, 148 f.; OLG Hamm ZIP 1980, 258 f.; OLG Köln ZIP 1988, 664 f. m.Anm. *Stürner/Stadler* EWiR 1988, 603; OLG Köln NZI 2000, 130, 132; OLG Köln NZI 2000, 174 f.; HKInsO-*Kirchhof* § 14 RdNr. 12, § 16 RdNr. 12 f.; Jaeger/*Gerhardt* InsO § 14 RdNr. 27 ff.; aA LG Potsdam ZInsO 2007, 999 f.
[59] BGH ZInsO 2010, 1091; BGFH NZI 2010, 225 f.; BGH NZI 2007, 408 f.; BGH NZI 2007, 350; BGH NZI 2006, 174 f.; BGH NZI 2006, 588, 589 f.; BGH NJW-RR 1992, 919.
[60] *Henkel* ZInsO 2011, 1237 ff.; Uhlenbruck/*Uhlenbruck* InsO § 16 RdNr. 10; HambKommInsO-*Schröder* § 16 RdNr. 9, 16.
[61] *Henkel* ZInsO 2011, 1237 ff.; Uhlenbruck/*Uhlenbruck* InsO § 14 RdNr. 69, § 16 RdNr. 12; Nerlich/Römermann/*Mönning* InsO § 14 RdNr. 108; aA HKInsO-*Kirchhof* § 16 RdNr. 13.
[62] Uhlenbruck/*Uhlenbruck* InsO § 14 RdNr. 70; aA LG Potsdam NZI 2000, 233; AG Hamburg ZInsO 2007, 504; Jaeger/*Gerhardt* InsO § 14 RdNr. 18; HambKommInsO-*Wehr* § 14 RdNr. 21.

lung des Titels bestreitet.[63] Ist die insolvenzbegründende Forderung vorläufig vollstreckbar tituliert, ist umstritten, in welchem Umfang Einwendungen des Schuldners gegen die Forderung beachtlich sein sollen. Der Bundesgerichtshof vertritt die Auffassung, dass der antragstellende Gläubiger mit der Vorlage eines **(vorläufig) vollstreckbaren Titels** den Beweis geführt hat, der Schuldner müsse Einwendungen gegen die Vollstreckbarkeit in dem dafür vorgesehenen Verfahren verfolgen. Solange die Vollstreckbarkeit nicht auf diese Weise beseitigt sei, brauche das Insolvenzgericht die Einwendungen des Schuldners nicht zu berücksichtigen. Dies soll auch für vorläufig vollstreckbare öffentlich-rechtliche Forderungen gelten.[64] Demgegenüber wird im Schrifttum verbreitet davon ausgegangen, dass das Insolvenzgericht auch dann, wenn die insolvenzbegründende Forderung bereits in einem vorläufig vollstreckbaren Titel festgestellt ist, zu prüfen habe, ob der Schuldner die Forderung mit Einwendungen bestreite, die nicht offensichtlich jeder Grundlage entbehren; in diesem Fall müsse das Insolvenzgericht den antragstellenden Gläubiger auf den Klageweg verweisen. Das Insolvenzgericht sei keine Ersatzinstanz für die streitige Gerichtsbarkeit.[65] Weiter wird davon ausgegangen, dass Entscheidungen des Prozessgerichts, die ohne Säumnis des Schuldners ergangen sind, zumindest den ersten Anschein der Richtigkeit für sich haben.[66] Ergebe indessen die Würdigung des Insolvenzgerichts, dass die Rechtsverteidigung des Schuldners nicht offensichtlich aussichtslos sei, könne die Forderung des Gläubigers bei der Feststellung des Eröffnungsgrunds nicht berücksichtigt werden. Überzeugender erscheint es, danach zu differenzieren, ob dem Titel eine **gerichtliche Sachprüfung unter Berücksichtigung der Einwendungen des Schuldners** zugrunde liegt. Hat ein Gericht in erster Instanz eine Forderung für begründet erachtet, ist das Insolvenzgericht zu einer eigenen Sachprüfung weder verpflichtet noch berechtigt. Solange die Entscheidung weder aufgehoben noch ihre Vollstreckung eingestellt worden ist, hat das Insolvenzgericht vom Bestand der Forderung auszugehen. Handelt es sich bei dem Titel demgegenüber um ein Versäumnisurteil, einen Vollstreckungsbescheid[67], eine vollstreckbare Urkunde oder einen Leistungsbescheid eines öffentlich-rechtlichen Gläubigers, hat das Insolvenzgericht die Einwendungen des Schuldners sachlich zu prüfen. Ist die Rechtsverteidigung des Schuldners nicht offensichtlich aussichtslos, ist die Begründetheit der Forderung von den jeweiligen Fachgerichten zu klären und der Eröffnungsantrag zurückzuweisen. Nur wenn der Schuldner keine substantiierten Einwendungen gegen die Forderung erhebt oder seine Einwendungen auch unter Zugrundelegung seines eigenen Vorbringens rechtlich unerheblich sind, kann das Gericht zur Feststellung des Eröffnungsgrunds die Forderung des antragstellenden Gläubigers berücksichtigen.

40   **4. Materielle Beweislast.** Lässt sich ein gesetzlicher Eröffnungsgrund trotz der gebotenen Ermittlungen des Gerichts nicht feststellen, ist der Eröffnungsantrag als unbegründet zurückzuweisen. Die Nichterweislichkeit geht zu Lasten des Antragstellers.[68] Mit der Glaubhaftmachung des Eröffnungsgrunds bringt der antragstellende Gläubiger zwar gewichtige Indizien bei, doch tritt damit keine Umkehr der materiellen Beweislast zum Nachteil des Schuldners ein.

41   **5. Maßgebender Zeitpunkt. a) Verfahrenseröffnung.** Zu Zeiten der KO und in den ersten Jahren nach Inkrafttreten der InsO war nahezu einhellig anerkannt, dass für das Vorliegen des Eröffnungsgrundes, ebenso wie für die übrigen Eröffnungsvoraussetzungen, der Zeitpunkt der letzten Tatsachenentscheidung maßgebend sei.[69] Dies kann, wie der BGH[70] später verdeutlicht hat, für das neue Recht nicht aufrecht erhalten werden. In der Textfassung des § 16 in Verbindung mit § 212

---

[63] AG Hamburg ZInsO 2007, 504; zur Beweislastverteilung für die Ordnungsgemäßheit der Zustellung s. AG Hamburg-Harburg, Beschl. v. 4.9.2006 – 644 C 259/05 mwN.
[64] BGH ZInsO 2010, 1091; BGH NZI 2010, 225 f.; BGH ZInsO 2009, 2072; BGH WM 2006, 1632, 1633 = NJW-RR 2006, 1482 f.; ebenso HambKommInsO-*Schröder* § 16 RdNr. 9b; anders für den Fall, dass der öffentlich-rechtliche Gläubiger selbst auf die Einwendungen des Schuldners an dem Bescheid nicht mehr festhält, weil damit der Bestand der Forderung wieder in Zweifel stehe LG München I ZInsO 2010, 1009 ff.
[65] *Henkel* ZInsO 2011, 1237 ff.; *Pape* NJW 1993, 297; HKInsO-*Kirchhof* § 16 RdNr. 13; MünchKommInsO-*Schmahl*² § 16 RdNr. 39; Uhlenbruck/*Uhlenbruck* InsO § 16 RdNr. 14; ebenso OLG Köln KTS 1989, 720 ff.; OLG Frankfurt KTS 1983, 148, 149; LG Potsdam ZInsO 2007, 999 f.; LG Hildesheim ZIP 2008, 325 ff.
[66] Vgl. *Pape* NJW 1993, 297, 300 ff.
[67] Vgl. LG Potsdam NZI 2000, 233; AG Hamburg ZInsO 2007, 504; Jaeger/*Gerhardt* InsO § 14 RdNr. 18; Cranshaw/Paulus/Michel/*Schultze*, Bankenkommentar zum Insolvenzrecht, § 14 RdNr. 11; HambKommInsO/*Wehr* § 14 RdNr. 21.
[68] OLG Hamm MDR 1970, 1019; HKInsO-*Kirchhof* § 16 RdNr. 16; Jaeger/*H. F. Müller* InsO § 16 RdNr. 15; Uhlenbruck/*Uhlenbruck* InsO § 16 InsO RdNr. 9.
[69] OLG Schleswig MDR 1951, 49; OLG Koblenz ZIP 1991, 1604; LG Braunschweig NJW 1961, 2316; LG Hamburg MDR 1963, 144; LG Frankenthal Rpfleger 1986, 104 f; Jaeger/*Weber* KO § 102 RdNr. 5; weitere Nachw. bei BGHZ 169, 17 RdNr. 9 = NJW 2006, 3553 = NZI 2006, 693.
[70] BGHZ 169, 17 = NJW 2006, 3553 m. zust. Anm. *Gundlach* = NZI 2006, 693 m. zust. Anm. *Frenzel/Schirrmeister*; BGH ZInsO 2009, 872 f.

drückt sich der Wille des Gesetzes aus, dass eine Eröffnung des Insolvenzverfahrens nur rechtmäßig ist, wenn der entscheidungserhebliche Eröffnungsgrund im **Zeitpunkt der Eröffnung,** wie er im Eröffnungsbeschluss mit Datum und Uhrzeit beurkundet ist, vorliegt.[71] Dieses Verständnis der Vorschrift erscheint geboten, um dem Schuldner effektiven Rechtsschutz gegen einen ursprünglich ungerechtfertigten Eröffnungsbeschluss zu gewährleisten. Die mit der Verfahrenseröffnung regelmäßig verbundene Verschlechterung der rechtlichen und wirtschaftlichen Lage des Schuldners (vgl. etwa §§ 41, 80 ff.) – die allerdings faktisch vielfach schon mit dem Bekanntwerden des Eröffnungsantrags und etwa angeordneter Sicherungsmaßnahmen einsetzen kann – soll nicht zur Rechtfertigung eines Eröffnungsbeschlusses herangezogen werden können, dessen materiell-rechtliche Voraussetzungen bei seinem Erlass nicht vollständig erfüllt waren.[72]

Bedeutsam ist dies im **Beschwerdeverfahren.** Stellt sich vor Rechtskraft des Eröffnungsbeschlusses heraus, dass im Zeitpunkt der Eröffnung kein gesetzlicher Eröffnungsgrund vorlag, ist der Beschluss aufzuheben und der Eröffnungsantrag endgültig als unbegründet zurückzuweisen. Eine erneute Verfahrenseröffnung aufgrund desselben Antrags ist nicht zulässig, selbst wenn in der Zwischenzeit ein Eröffnungsgrund entstanden ist.[73] Auf welche Sachlage in zeitlicher Hinsicht bei der Beurteilung der Rechtmäßigkeit des Eröffnungsbeschlusses abzustellen ist, bestimmt sich vorrangig nach dem materiellen Insolvenzrecht, also nach § 16. Die Vorschrift des § 571 Abs. 2, 3 ZPO regelt nur, welches neue Vorbringen, bezogen auf die Sachlage im materiell-rechtlich maßgebenden Zeitpunkt, bei der Entscheidung über die Beschwerde zu berücksichtigen ist. Die Verwertung neuer (vorgetragener oder von Amts wegen ermittelter) Tatsachen im Beschwerdeverfahren ist deshalb zulässig, soweit sie die Verhältnisse im maßgebenden Zeitpunkt betreffen.[74] Erheblich und verwertbar sind dabei auch solche Tatsachen, die einen anderen als den im Eröffnungsbeschluss festgestellten gesetzlichen Eröffnungsgrund stützen (zB unter den Voraussetzungen des § 19 Überschuldung statt Zahlungsunfähigkeit). Lässt sich der erforderliche Nachweis in zeitlicher Hinsicht nicht führen, bleibt es dem Antragsteller unbenommen, gestützt auf die weitere Entwicklung der schuldnerischen Vermögenslage einen neuen Eröffnungsantrag zu stellen. 42

Die Maßgeblichkeit des Eröffnungszeitpunkts hat zur Folge, dass der **nachträgliche Wegfall aller Eröffnungsgründe** im Beschwerdeverfahren ebenfalls unerheblich ist. Die später eingetretene Verbesserung der wirtschaftlichen Lage des Schuldners kann nicht im Wege der Beschwerde, sondern nur mit einem Einstellungsantrag nach § 212 beim Insolvenzgericht geltend gemacht werden (s. § 13 RdNr. 150).[75] Dieser Antrag hat indessen nach dem eindeutigen Wortlaut des § 212 nur Erfolg, wenn der Wegfall sämtlicher nach der Rechtsform des Schuldners einschlägiger Eröffnungsgründe, also auch der drohenden Zahlungsunfähigkeit, gewährleistet ist. 43

b) Ablehnung der Eröffnung. Wird die Eröffnung des Insolvenzverfahrens abgelehnt (Abweisung mangels Masse oder Zurückweisung des Eröffnungsantrags als unzulässig oder unbegründet), ist die Sachlage im **Zeitpunkt der letzten Tatsachenentscheidung** maßgebend.[76] Die zeitliche Festlegung des § 16 gilt hier nach Wortlaut und Sinn der Bestimmung (vgl. RdNr. 41) nicht. Zwar setzt die Abweisung mangels Masse stets die gerichtliche Feststellung eines Eröffnungsgrunds voraus, doch sind die rechtlichen oder tatsächlichen Auswirkungen einer solchen Entscheidung vor ihrer Rechtskraft nicht annähernd so schwerwiegend wie im Fall der Verfahrenseröffnung. Ein rechtswidriger Abweisungsbeschluss kann regelmäßig nicht in ähnlicher Weise wie ein ursprünglich rechtswidriger Eröffnungsbeschluss den Grund für seine spätere nachträgliche Rechtfertigung legen. Noch weniger gilt dies für die Zurückweisung des Eröffnungsantrags als unzulässig oder unbegründet. In allen diesen Fällen sind daher neue Umstände, die nachträglich zum Bestehen oder Wegfall eines Eröffnungsgrunds führen, in beiden Tatsacheninstanzen ebenso zu berücksichtigen wie Veränderungen bei den formellen Eröffnungsvoraussetzungen oder bei der Kostendeckung. 44

---

[71] BGHZ 169, 17 RdNr. 8 ff. = NJW 2006, 3553 f.; BGH ZInsO 2012, 593 f.; *Gruber* DZWIR 2007, 154 ff.; Braun/*Bußhardt* InsO § 16 RdNr. 14; Uhlenbruck/*Uhlenbruck* InsO § 16 RdNr. 16.
[72] BGHZ 169, 17 RdNr. 12 ff. = NJW 2006, 3553, 3554 f. = NZI 2006, 693, 694 f.
[73] BGHZ 169, 17 RdNr. 17 RdNr. 22 ff. = NJW 2006, 3553, 3555 f. = NZI 2006, 693, 695 f.; BGH ZInsO 2009, 872 f.
[74] BGH ZInsO 2009, 872 f.
[75] BGHZ 169, 17 RdNr. 19 = NJW 2006, 3553, 3555 = NZI 2006, 693, 695; BGH ZVI 2006, 564 f.; ebenso früher schon FKInsO-*Schmerbach* § 16 RdNr. 6, § 34 RdNr. 26.
[76] BGHZ 169, 17 RdNr. 21 = NJW 2006, 3553, 3555 = NZI 2006, 693, 695; BGH ZIP 2007, 144 f. RdNr. 16; BGH NZI 2008, 391; Uhlenbruck/*Uhlenbruck* InsO § 16 RdNr. 14. Nicht zu berücksichtigen ist bei einer Abweisung der Verfahrenseröffnung mangels Masse die nach Erlass des Ablehnungsbeschlusses erfolgte Befriedigung der Forderung des den Insolvenzantrag stellenden Gläubigers, sofern bis auf die Deckung der Verfahrenskosten die Voraussetzungen für eine Verfahrenseröffnung vorliegen, s. hierzu BGH NZI 2011, 106; *Smid* DZWIR 2012, 1, 5 f.

VI. Ermittlungen mit Hilfe eines Sachverständigen

45 **1. Grundsatz.** Selbst wenn der Schuldner seine Vermögensverhältnisse gegenüber dem Gericht offengelegt hat, erfordert es die Pflicht zur Amtsermittlung in der Regel, dass zumindest bei einem unternehmerisch tätigen Schuldner die Angaben überprüft werden. Es muss sichergestellt sein, dass die maßgebenden Tatsachen und Rechtsverhältnisse möglichst vollständig erfasst und zutreffend (rechtlich und wirtschaftlich) bewertet sind. Gesicherte Feststellungen lassen sich insoweit nur selten ohne **Auswertung der geschäftlichen Unterlagen des Schuldners** und ohne Besichtigung seiner Betriebseinrichtungen und Geschäftsräume treffen. Da bereits diese Tatsachenfeststellungen eine besondere Sachkunde erfordern, hat sich das Gericht hierzu in der Regel eines Sachverständigen zu bedienen.[77] Dieser steht in einem öffentlich-rechtlichen Auftragsverhältnis zum Insolvenzgericht.[78]

46 **2. Aufgabenkreis des Sachverständigen.** Im Eröffnungsverfahren hat der Sachverständige dem Gericht anders als üblicherweise im Zivilprozess nicht so sehr fachliche Erfahrungssätze zu vermitteln oder ihm dabei zu helfen, aus einem vorgegebenen Sachverhalt fachlich begründete Schlussfolgerungen zu ziehen. Das Besondere an seiner Aufgabe besteht darin, dass das Insolvenzgericht im Allgemeinen einen Teil der Ermittlungen auf ihn delegiert.[79] Es beauftragt ihn (sinngemäß) mit der Prüfung, ob Tatsachen vorliegen, die den Schluss auf einen gesetzlichen Eröffnungsgrund rechtfertigen, und ob kostendeckende Masse vorhanden ist. Der Sachverständige wird damit zu dem Zweck eingesetzt, die **tatsächlichen Grundlagen für die richterliche Entscheidung über die Eröffnung** zu ermitteln und fachkundig darzustellen.[80] Er hat nicht etwa nur eine vom Schuldner erstellte Vermögensübersicht zu überprüfen. Er muss sich durch eigene Nachforschungen einen möglichst vollständigen Überblick über die schuldnerischen Vermögensverhältnisse verschaffen, soweit sie für die richterliche Beurteilung der Eröffnungsvoraussetzungen bedeutsam sein können.[81] Er muss, gleichsam wie ein psychiatrischer Sachverständiger,[82] durch Exploration einen Befund erheben und ein umfassendes Bild des wirtschaftlichen Zustands des Schuldners erstellen.

47 Unzulässig ist es, den Sachverständigen mit Verwahrungs-, Verfügungs- oder Mitwirkungsrechten bei der Verwaltung des schuldnerischen Vermögens zu betrauen, ohne ihn zugleich zum vorläufigen Insolvenzverwalter zu ernennen (dazu RdNr. 52).[83] Eine solche Aufgabenzuweisung dient nicht der Sachverhaltsaufklärung und widerspricht damit der zwingenden Abgrenzung der wesentlichen Funktionen des Sachverständigen und des vorläufigen Insolvenzverwalters, wie sie in § 5 Abs. 1 und § 21 Abs. 2, § 22 Abs. 1 Satz 1 Nr. 3 zum Ausdruck kommt.[84]

48 Das **Gericht** hat **die Pflicht zur Beaufsichtigung und Leitung der Tätigkeit des Sachverständigen.** Es kann ihm zu diesem Zweck Weisungen erteilen (vgl. § 404a Abs. 1 ZPO). Es kann auch einzelne richterliche Handlungen zu seiner Unterstützung vornehmen oder die Ermittlungen wieder an sich ziehen. Die Entscheidung, ob nach dem Ergebnis der Ermittlungen die Voraussetzungen für eine Eröffnung vorliegen, obliegt allein dem Gericht.

49 Die Aufgabe des Sachverständigen erfordert fundierte betriebswirtschaftliche und juristische **Kenntnisse.** Der Sachverständige muss seine besondere Aufmerksamkeit auf jene Vermögensgegenstände richten, über die der Schuldner nur unvollständige Angaben macht. Seine Tätigkeit besteht zu einem großen Teil darin, den Schuldner zu ergiebigen Auskünften und zur Vorlage der notwendigen Unterlagen anzuhalten.

50 Neben der reinen Erfassung der vorhandenen Vermögensgegenstände und Verbindlichkeiten obliegt es dem Sachverständigen, sich über deren **wirtschaftliche und rechtliche Bewertung** sowie den Bestand von Aus- und Absonderungsrechten einen Überblick zu verschaffen. Nur so kann er eine Aussage dazu machen, ob die vorhandene frei verfügbare Masse voraussichtlich kosten-

---

[77] BGH WM 1957, 67 = LM BGB § 839 (Fi) Nr. 4; OLG Hamm MDR 1972, 521; vgl. zum Folgenden insbesondere AG Köln InVo 1999, 141; AG Duisburg NZI 1999, 308; *Bollig* KTS 1990, 599 ff.; *Wessel* passim; *ders.* DZWIR 1999, 230 ff.; *Rendels* NZG 1998, 839 ff.
[78] BGH NJW 2003, 2825, 2826.
[79] Dies übersieht *Bollig* KTS 1990, 599, 602, 607; zutreffend AG Köln InVo 1999, 141, 143; AG Göttingen ZInsO 2000, 347, 348.
[80] Nach AG Hamburg ZIP 2012, 339 f. sollte sich das Gutachten „äußerlich" an dem von dem Bundesarbeitskreis Insolvenzgerichte e.V. (BAKinso) empfohlenen Standard orientieren.
[81] Vgl. dazu *Wessel* S. 51 ff.; *ders.* DZWIR 1999, 230, 232; zu den Anforderungen an ein Sachverständigengutachten bei der Bestellung einer nicht bei dem Insolvenzgericht „gelisteten" Person im Anschluss an ein einstimmiges Gläubigervotum AG Hamburg ZIP 2012, 339 f.
[82] Vgl. *Jessnitzer* KTS 1971, 81, 85 f., 88.
[83] So aber *Wessel* S. 65 ff.
[84] Ebenso *G. Pape* ZInsO 2001, 830, 834; *Uhlenbruck*, FS Greiner, 2005, S. 317, 324; vgl. auch OLG Köln ZIP 2004, 919 f.; OLG Nürnberg ZIP 2006, 1503.

deckend ist (§ 26). Auch im Übrigen hat er vielfach Rechtsfragen zu prüfen (zB zur Aufbringung des Stammkapitals, zur Anfechtbarkeit von Rechtshandlungen oder zum Wert bestrittener Forderungen des Schuldners).

Der Sachverständige hat weiterhin, selbst wenn dies in seinem Auftrag nicht ausdrücklich erwähnt ist, die Pflicht, dem Gericht umgehend Mitteilung zu machen, falls er die Anordnung von **Sicherungsmaßnahmen** (§§ 21 bis 25) für sachgerecht hält.[85] Das Gericht kann ihn zusätzlich mit der Prüfung der Frage beauftragen, welche Aussichten für eine **Fortführung** des schuldnerischen Unternehmens bestehen (vgl. § 22 Abs. 1 Satz 2 Nr. 3, § 156). In geeigneten Fällen kann es ihn außerdem mit weiteren Feststellungen betrauen, die im Zusammenhang mit der Eröffnung des Verfahrens von Bedeutung sind, insbesondere zu **Art und Umfang der wirtschaftlichen Tätigkeit** des Schuldners (§ 304) oder zu seiner Zuverlässigkeit im Hinblick auf eine beantragte **Eigenverwaltung** (§ 270 Abs. 2 Nr. 3). Ein guter Sachverständiger wird diese Fragen von sich aus in seine Überlegungen einbeziehen. 51

Vielfach wird der Sachverständige zumindest nach kurzer Zeit zum **vorläufigen Insolvenzverwalter** bestellt (§ 22). Je nach Art der zusätzlich angeordneten Sicherungsmaßnahmen können sich dann die Aufgaben beider Ämter überschneiden. Die Prüfungsaufträge, die dem vorläufigen Insolvenzverwalter in diesem Amt kraft Gesetzes obliegen oder ihm übertragen werden können (§ 22 Abs. 1 Satz 2 Nr. 3), betreffen nicht so sehr die Sicherung der Masse vor nachteiligen Veränderungen (§ 21 Abs. 1) als vielmehr die Ermittlung der Eröffnungsvoraussetzungen. Es sind Zusatzaufträge,[86] die der vorläufige Verwalter der Sache nach als Sachverständiger zu erledigen hat. Dies gilt auch für die Prüfung der Existenz einer kostendeckenden Masse. Hierbei handelt es sich um eine typische Ermittlungstätigkeit. 52

Nicht zur Aufgabe des Sachverständigen gehört es, zwischen Gläubiger und Schuldner zu vermitteln,[87] Zahlungsfristen einzuräumen oder sich in eine Auseinandersetzung um Einwendungen des Schuldners gegen die Zulässigkeit des Eröffnungsantrags hineinziehen zu lassen. Ebenso wenig ist es seine Aufgabe, den Schuldner mit dem Ziel der Sanierung des Unternehmens rechtlich oder wirtschaftlich zu beraten.[88] Deshalb können ihm auch Erklärungen, die er als Sachverständiger gegenüber dem Schuldner oder einem Gläubiger abgegeben hat, später in seiner Eigenschaft als Insolvenzverwalter nicht entgegen gehalten werden.[89] 53

3. Auswahl. Der Sachverständige wird ausschließlich vom Gericht ausgewählt. Eine Einigung der Beteiligten nach § 404 Abs. 4 ZPO widerspricht dem Grundsatz der Amtsermittlung und ist ohne Bedeutung. Da der Sachverständige in aller Regel bei Bedarf zum vorläufigen Insolvenzverwalter und bei der Eröffnung des Verfahrens zum Insolvenzverwalter (bzw. Sachwalter oder Treuhänder) bestellt wird, sind für die Auswahl die **Kriterien des § 56** maßgebend. Das Erfordernis der Unabhängigkeit und die Pflicht des Sachverständigen zur Unparteilichkeit[90] gelten gegenüber allen, die im Fall der Eröffnung am Verfahren beteiligt wären. Er kann daher auch wegen Besorgnis der Befangenheit abgelehnt werden[91] (§ 406 ZPO, § 4), allerdings nur von den unmittelbar Beteiligten (Eröffnungsantragsteller und Antragsgegner), nur unter Berücksichtigung des besonderen Verfahrenszwecks (§§ 1, 4) und nur, wenn er nicht zugleich zum vorläufigen Insolvenzverwalter bestellt ist (§§ 58, 59, 21 Abs. 2 Satz 1 Nr. 1). Dieser scheinbare Widerspruch[92] löst sich auf, wenn man bedenkt, dass eine ernstliche Besorgnis der Befangenheit die Abberufung des vorläufigen Verwalters aus wichtigem Grunde gebieten wird (§ 21 Abs. 2 Satz 1 Nr. 1, § 59). Aufschiebende Wirkung hat der Ablehnungsantrag schon deshalb nicht, weil der gesamte Auftrag des Sachverständigen unaufschiebbare Handlungen i. S. d. § 4, § 47 Abs. 1 ZPO betrifft (vgl. RdNr. 22 ff.). 54

Der Sachverständige ist nicht befugt, den Auftrag auf einen anderen zu übertragen. Er kann allerdings bei hinreichender Überwachung **Hilfskräfte**[93] hinzuziehen. Umfasst deren Mitarbeit mehr als nur Hilfsdienste von untergeordneter Bedeutung, hat der Sachverständige sie im Gutachten namhaft zu machen und den Umfang ihrer Tätigkeit anzugeben (§ 407a Abs. 2 ZPO, § 4). Hierzu gehört insbesondere die selbstständige Erstellung des Gutachtenentwurfs. Die persönliche Verant- 55

---

[85] *Bollig* KTS 1990, 599, 607.
[86] Begr. RegE zu § 26 (= § 22), *Balz/Landfermann* S. 98 = *Kübler/Prütting,* Dok. Bd. I, S. 184 f.
[87] OLG Köln ZIP 2004, 919 f.; AG Hamburg ZInsO 2003, 937.
[88] Anders *Rendels* NZG 1998, 839, 844.
[89] BGH NJW 2005, 145, 147 = NZI 2005, 178, 180.
[90] Dazu AG Duisburg NZI 1999, 308.
[91] OLG Hamm ZIP 1986, 724, 725; OLG Köln ZIP 1990, 58, 60; LG München I ZInsO 2001, 814 f.; anders AG Göttingen ZInsO 2000, 347, 348; FKInsO-*Schmerbach* § 22 RdNr. 43; HKInsO-*Kirchhof* § 4 RdNr. 17; Uhlenbruck/*Uhlenbruck* InsO § 16 RdNr. 9; offen gelassen von BGH NZI 2007, 284 RdNr. 19.
[92] Vgl. AG Göttingen ZInsO 2000, 347, 348.
[93] Vgl. hierzu *Bollig* KTS 1990, 599, 607 f.; *Rendels* NZG 1998, 839, 842; *M. Hofmann* ZIP 2006, 1080, 1082.

§ 16   56–60   2. Teil. 1. Abschnitt. Eröffnungsvoraussetzungen und Eröffnungsverfahren

wortung für die sachkundige, unparteiliche und gewissenhafte Ausführung des Auftrags liegt ausschließlich beim Sachverständigen.

56   **4. Ermittlungsbefugnisse. a) Grundsatz.** Der Sachverständige kann seinen Auftrag im Eröffnungsverfahren nur sinnvoll erfüllen, wenn er Ermittlungsbefugnisse hat.[94] Sie sind im Gesetz nicht geregelt und müssen deshalb **bei der Bestellung oder aus gegebenem Anlass festgelegt** werden. Das Gericht kann dem Sachverständigen zur Durchführung seines Auftrags die Ermittlungsbefugnisse übertragen, die nach § 22 Abs. 3 dem vorläufigen Insolvenzverwalter kraft Gesetzes zustehen.[95] Dies folgt aus § 22 Abs. 2. Nach dieser Vorschrift ist es zulässig, einen vorläufigen Insolvenzverwalter zu bestellen, der nur die Befugnisse des § 22 Abs. 3 hat. Ein solcher Verwalter verwaltet aber nichts, sondern stellt lediglich Nachforschungen an. Es empfiehlt sich deshalb, ihn weiterhin nur als Sachverständigen zu bezeichnen. Die Verknüpfung der Ermittlungsbefugnisse des § 22 Abs. 3 mit dem Amt des vorläufigen Insolvenzverwalters ist nicht im Sinne eines gesetzlichen Typenzwangs zu verstehen;[96] dies widerspricht der Generalklausel des § 21 Abs. 1.[97]

57   **b) Auskunfts- und Einsichtsrecht.** Das Gericht kann dem Schuldner insbesondere aufgeben, dem Sachverständigen alle erforderlichen Auskünfte zu erteilen und ihm Einsicht in seine Bücher und Geschäftspapiere zu gestatten.[98] Der **Umfang der Auskunftspflicht** ist sodann derselbe wie gegenüber dem Gericht und dem vorläufigen Insolvenzverwalter (§ 20 Abs. 1, § 22 Abs. 3). Der Schuldner hat deshalb auch Tatsachen zu offenbaren, die geeignet sind, eine Verfolgung wegen einer Straftat oder Ordnungswidrigkeit herbeizuführen (§ 97 Abs. 1 Satz 2). S. hierzu auch die Erläuterungen bei § 20 RdNr. 48.

58   Die **Auskünfte** sind **persönlich und mündlich** zu erteilen (vgl. § 97 Abs. 3), sofern nicht eine andere Form gestattet wird.[99] Der Sachverständige kann sich unmittelbar an die auskunftspflichtige Person wenden, auch wenn er Rechtsanwalt ist und die Auskunftsperson anwaltlich vertreten wird. Das standesrechtliche (satzungsrechtliche) Verbot einer **Umgehung des Gegenanwalts** (§ 12 BORA)[100] ist insoweit nicht anwendbar.[101] Es wird durch die gesetzlich geregelten Erfordernisse des Insolvenzverfahrens verdrängt, die auf Grund des vollstreckungsrechtlichen Verfahrenszwecks eine möglichst rasche, gründliche und unmittelbare Sachverhaltsaufklärung von Amts wegen gebieten (§ 5 Abs. 1, § 20 Abs. 1, § 97 Abs. 3). Bei der Tätigkeit des Sachverständigen im Verhältnis zum Schuldner handelt es sich nicht um Verhandlungen zwischen rechtlich gleichrangigen Parteien, sondern um Ermittlungen im Auftrag des Insolvenzgerichts. Auch das Gericht darf bei seinen Ermittlungen anwaltlich vertretene Schuldner und sonstige Auskunftspersonen unmittelbar befragen (§ 141 Abs. 1, § 278 Abs. 2 Satz 3 ZPO, § 4), ohne dass hierdurch das Gebot eines fairen Verfahrens verletzt wird (vgl. § 14 RdNr. 126; § 20 RdNr. 30).

59   Die Pflicht zur Gestattung der **Einsicht in die Bücher und Geschäftspapiere** umfasst auch die Verpflichtung, dem Sachverständigen die Unterlagen auf Verlangen herauszugeben,[102] soweit der Schuldner sie nicht für die laufenden Geschäfte benötigt. Ebenso wenig wie das Gericht braucht sich der Sachverständige bei den Auskünften des Schuldners mit bloßen Behauptungen zufrieden zu geben. Der Ermittlungszweck erfordert es, dass er die Möglichkeit haben muss, die Angaben anhand der geschäftlichen Unterlagen zu überprüfen oder die Unterlagen selbst auszuwerten.

60   Der Sachverständige kann seine Befugnisse nicht eigenständig zwangsweise durchsetzen.[103] Erfüllt der Schuldner seine Pflichten ihm gegenüber nicht ordnungsgemäß, kann das Gericht **Zwangsmaßnahmen** anordnen. Es kann den Schuldner zur Vernehmung und, soweit es erforderlich erscheint, zur Abgabe der eidesstattlichen Versicherung laden sowie ihn zwangsweise vorführen

---

[94] Vgl. *Bollig* KTS 1990, 599, 602 f.; *Wessel* S. 73 ff., 79 ff.; *Rendels* NZG 1998, 839, 842 f.; AG Duisburg NZI 1999, 308 ff.
[95] Vgl. LG Duisburg ZIP 1991, 674; AG Duisburg NZI 2004, 388; Jaeger/*Gerhardt* InsO § 5 RdNr. 16; im Ergebnis ebenso *Rendels* NZG 1998, 839, 843; *Wessel* DZWIR 1999, 230, 232; HKInsO-*Kirchhof* § 5 RdNr. 13; anders zu Unrecht LG Göttingen NZI 2003, 38 f. m. zust. Anm. *Vallender*.
[96] So aber BGHZ 158, 212 = NJW 2004, 2015 = NZI 2004, 312.
[97] AG Duisburg NZI 2004, 388, 389 gegen BGHZ 158, 212 = NZI 2004, 312.
[98] *Rendels* NZG 1998, 839, 843; *Wessel* DZWIR 1999, 230, 232.
[99] *Uhlenbruck* KTS 1997, 371, 385 f.
[100] Vgl. dazu BVerfG NJW 2001, 3325; BGH NJW 2003, 3692 f.
[101] Vgl. *Vorstand der Rechtsanwaltskammer Düsseldorf,* KTS 1956, 63; *Uhlenbruck* KTS 1997, 371, 385 f.; *Bollig* KTS 1990, 599, 607; *Hauptmann/Müller-Dott* BB 2003, 2521, 2523; zur Überlagerung des Berufsrechts der Wirtschaftsprüfer durch das Insolvenzrecht bei deren Tätigkeit als Insolvenzverwalter: BGH NJW 2005, 1057, 1059.
[102] Vgl. LG Duisburg ZIP 1991, 674; AG Gelsenkirchen ZIP 1997, 2092; *Wessel* S. 86; *Vallender* EWiR 1997, 1097 f.
[103] Vgl. AG Mönchengladbach NZI 2003, 103; AG Duisburg NZI 2004, 388; *Bollig* KTS 1990, 599, 602 f.; *Rendels* NZG 1998, 839, 843; missverständlich insoweit *Wessel* S. 75 ff., 79 ff.; *ders.* DZWIR 1999, 230, 232 f.

lassen und in Haft nehmen (§ 20 Abs. 1 Satz 2, § 22 Abs. 3, §§ 97, 98, 101). Zu den Einzelheiten s. § 20 RdNr. 64 ff.

Die Herausgabe geschäftlicher Unterlagen an den Sachverständigen kann nicht nur mit dem Mittel der Haft durchgesetzt werden. Das Gericht kann auch als Sicherungsmaßnahme (§ 21 Abs. 1) die **Durchsuchung der Geschäftsräume** des Schuldners nach solchen Unterlagen sowie deren Beschlagnahme anordnen.[104] Eine solche Inbesitznahme eines Teils der künftigen Insolvenzmasse (§ 36 Abs. 2 Nr. 1) dient zur Verhütung von Verdunkelungshandlungen und ist durch den Sicherungszweck gedeckt. Als Geschäftsräume kommen auch Wohnräume des Schuldners und seiner nominellen oder faktischen organschaftlichen Vertreter in Betracht, wenn auf Grund bestimmter Tatsachen, zB nach Aufgabe der Geschäftsräume, zu vermuten ist, dass dort Geschäftsunterlagen aufbewahrt werden. In besonderen Fällen kann sogar – anstelle des schwerfälligen, am Zeugenbeweis orientierten und für das Eröffnungsverfahren wenig geeigneten Verfahrens zur Urkundenvorlage[105] (§§ 142, 390 ZPO, § 4) – die **Durchsuchung fremder Räumlichkeiten** angeordnet werden. Eine solche Maßnahme setzt allerdings voraus, dass erhebliche tatsächliche Anhaltspunkte für schwerwiegende Verdunkelungshandlungen des Besitzers dieser Räume im Zusammenwirken mit dem Schuldner vorliegen, etwa für ein vorsätzliches Unterdrücken oder Beiseiteschaffen der Unterlagen zur Behinderung der gerichtlichen Ermittlungen.[106] Der Dritte ist dann nur scheinbar unbeteiligt, in Wirklichkeit ist er als Besitzdiener des Schuldners zu behandeln.[107] Gleiches gilt, wenn die Geschäftsunterlagen allein deshalb im fremden Gewahrsam sind, weil dem Dritten die Buchführung oder die Lagerung der Unterlagen übertragen ist und er faktisch wie eine ausgelagerte Abteilung des schuldnerischen Unternehmens tätig wird. Nach den Grundsätzen ordnungsmäßiger Buchführung müssen geschäftliche Unterlagen so aufbewahrt werden, dass sie für Berechtigte bis zum Ende der Aufbewahrungsfrist ohne Schwierigkeiten verfügbar sind (vgl. auch § 238 Abs. 1 Satz 2, § 239 Abs. 4 HGB); die betriebliche Organisation kann kein rechtliches Hindernis für die Sicherstellung und Auswertung der Geschäftsunterlagen sein.

Die **Rückgabe überlassener oder rechtmäßig beschlagnahmter Unterlagen** hat an dem Ort zu erfolgen, an dem der Sachverständige sie aufzubewahren hat. Weder er noch das Gericht ist verpflichtet, die Unterlagen dem Berechtigten zurückzubringen (§ 697 BGB analog).[108]

c) Zutrittsrecht. Das Gericht kann den Sachverständigen ermächtigen, ebenso wie ein vorläufiger Insolvenzverwalter[109] die **Geschäftsräume** des Schuldners zu betreten und dort Nachforschungen anzustellen, soweit sie zur Erledigung seines Auftrags erforderlich sind (§ 21 Abs. 1, § 22 Abs. 3).[110] Auch **Wohnräume** haben als Geschäftsräume zu gelten, wenn auf Grund bestimmter Tatsachen zu vermuten ist, dass der Zutritt zu ihnen Aufschluss über die schuldnerischen Vermögensverhältnisse geben wird (s.a. § 20 RdNr. 39). Das Zutrittsrecht kann auf Grund des Ermächtigungsbeschlusses mit Hilfe des Gerichtsvollziehers erzwungen werden (§ 758 ZPO).[111] Gläubiger haben kein Recht, an den Nachforschungen des Sachverständigen in den Geschäftsräumen teilzunehmen.[112]

5. Fragerecht gegenüber Dritten. Der Sachverständige ist berechtigt, Auskünfte über die schuldnerischen Vermögensverhältnisse bei Dritten einzuholen und dabei die insolvenzrechtliche Grundlage seiner Tätigkeit zu offenbaren. Dieses Recht folgt unmittelbar aus seinem Auftrag.[113] Er darf insbesondere bei **Behörden**, Arbeitnehmern des Schuldners, **Steuerberatern** und **Kreditinstituten** Erkundigungen anstellen. Ein Anspruch auf **Zugang zu amtlichen Informationen** kann sich gegenüber Behörden aus § 1 Abs. 1 Satz 1 IFG ergeben (s. hierzu § 20 RdNr. 55). Wegen der

---

[104] LG Duisburg ZIP 1991, 674; LG Mainz NZI 2001, 384; AG Duisburg NZI 2004, 388; *Vallender* EWiR 1997, 1097; *Irmen/Werres* NZI 2001, 579, 583; FKInsO-*Schmerbach* § 20 RdNr. 10, § 21 RdNr. 95; HKInsO-*Kirchhof* § 20 RdNr. 21; Jaeger/*Gerhardt* InsO § 5 RdNr. 16.
[105] Vgl. dazu *Leipold*, FS Gerhardt, 2004, S. 563, 576 ff.
[106] Vgl. LG Mainz NZI 2001, 384; AG Gelsenkirchen ZIP 1997, 2092; AG Duisburg NZI 2000, 38; AG Korbach ZInsO 2005, 1060 f.; vgl. auch AG München ZVI 2007, 22 f. = ZIP 2006, 1961 L (Kontosperre gegen Dritten); *Vallender* EWiR 1997, 1097; FKInsO-*Schmerbach* § 20 RdNr. 10a; HKInsO-*Kirchhof* § 20 RdNr. 21; Kübler/Prütting/Bork/*Pape* InsO § 20 RdNr. 23, 51. Zu weitgehend *Irmen/Werres* NZI 2001, 579, 583 f. (bloßer Besitz des Dritten).
[107] Vgl. OLG Zweibrücken FamRZ 2004, 1592.
[108] BGH NJW 2005, 988 (zum Strafverfahren).
[109] S. hierzu P. Gottwald/*Uhlenbruck/Vuia*, Insolvenzrechts-Handbuch, § 14 RdNr. 88.
[110] AG Duisburg NZI 2004, 388 f. gegen BGHZ 158, 212 = NJW 2004, 2015 = NZI 2004, 312.
[111] AG Duisburg NZI 2004, 388 f.; zum Betreten von Wohnräumen des Schuldners durch den vorläufigen Verwalter s. P. Gottwald/*Uhlenbruck/Vuia*, Insolvenzrechts-Handbuch, § 14 RdNr. 89 f.
[112] *Wessel* S. 96 f.
[113] AG Köln InVo 1999, 141, 143.

umfassenden Auskunftspflicht des Schuldners (§ 20 Abs. 1) sind auch diejenigen Zeugen zur Auskunft befugt, die im vermögensrechtlichen Interesse des Schuldners einer **Verschwiegenheitspflicht** unterliegen (vgl. § 20 RdNr. 49). Werden die Auskünfte nicht freiwillig erteilt, so ist es Sache des Gerichts, im Wege des mündlichen oder schriftlichen Zeugenbeweises den Sachverhalt aufzuklären.

65 6. Sachverständiger und Strafverfolgungsbehörden. Der Sachverständige hat auf Grund seines Auftrags in gleicher Weise wie das Insolvenzgericht (§ 474 Abs. 1, 4 StPO) das Recht, Ermittlungsakten der Strafverfolgungsbehörden einzusehen.[114] Sind bei strafrechtlichen Ermittlungen Geschäftsunterlagen des Schuldners beschlagnahmt worden, ist die Strafverfolgungsbehörde verpflichtet, dem Sachverständigen als Gehilfen des Insolvenzgerichts ungehinderten Zugang zu den Geschäftsunterlagen in ihren Amtsräumen zu gestatten; dies schließt das Recht zur Anfertigung von Ablichtungen ein. Beschlagnahmte Geschäftsunterlagen können aber auch im Besitz des Sachverständigen belassen werden, wenn gewährleistet ist, dass die Behörde jederzeit tatsächlich auf sie zugreifen kann.[115] Der Auftrag des Sachverständigen begründet nicht dessen Pflicht, vor Einreichung des Gutachtens bei Gericht der Staatsanwaltschaft Auskünfte über strafrechtlich relevante Ermittlungsergebnisse zu erteilen[116] (vgl. auch RdNr. 66).

66 7. Auskünfte zum Verfahrensstand. Der Sachverständige ist für seine Tätigkeit allein dem Gericht verantwortlich. Er ist deshalb weder berechtigt noch verpflichtet, den Beteiligten oder Dritten Auskünfte über den Stand des Verfahrens und seiner Ermittlungen zu geben.[117] Über solche Auskünfte entscheidet allein das Gericht.[118] Etwas anderes gilt nur, soweit die Mitteilungen zur Erfüllung des Gutachterauftrags erforderlich sind, etwa zur Erläuterung einer Anfrage bei einem Gläubiger.

67 8. Anforderungen an das Gutachten. Der Sachverständige hat bei seinen Nachforschungen alle zumutbaren und zulässigen Erkenntnisquellen sorgfältig[119] auszuschöpfen, um sich und dem Gericht ein **hinreichend deutliches Bild** der Lage des Schuldners zu verschaffen. Andererseits erfordert der Zweck des Verfahrens eine Klärung in angemessen kurzer Zeit. Es ist deshalb, auch angesichts der sehr oft ungeordneten und unübersichtlichen Verhältnisse des Schuldners, vielfach unvermeidlich, dass die Ermittlungen des Sachverständigen nur **vorläufige Ergebnisse** oder Prognosen erbringen, die sich möglicherweise später als unvollständig oder unzutreffend erweisen.

68 Das schriftliche Gutachten soll dem Gericht eine möglichst vollständige, geordnete, geprüfte und realistische **Übersicht über die Vermögens-, Finanz- und Ertragslage** des Schuldners einschließlich der Verbindlichkeiten vermitteln; dabei sind die Aus- und Absonderungsrechte zu berücksichtigen. Das Gutachten soll auf der Grundlage nachvollziehbarer Ermittlungsergebnisse überzeugende Schlussfolgerungen zu den gesetzlichen Eröffnungsgründen und zur Existenz einer kostendeckenden freien Masse (oder zur Höhe des erforderlichen Kostenvorschusses) enthalten. Da der Sachverständige **Helfer des Richters** ist, hat er ihm durch eine sachliche und objektive Darstellung der maßgeblichen Tatsachen und Rechtsverhältnisse eine eigenverantwortliche Entscheidung zu ermöglichen. Soweit der Gang der Ermittlungen und das Verhalten der Beteiligten für die Beurteilung bedeutsam sind, hat er auch sie darzustellen. Allgemeine Rechtsausführungen, die keinen unmittelbaren Bezug zum Fall haben, sind entbehrlich. Wichtig sind dagegen Angaben über die rechtliche und wirtschaftliche Entwicklung des Unternehmens, über die Ursachen der Insolvenz sowie, wenn in den Auftrag einbezogen, über die Aussichten für eine Fortführung des Unternehmens und die Weiterbeschäftigung der Arbeitnehmer. In der Insolvenz einer natürlichen Person hat das Gutachten auch die biographischen, beruflichen und familiären Verhältnisse des Schuldners zu schildern, soweit sie für das Verständnis der wirtschaftlichen Lage notwendig sind.

69 9. Entschädigung und Vergütung. Die Entschädigung des Sachverständigen richtet sich für alle seine Tätigkeiten im Eröffnungsverfahren nach dem JVEG. Für den gem. § 22 Abs. 1 Satz 2 Nr. 3 als **Sachverständigen eingesetzten vorläufigen Insolvenzverwalter** ist gem. § 9 Abs. 2 JVEG ein Stundensatz von 65 € festgelegt worden.[120] Nach herrschender Meinung gilt § 9 Abs. 2

---

[114] Vgl. *Schäfer* KTS 1991, 23 ff.
[115] *Schäfer* KTS 1991, 23, 27 f.; vgl. LG Mannheim NStZ-RR 1998, 113.
[116] Vgl. *Tetzlaff* NZI 2005, 316 f.
[117] *Bollig* KTS 1990, 599, 602; *Wessel* S. 99; FKInsO-*Schmerbach* § 22 RdNr. 49.
[118] Vgl. *Uhlenbruck* KTS 1989, 527, 528 ff.
[119] Zur Haftung des Sachverständigen vgl. § 839a BGB mit BT-Dr. 14/7752, S. 27 f.; ferner BGH NJW 1991, 3282; BGH NJW 2003, 2825; *Bollig* KTS 1990, 599, 612 f.; *Wessel* S. 124 ff.; *Wagner* NJW 2002, 2049, 2961 f.; *Uhlenbruck* ZInsO 2002, 809 f.; *Brückner/Neumann* MDR 2003, 906; zur berufsbezogenen Meinungsfreiheit BVerfG NJW 2003, 961 f.; *Pape* ZIP 1995, 1660; *Loritz* BB 2000, 2006.
[120] Zur Verfassungsmäßigkeit dieser Bestimmung BVerfG ZInsO 2006, 83 ff.

Zahlungsunfähigkeit § 17

JVEG sowohl für den „starken" als auch den „schwachen" bzw. „halbstarken" Insolvenzverwalter.[121] Der Sachverständige kann die Entschädigung neben der ihm etwa zustehenden Vergütung nach den §§ 10, 11 InsVV beanspruchen. Demgegenüber ist für einen **isoliert als Gutachter** in einem Insolvenzverfahren tätigen Sachverständigen keine Honorargruppe in § 9 Abs. 1 Satz 1 JVEG bestimmt worden. Die Zuordnung und die Bestimmung ist deshalb nach gerichtlichem Ermessen festzulegen, eine analoge Anwendung von § 9 Abs. 2 JVEG scheidet aus.[122] Die Vergütung des „isolierten" Sachverständigen bestimmt sich vielmehr nach § 9 Abs. 1 Satz 3 JVEG und kann bei einem laufenden Geschäftsbetrieb im Einzelfall auf 95 € erhöht werden.[123] Regelmäßig wird ein Stundensatz von 80 € festzusetzen sein.[124] Auch die Prüfung, ob die Masse die Kosten decken wird, ist sachlich eine Sachverständigentätigkeit (vgl. RdNr. 52). Die Entschädigung nach dem JVEG ist Teil der Gerichtskosten nach § 54 Nr. 1 (vgl. hierzu § 13 RdNr. 170), die Vergütung nach der InsVV fällt unter die Kosten nach § 54 Nr. 2.

§ 17 Zahlungsunfähigkeit

(1) **Allgemeiner Eröffnungsgrund ist die Zahlungsunfähigkeit.**

(2) ¹**Der Schuldner ist zahlungsunfähig, wenn er nicht in der Lage ist, die fälligen Zahlungspflichten zu erfüllen.** ²**Zahlungsunfähigkeit ist in der Regel anzunehmen, wenn der Schuldner seine Zahlungen eingestellt hat.**

Schrifttum: *Bichlmeier/Engberding/Oberhofer,* Insolvenzhandbuch, 1998; *Eilenberger,* Betriebliche Finanzwirtschaft, 7. Aufl. 2003; *Eilenberger,* Bankbetriebswirtschaftslehre, 8. Aufl. 2012; *Hess/Weis,* Liquidation und Sanierung nach der Insolvenzordnung, 1999; *Himmelsbach/Thonfeld,* Gegen die Verschärfung des Begriffs der Zahlungsunfähigkeit nach § 17 II InsO, NZI 2001, 11; *Joschke,* Finanzplanung, in: Management-Enzyklopädie, 3. Bd., 2. Aufl. 1983, 53; *Langen,* Betriebliche Zahlungsströme und ihre Planung in dynamischer Sicht, ZfB 1964, 289; *Lücke,* Liquidität, Liquidierbarkeit und Tilgbarkeit, DB 1984, 2361 (Teil I) und 2420 (Teil II); *Temme,* Die Eröffnungsgründe der Insolvenzordnung, 1997; *Weisemann/Smid,* Handbuch Unternehmensinsolvenz, 1999; *Witte,* Liquidität, betriebliche, in: Handbuch der Finanzwirtschaft, 1976, Sp. 1283; *Witte,* Liquidität, in: Handwörterbuch des Bank- und Finanzwesens, 2. Aufl. 1995, Sp. 1381; *Witte/Klein,* Finanzplanung der Unternehmung, 3. Aufl. 1983.

Übersicht

	Rn.		Rn.
A. Normzweck	1–3	IV. Zeitpunkt der Zahlungsunfähigkeit	26–31
B. Allgemeiner Eröffnungsgrund	4, 5	1. Zahlungseinstellung als Regelvermutung	27, 28
C. Zahlungsunfähigkeit	6–33		
I. Fällige Zahlungspflichten	7–7a	2. Konkludente Handlungen des Schuldners und Beweisanzeichen	29–31
II. Unmöglichkeit der Erfüllung fälliger Zahlungspflichten	8, 9		
III. Objektive Zahlungsunfähigkeit	10–25	V. Nachweis der Zahlungsunfähigkeit	32, 33
1. Messung	10–14		
2. Maßstab zur Bewertung nach InsO	15–23a	D. Beseitigung der Zahlungsunfähigkeit	34–36
3. Konsequenzen	24, 25		

---

[121] OLG Frankfurt NJW-RR 2006, 49 mwN.; OLG München NZI 2005, 501 f.; AG Hamburg NZI 2004, 677 (analog); AG Kleve ZIP 2005, 228 f.; Kübler/Prütting/Bork/*Prasser* InsO § 11 InsVV RdNr. 107; aA OLG Bamberg NZI 2005, 503 ff. (jedoch im Rahmen des § 9 Abs. 1 Satz 3 JVEG eine Vergütung in Höhe von 65 € ansetzend); LG Aschaffenburg ZIP 2005, 226 ff. (Stundensatz von 80 €); AG Hamburg ZInsO 2005, 704 ff.
[122] OLG München NZI 2005, 501 f.; OLG Koblenz NZI 2006, 180; OLG Frankfurt ZIP 2006, 676 f.; LG Bamberg NJW-RR 2005, 563; LG Aschaffenburg ZIP 2005, 226; LG Mönchengladbach ZIP 2005, 410; LG Bochum ZInsO 2005, 308; AG Hamburg ZInsO 2005, 704; AG Göttingen NJW-RR 2005, 58 ff.; AG Wolfsburg ZInsO 2006, 764 f.; *Ley* ZIP 2004, 1391 f.; aA AG Hamburg NZI 2004, 677 = NJW-RR 2005, 60; AG Kleve ZIP 2005, 228 f.; *Keller* NZI 2004, 465, 471; MünchKommInsO-*Schmahl*² § 16 RdNr. 69.
[123] AG Göttingen NJW-RR 2005, 58.
[124] OLG München NZI 2005, 501 f.; OLG Koblenz NZI 2006, 180; OLG Frankfurt ZIP 2006, 676 f.; LG Aschaffenburg ZIP 2005, 226; AG Wolfsburg ZInsO 2006, 764 f.; demgegenüber im Rahmen des § 9 Abs. 1 Satz 2 JVEG von einer regelmäßigen Vergütung in Höhe von 65 € ausgehend OLG Bamberg NJW-RR 2005, 563; OLG Nürnberg ZInsO 2006, 761 ff.; LG Mönchengladbach Rpfleger 2005, 328; AG Mönchengladbach, Beschl. v. 19.11.2004 – 20 IN 168/04.

A. Normzweck

1   Im Interesse der Rechtssicherheit bestimmt die Norm den Begriff der Zahlungsunfähigkeit als den **allgemeinen** (und in der Praxis häufigsten) **Eröffnungsgrund** von Insolvenzverfahren, der für alle Rechtsträger und Vermögensmassen gilt. Zwar entspricht die Norm im Wesentlichen § 102 KO (der nicht für den Nachlasskonkurs und für das Konkursverfahren über das Gesamtgut der fortgesetzten Gütergemeinschaft gilt; vgl. §§ 215, 236 KO) und § 1 Abs. 1 GesO, definiert jedoch erstmals den Begriff der Zahlungsunfähigkeit in Abs. 2 gesetzlich nach dem Stand der Entwicklung in Rechtsprechung und Literatur.

2   Insbesondere wird mit dieser Definition auch eine Klarstellung gegenüber der Zahlungsstockung bezweckt, und zwar in dem Sinne, dass der Begriff der Zahlungsunfähigkeit nicht durch schlechte Zahlungsmoral zu stark eingeengt würde: Unter diesem Aspekt könnte selbst eine über Wochen und Monate andauernde Illiquidität zur rechtlich unerheblichen Zahlungsstockung deklariert werden. Die gewählte Definition bezweckt somit die Sicherstellung einer rechtzeitigen Verfahrenseröffnung (unter Berücksichtigung einer zeitlich eng begrenzten vorübergehenden Zahlungsstockung, solange die Fähigkeit zur Erfüllung der fälligen Zahlungspflichten durch den Schuldner gewahrt bleibt). Auf Grund der Norm werden Zahlungsschwierigkeiten des Schuldners grundsätzlich früher als bislang unter Anwendung des § 102 KO insolvenzrechtlich relevant. Damit ergibt sich in Verfolgung des Gesetzeszweckes, der einer (weiteren) Vermögensverschlechterung des Schuldners entgegenwirken möchte, eine Vorverlegung der Insolvenzauslösung. Dadurch können sich – positiv gesehen – Erleichterungen für eine Sanierung ergeben. Auf jeden Fall werden Zahlungsschwierigkeiten des Schuldners wesentlich früher insolvenzrechtlich relevant.[1] Darüber hinaus trägt die Fassung von § 17 dazu bei, im Rahmen von § 102 KO gegebene Auslegungsspielräume einzuschränken und zu beseitigen:[2] Durch die nunmehr nicht länger zu beachtende schwierige Abgrenzung zwischen Zeitraum-Illiquidität und Zeitpunkt-Illiquidität wird die Feststellung der Zahlungsunfähigkeit wesentlich vereinfacht. Somit entfallen auch taktische Überlegungen für die Stellung des Insolvenzantrages, da nunmehr primär objektive Merkmale bzw. Erkenntnisse im Amtsermittlungsverfahren ausschlaggebend sind[3] (RdNr. 6).

3   Die Norm entspricht § 21 RegE im Wesentlichen unverändert. Die Änderung der Zählweise (nunmehr § 17) ergibt sich aus den Beschlüssen des Rechtsausschusses.[4]

B. Allgemeiner Eröffnungsgrund

4   Die Zahlungsunfähigkeit stellt für jedes Insolvenzverfahren und für jeden Antrag den allgemeinen Eröffnungsgrund dar, während die drohende Zahlungsunfähigkeit (§ 18) und die Überschuldung (§ 19) sowohl in sachlicher und persönlicher als auch in zeitlicher Hinsicht spezielle Eröffnungsgründe bedeuten.[5]

5   Die Definition der Zahlungsunfähigkeit nach § 17 Abs. 2 stellt in Anbetracht des neu geschaffenen Tatbestandes der drohenden Zahlungsunfähigkeit höhere Ansprüche an die Feststellung der **insolvenzrechtlichen Zahlungsunfähigkeit** als nach bisherigem Konkursrecht, ohne allerdings eindeutig handhabbare Kriterien für die Abgrenzung zur von dem Gesetzgeber auch nach neuem Insolvenzrecht in gewissem Umfang tolerierten vorübergehenden Zahlungsstockung zu liefern.[6] Insbesondere hat der Gesetzgeber der InsO bezüglich der Zahlungsunfähigkeit auf die Merkmale der „Dauer" und der „Wesentlichkeit" verzichtet.[7] Der Verzicht auf das Merkmal der Dauer[8] bedeutet, dass die InsO stärker auf eine Zeitpunkt-Liquidität bzw. -Illiquidität abstellt, wobei als Ausnahme geringfügige Zahlungsstockungen keine Zahlungsunfähigkeit im Sinne des § 17 Abs. 2 darstellten, wenn diese eindeutig sei. Als Beispiel für unschädliche vorübergehende Illiquidität in Form einer **Zahlungsstockung** wird der Sachverhalt angesehen, dass der Schuldner durch einen Bankkredit neue flüssige Mittel beschaffen könne. Auf dieses Argument stützen auch *Himmelsbach/Thonfeld*[9] ihre Interpretation einer aus ihrer Sicht zu beklagenden Verschärfung des Begriffs der Zahlungsunfähigkeit nach § 17 Abs. 2, übersehen jedoch,

---

[1] Siehe *Smid* § 17 RdNr. 5.
[2] *Nerlich/Römermann* § 17 RdNr. 32.
[3] *Nerlich/Römermann*, ebenda.
[4] Bericht BTag S. 11.
[5] Siehe § 18 RdNr. 10 und § 19 RdNr. 124.
[6] Siehe *Haarmeyer/Wutzke/Förster*, Handbuch, 2. Aufl., Kap. 1 RdNr. 78.
[7] Siehe dazu *Braun/Uhlenbruck*, Unternehmensinsolvenz, 1997, S. 279 ff.
[8] Siehe *Kuhn/Uhlenbruck*, KO § 102 RdNr. 2b.
[9] Siehe *Himmelsbach/Thonfeld* NZI 2001, 11 ff.

dass bei abweichender Auslegung das Ziel einer rechtzeitigen Verfahrenseröffnung erheblich gefährdet[10] und letztlich die seinerzeitige Handhabung nach § 102 KO durch die Hintertür wieder eingeführt würde. Der Verzicht auf das Merkmal der Wesentlichkeit[11] bedeutet eine Abkehr von der Auffassung, der Schuldner sei erst dann zahlungsunfähig, wenn er nicht mehr in der Lage ist, die Zahlungsverpflichtungen noch im Wesentlichen zu erfüllen. Als Maßstab diente dabei das Verhältnis der bezahlten zu den unbezahlten Rechnungen, wobei Verhältniswerte zwischen 10 % bis 25 % als vertretbar angesehen wurden. Da der Gesetzgeber der InsO jedoch im Interesse der Einschränkung der bisherigen Tendenz einer permanenten Liquiditätslücke nur noch ganz geringfügige Liquiditätslücken zuzulassen bereit ist, kann es nicht gerechtfertigt sein, Zahlungsunfähigkeit erst dann anzunehmen, wenn die o. a. angesprochenen Verhältniszahl überschritten wird. Dazu kommt, dass das Merkmal der Wesentlichkeit bereits in der Vergangenheit weder in Literatur noch Rechtsprechung eine konkrete Bestimmung erfahren hatte und insofern darauf verzichtet werden kann. Gleichwohl hat das Insolvenzgericht zu prüfen, ob ggf. eine geringfügige Liquiditätslücke[12] oder Zahlungsunfähigkeit vorliegt; dasselbe gilt für den Tatbestand der geringfügigen vorübergehenden Zahlungsstockung. Die **zeitweilige Zahlungsstockung** unterscheidet sich von der Zahlungsunfähigkeit durch ihre vorübergehende Natur insofern, als es sich bei der zeitweiligen Zahlungsstockung um einen vorübergehenden, kurzfristig behebbaren Mangel an flüssigen Finanzmitteln handelt[13], also die Einnahmen nicht ausreichen, um die zwingend fälligen Zahlungsverpflichtungen zu erfüllen. Ursachen für Zahlungsstockungen können bloße kurzfristige Zahlungsverzögerungen sein, die beispielsweise auf unpünktlichen, nicht plangemäßen oder aus anderen Gründen verzögerten Zahlungseingängen von Schulden beruhen.[14] In diesem Fall kann der Gläubiger erwarten, dass der Schuldner nach einer gewissen Verzögerung seinen Zahlungsverpflichtungen uneingeschränkt nachkommen kann (im Gegensatz dazu die **dauerhafte Zahlungsstockung**[15] als eine Aneinanderreihung von immer wiederkehrenden Zahlungsstockungen, die auf ein permanentes Liquiditätsproblem des Schuldners schließen lassen. In jedem Fall einer behaupteten Zahlungsstockung wird das Insolvenzgericht zu prüfen haben, ob Zahlungsunfähigkeit oder nur zeitweilige Zahlungsstockung vorliegt. Besonders problematisch für die Beurteilung, ob Zahlungsstockung vorliegt, stellt sich die Situation dar, wenn die Zahlungsstockung des unmittelbaren (direkten) Schuldners des Gläubigers durch Zahlungsprobleme oder Zahlungsstockungen bei dessen Schuldner oder von einer Mehrheit dessen Schuldner verursacht wird und diese (indirekten) Schuldner mit Zahlungsstockungen oder Zahlungsausfällen zu kämpfen haben und auszufallen drohen. Das Beurteilungs- und Prognoseproblem verschärft sich insbesondere dann, wenn die indirekten Schuldner im Ausland ansässig sind und ggf. wegen Devisenverkehrsbeschränkungen in der vereinbarten Währung nicht termingerecht leisten können.

Zahlungsunfähigkeit ist in der Regel bei **Zahlungseinstellung** durch den Schuldner anzunehmen (§ 17 Abs. 2 S. 2). In diesem Zusammenhang kann die Zahlungseinstellung durch **eigene Erklärung** des Schuldners zum Ausdruck gebracht werden oder auf Grund des **äußeren Verhaltens des Schuldners** oder durch andere Indizien von den Gläubigern (also extern) darauf geschlossen werden[16] (siehe im Einzelnen dazu C. IV).

C. Zahlungsunfähigkeit

Die Begriffsbestimmung der Zahlungsunfähigkeit in Abs. 2 Satz 1 erfolgt auf der Basis objektiver Merkmale, nämlich der „Zahlungspflichten", der „Fälligkeit" und des Unvermögens zu zahlen, also der „Erfüllbarkeit" der fälligen Zahlungspflichten. An die Definition des Abs. 2 Satz 1 knüpfen auch die §§ 130 bis 132 an; darüber hinaus hat sie Relevanz für gesellschaftsrechtliche Sachverhalte des Handelsrechts (§§ 130a, 130b HGB), des Aktienrechts (§ 92 Abs. 2 und 3, § 401 Abs. 1 Nr. 2 AktG), des GmbH-Rechts (§§ 64, 84 Abs. 1 Nr. 2 GmbH-Gesetz) und des Genossenschaftsrechts (§§ 99, 148 Abs. 1 Nr. 2 GenG) sowie bestimmter Strafrechtstatbestände (§§ 283, 283c StGB).

I. Fällige Zahlungspflichten

Die Norm stellt auf die Zahlungspflichten des Schuldners ab, die von Rechts wegen einwendungsfrei bestehen und fällig im Sinne von § 271 BGB sind. Im Geschäftsverkehr wird es sich auf Grund der vorherrschenden Zahlungen auf Ziel insbesondere um Verpflichtungen des Schuldners

---

[10] Siehe *Braun/Uhlenbruck*, Unternehmensinsolvenz, 1997, S. 280.
[11] Siehe *Kuhn/Uhlenbruck,* KO § 102 RdNr. 2a.
[12] Siehe dazu RdNr. 18a.
[13] In diesem Sinne auch BGH Beschl. v. 23. Mai 2007 – 1 StR 88/07.
[14] Siehe *Kuhn/Uhlenbruck* § 30 KO RdNr. 4.
[15] Dazu im Einzelnen RdNr. 22.
[16] Siehe dazu HKInsO-*Kirchhof* § 17 RdNrn. 25 ff.

handeln, die zeitlich bestimmt sind (§ 271 Abs. 2 BGB). Von den fälligen Zahlungspflichten ausgenommen sind somit auch Verpflichtungen, die vom Gläubiger gestundet sind. Verzug des Schuldners (§ 284 BGB) ist nicht Voraussetzung für die Fälligkeit von Zahlungspflichten. Allerdings dürfen keine übertriebenen Anforderungen an die Feststellung der objektiven Zahlungsunfähigkeit als Grundlage für die Zahlungseinstellung gestellt werden: Die Forderungen sind nicht generell auf ihre Rechtsbeständigkeit zu prüfen. Vielmehr kann eine derartige Prüfung zur Feststellung der Zahlungsunfähigkeit allenfalls dann geboten sein, wenn ihre Berechtigung im Streit steht.[17]

7a In einem Beschluss vom 19. Juli 2007 hegt der BGH jedoch Zweifel an der Maßgeblichkeit des **zivilrechtlichen Begriffs** der Fälligkeit auch für die Vorschrift des § 17 Abs. 2 aus der unterschiedlichen Funktion, den die Fälligkeit einer Forderung im jeweiligen Regelungszusammenhang erfüllt[18]: Während zivilrechtlich die Fälligkeit einer Forderung die Voraussetzung für den Schuldnerverzug, die Erhebung der Leistungsklage und den Beginn der Verjährung darstellt, geht es demgegenüber **insolvenzrechtlich** um den Beginn der Zahlungsunfähigkeit des Schuldners, von dem an der Übergang von der Einzelzwangsvollstreckung zur Gesamtvollstreckung zu erfolgen hat. Wenn das Vermögen des Schuldners nicht zur Befriedigung aller Gläubiger ausreicht, soll im Rahmen eines geordneten Verfahrens gleichmäßig unter diesen verteilt werden, um einen „Wettlauf der Gläubiger" im Rahmen der vom Prioritätsprinzip geprägten Einzelzwangsvollstreckung zu verhindern. Ob dieser Zeitpunkt gekommen ist, hängt nach Auffassung des BGH nicht notwendig allein von der Frage ab, in welchem Umfang die Gläubiger Zahlungen verlangen können. Zu beachten ist vielmehr auch, ob die Zahlungen tatsächlich „ernstlich eingefordert" werden. Insofern orientiert sich ein **insolvenzrechtlicher Begriff der Fälligkeit** am Sinn und Zweck des § 17, die gebieten, in Übereinstimmung mit dem Verständnis der Konkursordnung am Erfordernis des „ernsthaften Einforderns" als Voraussetzung einer die Zahlungsunfähigkeit begründenden oder zu dieser beitragenden Forderung festzuhalten[19]. Somit darf von der zivilrechtlichen Fälligkeit einer Forderung nicht schematisch auf die Zahlungsunfähigkeit im Sinne von § 17 geschlossen werden, sondern es bedarf im Einzelfall der Prüfung, ob eine nach § 271 Abs. 1 BGB fällige Forderung, die der Schuldner nicht erfüllt, den Schluss auf eine Zahlungsunfähigkeit zulässt. Den richtigen Zeitpunkt für die Eröffnung des Insolvenzverfahrens zu finden, erfordert auch die Berücksichtigung derjenigen Gläubiger, die den Schuldner zwar zur Zahlung aufgefordert, dann aber weitere Bemühungen eingestellt haben, ohne ihr Einverständnis damit zum Ausdruck zu bringen, dass der Schuldner sein Verbindlichkeit vorerst nicht erfüllt. Hingegen darf die Forderung eines Gläubigers, der in eine spätere (zB durch Stundung) oder nachrangige Befriedigung eingewilligt hat, nicht berücksichtigt werden, auch wenn keine rechtlich bindende Vereinbarung getroffen worden ist oder die Vereinbarung nur auf die Einrede des Schuldners berücksichtigt würde und vom Gläubiger einseitig aufgekündigt werden könnte. **Regelmäßig** ist somit eine Forderung dann im Sinne des § 17 Abs. 2 fällig, wenn eine Gläubigerhandlung feststeht, aus der sich der Wille im Allgemeinen ergibt, vom Schuldner Erfüllung zu verlangen. Grundsätzlich ist das schon bei Übersendung einer Rechnung der Fall. Im Rahmen der Amtsermittlungspflicht (§ 5 Abs. 1) hat das Insolvenzgericht jedoch Tatsachenbehauptungen des Schuldners oder anderen Anhaltpunkten nachzugehen, die konkret als möglich erscheinen lassen, dass der Gläubiger sich dem Schuldner gegenüber mit einer nachrangigen Befriedigung unter – sei es auch zeitweiligem – Verzicht auf staatlichen Zwang einverstanden erklärt hat. Fällige Forderungen bleiben somit bei der Prüfung der Zahlungsunfähigkeit nur außer Betracht, sofern sie mindestens rein tatsächlich – also auch ohne rechtlichen Bindungswillen – gestundet sind. Eine Forderung ist dagegen stets dann zu berücksichtigen, wenn der Schuldner sie durch eine Kündigung fällig stellt und von sich aus gegenüber dem Gläubiger die alsbaldige Erfüllung zusagt[20].

II. Unmöglichkeit der Erfüllung fälliger Zahlungspflichten

8 Dem Schuldner muss es **generell** unmöglich sein, entsprechende Zahlungsmittel für den Ausgleich fälliger Zahlungen bereitzustellen, sei es, dass er sie selbst aus dem betrieblichen Umsatzprozess erwirtschaftet, oder auf anderem Wege beschafft (zB durch Kreditaufnahme; durch Rückgriff auf Reserven, die ggf. „versilbert" werden müssen). Für die Beurteilung der Zahlungsunfähigkeit ist es grundsätzlich ohne Belang, aus welchen Quellen die Einnahmen eines Schuldners stammen[21]. Insbesondere kommt es auch nicht darauf an, ob sich der Schuldner die Zahlungsmittel auf redliche

---

[17] BGH Urt. v. 17. Mai 2001 – IX ZR 188/98 – OLG Frankfurt a. M. LG Frankfurt a. M.
[18] BGH Beschl. v. 19. Juli 2007 – IX ZB 36/07 – LG Hannover AG Hannover.
[19] So auch BGH Urt. v. 14. Mai 2009 – IX ZR 63/08 – OLG Nürnberg LG Regensburg.
[20] Ebenda.
[21] Ebenda.

oder unredliche Weise beschafft oder beschafft hat.[22] Somit sind selbst aus Straftaten stammende illegale Einnahmen als liquide Mittel anzusehen.[23] Ebenso sind daher auch anfechtbar erworbene Zahlungsmittel in die Prüfung der Zahlungsfähigkeit von Schuldnern einzubeziehen[24].

In dem Falle, dass der Schuldner eine einzelne Forderung als unbegründet ansieht, und die Zahlung bei Fälligkeit daher verweigert, liegt keine Zahlungsunfähigkeit im Sinne von § 17 vor.[25] Dasselbe gilt, wenn der Schuldner im Einzelfall die Fälligkeit einer Verpflichtung übersieht und daher verspätet oder erst nach weiterer Aufforderung leistet. Anders stellt sich der Sachverhalt allerdings dar, wenn aus dem **gesamten Zahlungsverhalten** des Schuldners eine Strategie zu erkennen ist, grundsätzlich erst nach ein oder mehrmaliger Aufforderung durch den (die) Gläubiger zu leisten oder grundsätzlich die Rechtmäßigkeit von Forderungen der Gläubiger anzweifelt, und sich auf diese Weise selbst laufend Zahlungsaufschübe zubilligt, selbst wenn die Gläubiger darauf nicht immer mit der gebotenen Entschiedenheit reagieren und generell das „Überziehen" von Zahlungsfristen zulassen, ohne den Schuldner in Verzug zu versetzen. Ein derartiges Verhalten lässt mit hoher Wahrscheinlichkeit auf einen Mangel an Zahlungsmitteln schließen, der den Tatbestand der Zahlungsunfähigkeit erfüllen kann. Keine Zahlungsunfähigkeit ist dagegen in dem Falle gegeben, in dem der Schuldner in der zuvor beschriebenen Weise in Zeiten eines hohen Zinsniveaus die durch Zahlungsverzögerung „angesparten" Mittel zu attraktiven Zinsen anlegt oder nur die Aufnahme teurer Kredite spart. Die dabei zu tage tretende Zahlungsunwilligkeit ist nicht objektiv bedingt, sondern beruht auf der Absicht, sich auf Kosten der Gläubiger finanzielle Vorteile zu verschaffen. Dagegen können die Gläubiger auf dem Wege der Einzelvollstreckung oder in anderer Weise vorgehen (zB durch Liefersperren), um den Schuldner (wieder) zu einer usancegemäßen Zahlungsmoral zu bewegen.

III. Objektive Zahlungsunfähigkeit

1. Messung. Die Ermittlung der objektiven Zahlungsunfähigkeit setzt eine Gegenüberstellung der in zeitlicher Reihenfolge verfügbaren Zahlungsmittel und der zu den verschiedenen Zeitpunkten im Zeitablauf fälligen Zahlungsverpflichtungen in einem **Finanzplan**[26] voraus, mit dessen Hilfe die Zahlungsfähigkeit grundsätzlich gemessen sowie ex ante gesteuert und beurteilt werden kann. Gut geführte Unternehmen verfügen in aller Regel über derartige Finanzplanungsrechnungen, mit deren Hilfe vor allem auch die künftigen Einnahmen aus Umsätzen (zB über sog. Verweilzeitverteilungen[27]) ermittelt werden können. Allerdings zeigen empirische Untersuchungen, dass das Fehlen von Finanzplanungsrechnungen eine der häufigsten Konkurs- und Insolvenzursachen darstellt. In der Mehrzahl kleine und mittlere Unternehmen verzichten häufig auf derartige Führungsinstrumente und gehen somit das Risiko eines finanzwirtschaftlichen Blindfluges ein, der häufig in einen Zustand (vermeidbarer) Zahlungsunfähigkeit mündet. In diesen Fällen treten finanzielle Engpässe für die Beteiligten „plötzlich" und „überraschend" auf und es fällt ihnen schwer, kurzfristig Gegenmaßnahmen zu ergreifen, die auf eine Wiederherstellung der Zahlungsfähigkeit gerichtet sind. Es fehlen meist die Informationen, die ein exaktes Bild von der Situation der Einnahmen und der Ausgaben ermöglichen. In diesen Fällen bereitet es in der Regel auch größere Schwierigkeiten, ex post kurzfristig eine Liquiditätsbilanz zu erstellen, da selbst die notwendigen Belege überhaupt nicht oder nicht ordnungsgemäß erfasst sind sowie die sonstigen erforderlichen Informationen fehlen und erst mühsam gesammelt, beigebracht und in das Finanzrechnungswesen eingespeist werden müssen.

Im Finanzplan erfolgt eine **taggenaue** Erfassung aller fälligen Zahlungsverpflichtungen und der zu ihrer Erfüllung an diesem Tage verfügbaren Finanzmittel des Schuldners (unter Einbezug eines Zahlungsmittelbestandes des Vortages) für die nächste Zukunft, in der Regel für den Zeitraum von 12 Monaten, wobei die Erfassung in den nächsten 10 bis 20 Tagen taggenau möglich sein wird (und muss). Für die weiteren Dekaden bzw. Monate reichen überschlägige und statistisch gestützte Annahmen aus.

Finanzpläne spiegeln somit einerseits für die (insolvenzrechtlich relevanten) nächsten drei Wochen bzw. 20 bis 30 Tage die **zeitpunktbezogene Liquidität** (oder Illiquidität) des Schuldners wider und erlauben darüber hinaus auch Prognosen der objektiven Zahlungsfähigkeit im Sinne eines **zeit-**

---

[22] BGH Urt. v. 30. April 1959 – VIII ZR 179/58, WM 1959, 891, 892; BGH Urt. v. 27. November 1974 – VIII ZR 21/73, WM 1975, 6, 7.
[23] BGH Urt. v. 31. März 1982 – 2 StR 744/81, NJW 1982, 1952, 1954; HKInsO/*Kirchhof*, 5. Aufl. § 17 RdNr. 16; *Uhlenbruck*, InsO 12. Aufl. § 17 RdNr. 6; *Jaeger/Müller*, InsO § 17 RdNr. 17.
[24] BGH Urt. v. 14. Mai 2009 – IX ZR 63/08.
[25] BGH Urt. v. 17. Mai 2001 – IX ZR 188/89; BGH Urt. v. 30. April 1959 – VIII ZR 179/58, WM 1959, 891.
[26] Zur Struktur eines Finanzplans siehe *Eilenberger*, Betriebliche Finanzwirtschaft, 7. Aufl. 2003, S. 351 ff.
[27] Siehe dazu ebenda, S. 353 f.

raumbezogenen **Liquidität** für die nächsten elf bis zwölf Monate. Zeigt der Finanzplan beispielsweise zwar für den kommenden Planmonat noch ausreichende Zahlungsfähigkeit, zeichnen sich jedoch in den darauf folgenden Monaten Zahlungsschwierigkeiten ab, dann bleibt dem Schuldner die Wahl, entweder zusätzliche Zahlungsmittel zu beschaffen (über Kredite u. ä.), oder nach § 18 die Eröffnung des Insolvenzverfahrens zu beantragen.

13 In Ergänzung zur Messung und Prognose der Liquidität über den Finanzplan dient der **Finanzstatus**[28] zur Feststellung der **aktuellen** Zeitpunktliquidität eines **Tages,** der gleichermaßen als Instrument der Liquiditätssteuerung als auch als vergangenheitsorientierte Rechnung am Ende des jeweiligen Tages zu Kontrollzwecken einsetzbar ist.

14 Die Grundstruktur eines **Finanzplans** ist nachstehend abgebildet:

		Monat I (Tage)				M II	M III	....	M XII
		1	2	....	U★				
1.	Zahlungsmittelbestand (Anfangsbestand/ Überschuss aus Vortagen/-perioden)								
	Einnahmen aus Umsätzen Sonstige Einnahmen Einnahmen des reinen Finanzbereichs								
2.	Summe der Einnahmen								
	Personalausgaben Materialausgaben Steuerausgaben Sonstige Ausgaben Ausgaben des reinen Finanzbereichs Ausgaben für Anlagen (Investitionen)								
3.	Summe der Ausgaben								
4.	Überschuss/Fehlbetrag (1. + 2. ./. 3.)								

Grundstruktur eines Finanzplanes (U★ = Ultimo). Quelle: *Eilenberger,* Betriebliche Finanzwirtschaft 2003, S. 352

Die in Zeile 4 ausgewiesenen Überschüsse/Fehlbeträge sind auszugleichen, und zwar in dem Sinne, dass Überschüsse vorübergehend am Geldmarkt oder als Festgeld anzulegen sind (= Ausgaben des reinen Finanzbereichs) und Fehlbeträge zu beseitigen sind, zB durch Ausschöpfung bestehender Kreditlinien oder Aufnahme von Krediten (= Einnahmen des reinen Finanzbereichs). Grundsätzlich hat im Normalfall der Saldo in Zeile 4 für die nächsten Tage (nach Möglichkeit für einen Monat) Null zu sein. Im Krisenfall zeigen sich hier Defizite, die spätestens bis zum jeweiligen Fälligkeitszeitpunkt auszugleichen sind. Der **Finanzstatus** (**Liquiditätsstatus**) zeigt dieselbe Struktur, betrifft aber jeweils nur den 1. Tag (= Spalte 1. Tag/Monat I) und zeigt die aktuelle Liquidität bzw. Zahlungsfähigkeit des Unternehmens für diesen Tag und bildet die Grundlage für die Finanzdisposition des folgenden Tages: Im Normalfall hat das Unternehmen bzw. sein Finanzdisponent zu diesem Zeitpunkt für einen Liquiditätsausgleich zu sorgen. Zur Vermeidung der Zahlungsunfähigkeit hat die Finanzdisposition jedoch bis zum 21. Tag Zeit, die erforderlichen Mittel (siehe dazu III.2.) zu beschaffen, um die Insolvenz zu vermeiden

15 **2. Maßstab zur Bewertung nach InsO.** Der Gesetzgeber geht davon aus, dass „ganz geringfügige Liquiditätslücken außer Betracht bleiben müssen".[29] Gleichwohl ist er der Auffassung, dass bisherigen Tendenzen zu einer übermäßig einschränkenden Auslegung des Begriffs der Zahlungsunfähigkeit entgegen zu wirken ist. Insbesondere erscheint es nicht gerechtfertigt, Zahlungsunfähigkeit erst anzunehmen, wenn der Schuldner einen bestimmten Bruchteil der Gesamtsumme seiner Verbindlichkeiten nicht mehr erfüllen kann.

---

[28] Siehe ebenda, S. 356 f.
[29] Begr. zu § 20 und § 21 RegE.

Die Hinnahme von „geringfügigen Liquiditätslücken" widerspricht den Zielsetzungen der InsO **16** insofern, als damit die Verwertungschancen des Vermögens des Schuldners gemindert werden und ggf. die Fortführung des Unternehmens durch planmäßigen Umbau der gesamten Finanzstruktur des Schuldners im Rahmen eines Insolvenzplans unterlaufen wird, der zur Wahrung der haftungsrechtlichen Rangfolge der Finanzbeträge der gesicherten Gläubiger, der einfachen Insolvenzgläubiger, der nachrangigen Insolvenzgläubiger und der Eigenkapitalgeber führen könnte.

Die Akzeptanz von geringfügigen Liquiditätslücken findet ihre Tradition im Wesentlichkeitsbegriff **17** des früheren § 102 KO. Dabei erfolgte die Bestimmung der „Wesentlichkeit" auf der Basis des Verhältnisses der verfügbaren Mittel zu den insgesamt fälligen Zahlungsverpflichtungen in Form einer sozusagen **konkursrechtlichen Liquiditätskennzahl,** wobei von der Literatur Quotienten zwischen 0,9 und 0,75 als vertretbar angesehen wurden.[30]

Aber auch die neuere Rechtsprechung zur InsO akzeptierte bis zu einer höchstrichterlichen **18** Entscheidung[31] offensichtlich eine derartige nunmehr sozusagen insolvenzrechtliche Liquiditätskennzahl, deren Quotient auf der Grundlage einer **Liquiditätsbilanz** entwickelt wird, die alle innerhalb einer Frist von zwei bis drei Wochen fälligen und eingeforderten Verbindlichkeiten den in diesem Zeitraum mobilisierbaren, flüssig zu machenden Mitteln auf der Aktivseite gegenüberstellt. Dabei darf der Quotient einen Wert von 0,9 nicht unterschreiten.[32] Allerdings engte die Rechtsprechung zur InsO das Ausmaß einer tolerierbaren **Liquiditätslücke** weiter ein: So erklärte zB das AG Köln einen Schuldner für zahlungsunfähig, der nicht in der Lage ist, binnen einer Frist von höchstens zwei Wochen mehr als 95 % der fälligen Zahlungsverpflichtungen zu erfüllen.[33]

Einen vorläufigen Schlusspunkt dieser Diskussion setzte die **Grundsatzentscheidung** des **18a** BGH[34] in **drei Leitsätzen.** Grundsätzlich sieht der BGH einen Liquiditätsquotienten von 0,9 als tolerierbar an: „Beträgt eine innerhalb von drei Wochen nicht zu beseitigende Liquiditätslücke des Schuldners weniger als 10 % seiner fälligen Gesamtverbindlichkeiten, ist regelmäßig von Zahlungsfähigkeit auszugehen, es sei denn, es ist bereits abzusehen, dass die Lücke demnächst mehr als 10 % erreichen wird." Für Lücken über 10 % dagegen ist nach Ansicht des BGH **Zahlungsunfähigkeit** (als widerlegbare Vermutung) gegeben: „Beträgt die Liquiditätslücke des Schuldners 10 % oder mehr, ist regelmäßig von Zahlungsunfähigkeit auszugehen, sofern nicht ausnahmsweise mit an Sicherheit grenzender Wahrscheinlichkeit zu erwarten ist, dass die Liquiditätslücke demnächst vollständig oder fast vollständig beseitigt werden wird und den Gläubigern ein Zuwarten nach den besonderen Umständen des Einzelfalles zuzumuten ist." Übereinstimmend mit der hM in betriebswirtschaftlicher und juristischer Literatur geht auch der BGH hinsichtlich **Zahlungsstockungen** von tolerierbaren, zeitlich begrenzten und „ganz geringfügigen Liquiditätslücken" aus: „Eine bloße Zahlungsstockung ist anzunehmen, wenn der Zeitraum nicht überschritten wird, den eine kreditwürdige Person benötigt, um sich die benötigten Mittel zu leihen. Dafür erscheinen drei Wochen erforderlich, aber auch ausreichend." Dieser Zeitraum von drei Wochen entspricht auch der höchst zulässigen Frist im Rahmen der Insolvenzantragspflicht der Geschäftsführung einer GmbH nach § 64 Abs. 1 GmbHG. Die Drei-Wochen-Frist soll offensichtlich dem Gläubigerschutz dienen. Grundsätzlich soll nämlich nach Auffassung des BGH ein Insolvenzverfahren „... immer – aber auch erst – dann eingeleitet werden, wenn die Einzelzwangsvollstreckung keinen Erfolg mehr verspricht und nur noch die schnellsten Gläubiger zum Ziele kommen, die anderen hingegen leer ausgehen, eine gleichmäßige Befriedigung somit nicht mehr erreichbar ist. Je geringer der Umfang der Unterdeckung ist, desto eher ist es den Gläubigern zumutbar, einstweilen zuzuwarten, ob es dem Schuldner gelingen wird, die volle Liquidität wieder zu erlangen."[35]

An dieser Stelle ist auf den wesentlichen Unterschied der Feststellung der Zahlungsfähigkeit mit **19** Hilfe einer Liquiditätsbilanz und der daraus abgeleiteten (insolvenzrechtlichen) Liquiditätskennzahl gegenüber den oben dargelegten Instrumenten des Finanzplans und des Finanzstatus hinzuweisen. Eine **Liquiditätsbilanz** dient entweder ex ante als Planungsrechnung (**Plan-Liquiditätsbilanz**) zur Beurteilung der **künftigen Liquiditätslage** oder als Stichtagrechnung zur Beurteilung der aktuellen Liquidität bzw. als ex post-Rechnung zur nachträglichen Klärung der **Liquiditätslage in der Vergangenheit.** Im letztgenannten Fall hat sie vor allem Bedeutung im insolvenzrechtlichen Anfechtungsprozess. Zu welchem Zweck auch immer die Liquiditätsbilanz dienen und erstellt werden soll, erfolgt damit grundsätzlich eine Gegenüberstellung von **Bestandsgrößen** in Form der Aktiva und der Passiva eines Unternehmens (nicht jedoch der Einnahmen und Ausgaben als Stromgrößen!),

---

[30] Siehe dazu *Kuhn/Uhlenbruck,* KO § 102 RdNr. 2a.
[31] Sieh RdNr. 18a.
[32] Siehe dazu HK-*Kirchhof,* § 17 RdNr. 24.
[33] AG Köln, Beschl. v. 9.6.1999 – Az.: 73 IN 16/99, 9 NZI 2000, 89 = ZIP 1999, 1889.
[34] BGH Urt. v. 24. Mai 2005 – IX ZR 123/04, BGHZ 163, 134.
[35] Ebenda (II.3.bb).

gesondert nach absteigenden Fälligkeiten. Auf diese Weise ergibt sich folgende Grundstruktur einer Liquiditätsbilanz bezogen auf einen bestimmten (Bilanz-) **Stichtag,** wobei die Fälligkeiten folgendermaßen berücksichtigt sind
- zum Bilanzstichtag (t_0; als unmittelbare, aktuelle Liquidität),
- innerhalb der folgenden 20 Tage (= Drei-Wochen-Frist; t_1 bis t_{21})
- alle übrigen Fälligkeiten nach 21 Tagen, also ab t_{22} (siehe Abbildung nach RdNr. 20):

20 Die **insolvenzrechtliche Liquiditätskennzahl** (**LKZ**) für die nächsten 21 Tage ergibt sich auf der Grundlage der Liquiditätsbilanz als Quotient aus

$$\frac{\sum \text{Aktiva I} + \sum \text{Aktiva II}}{\sum \text{Passiva I} + \sum \text{Passiva II}} \cdot 100 = \text{LKZ} \ (\%)$$

Diese Rechnung macht deutlich, dass die Beurteilung mit Hilfe der insolvenzrechtlichen Liquiditätskennzahl ein relativ grobes Instrument zur Ermittlung der Zahlungsfähigkeit bzw. Zahlungsunfähigkeit darstellt und dem Finanzplan, der sämtliche erwarteten Einnahmen und Ausgaben taggenau enthält, unterlegen ist. In der Regel ist daher von den Daten der Finanzplanung in Form von Stromgrößen (Einnahmen/Ausgaben) auszugehen, sofern eine solche praktiziert wird (was insbesondere bei kleineren Unternehmen nicht generell der Fall sein wird); andernfalls muss auf Bilanzdaten in Form von Bestandsgrößen zurückgegriffen werden. Gleichwohl kann die insolvenzrechtliche Kennzahl bei exakter Ermittlung eine überschlägige Beurteilung bezüglich der Liquiditätssituation am Bilanzstichtag (taggenau) und im folgenden Zeitraum innerhalb der Drei-Wochen-Frist (**Zeitraum-Liquidität**) durch das Insolvenzgericht ermöglichen. Allerdings ist zu beachten, dass Bilanzwerte ggf. Unterbewertungen aufweisen können, so dass auf die tatsächlich zum Bilanzstichtag zu erwartenden **Liquidationswerte** zu ermitteln sind und entsprechend in der Liquiditätsbilanz ihren Niederschlag zu finden haben.

Aktiva		**Passiva**	
Liquiditätsbilanz zum Zeitpunkt t_0 (siehe dazu RdNr. 19) (EUR)			
I.	Unmittelbar verfügbare Aktiva (= Zahlungsmittel) zum Bilanzstichtag	I.	Unmittelbar fällige Passiva zum Bilanzstichtag
1.	Bankguthaben	1.	Fällige Verbindlichkeiten aus Lieferungen und Leistungen
2.	Kassenbestände	2.	Verbindlichkeiten des reinen Finanzbereichs
3.	Schecks	3.	Sonstige fällige Verbindlichkeiten (zB Steuern, Sozialabgaben)
4.	Fällige Forderungen des reinen Finanzbereichs		
II.	Innerhalb der folgenden 20 Tage verfügbare Aktiva	II.	Innerhalb der folgenden 20 Tage fällige Verbindlichkeiten
1.	Fällige Wechsel	1.	Verbindlichkeiten aus Lieferungen und Leistungen
2.	Fällige Forderungen aus Lieferungen und Leistungen	2.	Verbindlichkeiten des reinen Finanzbereichs
3.	Fällige Forderungen des Finanzbereichs	3.	Sonstige Verbindlichkeiten
= Summe **liquiditätsrelevanter Aktiva** nach Insolvenzrecht		= Summe **liquiditätsrelevanter Passiva** nach Insolvenzrecht	
III.	Sonstige Aktiva mit Verfügbarkeit ab einem Zeitraum nach 21 Tagen	III.	Sonstige Passiva mit Fälligkeit nach 21 Tagen
Summe Aktiva		**Summe Passiva**	

Grundstruktur einer Liquiditätsbilanz unter Berücksichtigung insolvenzrechtlicher Fristen

21 Darüber hinaus birgt die Aggregation von fälligen Aktiva und fälligen Passiva innerhalb eines bestimmten Zeitraums das Problem in sich, dass zwar ein Ausgleich in diesem Zeitraum (und damit „Zahlungsfähigkeit") angezeigt wird, obwohl bei taggenauer Gegenüberstellung von Einnahmen und Ausgaben tatsächlich über mehrere Tage (im Extremfall sogar Wochen) völlige Zahlungsunfähigkeit festzustellen wäre. Die kurzfristige Liquidation von Gegenständen des Anlagevermögens muss nach herrschender Meinung innerhalb kürzester Zeit möglich sein, d.h. dass die entsprechenden

Liquidationserlöse die fälligen Verbindlichkeiten decken; als maximaler Zeitraum dafür werden bis zu 20 Tage genannt.[36]

Zur Grundsatzentscheidung des BGH, zeitlich und vom Volumen her beschränkte Zahlungslücken durch eine Neunzehntelregel für einen Zeitraum von drei Wochen zuzulassen, ist aus betriebswirtschaftlicher, insbesondere **finanzwirtschaftlicher Sicht** anzumerken, dass es keine 90 %ige Zahlungsfähigkeit geben kann, sondern nur eine **100 %ige Zahlungsfähigkeit** („Zahlungsfähigkeit lässt logisch nur die Feststellung ja oder nein zu.").[37] Auch der BGH spricht davon, dass diese strenge, betriebswirtschaftlich richtige Lösung den Vorzug der begrifflichen Klarheit habe und sie zudem im Interesse der Rechtssicherheit wäre. Er führt jedoch zur Begründung der von ihm gewählten weniger strengen Methode, also den Begriff der „**geringfügigen Liquiditätslücke**" zu handhaben, an, dass bei der strengen Lösung die Interessen des Schuldners in unangemessener Weise beeinträchtigt würden, wenn er wegen einer vorübergehenden Unterdeckung von wenigen Prozent, die nicht binnen drei Wochen beseitigt werden könnten, Insolvenz anmelden müsste. Der damit verbundene Eingriff in grundrechtlich geschützten Positionen (Art. 12, 14 GG) wäre unter dem Gesichtspunkt der Verhältnismäßigkeit bedenklich. Die Anwendung insolvenzrechtlicher Liquiditätsquotienten entbehrt allerdings durch Einführung des § 18 einer logischen und insbesondere wirtschaftlichen Grundlage. Unternehmen mit mehr oder weniger lange andauernden Liquiditätsproblemen und -lücken manövrieren erfahrungsgemäß über längere Zeiträume am Rande einer Insolvenz. Derartige insolvenzgefährdete Unternehmen können von § 18 Gebrauch machen und unter dessen Schutz eine Reorganisation und eine Gewährleistung der Gläubigerrechte anstreben. Nicht hinzunehmen ist jedoch eine Haltung, die Unternehmen, die bereits insolvenzreif – zumindest aber Sanierungsfälle – sind, entgegenkommt und die endgültige Zahlungseinstellung hinauszögert, mit dem Argument, es würden lediglich **Zahlungsstockungen** die 100 %ige Zahlungsfähigkeit vorübergehend beeinträchtigen. Tatsächlich handelt es sich bei Unternehmen mit immer wiederkehrenden Zahlungsproblemen, die sich letztlich als **dauerhafte Zahlungsstockungen** erweisen, um unterkapitalisierte und damit um insolvenzreife Unternehmen, denen ausreichendes Eigenkapital fehlt. Diese Unternehmen sind offensichtlich schlecht geführt und auch organisatorisch nicht in der Lage, die zur Beseitigung einer **Unterliquidität**[38] erforderlichen Finanzmittel fristgemäß bei Kreditgebern oder aus sonstigen Quellen beschaffen zu können. Selbst wenn zur Begründung der Drei-Wochen-Frist argumentiert wird, Kreditverhandlungen würden die Zahlung verzögern, ist dem entgegenzuhalten, dass bei Unternehmen mit einwandfreier Organisation und funktionierendem Finanz- und Rechnungswesen bereits sehr frühzeitig mögliche Finanzierungsengpässe erkennbar und daher auch fristgemäß beherrschbar sind. Im Übrigen bestehen in der Regel **Kreditlinien** bei Banken[39], die im Falle von Liquiditätsanspannungen in Anspruch genommen werden können, so dass es zeitraubender Kreditverhandlungen nicht bedarf.

Zahlungsschwierigkeiten und Zahlungsstockungen treten keinesfalls plötzlich und überraschend oder unvorhergesehen auf, sondern sind regelmäßig Ergebnis schon länger sich im Unternehmen entwickelnder krisenhafter Prozesse. Die Krisen sind vorhanden, werden aber verdrängt und durch verzögerte sowie teilweise Zahlungen verdeckt und damit generell weitere Gläubiger geschädigt. Für die Akzeptanz von Zahlungsstockungen kann insolvenzrechtlich somit kein Raum bleiben. Unternehmen mit nicht ausreichender Liquidität sind bestenfalls Sanierungsfälle und es ist erfahrungsgemäß in der Mehrzahl der Fälle nur eine Frage der Zeit, bis es letztlich zur **Zahlungseinstellung** als manifestem Merkmal der Insolvenz kommt. Das Festhalten an insolvenzrechtlichen Liquiditätskennzahlen auf der Basis von Plan-Liquiditätsbilanzen der oben beschriebenen Art[40] ist daher weder in wirtschaftlicher noch in sozialer Hinsicht zu verantworten. Dies umso mehr, als die moderne Unternehmensführung mit Finanzplan und Finanzstatus Instrumente zur Verfügung stellt, die frühzeitig und taggenau Zahlungsfähigkeit und Zahlungsunfähigkeit zu erkennen und zu bestimmen erlauben.

Die weitere praktische Anwendung der InsO wird zeigen, dass eine exakte Messung und Feststellung der Zahlungsfähigkeit mit Hilfe von Finanzplan und Finanzstatus unabdingbar ist. Dies vor allem auch deshalb, weil Liquiditätsbilanzen wegen des Vergleichs von Bilanzgrößen, die Bestandsgrößen sind, grundsätzlich nur überschlägig und für einfache Unternehmensverhältnisse bei Kleinunternehmen, allenfalls mittelgroßen Unternehmen zur Feststellung der Zahlungsunfähigkeit geeignet sind. Der Finanzplan dagegen enthält **Stromgrößen** (**Einnahmen** und **Ausgaben**) und wird damit dem Problem der Liquidität als Ergebnis des Vergleichs bzw. der Aufrechnung von betriebli-

---

[36] Siehe *Nerlich/Römermann* § 17 RdNr. 20 mwN.
[37] *Witte,* Liquidität, 1976, 1286.
[38] Zum Begriff siehe *Eilenberger,* Betriebliche Finanzwirtschaft, S. 8.
[39] Siehe dazu *Eilenberger,* Bankbetriebswirtschaftslehre, S. 222 ff.
[40] RdNr. 20.

chen Zahlungsströmen adäquat gerecht. Dazu kommt, dass eine derartige **finanzwirtschaftlich** gebotene **Prognoserechnung** grundsätzlich einfacher zu erstellen ist und darüber hinaus den Vorzug der liquiditätsmäßigen Genauigkeit erfüllt, wie die Darstellung unter RdNr. 23a zeigt.

23a **Finanzwirtschaftliche Prognoserechnung** zur Ermittlung der Zahlungsfähigkeit auf der Basis von Einnahmen und Ausgaben[41], die zweckmäßigerweise aus dem Finanzplan[42] des Unternehmens stammen oder – bei dessen Fehlen – eigenständig entwickelt werden können:

I. **Unmittelbare Liquidität** zum (Planungs-)Zeitpunkt t_0 (= 1. Tag):
1. Sofort verfügbare Zahlungsmittel (t_0) .... EUR
./.2. Sofort fällige Ausgaben (t_0) .... EUR
= 3. Überschuss/Fehlbetrag (t_0) .... EUR

II. **Liquidität** zwischen t_1 und t_{21} (= 2. bis 21. Tag):
4. Erwartete Einnahmen der Tage t_1 bis t_{21} .... EUR
./.5. Fällige Ausgaben der Tage t_1 bis t_{21} .... EUR
= 6. Überschuss/Fehlbetrag t_1 bis t_{21} .... EUR

III. **Zahlungsfähigkeit** t_0 bis t_{21} (=**Drei-Wochen-Frist**)
7. Gesamt-Einnahmen (Σ **E**: Ergebnis zu 1.+ 4.) .... EUR
./.8. Gesamt-Ausgaben (Σ **A**: Ergebnis zu 2.+ 5.) .... EUR
= 9. (Σ E – Σ A) für t_0 bis t_{21} .... **EUR**

Die **betriebswirtschaftliche Liquiditätsanforderung** für den **Zeitraum** ist **erfüllt** (d.h. die Ausgaben werden exakt durch die Einnahmen gedeckt bzw. die Einnahmen sind höher als die Ausgaben), wenn:

$$(\Sigma E - \Sigma A) \geq 0$$

Um sicherzustellen, dass die Liquidität des Unternehmens auch zu jedem **Zeitpunkt** innerhalb des Zeitraumes gewährleistet ist, muss darüber hinaus in betriebswirtschaftlicher Sicht die obenstehende Bedingung für **jeden Tag dieses Zeitraumes** erfüllt sein. Insofern zeigt sich hinsichtlich des Konstrukts der Zahlungsfähigkeit nach InsO der wesentliche Unterschied darin, dass letztere nicht die Erfüllung des Liquiditätserfordernisses jedes Tages fordert, sondern sich mit einem – noch dazu eingeschränkten – Liquiditätserfordernis über einen Zeitraum von drei Wochen begnügt, also **Unterliquidität** hinnimmt.

Die **Zahlungsfähigkeit** nach **InsO** ist bei einer zulässigen Zahlungslücke von maximal 10 % der im Zeitraum t_0 bis t_{21} fälligen erwarteten Ausgaben zum **Zeitpunkt** t_0 noch gegeben (**Regelvermutung**), wenn:

$$(\Sigma E - \Sigma A) \text{ für } t_0 \text{ bis } t_{21} \leq (-0{,}1) \Sigma A.$$

Beispiel: Zum Zeitpunkt t_0 beträgt für den Zeitraum t_0 bis t_{21} die Summe der erwarteten fälligen Ausgaben (Σ A) 120.000 EUR und die Summe der erwarteten verfügbaren Einnahmen (Σ E) 100.000 EUR. Somit besteht zum Zeitpunkt t_0 eine Zahlungslücke von 20.000 EUR. Zulässig ist jedoch insolvenzrechtlich nur eine Zahlungslücke im Umfang von 12.000 EUR, die sich aus [(–0,1) Σ A], also [(–0,1) * 120.000 = – 12.000], ergibt. Für die Drei-Wochen-Frist ergibt sich für die

Liquiditätskennzahl [LKZ = $\Sigma E / \Sigma A$ * **100]**

somit ein Wert von 83,3 % (anstatt mindestens 90 %). Daher ist bei dieser Konstellation Zahlungsunfähigkeit gegeben. Insolvenzrechtlich hinnehmbar wäre nur ein Sachverhalt, bei dem die Σ E = 108.000 EUR bezüglich der oben angenommenen Σ A = 120.000 EUR ausmachen. In diesem Fall ergibt sich eine LKZ von 90 %. Der Schuldner ist in dieser Fallgestaltung zum Zeitpunkt t_0 insolvenzrechtlich nicht zahlungsunfähig und hat drei Wochen Zeit, die fehlenden Finanzmittel auf der Einnahmeseite in Höhe von 12.000 EUR zu beschaffen.

24 **3. Konsequenzen.** Die Einführung eines prozentualen Schwellenwertes kann nach Auffassung des BGH[43] nur in der Form in Betracht kommen, dass sein Erreichen eine widerlegbare Vermutung für die Zahlungsunfähigkeit begründet. Bei Unterdeckungen von **10 % und mehr** müssen zur Stützung der Zahlungsfähigkeit konkrete Umstände benannt werden, die mit an Sicherheit grenzen-

---

[41] Vgl. *Eilenberger*, Betriebliche Finanzwirtschaft, S. 355.
[42] RdNr. 14
[43] BGH Urt. v. 24. Mai 2005 – IX ZR 123/04, BGHZ 163, 134, 144 ff.; BGH Urt. v. 14. Mai 2009 – IX ZR 63/08.

der Wahrscheinlichkeit erwarten lassen, dass die Liquiditätslücke zwar nicht innerhalb von drei Wochen, jedoch immerhin in überschaubarer Zeit beseitigt werden wird. Im Zusammenhang mit einem Gläubigerantrag (§ 14) muss sich der Schuldner auf diese Umstände berufen und das Insolvenzgericht hat sie festzustellen (§ 5 Abs. 1 S. 1). Liegt dagegen eine Unterdeckung von **weniger als 10 %** vor, ist zwar in der Regel von Zahlungsfähigkeit auszugehen, gleichwohl genügt dieser Sachverhalt allein nicht zum Beleg der Zahlungsfähigkeit. Vielmehr kann auch in diesem Falle Zahlungsunfähigkeit festgestellt werden, wenn besondere Umstände vorgetragen werden, die diese Auffassung stützen, zB dass der sich abzeichnende Niedergang des Unternehmens sich fortsetzen wird. Grundsätzlich besteht jedoch die Gefahr der erfolgreichen Anfechtung durch den Insolvenzverwalter. Erfolgt nämlich keine zeitlich exakte, taggenaue Gegenüberstellung von fälligen Zahlungspflichten und verfügbaren Zahlungsmitteln, kann der Insolvenzverwalter nach § 130 Abs. 1 anfechten. Unter der Voraussetzung, dass der Gläubiger Kenntnis von der Zahlungsunfähigkeit des Schuldners zu dem betreffenden Zeitpunkt hatte, könnten vom Insolvenzverwalter Zahlungen zurückgefordert werden, die in den letzten drei Monaten vor Antragstellung auf Eröffnung des Insolvenzverfahrens vom Schuldner geleistet worden sind, wenn er zu dieser Zeit bereits zahlungsunfähig war, oder die nach dem Eröffnungsantrag erfolgt sind.

Nur diejenigen Schuldner können somit den **Zeitpunkt** exakt belegen, an dem die **Zahlungsunfähigkeit** eingetreten ist, die entsprechende exakt nachvollziehbare Ermittlungen der Liquiditätslage mit Hilfe des erstellten Finanzplans und/oder eines Finanzstatus durchführen. Eine Liquiditätsbilanz eignet sich dazu nicht oder allenfalls nur eingeschränkt. Bei Anwendung einer insolvenzrechtlichen Liquiditätskennzahl (LKZ) auf der Basis einer Liquiditätsbilanz ergibt sich darüber hinaus das Problem des Nachweises des genauen Zeitpunktes, an dem die Drei-Wochen-Frist zu laufen begonnen hat. Daher ist es in diesem Fall erforderlich, im Rahmen der Finanzkontrolle laufend die Relationen zwischen der festgestellten Liquiditätslücke auf Grund der fälligen Gesamtforderungen und den fälligen Gesamtverbindlichkeiten zu ermitteln. Wesentlich einfacher erfolgt diese Ermittlung, wenn anstatt von Forderungen und Verbindlichkeiten von Einnahmen und Ausgaben ausgegangen wird und damit eine dem Finanzplan entnommene **Finanzrechnung** mit den relevanten fälligen Einnahmen und zwingend fälligen Ausgaben durchgeführt wird[44]. Der Schuldner hat – unabhängig davon, welche Rechnung auch immer Anwendung findet – einwandfrei zu **dokumentieren**, wann erstmals die Liquiditätslücke von mehr als 10 % aufgetreten ist und wie lange sie andauert bzw. angedauert hat. Darüber hinaus sind Sachverhalte zu dokumentieren, die als Beleg dafür gelten können, dass die Liquiditätslücke in der Drei-Wochen-Frist nicht über 10 % hinaus wachsen wird (oder gewachsen ist) und/oder die Liquiditätslücke mit an Sicherheit grenzender Wahrscheinlichkeit demnächst vollständig oder fasst vollständig beseitigt werden wird, so dass den Gläubigern ein Zuwarten nach den besonderen Umständen des Einzelfalles (die ebenfalls nachzuweisen sind) zuzumuten ist. Besondere Bedeutung hat der Nachweis des Zeitpunktes der Zahlungsunfähigkeit in Zusammenhang mit § 64 Abs. 1 GmbHG, wonach die Geschäftsführer ohne schuldhaftes Zögern, spätestens aber drei Wochen nach Eintritt der Zahlungsunfähigkeit die Eröffnung des Insolvenzverfahrens zu beantragen haben.

IV. Zeitpunkt der Zahlungsunfähigkeit

Folgt man der Auffassung von Gesetzgeber und BGH (siehe C.III.2) über die Zulässigkeit geringfügiger Liquiditätslücken,[45] so fällt es insbesondere den Gläubigern schwer, den Zeitpunkt der Zahlungsunfähigkeit im Sinne der InsO eindeutig festzulegen und nachzuweisen. Da sich auch an anderen Stellen (zB § 130 Abs. 2) Formulierungen finden, die Vermutungen über den Zeitpunkt der Kenntnis von der Zahlungsunfähigkeit enthalten („Umstände, die zwingend auf die Zahlungsunfähigkeit schließen lassen"), kompliziert die Sachlage noch weiter: Zum einen kann praktisch nur der Schuldner selbst nachweisen, zu welchem Zeitpunkt die Zahlungsunfähigkeit objektiv eingetreten ist, zum anderen soll der Gläubiger, um Anfechtungen von erhaltenen Zahlungen auszuschließen, aus dem konkludenten Verhalten des Schuldners den Sachverhalt der Zahlungsunfähigkeit schließen können.[46]

1. Zahlungseinstellung als Regelvermutung. Der Nachweis der Zahlungsunfähigkeit kann für den Gläubiger durch die **gesetzliche Vermutung** des § 17 Abs. 2 Satz 2 begründet werden: Die Zahlungseinstellung durch den Schuldner soll sich als äußeres Kennzeichen seiner Zahlungsunfähigkeit erweisen, wobei zu unterscheiden wäre zwischen einer **offiziell erklärten** und allen Gläubi-

---
[44] Siehe RdNr. 23a.
[45] Siehe RdNr. 15.
[46] Begr. zu § 20 und § 20 RegE.

gern zugänglich gemachten Erklärung über das endgültige Unvermögen, Zahlungen zu leisten, und einer **faktischen Unmöglichkeit**, die den Gläubigern durch erfolglose Bemühungen, vom Schuldner Zahlungen zu erhalten, manifest wird (sozusagen „notorische" Nichtzahlung). Im letztgenannten Fall sind allerdings die Übergänge zur vorübergehenden Zahlungsstockung (als einer „milderen" Form der Zahlungsunfähigkeit) fließend. Daher wird der Nachweis für die Gläubiger schwierig, ab wann tatsächlich Zahlungsunfähigkeit bestanden hat.

27a Für den BGH ist Zahlungseinstellung dasjenige äußere Verhalten des Schuldners, in dem sich typischerweise eine Zahlungsunfähigkeit ausdrückt.[47] Für die beteiligten Verkehrskreise muss sich also der berechtigte Eindruck aufdrängen, dass der Schuldner nicht in der Lage ist, seine fälligen Zahlungspflichten zu erfüllen. So wird zB insbesondere durch die Nichtzahlung von Sozialversicherungsbeiträgen, Löhnen und den sonst fälligen Verbindlichkeiten über einen Zeitraum von mehr als drei Wochen nach Fälligkeit für die beteiligten Verkehrskreise hinreichend erkennbar, dass die Nichtzahlung auf einem objektiven Mangel an Finanzmitteln beruht. Denn: Gerade Sozialversicherungsbeiträge werden typischerweise nur dann nicht bei Fälligkeit bezahlt, wenn die erforderlichen Finanzmittel hierfür nicht vorhanden sind.[48] Dasselbe gilt für fällige Lohnzahlungen. In einer derartigen Situation bedarf es somit einer ausdrücklichen Zahlungsverweigerung nicht.[49] Anders stellt sich jedoch die Lage dar, wenn Antrag auf Stundung der Zahlung der Sozialversicherungsbeiträge gestellt und diesem Antrag rechtzeitig stattgegeben wird. In diesem Falle fehlt es an der Fälligkeit der Forderungen.[50]

27b Die Entscheidung der Frage, ob von einer (endgültigen) Zahlungsunfähigkeit oder lediglich von einer vorübergehenden Zahlungsstockung auszugehen ist, muss allein aufgrund der objektiven Umstände beantwortet werden.[51] Dabei kommt es darauf an, ob eine Zahlungsunfähigkeit ex ante oder ex post festzustellen ist[52]: So wird zur Feststellung der Zahlungsunfähigkeit im Sinne des § 17 Abs. 2 Satz 1 eine Liquiditätsbilanz oder eine finanzwirtschaftliche Prognoserechnung auf Finanzplanbasis erforderlich sein, mit deren Hilfe (ex ante) prognostiziert werden kann, ob ein Insolvenzantrag zu stellen oder ein Insolvenzverfahren zu eröffnen ist. Dagegen ist im Anfechtungsprozess die Erstellung einer Liquidationsbilanz entbehrlich, wenn anderweitig ex post festgestellt werden kann, dass der Schuldner einen wesentlichen Teil seiner fälligen Verbindlichkeiten nicht bezahlen konnte. Wenn im fraglichen Zeitpunkt fällige Verbindlichkeiten bestanden hatten, die bis zur Verfahrenseröffnung nicht mehr beglichen worden sind, ist regelmäßig von Zahlungsunfähigkeit zu diesem Zeitpunkt auszugehen. Etwas Anderes würde nur gelten, wenn auf Grund konkreter Umstände, die sich nachträglich geändert haben, seinerzeit angenommen werden konnte, der Schuldner würde rechtzeitig in der Lage sein, die Verbindlichkeiten erfüllen zu können. Im Nachhinein ist somit ohne weiteres – auch ohne Liquiditätsbilanz – feststellbar, dass nicht lediglich eine Zahlungsstockung aufgetreten war.

28 Die **Vermutung** der Zahlungsunfähigkeit nach § 17 Abs. 2 Satz 2 kann **widerlegt** werden, am eindrucksvollsten durch Wiederaufnahme der Zahlungen für **alle** fälligen Verbindlichkeiten. „Zahlungsunfähigkeit wird regelmäßig erst beseitigt, wenn die geschuldeten Zahlungen an die Gesamtheit der Gläubiger im Allgemeinen wieder aufgenommen werden können."[53] Dadurch könnte die Eröffnung des Insolvenzverfahrens vermieden oder ein schon gestellter Eröffnungsantrag wieder zurückgenommen werden. Die materielle Beweislast für die Zahlungsunfähigkeit als Eröffnungsgrund trifft in jedem Falle den Antragsteller.[54] Für die Feststellung der Zahlungseinstellung kann es genügen, dass gegenüber einem einzigen Gläubiger, dessen Forderungen von erheblicher Höhe sind, nicht gezahlt werden kann.[55]

29 **2. Konkludente Handlungen des Schuldners und Beweisanzeichen.** Für den Gläubiger besteht das Problem, von außerhalb des Unternehmens des Schuldners auf dessen mögliche Zahlungsunfähigkeit schließen zu müssen. Allerdings liefern **konkludente Handlungen** des Schuldners bezüglich der Nichtbezahlung fälliger Forderungen Anhaltspunkte für eine derartige Beurteilung. Im Einzelnen[56] können sich derartige Handlungen für den Gläubiger darin manifestieren, dass der Schuldner

---

[47] BGH Urt. v. 12. Oktober 2006 – IX ZR 228/03 – OLG Hamburg, LG Hamburg.
[48] BGH Beschl. v. 13. Juni 2006 – IX ZB 238/05 ZIP 2006, 1457, 1458.
[49] BGH Urt. v. 22. November 1990 – IX ZR 103/90, ZIP 1991, 39,40.
[50] BGH Urt. v. 12. Oktober 2006 – IX ZR 228/03.
[51] BGH Urt. v. 12. Oktober 2006 – IX ZR 228/03.
[52] Ebenda.
[53] BGH Urt. v. 8. Dezember 2005 – IX ZR 182/01 –, II.2.bb.
[54] Siehe dazu *Kuhn/Uhlenbruck,* KO § 105 RdNr. 11i.
[55] BGH Urt. v. 25. Oktober 2001 – IX ZR 17/01 – OLG Brandenburg, LG Frankfurt (Oder).
[56] Siehe dazu auch die Beispiele bei *Kuhn/Uhlenbruck.* KO § 102 RdNr. 2 f.

- Löhne und/oder Lohnnebenkosten mehr als einen Monat nicht bezahlt hat,
- Versicherungsprämien schuldig geblieben ist,
- Umsatz- und Gewerbesteuer nicht abgeführt hat,
- Energie- und sonstige Betriebskosten nicht bezahlen konnte,
- häufig Pfändungen hinnehmen musste,
- wiederholt Wechselproteste verursacht hat,
- Sanierungsbemühungen unternommen hat (dazu zählen bereits Verhandlungen mit Gläubigern über Stundung von Forderungen, Verhandlungen über Sanierungskredite mit Banken, Beteiligung von „Schattenbanken" in Gestalt von Private Equity-Firmen u. ä.).

Zu den konkludenten Handlungen gehört auch das häufig zu beobachtende Verhalten bzw. die **30** Strategie von Schuldnern, fällige Rechnungen nur **teilweise** oder **stark verspätet** zu zahlen. Damit werden in aller Regel entweder ein schlecht organisiertes Rechnungswesen und/oder ein Mangel an Zahlungsmitteln manifest, die auf eine Krisensituation und eine grundlegende Störung der Zahlungsfähigkeit hinweisen. Zahlungsfähige und finanzwirtschaftlich gesunde Unternehmen verzichten nämlich von sich aus, Zahlungen zu verzögern, zumal die Nichtinanspruchnahme von Zahlungszielen die Ertragssituation des Unternehmens belastet gegenüber dem Zustand, bei dem Skonti auf Grund der Zahlungsbedingungen bei Zahlung vor Fälligkeit in Anspruch genommen werden können.[57] Unternehmen mit schlechter Zahlungsmoral operieren in der Regel am Rande des finanzwirtschaftlichen Abgrunds.

Darüber hinaus sind **Beweisanzeichen** für eine Zahlungseinstellung in Betracht zu ziehen: **30a** Neben der schleppenden Zahlung von Löhnen und Gehältern, die nach Auffassung des BGH ein Anzeichen für eine Zahlungseinstellung darstellen, kommen als derartige Indizien auch erzwungene „Stundungen" in Betracht. Diese entstehen häufig dadurch, dass der Schuldner die fälligen Löhne mangels liquider Mittel nicht oder nur noch mit Verzögerungen begleicht, die Arbeitnehmer aber nicht sofort klagen und vollstrecken, was der Berücksichtigung der Lohnforderungen bei der Prüfung der Zahlungsunfähigkeit jedoch nicht entgegen steht[58]. Eine Zahlungseinstellung kann aus einem **einzelnen Beweisanzeichen**, aber auch aus einer **Gesamtschau** mehrerer Beweisanzeichen darauf hindeutender Indizien und in der Rechtsprechung entwickelter Beweisanzeichen gefolgert werden. Sind derartige Indizien vorhanden, bedarf es nicht einer darüber hinaus gehenden Darlegung und Feststellung der genauen Höhe der gegen den Schuldner bestehenden Verbindlichkeiten oder gar einer Unterdeckung von mindestens 10 v.H. Es obliegt in diesem Fall dem Insolvenzgericht – ausgehend von den (mehreren) festgestellten Indizien – eine Gesamtabwägung vorzunehmen, ob eine Zahlungseinstellung gegeben ist[59]. So bildet zB bereits die jahrelange Nichtbegleichung von Sozialversicherungsbeiträgen für sich genommen ein erhebliches Beweisanzeichen für eine Zahlungseinstellung. Dieses verstärkt sich zusätzlich, wenn in der Gesamtschau weitere gewichtige Indizien dazu kommen, wie die Nichtzahlung und schleppende Zahlung bzw. Ratenzahlung von Steuerforderungen, Hingabe von Schecks ohne Deckung und/oder der Sachverhalt, dass gegen den Schuldner verschiedene Vollstreckungsverfahren betrieben wurden oder anhängig sind. Verwirklichen sich mehrere gewichtige Beweisanzeichen, lässt dies die Bewertung zu, dass eine Zahlungseinstellung vorliegt. Im Strafprozess kann auch die Mitteilung **wirtschaftskriminalistischer Beweisanzeichen** für die Feststellung der Zahlungsunfähigkeit genügen (zB Häufung von Wechsel- und Scheckprotesten, fruchtlose Pfändungen, Ableistung der eidesstattlichen Versicherung), sofern diese den sicheren Schluss auf den Eintritt der Zahlungsunfähigkeit erlauben[60].

Werden die Verbindlichkeiten des Schuldners bei dem späteren **Anfechtungsgegner** über einen längeren Zeitraum nicht ausgeglichen und ist diesem den Umständen nach bewusst, dass es noch weitere Gläubiger mit ungedeckten Ansprüchen gibt, so begründet dies ein **Beweisanzeichen** im Sinne eines **Erfahrungssatzes**[61].

Wenn für den einzelnen Gläubiger derartige Indizien – jeweils für sich allein genommen – nicht **31** mit der erforderlichen Sicherheit ausreichen, Zahlungsunfähigkeit anzunehmen oder nachzuweisen, wäre es dienlich, zu prüfen, ob auch andere Gläubiger entsprechende Erfahrungen mit dem Schuldner machen oder gemacht haben. Ob aus der Kenntnis derartiger Umstände „zwingend" auf die Zahlungsunfähigkeit geschlossen werden könnte (§ 320 Abs. 2), bleibt allerdings letztlich den Feststellungen des Insolvenzgerichts vorbehalten. Allerdings erweist sich die Umkehr der Beweislast auf den Gläubiger, dass er keine Kenntnis hatte, als problematisch.[62]

---

[57] Zum finanz- und ertragswirtschaftlichen Vorteil der Inanspruchnahme von Skonti siehe *Eilenberger*, Betriebliche Finanzwirtschaft, S. 271.
[58] BGH Urt. v . 14. Februar 2008 – IX ZR 38/04.
[59] BGH Urt. v. 30. Juni 2011 – IX ZR 134/10 – OLG Frankfurt am Main LG Frankfurt am Main.
[60] BGH NStZ 3, 546, 547; OLG Düsseldorf Beschl. V. 23. Mai 2005 –III-2 Ss 32/05 – 18/05 III.
[61] BGH Urt. v. 8. Oktober 2009 IX ZR 173/07 – OLG Saarbrücken LG Saarbrücken.
[62] Siehe dazu § 130.

V. Nachweis der Zahlungsunfähigkeit

32 Der Begriff der Zahlungsunfähigkeit beurteilt sich im gesamten Insolvenzrecht und darum auch im Rahmen des Insolvenzanfechtungsrechts nach § 17[63]. Zur Feststellung der Zahlungsunfähigkeit im Sinne des § 17 Abs. 2 Satz 1 genügt aus der Sicht des BGH die Aufstellung einer Liquiditätsbilanz[64]. Eine Liquiditätsbilanz ist jedoch im Anfechtungsprozess entbehrlich, wenn eine Zahlungseinstellung (§ 17 Abs. 2 Satz 2) die gesetzliche Vermutung der Zahlungsunfähigkeit begründet[65].

32a Zur Prüfung der Frage, ob Zahlungsunfähigkeit vorliegt, hat der Schuldner im Eröffnungsantrag Tatsachen mitzuteilen, welche die wesentlichen Merkmale des Eröffnungsgrundes im Sinne von §§ 17, 18 erkennen lassen:[66] Die entsprechenden Tatsachen einschließlich Fälligkeiten sind substantiiert darzulegen. Nicht näher substantiierte Angaben des Schuldners, zB er sei arbeits- und mastellos oder habe eine (dem Antrag nicht beigefügte) eidesstattliche Versicherung abgegeben, sind weder für eine Zahlungsunfähigkeit im Sinne des § 17 noch für eine drohende Zahlungsunfähigkeit im Sinne des § 18 aussagekräftig. Auch rechtlich ungeklärte Forderungen sind zur Glaubhaftmachung eines Insolvenzgrundes ungeeignet.[67] Bei unsubstantiierter Antragstellung hat das Insolvenzgericht den Schuldner auf die Mängel konkret aufmerksam zu machen und aufzugeben, die fehlenden Angaben – ohne Formularzwang – binnen angemessener Frist nachzuholen. Der Schuldner darf jedoch nicht darauf verwiesen werden, umfangreiche Vordrucke für die Angaben zu den wirtschaftlichen Verhältnissen etc. ausgefüllt zurückzureichen. In diesem Zusammenhang ist auf eine Trennung von Eröffnungsantrag und Antrag auf Restschuldbefreiung zu achten, zumal die Vordrucke für das Verbraucherinsolvenzverfahren auf der Ermächtigung nach § 305 Abs. 5 Satz 1 beruhen. Wenn diese Bescheinigungen den Eröffnungsantrag beträfen, müsste dieser sogar zurückgewiesen werden.

33 Der Gläubiger muss sich Kenntnis der **objektiven Zahlungsunfähigkeit** zurechnen lassen, wenn er die tatsächlichen Umstände kennt, aus denen bei zutreffender rechtlicher Bewertung die Zahlungsunfähigkeit zweifelsfrei folgt.[68] Dieser Sachverhalt gewinnt in Zusammenhang mit § 130 Abs. 2 wesentliche Bedeutung: Nach dieser Vorschrift steht die Kenntnis der Zahlungsunfähigkeit selbst die Kenntnis solcher Umstände gleich, die zwingend auf die Zahlungsunfähigkeit schließen lassen. Nach ständiger Rechtsprechung ist Zahlungseinstellung zu bejahen, sobald aus dem nach außen hervortretenden Verhalten des Schuldners für alle beteiligten Verkehrskreise sichtbar wird, dass er nicht in der Lage ist, seine fälligen, eingeforderten Zahlungsverpflichtungen im Wesentlichen zu erfüllen.[69] Allerdings ist zu beachten, dass der Gläubiger gehalten sein kann, sich nach der Zahlungsfähigkeit des Schuldners zu erkundigen und entsprechende zusätzliche Informationen einzuholen. Dies wird immer dann der Fall sein, wenn dem Gläubiger bestimmte Tatsachen – selbst gerüchteweise oder aus den Erfahrungen anderer Gläubiger mit dem Schuldner – bekannt werden, die den Verdacht der Zahlungsunfähigkeit des Schuldners begründen. Erfolgt dies nicht, kann leichte Fahrlässigkeit gegeben sein, die dem Gläubiger bereits schadet.[70] Dagegen kann sich eine fahrlässige Unkenntnis von der Zahlungseinstellung nicht allein aus den Berichten der Tagespresse ergeben:[71] Allgemeine Presseberichte, die keine amtlichen Verlautbarungen enthalten, können eine solche fahrlässige Unkenntnis nicht begründen, weil auch bloß Überschuldung des Schuldners möglich wäre.

D. Beseitigung der Zahlungsunfähigkeit

34 Eine einmal eingetretene Zahlungseinstellung kann nur dadurch beseitigt werden, dass die Zahlungen im Allgemeinen wieder aufgenommen werden.[72] Dies kann entweder durch ausdrückliche Erklärung des Schuldners oder auch durch konkludentes Handeln erfolgen.

---

[63] BGH Beschl. v. 13. Juni 2006 – IX ZB 238/05, WM 2006, 1631 RdNr. 6.
[64] BGH Urt. v. 30. Juni 2011 – IX ZR 134/10.
[65] BGH Urt. v. 20. November 2001 – IX ZR 48/01, BGHZ 149, 178, 184 f.; BGH Urt. v. 12. Oktober 2006 – IX ZR 228/03, WM 2006, 2312 RdNr. 28; BGH Urt. v. 21. Juni 2007 – IX ZR 231/04, WM 2007, 1616 RdNr. 27.
[66] Siehe dazu BGH Beschl. v. 12. Dezember 2002 – IX ZB 426/02 – LG Dortmund.
[67] BGH Beschl. v. 11. November 2004 – IX ZB 258/03 – LG Aurich; BGH Beschl. v. 19. Dezember 1991 – III ZR 9/91, ZIP 1992, 947.
[68] Siehe dazu BGH Urt. v. 20. November 2001 – IX ZR 48/01 – OLG Dresden.
[69] BGH Urt. v. 22. Januar 2001 – IX ZR 39/03 – OLG Brandenburg; BGHZ 149, 100, 108; BGH Urt. v. 17. Mai 2001 – IX ZR 188/98. NZI 2001, 417
[70] BGH Urt. v. 19. Juli 2001 – IX ZR 36/99 – OLG Jena; BGH Urt. v. 8. Oktober 1998 – IX ZR 337/97, ZIP 1998, 2008, 2011: BGH Urt. v. 14. Oktober 1999 – IX ZR 142/98, NJW 2000, 211, 212; BGH Urt. v. 13. April 2000 – IX ZR 144/99, WM 2000, 1207, 1208.
[71] Siehe BGH Urt. v. 19. Juli 2001 – IX ZR 36/99 – OLG Jena.
[72] BGH Urt. v. 25. Oktober 2001 – IX ZR 17/01 – OlG Brandenburg, LG Frankfurt (Oder).

Die **allgemeine (Wieder-)Aufnahme der Zahlungen** und deren Bekanntgabe liegen grundsätzlich im Interesse des Schuldners. Allerdings treten häufig in Verbindung mit § 130 Abs. 1 Nr. 1 Fallgestaltungen auf, in denen die Aufnahme der Zahlungen grundsätzlich derjenige zu beweisen hat, der sich auf den nachträglichen Wegfall einer zuvor eingetretenen Zahlungseinstellung beruft. Denn wenn beispielsweise der anfechtende Insolvenzverwalter für einen bestimmten Zeitpunkt den ihm obliegenden Beweis der Zahlungsunfähigkeit des Schuldners geführt hat, ist es Sache des Anfechtungsgegners, seine Behauptung zu beweisen, dass diese Voraussetzung zwischenzeitlich wieder entfallen ist.[73] Dies gilt nach Auffassung des BGH uneingeschränkt jedenfalls dann, wenn zwischen den angefochtenen Zahlungen und dem Eingang des erwarteten, erfolgreichen Eröffnungsantrages nur ein kurzer Zeitraum (zB weniger als sechs Wochen) liegt. Allerdings bedeutet die Erbringung einzelner Zahlungen an besonders drängende Schuldner und der Abschluss von Zahlungsvereinbarungen mit diesen nicht, dass die Zahlungsfähigkeit wieder gewonnen sei:[74] Grundsätzlich wirkt die einmal eingetretene Zahlungseinstellung (§ 17 Abs. 2 Satz 2 i. V. m. § 130 Abs. 1 Nr. 1) fort. Ein drängender Gläubiger, der nach einem Insolvenzantrag mit dem Schuldner eine Zahlungsvereinbarung schließt, darf grundsätzlich nicht davon ausgehen, dass die Forderungen der anderen, zurückhaltenderen Gläubiger in vergleichbarer Weise bedient werden wie seine eigenen. Vielmehr entspricht einer allgemeinen Lebenserfahrung, dass Schuldner unter dem Druck eines Insolvenzantrages Zahlungen bevorzugt an den antragstellenden Gläubiger leisten, um sein Stillhalten zu erreichen. Dies führt bei einem Schuldner, der nicht alle Gläubiger voll zu befriedigen vermag dazu, dass durch dieses Verhalten die anderen, abwartenden Gläubiger letztendlich weniger oder zeitgerecht gar nichts erhalten. In der Konsequenz derartiger **selektiver Gläubigerbefriedigung** nach deren Drohpotential (zB Sozialversicherungsträger, Finanzamt[75]) werden die zu kurz gekommenen Gläubiger in der Folge erneut Insolvenzanträge stellen, die dann zur Verfahrenseröffnung oder sogar zur Abweisung führen, weil das früher schon insgesamt unzureichende Vermögen des Schuldners inzwischen ganz aufgebraucht ist. Diese **allgemein anerkannten Erfahrungswerte** verbieten einen Schluss des antragstellenden Gläubigers dahin, dass – nur weil er selbst Zahlungen erhalten hat – der Schuldner seine Zahlungen auch im Allgemeinen wieder aufgenommen habe.[76] Eine objektiv bestehende Zahlungsunfähigkeit des Schuldners ist vom Insolvenzgericht verfahrensfehlerfrei festzustellen, wenn es eine Zahlungseinstellung nicht schon allein aus dem Verhalten des Schuldners gegenüber dem Gläubiger abzuleiten vermag.

Allerdings ergibt sich ein **Dissens** in der zivilrechtlichen und der strafrechtlichen Rechtsprechung des BGH, die im BGH-Beschl. v. 9. August 2005[77] zum Ausdruck kommt: Während der II. Zivilsenat im Urteil vom 18. April 2005[78] entschieden hat, dass den Sozialversicherungsbeiträgen im Sinne des § 266a StGB **kein Vorrang** zukomme und der Grundsatz der Massesicherung (§ 64 Abs. 2 GmbHG) es dem Geschäftsführer nicht gestatte, in der Phase der Insolvenzreife noch Zahlungen aus der Masse zu leisten, stellt der 5. Strafsenat klar, dass die Sozialabgaben im Sinne des § 266a StGB **vorrangig zu erfüllende Verbindlichkeiten** sind und sich sein dogmatischer Ausgangspunkt für die Pflicht zur vorrangigen Erfüllung dieser Verbindlichkeiten aus ihrer Strafbewehrung ergibt, welche die besondere Bedeutung dieser Zahlungspflicht innerhalb des Sozialsystems kennzeichnet. Aus diesem Grund ist der vom II. Zivilsenat angesprochene Paradigmenwechsel durch die Einführung der InsO, die eine Privilegierung der Sozialversicherungsbeiträge im Insolvenzrecht (im Gegensatz zu der früheren Privilegierung nach § 61 Abs. 1 Nr. 1 lit. a KO) nicht vorsieht, für die Rechtsprechung des 5. Strafsenats ohne Belang, der daher an seiner Rechtsprechung zum Schutzzweck des § 266a StGB festhält. Die Pflicht zur Abführung der Arbeitnehmerbeiträge zur Sozialversicherung ist nur innerhalb der Drei-Wochen-Zeitraumes suspendiert, in dem die Geschäftsführung einer GmbH nach § 64 Abs. 1 GmbHG Insolvenzantrag zu stellen hat. Lässt jedoch die Geschäftsführung trotz fortbestehender Insolvenzreife diese Drei-Wochen-Frist verstreichen, entfällt im Hinblick auf die Strafvorschrift des § 266a StGB der Rechtfertigungsgrund, der sich aus der innerhalb der Insolvenzantragsfrist vorzunehmenden Prüfung der Sanierungsfähigkeit ergibt. Nach diesem Zeitpunkt sind aus den zur Verfügung stehenden Finanzmitteln vorrangig die Beiträge im Sinne des § 266a StGB zu erbringen. Insofern könne der sich aus § 64 Abs. 2 GmbHG ergebende Grundsatz der Massesicherung die strafbewehrte Pflicht zur Abführung der Arbeitnehmerbeiträge nicht zeitlich unbegrenzt

---

[73] BGH Urt. v. 25. Oktober 2001 – IX ZR 17/01.
[74] Siehe dazu BGH Urt. v. 20. November 2001 – IX ZR 48/01 – OLG Dresden.
[75] Siehe dazu BGH Urt. v. 9. Januar 2003 – IX ZR 175/02 – OLG Brandenburg LG Potsdam.
[76] Vgl. BGH Urt. v. 14. Oktober 1999 – IX ZR 142/98, NJW 2000, 211, 212 f.; v. 25. Oktober 2001 – IX ZR 17/01, v. V. b. in BGHZ; Beschl. v. 30. April 1998 – IX ZR 141/97, Leitsatz in ZInsOt 1998, 141 f., zu OLG Dresden ZIP 1997, 1036 f.; OLG Hamm ZIP 1996, 469 f.; LG Magdeburg DZWIR 1999, 472, 473 f.
[77] BGH Beschl. v. 9. August 2005 – 5 StR 67/05.
[78] BGH Urt. v. 18. April 2005 – II ZR 61/03, BGH DStR 2005, 978.

§ 18 2. Teil. 1. Abschnitt. Eröffnungsvoraussetzungen und Eröffnungsverfahren

aufheben. Der 5. Strafsenat hält auch für alle Fälle, in denen Geschäftsführer unter Missachtung der Insolvenzantragspflicht das Unternehmen fortführen, daran fest, dass für die weiterbeschäftigten Arbeitnehmer insoweit auch vorrangig Beiträge im Sinne des § 266a StGB abzuführen sind und ein Verstoß gegen diese Pflicht zu einer Strafbarkeit nach § 266a Abs. 1 StGB führt. Eine Kollision mit den Wertungsmaßstäben des Insolvenzrechts scheide schon deshalb aus, weil dies nur für das Insolvenzverfahren selbst gilt, nicht aber ein Rangverhältnis außerhalb der dort geregelten Materie zu begründen vermag. Daher kann für die nach den Tatbestandsmerkmalen des § 266a StGB vorzunehmende Beurteilung eines Geschehens, das sich vor der etwaigen späteren Einleitung eines Insolvenzverfahrens zugetragen hat, aus den besonderen Vorschriften der Insolvenzordnung nicht hergeleitet werden. Der 5. Strafsenat findet auch in der Entstehungsgeschichte der Insolvenzordnung keinen Beleg, der für eine Ausdehnung der dort niedergelegten Grundsätze sprechen und der von ihm vorgenommenen Auslegung des § 266a StGB entgegenstehen könnte.

§ 18 Drohende Zahlungsunfähigkeit

(1) Beantragt der Schuldner die Eröffnung des Insolvenzverfahrens, so ist auch die drohende Zahlungsunfähigkeit Eröffnungsgrund.

(2) Der Schuldner droht zahlungsunfähig zu werden, wenn er voraussichtlich nicht in der Lage sein wird, die bestehenden Zahlungspflichten im Zeitpunkt der Fälligkeit zu erfüllen.

(3) Wird bei einer juristischen Person oder einer Gesellschaft ohne Rechtspersönlichkeit der Antrag nicht von allen Mitgliedern des Vertretungsorgans, allen persönlich haftenden Gesellschaftern oder allen Abwicklern gestellt, so ist Absatz 1 nur anzuwenden, wenn der oder die Antragsteller zur Vertretung der juristischen Person oder der Gesellschaft berechtigt sind.

Schrifttum: *Balz/Landfermann,* Die neuen Insolvenzgesetze, 1999; *Bichlmeier/Engberding/Oberhofer,* Insolvenzhandbuch, 1998; *Braun/Uhlenbruck,* Unternehmensinsolvenz, Düsseldorf 1997; *Bork,* Grundfragen der Zahlungsunfähigkeit, KTS 2005, S. 1; *Bork,* Zahlungsunfähigkeit, Zahlungsstockung und Passiva II, ZIP, 2008, S. 1749-1753; *Bretzke,* Wann ist ein Unternehmen insolvent?, DBW 1995, 405; *Burger/Schellberg,* Die Auslöseratbestände im neuen Insolvenzrecht, BB 1995, 261; *Drukarczyk,* Die Insolvenzordnung als Versuch der Anreizentfaltung und -dämpfung, in: *Auer-Rizzi/Szabo/Innreiter-Moser (Hrsg.),* Management in einer Welt der Globalisierung und Diversität, FS Reber, S. 443-462; *Drukarczyk,* Insolvenztatbestände als Anstoß zu Restrukturierungen?, in: *Hommel/Knecht/Wohlenberg,* Handbuch Unternehmensrestrukturierung, 2006, S. 277-302; *Drukarczyk,* Kontrolle des Schuldners, Auslösetatbestände für insolvenzrechtliche Lösungen und Covenants, in: *Feldbauer-Durstmüller/Schlager (Hrsg.),* Krisenmanagement, 2007, S. 97-118; *Drukarczyk,* Finanzierung, 10. Aufl., 2008; *Drukarczyk,* Unternehmen und Insolvenz, 1987; *Drukarczyk/Schüler,* Die Eröffnungsgründe der InsO: Zahlungsunfähigkeit, drohende Zahlungsunfähigkeit und Überschuldung in: Kölner Schrift zur Insolvenzordnung, 3. Aufl. 2009, S. 28; *Drukarczyk/Schüler,* Insolvenztatbestände, prognostische Elemente und ihre gesetzeskonforme Handhabung – zugleich Entgegnung auf den Beitrag von *Groß/Amen,*Die Fortbestehensprognose – rechtliche Anforderungen und ihre betriebswirtschaftlichen Grundlagen", in WPg, 2003, S. 56-67; *Ehlers,* Der Eröffnungsgrund der drohenden Zahlungsunfähigkeit – auch ein Haftungsproblem, in: ZInsO, 2005, S. 169-176; *Fachausschuss Recht,* Entwurf einer Verlautbarung: Empfehlungen zur Überschuldungsprüfung bei Unternehmen, in: FN-IDW, 1995, S. 316; *Fischer,* Zur Feststellung der Zahlungsunfähigkeit – Folgerungen aus der Rechtsprechung des IX. Zivilsenats, FS *Ganter,* 2010, S. 153-168; *Ganter,* Die Bedeutung der „Bugwelle" für die Feststellung der Zahlungsunfähigkeit, ZInsO, 2011, S. 2297-2302; *Groß/Amen,* Fortbestehensprognose in: *Hommel/Knecht/Wohlenberg,* Handbuch Unternehmensrestrukturierung, 2006, S. 335-363; *Haarmeyer/Wutzke/Förster,* Handbuch zur Insolvenzordnung, 3. Aufl., 2001; *Habbel/Krause/Ollmann,* Die Relevanz von Branchenanalysen für die Unternehmensbewertung in: *Drukarczyk/Ernst (Hrsg.),* Branchenorientierte Unternehmensbewertung, 3. Aufl., 2010, S. 9-19; *Harneit,* Überschuldung und erlaubtes Risiko in: Schriften zum gesamten Wirtschaftsrecht, *Samson/Tiedemann (Hrsg.),* 1984; *Hartung,* Probleme bei der Feststellung der Zahlungsunfähigkeit, wistra, 1997, S. 1-12; *Hauschildt/Sachs/Witte,* Finanzplanung und Finanzkontrolle, 1981; *Groß/Hess,* Die Zahlungsunfähigkeit als Insolvenzauslösungsgrund, Wpg, 1999, S. 422-427; *IDW,* Entwurf einer Neufassung des IDW Prüfungsstandards: Beurteilung eingetretener oder drohender Zahlungsunfähigkeit bei Unternehmen (IDW EPS 800 n. F.); *IDW* Prüfungsstandard, Beurteilung eingetretener oder drohender Zahlungsunfähigkeit bei Unternehmen (*IDW* PS 800), WPg Supplement 2/2009, S.42-50; *Jensen,* Die Verfahrensauslösungstatbestände vom alten Konkursrecht zur neuen Insolvenzordnung, 2009; *Knolle,* Zahlungsunfähigkeit und Zahlungsstockung, ZInsO, 2005, S. 897-902; *Knolle/Tetzlaff,* Zahlungsunfähigkeit und Zahlungsstockung, ZInsO 2005, S. 897-902; *Kölsch,* Vorverlagerte Insolvenzauslösung, 1988; *Möser,* Die drohende Zahlungsunfähigkeit des Schuldners als neuer Eröffnungsgrund, 2006; *Moxter,* Finanzwirtschaftliche Risiken, *Büschgen (Hrsg.),* Handwörterbuch der Finanzwirtschaft, Stuttgart 1976, Sp. 630–641; *Niesert,* Die Zahlungsunfähigkeit gemäß § 17 InsO, ZInsO 2011, S. 735; *Nonnenmacher,* Sanierung, Insolvenz und Bilanz in: Bilanzrecht und Kapitalmarkt, FS *Moxter, Ballwieser/Böcking/Drukarczyk/Schmidt (Hrsg.),* 1994, S. 1313-1332; *Pape,* Zahlungsunfähigkeit in der Gerichtspraxis, WM 2008, S. 1950-1956; *Popper,* Logik der Forschung, 4. Aufl., Tübingen 1971; *Prager/Jungclaus,* Der Begriff der Zahlungsunfähigkeit und die sog. „Bugwellentheorie", FS *Wellensiek,* 2010, S. 101-117; *Schlegel,* Insolvenzantrag und Eigenverwaltungsantrag bei drohender Zahlungsunfähigkeit, ZIP 1999, S. 954-959; *Schmidt/Uhlenbruck,* Die GmbH in Krise, Sanierung und Insolvenz, 4. Aufl., 2009; *Schmidt/Bitter, Scholz,*10 A. vor § 64, RdNr. 11; *Steiner,* Prognoseorientierte Insolvenzauslösetatbestände, BFuP 1986, 420; *Stützel,* Bemerkungen zur Bilanztheorie, Zeitschrift für Betriebswirtschaft, 37, 1967, S. 314; *Stützel,* Liquidität, betriebliche in: Handwörterbuch der Betriebswirtschaft, 4. Aufl.; *Grochla/Wittmann (Hrsg.),* 1975, Sp. 2515-2523; *Temme,* Die Eröffnungsgründe der Insolvenzordnung, Münster 1997; *Terhart,*Chapter 11 Bankruptcy Code: Eine Alternative für Deutschland?, Ffm. 1996; *Uhlenbruck,* Zur fehlenden Akzeptanz des Insolvenzauslösers „drohende Zahlungsunfähigkeit", in: *Richter/Schüler/Schwetzler (Hrsg.),* Kapitalgeberansprüche, Marktwertorientierung und Unternehmenswert, FS *Drukarczyk,* 2003, S. 441-453; *Uhlenbruck,* Das neue Insolvenzrecht, 1994; *Uhlenbruck,* Die GmbH & Co. KG in Krise, Konkurs und Vergleich, 2. Aufl., 1988; *Wolf/Kurz,* Die Feststellung der Zahlungsunfähigkeit: Was sind 10 % bei Berücksichtigung eines Schwellenwertes? DStR 2006, S. 1339-1343; *Wortberg,* Holzmüller und die Stellung eines Insolvenzantrags wegen drohender Zahlungsunfähigkeit, in: ZInsO, 2005, S. 707-713.

Übersicht

	Rn.		Rn.
A. Normzweck	1–7	I. Grundlagen	23–29
B. Entstehungsgeschichte	8–18	II. Ein Beispiel	30–34
I. Erster Bericht der Kommission für Insolvenzrecht	8–11	III. Sichtbarmachung der Unsicherheit	35–43
II. Entwurf einer Insolvenzordnung (EInsO) und Regierungsentwurf (RE)	12–18	IV. Wann droht Zahlungsunfähigkeit?	44–51
		V. Zur Länge des Prognosezeitraums	52–58
C. Fragestellungen	19–22	VI. Prognosezeitraum und Abgrenzung von Zahlungsunfähigkeit und drohender Zahlungsunfähigkeit	59–74
I. Antragsrecht und zeitliche Reichweite der Prognose	19		
II. Nachweis der drohenden Zahlungsunfähigkeit und das Problem der Voraussichtlichkeit	20–22	E. Antragstellung	75
		F. Zum Überschneidungsbereich zwischen drohender Zahlungsunfähigkeit und Überschuldung	76–86
D. Der Finanzplan	23–74		

A. Normzweck

Eröffnungs- oder Insolvenztatbestände beschreiben einen ökonomischen Zustand des Unternehmens, dessen Erreichen bestimmte Handlungspflichten der Organe der Gesellschaft bzw. der Eigentümer auslösen (Innenlösung) bzw. Gläubigern des Unternehmens bestimmte Handlungsoptionen eröffnen (Außenlösung). In Bezug auf die Innenlösung liegt das vor, was Stützel als „automatische Transformation eines Gläubiger gefährdenden Zustandes in eine Gläubiger schützende Rechtsfolge"[1] bezeichnet hat. Zahlungsunfähigkeit (§ 17) und Überschuldung (§ 19) sind in diesem Sinn *Terminierungsregeln.* Wenn ein Zustand eingetreten ist, der die Position der Gläubiger des Unternehmens im Wert deutlich mindert, wenn also zB das „Vermögen" die bestehenden Verbindlichkeiten nicht mehr deckt, ist eine unveränderte, die Autonomie der Organe der Gesellschaft bzw. der Eigentümer wahrende Fortführung der Gesellschaft jenseits definierter Zeitschranken nicht mehr zulässig. 1

Der dritte Insolvenztatbestand der drohenden Zahlungsunfähigkeit unterscheidet sich von den beiden anderen Eröffnungstatbeständen. Er gewährt Gläubigern nicht die Auslöseoption (Außenlösung); er verpflichtet den Schuldner nicht zur Antragstellung (Innenlösung). Er gibt dem Schuldner – unter den Bedingungen des § 18 – ein Antragsrecht, das er nutzen kann, wenn es ihm opportun erscheint. 2

Das Antragsrecht des Schuldners ist ein Element in dem breiter angelegten Versuch der Rechtskonstruktion der InsO, eine zeitlich frühere Auslösung von Insolvenzverfahren dadurch zu bewirken, dass den Organen bzw. Eigentümern des schuldnerischen Unternehmens Anreize geboten werden, die die Bewältigung der Insolvenz erleichtern und/oder deren Folgen mildern sollen. Zu diesen Anreizen zählen etwa 3
– die Einstellung von Zwangsvollstreckungen im Rahmen des Erlasses von Sicherungsmaßnahmen (§ 21 Abs. 2 und 3)
– die Herausgabesperre im eröffneten Verfahren (§§ 165, 166, § 30d Abs. 1 ZVG)

[1] *Stützel* ZfB 1967, S. 324.

– das Vorlagerecht eines Insolvenzplans bei Antragstellung (§ 218 Abs. 1)
– die Option der Eigenverwaltung (§§ 270 ff.)
– die Chance der Restschuldbefreiung (§§ 286 ff.) und
– die Offenhaltung aller Verwertungsoptionen auch nach Verfahrenseröffnung.

Diese strategischen Vorteile kann sich der auf die drohende Zahlungsunfähigkeit verweisende Schuldner zunutze machen, bevor Zahlungsunfähigkeit oder Überschuldung gegeben ist. Er kann somit einen Auslösezeitpunkt wählen, zu dem der ökonomische Wert des Eigenkapitals noch positiv ist. Das ist eine wichtige Voraussetzung, um mit den Gläubigern des Unternehmens ein Arrangement auszuhandeln in einem Insolvenzplanverfahren, das dem Schuldner prinzipiell erlaubt, das Insolvenzverfahren zu verlassen, ohne alle Eigentumsrechte aufgegeben zu haben. Gekoppelt mit dem Antrag auf Eigenverwaltung gemäß § 270 Abs. 1 InsO erscheint die freiwillige Auslösung, gestützt auf den Beleg drohender Zahlungsunfähigkeit, geeignet, die unter den betroffenen Schuldner generell vorhandenen Vorbehalte gegen die Übergabe der Entscheidungsrechte an einen – wie auch immer rechtlich ausgestatteten – Insolvenzverwalter entscheidend abzuschwächen. Erwähnenswert erscheint auch, dass der bei drohender Zahlungsunfähigkeit freiwillig auszulösende Schuldner den Wirkungen der Anfechtungsregeln entgeht, die eine Kenntnis der Zahlungsunfähigkeit, nicht aber der drohenden Zahlungsunfähigkeit beim Schuldner und/oder Gläubiger zur Voraussetzung haben.

Die Frage, ob der Insolvenztatbestand der drohenden Zahlungsunfähigkeit die erhoffte Wirkung entfaltet hat, muss aus heutiger Sicht klar verneint werden. *Uhlenbruck*[2] und andere stellen fest, dass Anträge auf Eröffnung eines Insolvenzverfahrens gestützt auf drohende Zahlungsunfähigkeit bisher kaum gestellt worden seien. Hierfür sind eine Reihe von Gründen verantwortlich:[3] Gerichte sind sehr zögerlich bei der positiven Bescheidung von Anträgen auf Eigenverwaltung. Schuldner sind zurückhaltend, weil sie wissen, dass sie selbst bei guter Vorbereitung, Erarbeitung und Vorlage eines vorläufigen Insolvenzplanes nach Verfahrenseröffnung von den Entscheidungen der Gläubigerversammlung im Berichtstermin abhängig sind. Diese kann gemäß § 157 InsO für die Erstellung eines anderen Insolvenzplans votieren und eine andere, vom Schuldner nicht geplante Verwertungsform vorgeben. § 16 InsO bestimmt, dass die Eröffnung eines Insolvenzverfahrens einen Eröffnungsgrund voraussetzt. Weil Insolvenzverfahren auch in die Rechte der Gläubiger eingreifen, hat das Gericht sich vom Vorliegen des Insolvenzgrundes zu überzeugen. Das gilt auch für den Eröffnungsgrund drohende Zahlungsunfähigkeit. Hierbei kann zunächst offen bleiben, ob bei einer Antragsstellung des Schuldners, gestützt auf drohende Zahlungsunfähigkeit, die von Amts wegen erfolgenden Ermittlungen des Gerichts die gleiche Intensität aufweisen müssen, wie Ermittlungen im Kontext der anderen beiden Eröffnungsgründe[4].

Ein Risiko für den Antragsteller bestand nach den bisher geltenden Regelungen darin, dass das nach § 16 InsO prüfende Insolvenzgericht zu dem Ergebnis kommt, dass bereits Zahlungsunfähigkeit oder auch Überschuldung vorliegt. Die konzeptionelle – wenn auch unbeabsichtigte – Nähe der drei Eröffnungsgründe der InsO verleiht einem solchen Prüfergebnis eine nicht zu unterschätzende Wahrscheinlichkeit. Nun ist prinzipiell der Antrag auf Eigenverwaltung vereinbar mit dem Vorliegen eines jeden der drei Eröffnungsgründe. Schuldner werden indessen die Chancen, dass ein Antrag auf Eigenverwaltung zum Erfolg führt, deutlich niedriger einzustufen, wenn anstatt drohender Zahlungsunfähigkeit Zahlungsunfähigkeit bzw. Überschuldung den Unternehmenszustand kennzeichnen sollte. Ursächlich hierfür ist die mit Zahlungsunfähigkeit bzw. Überschuldung idR verbundene prägnantere Aushöhlung des Unternehmenswertes, die es aus Sicht der Gläubiger weniger attraktiv erscheinen lässt, dem am Unternehmenswert nicht mehr beteiligten Schuldner die Architektur und die Durchsetzung eines Insolvenzplanes zu überlassen.

4 Der Gesetzgeber sieht die Schaffung eines vereinfachten Zugangs zur Eigenverwaltung als eines der Reformziele des Gesetzes zur weiteren Erleichterung der Sanierung von Unternehmen (ESUG) an.[5] Eigenverwaltungen hätten sich in der Praxis bewährt, auch wenn sie tatsächlich nur selten stattgefunden hätten. Die durch ESUG neu geschaffenen und ab dem 1.3.2012 geltenden Regelungen sehen auf den ersten Blick zielkonform aus: Der Antrag auf Eigenverwaltung, der vom Schuldner gestellt wird, wird im Beschluss über die Eröffnung des Insolvenzverfahrens zu einer Anordnung des Gerichts, wenn keine Umstände bekannt sind, die erwarten lassen, dass die Anordnung zu Nachteilen für die Gläubiger führen wird (§ 270 Abs. 1 und 2 InsO). Vor der Entscheidung über

---

[2] *Uhlenbruck*, FS *Drukarczyk*, 2003, S. 441.
[3] Vgl. etwa *Uhlenbruck*, FS *Drukarczyk*, S. 448-451; *Gottwald/Uhlenbruck/Gundlach*, Insolvenzrechts-Handbuch 2010, RdNr.17 zu § 6; Begründung Gesetzentwurf zu ESUG, BT-Drucks. 17/5712, S.1, 17 bis 18.
[4] Für tendenziell geringere Prüfanforderungen zB *Gottwald/Uhlenbruck/Gundlach*, Insolvenzrechts-Handbuch 2010, RdNr. 20 zu § 6. Für den Verzicht auf eine Überprüfung durch das Insolvenzgericht Möser, S. 162–164.
[5] BT-Drucks. 17/5712, S. 17-19.

den Antrag ist dem vorläufigen Gläubigerausschuss i.S.v. § 22a InsO Gelegenheit zur Äußerung zu geben. Wird der Antrag von einem einstimmigen Beschluss des vorläufigen Gläubigerausschusses unterstützt, so gilt die Anordnung als nicht nachteilig für die Gläubiger. Das Entscheidungsrecht der Gläubiger ist somit zeitlich vorverlegt. Sind die Voraussetzungen für eine Eigenverwaltung nicht gegeben, darf der Schuldner den Eröffnungsantrag zurücknehmen (§ 270a Abs. 2 InsO).

Ist der Antrag des Schuldners aus Eigenverwaltung „nicht offensichtlich aussichtslos", soll das Gericht davon absehen, ein allgemeines Verfügungsverbot zu erlassen oder anzuordnen, dass Verfügungen nur mit Zustimmung eines vorläufigen Insolvenzverwalters wirksam sind. Um das Vertrauen der Geschäftspartner in Managementfunktion und Sanierungskonzept des Schuldners nicht zu untergraben, soll ein „vorläufiger Sachwalter" (§270a InsO), der Kontrollfunktionen i.S.v. § 274 InsO und Zustimmungsvorbehalte nach § 275 InsO ausübt, bestellt werden.

Kombiniert der Schuldner den Antrag auf Eröffnung mit dem Antrag auf Eigenverwaltung, gestützt auf den Eröffnungsgrund drohende Zahlungsunfähigkeit (oder Überschuldung), bestimmt das Gericht, soweit die intendierte Sanierung nicht „offensichtlich aussichtslos" ist, eine Frist zur Entwicklung und Vorlage eines Insolvenzplans, die drei Monate nicht übersteigen darf. Antragsvoraussetzung ist die Vorlage einer „Bescheinigung" eines einschlägig erfahrenen Beraters, die belegt, dass wohl drohende Zahlungsunfähigkeit (oder Überschuldung), aber keine Zahlungsunfähigkeit vorliegt und dass die angestrebte Sanierung nicht offensichtlich aussichtslos ist. Begleitet wird die Erarbeitung eines Insolvenzplanes durch einen vorläufigen Sachwalter (§ 270b Abs. 2 InsO), der auf Vorschlag des Schuldners bestellt werden kann. Der Gesetzgeber will, so die Begründung zu § 270b InsO, dem Schuldner ermöglichen, im Schutze eines besonderen Verfahrens in Eigenverwaltung einen Sanierungsplan zu erstellen[6], der im weiteren Verlauf des Verfahrens Insolvenzplan werden könnte.

Unabhängig von einer Wirkungsanalyse der neuen mit ESUG verbundenen Vorschriften ist die Folgerung erlaubt, dass der Gesetzgeber die empirische Relevanz des optionalen Eröffnungsgrundes drohende Zahlungsunfähigkeit erhöhen und die Anreize für eine frühere Ingangsetzung von durch die Rechtsregeln der InsO begleiteten Sanierungsversuche verstärken will.

B. Entstehungsgeschichte

I. Erster Bericht der Kommission für Insolvenzrecht

Leitsatz 1.2.5 im Ersten Bericht der Kommission für Insolvenzrecht lautete:[7]
(1) Allgemeiner Eröffnungsgrund sind die Zahlungsunfähigkeit und die bevorstehende Zahlungsunfähigkeit.
(2) Der Schuldner ist zahlungsunfähig, wenn er andauernd nicht in der Lage ist, die fälligen Zahlungsverpflichtungen zu erfüllen. Zahlungsunfähigkeit ist in der Regel anzunehmen, wenn der Schuldner seine Zahlungen eingestellt hat.
(3) Die Zahlungsunfähigkeit des Schuldners steht bevor, wenn er voraussichtlich im Zeitpunkt der Fälligkeit der bestehenden Zahlungspflichten andauernd nicht in der Lage sein wird, diese Pflichten zu erfüllen.

Es ist Ziel der Vorschrift, dem Schuldner den Insolvenzantrag schon dann zu erlauben, wenn er erst später durch eine zukünftig fällig werdende Verbindlichkeit, die er gemäß seinen Erwartungen nicht mehr erfüllen kann, insolvent würde, ohne dass Zahlungsunfähigkeit im Zeitpunkt der Antragstellung vorliegen muss. Die Kommission will auch Gläubigern die Antragstellung, gestützt auf Belege für eine zeitraumbezogene Zahlungsunfähigkeit erlauben, auch wenn ihre Forderung erst künftig fällig wird.[8] Hier sei jedoch besonders sorgfältig zu prüfen, ob die Voraussetzungen der zeitraumbezogenen Zahlungsunfähigkeit erfüllt seien.

Die Kommission will dem „reorganisationswilligen" Schuldner den Weg zu einem rechtzeitigen Antrag eröffnen, wenn sich in seiner Finanzplanung „für die nächsten Monate" die Zahlungsunfähigkeit abzeichnet. Bei der Prognose seien sowohl die voraussichtlichen Einnahmen als auch die zukünftig erst entstehenden Zahlungsverpflichtungen des Schuldners mit zu berücksichtigen. Bevorstehende Zahlungsunfähigkeit könne somit auch dann bestehen, wenn die zu erwartenden Einnahmen allenfalls die bereits begründeten, nicht aber die absehbaren, erst entstehenden Gläubigeransprüche abdecken würden.

---

[6] BT-Drucks. 17/5720, S. 40.
[7] 1. KommBer. S. 109.
[8] 1. KommBer. S. 110.

11 Der Kommissionsbericht ist in Bezug auf die Länge der Prognoseperiode sehr vorsichtig. Dem reorganisationswilligen Schuldner werde der Weg zu einem Insolvenzantrag eröffnet, wenn sich in seiner Finanzplanung „für die nächsten Monate" die Zahlungsunfähigkeit abzeichnet.[9] Die Regelung will damit vermutete Gefahren einer verfrühten Eröffnung vermeiden.

II. Entwurf einer Insolvenzordnung (EInsO) und Regierungsentwurf (RE)

12 § 20 im Entwurf einer Insolvenzordnung lautet:[10]

Drohende Zahlungsunfähigkeit

(1) Beantragt der Schuldner die Eröffnung des Insolvenzverfahrens, so ist auch die drohende Zahlungsunfähigkeit Eröffnungsgrund.
(2) Der Schuldner droht zahlungsunfähig zu werden, wenn er voraussichtlich im Zeitpunkt der Fälligkeit bereits begründeter Zahlungspflichten nicht in der Lage sein wird, diese zu erfüllen.
(3) Dem Antrag des Schuldners steht gleich:
  1. bei einer juristischen Person oder einer Gesellschaft ohne Rechtspersönlichkeit der Antrag eines Mitglieds des Vertretungsorgans, eines persönlich haftenden Gesellschafters oder eines Abwicklers;
  2. bei einem gemeinschaftlich verwalteten Gesamtgut der Antrag eines Ehegatten.

13 Abweichend vom Kommissionsvorschlag wird der Eröffnungsgrund drohende Zahlungsunfähigkeit auf den Fall des Schuldnerantrags beschränkt. Bemühungen des Schuldners im Vorfeld einer Insolvenz sollten nicht behindert werden können durch Drohungen von Gläubigern, gestützt auf Belege für eine drohende Zahlungsunfähigkeit, selbst ein Insolvenzverfahren in Gang zu setzen.[11]

14 In der Begründung heißt es, dass einer sich „deutlich abzeichnenden" Insolvenz bereits vor ihrem Eintritt mit verfahrensrechtlichen Gegenmaßnahmen begegnet werden solle. Die Beschränkung auf den Schuldnerantrag ist nicht so zu interpretieren, dass Druck seitens der Gläubiger unerwünscht sei, wohl aber so, dass der Gesetzgeber in diesem Stadium des Unternehmenszustandes noch keinen Anlass sieht, um den Schuldner in ein von Gläubigern initiiertes *kollektives* Schuldenbereinigungsverfahren drängen zu lassen.

15 Die Begründung stellt klar, dass in die Prognoserechnung „die gesamte Entwicklung der Finanzlage des Schuldners bis zur Fälligkeit der bereits begründeten Verbindlichkeiten einbezogen werden" muss.[12] In diesem Rahmen seien neben den zu erwartenden Einnahmen auch die zukünftigen, noch nicht begründeten Zahlungspflichten mit zu berücksichtigen. Der oben unter RdNr. 11 genannte Zeitraum von wenigen Monaten findet keine Erwähnung.

16 Das Wort „voraussichtlich" in § 20 Abs. 2 sei so zu verstehen, dass der Eintritt der Zahlungsunfähigkeit wahrscheinlicher sein muss als deren Vermeidung. Wenn diese Situation vorliege, sei die Befriedigung der Gläubiger so stark gefährdet, dass die Eröffnung eines Insolvenzverfahrens gerechtfertigt erscheine.[13]

17 Im Gesetzentwurf der Bundesregierung[14] findet sich in § 22 der unveränderte Wortlaut. Der Rechtsausschuss schlägt vor, Abs. 3 der Vorschrift neu zu fassen. Ergebnis ist der Wortlaut des § 18 Abs. 3 des vom Bundestag beschlossenen Gesetzes.

18 Das Gesetz zur weiteren Erleichterung der Sanierung (ESUG) lässt den Wortlaut des § 18 InsO unverändert.

C. Fragestellungen

I. Antragsrecht und zeitliche Reichweite der Prognose

19 Drohende Zahlungsunfähigkeit liegt vor, wenn der Schuldner voraussichtlich nicht in der Lage sein wird, die bestehenden Zahlungspflichten im Zeitpunkt der Fälligkeit zu erfüllen. Der Bezug auf bestehende Zahlungspflichten bedeutet, dass die die Liquidität des Unternehmens belastenden Pflichten wenigstens dem Grunde nach bestehen.[15] Das Ende des theoretisch längsten Prognosezeit-

---

[9] 1. KommBer. S. 111.
[10] DE S. 9.
[11] DE Begr. B 14.
[12] DE Begr. B 15.
[13] DE Begr. B 15.
[14] BT-Drucks. 12/2443, S. 13.
[15] HKInsO-*Kirchhof* § 18, RdNr. 6.

raums bestünde damit in dem vom Betrachtungszeitpunkt am weitesten entfernten Fälligkeitszeitpunkt einer im Prüfzeitpunkt dem Grunde nach bestehenden Zahlungspflicht. Diese auf den ersten Blick verlässliche Aussage wird aufgeweicht durch die Beobachtung, dass im Rahmen der Fortführung des Unternehmens laufend neue Verbindlichkeiten entstehen, die z. T. dem Zweck dienen, dem Schuldner die Erfüllung schon bestehender Verbindlichkeiten zu gestatten. Die Begründung zu § 20 DE enthält die klare Aussage, dass neben den zu erwartenden künftigen Einnahmen auch die zukünftigen, noch nicht begründeten Zahlungspflichten zu berücksichtigen sind.[16] Auf eine andere, hiervon abweichende Vorgehensweise lässt sich die *gesamte* Entwicklung der Finanzlage des Schuldners auch nicht abbilden. Dies ist inzwischen herrschende Ansicht in der Literatur. Wo liegt dann, losgelöst von den Prognose- und Nachweisproblemen, das theoretische Ende des Prognosezeitraums? Es sind die Nachweis- und Prognoseprobleme bei der Abbildung der künftigen Einzahlungen des Unternehmens und seiner Zahlungsverpflichtungen, die eine praktisch relevante Antwort auf diese Frage liefern müssen.

II. Nachweis der drohenden Zahlungsunfähigkeit und das Problem der Voraussichtlichkeit

Drohende Zahlungsunfähigkeit gibt dem Schuldner ein Antragsrecht. Da die InsO am Prinzip einer an Kriterien (Insolvenztatbeständen) gebundenen Eröffnung von Insolvenzverfahren festhält, hat der Schuldner die drohende Zahlungsunfähigkeit zu belegen. Die InsO schlägt nicht den Weg anderer Länder (zB USA)[17] ein, die den kriterien-freien Eintritt in ein Insolvenzverfahren gestatten. Diese Auffassung wird gestützt durch den Wortlaut von § 16 InsO, nach dem ein Eröffnungsgrund „gegeben" sein muss. Gegeben ist ein Insolvenztatbestand, wenn die ihn begründenden ökonomischen Voraussetzungen vorliegen. § 20 Abs. 1 verlangt, dass der Schuldner dem Insolvenzgericht die Auskünfte zu erteilen hat, die zur Entscheidung über den Antrag erforderlich sind. Hierzu gehört auch, dass der Schuldner – so die Formulierung des BGH – einen Eröffnungsgrund in substantiierter nachvollziehbarer Form darlegt.[18] Welche Anforderungen sind an den Nachweis der drohenden Zahlungsunfähigkeit zu stellen? Welche Mindestbedingungen muss ein Finanzplan (Liquiditätsplan) des Schuldners erfüllen?

Der Schuldner droht zahlungsunfähig zu werden, wenn er *voraussichtlich* nicht in der Lage sein wird, die bestehenden Zahlungspflichten im Zeitpunkt der Fälligkeit zu erfüllen. Die Begründung des Gesetzgebers ist formal klar: Der Eintritt der Zahlungsunfähigkeit muss wahrscheinlicher sein als deren Vermeidung.[19] Auf welche Weise soll der herrschenden Auffassung, der Terminus „voraussichtlich" in § 18 Abs. 2 sei i. S. d. Überschreitung einer Wahrscheinlichkeit von 0,5 zu interpretieren,[20] im Nachweis Rechnung getragen werden?

Diese Fragen lassen sich genauer beantworten, wenn die Struktur und Anforderungen an einen Finanzplan (Liquiditätsplan) dargestellt sind.

D. Der Finanzplan

I. Grundlagen

Um eine drohende Zahlungsunfähigkeit ermitteln und belegen zu können, ist die Aufstellung eines Finanzstatus oder einer Liquiditätsbilanz und insbesondere die eines Finanzplanes erforderlich.[21] Finanzpläne sind das geeignete Instrument, um die Liquidität eines Unternehmens zu ermitteln und zu steuern.[22] Im Finanzstatus werden die dem Unternehmen zu einem Stichtag verfügbaren finanziellen Mittel den fälligen Verbindlichkeiten gegenübergestellt. Er ist so gesehen der Startpunkt einer Finanzplanung, die immer dann Platz greifen muss, wenn der Finanzstatus zeigt, dass die fälligen Verbindlichkeiten mit den verfügbaren finanziellen Mitteln nicht bedient werden können.

Das Zahlungsvermögen eines Unternehmens hängt von zwei originären Liquiditätsquellen ab:[23] Erstens von der Fähigkeit des Unternehmens, künftige finanzielle Überschüsse zu erzielen; zweitens von

---

[16] DE Begr. B 15.
[17] *Terhart*, S. 79 bis 84.
[18] BGH ZIP 2003, S. 358.
[19] DE Begr. B 15.
[20] Vgl. etwa HKInsO-*Kirchhof* § 18 RdNr. 13; *Drukarczyk/Schüler*, Kölner Schrift 2009, RdNr. 68–72; *Gottwald/Uhlenbruck/Gundlach*, Insolvenzrechtshandbuch, § 6 RdNr. 20.
[21] IDW PS 800, RdNr. 20-23.
[22] *Hauschildt/Sachs/Witte*, S. 60–65; *Drukarczyk*, 2008, S. 68–91; MünchKomm/*Eilenberger*, § 17, RdNr. 13-14.
[23] Vgl. *Veit* 1948; *Stützel* 1975; *Drukarczyk* 2008, S. 36-43.

der Veräußerungsfähigkeit verfügbarer Vermögensgegenstände, deren Verkauf die weitere Verfolgung des Unternehmenszweckes nicht in Frage stellt. Beide originäre Liquiditätsquellen sind auch die Basis für Fremdfinanzierungen: Kreditinstitute beleihen erwartete künftige Überschüsse der Kreditnehmer und/oder den Marktwert vorhandener, veräußerbarer Vermögensgegenstände. Die Prüfung, ob drohende Zahlungsunfähigkeit vorliegt oder nicht, hat prinzipiell beide Liquiditätsquellen zu beachten.

25   Finanzpläne bilden erwartete Ein- und Auszahlungen künftiger Perioden ab. Die Beleihung vorhandener Vermögensgegenstände und/oder künftiger finanzieller Überschüsse schlägt sich in Kreditaufnahmen nieder. Diese sind zu verzinsen und zu tilgen. Zinsen und Tilgungen sind im Finanzplan zu erfassen. Im Regelfall hängt die Liquidität von produzierenden Unternehmen vorrangig von den erzielbaren finanziellen Überschüssen aus den operativen Geschäften und in zweiter Linie von den finanziellen Überschüssen von Finanzanlagen ab. Die Nutzung der Liquidität von prinzipiell nicht zur Veräußerung bestimmten Vermögensgegenständen spielt im Regelfall eine weniger bedeutende Rolle. Sie dokumentiert sich zB, wenn Vermögensgegenstände gegen Ende ihrer ökonomischen Nutzungsdauer veräußert werden. In insolvenznahen Situationen ändert sich dies: der Verkauf von Wertpapieren, Beteiligungen, Forderungen, Immobilien und Gegenständen der Betriebs- und Geschäftsausstattung sind dann verbreitet genutzte Möglichkeiten der Liquiditätsgewinnung.

26   Ein Finanzplan muss vollständig, termingenau und unsaldiert sein.[24] Es ist zu prüfen, ob und ggf. wie die Gesellschaft unter zu spezifizierenden Umweltbedingungen ihre Auszahlungsverpflichtungen leisten kann. Finanzpläne sind in der Regel zu verknüpfen mit Plan-GuV-Rechnungen und Plan-Bilanzen. Dafür gibt es mehrere Gründe: Die praktische Planung ist in erster Linie GuV- und Bilanzplanung. Finanzpläne werden aus deren Datengerüst abgeleitet. Gesellschaftsrechtliche Vorschriften wie Kapitalerhaltungs- und Ausschüttungssperrvorschriften sind zu beachten; hierzu sind GuV und Bilanz Voraussetzung. Steuerzahlungen oder -erstattungen sind zu ermitteln; hierzu muss auf Daten der externen Rechnungslegung zurückgegriffen werden.[25]

27   Der Finanzplan soll ausgeglichen sein, d.h. das Unternehmen muss die vertragskonformen Zahlungsbelastungen an die Vertragspartner termingenau leisten können. Weist der Finanzplan vorläufige Liquiditätslücken aus, wird das Unternehmen neben der Innenfinanzierung alle nachweislich nutzbaren Möglichkeiten der Außenfinanzierung wie Eigenkapitalzufuhr, Kredite, Gesellschafterdarlehen, Umwandlung von Krediten in Eigenkapital etc. nutzen, um den Finanzplan auszugleichen.

28   Die Fortbestehensprognose in Form des Finanzplanes darf nicht einwertig sein, sondern muss die Unsicherheit (zB über alternative Schätzungen über die Höhe von Umsatzeinzahlungen)[26] erkennbar machen, wenn die Formulierung des § 18 Abs. 1, dass die Zahlungsunfähigkeit *drohe*, eingelöst werden soll. Drohende Zahlungsunfähigkeit bedeutet, dass die Zahlungsunfähigkeit des Unternehmens eintreten kann, also mit einer zu definierenden Wahrscheinlichkeit p erwartet wird. Mit der Gegenwahrscheinlichkeit 1- p wird dann keine Zahlungsunfähigkeit erwartet; d.h. der Finanzplan ist ausgeglichen.

29   § 18 Abs. 2 definiert die drohende Zahlungsunfähigkeit als Zustand, in dem der Schuldner *voraussichtlich* nicht in der Lage sein wird, die bestehenden Zahlungsverpflichtungen im Zeitpunkt der Fälligkeit zu erfüllen. Der Terminus voraussichtlich bezeichnet nicht nur, dass sich die Erwartungen über die Fähigkeit zur Auszahlungsdeckung auf einen künftigen Zeitpunkt beziehen. Vielmehr stellt die Begründung zu § 18 klar, dass das Wort „voraussichtlich" so zu verstehen sei, dass der Eintritt der Zahlungsunfähigkeit wahrscheinlicher sein muss als deren Vermeidung. Damit wird explizit zugestanden, dass die Erwartungen des Schuldners über die künftige Zahlungsfähigkeit in einem bestimmten Prognosezeitraum mehrwertig sein werden und dass dem Beleg der Wahrscheinlichkeit, die für eine drohende Zahlungsunfähigkeit vom Schuldner ins Feld geführt wird, Bedeutung zukommt. Die kritische Wahrscheinlichkeit p★, die eine Auslöseentscheidung rechtfertigt, soll 0,5 übersteigen.

II. Ein Beispiel

30   Finanzpläne bauen auf Absatz-, Beschaffungs-, Personaleinsatzplänen und Investitionsplänen auf. Daneben sind die Steuerung des Umlaufvermögens, das Zahlungsverhalten der Abnehmer der Produkte und/oder Dienstleistungen, das eigene Zahlungsverhalten, die Kapitalstruktur im Ausgangszeitpunkt des Unternehmens und das Verhalten von Kreditgebern von Bedeutung. Die Vielfältigkeit der Zahlungswirkungen kann hier nicht voll entwickelt werden. Ein einfaches Beispiel soll aber den Kern des Problems verdeutlichen.

31   Unterstellt wird eine Kapitalgesellschaft. Der Prognosezeitraum erfasse das laufende Jahr und das Folgejahr. Die Mehrwertigkeit der Erwartungen wird zunächst nicht deutlich gemacht: Es wird eine

---

[24] *Moxter*, Handwörterbuch der Finanzwirtschaft, 1976, Sp. 635.
[25] *Steiner* BFuP 1986, S. 428; *Kölsch*, S. 259; *Nonnenmacher*, FS Moxter, 1994, S. 1318.
[26] Vgl. zB *Kölsch*, S. 275-306.

Drohende Zahlungsunfähigkeit   31   § 18

sog. einwertige Planung dargestellt, die künftige Ein- und Auszahlungen so darstellt, als seien sie
sicher. Die Sichtbarmachung der Mehrwertigkeit der Zahlungen folgt in Abschnitt III.[27] Zur Vereinfachung bleiben Steuern unbeachtet. Zahlungsdefizite sind definiert durch negative Cashflows nach
vertragskonformen Zins- und Tilgungszahlungen und nach Investitionsauszahlungen. Zahlungsdefizite sollen vereinfachend nur durch Aufnahme neuer Kredite gedeckt werden können. Der Vorrat
an veräußerbaren Vermögensgegenständen sei erschöpft. Die in der Planung angesetzten Investitionsauszahlungen seien bereits auf das unbedingt notwendige Maß verkürzt. Weitere Verkürzungen seien
also extrem nachteilig. Fremdkapitalbestände sind mit 10 % zu verzinsen. Tabelle 1 zeigt die Ein-
und Auszahlungen im Finanzplan, Aufwendungen und Erträge in der Plan-GuV sowie die Planbilanzen in TEuro. Ergänzend wird die Entwicklung des Eigenkapitals referiert. Weil das Stammkapital
der Gesellschaft in Höhe von 50 durch Verluste vergangener Perioden bereits angegriffen wurde, ist
der Jahresüberschuss des laufenden Jahres einzubehalten: Das Stammkapital muss auf das satzungsgemäße Niveau aufgefüllt werden, bevor Ausschüttungen zulässig sind.

	Vorjahr	Laufendes Jahr	Folgejahr
Finanzplan			
Umsatzerlöse		384,0	320,0
– Material- und Personalaufwand		194,0	186,4
– Veränd. Forderungen aus Lief. und Leist.		4,4	3,1
operativer Cashflow nach Steuern (NOCF)		185,6	130,5
– Investitionsauszahlungen		44,0	41,2
– Zinszahlung		57,0	49,0
– Tilgung		80,0	80,0
= Cashflow nach Soll-Kapitaldienst und Investitionsauszahlungen		4,6	– 39,7
Plan-GuV			
Umsatzerlöse		384,0	320,0
– Material- und Personalaufwand		194,0	186,4
– Abschreibung		100,0	100,0
– Zinsaufwand		57,0	49,0
= Jahresüberschuss		33,0	−15,4
Planbilanz			
Aktiva			
Anlagevermögen	550	494,0	435,2
Umlaufvermögen			
Forderungen aus Lief. und Leist.	30	34,4	37,5
Kasse	0	4,6	−35,1
Bilanzsumme	580	533,0	437,6
Passiva			
Eigenkapital			
Stammkapital	10	43,0	27,6
Rücklagen	0	0,0	0,0
Fremdkapital	570	490,0	410,0
Bilanzsumme	580	533,0	437,6
Entwicklung des Eigenkapitals			
Rücklagenzuführung		0,0	0,0
Ausschüttung		0,0	0,0
Stammkapitalveränderung		33,0	−15,4
Erhöhung wegen Auffüllung des Mindest-EK		33,0	0,0
Rückgang wegen Verlust		0,0	−15,4
Kapitalerhöhung durch Einlagen		0,0	0,0

Tab. 1: Finanzplan, Plan-GuV und Planbilanz für einen Prognosezeitraum von zwei Perioden

---

[27] Vgl. RdNr. 35-42.

Drukarczyk

Zentrale Bestandteile einer Finanzplanung[28] sind die Ermittlung der finanziellen Überschüsse (Defizite), die aus den operativen Aktivitäten des Unternehmens resultieren. Dieses Ergebnis wird hier als operativer Cashflow nach Steuern (NOCF)[29] bezeichnet. Der NOCF ist zu verkürzen um die erforderlichen Investitionsauszahlungen und die vertragskonform zu leistenden Zins- und Tilgungszahlungen auf bestehende Kredite. Das Ergebnis ist der Cashflow nach Soll-Kapitaldienst und nach Investitionsauszahlungen. Ist dieser Cashflow positiv – wie im Beispiel für das laufende Jahr – droht keine Zahlungsunfähigkeit. Ist dieser Cashflow negativ – wie im Beispiel für das Folgejahr – droht Zahlungsunfähigkeit dann, wenn das Management des Unternehmens über *keine* Möglichkeiten verfügt, dieses Zahlungsdefizit auszugleichen.

33 Tabelle 1 zeigt die Plan-Gewinn- und Verlustrechnung. Steuern sind zur Vereinfachung unberücksichtigt. Die verrechneten Abschreibungen auf abnutzbare Vermögensgegenstände übersteigen die als unerlässlich definierten Investitionsauszahlungen mit der Folge, dass das Anlagevermögen im Zeitablauf schrumpft. Jahresüberschüsse und Cashflow nach Soll-Kapitaldienst und Investitionsauszahlungen decken sich nicht: Der Jahresüberschuss als Ergebnis der Plan-GuV enthält nicht die geplante Investitionsauszahlung (sondern die Abschreibung), enthält nicht die Tilgungen und enthält Umsatzerlöse in Höhe von 4,4 (bzw. 3,1) die im laufenden Jahr (bzw. Folgejahr) nicht einzahlungswirksam geworden sind.[30] Tabelle 1 enthält ebenfalls die Daten der Bilanz am Ende des Vorjahres und die Plan-Bilanzen, die sich unter Beachtung der geplanten Maßnahmen und erwarteten Daten ergeben werden: Das Anlagevermögen schrumpft, der Fremdkapitalbestand vermindert sich um die vertragskonformen Tilgungen; der Bestand des Eigenkapitals wächst im laufenden Jahr um den Jahresüberschuss von 33,0, der wegen des aufzufüllenden Stammkapitals vollständig thesauriert werden muss. Im Folgejahr schrumpft der Bestand des Eigenkapitals um den Betrag in Höhe des erwarteten Jahresfehlbetrages (15,4). Die zu deckende Finanzierungslücke im Folgejahr entspricht dem Cashflow nach Soll-Kapitaldienst und Investitionsauszahlungen (39,7) bzw. vermindert sich – sollte sich der Mindestkassenbestand auf Null reduzieren lassen – auf 35,1. Sollte das Unternehmen diese Finanzierungslücke aus der Sicht des Planungszeitpunktes, das ist ein Zeitpunkt im laufenden Jahr, nicht decken können, ist die Formulierung des § 18 Abs. 2 erfüllt.

34 Die im Beispiel benutzte Definition des NOCF ist stark vereinfacht. Insbesondere die Positionen, die Kapitalbindung im Umlaufvermögen auslösen (erforderliches Betriebskapital), wurden lediglich repräsentiert durch die Position Veränderung der „Forderungen aus Lieferungen und Leistungen". Einzahlungswirksame sonstige betriebliche Erträge blieben unbeachtet. Unberücksichtigt blieben auch Cashflow-Wirkungen aus nicht operativen Tätigkeiten des Unternehmens. Schließlich empfiehlt es sich, bestehende Möglichkeiten des Unternehmens Cashflow-Defizite durch Maßnahmen der Außenfinanzierung zu decken, explizit im Finanzplan auszuweisen. Tabelle 2 stellt eine erweiterte Systematik zur Ableitung eines Netto-Cashflows dar. Wird in der letzten Zeile ein Finanzplandefizit ausgewiesen, ist dies definitionsgemäß eine nicht schließbare Finanzierungslücke.

---

[28] Vorschläge zur Gestaltung von Finanzplänen finden sich zB bei *Temme*, S. 68–70; *Uhlenbruck*, S. 266–272; *Haarmeyer/Wutzke/Förster*, Handbuch, Kap. 3 RdNr. 72 bis 75; *Drukarczyk*, 2008, S. 91–111; *IDW* PS 800, 2009.
[29] N steht für Net und kennzeichnet, dass der Cashflow *nach* Steuern definiert ist.
[30] Für das laufende Jahr berechnet sich der Cashflow nach Soll-Kapitaldienst und Investitionsauszahlungen wie folgt: Jahresüberschuss + Abschreibungen − Investitionsauszahlungen − Tilgungen = 33,0 + 100,0 − 44,0 − 80,0 − 4,4 = 4,6.

Drohende Zahlungsunfähigkeit   35, 36   § 18

Netto-Umsatzerlöse
+ sonstige betriebliche Erträge
− Materialaufwand
− Löhne und Gehälter, einschl. soziale Abgaben
− sonstige betriebliche Aufwendungen (inkl. Leasing-, Pacht-, Mietraten)
− Steuern
− Veränderung des erforderlichen Betriebskapitals =
      − (Δ Roh-, Hilfs- und Betriebsstoffe
      + Δ Forderungen aus Lieferungen und Leistungen
      + Δ Geleistete Anzahlungen
      − Δ Verbindlichkeiten aus Lieferungen und Leistungen
      − Δ Erhaltene Anzahlungen)

= NOCF − Δ Aktive Rechnungsabgrenzung + Δ Sonderposten + Δ Rückstellungen + Δ Sonstige Verbindlichkeiten + Δ Passive Rechnungsabgrenzung − Investitionsauszahlungen

= Cashflow aus operativer Geschäftstätigkeit
 	
    + außerordentliches Ergebnis
    + erhaltene Ausschüttungen auf Beteiligungen
    + erhaltene Zinsen auf Ausleihungen
    + erhaltene Rückzahlungen auf Ausleihungen
    + sonstige Zinsen
    − Auszahlungen für Finanzanlagen
    − Wertpapiere des Umlaufvermögens, weitere Forderungen etc.

+ Cashflow aus sonstiger Geschäftstätigkeit
    − Zinsen auf Alt-Fremdkapital   } Soll-Kapitaldienst
    − Tilgungen auf Alt-Fremdkapital

= Cashflow nach Soll-Kapitaldienst
+ Kassenanfangsbestand + Erlöse aus dem Verkauf von Vermögensgegenständen + Aufnahme von Fremdkapital + Veränderung Eigenkapital (Kapitalerhöhung/Dividenden)
= Netto-Cashflow

Tab. 2: Systematik zur Ermittlung von Finanzplanüberschüssen bzw. -defiziten

III. Sichtbarmachung der Unsicherheit

Ein Beleg, dass Zahlungsunfähigkeit droht, legt eine mehrwertige Darstellung des erwarteten **35** künftigen Geschehens nahe.[31] Würde man abwarten, bis fehlendes Zahlungsvermögen *sicher* und damit einwertig ist, landete man bei Zahlungsunfähigkeit bzw. Zahlungseinstellung. Der Versuch, zeitlich frühere Auslösungen zu ermöglichen, wäre gescheitert. Die Zulassung zeitlich früherer Auslösungen erfordert, dass Belege für eine nur wahrscheinliche („drohende") Zahlungsunfähigkeit zulässig sind. Der Gesetzgeber will an die Höhe dieser Wahrscheinlichkeit Mindestanforderungen stellen. Sie soll größer als 0,5 sein.[32]

Die Struktur des Problems soll an einem einfachen Beispiel erläutert werden. Zwei Umweltzu- **36** stände im laufenden Geschäftsjahr t=1 werden als möglich eingestuft. Die Prognose für das Folgejahr t=2 kann idR nicht unabhängig von den Ereignissen im laufenden Jahr erfolgen. Für t=2 gelte, dass auf jeden Umweltzustand des laufenden Geschäftsjahres nur zwei mögliche Umweltzustände im Folgejahr eintreten können. Diesen Umweltzuständen können subjektive Eintrittswahrscheinlichkei-

[31] Vgl. RdNr. 16 und 21.
[32] DE B 15.

ten zugeordnet werden (p_{tj}; t bezeichnet die Periode (das Jahr), j den Zustand). Die Wahrscheinlichkeiten müssen sich jeweils zu eins addieren; dies gilt für die beiden Umweltzustände im laufenden Jahr (z_{11}, z_{12}) und die vier für möglich gehaltenen Umweltzustände im folgenden Geschäftsjahr (z_{21}, z_{22}, z_{23}, z_{24}). Zur Vereinfachung beschränkt der Geschäftsführer die Prognose auf zwei Jahre. Es entspricht der herrschenden Meinung, dass der Prognosezeitraum für die Prüfung, ob eine drohende Zahlungsunfähigkeit vorliegt, sich auf das laufende und darauf folgende Geschäftsjahr erstrecken soll.

37 In bildlicher Darstellung sehen die Erwartungen des Geschäftsführers so aus wie in Abb. 1:

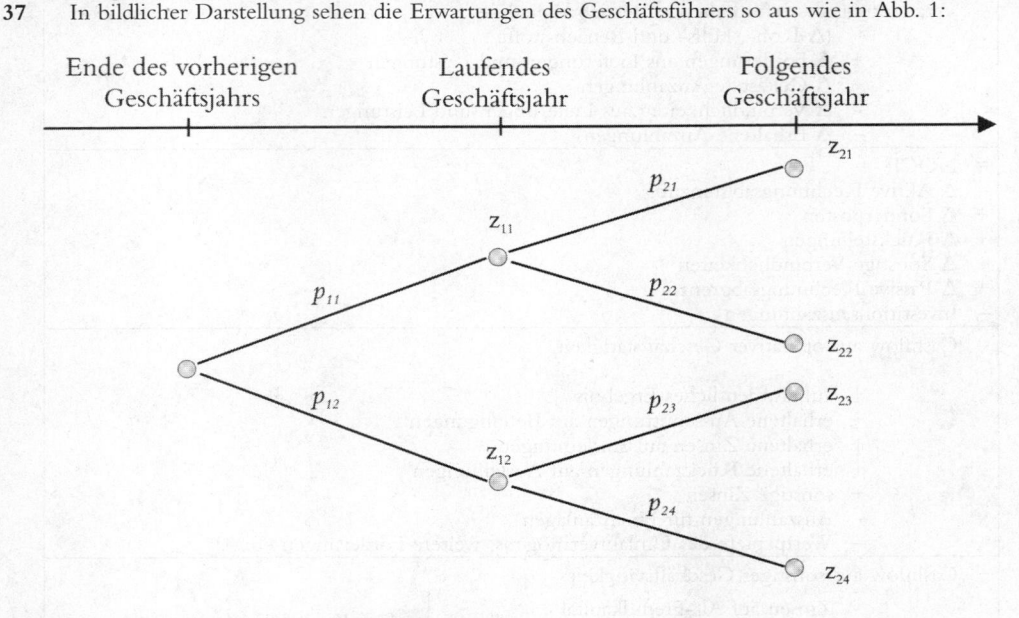

Abb. 1: Erwartungen des Geschäftsführers

38 Die quantitative Abbildung der Planungen und Erwartungen des Geschäftsführers bzw. des Schuldners erfolgt auch hier unter vereinfachten Annahmen:
– Auf die Beachtung von Steuern wird verzichtet. Damit bleiben auch Verlustvorträge und deren steuerliche Verwendung unbeachtet.
– Fremdkapital ist mit 10 % zu verzinsen.
– Ansprüche der Lieferanten, Arbeitnehmer und Kreditnehmer sind ohne Abstriche zu erfüllen.
– Finanzielle Mittel werden thesauriert, wenn sie zur Kapitalbedarfsdeckung notwendig oder zur Auffüllung des Mindesteigenkapitals erforderlich sind. Ansonsten werden Überschüsse ausgeschüttet.

Tabelle 3 stellt die Erwartungen des Geschäftsführers der Kapitalgesellschaft in Form zustandsabhängiger Finanzpläne und Plan-Gewinn- und Verlustrechnungen dar:

Drohende Zahlungsunfähigkeit   39–42   § 18

Mögliche Umweltzustände	Laufendes Jahr		Folgejahr			
	z_{11}	z_{12}	z_{21}	z_{22}	z_{23}	z_{24}
Eintrittswahrscheinlichkeit	0,4	0,6	0,3	0,7	0,4	0,6
A. Finanzplan						
Umsatzerlöse	420	360	410	350	300	280
− Material- und Personalaufwand	200	190	210	190	180	180
− Veränd. Forderungen aus Lief. und Leist.	5	4	5	3	4	2
= NOCF	215	166	195	157	116	98
− Investitionsauszahlungen	50	40	50	40	40	40
− Zinszahlung	57	57	49	49	49	49
− Tilgung	80	80	80	80	80	80
− Cashflow nach Soll-Kapitaldienst und Investitionsauszahlungen	28	−11	16	−12	−53	−71
B. Plan-GuV						
Umsatzerlöse	420	360	410	350	300	280
− Material- und Personalaufwand	200	190	210	190	180	180
− Abschreibung	100	100	100	100	100	100
− Zinsaufwand	57	57	49	49	49	49
= Jahresüberschuss	63	13	51	11	−29	−49

Tab. 3: Zustandsabhängige Finanzpläne und Plan-GuV

Obwohl die Cashflows nach Investitionsauszahlungen und Soll-Kapitaldienst in den Zuständen z_{12} bzw. z_{22}, z_{23} und z_{24} negativ sind, kann ein Urteil, ob Zahlungsunfähigkeit droht, noch nicht gefällt werden. Es ist zuvor zu prüfen, welche Möglichkeiten zur Deckung des Kapitalbedarfs nachweislich genutzt werden können und ob die vom Gesetzgeber vorgegebene bzw. die von der herrschenden Meinung vertretene Mindestwahrscheinlichkeit für ein Finanzplandefizit gegeben ist.

Möglichkeiten zur Deckung von vorläufigen Finanzierungslücken sind etwa:
− Das Management nutzt Bestände an schnell liquidierbaren Vermögensgegenständen (nicht betriebsnotwendige Kassenbestände, Wertpapiere des Umlauf- bzw. Anlagevermögens).
− Operative Vermögensgegenstände, insbesondere wenn sie nicht betriebsnotwendig sind, können veräußert werden.
− Alt- und/oder Neugläubiger könnten Kredite gewähren. Neugläubiger werden hier Sicherheiten verlangen, die Unternehmen in insolvenznahen Situationen idR nicht mehr bieten können.
− Altgläubiger könnten zu Zins- und /oder Tilgungsmoratorien bereit sein. Soweit verbindliche Erklärungen der Gläubiger vorliegen, wird der Finanzplan entlastet.
− Kurzfristig fälliges Fremdkapital wird in langfristiges Fremdkapital gewandelt. Eigentümer führen Mittel in Form von Gesellschafterdarlehen zu.
− Fremdkapital-Ansprüche werden in Eigenkapitalansprüche gewandelt.
− Alt- oder Neu-Eigentümer führen Eigenkapital zu.

In Fortführung des Beispiels sei angenommen, dass die Geschäftsführung für den Fall einer ungünstigen Entwicklung im laufenden Geschäftsjahr − das entspricht dem Zustand z_{12} − erwartet, dass das in Tabelle 3 ausgewiesene Zahlungsdefizit in Höhe von −11 durch kurzfristige Kredite gedeckt werden kann. Für das Folgejahr sei eine gleichgerichtete Erwartung der Geschäftsführung nicht mehr gerechtfertigt: die Kreditinstitute des Unternehmens sind zu weiterer Kreditvergabe nicht mehr bereit.

Vor diesem Hintergrund ergeben sich die in Tab. 4 ausgewiesenen Planbilanzen:

Mögliche Umweltzustände	Vorjahr	Laufendes Jahr z_{11}	z_{12}	Folgejahr z_{21}	z_{22}	z_{23}	z_{24}
Eintrittswahrscheinlichkeit		0,4	0,6	0,3	0,7	0,4	0,6
Planbilanz							
Aktiva							
Anlagevermögen	550	500	490	450	440	430	430
Umlaufvermögen							
Forderungen aus Lief. und Leist.	30	35	34	40	38	38	36
Kasse	0	5	0	5	−7	−54	−72
Bilanzsumme	580	540	524	495	471	414	394
Passiva							
Eigenkapital							
Stammkapital	10	50	23	50	50	−7	−27
Rücklagen	0	0	0	35	11	0	0
Fremdkapital	570	490	501	410	410	421	421
Bilanzsumme	580	540	524	495	471	414	394

Tab. 4: Zustandsabhängige Planbilanzen und Entwicklung des Eigenkapitals

Anlagevermögen und Bilanzsumme schrumpfen, weil die Abschreibungen die Investitionsauszahlungen übersteigen, wie in Tab. 3 gezeigt wird. Der Bestand des Fremdkapitals fällt im Zustand z_{12} um 80−11[33]; in der Folgeperiode sinkt er um die vertragskonforme Tilgung. Das Stammkapital steigt im Zustand z_{11} auf das satzungsmäßige Niveau: Vom Jahresüberschuss (63) werden Mittel in Höhe von 40 einbehalten; Mittel in Höhe von 23 werden ausgeschüttet.[34] Im Zustand z_{12} beträgt das Stammkapital 23; der gesamte Jahresüberschuss (13) wird zur Auffüllung des Stammkapitals einbehalten. Im Folgejahr verharrt das Stammkapital in den Zuständen z_{21} und z_{22} auf dem im Zustand z_{11} erreichten Niveau.[35] Thesaurierte Überschüsse werden unter Rücklagen ausgewiesen.[36] In den Zuständen z_{23} und z_{24} sind die Cashflows nach Soll-Kapitaldienst und die Jahresüberschüsse negativ. Das Stammkapital ist in beiden Zuständen negativ.[37]

In den Zuständen z_{22}, z_{23} und z_{24} treten Finanzierungslücken auf. Die Lücke in z_{22} (−7) ist auf einfache Weise zu füllen. Es reichte, wenn im laufenden Geschäftsjahr die in z_{11} intendierte Ausschüttung (23) entsprechend verkürzt würde. Die Deckung der möglichen Finanzierungslücken in z_{23} und z_{24}[38] durch Dritte dürfte erhebliche Probleme aufwerfen, da das Unternehmen in den zustandsbezogenen Planbilanzen keine positiven Eigenkapitalbestände mehr ausweist. Die Beleihbarkeit künftiger finanzieller Überschüsse durch Dritte setzt überzeugende Belege der Erzielbarkeit solcher Überschüsse voraus. Die Beleihbarkeit von Vermögensgegenständen ist im Beispiel ebenfalls ausgereizt, weil die Marktwerte des Anlagevermögens an die Buchwerte nicht heranreichen und die Fremdkapitalbestände bereits oberhalb des Marktwertes der beleihbaren Vermögensgegenstände liegen.

IV. Wann droht Zahlungsunfähigkeit?

Ob eine drohende Zahlungsunfähigkeit dem Schuldner einen hinreichenden Eröffnungsgrund liefert, hängt nicht nur vom Beleg nicht deckbarer Finanzplandefizite ab, sondern auch davon, ob diese Finanzplandefizite das Kriterium der „Voraussichtlichkeit" in § 18 Abs. 2 erfüllen, also mit der erforderlichen Mindestwahrscheinlichkeit p^*, die größer als 0,5 sein soll,[39] erwartet werden können.

---

[33] Die vertragskonforme Tilgung beträgt 80, der (kurzftistige) Neukredit beträgt 11.
[34] Der Kassenbestand in z_{11} ist folglich 5.
[35] Die Zustände z_{21} und z_{22} sind nur relevant, wenn im laufenden Jahr der Zustand z_{11} eingetreten ist.
[36] Im Zustand z_{21} erfolgt eine Ausschüttung von 16; im Zustand z_{22} kann eine Ausschüttung nicht finanziert werden.
[37] Ausgangspunkt für die Bestimmung des Stammkapitals ist hier Zustand z_{12} mit einem Stammkapital von 23. Rücklagen bestehen nicht. Der in Tabelle 3 ausgewiesene Jahresüberschuss in Zustand z_{23} (−29) beträgt jetzt −30, da der Zinsaufwand durch die Kreditaufnahme von 11 im laufenden Jahr um 1 zunimmt. Es liegt somit ein nicht durch Eigenkapital gedeckter Fehlbetrag vor.
[38] −54 bzw. −72. Das im Zustand z_{12} aufgenommene Fremdkapital (11) erhöht die Zinszahlung im folgenden Geschäftsjahr.
[39] Vgl. Begr. RegE zu § 22 RegE in: *Balz/Landfermann*, S. 91; *Haarmeyer/Wutzke/Förster*, RdNr. 99.

Prinzipiell sind unterschiedlich intensive Anforderungen möglich:[40]

1. Drohende Zahlungsunfähigkeit könnte vorliegen, wenn in einem Zustand ein nicht deckbares Finanzplandefizit aufscheint. Dies gilt unabhängig von der Höhe des Finanzplandefizits und unabhängig von der Höhe der Eintrittswahrscheinlichkeit.
2. Drohende Zahlungsunfähigkeit könnte vorliegen, wenn in einer zu definierenden Zeitspanne die *kumulierte* Wahrscheinlichkeit für nicht deckbare Finanzplandefizite größer ist als die für mindestens ausgeglichene Finanzpläne.
3. Zahlungsunfähigkeit könnte drohen, wenn das *erwartete* Finanzplandefizit negativ ist. Die möglichen Finanzplanüberschüsse und -defizite einer Periode werden unter Gewichtung mit ihren Eintrittswahrscheinlichkeiten summiert zum *erwarteten* Finanzplan-Ergebnis. Ist dieses negativ, droht gemäß dieser Interpretation Zahlungsunfähigkeit.

Interpretation 1 ließe sehr kleine Eintrittswahrscheinlichkeiten für in der Höhe nicht definierte, nicht deckbare Finanzplandefizite zu, um dem Schuldner ein Antragsrecht zuzusprechen. Sie würde die Idee einer kriteriengebundenen Auslösung, die die InsO verfolgt, stark aushöhlen, weil subjektive Wahrscheinlichkeiten vom Antragsteller gestaltbar sind und der Gestaltungseinfluss auf die „wahre" Wahrscheinlichkeit durch Dritte kaum verlässlich aufgedeckt werden kann. Würde man sehr kleine Wahrscheinlichkeiten für nicht auffüllbare Finanzplan-Defizite als Definition für drohende Zahlungsunfähigkeit zulassen, könnten Verfahrenseröffnungen für Sachverhalte resultieren, in denen es an dem gesetzlich intendierten Mindestmaß an Gläubigergefährdung fehlt. Aus diesem Grund und wegen der Unverträglichkeit mit dem Wortlaut des § 18 Abs. 2 scheidet diese Interpretation aus.

Interpretation 3 hat auf den ersten Blick den Vorzug, das *gesamte* Erwartungsspektrum der Geschäftsführung bzw. des Schuldners zu erfassen. Neben der immer relevanten Eintrittswahrscheinlichkeit wirken auch die *Beträge* der nicht ausgleichbaren Defizite auf das Kriterium „erwartetes Finanzplan-Defizit".[41] Neben der Wahrscheinlichkeit des Eintritts ist die **Höhe der Fehlbeträge** für die mögliche Schädigung der Gläubiger von besonderer Bedeutung. Vom Wortlaut der Vorschrift § 18 Abs. 2 ist diese Interpretation allerdings weit entfernt. Die Gesetzesbegründung lässt Interpretation 3 nicht zu: Es heißt dort, dass der Eintritt der Zahlungsunfähigkeit wahrscheinlicher sein muss als deren Vermeidung. Die Ratio der Vorschrift ist das Recht des Schuldners, mit den Gläubigern unter den Bedingungen der InsO dann zu verhandeln, wenn eine vertragskonforme Bedienung der bestehenden Ansprüche aus seiner Sicht mit überwiegender Wahrscheinlichkeit nicht erfolgen kann. Würde man dieses Recht nicht gewähren, weil die *erwarteten* Finanzplanüberschüsse positiv sind, obwohl der Schuldner mit überwiegender Wahrscheinlichkeit die vertragskonforme Bedienung der Gläubigeransprüche nicht bedienen kann,[42] würde ihm das Auslöserecht genommen mit der Folge, dass er sich bei Eintritt des „schlechten" Umweltzustandes mit seinen Gläubigern unter verschlechterten ökonomischen Bedingungen auseinandersetzen und einigen muss. Interpretation 3 schwächte den vom Gesetzgeber intendierten antizipativen Effekt des Auslöserechts.

Interpretation 2 entspricht der Begründung des Diskussionsentwurfs.[43] Das Wort voraussichtlich sei so zu verstehen, dass der Eintritt der Zahlungsunfähigkeit (also nicht auffüllbarer Zahlungsmitteldefizite) wahrscheinlicher sein muss als deren Vermeidung. Nur auf die Wahrscheinlichkeit kommt es an, nicht auf die Höhe der Finanzplandefizite. Das ist nicht selbstverständlich, weil der Schaden der Gläubiger, den es abzuwehren gilt, maßgeblich von der Höhe der möglichen Finanzplandefizite abhängt. Der Gesellschaft des Beispiels oben droht Zahlungsunfähigkeit, weil die Wahrscheinlichkeit für Finanzplandefizite $(0{,}6 + 0{,}4) \cdot 0{,}6 = 0{,}6$ größer ist als die Wahrscheinlichkeit von 0,5, die die herrschende Meinung als gültige Interpretation der Intention des Gesetzgebers ansieht.

Die Wahrscheinlichkeiten, die einem zustandsabhängigen Finanzplan zuzuordnen sind, sind *subjektive* Wahrscheinlichkeiten.[44] Sie drücken den Grad des „Für-Wahr-Haltens" aus, den der Prognoseersteller einem definierten Umweltzustand zuordnet. Subjektive Wahrscheinlichkeiten kennzeichnen den Grad der Erwartung für den Eintritt eines Zustandes auf Grund der gegenwärtig verfügbaren Daten. Dass subjektive Wahrscheinlichkeiten künftig eintretenden Ereignissen zugeordnet werden können, ist klar. Das Problem liegt in der Nachprüfbarkeit der von einem Prognoseersteller zugeordneten subjektiven Wahrscheinlichkeiten durch Dritte. Diese kennen weder den dem Prognoseersteller verfügbaren Wissensvorrat, noch die Regeln, nach denen dieser vorhandenes Wissen in eine Wahrscheinlichkeitsaussage umsetzt. Daraus folgt, dass der Ersteller einer Prognose über

---

[40] Vgl. *Drukarczyk/Schüler*, Kölner Schrift, RdNr. 68-73.
[41] *Bretzke* DBW 1995, S.408; *Harneit* 1984, S.69.
[42] Angenommen, es gälte in Zustand 1 $-100;0{,}55$ und in Zustand 2 $200;0{,}45$. Der erwartete Finanzplanüberschuss ist positiv (35). Interpretation 3 folgend hätte der Schuldner kein Auslöserecht.
[43] DE B 15.
[44] Vgl. zur subjektiven und objektiven Interpretation von Wahrscheinlichkeiten *Popper*, S. 106–110.

Gestaltungsspielraum bei der Zuordnung von subjektiven Wahrscheinlichkeiten verfügt. Es wird einem Dritten idR nicht möglich sein zu belegen, dass die kumulierte Wahrscheinlichkeit für ausgeglichene Finanzpläne im Folgejahr nicht wie vom Ersteller der Prognose behauptet 52 %, sondern nur 42 % beträgt.

50 Das bedeutet nicht, dass die Prognosen des Erstellers überhaupt keiner Überprüfung zugänglich wären. Vor dem Hintergrund der vorliegenden Bilanzen, GuV-Rechnungen und Finanzpläne für die Vergangenheit können Prognoserechnungen in Form von Finanzplänen, Planbilanzen und Plan-GuV-Rechnungen auf ihre Verträglichkeit mit den dokumentierten Daten der Vergangenheit geprüft werden. Unbegründete Sprünge in den Prognosewerten sind aufdeckbar. An den Prüfproblemen der vom Schuldner angegebenen subjektiven Wahrscheinlichkeiten für künftige Entwicklungen ändert dies jedoch nichts Entscheidendes, weil die Daten der Vergangenheit nicht darüber informieren, wie denn das Wahrscheinlichkeitsspektrum *vor* dem Eintritt der jeweiligen Ereignisse ausgesehen hat. Der Wortlaut des § 18 Abs. 2 stellt mit dem Term „voraussichtlich" somit auf eine Größe ab, die für die Prognoseersteller in Abhängigkeit von der Interessenlage gestaltbar ist. Der Einschränkung dieser Gestaltbarkeit durch Dritte sind Grenzen gesetzt.

51 Im Ergebnis ist von Interpretation 2 auszugehen. Der Antrag des Schuldners ist so aufzubereiten, dass sich das Gericht ggf. unter Hinzuziehung eines Gutachters oder eines potenziellen vorläufigen Sachwalters anhand der Vorlage des Finanzplans und der zugehörigen Anlagen von der drohenden Zahlungsunfähigkeit überzeugen kann.[45] Das Gericht kann gemäß § 20 i. V. m. § 98 Abs. 1 verlangen, dass der Schuldner zu Protokoll an Eides statt die Richtigkeit und Vollständigkeit der von ihm präsentierten Unterlagen versichert. Auf die begrenzte Überprüfbarkeit von subjektiven Wahrscheinlichkeiten wurde hingewiesen.

V. Zur Länge des Prognosezeitraums

52 Der Schuldner droht zahlungsunfähig zu werden, wenn er voraussichtlich nicht in der Lage sein wird, die bestehenden Zahlungspflichten im Zeitpunkt der Fälligkeit zu erfüllen. Die Betonung bestehender Zahlungspflichten und des Zeitpunktes von deren Fälligkeit hat die Frage entstehen lassen, wie im Prognosezeitraum **neu entstehende** Zahlungspflichten im Rahmen der Prüfung oder des Nachweises der drohenden Zahlungsunfähigkeit zu behandeln seien. *Burger/Schellberg* etwa vertreten die Ansicht, nur im Zeitpunkt der Prognoseerstellung bestehende Zahlungspflichten seien zu beachten.[46]

53 Diese am Wortlaut orientierte Interpretation ist zu eng. Ein den Prinzipien der Vollständigkeit und Termingenauigkeit verpflichteter Finanzplan, der einen zu definierenden zukünftigen Zeitraum abgreift, kann nicht erstellt werden, indem man die Zahlungspflichten ad hoc auf diejenigen beschränkt, die im Zeitpunkt der Prognoseerstellung bestehen. Unternehmen gehen täglich neue Zahlungsverpflichtungen ein, die gemäß dieser engen Auffassung nicht zu erfassen wären, obwohl sie bei Fälligkeit die Liquiditätsposition des Unternehmens schwächen.[47]

54 Diese enge Interpretation ist auch kaum verträglich mit der Begründung des RegE. Hier heißt es: „In die Prognose, ..., muss die *gesamte* Entwicklung der Finanzlage bis zur Fälligkeit aller bestehenden Verbindlichkeiten einbezogen werden; in diesem Rahmen sind neben den zu erwartenden Einnahmen auch die zukünftigen, noch nicht begründeten Zahlungspflichten mitzuberücksichtigen".[48] Folglich sind diejenigen Zahlungspflichten, die im Prognosezeitraum neu entstehen *und* in diesem Zeitraum fällig werden, bei der Erstellung des Finanzplans zu berücksichtigen.[49]

55 Die Frage nach der Länge des Prognosezeitraums, den der Finanzplan abgreifen soll, kann nicht generell beantwortet werden. Einigkeit scheint über die *maximale* Länge eines Prognosezeitraums zu bestehen. Dieser endet, wenn die am längsten laufende Zahlungspflicht der zum Prognosezeitpunkt bereits bestehenden Zahlungspflichten endet. Hier liegt die Relevanz der im Erstellungszeitpunkt der Prognose schon bestehenden Zahlungspflichten: Ihre Laufzeiten bestimmen die maximale Länge des Prognosezeitraums. Da Unternehmen idR auch langlaufende Kredite aufnehmen bzw. langlaufende Miet-, Pacht- bzw. Leasingverträge abschließen, bedeutet dies, dass mehrjährige Prognosezeiträume denkbar und zulässig sind. Ob diese mit der Genauigkeit erstellt werden können, die notwendig ist, um Dritten bzw. dem Gericht eine drohende Zahlungsunfähigkeit als „voraussichtlich" eintretend erscheinen zu lassen, ist abhängig vom Einzelfall. Insbesondere die Branchenzugehörigkeit des Unternehmens hat idR Bedeutung, da die Einzahlungsrhythmen und die Struktur der Auszah-

---

[45] *Haarmeyer/Wutzke/Förster* Kap. 3 RdNr. 92 ff.
[46] *Burger/Schellberg* BB 1995, S. 264.
[47] So auch *Temme*, S. 61/62, *Ganter* ZInsO 2011, 2297.
[48] RegE Begr. zu § 22 in: *Balz/Landfermann*, S. 91.
[49] So auch *Bork*, RdNr. 89; *Temme*, S. 64, *Bork* ZIP 2008, 1752.

lungen im Zeitablauf sehr stark von der Branchenzugehörigkeit abhängen.[50] Die für den Großanlagenbau relevanten Zahlungsmuster[51] unterscheiden sich fundamental vom Muster, das für kleinere Brauereien gilt.[52] Die Suche nach einer für alle Fälle geltenden Länge des Prognosezeitraumes erscheint somit nicht als erfolgreicher Weg.

Besondere Probleme werfen Schadenersatzforderungen auf, die gerichtlich geltend gemacht sind, über die aber noch nicht abschließend entschieden ist. Aus den USA sind einige spektakuläre Fälle bekannt geworden, in denen Unternehmen sich in Erwartung einer Flut von Schadensersatzprozessen unter die Fittiche von Chapter 11 Bankruptcy Code gerettet haben, um aus dieser Schuldnerfreundlichen Position heraus Schadensersatzregelungen auszuhandeln. Zu diesen Fällen gehört u.a. die Manville Corporation.[53] Lässt § 18 eine analoge Vorgehensweise zu? Unterstellt man zur Vereinfachung, dass die Summe der von amerikanischen Gerichten den Klägern im Fall der Manville Corporation zugestandenen Ansprüche den Marktwert des Eigenkapitals der Gesellschaft überstiegen hätte, wäre der Tatbestand der drohenden Zahlungsunfähigkeit erfüllt. Man hätte zunächst zu prüfen, ob die Geltendmachung der Schadensersatzansprüche vor Gericht die Definition des § 18 Abs. 2 von „bestehenden" Zahlungspflichten erfüllt, weil nämlich der Barwert der Ansprüche der zu Schadensersatz Berechtigten die Ansprüche der Eigentümer auf die sog. Residualzahlungen übersteigt und somit das Anspruchspotential der Fremdkapitalgeber angreift. 56

Im Interesse der Rechtssicherheit müssen bestehende Zahlungspflichten in dem Zeitpunkt bestehen[54] oder im Zeitraum der Prognose fällig werden, für die über das Vorliegen drohender Zahlungsunfähigkeit zu befinden ist. Hierzu zählen die Zahlungspflichten gegenüber den Beschäftigten, über deren Ansprüche bereits entschieden ist oder im Zeitraum der Prognose voraussichtlich entschieden werden wird. Diese Zahlungsansprüche werden idR Rentencharakter haben und sich somit weit in die Zukunft erstrecken. Da die Laufzeit bestehender Zahlungspflichten den maximal zulässigen Prognosezeitraum bestimmt,[55] spricht wenig gegen die Verlängerung des Prognosezeitraums, um zu prüfen, ob ggf. drohende Zahlungsunfähigkeit vorliegt. 57

Gemäß § 18 bestimmt die längste Restlaufzeit einer im Prognosezeitpunkt bestehenden Verbindlichkeit (Zahlungspflicht) die *maximale* Länge des Prognosezeitraums und damit die Menge (das Volumen) der potentiell in diesem Zeitraum neu entstehenden Zahlungspflichten. Das Abstellen auf bestehende Zahlungspflichten und deren individuelle Restlaufzeiten bewirkt für Schuldner potentiell unterschiedlich lange, zulässige Prognosezeiträume. 58

Aus praktischen Gründen wird der Prognosezeitraum, den Antragsteller benutzen werden, um drohende Zahlungsunfähigkeit zu belegen, deutlich kürzer sein als die längste Laufzeit der im Erstellungszeitpunkt bestehenden Zahlungsverpflichtungen, weil die Prognosefähigkeiten mit zeitlicher Erstreckung der Prognosezeiträume sinken und weil der „Wahrscheinlichkeitsbeleg" mit zunehmender Entfernung vom Entfernungszeitpunkt schwieriger wird.

VI. Prognosezeitraum und Abgrenzung von Zahlungsunfähigkeit und drohender Zahlungsunfähigkeit

Der Schuldner ist zahlungsunfähig, wenn er nicht in der Lage ist, die fälligen Zahlungspflichten zu erfüllen.[56] Diese Formulierung ist strikter als der Wortlaut von § 102 KO. Zwei Gründe sind hierfür anzuführen. Eine zentrale Zielsetzung der InsO besteht in der zeitlichen Vorverlegung der Insolvenzverfahren auslösenden Tatbestände. In diesem Kontext lag es nahe, die Reichweite der Definitionen von „dauernd" und „im wesentlichen" deutlich zu begrenzen. Der zweite Grund liegt in der Einführung der drohenden Zahlungsunfähigkeit durch § 18 InsO. Ratio legis ist, dem Schuldner, aber nicht den Gläubigern, eine Antragsoption zu gewähren. Es soll vermieden werden, dass 59

---

[50] Vgl. *Habbel/Krause/Ollmann*, 2010, S. 9-19.

[51] *Krolle/Sommerkamp*, Bewertung von Unternehmen im Großanlagenbau in: *Drukarczyk/Ernst*, Branchenorientierte Unternehmenbewertung 3.A., 2010, S. 37-62.

[52] *Adam*, Bewertung kleiner und mittlerer Brauereien in: *Drukarczyk/Ernst*, Branchenorientierte Unternehmensbewertung, 3.A., 2010, S. 63-86.

[53] Die Johns-Manville Corporation (seit 1981: Manville Corporation) ist der Welt größter Produzent von Asbest und asbesthaltigen Produkten (Umsätze 1982 2,94 Mrd. $, Bilanzsumme 2,2 Mrd. $). 1982 waren rund 16 000 Schadensersatzprozesse gegen das Unternehmen anhängig. Kläger sind frühere in der Asbestproduktion Beschäftigte des Unternehmens, die sich durch mangelhafte, den jeweiligen Standards nicht genügende Produktionsbedingungen und fehlende Aufklärung über die gesundheitlichen Risiken der Asbestproduktion nachhaltig geschädigt sahen. Das Management schätzte 1982, dass sich die Zahl der Ansprüche bis zum Jahr 2001 auf 32 000 erhöhen könnte.

[54] HKInsO-*Kirchhof* § 18 RdNr. 6.

[55] Vgl. oben RdNr. 54 und 55.

[56] § 17 Abs. 2, Satz 1.

Gläubiger den Schuldner im Vorfeld der klassischen Insolvenztatbestände (Zahlungsunfähigkeit bzw. Überschuldung) unter Druck setzen können. Ihm soll eine Frist gewährt werden, um Sanierungsversuche zu starten oder fortzuführen, die im Schatten einer allein vom Schuldner auslösbaren Verfahrenseröffnung größere Erfolgsaussichten haben als ohne diese Schuldneroption. Folglich ist es wichtig, den zeitlichen Abstand zwischen dem Eintritt von Zahlungsunfähigkeit und dem der drohenden Zahlungsunfähigkeit nicht so klein werden zu lassen, dass die Grenzen verschwimmen.

Der Gesetzgeber hat somit Formulierungen wie „andauerndes" Unvermögen oder Unfähigkeit zur Zahlung eines „wesentlichen Teils der Verbindlichkeiten" bewusst unterlassen, weil ansonsten die Gefahr bestünde, dass der Begriff der Zahlungsunfähigkeit in der Rechtsanwendung zu stark eingeengt würde bzw. Anlass bieten würde, den Begriff der Zahlungsunfähigkeit übermäßig einschränkend auszulegen.[57]

60 Der BGH hat in mehreren Entscheidungen an der Erarbeitung von Kriterien gearbeitet, die es gestatten sollten, zwischen einer bloßen **Zahlungsstockung** und einer zur Antragsstellung verpflichtenden Zahlungsunfähigkeit zu unterscheiden.[58] Sobald man das „Null-Toleranz-Prinzip", das lautet, dass jedes Unvermögen, fällige Zahlungsverpflichtungen zu einem Zeitpunkt vollständig begleichen zu können, den Tatbestand der Zahlungsunfähigkeit erfüllt und damit den Lauf der bekannten Drei-Wochen-Frist i.S.v. § 15a in Gang setzt, aufgibt, hat man zu beantworten a) welches Volumen zu tolerierende Zahlungslücken höchstens annehmen dürfen, b) innerhalb welcher Frist diese Zahlungslücken geschlossen werden müssen, um zu verhindern, dass eine unschädliche Zahlungsstockung in eine zum Insolvenzantrag verpflichtende Zahlungsunfähigkeit umschlägt und c) zu beantworten, ob die Antworten zu a) und b) mit der Funktion vereinbar sind, die der Insolvenztatbestand Zahlungsunfähigkeit zu erfüllen hat.

61 Startpunkt des BGH beim Eintritt in die Suche nach einer Antwort auf diese Fragen ist die Feststellung, dass der Gesetzgeber „ganz geringfügige Liquiditätslücken" für die Annahme, dass Zahlungsunfähigkeit vorliege, als nicht ausreichend angesehen hat.[59] Gestützt auf diese Aussage sucht der BGH in der Entscheidung vom 24.5.2005 nach Kriterien für die Höhe der noch zu tolerierenden Zahlungslücke in einer zeitpunktbezogenen Liquiditätsbilanz und für die längste Zeitspanne, für die diese Liquiditätslücke toleriert werden kann.

62 Der vom BGH erarbeitete Überblick über die Meinung der Literatur – einschließlich der Literaturmeinungen zu § 102 KO – ergibt eine große Varianz sowohl zur Frage der Höhe der noch akzeptablen Liquiditätslücken als auch zu der Frage, wie lange der noch als Zahlungsstockung geltende Zeitraum sein dürfte.

63 Der BGH stuft in der Literatur genannte akzeptable Fristen von bis zu drei Monaten als „zu lang" und Fristen von ein bis zwei Wochen als „zu kurz" ein. Er wählt als Orientierungsgröße den Zeitraum, den eine kreditwürdige Person braucht, um sich die benötigten Mittel zu leihen. Hierfür seien zwei bis drei Wochen erforderlich, aber auch ausreichend. Der BGH illustriert seine Überlegungen zur Beantwortung der Frage b) durch den Blick auf einen Handwerksbetrieb, dem ein größerer Auftrag nicht pünktlich beglichen wird und der aus diesem Grund nach einem finanziellen Ausweg in Form einer Fremdfinanzierung suchen muss.[60]

64 Diese Aussage ist, um praktikabel zu sein, um eine quantitative Aussage zur Höhe der „geringfügigen Liquiditätslücke" zu ergänzen. Auf die starre Vorgabe einer Unterdeckungsquote, also eines Quotienten gebildet aus Betrag der Liquiditätslücke im Prüfzeitpunkt und Höhe der zum Prüfzeitpunkt bestehenden gesamten Verbindlichkeiten, will sich der BGH nicht einlassen. Der Gesetzgeber habe auf eine solche Vorgabe verzichtet, vermutlich um eine gewisse Flexibilität in der Anwendung zu ermöglichen. Die Einführung eines „prozentualen Schwellenwerts", d.h. einer Unterdeckungsquote, wird deshalb in Form einer „widerlegbaren Vermutung für die Zahlungsunfähigkeit" eingeführt. Die Vorgabe einer starren Unterdeckungsquote von zB x % bezogen auf die gesamten fälligen Verbindlichkeiten hätte zwar den Vorzug der begrifflichen Klarheit, erlaube aber „für sich allein genommen keine abschließende Bewertung" eines komplexen Sachverhalts wie der Zahlungsunfähigkeit. Folglich ist das Vorliegen einer bestimmten Unterdeckungsquote immer zu ergänzen um eine allerdings befristete Prognose über das, was sich in der unter RdNr. 63 angegebenen Frist sonst

---

[57] DE Begr. B 13 – B 14.
[58] BGH, 24.5.2005, BGHZ 163, 134, ZInsO 2005, 807; BGH, 12.10.2006, ZInsO 2006, 1210; BGH, 19.7.2007, ZIP 2007, 1666.
[59] In der Begründung DE Begr. B13 – B14 heißt es: „Es versteht sich von selbst, dass ein Schuldner, dem in einem bestimmten Zeitpunkt liquide Mittel fehlen – etwa weil eine erwartete Zahlung nicht eingegangen ist – der sich die Liquidität aber kurzfristig wieder beschaffen kann im Sinne der Vorschrift in der Lage ist, die fälligen Zahlungspflichten zu erfüllen".
[60] Zur Kritik dieser Sichtweise und der Bedeutung eines funktionierenden Finanz- und Rechnungswesens vgl. MünchKomm-*Eilenberger* § 17 RdNr. 22.

noch ereignen kann. Der Senat sieht den „Schwellenwert", d.h. die kritische Unterdeckungsquote bei 10 %. Niedrigere Werte – zB 5 % – so der BGH – entfalteten kaum praktische Wirkungen. Beträgt die Unterdeckung weniger als 10 %, ist Zahlungsunfähigkeit nicht gegeben, es sei denn es lägen Umstände vor, die die Annahme der Weitergeltung dieser Einschätzung nicht stützten, wie zB die belegbare Erwartung eines fortgesetzten Niedergangs des Schuldner-Unternehmens.

Beträgt die Unterdeckungsquote im Prüfzeitpunkt 10 % und mehr, verweigert der BGH die automatische Folgerung, dass Zahlungsunfähigkeit vorläge, noch immer. Er will zulassen, dass konkrete Umstände benannt werden, die „mit an Sicherheit grenzender Wahrscheinlichkeit erwarten lassen, dass die Liquiditätslücke zwar nicht innerhalb von zwei bis drei Wochen – dann läge nur eine Zahlungsstockung vor – jedoch immerhin in überschaubarer Zeit beseitigt werden wird". Diese Frist liegt offenbar jenseits der Drei-Wochen-Frist. Die sehr wichtige Frage, wie lange sie denn sein darf, beantwortet der BGH nicht.

Im Ergebnis folgen aus dieser Grundsatzentscheidung die folgenden Regeln: Der „Schwellenwert" wird mit 10 % angesetzt. Liegt eine Unterdeckung von weniger als 10 % vor, genügt sie allein nicht, um Zahlungsunfähigkeit zu belegen. Es müssen besondere Umstände hinzutreten, wie zB ein fortgesetzter Niedergang des Schuldner-Unternehmens, um die Folgerung, dass Zahlungsunfähigkeit vorliege, zu belegen. Das Insolvenzgericht müsse dies im Rahmen seiner Amtsermittlungspflicht feststellen.

Beträgt die Unterdeckung mehr als 10 %, erlaubt der BGH den Vortrag von Indizien, „die mit an Sicherheit grenzender Wahrscheinlichkeit erwarten lassen, dass die Liquiditätslücke zwar nicht innerhalb von zwei bis drei Wochen – denn dann läge nur eine Zahlungsstockung vor – jedoch immerhin in überschaubarer Zeit beseitigt sein muss."

Die vom BGH entwickelten Kriterien zur Differenzierung zwischen bloßer Rechtsfolgen-loser Zahlungsstockung und zur Antragstellung verpflichtender Zahlungsunfähigkeit sind z.T. auf Zustimmung, aber auch auf Kritik gestoßen.[61] An dieser Stelle ist erstens relevant, wie lange die Zeitspanne, für die zu prüfen ist, ob Zahlungsstockung in Zahlungsunfähigkeit umschlägt, sein kann. Zweitens ist relevant, welche Bestandteile ein Finanzplan aufweisen muss, der der Prüfung dienen soll, ob ein im Prüfzeitpunkt in einer Liquiditätsbilanz festgestelltes Liquiditätsdefizit, das als Zahlungsstockung gelten könnte, diesen nicht zur Antragstellung verpflichtenden Charakter im Zeitablauf beibehält.

Die Prüfung, ob eine bloße Zahlungsstockung oder Zahlungsunfähigkeit vorliegt, verlangt eine Prüfung der Zeitraumliquidität.[62] Die Liquiditätsbilanz ist zu ergänzen um einen Finanzplan. Für welchen Zeitraum diese Finanzplanung zu erstellen ist, ist nicht ganz klar. Liegt das Liquiditätsdefizit im Prüfzeitpunkt unterhalb des Schwellenwertes von 10 %, hat der Schuldner eine Frist von zwei bis drei Wochen, um zu belegen, dass er in der Lage ist, das Zahlungsmitteldefizit in diesem Zeitraum abzutragen oder doch deutlich zu reduzieren.[63] Eine Reduktion der Finanzlücke bedeutet indessen, dass sie weiterhin positiv ist. Gemäß den Kriterien des BGH liegt Zahlungsunfähigkeit nicht vor.

Erhöht sich das im Prüfzeitpunkt bestehende Zahlungsmitteldefizit im zugelassenen Drei-Wochen-Zeitraum, könnten dies Indizien für den weiteren ökonomischen Niedergang des Schuldner-Unternehmens sein. Wie ist zu verfahren, wenn das prozentuale Zahlungsmitteldefizit im Drei-Wochen-Zeitraum ansteigt, aber unterhalb des Schwellenwertes von 10 % bleibt? Ist die Prüfperiode und damit die Finanzplanung dann zeitlich auszudehnen?[64]

Undefiniert ist die Länge des Zeitraums, die der BGH zugestehen will, wenn die Unterdeckungsquote mehr als 10 % beträgt und dem Schuldner Freiraum zur Verfügung gestellt wird, um „konkrete Umstände" darzulegen, die innerhalb einer „überschaubaren Zeit", die die bereits zugestandene Drei-Wochen-Frist übersteigen darf, erwarten lassen, dass die Liquiditätslücke mit an Sicherheit grenzender Wahrscheinlichkeit geschlossen wird. Eine zeitliche Obergrenze ist dieser Formulierung nicht zu entnehmen.

Klärungsbedürftig ist, ab welchem Zeitpunkt die in § 15a Abs. 1 definierte Drei-Wochen-Frist zu laufen beginnt. Die Frist beginnt mit der Feststellung der Zahlungsunfähigkeit bzw. der Überschuldung.[65] Ist Zahlungsunfähigkeit gegeben, wenn die vom BGH gewährte Drei-Wochen-Frist erfolglos verstrichen ist bzw. wenn der Schuldner vorher zu der Erkenntnis gelangt, dass er das Liquiditätsdefizit nicht wird vermindern oder ausgleichen können oder gilt sie als gegeben zu dem Zeitpunkt, zu dem die Liquiditätsbilanz die Finanzlücke erstmals ausweist?

---

[61] Vgl. *Bork* ZIP 2008, S. 1749; *Pape* WM 2008, S. 1950; *Knolle/Tetzlaff* ZInsO 2005, S. 897; *Ganter* ZInsO 2011, S, 2297; *Prager/Jungclaus*, FS Wellensiek, 2011, S. 101.
[62] Vgl. *Uhlenbruck/Uhlenbruck*, § 17 RdNr. 17; *K. Schmidt/Uhlenbruck*, RdNr. 5.91; *Knolle/Tetzlaff*, S. 900.
[63] Der BGH argumentiert in der Entscheidung vom 24.5.2005, es überwögen die Gründe „einen Schuldner, der seine Verbindlichkeiten bis auf einen geringfügigen Rest bedienen kann, nicht als zahlungsunfähig anzusehen".
[64] Wohl ablehnend *Fischer*, FS Ganter 2010, S. 162.
[65] *Uhlenbruck* § 15a, RdNr. 14.

In der Grundsatzentscheidung des BGH vom 24.5.2005 wird dieser Aspekt nicht explizit angesprochen. Zwei Antworten erscheinen möglich: Im Zeitpunkt der erstmaligen Aufdeckung der Liquiditätslücke durch eine Liquiditätsbilanz ist ungeklärt, ob eine Zahlungsstockung oder Zahlungsunfähigkeit vorliegt. Der Schuldner nutzt die vom BGH zugestandene Drei-Wochen-Frist für eine Finanzplanung, die den Abbau des Defizits als überaus wahrscheinlich erscheinen lässt. Erst wenn der Abbau oder die deutliche Verminderung des Defizits im vorgegebenen Zeitraum nicht gelingt, schlägt die Vermutung „Zahlungsstockung" in das Wissen um „Zahlungsunfähigkeit" um: es liegt dann Zahlungsunfähigkeit vor. Dann erst beginnt der Lauf der von § 15a Abs. 1 gewährten Frist.[66] Auch diese Frist kann benutzt werden, um den Insolvenzgrund zu beseitigen. Folglich stünde dem Schuldner nach Feststellung der Zeitpunktliquidität insoweit eine Frist von maximal sechs Wochen zur Verfügung, um Zeitraumliquidität herzustellen.[67]

Die zweite Antwort könnte in der vom BGH zugestandenen Drei-Wochen-Frist, die der Beantwortung der Frage „Zahlungsstockung oder Zahlungsunfähigkeit" dienen soll, einen Verbrauch[68] der durch § 15a Abs. 1 zugestandenen Frist sehen. Das setzte indessen voraus, dass der faktische Eingang von Einzahlungen und fälligen, also nicht gestundeten Verbindlichkeiten im vom BGH zugestandenen Drei-Wochen-Zeitraum die Prognose des Schuldners nicht erfüllt, womit dieses ex-post-Ergebnis die ex-ante-Erwartung als falsch ausweist, und dass mit dieser Begründung bereits zum Prüfzeitpunkt Zahlungsunfähigkeit festgestellt werden darf. Diese Argumentation setzt ein ex-post-Ergebnis an die Stelle ex-ante-Erwartung. Es sind aber gerade die Erwartungen des Schuldners, denen der BGH Raum geben will, um das Vorliegen einer Zahlungsstockung ggf. zu belegen. Folglich ist die zweite Antwort nicht akzeptabel. Daraus folgt, dass die vom BGH gewährte Frist zum Abbau einer als Zahlungsstockung eingestuften Liquiditätslücke die durch § 15a gewährte Frist nicht verbraucht.

71 Eine relativ breite Diskussion hat sich an der Frage entzündet, welche Pflichtbestandteile der im Anschluss an das festgestellte Defizit in einer Liquiditätsbilanz zu erstellende Finanzplan aufzuweisen habe. Im Kern geht es darum, ob dieser Finanzplan neben den das Liquiditätsdefizit entlastenden Zahlungseingängen auch die während des Prognosezeitraums fällig werdenden, nicht gestundeten Verbindlichkeiten (Passiva II) abzubilden habe.[69] Im Gefolge der zitierten BGH-Entscheidung vom 24.5.2005 ist der Eindruck entstanden, als wolle der BGH eine asymmetrische Behandlung von im Prognosezeitraum zugehenden Einzahlungen (aus bestehenden Forderungen bzw. Kreditlinien) und Auszahlungen für fällig werdende, nicht gestundete Verbindlichkeiten. *Fischer* hat versucht, diese These dogmatisch und theoretisch zu unterfüttern.[70]

Aus ökonomischer Sicht überrascht die Idee, in einem Finanzplan die Begleichung von im Prognosezeitraum fällig werdenden bzw. eingeforderten[71] Verbindlichkeiten nicht zu berücksichtigen. Geprüft werden soll, ob ein in einer Liquiditätsbilanz ausgewiesenes Defizit innerhalb der vom BGH zugestandenen Drei-Wochen-Frist spürbar abgebaut oder beseitigt werden kann oder nicht.

Zu diesem Zweck sind *alle* Ein- und Auszahlungen termingenau zu erfassen.[72] Hierzu gehören auch die in der Literatur auch als Passiva II bezeichneten Verbindlichkeiten.[73]

72 Das Grundsatzurteil des BGH vom 24.5.2005 kann nur mit Schwierigkeiten als Umsetzung der vom Gesetzgeber mit der Formulierung des § 17 Abs. 2 verfolgten Intentionen interpretiert werden. Erklärte Absicht war die zeitliche Vorverlegung der Auslösezeitpunkte für Insolvenzverfahren. Der verbreiteten Neigung, den Begriff der Zahlungsunfähigkeit zu weiten, sodass auch eine über Wochen oder Monate fortbestehende Illiquidität zur rechtlich unerheblichen Zahlungsstockung erklärt werden kann, sollte entschieden begegnet werden.[74]

73 Die vom BGH versuchte Grenzziehung zwischen Zahlungsstockung und Zahlungsunfähigkeit hat zugleich die Wirkung, die Grenzziehung zwischen Zahlungsunfähigkeit und drohender Zahlungsunfähigkeit erheblich zu erschweren. Sowohl Zahlungsunfähigkeit als auch drohende Zahlungsunfähigkeit sind nach dem Grundsatzurteil des BGH nur mittels der Erstellung eines Finanzplanes, also von auf Prognosen basierten Rechnungen feststellbar. Das Unterscheidungsmerkmal besteht allein in der Reichweite der Prognose: Drohende Zahlungsunfähigkeit ist für künftige Zeiträume zu belegen, die auf einer Zeitachse möglichst weit rechts von dem z.T. undefinierten und langen Zeitraum liegen müssen, den der

---

[66] So *Knolle/Tetzlaff,* ZInsO 2005, S. 901-902; *Fischer,* FS Ganter, 2010, S. 162.
[67] So auch *Knolle/Tetzlaff,* ZInsO, S. 901. So wohl auch *K. Schmidt/Bitter, Scholz* 10 A., vor § 64, RdNr.11.
[68] So die griffige Formulierung von *Knolle/Tetzlaff* ZInsO, S. 901.
[69] Vgl. zur Entstehung und Beantwortung dieser Frage insbesondere *Prager/Jungclaus,* FS Wellensiek 2010, S. 101; *Bork* ZIP 2008, S. 1749; *Knolle/Tetzlaff* ZInsO 2005, S. 897; *Ganter* ZInsO 2011, S. 2297.
[70] *Fischer,* FS Ganter 2010, S. 153.
[71] Vgl. BGH 19.7.2007, ZIP 2007, 1666.
[72] Vgl. MünchKomm-*Eilenberger,* § 17, RdNr. 18-23.
[73] Dies ist die herrschende Meinung. Vgl. Fußnote 69.
[74] Begründung zu §§ 20, 21 RegE, *Uhlenbruck* 1994, Teil D, S. 316.

BGH zuzulassen bereit ist für den Nachweis, dass nur Zahlungsstockung vorliegt. Je länger der Zeitraum ist, in dem Schuldner von der Rechtsfolgen-losen Interpretation einer „Zahlungsstockung" profitieren, umso mehr wird der Anreiz, der durch § 18 geschaffen werden soll, gedämpft.

In der Literatur wird die Relevanz dieses Aspektes z.T. bestritten[75] mit dem Argument, dass der für die Begründung einer drohenden Zahlungsunfähigkeit relevante Zeitraum dann eben erst nach Ablauf des Drei-Wochen-Zeitraums beginnen könne. Dennoch besteht sie. Die Ergänzung der Zeitpunktilliquidität, gemessen per Liquiditätsbilanz, durch eine Finanzplanung für eine Frist von regelmäßig drei Wochen, die jedoch in Ausnahmefällen länger sein darf, bedeutet für Schuldner in insolvenzgefährdeten Situationen, dass Anträge auf Verfahrenseröffnung gestützt auf drohende Zahlungsunfähigkeit, gekoppelt mit dem Antrag auf Eigenverwaltung, so früh gestellt werden müssen, dass der Vorwurf, es läge der Eröffnungsgrund Zahlungsunfähigkeit zum Zeitpunkt der Eröffnung vor, im Rahmen der amtlichen Ermittlungen keinerlei Relevanz gewinnt. Nur dann kann der Schuldner damit rechnen, in den Genuss der durch ESUG geschaffenen Erleichterungen i.S.v. §§ 270a–270c zu kommen, nur dann kann er die in § 270b geforderte Bescheinigung vorlegen, nur dann kann er Haftungsfolgen und Anfechtungen entgehen, nur dann kann er erwarten, den Antrag auf Eigenverwaltung erfolgreich abzuschließen.

Man hat zu beachten, dass nach der Antragstellung durch den Schuldner Zeit verstreicht, ehe die Entscheidung über Eröffnung und Eigenverwaltung fällt. Das Insolvenzgericht muss zur Überzeugung gelangen, dass drohende Zahlungsunfähigkeit zum Zeitpunkt der Eröffnung des Verfahrens vorliegt, ein bestellter vorläufiger Gläubigerausschuss ist ggf. nach § 270 Abs. 3 zu befragen. Nur wenn er einstimmig der Eigenverwaltung zustimmt, gilt diese als nicht nachteilig für die Gläubiger. Verstreichende Zeit in insolvenznahen Situationen ist für Kapitalgeber generell, hier aber insbesondere für den Schuldner gefährlich, weil das Risiko besteht, dass alle potentiellen Vorteile, die die §§ 270 ff. bieten könnten, nicht zu realisieren sind, wenn die drohende Zahlungsunfähigkeit im Zeitraum, der für die Antragsprüfung notwendig ist, abgleitet in die Zahlungsunfähigkeit.[76]

E. Antragstellung

§ 15 regelt das Antragsrecht bei juristischen Personen und Gesellschaften ohne Rechtspersönlichkeit. Zum Antrag auf Eröffnung eines Insolvenzverfahrens über das Vermögen einer juristischen Person oder einer Gesellschaft ohne Rechtspersönlichkeit ist – von Gläubigern abgesehen – jedes Mitglied des Vertretungsorgans, bei einer Gesellschaft ohne Rechtspersönlichkeit oder bei einer Kommanditgesellschaft auf Aktien jeder persönlich haftende Gesellschafter, sowie jeder Abwickler berechtigt (§ 15 Abs. 1 Satz 1).

§ 18 Abs. 3 schränkt das in § 15 geregelte Antragsrecht ein. Bei juristischen Personen und Gesellschaften ohne Rechtspersönlichkeit ist der Antrag in zwei Ausprägungen möglich: (1) alle persönlich haftenden Gesellschafter, alle Mitglieder des Vertretungsorgans bzw. alle Abwickler stellen den Antrag gemeinsam; (2) der oder die Antragsteller sind zur Vertretung der juristischen Person oder der Gesellschaft berechtigt. Voreilige, nicht hinreichend abgestimmte Anträge sollen vermieden werden. Dennoch sind Konstellationen denkbar, für die der Wortlaut des § 18 Abs. 3 keine eindeutige Lösung hergibt. Wie ist zu entscheiden, wenn Vertretungsberechtigte einer juristischen Person in der Frage einer Antragstellung keine Einigkeit erzielen?[77] Wie sieht die erforderliche Abstimmung zwischen Geschäftsführern und Gesellschaftern einer GmbH im Vorfeld der Antragstellung, gestützt auf drohende Zahlungsunfähigkeit, aus?[78]

F. Zum Überschneidungsbereich zwischen drohender Zahlungsunfähigkeit und Überschuldung

§ 19 (Überschuldung) definiert keinen allgemeinen, für alle Rechtsträger geltenden Insolvenztatbestand. Die Insolvenzordnung beschränkt den Insolvenztatbestand Überschuldung auf juristische Personen und Personengesellschaften ohne natürlichen Komplementär. Der Insolvenztatbestand des § 18 gilt für alle Rechtsträger. Wenn im Folgenden von einem Überschneidungsbereich gesprochen wird, dann bezieht sich dies auf die Rechtsträger, für die *beide* Insolvenztatbestände relevant sein können.

Der Rechtsausschuss ist der Ansicht, dass die vom Ausschuss gewählte Definition der Überschuldung den Vorteil habe, dass sie Überschneidungen mit dem Begriff der „drohenden Zahlungsunfä-

---

[75] Vgl. zB *Bork* ZIP 2008, S. 1752.
[76] Vgl. MünchKomm-*Drukarczyk/Schüler*, § 19, RdNr. 58 ff.
[77] Vgl. *Temme*, S. 82–108.
[78] Vgl. zB *Leinekugel/Skauradszun* 2011, S. 1121.

higkeit" vermeide.⁷⁹ Der Rechtsausschuss hatte diese Beurteilung abgegeben für die Definition von Überschuldung i.S.v. § 19 Abs. 2 aF. Diese lautete:

Überschuldung liegt vor, wenn das Vermögen des Schuldners die bestehenden Verbindlichkeiten nicht mehr deckt. Bei der Bewertung des Vermögens des Schuldners ist jedoch die Fortführung des Unternehmens zugrunde zu legen, wenn diese nach den Umständen überwiegend wahrscheinlich ist.

Diese Formulierung wurde zum 18.10.2008 abgelöst durch die mit dem Finanzmarktstabilisierungsgesetz (FMStG) eingeführte neue Formulierung, die lautet: „Überschuldung liegt vor, wenn das Vermögen des Schuldners die bestehenden Verbindlichkeiten nicht mehr deckt, es sei denn, die Fortführung des Unternehmens ist nach den Umständen überwiegend wahrscheinlich" (§ 19 Abs. 2 Satz 1). Die rechtliche Geltung dieser Formulierung reicht (vorläufig) bis zum 31.12.2013. Danach sollte § 19 Abs. 2 aF wieder in Kraft treten.

78 Die Auffassung des Rechtsausschusses ist in Bezug auf den bis zum 17.10.2008 in Kraft gewesenen Wortlaut nicht zutreffend. Der Insolvenztatbestand drohende Zahlungsunfähigkeit ist durch einen Finanzplan nachzuweisen, der begründet belegt, dass der Schuldner voraussichtlich nicht in der Lage sein wird, die bestehenden Zahlungsverpflichtungen bei Fälligkeit zu erfüllen. Ob Überschuldung i.S.v. § 19 Abs. 2 aF vorliegt, ist auf der ersten Stufe durch eine Fortbestehensprognose zu klären. Nun könnten sich die Prognosezeiträume für die erste Stufe der Überschuldungsprüfung einerseits und die Liquiditätsprognose andererseits, die für die Prüfung, ob drohende Zahlungsunfähigkeit voraussichtlich vorliegt oder nicht, erforderlich ist, unterschiedlich weit in die Zukunft erstrecken. Unstrittig ist jedoch, dass die Fortbestehensprognose im Rahmen der Überschuldungsprüfung und die Zahlungsfähigkeitsprüfung im Rahmen des Insolvenztatbestandes drohende Zahlungsunfähigkeit mit dem *gleichen* Instrumentarium, dem Finanzplan, zu erstellen sind. Die erforderlichen Prognose- und Kalkülanforderungen sind prinzipiell die gleichen. Folglich ist die Vermutung, dass Überschneidungsbereiche der Insolvenztatbestände bestehen, sehr naheliegend.

79 Es erscheint sinnvoll, die Überschneidungsbereiche anhand von vier Konstellationen zu überprüfen:⁸⁰
– Konstellation 1: Die Fortbestehensprognose i. S. einer Zahlungsfähigkeitsprognose fällt positiv aus; das zu Fortführungswerten bewertete Vermögen übersteigt die bestehenden Verbindlichkeiten: Überschuldung liegt nicht vor.
– Konstellation 2: Die Fortbestehensprognose fällt positiv aus; das zu Fortführungswerten bewertete Vermögen unterschreitet die bestehenden Verbindlichkeiten: Überschuldung liegt vor.
– Konstellation 3: Die Fortbestehensprognose fällt negativ aus; das zu Liquidationswerten bewertete Vermögen übersteigt die bestehenden Verbindlichkeiten: Überschuldung liegt nicht vor.
– Konstellation 4: Die Fortbestehensprognose fällt negativ aus; das zu Liquidationswerten bewertete Vermögen unterschreitet die bestehenden Verbindlichkeiten: Überschuldung liegt vor.

80 In Konstellation 1 ist der Tatbestand der Überschuldung nicht erfüllt. Wenn der Schuldner für einen durch die Fortbestehensprognose im Rahmen der Überschuldungsprüfung nicht mehr erfassten Zeitraum den Eintritt der Zahlungsunfähigkeit mit der erforderlichen Mindestwahrscheinlichkeit erwartet und plausibel begründen kann, verfügt er über eine Möglichkeit zum Verfahrenseintritt. Nach herrschender Auffassung umfasst die Fortbestehensprognose, also die Stufe 1 der Überschuldungsprüfung, einen Zeitraum von etwa zwei Jahren. Weil der im Rahmen von § 18 längstens zulässige Prognosezeitraum sich an der Restlaufzeit bestehender Verbindlichkeiten orientiert, kann dieser Prognosezeitraum prinzipiell länger sein als zwei Jahre.

81 In Konstellation 2 liegt Überschuldung vor. Es besteht Antragspflicht. Ein zusätzliches Antragsrecht ist ohne Wert. Die Rechtsfolge der bestehenden Überschuldung überlagert ein Auslöserecht.

82 In Konstellation 3 besteht keine Überschuldung. Man könnte formulieren, dass Überschuldung droht.⁸¹ Es droht auch Zahlungsunfähigkeit. Folglich hat der Schuldner die Option, ein Verfahren einzuleiten.

83 In Konstellation 4 liegt Überschuldung vor. Es besteht Antragspflicht. Das Antragsrecht wird durch die Pflicht zum Antrag überlagert.

84 Nur in den Konstellationen 1 und 3 lässt sich das Ziel des Gesetzgebers, eine *zusätzliche* Option für einen Verfahrenseintritt für den Schuldner zu schaffen, einlösen. In den Konstellationen 2 und 4 überlagert die Antragspflicht das Antragsrecht. Die Option wird wertlos.

---

⁷⁹ Vgl. MünchKomm-*Drukarczyk/Schüler*, § 19, RdNr. 148–152.
⁸⁰ Vgl. § 19, RdNr. 147–152.
⁸¹ Der *Fachausschuss Recht* spricht von „drohender Überschuldung", *Fachausschuss Recht* (Fn. 25) S. 318.

Dass Überschneidungsbereiche der beiden Insolvenztatbestände bestehen, gibt den Organen haf- 85
tungsbeschränkter Schuldner auf den ersten Blick einen zusätzlichen Freiheitsgrad: Sie können wählen, ob sie den Eröffnungsantrag auf den Eröffnungsgrund des § 18 oder des § 19 stützen wollen.[82]
Hinter Anträgen, die mit § 18 begründet werden, könnten sich also auch „verdeckte Überschuldungssituationen" von Antragstellern verbergen,[83] die die geplante Rettungsstrategie mit vorgeblich freiwilligem Handeln im Gläubigerinteresse garnieren wollen. Beim Insolvenzantrag wird Arglosigkeit vorgespiegelt.[84] Insolvenzverwalter werden jedoch die Koinzidenz von Überschuldung und drohender Zahlungsunfähigkeit in aller Regel ex post aufdecken können, sodass diese Strategie nur einen kurzen Atem haben dürfte.

Vor dem Hintergrund von § 19 Abs. 2 nF ist die Überschneidung von drohender Zahlungsunfä- 86
higkeit und Überschuldung nahezu vollkommen. Beide Tatbestände sind zu belegen durch längerfristige Finanzpläne. Überschuldung läge nur dann nicht vor, wenn das Vermögen bewertet zu Liquidationswerten die Verbindlichkeiten überstiege. Diese Konstellation wird sich nicht durch hohe Häufigkeit auszeichnen, weshalb für Unternehmen, für die der Tatbestand der Überschuldung Relevanz hat, bei drohender Zahlungsunfähigkeit sehr häufig gelten wird, dass sie zugleich überschuldet sind. Die Intentionen, die der Gesetzgeber mit der Einführung des Antragsrechts bei drohender Zahlungsunfähigkeit verbindet, werden sich bei der inzwischen beschlossenen Fortgeltung von § 19 Abs. 2 nF, somit kaum erfüllen.

§ 19 Überschuldung

(1) Bei einer juristischen Person ist auch die Überschuldung Eröffnungsgrund.

(2) (Abs. 2 bis zum 17.10.2008) ¹Überschuldung liegt vor, wenn das Vermögen des Schuldners die bestehenden Verbindlichkeiten nicht mehr deckt. ²Bei der Bewertung des Vermögens des Schuldners ist jedoch die Fortführung des Unternehmens zugrunde zu legen, wenn diese nach den Umständen überwiegend wahrscheinlich ist.

(2) (Abs. 2 ab 18.10.2008) Überschuldung liegt vor, wenn das Vermögen des Schuldners die bestehenden Verbindlichkeiten nicht mehr deckt, es sei denn, die Fortführung des Unternehmens ist nach den Umständen überwiegend wahrscheinlich. Forderungen auf Rückgewähr von Gesellschafterdarlehen oder aus Rechtshandlungen, die einem solchen Darlehen wirtschaftlich entsprechen, für die gemäß § 39 Abs. 2 zwischen Gläubiger und Schuldner der Nachrang im Insolvenzverfahren hinter den in § 39 Abs. 1 Nr. 1 bis 5 bezeichneten Forderungen vereinbart worden ist, sind nicht bei den Verbindlichkeiten nach Satz 1 zu berücksichtigen.

(3) ¹Ist bei einer Gesellschaft ohne Rechtspersönlichkeit kein persönlich haftender Gesellschafter eine natürliche Person, so gelten die Absätze 1 und 2 entsprechend. ²Dies gilt nicht, wenn zu den persönlich haftenden Gesellschaftern eine andere Gesellschaft gehört, bei der ein persönlich haftender Gesellschafter eine natürliche Person ist.

Schrifttum: *Adams,* Eigentum, Kontrolle und beschränkte Haftung, 1991; *Ahrend/Förster/Rößler,* Steuerrecht der betrieblichen Altersversorgung: mit arbeitsrechtlicher Grundlegung, 4. Aufl., 1995; *Ahrendt/Plischkaner,* Der modifizierte zweistufige Überschuldungsbegriff – Rückkehr mit Verfallsdatum, NJW 2009, 964; *Arens,* Ertragsorientierte Überschuldungsprüfung, 1990; *Auler,* Überschuldungsstatus als Bewertungsproblem, DB 1976, 2169; *Ballwieser,* Unternehmensbewertung, 3. Aufl. 2011; *Beaver,* Financial Ratios as Predictors of Failure, Empirical Research in Accounting, Selected Studies, 1966, S. 71; *Bebchuk,* A New Approach to Corporate Reorganizations, Harvard Law Review, 1988, S. 775–804; *Beck/Brucklacher,* Plädoyer für eine Reform des Überschuldungstatbestandes und damit verbundener Rechtspflichten, FS *Wellensiek,* 2011, S. 5–22; *Biermann,* Die Überschuldung als Voraussetzung zur Konkurseröffnung, 1963, S. 44–68; *Bilo,* Zum Problemkreis der Überschuldung im strafrechtlichen Bereich, GmbHR 1981, 73; *Bilo,* Zum Problemkreis der Überschuldung im strafrechtlichen Bereich (II), GmbHR 1981, 104; *Binz,* § 1 GesO, in: Kommentar zur Konkursordnung, 6. Aufl., 1998, S. 2035; *Bitter,* Neuer Überschuldungsbegriff in § 19 Abs. 2 InsO: Führt die Finanzmarktkrise zu besseren Einsichten des Gesetzgebers? ZInsO 2008, S. 1097; *Bitter/Hommerich/Reiß,* Die Zukunft des Überschuldungsbegriffs, ZIP 2012, S. 1201–1209; *Bitz/Hemmerde/Rausch,* Gesetzliche Regelungen und Reformvorschläge zum Gläubigerschutz, 1986; *Böcker/Poertzgen,* Finanzmarkt-Rettungspaket ändert Überschuldungsbegriff (§ 19 InsO), GmbHR 2008, S. 1289–1296; *Bork,* Der Firmenwert in der Überschuldungsbilanz, ZInsO 2001, S. 145; *Bork,* Wie erstellt man eine Fortbestehensprognose?, ZIP 2000, S. 1709–1713; *Braun,* Insolvenzordnung, 2004, 2. Aufl.; *Braun/Uhlenbruck,* Unternehmensinsolvenz: Grundlagen, Gestaltungsmöglichkeiten, Sanierung mit der Insolvenzordnung, 1997; *Bretzke,* Wann ist ein Unternehmen insolvent?, DBW 1995, S. 405; *Buchanan,* The Economics of

---

[82] So *K. Schmidt*/Uhlenbruck, S. 315.
[83] Vgl. *K. Schmidt*/Uhlenbruck, S. 316.
[84] So *K. Schmidt*/Uhlenbruck, 2003, RdNr. 845.

Corporate Enterprise, 1940; *Burger/Schellberg,* Die Auslösetatbestände im neuen Insolvenzrecht, BetriebsBerater 1995, S. 261–266; *Copeland/Koller/Murrin,* Valuation-Measuring and Managing the Value of Companies, 2011; *Crezelius,* Überschuldung und Bilanzierung, in: *Crezelius/Hirte/Vierweg (Hrsg.),* Gesellschaftsrecht, Rechnungslegung, Sportrecht, FS Röhricht, 2005, S. 787–808; *Dahl,* Die Änderung des Überschuldungsbegriffs durch Art. 5 des Finanzmarktstabilisierungsgesetzes (FMStG), NZI 2008, S. 719–721; *Delhaes, W.,* Die Stellung, Rücknahme und Erledigung verfahrensleitender Anträge nach der Insolvenzordnung, in: Kölner Schrift zur Insolvenzordnung, Arbeitskreis für Insolvenz- und Schiedsgerichtswesen e. V. Köln (Hrsg.), 2. Aufl., 2000, S. 141; *Drukarczyk,* Bilanzielle Überschuldungsmessung – Zur Interpretation der Vorschriften von § 92 Abs. 2 AktG und 64 Abs. 1 GmbHG, ZGR 1979, 553; *Drukarczyk,* Was kann der Tatbestand der Überschuldung leisten?, ZfbF 1986, 207; *Drukarczyk,* Was kosten betriebliche Altersversorgungszusagen? DBW 1990, S. 333–353; *Drukarczyk,* Zum Problem der Auslösung insolvenzrechtlicher Verfahren, ZfB 1981, S. 235; *Drukarczyk,* Unternehmen und Insolvenz, 1987; *Drukarczyk,* Kreditsicherheiten und Insolvenzverfahren, ZIP 1987, 205; *Drukarczyk,* Kapitalerhaltungsrecht, Überschuldung und Konsistenz – Besprechung der Überschuldungs-Definition in BGH WM 1992, 1650, WM 1994, 1737; *Drukarczyk,* Kontrolle des Schuldners, Auslösetatbestände für insolvenzrechtliche Lösungen und Covenants, in: Feldbauer-Durstmüller/Schlager (Hrsg.), Krisenmanagement, 2. Aufl. 2007, S. 97–118; *Drukarczyk,* Finanzierung, 10. Aufl., 2008; *Drukarczyk/Schüler* Unternehmensbewertung, 6. Aufl., 2009; *Drukarczyk/Schüler,* Insolvenztatbestände, prognostische Elemente und ihre gesetzeskonforme Handhabung – zugleich Entgegnung auf den Beitrag von P. J. Groß und M. Amen „Die Fortbestehensprognose – rechtliche Anforderungen und ihre betriebswirtschaftlichen Grundlagen", WPg 2003, S. 56–67; *Drukarczyk,* Insolvenztatbestände als Anstoß zu Restrukturierungen?, in: Handbuch Unternehmensrestrukturierung, *Hommel/Knecht/Wohlenberg* (Hrsg.), 2006, S. 277–294; *Drukarczyk/Schüler,* Die Eröffnungsgründe der InsO: Zahlungsunfähigkeit, drohende Zahlungsunfähigkeit und Überschuldung, in: Kölner Schrift zur Insolvenzordnung, Arbeitskreis für Insolvenz- und Schiedsgerichtswesen e. V. Köln (Hrsg.), 3. Aufl., 2009, S. 28–84; *Drukarczyk/Schüler,* Überschuldung auf Abwegen? DStR 1999, S. 646–648; *Drukarczyk,* Die Insolvenzordnung als Versuch der Anreizentfaltung und -dämpfung, FS *Reber,* 2002, S.443–462; *Drukarczyk,* Zur Interpretation von § 156 IV Aktiengesetz, FS *Leffson* 1976, S. 119–136; *Duttle,* Ökonomische Analyse dinglicher Sicherheiten, Diss. Regensburg, 1986; *Eckert/Happe,* Totgesagte leben länger – Die (vorübergehende) Rückkehr des zweistufigen Überschuldungsbegriffs, ZInsO 2008, 1098; *Egner/ Wolff,* Zur Unbrauchbarkeit des Überschuldungstatbestandes als gläubigerschützendes Instrument, AG 1978, 99; *Eickmann/Flessner/Irschlinger/Kirchhof/Kraft/Landfermann/Marotzke (Hrsg.),* Heidelberger Kommentar, 2006, 4. Aufl.; *Esser/ Sieben,* Betriebliche Altersversorgung: Eine betriebswirtschaftliche Analyse, 1997; *Fachausschuss Recht,* 1/1996, Empfehlungen zur Überschuldungsprüfung bei Unternehmen, IDW-Fachnachrichten (FN-IDW) 1997, S. 314; *Fachausschuss Recht,* IDW-Empfehlungen zur Prüfung eingetretener oder drohender Zahlungsunfähigkeit bei Unternehmen, FN-IDW 12/1996, 523; *Feld,* Auswirkungen des neuen steuerlichen Wertaufholungs- und Abzinsungsgebots auf die Handelsbilanz, WPg 1999, S. 861; *Fenske,* Zur Unbrauchbarkeit des Überschuldungstatbestandes, AG 1997, S. 554– 558; *Fischer,* Die Überschuldungsbilanz, 1980; *Förster/Döring,* Liquidationsbilanz, 4. Aufl., 2005; *Franke,* Zur rechtzeitigen Auslösung von Sanierungsverfahren, ZfB 1984, 160; *Fromm,* Die Überschuldungsprüfung im Insolvenzrecht, GmbHR 2004, S. 940; *Früh/Wagner,* Überschuldungsprüfung bei Unternehmen, WPg 1998, 907; *Frystatzki,* Die insolvenzrechtliche Fortführungsprognose – Zahlungsfähigkeits- oder Ertragsfähigkeitsprognose? NZI 2011, S. 173– 181; *Funk,* Änderungen in den wirtschaftlichen und rechtlichen Voraussetzungen der betrieblichen Altersversorgung und ihre Folgen für die Praxis, ZfbF 1987, S. 875; *Gelhausen,* Abschnitt L: Insolvenzrecht, WP-Handbuch Band II, 2002, S. 755; *Gessner/Rhode/Strate/Ziegert,* Die Praxis der Konkursabwicklung in der Bundesrepublik Deutschland, 1978; *Giebeler,* Die Feststellung der Überschuldung einer Unternehmung unter besonderer Berücksichtigung der Beziehung zur Zahlungsunfähigkeit, 1982; *Gischer/Hommel,* Unternehmen in Krisensituationen und die Rolle des Staates als Risikomanager: Weniger ist mehr, BB 2003, S. 945–952; *Gottwald (Hrsg.),* Insolvenzrechts-Handbuch, 4. Aufl., 2010; *Goll,* Reform des Insolvenzrechts – ein Streifzug durch die aktuelle rechtspolitische Situation, FS Wellensiek 2011, S. 777–782; *Goode,* Principles of Corporate Insolvency Law, 3. Aufl. 2005; *Götz,* Die nicht enden wollende Diskussion um den Überschuldungstatbestand, ZInsO 2000, S. 77; *Götz,* Entwicklungslinien insolvenzrechtlicher Überschuldungsmessung – Ein Schritt nach vorn zurück?, KTS 2003, S. 1–39; *Greil/Herden,* Die Überschuldung als Grund für die Eröffnung des Insolvenzverfahrens, ZInsO 2012, S. 833–841; *Groß,* Die mögliche Bedeutung eines Sanierungskonzepts nach IDW S 6 für die Überschuldungsprüfung in Zeiten eines sich wandelnden Überschuldungsbegriffs, FS *Wellensiek,* 2011, S. 23–38; *Groß/Amen,* Fortbestehensprognose – Rechtliche Grundlagen und Erstellung aus betriebswirtschaftlichen Perspektiven, *Hommel/Knecht/Wohlenberg (Hrsg.),* Handbuch Unternehmensrestrukturierung 2006, S. 335–363; *Haarmeyer/Wutzke/Förster,* Handbuch zur Insolvenzordnung, 2001, 3. Aufl.; *Haas,* Bilanzierungsprobleme bei der Erstellung eines Überschuldungsstatus nach § 19 Abs. 2 InsO, Kölner Schrift 2009, S. 1293– 1325; *Harneit,* Überschuldung und erlaubtes Risiko, 1984; *Hauschildt (Hrsg.),* Krisendiagnose durch Bilanzanalyse, 1988; *Hess,* Insolvenzrecht, Großkommentar 2007; *Hax,* Die ökonomischen Aspekte der neuen Insolvenzrechte, Neuordnung des Insolvenzrechts, *Kübler (Hrsg.),* 1989, S. 21–40; *Hax,* Economic Aspects of Bankruptcy Law, ZgS 1985, S. 80–98; *Heni,* Interne Rechnungslegung im Insolvenzverfahren, 2005; *Hirte/Knof/Mock,* Überschuldung und Finanzmarktstabilisierungsgesetz, ZInsO 2008, 1217; *Hirtz,* Die Vorstandspflichten bei Verlust, Zahlungsunfähigkeit und Überschuldung einer Aktiengesellschaft, 1966, S. 62–66; *Holzer,* Die Änderung des Überschuldungsbegriffs durch das Finanzmarktstabilisierungsgesetz, ZIP 2008, S. 2108–2111; *Hölzle,* Nachruf: Wider die Überschuldungs-Dogmatik in der Krise, ZIP 2008, S. 2003–2005; *Hommel,* Überschuldungsmessung nach neuem Insolvenzrecht: Probleme und Lösungsmöglichkeiten, ZfB 1998, 297; *Hüttemann,* Überschuldung, Überschuldungsstatus und Unternehmensbewertung, FS *K. Schmidt,* 2009, S. 761; *ders.,* Rechtliche Vorgaben für ein Bewertungskonzept, WPg 2007, S. 812–822; *ders.,* Rechtsfragen der Unternehmensbewertung in: Unternehmen bewerten, Kruschwitz/Heintzen (Hrsg.), 2002, S. 151–173; *IDW,* Prüfungsstandard: Die Beurteilung der Fortführung der Unternehmenstätigkeit im Rahmen der Abschlussprüfung (*IDW* PS 270), WPg 2003, S. 775–780; *IDW-Standard:* Anforderungen an die Erstellung von Sanierungskonzepten (IDW S 6), WPg Supplement 4/2009, S. 145–163; *IDW,* Entwurf einer Neufassung IDW Standard:

Anforderungen an die Erstellung von Sanierungskonzepten (IDW ES 6 n.F.), WPg 2011, S. 698–720; *IDW,* Zum Diskussionsentwurf für ein Gesetz zur Reform des Insolvenzrechts, WPg 2010, S. 516–524; *Jensen,* Die Verfahrensauslösungstatbestände vom alten Konkursrecht zur neuen Insolvenzordnung, 2009; *Kallmeyer,* Goodwill und Überschuldung nach neuem Insolvenzrecht, GmbHR 1999, S. 16; *Kayser,* Höchstrichterliche Rechtsprechung zum Insolvenzrecht, 3. Aufl., 2009; *Klar,* Überschuldung und Überschuldungsbilanz, 1987; *Klar,* Änderungen in der Auslegung des Überschuldungstatbestands, DB 1990, S. 2077; *Klebba,* Die Feststellung der Überschuldung, BFuP 1953, 169; *Knief,* Fragen der Abgrenzung und Praktikabilität der neu definierten Insolvenzauslösegründe nach den Vorschlägen der Insolvenzrechtskommission in: *IDW,* Beiträge zur Reform des Insolvenzrechts, 1987, S. 82–99; *Kölsch,* Vorverlegte Insolvenzauslösung, 1988; *Kühn,* Die Konkursantragspflicht bei Überschuldung der GmbH, Diss. Münster, 1969; *Küting/Pfitzer/Weber,* Das neue deutsche Bilanzrecht, 2. Aufl., 2009; *Kupsch,* Zur Problematik der Überschuldungsmessung, BB 1984, 159; *Kupsch,* Bilanzierungsproblematik und Vorstandspflichten bei Verlust in Höhe der Hälfte des Grundkapitals und bei Überschuldung, WPg 1982, 273; *Loistl,* Zur Verknüpfung von Zahlungs(un)fähigkeit und Überschuldung in der Kapitalstrukturdiskussion, DBW 1989, 299; *Lutter,* Vom formellen Mindestkapital zu materiellen Finanzierungsregeln im Recht der Kapitalgesellschaften, FS *Riesenfeld, Jayme/Kegel/Lutter (Hrsg.),* 1983, S. 165; *Mandl/Rabel,* Unternehmensbewertung, 1997; *Mertens,* Kapitalverlust und Überschuldung bei eigenkapitalersetzenden Darlehen, FS *Forster* 1992, S. 415–426; *Mertens,* Kommentierung zu § 92 in: Kölner Kommentar zum Aktiengesetz, 2. Aufl., 1989; *Merz/Hübner,* Aktivierung von Sicherheiten Dritter und Behandlung rangrückgetretener Forderungen im Überschuldungsstatus gemäß § 19 Abs. 2 InsO, DStR 2005, S. 802–807; *Möhlmann,* Die Überschuldungsprüfung nach der neuen Insolvenzordnung DStR 1998, S. 1843–1848; *Möhlmann-Mahlau/Schmitt,* Der „vorübergehende" Begriff der Überschuldung, NZI 2009, 19; *Moxter,* Grundsätze ordnungsmäßiger Bilanzierung und der Stand der Bilanztheorie, ZfbF 1966, 28; *Moxter,* Finanzwirtschaftliche Risiken, Büschgen (Hrsg.), Handwörterbuch der Finanzwirtschaft, 1976, Sp. 630–641; *Moxter,* Ist bei drohendem Unternehmenszusammenbruch das bilanzrechtliche Prinzip der Unternehmensfortführung aufzugeben?, WPg 1980, 345; *Moxter,* Bilanzlehre, Bd. I, 3. Aufl., 1984; *Moxter,* Bilanzlehre, Bd. II: Einführung in das neue Bilanzrecht, 3. Aufl., 1986; *Moxter,* Grundsätze ordnungsgemäßer Rechnungslegung, 2003; *H.-P. Müller/Haas,* Bilanzierungsprobleme bei der Erstellung eines Überschuldungsstatus nach § 19 Abs. 2 InsO, Kölner Schrift, 2. Aufl., 2000, S. 1799–1823; *W. Müller,* Der Verlust der Hälfte des Grund- oder Stammkapitals – Überlegungen zu den §§ 92 Abs. 1 AktG und 49 Abs. 3 GmbHG, ZGR 1985, 191; *W. Müller,* Abschnitt V: Unterbilanz und Überschuldung der AG und GmbH, WP-Handbuch Band I, 2000, S. 2059; *Nickert/Lamberti (Hrsg.),* Überschuldungs- und Zahlungsunfähigkeitsprüfung, 2008; *Nonnenmacher,* Sanierung, Insolvenz und Bilanz, in: Bilanzrecht und Kapitalmarkt, FS *Moxter,* 1994, S. 1313; *Pape/Uhlenbruck,* Insolvenzrecht, 2002; *Penzlin,* Kritische Anmerkungen zu den Insolvenzeröffnungsgründen der drohenden Zahlungsunfähigkeit und der Überschuldung (§§18 und 19 InsO), NZG 2000, S. 464; *Poertzgen,* Fünf Thesen zum neuen (alten) Überschuldungsbegriff (§19 InsO nF), ZInso 2009, S. 401; *Popper,* Logik der Forschung, 4. Aufl., 1971; *Pribilla,* Die Überschuldungsbilanz, KTS 1958, S. 1–8, 17–24; *Rausch,* Gläubigerschutz im Insolvenzverfahren – Eine ökonomische Analyse einschlägiger rechtlicher Regelungen, 1985; *Riegger/Spahlinger,* Die insolvenzrechtliche Fortführungsprognose – notwendige Klarstellungen für die Praxis, FS *Wellensiek* 2011, S. 119–132; *Scherrer,* Rechnungslegung nach neuem HGB, 3. Aufl., 2011; *Scherrer/Heni,* Liquidations-Rechnungslegung, 3. Aufl., 2009; *Schildknecht,* Passivierungsverbote nach Rangrücktrittsvereinbarungen, DStR 2005, S. 181–184; *K. Schmidt,* Das Insolvenzverfahren neuer Art, ZGR 1986, S. 179–210; *K. Schmidt,* Insolvenzordnung und Unternehmensfinanzierung, Die neue Insolvenzordnung: Erste Erfahrungen und Tragweite für die Kreditwirtschaft, 2000, S. 1–26; *K. Schmidt,* Konkursgründe und präventiver Gläubigerschutz, AG 1978, 334; *K. Schmidt,* Vom Konkursrecht der Gesellschaften zum Insolvenzrecht der Unternehmen, ZIP 1980, 233; *K. Schmidt,* Möglichkeiten der Sanierung von Unternehmen durch Maßnahmen im Unternehmens-, Arbeits-, Sozial- und Insolvenzrecht, Gutachten für den 54. DJT, 1982; *K. Schmidt,* Organhaftung in der Krise, WPg 2003, S. 141–147; *K. Schmidt,* Sinnwandel und Funktion des Überschuldungstatbestandes, JZ 1982, 165; *K. Schmidt,* Überschuldung und Insolvenzantragspflicht nach dem Finanzmarktstabilisierungsgesetz, DB 2008, S. 2467–2471; *K. Schmidt,* Wege zum Insolvenzrecht, 1990; *K. Schmidt,* Insolvenzordnung und Unternehmensrecht – Was bringt die Reform?, in: Kölner Schrift zur Insolvenzordnung, Arbeitskreis für Insolvenz- und Schiedsgerichtswesen e. V. Köln (Hrsg.), 2. Aufl., 2000, S. 1199; *K. Schmidt,* Insolvenzordnung und Gesellschaftsrecht, ZGR 1998, 633; *K. Schmidt/Bitter,* vor § 64 in *Scholz,* GmbHG-Kommentar, 10. Aufl., 2010, S. 4069; *K. Schmidt/W. Uhlenbruck,* Die GmbH in Krise, Sanierung und Insolvenz, 3. Aufl., 2003; *R. H. Schmidt,* Ökonomische Analyse des Insolvenzrechts, 1980; *Schulze-Osterloh,* § 63 GmbHG, Gesetz betreffend die Gesellschaft mit beschränkter Haftung, 16. Aufl., 1996, S. 1198; *Siedenschlag,* Ansatzpunkte zu einer Reform des Insolvenzrechts anhand neuerer Erfahrungen, Freiburg, 1971; *Smid,* Kommentar zur Insolvenzordnung, 2. Aufl. 2001; *Smid/Depré,* Kommentar zur Insolvenzordnung, 1999; *Smith/Warner,* On Financial Contracting, Journal of Financial Economics 1979, S. 117; *Spliedt,* Überschuldung trotz Schuldendeckung?, DB 1999, S. 1941–1947; *Spremann/Ernst,* Unternehmensbewertung, 2. Aufl. 2011; *Steffek,* Insolvenzgründe in Europa – Rechtsvergleich, Regelungsstrukturen und Perspektiven der Rechtsangleichung, KTS 2009, S. 317–353; *Steiner,* Prognoseorientierte Insolvenzauslösetatbestände, BFuP 1986, 420; *Stützel,* Bemerkungen zur Bilanztheorie, ZfB 1964, 314; *Teller/Steffan,* Rangrücktrittsvereinbarungen zur Vermeidung der Überschuldung bei der GmbH, 2003, 3. Aufl.; *Temme, U.,* Die Eröffnungsgründe der Insolvenzordnung, 1997; *Uhlenbruck,* Gesetzliche Konkursantragspflichten und Sanierungsbemühungen, ZIP 1980, 73; *Uhlenbruck,* Krise, Konkurs, Vergleich und Sanierung als neue Aufgabe der Betriebswirtschaft in *Bratschitsch/Schnellinger* (Hrsg.), Unternehmenskrisen – Ursachen, Frühwarnung, Bewältigung, 1981, S. 173; *Uhlenbruck,* Die GmbH und Co. KG in Krise, Konkurs und Vergleich, 2. Aufl., 1988; *Uhlenbruck,* Das neue Insolvenzrecht, 1994; *Uhlenbruck,* Insolvenzordnung, Kommentar, 2010, 13. Aufl.; *Ulmer,* Konkursantragspflicht bei Überschuldung der GmbH und Haftungsrisiken bei Konkursverschleppung, KTS 1981, 469; *Wagner,* Ansatz und Bewertung im Status – Rechnungslegung im Insolvenzverfahren, in: Beiträge zum neuen Insolvenzrecht; *Baetge* (Hrsg.), 1998, S. 43; *Wagner,* Die Messung der Überschuldung, in: Bericht über die Fachtagung 1994: Neuorientierung der Rechenschaftslegung, *IDW* (Hrsg.), 1995, S. 171; *Wazlawik,* Die Passivierung von Verbindlichkeiten im Überschuldungsstatus, NZI 2004, S. 608–610; *Wiester,*

§ 19 1 2. Teil. 1. Abschnitt. Eröffnungsvoraussetzungen und Eröffnungsverfahren

Zur Berücksichtigung von Rückstellungen in der Überschuldungsbilanz, FS *Wellensiek* 2011, S. 155–170; *Wolf,* Überschuldung, 1998; *Wolf,* Mythos Fortführungsprognose – Welche Rolle spielt die Ertragsfähigkeit? DStR 2009, S. 2682–2685; *Wolf/Kunz,* Der Geschäfts- oder Firmenwert in der Überschuldungsbilanz, StuB 2005, S. 484–487.

Übersicht

	Rn.
A. Normzweck	1–3
B. Entstehungsgeschichte	4–14
I. Die Konkursordnung von 1877	4, 5
II. Erster Bericht der Kommission für Insolvenzrecht	6–9
III. Entwurf einer Insolvenzordnung	10
IV. Entwicklung im Laufe der Gesetzgebung bis zum FMStG	11–14
C. Rechtsprechung und Definition von Überschuldung vor Einführung der InsO	15–20
D. Prinzipielle Vorgehensweisen zur Messung von Überschuldung	21–57
I. Einstufige Messvorschriften	22–35
II. Ältere zweistufige Methode	36–38
III. Modifizierte zweistufige Methode i.S.v. K. Schmidt	39–42
IV. Zweistufige Methode i.S.v. § 19 Abs. 2 aF	43–50
V. Wiederbelebung der modifizierten zweistufigen Methode i.S.v. K. Schmidt durch das FMStG vom 18.10.2008	51–56
VI. Zwischenergebnisse	57
E. Implementierung der zweistufigen Methode i.S.v. § 19 Abs. 2 aF	58–145
I. Grundlagen	58–63
II. Struktur einer mehrwertigen Fortführungsprognose	64–71
III. Prognose der Zahlungsfähigkeit oder der Ertragsfähigkeit?	72–76
IV. Zur überwiegenden Wahrscheinlichkeit	77–89
V. Deckung des Kapitalbedarfs im Periodenverbund	90–93
VI. Definition des Finanzplanüberschusses (Netto-Cashflow)	94
VII. Fortbestehensprognose und Überschuldungsbilanz bzw. Überschuldungsstatus	95–145
1. Einführung: Probleme und Meinungsvielfalt	95–102
2. Ansatz- und Bewertungsregeln bei negativem Ausgang der Fortführungsprognose	103–128
3. Ansatz- und Bewertungsregeln bei positivem Ausgang der Fortbestehensprognose	129–145
F. Antragspflichten und -rechte	146, 147
G. Zum Überschneidungsbereich zwischen Überschuldung gemäß § 19 Abs. 2 und drohender Zahlungsunfähigkeit	148–154

A. Normzweck

1 Überschuldung ist ein Eröffnungs- oder Insolvenztatbestand. Er beschreibt einen ökonomischen Zustand eines Unternehmens, dessen Haftung für seine Verbindlichkeiten kraft Rechtsform oder mangels persönlicher Haftung seiner Eigenkapitalgeber beschränkt ist. Das Erreichen dieses Zustands löst bestimmte Handlungspflichten der Organe der Gesellschaft bzw. der Eigentümer aus, deren Zweck vorrangig darin besteht, Gläubiger vor weiteren Schädigungen zu bewahren. Es liegt das vor, was Stützel treffend als „automatische Transformation gläubigergefährdender Sachverhalte in Tatbestände gläubigerschützender Rechtsfolgen"[1] bezeichnet hat. Überschuldung ist also eine **Terminierungsregel.** Wenn ein Zustand, in dem das Vermögen des haftungsbeschränkten Vermögens die Schulden (bestehenden Verbindlichkeiten) nicht mehr deckt, erreicht ist, ist eine unveränderte, die Autonomie der Organe der Gesellschaft bzw. der Eigentümer wahrende Fortführung der Gesellschaft jenseits definierter Zeitschranken nicht mehr zulässig. Der Gesetzgeber sieht die Regelung als notwendiges Korrelat zur alleinigen Haftung des Gesellschaftsvermögens. Eine Kommentierung der Vorschrift des § 19 hat sich einerseits mit der bis zum 18.10.2008 geltenden Fassung des Abs. 2, hier als § 19 Abs. 2 aF bezeichnet, die u.U. zum 1.1.2014 wiederbelebt werden wird, und andererseits mit der zwischenzeitlich geltenden Fassung des Abs. 2, hier als § 19 Abs. 2 nF bezeichnet, zu befassen. Die unterschiedliche Breite der Überlegungen zu den beiden Fassungen des § 19 Abs. 2 sind dem unterschiedlichen regulativem Gehalt der beiden Vorschriften geschuldet. Die Idee des historischen Gesetzgebers, Gläubigerschutz bei haftungsbeschränkten Rechtsformen u.a. durch die Defini-

---

[1] *Stützel* ZfB 1964, 324.

tion eines Schulden deckenden Mindestvermögens zu realisieren, fand in § 19 Abs. 2 aF eine Entsprechung, während die interimistische Fassung des § 19 Abs. 2 diese Idee ersatzlos aufgegeben hat.

Überschuldung ist vorrangig Insolvenztatbestand. Die mit Überschuldung intendierte Beschreibung des Unternehmenszustandes ist verbunden mit erhöhten Selbstprüfungspflichten der Gesellschafter und Eigentümer, mit dem Verbot der Insolvenzverschleppung und den bei Insolvenzverschleppung greifenden Sanktionen.

Die Schlichtheit des Wortlauts, die zu einem Vergleich des Vermögens mit den Schulden[2] bzw. den bestehenden Verbindlichkeiten[3] auffordert, steht in scharfem Kontrast zu den Schwierigkeiten einer theoretischen Interpretation der Vorschrift und den Problemen einer praktikablen Implementierung der damit verbundenen Messprobleme.

B. Entstehungsgeschichte

I. Die Konkursordnung von 1877

Die Konkursordnung von 1877 bestimmte in § 94, dass die Eröffnung eines Konkursverfahrens die Zahlungsunfähigkeit des Gemeinschuldners voraussetzte. In der Begründung wird betont, dass der Schuldner den negativen Folgen einer Verfahrenseröffnung erst dann ausgesetzt sein sollte, wenn er seinen Verpflichtungen nicht mehr nachkommen könne.[4]

Bei einer Aktiengesellschaft, bei der nur das Vermögen des Kapitalvereins hafte, wird in § 193 der Konkursordnung zusätzlich die Überschuldung als Voraussetzung für eine Verfahrenseröffnung zugelassen. Die Gläubiger sollten bei eingetretener Überschuldung nicht darauf verwiesen werden dürfen, sich zu gedulden, bis auch die Zahlungsunfähigkeit der Gesellschaft eingetreten sei.[5] Der Gesetzgeber ging also davon aus, dass die Vermögensunzulänglichkeit sich zeitlich *vor* der Zahlungsunfähigkeit dokumentiere und dass im Verbund mit der Haftungsbeschränkung diese frühere Terminierung eines Insolvenztatbestandes erwünscht sei.

II. Erster Bericht der Kommission für Insolvenzrecht

Leitsatz 1.2.6 [Überschuldung als Eröffnungsrund] des Ersten Berichts der Kommission für Insolvenzrecht lautete:
(1) Der Eröffnungsgrund der Überschuldung liegt vor, wenn das Vermögen bei Ansatz von Liquidationswerten die bestehenden Verbindlichkeiten nicht decken würde (rechnerische Überschuldung) und die Ertragsfähigkeit für absehbare Zeit weder gewährleistet erscheint noch in absehbarer Zeit wiederhergestellt werden kann (Prognose der Ertragsfähigkeit). Auf die Prognose der Ertragsfähigkeit kommt es nicht mehr an, wenn eine nach den Grundsätzen ordnungsmäßiger Buchführung und Bilanzierung erstellte Handelsbilanz ausweist, dass das Eigenkapital durch Verluste aufgezehrt ist.
(2) Der Anwendungsbereich des Eröffnungsgrundes der Überschuldung soll nicht über das geltende Recht hinaus ausgedehnt werden. Dieser Eröffnungsgrund soll insbesondere nicht für offene Handelsgesellschaften, Kommanditgesellschaften und Einzelkaufleute gelten.
(3) Bei juristischen Personen und bei nicht rechtsfähigen Vereinen, die keine unternehmerische Tätigkeit ausüben, liegt der Eröffnungsgrund der Überschuldung vor, wenn sie rechnerisch überschuldet sind.

In der Begründung heißt es,[6] der Insolvenzgrund solle den Gläubigern ein bestimmtes Haftungsvermögen erhalten. Allein auf einen Vergleich von zu Liquidationswerten bewerteten Vermögensgegenständen und bestehenden Verbindlichkeiten („rechnerische Überschuldung") dürfe die Definition aber nicht gestützt werden, weil viele gesunde Unternehmen bei Geltung dieser Interpretation überschuldet wären und Existenzgründungen praktisch unmöglich würden. Daher sei ein zweites Element notwendig: die Prüfung der **Ertragsfähigkeit** des Unternehmens für die absehbare Zukunft. Ertragsfähig sei ein Unternehmen, wenn es fortgeführt werden könne, ohne dass weitere bilanzielle Verluste entstehen: Das Nichtentstehen von Verlusten ist hier gleichzusetzen mit mindestens ausgeglichenen Plan-GuV-Rechnungen für den relevanten Prognosezeitraum. Es heißt ausdrücklich, dass Ertragsfähigkeit nicht voraussetze, dass Gewinne erwirtschaftet werden.[7] Und es heißt

---
[2] So implizit § 92 Abs. 2, Satz 2 AktG.
[3] So implizit § 19 Abs. 2, Satz 1.
[4] Hahn, 1881, 292.
[5] Hahn, 1881, 390; vgl. auch Götz, 2003.
[6] 1. KommBer. S. 112–115.
[7] 1. KommBer. S. 113.

auch, dass die Prüfung der Ertragsfähigkeit nicht gleichgesetzt werden dürfe mit der Prüfung einer zeitraumbezogenen Zahlungs(un)fähigkeit i. S. des Leitsatzes 1.2.5 Abs. 3.

8 Die beiden Elemente, das exekutorische und das prognostische Element des Überschuldungstatbestandes, stehen gleichwertig nebeneinander. Ein Unternehmen gilt als überschuldet, wenn rechnerische Überschuldung vorliegt *und* zusätzlich die Fortbestehensprognose ungünstig ist (zweistufige Prüfungsmethode). Eine Reihenfolge der Prüfung der beiden Elemente ist nicht vorgeschrieben. Ein Unternehmen, dessen Überlebensprognose i. S. d. definierten Ertragsfähigkeit positiv ausfällt, braucht nicht ständig die Überschuldungsbilanz mit zu Liquidationswerten bewerteten Aktiven im Auge zu haben.[8]

9 Die Folge, dass eine positive Ertragsfähigkeitsprognose trotz gegebener rechnerischer Überschuldung die Verneinung des Eröffnungsgrundes bedeutet, wird jedoch eingeschränkt. Die positive Ertragsfähigkeit muss dann, wenn rechnerische Überschuldung vorliegt, durch einen positiven Eigenkapitalbestand in einer den Grundsätzen ordnungsmäßiger Bilanzierung (GoB) entsprechenden Handelsbilanz begleitet sein, wenn das Vorliegen eines Eröffnungsgrundes verneint werden soll. Anders gewendet: Rechnerische Überschuldung in Verbindung mit einer den GoB entsprechenden Handelsbilanz, die keinen positiven Bestand an Eigenkapital ausweist, erfüllt den Tatbestand der Überschuldung, und zwar auch dann, wenn die Ertragsfähigkeitsprognose für den zu definierenden Prognosezeitraum Ertragsüberschüsse zu erwarten erlaubt. Es ist diese Eigenschaft des Vorschlags, die sicherstellt, dass die Bindung eines aktivischen Haftungsvermögens, das die Nicht-Eigenkapitalpositionen auf der Passivseite übersteigen muss, nicht aufgegeben wird. Damit wird der historische Kern der Konzeption von Überschuldung, der in der Erhaltung eines den Verbindlichkeiten gleichwertigen Vermögens besteht, gewahrt.[9]

III. Entwurf einer Insolvenzordnung

10 In § 21 des Entwurfs einer Insolvenzordnung (EInsO) heißt es:[10]

Überschuldung

(1) Bei einer juristischen Person ist auch die Überschuldung Eröffnungsgrund.

(2) Überschuldung liegt vor, wenn das Vermögen des Schuldners die bestehenden Verbindlichkeiten nicht mehr deckt.

(3) Ist bei einer Gesellschaft ohne Rechtspersönlichkeit kein persönlich haftender Gesellschafter eine natürliche Person, so gelten die Absätze 1 und 2 entsprechend. Dies gilt nicht, wenn zu den persönlich haftenden Gesellschaftern eine andere Gesellschaft gehört, bei der ein persönlich haftender Gesellschafter eine natürliche Person ist.

Der Wortlaut, der sich an § 92 Abs. 2 AktG und § 64 Abs. 1 Satz 2 GmbHG anlehnt, bleibt hinter dem Einfallsreichtum des Leitsatzes 1.2.6 des Ersten Berichts klar zurück. In der Begründung wird angedeutet, wie der Wortlaut zu interpretieren ist. Die Wertansätze für Vermögen und Schulden sollen sich an der Verwertungsrichtung orientieren: Ist Fortführung die zulässige Option, sind „Fortführungswerte" anzusetzen; andernfalls sind die Werte zugrunde zu legen, die bei einer Liquidation des Unternehmens zu erzielen wären.[11]

IV. Entwicklung im Laufe der Gesetzgebung bis zum FMStG

11 Der Referentenentwurf folgt dem Wortlaut des § 21 EInsO. Die Begründung der Vorschrift enthält jedoch eine nicht unwichtige Modifikation.[12] Es heißt, dass eine positive Prognose über die Fortführungschancen den Zustand der Überschuldung nicht ausschließen dürfe. Sie rechtfertige nur eine andere Bewertung des Vermögens. Die Feststellung, ob Überschuldung vorliege oder nicht, könne jeweils nur auf der Grundlage einer – bilanziell zu verstehenden – Gegenüberstellung von Vermögen und Schulden getroffen werden.

12 Der Gesetzentwurf enthält in § 23 den unveränderten Wortlaut und eine wortgleiche Begründung.[13] Erst die Beratungen des Rechtsausschusses führen zu einer Änderung des Wortlautes in

---

[8] 1. KommBer. S. 113.
[9] Spätere Konzeptionen geben diese konzeptionelle Idee z.T. auf.
[10] Diskussionsentwurf (DE), 1988.
[11] EInsO, B 16.
[12] RefE, 3. Teil, 20.
[13] BT-Drucks. 12/2443, 12, 115.

Abs. 2 der Vorschrift und zu einer Veränderung in der Begründung. Abs. 2 der Vorschrift[14] wird um den Satz 2 des Gesetzestextes ergänzt: „Bei der Bewertung des Vermögens des Schuldners ist jedoch die Fortführung des Unternehmens zugrunde zu legen, wenn diese nach den Umständen überwiegend wahrscheinlich ist." Diese Ergänzung soll unterstreichen, dass eine Fortführungsprognose mit positivem Ergebnis eine Gegenüberstellung von Vermögen und Verbindlichkeiten nicht erübrigt; bei der Vermögensbewertung ist bei positiver Prognose zu unterstellen, dass das Unternehmen fortgeführt wird.

Diese Ergänzung ist nach Einschätzung des Ausschusses bedeutend. Es heißt:[15] **13**

„Der Ausschuss weicht damit entschieden von der Auffassung ab, die in der Literatur vordringt und der sich kürzlich auch der Bundesgerichtshof angeschlossen hat (BGHZ 119, 201, 214). Wenn eine positive Prognose stets zu einer Verneinung der Überschuldung führen würde, könnte eine Gesellschaft trotz fehlender persönlicher Haftung weiter wirtschaften, ohne dass ein die Schulden deckendes Kapital zur Verfügung steht. Dies würde sich erheblich zum Nachteil der Gläubiger auswirken, wenn sich die Prognose – wie in dem vom Bundesgerichtshof entschiedenen Fall – als falsch erweist."

Der Ausschuss ist somit entschiedener Anhänger der Konzeption von Überschuldung, die die Erhaltung eines den Verbindlichkeiten äquivalenten Vermögens, also der Aktivseite der Bilanz, als erforderlich ansieht.

Weiterhin meint der Ausschuss, dass die hier gewählte Definition von Überschuldung den Vorteil **14** aufweise, dass sie Überschneidungen mit dem Begriff der „drohenden Zahlungsunfähigkeit" i.S.v. § 18 vermeide. Hierauf ist unter G. zurückzukommen.

C. Rechtsprechung und Definition von Überschuldung vor Einführung der InsO

Die Rechtsprechung zur Feststellung der Überschuldung lässt sich in mehrere Etappen einteilen. **15** Die Handelsbilanz als Ausgangspunkt der Überschuldungsmessung war im Zeitraum bis 1986 akzeptiert; Modifikationen galten als erforderlich, um historische Buchwerte an realistische Werte anzupassen und so definierte stille Reserven aufzulösen. Die Handelsbilanz als Ausgangsbasis verliert dann an Bedeutung; hierzu mag die Neuformulierung von § 64 Abs. 1 GmbHG, durch die der Hinweis auf die Jahres- bzw. Zwischenbilanz entfiel, beigetragen haben.

Eine Zäsur bewirkte das BGH-Urteil vom 13.7.1992. Überschuldung wird erstmals i. S. der **16** von *K. Schmidt* propagierten **modifizierten zweistufigen Methode** definiert.[16] Danach liegt der Zustand der Überschuldung genau dann vor, „wenn das Vermögen der Gesellschaft bei Ansatz von Liquidationswerten unter Einbeziehung der stillen Reserven die bestehenden Verbindlichkeiten nicht deckt (rechnerische Überschuldung) *und* die Finanzkraft der Gesellschaft nach überwiegender Wahrscheinlichkeit mittelfristig nicht zur Fortführung des Unternehmens ausreicht (Überlebens- oder Fortführungsprognose). Es gilt mithin ein zweistufiger Überschuldungsbegriff."

Der zu entscheidende Sachverhalt stellte sich so dar: Eine GmbH u. Co. KG, deren Geschäfts- **17** zweck in der Entwicklung, der Produktion und dem Vertrieb des Amphibienflugzeugs S bestand, war mit einem Kommanditkapital von 100 000 DM, die GmbH mit einem Stammkapital von 50 000 DM ausgestattet. Der Finanzplan für das Projekt sah die folgenden Finanzquellen vor: Gesellschafterdarlehen 53 Mio DM; Bundesförderung 20 Mio DM; Landesförderung 3 Mio DM; staatsverbürgte Bankkredite 24,6 Mio DM. Ein Restbetrag von 19,2 Mio DM sollte über Lieferantenkredite und Kundenanzahlungen aufgebracht werden. Der Beklagte, Mitgesellschafter der Komplementär-GmbH und Kommanditist, gewährt am 23.12.88 ein Gesellschafterdarlehen von 800 000 DM. Zum 31.12.88 weist die Gesellschaft einen Bilanzverlust von 1,9 Mio DM aus. Am 8.5.89 wird das Gesellschafterdarlehen einschließlich Zinsen zurückgezahlt. Am 3.11.89 wird das Konkursverfahren eröffnet. Kläger ist der Konkursverwalter, der das Gesellschafterdarlehen als Eigenkapital ersetzend einstuft. Der II. Senat prüft u.a., ob die Gesellschaft zum Zeitpunkt der Gewährung oder während der Zeitspanne der Überlassung des Gesellschafterdarlehens überschuldet war. Der Senat stellt fest, dass der bilanzielle Verlust von 1,9 Mio DM zum 31.12.88 bis zum Zeitpunkt der Rückgewähr auf mehr als 10 Mio DM anwächst. Diese Zahlen zeigten den Stand einer rechnerischen Unterdeckung nach fortgeführten Buchwerten und seien für die Beantwortung der Frage, ob Überschuldung vorläge, nicht relevant. Nach neuerer Erkenntnis gälte ein zweistufiger Überschuldungsbegriff.

---

[14] BT-Drucks. 12/7302, 12.
[15] BT-Drucks. 12/7302, 157.
[16] BGH ZIP 1992, 1382.

18 Es könne aus der Sicht des Zeitraumes Ende 1988 bis Anfang 1989 keinem Zweifel unterliegen, dass dem Unternehmen eine erfolgreiche Überlebensprognose zu stellen war. Zwar sei die Entwicklung eines Flugzeuges mit hohen Kosten verbunden, die bei noch fehlenden Einnahmen zu einer erheblichen Unterbilanz führen mussten. Doch sei die Entwicklung des Flugzeuges S seinerzeit als Erfolg versprechend betrachtet worden; man habe für dieses Flugzeug „durchaus einen Markt" mit Absatz- und Gewinnchancen gesehen. Auch hätte die Schuldnerin ohne die positive Überlebensprognose die erheblichen öffentlichen Fördermittel nicht erhalten. Und schließlich wäre ein bekannter Technologie-Konzern nicht bereit gewesen, für 20 % des Kommanditkapitals einen erheblichen Geldbetrag zu zahlen,[17] wenn er nicht Gewinnchancen gesehen hätte.

19 Diese Begründung beleuchtet vor dem Hintergrund des geschilderten Sachverhaltes die zu bewältigenden Fragestellungen, die die vom BGH aufgewertete, zweistufige Konzeption der Überschuldungsdefinition aufwirft. Wie kann man die Gestaltungsfreiheiten, die eine Fortbestehensprognose bietet, auf ein akzeptables Maß reduzieren? Wie müsste eine Prognose zur Ertragsfähigkeit bzw. zur mittelfristigen Finanzkraft aussehen, damit sie in einer für Dritte nachvollziehbaren Weise „Überlebensfähigkeit" belegt? Forderte man diese Belegbarkeit nicht, wäre der Überschuldungstatbestand als Gläubiger schützendes Instrument nämlich unwertet.

20 Spätere Urteile sind der Wende hin zur modifizierten zweistufigen Methode gefolgt.[18] Die offenen Fragen, wie mittelfristige Finanzkraft in nachprüfbarer Weise zu messen ist und wie das Konzept der „überwiegenden Wahrscheinlichkeit" zu operationalisieren ist, werden nicht explizit angesprochen.

D. Prinzipielle Vorgehensweisen zur Messung von Überschuldung

21 Die Versuche von Literatur, Rechtsprechung und der beratenden Praxis, eine zweckkonforme und implementierbare Interpretation der zu vergleichenden Größen Vermögen und Schulden bzw. bestehende Verbindlichkeiten zu entwerfen, sind vielfältig. Ein Überblick über die Lösungsvorschläge ist geeignet, das Dilemma zwischen antizipierender, die Zukunft abgreifender Vermögensmessung und den Anforderungen an eine relative Manipulationsimmunität und Justitiabilität plastisch werden zu lassen. Der Überblick kann zugleich einen Erklärungsbeitrag für die verbreitete Auffassung liefern, warum der Eröffnungsgrund Überschuldung in der Realität wenig praktische Bedeutung für die Auslösung von Insolvenzverfahren gewonnen hat.[19] Im langjährigen Durchschnitt wird nur in 2,4 % der Fälle der Eröffnungsantrag allein mit Überschuldung begründet, in 20,3 % der Beobachtungen liegen sowohl Zahlungsunfähigkeit als auch Überschuldung und in 0,2 % sowohl drohende Zahlungsunfähigkeit als auch Überschuldung vor.

	2000	2001	2002	2003	2004	2005	Durchschnitt
Zahlungsunfähigkeit	65,1 %	59,2 %	63,4 %	65,3 %	68,9 %	71,4 %	72,6 %
Überschuldung	4,2 %	5,0 %	2,4 %	1,2 %	1,1 %	1,1 %	2,4 %
Drohende Zahlungsunfähigkeit	10,3 %	0,9 %	0,9 %	0,8 %	0,6 %	0,6 %	1,5 %
Zahlungsunfähigkeit und Überschuldung	20,3 %	34,6 %	33,2 %	32,6 %	29,2 %	26,6 %	23,3 %
Überschuldung und drohende Zahlungsunfähigkeit	0,2 %	0,2 %	0,1 %	0,1 %	0,3 %	0,3 %	0,2 %

	2006	2007	2008	2009	2010	2011	Durchschnitt
Zahlungsunfähigkeit	78,6 %	82,0 %	80,8 %	78,8 %	78,9 %	78,8 %	72,6 %
Überschuldung	2,0 %	2,2 %	2,7 %	2,8 %	2,6 %	2,1 %	2,4 %
Drohende Zahlungsunfähigkeit	0,5 %	0,7 %	0,4 %	0,5 %	0,6 %	0,7 %	1,5 %
Zahlungsunfähigkeit und Überschuldung	18,7 %	15,0 %	16,0 %	17,7 %	17,8 %	18,1 %	23,3 %
Überschuldung und drohende Zahlungsunfähigkeit	0,2 %	0,1 %	0,1 %	0,1 %	0,1 %	0,2 %	0,2 %

Tab. 1: Insolvenztatbestände und empirische Häufigkeit (Quelle: Deutsches Statistisches bundesamt – Fachserie 2, Reihe 4.1)

---

[17] BGH ZIP 1992, 1386.
[18] BGH NJW 1994, 2220; BGH ZIP 1995, 819; BGH ZIP 1996, 275; BGH ZIP 1997, 1648; BGH ZIP 1997, 2008; BGH ZIP 1997, 1648.
[19] So zB *Smid/Depré*, 1999, RdNr. 2 zu § 19; *Ahrendt/Plischkaner* NJW 2009, 965.

I. Einstufige Messvorschriften

Einstufige Messvorschriften teilen die Auffassung, dass „Vermögen" ein von der geplanten Strategie der Gesellschaft abhängiges Konzept ist. Anstatt nun zunächst über die Strategie zu entscheiden, um daran anschließend die angemessene Messvorschriften für das Vermögen zu erarbeiten, votieren die Vertreter der einstufigen Ansätze für die strikte Festlegung der relevanten, also zu unterstellenden Strategie. Die denkbaren Strategien werden als Liquidations- bzw. Fortführungsstrategien bezeichnet.[20]

Autoren, die für die Relevanz der Liquidationsprämisse[21] und damit für Wertansätze plädieren, zu denen Vermögensgegenstände unter normalen Bedingungen einzeln veräußert werden könnten, zielen auf die Erhaltung einer Vermögensmasse im Interesse der Gläubiger, die diesen im Liquidationsfall haften soll. Unterschreitet die so definierte Vermögensmasse die Schulden (die bestehenden Verbindlichkeiten), liegt Vermögensinsuffizienz oder „rechnerische Überschuldung" vor.

Diese Interpretation ist kritikanfällig. Es wird vorgetragen, dass unter diesen Bedingungen viele rentable, in hohem Umfang fremdfinanzierte Unternehmen überschuldet wären,[22] und – das ist der eigentliche Kern des Arguments – höhere Eigenkapitalbestände realisieren und strengere Ausschüttungslimitierungen akzeptieren müssten als dies die handelsrechtlichen Ansatz- und Bewertungsvorschriften vorsehen. Die Konsistenz der Interpretation mit den sonstigen Vorschriften des Gesellschaftsrechts zur Kapitalaufbringung und -erhaltung bei haftungsbeschränkten Rechtsformen steht somit in Frage.[23]

Diese Interpretation hat weitere Nachteile.[24] Sie lässt die Position der Gläubiger, die diese bei Unternehmensfortführung hätten, ganz unbeachtet und ist deshalb ein unvollständiger, einseitiger Indikator für das gegebene Maß an Gläubigergefährdung.

Diese Interpretation bedeutete, wenn sie in der Realität beachtet würde, einen stark überzogenen Schutz von Gläubigerpositionen, weil Gläubiger durch die Bindung einer zu Einzelveräußerungspreisen bewerteten Vermögensmasse in Höhe der „bestehenden Verbindlichkeiten" nahezu kein Ausfallrisiko zu übernehmen hätten.[25] Gläubiger von gewerblichen Unternehmen sind vorrangig Vertragsgläubiger und damit über ihre Vertragsgestaltungen, Covenants und entsprechende Kontrollaktivitäten selbst verteidigungsfähig. Diese für die Funktionsfähigkeit von Kreditmärkten erforderlichen Kontroll- und Disziplinierungsstrategien der Kreditgeber würden ermüden, wenn die *gesetzliche* Verteidigungslinie für Gläubigerpositionen bei haftungsbeschränkten Unternehmen gemäß der obigen Interpretation ausgelegt würde.

Das Gefährdungspotential für unfreiwillige Gläubiger und nicht durchsetzungsstarke Vertragsgläubiger darf allerdings nicht übersehen werden. Erstere können das Entstehen einer Gläubigerposition nicht vermeiden. Die Aussichten, diesen durch eine Definition von Eigenkapitalanforderungen i. S. d. obigen Interpretation zur Durchsetzung ihrer Ansprüche zu verhelfen, sind indessen schmal.

Die Interpretation würde Gläubigern – immer unter der Annahme, die Vorschrift würde von den Betroffenen beachtet – im Liquidationsfall nur geringe Ausfälle zumuten. Gläubiger vergleichen in Verhandlungen über die Verwertung des Vermögens die Liquidationsalternative mit der Fortführungsoption. Unter realistischen Bedingungen erschweren hohe gesicherte Gläubigerpositionen deren Bereitschaft, einer Fortführung zuzustimmen;[26] Sanierungsentscheidungen würden somit erschwert.

Andere Autoren plädieren deshalb für die Bewertung des Vermögens unter der Annahme der Fortführung der Gesellschaft (Fortführungsprämisse).[27] In einer bilanziellen Abbildung des Vermögens sollen die Vermögensgegenstände zu „Betriebsbestehenswerten" oder „Fortführungswerten" angesetzt werden. Abgesehen von der auch bei dieser Interpretation gegebenen Einseitigkeit der Betrachtungsweise – *ausschließlich* die Fortführung gilt als bewertungsrelevante Option – besteht das entscheidende Problem in der Zuordnung von Betriebsbestehens- bzw. Fortführungswerten zu den einzelnen Vermögensgegenständen der Gesellschaft.

Nach herrschender Meinung scheiden die Wertansätze der Vermögensgegenstände in einer den GoB entsprechenden Handelsbilanz hier aus, weil diese (Handels)Bilanz andere Zwecke verfolge.[28]

---

[20] Vgl. die Überblicke über mögliche Verwertungsprämissen bei *Drukarczyk,* 1979; *Egner/Wolff* AG 1978, 99 ff., *Drukarczyk* WM 1994, 1738–1739; K. Schmidt AG 1978, 334.
[21] ZB *Kühn,* 1969, 46–50; *Egner/Wolff* AG 1978, 99–101.
[22] So etwa *Moxter,* 1976, Sp. 630; *Egner/Wolff* AG 1978, 99, 105; *Drukarczyk* ZGR 1979, 575–577; *K. Schmidt* JZ 1982, 169.
[23] *Drukarczyk* ZGR 1979, 577; *Drukarczyk* WM 1994, 1739–1740.
[24] Vgl. etwa *Drukarczyk* WM 1994, 1739–1741.
[25] *Adams,* 1991, 59.
[26] Vgl. hierzu *Duttle,* 1986, 143–150.
[27] *Egner/Wolff* AG 1978, 101–102; *Arens,* 1990; *Kölsch,* 1988, 216 ff.
[28] Vgl. *Egner/Wolff* AG 1978, 102; *Klar,* 1987; *Kupsch* BB 1984, 159–165.

Diese „anderen Zwecke" werden in der Dokumentationsfunktion, in der Informationsfunktion und in der Ausschüttungsbemessungsfunktion gesehen.[29]

31 Eine kleine Minderheit vertritt die Auffassung, dass sich durch Rückgriff auf die den GoB entsprechenden Bewertungsregeln eine zweistufige Interpretation des Überschuldungstatbestandes herleiten ließe, die erstens justiebel und zweitens gerade der Partei der Gläubiger, in deren Interesse der Eröffnungstatbestand definiert werden soll, die Auslösung eines Insolvenzverfahrens ohne hohe Informationskosten ermöglichen würde.[30]

32 Werden die Wertansätze für Vermögensgegenstände in einer handelsrechtlichen Bilanz der Mehrheitsmeinung und dem BGH folgend als nicht zweckkonform abgelehnt, müssen andere Bewertungsvorschriften an deren Stelle treten. Der Hinweis, „wahre" oder „realistische" Werte seien geboten, ist allein nicht hilfreich.[31]

33 Hinter der Absicht, den Schulden bzw. den bestehenden Verbindlichkeiten (F) das Fortführungsvermögen (V) gegenüberzustellen, steht die Idee der laufenden Prüfung der Schuldendeckungsfähigkeit: kann die Gesellschaft im Zeitablauf finanzielle Überschüsse generieren, um die Ansprüche der Gläubiger im Zeitablauf vertragskonform zu bedienen? Im bejahenden Fall gilt V > F; im negativen Fall liegt Überschuldung vor.

34 Interpretierte man V als Unternehmensgesamtwert, also als diskontierten Wert der künftigen finanziellen Überschüsse der Gesellschaft (*vor* Bedienung der Ansprüche der Gläubiger),[32] hätte man eine zweckkonforme Definition von Überschuldung, aber einen hohen Grad an Unsicherheit, weil die Berechnung von V erheblich von den Erwartungen des Bewerters (Prüfenden) über die Entwicklung der Wert generierenden Parameter und von der Höhe des Diskontierungssatzes, also der risikoäquivalenten Alternativrendite, abhängt. Der Konflikt zwischen Zweckkonformität und Bestimmtheit (Justitiabilität) ist hier ganz deutlich.[33] Auf diesen Konflikt ist unten zurückzukommen.

35 Eine bilanzielle Messung des Fortführungsvermögens soll den Grad der Unbestimmtheit erheblich reduzieren. Die InsO hat mit § 19 Abs. 2 aF diesen Weg beschritten.[34] Ob er erfolgreich sein kann, ist zu prüfen.

II. Ältere zweistufige Methode

36 Ausgangspunkt für die Erweiterung des Blickfeldes ist die Einseitigkeit der unter I. dargestellten Interpretationsversuche, die entweder nur die Liquidation oder nur die Fortführung im Blick haben. Zur Forderung, *vor* der Festlegung einer Verwertungsprämisse sei von den Organen der Gesellschaft zu prüfen und zu dokumentieren, welche Verwertungsform im konkreten Fall relevant sei, ist es dann nicht mehr weit.[35]

37 *Egner/Wolff* halten diesem Ansatz vor, es handle sich um eine bloße Bestätigungsrechnung, denn die Abbildung der Überschuldung würde bei den gegebenen Gestaltungsmöglichkeiten nichts anderes signalisieren als das, was die Organe der Gesellschaft für die richtige Strategie hielten.[36] Gingen diese von einer Fortführungsfähigkeit des Unternehmens aus, könne die Bewertung zu „Fortführungswerten" schwerlich ein anderes Ergebnis ausweisen. Ein nachprüfbarer Beleg dafür, dass die intendierte Strategie diejenige sei, die keinen Schaden für die Gläubiger auslöse, werde nicht geliefert.

38 Zutreffend ist, dass die ältere zweistufige Methode die Überschuldungsprüfung von den Erwartungen und strategischen Präferenzen der prüfenden Organe abhängig macht. Die Abhängigkeit des Prüfungsergebnisses von deren Präferenzen könnte aber dann deutlich gemindert werden, wenn die Kriterien festgelegt würden, anhand derer über eine zulässige Strategie zu entscheiden ist. Diesen Weg versucht § 19 einzuschlagen.[37]

III. Modifizierte zweistufige Methode i.S.v. *K. Schmidt*

39 *K. Schmidt* hat die ältere zweistufige Methode an einer entscheidenden Stelle modifiziert.[38] Er argumentiert, dass der Überschuldungstatbestand ohne prognostische Elemente nicht auskommen könne.

---

[29] Vgl. etwa *Moxter*, 1984, 81–105.
[30] *Drukarczyk* ZGR 1979, 580; KölnKommAktG-*Mertens* § 92 RdNr. 4, 18; *Bitz/Hemmerde/Rausch*, 1986, 338; *Steiner*, 1986, 421–425; *Drukarczyk/Schüler*, Kölner Schrift, 1. Aufl., 95–101.
[31] So zB Begr. RegE zu § 23 Abs. 2; *Braun/Uhlenbruck*, 1997, 290, 293.
[32] So zB im Ansatz zB *Arens*, 1990; *Giebeler*, 1982.
[33] Vgl. etwa *K. Schmidt* JZ 1982, 165/166; *Steiner* BFuP 1986, 423–425.
[34] Vgl. RdNr. 51 ff.
[35] *Siedschlag*, 1971, 96–97; *Biermann*, 1963, 62–70; *Auler* DB 1976, 2169–2173; *Pribilla* KTS 1958, 6 ff.; *Klebba* BFuP 1953, 169; *Hirtz*, 1966, 62–66.
[36] *Egner/Wolff* AG 1978, 103–104; ähnlich *Götz* ZInsO 2000, 77.
[37] Vgl. RdNr. 42 ff.
[38] *K. Schmidt* AG 1978; *ders.* JZ 1982; *ders.* ZIP 1980; *ders.*, 1990, 37–59; *ders.*, Gutachten DJT, 1982.

Die prognostischen Leistungen sollen nun aber nicht in Fortführungswerten oder Fortführungsbilanzen versteckt, sondern in Form von Finanzplanungen und/oder Ertragsfähigkeitsprüfungen offen gelegt werden.[39] Die Organe der Gesellschaft werden zur kontinuierlichen Selbstprüfung aufgefordert.

Rechtliche Überschuldung liegt gemäß seinem Vorschlag dann vor, wenn (1) das Vermögen, bewertet zu Einzelveräußerungspreisen (Liquidationswerten), nicht ausreicht, um die Verbindlichkeiten zu decken (**rechnerische Überschuldung**) *und* (2) keine positive **Fortführungsprognose** besteht.[40]

Beide Bedingungen müssen erfüllt sein. Zweck der Konzeption ist es zu prüfen, ob die Verbindlichkeiten der Gesellschaft bei Liquidation und/oder bei Fortführung beglichen werden können. Daraus folgt, dass die Prüfung zu (2) in Form einer Finanzplanung, also einer Liquiditätsrechnung zu erfolgen hat. Kann die Gesellschaft die Verbindlichkeiten weder bei Liquidation noch bei Fortführung begleichen, gilt sie als überschuldet im Rechtssinne. Abbildung 1 verdeutlicht den Ansatz.

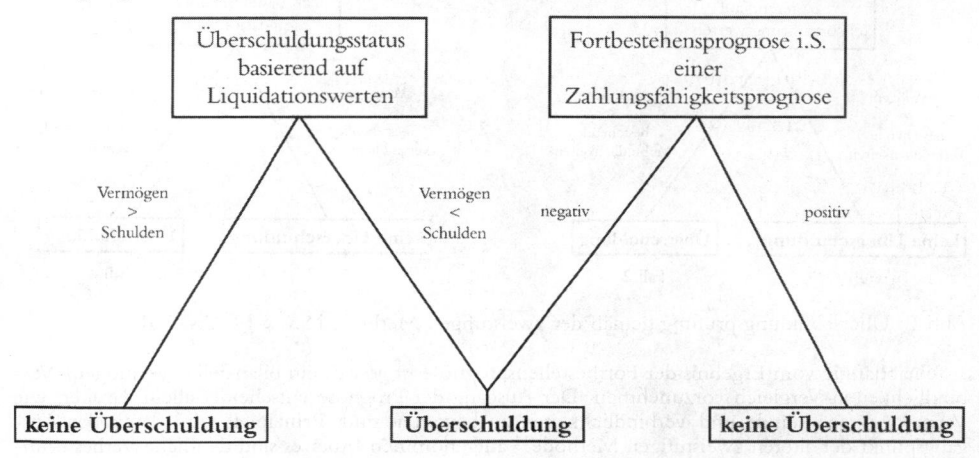

Abb. 1: Überschuldungsmessung gemäß modifizierter zweistufiger Methode *(Karsten Schmidt)*

Eine rechnerische Überschuldung (Vermögensinsuffizienz) allein kann die Ingangsetzung eines Insolvenzverfahrens nicht bewirken. Dies ist folgerichtig.[41] Eine negative Fortbestehensprognose bewirkt keine Verfahrensauslösung, solange keine rechnerische Überschuldung vorliegt. Auch dies ist folgerichtig. Wie groß aber ist das haftende Vermögen im Vergleich zu den Verbindlichkeiten, wenn eine zunächst positive Fortbestehensprognose kippt? Weil das vorgeschlagene Kriterium zu dem Ergebnis „es liegt Überschuldung vor" nur dann führt, wenn a) die Fortbestehensprognose negativ ausgeht *und* b) das Vermögen, bewertet zu Liquidationswerten, die Höhe der Schulden nicht erreicht, kann ein Schuldner sich bei Vorliegen einer positiven Fortführungsprognose den Vergleich von Vermögen und Schulden immer ersparen. Der Vorschlag enthält gerade keine dauernde Verpflichtung, das Vermögen mit dem Schuldenstand zu vergleichen. Damit wird die intendierte Selbstprüfungsverpflichtung an einer wichtigen Stelle geschwächt. Es gibt keine Vorkehrung gegen empfindliche Vermögensunterdeckungen dann, wenn eine mehrjährige positive Fortbestehensprognose unerwartet nicht mehr aufrechterhalten werden kann. Der Vorschlag von *K. Schmidt* enthält keine positive Fortbestehensprognosen verpflichtend begleitenden expliziten Vergleiche von Vermögen und Schuldenstand. So interpretiert kann der Überschuldungstatbestand den intendierten Beitrag zu früheren Verfahrensauslösungen, die zu höheren Befriedigungsquoten führen sollen, nicht leisten.[42]

IV. Zweistufige Methode i.S.v. § 19 Abs. 2 aF

Diese Eigenschaft wurde vom Rechtsausschuss als Mangel eingestuft.[43] Abbildung 2 verdeutlicht den Unterschied der Konzeption von § 19 in der bis zum 18.10.2008 geltenden Fassung zur Lösungsidee von *K. Schmidt*.

---

[39] In seinen frühen Veröffentlichungen läßt *K. Schmidt* offen, ob eine Finanzplanung oder eine Ertragsfähigkeitsprüfung zum Zug kommen sollte. In späteren Veröffentlichungen plädiert er für eine Finanzplanung. Vgl. etwa *K. Schmidt/Uhlenbruck* 2009, RdNr. 5.54–5.73.
[40] *K. Schmidt,* 1990, 50.
[41] Vgl. RdNr. 24–28.
[42] Vgl. auch *Böcker/Poertzgen* GmbHR 2008, 1293.
[43] Vgl. RdNr. 12 und 13.

```
                    ┌──────────────────────────┐
                    │ Fortbestehensprognose i.S. einer │
                    │   Zahlungsfähigkeitsprognose     │
                    └──────────────────────────┘
                     positiv              negativ
```

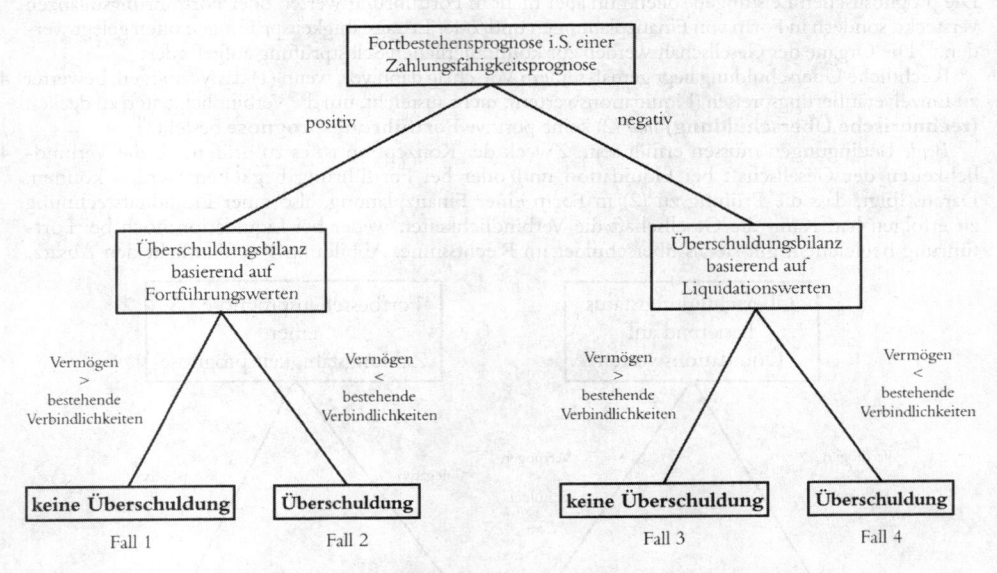

Abb. 2: Überschuldungsprüfung gemäß der zweistufigen Methode i.S.v. § 19 Abs. 2 aF

44 Unabhängig vom Ergebnis der Fortbestehensprognose ist *generell* ein bilanzieller Vermögens-Verbindlichkeiten-Vergleich vorzunehmen. Der Ausgang der Prognose entscheidet allein darüber, wie Vermögensgegenstände und Verbindlichkeiten zu bewerten sind. Prinzipiell wird damit der Ausgangspunkt der älteren zweistufigen Methode[44] aufgenommen. Aber es sind deutliche Verbesserungen erkennbar: Die Gesellschafter haben im Rahmen der Fortbestehensprognose zu belegen, ob eine beabsichtigte Strategie erfolgreich ist in dem Sinn, dass sie den Eintritt der Zahlungsunfähigkeit vermeidet. Nur dann sind Wertansätze für Vermögensgegenstände zugelassen, die ihnen bei Fortführung beizumessen wären.

45 Der Gesetzgeber schreibt keine Prüfungsreihenfolge vor. Da der Ausgang der Fortbestehensprognose darüber entscheidet, wie die weiteren Prüfschritte auszusehen haben, liegt es nahe, mit der Entwicklung der Fortbestehensprognose zu beginnen, also der in Abbildung 2 gezeigten Systematik zu folgen.[45] Andere Autoren schlagen andere Prüfungsreihenfolgen vor.[46] Man solle beginnen mit der Erstellung einer Überschuldungsbilanz auf Basis von Liquidationswerten. Möglicher Anstoß könnte ein nicht durch Eigenkapital gedeckter Fehlbetrag in der Handelsbilanz sein, welche ggf. um stille Reserven und Lasten zu ergänzen und entsprechend der Liquidationsfiktion zu modifizieren ist. Wenn rechnerische Überschuldung gegeben sei, soll die Fortbestehensprognose erstellt werden. Führe diese zu einem positiven Ergebnis, sei im Rahmen der bilanziellen Überprüfung auf die Bewertung zu Fortführungswerten überzugehen. Abbildung 3 folgend, wird ein dreistufiger Prüfungsablauf empfohlen.

In der Literatur wird ein Plädoyer für den Start der Analyse mit der Prüfung der rechnerischen Überschuldung idR nicht explizit begründet.[47] Möglicherweise herrscht die Vorstellung, dass der Startpunkt der Überschuldungsprüfung die Handelsbilanz sei, da diese zu den regelmäßig zu erstellenden Rechenwerken zähle. Man könnte entgegen halten, dass weit mehr für den Einstieg über die Fortführungsprognose spricht, da die Überwachung der Zahlungsfähigkeit zu den zentralen Aufgaben des Managements zähle.

---

[44] Vgl. RdNr. 36–38.
[45] Vgl. zur Prüfreihenfolge *Uhlenbruck/Uhlenbruck* 2010, § 19 RdNr. 34–41; HK-*Schröder* 2009, § 19 RdNr. 54–57; *IDW* 1996, S. 315–317.
[46] *Uhlenbruck,* 1988, 281–282; *ders.,* 1994, 75–77; *Gottwald/Uhlenbruck/Gundlach* § 6 RdNr. 30, 39–41; *Wimmer/Ahrens/Schmerbach* § 19 RdNr. 6a, 6b; *Braun/Uhlenbruck,* 1997, 290/291; *Crezelius,* FS Röhricht, 792; Fromm 2 Inso 2004, 946–948; *Haarmeyer/Wutke/Förster* 2001, S. 53; *Braun/Uhlenbruck* 1997, S. 289–290. Auch in der Rechtsprechung wird diese Abfolge herangezogen: OLG Stuttgart 18.1.2006 (Az. 4 U 189/05), OLG Düsseldorf 20.2.2008 (Az. I-15 U 10/07), OLG Stuttgart 18.1.2006 (Az. 4 U 189/05).
[47] Vgl. zB *Uhlenbruck/Uhlenbruck* 2010, § 19 RdNr. 37–38; HK-*Schröder* 2009, RdNr. 54–55.

Überschuldung

```
                    ┌──────────────────────┐
                    │ Überschuldungsbilanz │
                    │    basierend auf     │
                    │   Liquidationswerten │
                    └──────────────────────┘
           Vermögen                           Vermögen
              <                                  >
    bestehende Verbindlichkeiten      bestehende Verbindlichkeiten
```

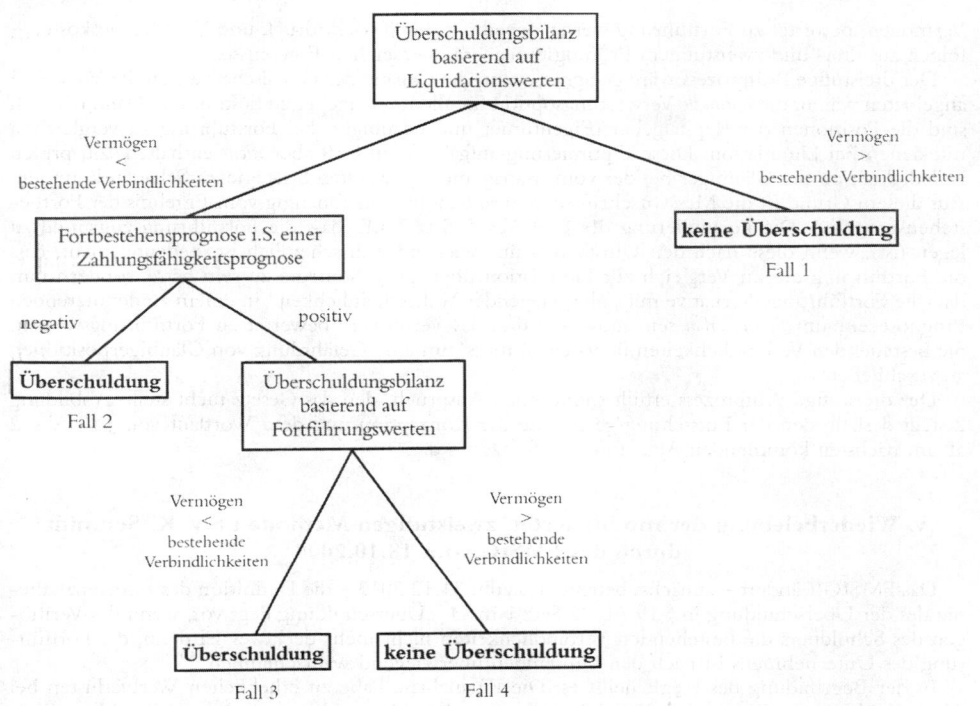

Abb. 3: Dreistufiger Prüfprozess
(Fall 1: keine Überschuldung; Fall 2: Überschuldung bei negativer Fortbestehensprognose; Fall 3: Überschuldung; Fall 4: keine Überschuldung)

Die herrschende Meinung der Literatur ist, dass das drei- bzw. zweistufige Prüfvorgehen nicht zu **46** unterschiedlichen Ergebnissen führt. Wenn unterschiedliche Prüfreihenfolgen gleiche Ergebnisse produzieren, sollte man die kostengünstigste Reihenfolge wählen. Kostengünstig wäre zB eine Prüfreihenfolge, die nach der ersten Prüfebene weitere Prüfschritte erübrigt, weil das (End)Ergebnis schon vorliegt. Ein solcher Fall scheint Fall 1 in Abbildung 3 zu sein. Dieser Eindruck ist aber vorläufig: Überschuldung liegt in Fall 1 nur dann nicht vor, wenn die Liquidationsoption ergriffen würde. Das ist aber auf Stufe 1 noch nicht beantwortet, da die Fortbestehensprognose noch nicht erstellt ist. Folglich benötigt man auch bei dreistufiger Prüfreihenfolge Liquidationsstatus *und* Fortbestehensprognose. Das Kostenargument spricht somit noch nicht zugunsten des dreistufigen Prüfprozesses.

Auch im dreistufigen Prüfprozess ist eine Fortbestehensprognose zu erstellen Es gibt nun Fälle, **47** die im dreistufigen Prüfprozess Kosten auslösen, die man im zweistufigen Prüfprozess nicht hätte:
- Die Fortbestehensprognose ist positiv; das bilanzielle Fortführungsvermögen (V*) ist kleiner als die bestehenden Verbindlichkeiten (S). Im zweistufigen Prüfprozess liegt Überschuldung vor (Fall 2 in Abbildung 2). Im dreistufigen Prüfprozess ist noch keine Aussage möglich, weil gemäß Liquidationsstatus gelten könnte, dass das (Liquidations)Vermögen die Verbindlichkeiten übersteigt. Sie ist folglich zu prüfen.
- Die Fortbestehensprognose ist positiv; das bilanzielle Fortführungsvermögen (V*) übersteigt die Verbindlichkeiten (S). Gemäß zweistufigem Prüfprozess liegt keine Überschuldung vor. Gemäß dem dreistufigen Prüfprozess wäre noch zu prüfen, ob das Prüfverfahren überhaupt in diesen Ast der Prüfung gelangt. Das trifft nur zu, wenn ein Liquidationsstatus ausweist, dass das Vermögen kleiner ist als die Verbindlichkeiten. Das erfordert eine zusätzliche Prüfung, die Kosten auslöst.

Der dreistufige Prüfprozess stellt eine Prüfung an die Spitze des Prozesses, die im zweistufigen **48** Prozess nur in einem Teil der überhaupt möglichen Fälle stattfindet, nämlich bei negativer Fortbestehensprognose. Dadurch werden Kosten ausgelöst, denen allerdings ein didaktischer Effekt gegenübersteht: Die prüfenden Organe der Gesellschaft erfahren, wie die Vermögen-Verbindlichkeiten-Relation im Falle einer Liquidation wäre, auch wenn diese nicht geplant ist. Wenn angenommen wird, dass das Ergebnis der Fortbestehensprognose die im Gläubigerinteresse zu verfolgende Strategie bestimmt und dass das Vermögen, bewertet zu Liquidationswerten, generell kleiner ist als das gleiche

Vermögen, bewertet zu Fortführungswerten – bedingt durch Marktdruck und Verwertungskosten – folgen aus drei- und zweistufigem Prüfungsprocedere die gleichen Ergebnisse.

49 Der dreistufige Prüfprozess wäre geeignet, wenn die Organe der Gesellschaft durch die Vorschrift angehalten wären, die *optimale* Verwertungsoption für alle Kapitalgeber zu bestimmen. Dann nämlich sind die Positionen der Kapitalgeber (Eigentümer und Gläubiger) bei Fortführung zu vergleichen mit denen bei Liquidation. Diese Optimierungsaufgabe ist in § 19 aber *nicht* enthalten. Zu prüfen ist lediglich, ob die Gläubiger bei der vom Management gewählten Strategie zu Schaden kommen. Aus diesem Grund ist die Messvorschrift strategieabhängig, d.h. abhängig vom Ergebnis der Fortbestehensprognose. Die Formulierung des § 19 Abs. 2 Satz 2 a.F, dass die Fortführung zugrunde zu legen (ist), wenn diese nach den Umständen überwiegend wahrscheinlich ist, bedeutet nicht, dass die Fortführung die im Vergleich zur Liquidation überlegene Strategie zu sein hätte, sondern nur, dass die Fortführungsalternative mit „überwiegender Wahrscheinlichkeit" in einem zu definierenden Prognosezeitraum *finanzierbar* sein muss und dass das Vermögen, bewertet zu Fortführungswerten, die bestehenden Verbindlichkeiten übersteigen muss, um eine Gefährdung von Gläubigerpositionen auszuschließen.

50 Der dreistufige Prüfprozess erfüllt somit einen Anspruch, den das Gesetz nicht stellt. Abbildung 2 stellt deshalb den der Entstehungsgeschichte der Konzeption und dem Wortlaut von § 19 Abs. 2 aF am nächsten kommenden Ablauf des Prüfprozesses dar.[48]

V. Wiederbelebung der modifizierten zweistufigen Methode i.S.v. K. Schmidt durch das FMStG vom 18.10.2008

51 Das FMStG[49] ändert – zunächst befristet bis zum 31.12.2013 – die Definition des Insolvenztatbestandes der Überschuldung in § 19 Abs. 2 Satz 1 InsO: „Überschuldung liegt vor, wenn das Vermögen des Schuldners die bestehenden Verbindlichkeiten nicht mehr deckt, es sei denn, die Fortführung des Unternehmens ist nach den Umständen überwiegend wahrscheinlich"[50]

In der Begründung des RegE heißt es: Die Finanzkrise habe zu erheblichen Wertverlusten bei Aktien und Immobilien geführt. Dies könne bei manchen Unternehmen zur bilanziellen Überschuldung führen. Könne diese nicht beseitigt werden, wären die Organe des Unternehmens zur Stellung eines Insolvenzantrags verpflichtet, auch „wenn für das Unternehmen an sich eine positive Fortführungsprognose gestellt werden kann und der Turnaround sich bereits in wenigen Monaten abzeichnet." Diese Norm wird im Folgenden als § 19 Abs. 2 nF bezeichnet.

52 Gemäß § 19 Abs. 2 aF war die Fortführungsprognose kein eigenständiges Tatbestandsmerkmal[51] für die Herleitung des Urteils, ob Überschuldung gegeben war oder nicht. Eine Fortbestehensprognose mit positivem Ergebnis löste allein die Folge aus, dass Vermögen und bestehende Verbindlichkeiten unter der Prämisse der Fortführung zu bewerten waren: Das Vermögen war zu Fortführungswerten anzusetzen. Die Architekten des FMStG rechnen erkennbar damit, dass das Vermögen, bewertet zu Fortführungswerten, in Zeiten der Finanzkrise eine Überschuldung i.S.v. § 19 Abs. 2 aF ggf. nicht ausschließen könne, womit die Frist gemäß § 15a zu laufen begänne. Der zu diesem „ökonomisch völlig unbefriedigendem" Ergebnis führende Vermögens-Verbindlichkeiten-Vergleich soll unterbleiben können, wenn und nur wenn die überwiegende Wahrscheinlichkeit besteht, dass das Unternehmen weiter erfolgreich am Markt operieren kann. Diese neue Definition habe den Vorteil, dass das prognostische Element in Form der Fortführungsprognose und das exekutorische Element (Bewertung des Vermögens nach Liquidationswerten) „gleichwertig nebeneinander" stehen. Diese oft angeführte Formulierung soll wohl den Eindruck erwecken, als läge eine equilibrierte, Gläubigerpositionen schützende Regelung vor. Dies trifft, wie noch zu zeigen ist, nicht zu.

53 Im Ergebnis wird ein Vermögens-Verbindlichkeiten-Vergleich für den Fall erlassen, dass eine Fortbestehensprüfung mit dem Urteil, sie sei „überwiegend wahrscheinlich", ausgeht. Damit wird exakt die Warnung des Rechtsausschusses, die Auslöser für die Formulierung von § 19 Abs. 2 Satz 2 aF war[52], in den Wind geschlagen. Die Forderung des Rechtsausschusses, dass „sicherzustellen" ist, „dass Artikel 5 FMStG am 31. Dezember 2010 wieder außer Kraft tritt", ist demnach konsequent, aber – wie die inzwischen erfolgte Entfristung zeigt – nicht durchgesetzt. Der Rechtsausschuss stellt klar, dass die Finanzkrise „nur eine vorübergehende Rückkehr zu dem alten

---

[48] So auch IDW 1996; *Temme* 1997, S. 117.
[49] Gesetz zur Umsetzung eines Maßnahmenpakets zur Stabilisierung des Finanzmarktes (Finanzmarktstabilisierungsgesetz) vom 18.10.2008.
[50] Art. 5 FMStG. Von dem durch MoMiG eingeführten Abs. 3 zu § 19 wird hier zunächst abgesehen.
[51] *Uhlenbruck/Gundlach* 2010, RdNr. 28 zu § 6.
[52] Vgl. oben RdNr. 13.

und im Allgemeinen unerwünschten Rechtszustand" rechtfertige.[53] Auch die höchstrichterliche Rechtsprechung hatte sich zwischenzeitlich unmissverständlich von der modifizierten zweistufigen Methode distanziert.[54]

Die Einschätzungen der Literatur zu dieser Formulierung sind überwiegend kritisch.[55] Weil das mit dem FMStG eingeführte Konzept eine Wiederbelebung der von K. Schmidt ins Leben gerufenen modifizierten zweistufigen Methode ist,[56] gilt die Kritik an jener Konzeption auch hier. Die Konzeption nach K. Schmidt heißt „zweistufig", weil sie neben dem exekutorischen Element, nämlich der Prüfung der rechnerischen Überschuldung, auch ein prognostisches Element, nämlich die Erstellung einer Fortbestehensprognose i.S. einer Zahlungsfähigkeitsprognose enthält. Damit das Ergebnis „Überschuldung liegt vor" eintreten kann, muss a) rechnerische Überschuldung vorliegen *und* b) die Fortbestehensprognose negativ ausfallen. Weil *beide* Resultate notwendig sind und die Reihenfolge der Prüfung nicht vorgegeben ist, werden Schuldner im Rahmen der Prüfung immer mit der Erstellung der Fortbestehensprognose beginnen.[57] Führt diese für die Länge des noch zu besprechenden Planungszeitraums[58] zu einem positiven Ergebnis, ist die Prüfung beendet. Es besteht, dann keinerlei Notwendigkeit zu prüfen, ob etwa gleichzeitig eine rechnerische Überschuldung vorliegt. Das bedeutet, dass in der Mehrzahl der empirischen Fälle ein Vergleich von Vermögen und Schuldenstand unterbleibt und der Lösungsvorschlag von *K. Schmidt* bzw. der des FMStG sich in einen *einstufigen* Prüfprozess wandeln.

Nur wenn die Fortbestehensprognose ein negatives Ergebnis zur Folge hätte, ist die Prüfung der rechnerischen Überschuldung geboten. Läge auch rechnerische Überschuldung vor, ist Überschuldung im Rechtssinn gegeben. Läge rechnerische Überschuldung trotz einer Fortführungsprognose mit negativem Ergebnis nicht vor, besteht keine Überschuldung. Dieser letztgenannte Fall dürfte selten anzutreffen sein, da eine Vermögensmasse die, bewertet zu Liquidationswerten und nach Verwertungskosten, den aktuellen Schuldenstand übersteigt, ein Indikator für bestehendes noch nutzbares Verschuldungspotential ist.

K. Schmidt, der das Vorgehen des Gesetzgebers im Kontext des FMStG als „methodisch und legislatorisch inakzeptabel" bezeichnet, schätzt die Unterschiede zwischen § 19 Abs. 2 aF und der neuen Fassung, bewirkt durch das FMStG, als kleiner ein, als in der Literatur zugestanden werde. Der Unterschied bestehe im Kern darin, ob eine Fortbestehensprognose mit positivem Ergebnis eine zusätzliche bilanzielle Prüfung, wie bei § 19 Abs. 2 aF vorgeschrieben, entbehrlich mache oder nicht.[59] Welches Gewicht dieser Unterschied hat, hinge davon ab, was in der Überschuldungsbilanz basierend auf Fortführungswerten, also im linken Ast des Prüfprozesses in Abbildung 2, abgebildet werde. Hierauf ist unten einzugehen.[60]

VI. Zwischenergebnisse

§ 19 Abs. 2 aF nimmt die Idee der älteren zweistufigen Methode auf. Die Verbesserungen sind deutlich: Es wird eine Zahlungsfähigkeitsprognose für einen zu definierenden Prognosezeitraum verlangt. Der Ausgang der Prüfung entscheidet über die Sichtweise, unter der Vermögen und bestehende Verbindlichkeiten zu bewerten sind. Der Vergleich Vermögen mit bestehenden Verbindlichkeiten muss in jedem Fall stattfinden. Damit ist die Konzeption, die Haftungsbeschränkung zwingend von einem die Verbindlichkeiten deckenden Vermögenseinsatz („Schuldendeckungspotential") begleiten zu lassen, im Prinzip realisiert.

§ 19 Abs. 2 nF, das Produkt des FMStG, lässt den Vergleich Vermögen und Schuldenstand dann als überflüssig erscheinen, wenn die Fortführungsprognose zu einem positiven Ergebnis führt. Weil der Gesetzgeber weder Prognosezeitraum noch Prognoseinhalte definiert, ist der Interpretation breiter Raum gegeben. Weil Überschuldung als der „rechtspolitisch bedeutsamste Insolvenzgrund" bezeichnet wird,[61] kann dem Gesetzgeber gründliches Nachdenken nicht bescheinigt werden.

---

[53] BT Drucksache 16/10651, S. 10.
[54] BGH 5.2.2007 ZInsO 2007, 376.
[55] *Hölzle* ZIP 2008, S. 2003; *Bitter* ZInsO 2008, S. 1097; *Eckert/Happe* ZinsO 2008, 1098; *Möhlmann-Mahlau/Schmitt* NZI 2009, S. 19; *Uhlenbruck/Gundlach* 2010, § 6 RdNr. 37. Dass die „gesetzgeberische Wohltat der Modifikation des Überschuldungstatbestands" den „Finanzmarktunternehmen" direkt zugute kommt, bezweifeln *Hirte/Knof/Mock* aufgrund einschlägiger Vorschriften des KWG, *Hirte/Knof/Mock* 2008, 1220.
[56] Vgl. oben Abbildung 1 und RdNr. 39-42.
[57] Vgl. zB *Gottwald/Uhlenbruck/Gundlach* 2010, § 6 RdNr. 37; *Hess* 2007, § 19 RdNr. 26.
[58] *K. Schmidt/Uhlenbruck* 2009, RdNr. 5.53–5.93.
[59] Ebenda RdNr. 5.71–5.73.
[60] Vgl. RdNr. 95 ff.
[61] So *Uhlenbruck/K. Schmidt* 2009, RdNr. 5.53.

E. Implementierung der zweistufigen Methode i.S.v. § 19 Abs. 2 aF

I. Grundlagen

58 Dass § 19 Abs. 2 aF die Idee der älteren zweistufigen Methode wieder aufnimmt, ist kein Nachteil. Bedingung ist jedoch, dass Klarheit geschaffen wird, wie die Fortbestehensprognose zu erstellen ist, wie die überwiegende Wahrscheinlichkeit der Unternehmensfortführung zu interpretieren und zu messen ist und wie die Überschuldungsprüfung in dem Fall auszusehen hat, in dem eine überwiegende Wahrscheinlichkeit für die Fortführungsfähigkeit des Unternehmens spricht. Es stellt sich insbesondere die Frage, wie „Fortbestehenswerte", also der Wert der Vermögensgegenstände bei überwiegend wahrscheinlicher Fortführung zu konzipieren sind.

59 Ob die Fortführung des Unternehmens unterstellt werden darf, ist vor dem Hintergrund der Funktion des § 19 zu sehen. Es ist *nicht* zu entscheiden, ob Fortführung oder Unternehmensliquidation für die Eigentümer oder die Kapitalgeber die bessere Handlungsoption ist.[62] Ein Insolvenztatbestand muss die Gefährdung von Gläubigeransprüchen anzeigen. Fortführung ist somit zulässig, wenn die Gläubigeransprüche erfüllt werden, d.h. vereinbarte Zins- und Tilgungszahlungen geleistet werden können. Zu entscheiden ist, ob die Fortführung des Unternehmens eine Option ist, die die Organe der Gesellschaft vor dem Hintergrund des intendierten Gläubigerschutzes wählen dürfen. Die **Fortbestehensprognose** ist deshalb **Zahlungsfähigkeitsprognose**.[63] Diese Zahlungsfähigkeitsprognose darf neben der Innenfinanzierung alle der Gesellschaft nachweislich verfügbaren Möglichkeiten der Außenfinanzierung (Eigenkapitalzufuhr, Gesellschafterdarlehen, Kredite etc.) nutzen. Verbleiben nicht auffüllbare Finanzplandefizite, steht das Fortbestehen in Frage. Auf dieser ersten Stufe der Überschuldungsprüfung ist somit zu testen, ob Unfähigkeit zur Auszahlungsdeckung im Zeitablauf vorliegt.[64]

60 Basis der Fortbestehensprognose sind Finanzpläne. Ein **Finanzplan** muss vollständig, termingenau und unsaldiert sein.[65] Es ist zu prüfen, ob und ggf. wie die Gesellschaft unter wahrscheinlichen Umweltbedingungen die Auszahlungsverpflichtungen einschließlich des Soll-Kapitaldienstes, das sind vertragskonforme Zins- und Tilgungszahlungen, leisten kann. Diese Finanzpläne sind immer zu ergänzen um Plan-GuV-Rechnungen und Plan-Bilanzen. Hierfür gibt es mehrere Gründe: Gesellschaftsrechtliche Vorschriften wie Kapitalerhaltungs- und Ausschüttungssperrvorschriften müssen beachtet werden, Steuerzahlungen oder -erstattungen sind anhand von Bilanz- und GuV-Daten zu ermitteln, Cashflows können unter Beachtung von GuV- bzw. Bilanzpositionen hergeleitet werden.[66]

61 Die Fortbestehensprognose in Form des Finanzplanes sollte nicht einwertig sein. Sie muss die Unsicherheit (zB der Umsatzeinzahlungen)[67] erkennbar machen, wenn die Formulierung des § 19 Abs. 2 aF, dass die Fortführung nach den Umständen überwiegend wahrscheinlich zu sein hat, zu einem prinzipiell nachprüfbaren Sachverhalt führen soll.

62 Die Prüfung der Fortführungsfähigkeit eines Unternehmens muss aus Praktikabilitäts- und Justitiabilitätsgründen zeitlich beschränkt werden: Zunehmende Prognosezeiträume erhöhen den Gestaltungsspielraum für Eigentümer bzw. das Management des Unternehmens und erschweren die Nachprüfbarkeit für Dritte, die prinzipiell gegeben sein muss, wenn der Eintritt in Insolvenzverfahren kriterienabhängig ist und Handlungsverstöße der Geschäftsleiter sanktionierbar sein sollen. Als herrschende Meinung kann angesehen werden, dass der Prognosezeitraum maximal zwei Jahre betragen soll.[68] Unternehmens- bzw. Branchenspezifika können für einen längeren Prognosezeitraum sprechen.[69]

63 Die Finanzplan-gestützte, idR zweijährige Prognose über die Zahlungsfähigkeit des Unternehmens – das ist die erste Stufe der Prüfung – entscheidet über die Art des Vergleichs von Vermögen und bestehenden Verbindlichkeiten (Überschuldungsbilanz) auf der zweiten Stufe der Prüfung. Ob indikatorenge-

---

[62] Vgl. oben RdNr. 49–50.
[63] *Smid/Depré* § 19 RdNr. 11; *Schulze-Osterloh* § 63 RdNr. 11; *Drukarczyk* ZfbF 1986, 217; *Fachausschuss Recht*, FN-IDW 1995, 315–316; *Hommel* ZfB 1998, 308–309; Kölner Schrift *Drukarczyk/Schüler*, 3. Aufl., Kapitel 2, RdNr. 117–142; *Uhlenbruck/Uhlenbruck* 2010, § 19 RdNr. 43; *K. Schmidt/Uhlenbruck* 2009, RdNr. 5.60; Ob Finanzpläne ggf. zusätzlich zu stützen sind durch Rechnungen zur Ertragsfähigkeit ist unten zu prüfen. Vgl. unten RdNr. 72–76.
[64] *Moxter*, 1976, Sp. 635.
[65] Vgl. *Steiner* BFuP 1986, 428; *Kölsch*, 1988, 259; *Drukarczyk*, 2008, 77–109; HK-*Schröder* 2009, § 17 RdNr. 34–38; *Drukarczyk/Schüler*, Kölner Schrift 2009, Kapitel 2, RdNr. 51–56.
[66] Vgl. *Früh/Wagner* WPg 1998, 911; *Nonnenmacher*, FS Moxter, 1994, 1318.
[67] Vgl. zu den Umsatzerlösen als zentrale Prognosegröße und die Abhängigkeit weiterer Zahlungsströme von den Umsatzerlösen *Kölsch*, 1988, 275 ff.
[68] Vgl. etwa *Fachausschuss Recht* 1/1996, WPg 1997, S. 24: „das laufende und das folgende Geschäftsjahr".
[69] Vgl. *Früh/Wagner* WPg 1998, 910–911; MünchKomm/*Drukarczyk* §18, RdNr. 52–55.

stützte, qualitative Urteile über die Fortbestehenschance eine zweckkonforme Ausfüllung der Voraussetzung der überwiegend wahrscheinlichen Fortführung erlauben, wird unterschiedlich beurteilt.[70] Das oben zitierte BGH-Urteil vom 13.7.1992[71] ist eine indikatorengestützte Entscheidung. Es gibt Fälle, in denen ohne umfangreiche Zahlenwerke Aussagen über die Überlebenschancen des Unternehmens möglich sind. Andererseits hat die Geschäftsführung im Zweifelsfalle die Darlegungslast für den Beleg einer positiven Fortbestehensprognose zu einem bestimmten Zeitpunkt. Sie ist deshalb gut beraten, wenn sie Tatsachen, Annahmen und Schlussfolgerungen geordnet dokumentiert.[72]

II. Struktur einer mehrwertigen Fortführungsprognose

Die Erstellung einer Fortführungsprognose soll anhand eines Beispiels erläutert werden. Eine GmbH stelle zu Beginn des laufenden Geschäftsjahres fest, dass das Stammkapital zum Ende des vorangegangenen Geschäftsjahres mehr als zur Hälfte aufgezehrt war.[73] Sie hat deswegen gem. § 49 Abs. 3 GmbHG eine Gesellschafterversammlung einzuberufen. Dieser Schwund des Eigenkapitals soll hier Auslöser für die Durchführung einer Überschuldungsprüfung sein.[74] Der erste Schritt besteht in einer Fortführungsprognose im Sinne einer Zahlungsfähigkeitsprognose für das laufende und das folgende Geschäftsjahr. Dies erfordert die Aufstellung eines Finanzplans, einer Plan-GuV und einer Plan-Bilanz.

Eine Prognose der Zahlungsfähigkeit sollte wegen der bestehenden Unsicherheit mehrwertig sein, da mehrere Umweltzustände eintreten können. Wir unterstellen vereinfachend zwei mögliche Umweltzustände im laufenden Geschäftsjahr. Die Prognose für das Folgejahr kann idR nicht unabhängig von den Ereignissen im laufenden Jahr erfolgen. Wir nehmen an, dass auf jeden Umweltzustand des laufenden Geschäftsjahres nur zwei mögliche Umweltzustände im Folgejahr eintreten können. Diesen Umweltzuständen können subjektive Eintrittswahrscheinlichkeiten zugeordnet werden (p_{tj}; t: Periode, j: Zustand). Die Wahrscheinlichkeiten müssen sich jeweils zu eins addieren; dies gilt für die beiden Umweltzustände im laufenden Jahr (z_{11}, z_{12}) und die vier möglichen Umweltzustände im folgenden Geschäftsjahr (z_{21}, z_{22}, z_{23}, z_{24}). Der **Zustandsbaum** sieht so aus:

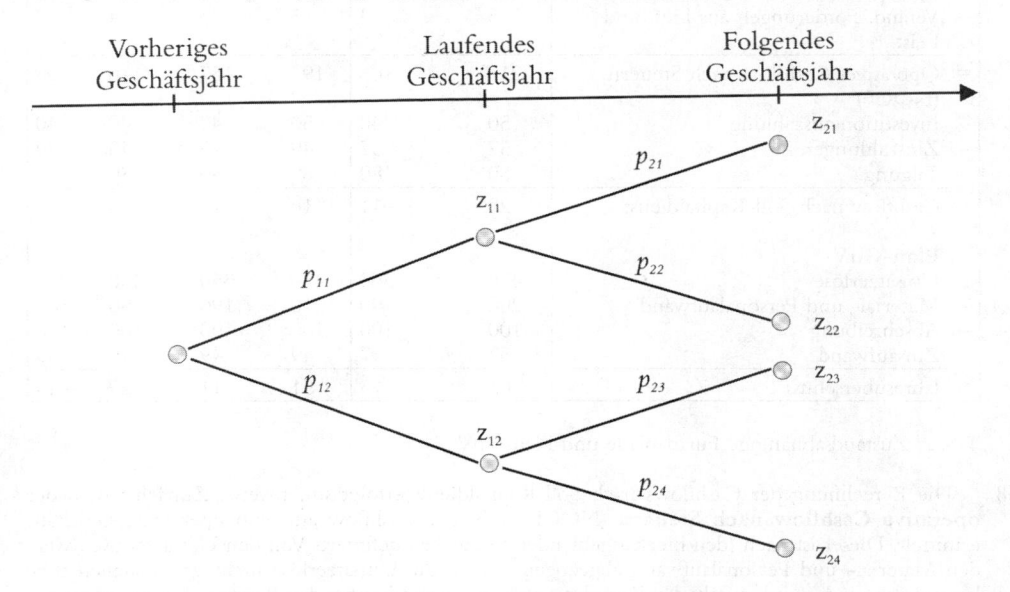

Abb. 4: Erwartungen der Geschäftsführer in Form eines Zustandsbaumes

---

[70] Vgl. *Nonnenmacher*, FS *Moxter*, 1994, 1322; *Scholz/K. Schmidt*, GmbHG, § 63 RdNr. 12; *Temme*, 1997, 125–126; *Bork* ZIP 2000, 1713; *Groß/Amen*, WPg 2002.
[71] Vgl. oben RdNr. 17–19.
[72] Vgl. *Bork* ZIP 2000, S. 1712; *Hess* 2007, § 19 RdNr. 43.
[73] Die Geschäftsleitung ist gemäß der Sorgfaltspflicht eines ordentlichen Geschäftsleiters dazu verpflichtet, die wirtschaftliche Lage des Unternehmens laufend zu beobachten, vgl. BGH NJW 1994, 2224; *K. Schmidt* ZGR 1998, 655; *Scholz/K. Schmidt* § 64 RdNr. 10; *K. Schmidt/Uhlenbruck* RdNr. 500; *Kübler/Prütting/Pape* § 15 RdNr. 3. In diesem Beispiel sei die Sorgfaltspflicht nicht verletzt.
[74] KölnKommAktG-*Mertens* § 92 RdNr. 4; *Wagner*, 1998, 45; *Müller*, Kölner Schrift, 1. Aufl., 100.

66 Die Abbildung der Erwartungen in Finanzplänen, Gewinn- und Verlustrechnungen und Bilanzen soll anhand der Beispiel-GmbH demonstriert werden. Es gelten folgende Annahmen:
- Auf die Beachtung von Steuern wird zur Vereinfachung verzichtet. Sie sind in der Realität entscheidungsrelevant: Bei positiver steuerlicher Bemessungsgrundlage sind Steuern zu zahlen. Diese müssen im Finanzplan enthalten sein. Die Berechnung der Steuern erfolgt über die Plan-GuV.[75] Bei negativer steuerlicher Bemessungsgrundlage entstehen steuerliche Verlustvorträge, die mit positiven Bemessungsgrundlagen anderer Perioden verrechnet werden können, und Steuerzahlungen dann vermindern.
- Es wird eine residuale Ausschüttung unterstellt: Vom Jahresüberschuss wird genau so viel thesauriert, wie zur Deckung des Kapitalbedarfs notwendig ist. Dieser wird ausgelöst durch Investitionsauszahlungen und Tilgungen abzüglich der Abschreibungen.[76] Bei Unterschreiten des durch Gesetz bzw. Satzung vorgeschriebenen Mindesteigenkapitals kann zudem gemäß §§ 29 Abs. 1 und 30 Abs. 1 GmbHG eine Auffüllung des Mindesteigenkapitals erforderlich sein.
- Fremdkapital sei mit 10 % zu verzinsen.
- Die Ansprüche der Arbeitnehmer und Lieferanten sind vollständig zu erfüllen.
- Die Planperioden umfassen jeweils ein Jahr. Zahlungsfähigkeitsprognosen insolvenzbedrohter Unternehmen werden in der Realität regelmäßig für kürzere Intervalle (Monate, Wochen) formuliert.

67 Tabelle 2 enthält die Erwartungen des Managements über die für GuV und Finanzplan relevanten Größen (in TEUR):

Mögliche Umweltzustände	Laufendes Jahr		Folgejahr			
	z_{11}	z_{12}	z_{21}	z_{22}	z_{23}	z_{24}
Eintrittswahrscheinlichkeit	0,4	0,6	0,3	0,7	0,4	0,6
Finanzplan						
Umsatzerlöse	420	360	410	350	300	280
− Material- und Personalzahlungen	200	190	210	190	180	180
− Veränd. Forderungen aus Lief. und Leist.	5	4	5	3	4	2
= Operativer Cashflow nach Steuern (NOCF)	215	166	195	157	116	98
− Investitionsauszahlung	50	40	50	40	40	40
− Zinszahlungen	57	57	49	49	49	49
− Tilgung	80	80	80	80	80	80
Cashflow nach Soll-Kapitaldienst	28	−11	16	−12	−53	−71
Plan-GuV						
Umsatzerlöse	420	360	410	350	300	280
− Material- und Personalaufwand	200	190	210	190	180	180
− Abschreibung	100	100	100	100	100	100
− Zinsaufwand	57	57	49	49	49	49
= Jahresüberschuss	63	13	51	11	−29	−49

Tab. 2: Zustandsabhängige Finanzpläne und Plan-GuV

68 Die Berechnung der Cashflows nach Soll-Kapitaldienst erfolgt stufenweise. Zunächst wird der **operative Cashflow nach Steuern** (NOCF), d.h. der Cashflow aus dem operativen Geschäft, ermittelt. Dieser ist nach (den hier ausgeblendeten) Steuern definiert. Von den Umsatzerlösen werden Material- und Personalaufwand abgezogen.[77] Dass die Umsatzerlöse nicht grundsätzlich zahlungsgleich sind, wird durch die Korrektur um die Veränderung der Position Forderungen aus Lieferungen und Leistungen berücksichtigt: Wenn Kunden ihre Rechnungen nicht sofort bezahlen, führt dies zwar zu Umsatzerlösen, nicht aber zu Einzahlungen. Deswegen wird die Erhöhung der

---

[75] Es werden entsprechend der in 2012 geltenden Rechtslage nur Ertragsteuern angesprochen.
[76] Durch Rückstellungen kann auch Innenfinanzierungsvolumen entstehen, wenn nämlich in einer Periode die Zuführungen zu den Rückstellungen die Zahlungen bei Eintritt des Rückstellungsgrundes übersteigen.
[77] Der Cashflow wird hier auf unmittelbarem bzw. direktem Weg ermittelt. Alternativ kann er ausgehend vom Jahresüberschuss indirekt ermittelt werden. Der Jahresüberschuss wäre dann um nicht auszahlungsgleiche Aufwendungen und nicht ertragswirksame Einzahlungen zu erhöhen und um nicht einzahlungsgleiche Erträge und nicht aufwandswirksame Auszahlungen zu vermindern.

Position Forderungen aus Lieferungen und Leistungen abgezogen.[78] Vom NOCF werden die Investitionsauszahlungen sowie Zins- und Tilgungszahlungen (Soll-Kapitaldienst auf Alt-Fremdkapital) subtrahiert. Das Ergebnis ist der **Cashflow nach Soll-Kapitaldienst.**[79] Wenn dieser positiv ist, kann der Soll-Kapitaldienst ohne weitere Maßnahmen der Außenfinanzierung geleistet werden. Ist er negativ, ist zu prüfen, ob und ggf. welche Maßnahmen zum Ausgleich des finanziellen Fehlbetrages möglich sind.

Im Beispiel ist der Cashflow nach Soll-Kapitaldienst in den Zuständen z_{12}, z_{22}, z_{23} und z_{24} negativ. Die Jahresüberschüsse bei Eintritt der Umweltzustände z_{23} und z_{24} sind ebenfalls negativ. Da eine Fortbestehensprognose in Form einer Finanzplanung zu erstellen ist, ist die Deckung der Liquiditätslücken vorrangig. IdR stehen Unternehmen mehrere Möglichkeiten zur Verfügung, um antizipierte Liquiditätslücken zu füllen:

- Bestände an liquiden Mitteln,
- Vermögensgegenstände, insbesondere wenn sie nicht betriebsnotwendig sind, können an Käufer oder Leasinggesellschaften veräußert werden,
- Alt- und/oder Neugläubiger könnten Kredite gewähren. Diese Option wird in Krisensituationen häufig nicht mehr bestehen. Im Kontext der Überschuldungsprüfung wird man diese Form des Ausgleichs des Finanzplans nur akzeptieren, wenn eine verbindliche Erklärung der Gläubiger vorliegt.[80]
- Gläubiger sind zu Zins- und/oder Tilgungsmoratorien bereit. Auch hier müssen verbindliche Erklärungen der Gläubiger vorliegen.[81]
- Kurzfristiges Fremdkapital wird in langfristiges Fremdkapital umgewandelt.
- Alt-Fremdkapital wird in Eigenkapital umgewandelt; die zugehörigen Zins- und Tilgungsansprüche im Finanzplan entfallen.
- Die Kapitalbindung im Umlaufvermögen wird verkürzt; Forderungen aus Lieferungen und Leistungen werden veräußert (Factoring).
- Die Eigentümer führen dem Unternehmen Eigenkapital oder Gesellschafterdarlehen zu oder neue Investoren werden gewonnen.

Wir wollen annehmen, dass die Deckung des Kapitalbedarfs durch Eigenkapitalzufuhr der Alteigentümer[82] erfolgt. Auf den Ausweis eines Agios wird zur Vereinfachung verzichtet. Somit verändert sich durch die die Finanzplandefizite ausgleichenden Kapitalerhöhungen nur das Stammkapital. Ausgehend von der Bilanz des Vorjahres entwickeln sich auf Basis der prognostizierten Daten und der eben getroffenen Finanzierungsannahme das Eigenkapital und die Bilanz gemäß Tabelle 3.

---

[78] Analog werden zB noch nicht bezahlte Lieferantenrechnungen über die Addition der Veränderung der Verbindlichkeiten aus Lieferungen und Leistungen korrigiert; vgl. für eine ausführliche Cashflow-Definition RdNr. 94.
[79] Vgl. *Nonnenmacher,* FS Moxter, 1994, 1317–1318.
[80] Vgl. *Wagner,* 1995, 179.
[81] Vgl. auch *Fachausschuss Recht,* FN-IDW 1995, 316.
[82] *Neue* Eigenkapitalgeber dürften im laufenden Geschäftsjahr, wenn ihnen die Prognosen des Beispielfalles vorliegen, schwer zu finden sein.

Vorjahr	Laufendes Jahr		Folgejahr			
Mögliche Umweltzustände	z_{11}	z_{12}	z_{21}	z_{22}	z_{23}	z_{24}
Eintrittswahrscheinlichkeit	0,4	0,6	0,3	0,7	0,4	0,6
Planbilanz						
Aktiva						
Anlagevermögen 550	500	490	450	440	430	430
Umlaufvermögen						
Forderungen aus Lief. und 30	35	34	40	38	38	36
Leist.						
Kasse 0	5	0	5	5	0	0
Bilanzsumme 580	540	524	495	483	468	466
Passiva						
Eigenkapital						
Stammkapital 10	50	34	50	62	58	56
Rücklagen 0	0	0	35	11	0	0
Fremdkapital 570	490	490	410	410	410	410
Bilanzsumme 580	540	524	495	483	468	466
Entwicklung des Eigenkapitals						
Jahresüberschuss	63	13	51	11	–29	–49
Rücklagenzuführung	0	0	35	11	0	0
Ausschüttung	23	0	16	0	0	0
Stammkapitalveränderung	40	24	0	12	24	22
Erhöhung wegen Auffüllung des Mindest-EK	40	13	0	0	0	0
Rückgang wegen Verlust	0	0	0	0	–29	–49
Kapitalerhöhung durch Einlagen	0	11	0	12	53	71

Tab. 3: Zustandsabhängige Planbilanzen und Entwicklung des Eigenkapitals

71 Erläuterungen:
- Das Anlagevermögen erhöht sich um die Investitionen und vermindert sich um die Abschreibungen.
- Die Forderungen aus Lieferungen und Leistungen erhöhen sich gemäß den Angaben in Tabelle 2.
- Bei residualer Ausschüttung wird nur so viel thesauriert, wie zur Deckung des Kapitalbedarfs erforderlich ist.
- Da die Kasse am Ende des Vorjahres Null beträgt, kann auf einen Kassenbestand nicht zurückgegriffen werden. Im Zustand z_{11} ist das Mindesteigenkapital durch Einbehaltung in Höhe von 40 aufzufüllen; deshalb kann nur weniger als der Cashflow nach Soll-Kapitaldienst (28) ausgeschüttet werden (23). Der Kassenbestand beträgt somit 5. Dieser ist im Folgejahr in den Zuständen z_{21} und z_{22} als Anfangsbestand anzusetzen.
- Die Veränderungen des Bestandes an Eigenkapital hängen vom Eintritt des jeweiligen Umweltzustandes ab. Die Ursachen der Veränderungen sind Verluste, die den Eigenkapitalbestand mindern, und Eigenkapitalerhöhungen: Gewinneinbehaltungen auf Grund bestehenden Kapitalbedarfs schlagen sich in höheren Rücklagen nieder; Auffüllungen auf das satzungsmäßige Niveau des Stammkapitals und Kapitalerhöhungen durch Einlagen erhöhen das Stammkapital.
- Der Bestand des Fremdkapitals vermindert sich um die vertragskonformen Tilgungen.

Wäre die Deckung des Kapitalbedarfs durch Eigenkapital nicht möglich und stünden keine anderen Kapitalquellen zur Verfügung, träte in den Zuständen z_{12}, z_{22}, z_{23} und z_{24} ungedeckter Kapitalbedarf auf. Zahlungsfähigkeit wäre somit nicht gegeben. Die Fortführungsfähigkeit des Unternehmens i. S. der Überschuldungsdefinition stünde in Frage, wäre aber noch nicht beantwortet. § 19 Abs. 2 Satz 2 aF verlangt eine Wahrscheinlichkeitsaussage. Die Fortführung des Unternehmens muss „überwiegend wahrscheinlich" sein, wenn diese Annahme maßgebend für die Vermögensbewertung sein soll. Sobald finanzielle, nicht auffüllbare Defizite sich abzeichnen, ist die Wahrscheinlichkeit ihres Eintretens entscheidend.

III. Prognose der Zahlungsfähigkeit oder der Ertragsfähigkeit?

Bevor dem Aspekt der „überwiegenden Wahrscheinlichkeit" nachgegangen wird, ist auf die Frage einzugehen, welche Rolle der „Ertragsfähigkeit" im Rahmen der Erstellung einer Fortbestehensprognose zukommen könnte. Die Kommission für Insolvenzrecht hatte zuerst eine „Prognose zur Ertragsfähigkeit" in den Prüfprozess, ob Überschuldung vorläge, eingefügt.[83] Es hieß in Leitsatz 1.2.6. Abs. 1 „Überschuldung liegt vor, wenn das Vermögen bei Ansatz von Liquidationswerten die bestehenden Verbindlichkeiten nicht decken würde (rechnerische Überschuldung) *und* die Ertragsfähigkeit für absehbare Zeit weder gewährleistet erscheint noch in absehbarer Zeit wiederhergestellt werden kann (Prognose zur Ertragsfähigkeit)."[84] Die Kommission definiert ein ertragsfähiges Unternehmen als eines, das bei Fortführung zwar keine Gewinne erwirtschaftet, jedoch GuV-Verluste vermeidet. Es soll in der Lage sein, Betriebsaufwendungen und Zinsen auf das Fremdkapital zu erwirtschaften.[85] Keinesfalls dürfe das Merkmal der Ertragsfähigkeit mit dem Merkmal der bevorstehenden Zahlungsunfähigkeit gleichgesetzt werden.[86]

Während die Kommission für Insolvenzrecht unmissverständlich für die Ausfüllung der Fortbestehensprognose allein auf die Prüfung der Ertragsfähigkeit in dem Sinne setzt, dass anhand von Plan-Gewinn- und Verlustrechnungen zu prüfen ist, ob diese im Prognosezeitraum ausgeglichen sein werden, ist die Bedeutung, die andere Autoren der Prüfung der Ertragsfähigkeit zu messen wollen, mehr oder weniger deutlich schwächer. *K. Schmidt* begrüßt den Vorschlag der Kommission;[87] er schlägt 1982 eine Definition für Überschuldung vor, die explizit auf die Ertragsfähigkeit Bezug nimmt.[88] Seine Formulierung lautet: „ ... wenn eine mit der Sorgfalt eines ordentlichen Geschäftsleiters erstellte Finanz- und Erfolgsplanung die Ertragsfähigkeit nicht gewährleistet (er J.D.) scheinen lässt und das Vermögen im Liquidationsfall die Schulden nicht decken würde."

Andere Autoren formulieren weniger entschieden, sind aber doch als Anhänger einer Ertragsfähigkeitsprüfung erkennbar: *Schröder* formuliert, die Fortbestehensprognose sei mehr als eine reine Liquiditätsprognose; es komme auf das Unternehmenskonzept und die Ertragsfähigkeit an. Es gehe um die Erhaltung ertrags- und zahlungsfähiger Unternehmen.[89] *Grube/Röhm* plädieren für die Prüfung der Ertragsfähigkeit, um die Überschneidung mit der drohenden Zahlungsunfähigkeit zu vermeiden. *Hess* plädiert für eine Finanz- und Ertragsplanung.[90] *Ehlers*[91] meint, eine Überprüfung, ob mittelfristig die ausreichende Finanzkraft gegeben sei, reiche nicht aus, um den Anspruch aus § 19 Abs. 2 nF zu erfüllen. Vielmehr müsse überprüft werden, ob die geforderte Mindestwahrscheinlichkeit für „Ertragsfähigkeit und Wettbewerbsfähigkeit (Überlebensfähigkeit)" bestehe. Der BGH formuliert, dass eine positive Fortführungsprognose grundsätzlich aus einem aussagekräftigen Unternehmenskonzept (so genannter Ertrags- und Finanzplan) herzuleitende Überlebensfähigkeit des Unternehmens voraussetze.[92]

Die beiden zuletzt aufgeführten Quellen argumentieren bezüglich § 19 Abs. 2 nF, woraus die Frage resultieren könnte, ob bezüglich der für beide Fassungen von § 19 Abs. 2 relevanten Prognose der Fortführung *unterschiedliche* Anforderungen gelten können. Diese Ansicht wird in der Literatur gelegentlich angedeutet mit dem Hinweis, dass der Fortführungsprognose in § 19 Abs. 2 nF größeres Gewicht zukäme, weil die sich nach § 19 Abs. 2 aF anschließende Prüfung, ob Überschuldung vorliegt, entfiele.[93]

Für diese These spricht nichts. Aus dem Wortlaut der beiden Formulierungen zu § 19 Abs. 2 lässt sich ein gewollter Unterschied nicht herleiten. Die Begründung zu § 19 Abs. 2 Satz aF wird nach

---

[83] 1. KommBer. S. 111.
[84] Auf die Prognose zur Ertragsfähigkeit sollte es dann nicht mehr ankommen, wenn eine den GoB entsprechende Handelsbilanz ausweise, dass das Eigenkapital durch Verluste aufgezehrt war. Leitsatz 1.2.6. Abs. 1, Satz 2.
[85] Der KommBer. S. 112 spricht von „Kosten des laufenden Betriebes" und „Verbindlichkeiten", die das Unternehmen decken müsse. Wir interpretieren dies als ungenaue Formulierung: gemeint sind vermutlich die Kosten der Verbindlichkeiten, also die Zinsaufwendungen. Denn ausgeglichene Plan-GuV-Rechnungen sind noch kein Beleg dafür, dass bestehende Schulden per Innenfinanzierung zurückgefahren werden können.
[86] Ebenda, S. 112.
[87] *K. Schmidt* 1986, S. 192.
[88] *K. Schmidt* 1982, S. 171; ders. Gutachten D 1982, D 64. In späteren Veröffentlichungen von K. Schmidt ist die Entscheidung für eine Zahlungsfähigkeitsprüfung deutlich.
[89] HK/*Schröder* 2009, § 19 RdNr. 12–14; *Grube/Röhm* wistra 2009, S. 81.
[90] *Hess* 2007, § 19 RdNr. 34,43.
[91] *Ehlers* NZI 2011, S. 162.
[92] BGH 9.10.2006 NZI 2007, S. 44. Für eine neben dem Finanzplan bestehende positive Ertragsentwicklung auch *Müller/Haas*, Kölner Schrift 2000, S. 1805. Für die Ertragsfähigkeitsprognose als wichtiger Bestandteil auch *Wolf* 2009, S. 2682–2685.
[93] So etwa *Ehlers* NZI 2011, S. 162.

hM so gelesen, dass die Fortführung des Unternehmens letztlich mittels eines ausgeglichenen Finanzplanes festzustellen ist. Die wortkarge Begründung des Gesetzgebers zur durch das FMStG bewirkten Änderung des § 19 Abs. 2 lässt keinesfalls den Schluss zu, der Gesetzgeber habe sich für andere und ggf. strengere Form der Prüfung der Willigkeit und Fähigkeit zur Fortführung entschieden. Deshalb besteht kein Anlass, hinter den beiden Fassungen des § 19 Abs. 2 zwei verschieden intensive Formen der Prüfung der Fortführungsfähigkeit zu vermuten. Auch hinsichtlich des Prognosezeitraums liefern weder Wortlaut noch Begründung der Vorschrift Hinweise, die unterschiedliche Schlussfolgerungen für die beiden Fassungen von § 19 Abs. 2 nahelegten.

75   Man wird differenzieren müssen zwischen Stellungnahmen, die der Prüfung der Ertragsfähigkeit die dominante Rolle im Rahmen der Fortführungsprognose zuweisen, und den Stellungnahmen, die bekunden, es käme bei der Prüfung der Fortführung i. S. d. Prüfung der Zeitraumliquidität, der „Finanzkraft" also, auch auf die Eigenschaft Ertragsfähigkeit an. Zu ersteren zählen die Kommission für Insolvenzrecht und *Ehlers*.[94] Zu letzteren zählen zahlreiche andere Quellen.[95]

76   Wortlaut und Gesetzesbegründung zu § 19 Abs. 2 – und zwar sowohl für die alte, als auch die neue Fassung – schließen aus, dass der Gesetzgeber der Prüfung der Ertragsfähigkeit eine dominante Rolle bei der Prüfung der Fortführungsfähigkeit hat zuweisen wollen. Die Idee der Kommission für Insolvenzrecht in LS 1.2.6. ist somit vom Gesetzgeber nicht aufgegriffen worden. Hierfür spricht eine Reihe von Gründen: Interpretiert man Ertragsfähigkeit als erwartete Gewinn- und Verlustrechnungen, die im Zeitablauf mindestens ausgeglichen sind, also keine bilanziellen Verluste ausweisen, stellt man einen Anspruch, der vor dem Hintergrund der gewollten Verteidigung der Gläubigerinteressen nicht unmittelbar zielkonform ist. Die Gläubiger verlangen **vertragskonforme Zahlungen**. Hierfür mag Ertragsfähigkeit ein Indikator sein. Er ist aber ungenau, da Ertragsfähigkeit sowohl mit Zahlungsunfähigkeit als mit Zahlungsfähigkeit verknüpft sein kann. Ursache ist, dass das Kriterium Ertragsfähigkeit den Blick auf die Außenfinanzierung des Unternehmens und dessen Investitionsstrategie ausschließt. Die Zeitraumliquidität hängt aber entscheidend von den Möglichkeiten der Gewinnung von Fremd- und Eigenkapital bzw. hybriden Finanzierungsmitteln ab. Es gibt überhaupt keinen Grund, diese aus dem Prüfvorgang auszublenden.[96] Gleiches gilt für die Investitionsauszahlungen. Die Fortbestehensprognose ist deshalb eine Zahlungsfähigkeitsprognose. Dass man zur Herleitung eines mehrperiodigen Finanzplans auch Planbilanzen und Plan-GuV-Rechnungen benötigt, ist von der Betriebswirtschaftslehre seit Jahrzehnten gut belegt, aber kein Grund, die sog. Ertragsfähigkeit zum Ziel- bzw. Prüfkriterium zu erheben.

IV. Zur überwiegenden Wahrscheinlichkeit

77   Können die zustandsabhängigen Finanzpläne im Planungszeitraum generell ausgeglichen gestaltet werden und sind die hierzu in Anspruch genommenen Quellen der Außenfinanzierung nachweislich auch nutzbar, ist die Fortführungsfähigkeit des Unternehmens unstrittig. Wie aber ist zu verfahren, wenn ein Teil der zustandsabhängigen Finanzpläne *nicht* ausgeglichen gestaltet werden kann? § 19 Abs. 2 erlaubt die Annahme der Fortführung dann, wenn diese nach den Umständen *überwiegend* wahrscheinlich ist. Diese Aussage kann so gelesen werden, dass die kumulierten Wahrscheinlichkeiten der Äste des Zustandsbaums in Abbildung 4, die zu mindestens ausgeglichenen Finanzplänen führen, größer als 50 % sein sollten. Es muss mehr für mindestens ausgeglichene Finanzpläne im zweiperiodigen Planungszeitraum sprechen als dagegen.[97] Dabei kommt es dem Wortlaut zufolge nicht darauf an, wie hoch bei positivem Ausgang die Finanzplanüberschüsse bzw. bei negativem Ausgang die Finanzplandefizite sind. Relevant ist allein die Summe der Wahrscheinlichkeiten für mindestens ausgeglichene Finanzpläne.

78   Die Wahrscheinlichkeiten, die einem bestimmten zustandsabhängigen Finanzplan zuzuordnen sind, sind *subjektive* Wahrscheinlichkeiten.[98] Sie drücken den Grad des „Für-Wahr-Haltens" aus, den der Prognoseersteller einem definierten Umweltzustand zuordnet. Subjektive Wahrscheinlichkeiten kennzeichnen den Grad der Erwartung für den Eintritt eines Zustandes auf Grund der gegenwärtig verfügbaren Daten. Dass subjektive Wahrscheinlichkeiten erst künftig eintretenden Ereignissen zuge-

---

[94] Vgl. oben RdNr. 73 und 74.
[95] Vgl. etwa *Knief* 1987, S. 92–93; *Braun/Uhlenbruck* 1997, S. 292;. *IDW* 1997, S. 24; *Müller/Haas*, Kölner Schrift 2000, § 19, RdNr. 14–19; *Hess* 2007, § 19 RdNr. 34,35,43; *Gottwald/Uhlenbruck/Gundlach* §6 RdNr. 41–42; *Uhlenbruck* 2010, § 19 RdNr. 7–8, 42–48.
[96] Vgl. hierzu *Nonnenmacher*, S. 1322–1324. Dass die Nutzung dieser Finanzierungsquellen durch den Schuldner möglich ist, ist zu belegen. Das ist hM der Literatur. Vgl. etwa *Aleth/Harlfinger* NZI 2011, S. 166; *Frystatzki* NZI 2011, S. 173.
[97] Vgl. *Moxter*, 1976, Sp. 636; *Steiner* BFuP 1986, 428–429; *Nonnenmacher*, FS Moxter, 1994, 1326–1327.
[98] Vgl. zur subjektiven und objektiven Interpretation von Wahrscheinlichkeiten *Popper*, 1971, 106–110.

Überschuldung 79–82 § 19

ordnet werden können, ist klar. Das Problem liegt in der Nachprüfbarkeit der von einem Prognoseersteller zugeordneten subjektiven Wahrscheinlichkeiten durch Dritte. Diese kennen weder den dem Prognoseersteller verfügbaren Wissensvorrat, noch die Regeln, nach denen gegenwärtig vorrätiges Wissen in eine Wahrscheinlichkeitsaussage umgesetzt wurde. Daraus folgt, dass der Ersteller einer Prognose über Gestaltungsspielraum bei der Zuordnung von subjektiven Wahrscheinlichkeiten verfügt. Es wird einem Dritten idR nicht möglich sein zu beweisen, dass die kumulierte Wahrscheinlichkeit für ausgeglichene Finanzpläne im Folgejahr nicht, wie vom Ersteller der Prognose behauptet, 52 %, sondern nur 40 % beträgt.

Das bedeutet nicht, dass die Prognosen des Erstellers überhaupt keiner Überprüfung zugänglich wären. Vor dem Hintergrund der vorliegenden Bilanzen, GuV-Rechnungen und Finanzpläne für die Vergangenheit können Prognoserechnungen in Form von Finanzplänen, Planbilanzen und Plan-GuV-Rechnungen auf ihre Verträglichkeit mit den dokumentierten Daten der Vergangenheit geprüft werden. Unbegründete Sprünge in den Prognosewerten sind aufdeckbar. An den Prüfproblemen der angegebenen subjektiven Wahrscheinlichkeiten für künftige Entwicklungen ändert dies jedoch nichts Entscheidendes, weil die Daten der Vergangenheit nicht darüber informieren, wie denn das Wahrscheinlichkeitsspektrum des Geschäftsführers vor dem Eintritt der Ereignisse ausgesehen hat. Der Wortlaut des § 19 Abs. 2 stellt mit dem Verweis auf die überwiegende Wahrscheinlichkeit somit auf eine Größe ab, die für die Prognoseersteller in Abhängigkeit von der Interessenlage gestaltbar ist, ohne dass diese Gestaltbarkeit durch Dritte völlig beseitigt werden könnte. Man wird beachten, dass der Prognosezeitraum idR zwei Jahre nicht überschreiten wird. Diese relativ kurze Frist verbessert die Möglichkeiten für das mit Amtsermittlungspflichten befasste Insolvenzgericht bzw. etwa eingeschaltete Gutachter, gestützt auf die historischen Abläufe im Unternehmen, die Gestaltungsfreude der Schuldner zu begrenzen.

Man könnte versuchen, den Gestaltungsspielraum noch weiter einzuengen, indem man die Vorschrift des § 19 Abs. 2 so interpretierte, als ob der *erwartete* Finanzplan, also das Konzentrat aller zustandsabhängigen Finanzpläne, ausgeglichen sein müsste, um ein positives Ergebnis der Fortbestehensprognose zu bewirken. Das erwartete Finanzplanergebnis besteht in der Summe der mit den subjektiven Wahrscheinlichkeiten gewichteten Überschüsse bzw. Defizite der zustandsabhängigen Finanzpläne. Diese Handhabung erschwerte die interessengeleitete Gestaltung der Finanzplanergebnisse. Angenommen, die in Tabelle 2 ausgewiesenen Cashflows nach Soll-Kapitaldienst für das Folgejahr entsprächen den endgültigen Überschüssen bzw. Defiziten.[99] Ein Prognoseersteller, der eine „überwiegende Wahrscheinlichkeit" für Fortführungsfähigkeit belegen wollte, hätte die Wahrscheinlichkeit für den Zustand z_{21} auf 0,51 zu veranschlagen und die restlichen Wahrscheinlichkeiten für z_{22}, z_{23} und z_{24} entsprechend zu senken. Wenn dagegen das *erwartete* Finanzplanergebnis mindestens ausgeglichen sein müsste, hätte – unter der Annahme gleicher Wahrscheinlichkeiten für die Zustände z_{22}, z_{23}, z_{24} – die kritische Wahrscheinlichkeit (p★) für den Zustand z_{21} 73,9 % zu betragen. Die Wahrscheinlichkeit p★ führt zu einem erwarteten Finanzplanergebnis von genau Null. Wahrscheinlichkeiten unterhalb von p★ führen zu erwarteten negativen Finanzplanergebnissen. Es dürfte im Beispiel leichter fallen, eine Wahrscheinlichkeit von 0,51 für den Zustand z_{21} zu „begründen" als eine Wahrscheinlichkeit für ein Finanzplanergebnis von 16, die 73,9 % erreicht oder übersteigt.

Stellte man auf das erwartete Finanzplanergebnis ab, würde das *gesamte* Erwartungsspektrum des Prognoseerstellers verarbeitet.[100] Auch die *betragsmäßigen* Überschüsse und Defizite der zustandsabhängigen Finanzpläne würden erfasst. Auch jetzt sind interessengeleitete Gestaltungen nicht ausgeschlossen; der Gestaltungsaufwand wäre jedoch deutlich höher und es gäbe mehr Ansatzpunkte für eine Plausibilitätsprüfung durch Dritte.

Überträgt man das erörterte Kriterium auf die GmbH des obigen Beispiels, erhält man Tabelle 4. Alle Daten der Tabelle sind Erwartungswerte.[101]

---

[99] Diese Annahme bedeutet, dass Möglichkeiten der Schließung der Finanzlücken im Wege der Außenfinanzierung nicht bestehen. Die Verteilung der Cashflows nach Kapitaldienst sieht dann so aus: 16 (0,12); −12 (0,28); −53 (0,24); −71 (0,36).

[100] *Bretzke* DBW 1995, 408; *Harneit,* 1984, 69.

[101] Die erwarteten Umsatzerlöse für das laufende Jahr (384) berechnen sich aus 420 · 0,4 + 360 · 0,6 = 384. Vgl. Tabelle 1, RdNr. 67.

§ 19 83 2. Teil. 1. Abschnitt. Eröffnungsvoraussetzungen und Eröffnungsverfahren

		Laufendes Jahr	Folgejahr
Finanzplan			
	Umsatzerlöse	384,0	320,0
−	Material- und Personalaufwand	194,0	186,4
−	Veränd. Forderungen aus Lief. und Leist.	4,4	3,1
=	Operativer Cashflow	185,6	130,5
−	Investitionsauszahlung	44,0	41,2
−	Zinszahlung	57,0	49,0
−	Tilgung	80,0	80,0
=	Cashflow nach Soll-Kapitaldienst	4,6	− 39,7
Plan-GuV			
	Umsatzerlöse	384,0	320,0
−	Material- und Personalaufwand	194,0	186,4
−	Abschreibung	100,0	100,0
−	Zinsaufwand	57,0	49,0
=	Jahresüberschuss	33,0	− 15,4

Planbilanz	Vorjahr	Laufendes Jahr	Folgejahr
Aktiva			
Anlagevermögen	550	494,0	435,2
Umlaufvermögen			
Forderungen aus Lief. und Leist.	30	34,4	37,5
Kasse	0	4,6	0,0
Bilanzsumme	580	533,0	472,7
Passiva			
Eigenkapital			
Stammkapital	10	43,0	62,7
Rücklagen	0	0,0	0,0
Fremdkapital	570	490,0	410,0
Bilanzsumme	580	533,0	472,7

Entwicklung des Eigenkapitals		
Rücklagenzuführung	0,0	0,0
Ausschüttung	0,0	0,0
Stammkapitalveränderung	33,0	19,7
Erhöhung wegen Auffüllung des Mindest-EK	33,0	0,0
Rückgang wegen Verlust	0,0	− 15,4
Kapitalerhöhung durch Einlagen	0,0	35,1

Tab. 4: Finanzplan, Plan-GuV und Planbilanz auf Basis von Erwartungswerten

83 Erläuterungen:
– Die Daten für das Folgejahr sind unter Beachtung der Eintrittswahrscheinlichkeiten des laufenden Geschäftsjahrs zu berechnen. Die erwarteten Umsatzerlöse im Folgejahr ergeben sich zB aus 0,4 × 0,3 × 410 + 0,4 × 0,7 × 350 + 0,6 × 0,4 × 300 + 0,6 × 0,6 × 280 = 320.
– Die Erwartungswerte für die Positionen in Finanzplan und Plan-GuV bestimmen die erwartete Entwicklung des Eigenkapitals und der Planbilanz: Der Jahresüberschuss des laufenden Jahres beträgt 33; das Stammkapital muss aufgefüllt werden: Es steigt auf 43. Die erwarteten Bilanzpositionen ergeben sich aus den erwarteten Finanzplänen und GuV-Rechnungen.
– Der erwartete Kapitalbedarf im Folgejahr i.H.v. 39,7 wird durch den erwarteten Kassenbestand des laufenden Jahres, der uU zinstragend übertragen werden kann, und insbesondere durch die hier nur angenommene Eigenkapitalzufuhr durch die Eigentümer (35,1) gedeckt.
– Für das laufende Geschäftsjahr wird Zahlungsfähigkeit erwartet; der Cashflow beträgt 4,6. Er wird nicht ausgeschüttet, sondern erhöht den Kassenbestand. Der erwartete Cashflow ist positiv; der negative Cashflow im Zustand z_{21}, nämlich −11, wird kompensiert durch den positiven Cashflow im Zustand z_{11} in Höhe von 28.[102]

---

[102] $(-11 \cdot 0,6 + 28 \cdot 0,4) = 4,6$.

Im folgenden Geschäftsjahr wird vor Inanspruchnahme von Quellen der Außenfinanzierung Zahlungsunfähigkeit erwartet, denn der erwartete Cashflow nach Soll-Kapitaldienst beträgt -39,7. Dieser Kapitalbedarf kann teilweise durch den erwarteten Kassenbestand des laufenden Geschäftsjahres i.H.v. 4,6 gedeckt werden. Liquidierbares Vermögen liegt nicht vor. Das beschleunigte Eintreiben von Forderungen gegenüber Kunden dürfte auf Grund der Krisensituation schwierig sein. Neue Fremdkapitalgeber ließen sich nur finden, wenn freies Vermögen als Sicherheit dienen könnte oder Personensicherheiten eingeräumt würden. Denkbar ist grundsätzlich auch eine Beleihung zukünftiger Einzahlungsüberschüsse durch Gläubiger. Im Rahmen einer Überschuldungsprüfung müsste dies zu einer expliziten Ausdehnung des Prognosezeitraumes führen. Davon wird im Beispiel abgesehen. Wenn keine Kapitalzufuhr durch Eigenkapitalgeber in Form von Gesellschafterdarlehen oder in Form von Einlagen erfolgt, kann der Soll-Kapitaldienst nicht vollständig geleistet werden. Die fälligen Ansprüche der Gläubiger (129) werden nur teilweise erfüllt. Zahlungsfähigkeit ist nicht gegeben.

Fraglich ist, ob die Orientierung am *erwarteten* Finanzplanergebnis mit der Ratio der Vorschrift bzw. dem Wortlaut verträglich ist. § 19 Abs. 2 lässt die Annahme der Fortführung des Unternehmens zu, wenn diese nach den Umständen überwiegend wahrscheinlich ist. Die Unterstellung der Fortführung ist zulässig, wenn mit überwiegender Wahrscheinlichkeit eine Finanzierbarkeit der Aktivitäten des Unternehmens im definierten Prognosezeitraum von ca. zwei Jahren angenommen werden kann. Die Erkennbarmachung des „Überwiegens" einer Wahrscheinlichkeit für eine bestimmte Entwicklung über die einer anderen Entwicklung setzt prinzipiell die planerische Erfassung von mindestens zwei möglichen Entwicklungen des Cashflow nach Soll-Kapitaldienst voraus. Wird ein positiver Cashflow nach Soll-Kapitaldienst mit einer Wahrscheinlichkeit, die 0,5 übersteigt, erwartet, ist dem Wortlaut Genüge getan: Es darf Fortführung unterstellt werden.

Betrachtet man die Gläubiger, deren Interessen den Hintergrund für die Terminierungsregel des § 19 bilden, ist zu fragen, welche Interpretation ihnen eher hilft. Das ist nicht einfach zu beantworten. Die am Wortlaut hängende Interpretation setzt Gläubiger immerhin Finanzplandefiziten unbekannter Größe aus, die mit einer Wahrscheinlichkeit von höchstens 0,49 erwartet werden dürfen. Die am *erwarteten* Finanzplanergebnis orientierte Interpretation kann nicht ausschließen, dass die szenarioabhängigen Finanzplandefizite groß sind. Sie schließt aber aus, dass Fortführungsfähigkeit bestätigt wird, obwohl der Erwartungswert aller denkbaren Finanzplanergebnisse *negativ* ist, ein Ausschluss, den die dem Wortlaut von § 19 Abs. 2 folgende Interpretation nicht leisten kann.[103]

Verteidigt werden sollen die Interessen des Kollektivs der Gläubiger. Diese halten vertragliche Ansprüche, die in aller Regel zustandsunabhängig sind: Sie halten **Festbetragsansprüche**, nicht Residualansprüche. In den Szenarioausgängen, die Cashflow-Überschüsse nach Kapitaldienst ausweisen, sind ihre Ansprüche erfüllt, während Ausgänge mit Cashflow-Defiziten nach Kapitaldienst ihre Ansprüche verletzen. Dem Wortlaut von § 19 Abs. 2 folgend, soll die kumulierte Wahrscheinlichkeit für Cashflow-Überschüsse größer als die kritische Wahrscheinlichkeit von 0,5 sein. Stellte man auf den Erwartungswert der Cashflow-Überschüsse und Cashflow-Defizite ab, erschwerte man – wie oben angedeutet – Manipulationen der Erwartungen der Geschäftsleiter, erfasste im Erwartungswert aber auch Überschüsse, von denen Gläubiger überhaupt nicht profitieren können. Dies erschwert es, in einem positiven erwarteten Finanzplandefizit die ideale Lösung zu sehen.

Man wird beachten müssen, dass viele kleinere und mittlere Gesellschaften, die in den Geltungsbereich der Vorschrift fallen, auch bei nahenden Krisen keine ausgefeilte Finanzplanung betreiben. Eine szenarioabhängige Finanzplanung ist dann – zunächst jedenfalls – ein Novum, dessen zwangsweise Implementierung durch zielführende explizite Rechnungslegungsvorschriften gestützt werden müsste. Diese existieren bislang nicht. Folglich wird man in der Praxis häufig einwertige Finanzplanungen antreffen, die Ersteller dann als diejenigen bezeichnen werden, die sie mit „überwiegender Wahrscheinlichkeit" erwarten.

Es gibt Autoren, die die Frage, ob eine Fortführung des Unternehmens nach den Umständen überwiegend wahrscheinlich ist, ohne Rückgriff auf Wahrscheinlichkeitsmaße lösen wollen. *Groß/ Amen* tragen vor, der Beleg für die „überwiegende Wahrscheinlichkeit" sei als „nicht quantifizierbare komparative Hypothesenwahrscheinlichkeit" zu interpretieren; gewollt sei ein juristisches Beweismaß, das nicht als „statistisches Konzept" aufzufassen sei.[104] Auch stehe der BGH dem Gebrauch von Wahrscheinlichkeitsmaßen und bedingten Wahrscheinlichkeiten mit Vorbehalten gegenüber. Letztere Aussage ist schwerlich zu halten, wenn man einschlägige Urteile des BGH studiert: der BGH zeigt einen umsichtsvollen Umgang mit Wahrscheinlichkeiten. Die erste Aussage erfordert einen Beleg, wie eine nicht quantifizierbare komparative Hypothesenwahrscheinlichkeit aus dem

---

[103] Vgl. zB Cashflow 1 100 (0,51), Cashflow 2 −150 (0,30), Cashflow 3 −180 (0,19). Der erwartete Cashflow ist 51−45−34,2 = −28,2. Gemäß § 19 Abs. 2 dürfte hingegen Fortführungsfähigkeit unterstellt werden.
[104] Vgl. etwa *Groß/Amen* WPg 2002, S.225.

zur Verfügung stehenden Wissen abgeleitet werden kann und ob sie die Anforderung des Wortlautes der Vorschrift des § 19 Abs. 2, Satz 2 erfüllt.[105]

V. Deckung des Kapitalbedarfs im Periodenverbund

90 Der im Beispiel erfolgte Rückgriff auf den Kassenbestand der Vorperiode zeigt exemplarisch, dass die Prognose für das zweite Jahr nicht unabhängig von der für das erste Jahr erfolgen kann. Es bestehen Interdependenzen. Die Anlage des Kassenbestandes zeigt auch die Möglichkeit des intertemporalen Ausgleichs des Kapitalbedarfs. Da das Vorzeichen des Finanzplanergebnisses relevant ist und der Prognosezeitraum zwei Jahre umfasst, sind vier Konstellationen möglich:
(1) In beiden Jahren ist Zahlungsfähigkeit gegeben. Die Fortführung des Unternehmens i.S.v. § 19 Abs. 2 darf unterstellt werden.
(2) Im laufenden Jahr ist Zahlungsfähigkeit gegeben, im Folgejahr dagegen nicht.
(3) Im laufenden Jahr ist Zahlungsfähigkeit nicht gegeben, im Folgejahr dagegen schon.
(4) In beiden Zeitpunkten ist Zahlungsfähigkeit nicht gegeben. Das Ergebnis der Fortführungsprognose ist negativ.
Wenn im laufenden Jahr und im Folgejahr Finanzplanergebnisse mit gleichen Vorzeichen erwartet werden, ist das Ergebnis der Fortführungsprognose eindeutig: Im Fall (1) ist die Fortführung zu unterstellen, im Fall (4) die Liquidation.

91 In den Fällen (2) und (3) ist der Periodenverbund zu beachten. Weist die Prognose für das laufende Jahr ein positives Finanzplanergebnis und für das Folgejahr ein negatives aus, steht der Überschuss aus Jahr 1 einschließlich erzielbarer Zinserträge zur Deckung des Defizits im Jahr 2 zur Verfügung. Im umgekehrten Fall darf idR unterstellt werden, dass ein erwarteter Finanzplanüberschuss im Folgejahr durch Beleihung auf Jahr 1 antizipiert wird. Dabei ist ein den Marktverhältnissen und der wirtschaftlichen Lage des Unternehmens entsprechender Kreditzinssatz zu unterstellen. Ob die jeweiligen Überschüsse ausreichen, um die Defizite zu decken, ist fallabhängig.

92 Aus diesen Überlegungen folgt, dass eine isolierte Periodenbetrachtung nicht sinnvoll ist. Der Periodenverbund ist zu beachten. Tabelle 5 fasst die Überlegungen zusammen.[106]

	Laufendes Jahr (t_1)	Folgejahr (t_2)	Fortführungsprognose	Überschuldungsbilanz gemäß § 19 Abs. (2) aF
(1)	$NCF_1 > 0$	$NCF_2 > 0$	positiv	Fortführungswerte
(2)	$NCF_1 > 0$	$NCF_2 < 0$	wenn $NCF_1(1+i_A) + NCF_2 > 0$ dann positiv	Fortführungswerte
			wenn $NCF_1(1+i_A) + NCF_2 < 0$ dann negativ	Liquidationswerte
(3)	$NCF_1 < 0$	$NCF_2 > 0$	wenn $\frac{NCF_2}{1+i_V} + NCF_1 > 0$ dann positiv	Fortführungswerte
			wenn $\frac{NCF_2}{1+i_V} + NCF_1 < 0$ dann negativ	Liquidationswerte
(4)	$NCF_1 < 0$	$NCF_2 < 0$	negativ	Liquidationswerte

Tab. 5: Deckung des Kapitalbedarfs im Periodenverbund

93 *Nonnenmacher*[107] regt an, zusätzlich zu prüfen, ob Finanzplandefizite im Folgejahr durch Finanzplanüberschüsse in den Jahren 3, 4, 5 etc. gedeckt werden könnten. *Nonnenmacher* will den Prognoseerstellern den Rückzug auf die Annahme erschweren, Finanzplandefizite in Jahr 2 würden im Wege der Außenfinanzierung durch neue Kredite gedeckt und sie deshalb verpflichten, Bedienung und Rückführung dieser neuen Kredite aus finanziellen Überschüssen nach dem Folgejahr zu belegen. Die Umsetzung dieser Argumentation führt zu einer expliziten Ausdehnung des Prognosezeitraums über das Folgejahr hinaus. Will man dies vermeiden, muss man dem Prognoseersteller, der Quellen der Außenfinanzierung zum Ausgleich von Finanzplandefiziten heranzieht, auferlegen, die Nutzungsmöglichkeit der jeweiligen Finanzierungsquelle zu belegen (zB durch die Kreditzusage einer Bank).

---

[105] Vgl etwa BGH-Urteil vom 2.6.1997–II ZR 211/95, ZIP 1997, S.1648; BGH-Urteil vom 6.6.1994–II ZR 292/91, ZIP 1994, S.1103; *Drukarczyk/Schüler* WPg 2003, S. 56, 61 – 66..
[106] NCF bezeichnet den endgültigen Finanzplanüberschuss (das Finanzplandefizit) nach Nutzung aller nachweislich verfügbaren Quellen der Außenfinanzierung. i_A Anlagezinssatz; i_V Kreditzinssatz.
[107] *Nonnenmacher*, FS Moxter, 1994, 1315–1332; *Drukarczyk* 2008, S. 68–86.

VI. Definition des Finanzplanüberschusses (Netto-Cashflow)

Die im obigen Beispiel verwendete rudimentäre Cashflow-Definition muss um weitere Erträge und Aufwendungen sowie um weitere Abweichungen zwischen Erträgen bzw. Aufwendungen und Zahlungen ergänzt werden. Zudem sind Zahlungswirkungen aus dem nicht-operativen Bereich und ggf. aus Sanierungsmaßnahmen zu ergänzen. Die Prüfung der Zahlungsfähigkeit kann anhand des folgenden Schemas vorgenommen werden.[108] Dieses kann nicht abschließend sein, da Unternehmens- oder Branchenspezifika die Abbildung weiterer oder anderer Zahlungsströme erforderlich machen können.

```
  Netto-Umsatzerlöse
+ sonstige betriebliche Erträge
− Materialaufwand
− Löhne und Gehälter, einschl. soziale Abgaben
− sonstige betriebliche Aufwendungen (inkl. Leasing-, Pacht-, Mietraten)
− Steuern
− Veränderung (Δ) des erforderlichen Betriebskapitals (Net Working Capital) =
       − (Δ Roh-, Hilfs- und Betriebsstoffe
       + Δ Forderungen aus Lief. u. Leist.
       + Δ Geleistete Anzahlungen
       − Δ Verbindlichkeiten aus Lief. u. Leist.
       − Δ Erhaltene Anzahlungen)

= NOCF
− Δ Aktive Rechnungsabgrenzung
+ Δ Sonderposten
+ Δ Rückstellungen
+ Δ Sonstige Verbindlichkeiten
+ Δ Passive Rechnungsabgrenzung

− Auszahlungen für Realinvestitionen

= Cashflow aus betrieblicher Geschäftstätigkeit

       + Außerordentliches Ergebnis
       + erhaltene Ausschüttungen auf Beteiligungen
       + erhaltene Zinsen auf Ausleihungen
       + erhaltene Rückzahlungen auf Ausleihungen
       + sonstige Zinsen
       − Auszahlungen für Finanzanlagen
       − Δ Wertpapiere des Umlaufvermögens, Forderungen an Banken etc.
+ Cashflow aus sonstiger Geschäftstätigkeit

       − Zinsen auf Alt-Fremdkapital     ⎫
                                          ⎬  Soll-Kapitaldienst
       − Tilgungen auf Alt-Fremdkapital  ⎭
= Cashflow nach Soll-Kapitaldienst

+ Kassenanfangsbestand
+ Erlöse aus dem Verkauf von Vermögensgegenständen
+ Aufnahme Fremdkapital
+ Veränderung Eigenkapital (Kapitalerhöhung/Dividenden)

= Netto-Cashflow
```

Tab. 6: Definition eines Finanzplanüberschusses (Netto-Cashflow)

---

[108] Vgl. *Nonnenmacher* 1994, S. 1316–1318.

VII. Fortbestehensprognose und Überschuldungsbilanz bzw. Überschuldungsstatus

95   **1. Einführung: Probleme und Meinungsvielfalt.** Die Vielzahl an offenen Fragen, die sich um Kriterium und Funktionsweise des Insolvenztatbestands Überschuldung ranken, haben zahlreiche Lösungs- und Reformvorschläge entstehen lassen. Der radikalste Vorschlag ist der, den Auslöser Überschuldung abzuschaffen.

96   Der in diesem Kontext meistzitierte Vorschlag ist der von *Egner/Wolff*.[109] Viele Jahre vor der Insolvenzrechtsreform argumentieren sie, der Insolvenztatbestand der Überschuldung versage als gläubigerschützendes Instrument und solle daher abgeschafft werden. Der Kern ihrer Argumentation liegt dicht bei der durch § 19 Abs. 2 aF intendierten Vorgehensweise.[110] Sie unterstellen nämlich ein zweistufiges Verfahren, in dem die verantwortlichen Geschäftsleiter zunächst untersuchen, ob die Unternehmung auf Dauer lebensfähig ist. Wenn nicht, kämen Liquidationswerte zum Ansatz. Die Prüfung der Lebensfähigkeit sehen *Egner/Wolff* in einem zukunftsorientierten Kalkül, das prüfen muss, ob die erzielbaren Überschüsse des Unternehmens die vertraglich festgelegte Verzinsung des Fremdkapitals sichern und darüber hinaus eine als ausreichend angesehene Verzinsung des Eigenkapitals sicherstellen. Nur unwesentlich verkürzend kann man formulieren, dass *Egner/Wolff* eine Bewertung des ganzen Unternehmens zum Prüfungszeitpunkt beabsichtigen: Übersteigt der Unternehmensgesamtwert die bestehenden Verbindlichkeiten, gilt das Unternehmen als auf Dauer lebensfähig.

Auf der zweiten Stufe ist das Vermögen nun zu „Betriebsbestenswerten" zu bewerten. *Egner/Wolff* lehnen Veräußerungspreise bzw. Wiederbeschaffungspreise als allenfalls bedingt relevant ab. Folglich bliebe nur der Versuch, Vermögensgegenständen auf dem Weg der Einzelbewertung *Ertragswerte* zuzumessen. Genau dies könne man sich indessen ersparen. Da man bereits berechnet habe, dass der Unternehmensgesamtwert die Summe der Schulden übersteigt, wisse man bereits, wie hoch das gesamte Vermögen sei. Die Vermögensbewertung zu „Betriebsbestenswerten" verkomme zu einer bloßen „Bestätigungsrechnung".[111] Der zweite Ast des zweistufigen Ansatzes entpuppe sich als „logischer Zirkel",[112] weil die Überschuldungsrechnung nach positivem Ausgang der Prüfung, ob Lebensfähigkeit vorläge, zu keinem anderen Ergebnis gelangen könne als die Überprüfung der Überlebensfähigkeit selbst.[113]

Dieses Argument ist nicht der Kern der Begründung von *Egner/Wolff* für ihre These der Unbrauchbarkeit des Insolvenztatbestands Überschuldung. Unbrauchbar für den intendierten Schutz der Gläubigerposition erscheint es ihnen, weil das eigentliche Rechenwerk der Lebensfähigkeitsprüfung, nämlich die Ermittlung des Unternehmensgesamtwertes, so stark von subjektiven Erwartungen, Einflüssen und Eigeninteressen durchsetzt sei, dass es ungeeignet sei für die Implementierung eines zum Schutze Dritter konzipierten Instrumentariums.

97   Andere Autoren sehen ebenfalls Unbrauchbarkeit und votieren folglich für Abschaffung.[114] *Fenske* trägt vor, dass § 19 Abs. 2 aF eine Fortführungsprognose in Form einer Finanzplanung erfordere. Führe diese Prüfung zu einem positiven Ergebnis sei auf der zweiten Stufe ein Vergleich von Vermögen und Verbindlichkeiten durchzuführen, dessen Ergebnis in den Augen des Gesetzgebers prinzipiell eine Vermögensunterdeckung sein könne. In diesem Ergebnis sieht der Autor – zu Unrecht – eine systematische Inkonsequenz,[115] da die in Form eines Finanzplans abgebildete Prognose die fehlende Gläubigergefährdung ja belegt habe. Die Argumentation des Gesetzgebers, eine positive Fortführungsprognose könne eine Überschuldung nicht ausschließen, sei inhaltsleer, solange nicht ökonomisch belegt werde, wie das Ergebnis „positive Fortführungsprognose" mit dem Ergebnis „Vermögen zu Fortbestehenswerten deckt Verbindlichkeiten nicht", zusammenpasse. Dieser Beleg sei jedoch nicht zu erbringen. Diese Folgerung des Autors ist, wie unten zu zeigen sein wird – bedenklich.

Als potentielle Messmethode verbliebe der Ansatz gemäß § 19 Abs. 2 nF. Gegen diesen trägt *Fenske* vor, dass die Überschneidung mit dem Kriterium drohende Zahlungsunfähigkeit gemäß § 18 offensichtlich sei. Worin der Kern des Problems der Überschneidung liege und welche Konsequenz zu ziehen sei, erläutert der Autor allerdings nicht.

98   *Jensen* plädiert ebenfalls für die Abschaffung der Überschuldungsregel. Seine Begründung unterscheidet sich von den obigen. Die gesetzgeberische Vorstellung sei immer gewesen, mittels des

---

[109] *Egner/Wolff* AG 1978, S. 99–106.
[110] ebenda, S. 102.
[111] ebenda, S. 104.
[112] ebenda, S. 104.
[113] Dieser Schluss wird in der Literatur auch auf § 19 Abs. 2 aF übertragen und als überzeugend angesehen. Er ist es aber nicht, wie noch zu zeigen ist. Vgl. unten RdNr. 132 und 133.
[114] Vgl. etwa *Fenske* AG 1997, S. 554; *Jensen* 2009, S. 385–391.
[115] *Fenske* AG 1997, S. 558; so auch *Penzlin* NZG 2000, S. 468. Vgl. hierzu RdNr. 133.

Tatbestandes Überschuldung eine Terminierungsregel zu schaffen, deren Auslösezeitpunkte zeitlich deutlich vor denen lägen, die durch den Tatbestand Zahlungsunfähigkeit bewirkt werden könnten. Das empirische Insolvenzgeschehen bestätige diese Erwartung nicht: Es gäbe kaum Fälle, in denen neben Überschuldung nicht zugleich Zahlungsunfähigkeit i.S.v. § 17 Abs. 2 vorgelegen hätten. Hierfür seien die mit dem Tatbestand Überschuldung verknüpften Messungenauigkeiten, Eigeninteressen der Auslösepflichtigen und die wegen der Messungenauigkeiten geschwächten Wirkungen von Sanktionen einerseits und die im Vergleich zum Zustand vor 1999 geschärften Vorschriften für den Tatbestand Zahlungsunfähigkeit andererseits ursächlich. Wenn aber „Gleichlauf"[116] vorliege, dann könne man auf den komplizierten Tatbestand der Überschuldung verzichten. Ergänzend wird vorgetragen, dass dem Tatbestand Zahlungsunfähigkeit der Charakter einer noch früher wirkenden Terminierungsregel gegeben werden könnte, wenn vom BGH ins Leben gerufene Schuldner-freundliche Interpretationen der Vorschrift des § 17 Abs. 2, die die Wesentlichkeit der Liquiditätslücke, die Dauer einer rechtsfolgelosen Zahlungsstockung und den Charakter des ernsthaften Einforderns einer Forderung betreffen, zurückgefahren würden.[117]

Die Mehrzahl der Autoren sucht nach Lösungen für eine justitiable Realisierung der von § 19 Abs. 2 aF intendierten Vermögensbindung. Wie kann ein die jeweils bestehenden Verbindlichkeiten deckendes Vermögen definiert werden? Wie sind die sog. „Betriebsbestehenswerte" oder „Fortführungswerte" für die Aktiva des Unternehmens zu definieren, damit ein ökonomischen Prinzipien entsprechendes Haftungsvermögen im Fortführungsfall den bestehenden Verbindlichkeiten gegenübergestellt werden kann?

Die Vorschläge der Autoren unterscheiden sich insbesondere nach der Art und Weise, wie Vermögensgegenstände bzw. das Vermögen des Unternehmens bewertet werden sollen bzw. soll. Zu unterscheiden sind im Kern an die Handelsbilanz anknüpfende Lösungen, auf Wiederbeschaffungswerte oder auf Liquidationsdruck befreite Veräußerungswerte abstellende Lösungen, wobei der Frage der Goodwill-Behandlung eine besondere Rolle zukommt, und Lösungen, die ohne Umweg über die Bewertung einzelner Vermögensgegenstände für eine Bewertung des gesamten Unternehmens plädieren.

Die Bewertung des Vermögens der Gesellschaft ist insbesondere im Fall eines positiven Ausgangs der Fortführungsprognose von zentraler Bedeutung. Im Fall eines negativen Ausgangs der Fortführungsprognose sind Vermögensgegenstände zu Liquidationswerten anzusetzen. Hier gibt es Detailprobleme, die mit der Zerschlagungsgeschwindigkeit oder mit der Höhe von Verwertungskosten zusammenhängen. Aber sie gelten als lösbar. Im Fortführungsfall gibt es zusätzlich konzeptionelle Probleme wegen des Konfliktes zwischen Justitiabilität einer Lösung und deren ökonomischer Zielgenauigkeit. Ob Gläubigerpositionen auf längere Sicht gefährdet sind, kann durch Gegenüberstellung des Unternehmensgesamtwertes und des Wertes der bestehenden Verbindlichkeiten bei vertragskonformer Bedienung geprüft werden. Man hat dann ein Ergebnis mit hoher Zielgenauigkeit. Wird die Justitiabilität dieser Lösung in Frage gestellt, verbleiben nur Lösungen, die eine geringere Zielgenauigkeit haben.

Man kann zB dafür plädieren, Vermögensgegenstände im Fortführungsfall zu **Wiederbeschaffungspreisen** zu bewerten, soweit sie zur Fortführung notwendig sind, und zu Veräußerungspreisen, soweit sie im Rahmen der Fortführung nicht benötigt werden. Man erhält dann ein Vermögen, bewertet zu Wiederbeschaffungspreisen der Vermögensgegenstände, die zur Rekonstruktion benötigt würden. Man kann diese Größe als **Rekonstruktionsaltwert** bezeichnen.

Die Crux dieses Lösungsversuchs ist es, dass sich ein Vermögen, definiert als Summe der Wiederbeschaffungswerte von zur Fortführung benötigten Vermögensgegenständen in unkontrollierter Weise von dem ökonomischen Fortführungswert i. S. d. Barwertes künftiger entziehbarer Überschüsse vor Bedienung der Gläubigeransprüche entfernt. Bezeichnen wir V^{WBP} als Vermögen auf Basis von Wiederbeschaffungspreisen und V als Unternehmensgesamtwert; F bezeichne den Wert des Fremdkapitals der Gesellschaft bei vertragskonformer Bedienung. V > F oder V < F sind ökonomisch sinnvolle Signale: Das erste besagt, dass aus heutiger Sicht bei Fortführung Gläubiger keinen Schaden nehmen werden; das zweite besagt das Gegenteil. Was aber besagt V^{WBP} > F oder V^{WBP} < F, wenn keine Garantie dafür besteht, dass V^{WBP} wenigstens in der Nähe von V liegt?[118] Und diese Garantie gibt es nicht: V^{WBP} kann deutlich größer oder deutlich kleiner als V sein. V^{WBP} ist m.a.W. keine verlässliche Ersatzgröße für das ökonomische Vermögen V. Vermutlich gilt, dass der Unternehmensgesamtwert profitabler Unternehmen das zugehörige V^{WBP} übersteigt und dass der Unternehmensgesamtwert V nicht rentabler Unternehmen deutlich kleiner ist als V^{WBP}. Hier wird

---

[116] ebenda, S. 387; gemeint ist ein Gleichlauf zwischen Zahlungsunfähigkeit und Überschuldung.
[117] ebenda, S. 287–317.
[118] Vgl. zB *Drukarczyk/Schüler*, Kölner Schrift, 2009, RdNr. 152–158.

die beschränkte Eignung von V^{WBP}, ökonomisches Vermögen anzuzeigen, deutlich. Niemand würde das Vermögen der Gesellschaft zu V^{WBP} verkaufen, wenn V^{WBP} kleiner als V ist. Niemand würde einen Preis in Höhe von V^{WBP} für das Vermögen der Gesellschaft bezahlen wollen, wenn V^{WBP} größer ist als V. Die Summe der Wiederbeschaffungspreise der zur Fortführung benötigten Vermögensgegenstände ist somit eine Ersatzgröße von fraglichem Wert. Es ist auch zu beachten, dass die Bedeutung körperlicher Vermögensgegenstände, für die Wiederbeschaffungspreise relativ einfach schätzbar sind, abnimmt, und die immaterieller Werte, für die die Schätzung von Wiederbeschaffungskosten erhebliche Zusatzprobleme aufwirft, wächst.

102 Lösungsvorschläge sollten vor dem Hintergrund der Anforderungen gesehen werden, die an den Insolvenztatbestand gestellt werden können:

– Der Tatbestand soll eine Gefährdung der Gläubiger anzeigen, die so ausgeprägt ist, dass ein Entzug der Entscheidungsrechte der Eigentümer angezeigt ist.
– Der Tatbestand soll justitiabel sein, d.h. zu angemessenen Kosten festgestellt, von Dritten geprüft und bei Verstoß der Auslösepflicht sanktioniert werden können.
– Bestehen mehrere Insolvenztatbestände, die unterschiedliche Rechtsfolgen nach sich ziehen, ist es erforderlich, dass die Tatbestände von Wirtschaftssubjekten, Kapitalgebern, Beratern und Richtern eindeutig unterschieden werden können.
– Wünschenswert wäre, wenn der Insolvenztatbestand Überschuldung widerspruchsfrei in die bestehenden Kapitalerhaltungsregeln für Kapitalgesellschaften eingepasst werden könnte.

103 **2. Ansatz- und Bewertungsregeln bei negativem Ausgang der Fortführungsprognose.**
Die Überschuldungsprüfung i.S.v. § 19 aF ist zweistufig. Abbildung 2 verdeutlicht dies.[119] Ist die Fortführung nicht überwiegend wahrscheinlich, sind Vermögen und bestehende Verbindlichkeiten unter der Prämisse einer planvollen Liquidation zu bewerten. Erst nach Durchführung der Prüfung der zweiten Stufe ist beantwortet, ob Überschuldung vorliegt oder nicht.
Die Liquidationsannahme ist auch zu unterstellen bei fehlender Fortführungsabsicht. In der Begründung zum RegE hieß es:
„Betreibt der Schuldner ein Unternehmen, so dürfen nur dann Fortführungswerte angesetzt werden, wenn die Fortführung des Unternehmens beabsichtigt ist und das Unternehmen wirtschaftlich lebensfähig erscheint; andernfalls sind die Werte zu Grunde zu legen, die bei einer Liquidation des Unternehmens zu erzielen wären."[120]

104 Die herrschende Interpretation des Wortlautes von § 19 Abs. 2 aF ist die, dass die Bewertung des Vermögens und der Schulden für den Zeitpunkt stattzufinden hat, in dem geprüft wird, ob die Gesellschaft überschuldet ist oder nicht (Prüfzeitpunkt). Das ist nicht selbstverständlich. Die Prüfung könnte auch für den Zeitpunkt im maximal zweijährigen Prognosezeitraum erfolgen, für den die Zahlungsfähigkeitsprognose nicht deckbare Finanzplandefizite anzeigt. Dies wäre aus ökonomischer Sicht sinnvoll. Ist ein Finanzplandefizit im Zeitpunkt t nicht auszugleichen, dann könnte sich daran die Prüfung anschließen, wie die Vermögen-Verbindlichkeiten-Relation unter Beachtung der Liquidationsalternative in diesem Zeitpunkt t aussieht. Diese Interpretation entspräche auch der Ratio der in Abbildung 2 aufgezeigten Prüfpfade. Die zeitliche Konsistenz von Finanzplanergebnis und Vermögens-Verbindlichkeiten-Vergleich wird von der herrschenden Meinung nicht thematisiert. Dafür könnten zusätzliche Prognoseprobleme die Ursache sein: Vermögen und bestehende Verbindlichkeiten wären bezogen auf den späteren Zeitpunkt t zu bewerten. Die herrschende Meinung wird im Folgenden übernommen.

105 Zweck der Überschuldungsbilanz ist es, die Schuldendeckungsfähigkeit des Schuldnervermögens aufzuzeigen.[121] Die Überschuldungsbilanz (der Überschuldungsstatus) ist eine Sonderbilanz oder eine Vermögensbilanz,[122] die mit den Rechnungslegungszwecken des Jahresabschlusses wenig gemein hat.[123] Auch wenn die Ansatz- und Bewertungsvorschriften des HGB nicht dem insolvenzrechtlichen Zweck der Überschuldungsbilanz entsprechen, kann das Mengengerüst der Handelsbilanz dennoch einen sinnvollen Startpunkt für die Ableitung einer Überschuldungsbilanz sein. Auch kann der Jahresabschluss zB wegen nicht durch Eigenkapital gedeckter Fehlbeträge indizielle Bedeutung für das Vorliegen einer Überschuldung haben.[124]

---

[119] Vgl. Abb. 2 unter RdNr. 43.
[120] Begr. zu § 23 RegE, 1994, S. 319.
[121] *Haas*, Kölner Schrift, 2009, S. 1296; *Uhlenbruck* 2010, RdNr. 82.
[122] *Crezelius*, FS Röhricht 2005, S. 790.
[123] *Haas*, Kölner Schrift, 2009, 1296; *Crezelius* FS Röhricht, S. 790; *Uhlenbruck* 2010, RdNr. 10; *Braun* 2004, § 19 RdNr. 10; *Scherrer/Heni* 2009, S. 229 ff.
[124] *Haas*, Kölner Schrift, 2009, S. 1297; *Crezelius*, FS Röhricht, S. 790.

Leitlinie für die Bewertung von Vermögen im Überschuldungsstatus nach Vorliegen einer Fort- **106** führungsprognose mit negativem Ausgang sind Liquidationswerte i.S.v. Veräußerungswerten für die Vermögensgegenstände, die im Falle einer Insolvenz zu den verwertbaren Positionen der Insolvenzmasse gehören würden. Die Verwertbarkeit der Vermögensgegenstände ist entscheidend.[125] Damit ergeben sich Unterschiede zu handelsrechtlichen Ansätzen und Bewertungen: Handelsrechtliche Positionen, die keinen positiven Verwertungserlös erwarten lassen, haben im Überschuldungsstatus keinen Platz. Vermögensgegenstände, die in der Handelsbilanz nicht aktiviert sein sollten, sind in den Überschuldungsstatus aufzunehmen, soweit sie einen positiven Verwertungserlös erwarten lassen. Auch die Wertansätze der Vermögensgegenstände im Überschuldungsstatus lösen sich wegen des Vorrangs der für das Schuldendeckungspotential wichtigen Veräußerbarkeit von den für die Handelsbilanz geltenden Normen: Es kommt nur auf Veräußerungserlöse an. Diese Veräußerungserlöse sind um die zu erwartenden Verwertungskosten zu kürzen.[126]

Da die Erstellung des Überschuldungsstatus klären soll, ob – nach negativer Fortführungsprog- **107** nose – der Insolvenztatbestand Überschuldung überhaupt vorliegt, sind Rückwirkungen des möglichen Eintritts in ein Insolvenzverfahren auf Ansatz und Bewertung auf Vermögen und Verbindlichkeiten nicht zu berücksichtigen.[127] Dies gilt zB für Forderungen, die aus einer erfolgreichen Ausübung von Anfechtungsrechten entstehen könnten oder für Verbindlichkeiten, die Folge noch nicht beschlossener Sozialplan-Leistungen sein könnten.

Da bei negativem Ausgang der Fortführungsprognose unter der Annahme der Liquidation zu **108** bewerten ist, ist der Einzelveräußerungswert aller Vermögensgegenstände zu ermitteln, die verwertbare Bestandteile des Vermögens des Schuldners wären.[128] Bei der Bewertung sind Verwertungsgeschwindigkeit und Verwertungsintensität von erheblicher Bedeutung.[129] Die Formulierung der Begründung im RegE, das „vorhandene Vermögen sei realistisch zu bewerten"[130], ist nicht sonderlich hilfreich, könnte aber als Hinweis gelesen werden, dass es auf die realen Umweltbedingungen des Einzelfalls ankomme, wie Vermögensgegenstände im Überschuldungsstatus zu bewerten sind. Herrschende Meinung ist, dass Zerschlagungswerte, also die Preise, die bei einer Verwertung unter großem Zeitdruck und hoher Zerlegungsintensität erzielbar wären, nicht anzusetzen sind.[131] Daraus folgt, dass nach hM eine Bewertung unter der Prämisse einer planvollen Auflösung erfolgen soll. Die negativen Einflüsse von Zeitdruck und Bieterverhalten bei intensivem auf dem Schuldner lastenden Veräußerungsdruck auf die Verwertungserlöse sind auszublenden.[132]

Die Bewertungsfiktion einer planvollen Liquidation beantwortet noch nicht die Frage nach der zu **109** unterstellenden Verwertungsintensität. Neben der Einzelverwertung sind in einem planvollen Liquidationsverfahren auch die Veräußerung von Teilbetrieben oder die Veräußerung aller Vermögensgegenstände denkbar. Dann sind die Veräußerungserlöse nach Abzug der Verwertungskosten anzusetzen, die ihnen im Rahmen der Verwertungsstrategie zuzurechnen sind.[133] Das *IDW* empfiehlt in der Stellungnahme 1/1996 bei der Bewertung des Vermögens im Überschuldungsstatus von der wahrscheinlichsten Verwertungsoption auszugehen. Da die Verwertungserlöse für Vermögensgesamtheiten die Summe der Verwertungserlöse der einzelnen Vermögensgegenstände idR übersteigen werden, wird eine von der Einzelverwertung abweichende Verwertungsstrategie belegt werden müssen. Belegbar ist dies durch bereits abgeschlossene Verträge.[134] *Crezelius* ist bereit, den Ansatz von Verwertungserlösen für Vermögensgesamtheiten auch dann zuzulassen, wenn Verträge sich im Anbahnungsstadium befinden.[135] Problematisch wird der Versuch, höhere Verwertungserlöse für Vermögensgesamtheiten anzusetzen, wenn diese auf sachverständige Urteile von Marktkennern oder Gutachtern gestützt werden.[136] Hier könnte es an einer Objektivierung durch den Markt noch fehlen.

Im Folgenden werden die Positionen herausgestellt, die nach hM besondere Ansatz- bzw. Bewer- **110** tungsprobleme aufwerfen könnten.

---

[125] *IDW* FAR 1/1996, S. 24.
[126] *Früh/Wagner* WPg 1998, S. 912; *Haas*, Kölner Schrift 2009, S. 1301.
[127] *Kübler/Prütting/Pape* § 19 RdNr. 10; *Haas*, Kölner Schrift 2009, S. 1298.
[128] *Scherrer/Heni* 2009, S. 231; *Crezelius* 2005, S. 796.
[129] *Uhlenbruck* 2010, § 19 RdNr. 84; *Temme* 1997, S. 146–147.
[130] *Uhlenbruck* 1994, S. 319.
[131] *Uhlenbruck* 2010, § 19 RdNr. 84.
[132] *Braun/Uhlenbruck* 1997, S. 293 schließen den Ansatz von Zerschlagungswerten nicht aus, wenn der Insolvenzantrag unvermeidlich sei. Nach der Ratio der InsO liegt dieses Ergebnis aber erst vor, wenn die Prüfung, ob Überschuldung vorliegt, abgeschlossen ist.
[133] *IDW* FAR 1/1986, S. 24.
[134] *Gottwald/Uhlenbruck/Gundlach* 2010, § 6, RdNr. 46; *Crezelius* 2005, S. 801; *Nickert/Lamberti* 2011, III. RdNr. 247.
[135] *Crezelius* 2005, S. 801.
[136] So auch *Crezelius* 2005, S. 801; aA *Uhlenbruck/Schmidt* 2009, RdNr. 5.145.

Aufwendungen für Ingangsetzung und Erweiterung des Geschäftsbetriebs, deren handelsrechtlicher Ansatz gemäß § 269 HGB durch das Gesetz zur Modernisierung des Bilanzrechts (BilMoG) aufgehoben wurde, galten als regelmäßig nicht verwertbar und sind im Überschuldungsstatus nicht zu aktivieren.[137]

Auch im Falle einer negativen Fortführungsprognose stellt sich die Frage, ob ein Firmen- oder Geschäftswert aktiviert werden darf. Als Geschäfts- oder Firmenwert gilt theoretisch der Betrag, um den der **Ertragswert** des Unternehmens, also der Barwert aller künftigen erwarteten Einzahlungsüberschüsse, die die Eigentümer erwarten können, die Summe der Zeitwerte der relevanten Vermögensgegenstände vermindert um die bestehenden Schulden übersteigt.[138] Eben diese Relation ist immer ein verlässliches Zeichen für die Fortführungsfähigkeit des Unternehmens. Da hier aber über die Bewertung im Überschuldungsstatus im Schatten einer Fortführungsprognose mit negativem Ausgang gesprochen wird, ist der Fall eines so definierten positiven Firmenwertes zwar möglich, aber vermutlich nicht häufig. Relevant ist hingegen der Fall, dass der für eine Vermögensgesamtheit erzielbare **Veräußerungserlös** die Summe der bei Einzelveräußerung erzielbaren Erlöse übersteigt. Dieser Mehrerlös ist, Belegbarkeit für die Erzielung unterstellt, aktivierbar. Der Betrag wäre im Überschuldungsstatus als Zeitwert der zu veräußernden Gesamtheit von Vermögensgegenständen (zB eines Teilbetriebes) auszuweisen. Ein Rückgriff auf die theoretische Konzeption des Firmenwertes ist nicht notwendig und auch nicht möglich, da die notwendige Referenzgröße „Ertragswert" ja nicht bekannt ist.

Man könnte den oben definierten „Ertragswert" als Referenzgröße aufgeben und durch den vom Erwerber für die Vermögensgesamtheit gezahlten **Betrag** ersetzen. Es folgte eine handelsrechtliche Definition[139] des Geschäfts- oder Firmenwertes. Ein solcher läge vor, wenn die Zahlung des Erwerbers für die Vermögensgesamtheit, bewertet zur Summe der Einzelveräußerungspreise, eben diese übersteigt. Solche Überzahlungen repräsentieren einen Mehrwert der Vermögensgesamtheit im Vergleich zur Strategie der Einzelverwertung. Ob dieser Mehrwert als belegbarer Veräußerungserlös einer Vermögensgesamtheit im Überschuldungsstatus ausgewiesen wird oder ob die Differenz zwischen erzielbarem Erlös und Summe der bei Einzelveräußerung erzielbaren Preise als „Geschäftswert" (zB des Teilbetriebes) ausgewiesen wird, hat keine erkennbare Bedeutung. Von Bedeutung ist allein, dass die Mehrzahlung mit großer Wahrscheinlichkeit erwartet werden kann.

Immaterielle Vermögensgegenstände wie zB Konzessionen, Markenrechte, Patente sind zu aktivieren, soweit konkrete Verwertungschancen bestehen.[140] Entscheidend ist, ob ihnen ein positiver Veräußerungserlös zugeordnet werden kann. Es kommt insbesondere nicht darauf an, ob es sich um entgeltlich erworbene oder im Unternehmen originär geschaffene immaterielle Vermögensgegenstände handelt. Relevant ist die tatsächliche Verwertbarkeit.[141] Immaterielle Vermögensgegenstände können an bestimmte Betriebsteile gebunden sein, sodass eine eigenständige Verwertbarkeit nicht vorliegt. Eine Aktivierung im Überschuldungsstatus ist in diesem Fall dann möglich, wenn ein Erwerber für die Kombination Betriebsteil plus immaterieller Vermögensgegenstand einen höheren Preis zu zahlen bereit ist als für den alleinigen Betriebsteil.[142]

111 Ausstehende Einlagen der Gesellschafter und beschlossene Nachschüsse sind im Überschuldungsstatus grundsätzlich zu aktivieren.[143] Die Ansprüche sind zu bewerten und in Abhängigkeit von der Bonität der zur Zahlung Verpflichteten im Wert ggf. zu berichtigen. Als offen gilt, welche Intensität der Bonitätsprüfung der Gesellschafter durch den Geschäftsführer der Gesellschaft verlangt werden kann.[144]

112 Sachanlagen werden in der Überschuldungsbilanz zu Veräußerungswerten aktiviert.[145] Stille Reserven sind aufzudecken. Kosten der Verwertung sind abzuziehen. Die steuerliche Wirkung der Hebung stiller Reserven ist zu beachten. Auf Anlagen sind ggf. Abschläge von den handelsbilanziellen Werten zu machen, wenn diese speziell zB auf das Unternehmen zugeschnitten sind.

113 Finanzanlagen, also im Wesentlichen Beteiligungen, Wertpapiere des Anlagevermögens und Ausleihungen sind mit dem jeweiligen Zeitwert im Überschuldungsstatus anzusetzen. Wertpapiere sind zum jeweiligen Marktpreis am Stichtag zu bewerten. Ausleihungen sind in Höhe des Erfüllungsbe-

---

[137] *Bilo*, GmbHR 1981, S. 105; *Braun/Uhlenbruck* 1997, S. 293–294.
[138] Vgl. zB *Scherrer* 2011, S. 58; *Uhlenbruck/Schmidt* 2009, RdNr. 5.144.
[139] Vgl. zB *Scherrer* 2011, S. 58.
[140] *Gottwald/Uhlenbruck/Gundlach* 2010, § 6, RdNr. 47.
[141] *Uhlenbruck/Schmidt* 2009, RdNr. 5.147.
[142] *Uhlenbruck/Schmidt* 2009, RdNr. 5.147.
[143] *Gottwald/Uhlenbruck/Gundlach* 2010, § 6, RdNr. 49; *Uhlenbruck/Schmidt* 2009, RdNr. 5.148; *Haas* Kölner Schrift 2009, S. 1307/1308.
[144] *Haas*, Kölner Schrift 2009, S. 1308; *Uhlenbruck/Schmidt* 2009, RdNr. 5.148.
[145] *Haas*, Kölner Schrift 2009, S. 1310; *Uhlenbruck/Schmidt* 2009, RdNr. 5.156–5.159.

trages anzusetzen. Sind Bonitätsrisiken gegeben, sind Abschläge zu machen.[146] Unverzinsliche Ausleihungen erfordern eine Abzinsung. Beteiligungen an Kapitalgesellschaften, die nicht börsennotiert sind, stoßen auf die bekannten Bewertungsprobleme.[147] Beteiligungen an Personengesellschaften sind idR nicht frei veräußerbar. Bei fehlender abweichender Satzungsklausel gilt § 131 Abs. 3 Nr. 2 HGB und dem die Beteiligung haltenden Schuldner steht nur eine Abfindungsforderung zu. Diese ist zu aktivieren.[148]

Umstritten ist, ob eigene Anteile im Fall einer Fortbestehensprognose mit negativem Ausgang ansatzfähig sind.[149] Eine „vermittelnde Ansicht"[150] ist, dass prinzipiell Aktivierbarkeit besteht; die Bewertung hängt davon ab, ob die Beteiligung an sich selbst ein verwertbares Aktivum sei. Dies kann in Ausnahmefällen zutreffen, zB wenn bei planmäßiger Liquidation mit einem dem Schuldner zustehenden Liquidationserlös gerechnet werden könnte.

Vorräte, also Roh-, Hilfs- und Betriebsstoffe sowie Halb- und Fertigerzeugnisse sind in Höhe **114** der Veräußerungserlöse abzüglich noch anfallender Aufwendungen für die Realisierung einer Marktreife zu bewerten.[151] Die Veräußerungserlöse können bei negativer Fortführungsprognose niedriger zu veranschlagen sein als unter Normalbedingungen.[152]

Forderungen aus Lieferungen und Leistungen sind prinzipiell mit den handelsrechtlichen Wertansätzen in den Überschuldungsstatus zu übernehmen. Im Fall einer negativen Fortführungsprognose **115** werden häufig Wertberichtigungen notwendig werden.[153] Der Ansatz streitiger Forderungen verlangt ebenfalls Korrekturen des Wertansatzes.

Umstritten ist, ob handelsrechtliche aktive Rechnungsabgrenzungsposten zu einem Wertansatz **116** im Überschuldungsstatus führen können. Dies wird bejaht, wenn die ausstehende Gegenleistung im Fall einer planmäßigen Liquidation verwertbar wäre oder eine vorzeitige Vertragsauflösung erreichbar wäre, die zu einem Rückzahlungsanspruch der Gesellschaft führt. Dieser ist zu aktivieren.[154]

Das Grundgerüst der Handelsbilanz ist bei Vorliegen besonderer Sachverhalte zu erweitern. **117** Beschlossene und damit zu leistende Eigenkapitalerhöhungen in Form von Sanierungszuschüssen, Nachschüssen und Kapitalerhöhungen sind zu aktivieren.[155] Gleiches gilt für Liquiditätsausstattungsgarantien oder Ansprüche aus Verlustübernahme gemäß § 302 AktG im Konzern,[156] die nach hM unentziehbare gesetzliche Ansprüche sind. Ebenfalls ansatzfähig sind „harte" Patronatserklärungen, die keinen Rückgriffsanspruch gegenüber der begünstigten Gesellschaft enthalten.[157] Zwingende Voraussetzung ist, dass sie zugunsten *aller* Gläubiger abgegeben werden und nicht nur zugunsten eines Konsortiums oder eines spezifischen Gläubigers. Schließlich sind Ansprüche der Gesellschaft gegen ihre organschaftlichen Vertreter oder Gesellschafter, die außerhalb eines Insolvenzverfahrens durchsetzbar und vollwertig sind, zu aktivieren, es sei denn die Gesellschaft habe auf deren Durchsetzung verzichtet.[158]

Im Überschuldungsstatus sind alle zum Bewertungszeitpunkt bestehenden Verbindlichkeiten **118** anzusetzen, die im Falle der planmäßigen Liquidation oder im Fall der Eröffnung des Insolvenzverfahrens mittels des Vermögens zu befriedigen wären. Zu passivieren sind die Verbindlichkeiten, die zu Insolvenzforderungen würden, soweit sie nicht insolvenzspezifisch sind. Auch noch nicht fällige oder gestundete Verbindlichkeiten werden angesetzt.[159] Auch der Ansatz der Kosten einer außergerichtlichen Liquidation wird bejaht.[160] Während der Ansatz der durch ein Insolvenzverfahren ausgelösten Verbindlichkeiten nach hM ausgeschlossen wird,[161] sind Sozialplansprüche der Arbeitnehmer und Ansprüche aus Nachteilsausgleich i.S.v. §§ 112, 113 BetrVG dann zu passivieren, wenn während der Abwärtsentwicklung des Unternehmens ein Interessensausgleich formuliert und beschlossen und ein Sozialplan zustande gekommen ist.[162]

---

[146] *Uhlenbruck/Schmidt* 2009, RdNr. 5.159.
[147] Vgl. etwa *Nickert/Lamberti* 2011, RdNr. 410–418.
[148] *Haas*, Kölner Schrift 2009, S. 1310.
[149] *Uhlenbruck* 2010, § 19, RdNr. 75; *Crezelius* 2005, S. 797.
[150] So *Crezelius* 2005, S. 797.
[151] *Uhlenbruck/Schmidt* 2009, RdNr. 5.160; *Uhlenbruck* 2010, § 19, RdNr. 76.
[152] *Uhlenbruck* 2010, § 19, RdNr. 76; *Uhlenbruck/Schmidt* 2009, RdNr. 5.160.
[153] *Uhlenbruck/Schmidt* 2009, RdNr. 5.161.
[154] *Schulze-Osterloh*, § 63, RdNr. 14a; *Uhlenbruck* 2010, § 19 RdNr. 80, 86.
[155] *Uhlenbruck* 2010, § 19 RdNr. 87.
[156] *Haas*, Kölner Schrift 2009, S. 1308.
[157] *Uhlenbruck* 2010, § 19 RdNr. 871, *Uhlenbruck/Schmidt* 2009, RdNr. 5.153.
[158] *Schulze-Osterloh* §63 RdNr. 13; *Braun/Uhlenbruck* 1997, S. 295.
[159] *Uhlenbruck/Schmidt* 2009, RdNr. 5.169.
[160] *Uhlenbruck/Schmidt* 2009, RdNr. 5.169.
[161] *Uhlenbruck* 2010, § 19 RdNr. 94.
[162] *Uhlenbruck/Schmidt* 2009, RdNr. 5.169.

119 Sonderposten mit Rücklageanteil sind in Höhe des Ertragsteueranteils, der bei Auflösung des Sonderpostens im Rahmen der planmäßigen Liquidation zu entrichten ist, zu passivieren.[163]

120 Verbindlichkeiten sind unabhängig von Fälligkeit und eventuellen Stundungszusagen zu passivieren und zum Erfüllungsbetrag anzusetzen. Unverzinsliche Verbindlichkeiten sind abzuzinsen, soweit sie nicht zum Bewertungszeitpunkt fällig werden. Gemäß § 41 Abs. 2 InsO wären sie in einem möglichen Verfahren nur in Höhe des Barwertes geltend zu machen. Verbindlichkeiten in fremder Währung sind zum amtlichen Umtauschkurs zum Bewertungsstichtag zu bewerten. Verbindlichkeiten in Form von wiederkehrend zu erbringenden Leistungen wie zB Rentenverpflichtungen sind zum Barwert anzusetzen. Belastungen, die aus gegebenen Bürgschaften drohen, führen zum Ansatz einer Rückstellung. Durch Dritte gesicherte Verbindlichkeiten müssen passiviert werden, wenn der Sicherungsgeber einen Rückgriffsanspruch gegen den Schuldner hat.[164] Ob streitige oder prozessbefangene Verbindlichkeiten zu passivieren sind, ist umstritten. IdR wird eine Rückstellung zu bilden sein, es sei denn der Geschäftsführer darf mit guten Gründen und hoher Wahrscheinlichkeit annehmen, dass der Prozess zu seinen Gunsten ausgeht. Unerheblich für die Bewertung von Verbindlichkeiten ist, ob für diese dingliche Sicherheiten bestehen, die die Position des Gläubigers sichern. Auch nachrangige Verbindlichkeiten i.S.v. § 39 Abs. 1 sind grundsätzlich zu passivieren.[165] Verbindlichkeiten gegenüber Gesellschafter-Gläubigern aus gewährten Darlehen oder aus Rechtshandlungen, die einem solchen Darlehen wirtschaftlich entsprechen, sind gemäß der Ergänzung des § 19 Abs. 2 durch den MoMiG-Gesetzgeber dann nicht zu passivieren, wenn zwischen Gläubiger und Schuldner der Nachrang in einem Insolvenzverfahren hinter den in § 39 Abs. 1 Nr. 1–5 bezeichneten Forderungen vereinbart worden ist. Es ist vermutlich hM, dass die Nicht-Passivierung auch für die Fiktion einer planmäßigen Liquidation angebracht ist,[166] soweit der Rangrücktritt vereinbart ist,[167] obwohl Überschuldungsstatus und Insolvenzeröffnungsbilanz nicht identisch sind. Lupenrein ist diese Lösung nur, wenn der Rangrücktritt nicht nur für den Fall der Eröffnung eines Insolvenzverfahrens vereinbart wurde.

121 Bei Ansatz und Bewertung von Rückstellungen können die handelsbilanziellen Regeln als Startpunkt dienen. Der Katalog der handelsrechtlich zulässigen Aufwandsrückstellungen in § 249 HGB ist durch das Bilanzrechtsmodernisierungsgesetz (BilMoG) verkürzt worden. Zulässig sind noch Rückstellungen für unterlassene Aufwendungen für Instandhaltung oder für Abraumbeseitigung, die innerhalb von definierten Fristen nachgeholt werden. Sie stehen für sog. Innenverpflichtungen,[168] aus denen keine Auszahlungsverpflichtung gegenüber Dritten droht. Sie sind folglich nicht zu passivieren. Rückstellungen für Gewährleistungen, die ohne rechtliche Verpflichtung erbracht werden, sog. Kulanzrückstellungen, sind im Überschuldungsstatus nicht zu passivieren, da bei unterstellter planmäßiger Liquidation diese Leistungen nicht mehr erbracht werden. Eine mit der Auflösung dieser Rückstellung ggf. verbundene steuerliche Belastung ist hingegen zu passivieren.

122 Der § 249 HGB kennt außerdem Rückstellungen für ungewisse Verbindlichkeiten und Rückstellungen für drohende Verluste aus schwebenden Geschäften. Für sog. Verbindlichkeitsrückstellungen, die ausgelöst werden durch eine finanzielle Verpflichtung, der sich das Unternehmen nicht entziehen kann, besteht auch im Überschuldungsstatus Ansatzpflicht, soweit die finanzielle Verpflichtung im Rahmen der planmäßigen Liquidation nicht zum Erliegen kommt. Ungewisse Verbindlichkeiten sind durch zwei Merkmale charakterisiert, nämlich den Schuldcharakter und die Unsicherheit über Bestehen und/oder Höhe der Verbindlichkeit.[169] Der Schuldcharakter ergibt sich aus der Verpflichtung gegenüber einem Dritten. Quelle der Unsicherheit ist zum einen der mögliche Zweifel am rechtlichen Bestehen der Verpflichtung zum Bewertungsstichtag und zum anderen die Unsicherheit über die sich bei gegebenem rechtlichen Bestand der Verpflichtung ergebende Höhe der finanziellen Belastung. Auslöser für Rückstellungen für ungewisse Verbindlichkeiten sind zB Garantieverpflichtungen, Bürgschaften, Provisionsverpflichtungen, Prozessrisiken, Sozialplanverpflichtungen, Umweltschäden, Verpflichtungen zur Wiederherstellung gepachteter Vermögensgegenstände.

Handelsrechtlich gilt für die Bewertung von Rückstellungen das Vorsichtsprinzip i.S.v. § 252 Abs. 1 Ziff. 4 HGB. Dieses Prinzip, das für die Erstellung der Handelsbilanz, die u.a. die Funktion

---

[163] *Uhlenbruck* 2010, § 19 RdNr. 97; *Nickert/Lamberti* 2011, RdNr. 874. Durch das Gesetz zur Modernisierung des Bilanzrechts (BilMoG) vom 25.5.2009 wurden die Vorschriften § 247 Abs. 3 und § 273 HGB aufgehoben. Vgl. etwa *Scherrer* 2011, S. 2; *Küting/Pfitzer/Weber* 2009, S. 124–126.
[164] *Gottwald/Uhlenbruck/Gundlach* 2010, § 6 RdNr. 61.
[165] *Uhlenbruck/Schmidt* 2009, RdNr. 5.171.
[166] *Uhlenbruck/Schmidt* 2009, RdNr. 5.181–5.186; *Haas*, Kölner Schrift 2009, S. 1317–1321.
[167] Zu diesen Anforderungen, denen die Rangrücktritts-Vereinbarung genügen soll vgl. *Haas*, Kölner Schrift 2009, S. 1320–1321.
[168] *Küting/Pfitzer/Weber* 2009, S. 323.
[169] Vgl. zB *Scherrer* 2011, S. 262.

der Ausschüttungsbemessung erfüllen soll, verteidigbar bzw. notwendig ist,[170] soll für die Bewertung von Verbindlichkeiten in der Überschuldungsbilanz nur abgeschwächt gelten: so jedenfalls ist die Aussage zu interpretieren, dass vom Vorsichtsprinzip abgewichen werden könne, wenn von der Passivierung der Rückstellung die Notwendigkeit der Insolvenzantragstellung abhänge.[171] Die Rückstellung solle nur dann angesetzt werden, wenn ernsthaft mit einer Inanspruchnahme des Unternehmens im Rahmen einer planmäßigen Liquidation zu rechnen sei.[172] Diese Ansicht berührt ausschließlich das Ansatzproblem; sie plädiert dafür, einen Ansatz der Rückstellung nur dann zu bejahen, wenn für eine Inanspruchnahme deutlich mehr Gründe sprechen als dagegen. Offen bleibt das Bewertungsproblem. Handelsrechtlich sind Rückstellungen anzusetzen in Höhe des nach vernünftiger kaufmännischer Beurteilung notwendigen Erfüllungsbetrages.[173] Diese Formulierung ist ein Versuch, die Wertansätze für Rückstellungen dem subjektiven Ermessen zu entziehen. Solange dieser Versuch als nicht objektivierbar gilt, ist auch nicht klar, was eine ggf. vorgeschlagene Abschwächung des Vorsichtsprinzips bei der Bewertung von Rückstellungen im Überschuldungsstatus genau bedeutet.[174]

Rückstellungen für drohende Verluste aus schwebenden Geschäften sind im Überschuldungsstatus **123** passivierungsfähig, wenn eine Inanspruchnahme droht. Schwebende, d.h. beiderseits noch nicht erfüllte Verträge werden grundsätzlich nicht bilanziert. Bilanziell werden sie berücksichtigt, wenn aus ihnen ein Verlust droht, wenn also mit einem Verpflichtungsüberschuss zu rechnen ist.[175] Der Verlust muss mit hoher Wahrscheinlichkeit drohen. Für die Passivierung der Drohverlustrückstellung ist entscheidend, ob das schwebende Geschäft im Rahmen der planmäßigen Liquidation abgewickelt würde. Ist dies zu bejahen, ist zu passivieren. Wird die Abwicklung des schwebenden Geschäfts im Rahmen der planmäßigen Liquidation nicht geplant und der Vertrag gekündigt, kann eine Rückstellung für drohende Schadensersatzansprüche wegen Nichterfüllung notwendig werden.[176]

Sozialplanansprüche der Arbeitnehmer sind Ansprüche auf Nachteilsausgleich (§§ 111–113 **124** BetrVG). Diese Ansprüche sind dann im Überschuldungsstatus zu passivieren, sofern die sie auslösenden Betriebsänderungen nicht durch das Prüfergebnis „es liegt Überschuldung vor" bedingt sind. Voraussetzung für die Passivierung ist, dass die entsprechende Vereinbarung bereits in der Krise getroffen und zustandegekommen ist oder wenn die Entscheidung, das Unternehmen planmäßig zu liquidieren, bereits feststeht. Folgen eines möglichen Insolvenzverfahrens werden durch die Passivierung somit nicht vorweggenommen.

Die Höhe der Pensionsrückstellungen ist vermutlich die Position, die am deutlichsten davon **125** abhängt, welchen Ausgang die Prüfung der Fortführungsfähigkeit nimmt.[177] Im Folgenden steht unverändert der Fall der Fortführungsprognose mit negativem Ausgang im Vordergrund. Zu differenzieren ist nach laufenden Pensionsverpflichtungen und unverfallbaren bzw. verfallbaren Anwartschaften. Laufende Rentenzahlungen werden in der Handelsbilanz mit dem Barwert bewertet. Auch für den Überschuldungsstatus wird – vorbehaltlich wirksam vereinbarter Kürzungsmöglichkeiten in der Krise des Unternehmens – der Ansatz des nach versicherungsmathematischen Grundsätzen ermittelten Barwertes vorgeschlagen.[178] Dies gilt auch für unverfallbare Anwartschaften. Nach § 1b BetrAVG sind Ansprüche aus Ruhegeldzusagen des Arbeitgebers gegenüber seinen Arbeitnehmern unverfallbar, wenn der Arbeitnehmer mindestens das 30. Lebensjahr vollendet hat und die Versorgungszusage zu diesem Zeitpunkt mindestens 5 Jahre bestanden hat. Die Passivierung zum Barwert ist unabhängig davon, ob der Pensionssicherungsverein die Ansprüche der Arbeitnehmer ggf. übernimmt. Denn aus Sicht des Schuldners wechselt lediglich der Gläubiger (§ 9 Abs. 2 BetrAVG); die Ansprüche gegen ihn bleiben bestehen.

Verfallbare Anwartschaften sind im Überschuldungsstatus nicht anzusetzen, wenn sie kündbar **126** sind und gekündigt werden.[179]

---

[170] Vgl. zB *Moxter* 1986, S. 37–39; *Moxter* 2003, S. 33–39.
[171] *Uhlenbruck/Schmidt* 2009, RdNr. 5.179; aA *Haas*, Kölner Schrift 2009, S. 1314.
[172] *Uhlenbruck/Schmidt* 2009, RdNr. 5.179; *Temme* 1977, S. 164/165.
[173] § 253 Abs. 1 Satz 2 HGB.
[174] Vgl. zur Bewertung der Inanspruchnahme bei Rückstellungen zB *Scherrer* 2011, S. 273–277; *Drukarczyk* 1976, S. 119 ff.
[175] *Moxter* 1986, S. 27; *Scherrer* 2011, S. 266.
[176] *Haas*, Kölner Schrift 2009, S. 1314.
[177] Für unverfallbare Anwartschaften wird bei positivem Ausgang der Fortbestehensprognose für die Bewertung der Rückstellung in Höhe des Teilwertes plädiert, bei negativem Ausgang aber für den Ansatz des deutlich höheren Barwertes.
[178] *Braun/Uhlenbruck* 1997, S. 296; *Uhlenbruck/Schmidt* 2009, RdNr. 5.178; *Uhlenbruck* 2010, § 19 RdNr. 107; *Nickert/Lamberti* 2011, RdNr. 948.
[179] *Uhlenbruck/Schmidt* 2009, RdNr. 523.

127 Eine Kürzung laufender Pensionsverpflichtungen und unverfallbarer Pensionsanwartschaften ist nach der BAG-Rechtsprechung möglich, wenn sich das Unternehmen in einer wirtschaftlichen Notlage befindet *und* die erfolgreiche Sanierung des Unternehmens erwartet werden kann *und* andere Kapitalgeber ebenfalls zu Sanierungsbeiträgen bereit sind. Eine Kürzung der Ansprüche bei nicht Erfolg versprechenden Sanierungsversuchen ist nicht möglich: Der Verzicht der Anspruchsberechtigten trägt dann nicht zum Erhalt des Unternehmens bei und senkt ihren quotalen Anteil am Liquidationserlös zugunsten anderer Anspruchsgruppen.[180] Da Rentenzahlungen bzw. Barwerte künftiger Rentenzahlungen einen nicht zu vernachlässigenden Umfang annehmen können, kann eine entsprechende Kürzung der Rentenzahlungen in der Krise das Ergebnis der Überschuldungsprüfung beeinflussen, wenn die Fortbestehensprognose unter Beachtung der Kürzung positiv ausfiele und damit zu einer Überschuldungsbilanz nach Fortführungswerten führte. Im Fall einer Fortführungsprognose mit negativem Ausgang ist die Zustimmung des PSV zu einer Anspruchskürzung nicht erlangbar. Eine Minderung der Rückstellung im Überschuldungsstatus ist damit nicht erreichbar.

128 Passive Rechnungsabgrenzungsposten sind als Verbindlichkeiten zu passivieren. Sie stellen Verpflichtungen gegenüber Dritten dar, die ihre Leistung bereits erbracht haben, während die Leistung der Gesellschaft noch aussteht (zB im Voraus erhaltene Mietzahlungen).[181] Wenn die Gesellschaft im Rahmen der planmäßigen Liquidation ihrer Verpflichtung zur Leistung nicht mehr nachkommen kann, folgt eine Rückzahlungsverpflichtung, die im Überschuldungsstatus zu passivieren ist.

129 **3. Ansatz- und Bewertungsregeln bei positivem Ausgang der Fortbestehensprognose.**
Führt die Fortführungsprognose zu einem positiven Ergebnis, hat gemäß § 19 Abs. 2 aF die Bewertung des Vermögens unter der Prämisse der Fortführung zu erfolgen. Für die Vermögensgegenstände sind nicht Veräußerungserlöse, sondern *Fortführungswerte* oder Betriebsbestenswerte anzusetzen. Auch jetzt ist die Konzeption der Überschuldungsprüfung gemäß § 19 Abs. 2 aF zweistufig. Die modifizierte zweistufige Methode gemäß *K. Schmidt*, die durch das FMStG wiederbelebt wurde, ist bei positivem Ausgang der Fortbestehensprognose einstufig.[182]

130 Umstritten und reichlich nebelhaft ist, wie der Ansatz von Fortführungswerten, der den Wert des Vermögens bei Fortführung und damit das Schuldendeckungspotential bei Fortbestehen ausweisen soll, zu realisieren ist. Benannt werden als Lösungsmöglichkeiten der Ansatz von Wiederbeschaffungskosten, die Bewertung mit Teilwerten, die Ermittlung von Unternehmensgesamtwerten oder von Ertragswerten mit Hilfe von DCF-Methoden und der Rekurs auf handelsbilanzielle Wertansätze.

131 Die Bewertung zu *Wiederbeschaffungspreisen* wurde oben[183] bereits als zur Lösung gänzlich ungeeignet abgelehnt. Die Summe der Wiederbeschaffungskosten der in den benutzten Mengengerüsten enthaltenen Vermögensgegenstände dokumentiert einen Reproduktionswert i. S. d. bei Nachbau des Unternehmens notwendigen Geldeinsatzes nur unvollkommen, da das Mengengerüst eine Vielzahl von zur Rekonstruktion notwendigen Auszahlungen (Investitionen) nicht enthält. Hierzu zählen zB Auszahlungen für Forschung und Entwicklung, Rekrutierung und Ausbildung von Mitarbeitern, Entwicklung der internen Organisation, Gewinnung von Marktreputation, etc. Was also bestenfalls errechnet werden kann, ist ein Teilreproduktionsaltwert.

Entscheidender ist, dass Reproduktionswerte keinerlei Relevanz für die Lösung des hier ausstehenden Problems, nämlich die Messung des Schuldendeckungspotentials im Fortführungsfall, haben. Mit zu Wiederbeschaffungspreisen bewerteten Vermögensgegenständen, einem sog. (Teil)Substanzwert, können Gläubigeransprüche nicht erfüllt werden.

Auch die Hoffnung, von dem so ermittelten "Substanzwert" könnte geschlossen werden auf den Marktwert des gesamten Unternehmens, erfüllt sich nicht. Wiederbeschaffungspreise oder -kosten bieten somit keinen Lösungsbeitrag.

132 *Unternehmensgesamtwerte* können abgebildet werden über investitionstheoretische Bewertungsansätze, die sog. DCF-Methoden.[184] Die erwarteten künftigen Einzahlungsüberschüsse werden mit einem risikoäquivalenten Kapitalkostensatz auf den Bewertungszeitpunkt abgezinst.[185] Übersteigt dieser Unternehmensgesamtwert – er sei mit V bezeichnet – den Wert der Ansprüche der Gläubiger bei vertragskonformer Bedienung zum Bewertungszeitpunkt – er sei mit F bezeichnet – erhält

---

[180] *Drukarczyk* ZGR 1979, S. 571; *Drukarczyk* DBW 1990, S. 347–349.
[181] *Scherrer* 2011, S. 310–312.
[182] Vgl. oben RdNr. 39–42 und 51–57.
[183] Vgl. RdNr. 101.
[184] Vgl. zB *Drukarczyk/Schüler* 2009, S. 81ff; *Ballwieser* 2009; *Mandl/Rabel* 1997; *Spremann/Ernst* 2011.
[185] Die Anwendungsbedingungen der DCF-Methoden sind unterschiedlich. Hier geht es nur um das Prinzip; Details können also unbeachtet bleiben.

man das Signal, dass aus Sicht des gewählten Bewertungszeitpunktes die Fortführungsfähigkeit des Unternehmens i.S. einer Zahlungsfähigkeit gegeben ist und zwar auch weit jenseits des Zwei-Jahres-Zeitraums, der nach ganz hM der relevante Prognosezeitraum für die Prüfung der Fortführungsfähigkeit auf Stufe 1 der Überschuldungsprüfung ist. Unterschreitet das Vermögen V den Wert des Fremdkapitals bei vertragskonformer Bedienung in Höhe von F, ist eine längerfristige Fortführungsfähigkeit im Lichte der Gläubigerinteressen nicht gegeben. Die theoretische Eignung dieses Ansatzes ist unstrittig. Vermögen (V) und Verbindlichkeiten (F) werden in Form von Barwerten verglichen. Die Vermögensmessung ist zielkonform, weil V als Preis interpretiert werden kann, den rationale Käufer für das Vermögen der Gesellschaft entrichten könnten, ohne Vermögenseinbußen zu erfahren. Die Größe F kann interpretiert werden als Geldbetrag, der im Bewertungszeitpunkt am Kapitalmarkt angelegt werden müsste, um alle bestehenden und in Zukunft erwarteten Gläubigeransprüche zu befriedigen. Ist V größer als F, liegt Überschuldung nicht vor.

Es sieht so aus, als ob diese investitionstheoretische Bewertung von Vermögen und Schulden eine vorgeschaltete Prüfung, ob eine Fortführung mit überwiegender Wahrscheinlichkeit möglich ist oder nicht, erübrigte. Der Weg über die Ermittlung von V bzw. F klärt simultan, wie es mit der Wahrscheinlichkeit der Fortführungsfähigkeit bzw. der Schuldendeckungsfähigkeit steht. Insoweit erscheint die Überschuldungsprüfung bei Einsatz dieser Methode im Kern als einstufig. Dennoch lässt sich die Zweistufigkeit verteidigen: Nur wenn die Prüfung auf der Ebene der Stufe 1 zu einem positiven Ergebnis geführt hat, haben die Geschäftsführer das Recht, beim vorgeschriebenen Vergleich von Vermögen und Schulden auf Bewertungsansätze zurückzugreifen, die es gestatten, **Barwerte** für Vermögen bzw. Schulden zu berechnen. Es ist auch zu beachten, dass die Prognose auf Stufe 1 und die Bewertung auf Stufe 2 ganz *unterschiedliche* Fragen beantworten: Die Prognose auf Stufe 1 beantwortet, ob die Gesellschaft in dem nach hM auf zwei Jahre begrenzten Prognosezeitraum ihre Verbindlichkeiten vertragskonform bedienen kann, also zahlungsfähig ist. Die Bewertung auf Stufe 2 beantwortet, ob der Unternehmensgesamtwert, gemessen über die gesamte Lebensdauer des Unternehmens, die Verbindlichkeiten übersteigt oder nicht. Die beiden Kalküle unterscheiden sich also insbesondere in der Länge des von den beiden Kalkülen abgebildeten Zeitraums und in der Messmethodik: zweijähriger Ein- und Auszahlungsplan mit dem Zweck, die Deckung von Gläubigeransprüchen, die in diesem Zeitraum fällig werden, zu überprüfen vs. der Ableitung von ökonomischen Barwerten für Vermögen und Schulden, die die gesamte Lebensspanne des Unternehmens abgreifen.

Wegen dieser Unterschiede geht der Vorwurf, den *Egner/Wolff* bereits 1978 formuliert hatten und den viele Autoren wiederholten, das Ergebnis auf Stufe 2 könne nur das auf Stufe 1 erhaltene Ergebnis bestätigen, für die Konzeption des § 19 Abs. 2 aF ins Leere. Es ist ohne weiteres möglich, dass für eine Gesellschaft auf Stufe 1 eine auf zwei Jahre begrenzte Zahlungsfähigkeit bestätigt wird und dass auf Stufe 2 resultiert, dass das mit risikoäquivalentem Diskontierungssatz bewertete Gesamtvermögen dem Stand der Schulden unterschreitet.[186] Insofern lag der Gesetzgeber richtig, wenn er argumentierte, dass eine positive Prognose der Zahlungsfähigkeit (auf Stufe 1) vorliegen könne, ohne dass ein die Schulden deckendes Vermögen (auf Stufe 2) zur Verfügung stünde.[187] Ob der Gesetzgeber indessen an eine Messung des Vermögens in Form von Barwerten gedacht hat, darf man als offen bezeichnen. Ob dieser Ansatz für die Überschuldungsmessung brauchbar ist, wird unten behandelt.[188]

Der Vorschlag, Vermögensgegenstände mit *Teilwerten* zu bewerten, wird in der Literatur erörtert.[189] Der Teilwert eines Vermögensgegenstandes ist definiert als der Betrag, den ein Käufer des ganzen Betriebes im Rahmen des Gesamtkaufpreises für das einzelne Wirtschaftsgut ansetzen würde. Es ist also der Wert, den ein Vermögensgegenstand als Teil eines Gesamtvermögens hat. Wären Teilwerte von einzelnen Vermögensgegenständen ermittelbar, läge die Lösung für die Suche nach Fortführungswerten vor. Man kann die Formulierung des *IDW*, „Vermögenswerte und Schulden (seien) grundsätzlich mit dem Betrag anzusetzen, der ihnen als Bestandteil des Gesamtkaufpreises des Unternehmens bei (...) Fortführung beizulegen wäre",[190] als Explikation des zu lösenden Problems verstehen. Als Lösungsvorschlag taugt der Rückgriff auf Teilwerte nämlich nichts, weil der Gesamtwert eines Vermögens, das mit dem Ziel der Überschussgenerierung kombiniert wurde, nicht über

---

[186] So zB auch *Spliedt* DB 1999, S. 1945. Alle Unternehmen, die insolvent werden, durchlaufen eine Phase, wo genau dies zutrifft.
[187] So der Rechtsausschuss zu § 23 RegE; vgl. *Uhlenbruck* 1994, S. 320.
[188] Vgl. RdNr. 138–139.
[189] IDW FAR 1/1996, S. 23 (allerdings ohne den Begriff Teilwert zu benutzen); *Uhlenbruck* 2010, § 19 RdNr. 57; *Haas*, Kölner Schrift 2009, S. 1301/1302; *Braun* 2004, § 19 RdNr. 23; *Schröder* Hk 2009, § 19 RdNr. 21.
[190] IDW FAR 1/1996, S. 23.

die Bewertung der einzelnen Vermögensgegenstände rekonstruiert werden kann. Einzelnen Vermögensgegenständen sind keine Ertragswerte zurechenbar, sondern nur Marktpreise, die Wiederbeschaffungspreise oder Einzelveräußerungspreise sein können. Eine dritte Möglichkeit der Marktwertbestimmung ist nicht in Sicht. Die Summe der Marktpreise der eine Vermögensgesamtheit ausmachenden Vermögensgegenstände weicht von dem Gesamtwert des Vermögens in aller Regel ab. Eine positive Differenz wird im handelsrechtlichen Sinn als Goodwill oder Geschäftswert bezeichnet. Eine negative Differenz führt zu einem negativen Goodwill. Dieser Goodwill kann nicht im Wege der Einzelbewertung gewonnen werden, sondern nur als Differenz zwischen bekanntem Gesamtpreis und den zu Marktpreisen bewerteten einzelnen Vermögensgegenständen.[191] Folglich scheitert der Versuch, Fortführungswerte von Vermögensgegenständen in Form eines „Teilwertes" dingfest zu machen.[192]

135 Einige Autoren plädieren unter explizitem oder implizitem Verweis auf die fehlende Leistungsfähigkeit von Wiederbeschaffungspreisen und Teilwerten sowie die vermutete fehlende Objektivierbarkeit von auf DCF-Kalkülen basierenden Unternehmensgesamtwerten für eine Lösung, die die Normen der Bilanzierung in Handelsbilanzen nutzt. Diese Autoren zielen nicht vorrangig auf eine exakte Messung des Gläubigern haftenden Schuldendeckungspotentials ab, eine Lösung, die sie im Fortführungsfall für nicht realisierbar halten, sondern plädieren für eine objektivierbare, von allen Beteiligten erkennbare an Bilanz bzw. Bilanz und GuV anknüpfende Regelung.[193] Diese könnte zB im Falle von nicht durch Eigenkapital gedeckten Fehlbeträgen ggf. verbunden mit in einem überblickbaren Prognosezeitraum zu erwartenden, nicht ausgeglichenen Gewinn- und Verlustrechnungen den Insolvenztatbestand „Überschuldung" erfüllt sehen. Die Lösung zielt erkennbar nicht auf die präzise Volumenbestimmung des Potentials zur Schuldendeckung, sondern stellt an deren Stelle ein weitgehend objektivierbares, mit niedrigen Kosten realisierbares, sehr eindringliches *Warnkriterium* mit Insolvenzauslösefunktion. Von einer Akzeptanz durch die hM ist diese Lösung indessen weit entfernt, obwohl ihre Vorteile erkennbar sind: die Kosten der Überprüfung der Regel sind überschaubar, die Chancen für eine Sanktionierung bei Verstoß sind gut, die Einpassung der Regel in die bestehenden Kapitalisierungsregeln ist fast reibungslos möglich, auch Gläubiger können das Kriterium zur Selbstverteidigung einsetzen und es tauchen keine Reibungsprobleme mit anderen Insolvenztatbeständen auf.

136 Zahlreiche Autoren schlagen den Weg ein, die einzeln bewerteten Vermögensgegenstände zu ergänzen um einen im Überschuldungsstatus zu aktivierenden **Goodwill** oder **Geschäftswert**.[194] Die Autoren unterscheiden sich indessen in der Formulierung der Nebenbedingungen, unter denen sie eine Aktivierung des Goodwill zulassen wollen. *K. Schmidt* argumentierte, dass es zulässig sein sollte, den Firmenwert im Überschuldungsstatus zu aktivieren, wenn die Fortführungsprognose zu einem positiven Ergebnis geführt habe. Nebenbedingungen für eine Aktivierung formulierte er nicht.[195] Andere Autoren fordern die Erfüllung von Bedingungen.[196] Die schärfste Nebenbedingung wird in der Belegbarkeit eines Gesamtkaufpreises gesehen, der einen positiven Goodwill i. S. d. Handelsrechts zur Folge hat. Das *IDW* formuliert in FAR 1/1996 sehr klar, dass für Ansatz und Bewertung eines Firmenwertes im Überschuldungsstatus strenge Maßstäbe anzulegen sind: eine konkrete Veräußerungsmöglichkeit für das Unternehmen als Ganzes oder eines Unternehmensteiles sei nachzuweisen. Nur dann sei der Ansatz unter Gläubigergesichtspunkten zu rechtfertigen.[197] Zurückhaltend ist auch die Position von *Bork,* der auf den konkreten Veräußerungsnachweis setzt. Der Wert des Goodwill müsse nachvollziehbar objektiviert werden, hierfür kämen konkrete Veräußerungsnachweise bzw. Erwerbsangebote in Frage.[198]

Schwächer sind die Vorbehalte von *Kallmeyer,* der es als ausreichend ansieht, wenn die Veräußerung des Unternehmens hinreichend gesichert erscheint. Dazu seien geschlossene Verträge nicht

---

[191] Vgl. etwa *Moxter* 2003, S. 196–2000; *Heni* 2006, S. 88–100.
[192] Vgl. auch *Hüttemann* 2009, S. 772.
[193] Vgl. zB *KjI,* Komm. Ber., S. 112–115 (oben RdNr. 6–9); *Mertens* Köko zum AktG, 1989, § 92 RdNr. 4 und 18; *Bitz/Hemmerde/Rausch* 1986, S. 388; *Hax* 1985, S. 90; *Wackerbarth* NZI 2009, S. 148–149; *Drukarczyk* 1994, S. 1251–1252; aA *Spliedt* 1999, S. 1945/1946.
[194] *Kallmeyer* GmbHR 1999, S. 17; *Spliedt* DB 1999, S. 1944–1946; *K. Schmidt* 2000, S. 10; *Bork* ZInsO 2001, S. 145; *Crezelius* FS *Röhricht* 2005, S. 800/801; *Böcker/Poertzgen* GmbHR 2008, S. 1289; *Holzer* ZIP 2008, S. 2108; *K. Schmidt/Bitter* 2010, vor § 64, RdNr. 34.
[195] *K. Schmidt* 2000, S. 10.
[196] *Gottwald/Uhlenbruck/Gundlach* § 6, RdNr. 46; *Fischer* 1980, S. 113, 118; *IDW* FAR 1/1996, S. 25; *Kallmeyer* GmbHR 1999, S. 16; *Bork* ZInsO 2001, S. 145; *Pape/Uhlenbruck* 2002, S. 255–256; *Crezelius* 2005, S. 799–801; *Wolf/Kurz* StuB 2005, S. 484; *Haas,* 2009, S. 1305–1306; *Hüttemann,* FS K. Schmidt 2009, S. 761–778; *Uhlenbruck/Schmidt* 2009, RdNr. 5.144–5.146; *K. Schmidt/Bitter* 2010, vor § 64 RdNr. 21,34.
[197] *IDW* FAR 1/1996, S. 25.
[198] *Bork* ZInsO 2001, S. 148.

Voraussetzung. Es genüge, „daß der Markt nach sachverständigem Urteil bereit (sei), beim Verkauf des Unternehmens einen Firmenwert in der angegebenen Höhe zu bezahlen."[199] Die entscheidende Frage, wie die Überzeugung des Marktes nachvollziehbar zu belegen ist, wird nicht thematisiert. Der Versuch, den Ansatz eines Goodwill durch eine Einschätzung des Marktes zu legitimieren, hat weitere Fürsprecher.[200] Diese sind bereit, an die Stelle von Kaufgeboten, also Geldeinsätzen, auch die Meinung von Gutachtern, also Meinungsäußerungen über die Höhe des Goodwills treten zu lassen.[201] Implizit stützen viele Autoren ihre auf eine Meinung des Marktes vertrauende Aktivierung und Bewertung des Goodwills mit der Vermutung, aus dem positiven Ergebnis der Fortführungsprognose auf Stufe 1 müsse ein positiver Goodwill folgen. Eine ökonomisch belastbare Verbindung zwischen positiver Fortbestehensprognose in einem zweijährigen Prognosezeitraum und einem positiven Goodwill des Unternehmens besteht jedoch nicht. Die Kombination einer Bejahung der Zahlungsfähigkeit im zweijährigen Prognosezeitraum und negativem Goodwill ist immer möglich. Zugeständnisse an die Belegbarkeit eines Goodwill dürfen deshalb nicht mit einem leichtfertigen Verweis auf die positive Fortbestehensprognose begründet werden.

Der Gesetzgeber hat die Zweistufigkeit der Überschuldungsprüfung gemäß § 19 Abs. 2 aF im Fall des positiven Ausgangs der Fortbestehensprognose eingeführt, um das Urteil der Geschäftsführer, das Unternehmen sei fortführungsfähig, durch einen zusätzlichen Vergleich von Vermögen mit Schulden zu härten. Diese Prüfung auf der zweiten Stufe ist somit anspruchsvoller als die erste, weil ihre zeitliche Reichweite erheblicher und die Bewertungsprobleme komplexer sind. An die Zulässigkeit der Aktivierung eines Goodwill müssen daher spezifische Anforderungen gestellt werden. Es heißt zutreffend, dass „der Schlüssel zur Lösung des Problems (...) beim Ansatz des Geschäftswertes in der Überschuldungsbilanz" liegt.[202] An diesem Schlüssel darf nicht nach Belieben gedreht werden. Liegen Preisangebote vor, liegt das vor, was verlässlich ist, nämlich Geldeinsatz.[203] Wer Geld einzusetzen bereit ist, belegt, was er für den Marktwert hält. Geldgebote schaffen Objektivierung; man hat deshalb Anlass, den Ansatz von Goodwill im Überschuldungsstatus immer dann zuzulassen, wenn es überzeugende objektivierte Marktsignale über die Höhe erzielbarer Preise gibt.[204] Dann liegt ein Goodwill im handelsrechtlichen Sinn vor, also als Differenz zwischen Preis und Nettowert der zu Marktpreisen bewerteten Vermögensgegenstände. Liegen dagegen nur Urteile von Gutachtern vor, die erklären, was sie für den am Markt erzielbaren Preis halten, liegt ein (investitions)theoretischer Goodwill vor, also die Differenz zwischen vermutetem Unternehmensgesamtwert und Marktpreisen der einzelnen Vermögensgegenstände.[205] Diese per Rechnung ermittelte Differenz ist weit weniger verlässlich als die Differenz, die den Bezugspunkt „Preisgebot" hat. Die in der Literatur gut belegte hohe Häufigkeit von deutlichen Fehlbepreisungen durch Gutachter bei Unternehmensübernahmen legt es nahe, über wirksame Haftungsregeln nachzudenken. Die Äußerung eines Gutachters, der (von ihm) berechnete Marktwert des Unternehmens schließe einen Goodwill in bestimmter Höhe ein, ist im Zweifel weniger verlässlich als die von der Geschäftsleitung erstellte und dokumentierte Fortbestehensprognose. Letzere haftet ggf. wegen Insolvenzverschleppung, ersterer argumentiert zB., die Umweltbedingungen hätten sich unerwartet verändert oder die Geschäftsleitung habe ihm zu optimistische Geschäftspläne vorgelegt. Es gilt folglich zu verhindern, dass die einen Goodwill aktivierende Geschäftsleitung sich auf einen nicht haftenden Gutachter beruft und gleichzeitig selbst der Haftung für Insolvenzverschleppung entrinnt, indem sie ein Gutachten vorlegt. Wenn man die Aktivierung eines Goodwill ohne Rückgriff auf Preisgebote zulassen will, dann erscheinen kontinuierlich zu beachtende Dokumentationsvorschriften und die nicht einschränkbare Drohung der Insolvenzverschleppungshaftung unerlässlich.

Hüttemann möchte den möglichen Marktwert des Unternehmens durch Bewertungskalküle mittels der sog. DCF-Methoden ermitteln.[206] Er möchte folglich den Goodwill nicht im handelsrechtlichen Sinn als Differenz zwischen Preisgebot für das ganze Unternehmen und Marktpreisen von

---

[199] *Kallmeyer* GmbHR 1999, S. 17.
[200] *Uhlenbruck/Schmidt* 2009, RdNr. 5.144–5.145; *K. Schmidt/Bitter* 2010, vor § 64, RdNr. 23,34; *Holzer* ZInsO 2008, S. 2110.
[201] So zB *K. Schmidt/Bitter* 2010, vor § 64 RdNr. 23; *Wolf/Kurz* StuB 2005, S. 485. Letztere tragen vor, ein Goodwill existiere unabhängig von einem Verkauf des Unternehmens, weshalb auf Kaufgebote verzichtet werden könnte.
[202] *Bitter* ZInsO 2008, S. 1097.
[203] *Hax* 1985, S. 89/90; *Bebchuk* 1988, S. 775.
[204] Vgl. auch *Crezelius*, FS Röhricht 2005, S. 800/801.
[205] Beide Seiten, der Unternehmensgesamtwert und die Summe der Marktpreise der Vermögensgegenstände, sind um die Verbindlichkeiten zu verringern, weshalb hier vereinfachend kein expliziter Bezug auf die Höhe der Verbindlichkeiten genommen wird.
[206] *Hüttemann*, FS K. Schmidt 2009, S. 761 ff.

einzelbewerteten Vermögensgegenständen (abzüglich einzelbewerteter Schulden) konkretisieren, sondern im investitionstheoretischen Sinn, wobei die Ausgangsgröße nicht der *Marktpreis* für das Unternehmen (der sich aus Geboten ergibt) ist, sondern der mittels DCF-Methoden gutachterlich ermittelte *Unternehmensgesamt-* bzw. *Ertragswert*. Das ist ein entscheidender Unterschied.[207] Die Ausgangsgröße resultiert im ersten Fall aus einem belegbaren Preisgebot; im zweiten Fall liegen nur Schätzungen von Marktkennern, Investmentbankern oder Gutachtern vor. Es ist zu beachten, dass der Wert von Unternehmen, die sich auf abschüssiger ökonomischer Bahn befinden, wegen der zahlreichen für die Bewertung notwendigen Hypothesen über die Entwicklung der Wert generierenden Parameter extrem schwierig zu messen ist.[208] Der Einsatz von vier Marktkennern oder Gutachtern produziert sehr häufig vier verschiedene Schätzungen für den Goodwill, wobei keinerlei Garantie besteht, dass diese Schätzungen dicht beieinander liegen. Solchen „Schätzunsicherheiten" misst Hüttemann keine Bedeutung bei,[209] denn Unternehmensgesamtwerte könnten eben nur innerhalb einer Bandbreite geschätzt werden. Welcher der Werte aus der Bandbreite bei der Prüfung der Überschuldung angesetzt werden darf, ist eine interessante, aber vom Autor nicht beantwortete Frage. Justitiabilität entsteht nicht dadurch, dass man ihre Schaffung ausblendet.

139 Im Ergebnis ist eine Aktivierung des Goodwill im Überschuldungsstatus zulässig, wenn es Belege für die Höhe gebotener Kaufpreise von Unternehmensteilen oder das gesamte Unternehmen gibt. Es ist ggf. Aufgabe der Geschäftsleiter von ökonomisch kränkelnden Unternehmen, in angebahnten Verhandlungen genannte Preise zu dokumentieren. Beschränkt man die Zulässigkeit der Aktivierung auf diese Fälle, käme dies in sehr vielen Fällen einem Aktivierungsverbot gleich.[210] Due-Diligence-Prozesse benötigen Zeit und verursachen Kosten. Aus diesen Gründen könnte man die Bedingung für eine Aktivierung eines Goodwill lockern. Von vorrangiger Bedeutung ist hierbei nicht, welches DCF-Kalkül einzusetzen ist, sondern wie man Prognoserechnungen mit langen Fristen das erforderliche Maß an Justitiabilität verleiht, um zu verhindern, dass der intendierte Schutz der Gläubigerpositionen auf der Strecke bleibt. Soweit man auf Gutachter-Lösungen zurückgreift, gilt es zu verhindern, dass Geschäftsleiter sich durch Verweis auf gutachterliche Aussagen aus der Insolvenzverschleppungshaftung verabschieden können. Da die Bewertung von Unternehmen eine komplexe, von Hypothesen über zukünftige Ein- und Auszahlungen, über Reaktionsweisen von Kunden und Konkurrenten abhängige und von Risikoeinschätzungen des Projektes und der Alternativrendite abhängige Angelegenheit ist, erscheint der Weg, einen originären Goodwill für von Insolvenz bedrohte Unternehmen für die Zwecke einer Überschuldungsprüfung per Kalkül abzuleiten, als sehr anspruchsvoll. Ob stark vereinfachte und robuste Bewertungsformeln hier hilfreich sein könnten, muß geprüft werden.

140 Bei positivem Ausgang der Fortführungsprognose sind auf der Passivseite der Überschuldungsbilanz einige Besonderheiten erwähnenswert. Unterschiede zum Fall einer Fortführungsprognose mit negativem Ergebnis können bei den Belastungen aus **Sozialplänen** und bei der Behandlung **verfallbarer Anwartschaften** auftreten. Sozialpläne vereinbart anlässlich von (Gesamt)Betriebseinstellungen treten nicht auf; gleichwohl können Sozialpläne auch bei positiver Fortbestehensprognose als Sanierungsmaßnahme zB vor dem Hintergrund von Teilliquidationen vereinbart worden sein. Verfallbare Anwartschaften auf Rentenzahlungen sind bei positiver Fortbestehensprognose anders als bei negativer Fortbestehensprognose grundsätzlich relevant. Eine vertraglich vereinbarte oder auf Grund einer Erfolg versprechenden Sanierung gemäß der Rechtsprechung zulässige Kürzung der Ansprüche ist zu berücksichtigen.

141 Die Bewertung von **Rückstellungen** in der Überschuldungsbilanz könnte zum handelsbilanziellen Wert, also zum Barwert erfolgen.[211] Wenn Pensionsrückstellungen in der Handelsbilanz zu Teilwerten bewertet werden (vgl. § 6a EStG), treten regelmäßig Differenzen auf, da der Barwert den Teilwert in der Mehrzahl der Fälle überschreitet. Für andere mittel- und langfristige Rückstellungen träten Differenzen zwischen handelsbilanziellem Wert und Barwert regelmäßig nur dann auf, wenn das steuerbilanzielle Abzinsungsgebot gem. § 6 Abs. 1 Nr. 3a Buchstabe e EStG nicht auf die Bewertung in der Handelsbilanz übertragen würde.[212] Das könnte für Altpositionen zutreffen.

142 Im Ergebnis kann folgen, dass bei der Bewertung von Rückstellungen in Höhe von Barwerten Überschuldung vorliegt, bei der Bewertung gemäß Handelsbilanz jedoch nicht. Dieses Ergebnis ist unwillkommen. Es resultiert aus Bewertungsvorschlägen für Zusagen aus betrieblicher Altersversor-

---

[207] Vgl. RdNr. 137.
[208] *Hax* 1985, S. 88–90; *Drukarczyk/Schüler* 2009, Kapitel 6 und 9.
[209] *Hüttemann*, FS K. Schmidt 2009, S. 774.
[210] Vgl. etwa *Spliedt* 1999, S. 1945.
[211] *Müller/Haas*, Kölner Schrift 2000, S. 1816–1817.
[212] Der BilMoG hat das Abzinsungsgebot für Rückstellungen in § 23 Abs. 2 HGB eingeführt. Diese Regelung gilt seit April 2009.

gung, die – trotz positiver Fortbestehensprognose für den definierten Prognosezeitraum – eine deutlich strengere Schuldendeckungskontrolle implizieren als für die traditionell dem Gläubigerschutz verpflichtete Handelsbilanz. Aus diesem Grund wird in der Literatur empfohlen, bei positivem Ausgang der Fortbestehensprognose den Wertansatz der Handelsbilanz für Pensionsrückstellungen prinzipiell beizubehalten.[213] Begründet ist dies nicht damit, dass der handelsbilanzielle Ansatz die ökonomische Last relativ genau abbilde – der Teilwertansatz unterschätzt die ökonomische Last regelmäßig deutlich –; die Begründung ist in dem Argument zu suchen, dass es wenig Sinn macht, die Schuldendeckungskontrolle in Unternehmen dann entscheidend zu verschärfen, wenn die Krise droht und sich in Schönwetter-Zeiten mit dem die ökonomische Last nicht exakt reflektierenden Teilwert-Ansatz zufrieden zu geben.

Das heißt nicht, dass die Bewertung von Rückstellungen in Höhe des Barwertes nicht ökonomisch verteidigbar wäre.[214] Bei positivem Ausgang der Fortbestehensprognose sollten dem Aktiv-Vermögen die Barwerte aller Ansprüche von Dritten gegenüber gestellt werden, wenn eine Prüfung der Schuldendeckungskontrolle intendiert ist. Im Falle unverfallbarer und verfallbarer Anwartschaften wird gegen den Ansatz von Barwerten nur deshalb argumentiert, weil eine den Prinzipien des HGB folgende Handelsbilanz Wertansätze als zweckkonform ansieht, die in aller Regel deutlich unterhalb des Barwertes liegen, und dass es kontraproduktiv wäre, dieses Versäumnis in der Krise heilen zu wollen.

Im Schatten der zahlreichen Fragen, die eine gesetzeskonforme Interpretation von § 19 Abs. 2 aF aufwirft, könnte der Vorschlag gemacht werden, es doch bei der Vorschrift des § 19 Abs. 2 nF zu belassen. § 19 Abs. 2 nF ist eine Vorschrift, die eine wesentlich geringere Potenz zur Verteidigung von Gläubigerpositionen hat: Ihre zeitliche Reichweite ist durch die der hM folgenden Definition des Prognosezeitraums auf zwei Jahre begrenzt, sie verlangt im Fall einer positiven Fortführungsprognose keinen Vergleich von Vermögen mit Schulden und sie kann nicht verhindern, dass die Maßnahmen, die den Erhalt der Zahlungsfähigkeit im Zwei-Jahres-Zeitraum sicherstellen, nicht zugleich den Interessen der Gläubiger – zB wegen Erhöhung der Verschuldung, dem Abschluss unrentabler Sale-und-Lease-back-Geschäfte – zuwiderlaufen. Dennoch steigt die Wahrscheinlichkeit, dass die Geltungsdauer des § 19 Abs. 2 nF entweder deutlich verlängert oder sogar entfristet wird. Das Bundesministerium der Justiz hat das Zentrum für Insolvenz und Sanierung (ZIS) beauftragt, die Auswirkungen des § 19 Abs. 2 nF evaluieren zu lassen. Der Kurzbericht über die wesentlichen Ergebnisse dieser Untersuchung liegt vor.[215] Die Gutachter ziehen Schlußfolgerungen: Die Befragung von 609 Personen (Insolvenzverwalter, Sanierungsberater, Kreditanalysten, Unternehmensberater und Wirtschaftsprüfer) habe ergeben, dass die „Mindestregelung" gemäß dem Votum von 75 % der Befragten in einer temporären Verlängerung von § 19 Abs. 2 nF bestehen solle. Nur 25 % der Befragten sprechen sich für die Rückkehr zum Wortlaut des § 19 Abs. aF zum 1.1.2014 aus. Zu diesen zählen 42 % der befragten Insolvenzverwalter.

Für die unbefristete Beibehaltung der derzeit geltenden Regelung des § 19 Abs. 2 nF sprachen sich nur 37 % der Befragten aus und den Gutachtern folgend „spräche viel für" diese weitreichendere Entscheidung, weil nämlich die Regelung des § 19 Abs. 2 aF auf schwierige Bewertungsprobleme und eine daraus folgende Rechtsunsicherheit stoße.[216]

Ein gewichtiger Einwand gegen eine befristete Verlängerung oder gar eine Entfristung der Regelung des § 19 Abs. 2 nF ist, dass diese Vorschrift dem Insolvenztatbestand des § 18 „drohende Zahlungsunfähigkeit" und den an diesen geknüpften Erwartungen über zeitigere Inanspruchnahmen der möglichen Vorteile der Sanierung qua Insolvenz den Garaus macht.[217] § 18 und § 19 Abs. 2 nF bauen auf dem gleichen Prüfungsstandard auf, nämlich dem Finanzplan für einen Prognosezeitraum von zwei Jahren. Sie setzen aber ganz unterschiedliche Rechtsfolgen in Gang, wenn der Schuldner haftungsbeschränkt ist. Da man die Häufigkeit des Falles, dass im Fall drohender Zahlungsunfähigkeit zugleich der Wert des Vermögens die bestehenden Verbindlichkeiten übersteigt, getrost als vernachlässigbar ansehen kann, bedeutet dies, dass ein haftungsbeschränkter Schuldner, der drohende Zahlungsunfähigkeit im Prüfzeitraum erkennt, im Schatten von § 19 Abs. 2 nF auch überschuldet ist. Alle mit drohender Zahlungsunfähigkeit verbundenen Vorteile entfallen.

F. Antragspflichten und -rechte

Die InsO unterscheidet zwischen Schuldner- und Gläubigerantrag. Der Antrag eines Gläubigers ist zulässig, wenn der Gläubiger ein berechtigtes Interesse an der Eröffnung des Insolvenzverfahren

---

[213] Vgl. *Müller/Haas,* Kölner Schrift 2000, S. 1814.
[214] Für laufende Pensionszahlungen ist der Ansatz des Barwertes ohnehin unstrittig.
[215] Vgl. *Bitter/Hommerich/Reiß* ZIP 2012, S. 1201–1209.
[216] Ebenda, S. 1208.
[217] Vgl. auch *IDW,* WPg 2010, S. 516.

hat, sowie seine Forderung und den Eröffnungsgrund glaubhaft macht (§ 14 Abs. 1). Wegen des geforderten rechtlichen Interesses ist der Antrag eines Gläubigers nur zulässig, wenn er im Falle der Eröffnung des Insolvenzverfahrens an diesem Verfahren beteiligt ist. Einem missbräuchlichen Einsatz des **Antragrechts** soll vorgebeugt werden.[218] Die Glaubhaftmachung der Forderung reicht nicht aus, wenn es von dieser Forderung abhängt, ob Überschuldung vorliegt oder nicht.[219]

Der Gläubiger wird von seinem Antragsrecht bei vermuteter Überschuldung Gebrauch machen, wenn er die Erfüllung seiner Ansprüche gefährdet sieht *und* den Verfahrenseintritt als vorteilhaft erachtet. Für Gläubiger als Unternehmensexterne wird es idR außerordentlich kompliziert und aufwendig sein, eine vermutete Überschuldung zu belegen. Hierzu ist der Schuldner besser in der Lage.

147 Auch wenn der Gläubiger eine Anspruchsbedrohung belegen kann, folgt eine Antragstellung nicht zwingend. Gläubigern stehen andere Optionen offen. Zu diesen zählen auch außergerichtliche Sanierungsversuche (workouts). Gläubiger werden abwägen, ob sie eine Lösung des Finanzierungsproblems im Rahmen eines workouts oder gestützt auf das Insolvenzplanverfahren der InsO suchen.

G. Zum Überschneidungsbereich zwischen Überschuldung gemäß § 19 Abs. 2 und drohender Zahlungsunfähigkeit

148 § 19 definiert keinen allgemeinen, für alle Rechtsträger geltenden Insolvenztatbestand. Die Insolvenzordnung beschränkt den Insolvenztatbestand Überschuldung auf juristische Personen und Personengesellschaften ohne natürlichen Komplementär. Der Insolvenztatbestand des § 18 (drohende Zahlungsunfähigkeit) gilt für alle Rechtsträger. Wenn im Folgenden von einem Überschneidungsbereich gesprochen wird, dann bezieht sich dies auf die Rechtsträger, für die *beide* Insolvenztatbestände relevant sein können.

149 Der Rechtsausschuss ist der Ansicht, dass die vom Ausschuss gewählte Definition der Überschuldung den Vorteil habe, dass sie Überschneidungen mit dem Begriff der **„drohenden Zahlungsunfähigkeit"** vermeide.[220] Diese Auffassung ist nicht haltbar.

150 Der den Eigenantrag ermöglichende Insolvenztatbestand drohende Zahlungsunfähigkeit ist durch einen Finanzplan nachzuweisen, der begründet belegt, dass der Schuldner voraussichtlich nicht in der Lage sein wird, die bestehenden Zahlungsverpflichtungen bei Fälligkeit zu erfüllen.[221] Nun könnten sich die Prognosezeiträume für die erste Stufe der Überschuldungsprüfung,[222] die Fortbestehensprognose einerseits und die drohende Zahlungsunfähigkeit andererseits, unterschiedlich weit in die Zukunft erstrecken.[223] Unstreitig ist jedoch, dass die Fortbestehensprognose im Rahmen der Überschuldungsprüfung und die Zahlungsfähigkeitsprüfung im Rahmen des Insolvenztatbestandes drohende Zahlungsunfähigkeit, mit dem *gleichen* Instrumentarium zu erstellen sind. Die erforderlichen Prognose- und Kalkülanforderungen sind – unterschiedlich lange Prognosezeiträume ausgeklammert – die gleichen. Folglich ist die Vermutung, dass Überschneidungsbereiche der beiden Insolvenztatbestände bestehen, sehr naheliegend.

151 Es erscheint sinnvoll, die Überschneidungsmöglichkeiten anhand der vier in Abbildung 2[224] unterschiedenen Fälle zu überprüfen.[225] Im Fall 1 ist der Tatbestand der Überschuldung nicht erfüllt. Wenn der Schuldner für einen späteren, durch die Fortbestehensprognose im Rahmen der Überschuldungsprüfung nicht mehr erfassten Zeitpunkt den Eintritt der Zahlungsunfähigkeit erwartet, verfügt er über eine Möglichkeit zum Verfahrenseintritt. Im Fall 2 liegt Überschuldung vor. Es besteht Antragspflicht. Ein zusätzliches Antragsrecht ist ohne Wert. Die Überschuldung überlagert die Rechtsfolge aus der drohenden Zahlungsunfähigkeit. Im Fall 3 ist Überschuldung nicht gegeben;[226] es droht aber Zahlungsunfähigkeit. Hier besteht die Option für den Schuldner zum Verfahrenseintritt. Im Fall 4 liegt Überschuldung vor; es besteht Antragspflicht. Das Antragsrecht ist in dieser Konstellation ohne Nutzen. Nur in den Fällen 1 und 3 lässt sich die Zielsetzung des Gesetzgebers, eine zusätzliche Eintrittsoption für den Schuldner zu schaffen, einlösen. In den Fällen 2 und 4 wird das Antragsrecht durch die Antragspflicht überlagert. Die Diskussion zeigt, dass Überschnei-

---

[218] Begr. zu § 16 RegE *Uhlenbruck* 1994, S. 313.
[219] *Kübler/Prütting/Pape* § 14 RdNr. 8.
[220] Ausschussbericht zu § 23 Abs. 2 Überschuldung.
[221] Vgl. § 18 Abs. 2. *Drukarczyk* MünchKomm § 18 RdNr. 19–34.
[222] Vgl. Abbildung 2, RdNr. 43.
[223] Für die drohende Zahlungsunfähigkeit werden Prognosezeiträume vorgeschlagen, die zwei Jahre nicht übersteigen.
[224] Abbildung 2, RdNr. 43. Die Fälle werden von links nach rechts gezählt.
[225] Vgl. *Drukarczyk/Schüler*, Kölner Schrift, 2. Aufl., 137–138.
[226] Es droht Überschuldung. Der *Fachausschuss Recht* spricht von „drohender Überschuldung"; S. 318.

dungsfreiheit der Geltungsbereiche der beiden Insolvenztatbestände bei Geltung von § 19 Abs. 2 aF nicht gegeben ist.

Dass Überschneidungsbereiche der beiden Insolvenztatbestände bestehen, gibt den Organen haftungsbeschränkter Schuldner auf den ersten Blick einen zusätzlichen Freiheitsgrad: Sie können wählen, ob sie den Eröffnungsantrag auf den Eröffnungsgrund nach § 18 oder § 19 stützen wollen.[227] Hinter Anträgen, die mit § 18 begründet werden, könnten sich also auch „verdeckte Überschuldungssituationen" von Antragstellern verbergen, die die geplante Rettungsstrategie mit vorgeblichem Handeln im Gläubigerinteresse garnieren wollen. Insolvenzverwalter und/oder Gläubiger werden die Koinzidenz von Überschuldung und drohender Zahlungsunfähigkeit in aller Regel ex post aufdecken. **152**

Gewichtiger erscheint, dass dann, wenn Überschneidung vorliegt, die mit § 18 erhoffte Anreizwirkung zur zeitigen Insolvenzauslösung und zur Erstellung von Insolvenzplänen im Schatten des Schutzschirmverfahrens nicht zum Zug kommen kann. **153**

Dass der Überschneidungsbereich bei Fortgeltung des § 19 Abs. 2 nF vollkommen ist, wurde oben[228] bereits belegt. Die Folgen sind für ein Auslösesystem, das mit drei Insolvenztatbeständen arbeiten möchte, unerwünscht. **154**

§ 20 Auskunfts- und Mitwirkungspflicht im Eröffnungsverfahren. Hinweis auf Restschuldbefreiung

(1) ¹Ist der Antrag zulässig, so hat der Schuldner dem Insolvenzgericht die Auskünfte zu erteilen, die zur Entscheidung über den Antrag erforderlich sind, und es auch sonst bei der Erfüllung seiner Aufgaben zu unterstützen. ²Die §§ 97, 98, 101 Abs. 1 Satz 1, 2, 2 gelten entsprechend.

(2) Ist der Schuldner eine natürliche Person, so soll er darauf hingewiesen werden, dass er nach Maßgabe der §§ 286 bis 303 Restschuldbefreiung erlangen kann.

Schrifttum: *Bittmann/Rudolph,* Das Verwendungsverbot gemäß § 97 Abs. 1 Satz 3 InsO, wistra 2001, 81 ff.; *Bous/Solveen,* Pflicht zur Verschwiegenheit gemäß § 18 BNotO im Insolvenzverfahren, DNotZ 2005, 261 ff.; *Deckenbrock/Fleckner,* Verschwiegenheitspflichten des Insolvenzverwalters, ZIP 2005, 2290 ff.; *Frind,* Zeugenschutz versus Insolvenzverfahren, ZVI 2005, 57 ff.; *ders.,* Das „zahnlose" Insolvenzgericht?, NZI 2010, 749 ff.; *Gaiser,* Die Auskunfts- und Mitwirkungspflichten des Schuldners gem. § 97 InsO und die Frage nach alternativen Auskunftsquellen, ZInsO 2002, 472 ff.; *Graeber,* Der auskunftsunwillige Schuldner im Eigenantragsverfahren, ZInsO 2003, 551 ff.; *Grub,* Die Stellung des Schuldners im Insolvenzverfahren, in Kölner Schrift zur Insolvenzordnung, 3. Aufl. 2009, S. 491 ff.; *Gundlach/Schirrmeister,* Anmkerung zu LG Göttingen, Beschl. v. 24.04.2002 – 10 T 11/02, DZWIR 2003, 256 f.; *Henssler,* Die verfahrensrechtlichen Pflichten des Geschäftsführers in Insolvenzverfahren über das Vermögen der GmbH und der GmbH & Co. KG, in Kölner Schrift zur Insolvenzordnung, 3. Aufl. 2009, S. 990 ff.; *Hofmann,* Einsatz von Mitarbeitern durch den gerichtlich bestellten Insolvenzsachverständigen, ZIP 2006, 1080 ff.; *H. Huber,* Das Bankgeheimnis in der Insolvenz des Kunden, ZInsO 2001, 289 ff.; *Jungmann,* Die Gutachtertätigkeit im Insolvenzeröffnungsverfahren – Probleme bei unzulässigen Insolvenzanträgen, DZWIR 2002, 363 ff.; *Kiethe,* Prozessuale Zeugnisverweigerungsrechte in der Insolvenz, NZI 2006, 267 ff.; *Nassall,* Auskunfts- und Akteneinsichtsrechte des Konkursverwalters gegenüber dem Rechtsanwalt des Gemeinschuldners, KTS 1988, 633 ff.; *ders.,* Zur Schweigepflicht des Rechtsanwalts im Konkurs juristischer Personen, NJW 1990, 496 ff.; *Pape,* Aktuelle Entwicklungen im Verbraucherinsolvenzverfahren und Erfahrungen mit den Neuerungen des InsO-Änderungsgesetzes 2001, ZVI 2002, 225 ff.; *ders.,* Erforderlichkeit eines Eigenantrages des Schuldners im Falle des Antrages auf Restschuldbefreiung bei Anschließung an einen Gläubigerantrag?, NZI 2002, 186 ff.; *Richter,* Auskunfts- und Mitwirkungspflichten nach §§ 20, 97 Abs. 1 ff. InsO, wistra 2000, 1 ff.; *Schmerbach,* Zuständigkeit des Insolvenzgerichts zur Abnahme eidesstattlicher Versicherungen, NZI 2002, 538 ff.; *K. Schmidt,* Anmkerung zu LG Göttingen, Beschl. v. 24.04.2002 – 10 T 11/02, EWiR 2002, 767 f.; *Stephan,* Das Bankgeheimnis im Insolvenzverfahren, WM 2009, 241 ff.; *Uhlenbruck,* Die Grenzen von Amtsermittlung und Offenbarungspflicht im Konkursverfahren, JR 1971, 445 ff.; *ders.,* Probleme bei des Eröffnungsverfahrens nach dem Insolvenzrechts-Reformgesetz 1994, KTS 1994, 169 ff.; *ders.,* Auskunfts- und Mitwirkungspflichten des Schuldners und seiner organschaftlichen Vertreter, KTS 1997, 371 ff.; *ders.,* Mitwirkung und Mitarbeit des Schuldners und seiner organschaftlichen Vertreter im künftigen Insolvenzverfahren, InVo 1997, 225 ff.; *ders.,* Auskunfts- und Mitwirkungspflichten des Schuldners und seiner organschaftlichen Vertreter, NZI 2002, 401 ff.; *ders.,* Die Auskunfts- und Mitwirkungspflichten des GmbH-Geschäftsführers im Insolvenzverfahren, GmbHR 2002, 941 ff.; *Vallender,* Die Auskunftspflicht der Organe juristischer Personen im Konkurseröffnungsverfahren, ZIP 1996, 529 ff.; *ders.,* Das rechtliche Gehör im Insolvenzverfahren, in Kölner Schrift zur Insolvenzordnung, 3. Aufl. 2009, S. 115 ff.; *ders.,* Bankgeheimnis und Auskunftspflicht der Kreditinstitute im Insolvenzeröffnungsverfahren, in FS Wilhelm Uhlenbruck, 2000, S. 133 ff.

---

[227] So *Schmidt/Uhlenbruck,* 1999, 315–316.
[228] Vgl. RdNr. 145.

Übersicht

	Rn.		Rn.
A. Normzweck	1–8	2. Organisatorische Zumutbarkeit	51, 52
I. Die Auskunfts- und Mitwirkungspflicht (Abs. 1)	2–7	3. Unmöglichkeit	53
		VI. Abgrenzungen	54–59
II. Hinweis auf Restschuldbefreiung (Abs. 2)	8	**VII. Geltung im Schuldenbereinigungsverfahren**	60–63
B. Entstehungsgeschichte	9, 10	**VIII. Durchsetzung**	64–73
C. Die Auskunfts- und Mitwirkungspflicht (Abs. 1)	11–89	1. Verhältnismäßigkeitsgrundsatz	64–66
		2. Zwangsmittel gegen den Schuldner	67–69
I. Tatbestandsvoraussetzungen	11	3. Sonstige Sanktionen	70–73
II. Berechtigte	12–14	**IX. Entgelt für Auskunft und Mitwirkung**	74–77
III. Verpflichtete	15–22	**X. Drittwirkung der Auskunftspflicht auf Zeugen, Gerichte und Behörden**	78–83
1. Schuldner und seine Organe	15–18		
2. Gesetzliche Vertreter natürlicher Personen	19	1. Zeugnisverweigerungsrecht	78–81
3. Angestellte des Schuldners	20	2. Amtsgeheimnis von Gerichten und Behörden	82
4. Nachlassinsolvenz	21	3. Zwischenstreit über Drittwirkung der Auskunftspflicht	83
5. Gesamtgutinsolvenz	22	**XI. Rechtsmittel**	84–89
IV. Rechtsfolgen	23–46	1. Haftentscheidungen	84
1. Auskunftpflicht	24–34	2. Sonstige Anordnungen des Gerichts	85–87
a) Umfang	24–29	3. Aufsicht über den Sachverständigen	88
b) Art und Weise der Auskunft	30–32	4. Zwangsmittel gegen Zeugen	89
c) Vorbereitung der Auskunft	33	**D. Hinweis auf Restschuldbefreiung (Abs. 2)**	90–102
d) Ergänzung der Auskunft	34	**I. Anwendungsbereich**	90
2. Unterstützungspflicht	35–45	**II. Verpflichtete**	91
a) Grundsatz	35, 36	**III. Notwendigkeit und Zeitpunkt**	92–94
b) Unterstützung bei den Amtsermittlungen	37–44	**IV. Adressat, Form und Inhalt**	95–98
c) Unterstützung bei Sicherungsmaßnahmen	45	**V. Beginn der Antragsfrist (§ 287)**	99, 100
3. Bereitschaftspflicht	46	**VI. Fehlerhafter Hinweis**	101, 102
V. Grenzen der Auskunfts- und Mitwirkungspflicht	47–53		
1. Sachliche und persönliche Zumutbarkeit	48–50		

A. Normzweck

1 In § 20 werden unterschiedliche Rechtsmaterien geregelt, nämlich zum einen die den Schuldner treffende Auskunfts- und Mitwirkungspflicht (Abs. 1) und zum anderen die das Insolvenzgericht treffende Pflicht, den Schuldner, der eine natürliche Person ist, auf die Möglichkeit der Restschuldbefreiung hinzuweisen (Abs. 2). Beide Regelungsbereiche gilt es im Folgenden zu unterscheiden.

I. Die Auskunfts- und Mitwirkungspflicht (Abs. 1)

2 Gem. § 5 Abs. 1 hat das Insolvenzgericht von Amts wegen alle Umstände zu ermitteln, die für das Insolvenzverfahren von Bedeutung sind. Informationen über die rechtlichen und wirtschaftlichen Verhältnisse des Schuldners kann vielfach nur der Schuldner selbst geben. Auch können immer wieder Situationen auftreten, in denen das Gericht oder der Insolvenzverwalter zur Erfüllung seiner Aufgaben auf andere Unterstützungshandlungen des Schuldners angewiesen ist. Eine am Verfahrenszweck orientierte umfassende Auskunfts- und Mitwirkungspflicht des Schuldners ist für eine sachgerechte und **wirkungsvolle Durchführung des Insolvenzverfahrens** insgesamt unerlässlich. Ihre Rechtfertigung findet die Pflicht in dem Umstand, dass der Schuldner infolge der Insolvenz zu den von ihm geschädigten Gläubigern in einem **besonderen Pflichtenverhältnis**[1] steht. Er hat das Verfahren so zu fördern, dass der Schaden der Gläubiger möglichst gering gehalten wird.[2] Zu diesem Zweck hat er dem Gericht, dem Insolvenzverwalter und den Organen der Gläubigerschaft nach besten Kräften alles an die Hand zu geben, was zur Erreichung der Verfahrensziele notwendig ist und insbesondere zu einem umfassenden Zugriff auf das gesamte schuldnerische Vermögen und zur Abwehr ungerechtfertigter Ansprüche gegen die Masse dienlich sein kann.[3]

Die Bestimmung des § 20 Abs. 1 schafft im **Eröffnungsverfahren** die notwendige Rechtsgrundlage für zwangsweise durchsetzbare, öffentlich-rechtliche Auskunfts- und Mitwirkungspflichten des Schuldners gegenüber dem Gericht im Eröffnungsverfahren. In diesem Verfahrensabschnitt ist eine solche Regelung besonders wichtig. Hier entscheidet sich, ob es überhaupt zur Eröffnung des eigentlichen Insolvenzverfahrens und zur geregelten Verwirklichung der gesetzlichen Verfahrensziele (§ 1) kommt. Ist ein **vorläufiger Insolvenzverwalter** bestellt, hat der Schuldner auch ihm alle für seine Tätigkeit erforderlichen Auskünfte zu erteilen und ihn bei der Erfüllung seiner Aufgaben zu unterstützen (§ 22 Abs. 3 Satz 3). 3

Nach seinem Normzweck ist § 20 Abs. 1 ebenso wie die übrigen Vorschriften über die insolvenzrechtlichen Auskunfts- und Mitwirkungspflichten des Schuldners und seiner organschaftlichen Vertreter ein **Schutzgesetz zugunsten der Gläubiger.** In der Regelung des Abs. 1 drückt sich ein allgemeiner Grundgedanke aus, der in unterschiedlicher Ausprägung in allen Abschnitten des Verfahrens wiederkehrt. Das Gesetz geht von einer allgemeinen, in allen Verfahrensabschnitten wirksamen öffentlich-rechtlichen Auskunfts- und Mitwirkungspflicht des Schuldners aus. Es konkretisiert diesen Rechtsgedanken je nach Verfahrensabschnitt unterschiedlich. Ausgangsnormen sind die §§ 97, 98, 101. Auf sie wird in den meisten übrigen Anwendungsfällen teils unmittelbar, teils mittelbar (über § 22 Abs. 3) verwiesen. 4

Im **eröffneten Verfahren** geht die Verpflichtung des Schuldners weiter. Hier hat er über alle das Verfahren betreffenden Verhältnisse Auskunft zu geben und den Verwalter bei der Erfüllung seiner Aufgaben zu unterstützen (§ 97 Abs. 1, 2). Ein Sonderfall der Mitwirkung, die Bestätigung der Vollständigkeit der vom Verwalter aufgestellten Vermögensübersicht, ist in § 153 Abs. 2 geregelt. Zur Erfüllung dieser Pflichten hat der Schuldner sich auf Anordnung des Gerichts jederzeit zur Verfügung zu stellen und alles zu unterlassen, was ihnen zuwiderläuft (§ 97 Abs. 3). 5

Im Fall der **Eigenverwaltung** treffen den Schuldner gegenüber dem Sachwalter ebenfalls umfassende Auskunfts- und Unterstützungspflichten (§ 274 Abs. 2 Satz 2, § 22 Abs. 3). Gleiches gilt für sein Verhältnis zum Insolvenzverwalter während der **überwachten Durchführung eines Insolvenzplans** (§ 261 Abs. 1 Satz 3, § 22 Abs. 3). 6

Im **Verfahren zur Restschuldbefreiung** hat der Schuldner gegenüber dem Gericht und dem Treuhänder gleichfalls eine Mitwirkungs- und Auskunftspflicht bezüglich der Umstände, die für diesen Verfahrensabschnitt von Bedeutung sind (§ 295 Abs. 1 Nr. 3, § 296 Abs. 2 Satz 2). Die Pflicht, die insbesondere die Erreichbarkeit des Schuldners und die Offenlegung seiner Erwerbstätigkeit betrifft, kann hier jedoch nicht zwangsweise durchgesetzt werden. Sie ist als **Obliegenheit** angelegt, deren gröbliche und schuldhafte Missachtung für den Schuldner die Versagung der Restschuldbefreiung zur Folge hat (§§ 296, 300). 7

II. Hinweis auf Restschuldbefreiung (Abs. 2)

Die Vorschrift des Abs. 2 soll zunächst verhindern, dass ein Schuldner, für den als natürliche Person das Verfahren zur Restschuldbefreiung in Betracht kommt, diese Chance aus **Rechtsunkenntnis** verliert.[4] Ein solcher Schuldner ist nur selten rechtskundig beraten und soll deshalb ausdrücklich auf die gesetzliche Möglichkeit der Restschuldbefreiung hingewiesen werden. Die Regelung verdrängt für ihren Anwendungsbereich den zivilprozessualen Grundsatz,[5] dass auch eine juristisch nicht geschulte Partei im eigenen Interesse verpflichtet ist, für den ordnungsgemäßen Fortgang des Verfahrens zu sorgen und von sich aus Erkundigungen über die Möglichkeit vorteilhafter Anträge einzuholen. Zusätzlich dient Abs. 2 dem Ziel einer **Straffung des Verfahrens.** Er steht unmittelbar im Zusammenhang mit § 287 Abs. 1. Danach kann der Schuldner den Antrag auf Restschuldbefreiung nur in Verbindung mit einem eigenen Eröffnungsantrag stellen. Nach Erteilung des Hinweises (Abs. 2) kann der Antrag ausschließlich innerhalb von zwei Wochen nachgeholt wer- 8

---

[1] BVerfGE 56, 37, 48 = NJW 1981, 1431, 1432; vgl. auch BVerfG NJW 2002, 2164 f.
[2] 1. KommBer. (1985), Begr. zu LS 1.3.2.2 (Mitwirkungspflicht des Schuldners).
[3] So schon die Motive zu den §§ 100, 101 KO, Hahn S. 290; Braun/*Böhm* InsO § 20 RdNr. 2.
[4] Begr. RegE zu § 37 (= § 30 aF), Balz/*Landfermann* S. 111; Begr. RegE InsOÄndG 2001, BT-Drucks. 14/5618 zu Art. 1 Nr. 15 (§ 287); Braun/*Böhm* InsO § 20 RdNr. 3.
[5] Vgl. etwa BGH FamRZ 1991, 425; BGH NJW 1997, 1989; OLG Hamm FamRZ 1997, 758.

den (§ 287 Abs. 1 Satz 2). Auf diese Weise soll im Interesse der Beteiligten zügig klargestellt werden, ob der Schuldner die Möglichkeit der Restschuldbefreiung wahrnehmen will.[6] Die Klarheit ist erst erreicht, wenn ein zulässiger Antrag vorliegt oder wenn infolge des Fristablaufs feststeht, dass ein späterer Antrag unzulässig sein wird.

B. Entstehungsgeschichte

9   Die Konkursordnung sah eine Regelung der **Auskunfts- und Mitwirkungspflicht** des Schuldners im Eröffnungsverfahren nicht vor. Die Auskunftspflicht des Schuldners wurde aus dem Amtsermittlungsgrundsatz (§ 75 KO) in Verbindung mit dem Verfahrenszweck abgeleitet;[7] teilweise wurden ergänzend die Vorschriften über die Erklärungspflicht der Parteien im Zivilprozess herangezogen (§§ 138, 139 ZPO, § 72 KO). Die Kommission für Insolvenzrecht schlug in ihrem ersten Bericht[8] eine umfassende Mitwirkungs- und Auskunftspflicht des Schuldners vor. Die Anregung wurde vom Diskussionsentwurf nur für das eröffnete Verfahren aufgegriffen.[9] Erst der Referentenentwurf[10] enthielt auf Anregung der gerichtlichen Praxis die nunmehr in § 20 Abs. 1 Gesetz gewordene Regelung. Sie war in den parlamentarischen Beratungen nicht umstritten.[11] Durch das InsVfVereinfG 2007[12] ist neben der Auskunfts- auch die Mitwirkungspflicht ausdrücklich in die Überschrift und den Text des Abs. 1 Satz 1 aufgenommen worden; dies dient der Klarstellung.[13]

10   Die Bestimmung des Abs. 2 über den **Hinweis auf die Restschuldbefreiung** ist durch das InsOÄndG 2001[14] mit Wirkung ab 1. Dezember 2001 eingefügt worden.[15] In der ursprünglichen Fassung der InsO von 1999, in der die zwingende Verknüpfung des Antrags auf Restschuldbefreiung mit dem eigenen Eröffnungsantrag des Schuldners fehlte (§ 287 Abs. 1 aF), war der Hinweis erst im Zusammenhang mit der Eröffnung des Insolvenzverfahrens vorgeschrieben (§ 30 Abs. 3 aF).

C. Die Auskunfts- und Mitwirkungspflicht (Abs. 1)

I. Tatbestandsvoraussetzungen

11   Die Auskunfts- und Mitwirkungspflichten des Schuldners nach Abs. 1 bestehen nur, wenn der Eröffnungsantrag zulässig ist.[16] Damit wird vor allem auf die jeweiligen besonderen Zulässigkeitserfordernisse in den §§ 14, 15, 18 Abs. 3, §§ 316 bis 319 verwiesen. Insoweit reicht es aus, wenn der Schuldner bei einem Eigenantrag die wesentlichen Merkmale eines Eröffnungsgrunds darlegt.[17] Eine ausdrückliche Feststellung der Zulässigkeit gegenüber den Beteiligten ist weder beim Gläubiger- noch beim Schuldnerantrag erforderlich[18] (s. § 16 RdNr. 6); sie ergibt sich in der Regel mittelbar aus dem Auskunftsverlangen oder aus einer Beweisanordnung des Gerichts. Hängt die Zulässigkeit des Eröffnungsantrags von der Glaubhaftmachung bestimmter Tatsachen ab und sind zunächst ausreichende Mittel der Glaubhaftmachung beigebracht worden, so gilt der Antrag so lange als zulässig, bis eine hinreichende Gegenglaubhaftmachung erfolgt (vgl. § 14 RdNr. 82, 88) oder aus anderen Gründen die Unzulässigkeit feststeht. Ähnliches gilt, wenn das angerufene Insolvenzgericht dem ersten Anschein nach örtlich zuständig ist und erst im Laufe des Verfahrens Unklarheiten wegen der Zuständigkeit auftreten, etwa weil der Schuldner unter der letzten bekannten Geschäftsanschrift nicht mehr zu erreichen ist. In diesen Fällen bleibt der Schuldner

---

[6] Begr. RegE InsOÄndG 2001, BT-Drucks. 14/5618 zu Art. 1 Nr. 15 (§ 287).
[7] *Uhlenbruck* JR 1971, 445; *ders.* KTS 1997, 371, 375; *Vallender* ZIP 1996, 529.
[8] 1. KommBer. (1985), LS 1.3.2.2.
[9] DE (1988) §§ 104 bis 106.
[10] RefE (1989) § 21a = RegE (1992) § 24.
[11] Gesetzesmaterialien: *Balz/Landfermann* S. 94 = *Kübler/Prütting*, Dok. Bd. I, S. 180.
[12] Art. 1 Nr. 5 InsVfVereinfG 2007.
[13] Braun/*Kind*[4] InsO § 20 RdNr. 4.
[14] Vom 26.10.2001 (BGBl. I S. 2710); Materialien: RegE BT-Drucks. 14/5618; Bericht des Rechtsausschusses, BT-Drucks. 14/6268.
[15] S. hierzu *Pape* ZVI 2002, 225 ff.; *ders.* NZI 2002, 186 ff.
[16] BGH NZI 2009, 65 f.; Braun/*Böhm* InsO § 20 RdNr. 4; *Frind* NZI 2010, 749 f.
[17] So *Frind* NZI 2010, 749 f. („schlüssiger Antrag").
[18] BGH NZI 2009, 65; Gottwald, P./*Uhlenbruck/Schmahl*, Insolvenzrechts-Handbuch, § 12 RdNr. 9, § 13 RdNr. 9; *Jungmann* DZWIR 2002, 363 ff.; zur Frage, ob eine „Zulassung" des Insolvenzantrags als zulässige Voraussetzung für den Erlass von Sicherungsmaßnahmen nach § 21 ist s. Gottwald, P./*Uhlenbruck/Vuia*, Insolvenzrechts-Handbuch, § 14 RdNr.2 mwN. zum Streitstand.

nach Abs. 1 zur Auskunft und Mitwirkung verpflichtet, solange der Eröffnungsantrag nicht als unzulässig zurückgewiesen worden ist.

II. Berechtigte

Anspruch auf Auskunft und Mitwirkung nach Abs. 1 hat grundsätzlich allein das **Insolvenzgericht**. Vergleichbare Rechte hat nach § 22 Abs. 3 kraft Gesetzes jeder **vorläufige Insolvenzverwalter** unabhängig von der sonstigen gerichtlichen Ausgestaltung seiner Befugnisse. 12

Das Gericht kann seine Ermittlungen zu den Eröffnungsvoraussetzungen auf einen **Sachverständigen** delegieren. In einem solchen Fall besteht die Auskunfts- und Mitwirkungspflicht des Schuldners auch gegenüber dem Sachverständigen.[19] Erforderlich ist allerdings, dass das Gericht dem Gutachter ausdrücklich die Befugnis überträgt, gegenüber dem Schuldner die Auskunfts- und Mitwirkungspflichten geltend zu machen.[20] Der Sachverständige ist dann als Gehilfe des Gerichts im Rahmen seines Auftrags berechtigt, vom Schuldner Auskunft und Mitwirkung zu verlangen; zwangsweise durchsetzen kann er seinen Anspruch nur mit Hilfe des Gerichts (vgl. § 16 RdNr. 60 f.). Auch bei dieser Verfahrensweise kann das Gericht die Art und Weise der Auskunftserteilung und Mitwirkung durch Auflagen an den Schuldner regeln. Im Rahmen des § 407a Abs. 2 ZPO ist der Sachverständige befugt, Mitarbeiter einzusetzen.[21] 13

Den **Gläubigern** gibt das Gesetz im Eröffnungsverfahren keinen verfahrensrechtlichen Auskunftsanspruch gegen den Schuldner. Dies gilt ebenso für den Eröffnungsantragsteller (§ 14) wie für sonstige Gläubiger und im Schuldenbereinigungsverfahren (§§ 305 ff.). Die dort vorgesehene Offenlegung der schuldnerischen Vermögensverhältnisse gegenüber den Gläubigern (§ 305 Abs. 1 Nr. 3) kann als Substantiierung der Antragsbegründung und als Ergänzung des Schuldenbereinigungsplans nicht erzwungen werden. 14

III. Verpflichtete

1. Schuldner und seine Organe. Zur Auskunft und Mitwirkung verpflichtet sind der **Schuldner** und jeder einzelne seiner zur Zeit des Verfahrens amtierenden **organschaftlichen Vertreter** einschließlich der vertretungsberechtigten persönlich haftenden Gesellschafter sowie der **Mitglieder des Aufsichtsrats** oder eines vergleichbaren gesetzlichen oder statuarischen Aufsichtsorgans (§ 20 Abs. 1 Satz 2, § 101 Abs. 1 Satz 1, § 97; Einzelheiten bei § 101). Die Pflicht besteht unabhängig von der internen Zuständigkeit einzelner Organmitglieder. 15

Unbeschränkt zur Auskunft verpflichtet sind außerdem **ehemalige organschaftliche Vertreter** der genannten Kategorien, die nicht früher als zwei Jahre vor der Stellung des Eröffnungsantrags aus einer solchen Position ausgeschieden sind (§ 20 Abs. 1 Satz 2, § 101 Abs. 1 Satz 2, § 97 Abs. 1). Die Frist läuft nach Antragstellung weiter. Verpflichtet sind deshalb auch Personen, die erst im Zusammenhang mit dem Eröffnungsverfahren ihr Amt verloren haben.[22] Die Pflicht obliegt ihnen auf Grund ihrer früheren Organstellung, bei einer Vernehmung durch das Insolvenzgericht gelten sie deshalb als Partei.[23] Sonstige ehemalige organschaftliche Vertreter sind Zeugen mit allen Pflichten und Rechten, auch dem Zeugnisverweigerungsrecht nach § 384 Abs. 1 Nr. 2 ZPO. 16

Die Auskunfts- und Mitwirkungspflicht als Organ trifft auch den sog. **faktischen Geschäftsführer** (vgl. § 15a RdNr. 75 ff.).[24] Wer wie ein geschäftsführendes Organ in maßgeblichem Umfang leitende Funktionen an sich zieht und damit über die wesentlichen internen Informationen verfügt, hat auch die entsprechenden Pflichten zum Schutz der Gläubiger zu erfüllen.[25] Allerdings bleibt neben ihm der nominelle Geschäftsführer grundsätzlich gleichrangig verpflichtet. Er kann sich nicht mit dem Hinweis auf die angeblich bessere Kenntnis des faktischen Geschäftsführers entlasten. Für den faktischen Geschäftsführer gilt gleichermaßen die zeitliche Ausweitung der Pflichtenstellung nach § 101 Abs. 1 Satz 2. Der **Alleingesellschafter einer Einmann-Gesellschaft** fällt als solcher nicht unter § 101 Abs. 1;[26] er kommt jedoch als faktischer Geschäftsführer in Betracht.[27] 17

---

[19] BGH ZVI 2005, 551 f.; LG Aachen ZVI 2005, 552 f.; offen lassend OLG Jena NJW 2010, 3673.
[20] OLG Jena NJW 2010, 3673; aA Braun/*Kind*[4] InsO § 20 RdNr. 21.
[21] S. hierzu *Hofmann* ZIP 2006, 1080 ff.
[22] *Uhlenbruck* NZI 2002, 401, 403; *ders.* GmbHR 2002, 941 ff.; vgl. auch OLG Düsseldorf NZI 2001, 97; *Gaiser* ZInsO 2002, 472 ff.
[23] *Uhlenbruck* KTS 1997, 371, 387; vgl. auch LG Düsseldorf KTS 1961, 191.
[24] *Uhlenbruck* KTS 1997, 371, 390; *Vallender* ZIP 1996, 529, 530 f.; FKInsO-*Schmerbach* § 20 RdNr. 6; HKInsO-*Kirchhof* § 20 RdNr. 4; Kübler/Prütting/Bork/*Pape* InsO § 20 RdNr. 15; Uhlenbruck/*Uhlenbruck* InsO § 20 RdNr. 10.
[25] Vgl. § 15 RdNr. 96 f., ferner RGZ 152, 273, 277; BGHZ 41, 282, 287 = NJW 1964, 1367.
[26] Anders zu Unrecht LG Düsseldorf KTS 1961, 191.
[27] Vgl. *Vallender* ZIP 1996, 529, 530.

18 Die **Angehörigen des Schuldners** oder sonstige ihm **nahe stehende Personen** (§ 138) treffen als solche, ebenso wie **potentielle Anfechtungsgegner,** keine insolvenzrechtlichen Auskunfts- oder Mitwirkungspflichten.[28] Sofern auf sie nicht § 20 Abs. 1 und § 101 unmittelbar anzuwenden sind, gelten für sie die allgemeinen Regeln über den Zeugenbeweis.

19 **2. Gesetzliche Vertreter natürlicher Personen.** Ist der Schuldner eine **nicht unbeschränkt geschäftsfähige natürliche Person,** so treffen seine Auskunfts- und Mitwirkungspflichten jeden einzelnen seiner gesetzlichen Vertreter (Einzelheiten bei § 97), daneben aber auch den Schuldner persönlich (§ 4, § 455 ZPO). Das Gleiche gilt für Fälle, in denen die Vermögenssorge eines geschäftsfähigen Schuldners einem **Betreuer** oder **Pfleger** obliegt (vgl. § 455 Abs. 2 Satz 2 ZPO).

20 **3. Angestellte des Schuldners.** Zusätzlich sind auch Angestellte des Schuldners unabhängig von dessen Rechtsform, also auch wenn er eine natürliche Person ist, im Rahmen des § 101 Abs. 2 zur Auskunft verpflichtet (§ 20 Abs. 1 Satz 2). Für sie gilt allerdings nur die **eingeschränkte Auskunftspflicht** des § 97 Abs. 1 Satz 1, so dass sie eigene Straftaten oder Ordnungswidrigkeiten nicht zu offenbaren brauchen.[29] Bei einer Vernehmung durch das Insolvenzgericht sind sie Zeugen mit allen Pflichten und Rechten, auch dem Zeugnisverweigerungsrecht nach § 384 Abs. 1 Nr. 2 ZPO. Nach der hier vertretenen Auffassung (vgl. RdNr. 78) hat § 101 Abs. 2 insoweit für Angestellte des Schuldners keine eigenständige Bedeutung, weil diese Zeugen gegenüber dem Insolvenzgericht ohnehin kraft Gesetzes von einer etwaigen Verschwiegenheitpflicht nach § 383 Abs. 1 Nr. 6, § 384 Nr. 3 ZPO entbunden sind.

21 **4. Nachlassinsolvenz.** In der Nachlassinsolvenz treffen die Auskunfts- und Mitwirkungspflichten des Schuldners jeden einzelnen **Erben,** der die Erbschaft angenommen hat. Die Vorschriften über organschaftliche Vertreter (§ 101 Abs. 1 Satz 1, §§ 97, 98) gelten wegen der Ähnlichkeit der Rechtsstellung sinngemäß für den **Nachlassverwalter,** den sonstigen **Nachlasspfleger** sowie jeden **Testamentsvollstrecker,** dem die Verwaltung des Nachlasses zusteht.

22 **5. Gesamtgutinsolvenz.** In der Gesamtgutinsolvenz gelten die Auskunfts- und Mitwirkungspflichten des Schuldners im Falle der ehelichen Gütergemeinschaft mit gemeinschaftlicher Verwaltung des Gesamtguts (§ 333) für jeden Ehegatten, im Falle der fortgesetzten Gütergemeinschaft (§ 332) allein für den überlebenden Ehegatten, nicht aber für die anteilsberechtigten Abkömmlinge.

IV. Rechtsfolgen

23 Die in § 20 Abs. 1 angesprochenen oder in Bezug genommenen Auskunfts- und Mitwirkungspflichten umfassen im Einzelnen die Pflichten zur Auskunft (§ 97 Abs. 1), zur Unterstützung (§ 97 Abs. 2), zur persönlichen Bereitschaft (§ 97 Abs. 3 Satz 1) und zum Unterlassen pflichtwidriger Handlungen (§ 97 Abs. 3 Satz 2).

24 **1. Auskunftspflicht. a) Umfang.** Nach Satz 1 hat der Schuldner dem Insolvenzgericht die Auskünfte zu erteilen, die **zur Entscheidung über den Eröffnungsantrag erforderlich** sind. Diese Formulierung ist missverständlich. Sie ist einerseits zu weit gefasst, weil sie dem Wortlaut nach auch jene Sachverhalte einbezieht, die als Eröffnungsvoraussetzungen von den Parteien selbst beigebracht, insbesondere bei der Antragstellung glaubhaft gemacht werden müssen (vgl. RdNr. 19 f.). Andererseits ist Satz 1, gemessen am Sinn und Zweck der Vorschrift, zu eng gefasst, weil die Entscheidung über den Eröffnungsantrag nicht die einzige ist, die das Gericht in diesem Verfahrensabschnitt zu treffen hat. Zusätzliche Entscheidungen kommen insbesondere in Betracht im Zusammenhang mit der **örtlichen Zuständigkeit** (Verweisung), mit **vorläufigen Sicherungsmaßnahmen** (§§ 21, 22), mit der **Fortführung oder Stilllegung des schuldnerischen Unternehmens** (§ 22 Abs. 1 Nr. 2, 3), mit der Vorprüfung eines **Insolvenzplans** (§§ 218, 231) oder mit dem **Antrag auf Eigenverwaltung** (§ 270).

25 Die Auskunftspflicht des Schuldners gegenüber dem Insolvenzgericht und dem von diesem beauftragten Sachverständigen (RdNr. 13) erstreckt sich daher im Eröffnungsverfahren auf alle von Amts wegen zu beachtenden rechtlichen und tatsächlichen Umstände, die in irgendeiner Weise für die **Entscheidung über die Eröffnung** oder für eine **sonstige gerichtliche Entscheidungen in diesem Verfahrensabschnitt** von Bedeutung sein können.[30] Der Schuldner hat in diesem Rahmen seine gesamten Rechts- und Vermögensverhältnisse offenzulegen, die gegenwärtigen und für die Zukunft absehbaren ebenso wie die vergangenen, soweit sie für die Gegenwart oder die Zukunft

---

[28] BGH NJW 1978, 1002; BGHZ 74, 379, 383 = NJW 1979, 1832 f.; BGH NJW 1987, 1812 f.; BGH NZI 2008, 320 f.; LG Ingolstadt ZIP 2005, 275.

[29] Begr. RegE zu § 115 (= § 101), *Balz/Landfermann* S. 190 = *Kübler/Prütting,* Dok. Bd. I, S. 288.

[30] BGH NZI 2010, 264 f.; BGH NZI 2010, 530 f.; BGH NZI 2011, 330 ff.; BGH ZInsO 2012, 751 ff.

erheblich sein können.³¹ Dementsprechend kann der Schuldner auch im Rahmen eines Gläubigerantrags im Rahmen des Zumutbaren gehalten sein, die Angaben zu machen, die ihm für den Fall eines Eigenantrags in § 13 Abs. 1 Satz 3 bis 5 auferlegt werden, sofern diese etwa für die **Einsetzung eines vorläufigen Gläubigerausschusses** gem. §§ 21 Abs. 2 Satz 1 Nr. 1a, 22a Abs. 1 und 2 von Bedeutung sind. Allerdings besteht die Auskunftspflicht nur dann, wenn die Angaben für den Fall eines Eigenantrags ebenfalls verpflichtend sind (s. hierzu § 13 RdNr. 106). Ist der Schuldner nach der Vorstellung des Gesetzgebers nicht einmal bei einem Eigenantrag zur Mitteilung verpflichtet, hat dies erst recht bei einem Fremdantrag zu gelten. Die Auskunftspflicht erschöpft sich im Übrigen nicht in der Pflicht, ausdrückliche Fragen des Insolvenzgerichts zu beantworten. Der Schuldner hat vielmehr ungefragt auch solche sachdienlichen Umstände zu offenbaren, die für das Gericht als Auskunftsthemen nicht erkennbar sind oder von ihm ersichtlich übersehen werden und deshalb keine Nachfrage auslösen.³² Gleiches gilt für nachträgliche Veränderungen (s. RdNr. 34). Dass der Schuldner bereits in der Einzelzwangsvollstreckung (§§ 807, 903 ZPO, § 284 AO) oder im Rahmen behördlicher Ermittlungen Auskünfte erteilt hat steht der Auskunftspflicht gegenüber dem Insolvenzgericht nicht entgegen.³³ Der Zweck des Verfahrens erfordert aktuelle, für ergänzende Fragen offene Auskünfte unter dem besonderen Blickwinkel des Insolvenzrechts. Soweit der Schuldner zur Auskunft verpflichtet ist, ist das Insolvenzgericht nicht daran gehindert, Erkenntnisse aus anderen Verfahren, etwa von der Steuerfahndung erlangte Beweismittel, zu verwerten.³⁴

Offenzulegen hat der Schuldner insbesondere **Entwicklung und Bestand des Vermögens** und 26 der Schulden, also alle Gegenstände seines Vermögens, auch wenn er sie nur treuhänderisch hält oder sie treuhänderisch einem Dritten übertragen sind, im Inland wie im Ausland³⁵ befindliche, pfändbare wie unpfändbare³⁶ (die Massezugehörigkeit beurteilt das Insolvenzgericht), materielle wie immaterielle³⁷ Gegenstände, Geschäfts- und Betriebsgeheimnisse wie Produktionsverfahren,³⁸ Konstruktionspläne und ähnliche Zeichnungen,³⁹ den Verbleib früher vorhandener Vermögensgegenstände und die Umstände ihrer Veräußerung,⁴⁰ alle Einkünfte und sonstigen Erträge, alle Umstände, die zur Ermittlung von anfechtbaren Handlungen⁴¹ oder zur Feststellung von Aus- und Absonderungsrechten dienen,⁴² alle Verbindlichkeiten, auch ungewisse oder erst künftig fällige, alle vermögensrechtlichen Beziehungen zu Dritten, insbesondere Dauerschuldverhältnisse⁴³ sowie alle Umstände der Entstehung von Forderungen und Verbindlichkeiten.

Weiter hat sich die Auskunft des Schuldners auf alle Umstände zu erstrecken, die für die rechtliche 27 oder wirtschaftliche Beurteilung der Vermögens-, Finanz- und Ertragslage, insbesondere die **Bewertung der Vermögensgegenstände** oder der **Verbindlichkeiten** bedeutsam sein können.

Die Auskunftspflicht des Schuldners bezieht sich ferner auf die **Grundlagen für die Ermittlung** 28 **und Sicherung der Masse,** also alle Umstände, die zur Ermittlung, Erfassung, Identifizierung und Sicherstellung von Vermögensgegenständen oder zur Abwehr ungerechtfertigter Ansprüche erforderlich sind, ebenso die betriebliche Organisation des Schuldners, insbesondere das Rechnungswesen sowie das System der Aufbewahrung seiner Aufzeichnungen und Belege, die räumliche Lage aller Betriebsstätten, Geschäftsräume, Niederlassungen und Außenstellen sowie den Aufbewahrungsort einzelner Gegenstände und den Inhaber des Gewahrsams.

Schließlich umfasst die Auskunftspflicht die **Geschäfts-, Finanz- und Ertragslage,** also alle 29 unternehmensrechtlichen Verhältnisse, die Ursachen der Insolvenz,⁴⁴ die Entwicklung und gegenwärtige Lage des Unternehmens, die Planungen für die absehbare Zukunft, alle Geschäftsbeziehungen, schwebende Verhandlungen über neue Geschäfte sowie anhängige Rechtsstreitigkeiten.

---

³¹ Ebenso HKInsO-*Kirchhof* § 20 RdNr. 10; ähnlich Uhlenbruck/*Uhlenbruck* InsO § 20 RdNr. 22.
³² BGH ZInsO 2012, 751 ff.; BGH ZInsO 2011, 396 f.; BGH NZI 2010, 264 f.; BGH NZI 2010, 530 f.; AG Oldenburg ZInsO 2001, 1170 f.; AG Erfurt ZInsO 2006, 1173 f.; AG Duisburg NZI 2008, 697 ff.
³³ Vgl. BGH NJW 2004, 2905 f.
³⁴ AG Köln ZInsO 2009, 671 ff.
³⁵ BVerfG ZIP 1986, 1336; BGHZ 88, 147; 118, 151 = NJW 1983, 2147; BGH NJW 1992, 2026; BGH NJW-RR 2004, 134 = NZI 2004, 21; BGH NZI 2005, 461; OLG Köln ZIP 1986, 658; BGH NJW OLG Köln ZIP 1998, 113; OLG Koblenz ZIP 1993, 844.
³⁶ OLG Celle NZI 2002, 323, 325; *Uhlenbruck* KTS 1997, 371, 386; HKInsO-*Kirchhof* § 20 RdNr. 10; Jaeger/*Gerhardt* InsO § 20 RdNr. 3.
³⁷ Dazu *Schwab* KTS 1999, 49.
³⁸ OLG Hamm JMBl. NRW 1951, 151.
³⁹ BGHSt 11, 145 f. = NJW 1958, 429.
⁴⁰ BGH NZI 2004, 209, 211 f.; BGH ZVI 2004, 281.
⁴¹ RGSt 66, 152 f.; BGHSt 8, 55, 59 = NJW 1955, 1446 f.; BGH NZI 2010, 264; AG Gera InVo 2005, 358.
⁴² OLG Frankfurt NStZ 1997, 551; Jaeger/*Gerhardt* InsO § 20 RdNr. 3.
⁴³ OLG Hamm ZIP 1980, 280.
⁴⁴ Jaeger/*Weber* KO § 100 RdNr. 1.

30 **b) Art und Weise der Auskunft.** Die Auskünfte sind grundsätzlich **persönlich und mündlich** zu erteilen (vgl. § 97 Abs. 3 Satz 1). Dies gilt auch, wenn der Schuldner im Verfahren anwaltlich vertreten ist. Die Auskunftspflicht obliegt dem Schuldner höchstpersönlich; das Gericht darf ihn deshalb gegen den Willen des **Verfahrensbevollmächtigten** unmittelbar befragen und entsprechende Antworten verlangen.[45] Das Gericht kann jedoch nach seinem Ermessen aus Gründen der Zweckmäßigkeit eine andere Form gestatten oder anordnen.[46] Außerhalb gerichtlicher Termine hat der Schuldner seine Auskünfte gegenüber dem Gericht regelmäßig schriftlich einzureichen. Längere **telefonische Mitteilungen** des Schuldners muss weder die Geschäftsstelle noch das Gericht entgegennehmen; der Schuldner kann auf den Weg der schriftlichen Eingabe verwiesen werden.[47] Schriftliche Anfragen darf das Gericht ebenfalls unmittelbar an den Schuldner richten. Sofern keine Gefahr im Verzug ist, wird es der Grundsatz der fairen Verfahrensleitung allerdings gebieten, eine vorübergehende Auskunftsverweigerung des Schuldners für wenige Tage hinzunehmen, wenn der Schuldner keine ausreichende Gelegenheit zur Vorbereitung und zur Einholung anwaltlichen Rats hatte.

31 Der **Termin zur mündlichen Vernehmung des Schuldners** ist nicht öffentlich. Er ist keine mündliche Verhandlung im Sinne von § 128 Abs. 1 ZPO, § 169 GVG, § 5 Abs. 2, denn er dient nicht der Verhandlung der Beteiligten über die Eröffnungsvoraussetzungen vor dem erkennenden Gericht. Zuständig ist ausschließlich der Richter (§ 18 Abs. 1 Nr. 1 RPflG). Anders als bei einer Anhörung zur Gewährung des rechtlichen Gehörs (vgl. § 14 RdNr. 137) steht es hier im Ermessen des Gerichts, ob es dem **antragstellenden Gläubiger** die Anwesenheit im Termin gestattet.[48] Der Ausschluss des Antragstellers ist geboten, wenn Straftaten oder Ordnungswidrigkeiten der Auskunftsperson zur Sprache kommen können. Im Übrigen ist er etwa dann gerechtfertigt, wenn Geheimnisse aus dem persönlichen oder geschäftlichen Bereich des Schuldners zur Sprache gebracht werden sollen, deren vertrauliche Erörterung zum Schutz der Belange des Schuldners oder im Interesse eines sachgerechten Fortgangs des Verfahrens angemessen erscheint. Ohne Zustimmung des Gerichts ist es dem Gläubiger nicht erlaubt, **Fragen an den Schuldner** zu richten. Die Auskunftspflicht des Schuldners darf nicht als Instrument des Gläubigers zur kostengünstigen Ausforschung der schuldnerischen Vermögensverhältnisse missverstanden werden.[49]

32 Das Gericht kann durch **Auflagen an den Schuldner** die Art und Weise der Auskunftserteilung regeln.[50] Auf Verlangen hat der Schuldner seine Auskunft in Form **geordneter schriftlicher Übersichten** oder Zusammenfassungen zu erteilen,[51] etwa durch Erstellung einer geordneten Vermögensübersicht, eines Verzeichnisses seiner Gläubiger und Schuldner, einer Liste seines Grundvermögens oder einer Liste der anhängigen Prozesse. Er ist verpflichtet, zu diesem Zweck seine Bücher und Geschäftspapiere durchzuarbeiten und die erforderlichen Angaben herauszusuchen. Das Gericht kann ihm ferner aufgeben, geordnete und aussagekräftige **Aufzeichnungen über seine laufenden Geschäftsvorfälle** anzufertigen und in bestimmten Zeitabständen vorzulegen, auch wenn er nach den allgemeinen Gesetzen nicht zur Buchführung verpflichtet ist.[52] Ob die Unterlagen durch Gesetz oder durch die Grundsätze ordnungsmäßiger Buchführung gefordert sind, ist ohne Bedeutung. Ebenso hat der Schuldner bei Bedarf seine geschäftlichen Unterlagen nach vorgegebenen Gesichtspunkten zu ordnen, etwa durch eine Zusammenstellung der Papiere zu einem bestimmten Vorgang. Auch nach Vorlage solcher Zusammenstellungen bleibt er verpflichtet, die Angaben im Einzelnen zu erläutern.

33 **c) Vorbereitung der Auskunft.** Der Schuldner hat die Auskünfte nach bestem Wissen und Gewissen wahrheitsgemäß, also richtig und vollständig zu erteilen (vgl. § 98 Abs. 1 Satz 1). Er hat sich auf die Erteilung seiner Auskünfte so sorgfältig vorzubereiten, dass er sachdienliche und möglichst genaue Angaben machen kann, die dem künftigen Insolvenzverwalter eine hinreichende Grundlage für die effektive Ausübung des Verwaltungs- und Verfügungsrechts geben. Zu diesem Zweck hat er im erforderlichen Maße **seine Unterlagen einzusehen und gründlich durchzuar-**

---

[45] *Uhlenbruck* KTS 1997, 371, 385 f.; *Hauptmann/Müller-Dott* BB 2003, 2521, 2523; Jaeger/*Weber* KO § 100 RdNr. 1; HKInsO-*Kirchhof* § 20 RdNr. 4, 9; Jaeger/*Gerhardt* InsO § 20 RdNr. 7; Nerlich/Römermann/*Mönning* InsO § 20 RdNr. 15; Uhlenbruck/*Uhlenbruck* InsO § 20 RdNr. 17.
[46] Vgl. AG Duisburg Rpfleger 1994, 268.
[47] Vgl. BGH NZI 2006, 481 f.
[48] *Vallender*, Kölner Schrift, RdNr. 34; Nerlich/Römermann/*Mönning* InsO § 20 RdNr. 20; Uhlenbruck/*Uhlenbruck* InsO § 20 RdNr. 17; ähnlich HKInsO-*Kirchhof* § 20 RdNr. 15 (Ausschluss in den Fällen des § 384 ZPO).
[49] Vgl. *Skrotzki* KTS 1956, 105, 107; *Unger* KTS 1962, 205, 215.
[50] LG Duisburg NZI 2001, 384; Uhlenbruck/*Uhlenbruck* InsO § 20 RdNr. 21.
[51] HKInsO-*Kirchhof* § 20 RdNr. 14; Uhlenbruck/*Uhlenbruck* InsO § 20 RdNr. 21.
[52] LG Duisburg NZI 2001, 384; *Uhlenbruck* NZI 2002, 401, 402; im Erg. auch *App* EWiR 2001, 879.

beiten;[53] bei einer arbeitsteiligen Geschäftsorganisation hat er sich durch seine Angestellten informieren zu lassen. Sind die Unterlagen nicht in seinem Besitz, hat er sich mit der gebotenen Sorgfalt **um ihre Beschaffung zu bemühen.** Er kann sich seiner Auskunftspflicht nicht durch den Hinweis entledigen, die Geschäftsunterlagen befänden sich beim Steuerberater oder seien von der Staatsanwaltschaft beschlagnahmt worden. Auch in einem solchen Fall hat er im Rahmen seiner Kenntnis Auskunft zu erteilen; notfalls muss er einen entsprechenden Vorbehalt erklären.[54] Zu einem gerichtlichen Vernehmungstermin hat er die **Unterlagen mitzubringen,** wenn das Gericht ihn dazu auffordert oder sonst ersichtlich ist, dass er nur auf ihrer Grundlage verwertbare Angaben machen kann. Unterlässt der Schuldner die erforderliche Vorbereitung, kann dies nach den Umständen, insbesondere bei Missachtung einer entsprechenden Aufforderung des Gerichts, als Verweigerung der Auskunft gewertet werden und zumindest nach Ablauf einer angemessenen Nachfrist die Anordnung der Haft nach § 98 Abs. 2 Nr. 1 rechtfertigen.[55]

d) **Ergänzung der Auskunft.** Der Schuldner ist darüber hinaus verpflichtet, seine bereits gemachten Angaben unverzüglich und in eigener Initiative zu ergänzen oder richtigzustellen, wenn er erkennt, dass sich nicht unwesentliche Veränderungen ergeben haben oder die bisherigen Angaben unvollständig oder unrichtig waren.[56] Diese Pflicht trifft den Schuldner allein auf Grund der Tatsache, dass er die frühere Auskunft erteilt hat; ein besonderes Auskunftsverlangen des Gerichts ist nicht erforderlich. Sie gilt auch, wenn die ursprünglichen Angaben in der Antragsbegründung, in deren Anlagen[57] oder in einer sonstigen Erklärung des Schuldners gegenüber dem Insolvenzgericht enthalten waren. **34**

2. **Unterstützungspflicht. a) Grundsatz.** Wie aus der amtlichen Überschrift und aus Satz 1 des § 20 Abs. 1 hervorgeht, wird mit der **Verweisung in Satz 2** nicht nur auf die Regelung der Auskunftspflicht in § 97 Abs. 1, sondern auch auf die Mitwirkungspflichten des Schuldners nach § 97 Abs. 2, 3 Bezug genommen.[58] Dort aber ist eine Mitwirkungspflicht gegenüber dem Gericht nicht vorgesehen. Eine entsprechende Geltung dieser Vorschriften im Eröffnungsverfahren bedeutet, dass der Schuldner hier **gegenüber dem Gericht in gleicher Weise zur Mitwirkung verpflichtet** ist, wie er es im eröffneten Verfahren gegenüber dem Insolvenzverwalter ist.[59] **35**

Der Schuldner hat deshalb im Eröffnungsverfahren das Insolvenzgericht bei der Erfüllung seiner Aufgaben zu unterstützen (§ 20 Abs. 1 Satz 2, § 97 Abs. 2), sich auf gerichtliche Anordnung jederzeit zur Auskunft und Mitwirkung zur Verfügung zu stellen und alle Handlungen zu unterlassen, die diesen Pflichten zuwiderlaufen (§ 20 Abs. 1 Satz 2, § 97 Abs. 3). **36**

b) **Unterstützung bei den Amtsermittlungen.** Aufgrund seiner Mitwirkungspflicht ist der Schuldner gehalten, über die Erteilung von Auskünften hinaus das Gericht bei allen Ermittlungen zu unterstützen, die es von Amts wegen durchführt (§ 20 Abs. 1 Satz 2, § 97 Abs. 2). Zu diesem Zweck hat er dem Gericht alle Erkenntnisquellen zu erschließen, die ihm selbst zur Verfügung stehen. Er hat ihm zu helfen, den Wahrheitsgehalt seiner Auskünfte zu überprüfen. Er hat aber auch bei der Aufklärung solcher Sachverhalte mitzuwirken, über die er selbst keine hinreichende Auskunft geben kann. Dies geschieht vor allem durch Benennung der ihm bekannten Beweismittel und durch die Vorlage sachdienlicher Unterlagen. **37**

Die Mitwirkungspflicht gegenüber dem Gericht umfasst zumindest jene **Unterstützungshandlungen,** zu denen der Schuldner nach § 22 Abs. 3 gegenüber dem vorläufigen Insolvenzverwalter verpflichtet ist. Das Gericht ist daher berechtigt, die Geschäftsräume des Schuldners ohne dessen Zustimmung zu betreten und dort Nachforschungen anzustellen; ebenso hat der Schuldner dem Gericht Einsicht in seine Bücher und Geschäftspapiere zu gestatten. Er hat diese Amtshandlungen nicht nur zu dulden, sondern dem Gericht dabei Hilfestellung zu leisten sowie tatsächliche Hinder- **38**

---

[53] BGHZ 162, 187, 197 f. = NJW 2005, 1505, 1507 = NZI 2005, 263, 264 f; BGH ZInsO 2006, 264 f.; OLG Hamm ZIP 1980, 280, 282; Jaeger/*Gerhardt* InsO § 20 RdNr. 10.
[54] LG Köln, Beschl. v. 2.2.1994 – 19 T 34/94, zit. bei *Vallender* ZIP 1996, 529, 531.
[55] Vgl. BGHZ 162, 187, 197 f. = NJW 2005, 1505, 1507 = NZI 2005, 263, 264 f; BGH ZInsO 2006, 264 f.; LG Göttingen NZI 2003, 383 f.
[56] BGH ZInsO 2009, 235 = NJW-RR 2009, 783; BGH, Beschl. v. 9.10.2008 – IX ZB 212/07; BGH GA 1956, 123; LG Mönchengladbach ZInsO 2003, 955 = ZVI 2003, 675 f.; AG Oldenburg ZInsO 2001, 1170 f.; AG Göttingen ZInsO 2004, 757 = ZVI 2004, 424; AG Erfurt ZInsO 2006, 1171; Jaeger/*Gerhardt* InsO § 20 RdNr. 6; *Tiedemann* KTS 1984, 539, 544 f.
[57] BGH GA 1956, 123.
[58] Klargestellt durch Neufassung des Abs. 1 Satz 1 durch Art. 1 Nr. 5 InsVfVereinfG 2007; dazu BT-Drucks. 16/3227, S. 15 f. Ebenso schon *Uhlenbruck* KTS 1994, 169, 176; FKInsO-*Schmerbach* § 20 RdNr. 5; Kübler/Prütting/Bork/*Pape* InsO § 20 RdNr. 2, 39; Nerlich/Römermann/*Mönning* InsO § 20 RdNr. 8, 37.
[59] Ebenso *Uhlenbruck* NZI 2002, 401, 402.

nisse zu beseitigen. Darüber hinaus hat er zB dafür zu sorgen, dass sachkundige Mitarbeiter seines Unternehmens oder externe Beauftragte für erforderliche Auskünfte zur Verfügung stehen.

39 Das **Zutrittsrecht des Gerichts zu den Geschäftsräumen** erstreckt sich auf alle betrieblichen Einrichtungen. Auch **Wohnräume** des Schuldners und seiner nominellen oder faktischen organschaftlichen Vertreter kommen in Betracht, wenn auf Grund bestimmter Tatsachen zu vermuten ist, dass der Zutritt zu ihnen Aufschluss über die schuldnerischen Vermögensverhältnisse gibt, insbesondere dort Geschäftsunterlagen aufbewahrt werden.

40 Die Pflicht zur Gestattung der **Einsicht in die Bücher und Geschäftspapiere** bezieht sich auf alle Unterlagen, die dem Gericht Kenntnisse über Umstände verschaffen können, die es von Amts wegen aufzuklären hat. Sie betrifft nicht nur die Buchführung im engeren Sinne (§ 257 HGB), sondern sämtliche für eine sorgfältige Aufklärung notwendigen vermögens- oder unternehmensbezogenen Unterlagen. Diese reichen vom einzelnen Planungs- oder Kalkulationskonzept über die Geschäftskorrespondenz bis hin zu Niederschriften über interne Leitungs- oder Koordinierungskonferenzen sowie über Sitzungen oder Versammlungen der Organe des schuldnerischen Rechtsträgers.[60] Aufzeichnungen über Besprechungen mit Vertretern anderer Unternehmen können ebenfalls dazugehören. Die Unterstützungspflicht umfasst auch die Verpflichtung, die **Unterlagen herauszugeben,**[61] soweit der Schuldner sie nicht für die laufenden Geschäfte benötigt. Das Gericht muss die Möglichkeit haben, die Auskünfte des Schuldners anhand der geschäftlichen Unterlagen überprüfen zu lassen oder die Unterlagen selbst auszuwerten. **Fremdsprachliche Schriftstücke** im Besitz des Schuldners, von denen nach den Umständen anzunehmen ist, dass sie für das Verfahren bedeutsam sein können, hat der Schuldner, soweit er dazu imstande ist, auf Verlangen des Gerichts mündlich oder schriftlich ins Deutsche zu übersetzen.

41 Hat der Schuldner seine **Buchführung mit Hilfe der elektronischen Datenverarbeitung** erstellt oder sind vermögensbezogene Daten sonst elektronisch gespeichert, ist er auf Grund der Auskunfts- und Mitwirkungspflicht gehalten, dem Insolvenzgericht (und dem von ihm beauftragten Sachverständigen) den unmittelbaren Zugriff auf alle für das Verfahren bedeutsamen gespeicherten Daten sowie deren (auch elektronische) Auswertung zu ermöglichen. Das Gericht kann ferner verlangen, dass der Schuldner selbst oder durch einen Gehilfen die Daten nach bestimmten Vorgaben aufbereitet und verfügbar macht. Die für den Datenzugriff und die Auswertung erforderlichen Hilfsmittel, Kennwörter, Zugangsberechtigungen und Programme hat der Schuldner bereitzustellen. Soweit erforderlich, ist er verpflichtet, den Benutzer in das Datenverarbeitungssystem einzuweisen und ihn bei Zugriff und Auswertung zu unterstützen; notfalls hat er zu diesem Zweck eine mit dem System vertraute Person abzuordnen. Auf Verlangen hat der Schuldner dem Gericht (oder dem Sachverständigen) die gespeicherten Unterlagen auch als Ausdruck und in verwertbarer Form auf einem Datenträger zur Auswertung zu überlassen.

42 Der Schuldner hat weiter die Pflicht, geschäftliche **Unterlagen zu beschaffen** und dem Gericht zur Verfügung zu stellen, die ihm ein Dritter, etwa ein Rechtsanwalt, Notar oder Steuerberater, herauszugeben hat. Hierzu gehören insbesondere die Unterlagen, die der Dritte zur Ausführung eines Auftrags des Schuldners erhalten oder die er im Zusammenhang mit dem Auftrag erstellt hat (§§ 675, 667 BGB), etwa die Handakten eines Rechtsanwalts[62] oder die bei einem Steuerberater vorhandenen Buchführungsunterlagen einschließlich damit zusammenhängender Übersichten und Zusammenstellungen[63] wie betriebswirtschaftliche Auswertungen oder Summen- und Saldenlisten. Bei der Beschaffung der erforderlichen Nachweise und Unterlagen hat der Schuldner alle für ihn bestehenden rechtlichen und tatsächlichen Möglichkeiten auszuschöpfen. Dies gilt auch für rechtlich zulässige Möglichkeiten, die ihm auf Grund seiner Beziehungen zu Dritten, etwa als Gesellschafter oder organschaftlicher Vertreter eines anderen Rechtsträgers, zur Verfügung stehen.

43 Delegiert das Insolvenzgericht seine Ermittlungen auf einen **Sachverständigen** (vgl. § 16 RdNr. 45 ff.), kann es ihm zur Durchführung seines Auftrags **Ermittlungsbefugnisse** übertragen, wie sie nach § 22 Abs. 3 kraft Gesetzes dem vorläufigen Insolvenzverwalter zustehen (vgl. § 16 RdNr. 45 ff.). Bei unzureichender Mitwirkung des Schuldners kann das Gericht darüber hinaus auf Grund des § 21 Abs. 1 den Sachverständigen oder vorläufigen Insolvenzverwalter ermächtigen, im eigenen Namen **Ansprüche des Schuldners gegen einen Dritten auf Herausgabe geschäftlicher Unterlagen** gerichtlich und außergerichtlich geltend zu machen.

---

[60] Vgl. dazu BFHE 91, 351 = DB 1968, 1204.
[61] Vgl. LG Duisburg ZIP 1991, 674; AG Gelsenkirchen ZIP 1997, 2092; *Vallender* EWiR 1997, 1097 f.; HKInsO-*Kirchhof* § 20 RdNr. 12; Jaeger/*Gerhardt* InsO § 20 RdNr. 10.
[62] Vgl. BGHZ 109, 260 = NJW 1990, 510; *Nassall* KTS 1988, 633; zum Zurückbehaltungsrecht des Anwalts nach § 50 BRAO vgl. BGH NJW 1997, 2944.
[63] Vgl. OLG Stuttgart ZIP 19 82, 80; OLG Düsseldorf ZIP 1982, 471; OLG Hamm ZIP 1987, 1330; LG Duisburg ZIP 1982, 603; LG Essen ZIP 1996, 1878; *Tappmeier* EWiR 1996, 1067.

Soweit erforderlich, ist der Schuldner zur **Erteilung von Vollmachten**[64] oder **Ermächtigungen** 44 sowie zur Abgabe sonstiger **rechtsgeschäftlicher Erklärungen** verpflichtet, die das Gericht oder den vorläufigen Insolvenzverwalter in die Lage versetzen, ihre gesetzlichen Aufgaben wahrzunehmen. Bedeutsam ist dies vor allem im Zusammenhang mit der Ermittlung und Sicherung von **Auslandsvermögen** in Hauptinsolvenzverfahren (vgl. RdNr. 30).[65] Ist es auf Grund bestimmter Tatsachen nicht ganz unwahrscheinlich, dass der Schuldner über solches Vermögen verfügt, hat er dem vorläufigen Insolvenzverwalter eine Vollmacht zu erteilen, die ihm eine umfassende Ermittlung und Sicherstellung des Vermögens ermöglicht.[66] Dies gilt auch für Vermögen im Geltungsbereich der EuInsVO oder in anderen Staaten, welche die Wirkungen des deutschen Insolvenzverfahrens anerkennen.[67] Der Verwalter braucht sich nicht mit einer sachlich oder territorial beschränkten Vollmacht zu begnügen. Selbst wenn die Verdachtsmomente nur auf einen einzelnen Staat hinweisen, kann er eine umfassende, für das gesamte Ausland geltende Vollmacht verlangen. Ist der Schuldner hierzu trotz Belehrung über seine Auskunfts- und Mitwirkungspflicht nicht bereit, begründet dies den dringenden Verdacht, dass er Vermögen verheimlicht. Bei notwendigen Willenserklärungen des Schuldners kann, anders als bei Auskünften[68] oder tatsächlichen Mitwirkungshandlungen, auch ein Rechtsschutzbedürfnis des vorläufigen Insolvenzverwalters bestehen, im Wege der Klage eine **Verurteilung des Schuldners nach § 894 ZPO** zu erwirken; dies gilt insbesondere, wenn der Durchsetzung mit den Zwangsmitteln des § 98 gesundheitliche Gründe (RdNr. 56) entgegengesetzt werden.[69]

c) **Unterstützung bei Sicherungsmaßnahmen.** Aufgrund seiner Mitwirkungspflicht hat der 45 Schuldner das Gericht außerdem bei der vorläufigen Sicherung der künftigen Insolvenzmasse zu unterstützen. Er hat dem Gericht alle rechtlichen und tatsächlichen Umstände anzuzeigen, welche die Gefahr einer nachteiligen Veränderung seiner Vermögenslage begründen können, etwa drohende Schäden an Gebäuden, Waren oder technischen Geräten, bevorstehende Zwangsvollstreckungsmaßnahmen oder Versuche von Gläubigern, Sicherungsgut fortzuschaffen. Falls erforderlich, hat er dem Gericht auch Hinweise zur Zweckmäßigkeit bestimmter Sicherungsmaßnahmen zu geben.

3. Bereitschaftspflicht. Zur Erfüllung seiner Auskunfts- und Mitwirkungspflichten hat sich der 46 Schuldner auf Anordnung des Gerichts jederzeit zur Verfügung zu stellen (§ 20 Abs. 1 Satz 2, § 97 Abs. 3 Satz 1). Sobald ihm die Anhängigkeit eines Eröffnungsantrags bekannt ist, hat er deshalb dem Gericht jeden **Wechsel der Wohn- oder Geschäftsanschrift** zu melden und dafür zu sorgen, dass er für das Gericht, den Sachverständigen oder den vorläufigen Insolvenzverwalter jederzeit zumindest postalisch erreichbar ist.[70] Darüber hinaus ermächtigt die Regelung das Gericht, im Rahmen des Verfahrenszwecks die **Freizügigkeit** des Schuldners einzuschränken.[71] Es kann insbesondere das persönliche Erscheinen des Schuldners vor Gericht, vor dem Sachverständigen oder vor dem vorläufigen Insolvenzverwalter anordnen. Es kann dem Schuldner auch Auflagen erteilen, um seine Erreichbarkeit sicherzustellen, etwa ihm aufgeben, den Wohn- oder Aufenthaltsort oder eine bestimmte Region nicht ohne gerichtliche Erlaubnis zu verlassen oder Änderungen seines Wohn- oder Aufenthaltsorts vorher anzukündigen. Solche Auflagen können auch Bestandteil eines Haftverschonungsbeschlusses[72] sein (§ 98 Abs. 2, § 116 StPO analog).

V. Grenzen der Auskunfts- und Mitwirkungspflicht

Im Falle der Insolvenz muss der Schuldner mit der Erfüllung der Auskunfts- und Mitwirkungs- 47 pflichten regelmäßig die Gründe für sein wirtschaftliches Scheitern offen legen. Insbesondere für den Fall, dass der Schuldner durch eine ordnungsgemäße Erfüllung der Pflichten sich selbst der Gefahr vermögens- oder strafrechtlicher Konsequenzen aussetzt, stellt sich die Frage, in wie weit ihm die Erfüllung der Pflichten zumutbar ist. Darüber hinaus kann die Erfüllung der Pflichten neben Zeit auch die Aufwendung weiterer Kosten erforderlich machen.

1. Sachliche und persönliche Zumutbarkeit. Der Schuldner oder seine organschaftlichen 48 Vertreter einschließlich der Mitglieder des Aufsichtsorgans (§ 101 Abs. 1 Satz 1, 2) sind verpflichtet,

---

[64] BGH NJW-RR 2004, 134 = NZI 2004, 21; OLG Köln ZIP 1986, 658; OLG Köln 1998, 113; LG Memmingen ZIP 1983, 204; LG Köln ZIP 1997, 989 und 2161.
[65] Begr. RegE zu § 110 (= § 97 Abs. 2), *Balz/Landfermann* S. 183 = *Kübler/Prütting*, Dok. Bd. I, S. 281.
[66] AllgM; BGH NJW-RR 2004, 134 = NZI 2004, 21 f. mit Anm. *Uhlenbruck*.
[67] Zutr. *Vallender* EWiR 2004, 293 f.
[68] Vgl. *Simonson* JW 1930, 112.
[69] LG Köln ZIP 1997, 2161; *Uhlenbruck* KTS 1997, 371, 391.
[70] LG Verden ZVI 2006, 469; AG Königstein ZVI 2003, 365; Kübler/Prütting/Bork/*Pape* § 20 RdNr. 40.
[71] Begr. RegE zu § 111 (= § 97 Abs. 3), *Balz/Landfermann* S. 183 = *Kübler/Prütting*, Dok. Bd. I, S. 597.
[72] Vgl. LG Hamburg MDR 1971, 309; LG Memmingen ZIP 1983, 204.

bei ihren Auskünften und Mitwirkungshandlungen auch Tatsachen zu offenbaren, die geeignet sind, eine Verfolgung wegen einer **Straftat** oder einer **Ordnungswidrigkeit** herbeizuführen (§ 20 Abs. 1 Satz 2, § 97 Abs. 1 Satz 2).[73] Damit wird zwar der Grundsatz *nemo tenetur se ipsum accusare* berührt, der zu den anerkannten Prinzipien eines rechtsstaatlichen Strafprozesses zählt.[74] Verfassungsrechtlich ist dies aber nicht zu beanstanden, weil die pflichtgemäßen Auskünfte und die Erkenntnisse, zu denen sie den Weg gewiesen haben,[75] einem **Verwertungsverbot in Straf- und Bußgeldverfahren** unterliegen (§ 97 Abs. 1 Satz 3).[76] Allerdings gilt das Verbot, wie § 97 Abs. 1 Satz 3 ausdrücklich sagt, nur für die Verwendung solcher (mündlichen oder schriftlichen) Auskünfte, die der Schuldner auf Grund der insolvenzrechtlichen Auskunftspflicht erteilt. Nicht untersagt ist die Verwendung von Äußerungen, die er außerhalb dieses rechtlichen Zusammenhangs getan hat,[77] etwa bei der Begründung eines Antrags oder der Vorlage eines Insolvenzplans. Ebenso können Bücher, Geschäftspapiere und sonstige Dokumentationen, zu deren Führung der Schuldner nach allgemeinen Vorschriften, etwa dem Bilanzrecht, verpflichtet ist oder die er vor seiner Heranziehung zur Auskunft freiwillig angelegt hat, ohne seine Zustimmung verwendet werden.[78] Dies gilt auch, wenn der Schuldner sie im Rahmen einer Auskunft oder in Erfüllung der Mitwirkungspflicht in das insolvenzgerichtliche Verfahren eingeführt hat.

49 Wenn der besondere Zweck des Insolvenzverfahrens schon den Rechtssatz verdrängt, dass niemand verpflichtet ist, sich selbst einer Straftat zu bezichtigen (s. RdNr. 48), zeigt dies, dass der Schuldner bei seiner Auskunftspflicht strengen Anforderungen unterliegt. So kann er sich ihr etwa in einem von ihm selbst beantragten Verfahren nicht wegen grundsätzlicher Sicherheitserwägungen entziehen. Ebenso wenig darf er bei Teilnahme an einem polizeilichen **Zeugenschutzprogramm**[79] Angaben zu seinen gegenwärtigen Personalien (Tarnidentität) oder zu seinem Wohn- oder Aufenthaltsort zurückhalten.[80] Die Auskunftspflicht trifft ihn außerdem auch in Fällen, in denen ihm als Zeuge in einem anderen gerichtlichen Verfahren ein **Zeugnisverweigerungsrecht** zustünde (s. §§ 383 bis 385 ZPO, §§ 53 bis 55 StPO).[81] Sind seine Angaben für den Zweck des Insolvenzverfahrens erforderlich, muss er sogar **Auskunft über die Verhältnisse eines Dritten** erteilen, zu dem er in einer durch das Zeugnisverweigerungsrecht geschützten Beziehung steht.[82] Dass er ihn dadurch in die Gefahr bringt, vom Insolvenzverwalter in Anspruch genommen zu werden, ist hinzunehmen. Andernfalls würde der Dritte zum Nachteil der Gläubigerschaft verfahrensrechtlich besser gestellt, als wenn er nur dem Schuldner selbst gegenüberstände. Dieser Umfang der Auskunftspflicht gilt grundsätzlich auch, wenn die Beziehung zu dem Dritten durch eine anerkannte **Verschwiegenheitspflicht des Schuldners** geschützt ist. Soweit die insolvenzrechtliche Auskunftspflicht reicht,

---

[73] Braun/*Böhm* InsO § 20 RdNr. 8; PK-HWF/*Mitter* InsO § 20 RdNr. 11; HambKommInsO-*Schröder* § 20 RdNr. 16.

[74] BVerfGE 38, 105, 113 = NJW 1975, 103; BVerfGE 56, 37, 51 = NJW 1981, 1431; BVerfGE 95, 220, 241 = NJW 1997, 1841; BVerfG NJW 2005, 352 f.; BGHSt 14, 358, 364 = NJW 1960, 1580; BGHSt 38, 214, 220 f. = NJW 1992, 1463. Der Satz entstammt nicht dem klassischen römischen Recht, sondern ist aus mittelalterlichen Glossen zum Recht der Urkundenvorlage im Zivilprozess hervorgegangen. Zu seiner Entstehung als Regel des Strafprozesses vgl. Art. 8 der Virginia Bill of Rights (1776); 5. Zusatzartikel zur Verfassung der USA (1789); U. S. Supreme Court, Twining v. New Jersey, 211 U. S. 78, 91 ff., 100 ff. (1908); Malloy v. Hogan, 378 U. S. 1, 6 ff. (1964).

[75] So ausdrücklich Begr. RegE zu § 109 (= § 97), *Balz/Landfermann* S. 182 = *Kübler/Prütting*, Dok. Bd. I, S. 279.

[76] BVerfGE 56, 37, 51 = NJW 1981, 1431; BVerfG NJW 2001, 745 = NZI 2001, 132; EGMR, Kansal v. United Kingdom, No. 21413/02, ECHR 2004-I, 179; BGHSt 37, 340, 343 = NJW 1991, 2844 (zu § 807 ZPO); LG Aachen ZIP 1988, 111 f.; LG Stuttgart wistra 2000, 439 = NZI 2001, 498; Nerlich/*Römermann/Mönning* InsO § 20 RdNr. 32 f.; *Uhlenbruck* JR 1971, 445 ff.; *ders.* NZI 2002, 401, 403 ff.; *Verrel* NStZ 1997, 361, 415; *Richter* wistra 2000, 1; *Weyand* ZInsO 2001, 108 f.; *Bittmann/Rudolph* wistra 2001, 81; *Hefendehl* wistra 2003, 1; *Hohnel* NZI 2005, 152; *Tetzlaff* NZI 2005, 316.

[77] Vgl. BVerfG NJW 2005, 352 f.

[78] Vgl. BVerfGE 55, 144, 150 f. = NJW 1981, 1087 f.; LG Stuttgart wistra 2000, 439 = NZI 2001, 498; *Dingeldey* NStZ 1984, 529, 532; *Verrel* NStZ 1997, 361, 363 mwN; *Richter* wistra 2000, 1, 3 f.; *Bittmann/Rudolph* wistra 2001, 81 ff.; *Uhlenbruck* NZI 2002, 401, 404 f.; *Bärlein/Pananis/Rehmsmeier* NJW 2002, 1825, 1827 f.; *Tetzlaff* NZI 2005, 316, 317.

[79] Vgl. Gesetz zur Harmonisierung des Schutzes gefährdeter Zeugen (ZSHG) vom 11.12.2001 (BGBl. I S. 3510, Das Deutsche Bundesrecht Nr. II B 4), §§ 3, 10.

[80] LG Hamburg NZI 2006, 115; AG Hamburg ZInsO 2004, 561 = ZVI 2005, 82 f.; AG Hamburg ZInsO 2005, 276; ausführlich *Frind* ZVI 2005, 57; zur Zeugnispflicht des Geschützten im Strafprozess BGHSt 50, 318 = NJW 2006, 785, 787 ff.

[81] Jaeger/*Gerhardt* InsO § 20 RdNr. 4.

[82] Vgl. BGHZ 156, 92, 95 f. = NJW 2003, 2910, 2912 = NZI 2003, 556, 558 (Ehegatte); BGH NJW 2004, 2452 f. (zu § 807 ZPO, Ehegatte); BGH NJW 2004, 2979 f. (Kinder).

enthält sie zugleich den Rechtfertigungsgrund für die zweckgebundene Offenbarung eines rechtlich geschützten Geheimnisses.[83] Deshalb ist etwa ein Rechtsanwalt, Notar, Wirtschaftsprüfer, Steuerberater, Arzt, Psychologe oder Sozialarbeiter als Schuldner verpflichtet, die erforderlichen Auskünfte zur Identifizierung und Durchsetzung massezugehöriger Vergütungsansprüche zu erteilen, insbesondere Angaben über Namen und Anschriften von Auftraggebern, über Grund, Entstehung, Bestand und Höhe der Forderungen und über entsprechende Beweismittel zu machen.[84] Ob und wie weitgehend zusätzliche Umstände zu offenbaren sind, die der Verschwiegenheitspflicht unterliegen, ist im Einzelfall durch eine Abwägung zwischen dem Geheimhaltungsinteresse des geschützten Dritten und dem Interesse der Gläubigerschaft an einer möglichst ertragreichen Verwertung der Insolvenzmasse (§ 1) zu bestimmen. Dabei ist auch zu berücksichtigen, dass ein Insolvenzverwalter, der das Vermögen eines zur beruflichen Verschwiegenheit verpflichteten Schuldners sichert oder verwaltet, als gerichtlich bestellter Amtsträger (§ 56) straf- und zivilrechtlich ebenso an diese Pflicht gebunden ist wie der Schuldner selbst (§ 203 Abs. 2 Nr. 1, § 11 Abs. 1 Nr. 2c StGB).[85] Im Ergebnis muss der Schuldner alle Tatsachen mitteilen, die er in einem eigenen Rechtsstreit gegen den geschützten Dritten ohne dessen Einwilligung zur sachgerechten Wahrnehmung seiner Interessen vortragen dürfte.

Die Erstreckung der Auskunftspflicht des Schuldners auf Fälle, in denen ihm als Zeuge in einem anderen gerichtlichen Verfahren ein Zeugnisverweigerungsrecht zustünde (RdNr. 49), ist nur gerechtfertigt, wenn sie auch hier mit einer **Zweckbindung der erlangten Informationen** verbunden ist (vgl. § 97 Abs. 1 Satz 2, 3). Ohne Zustimmung der Auskunftsperson oder des geschützten Dritten dürfen die Auskünfte daher nur für die Zwecke des Insolvenzverfahrens verwendet werden, in dem sie erteilt worden sind.[86] Erlaubt ist die Verwendung insbesondere in gerichtlichen Verfahren, in denen gegenüber dem Dritten Ansprüche zugunsten der Masse geltend gemacht oder von ihr abgewehrt werden. Nicht erlaubt ist die Verwendung dagegen in Straf- oder Bußgeldverfahren gegen den geschützten Dritten. Soweit die Verwendung zulässig ist, verdrängt die Auskunftspflicht des Schuldners sein Zeugnisverweigerungsrecht.

2. Organisatorische Zumutbarkeit. Auch an die Zumutbarkeit des finanziellen und zeitlichen Aufwands zur Erfüllung der Auskunfts- und Mitwirkungspflichten sind strenge Maßstäbe anzulegen. Dem Schuldner ist eine Handlung umso eher zuzumuten, je mehr die Notwendigkeit der Auskunft oder der Mitwirkung auf sein vorangegangenes Verhalten zurückgeht. Hat der Schuldner etwa eine seinen geschäftlichen Verhältnissen entsprechende ordnungsmäßige Buchführung oder eine angemessene Ordnung seiner privaten vermögensbezogenen Unterlagen versäumt und damit die Schwierigkeiten bei der Aufklärung selbst verursacht, muss er bei den Auskünften und Mitwirkungshandlungen in erhöhtem Maße Aufwand und Mühe auf sich nehmen. Gleiches gilt, wenn der Schuldner die Buchhaltung auf einen Steuerberater oder einen anderen Dritten übertragen hat und er diesem gegenüber seine vertraglichen Pflichten nicht einhält. Er kann sich seiner Pflicht nicht dadurch entledigen, dass er auf diesen Dritten verweist. Unter Umständen ist ihm auf Grund seines vorangegangenen Verhaltens sogar zuzumuten, ein Zurückbehaltungsrecht des Dritten, das ihm die ordnungsgemäße Auskunft oder Mitwirkung erschwert, durch Zahlung des Honorars zu beseitigen.[87]

Die strengen Maßstäbe der Zumutbarkeit gelten auch und gerade für **organschaftliche Vertreter** des Schuldners einschließlich der **Mitglieder des Aufsichtsorgans** (§ 101 Abs. 1 Satz 1, 2). Je mehr sie durch ihr Verhalten im Vorfeld der Insolvenz die spätere Aufklärung der schuldnerischen Vermögensverhältnisse erschwert und Ermittlungen des Insolvenzgerichts erforderlich gemacht haben, desto höher sind die Anforderungen, die an ihre Bemühungen zur Förderung des Verfahrens

---

[83] BGH NZI 2004, 29; BGHZ 162, 187, 192 f. = NJW 2005, 1505 = NZI 2005, 263 f.; OLG Bremen NJW 1993, 798, 800; OLG Köln MDR 1993, 1007; LG Berlin ZInsO 2004, 817 = ZVI 2005, 27; AG Köln NZI 2004, 155 f.
[84] BGHZ 141, 173, 176 ff. = NJW 1999, 1544, 1547; BGH NJW 2003, 2167 = NZI 2003, 389; BGH NZI 2004, 29; BGHZ 162, 187, 191 ff. = NJW 2005, 1505 = NZI 2005, 263 f.; OLG Köln NZI 2004, 756 f. = ZVI 2004, 193 f.; LG Berlin ZInsO 2004, 817 f. = ZVI 2005, 27 f.; AG Köln NZI 2004, 155 f.; BFHE 208, 414 = NJW 2005, 1308 f.; *Vallender* NZI 2003, 530, 532.
[85] BGHZ 141, 173, 176 ff. = NJW 1999, 1544, 1547; BGHZ 162, 187, 194/197 f. = NJW 2005, 1505, 1506 = NZI 2005, 263, 264; LG Köln ZInsO 2004, 756 f. = ZVI 2004, 193 f.; *Uhlenbruck* BB 1976, 1198, 1200; *Berger* NJW 1995, 1584, 1589; *Bruder* ZVI 2004, 332 f.; *Wenner/Schuster* ZIP 2005, 2191, 2193 f.; *Büchler* EWiR 2006, 41, 42; *Bork* ZIP 2007, 793 ff.; anders *Deckenbrock/Fleckner* ZIP 2005, 2290, 2294 ff.
[86] BGHZ 158, 212, 214 = NJW 2004, 2015 = NZI 2004, 312 f.; BGHZ 162, 187, 194 = NJW 2005, 1505 = NZI 2005, 263 f.; vgl. auch BFHE 191, 247 = NZI 2000, 504.
[87] LG Mainz, Beschl. v. 7.7.1995 – 8 T 203/95, ZIP-aktuell 1995 Nr. 243; *Vallender* ZIP 1996, 529, 532; FKInsO-*Schmerbach* § 20 RdNr. 11; HKInsO-*Kirchhof* § 20 RdNr. 17; HambKommInsO-*Schröder* § 20 RdNr. 15; einschränkend *Uhlenbruck* KTS 1997, 371, 382; *ders.* InVo 1997, 225, 227.

zu stellen sind. Dies kann auch bei ihnen dazu führen, dass sie zur Erfüllung ihrer Auskunfts- und Mitwirkungspflichten eigene Finanzmittel einsetzen müssen. In besonderem Maße kommt ein solcher Einsatz in Betracht, wenn sie zugleich ihre Organpflichten gegenüber dem Schuldner verletzt haben (vgl. § 43 Abs. 2 GmbHG, § 93 Abs. 2, § 116 AktG).

53 **3. Unmöglichkeit.** Allerdings kann von niemandem **Unmögliches** erzwungen werden.[88] Die Zumutbarkeit der Auskunftserteilung oder Mitwirkung entfällt daher, wenn der Verpflichtete nach seiner Ausbildung, seiner bisherigen Tätigkeit, seinen finanziellen Verhältnissen oder aus anderen Gründen schlechterdings nicht imstande ist,[89] die von ihm verlangten Handlungen vorzunehmen oder durch andere vornehmen zu lassen. Ihn trifft jedoch die Pflicht zur **Mitwirkung bei der Klärung der Zumutbarkeit.** Macht der Verpflichtete gesundheitliche Gründe geltend, hat er diese im Einzelnen nachvollziehbar darzulegen und in der Regel zumindest durch ein aussagekräftiges ärztliches Attest nachzuweisen.[90] Bei längerer Dauer der Erkrankung oder bei Anlass zu Misstrauen kann das Gericht die Vorlage eines amtsärztlichen Attests verlangen oder selbst die amtsärztliche Untersuchung anordnen.[91] Wirkt der Schuldner hierbei nicht mit, kann das Gericht ihm eine Frist setzen, nach deren fruchtlosem Ablauf das Verhalten des Schuldners frei zu würdigen ist.[92]

VI. Abgrenzungen

54 Die Regelungen über die insolvenzrechtlichen Auskunfts- und Mitwirkungspflichten des Schuldners und seiner organschaftlichen Vertreter ergänzen den Amtsermittlungsgrundsatz (s. RdNr. 2). Sie gehen daher als besondere Vorschriften (§ 4) in aller Regel einer entsprechenden Anwendung der §§ 445 ff. ZPO über die Parteivernehmung vor.[93]

55 Die insolvenzrechtlichen Auskunfts- und Mitwirkungspflichten regeln nicht den Zugang zu **amtlichen Informationen**, weshalb sie keine vorrangigen Vorschriften i. S. d. § 1 Abs. 3 IFG darstellen und einen Informationsanspruch nach § 1 Abs. 1 IFG nicht ausschließen.[94]

56 Die Auskunftspflicht des Schuldners gegenüber dem Gericht ist zu unterscheiden vom Anspruch des Schuldners auf **rechtliches Gehör** (vgl. § 14 RdNr. 120 ff.; § 16 RdNr. 13 f.). Bei einem Auskunftsverlangen geht die Initiative vom Gericht aus und zielt darauf ab, von Amts wegen durch eine Befragung Umstände zu ermitteln, die zur Aufklärung eines bestimmten Sachverhalts notwendig erscheinen (§ 5 Abs. 1). Die Befragung steht im pflichtgemäßen Ermessen des Gerichts. Allein das Gericht bestimmt, welche auskunftspflichtige Person aus der Sphäre des Schuldners befragt wird, welche Umstände zur Sprache gebracht werden und zu welchen Themen Auskunft zu erteilen ist. Notfalls kann die Auskunft erzwungen werden (§ 20 Abs. 1 Satz 2, § 98 Abs. 2).

57 Anders ist es bei der Gewährung rechtlichen Gehörs (Art. 103 Abs. 1 GG), die in der Insolvenzordnung in der Regel als Anhörung bezeichnet wird. Die **Anhörungspflicht** gebietet dem Gericht, dem Schuldner Gelegenheit zu geben, alle tatsächlichen und rechtlichen Gesichtspunkte vorzubringen, die er selbst in einer bestimmten Lage des Verfahrens für wesentlich hält. Ob der Schuldner sein Recht ausübt, steht ihm frei. Das Gericht ist weder berechtigt noch verpflichtet, durch Zwangsmittel eine Äußerung des Schuldners zu einem Antrag oder zu einer anstehenden Entscheidung herbeizuführen.[95] Allerdings können beide Aspekte, die Gewährung des rechtlichen Gehörs und die Befragung zur Sachaufklärung, sich überlagern und je nach dem Stand des Verfahrens miteinander verknüpft werden. Im Eröffnungsverfahren ist dies die Regel.

58 Die Pflichten des Schuldners aus Abs. 1 hängen eng mit dem Grundsatz der Amtsermittlung nach § 5 Abs. 1 zusammen (vgl. RdNr. 2). Sie greifen nur ein, soweit es um einen Sachverhalt geht, den das Insolvenzgericht von Amts wegen aufzuklären hat. Ergibt sich aus dem Sinn und Zweck einer gesetzlichen Regelung, dass der Schuldner als Voraussetzung für den Erfolg eines Antrags bestimmte Tatsachen anzugeben oder Erklärungen vorzulegen hat, gelten für diese **Substantiierung** nicht die

---

[88] Vgl. zu dem ähnlichen Problem bei der Strafbarkeit wegen Verletzung der Buchführungs- und Bilanzierungspflicht (§ 283b StGB): BGHSt 28, 231, 233 = NJW 1979, 1418; BGH NStZ 1992, 182; BGH NStZ 1998, 192; BGH NStZ 2003, 546 f.; OLG Düsseldorf DB 1998, 1856; KG wistra 2002, 313.

[89] OLG Köln JMBl. NRW 1995, 244 f.

[90] LG Düsseldorf NZI 2004, 96 f.; LG Köln ZInsO 2004, 756 f. = ZVI 2004, 193 f.; vgl. zu § 381 ZPO: OLG Nürnberg NJW-RR 1999, 940; OLG München MDR 2000, 413.

[91] OLG Köln MDR 1978, 59; OLG Düsseldorf MDR 1983, 512; OLG München MDR 2000, 413; s.a. Dauernheim/Behler/Heutz ZIP 2008, 2296 ff.; LG Köln EWiR 1998, 77; FKInsO-*Schmerbach* § 20 RdNr. 12; Uhlenbruck/*Uhlenbruck* InsO § 20 RdNr. 31.

[92] Vgl. OLG Hamm MDR 2004, 1373 f.

[93] *Uhlenbruck* KTS 1997, 371, 375.

[94] BVerwG ZInsO 2011, 49 f.; VG Hamburg ZInsO 2010, 1098 ff.

[95] AG Duisburg Rpfleger 1994, 268; *Skrotzki* KTS 1956, 105, 106.

Auskunfts- und Mitwirkungspflichten des Abs. 1. Die fehlenden Angaben können nicht mit den Mitteln des § 98 erzwungen werden; der Schuldner kann allenfalls unter Hinweis auf den drohenden Rechtsverlust zur Ergänzung seiner Angaben aufgefordert werden.[96] Die Rechtsfolgen einer Unterlassung des Schuldners richten sich sodann nach den jeweils maßgebenden besonderen Bestimmungen. Entsprechendes gilt für eine Rechtsverteidigung des Schuldners.

Von einer **fehlenden Substantiierung** ist etwa dann auszugehen, wenn der Schuldner bei einem **59** Eigenantrag keine hinreichenden tatsächlichen Angaben zum behaupteten Eröffnungsgrund macht oder bei einem Eigenantrag nach § 305 die dort vorgeschriebenen Anlagen unvollständig sind (vgl. auch die Differenzierung in § 290 Abs. 1 Nr. 5, 6) oder der Schuldner den Gläubigern im Rahmen des Schuldenbereinigungsverfahrens (§§ 306 ff.) nicht ausreichend seine Vermögensverhältnisse erläutert. Ferner liegt eine fehlende Substantiierung vor, wenn der Schuldner zur Begründung des Stundungsantrags keine hinreichenden Angaben zu seinen Vermögens- und Einkommensverhältnissen oder zu den Voraussetzungen eines Kostenvorschussanspruchs gegen seinen Ehegatten macht (§ 4a Abs. 1; vgl. auch § 4c Nr. 1),[97] der Schuldner Einwendungen gegen die vom antragstellenden Gläubiger glaubhaft gemachte Forderung (§ 14 Abs. 1) erhebt, ohne ausreichende Mittel der Gegenglaubhaftmachung beizubringen (vgl. § 14 RdNr. 82), der Schuldner einen Insolvenzplan ohne die gesetzlich vorgeschriebenen Anlagen (§§ 229, 230) oder einen Antrag auf Restschuldbefreiung ohne Angaben über Vorabtretungen in der Abtretungserklärung vorlegt (§ 287 Abs. 2 Satz 2).

VII. Geltung im Schuldenbereinigungsverfahren

In Verbraucher- und sonstigen Kleininsolvenzverfahren ruht in dem Abschnitt zwischen Zustel- **60** lung des Schuldenbereinigungsplans an die Gläubiger und der Annahme oder dem endgültigen Scheitern des Plans (§§ 307, 311) das Verfahren über alle anhängigen Eröffnungsanträge kraft Gesetzes (§ 306 Abs. 1, 3 Satz 2). Dies hat Auswirkungen auf die Auskunfts- und Mitwirkungspflichten des Schuldners. Wegen ihres Zusammenhangs mit dem Amtsermittlungsgrundsatz (vgl. RdNr. 2) gelten die Pflichten in diesem Verfahrensabschnitt nur, soweit das Insolvenzgericht trotz des Ruhens des Verfahrens von Amts wegen tätig werden darf.

Uneingeschränkt maßgebend bleiben die Auskunfts- und Mitwirkungspflichten des Schuldners, **61** soweit vorab die **Verfahrensart** (Verbraucher- oder Regelverfahren, § 304) zu bestimmen und die sonstigen Voraussetzungen des gerichtlichen Schuldenbereinigungsverfahrens zu klären sind. Gleiches gilt für die Feststellung der **internationalen oder örtlichen Zuständigkeit** des Gerichts, selbst wenn Zweifel erst während des Schuldenbereinigungsverfahrens auftreten. Unberührt bleiben die Pflichten des Schuldners aus § 20 Abs. 1 auch, soweit über einen Antrag auf **Stundung der Verfahrenskosten** zu entscheiden ist (§ 4a).[98]

Die Anordnung von **Sicherungsmaßnahmen** bleibt im Schuldenbereinigungsverfahren zulässig **62** (§ 306 Abs. 2, §§ 21, 22). Aus diesem Grund bestehen auch die Pflichten des Schuldners zur Auskunft und Mitwirkung weiter, soweit sie für die vorläufige Sicherung der künftigen Insolvenzmasse von Bedeutung sind.

Zur Klärung der eigentlichen Eröffnungsvoraussetzungen (Vorliegen eines **Eröffnungsgrunds** **63** und Existenz einer **kostendeckenden Masse**) finden im Schuldenbereinigungsverfahren dagegen keine gerichtlichen Ermittlungen statt; das **gesetzliche Ruhen des Verfahrens** schließt sie aus.[99] Die Beurteilung der wirtschaftlichen Leistungsfähigkeit des Schuldners und der Angemessenheit seines Schuldenbereinigungsplans obliegt hier allein der Meinungs- und Willensbildung der Gläubiger. Insoweit ruhen daher auch die Pflichten des Schuldners zur Auskunft und Mitwirkung gegenüber dem Gericht. Sofern der Schuldner keinen Stundungsantrag (§ 4a) gestellt hat, kann er in diesem Verfahrensabschnitt nicht zur allgemeinen Offenlegung seiner Vermögensverhältnisse gezwungen werden. Verweigert er sie, greift je nach Verfahrensstand entweder die Rücknahmefiktion des § 305 Abs. 3 ein oder der Schuldner muss in Kauf nehmen, dass sein Schuldenbereinigungsplan von den Gläubigern abgelehnt wird.

VIII. Durchsetzung

1. Verhältnismäßigkeitsgrundsatz. Die Anordnung des Zwangsmittels muss zur Erzwingung **64** der Auskunft oder sonstigen Mitwirkungshandlung und zur gesetzmäßigen Durchführung des Ver-

---

[96] BGHZ 153, 205. 207 = NJW 2003, 1187 f. = NZI 2003, 147 f.; BGH NJW 2003, 2167, 2170 = NZI 2003, 389.
[97] BGHZ 156, 92, 94 ff. = NJW 2003, 2910 f. = NZI 2003, 556 f.; BGH ZVI 2004, 281 f.; BGH NZI 2005, 45.
[98] BGH ZVI 2004, 281 f.
[99] LG Hamburg ZIP 1999, 809, 812.

fahrens, im Eröffnungsverfahren insbesondere zur hinreichend sicheren Ermittlung der Eröffnungsvoraussetzungen oder zur Sicherung der künftigen Insolvenzmasse, geeignet und erforderlich sein.[100] Außerdem ist der Grundsatz der **Verhältnismäßigkeit** i.e.S. zu beachten.[101] Das Gericht hat daher vor der Anordnung der zwangsweisen Vorführung oder der Haft zu prüfen, ob weniger einschneidende Mittel zur Verfügung stehen. Zur Durchsetzung des Zutrittsrecht zu den Geschäftsräumen (s. RdNr. 39) sowie zur Erzwingung der Herausgabe von Büchern und Geschäftspapieren an das Gericht oder an den beauftragten Sachverständigen (s. RdNr. 40) kommt dabei vor allem eine **Durchsuchungs- und Beschlagnahmeanordnung** auf der Grundlage des § 21 Abs. 1 in Betracht (vgl. § 16 RdNr. 61).

65 Kommt der Schuldner seinen Auskunfts- und Mitwirkungspflichten nicht nach und handelt es sich um einen Eigenantrag, stellt sich im Rahmen der Verhältnismäßigkeitsprüfung die Frage, ob es hier überhaupt noch der Anwendung von Zwangsmitteln bedarf. Teilweise wird die Auffassung vertreten, dass bei einer unterbliebenen oder unvollständigen Mitwirkung des Schuldners der **Antrag als unzulässig zurückgewiesen** werden kann, ohne dass das Insolvenzgericht von Amts wegen zu weiteren Ermittlungen verpflichtet ist.[102] Nach der Gegenauffassung soll das Gericht auch in diesem Fall zu amtswegigen Ermittlungen verpflichtet bleiben und befugt sein, ggf. Zwangsmittel gegenüber dem Schuldner anzuwenden.[103] Richtigerweise wird das Insolvenzgericht bei einem Eigenantrag des Schuldners – nach dessen vorheriger Anhörung – regelmäßig den Antrag als unzulässig zurückzuweisen haben, wenn der Schuldner seinen Auskunfts- und Mitwirkungspflichten nicht ordnungsgemäß nachkommt. Die Anwendung von Zwangsmitteln wäre dann unverhältnismäßig.[104] Bei einem grob obstruktiven Verhalten des Schuldners kann im Fall des Eigenantrags das Rechtsschutzinteresse entfallen (§ 13 RdNr. 89, § 16 RdNr. 36).

66 Auch Gesichtspunkte der **Zweckmäßigkeit** können bei der Anordnung des Zwangsmittels berücksichtigt werden. Es ist daher im Rahmen des § 98 Abs. 2 zulässig, eine Auskunftsperson, die ohne hinreichenden Grund einen Termin mit dem beauftragten Sachverständigen oder vorläufigen Insolvenzverwalter versäumt hat, nicht im Gericht, sondern im Büro des Beauftragten vorführen zu lassen.[105] Eine sachliche Besprechung unter Einbeziehung der vorliegenden geschäftlichen Unterlagen ist dort in der Regel eher möglich als bei Gericht. Für den Fall, dass die Auskunftsperson bei dieser Gelegenheit ihrer Pflicht nicht ordnungsgemäß nachkommt, kann bereits im Vorführungsbefehl die anschließende unverzügliche Vorführung im Gericht angeordnet werden; diese muss dann spätestens bis zum Ende des Tages nach dem Ergreifen der Auskunftsperson durch den Gerichtsvollzieher stattfinden (Art. 104 Abs. 2 Satz 3 GG).

67 **2. Zwangsmittel gegen den Schuldner.** Leistet der Schuldner oder die für ihn auskunftspflichtige Person einem bestimmten **Auskunfts- oder Mitwirkungsverlangen** eines Berechtigten nicht Folge, kann das Gericht die Erfüllung der Pflicht nach § 20 Abs. 1 Satz 2 mit den in § 98 geregelten Zwangsmitteln durchsetzen (Einzelheiten bei § 98 sowie bei Art. 25 EuInsVO, § 343 Abs. 2, §§ 344, 353). Die Anordnung kann nicht dem **Rechtshilfegericht** übertragen werden. Die Zwangsmittel sind – vorbehaltlich ihrer Verhältnismäßigkeit – auch dann zulässig, wenn nur ein Eröffnungsantrag des Schuldners vorliegt. Dem steht nicht entgegen, dass der Schuldner das Verfahren jederzeit durch eine Antragsrücknahme beenden kann.[106] Solange der Antrag gestellt ist, muss der Schuldner dessen gesetzliche Folgen in Kauf nehmen. Für die Vollstreckung einer Vorführungs-, Haft- oder Durchsuchungsanordnung in einer Wohnung zur Nachtzeit und an Sonn- und Feiertagen ist in jedem Fall eine besondere richterliche Anordnung erforderlich (§ 758a Abs. 4 ZPO, § 4).[107]

68 Die **Anordnung der Haft** wegen Verweigerung der Auskunft oder Mitwirkung (§ 98 Abs. 2 Nr. 1) setzt voraus, dass der Schuldner einem bestimmten Auskunfts- und Mitwirkungsbegehren nicht Folge geleistet hat. Im anordnenden Teil des Haftbefehls sind die Handlungen des Schuldners,

---

[100] Vgl. BGH NZI 2004, 86; LG Stendal ZIP 1995, 1106 f.; LG Göttingen ZIP 1996, 144 f.; *Runkel* EWiR 1996, 271.
[101] Bericht BTag zu § 110 Abs. 3 (= § 98 Abs. 3), *Balz/Landfermann* S. 184 = *Kübler/Prütting*, Dok. Bd. I, S. 282; BGH NZI 2004, 86; LG Göttingen ZInsO 2007, 499 ff.
[102] So LG Hamburg ZInsO 2010, 1651 f.; LG Stendal NZI 2008, 44 f.; LG Potsdam NZI 2002, 555 f.; AG Duisburg, Beschl. v. 23.6.2004 – 63 IN 139/04; AG Göttingen NZI 2002, 219; AG Göttingen NZI 2001, 670; AG Dresden ZIP 2002, 862; AG Hamburg NZI 2000, 238; *K. Schmidt* EWiR 2002, 767 f.
[103] So BGH NJW 2003, 1187; LG Cottbus ZInsO 2010, 962 ff.; LG Arnsberg ZVI 2002, 278; LG Göttingen NZI 2003, 383; LG Köln NZI 2001, 559, AG Göttingen NZI 2001, 670; *Gundlach/Schirrmeister* DZWIR 2003, 256.
[104] So zutreffend *Frind* NZI 2010, 749, 751; *K. Schmidt* EWiR 2002, 767 f.
[105] Vgl. LG Düsseldorf NZI 2004, 96 f.
[106] So aber *Graeber* ZInsO 2003, 551, 554.
[107] BGH NJW-RR 2005, 146.

die erzwungen werden sollen, so bestimmt zu bezeichnen, dass der Schuldner ohne weiteres erkennen kann, welche Auskünfte oder sonstigen Mitwirkungshandlungen von ihm verlangt werden.[108] Kommt der Schuldner seiner Pflicht anschließend nur teilweise nach und hält das Gericht die Haft weiterhin für erforderlich, ist durch Beschluss klarzustellen, durch welche Handlungen der Schuldner den (weiteren) Vollzug der Haft abwenden kann[109] (Einzelheiten bei § 98).

Die **Kosten von Zwangsmitteln im Eröffnungsverfahren** (§ 20 Abs. 1 Satz 2, § 98) sind Gerichtskosten (§ 3 GKG, Nr. 9008 ff. KV GKG) und gehören nach der Eröffnung zu den Kosten des Insolvenzverfahrens (§ 54 Nr. 1). Wird das Verfahren nicht eröffnet, hat sie der jeweilige Kostenschuldner zu tragen. Anordnungen nach § 98 können, weil sie von Amts wegen zu treffen sind, nicht von der Zahlung eines **Vorschusses** durch den Eröffnungsantragsteller abhängig gemacht werden (§ 17 Abs. 3 GKG). Auch der Gerichtsvollzieher kann einen Vorschuss nicht verlangen (§ 4 Abs. 1 Satz 3 GvKostG). Auftraggeber ist nämlich stets das Insolvenzgericht, auch wenn die Anordnung dem Gerichtsvollzieher, etwa zwecks Abstimmung des Termins, über den Sachverständigen oder vorläufigen Verwalter zugeleitet wird und die Vorführung in dessen Büro erfolgen soll.   69

3. Sonstige Sanktionen. Die Missachtung der Auskunfts- und Mitwirkungspflichten kann eine **zivilrechtliche Haftung** des Schuldners gegenüber den Gläubigern aus § 823 Abs. 2, § 826 BGB[110] zur Folge haben. Bei organschaftlichen Vertretern kommt zudem eine persönliche Haftung wegen Verletzung von Organpflichten gegenüber dem Schuldner (vgl. § 43 Abs. 2 GmbHG, § 93 Abs. 2, § 116 AktG) und wegen pflichtwidriger Erhöhung der Schuldenmasse zum Nachteil der Gläubiger in Betracht[111] (vgl. § 64 Abs. 2 GmbHG, § 92 Abs. 3 AktG). Beide Ansprüche können als Gesamtschaden vom Insolvenzverwalter geltend gemacht werden (§ 92).   70

Eine **strafrechtliche Verantwortlichkeit** des Schuldners oder seiner organschaftlichen Vertreter wird nicht erst durch die Abgabe einer fahrlässig oder vorsätzlich falschen eidesstattlichen Versicherung gegenüber dem Insolvenzgericht begründet (§§ 156, 163 StGB, § 98 Abs. 1). Strafbar ist schon das bloße vorsätzliche Verheimlichen von Bestandteilen der künftigen Insolvenzmasse (hierunter fällt jedes Verschweigen entgegen einer gesetzlichen Auskunftspflicht, durch das die Kenntnis dem Insolvenzgericht oder einem sonstigen Auskunftsberechtigten zumindest vorübergehend vorenthalten wird)[112] oder das Vortäuschen fremder Rechte an ihnen (§ 283 Abs. 1 Nr. 1, 4, § 14 StGB). Darüber hinaus kommt eine Strafbarkeit nach § 283 Abs. 1 Nr. 8 StGB in Betracht, wenn der Schuldner einer Mitwirkungsauflage des Insolvenzgerichts, etwa zur Aufzeichnung seiner laufenden Geschäftsvorfälle, grob zuwiderhandelt; die gerichtliche Auflage setzt hier in einer bestimmten Verfahrenssituation fest, was im Interesse der Gläubiger den Anforderungen einer ordnungsgemäßen Wirtschaft entspricht. Das **strafprozessuale Verwertungsverbot** des § 97 Abs. 1 Satz 3, § 20 Abs. 1 (s. RdNr. 48) steht der Strafverfolgung des Schuldners wegen dieser Tatbestände nicht entgegen.[113] Es bezieht sich nur auf den Inhalt vollständiger und wahrheitsgemäßer Auskünfte, nicht aber auf solche Verhaltensweisen, die selbst einen Straftatbestand erfüllen.   71

Als insolvenzrechtliche Sanktion der Missachtung der Auskunfts- und Mitwirkungspflichten sieht das Gesetz bei natürlichen Personen die Verweigerung[114] oder **Aufhebung der Kostenstundung** (§ 4c Nr. 1) sowie die **Versagung der Restschuldbefreiung** (§ 290 Abs. 1 Nr. 1, 5, § 297) vor. Insolvenzverfahren im Sinne des § 290 Abs. 1 Nr. 5 ist nach Sinn und Zweck der Vorschrift auch das Eröffnungsverfahren.[115] In der Unternehmensinsolvenz ist bei unzureichender Mitwirkung des Schuldners oder eines seiner Verantwortlichen die **Anordnung der Eigenverwaltung** ausgeschlossen (§ 270 Abs. 2 Nr. 3).   72

4. Zwangsmittel gegen Dritte. Personen, die nicht über § 101 Abs. 1 in den Anwendungsbereich der §§ 97, 98, 20 Abs. 1 fallen, können zwangsweise zur Auskunft herangezogen werden, indem das Insolvenzgericht ihre **Vernehmung als Zeuge** anordnet. Dies gilt auch für die in § 101 Abs. 2 angesprochenen Angestellten des Schuldners.[116] Für solche Zeugen gelten die allgemeinen   73

---

[108] BGHZ 162, 187 = NJW 2005, 1505; *Frind* NZI 2010, 749, 754 mwN.
[109] BGHZ 162, 187, 195 ff. = NJW 2005, 1505 = NZI 2005, 263, 265.
[110] LG Köln ZIP 1997, 989; OLG Köln ZIP 1998, 113.
[111] OLG Hamm ZIP 1980, 280.
[112] Vgl. RGSt 64, 138, 140; 66, 152 f.; 67, 365, 366 f.; BGHSt 11, 145 f. = NJW 1958, 429.
[113] BVerfG wistra 2004, 19; BVerfG NJW 2005, 352, 353; BGHSt 47, 8, 15 = NJW 2001, 3638; BGH NJW 2002, 1134 f.; BGH NStZ 2004, 582; BGH NJW 2005, 763 f.; BGHSt 49, 136 = NJW 2005, 2720, 2723 (zu § 393 AO); *Rogall* NStZ 2006, 41, 42 ff.
[114] Vgl. dazu BGHZ 156, 92, 93 f. = NJW 2003, 2910 = NZI 2003, 556; BGH ZVI 2004, 281; BGH NZI 2005, 45; BGH NZI 2005, 273.
[115] BGH NZI 2005, 232.
[116] Vgl. Begr. RegE zu § 115 (= § 101), *Balz/Landfermann* S. 190 = *Kübler/Prütting*, Dok. Bd. I, S. 288; Braun/Böhm InsO § 20 RdNr. 16.

Vorschriften über den Zeugenbeweis einschließlich der Bestimmungen über Ordnungsmittel und Beugehaft (§§ 380, 390 ZPO, § 4).

IX. Entgelt für Auskunft und Mitwirkung

74 Der **Schuldner** und seine in § 101 Abs. 1 Satz 1, 2 angesprochenen **amtierenden und ehemaligen organschaftlichen Vertreter** haben keinen gesetzlichen Anspruch gegen die Insolvenzmasse oder die Staatskasse auf Erstattung der notwendigen Auslagen, die ihnen bei der Erfüllung ihrer Auskunfts- und Mitwirkungspflichten einschließlich der gebotenen Vorbereitung entstehen. Auch ein gesetzlicher Vergütungsanspruch für ihre diesbezügliche Tätigkeit steht ihnen nicht zu, selbst wenn diese nach Art, Dauer und Umfang erheblich ist.[117] Eine Regelung des Regierungsentwurfs, die solche Ansprüche vorsah, ist vom Bundestag unter Hinweis auf das frühere Konkursrecht ausdrücklich abgelehnt worden.[118]

75 Nach früherem Recht war der Schuldner indessen nicht zu unentgeltlichen Dienstleistungen für die Masse verpflichtet.[119] Bei der Schaffung der Konkursordnung galt es als selbstverständlich, dass eine Verpflichtung des Schuldners zu solchen unentgeltlichen persönlichen Dienstleistungen bei der Liquidation seines Vermögens als „eine mit den modernen Rechtsanschauungen unvereinbare Erweiterung der Gläubigerrechte"[120] zu werten sei. Dies muss auch für Dienstleistungen bei der Fortführung des schuldnerischen Unternehmens gelten, selbst wenn durch eine Sanierung der Fortbestand des Unternehmens auf Dauer gesichert und damit der Erfolg des Verfahrens auch dem Schuldner selbst zugutekommt.

76 Das geltende Recht schließt deshalb in besonderen Fällen Ansprüche aus einer Vereinbarung mit dem (vorläufigen) Insolvenzverwalter nicht aus, soweit dem Schuldner die Unentgeltlichkeit der Mitwirkung nach den gesamten Umständen nicht zuzumuten ist[121] (vgl. auch RdNr. 53); der Abschluss eines solchen Vertrags durch den Verwalter ist nicht grundsätzlich pflichtwidrig. Bei der Abgrenzung wird wesentlich zu berücksichtigen sein, ob der Schuldner infolge seiner Dienstleistungen außerstande ist, unter Einbeziehung der unpfändbaren Teile seines Vermögens und seiner Einkünfte den notwendigen Lebensunterhalt für sich und seine Familie zu beschaffen.[122] Entsprechendes gilt für die organschaftlichen Vertreter nach Beendigung ihres Dienstverhältnisses zum Schuldner. Im Eröffnungsverfahren wird die Zumutbarkeit die Regel sein. Die Grenze ist erst überschritten, wenn vom Schuldner über einen Zeitraum von mehreren Wochen oder gar Monaten eine ständige umfangreiche Unterstützung des Verwalters bei der Fortführung des Unternehmens verlangt wird. Eine sachgerechte kontinuierliche Zusammenarbeit zwischen Schuldner und Verwalter ist ohnehin mit den Mitteln des § 98 nicht zustande zu bringen.

77 Personen, die als **Zeugen** vom Insolvenzgericht zur Auskunft herangezogen werden, haben dagegen Entschädigungsansprüche nach dem JVEG. Zu ihnen gehören auch ehemalige organschaftliche Vertreter außerhalb des Anwendungsbereichs des § 101 Abs. 1.

X. Drittwirkung der Auskunftspflicht auf Zeugen, Gerichte und Behörden

78 **1. Zeugnisverweigerungsrecht.** Die verfahrensrechtliche Auskunftspflicht nach § 20 Abs. 1, §§ 97, 101 hat Auswirkungen auf die **Aussagepflicht von Zeugen bei ihrer Vernehmung durch das Insolvenzgericht** und bei der ihr gleichstehenden **Anforderung schriftlicher Auskünfte** bei nichtamtlichen Stellen. Zeugen, die auf Grund ihres Amtes, Standes oder Gewerbes zur Verschwiegenheit über Geheimnisse des Schuldners verpflichtet sind (§ 383 Abs. 1 Nr. 6, § 384 Nr. 3 ZPO), dürfen gegenüber dem Insolvenzgericht das Zeugnis nicht verweigern, soweit der Schuldner oder seine organschaftlichen Vertreter einschließlich der Mitglieder des Aufsichtsorgans (§ 101 Abs. 1

---

[117] LG Köln ZInsO 2004, 756 f. = ZVI 2004, 193 f.; Jaeger/*Gerhardt* InsO § 20 RdNr. 12.
[118] RegE § 113; Bericht BTag zu § 113, *Kübler/Prütting*, Dok. Bd. I, S. 598.
[119] Jaeger/*Weber* KO § 100 RdNr. 3a; *Kuhn/Uhlenbruck* KO § 100 RdNr. 6; *Grub*, Kölner Schrift, RdNr. 60; *Uhlenbruck* InVo 1997, 225, 226.
[120] Motive zu § 100 KO, *Hahn* S. 290 (zu § 92). In diesen Worten klingt noch das Pathos des frühen 19. Jahrhunderts nach, als die mittelalterlichen Pflichten zu Hand- und Spanndiensten und die Schuldknechtschaft beseitigt wurden.
[121] So auch *Uhlenbruck* InVo 1997, 225, 227; vgl. ferner BGH NZI 2006, 595 f.; OLG Düsseldorf NZI 2001, 97 f.; OLG Schleswig ZInsO 2005, 606.
[122] *Uhlenbruck* InVo 1997, 225, 227; so schon 1. KommBer. (1985), LS 1.3.2.2 (Mitwirkungspflicht des Schuldners), Abs. 9; weitergehend *Henssler*, Kölner Schrift, RdNr. 51, der darauf abstellt, ob der Gesamtumfang der Arbeiten ein Ausmaß erreicht, dass dem Geschäftsführer eine sonstige berufliche Vollzeitbeschäftigung nicht mehr ermöglicht.

Satz 1, 2) zu dem Beweisthema selbst auskunftspflichtig sind.[123] Sie werden insoweit durch § 97 Abs. 1 **kraft Gesetzes von ihrer Verpflichtung zur Verschwiegenheit entbunden**.[124] Ob das Insolvenzgericht dem Schuldner die Verfügungsbefugnis über den Gegenstand, auf den sich das Beweisthema bezieht, bereits entzogen hat,[125] ist unerheblich; die umfassende Auskunftspflicht des Schuldners, an die anzuknüpfen ist, hängt von einer solchen Entziehung nicht ab. Eine besondere Zustimmungserklärung des Schuldners (s. RdNr. 49) oder eines etwa zu bestellenden vorläufigen Insolvenzverwalters (§ 385 Abs. 2 ZPO) ist nicht erforderlich.[126] Es wäre ein sinnloser Formalismus, würde man auch für Aussagen vor dem Insolvenzgericht eine Zustimmungserklärung verlangen, zugleich aber demselben Gericht die Befugnis zuerkennen, den Schuldner zur Abgabe dieser Erklärung durch Erzwingungshaft (§ 98) anzuhalten. Die Rechte des Schuldners und die Interessen des Zeugen (§ 203 StGB) werden durch die Möglichkeit der Zeugnisverweigerung und anschließenden Zwischenentscheidung nach § 387 ZPO, § 4 hinreichend gewahrt (RdNr. 83).

Es ist seit langem anerkannt, dass sich aus der Auskunftspflicht des Schuldners gegenüber dem Insolvenzverwalter (§ 97) ein **Vorrang des Ermittlungs- und Verwertungsinteresses** des Verwalters gegenüber dem Geheimhaltungsinteresse des Schuldners ergibt.[127] Der Schuldner oder seine organschaftlichen Vertreter können nicht durch Verweigerung der Aussagegenehmigung Tatsachen unterdrücken, deren Aufklärung im Interesse der Insolvenzabwicklung geboten ist.[128] Deshalb ist der Insolvenzverwalter berechtigt, Zeugen der genannten Art (etwa Rechtsanwälte, Notare,[129] Wirtschaftsprüfer,[130] Steuerberater, Bank-[131] oder Versicherungsangestellte) ohne Zustimmung des Schuldners von ihrer Verschwiegenheitspflicht zu entbinden, soweit ihr Wissen für die Durchführung des Insolvenzverfahrens und für die Erfüllung der Aufgaben des Verwalters Bedeutung hat.[132] Diese Grundsätze sind sinngemäß auch auf das Verhältnis zwischen Zeugen und Insolvenzgericht anzuwenden.

Die Zuständigkeit des Schuldners für eine Entbindung von der Schweigepflicht bleibt nur bestehen, soweit es um **höchstpersönliche, nicht vermögensbezogene Angelegenheiten des Schuldners** geht.[133] Deren Aufklärung kann nämlich für die ordnungsgemäße Durchführung des insolvenzgerichtlichen Verfahrens nicht von Bedeutung sein.

Die gesetzliche Entbindung der Zeugen von der Verschwiegenheitspflicht gegenüber dem Insolvenzgericht erstreckt sich grundsätzlich auch auf Umstände, die neben dem Bezug zu den schuldnerischen Vermögensverhältnissen auch damit zusammenhängende **persönliche Interessen der Gesellschafter** oder sonstigen Anteilsinhaber des Schuldners oder seiner **organschaftlichen Vertreter** einschließlich der **Mitglieder des Aufsichtsorgans** berühren. Solche Personen stehen nicht zwangsläufig innerhalb des geschützten höchstpersönlichen Vertrauensverhältnisses zwischen Schuldner und Zeugen. Etwas anderes gilt nur, wenn sie ein selbstständiges schutzwürdiges Interesse an der Verschwiegenheit des Zeugen haben.[134] Dies ist zB der Fall, wenn die Person im Zusammenhang mit den aufzuklärenden Tatsachen den Zeugen ausdrücklich um persönliche Beratung angegangen ist oder ein sonstiges eigenes vertragliches Vertrauensverhältnis zu ihm begründet hat.[135] Ausschlaggebend sind die näheren Umstände der Entstehung und Wahrnehmung des beanspruchten eigenständigen Vertrauensverhältnisses. Dabei sind

---

[123] *Mitlehner* EWiR 2003, 279 f.; vgl. LG Duisburg ZIP 1991, 1299 f.
[124] AG Duisburg NZI 2000, 606 f.; AG Göttingen NZI 2002, 615; aA LG Göttingen NZI 2003, 38 f.; dazu mit Recht ablehnend *Mitlehner* EWiR 2003, 279 f.
[125] Hierauf abstellend *Vallender*, FS Uhlenbruck, 2000, S. 133, 138 ff.; 145 f.; *H. Huber* ZInsO 2001, 289, 291 ff.; *Hölzle* DStR 2003, 2075, 2078 f.; *Bous/Solveen* DNotZ 2005, 261, 271 ff., 274 f.; Nerlich/Römermann/Mönning InsO § 20 RdNr. 34; Kübler/Prütting/Bork/*Pape* InsO § 20 RdNr. 20 f.; Uhlenbruck/*Uhlenbruck* InsO § 20 RdNr. 13 f.
[126] So aber LG Göttingen NZI 2003, 38 f.; HKInsO-*Kirchhof* § 20 RdNr. 7, 13; PK-HWF/*Mitter* InsO § 20 RdNr. 24; Uhlenbruck/*Uhlenbruck* InsO § 20 RdNr. 15; HambKommInsO-*Schröder* § 20 RdNr. 10. Für eine Vermutung der Zustimmung im Fall des Eigenantrags: LG Köln NZI 2004, 671 f.
[127] BGHZ 109, 260, 270 = NJW 1990, 510, 512; *Nassall* KTS 1988, 633, 642 ff.
[128] Jaeger/*Weber* KO §§ 207, 208 RdNr. 34.
[129] RGZ 59, 85, 87; zu den Besonderheiten vgl. BGHZ 109, 260, 272 ff. = NJW 1990, 510, 512 f.; LG Mannheim ZInsO 2001, 380 f.
[130] OLG Nürnberg OLGZ 1977, 370, 372; OLG Oldenburg NJW 2004, 2176.
[131] *Stephan* WM 2009, 241 ff.
[132] RGZ 59, 85, 87; BGHZ 109, 260, 270 ff. = NJW 1990, 510, 512; OLG Nürnberg OLGZ 1977, 370, 372; OLG Düsseldorf ZIP 1993, 1807 f.; LG Krefeld ZIP 1982, 861; LG Lübeck ZIP 1983, 711 mit zust. Anm. Henckel ZIP 1983, 712; *Schäfer* KTS 1991, 23, 29; *Kiethe* NZI 2006, 267, 269 f.
[133] RGZ 59, 85, 87; BGHZ 109, 260, 271 = NJW 1990, 510, 512; OLG Nürnberg OLGZ 1977, 370, 372.
[134] Vgl. RGZ 59, 85, 87; BGHZ 109, 260, 271 = NJW 1990, 510, 512; OLG Nürnberg OLGZ 1977, 370, 373 f.; LG Krefeld ZIP 1982, 861; Henckel ZIP 1983, 712, 714; *Nassall* KTS 1988, 633, 647 ff.
[135] BGHZ 109, 260, 271 = NJW 1990, 510, 512; OLG Nürnberg OLGZ 1977, 370, 373 f.; LG Krefeld ZIP 1982, 861 f.; *Nassall* KTS 1988, 633, 649 f.

strenge Maßstäbe anzulegen.[136] Es ist zu berücksichtigen, dass die in § 101 Abs. 1 Satz 1, 2 genannten Personen ihrerseits ebenfalls uneingeschränkt zur Auskunft über die vermögensrechtlichen Verhältnisse des Schuldners verpflichtet sind.[137] Die bloße Offenbarung eigener pflichtwidriger Handlungen gegenüber dem Zeugen reicht deshalb zur Annahme eines eigenständigen Vertrauensverhältnisses nicht aus.[138] Ebenso wenig existiert ein solches gesondertes Vertrauensverhältnis der Gründungsgesellschafter einer Kapitalgesellschaft zu den Zeugen, die sie bei der Errichtung der Gesellschaft beraten haben. Wie die Vorgründungs- und Vorgesellschaft notwendige Vorstufen der späteren juristischen Person sind und in sie einmünden, geht auch das zu dieser Zeit begründete Vertrauensverhältnis der Gründungsgesellschafter zu den Beratern als notwendige Vorstufe in das entsprechende Verhältnis der Gesellschaft zu den Beratern über.[139]

82 **2. Amtsgeheimnis von Gerichten und Behörden.** Die dargestellten Auswirkungen der Auskunftspflicht nach § 20 Abs. 1, §§ 97, 98 gelten auch für die Verschwiegenheitspflicht amtlicher Stellen (Gerichte, Behörden)[140] gegenüber Auskunftsersuchen des Insolvenzgerichts oder des Sachverständigen (im Umfang seines Auftrags). Soweit der Schuldner oder seine organschaftlichen Vertreter einschließlich der Mitglieder des Aufsichtsorgans (§ 101 Abs. 1 Satz 1, 2) zu dem Thema des Ersuchens auskunftspflichtig sind und selbst amtliche Auskunft verlangen können, werden auch die Gerichte und Behörden durch § 97 Abs. 1 im Verhältnis zum Insolvenzgericht **kraft Gesetzes von ihrer Verpflichtung zur Verschwiegenheit entbunden**; § 97 Abs. 1 hat insoweit als spezielle Norm für das Insolvenzverfahren[141] Vorrang. Anwendungsfälle der §§ 97, 20 Abs. 1 sind so zu behandeln, als habe der Schuldner sich mit der Auskunftserteilung durch die ersuchte amtliche Stelle einverstanden erklärt. Eine besondere Zustimmungserklärung des Schuldners oder eines etwa zu bestellenden vorläufigen Insolvenzverwalters ist nicht erforderlich. Liegen die genannten Voraussetzungen vor, sind die Gerichte und Behörden einschließlich ihrer einzelnen Amtsträger zur Auskunft im Wege der Rechts- und Amtshilfe verpflichtet (Art. 35 Abs. 1 GG). Dies gilt auch, wenn das Thema der Auskunft untrennbar mit amtlich bekannten Verhältnissen anderer Personen in Zusammenhang steht.[142]

83 **3. Zwischenstreit über Drittwirkung der Auskunftspflicht.** Ob und wieweit ein Zeuge oder eine amtliche Stelle durch § 97 Abs. 1 kraft Gesetzes von der Verpflichtung zur Verschwiegenheit gegenüber dem Insolvenzgericht entbunden ist, wird im Streitfall, d.h. bei Verweigerung der Auskunft oder bei Widerspruch des Schuldners, durch eine Zwischenentscheidung des Insolvenzgerichts nach § 387 ZPO, § 4 geklärt.[143] Auf diese Weise sind die schutzwürdigen Interessen des Schuldners und des Zeugen (§ 203 StGB) hinreichend gewahrt. Vor der Entscheidung über die Rechtmäßigkeit der Weigerung ist der Schuldner anzuhören. Entscheidet das Gericht, dass die Weigerung nicht rechtmäßig ist, steht dem Schuldner ebenso wie dem Zeugen oder der amtlichen Stelle die sofortige Beschwerde zu (§ 387 Abs. 3 ZPO, § 4). Ein Gläubiger als Eröffnungsantragsteller kann die gerichtliche Entscheidung nicht anfechten, weil das Insolvenzgericht im Rahmen seiner Ermittlungen von Amts wegen handelt (§ 5 Abs. 1) und der Gläubiger keinen rechtlichen Einfluss auf den Gang dieser Ermittlungen hat.

XI. Rechtsmittel

84 **1. Haftentscheidungen.** Nach § 98 Abs. 3 Satz 3, § 20 Abs. 1 Satz 2 findet gegen die Anordnung der Haft (§ 98 Abs. 2) und die Abweisung eines Antrags auf Aufhebung des Haftbefehls wegen Wegfalls seiner Voraussetzungen (§ 98 Abs. 3 Satz 2) die **sofortige Beschwerde** statt; für die Beschwerde gelten § 6 Abs. 2, 3, § 4, § 567 Abs. 1 Nr. 1, § 569 ZPO. Zur Beschwerde befugt sind der Schuldner und die natürliche Person, deren Verhaftung angeordnet worden ist. Die Einlegung des Rechtsmittels durch Erklärung gegenüber dem verhaftenden Gerichtsvollzieher ist wirkungslos (§ 569 Abs. 3, § 129a ZPO, § 153, 154 GVG);[144] gleiches gilt für die Erinnerung (§ 766 ZPO, § 4)

---

[136] BGHZ 109, 260, 272; *Nassall* KTS 1988, 633, 649 f.
[137] Ausführlich dazu *Nassall* NJW 1990, 496 f.
[138] BGHZ 109, 260, 272 = NJW 1990, 510, 512; OLG Nürnberg OLGZ 1977, 370, 373 f.
[139] Vgl. dazu RGZ 59, 85, 87; LG Krefeld ZIP 1982, 861 f.
[140] Vgl. zB § 34 FGG, § 30 AO, § 35 SGB I, §§ 67 ff. SGB X, § 30 VwVfG.
[141] BFHE 191, 247 = NZI 2000, 504 (dazu auch *Onusseit* EWiR 2001, 69); AG Duisburg NZI 2000, 606 f.; anders *Vallender*, FS Uhlenbruck, 2000, S. 133, 138 ff.; *H. Huber* ZInsO 2001, 289, 291 ff.; OFD Hannover KTS 1999, 67; OFD Frankfurt/M. KTS 2001, 435 = ZInsO 2001, 747.
[142] Vgl. BFHE 191, 247 = NZI 2000, 504 (Verhältnisse eines mithaftenden Gesamtschuldners); *Onusseit* EWiR 2001, 69.
[143] Vgl. etwa OLG Düsseldorf NJW 1964, 2357; LG Duisburg ZIP 1991, 1299; AG Duisburg VersR 1993, 202.
[144] BGH, Beschl. v. 12.10.2006 – IX ZB 6/05.

gegen die tatsächliche Verhaftung. Die Beschwerde kann auch auf die Unzulässigkeit des Eröffnungsantrags (§ 20 Abs. 1 Satz 1) gestützt werden. Aufschiebende Wirkung hat die Beschwerde nicht; § 570 Abs. 1 Hs. 2 ZPO ist wegen des besonderen Verfahrenszwecks, der zur Sicherung der Masse regelmäßig eine unverzügliche Durchsetzung der Auskunfts- und Mitwirkungspflichten des Schuldners erfordert, nicht entsprechend anzuwenden (§ 4).[145]

2. Sonstige Anordnungen des Gerichts. Im Übrigen sind die in den §§ 97, 98, 20 Abs. 1 angesprochenen gerichtlichen Anordnungen im Zusammenhang mit den Auskunfts- und Mitwirkungspflichten im Eröffnungsverfahren **nicht anfechtbar,** weil ihre Anfechtung im Gesetz nicht vorgesehen ist (§ 6 Abs. 1). Dies gilt insbesondere für einzelne Auskunfts- oder Mitwirkungsverlangen des Gerichts an den Schuldner (§ 97 Abs. 1, 2),[146] auch wenn sie als Anweisung oder Auflage durch Beschluss[147] ergehen, für Anordnungen im Zusammenhang mit der Bereitschaftspflicht[148] (§ 97 Abs. 3 Satz 1) und für ein gerichtliches Verbot einzelner Verdunkelungshandlungen (§ 97 Abs. 3 Satz 2). Sie alle sind keine Sicherungsmaßnahmen im Sinne des § 21 Abs. 1 Satz 2.[149] Unanfechtbar sind ferner die Anordnung der Abgabe einer eidesstattlichen Versicherung (§ 98 Abs. 1 Satz 1)[150] und die Anordnung der zwangsweisen Vorführung (§ 98 Abs. 2, § 101 Abs. 1). 85

Mit dem **Ausschluss der Anfechtbarkeit** soll einer Verschleppung des Verfahrens entgegengewirkt werden. Die aufgeführten unanfechtbaren richterlichen Anordnungen schränken Rechte des Betroffenen noch nicht unmittelbar oder nur geringfügig ein. Hält der Betroffene eine solche Anordnung für rechtswidrig, mag er ihr zuwiderhandeln und es auf den Erlass eines Haftbefehls ankommen lassen.[151] Spätestens vor dieser Anordnung ist dem Betroffenen rechtliches Gehör zu gewähren. Eine solche Zuspitzung der Situation wird ohnehin selten eintreten. 86

Unanfechtbar ist weiterhin die **Ablehnung einer gerichtlichen Anordnung** zur Durchsetzung der Auskunfts- und Mitwirkungspflicht (§ 6 Abs. 1). Dies gilt unabhängig davon, ob die Anordnung vom vorläufigen Insolvenzverwalter oder von einem anderen Beteiligten beantragt worden ist; solche Anträge sind nur Anregungen an das Gericht. 87

3. Aufsicht über den Sachverständigen. Einwendungen gegen Auskunfts- oder Mitwirkungsverlangen des gerichtlich beauftragten **Sachverständigen** (vgl. RdNr. 13; § 16 RdNr. 45 ff., 56 ff.) können bei Gericht jederzeit vorgebracht werden (§ 404a Abs. 1 ZPO, § 4). Sie sind als bloße Anregung zu Aufsichtsmaßnahmen zu behandeln. Das Einschreiten steht im pflichtgemäßen Ermessen des Gerichts. Die daraufhin ergehende gerichtliche Entscheidung ist nicht anfechtbar (§ 6 Abs. 1, vgl. auch § 355 Abs. 2 ZPO). 88

4. Zwangsmittel gegen Zeugen. Ordnungsmittel und die Anordnung von Beugehaft gegen Zeugen können, da sie ihre Rechtsgrundlage außerhalb der InsO haben, nach den allgemeinen Vorschriften mit der **sofortigen Beschwerde** angefochten werden (§ 380 Abs. 3, § 390 Abs. 3 ZPO, § 4). 89

D. Hinweis auf Restschuldbefreiung (Abs. 2)

I. Anwendungsbereich

Die Regelung des Abs. 2 gilt im Grundsatz für die Insolvenz jeder natürlichen Person und unabhängig davon, ob der Eröffnungsantrag von einem Gläubiger oder vom Schuldner ausgegangen ist. Uneingeschränkt maßgebend ist sie in **Regelinsolvenzverfahren**. Im Anwendungsbereich der **Verbraucherinsolvenz** wird sie von der Sondervorschrift des § 305 Abs. 1 Nr. 2, Abs. 3 verdrängt, wenn der Schuldner einen eigenen Eröffnungsantrag gestellt hat (§ 304 Abs. 1 Satz 1); im Fall eines Gläubigerantrags tritt Abs. 2 ergänzend neben die Belehrungspflicht des Gerichts nach § 306 Abs. 3 Satz 1. 90

II. Verpflichtete

Die Erteilung des Hinweises nach Abs. 2 ist eine Amtspflicht des Insolvenzgerichts.[152] Ob der Schuldner anwaltlich vertreten ist oder von anderer Seite bereits eine hinreichende Belehrung erfahren hat, ist 91

---

[145] LG Göttingen NZI 2005, 339; zust. *Ahrens* NZI 2005, 299, 303 f.
[146] BGH NJW-RR 2004, 134 = NZI 2004, 21.
[147] Vgl. LG Köln EWiR 1998, 77 f.
[148] LG Göttingen ZIP 2000, 2174.
[149] HKInsO-*Kirchhof* § 20 RdNr. 19.
[150] Für die Abnahme der eidesstattlichen Versicherung bleibt auch im Insolvenzverfahren gem. § 899 ZPO der Gerichtsvollzieher zuständig; aA *Schmerbach* NZI 2002, 538 ff.
[151] Vgl. BGH NJW-RR 2004, 134 = NZI 2004, 21.
[152] Begr. RegE InsOÄndG 2001 zu Art. 1 Nr. 3 (§ 20 Abs. 2); LG Erfurt, Beschl. v. 9.9.2010 – 7 O 1542/09; Braun/*Böhm* InsO § 20 RdNr. 20.

unerheblich.[153] Das Gericht kann die Erteilung des Hinweises allerdings dem vorläufigen Insolvenzverwalter übertragen, wenn es ihn mit der Zustellung des Eröffnungsantrags oder eines Sicherungsbeschlusses nach § 21 beauftragt (§ 8 Abs. 3, § 21 Abs. 2 S. 1 Nr. 1). Zweckmäßig dürfte dies nicht sein.

III. Notwendigkeit und Zeitpunkt

92 Der Hinweis nach Abs. 2 ist nur entbehrlich, wenn bereits ein zulässiger Antrag des Schuldners auf Restschuldbefreiung einschließlich der ordnungsgemäßen Abtretungserklärung vorliegt oder der Schuldner aus Anlass eines noch anhängigen Eröffnungsantrags bereits ordnungsgemäß belehrt worden ist[154]. In allen anderen Fällen seines Anwendungsbereichs (s. RdNr. 90) verlangt Abs. 2 den Hinweis, auch wenn der Schuldner anwaltlich vertreten, geschäftlich erfahren oder juristisch vorgebildet ist. Wer den zugrunde liegenden Eröffnungsantrag gestellt hat, ist im Grundsatz unwesentlich; es hat nur Bedeutung für den Inhalt des Hinweises (s. RdNr. 95 ff.). Auch das vermeintliche Vorliegen eines Versagungsgrunds (§ 290 Abs. 1) rechtfertigt es nicht, den Hinweis zu unterlassen.

93 Dem Normzweck entsprechend (vgl. RdNr. 8), ist der **Hinweis möglichst frühzeitig** zu erteilen, also in aller Regel unmittelbar nach der Prüfung der Zulässigkeit des Eröffnungsantrags.[155] Statthaft ist er auch schon zu einem Zeitpunkt, zu dem sich das Gericht noch keine Meinung über die Zulässigkeit gebildet hat. Ist Antragsteller ein Gläubiger, soll der Hinweis jedenfalls bei der Anhörung des Schuldners nach § 14 Abs. 2 erfolgen. Im Fall eines Eigenantrags hat das Gericht die Notwendigkeit des Hinweises ähnlich wie eine Zulässigkeitsvoraussetzung zu prüfen. Der Hinweis ist auch erforderlich, wenn der Antrag auf Restschuldbefreiung unvollständig ist, etwa weil die Abtretungserklärung fehlt oder mangelhaft ist. Der Hinweis nimmt dann sachlich den Charakter einer Zwischenverfügung an.

94 Einen **versäumten Hinweis** hat das Gericht unverzüglich nachzuholen, sobald das Versäumnis bemerkt wird. Rechtlich möglich ist das Nachholen, solange der Schuldner noch einen zulässigen Antrag auf Restschuldbefreiung stellen kann (s. RdNr. 99).

IV. Adressat, Form und Inhalt

95 Hat der Schuldner einen **Verfahrensbevollmächtigten,** ist der Hinweis grundsätzlich diesem zu erteilen (§§ 171, 172 ZPO, § 4); eine zusätzliche persönliche Belehrung des Schuldners ist ratsam. Für den Hinweis ist keine **Form** vorgeschrieben (§ 139 ZPO, § 4).[156] Er kann daher nicht nur schriftlich (in Form eines Merkblatts[157] oder eines besonderen Schreibens) erfolgen, sondern auch mündlich,[158] etwa in einem Anhörungstermin, in einer Gläubigerversammlung[159] oder notfalls telefonisch. Zur Sicherung des Beweises ist der Hinweis aktenkundig zu machen (§ 139 Abs. 4 ZPO, § 4).

96 Als **Mindestinhalt des Hinweises** schreibt Abs. 2 nur die Bezugnahme auf die §§ 286 bis 303 vor. In einem **Verfahren auf Antrag eines Gläubigers** reicht dies im Grundsatz aus. Hier wird durch den Hinweis keine gesetzliche Antragsfrist ausgelöst, und der Schuldner hat deshalb, solange das Verfahren nicht eröffnet ist, hinreichend Gelegenheit, sich nach Erhalt des Hinweises über die gesetzlichen Bestimmungen zur Restschuldbefreiung näher zu unterrichten. Zeitdruck entsteht allerdings dadurch, dass ein eigener Eröffnungsantrag des Schuldners unzulässig ist, wenn er erst nach Verfahrenseröffnung gestellt wird (vgl. § 13 RdNr. 87). Die Fürsorgepflicht des Gerichts (§ 4a Abs. 2) gebietet es deshalb, dem Schuldner unter Hinweis auf diese Rechtslage eine angemessene richterliche Frist für den Eigenantrag zu setzen (§ 139 ZPO) und, sofern keine besonderen Umstände vorliegen, mit der Entscheidung über die Eröffnung bis zum Ablauf der Frist zu warten. Die Erklärungsfrist sollte in der Regel nicht mehr als vier Wochen betragen, kann jedoch verlängert werden (§ 224 Abs. 2 ZPO, § 4).[160] Wird das Verfahren dennoch vor Ablauf der Frist eröffnet, ist dies zwar kein Verfahrensfehler, doch ist in diesem Fall ein späterer, noch innerhalb der richterlichen Frist eingehender Antrag auf Restschuldbefreiung ausnahmsweise ohne verbundenen (zulässigen) Eröffnungsantrag des Schuldners statthaft.[161] Ebenso statthaft bleiben beide Anträge, wenn sie, ansonsten

---

[153] LG Erfurt, Beschl. v. 9.9.2010 – 7 O 1542/09.
[154] Vgl. zu einem sog. Zweitinsolvenzantrag AG Göttingen, Beschl. v. 16.9.2011 – 71 IN 89/11.
[155] Begr. RegE InsOÄndG 2001 zu Art. 1 Nr. 3 (§ 20 Abs. 2).
[156] AllgM, vgl. BGH, Beschl. v. 28.9.2006 – IX ZB 64/06.
[157] Vgl. OLG Köln NZI 2000, 587, 589; LG Duisburg NZI 2000, 184.
[158] BGH NZI 2004, 593, 594.
[159] OLG Köln NZI 2000, 587, 589.
[160] BGHZ 162, 181, 186 = NJW 2005, 1433 f. = NZI 2005, 271 f.
[161] BGHZ 162, 181, 186 f. = NJW 2005, 1433 f. = NZI 2005, 271, 273; zust. Smode EWiR 2005, 311 f.

ordnungsgemäß, erst nach Ablauf der richterlichen Frist, aber noch vor Verfahrenseröffnung gestellt werden; die Wahrung der Frist ist keine allgemeine Zulässigkeitsvoraussetzung.[162]

Erfolgt der Hinweis nach Abs. 2 nach Einreichung eines **Eröffnungsantrags des Schuldners**, 97 beginnt mit seiner Zustellung die Frist des § 287 Abs. 1 Satz 2. Der Hinweis kann hier seinen Zweck nur erfüllen, wenn er über die Bezugnahme auf die §§ 286 bis 303 hinaus den Schuldner zumindest ausdrücklich über die Bestimmungen zur Antragstellung (§ 287 Abs. 1, Abs. 2) belehrt: d.h. über die Notwendigkeit eines besonderen schriftlichen Antrags beim Insolvenzgericht, das Erfordernis der Abtretungserklärung einschließlich ihres vorgeschriebenen Inhalts, den Beginn und die Länge der Frist für Antrag und Abtretungserklärung sowie die Folgen einer Fristversäumung.[163] Wie weit der Hinweis im Einzelnen auf andere Voraussetzungen der Restschuldbefreiung oder auf die Verfahrensabläufe eingeht, steht im Ermessen des Gerichts. Er muss jedoch die maßgebliche Rechtslage stets in einer für nicht juristisch vorgebildete Personen klaren und eindeutigen Weise erläutern, so dass der Schuldner sich auf sie verlassen kann.[164]

Besonderheiten gelten in der **Verbraucherinsolvenz** (§ 304). Liegt nur der Eröffnungsantrag 98 eines Gläubigers vor, hat sich der Hinweis nicht nur, wie es § 20 Abs. 2 bestimmt, auf die §§ 286 bis 303 zu erstrecken, sondern auch auf die Sondervorschriften des § 305 Abs. 1 Nr. 2, Abs. 3.[165] Es liegt nahe, den Hinweis mit der nach § 306 Abs. 3 erforderlichen allgemeinen Belehrung über die Möglichkeit eines eigenen Eröffnungsantrags zu verbinden. Zur Antragstellung ist dem Schuldner auch hier eine angemessene richterliche Frist zu setzen (RdNr. 99). Im Fall eines Eigenantrags des Schuldners wird § 20 Abs. 2 von der Sondervorschrift des § 305 Abs. 3 verdrängt (vgl. RdNr. 93).

V. Beginn der Antragsfrist (§ 287)

Liegt bereits ein Eröffnungsantrag des Schuldners vor, beginnt nach § 287 Abs. 1 Satz 2 mit der 99 Erteilung, d.h. der Zustellung oder dem tatsächlichen Zugang[166] des ordnungsgemäßen Hinweises nach § 20 Abs. 2 die Frist für den Antrag auf Restschuldbefreiung. Die Frist gilt nach dem Zweck der Norm (s. RdNr. 8) auch für die notwendige **Ergänzung eines unvollständigen Antrags**. Nicht ausgelöst wird die Antragsfrist, wenn zur Zeit des Hinweises nur Eröffnungsanträge von Gläubigern anhängig sind.[167] Dies folgt aus der Fassung des § 287 Abs. 1 Satz 2, die an das Vorliegen eines eigenen Eröffnungsantrags des Schuldners anknüpft. In einem solchen Fall ist jedoch die Bestimmung einer richterlichen Frist zulässig und geboten.

Eine **Verlängerung der Antragsfrist** des § 287 Abs. 1 Satz 2 ist dem Gericht nicht möglich, 100 weil sie im Gesetz nicht zugelassen ist (§ 224 Abs. 2 ZPO, § 4).[168] Da es sich nicht um eine Notfrist handelt, ist bei ihrer Versäumung auch eine **Wiedereinsetzung in den vorigen Stand** nicht statthaft (§ 233 ZPO, § 4).[169] Kann der Schuldner die Antragsfrist des § 287 Abs. 1 Satz 2 nicht einhalten, bleibt ihm deshalb nur die Möglichkeit, seinen Eröffnungsantrag in den zeitlichen Grenzen des § 13 Abs. 2 zurückzunehmen und einen neuen, vollständigen Antrag einzureichen. Sinnvoll erscheint diese Regelung nicht.[170] Sie ist auch im Hinblick auf die Kürze der Frist im Vergleich zur Frist des § 305 Abs. 3 sachlich schwer zu rechtfertigen.

VI. Fehlerhafter Hinweis

Ist der Hinweis verspätet oder nicht ordnungsgemäß erteilt worden, hat dies, wie aus der Fassung 101 des Abs. 2 als **Soll-Vorschrift** folgt, keine Auswirkung auf die Rechtmäßigkeit des weiteren Verfahrens über den Eröffnungsantrag.[171] Durch das Versäumnis wird insbesondere die Anhörung des Schuldners zum Eröffnungsantrag eines Gläubigers (§ 14 Abs. 2) nicht fehlerhaft. Es rechtfertigt

---

[162] Zutr. LG Dresden ZVI 2006, 154; *Högner* ZVI 2006, 267; unrichtig AG Dresden ZVI 2005, 490; *Schäferhoff* ZVI 2006, 155.
[163] BGH NZI 2004, 593, 594; BGH, Beschl. v. 28.9.2006 – IX ZB 64/06; LG Berlin ZInsO 2003, 964 = ZVI 2003, 536; LG Memmingen NZI 2004, 44 f.; AG Duisburg NZI 2002, 216 und 566; vgl. auch LG Bonn ZInsO 2003, 189 = ZVI 2003, 228.
[164] BGH NZI 2006, 299; BGH, Beschl. v. 28.9.2006 – IX ZB 64/06.
[165] Vgl. OLG Köln NZI 2000, 367, 369.
[166] BGH NZI 2004, 593, 594.
[167] BGHZ 162, 181, 185 = NJW 2005, 1433 f. = NZI 2005, 271 f.; BGH NZI 2004, 593, 594; BGH NJW 2008, 3494 f. = NZI 2008, 609 f.; BGH ZInsO 2009, 1171 f.
[168] BGHZ 162, 181, 185 = NJW 2005, 1433 f. = NZI 2005, 271, 272; LG Bonn, Beschl. v. 8.10.2007 – 6 T 321/07.
[169] BGH, Beschl. v. 17.2.2005 – IX ZB 88/03.
[170] Ebenso *Schäferhoff* ZInsO 2002, 962 f.
[171] Braun/*Böhm* InsO § 20 RdNr. 23.

deshalb auch nicht die Aufhebung des Eröffnungsbeschlusses wegen unzulässiger Verfahrensweise des Insolvenzgerichts.

102   Das Versäumnis des Gerichts bleibt jedoch nicht völlig ohne Folgen. Aus § 287 Abs. 1 Satz 2 ergibt sich, dass ohne den ordnungsgemäßen Hinweis die **Frist zur Nachholung des Antrags** auf Restschuldbefreiung nicht zu laufen beginnt.[172] Eine sonstige zeitliche Grenze für den Antrag, etwa durch Bezugnahme auf ein notwendig eintretendes Verfahrensereignis, zieht die Vorschrift nicht. Dies führt dazu, dass der Schuldner, wenn nicht zumindest nachträglich[173] die gesetzliche Frist des § 287 Abs. 1 Satz 2 oder – nach einem Gläubigerantrag – die richterliche Frist nach § 139 ZPO ausgelöst wird, den Antrag grundsätzlich bis zur Aufhebung oder Einstellung des Insolvenzverfahrens nachholen kann.[174] Versäumnisse des Gerichts bei einem gesetzlich vorgeschriebenen Hinweis dürfen nicht zu einem verfahrensrechtlichen Nachteil der durch den Hinweis zu schützenden Partei führen.[175] Das Unterlassen eines ordnungsgemäßen Hinweises nach Abs. 2 verletzt objektiv das Recht des Schuldners auf ein faires Verfahren; dies ist nach Möglichkeit durch **Naturalrestitution im Verfahren** selbst wiedergutzumachen. Anders liegt der Fall wohl nur, wenn **schweres Mitverschulden des Schuldners** vorliegt, weil er die Antragstellung vorsätzlich oder grob fahrlässig verzögert hat, obwohl ihm die gesetzliche Möglichkeit der Restschuldbefreiung zumindest im Kern bekannt war und sich eine klarstellende Anfrage beim Insolvenzgericht aufdrängen musste. Wer der Wahrnehmung seiner Rechte mit vermeidbarer Gleichgültigkeit gegenübersteht, verdient keinen Schutz.[176] Insofern wird man auf den Rechtsgedanken des § 290 Abs. 1 Nr. 5 zurückgreifen können.

§ 21 Anordnung vorläufiger Maßnahmen

(1) ¹Das Insolvenzgericht hat alle Maßnahmen zu treffen, die erforderlich erscheinen, um bis zur Entscheidung über den Antrag eine den Gläubigern nachteilige Veränderung in der Vermögenslage des Schuldners zu verhüten. ²Gegen die Anordnung der Maßnahme steht dem Schuldner die sofortige Beschwerde zu.

(2) ¹Das Gericht kann insbesondere
1. einen vorläufigen Insolvenzverwalter bestellen, für den § 8 Abs. 3 und die §§ 56, 56a, 58 bis 66 entsprechend gelten;
1a. einen vorläufigen Gläubigerausschuss einsetzen, für den § 67 Absatz 2 und die §§ 69 bis 73 entsprechend gelten; zu Mitgliedern des Gläubigerausschusses können auch Personen bestellt werden, die erst mit Eröffnung des Verfahrens Gläubiger werden;
2. dem Schuldner ein allgemeines Verfügungsverbot auferlegen oder anordnen, daß Verfügungen des Schuldners nur mit Zustimmung des vorläufigen Insolvenzverwalters wirksam sind;
3. Maßnahmen der Zwangsvollstreckung gegen den Schuldner untersagen oder einstweilen einstellen, soweit nicht unbewegliche Gegenstände betroffen sind;
4. eine vorläufige Postsperre anordnen, für die die §§ 99, 101 Abs. 1 Satz 1 entsprechend gelten;
5. anordnen, dass Gegenstände, die im Falle der Eröffnung des Verfahrens von § 166 erfasst würden oder deren Aussonderung verlangt werden könnte, vom Gläubiger nicht verwertet oder eingezogen werden dürfen und dass solche Gegenstände zur Fortführung des Unternehmens des Schuldners eingesetzt werden können, soweit sie hierfür von erheblicher Bedeutung sind; § 169 Satz 2 und 3 gilt entsprechend; ein durch die Nutzung eingetretener Wertverlust ist durch laufende Zahlungen an den Gläubiger auszugleichen. Die Verpflichtung zu Ausgleichszahlungen besteht nur, soweit der durch die Nutzung entstehende Wertverlust die Sicherung des absonderungsberechtigten Gläubigers beeinträchtigt. Zieht der vorläufige Insolvenzverwalter eine zur Sicherung eines Anspruchs abgetretene Forderung anstelle des Gläubigers ein, so gelten die §§ 170, 171 entsprechend.

---

[172] BGH NZI 2004, 593, 594; BGHZ 162, 181, 185 = NJW 2005, 1433 f. = NZI 2005, 271 f.; Andres/Leithaus InsO § 20 RdNr. 4.
[173] AG Duisburg NZI 2002, 566 f.
[174] BGHZ 162, 181, 185 = NJW 2005, 1433 f. = NZI 2005, 271, 272 f.; LG Memmingen NZI 2004, 44 f.; AG Duisburg NZI 2002, 566; im Ergebnis ebenso OLG Zweibrücken NZI 2002, 670, 671 f.
[175] Vgl. BVerfGE 60, 1, 6 = NJW 1982, 1453; BVerfGE 75, 183, 188 ff. = NJW 1987, 2003; BVerfG NJW 1996, 1811; BVerfG NJW 1997, 2941; AG Düsseldorf ZInsO 2010, 1803 f.
[176] Vgl. BVerfGE 42, 120, 126 f. = NJW 1976, 1021 f.; BVerfG NJW 1996, 1811; BVerfGE 110, 339, 345 f. = NJW 2004, 2887 f.; BGH NJW-RR 2002, 1151.

²Die Anordnung von Sicherungsmaßnahmen berührt nicht die Wirksamkeit von Verfügungen über Finanzsicherheiten nach § 1 Abs. 17 des Kreditwesengesetzes und die Wirksamkeit der Verrechnung von Ansprüchen und Leistungen aus Zahlungsaufträgen, Aufträgen zwischen Zahlungsdienstleistern oder zwischengeschalteten Stellen oder Aufträgen zur Übertragung von Wertpapieren, die in Systeme nach § 1 Abs. 16 des Kreditwesengesetzes eingebracht wurden. ³Dies gilt auch dann, wenn ein solches Rechtsgeschäft des Schuldners am Tag der Anordnung getätigt und verrechnet oder eine Finanzsicherheit bestellt wird und der andere Teil nachweist, dass er die Anordnung weder kannte noch hätte kennen müssen; ist der andere Teil ein Systembetreiber oder Teilnehmer in dem System, bestimmt sich der Tag der Anordnung nach dem Geschäftstag im Sinne des § 1 Absatz 16b des Kreditwesengesetzes.

(3) ¹Reichen andere Maßnahmen nicht aus, so kann das Gericht den Schuldner zwangsweise vorführen und nach Anhörung in Haft nehmen lassen. ²Ist der Schuldner keine natürliche Person, so gilt entsprechendes für seine organschaftlichen Vertreter. ³Für die Anordnung von Haft gilt § 98 Abs. 3 entsprechend.

Übersicht

	Rn.		Rn.
A. Normzweck	1–3	D. Erläuterung einzelner vorläufiger Maßnahmen	46–107
B. Entstehungsgeschichte	4–10	I. Gläubigerbeteiligung und Anordnung der vorläufigen Insolvenzverwaltung	46–53
I. Bisherige Regelung	4, 5	1. Allgemeine Bedeutung und frühzeitige Gläubigerbeteiligung	46–47b
II. Reformvorschläge	6, 7	2. Rechtsstellung und Aufgaben des vorläufigen Verwalters ohne jede Verfügungsbefugnis	48, 49
III. Gesetzgebungsverfahren zur InsO	8–10	3. Die Aufgabenzuweisung an den vorläufigen Verwalter nach § 22 Abs. 2	50–53
C. Anordnung von Sicherungs- und anderen vorläufigen Maßnahmen	11–45	II. Anordnung von Verfügungsverboten	54–64
I. Zweckrichtung der Anordnung	11–14	1. Allgemeines Verfügungsverbot	54–58
II. Allgemeine Voraussetzungen einer Anordnung nach §§ 21, 22	15	2. Gegenständlich beschränktes Verfügungsverbot	59–64
III. Vorliegen eines zulässigen Antrags	16–18	III. Anordnung von Zustimmungsvorbehalten	65–69
IV. Erforderlichkeit von Sicherungsmaßnahmen	19–22	IV. Einstellung von Zwangsvollstreckungsmaßnahmen in das bewegliche Vermögen	70–78
V. Der Grundsatz der Verhältnismäßigkeit	23–28	V. Einstellung von Zwangsvollstreckungsmaßnahmen in das unbewegliche Vermögen	79–87
VI. Zeitpunkt und Zeitraum angeordneter Maßnahmen	29, 30	VI. Vorläufige Postsperre und andere Sicherungsmaßnahmen	88–95
VII. Rechtliches Gehör im Insolvenzeröffnungsverfahren	31–34	VII. Verwertungs- und Einziehungsstopp (Nr. 5)	96–103
VIII. Erlass des Anordnungsbeschlusses und Bekanntmachung	35, 36	VIII. Privilegierung von Finanzsicherheiten	104, 105
IX. Wirksamwerden von Sicherungsmaßnahmen	37	IX. Internationale Wirkungen	106, 107
X. Rechtsmittel	38–41		
XI. Die Haftung des Insolvenzgerichts	42, 43		
XII. Spektrum möglicher Sicherungsmaßnahmen	44, 45		

A. Normzweck

Die frühzeitige Beteiligung der Gläubigerschaft, die Sicherung des schuldnerischen Vermögens in der risikobehafteten Zeit zwischen dem Eingang eines zulässigen[1] Insolvenzantrages beim Insol-

---

[1] Zum Kriterium der Zulässigkeit vgl. unten RdNr. 16.

venzgericht und dessen Entscheidung über die Eröffnung ist zumindest für die Unternehmensinsolvenzen die zentrale Zweckbestimmung der §§ 21, 22. Der nunmehr ausdrücklich geregelte vorläufige Gläubigerausschuss im Eröffnungsverfahren – insbesondere aber auch im Rahmen von Eigenverwaltung und Schutzschirmverfahren – soll von **„Beginn des Insolvenzverfahrens"** an tätig werden. Während die Begründung zum RegE bei der ursprünglichen Einführung der InsO den Gläubigerausschuss ab Verfahrenseröffnung eingesetzt wissen wollte[2], hat der Gesetzgeber im Rahmen der Novellierung der InsO durch das ESUG eine Kehrtwende vollzogen und durch die Einfügung eines § 22a ausdrücklich die Einsetzung eines vorläufigen Gläubigerausschusses vorgesehen.[3] Er hat damit im Ergebnis den Bedenken der Kritiker Rechnung getragen, die einer möglichst frühzeitigen Beteiligung der Gläubiger das Wort geredet haben,[4] dies auch vor dem Hintergrund, dass die wichtigen wirtschaftlichen Weichenstellungen bereits in den ersten zwei Wochen eines Verfahrens gestellt werden (dazu nachfolgend RdNr. 47a sowie § 67 RdNr. 2 ff.) Mit der Vorverlagerung der insolvenzauslösenden Tatbestände[5] (zB drohende Zahlungsunfähigkeit nach § 18 Abs. 2) und der Herabsetzung der Schwelle für die Eröffnung eines Insolvenzverfahrens durch die Reduzierung der zur Eröffnung erforderlichen Liquidität auf die reinen Kosten des Verfahrens (§ 26 Abs. 1) ist die Anordnung von Sicherungsmaßnahmen zu einer der wesentlichen Voraussetzungen für die Erreichung der Reformziele der InsO geworden. Deshalb hat sich der Gesetzgeber auch veranlasst gesehen, die Anordnung von Sicherungsmaßnahmen in § 21 Abs. 1, der nahezu wortgleich § 12 VerglO entspricht, zur Regel zu bestimmen, um damit der Gefahr rechtswidriger Eingriffe in die vorhandene Vermögenssubstanz zu begegnen, die ein typisches Begleitsymptom unternehmerischer Krisen geworden ist[6] und sicherzustellen, dass bis zur angestrebten erleichterten Verfahrenseröffnung alle Optionen für die Erreichung aller Verfahrensziele (§ 1 Abs. 1) offengehalten werden. Diese **„Schutzschildfunktion"**[7] der Anordnung von Sicherungsmaßnahmen sichert für den Fall der Eröffnung den Bestand der künftigen Insolvenzmasse vor Schuldner- wie Gläubigerzugriffen und ist Teil der staatlichen Garantiefunktion zur Erreichung der Insolvenzzwecke, wodurch der Verlust der Einzelzwangsvollstreckungsrechte der Gläubiger in der Insolvenz zumindest teilweise kompensiert wird.[8]

2   Wie schon bisher hat das Insolvenzgericht nach Eingang eines Insolvenzantrages zunächst gem. §§ 13, 14 dessen Zulässigkeit zu prüfen,[9] denn die Amtsermittlungspflicht nach § 5 Abs. 1 setzt, ebenso wie die von Amts vorzunehmende Anordnung von Sicherungsmaßnahmen nach §§ 21, 22, stets voraus, dass **zumindest** ein nach vorläufiger Prüfung der allgemeinen Zulässigkeitskriterien entsprechender Antrag dem Gericht zur Entscheidung vorliegt.[10] Nach § 21 Abs. 1 „hat" sodann das Gericht alle Maßnahmen zu treffen, die erforderlich erscheinen, um nachteilige Veränderungen der Vermögenslage zu verhüten, wozu auch gehören kann, dass ein vom Schuldner betriebenes Unternehmen grundsätzlich bis zur Entscheidung über die Eröffnung bzw. bis zum Berichtstermin fortzuführen ist (§ 22 Abs. 1 Satz 2 Nr. 2). Alle Sicherungsmaßnahmen dienen dem Erhalt des Schuldnervermögens und sollen eine geordnete Abwicklung und optimale Befriedigung aller Gläubiger ermöglichen. Damit bringt das Gesetz zum einen deutlicher als bisher zum Ausdruck, dass dem Insolvenzgericht, anders als nach § 106 Abs. 1 Satz 1 KO,[11] bei Vorliegen der tatsächlichen

---

[2] Begr. RegE, BT-Drucks. 12/2443, in *Balz/Landfermann*, Die neuen Insolvenzgesetze, 1999, S. 281.
[3] Begr. RegE, BT-Drucks. 17/5712; zu den Voraussetzungen einer sofortigen Einsetzung vgl. *Smid* ZInsO 2013, 209 ff; Haarmeyer/Horstkotte, ZInsO 2012, 1441 ff.; *Haarmeyer*, ZInsO 2012, 370; *Obermüller* ZInsO 2012, 18; *Frind* ZInsO 2011, 2249.
[4] Vgl. der *Verfasser* in der Vorauflage; ebenso *Kübler* in *Kübler/Prütting/Bork* § 67 RdNr. 11 und HK-*Eickmann* § 67 Rd Nr.1.
[5] Zur Definition der Zahlungsunfähigkeit vgl. BGH ZInsO 2005, 807; *Knolle/Tetzlaff* ZInsO 2005, 897.
[6] Gesetzesbegründung zu § 22 RegE, abgedruckt bei *Balz/Landfermann*, 2. Aufl. 1999, S. 228; vgl. dazu auch *Gottwald/Uhlenbruck*, Insolvenzrechts-Handbuch, § 14 RdNr. 1; FKInsO-*Schmerbach* § 21 RdNr. 1; vgl. auch die strafrechtliche Sicht der krisenbegleitenden Tatbestände bei *Weyand*, S. 19 ff.
[7] Begriff bei *Reichold* KTS 1989, 291, 295.
[8] Dazu auch *Häsemeyer* RdNr. 2.14; vgl. auch *Haarmeyer* RdNr. 97 ff.
[9] Vgl. dazu BGH ZInsO 2007, 440; 2005, 436 = BGHZ 158, 212; BGH ZInsO 2006, 146 und 828. Auch wenn sich das ausdrückliche Erfordernis eines „zulässigen Antrags" im Wortlaut des § 21, entgegen der Fassung in § 22 Abs. 1 DE und in Leitsatz 1.2.3 Abs. 1 des 1. KommBer., nicht wiederfindet, wurde die ursprüngliche Begründung wortgleich beibehalten. Daraus ist zu Recht gefolgert worden, dass alle Sicherungsmaßnahmen, wie schon nach geltendem Recht, das diese Voraussetzung auch nicht ausdrücklich postuliert, zumindest der einstweiligen gerichtlichen Zulassung bedürfen, denn es ist an keiner Stelle des Gesetzgebungsprozesses erkennbar geworden, dass der Gesetzgeber diesen Rechtszustand verändern wollte; so auch HambKomm-*Schröder* § 21 RdNr. 2; *Uhlenbruck* KTS 1990, 15, 16; *Pohlmann* RdNr. 19.
[10] Näher zur Zulassung BGH ZInsO 2007, 440, 441; ZInsO 2010, 1013, vgl. aber auch: HambKomm-Schröder § 21 RdNr. 2; HKInsO-*Kirchhof* § 21 RdNr. 3; *Kübler/Prütting/Pape* § 21 RdNr. 10; *Smid* § 21 RdNr. 1; Nerlich/Römermann/*Mönning* § 21 RdNr. 19; *Henckel* ZIP 2000, 2045 ff.
[11] Anordnungen nach dieser Regelung standen auf Grund der Fassung des § 106 Abs. 1 KO („kann ... Anordnungen treffen") im freien, pflichtgemäßen Ermessen des Konkursgerichts; ganz hM, vgl. für alle Jaeger/*Weber*

Voraussetzungen **kein Ermessensspielraum** zur Seite steht und unterstreicht zum anderen durch das Kriterium der Erforderlichkeit den dabei stets zu beachtenden Grundsatz der **Verhältnismäßigkeit**.[12] Zur Zweckerreichung stellen die §§ 21, 22 dem Gericht dabei ein in sich nicht abgeschlossenes System möglicher Sicherungsmaßnahmen zur Verfügung, aus denen das Gericht die für den individuellen Fall erforderlichen Maßnahmen, ausnahmsweise auch gegen Dritte,[13] anzuordnen hat.[14] Dabei gilt auf Grund des Stufenverhältnisses nach § 21 Abs. 3, dass freiheitsbeschränkende Maßnahmen als massivster Eingriff in grundrechtlich geschützte Lebensbereiche erst und ausschließlich als ultima-ratio zur Anwendung kommen dürfen.[15]

Dem Schutz des Erhaltes des Massebestandes dient auch die Ermächtigung des Insolvenzgerichts **3** gem. § 21 Abs. 2 Nr. 3 Maßnahmen der Mobiliarvollstreckung einzelner oder aller Gläubiger zu untersagen oder einstweilen einzustellen.[16] Durch die für den Bereich der alten Bundesländer[17] neu eingeführte Regelung des § 21 Abs. 2 Nr. 3 kann das Insolvenzgericht die Möglichkeit des Vollstreckungsverbots nach § 89 und damit auch der sog. Rückschlagsperre nach § 88 in das Eröffnungsverfahren vorverlagern und damit ein Auseinanderfallen der Masse im Wege der Einzelvollstreckung verhindern. Auch hierdurch kommt der normierte Wille des Gesetzgebers zur Verstärkung des Masseschutzes und damit auch zum vorläufigen Erhalt von Sanierungschancen zum Ausdruck. Durch die Möglichkeit der Kombination der rechtlich zulässigen und tatsächlich angezeigten Sicherungsmaßnahmen ist dem Insolvenzgericht mithin ein Spektrum an die Hand gegeben worden, das die überragende Bedeutung vorläufiger Sicherungsmaßnahmen zur Erreichung der Ziele des reformierten Insolvenzrechts unterstreicht.

B. Entstehungsgeschichte

I. Bisherige Regelung

Obwohl auch das überkommene Recht der KO, VerglO und GesO in § 106 KO, §§ 12, 13 **4** VerglO und § 2 Abs. 3, 4 GesO die – wenn auch rudimentäre – Möglichkeit zum Erlass von Sicherungsmaßnahmen im Eröffnungsverfahren durch generalklauselartige Regelungen ermöglicht hat,[18] bestand weitgehende Einigkeit darüber, dass der dadurch bewirkte Schutz der Gläubiger entweder als unzureichend angesehen wurde oder, so für den Bereich der GesO, als überzogen galt.[19] Zwar konnte nach § 106 Abs. 1 Satz 2 KO das Konkursgericht „alle zur Sicherung der Masse dienenden einstweiligen Anordnungen treffen", nannte aber beispielhaft allein den Erlass eines allgemeinen Verfügungsverbots an den Schuldner. Die aus den Generalklauseln folgende Spannbreite hat zu einer höchst unterschiedlichen und teilweise widersprüchlichen Ausgestaltung vorläufiger Sicherungsmaßnahmen und damit zu großer Rechtsunsicherheit geführt, so dass *Uhlenbruck* schon 1982[20] zu Recht beklagte, dass eine „völlige Verunsicherung der gerichtlichen Praxis" eingetreten sei. Hinzu kam, dass es im Eröffnungsverfahren an einem auf die Ziele des Insolvenzverfahrens abgestimmten Schutzsystem fehlte und die Rechtsstellung und Rolle des Sequesters nicht geregelt worden war.[21] Zwar

---

§ 106 RdNr. 1 sowie *Uhlenbruck/Delhaes* RdNr. 333; die sich jedoch auch zu einer Anordnungspflicht verengen konnte.

[12] HKInsO-*Kirchhof* § 21 RdNr. 9; *Kübler/Prütting/Pape* § 21 RdNr. 8; Nerlich/Römermann/*Mönning* § 21 RdNr. 18.

[13] BGH NZI 2006, 1456 = ZInsO 2006, 828.

[14] Vgl. BGHZ 158, 212 = BGH ZInsO 2004, 550 sowie 2005, 436. Damit hat der Gesetzgeber der teilweise überbordenden formularmäßigen Anordnung aller möglichen Sicherungsmaßnahmen eine deutliche Absage erteilt; vgl. dazu auch LG Göttingen ZIP 1993, 447, 448; LG Magdeburg Rpfleger 1995, 225.

[15] BGH ZInsO 2005, 436 zu den Voraussetzungen des Erlasses eines Haftbefehls.

[16] *Pohlmann* RdNr. 24; die Regelung wird ergänzt durch den neu gefassten § 30d Abs. 4 ZVG.

[17] Nach § 2 Abs. 4 GesO bestand seit Inkrafttreten der Norm im Bereich der neuen Bundesländer schon die Möglichkeit der Einstellung von Maßnahmen der Zwangsvollstreckung; vgl. dazu *Haarmeyer/Wutzke/Förster* GesO § 2 RdNr. 271 ff.

[18] Vgl. dazu den umfassenden Beitrag von *Fritsche* DZWIR 2005, 265 ff.

[19] *Reichold* KTS 1989, 291, 295 und 301 spricht insoweit von einer „allseits beklagten Grauzone rechtlicher Befugnisse und Wirkungen für den vorläufigen Verwalter". Die Kritik an der Regelung in § 2 Abs. 4 GesO macht sich vorwiegend daran fest, dass eine unbegrenzte zeitliche Rückwirkung für alle noch nicht beendeten Einzelzwangsvollstreckungsmaßnahmen postuliert wird, was zwar in der Praxis als überaus wirksam angesehen worden ist, jedoch insbesondere unter dem Gesichtspunkt des Vertrauensschutzes als bedenklich anzusehen ist; vgl. dazu u.a. BGH ZIP 1995, 480, 481.

[20] KTS 1982, 201, 204 ff.

[21] *Kübler/Prütting/Pape* § 21 RdNr. 2.

brachten mehrere Entscheidungen des BGH[22] hinreichende, wenn auch späte Klarheit über das Wesen der Sequestration und den Aufgabenkreis des Sequesters, zu dieser Zeit jedoch hatte sich die gerichtliche Praxis mit der regelmäßig formularmäßigen und gleichzeitigen Anordnung von Sequestrationen[23] und dem Erlass eines allgemeinen Verfügungsverbots jedoch so weit vom Kriterium der Erforderlichkeit entfernt, dass die weitgehend ungesicherten Rechtsgrundlagen in erheblichen Haftungsrisiken für die Beteiligten kulminierten.[24] Insoweit bestand auch schon frühzeitig Einigkeit darüber, dass die Schaffung einer guten und ausreichenden Rechtsgrundlage zur Vermeidung der aufgetretenen Zweifelsfragen vordringliche Aufgabe einer Reform sein müsse, da durch das Fehlen einer solchen Regelung das Verfahren erheblich belastet werde.[25]

5   Die Unsicherheit der überkommenen Rechtslage fußte jedoch auch in einem kompetenzrechtlich ungeklärten Nebeneinander von Schuldner und Sequester, das die Gerichte zum Anlass nahmen, durch Einzelanordnungen allgemeiner Verfügungsverbote die Stellung des Sequesters gegenüber dem Schuldner zu stärken. Da aber nach § 106 Abs. 1 Satz 3 KO angeordnete Verfügungsverbote nach ganz herrschender[26] – wenn auch heftig kritisierter[27] – Meinung lediglich ein gerichtliches Verbot nach §§ 135, 136 BGB darstellten, mithin nur gegenüber den Konkursgläubigern, also relativ unwirksam waren, verlor der Schuldner durch eine solche Anordnung nicht die Befugnis zur Verfügung über sein Vermögen gegenüber Dritten. Zugleich beschränkte die Rechtsprechung (und ihr folgend große Teile der Literatur) das rechtliche Können des Sequesters auf den Sicherungszweck der Sequestration, so dass daneben das Verfügungsrecht des Schuldners in diesem Umfang weiterbestand, mit der Folge, dass das Handeln des Sequesters faktisch auf Erhalten, Bewahren und Sichern des Schuldnervermögens reduziert wurde,[28] obwohl deutlich war, dass nur ein vollständiger Übergang des Verwaltungs- und Verfügungsrechts geeignet war, die aufgetretenen Abgrenzungsprobleme zu beseitigen und die als praktisch notwendig erkannte Erweiterung der Handlungsspielräume im Eröffnungsverfahren abzusichern. Dem stand aber nach Auffassung der Rechtsprechung die Regelung des § 106 KO und die vom Gesetzgeber der KO gewollte Funktionstrennung zwischen Konkursverwalter und Sequester entgegen.[29]

II. Reformvorschläge

6   Obwohl nach der Allgemeinen Begründung zum RegE es „aus wirtschaftlichen, sozialen und rechtsstaatlichen Gründen (…) ein bedeutsames Reformziel (ist), in einem weit größeren Teil der Insolvenzen als heute die Eröffnung eines Insolvenzverfahrens zu ermöglichen",[30] verlief die Entwicklung des heutigen rechtlichen Instrumentariums für Sicherungsmaßnahmen im Eröffnungsverfahren durchaus widersprüchlich und war von unterschiedlichen Vorstellungen auch im Laufe des Gesetzgebungsverfahrens geprägt. Maßgeblich von den Erfahrungen der Praxis und der unzureichenden systematischen Einordnung des Eröffnungsverfahrens geprägt, plädierte die Insolvenzrechtskommission sowohl 1984 als auch 1986 in ihren Berichten für ein differenziert ausgestaltetes und ergebnisoffenes Eröffnungsverfahren, das zum Schutz der Gläubiger vor allem davon geprägt sein sollte, die Vermögenswerte auch mit dem Ziel der Erhaltung und Reorganisation des schuldnerischen Unternehmens zu sichern. Nach den Vorstellungen der Kommission bedurfte es bei der Neuordnung des Insolvenzrechts eines Paradigmenwechsels hin zu einem nicht allein auf Liquidation

---

[22] Vgl. zuletzt zB BGH NJW 1993, 1206 = ZIP 1993, 48; BGH ZIP 1993, 687.
[23] Bis zur Mitte der 70er Jahre hatte die Sequestration faktisch keine nennenswerte Bedeutung, während sie nach diesem Zeitpunkt als ein Mittel angesehen wurde, die ausufernden Masseansprüche zu verhindern oder abzubauen; umfassend dazu *Castendiek*, S. 90; *ders*. KTS 1978, 9 ff.; *Kilger* KTS 1975, 142; *ders.*, FS 100 Jahre KO, S. 189, 190 sowie *Herbert*, Die Sequestration im Konkursantragsverfahren (1989) passim; zusammenfassend sodann *Pape* ZIP 1994, 89 ff.
[24] Vgl. dazu umfassend *Kuhn/Uhlenbruck* § 106 RdNr. 26; *Lüke*, Die persönliche Haftung des Konkursverwalters (1986) sowie u.a. *Uhlenbruck* KTS 1995, 169, 176 sowie *Gerhardt* ZIP 1987, 760 und *Pape* Wirtschaftsrecht und Praxis (WPrax) 1995, 236.
[25] So auch schon der 1. KommBer. zu Ziffer 1.2.3. (Vorläufige Insolvenzverwaltung).
[26] Vgl. aus der Rechtsprechung RGZ 71, 38, 40; BGHZ 19, 355, 359; OLG Stuttgart KTS 1985, 349; aus der Literatur *Kuhn/Uhlenbruck* § 106 RdNr. 4; *Kilger/K. Schmidt* § 106 Anm. 3; *Hess* § 106 RdNr. 4.
[27] *Gerhardt* ZIP 1982, 1 ff.; *Gerhardt*, FS Flume, 1978, S. 527, 542; *Kilger*, FS 100 Jahre KO, S. 189, 194, aber auch LG Baden-Baden ZIP 1983, 345.
[28] Vgl. für alle mit ausführlichen Nachweisen BGHZ 118, 374 = NJW 1992, 2483 sowie *Kuhn/Uhlenbruck* § 106 RdNr. 10.
[29] So ausdrücklich BGHZ 86, 190, 196, 97, 87, 91; 104, 151, 155; 118, 374, 378, jeweils unter Hinweis auf die Motive zum Entwurf einer Konkursordnung.
[30] Allgemeine Begründung zum Regierungsentwurf der Insolvenzordnung, Ziffer A.3.b); BT-Drucks. 12/2443. S. 71 ff., abgedruckt bei *Balz/Landfermann* S. 147.

konzentrierten Insolvenzrecht.[31] Dazu sollten die verschiedenen Verfahrensziele organisch auch in ein einheitliches Insolvenzverfahren eingeführt werden, die Entscheidung über die Art der Abwicklung aber nach der Eröffnung den Gläubigern vorbehalten bleiben.[32]

Demgegenüber verfolgte das BMJ mit dem Diskussionsentwurf vom 15.8.1988[33] und dem Referentenwurf des Jahres 1989[34] eine völlig gegenläufigen Weg.[35] Nach § 13 RefE sollte ein Insolvenzverfahren – ohne normiertes Vorverfahren – stets sofort eröffnet werden, es sei denn, dass nach § 27 RefE nicht einmal die Kosten des Verfahrens bis zum Berichtstermin gedeckt waren. Mit der sofortigen Eröffnung des Verfahrens als Regelfall sollte eine Masseverschlechterung in der Zeit zwischen Antragstellung und Entscheidung verhindert, die Eröffnungsquote erhöht und so das Insolvenzverfahren wieder funktionsfähig gemacht werden.[36] Die Kritik an einer solchen Konzeption war massiv und stimmte darin überein, dass die vorschnelle Eröffnung des Insolvenzverfahrens als sanierungsfeindlich angesehen wurde, mit der zudem die guten Erfahrungen der Sequestrationspraxis durch den Gesetzgeber negiert würden.[37] Kritisiert wurde darüber hinaus, dass das mit Rechtsmitteln überfrachtete Eröffnungsverfahren dem Eilcharakter des Insolvenzverfahrens widerspricht und die Gefahr mit sich bringt, dass nach der Entscheidung über die Eröffnung jede Sanierung zu spät komme.[38] Mit dem Regierungsentwurf vom 21.11.1991[39] wurde im Wesentlichen der ursprüngliche Entwurf fortgeschrieben, insbesondere hielt die Bundesregierung an der verkürzten Eröffnungsphase fest, wenngleich im Bereich der Unternehmensfortführung gewisse Differenzierungen eingeführt wurden, die dem vorläufigen Verwalter mit Zustimmung des Gericht auch die Stilllegung vor der Entscheidung über die Eröffnung ermöglichen sollte (§ 23 RegE) und auch im Übrigen das Eröffnungsverfahren inhaltlich konkreter ausgestaltete.

III. Gesetzgebungsverfahren zur InsO

Einen Umschwung in der Diskussion um das Eröffnungsverfahren erbrachte die Sachverständigenanhörung vom 28.4.1993[40] in der erneut von Seiten der Insolvenzpraktiker darauf hingewiesen wurde, dass eine vorschnelle Eröffnung den auf Sanierung gerichteten Zielen des Gesetzgebers zuwiderlaufe. Übereinstimmend war auch die Feststellung, dass die Überregulierung des Insolvenzverfahrens die notwendigen Entscheidungsprozesse im Verfahren verhinderten. Die abschließenden Beratungen des Rechtsausschusses führten dann u.a. zu einer Streichung der Wörter „bis zum Berichtstermin" in § 27 RegE um eine sorgfältige Prüfung der Masseinsuffizienz zu ermöglichen, zu einer Straffung der Rechtsmittel im Eröffnungsverfahren beschränkt auf die Entscheidung über die Eröffnung[41] und zu einer deutlichen Ausformulierung der bereits im Eröffnungsverfahren zu prüfenden Sanierungsmöglichkeiten. Damit sollte, so der Bericht des Rechtsausschusses,[42] auch der vorläufige Insolvenzverwalter die Möglichkeit erhalten, nicht nur die Sanierungswürdigkeit zu prüfen, sondern sie auch im Rahmen des Eröffnungsverfahrens vorzubereiten, wodurch der zeitliche und inhaltliche Zuschnitt des Eröffnungsverfahrens gegenüber dem RegE grundlegend im Sinn der Kritik aus der Praxis verändert wurde. Bei einer Beauftragung des vorläufigen Insolvenzverwalters mit dieser Prüfung könne, so der Rechtsausschuss, die Eröffnung des Verfahrens entsprechend hinausgeschoben werden, wodurch auch auf diese Weise eine zu schnelle Eröffnung des Verfahrens vermieden werden könne.

---

[31] Leitsatz 1.1.1. sowie Begr. des 1. KommBer.
[32] Zum Kontext von ökonomischer und präventiver Behandlung der Insolvenz vgl. *Kilger* KTS 1989, 495, 497; zur Entwicklung auch *Fritsche* DZWIR 2005, 265, 267.
[33] Diskussionsentwurf (DE), Gesetz zur Reform des Insolvenzrechts, herausgegeben vom BMJ; Köln 1988.
[34] Referentenentwurf (RefE), Gesetz zur Reform des Insolvenzrechts; herausgegeben vom BMJ; Köln 1989.
[35] Nerlich/Römermann/*Mönning* § 21 RdNr. 3.
[36] Vgl. dazu *Grub* in Kübler (Hrsg.) Neuordnung des Insolvenzrechts, S. 83 sowie die Stellungnahme des Gravenbrucher Kreises ZIP 1989, 468 und 1990, 476.
[37] Gravenbrucher Kreis 1989, 468; dazu umfassend auch *Pape* ZIP 1994, 89 sowie aktuell *Fritsche* DZWIR 2005, 265, 267 mwN.
[38] *Haarmeyer* ZIP 1993, 883, 884.
[39] BT-Drucks. 12/2443, dazu und zu den Änderungen gegenüber dem DE vgl. auch *Landfermann* ZIP 1991, 1660.
[40] Vgl. dazu den Bericht von *Haarmeyer* ZIP 1993, 883 sowie die Anmerkungen von *Pape* ZIP 1994, 89, 90 (Fn. 21).
[41] Dass der Gesetzgeber dabei offenbar über das Ziel hinausgeschossen ist, hat *Pape* WPrax 1995, 252, 256 im Hinblick auf den Justizgewährungsanspruch schon frühzeitig kritisiert; ausführlich Kübler/Prütting/*Pape* § 30 RdNr. 2 ff. Vgl. zu den daraus folgenden Wirkungen LG Berlin ZInsO 1999, 355 sowie den kritischen Beitrag von *Foltis* ZInsO 1999, 386.
[42] Ausschussbericht zu § 26 RegE; abgedruckt bei *Balz/Landfermann* S. 233.

9 Nicht zuletzt mit diesen Änderungen ist die Position des vorläufigen Insolvenzverwalters mit Verwaltungs- und Verfügungsbefugnis nach § 22 Abs. 1 gestärkt und seine Aufgabenwahrnehmung im Interesse der späteren Insolvenzgläubiger gestärkt worden, weshalb es auch nur konsequent war, durch § 55 Abs. 2 seine Rechtshandlungen auch zu Lasten der Masse gehen zu lassen.[43] Neu eingefügt wurde zudem durch den Rechtsausschuss die Erstattungspflicht für einen geleisteten Gläubigervorschuss durch den zur Antragstellung Verpflichteten für den Fall verspäteter Antragstellung (§ 26 Abs. 3). Das damit verfolgte Ziel fußt sowohl in einem verstärkten Anreiz zur Erbringung von Vorschusszahlungen durch Gläubiger, auch auf Grund der Reduzierung der erforderlichen Mittel auf die reinen Kosten des Verfahrens (§ 26) und in der Begründung einer persönlichen haftungsrechtlichen Verantwortlichkeit der zur Antragstellung Verpflichteten. Die Empfehlungen des Rechtsausschusses zum Eröffnungsverfahren wurden unverändert als Gesetzestexte übernommen.

10 Durch Art. 2 Nr. 1 des Ges. v. 19.12.1998[44] wurde sodann in § 21 Abs. 2 Nr. 1 ausdrücklich auch die Möglichkeit der Übertragung von Zustellungen nach § 8 Abs. 3 auf den vorläufigen Verwalter festgeschrieben und durch die Einfügung einer Nummer 4 in Abs. 2 die Anordnung einer Postsperre auch für das Eröffnungsverfahren ausdrücklich geregelt, womit der besonderen Bedeutung der Postsperre gerade in diesem Verfahrensabschnitt Rechnung getragen worden ist. Mit diesen Änderungen wurde den Wünschen der Justizministerkonferenz der Länder Rechnung getragen, die zur Klarstellung und Vereinfachung des gerichtlichen Verfahrens u.a. diese Änderungen schon 1997 gefordert hatten.[45] Mit der Einführung des Rechtsmittels der sofortigen Beschwerde gegen Sicherungsmaßnahmen durch den RegE InsOÄndG 2001 hat die Bundesregierung die schon im Vorfeld des Inkrafttretens der InsO geäußerten, auch verfassungsrechtlichen Bedenken aufgenommen und die gegenüber der KO eingetretene erhebliche Schlechterstellung des Schuldners im Bereich der Rechtsmittel beseitigt.[46] Im Übrigen hat die dynamische Entwicklung der Praxis hin zu einem mit Einzelkompetenzen ausgestatteten „schwachen" Verwalter gezeigt, dass, entgegen der gesetzgeberischen Intention, bereits in diesem frühen Verfahrensabschnitt die entscheidenden, auch strukturellen Weichen zumindest in der Unternehmensinsolvenz gestellt werden. Wenn aber bereits die wesentlichen Verfahrensentscheidungen im Eröffnungsverfahren getroffen werden, drängt sich die Frage auf, ob nicht doch der Weg hin zu einem nur rudimentär ausgestalteten Eröffnungsverfahren bedenkenswert ist, um möglichst schnell in die eigentliche Insolvenzabwicklung überzugehen und die volle Beteiligung der Gläubiger sicherzustellen.[47] Dies gilt umso mehr, als mit der Einfügung der neuen Nr. 5 durch das Gesetz zur Vereinfachung des Insolvenzverfahrens[48] massiv in die Rechte der Aus- und Absonderungsberechtigten eingegriffen worden ist, wobei insbesondere die Konsequenzen für die Aussonderungsgläubiger offenbar nicht hinreichend Berücksichtigung gefunden haben.[49] Auch wenn dies vornehmlich dem Schutz und dem Erhalt der Sanierungsmöglichkeiten eines schuldnerischen Unternehmens gilt, darf nicht übersehen werden, dass hier in massiver Weise in die Rechte auch solcher Dritter eingegriffen wird, die ansonsten nicht unmittelbar den Regelungen des Insolvenzrechts unterworfen sind.[50]

Ein vorläufiger Gläubigerausschuss soll nach der am 01.03.2012 in Kraft getretenen Neuregelung in Abs. 2 Nr. 1a durch das sog. ESUG von **„Beginn des Insolvenzverfahrens"** an tätig werden können. Während die Begründung zum RegE bei der ursprünglichen Einführung der InsO den Gläubigerausschuss erst ab Verfahrenseröffnung eingesetzt wissen wollte, hat der Gesetzgeber im Rahmen der Novellierung der InsO durch das ESUG eine Kehrtwende vollzogen und durch die Einfügung in Abs. 2 Nr. 1a sowie die umfängliche Regelung eines § 22a ausdrücklich die Einsetzung eines vorläufigen Gläubigerausschusses schon im Eröffnungsverfahren vorgesehen.[51] Er hat damit im Ergebnis auch den Bedenken der Kritiker Rechnung getragen, die schon vor langer Zeit einer möglichst frühzeitigen Beteiligung der Gläubiger das Wort geredet haben.[52] Die Instrumentarien des Eröffnungsverfahrens und die Befugnisse des vorläufigen Verwalters sind auf den Erhalt des gefährdeten Unternehmens ausgerichtet. Es wäre daher auch inkonsequent, wenn es in diesem

---

[43] *Kübler/Prütting/Pape* § 21 RdNr. 2.
[44] EGInsOÄndG (BGBl. I S. 3836).
[45] Vorschläge der Justizministerkonferenz vom 11./12.6.1997, abgedruckt in ZIP 1997, 1207 ff.
[46] So die Begr. zu § 21 Abs. 1 des RegE InsOÄndG 2001.
[47] In diesem Sinne schon *Ehricke* ZIP 2004, 2262, 2266; ähnlich auch im Ergebnis *Fritsche* DZWIR 2005, 265, 277.
[48] BGBl 17.4.2007, I, 509.
[49] Vgl. dazu den kritischen Beitrag von *Kirchhof* ZInsO 2007, 227.
[50] Vgl. dazu umfassend unten RdNr. 96 ff.
[51] Begr. RegE, BT-Drucks. 17/5712.
[52] Vgl. der *Verfasser* in der Vorauflage; ebenso *Kübler* in *Kübler/Prütting/Bork* § 67 RdNr. 11 und HK-*Eickmann* § 67 Rd Nr.1.

Verfahren das wegen seiner Sachkunde wichtige Organ Gläubigerausschuss nicht geben könnte oder dürfte Der Gesetzgeber des ESUG hat denn auch gerade mit der Begründung, die Gläubigerautonomie stärken zu wollen, § 22a eingefügt.[53] Vgl. zur Entstehungsgeschichte und zu den Kompetenzen ausführlich die umfassende Kommentierung zu § 22a sowie § 67 RdNr. 2 ff.

C. Anordnung von Sicherungs- und anderen vorläufigen Maßnahmen

I. Zweckrichtung der Anordnung

Ziel des reformierten Eröffnungsverfahrens ist es nach Auffassung des Gesetzgebers gewesen,[54] in möglichst kurzer Zeit die Fragen zu klären, ob auf Grund des Insolvenzantrages über das Vermögen des Schuldners das Insolvenzverfahren zu eröffnen ist oder ob es dafür an den verfahrensrechtlichen oder materiellrechtlichen Voraussetzungen fehlt und inwieweit für die Zeit bis zur Entscheidung darüber Maßnahmen zu veranlassen sind, die den vermögensrechtlichen status-quo des Schuldners sichern. Zu diesen sichernden Maßnahmen gehört letztlich auch die frühzeitige Einbindung der Gläubigerschaft und deren Kenntnisse über das schuldnerische Unternehmen schon im Eröffnungsverfahren (vgl. dazu ausführlich unten RdNr. 47a sowie die Kommentierung zu § 22a und § 67). Da nur in äußerst seltenen Ausnahmefällen unmittelbar mit der Antragstellung auch eine Entscheidung über die Eröffnung getroffen werden kann, wird bis zu einer Entscheidung stets eine gewisse Zeit vergehen, die, zB bei der Vorbereitung einer übertragenden Sanierung durchaus auch Monate betragen kann. Während dieser Zeit besteht eine besondere Gefahr, dass die den Gläubigern zur Verfügung stehende Haftungsmasse manipuliert oder vermindert wird, denn erfahrungsgemäß wächst mit der Nähe zur Eröffnung die Versuchung, Bilanzmanipulationen vorzunehmen und Vermögenswerte zu verschleiern oder einfach beiseite zu schaffen.[55] Um diesen Erscheinungen entgegentreten zu können, kann das Gericht in dieser Zwischenphase bereits einstweilige Anordnungen treffen. Die materiellrechtlichen Folgen der Sicherungsmaßnahmen sind im Vergleich zur KO verschärft, wobei das neue Recht als Instrumente einerseits **Beschränkungen bezogen auf die Verfügungsmacht des Schuldners** ermöglicht und zum anderen zur Sicherung des Erhalts von Sanierungschancen bzw. der Fortführung des Unternehmens **Einschränkungen der Vollstreckungsmöglichkeiten der Gläubiger** vorsieht.[56]

Die angestrebte Vermeidung nachteiliger Veränderungen bezieht sich, anders als im Anfechtungsrecht, nicht auf die Befriedigungsmöglichkeiten der Insolvenzgläubiger, sondern auf den Schutz aller Gläubiger und der Insolvenzmasse vor Manipulationen und Veränderungen, also auch der Aus- und Absonderungsberechtigten.[57] Zu sichern ist daher auch alles, was möglicherweise zur künftigen Insolvenzmasse i.S.v. §§ 35 – 37 gehören könnte, also auch künftiger Erwerb des Schuldners. Gerade durch die Einbindung der Gläubiger vom ersten Tag eines Verfahrens an ergeben sich auch mit dem ESUG insoweit neue Erkenntnis- und Gestaltungsmöglichkeiten. Geschützt werden dadurch nicht nur die Gläubiger von Insolvenzforderungen nach § 38, sondern auch die Aus- und Absonderungsberechtigten (vgl. dazu ausführlich RdNr. 96 ff.) nach §§ 47, 49 ff., insbesondere auch vor solchen Gläubigern, die noch im Eröffnungsverfahren Befriedigung oder zusätzliche Sicherung suchen, auch wenn diese nach §§ 129 ff. anfechtbar sein mag.[58] Da die Entscheidung, inwieweit welcher Gläubiger Befriedigung außerhalb des Verfahrens zu suchen hat, regelmäßig nicht vorweggenommen werden kann, ist zunächst alles zu sichern, was möglicherweise zur späteren Insolvenzmasse gehört, also durchaus auch **künftiger Erwerb**.[59] Der Erhalt des vermögensrechtlichen status-quo als Zweckrichtung der Sicherungsmaßnahmen bedeutet jedoch nicht die statische Fixierung der bei Antragstellung vorhandenen Werte, sondern schließt zB in der Phase der Unternehmensfortführung Verfügungen und auch Verbrauch von Vermögensgegenständen nicht aus, wenn dadurch das Vermögen im Wesentlichen **wertmäßig unverändert** bleibt (vgl. dazu ausführlich § 22 RdNr. 104 ff.). Bei der

---

[53] RegE, BT-Drucks. 17/5712; zu den Folgen vgl. *Smid* ZInsO 2013, 209 ff.
[54] Begr. zu § 25 RegE; abgedruckt bei *Balz/Landfermann* S. 228; vgl. dazu auch BGHZ 146, 165, 172.
[55] *Haarmeyer/Wutzke/Förster* GesO § 2 RdNr. 199.
[56] Dazu ausführlich *Gerhardt* ZZP 109, 415, 416.
[57] BGH WM 2010, 666 RdNr. 33; HKInsO-*Kirchhof* § 21 RdNr. 5; *Smid* InsO § 21 RdNr. 2.
[58] Dabei zeigt gerade die Entwicklung der letzten Jahre dass sich insbesondere die privilegierten öffentlichen Gläubiger wie Finanzämter und Sozialversicherungsträger mit den ihnen gegebenen erleichterten Vollstreckungsmöglichkeiten darum bemühen, auch noch die letzte Liquidität aus den Unternehmen zu „saugen", statt mit einer schnellen Antragstellung die Weichen in eine richtige Richtung zu stellen.
[59] *Jaeger/Gerhardt* § 21 RdNr. 3; FKInsO-*Schmerbach* § 21 RdNr. 5; HKInsO-*Kirchhof* § 21 RdNr. 5; *Koch* S 37 ff.; *Kleiner* S. 12 ff.; vgl. zu möglichen Anordnungen für das Auslandsvermögen des Schuldners auch BGHZ 118, 159 f.

Beurteilung der Vermögenslage kommt es nicht auf eine rein insolvenzrechtliche Betrachtungsweise an, denn es werden auch Vermögenswerte die mit Absonderungsrechten zu Gunsten Dritter belastet sind in den Vermögensstatus eingerechnet, zumal sie nach der neuen Nr. 5 auch für die Fortführung des Unternehmens eingesetzt werden dürfen. Werden Roh-, Hilfs- und Betriebsstoffe für die Fortführung des Unternehmens benötigt, so ist auch deren Benutzung bis hin zur Verwertung durch §§ 107, 103 und die neue Nr. 5 sanktioniert und vermögensrechtlich relevant.

13 Der **Sicherungszweck der §§ 21 ff.** ist also, ebenso wie die Zweckrichtung des gesamten Verfahrens, nicht statisch, sondern durchaus auch als ein dynamischer Prozess zu verstehen, denn das Ziel, nachteilige Veränderungen in der Vermögenslage des Schuldners zu verhindern, schließt die Möglichkeit der vorläufigen Fortführung des Unternehmens ein, ohne dass dadurch regelmäßig die endgültige Entscheidung der Gläubiger im Berichtstermin vorweggenommen wird.[60] Nicht zu bestreiten ist allerdings, dass die normative Kraft des Faktischen vielfach bereits zu unumkehrbaren Ergebnissen führt, sodass die spätere Entscheidung der Gläubigerversammlung vielfach alternativlos ist, obwohl natürlich auch das Handeln des vorläufigen Verwalters am Sicherungszweck orientiert sein muss. Die mit dem ESUG erfolgte frühzeitige Einbindung der Gläubigerschaft durch die Möglichkeit der Bildung eines vorläufigen Gläubigerausschusses nach Abs. 2 Nr. 1a hat hieraus die richtigen Konsequenzen gezogen und die Entscheidungskompetenz der Gläubiger in die verfahrensrechtlich zentrale Phase der wirtschaftlichen Weichenstellung im Eröffnungsverfahren gezogen. Der Sicherungszweck hat daher auch eine doppelte Zielrichtung, die für die Bestimmung der Reichweite von Sicherungsmaßnahmen von so erheblicher Bedeutung ist, dass sich alle angeordneten Maßnahmen des Gerichts sowie das Handeln eines vorläufigen Verwalters nur in diesem Rahmen bewegen dürfen.[61] Zum einen dient die Anordnung von Sicherungsmaßnahmen dem Interesse aller Beteiligten an der wertmäßigen Erhaltung des schuldnerischen Vermögens (**Werterhaltungsfunktion**), dient aber zugleich auch der Verhinderung einer Vorwegnahme der Vermögensverwertung durch Auflösung des Vermögensverbundes (**Bestandserhaltungsfunktion**) und zwar im alleinigen Interesse des Schuldners.[62] Dies ist umso verständlicher je deutlicher man sich vor Augen führt, dass mit der Einleitung des Insolvenzverfahrens zunächst ein rechtlicher und tatsächlicher Schwebezustand eintritt, an dessen Ende entweder die Eröffnung des Verfahrens oder die Ablehnung der Eröffnung steht. Ist aber das Ende des Schwebezustand bei der Anordnung von Sicherungsmaßnahmen nicht erkennbar, so kommt dem Interesse des Schuldner am Erhalt der Gesamtvermögensmasse zumindest bei den Anträgen von Gläubigern eine erheblich größere Bedeutung zu, als nach einer Eröffnung.

14 Nach der Eröffnung ist die Entscheidung über die Verwertung (theoretisch und rechtlich) allein den Gläubigern zugewiesen, die durch die Art und Weise der vorläufigen Verwaltung nicht präjudiziert werden sollen, während die Interessen des Schuldner nahezu völlig zurücktreten. Dabei ist die Nichtpräjudizierung der Gläubiger in der Praxis bisher eine blanke Illusion, da die maßgeblichen und nicht revidierbaren Entscheidungen in den ersten 2 Wochen des Eröffnungsverfahrens bereits gestellt werden. Das führt in der Konsequenz durch die Neuordnung durch das ESUG dann auch dazu, dass die Einrichtung eines vorläufigen Gläubigerausschusses durch das Insolvenzgericht nicht mehr die in seinem Ermessen liegende und in der Praxis eher zu vernachlässigende Ausnahme ist, sondern dass das Selbstbestimmungs- und Entscheidungsrecht der Gläubigerschaft zu einer frühzeitigen Selbstorganisation das Insolvenzgericht bindet. Daher ist bei Vorliegen der verfahrensrechtlichen Voraussetzungen sowohl die Bildung eines vorläufigen Gläubigerausschusses nach § 22a Abs. 1 und 2 gleichermaßen für das Gericht verpflichtend.[63] Nur auf diese Weise kann es letztlich auch gelingen, die bisherigen Defizite in der Wahrnehmung der Interessen der Gläubigerschaft im Eröffnungsverfahren zu überwinden. Wird das Verfahren nicht eröffnet, treten die Interessen der Gläubiger zurück und der Schuldner hat einen Anspruch darauf, mit der vorhandenen Vermögensmasse in der bisherigen konkreten Zusammensetzung und Zweckrichtung weiterarbeiten zu können, auch wenn die Verfügungen des vorläufigen Verwalters ihre Wirksamkeit behalten.[64] Bestimmt man mithin den Sicherungszweck während des Eröffnungsverfahrens als Wert- und Bestandserhaltungsfunktion im Interesse von Gläubigern und Schuldner, so hat sich daran sowohl das Handeln des Gerichts, wie auch eines eingesetzten vorläufigen Verwalters zu orientieren.[65]

---

[60] So auch HambKomm-*Schröder* § 21 RdNr. 4; Nerlich/Römermann/*Mönning* § 21 RdNr. 23; *Smid* InsO § 21 RdNr. 2 ff.; *Kübler/Prütting/Pape* § 21 RdNr. 3.
[61] Vgl. dazu BGHZ 146, 165 ff.
[62] Pohlmann RdNr. 94 ff.
[63] In diesem Sinne auch Obermüller, ZInsO 2012,18,20 sowie Hölzle, Praxisleitfaden, S. 15 RdNr. 7.
[64] Vgl. dazu BGH NZI 2006, 122 = ZInsO 2006, 267; LG Bonn ZIP 1991, 671, 673 mit Anm. *Onusseit* EWiR 1991, 603; *Pohlmann* RdNr. 96.
[65] Dazu BGHZ 146, 165, 172 = ZInsO 2001, 165 ff.; vgl. auch Jaeger/*Gerhardt* § 21 RdNr. 4.

II. Allgemeine Voraussetzungen einer Anordnung nach §§ 21, 22

Wie für jede gerichtlichen Maßnahme bedarf es auch für den Erlass von Sicherungsmaßnahmen 15 im Regelinsolvenzverfahren nach §§ 13 ff., ebenso wie im Verfahren der Verbraucherinsolvenz nach § 306 Abs. 2 bzw. dem vereinfachten Insolvenzverfahren nach § 311, nicht nur der Beachtung bestimmter allgemeiner Zulässigkeitskriterien, sondern auch der Berücksichtigung inhaltlicher Grenzen, vornehmlich des vorgenannten doppelten Sicherungszweckes. Bei seiner Entscheidung, welche Maßnahmen es einleiten will, hat das Gericht zwar einen sehr **weiten Spielraum**, da § 21 das Spektrum der möglichen Maßnahmen nur umschreibt, was sich aus dem Gebrauch der Worte „insbesondere" ergibt. Begrenzt wird der Spielraum jedoch dadurch, dass es mit dem Charakter vorläufiger Maßnahmen nicht vereinbar wäre, Entscheidungen zu treffen, die über die Wirkungen hinausgingen, die durch die Eröffnung der Gesamtvollstreckung ausgelöst werden.[66] Insbesondere die für das Insolvenzgericht haftungsträchtige Frage des Zeitpunktes und des Umfangs der anzuordnenden Sicherungsmaßnahmen gewinnt vor diesem Hintergrund große, weitgehend aber bisher unbeachtete Bedeutung.[67]

III. Vorliegen eines zulässigen Antrags

Nach der Begründung zu § 25 RegE (§ 21) hat „das Insolvenzgericht, bei dem der Antrag auf 16 Eröffnung eines Insolvenzverfahrens eingeht, ... wie nach geltendem Konkurs- oder Vergleichsrecht zunächst zu prüfen, ob dieser Antrag zulässig ist". Daraus wird für die InsO vielfach die Schlussfolgerung gezogen, dass der Erlass von Sicherungsmaßnahmen erst nach Abschluss der Vorprüfung und positiver Zulassung des Insolvenzantrages erfolgen dürfe.[68] Die sich daraus ergebende Konsequenz wäre jedoch, dass für den gesamten Zeitraum der uU streitigen Zulassung die Verhängung von Sicherungsmaßnahmen unzulässig wäre, was zwangsläufig zu einem quasi schutzlosen Zeitraum der potentiellen Masse führen würde, wodurch das gesetzgeberische Ziel der Sicherung der Insolvenzmasse bis zur Entscheidung über die Eröffnung ausgehöhlt würde.[69] Dagegen, dass dies Absicht des Gesetzgeber gewesen sein könnte, spricht zum einen der Wortlaut des 21 Abs. 1, der nämlich, entgegen der Empfehlung des Ersten Berichts der Kommission für Insolvenzrecht (Leitsatz 1.2.3 Abs. 1), auf das Kriterium des „zulässigen Antrags" verzichtet hat, zum anderen aber auch die Begründung des Gesetzgebers selbst. In der Begründung zu § 25 RegE (§ 21) heißt es bezüglich der Zulässigkeit, dass diese dann gegeben ist „wenn der Antrag von einem Antragsberechtigten gestellt ist und die Verfahrensvoraussetzungen wie Zuständigkeit des Gerichts und Insolvenzverfahrensfähigkeit des Schuldners vorliegen; bei dem Antrag eines Gläubigers ist zusätzlich erforderlich, dass ein rechtliches Interesse an der Verfahrenseröffnung besteht und dass der Insolvenzgrund und der Anspruch des Gläubigers glaubhaft gemacht wird". Aus der Streichung der Voraussetzung eines zulässigen Antrags und den in der Begründung postulierten Mindestvoraussetzungen folgt daher, dass es schon wegen der Eilbedürftigkeit und des Eingriffscharakters zur Erreichung des Sicherungszwecks in jedem Fall einer Prüfung bedarf, die ausschließt, dass ein erkennbar unzulässiger oder gar missbräuchlich gestellter Antrag vorliegt. Dass hingegen die Zulassung unter Ausschluss jeglichen Zweifels positiv, wenn auch ggf. konkludent, festgestellt werden muss, bevor in zulässiger Weise Sicherungsmaßnahmen ergehen können, lässt sich daraus weder entnehmen, noch wäre dies mit der Garantiefunktion sichernder Maßnahmen (dazu oben RdNr. 1) und dem Anreiz zu frühzeitiger Antragstellung (zB wegen drohender Zahlungsunfähigkeit) vereinbar.[70]

Erfordert[71] mithin ein ordnungsgemäß (dazu RdNr. 18) gestellter Antrag nach vorläufiger Prü- 17 fung der Zuständigkeit den Erlass von Sicherungsmaßnahmen, so reicht dafür angesichts der überragenden Bedeutung der sichernden Maßnahmen die **Zulassung** i. S. d. Ausschlusses missbräuchlicher

---

[66] BGH ZInsO 2006, 267, 268; 2002, 819, 822; BVerfG NJW 2001, 745, 746; *Haarmeyer*, ZInsO 2001, 203 ff.; *Kuhn/Uhlenbruck* KO § 106 RdNr. 1.
[67] Zu den haftungsrechtlichen Fragen vgl. *Braun/Riggert/Kind* S. 250; vgl. aber auch *Haarmeyer/Wutzke/Förster* GesO § 2 RdNr. 162 ff.
[68] Ausdrücklich so *Kübler/Prütting/Pape* § 21 RdNr. 10; so wohl auch Nerlich/Römermann/*Mönning* § 21 RdNr. 12; *Smid* InsO § 21 RdNr. 1; *Breutigam* in Breutigam/Blersch/Goetsch § 21 RdNr. 6; LG Göttingen ZIP 1993, 448; vgl. zur Rechtslage nach der KO auch OLG Köln ZIP 1988, 664; *Uhlenbruck/Delhaes* RdNr. 332; *Kuhn/Uhlenbruck* § 106 RdNr. 1 c.
[69] Sinngemäß so auch HKInsO-*Kirchhof* § 21 RdNr. 4.
[70] So auch die ganz hM; vgl. für alle Jaeger/*Gerhardt* § 21 RdNr. 4; kritisch dagegen *Uhlenbruck* InsO § 21 RdNr. 2.
[71] Zu den Kriterien der Erforderlichkeit vgl. die nachfolgende RdNr. 19 ff.

oder offenkundig rechtswidriger Anträge aus.⁷² Zu den zu prüfenden Faktoren kann aber auch die Ermittlung von Tatsachen zur Anerkennung eines ausländischen Verfahrens gehören, wenn davon die Zulässigkeit der Anordnung von Sicherungsmaßnahmen abhängt.⁷³ Ob das Gericht danach weitere Ermittlungen anstellt oder im Wege eines Hinweises nach § 139 ZPO Ergänzungen oder Klarstellungen anordnet, spielt für die Zulässigkeit von Sicherungsmaßnahmen zunächst keine Rolle. Auch wenn sich im Nachhinein herausstellt, dass der Antrag unzulässig gewesen ist, beeinträchtigt dies die Rechtmäßigkeit der Sicherungsmaßnahmen nicht,⁷⁴ denn ob das Gericht tatsächlich Ermittlungen vornimmt, ist für § 21 allgemein unerheblich.

18 **Mindestkriterium** für Anordnungen nach §§ 21, 22 bei einem Eigenantrag ist die Einreichung eines formal ordnungsgemäß gestellten und schlüssigen Antrags mit einem glaubhaft gemachten Eröffnungsgrund (näher dazu § 13 RdNr. 4 ff.) beim zuständigen Insolvenzgericht durch einen insolvenzfähigen Schuldner; während das Erfordernis der Glaubhaftmachung des Insolvenzgrundes und der Forderung kumulativ bei einem Gläubigerantrag vor dem Erlass von Sicherungsmaßnahmen unverzichtbar ist, um einen Missbrauch auszuschließen.⁷⁵ Stellt sich nach der Anordnung von Sicherungsmaßnahmen heraus, dass der Antrag, entgegen der Zulassung, unzulässig oder unbegründet ist, hat das Gericht über die Aufhebung der Sicherungsmaßnahmen nach § 25 zu entscheiden, ohne dass dies die Zulässigkeit der erlassenen Sicherungsmaßnahmen infrage stellt.⁷⁶ Bejahen mehrere Insolvenzgerichte vorläufig ihre Zuständigkeit und erlassen – möglicherweise widersprechende – Sicherungsmaßnahmen, so entscheidet der Vorrang des zunächst angerufenen Gerichts oder die früheste Rechtskraft eines Eröffnungsbeschlusses.⁷⁷ Unabhängig davon können Sicherungsmaßnahmen in der Eröffnungsphase jederzeit geändert, erweitert oder zurückgenommen werden, wenn sich dies als erforderlich erweist. Dies hat sich in der Praxis weitgehend durchgesetzt und bewährt, indem von vielen Gerichten die Eingriffe je nach Erforderlichkeit abgestuft angeordnet werden.

IV. Erforderlichkeit von Sicherungsmaßnahmen

19 Welche Maßnahmen das Gericht im Einzelfall erlässt hat es nach § 21 Abs. 1 grds. von Amts wegen am Kriterium der Erforderlichkeit zu prüfen⁷⁸ und im Rahmen des gerichtlichen freien Ermessens anzuordnen, es sei denn, es liegt ein zulässiger und begründeter Antrag auf Einrichtung eines vorläufigen Gläubigerausschusses nach § 22a vor, da in diesem Kontext die gerichtliche Entscheidung gebunden und die Anordnung zur Einsetzung eines vorläufigen Gläubigerausschusses mithin verpflichtend ist (vgl. dazu ausführlich die Kommentierung bei § 22a). Bei der Anordnung aller anderen Sicherungsmaßnahmen ist stets darauf abzustellen, ob und welche Maßnahmen sich als erforderlich erweisen, „um eine den Gläubigern gegenüber nachteilige Veränderung der Vermögenslage des Schuldners zu vermeiden", inwieweit dem Interesse des Schuldners an der Erhaltung der Vermögensgesamtheit Rechnung zu tragen ist und wie den vorrangigen und autonomen Beteiligungsinteressen der Gläubigerschaft entsprochen werden kann. Ist für das Gericht auf Grund tatsächlicher Anhaltspunkte die Erforderlichkeit einer Maßnahme erkennbar, so hat es, ohne dass ihm insoweit ein Ermessensspielraum zusteht, die zur Zweckerreichung notwendigen Maßnahmen zu erlassen, denn für diesen Fall verpflichtet das Gesetz das Insolvenzgericht zur Anordnung derartiger Maßnahmen.⁷⁹ Das Kriterium der Erforderlichkeit begrenzt das Auswahlermessen des Gerichts auf die Maßnahmen, die zur Erreichung des Sicherungszweck notwendig, aber auch ausreichend sind, konkretisiert insoweit also das allgemein zu beachtende Gebot der Verhältnismäßigkeit gerichtlichen Handelns.⁸⁰ Obwohl es sich um eine Abwägung für den konkreten Einzelfall handelt, liegt es nahe, sich grundsätzlich an der jeweiligen **verfahrensrechtlichen Situation** zu orientieren, in der das

---

[72] BGH ZInsO 2007, 440, 441, bestätigt durch BGH ZInsO 2010, 1013; BGH ZIP 2007, 878 RdNr. 8; LG Göttingen NZI 2008, 191; Jaeger/*Gerhardt* § 21 RdNr. 4; HmbKommInsO-*Schröder* § 21 RdNr. 2; NR-Mönning § 21 RdNr. 19; *Pohlmann* RdNr. 19; HKInsO-*Kirchhof* § 21 RdNr. 4; im Ergebnis so wohl auch FKInsO-*Schmerbach* § 21 RdNr. 16; AG Göttingen EWiR 1997, 181.
[73] BGH ZInsO 2011, 1499.
[74] In diesem Sinne auch BGH NZI 2006, 122, 123 = ZInsO 2006, 267, 268; *Uhlenbruck* InsO § 21 RdNr. 2.
[75] OLG Köln ZInsO 2000, 104; AG Göttingen NZI 2004, 38; HKInsO-*Kirchhof* § 21 RdNr. 2; *Pohlmann* RdNr. 18, 19; *Henckel* ZIP 2000, 2045.
[76] BGH NZI 2006, 122 ff.; OLG Düsseldorf KTS 1995, 524; *Uhlenbruck*, Kölner Schrift, S. 325 ff. RdNr. 26; HKInsO-*Kirchhof* § 21 RdNr. 3.
[77] HKInsO-*Kirchhof* § 21 RdNr. 4; *Haertlein/Schmidt* ZInsO 2004, 604.
[78] Vgl. BGH NZI 2006, 122, 123 sowie dazu Jaeger/*Gerhardt* § 21 RdNr. 5; *Uhlenbruck* § 21 RdNr. 3; OLG Celle NZI 2001, 143: LG Magdeburg Rpfleger 1995, 225.
[79] *Gerhardt*, Kölner Schrift, S. 169 RdNr. 24.
[80] Vgl. BGH NZI 2006, 122, 123; BGH NJW-RR 1986, 1188, 1189; HKInsO-*Kirchhof* § 21 RdNr. 9; *Kübler/Prütting/Pape* § 21 RdNr. 8.

Gericht mit der Frage von Sicherungsmaßnahmen nach § 21 Abs. 2 konfrontiert wird.[81] Zentrale Voraussetzung für die Anordnung ist stets eine auf Tatsachen beruhende konkrete Gefahr, nach der die Anordnung von Sicherungsmaßnahmen erforderlich erscheint, denn mehr kann angesichts des Eilcharakters des Verfahrens nicht erwartet werden, muss jedoch gegeben sein, da eine bloß abstrakte Gefahr die notwendige Erforderlichkeitsprüfung weitgehend entbehrlich machen würde.[82]

Bei einem Insolvenzantrag gegen (Fremdantrag) oder von (Eigenantrag) einer als juristischen Person, Personenhandelsgesellschaft oder Personengesellschaft (§ 11 Abs. 1) verfassten Schuldnerin besteht wegen der besonderen anonymen Struktur der juristischen Person und der besonderen „kriminalitätsfördernden" Rechtsform[83] bestimmter Gesellschaftstypen (GmbH, GmbH & Co. KG; Ltd.)[84] zumindest eine **indizielle Vermutung** dafür, dass die Fortdauer der freien Verfügungsbefugnis der Leitungsorgane während der Dauer des Eröffnungsverfahrens zu einer Gefährdung der Masse führen kann,[85] so dass in diesen Fällen zur Sachaufklärung regelmäßig die Hinzuziehung eines Sachverständigen sowie der Erlass von verfügungsbeschränkenden Sicherungsmaßnahmen erforderlich erscheinen.[86] Auch und gerade die auf angeblich „soeben eingetretene" Zahlungsunfähigkeit[87] oder Überschuldung gestützten Eigenanträge ohne gleichzeitige Vorlage eines Sanierungskonzeptes erfordern regelmäßig den Erlass von bestimmten sichernden Maßnahmen. Die außergerichtliche Nichtbewältigung der Unternehmenskrise und regelmäßig verspätete Antragstellung lässt Rückschlüsse darauf zu, dass die handelnden und verantwortlichen Personen auch in einer Fortführung oder gar Sanierung im gerichtlichen Verfahren nicht in der Lage sind, sondern es zumindest auch der Bestellung eines vorläufigen Verwalters bedarf, der umfassend und unabhängig die Sanierungs- und Fortführungschancen zu prüfen und die Entwicklung zur Insolvenz zu untersuchen hat.[88]

Differenziert betrachtet wurde in der Literatur die Erforderlichkeit von Sicherungsmaßnahmen bei einem **Eigenantrag wegen drohender Zahlungsunfähigkeit**, ggf., noch kombiniert mit einem Antrag auf Anordnung der Eigenverwaltung nach §§ 270 ff. und der Vorlage eines Eigensanierungsplans.[89] Dies wurde regelmäßig mit der Konformität gesetzgeberisch erwünschten Verhaltens des Schuldners begründet, der durch seine Antragstellung erkennen lasse, dass er frühzeitig zur Krisenerkennung in der Lage sei, was ihn besonders zur Durchführung der erforderlichen Sanierungsmaßnahmen qualifiziere.[90] Dass jedoch allein die Stellung eines solchen Eigenantrages kein Kriterium für die Nichterforderlichkeit von Sicherungsmaßnahmen sein kann, lag nach den Erkenntnissen der insolvenzrechtlichen Praxis auf der Hand. Zum einen konnte ein solcher Antrag Teil eines strategischen Konzepts des Unternehmens selbst sein,[91] zum anderen bestand aber auch die Gefahr, dass durch die scheinbar gesetzeskonforme frühzeitige Antragstellung und den Hinweis auf eine erst drohende Zahlungsunfähigkeit auch verdeckt werden sollte, dass diese (oder auch die Überschuldung) bereits seit einiger Zeit eingetreten war.[92] Diese Überlegungen sind mit der ESUG-

---

[81] *Uhlenbruck* § 21 RdNr. 3 ff.; *Smid* InsO § 21 RdNr. 6.

[82] So auch HambKomm-*Schröder* § 21 RdNr. 16; HKInsO-*Kirchhof* § 21 RdNr. 32; vgl. auch Lenenbach, Sicherungsmaßnahmen im Eröffnungsverfahren, S. 107, 110.

[83] Nach den insoweit übereinstimmenden Erkenntnissen der Schwerpunktstaatsanwaltschaften für Wirtschaftskriminalität kommt es in mehr als 98 %(!) aller Insolvenzen von Kapitalgesellschaften in den letzten Monaten vor der Einleitung eines Eröffnungsverfahrens zu straf- und haftungsrechtlich relevanten Unrechtshandlungen; vgl. dazu auch die Darstellung bei *Weyand* S. 5 ff. sowie *Bittman*, Insolvenzstrafrecht, 2004, passim.

[84] Nach den in der Praxis getroffenen und gesicherten Feststellungen – also aufgrund von Tatsachen – liegt der Eintritt der materiellen Insolvenz von Kapitalgesellschaften im Durchschnitt mehr als 10 Monate vor dem Insolvenzantrag (vgl. dazu ausführlich *Haarmeyer/Suvacarevic* ZInsO 2006,953; *Kirstein* ZInsO 2006, 966 und die Ergebnisse einer Studie des Zentrums für Insolvenz und Sanierung an der Universität Mannheim im Auftrag von Euler Hermes [www.zis.uni-mannheim.de].). Schwerpunktmäßig werden nach diesem Eintritt dann gleichwohl weitere Verbindlichkeiten begründet, die zum einen regelmäßig den Tatbestand des Eingehungsbetrugs erfüllen und zum anderen wesentlich zu den Schäden der Gläubiger von jährlich mehr als 30 Mrd. Euro beitragen.

[85] *Smid* InsO § 21 RdNr. 7.

[86] *Smid* weist zu Recht darauf hin, dass es sich insoweit nicht um eine methodisch bedenkliche Einzelfallabwägung, sondern um einen fallübergreifenden und in der Rechtsform angelegten Unterschied handelt.

[87] Zur Definition vgl. BGH ZInsO 2005, 807. Etwas anderes mag in den Fällen gehen, in denen sich der Schuldner bei schon drohender Zahlungsunfähigkeit als ernsthaft um die Sanierung bzw. Rettung des Unternehmens bemüht zeigt, da er damit zumindest äußerlich dem vom Gesetzgeber unterstellten Bild des ehrbaren Kaufmanns entspricht. Vgl. dazu aber auch die nachfolgende RdNr.

[88] Vgl. dazu auch HKInsO-*Kirchhof* § 21 RdNr. 8 sowie aus der Anfangszeit der InsO AG Darmstadt ZInsO 1999, 176 zu den Anordnungsvoraussetzungen der Eigenverwaltung.

[89] Dazu *Pohlmann* RdNr. 32 ff.; *Smid* InsO § 21 RdNr. 9.

[90] So *Smid* InsO § 21 RdNr. 9.

[91] Vgl. zB LG Bonn ZInsO 2003, 806, 808 sowie die bei *Braun/Uhlenbruck* S. 558 ff. dargestellten taktischen und strategischen Planungen.

[92] Angesichts drohender Schadensersatzfolgen und strafrechtlicher Konsequenzen bei verspäteter Antragstellung besteht dazu ein erheblicher Anreiz, von den Folgen nach § 26 Abs. 3 ganz abgesehen.

Reform weitgehend gegenstandslos geworden, da nunmehr die Anordnung der **Eigenverwaltung** die Regel sein soll, § 270a einen Verzicht auf Sicherungsmaßnahmen ausdrücklich postuliert und damit das bisherige Regel-Ausnahme-Verhältnis komplett umgekehrt hat.[93] Bei einem zulässigen und nicht „offensichtlich aussichtslosen" Antrag auf Eigenverwaltung hat das Gericht von der Anordnung von Sicherungsmaßnahmen abzusehen und insbesondere keine vorläufige Verwaltung oder Amtsermittlungen anzuordnen (ausführlich dazu § 270a RdNr. 4 ff.). Das bedeutet in der Konsequenz, dass für den Fall, dass der Schuldner einen Insolvenzantrag und einen Antrag auf Anordnung der Eigenverwaltung und/oder des Schutzschirmverfahrens stellt[94] und dem Gericht zu diesem Zeitpunkt keine Umstände bekannt sind, die Nachteile erwarten lassen, es dem Antrag grundsätzlich stattzugeben und nach § 270a einen vorläufigen Sachwalter zu bestellen. Dieser ist dann auch nach § 274 verpflichtet dem Gericht oder dem vorläufigen Gläubigerausschuss unverzüglich Mitteilung zu machen, wenn nachteilige Umstände festgestellt werden. Damit sind die damit im Zusammenhang stehenden Fragen der Amtsermittlung entzogen, sodass das Gericht auch nicht befugt ist, neben dem Sachwalter einen Sachverständigen zur Ermittlung der gleichen Umstände zu bestellen,[95] denn dessen Aufgabenstellung kann sich nur auf andere Tatschen wie zB die Verfahrenskostendeckung, das Vorliegen eines Eröffnungsgrundes etc. beschränken.

22   Wegen der weit reichenden Wirkungen der möglichen Sicherungsmaßnahmen und der auf den Einzelfall abstellenden Prüfung der Erforderlichkeit ist es **nicht vertretbar,** diese undifferenziert und **formularmäßig** zu erlassen, auch wenn im Einzelfall keine konkreten Anhaltspunkte für eine Massegefährdung erkennbar sind und weniger einschneidende Maßnahmen ausgereicht hätten.[96] Ebenso unzulässig sind sog. **Pauschalanordnungen**, mit denen die Reichweite von Sicherungsmaßnahmen letztlich in das Ermessen des vorläufigen Verwalters gestellt wird.[97] Die Anordnung von Sicherungsmaßnahmen hat sich vielmehr stets an objektiven Kriterien zu orientieren, bloße Befürchtungen reichen insoweit nicht aus (vgl. dazu die nachfolgenden RdNr.) und diese Maßnahmen auch unzweideutig zu definieren.[98] Während daher für den Erlass einer Postsperre schon aus verfassungsrechtlichen Gründen hohe Anforderungen an die notwendige Begründung zu stellen sind, genügt bei der Einstellung oder Untersagung von Zwangsvollstreckungen schon allein die Tatsache, dass vollstreckungsbereite Gläubiger zum Kreis der Verfahrensbeteiligten gehören.[99] Maßgeblich sind stets die besonderen Umstände jedes Einzelfalls.[100] Spätestens im Beschwerdeverfahren ist eine bis dahin unterbliebene Begründung nachzuholen.

V. Der Grundsatz der Verhältnismäßigkeit

23   Erweist sich nach den vorgenannten Kriterien der Erlass von Sicherungsmaßnahmen als zulässig und erforderlich, so steht deren konkrete Ausgestaltung unter dem ausdrücklichen Vorbehalt der Verhältnismäßigkeit der anzuordnenden Maßnahmen, dem jedes staatliche Handeln unterliegt.[101] Danach hat das Gericht jede einzelne Anordnung, sei es dass sie allein oder in Kombination mit anderen ergeht, daraufhin zu überprüfen, ob sie zur Erreichung des Sicherungszwecks geeignet, notwendig und zweckmäßig ist. Gefragt ist also unter Berücksichtigung des Grades einer erkennbaren oder offenkundigen Gefährdung eine **Mittel-Zweck-Relation** zwischen den auch im Eröffnungsverfahren schutzwürdigen Interessen des Schuldners und den nach dem Gesetzeszweck zu verhindernden gläubigerbenachteiligenden Veränderungen der Vermögensmasse, wobei stets zu beachten ist, dass einmal getroffene Maßnahmen geändert oder ergänzt werden können.[102] Antragstellende Gläubiger haben zwar das Recht, einzelne Maßnahmen **anzuregen,**[103] entscheiden muss

---

[93] Zu den verfahrensrechtlichen Folgen *Smid* ZInsO 2013, 209, 211 ff.
[94] Vgl. dazu *Buchalik* ZInsO 2012, 349 ff.
[95] So ausdrücklich auch *Smid* ZInsO 2013, 209 ff.; *Hölzle*, Praxisleitfaden S. 99 ff.
[96] Allgemeine Meinung; vgl. für alle BGH ZInsO 2006, 267, 268; OLG Celle NZI 2001, 143; BGH ZInsO 2001, 165 ff.; *Kübler/Prütting/Pape* § 21 RdNr. 9; vgl. auch LG Magdeburg Rpfleger 1995, 224; *Smid* InsO § 21 RdNr. 4; *Mohrbutter/Pape* RdNr. XVI.52; *Hess/Binz/Wienberg* GesO § 2 RdNr. 91.
[97] BGH v. 3.12.2009 – IX ZR 7/09 = BGHZ 183, 169 RdNr. 22; 151, 353, 367 sowie zur Abgrenzung BGH ZInsO 2007, 267 Tz. 19.
[98] *Uhlenbruck* § 21 RdNr. 4 ff.
[99] Vgl. dazu auch *Stephan* NZI 1999, 103, 105.
[100] BGH Beschl. v. 18.12.2008 – IX ZB 114/08, JurionRS 2008, 27962; BGH Beschl. v. 20.3.1986 – III ZR 55/85WM 1986, 652
[101] BVerfG NJW 2001, 745; BGH ZInsO 2006, 267, 268; 2002, 819, 822; BGH NJW-RR 1986, 1188; *Kilger*, FS 100 Jahre KO, S. 189, 194; *Pape* WPrax 1995, 236, 237; HKInsO-*Kirchhof* § 21 RdNr. 7; Nerlich/Römermann/*Mönning* § 21 RdNr. 68 ff.
[102] Vgl. dazu auch die differenzierende Abwägung bei Nerlich/Römermann/*Mönning* § 21 RdNr. 90 ff.
[103] An Anträge ist das Gericht nach BGH NZI 2006, 122, 123 = ZInsO 2006, 267, 268 nicht gebunden. Liegen aber nach den glaubhaften Darlegungen des Antragstellers die tatsächlichen Voraussetzungen für Siche-

hingegen das Gericht von Amts wegen, wobei sich die Frage, ob es sich um einen Eigen- oder Fremdantrag handelt, als Grundsatzfrage[104] nicht stellt, da die Gefahr masseschädigender Eingriffe grundsätzlich in beiden Fällen besteht.

Scheinbar als Regelfall ist durch den Gesetzgeber in §§ 21, 22 die Bestellung des vorläufigen Insolvenzverwalters (vgl. dazu ausführlich unten RdNr. 46 ff.), die bislang in § 106 KO nicht ausdrücklich geregelt war, in den Mittelpunkt und an die erste Stelle der Sicherungsmaßnahmen gerückt worden, was nicht zuletzt zu der Folgerung führen könnte, dass diese Maßnahme an die Spitze der möglichen Sicherungsmaßnahmen gestellt worden ist. Diesem Eindruck gilt es nachhaltig entgegenzutreten, denn die Anordnung der vorläufigen Verwaltung mit dem Entzug der Verfügungsbefugnis ist einerseits der schwerste und weitestgehende Eingriff in die Rechtsstellung des Schuldners und andererseits der kostenintensivste, mit der Folge, dass allein wegen der Kosten der vorläufigen Verwaltung, die gem. § 54 zu den nach § 53 vorrangig aus der Insolvenzmasse zu befriedigenden Kosten des Verfahrens zählen, eine Eröffnung mangels Masse unterbleiben kann, obwohl es eines der vorrangigen Ziele der Reform ist, gegenüber dem früheren Rechtszustand viel mehr Verfahren zur Eröffnung zu bringen.[105] Es gilt aber der Auffassung entgegen zu treten, dass die Bestellung eines vorläufigen Verwalters von der Kostendeckung abhängig gemacht werden könne – gerade davon hängt sie nämlich nicht ab. Zwar soll der vorläufige Verwalter nach der neueren Rechtsprechung des BGH[106] berechtigt und verpflichtet sein, seine Tätigkeit entweder gar nicht aufzunehmen oder sofort einzustellen, wenn für ihn erkennbar wird, dass nicht einmal die Kosten des Verfahrens gedeckt sind.[107] Dabei ist der BGH allerdings die Antwort schuldig geblieben, anhand welcher Tatsachen solche Feststellungen getroffen werden sollen und wie sich eine solche eigenständige Handlungsentscheidung mit der Anordnungs- und Durchsetzungskompetenz des Insolvenzgerichts vereinbaren lässt, das als einzige Institution berechtigt sein dürfte, einen vorläufigen Verwalter in dem o. g. Sinne zu entpflichten.

Seine Maßnahmen hat das Gericht daher daran zu messen, welches der vielfältig möglichen Mittel zur Erreichung des Sicherungszweckes erforderlich und notwendig ist, so dass auf den Verfahrensstand und den Verfahrenszweck abzustellen ist.[108] Geht es zB nur um die Sicherung einer ortsfesten Vermögensmasse so bedarf es regelmäßig nicht der kostenträchtigen Anordnung einer umfassenden vorläufigen Verwaltung, sondern es kann hinreichend sein, Verfügungen des Schuldners an einen Zustimmungsvorbehalt zu knüpfen oder ihm bestimmte Rechtshandlungen zu untersagen. Geht es dagegen um die Fortführung eines Unternehmens, damit also um die Vermögenserhaltung oder gar Vermögensmehrung, bedarf es idR eines allgemeinen Verfügungsverbotes unter gleichzeitiger Übertragung der Befugnisse auf einen vorläufigen Verwalter bzw. eines umfassenden Zustimmungsvorbehalts bzw. umfassender Einzelermächtigungen, da nur auf diese Weise Kompetenzkonflikte vermieden und Rechtshandlungen des Schuldners zu Lasten der Masse verhindert werden können. Solange der Schuldner nach außen hin in seiner Verfügungsmacht nicht beschränkt ist, kann eine Vermögensverschlechterung letztlich nicht verhindert werden, zumal von einem verfügungsbefugten Schuldner auch gutgläubige Dritte – wenn auch uU anfechtbar – Gegenstände des Vermögens erwerben können und der bestellte vorläufige Verwalter nur beschränkt handlungsfähig ist. Hält das Gericht den Erlass von Sicherungsmaßnahmen für erforderlich, so hat es das Mittel auszuwählen, dass die Erreichung des Sicherungszweckes sicherstellt, nicht jedoch dahinter zurückbleibt.[109] Sicherungsmaßnahmen die in diesem Sinne erforderlich sind, genügen in der Regel dann auch dem verfassungsrechtlichen Verhältnismäßigkeitsgrundsatz.

Bei einem noch „lebenden" und am Markt befindlichen Unternehmen ist zB die Verhängung eines allgemeinen Vollstreckungsverbots bzw. umfassender Zustimmungsvorbehalte zwangsläufig, um Über- oder Eingriffe in die Vermögenssubstanz zu verhindern, die den Fortbestand des Unternehmens gefährden könnten, wobei diese Maßnahme stets angeordnet werden sollte, sofern Anhalts-

---

rungsmaßnahmen vor, so sind Sicherungsmaßnahmen anzuordnen, lediglich bei der Frage welche erforderlich und geeignet sind, steht dem Gericht ein Ermessen zu.

[104] Allg. Meinung; vgl. für alle HmbKommInsO-*Schröder* § 21 RdNr. 21 ff. Die insoweit von einigen Autoren (vgl. *Smid* InsO § 21 RdNr. 9) versuchte Differenzierung kann im Einzelfall durchaus als Abgrenzungskriterium hilfreich sein, eignet sich aber für eine generalisierende Betrachtung nicht, da die Einzelfallkonstellation zu sehr variieren.

[105] Zu den insoweit eher betrüblichen Umsetzungsergebnissen vgl. *Haarmeyer/Suvacarevic* ZInsO 2006, 953 ff.; vgl. auch LG Berlin ZInsO 2000, 224, 225; *Haarmeyer/Wutzke/Förster*, Handbuch, Kap. 3 RdNr. 234 ff.

[106] BGH NZI 2006, 464 = ZInsO 2006, 642.

[107] BGHZ 157, 370, 379.

[108] BGH Beschl. v. 18.12.2008 – IX ZB 114/08, JurionRS 2008, 27962; BGH Beschl. v. 20.3.1986 – III ZR 55/85 WM 1986, 652.

[109] Dazu auch Nerlich/Römermann/*Mönning* § 21 RdNr. 92, 93.

punkte für noch laufende oder beginnende Zwangsvollstreckungen bestehen, da nur auf diese Weise der Vermögensbestand bis zur Entscheidung über die Eröffnung gesichert werden kann. Ein Verstoß gegen den Verhältnismäßigkeitsgrundsatz dürfte jedoch die pauschale Anordnung einer vorläufigen Verwaltung in einem Verbraucherinsolvenzverfahren sein, da die dadurch entstehenden Kosten die beschränkten Mittel für die Gläubiger vollständig aufzehren, ohne dass eine solche Maßnahme regelmäßig erforderlich ist. Allgemein kann es in einem solchen Fall ausreichend sein, dem Schuldner besondere Verfügungsverbote aufzuerlegen oder einzelne Zustimmungsvorbehalte anzuordnen.[110]

27 Entsprechend dem abgestuften System von Sicherungsmaßnahmen können daher auch die massiv in Grundrechte eingreifenden Maßnahmen wie die Beschränkung der Freiheit des Schuldners (§§ 22 Abs. 3, 98) oder die Anordnung einer Postsperre[111] (§§ 21 Abs. 2 Nr. 4, 99) im Eröffnungsverfahren stets nur dann verhältnismäßig sein, wenn weniger geringere Eingriffe keinen Erfolg versprechen, so dass sie erst als letztes Mittel eingesetzt werden dürfen.[112] So hat auch der Gesetzgeber in der Begründung zu § 112 RegE (§ 99) festgelegt, dass für den Fall, dass keine Anhaltspunkte für Manipulationen des Postverkehrs vorliegen, „eine Postsperre nicht gerechtfertigt" ist. Die Voraussetzungen solcher Eingriffe sind daher in jedem Fall besonders zu prüfen, da sie auch einen tiefen Einschnitt in den privaten, grundrechtlich geschützten Lebensbereich des Schuldners bedeuten.[113]

28 Es ist daher in jedem Einzelfall zu prüfen, ob die beabsichtigte Maßnahme verhältnismäßig ist oder zu weitergehenden unangemessenen Beeinträchtigungen des Schuldners führt, die in jedem Fall zu vermeiden sind. Oft kommt es leider vor, dass erst die Veröffentlichung einer **ungeprüft** oder unzureichend geprüften und gleichwohl verhängten gerichtlichen Maßnahme den Schuldner an den Rand der oder in die Insolvenz bringt, mit weitreichenden haftungsrechtlichen Folgen für das anordnende Gericht.[114] Das Gericht hat die Anordnungen jedoch dann zu erlassen, wenn sie sich nach Art und Umfang im Interesse der Erhaltung und Sicherung der Masse als **notwendig erweisen.** Insbesondere in diesem Bereich ist bei **konkret drohender Gefahr** für Zurückhaltung und Zögern kein Platz.[115]

VI. Zeitpunkt und Zeitraum angeordneter Maßnahmen

29 Um den gebotenen lückenlosen Schutz der Vermögensmasse sicherzustellen, hat das Insolvenzgericht **unmittelbar nach Eingang** eines Antrages dessen Zulässigkeit zu prüfen. Dies ist der Fall, wenn er von einem Antragsberechtigten gestellt ist und die Verfahrensvoraussetzungen wie die Zuständigkeit des Gerichts und die Insolvenzverfahrensfähigkeit des Schuldners gegeben sind. Bei dem Antrag eines Gläubigers ist nach § 14 Abs. 1 InsO zusätzlich erforderlich, dass ein rechtliches Interesse an der Verfahrenseröffnung bestehet und der Eröffnungsgrund und der Anspruch des Gläubigers glaubhaft gemacht sind. Erforderlich ist vor Erlass von Sicherungsmaßnahmen aber nicht die endgültige, positive Feststellung der Zulässigkeit, sondern ausreichend ist, dass die Prüfung des Antrags ergibt, dass Bedenken gegen die Zulässigkeit nicht bestehen oder erkennbar sind (vgl. dazu ausführlich oben RdNr. 16).[116] Nur auf diese Weise und auf diesen Zeitpunkt bezogen kann im Rahmen der Eilbedürftigkeit insolvenzgerichtlicher Maßnahmen der erforderliche Schutz sichergestellt werden. Dem Gericht steht insoweit daher auch kein Entschließungsermessen sondern nur eine Auswahlermessen zu. Kann auf Grund der Zulässigkeitsprüfung ausgeschlossen werden, dass es sich um einen missbräuchlichen, offenbar unzulässigen oder unschlüssigen Antrag handelt, so können und müssen vom Zeitpunkt dieser Feststellung an Sicherungsmaßnahmen erlassen werden, sofern sie sich nach den vorgenannten Kriterien als erforderlich erweisen.[117] Bestehen jedoch an dem Vorliegen dieser Negativ-Kriterien ernsthafte Zweifel, hat das Gericht von Amts wegen auf deren Beseitigung, ggf. durch Bestellung eines Sachverständigen, hinzuwirken, bevor Sicherungsmaßnahmen erlassen werden dürfen. Trägt der am Verfahren beteiligte Schuldner zur Aufklärung

---

[110] In diesem Sinne auch *Uhlenbruck* § 21 RdNr. 7; FKInsO-*Schmerbach* § 21 RdNr. 25; *Kübler/Prütting/Pape* § 21 RdNr. 8; Nerlich/Römermann/*Mönning* § 21 RdNr. 97.

[111] BGH ZInsO 2006, 1212, 1214; OLG Celle ZInsO 2000, 557 zu den daher zu beachtenden Voraussetzungen.

[112] So auch ausdrücklich BGH ZInsO 2004, 550 = BGHZ 158, 212.

[113] Begr. zu § 112 RegE; abgedruckt bei *Balz/Landfermann* S. 320; zur Erstreckung der Postsperre auch auf E-Mails vgl. *Münzel/Böhm* ZInsO 1998, 363; OLG Celle ZInsO 2000, 557; OLG Zweibrücken ZInsO 2000, 677.

[114] Vgl. dazu zB BGH ZInsO 2006, 267, 268; LG Magdeburg ZIP 1995, 579; LG Dortmund KTS 1984, 147.

[115] So auch *Kübler/Prütting/Pape* § 21 RdNr. 9.

[116] BGH Beschl. v. 15.11.2011 IX ZB 139/11 Jurion RS 2011, 31568; Beschl. 22.3.2007 IX ZB 164/06 ZInsO 2007, 440; HambKomm-*Schröder* § 21 RdNr. 2; HKInsO-*Kirchhof* § 21 RdNr. 4.

[117] Jaeger/*Gerhardt* § 21 RdNr. 81; *Pohlmann* RdNr. 19; HKInsO-*Kirchhof* § 21 RdNr. 4.

der zuständigkeitsbegründender Anknüpfungstatsachen nichts bei, obwohl er in der Lage ist, die Veränderungen seines Vermögensbestandes in Bezug auf den maßgeblichen Stichtag zur Begründung der Zuständigkeit des Insolvenzgerichts aufzuzeigen, kann es nach Lage des Falles sogar ausreichen, wenn das angerufene Insolvenzgericht seine nicht sicher auszuschließende Zuständigkeit prüft.[118]

Die vom Gericht getroffenen Sicherungsmaßnahmen umfassen den gesamten Zeitraum des Eröffnungsverfahrens und enden mit der Entscheidung des Gerichts über die Eröffnung. Während der gesamten Dauer des Eröffnungsverfahrens ist jedoch das Gericht gehalten, die Erforderlichkeit und die Verhältnismäßigkeit der verhängten Maßnahmen daraufhin zu prüfen, ob ihr weiterer Bestand notwendig ist oder ob er der Anpassung durch Erweiterung, Lockerung oder Aufhebung bedarf. Eine solche Anpassung ist, auch wenn dies die InsO nicht ausdrücklich anordnet,[119] dann geboten, wenn dem Gericht Erkenntnisse bekannt werden, dass die angeordneten Maßnahmen nicht oder nicht mehr geeignet oder erforderlich sind, um den Sicherungszweck zu erreichen.[120] Dies gilt insbesondere dann, wenn dem Schuldner die Verwaltungs- und Verfügungsbefugnis belassen worden ist, da dann das Risiko der eigentlich durch Sicherungsmaßnahmen zu vermeidenden und gläubigerbenachteiligenden Minderung der Vermögensmasse besonders groß und die Haftungsrisiken für das Gericht besonders hoch sind.[121] Wird erst im Laufe des Eröffnungsverfahren erkennbar, dass der Sicherungszweck nur mit der Anordnung eines allgemeinen Verfügungsverbot erreicht werden kann, so kann dies nur auf Antrag oder mit Zustimmung eines bereits bestellten vorläufigen „schwachen" Verwalters ergehen, insbesondere wenn zu diesem Zeitpunkt das insolvenzbefangene Unternehmen fortzuführen ist. Zu Recht weist *Mönning*[122] darauf hin, dass ein vorläufiger Verwalter wegen der unstreitig hohen haftungsrechtlichen Risiken nicht gegen seinen Willen oder ohne eine vorherige Prüfung mit der gesetzlich vorgegebenen Fortführung eines Unternehmens nach § 22 Abs. 1 Nr. 2 beauftragt werden kann. Die zur Prüfung und Entscheidung erforderliche Zeit, auch der versicherbaren besonderen Risikolage, ist in die Überlegungen des Gerichts nach Rücksprache mit dem Verwalter einzubeziehen.[123] Vgl. ausführlich zur Unternehmensfortführung während des Eröffnungsverfahrens § 22 RdNr. 83 ff.

VII. Rechtliches Gehör im Insolvenzeröffnungsverfahren

Durch die Gewährung rechtlichen Gehörs wird dem Schuldner die Möglichkeit gegeben, im Rahmen der Vorprüfung, spätestens aber vor einer Entscheidung über die Eröffnung, Gründe geltend zu machen, die aus seiner Sicht einer Eröffnung des Insolvenzverfahrens entgegenstehen.[124] Das verfassungsrechtliche Gebot des Art. 103 Abs. 1 GG verlangt, dass grundsätzlich einem Beteiligten Gelegenheit zu geben ist, sich zu einem Sachverhalt vor dem Erlass einer Entscheidung zu äußern oder Anträge zu stellen, wenn ihm eine solche Entscheidung zum Nachteil gereichen kann. Dieser Grundsatz erfährt im Insolvenzverfahren nicht unerhebliche Einschränkungen.[125] Die weitestgehende Einschränkung dieses Grundsatzes enthält die gesetzliche Neuregelung in § 10, wonach in den dort niedergelegten Fällen einer zu erwartenden Verfahrensverzögerung geregelt ist, dass und wann eine Anhörung vollständig unterbleiben kann. Bezüglich zu erlassender Sicherungsmaßnahmen hat der Gesetzgeber lediglich die vorherige Anhörung des Schuldner für den Fall der Anordnung von Haft in § 21 Abs. 3 vorgegeben, während sich die nach § 14 Abs. 2 vorzunehmende Anhörung allein auf glaubhaft gemachte Eröffnungsvoraussetzungen bezieht. Im Umkehrschluss ist aus der Festlegung in § 21 Abs. 3 zu Recht gefolgert worden, dass, wie in der zum Konkursrecht

---

[118] Vgl. BGH ZInsO 2007, 440; HKInsO-*Kirchhof*, aaO § 21 RdNr. 4; MünchKomm-*Schmahl*, § 14 RdNr. 96; MünchKomm-*Haarmeyer*, § 21 RdNr. 17; FKInsO-*Schmerbach*. § 21 RdNr. 16; HambKomm-*Schröder*, § 21 RdNr. 2; *Smid/Thiemann*, InsO 2. Aufl. § 21 RdNr. 3 f; vgl. auch *Nerlich/Römermann/Mönning*, InsO § 21 RdNr. 19.
[119] Die noch in § 29 RegE (§ 25) enthaltene Regelung, dass „Sicherungsmaßnahmen aufzuheben sind, wenn sie für entbehrlich gehalten werden" ist vom RA-BT als Selbstverständlichkeit aus redaktionellen, nicht aus inhaltlichen Gründen gestrichen worden, so dass seither § 25, entgegen seiner Überschrift, nicht mehr die Aufhebung, sondern nur die Folgen derselben regelt; vgl. dazu den Ausschussbericht zu § 29 RegE, abgedruckt bei *Balz/Landfermann* S. 236.
[120] So BGH ZInsO 2006, 267, 268; *Uhlenbruck*, Kölner Schrift, S. 325 ff. RdNr. 25; Nerlich/Römermann/Mönning § 21 RdNr. 100.
[121] *Uhlenbruck*, Kölner Schrift, S. 325 ff. RdNr. 25.
[122] § 21 RdNr. 101, 102.
[123] Nerlich/Römermann/*Mönning* § 21 RdNr. 102 weist zutreffend darauf hin, dass eine solche Entscheidung in einem günstigen Fall binnen Stunden, im Einzelfall aber auch einige Tage erfordern kann.
[124] OLG Köln ZInsO 2000, 104, 106; Jaeger/*Gerhardt* § 21 RdNr. 90; *Uhlenbruck* § 21 RdNr. 44; *Haarmeyer/Wutzke/Förster*, Handbuch, Kap. 2 RdNr. 95 ff.
[125] Dazu *Vallender*, Kölner Schrift, S. 249 ff.; *Smid* WM 1995, 787; *Gerhardt*, Kölner Schrift, S. 193 ff. RdNr. 26.

herrschenden Meinung,[126] dem Schuldner vor Erlass anderer Sicherungsmaßnahmen als der Haftanordnung **grundsätzlich kein rechtliches Gehör** gewährt werden muss,[127] es sei denn, dies ist ohne Gefährdung des Sicherungszwecks möglich.

32 Während es im Eröffnungsverfahren für die Gewährung rechtlichen Gehörs genügt, dem Schuldner Gelegenheit zur Äußerung gegeben wird, wird selbst dieses eingeschränkte Gehör in zulässiger Weise weiter verkürzt bei dem Erlass von Beschlüssen, die dazu dienen sollen, masseschädigende Handlungen des Schuldners zu unterbinden oder das Vermögen zu sichern, zB durch Anordnung der vorläufigen Verwaltung oder eines Verfügungsverbotes, da hier schon der Sicherungszweck selbst die vorherige Anhörung verbietet,[128] so dass in diesen Fällen das Interesse des Schuldners an einer vorherigen Anhörung keinen Vorrang vor den öffentlichen Interessen an einer geordneten Verfahrensabwicklung bzw. gegenüber den vorrangigen Interessen der Gläubigergesamtheit hat.[129] Hierfür müssen jedoch, wie für die Erforderlichkeit der Anordnung, konkrete Anhaltspunkte gegeben sein, da in Grundrechte des Betroffenen eingegriffen wird, so dass ein Absehen von der vorherigen Anhörung stets nur dann gerechtfertigt ist, wenn dadurch der Sicherungszweck gefährdet würde.[130] Da sich dies jedoch in jedem konkreten Fall kaum jemals zuverlässig beurteilen lassen wird, ist angesichts der überragenden Bedeutung sichernder Maßnahmen für die Erreichung der Insolvenzziele eine **generalisierende Betrachtungsweise** unvermeidbar.[131] Danach sind sichernde Maßnahmen ohne vorherige Anhörung stets dann zu erlassen, wenn der Antrag von einem Gläubiger gestellt wird oder der Antragsteller zur Stellung eines Eigenantrages gesetzlich verpflichtet gewesen ist und sich daraus konkrete Anhaltspunkte für eine Vermögensgefährdung ergeben. In beiden Fällen besteht nach den Erkenntnissen der staatsanwaltlichen Praxis ein erhebliches Gefährdungspotential.[132] Die Bereitschaft des betroffenen Schuldner noch masseschädigende Handlungen vorzunehmen, wächst danach mit der Nähe zum Verfahren und den damit einhergehenden Versuchen, zu retten, was noch zu retten ist. In dieser Situation hat auch der mit vorläufigen Sicherungsmaßnahmen verbundene Überraschungseffekt eine gewollte und anzustrebende Wirkung, die das Unterbleiben der vorherigen Anhörung rechtfertigt.[133] In allen anderen Fällen sollte einzelfallbezogen entschieden werden, wobei jedoch stets zu beachten ist, dass es sich trotz der uU weitreichenden Wirkungen nur um Maßnahmen der Sicherung bis zu einer späteren Entscheidung, nicht jedoch zur unumkehrbaren Veränderung eigentums- oder besitzrechtlicher Positionen handelt.

33 Unterbleibt eine vorherige Anhörung, ist sie jedoch unverzüglich nachzuholen,[134] was regelmäßig schon dadurch geschieht, dass dem Schuldner mit dem Beschluss auch eine Belehrung über die angeordneten Zwangs- oder Sicherungsmaßnahmen übersandt wird.[135] Ist dem Schuldner nach Zulassung des Antrags rechtliches Gehör gewährt worden, so ist vor jeder weiteren Beschlussfassung im Verfahren die erneute Gewährung rechtlichen Gehörs nicht erforderlich.[136] Wird die Nachholung der Anhörung jedoch zB mit dem Hinweis auf Überlastung abgelehnt,[137] so stellt dies eine unzulässige Rechtsverweigerung dar, die mit der Stellung und Aufgabe des gesetzlichen Richters unvereinbar ist, da es sich beim rechtlichen Gehör um ein verfassungsrechtlich geschütztes Rechtsgut handelt.[138]

---

[126] Jaeger/*Weber* § 106 RdNr. 1; *Kuhn/Uhlenbruck* § 106 RdNr. 1b; *Mohrbutter/Mohrbutter* (6. Aufl.) RdNr. 4; *Maintzer* KTS 1985, 617, 622.

[127] Allg. Meinung; vgl. zuletzt BGH Beschl. v. 15.12.2011 – IX ZB 139/11 = ZInsO 2011, 1742 Tz 13 m.w.N; BGH NZI 2009, 604, zuvor in diesem Sinne auch schon. OLG Köln ZInsO 2000, 104, 105; LG Göttingen ZInsO 2003, 337; HKInsO-*Kirchhof* § 21 RdNr. 26; FKInsO-*Schmerbach* § 21 RdNr. 22; *Pohlmann* RdNr. 65, 66; *Kübler/Prütting/Pape* § 21 RdNr. 12; Nerlich/*Römermann/Mönning* § 21 RdNr. 110.

[128] BGH NZI 2009, 604; LG Göttingen ZIP 2003, 679. BVerfGE 7, 95, 96; 9, 89, 98; 18, 399, 404; 49, 329, 342; 51, 97, 111; 57, 346, 359.

[129] Da es nicht darum geht, dem Schuldner das rechtliche Gehör zu verweigern, sondern im Rahmen pflichtgemäßen Ermessens der beteiligten Interessen abzuwägen, verstößt die vorgenannte Auffassung auch nicht gegen Art. 103 Abs. 1 GG bzw. Art. 6 Abs. 1 EMRK.

[130] *Mohrbutter/Pape* RdNr. XVI.52.

[131] In diesem Sinne auch *Pohlmann* RdNr. 67.

[132] *Weyand* S. 26 f., 39 ff.

[133] OLG Köln ZInsO 2000, 104, 106.

[134] OLG Köln ZInsO 2000, 104, 105; LG Magdeburg ZIP 1995, 579; *Haarmeyer/Wutzke/Förster,* Handbuch, Kap. 2 RdNr. 87; *Pohlmann* RdNr. 70; HKInsO-*Kirchhof* § 21 RdNr. 26.

[135] So wohl auch *Vallender,* Kölner Schrift, S. 249 ff. RdNr. 33.

[136] LG Göttingen ZInsO 1998, 142 (LS); anders dürfte es jedoch dann zu beurteilen sein, wenn durch eine bestimmte Maßnahme schon in den Eröffnungsverfahren der Vermögensverbund, wenn auch nur teilweise, aufgehoben werden soll; zB durch Zustimmung des Gerichts zur Verwertung von Vermögensteilen im Eröffnungsverfahren; vgl. dazu auch *Hilzinger* ZInsO 1999, 567.

[137] Vgl. dazu auch LG Mannheim ZInsO 2000, 679.

[138] *Haarmeyer/Wutzke/Förster* GesO § 2 RdNr. 177 unter Hinweis auf LG Magdeburg, Beschl. v. 14.11.1994 – 3 T 493/94 (unveröff.).

Hat jedoch das Gericht Bedenken, dem Antrag eines Gläubigers auf Erlass von Sicherungsmaß- **34**
nahmen zu folgen, weil es die dargelegten Gefährdungsargumente für nicht ausreichend hält, so hat
das Gericht dem Schuldner vor seiner Entscheidung kurzfristig rechtliches Gehör zu gewähren.[139]
Im Einzelfall kann jedoch gegenüber vollstreckungsbereiten Gläubigern die Anordnung eines Vollstreckungsverbotes ausreichend sein, um die Vermögenslage vor nachteiligen Veränderungen zu
schützen. In jedem Fall ist dem Schuldner Gelegenheit zu geben, sich durch Einlegung von Gegenvorstellung bzw. Rechtsmitteln nachträglich rechtliches Gehör zu verschaffen, zumal das Insolvenzgericht selbst die Möglichkeit hat, eine getroffene Entscheidung im Lichte der Argumente des
Betroffenen erneut zu prüfen und den Beschluss ggf. aufzuheben oder abzuändern (§ 6 Abs. 2
Satz 2). Wegen der Beschränkung der Rechtsmittel im Eröffnungsverfahren sollte daher jede Eingabe
eines Betroffenen zumindest Anlass sein, auch in die Prüfung bereits erlassener Maßnahmen einzutreten.[140] Da auch die InsO keine Festlegung bezüglich der **Form der Anhörung** trifft, ist davon
auszugehen, dass, ebenso wie bei § 105 Abs. 2 KO, die Anhörung sowohl mündlich als auch schriftlich erfolgen kann.

VIII. Erlass des Anordnungsbeschlusses und Bekanntmachung

Der Richter kann alle zur Sicherung der Masse geeigneten Maßnahmen anordnen, wenn er **35**
zuvor sorgfältig geprüft hat, ob diese notwendig, zweckmäßig und verhältnismäßig sind.[141] Das
Gericht kann Sicherungsmaßnahmen nach pflichtgemäßem Ermessen auch jederzeit **aufheben oder
abändern**, soweit sie sich als nicht mehr notwendig oder zweckmäßig erweisen.[142] Diese Anordnungen können, um ihren Zweck nicht zu verfehlen, auch ohne vorherige Anhörung des Schuldners erlassen und sollten in einem **einheitlichen Sicherungsbeschluss zusammengefasst** werden,
der insbesondere **Tag und Stunde** der Beschlussfassung eindeutig erkennen lässt.[143] Die Geschäftsstelle des Insolvenzgerichts hat entsprechend §§ 23, 30 Abs. 1 Satz 1 den Beschluss der Sicherungsmaßnahmen anordnet, sofort öffentlich bekanntzumachen. Hierbei sollte sich das Gericht gegenüber
den Beteiligten oder Betroffenen auch der Bekanntgabe durch Zusendung per Fax, Email oder
telefonische Vorabmitteilung bedienen, um den unmittelbaren Eintritt der Wirkung angeordneter
Sicherungsmaßnahmen mitzuteilen.[144] Da die Bekanntmachung nach § 23 selbst nicht Wirksamkeitsvoraussetzung ist,[145] tritt diese zB bei einem Verfügungsverbot bereits mit dem Erlass ein (dazu
unten RdNr. 37).[146] Werden in dem Beschluss eine Postsperre oder freiheitsbeschränkende Maßnahmen angeordnet, so bedürfen diese stets einer gesonderten Begründung, zumal sie gesondert
anfechtbar sind (dazu unten RdNr. 88).

Bedeutung hat die **öffentliche Bekanntmachung nebst Eintragung** in Grundbücher und **36**
Register nach § 23 Abs. 1 Satz 1, Abs. 3 zur Vermeidung gutgläubigen Erwerbs an unbeweglichen
Sachen, da der gute Glaube am Mobiliarerwerb durch §§ 24 Abs. 1, 81 Abs. 1 Satz 2 ohnehin nicht
geschützt ist, so dass die Bekanntmachung insoweit nur Warnfunktion hat. Bedeutung hat die
Bekanntmachung aber auch für Leistungen an den Schuldner (§§ 24 Abs. 1, 82 Abs. 1), bei der guter
Glaube an die bestehende Verfügungsmacht des Schuldner den Leistenden befreit (§ 82) und für
den Fall des unbekannten Aufenthaltes des Schuldners (§ 9 Abs. 3) Vgl. im Übrigen hierzu § 24
RdNr. 6 ff.

IX. Wirksamwerden von Sicherungsmaßnahmen

Nachdem die Frage des Wirksamwerdens eines nicht verkündeten Beschlusses zur Anordnung **37**
von Sicherungsmaßnahmen im Bereich der KO und GesO über lange Zeit streitig gewesen und für
das Wirksamwerden an die Zustellung an den Schuldner angeknüpft worden ist[147] hatte diese Frage

---

[139] *Henckel* ZIP 2000, 2045, 2046; *Vallender*, Kölner Schrift, S. 249 ff. RdNr. 34.
[140] Vgl. in diesem Sinne auch AG Göttingen ZInsO 1999, 482.
[141] Zu den Abwägungskriterien vgl. BGH ZInsO 2006, 267 Tz. 11 „pflichtgemäßes Ermessen"; OLG Köln
ZInsO 2000, 104 ff.; LG Magdeburg Rpfleger 1995, 224.
[142] BGH ZInsO 2007, 97, 98; die Aufhebung rechtfertigende Gründe sind auch im Rechtsmittelverfahren
überprüfbar so LG Berlin ZInsO 2009, 526..
[143] BGH NZI 2001, 203; *Uhlenbruck* EWiR 1995, 57, 58 vertritt mit überzeugenden Argumenten die Auffassung, dass die Gerichte im Hinblick auf die geänderte Rechtsprechung des BGH hierzu verpflichtet seien; vgl.
dazu BGH ZIP 1995, 40; *Kübler/Prütting/Pape* § 21 RdNr. 13. siehe auch das Muster eines umfassenden Sicherungsbeschlusses bei *Haarmeyer/Wutzke/Förster*, Handbuch, Kap. 3 RdNr. 251.
[144] BGH ZInsO 2004, 387 = NJW-RR 2004, 1047.
[145] HKInsO-*Kirchhof* § 21 RdNr. 26.
[146] BGH ZInsO 2004, 387; BGH ZIP 1995, 40; HKInsO-*Kirchhof* § 21 RdNr. 28.
[147] Vgl. u.a. BGH ZIP 1982, 464, 465 sowie die Nachweise bei *Uhlenbruck* EWiR 1995, 58, 59.

schon mit der Entscheidung des BGH vom 8.12.1994[148] an Bedeutung verloren und so ging die ganz herrschende Meinung zur InsO zu Recht davon aus, dass Sicherungsmaßnahmen im Rahmen der §§ 21, 22 bereits in dem Zeitpunkt wirksam werden, in dem sie aufhören ein Internum des Gerichts zu sein.[149] Diese Auffassung hat der BGH unter der Geltung der InsO bestätigt.[150] Die Wirksamkeit tritt mithin dann ein, wenn der unterschriebene vollständige Beschluss[151] vom zuständigen Richter in den allgemeinen Geschäftsgang des Gericht gegeben wird bzw. von der Geschäftsstelle einem Beteiligten mitgeteilt oder dies veranlasst wird. Zu beachten ist jedoch stets, dass der anordnende Beschluss Datum und Zeitpunkt eindeutig erkennen lässt, ansonsten gilt entsprechend § 27 Abs. 3 die Mittagsstunde als maßgebender Zeitpunkt.[152] Die Wirkungen eines allgemeinen Veräußerungsverbots im Eröffnungsverfahren treten mithin unabhängig von der Zustellung oder einer öffentlichen Bekanntmachung ein, womit sich nunmehr auch die Rechtsprechung im Einklang mit der InsO[153] befindet, denn nach § 21 Abs. 2 Nr. 2, § 24 Abs. 1, § 81 Abs. 1 sind alle Verfügungen, die sich als Verstoß gegen Verfügungsbeschränkungen darstellen, für den Fall der Eröffnung unwirksam, denn nur durch einen eindeutig bestimmbaren frühen Wirksamkeitseintritt lässt sich der Zweck der Sicherungsmaßnahmen erreichen.[154] Weder die öffentliche Bekanntmachung noch die Zustellung selbst ist mithin Wirksamkeitsvoraussetzung für die insolvenzrechtlich[155] angeordneten Sicherungsmaßnahmen (zu den gleichwohl verbleibenden Konsequenzen vgl. oben RdNr. 29 ff. sowie § 27 RdNr. 36 ff.).

X. Rechtsmittel

38 Allein der Schuldner kann gem. Abs. 1 Satz 2 gegen die Anordnung von Sicherungsmaßnahmen des Insolvenzgerichts sofortige Beschwerde einlegen. Zur Ingangsetzung des Laufs der Beschwerdefrist (§ 6 Abs. 2 InsO) ist die förmliche Zustellung des Anordnungsbeschlusses erforderlich. Kein Rechtsmittel hat er jedoch gegen die Unterlassung oder die Aufhebung von Sicherungsmaßnahmen bzw. deren bloße Vorbereitung, wie zB die Bestellung eines Sachverständigen.[156] Nicht anfechtbar sind auch bloße Ermittlungsanordnungen wie beispielsweise die Auswahl der Person des bestellten vorläufigen Insolvenzverwalters, in diesem Fall ist ausschließlich die Tatsache angreifbar, dass ein solcher überhaupt bestellt wurde. Auch die einem vorläufigen Insolvenzverwalter erteilte Ermächtigung, Masseverbindlichkeiten zu begründen oder dessen Entscheidung eine Lastschrift zu widerrufen sind nicht selbstständig anfechtbar.[157] Auch andere einzelne Handlungen des vorläufigen Verwalters sind nicht gesondert anfechtbar, können und sollten jedoch für das Gericht Anlass zur Prüfung sein.[158] Greift das Gericht allerdings mit freiheitsbeschränkenden Maßnahmen zB nach § 97 Abs. 3 in die Rechtssphäre des Schuldners unmittelbar ein, dürfte auch hiergegen das Beschwerderecht schon wegen des Grundrechtseingriffs gegeben sein.[159]

39 Das Beschwerderecht besteht grundsätzlich nur in den gesetzlich angeordneten Fällen. Demnach ist mangels gesetzlicher Regelung die Anordnung eines Sachverständigengutachtens im Eröffnungsverfahren nicht mit der Beschwerde angreifbar. Eine sofortige Beschwerde analog § 21 Abs. 1 Satz 2 InsO kann aber in Fällen statthaft sein, in denen das Insolvenzgericht im Eröffnungsverfahren eine

---

[148] ZIP 1995, 40.
[149] Vgl. *Kübler/Prütting/Pape* § 21 RdNr. 13; *Haarmeyer/Wutzke/Förster* GesO § 2 RdNr. 186; HKInsO-*Kirchhof* § 21 RdNr. 28; *Gerhardt,* Kölner Schrift, S. 193 ff. RdNr. 30; BGH ZIP 1996, 1909, 1910.
[150] BGH ZInsO 2004, 387; OLG Celle ZIP 2000, 673, 675.
[151] OLG Köln ZInsO 2000, 393 ff.; zu den Nichtigkeitsfolgen eines nicht unterschriebenen Beschlusses vgl. BGH ZIP 1997, 2126; *Pape* ZInsO 1998, 61, 65.
[152] So ausdrücklich BGH NZI 2001, 203, ebenso schon BGH ZIP 1989, 1911, der zudem darauf hinweist, dass das schutzwürdige Vertrauen Dritter dadurch nicht beeinträchtigt wird, da der gute Glaube an die Rechtsinhaberschaft des Schuldners bei Zwangsvollstreckungsmaßnahmen in keinem Fall geschützt wird; dafür auch *Pohlmann* RdNr. 46; *Gerhardt,* Kölner Schrift, S. 193 ff. RdNr. 33; missverständlich insoweit *Kübler/Prütting/Pape* § 21 RdNr. 13.
[153] Die Begr. zu § 35 RegE (§ 21) führt aus, dass in dem Beschluss „mit dem Sicherungsmaßnahmen angeordnet werden, . . . die genaue Zeit der Anordnung anzugeben (ist), damit der Zeitpunkt des Wirksamwerdens der Maßnahme feststeht". Eine dahingehende Empfehlung hatte schon 1984 die Insolvenzrechtskommission in Leitsatz 1.2.3 Abs. 10 abgegeben.
[154] *Gerhardt,* Kölner Schrift, S. 193 ff. RdNr. 32.
[155] Keine Auswirkung hat die vorgenannte Neuordnung auf die zivilprozessualen Eilmaßnahmen nach §§ 935, 938 Abs. 2 ZPO, die ein Gebot oder Verbot an den Schuldner enthalten. Diese werden auch weiterhin erst mit ihrer Zustellung an den Schuldner wirksam; ganz hM vgl. für alle Zöller/*Vollkommer* § 938 RdNr. 14.
[156] BGH ZInsO 2011, 1499; 2006, 1212, 1213; LG München I NZI 2003, 215.
[157] BGH ZInsO 2008, 1208; HK-*Kirchhof* § 21 RdNr. 58.
[158] LG Gera ZIP 2002, 1737.
[159] BGH ZInsO 2011, 1499; 2010, 1225 RdNr. 11ff;

Maßnahme anordnet, die von vorneherein außerhalb seiner gesetzlichen Befugnisse liegt und in den grundrechtlich geschützten räumlichen Bereich des Schuldners eingreift.[160] Grundsätzlich entfällt das Rechtsschutzinteresse mit der Aufhebung der Maßnahme[161] oder mit der Eröffnung des Verfahrens[162], es sei denn, das Interesse an der Feststellung der Rechtmäßigkeit sei in besonderer Weise schutzwürdig, wie zB bei Grundrechtseingriffen,[163] insbesondere bei der Durchsuchung von Wohn- und Geschäftsräumen, freiheitsbeschränkenden Maßnahmen,[164] aber wohl auch gegen Anordnungen einer Postsperre.

Das vom Schuldner eingelegte Rechtsmittel der sofortigen Beschwerde hat keine aufschiebende 40 Wirkung (§ 570 ZPO). Die Beschwerde kann sich nur gegen die konkrete Sicherungsmaßnahme als solche wenden, nicht jedoch zB gegen die Person des vorläufigen Verwalters, da der Schuldner gerade darauf keinen Einfluss haben soll. Beschwerdegegenstand ist in solchen Fällen mithin nur die Anordnung der vorläufigen Verwaltung, nicht jedoch der als Person bestellte vorläufige Insolvenzverwalter. Ob dies bezüglich der **Person des vorläufigen Verwalters** allerdings auch und gerade im Hinblick auf die enormen qualitativen Unterschiede bei den bestellten Verwaltern langfristig haltbar ist, dürfte zumindest streitig sein. Betrachtet man das häufig im Schutz richterlicher Unabhängigkeit von wenig Sachkenntnis getrübte Bestellungsverhalten vieler Insolvenzgerichte und die fehlende umfassende Sachkompetenz bei vielen Insolvenzverwaltern, so kann es angesichts der verfahrensentscheidenden Bedeutung der Auswahl des „richtigen" Verwalters nicht hinnehmbar sein, dass die in ihren Befriedigungsaussichten unmittelbar davon betroffenen Gläubiger faktisch rechtlos gestellt waren.[165] Auch insoweit ist es nur konsequent gewesen, dass der Gesetzgeber mit dem ESUG den Einfluss der Gläubiger auf die Auswahl des „richtigen" Insolvenzverwalters mit den Regelungen der §§ 22a und 56a deutlich gestärkt hat.[166]

Die Beschwerde steht nach § 6 Abs. 1 **nur dem Schuldner,** nicht auch den Gläubigern, Dritten[167] oder dem vorläufigen Verwalter[168] zu, da es ihnen wegen des fehlenden Antragsrechtes zum 41 Erlass von Sicherungsmaßnahmen regelmäßig an der Beschwer mangelt.[169] Sie haben jedoch die Möglichkeit der Gegenvorstellung. Kein Rechtsbehelf ist zulässig gegen die gerichtliche Entscheidung vorbereitende **Amtsermittlungsmaßnahmen,** wie zB die Bestellung eines Sachverständigen.[170]

XI. Die Haftung des Insolvenzgerichts

Insbesondere das Eröffnungsverfahren ist auch für das Insolvenzgericht mit erheblichen Haftungs- 42 risiken wegen Amtspflichtverletzungen belastet.[171] Die aus einer Amtspflichtverletzung folgende Staatshaftung nach § 839 BGB Art. 34 GG setzt nicht das Vorliegen der Voraussetzungen einer unerlaubten Handlung nach §§ 823 ff. BGB voraus.[172] Erforderlich und ausreichend ist vielmehr die auch fahrlässig herbeigeführte Verletzung einer Amtspflicht,[173] die gerade auch den Interessen Dritter dient, wofür im Insolvenzverfahren sowohl der Schuldner als auch die Gläubiger und der Verwalter in Betracht kommen können. Soweit der Richter oder Rechtspfleger bei der Verwirklichung der Haftung vorsätzlich oder grob fahrlässig handelt, bleibt dem jeweiligen Land als Anstellungsbehörde der Rückgriff nach Art. 34 Abs. 2 GG vorbehalten.

Soweit es die Tätigkeit des Insolvenzgerichts im Eröffnungsverfahren betrifft, kann sich das 43 Gericht sowohl in den Fällen unberechtigter Anordnung von Sicherungsmaßnahmen, Nicht- bzw. Zuspät-Eröffnung gegenüber dem Schuldner und den Gläubigern schadenersatzpflichtig machen.[174]

---

[160] BGH, Beschl. v. 14.7.2011 – IX ZB 207/10, ZInsO 2011, 1499.
[161] BGH Beschl. v. 21.2.2008 – IX ZB 112/07 JurionRS 2008, 10698; BGH ZInsO 2006, 1212, 1213.
[162] BGH ZInsO 2008, 23; BGH Beschl. v 16.7.2009 IX ZB 260/08, ZInsO 2007, 268; LG Göttingen ZInsO 2007, 500.
[163] So ausdrücklich BGH ZInsO 2006, 1212,1213.
[164] BHGZ 158, 212 = ZInsO 2004, 550.
[165] Vgl. dazu die Diskussion um die Bestellpraxis allgemein, u.a. mit den Beiträgen von *Römermann* ZInsO 2004, 937 und *Frind* ZInsO 2005, 700.
[166] Vgl. zu den in diesem Kontext wichtigen Fragen der Unabhängigkeit *Siemon* ZInsO 2012, 364 sowie der Fragebogen zur Unabhängigkeit in ZInsO 2012, 368.
[167] BGH ZInsO 2009, 2053 Tz 14; Ausnahme LG Göttingen ZInsO 2006, 1280, 1281.
[168] BGH ZInsO 2008, 203f (Ausnahme § 344 Abs. 2); BGH ZInsO 2007, 34.
[169] LG Göttingen ZInsO 2004, 1046.
[170] BGH ZInsO 2011, 1499; 2004, 550 = BGHZ 158, 212.
[171] Ausführlich dazu *Uhlenbruck* § 21 RdNr. 56; HKInsO-*Kirchhof* § 21 RdNr. 9.
[172] BGHZ 34, 99 ff.
[173] BGHZ 117, 249 ff.; vgl. auch BGH NJW 1994, 3158 und BGH ZIP 1992, 947.
[174] Vgl. zB BGH KTS 1957, 12 sowie die Darstellung bei *Braun/Riggert/Kind* S. 250 f.

Gleiches gilt, wenn das Gericht ohne hinreichende Prüfung routinemäßig eine vorläufige Verwaltung, Postsperre oder ein allgemeines Veräußerungsverbot erlässt oder einen Antrag auf Eröffnung ohne bzw. nach nur oberflächlicher Prüfung zu Unrecht mangels Masse abweist.[175] Haftungsträchtig sind auch und gerade die **Verzögerung von Entscheidungen** über die Anordnung von Sicherungsmaßnahmen. Bleibt ein eingehender Antrag über mehrere Tage unbearbeitet und kommt es deshalb zu Vermögensverschlechterungen, die bei vorheriger Anordnung hätten verhindert werden können, so kann auch dies Amtshaftungsansprüche auslösen. Die Bestellung eines für den jeweiligen Einzelfall ungeeigneten vorläufigen Verwalter[176] kann massive Haftungsfolgen nach sich ziehen, ebenso wenn ein für alle Fachkreise erkennbar überlasteter Verwalter[177] auch weiterhin in Verfahren bestellt wird und diese Bestellung annimmt.[178] Mit dem Inkrafttreten des ESUG hat sich der Haftungsrahmen für die Insolvenzgerichte deutlich erweitert. Nunmehr ist auch und gerade die Prüfung der **Unabhängigkeit** sowohl der vom Gericht selbst bestellten wie auch der von Gläubigern vorgeschlagenen Insolvenzverwalter von wesentlicher Bedeutung. Mit der Nutzung des von mehreren Richtern erarbeiteten Fragebogens zur Unabhängigkeit (abgedruckt in ZInsO 2012, 368) kann hier deutlich haftungsmindernd oder haftungsvermeidend gearbeitet werden. Von mindestens ebenso großer Bedeutung sind die Haftungsrisiken bei einer Entscheidung zur Abweisung mangels Masse, ohne Feststellung des Zeitpunktes des Eintritts der materiellen Insolvenz sowie der Vorschusspflicht eines Organs nach § 26a (vgl. dazu § 26a RdNr. 60 ff.).

XII. Spektrum möglicher Sicherungsmaßnahmen

44 § 21 Abs. 2 als Generalklausel führt zulässige Sicherungsmaßnahmen nur beispielhaft auf, die sich generell als Sicherungsmaßnahmen gegen Handlungen oder zur Vermeidung von Handlungen des Schuldner und Maßnahmen gegen den Zugriff von Gläubigern, sowie Ab- und Aussonderungsberechtigten darstellen, und sich sowohl gegen den **Schuldner** selbst als auch gegen **Dritte** richten können.[179] Auch bei der Einsetzung eines vorläufigen Gläubigerausschusses handelt es sich, wie bei der Bestellung eines vorläufigen Verwalters, letztlich auch um eine Sicherungsmaßnahme, deren Ziel es ist, das vorhandene Wissen und die Berücksichtigung der Interessen der Gläubiger schon in einem möglichst frühen Stadium des Verfahrens zur Sicherung des Vermögens und zur Nutzung von Sanierungsmöglichkeiten einzubeziehen. Weitere, abgewandelte oder veränderte Maßnahmen können im Rahmen des Sicherungszwecks jederzeit vom Insolvenzgericht angeordnet oder auch geändert werden. Dabei dürfen ihre Wirkungen jedoch nie über das Maß hinausgehen, das im Rahmen eines eröffneten Insolvenzverfahrens zulässig[180] oder geeignet wäre, den doppelten Sicherungszweck im Eröffnungsverfahren (dazu oben RdNr. 13) zu verfehlen oder zu verletzen. Das Insolvenzgericht hat unstreitig die Möglichkeit, auch **außerhalb des Regelungsbereichs** der §§ 21 ff. liegende Maßnahmen anzuordnen, wenn dadurch zB der Sicherungszweck besser erreicht werden kann.[181] Hierzu gehört auch die verpflichtende Bestellung eines **vorläufigen Gläubigerausschusses nach § 22a**, sei es als originärer oder als derivativer Pflichtausschuss oder aber die im freien gerichtlichen Ermessen stehende Bestellung eines vorläufigen Gläubigerausschusses nach Abs. 2 Nr. 1a zu jeder Zeit im Laufe des Eröffnungsverfahrens wenn das Gericht der Überzeugung ist, dass nur durch die Bestellung eines solchen Gremiums die vom Gesetzgeber gewollte Verankerung der Entscheidungsbefugnis der Gläubiger gesichert und ein zeitlich enges Fenster für richtungs-

---

[175] Umfassend zu den Anforderungen an ein dementsprechendes Sachverständigengutachten BGH ZInsO 2010, 2101; 2009, 433; 2008, 859; zuvor schon ausführlich LG Berlin ZInsO 2000, 224; *Kirstein* ZInsO 2006, 966; *Haarmeyer/Wutzke/Förster*, Handbuch, Kap. 3 RdNr. 113 ff.

[176] Zu den Anforderungen an einen „guten" Insolvenzverwalter vgl. *Haarmeyer* ZInsO 2007, 169 ff.

[177] Dazu *Wieland* ZIP 2007, 462 m. ausf. Nachweisen. Bereits im September 1999 war ein einziger Berliner Verwalter mit fast 120 neuen Verfahren betraut worden, wobei auch für jeden Laien erkennbar ist, dass bei dem hohen Maß auch an persönlicher Pflichtenstellung eine geordnete Abwicklung durch den bestellten Verwalter schon faktisch kaum erwartet werden kann. Zu den beliebten Formen der Umgehung vgl. auch *Haarmeyer* ZInsO 1999, 563.

[178] Als grobes Richtmaß mag der Erfahrungswert dienen, dass auch ein guter, professionell arbeitender Verwalter mit entsprechendem Mitarbeiterstab kaum mehr als 30 eröffnete Unternehmensinsolvenzverfahren pro Jahr sachgerecht bearbeiten kann. Der in ganz Deutschland geachtete und hoch angesehene Insolvenzverwalter Dr. Jobst Wellensiek hat nach eigenem Bekunden in seinem jahrzehntelangen Wirken ca. 350(!) eröffnete Verfahren abgewickelt; vgl. dazu auch die Beschlüsse des BAK InsO ZInsO 2007, 257.

[179] Zu Sicherungsmaßnahmen gegen Dritte vgl. u.a. BGH ZInsO 2006, 828; 2003, 318; LG Mainz NZI 2001, 384 oder AG München ZIP 2006, 1961; 2003, 1995.

[180] HKInsO-*Kirchhof* § 21 RdNr. 6.

[181] *Kübler/Prütting/Pape* § 21 RdNr. 4; *Uhlenbruck*, Kölner Schrift, S. 325 ff. RdNr. 2; FKInsO-*Schmerbach* § 21 RdNr. 5 ff.; Nerlich/Römermann/*Mönning* § 21 RdNr. 18.

weisende Entscheidungen besteht (vgl. dazu auch §§ 22a RdNr. 18 ff. und 22 RdNr. 25 ff.), so dass ein Abwarten bis zur Eröffnung nicht möglich erscheint.[182]

Die nachfolgende Darstellung gibt einen notwendig unvollständigen Überblick der wichtigsten **45** Sicherungsmaßnahmen im Regelinsolvenzverfahren und wird in der Folge sodann näher erläutert:
- Einsetzung eines vorläufigen Gläubigerausschusses (§ 21 Abs. 2 Nr. 1a)
- Erlass eines allgemeinen Verfügungsverbots (§ 21 Abs. 2 Nr. 2, 1. Alt.)
- Beschlagnahme bzw. Verfügungsverbote hinsichtlich einzelner Vermögenswerte, Guthaben oder Forderungen des Schuldners (zB auch Kontensperre) (§ 21 Abs. 1, 2 Nr. 2, 1. Alt.)
- Nutzungs- und Einziehungsbefugnis ggü. Sicherungsgläubigern (§ 21 Abs. 1 Nr. 5)
- Verbot der Herausgabe von Gegenständen an Absonderungsberechtigte (§ 21 Abs. 1)
- Untersagung des Forderungseinzuges an Gläubiger (§ 21 Abs. 1)
- Verwertungsstop für Aus- und Absonderungsberechtigte (§ 21 Abs. 1 Nr. 5)
- Gestattung von Verwertungshandlungen des vorläufigen Verwalters im Einzelfall zur Verhinderung von Nachteilen für das schuldnerische Vermögen (§ 21 Abs. 1)
- Einstweilige Einstellung einzelner oder generelles Verbot von Zwangsvollstreckungsmaßnahmen gegen den Schuldner (§ 21 Abs. 2 Nr. 3)
- Bindung von Rechtshandlungen des Schuldners an die allgemeine oder besondere Zustimmung eines vorläufigen Verwalters (§§ 21 Abs. 2 Nr. 2, 22 Abs. 2)
- Schließung und Siegelung von Räumen, Gebäuden etc. (§ 21 Abs. 1)
- Beschlagnahme von Geschäftsunterlagen (§ 22 Abs. 3)
- Anordnung der vorläufigen Verwaltung nach näherer Maßgabe von §§ 21, 22 und Bestellung eines vorläufigen Gläubigerausschusses
- Schließung der Büro- und Betriebsräume (§§ 21 Abs. 1, 22 Abs. 3)
- Sperre von Postsendungen aller Art, einschließlich der Telegramme und Emails (§ 21 Abs. 2 Nr. 4)
- Ermächtigung des vorläufigen Verwalters zur Stilllegung, Schließung oder Anordnung der Fortführung des Betriebes (§ 22 Abs. 1)
- zwangsweise Vorführung und Inhaftierung des Schuldners oder Erlass von Aufenthaltsbeschränkungen (§ 21 Abs. 3)
- Isolierte Beauftragung eines Sachverständigen (§ 22 Abs. 1 Nr. 3)

D. Erläuterung einzelner vorläufiger Maßnahmen

I. Gläubigerbeteiligung und Anordnung der vorläufigen Insolvenzverwaltung

1. Allgemeine Bedeutung und frühzeitige Gläubigerbeteiligung. Den Sequester in der **46** Prägung nach der KO oder GesO gibt es nach der Neuordnung des Insolvenzrechts in §§ 21, 22 grds. nicht mehr, an seine Stelle ist die Unterscheidung zwischen einem **Sicherungs- und Verwaltungssequester** getreten,[183] wie sie sich auch in den § 21 Abs. 2 Nr. 1 und § 22 ausdrückt. Während die Sicherungssequestration ausschließlich der Sicherung der Insolvenzmasse dient und den Sequester regelmäßig nicht zu Verwertungs- und Veräußerungshandlungen des Schuldnervermögens berechtigt,[184] ist der nach § 22 Abs. 1 zu bestellende vorläufige Verwalter als Verwaltungssequester berechtigt, die gesamte Verwaltung des schuldnerischen Vermögens, einschließlich der Fortführung eines Unternehmens zu übernehmen und über das haftende Vermögen des Schuldners im Rahmen der insolvenzrechtlichen Zweckbindung zu verfügen.[185] Nach der InsO ergibt sich die wesentliche Weichenstellung mit der Entscheidung des Insolvenzgerichts, ob dieses es zur Sicherung der Masse für erforderlich hält ein allgemeines Verfügungsverbot bzw. einen allgemeine Zustimmungsvorbehalt anzuordnen oder nicht. Bestimmt das Gericht eine allgemeine Verfügungsbeschränkung nach § 21 Abs. 2 Nr. 2 so folgt daraus **zwingend** die gleichzeitige Bestellung eines verwaltenden vorläufigen Insolvenzverwalters nach § 22 Abs. 1, denn zum einen geht nach § 22 Abs. 1 Satz 1 für diesen Fall die Verwaltungs- und Verfügungsbefugnis über das schuldnerische Vermögen gesetzlich auf diesen über und zum anderen bedarf es für den Fall des Entzuges oder der umfassenden Einschränkung der

---

[182] Vgl. LG Duisburg NZI 2005, 116, zu einer solchen Konstellation nach altem Recht schon OLG Düsseldorf ZIP 1992, 344.
[183] *Kübler/Prütting/Pape* § 22 RdNr. 3; *Uhlenbruck*, Kölner Schrift, S. 325 ff. RdNr. 10.
[184] Dazu *Pape* ZIP 1994, 89, 81 *ders.* WPrax 1995, 236, 240.
[185] BGHZ 151, 353 = ZInsO 2002, 819; *Gerhardt*, FS 100 Jahre KO, S. 111; *ders.* ZIP 1982, 1 ff.; *Kuhn/Uhlenbruck* § 106 RdNr. 7; *Gottwald/Uhlenbruck*, Insolvenzrechts-Handbuch § 14 RdNr. 25; *Bork* RdNr. 103; *Smid* WM 1995, 785.

§ 21   47, 47a   2. Teil. 1. Abschnitt. Eröffnungsvoraussetzungen und Eröffnungsverfahren

Verfügungsbefugnis des Schuldners der Bestimmung einer Person, die für ihn diese Rechte im Eröffnungsverfahren wahrnimmt. Dazu ausführlich § 22 RdNr. 2 ff.

47 Wird dem Schuldner **kein allgemeines Verfügungsverbot** und **kein allgemeiner Zustimmungsvorbehalt**[186] (dazu unten RdNr. 65 ff.) auferlegt, so behält er, mit Ausnahme ihm auferlegter besonderer Verfügungsverbote (dazu unten RdNr. 59), grundsätzlich die Verwaltungs- und Verfügungsbefugnis über sein insolvenzbefangenes Vermögen. Nach § 21 Abs. 1 Nr. 1 kann das Insolvenzgericht einen vorläufigen Verwalter bestellen ohne ein allgemeines Verfügungsverbot zu erlassen oder die Wirksamkeit von Verfügungen des Schuldners von dessen Zustimmung abhängig zu machen und sich stattdessen darauf beschränken, die Kompetenzen zB durch Einzelermächtigungen individuell zu bestimmen.[187] Eine solche Konstellation führt jedoch gerade in Großverfahren zwangsläufig zu **erheblichen Unsicherheiten** über die dann dem Gericht nach § 22 Abs. 2 obligatorisch zufallende Aufgabe der Bestimmung des Pflichtenkreises des vorläufigen Verwalters und in der Folge zu unvermeidlichen Auseinandersetzungen über die Wirksamkeit von Verfügungen des Schuldners, so dass diese Anordnung nur in Ausnahmefällen getroffen werden sollte.[188] Es wird nämlich für das anordnende Gericht kaum möglich sein, den Pflichtenkreis im Eröffnungsverfahren so genau zu bestimmen, dass für jede Konstellation zweifelsfrei feststellbar ist, welche Befugnisse oder Rechte wem obliegen, wodurch das Haftungsrisiko für alle Beteiligten erheblich erhöht wird.[189] Hinzu kommt, dass das Gericht auch bei einer isolierten Anordnung nach § 21 Abs. 2 Nr. 1 an die Erreichung des Sicherungszwecks des § 21 Abs. 1 gebunden ist, so dass es sich regelmäßig als notwendig erweisen wird, eine solche Anordnung zumindest mit Zustimmungserfordernissen nach § 21 Abs. 2 Nr. 2 (unten RdNr. 65) und der Übertragung der Kassenführung auf den vorläufigen Verwalter zu kombinieren (dazu auch unten RdNr. 69). Für den Fall der Anordnung von Zustimmungserfordernissen greifen über § 24 Abs. 1 die Regelungen der §§ 81, 82 schon im Eröffnungsverfahren, so dass Verfügungen des Schuldners über bewegliches Vermögen, die unter Verstoß dagegen bzw. ohne Zustimmung des vorläufigen Verwalters vorgenommen werden, **absolut (schwebend) unwirksam** sind.[190]

47a Mit dem Inkrafttreten des ESUG hat sich auch der Charakter des Eröffnungsverfahrens sowie der in diesem Kontext zu treffenden Sicherungsmaßnahmen grundlegend verändert. Abhängig von bestimmten Unternehmensgrößen (vgl. § 22a RdNr. 18 ff.) oder auf Antrag eines oder mehrerer Gläubiger hat das Insolvenzgericht schon vor den maßgeblichen verfahrensleitenden Entscheidungen den Gläubigern nach Maßgabe der Neuregelungen die Möglichkeit zu eröffnen, diesen Entscheidungsprozess mitzugestalten und mitzubestimmen – es sei denn, eine der in § 22a Abs. 3 genannten Ausnahmen liegt vor. Mit der Neuregelung in Abs. 2 Nr. 1a, der die zulässige Einsetzung eines **vorläufigen Gläubigerausschusses** schon im Eröffnungsverfahren nunmehr streitfrei stellt, soll die Stärkung der Gläubigerautonomie dadurch gewährleistet werden, dass ein solcher Ausschuss immer dann und grundsätzlich **verpflichtend einzusetzen** ist, wenn das schuldnerische Unternehmen die Größenkriterien des § 22a Abs. 1 erfüllt oder die Einsetzung eines solchen Ausschusses nach § 22a Abs. 2 in zulässiger Weise beantragt wird (**originärer oder derivativer Pflichtausschuss**). Grundsätzlich gilt trotz des Wortes „soll" für die Verbindlichkeit dasselbe wie für den originären Pflichtausschuss nach Abs. 1, denn das Gericht hat dem Antrag Folge zu leisten, wenn nicht besondere Umstände die Einsetzung des vorläufigen Gläubigerausschusses verbieten. Ein freies gerichtliches Ermessen ist künftig nur noch in den über die Pflichtausschüsse hinausgehenden Fällen der sog. fakultativen Gläubigerausschüsse nach Abs. 2 Nr. 1a eröffnet. Nach der Begründung des Gesetzgebers in BT-Drucks. 17/5712, S. 24 soll: „Die Einsetzung eines vorläufigen Gläubigerausschusses schon im Eröffnungsverfahren und die Beteiligung dieses Ausschusses **vor den Entscheidungen des Gerichts** ein Mittel sein, um einen frühzeitigen Einfluss der Gläubiger auf die Auswahl des (vorläufigen) Insolvenzverwalters, auf die Anordnung der Eigenverwaltung und auf die Bestellung des (vorläufigen) Sachwalters sicherstellen".

---

[186] Mit einem allgemeine Zustimmungsvorbehalt verliert der Schuldner nicht seine Verfügungsmacht als solche, er kann sie jedoch nur mit Zustimmung des vorläufigen Verwalters wirksam ausüben.

[187] Vgl. dazu zB BGH ZInsO 2006, 261, 263; 2005, 804; AG Hamburg ZInsO 2003, 41 = ZIP 2003, 43.

[188] Zu den Grenzen vgl. auch AG Hamburg ZInsO 2003, 41. Kritisch dazu auch FKInsO-*Schmerbach* § 22 RdNr. 59; *Kübler/Prütting/Pape* § 22 RdNr. 3 ff.; *Smid* InsO § 22 RdNr. 48; so auch schon *Hess/Pape* RdNr. 143, die von absoluter Ausnahme sprechen; zu den sich ergebenden Konflikten vgl. zB *Kirchhof* ZInsO 1999, 365 ff.; *Bork* ZIP 1999, 781.

[189] FKInsO-*Schmerbach* § 22 RdNr. 60; zu den haftungsrechtlichen Risiken des anordnenden Gerichts vgl. oben RdNr. 42.

[190] BGH ZInsO 2006, 261, 263. Die Anwendbarkeit des § 24 Abs. 1 auf Verfügungen des Schuldners unter Verstoß gegen Zustimmungsvorbehalte entspricht der ganz hM; dazu näher auch unten RdNr. 193 ff.; vgl. auch *Uhlenbruck*, Kölner Schrift, S. 325 ff. RdNr. 24; *Jaffe/Hellert* ZIP 1999, 1204, 1206.

Die sofortige Einsetzung eines vorläufigen Gläubigerausschusses und damit die Einbindung in die **47b** maßgeblichen Entscheidungen hängt maßgeblich davon ab, inwieweit der Schuldner und dessen Gläubiger im Vorfeld eines Insolvenzantrags bereits kooperieren, sodass dem Gericht bereits mit der Antragstellung **alle für eine Entscheidung notwendigen Unterlagen** zur Verfügung gestellt werden.[191] Adressat der Neuregelungen ist nach der Begründung zum ESUG, der sich insoweit auch kooperativ verhaltenden Schuldner, der mit einer möglichst frühen und mit den wesentlichen Gläubigern abgestimmten Verfahrensweise, die Chancen für eine Sanierung erhöht und zugleich das Gericht entlastend die Voraussetzungen für eine schnelle Entscheidung schafft. Liegen diese Voraussetzungen vor und sind nicht offensichtliche Zusammensetzungsmängel offenkundig, so hat das Gericht den vorläufigen Gläubigerausschuss zur Wahrung der vom Gesetzgeber gewollten frühzeitigen Beteiligungsinteressen zu bestellen. Raum für eine Amtsermittlung zur Qualifikation der Mitglieder, Feststellung ihrer Gläubigereigenschaft etc. ist im Rahmen des gebundenen Ermessens nicht vorhanden, vielmehr hat das Gericht einen vorläufigen Ausschuss einzusetzen, wenn die Einsetzungsvoraussetzungen plausibel und nachvollziehbar belegt sind.

Vgl. umfassend zum vorläufigen Gläubigerausschuss, dessen Aufgaben, Zusammensetzung etc. die **Kommentierung bei § 22a RdNr. 5 ff.**

2. Rechtsstellung und Aufgaben des vorläufigen Verwalters ohne jede Verfügungsbefugnis. Die Entscheidung, ob und welche Form einer vorläufigen Insolvenzverwaltung anzuordnen **48** ist, bestimmt das Gericht je nach Erfordernis und unter Beachtung der vorgenannten Grundsätze, berücksichtigt in diesem Kontext aber ggf. auch Vorschläge oder Anregungen einer organisierten Gläubigerschaft in Form eines vorläufigen Gläubigerausschusses. Wird allein ein vorläufigen Verwalter ohne weitere flankierende Maßnahmen bestellt, was auch nach der Rechtsprechung des BGH[192] grundsätzlich möglich ist, so bleiben seine Befugnisse und damit auch seine Rechtsstellung, unbeschadet der dazu bestehenden Meinungsverschiedenheiten, erheblich hinter denen des Sequesters nach § 106 KO zurück und reduzieren sich auf die Funktion eines überwachenden „Beraters" des Schuldners.[193] Unabdingbare Voraussetzung der Anordnung einer so reduzierten Verwaltung ist daher stets die unbedingte Überzeugung des Gerichts von der Kooperationsbereitschaft des Schuldners und die sichere, sich auf tatsächliche Feststellungen gründende Erkenntnis, dass keine Vermögensgefährdungen durch den Schuldner selbst drohen.[194] Hat das Gericht diese Erkenntnis nicht, so ist ein Belassen der Verwaltungs- und Verfügungsbefugnis beim Schuldner in hohem Maße haftungsträchtig.[195] Untrennbar mit der Anordnung vorläufiger Verwaltung ist daher stets die Verpflichtung des Gerichts verbunden, seinen eigenen Handlungsbedarf permanent zu überprüfen[196] und nach § 22 Abs. 2 die Pflichten des vorläufigen Verwalters, besser wäre wohl von Aufgaben oder Befugnissen zu sprechen, konkret und individuell zu bestimmen, denn erst dadurch ist die Rechtsstellung und die Rechtsmacht des vorläufigen Verwalters überhaupt bestimmbar.[197]

Da die Bestellung des vorläufigen Verwalters stets im Rahmen einer Konkretisierung des Siche- **49** rungszwecks nach § 21 Abs. 1 erfolgt, wird man davon auszugehen haben, dass er zumindest die zur Erreichung dieses Zweckes rechtlich und tatsächlich möglichen Handlungen vorzunehmen hat, auch wenn diese ihm nicht ausdrücklich zugewiesen sind. Allein das Absehen des Insolvenzgericht von der aus § 22 Abs. 2 folgenden Verpflichtung zur Zuweisung konkreter Aufgaben und Pflichten führt nicht dazu, den so bestellten vorläufigen Verwalter als aller Pflichten ledig zu betrachten, da es sonst ja auch seiner Bestellung überhaupt nicht bedurft hätte. Auch ein mitbestimmender vorläufiger Insolvenzverwalter oder ein vorläufiger Insolvenzverwalter ohne jede Verwaltungs- und Verfügungsbefugnis ist ungeachtet einer ergänzenden gerichtlichen Anordnung zur Sicherung und Erhaltung des Schuldnervermögens verpflichtet. Eine solche Pflicht sieht § 22 Abs. 1 Satz 2 Nr. 1 InsO ausdrücklich nur für den vorläufigen Insolvenzverwalter vor, auf die die Verwaltungs- und Verfügungsbefugnis übergegangen ist. Sie gilt aber unabhängig von einer besonderen gerichtlichen Anordnung (§ 22 Abs. 2 InsO) auch für die anderen vorläufigen Insolvenzverwalter.[198] Generell ist der nur nach § 22 Abs. 2 Nr. 1 bestellte vorläufige Verwalter daher auch ohne gesonderte Ermächtigung schon zur Erreichung des Sicherungszwecks und der Werterhaltungsfunktion verpflichtet, den Schuldner

---

[191] Zu den dazu notwendig beizubringenden Unterlagen und Erklärungen bis hin zur Deckungszusage einer Versicherung vgl. *Haarmeyer* ZInsO 2012, 370; zur Einschätzung des ESUG *Huber*, ZInsO 2013, 1 ff.
[192] BGH ZInsO 2011, 1468; vgl. auch AG Düsseldorf ZInsO 2011, 438 zu Einzelanordnungen ohne Verfügungsbeschränkung im Hinblick auf die Wirkungen des § 55 Abs.4.
[193] *Breuer*, S. 17; *Haarmeyer/Wutzke/Förster*, Handbuch, Kap. 3 RdNr. 309.
[194] Nerlich/Römermann/*Mönning* § 22 RdNr. 199.
[195] So auch ausdrücklich *Uhlenbruck*, Kölner Schrift, S. 325 ff. RdNr. 25.
[196] Zur Selbstprüfungspflicht des Gerichts vgl. BGH ZInsO 2006, 267, 268.
[197] *Kübler/Prütting/Pape* § 22 RdNr. 4; *Pohlmann* RdNr. 219; *Kirchhof* ZInsO 1999, 365 ff., 436 ff.
[198] BGH ZInsO 2011, 1463 ff.

bei seiner Tätigkeit daraufhin zu überwachen und dem Gericht alle Umstände anzuzeigen, die Nachteile zu Lasten der Gläubiger befürchten lassen, womit er faktisch die Position einer gerichtlich bestellten Aufsichtsperson und eines Gutachters im Eröffnungsverfahren erhält.[199] Der Verwalter wird nämlich im Rahmen der Amtsermittlungspflicht des Insolvenzgerichts nach § 5 auch zur Feststellung der Eröffnungsvoraussetzungen tätig, so dass er dem Gericht als Grundlage für dessen Entscheidung alle Umstände mitzuteilen hat, die für das Insolvenzverfahren, also auch das Insolvenzeröffnungsverfahren, von Bedeutung sein können.[200] Gleiches dürfte gelten für die Aufstellung eines Vermögensverzeichnisses, die Ermittlung der Eröffnungsvoraussetzungen und der Heranziehung des Schuldners zur Auskunftserteilung, da diese Befugnisse nach § 22 Abs. 3 nicht davon abhängig sind, ob ihm die Verwaltungs- und Verfügungsbefugnisse übertragen sind.[201] All dies setzt aber stets voraus, dass der Schuldner grundsätzlich kooperationsbereit ist, da spätestens bei dem Versuch einer zwangsweisen Durchsetzung der „Rechte" des isoliert bestellten vorläufigen Verwalters sich die Frage nach der Vollstreckbarkeit aus einer Bestellung ergibt, wenn diese den Pflichten- und Rechtskreis des Verwalters nicht erkennen lässt.[202] Dass spätestens in einem solchen Fall die Anordnung eines allgemeinen Verfügungsverbots angezeigt ist, mag zwar die Probleme der Durchsetzbarkeit beheben, zeigt aber zugleich auch auf, wie unverzichtbar die sorgfältige Funktionszuweisung nach § 22 Abs. 2 ist. Vgl. ausführlich zu Rolle und Stellung des so bestellten Verwalters § 22 RdNr. 23 ff.

50   **3. Die Aufgabenzuweisung an den vorläufigen Verwalter nach § 22 Abs. 2.** Nach dem ESUG darf das Gericht von einem **einstimmigen Vorschlag eines vorläufigen Gläubigerausschusses** nur abweichen, wenn die vorgeschlagene Person für die Übernahme des Amtes nicht geeignet ist (§ 22 Abs. 2 Satz 1 Nr. 1 i. V. m. § 56a Abs. 2 S. 1). Jedoch ist insbesondere die **Unabhängigkeit** eines so vorgeschlagenen Insolvenzverwalters eingehend und sorgfältig zu prüfen.[203] In den Fällen der §§ 270a, 270b ist von der Bestellung eines vorläufigen Insolvenzverwalters abzusehen und stattdessen ein vorläufiger Sachwalter zu bestellen, wenn die dafür genannten Voraussetzungen gegeben sind. Im sog. **Schutzschirmverfahren** nach § 270b darf das Gericht von einem **Vorschlag des Schuldners** zur Person des vorläufigen Sachwalters nur absehen, wenn die vorgesehene Person offensichtlich zur Übernahme ungeeignet ist (§ 270b Abs. 2 Satz 2). Das wird regelmäßig dann der Fall sein, wenn diese Person nicht über die für eine solche Funktion notwendige praktische Erfahrung aus Insolvenzverfahren verfügt.

Sofern das Gericht einen vorläufigen Verwalter ohne Anordnung eines allgemeinen Verfügungsverbots oder eines allgemeinen Zustimmungsvorbehalts (dazu unten RdNr. 65) nach Maßgabe von § 21 Abs. 2 Nr. 1 bestellt hat, ist es verpflichtet, dessen Pflichten nach § 22 Abs. 2 konkret zu bestimmen. Dabei dürfen die diesem übertragenen Pflichten nicht über die des verwaltenden und verfügenden Verwalters nach § 22 Abs. 1 hinausgehen, das Gericht kann aber andererseits diesen Kompetenzrahmen bis an die vorgenannte Grenze ausschöpfen. Dadurch wird auch erkennbar, dass der Gesetzgeber deutlich zwischen den Folgen des Handelns eines sog. „starken" und denen des sog. „schwachen" Verwalters differenziert hat, indem er das Entstehen von Masseverbindlichkeiten gem. § 55 Abs. 2 zunächst nur an die Kompetenzzuweisung des Gerichts gebunden hat, da sich nach der gesetzlichen Konzeption der vom Gericht zu bestimmende Pflichtenkreis gerade an den Wirkungen der jeweiligen Sicherungsmaßnahmen orientiert.[204] Insoweit ist es auch konsequent, dass die Regelung in § 22 Abs. 2 sich ausschließlich auf die Pflichten nach Abs. 1 Satz 2 und nicht auf die Wirkung des allgemeinen Verfügungsverbots bezieht. **Negativ abgegrenzt** bedeutet es, dass die Rechtsstellung des vorläufigen Verwalters ohne gleichzeitige Verhängung eines Verfügungsverbotes nach § 21 Abs. 2 Nr. 1, 22 Abs. 2 die vollständige Übertragung der Verwaltungs- und Verfügungsbefugnis über das Vermögen des Schuldners auf den so bestellten vorläufigen Verwalter ausschließt. Im Übrigen ist er weder generell[205] prozessführungsbefugt[206] (§ 240 Abs. 2 ZPO schließt dies ausdrücklich aus), noch kann er regelmäßig[207] die zukünftige Masse gem. § 55 Abs. 2 wirksam verpflichten[208] oder

---

[199] *Smid* InsO § 22 RdNr. 48.
[200] In diesem Sinne wohl auch *Pohlmann* RdNr. 220 unter Anlehnung an die Aufgaben eines Sachwalters nach § 274 Abs. 3.
[201] HKInsO-*Kirchhof* § 22 RdNr. 32 ff.; vgl. dazu im Einzelnen auch die Kommentierung bei § 22 RdNr. 23 ff.
[202] *Pohlmann* RdNr. 224 ff.
[203] Vgl. dazu den von gerichtlichen Rechtsanwendern und Verwaltern gestalteten und sehr instruktiven Fragebogen zur Unabhängigkeit eines vorgeschlagenen Verwalters in ZInsO 2012, 368.
[204] BGH ZInsO 2002, 819, 821 ff.
[205] Zu den Möglichkeiten der einzelfallbezogenen Kompetenzübertragung vgl. die nachfolgende RdNr.
[206] OLG Naumburg ZInsO 2003, 664; FKInsO-*Schmerbach* § 22 RdNr. 58; HKInsO-*Kirchhof* § 22 RdNr. 31.
[207] Zu den Ausnahmen der Begründung von Masseverbindlichkeiten auch durch den so bestellten schwachen vorläufigen Verwalter vgl. unten RdNr. 65, 68.
[208] FKInsO-*Schmerbach* § 22 RdNr. 59.

gar Sanierungsverhandlungen prüfen oder führen, da es ihm dafür an der notwendigen Verpflichtungs- und Verfügungsermächtigung fehlt.[209]

Dies schließt aber im Einzelfall nicht aus, dass der vorläufige Verwalter nach §§ 21 Abs. 2 Nr. 1, 22 Abs. 2 so mit Rechten und Pflichten ausgestattet wird, dass er auch als handlungs- und verhandlungsfähiger Partner angesehen werden kann. Stets ist aber dann erforderlich, dass er mit klar abgrenzbaren und für den Rechtsverkehr unterscheidbaren Einzelkompetenzen versehen wird, da für ihn nicht die **Regelvermutungen** des vorläufigen Verwalters nach § 21 Abs. 1 streiten.[210] Die Strukturen der vom Insolvenzgericht zu berücksichtigenden Einzelkriterien von Erforderlichkeit und Verhältnismäßigkeit verlangen daher auch nicht die Anordnung der schwersten Rechtsfolgen, sondern die Anordnung der zweckmäßigen und notwendigen Sicherungsmaßnahmen, so dass das Insolvenzgericht den vorläufigen Verwalter mit **Einzelkompetenzen** ausstatten kann, die in ihrer Rechtsfolge der Generalermächtigung für den Verwalter nach § 22 Abs. 1 nahe kommen.[211] Solche gerichtliche Einzelermächtigungen sind stets ein Minus gegenüber den gesetzlich angeordneten Folgen zB nach § 55 Abs. 2, denn sie führen nicht zur Begründung von Masseverbindlichkeiten auf Grund der Rechtsstellung des vorläufigen Verwalters, sondern auf Grund einer gerichtlichen Ermächtigung im Einzelfall.[212] Eine solche Entscheidung stünde zB auch nicht im Gegensatz zur legislativen Entscheidung[213] der generellen, gesetzlichen Anordnung des Masseschuldcharakters von Verbindlichkeiten die ein Verwalter mit Verwaltungs- und Verfügungsbefugnis begründet, sondern sie wäre eine zulässige auf den Einzelfall bezogene gerichtliche Entscheidung im Rahmen des § 22 Abs. 2. Dass daneben der „schwache"[214] Verwalter natürlich auch weiterhin auf das vom BGH anerkannte „Treuhandmodell"[215] (dazu unten RdNr. 66 ff.) zurückgreifen kann, spricht nicht gegen die o. g. gerichtliche Berechtigung, sondern unterstreicht nur das wesentlich erweiterte Handlungsspektrum des vorläufigen Verwalters und damit auch der Entscheidungsbasis für das Gericht. Eindeutig unzulässig wäre hingegen die generelle „Ermächtigung" des Verwalters über § 22 Abs. 2 durch von ihm eingegangene Verpflichtungen Masseverbindlichkeiten zu begründen, da damit die gesetzgeberische Entscheidung unterlaufen würde, die diese generelle Rechtswirkung gerade nur dem Verwalter nach § 21 Abs. 1 zuerkennt.[216]

Der vom Insolvenzgericht ohne begleitendes Verfügungsverbot ausgestattete „schwache" vorläufige Verwalter ist daher zu Verfügungen jeder Art (vgl. unten RdNr. 57), zum Abschluss verpflichtender Geschäfte oder Verträge, zur Prozessführung oder zur zwangsweisen Durchsetzung der Inbesitznahme wie zur Eingehung von Masseverbindlichkeiten etc. nur dann berechtigt, wenn ihn das Insolvenzgericht im Rahmen des § 22 Abs. 2 dazu **im Einzelfall** und im Voraus ermächtigt und diese Ermächtigung veröffentlicht oder wenn sich seine Befugnis aus dem Sicherungszweck selbst bzw. seiner Bestellung notwendig und unmittelbar sowie für den Rechtsverkehr erkennbar ergibt.[217] Vgl. dazu im Einzelnen die Darstellung zur vorläufigen Verwaltung bei § 22 RdNr. 14 ff.

Generell stehen auch dem „schwachen" vorläufigen Insolvenzverwalter die Rechte aus § 22 Abs. 3 zu, da diese Kompetenzen nicht an einen bestimmten Verwaltertypus gebunden sind, sondern jedem bestellten vorläufigen Verwalter zustehen.[218] So ist selbstverständlich auch der schwache vorläufige Verwalter befugt und verpflichtet den Betrieb des Schuldners „mittelbar" im Wege der Aufsicht und Zustimmung zu Rechtshandlungen des Schuldners fortzuführen, soweit ihm das Gericht nicht ausdrücklich untersagt.[219] Im Übrigen gelten für seine Auswahl, Bestellung,

---

[209] Zur Abgrenzung vgl. auch BGH ZInsO 2005, 804; 2006, 261, 263; *Foltis* ZInsO 1999, 386, 392.
[210] *Kirchhof* ZInsO 2004, 57, 61; BGH ZInsO 2002, 819; AG Hamburg ZInsO 2005, 1056.
[211] BGH ZInsO 2002, 819; vgl. aber zu den Grenzen auch AG Hamburg ZInsO 2003, 41 = ZIP 2003, 43.
[212] Vgl. dazu BGH ZInsO 2006, 261, 263; 2002, 819; HKInsO-*Kirchhof* § 22 RdNr. 28; *Pohlmann* RdNr. 335, 340 ff.; *Hauser/Hawelka* ZIP 1998, 1261, 1264; aA *Bähr* ZIP 1998, 1553, 1559.
[213] So jedoch *Bähr* ZIP 1998, 1553, 1559.
[214] Der Begriff des schwachen Verwalters ist, obwohl allgemein akzeptiert, eher irreführend, da dieser mit gerichtlicher Kompetenzzuweisung nach § 22 Abs. 2, so stark ausgestattet werden kann, dass nur noch geringe Unterschiede zu vermeintlich starken Verwalter bestehen. Schwach ist daher der Verwalter nach § 22 Abs. 1 Nr. 1 nur solange und soweit, wie das Gericht von seiner Kompetenz keinen oder nur sehr zurückhaltenden Gebrauch macht.
[215] Dazu kritisch *Marotzke* ZInsO 2005, 561 ff.; umfassend BGH ZIP 1989, 1466; dazu ausführlich *Gerhardt* JZ 1990, 243; *Haarmeyer/Wutzke/Förster*, Handbuch, Kap. 2 RdNr. 191.
[216] BGH ZInsO 2002, 819, 821; OLG Hamm NZI 2002, 162. Zur Frage der Umgehung gesetzgeberischer Ziele im Zusammenhang mit der InsO vgl. *Bork* ZIP 1999, 781 ff. sowie die Erwiderungen darauf von *Kirchhof* ZInsO 1999, 356; *Jaffé/Hellert* ZIP 1999, 1204.
[217] Ganz hM; vgl. für alle BGH ZInsO 2002, 819, 822 ff. HKInsO-*Kirchhof* § 22 RdNr. 28 ff.; AG Coburg InsO 2002, 383; *Pohlmann* RdNr. 335 ff.; *Hauser/Hawelka* ZIP 1998, 1261, 1264.
[218] So auch die Begr. zu § 25 RegE abgedruckt bei *Balz/Landfermann* S. 229.
[219] Vgl. dazu LG Potsdam ZInsO 2005, 588; BGH ZInsO 2005, 804.

Haftung, Rechnungslegung und Vergütung die Grundsätze der §§ 56, 58–66 gemäß § 21 Abs. 2 Nr. 1 entsprechend.[220] Dem so bestellten vorläufigen Verwalter können nach § 21 Abs. 2 Nr. 1 auch die **Zustellungen nach § 8 Abs. 3** übertragen werden.[221] Vgl. dazu auch die Kommentierung zu den vorgenannten Regelungen. Gleiches gilt für die in § 22 Abs. 3 geregelten Zutritts-, Informations- und Zwangsrechte für den vorläufigen Verwalter. Vgl. dazu ausführlich § 22 RdNr. 178 ff.

II. Anordnung von Verfügungsverboten

1. Allgemeines Verfügungsverbot. Die Anordnung eines **allgemeinen Verfügungsverbotes** nach § 21 Abs. 2 Nr. 2 oder die Unterstellung bestimmter bzw. aller Verfügungen des Schuldners unter den Vorbehalt der Zustimmung eines vorläufigen Verwalters gehört schon wegen ihrer **absoluten Wirkung**[222] zu den effektivsten Sicherungsmaßnahmen, da sie schon für sich geeignet sind, Vermögensverschiebungen oder Manipulationen des Schuldners effektiv zu verhindern bzw. sie rückholbar zu machen.[223] Verfügung im Sinne der Regelung des § 22 ist jedes Rechtsgeschäft, durch das auf ein dingliches oder obligatorisches Recht **unmittelbar eingewirkt**, es also übertragen, belastet, aufgehoben oder inhaltlich verändert wird.[224] Umfasst ist daher auch die Ausübung von Gestaltungsrechten wie Kündigung, Rücktritt, Anfechtung etc., aber auch die Erfüllung oder der Abruf eines Darlehens.[225] Hingegen berührt die Verfügungsbeschränkung **nicht** die Möglichkeit des Schuldners zum **Abschluss von Verpflichtungsgeschäften**. Mit einem Verfügungsverbot wird daher auch nicht nur das Beiseiteschaffen von Vermögensgegenständen, das Abtreten von Rechten an Dritte oder der Einzug von Forderungen durch den Schuldner verhindert, sondern damit werden auch Auszahlungen oder Überweisungen durch Kreditinstitute erfasst etc. (vgl. dazu RdNr. 57). Mit dem Erlass eines allgemeinen Verfügungsverbotes wird zur Erreichung der Werterhaltungsfunktion umfassend in die Rechtsstellung des Schuldners eingegriffen. Ebenso wie bei einem Veräußerungsverbot nach § 106 KO wird ihm hierdurch **jede Handlung untersagt,** die geeignet ist, negativ auf sein Vermögen einzuwirken. Das bedeutet aber auch, dass Verfügungen des Schuldners über unpfändbare Gegenstände nicht eingeschränkt werden können, so zB über das sog. P-Konto[226], da solche Gegenstände nicht dem Insolvenzbeschlag unterfallen. Gegenüber dem insolvenzbefangenen Vermögen jedoch stellt die **umfassende Sicherung** durch ein allgemeines Verfügungsverbot das einzig wirklich wirksame Mittel zur Massesicherung dar,[227] so dass das Gericht darauf verzichten sollte, das Verbot zu begrenzen oder auf bestimmte Verfügungen zu konkretisieren.[228] Das Gericht erlässt das Verfügungsverbot unter Beachtung der oben genannten Grundsätze und des Verhältnismäßigkeitsgrundsatzes nach pflichtgemäßem Ermessen.[229] In der Praxis haben die Gerichte allerdings, entgegen der ursprünglichen Erwartung, von der Verhängung eines allgemeinen Verfügungsverbotes wegen damit verbundener haftungsrechtlicher Risiken nur zurückhaltend Gebrauch gemacht, da der Erlass regelmäßig auch die Anordnung einer starken vorläufigen Verwaltung erforderlich macht.[230] Insoweit hat sich die Anordnung der starken vorläufigen Verwaltung als **Ausnahme entwickelt**[231] und bedarf, auch wegen der dadurch ausgelösten Risiken und Kosten jeweils einer besonderen

---

[220] Zur Haftung des vorläufigen Verwalters umfassend § 22 RdNr. 208 sowie *Pape* ZInsO 2005, 953ff; alles Notwendige dazu hatte anfänglich *Kirchhof* in seinem Beitrag in ZInsO 1999, 356 ff. insbesondere unter dem Aspekt der Unternehmensfortführung gesagt.
[221] Die ausdrückliche Bestimmung ist eingefügt worden durch das EGInsOÄndG v. 19.12.1998 (BGBl. I S. 3836); vgl. dazu auch die Begr. des Gesetzgebers abgedruckt bei *Balz/Landfermann* S. 230.
[222] Nach BGH ZInsO 2006, 261, 263 gilt die absolute (schwebende) Unwirksamkeit; vgl. dazu kritisch *Alff/Hintzen* ZInsO 2006, 481 ff.
[223] So noch *Uhlenbruck,* Kölner Schrift, S. 325 ff. RdNr. 6; FKInsO-*Schmerbach* § 21 RdNr. 29, der noch in der 1. Auflage darauf hinwies, dass Maßnahmen unterhalb der Anordnung eines allgemeinen Verfügungsverbots haftungsträchtig, ineffektiv und daher zu vermeiden sind. Anders nun in der 3. Auflage bei § 21 RdNr. 28; ebenso geändert *Uhlenbruck* § 21 RdNr. 4.
[224] BGH ZInsO2010, 33 Tz 26.
[225] AGR-Saner § 21 RdNr. 23; AG Hamburg ZVI 2005, 129, 130
[226] Vgl. dazu u.a. *Büchel* ZInsO 2010, 22 ff.
[227] *Smid* InsO § 21 RdNr. 13.
[228] FKInsO-*Schmerbach* § 21 RdNr. 29.
[229] BGH NJW-RR 1986, 1188.
[230] Vgl. dazu u.a. Nerlich/Römermann/*Mönning* § 21 RdNr. 52; *Gerhardt,* Kölner Schrift, S. 193 ff. RdNr. 8; HKInsO-*Kirchhof* § 21 RdNr. 15; AG Hamburg ZInsO 2004, 517 sowie die „Hamburger Leitlinien, ZInsO 2004, 24 sowie die Beiträge von *Undritz* NZI 2003, 136; *Tetzlaff* EWiR 2003, 109; *Schäferhoff/Gerster* ZIP 2001, 905 sowie die Darstellung bei FKInsO-*Schmerbach* § 21 RdNr. 27 ff.
[231] Zu den Gründen vgl. auch *Uhlenbruck* § 21 RdNr. 17; Jaeger/*Gerhardt* § 21 RdNr. 88.

Rechtfertigung[232] (Vgl. dazu ausführlich § 22 RdNr. 36 ff.). Bei einem Antrag auf **Eigenverwaltung** oder im Rahmen eines **Schutzschirmverfahrens** soll bzw. hat die Anordnung von Verfügungsverboten oder allgemeinen Zustimmungsvorbehalten zu unterbleiben, weil dadurch das Ziel dieser besonderen Verfahrensarten konterkariert werden würde. Wegen der weiteren Einzelheiten wird auf die Kommentierung zu §§ 270a, 270b verwiesen.

Wegen der Wirkungen handelt es sich beim allgemeinen Verfügungsverbot bezüglich möglicher manipulativer Eingriffe oder masseschädigender Verfügungen des Schuldners um das wirksamste Mittel des Gerichts.[233] Das Verfügungsverbot bewirkt, entgegen der früher herrschenden Meinung,[234] dass **jede verbotswidrig vorgenommene Verfügung einschließlich einer Vollstreckungshandlung, absolut (schwebend) unwirksam ist;** da es sich zur Erreichung des Schutzzweckes nach § 21 Abs. 2 Nr. 2, § 24 Abs. 1, §§ 81, 82 um ein **absolut wirkendes Verbot** (vgl. § 24 RdNr. 7 ff.) **handelt.**[235] Damit wird die Anordnung von Verfügungsbeschränkungen im Eröffnungsverfahren in ihren Rechtswirkungen dem gesetzlichen Verfügungsverbot des § 81 nach Verfahrenseröffnung gleichgestellt. Handelt der Schuldner entgegen einem angeordneten Verfügungsverbot, so verfügt er als **Nichtberechtigter.** Daher sind auch die Regelungen der §§ 135, 136 BGB nicht anwendbar, denn das Veräußerungsverbot dient nicht dem Schutz bestimmter Personen, sondern dem Schutz der Masse, die aber nur durch eine Verfügungsbeschränkung als absolutes Verbot erreicht werden kann. Die damit zugleich eintretende Vorverlagerung der Wirkungen des Eröffnungsbeschluss entspricht auch der Entwicklung der höchstrichterlichen Rechtsprechung seit 1993 bis hin zu einem Aufrechnungsverbot in der Zeit zwischen Eingang des Antrags und Eröffnung des Verfahrens.[236] Verstößt mithin der Schuldner gegen eine der in § 21 Abs. 2 Nr. 2 vorgesehene Verfügungsbeschränkung, so gelten nach § 24 Abs. 1 die Regelungen der §§ 81, 82 mit der Folge, dass Verfügungen des Schuldners nach Eintritt der Wirksamkeit des Beschlusses (dazu oben RdNr. 37) über einen Gegenstand der künftigen Insolvenzmasse unwirksam sind (§ 81 Abs. 1 Nr. 1). Jedoch kann ein vorläufiger Verwalter mit Verfügungsbefugnis auch verbotswidrige Handlungen des Schuldners entsprechend § 185 Abs. 2 BGB **genehmigen.**[237] Wird die Verfügungsbeschränkung aufgehoben, werden entgegenstehende Verfügungen des Schuldners nach § 185 Abs. 2 ohne Rückwirkung voll wirksam.[238]

Ein allgemeines Verfügungsverbot wird bereits **mit seinem Erlass** und nicht erst mit der Zustellung **wirksam,**[239] so dass es auf den Zeitpunkt der unterschriebenen Entscheidung durch den Richter und die Weitergabe durch ihn in den allgemeinen Geschäftsgang ankommt (dazu ausführlich oben RdNr. 37). Für den Fall, dass Datum und Stunde der Entscheidung dem Beschluss nicht zu entnehmen sind, wird das Verbot analog zu § 27 Abs. 3 mit der Mittagsstunde des Erlasstages wirksam.

Die **Wirkungen** des allgemeinen Verfügungsverbotes sind vielfältig. Entgegen der Rechtslage zur KO[240] sind auf Grund der Verweisung in § 24 Abs. 1 auf § 82 **Leistungen von Schuldnern des Schuldners** an diesen trotz eines Verfügungsverbotes grundsätzlich wirksam und führen zur Befreiung des Schuldners von seiner Verbindlichkeit.[241] Unter das Verfügungsverbot fallen alle Verfügungen des Schuldners, die bei Erlass der Anordnung noch keine Wirksamkeit erlangt haben. Dabei ist unter Verfügung jedes Rechtsgeschäft zu verstehen, durch das der Verfügende auf ein Recht unmittelbar einwirkt, es also entweder auf einen Dritten überträgt, mit einem Recht belastet,

---

[232] In diesem Sinne auch *Uhlenbruck* § 21 RdNr. 4. Rechtfertigende Gründe sind u.a. das Fehlen einer Geschäftsführung, komplexe Betriebsstrukturen; streitige Herausgabeauseinandersetzungen etc. Vgl. die Beispiele bei FKInsO-*Schmerbach* § 21 RdNr. 28.
[233] *Smid* InsO § 21 RdNr. 13; Nerlich/Römermann/*Mönning* § 21 RdNr. RdNr. 48 ff.; *Mohrbutter/Pape* RdNr. XVI.53.; *Kuhn/Uhlenbruck* § 106 RdNr. 4; BGHZ 19, 359; BGH NJW-RR 1986, 1188; kritisch dagegen schon zum alten Recht u.a. *Gerhardt* ZIP 1982, 1 ff.
[234] Vgl. dazu u.a. BGH ZInsO 2006, 261, 263; *Smid* GesO § 2 RdNr. 115; *Kuhn/Uhlenbruck* § 104 RdNr. 4; OLG Köln ZIP 1981, 749; BGHZ 19, 355, 359; offengelassen in BGH BB 1997, 1066, 1067, dazu EWiR 1997, 943 *(Henckel).*
[235] Begr. zu § 92 RegE (§ 81); abgedruckt bei *Balz/Landferman* S. 298; im Übrigen auch ganz hM; vgl. HKInsO-*Kirchhof* § 24 RdNr. 2; Nerlich/Römermann/*Mönning* § 21 RdNr. 49; *Gerhardt* ZZP 109 (1996), 417; *Pohlmann* RdNr. 263–270; *Hintzen* ZInsO 1998, 78; so angedeutet wohl auch in BGH ZIP 1996, 1909, 1912; BGH ZIP 1997, 737, 738 f.; ebenso *Mohrbutter/Pape* RdNr. XVI.53.
[236] BGH ZIP 1995, 1200; BGH, Urt. v. 18.4.1996 – IX ZR 88/95, ZIP 1996, 926, dazu EWiR 1996, 795 *(Henckel).*
[237] BGH ZInsO 2010, 2089 Tz 16; .Begr. zu § 92 RegE (§ 81); abgedruckt bei *Balz/Landfermann* S. 298.
[238] HKInsO-*Kirchhof* § 24 RdNr. 7.
[239] BGH ZIP 1996, 1909; BGH ZIP 1995, 40.
[240] Jaeger/*Weber* § 106 Anm. 3.
[241] *Gerhardt*, Kölner Schrift, S. 199 RdNr. 13.

aufhebt oder dessen Inhalt verändert.[242] Verfügungen sind auch Gestaltungserklärungen wie Kündigungen,[243] nicht jedoch die bloße Besitzaufgabe.[244] Gegen Forderungen eines Schuldners, die nach Eingang eines zulässigen Antrags auf Eröffnung beim Gericht begründet werden, kann, anders als im Bereich der GesO, mit Insolvenzforderungen auch dann **wirksam aufgerechnet**[245] werden, wenn ein Verfügungs- und Vollstreckungsverbot erlassen und das Verfahren später eröffnet worden ist, da insoweit § 96 eine abschließende Regelung darstellt.[246] Allerdings kann unter bestimmten Voraussetzungen die Aufrechnung nach der Verfahrenseröffnung angefochten werden, wenn zB die Begründung der Aufrechnungslage anfechtbar herbeigeführt worden ist.[247] Auch der Erlass eines **Arrestes** zugunsten eines persönlichen Gläubigers des Schuldners ist unzulässig.[248] Das allgemeine Verfügungsverbot erfasst auch alle **Vorausverfügungen** des Schuldners, die mit Erlass des Verfügungsverbots ihre Wirksamkeit verlieren.[249] Die **Kontokorrentabrede** wird als antizipierte Verrechnungsvereinbarung mit einer Bank rückwirkend unwirksam.[250] Das allgemeine Verfügungsverbot erfasst auch **ausländisches Vermögen** des Schuldners,[251] es sei denn, es ist darüber bereits ein ausländisches selbstständiges Insolvenzverfahren eröffnet worden.[252]

58 Konnte bis zum Erlass des Überweisungsgesetzes (ÜG) die Bank nach Anordnung eines allgemeinen Verfügungsverbotes eine Überweisung für den Kunden grds. nicht mehr ausführen,[253] ist nach § 676a Abs. 3 BGB nunmehr ein differenzierte Betrachtung notwendig, da die Neuregelung insoweit gegenüber § 116 als lex specialis anzusehen ist.[254] Dies hat allerdings auch zur Folge, dass im **Zahlungsverkehr** während des Eröffnungsverfahrens unterschiedliche Regelungen für Überweisungen einerseits und Schecks, Wechsel, Lastschriften oder für Barauszahlungen andererseits gelten. Bestehende **Überweisungsverträge**, die die Bank nicht von sich aus kündigt, kann der vorläufige Verwalter mit Verfügungsbefugnis daher auch nur unter den besonderen Voraussetzungen des § 676a Abs. 4 BGB kündigen. Die Bank wiederum ist zur Kündigung des Überweisungsauftrages analog § 676 Abs. 3 BGB berechtigt. Wenn dem Verwalter der Widerruf nicht rechtzeitig gelingt, bleibt ihm nur noch der Weg über die Insolvenzanfechtung.[255] Durch einen „Lastschriftwiderruf"[256] gegen eine Belastungsbuchung auf den Konto des Schuldners können vermeintlich abgeschlossenen Zahlungsvorgänge häufig noch für eine erhebliche Zeit nachträglich wieder rückgängig gemacht werden und dadurch die Insolvenzmasse erheblich anreichern.[257] Dass darüber hinaus auch noch Anfechtungsmöglichkeiten bestehen, hat *Schröder* überzeugend dargelegt.[258] Unterschieden werden muss in diesem Zusammenhang zwischen dem **Abbuchungsauftragsverfahren**[259] und dem **Einziehungsermächtigungsverfahren**.[260] Während im ersten Fall die erteilten, aber noch nicht ausgeführten

---

[242] BGHZ 101, 24, 26; Jaeger/*Gerhardt* § 21 RdNr. 20.
[243] BAG ZInsO 2003, 817, 818.
[244] HKInsO-*Kirchhof* § 21 RdNr. 15.
[245] *Obermüller* ZInsO 1999, 691, 693; BGH WM 1987, 603; BGH ZIP 1990, 112; BGH ZInsO 1998, 141; OLG Düsseldorf WM 1986, 626; OLG Koblenz ZIP 1984, 164; *Wittig* WM 1995, 865; aA OLG Stuttgart WM 1994, 807; LG Düsseldorf ZIP 1996, 1390; OLG Dresden ZIP 1998, 432; OLG München NZI 1999, 201.
[246] BGH ZInsO 2004, 852 ff. Anerkannt für den Bereich der GesO BGH ZInsO 1996, 845; BGH ZIP 1996, 926, sowie BGH ZIP 1995, 1200; eingehend und kritisch dazu auch *Mankowski*, JZ 1996, 392; ablehnend *Gerhardt*, Kölner Schrift, S. 193 ff. RdNr. 12; zur Rechtslage nach der InsO vgl. HKInsO-*Kirchhof* § 24 RdNr. 5; *Smid* InsO § 21 RdNr. 31.
[247] BGH ZInsO 2004, 852, 853.
[248] Kilger/*K. Schmidt* KO § 106 Anm. 3.
[249] OLG Dresden ZInsO 2006, 1057; OLG Koblenz ZIP 1984, 164 *Canaris* ZIP 1986, 1225, 1226; *Gerhardt*, Kölner Schrift, S. 193 ff. RdNr. 9.
[250] Ganz hM vgl. Jaeger/*Gerhardt* § 22 RdNr. 63; Vgl. BGH ZInsO 2004, 852 so auch schon BGHZ 74, 253, 255 mit ausf. Nachweisen; *Gerhardt*, Kölner Schrift, S. 193 ff. RdNr. 9; so auch schon *Canaris* ZIP 1986, 1225, 1226.
[251] BGHZ 118, 151 m. Anm. *Hanisch* Iprax 1993, 69 f.
[252] *Smid* InsO § 21 RdNr. 16; BGHZ 88, 147, 150; 95, 256, 264.
[253] *Obermüller* ZInsO 1999, 691, 692; OLG Celle ZIP 1998, 1232.
[254] Vgl. *Kießling* NZI 2006, 440; *Obermüller* ZInsO 1999, 691, 693 unter zutreffenden Verweis auf die in Art. 2 Abs. 3 ÜG getroffene Sonderregelung.
[255] Zum Lastschriftwiderruf vgl. umfassend BGH ZInsO 2011, 2129ff; 2011, 95 ff.; 2010, 2089; 2010, 1538; BGH Urt. v. 4.11.2004 – IX ZR 22/03 m. Anm *Kuder* ZInsO 2004, 1356 ff. Dazu ebenfalls u.a. *Spliedt* ZIP 2005, 1260 ff.; *Bork* ZIP 2004, 2446; *Ganter* WM 2005, 1557 sowie *Hadding* WM 2005, 1549.
[256] Besser wäre es von einer Zustimmungsversagung zu sprechen, denn es reicht wegen der verfügenden Charakters aus, wenn der vorläufige Verwalter einer solchen Erklärung des Schuldners nicht zustimmt.
[257] Vgl. dazu auch *Fischer*, FS Gerhardt S. 223 ff.; *Spliedt* ZIP 1260, 1262.
[258] *Schröder* ZInsO 2006, 1 ff.; *T. Schmidt* ZInsO 2006, 1233, 1237.
[259] Ausführlich dazu *d'Avoine* ZInsO 2006, 225.
[260] Dazu BGH ZInsO 2005, 40 und BGH ZIP 2006, 2046 sowie *Knees/Kröger* ZInsO 2006, 393; umfassend *Fischer*, FS Gerhardt S. 223 ff.

Abbuchungsaufträge regelmäßig unwirksam werden bzw. von der Zustimmung eines entsprechend bevollmächtigten vorläufigen Verwalters abhängig sind, ist im zweiten Fall der vorläufige Verwalter nur im begründeten Einzelfall berechtigt, die Genehmigung von Belastungsbuchungen zu verhindern.[261] Unterlässt er dies, kann er sich schadensersatzpflichtig machen, wenn bei einer entsprechenden Handlung eine Massemehrung eingetreten wäre und nicht ein bloßer Passivtausch.[262] **Vgl. umfassend zum Lastschriftwiderruf die Kommentierung bei § 82 RdNr. 23 ff.**

2. Gegenständlich beschränktes Verfügungsverbot. Anstelle des umfassenden allgemeinen Verfügungsverbots nach Abs. 2 kommt nach § 21 Abs. 2 Nr. 2 auch die Anordnung eines gegenständlich **beschränkten Verfügungsverbots** in Betracht, aber auch die Erteilung der Befugnis zur Verwertung einzelner Vermögensgegenstände.[263] So kann zB dem Schuldner die Verfügung über Immobilien oder über konkret bestimmte und für die Masse besonders wichtige Bestandteile untersagt werden.[264] Auch kann dem Schuldner die Herausgabe fremder Sachen verboten werden oder das Betreten der Geschäftsräume.[265] Für diese auf einzelne Gegenstände angeordnete Handlungsbeschränkung, ein minus, kein aliud zum allgemeinen Verfügungsverbot, ist zu beachten, dass sie ebenso unter die Rechtsfolgenregelung des § 24 Abs. 1 fällt und damit **auch ein absolutes Verfügungsverbot auslöst.**[266] Die sich in diesem Zusammenhang immer wieder auf *Gerhardt*,[267] die Rechtsprechung zur KO[268] und die Behauptung, § 24 Abs. 1 verweise ausdrücklich nur für das allgemeine Verfügungsverbot auf die Anwendbarkeit der §§ 81, 82[269] berufende herrschende Meinung ist unzutreffend und übersieht sowohl die Begründung des Gesetzgebers in ihrer Gesamtheit, sowie den grundsätzlichen Paradigmenwechsel mit der Möglichkeit der Vorverlagerung der Wirkungen des eröffneten Verfahrens über § 24 Abs. 1. Die besonderen, gegenstandsbezogenen Verfügungsverbote haben nach Auffassung der herrschenden Lehre wie schon unter der KO oder GesO nur die Wirkung eines **relativen Verfügungsverbots** nach §§ 135, 136 BGB,[270] was die Möglichkeit in sich birgt, dass Dritte nach § 135 Abs. 2 BGB gleichwohl von dem gegen ein solches Verbot handelnden Schuldner Mobiliarvermögen gutgläubig – wenn auch möglicherweise anfechtbar – erwerben könnten. Die gleiche Wirkung würde eintreten, wenn das Gericht nach § 21 Abs. 2 Nr. 2 2. Alt. die Verfügungsmacht des Schuldners bezüglich bestimmter Gegenstände des Vermögens an eine Zustimmung des vorläufigen Verwalters binden würde.

Für eine solche Begrenzung des Anwendungsbereichs des § 24 bietet aber weder der Wortlaut noch die Begründung einen Anlass, viel weniger noch die damit verfehlte Zielsetzung des Eröffnungsverfahrens, wie sie der Gesetzgeber zu § 21 ausführlich begründet und definiert hat. *Gerhardt* und ihm folgend die herrschende Lehre begründen ihre Auffassung mit der angeblichen Bezugnahme und Beschränkung des § 24 Abs. 1 auf den Erlass eines allgemeinen Verfügungsverbots.[271] Tatsächlich nimmt jedoch § 24 Abs. 1 nur Bezug auf „eine der in § 21 Abs. 2 Nr. 2 vorgesehenen Verfügungsbeschränkungen" und führt in der Begründung[272] erläuternd aus: „In Abs. 1 wird für die Rechtsfolgen eines Verstoßes **gegen allgemeine Verfügungsbeschränkungen**[273] auf die Vorschriften verwiesen, in denen die Wirkung der Eröffnung des Insolvenzverfahrens auf Verfügungen des Schuldners und auf Leistungen an den Schuldner geregelt sind", also die §§ 81, 82, mithin die sog. Vorverlagerung der Eröffnungswirkungen in das Eröffnungsverfahren. Als eine solche allgemeine Verfügungsbeschränkung bestimmt § 21 Abs. 2 Nr. 2 die Möglichkeit, dem Schuldner ein **allgemeines Verfügungsverbot** aufzuerlegen oder, so die Begründung zu § 25 RegE, „**allge-**

---

[261] BGH ZInsO 2010, 1538; 2005, 40 sowie zur vormaligen Rechtslage BGH ZInsO 2004, 1353 dort mit krit. Anm *Kuder;* ablehnend auch *Bork,* FS Gerhardt S. 69 ff.; *Jungmann* NZI 2005, 84.
[262] BGH ZInsO 2004, 1353, 1356.
[263] BGH Beschl.v 15.5.2011 IX ZR 144/10, ZInsO 2011, 1463 ff.
[264] Thiemann, Masseverwaltung RdNr. 138; *Kießling/Singhof* DZWIR 2000, 357; HKInsO-*Kirchhof* § 21 RdNr. 4. Bedenklich wegen der Unbestimmtheit ist es, wenn *Smid* InsO § 21 RdNr. 17 für den Fall der Eigenverwaltung es für möglich erachtet, dem Schuldner die Verfügungsbefugnis für „den gewöhnlichen Gang der Geschäfte" zu belassen.
[265] HKInsO-*Kirchhof* § 21 RdNr. 27; Uhlenbruck § 21 RdNr. 23.
[266] Pohlmann RdNr. 261 ff., 270; *Smid* InsO § 21 RdNr. 17; *Kießling/Singhof* DZWIR 2000, 357; aA Uhlenbruck § 21 RdNr. 23; HKInsO-*Kirchhof* § 24 RdNr. 4; *Gerhardt* ZZP 109, 423; *Kübler/Prütting/Pape* § 24 RdNr. 2.
[267] ZZP 1996, 415, 423; *ders.,* Kölner Schrift, S. 193 ff. RdNr. 17.
[268] *Smid* WM 1995, 785, 787 unter Berufung auf RGZ 71, 38, 40 und BGHZ 19, 355, 359; ähnlich *Hess* FLF 1995, 8, 10.
[269] HKInsO-*Kirchhof* § 24 RdNr. 4; Nerlich/Römermann/*Mönning* § 21 RdNr. 61; FKInsO-*Schmerbach* § 21 RdNr. 30.
[270] AllgM, vgl. für alle *Gerhardt,* Kölner Schrift, S. 193 ff. RdNr. 16.
[271] So ausdrückliche *Gerhardt,* Kölner Schrift, S. 193 ff. RdNr. 16 am Ende.
[272] Abgedruckt bei *Balz/Landfermann* S. 234.
[273] Hervorhebungen durch den Verfasser.

meine **Verfügungsbeschränkungen** für den Schuldner", die der Gesetzestext dahingehend definiert, dass Verfügungen des Schuldner nur mit Zustimmung des vorläufigen Insolvenzverwalters wirksam sind. Wollte man nun, wie die Befürworter einer relativen Unwirksamkeit es tun, auf den Wortlaut und die Begründung abstellen, so könnte als Ergebnis daraus folgen, dass der Gesetzgeber zwar auf § 21 Abs. 2 Nr. 2 Bezug genommen, jedoch nur die Verfügungsbeschränkungen, nicht jedoch Verfügungsverbote erfassen wollte. Ein Ergebnis das nicht nur dem erkennbaren, wenn auch undeutlich ausgedrückten Willen des Gesetzgebers widersprechen, sondern auch das Ziel sichernder Maßnahmen im Eröffnungsverfahren ins Gegenteil verkehren würde.

61 Nach der Begründung zu § 25 RegE ist es das Ziel der InsO für das Eröffnungsverfahren „auf Grund der neuen Vorschriften die Möglichkeit (zu haben), Maßnahmen anzuordnen, durch die eine zwischenzeitliche Verschlechterung der Vermögenslage des Schuldners vermieden wird". Damit hat sich der Gesetzgeber auf Grund der neuen Vorschriften der §§ 21 ff., ganz bewusst[274] für einen gegenüber dem geltenden Recht erheblich **erweiterten Masseschutz zu Lasten des Rechtsverkehrs** entschieden. Dieses Ziel lässt sich jedoch nur dann erreichen, wenn einheitlich allen die Masse gegen schädigende Verfügungen sichernden Maßnahmen die gleiche Wirkung zukommt, wie einem allgemeinen Verfügungsverbot. Wird dem Schuldner also untersagt, Immobiliarvermögen zu veräußern, zu belasten oder in anderer Weise darüber zu verfügen, so ist dies eine **allgemeine Verfügungsbeschränkung für den gesamten Grundstücksverkehr,** da sie nicht eine konkrete Handlung beschränkt oder eine konkrete Rechtshandlung verbietet, sondern dem Schuldner, auf einen Gegenstand oder Teile seines Vermögens beschränkt (nur hierin liegt die Beschränkung), alle Verfügungen darüber, also allgemein, gleich in welcher Form, verbietet.

62 Dieses Ergebnis stimmt nicht nur mit der unbeschränkten Regelung in § 24 Abs. 1 überein, die nämlich jede „**vorgesehene Verfügungsbeschränkung**" umfasst, sondern auch damit, dass der Gesetzgeber erkennbar selbst von der Verfügungsbeschränkung als dem alle Beschränkungen bis hin zum Verbot umfassenden Oberbegriff ausgegangen ist, von denen § 21 Abs. 2 Nr. 2 nur zwei Beschränkungsmöglichkeiten beispielhaft aufführt. Bleibt jedoch das Gericht hinter der darin aufgeführten Möglichkeit eines generellen allgemeinen Verfügungsverbots zurück und beschränkt die Verfügungsfähigkeit des Schuldners auf bestimmte Teile seines Vermögens, so ändert dies weder das Ziel vermögenssichernder Maßnahmen, noch gibt es einen sachlichen Grund für eine Wechsel der rechtlichen Beurteilung bei einem Verstoß gegen eine solche Beschränkung. Die Verfügungsbeschränkungen im rechtstechnischen Sinn betreffen nicht das „Dürfen" einer Person, sondern bereits das rechtliche „Können". Fehlt es dem Verfügenden aber schon an der notwendigen Rechtsmacht, weil er nicht verfügen „kann", kommt es auf ein Verbot (nicht „dürfen") gerade nicht an, so dass kein Fall des § 134 BGB oder der §§ 135, 136 BGB vorliegt. Verfügungsbeschränkungen und Verfügungsverbote i. S. d. § 21 InsO führen daher – völlig unabhängig von den §§ 134 bis 136 BGB – grundsätzlich zur absoluten Unwirksamkeit verbotswidriger Verfügungen.[275] In beiden Fällen setzt sich der Schuldner ohne rechtliches „Können" über ein gerichtliches Verbot hinweg und verfügt in verbotswidriger Weise über einen Gegenstand der künftigen Insolvenzmasse, eine Verfügung die ihm entweder allgemein oder speziell verboten worden ist. All diese Verstöße jedoch sollen nach dem Willen des Gesetzgebers, wie er in der Begründung zu § 25 RegE und dem Wortlaut der §§ 21 und 24 zum Ausdruck gekommen ist, dem Verdikt der absoluten Unwirksamkeit unterfallen, da nur auf diese Weise die Masse umfassend auch gegen gutgläubigen Erwerb Dritter aus der Masse heraus geschützt werden kann.

63 Da mithin **allen** nach § 21 Abs. 2 Nr. 2 **angeordneten Verfügungsbeschränkungen** auf Grund des unzweideutigen Wortlautes des § 24 Abs. 1 die **gleiche absolute Wirkung** zukommt, ist insoweit gutgläubiger Erwerb im Eröffnungsverfahren nur gem. § 81 Abs. 1 an Grundstücken und Grundstücksrechten, nicht jedoch an beweglichen Sachen möglich.[276] Dies ist insoweit auch systematisch konsequent, da § 24 Abs. 1 durch seinen hinsichtlich des Eintritt der Wirkungen uneingeschränkten Verweis auf die §§ 81, 82 deutlich macht, dass damit vom Konzept der relativen Unwirksamkeit nach der Konkursordnung auch schon für das Eröffnungsverfahren bewusst abgewichen[277] werden soll. Die Übertragung dieser Systematik kann aber nicht dadurch aufgehoben werden, dass für einen Teil angeordneter Verfügungsbeschränkungen zu den Wirkungen der KO zurückgekehrt werden soll, nachdem der Gesetzgeber die Überwindung dieses Rechtszustandes gerade zu seinem Ziel gemacht hat. Letztlich lässt auch nur eine solche, **nicht abgestufte Rechtsfolge** eine sachgerechte Entscheidung im Rahmen der Verhältnismäßigkeitsprüfung zur Anordnung von Sicherungs-

---

[274] Vgl. die Begr. zu § 21, abgedruckt bei *Balz/Landfermann* S. 228.
[275] *Kießling/Singhoff* DZWIR 2000, 353, 359.
[276] Im Ergebnis so *Pohlmann* RdNr. 263; *Uhlenbruck,* Kölner Schrift, S. 242, 247; *Kießling/Singhoff* DZWIR 2000, 353.
[277] So ausdrücklich die Begr. bei § 81; abgedruckt bei *Balz/Landfermann* S. 298.

maßnahmen zu, denn bei unterschiedlicher Wirkung gerichtlich angeordneter Verfügungsbeschränkungen wäre sonst das Gericht regelmäßig zur eigenen Haftungsfreistellung gezwungen, zum schärferen Mittel zu greifen, um den Sicherungszweck zu erreichen, da dem Gericht nur ein effektives und ansonsten nur ineffektive, risikobeladene Mittel zur Seite stünden. Damit würde zugleich das Verhältnismäßigkeitsgebot des § 21 Abs. 1 faktisch „ausgehebelt", was nicht nur systemwidrig wäre, sondern auch dem Stufenverhältnis möglicher Sicherungsmaßnahmen widersprechen würde. Mithin ist jede **Verfügung** die gegen eine gerichtlich angeordnete Verfügungsbeschränkung verstößt, nach §§ 24 Abs. 1, 81 Abs. 1 Satz 1 absolut unwirksam, so dass gutgläubiger Erwerb an beweglichen Sachen stets ausgeschlossen ist (§ 81 Abs. 1 Satz 2).

Anstelle der vorgenannten Beschränkungen kommen auch andere Sicherungsmaßnahmen nach § 21 Abs. 1 in Form von **Einzelweisungen** dann in Betracht, wenn diese isoliert oder in Verbindung mit anderen Maßnahmen als geeignet und hinreichend erscheinen, um den gesetzlichen Sicherungszweck im Eröffnungsverfahren zu erfüllen. Daher sind in diesem Zusammenhang besonders die Grundsätze der Verhältnismäßigkeit aber auch die haftungsrechtlichen Risiken für das Gericht abzuwägen. Zu den in der Praxis in diesem Zusammenhang häufig vorkommenden Fällen gehören:

- die Anordnung einer Kontensperre, um den Einzelzugriff auf Kontenguthaben zu verhindern[278]
- Übertragung der Kassenführung auf einen vorläufigen Verwalter, wenn dem Schuldner die Vermögensverwaltung im Übrigen belassen worden ist[279]
- Anordnung einzelner oder allgemeiner Zustimmungsvorbehalte (dazu unten RdNr. 65)
- Siegelung oder Beschlagnahme einzelner Vermögensgegenstände[280]
- Verbot der Herausgabe einzelner Vermögensgegenstände, auch an absonderungsberechtigte Gläubiger[281]
- Verbot der Abholung von Vermögensgegenständen bzw. des Einzugs von Forderungen an Gläubiger und Absonderungsberechtigte (dazu unten 96 ff.).[282]

III. Anordnung von Zustimmungsvorbehalten

In der Praxis ist statt der vorgenannten Sicherungsmaßnahmen die Bestellung eines vorläufigen Verwalters mit Anordnung eines allgemeinen Zustimmungsvorbehaltes, die sog. schwache vorläufige Insolvenzverwaltung, der Regelfall geworden.[283] Mit der gleichen Rechtswirkung wie bei einem allgemeinen Verfügungsverbote (§ 24 verweist auf § 21 Abs. 2 Nr. 2 insgesamt), also Eintritt **absoluter Unwirksamkeit** verbotswidriger Verfügungen, kann das Gericht nach § 21 Abs. 2 Nr. 2 anordnen, dass Verfügungen des Schuldners nur mit Zustimmung des vorläufigen Insolvenzverwalters wirksam sind.[284] Zustimmung bedeutet dabei sowohl die vorherige Einwilligung als auch die nachträgliche Genehmigung.[285] Ein solcher Zustimmungsvorbehalt kann sich sowohl auf einzelne, jedoch auch auf alle Verfügungen des Schuldners beziehen,[286] die Rechtswirkung ist, wie im Fall der Verfügungsbeschränkungen stets die gleiche. Gegenüber der Bestellung eines umfassend ermächtigten vorläufigen Verwalters ist die Anordnung von Zustimmungsvorbehalten weniger einschneidend, weil das handlungsbestimmte Initiativrecht beim Schuldner verbleibt, der zustimmungsbefugte Verwalter tritt nicht an seine Stelle, sondern an seine Seite.[287] Der Zustimmungsvorbehalt bewirkt jedoch nur, dass der vorläufige Verwalter wirksame rechtsgeschäftliche Verfügungen des Schuldners zu verhindern vermag, ist aber, ohne ergänzende gerichtliche Anordnungen, rechtlich nicht in der

---

[278] Vgl. dazu AG München ZVI 2007, 22; OLG Dresden ZIP 1994, 1128; BGH ZIP 1995, 225; aber auch *Mohrbutter/Pape* RdNr. XVI 54, 82.

[279] HKInsO-*Kirchhof* § 21 RdNr. 14 und 27; FKInsO-*Schmerbach* § 21 RdNr. 93; *Uhlenbruck* § 21 RdNr. 23; OLG Celle KTS 1971, 216; Nerlich/Römermann/*Mönning* § 21 RdNr. 59.

[280] HKInsO-*Kirchhof* § 21 RdNr. 12.

[281] Begr. zu § 25 RegE (§ 21), abgedruckt bei *Balz/Landfermann* S. 229.

[282] Vgl. dazu auch *Vallender*, FS Uhlenbruck S. 133, 146; zu den Risiken aber auch *Foltis* ZInsO 1999, 386 ff.; haben die Gläubiger von Forderungen die Abtretungen an sich vor Einleitung des Verfahrens gegenüber den Drittschuldnern offengelegt und die Einzugsermächtigung gegenüber dem Schuldner widerrufen, scheidet eine Einziehung durch einen vorläufigen Verwalter aus, da für diesen Fall der gesetzlich gewollte Schutz zugunsten des Drittschuldners vor Doppelzahlungen entfallen ist; vgl. dazu auch Ausschussbericht zu § 191 RegE (§ 166) abgedruckt bei *Balz/Landfermann* S. 402 sowie die Ergänzungen dazu bei *Foltis*, aaO S. 391.

[283] Vgl. dazu auch BGH ZInsO 2010, 136 ff.; *Uhlenbruck* § 21 RdNr. 24.

[284] BGH ZInsO 2006, 261, 263; *Gerhardt*, Kölner Schrift, S. 193 ff. RdNr. 15; vgl. zu diesem Problemkreis auch *Bork* ZIP 1999, 781, 783; *Kirchhof* ZInsO 1999, 365, 368; *Kießling/Singhoff* DZWIR 2000, 353, 361 ff.

[285] *Mankowski* NZI 2000, 572.

[286] HKInsO-*Kirchhof* § 21 RdNr. 13; *Gerhardt*, Kölner Schrift, S. 193 ff. RdNr. 14; aA *Breutigam/Blersch/Goetsch* § 21 RdNr. 31; unklar insoweit Nerlich/Römermann/*Mönning* § 21 RdNr. 64; *Smid* InsO § 21 RdNr. 32, die aber beide offenbar von Zustimmungsvorbehalten nur für bestimmte Verfügungen ausgehen.

[287] *Fritsche* DZWIR 2005, 265, 268; Jaeger/*Gerhardt* § 21 RdNr. 24.

Lage, den Schuldner gegen dessen Willen zu Handlungen anzuhalten.[288] Die Schwierigkeit in der sachgerechten Anwendung der Norm besteht fraglos zudem darin, dass im Zeitpunkt der Anordnung sichernder Maßnahmen dem Gericht selten Kenntnisse darüber vorliegen, durch welche Verfügungen des Schuldners ggf. Vermögensminderungen eintreten können oder welche Gegenstände des Vermögens davon betroffen oder schutzwürdig sind und ob die verantwortliche Geschäftsführung die Anforderungen an ein effizientes Krisenmanagement überhaupt erfüllen kann. Zwar kann es im Einzelfall durchaus ausreichen, Verfügungen des Schuldners über Grundstücke, Warenlager, Fahrzeuge, Konten etc. ebenso wie zB den Abschluss von Betriebsvereinbarungen an die Zustimmung eines vorläufigen Verwalters zu binden und damit zunächst schwebend unwirksam zu belassen. Jedoch setzt auch dies wiederum eingehende Kenntnisse über Unternehmensinterna voraus, die regelmäßig erst im Laufe des Eröffnungsverfahrens zur Verfügung stehen. Da bei der frühzeitigen Einführung eines Kataloges zustimmungspflichtiger Verfügungen zudem das haftungs- und sicherungsrechtliche Problem besteht, dass exakt die Verfügung, die vom Katalog nicht erfasst ist, zu einer Schädigung der Masse führt, sollte regelmäßig, sofern nicht ein allgemeines Verfügungsverbot erlassen wird, ein **allgemeiner Zustimmungsvorbehalt** ausgesprochen werden, so dass zunächst alle Verfügungen des Schuldners, der dabei verwaltungs- und verfügungsbefugt bleibt, dem Zustimmungsvorbehalt unterliegen. Die Bestimmung eines allgemeinen Zustimmungsvorbehalts ist eines der gesetzlichen Regelbeispiele und zugleich ein Minus gegenüber dem allgemeinen Verfügungsverbots, da für den Fall des Zustimmungsvorbehalts der Schuldner grundsätzlich verfügungsbefugt bleibt, hinsichtlich der Wirksamkeit jedoch an die Zustimmung des vorläufigen Verwalters gebunden ist. Da beide Beschlüsse nach § 23 zu veröffentlichen sind, tritt auch bei einem allgemeinen Zustimmungsvorbehalt – abgesehen von den vorgenannten Bedenken – kein wesentlich geminderter Rechtsschutz für die Gläubiger und Vertragspartner ein, so dass weder methodische noch systematische Bedenken gegen einen allgemeinen Zustimmungsvorbehalt bestehen.[289]

66 Dazu trägt insbesondere die mit der Entscheidung des BGH vom 18.7.2002[290] verbundene Befugnis bei, den vorläufigen Verwalter auch ohne ein allgemeines Verfügungsverbot zu ermächtigen, im Voraus genau festgelegte Verpflichtungen (**Einzelermächtigungen**) zu Lasten der späteren Insolvenzmasse einzugehen, soweit dies für eine vorläufige Verwaltung nötig ist und damit dann auch Masseverbindlichkeiten zu begründen.[291] Mit der Anerkennung dieser Möglichkeit hat die Rechtsprechung den praktischen Erfordernissen und rechtlichen Risiken des Eröffnungsverfahrens soweit Rechnung getragen, als nunmehr ein Anordnungsspektrum zur Verfügung steht, das geeignet ist, auch dem Rechts- und Geschäftsverkehr hinreichende Sicherheit und Vertrauen zu verschaffen. Diese Entwicklung war deutlich von dem Bemühen getragen, die Position des in der Praxis weit überwiegend eingesetzten „schwachen" Verwalters zu stärken, ohne die notwendige Abgrenzung gegenüber dem voll verfügungsbefugten Verwalter zu verwischen.[292] In jedem Fall muss aber aus der jeweiligen gerichtlichen Anordnung unmissverständlich zu erkennen sein, mit welchen Einzelbefugnissen – nach Art und Umfang – der vorläufige Insolvenzverwalter ausgestattet ist.[293] Vgl. ausführlich dazu § 22 RdNr. 131 ff.[294]

67 Mit der Anordnung des allgemeinen oder besonderen Zustimmungserfordernisses kann das Gericht mithin eine Sicherungsmaßnahme verhängen, die unterhalb der Schwelle des Verfügungsverbotes liegt. Dies ist insbesondere in den Fällen in Erwägung zu ziehen, in denen das Unternehmen unter der Leitung des bisherigen Geschäftsführers zunächst weiter geführt werden soll, denn mit

---

[288] BGH ZInsO 2002. 819, 821.
[289] BGHZ 151, 153 = BGH ZInsO 2002, 819; *Bork* ZIP 1999, 781, 784. Für die Möglichkeit der Anordnung auch eines allgemeinen Zustimmungsvorbehalts spricht insbesondere die Begründung des Gesetzgebers zu § 25 RegE selbst, die, neben der Möglichkeit der Anordnung allgemeiner Verfügungsverbote, ausdrücklich auch von der Möglichkeit „allgemeiner Verfügungsbeschränkungen für den Schuldner (Nummer 2)" spricht. In Abgrenzung zu diesem Regelbeispiel führt der Gesetzgeber weiter aus, dass es zu anderen möglichen Maßnahmen auch gehören kann „... nur bestimmte, besonders wichtige Verfügungen des Schuldners an die Zustimmung des vorläufigen Insolvenzverwalters zu binden".
[290] BGHZ 151, 353 ff. = ZInsO 2002, 819.
[291] BGH ZInsO 2002, 819, 822.
[292] Vgl. dazu auch *Kirchhof* ZInsO 2004, 57, 58; *Prütting/Stickelbrock* ZIP 2002, 1608; *Fritsche* DZWIR 2002, 324, 325 sowie 2005, 265, 277; *Pape* ZInsO 2001, 829 ff.
[293] Ebenso BGH ZInsO 2002, 819, 823; *Spliedt* ZIP 2001, 1941, 1949; *Pohlmann* RdNr. 342. Nicht nachvollziehbar ist allerdings, wenn *Uhlenbruck* § 21 RdNr. 25 daraus die Konsequenz ableiten will, dass solche Einzelermächtigungen bzw. konkrete Zustimmungsvorbehalte nur relative Wirkung haben sollen, da schon die gesetzliche Fassung des § 24 Abs. 1 Zustimmungsvorbehalten und allgemeines Verfügungsverbot den gleichen Wirkungen unterwirft.
[294] Begr. abgedruckt bei *Balz/Landfermann* S. 228, 229; vgl. auch die Darstellung bei HambKomm-*Schröder* § 22 RdNr. 90 ff.

einem allgemeinen Verfügungsverbot würde jeglichem vermögenswirksamen Handeln die rechtliche Grundlage entzogen.[295] Unabdingbare Voraussetzung ist jedoch, dass zugleich ein vorläufiger Verwalter nach § 21 Abs. 2 Nr. 1 bestellt wird, da dieser Träger der Zustimmungskompetenz ist. Es handelt sich also um die Fälle, in denen das Gericht von der Bestellung eines vorläufigen Verwalters nach § 22 Abs. 1 – also mit zugleich verhängtem Verfügungsverbot – absehen möchte, um den Besonderheiten der konkreten Verfahren gerecht werden zu können. Dadurch wird das Handlungsspektrum des Gerichtes zwar in einer Weise erweitert, die es ermöglicht, jeweils unternehmensbezogen auf einen Insolvenzantrag zu reagieren, zugleich treten jedoch die Unzuträglichkeiten und Risiken ein, die bis heute noch nicht befriedigend geklärt sind. Dies gilt insbesondere für die Frage, unter welchen konkreten Voraussetzungen ein vorläufig schwacher Verwalter Masseverbindlichkeiten begründen kann.

Nachdem zunächst einzelne Gerichte eine analoge Anwendung des § 55 Abs. 2 InsO auf den „schwachen" vorläufigen Insolvenzverwalter bei Anordnung eines allgemeinen Zustimmungsvorbehalts[296] bzw. bei zusätzlicher Anordnung der oben genannten Ermächtigung[297] bejaht hatten, hat der BGH in seiner Entscheidung vom 18.7.2002[298] in Übereinstimmung mit der herrschenden Meinung in der Literatur,[299] sowie der überwiegenden Zahl der Gerichte, der analogen Anwendung des § 55 Abs. 2 InsO eine deutliche Absage erteilt. Danach kann der „schwache" vorläufige Insolvenzverwalter grundsätzlich keine Masseverbindlichkeiten begründen, es sei denn, dass er vom Gericht ausdrücklich dazu ermächtigt worden sei, wobei jedoch eine allgemeine Ermächtigung nicht ausreiche.[300] Neben den schon früh begründeten Bedenken in dogmatischer Hinsicht[301] bestehen weiterhin Bedenken in Bezug auf die Anforderungen, welche an die Bestimmtheit der Ermächtigung zur Begründung von Masseverbindlichkeiten zu stellen sind. Wie bestimmt die Ermächtigung die Rechtshandlungen zu bezeichnen hat, wird in der Literatur sowie in der insolvenzrechtlichen Praxis unterschiedlich beurteilt. Neben der Ansicht, dass die konkrete Bezeichnung des Gläubigers sowie eine detaillierte Beschreibung des vorzunehmenden Geschäfts notwendig sei,[302] ist es nach anderer Auffassung ausreichend, wenn sich aus der Ermächtigung die Bestimmbarkeit der Geschäfte ergebe.[303] Nach den Hamburger Leitlinien zum Insolvenzeröffnungsverfahren sollen „Gruppenermächtigungen", sofern der Gläubiger „nach einem objektivierten Empfängerhorizont seine Begünstigung" erkennen könne, als auch ausnahmsweise „Projektermächtigungen" zulässig sein.[304] Vertreten wird darüber hinaus, dass auch die „Verleihung einer pauschalen Masseschuldbegründungskompetenz" möglich sei.[305] Auch die durch die einzelnen Insolvenzgerichte erteilten Ermächtigungen zur Begründung von Masseverbindlichkeiten sind insofern uneinheitlich.[306] Darüber hinaus ist nicht eindeutig geklärt, inwieweit die Ermächtigung zur Begründung von Masseverbindlichkeiten an ein besonderes Verfügungsverbot gekoppelt werden muss.[307] Die beschriebenen Unsicherheiten haben dazu geführt, dass der „schwache" vorläufige Insolvenzver-

---

[295] *Haarmeyer/Wutzke/Förster,* Handbuch, Kap. 3 RdNr. 271 ff.
[296] Dazu *Händle* ZInsO 2005, 844 ff.; vgl. auch LG Essen v. 10.1.2001, NZI 2001, 217); LG Duisburg v. 28.3.2001, DZWIR 2001, 347 zur analogen Anwendung des § 25 Abs. 2 InsO.
[297] OLG Hamm v. 17.1.2001, DZWIR 2002, 345; AG Münster v. 15.3.2002, ZIP 2002, 720.
[298] BGHZ 151, 353 (353 f.) = ZInsO 2002, 819 ff.; dazu *Prütting/Stickelbrock,* ZIP 2002, 1608); *Smid* DZWIR 2002, 444; *Pape,* WUB VI C. § 55 InsO 1.03 S. 101.
[299] *Uhlenbruck/Berscheid* (Fn. 8), § 22 RdNr. 162; *Förster* ZInsO 1999, 332; *Jaffé/Hellert* ZIP 1999, 1204; *Bähr,* ZIP 1998, 1553.
[300] BGHZ 151, 353 (365 ff.); darüber hinaus hat der BGH in diesem Urteil entschieden, dass eine derartige Ermächtigung nach § 22 Abs. 2 S. 1 InsO unzulässig sei, da „das Insolvenzgericht, wenn es kein allgemeines Verfügungsverbot erlasse, Verfügungs- und Verpflichtungsermächtigungen nicht pauschal in das Ermessen des dann „schwachen" vorläufigen Insolvenzverwalters stellen dürfe, sondern die einzelnen Maßnahmen bestimmt zu bezeichnen habe, zu denen der vorläufige Verwalter verpflichtet und berechtigt sein solle"; dazu *Meyer,* DZWIR 2004, 133.
[301] *Pape/Uhlenbruck* ZIP 2005, 417; *Haarmeyer/Pape* ZInsO 2002, 845.
[302] Vgl. dazu die Formulierungsbeispiele bei FKInsO-*Schmerbach* § 21 RdNr. 29b; *Haarmeyer/Pape* ZInsO 2002, 845; *Pape,* ZIP 2002, 2277.
[303] *Smid* DZWIR 2002, 444.
[304] *Frind/Rüther/Schmidt/Wendler* ZInsO 2004, 24.
[305] *Marotzke,* ZInsO 2004, 128; vgl. *Louven/Böckmann* NZI 2004, 128 für die Ermächtigung zum Verkauf von Unternehmen.
[306] *Händle* ZInsO 2005, 844 mit Verweis auf. die bei *Kirchhof* ZInsO 2004, 57 aufgeführten Beispiele.
[307] Vgl. BGH v. 18.7.2002, BGHZ, 151, 353, 366: „Allenfalls mag zusätzlich ein besonderes Verfügungsverbot für diejenigen Gegenstände des Schuldnervermögens geboten sein, für deren Verwaltung die Masseverbindlichkeiten nötig sind." Dazu *Spliedt,* EWIR § 55 InsO 5/02, S. 819; BGH v. 13.3.2003 = ZInsO 417 = ZIP 2003, 810: „jedenfalls in Verbindung mit dem Erlass eines besonderen Verfügungsverbots"; vgl. auch *Meyer* DZWIR 2004, 133.

walter zunehmend auf die Einrichtung von **Treuhandkonten** angewiesen ist. Allerdings ist auch das „Treuhandmodell" zunehmend in die Kritik geraten,[308] so dass die Möglichkeiten des „schwachen" vorläufigen Insolvenzverwalters, die für eine Betriebsfortführung erforderlichen Lieferanten, Dienstleister etc. im Wege der Ermächtigung zur Begründung von Masseverbindlichkeiten sowie der Einrichtung von Treuhandkonten abzusichern, nicht frei es von rechtlichen Bedenken sind.[309] In der Praxis gibt es verschiedene Fallgestaltungen und Konstruktionen des Treuhandkontos.[310] In jedem Fall bedarf die Einrichtung eines solchen Treuhandkontos analog § 181 BGB der Zustimmung des Insolvenzgerichts.[311] Vgl. insgesamt zur Frage der schwachen vorläufigen Verwaltung § 22 RdNr. 131 ff.

69 Ob es unterhalb des allgemeinen Zustimmungsvorbehalts sinnvoll ist, bestimmte zustimmungsbedürftige Verfügungen des Schuldners konkret zu bestimmen oder auf eine bestimmte Gruppe von Verfügungen zu begrenzen,[312] kann nur für den jeweiligen Einzelfall beantwortet werden, potenziert aber eher die vorgenannten Risiken für den Fall, dass gerade die Verfügungen des Schuldners, die nicht von einem Vorbehalt erfasst sind, zu einer Verschlechterung der durch gerichtliche Anordnungen zu schützenden Vermögensmasse führen. Hinzu kommt, dass in diesen Fällen das Gericht verpflichtet ist **permanent zu prüfen,** ob durch Beschluss weitergehende Sicherungsmaßnahmen anzuordnen oder die Pflichten eines vorläufigen Verwalters zu ergänzen sind.[313] Notwendig und unabhängig von weitergehenden Bedenken sollte jedoch in den Fällen der isolierten Anordnung von Zustimmungsvorbehalten stets dem zu bestellenden vorläufigen Insolvenzverwalter **zumindest die Kassenführung** übertragen und Drittschuldnern befreiende Zahlungen nur auf ein Sonderkonto des vorläufigen Insolvenzverwalters gestattet werden.[314] Eine starke vorläufige Verwaltung sollte stets angeordnet werden für Fälle der notwendigen rechtlichen Absicherung einer Betriebsfortführung oder bei mangelnder Mitwirkung des Schuldners sowie in den Fällen, in denen auf Grund der unübersehbaren Zahl der Lieferanten Einzelermächtigungen ebenso wie Gruppenermächtigungen unpraktikabel sind.[315] Vgl. ausführlich dazu § 22 RdNr. 32 und 131 ff.

IV. Einstellung von Zwangsvollstreckungsmaßnahmen in das bewegliche Vermögen

70 Obwohl § 106 Abs. 1 KO auf Grund seiner generalklauselartigen Formulierung auch die Möglichkeit nicht ausschloss, gegen den Schuldner laufende oder beabsichtigte Zwangsvollstreckungsmaßnahmen einzustellen, wurde diese Möglichkeit von Rechtsprechung und Literatur nahezu einmütig abgelehnt.[316] Da die Anordnung des allgemeinen Veräußerungsverbots nach der KO nur die Wirkung eines relativen Verbotes hatte, konnten daher Zwangsvollstreckungsmaßnahmen noch bis zur Eröffnung des Verfahrens mit Aussicht auf Erfolg betrieben und damit die Masse erheblich gemindert werden, indem die so entstandenen Pfandrechte zur abgesonderten Befriedigung berechtigten. Wie effizient jedoch die Massesicherung durch Einstellung von Zwangsvollstreckungsmaßnahmen betrieben werden konnte, hat die Regelung des § 2 Abs. 4 GesO und die darauf aufbauende Rechtsprechung gezeigt,[317] die deshalb auch die Reformdiskussion mitbestimmt hat. Die in § 21 Abs. 2 Nr. 3 geschaffene Möglichkeit der Einstellung oder Untersagung von Zwangsvollstreckungsmaßnahmen ist daher zu Recht als ein bedeutender Fortschritt für die Insolvenzgläubiger gegenüber der Rechtslage nach der KO bewertet worden,[318] auch wenn sie hinter der Regelung aus der

---

[308] Vgl. ausführlich dazu Windel ZIP 2009, 101 ff.; *Mönning/Hage* ZInsO 2005, 1185 ff.; *Pape/Uhlenbruck* ZIP 2005, 417; *Marotzke* ZInsO 2005, 561, 561 ff.; *ders.* ZInsO 2004, 178; *Frind* ZInsO 2004, 470; *ders.* ZInsO 2003, 778; *Wiester* NZI 2003, 632; *Bork,* ZIP 2003, 1421.

[309] Kritisch zu AG Hamburg ZInsO 2004, 1270 mit dem die im Wege einer Einzelermächtigung begründeten Masseverbindlichkeiten entgegen der gesetzlichen Rangordnung als Neumasseverbindlichkeiten nach § 209 Abs. 1 Nr. 2 definiert werden sollen, *Pape* ZInsO 2005, 1140, 1147; ablehnend ebenso die Heidelberger Leitlinien NZI 2009, 593, 594. Vgl. zu diesem Sachkomplex auch AG Hamburg ZInsO 2005, 447.

[310] Dazu umfassend *Kirchhof,* FS Kreft, S. 359, 363 ff.; Windel ZIP 2009, 101 ff.

[311] AG Hamburg ZInsO 2005, 1056; *Kirchhof,* FS Kreft, S. 365; Frind ZInsO 2004, 475; aA *Bork* NZI 2005, 530.

[312] Vgl. dazu auch *Hauser/Hawelka* ZIP 1998, 1261, 1264.

[313] *Uhlenbruck,* Kölner Schrift, S. 325 RdNr. 25.

[314] HKInsO-*Kirchhof* § 21 RdNr. 13.

[315] Vgl. dazu AG Hamburg ZInsO 2003, 816 sowie ZIP 2003, 43 „Ufa".

[316] *Kuhn/Uhlenbruck* § 106 RdNr. 4b; *Uhlenbruck/Delhaes* RdNr. 373; *Jaeger/Weber* § 106 RdNr. 6; *Lohkemper* ZIP 1995, 1641, 1647; aus der Rspr. zuletzt LG Hannover DGVZ 1990, 42.

[317] Vgl. dazu umfassend *Haarmeyer/Wutzke/Förster* GesO § 2 RdNr. 271 ff. mit umfangreichen Nachweisen.

[318] *Kübler/Prütting/Pape* § 21 RdNr. 15.

GesO und den ursprünglichen Reformzielen[319] zurückbleibt, ist jedoch zugleich auch die logische Konsequenz der absoluten Wirkung des allgemeinen Verfügungsverbots, da ein effektiver Masseschutz nur dann eintreten kann, wenn nicht nur der Schuldner, sondern auch **alle Gläubiger** von vollstreckungsrechtlichen Zugriffen auf die Masse ausgeschlossen werden können.[320] Lediglich **vorbereitende Maßnahmen**, wie die Erteilung einer Vollstreckungsklausel, werden von der Einstellung oder Untersagung nicht erfasst.[321] Nach dem **ESUG** hat das Gericht im sog. **Schutzschirmverfahren** nach § 270b auf Antrag des Schuldners Maßnahmen der Einzelzwangsvollstreckung einzustellen (§ 270b Abs. 2 Satz 3 HS 2). Abs. 2 Nr. 3 gilt auch für **strafprozessuale Vollstreckungsmaßnahmen** gem. §§ 111b ff. StPO, nicht jedoch für Beschlagnahmen nach den §§ 98 ff. StPO.[322]

Mit der Möglichkeit der **Untersagung** oder der **Einstellung** laufender **Zwangsvollstreckungsmaßnahmen in das bewegliche Vermögens** des Schuldners gem. § 21 Abs. 2 Nr. 3 wurden erstmals im deutschen Insolvenzrecht die absoluten Wirkungen eines **Vollstreckungsverbotes**, die eigentlich nach § 89 erst mit der Eröffnung eintreten, in das Eröffnungsverfahren **vorgezogen**.[323] Dadurch kann verhindert werden, dass sich einzelne Gläubiger während des Eröffnungsverfahrens noch Vorteile verschaffen, indem sie Einzelzwangsvollstreckungsmaßnahmen einleiten oder weiterführen, so dass auch die Entstehung von Pfandrechten, die sodann im eröffneten Verfahren zur abgesonderten Befriedigung aus den gepfändeten Gegenständen berechtigen würden, wirksam verhindert werden können.[324] Zugleich wird damit dem Ziel der gleichmäßigen Gläubigerbefriedigung Vorrang vor der Einzelvollstreckung gegeben und die Möglichkeit der Sanierung eines Unternehmensträgers erhalten, weil die Vermögensmasse nicht durch individuelle Vollstreckungen auseinandergerissen werden kann.[325] In dieser Neuorientierung des Eröffnungsverfahrens wird auch der doppelte Sicherungszweck deutlich, der bei der Anordnung stets zu beachten ist, Werterhaltungsgarantie zu Gunsten aller Gläubiger, aber zu Gunsten des Schuldners auch die Bestandserhaltung der Vermögensmasse bis zur Entscheidung über die Eröffnung (dazu auch oben RdNr. 13). Da jedoch das Vollstreckungsverbot das notwendige Pendant zum Verfügungsverbot ist, dürfte seine Anordnung regelmäßig **unverzichtbar** sein, um den vorgenannten Schutzzweck zu erreichen.[326] **Ausgenommen** vom Vollstreckungsverbot durch das Insolvenzgericht bleiben nach Ziffer 3 letzter Halbsatz jedoch während des Eröffnungsverfahrens zunächst Zwangsvollstreckungen in das **Immobiliarvermögen** des Schuldners (dazu unten RdNr. 79 ff.).[327] Die Aufhebung einer bereits erfolgten Zwangsvollstreckungsmaßnahme und einer dadurch bereits erlangten Sicherung ist allerdings nicht möglich, noch laufende Vollstreckungsmaßnahmen bleiben auch bei einer einstweiligen Einstellung bestehen, so dass in jedem Fall der Rang gewahrt bleibt.[328]

Die Untersagung künftiger und die einstweilige Einstellung laufender Zwangsvollstreckungsmaßnahmen schützen **umfassend** vor dem Zugriff einzelner Gläubiger, erhalten die Masse also bis zu einer endgültigen Entscheidung über den Fortgang des Verfahrens und wehren Störungen des Eröffnungsverfahrens durch Individualvollstreckungsmaßnahmen ab.[329] Das Gericht hat dabei

---

[319] In § 25 RegE war noch vorgesehen, dass das Insolvenzgericht Zwangsvollstreckungsmaßnahmen sowohl in das bewegliche wie auch das unbewegliche Vermögen einstellen konnte und machte dies nicht von einem Antrag abhängig, so dass auch, wie bei § 2 Abs. 4 GesO, von Amts wegen hätte angeordnet werden können. Mit der Verlagerung hinsichtlich des unbeweglichen Vermögens auf die Vollstreckungsgerichte besteht zwar die sachliche Möglichkeit der Einstellung aller Zwangsvollstreckungsmaßnahmen weiter, jedoch bedarf es in jedem Fall zunächst der Bestellung eines vorläufigen Verwalters und seines Antrages auf vorläufige Einstellung von Zwangsversteigerungs- und Zwangsverwaltungsmaßnahmen.
[320] *Gerhardt*, Kölner Schrift, S. 202 RdNr. 20.
[321] Vgl. BGH ZIP 2008, 527, 528.
[322] Dazu Greier ZInsO 2007, 953; HambKomm-Schröder § 21 RdNr. 62a.
[323] Begr. zu § 25 RegE, abgedruckt bei *Balz/Landfermann* S. 229.
[324] Allerdings dürften wegen § 88 solchermaßen erlangte Pfandrechte ohnehin zweifelhaft in ihrer Entstehung sein.
[325] Jaeger/*Gerhardt* § 21 RdNr. 32.
[326] *Uhlenbruck* § 21 RdNr. 5; *Kübler/Prütting/Pape* § 21 RdNr. 19 weist zutreffend darauf hin, dass die Anforderungen an einen Erlass nicht allzu hoch angesetzt werden dürfen; FKInsO-*Schmerbach* § 21 RdNr. 75 empfiehlt die Anordnung in jedem Fall.
[327] Vgl. dazu auch oben Fußnote 229; ein vorläufiger Verwalter hat die Möglichkeit, auf Grund der Neufassung des § 30d ZVG durch Art. 20 EGInsO beim Vollstreckungsgericht die einstweilige Einstellung des ZVG-Verfahrens unverzüglich zu beantragen. Die ursprüngliche Absicht des Gesetzgebers, auch diese Entscheidung in die Zuständigkeit des Insolvenzgerichts zu geben, ist im Laufe der Beratungen des Rechtsausschusses zur Entlastung der Insolvenzgerichte aufgegeben, und auf das zuständige Vollstreckungsgericht verlagert worden; eine sachliche Änderung ist dadurch nicht eingetreten. Begründung abgedruckt bei *Balz/Landfermann* S. 229, 230.
[328] *Gerhardt*, Kölner Schrift, S. 201 RdNr. 18.
[329] Zur Reichweite und zum Verhältnis zu anderen Schutzmaßnahmen der InsO vgl. Jaeger/*Gerhardt* § 21 RdNr. 33 ff.

§ 21   72   2. Teil. 1. Abschnitt. Eröffnungsvoraussetzungen und Eröffnungsverfahren

die Möglichkeit, einzelnen oder, was einzig sinnvoll ist, **allen Gläubigern** die Zwangsvollstreckung in das Vermögen des Schuldners einstweilen zu untersagen und zugleich eingeleitete Zwangsvollstreckungen vorläufig einzustellen, denn nur mit einer solchen Anordnung wird die Wirkung des Vollstreckungsverbotes, das sonst erst mit der Eröffnung eintritt, in das Eröffnungsverfahren vorgezogen. Die einstweilige Einstellung bzw. Untersagung erstreckt sich auch auf die Zwangsvollstreckung zur **Erwirkung von Handlungen** oder Unterlassungen nach §§ 887 ff. ZPO,[330] die Vollziehung von **Arresten und** – nach bestrittener Auffassung – auch auf **einstweiligen Verfügungen**[331] sowie nach Auffassung eines Teils der Rechtsprechung und Literatur auch auf die Erzwingung der **eidesstattlichen Versicherung** des Schuldners.[332] Zulässig bleiben trotz einer Anordnung Handlungen zur Vorbereitung der Zwangsvollstreckung wie zB die Erteilung oder Umschreibung eines Titels. Die einstweilige Einstellung oder Untersagung ist nicht auf Insolvenzgläubiger nach § 38 beschränkt, sondern kann sich ihrem Inhalt nach auch auf solche Gegenstände beziehen, an denen **ab- oder aussonderungsberechtigte Gläubiger** ihre Rechte geltend machen,[333] denn das Ziel des neuen Insolvenzrechts geht gerade dahin, ein frühzeitiges Auseinanderfallen der einzelnen Vermögensgegenstände des Schuldners zu verhindern, weil diese zB für eine Betriebsfortführung benötigt oder vom Verwalter auf andere Art verwendet oder auch verwertet werden sollen, wozu ihm § 166 ausdrücklich das Recht gibt. Dies ist durch die Einfügung des **Einziehungsverbots** in § 21 Abs. 2 Nr. 5 (dazu ausführlich RdNr. 96 ff.) auch vom Gesetzgeber ausdrücklich unterstrichen worden. Neben der Zwangsvollstreckung durch Insolvenzgläubiger kann von einem Vollstreckungsverbot also auch die Zwangsvollstreckung absonderungs- und aussonderungsberechtigter Gläubiger eingestellt werden,[334] was sich insbesondere auch auf alle im Eröffnungsverfahren üblichen Formen der Vollstreckung eines Herausgabeanspruchs bezieht, da gerade diese, entgegen dem Willen des Gesetzgebers, oft dazu führen, dem Insolvenzverwalter die für die Fortführung des Betriebes notwendigen Gegenstände zu entziehen. Die Einbeziehung der Absonderungsberechtigten[335] rechtfertigt sich nicht nur aus dem Übergang des Verwertungsrechts auf den Insolvenzverwalter nach § 166 Abs. 1, sondern findet sich in § 169 Satz 2 ausdrücklich geregelt, der bezüglich der Zahlung von Zinsen ausdrücklich an einen Zeitpunkt anknüpft, der drei Monate nach Erlass einer Anordnung nach § 21 liegt. Die einstweilige Vollstreckungsbeschränkung stellt die davon betroffenen Gläubiger auch bei einer länger andauernden Einstellung der Zwangsvollstreckung nach der Neufassung von § 21 Abs. 2 Nr. 5 auch nicht rechtlos. Ist nämlich erkennbar, dass die Beschränkungen zB der Herausgabevollstreckung über einen längeren Zeitraum erfolgen, ist für die Absonderungsberechtigten auch schon im Eröffnungsverfahren eine Regelung über die Nutzungsentschädigung und den Ausgleich für Wertverluste, sowie, nach Ablauf von 3 Monaten auch über eine Zinszahlung zu treffen (§§ 169, 172)[336] und vom Insolvenzverwalter zu erfüllen.[337] Dass der Gesetzgeber selbst auch den aussonderungsberechtigten Gläubiger aus dem Kreis der Betroffenen eines Vollstreckungsverbotes nicht hat ausschließen wollen, ergibt sich zum einen aus der gesetzlichen Fassung selbst, die nicht nach Zwangsvollstreckungsmaßnahmen bestimmter Gläubiger differenziert und dem den Aussonderungsberechtigten auferlegten „Wartegebots" des § 107 Satz 2, wonach der Insolvenzverwalter mit der Ausübung seines

---

[330] AG Göttingen ZInsO 2003, 770; HKInsO-*Kirchhof* § 21 RdNr. 24; aA LG Mainz ZInsO 2002, 639.

[331] *Pape/Uhlenbruck* RdNr. 385; AG Göttingen ZInsO 2003, 770, 772; dagegen unter zutreffendem Hinweis auf die fehlende Masseschmälerung Jaeger/*Gerhardt* § 21 RdNr. 40.

[332] LG Darmstadt NJW-RR 2003, 1493; AG Wilhelmshaven NZI 2001, 436; *Uhlenbruck* § 21 RdNr. 27; aA HKInsO-*Kirchhof* § 21 RdNr. 25; AG Rostock NJW-RR 2000, 716.

[333] AllgM; vgl. BGHZ 183, 169 Tz 44, BGH ZInsO 2001, 165, da sich die Sicherungsmaßnahmen auch auf im Besitz des Schuldners befindliche fremde Sachen erstrecken und die Klärung fremder Rechte dem jeweiligen Verfahren vorbehalten ist. Dazu auch HKInsO-*Kirchhof* § 21 RdNr. 21; *Hintzen* ZInsO 2001, 575; *Kübler/Prütting/Pape* § 21 RdNr. 17; Nerlich/Römermann/*Mönning* § 21 RdNr. 81; *Smid* InsO § 21 RdNr. 23; *Gerhardt*, Kölner Schrift, S. 202 RdNr. 20; *Vallender* ZIP 1997, 1993, 1995; *Uhlenbruck*, Kölner Schrift, S. 239 RdNr. 7; aA wohl FKInsO-*Schmerbach* § 21 RdNr. 77, der aber offenbar übersieht, dass nach § 21 Zwangsvollstreckungsmaßnahmen allgemein und nicht nur Zwangsvollstreckungsmaßnahmen von Insolvenzgläubigern eingestellt oder untersagt werden können; *Lohkemper* ZIP 1995, 1641, 1650; vgl. aber auch AG Mainz ZInsO 2001, 574.

[334] BGHZ 146, 165, 173 = ZInsO 2001, 165 ff.; HKInsO-*Kirchhof* § 21 RdNr. 24; *Uhlenbruck* § 21 RdNr. 28; *Braun/Kind* § 21 RdNr. 26; gegen die Einbeziehung der Aussonderungsgläubiger; *Kirchhof* ZInsO 2007, 227 ff.; Jaeger/*Gerhardt* § 21 RdNr. 54; auch *Vallender* ZIP 1997, 1993, 1997.

[335] Vgl. BGHZ 183, 169 Tz 44.

[336] HKInsO-*Kirchhof* § 21 RdNr. 27. Auch wenn § 172 eine dem § 169 Satz 2 entsprechende Regelung für die Zeit vor der Eröffnung nicht enthält, bestand auch schon vor der Neuregelung Einigkeit darüber, dass diese Regelung analog auch für das Eröffnungsverfahren herangezogen werden kann; vgl. u.a. FKInsO-*Schmerbach* § 21 RdNr. 78.

[337] Begr. zu § 25 RegE abgedruckt bei *Balz/Landfermann* S. 229; *Haarmeyer/Wutzke/Förster* GesO § 2 RdNr. 213.

Wahlrechts bis zum Berichtstermin warten kann, womit, nach der amtlichen Begründung zu § 121 RegE (§ 107),[338] erreicht werden soll, dass der Berechtigte die Sache nicht schon kurz nach der Eröffnung aus dem Unternehmen ziehen kann. Wenn jedoch der Sicherungszweck des Eröffnungsverfahrens unstreitig auch dahin geht, die Entscheidung der Gläubiger im Berichtstermin nicht zu präjudizieren und bis zur Eröffnung den Vermögensbestand zu sichern, so ist es auch den Aussonderungsberechtigten zumutbar, vorübergehend auf die Ausübung ihrer Rechte zu verzichten[339], zumal ihnen bei einer Ablehnung der Vertragserfüllung, anders als den Absonderungsberechtigten, das Verwertungsrecht verbleibt. Nicht gehindert sind die Sicherungsgläubiger ihre Rechte ggf. ohne Vollstreckungsmaßnahmen durchzusetzen, indem sie zB die Abtretungen offen legen (es sei denn, das Gericht untersagt die Einziehung)[340] oder schon im Eröffnungsverfahren aufrechnen,[341] auch wenn dies im eröffneten Verfahren unter bestimmten Voraussetzungen nach §§ 129 ff. anfechtbar ist, denn die Anordnung bewirkt **kein Aufrechnungsverbot.**[342]

Da sich Schuldner gegenüber Herausgabeverlangen Ab- und Aussonderungsberechtigter oft unsicher zeigen, sollte mit der Einstellung der Zwangsvollstreckung auch dem Schuldner zugleich aufgegeben werden, **keine Gegenstände** an ab- oder aussonderungsberechtigte Gläubiger **herauszugeben.** Dies ist gerade auch deshalb geboten, weil der Schutz der Masse vor einer nichtvollstreckungsrechtlichen Wegnahme oder Weggabe unmittelbar vor oder im Zusammenhang mit der Eröffnung durch die Streichung des noch im RegE vorgesehenen § 199 maßgeblich und sachlich nicht gerechtfertigt verkürzt worden ist. § 199 RegE[343] sah einen besonderen Herausgabeanspruch des Verwalters bezüglich solcher mit Absonderungsrechten belasteten Gegenstände vor, die sich nicht in seinem Besitz befinden, jedoch für die Betriebsfortführung benötigt werden. Die durch den Ausschuss zur Entlastung der Gerichte vorgenommene Streichung hat zu einer strategischen Umorientierung der absonderungsberechtigten Gläubiger geführt, die vermehrt dazu übergehen, sich den Besitz an der Sache zu verschaffen, da sie wissen, dass der Besitzkehranspruch nach § 861 BGB, auf den der Ausschuss den Verwalter verwiesen hat, faktisch nicht durchsetzbar ist bzw. eine Durchsetzung für die Möglichkeit der Fortführung des Betriebes oft zu spät kommen wird.[344] Hat allerdings ein Aus- oder Absonderungsberechtigter im Eröffnungsverfahren Gegenstände im Wege der verbotenen Eigenmacht in Besitz genommen, so kann der Schuldner bzw. der vorläufige Verwalter deren Herausgabe auch im Wege einer einstweiligen Verfügung geltend machen.[345]

§ 21 Abs. 2 Nr. 3 bestimmt, dass für den Fall der Einleitung eines Insolvenzverfahrens und der Feststellung seiner Zulässigkeit eingeleitete Einzelvollstreckungsmaßnahmen gegen den Schuldner vorläufig eingestellt werden können, gibt der Gericht mithin einen Ermessensspielraum und enthält eine Ermächtigung der generellen wie individuellen Einstellung durch das Gericht. Diese einstweilige Einstellung von Einzelvollstreckungsmaßnahmen ist durch das für die Insolvenz zuständige Gericht **von Amts wegen anzuordnen,** eines Antrages bedarf es insoweit nicht. Das Vollstreckungsorgan hat die Zwangsvollstreckung also nicht von sich aus einzustellen, sondern nur dann, wenn dies durch Beschluss angeordnet wird. Ein solcher anordnender Beschluss hat, unter Berücksichtigung der allgemeinen Grundsätze, dann zu ergehen, wenn die Prüfung des Antrags ergibt, dass dieser nach vorläufiger Prüfung zumindest zulässig ist und dass Einzelzwangsvollstreckungsmaßnahmen bereits vor Antragstellung gegen den Schuldner eingeleitet, aber noch nicht abgeschlossen worden sind oder auf Grund vorhandener Titel gegen den Schuldner eingeleitet werden können. Bei der **Verbraucherinsolvenz** ist die Anordnung bereits im gerichtlichen Schuldenbereinigungsplanverfahren nach § 306 Abs. 2 möglich.[346] Teilweise wird dies nach § 765a ZPO auch schon für das außergerichtliche Schuldenbereinigungsverfahren als zulässig angesehen.[347] Einen Automatismus der Anordnung wie in der GesO gibt es nach der Neuordnung nicht, da § 21 Abs. 2 Nr. 3 nur bestimmt, dass eine solche Maßnahme angeordnet werden kann.[348] Da jedoch in einem frühen

---

[338] Abgedruckt bei *Balz/Landfermann* S. 334.
[339] In diesem Sinne auch BGHZ 183, 169 Tz. 44.
[340] BGHZ 154, 72 = ZInsO 2003, 318.
[341] BGH ZInsO 2004, 852.
[342] BGH ZInsO 2004, 852; OLG Rostock ZIP 2003, 1805; umfassend dazu Jaeger/*Gerhardt* § 21 RdNr. 62 ff.; HKInsO-*Kirchhof* § 21 RdNr. 25; *Uhlenbruck* § 21 RdNr. 20; aA *Smid* § 21 RdNr. 62; auch kein Verrechnungsverbot nach SG Dresden ZVI 2002, 207.
[343] Abgedruckt bei *Kübler/Prütting* RWS-Dok. 18 Bd. I S. 612.
[344] Es kann daher nur gehofft werden, dass der Gesetzgeber die vorgenommen Streichung noch einmal im Lichte der praktischen Konsequenzen überdenkt; vgl. dazu auch den Beitrag von *Eckardt* ZIP 1999, 1734 sowie den Bericht über die Anhörung zur Reform der InsO in ZInsO 1999, 564.
[345] LG Leipzig ZInsO 2006, 1003; HambKomm-*Schröder* § 21 RdNr. 69 c.
[346] FK-*Grote* § 306 RdNr. 11.
[347] AG Elmshorn NZI 2000, 329; LG Itzehoe NZI 2000, 100; *Winter* Rpfleger 2002, 119.
[348] *Kübler/Prütting/Pape* § 21 RdNr. 19; *Vallender* ZIP 1997, 1993, 1996.

Stadium des Verfahrens häufig der Überblick über laufende Zwangsvollstreckungsverfahren noch fehlt, sollte das Insolvenzgericht zur Erreichung des Sicherungszwecks regelmäßig zunächst die Einstellung aller Vollstreckungsmaßnahmen anordnen, um den Erhalt der Masse zu sichern. Es bedarf jedoch nicht hinsichtlich jeder Einzelvollstreckungsmaßnahme eines gesonderten Beschlusses, sondern die Einstellung kann in einem einheitlichen Beschluss mit Wirkung für alle anhängigen und zukünftig eingeleiteten Vollstreckungsmaßnahmen ergehen.[349] Einer vorherigen Anhörung des Schuldners oder der Gläubiger bedarf es nicht.[350] Wie bei anderen Sicherungsmaßnahmen tritt auch hier die Wirksamkeit der Anordnung mit ihrem Erlass ein, eine Zustellung an die Vollstreckungsgläubiger oder den Schuldner ist keine Wirksamkeitsvoraussetzung.[351] Beim Erlass eines allgemeinen Vollstreckungsverbots sollte dies jedoch in die öffentliche Bekanntmachung nach § 23 aufgenommen wird.

75 Das Vollstreckungsverbot ist von allen in Betracht kommenden Vollstreckungsorganen von Amts wegen zu beachten und führt dazu, dass neu eingehende Vollstreckungsanträge nicht weiter bearbeitet werden dürfen. Bereits eingeleitete Vollstreckungsmaßnahmen sind nicht fortzuführen, jedoch keinesfalls aufzuheben (§§ 775 Nr. 2, 776 Satz 2 ZPO).[352] Die Einstellung laufender Zwangsvollstreckungen wirkt gem. § 775 Nr. 2 ZPO, die Untersagung künftiger nach § 775 Nr. 1 ZPO. Die Einstellung eingeleiteter Einzelvollstreckungsmaßnahmen hat grundsätzlich ohne Sicherheit zu erfolgen und bewirkt, dass die Vollstreckbarkeit in vollem Umfang vorläufig beseitigt wird. Der Gerichtsvollzieher hat nach Vorlage einer Ausfertigung des Beschlusses die Vollstreckung gemäß § 775 Nr. 2 ZPO einzustellen. Da sich die Einstellung nicht nur an die Vollstreckungsorgane, sondern auch an Drittschuldner richtet, empfiehlt es sich in dem Beschluss die vorläufige Einstellung eingeleiteter Einzelzwangsvollstreckungsmaßnahmen ausdrücklich mit aufzuführen und entsprechend § 23 bekanntzumachen. Werden trotz entgegenstehendem Beschluss Vollstreckungsmaßnahmen begonnen oder fortgeführt, so entsteht zwar wegen des Verstoßes gegen § 775 Nr. 2 ZPO kein Pfändungspfandrecht, wohl aber die öffentlich-rechtliche Verstrickung,[353] die Maßnahme ist also nicht nichtig, und der Schuldner (nach Eröffnung der Verwalter) kann den Verstoß mit der Erinnerung nach § 766 ZPO rügen und so die Aufhebung der Maßnahme erreichen, wobei analog § 89 Abs. 3 das Insolvenzgericht und nicht das Vollstreckungsgericht zu entscheiden hat.[354] Während des Eröffnungsverfahrens können deshalb nach Anordnung der Einstellung von Zwangsvollstreckungsmaßnahmen Pfändungspfandrechte nicht mehr wirksam begründet werden. Davor begründete Pfändungspfandrechte – soweit sie nicht dem § 88 unterfallen – können angefochten werden, da im Wege der Zwangsvollstreckung begründete Pfändungspfandrechte inkongruente Deckungen darstellen und mithin § 131 unterfallen können, wenn auch die weiteren Voraussetzungen erfüllt sind.[355]

76 Für die Beurteilung möglicher Rückforderungsansprüche aus Bereicherungsrecht, wenn der Drittschuldner bereits vor Eröffnung an den Pfändungsgläubiger gezahlt hat, ist zu unterscheiden.[356] Ein Pfändungsgläubiger hat nur dann eine „Sicherung" im Sinne des § 88 erhalten, wenn der Drittschuldner trotz vorläufiger Einstellung anderweitiger Vollstreckungsmaßnahmen nach § 21 Abs. 2 Nr. 3 an den Pfändungsgläubiger leistet. Eine Schwierigkeit ergibt sich insoweit allein im Hinblick auf die zeitliche Begrenzung der Rückschlagsperre, weil die in § 88 InsO aufgenommene Monatsfrist in § 21 Abs. 2 Nr. 3 keine Entsprechung findet. Die zT vertretene Auffassung, dass die durch § 88 gewollte zeitliche Beschränkung durch § 21 Abs. 2 praktisch ausgehebelt wird,[357] vermag nicht zu überzeugen.[358] Anders als unter Geltung der GesO werden nach § 88 nicht alle Zwangsvollstreckungsmaßnahmen unwirksam, deren vorläufige Einstellung gemäß § 21 angeordnet wurde, denn für die mindestens einen Monat vor dem Eröffnungsantrag bewirkten Zwangsvollstreckungsmaßnahmen berechtigt das erlangte Pfändungspfandrecht gemäß § 50 Abs. 1 zur Absonderung. Die Einstellung der Zwangsvollstreckung nach § 21 Abs. 2 sichert insoweit allein – wie auch bei der Einstellung

---

[349] Vgl. dazu auch das Muster bei *Haarmeyer/Wutzke/Förster,* Handbuch, Kap. 3 RdNr. 251.
[350] *Vallender,* Kölner Schrift, S. 261 RdNr. 35 ff.
[351] *Kübler/Prütting/Pape* § 21 RdNr. 19.
[352] LG Düsseldorf ZInsO 1998, 140; *Haarmeyer/Wutzke/Förster,* Handbuch, Kap. 3 RdNr. 213.
[353] *Kübler/Prütting/Pape* § 21 RdNr. 20.
[354] AG Göttingen ZInsO 2003, 770; *Jaeger/Gerhardt* § 21 RdNr. 59; HKInsO-*Kirchhof* § 21 RdNr. 21; FKInsO-*Schmerbach* § 21 RdNr. 83b; *Vallender* ZIP 1997, 1993, 1996; die Zuständigkeit des Vollstreckungsgerichts bejahen AG Dresden ZIP 2004, 778; AG Rostock NZI 2001, 142, ebenso *Uhlenbruck* § 21 RdNr. 27 sowie AG Köln ZInsO 1999, 419.
[355] Vgl. dazu *Kirchhof* ZInsO 2004, 465 ff.; BGHZ 157, 350, 353; 157, 242, 245; 136, 309, 310 ff.;so auch *Uhlenbruck,* Kölner Schrift, S. 325 ff. RdNr. 7; *Jaeger/Gerhardt* § 21 RdNr. 35; *Fuchs* ZInsO 2000, 430.
[356] Vgl. dazu auch BGH NJW 1999, 953 = WM 1999, 194.
[357] So *Smid* GesO § 7 RdNr. 65.
[358] So zutreffend *Bitter* WuB 1999, 527, 530 in Anm. zu OLG Düsseldorf WM 1999, 843.

Anordnung vorläufiger Maßnahmen 77–79 § 21

von Zwangsvollstreckungsmaßnahmen anderer absonderungsberechtiger Gläubiger[359] – das aus § 166 folgende Verwertungsrecht des Insolvenzverwalters. Ist dieses Recht durch Fortführung der Zwangsvollstreckung im Wege der Zahlung des Drittschuldners an den Gläubiger umgangen worden, ist für mögliche Rückforderungsansprüche zu unterscheiden. Hatte der Drittschuldner keine Kenntnis von der Einstellung, wird sich der Anspruch des Verwalters aus § 816 Abs. 2 BGB auf die entgangenen Feststellungskosten (§ 170 Abs. 2, 171 Abs. 1) beschränken, weil der – hier absonderungsberechtigte – Gläubiger im Übrigen nach § 170 Abs. 1 Satz 2 ohnehin vom Verwalter Befriedigung verlangen konnte. Bei Kenntnis des Drittschuldners kommt es hingegen theoretisch zu einem „Rückabwicklungskarussell". Der Verwalter kann – da die Zahlung des Drittschuldners ihm gegenüber unwirksam war – von diesem erneut Zahlung verlangen, woraufhin der Drittschuldner – da ein Einziehungsrecht des Gläubigers nicht bestand – bei diesem gemäß § 812 BGB Rückgriff nimmt. Zuletzt hat der Gläubiger seinerseits gegen den Verwalter den Anspruch aus § 170 Abs. 1 Satz 2. In der Praxis dürfte es hier allerdings sinnvoller sein, wenn der Gläubiger sogleich die Feststellungskosten (§§ 170 Abs. 2, 171 Abs. 1) an den Verwalter entrichtet und hierdurch die Zahlungswege abgekürzt werden.[360]

Fordert der Gläubiger die Bank zur Auszahlung gepfändeter Beträge auf und kommt diese dem **77** Begehren nicht sogleich nach, kann sich unter Geltung der InsO bei generell schlechter Vermögenslage des Schuldners und daraus folgendem **Antrag auf Eröffnung des Insolvenzverfahrens** das Problem ergeben, dass die Pfändung von einer anschließenden Einstellung der Einzelzwangsvollstreckungsmaßnahmen nach § 21 Abs. 2 Nr. 3 und der darauf folgenden Unwirksamkeit aus § 88 erfasst wird, weil mangels Zahlung die Zwangsvollstreckung noch nicht abgeschlossen war.[361] Dem Gläubiger, der hierdurch seine Sicherung verliert und deshalb kein Absonderungsrecht aus § 50 Abs. 1 geltend machen kann, wird man einen Schadensersatzanspruch gegen die Bank zubilligen müssen, die den gepfändeten Betrag nicht rechtzeitig ausgezahlt hat.[362] Bei der Frage der Rechtzeitigkeit ist die gesetzliche Wertung aus § 840 Abs. 1 ZPO zu beachten. Räumt der Gesetzgeber dem Drittschuldner für die Abgabe der Drittschuldnererklärung eine Frist von 2 Wochen ein, kann auch das Unterlassen einer früheren Auszahlung kaum als sorgfaltswidrig angesehen werden.

Der die Einzelzwangsvollstreckung einstellende Beschluss verliert seine Rechtswirkung mit Eröff- **78** nung des Insolvenzverfahrens, da nach der Eröffnung gem. § 89 Einzelzwangsvollstreckungsmaßnahmen ohne gerichtliche Anordnung verboten und materiellrechtlich wirkungslos sind. Werden die Sicherungsmaßnahmen unter Beachtung des § 25 Abs. 2 aufgehoben, ist der die Zwangsvollstreckung einstweilen einstellende Beschluss aufzuheben, mit der Folge, dass die Gläubiger die Vollstreckung fortsetzen können.[363]

V. Einstellung von Zwangsvollstreckungsmaßnahmen in das unbewegliche Vermögen

Die Möglichkeiten zur einstweiligen Einstellung von Zwangsvollstreckungsmaßnahmen in das **79** unbewegliche Vermögen sind, sofern das Insolvenzgericht einen vorläufigen Verwalter bestellt, auch für das Eröffnungsverfahren nach § 30d Abs. 4 ZVG erheblich erweitert worden.[364] Macht der vorläufige Verwalter glaubhaft, dass die **Einstellung der Zwangsversteigerung**[365] zur Verhütung nachteiliger Veränderungen der Vermögenslage des Schuldners erforderlich ist, kann nach Maßgabe von § 30d Abs. 1 ZVG die Zwangsversteigerung einstweilen eingestellt werden, es sei denn, dass dies den Gläubigern aus wirtschaftlichen Gründen nicht zumutbar ist.[366] Die zeitweilige Einstellung soll die bestmögliche und ungestörte Verwertung der Insolvenzmasse, die ungestörte Fortsetzung des Unternehmens oder Veräußerung eines Betriebes sowie Zustandekommen und Erfüllung eines Insolvenzplans gewährleisten.[367] Diese Möglichkeit besteht auch für die **Einstellung oder Untersagung von Zwangsverwaltungen** nach § 153b ZVG. Zwar erfasst § 30d Abs. 4 ZVG nur die Zwangsversteigerung und auch § 153b ZVG enthält keine entsprechende ausdrückliche Regelung

---

[359] Vgl. dazu *Haarmeyer/Wutzke/Förster*, Handbuch, Kap. 3 RdNr. 213; *Smid* InsO § 21 RdNr. 23.
[360] *Bitter* WuB 1999, 527, 530.
[361] *Bitter* WuB VI G, § 7 GesO 2.99 mwN.
[362] In diesem Sinne auch *Livonius* WuB VI E, § 835 ZPO 1.96 zu LG Magdeburg WM 1996, 1680.
[363] *Gerhardt*, Kölner Schrift, S. 211 RdNr. 35.
[364] Vgl. dazu die umfassende Kommentierung bei *Zeller/Stöber* §§ 30d ff. ZVG; *Haarmeyer/Wutzke/Förster/Hintzen* ZVG § 153b RdNr. 2 ff. sowie die Begr. zu §§ 187–189 RegE, abgedruckt bei *Balz/Landfermann* S. 646 ff.
[365] Für die Zwangsverwaltung ergibt sich gem. § 153b ZVG ein Einstellungsrecht nur für die Zeit nach der Eröffnung des Insolvenzverfahrens; vgl. dazu umfassend, *Haarmeyer/Wutzke/Förster/Hintzen* ZVG § 153b RdNr. 2 ff.
[366] Dazu *Uhlenbruck* KTS 1994, 169, 176 ff.; *Vallender* ZIP 1997, 1993, 2001.
[367] *Zeller/Stöber* § 30d RdNr. 1; *Stöber* NZI 1998, 105; *Kübler/Prütting/Pape* § 21 RdNr. 22.

für das Eröffnungsverfahren, aber die Gesetzgebungsgeschichte gibt zu der einfachen Schlussfolgerung, dass dann die Einbeziehung ausgeschlossen sein sollte, keinen Hinweis, vielmehr spricht alles dafür, dass die Übernahme einer dem § 30 Abs. 4 ZVG entsprechenden Regelung schlichtweg übersehen worden ist.[368] In § 25 Abs. 2 Nr. 3 RegEInsO war ursprünglich vorgesehen, dass das Gericht jegliche Form der Zwangsvollstreckung gegen den Schuldner untersagen oder einstweilen einstellen kann. Hätte diese Regelung Gesetzeskraft erlangt, so wäre damit auch die einstweilige Einstellung der Zwangsverwaltung im Eröffnungsverfahren möglich gewesen. Wie *Klein*[369] jedoch zutreffend ausgeführt hat, ist das gesamte Normengefüge der InsO und ihrer Begleitgesetze auf die Erhaltung des schuldnerischen Vermögens als Wirtschaftseinheit ausgerichtet um „eine nachteilige Veränderung in der Vermögenslage des Schuldners zu verhüten". Diese Formulierung in § 25 Abs. 1 RegEInsO kehrt wieder in § 21 Abs. 1 InsO als Ermächtigung für das Gericht, Sicherungsmaßnahmen nach Abs. 2 – u.a. die Untersagung oder einstweilige Einstellung der Zwangsvollstreckung zu veranlassen –, aber auch nahezu wortgleich bei der einstweiligen Einstellung der Zwangsversteigerung im Eröffnungsverfahren („zur Verhütung nachteiliger Veränderungen in der Vermögenslage des Schuldners erforderlich"). Wenn diese tatbestandlichen Voraussetzungen für alle Vollstreckungsarten in § 25 Abs. 1 RegEInsO und im geltenden Recht sowohl für die Mobilien als auch die Immobilien des Schuldners gleich sind, und andererseits der vorläufige Verwalter auf jeden Fall verpflichtet ist, die gesetzlichen Möglichkeiten zur einstweiligen Einstellung zu nutzen, so muss eine entsprechende Verpflichtung (und Antragsberechtigung) auch dann bestehen, wenn der Immobiliargläubiger nicht die Zwangsversteigerung, sondern die wesentlich schneller und einschneidender wirkende Zwangsverwaltung betreibt. Aus den Gesetzesmaterialien ist nicht ersichtlich, warum für die Zwangsverwaltung eine dem § 30d Abs. 4 ZVG entsprechende Vorschrift nicht in § 153d ZVG eingeführt wurde, obwohl dies der in § 25 Abs. 1 RegEInsO postulierte generelle Vollstreckungsschutz gerade im Interesse der ungestörten Unternehmensfortführung nahegelegt hätte. Auf jeden Fall lässt die Gesetzgebungsgeschichte keinen Schluss darauf zu, dass mit der erst vom Rechtsausschuss eingefügten Regelung des § 153b ZVG eine Spezialregelung erfolgen sollte, die für das Eröffnungsverfahren nicht gelten soll. Daher ist ein Rückgriff auf die Pauschalverweisung in § 146 ZVG geboten, durch die der Schutz des § 30d Abs. 4 ZVG auch auf die Zwangsverwaltung übertragen wird.[370] **Nicht betroffen** ist hingegen die Vollstreckung in Form der Eintragung einer **Zwangshypothek**,[371] möglich ist allein die Verhinderung der Vollstreckung daraus.

80 **Einstellungsvoraussetzung** im Eröffnungsverfahren ist der Antrag eines vorläufigen Insolvenzverwalters, ohne dass es auf die diesem verliehene Rechtsmacht ankommt, so dass auch ein vorläufiger Verwalter ohne Verwaltungs- und Verfügungsbefugnis nach § 30d Abs. 4 ZVG antragsberechtigt ist. Eine Frist für die Antragstellung gibt es nicht. Der Antrag kann daher gestellt werden, solange das Zwangsversteigerungsverfahren noch nicht abgeschlossen ist. Darauf, ob das Verfahren von einem absonderungsberechtigten Gläubiger oder einem (späteren) Insolvenzgläubiger betrieben wird, kommt es ebenfalls nicht an.[372] **Zuständig** für die Entscheidung ist der Rechtspfleger (§ 3 Nr. 1e RPflG) des **Vollstreckungsgerichts,** nicht das Insolvenzgericht.[373] Der Antrag muss die Vollstreckungssache bezeichnen und das Einstellungsbegehren auf der Grundlage von § 30d Abs. 4 ZVG erkennbar machen. Der vorläufige Verwalter hat zudem auf der Grundlage von Tatsachen **glaubhaft** zu machen, dass die einstweilige Einstellung zur Verhütung nachteiliger Folgen für das Vermögen des Schuldners erforderlich ist, wozu auch gehören kann, dass für den Fall der Zwangsversteigerung der Insolvenzverfahrenszweck nach Eröffnung vereitelt oder erschwert werden kann. Vornehmlich wird es darum gehen darzutun, dass eine Zwangsversteigerung zur Unzeit die Verwertungs- oder Abwicklungsinteressen erheblich beeinträchtigen. Es müssen daher konkrete Anhaltspunkte für eine bessere Verwertung, eine Gefährdung der Fortführung bzw. der Übertragung des Unternehmens vorgetragen werden. Dies kann auch durch Vorlage von Unterlagen über ernsthafte Verkaufs- oder Sanierungsverhandlungen erfolgen. Vor einer Entscheidung des Vollstreckungsgerichts sind der Schuldner und die vollstreckenden Gläubiger nach §§ 30a,b ZVG anzuhören, da für das Verfahren die Regelungen der ZPO und nicht der InsO für Sicherungsmaßnahmen anzuwenden sind.[374]

---

[368] In diesem Sinne auch HKInsO-*Kirchhof* § 21 RdNr. 29; *Klein* ZInsO 2002, 1065; Jaeger/*Gerhardt* § 21 RdNr. 43; *Jungmann* NZI 1999, 352; aA *Stengel* ZfIR 2001, 347, 352.
[369] ZInsO 2002, 1065, 1066.
[370] So ausdrücklich Jaeger/*Gerhardt* § 21 RdNr. 43.
[371] Jaeger/*Gerhardt* § 21 RdNr. 45; HKInsO-*Kirchhof* § 21 RdNr. 28; *Uhlenbruck* § 21 RdNr. 32.
[372] *Zeller/Stöber* § 30d RdNr. 6.
[373] Jaeger/*Gerhardt* § 21 RdNr. 42. Die ursprünglich vorgesehen Zuständigkeit des Insolvenzgerichts ist durch den Rechtsausschuss gestrichen worden; vgl. dazu die Begr. zu § 25 RegE abgedruckt bei *Balz/Landfermann* S. 229.
[374] *Haarmeyer/Wutzke/Förster/Hintzen* § 153b RdNr. 5; *Zeller/Stöber* § 30d RdNr. 5.

Die glaubhaft gemachten Einstellungsgründe des vorläufigen Verwalters sind nach § 30d Abs. 1 **81** Satz 2 ZVG stets mit etwa **entgegenstehenden Gläubigerinteressen** abzuwägen, die dann zu Gunsten des Zwangsversteigerungsgläubiger sprechen, wenn diesem die einstweilige Einstellung aus wirtschaftlichen Gründen nicht zumutbar ist. Dazu gehört nicht nur eine eigene schlechte Vermögenslage und Zahlungsschwierigkeiten, sondern insbesondere die Gefahr, dass bei einer späteren Versteigerung der erzielbare Erlös deutlich hinter dem ohne Einstellung zu erwartenden zurückbleibt. Abzuwägen sind nicht die Interessen des Zwangsversteigerungsgläubigers mit denen des Insolvenzschuldners, sondern mit den Interessen der Gläubigergesamtheit im Insolvenzverfahren.[375] In der Regel haben dabei die Interessen der Insolvenzgläubiger ein größeres Gewicht,[376] was nicht nur in der Zahl der Betroffenen, sondern auch in der gesamtwirtschaftlichen Bedeutung und dem öffentlichen Interesse an einer ordnungsgemäßen Abwicklung des Insolvenzverfahrens begründet ist.[377]

Mit der Anordnung der einstweiligen Einstellung hat das Vollstreckungsgericht nach § 30e ZVG **82** **von Amts wegen Ausgleichsleistungen** an die betreibenden Gläubiger festzusetzen, um zu verhindern, dass durch die Einstellung der wirtschaftliche Wert des Rechts der betreibenden Gläubiger vermindert wird, denn die Gläubiger sollen durch die Einstellung keinen Schaden erleiden.[378] Erfolgt die Einstellung auf Grund eines Antrages im Insolvenzeröffnungsverfahren so sind die Zahlungen der laufenden Zinsen nach § 30e Abs. 1 ZVG von dem Zeitpunkt anzuordnen, der drei Monate nach der einstweiligen Einstellung liegt, wenn der Berichtstermin erst nach diesem Zeitpunkt stattfindet (Abs. 1 Satz 2). Damit soll vermieden werden, dass laufende Zinszahlungen an die betreibenden Gläubiger länger als drei Monat ausbleiben. Zu leisten sind die Zahlungen binnen zwei Wochen nach Eintritt der Fälligkeit (Abs. 1 Satz 1). Anzuordnen ist die Zahlung der für die Zeit nach dem maßgeblichen Termin **laufend geschuldeten Zinsen,** nicht der danach fällig werdenden Zinsen oder gar rückständiger Zinsen.[379] Betreiben mehrere Gläubiger die Zwangsversteigerung, so erfolgt die Zahlung gem. § 10 ZVG nach der Rangfolge der Rechte. Bezüglich der Höhe der geschuldeten Zinsen ist nicht auf die dinglichen Zinsen,[380] sondern auf die auf Grund eines Rechtsverhältnisses geschuldeten Zinsen abzustellen,[381] unabhängig davon ob diese vertraglich vereinbart oder kraft Gesetzes zu zahlen sind, da insoweit auf die insolvenzrechtliche, nicht jedoch die zwangsvollstreckungsrechtliche Sicht abzustellen ist, weil es bei der einstweiligen Einstellung um die Berücksichtigung vorrangiger insolvenzrechtlicher Belange geht. Tilgungsleistungen werden nach § 30e ZVG ausdrücklich nicht geschuldet.[382] Keine Ausgleichszinszahlungen erhält nach § 30e Abs. 3 ZVG ein Gläubiger, der keine Aussicht auf eine Befriedigung aus dem Versteigerungserlös hat, wobei der nach § 74a Abs. 5 ZVG festgesetzte zu erwartende Versteigerungserlös Basis der Berechnung sein sollte.[383] Bei einer nur teilweise zu erwartenden Befriedigung sind die Zinsen entsprechend diesem Anteil zu zahlen.

Auf Antrag des betreibenden Gläubiger hat das Vollstreckungsgericht zudem nach § 30e Abs. 2 **83** ZVG in entsprechender Anwendung von § 172 InsO auch schon für das Eröffnungsverfahren[384] (zur Neuregelung des § 21 Abs. 2 Nr. 5 vgl. RdNr. 96 ff.) einen **Wertausgleich** vom Zeitpunkt der Einstellung an zur Deckung der Beschlagnahmeansprüche festzusetzen, wenn der vorläufige Verwalter das Grundstück nutzt und der Vollstreckungsgläubiger darlegt und glaubhaft macht, dass dadurch ein Wertverlust des Grundstücks eintritt.[385] Von Amts wegen wird ein solcher Wertverlust nicht ermittelt. Da nur auf den Ausgleich des Wertes des Grundstücks abzustellen ist, scheidet die Zahlung eines bloßen Nutzungsentgeltes von vornherein aus und kann daher auch nicht angeordnet werden.[386] Die Auflage kann im Anordnungsbeschluss, aber auch in einem gesonderten Beschluss ergehen.

---

[375] LG Ulm ZIP 1980, 477; *Stöber* NZI 1998, 105.
[376] OLG Braunschweig NJW 1968, 164.
[377] Nerlich/Römermann/*Mönning* § 21 RdNr. 88; zu den Abwägungskriterien vgl. auch *Zeller/Stöber* § 30d RdNr. 3.
[378] Begr. zu § 188 RegE, abgedruckt bei *Balz/Landfermann* S. 647.
[379] Dazu näher *Zeller/Stöber* § 30e RdNr. 2.4; ebenso Jaeger/*Gerhardt* § 21 RdNr. 46.
[380] So aber *Hintzen* Rpfleger 1999, 256, 260; *Eickmann* ZfIR 1999, 83; *Schmidt* InVo 1999, 76.
[381] LG Göttingen ZInsO 2000, 163; *Pape* ZInsO 1999, 308, 309 unter zutreffender Berufung auf die Begr. zu § 188 RegE, abgedruckt bei *Balz/Landfermann* S. 647.
[382] So auch die hM; vgl. für alle Jaeger/*Gerhardt* § 21 RdNr. 46; LG Göttingen ZInsO 2000, 163; aA *Hintzen* ZInsO 2000, 205.
[383] Näher dazu *Haarmeyer/Wutzke/Förster/Hintzen* § 153b RdNr. 13 ff.; *Zeller/Stöber* § 30e RdNr. 4; ebenso *Kübler/Prütting/Pape* § 21 RdNr. 24.
[384] Jaeger/*Gerhardt* § 21 RdNr. 46.
[385] Zu den Problemen der Berechenbarkeit vgl. *Stöber* NZI 1998, 105, 107.
[386] *Zeller/Stöber* § 30e RdNr. 3.

84 Die **Einstellung** des Verfahrens wird auf Antrag[387] gem. § 30 f. ZVG wieder **aufgehoben,** wenn nachfolgende, abschließend geregelte Gründe vorliegen:
1. die Voraussetzungen für die Einstellung sind fortgefallen,
2. die Zahlungsauflage durch den (vorläufigen) Insolvenzverwalter wird nicht eingehalten,
3. der Insolvenzverwalter stimmt der Aufhebung der einstweiligen Einstellung zu,
4. der Schuldner stimmt der Aufhebung nach Einstellung der Verfahrens auf Grund eines Insolvenzplans zu,
5. das Insolvenzverfahren beendet ist.

85 Die Aufhebung der einstweiligen Einstellung kann erst dann beschlossen werden, wenn keiner der Gründe, die zur Einstellung geführt haben mehr vorliegt. Die **sachlichen Gründe** für die Einstellung müssen weggefallen sein, also eine nachteilige Veränderung der Vermögenslage nicht mehr zu befürchten sein. Eine automatische Außerkraftsetzung der Einstellung findet nicht statt. Die Gründe für die Aufhebung sind glaubhaft zu machen. Der Gläubiger muss daher die Änderungen der tatsächlichen Verhältnisse darlegen, über die das Vollstreckungsgericht erneut entscheiden muss. Es findet somit eine erneute Prüfung und Entscheidung über die Gründe statt, die bereits zur Einstellung des Verfahrens geführt haben. Tatsächlich handelt es sich somit um eine **Abänderungsentscheidung.** Daher ist vor der Entscheidung der Insolvenzverwalter anzuhören. Die Anhörung kann schriftlich oder auch mündlich in einem zu bestimmenden Termin stattfinden.

86 Trägt der Gläubiger die **Nichtzahlung** der angeordneten **Zahlungsauflage** vor, kann der Gläubiger diesen Negativnachweis nicht führen und damit auch nicht glaubhaft machen. Es ist entsprechend den gesetzlichen Beweislastregeln (zB Regel-Ausnahme-Verhältnisses, Zugehörigkeit der beweisbedürftigen Tatsache zu dem Gefahrenbereich einer Partei oder typische Beweisnot) zu verfahren.[388] Diese Regeln gelten auch für **negative Tatsachen,** also diejenigen, die nach der jeweiligen Norm mit zu den Anspruchsvoraussetzungen gehören. Daher muss der Insolvenzverwalter die für ihn günstige Tatsache, hier die rechtsvernichtende Einwendung der Erfüllung, beweisen und nicht der Gläubiger. Das Gesetz lässt offen, inwieweit der Insolvenzverwalter die **Nichtzahlung zu vertreten** hat. Da von Verzug nicht gesprochen wird, sondern nur von „Nichteinhaltung", ist das Verschulden des Verwalters nicht zu prüfen (vgl. § 285 BGB). Sind die Zahlungen regelmäßig zu erbringen (zB jeweils zum 15. des Monats), kommt der Verwalter ohne Mahnung in Verzug, § 286 Abs. 2 Satz 1 BGB. Nimmt der Gläubiger eine verspätete Zahlung widerspruchslos entgegen, kann er sich auf die Nichteinhaltung der pünktlichen Zahlung nicht mehr berufen. Bevor der Aufhebungsbeschluss ergeht, sollte der Verwalter auf die Rückstände hingewiesen werden. In jedem Falle genügt bereits ein fälliger rückständiger Zahlungsbetrag. Eine Aufhebung ist auch dann geboten, wenn Streit über die Höhe der Zinszahlung besteht und der Verwalter entgegen der gerichtlichen Anordnung im Einstellungsbeschluss zunächst nur die Zinsen der persönlichen Schuld zahlt.

87 Stimmt der Insolvenzverwalter dem Aufhebungsantrag des Gläubigers zu, bedarf es keiner Glaubhaftmachung des Gläubigers. Es genügt, wenn der Gläubiger ein entsprechendes Schreiben des Verwalters vorlegt. Dennoch ist auch hier, wie bei den weiteren Aufhebungsgründen,[389] die Anhörung des Insolvenzverwalters vor der Entscheidung zwingend.

VI. Vorläufige Postsperre und andere Sicherungsmaßnahmen[390]

88 Durch das EGInsOÄndG[391] vom 19.12.1998 ist in § 21 Abs. 2 Nr. 4 ausdrücklich und in verfassungsrechtlich unbedenklicher Weise auch die Möglichkeit der begründeten Anordnung einer **vorläufigen Postsperre im Eröffnungsverfahren** eingefügt worden, für deren Anordnung die §§ 99, 101 Abs. 1 Satz 1 entsprechende Anwendung finden. Der Begriff Postsendung ist umfassend und betrifft neben Briefen, Päckchen und Paketen auch Übermittlungen durch Telefax, Telex, E-Mail[392] und Telegramme, nicht jedoch die Telefonüberwachung. Erfasst werden davon nicht nur Sendungen der Deutschen Post AG, sondern auch anderer, auf die Lieferung von Post ausgelegter Dienstleister,

---

[387] Zu beachten ist, dass bei mehreren Gläubigern jeder für den Fortgang seiner Einzelvollstreckung allein zuständig bleibt. Daher muss auch jeder Gläubiger einen eigenen Aufhebungsantrag stellen. Aufzuheben ist daher jeweils nur die einstweilige Einstellung für das Verfahren des Gläubigers von mehreren, der Antrag nach § 30 f. ZVG stellt, während die anderen unabhängig davon weiterlaufen.

[388] Vgl. hierzu *Zöller/Greger* vor § 284 RdNr. 22–24.

[389] Umfassend dazu und zu den weiteren Folgen für die Zwangsversteigerung die Kommentierung bei *Zeller/Stöber* § 30 f. RdNr. 2 ff.

[390] Vgl. umfassend zu Sicherungsmaßnahmen und Kompetenzen im Rahmen der vorläufigen Verwaltung auch die Darstellung bei § 22 RdNr. 36 ff.

[391] BGBl. I S. 3836.

[392] Notwendig ist hier wohl aus Gründen der Rechtssicherheit und Klarheit eine ausdrückliche Beschlussfassung; vgl. dazu *Münzel/Böhm* ZInsO 1998, 363; so auch *Uhlenbruck* § 21 RdNr. 37.

was sich nunmehr auch aus § 99 Abs. 1 Satz 1 unmittelbar ergibt.[393] Erfasst wird auch der Postverkehr zwischen Verteidiger und Mandant.[394] Die vorläufige Postsperre dient vorrangig zur Aufklärung der Vermögenslage und zu Verhinderung nachteiliger Veränderungen. Die materiellen Voraussetzungen einer Postsperre im Eröffnungsverfahren unterscheiden sich nicht von denen im eröffneten Verfahren.[395] Die Anordnung einer Postsperre ist gerechtfertigt, wenn **konkrete Anhaltspunkte** dafür bestehen, dass durch das Verhalten des Schuldners wesentliche Belange der Masse gefährdet sind und diesen bei einer Abwägung der beiderseitigen Interessen der Vorrang vor dem Schutz des Briefgeheimnisses gebührt. Ob die entsprechenden Voraussetzungen gegeben sind, hat das Insolvenzgericht auf Grund einer Abwägung aller maßgeblichen Umstände des Einzelfalles zu entscheiden.[396] Der Anordnungsbeschluss ist nach Abs. 2 Satz 1 Nr. 4 zu begründen, eine **Begründung** im Beschwerdeverfahren kann nicht nachgeholt werden.[397] Hauptsächlicher Anknüpfungspunkt ist in der Regel die Versagung oder unzureichende Erfüllung der Auskunfts- und Mitwirkungspflicht des Schuldners.[398] Da eine Ausübung der Postsperre durch das Insolvenzgericht rechtlich und tatsächlich ausscheidet, setzt deren Anordnung zwangsläufig die Bestellung eines vorläufigen Verwalters voraus, unabhängig davon, mit welchen Befugnissen er ausgestattet wird.[399] Da sich für die Anordnungsvoraussetzungen keine Änderungen gegenüber der Anordnung im eröffneten Verfahren ergeben, kann bezüglich der materiellen und tatsächlichen Voraussetzungen etc. auf die Kommentierung zu §§ 99, 101 verwiesen werden (vgl. zu den zu prüfenden tatsächlichen Voraussetzungen § 99 RdNr. 13 ff.).

Wie die Formulierung in § 21 Abs. 2 („insbesondere") ausdrückt, kann sich das Gericht auch mit **89 anderen Maßnahmen** begnügen oder diese zusätzlich anordnen soweit es erforderlich erscheint. Denkbar ist zB, dass das Gericht eine **Kontensperre** verhängt, um damit während der Zeit der Eröffnung auf vorhandene Guthaben gegen den Einzelzugriff, auch des Kreditinstitutes, durch Aufrechnung oder Verrechnung zu verhindern. Dies kann aber nicht gegen mittelbar beteiligte Dritte angeordnet werden.[400] Es kann auch den Kreditinstituten ausdrücklich durch Einzelbeschluss jede Verrechnung oder Verfügung zum Nachteil der Vermögensmasse des Schuldners vorläufig untersagt werden.[401] Die Wahrnehmung dieser Möglichkeit hat grundsätzliche Bedeutung, da allein durch die Anordnung von Sicherungsmaßnahmen die Kreditinstitute nicht gehindert sind, Zahlungseingänge mit dem Debet-Saldo zu verrechnen, da es dazu erst der Kündigung des Girovertrages durch den vorläufigen Insolvenzverwalter bedarf, die erst mit dem Zugang beim Kreditinstitut Wirksamkeit erlangt,[402] wohingegen ein gerichtliches Verbot mit seinem Erlass bereits Wirksamkeit erlangt (dazu oben RdNr. 37). Für den Überweisungsverkehr sind mit dem Überweisungsgesetz (ÜG) Sonderregelungen in § 676a BGB getroffen worden, die besondere Beachtung auch im Eröffnungsverfahren erfordern.[403] Vgl. dazu oben RdNr. 58.

Möglich ist es auch, einzelne Gegenstände durch den Gerichtsvollzieher **siegeln** und in **amtliche 90 Verwahrung** nehmen zu lassen oder, isoliert (vgl. dazu auch oben RdNr. 45) dem Schuldner zu untersagen, Gegenstände an denen Dritten ein Absonderungsrecht zusteht, an diese herauszugeben bzw. Absonderungsberechtigten die **Abholung** gesicherter Gegenstände aus dem Vermögen des Schuldners zu **untersagen**. Zur Neufassung der Nr. 5 vgl. oben RdNr. 87a ff. Das hat zur Folge, dass der Insolvenzverwalter bei Eröffnung des Insolvenzverfahrens gem. § 148 Besitz ergreifen kann und nunmehr er, und nicht der absonderungsberechtigte Gläubiger, zur Verwertung gem. § 166 Abs. 1 berechtigt ist. Zugleich wird damit verhindert, dass der Masse Gegenstände entzogen werden, die zB für eine Betriebsfortführung, Sanierung oder übertragende Sanierung unbedingt benötigt werden. Ausführlich zu den dabei zu beachtenden Grundsätzen unten RdNr. 96 ff.

Die **Durchsuchung** der Geschäftsräume, die Beschlagnahme von Geschäftsunterlagen und ver- **91** gleichbare Maßnahmen rechtfertigen sich aus § 22 Abs. 1, 22 Abs. 3, wobei auf Grund der ausdrücklichen gesetzlichen Regelung der Beschluss über die Anordnung der vorläufigen Verwaltung als Ermächtigungsgrundlage hinreichend ist.[404] Dies gilt ausdrücklich nicht für einen Sachverständigen,

---

[393] HK InsO-*Kirchhof* § 21 RdNr. 12; vgl. auch *Gundlach/Frenzel/Schmidt* ZInsO 2001, 979 ff.
[394] BVerfG ZIP 2000, 2311; AG Duisburg ZVI 2004, 353.
[395] BGH NZI 2010, 260; HambKomm-*Schröder* § 21 RdNr. 63.
[396] BGH ZInsO 2006, 1212; 2003, 897.
[397] LG Bonn ZInsO 2009, 2299; vgl. zur Begründungspflicht auch *Voß* EwiR 2009, 753.
[398] Vgl. dazu BGH ZInsO 2006, 1212, 1214; OLG Celle ZInsO 2002, 131; OLG Zweibrücken ZInsO 2000, 627; LG Bonn ZInsO 2004, 818; LG Göttingen DZWIR 1999, 471 und NZI 2001, 44.
[399] OLG Celle ZInsO 2000, 557 und 684; FK InsO-*Schmerbach* § 21 RdNr. 85 ff.
[400] BGH ZInsO 2009, 2053 Tz 15; aA AG München ZIP 2003, 1995.
[401] Vgl. dazu OLG Dresden ZIP 1994, 1128; FK InsO-*Schmerbach* § 21 RdNr. 93.
[402] FK InsO-*Schmerbach* § 21 RdNr. 93.
[403] Ausführlich dazu *Obermüller* ZInsO 1999, 691 ff.
[404] BGH ZInsO 2004, 550; LG Duisburg ZIP 1991, 674; HK InsO-*Kirchhof* § 21 RdNr. 12; Nerlich/Römermann/*Mönning* § 21 RdNr. 73; unzutreffend FK InsO-*Schmerbach* § 21 RdNr. 95, der trotz der gesetzlichen Trennung in §§ 22 und 148 Abs. 2 Wohn- und Geschäftsräume gleichbehandelt.

da diesem nur die Befugnisse der §§ 402 ff. ZPO zustehen, er also die Wohnung nur im Einverständnis mit dem Schuldner betreten darf.[405] Hingegen ermächtigt dieser Beschluss den vorläufigen Verwalter nicht zum Betreten der **Wohnung des Schuldners,** da sich die gesetzlicher Ermächtigung des § 22 Abs. 3[406] nur auf die Geschäftsräume bezieht, so dass es für ein Betreten oder eine Durchsuchung der Wohnung einer gesonderten gerichtlichen Anordnung durch einen Durchsuchungsbefehl bedarf.[407] Übt allerdings der Schuldner seine Geschäftstätigkeit zumindest teilweise auch in seiner Wohnung aus, so ist der vorläufige Verwalter auf Grund seiner gesetzlichen Stellung zum Betreten berechtigt.[408] Auch wenn objektive Anhaltspunkte für Verdunklungshandlungen Dritter vorliegen, können deren Geschäftsräume auf Anordnung des Insolvenzgerichts nicht durchsucht werden.[409] Auch kann ein Gerichtsvollzieher nicht ermächtigt werden, die Wohnung eines Dritten zu betreten, um den Schuldner zu verhaften.[410]

92 Das Insolvenzgericht kann daneben, ohne zugleich die Schließung des Unternehmens anordnen zu müssen, auch dem Schuldner verbieten, die Geschäftsräume zu betreten[411] oder die Büro- und Betriebsräume schließen, insbesondere dann, wenn sie zu einer Fortführung nicht benötigt werden und dadurch insbesondere die Masse von Kosten und Risiken entlastet werden kann.[412]

93 Nur als ultima ratio,[413] wenn also alle anderen Sicherungsmaßnahmen nicht ausreichend erscheinen, kann nach § 21 Abs. 3 („Reichen andere Maßnahmen nicht aus") die zwangsweise Vorführung des Schuldners zur Vorbereitung und Sicherung der Auskunft- und Mitwirkungspflicht im Eröffnungsverfahren (§ 20 Satz 2) sowie die Inhaftnahme zur Sicherung der künftigen Insolvenzmasse (§ 21 Abs. 3) erfolgen.[414] Die Voraussetzungen sind gegenüber der Regelung in § 106 Abs. 1 KO nur unter den restriktiven Möglichkeiten der Neuordnung zulässig, so dass auch die Kommentierung und Rechtsprechung zu § 106 KO nur unter Berücksichtigung des Willens des Reformgesetzgebers herangezogen werden kann.[415] Mit dem Wegfall der in § 101 KO postulierten Residenzpflicht des Schuldners für die Dauer des Konkursverfahrens kann jedoch die Freizügigkeit des Schuldners, zB durch Einziehung des Reisepasses oder ein Ausreiseverbot nicht mehr eingeschränkt werden, vielmehr bleiben in diesen Fällen nur die in §§ 21 Abs. 3, 22 Abs. 3 zulässigen Maßnahmen,[416] sowie die Möglichkeit, im Rahmen der Auskunfts- und Mitwirkungspflicht dem Schuldner aufzuerlegen, zu bestimmten Zeiten seine jederzeitige persönliche oder telefonische Erreichbarkeit für das Gericht sicherzustellen, was faktisch einem Reiseverbot gleichkommen kann.[417] Zu den Voraussetzungen der zwangsweisen Vorführung. Vgl. dazu die Kommentierung bei § 98 RdNr. 6 ff.

94 Die Anordnung der **Haft im Eröffnungsverfahren** ist nur zur Erreichung der Zweckbestimmung dieses Verfahrensabschnittes, nämlich der Sicherung der Masse und des Schutzes vor Vermögensmanipulation, zulässig.[418] Die Haftanordnung nach § 21 Abs. 3 ist daher hinsichtlich ihrer Zulässigkeit zu unterscheiden von der Haft zur Durchsetzung der Auskunfts- und Mitwirkungspflicht nach §§ 20, 97 und von der Haftanordnung zur Durchsetzung der Kooperation mit dem vorläufigen Verwalter nach § 22 Abs. 3 Satz 3, 97. Die Haft dürfte daher, stets unter Beachtung des Verhältnismäßigkeitsgrundsatzes, nur dann in zulässiger Weise angeordnet werden, wenn auf Grund konkreter Tatsachen der Verdacht besteht, dass der Schuldner ohne die Anordnung der Haft, nicht daran gehindert werden kann, Teile der künftigen Masse zu beseitigen, das Vorhanden-

---

[405] BGH ZInsO 2004, 550 m. zust. Anm. *Bähr* EWiR 2004, 499.
[406] LG Göttingen ZInsO 2006, 1280; § 148 Abs. 2 bezieht sich nur auf die Kompetenzen im eröffneten Verfahren und kann wegen seiner grundrechtseinschränkenden Wirkung nicht im Wege der Analogie auf das Eröffnungsverfahren übertragen werden.
[407] So auch Nerlich/Römermann/*Mönning* § 21 RdNr. 74 unter zutreffendem Verweis auf BVerfGE 32, 54, 73.
[408] So ausdrücklich BGH ZInsO 2004, 550, 551; HKInsO-*Kirchhof* § 22 RdNr. 58.
[409] So ausdrücklich BGH ZInsO 2009, 2053 Tz 12ff; aAAG Korbach ZInsO 2005, 1060; AG München ZIP 2006, 1961.
[410] LG Göttingen ZInsO 2005, 1281.
[411] BGH ZInsO 2007, 267 Tz 17; AG Hof ZInsO 2002, 383; FKInsO-*Schmerbach* § 21 RdNr. 96 c.
[412] FKInsO-*Schmerbach* § 21 RdNr. 96.
[413] Der Gesetzgeber hat sich ausdrücklich von den erleichterten Anordnungsvoraussetzungen des § 106 distanziert; vgl. dazu die Begr., abgedruckt bei *Balz/Landfermann* S. 229.
[414] HKInsO-*Kirchhof* § 21 RdNr. 17; *Kübler/Prütting/Pape* § 21 RdNr. 25; vgl. auch Kilger/*K. Schmidt* § 106 RdNr. 5; zur Abgrenzung vgl. unten RdNr. 94, 93.
[415] Vgl. dazu auch die Begr. zu § 25 RegE, abgedruckt bei *Balz/Landfermann* S. 229; Nerlich/Römermann/ *Mönning* § 21 RdNr. 116.
[416] So zutreffend Nerlich/Römermann/*Mönning* § 21 RdNr. 75; HKInsO-*Kirchhof* § 21 RdNr. 17; *Kübler/ Prütting/Pape* § 21 RdNr. 25.
[417] LG Göttingen ZIP 2000, 2174.
[418] BGH ZInsO 2005, 436, 438; *Kübler/Prütting/Pape* § 21 RdNr. 26.

sein bestimmter Vermögenswerte zu verdunkeln oder die Masse dadurch zu schädigen, dass er sich mit Teilen der künftigen Masse ins Ausland absetzen und sie damit dem berechtigten Zugriff der Gläubiger entziehen will.[419] Regelmäßig wird sich die Anordnung der Haft dadurch vermeiden lassen, dass mit geringeren Mitteln (Sicherstellung von Gegenständen, Kontensperre, Grundbuchsperre) ein vergleichbarer Erfolg herbeizuführen ist, so dass der ultima-ratio Charakter der Maßnahme stets bedacht werden sollte. Notwendig ist dabei stets eine auf den Einzelfall bezogene Begründung. Dies auch um dem Schuldner die Möglichkeit zu eröffnen durch bestimmte Handlungen den Vollzug der Haft zu vermeiden.[420] Vor der Anordnung einer Inhaftierung, für die §§ 904–910, 913 ZPO gelten, ist daher der Schuldner anzuhören. Wird der Schuldner nicht angehört, kommt nur der Erlass eines Vorführungsbefehls in Betracht.[421] Auch in diesen sind konkret die Anforderungen aufzunehmen, aus denen der Schuldner erkennen kann, durch welche Handlungen ggf. der Vollzug abzuwenden ist. Gegen die Anordnung der Haft ist, ebenso wie gegen die Ablehnung der Aufhebung des Haftbefehls, die sofortige Beschwerde gemäß § 98 Abs. 3 Satz 3 gegeben.[422] Vgl. im Übrigen zu den Voraussetzungen und Folgewirkungen die Kommentierung bei § 98 RdNr. 6 ff.

Durch Abs. 3 Satz 2 wird, in systemkonformer Ausweitung der Haftgründe, der Anwendungsbereich der Regelung auf die „organschaftlichen Vertreter" einer juristischen Person, eines nicht rechtsfähigen Vereins oder einer Gesellschaft ohne Rechtspersönlichkeit ausgedehnt. Nach §§ 21 Abs. 3 Satz 2, 101 Abs. 1 kann daher sowohl die zwangsweise Vorführung wie auch die Haftanordnung für den Fall, dass der Schuldner keine natürliche Person ist, bei einer Gesellschaft ohne Rechtspersönlichkeit gegen die die Schuldnerrolle tragenden **persönlich haftenden Gesellschafter** oder bei einer juristischen Person gegen die Mitglieder des Vertretungs- oder Aufsichtsorgan angeordnet werden, wenn nur auf diese Weise die künftige Masse während des Eröffnungsverfahrens gesichert werden kann. Gegen ausgeschiedene Mitglieder sind diese Sicherungsmittel nicht zulässig (§ 101 Abs. 1 Satz 2). Vgl. dazu die Kommentierung bei § 101.

VII. Verwertungs- und Einziehungsstopp (Nr. 5)

Anordnungen nach Nr. 5 setzen voraus, dass ein Unternehmen im Eröffnungsverfahren fortgeführt wird, bei bereits eingestellten Betrieben dürfen entsprechende Anordnung gar nicht erst ergehen. Durch die seit 2007 geltende Neuregelung in § 21 Abs. 2 Nr. 5 werden weitere Wirkungen des eröffneten Verfahrens im Interesse der Erhaltung von Sanierungschancen und einer bestmöglichen Verwertung in das Eröffnungsverfahren vorverlagert und zugleich auf Nutzungsrechte auch für Aussonderungsgegenstände erweitert,[423] zugleich wird damit auch die Rechtsstellung des vorläufigen Insolvenzverwalters deutlich erweitert.[424] Seither kann das Gericht – ohne notwendig zu gewährendes rechtliches Gehör[425] – durch Beschluss anordnen, dass Gegenstände, die im Falle der Eröffnung des Insolvenzverfahrens von § 166 erfasst würden oder deren Aussonderung verlangt werden könnte, vom Gläubiger nicht verwertet oder eingezogen werden dürfen und solche Gegenstände **zur Fortführung des Unternehmens** eingesetzt werden können, soweit sie hierfür von erheblicher Bedeutung sind.[426] Hat das Gericht die Einziehungsbefugnis für sicherungsabgetretene Forderungen dem vorläufigen Insolvenzverwalter übertragen und zieht dieser eine zur Sicherung eines Anspruchs abgetretene Forderung anstelle des Gläubigers ein, so gelten §§ 170 und 171 entsprechend. Die Anordnungen können unabhängig davon ergehen, ob eine sog. starke oder schwache vorläufige Verwaltung angeordnet worden ist.[427] Der Regelung liegt die gesetzgeberische Absicht zugrunde, das dem Unternehmenszweck dienende Vermögen im Interesse einer möglichen Fortführung und/oder Sanierung zusammenzuhalten, aber auch um möglichst gute Verwertungsbedingun-

---

[419] Zu den Anordnungsvoraussetzungen vgl. OLG Celle ZInsO 2001, 322; auch *Kübler/Prütting/Pape* § 21 RdNr. 26; HK-*Eickmann* § 98 RdNr. 24 ff.
[420] Vgl. dazu auch BGH ZInsO 2005, 436, 438.
[421] Begr. zu § 25 RegE, abgedruckt bei *Balz/Landfermann* S. 229.
[422] BGH ZInsO 2006, 1212; 2004, 550; OLG Celle ZInsO 2001, 332.
[423] Umfassend *Sinz/Hiebert* ZInsO 2011, 798; *Mitlehner* DB 2010, 1934; *Weigelt*, Sicherungsanordnungen gegenüber aus- und absonderungsberechtigten Gläubigern nach § 21 Abs. 2 Satz 1 Nr. 5 InsO, Diss. 2010; zur Kritik an dieser „undifferenzierten" Ausweitung vgl. *Heublein* ZIP 2009, 11 ff. sowie die ausführliche Darstellung der sich daraus ergebenden Problemkreis bei *Kirchhof* ZInsO 2007, 227 ff.; vgl. dazu auch HambKomm-*Schröder* § 21 RdNr. 69a ff.
[424] OLG Naumburg ZInsO 2009, 1538; LG Berlin ZInsO 2008, 629.
[425] BGH ZInsO 2003, 318 Tz 21.
[426] Grundlegend zur Insolvenzfestigkeit von Sicherheiten in der Rechtsprechung des BGH *Gehrlein* ZInsO 2011, 5 ff.
[427] So ausdrücklich die BegrRegE BT-Drucks. 16/3227 S. 27, 30.

gen zu schaffen.[428] Anordnungen nach Abs. 2 Satz 1 Nr. 5 sind mit Ausnahme von Klein- und Verbraucherinsolvenzverfahren (vgl. § 313 Abs. 3) in allen Verfahrensarten möglich, also auch im Rahmen von Eigenverwaltungs- oder Schutzschirmverfahren, **dürfen jedoch nicht ergehen**, wenn sie zur Deckung der Verfahrenskosten herangezogen werden sollen und ein laufender Geschäftsbetrieb nicht vorliegt.[429]

97 Während die Einbeziehung der Absonderungsberechtigten weitgehend im Rahmen der aus dem Verwertungsrecht des Insolvenzverwalters folgenden gesetzlichen Bestimmungen der §§ 165–173 InsO liegt, da die Sicherungsgegenstände ihrer Substanz nach weiter dem Schuldner gehören und mithin der „Ist-Masse" zuzuordnen sind, ist die unterschiedslose Einbeziehung aller Aussonderungsberechtigten[430] rechtlich höchst bedenklich, da der auszusondernde Gegenstand schon seiner Substanz nach nie in das Schuldnervermögen gelangt ist, sondern sich – zu Unrecht – nur noch in seiner Herrschaftsgewalt befindet. Gleichwohl hat die Rechtsprechung die Erstreckung auch auf die Aussonderungsgüter für verfassungsgemäß erklärt[431], wenngleich eine besondere Prüfung der Erforderlichkeit bzw. Verhältnismäßigkeit einer überbordenden Anordnung ausdrücklich entgegengestellt worden ist.

98 Dass sich Sicherungsmaßnahmen beim fortlaufenden Geschäftsbetrieb im Eröffnungsverfahren, wenn sie nicht entsprechend eingeschränkt werden, auch auf Gegenstände erstrecken, die sich im (auch mittelbaren[432]) Besitz des Schuldners befinden und für den Fall der Eröffnung mit Aus- und/oder Absonderungsrechten belastet sind, entspricht der ganz herrschenden Auffassung in Rechtsprechung und Literatur[433] und findet seinen Grund vornehmlich darin, dass nur auf diese Weise ein vorzeitiges Auseinanderreißen des schuldnerischen „Ist-Vermögens" vermieden werden kann und die Klärung fremder Rechte dem eröffneten Verfahren vorzubehalten ist. Dementsprechend wurde auch schon bisher ein vorläufiger Verwalter als berechtigt angesehen, mit Drittrechten belastete Vermögensgegenstände nicht herauszugeben, sondern zunächst zu sichern, sodass die Möglichkeit der Anordnung eines Verwertungsstopps der schon vor Inkrafttreten der Neuregelung geltenden Rechtslage entspricht.[434] Dieses Recht ist mit der Neufassung nun auch ausdrücklich bezüglich der damit eintretenden Folgen geregelt und zugleich mit der Möglichkeit der Einräumung einer Nutzungsbefugnis für den Schuldner bzw. den vorläufigen Verwalter erweitert worden.

99 Dabei setzt die Einräumung der **Nutzungsbefugnis** allein die für das Gericht erkennbare Notwendigkeit voraus, dass bestimmte mit Drittrechten belastete Gegenstände für die Fortführung des Unternehmens im Eröffnungsverfahren von erheblicher Bedeutung sind.[435] Dies darzulegen ist Aufgabe des vorläufigen Verwalters, wobei allerdings an die Darlegung zumindest dann keine überhöhten Anforderungen gestellt werden sollten, wenn das Unternehmen fortgeführt wird[436], während außerhalb der Fortführung eine erhöhte Darlegungslast schon wegen des Eingriffs in die Rechte Dritter zu fordern sein dürfte. Eine **formularmäßige Anordnung verbietet** sich ebenso wie eine undifferenzierte Übernahme behaupteter allgemeiner Erschwernisse.[437] Bei Vorliegen einer Globalzession ist allerdings die Anordnung eines Einziehungsverbots für sämtliche zur Sicherheit abgetretenen Forderungen als hinreichend angesehen worden.[438] Ergeht eine solche Anordnung nach Nr. 5 nicht, so richtet sich die Nutzungsbefugnis allein nach den vertraglichen bzw. allgemeinen zivilrechtlichen Regelungen.[439] Untersagt daher ein Aus- und/oder Absonderungsberechtigter unter Berufung auf entsprechende Regelungen die weitere Nutzung des Sicherungsgegenstandes, so bedarf es zwingend der gerichtlichen Anordnung nach Nr. 5, da es sich sonst um eine unrechtmäßige Nutzung handeln würde[440]. Die gerichtliche Befugnis beschränkt die Rechtsmacht nicht allein auf die Nutzung, sondern enthält auch die Möglichkeit der für die Fortführung maßgeblichen

---

[428] So ausdrücklich auch BGH ZInsO 2010, 714 unter Verweis auf die Begr RegE BT-Drucks. 16/3227, S.15; KG ZInsO 2009, 35, 36.
[429] So ausdrücklich BGH ZInsO 2012, ZInsO 2012, 693 = ZIP 2012, 737.
[430] MünchKommInsO-*Ganter* führt bei § 47 RdNr. 37–429 vom Eigentumsvorbehalt bis zum Patentschutz des Erfinders insgesamt zwanzig ganz verschiedene Aussonderungsrechte auf.
[431] BGH ZInsO 2010, 136; vgl. aber aiuch Heublein, ZIP 2009, 11, 16; ausführlich *Pape*, FS Fischer S. 427 ff.
[432] BGH ZInsO 2006, 1320, 1321 = ZIP 2006, 2390, 2391.
[433] HambKomm-*Schröder* § 21 RdNr. 69 c; BGHZ 165, 266, 269; 146, 165, 173 = ZInsO 2001, 165, 167.
[434] So auch ausdrücklich BGH ZInsO 2010, 136 Tz 44; Ganter NZI 2007, 549, 552.
[435] BGH ZInsO 2010, 136 ff.
[436] BGH ZInsO 2010, 136 Tz. 20.
[437] So ausdrücklich BGH ZInsO 2010, 136 Tz. 19; vgl. zu den Risiken formularmäßiger Anordnungen schon *Kirchhof* ZInsO 2007, 227, 229.
[438] Ganter NZI 2010, 551 ff.; *Wiche/Wendler* ZInsO 2011, 1530 ff.; AG Hamburg ZInsO 2011, 2045, 2046.
[439] BGHZ 146, 165, 173 = ZInsO 2001, 165, 167.
[440] Dazu auch *Andres/Hees* NZI 2011, 881; Zur Frage einer schuldbefreienden Leistung bei Leistungen des Drittschuldners *Leithaus/Riewe* DstR 2010, 2194 ff.

zweckmäßigen Verwendung, mithin auch das Recht zur Verarbeitung, zum Verbrauch und ggf. auch zur Veräußerung im Rahmen des gewöhnlichen Geschäftsbetriebes (so zB bei Hilfs- und Betriebsstoffen), wenn dadurch das Sicherungsrecht nicht beeinträchtigt wird, wie dies zB bei Verbindung, Vermischung und Verarbeitung von Sachen der Fall ist.[441] Eine unmittelbare Verwertung hingegen ist nur in Abstimmung mit dem Sicherungsnehmer zulässig.

Die Anordnung eines **Verwertungs- und Einziehungsstopps** gilt nach dem Wortlaut der Regelung nicht nur für Forderungen und bewegliche Sachen, die der Schuldner in Besitz hat und an denen bei Verfahrenseröffnung Aus- oder Absonderungsrechte bestehen, sondern auch für **Grundvermögen,** also zB gemietete Immobilien.[442] Während bei grundpfandrechtsbelasteten Immobilien der vorläufige Insolvenzverwalter gemäß § 30d Abs. 4 ZVG die einstweilige Einstellung der Zwangsversteigerung beantragen kann, wenn dies zur Verhütung nachteiliger Veränderungen in der Vermögenslage des Schuldners erforderlich ist, dafür aber laufend die geschuldeten Zinsen zu zahlen hat, werden die rechtlich außerhalb dieser Regelung stehenden Aussonderungsberechtigten nunmehr deutlich schlechter gestellt, was zutreffend als mit der Dogmatik des Insolvenzrechts unvereinbar angesehen wird – zumal ihnen gegen die Anordnung nach Nr. 5 nicht einmal ein Rechtsmittel eingeräumt worden ist. Es kann daher auch mit Fug und Recht bezweifelt werden, ob – entgegen dem Wortlaut – Grundvermögen tatsächlich einbezogen werden sollte, zumal die Begründung nur von Vorbehaltslieferanten und Leasingnehmern spricht, denen gegenüber diese Einschränkung ihrer Rechte zumindest bei entsprechendem Ausgleich zumutbar und systemgerecht erscheint.

Ordnet das Gericht einen Verwertungsstopp und die Nutzungsbefugnis an, hat der vorläufige Insolvenzverwalter einen **wirtschaftlichen Ausgleich** an den betroffenen Gläubiger zu leisten.[443] Nach Verfahrenseröffnung gilt der Anspruch als Masseverbindlichkeit. Der Gläubiger kann zum einen nach § 169 Satz 2 und 3 bei Absonderungsgütern die Zahlung der geschuldeten Zinsen bzw. bei Aussonderungsgütern das laufende Nutzungsentgelt (zB Miete oder Leasingrate) verlangen, jedoch erst **beginnend drei Monate nach gerichtlicher Anordnung** der Nutzungsbefugnis.[444] Daneben hat der vorläufige Verwalter ggf. Wertersatz für einen etwaigen Wertverlust in den ersten drei Monaten zu leisten, der durch die Benutzung der Sache eintritt[445] – § 172 Abs. 1 S. 2 sollte analog angewendet werden (vgl. zur Berechnung des Wertersatz entsprechend § 172 RdNr. 10 ff.). Der Anspruch auf die vorgenannten Ausgleichszahlungen entsteht aufgrund besonderer Anordnung gem. § 21 Abs. 2 S. 1 Nr. 5 und gilt daher auch als **Masseforderung** im Rang des § 55.[446] Zumindest für den Anspruch auf Wertersatz haftet der vorläufige Verwalter persönlich.[447]

Ergänzend zum Einziehungsverbot für die Sicherungsgläubiger kann das Gericht dem vorläufigen Verwalter im Rahmen einer Fortführung des Unternehmens auch die **Einziehungsbefugnis für Forderungen des Schuldners**[448] **übertragen** und damit zugleich dem Sicherungsgläubiger die Einziehung verbieten.[449] Außerhalb der Fortführung dürfen Forderungen des Schuldners gegen Dritte nur eingezogen werden, um Verjährung oder Uneinbringlichkeit vorzubeugen, denn es ist nicht Aufgabe des vorläufigen Verwalters, das Schuldnervermögen bereits zu verwerten oder gesicherte Forderungen gegen Dritte nur zur Deckung der Verfahrenskosten einzuziehen.[450] Während das Verbot der Einziehung dem künftigen Verwalter die Möglichkeit eröffnen soll, die Wirksamkeit der Sicherungsabtretung[451] zu prüfen und ggf. die geltend gemachten Recht vor ihrer Erfüllung streitig zu stellen, schafft die Einziehungsbefugnis im Rahmen eines laufenden Geschäftsbetriebs den eindeutigen rechtlichen Rahmen für den Eintritt der Erfüllungswirkung seitens der Drittschuldner. Zieht der Sicherungsgläubiger trotz des Einziehungsverbots Forderungen ein, ist diese Einziehung

---

[441] Str.; wie hier HK-Kirchhof § 21 RdNr. 30; *Ganter* NZI 2007, 549, 552; aA HambKomm-Schröder § 21 RdNr. 69d; *Andres/Hees* NZI 2011, 881 ff.
[442] Zu den sich daraus ergebenden fatalen Folgen vgl. das Beispiel bei *Kirchhof* ZInsO 2007, 227, 230.
[443] BGH v. 8.3.2012 – IX ZB 78/11 = ZInsO 2012, 701; vgl. dazu auch *Sinz/Hiebert* ZInsO 2011, 799.
[444] Dies ergibt sich aus der Verweisung in § 21 Abs. 2 S. 1 Nr. 5 sowie aus der Gesetzesbegründung (BegrRegE BT-Drucks. 16/3227, S. 29); so auch OLG Braunschweig ZInsO 2011, 1895, 1897; BGH ZInsO 2010, 136 Tz 30 ff..
[445] OLG Braunschweig ZInsO 2011, 1895, 1899; vgl. auch *Wiche/Wendler* ZInsO 2011, 1530 ff..
[446] BGH ZInsO 2010, 136 Tz 46; KG ZInsO 2009, 35, 36; HambKomm-*Schröder* § 21 RdNr. 69 e; *Graf-Schlicker/Voß* § 21 RdNr. 25.
[447] *Vallender* EwiR 2011, 507, 508; HambKomm-*Schröder* § 21 RdNr. 69 f.
[448] Dazu ausführlich *Smid* DZWiR 2010, 309 ff.; Die Regelung gilt daher auch nicht für an einen Factor verkaufte Forderungen, da sie von einer Anordnung des Gerichts nicht erfasst werden können, so auch HK-Kirchhof § 21 RdNr.34 ff. vgl. zur Abgrenzung auch *Sinz/Hiebert* ZInsO 2011, 799 ff.
[449] BGH ZInsO 2012 693.
[450] BGH ZInsO 2012 693 = ZIP 2012, 737, 738 Tz. 11; *Flöther/Wehner* NZI 2010, 554; vgl auch *Smid* DZWiR 2010, 309, 312; *Bales* InsbürO 2010, 266; *Schmerbach* InsbürO 2010, 23.
[451] Zum Schicksal der Sicherungsabtretungen in der Insolvenz vgl. umfassend *Szalai* ZInsO 2009, 1177 ff.

objektiv rechtswidrig.[452] Der vorläufige Verwalter kann in einem solchen Fall die Zahlung genehmigen und 4 % Feststellungskosten von dem Sicherungsgläubiger oder erneute Zahlung von dem Drittschuldner an sich verlangen. Ebenso besteht nur Anspruch auf 4 % Feststellungskosten, wenn der Drittschuldner in Unkenntnis des Einziehungsverbotes, jedoch gem. §§ 24 Abs. 1, 82 InsO schuldbefreiend an den Sicherungsgläubiger zahlt, zB weil die Abtretung schon vor Anordnung des Einziehungsverbotes offen gelegt war.[453] Ohne Absprache mit dem Sicherungsgläubiger ist der vorläufige Verwalter nicht befugt, abgetretene Zahlungseingänge für den laufenden Geschäftsbetrieb zu verwenden, denn das Sicherungsrecht setzt sich an dem Einziehungserlös fort.[454] Zu den sonstigen Besonderheiten im Rahmen der Fortführung vgl. § 22 RdNr. 93 ff.

103 Zieht der vorläufige Verwalter sicherungsabgetretene Forderungen aufgrund einer entsprechenden Anordnung nach § 21 Abs. 2 Nr. 5 ein, fallen die **Kostenbeiträge nach §§ 170, 171** an, d.h. 4 % Feststellungskosten und pauschal 5 % Verwertungskosten, es sei denn die tatsächlichen Verwertungskosten waren erheblicher niedriger oder höher (vgl. zur Berechnung § 171 RdNr. 45 ff.). Verzögert der vorläufige Verwalter den Forderungseinzug oder die Auskehr des eingezogenen Erlöses schuldhaft, hat er dem Sicherungsgläubiger nach Maßgabe des § 169 Satz 2 und 3 die geschuldeten Zinsen zu zahlen, jedoch erst beginnend drei Monate nach gerichtlicher Anordnung (vgl. zur Berechnung § 169 RdNr. 25, 35 ff.). Voraussetzung für die Zinspflicht ist jedoch, dass der Sicherungsgläubiger die Forderung früher hätte eintreiben können, wenn er daran nicht durch das Einziehungsverbot gehindert worden wäre.[455]

VIII. Privilegierung von Finanzsicherheiten

104 In Umsetzung der EU-Richtlinie 2002/47/EG über Finanzsicherheiten hat der Gesetzgeber mit der Neufassung in § 21 Abs. 2 Satz 2 sowie in den §§ 96, 104, 130, 166 die betroffenen Finanzsicherheiten[456] in mehrfacher Hinsicht auch für das Eröffnungsverfahren privilegiert. Dabei geht es bei den Ausnahmeregelungen vorrangig um die Gewährleistung des freien Dienstleistungs- und Kapitalmarktverkehrs im Finanzbinnenmarkt (Interbankenverkehr). In diesem Rahmen hat der Gesetzgeber die betroffenen Finanzsicherheiten zB von Aufrechnungsverboten freigestellt (§ 96 Abs. 2), sie in bestimmten Teilbereichen der Anfechtbarkeit entzogen (§ 130 Abs. 1 Satz 2) und Eingriffe darin auch im Rahmen eines Insolvenzplans ausgeschlossen (§ 223 Abs. 1 Satz 2). Vor diesem Hintergrund soll die Regelung in § 21 Abs. 2 Satz 2 die freie Verwertbarkeit der Finanzsicherheiten auch im Eröffnungsverfahren gewährleisten.[457] Das **herkömmliche Kreditgeschäft** mit den dort üblichen Kreditsicherheiten, Sicherungsübereignungen, Globalzessionen etc. wird weder von der Richtlinie noch von der Neuregelung in § 21 erfasst.[458]

105 **Finanzsicherheiten** sind nach Art. 1 Abs. 4 Buchst. a der Richtlinie Barsicherheiten oder Finanzinstrumente. Als Barsicherheit bezeichnet die Richtlinie ein auf einem Konto gutgeschriebenen Betrag oder eine vergleichbare Geldforderung, wobei als Beispiel eine Geldmarkt-Sichteinlage erwähnt wird. Einschlägig dürften in diesem Zusammenhang etwa auch Festgeldkonten oder sonstige Termineinlagen sein. Der Gesetzgeber hat den Begriff der Finanzsicherheiten, der bisher nur in Art. 1 Abs. 4a Finanzsicherheitenrichtlinie konkretisiert war, in das KWG übernommen (§ 1 Abs. 11) und präzisiert: Danach finden die Regeln über Finanzsicherheiten Anwendung auf

- Barguthaben, Wertpapiere, Geldmarktinstrumente sowie Schuldscheindarlehen einschließlich sämtlicher damit in Zusammenhang stehender Rechte oder Ansprüche, die
- als Sicherheit in Form eines beschränkten dinglichen Sicherungsrechts oder im Wege der Vollrechtsübertragung
- auf Grund einer Vereinbarung zwischen einem Sicherungsnehmer und einem Sicherungsgeber bestellt werden, wenn beide Vertragsparteien öffentlich-rechtliche Körperschaften (mit bestimmten Ausnahmen),
  - Zentralbanken und supranationale Körperschaften wie die Europäische Zentralbank und die Bank für Internationalen Zahlungsausgleich, beaufsichtigte Finanzinstitute oder zentrale Vertragsparteien, Verrechnungsstellen, Clearingstellen oder vergleichbare Einrichtungen, die einer Aufsicht nach dem Recht eines Mitgliedstaates unterliegen und für Terminkontrakt-, Options- und Derivatemärkte fungieren, (sog. Interbankenverkehr) oder

---

[452] Vgl. BGHZ 154, 72, 77 f. = ZInsO 2003, 318, 319.
[453] HambKomm-*Schröder* § 21 RdNr. 69 h.
[454] BGH ZInsO 2010, 714 Tz 28; *Ganter* NZI 2010, 551 ff.
[455] BGHZ 154, 72, 86 f. = ZInsO 2003, 318, 322.
[456] Vgl. zum Gegenstand der Richtlinie vgl. u.a. *Wimmer* ZInsO 2004, 1 ff.; *Obermüller* ZInsO 2004, 187 ff. sowie *Meyer/Rein* NZI 2004, 367 ff.; *Kieper* ZInsO 2003, 1109; *Ehricke* ZIP 2003, 1068 ff. und 2141 ff.
[457] Zu den weiteren Konsequenzen vgl. die Darstellung bei *Obermüller* ZInsO 2004, 187, 190.
[458] *Wimmer* ZInsO 2004, 1, 2 ff.; *Obermüller* ZInsO 2004, 187, 188.

– juristische Personen, Einzelkaufleute oder Personengesellschaften sind.[459]

Handelt es sich bei einer Vertragspartei um eine juristische Person, einen Einzelkaufmann oder eine Personengesellschaft, so ist für die Einordnung als Finanzsicherheit weiterhin erforderlich, dass die Sicherheit dem Sicherungszweck dient. **Finanzinstrumente** werden von der Richtlinie definiert als Aktien oder diesen gleichstehende Wertpapiere und Schuldverschreibungen, die auf dem Kapitalmarkt gehandelt werden sowie Titel, die zum Erwerb von Aktien oder den genannten Schuldverschreibungen berechtigen. In diesem Zusammenhang sind etwa Futures oder Optionen zu nennen.[460] Nach Art. 2 Abs. 1 Buchst. f der Richtlinie sind **„maßgebliche Verbindlichkeiten"** Verbindlichkeiten, die durch eine Finanzsicherheit gesichert sind *und* ein Recht auf Barzahlung und/oder Lieferung von Finanzinstrumenten begründen.

Im Rahmen des **Eröffnungsverfahrens** betrifft die Regelung nur Verrechnungen zwischen Kredit- und Finanzdienstleistungsunternehmen (§ 1 Abs. 16 KWG i. V. m. 24b, 1 Abs. 1b KWG),[461] beziehen sich also vorrangig auf den Interbankenverkehr. Nur dann, wenn im Verhältnis Bank und Kunde eine Finanzsicherheit betroffen ist und diese Sicherheit der Besicherung von Verbindlichkeiten aus Verträgen über Finanzinstrumente dient, kommt die Regelung auch außerhalb des Interbankenverkehrs zur Anwendung. Zur Verwertung im Eröffnungsverfahren als auch im eröffneten Verfahren ist der Sicherungsnehmer berechtigt; diese Befugnis darf ihm auch nicht durch gerichtliche Maßnahmen entzogen werden. Kostenbeiträge an die Masse fallen insoweit nicht an.[462]

IX. Internationale Wirkungen

Sicherungsmaßnahmen nach § 21 sind gem. Art 25 Abs. 1 EuInsVO in den anderen Mitgliedsstaaten anzuerkennen und ein bestellter vorläufiger Verwalter ist gem. Art 38 EuInsVO berechtigt, zur Sicherung und Erhaltung des Schuldnervermögens auch in anderen Mitgliedsstaaten Sicherungsmaßnahmen zu beantragen und Vermögensgegenstände ggf. zu sichern.[463] Umgekehrt kann auch ein in einem anderen Mitgliedsstaat bestellter vorläufiger Verwalter in Deutschland beim zuständigen Insolvenzgericht Sicherungsmaßnahmen beantragen.[464]   106

Die Bestellung eines vorläufigen Verwalters und die Anordnung von Sicherungsmaßnahmen stellt eine „Entscheidung über die Eröffnung eines Insolvenzverfahrens" nach Art 16 Abs. 1 EuInsVO dar und schließt damit zugleich auch die Eröffnung eines Hauptinsolvenzverfahrens in einem anderen Mitgliedsstaat aus. Zumindest gilt dies uneingeschränkt bei Anordnung einer sog. starken vorläufigen Verwaltung,[465] wird aber auch für die Fälle einer sog. schwachen vorläufigen Verwaltung zu Recht überwiegend angenommen.[466]   107

§ 22 Rechtsstellung des vorläufigen Insolvenzverwalters

(1) ¹Wird ein vorläufiger Insolvenzverwalter bestellt und dem Schuldner ein allgemeines Verfügungsverbot auferlegt, so geht die Verwaltungs- und Verfügungsbefugnis über das Vermögen des Schuldners auf den vorläufigen Insolvenzverwalter über. ²In diesem Fall hat der vorläufige Insolvenzverwalter:
1. das Vermögen des Schuldners zu sichern und zu erhalten;
2. ein Unternehmen, das der Schuldner betreibt, bis zur Entscheidung über die Eröffnung des Insolvenzverfahrens fortzuführen, soweit nicht das Insolvenzgericht einer Stillegung zustimmt, um eine erhebliche Verminderung des Vermögens zu vermeiden;
3. zu prüfen, ob das Vermögen des Schuldners die Kosten des Verfahrens decken wird; das Gericht kann ihn zusätzlich beauftragen, als Sachverständiger zu prüfen, ob ein Eröffnungsgrund vorliegt und welche Aussichten für eine Fortführung des Unternehmens des Schuldners bestehen.

---

[459] *Obermüller* ZInsO 2004, 187, 189.
[460] *Wimmer* ZInsO 2004, 1, 2.
[461] HambKomm-*Schröder* § 21 RdNr. 71.
[462] FKInsO-*Schmerbach* § 21 RdNr. 98 d.; *Obermüller* ZInsO 2004, 187, 190.
[463] Vgl. zur Reichweite AG Hamburg ZInsO 2007, 829; zu den gerichtlichen Aufgaben *Vallender* KTS 2005, 283 ff.
[464] Umfassend dazu *Reinhart* NZI 2009, 73 ff.
[465] AG Köln NZI 2009, 133; OLG Innsbruck ZIP 2007, 1647.
[466] Vgl. dazu grundlegend EuGH ZInsO 2006, 484 „Eurofood", die Nachweise bei HambKomm-*Schröder* sowie die Kommentierung von *Reinhart* bei Art 16 EuInsVO Band III.

(2) ¹Wird ein vorläufiger Insolvenzverwalter bestellt, ohne daß dem Schuldner ein allgemeines Verfügungsverbot auferlegt wird, so bestimmt das Gericht die Pflichten des vorläufigen Insolvenzverwalters. ²Sie dürfen nicht über die Pflichten nach Absatz 1 Satz 2 hinausgehen.

(3) ¹Der vorläufige Insolvenzverwalter ist berechtigt, die Geschäftsräume des Schuldners zu betreten und dort Nachforschungen anzustellen. ²Der Schuldner hat dem vorläufigen Insolvenzverwalter Einsicht in seine Bücher und Geschäftspapiere zu gestatten. ³Er hat ihm alle erforderlichen Auskünfte zu erteilen und ihn bei der Erfüllung seiner Aufgaben zu unterstützen; die §§ 97, 98, 101 Abs. 1 Satz 1, 2, Abs. 2 gelten entsprechend.

Übersicht

	Rn.
A. Normzweck	1–3
B. Entstehungsgeschichte	4–13
I. Bisherige Regelung	5–7
II. Reformvorschläge	8, 9
III. Gesetzgebungsverfahren	10–13
C. Die Anordnung der vorläufigen Verwaltung	14–35
I. Allgemeines	15–21
1. Die Anordnung der vorläufigen Verwaltung	16, 17
2. Die Auswahl eines vorläufigen Verwalters	18–20
3. Beschlussfassung und weiteres Verfahren	21
II. Die Rechtsstellung des vorläufigen Verwalters	22–35
1. Die Rechtsstellung des „starken" vorläufigen Insolvenzverwalters	23–27
2. Die Rechtsstellung des „schwachen" vorläufigen Insolvenzverwalters ohne allgemeine Verwaltungs- und Verfügungsbefugnisse	28–34
a) Die isolierte Bestellung eines vorläufigen Verwalters	30
b) Die Anordnung besonderer Verfügungsbeschränkungen	31
c) Anordnung eines allgemeinen Zustimmungsvorbehaltes	32
d) Anordnung konkreter Zustimmungsvorbehalte	33, 34
3. Die Rechtsstellung des zum Sachverständigen bestellten vorläufigen Verwalters	35
D. Aufgaben und Befugnisse des vorläufigen Verwalters bei Erlass eines Verwaltungs- und Verfügungsverbots	36–216
I. Handlungsrahmen	36–52
1. Die Umsetzung der Sicherungs- und Erhaltungsfunktion nach § 22 Abs. 1 Nr. 1	37–52
a) Inbesitznahme	37–41
b) Aufzeichnung und Wertermittlung	42–44
c) Siegelung, Versicherung und andere Sicherungsmaßnahmen	45–47
	Rn.
d) Die Stellung des vorläufigen Verwalters gegenüber Aus- und Absonderungsberechtigten	48–52
II. Verwaltungs- und Verfügungsmaßnahmen des vorläufigen Verwalters	53–82
1. Einziehung von Außenständen	54–57
2. Minderung laufender und künftiger Masseverbindlichkeiten	58–63
3. Begründung von Verbindlichkeiten durch den vorläufigen Insolvenzverwalter	64–72
a) Die Rechtslage nach § 55 Abs. 2	67, 68
b) Rechtslage ohne allgemeines Veräußerungsverbot	69–71
c) Aufnahme eines Masse- oder Betriebsmitteldarlehens	72
4. Verwertungs- und Abwicklungsmaßnahmen	73–82
III. Betriebsfortführung im Eröffnungsverfahren	83–126
1. Die Entstehung der Fortführungspflicht	84–87
2. Fortführungspflicht des vorläufigen Verwalters	88
3. Sinn und Zweck der Fortführung	89, 90
4. Zur Definition der Unternehmensfortführung	91, 92
5. Voraussetzungen der Fortführung	93–110
a) Tatsächliche und wirtschaftliche Voraussetzungen	93–101
b) Rechtliche Rahmenbedingungen in der Fortführung	102–109
c) Arbeitsrechtliche Folgen einer Fortführung	110
6. Die Stilllegung des Unternehmens	111–120
a) Antragsrecht und Antragsvoraussetzungen	113, 114
b) Die Stilllegungsentscheidung und ihre Umsetzung	115–120
7. Fortführungsverpflichtung und Haftung	121–126
IV. Befugnisse und Rechtsstellung des vorläufigen Verwalters ohne allgemeine Verwaltungs- und Verfügungsbefugnis	127–137
1. Vorläufiger Verwalter ohne flankierende Beschlussfassung	128–130

	Rn.		Rn.
2. Vorläufiger Verwalter mit gerichtlich zugewiesener Einzelkompetenzen	131, 132	VII. Unmittelbare Zwangsbefugnisse des vorläufigen Verwalters	178–183
3. Vorläufige Verwalter mit Zustimmungsvorbehalten	133–137	VIII. Zur Prozessführungsbefugnis des vorläufigen Verwalters	184–188
V. Die gutachterliche Tätigkeit des vorläufigen Insolvenzverwalters	138–170	**IX. Anfechtbarkeit von Handlungen des vorläufigen Verwalters durch den Insolvenzverwalter**	189–192
1. Die Prüfung der Kostendeckung	145–152	**X. Steuerrechtliche Pflichten des vorläufigen Verwalters**	193–200
2. Feststellung des Eröffnungsgrundes	153–157		
3. Fehlerquellen bei der Erstellung des Massegutachtens	158–162	**XI. Die Rechnungslegungspflicht des vorläufigen Insolvenzverwalters**	201–207
4. Die Prüfung der Fortführungsaussichten	163–170	**XII. Die Haftung des vorläufigen Verwalters**	208–212
VI. Die Auskunfts- und Mitwirkungspflichten des Schuldners im Eröffnungsverfahren	171–177	**XIII. Die Aufsicht des Insolvenzgerichts**	213–216

A. Normzweck

Mit den §§ 21 bis 25 hat der Gesetzgeber ein differenziertes Schutzsystem entwickelt, das Rechtsinstitut der vorläufigen Verwaltung in der ausführlichen gesetzlichen Bestimmung des § 22 verankert und durch die Einbeziehung der §§ 56, 58 bis 66, 97, 98, 101 Abs. 1 Satz 1 und 2, 101 Abs. 2 das gesetzgeberische Leitbild dahingehend präzisiert, dass eine Anordnung der vorläufigen Verwaltung als zentraler Kern anzuordnender Sicherungsmaßnahmen im Insolvenzeröffnungsverfahren anzusehen ist. Zweck des § 22 ist die Schaffung differenzierter Regelungen zu den Voraussetzungen, der Rechtsstellung sowie Art und Umfang von notwendigen Sicherungsmaßnahmen und deren materiell rechtliche Folgen für die Stellung des Schuldners zu bestimmen. Die Stellung und Funktion des vorläufigen Insolvenzverwalters wird durch die ihm nach Abs. 1 zugewiesenen Befugnisse in weiten Bereichen der Stellung des endgültigen Verwalters angenähert. Neben der beispielhaften Aufzählung bestimmter Sicherungsmaßnahmen, lässt die Vorschrift jedoch auch die Anordnung anderer Regelungen zu, wenn diese geeignet sind, den angestrebten Verfahrenszweck zur Sicherung des schuldnerischen Vermögens und zum Schutze der Gläubiger zu gewährleisten.[1] 1

Die Sicherung des schuldnerischen Vermögens bleibt auch nach der Neuordnung der Sicherungsmaßnahmen in §§ 21 bis 25 vorrangiges Ziel des Eröffnungsverfahrens, wie es in § 22 Abs. 1 Nr. 1 ausdrücklich festgeschrieben worden ist. Dadurch soll zum einen die vermehrte Verfahrenseröffnung erleichtert, andererseits aber durch die neu geschaffenen Möglichkeiten im § 22 auch alle weiteren in § 1 gesetzlich vorgegebenen Verfahrensziele – Liquidation, übertragende Sanierung und Reorganisation – offengehalten werden. Durch die in § 22 Abs. 1 Nr. 2 aufgenommene Verpflichtung des vorläufigen Verwalters zur Unternehmensfortführung soll die erst für den Berichtstermin endgültig zu treffende Entscheidung, ob das Unternehmen erhalten werden kann oder liquidiert werden muss, nicht bereits im Eröffnungsverfahren durch irreversible Maßnahmen präjudiziert werden.[2] Zum Schutz der Gläubiger vor einer Verminderung der Haftungsmasse, lässt die Neuregelung jedoch für Ausnahmefälle auch eine vorzeitige Entscheidung dann zu, wenn bei einer Fortführung des Unternehmens eine erhebliche Verminderung der haftenden Vermögensmasse zu befürchten ist. 2

Mit der in Abs. 1 Nr. 3 geschaffenen Möglichkeit der isolierten Beauftragung des vorläufigen Insolvenzverwalters als Sachverständiger und die Erweiterung seiner Aufgaben auch schon im Eröffnungsverfahren die Aussichten für eine Fortführung des Unternehmens des Schuldners zu prüfen und ggf. auch Sanierungen vorzubereiten, hat der Gesetzgeber Bedenken der Praxis Rechnung getragen und dafür bewusst in Kauf genommen, dass bei einer solchen Beauftragung die Eröffnung des Verfahrens entsprechend hinausgeschoben werden kann.[3] Allerdings ist in diesem Kontext „vergessen" worden, auch die Rechte der Gläubiger an diese veränderte Struktur anzupassen und ihnen eine Teilhabe vom ersten Tag an zu ermöglichen. Erst mit den am 01.03.2012 in Kraft getretenen Änderungen des ESUG und der Stärkung der Gläubigerrechte ist dieses gesetzgeberische Versäumnis 3

---

[1] BGHZ 146, 165, 172 = ZInsO 2001, 165 ff.; *Gerhardt*, Kölner Schrift, S. 194 ff. RdNr. 2; *Uhlenbruck*, Kölner Schrift, S. 326 RdNr. 2; vgl. auch Nerlich/Römermann/*Mönning* § 21 RdNr. 11 sowie *Pape* ZIP 1994, 89.
[2] Begr. zu § 22 RegE; abgedruckt bei *Balz/Landfermann* S. 232.
[3] Ausschussbericht zu § 22 RegE; abgedruckt bei *Balz/Landfermann* S. 233.

beseitigt und letztlich ist erst damit die grundlegende Reform des Insolvenzrechts aus dem Jahre 1999 vollendet worden. § 22 Abs. 2 erweitert das Spektrum möglicher Sicherungsmaßnahmen und schafft die gesetzlichen Voraussetzungen für eine auf den jeweiligen Einzelfall bezogene differenzierte Regelung, wobei die Offenheit der Regelung nur dadurch begrenzt wird, dass die nach Abs. 1 Satz 2 durch das Gericht zu bestimmenden Pflichten des vorläufigen Insolvenzverwalters nicht über die des Verwalters hinausgehen dürfen. § 22 Abs. 3 schafft die notwendige gesetzliche Grundlage für das Betreten der Geschäftsräume des Schuldners, die Einsichtnahme in die Geschäftsbücher und Geschäftspapiere und verpflichtet zugleich den Schuldner dem vorläufigen Insolvenzverwalter, unabhängig von dem diesem übertragenen Befugnissen, alle erforderlichen Auskünfte zu erteilen und ihm bei seiner Arbeit zu unterstützen. Die in § 21 Abs. 2 Nr. 4 ausdrücklich aufgeführte Möglichkeit der Anordnung einer vorläufigen Postsperre auch im Eröffnungsverfahren schafft die für einen Grundrechtseingriff notwendige und hinreichende Rechtsgrundlage.[4] Mit den auf die Erreichung des Insolvenzzwecks abgestimmten Maßnahmen des § 22 ermöglicht das Rechtsinstitut der vorläufigen Verwaltung nicht nur die Vorbereitung der Entscheidung des Insolvenzgerichts über die Eröffnung des Insolvenzverfahrens, sondern zugleich das Vermögen des Schuldners zu sichern und durch geeignete, differenzierte Maßnahmen zu erhalten sowie die Eröffnung des Insolvenzverfahrens zumindest bis zum Abschluss einer ersten Sanierungsprüfung aufzuschieben. Die Regelung wird dadurch in nahezu jeder Hinsicht den Erfordernissen eines modernen Insolvenzrechts gerecht, indem es auch die Möglichkeiten prozesshafter Entwicklungen im Eröffnungsverfahren durch differenzierte Maßnahmen unterstützt.

B. Entstehungsgeschichte

4 Mit der Normierung in § 22 wurde eine über Jahrzehnte geführte Diskussion um Stellung, Aufgaben, Befugnisse und Reichweite der Sequestration[5] beendet, die im Wesentlichen daraus resultierte, dass die Rechtsstellung des Sequesters im vormaligen Recht der KO gesetzlich nicht geregelt war und Einigkeit im Wesentlichen nur darin bestand, dass er kein „Vorkonkursverwalter" sei, auch wenn er in der Regel mit der Eröffnung des Verfahrens zum Konkursverwalter bestimmt wurde.[6]

I. Bisherige Regelung

5 Die Zulässigkeit einer vorläufigen Sicherung des schuldnerischen Vermögens durch Anordnung der Sequestration wurde unter der Geltung der KO aus § 106 Abs. 1 Satz 2 bzw. im Rahmen der GesO aus § 2 Abs. 3 hergeleitet, wonach das Gericht alle zur Sicherung der Masse dienenden einstweiligen Anordnungen treffen kann. Der Begriff der Sequestration stammt aus dem Römischen Recht und galt als Sonderform der Verwahrung, wenngleich das Gesetz die Bezeichnung „Sequester" oder „Sequestration" nur in den §§ 848, 855, 938 Abs. 2 ZPO gebraucht hat.[7] Vor der Schaffung der Reichsjustizgesetze wurde der Begriff der Sequestration in den deutschen Partikularrechten daher auch häufig nicht in einem einheitlichen Sinn verstanden, was auch damit zusammenhing, dass die Preußische Konkursordnung von 1855, anders als die Allgemeine Gerichtsordnung für die Preußischen Staaten, kein eigentliches Eröffnungsverfahren vorsah.[8] Mit der Einführung der KO 1877 hatte der Konkursverwalter sodann gegenüber dem Konkursgericht und den Organen der Gläubigerselbstverwaltung erstmals eine zentrale Funktion im Verfahren selbst erlangt, was eine intensive jahrzehntelange Auseinandersetzung um die Rolle des Konkursverwalters in den ersten Jahrzehnten der Konkursordnung nach sich zog.[9] Der ursprünglich der Sequestration zugedachte Zweck lag nämlich einzig und allein darin, das sequestrierte Vermögen zu sichern und zu bewahren.[10] Nach dem Zweiten Weltkrieg verlagerte sich die Diskussion zunehmend auf die Stellung und Befugnisse des Sequesters, was im Wesentlichen damit zusammenhing, dass unter dem Schlagwort „Konkurs des Konkurses" die Ermittlungsarbeit von Gutachter und Sequester im Vorfeld der Eröffnung des Konkursverfahrens stark an Bedeutung gewann und der Schutz der Gläubiger in dieser

---

[4] Abs. 2 Nr. 4 eingefügt durch Art. 2 Nr. 1 EGInsOÄndG (BGBl. I S. 3836).
[5] Vgl. dazu u.a. *Uhlenbruck/Delhaes* RdNr. 346; *Uhlenbruck* KTS 1990, 15; *Kuhn/Uhlenbruck* § 106 RdNr. 13 ff. m. ausf. Nachweisen; *Gerhardt* ZIP 1982, 1, 8; *Herbert* S. 19 f.; *Kleiner* S. 8 ff.; *Lüke* ZIP 1989, 1; *Reichold* KTS 1989, 291 ff.
[6] Vgl. dazu die Darstellung bei *Kuhn/Uhlenbruck* § 106 RdNr. 7 ff.
[7] Vgl. dazu die rechtshistorische Analyse *Koch* S. 17 ff. sowie zur Geschichte bei *Herbert* S. 21 ff.
[8] *Castendiek* S. 9 ff.; *Koch* S. 16 ff. und *Herbert* S. 27 ff.; vgl. dazu auch die Darstellung bei *Thiemann* S. 45.
[9] Vgl. dazu die umfassende Darstellung bei *Kuhn/Uhlenbruck* § 6 RdNr. 17 ff.
[10] *Herbert* S. 32 ff. m. ausf. Nachw.

Phase im Konkurs- und Vergleichsrecht als zunehmend unzureichend erkannt worden war.[11] Im weiteren Verlauf der Entwicklung nach dem 2. Weltkrieg zeigt sich sodann, dass vor allem die vermehrt auftretende Masseinsuffizienz im Vorfeld die Quote der eröffnungsfähigen Verfahren deutlich verminderte.[12] Verantwortlich hierfür waren nicht selten schädigende Handlungen im Zeitraum zwischen der Antragstellung und dem Eröffnungs- oder Abweisungsbeschluss selbst. Insoweit machten die Anforderungen an ein funktionsfähiges Konkursrecht eine vorläufige Vermögensverwaltung notwendig. Mangels spezieller Regelung erging die Sequestrationsanordnung nunmehr auf der Grundlage von § 106 Abs. 1 KO, der indes keine inhaltlichen Angaben zum Aufgabenbereich des Sequesters machte. Da die Rechtsstellung des Sequesters also gesetzlich nicht geregelt war, entwickelte sich ein jahrzehntelanger Streit um die Befugnisse des Sequesters, die von dem Ziel getragen war, an den Problemen der Masseinsuffizienz vorbei Verfahren überhaupt noch eröffnungsfähig zu machen.

Während der BGH,[13] entgegen den Bestrebungen im insolvenzrechtlichen Schrifttum, die für **6** möglichst umfassende Befugnisse des Sequesters eintraten,[14] zunächst daran festhielt, dass die Funktionen sowie die Stellung des Konkursverwalters und des Sequesters nicht miteinander vergleichbar seien und den Bestrebungen der Massemehrung durch umfassende dynamische Aufarbeitungsmöglichkeiten des Sequesters entgegentrat,[15] entwickelte sich in der gerichtlichen Praxis eine Übung, die dem Sequester ähnliche oder sogar gleiche Befugnisse wie dem Verwalter einräumte.[16] Während in dieser Folge der BGH, ebenso wie einzelne Stimmen in der Literatur[17] zB die Auffassung vertrat, der Sequester sei zur Betriebsfortführung nicht berechtigt, vertrat die ganz überwiegende Meinung im Schrifttum die Ansicht, der Sequester sei zu allen in Zusammenhang mit der Betriebsfortführung erforderlichen Maßnahmen berechtigt (sog. dynamische Sequestration).[18] Während der BGH sich für seine Ansicht nicht nur auf den Wortlaut des § 106 Abs. 3 KO berufen konnte, wies das Schrifttum zur Begründung seiner Auffassung im Wesentlichen darauf hin, dass auf Grund der geänderten wirtschaftlichen und tatsächlichen Verhältnisse im Konkurs die Ausstattung des Sequesters mit weitreichenden Befugnissen die einzige Möglichkeit sei, genügend Masse aufzubringen und das Verfahren eröffnungsreif zu machen.[19] Von der dynamischen Sequestration wurde auch deshalb gesprochen, weil sich Art und Umfang der gebotenen Maßnahmen nicht im Voraus vom Gericht festlegen ließen, sondern sich erst aus der konkreten Situation und orientiert am Sicherungszweck ergaben.[20] Einen weiten Sequestrationsbegriff vertrat auch der Bundesfinanzhof,[21] indem er zwischen Verwaltungs- und Sicherungssequestration unterschied und dem von ihm als „vorläufigen Konkursverwalter" bezeichneten Sequester zubilligte, Befugnisse für sich in Anspruch nehmen zu können, die seinen späteren Befugnissen als Konkursverwalter weitgehend angenähert waren.

Im Wesentlichen unproblematisch und losgelöst von dieser Diskussion entwickelten sich die Fälle, **7** in denen sich Schuldner und Sequester einigten und der Schuldner mit Zustimmung des Sequesters handelte, streitig blieben aber regelmäßig die Fälle, in denen der Sequester entweder alleine handelte oder sich sogar gegen den Willen des Schuldners zu Maßnahmen veranlasst sah. Der BGH hat in der Folge Veräußerungsgeschäfte des Schuldners mit Zustimmung des Sequesters nicht beanstandet,[22] ohne in diesem Zusammenhang jedoch den bis heute umstrittenen Dualismus der verliehenen und verbleibenden Rechtsmacht von Sequester und Schuldner zu klären. Streitig blieb daher auch, inwieweit der Sequester davon losgelöst handlungsfähig gegenüber der Masse war, was zu erhebli-

---

[11] Vgl. u.a. *Castendiek,* Probleme der durch einstweilige Verfügung und im Konkurseröffnungsverfahren angeordneten Sequestration, 1968, passim; *Koch,* Die Sequestration im Konkurseröffnungsverfahren, 1982, passim; *U. Herbert,* Die Sequestration im Konkurseröffnungsverfahren, 1989; *R. Weber/Irschlinger/Wirth* KTS 1980, 92 ff.; *J. Kilger,* Probleme der Sequestration im Konkurseröffnungsverfahren in FS 100 Jahre KO, 1977, S. 189 ff.
[12] Dazu u.a. *Weber* KTS 1959, 80, 83; *Kilger* KZS 1975, 142 ff.
[13] Vgl. hierzu BGHZ 86, 190, 195; 104, 151, 153; 105, 230, 238.
[14] Vgl. *Castendiek* KTS 1978, 9 ff.; *Fricke* MDR 1978, 99 ff.; *Kilger,* FS 100 Jahre KO, S. 189 ff.; *Baur/Stürner* Bd. 2 RdNr. 7.39; *Gerhardt* ZIP 1982, 1 ff.; *Reichold* KTS 1989, 291 ff.; *Mohrbutter/Mohrbutter* Handbuch S. 7 ff.
[15] Grundlegend die Entscheidung vom 27.3.1961 = BGHZ 35, 13, 17; vgl. aber auch BGHZ 35, 13, 17; 86, 190, 195; 97, 87; BGH ZIP 1993, 840 und 1993, 687; der Auffassung des BGH liegt eine statischer Sequestrationsbegriff zu Grunde, danach ist es grundsätzlich die Aufgabe des Sequesters den bei Anordnung der Sequestration vorgefundenen Vermögensbestand – den status-quo – bis zur Entscheidung über die Eröffnung zu sichern.
[16] Die Erkenntnisse gehen auf die Erhebungen von *Castendiek* und *Herbert* zurück, die eine Reihe von Konkursgerichten nach deren Praxis der Anordnung von Sequestrationen befragt haben.
[17] Vgl. Kuhn/*Uhlenbruck* § 106 RdNr. 13 a.
[18] Vgl. dazu umfassend *Castendiek* S. 1 ff.; *Gerhardt* ZIP 1982, 1 ff.; *Kilger,* FS 100 Jahre KO, S. 189, 193; *Pape* ZIP 1994, 89; *Haarmeyer/Wutzke/Förster* GesO § 2 RdNr. 179 ff.
[19] Typisch insoweit die Definition der Sequestration bei *Castendiek* S. 27.
[20] Vgl. *Gottwald/Uhlenbruck,* Insolvenzrechts-Handbuch, § 14 RdNr. 25.
[21] BFH Urt. v. 13.3.1997 = ZIP 1997, 1656, 1657.
[22] BGH ZIP 1993, 48, 49; 1993, 687, 688.

chen haftungsrechtlichen Risiken für die jeweils Handelnden führte. Während die Praxis versuchte immer neue Wege zu gehen und sich zB nicht nur auf die Veräußerung verderblicher Waren beschränkte, sondern auch während der Sequestration fertig gestellte Produkte im Rahmen des ordnungsgemäßen Geschäftsgangs veräußerte, der Sequester sich zur Betriebsfortführung notwendige liquide Mittel durch Aufnahme von Darlehen verschaffte und die Finanzierung der Löhne durch Vorfinanzierung des zu erwartenden Konkursausfallgeldes[23] sicherte, beharrte die Rechtsprechung weitestgehend auf ihrem Standpunkt, dass die Sequestration letztlich nur dazu diene, als Kern des Konkursverfahrens die gleichmäßige Befriedigung aller künftigen Konkursgläubiger zu sichern.[24] Auf Grund der nicht erfolgten gesetzlichen Regelungen blieben daher in Rechtsprechung und Literatur bis zuletzt die Befugnisse des Sequesters und ihre Grenzen im Hinblick auf die Bedürfnisse der Praxis heftig umstritten.[25] So waren nicht nur die Verwertungsbefugnisse des Sequesters umstritten, sondern auch dessen Rechtsstellung in steuerrechtlicher Hinsicht, die Berechtigung des Sequesters zur Einziehung von Außenständen ebenso wie die Verpflichtung des Schuldners ihm gegenüber Auskunft zu erteilen bzw. der Rang, der durch den Sequester begründeten Verbindlichkeit, bis zu den Möglichkeiten der Anfechtbarkeit von Rechtshandlungen des Sequesters im späteren Konkurs durch den personengleichen Konkursverwalter.[26] Wenngleich auch nach langen und teilweise sehr kontrovers geführten Auseinandersetzungen in Rechtsprechung[27] und Schrifttum die Entscheidung des Bundesgerichtshofs aus dem Jahre 1993 („Gummibärchen"-Entscheidung)[28] zumindest Klarheit über die Handlungsspielräume des gerichtlich bestellten Sequesters brachten, so blieb doch auch damit die Frage nach einer positiven Bestimmung der Sequesterbefugnisse unbeantwortet, da sich der BGH stets darauf beschränkte, der Frage nachzugehen, wie weit die Befugnisse des Sequesters im Einzelfall reichten, ohne die Grundlage und die Befugnis des Sequesters positiv zu bestimmen. Auch vor diesem Hintergrund bestand in der Literatur und Praxis schon ausgangs der 60er Jahre Einigkeit darüber, dass es im Eröffnungsverfahren an einem differenzierten und aufeinander abgestimmten Schutzsystem fehle und insbesondere die Rechts- und Aufgabenstellung des Sequesters gegenüber den anderen Verfahrensbeteiligten, insbesondere gegenüber dem Schuldner, umfassend gesetzlich geregelt werden müsse.[29]

II. Reformvorschläge

8   Die Diskussion über Rechts- und Aufgabenstellung eines Sequesters sowie die Zielsetzung des gerichtlichen Eröffnungsverfahrens hat auch den ersten Bericht der Kommission für Insolvenzrecht geprägt.[30] Auch innerhalb der Kommission bestand Einigkeit darüber, dass der damals geltende § 106 KO der praktischen Bedeutung der Sicherungsmaßnahmen, insbesondere der Sequestration nicht mehr gerecht werde. Im Bereich der Unternehmensinsolvenz stellte sich nicht nur immer wieder die Frage der Erhaltung und Sicherung der Vermögenswerte, sondern es drängte sich geradezu notwendig die Frage der Fortführung des schuldnerischen Betriebes auf. Entsprechend den Regelungen einer marktwirtschaftlichen Ordnung war es nämlich in der Praxis regelmäßig so, dass mit der Schließung eines schuldnerischen Betriebes ein rapider Werteverfall einsetzt und eine spätere Eröffnung des Verfahrens wirtschaftlich schon deshalb häufig nicht mehr in Betracht kam, weil das Unternehmen wegen der Schließung auf dem Markt nicht mehr präsent und eine übertragende Sanierung in Ermangelung von Kaufinteressenten kaum noch möglich war.[31] Dementsprechend gelangte die Kommission zu der Auffassung, dass bei einer Unternehmensinsolvenz nach Antragstellung zunächst offen bleiben muss, ob das Unternehmen konkursmäßig liquidiert werden muss oder reorganisiert werden kann mit der Folge, dass das Gericht auf jedes der beiden möglichen Verfahrensziele Rücksicht zu nehmen habe. Davon ausgehend wurde im Leitsatz 1.2.3. eine zehn Absätze umfassende detaillierte Regelung des vorläufigen Insolvenzverfahrens vorgeschlagen, die von dem Gedanken geprägt war, je nach Lage des Einzelfalls dem Insolvenzgericht die Möglichkeit einzuräu-

---

[23] Die 1974 erfolgte Einführung des Konkursausfallgeldes erweiterte die Spielräume des Sequesters ganz erheblich, da nicht nur mit der Möglichkeit der Vorfinanzierung, sondern schon auf Grund der bloßen Sicherung des Ausfalls die Massen von hohen Personalkosten bereinigt werden konnten und zudem durch die damit entstandene Möglichkeit der zeitweisen Fortführung auch beachtliche Erlöse zur Masse gezogen werden konnten.
[24] BGHZ 86, 190; 105, 230, 240: BGH ZIP 1993, 687, 688.
[25] Vgl. dazu die über fast 25 Seiten gehende Beschreibung der streitigen Fragen bei Kuhn/*Uhlenbruck* § 106 RdNr. 12 ff.
[26] Vgl. zu alledem die Zusammenstellung bei Kuhn/*Uhlenbruck* § 106 RdNr. 12 ff.
[27] Vgl. dazu auch die Darstellung der wechselnden Rechtsprechung des BGH bei *Thiemann* S. 53.
[28] BGH Urt. v. 25.3.1993 = ZIP 1993, 687.
[29] Vgl. die Darstellung bei Nerlich/Römermann/*Mönning* § 21 RdNr. 2.
[30] 1. KommBer. zu Ziffer 1.2.3.; vgl. auch *Gerhardt*, Kölner Schrift, S. 159, 169.
[31] *Smid* Grundzüge S. 74.

men, die jeweils adäquaten Maßnahmen nicht nur zur Sicherung der Masse, sondern auch zur Durchführung des Insolvenzverfahrens, insbesondere zur dauernden oder zeitweiligen Fortführung des Unternehmens treffen zu können.

Ziel war die Schaffung einer flexiblen Regelung, die es ermöglichte, die einzelnen Maßnahmen den Besonderheiten des Einzelfalles anzupassen und gleichzeitig auf das unumgänglich notwendige Maß zu beschränken. So sah der Vorschlag der Kommission in LS 1.2.3. Abs. 2 ausdrücklich die Möglichkeit vor, in die Rechtsstellung des Schuldners in drei Stufen einzugreifen, und zwar von einem besonderen über einen allgemeinen Zustimmungsvorbehalt bis hin zu einem allgemeinen Verfügungsverbot mit einer daraus folgenden und dementsprechenden Verstärkung der Befugnisse des vorläufigen Insolvenzverwalters. Nach Auffassung der Kommission sollten im Übrigen das allgemeine Verfügungsverbot und der Zustimmungsvorbehalt einheitliche Wirkungen entfalten, so dass Verfügungen, die der Schuldner unter Verstoß gegen ein allgemeines Verfügungsverbot oder ohne Zustimmung des vorläufigen Insolvenzverwalters im Falle eines Zustimmungsvorbehaltes vorgenommen hatte, einheitlich als gegenüber den Insolvenzgläubigern unwirksam betrachtet werden sollten. Aufgrund der jahrzehntelangen Diskussion im Rahmen der KO legte LS 1.2.3. Abs. 6 Satz 1 den Aufgabenbereich des vorläufigen Insolvenzverwalters für den Fall der Anordnung eines allgemeinen Verfügungsverbotes fest und vereinheitlichte so den Aufgabenbereich des vorläufigen Insolvenzverwalters, indem der Kommissionsvorschlag die in der Rechtsprechung und Literatur herausgearbeiteten Befugnisse des Sequesters in einem Aufgabenkatalog vertypte. Einigkeit bestand jedoch auch im Rahmen der Kommission darüber, dass der zukünftige vorläufige Insolvenzverwalter nur Handlungen vornehmen können sollte, die durch den Sicherungszweck und die ihm einzeln auferlegten Pflichten gedeckt waren, wobei nach Ansicht der Kommission aus dem Sicherungszweck folgte, dass sich ein vorläufiger Insolvenzverwalter mit Verfügungsbefugnis trotz des Rechts der Begründung neuer Verbindlichkeiten dabei Zurückhaltung auferlegen muss, weil sonst auch die Befriedigungsaussichten der ungesicherten Gläubiger gemindert werden könnten.[32] Nach Abs. 9 des Kommissionsvorschlages sollte sich allerdings ausdrücklich das Recht zur Begründung von Verbindlichkeiten, die durch die Eröffnung des Insolvenzverfahrens zu Masseschulden werden, nur auf den vorläufigen Insolvenzverwalter erstrecken, der im Rahmen der Anordnung eines allgemeinen Verfügungsverbots bestellt worden ist und deshalb das Verfügungsrecht über das Schuldnervermögen hatte. Daraus folgte nach Auffassung der Kommission, dass nur Verbindlichkeiten aus Rechtshandlungen eines verfügungsberechtigten vorläufigen Insolvenzverwalters durch die Eröffnung des Insolvenzverfahrens zu Masseschulden werden, während Verbindlichkeiten aus Rechtshandlungen eines weiterhin grundsätzlich verfügungsberechtigten Schuldners von dieser Privilegierung selbst dann ausgeschlossen werden sollten, wenn der vorläufige Insolvenzverwalter den Rechtshandlungen im Rahmen eines allgemeinen oder besonderen Zustimmungsvorbehalts nach Abs. 3 zugestimmt hatte. Durch die Privilegierung des verfügungsbefugten vorläufigen Verwalters sollten die Geschäftspartner eines Insolvenzunternehmens angereizt werden, die Geschäftsbeziehung mit dem nunmehr allein verfügungsberechtigten vorläufigen Insolvenzverwalter fortzusetzen und zugleich diesem die Möglichkeit geben, Geld- und Warenkredite in Anspruch zu nehmen, die er zur Fortführung des Unternehmens benötigte. Der Schutz der Geschäftspartner durch das Masseschuldprivileg sollte selbst dann gelten, wenn der vorläufige Insolvenzverwalter seine durch den Sicherungszweck begrenzten Befugnisse überschritten hatte. In Anerkennung der wirtschaftlichen Rahmenbedingung einer Unternehmensinsolvenz nahm mithin die Kommission in Kauf, dass auch nach der Neuordnung im Rahmen des Vorverfahrens die Weichen des Insolvenzverfahrens wirtschaftlich ebenso wie rechtlich gestellt werden und sich das Letztentscheidungsrecht der Gläubigerversammlung in vielen Fällen der normativen Kraft des durch den vorläufigen Insolvenzverwalter geschaffenen Status quo zu unterwerfen hatte. Die Verstärkung und eindeutige Bestimmung der Kompetenzen des vorläufigen Insolvenzverwalters ging im Ergebnis einher mit einer Reduzierung der Möglichkeiten der Einflussnahme der Gläubiger und beschränkte die Kontrolle auf das Insolvenzgericht. Dabei war allerdings die Kommission ganz offenbar von dem Gedanken getragen, dass der mit Insolvenzsachen befasste Richter ganz besonders auch wirtschaftlich qualifiziert sein sollte und eine in jeder Hinsicht herausgehobene qualifizierte und auch besoldungsmäßig abgesicherte Stellung hatte.[33] Die **Erfahrungen der letzten 10 Jahre** machen deutlich, dass diese fortschrittlichen Gedanken der Kommission schlicht an den Widerständen föderaler Strukturen, Mini-Insolvenzgerichten, fehlender Aus- und Weiterbildung sowie den wirtschaftlichen

---

[32] Begr. zu LS 1.2.3 im 1. KommBer.
[33] Vgl.2.KommBer LS 2.1.; dass die Justizverwaltungen der Länder die Erreichung dieses wichtigen Ziels verhindert haben, hat weit reichende negative Konsequenzen, denn wenn dem regelmäßig gut qualifizierten Verwalter als Aufsichtsperson eine unzureichend qualifizierte Kraft gegenübersteht, so läuft die gesetzlich gewollte verstärkte gerichtliche Kontrolle im Ergebnis nahezu leer. Das die Justizverwaltungen der Ländern auch den 2. Versuch zur nachhaltigen Konzentration im Jahre 2011 verhindert haben, obwohl selbst die Insolvenzrichter sich ausdrücklich dafür ausgesprochen hatten, macht deutlich, dass das Insolvenzrecht im Rahmen justiziellen Denkens nicht gut beheimatet ist.

Eigeninteressen der immer größer werdenden Gruppe der Insolvenzverwalter gescheitert sind. Unter diesen Rahmenbedingungen hat sich das Insolvenzverfahren zu einem paternalistisch geprägten „Fürsorgeverfahren" entwickelt, in dem die wirtschaftlich Betroffenen faktisch machtlos den rechtlichen und wirtschaftlichen Grundentscheidungen des Gerichts und eines (vorläufigen) Insolvenzverwalters gegenüberstehen, die im Berichtstermin schon nicht mehr reversibel sind – was letztlich auch das fehlende Interesse der Gläubiger an einer aktiven Teilnahme am Verfahren erklärt. Erst seit dem Inkrafttreten des ESUG am 01.03.2012 besteht erstmals die begründete Aussicht, dass sich Gläubiger aufgrund erweiterter Mitbestimmungsmöglichkeiten stärker als bisher auch an und in Gläubigerausschüssen und Gläubigerversammlungen beteiligen werden.

III. Gesetzgebungsverfahren

10   Dem Reformgesetzgeber selbst erschien diese Sichtweise der Kommission offenbar von Anfang an als nicht sachgerecht und er beschritt mit dem am 15.8.1988 vorgelegten DE einen diametral anderen Weg. Ihm schien der Weg des faktisch unkontrollierten Tätigseins eines vorläufigen Verwalters, dem es ermöglicht werden sollte, tiefgreifende Eingriffe in die Rechtsstellung des Schuldners und der Gläubiger vorzunehmen, ohne dass wenigstens die Gläubiger auf den Gang der Dinge Einfluss nehmen konnten, als der grundsätzlich verkehrte Weg. Er wollte daher in § 13 DE das Gericht generell verpflichten, das Insolvenzverfahren bei Vorliegen eines Eröffnungsgrundes unmittelbar zu eröffnen, wobei sich die Hoffnung auf eine baldige Verfahrenseröffnung im Wesentlichen darauf stützte, dass dies durch Eigenanträge sanierungswilliger Gemeinschuldner erreicht werden sollte. Um dies zu untermauern wurde eine Abweisung mangels Masse nach § 27 DE auf die vergleichsweise wenigen Fälle beschränkt, in denen nicht einmal die Kosten des Verfahrens bis zum Berichtstermin gedeckt waren. Dahinter stand die Vorstellung, ein andauerndes, faktisch unkontrolliertes Tätigsein eines vorläufigen Verwalters zu unterbinden und in möglichst kurzer Zeit die Entscheidungskompetenz der unmittelbar Betroffenen herbeizuführen. Dadurch sollte nicht nur Missbräuchen einer länger andauernden vorläufigen Verwaltung vorgebeugt werden, sondern durch die sofortige Eröffnung des Insolvenzverfahrens als Regelfall sollte das Insolvenzrecht insgesamt auch für Gläubiger attraktiv und wieder funktionsfähig gemacht und zugleich die auf weniger als 25 Prozent herabgesunkene Eröffnungsquote deutlich erhöht werden.[34] Angesichts dieser völlig anderen Ausrichtung war es nicht verwunderlich, dass der DE aus den Kreisen der Insolvenzverwalter nachhaltige Kritik erfuhr und insbesondere das Ziel einer unverzüglichen Verfahrenseröffnung ohne organisiertes Vorverfahren als sanierungs- und reorganisationsfeindlich herausgestellt wurde.[35] Die Erfahrungen mit dem österreichischen Insolvenzrecht, in dem dieses Prinzip der schnellen Eröffnung verwirklicht worden ist, macht jedoch deutlich, dass darunter einerseits nicht die Sanierungsmöglichkeiten leiden und es andererseits möglich gewesen ist, die Gläubiger sehr aktiv in das dortige Insolvenzverfahren einzubeziehen – sicher auch ein Ergebnis eines hohen Organisationsgrades der dort seit mehr als 130 Jahren tätigen und in der InsO institutionell abgesicherten Gläubigerschutzverbände.

11   Bereits der 1991 von der Bundesregierung in das Gesetzgebungsverfahren eingebrachte RegE trug, obwohl er weiterhin die Erleichterung und Beschleunigung der Verfahrenseröffnung als vorrangiges Reformziel definierte, der massiven Kritik aus Literatur und Praxis[36] dadurch Rechnung, dass das Eröffnungsverfahren inhaltlich präziser ausgestaltet und insbesondere im Sinne einer allgemein für erforderlich gehaltenen ausreichenden Verfahrensvorbereitung umformuliert wurde. Hinsichtlich der Rolle der vorläufigen Verwalter jedoch übernahm der Gesetzgeber mit geringen redaktionellen Änderungen des § 26 RegE die grundlegenden Vorschläge der Kommission zur Rechtsstellung des vorläufigen Insolvenzverwalters, gleichwohl blieben auch hier die grundsätzlich unterschiedlichen Standpunkte deutlich, indem der Regierungsentwurf in § 26 Abs. 3 weiterhin der Vorstellung von einem kurzen Zeitraum des Eröffnungsverfahrens mit schneller Verfahrenseröffnung folgte und daher die Beschränkung der Kostendeckung auf die Zeit lediglich bis zum ersten Berichtstermin vorsah.[37] Unbeeinflusst von dieser Differenz hinsichtlich des Eröffnungsverfahrens blieb jedoch der Paradigmenwechsel von dem ausschließlich auf Haftungsverwirklichung ausgelegten

---

[34] Dass dieser Erfolg mit einer gegenwärtig durchschnittlichen Eröffnungsquote von über 50 % eingetreten ist, zeigt dass der gewählte Weg richtig gewesen, wenngleich die Stagnation in diesem Prozentbereich darauf hindeutet, dass die vorhandenen Potentiale nicht ausgeschöpft werden. Anders ist es kaum zu erklären, dass die durchschnittlichen Eröffnungsquoten der Insolvenzverwalter im Bereich der Unternehmensinsolvenzen zwischen 20 und 95 %(!) schwanken.

[35] *Gravenbrucher Kreis* ZIP 1989, 468; 1990, 476; sowie *Grub* in Kübler (Hrsg.), Neuordnung des Insolvenzrechts, S. 79, 83 ff.

[36] Gravenbrucher Kreis ZIP 1989, 468 und ZIP 1990, 476; *Grub* aaO S. 79, 83, 85.

[37] Begr. zu § 26 RegE, abgedruckt bei *Balz/Landfermann* § 22 Satz 232.

Konkursverfahrens hin zu einer die Sanierung als gleichberechtigtem Verfahrensziel erklärenden Neuorientierung auch für den Bereich des Eröffnungsverfahrens unbestritten. Nachdem bereits die Kommission für Insolvenzrecht von der Abstufung zwischen allgemeinem Verfügungsverbot und Zustimmungsvorbehalt bei der Bestimmung der Rechtsstellung des vorläufigen Insolvenzverwalters ausgegangen war, übernahm der Gesetzgeber auch diese Position, insbesondere um die notwendigen Sicherungsmaßnahmen und die Aufgaben und Befugnisse des vorläufigen Insolvenzverwalters bestimmen zu können. In Übereinstimmung mit der Kommission sollte auch nach Auffassung des Gesetzgebers dem vorläufigen Insolvenzverwalter im Rahmen der Unternehmensinsolvenz die als herausragend angesehene Aufgabe zukommen, die Entscheidung für das jeweilige Verfahrensziel – Reorganisation oder Liquidation – nicht zu präjudizieren, was zwingend die Fortführung des Geschäftsbetriebes im Regelfall erforderte, um eine vorzeitige Weichenstellung zu vermeiden.[38] Die insoweit übereinstimmenden Grundüberzeugungen zwischen Kommission und Gesetzgeber führten dazu, dass das angestrebte Ziel, die Unsicherheiten aus § 106 KO zu überwinden, dadurch erreicht wurde, dass in § 26 RegE nicht nur die Primärfunktionen des vorläufigen Insolvenzverwalters gesetzlich definiert wurden, sondern ebenso die daraus abzuleitenden Befugnisse sowie die umfassende Bestimmung der Rechte und Pflichten des vorläufigen Insolvenzverwalters.

Insbesondere als Reaktion auf die von der Insolvenzpraxis geübte Kritik an der zeitlichen Begrenzung des Eröffnungsverfahrens wurde im Zuge der Ausschussberatungen die Beschränkung der Kostendeckung auf die Zeit bis zum ersten Berichtstermin modifiziert, so dass nach der nunmehr gefundenen Fassung die Kosten für das gesamte Verfahren und nicht nur bis zum Berichtstermin gedeckt sein müssen, damit die Abweisung mangels Masse vermieden wird, was naturgemäß eine intensivere, und damit auch zeitlich längere Auseinandersetzung mit den Rahmendaten des insolvenzbefangenen Unternehmens voraussetzt. Mit der Erweiterung der Aufgabenstellung des Sachverständigen auch die Aussichten für eine Fortführung des Unternehmens zu prüfen, nahm der Ausschuss endgültig Abschied von dem gesetzlich verfolgten Ziel der schnellen Eröffnung, indem er ausdrücklich in Kauf nahm, dass bei der Beauftragung eines Sachverständigen mit der Prüfung von Sanierungschancen die Eröffnungsentscheidung entsprechend hinausgeschoben werde.[39] Neben der Nutzung des Zeitraumes zur Prüfung von Sanierungschancen barg ein so verstandenes und verfasstes Eröffnungsverfahren nach Auffassung des Rechtsausschusses auch den Vorteil, dass dem Verwalter die Ausübung des Wahlrechts im eröffneten Verfahren erleichtert wurde, da zu diesem Zeitpunkt die Prüfung der Fortführungschancen des insolventen Unternehmens durch den Sachverständigen im Vorverfahren bereits wesentliche Indikatoren für die weitere Abwicklung des Verfahrens liefern sollten.[40]

Die weit gehenden Vorbehalte der obergerichtlichen Rechtsprechung, insbesondere des Bundesgerichtshofs, gegen die Durchführung eines echten Vorkonkurses haben in das Gesetz kaum Eingang gefunden.[41] Dies zeigt sich sowohl an der Anerkennung der Begründung von Masseverbindlichkeiten durch den vorläufigen Insolvenzverwalter im Rahmen der Neuordnung des § 55 Abs. 2, die der Bundesgerichtshof stets abgelehnt hatte, als auch in der Übertragung der vollen prozessualen Befugnisse auf den vorläufigen Insolvenzverwalter bei Anordnung eines allgemeinen Verfügungsverbotes, die ebenfalls im Rahmen der Rechtsprechung zu § 106 KO zu keinem Zeitpunkt anerkannt worden war.[42] Schon hieraus wird deutlich, dass der Gesetzgeber in Übereinstimmung mit der Reformkommission einen Neuanfang gewagt hatte, in dessen Folge die bisher für den Sequester im Rahmen der KO bzw. GesO ergangenen Entscheidungen nicht oder nur in einem sehr geringen Umfang übernommen werden konnten, zumal sich nicht nur die Rechtsstellung des vorläufigen Verwalters in Abhängigkeit zum Sicherungszweck und Sicherungsbedürfnis gestaltete, sondern sich zugleich auch an den neuen Verfahrenszielen des § 1 ausrichtete, die mit den bisherigen Verfahrenszielen von KO oder GesO nicht vergleichbar waren.[43] Die klar ökonomische Ausrichtung des reformierten Eröffnungsverfahrens macht es zu einem wichtigen Baustein für ein sanierende Insolvenzverwaltung und verwirklicht, insbesondere in der Person des „starken" vorläufigen Verwalters, den Primat der dynamische Verwaltung als Reaktion auf die zunehmende Komplexität der Unternehmensinsolvenzen.[44] Im Mittelpunkt des Eröffnungsverfahrens steht nunmehr der vorläufige Verwalter, der nicht

---

[38] Nerlich/Römermann/*Mönning* § 22 RdNr. 8.
[39] Ausschussbericht zu § 26; abgedruckt bei *Balz/Landfermann* § 22 Satz 233.
[40] Rechtsausschuss zu § 26; abgedruckt bei *Balz/Landfermann* § 22 Satz 233.
[41] *Kübler/Prütting/Pape* § 22 RdNr. 2.
[42] Vgl. dazu ausführlich auch *Pape* ZIP 1994, 89 ff.
[43] Vgl. dazu auch *Braun/Uhlenbruck*, Unternehmensinsolvenz, S. 233.
[44] *Fritzsche* DZWIR 2005, 265, 268; *Uhlenbruck*, Kölner Schrift, 2. Aufl., S. 325, 330. RdNr. 12 und S. 343 f. RdNr. 17.

nur in seiner „starken" Erscheinungsform weitgehend selbstständig[45] und eigenverantwortlich tätig ist, während sich für diesen Fall die Rolle des Gerichts auf ein reines Aufsichtsorgan reduziert, das nur in Ausnahmefällen noch tätig wird,[46] und die Gläubiger von einer aktiven Mitwirkung faktisch für Monate ausgeschlossen sind. Die Rechtsprechung der Obergerichte – insbesondere des IX. Zivilsenates des BGH – hat trotz der o.g. Bedenken den Weg des reformierten Insolvenzrechts von Anfang an unterstützt und mit einer Vielzahl differenzierter Entscheidungen zu einem universell einsetzbaren Steuerungsinstrument ausgestaltet, das den Anforderungen an ein modernes, marktwirtschaftlich orientiertes Insolvenzrecht gerecht wird. Mit der Stärkung der Gläubigerrechte durch das ESUG, insbesondere der Stärkung der Sanierungsmöglichkeit und der Eigenverwaltung, hat die Reform im Jahre 2012 nun auch insoweit Anschluss an internationale Sanierungsstandards gewonnen. Mit den nun gesetzlich normierten Möglichkeiten der Auswahl eines vorläufigen Insolvenzverwalters durch die Gläubiger selbst haben auch die wirtschaftlich Betroffenen einen wichtigen Schritt in Richtung eines autonom gestalteten Verfahrens unter staatlicher Aufsicht gemacht.

C. Die Anordnung der vorläufigen Verwaltung

14 Im differenzierten und detailliert ausgestalteten System von Sicherungsmaßnahmen stellen die Möglichkeiten der §§ 21, 22 mit der darin enthaltenen abgestuften Kombination der frühzeitigen Einbindung der Gläubiger in die verfahrensleitenden Entscheidungen sowie den Möglichkeiten eines allgemeinen Verfügungsverbots, der Anordnung von Zustimmungsvorbehalten, allgemeinem Vollstreckungsverboten, der Anordnung der vorläufigen Verwaltung und der Fortführung des Unternehmens im Eröffnungsverfahren das rechtliche Kernstück des reformierten „Vorkonkursverfahren" dar.[47] Dabei unterscheidet sich nach § 22 die Anordnung der vorläufigen Verwaltung auf der Befugnisebene danach, ob dem Schuldner nach Abs. 1 ein allgemeines Verfügungsverbot auferlegt worden ist (sog. **starke vorläufige Verwaltung**) oder ob die Befugnisse durch das Gericht individuell bestimmt worden sind (sog. **schwache vorläufige Verwaltung**).[48] Dies bedeutet aber nicht, dass nur der vorläufige Verwalter mit konkreter Aufgabenbestimmung eine eigene Rechtsstellung gegenüber den Beteiligten erlangt, denn die Regelungen der §§ 21, 22 sind als Einheit zu sehen, die jedem gerichtlich bestellten vorläufigen Verwalter **generell die Pflicht** zuweisen, das Vermögen des Schuldners zu sichern und zu erhalten.[49] Im Sinne von Effektivität und Qualität hat der Gesetzgeber das Eröffnungsverfahren durch eine klare Kompetenzaufteilung zwischen Gläubigern, Insolvenzgericht und vorläufigem Verwalter geregelt und als wesentliches Element das Maß der Eigenverantwortlichkeit des verwalterbestimmten Handelns im Rahmen der übertragenen bzw. gesetzlichen Befugnisse in den Vordergrund gestellt. So folgt zB auch die Qualifikation einer Forderung als Masseverbindlichkeit nach § 55 nicht dem Aufgabenbereich, sondern der Befugnis, selbstständig und eigenverantwortlich zu Lasten des treuhänderisch verwalteten fremden Vermögens über das Eingehen von Verbindlichkeiten zu entscheiden.[50] Jeweils bezogen auf den Einzelfall können und sollen, so die Vorstellung des Gesetzgebers, in diesem ökonomisch geprägten Rahmen durch das Gericht – ggf. in Abstimmung mit den Gläubigern – die geeigneten notwendigen Maßnahmen erlassen werden, um einerseits dem Interesse aller Beteiligten an der wertmäßigen Erhaltung des schuldnerischen Vermögens (Werterhaltungsfunktion),[51] andererseits aber auch der Verhinderung der Vorwegnahme der Vermögensverwertung durch Auflösung des Vermögensverbundes (Bestandserhaltungsfunktion) gerecht zu werden. Mit dem möglichen und durch die §§ 21 bis 25 gesicherten weit reichenden Schutz vor Vermögensmanipulationen des Schuldners selbst, sowie vor Ein- und Übergriffen der Gläubiger verbindet sich die Vorstellung einer flexiblen und auf die Bedingungen des Einzelfalls abgestellten Reaktion des Insolvenzgerichtes, das der Sicherungswirkung unterliegende Vermögen auch für eine Betriebsfortführung zu nutzen und Sanierungs- und Reorganisationsmöglichkeiten

---

[45] Nur für den Fall der Stilllegung des Unternehmens im Eröffnungsverfahren bedarf selbst der starke vorläufige Verwalter der Zustimmung des Gerichts, das in dieser Situation die Interessen von Schuldner wie Gläubigern abzuwägen hat.
[46] Vgl. dazu Jaeger/*Gerhardt* § 22 RdNr. 145; HKInsO-*Kirchhof* § 22 RdNr. 3.
[47] Problematisch ist allein, dass der Gesetzgeber nicht zwischen originären bzw. allgemeinen Pflichten und spezifischen Pflichten unterscheidet, sondern die Sicherungs-, Erhaltungs- und Prüfungsfunktion allein an der erteilten Verfügungsmacht definiert hat.
[48] Vgl. zur Kritik an der Amtsbezeichnung *Marotzke*, FS Kreft S. 411 ff., der u.a. zum Schutz der Verkehrskreise vorschlägt, den vorläufigen Verwalter „vorläufigen Sicherungsverwalter" zu nennen und auch für die anderen Formen eine angepasste Terminologie vorschlägt.
[49] Überzeugend dazu *Uhlenbruck* NZI 2000, 289, 291.
[50] *Fritsche* DZWIR 2005, 265, 268 F. 47.
[51] Vgl. dazu BGHZ 146, 165, 172 = ZInsO 2001, 165 ff.

schon im Eröffnungsverfahren zu prüfen und vorzubereiten.[52] Auf der Grundlage der gesetzlichen Neuregelung der §§ 21, 22 steht auch nicht mehr der Abwicklungsgesichtspunkt im Vordergrund, sondern erwartet wird von einem in diesem Kontext bestellten vorläufigen Verwalter eine wirtschaftliche Weichenstellung durch gestaltende Maßnahmen, die nach Möglichkeit über den Eröffnungszeitpunkt hinaus bis zum Berichtstermin wirken, ohne die der Gläubigerversammlung letztendlich zustehende Entscheidungskompetenz zu präjudizieren, was allerdings angesichts der Eigendynamik sich über Monate entwickelnder Verfahren faktisch unvermeidbar und kaum rückholbar ist. Mit dem Sicherungsinstrumentarium werden sowohl an das Insolvenzgericht als auch an den vorläufigen Verwalter neue Anforderungen gestellt, mit weit reichenden faktischen und rechtlichen Konsequenzen für alle Beteiligten.[53] Solche Anforderungen erfordern nicht nur auf der Seite der bestellten vorläufigen Verwalter einen hohen, auch betriebswirtschaftlich und unternehmerisch ausgerichteten Sachverstand, langjährige Erfahrung und Gewährleistung der Einhaltung qualitativer Standards,[54] sondern verlangt auch von den bestellenden und aufsichtsführenden Richtern hohen betriebswirtschaftlichen Sachverstand sowie ausgeprägte Fähigkeiten zur „richtigen" Personalauswahl für das jeweilige Verfahren. Dass gerade in diesem Bereich enorme Defizite bestehen und sich Grauzonen und Beziehungsgeflechte entwickelt haben, kann als allgemein gesicherte, aber nicht immer offen ausgesprochene Erkenntnis gelten.[55] Insoweit leidet das reformierte Insolvenzrecht nicht an den rechtlichen Rahmenbedingungen, sondern an einem **Vollzugsdefizit** vor allem im Justizbereich. Hier sind u.a. die Notwendigkeiten einer Konzentration von Unternehmensinsolvenzverfahren bei wenigen Gerichten und die Ausbildung dafür besonders qualifizierter Richtern von Anfang an ignoriert worden, sehr zum Schaden aller Betroffenen, denn nur das Qualifikationspotential von Gericht und vorläufigem Verwalter gemeinsam ist in der Lage, die auch strategischen Möglichkeiten des sanierenden Insolvenzrechts zu nutzen.[56] Dass auch im Jahre 2011 die föderalen und justiziellen Interessen die Oberhand behalten und eine längst überfällige Konzentration erneut verhindert haben, gehört zu den sicher negativen Erfahrungen der Diskussionen um die Stärkung der Gläubigerrechte und des Insolvenzstandorts Deutschland.

I. Allgemeines

Die in § 22 Abs. 3 geregelten Zutritts-, Einsichts- und Informationsrechte gelten für jeden vorläufigen Insolvenzverwalter unabhängig vom Erlass eines allgemeinen Verfügungsverbots,[57] hingegen bestimmt das Gericht im Rahmen des § 22 Abs. 1 und 2 (unabhängig von der generellen Verpflichtung jedes vorläufigen Verwalters zur Sicherung und Erhaltung des Schuldnervermögens) weitere Befugnisse und Aufgaben des vorläufigen Insolvenzverwalters nach einem Katalog rechtlich differenzierter Möglichkeiten selbst, wobei im pflichtgemäßen Ermessen des Gerichts steht, welche Maßnahmen es im Einzelnen anordnet.[58] Ob also ein vorläufiger Insolvenzverwalter mit oder ohne ein begleitendes allgemeines Verfügungsverbot bestellt wird, hat sich jeweils nach den Erfordernissen und der Verhältnismäßigkeit im Einzelfall zu richten. Der starke vorläufige Insolvenzverwalter ist insoweit **nicht der gesetzliche Regelfall,**[59] auch wenn der Gesetzgeber dessen Aufgaben in Abs. 1 näher ausgestaltet hat. Das lässt sich aber einfach dadurch erklären, dass es sich insoweit um eine Neuerung der InsO gehandelt hat und der Gesetzgeber beim schwachen vorläufigen Verwalter auf die für den Sequester entwickelten Regeln zurückgreifen konnte. Als Regelfall würde die starke Verwaltung auch schon am Grundsatz der Verhältnismäßigkeit (vgl. dazu § 21 RdNr. 15 ff.) scheitern, die ja gerade nicht den weitestgehendsten (und auch kostenintensivsten), sondern nur den jeweils erforderlichen Eingriff in die Rechtsstellung des Schuldners sowie der Beteiligten gebietet. Während das Gericht im Rahmen einer Anordnung der vorläufigen Insolvenzverwaltung im **Rege-**

---

[52] Nerlich/Römermann/*Mönning* § 22 RdNr. 236.
[53] Vgl. zu den dabei z. B. erwachsenden haftungsrechtlichen Risiken für die betriebswirtschaftlichen Seiten des Insolvenzverfahrens den Beitrag von *Ehlers* ZInsO 2005, 902 ff.
[54] Vgl. dazu *Haarmeyer* ZInsO 2007, 169; 2005, 337 ff.; sowie die vielfältigen Berichte in der Tages- und Wirtschaftspresse der vergangenen Jahre.
[55] Zur Diskussion um die „richtige" Verwalterbestellung vgl. exemplarisch u.a. *Frind* ZInsO 2007, 519; 2006, 841 und 1183; 2005, 700 und 225 ff.; *Römermann* ZInsO 2004, 937; *Wieland* ZIP 2005, 233 ff.; *Hess/Ruppe* NZI 2004, 641 ff.
[56] Vgl. dazu beispielhaft den Beitrag von *Fröhlich/Köchling* ZInsO 2005, 1121 sowie den Beitrag von *Haarmeyer* in: *Blöse (Hrsg.)* Unternehmenskrisen, 1. Aufl. 2006, 157 ff.
[57] HKInsO-*Kirchhof* § 22 RdNr. 22 unter Hinweis auf den RegE; vgl. zu den Aufgaben *Titz/Tötter* ZInsO 2006, 976 ff.
[58] BGH Urt. v. 18.7.2002 – IX ZR 195/01 = ZInsO 2002, 819, 822; dazu auch *Kirchhof* ZInsO 2004. 57 ff.
[59] BGH ZInsO 2002, 822 mwN; HKInsO-*Kirchhof* § 22 RdNr. 4; Jaeger/*Gerhardt* § 22 RdNr. 17; *Prager/Thiemann* NZI 2001, 635; *Smid* DZWIR 2002, 444 ff.; *Undritz* NZI 2003, 137, 139.

linsolvenzverfahren nach § 22 Abs. 2 ein erhebliches, nicht abschließend geregeltes Spektrum an Möglichkeiten der Ausgestaltung der Aufgaben des vorläufigen Verwalters hat, sind diese für den starken vorläufigen Insolvenzverwalter § 22 Abs. 1 Satz 2 gesetzlich geregelt.[60] Bestellt das Gericht mithin einen vorläufigen Verwalter nach § 22 Abs. 1, so sind dessen rechtliche Befugnisse und Aufgaben aus Gründen der Rechtssicherheit gesetzlich definiert, mit der Folge, dass das Gericht gehindert ist, dessen Rechtsstellung durch ergänzenden Einzelanordnungen näher auszugestalten. Dies ist auch konsequent, da die weitgehenden Eingriffe in die Rechte von Schuldnern und Gläubigern im Wege der Anordnung eines allgemeinen Verfügungsverbotes, das zu einem absoluten Veräußerungsverbot führt[61] und zwangsläufig mit der Anordnung eines allgemeinen Vollstreckungsverbots zu verbinden ist, zugleich die abschließende und umfassende Bestimmung der Rechte und Pflichten und des vorläufigen Verwalters erfordert, da dieser nach dem gesetzlichen Leitbild berechtigt und verpflichtet ist, sowohl die am Verfahren Beteiligten als auch den Schuldner von Einwirkungen auf das schuldnerische Vermögen auszuschließen und zugleich verlässlicher und kalkulierbarer „Partner" für die anderen Beteiligten zu sein.[62] Daher muss in jedem Fall aus Gründen der Rechtsklarheit und des gebotenen Schutzes der Vertragspartner aus der gerichtlichen Beschlussfassung selbst unmissverständlich klar sein, mit welchen Einzelbefugnissen – nach Art und Umfang – der vorläufige Verwalter ausgestattet ist.[63] Im Rahmen der **Verbraucherinsolvenz** ist die Möglichkeit der Bestellung eines vorläufigen Insolvenzverwalters bzw. Treuhänders trotz Ruhens des Eröffnungsverfahrens bis zur Entscheidung über den Schuldenbereinigungsplan im Einzelfall allgemein anerkannt.[64] Dessen Befugnisse sind u.a. an § 313 Abs. 2 und 4 zu orientieren. Zur Abgrenzung der Tätigkeit eines isoliert bestellten **Sachverständigen** im Eröffnungsverfahren von der eines vorläufigen Verwalters vgl. unten RdNr. 138 ff.

16 **1. Die Anordnung der vorläufigen Verwaltung.** Die Bestellung eines vorläufigen Verwalters, ist, wie jede andere Sicherungsmaßnahme, zunächst davon abhängig, dass ein zulässiger Antrag auf Eröffnung eines Insolvenzverfahrens vorliegt und ein entsprechendes Sicherungsbedürfnis besteht, also die Gefahr, dass die Masse ohne Einsetzung eines externen Verwalters geschmälert wird oder werden kann,[65] aber auch, wenn der Schuldner im Eröffnungsverfahren nicht mitwirkt.[66] Ein besonderer Antrag auf Einsetzung eines vorläufigen Verwalters ist ebenso wenig wie die Deckung der Kosten erforderlich.[67] Die Gläubiger haben jedoch nach Maßgabe der Neuregelungen durch das ESUG nunmehr auf die Anordnung und die zu bestellende Person erheblichen Einfluss – was auch ihrer wirtschaftlichen und rechtlichen Betroffenheit angemessen ist (vgl. dazu unten RdNr. 18). Darüber hinaus begrenzt das einzuhaltende Kriterium der Erforderlichkeit und der Verhältnismäßigkeit das Auswahlermessen des Gerichts hinsichtlich der Bestellung eines vorläufigen Verwalters auf die Maßnahme, die zur Erreichung des Sicherungszwecks notwendig, aber auch ausreichend ist und konkretisiert insoweit das allgemein zu beachtende Gebot der Verhältnismäßigkeit gerichtlichen Handelns.[68] Ist also erkennbar, dass der Schuldner mitwirkungs- und kooperationsbereit ist, wird häufig die bloße Anordnung der vorläufigen Verwaltung ohne ein gleichzeitiges Verfügungsverbot ausreichen, da auch der so bestellte Verwalter über eine Reihe wirksamer Rechte verfügt (vgl. dazu unten RdNr. 28). Liegen konkrete Anhaltspunkte für eine (potentielle) Vermögensgefährdung vor, sind solche Verfügungsverbote in der Regel unverzichtbar. Entsprechend dem abgestuften System von Sicherungsmaßnahmen der §§ 21, 22 ist daher durch das Gericht in jedem Fall zu prüfen, ob und wenn ja, in welchem Umfang die Anordnung einer vorläufigen Insolvenzverwaltung verhältnismäßig ist oder ob eine solche Maßnahme zur Beeinträchtigung des Schuldnerunternehmens bzw. zu haftungsrechtlich nicht überschaubaren Risiken eines so bestellten Insolvenzverwalters führt, die jedem Fall zu vermeiden sind, so wie es selbstverständlich sein sollte, keinen Verwalter gegen seinen Willen oder gegen seine Überzeugung durch gerichtliche Beschlussfassung dazu zu „zwingen", einen Geschäftsbetrieb fortzuführen. Mehr noch als nach bisherigem Recht setzt daher die Bestellung eines vorläufigen Insolvenzverwalters auch eine Abstimmung zwischen Insolvenzgericht und vorläufigem Insolvenzverwalter voraus. Der vorläufige Verwalter kann die Ernennung ohne Angabe

---

[60] Begr. zu § 26 RegE; abgedruckt bei *Balz/Landfermann* § 22 Satz 232.
[61] Vgl. dazu § 21 RdNr. 59.
[62] HambKomm-*Schröder* § 22 RdNr. 19 ff.
[63] BGH ZInsO 2002, 819 823; *Spliedt* ZIP 2001, 1941, 1949.
[64] *Uhlenbruck* § 21 RdNr. 12; HKInsO-*Kirchhof* § 22 RdNr. 6; FKInsO-*Schmerbach* § 22 RdNr. 7; Hamb-Komm-*Schröder* § 22 RdNr. 5; für eine vorläufige Verwaltung ausdrücklich Kohte/Ahrens/*Grote* § 306 RdNr. 13; kritisch *Wittig* WM 1998, 157, 163.
[65] Vgl. dazu Jaeger/*Gerhardt* § 22 RdNr. 7 ff. näher § 21 RdNr. 16.
[66] LG Düsseldorf NZI 2004, 96.
[67] Vgl. dazu AG Potsdam DZWIR 2004, 439 sowie AG Hamburg ZInsO 2005, 105.
[68] Vgl. dazu ausführlich § 21 RdNr. 23.

von Gründen ablehnen, nach der Annahme ist die Entpflichtung nur aus wichtigem Grund möglich.[69] Dabei gilt es auch und gerade für die gerichtliche Seite zu beachten, dass sowohl die schuldhafte Unterlassung der Anordnung von Sicherungsmaßnahmen, als auch die Anordnung unverhältnismäßiger oder gar unzulässiger Sicherungsmaßnahmen zu einer Amtshaftung nach § 839 BGH i. V. m. Art. 34 GG führen können.[70]

Wie bei anderen Sicherungsmaßnahmen kann auch die Anordnung einer vorläufigen Insolvenzverwaltung ohne mündliche Verhandlung und ohne vorherige Anhörung des Schuldners erfolgen (vgl. dazu § 21 RdNr. 31 ff.). Haben sich die Gläubiger nach Maßgabe der Neuregelungen des ESUG frühzeitig organisiert, einen **vorläufigen Gläubigerausschuss** benannt und mit repräsentativ ausgewählten Mitgliedern besetzt, sodass ein solcher Ausschuss durch das Gericht zu bestellen ist, so dürfen die verfahrensleitenden Entscheidungen nur in Abstimmung mit den Gläubiger vorgenommen bzw. muss dessen Anhörung kurzfristig nachgeholt werden (vgl. dazu § 22a V.). Die nachträgliche Gewährung rechtlichen Gehörs gegenüber dem Schuldner reicht im Rahmen der Anordnung von Sicherungsmaßnahmen regelmäßig aus, wenn im Rahmen einer generalisierenden Betrachtungsweise das Gericht zu der Auffassung gelangt, dass der angestrebte Sicherungszweck die vorherige Anhörung verbietet. Die Ernennung zum vorläufigen Verwalter wird mit der **Annahme des Amtes wirksam,** diese erfolgt regelmäßig konkludent durch Aufnahme der Tätigkeit.[71] Einer Zustellung an den Schuldner bedarf es nicht, da dieser zum einen auf die Auswahl der konkreten Person keinen Einfluss hat und zum anderen die Verfügungsgewalt über sein Vermögen bereits mit der Anordnung von Verfügungsbeschränkungen weitgehend verloren hat, sodass die (zusätzliche) Bestimmung einer Person als vorläufiger Verwalter keine weitergehende beeinträchtigende Wirkung hat. Hat allerdings das Gericht einen vorläufigen Verwalter bestellt, ohne die organisierte Gläubigerschaft anzuhören, so kann ein sich danach konstituierender vorläufiger Gläubigerausschuss nach § 56a Abs. 3 auf seiner ersten Sitzung einen anderen Insolvenzverwalter bestimmen.

2. Die Auswahl eines vorläufigen Verwalters. Über § 21 Abs. 2 Nr. 1 finden, unabhängig von der dem vorläufigen Verwalter eingeräumten Befugnis, die Vorschriften der §§ 56, 56a, 58 bis 66 zur Auswahl entsprechende Anwendung, mit der Folge, dass die Bestellung eines vorläufigen Insolvenzverwalters sich grundsätzlich nach den gleichen Kriterien vollzieht, die für den endgültigen Insolvenzverwalter in §§ 56 und 56a festgelegt worden sind.[72] Durch das ESUG ist der Gläubigereinfluss bei der Auswahl des vorläufigen Insolvenzverwalters nicht zuletzt wegen der präjudizierenden Wirkung für das eröffnete Verfahren massiv gestärkt und institutionalisiert worden. Nach §§ 21 Abs.2 Satz 1 Nr. 1, 56a Abs. 1 ist ein vorläufiger Gläubigerausschuss vor der Bestellung des vorläufigen Verwalters anzuhören und das Gericht darf von einem einstimmigen Votum nur abweichen, wenn die vorgeschlagene Person ungeeignet oder nicht unabhängig ist. Dass ein solches Votum dem Gericht bereits mit der Antragstellung und der Benennung der übernahmebereiten Mitglieder des präsumtiven Ausschusses übermittelt werden kann, steht außer Frage, da nur auf diese Weise der Wille des Gesetzgebers in angemessener Weise umgesetzt werden kann. Die Gerichte sollten in diesen Fällen jedoch schon im eigenen haftungsrechtlichen Interesse darauf bestehen, dass ein von den Gläubigern vorgeschlagener Verwalter eine umfassende Erklärung zu seiner Unabhängigkeit vorlegt und dessen Richtigkeit versichert (vgl. dazu den Fragebogen ZInsO 2012, 368 f.). Vgl. zum Auswahlverfahren die Kommentierung bei § 22a VI. Ergänzend wird man aber stets zu beachten haben, ob der bestellte vorläufige Verwalter dem Eilcharakter und dem Sicherungszweck entsprechend sofort und persönlich tätig werden kann, da gerade in den ersten Stunden und Tagen wesentliche Weichenstellungen erfolgen. Daher muss es sich bei der zu bestellenden Person um eine präsente, für den jeweiligen Einzelfall geeignete, insbesondere geschäftskundige und von den Gläubigern und dem Schuldner **unabhängige Person** handeln.[73] Das Erfordernis der Unabhängigkeit[74] vom Schuldner muss insbesondere auch von Gesellschaftern, von Gläubigern oder Gläubigergruppen oder von der Belegschaft eines schuldnerischen Unternehmens gelten.[75] Es besteht nicht nur in der **Person** des zu bestellenden vorläufigen Verwalters, sondern natürlich auch bezüglich der **Kanzlei bzw. der Sozien**, mit denen er seine Tätigkeit ggf. gemeinschaftlich ausübt.[76] Dies gilt insbesondere

---

[69] Jaeger/*Gerhardt* § 22 RdNr. 13.
[70] BGH NJW-RR 1986, 1188; 1992, 919, 920; *Uhlenbruck* § 21 RdNr. 56; HKInsO-*Kirchhof* § 21 RdNr. 7.
[71] Allg. Meinung, vgl. für alle *Uhlenbruck* InsO § 22 RdNr. 4.
[72] Grundlegend *Gaier* ZInsO 2006, 1177.
[73] Vgl. zu den Kriterien für die Eignung die Kommentierung zu § 56 RdNr. 15 ff.sowie die beeindruckende Darstellung des Gesamtkomplexes bei HambKomm-*Frind* § 56 RdNr. 5 ff.
[74] Vgl. dazu umfassend den Beitrag von *Hill* ZInsO 2005, 1289.
[75] *Haarmeyer* InVo 1997 57, 58.
[76] Zu einem besonders krassen Fall nicht vorhandener Unabhängigkeit aufgrund erheblicher Vorbefassung *Haarmeyer* ZInsO 2011, 1722 ff.

im Hinblick auf die bindenden Vorschlagsrechte der Gläubiger nach Inkrafttreten des ESUG. Hier wird man von jedem vorgeschlagenen Verwalter die Abgabe und Versicherung einer Unabhängigkeitserklärung nach Maßgabe eines gerichtlich entwickelten Fragebogens (ZInsO 2012, 368) zwingend erwarten müssen. So kann zB nicht als unabhängig gelten, wer oder wessen Kanzlei/Büro in dem anstehenden Verfahren zuvor bereits als von den Anteilseignern eingesetzter Liquidator oder als Gutachter zur Erstellung eines Vermögensstatus tätig war, da diese Aufgaben ein Auftrags- bzw. Geschäftsbesorgungsverhältnis zum Anteilseigner voraussetzen und die Gefahr einer Interessenskollision im Rahmen der nachfolgenden Tätigkeit besteht. Auch dürfte die Tatsache, dass ein Insolvenzverwalter bzw. eine Kanzlei mehrfach von einem oder mehreren Gläubigern in verschiedenen Verfahren vorgeschlagen worden ist, Zweifel an der Unabhängigkeit begründen, die natürlich durch entsprechende Erklärungen widerlegt werden können. Überhaupt gehört es zum Merkmal der Unabhängigkeit, dass entsprechend den allgemeinen Befangenheitsregeln der §§ 42 ff. ZPO aus der Sicht der anderen Verfahrensbeteiligten nicht der Anschein einer Interessenskollision (Besorgnis der Befangenheit) bestehen darf.[77] Im Übrigen haben sich in der Rechtsprechung und Literatur allgemeine Kriterien der Anforderungen an einen qualifizierten Verwalter herausgebildet, die über die Eignung eines Verwalters für die Übernahme eines Verfahrens Auskunft geben können.[78] Spätestens mit der Einführung des Fachanwalts für Insolvenzrecht ist auch durch die Insolvenzgerichte zu beachten, dass sich für die Ausübung der Tätigkeit des Insolvenzverwalters und damit auch des vorläufigen Insolvenzverwalters ein eigenständiges Berufsbild herausgebildet hat, das dem Schutz des Art. 12 GG unterfällt und mithin auch eine ermessensfehlerfreie Auswahlentscheidung erfordert.[79] Vgl. im Übrigen zu Auswahl und Eignung die Kommentierung zu §§ 56, 56a RdNr. 15 ff.

19 Dass es sich bei der Auswahl des Verwalters – mit Ausnahme der das Gericht bindenden institutionellen Vorschlagsrechte der Gläubiger – um eine im pflichtgemäßen Ermessen des Gerichts stehende Entscheidung handelt, die in freier richterlicher Unabhängigkeit getroffen wird, ändert nichts daran, dass die Reduzierung dieses Auswahlermessens im Wege einer „Vorauswahl", die den Kreis der möglichen Verwalter von vornherein auf den Kreis der bei dem jeweiligen Gericht bereits zugelassenen Verwalter (sog. closed-shops) begrenzt, unzulässig ist, da in einer sachlich nicht gerechtfertigten Beschränkung regelmäßig eine fehlerhafte Ermessensreduzierung liegt, die den so Handelnden wegen Amtspflichtverletzung haftbar machen kann.[80]

20 Eine Frage der Eignung und Unabhängigkeit ist es auch stets, dass ein vom Gericht in Betracht gezogener vorläufiger Verwalter von sich aus gehalten ist, das Gericht darauf hinzuweisen, wenn er in Folge arbeitsmäßiger Überlastung[81] oder organisatorischer Störung, die ordnungsgemäße Abwicklung des Verfahrens nicht gewährleisten kann.[82] Ebenso dürfte dazu gehören, dass der Verwalter gehalten ist, von sich aus gegenüber dem Gericht Gründe anzuzeigen, die einer Übernahme des Verfahrens entgegenstehen, wobei allerdings nicht jede Beziehung zu einem am Verfahren beteiligten Gläubiger oder zum Schuldner oder nahem Angehörigen die Unabhängigkeit gefährdet.[83] Unstreitig ist im Übrigen auch, dass der Verwalter, über die gesetzlichen Anforderungen hinaus, zur objektiven Amtsführung verpflichtet ist. Er hat die abweichenden und teilweise sich widersprechenden Interessen der am Verfahren Beteiligten nach objektiven Gesichtspunkten zu beurteilen, zu berücksichtigen und auszuschließen, dass er durch einseitige Parteinahme für einzelne Beteiligte oder Gruppen dieser Anforderung nicht gerecht wird.[84] All diese Risikobereiche zwischen Vorbefas-

---

[77] Vgl. dazu *Hill* ZInsO 2005, 1289; LG Magdeburg ZIP 1996, 2116, 2119 sowie die Verhaltensrichtlinien für als Insolvenzverwalter tätige Rechtsanwälte, abgedruckt in AnwBl. 1992, 118; Nerlich/Römermann/*Mönning* § 22 RdNr. 24 ff.

[78] Vgl. dazu u.a. HambKomm-*Frind* § 56 RdNr. 12 ff.; *Haarmeyer* InVo 1997, 57; *Henssler* ZIP 2002, 1053; *Frind* ZInsO 2002, 745; *ders.* 2004, 897; *Förster* ZInsO 2002, 406; *Römermann* 2004, 937 sowie den Beitrag von *Haarmeyer* ZInsO 2005, 337 m. w. Nachw.; die Aufzählung bei *Holzer*, RWS-Skript RdNr. 246 ff.; *Mönning*, Kölner Schrift, S. 375 ff. RdNr. 81 sowie *Haarmeyer/Wutzke/Förster*, Handbuch, Kap. 5 RdNr. 14 ff.

[79] Dazu BVerfG ZInsO 2004, 913; *Gaier* ZInsO 2006, 1177 ff.

[80] Vgl. dazu BVerfG ZInsO 2006, 1101 und 1102; *Gaier* ZInsO 2006, 1177; OLG Hamburg ZInsO 2005, 1170; BVerfG ZInsO 2004, 913 sowie *Frind* ZInsO 2004, 897 ff.; ausführlich schon *Haarmeyer* InVo 1997 57, 62; zu einer zulässigen Möglichkeit einer Beschränkung vgl. *Frind* ZInsO 2007, 519.

[81] Bedenklich ist in diesem Zusammenhang wenn ein einziger Verwalter innerhalb von einem Jahr weit über 100 Unternehmensinsolvenzverfahren übernimmt, da schon rein tatsächlich eine geordnete höchstpersönliche Abwicklung kaum erwartet werden kann; vgl. dazu auch *Graeber* 2003, 569 ff. zu den in der Praxis gängigen Umgehungsversuchen auch *Haarmeyer* ZInsO 1999, 563 sowie *ders.* ZInsO 2005, 337.

[82] Vgl. dazu AnwBl. 1992, 1118 ff.; Nerlich/Römermann/*Mönning* § 22 RdNr. 23.

[83] Vgl. dazu LG Potsdam ZInsO 2005, 1698 ausführlich *Haarmeyer/Wutzke/Förster*, Handbuch, Kap. 5 RdNr. 14 ff.

[84] Vgl. im Übrigen umfassend zu Auswahl und Eignung des Verwalters die Kommentierung von HambKomm-*Frind* § 56 RdNr. 12 ff.

sung und Gefährdung der Unabhängigkeit können unter Beachtung der Kriterien aus dem gerichtlichen Fragebogen (ZInsO 2012, 368) verifiziert werden. Die Prüfung der Unabhängigkeit ist **Amtspflicht** des bestellenden Gerichts, auch und gerade im Rahmen der Wahrnehmung der Vorschlags- und Bestimmungsrechte nach Inkrafttreten des ESUG.

3. Beschlussfassung und weiteres Verfahren. Wie für andere Beschlussfassungen des Gerichtes gilt auch für die Bestellung des vorläufigen Verwalters bzw. die Anordnung anderer Sicherungsmaßnahmen die Regelung des § 5 Abs. 2.[85] Auch der vorläufige Insolvenzverwalter erhält nach § 56 Abs. 2 analog eine Urkunde über seine Bestellung aus der sich, sofern nicht zugleich ein allgemeines Verfügungsverbot gegen den Schuldner erlassen wird, der Umfang der auf den vorläufigen Insolvenzverwalter übertragenen Befugnisse und Pflichten im Einzelnen aus Gründen der Rechtssicherheit im Geschäftsverkehr ergeben sollte.[86] Die Bestallungsurkunde hat lediglich die Bedeutung eines gerichtlichen Zeugnisses über die Ernennung zum vorläufigen Verwalter, ohne dass dadurch das Vertrauen eines Geschäftspartners auf den Bestand der Handlungsbefugnis geschützt wird.[87] Unabhängig von Grund und Zeitpunkt der Beendigung hat auch der vorläufige Insolvenzverwalter die Urkunde bei Beendigung des Amtes zurückzugeben.[88] Das Amt des vorläufigen Verwalters beginnt nicht mit der Ernennung, sondern erst mit der Übernahme des Amtes.[89] Diese liegt regelmäßig in der Aufnahme der Tätigkeit, der Beschluss muss ihm zu diesem Zeitpunkt nur als erlassen bekannt gemacht worden sein. Der vorläufige Verwalter ist zur Rückgabe seiner Bestellung berechtigt, insbesondere wenn er nach Beginn seiner Tätigkeit von Interessen- oder Pflichtenkollisionen erfährt, die er dem Gericht unverzüglich anzuzeigen hat. Vgl. dazu oben RdNr. 16.

II. Die Rechtsstellung des vorläufigen Verwalters

Soweit das Insolvenzgericht im Eröffnungsverfahren gemäß §§ 21 Abs. 2 Nr. 1 einen vorläufigen Verwalter bestellt, hängt dessen Stellung grundsätzlich davon ab, ob dem Schuldner gem. § 21 Abs. 2 Nr. 2 Alt. 1 gleichzeitig ein allgemeines Verfügungsverbot auferlegt wird, denn das Maß an Rechtsverlust auf Seiten des Schuldners bestimmt regelmäßig die Rechtsstellung des vorläufigen Verwalters. Für diesen Fall regelt das Gesetz die Befugnisse und Aufgaben des vorläufigen Insolvenzverwalters in § 22 Abs. 1 selbst und umreißt damit auch dessen Rechtsstellung in gesetzlicher Weise[90], während bei einer Beschränkung der Anordnung des Insolvenzgerichts auf besondere Verfügungsverbote bezüglich bestimmter Gegenstände oder auf Zustimmungsvorbehalte zu Gunsten des Verwalters bzw. des Absehens von jeglicher Verfügungsbeschränkung die Rechtsstellung des vorläufigen Verwalters sich an der jeweilig „verliehenen" gerichtlichen Aufgaben- und Kompetenzzuweisung ausrichtet. Insoweit ist auch der vorläufige Verwalter **Treuhänder** auf Seiten der Gläubiger zur gemeinschaftlichen Befriedigung zugewiesenen **fremden Vermögens** des Schuldners. Für ihn gelten daher auch, unabhängig von den Regelungen der InsO, alle einen Treuhänder fremden Vermögens treffenden Pflichten.[91] Dem vorläufigen Verwalter sind daher auch nur Maßnahmen erlaubt, die sich im Rahmen des Sicherungszweckes bewegen. Überschreitet er diese Grenze, die mit der **Insolvenzzweckwidrigkeit** allgemein bestimmt ist, so zieht dies nach §§ 58–61 InsO in der Regel, abgesehen von der möglicherweise bestehenden Wirkung gegenüber Dritten, Haftungsfolgen und aufsichtsrechtliche Maßnahmen nach sich.[92] Hierzu zählen zB die Gewährung nachträglicher Sicherheiten ebenso, überhöhte Vergütungsabrechnungen, Nichtermittlung von Anfechtungs- oder Haftungstatbeständen, aber auch und gerade die immer wieder anzutreffende volle Erfüllung einfacher Insolvenzforderungen[93] oder Schenkungen aus dem Schuldnervermögen, wodurch bei der letzten Alternative regelmäßig auch der für Treuhänder allgemein geltende objektive Straftatbestand der strafrechtlichen Untreue verwirklicht wird.

1. Die Rechtsstellung des „starken" vorläufigen Insolvenzverwalters. Erlässt das Insolvenzgericht gem. § 21 Abs. 2 Nr. 2 ein allgemeines Verfügungsverbot gegen den Schuldner so bestimmt § 22 Abs. 1 Satz 1, dass die Verwaltungs- und Verfügungsbefugnis über das schuldnerische

---

[85] Vgl. näher dazu die Kommentierung zu § 5 RdNr. 57 ff.
[86] So auch Nerlich/Römermann/*Mönning* § 22 RdNr. 35.
[87] *Haarmeyer/Wutzke/Förster* GesO § 8 RdNr. 9; BGH ZIP 1986, 319 m. Anm. *Eickmann* EWiR 1986, 295.
[88] Vgl. dazu auch die Kommentierung zu § 56 RdNr. 127.
[89] Unstreitig, so schon für die KO OLG Düsseldorf KTS 1973, 270, 272; für die InsO vergl. zB HKInsO-*Kirchhof* § 22 RdNr. 42.
[90] Zum Verwaltungs- und Verfügungsrecht eines starken vorläufigen Verwalter vgl. BGH ZInsO 2010, 1534; BFH ZInsO 2009, 2394 ff.
[91] Vgl. dazu umfassend *Weyand/Diversy* ZInsO 2009, 802ff
[92] Vgl. dazu BGH ZInsO 2005, 40, 42; BAG ZInsO 2006, 388, 389; BGHZ 150, 353 = ZInsO 2002, 577.
[93] Vgl. zu Ausnahmen BGH ZInsO 2005, 40, 42.

Vermögen auf einen zu bestellenden vorläufigen Insolvenzverwalter übergeht. Geht jedoch die Verwaltungs- und Verfügungsbefugnis über ein beschlagnahmtes Vermögen auf einen gerichtlich bestellten vorläufigen Insolvenzverwalter über, so verliert der Schuldner diese Rechtsmacht in demselben Umfang und der vorläufige Verwalter tritt in diese Rechtsstellung ein.[94] Der vorläufige „starke" Verwalter handelt daher auch nicht als Vertreter des Schuldners[95] sondern aus eigenem Recht. Ungeachtet der unterschiedlichen Zielrichtungen von vorläufigen Sicherungsmaßnahmen[96] und den Kompetenzzuweisungen im eröffneten Verfahren (Verwertung und Verteilung des Vermögens) ordnet § 22 Abs. 1 Satz 1 somit dieselben verfügungsrechtlichen Wirkungen an, die auch die Verfahrenseröffnung gem. § 80 Abs. 1 Satz 1 auslöst, so dass die danach vorgesehene Rechtsfolge kraft gesetzlicher Anordnung bereits im Eröffnungsverfahren eintritt. Mit der vom Gesetzgeber in der Begründung zu § 26 RegE ausdrücklich erklärten Übertragung der „vollen Verwaltungs- und Verfügungsbefugnis" geht die Rechtsstellung des so bestellten vorläufigen Insolvenzverwalters über die des Sequesters nach der Konkursordnung hinaus, da dessen Rechtsstellung nach der Rechtsprechung im wesentlich darauf beschränkt war, dass die Verwaltungs- und Verfügungsbefugnis auf ihn „nur insoweit" überging, als dies zu Erhaltung und Sicherung des schuldnerischen Vermögens und zur ordnungsgemäßen Geschäftsführung erforderlich gewesen ist.[97] Sowohl die gesetzliche Formulierung als auch die Begründung führt mithin zu der gesetzlichen Rechtsfolge, dass der so bestellte vorläufige Insolvenzverwalter grundsätzlich dieselbe **verfügungsrechtliche Stellung** wie der Insolvenzverwalter im eröffneten Verfahren erlangt und mithin in diesem Umfang auch die der Verfahrenseröffnung vorgesehenen Rechtsfolgen in das Eröffnungsverfahren vorverlagert werden.[98]

24 Erhält der vorläufige Insolvenzverwalter die volle Verfügungsbefugnis über das schuldnerische Vermögen durch § 22 Abs. 1 Satz 1 als eigene Rechtsmacht des Amtswalters, so kann er sie damit auch im eigenen Namen ausüben, wenn auch stets nur im Rahmen des doppelten Sicherungszwecks.[99] Zur Erfüllung der gesetzlichen Aufgabenzuweisung handelt er selbständig und ist dem Schuldner wie auch den Gläubigern gegenüber haftungsrechtlich verantwortlich, wenn er die ihnen gegenüber bestehenden Pflichten schuldhaft verletzt (§§ 60, 21 Abs. 2 Nr. 1). Das ändert aber nichts daran, dass alle von ihm getroffenen Verfügungen wirksam sind, es sei denn, dass auch ein verständiger Mensch keinen Zweifel daran hegen kann, dass eine Handlung dem Zweck des Insolvenzverfahrens widerspricht. Insoweit ist es auch nur konsequent, dass dem vorläufigen wie dem endgültigen Verwalter Schenkungen ebenso wie insolvenzzweckwidrige Handlungen oder Verfügungen[100] oder gar Zahlungen für den Schuldner zur Erledigung des Insolvenzantrages.[101] Dies folgt schlicht und einfach schon daraus, dass der Verwalter nicht über eigenes, sondern über von ihm treuhänderisch verwaltetes fremdes Vermögen verfügt.[102] Tritt der vorläufige Verwalter jedoch im Rahmen der ihm gesetzlich oder gerichtlich übertragenen Befugnisse im eigenen Namen mit Wirkung für und gegen das schuldnerische Vermögen auf, so ist es nur konsequent, auch den vorläufigen Insolvenzverwalter für die Zeitdauer seines Tätigseins als **Partei kraft Amtes** anzusehen.[103] Dies ist auch insoweit konsequent als der Gesetzgeber in § 24 Abs. 1 für die Rechtsfolgen eines Verstoßes gegen ein allgemeines Verfügungsverbot auf die in § 21 Abs. 1 Satz 1 geregelten Eröffnungswirkungen verweist. Durch die darin verankerte Qualifizierung des allgemeinen Verfügungsverbots im Eröffnungsverfahren zu einem absoluten Verfügungsverbot, mit der Folge, dass die §§ 135, 136 BGB nicht anwendbar sind, bleibt der Schuldner zwar wie in der KO Rechtsträger seines Vermögens, wird aber im Übrigen gem. § 22 Abs. 1 Satz 1, 24 Abs. 1, §§ 81, 82 vollständig aus seiner verfügungsrechtlichen Stellung verdrängt, so dass der so ausgestattete starke vorläufige Insolvenzverwalter die Verwaltungs- und Verfügungsbefugnis als eigene Rechtsmacht und in eigenem Namen ausüben kann.[104]

25 Trotz der gegenüber dem Sequester deutlich ausgebauten und gestärkten Rechtsstellung des vorläufigen Verwalters nach § 22 Abs. 1 folgt daraus aber nicht, dass der Verwalter von der ihm so

---

[94] BGH ZInsO 2007, 267, 248; ausführlich dazu Jaeger/Gerhardt § 22 RdNr. 20 ff.; Thiemann S. 117 ff.
[95] So noch zu Zeit der KO vielfach vertreten; vgl. dazu Koch S. 59.
[96] Vgl. dazu § 21 RdNr. 25.
[97] So ausdrücklich BGHZ 118, 374 = NJW 1992, 2483 = WM 1992, 1331.
[98] Vgl. dazu u.a. BGH ZInsO 2007, 267, 268; HambKomm-Schröder § 24 RdNr. 2 ff.
[99] Vgl. dazu auch BAG ZInsO 2006, 388, 389; Jaeger/Gerhardt § 22 RdNr. 23; Pohlmann RdNr. 93 ff.; Braun/Uhlenbruck S. 236; HKInsO-Kirchhof § 22 RdNr. 3; FKInsO-Schmerbach § 22 RdNr. 5; vgl. aber auch BGHZ 104, 151; Uhlenbruck KTS 1990, 15, 19.
[100] Vgl. dazu BGHZ 150, 353 = ZInsO 2002, 577 zur Insolvenzzweckwidrigkeit im eröffneten Verfahren.
[101] Dazu auch BGH ZInsO 2004, 1353, 1355 und 2005, 40, 42.
[102] Vgl. dazu auch die Darlegungen bei Jaeger/Gerhardt § 22 RdNr. 24 ff.
[103] Vgl. dazu die umfassende Darstellung bei Pohlmann RdNr. 546 ff.; vgl. im Übrigen zur Rechtsnatur des Verwalteramtes im eröffneten Verfahren die Kommentierung bei § 56.
[104] Vgl. zum absoluten Verfügungsverbot § 21 RdNr. 54.

eingeräumten Befugnis auch über die doppelte Zweckrichtung des Insolvenzverfahrens hinaus Gebrauch machen kann. Insoweit knüpft auch der Gesetzgeber zumindest teilweise an die Rechtsprechung des BGH zum Verwaltungs- und Verfügungsrecht des Sequesters[105] an, indem er in der Begründung des Regierungsentwurfes zu § 22 Abs. 2 Satz 1 ausdrücklich ausführt, dass der so ausgestattete vorläufige Verwalter seine Befugnis „nur insoweit ausüben (darf), als es der Zweck der Vermögenssicherung bis zur Entscheidung über die Verfahrenseröffnung erfordert". Dies stimmt auch überein mit den Vorstellungen der Insolvenzrechtskommission),[106] die Maßnahmen der vorläufigen Insolvenzverwaltung auf die Bestandssicherung und die Durchführung des Insolvenzverfahrens begrenzt sehen wollte. Sie sind, so die Insolvenzrechtskommission, durch diesen Zweck begrenzt und dürfen nicht – jedenfalls nicht im Regelfall – soweit gehen, dass sie sämtliche Wirkungen der Verfahrenseröffnung und die erst im eröffneten Verfahren zu treffende Entscheidung über das Verfahrensziel vorwegnehmen. Wenngleich der Reformgesetzgeber den Vorschlag der Kommission, dass das Insolvenzgericht zur Durchführung des Insolvenzverfahrens nur die unumgänglich notwendigen Sicherungsmaßnahmen anordnen darf, nicht ausdrücklich übernommen hat, wird doch aus der von ihm gewählten Systematik deutlich, dass er sich auch insoweit der Auffassung der Insolvenzrechtskommission angeschlossen hat. Anders als in § 21 Abs. 2 oder § 24 Abs. 1 und 2 verweist nämlich § 22 Abs. 1 nicht auf die nach Verfahrenseröffnung geltenden Vorschriften, sondern regelt den Übergang der Verwaltungs- und Verfügungsbefugnis systemimmanent im Rahmen der §§ 21 ff.[107]

Der im Sicherungszweck der vorläufigen Verwaltung verankerte Gedanke der Werterhaltung und der Bestandsgarantie[108] begrenzt von vornherein das zulässige Verwalterhandeln, so dass der Verwalter zB für den Schuldner unumkehrbare Handlungen in diesem Verfahrensstadium grundsätzlich zu vermeiden und auf solche Ausnahmefälle zu beschränken hat, in denen jede andere Entscheidung zu einer massiven Schädigung der Gläubiger führen würde.[109] Diese Begrenzung zeigt sich insbesondere auch für den Fall der Stilllegung des schuldnerischen Betriebes.[110] Zu dieser Maßnahme darf der vorläufige Verwalter nämlich nur greifen, wenn eine erhebliche Verminderung des Vermögens[111] zu befürchten ist und bedarf darüber hinaus der Zustimmung des Insolvenzgerichts, das in dieser Phase die Aufgabe hat, die Interessen des Schuldners zu wahren. Deshalb darf der vorläufige Verwalter auch nicht etwa unter Hinweis auf wirtschaftlich günstige Veräußerungsmöglichkeiten damit beginnen, Gegenstände des verwalteten Vermögens ohne oder gegen den Willen des Schuldners zu verwerten und damit den vom Schuldner aufgebauten konkreten Vermögensbestand aufzulösen, bevor es nicht zu einer Entscheidung über die Eröffnung des Verfahrens gekommen ist[112] (vgl. dazu auch unten RdNr. 36 ff.). Überschreitet der vorläufige Insolvenzverwalter durch sein Handeln den Sicherungszweck des Eröffnungsverfahrens und die ihm übertragenen gesetzlichen Befugnisse, wird dadurch allerdings die Wirksamkeit seiner Handlung im Verhältnis zu dritten Personen nicht berührt. Handelt der vorläufige Insolvenzverwalter in diesem Rahmen schuldhaft und pflichtwidrig, so bleiben zwar seine Rechtshandlungen aus Gründen der Sicherheit des Rechtsverkehrs gegenüber Dritten wirksam, haben sie sich jedoch für Gläubiger oder Schuldner nachteilig ausgewirkt, führt dies unmittelbar zur Haftung des vorläufigen Verwalters nach §§ 60, 21 Abs. 2 Nr. 1. Unwirksam sind nach allgemeinen Grundsätzen nur solche Handlungen, die bei objektiver Betrachtungsweise für jeden verständigen Menschen offenbar dem Insolvenzzweck zuwiderlaufen, so dass das Vertrauen des Rechtsverkehrs in die Wirksamkeit von Verwalterhandlungen in derartigen Fällen nicht mehr schutzwürdig ist.[113]

Allerdings muss sich der vorläufige Insolvenzverwalter nicht darauf verweisen lassen, dass er vom Sicherungszweck nicht mehr gedeckte Geschäfte nur noch mit Zustimmung des Schuldners durch-

---

[105] Vgl. BGHZ 118, 374 = NJW 1992, 2483.
[106] 1. KommBer. Leitsatz 1.2.3 Abs. 4.
[107] Dazu auch *Pohlmann* RdNr. 93.
[108] Vgl. dazu § 21 RdNr. 11 ff.
[109] Vgl. dazu auch die Darlegungen bei *HK-Kirchhof* § 22 RdNr. 9; *Jaeger/Gerhardt* § 22 RdNr. 23.
[110] Zur Abgrenzung der Stilllegung zum Betriebsübergang vgl. LAG Köln ZInsO 2004, 569.
[111] Zur Definition der erheblichen Verminderung vgl. AG Aachen ZIP 1999, 1494 m. Anm. *Bähr* EWiR 1999, 899.
[112] Vgl. zur Masseverwertung durch den Verwalter auch RdNr. 73 ff.; *Kirchhof* ZInsO 1999, 436 ff.
[113] Zu solchen unwirksamen Maßnahmen können zB zählen: Schenkungen aus dem Schuldnervermögen (RGZ 57, 195, 199), die vertragliche Einräumung eines vorrangigen Befriedigungsrechtes auf eine nicht bevorrechtigte Forderung, RGZ 53, 190, 193; oder die vollständige Erfüllung einer späteren Insolvenzforderung bzw. ein Vergleich über ein nicht bestehendes Aussonderungsrecht mit bevorrechtigter unmittelbarer Befriedigung des angeblich berechtigten; vgl. dazu auch OLG Düsseldorf ZIP 1995, 1100, 1101; WM 1995, 1247, 1249 sowie BGH NJW 1983, 2018, 2019 und BGH BB 1955, 76.

führen kann[114] bzw. der Schuldner durch Zustimmung zu Veräußerungs- oder Verfügungsgeschäften die Rechtsmacht des vorläufigen Insolvenzverwalters über den Sicherungszweck hinaus erweitern kann. Eine solche Auffassung begegnet grundsätzlichen Bedenken.[115] Dass der vorläufige Insolvenzverwalter nicht nur die schutzwürdigen Interessen und Belange des Schuldners, sondern auch das Gesamtinteresse aller Gläubiger wahrzunehmen hat, liegt schon in der Natur seines Amtes und der Zuschreibung der Unabhängigkeit als gesetzliches Erfordernis für seine Bestellung. Es ist ja gerade die Aufgabe der weitgehenden Befugnisübertragung, den vorläufigen Insolvenzverwalter in seiner Rechtsstellung gegenüber dem Rechtsverkehr als grundsätzlich vollen Verwaltungs- und Verfügungsbefugten zu installieren und damit die bisherigen Rechtsunsicherheiten zwischen gesetzlichem Können und rechtlichem Dürfen des Sequesters zu beseitigen. Für die Erfüllung dieser Aufgaben und die Berücksichtigung der wechselseitigen Interessen haftet der vorläufige Insolvenzverwalter persönlich und steht unter der Aufsicht des Gerichtes. Ist aber das zentrale Anliegen der reformierten Insolvenzordnung die **Herstellung des Vertrauens der Rechtsverkehrs** in die Person des vorläufigen Insolvenzverwalters und die Rechtsbeständigkeit seiner Handlungen, so muss sich dieser Schutzgedanke konsequent, ausgenommen die o. g. Fragen des Missbrauchs, auch auf verfügungsrechtlicher Ebene fortsetzen, denn auch bei einem laufenden Geschäftsbetrieb ist der vorläufige Insolvenzverwalter nur im Rahmen einer zu treffenden Stilllegungsentscheidung, nicht jedoch im Rahmen seiner Fortführung an die Mitwirkung Dritter gebunden. Es wäre auch für den Rechtsverkehr und die Funktion der Übertragung der Verwaltungs- und Verfügungsbefugnis systemwidrig, wenn in der Ausübung der Rechte des vorläufigen Verwalters dieser wiederum an Zustimmungshandlungen eines Schuldners gebunden sein sollte, dem gerade durch gerichtliche Beschlussfassung die Verwaltung- und Verfügungsbefugnis entzogen ist, dem also ein rechtliches Können, das er auf einen Dritten übertragen kann, überhaupt nicht mehr zur Seite steht.[116] Im Ergebnis führt also die Rechtsstellung des „starken" vorläufigen Verwalters mit Verwaltungs- und Verfügungsbefugnis zu einer im Rahmen des doppelten Sicherungszwecks **uneingeschränkten Handlungsbefugnis**, die nur für die Fälle des Missbrauchs bzw. der Insolvenzzweckwidrigkeit[117] durch die persönliche Haftung bzw. die Vornahme gerichtlicher Aufsichtsmaßnahmen begrenzt, ansonsten aber gegenüber dem Rechts- und Geschäftsverkehr nicht begrenzt oder begrenzbar ist.[118]

28 **2. Die Rechtsstellung des „schwachen" vorläufigen Insolvenzverwalters ohne allgemeine Verwaltungs- und Verfügungsbefugnisse.** Hält das Gericht zur Erreichung des Sicherungszwecks im Eröffnungsverfahren den Erlass eines allgemeinen Verfügungsverbotes im konkreten Fall nicht für erforderlich, so kann es nach § 22 Abs. 2 die Rechte und Pflichten des vorläufigen Insolvenzverwalters in verschiedener Weise selbst bestimmen und ausdifferenzieren. Es hat dabei nur die Grenze des § 22 Abs. 2 Satz 2 zu beachten, wonach auch mit der individualisierten Form die gesetzliche Aufgabenzuweisung eines Verwalters mit Verwaltungs- und Verfügungsbefugnis nicht überschritten werden darf. Unterhalb und bis an die Grenze dieser Schwelle jedoch kann das Gericht die Pflichten und damit auch indirekt die Rechtsstellung des vorläufigen Verwalters ohne allgemeine Verwaltungs- und Verfügungsbefugnis beeinflussen und bestimmen. Die Regelung des § 22 Abs. 2 trägt dem für alle Sicherungsmaßnahmen geltenden Verhältnismäßigkeitsprinzip Rechnung, wonach der Schuldner nicht mehr als unbedingt erforderlich in seinen Rechten beschnitten werden soll, wenn auch weniger weitreichende Maßnahmen als der Entzug der Verwaltungs- und Verfügungsbefugnisse ausreichend sind um den Sicherungszweck zu erreichen. Umfassend zu Aufgaben und Befugnissen eines vorläufigen Verwalters ohne Verwaltungs- und Verfügungsbefugnis unten RdNr. 127 ff.

29 Insbesondere für die Abgrenzung der Befugnisse der Verfahrensbeteiligten untereinander, hat die **Rechtsstellung** des vorläufigen Verwalters entscheidende Bedeutung. Orientiert sich nämlich die Betrachtung allein an der Reichweite der Befugnisse, ohne die rechtliche Stellung geklärt zu haben, so läuft auch das reformierte Insolvenzrecht Gefahr, sich nur in der Frage des „wie" zu bewegen und die Frage des „ob" – also des rechtlichen Dürfens als Grundlage des „wie" – nicht zu beantwor-

---

[114] So *Feuerborn* KTS 1997, 171, 184.

[115] Vgl. zur kompetenzrechtlichen Wirkung der Zustimmung des Schuldners im Wege der teleologischen Reduktion *Pohlmann* RdNr. 289 ff.

[116] Vgl. dazu auch FKInsO-*Schmerbach* § 22 RdNr. 5; *Kießling/Singhoff* DZWIR 2000, 353, 355 ff.

[117] Vgl. dazu auch BGH ZInsO 2005, 40, 42; BAG ZInsO 2006, 388, 389 sowie den vom BGH in ZInsO 2005, 804, 805 aufgestellten kompetenzrechtlichen Grundsatz der Rechtspflicht zur Vergütung der Tätigkeit des vorläufigen Verwalters, es sei denn die von ihm vorgenommenen Handlungen seien ihm ausdrücklich untersagt gewesen oder insolvenzzweckwidrig.

[118] *Pohlmann* RdNr. 104 vergleicht die Rechtsstellung des vorläufigen Insolvenzverwalters mit der eines Prokuristen, der seine im Außenverhältnis bestehende umfassende Vertretungsmacht allenfalls im Innenverhältnis zu Lasten des Geschäftsherr überschreiten kann.

ten. Dabei gilt es die gesetzlich gewollte Differenzierung des rechtlichen Könnens und die vorgenommene Trennung zwischen einem Verwalter nach § 22 Abs. 1 und den weiteren möglichen Formen minderer Wirkung stets als Grundsatzentscheidung des Gesetzgebers im Auge zu behalten. Dabei gilt es zu beachten, dass **jedem vorläufigen Verwalter,** auch ohne spezifische Pflichtenzuweisung, **generelle Verwalterpflichten**[119] obliegen, die er auch ohne gerichtliche Anordnung wahrzunehmen hat. Hierzu zählt nicht nur die Sicherung und Erhaltung des Vermögens, sondern auch die Prüfung eines Insolvenzgrundes und der Kostendeckung nach § 22 Abs. 1 Nr. 3.[120] Vor diesem Hintergrund ist das Spektrum der Möglichkeiten im Rahmen vorläufiger Insolvenzverwaltungen bei sachgerechter Interpretation des § 22 weiter als auf den ersten Blick erkennbar.[121]

a) Die isolierte Bestellung eines vorläufigen Verwalters. Als geringst möglichen Eingriff 30 kann das Gericht einen vorläufigen Insolvenzverwalter bestellen, ohne ein allgemeines oder besonderes Verfügungsrecht zu erlassen bzw. die Wirksamkeit von Verfügungen von der Zustimmung des vorläufigen Verwalters abhängig zu machen.[122] Ein so bestellter vorläufiger Verwalter erlangt gegenüber dem weiter verwaltungs- und verfügungsbefugten Schuldner allenfalls die Rechtsstellung einer gerichtlich bestellten Aufsichtsperson bzw. eines Beraters[123] ohne eigene Verfügungsmacht über das Schuldnervermögen und ist daher auch nicht in der Lage, nachteilige Veränderungen der Vermögenslage des Schuldners zu verhindern. Er ist auf Grund dieser isolierten Zuweisung darauf beschränkt, Erkenntnisse über vermögensmanipulierende Maßnahmen des Schuldners oder andere Beeinträchtigungen des Sicherungszwecks dem Gericht zwecks Erlass weitergehender Sicherungsmaßnahmen mitzuteilen, ohne auf Grund eigener Handlungskompetenz in die Verwaltungs- und Verfügungsmacht des Schuldners eingreifen zu können. Denkbar kann eine solche Konstellation faktisch nur für den Fall einer angeordneten Eigenverwaltung sein, in der zugleich auf Grund des kooperativen Verhaltens des Schuldners das Insolvenzgericht zu der Überzeugung gelangt, dass weitergehende Sicherungsmaßnahmen zum Schutze der Gläubiger entbehrlich sind, was zugleich auf Grund der unsicheren Prognoseentscheidung mit erheblichen haftungsrechtlichen Risiken für das anordnende Gericht selbst verbunden ist.[124] Andererseits darf aber auch nicht übersehen werden, dass allein die Anordnung einer vorläufigen Verwaltung disziplinierende Wirkung auf Gläubiger wie Schuldner haben kann. Dies ist gewiss auch darin begründet, dass ein solcher Verwalter zwar verfügungsrechtlich schwach aber keineswegs rechtlos gestellt ist, denn ihm stehen alle Rechte aus § 22 Abs. 3 zu. Er kann daher die Geschäftsräume des Schuldners betreten und dort ebenso Nachforschungen anstellen wie den Schuldner verpflichten, ihm unmittelbar Einsicht in die Bücher und Geschäftsunterlagen zu gewähren.[125] Nimmt man hinzu, dass ihm sowohl der Auskunfts- wie der Mitwirkungsanspruch gegen Schuldner und die organschaftlichen Vertreter zusteht (§ 22 Abs. 3 Satz 3 i. V. m. 97, 98, 101), so wird deutlich, dass auch eine nicht individuell spezifizierte Bestellung dem vorläufigen Verwalter hinreichende Kompetenzen zur Aufgabenerfüllung gewähren kann.

b) Die Anordnung besonderer Verfügungsbeschränkungen. Überträgt das Insolvenzgericht 31 im Rahmen der Pflichtenzuweisung nach § 22 Abs. 2 dem vorläufigen Insolvenzverwalter an Stelle einer allgemeinen Verwaltungs- und Verfügungsbefugnis eine auf einzelne Vermögensgegenstände (zB Bankguthaben, Grundstücke etc.) beschränkte besondere Verfügungsbefugnis, so geht hinsichtlich dieser Vermögenswerte die Verwaltungs- und Verfügungsbefugnis auf den vorläufigen Insolvenzverwalter über, der insoweit **gegenstandsbezogen** die Rechtsstellung des vorläufigen Verwalters nach § 22 Abs. 1 erlangt. Dies korrespondiert auch mit der Rechtsprechung des BGH zur Rechtsstellung des Sicherungssequesters alter Prägung.[126] Danach ist anerkannt, dass der Sequester das Recht hat, in eigener Verantwortung zur Sicherung der künftigen Masse auch grundlegende Rechtsgeschäfte zu tätigen und zwar unabhängig auch davon, ob in der Sequestrationsanordnung eine ins einzelne gehende Festlegung der Verwaltungsbefugnisse erfolgt ist oder nicht. Die dagegen vorgebrachten Bedenken[127] lassen außer Acht, dass ohne die isolierte Übertragung des Verfügungsrechtes auf den vorläufigen Verwalter seine Verfügungsmacht und seine Rechtsstellung weder aus § 22 Abs. 2 auf Grund einer gerichtlichen Anordnung noch aus dem Zweck der vorläufigen Verwaltung abgelei-

---

[119] So *Uhlenbruck* InsO § 22 RdNr. 6.
[120] Vgl. dazu auch *Beck/Depré* Handbuch RdNr. 149 ff.; *Uhlenbruck* NZI 2000, 289 ff. in diesem Sinn auch *Pohlmann* RdNr. 180, der als eine gesetzliche festgelegte Aufgabe jedes vorläufigen Verwalters ansieht.
[121] In diesem Sinne auch *Jaeger/Gerhardt* § 22 RdNr. 149.
[122] So ausdrücklich auch BGH ZInsO 2011, 1468.
[123] So *Uhlenbruck* InsO § 22 RdNr. 6; *Bork* RdNr. 103.
[124] Zur Frage der Haftung vgl. § 21 RdNr. 42.
[125] Vgl. dazu *Uhlenbruck* InsO § 22 RdNr. 6.
[126] Vgl. für alle BGHZ 105, 230, 233.
[127] Vgl. *Feuerborn* KTS 1997, 171, 186.

tet werden könnte. Dies hätte zur Folge, dass der so ausgestattete vorläufige Verwalter nach § 22 Abs. 2 schlechter als im Rahmen der bisherigen Verhältnisse in der Sicherungssequestration stünde, mithin das Gegenteil dessen eintreten würde, was der Gesetzgeber mit der Reform des Insolvenzrechts gerade einführen wollte, nämlich die Stärkung des vorläufigen Verwalters im Eröffnungsverfahren. Von daher ist davon auszugehen, dass dem vorläufigen Verwalter für den Fall besonderer Verfügungsbeschränkungen des Schuldners und der Übertragung dieser gegenständlichen Verfügungsmacht auf den vorläufigen Verwalter eine eigene Rechtsmacht und Rechtsstellung in Bezug auf die Insolvenzmasse zusteht. Verfügt der Schuldner gleichwohl über einen von dieser Verfügungsbeschränkung erfassten Vermögensgegenstand, so ist diese Verfügung, ebenso wie bei einem Verstoß gegen ein allgemeines Verfügungsverbot, absolut unwirksam nach § 24 Abs. 1, § 81 Abs. 1 (vgl. zur Begründung näher § 21 RdNr. 59 ff.).[128] Da die so vom Insolvenzgericht individuell bestimmte Verfügungsmacht auch mit dem Anordnungsbeschluss zu veröffentlichen ist, kann damit der notwendigen Sicherheit des Rechtsverkehrs und dem Vertrauensschutz Rechnung getragen werden. Eine andere Interpretation der Rechtsstellung des mit Verfügungsmacht ausgestatteten Verwalters würde zurückführen zu den Unzulänglichkeiten und Unsicherheiten um die Rechtsmacht des Sequesters, die mit der Einführung des vorläufigen Verwalters und der Orientierung an der jeweils übertragenen Verfügungsbefugnis beseitigt werden sollte. Näher dazu auch unten RdNr. 36 ff.

32   c) **Anordnung eines allgemeinen Zustimmungsvorbehaltes.** Die Anordnung eines allgemeinen Zustimmungsvorbehaltes hat sich seit 1999 zu der am häufigsten angeordneten Sicherungsmaßnahme entwickelt, weil sie – insbesondere in Verbindung mit konkreten Einzelermächtigungen – eine auf die jeweilige Situation angepasste Differenzierung ermöglicht, zugleich aber auch die haftungsrechtlichen Risiken des vorläufigen Verwalters kalkulierbar macht (zur Haftung vgl. RdNr. 208). Bestimmt das Insolvenzgericht nach § 22 Abs. 2, dass Verfügungen des Schuldners im Allgemeinen nur mit Zustimmung des vorläufigen Verwalters wirksam sind, ordnet also in zulässiger Weise[129] einen sogenannten **allgemeinen Zustimmungsvorbehalt** an, so entspricht dies weitgehend der nach altem Recht anerkannten Sicherungssequestration, mit der Folge, dass für den so bestellten vorläufigen Insolvenzverwalter mit allgemeinem Zustimmungsvorbehalt die gleichen Grundsätze gelten, die in der Literatur und Rechtsprechung zur Sicherungssequestration und zur Rechtsstellung des vorläufigen Vergleichsverwalters entwickelt worden sind.[130] Der so bestellte vorläufige Insolvenzverwalter mit allgemeiner Zustimmungsbefugnis hat daher in erster Linie Aufsichts- und Sicherungsfunktionen zu erfüllen, ohne dass er unmittelbar in die Rechtsposition des Schuldners einrückt. Er ist daher auch ohne entsprechende Begleitermächtigungen weder prozessführungsbefugt noch übernimmt er die Stellung eines Arbeitgebers oder eines Steuerschuldners, vielmehr bleibt bei einem allgemeinen Zustimmungsvorbehalt der Schuldner auch weiterhin verwaltungs- und verfügungsbefugt und ist dementsprechend auch gegenüber Dritten zur Erfüllung verpflichtet. Der so bestellte vorläufige Verwalter kann daher nur wirksame rechtsgeschäftliche Verfügungen des Schuldners verhindern, nicht jedoch diesen – ohne ergänzende gerichtliche Anordnungen – gegen dessen Willen zu bestimmten Handlungen anhalten oder gar den Abschluss rechtswirksamer Verpflichtungsgeschäfte bzw. die Entgegennahme von Leistungen aus Dauerschuldverhältnissen verhindern.[131] Umfassend zur Begründung von Masseverbindlichkeiten unten RdNr. 64 ff. Verfügt der Schuldner jedoch ohne die Zustimmung des vorläufigen Verwalters über einen vom allgemeinen Zustimmungsvorbehalt erfassten Vermögensgegenstand und hat der Verwalter auch seine Genehmigung endgültig verweigert, so ist diese Verfügung nach §§ 24 Abs. 1, 81 Abs. 1 absolut unwirksam.[132] Näher dazu unten RdNr. 133.

33   d) **Anordnung konkreter Zustimmungsvorbehalte.** Ordnet das Gericht als ein Minus gegenüber der Anordnung eines allgemeinen Zustimmungsvorbehaltes die Bindung des Schuldners für Verfügungen über bestimmte Vermögenswerte an die spezifische Zustimmung des vorläufigen Insolvenzver-

---

[128] Nach Auffassung von Teilen der Literatur löst eine derartige Anordnung nur relatives Veräußerungsverbot aus; vgl. insoweit *Gerhardt*, Kölner Schrift, S. 165 RdNr. 16; Nerlich/Römermann/*Mönning* § 22 RdNr. 201; wie hier auch *Pohlmann* RdNr. 217 Fn. 191; *Kießling/Singhoff* DZWIR 2000, 353 ff.

[129] Die Möglichkeit allgemeiner oder besonderer Zustimmungsvorbehalte entspricht dem ausdrücklichen Willen des Gesetzgebers; vgl. BGH ZInsO 2002, 819 = ZIP 2002, 1629; RegE InsO. Begr. zu § 25 (= § 21 InsO), abgedruckt bei *Balz/Landfermann*, S. 228; vgl. dazu ausführlich § 21 RdNr. 65 ff.

[130] Zur Entwicklung *Fritsche* DZWIR 2005, 265 ff.; OLG Köln NZI 2000, 267, 268; *Uhlenbruck*, Kölner Schrift, S. 325 ff. RdNr. 12 mit ausführlichen Nachweisen; vgl. für die Rechtsprechung u.a. BGHZ 105, 230 sowie die umfassende Darstellung bei *Mohrbutter/Ernestus* I.18 ff.; dazu auch *Pape* ZIP 1994, 89 ff.

[131] BGH ZInsO 2002, 819, 821.

[132] Ganz hM vgl. HKInsO-*Kirchhof* § 24 RdNr. 4; *Kübler/Prütting/Pape* § 24 RdNr. 1 f.; *Hauser/Hawelka* ZIP 1999, 1263; *Uhlenbruck*, Kölner Schrift, S. 325, 343; *Gerhardt*, Kölner Schrift, S. 193; vgl. dazu auch *Pohlmann* RdNr. 217.

walters, so hat dies, mit Ausnahme der absoluten Unwirksamkeit[133] bei einem Verstoß gegen dieses Erfordernis, keine Auswirkungen auf die Rechtsstellung des so ausgestatteten vorläufigen Insolvenzverwalters.[134] Auch der nur mit bestimmten Zustimmungsvorbehalten ausgestattete Insolvenzverwalter ist auf die Rechtsstellung und Rolle des ehemaligen Sicherungssequesters beschränkt mit der Folge, dass er im Rahmen seiner generellen Kompetenz auf solche Maßnahmen reduziert ist, die dazu dienen, die Masse im Interesse der Insolvenzgläubiger zu erhalten und gläubigerschädigende Verfügungen des Schuldners zu verhindern. Dabei bleibt seine Rechtsstellung auf Grund der Begrenzung auf bestimmte Verfügungen gegenüber der des allgemeinen bestellten Sequesters nach altem Recht zurück (dazu oben RdNr. 5 ff.). Das Wiederaufleben dieser Rechtsunsicherheit und die stets beim Schuldner verbleibende Rechtszuständigkeit steht im Widerspruch zu den gesetzgeberischen Zielen der Überwindung der Rechtsunsicherheit. Dies kann nur teilweise dadurch kompensiert werden, dass das Gericht im Laufe des Verfahrens die Befugnisse des vorläufigen Verwalters erweitert oder beschränkt, zumal die Gefahr besteht, dass die Figur des vorläufigen Insolvenzverwalters durch immer speziellere Einzelanordnungen in ein diffuses Licht rückt und damit im Rechtsverkehr für Rechtsunsicherheit sorgt. Insoweit kann es durchaus hilfreich sein im Sinne der von *Pohlmann*[135] vorgeschlagenen Typisierung zumindest bei der Bestimmung einzelner Pflichten unterhalb der Übertragung einer Verwaltungs- und Verfügungsbefugnis typische Aufgabenbereiche eines vorläufigen Insolvenzverwalters, unabhängig von den ihm im Einzelnen zugewiesenen Einzelbefugnissen, in die Beschlussfassung aufzunehmen, um an Hand dieser Typisierung eine gewisse Vereinheitlichung der gerichtlichen Kompetenzzuweisungen zu erreichen.[136] Eine ähnliche Entwicklung kann sich auch dadurch ergeben, dass es zunehmend standardisierte Einzel- oder Gruppenermächtigungen gibt, wie dies bei verschiedenen Gerichten inzwischen praktiziert wird.[137] Vgl. dazu auch umfassend unten RdNr. 131.

Sowohl in der Rechtsstellung als auch in den gerichtlich zugewiesenen Aufgaben und Pflichten ist zwischen dem vorläufigen Insolvenzverwalter nach § 22 Abs. 1 und dem nach § 22 Abs. 2 eingesetzten Verwalter ein deutlich erkennbares Gefälle vorhanden. Der nach § 22 Abs. 2 eingesetzte Verwalter erlangt seine Rechtsstellung nur hinsichtlich der partiell übertragenen Befugnisse, ohne dass ihm das Verfügungsrecht über das schuldnerische Vermögen zustünde, während der verwaltungs- und verfügungsbefugte vorläufige Insolvenzverwalter nach § 22 Abs. 1 nicht nur das wirtschaftliche Initiativrecht erhält, sondern auch in seiner Rechtsstellung dem späteren Insolvenzverwalter sehr stark angenähert ist, mit weitreichenden, positiven Konsequenzen für die mit ihm Kontrahierenden. Ausgeschlossen ist, dass das Insolvenzgericht im Rahmen von § 22 Abs. 2 dem vorläufigen Verwalter die Verwaltungs- und Verfügungsbefugnis über das schuldnerische Vermögen überträgt, ohne zugleich ein allgemeines Verfügungsverbot gegen den Schuldner anzuordnen, denn der Rechtsverlust auf Seiten des Schuldners und damit einhergehend die Rechtsmehrung auf Seiten des Verwalters kann nur dann erfolgen, wenn das Insolvenzgericht zugleich ein allgemeines Verfügungsverbot erlassen hat, womit sich dann aber die Rechtsstellung des vorläufigen Verwalters zwingend nach § 22 Abs. 1 bestimmt.[138] Andernfalls entstünde die paradoxe Situation, dass der Schuldner auf Grund der ihm verbliebenen Verfügungsmacht ebenso verfügungsbefugt wäre, wie der mit gerichtlich verliehenen Rechten ausgestattete vorläufige Verwalter. Zu den Aufgaben und Befugnissen der vorläufigen Verwalter ohne Verwaltungs- und Verfügungsbefugnis vgl. die umfassende Darstellung bei RdNr. 127 ff.

3. Die Rechtsstellung des zum Sachverständigen bestellten vorläufigen Verwalters. Im Rahmen seiner Amtsermittlungspflicht nach § 5 Abs. 1 hat das Gericht alle Umstände zu ermitteln, die für das Insolvenzverfahren von Bedeutung sind. Hierzu gehört die Frage der Kostendeckung für den Fall der Eröffnung, aber auch die Beantwortung der Frage, ob ein behaupteter Eröffnungsgrund vorliegt und ggf. welche Aussichten für eine Fortführung bzw. Sanierung des Unternehmens beste-

---

[133] Zur Begründung vgl. § 21 RdNr. 65.
[134] Bereits der RegEInsO führte in der Begr. zu § 25 (= § 21 InsO) aus, dass es zweckmäßig sein kann „. . . nur bestimmte, besonders wichtige Verfügungen des Schuldners an die Zustimmung des vorläufigen Insolvenzverwalters zu binden".
[135] *Pohlmann* RdNr. 218.
[136] Vgl. dazu AG Hof NZI 2000, 37; *Pohlmann* RdNr. 220 schlägt dafür u.a. die Zuweisung der Überwachung des Schuldners, die Sicherung des schuldnerischen Vermögens, die Übertragung der Kassenführung und in Einzelfällen die Übertragung der Geschäftsfortführung vor, was aber auf Grund der in diesem Zusammenhang zu treffenden Entscheidungen problematisch sein dürfte; vgl. dazu auch die Darstellung zur Fortführung des Geschäftsbetriebs bei RdNr. 83 ff.
[137] Vgl. dazu u.a. AG Hamburg ZInsO 2004, 517; AG Coburg ZInsO 2002, 383; AG Hof NZI 2000, 37; vgl insgesamt zu diesem Problemkreis BGH ZInsO 2002, 819, 822.
[138] In diesem Sinne auch Jaeger/*Gerhardt* § 22 RdNr. 20; anders AG Göttingen NZI 1999, 330, das die Übertragung der Verfügungsbefugnis nur bei einem fortlaufenden Geschäftsbetrieb für erforderlich hielt, dabei aber offenbar die sachenrechtlichen Konsequenzen nicht zu Ende gedacht hatte.

hen. Sieht sich das Gericht, was regelmäßig der Fall sein wird, nicht in der Lage diese Frage aus eigener Erkenntnis zu beantworten, eröffnet § 22 Abs. 1 Nr. 3 die Möglichkeit, einen bestellten vorläufigen Verwalter, unabhängig von der Übertragung der Verwaltungs- und Verfügungsbefugnis, mit der Prüfung dieser Fragen zu beauftragen bzw. neben oder auch ohne Anordnung einer vorläufigen Verwaltung „isoliert" einen Sachverständigen auf der Grundlage des § 5 Abs. 1, 22 Abs. 1 Nr. 3 i. V. m. §§ 402 ff. ZPO zu bestellen. Die Sachverständigentätigkeit ist eine persönliche Aufgabe gem. § 4 InsO i. V. m. § 407a Abs. 1 ZPO. Mitarbeitern dürfen daher gem. § 407a Abs. 2 ZPO nur Tätigkeiten von untergeordneter Bedeutung übertragen werden, die Beteiligung Dritter ist dem Gericht gegenüber nach § 407a Abs. 2 ZPO anzuzeigen.[139] Im Gutachten sind diese namhaft zu machen und der Umfang ihrer Tätigkeit anzugeben.[140] Soweit es die Rechtsstellung angeht führt dies schon deshalb zu unterschiedlichen Rechtswirkungen, weil nach dem Wortlaut des § 22 Abs. 3 die umfassenden Auskunfts- und Mitwirkungsrechte unmittelbar nur dem zugleich als vorläufigen Insolvenzverwalter bestellten Sachverständigen zustehen, während der isolierte Sachverständige seine Tätigkeit aus der Amtsermittlungspflicht des Insolvenzgerichts ableitet, ohne dass ihm daneben eigene Befugnisse in der InsO zugeordnet sind.[141] Daher ist der isoliert bestellte Sachverständige zB auf eine Vernehmung des Schuldners durch das Insolvenzgericht nach §§ 20, 97, 98, 101 angewiesen, in deren Rahmen er dann auch die rechtliche Möglichkeit hat, selbst Fragen zu stellen, um an die von ihm als notwendig erkannten Informationen zu gelangen.[142] Zwar kann das Gericht ihn zudem mit der Einholung von Auskünften beauftragen, Zwangsmittel kann aber in diesem Zusammenhang nur das Gericht selber anordnen. Der so bestellte Sachverständige kann auch nicht ermächtigt werden, anstelle des Schuldners Bankauskünfte[143] einzuholen, Geschäftsräume zu betreten oder andere Personen von der Verschwiegenheitspflicht zu befreien, vielmehr ist dafür stets ein vorläufiger Verwalter zu bestellen.[144] Beauftragt das Insolvenzgericht den vorläufigen Insolvenzverwalter nach § 22 Abs. 1 Nr. 3 HS 2 neben der Prüfung der Kostendeckung als gesetzliche Regelaufgabe mit der Prüfung des Eröffnungsgrundes und der Fortführungsaussichten, so macht es von der gesetzlichen Möglichkeit Gebrauch, den Aufgaben- und Pflichtenkreis des vorläufigen Verwalters zu konkretisieren. Die ihm übertragene Aufgabenstellung als Sachverständiger wird dadurch Teil der von ihm zu erbringenden gesetzlichen Aufgabenerfüllung und partizipiert damit auch an der unterschiedlichen Rechtsstellung des vorläufigen Insolvenzverwalters.[145] Dieser fungiert dann nicht nur als Partei kraft Amtes wie zB in der Funktion eines Verwalters fremden Vermögens, sondern auf Grund der Einheitlichkeit des Verwalteramtes nimmt er die Gutachterfunktion als vorläufiger Insolvenzverwalter wahr, so dass sich § 22 Abs. 3 bei jeglicher Ermittlungstätigkeit von vornherein anwenden lässt.[146] Dieses Ergebnis folgt auch aus der systematischen Einbindung der Sachverständigenbestellung in § 22 Abs. 1 Satz 2 Nr. 3, so dass sich die Rechte aus § 22 Abs. 3 umfassend auf jede Tätigkeit des vorläufigen Insolvenzverwalters erstrecken, während sich die Rechtsstellung des isoliert bestellten Sachverständigen als Gehilfe des Gerichtes nicht auf die Rechte aus § 22 Abs. 3 stützen kann, so dass ihm eigene, unmittelbar gegen den Schuldner oder Beteiligte Dritte Rechte nicht zustehen, denn seine Rechtsstellung ist funktional bestimmt durch die Verpflichtung zur Information des im Übrigen jedoch selbst nach § 5 Abs. 1 ermittelnden Gerichts. Der isoliert bestellte Sachverständige kann sich daher, anders als der sachverständige vorläufige Insolvenzverwalter, bei seiner Ermittlungstätigkeit nicht auf die Rechte aus § 22 Abs. 3 stützen und erlangt daher auch nicht dessen Rechtsstellung.[147]

D. Aufgaben und Befugnisse des vorläufigen Verwalters bei Erlass eines Verwaltungs- und Verfügungsverbots

I. Handlungsrahmen

36 Die gesetzliche Aufgabenzuweisung an den vorläufigen Verwalter bei gleichzeitiger Anordnung eines allgemeinen Verfügungsverbots gegenüber dem Schuldner nach § 22 Abs. 1 stellt den gesetzli-

---

[139] AG Hamburg NZI 2007, 55 = ZInsO 2006, 448; vgl. dazu auch *Wiester/Wilk* NZI 2007,12.
[140] HambKomm-*Schröder* § 22 RdNr. 68; vgl. zum Einsatz von Mitarbeitern durch den vorläufigen Verwalter im Rahmen seiner Sachverständigentätigkeit auch *Hofmann,* ZIP 2006, 1080.
[141] Vgl. dazu HambKomm-*Schröder* § 22 RdNr. 68 ff.; OLG Köln NZI 2001, 598 f.
[142] Vgl. dazu FKInsO-*Schmerbach* § 22 RdNr. 187; *Haarmeyer/Wutzke/Förster,* Handbuch, Kap. 3 RdNr. 187 ff.; *Pohlmann* RdNr. 308.
[143] Eingehend dazu *Huber* ZInsO 2001, 290 ff.; *Gaiser* ZInsO 2002, 473 ff. sowie LG Göttingen ZIP 2002, 2269.
[144] Ganz hM vgl. für alle LG Göttingen ZIP 2002, 2269; *Huber* ZInsO 2001, 291; *Ganter* § 5 RdNr. 36; *Uhlenbruck* InsO § 22 RdNr. 199; aA *Braun* InsO § 5 RdNr. 20; *Wessels* DZWIR 1999, 230, 231.
[145] *Uhlenbruck* InsO § 22 RdNr. 198.
[146] *Obermüller/Hess* RdNr. 140, 142; *Pohlmann* RdNr. 210.
[147] Ganz hM vgl. dazu auch *Huber* ZInsO 2001, 289, 290; *Vallender,* FS Uhlenbruck S. 133, 136.

chen Haftungs- und Handlungsrahmen dar, an dem sich die Handlungen des vorläufigen Verwalters zu orientieren haben. Während mit dem Auftrag, das Vermögen des Schuldners zu sichern und zu erhalten die Bestandsgarantie umfassend bestimmt worden ist, findet sich die Werterhaltungsfunktion sowohl in Abs. 1 Nr. 1 wie auch Nr. 2 verankert. Die abschließende gesetzliche Bestimmung der Aufgaben und des Pflichtenkreises des vorläufigen Verwalters bestimmt und begrenzt zugleich dessen Kompetenzen, denn die Frage der Zulässigkeit einzelner Handlungen oder Maßnahmen des vorläufigen Verwalters hat sich im Ergebnis immer an diesen Zielvorgaben und dem Sicherungszweck zu orientieren.[148] Durch die Kombination von vorläufigem Verwaltungs- und Verfügungsverbot wird für die Dauer des Eröffnungsverfahrens ein Zustand geschaffen, der dem eigentlichen Insolvenzbeschlag weitestgehend entspricht, dessen Realisierung jedoch dem vorläufigen Verwalter übertragen ist, denn nur die Sicherung der Masse und deren Schutz vor masseschädigenden Verfügungen ist letztlich notwendige Voraussetzung für die Tätigkeit des später zu bestellenden endgültigen Verwalters. In dieser Hinsicht entspricht die Aufgabenstellung des vorläufigen Verwalters der bisherigen Sicherungs- und Erhaltungsfunktion des Sequesters im Sinne des statischen Sequestrationsbegriffs und der Rechtsprechung des Bundesgerichtshofs.[149] Nicht unter die Sicherung des Schuldnervermögens gehört die Pflicht zur Betriebsfortführung nach § 22 Abs. 1 Nr. 2, denn sichernde Maßnahmen beschränken sich auf die körperliche Sicherung und Erhaltung des Schuldnervermögens, während die Frage einer wirtschaftlich sinnvollen Fortführung des schuldnerischen Unternehmens als weitere Aufgabe selbständig neben der Sicherungs- und Erhaltungsaufgabe des vorläufigen Insolvenzverwalters steht (vgl. dazu unten RdNr. 83 ff.). Welche Anordnungen und Maßnahmen im Einzelfall zur Sicherung und Erhaltung des Vermögens notwendig und geeignet sind, entscheidet der vorläufige Insolvenzverwalter nach eigenem pflichtgemäßen Ermessen unter Berücksichtigung des o. g. Sicherungszwecks.[150]

1. Die Umsetzung der Sicherungs- und Erhaltungsfunktion nach § 22 Abs. 1 Nr. 1.
a) Inbesitznahme. Zur Sicherung und Erhaltung der haftenden Vermögensmasse des Schuldners ist der nach § 22 Abs. 1 bestellte vorläufige Verwalter verpflichtet, das gesamte pfändbare Schuldnervermögen unverzüglich in Besitz zu nehmen, was nichts anderes bedeutet, als dass er sich die Sachherrschaft verschaffen muss. Das bedeutet regelmäßig nicht, die Vermögensgegenstände an einen anderen Ort zu verbringen, sondern die Sachherrschaft kann auf ganz unterschiedliche Weise mittelbar oder unmittelbar ausgeübt und durchgesetzt werden. Zu diesem Zweck und für vorbereitende Untersuchungen bzw. Nachforschungen ist er nach § 22 Abs. 3 auch berechtigt, die Geschäftsräume des Schuldners zu betreten, ohne dass es dafür noch einer gesonderten Anordnung bedarf, da es sich bei der Durchsuchungsermächtigung um die gesetzliche Folge der nach Art. 13 GG erforderlichen richterlichen Anordnung einer vorläufigen Verwaltung handelt.[151] Mit der Verpflichtung zur Inbesitznahme knüpft auch die InsO an die bereits für GesO und KO im Wesentlichen unstreitige und anerkannte Sicherungsfunktion an. Nach § 22 Abs. 1 Satz 2 Nr. 1 bezieht sich jedoch die Sicherungs- und Erhaltungsaufgabe des vorläufigen Insolvenzverwalters nicht mehr auf die in § 106 Abs. 1 Satz 2 KO missverständlich erwähnte „Masse", sondern auf das gesamte Vermögen des Schuldners. Die Neufassung bringt deutlicher als die bisherige Regelung zum Ausdruck, dass in der noch offenen, aber gefahrgeneigten Situation des Eröffnungsverfahrens der vorläufige Verwalter zunächst alle Vermögensgegenstände zu sichern, zu sammeln und zurückzubehalten hat, um ein frühzeitiges Auseinanderfallen der Masse zu verhindern, so dass notwendigerweise auch solche Gegenstände vom Besitzrecht des vorläufigen Insolvenzverwalters erfasst sind, die mit Rechten Dritter belastet sind, sich jedoch gleichwohl im Besitz des Schuldners befinden und einen Vermögenswert haben, so dass der weite Wortlaut des § 22 Abs. 1 Satz 2 Nr. 1 auch diese Gegenstände umfasst.[152] Die Inbesitz-

---

[148] BAG ZInsO 2006, 388, 389; BGH ZInsO 2005, 40, 42; Nerlich/Römermann/*Mönning* § 22 RdNr. 42; Kübler/Prütting/Pape § 22 RdNr. 12; HKInsO-*Kirchhof* § 22 RdNr. 4; Pohlmann RdNr. 107; vgl. auch Begr. zu § 26 RegE, abgedruckt bei *Balz/Landfermann* S. 232.
[149] Vgl. dazu oben RdNr. 8 ff.; zu den Aufgaben *Titz/Tötter* ZInsO 2006, 976.
[150] Jaeger/*Gerhardt* § 22 RdNr. 23. Soweit in diesem Zusammenhang Nerlich/Römermann/*Mönning* § 22 RdNr. 53 die Auffassung vertreten werden, dass die Erhaltungspflicht schon begrifflich darauf hinweise, dass dieser Vorgang nicht statisch gesehen werden könne und daraus ableiten, dass nur ein Vermögen erhalten bleiben muss, das sich per Saldo nicht verändert hat, so ist dem im Hinblick auf die äußerst begrenzten Verwertungsbefugnisse des vorläufigen Verwalters (vgl. dazu nachfolgend RdNr. 73 ff.) zu widersprechen, da es ja gerade im Rahmen der vorläufigen Verwaltung auch darum geht, dem Schuldner für den Fall der Nichteröffnung des Verfahrens sein in Beschlag genommenes Vermögen, abgesehen von Notmaßnahmen, in gesichertem und erhaltenem Zustand zurückzugeben.
[151] Vgl. BGH ZInsO 2008, 268; Jaeger/*Gerhardt* § 22 RdNr. 32; HKInsO-*Kirchhof* § 22 RdNr. 9.
[152] Vgl. Jaeger/*Gerhardt* § 22 RdNr. 28; HKInsO-*Kirchhof* § 22 RdNr. 9 ff.; Pohlmann RdNr. 114; *Häsemeyer*, S. 176; *Gottwald/Uhlenbruck*, Insolvenzrechts-Handbuch, § 14 RdNr. 34; Nerlich/Römermann/*Mönning* § 22 RdNr. 49.

nahme von Absonderungsgut ist auch nicht mit der Begründung anfechtbar, der künftigen Masse seien dadurch die gesetzlichen Kostenbeiträge gem. §§ 170, 171 entgangen.[153] Die Bereinigung der so vorgefundenen und in Besitz genommenen Masse selbst bleibt der Abwicklung im eröffneten Verfahren überlassen, denn die Inbesitznahme durch den vorläufigen Verwalter dient ausschließlich dazu, vermögensschädigende Manipulationen des Schuldners zu verhindern, einen ungeregelten Zugriff der Gläubiger abzuwehren und die Eröffnung eines Insolvenzverfahrens vorzubereiten, in dem dann der Insolvenzverwalter die Masse nach § 148 Abs. 1 in Besitz nimmt und ggf. durch die Herausgabe oder Anerkennung von Fremdrechten (§§ 35, 159) um die nicht zum Vermögen gehörenden Gegenstände des Schuldnervermögens bereinigt. Dass auch der Gesetzgeber selbst diese Differenzierung auf Grund der unterschiedlichen Zielsetzung des Eröffnungsverfahrens und des eröffneten Verfahrens selbst gesehen hat, folgt auch unmittelbar aus dem Wortlaut von § 22 Abs. 1 Satz 2 Nr. 1, der die **Sicherung „des Vermögens"** sicherstellen will, während § 80 die Inbesitznahme des Insolvenzverwalters ausdrücklich auf „das zur Insolvenzmasse gehörende Vermögen" begrenzt. Eine solche Unterscheidung ist auch angesichts der Notwendigkeit schnellen Handelns des vorläufigen Insolvenzverwalters unabdingbar, denn die Regelung dient ausschließlich der künftigen Haftungsverwirklichung, ohne dass mit der Beschlagnahme zugleich die Insolvenzmasse i. S. d. § 80 gebildet wird, sondern deren Bildung soll nur sichergestellt werden.[154] Unabhängig davon bleibt es dem vorläufigen Insolvenzverwalter daher auch unbenommen, einzelne Gegenstände, an denen rechtlich zweifelsfrei Sonderrechte bestehen und die auch für eine mögliche Betriebsfortführung nicht in Betracht kommen, an die Gläubiger im Wege der **Freigabe** herauszugeben, wenn diese aus rechtlichen oder tatsächlichen Gründen für die Masse keinen Wert haben oder die mit ihrer Verwaltung verbundenen Kosten den Wert für die Masse übersteigen.[155]

38 Die Inbesitznahme des Schuldnervermögens ist jedoch stets nur dann vorzunehmen und notwendig, wenn es der Sicherungszweck im Einzelfall gebietet, wenn also auf Grund der für den vorläufigen Insolvenzverwalter vorliegenden Gesamtumstände die Notwendigkeit erkennbar ist, den Schuldner aus dem unmittelbaren Besitz zu verdrängen, denn der vorläufige Verwalter ist, anders als der Insolvenzverwalter selbst, nach § 148 Abs. 1 nicht gesetzlich verpflichtet, das Schuldnervermögen in Besitz zu nehmen, wenn aus seiner Sicht auch andere Formen der Sicherung oder Erhaltung zielführend sind. Insoweit hat auch der vorläufige Insolvenzverwalter nach § 22 Abs. 1 kein „automatisches" Besitzrecht.[156]

39 Soweit der vorläufige Verwalter das Vermögen des Schuldners in Besitz nimmt, es jedoch bei diesem belässt, wird er dessen unmittelbarer (Fremd-)Besitzer, der Schuldner wird mittelbarer (Eigen-)Besitzer.[157] Als unmittelbarem Besitzer stehen dem vorläufiger Insolvenzverwalter die Besitzschutzrechte aus §§ 859, 861 f., 1007 BGB zu, die er auch aus eigenem Recht als vorläufiger Insolvenzverwalter geltend machen kann. Auch der Schuldner kann als mittelbarer Besitzer während des Eröffnungsverfahrens seine Besitzschutzrechte nach §§ 864, 861, 862 BGB geltend machen, wenn diese durch Dritte gestört werden, kann diese jedoch nur im Wege der Selbsthilferechte aus §§ 227 ff., 859 BGB ausüben, da er an der gerichtlichen Durchsetzung seiner Ansprüche durch den Übergang der Verwaltungs- und Verfügungsbefugnisse und damit auch der Prozessführungsbefugnis (vgl. unten RdNr. 184) gehindert ist. Nicht von einer Inbesitznahme durch den vorläufigen Insolvenzverwalter erfasst wird das **unpfändbare Vermögen** des Schuldners, da auch ein späterer Insolvenzverwalter nicht berechtigt ist, dem Schuldner den Besitz an unpfändbaren Teilen seines Vermögens zu entziehen (vgl. § 36 Abs. 1). Im Übrigen folgt diese notwendige Konsequenz auch aus dem Sicherungszweck der vorläufigen Verwaltung und damit dem Besitzrecht des vorläufigen Verwalters, das nur dazu dienen soll, für den Fall einer späteren Eröffnung die Vermögensgegenstände zu sichern, die potentiell als Insolvenzmasse in Frage kommen können.[158] Um dem vorläufigen Insolvenzverwalter die Verwaltung des schuldnerischen Unternehmens zu ermöglichen und ggf. notwendige Feststellungen treffen zu können, sind durch die Regelung des § 36 Abs. 2 Nr. 1 die Geschäftsbücher des Schuldners, die in der Einzelzwangsvollstreckung nach § 811 Nr. 11 ZPO unpfändbar sind, von diesem Grundsatz für das Insolvenzverfahren ausdrücklich ausgenommen worden.

---

[153] BGH ZInsO 2005, 148.
[154] Vgl. in diesem Sinne schon zur Sequestration Kuhn/*Uhlenbruck* § 106 RdNr. 8.
[155] HambKomm-*Schröder* § 22 RdNr. 35; HKInsO-*Kirchhof* § 22 RdNr. 10; Nerlich/Römermann/*Mönning* § 22 RdNr. 49. Ansonsten dürfte die Freigabe vom Sicherungszweck nicht gedeckt sein, zumal sie im eröffneten Verfahren nicht wieder rückgängig gemacht werden kann, vgl. dazu Jaeger/*Gerhardt* § 22 RdNr. 36.
[156] So jedoch zur KO Bauer/*Stürner*, Insolvenzrecht RdNr. 7.39; *Hess*/*Kropshofer* § 106 RdNr. 9; *Herbert* aaO S. 115.
[157] Vgl. *Koch* aaO S. 74; *Herbert* aaO S. 114; *Kleiner* aaO S. 31 ff.; HKInsO-*Kirchhof* § 22 RdNr. 9.
[158] In diesem Sinne schon Kuhn/*Uhlenbruck* § 106 RdNr. 6, 8; *Koch,* aaO S. 79; *Herbert* aaO S. 116; *Pohlmann* RdNr. 116.

Der vorläufige Verwalter darf sich bei der Sicherung des schuldnerischen Vermögens auch nicht 40
darauf beschränken, nur das beim Schuldner vorhandene Vermögen in Besitz zu nehmen, sondern
ist auch gehalten, diejenigen Gegenstände seiner Sicherung zu unterwerfen, die sich noch im Besitz
Dritter befinden, rechtlich jedoch der zukünftigen Insolvenzmasse zugeordnet werden können.[159]
Verweigert allerdings der Dritte die Herausgabe, muss der vorläufige Insolvenzverwalter die Herausgabeansprüche des Schuldners im Klagewege (Rechtsgrundlage § 861 BGB) geltend machen, da der
Verwalter gegenüber Dritten über keinen zur Zwangsvollstreckung geeigneten Titel verfügt. An
dieser Stelle erweist sich die Streichung des § 199 RegE, der einen gesonderten Herausgabeanspruch
gegenüber nicht im Besitz des Schuldners befindlichen Gegenständen konstituierte, als besonders
nachteilig, da die Durchsetzung des sogenannten Besitzkehranspruches im normalen zivilgerichtlichen Verfahren nur mit erheblicher zeitlicher Verzögerung möglich ist. Die Aufhebung des mit
§ 199 RegE bezweckten umfassenden Schutzes der Masse zur Entlastung der Insolvenzgerichte ist
höchst unglücklich und im besten Sinne kontraproduktiv. Sie hat dazu geführt, dass unmittelbar vor
oder im Zusammenhang mit einer Antragstellung gesicherte Gläubiger ihre Gegenstände aus dem
Verfügungsbereich des Schuldners entfernen und damit dem Zugriff des vorläufigen Insolvenzverwalters entziehen, wodurch das Ziel der Insolvenzordnung insgesamt, insbesondere auch einer
Unternehmensfortführung, häufig schon in dieser Phase entschieden und ad absurdum geführt
wird.[160] Hat allerdings zB ein Aus- oder Absonderungsberechtigter im Eröffnungsverfahren Gegenstände im Wege verbotener Eigenmacht in Besitz genommen, so kann der Schuldner bzw. der
vorläufige Verwalter deren Herausgabe auch im Wege einer einstweiligen Verfügung geltend
machen.[161] Dies soll nach LG Berlin[162] auch für den Anspruch auf Herausgabe der Buchhaltungs-
und Steuerdaten gegen den Steuerberater des Schuldners gelten, wenn er diese zur Sicherung des
Schuldnervermögens benötigt, auch wenn noch Honoraransprüche offen geblieben sind.[163]

Weigert sich der Schuldner nach Anordnung der vorläufigen Verwaltung gem. § 22 Abs. 1 die 41
der Verfügungsgewalt des vorläufigen Verwalters unterworfene Vermögensmasse an diesen herauszugeben, so kann dieser, wie schon unter der KO, die Herausgabe der zu sichernden Gegenstände
durch den Gerichtsvollzieher gem. § 833 ZPO erzwingen, da der Beschluss über die Anordnung
der vorläufigen Verwaltung und des dem Schuldner auferlegten Verfügungsverbotes entsprechend
§ 148 Abs. 2[164] hierfür Titel i. S. d. § 794 Nr. 3 ZPO ist,[165] ohne dass es im Rahmen der vorläufigen
Verwaltung einer Vollstreckungsklausel bedarf.[166] Dass es gegenüber dem Schuldner eines besonderen, die Wegnahme anordnenden Beschlusses des Insolvenzgerichts nicht bedarf[167] folgt nicht nur
aus der teilweisen Funktionsidentität von vorläufigem und endgültigem Verwalter, sondern insbesondere auch aus der vom Gesetzgeber gewollten Annäherung der vorläufigen Verwaltung an die Wirkung des Eröffnungsbeschlusses, der Anordnung eines umfassenden Verfügungsverbotes und
der Vorverlagerung der damit verbundenen Rechtsfolgen. Nur durch die Möglichkeit des unmittelbaren,
unverzüglichen Zugriffs des vorläufigen Insolvenzverwalters besteht überhaupt eine realistische Möglichkeit der Erhaltung und ggf. der Sicherung sowie der Fortführung des Unternehmens, da es in
gefahrgeneigter Zeit eine allseits bekannte Tatsache ist, dass Gläubiger versuchen ihnen zustehende
Rechte auch ggf. gegen den Willen des Schuldners oder gar gewaltsam durchzusetzen. Insoweit
ist ein unmittelbar die Vollstreckung sichernder Beschluss Voraussetzung eines effektiv gestalteten
Eröffnungsverfahrens, das der Gesetzgeber bei der Neuformulierung des Eröffnungsverfahrens gerade
im Auge gehabt hat. Dieser Sichtweise steht auch nicht entgegen, dass für diese spezielle Anordnung
die Möglichkeit einer Beschwerde fehlt, denn entscheidend ist darauf abzustellen, dass ein Beschluss
derartigen Inhalts auf Grund der Regelungen der ZPO überhaupt beschwerdefähig wäre.[168] Bedarf
es aber keiner besonderen gerichtlichen Durchsuchungsanordnung um dem vorläufigen Insolvenzverwalter den Zutritt zu Geschäftsräumen zu gewähren, so wäre damit das Erfordernis eines zusätzlichen richterlichen Beschlusses für die bloße Inbesitznahme nicht in Einklang zu bringen.

---

[159] BGH ZInsO 2008, 268; HKInsO-*Kirchhof* § 22 RdNr. 9.
[160] Dazu umfassend *Eckardt* ZIP 1999, 1734.
[161] LG Leipzig ZInsO 2006, 1003; HambKomm-*Schröder* § 21 RdNr. 69 c.
[162] ZIP 2006, 962.
[163] HambKomm-*Schröder* § 22 RdNr. 31.
[164] Für eine entsprechende Anwendung Jaeger/*Gerhardt* § 22 RdNr. 31, der das Fehlen eines Verweises auf das Eröffnungsverfahren als ein Redaktionsversehen versteht.
[165] HKInsO-*Kirchhof* § 22 RdNr. 4; *Uhlenbruck*, Kölner Schrift, S. 325 ff. RdNr. 27; *ders.* KTS 1990, 25; Kuhn/*Uhlenbruck* § 106 RdNr. 8a mwN.
[166] In diesem Sinn AG Duisburg ZInsO 2005, 105.
[167] Vgl. zur KO *Jäger* § 106 Anm. 12.
[168] In diesem Sinn HKInsO-*Kirchhof* § 22 RdNr. 9; *Stein/Jonas/Münzberg* § 794 RdNr. 79; MünchKommZPO-*Wolfsteiner* § 794 RdNr. 117, RdNr. 120 ff.

Nimmt der vorläufige Insolvenzverwalter wegen möglicher Gefährdungen einzelner Vermögensgegenstände diese in Besitz und bestreitet der Schuldner die Zugehörigkeit zu seiner Vermögensmasse oder wendet sich gegen die Art und Weise der Vollstreckung, so steht ihm dagegen die Vollstreckungserinnerung nach § 766 ZPO zu.[169] Für Einwendungen gegen die Herausgabevollstreckung dürfte in entsprechender Anwendung von § 148 Abs. 2 nach zutreffender Ansicht das Insolvenzgericht gem. §§ 4 i. V. m. 766 ZPO zuständig sein.[170]

42   b) Aufzeichnung und Wertermittlung. Neben der ordnungsgemäßen Inbesitznahme erfordert die Verwirklichung des Sicherungszweckes eine Vielzahl unterschiedlicher weiterer Tätigkeiten des vorläufigen Verwalters.[171] Zur Abgrenzung des vorgefundenen und des tatsächlich insolvenzbefangenen Vermögens ist es daher unerlässlich, die bei der Inbesitznahme vorgefundenen Vermögensgegenstände zu erfassen und ggf. zu inventarisieren, es sei denn, dies ist aus tatsächlichen Gründen unmöglich oder nur mit einem nicht vertretbaren Aufwand zu realisieren.[172] Nur durch die ordnungsgemäße Erfassung, Aufzeichnung und Inventarisierung kann er das gesicherte Vermögen in seiner Gesamtheit erfassen, sich einen Überblick über die tatsächlichen Vermögensverhältnisse verschaffen und diese Erkenntnisse gegenüber dem Gericht und den Gläubigern darlegen.[173] Nur durch die ordnungsgemäße Aufzeichnung des vorhandenen Vermögens ist der vorläufige Insolvenzverwalter auch in der Lage, sachgerechte Sicherungs- und Erhaltungsmaßnahmen nach § 22 Abs. 1 Satz 2 Nr. 1 durchzuführen und insbesondere bei einer Unternehmensinsolvenz die Notwendigkeit der Schließung oder die Möglichkeit der Fortführung des schuldnerischen Unternehmens beurteilen zu können. Da er regelmäßig daneben auch zu prüfen hat, ob das Vermögen des Schuldners die Kosten des Verfahrens decken wird, ist die Aufzeichnung der Vermögensgegenstände auch notwendiger Bestandteil einer Gutachtertätigkeit, zumal er letztlich auch nur durch eine Vermögensaufzeichnung seiner gesonderten Rechnungslegungspflicht aus §§ 66, 21 Abs. 2 Nr. 1 nachkommen kann, die zugleich auch die Grundlage seines gesonderten Vergütungsanspruches bildet.[174] Die notwendige Inventarisierung erstreckt sich somit auf das gesamte im Besitz des Schuldners befindliche Vermögen bzw. soweit er Vermögensgegenstände von Dritten zu dieser Vermögensmasse zieht, auch auf diese. Für die InsO folgt diese Verpflichtung aus einer analogen Anwendung des § 151 Abs. 1 wonach der Insolvenzverwalter verpflichtet ist, ein Verzeichnis der einzelnen Gegenstände des schuldnerischen Vermögens aufzustellen.[175] Hinsichtlich der Art und Weise sollte sich die Inventarisierung an § 240 HGB orientieren. Für den Fall, dass nur wenige Gegenstände überhaupt zu erfassen sind bzw. die Masse überschaubar ist, wird der vorläufige Verwalter auch als berechtigt anzusehen sein, mit gerichtlicher Zustimmung ein den Erfordernissen des § 151 Abs. 1 entsprechendes Verzeichnis nicht zu erstellen, sondern sich mit einer einfachen Aufnahme der Vermögenswerte zu begnügen.[176]

43   Führt der vorläufige Insolvenzverwalter ein Unternehmen fort oder unterliegt der vorläufigen Verwaltung ein noch am Markt befindliches Unternehmen, so setzt die ordnungsgemäße Inbesitznahme regelmäßig auch voraus, dass die inventarisierten Vermögenswerte im Wege der Schätzung bewertet werden, um schon alleine für die Frage der Kostendeckung, aber auch der Fortführungsmöglichkeiten Aussagen zum Wert von Anlage-, Umlauf- und sonstigem Vermögen machen zu können.[177] Sofern es sich jedoch nicht um eine Aufgabenstellung im Rahmen eines noch lebenden Unternehmens handelt, beschränken sich die Verpflichtung des vorläufigen Verwalters im Eilverfahren der §§ 21 ff. grundsätzlich zunächst nur auf die Sicherung des Schuldnervermögens, nicht jedoch zugleich auf die Beschäftigung mit Fragen, die erst im Falle einer späteren Verfahrenseröffnung relevant werden. Deshalb trifft den vorläufigen Insolvenzverwalter auch nicht analog § 153 Abs. 1 die Pflicht, eine Vermögensübersicht über die Aktiva und Passiva des Schuldners aufzustellen, sondern seine Aufgabenstellung ist darauf beschränkt, dass im Rahmen der Sicherungsmaßnahmen von ihm in Besitz genommene Schuldnervermögen ordnungsgemäß zu erfassen.[178]

---

[169] BGH NJW 1962, 1392; *Uhlenbruck* KTS 1982, 201, 206.
[170] AG Duisburg ZInsO 2005, 105.
[171] Dazu *Titz/Tötter* ZInsO 2006, 976.
[172] *Haarmeyer/Wutzke/Förster* GesO § 2 RdNr. 226; *Smid* GesO § 2 RdNr. 132; *Pohlmann* RdNr. 130; *Krämer/Vogelsang* Kap. 6 RdNr. 58.
[173] Dazu auch *Uhlenbruck* InsO § 22 RdNr. 21.
[174] Vgl. dazu die Grundsätze zur Rechnungslegung in ZInsO 2000, 637 und die Anmerkung von *Förster* ZInsO 2000, 639; sowie LG Berlin ZInsO 2000, 595 m. Anm. *Haarmeyer*.
[175] *Jaeger/Gerhardt* § 22 RdNr. 33; *Uhlenbruck* InsO § 22 RdNr. 21.
[176] In diesem Sinne auch LG Berlin ZInsO 2000, 595; *Herbert* aaO S. 118; *Koch* aaO S. 80.
[177] *Jaeger/Gerhardt* InsO § 22 RdNr. 33.
[178] In diesem Sinne auch *Uhlenbruck* InsO § 22 RdNr. 21; vgl. dazu auch den Beitrag von *Förster* ZInsO 2000, 639.

Im Gegensatz zu § 123 KO sieht die InsO nicht mehr vor, dass bei der Aufzeichnung der Vermö- **44** gensgegenstände eine obrigkeitliche Person oder Urkundsperson hinzuzuziehen ist, wenngleich es aus Gründen der haftungsrechtlichen Inanspruchnahme empfehlenswert sein kann, einen Gerichtsvollzieher oder eine andere Person als Zeugen bei einer Inventarisierung hinzuziehen. Sieht sich der Verwalter im Rahmen einer anstehenden Entscheidung über die Stilllegung oder Fortführung des Unternehmens vor besonders schwierige Bewertungsfragen gestellt, so kann auch er analog § 151 Abs. 2 Satz 2 einen Sachverständigen hinzuziehen, da auch für einen erfahrenen Verwalter die Ermittlung sowohl von Fortführungs- als auch Zerschlagungswerten erhebliche Schwierigkeiten im Einzelfall bereiten kann.[179] Da die Aufzeichnungspflicht auch Ausfluss des Sicherungsauftrages des vorläufigen Verwalters ist, kann ein Verstoß gegen diese Verpflichtung auch ein Verstoß gegen spezifische insolvenzrechtliche Pflichten darstellen, die mit dem Risiko persönlicher Haftung wie auch aufsichtsrechtlicher Maßnahmen behaftet sind.[180]

c) Siegelung, Versicherung und andere Sicherungsmaßnahmen. Der vorläufige Verwalter **45** ist nach einhelliger Auffassung[181] während der vorläufigen Verwaltung auf Grund der ihm übertragenen Verwaltungs- und Verfügungsmacht berechtigt, die Geschäftsräume oder auch einzelne Gegenstände siegeln zu lassen und sie damit als zur Masse gehörig zu kennzeichnen und zugleich auf diese Weise dem zusätzlichen strafrechtlichen Schutz aus § 136 Abs. 2 StGB zu unterstellen.[182] Bei der Vornahme der in seinem Ermessen liegenden Handlung kann der vorläufige Verwalter zB die Geschäftsräume des Schuldners, in denen sich Gegenstände seines Vermögens befinden, versiegeln lassen und diese somit weitergehend als durch die bloße Auswechslung der Schlösser gegen unbefugten Zugriff zu schützen. Die Siegelung ist insbesondere dann eine angemessene Maßnahme, wenn die zu sichernden Gegenstände nicht ohne Schwierigkeiten oder großem Aufwand aus den Geschäftsräumen entfernt werden können. Da eine Siegelung der Vermögensgegenstände eine dem vorläufigen Verwalter mögliche Sicherungsmaßnahme ist bedarf es keiner gesonderten Beschlussfassung, vielmehr kann sich der vorläufige Verwalter einer dafür berechtigten Person, regelmäßig des Gerichtsvollziehers, bedienen.[183] Über die Siegelung ist ein Protokoll aufzunehmen, das zu den Gerichtsakten zu reichen ist. Soweit durch die Siegelung Rechte Dritter beeinträchtigt werden, müssen diese vor dem Prozessgericht eine materiell rechtliche Überprüfung vornehmen lassen.[184] Wegen der Sperrwirkung der §§ 103 ff. kann dies jedoch durch einen aussonderungsberechtigten Gläubiger erst im Rahmen des eröffneten Verfahrens geltend gemacht werden.

Soweit der vorläufige Verwalter selbst die Siegelung nicht für hinreichend hält, kann er bestimmte, **46** insbesondere auch werthaltige Gegenstände, einlagern lassen.[185] Als sichernde Maßnahmen kommt daneben auch eine Bewachung oder eine **Zugangssperre** durch Austausch der vorhandenen Schlösser in Betracht, denn die Art der Sicherung ist letztlich in die Entscheidung, aber auch das Haftungsrisiko des vorläufigen Verwalters gestellt.[186] Zu den Sicherungsmaßnahmen zählen auch die Eintragung eines allgemeinen Verfügungsverbotes in das **Grundbuch** bzw. andere registerrechtliche Maßnahmen. Dem Sicherungszweck stehen nach einhelliger Ansicht auch im Eröffnungsverfahren **Unterhaltszahlungen** an den Schuldner und seine Familie gem. § 100 nicht entgegen.[187]

Das von der Inbesitznahme erfasste Vermögen ist in seinem bisherigen Zustand zu erhalten, **47** mithin vor **Verschlechterungen zu schützen,**[188] wozu ggf. auch notwendige Verträge abzuschließen sind, sei es Wartungs- oder Reparaturverträge, aber auch Mietverträge,[189] sofern die dafür erforderlichen Mittel in der Masse vorhanden sind oder realisiert werden können. Im Rahmen der Erhaltung und Sicherung der Insolvenzmasse wird es sich in der Regel auch als notwendig erweisen, für das gesicherte Vermögen einen entsprechenden Versicherungsschutz beizubehalten bzw. abzu-

---

[179] Zur Kritik an der „Unmöglichkeit" der Feststellung ordnungsgemäßer Fortführungswerte vgl. *Heni* ZInsO 1999, 609 sowie den Beitrag von *Förster* ZInsO 1999, 555.
[180] Vgl. dazu auch *Haarmeyer/Wutzke/Förster* GesO § 2 RdNr. 226.
[181] Vgl. dazu *Uhlenbruck* InsO § 22 RdNr. 20; *Jaeger/Gerhardt* § 22 RdNr. 33; HKInsO-*Kirchhof* § 22 RdNr. 10; *Nerlich/Römermann/Mönning* § 22 RdNr. 48, § 22 RdNr. 4; FKInsO-*Schmerbach* § 22 RdNr. 12; *Pohlmann* RdNr. 129.
[182] Mit der Beschlagnahme des schuldnerischen Unternehmens greift bereits der Schutz des § 136 Abs. 1 StGB, worauf *Pohlmann* RdNr. 129 hinweist.
[183] Vgl. dazu auch *Vallender* DGVZ 1997, 53; *Uhlenbruck* DGVZ 1980, 161, 168.
[184] LG Baden-Baden ZIP 1983, 345.
[185] Vgl. dazu auch OLG Köln ZIP 1982, 977.
[186] *Haarmeyer/Wutzke/Förster* GesO § 2 RdNr. 227; so auch *Nerlich/Römermann/Mönning* § 22 RdNr. 48.
[187] Vgl. für alle *Uhlenbruck* § 22 RdNr. 22; HKInsO-*Kirchhof* § 22 RdNr. 11; FKInsO-*Schmerbach* § 22 RdNr. 16 a.
[188] HKInsO-*Kirchhof* § 22 RdNr. 11.
[189] BGH ZInsO 2002, 819, 824.

schließen. Die **Pflicht zur Versicherung der Vermögensgegenstände** besteht unabhängig davon, ob die Gegenstände mit Aus- oder Absonderungsrechten belastet sind[190] oder im Rahmen der späteren Verwertung einen Erlös oder sonstige Vorteile für die Masse bringen werden, denn alle Gegenstände die sich im Zeitpunkt der Beschlagnahme im Besitz des Schuldners befinden, fallen unter die Pflicht zur ordnungsgemäßen Sicherung und Erhaltung.[191] Nach Auffassung des BGH[192] gehört es zur Aufgabenstellung des Sequesters, die auch für den vorläufigen Verwalter Anwendung findet, dafür zu sorgen, dass Drittrechte nicht vereitelt und keine die Sicherung der Vermögensgegenstände gefährdende Verschlechterung eintritt, wozu auch die entsprechende Herbeiführung oder Aufrechterhaltung der Versicherung beschlagnahmter Gegenstände gehören kann. Der vorläufige Verwalter kann die Art und Weise und den Umfang des notwendigen Versicherungsschutzes selbst bestimmen, wobei die hierfür entstehenden Aufwendungen im Rahmen des § 55 Abs. 2[193] aus der Masse zu bereinigen sind. Befinden sich genügend Barmittel im Vermögen des Schuldners, so stellt die daraus erfolgende Zahlung der fälligen Versicherungsprämien eine im Rahmen der ordnungsgemäßen Verwaltung notwendige Ausgabe dar.[194] Der vorläufige Verwalter ist aber nicht berechtigt, in diesem Zusammenhang rückständige Prämien zu bezahlen oder anzuerkennen, da diese in einem eröffneten Verfahren nur einfache Forderungen sind, durch deren Vorabbefriedigung er sich schadensersatzpflichtig machen würde.[195]

48 **d) Die Stellung des vorläufigen Verwalters gegenüber Aus- und Absonderungsberechtigten.** Die Sicherung und Erhaltung des Schuldnervermögens ist das erklärte Ziel des Eröffnungsverfahrens, während die Klärung fremder Rechte regelmäßig dem eröffneten Verfahren vorbehalten ist,[196] gleichwohl erstreckt sich die Sicherungspflicht des vorläufigen Insolvenzverwalters auch auf Vermögensgegenstände, die im eröffneten Verfahren mit Absonderungsrechten belastet sind sowie auf deren Versicherung.[197] Wenn der Zweck der vorläufigen Insolvenzverwaltung unstreitig darin besteht, die Insolvenzmasse bis zur Verfahrenseröffnung zusammenzuhalten und deren Bestand ggf. auch durch Fortführung des schuldnerischen Unternehmens zu gewährleisten, so hat dies aus nahe liegenden Gründen auch Auswirkungen auf die Stellung der Aus- und Absonderungsberechtigten während der vorläufigen Verwaltung. Obwohl das erklärte Ziel einer Geschäftsfortführung in der Insolvenz der Zusammenhalt des Unternehmensverbundes ist, gerät dieses Ziel notwendig in Konflikt zu den Gläubigern, die vor Einleitung des Insolvenzverfahrens bereits an bestimmten, uU auch für die Fortführung notwendigen Vermögensgegenständen, besondere Rechte begründet haben und diese nun gerade in der Krise durchsetzen wollen. Obwohl die Vermehrung und Ausuferung der Sicherungsrechte in den vergangenen Jahrzehnten wesentlich zum „Konkurs des Konkurses"[198] geführt hat, ist der Gesetzgeber weder den Vorschlägen der Insolvenzrechtskommission noch den ursprünglich geplanten Regelungen §§ 54, 55 RefE InsO gefolgt, die klarstellten, dass die Inhaber besitzloser Mobiliarsicherheiten, Vorbehaltseigentümer und Inhaber zur Sicherung abgetretener Forderungen in der Insolvenz einheitlich nur noch zur Absonderung berechtigt sein sollten.[199] Der Reformgesetzgeber hat damit fraglos die Gelegenheit vertan, auch gesicherte Gläubiger, die mit dem späteren Gemeinschuldner kontrahieren und ihm als Verkäufer oder Darlehensgeber Kredit gewährt haben, in den „normalen" Gefahrenbereich eintretender Krisen und Insolvenzen einzubeziehen. Hinzu kommt, dass durch die Streichung des § 199 RegE InsO die Stellung der Sicherungsgläubiger noch dadurch verstärkt worden ist, dass das dem Verwalter ursprünglich zustehende vereinfachte Herausgaberecht für Gegenstände, die sich nicht im Besitz des Schuldners befinden, aber für die Betriebsfortführung benötigt werden, mit einer völlig unzutreffenden Begründung gestrichen worden ist.[200] Auch künftig sieht sich daher der vorläufige Insolvenzverwalter einer Situation gegen-

---

[190] Vgl. dazu BGH ZInsO 2001, 165, 167; ZIP 1982, 829; 1988, 1411.
[191] BGHZ 105, 230; OLG Köln ZIP 1982, 977; OLG Bremen ZIP 1988, 846; zu Art und Umfang abzuschließender Versicherungen vgl. auch die Darstellung bei *Haarmeyer/Wutzke/Förster* InsVV § 5 RdNr. 14 ff.
[192] BGHZ 105, 230.
[193] In der Bestreitung der Ausgaben aus der Masse liegt kein Verstoß gegen den Zweck der vorläufigen Verwaltung, weil es sich entweder um Ausgaben im Rahmen der ordnungsgemäßen Verwaltung oder eine zum Schutz der künftigen Masse erforderliche Maßnahme handelt.
[194] Vgl. *Homann/Neufeld* ZInsO 2005, 741 ff.; *Mohrbutter/Ernestus* I. 25, 26; *Smid* GesO § 2 RdNr. 135; *Haarmeyer/Wutzke/Förster* GesO § 2 RdNr. 229.
[195] Allg. Meinung, vgl. dazu für alle Jaeger/*Gerhardt* § 22 RdNr. 34.
[196] BGH ZInsO 2001, 165 = BGHZ 146, 165, 173.
[197] BGH ZInsO 2011, 1463 Tz 29.
[198] *Kilger* KTS 1975, 142, 151.
[199] RefE, allg. Begr. S. 51 ff.; vgl. dazu auch *Gottwald* in *Leipold* S. 197, 198; *Drobnig* ZGR 1986, 252, 260; *Landfermann* KTS 1987, 381 ff.; *Serick* ZIP 1989, 409 ff.
[200] Vgl. dazu *Eckardt* ZIP 1999, 1734.

über, in der gesicherte Gläubiger gegenüber den einfachen Insolvenzgläubigern und dem vorläufigen Insolvenzverwalter an einer möglichst schnellen Herauslösung ihres Sicherungsgutes aus dem Vermögensverbund des Schuldners interessiert sind, während der Zusammenhalt aller Vermögensgegenstände gerade das erklärte Ziel der reformierten Eröffnungsverfahrens ist. Dabei sieht sich der vorläufige Verwalter regelmäßig der Situation gegenüber sieht, dass das schuldnerische Unternehmen zu weiten Teilen Kreditgebern zur Sicherheit übereignet ist, die gesamten Warenbestände unter verlängertem oder erweitertem Eigentumsvorbehalt stehen, die letzte Liquidität für Zahlungen an Sicherungsgläubiger verbraucht worden ist etc. Entscheidend für die Erreichung des Sicherungszweckes unter solchen Rahmenbedingungen ist daher die Beantwortung der Frage, ob der vorläufige Insolvenzverwalter die mit Sicherungsrechten belasteten Gegenstände an die gesicherten Gläubiger herauszugeben hat oder ob und inwieweit er diese Gegenstände gar selbst benutzen oder verwenden kann. Dabei gilt es zwei **Grundsätze** vorab deutlich herauszustellen: Die Rechte der **aussonderungsberechtigten Gläubiger** werden **ohne eine gesonderte Anordnung** nach § 21 Abs. 2 Nr. 5 von den Regelungen der InsO nicht berührt und unterliegen auch nicht den Beschränkungen der §§ 87, 89, sodass auch keine Rechtfertigung besteht, diese Rechte im Eröffnungsverfahren Beschränkungen zu unterwerfen. Die Aussonderung ist daher auch im Eröffnungsverfahren möglich und der vorläufige Verwalter ohne gesonderten Beschluss nach § 21 Abs. 2 Nr. 5 grundsätzlich zur **Herausgabe verpflichtet;** Besonderheiten gelten nur für den Eigentumsvorbehalt (dazu die nachfolgende RdNr. 49).[201] Hingegen haben die **absonderungsberechtigten Gläubiger** wegen der Verlagerung des Verwertungsrechtes nach § 166 Abs. 1 auf den Insolvenzverwalter **kein Recht zur Herausgabe,** sondern sind darauf verwiesen ihre Rechte beim vorläufigen Verwalter geltend zu machen und die Entscheidung über die Verfahrenseröffnung abzuwarten. Auch diejenigen Autoren, die die Herausgabepflicht des vorläufigen Verwalters bejahen oder gar nicht explizit behandeln, erkennen die Möglichkeit an, die Absonderungsberechtigten mit Hilfe eines Vollstreckungsverbotes nach § 21 Abs. 2 Nr. 3 an der zwangsweisen Durchsetzung ihres Herausgabeanspruchs zu hindern.[202]

Mit der Einführung der Möglichkeit zur **Anordnung eines Verwertungs- und Einziehungsverbotes** für Aus- und Absonderungsberechtigte in § 21 Abs. 2 Nr. 5 hat sich das Verhältnis des vorläufigen Verwalters zu den Aus- und Absonderungsberechtigten grundlegend verändert. Es hängt künftig entscheidend davon ab, ob und inwieweit das Insolvenzgericht Sicherungsanordnungen aufgrund dieser Neuregelung getroffen hat. Für diesen Fall gelten die Darlegungen zu § 21 RdNr. 96 ff. auf die hiermit verwiesen wird. Die nachfolgenden Ausführungen gelten daher auch nur für den Fall, dass im Eröffnungsverfahren eine Sicherungsanordnung der o. a. Art nicht ergeht, sodass die allgemeinen Grundsätze Anwendung finden. Gläubiger, die Vermögensgegenstände unter **einfachem Eigentumsvorbehalt** an den Schuldner geliefert haben, können im nachfolgenden Insolvenzverfahren ein **Aussonderungsrecht** geltend machen (§§ 47, 985 BGB), soweit dem Verwalter nach § 986 BGB kein Recht zum Besitz zusteht.[203] Das Recht zum Besitz folgt in aller Regel aus dem zugrunde liegenden Kaufvertrag, zumindest solange dieser nicht durch Aufhebung, Rücktritt oder Kündigung des Vertragspartners beendet worden ist.[204] Nach der ständigen Rechtsprechung des BGH jedoch entfällt das Besitzrecht des Verwalters mit der Verfahrenseröffnung automatisch,[205] kann jedoch dann erhalten werden, wenn der Insolvenzverwalter die Vertragserfüllung nach §§ 107 Abs. 2, 103 Abs. 1 Satz 1 wählt. Da der Verwalter jedoch nach § 107 Abs. 2 seine Erklärung, die für den Fall der Erfüllungswahl gestaltenden Charakter hat, bis zu einem Zeitpunkt unverzüglich nach dem ersten Berichtstermin herauszögern darf, kann mithin auch der Vorbehaltskäufer die Sache vom Insolvenzverwalter nicht bereits unmittelbar nach Eröffnung des Verfahrens aus dem schuldnerischen Unternehmen heraus verlangen. Das Recht zum Besitz nach Maßgabe von § 986 BGB folgt also insoweit dem Wahlrecht des endgültigen Verwalters und berechtigt zumindest in den Eigentumsvorbehaltsfällen den vorläufigen Verwalter zur Verweigerung der Herausgabe. Die Regelung des § 107 Abs. 2 wird den Besonderheiten des reformierten Insolvenzrechts zumindest insoweit gerecht, als auch und gerade die Fortführung des Unternehmens ermöglicht werden soll, was aber dann ad absurdum geführt werden würde, wenn der vorläufige Insolvenzverwalter bereits in der

---

[201] HKInsO-*Kirchhof* § 22 RdNr. 16: *Uhlenbruck* InsO § 22 RdNr. 39; *Jaeger/Gerhardt* § 22 RdNr. 116; *Lohkemper* ZIP 1995, 1641, 1650; *Vallender* ZIP 1997, 1993, 1997; AG Düsseldorf DZWIR 2000, 348; aA FKInsO-*Schmerbach* § 22 RdNr. 13.
[202] Vgl. in diesem Sinn FKInsO-*Schmerbach* § 21 RdNr. 77; HKInsO-*Kirchhof* § 21 RdNr. 21; *Kübler/Prütting/Pape* § 21 RdNr. 17 f.; *Lohkemper* ZIP 1995, 1641, 1649; *Pohlmann* RdNr. 464; *Smid* InsO § 21 RdNr. 23; *Warrikoff* KTS 1992, 489, 492; *Hintzen* ZInsO 1998, 174, 177 f.
[203] Vgl. zu den anderen zur Aussonderung berechtigenden Rechten HK-*Eickmann* § 47 RdNr. 4 ff.
[204] Dazu einerseits *Uhlenbruck* § 22, RdNr. 39 sowie für den Fall der Vertragsbeendigung *Jaeger/Gerhardt* § 22 RdNr. 119 ff.
[205] BGH ZIP 1996, 426, 427.

Eröffnungsphase die Aussonderungsansprüche zu befriedigen und daher zB Eigentumsvorbehaltsgut herauszugeben hätte, das er aber als vorläufiger und endgültiger Verwalter für die Betriebsfortführung dringend benötigt. Das Interesse des Vorbehaltslieferanten kann auch für das Eröffnungsverfahren nicht über diesen, die Fortführung insolventer Unternehmen fördernden Grundsatz des § 107 Abs. 2 hinausgehen, soll durch die Anordnung der vorläufigen Verwaltung nicht ein Einfallstor zur Umgehung der §§ 103 ff. geöffnet werden. Insoweit besteht auch weitgehende Einigkeit darüber, dass ein Aussonderungsrecht nach § 47 erst nach Eröffnung des Verfahrens gegen den Verwalter geltend gemacht werden kann, es sei denn, dass gemäß § 107 Abs. 2 Satz 2 eine erhebliche Minderung des Wertes der Sache zu erwarten ist und der Gläubiger den vorläufigen Verwalter auf diesen Umstand hingewiesen hat.[206] Die vorgenannten Regelungen für das eröffnete Verfahren haben mithin für das Eröffnungsverfahren zur Folge, dass der vorläufige Insolvenzverwalter, auch wenn eine Anordnung nach § 21 Abs. 2 Nr. 5 nicht ergangen ist, sich weder zur Vertragserfüllung zu erklären braucht, noch der Verkäufer berechtigt ist, sein vorbehaltenes Eigentum beim Schuldner herauszuholen.[207] Zur Befugnis des vorläufigen Verwalters zur Weiterveräußerung bzw. Weiterverarbeitung vgl. unten RdNr. 73 ff. Eine Weiterveräußerungsermächtigung im Zusammenhang mit einem **verlängerten Eigentumsvorbehalt** erlischt auf Grund der AGB regelmäßig spätestens mit der Einsetzung eines vorläufigen Insolvenzverwalters, sodass es schon aus haftungsrechtlichen Gründen notwendig ist, sich über eine Weiterveräußerung mit dem Eigentümer zu verständigen, es sei denn, es liegt eine gesonderte gerichtliche Anordnung vor.[208] Hingegen erlischt eine **Verarbeitungsklausel** nicht, da es sich bei der Verarbeitung nicht um eine Verfügung handelt, es sei denn, das Erlöschen ist vertraglich vereinbart. Vertretbar scheint in diesem Zusammenhang die Auffassung zu sein, die Veräußerungs- und Verwertungsbefugnis grundsätzlich bis zum Widerruf durch den Gläubiger als bestehend anzunehmen.[209] Ansonsten sind die jeweiligen Befugnisse bei Fehlen entsprechender Nutzungsvereinbarungen umstritten, können aber auch nun nach § 21 Abs. 2 Nr. 5 eindeutig geklärt werden.

50 Hingegen darf der vorläufige Verwalter aufgrund gerichtlichen Beschlusses **Absonderungsgut nutzen** und im Rahmen einer Fortführung auch im ordnungsgemäßen Geschäftsgang veräußern, sofern dem nicht ausdrückliche vertragliche Vereinbarungen entgegenstehen und er zur Verwertung dieser Gegenstände im eröffneten Verfahren auch berechtigt ist.[210] Zur Einziehung von Forderungen vgl. unten RdNr. 53; zum Wertausgleich § 21 RdNr. 101.[211]

51 Hat der vorläufige Verwalter unberechtigt mit Aus- oder Absonderungsrechten belastete Gegenstände während des Eröffnungsverfahrens veräußert, kommen **Ersatzaus- und -absonderungsansprüche**[212] der Berechtigten infrage, jedoch auch vertragliche Schadensersatzansprüche und Bereicherungsansprüche nach § 816 BGB gegen das Schuldnervermögen,[213] aber auch gegen den vorläufigen Verwalter persönlich. So kann der Aus- wie der Absonderungsberechtigte entsprechend § 48 die Abtretung des Rechts auf die Gegenleistung verlangen, soweit diese noch aussteht. Wurde die Gegenleistung bereits erbracht, kann er diese aus der Masse verlangen, wenn sie dort noch unterscheidbar vorhanden ist.[214] Soweit der Schuldner trotz Anordnung der vorläufigen Verwaltung verfügungsbefugt bleibt, stellt eine Veräußerung durch ihn, unabhängig ob diese mit oder entgegen der Zustimmung des vorläufigen Verwalters erfolgt, stets eine unberechtigte Veräußerung nach § 48 dar. Unabhängig davon ist der vorläufige Verwalter jedoch berechtigt, Aus- und Absonderungsgut, das er für die weitere Geschäfts- bzw. Unternehmensfortführung nicht benötigt, an den berechtigten Gläubiger herauszugeben, soweit dem nicht gerichtliche Anordnungen nach § 21 entgegenstehen.[215]

52 Bestehen Absonderungsrechte von Gläubigern an **unbeweglichen Vermögensgegenständen** des Schuldners (zu den bedenklichen Auswirkungen des § 21 Abs. 2 Nr. 5 vgl. § 21 RdNr. 97), so konkurrieren die Rechte der Gläubiger nach den Vorschriften des ZVG mit denen der Insolvenzgläubiger bzw. mit den Rechten des vorläufigen Insolvenzverwalters. Wenngleich die ursprüngliche Absicht aus § 25 Abs. 2 Nr. 2 RegE InsO nicht verwirklicht worden ist, auch Vollstreckungsmaßnah-

---

[206] Vgl. für alle *Uhlenbruck* InsO § 22 RdNr. 19.
[207] *Uhlenbruck*, Kölner Schrift, S. 325 ff. RdNr. 12; *Obermüller/Hess* RdNr. 129 u. 798; *Hess/Pape* RdNr. 901 ff.; aA *Lohkemper* ZIP 1995, 1641, 1650, der jedoch übersieht, dass vorrangiges Ziel des Eröffnungsverfahrens auch die Sicherung des Wahlrechtes des Verwalters nach §§ 103, 107 Abs. 2 Satz 1 ist.
[208] *Jaeger/Gerhardt* § 22 RdNr. 123.
[209] *Uhlenbruck* InsO § 22 RdNr. 40; HambKomm-*Schröder* § 22 RdNr. 44.
[210] Vgl. dazu auch *Jaeger/Gerhardt* § 22 RdNr. 108; HK-*Marotzke* § 107 RdNr. 33.
[211] Vgl. dazu *Becker* DZWIR 2003, 338; *Ampferl* RdNr. 569 ff. sowie 591 ff.; HKInsO-*Kirchhof* § 22 RdNr. 16.
[212] Vgl. dazu umfassend *Ganter* NZI 2005, 1 ff.
[213] Vgl. dazu OLG Koblenz ZInsO 2004, 929.
[214] Wegen der Unterscheidbarkeit vgl. BGH ZIP 1998, 118 ff. sowie HKInsO-*Kirchhof* § 22 RdNr. 17.
[215] HKInsO-*Kirchhof* § 22 RdNr. 13.

men in das unbewegliche Vermögen zu untersagen oder einstweilen einzustellen,[216] kann nach der Neuregelung im § 30d Abs. 4 ZVG, sofern vor Eröffnung des Insolvenzverfahrens ein vorläufiger Verwalter bestellt ist, dieser eine angeordnete oder bereits laufende Zwangsversteigerung einstweilen einstellen lassen, sofern er die in § 30d Abs. 4 ZVG niedergelegten Einstellungsgründe glaubhaft macht.[217] Der Antrag des vorläufigen Insolvenzverwalters muss dahin gehen, dass die einstweilige Einstellung zur Verhütung nachteiliger Veränderungen in der Vermögenslage des Schuldner erforderlich ist. Auch ist in diesem Stadium noch nicht erforderlich, dass der vorläufige Insolvenzverwalter, wie der spätere Insolvenzverwalter, geltend macht, dass das Grundstück zur Fortführung des Unternehmens oder zur Vorbereitung der Veräußerung des Betriebes benötigt wird (vgl. dazu § 30d Abs. 1 Satz 1 Nr. 2 ZVG). Entsprechend dem Sinn und Zweck des Eröffnungsverfahrens steht allein die Sicherung der Haftungsmasse im Vordergrund. Der vorläufige Verwalter ist deshalb auch verpflichtet, den Antrag nach § 30 ZVG zu stellen, wenn dies zur Verhinderung nachteiliger Veränderung notwendig ist, was insbesondere dann der Fall sein dürfte, wenn in einer laufenden Zwangsversteigerung der Versteigerungstermin unmittelbar bevorsteht, da dann die Gefahr besteht, dass durch eine Zuschlagserteilung die Insolvenzmasse unmittelbar und endgültig verringert wird.[218] Wird das Zwangsversteigerungsverfahren auf Antrag des vorläufigen Insolvenzverwalters einstweilen eingestellt, hat das Versteigerungsgericht von Amts wegen anzuordnen, dass die vertraglichen, nicht jedoch die dinglichen Zinsen der betreibenden Gläubiger durch Zahlungen aus der Insolvenzmasse auszugleichen sind (§ 30e Abs. 1 Satz 1 ZVG).[219] Die Zahlung der laufenden Zinsen erfolgt spätestens von dem Zeitpunkt, der drei Monate nach der einstweiligen Einstellung liegt. Bleibt die einstweilige Einstellung auch über dem Zeitraum nach Eröffnung des Insolvenzverfahrens bestehen, so sind die Zinsen jedoch spätestens ab dem Berichtstermin zu zahlen, sofern dieser vor Ablauf des Dreimonatszeitraums anberaumt ist (§ 30e Abs. 1 Satz 1 ZVG). Daneben kann auf Antrag der betreibenden Gläubiger auch die Zahlung auch von Wertverlustausgleichen nach § 30e Abs. 3 ZVG erfolgen.[220] Im Hinblick auf die Regelung in § 153b ZVG dürfte der vorläufige Insolvenzverwalter entsprechend §§ 30d Abs. 4, 146 Abs. 1 ZVG auch das Recht haben, die einstweilige Einstellung einer **Zwangsverwaltung** zu beantragen,[221] Dass in § 153b Abs. 1 bzw. § 30d Abs. 4 ZVG nur das eröffnete Insolvenzverfahren genannt ist, dürfte angesichts des Regelungszusammenhangs ein redaktionelles Versehen gewesen sein, da keine sachlichen Gründe für eine getrennte Behandlung erkennbar sind und sich auch die Gesetzesbegründung zu dafür möglichen Erwägungen ausschweigt.[222]

II. Verwaltungs- und Verfügungsmaßnahmen des vorläufigen Verwalters

Die Aufgabenstellung des vorläufigen Verwalters mit Verwaltungs- und Verfügungsbefugnis erschöpft sich schon nach der gesetzlichen Fassung des § 22 nicht nur darin, das Vermögen des Schuldners zu sichern und zu erhalten, sondern berechtigt ihn auch dazu, das beschlagnahmte Vermögen ordnungsgemäß zu verwalten und ggf. darüber auch zu verfügen. Während die Vermögensverwaltung dem vorläufigen Insolvenzverwalter u.a. gestattet im laufenden Geschäftsgang fertig gestellte Produkte zu veräußern, Forderungen des Schuldners gegen Dritte einzuziehen oder Dauerschuldverhältnisse im Rahmen eines ordnungsgemäßen Geschäftsverkehrs zu kündigen etc. sind ihm regelmäßig Verwertungs- und Abwicklungsmaßnahmen nur insoweit gestattet, als sie schon während der Dauer des Eröffnungsverfahrens zur Vermögenssicherung unvermeidlich sind, da insbesondere

---

[216] Nach dem ursprünglichen Entwurf galten die Einstellungsmöglichkeiten der Insolvenzgerichte unterschiedlich für alle Gegenstände. Dies wurde erst auf Veranlassung des Rechtsausschusses mit der Begründung gestrichen, das Insolvenzgericht zu entlasten und die Zuständigkeit für unbewegliches Vermögen beim Vollstreckungsgericht zu belassen, da dieses ohnehin mit der anhängigen Zwangsvollstreckung beschäftigt sei und deshalb auch über deren Einstellung entscheiden solle; BT-Drucks. 12/7302, S. 176; vgl. dazu auch *Niesert* ZInsO 1998, 141, 143; *Jungmann* NZI 1999, 352; *Stöber* NZI 1998, 108; *Hintzen* ZInsO 1998, 318.
[217] § 30d ZVG, eingefügt durch Art. 20 EGInsO.
[218] Zur Interessenlage der betreibenden Gläubiger vgl. *Hintzen,* Handbuch RdNr. C, 216; *Stöber* NZI 1998, 108; *Kübler/Prütting/Kemper* § 165 RdNr. 35.
[219] Vgl. dazu ausführlich *Haarmeyer/Wutzke/Förster,* Handbuch, Kap. 3 RdNr. 288; LG Göttingen ZInsO 2000, 118; *Pape* ZInsO 1999, 308, 309; kritisch *Hintzen* ZInsO 2000, 205; ders. RPfleger 1999, 256; *Eickmann* ZfIR 1999, 83.
[220] Zu den Problemen der Berechenbarkeit *Stöber* NZI 1998, 105, 107.
[221] Vgl. dazu *Klein* ZInsO 2002, 1065 ff.; *Jungmann* NZI 1999, 352, 353; *Gerhardt,* Grundpfandrechte im Insolvenzverfahren, 8. Aufl. 1999 RdNr. 254; aA *Smid/Depré* InsO § 49 RdNr. 71.
[222] Dazu überzeugend schon *Gerhardt* Probleme der Mobiliar- und Immobiliarvollstreckung nach der InsO, 1998, S. 223 Fn. 18; *Klein* ZInsO 2002, 1065, 1067; *Jungmann* NZI 1999, 352; aA *Haarmeyer/Wutzke/Förster/ Hintzen* Zwangsverwaltung, § 153b RdNr. 4; ebenso *Stengel* ZfIR 2001, 347, 352.

die Überwindung der regelmäßig vorliegenden Liquiditätskrise des Unternehmens nicht nur notwendige Voraussetzung für eine Eröffnung des Verfahrens, sondern ggf. auch für eine Sicherung der Fortführung des Betriebs ist. Gleichwohl stellt auch in diesem Sachzusammenhang die Verfahrenseröffnung die entscheidende Zäsur in Bezug auf das zu verwirklichende Verfahrensziel der Insolvenzordnung dar. Die im Eröffnungsverfahren angeordnete vorläufige Insolvenzverwaltung soll zwar die Verfahrenseröffnung ermöglichen und das darauf folgende Verfahren vorbereiten, sie soll jedoch nicht die in diesem Verfahrensstadium durchzuführende Gesamtverwertung des schuldnerischen Vermögens vorwegnehmen, da dies nach § 159 die zentrale Aufgabe des Insolvenzverwalters ist. Zu Recht betont daher der Gesetzgeber ausdrücklich, dass der vorläufige Insolvenzverwalter seine Befugnis nur insoweit ausüben darf, als es der Zweck der Vermögenssicherung bis zur Entscheidung über die Verfahrenseröffnung erfordert.[223]

54 **1. Einziehung von Außenständen.** Die Einziehung fälliger, nicht abgetretener oder gesicherter Forderungen des Schuldners ist für den vorläufigen Insolvenzverwalter häufig die einzige Möglichkeit, aus dem schuldnerischen Vermögen die für eine Eröffnung oder Geschäftsfortführung benötigten Finanzmittel zu beschaffen, zumal sie regelmäßig einen wesentlichen Teil des schuldnerischen Gesamtvermögens ausmachen. Der Forderungseinzug stellt sich daher auch zutreffend eher als eine Maßnahme der Sammlung des schuldnerischen Vermögens im normalen Geschäftsgang dar[224] und nicht als ein Fall der Verwertung, denn den Gläubigern wird beim Forderungseinzug gerade kein Haftungsobjekt gegenständlich entzogen und hat zudem für alle Beteiligten den Vorteil, dass sich durch den Einzug das Risiko der Insolvenz des jeweiligen Drittschuldners reduziert. Auch für den Fall, dass der vorläufige Verwalter den Geschäftsbetrieb mit Zustimmung des Gerichtes nach § 22 Abs. 1 Nr. 2 schließen muss, können die aus einem Forderungseinzug gewonnenen Barmittel für die Abwicklung des Betriebes benötigt werden[225], zugleich kann durch den rechtzeitigen Forderungseinzug verhindert werden, dass Ansprüche des Schuldners verjähren, zumal für den Fall der Insolvenz die Bereitschaft von Gläubigern fällige Verbindlichkeiten gegenüber dem Schuldner zu begleichen, regelmäßig deutlich herabgesetzt ist. Der verfügungsbefugte vorläufige Insolvenzverwalter ist daher auch berechtigt und verpflichtet offene, nicht an Geld- oder Warenkreditgeber abgetretene fällige Forderungen des Schuldners einzuziehen.[226] Auch nach der Rechtslage zur KO und GesO wurde der Sequester auf Grund seiner Verwaltungs- und Vertretungsmacht als berechtigt und verpflichtet angesehen, fällige Forderungen des Schuldners einzuziehen, da die Realisierung von Außenständen zu seinen Aufgaben gerechnet worden ist.[227] Soweit diesbezüglich die Auffassung vertreten wurde, der Sequester könne die Forderungen nur mit Zustimmung des Schuldners einziehen,[228] kann dies mit dem gesetzlich bestimmten Übergang der Verwaltungs- und Verfügungsbefugnis nach § 22 Abs. 1 Satz 1 bzw. zulässig erteilter Einzelermächtigung zum Einzug von Forderungen nicht mehr aufrecht erhalten werden.[229] Spätestens mit dem Erlass des vom Gericht angeordneten allgemeinen Verfügungsverbots oder einer spezifizierten Einzelermächtigung fehlt dem Schuldner die Einziehungsbefugnis hinsichtlich der zum Vermögen gehörigen Forderungen, so dass von diesem Zeitpunkt an allein der vorläufige Verwalter berechtigt ist, die offenen Forderungen des Schuldners einzuziehen. Ordnet das Gericht allerdings eine vorläufige Insolvenzverwaltung ohne weitere begleitende Maßnahmen an, so bedarf der vorläufige Insolvenzverwalter zur Einziehung von Forderungen der Mitwirkung des Schuldners, da diesem insoweit die Verfügungsbefugnis über sein Vermögen weiter zusteht. Ist weder ein allgemeines Verfügungsverbot verhängt, noch eine besondere Anordnung der Vermögenssicherung und Verfügungsbeschränkung erfolgt, ist der vorläufige Verwalter nicht berechtigt, Forderungen des Schuldners auf Grund eigener Rechtsmacht einzuziehen. Ist der vorläufige Verwalter zur Einziehung der Forderungen berechtigt, so ist er auch befugt, diese Forderung gerichtlich durchzusetzen (vgl. zur Prozessführungsbefugnis unten RdNr. 184).

55 Die **Vorausabtretung von Forderungen** als Mittel der Kreditsicherung im Verhältnis zwischen dem Schuldner und den ihm Kredit gebenden Gläubigern ist im Geschäftsverkehr weitgehende Praxis. Mit der Anordnung der vorläufigen Verwaltung sieht sich daher auch der damit betraute

---

[223] Begr. zu § 26 RegE, abgedruckt bei *Balz/Landfermann* S. 232.
[224] BGH ZInsO 2006, 544 und 493; *Pohlmann* RdNr. 427.
[225] Anders für den Fall der Einziehung von gesicherten Forderungen, so BGH ZInsO 2010, 714; Ganter NZI 2010, 551; *Flüther/Wehner* NZI 2010, 554 ff., da sich in diesem Fall das Sicherungsrecht am Einziehungserlös fortsetzt.
[226] Einhellige Meinung, vgl. für alle *Kraemer/Vogelsang* Kap. 6 RdNr. 87.
[227] Vgl. u.a. Kilger/*K. Schmidt* § 106 Anm. 4; *Gerhardt* ZIP 1982, 1, 7; *Hess/Kropshofer* § 106 RdNr. 9.
[228] So Kuhn/*Uhlenbruck* § 106 RdNr. 13 d; *Mohrbutter/Mohrbutter*, 6. Aufl. RdNr. 14a; OLG Hamburg ZIP 1987, 385, 386.
[229] HKInsO-*Kirchhof* § 22 RdNr. 5; *Kraemer/Vogelsang* Kap. 6 RdNr. 87; *Pohlmann* RdNr. 426; FKInsO-*Schmerbach* § 22 RdNr. 15.

vorläufige Verwalter mit der Situation konfrontiert, dass Vermögenswerte von einzelnen Gläubigern oder Gläubigergruppen auf Grund von Sicherungsverträgen beansprucht werden, denn diesen steht für das eröffnete Verfahren wegen der abgetretenen Forderung nach § 51 Nr. 1 regelmäßig ein Anspruch auf Absonderung, nicht jedoch auf Einziehung zu, auch wenn dies in der Sicherungsvereinbarung vorgesehen ist. Gem. § 166 Abs. 2 steht nämlich die Verwertung von zur Sicherheit zedierten Forderungen im eröffneten Verfahren einzig dem Verwalter zu, während bei allen anderen Absonderungsrechten an Forderungen die Verwertungsbefugnis nach Maßgabe des materiellen Rechts dem jeweiligen Gläubiger zusteht, insoweit also unstreitig keine Verwertungshoheit des Verwalters besteht.[230] Andererseits liefe das Verwertungsrecht des endgültigen Verwalters jedoch leer, wenn man dem Absonderungsberechtigten noch im Eröffnungsverfahren gestatten würde, die abgetretene Forderung selbst einzuziehen. Ist aber der Absonderungsberechtigte wegen § 166 Abs. 2 nicht (mehr) befugt zur Einziehung, so bleibt als Handelnder bis zur Eröffnung nur der vorläufige Insolvenzverwalter, der auf diese Weise dem Sicherungsbedürfnis gerecht werden kann, indem er einen möglichen Werteverfall der Forderung durch Insolvenz des Drittschuldners, Verjährung, in jedem Fall aber auch einen Zinsverlust verhindert. Die Realisierung abgetretener fälliger Forderung stellt sich mithin als eine Sicherungsmaßnahme dar, was entscheidend für eine entsprechende Anwendung des § 166 Abs. 2 auf das Eröffnungsverfahren zumindest solange sprach, wie nicht der Sicherungsgläubiger die Einziehungsbefugnis widerrufen hat und selbst einzieht.[231] Dies gilt auch weiterhin für den Fall, dass eine gerichtliche Einziehungsanordnung nicht ergeht (dazu § 21 RdNr. 102). Hierfür spricht auch, dass das erklärte Ziel der Sanierung und Betriebsfortführung sicher nicht erreicht werden kann, wenn große Teile des Umlaufvermögens des Schuldners blockiert wären und zur Realisierung der Ziele des Insolvenzverfahrens nicht zur Verfügung stünden.[232] Geht es also darum mögliche Masseeinbußen zu verhindern bzw. die Ziele des Insolvenzverfahrens zu verwirklichen, so ist der vorläufige Verwalter auch ohne gerichtliche Anordnung allgemein als berechtigt anzusehen, auch abgetretene Forderungen einzuziehen, hat aber sicher zu stellen, dass die Erträge dem Absonderungsberechtigten zukommen (vgl. dazu unten RdNr. 56). Ist allerdings die Einziehungsermächtigung an den Schuldner bereits vor Anordnung von Sicherungsmaßnahmen oder während des Eröffnungsverfahrens durch die Sicherungsgläubiger widerrufen, die Abtretung offen gelegt worden und keine Einziehungsanordnung ergangen, so gehören spätestens mit dem Widerruf die Forderungen nicht mehr zum Vermögen des Schuldners, sondern stehen allein den Sicherungsgläubigern zu. Daraus folgt weiter, dass das Insolvenzgericht für diesen Fall auch nach § 21 Abs. 2 Nr. 5 keine Anordnung erlassen darf, mit denen dem vorläufigen Verwalter ein weitergehendes Forderungsverwertungs- oder Einziehungsrecht eingeräumt wird.[233] Dadurch wurde der am Eröffnungsverfahren unbeteiligte Gläubiger – ohne rechtliches Gehör – faktisch rechtlos gestellt, ohne dass zwischen ihm und dem anordnenden Insolvenzgericht ein Prozessrechtsverhältnis begründet worden wäre.[234] Dies folgt auch aus der Begründung zu § 191 Abs. 2 wonach für den Fall, dass der Abtretungsgläubiger einem Pfandgläubiger gleichsteht, das Forderungsverwertungsrecht des Insolvenzverwalters vollständig ausgeschlossen ist.[235] Aus den vom Rechtsausschuss in den Mittelpunkt gestellten Kriterien der Abgrenzung und des Schutzbedürfnisses des Drittschuldners als Abtretungsschuldner folgt daraus auch, dass der vorläufige Verwalter vom Einzug solcher Forderungen ausgeschlossen ist, die der Abtretungsgläubiger offen gelegt hat, weil er damit von seinem originären Verwertungsrecht bereits Gebrauch gemacht hat. Solange jedoch der Sicherungsgläubiger die Einziehungsermächtigung nicht widerruft, erfolgt der Forderungseinzug im Eröffnungsverfahren rechtmäßig. Unbenommen bleibt davon jedoch das Recht des Sicherungszessionars, dem vorläufigen Insolvenzverwalter die Einziehung der Forderung vertraglich zu überlassen.[236] Auch dürfte es zulässig sein, ein gerichtliches Verbot an den Drittschuldner für Zahlungen an den Schuldner zu erlassen und ihm stattdessen aufgeben an den vorläufigen Verwalter zu zahlen, da hier lediglich die Empfangszuständigkeit bestimmt wird, nicht jedoch in das Sicherungsrecht selbst eingegriffen wird.[237]

---

[230] HKInsO-*Kirchhof* § 22 RdNr. 6; *Pohlmann* RdNr. 428 ff.; *Kraemer/Vogelsang* Kap. 6 RdNr. 88; vgl. dazu auch *Foltis* ZInsO 1999, 386, 390.
[231] In diesem Sinne auch die ganz überwiegende Meinung, vgl. *Kirchhof* ZInsO 1999, 436, 437; BGH ZInsO 2000, 330 = BGHZ 144, 192, 199 (zu § 106 KO) sowie BGH ZInsO 2001, 165 = BGHZ 146, 165, 174 zur InsO.
[232] In diesem Sinne *Uhlenbruck* InsO § 22 RdNr. 42.
[233] BGH ZInsO 2003, 318 = BGHZ 154, 172, anders noch LG Berlin ZInsO 1999, 355; kritisch und ablehnend u.a. *Kirchhof* ZInsO 2001, 1, 3.
[234] *Kirchhof* ZInsO 2001, 1, 3.
[235] Vgl. dazu *Foltis* ZInsO 1999, 386, 391.
[236] *Pohlmann* RdNr. 430.
[237] In diesem Sinne auch BGH ZInsO 2003, 318, 321.

56 Leistet der Drittschuldner an den vorläufigen Verwalter, so wird der gem. § 407 BGB frei, sofern er die Abtretung nicht kannte. Leistet der Drittschuldner an den vorläufigen Verwalter oder zieht dieser trotz nicht vorhandener Ermächtigung eine sicherungshalber abgetretene Forderung ein, so erwirbt der Zessionar einen Anspruch gegen den Schuldner aus § 816 Abs. 2 BGB, der im eröffneten Verfahren für den Fall der unberechtigten Forderungseinziehung vom vorläufigen Insolvenzverwalter begründet und daher gem. § 55 Abs. 2 Satz 1 als Masseschuld privilegiert wird.[238] Die Masseschuldprivilegierung nach § 55 Abs. 2 Satz 1 betrifft nämlich nicht nur vertragliche, sondern auch gesetzliche Verbindlichkeiten, die der vorläufige Insolvenzverwalter in Zusammenhang mit seiner Tätigkeit begründet.[239] Der leistende Drittschuldner setzt sich durch eine Zahlung einer Leistungsklage des materiell berechtigten Gläubigers aus. Kann der vorläufige oder später endgültige Insolvenzverwalter den Anspruch nicht als Masseverbindlichkeit voll befriedigen, können den ehemals gesicherten Gläubigern gegen den vorläufigen Insolvenzverwalter Schadensersatzansprüche nach §§ 61, 21 Abs. 2 Nr. 1 zustehen, wodurch der Nachteil kompensiert wird, den die gesicherten Gläubiger durch den Verlust ihres vorab zu befriedigenden Sicherungsrechtes erleiden. Der vorläufige Verwalter hat daher in jedem Fall sicherzustellen, dass die Sicherungsrechte des Zessionars nicht vereitelt werden und auf dessen Kosten die Masse angereichert wird, so dass er gehalten ist, die eingezogenen Gelder treuhänderisch zu verwahren oder zumindest auf einem Sicherheitenerlöskonto gesondert zu verwalten, damit im eröffneten Verfahren vorrangig das Absonderungsrecht des Gläubigers ungekürzt[240] befriedigt werden kann.[241] **Kostenbeiträge** analog § 170, 171 fallen nach ganz einhelliger Meinung im Eröffnungsverfahren nicht an,[242] es sei denn, sie werden vertraglich vereinbart oder das Gericht erlässt einen Beschluss nach § 21 Abs. 2 Nr. 5 (vgl. dazu § 21 RdNr. 96 ff.). Zieht der vorläufige Verwalter eine zur Sicherung abgetretene Forderung ein, obgleich er bei sorgfältiger Prüfung hätte erkennen können und müssen, dass er ohne gerichtliche Ermächtigung die Rechtsposition des Zessionars verschlechtert, haftet er diesem auf Schadensersatz, da er gehalten ist, alles zu unterlassen, eine Sicherungszession bzw. deren Realisierung zu vereiteln.[243] Vergleichbares kann bei eingetretenem Schaden für eine Haftung gem. § 839 BGB i. V. m. Art. 34 GG gegenüber einem ausfallenden Sicherungsgläubiger gelten.[244]

57 Die vorgenannte Rechtslage greift auch für den Fall einer Vorausabtretung im Rahmen einer Globalzession oder eines verlängerten Eigentumsvorbehaltes soweit der Schuldner bei Einigung über die Abtretung verfügungsbefugt war und die im Voraus abgetretene Forderung zu diesem Zeitpunkt wenigstens im Grunde angelegt war.[245] Der Verlust der Verfügungsbefugnis des Schuldners kann die Wirksamkeit der Abtretung nicht hindern, sofern der Schuldner zu dieser Zeit noch verfügungsbefugt und Inhaber der abgetretenen Forderung gewesen ist, so dass anschließende Verfügungsbeschränkungen auch keinen Einfluss mehr auf die Wirksamkeit der Abtretung haben könne.[246] Da die Entstehung der abgetretenen Forderung zum Übertragungstatbestand gehört[247] bleibt die Abtretung wirksam, so dass der vorläufige Insolvenzverwalter ohne gerichtlichen Beschluss kein Einziehungsrecht hat.

58 **2. Minderung laufender und künftiger Masseverbindlichkeiten.** Regelmäßig findet der vorläufige Verwalter bei Übernahme seines Amtes eine Vielzahl noch nicht erfüllter gegenseitiger Verträge des Schuldners vor, die nicht nur die Liquidität – soweit vorhanden – beeinträchtigen, sondern bei denen auch die Gefahr besteht, dass sie die Insolvenzquote zu Lasten der Insolvenzgläubiger erheblich verringern. Da zudem die durch den vorläufigen Insolvenzverwalter mit Verwaltungs- und Verfügungsbefugnis begründeten und im Eröffnungsverfahren noch nicht getilgten Verbindlichkeiten nach der Eröffnung des Verfahrens gem. § 55 Abs. 2 als Masseverbindlichkeiten vollständig aus der Insolvenzmasse zu erfüllen sind, hat der vorläufige Verwalter im Rahmen der ihm übertragenen Befugnis auch die Verpflichtung, die sich aus vorgefundenen Verträgen ergebenden

---

[238] Vgl. dazu OLG Brandenburg ZInsO 2004, 806; vgl. dazu auch *Jaeger/Henckel* § 55 RdNr. 92, vgl. auch § 55 RdNr. 206.
[239] Vgl. dazu auch die Begr. zu § 64 RegE; abgedruckt bei *Balz/Landfermann* S. 267; ebenso *Pohlmann* RdNr. 431.
[240] Kostenbeiträge nach § 171 werden erst nach der Eröffnung gewährt.
[241] *Jaeger/Gerhardt* § 22 RdNr. 101.
[242] BGH ZInsO 2003, 318 = BGHZ 154, 72; vgl. auch *Jaeger/Gerhardt* § 22 RdNr. 100; *Uhlenbruck* InsO § 22 RdNr. 43.
[243] Vgl. dazu OLG Brandenburg ZInsO 2004, 806; *Kirchhof* ZInsO 2001, 1, 4; LG Bremen ZIP 1982, 201.
[244] So ausdrücklich *Kirchhof* ZInsO 2001, 1, 4.
[245] OLG Hamm ZIP 1995, 140, 142; *Eckardt* ZIP 1997, 957, 959.
[246] Vgl. dazu BGH NJW 1997, 1857 = BB 1997, 1066 = ZIP 1997, 737, 738; vgl. dazu auch die Anm. von *Henckel* in EWiR 1997, 943; kritisch dazu *Eckardt* ZIP 1997, 957, 959 ff.
[247] BGH NJW 1997, 1857, 1858.

Belastungen des schuldnerischen Vermögens soweit zu verringern, dass der Bestand der Insolvenzmasse und die Durchführbarkeit des Insolvenzverfahrens gesichert werden kann. Dies gilt insbesondere für solche Belastungen, denen kein gleichwertiger Zuwachs des Schuldnervermögens gegenübersteht oder die auf andere Weise zu einer Auszehrung des schuldnerischen Vermögens führen. Da unstreitig die §§ 103 ff.–128 im Eröffnungsverfahren, mit Ausnahme von § 112 für Miet- und Pachtverhältnisse, nicht gelten,[248] kann der vorläufige Verwalter die sich aus vorgefundenen Verträgen ergebenden Insolvenzinteressenkonflikte daher nur mit den Mitteln des allgemeinen Vertragsrechts lösen.[249]

Die mit dem Schuldner abgeschlossenen gegenseitigen Verträge bleiben auch nach der Anordnung der vorläufigen Insolvenzverwaltung mit ursprünglichen Inhalt bestehen und binden den vorläufigen Insolvenzverwalter. Die vertraglich getroffenen Vereinbarungen werden daher erst mit der Eröffnung des Verfahrens durch die Regelungen der §§ 103 ff. modifiziert, soweit sie noch von keiner Seite vollständig erfüllt sind, da dem vorläufigen Insolvenzverwalter ein Wahlrecht nach § 103 nicht zusteht, vielmehr entsteht dieses originär in der Person des Insolvenzverwalters mit der Eröffnung des Verfahrens. Von daher ist es auch konsequent, dass der Gesetzgeber in § 119 alle im Voraus getroffenen Vereinbarungen, die das Wahlrecht des Insolvenzverwalters ausschließen oder beschränken ausdrücklich für unwirksam erklärt (vgl. dazu näher die Kommentierung zu § 119). Obwohl durch die Insolvenzordnung die Rechte des vorläufigen Insolvenzverwalters gestärkt werden sollen, ist eine Erweiterung hin zu einer Ausübung des Wahlrechtes auch durch den vorläufigen Verwalter schon deshalb nicht denkbar, weil sich die Frage, ob gegenseitige Verträge des Gemeinschuldners weiterzuführen sind, oder ob sie nur noch als Abwicklungsverhältnisse zu behandeln sind, erst stellt, wenn die Entscheidung über die Verfahrenseröffnung getroffen worden ist. Bis zu diesem Zeitpunkt besteht weiterhin die Möglichkeit, dass die Verfahrenseröffnung unterbleibt oder eine Abweisung mangels Masse nach § 26 erfolgt, so dass die Vertragsverhältnisse rechtlich unangetastet weiterbestehen bleiben.[250] Erklärt sich der vorläufige Insolvenzverwalter gleichwohl, kann er durch eine solche Entscheidung hinsichtlich der Vertragserfüllung den Insolvenzverwalter nicht binden, weil dieser auch nach dem neuen Recht keiner Einschränkung bei der Ausübung des Wahlrechts unterliegt und die Wirkungen des § 103 als originäres Recht des Insolvenzverwalters erst mit der Verfahrenseröffnung selbst eintreten.[251] Dem vorläufigen Verwalter bleiben daher nur die sich auch außerhalb der Insolvenz stellenden Möglichkeiten der Beendigung von Vertragsverhältnissen nach allgemeinem Vertragsrecht.[252] So kann er sich zB mit den Gläubigern über die Abwicklung von Verträgen einigen, wenn er nur auf diese Art und Weise in der Lage ist, den Status quo zu wahren und die Masse zu sichern. Sofern sich eine Gelegenheit dazu bietet, ist der „starke" vorläufige Verwalter im Außenverhältnis[253] auch berechtigt, gegenseitige Verträge zu **kündigen** um auf diese Art und Weise die auf dem Unternehmen lastenden Verbindlichkeiten zu verringern. Dabei hat der vorläufige Insolvenzverwalter jedoch stets den doppelten Sicherungszweck vorläufiger Sicherungsmaßnahmen zu beachten (vgl. dazu § 21 RdNr. 13 ff.) und die Frage im Auge zu behalten, ob im Zeitpunkt der Entscheidung über die Beendigung eines Vertragsverhältnisses die Eröffnung des Verfahrens wahrscheinlicher ist als die Nichteröffnung. Beendet er nämlich ein Vertragsverhältnis oder die Bevollmächtigung eines Dritten und kommt es nicht zur Eröffnung des Verfahrens, muss sich für jeden vorläufigen Insolvenzverwalter im Innenverhältnis zum Schuldner stets die Frage aufdrängen, ob der Schuldner sein Unternehmen für den Fall der Abweisung des Eröffnungsantrages auch dann noch im Wesentlichen weiterführen kann, wenn der betroffene Gegenstand oder die Person nicht mehr zur Verfügung stehen.[254] Lässt sich daher im Zeitpunkt der Entscheidung des vorläufigen Insolvenzverwalters die Frage nach der Eröffnung noch nicht abschließend beantworten, liegt es im eigenen haftungsrechtlichen Interesse des vorläufigen Insolvenzverwalters davon zunächst Abstand zu nehmen. Der „schwache" vorläufige Verwalter hat ein Kündigungsrecht nur, wenn ihm insoweit die Befugnis durch das Gericht ausdrücklich übertragen worden ist.[255]

---

[248] Nach hM hat auch § 107 Abs. 2 im Zusammenhang mit dem Eigentumsvorbehalt entsprechende Vorwirkung, wodurch der vorläufige Verwalter berechtigt ist, die Herausgabe von Sicherungsgut im Eröffnungsverfahren zu verweigern. Vgl. dazu oben RdNr. 48.
[249] Allg. Meinung, vgl. dazu auch *Uhlenbruck* InsO § 22 RdNr. 45 ff. Vgl. dazu für die KO auch BGHZ 97, 87 sowie die Darlegungen von *Pohlmann* RdNr. 492 für den Geltungsbereich der InsO.
[250] *Pape*, Kölner Schrift, S. 531, 538 RdNr. 9.
[251] Vgl. dazu *Haarmeyer/Wutzke/Förster*, Handbuch, Kap. 5 RdNr. 192 ff. Nach *Marotzke*, Gegenseitige Verträge im neuen Insolvenzrecht, 3. Aufl. § 14 RdNr. 14.21 ff. stelle sich die Frage, ob der vorläufige Verwalter auf diese Weise nicht ggf. Masseverbindlichkeiten begründet, indem er das Vertrauen des Geschäftspartners in die Beständigkeit der Abreden begründet. Vgl. dazu auch BGH ZInsO 2002, 819 ff.
[252] Ganz hM; vgl. für alle *Uhlenbruck* InsO § 22 RdNr. 46 m. w. Nachw.
[253] Vgl. auch Jaeger/*Gerhardt* § 22 RdNr. 47 ff.
[254] Vgl. dazu *Kraemer/Vogelsang* Kap. 6 RdNr. 93.
[255] Jaeger/*Gerhardt* § 22 RdNr. 134 ff.; HKInsO-*Kirchhof* § 22 RdNr. 38 ff.

60 Sofern es zur ungestörten Sicherung des schuldnerischen Vermögens erforderlich ist, kann der vorläufige „starke" Insolvenzverwalter die vom Schuldner erteilten Aufträge, Geschäftsbesorgungsverträge und Vollmachten **aus wichtigem Grund** kündigen, ohne dass ihm allerdings die Erleichterungen der §§ 109, 111, 113 oder 120 ff. zur Verfügung stehen. Dieses Recht folgt im Außenverhältnis schon aus der vollen Übertragung der Verwaltungs- und Verfügungsbefugnis, durch die der Schuldner schon bereits zu diesem frühen Zeitpunkt vollständig aus der Verwaltung seines Vermögens gedrängt werden soll. Konsequent ist es daher nur, die Handlungsmöglichkeiten der vom Schuldner eingesetzten Dritten bei Beeinträchtigung des Sicherungszweckes bereits in diesem Verfahrensstadium zurückzudrängen, um auch für den vorläufigen Insolvenzverwalter eine ungestörte Vermögensverwaltung zu gewährleisten.[256] Aufgrund der ihm eigenen Rechtsmacht bedarf es auch nicht einer analogen Anwendung der §§ 115 bis 117, die ausdrücklich auf die Verfahrenseröffnung abstellen. Auf den Fortbestand und die Wirksamkeit von **Dauerschuldverhältnissen** hat die Anordnung der vorläufigen Insolvenzverwaltung keine unmittelbaren Auswirkungen, im Gegenteil bestimmt sogar zB § 108 den Fortbestand der Arbeitsverhältnisse mit Wirkung für die Masse fort, so dass der vorläufige Insolvenzverwalter, soweit es der Sicherungszweck erfordert, darauf angewiesen ist, Dauerschuldverhältnisse unter Beachtung der allgemeinen Kündigungsvoraussetzungen zu beenden. Grundsätzlich ist daher auch der vorläufige Insolvenzverwalter mit Verwaltungs- und Verfügungsbefugnis darauf angewiesen, das Vorliegen eines Kündigungsgrundes zu prüfen und die vertraglichen und gesetzlichen Kündigungsfristen zu beachten.[257] Nach §§ 21 Abs. 1, 22 Abs. 1 Satz 2 Nr. 1 ist der vorläufige Insolvenzverwalter auf Grund der auf ihn übergegangenen vollständigen Verwaltungs- und Verfügungsbefugnis auch ohne die Zustimmung des Schuldners zur Kündigung von Dauerschuldverhältnissen berechtigt.[258] Diese Befugnis und Verpflichtung besteht unabhängig davon, ob die Notwendigkeit der Kündigung im Laufe einer Betriebsfortführung oder der Liquidation des Betriebes entsteht. Die Berechtigung des Sequesters bei der Kündigung von Dauerschuldverhältnissen nicht auf die Zustimmung des Schuldners angewiesen zu sein, war bereits zum Konkursrecht allgemein anerkannt.[259] Der vorläufige Insolvenzverwalter ist daher auch berechtigt, die Bankverbindung des Schuldners zu beenden und den Girovertrag als Geschäftsbesorgungsvertrag nach § 116 nach den vorgenannten Grundsätzen zu kündigen.[260] Einer Kündigung der **Kontokorrentabrede** bedarf es nicht, weil diese bereits mit der Anordnung des allgemeinen Verfügungsverbotes erlischt, da es sich dann nicht mehr um eine vorläufige Maßnahmen handelt, die den Bestand des Girovertrages nicht berührt.[261] Auf Grund des Ziels der gleichmäßigen Gläubigerbefriedigung erlischt nicht nur die antizipierte Verrechnungsabrede mit der Folge, dass die Bank auf die (ggf. nach § 130 anfechtbare) Aufrechnung verwiesen ist, sondern der Weg der Aufrechnung ist durch das Verfügungs-, Saldierungs- und Verrechnungsverbot und dem Zweck der Sicherungsmaßnahmen im Eröffnungsverfahren in der Regel verstellt.[262] Im Übrigen hat der vorläufige Insolvenzverwalter auch die Möglichkeit, **Lastschriften** im Einzugsverfahren auch für zurückliegende Zeiträume zu widersprechen, da die erteilte Einzugsermächtigung auch nicht mit der Eröffnung des Verfahrens erlischt, weil diese Verpflichtung noch vor der Eröffnung entstanden ist.[263] Vergleiche im Übrigen zur Anfechtbarkeit bankmäßiger Verrechnungen die Kommentierung zu § 96.

61 **Miet-, Pacht- und Leasingverträge** können unter Beachtung der vorgenannten Grundsätze durch den vorläufigen Insolvenzverwalter im Rahmen der vertraglichen und gesetzlichen Möglichkeiten gekündigt werden. Der Vermieter und Verpächter ist allerdings wegen § 112 an einer Kündigung des Vertrages gegenüber dem Schuldner, dem vorläufigen Insolvenzverwalter und dem Verwalter mit dem Zeitpunkt der Antragsstellung auf Eröffnung des Insolvenzverfahrens gehindert, soweit er sie mit einem bereits vor dem Eröffnungszeitpunkt eingetretenen Verzug der Entrichtung des Miet- oder Pachtzinses oder der Verschlechterung der Vermögenslage des Schuldners begründet wird, da nur auf diesem Hintergrund sichergestellt werden kann, dass der gemietete oder gepachtete

---

[256] Pohlmann RdNr. 494.
[257] BAG ZInsO 2005, 1342; 2002, 1198. Zu den arbeitsrechtlichen Befugnissen des vorläufigen Verwalters vgl. *Haarmeyer/Wutzke/Förster,* Handbuch, Kap. 5 RdNr. 242 ff.; vgl. auch unten RdNr. 62.
[258] BAG ZInsO 2006, 388; LG Lübeck DZWIR 2000, 78; *Uhlenbruck* InsO § 22 RdNr. 45; *Abel* NZI 2003, 122 f.
[259] Vgl. *Hess* § 106 RdNr. 9; *Koch* S. 117; *Herbert* S. 156; *Gerhardt* ZIP 1982, 1, 7; aA Kuhn/*Uhlenbruck* § 106 RdNr. 13 b.
[260] BGH ZIP 2006, 138 = ZInsO 2006, 92, 93. Vgl. auch *Haarmeyer/Wutzke/Förster* GesO § 2 RdNr. 242 ff.; Kuhn/*Uhlenbruck* § 106 RdNr. 16; *Pohlmann* RdNr. 497.
[261] BGH WM 1995, 352 = ZIP 1995, 225.
[262] Vgl. dazu BGH ZInsO 2004, 852; BGH ZIP 1996, 1015; KG ZIP 1995, 53.
[263] Vgl. dazu u.a. BGH ZInsO 2004, 1353 ff.; *d'Avoine* ZInsO 2006, 225; *Spliedt* ZIP 2005, 1260; *Schröder* ZInsO 2005, 1 ff. sowie § 21 RdNr. 58.

Gegenstand zur Fortführung des Betriebes zur Verfügung steht.[264] Wird jedoch die nach dem Eröffnungsantrag fällig werdende Miete oder Pacht trotz Inanspruchnahme bzw. Nutzung nicht vertragsgemäß gezahlt, steht § 112 einer Kündigung nach den allgemeinen Regeln nicht entgegen.[265]

Bei Erlass eines allgemeinen Verfügungsverbotes geht die **Arbeitgeberfunktion** auf den vorläufigen Insolvenzverwalter über, so dass dieser gegenüber den Beschäftigten des schuldnerischen Unternehmens allein kündigungsbefugt ist.[266] Dies ergibt sich schon aus einem Vergleich des Wortlautes des § 6 KO, wo der Übergang der Arbeitgeberfunktion unbestritten gewesen ist[267] was auch durch den Reformgesetzgeber nicht geändert werden sollte, wie sich aus dem Wortlaut der §§ 22 Abs. 1 Satz 1, 80 Abs. 1 ergibt. Zu den arbeitsrechtlichen Befugnissen und Konsequenzen der vorläufigen Verwaltung vergleiche die Darstellung im Rahmen der Fortführung unten RdNr. 110 ff. sowie die nachfolgende Darstellung.

Grundsätzlich ist der vorläufige Insolvenzverwalter mit Verwaltungs- und Verfügungsbefugnis zur Kündigung von Arbeits- und Dienstverhältnissen im Rahmen der allgemeinen Kündigungsvorschriften berechtigt und mit Blick auf seine Sicherungsfunktion für den Bestand der Masse auch im Einzelfall verpflichtet.[268] während ein „schwacher" vorläufiger Verwalter regelmäßig nur gemeinsam mit dem Schuldner agieren kann.[269] Der kündigende „starke" vorläufige Verwalter ist nicht nur an die gesetzlichen und tariflichen Regelungen, sondern auch an die einzelvertraglichen Vereinbarungen hinsichtlich Kündigungsfristen und -terminen in vollem Umfang gebunden. Ihm kommen auch die günstigeren Regelungen des § 113 Abs. 1 nicht zugute, vielmehr hat er die verlängerten Kündigungsfristen des § 622 Abs. 2 Satz 1 Nr. 1 bis 7 BGB bis hin zur Höchstkündigungsfrist von sieben Monaten zum Monatsende zu beachten.[270] Hat das Insolvenzgericht einen Zustimmungsvorbehalt des vorläufigen Verwalters ohne weitere Bestimmung seiner Pflichten angeordnet, so ist er zur Kündigung nicht berechtigt, sofern sich der Schuldner weigert, die erforderlichen Kündigungen auszusprechen. Für diesen Fall bleibt dem vorläufigen Verwalter nur der Weg, beim Gericht die Übertragung entsprechender Befugnisse anzuregen. Die insolvenzrechtlichen Qualifizierung der Entgeltansprüche, die der Schuldner nach erfolgter Kündigung noch bis zum Ablauf der Kündigungsfristen schuldet, richtet sich danach, ob der vorläufige Insolvenzverwalter die Gegenleistung in Anspruch genommen hat oder nicht (§ 55 Abs. 2 Satz 2). Stimmt der Schuldner einer vom vorläufigen Insolvenzverwalter mit Verwaltungs- und Verfügungsbefugnis beabsichtigten Kündigung zu, so entfällt die kompetenzrechtliche Begrenzung auf den Sicherungszweck, da dessen Verfolgung in erster Linie dem Schutz des Schuldners dient. In diesen Fällen kann der vorläufige Insolvenzverwalter daher auch über den Sicherungszweck hinausgehende Kündigungen aussprechen.[271]

3. Begründung von Verbindlichkeiten durch den vorläufigen Insolvenzverwalter. Die Begründung von Masseverbindlichkeiten durch den vorläufigen Insolvenzverwalter hat mit der Aufnahme der Regelung des § 55 Abs. 2 eine umfassende Neubestimmung erhalten, mit weitreichenden Folgen für die Durchführung des Eröffnungsverfahrens. Unter die Neuregelung fallen alle Verbindlichkeiten, die der vorläufige Insolvenzverwalter im Rahmen des gesetzlichen Pflichtenkreises durch Rechtsgeschäft, Verfahrens- oder Prozesshandlungen sowie deliktisches Handeln begründet. Gleiches gilt für Verbindlichkeiten aus einem Dauerschuldverhältnis, das der Schuldner eingegangen ist und aus dem der vorläufige Insolvenzverwalter die Gegenleistung in Anspruch genommen hat. Seit Inkrafttreten der Neuordnung ist die Frage der Begründung von Masseverbindlichkeiten streitig gewesen.[272] Dass der vorläufige Insolvenzverwalter im Rahmen seiner Aufgabenstellung und des doppelten Sicherungszweckes grundsätzlich auch berechtigt ist Verbindlichkeiten zu Lasten des Schuldners zu begründen, folgt schon aus der Neuregelung des § 55 Abs. 2 unmittelbar. Der in der Literatur und Rechtsprechung ausgetragene Streit befasste sich daher vorrangig mit der Frage, inwieweit andere als der mit Verwaltungs- und Verfügungsbefugnis ausgestattete vorläufige Verwalter ebenfalls berechtigt sind, Masseverbindlichkeiten zu begründen.[273]

---

[264] *Braun/Uhlenbruck* S. 373.
[265] BGH ZInsO 2002, 819.
[266] Vgl. dazu BAG ZInsO 2006, 388; 2002, 1198; umfassend *Uhlenbruck/Bescheid* § 22 RdNr. 50 ff.; *Bescheid* ZInsO 1998, S. 9, 11; *Smid* WM 1995, 785, 788.
[267] BAG NJW 1975, 182 = KTS 1975, 132.
[268] BAG ZInsO 2002, 1198; *Bescheid* ZInsO 1998, 9, 12.
[269] Vgl. dazu ausführlich BAG ZInsO 2003, 817; *Uhlenbruck/Bescheid* § 22 RdNr. 56 und aus der Rechtsprechung LAG Hamm ZInsO 1999, 363.
[270] Vgl. dazu umfassend HambKomm-*Schröder* § 22 RdNr. 115 ff.; *Haarmeyer/Wutzke/Förster*, Handbuch, Kap. 5 RdNr. 242 ff.; *Bescheid* ZIP 1997, 1569, 1577.
[271] *Pohlmann* RdNr. 289 ff., 390 ff., 504.
[272] Vgl. dazu u.a. *Kirchhof* ZInsO 1999, 365 ff. sowie *Bork* ZIP 1999, 781; *Förster* ZInsO 1999, 332.
[273] Vgl. zu den damit im Zusammenhang stehenden Möglichkeiten der Umgehung des gesetzgeberischen Willens den Beitrag von *Bork* ZIP 1999, 781.

65 Schon die Sicherstellung der Grundfunktionen vorläufiger Insolvenzverwaltung macht regelmäßig die Eingehung neuer Verbindlichkeiten erforderlich, auch wenn eine Betriebsfortführung nicht in Aussicht steht. Allein der Bezug von Strom, Heizung, Wasser und Abwasserentsorgung sowie die Einrichtung bzw. Aufrechterhaltung von Telekommunikationsmöglichkeiten sind notwendige Voraussetzung für die in der frühen Eröffnungsphase noch nicht zu beantwortende Frage einer möglichen Eröffnung des Verfahrens oder gar einer Wiederaufnahme des Betriebes bzw. dessen Fortführung. Stets ist Voraussetzung für die Sicherung dieser Grundfunktionen, dass der vorläufige Verwalter auf Grund der ihm übertragenen Verwaltungs- und Verfügungsbefugnis berechtigt ist, die erforderlichen Verträge zu schließen bzw. in laufende Verträge einzutreten. Kommt es zur Fortführung des schuldnerischen Unternehmens ergibt sich das Erfordernis der Begründung neuer Verbindlichkeiten aus der notwendigen Beschaffung von Rohstoffen für die Produktion und auch der Besicherung der Massegegenstände selbst. Gerade bei einer Betriebsfortführung kann der Betrieb wirtschaftlich nur dann sinnvoll aufrecht erhalten werden, wenn die Möglichkeit der Produktion überhaupt bestehen bleibt. Erst durch den Ankauf von Rohstoffen oder die Abdeckung von Betriebskosten wird die Produktion und damit die Möglichkeit zur Schaffung von Erlösen gesichert, die dann der künftigen Masse zur Verfügung stehen. Die im Lager des Schuldners vorhandenen Materialien und Rohstoffe müssen werterhaltend und wertsteigernd verarbeitet werden, Halbfabrikate sind fertigzustellen, was erfordert, andere, im Lager nicht mehr vorhandene Materialien hinzuzukaufen etc. Der Erfolg der Betriebsfortführung in der Eröffnungsphase hängt damit nicht zuletzt von der Bereitschaft Dritter ab, mit dem vorläufigen Verwalter Geschäfte zu machen, während es für den vorläufigen Verwalter von erheblichem Interesse ist, nicht für jeden dieser abgeschlossenen Verträge in die persönliche Verpflichtung gehen zu müssen, wie es unter der Geltung der KO und GesO regelmäßig der Fall gewesen ist. Sowohl für die Gläubiger als auch für den vorläufigen Insolvenzverwalter selbst ist daher von erheblicher Bedeutung, welchen Rechtscharakter die vom vorläufigen Verwalter veranlassten oder mitveranlassten Verbindlichkeiten im eröffneten Insolvenzverfahren haben. Da regelmäßig keine unbelasteten Vermögenswerte als Kreditunterlagen zur Verfügung stehen, hängt der Erfolg einer jeden Geschäftsfortführung entscheidend davon ab, wie die von ihm begründeten Verbindlichkeiten in einem anschließend eröffneten Insolvenzverfahren zu qualifizieren sind.

66 Gerade aus diesem Grund wurden auch die Befugnisse des eigenverwaltenden Schuldners im Schutzschirmverfahren dahingehend erweitert, dass dieser nun auch selbst aufgrund gerichtlich zu erteilender Ermächtigung nach § 270b Abs. 3 Masseverbindlichkeiten begründen und damit verbunden dann auch sein Unternehmen selbst fortführen kann.[274] Vgl. dazu die Kommentierung bei § 270b.

67 **a) Die Rechtslage nach § 55 Abs. 2.** Nach der Regelung in § 55 Abs. 2 Satz 1 gelten die „Verbindlichkeiten, die von einem vorläufigen Insolvenzverwalter begründet worden sind, auf den die Verfügungsbefugnis über das Vermögen des Schuldners übergegangen ist, nach der Eröffnung des Verfahrens als Masseverbindlichkeiten". Gleiches gilt gem. § 55 Abs. 2 Satz 2 für Verbindlichkeiten aus einem Dauerschuldverhältnis, das vor Verfahrenseröffnung zwar mit dem Schuldner abgeschlossen wurde, bei dem der vorläufige Insolvenzverwalter jedoch die Gegenleistung für das von ihm verwaltete Vermögen in Anspruch genommen hat sowie für Umsatzsteuerverbindlichkeiten daraus und aus Geschäften der Betriebsfortführung. Erklärter Zweck des § 55 Abs. 2 Satz 1 ist es, diejenigen Personen zu schützen, die mit dem vorläufigen Insolvenzverwalter in der kritischen wirtschaftlichen Situation des Schuldners noch Geschäfte abschließen.[275] Dabei hat der Gesetzgeber der Regelung die in § 22 Abs. 1, 2 getroffene Differenzierung der vorläufigen Verwaltung zu Grunde gelegt und sich damit bewusst für eine Anknüpfung an die verfügungsrechtliche Stellung des vorläufigen Insolvenzverwalters entschieden. Anknüpfungspunkt für die schuldrechtliche Rechtsfolge der Qualifizierung als Masseverbindlichkeiten ist also die Verfügungsbefugnis des vorläufigen Insolvenzverwalters, also dessen dingliche Rechtsmacht. Dem liegt die Überlegung der Insolvenzrechtskommission zu Grunde, dass durch die formale Anknüpfung an das allgemeine Veräußerungsverbot und die Rechtsfolge des § 22 Abs. 1 Satz 1 für den Rechtsverkehr übersichtliche Verhältnisse geschaffen werden sollen.[276] Diese gesetzgeberische Grundentscheidung führt dazu, dass bei allen gerichtlichen Einzelbestimmungen der Befugnisse nach § 22 Abs. 2 die Regelung des § 55 Abs. 2 direkt nicht anwendbar ist, woraus sich dann die o. g. Abgrenzungsprobleme ergeben haben, die jedoch durch

---

[274] Vgl. dazu u.a. LG Duisburg ZInsO 2012, 2346; Ganter NZI 2012, 433, 438; Buchalik ZInsO 2012, 349, 354; Frind ZInsO 2011, 2249 ff.
[275] Begr. zu § 55 Abs. 2; abgedruckt bei *Balz/Landfermann* S. 267.
[276] 1. KommBer. LS 1.2.3, S. 106/107.

die Rechtsprechung des BGH[277] nunmehr in eine praxisgerechte und dogmatisch zumindest „erträgliche" entwickelt worden ist. Die bis zu dieser Entscheidung vorhandene dogmatische Schieflage[278] war Konsequenz des gesetzgeberischen Versuches, sowohl den Bedenken des BGH zum Sequester Rechnung zu tragen, gleichzeitig aber sich im praktischen Ergebnis der in der insolvenzrechtlichen Literatur verbreiteten Gegenansicht anzuschließen.[279] Da vom vorläufigem Verwalter mit Verwaltungs- und Verfügungsbefugnis begründete Forderungen zeitlich vor der Eröffnung des Insolvenzverfahrens begründet werden und die Gläubiger gemäß der Legaldefinition in § 38 als Insolvenzgläubiger zu qualifizieren wären, blieb für den Gesetzgeber unter Berücksichtigung der Bedenken des BGH[280] nur der Weg der rechtstechnischen Fiktion als Rechtsfolgeverweisung für den Fall der Insolvenzeröffnung, wonach die vom verfügungsbefugten vorläufigen Insolvenzverwalter begründeten Verbindlichkeiten lediglich „als Masseverbindlichkeiten" gelten. Im Ergebnis entspricht die Regelung in § 55 Abs. 2 Satz 1 jedoch der im Schrifttum gegen den BGH vertretenen Ansicht, die vom Sequester begründeten Verbindlichkeiten als Masseverbindlichkeiten qualifizieren wollte (vgl. dazu oben RdNr. 66). In der Neuordnung spiegelt sich daher auch die neue Grundkonzeption, mit der im Interesse der Erhaltung schuldnerischer Unternehmen die Wirkungen der Verfahrenseröffnung auf der Rechtsfolgeebene vorverlegt werden. Insoweit knüpft auch der BGH an seine frühere Rechtsprechung an, dass nämlich die Begründung von Masseschulden schon im Eröffnungsverfahren die Ausnahme sein soll und Sicherungsmaßnahmen vorrangig unter dem Gesichtspunkt angeordnet werden, was im jeweiligen Einzelfall zur Sicherung, Erhaltung und ggf. Fortführung nötig ist, ohne damit zugleich die Begründung von Masseverbindlichkeiten zu präjudizieren. Sind Sicherungsmaßnahmen aber unvermeidlich, so muss auch die Möglichkeit bestehen, diese flexibel und punktgenau auf das Nötigste zu begrenzen.[281]

Der Gesetzgeber hat aber damit nicht das „Wunschziel" der Verwalter verwirklicht, nämlich nach **68** deren eigenem Ermessen in jedem Fall allein darüber zu entscheiden, wie weit und mit welchen Verbindlichkeiten sie die spätere Insolvenzmasse belasten; vielmehr gilt grds. das „Alles oder Nichts" Prinzip.[282] Da der vorläufige Verwalter nach §§ 61, 21 Abs. 2 Nr. 1 auch für die Erfüllung der von ihm begründeten Masseverbindlichkeiten persönlich haftet, ohne dass von dieser gesetzlichen Rechtsfolge dispensiert werden kann, liegt auf der Hand, dass die Verwalter vor diesem haftungsrechtlichen und auch wirtschaftlich teilweise schwer zu kalkulierenden Hintergrund andere Formen der vorläufigen Verwaltung angestrebt und im Einklang mit dem Gericht auch weitgehend umgesetzt haben. So ist es heute gängige Praxis in weit mehr als 95 % aller angeordneten vorläufigen Verwaltungen, dass nicht die „starke" vorläufige Verwaltung angeordnet wird, sondern regelmäßig auf die „schwache" vorläufige Verwaltung ausgewichen wird und die Einzelbefugnisse im Einklang mit der Rechtsprechung des BGH differenziert ausgestaltet werden. Dies geschieht vor dem Hintergrund, dass auch ohne ein umfassendes Sicherungsbedürfnis in Einzelfällen die Notwendigkeit besteht, schon während des Eröffnungsverfahrens bestimmte Masseverbindlichkeiten zu begründen oder Lieferanten auf andere Art und Weise Erfüllungssicherheit zu gewähren (zB im Wege des sog. Treuhandmodells), andererseits aber die Masse im Interesse des Erhaltes von Sanierungs- und Fortführungschancen vor zu großen Belastungen zu schützen und zugleich Rechtssicherheit und Rechtsklarheit zu gewährleisten. Zu den Einzelheiten bezüglich der Begründung von Masseverbindlichkeiten in diesem Rahmen vgl. die nachfolgende RdNr. 70.

b) Rechtslage ohne allgemeines Veräußerungsverbot. Bei der Anordnung eines allgemeinen **69** Verfügungsverbots stellt das Gesetz in § 55 Abs. 2 die vom verfügungsbefugten vorläufigen Insolvenzverwalter begründeten Verbindlichkeiten den vom endgültigen Insolvenzverwalter begründeten (§ 55 Abs. 1 Nr. 1) gleich. Diese Gleichbehandlung ist auch konsequent, da die Rechtsstellung des verfügungsbefugten vorläufigen Insolvenzverwalters auch sonst in weiten Bereichen derjenigen des Insolvenzverwalters entspricht (vgl. § 22 Abs. 1 Satz 1, Satz 2 Nr. 2, 3; § 24 Abs. 2; § 85 Abs. 1 Satz 1, § 26; § 25 Abs. 2 Satz 1; § 240 Satz 2 ZPO) und diese Regelungen die Wirkungen der Verfahrenseröffnung in weitem Umfang in das Eröffnungsverfahren vorverlegen. Dem steht die Entscheidung des Gesetzgebers gegenüber, an die Anordnung der vorläufigen Verwaltung ohne gleichzeitigen Erlass eines Verwaltungs- und Verfügungsverbotes diese Rechtsfolge nicht zu knüpfen, sodass grundsätzlich die sog. „schwache" vorläufige Verwaltung nicht zur Begründung von Masseverbindlichkeiten i. S. d. § 55 Abs. 2 ermächtigt. Was allerdings nicht ausschließt, dass er gleichwohl durch eigenes

---

[277] BGH Urteil vom 18.7.2005 – IX ZR 195/01 = ZInsO 2002, 819 ff.
[278] Pohlmann RdNr. 348.
[279] Vgl. dazu ausführlich Pohlmann RdNr. 328 ff.
[280] Vgl. BGHZ 97, 87, 91 = NJW 1986, 1496, 1497.
[281] So ausdrücklich Kirchhof ZInsO 2004, 57, 58.
[282] Vgl. zu den Ausnahmen die nachfolgende RdNr. 70; dazu auch Kirchhof ZInsO 2004, 57 ff.

Verhalten Masseverbindlichkeiten begründet, wenn er zB Mietzahlung des Schuldners nicht an den Hauptmieter weiterleitet und trotz Inanspruchnahme eine fällige Miete nicht zahlt.[283] Vor diesem Hintergrund stellt sich aber auch die Frage, ob das Insolvenzgericht berechtigt sein kann, den „schwachen" vorläufigen Insolvenzverwalter im Rahmen des § 22 Abs. 2 im Einzelfall auch zu ermächtigen, Verbindlichkeiten als spätere Masseverbindlichkeiten einzugehen, mit der Folge, dass die vom vorläufigen Verwalter ohne Verwaltungs- und Verfügungsbefugnis daraufhin begründete Verbindlichkeiten mit der Verfahrenseröffnung kraft gerichtlicher Anordnung als Masseverbindlichkeiten gelten.

70 Für diese Möglichkeit spricht zum einen, dass in vielen Eröffnungsverfahren die zwingende Notwendigkeit besteht, bestimmte Masseverbindlichkeiten zu begründen, um damit das Schuldnervermögen günstig beeinflussen zu können, ohne dass die sachlichen Notwendigkeiten für den Erlass eines allgemeinen Verfügungsverbotes bestehen und zum anderen, dass nach den Grundsätzen der Verhältnismäßigkeit nur jeweils die Sicherungsmaßnahme angeordnet werden soll, die im jeweiligen Einzelfall zur Sicherung, Erhaltung oder ggf. Fortführung notwendig ist. Könnte das Insolvenzgericht im Rahmen der Erforderlichkeitsprüfung den vorläufigen Insolvenzverwalter nicht zur Begründung von Masseverbindlichkeiten ermächtigen, so müsste es stets dem Schuldner ein allgemeines Verfügungsverbot auferlegen, obwohl diese Maßnahme im Lichte der Prüfung des Begriffes der Erforderlichkeit nach § 21 Abs. 1 (vgl. dazu § 21 RdNr. 19) nicht notwendig wäre. Darf jedoch das Insolvenzgericht nach dem Verhältnismäßigkeitsgebot nur den geringsten noch wirksamen Eingriff in die Rechte des Schuldners im Eröffnungsverfahren anordnen, so gerät diese Handlungsmaxime notwendig in Konflikt zu den teilweise praktischen Erfordernissen der Insolvenzabwicklung, bei der nämlich potentielle Vertragspartner bei einem Geschäftsabschluss regelmäßig darauf drängen, für den Fall ihres Ausfalls in rechtlich einwandfreier Weise abgesichert zu sein. Vor diesem Hintergrund hat der BGH in seinem Urteil vom 18.7.2002 – IX ZR 195/01[284] ausgesprochen, dass das Insolvenzgericht – jedenfalls i. V. m. dem Erlass eines besonderen Verfügungsverbots – auch den vorläufigen Insolvenzverwalter ohne begleitendes allgemeines Verfügungsverbot im Voraus ermächtigen kann, einzelne Verpflichtungen zu Lasten der späteren Insolvenzmasse einzugehen. Jedoch müssen, so der BGH a. a. O., bei der Begründung künftiger Masseverbindlichkeiten die Grundsätze der Rechtsklarheit und Rechtssicherheiten gewahrt bleiben. Damit ist die zuvor teilweise übliche allgemeine Ermächtigung des Gerichts an den vorläufigen Verwalter, nach seinem Ermessen umfassend „für den Schuldner zu handeln", nicht vereinbar, mit der Folge, dass solche Pauschalermächtigungen vom BGH für unzulässig erklärt worden sind. Zugleich hat er aber mit dieser Entscheidung einen Weg gewiesen, der seither in der Praxis zu weitgehend befriedigenden Ergebnissen geführt hat. § 22 Abs. 2 InsO schreibt ausdrücklich vor, dass das Gericht die Pflichten – und damit zugleich die Rechte – des „schwachen" vorläufigen Insolvenzverwalters bestimmt. Wenn es kein allgemeines Verfügungsverbot erlässt, hat es in jedem Falle selbst die einzelnen Maßnahmen bestimmt zu bezeichnen, zu denen der vorläufige Verwalter verpflichtet und berechtigt sein soll. Es darf diese jedoch nicht pauschal in das Ermessen des „schwachen" vorläufigen Verwalters stellen. Die rechtliche Kontrolle darüber muss letztlich beim Gericht verbleiben.[285]

70a Diese Grundsätze haben den Weg zu den sog. **Einzel- und Gruppenermächtigungen** eröffnet, die seither maßgeblich das Bild der vorläufigen Insolvenzverwaltung prägen.[286] Danach kann das Gericht den vorläufigen Verwalter ermächtigen, einzelne, im Voraus nach Art und Umfang festgelegte Verpflichtungen zu Lasten der späteren Masse zu begründen, mit der Folge, dass der vorläufige Verwalter analog § 55 Abs. 2 nach der Eröffnung kein Wahlrecht mehr hat, ob er so begründete Verbindlichkeiten erfüllt oder nicht, da sie als Masseverbindlichkeiten gelten.[287] Ist für eine Vielzahl von Einzelanordnungen die Notwendigkeit zur Begründung von Masseverbindlichkeiten gegeben, so wird es allgemein auch als zulässig angesehen, dies im Wege sog. gerichtlicher Gruppenermächtigungen[288] (zB „... für die Lieferung und Leistungen zur Fertigstellung des Bauvorhabens in ... oder „... zur Sicherstellung der Versorgung des Betriebsgrundstückes ...) vorzunehmen.[289] Haftungsrechtlich relevante Voraussetzung ist aber stets, dass der vorläufige Verwalter darlegt und das Gericht prüft, ob die neu zu

---

[283] BGH ZInsO 2008, 321 ff.
[284] ZInsO 2002, 819 ff. = BGHZ 151, 353 ff.
[285] *Kirchhof* ZInsO 2004, 57, 58.
[286] Ausführlich zu den Voraussetzungen und Rechtsfolgen *Laroche* NZI 2010, 965 ff. sowie *Horstkotte/Martint* ZInsO 2010, 750 ff.
[287] Kritisch gegen diese Möglichkeit *Pape/Uhlenbruck* ZIP 2005, 417, 419; *Jaeger/Gerhardt* § 22 RdNr. 131; vgl. dazu auch die Hamburger Leitlinien ZInsO 2004, 24 sowie die zustimmende Darstellung bei *Kirchhof* ZInsO 2004, 57, 61.
[288] Vgl. z. B. die sog. Ufa-Entscheidung des AG Hamburg ZIP 2003, 43.
[289] In diesem Sinne auch HambKomm-*J. S. Schroeder* § 22 RdNr. 91 ff.

begründenden Verbindlichkeiten aus der Masse erfüllt werden können, um Vermögensschäden bei den Vertragspartnern möglichst zu vermeiden. Dass hierzu im Rahmen einer Betriebsfortführung eine entsprechende **Liquiditätsvorschau** gehört, sollte ebenso selbstverständlich sein, wie die notwendige Konkretisierung auf abgrenzbare Sachverhalte.[290] Die Ansprüche der Gläubiger, die aus der Kontrahierung mit dem vorläufigen Verwalter mit Verwaltungs- und Verfügungsbefugnis oder mit Einzel- und Gruppenermächtigung im Eröffnungsverfahren erwachsen, sind im eröffneten Verfahren nach § 53 zu bereinigende Masseverbindlichkeiten. Bei während des eröffneten Verfahrens eingetretener Masseunzulänglichkeit gehen allerdings wegen der Rangfolge des § 209 Abs. 1 sämtliche Verfahrenskosten sowie die Neumasseverbindlichkeiten, also die Masseverbindlichkeiten, die nach Anzeige der Masseunzulänglichkeit begründet worden sind, ohne zu den Kosten des Verfahrens zu zählen, den Ansprüchen der Gläubiger vor, die überdies noch ihren Rang mit verschiedenen Gläubigern teilen müssen.[291] Bei eintretender Masseunzulänglichkeit können daher die mit dem vorläufigen Insolvenzverwalter kontrahierenden Gläubiger regelmäßig nur mit einer quotalen Befriedigung ihrer Forderung rechnen, was die Bereitschaft der Gläubiger zum Vertragsschluss deutlich herabsetzt und in der Praxis regelmäßig dazu führt, dass neben der Qualifizierung der Masseverbindlichkeit auch der vorläufige Insolvenzverwalter persönlich in die Haftung gehen muss.

Dies lässt sich in der Praxis entweder über die **Gewährung zusätzlicher Sicherheiten** im 71 Rahmen des sog. Bargeschäftes[292] oder über das sog. **Treuhand(konten)modell**[293] vermeiden, das insoweit ganz überwiegend als eine insolvenzfeste Möglichkeit angesehen wird, Lieferungen und Leistungen im Eröffnungsverfahren hinreichend abzusichern.[294] Die Praxis kennt insoweit ganz unterschiedliche Handhabungen, die aber in der Regel immer das gleiche Ziel verfolgen, nämlich einen Vertragspartner des vorläufigen Verwalters gegen das Risiko des Ausfalls der Forderung bzw. der Masseunzulänglichkeit dadurch abzusichern, dass neben dem regulären Anderkonto des vorläufigen Verwalters zugunsten zB eines Lieferanten ein gesondertes, treuhänderisch verwaltetes Konto, das sog. Treuhandkonto, eingerichtet wird. Dabei ist der Treuhänder entweder der vorläufige Verwalter selbst oder ein von ihm bestellter Dritter.[295] Akzeptiert man allerdings die notwendige richterliche Kontrolle im Eröffnungsverfahren, dann kommt man nicht umhin, die Einrichtung eines solchen Treuhandkontos an eine gerichtliche Genehmigung bzw. Zustimmung zu knüpfen und zwar unabhängig davon, ob der vorläufige Verwalter selbst oder ein Dritter über das Treuhandkonto verfügungsberechtigt ist.[296] Nur auf diese Weise kann auch verhindert werden, dass die gerichtliche Aufsicht unterlaufen wird oder es zu unberechtigten Einzelbefriedigungen kommt bzw. das Treuhandkonto den Charakter einer „schwarzen Kasse" bekommt. Bedingung einer ordnungsgemäßen Rechnungslegung des vorläufigen Verwalters ist daher auch, dass sich diese auch auf das Treuhandkonto bezieht, denn er erlangt die Verfügungsbefugnis auch über diese Gelder nur auf Grund seiner Stellung als vorläufiger Verwalter.[297]

c) Aufnahme eines Masse- oder Betriebsmitteldarlehens. Regelmäßig benötigt auch der 72 vorläufige Verwalter – unabhängig davon ob er zum „starken" oder zum „schwachen" vorläufigen Verwalter bestellt worden ist – finanzielle Mittel, um den Betrieb aufrecht zu erhalten oder um die Kosten des durch ihn ausgelösten Verwaltungshandelns zu decken. Insbesondere zur Fortführung des Betriebes ist es für den vorläufigen Verwalter nicht nur erforderlich, Verbindlichkeiten zB in Form von Warenbestellung einzugehen, sondern notwendig ist es vielfach, sich Kapital und damit Liquidität auch auf andere Art und Weise zu verschaffen. In aller Regel zeichnet sich die bei Antrag-

---

[290] Zu den Anforderungen an eine solche Liquiditätsvorschau *Horstkotte/Martini* ZInsO 2010, 750, 751 ff.
[291] HKInsO-*Kirchhof* § 22 RdNr. 22.
[292] Vgl. dazu in HambKomm-*J. S. Schroeder* § 22 RdNr. 97; *Kirchhof* ZInsO 2004, 57, 58.
[293] BGHZ 109, 47 ff.; BGH ZInsO 2002, 278 ff. Die Zulässigkeit ist auch in der Literatur allgemein akzeptiert, vgl. u.a.. Jaeger/*Gerhardt* § 22 RdNr. 132; *Uhlenbruck* InsO § 22 RdNr. 19; HKInsO-*Kirchhof* § 22 RdNr. 49; *J.-S. Schroeder* HambKommInsO § 22 RdNr. 98 ff.; *Kirchhof*, FS Kreft S. 359, 367; *Undritz* NZI 2003, 136 ff.; *Bork* ZIP 2003, 1421 ff.; ablehnend u.a. AG Hamburg ZIP 2003, 43; *Jaeger-Henckel* § 55 RdNr. 84; *Pape/Uhlenbruck* ZIP 2005, 417, 419; *Pape* ZInsO 2003, 1061, 1063.
[294] Vgl. umfassend dazu *Werres* ZInsO 2005, 1233; 2006, 918; *Marotzke* ZInsO 2204, 721; *Frind* ZInsO 2004, 479; *ders.* ZInsO 2005, 1296; *Mönning/Hage* ZInsO 2005, 1185.
[295] Die Einzelheiten und Modalitäten sind ebenso umstritten, wie die Behandlung der Ansprüche daraus im Rahmen von Aus (dafür *Frind* ZInsO 2004, 470, 475) – oder Absonderungsrechten (dafür *Bork* ZIP 2003, 1421, 1424); vgl. dazu exemplarisch *Werres* ZInsO 2005,1233 und 2006, 918.
[296] In diesem Sinne ausdrücklich *Marotzke* ZInsO 2004, 721, ähnlich *Frind* 2004, 470, 475; *Kirchhof*, FS Kreft S. 365; vgl. auch AG Hamburg ZInsO 2005, 322 sowie 2004, 517.
[297] Zu den vergütungsrechtlichen Auswirkungen auf die Bestimmung der Berechnungsmasse vgl. den Beitrag von *Frind* ZInsO 2004, 840 ff. Hat der vorläufige Verwalter ohne eine im Voraus erteilte Einzelmächtigung Forderungen begründet, so kann der Charakter der Masseverbindlichkeit nicht durch die nachträgliche Einrichtung eines Treuhandkontos „geheilt" werden, so AG Hamburg ZInsO 2006, 218.

stellung vorgefundene Situation dadurch aus, dass der schuldnerische Betrieb das vorhandene Kapital bereits weitgehend aufgezehrt hat und nur selten nennenswerte flüssige Betriebsmittel vorhanden sind. Nimmt der Verwalter in dieser Situation ein Darlehen auf und ist diese Aufnahme vom Sicherungszweck der vorläufigen Insolvenzverwaltung gedeckt, so dass diese Darlehensschuld im Falle der Verfahrenseröffnung den Charakter einer Masseverbindlichkeit annimmt.[298] Im Hinblick auf die Regelung des § 160 Abs. 2 Nr. 2 stellt sich jedoch die Frage, ob er ein solches Darlehen auf Grund der ihm übertragenen Befugnis selbst aufnehmen darf oder ob er wegen der besonderen Bedeutung hierzu der Zustimmung Dritter, insbesondere des Schuldners oder des Insolvenzgerichts bedarf. Diese Frage stellt sich insbesondere deshalb, weil der Insolvenzverwalter nach Eröffnung des Verfahrens zur Aufnahme eines Darlehens, welches die Insolvenzmasse erheblich belasten würde, zwingend der Zustimmung des Gläubigerausschusses und, wenn ein solcher nicht bestellt ist, der Zustimmung der Gläubigerversammlung bedarf (§ 160 Abs. 1, 2 Nr. 2). Darf also im eröffneten Verfahren ein solches Darlehen ohne Mitwirkung der Gläubigerorgane nicht aufgenommen werden, stellt sich die Frage, wie dieser Gläubigerschutzgedanke im Eröffnungsverfahren verwirklicht werden kann, da es an einer institutionalisierten Gläubigermitwirkung deshalb fehlt, weil die Bestellung eines vorläufigen Gläubigerausschusses im Eröffnungsverfahren nicht vorgesehen ist, da die Regelung des § 67 an die Eröffnung des Verfahrens anknüpft,[299] was aber nicht ausschließt, dass das Gericht im Rahmen von § 21 Abs. 1 die Einsetzung eines vorläufigen Gläubigerausschusses als Sicherungsmaßnahme bestimmen kann.[300] Ist es zutreffend, dass trotz der Vorverlagerung der Eröffnungsgründe in das Eröffnungsverfahren der vorläufige Insolvenzverwalter in keinem Fall mehr Rechte haben kann als der endgültige Verwalter,[301] dann muss die im eröffneten Verfahren vorgesehene Beteiligung der Gläubigerorgane im Eröffnungsverfahren dadurch kompensiert werden, dass bedeutsame Entscheidungen im Sinne des § 160 der Zustimmung des Insolvenzgerichts bedürfen.[302] Nur auf diese Weise können letztlich auch die notwendigen Kontrollrechte des eröffneten Verfahrens in das Eröffnungsverfahren übertragen werden. Für den vorläufig „schwachen" Verwalter ergibt sich die gerichtliche Beteiligung schon aus der notwendigen Erteilung einer entsprechenden Einzelermächtigung. Schließt der Verwalter einen Kreditvertrag ohne die erforderliche Zustimmung des Insolvenzgerichts ein, so berührt dieses analog § 164 nicht die Rechtswirksamkeit der Handlung, denn im Außenverhältnis ist die Rechtsmacht des Verwalters nur dann beschränkt, wenn er Handlungen vornimmt, die offensichtlich gegen den Sicherungszweck verstoßen.[303] Ein Verstoß gegen das Mitwirkungserfordernis kann jedoch zu aufsichtsrechtlichen Maßnahmen des Insolvenzgerichts oder zur persönlichen Haftung des Verwalters führen. Analog § 161 Satz 1 hat der vorläufige Insolvenzverwalter den Schuldner daher auch von der beabsichtigten Kreditaufnahme zu unterrichten, damit dieser Gelegenheit erhält, dem Verwalter und dem Insolvenzgericht etwaige Bedenken vorzutragen.[304]

73   4. Verwertungs- und Abwicklungsmaßnahmen. Der vorläufige Verwalter ist verpflichtet, das den Gläubigern zugewiesene und ihnen haftende Vermögen des Schuldners zu sichern und zu erhalten. Er ist daher auch grundsätzlich **nicht berechtigt, das Schuldnervermögen schon im Eröffnungsverfahren zu verwerten**.[305] Gleichwohl kann es in vielen Verfahren sinnvoll sein, zum Schutz der künftigen Masse nicht mit Sicherungsrechten belastetes Vermögen zu veräußern, soweit dieses im eröffneten Verfahren nicht mehr benötigt wird und hierdurch die für eine mögliche Betriebsfortführung notwendige Liquidität erhöht wird. Vielfach stellt sich auch im Eröffnungsverfahren heraus, dass eine dauerhafte, die Sanierung und Reorganisation ermöglichende Betriebsfortführung nicht sinnvoll ist und sich für die Gläubiger als wirtschaftlich nutzlos oder schädlich darstellt.

---

[298] Zur Zulässigkeit der Darlehensaufnahme vgl. Jaeger/*Gerhardt* § 22 RdNr. 82: HambKomm-*J. S. Schroeder* § 22 RdNr. 60.
[299] HK-*Eickmann* § 67 RdNr. 2; *Pohlmann* RdNr. 351.
[300] Allein die Nichterwähnung des Gläubigerausschusses in den §§ 21 ff. spricht nicht gegen die Unzulässigkeit seiner Bestellung, zumal der RegE nur von einer Stunden bis wenige Tage dauernden Eröffnungsphase ausging, so dass aus der Sicht der Entwurfsverfasser für eine Institutionalisierung eines Gläubiger-Gremiums im Eröffnungsverfahren weder zeitlich noch sachlich eine Notwendigkeit bestand, da mit der „unmittelbaren" Eröffnung die Gläubigerversammlung zum bestimmenden Faktor werden sollte. Da in der Vorphase der Eröffnung vielfach wichtige Weichenstellung vorzunehmen sind, erscheint seine Einsetzung auch praktisch sehr sinnvoll, um die Gläubigermitbeteiligung im verlängerten Eröffnungsverfahren sicherzustellen; in diesem Sinne sind wohl auch schon die Diskussionsbeiträge von *Gerhardt/Kübler*, Insolvenzrecht 1998, RWS-Forum 34, S. 94, 95 zu verstehen; ausführlich dazu *Pape*, Gläubigerbeteiligung im Insolvenzverfahren RdNr. 299 ff.
[301] So schon für den Sequester *Gerhardt* ZIP 1982, 17; Kilger/*K. Schmidt* § 106 Anm. 4.
[302] So auch *Pohlmann* RdNr. 353; vgl. dazu auch *Hilzinger* ZInsO 1999, 560.
[303] Vgl. zur Insolvenzzweckwidrigkeit schon BGH NJW 1971, 701, 702; BGH ZIP 1983, 589; OLG Celle ZIP 1984, 471, 472.
[304] So auch die Begr. zu § 161; abgedruckt bei *Balz/Landfermann* S. 405.
[305] So zuletzt und ausdrücklich BGH ZInsO 2011, 693 Tz 11.

Vor diesem Hintergrund kann es auch für den vorläufigen Verwalter erforderlich sein, bereits im Eröffnungsverfahren einzelne Betriebsteile oder Sachgesamtheiten zu veräußern, insbesondere dann, wenn zB die darin enthaltenen Werte bei einer zeitlich verzögerten Verwertung entweder vernichtet oder erheblich gemindert würde. Die auch das Eröffnungsverfahren prägende Maxime der optimalen Befriedigung der Gläubiger ist folglich nicht nur beeinflusst von der Frage der jeweiligen Verwertungsmethode, sondern auch vom richtigen Zeitpunkt der Verwertungshandlung. Auch für den vorläufigen Insolvenzverwalter mit begleitendem Verfügungsverbot sieht jedoch § 22 Abs. 1 Satz 2 Nr. 1 nur die Sicherung und Erhaltung des Schuldnervermögens als Aufgabe vor. Dass dazu die Verwertung von Schuldnervermögen jedenfalls nicht regelmäßig gehört, hat der Gesetzgeber dadurch zum Ausdruck gebracht, dass er zum einen bewusst davon abgesehen hat, die Verwertung dem bloß vorläufigen Verwalter zu übertragen und in der Begründung zu § 22 (§ 26 RegE) ausdrücklich den Zweck der Vermögenssicherung in den Vordergrund gestellt und als mögliche Verwertungshandlung nur den Notverkauf verderblicher Waren angeführt hat. Dabei darf jedoch nicht übersehen werden, dass die Begründung zu einem Zeitpunkt abgefasst worden ist, in dem der Gesetzgeber noch von einer nur wenige Tage dauernden Eröffnungsphase ausging, und daher kein Anlass bestand, über Verwertungskompetenzen nachzudenken, während die erhebliche Erweiterung dieses Zeitraums durch den Rechtsausschuss in die Begründung nicht einbezogen worden ist.

Nach der Rechtslage zur KO und GesO bestand zwischen der Rechtsprechung und der überwiegenden Literaturmeinung Einigkeit darüber, dass die Sequestration in erster Linie die Aufgabe habe, die Masse zu sichern und die Konkurseröffnung lediglich vorzubereiten, während die Verwertung des Schuldnervermögens nach dem eindeutigen Wortlaut des § 117 Abs. 1 KO die zentrale Aufgabe des Konkursverwalters ist.[306] Dieser grundsätzliche Ausschluss von Verwertungsmaßnahmen im Eröffnungsverfahren steht auch im Einklang mit der zu § 106 Abs. 1 KO entwickelten Rechtsprechung, die jedoch überwiegend aus Haftungsprozessen gegen den Sequester stammt. § 82 KO herrührt.[307] Daher lässt die Tatsache, dass der BGH im Einzelfall Schadensersatzansprüche verneint hat, nicht den Umkehrschluss zu, dass der Sequester generell zur Veräußerung von Massegegenständen zB mit Zustimmung des Schuldners befugt ist, da durch eine solche Interpretation die Funktionen der Konkursorgane und des Konkursrechtssystems faktisch außer Kraft gesetzt worden wäre.[308]

Einigkeit bestand zur Rechtslage nach der KO und GesO jedoch darin, dass im Rahmen der Sequestration Fertigprodukte im Rahmen des ordnungsgemäßen Geschäftsganges vom Schuldner mit Zustimmung des Sequesters veräußert werden dürfen.[309] Gleiches galt für den Notverkauf verderblicher Ware oder vom akut vom Wertverlust bedrohten Gegenständen des Anlage- und Umlaufvermögens, wohingegen der Sequester mit der Verwertung des Betriebsvermögens selbst nur dann beginnen durfte, wenn diese Notmaßnahmen im Einzelfall erforderlich waren, um den Wert des Betriebsvermögens überhaupt zu erhalten oder wenn sich die Veräußerung als eine einmalige für die Gläubigerschaft günstige Gelegenheit darstellte.[310] Abgesehen von diesen Ausnahmeregelungen hat jedoch insbesondere auch der Bundesgerichtshof stets daran festgehalten, dass der Sequester grundsätzlich nur Sicherungsmaßnahmen treffen darf.[311] Dem entspricht es daher auch, wenn der Bundesgerichtshof den Zweck der Sequestration dahingehend umschrieben hat, dass sie im Interesse geregelter Insolvenzabwicklung das Vermögen des Schuldners intakt zu halten habe.[312] Gleichwohl besagte auch unter der Geltung der KO und GesO dieser Grundsatz nicht, dass die Sicherungsaufgabe des Sequesters eine Veräußerung von Schuldnervermögen in keinem Fall gestattet, sondern es konnte sogar der Sicherungsaufgabe entsprechen, eine Veräußerung zu eben dieser Zweckerreichung vorzunehmen. Eine solche Beurteilung kann zB dann gerechtfertigt sein, wenn Interessen einzelner Beteiligter auf Grund zwingender übergeordneter Interessen zurückstehen müssen, insbesondere wenn solche Verwertungsmaßnahmen mit Zustimmung des Schuldners vorgenommen werden, um sonst eintretende unverhältnismäßig große Einbußen für die Masse abzuwenden.[313] In der Literatur zur KO und GesO wurde ebenfalls im Ergebnis eine Verwertung des Sequesters im Ausnahmefall (zB Verwertung verderblicher Waren) und nach Erfordernissen des Einzelfalls bejaht.[314] Auch die

---

[306] BGHZ 104, 151 = NJW 1988, 1912; OLG Köln 69, 87; 105, 230 ff. = NJW 1989, 1034; 118, 374 = NJW 1992, 24, 83; für die Literatur vgl. die Nachweise bei Kuhn/*Uhlenbruck* § 106 RdNr. 13 c.
[307] Vgl. BGHZ 104, 151 = NJW 1988, 1923; sowie die Nachweise bei *Smid* GesO § 2 RdNr. 146 ff.
[308] Vgl. dazu ausführlich auch OLG Köln ZIP 1992, 566, 568 das zu Recht darauf hinweist, dass das Eröffnungsverfahren von einer doppelten Zweck- und Pflichtenbindung des Sequesters bestimmt ist.
[309] Kuhn/*Uhlenbruck* § 106 RdNr. 13 c.
[310] Vgl. exemplarisch für diese Ausnahmesituation OLG Düsseldorf ZIP 1992, 344, 345.
[311] Vgl. zB BGHZ 104, 151; 105, 230; *Uhlenbruck* KTS 1990, 15, 18; *Gerhardt* ZIP 1982, 17.
[312] BGHZ 105, 230, 233.
[313] Vgl. dazu OLG Köln ZIP 1992, S. 566, 570.
[314] Vgl. dazu die Übersicht bei *Smid* GesO § 2 RdNr. 147.

Verwertung von Vermögen durch den Schuldner selbst (mit Zustimmung des Sequesters) wurde im Rahmen einer Betriebsfortführung von einem Teil der Literatur für zulässig erachtet,[315] während nach anderer Auffassung die Verwertung durch den Sequester grundsätzlich unzulässig[316] sein sollte, denn die Verwertung des schuldnerischen Vermögens sei nach dem ausdrücklichen Wortlaut des § 117 KO die zentrale Aufgabe des Konkursverwalters.

76 Die Rechtslage nach der InsO weicht grundsätzlich von dieser als herrschend zu betrachtenden Auffassung nicht ab, denn die dem jeweiligen Verfahrensabschnitt zu Grunde liegenden Zielsetzungen werden auch von der InsO unberührt gelassen und weiterverfolgt. Dies betont auch der BGH in seiner Grundsatzentscheidung vom 14.12.2000 – IX ZB 105/00,[317] indem er herausstellt, dass der vorläufige Verwalter regelmäßig nicht berechtigt ist das Schuldnervermögen i. S. d. §§ 159 ff. zu verwerten, sondern dass dies grundsätzlich dem eröffneten Verfahren vorzubehalten ist. Der Gesetzgeber der InsO hat dies auch in der Begründung zu § 22 (§ 26 RegE) ausdrücklich dahingehend betont, dass der vorläufige Insolvenzverwalter seine Befugnis „nur insoweit ausüben (darf), als es der Zweck der Vermögenssicherung bis zur Entscheidung über die Verfahrenseröffnung erfordert". Dahinter steht auf der einen Seite der Schutz des Schuldners vor unwiederbringlichen Vermögensverlusten und auf der anderen Seite der Schutz der autonomen Entscheidungsfreiheit der Gläubiger zur Verwertung des Schuldnervermögens im Rahmen der Gläubigerautonomie. **Unzulässig** ist aber nur einer **Verwertung im technischen** Sinne, nicht jedoch jede Veräußerungshandlung oder Forderungseinziehung im funktionalen Sinne.[318] Eine Veränderung gegenüber der bisherigen Rechtslage ist nämlich zumindest insoweit eingetreten, als die Rechtslage nach der InsO auch durch das „Diktat" der Fortführung des Betriebes in der Eröffnungsphase nach § 22 Abs. 1 Nr. 2 bestimmt ist, eine solche aber schon denknotwendig auch kaufmännisches Handeln im Sinne von zB kaufen und verkaufen voraussetzt. Daher ist, so der BGH, der Begriff der Verwertung nach §§ 159 ff. im Sinne der endgültigen Umwandlung des Schuldnervermögens in Geld zum Zwecke der Gläubigerbefriedigung zu unterscheiden von der dem vorläufigen Verwalter im Rahmen einer Fortführung gebotenen kaufmännischen Verwaltungstätigkeit als Teil laufender Umsatzgeschäfte.[319] Der laufende Umsatz der Erzeugnisse oder Dienstleistungen eines fortgeführten Unternehmens im Eröffnungsverfahren bereitet daher eine Verwertung i. S. d. §§ 159 ff. allenfalls vor, ohne eine solche zu sein.[320] So ist es auch weitgehend unstreitig, dass der vorläufige Verwalter nach der InsO – unabhängig ob „stark" oder „schwach" – im Rahmen einer Betriebsfortführung alle Handlungen vornehmen darf (entweder unmittelbar oder mittelbar im Wege der Zustimmung zu Handlungen des Schuldners), die in einem Schuldnerunternehmen vergleichbaren Umfangs anfallen würden, also zB Rohstoffe verarbeiten, Fertigprodukte verkaufen und Forderungen aus dem Erlös zur Masse einziehen. Die so allgemein erlaubte **Verwaltung des Schuldnervermögens** umfasst ferner dessen Einsatz zur Absicherung nötiger Kredite und eine vermehrte, aber kaufmännisch vertretbare Veräußerung von Umlaufvermögen. Zu diesem Zweck, so betonte schon vor der BGH-Entscheidung *Kirchhof*,[321] wird der vorläufige Verwalter sogar gewisse, entbehrliche Bestandteile des Anlagevermögens – zB überflüssige Kraftfahrzeuge – verkaufen dürfen, denn nach der insoweit vom BGH im Jahre 2003 bestätigten Auffassung von *Kirchhof* zählt selbst ein solcher Verkauf noch zur allgemein erlaubten Verwaltung, nicht jedoch bereits zu einer Verwertung.[322] Im Ergebnis kann daher davon ausgegangen werden, dass jede Tätigkeit, die ein ordentlicher Kaufmann unter den jeweils gegebenen Umständen zur Unternehmensfortführung vornehmen würde Verwaltungstätigkeit ist, und erst darüber hinausgehende – und dann auch wohl nicht mehr vom Insolvenzzweck „gedeckte" – Handlungen Verwertungstätigkeit im technischen und funktionalen Sine des §§ 159 ff. sind. Unabhängig davon wird jedoch durch die Regelung im § 22 Abs. 1 Nr. 1 eindeutig die bislang herrschende Meinung vom Sequester als Bewahrer und Schutzschild der Masse auch für die Zukunft festgeschrie-

---

[315] *Gerhardt* ZIP 1982, 1, 5.
[316] *Gottwald/Uhlenbruck,* Handbuch, § 14 RdNr. 58 ff.
[317] ZInsO 2001, 165 ff. = BGHZ 146, 165 ff.
[318] So ausdrücklich auch BGHZ 146, 165, 172 sowie 154, 72, 79 f.
[319] Ausführlich dazu BGH ZInsO 2011, 1463, 1467 ff.; BGHZ 154, 72, 81 ff.; vgl. dazu auch schon *Obermüller* DZWIR 2000, 11; *Förster* ZInsO 2000, 141; *Uhlenbruck* InsO § 22 RdNr. 36; HKInsO-*Kirchhof* § 22 RdNr. 13, 14.
[320] So ausdrücklich BGHZ 154, 72, 81 = ZInsO 2003, 318, 320.
[321] *Kirchhof* ZInsO 1999, S. 436.
[322] *Kirchhof* macht die Abgrenzung an den Regelungen der §§ 744 ff. BGB fest und will den Begriff der Verwaltung als wirtschaftlich und auf die Förderung des Schuldnervermögens als Ganzes, nicht auch all seiner einzelnen Bestandteile, verstanden wissen, so dass im Rahmen einer ordnungsgemäßen Verwaltung auch dingliche Verfügungen über Bestandteile des Schuldnervermögens statthaft sein können und verweist zur Begr. auf BGH WM 1987, 984, 985.

ben.³²³ Dies bedeutet in der Konsequenz, dass bei einem bereits eingestellten oder nach § 22 Abs. 1 Nr. 2 im Eröffnungsverfahren einzustellenden Geschäftsbetrieb die zur alten Rechtslage entwickelten Grundsätze fortgelten, da als Verwertungsmöglichkeit für diesen Fall nur noch die Liquidation des Unternehmens bzw. seines Vermögens in Betracht kommt, es sei denn, man würde die Verwertung zB unrentabler Betriebsteile nicht als eine Maßnahme der Verwertung, sondern der Sicherung ansehen.³²⁴ Dafür könnte sprechen, dass die InsO deutlich die Beachtung auch wirtschaftlicher Gesichtspunkte in den Vordergrund gestellt hat, so dass ein wirtschaftlich sinnvolles Verhalten des vorläufigen Verwalters regelmäßig keinen Pflichtenverstoß darstellen kann, wenn wegen der bereits erfolgten Stilllegung eines Unternehmens die der Gläubigerversammlung vorbehaltene Entscheidungsalternative gar nicht mehr gegeben ist. Daher kann bezüglich der Verwertungsbefugnis nur vor jedem Schematismus gewarnt werden, denn ein scheinbar rechtlich nicht „gewolltes" Verhalten kann sich unter den veränderten Zielkoordinaten der InsO als ein gewünschtes wirtschaftliches Handeln darstellen, das den Interessen der Gläubiger in optimaler Weise entspricht.³²⁵ Da nach der Neuordnung in § 159 und zur Sicherung der Entscheidungskompetenz der Gläubigerversammlung erst dem endgültigen Insolvenzverwalter die Verwertung auferlegt wird, folgt daraus auch, dass Verwertungsmaßnahmen im Eröffnungsverfahren bei zu liquidierenden Unternehmen zumindest in den Fällen erfolgen dürfen, in denen eine Alternative zur Zerschlagung nicht mehr gegeben ist und wenn sich dadurch die Befriedigungsaussichten für die Gläubiger gegenüber einem Zuwarten auf die Eröffnung nachhaltig und so deutlich verbessert, dass ein Hinauszögern der Verwertung sich für den vorläufigen Verwalter als eine möglicherweise zum Schadensersatz verpflichtende Handlung darstellen würde.³²⁶ **Ausnahmsweise zulässig** ist eine Verwertung im technischen Sinne unstreitig dann, wenn und soweit ein Aufschub der Verwertung bis nach der Insolvenzeröffnung die künftige Insolvenzmasse schädigen würde,³²⁷ aber auch, wenn sich nur im Eröffnungsverfahren eine **besonders günstige Möglichkeit** zur Verwertung bietet, die nach der Eröffnung voraussichtlich nicht mehr gegeben ist.³²⁸ Nach Auffassung des BGH kann der vorläufige Verwalter in einer solchen Situation sogar dazu verpflichtet sein, einer solchen Verwertungschance zuzustimmen bzw. sie selbst wahrzunehmen.

Demgegenüber darf der vorläufige Insolvenzverwalter im Rahmen einer **Betriebsfortführung** 77 auch Anlage- und Umlaufvermögen unter kaufmännischen Gesichtspunkten insbesondere dann veräußern, wenn es sich um den Verkauf abgeschriebener oder nicht mehr voll verwertbarer Gegenstände handelt oder das Abstoßen überflüssiger Güter, deren weiteres Belassen in der Masse diese über Gebühr belasten würde.³²⁹ Der vorläufige Verwalter kann daher auch im Rahmen der Betriebsfortführung solche Vermögensgegenstände verwerten, deren Erlöse die Fortführung des Betriebes fördern oder deren Kosten diese erheblich beeinträchtigen. In diesem Zusammenhang darf er sogar wichtige Objekte des Anlagevermögens veräußern, wenn sie nicht mehr in zumutbarer Weise bis zum Berichtstermin zu erhalten sind; notfalls ist zuvor die Teilstilllegung beim Insolvenzgericht zu beantragen.³³⁰ Forderungen gegen Gesellschafter oder Geschäftsführer einer Insolvenzgesellschaft – vor allem auf Schadensersatz – darf der vorläufige Verwalter zur Aufrechnung verwenden oder dann einziehen, wenn entweder Verjährung kurz bevorsteht oder der jeweilige Drittschuldner seinerseits zahlungsschwach zu werden oder sich abzusetzen droht.³³¹ Etwas anderes gilt jedoch dann, wenn das Gericht den vorläufigen Verwalter ausdrücklich zum Forderungseinzug ermächtigt hat.

Die vorgenannte Grundposition erfährt jedoch dann eine Einschränkung, wenn entweder Einvernehmen über die Verwertung mit allen Beteiligten besteht, also sowohl mit dem Schuldner als auch mit den Gläubigern und dem Insolvenzgericht oder wenn nur der Beteiligte und allein Betroffene einer Verwertung durch den vorläufigen Insolvenzverwalter zustimmt. Dies folgt unmittelbar aus der doppelten Zweckbindung des Eröffnungsverfahrens (vgl. dazu § 21 RdNr. 13), nämlich der Bestandsschutzgarantie und der Werterhaltungskomponente des Sicherungszwecks. Während die Bestandsschutzgarantie dazu dient, dem Schuldner für den Fall der Nichteröffnung des Verfahrens seine Vermögenswerte für eine Fortsetzung des Betriebes im Wesentlichen zu erhalten, schützt die Werterhaltungskomponente die Gläubiger davor, im Rahmen des Eröffnungsverfahrens in ihren 78

---

³²³ So wörtlich: *Reichold* KTS 1989, 291, 302.
³²⁴ In diesem Sinne wohl *Lüke*, Insolvenzrecht 1998, RWS-Forum 14, S. 94.
³²⁵ Zu den Problemen mit schematischen Lösungen vgl. auch die Diskussion um den Beitrag von *Vallender*, Insolvenzrecht 1998, RWS-Forum 14, S. 93 ff.
³²⁶ Vgl. dazu AG Hamburg ZInsO 2005, 1056 und zum alten Recht OLG Düsseldorf ZIP 1992, 344, 345; *Pape* NJW 1994, 89, 90.
³²⁷ BGHZ 146, 165, 173 = ZInsO 2001, 165, 169.
³²⁸ BGH ZInsO 2011, 1463 Tz 52 ff.
³²⁹ Allg. Ansicht; vgl. für alle HKInsO-*Kirchhof* § 22 RdNr. 13.
³³⁰ BGH ZInsO 2011, 1463 ff.; *Kirchhof* ZInsO 1999, 436, 437.
³³¹ BGH NZI 2004, 381; *Kirchhof* ZInsO 1999, 436, 437.

Befriedigungsaussichten durch nicht optimale oder unzulässige Handlungen des vorläufigen Insolvenzverwalters verletzt zu werden. Schließlich wird deren Schutz auch dadurch verwirklicht, dass mit der Anordnung des gegen den Schuldner erlassenen allgemeinen Veräußerungsverbots diese vor masseschädigenden Verfügungen des Schuldners unmittelbar geschützt werden. Darüber hinaus ist jedoch stets zu bedenken, dass auch die Verfahrensabläufe nach der InsO selbst eine auch im Eröffnungsverfahren zu beachtende Handlungsmaxime darstellen, denn die erst im eröffneten Verfahren vorgesehene Beteiligung der Gläubigerversammlung an Entscheidungen zur Verwertung des Schuldnervermögens ist Ausdruck der durch den Gesetzgeber bewusst gestärkten Gläubigerautonomie im reformierten Insolvenzrecht,[332] die durch eine Verlagerung in das nicht „gläubigermitbestimmte" Eröffnungsverfahren unterlaufen würde.

79 Finden jedoch diese Interessen auch im Eröffnungsverfahren ihre Entsprechung, indem entweder die Beteiligten selbst einer Verwertung durch den Verwalter zustimmen oder das Insolvenzgericht an Stelle der noch nicht existierenden Gläubigerorgane einer Verwertungshandlung zustimmt, so dürfte auch der vorläufige Verwalter, über den unstreitigen bloßen Notverkauf verderblicher Waren hinaus, zu weiteren Verwertungsmaßnahmen berechtigt sein, wenn der daraus fließende wirtschaftliche Vorteil eine Verwertung zu diesem Zeitpunkt gebietet.[333] Stimmt der Schuldner der Verwertung eines Vermögensgegenstandes durch den vorläufigen Verwalter zu, so begibt er sich der seinen Interessen dienenden Bestandsschutzgarantie des Eröffnungsverfahrens, so dass der vorläufige Insolvenzverwalter bei seiner Entscheidung nur noch an die Werterhaltungskomponente des Sicherungszwecks gebunden ist, d.h. sicherstellen muss, dass eine mit Zustimmung des Schuldners vorgenommene Verwertung sich für die Gläubigergesamtheit als die bestmögliche Form der Verwertung darstellt, da er bei dieser Handlung vor der haftungsrechtlichen Inanspruchnahme der Gläubiger in jedem Fall geschützt ist. Neben dieser haftungsrechtlich bewehrten Prüfungspflicht des vorläufigen Insolvenzverwalters ist darüber hinaus in zusätzlicher Gläubigerschutz dadurch gewährleistet, dass bei besonders bedeutsamen Rechtshandlungen i. S. d. § 160 die Beteiligung durch das Insolvenzgericht oder einen vorläufigen Gläubigerausschuss vorzunehmen ist. Dies gilt zumindest für die wenig denkbaren Fälle, in denen eine Verzögerung der Eröffnung zu einer Schädigung der Masse insgesamt führen würde. Durch die **Beteiligung des Insolvenzgerichts** werden auch die verfahrensrechtlichen Schutzmechanismen im eröffneten Verfahren in vertretbarer Weise in das Eröffnungsverfahren transponiert, so dass neben die haftungsrechtliche Komponente des vorläufigen Insolvenzverwalters auch der Genehmigungsvorbehalt des Insolvenzgerichts als verfahrenssichernde Maßnahme tritt. Letztlich kann nur auf Grund einer so differenzierenden Lösung die Vornahme wirtschaftlich sinnvoller Dispositionen im Eröffnungsverfahren gefördert werden, ohne dass es zu einem Abbau der Schutzrechte der Beteiligten kommt. Eines weitergehenden Schutzes der Gläubiger vor einer nicht optimalen Verwertung durch den vorläufigen Verwalter bedarf es angesichts dessen möglicher haftungsrechtlicher Inanspruchnahme auch schon deshalb zumindest in den Fällen nicht, wenn der Gläubigergemeinschaft bei einer entsprechenden Maßnahme im eröffneten Verfahren nach Maßgabe des § 160 keine Mitwirkungsbefugnis zustünde.[334]

80 Nach Maßgabe der vorgenannten Position ist daher hinsichtlich der Verwertungskompetenz des vorläufigen Insolvenzverwalters mit Verwaltungs- und Verfügungsbefugnis entweder darauf abzustellen, ob sich die jeweilige Handlung als Realisierung der dem vorläufigen Insolvenzverwalter kraft Gesetzes zustehenden originären Verwaltungskompetenz handelt oder ob für den jeweiligen Einzelfall die Zustimmungen des Schuldners oder des Insolvenzgerichts vorliegen. Lässt sich dem Verwertungshandeln des Verwalters von vornherein **kein Sicherungscharakter** entnehmen, sondern dient die Verwertungsmaßnahme allein dem Bestreben die Masse anzureichern, so stellt sich eine solche Verwertungsmaßnahme als im Eröffnungsverfahren unzulässige Abwicklungsmaßnahme dar.[335]

81 Nach Maßgabe der vorgenannten Überlegungen sind danach grds. solche Verwertungshandlungen des vorläufigen Verwalters als mit dem Sicherungszweck vereinbar anzusehen, wenn dadurch sonst eintretende unverhältnismäßig große Belastungen der Insolvenzmasse oder Einbußen verhindert werden müssen.[336] Danach stellt sich, wie schon im Rahmen der KO und der GesO, die Veräußerung verderblicher Waren schon nach dem Willen des Gesetzgebers als eine im Ausnahmefall zulässige Verwertungsmaßnahme des vorläufigen Insolvenzverwalters dar, da in diesen Fällen der

---

[332] Zur Berücksichtigung der nach der Konkurseröffnung vorgesehenen Verfahrensgänge für die Entscheidung des Sequesters auch OLG Köln ZIP 1992, 566, 568.
[333] So jetzt auch ausdrücklich BGH ZInsO 2011, 1463; Vgl. zu diesen Überlegungen auch *Pohlmann* RdNr. 390 ff.; LG Bonn ZIP 1991, 671, 872; *Gerhardt* ZIP 1982, 1, 7; *Mohrbutter/Ernestus* RdNr. I.29.
[334] In diesem im Ergebnis sowohl auch *Pohlmann* RdNr. 396 ff.
[335] Vgl. auch BGH ZInsO 2012; 693; 2011, 1463; NZI 2004, 381, 382; *Kirchhof* ZInsO 1999, 436, 437.
[336] Vgl. dazu BGH ZInsO 2001, 165, 168 f.; OLG Köln ZIP 1992, 566, 569; *Hess/Pape* RdNr. 142; *Mohrbutter/Ernestus* RdNr. I.62.

Sicherungszweck die Realisierung des zeitlich nur noch begrenzt zu erhaltenden wirtschaftlichen Wertes darstellt. Gleiches dürfte dann gelten, wenn die Lagerung oder Bewachung bestimmter Gegenstände unverhältnismäßig hohe Kosten verursacht, wobei unter diesem Aspekt auch die Veräußerung unwirtschaftlich hoher Lagerbestände zulässig zu erachten ist.[337] Seine Begrenzung findet diese Verwertungskompetenz jedoch an dem zu beachtenden Interesse des Schuldners am Zusammenhalt seines konkreten Vermögensbestandes für den Fall der Eröffnung, so dass mit Rücksicht darauf der vorläufige Verwalter gehindert ist, sich von reinen Wirtschaftlichkeitsüberlegungen leiten zu lassen[338] (zur Verwertung im Rahmen der Betriebsfortführung vgl. unten RdNr. 83 ff.). Ist das **schuldnerische Unternehmen** allerdings bereits vom Schuldner oder gem. § 22 Abs. 1 Satz 2 Nr. 2 vom vorläufigen Insolvenzverwalter **stillgelegt** worden, so stellen sich, mit Ausnahme der sogenannten Notverkäufe, weitere Veräußerungen der Vermögenswerte oder gar Veräußerung ganzer Betriebsteile nicht mehr als Sicherungsmaßnahme dar, so dass sich eine vorweggenommene Gesamtliquidation auch nach erfolgter Betriebsstilllegung in jedem Fall als eine unzulässige Verwertungsmaßnahmen darstellt und der Zielsetzung des Insolvenzverfahrens entsprechend der Verwertungskompetenz nur des Insolvenzverwalters unterliegt. Vor diesem Hintergrund ist auch die vereinzelt geforderte Möglichkeit einer Betriebsveräußerung im Eröffnungsverfahren[339] regelmäßig unzulässig. Dies umso mehr, als in einer solchen Situation keine Gesichtspunkte erkennbar sind, warum sich dies nicht auch im Rahmen einer schnell herbeigeführten Eröffnung verwirklichen lassen soll und die Interessen der Beteiligten ein solches Vorgehen auch nicht gebieten. Eher gilt das Gegenteil, denn den Erwerber im Eröffnungsverfahren treffen alle haftungsrechtlichen Risiken bis hin zu den Folgen aus §§ 613a BGB und § 25 HGB.[340]

Im Einvernehmen mit den betroffenen Sicherungsnehmern und ggf. dem Schuldner darf der vorläufige Insolvenzverwalter **Sicherungsgut verwerten** und hierzu eine angemessene Beteiligung des verwalteten Vermögens am Erlös aushandeln, da er sich gegenüber den Insolvenzgläubigern wegen des sonst nicht realisierbaren Kostenbeitrages nach §§ 170, 171 ersatzpflichtig machen würde.[341] Die Vorschriften der §§ 170, 171 beziehen sich nach ihrem eindeutigen Wortlaut und ihrer Stellung im Gesetz nur auf den Insolvenzverwalter und nicht auf den vorläufigen Insolvenzverwalter im Antragsverfahren. Ein Verweis auf die für den Insolvenzverwalter geltenden Regelungen fehlt für die Verwertung auch in § 21 Abs. 2 Nr. 5 jedenfalls in Bezug auf die §§ 170, 171, so dass eine analoge Anwendung nicht in Betracht kommt.[342] Damit stellt sich die Verwertung von Sicherungsgut im Antragsverfahren für die Sicherungsgläubiger günstiger dar als eine Verwertung im eröffneten Verfahren. Jedoch wird der vorläufige Verwalter eine solche Verwertung regelmäßig nur dann vornehmen, wenn eine den §§ 170, 171 gleichwertige Leistung der Sicherungsgläubiger in die Masse fließt oder ihn das Gericht dazu ermächtigt.[343] So lange der Schuldner mit einer Verwertungshandlung des vorläufigen Verwalters einverstanden ist und diese kein Aussonderungsgut betrifft, kann der vorläufige Verwalter nur für eine nicht optimale Verwertung, bezogen auf die Gesamtabwicklung der Masse haften.[344] Verwertet er dagegen auch in der Eröffnungsphase in der bestmöglichen Weise, werden dadurch die schutzwürdigen Interessen der Insolvenzgläubiger und etwaiger Absonderungsberechtigter nicht verletzt, da sich deren schützenswerte Interessen in einem möglichst hohen Erlös erschöpfen, dem der vorläufige Insolvenzverwalter durch die günstigste Verwertung gerade entspricht. Unabhängig von einer evtl. haftungsrechtlichen Inanspruchnahme[345] bleiben jedoch die vorgenommenen Verwertungsmaßnahmen im Außenverhältnis analog § 164 wirksam. Vgl. zu den seltenen Ausnahmen des offenkundigen Verstoßes gegen den Sicherungszweck oben RdNr. 26. Hat der vorläufige Verwalter jedoch Forderungen eingezogen und es kommt nicht zu einer Eröffnung, so steht dem Sicherungsgläubiger ein Bereicherungsanspruch analog § 25 Abs. 2, 816 Abs. 2 BGB gegen den vorläufigen Verwalter zu.[346]

---

[337] Vgl. dazu die Beispiele bei *Koch* S. 145; *Kleiner* S. 28; *Gerhardt* ZIP 1982, 1, 7; Kuhn/*Uhlenbruck* § 106 RdNr. 13a; HKInsO-*Kirchhof* § 22 RdNr. 6 ff.
[338] *Pohlmann* RdNr. 401.
[339] Vgl. dazu BGH ZInsO 2006, 257, 259; *Uhlenbruck* § 22 RdNr. 33; *Ehricke* ZIP 2004, 2262, 2265; *Fritsche* DZWIR 2005, 265, 269.
[340] Vgl. dazu BAG ZInsO 2007, 328; ZInsO 2003, 139; BGHZ 104, 151.
[341] HKInsO-*Kirchhof* § 22 RdNr. 8; *Obermüller/Hess* RdNr. 833 f.
[342] So auch ausdrücklich *Klasmeyer/Elsner/Ringstmeier* in KS S. 1083 RdNr. 52 ff.; aA *Uhlenbruck* in KTS 1994, 169, 182.
[343] Vgl. zur Verwertung von Sicherungsgut auch *Kirchhof* ZInsO 1999, 436, 437.
[344] In diesem Sinne auch BGH ZInsO 2011, 1463; so zuvor auch schon grundlegend *Kirchhof* ZInsO 1999, 436, 438.
[345] Zu den Haftungsrisiken bei Verwertung von Sicherungsgut vgl. *Ganter*, FS Wellensiek, S. 399 ff.
[346] BGH ZIP 2007, 827, 828. Beim Prätendentenstreit kann der vorläufige Verwalter nach § 372 BGB hinterlegen.

III. Betriebsfortführung im Eröffnungsverfahren[347]

83 Mit der in § 22 Abs. 1 Nr. 2 erfolgten Verpflichtung des vorläufigen Insolvenzverwalters zur Fortführung des schuldnerischen Unternehmens ist der Gesetzgeber, wenn auch sehr spät, der Einsicht gefolgt, dass Insolvenzen notwendige Begleiterscheinungen wirtschaftlicher Prozesse sind und das Recht der Unternehmensinsolvenzen sich nicht an Kriterien ökonomischer Richtigkeit oder vollstreckungsrechtlicher Dogmatik messen lassen können. Mit der Einführung der Fortführungspflicht muss sich das Insolvenzrecht zugleich den aus der Betriebswirtschaftslehre gewonnenen Erkenntnissen der Krisenursachenforschung, der Bestimmung der materiellen Insolvenz, der Beurteilung der Sanierungsfähigkeit, der Unternehmensfinanzierung in Krise und Sanierung aber auch der Lehre von der Unternehmensorganisation in der Insolvenz stellen, da über die Schließung und Stilllegung eines Unternehmens oder die Fortführung letztlich weder ein Glaubenssatz noch ein rechtlicher Parameter der Insolvenzgesetzgebung entscheidet, sondern allein betriebswirtschaftliche Zweckmäßigkeit und ökonomische Richtigkeit.[348] Vor diesem Hintergrund erweist sich die gestärkte Einbeziehung der Gläubiger durch das ESUG als der letzte notwendige Baustein für eine frühzeitige Einschätzung zu den Fortführungs- und Sanierungschancen, da die Gläubiger des Schuldners vielfach über Kenntnisse des Unternehmens verfügen, die ohne deren Einbindung erst im Laufe des Eröffnungsverfahren gewonnen werden könnten – wodurch teilweise wertvolle Zeit verstreicht.

84 **1. Die Entstehung der Fortführungspflicht.** Die in die Insolvenzrechtsreform aufgenommene Verpflichtung zur Fortführung des Unternehmens folgt der Einsicht, dass sich das Insolvenzrecht in einem marktwirtschaftlichen System ökonomisch sinnvollen Sanierungen nicht versperren darf, wenn auf diese Weise die gleichmäßige Befriedigung aller Gläubiger besser erreicht werden kann als mit der Zerschlagung des schuldnerischen Vermögens oder Unternehmens. Eine so angestellte Betrachtung ist nicht neu, sondern beruht auf der von *Jaeger*[349] angestellten Überlegung, dass das beste Konkursrecht nicht die Nachteile ausschließen könne, die der Konkurs jeder größeren Unternehmung für die unmittelbar Beteiligten und auch für die weiteren Verkehrskreise habe. *Jaeger* führte in diesem Zusammenhang den Begriff der Sanierung ein und empfahl dem Gesetzgeber unter dem Eindruck der Wirtschaftskrisen in der Folge des Ersten Weltkrieges, dafür Sorge zu tragen, „den Widerstand selbstsüchtiger, unverständiger oder gleichgültiger Minderheiten gegen die Sanierung notleidender, aber überlebensfähiger Betriebe überwindbar zu machen, ohne dass zugleich dem Schuldner Wege erschlossen werden, auf denen er sich seinen Verpflichtungen böswillig zu entziehen vermag."[350] Dass der Konkurs mit *Jaegers*[351] Worten „ein Wertevernichter schlimmster Art und obendrein das teuerste Schuldentilgungsverfahren" sei, beruhte im Wesentlichen darauf, dass konkursrechtliche Verwertung in der Vergangenheit ausschließlich als Zerschlagung des schuldnerischen Vermögens oder Unternehmens verstanden wurde, obwohl schon bei einfacher volkswirtschaftlicher Betrachtungsweise hätte deutlich werden können, dass auf Grund der dabei erzielten relativ geringen Befriedigungsquote für Gläubiger die Erzwingung des Marktaustritts insolventer Unternehmen nur um den Preis möglich war, dass das in dem Betrieb selbst gebundene Know-how sowie die damit verbundenen Arbeitsplätze vernichtet und damit die unmittelbaren Folgen der Insolvenz praktisch sozialisiert wurden. Die über fast ein Jahrhundert andauernde Ignoranz gegenüber solchen einfachen volkswirtschaftlichen Ergebnissen vollstreckungsrechtlich strukturierter Prozesse ist ein typisches Begleitphänomen eines ausschließlich prozessrechtlich orientierten Exekutionsdenkens, dem bis zum Ende des 20. Jahrhunderts noch das historische Verständnis des Konkurses als dem „bürgerlichen Tod" des Schuldners zu Grunde liegt. Gerade der schwierige Neuanfang des auch auf Sanierung als Möglichkeit der Befriedigung ausgerichteten reformierten Insolvenzrechts macht deutlich, wie schwierig es auch im Bereich der Unternehmen und Unternehmer ist, sich von diesen tradierten Vorstellungen zu lösen und, ähnlich wie im angelsächsischen Rechtsraum, die Insolvenz auch als eine unternehmensstrategische Option zu begreifen.[352]

85 Unabhängig von den vorgenannten allgemeinen Überlegungen ist selbstverständlich, dass auch in der Insolvenz die Betriebsfortführung weiterhin an den gesetzlichen Insolvenzverfahrenszielen auszurichten ist.[353] Betriebsfortführung ist daher auch in der Insolvenz niemals ein Selbstzweck, sondern darauf redu-

---

[347] Grundlegend dazu und zur praktischen Umsetzung *Haarmeyer/Wutzke/Förster*, Handbuch der vorläufigen Insolvenzverwaltung § 12 sowei *Borchardt/Frind*, Handbuch der Betriebsfortführung, passim.
[348] Vgl. dazu auch *Hanisch*, Rechtszuständigkeit der Konkursmasse, Arbeiten zur Rechtsvergleichung, S. 116 ff.; *Schmidt*, Wege zum Insolvenzrecht der Unternehmen, 1990, S. 7 ff.
[349] *Jaeger*, Lehrbuch des Konkursrechts, 8. Aufl. 1932, S. 216.
[350] *Jaeger*, Konkursrecht, S. 5.
[351] *Jaeger*, Konkursrecht, S. 216.
[352] Vgl. dazu den Beitrag von *Haarmeyer* FAZ vom 2.11.2005, S. 27.
[353] BGH NJW 1980, 55; Nerlich/Römermann/*Mönning* RdNr. 67.

ziert, die Fortführung des Unternehmens mit dem Ziel der optimalen Befriedigung der Gläubiger im eröffneten Insolvenzverfahren zu erreichen. Auch unter den geänderten Zielsetzungen der InsO bleibt das Insolvenzverfahren Haftungsverwirklichungsinstrumentarium, wobei die Fortführung ggf. der einzige Weg sein kann, den im schuldnerischen Unternehmen verkörperten Wert einer funktional zusammenarbeitenden Wirtschaftseinheit zu sichern. Insoweit ist auch die Geschäftsfortführung in der Insolvenz klassische Sicherungsmaßnahme, weil durch sie der Werteverfall gestoppt und der vermögensrechtliche status quo gewahrt wird. Die Frage, ob eine Fortführung auf dauerhafter Basis, also über die Befriedigung der Gläubiger hinaus, eine volkswirtschaftlich wünschenswerte Zielsetzung ist, muss mit der Fortführung im Insolvenzeröffnungsverfahren als Zielrichtung zurücktreten, da eine Fortführung auf dauerhafter Basis die Überwindung des Insolvenzverfahrens voraussetzt und damit zugleich gegen die Interessen der am Insolvenzverfahren Beteiligten gerichtet sein kann.[354] Zulässig ist daher die Fortführung des Unternehmens im Eröffnungsverfahren lediglich zur Verwirklichung des gesetzlich vorgegebenen Verfahrensziels, was die Beantwortung der schwierigen Frage voraussetzt, dass, bezogen auf die gesetzlichen Verfahrensziele (Liquidation, übertragende Sanierung und Reorganisation) schon zu Beginn des Eröffnungsverfahrens die Frage zu entscheiden ist, ob die Fortführung des Unternehmens bis zum Berichtstermin zum Zwecke der Werterhaltung und der Entscheidungsfreiheit der Gläubigerversammlung geboten und wirtschaftlich möglich ist (vgl. dazu unten RdNr. 91 ff.). Unter insolvenzrechtlichem Gesichtspunkt ist es daher die marktwirtschaftliche Aufgabe des Insolvenzverfahrens, die in dem Insolvenzunternehmen gebundenen Ressourcen der wirtschaftlich produktivsten Verwendung für die Gläubiger zuzuführen.[355]

Die Positionen von Rechtsprechung und Lehre zum bisherigen Konkurs- und Gesamtvollstreckungsrecht spiegeln die schon aufgezeigten Widersprüche zwischen vollstreckungsrechtlicher Orientierung, kompetenzrechtlicher Befugnis und Einsicht in wirtschaftliche Zwangsläufigkeit wieder. Noch bis in die 60er Jahre wurde der Zweck des Insolvenzverfahrens alleine darin gesehen, eine Haftung des Schuldners für alle seine Verbindlichkeiten zu verwirklichen, und als einzige Möglichkeit hierzu die Zerschlagung des Schuldnerunternehmens gesehen, da eine Geschäftsfortführung als insolvenzfremd weitgehend abgelehnt wurde.[356] Erst mit der immer weiter fortschreitenden Massearmut der beantragten Verfahren und der sich zu einem eigenständigen Verfahren entwickelnden Sequestration wurde auch in der Rechtsprechung erkannt, dass bei der Zerschlagung Werte vernichtet werden, die im Rahmen einer Geschäftsfortführung dazu dienen können, Verbindlichkeiten abzubauen und Vermögenswerte zur Befriedigung der Gläubiger zu erhalten.[357] Hatte der BGH noch 1961[358] die Befugnis des Sequesters zur Fortführung des Schuldnerunternehmens strikt abgelehnt, so stellte er 1986[359] fest, dass der Sequestrationszweck soweit reiche, dass auch die Geschäftsführung dann darunter falle, wenn durch diese Maßnahme die künftige Konkursmasse erhalten oder erhöht werden kann. Seither wurde auch in der Rechtsprechung und Literatur die Befugnis des bisherigen Sequesters zur Geschäftsfortführung bejaht.[360]

Allerdings gingen die Meinungen, welche Maßnahmen der Sequester bei der Fortführung ergreifen durfte, auch mehr als ein Jahrzehnt nach der grundlegenden Entscheidung des BGH noch weit auseinander. Das lag im Wesentlichen darin, dass der BGH die Frage der Geschäftsfortführung des Sequesters häufig als eine Frage der Gleichsetzung der Befugnisse von Sequester und Verwalter betrachtete, womit sie nichts zu tun hat, denn es ging auch schon vor Inkrafttreten der InsO allein um die Frage, durch welche Sicherungsmaßnahme ein Sequester die auch in § 129 Abs. 2 KO und § 15 Abs. 5 Satz 1 GesO vorausgesetzte Entscheidung der Gläubigerversammlung über die Fortführung oder die Schließung des Betriebes sichern konnte Dass es dabei in besonderer Weise der Gläubigerautonomie entsprach, wenn diese Entscheidung durch die Fortführung des Sequesters selbst oder durch den Schuldner unter dessen Kontrolle stattfand, wurde, wie die Einsicht in betriebswirtschaftlich notwendige Handlungsabläufe, von der Rechtsprechung weitgehend negiert. Gleiches galt für das damit zusammenhängende Problem notwendiger Betriebsschließungen in der Eröffnungsphase,[361] das sowohl in der Rechtsprechung wie auch in der Literatur unterschiedlich

---

[354] Vgl. dazu auch *Braun,* Insolvenzrecht 1998, S. 53, 58 ff.
[355] So auch die allg. Begr. RegE; abgedruckt bei *Balz/Landfermann* S. 243 ff.
[356] Vgl. dazu *Kilger* KTS 1989, 495 ff.; BGHZ 35, 13, 17.
[357] *Smid* InsO § 22 RdNr. 19.
[358] BGHZ 35, 13, 17.
[359] BGHZ 99, 151, 193.
[360] Vgl. u.a. OLG Düsseldorf WM 1992, 13, 37; Kuhn/*Uhlenbruck* § 106 RdNr. 13a; *Eickmann,* Anm. zu OLG Düsseldorf ZIP 1984, 728 ff.; *Castendiek,* Probleme der durch einstweilige Verfügung und im Konkurseröffnungsverfahren angeordneten Sequestration, S. 85 ff.; *Koch,* Die Sequestration im Konkurseröffnungsverfahren, S. 86 ff.; *Herbert,* Die Sequestration im Konkursantragsverfahren, S. 121 ff.; *Gerhard* ZIP 1982, 1, 7; *Uhlenbruck* KTS 1982, 201, 206.
[361] Vgl. den Meinungsstand zum alten Recht bei *Smid* GesO § 2 RdNr. 145.

und kontrovers behandelt wurde. So sollte nach überwiegender Meinung der Sequester nicht nur nicht zur Schließung des schuldnerischen Geschäftes selbst befugt sein,[362] sondern die Ermächtigung zur Schließung des Geschäftes durch den Sequester konnte nicht einmal durch das Gericht erteilt werden, da das Gericht nur befugt sei, Sicherungsmaßnahmen zu treffen. Dabei wurde übersehen, dass die Betriebsschließung gerade in derartigen Fällen der Sicherung des Status quo diente und eine Fortführung mangels genügender Betriebsmittel nur weitere Verluste, bis hin zur Haftung des Sequesters nach sich ziehen würde.[363] Mit der Neuregelung im § 22 Abs. 1 Satz 2 Nr. 2 schafft das Gesetz insoweit Rechtsklarheit, als der vorläufige Insolvenzverwalter nunmehr **aus eigener Rechtszuständigkeit** beim Insolvenzgericht die Stilllegung beantragen kann, wenn nur dadurch eine erhebliche Vermögensminderung vermieden werden kann. In Verbindung mit dem Sicherungsauftrag des vorläufigen Verwalters aus § 22 Abs. 1 Satz 2 Nr. 1 ergibt sich darüber hinaus, dass der vorläufige Insolvenzverwalter zur Stilllegung des Unternehmens bzw. zum sofortigen Ersuchen um die gerichtliche Zustimmung verpflichtet ist, wenn er diese Maßnahme zur Vermeidung einer erheblichen Verminderung des Schuldnervermögens für erforderlich hält. Kann nämlich der vermögensrechtliche Status quo nur durch die Stilllegung des Geschäfts erhalten werden, würde der vorläufige Insolvenzverwalter pflichtwidrig handeln, wenn er das Unternehmen gleichwohl fortführt, was im Übrigen auch für das Insolvenzgericht gilt, wenn es einer so beantragten und begründeten Stilllegungsempfehlung des vorläufigen Verwalters nicht zustimmt.[364] Nach den Regelungen des ESUG sollte allerdings in diesen Fällen das Gericht durch die zügige Bestellung eines ggf. noch nicht existierenden vorläufigen Gläubigerausschusses die wirtschaftlich Betroffenen in diese Entscheidung einbeziehen.

88   **2. Fortführungspflicht des vorläufigen Verwalters.** Gemäß § 22 Abs. 1 Nr. 2 hat der vorläufige Insolvenzverwalter mit Verwaltungs- und Verfügungsbefugnis ein Unternehmen das der Schuldner betreibt, bis zur Entscheidung über die Eröffnung des Insolvenzverfahrens – oder ggf. eines widersprechenden Votums eines vorläufigen Gläubigerausschusses – fortzuführen, was vergleichbar auch dann gelten dürfte, wenn das Gericht den vorläufigen Verwalter gem. § 22 Abs. 2 ausdrücklich zur Betriebsfortführung ermächtigt hat, ohne ihm zugleich die Verwaltungs- und Verfügungsbefugnis zu übertragen (vgl. zu den Risiken und Problemen einer so gestalteten Anordnung RdNr. 28). Aber auch ohne eine ausdrückliche Ermächtigung ist die Fortführung des noch am Markt befindlichen schuldnerischen Betriebes der **Regelfall** und die zustimmungsbedürftige Stilllegung die Ausnahme, denn die Fortführung sorgt dafür und sichert, dass das Unternehmen als Vermögensgegenstand erhalten bleibt und seinen Wert behält. Von daher hat auch der BGH[365] die „mittelbare" Fortführung des Unternehmens durch einen „schwachen" Verwalter als eine von der Vergütungspflicht umfasste Tätigkeit angesehen.[366] Im Rahmen einer schwachen vorläufigen Insolvenzverwaltung bleibt der Schuldner ist seiner Funktion als „Unternehmensführer" und wird in diesem Kontext vom vorläufigen Verwalter überwacht.[367] Will das Gericht ein solches Tätigwerden auch des „schwachen" vorläufigen Verwalters vermeiden, so hat es ihm eine solche Fortführung zu untersagen, was wohl schon unter haftungsrechtlichen Gesichtspunkten nicht empfehlenswert sein dürfte. Ist damit die Geschäftsfortführung eines noch am Markt befindlichen Unternehmens[368] – unabhängig von der eingeräumten Rechtsmacht – als Regelfall jeder sichernden Tätigkeit gesetzlich normiert, bedeutet dies jedoch nicht, dass die Betriebsfortführung per se bis zur Eröffnung die Regel ist, sondern dies wird nur dann der Fall sein, wenn sich im Rahmen des dem vorläufigen Verwalter zustehenden wirtschaftlichen Ermessens die Haftung des Schuldnervermögens für die Gläubiger nur durch eine Fortführung verwirklichen lässt. Eine konzeptionslose, unzureichend geplante und nicht an den Insolvenzverfahrenszielen ausgerichtete Fortführung ist daher trotz des Regel-Ausnahmeverhältnisses ausgeschlossen, wenn der vorläufige Verwalter die generellen Fortführungsvoraussetzungen weder geprüft noch in das strategische Ziel einer Fortführung eingebettet hat. Die mit der Fortführung verfolgten Ziele, die voraussichtliche Dauer der Fortführung, die prognostizierte Ergebnisverbesserung oder auch nur die mittels Fortführung angenommene Werterhaltung und die diesen Aussagen zu Grunde liegenden Berechnungen sind als **Fortführungskonzept** gegenüber dem Gericht und den Gläubigern später zu dokumentieren, da sowohl eine Liquidations- wie eine Sanierungsstra-

---

[362] BGHZ 104, 151, 155; BGH ZIP 1988, S. 727; Kuhn/*Uhlenbruck* § 106 RdNr. 13 a.
[363] Insoweit zutreffend auch OLG Düsseldorf WM 1992, 13, 37 ff.
[364] Vgl. dazu Jaeger/*Gerhardt* § 22 RdNr. 83; *Pohlmann* RdNr. 139, 140; *Kilger* KTS 1989, 495, 497; *Gravenbrucher Kreis* ZIP 1989, 468, 473.
[365] ZInsO 2005, 804, 805.
[366] In diesem Sinne auch LG Potsdam ZInsO 2005, 588.
[367] BGH ZIP 2007, 1330, 1331.
[368] Soll ein bereits eingestellter Betrieb wieder aufgenommen werden, empfiehlt es sich, dies gesondert anzuordnen; vgl. dazu auch *Denkhaus* ZInsO 1999, 216; *Vallender* DZWIR 1999, 271.

tegie ganz unterschiedliche Voraussetzungen an die äußeren Rahmenbedingungen stellt und mithin auch eine andere konzeptionelle Gestaltung der Fortführung notwendig macht. Dass es hierzu einer gewissen, „haftungsfreien Prüfungszeit" für den vorläufigen Insolvenzverwalter bedarf, bevor die ergebnisorientierte Fortführung Platz greift, steht dabei außer Frage, ebenso wie ein solcher Zeitraum wohl zutreffend mit ca. einer Woche[369] bestimmt werden kann. Vgl. zur Haftung des vorläufigen Verwalters auch RdNr. 121. Während dieser Zeit sollte es sich allerdings auch bei einem noch laufenden Geschäftsbetrieb von selbst verstehen, dass das Gericht von der ihm gegebenen Möglichkeit zur Einsetzung eines **vorläufigen Gläubigerausschusses** nach § 21 Abs. 2 Satz 1 Nr. 1a Gebrauch macht, sofern nicht die Gläubiger zuvor bereits in diesem Sinne tätig geworden sind und eine Bestellung beantragt haben. Mit der gesetzlichen Verankerung des vorläufigen Gläubigerausschusses und den gewachsenen Mitbestimmungsmöglichkeiten der Gläubiger sollte das Insolvenzgericht bei tiefgreifenden oder weichenstellenden Entscheidungen künftig die Gläubigerschaft in der gesetzlich vorgesehenen Weise frühzeitig einbinden.

3. Sinn und Zweck der Fortführung. Die Fortführung im Eröffnungsverfahren steht als Sicherungsmaßnahme in erster Linie unter dem **Gebot der Vermögenserhaltung mit dem Ziel der Haftungsverwirklichung.**[370] Das Gebot der Vermögenserhaltung und Haftungsverwirklichung ist jedoch nicht das einzig mögliche Ziel einer Fortführung im Eröffnungsverfahren, vielmehr können hierzu auch die Verminderung von Masseschulden als ein wichtiges Fortführungskriterium hinzukommen, ebenso wie die Realisierung des Geschäftswertes mit dem Ziel einer Veräußerung oder übertragenden Sanierung des Unternehmens im Ganzen bzw. die Fortführung des Unternehmens als Platzhalterlösung für eine zukünftige, gleichwohl aber noch ungewisse Form der Sanierung oder der Fortführung des Unternehmens im Rahmen einer Liquidationsstrategie, um zB durch Ausproduktion die im Unternehmen gebundenen Vermögenswerte besser nutzen zu können.[371] Jede dieser möglichen und legitimen Varianten eröffnet sowohl für die Bewertung des Unternehmens als auch für die vorübergehende oder dauerhafte Fortführung ganz unterschiedliche Perspektiven und knüpft notwendig an ganz andere Voraussetzungen an, als dies für das strategische Ziel einer dauerhaften Fortführung notwendige Voraussetzung ist. Fortführung im eröffneten Verfahren bis zu einer möglichen übertragenden Sanierung folgt anderen Kriterien als Eigensanierung und Fortführung nach Aufhebung des Insolvenzverfahrens. Auch der Wert eines Unternehmens als Fortführungsobjekt erschließt sich nicht aus der bloßen Addition seiner verschiedenen Bestandteile, sondern nur unter der Beantwortung der Prämisse, welcher Zielsetzung die im Unternehmen gebundenen Werte zugeführt werden sollen. Die Zerschlagungswerte der einzelnen Vermögensbestandteile liegen regelmäßig erheblich unter den Fortführungswerten, jedoch ist die Fortführung durch ein hohes Maß an Prognoseunsicherheit belastet und eröffnet Bewertungsspielräume, die letztlich nicht mehr justiziabel sind.[372] Bei der Sicherung bzw. Schaffung einer optimierten Masse stehen daher neben den rechtlichen und haftungsrechtlichen Rahmenbedingungen kaufmännische Fragen und Maßnahmen im Vordergrund, so dass in dieser Phase der vorläufige Verwalter nicht nur unternehmerisch denken und handeln, sondern die ihn antreibende Handlungsmaxime auch für die anderen Beteiligten offen und nachvollziehbar darlegen muss. Aufgabe des vorläufigen Insolvenzverwalters ist es daher, das insolvente Unternehmen den unter insolvenzrechtlichen Gesichtspunkten „richtigen Maßnahmen" zuzuführen, d.h. die fortführungsunwürdigen Unternehmen der Zerschlagung und die fortführungsfähigen Unternehmen einer wie auch immer gearteten Sanierung. Es ist die marktwirtschaftliche Aufgabe des Insolvenzverfahrens, die in dem insolventen Unternehmen gebundenen Ressourcen zur Gläubigerbefriedigung der wirtschaftlich produktivsten Verwendung zuzuführen. Wenn in diesem Rahmen die dauerhafte Unternehmensfortführung auch Arbeitsplätze sichert und eine Vernichtung betriebswirtschaftlicher Werte verhindert, ist dies zwar zu begrüßen, ist jedoch in keinem Fall als Zielsetzung der Unternehmensfortführung im Eröffnungsverfahren zu verstehen, da die **Fortführung nur als Mittel der Verwirklichung des gesetzlich vorgegebenen Verfahrensziels zulässig** ist.[373]

Die Fortführung mit dem Ziel, den Verfahrensorganen und allen am Insolvenzverfahren Beteiligten eine sachgerechte Entscheidung über Einzel- oder Gesamtliquidation des Vermögens oder Reorganisation des Unternehmensträgers zu ermöglichen, ist als Zielsetzung zwar anerkennenswert, nach

---

[369] Jaeger/*Gerhardt* § 22 RdNr. 81; *Kirchhof* ZInsO 1999, 436 ff.
[370] BGH ZInsO 2001, 165; BGHZ 154, 72, 80 f.; Nerlich/Römermann/*Mönning* § 22 RdNr. 93.
[371] Vgl. dazu die typisierten Sachverhalte bei *Braun*, Insolvenzrecht 1998, 53, 60 ff. sowie die umfassenden Darstellungen bei *Buth/Hermanns*, 2. Aufl. 2004, Restrukturierung, Sanierung und Insolvenz, passim.
[372] Vgl. dazu zuletzt *Heni* ZInsO 1999, 609 ff. sowie LG Traunstein ZInsO 2000, 510, 513.
[373] Vgl. dazu auch den instruktiven Beitrag von *Förster* ZInsO 2003, 785 zur Marktkonformität der Insolvenzabwicklung im Anschluss an AG Hamburg ZInsO 2003, 816 ff.

betriebswirtschaftlichen Erfordernissen jedoch unerfüllbar, weil mit der Fortführung im Eröffnungsverfahren bereits notwendig eine strategische Ausrichtung und damit eine Zielbestimmung der Fortführung erfolgen muss, die in einem Monate später folgenden Berichtstermin nur noch sehr begrenzt verändert oder gar neu orientiert werden kann. Umso wichtiger ist es auch auf Grund der im Eröffnungsverfahren noch nicht aufgebauten Beteiligungsstruktur der Gläubiger eine stringente Fortführungskonzeption zu entwerfen und mit dem Insolvenzgericht, dem Schuldner und den Gläubigern frühzeitig abzustimmen, zumal die Umsetzung einer Betriebsfortführung regelmäßig einen breiten Konsens und die Einbindung unterschiedlicher Interessen erfordert.

91 **4. Zur Definition der Unternehmensfortführung.** Mit der Beschreibung des Objektes der Fortführungspflicht des vorläufigen Verwalters in § 22 Abs. 1 Satz 1 als „ein Unternehmen, das der Schuldner betreibt", benutzt der Gesetzgeber einen Begriff, der sowohl in der Betriebswirtschaftslehre wie auch in Teilbereichen der Rechtswissenschaft zu unterschiedlichen, teilweise stark differierenden Begriffsbildungen entwickelt worden ist. Üblicherweise versteht man unter dem Begriff „Unternehmen", die einem Betrieb übergeordnete rechtlich-finanzielle Einheit, die den Geschäftspartnern unter einer bestimmten Rechtsform oder Firmierung gegenübertritt.[374] Da es im Rahmen einer Fortführung jedoch um die Aufrechterhaltung der in einem Unternehmen gebundenen Vermögenswerte zur Produktion oder zur Erbringung von Dienstleistungen geht, ist der vom Gesetzgeber verwendete Begriff der Fortführung eines Unternehmens im Sinne einer **Betriebsfortführung** zu verstehen, als organisatorisch-technische Einheit, die in ihren jeweiligen leistungswirtschaftlichen und finanzwirtschaftlichen Strukturen der Erbringung der jeweiligen Produktions-, Handels- und Dienstleistungsfunktionen dient.[375]

92 Die Fortführungsbeurteilung des § 22 Abs. 1 bezieht sich daher im engeren Sinne auf den oder die vom Unternehmensträger unterhaltenen Betriebe und deren Fortführungsfähigkeit. Hieraus folgt zugleich auch, dass sich die Beantwortung der Fortführungsaussichten ggf. für einzelne im Unternehmen gebundene Betriebe oder Betriebsteile unterschiedlich beantworten lässt, ohne dass deshalb eine nur partielle Fortführung einzelner Betriebsteile von der Fortführungsverpflichtung nicht gedeckt ist, auch wenn die Regelung des § 22 Abs. 1 Nr. 2 dies nicht ausdrücklich vorschreibt. Eine solche Auslegung folgt auch schon der in der betriebswirtschaftlichen Praxis überwiegenden Erkenntnis, dass die Sanierung eines Unternehmens oder die Erzielung von Gewinnen aus wirtschaftlich gesunden Betriebsteilen neben dem Abbau von Gemeinkosten auch die Einstellung unproduktiver Betriebsteile fordert, wenn auf diese Weise die optimale Befriedigung der Gläubiger gesichert werden kann. Sowohl die Fortführung als auch eine Stilllegung kann sich daher grundsätzlich auch auf einzelne Betriebsteile oder organisatorisch abgrenzbare Unternehmensteile beschränken.[376]

93 **5. Voraussetzungen der Fortführung. a) Tatsächliche und wirtschaftliche Voraussetzungen.** Generell setzt die Fortführung eines Unternehmens voraus, dass im Zeitpunkt der Insolvenzantragstellung das Unternehmen noch am Geschäftsverkehr teilnimmt, denn ein bereits eingestellter Geschäftsbetrieb lässt sich nicht fortführen.[377] Soll gleichwohl im Ausnahmefall ein kurz vor der Antragstellung bereits stillgelegter Geschäftsbetrieb im Eröffnungsverfahren wieder aufgenommen werden, so bedarf es hierzu nicht nur einer gesonderten gerichtlichen Beschlussfassung, sondern insbesondere einer besonders gründlichen Überprüfung der Fortführungsaussichten, da die vorangegangene Stilllegung im Regelfall bereits zur Auflösung oder Beseitigung der für eine Fortführung unerlässlichen Lieferanten- und Kundenbeziehung sowie der innerbetrieblichen Organisationsstrukturen geführt hat.[378] Für das Wiederanfahren einer Betriebstätigkeit sind erhebliche freie Mittel zur Vorfinanzierung erforderlich, da Erträge erst nach einer gewissen Zeit erwirtschaftet werden können, je nachdem ob dazu Produktionsbereiche wieder ausgestattet werden müssen oder ob im Wesentlichen zunächst nur Personalkosten zu bestreiten sind. Die aufzuwendenden Kosten sind mithin betriebs- und branchenabhängig.

94 Während im eröffneten Verfahren der Grundsatz der Entscheidung der Gläubigerversammlung mit der Regelung in § 158 gilt, der eine Stilllegung im eröffneten Verfahren nur mit Zustimmung des Gläubigerausschusses ermöglicht, besteht im Eröffnungsverfahren der **Fortführungsgrundsatz**

---

[374] Zur Begriffsbildung der Unternehmensinsolvenz vgl. umfassend *Braun/Uhlenbruck* S. 64 ff.; vgl. zum Unternehmensbegriff in § 22 *Braun*, Insolvenzrecht 1998, S. 56; Nerlich/Römermann/*Mönning* § 22 RdNr. 99.
[375] *Mönning*, Betriebsfortführung in der Insolvenz, 1997, S. 45.
[376] So ausdrücklich auch die Begr. zu § 22, abgedruckt bei *Balz/Landfermann* S. 232; die Begr. zum RefE erwähnte die Möglichkeit der Teilstilllegung noch nicht, so dass von einer bewussten Entscheidung des Gesetzgebers auch für diese Variante auszugehen ist; in diesem Sinne auch HKInsO-*Kirchhof* § 22 RdNr. 13; *Pohlmann* RdNr. 140.
[377] HKInsO-*Kirchhof* § 22 RdNr. 9; *Pohlmann* RdNr. 141; Nerlich/Römermann/*Mönning* § 22 RdNr. 65.
[378] Nerlich/Römermann/*Mönning* § 22 RdNr. 17.

mit Stilllegungsvorbehalt. Hinzu tritt dabei die notwendige Maßgabe, dass der Insolvenzverwalter bis zum Berichtstermin, in dem die Gläubigerversammlung über die Schließung bzw. die vorläufige Fortführung des Unternehmens entscheidet, zur eigenständigen Fortführung des schuldnerischen Betriebes berechtigt ist, ohne hierfür auf die Mitwirkung der Gläubiger oder des Schuldners angewiesen zu sein, denn mit der Fortführung des laufenden Geschäftes des Schuldners verwirklicht der vorläufige Insolvenzverwalter die dem schuldnerischen Vermögen innewohnende Zweckbestimmung[379] und erfüllt die gesetzliche Handlungsanforderung an seine Tätigkeit.

Gleichwohl erfordern die mit der Fortführung verfolgten Ziele, die voraussichtliche Dauer der Fortführung, die prognostizierte Ergebnisverbesserung oder auch nur die mittels Fortführung angenommene Werterhaltung und die diesen Aufgaben zu Grunde liegenden Berechnungen die **Entwicklung eines Fortführungskonzeptes** durch den vorläufigen Insolvenzverwalter. Eine Fortführung des Geschäftsbetriebes ohne plausible und nachvollziehbare Fortführungskonzeption ist pflichtwidrig und vom Insolvenzgericht im Rahmen seiner Aufsichtspflicht zu unterbinden.[380] Die Entwicklung eines solchen Konzeptes setzt zunächst eine **Analyse der Insolvenzursachen** und die **Feststellung** der noch vorhandenen **betrieblichen Potentiale** voraus, um überhaupt die Kriterien für eine Betriebsfortführung unter Berücksichtigung des angestrebten Verfahrensziels erarbeiten zu können. Insbesondere eine Liquiditätsbedarfsplanung hat zu belegen, dass die Fortführung nicht zu einer erheblichen Vermögensminderung führt und die vom vorläufigen Insolvenzverwalter begründeten Verbindlichkeiten aus den Fortführungserträgen oder notfalls auch aus den vorhandenen Vermögenswerten gedeckt werden können. Insoweit ist die Prüfung der Fortführungsaussichten regelmäßig identisch mit der **Prüfung der Sanierungsfähigkeit,** denn ein Unternehmen ist nur dann sanierungs- und fortführungsfähig, wenn es nach Durchführung von Sanierungsmaßnahmen nachhaltig einen Überschuss der Einnahmen für die Ausgaben erwirtschaften kann. Dabei ist festzustellen, dass die insolvenzrechtliche Sanierungsfähigkeit nicht immer mit der betriebswirtschaftlichen Sanierungsfähigkeit identisch ist, denn Aussichten für eine Fortführung des Schuldnerunternehmens können auch dann bestehen, wenn sich die Möglichkeit einer übertragenen Sanierung abzeichnet. Letztlich nützt auch eine interne Sanierungsfähigkeit nach betriebswirtschaftlichen Kriterien nichts, wenn nicht gleichzeitig die marktwirtschaftliche Sanierungsfähigkeit des Unternehmens zu bejahen ist, d.h. das Unternehmen nach der insolvenzplanmäßigen Sanierung imstande ist, sich nachhaltig am Markt eigenständig und mit ausreichender Rentabilität zu behaupten.[381] Der von *Burger* und *Schellberg*[382] vertretenen Ansicht, von einer Fortführungsprämisse könne schon dann ausgegangen werden, wenn keine Auflösung des Unternehmens geplant ist, muss widersprochen werden, da sie mit Wortlaut und Sinn der gesetzlichen Regelung nicht vereinbar ist. Fortführungswerte dürfen nach der Begründung zu § 19 auch im Überschuldungsstatus nur angesetzt werden, wenn zum einen die Fortführung des Unternehmens beabsichtigt und zum anderen das Unternehmen wirtschaftlich lebensfähig erscheint. Das bedeutet zugleich auch, dass sich eine Fortführungsprognose daran auszurichten hat, ob die unternehmerische Nutzung des betriebsgebundenen Vermögens und seine Ertragsfähigkeit[383] im Rahmen der Fortführung mittelfristig[384] gesichert ist, wobei unter dem neuen Überschuldungsbegriff ein allgemein gültiger Prognosezeitraum ausgeschlossen ist.[385]

Wenngleich eine eigenständige und einheitliche Konzeption für ein Verfahren der Sanierungsprüfung sich bislang weder in der Theorie noch in der Praxis herausgebildet hat,[386] so dass durchaus unterschiedliche Konzeptionen zum Tragen kommen können, sollte die Entscheidung über die Fortführung nach dem sogenannten **4-Stufenmodell** erfolgen. Danach sind in einem **ersten**

---

[379] *Pohlmann* RdNr. 137.
[380] OLG München ZIP 1991, 13, 67; *Braun/Uhlenbruck* S. 258 ff.; Nerlich/Römermann/*Mönning* § 22 RdNr. 75.
[381] *Götker,* Der Geschäftsführer in der Insolvenz der GmbH, RdNr. 196 ff.; *Braun/Uhlenbruck* S. 247.
[382] KTS 1995, 563, 571 f.
[383] Vgl. dazu u.a. *Drukarczyk,* FS Moxter, S. 1231, 1249; *Götker* RdNr. 231 ff.
[384] Der für die Prognose maßgebliche Zeitraum ist durchaus umstritten und wird auch durch die InsO nicht festgelegt. BGH ZIP 1995, 819, 825 hat den Begriff der Mittelfristigkeit gebraucht, anderseits sollen nach BGHZ 119, 201, 213 ff. – allerdings ohne nähere Begründung – fünf Monate angebracht sein, was als zu kurzfristig abzulehnen ist. Anderseits gelten Zeiträume von mehr als einem Jahr auch im Bereich der Wirtschaftsprüfer als zu unsicher, vgl. dazu *Müller* ZGR 1985, 191, 200. Die hM hält jedoch neben dem laufenden auch die Einbeziehung des künftigen Geschäftsjahres für maßgeblich, hat diese Meinung jedoch im Wesentlichen für den zweigliedrigen Überschuldungsbegriff auf die künftige Zahlungsfähigkeit des Schuldners bezogen, vgl. in diesem Sinne *Bähner* KTS 1988, 443, 452; Hachenburg/*Ulmer* GmbHG § 63 RdNr. 37; Kuhn/*Uhlenbruck* § 102 RdNr. 5 h.
[385] *Götker* RdNr. 241; FKInsO-*Schmerbach* § 19 RdNr. 22; HKInsO-*Kirchhof* § 19 RdNr. 11; *Kübler/Prütting/Pape* § 19 RdNr. 16; Nerlich/Römermann/*Mönning* § 19 RdNr. 20; *Haarmeyer/Wutzke/Förster,* Handbuch, Kap. 1 RdNr. 87 ff.
[386] Vgl. dazu die Nachweise bei *Braun/Uhlenbruck* S. 245.

Schritt die Fortführungsaussichten danach zu beurteilen, ob eine Aufrechterhaltung des Geschäftsbetriebes nur für den Zeitraum bis zur Eröffnung oder, als eine zweite Variante, darüber hinaus auch im eröffneten Verfahren bis zum Berichtstermin möglich ist, wobei auf diesen beiden Stufen in erster Linie Auslaufproduktionen mit anschließender Stilllegung in Betracht kommen, bei denen es also in erster Linie darum geht, den vorhandenen Auftragsbestand ordnungsgemäß abzuarbeiten, um insbesondere die Bestände in ihrem Wert zu erhalten.[387] Für den Fall dauerhafter Fortführung bei beabsichtigter übertragender Sanierung ebenso wie bei einer Eigensanierung sind die Fortführungsmöglichkeiten des Unternehmens hingegen über den Zeitpunkt des Berichtstermins hinaus mittel- und langfristig anzulegen. Dies schließt zum einen auf einer dritten Stufe die Möglichkeit oder das Ziel einer übertragenden Sanierung ein, während auf der vierten Stufe eine Betriebsfortführung mit dem Ziel der Reorganisation und langfristigen Erhaltung des Unternehmens von vornherein nach anderen Kriterien erfolgen muss als dies für die ersten beiden Stufen Platz greift. Darüber hinaus muss bei der Anlage einer Betriebsfortführung berücksichtigt werden, ob die Abwicklung des Insolvenzverfahrens im Regelverfahren oder mittels eines Insolvenzplans erfolgen soll, da sich unter den jeweiligen Voraussetzungen die Realisierung der im Vermögen gebundenen Werte nicht nur zeitlich, sondern wertmäßig nach ganz anderen Kriterien beurteilt[388] und die Beteiligten im Planverfahren nicht an die gesetzlichen Verwertungs- und Verteilungsvorschriften gebunden werden. Ist unter Zugrundelegung dieser Kriterien eine Betriebsfortführung nicht zu erreichen oder droht gar mangels Rentabilität der Fortführung eine erhebliche Vermögensminderung, dann geht der Grundsatz der Vermögenssicherung zwecks Haftungsverwirklichung dem Reorganisations- und Sanierungsinteresse des Schuldners vor.[389]

97 Die Beurteilung der Fortführungseignung von Unternehmen ist dabei nicht einheitlich für jedes denkbare Unternehmen vorzugeben, sondern von dem jeweiligen Einzelfall abhängig und regelmäßig auch keine mit einer eindeutigen Antwort endende Frage. Die Beurteilung einer Fortführungsfähigkeit ist letztlich nicht mehr als eine sachkundig betriebswirtschaftlich und rechtlich ermittelte Darstellung von Handlungs-/Entscheidungsoptionen unter schätzweiser Ermittlung der Gläubigerauswirkungen.[390] Letztlich handelt es sich bei Fortführungsplanung auch um keine betriebswirtschaftliche Berechnung, vergleichbar der Unternehmensbewertung, sondern eine Beurteilung unterschiedlicher Handlungsszenarien, die davon abhängig sind, wie sich die konzeptionellen Grundentscheidungen in Verbindung mit den aus dem schuldnerischen Unternehmen heraus erwachsenden Restriktionen oder auch Möglichkeiten entwickeln.[391]

98 Entscheidet sich der vorläufige Insolvenzverwalter für eine **Liquidation des Schuldnervermögens** und Auszahlung des Erlöses an die Gläubiger, also die klassischen Form der Zerschlagung insolvenzreifer Unternehmer, so muss er damit regelmäßig in Kauf nehmen, dass die Vermögenswerte zu einem niedrigen Verkaufspreis veräußert werden. Auf der anderen Seite können durch die Zerschlagung und die Schließung des Unternehmens Gemeinkosten des Schuldnerbetriebes gesenkt werden bzw. im Rahmen einer Ausproduktion vorhandener Lagerbestände die darin enthaltenen Vermögenswerte werthaltiger gemacht werden, um mit ihnen auch Verbindlichkeiten zu reduzieren. Im Übrigen kann der vorläufige Insolvenzverwalter im Rahmen einer **Liquidationsstrategie** durch frühzeitige Kündigung von Vertragsverhältnissen künftig entstehenden Gemeinkosten entgegenwirken und damit Masseverbindlichkeiten des eröffneten Verfahrens vermeiden.

99 Während regelmäßig eine Alternative zu einer Zerschlagungslösung nicht besteht, gelingt die Realisierung des Geschäftswertes als Summe aller immateriellen Vermögensgegenstände zur Begründung einer Fortführungsentscheidung regelmäßig nur über eine Betriebsfortführung. Sucht man in insolventen Unternehmen häufig vergebens nach verwertbarem Anlage- und Umlaufvermögen, so stellt sich sehr schnell heraus, dass das einzig verwertbare Vermögen in der Firmenorganisation selbst in Form der aufgebauten Geschäftsverbindungen, des Firmennamens oder der eingearbeiteten und gut qualifizierten Belegschaft liegt. Hinzu kommt, dass Anlage- und Umlaufvermögen, soweit vorhanden, mit Rechten Dritter belegt ist. Ein Insolvenzverfahren über das Vermögen einer sich im eigentlichen Sinn in fremder Hand befindlichen Vermögensmasse, kann daher auch nur selten zur Befriedigung der einfachen oder gar der nachrangigen Forderungen dienen, sondern das Recht

---

[387] Vgl. dazu auch Kuhn/*Uhlenbruck* § 117 RdNr. 14; Nerlich/Römermann/*Mönning* § 22 RdNr. 71.
[388] Mit der Erledigung der Verfahrens nach einem Insolvenzplan erhalten die Gläubiger in der Regel in einem sehr kurzen Zeitraum Quoten, die schon auf Grund der vorzunehmenden rechnerischen Abzinsung regelmäßig erheblich über den Beträgen liegen, die nach Ablauf von mehreren Jahren gezahlt werden müssten.
[389] Nerlich/Römermann/*Mönning* § 22 RdNr. 93.
[390] *Braun*, Insolvenzrecht 1998, S. 69.
[391] Vgl. dazu auch *Ehlers*, ZInsO 2005, 902 zur betriebswirtschaftlichen Methodik sowie *Braun*, Betriebswirtschaftliche Check-Liste zur Prüfung der Sanierungsfähigkeit von Unternehmen, in *Baetge* (Hrsg.), Rechnungslegung, Finanzen, Steuern und Prüfung in den 90er Jahren, 1990, S. 95 ff.

dieser Gläubiger zur quotenmäßigen Befriedigung kann lediglich durch Erzielung von Gewinnen aus dem Betrieb des Unternehmens gesichert werden. Auch für die gesicherten Gläubiger kann im Rahmen der Verwertung eine **Geschäftsfortführung** durchaus **attraktiv** werden, wenn absehbar ist, dass sich bei der Veräußerung des Gesamtbetriebes ein höherer Erlös erzielen lässt als bei einer Einzelbewertung der Gegenstände. Häufig scheitert eine solche Alternative jedoch schon daran, dass für die Fortführung die notwendige Gewährleistung der Liquidität nicht sichergestellt werden kann, so dass zwar eine leistungswirtschaftliche Sanierung möglich erscheint, nicht jedoch eine finanzielle. Erst die im Zuge einer finanziellen Sanierungsmaßnahme dem Unternehmen zugeführte neue liquide Mittel erlauben vielfach erst erforderliche Umstrukturierung und Rationalisierungsmaßnahmen, während durch eingeleitete Maßnahmen im leistungswirtschaftlichen Bereich selten auch die finanzielle Schieflage des Unternehmens beseitigt werden kann.

Dass neben den vorgenannten Varianten die **Fortführungsstrategie** mit dem Ziel einer übertragenen Sanierung wiederum anderen Kriterien zu folgen hat, ergibt sich schon daraus, dass die **übertragende Sanierung** im Gegensatz zu einer Zerschlagung regelmäßig den Vorteil bietet, dass keine Kosten für die Erhaltung der Vermögensgegenstände bis zu deren Zerschlagung anfallen oder besonders werthaltige Gegenstände bis zum Gefahrübergang dem Risiko der Verschlechterung oder des Untergangs ausgesetzt werden. Die übertragende Sanierung ist eine Sanierung des Unternehmens unter Liquidation seines Rechtsträgers, wobei der Betrieb als organisatorische Einheit einem unbelasteten Träger überlassen und damit abgekoppelt wird von der ursprünglichen Unternehmung.[392] Regelmäßig erwirbt dabei eine Auffanggesellschaft das laufende Geschäft und übernimmt wesentliche Teile des Personals, so dass der Betrieb nur als organisatorische Einheit erhalten bleibt. Gleichwohl erfolgt eine Verwaltung der Vermögensmasse des Unternehmens nach Maßgabe der insolvenzrechtlichen Bestimmungen mit dem Ziel, auf Grundlage des eröffneten Insolvenzverfahrens eine möglichst geschlossene Übergabe der Betriebsmittel des laufenden Geschäftes einschließlich des Personals an die Nachfolgegesellschaft zu realisieren.[393] Bis zum Zeitpunkt des Übergangs ist regelmäßig der Geschäftsbetrieb in dem Umfange fortzuführen, wie es für seinen Erhalt notwendig ist, was im Einzelfall nicht ausschließt, dass schon während dieser Phase einzelne Betriebsteile mit Zustimmung des Insolvenzgerichts stillgelegt werden. 100

Jede der vorgenannten Varianten steht daher unter anderen tatsächlichen oder wirtschaftlichen Voraussetzungen, die durch den Insolvenzverwalter im Rahmen seines Fortführungskonzeptes zu dokumentieren und zu belegen sind, da im Eröffnungsverfahren die Organe der Gläubigerselbstverwaltung regelmäßig noch nicht etabliert sind und das Fortführungskonzept letztlich auch für den Fall des Scheiterns die Voraussetzung für eine mögliche Stilllegungsentscheidung des Gerichtes oder auch der Gläubigerversammlung ist. 101

b) Rechtliche Rahmenbedingungen in der Fortführung. Die Betriebsfortführung berechtigt und verpflichtet den vorläufigen Verwalter alle Maßnahmen zu ergreifen, die ein ordentlicher Kaufmann in einer vergleichbaren Situation veranlassen würde um die Fortführung erfolgreich zu gestalten und damit zugleich alles zu unterlassen, was dieser Zielsetzung zuwider läuft. Dabei verläuft ist die Grenze des rechtlichen Dürfens auf Grund des dem vorläufigen Verwalter zustehenden wirtschaftlichen Ermessens und der betriebswirtschaftlichen Spielräume im Rahmen jedweder Unternehmensführung erst jenseits der Insolvenzzweckwidrigkeit einzelner Maßnahmen. Obwohl die Fortführung des Geschäftsbetriebes als gesetzliche, aber gesondert zu vergütende, Pflichtaufgabe in die eigenständige Entscheidungskompetenz des vorläufigen Insolvenzverwalters gestellt ist und die Mitwirkung des Insolvenzgerichtes nur im Falle der Betriebsstilllegung vorgesehen ist, setzt die tatsächliche Umsetzung der Fortführungsentscheidung einen Konsens bzw. eine Abstimmung mit den am Verfahren Beteiligten voraus, die ihre Entscheidung regelmäßig davon abhängig machen werden, ob und in welchem Umfang sie durch die Fortführung ihre Rechtsstellung sichern oder gar verbessern können. Dabei ist insbesondere zu berücksichtigen, dass die dem Verwalter übertragene insolvenzrechtliche Verwaltungs- und Verfügungsbefugnis zwar nach außen wirkt, jedoch gesellschaftsrechtlich die Organe einer Gesellschaft berechtigt und verpflichtet bleiben, die inneren Angelegenheiten der Gesellschaft selbst zu regeln.[394] Auch die durch eine Verfahrenseröffnung aufgelöste Gesellschaft bleibt im Rahmen des Insolvenzverfahrens als rechts- und handlungsfähiger Rechtsträger bestehen, so dass der vorläufige Verwalter zB weder für die Abberufung der Gesellschaftsorgane, 102

---

[392] Vgl. ausführlich zur übertragenen Sanierung den Beitrag von *Fröhlich/Köchling* ZInsO 2005, 1121 ff. sowie die Darstellung bei *Haarmeyer/Wutzke/Förster*, Handbuch, Kap. 5 RdNr. 488.
[393] Vgl. zu den dabei zu durchlaufenden Phasen insbesondere im Eröffnungsverfahren *Haarmeyer/Wutzke/Förster*, Handbuch, Kap. 5 RdNr. 322 ff.
[394] Vgl. dazu den Beitrag von *Uhlenbruck*, FS Kirchhof S. 479 ff., 487; vgl. dazu auch *Uhlenbruck/Hirte* InsO § 11 RdNr. 21 ff.

Vorstand, Geschäftsführer und Aufsichtsrat zuständig ist, was ihn aber nicht davon abhalten kann, einen Geschäftsführer freizustellen oder ggf. auch zu kündigen.[395] Auch die arbeitsrechtlichen Probleme und die Stellung der Sonderrechtsgläubiger wirken auf die Chancen einer Fortführung ein, so dass auch insoweit die Herbeiführung eines breiten Konsenses regelmäßig durch den vorläufigen Insolvenzverwalter geboten ist.

103   **aa) Abstimmungskonsens der Beteiligten.** Obwohl ein unmittelbares Mitwirkungsrecht der Gläubiger aus der Aufgabenstellung des § 22 Abs. 1 Satz 2 Nr. 2 nicht hergeleitet werden kann[396] und auch das Insolvenzgericht nur für den Fall der Betriebsstilllegung eingreifen kann, erfordert die prozesshafte Entwicklung einer jeden Betriebsfortführung eine fortlaufende Abstimmung zwischen dem vorläufigen Insolvenzverwalter und den anderen Beteiligten. Hierzu dient ganz wesentlich die möglichst frühzeitige Einbindung eines vorläufigen Gläubigerausschusses schon im Eröffnungsverfahren. Letztlich müssen die Gläubiger und muss auch das Insolvenzgericht in die Lage versetzt werden, auf einen ggf. kurzfristigen Stilllegungsantrag des vorläufigen Insolvenzverwalters zu reagieren, um die Gefahr einer erheblichen Vermögensminderung und das Risiko nicht gedeckter Masseverbindlichkeiten zu vermeiden (vgl. zur Frage der Stilllegung nachfolgend RdNr. 111). So lange die Reorganisation als Verfahrensziel denkbar ist oder angestrebt wird, muss auch der Schuldner zwangsläufig in Abwicklungsentscheidungen einbezogen werden.[397] Dies gilt umso mehr, wenn, abweichend vom Regelverfahren, das Verfahren über einen Insolvenzplan abgewickelt werden soll, da in diesen Fällen nur ein breiter Konsens mit allen Beteiligten dem Insolvenzplan eine realistische Annahmeperspektive eröffnet. Vergleiche zur Nutzungs- und Verwertungskompetenz im Eröffnungsverfahren oben RdNr. 104 ff.

104   **bb) Nutzungs- und Verwertungsrechte im Rahmen der Betriebsfortführung.** Für eine Betriebsfortführung im Eröffnungsverfahren kommt es – neben den o. a. Einzelfaktoren – entscheidend auch darauf an, ob der vorläufige Insolvenzverwalter berechtigt ist, unter Eigentumsvorbehalt und/oder Sicherungseigentum gelieferte Gegenstände zu nutzen oder gar zu verwerten,[398] da die weitgehende Besicherung des betrieblich gebundenen Anlage- und Umlaufvermögens, mit den sich daraus ergebenden Sicherungsrechten, die Regel ist. Dabei kommt es unter Fortführungsgesichtspunkten weniger auf die rangmäßige Einstufung von Forderungen an, sondern auf die Frage, ob der fortführende vorläufige Verwalter die Möglichkeit hat, Ein- und Übergriffe von Aus- und Absonderungsberechtigten auf das für die Fortführung benötigtes Sicherungsgut zu verhindern, da es im Rahmen der Fortführung vornehmlich auch darum geht, ggf. unter Nutzung und/oder Verwertung der belasteten Vermögensgegenstände Erträge zu erwirtschaften. Vgl. zu Rechtsstellung der Aus- und Absonderungsberechtigten die ausführlichen Darlegungen bei § 47 sowie § 107.

105   Grundsätzlich haben auch im reformierten Insolvenzrecht Gläubiger, die unter **einfachem Eigentumsvorbehalt**[399] an den Schuldner geliefert haben, im nachfolgenden eröffneten Verfahren einen Aussonderungsanspruch nach § 47, § 985 BGB, da mit der Eröffnung des Verfahrens das bis dahin bestehende Besitzrecht (§ 986 BGB) des Insolvenzverwalters automatisch entfällt.[400] Zwar kann sich der Insolvenzverwalter durch die Möglichkeit der Erfüllungswahl das vertragliche Besitzrecht erhalten, nach § 107 Abs. 2 seine Erklärung hinauszögern, und damit letztlich bis nach der Eröffnung zwangsweise Zugriffe der Aussonderungsberechtigten abwehren, dies ändert jedoch nichts an der Tatsache, dass aussonderungsfähige Gegenstände ohne gesonderte Beschlussfassung nach § 21 Abs. 2 Nr. 5 (vgl. § 21 RdNr. 96 ff.) dem „Zugriff" des vorläufigen Verwalters faktisch entzogen sind, da sie nicht zur Insolvenzmasse gehören.[401] Im Interesse einer Fortführung und möglichen Sanierung des Unternehmens kommt jedoch auch dem vorläufigen Insolvenzverwalter im Rahmen der Neuregelung § 107 Abs. 2 zugute, dass in der Insolvenz des Vorbehaltskäufers das Wahlrecht erst unverzüglich nach dem Berichtstermin auszuüben ist, mithin also bis zu diesem Zeitpunkt die Möglichkeit erhalten bleibt, die Vorbehaltsware zu nutzen, also auch zu verarbeiten,[402] und die Erfüllungswahl bis zum spätesten gesetzlich zulässigen Zeitpunkt hinauszuschieben, um auf diese

---

[395] Nerlich/Römermann/*Mönning* § 22 RdNr. 108.
[396] *Pohlmann* RdNr. 137.
[397] *Landfermann*, Kölner Schrift, S. 127 RdNr. 83.
[398] Nerlich/Römermann/*Mönning* RdNr. 125.
[399] Der sog. verlängerte Eigentumsvorbehalt gewährt nach § 51 Abs. 1 nur ein Absonderungsrecht.
[400] BGH ZIP 1996, 426, 427.
[401] *Uhlenbruck* InsO § 22 RdNr. 39 m. w. Nachw.
[402] Ausdrücklich dafür *Uhlenbruck* InsO § 22 RdNr. 39; aA *Vallender* RWS-Forum 14, S. 71, 86; allerdings hat der vorläufige Verwalter das Recht der Ersatzaussonderung zu beachten, wenn die Veräußerungsermächtigung erloschen ist und die Veräußerung bzw. Verarbeitung daher unrechtmäßig war; vgl. dazu *Ganter* NZI 2005, 1 ff.

Weise faktisch einen zinslosen Kredit des Vorbehaltsverkäufers in Anspruch nehmen zu können.[403] Dies ist durch die Neufassung von § 21 Abs. 2 Nr. 5 nunmehr auch gesetzlich eindeutig bestimmt.

Nutzung und Verwertung von **Aussonderungsgut** im Eröffnungsverfahren sind ohne gerichtliche Beschlussfassung nur möglich und zulässig, wenn der vorläufige Insolvenzverwalter eine „Vereinbarung" im Sinne des § 172 Abs. 1 mit dem Eigentümer trifft, die dann zur Begründung einer Masseschuld nach § 55 Abs. 2 Satz 1 hinsichtlich der Ausgleichszahlungen führt, da andernfalls durch die Verarbeitung bzw. Verbindung mit einer anderen Sache gemäß §§ 946 ff. BGB die daran bestehenden, und bis zur Verarbeitung individualisierbaren und damit aussonderungsfähigen Rechte untergehen. Da aber selbst der endgültige Verwalter nach § 172 nur solche Sachen verbinden, vermischen und verarbeiten darf, zu deren Verwertung er ausdrücklich berechtigt ist, mithin Absonderungsgut, wäre mit Kuhn/*Uhlenbruck* und *Henckel* davon auszugehen, dass der vorläufige Verwalter Aussonderungsgut ohne gerichtlichen Beschluss nach § 21 Abs. 2 Nr. 5 nicht weiterverarbeiten darf,[404] da spätestens mit der Anordnung der vorläufigen Verwaltung die Verarbeitungsbefugnis zB im Rahmen des Eigentumsvorbehaltes erlischt und dem vorläufigen Verwalter unstreitig das Erfüllungswahlrecht nach § 103 nicht zusteht. Dies führte bis zur Novellierung in § 21 Abs. 2 Nr. 5 zu Konflikten mit der gesetzlich angeordneten Betriebsfortführungspflicht, da regelmäßig die unter Eigentumsvorbehalt gelieferten und zur Produktion erforderlichen Verbrauchsartikel davon betroffen waren.[405] War der Aussonderungsgläubiger nicht bereit in die Verarbeitung einzuwilligen, diese jedoch für die Betriebsfortführung von erheblicher Bedeutung, so konnte ein sich daraus ergebender Konflikt nur dadurch gelöst werden, dass man dem Aussonderungsgläubiger für den Fall der gleichwohl erfolgenden Verarbeitung einen Anspruch aus § 55 Abs. 2 als Masseverbindlichkeit zuerkannte. Damit wurde der Tatsache Rechnung getragen, dass § 55 Abs. 2 nicht nur für vertragliche, sondern auch für gesetzliche Verbindlichkeiten (zB Schadensersatzanspruch aus § 823 BGB) gilt,[406] und dem Gläubiger zudem der vorläufige Verwalter auch als persönlich Haftender nach §§ 60, 61 zur Verfügung stand und somit eine angemessene Risikoverteilung vorlag. Dass dies auch vom Gesetzgeber so gesehen worden ist, folgt auch aus der unwidersprochen gebliebenen Beschreibung der Insolvenzrechtskommission. Diese hatte zur Begründung für das Entstehen von Masseverbindlichkeiten durch einen vorläufigen Verwalter in der Begründung zu LS 1.2.3 Abs. 9[407] u.a. darauf hingewiesen, dass die Einbeziehung von Deliktsschulden „zB bei unberechtigter Verbindung oder Verarbeitung durch den vorläufigen Insolvenzverwalter" einbezogen werden muss. Dies ist im RegE nur auf die verkürzte Fassung „gesetzlicher Verbindlichkeiten" verkürzt worden, ohne dass damit etwas anderes gesagt werden sollte. Aufgrund der gesetzlichen Betriebsfortführungspflicht wird man daher den vorläufigen Verwalter mit Verwaltungs- und Verfügungsbefugnis bei entsprechender gerichtlicher Beschlussfassung als „berechtigt" ansehen dürfen, sich zur Zweckerreichung des Gesamtverfahrens auch über die Rechte einzelner Aussonderungsgläubiger hinwegzusetzen. Nur eine so angelegte, auch wirtschaftliche Betrachtungsweise, kann letztlich dazu führen, die Fortführung eines Unternehmens nicht von der Obstruktion einzelner Gläubiger abhängig zu machen. Vgl. dazu auch oben RdNr. 88 sowie § 21 RdNr. 96 ff. Für die **Nutzung einer gemieteten, gepachteten** oder **geleasten Sache** sowie aller Gegenstände, deren Gebrauch im Rahmen eines Dauerschuldverhältnisses gewährt und vom Insolvenzverwalter in Anspruch genommen wird, entstehen auch Masseverbindlichkeiten nach § 55 Abs. 2.[408]

In den Fällen von **Sicherungseigentum und Sicherungsabtretung** ist der vorläufige Verwalter bei einem Beschluss nach § 21 Abs. 2 Nr. 5 bereits im Eröffnungsverfahren zur Nutzung und Verwertung berechtigt, was unterschiedslos für alle beweglichen Sachen gilt, an denen ein Absonderungsrecht besteht (§§ 49–51).[409] Aus der Erstreckung der gerichtlich angeordneten Sicherungsmaßnahmen auch auf Gegenstände, die mit einem Absonderungsrecht belastet sind, ergibt sich zugleich, dass der vorläufige Verwalter zu deren Herausgabe nicht verpflichtet werden kann.[410] Da der absonderungsberechtigte Gläubiger durch die Anordnung einer Sicherungsmaßnahme von der Verwertung des Gegenstandes ausgeschlossen wird, soll er nach § 21 Abs. 2 Nr. 5 durch fortlaufende Zinszahlung

---

[403] AG Düsseldorf DZWIR 2000, 348; HKInsO-*Kirchhof* § 21 RdNr. 20; *Braun/Uhlenbruck* S. 254 ff.; *Pape*, Kölner Schrift, S. 531 ff. RdNr. 50 ff.
[404] *Kübler/Prütting/Tintelnot* § 103 RdNr. 51; *Hess* InsO § 103 RdNr. 86; *Kuhn/Uhlenbruck* § 106 RdNr. 15b; *Henckel*, Aktuelle Probleme der Warenlieferanten beim Kundenkonkurs, S. 61.
[405] Vgl. dazu auch *Gottwald* in Leipold (Hrsg.), Insolvenzrecht im Umbruch, S. 197, 203.
[406] Begr. zu § 55, abgedruckt bei *Balz/Landfermann* S. 267; *Smid* InsO § 22 RdNr. 37.
[407] 1. KommBer. S. 107.
[408] *Pape*, Kölner Schrift, S. 531 ff. RdNr. 76; *Sinz*, Kölner Schrift, S. 593 RdNr. 9.
[409] Vgl. § 21 RdNr. 96 ff.; HKInsO-*Kirchhof* § 22 RdNr. 9; *Uhlenbruck* InsO § 22 RdNr. 41; *Kirchhof* ZInsO 1999, 436 ff.
[410] *Gerhardt*, Kölner Schrift, S. 193 ff. RdNr. 20; Nerlich/Römermann/*Mönning* § 22 RdNr. 135.

sowie durch Zahlung eines Nachteilsausgleichs im Falle eines Wertverlustes geschützt werden (§§ 172 Abs. 1, 169 Satz 2). Abgesehen von der Verpflichtung zur fortlaufenden Zinszahlung, beginnend mit dem Zeitpunkt, der drei Monate nach der Anordnung der Sicherungsmaßnahmen liegt, ist der fortführende Insolvenzverwalter zur Verwertung, Nutzung und sonstigen Verwendung von Sicherungsgut während der Fortführungsdauer berechtigt, zumal nur auf diese Weise die für eine Betriebsfortführung notwendige Planungssicherheit besteht und die Auswirkungen einer Betriebsfortführung auf die Vermögenslage und die Kostendeckung sowohl zu Beginn als auch im weiteren Verlauf des Verfahrens sicher beurteilt werden können.

108 Die Sicherung der Fortführung des Unternehmens wird nach der InsO auch durch eine Vielzahl anderer Möglichkeiten erleichtert. So bleiben Miet- und Pachtverhältnisse mit Wirkung für die Insolvenzmasse erhalten, sofern nicht der Verwalter kündigt (§§ 108, 109), das gesetzliche Kündigungsverbot umgehende Lösungsklauseln sind nach §§ 112, 119 unzulässig. Eine wesentliche Störquelle bisherigen Insolvenzrechts im Rahmen der Betriebsfortführung ist zudem dadurch beseitigt worden, dass der vorläufige Insolvenzverwalter die Möglichkeit erhält, die einstweilige Einstellung eines von der Gläubigerin betriebenen Zwangsversteigerungsverfahrens zu beantragen (§§ 30 d, 30e Abs. 1, 2 ZVG), wobei dem gesicherten Gläubiger allerdings ein Nachteilsausgleich zugebilligt wird. Vergleichbares gilt für die Beseitigung der an sogenannte ungeordnete Vermögensverhältnisse anschließenden Möglichkeit für eine Rücknahme von Konzessionen bzw. Genehmigungen (§ 53 GewO). Mit der Neufassung des § 12 GewO idF des Art. 71 EG InsO ist künftig die Untersagung eines Gewerbes, die Rücknahme bzw. der **Widerruf einer Zulassung** allein wegen eingetretener Insolvenz ausgeschlossen, was die Betriebsfortführung erheblich erleichtert.

109 Verkannt werden darf allerdings nicht, dass durch die Zulassung einer Betriebsfortführung unter Insolvenzbedingungen auch ein erhebliches **Spannungsfeld zwischen Insolvenzrecht und Wettbewerbsrecht** besteht. Auch unter der Geltung der Insolvenzordnung ist die Fortführung des Unternehmens regelmäßig nicht durch die Tilgung der Insolvenzverbindlichkeiten, vor allem nicht der Zinsen auf das eingesetzte Fremdkapital, belastet. Das insolvente Unternehmen arbeitet regelmäßig ohne Abschreibungen, weiterlaufende Zinsansprüche sind nur noch nachrangige Insolvenzforderungen, laufende Prozesse sind eingestellt und der Verwalter ist nur verpflichtet die neuen Masseverbindlichkeiten zu decken. Insoweit gewinnt ein fortgeführtes insolventes Unternehmen regelmäßig Wettbewerbsvorteile zu Lasten der gesunden Mitbewerber, die noch dadurch potenziert werden, dass nach Auffassung der Rechtsprechung die Herstellung und Veräußerung von Waren unter Insolvenzbedingungen regelmäßig keine unzulässige Sonderveranstaltung darstellt[411] und der Insolvenzverkauf auch nicht auf die bei Anordnung der Sicherungsmaßnahmen bereits vorhandenen Waren beschränkt ist, sondern dass während einer zulässigen Betriebsfortführung hinzugekaufte oder neu produzierte Ware ebenfalls unter der Bezeichnung Insolvenzverkauf veräußert werden darf. Hat mithin der Insolvenzgesetzgeber die Fortführung des Unternehmens durch ein breites rechtliches Spektrum abgesichert und damit zugleich auch die Chancen für einen Erhalt des Unternehmens erhöht, so nimmt er damit zugleich auch in Kauf, dass für die Dauer der Fortführung am Markt unterschiedliche Wettbewerbsbedingungen entstehen, die ggf. sogar zum Nachfolgeinsolvenzverfahren führen können. Da aber bei der Regelabwicklung die Fortführung regelmäßig nur Mittel zum Zweck der Haftungsverwirklichung aus der Vermögensmasse für die Gläubiger ist, kann im Interesse des volkswirtschaftlichen Gemeinwohls und der negativen strukturellen Entwicklung unter den Bedingungen des alten Konkursrechtes die darin enthaltenen Möglichkeiten eines „Fresh-Start" zumindest dann akzeptiert werden, wenn das fortgeführte Unternehmen so ausgerichtet wird, dass es dauerhaft seinen Platz am Markt behaupten kann. Das rechtfertigt daher auch unter wettbewerbsrechtlichen Aspekten die unter RdNr. 84 vertretene Auffassung, dass eine nicht von insolvenzrechtlichen Zielsetzungen getragene Fortführung vom Gesetzeszweck nicht gedeckt und mithin unzulässig ist.

110 c) **Arbeitsrechtliche Folgen einer Fortführung.** Die arbeitsrechtlichen Spezialregelungen der §§ 113, 120–128 gelten grundsätzlich erst ab der Verfahrenseröffnung, sodass der vorläufige Verwalter, egal ob schwach oder stark, an die außerhalb des Insolvenzverfahrens geltenden arbeitsrechtlichen Bestimmungen gebunden ist. Insbesondere gilt die verkürzte Kündigungsfrist des § 113[412] oder die Regelung des § 125 zum Interessenausgleich[413] weder unmittelbar noch analog im Eröffnungsverfahren. Es unterliegt jedoch keinem Zweifel, dass bei Erlass eines allgemeinen Verfügungsverbots im Insolvenzeröffnungsverfahren die Arbeitgeberfunktion auf den vorläufigen Insolvenzverwalter über-

---

[411] OLG Stuttgart ZIP 1999, 712.
[412] Ganz hM; vgl. umfassend *Uhlenbruck/Berscheid* InsO § 22 RdNr. 49 ff.; BAG ZInsO 2005, 1342; LAG Hamm ZInsO 2004, 403; LAG Hamburg ZIP 2004, 869; *Jaeger/Gerhardt* § 22 RdNr. 55.
[413] LAG Hamm ZInsO 2002, 1104; vgl. auch BAG ZInsO 2003, 670.

geht[414] und dieser ohne die Kündigungserleichterungen der §§ 113 ff. unter den allgemeinen arbeitsrechtlichen Bestimmungen kündigungsbefugt wird.[415] Daher ist auch eine **Kündigungsschutzklage** im Eröffnungsverfahren gegen den starken Verwalter als Inhaber der Arbeitgeberstellung zu richten.[416] Führt der vorläufige Insolvenzverwalter mit Verfügungsverbot das Unternehmen des Schuldners fort, so ist er darüber hinaus verpflichtet, die Arbeitnehmer ebenso aus der Masse zu bezahlen wie die Lieferanten, die ihm ansonsten kein Material liefern, so dass er nicht mehr produzieren kann. Er hat für die Lohn- und Gehaltsansprüche der Arbeitnehmer zwar nur mit der vorläufigen Masse und nicht persönlich einzustehen, begründet aber im Fall der Weiterbeschäftigung wegen Inanspruchnahme der Gegenleistung Masseverbindlichkeiten nach § 55 Abs. 2 Satz 1. Demgegenüber verbleibt bei sog. „schwachen" vorläufigen Verwalter die Arbeitgeberstellung beim Schuldner, mit allen sich daraus ergebenden Rechten und Pflichten, das Insolvenzgericht kann jedoch den schwachen vorläufigen Verwalter zur Kündigung von Arbeitsverhältnissen ermächtigen.[417] Eine ohne Ermächtigung ausgesprochene Kündigung ist unwirksam.[418] Zur wirksamen Kündigung durch den Schuldner ist jedoch die Zustimmung des schwachen vorläufigen Verwalters erforderlich, da es sich um eine Verfügung über das Vermögen des Schuldners handelt.[419] Eine ohne Zustimmung ausgesprochene Kündigung kann nach § 182 Abs. 3 i. V. m. 623 BGB zurückgewiesen werden.[420] Die Arbeitsgerichte sind an die insolvenzgerichtlichen Kompetenzzuweisungen gebunden.[421]

Zu den **arbeitsrechtlichen Regelungen** im Eröffnungsverfahren vgl. § 113 RdNr. 25 ff.; zum Insolvenzgeld § 113 RdNr. 34 ff. sowie die umfassende Darstellung bei § 55 RdNr. 161 ff. und bei Uhlenbruck/Berscheid § 22 RdNr. 49 ff.

Zu den **steuerrechtlichen Fragen** im Eröffnungsverfahren vgl. nachfolgend RdNr. 193 sowie umfassend Kling in: Anhang Band 3 Insolvenzsteuerrecht RdNr. 21 ff.

6. Die Stilllegung des Unternehmens. Obwohl auch schon unter der Geltung von KO und GesO anerkannt gewesen ist, dass die Stilllegung des schuldnerischen Unternehmens durchaus im objektiven Interesse des Schuldners und der Gläubiger schon im Eröffnungsverfahren dann in Betracht zu ziehen ist, wenn das noch laufende Unternehmen nur noch Verluste erwirtschaftet und damit die spätere Befriedigung der Gläubiger immer unwahrscheinlicher wird, war nach überwiegender Meinung der Sequester grundsätzlich zur Schließung des schuldnerischen Betriebes nicht befugt.[422] Begründet wurde diese Auffassung im Wesentlichen damit, dass eine Ermächtigung zur Schließung des Geschäftes durch den Sequester schon deshalb nicht erteilt werden könne, weil das Gericht nur befugt sei Sicherungsmaßnahmen hinsichtlich des schuldnerischen Vermögens zu treffen.[423] Unterschiedliche Auffassungen bestanden auch darüber, ob zur Stilllegung des Unternehmens die Zustimmung des Schuldners[424] bzw. die Mitwirkung der Gläubiger[425] erforderlich ist. Mit der Neuregelung im § 22 Abs. 1 Satz 2 Nr. 2 hat der Gesetzgeber insoweit Rechtsklarheit herbeigeführt, als der vorläufige Insolvenzverwalter auch schon im Eröffnungsverfahren ein Unternehmen des Schuldners mit Zustimmung des Insolvenzgerichts stilllegen darf, um auf diese Weise eine drohende erhebliche Verminderung des Schuldnervermögens zu vermeiden. Was nicht ausschließt, dass das Gericht im Rahmen der ihm gegebenen Kompetenz durch Bildung eines vorläufigen Gläubigerausschusses auch die wirtschaftlich Betroffenen in diesen Entscheidungsprozess einbezieht. Wird dies von den Gläubiger im Rahmen der Neuregelung des § 22a beantragt, so dürfte das Gericht verpflichtet sein, zu den anstehenden Stilllegungsentscheidung auch das Votum eines solchen Gremiums einzuholen und zu berücksichtigen. Die an die Zustimmung des Insolvenzgerichts gebundene Ent-

---

[414] Vgl. dazu Kirchhof ZInsO 1999, 436 ff.; Berscheid ZInsO 1999, 697 ff.; BAG ZInsO 2002, 998; LAG Hamm 2002, 579, 580; mit umfassenden Nachweisen u.a. die Beiträge von Berscheid ZInsO 2000, 134 ff.; 1999, 697 ff.; Kania DStR 1996, 832; Kübler/Prütting/Pape § 22 RdNr. 17; Lakis BB 1998, 26, 38; Nerlich/Römermann/Mönning § 22 RdNr. 110. Dazu gehört auch die Verpflichtung zur Erteilung eines Arbeitszeugnisses, BAG ZIP 2004, 1974.

[415] BAG ZInsO 2002, 1198; Berscheid ZInsO 2000, 134 ff.; 1999, 697, 699; ders. ZIP 1997, 1569, 1574; FKInsO-Schmerbach § 22 RdNr. 23; Lakis FA 1999, 40, 41.

[416] BAG ZInsO 2002, 1202; LAG Hamm ZIP 2002, 579.

[417] BGH ZInsO 2002, 819, 823.

[418] LAG Hamm ZInsO 2004, 403.

[419] BAG ZInsO 2003, 817, 818.

[420] BAG ZInsO 2003, 817.

[421] Vgl. dazu ausführlich Uhlenbruck/Berscheid InsO § 22 RdNr. 61 sowie Berscheid ZInsO 1999, 697, 699.

[422] BGHZ 104, 151, 155; 35, 13, 17; BGH NJW 1961, 1304, 1305; Kuhn/Uhlenbruck § 106 RdNr. 13a mwN.

[423] BGHZ 35, 13, 17; aA Kilger KTS 1989, 495, 497; Castendiek KTS 1978, 9, 14; Herbert S. 125 f.; Gottwald/Uhlenbruck, Insolvenzrechts-Handbuch, § 14 RdNr. 39.

[424] So Gerhard ZIP 1982, 17.

[425] So Koch S. 143.

scheidung bezieht sich nicht nur auf die Stilllegung des gesamten Unternehmens, sondern auch auf die Stilllegung organisatorisch abgrenzbarer Unternehmensteile, betrifft also auch den Fall der sogenannten **Teilstilllegung**.[426] Dies kann sich insbesondere dann empfehlen, wenn auf Grund einer Teilstilllegung bestimmter abgrenzbarer Unternehmensteile ggf. die Fortführung des verbleibenden Unternehmens gesichert werden kann. Die Stilllegung des Unternehmens ist regelmäßig eine irreversible Maßnahme, da das Wiederanfahren eines einmal stillgelegten Betriebes erhebliche finanzielle Mittel erfordert, über die das insolvente Unternehmen naturgemäß nicht oder nicht mehr verfügt. Mit der Stilllegung des Unternehmens erfährt dessen Vermögen einen erheblichen Wertverlust, da es nur noch nach Zerschlagungswerten zu beurteilen ist und die Möglichkeiten einer späteren Veräußerung des gesamten lebendigen Unternehmens durch den Insolvenzverwalter mit der erfolgten Stilllegung ausscheiden.[427] Vor diesem Hintergrund hat der vorläufige Insolvenzverwalter alles zu unterlassen, was ohne die gerichtliche Zustimmung dazu führen kann, das Unternehmen faktisch zum Erliegen zu bringen, denn bis zur gerichtlichen Beschlussfassung gilt die Fortführungspflicht unverändert.[428] Der Gesetzgeber nimmt grundsätzlich auch in Kauf, dass bei einer Fortführung Verluste entstehen, ohne dass allein dies eine Grund für die Stilllegung ist, denn darin realisiert sich nicht ein spezifisches sondern ein allgemeines Risiko wirtschaftlichen Handelns.

112   Vor diesem Hintergrund ist der Versuch des Gesetzgebers verständlich, mit der Einführung des gerichtlichen Zustimmungsvorbehaltes voreilig getroffene Entscheidungen zur Betriebsstilllegung zu verhindern, wenngleich fraglich ist, ob das Insolvenzgericht in der Lage ist auf Grund einer summarischen Überprüfung unter einem erheblichen Zeitdruck eine „objektiv richtige" Entscheidung zu treffen. Dafür dürfte ein vorläufiger Gläubigerausschuss viel eher geeignet sein. Nicht nur für die Frage der Fortführung eines Unternehmens, sondern auch für die Frage der Stilllegung kommt es im Wesentlichen auf prognostische Entscheidungen an, die eine Ermessensbeurteilung eröffnen und daher auch nur in diesem Rahmen einer begrenzten Überprüfung zugänglich sind. Die damit verbundene Rechtsunsicherheit wird noch dadurch erhöht, dass der Gesetzgeber darauf verzichtet hat, die Voraussetzungen einer Stilllegungsentscheidung objektiv zu bestimmen, was zumindest für den Fall einer erheblichen Vermögensminderung schon zu erheblichen Rechtsunsicherheiten geführt hat.[429] Hinzu kommt, dass der Gesetzgeber postuliert hat, dass von einer Stilllegung dann Abstand zu nehmen ist, wenn noch Aussicht auf eine Sanierung des Unternehmens steht, wodurch weitere prognostische Elemente und damit Unsicherheiten hinsichtlich der Stilllegungsvoraussetzungen eintreten.[430] Nimmt man hinzu, dass eine Stilllegungsempfehlung des vorläufigen Insolvenzverwalters regelmäßig erst dann getroffen werden kann, wenn dieser in der Lage gewesen ist, sich ein umfassenden Überblick über den Vermögensbestand und die Sanierungsaussichten zu verschaffen, so spricht vieles für die von *Pohlmann*[431] angeregte Ergänzung der Voraussetzungen, wonach eine Stilllegung nur dann im Eröffnungsverfahren zulässig sein soll, wenn die Sanierung des Unternehmens offensichtlich keinen Erfolg verspricht. Durch dieses ungeschriebene **Merkmal der Offensichtlichkeit** kann, in Verbindung mit den anderen Voraussetzungen, zumindest ausgeschlossen werden, dass in zweifelhaften Fällen eine Stilllegungsentscheidung ausgesprochen und damit übereilte Entscheidungen veranlasst werden. Liegt allerdings das Ergebnis einer Sanierungsprüfung vor, so bedarf es des Kriteriums der Offensichtlichkeit nicht mehr, denn dieses dient nach der gesetzgeberischen Zweckbestimmung nur dazu, die sofortige Zerschlagung auf eindeutige Fälle unmöglicher Sanierung zu begrenzen. Dies bestätigt auch die Richtigkeit der vom Rechtsausschuss vorgenommenen Ergänzung des § 22 über die Bestimmung des vorläufigen Insolvenzverwalters als Sachverständigen, da nur der im Betrieb tätige vorläufige Insolvenzverwalter und Sachverständige eine verlässliche Entscheidung über die Stilllegung des Unternehmens treffen kann.

113   **a) Antragsrecht und Antragsvoraussetzungen.** Der weder an Formen noch an Fristen gebundene Antrag auf Zustimmung des Insolvenzgerichts zur Stilllegung des Unternehmens steht ausschließlich dem vorläufigen Insolvenzverwalter zu. Auch wenn andere Beteiligte die Stilllegung des Geschäftsbetriebes anregen, darf die Zustimmung bzw. Anordnung zur Stilllegung nicht daraufhin erfolgen, sondern es bedarf stets eines Antrages des vorläufigen Insolvenzverwalters selbst. Ob und inwieweit das Gericht im Rahmen seiner Aufsichtspflicht eine solche Antragstellung herbeiführen kann, dürfte schon deshalb zweifelhaft sein, weil es ihm dafür regelmäßig an den betriebswirt-

---

[426] HambKomm-*J. S. Schroeder* § 22 RdNr. 64; HKInsO-*Kirchhof* § 22 RdNr. 22; Nerlich/Römermann/*Mönning* § 22 RdNr. 157.
[427] *Pohlmann* RdNr. 141; HKInsO-*Kirchhof* § 22 RdNr. 23.
[428] In diesem Sinne auch HambKomm-*J. S. Schroeder* § 22 RdNr. 60.
[429] Nach HKInsO-*Kirchhof* § 22 RdNr. 23 soll schon eine Einbuße von 10 % eine erhebliche Vermögensminderung sein, während Nerlich/Römermann/*Mönning* § 22 RdNr. 166 diese mit 25 % ansetzen.
[430] Vgl. dazu die Begr. zu § 22, abgedruckt bei *Balz/Landfermann* S. 232.
[431] *Pohlmann* RdNr. 145; ebenso auch *Kleiner* S. 85.

schaftlich notwendigen Parametern fehlt, so dass letztlich nur die Möglichkeit bleibt, vom vorläufigen Insolvenzverwalter einen aktuellen Bericht über die weitere Gestaltung der Fortführung zu verlangen.[432] Soll dem gerichtlichen Zustimmungsvorbehalt überhaupt eine praktische Bedeutung zukommen, dann steht außer Frage, dass über einen Antrag des Insolvenzverwalters schnell entschieden werden muss und zwar nach allgemein konsensfähigen Kriterien. Aus dem Antrag des vorläufigen Insolvenzverwalters muss sich schlüssig ergeben, dass die Betriebsfortführung zu Verlusten führt, die zwangsläufig eine erhebliche „Verminderung des Vermögens" zur Folgen haben.[433] Orientierten sich die Sequester zur Vermeidung von Haftungssanktionen vormals an dem Leitbild, dass das vorhandene Vermögen durch die Fortführung jedenfalls nicht beeinträchtigt werden soll, die Sicherung dieses Vermögens ist ja gerade Aufgabe des Sequesters, so folgt im Umkehrschluss aus der Bindung der Stilllegung an die erhebliche Vermögensminderung, dass eine unerhebliche Vermögensminderung noch hingenommen werden darf.[434] Gleichwohl sollte jede Betriebsfortführung auch weiterhin auf einer betriebswirtschaftlichen Kalkulationen beruhen, die die Erhaltung des vorgefundenen Vermögens voraussetzt, was nicht ausschließt, dass bei gegebener Sanierungs- bzw. Fortführungserwartung mittelfristig Liquidität durch die Betriebsfortführung gebunden wird, die bei einer Zerschlagung zur vergleichsweisen kurzfristigen Ausschüttung an die Gläubiger zur Verfügung stehen würde. Erheblich kann nach diesen Kriterien daher nur jede voraussichtlich **dauerhafte Vermögensminderung** sein, welche die Befriedigungsaussichten der Gläubiger ernsthaft zu verschlechtern droht.[435]

Ob eine solche Einbuße jedoch schon im Bereich von 10 %[436] vorliegt, dürfte erheblichen Zweifeln unterliegen, wenn man die Befriedigungsquoten der absonderungsberechtigten und der einfachen Insolvenzgläubiger in der Vergangenheit mit ins Kalkül zieht. Ob nämlich ein Insolvenzgläubiger für den Fall der Durchführung des Regelverfahrens statt 5 % nur 4,5 % seiner Forderungen befriedigt bekommt, dürfte für ihn nicht ein wesentliches Kriterium sein, so dass mehr dafür spricht, die **Opfergrenze der Gläubiger** dann als überschritten anzusehen, wenn, bezogen auf das um Sonderrechte bereinigte Vermögen, eine **Verschlechterung der Befriedigungsaussichten von mehr als 25 %** durch eine fortdauernde Betriebsfortführung droht.[437] Nur auf diese Weise kann letztlich auch verhindert werden, dass die vom Gesetzgeber gewollte Fortführung des Unternehmens durch kleinliche, betriebswirtschaftlich nicht zu rechtfertigende Zeitpunktanalysen in einer Art und Weise belastet wird, dass eine sinnvolle Betriebsfortführung, die regelmäßig eine erhebliche Zeit auch in Anspruch nimmt, schon auf Grund dieser engen Bindung an feste Prozentsätze illusorisch wird. Insoweit können auch die vorgenannten 25 % nur ein Richtwert sein, der nicht ausschließt, dass im jeweiligen Einzelfall auch andere individuelle Beurteilungskriterien eine Stilllegungsentscheidung erfordern. Immer und in jedem Fall ist jedoch die **Zumutbarkeitsgrenze** für die Gläubiger dann überschritten, wenn Unterdeckungen drohen, die auch durch die Verwertung wesentlicher Vermögensgegenstände nicht mehr abgedeckt werden können.[438] Aufgabe des Insolvenzverwalters ist es unter diesen Umständen mit seinem Antrag eine nachvollziehbare Grundlage für die gerichtliche Entscheidung wie ggf. für eine Entscheidung eines vorläufigen Gläubigerausschusses herbeizuführen, wobei es in aller Regel ausreichend sein wird, wenn der vorläufige Verwalter darlegt, dass die beabsichtigte Stilllegung auf der Grundlage einer auf den Eröffnungszeitpunkt fortgeschriebenen Liquiditätsplanung nicht willkürlich ist, sondern einer pflichtgemäßen Einschätzung der Gesamtsituation entspricht.[439] Dabei wird das Gericht in erster Linie das Ermessen des vorläufigen Verwalters nachzuvollziehen und ggf. auf Widersprüche zu überprüfen haben. Die Entscheidung über die Betriebsstilllegung ist daher auch im Wesentlichen betriebswirtschaftlicher Natur, weil naturgemäß für die Einholung entsprechender Fachgutachten nicht nur die Zeit, sondern oftmals auch das Geld fehlt. Der vorläufige Verwalter ist deshalb gefordert, dem Gericht wie den ggf. zu beteiligenden Gläubigern das Zahlenwerk plausibel zu machen und vom Gericht hat man zu Recht zu erwarten, dass es wirtschaftlichen Sachverstand anwendet und das Ergebnis der Entscheidung auch verantwortet.[440] Versichert der Insolvenzverwalter zB die von ihm dargelegten Entscheidungskriterien anwalt-

---

[432] IdS wohl auch Nerlich/Römermann/*Mönning* § 22 RdNr. 170.
[433] Vgl. dazu auch AG Aachen ZIP 1999, 1949; *Uhlenbruck* InsO § 22 RdNr. 26; *Haberhauer/Meh* DStZ 1995, 1443 f.; hingegen stellt *Vallender* DZWIR 1999, 271 auf die nachhaltigen Sanierungsaussichten ab, die sich aber in der Regel erst im eröffneten Verfahren wird beantworten lassen.
[434] Vgl. dazu *Förster* ZInsO 1998, 94.
[435] HKInsO-*Kirchhof* § 22 RdNr. 23; Jaeger/*Gerhardt* § 22 RdNr. 84.
[436] So HKInsO-*Kirchhof* § 22 RdNr. 23 unter Berufung auf *Haberhauer/Meh* DStZ 1995, 1443 ff.
[437] In diesem Sinne auch HambKomm-*Schröder* § 22 RdNr. 62; Jaeger/*Gerhardt* § 22 RdNr. 84; Nerlich/Römermann/*Mönning* § 22 RdNr. 178.
[438] Nerlich/Römermann/*Mönning* § 22 RdNr. 178.
[439] Dazu auch HKInsO-*Kirchhof* § 22 RdNr. 24; Jaeger/*Gerhardt* § 22 RdNr. 88; *Braun/Kind* § 22 RdNr. 14; *Uhlenbruck* InsO § 22 RdNr. 28.
[440] Vgl. dazu das Formularmuster von *Förster* ZInsO 1998, 94 ff.

lich und belegt sie ggf. auch durch präsente Beweismittel, so hat das Gericht über diesen Antrag unverzüglich zu entscheiden.[441] Notwendig ist aber dabei, worauf *Schroeder*[442] zutreffend hinweist, dass bei dem anzustellenden Vermögensvergleich im Rahmen der Liquiditätsplanung nicht nur die Aktivwerte des Schuldnervermögens zu berücksichtigen sind, sondern auch alle Passiva, einschließlich des Stilllegungsaufwand, notwendiger Rückstellungen etc. sowie die Besonderheiten insolvenzrechtlicher Fortführung wie zB die Insolvenzgeldvorfinanzierung.

115   **b) Die Stilllegungsentscheidung und ihre Umsetzung.** Aufgabe des Gerichtes ist es, die vom vorläufigen Insolvenzverwalter eingereichten Antragsunterlagen selbständig zu prüfen, wofür bei einem erfahrenen und qualifizierten vorläufigen Insolvenzverwalter regelmäßig eine summarische Überprüfung der Antragsunterlagen und eine Kontrolle auf rechnerische Fehler und Darstellungsmängel ausreicht.[443] Ergeben sich bei dieser summarischen Überprüfung Zweifelsfragen, die die gezogene Schlussfolgerung der Empfehlung zur Stilllegung nicht nachvollziehbar erscheinen lassen, so hat das Gericht vom vorläufigen Insolvenzverwalter ggf. mündliche Aufklärung zu verlangen. Soweit von *Pohlmann*[444] die Forderung erhoben wird, das Insolvenzgericht habe die Entscheidung des Verwalters in vollem Umfang zu überprüfen und dürfe seine Zustimmung nur erteilen, wenn es zur vollen richterlichen Überzeugung vom Vorliegen der Stilllegungsvoraussetzungen überzeugt sei, so steht einer solchen überzogenen Forderung nicht nur der summarische Prüfungscharakter im Eröffnungsverfahren als Eilverfahren gegenüber, sondern insbesondere die dem Gericht in aller Regel nicht mögliche Beurteilung der betriebswirtschaftlichen Grundlagen und Annahmen, die zur Stilllegungsempfehlung des Verwalters geführt haben. Wollte man vom Verwalter im Antragsverfahren verlangen, dass er die dafür erforderlichen umfangreichen Darlegungen in Form von Liquiditätsplanungen, Wertgutachten etc. dem Gericht aufbereitet zur Verfügung stellt, so würden damit die an das Antragserfordernis geknüpften Voraussetzungen in einer Weise erhöht, die sowohl für die Masse wie auch für die Handlungsfähigkeit der vorläufigen Insolvenzverwalters erhebliche Risiken mit sich bringt. Wird nämlich die Entscheidung über eine Stilllegung eines Unternehmens auf Grund überzogener Anforderungen des Insolvenzgerichtes zeitlich verzögert, können innerhalb kurzer Zeit betriebswirtschaftliche Risiken entstehen, die im weiteren Verlauf des Verfahrens nicht mehr aufgefangen werden können und die Befriedigungsaussichten der Gläubiger ggf. auf ein Minimum reduzieren.[445]

116   Auch wenn man akzeptiert, dass die Grundlagen einer Fortführung aus betriebswirtschaftlichen Gründen möglicherweise innerhalb sehr kurzer Zeit beseitigt werden können, scheidet eine **Generalermächtigung** zur Stilllegung des Betriebes in der Form einer vorab erklärten Einwilligung durch das Insolvenzgericht aus.[446] Durch eine solche Entscheidung würde nämlich die ausschließlich dem Gericht vorbehaltene Zustimmungskompetenz auf den vorläufigen Verwalter delegiert und damit in unzulässige Weise eine „einsame" Entscheidung des vorläufigen Verwalters institutionalisiert, um die es jedoch gerade dem Reformgesetzgeber nicht gegangen ist. Die Stilllegung des Schuldnerunternehmens durch den vorläufigen Insolvenzverwalter ohne Zustimmung des Gerichtes stellt sich daher als eine schwere Pflichtverletzung dar, zu der aus der gesetzlichen Systematik auch eine Genehmigung des Insolvenzgerichtes nachträglich nicht erteilt werden kann. **Bedenklich** erscheint es in diesem Zusammenhang, dass nach einer Erhebung des Instituts für Mittelstandsforschung[447] ca. **70 % aller bei Antragstellung noch „lebenden" Unternehmen, spätestens mit der Eröffnungsentscheidung stillgelegt** werden. Allein diese enorm hohe Zahl sollte Anlass dazu sein, künftig von den Möglichkeiten der Einbeziehung eines vorläufigen Gläubigerausschusses in diese weit reichende Entscheidung Gebrauch zu machen oder durch gerichtlichen Beschluss eine Stilllegungsentscheidung unter den Vorbehalt der Zustimmung eines vorläufigen Gläubigerausschusses zu stellen und auf diese Weise das in der Praxis offenbar allein vom vorläufigen Verwalter ausgeübte Recht an die Mitbestimmung der Gläubiger zu binden – die bisher von dieser wichtigen Entscheidung völlig ausgeschlossen sind.

117   Die Entscheidung des Gerichts ergeht nach § 5 Abs. 2 ohne mündliche Verhandlung, sie ist unanfechtbar (§ 6 Abs. 1) und bedarf keiner schriftlichen Begründung, wenngleich sich eine solche schon aus haftungsrechtlichen Gründen und der Vermittelbarkeit gegenüber der Gläubigerversammlung regelmäßig empfehlen wird.

---

[441] *Förster* ZInsO 1998, 94.
[442] HmbKommInsO § 22 RdNr. 62.
[443] So zutreffend Nerlich/Römermann/*Mönning* § 22 RdNr. 179.
[444] *Pohlmann* RdNr. 147.
[445] Ebenso Jaeger/*Gerhardt* § 22 RdNr. 88; *Uhlenbruck* InsO § 22 RdNr. 29.
[446] So gefordert von Nerlich/Römermann/*Mönning* § 22 RdNr. 181.
[447] Veröffentlich in ZInsO 2009, 1513 ff.

Da der Gesetzgeber die vorzeitige Betriebsstilllegung vor der Eröffnung als eine Eilmaßnahme **118** im Rahmen der §§ 21, 22 behandelt, bedarf es dazu weder der Zustimmung der Gläubigerschaft noch des Schuldners. Ist jedoch zu diesem Zeitpunkt bereits ein vorläufiger Gläubigerausschuss bestellt, so dürfte der Stilllegungsantrag des vorläufigen Insolvenzverwalters an dessen Zustimmung analog § 158 in zulässiger Weise geknüpft werden, da die Interessen der Gläubiger in dieser Situation dann nicht mehr allein vom Insolvenzverwalter, sondern vom Insolvenzverwalter gemeinsam mit dem Gläubigerausschuss wahrgenommen werden.[448]

Verpflichtet jedoch ist der vorläufige Insolvenzverwalter im Hinblick auf Art. 102 Abs. 1 GG und **119** analog § 158 Abs. 2 Satz 1, den **Schuldner** vor der Stilllegung zu **unterrichten,** um ihn dadurch in die Lage zu versetzen, dem Verwalter und dem Insolvenzgericht seine Auffassung vorzutragen und ggf. die Fortführung seines Betriebes zu erreichen. Regelmäßig wird jedoch der vorläufige Insolvenzverwalter zuvor mit dem Schuldner über die Notwendigkeit der Stilllegung geredet und diese mit ihm abgestimmt haben, um dessen Mitwirkungsbereitschaft im weiteren Verfahren nicht unnötig aufs Spiel zu setzen.[449] Hat der Insolvenzverwalter den Schuldner von der beabsichtigten Stilllegung nicht zuvor unterrichtet, ist das Insolvenzgericht gehalten, diesen zum Vorbringen von Anregungen kurzfristig selbst zu hören,[450] ohne dass jedoch von dessen Entscheidung oder Empfehlung die Stilllegungsentscheidung abhängig gemacht werden kann, da es in diesem Stadium des Verfahrens nicht mehr allein um die Interessen des Schuldners, sondern ebenso um die seiner Gläubiger geht und durch die Anbindung der Stilllegung an die Zustimmung des Insolvenzgerichtes auch die Positionen der anderen von einer solchen Entscheidung Betroffenen mit einbezogen werden sollen. Aus den gleichen Gründen ist auch in mitbestimmten Betrieben zwar der Betriebsrat nach § 111 Satz 2 Nr. 2 BetrVG zu beteiligen, ohne dass die Erleichterung der §§ 121, 122 schon greifen; eine gemäß § 22 Abs. 1 Satz 2 Nr. 2 gerechtfertigte Stilllegung kann jedoch auch von ihm nicht verhindert werden, jedoch ggf. die Folgen nach §§ 112, 113 BetrVG auslösen.[451] Zu den Möglichkeiten und Grenzen des Abschlusses eines Sozialplans im gerichtlichen Eröffnungsverfahren vergleiche ausführlich die Kommentierung zu § 123.[452]

Hat das Insolvenzgericht seine Zustimmung zur beantragten Stilllegung erteilt, so obliegt deren **120** Umsetzung allein dem vorläufigen Insolvenzverwalter. Dazu zählt insbesondere auch die Einleitung der notwendigen arbeits- und betriebsverfassungsrechtlichen Konsequenzen, um den Anfall weiterer Masseverbindlichkeit nach § 55 Abs. 2 zu verhindern, wozu regelmäßig die **Kündigung der Arbeitsverträge** sowie alle weiteren Folgemaßnahmen wie die Kündigung anderer Dauerschuldverhältnisse gehört, insbesondere aber auch die Sicherung der im Betrieb gebundenen Vermögenswerte nach der nunmehr allein am Sicherungszweck auszurichtenden Maxime des Eröffnungsverfahrens. Schließt sich unmittelbar an die Stilllegungsentscheidung die Eröffnung des Insolvenzverfahrens an, so können die Kündigung der Arbeitsverträge, der Abschluss eines Interessenausgleichs sowie die Aufstellung eines Sozialplans bis zur Entscheidung über die Verfahreneröffnung aufgeschoben werden, um sodann die **Kündigungserleichterungen** des Insolvenzarbeitsrechtes der §§ 113 ff. durch den Insolvenzverwalter nutzen zu können.[453] Bietet sich dem Insolvenzverwalter nach Stilllegung des Unternehmens mit Blick auf die Interessen der Gläubiger eine äußerst günstige Möglichkeit der Veräußerung des Gesamtunternehmens, so kommt auch nach der Stilllegung ein **Gesamtverkauf** des verwalteten Vermögens in Betracht, da die Interessen des Schuldners am Bestand des Unternehmens zurückzutreten haben und der vorläufige Insolvenzverwalter ausnahmsweise die Zustimmung der Gläubigerorgane bei einer besonders günstigen Verwertungsmöglichkeit antizipieren kann.[454] Diese Grundsätze sind entsprechend auch auf die Veräußerung einzelner Unternehmensteile zu übertragen. Vergleiche im Übrigen zu dieser Fragestellung auch die Darlegung oben RdNr. 81.

7. Fortführungsverpflichtung und Haftung. Grundsätzlich haftet der „starke" vorläufige Ver- **121** walter wie der endgültige Insolvenzverwalter für die von ihm im Rahmen der Fortführung begründeten Masseverbindlichkeiten (§ 21 Abs. 2 Nr. 1 i. V. m. 55 Abs. 2) persönlich nach §§ 60, 61,[455] wenn er ohne einen vorausgegangenen und kontinuierlich fortgeschriebenen Liquiditätsplan bei

---

[448] Dafür auch *Uhlenbruck* InsO § 22 RdNr. 30.
[449] *Pohlmann* RdNr. 157.
[450] HKInsO-*Kirchhof* § 22 RdNr. 25.
[451] HKInsO-*Kirchhof* § 22 RdNr. 25; *Uhlenbruck* KTS 1973, 88 f.; *Berscheid* ZIP 1997, 1578 ff.
[452] Vgl. zu dieser Fragestellung auch die Darstellung bei *Pohlmann* RdNr. 159 bis 177.
[453] *Nerlich/Römermann/Mönning* § 22 RdNr. 184.
[454] HKInsO-*Kirchhof* § 22 RdNr. 25; *Pohlmann* RdNr. 418 ff.; OLG Düsseldorf ZIP 1992, 346.
[455] Inzwischen wohl ganz hM; vgl. umfassende *Pape/Graeber*, passim; zuletzt Berger/Frege ZIP 2008, 204; Jungmann NZI 2009,80; *Pape* ZInsO 2005, 953; *ders.* ZInsO 2003, 1061 sowie in FS Kirchhof S. 391 ff.; *Wallner/Neuenhahn* NZI 2004, 63; BGH vom 6.5.2004 ZInsO 2004, 609 und vom 17.12.2005 = ZInsO 2005, 205 und 209; *Pape* ZInsO 2005, 138 ff.; *Kübler/Prütting/Lüke* § 61 RdNr. 13.

Fälligkeit zur Erfüllung der Verbindlichkeiten nicht in der Lage ist.[456] Keine Haftung besteht hingegen bei den sog. oktroyierten Masseverbindlichkeiten, die ohne Beteiligung des vorläufigen Insolvenzverwalters entstanden sind und bei denen er auch eine Leistung nicht in Anspruch genommen hat.[457] Ist er zum Nachweis einer notwendigen Vorplanung nicht in der Lage, wird es ihm kaum möglich sein, den nach § 61 zu führenden Entlastungsbeweis zu erbringen.[458] Welche Überprüfungen er in diesem Kontext vornehmen muss, ist eine Frage des Einzelfalls[459], allerdings darf er sich auf die Finanzplanung des Schuldners nicht ohne eigene Prüfung verlassen und sein Handeln darauf gründen.[460] Dabei ist allerdings zu beachten, dass es auch für den „starken" vorläufigen Verwalter zu Beginn einer Fortführung kaum möglich ist, einen „auf zutreffenden Anknüpfungstatsachen beruhenden und sorgfältig erwogenen Liquiditätsplan" zu erstellen, sondern dass dies auf Grund der spezifischen Probleme im Eröffnungsverfahren immer erst nach eine gewissen Zeit möglich sein wird. Die daraus in der Vorauflage im Anschluss an *Kirchhof*[461] vertretene Auffassung, dass im Hinblick auf diese Probleme § 61 im Eröffnungsverfahren generell keine Anwendung finde,[462] wird nicht aufrecht erhalten, da sich für diese Fragen verfahrensimmanente Lösungen finden lassen, ohne dass es einer Umgehung der insoweit eindeutigen gesetzlichen Fassung des § 21 Abs. 2 Nr. 1 bedarf.[463] Da § 21 Abs. 2 Nr. 1 nur von einer „entsprechenden" Anwendung des § 61 spricht, bleibt hinreichend Raum für Modifikationen im Eröffnungsverfahren, die den Besonderheiten gerecht werden.[464] Deshalb finden die Haftungsgrundsätze des § 61 für das gesamte Eröffnungsverfahren Anwendung, auch wenn die Begründung von Masseverbindlichkeiten dem vorläufigen Verwalter nur im Rahmen von Einzel- oder Gruppenermächtigungen erteilt worden sind. Ist im Rahmen des Eröffnungsverfahrens mithin die Masse gesichert und der vorhandene Bestand ermittelt, so gilt zumindest von diesem Zeitpunkt an § 61 uneingeschränkt, sodass unter Berücksichtigung der Einarbeitungszeit und der Informationsbeschaffung auch der „schwache" vorläufige Verwalter mit entsprechender **Einzelermächtigung** persönlich haftet, wenn er bei Fälligkeit nicht erfüllbare Masseverbindlichkeiten begründet und den ihm obliegenden Entlastungsbeweis nicht führen kann.[465]

122 Der schwache vorläufige Verwalter **ohne Einzelermächtigung** haftet grundsätzlich nicht nach § 61, da er keine Masseverbindlichkeiten begründen kann.[466] Dies ändert aber nichts an der Möglichkeit zur haftungsrechtlichen Inanspruchnahme aus anderen Gründen, insbesondere für den Fall sog. Zahlungszusagen aus dem Gesichtspunkt einer Garantiezusage[467] oder aus Verschulden bei Vertragsschluss.[468] Ob es vor diesem Hintergrund nicht konsequenter ist, auch für diese Fälle des „starken" Verhaltens eines nicht ermächtigten vorläufigen Verwalters eine analoge Haftung nach § 61 zur Anwendung kommen zu lassen, dürfte letztlich erst durch die Rechtsprechung zu klären sein. Dafür könnte sprechen, dass der nicht ermächtigte vorläufige Verwalter Vertrauen in Anspruch nimmt, das in der Regel an seine Amtsstellung anknüpft, sodass es nur konsequent erscheint, ihn dann auch den insolvenzrechtlichen Haftungsregelungen zu unterwerfen.[469]

123 Verweigert das Insolvenzgericht die beantragte Zustimmung zu einer Stilllegung, sei es weil der Antrag rechtzeitig oder verspätet erfolgt ist, so verantwortet es vorrangig die Begründung weiterer Masseschulden mit der Folge, dass § 61 dann nicht zu Lasten des starken vorläufigen Verwalters eingreift, weil dieser in seiner Handlung nicht mehr frei ist, sondern dann würde sich die Frage der

---

[456] BGH ZInsO 2012, 138; 2005, 205 spricht insoweit von einem „sorgfältig erwogenen Liquiditätsplan" der auf „zutreffenden Anknüpfungstatsache" beruhen muss; vgl. auch OLG Celle ZInsO 2003, 334; OLG Brandenburg NZI 2003, 552.
[457] BAG ZIP 2006, 1830; BGHZ 154, 358 ff. = ZInsO 2003, 465.
[458] BGH ZInsO 2005, 205; OLG Brandenburg NZI 2003, 552; ausführlich zu einer solchen Planung Staufenbiel ZInsO 2010, 259.
[459] BGH ZInsO 2012, 138.
[460] OLG Celle ZInsO 2003, 334; OLG Karlsruhe ZInsO 2003, 229.
[461] ZInsO 1999, 365, 366.
[462] In diesem Sinne auch *Uhlenbruck* InsO § 22 RdNr. 16; *Jaeger/Gerhardt* § 22 RdNr. 212; HKInsO-*Kirchhof* § 22 RdNr. 72.
[463] Vgl. dazu den Beitrag von *Pape* ZInsO 2003, 1061, 1064 ff.
[464] In diesem Sinne auch OLG Brandenburg NZI 2003, 552 m. Anm. *Vallender;* vgl. auch OLG Celle ZIP 2003, 587.
[465] Zu den Voraussetzungen vgl. BGH ZInsO 2005, 205; ausgenommen sind oktroyierte Verbindlichkeiten, so BAG ZIP 2006, 1830, es sei denn, er nimmt die Gegenleistung in Anspruch.
[466] Für eine analoge Anwendung plädiert mit guten Gründen *Marotzke*, FS Kreft S. 411, 424.
[467] OLG Celle NZI 2004, 89 m. krit. Anm *Nöll* ZInsO 2004, 1058.
[468] So OLG Schleswig ZInsO 2003, 620, 622 = NZI 2004, 92 mit nicht überzeugender Kritik *Undritz* EWiR 2004, 393.
[469] Vgl. dazu ausführlich *Marotzke*, FS Kreft S. 411, 416 ff. der mit überzeugenden Argumenten von der Haftung des schwachen Verwalter für „starkes Auftreten im Rechtsverkehr" spricht; in diesem Sinne auch BGH ZInsO 2005, 209, 210.

Haftung des Insolvenzgerichtes nach § 839 BGB i. V. m. Art. 34 GG stellen.[470] Verzögert das Gericht seine Entscheidung, um zB von sich aus Ermittlungen anzustellen, dann gilt für den vorläufigen Verwalter seine Fortführungspflicht grundsätzlich weiter, so dass er alle Maßnahmen zu ergreifen hat, die zur Fortführung nötig und möglich sind, da er anderenfalls das Fortführungsgebot des § 22 unterlaufen würde. Auch die sich daran bis zur Entscheidung des Gerichtes anschließende Zeit unterfällt nicht der verschärften Haftung nach § 61, sondern wird allein von der allgemeinen Haftungsnorm des § 60 erfasst.[471] Hat jedoch der vorläufige Insolvenzverwalter die Verzögerung der Entscheidung deshalb zu vertreten, weil er seinen Stilllegungsantrag an das Insolvenzgericht vermeidbar so unzulänglich begründet hat, dass dieses deswegen die Zustimmung nicht oder noch nicht erteilen kann, so unterfällt auch dieser Zeitraum der Unternehmensfortführung bis zu einer endgültigen Stilllegung der Verschuldenshaftung aus § 61.

Im Ergebnis ergibt sich daher aus der Fortführungsverpflichtung des Insolvenzverwalters ein **124** Schadensersatzanspruch und eine haftungsrechtliche Inanspruchnahme nach §§ 60, 61 dann, wenn der Verwalter eine nicht erfüllte Masseschuld noch zu einer Zeit begründet hat, nachdem das Insolvenzgericht der Unternehmensstilllegung zugestimmt hatte oder aber bei pflichtgemäßer Wahrnehmung des Amtes die Stilllegungsentscheidung hätte herbeigeführt werden können. Gelingt einem Anspruchsteller dieser Nachweis, so steht dem Insolvenzverwalter seinerseits der Entlastungsbeweis nach § 61 Satz 2 offen. In beiden Fällen kann sich der Verwalter auch nicht auf ein pauschales Bestreiten beschränken, da nur er die Übersicht über die Entwicklung der vorläufigen Insolvenzmasse hat, sondern muss den Behauptungen gemäß § 138 Abs. 2 ZPO in der vom BGH entwickelten substantiierten Form widersprechen und den Entlastungsbeweis führen, andernfalls kann die Behauptung des Anspruchstellers nach § 138 Abs. 3 ZPO als zugestanden gelten.

Die **Pflicht zur Unternehmensfortführung** und damit auch zur haftungsrechtlichen Inanspruchnahme des vorläufigen Insolvenzverwalters **endet** auch ohne Gerichtsbeschluss zu einer Stilllegung dann, wenn das Unternehmen im Eröffnungsverfahren trotz gegenteiliger Bemühung des vorläufigen Insolvenzverwalters erneut zahlungsunfähig wird.[472] In diesem Fall darf der Verwalter die Fortführung unter entsprechender Anzeige an das Insolvenzgericht einstellen, ohne eine Beschlussfassung über die Stilllegung abwarten zu müssen. Wird schon im Eröffnungsverfahren die vom vorläufigen Insolvenzverwalter im Rahmen der Betriebsfortführung zu erhaltende Masse unzulänglich, so dass nicht einmal genug Masse übrig bleibt, um die Kosten eines noch zu eröffnenden Verfahrens zu decken, dann hat der vorläufige Verwalter das Gericht unverzüglich nach § 22 Abs. 1 Satz 2 Nr. 3 auf die mangelnde Kostendeckung hinzuweisen mit der weiteren Folge, dass dieses daraufhin nach § 26 den Eröffnungsantrag mangels Masse abzuweisen hat. Auch für diese Konstellation ist jedoch zu beachten, dass das Insolvenzgericht dem vorläufigen Insolvenzverwalter zunächst Gelegenheit zur weiteren Abwicklung gemäß § 25 Abs. 2 Satz 2 zu geben hat (vgl. dazu § 25 RdNr. 20 ff.). **125**

Sind zwar die Kosten des zu eröffnenden Insolvenzverfahrens gedeckt, ist jedoch die Erfüllung **126** der Masseverbindlichkeiten nicht hinreichend gesichert, dann hat der vorläufige Verwalter diesen Sachverhalt ebenfalls dem Insolvenzgericht anzuzeigen, damit dieses das Eröffnungsverfahren kurzfristig abschließen kann. Die vom Gesetz vorgegebene Lösung des Problems der Masselosigkeit schon im Eröffnungsverfahren liegt mithin nicht in der haftungsrechtlichen Inanspruchnahme des Insolvenzverwalters begründet, sondern in der raschen Beendigung des Verfahrens auf die eine oder andere Weise.[473]

IV. Befugnisse und Rechtsstellung des vorläufigen Verwalters ohne allgemeine Verwaltungs- und Verfügungsbefugnis

Die Insolvenzordnung unterscheidet in § 22 hinsichtlich der Rechtsstellung und der Befugnisse **127** des vorläufigen Insolvenzverwalters zwischen der gleichzeitigen Anordnung einer vorläufigen Insolvenzverwaltung kombiniert mit einem allgemeinen Verfügungsverbot (§ 22 Abs. 1), der isolierten Anordnung der vorläufigen Insolvenzverwaltung ohne Verhängung eines Verfügungsverbotes, bei dem das Gericht die Befugnisse des vorläufigen Verwalters zu bestimmen hat (§ 22 Abs. 2), sieht aber daneben auch Kombinationsmöglichkeiten zusammen mit § 21 in anderen Gestaltungsformen vor, die maßgeblich die Rechtsstellung des vorläufigen Verwalters bestimmen sowie seine Fähigkeit durch eigenes Handeln Masseverbindlichkeiten zu begründen. Vgl. dazu § 21 RdNr. 46 ff.

---

[470] So schon *Haarmeyer/Wutzke/Förster*, Handbuch, Kap. 3 RdNr. 434; vgl. auch HKInsO-*Kirchhof* § 22 RdNr. 72.
[471] *Kirchhof* ZInsO 1999, 365, 367.
[472] *Warrikoff* KTS 1996, 489, 493; *Kirchhof* ZInsO 1999, 365, 368.
[473] So ausdrücklich *Kirchhof* ZInsO 1999, 365, 369. Vgl. im Übrigen umfassend zur Haftung die Darlegungen bei §§ 60, 61.

128 **1. Vorläufiger Verwalter ohne flankierende Beschlussfassung.** Wird dem Schuldner **kein allgemeines Verfügungsverbot** und **kein allgemeiner Zustimmungsvorbehalt**[474] (dazu § 21 RdNr. 47) auferlegt und wird der vorläufige Verwalter auch nicht zu bestimmten Handlungen ermächtigt, so behält der Schuldner, mit Ausnahme ihm auferlegter besonderer Verfügungsverbote, grundsätzlich die Verwaltungs- und Verfügungsbefugnis über sein insolvenzbefangenes Vermögen. Nach § 21 Abs. 1 Nr. 1 kann das Insolvenzgericht einen vorläufigen Verwalter bestellen ohne ein allgemeines Verfügungsverbot zu erlassen oder die Wirksamkeit von Verfügungen des Schuldners von dessen Zustimmung abhängig zu machen. Eine solche Konstellation führt jedoch zwangsläufig zu **erheblichen Unsicherheiten** durch die dann dem Gericht nach § 22 Abs. 2 obligatorisch zufallende Aufgabe der Bestimmung des Pflichtenkreises des vorläufigen Verwalters und in der Folge zu unvermeidlichen Auseinandersetzungen über die Wirksamkeit von Verfügungen des Schuldners sowie zu Unsicherheiten im Rechtsverkehrs, so dass eine solche isolierte Anordnung nur in Ausnahmefällen getroffen werden sollte.[475] Die Rechtsstellung des vorläufigen Verwalters ohne gleichzeitige Verhängung eines Verfügungsverbotes und weitere Maßgaben nach §§ 21 Abs. 2 Nr. 1, 22 Abs. 3, schließt die Übertragung der Verwaltungs- und Verfügungsbefugnis über das Vermögen des Schuldners auf den so bestellten vorläufigen Verwalter aus. Weder ist er prozessführungsbefugt, noch kann er die zukünftige Masse wirksam verpflichten oder gar Sanierungsverhandlungen führen, so dass seine Rechtsstellung eher der eines gerichtlichen Sachverständigen oder Beraters entspricht, ohne darüber wesentlich hinausgehen zu können. Mit dieser beschränkten Rechtsstellung jedoch ist der Konflikt mit dem Schuldner, der in diesem Fall grundsätzlich befugt bleibt, über sein Vermögen zu verfügen, geradezu vorprogrammiert und sind Kompetenzkonflikte und Haftungsrisiken gegenüber der Gläubigergesamtheit nahezu unvermeidbar.[476] Unbeschadet dessen stehen jedoch dem vorläufigen Verwalter ohne allgemeine gerichtliche Kompetenzzuweisung zumindest die Rechte aus § 22 Abs. 3 zur Seite, so dass auch in diesem Rahmen zumindest die Auskunftspflicht des Schuldners zwangsweise durchgesetzt werden könnte.[477]

129 Selbst wenn eine solche Konstellation für den gesetzlich unterstützten und gewollten frühzeitigen Eigenantrag eines „ehrbaren" Schuldners nach § 270 wegen drohender Zahlungsunfähigkeit (§ 18) denkbar erscheint, werden bei dieser Konstellation die Probleme perpetuiert, die es im bisherigen Konkursrecht bei der Anordnung der Sequestration im Konkurseröffnungsverfahren gegeben hat und die durch die InsO überwunden werden sollten.[478] Untrennbar mit der Anordnung vorläufiger Verwaltung ist daher stets die Verpflichtung des Gerichts verbunden, seinen eigenen Handlungsbedarf permanent zu überprüfen und nach § 22 Abs. 2 die Pflichten des vorläufigen Verwalters, besser wäre wohl in diesen Fällen von Aufgaben oder Befugnissen zu sprechen gewesen, konkret und individuell zu benennen, denn erst dadurch ist die Rechtsstellung des vorläufigen Verwalters bestimmbar.[479] Vgl. dazu auch § 21 RdNr. 48.

130 Generell ist jedoch der nur nach § 21 Abs. 2 Nr. 1 bestellte vorläufige Verwalter auch ohne gesonderte Ermächtigung zur Erreichung des Sicherungszwecks und der Werterhaltungsfunktion verpflichtet, den Schuldner bei seiner Tätigkeit zu überwachen und dem Gericht alle Umstände anzuzeigen, die Nachteile zu Lasten der Gläubiger befürchten lassen, womit er faktisch die Position einer **gerichtlich bestellten Aufsichtsperson** und eines Gutachters im Eröffnungsverfahren erhält.[480] Der Verwalter wird nämlich im Rahmen der Amtsermittlungspflicht des Insolvenzgerichts nach § 5 regelmäßig auch zur Feststellung der Eröffnungsvoraussetzungen tätig, so dass er dem

---

[474] Mit einem allgemeine Zustimmungsvorbehalt verliert der Schuldner nicht seine Verfügungsmacht als solche, er kann sie jedoch nur mit Zustimmung des vorläufigen Verwalters wirksam ausüben.

[475] Kritisch dazu auch FKInsO-*Schmerbach* § 22 RdNr. 59; *Kübler/Prütting/Pape* § 22 RdNr. 3 ff.; *Smid* InsO § 22 RdNr. 48; so auch schon *Hess/Pape* RdNr. 143, die von absoluter Ausnahme sprechen; zu den sich ergebenden Konflikten vgl. zB *Kirchhof* ZInsO 1999, 365 ff.; *Bork* ZIP 1999, 781.

[476] Warnend vor diesen Risiken schon *Pape* ZIP 1994, 89, 90.

[477] Im Ergebnis kann davon ausgegangen werden, dass der Gesetzgeber mit der Schaffung der dargestellten Anordnung die Möglichkeit eröffnen wollte, dem Schuldner einen „Berater" zur Seite stellen zu können, der mit diesem zusammen versucht, Lösungen aus der Krise zu finden, dem Schuldner aber das Gefühl und die rechtliche Sicherheit belässt, dass sein Vermögen weiterhin seiner Verfügung unterliegt. Ob dadurch die Bereitschaft des Schuldners, sich möglichst frühzeitig unter den Schutz des Insolvenzrechtes zu begeben, tatsächlich gefördert wird oder ob es eine praxisferne Wunschvorstellung ist, wird erst die Zukunft zeigen, Skepsis ist jedoch angebracht. In jedem Fall sollte das Gericht diese Art der vorläufigen Verwaltung sorgfältig vor ihrer Anordnung prüfen, zumal das Gericht durch die Kompetenzzuweisung weit stärker in die Verantwortung einbezogen wird, als in anderen Konstellationen.

[478] Zu den grundsätzlichen Bedenken gegen dies Form der vorläufigen Verwaltung vgl. *Pape* ZIP 1994, 89 ff.; *Gerhardt*, Kölner Schrift, S. 193 ff. RdNr. 14. *Uhlenbruck*, Kölner Schrift, S. 325 ff. RdNr. 24, 25.

[479] *Kübler/Prütting/Pape* § 22 RdNr. 4; *Pohlmann* RdNr. 219; *Kirchhof* ZInsO 1999, 365 ff., 436 ff.

[480] In diesem Sinn auch *Uhlenbruck* InsO § 22 RdNr. 6; *Smid* InsO § 22 RdNr. 48.

Gericht als Grundlage für dessen Entscheidung alle Umstände mitzuteilen hat, die für das Insolvenzverfahren, also auch das Insolvenzeröffnungsverfahren, von Bedeutung sein können.[481] Gleiches dürfte gelten für die Aufstellung eines Vermögensverzeichnisses, die Ermittlung der Eröffnungsvoraussetzungen und die Heranziehung des Schuldners zur Auskunftserteilung, da diese Befugnisse nach § 22 Abs. 3 nicht davon abhängig sind, ob ihm die Verwaltungs- und Verfügungsbefugnisse übertragen sind.[482] All dies setzt aber stets voraus, dass der Schuldner grundsätzlich kooperationsbereit ist, da spätestens bei dem Versuch einer zwangsweisen Durchsetzung der Rechte des isoliert bestellten vorläufigen Verwalters sich die Frage nach der Vollstreckbarkeit aus einer Bestellung ergibt, die den Pflichten- und Rechtskreis des Verwalters nicht erkennen lässt.[483] Dass spätestens in einem solchen Fall die Anordnung eines allgemeinen Verfügungsverbots angezeigt ist, mag zwar die Probleme der Durchsetzbarkeit beheben, zeigt aber zugleich auch auf, wie unverzichtbar die sorgfältige Funktionszuweisung nach § 22 Abs. 2 ist.

2. Vorläufiger Verwalter mit gerichtlich zugewiesener Einzelkompetenzen. Sofern das 131 Gericht einen vorläufigen Verwalter ohne Anordnung eines allgemeinen Verfügungsverbots oder eines allgemeinen Zustimmungsvorbehalts nach Maßgabe von § 21 Abs. 2 Nr. 1 bestellt hat, ist es verpflichtet, dessen Pflichten nach § 22 Abs. 2 konkret zu bestimmen. Dabei dürfen die diesem übertragenen Pflichten nicht über die des verwaltenden und verfügenden Verwalters nach § 22 Abs. 1 hinausgehen, das Gericht kann aber andererseits diese Kompetenzrahmen bis an die vorgenannte Grenze ausschöpfen. Dadurch wird auch deutlich, dass der Gesetzgeber deutlich zwischen den Folgen des Handelns eines sog. „starken" und denen des sog. „schwachen" Verwalters differenziert hat, indem er das Entstehen von Masseverbindlichkeiten gem. § 55 Abs. 2 zunächst nur an die **Kompetenzzuweisung** des Gerichts gebunden hat, denn nach der gesetzlichen Konzeption orientiert sich der vom Gericht zu bestimmende Pflichtenkreis gerade an den Wirkungen der jeweiligen Sicherungsmaßnahmen. Insoweit ist es auch konsequent, dass die Regelung in § 22 Abs. 2 sich ausschließlich auf die Pflichten nach Abs. 1 Satz 2 und nicht auf die Wirkung des allgemeinen Verfügungsverbots bezieht. **Negativ abgegrenzt** bedeutet es, dass die Rechtsstellung des vorläufigen Verwalters ohne Verhängung eines Verfügungsverbotes nach § 21 Abs. 2 Nr. 1, 22 Abs. 2 die vollständige Übertragung der Verwaltungs- und Verfügungsbefugnis über das Vermögen des Schuldners auf den so bestellten vorläufigen Verwalter ausschließt. Im Übrigen ist er weder generell[484] prozessführungsbefugt[485] (§ 240 Abs. 2 ZPO schließt dies ausdrücklich aus), noch kann er regelmäßig[486] die zukünftige Masse gem. § 55 Abs. 2 wirksam verpflichten[487] oder gar Sanierungsverhandlungen führen, da es ihm dafür an der notwendigen Verpflichtungs- und Verfügungsermächtigung fehlt.[488]

Die schließt aber seit der Entscheidung des BGH vom 18.7.2002 – IX ZR 195/01[489] nicht aus, 132 dass die vorläufige Verwaltung nach §§ 21 Abs. 2 Nr. 1, 22 Abs. 2 so mit Rechten und Pflichten ausgestaltet wird, dass ein entsprechend ermächtigter vorläufiger Verwalter auch als handlungs- und verhandlungsfähiger Partner angesehen werden kann. Stets ist aber dann erforderlich, dass er mit klar abgrenzbaren und für den Rechtsverkehr unterscheidbaren Einzelkompetenzen versehen wird, da für ihn nicht die **Regelvermutungen** des vorläufigen Verwalters des § 21 Abs. 1 streiten. Das Insolvenzgericht kann den vorläufigen Verwalter daher mit **Einzelkompetenzen** ausstatten, die in ihrer Rechtsfolge der Generalermächtigung für den vorläufig „starken" Verwalter nach § 22 Abs. 1 nahe kommen. Die vom BGH entwickelten Grundsätze haben den Weg zu den sog. **Einzel- und Gruppenermächtigungen** eröffnet, die seither maßgeblich das Bild der vorläufigen Insolvenzverwaltung in der Praxis prägen. Danach kann das Gericht den vorläufigen Verwalter ermächtigen, einzelne, **im Voraus** nach Art und Umfang festgelegte Verpflichtungen zu Lasten der späteren Masse zu begründen, mit der Folge, dass der vorläufige Verwalter analog § 55 Abs. 2 nach der Eröffnung kein Wahlrecht mehr hat, ob er so begründete Verbindlichkeiten erfüllt oder nicht, da sie als Masseverbindlichkeiten gelten.[490] Ist für eine Vielzahl von Einzelanordnungen die Notwendigkeit zur

---

[481] In diesem Sinne wohl auch *Pohlmann* RdNr. 220 unter Anlehnung an die Aufgaben eines Sachwalters nach § 274 Abs. 3.
[482] HKInsO-*Kirchhof* § 22 RdNr. 32 ff.; vgl. dazu im Einzelnen auch oben RdNr. 178 ff.
[483] *Pohlmann* RdNr. 224 ff.
[484] Zu den Möglichkeiten der einzelfallbezogenen Kompetenzübertragung vgl. die nachfolgende RdNr.
[485] FKInsO-*Schmerbach* § 22 RdNr. 58; HKInsO-*Kirchhof* § 22 RdNr. 31.
[486] Zu den Ausnahmen der Begründung von Masseverbindlichkeiten auch durch den so bestellten schwachen vorläufigen Verwalter vgl. unten RdNr. 132, 135.
[487] FKInsO-*Schmerbach* § 22 RdNr. 59.
[488] Zur Abgrenzung vgl. auch *Foltis* ZInsO 1999, 386, 392.
[489] ZInsO 2002, 819 ff. = BGHZ 151, 353 ff.
[490] Kritisch gegen diese Möglichkeit *Pape/Uhlenbruck* ZIP 2005, 417, 419; *Jaeger/Gerhardt* § 22 RdNr. 131; vgl. dazu auch die Hamburger Leitlinien ZInsO 2004, 24 sowie die zustimmende Darstellung bei *Kirchhof* ZInsO 2004, 57, 61.

Begründung von Masseverbindlichkeiten gegeben, so wird es allgemein auch als zulässig angesehen, dies im Wege sog. gerichtlicher Gruppenermächtigungen[491] (zB „... für die Lieferung und Leistungen zur Fertigstellung des Bauvorhabens in... oder „... zur Sicherstellung der Versorgung des Betriebsgrundstückes...") vorzunehmen.[492] Haftungsrechtlich relevante Voraussetzung ist aber stets, dass der vorläufige Verwalter darlegt und das Gericht prüft, ob die neu zu begründenden Verbindlichkeiten aus der Masse erfüllt werden können, um Vermögensschäden bei den Vertragspartnern möglichst zu vermeiden. Vgl. dazu auch oben RdNr. 70.

133 **3. Vorläufige Verwalter mit Zustimmungsvorbehalten.** Für den Fall der Anordnung eines allgemeinen Zustimmungsvorbehalts (vgl. dazu ausführlich oben RdNr. 32 ff.) greifen über § 24 Abs. 1 die Regelungen der §§ 81, 82 schon im Eröffnungsverfahren, so dass Verfügungen des Schuldners über bewegliches Vermögen, die unter Verstoß und ohne Zustimmung des vorläufigen Verwalters vorgenommen werden, **absolut unwirksam** sind.[493] Mit der gleichen Rechtswirkung wie bei einem allgemeinen Verfügungsverbote (§ 24 verweist auf § 21 Abs. 2 Nr. 2 insgesamt), also Eintritt **absoluter Unwirksamkeit** verbotswidriger Verfügungen (ausführlich dazu § 21 RdNr. 65 ff.), kann das Gericht nach § 21 Abs. 2 Nr. 2 anordnen, dass Verfügungen des Schuldners nur mit Zustimmung des vorläufigen Insolvenzverwalters wirksam sind.[494] Ein solcher Zustimmungsvorbehalt kann sich sowohl auf einzelne, jedoch auch auf alle Verfügungen des Schuldners beziehen (vgl. § 21 RdNr. 59 ff., 65 ff.).[495] Da bei der frühzeitigen Einführung eines Kataloges zustimmungspflichtiger Verfügungen ein hohes haftungs- und sicherungsrechtliches Problem besteht, dass exakt die Verfügung, die vom Katalog nicht erfasst ist, zu einer Schädigung der Masse führt, sollte regelmäßig, sofern nicht ein allgemeines Verfügungsverbot erlassen wird, ein **allgemeiner Zustimmungsvorbehalt** ausgesprochen werden, so dass alle Verfügungen des Schuldners, der dabei verwaltungs- und verfügungsbefugt bleibt, dem Zustimmungsvorbehalt unterliegen. Zur Begründung für einen allgemeinen Zustimmungsvorbehalt vgl. § 21 RdNr. 66.

134 Ob das Gericht einen solchen allgemeinen oder nur einen beschränkten Zustimmungsvorbehalt oder Einzelanordnungen erlässt, wird ganz entscheidend davon abhängen, ob mit dem jeweiligen Mittel der Sicherungszweck des Eröffnungsverfahrens erreicht werden kann, da auf der einen Seite zwar der Schuldner als Handelnder am Rechtsverkehr beteiligt bleibt, aber andererseits die Gefahr von Vermögensschmälerungen davon abhängig ist, wie intensiv der vorläufige Verwalter zu einer Kontrolle des Schuldners bereit und in der Lage ist.

135 Durch die Rechtsprechung zutreffend geklärt ist inzwischen auch die Kompetenz des nur mit Zustimmungsvorbehalten ausgestatteten vorläufigen Verwalters im Rahmen der Betriebsfortführung. Wenn er dazu auch nach der gesetzlichen Fassung nicht verpflichtet ist, so kann er gleichwohl eine solche Betriebsfortführung „mittelbar" steuern, indem er nur solchen Handlungen des Schuldners zustimmt, die sich auf der Linie der von ihm verfolgten Geschäftspolitik bewegen. Insoweit ist auch anerkannt, dass der damit verbunden Aufwand vergütungsrechtlich dem der unmittelbare Fortführung durch einen starken Verwalter gleichzustellen ist, da es dafür nicht auf das Haben einer Rechtsmacht, sondern auf das Maß der entfalteten Tätigkeit ankommt.[496]

136 Der so bestellte vorläufige Verwalter kann zwar Verfügungen des Schuldners verhindern, jedoch selbst keine Verfügungen anstelle des Schuldners vornehmen.[497] Der vom Insolvenzgericht ohne begleitendes Verfügungsverbot ausgestattete Verwalter ist daher grundsätzlich zu Verfügungen, zum Abschluss verpflichtender Geschäfte oder Verträge, zur Prozessführung oder zur zwangsweisen Durchsetzung der Inbesitznahme etc. nur dann berechtigt, wenn ihn das Insolvenzgericht im Rahmen des § 22 Abs. 2 dazu **im Einzelfall** ermächtigt oder wenn sich seine Befugnis aus dem Sicherungszweck selbst bzw. seiner Bestellung notwendig und unmittelbar auch für den Rechtsverkehr

---

[491] Vgl. zB die sog. Ufa-Entscheidung des AG Hamburg ZIP 2003, 43.
[492] In diesem Sinne auch HambKomm- *J. S. Schroeder* § 22 RdNr. 91 ff.
[493] Die Anwendbarkeit des § 24 Abs. 1 auf Verfügungen des Schuldners unter Verstoß gegen Zustimmungsvorbehalte entspricht der ganz hM; vgl. auch *Uhlenbruck*, Kölner Schrift, S. 325 RdNr. 24; *Jaffe/Hellert* ZIP 1999, 1204, 1206.
[494] *Gerhardt*, Kölner Schrift, S. 193 RdNr. 15; vgl. zu diesem Problemkreis auch *Bork* ZIP 1999, 781, 783; *Kirchhof* ZInsO 1999, 365, 368.
[495] Vgl. dazu BGH ZInsO 2010,605; HKInsO-*Kirchhof* § 21 RdNr. 13; *Gerhardt*, Kölner Schrift, S. 193 RdNr. 14; aA *Breutigam/Blersch/Goetsch* § 21 RdNr. 31; unklar insoweit Nerlich/Römermann/*Mönning* § 21 RdNr. 64; *Smid* InsO § 21 RdNr. 32, die aber beide offenbar von Zustimmungsvorbehalten nur für bestimmte Verfügungen ausgehen.
[496] Vgl. dazu überzeugend BGH ZInsO 2004, 909, 910 ("gleicher Lohn für gleiche Arbeit" sowie BGH ZInsO 2005, 804 f.
[497] HKInsO-*Kirchhof* § 22 RdNr. 46; vgl. dazu für den Fall der Kündigung auch LAG Hamm ZInsO 2004, 403.

erkennbar ergibt.[498] Eine Verwertungskompetenz an Gegenständen, die der Schuldner einem Dritten übereignet hat, steht dem „schwachen" Verwalter nicht zu. Kündigt er gleichwohl eine solche Verwertung an, kann der Sicherungseigentümer dies ggf. im Wege einstweiliger Verfügung untersagen.[499] Den Abschluss von Verpflichtungsgeschäften des Schuldners selbst vermag der Zustimmungsvorbehalt nicht zu verhindern. Allerdings begründen sich daraus im eröffneten Verfahren nur Insolvenzforderungen nach § 38[500] und können im eröffneten Verfahren nach §§ 129 ff. angefochten werden, wenn die tatbestandlichen Voraussetzungen jeweils vorliegen.

Generell stehen auch dem vorläufigen Verwalter ohne Verwaltungs- und Verfügungsbefugnis die Rechte aus § 22 Abs. 3 zu, da diese Kompetenzen nicht an einen bestimmten Verwaltertypus gebunden sind, sondern jedem bestellten vorläufigen Verwalter zustehen.[501] Im Übrigen gelten für ihre Auswahl, Bestellung, Haftung, Rechnungslegung und Vergütung die Grundsätze der §§ 56, 56a, 58–66 gemäß § 21 Abs. 2 Nr. 1 entsprechend.[502] Dem so bestellten vorläufigen Verwalter können nach § 21 Abs. 2 Nr. 1 auch die **Zustellungen nach § 8 Abs. 3** übertragen werden.[503] Vgl. dazu auch die Kommentierung zu den vorgenannten Regelungen. Gleiches gilt für die in § 22 Abs. 3 geregelten Zutritts-, Informations- und Zwangsrechte für den vorläufigen Verwalter. Vgl. dazu ausführlich unten RdNr. 178 ff.

V. Die gutachterliche Tätigkeit des vorläufigen Insolvenzverwalters[504]

Nahezu in jedem Insolvenzverfahren erweisen sich die Erkenntnismöglichkeiten des Gerichtes auf Grund der vorhandenen Unterlagen entweder als untauglich, teilweise aber auch als zu komplex oder völlig unzureichend, so dass das Insolvenzgericht auf Grund des zulässigen Antrages und der ggf. beigefügten Unterlagen erkennt, dass diese nicht hinreichend sind, eine geeignete und tragfähige Entscheidungsgrundlage abzugeben. Da das Insolvenzgericht gemäß § 5 Abs. 1 die Aufgabe hat „von Amts wegen alle Umstände zu ermitteln, die für das Insolvenzverfahren von Bedeutung sind", ist es an die Darlegungen im Insolvenzantrag nicht gebunden, sondern hat diese mit den ihm als geboten erscheinenden Mittel auf ihre Richtigkeit zu überprüfen.[505] Da das Gericht jedoch regelmäßig nicht über die Mittel und auch die fachliche Qualifikation verfügt, um etwa die Bewertung eines schuldnerischen Unternehmens allein vorzunehmen oder die zur drohenden Zahlungsunfähigkeit vorgetragenen Gründe zu überprüfen, bedient es sich in der Regel der gutachterlichen Hilfe eines Sachverständigen nach § 5 Abs. 1 Satz 2.[506] Dieser wird entweder im Rahmen eines gesetzlichen Gutachtenauftrages als vorläufiger Verwalter nach § 22 Abs. 1 Satz 2 Nr. 3 tätig oder ihm wird ergänzend bzw. gesondert dazu die Aufgabe eines Sachverständigen auf Grund insolvenzgerichtlicher Beschlussfassung angetragen.

Schon nach der Rechtslage zur KO konnte nach den §§ 75, 123 Abs. 1 Satz 2 KO ein Sachverständiger insbesondere dann bestellt werden, wenn der Konkursverwalter bei der Aufzeichnung der Konkursmasse den Wert der einzelnen Gegenstände durch Sachverständige ermitteln lassen wollte. Obwohl § 75 KO systematisch zu den allgemeinen Bestimmungen des Konkursverfahrens gehört, bestand schon frühzeitig Einigkeit darüber, dass diese Regelung auch für das Eröffnungsverfahren herangezogen werden kann.[507] Die in § 75 KO vorgesehene Vernehmung des Sachverständigen erfolgte in der Praxis dadurch, dass der Sachverständige beauftragt wurde, ein schriftliches Gutachten darüber zu erstellen, ob Gründe für ein Konkurs- oder Gesamtvollstreckungsverfahren vorliegen und ob nach § 4 Abs. 2 GesO, § 107 Abs. 2 KO das Vermögen ausreicht, um die Kosten des Verfahrens zu

---

[498] HKInsO-*Kirchhof* § 22 RdNr. 28 ff.
[499] OLG Köln NZI 2000, 267.
[500] BGH ZInsO 2002, 819, 821.
[501] So auch die Begr. zu § 25 RegE abgedruckt bei *Balz/Landfermann* S. 229.
[502] Zur Haftung des vorläufigen Verwalters umfassend unten RdNr. 208 und oben RdNr. 121; alles Notwendige dazu hat *Kirchhof* in seinem Beitrag in ZInsO 1999, 356 ff. insbesondere unter dem Aspekt der Unternehmensfortführung gesagt.
[503] Die ausdrückliche Bestimmung ist eingefügt worden durch das EGInsOÄndG v. 19.12.1998 (BGBl. I S. 3836); vgl. dazu auch die Begründung des Gesetzgebers abgedruckt bei *Balz/Landfermann* S. 230.
[504] Umfassend zu Aufgaben und Tätigkeitsbereichen sowie der praktischen Umsetzung *Haarmeyer/Wutzke/Förster*, Handbuch der vorläufigen Insolvenzverwaltung. S. 124 ff.
[505] Vgl. zu den Anforderungen an eine eigenständige Entscheidungsbildung des Gerichts BGH ZInsO 2009, 433; LG Mannheim ZInsO 2000, 679; *Haarmeyer/Wutzke/Förster*, Handbuch, Kap. 3 RdNr. 131 ff.; *Smid* InsO § 22 RdNr. 33 ff.; FKInsO-*Schmerbach* § 22 RdNr. 29; Nerlich/Römermann/*Mönning* § 22 RdNr. 183 ff.; HKInsO-*Kirchhof* § 22 RdNr. 16 ff.; *Braun/Uhlenbruck* S. 234 ff.; *Pohlmann* RdNr. 212, 219 ff.
[506] Ausführlich zur Tätigkeit und Rechtsstellung des Sachverständigen im Eröffnungsverfahren *Uhlenbruck*, FS Greiner, S. 371 ff.; *Vallender* ZInsO 2010, 1457; *Dobler/Lammert* ZInsO 2010, 1819 sowie zur Praxis der Gutachtenerstattung *Haarmeyer* ZInsO 2009, 1335 ff.
[507] Vgl. dazu umfassend *Wessel*, Der Sachverständige im Konkursverfahren, S. 22 ff.

decken. Nach der Neuordnung in § 22 Abs. 1 Satz 3 Nr. 3 HS 1 hat der vorläufige Insolvenzverwalter mit Verwaltungs- und Verfügungsbefugnis auf Grund gesetzlicher Aufgabenzuweisung zu prüfen, ob das Vermögen des Schuldners die Kosten des Insolvenzverfahrens nach § 54 deckt. Daneben kann ihn das Gericht nach § 22 Abs. 1 Satz 2 Nr. 3 HS 2 zusätzlich beauftragen, sich als Sachverständiger mit der Frage zu befassen, ob ein Eröffnungsgrund vorliegt und welche Aussichten für eine Fortführung des schuldnerischen Unternehmens bestehe. Die Normierung des § 22 Abs. 1 Satz 1 Nr. 3 vertypt insoweit die zur Konkursordnung entwickelte Praxis der Gerichte, wonach regelmäßig der Sequester gemäß §§ 75, 105 Abs. 2 KO mit der Prüfung der Kostendeckung und des Eröffnungsgrundes beauftragt worden ist.[508]

140 Im Rahmen der auf Sicherung ausgerichteten Funktionsbestimmung des vorläufigen Verwalters nimmt die Möglichkeit der Bestellung zum Sachverständigen die Regelung eines Aufgabenbereiches vor, der keinen unmittelbaren Bezug zur sichernden Funktion der Tätigkeit des vorläufigen Insolvenzverwalters hat, da der vorläufige Insolvenzverwalter, soweit er zum Sachverständigen bestellt wird, nicht zur Sicherung des Schuldnervermögens tätig wird, sondern als **Gehilfe des Insolvenzgerichts** fungiert. Ein Blick in die amtliche Begründung zu § 22 zeigt, dass der RegE hinsichtlich der Zuschreibung der Aufgaben für den vorläufigen Verwalter noch dezidiert anderer Ansicht war. Zwar sollte das Insolvenzgericht im Einzelfall die Frage, ob eine für die Verfahrenseröffnung ausreichende Masse vorhanden war, auch durch einen Sachverständigen prüfen lassen, die Entwurfsbegründung führte dann aber weiter aus, dass die Übertragung dieser Aufgabe auf den vorläufigen Verwalter nicht vorgesehen ist. Wörtlich heißt es dann in der Entwurfsbegründung: „Insbesondere soll er (der vorläufige Insolvenzverwalter) sich nicht schon mit Fragen befassen, die nur im Fall einer Verfahrenseröffnung von Interesse sind, etwa mit dem Problem, unter welchen Voraussetzungen die Fortführung des Unternehmens wirtschaftlich sinnvoll erscheint".[509] Diese Ausrichtung des Regierungsentwurfes folgte der Logik des vorgesehenen Verfahrens, nach der nur ein auf wenige Tage beschränktes Eröffnungsverfahren vorgesehen war, so dass schon vom Zeitablauf her für eine Gutachtenerstellung im oben genannten Sinne kein Raum blieb. Der Rechtsausschuss des Deutschen Bundestages hat nach dem Ergebnis der Sachverständigenanhörung diese Ausrichtung und damit auch die Formulierung in § 22 nachdrücklich verändert, damit insbesondere der Zeitraum vor Verfahrenseröffnung genutzt werden kann, um Fortführungs- und Sanierungschancen zu identifizieren und die dafür notwendigen rechtlichen Rahmenbedingungen ggf. zu schaffen. In der Begründung des Rechtsausschusses heißt es: „Das Gericht kann den vorläufigen Insolvenzverwalter beauftragen zu prüfen, welche Aussichten für eine Fortführung des Unternehmens des Schuldners bestehen. Im Rahmen dieser Prüfung hat der vorläufige Insolvenzverwalter auch die Möglichkeit, Sanierungen vorzubereiten. Die Eröffnung des Verfahrens kann bei einer solchen Beauftragung des vorläufigen Insolvenzverwalters entsprechend hinausgeschoben werden".[510]

141 Der Umstand und die Einfügung der Worte „als Sachverständiger" hat keine eigene inhaltliche Bedeutung, sondern durch die Aufnahme dieser Worte sollte nach dem Willen des Rechtsausschusses sichergestellt werden, dass ein vorläufiger Insolvenzverwalter auch bei Abweisung des Insolvenzantrages mangels Masse oder eintretender Masseunzulänglichkeit nicht ohne jede Vergütung bleibt, weil ihm für die Tätigkeit als Sachverständigen dann eine gesonderte Vergütung nach den §§ 8 ff. JVEG[511] zusteht.[512] Hinzu kommt regelmäßig der Ersatz für besondere Aufwendungen und ggf. für den Einsatz von Hilfskräften. Die Vergütung als Sachverständiger steht selbständig neben der Vergütung des vorläufigen Verwalters, sodass eine Vergütung als Sachverständiger auch keinen Abschlag auf die Verwaltervergütung im eröffneten Verfahren rechtfertigt.[513]

---

[508] *Pohlmann* RdNr. 178; Kuhn/*Uhlenbruck* § 106 RdNr. 6a mwN.
[509] Begr. zu § 26 RegE; abgedruckt bei *Balz/Landfermann* S. 232.
[510] Begr. Rechtsausschuss zu § 22; abgedruckt bei *Balz/Landfermann* S. 233.
[511] Die dafür in der Rechtsprechung entwickelten Stundensätze bewegen sich zwischen regelmäßig 65 bis 80,– €/Std. Vgl. dazu u.a. den Beitrag von *Schmerbach* InsBürO 2004, 82 ff. sowie *Ley* ZIP 2004, 1391 und aus der Rechtsprechung AG Hamburg ZInsO 2010, 734; 2007, 448; OLG Frankfurt ZInsO 2005, 1042 (§ 9 Abs. 2 JVEG betrifft die Begutachtung durch jeden vorläufigen Verwalter, idR 65,– €) ebenso AG Hamburg ZInsO 2004, 1141 (generell 65,– €); LG Mönchengladbach ZInsO 2005, 590 (65,– €/Std.); OLG München ZIP 2004, 1329 (80,– €, Honorargruppe 7); LG Bochum ZInsO 2005, 308 (idR 80,– €); LG Mönchengladbach ZIP 2005, 410 = ZInsO 2005, 590 (65,– €); OLG Bamberg ZIP 2005, 819 (idR 65,– €); AG Göttingen ZInsO 2004, 1024 (65,– € Regelvergütung für starke Verwaltung, sonst zwischen 65,– und 95,– €; AG Hamburg ZInsO 2005, 705 (flexible Einzelfallbewertung bei isoliertem SV, hier 95,– €) aA LG Aschaffenburg ZIP 2005, 226 (80,– € § 9 Abs. 1 Gruppe 7); AG Kleve ZIP 2005, 228 (65,– € § 9 Abs. 2).
[512] *Uhlenbruck* InsO § 22 RdNr. 198, der zutreffend auf diesen rein vergütungsrechtlich bestimmten Umstand hinweist; vgl. auch FKInsO-*Schmerbach* § 22 RdNr. 29; *Braun*, Insolvenzrecht 1998, S. 53, 55; *Smid* InsO § 22 RdNr. 33; *Pohlmann* RdNr. 180; vgl. zu den vergütungsrechtlichen Problemen die umfassende Darstellung bei *Haarmeyer/Wutzke/Förster* InsVV § 11 RdNr. 67 ff.
[513] BGH ZInsO 2009, 1367.

Die Anbindung der Bestellung als Sachverständiger an die Regelungen zur Anordnung der vor- **142** läufigen Verwaltung bedeutet jedoch nicht, dass die Bestellung eines Sachverständigen bzw. Gutachtens zuvor oder zugleich die Einsetzung eines vorläufigen Verwalters voraussetzt.[514] Der Insolvenzrichter ist vielmehr in seiner Entscheidung darin frei, ob er einen isolierten Gutachter bestellt (zur Rechtsstellung des isolierten Gutachters vgl. oben RdNr. 35) oder ob er den vorläufigen Verwalter als „geborenen" Sachverständigen betrachtet, wofür dessen fachliche Qualifikation regelmäßig spricht, so dass die Beschränkung auf die Bestellung eines Sachverständigen ohne gleichzeitige Anordnung vorläufiger Sicherungsmaßnahmen oder zumindest eines Veräußerungs- und Verfügungsverbotes für den Schuldner die Ausnahme sein sollte und nur dann empfiehlt, wenn vermögensschädigende oder masseverringernde Handlungen auf Grund konkreter Erkenntnisse nicht zu befürchten sind.[515] Grundsätzlich muss jedoch die Person des Sachverständigen, wegen der immer gegebenen Möglichkeit oder Erforderlichkeit von Anordnungen nach § 21, stets die gleiche Qualifikation aufweisen wie ein nach Maßgabe des § 56 zu bestellender vorläufiger oder endgültiger Insolvenzverwalter. In der Praxis wird daher auch in nahezu allen Fällen der Sachverständige für den Fall der Eröffnung später auch tatsächlich zum Verwalter bestellt. Das schließt nicht aus, in geeigneten Einzelfällen zB auch einen Wirtschaftsprüfer, der im Übrigen nicht als Insolvenzverwalter tätig ist, mit der Sachverständigenrolle zu betrauen. Das setzt aber stets voraus, dass das Gericht die sichere Überzeugung seiner **insolvenzrechtlichen Sachkunde** hat, denn die Beurteilung zB der Massedeckung setzt voraus, dass der Gutachter in der Lage ist, die vorhandenen Vermögenswerte insolvenzrechtlich zutreffend zu bewerten, was nicht von jedem Wirtschaftsprüfer geleistet werden kann, weil diese nach ihrem Berufsbild und ihrer Ausbildung nicht konzeptionell beratend, sondern regelmäßig retrospektiv prüfend tätig werden.[516]

Auch wenn die Angaben des Schuldners vollständig und richtig erscheinen, Buchhaltung und **143** Jahresabschlüsse aktuell erstellt worden sind und auch im Übrigen nach den überreichten Unterlagen alle Anhaltspunkte für eine ordnungsgemäße Buchführung gegeben sind, darf sich ein gerichtlich bestellter Sachverständiger nicht damit zufrieden geben, weil es gerade unter insolvenzrechtlichen Aspekten Ansprüche gibt, die aus einem Jahresabschluss nicht ersichtlich sind und weil die Bewertung in der Insolvenz nicht handelsrechtlichen, sondern insolvenzrechtlichen Werten zu folgen hat. Dies betrifft insbesondere den Grundsatz der Bewertungsstetigkeit nach § 252 Abs. 1 Nr. 6 HGB und den des going-concern nach § 252 Abs. 1 Nr. 2 HGB. Im Übrigen ergeben sich aus der handelsrechtlichen Buchführung weder Anfechtungsansprüche noch Ansprüche wegen Eigenkapital ersetzender Gesellschafterdarlehen oder Bürgschaften nach §§ 31, 32a,b GmbH Gesetz bzw. Ansprüche wegen fehlerhafter Kapitalerbringung bei einer Kapitalgesellschaft, insbesondere einer GmbH.[517] Gerade vor diesem Hintergrund kommt auch der besonderen **Haftung des Sachverständigen nach § 839a BGB** eine große Bedeutung zu. Der Sachverständige hat dabei einzustehen und zu verantworten die Richtigkeit und Vollständigkeit der von ihm erlangten und verwerteten Informationen im Zeitpunkt der Erstellung,[518] was nichts anderes bedeutet, dass er alle für die zu treffende Entscheidung notwendigen Informationen erhoben und sachverständig bewertet hat, woran es in der Praxis nicht nur hin und wieder mangelt.

Die Regelung des § 22 gibt dem vorläufigen Verwalter in seiner Gutachter- bzw. Sachverständi- **144** genfunktion ein **originäres Informationsrecht,**[519] das sich aus dem gerichtlichen Auskunftsrechten ableitet und dessen Umfang sich aus § 22 Abs. 3 ergibt (vgl. zu den Auskunfts- und Mitwirkungspflichten des Schuldners nachfolgend RdNr. 171 ff.). Für die Fälle, in denen das Insolvenzgericht keinen vorläufigen Verwalter bestellt hat oder die Voraussetzungen für die Anordnung von Sicherungsmitteln noch zu ermitteln sind, so dass zunächst nur ein isolierter Sachverständiger bzw. Gutachter bestellt wird, stehen diesem die nach § 22 Abs. 3 folgenden Rechte nicht zu, vielmehr ist er in seiner Rechtsstellung auf die Informationserteilung gegenüber dem Insolvenzgericht angewiesen (§§ 20, 5 Abs. 1 Satz 2). Vergleiche zu diesen beschränkten Auskunftspflichten auch die Darlegungen oben bei RdNr. 35.

---

[514] *Smid* InsO § 22 RdNr. 22.
[515] *Haarmeyer/Wutzke/Förster,* Handbuch, Kap. 3 RdNr. 182, 189.
[516] *Haarmeyer/Wutzke/Förster,* Handbuch, Kap. 3 RdNr. 189 ff. mit weiteren Darstellungen zur fachlichen Qualifikation eines Sachverständigen; vgl. dazu auch *Smid* InsO § 22 RdNr. 36.
[517] Vgl. zu den Anforderungen AG Hamburg ZIP 2012, 339; dazu *Smid* InsO § 22 RdNr. 38 ff.; *Haarmeyer/Wutzke/Förster,* Handbuch, Kap. 3 RdNr. 192 ff., dort auch nähere Ausführung zu den klassischen Fehlerquellen bei der Erstellung eines Massegutachtens, dazu auch *Smid* InsO § 22 RdNr. 40 ff.
[518] Vgl. dazu BGH ZInsO 2009, 433; *Vallender* ZInsO 2010, 1457 sowie schon vor Inkrafttreten der InsO *Risse* KTS 1994, 489; vgl. auch HKInsO-*Kirchhof* § 22 RdNr. 76.
[519] *Uhlenbruck* InsO § 22 RdNr. 198, 199; *Uhlenbruck* KTS 1994, 169, 178.

145 **1. Die Prüfung der Kostendeckung.** Während § 30 Abs. 1 RegE noch davon ausging, dass eine Abweisung mangels Masse lediglich für den Fall zu erfolgen hat, dass die Kosten des Verfahrens bis zum Berichtstermin nicht gedeckt sind und ein ausreichender Vorschuss auf die Massekosten nicht geleistet wurde, hat der vorläufige Insolvenzverwalter bzw. der Sachverständige nach § 22 Abs. 1 Satz 2 Nr. 3 zu prüfen, ob das vorhandene sowie das im Laufe des Verfahrens zu realisierende Vermögen des Schuldners die Kosten für das gesamte Insolvenzverfahren und nicht nur bis zum Berichtstermin decken. Nach § 26 Abs. 1 weist das Insolvenzgericht nämlich den Antrag auf Eröffnung mangels Masse nur dann zurück, wenn das Vermögen des Schuldners voraussichtlich nicht ausreichen wird, um die in § 54 benannten Kosten zu decken. Die dem Sachverständigen oder vorläufigen Verwalter übertragene Prüfung der Kostendeckung hat sich grundsätzlich auch auf alle Möglichkeiten zur Anreicherung der künftigen Insolvenzmasse zu erstrecken.[520]

146 § 54 bestimmt diese Kosten abschließend und dahingehend, dass es sich handelt um
- die Gerichtskosten für das Insolvenzverfahren zu denen auch die Kosten für ein Sachverständigengutachten gehören,
- die Vergütung und die Auslagen des vorläufigen Insolvenzverwalters,
- die Vergütung und die Auslagen des endgültigen Insolvenzverwalters,
- die Vergütung und die Auslagen der Mitglieder des Gläubigerausschusses.

147 Während die Gerichtskosten nach § 37 GKG von dem Betrag der Aktivmasse erhoben werden, richtet sich die Vergütung des Verwalters und die Vergütung der Mitglieder des Gläubigerausschusses nach den entsprechenden Regelungen der InsVV. Da sämtliche für die Berechnung maßgeblichen Grundlagen jedoch im Zeitpunkt des Eröffnungsverfahrens noch nicht feststehen, ist der Verwalter im Rahmen der von ihm zu erstellenden Verzeichnisse und Bestandsaufnahmen darauf angewiesen, diese **Werte** im Wesentlichen **zu schätzen. Dabei** haben die vom Schuldner vorzulegenden Unterlagen nur den Charakter von Anhaltspunkten, auf die sich sodann in weiteren Berechnungen und Schätzungen des vorläufigen Insolvenzverwalters bzw. Sachverständigen dessen Berechnungen aufbauen.[521] Maßgeblich für die Frage, ob das vorhandene Vermögen des Schuldners ausreicht, sind mithin die **voraussichtlichen Eröffnungskosten,** also die gerichtlichen Kosten zur Sicherstellung, Feststellung, Ermittlung und Verwertung der Aktivmasse, die Inventur, die Gebühren und die Auslagen eines Verwalters.[522]

148 Mit der Reduzierung und Absenkung der zu deckenden Verfahrenskosten auf die in § 54 genannten soll eines der Hauptziele der Insolvenzrechtsreform, die erleichterte und häufigere Eröffnung von Insolvenzverfahren erreicht und zugleich die nach dem überkommenen Recht missliche Situation verhindert werden, dass wegen gezielt herbeigeführter Abweisung mangels Masse ein geordnetes Verfahren nicht mehr stattfindet, Vermögensmanipulation nicht aufgedeckt, Vermögensverschiebung nicht rückgängig gemacht werden und marode Schuldner weiter am Markt agieren können.[523] Vor diesem Hintergrund hat sich der Gesetzgeber ganz bewusst dagegen entschieden, auch die sonstigen Masseverbindlichkeiten für die Kostendeckung in Betracht zu ziehen, was unter der Geltung der KO häufig dazu geführt hat, dass von Gläubigern eingeforderte Vorschusszahlungen so hoch angesetzt worden sind, dass faktisch kein Gläubiger sich bereit gefunden hat, die dafür notwendigen Mittel vorzustrecken. Durch die Neuordnung in §§ 53 und 209, in denen jetzt allein die Verfahrenskosten zu decken sind und damit von der Rangfolge des § 60 KO abgewichen wird, ist die bisherige Streitfrage, ob die vorrangigen Masseschulden bei der Berechnung der Massekosten zu berücksichtigen sind oder nicht, dahin entschieden, dass es nur noch auf die reinen Kosten i. S. d. § 54 ankommt.[524] Mit der Einführung einer Vorschusspflicht antragspflichtiger Organe nach § 26 Abs. 4 durch das ESUG hat der Gesetzgeber noch einmal den Anspruch unterstrichen, dass gerade bei Kapitalgesellschaften die Eröffnung des Verfahrens die Regel und die Abweisung mangels Masse die gesondert zu begründende Ausnahme sein soll.

149–152 Vgl. im Übrigen dazu umfassend die Darlegungen zur Abweisung mangels Masse bei § 26 RdNr. 14 ff.

153 **2. Feststellung des Eröffnungsgrundes.** Das Insolvenzgericht kann den vorläufigen Verwalter zusätzlich mit der Prüfung beauftragen, ob ein für die Verfahrenseröffnung erforderlicher Eröffnungsgrund vorliegt. Einer solchen Prüfung bedarf es jedoch nur dann, wenn auf Grund der vorge-

---

[520] Ganz hM; vgl. für alle BGH ZInsO 2009, 433; 2008, 859; *Vallender* ZInsO 2010, 1457 ff.; HKInsO-*Kirchhof* § 22 RdNr. 32; so auch der RegE S. 117.
[521] Vgl. dazu beispielhaft die Berechnung bei *J.-S. Schroeder* HmbKommInsO § 26 RdNr. 12 ff.
[522] Vgl. dazu die ausführlichen Darlegungen bei § 26 RdNr. 12 ff. sowie HKInsO-*Kirchhof* § 26 RdNr. 4 ff.
[523] *Haarmeyer/Wutzke/Förster,* Handbuch, Kap. 3 RdNr. 194 ff.
[524] Allgemeine Meinung vgl. zuletzt in diesem Sinn *Kaufmann* ZInsO 2006, 961; *Kirchhof* ZInsO 2001, 1, 5; LG Berlin ZInsO 2000, 224.

legten Unterlagen zur Überzeugung des Gerichtes nicht feststeht, ob überhaupt ein Insolvenzgrund vorliegt. Da das Insolvenzgericht das Insolvenzverfahren jedoch nur eröffnen darf, wenn es vom Vorliegen eines Eröffnungsgrundes überzeugt ist[525] hat es eine Begutachtung stets dann vornehmen zu lassen, wenn es auf Grund eigener Erkenntnis aus den vorgelegten Unterlagen nicht in der Lage ist, zweifelsfrei das Vorliegen des Insolvenzgrundes zu bejahen. Ist daher das Vorliegen eines Insolvenzgrundes für das Insolvenzgericht auf Grund der vorgelegten Unterlagen zweifelsfrei feststellbar, was voraussetzt, dass das Gericht über die entsprechende betriebswirtschaftliche Kompetenz zur Verifizierung behaupteter Zahlen oder Wertangaben verfügt, so bedarf es nicht der Prüfung durch einen Sachverständigen. Obwohl das Gericht bei einem Eigenantrag des Schuldners regelmäßig davon ausgehen kann, dass ein Insolvenzgrund vorliegt, gilt es dabei aber stets zu beachten, dass vielfach auch und gerade Eigenanträge mit dem Ziel gestellt werden, sich aus Verpflichtungen gegenüber Dritten, insbesondere vertraglichen Beziehungen oder auch tariflichen Bindungen zu lösen oder gar eine Abweisung mangels Masse zu erreichen, um dadurch Vermögensmanipulationen in der Vergangenheit zu verdecken. Auch wenn der Schuldner daher auf Grund der von ihm überreichten Unterlagen den Eröffnungsgrund scheinbar belegt und seine Zahlungsunfähigkeit einräumt, bedarf es stets der Prüfung der eingereichten Unterlagen und der sich daraus ergebenden Überzeugungsbildung des Gerichtes, dass die Angaben zutreffen, zumal insoweit die zivilrechtliche Geständnisfiktion des §§ 288 ff. ZPO nicht beachtlich ist, da es sich um ein Amtsermittlungsverfahren handelt.[526] Insbesondere bei Kapitalgesellschaften und bei den vorhandenen Möglichkeiten der Bilanzmanipulation sowie anderer „Wertverschiebungen"[527] ist dies regelmäßig nicht ohne Inanspruchnahme eines gut und präzise arbeitenden Sachverständigen für das Gericht feststellbar, so dass in diesen Fällen regelmäßig Anlass besteht, einen Sachverständigen bzw. den vorläufigen Insolvenzverwalter mit der Prüfung des Insolvenzgrundes zu beauftragen.[528] Gerade bei **Kapitalgesellschaften** sollte angesichts der idR ca. ein Jahr vor dem Antragszeitpunkt eingetretenen materiellen Insolvenz[529] eine Empfehlung zur „Abweisung mangels Masse" mit großer Skepsis begegnet werden, da es nahezu unmöglich sein dürfte, ohne massive Verletzungshandlungen straf- und haftungsrechtlicher Art ein so strukturiertes Unternehmen bis an die Grenze des Inhalts der Portokasse „herunterzuwirtschaften".[530] In den meisten Fällen besteht für eine solche Empfehlung auch ein außerordentliche hohes Haftungsrisiko für den Sachverständigen, da die unzutreffende Empfehlung bzw. unzureichende Ermittlung und Nachforschung unmittelbar haftungsrechtliche Folgen nicht nur nach § 839a BGB hat. Aufgrund der Neuregelung in § 26 Abs. 4 ist eine Empfehlung zur Abweisung mangels Masse bei einer Kapitalgesellschaft ohne Feststellung des Zeitpunktes des Eintritts der materiellen Insolvenz und der vorschusspflichtigen Personen **keine taugliche Entscheidungsgrundlage.**

Bei Fremdanträgen ist die Überprüfung des Insolvenzgrundes die Regel und immer dann ausdrücklich geboten, wenn der Schuldner im Rahmen der Anhörung das Vorliegen von Zahlungsunfähigkeit oder und/oder Überschuldung bestreitet. Gerade in diesen Fällen hat die Überprüfung sorgfältig und, wegen der für den Schuldner weitreichenden Wirkungen einer Insolvenzeröffnung, unter Zuhilfenahme eines Sachverständigen zu erfolgen.

Während sich die Eröffnungsgründe der Zahlungsunfähigkeit nach § 17 und der Überschuldung nach § 19 gleichberechtigt gegenüberstehen (vgl. umfassend dazu § 17 RdNr. 6 ff. und § 19 RdNr. 42 ff.), Überschuldung jedoch nur Eröffnungsgrund für juristische Personen ist, nimmt der allein dem Schuldner vorbehaltene neue Eröffnungsgrund der drohenden Zahlungsunfähigkeit nach § 18 eine Sonderstellung ein, der regelmäßig die Bestellung eines Sachverständigen zur Prüfung des Insolvenzgrundes sowie des vorzulegenden Finanzplans[531] gebietet. In jedem Fall ist bei der Antragstellung wegen drohender Zahlungsunfähigkeit besondere Eile geboten, weil oftmals eine Sanierung nur noch in einem sehr kurzen Zeitraum möglich ist. In diesen Fällen sollte sich das Gericht daher, sofern der Antrag zulässig ist, sehr kurzfristig oder zeitgleich der Unterstützung durch

---

[525] BGH ZInsO 2009, 433; OLG Köln ZInsO 2000, 393, 396; *Pohlmann* RdNr. 187; Nerlich/Römermann/ *Mönning* § 22 RdNr. 184 ff.; *Braun/Uhlenbruck* S. 242.
[526] OLG Köln ZInsO 2000, 393, 396.
[527] Vgl. dazu beispielhaft die „beeindruckende" Darstellung bei *Peemöller/Hofmann,* Bilanzskandale – Delikte und Gegenmaßnahmen, 2005 passim. Außerordentlich informativ sind dabei die in Kapitel 3 zusammengefassten Darstellungen einzelner Manipulationsfelder in Bilanzen und im Rechnungswesen sowie den sich daraus ergebenden Schlussfolgerungen.
[528] Vgl. dazu auch FKInsO-*Schmerbach* § 22 RdNr. 35.
[529] Vgl. dazu *Kirstein* ZInsO 2006, 966 m. ausf. Nachweisen.
[530] Im Rahmen seriöser, professioneller Insolvenzverwaltung und einem entsprechenden Aufgabenverständnis des Gerichts sind daher auch Eröffnungsquoten bei Kapitalgesellschaften von mehr als 90 % die Regel und nicht, wie bei den meisten anderen Verwaltern, die Ausnahme. Das alleine sagt in der Regel sehr viel mehr über den jeweiligen Verwalter aus, als die Zahl übernommener oder abgewickelter Verfahren.
[531] Vgl. dazu § 18 RdNr. 11 ff.

einen vorläufigen Verwalter versichern und in engem Kontakt mit ihm die notwendigen weiteren Entscheidungen treffen (vgl. dazu auch die Darlegungen bei § 18 RdNr. 32 ff.).

156 Für den Fall einer Antragstellung wegen drohender Zahlungsunfähigkeit hat der Schuldner in seinem Antrag die gesamte Entwicklung seiner Finanzlage bis zur Fälligkeit aller bestehenden Verbindlichkeiten darzulegen und neben den zu erwartenden Einnahmen auch die zukünftigen, noch nicht begründeten Zahlungspflichten einzubeziehen. In einer Prognose müssen die vorhandene Liquidität und die Einnahmen den Verbindlichkeiten gegenübergestellt werden, die bereits fällig sind oder bis zu diesem Zeitpunkt fällig werden. Wegen der besonderen Problemstellung ist der Schuldner regelmäßig gehalten bzw. durch das Gericht aufzufordern, einen Liquiditätsplan einzureichen, aus dem sich die notwendigen Zahlen und Daten ergeben, um auszuschließen, dass es sich nur um eine vorübergehende Zahlungsstockung handelt (vgl. dazu die Darstellung eines Finanzplans bei § 18 RdNr. 22).[532]

157 Um auf das Gutachten die Entscheidung des Gerichtes gründen zu können, muss es mindestens zu folgenden Punkten **detaillierte tatsächliche Angaben und Feststellungen** enthalten:[533]
- Beschreibung der Tätigkeit des Schuldners oder des Gegenstandes des schuldnerischen Unternehmens; Gegebenheiten vor Ort; Betriebsimmobilien (ggf. mit Fotos des Unternehmens);
- Gesellschaftsverhältnisse; Handelsregisterauszug; Einzahlung Stammkapital, Beteiligungen, Veränderungen jeweils mit Daten und Namen, Gesellschafterdarlehen etc.
- Entwicklung der wirtschaftlichen Verhältnisse und Ursachen der Krise; Kreditgeber; Großkunden
- Zeitpunkt des Eintritts der materiellen Insolvenz und ggf. einer Vorschusspflicht nach § 26 Abs. 4
- Augenblickliche wirtschaftliche Situation und kurzfristige Perspektive;
- ggf. Fortführungs- oder Sanierungsfähigkeit; beabsichtigte Strukturveränderungen
- Darstellung der Tätigkeiten, Gesprächspartner und sonstigen Aktivitäten des Gutachters und der Grundlagen für die gewonnenen Erkenntnisse und ihre Verifizierung;
- Konkrete Vermögensverhältnisse, Risiken, kurzfristige Liquidität; jeweils nachvollziehbare Darlegung vorhandener Vermögenswerte mit begründeter Wertfestsetzung nach allg. anerkannten Bewertungsgrundsätzen
- Darlegung und Verifizierung der Insolvenzgründe ggf. mit Überschuldungsbilanz sowie der möglichen insolvenzspezifischen Ansprüche von der Anfechtung bis zu § 64 Abs. 2 GmbHG;
- Verfahrenskostendeckung unter geschätzter Darlegung der im Rahmen von § 54 zu erwartenden Kosten.

Es ist dem Gutachter unbenommen, seine Erkenntnisse zusammenzufassen und gegenüber dem Gericht eine Empfehlung zur Entscheidung zu geben, da diese völlig unverbindlich ist, denn das Gericht muss seine Entscheidung im Rahmen der Amtsermittlungspflicht eigenständig treffen.[534]

158 **3. Fehlerquellen bei der Erstellung des Massegutachtens.** Der gerichtlich bestellte Gutachter im Insolvenzverfahren steht vor der schwierigen Aufgabe, binnen vergleichsweise kurzer Zeit komplexe Vermögenssituationen zutreffend zu erfassen. Ist der Schuldner kooperationsbereit, die Buchhaltung auf einem aktuellen Stand und ergeben sich auf Grund dieser Erkenntnisse und Angaben zuverlässige Aussagen zur Vermögenssituation des Schuldners, dann besteht die Aufgabe des Gutachters in der nachvollziehenden Überprüfung und insolvenzrechtlichen Aufbereitung der ihm offenbarten Tatsachen. Verweigert dagegen der Schuldner die Zusammenarbeit oder sind die vorgefundenen Unterlagen unzureichend, was in dieser Kombination eher die Regel ist, dann hat der Gutachter die Vermögenssituation grundlegend selbst zu ermitteln. Hierzu bedarf es nicht nur der körperlichen Bestandsaufnahme des Vermögens vor Ort, die ohne gleichzeitig angeordnete vorläufige Verwaltung nach § 22 häufig schwierig ist, sondern es bedarf insbesondere einer ganz akribischen Aufarbeitung der Geschäfts- und Buchungsunterlagen.

159 Die **inhaltliche Prüfungstiefe** muss der Wichtigkeit der zu treffenden Entscheidung angemessen sein und erfordert ein hohes Maß an Professionalität und Erfahrung, weshalb die Delegation dieser Tätigkeiten auf Mit- oder Sachbearbeiter ohne gerichtliches Einverständnis schon gegen die aus § 407a ZPO folgende Pflichtbindung eines jeden gerichtlich bestellten Sachverständigen verstößt (vgl. dazu auch § 26 RdNr. 14 ff.). Sicher ist es schon angesichts der Kürze der zur Verfügung

---

[532] *Haarmeyer/Wutzke/Förster*, Handbuch, Kap. 3 RdNr. 92 ff.; *Braun/Uhlenbruck* S. 243. Vgl. auch das Beispiel einer Liquiditätsplanung bei *Haarmeyer/Wutzke/Förster*, Handbuch, Kap. 3 RdNr. 98.

[533] Vgl. dazu die Grundsätze des BAKInsO zur Gutachtenerstellung nebst Check-Listen, veröffentlicht in ZInsO 2009, 22; 2007, 1211; ähnlich gelagert auch die Heidelberger Leitlinien ZInsO 2009, 1848 sowie die Mustergutachten bei *Haarmeyer/Wutzke/Förster*, Handbuch vorl. Verwaltung § 12 RdNr. 36 ff.;und die Muster von Gutachten bei *Frege/Keller/Riedel* RdNr. 566 ff. sowie die Arbeitshinweise in NZI 1999, 308.

[534] Vgl. dazu BGH ZInsO 2009, 433 sowie das Mustergutachten bei *Haarmeyer/Wutzke/Förster*, Handbuch, Kap. 3 RdNr. 223.

stehenden Zeit schwierig, alle Geschäftsvorgänge eines Schuldnerunternehmens über einen längeren Zeitraum nachzuvollziehen, unverzichtbar ist aber das sachverständige „Abklopfen" der typischen Merkmale für Vermögensmanipulationen bzw. Verschiebungen, wie dies im Rahmen der Betriebsprüfung eines Finanzamtes an der Tagesordnung ist. Der Gutachter wird sich dabei auf Stichproben beschränken müssen und im Übrigen aus seiner langjährigen praktischen Erfahrung im Umgang mit dem Schuldner ein Gespür dafür entwickeln, in welchen Bereichen nicht offenkundiges Vermögen vorhanden bzw. Vermögen verschoben sein könnte.

In der praktischen Arbeit empfiehlt es sich, Kontoauszüge und Belege des **letzten halben Jahres** – soweit vorhanden – im Einzelnen durchzugehen bzw. mit einer dafür speziell entwickelten Software, zB IDEA, zu prüfen.[535] Hier finden sich nach aller Erfahrung nicht nur Entnahmen, Verrechnungen, Rückzahlungen von Darlehen etc., die auch der „beflissene" Schuldner dem Gutachter ansonsten verschwiegen hätte, sondern diese Prüfsoftware lenkt die Aufmerksamkeit auf Vorgänge die nur scheinbar „richtig" sind. Von daher dürfte die Nutzung einer solchen Prüfsoftware für den Finanzbereich für jeden Sachverständigen unverzichtbare Grundausstattung sein. Außerdem kann man nicht nur per Auszug sondern auch wieder mit spezieller Software anhand der Bankbewegungen nachvollziehen, bis zu welchem Zeitpunkt der Betrieb ernsthaft geführt wurde und ab wann man sich auf die Insolvenz bereits vorbereitet hat bzw. zu welchem präzis zu ermittelnden Zeitpunkt die Zahlungsunfähigkeit eingetreten ist, was insbesondere unter haftungsrechtlichen Gesichtspunkten auch für die Gläubiger von großer Bedeutung ist. Dies folgt schon aus der Tatsache, dass es bei Handlungen bzw. Verstößen der Organe in diesen Zeiträumen vielfach um unerlaubte Handlungen geht, die an einer möglichen persönlichen Restschuldbefreiung des Geschäftsführers oder Vorstands nicht teilnehmen. Nach Möglichkeit sollen auch die letzten drei Jahresbilanzen mit dem vorgefundenen Vermögen verglichen werden. Zur zwischenzeitlichen Bestandsveränderung, Wertberichtigungen, Rückstellungen etc. ist dann der Schuldner gezielt zu befragen. Ergeben sich Widersprüche, was nicht selten der Fall ist, sind weitere Nachforschungen angezeigt. Auch dieser Bereich macht deutlich, dass ein Sachverständiger nicht nur über große Erfahrung, sondern insbesondere auch über erheblichen betriebswirtschaftlichen Sachverstand verfügen muss, um zumindest den meisten der üblichen Manipulationen auf die Spur zu kommen.[536]

Die **Einzahlung des Stammkapitals** muss anhand der Einzahlungsbelege überprüft werden.[537] Es muss ferner nachvollzogen werden, ob die vom Gesellschafter eingeschossenen Mittel nicht etwa wenig später, regelmäßig auf „Umwegen", abgezogen worden sind, sei es durch Scheinrechnungen der Gesellschafter oder angebliche Rückzahlungen von Darlehen. Unvertretbar und pflichtwidrig ist die leider bei einigen Insolvenzgerichten geduldete Praxis, **Gutachten „nach Aktenlage"** oder „nach Angaben des Schuldners" zu akzeptieren, Gutachten also, bei denen der Gutachter nicht selbst vor Ort gewesen ist, um die vorgefundenen Erkenntnisse zu prüfen bzw. eigene Ermittlungen anzustellen; zB Prüfung der Aktualität und Richtigkeit der Grundbuch- oder Registerauszüge durch Einsichtnahme. Größte Vorsicht ist auch geboten bei „besonders sorgfältig" vorbereiteten Schuldneranträgen. Ziel dieser Strategie ist in aller Regel die schnelle Abweisung mangels Masse, und die Kooperation findet oftmals ein schnelles Ende, wenn der Gutachter trotzdem die unbequemen Fragen stellt.[538]

Im Ergebnis muss für das Gericht aus dem Gutachten nicht nur die tatsächliche Entwicklung der Insolvenz und die Beurteilung der weiteren Entwicklung erkennbar werden, sondern bereits an dieser Stelle muss für das Gericht deutlich werden, wie sich der Gutachter, den Fall der möglichen Eröffnung unterstellt, den weiteren Gang des Verfahrens vorstellt und welche Maßnahmen er beabsichtigt zu vollziehen.[539] In der Praxis lässt sich immer wieder feststellen, dass das Gutachten als „Fahrplan" für das eröffnete Verfahren dient, sodass den dort nicht aufgeführten Erkenntnissen auch später nicht mehr nachgegangen wird. Vgl. dazu § 26 RdNr. 14 ff.

4. Die Prüfung der Fortführungsaussichten. Die wohl anspruchsvollste und schwierigste Aufgabe des vorläufigen Insolvenzverwalters ist die Beauftragung durch das Gericht, als Sachverständiger die Aussichten für eine Fortführung des Schuldnerunternehmens zu prüfen.[540] Durch die Beauftragung des vorläufigen Insolvenzverwalters mit der Prüfung der Fortführungsaussichten soll

---
[535] Vgl. dazu den instruktiven Beitrag von *Klaas* InsbürO 2005, 106 ff. und 227 ff.
[536] Vgl. dazu die eindrucksvolle Darstellung bei *Peemann/Hofmann*, Bilanzskandale, 1. Aufl. 2005, S. 127 ff.; zur Entlassung eines Sachverständigen vgl. AG Essen NZI 2004, 275; vgl. auch LG Stendal ZInsO 2003, 721.
[537] Zur Beweislast vgl. zuletzt OLG Dresden ZInsO 2000, 673 ff.
[538] *Haarmeyer/Wutzke/Förster*, Handbuch, Kap. 3 RdNr. 214 ff.
[539] Zur strategischen Ausrichtung des Eröffnungsverfahren vgl. *Haarmeyer/Wutzke/Förster*, Handbuch vorl. Verwaltung § 12.
[540] *Uhlenbruck* InsO § 22 RdNr. 206; *Jaeger/Gerhardt* § 22 RdNr. 151 ff.; *Braun/Uhlenbruck* S. 243; vgl. dazu umfassend oben RdNr. 91 ff.

nach dem Willen des Gesetzgebers die Möglichkeit eröffnet werden, Sanierungen schon im Eröffnungsverfahren vorzubereiten und ggf. ein Sanierungskonzept zu erstellen, damit der Insolvenzverwalter den Gläubigern spätestens im Berichtstermin nach § 156 einen Sanierungsplan als Diskussionsgrundlage präsentieren kann, wenn sich das insolvente Unternehmen überhaupt für eine Fortführung eignet. Das Fortführungsgutachten hat jedoch nicht nur Bedeutung für die Verfahrensgestaltung im eröffneten Verfahren, sondern wirkt sich auch im Eröffnungsverfahren selbst im Rahmen der gesetzlich verfügten Fortführung als Arbeitserleichterung zu Gunsten des vorläufigen Insolvenzverwalters aus. Ob nämlich ein Antrag auf Stilllegung des schuldnerischen Unternehmens schon im Eröffnungsverfahren in Betracht zu ziehen ist, hängt zB ganz wesentlich davon ab, ob noch eine begründete Aussicht auf eine Sanierung des Unternehmens besteht.[541] Der mögliche spätere Insolvenzverwalter darf sich im Rahmen eines Gutachtens daher auch nicht nur auf eine Möglichkeit der Verwertung festlegen, sondern er hat auch alternative Möglichkeiten zu prüfen und der Gläubigerversammlung zur Entscheidung vorzustellen.[542]

164 Obwohl die Prüfung der Fortführungsfähigkeit regelmäßig noch nicht abgeschlossen sein dürfte, wenn der Insolvenzgrund sowie die Massekostendeckung bereits feststehen und damit das Insolvenzverfahren an sich eröffnungsreif wäre, nimmt nach der ausdrücklichen Begründung des Rechtsausschusses der Gesetzgeber die Hinausschiebung der Eröffnung des Verfahrens bis zur Prüfung der Sanierungsfähigkeit in Kauf, um alle Optionen für das Verfahren offen zu halten, insbesondere dem Verwalter die Ausübung des Wahlrechts bei gegenseitigen Verträgen zu erleichtern, indem er seine Haltung von dem Ausgang der Fortführungsprognose abhängig machen kann.

165 Die gutachterlichen Feststellungen des Verwalters über mögliche Fortführungs- oder Sanierungschancen erfüllen nicht die Aufgabe einer abstrakten betriebswirtschaftlichen Abhandlung über Unternehmenssanierung in der Insolvenz, noch darf diese Prüfung wirtschaftswissenschaftlich verstanden werden.[543] Die Beurteilung der Fortführungsfähigkeit beschäftigt sich auch nicht mit der Frage, das Unternehmen im Eröffnungsstadium fortzuführen, da der Gesetzgeber den vorläufigen Insolvenzverwalter verpflichtet hat, einen noch laufenden Betrieb fortzuführen und diesen lediglich für den Fall einer erheblichen Minderung des Vermögens als berechtigt angesehen hat, beim Gericht die Stilllegung beantragen zu können. Diese Frage ist jedoch nicht die nach § 22 Abs. 1 Satz 2 Nr. 3 gebotene Feststellung, sondern die Aufgabe des Gutachters zur Beurteilung oder Prüfung der Fortführungsaussichten besteht darin, die zunächst auf die Betriebsfortführung im Eröffnungsverfahren bezogenen Berechnungen bis zum angenommenen Berichtstermin zu ergänzen und ggf. operativ und strategisch weiter zu entwickeln, um beurteilen zu können, ob über den Eröffnungszeitpunkt hinaus die Möglichkeit besteht, den Geschäftsbetrieb bis zum Berichtstermin aufrecht zu erhalten oder ob sich die Gefahr einer Stilllegung noch vor dem Berichtstermin abzeichnet, die der Zustimmung eines Gläubigerausschusses und der Einbeziehung des Schuldners bedarf.[544] Vergleiche dazu auch die ausführlichen Darlegungen zur Fortführungsprognose oben bei RdNr. 93 ff.

166 Der Beurteilungsspielraum ist daher stets länger als der des Eröffnungsverfahrens und zielt auf die Fortführungsfähigkeit des Unternehmens im eröffneten Insolvenzverfahren oder weitergehend auf die Überwindung des Insolvenzverfahrens durch Plan oder Einstellung des Verfahrens ab. Unabhängig davon hat der zum Sachverständigen bestellte vorläufige Insolvenzverwalter aber im Rahmen der Beurteilung der Fortführungsfähigkeit auch die Möglichkeit, eigene Vorstellungen hinsichtlich eines Insolvenzplans zu entwickeln und Sanierungen vorzubereiten.[545]

167 Auf Grund dieses Anforderungsprofils ist es daher nicht Aufgabe des vorläufigen Insolvenzverwalters betriebswirtschaftliche Ertragswertberechnungen für das reorganisierte Unternehmen auf vorgegebene, von ihm unterstellte Abwicklungsprämissen zu entwickeln, vielmehr hat er durch sein Gutachten den Gläubigern Hilfestellungen für ihre Entscheidung im Berichtstermin zu leisten.[546] Er hat daher auch in seiner Beurteilung Verwertungskonzepte, die von den Beteiligten erwogen werden oder denkbar sind, gegliedert nach Liquidations- und Eigensanierungsmodellen entsprechend möglicher strategischer Ausrichtungen (vgl. dazu oben RdNr. 102 ff.), darzustellen und zu beurteilen. Aufbauend auf dieser Darstellung hat er sodann die Auswirkungen für die Gläubiger zu übertragen, um ihnen unter ergänzender Vermittlung seines Sachverständigenurteils vor weiteren entscheidungs-

---

[541] Vgl. die Begr. zu § 22; abgedruckt bei *Balz/Landfermann* S. 232; Vgl. umfassend zur Prüfung der Fortführungschancen *Braun*, Insolvenzrecht 1998, S. 53 ff.
[542] Jaeger/*Gerhardt* § 22 RdNr. 152, 155 f.; *Uhlenbruck* InsO § 22 RdNr. 206; vgl. dazu auch AG Hamburg ZInsO 2004, 158 sowie 630.
[543] Vgl. dazu auch *Groß/Amen* WpG 2002, 433 ff.; OLG Naumburg ZInsO 2004, 512; Jaeger/*Gerhardt* § 22 RdNr. 158 ff.; *Braun* in *Henckel/Kreft*, Insolvenzrecht, S. 53, 56; Nerlich/Römermann/*Mönning* § 22, RdNr. 192.
[544] Nerlich/Römermann/*Mönning* § 22 RdNr. 190.
[545] *Braun/Uhlenbruck* S. 243.
[546] Jaeger/*Gerhardt* § 22 RdNr. 156, 158 ff.

erheblichen Kriterien die Chance zu einer eigenen, verantwortlichen Entscheidung zu eröffnen. Hierzu gehört die Vermittlung aller für eine Entscheidung wesentlichen Umstände, die nicht durch mechanisches Erfassen und Rechnen dargestellt werden können, wie zB die Einschätzung und Beurteilung von handelnden Personen, die Vermittlung der Informationen aus Kontakten mit Kunden, Mitarbeitern, Gläubigern usw., denn häufig wird die Entscheidung über eine Fortführung von dieser auf der Erfahrung und Integrität des Untersuchenden basierenden Einschätzung abhängen.[547]

Liegt eine **Liquidationsstrategie** vor, so bedarf es für die Gläubiger einer Abwicklungsplanung, die Gegenstand der Sachverständigenäußerung sein muss, während für den Fall einer denkbaren oder vorgesehenen Eigensanierungslösung es einer Beurteilung bedarf, die im Grundsatz die Anforderung an ein Sanierungskonzept bzw. einen Insolvenzplan erfüllen muss.[548] Um verantwortungsvoll über eine Betriebsfortführung im Insolvenzverfahren entscheiden zu können, bedarf es regelmäßig eines **zweigleisigen Prüfungsverfahrens.** Dieses beinhaltet zum einen eine plausible Zweckmäßigkeitsprüfung, zum anderen eine fundierte Realisierbarkeitsprüfung des in Aussicht genommenen Fortführungskonzeptes.[549] Im Rahmen der Zweckmäßigkeitsprüfung ist zunächst rechnerisch zu belegen, ob und inwieweit die anvisierte Fortführung des Unternehmens eine verbesserte Befriedigung der Gläubiger im Vergleich zu einer zügig durchgeführten Zerschlagung erwarten lässt. In der Insolvenzpraxis beschränken sich die meisten Betriebsfortführungen auf die bereits bei RdNr. 96 ff. dargelegten Standardvarianten, deren rechnerische Umsetzung und Darstellung jedoch erhebliche Anforderungen an den beurteilenden Sachverständigen stellt.[550]

Positive Fortführungsergebnisse auf Grund einer so dargestellten Berechnung sind freilich wertlos, wenn nicht gesichert ist, dass das Fortführungskonzept entsprechend der zu Grunde gelegten Planung zu Ende geführt werden kann. Die **Zweckmäßigkeitsprüfung** ist deshalb immer mit einer **Realisierbarkeitsprüfung** zu verbinden, die insbesondere klären muss, ob der Insolvenzverwalter überhaupt über die notwendigen Produktionsmittel frei verfügen kann und ob unverzichtbare Arbeitskräfte mit Sicherheit für die anvisierte Dauer der Fortführung an den insolventen Betrieb noch zu binden sind sowie die Beantwortung der Frage, ob hinreichende Liquidität für die Betriebsfortführung vorhanden bzw. beschaffbar ist.[551] Ob zB hinreichend Liquidität für den anvisierten Fortführungszeitraum vorhanden sein wird, lässt sich nur durch Aufstellung eines möglichst vollständigen Finanzplanes beurteilen, den der zum Sachverständigen bestellte vorläufige Insolvenzverwalter als Kern der Realisierbarkeitsprüfung zu erstellen hat.

Problematisch ist allerdings, dass diese betriebswirtschaftlich unstreitig notwendigen Rechnungen in § 151 keine Erwähnung gefunden haben, sondern offenbar nach § 156 Abs. 1 Satz 2 nur für den Fall der besonderen Verfahrensoption eines Insolvenzplanes vorgegeben werden (§ 229 Satz 2). Geht man allerdings mit *Heni*[552] von der plausiblen Annahme aus, dass in Insolvenzverfahren viele Betriebsfortführungen ohne Insolvenzplan stattfinden werden, dann würde die Fortführungsentscheidung der Gläubiger in all diesen Fällen mangels Anwendbarkeit von § 229 rechnerisch im Wesentlichen nur auf den Massestatus mit seiner fragwürdigen Alternativbewertung gestützt werden können. Das eigentliche Manko der **soliden Prognostizierbarkeit** von Fortführungsaussichten besteht also darin, dass die InsO die für eine Entscheidung über eine Betriebsfortführung notwendigen Rechenwerke zwar durchaus vorsieht, diese jedoch nur für den Spezialfall der Erstellung eines Insolvenzplans verpflichtend vorgeschrieben hat. Andererseits steht es jedoch den Insolvenzgerichten durchaus frei, einem begutachtenden vorläufigen Insolvenzverwalter aufzugeben, für den Fall einer positiven Fortführungsentscheidung, entsprechende Ergebnis- und Finanzpläne als Entscheidungsgrundlage für das Gericht aber auch für die Gläubigerversammlung zu produzieren und bereitzuhalten, wobei dies jedoch für das Eröffnungsverfahren mit der Einschränkung versehen werden muss, dass mangels vorhandener Datenbasis in der Regel nur eine überschlägige Realisierbarkeitsprüfung erwartet werden kann, während die Zweckmäßigkeitsprüfung erst zu einem späteren Zeitpunkt erfolgen kann. Die vorgenannten gesetzlichen und betriebswirtschaftlichen Voraussetzungen machen deutlich, dass der auch als Sachverständige zu beauftragende vorläufige Insolvenzverwalter über erhebliche unternehmerische und betriebswirtschaftliche Kenntnisse verfügen muss, um in der Lage zu sein, die für die Begutachtung notwendige Aufgabenstellung erfüllen zu können. Gerade vor diesem Hintergrund ist es nicht akzeptabel, wenn in vielen Insolvenzverwaltungen die für das weitere

---

[547] *Braun* in *Henckel/Kreft,* Insolvenzrecht, S. 53, 67.
[548] Zu den dabei zu beachtenden Anforderungen an ein Sanierungskonzept vgl. die umfassende Darstellung bei *Braun/Uhlenbruck* S. 244 ff. sowie die umfangreichen Literaturverweise dort bei Fn. 68.
[549] Vgl. dazu auch *Buth/Hermanns* S. 115 ff.; *Heni* ZInsO 1999, 609, 611; *Bork* ZInsO 1999, 487; *Förster* ZInsO 1999, 555, 556.
[550] Vgl. dazu umfassend die Darstellung bei *Heni* ZInsO 1999, 609, 612 ff.
[551] *Heni* aaO S. 612, 613.
[552] *Heni* aaO S. 613.

Verfahren zentrale Gutachtenerstellung auf weitgehend unerfahrene „Hilfskräfte" übertragen wird. Dies mag allerdings auch die erschreckende Qualität vieler Gutachten erklären, bei denen weite Bereiche der insolvenzspezifischen Ansprüche nicht einmal erwähnt, geschweige denn im weiteren Verfahren verfolgt werden.[553] Da das Gutachten aus dem Eröffnungsverfahren in fast allen Insolvenzverwaltungen als „Fahrplan" für das eröffnete Verfahren Verwendung finden, setzen sich diese Fehler dann auch im eröffneten Verfahren fort. Umfassend zur Betriebsfortführung oben RdNr. 92 ff.

VI. Die Auskunfts- und Mitwirkungspflichten des Schuldners im Eröffnungsverfahren

171 Schon der erste Bericht der Kommission für Insolvenzrecht ließ erkennen, dass es ein wesentliches Anliegen des Gesetzgebers gewesen ist, die Mitwirkungspflicht des Schuldners mit Inkrafttreten der InsO zu präzisieren und zu erweitern, um damit zugleich die nach altem Recht streitige Frage, ob eine Mitwirkungspflicht des Gemeinschuldners, die über die allgemeine und spezielle Auskunftspflicht des § 100 KO hinausging, überhaupt aus der Vorschrift des § 100 KO hergeleitet werden könne,[554] zu beantworten. Zu § 100 KO war schon umstritten, ob diese Regelung über die Auskunftspflicht des Gemeinschuldners überhaupt im Konkurseröffnungsverfahren anwendbar war, was insbesondere angesichts der von der herrschenden Meinung nicht anerkannten Rechtsfigur des Sequesters als vorläufigem Insolvenzverwalter zu erheblichen Problemen führte. Soweit daher überhaupt im Rahmen der KO von Mitwirkungspflichten des Gemeinschuldners bzw. Schuldners die Rede war, wurden diese von einem Teil der Literatur lediglich für das eröffnete Verfahren bejaht.[555] Um diesen für das Eröffnungsverfahren sehr hinderlichen Streit zu beseitigen, hatte die Kommission für Insolvenzrecht schon im Rahmen des 1. Berichtes 1985 in Leitsatz 1.3.2.2 festgelegt, dass der Schuldner den Insolvenzverwalter bei der Erfüllung seiner Aufgaben zu unterstützen und an Maßnahmen des Insolvenzverwalters mitzuwirken hat und dass es geboten sei, diese Mitwirkungspflicht des Schuldners über das gesamte Verfahren zu erstrecken, also auch auf das Eröffnungsverfahren. Auf S. 89 des 1. Bericht heißt es daher auch: „Für das gesamte Verfahren haben das Gläubigerverzeichnis, die Mitwirkungspflicht des Schuldners und die Verfahrenskosten gleichermaßen Bedeutung (Leitsätze zu 1.3.2 und 1.3.3)". Weiter heißt es: „Diese Mitwirkungspflichten werden zu einer allgemeinen Mitwirkungs- und Auskunftspflicht des Schuldners ausgebaut. Diese erweiterte Mitwirkung des Schuldners wird dem Insolvenzverwalter die Erfüllung seiner Aufgaben erleichtern und zu seiner Entlastung führen".[556] Diese Vorstellungen der Reformkommission hat der Gesetzgeber sodann übernommen, in die gesetzliche Regelung des § 22 Abs. 2 Satz 3 eingestellt und zur weiteren Ausformung dieser Pflichten umfassend auf die §§ 97, 98, 101 Abs. 1 Satz 1, 2 Abs. 2 verwiesen. Zu Recht geht daher auch die völlig überwiegende Literaturmeinung davon aus, dass der Schuldner schon den vorläufigen Verwalter im Rahmen dieser Auskunfts- und Mitwirkungspflicht bei der Erfüllung seiner Aufgaben zu unterstützen hat.[557] Die demgegenüber vereinzelt vertretene Auffassung, § 22 Abs. 3 Satz 3 HS 1 regele nur Auskunfts-, nicht jedoch Mitwirkungspflichten,[558] widerspricht nicht nur der Entstehungsgeschichte der Norm, sondern auch der Fiktion des § 22 Abs. 3 selbst, der die Auskunftspflicht nur als eine der durch die generelle nachfolgende Verweisung dem Schuldner obliegende Pflicht beschreibt und ist mit der Ergänzung vom Abs. 3 obsolet geworden.[559]

172 Unabhängig von der Übertragung der Verwaltungs- und Verfügungsbefugnis auf den vorläufigen Verwalter obliegen daher dem Schuldner oder – im Falle einer juristischen Person – den organschaftlichen Vertretern[560] verschiedene verfahrensrechtliche Pflichten, wobei es wegen des für das Eröffnungsverfahren geltenden Amtsermittlungsgrundsatzes keine Rolle spielt, ob dem Insolvenzgericht ein zugelassener Fremd- oder ein Eigenantrag vorliegt, denn analog §§ 97 Abs. 2, 20, 22 Abs. 2 hat

---

[553] Vgl. dazu die Nachweise bei *Haarmeyer/Suvacarevic* ZInsO 2006, 953, 960.
[554] Insoweit ablehnend Kuhn/*Uhlenbruck* § 100 RdNr. 2 a.
[555] In diesem Sinn *Kilger/Castendiek* § 100 Anm. 2; bejahend für das Eröffnungsverfahren *Böhle-Stamschräder/ Kilger*, KO 15. Aufl., § 100 Anm. 1; *Kilger/Castendiek*, KO 17. Aufl., § 100 Anm. 2; *Hess*, KO § 100 RdNr. 3; *Vallender* ZIP 1996, 529 ff., der allerdings für Organe juristischer Personen eine eingeschränkte Auskunftspflicht bejaht.
[556] Vgl. dazu 1. KommBer S. 144.
[557] Vgl. *Uhlenbruck* ZInsO 1999, 493, 494; *Kübler/Prütting/Pape* § 22 RdNr. 32; *Smid* § 22 RdNr. 54; *Haarmeyer/Wutzke/Förster*, Handbuch, Kap. 3 RdNr. 161 ff.; HKInsO-*Kirchhof* § 22 RdNr. 64; Nerlich/Römermann/ *Mönning* § 22 RdNr. 226; FKInsO-*Schmerbach* § 23 RdNr. 63; *Braun/Uhlenbruck* S. 257; *Uhlenbruck* KTS 1997, 371, 389.
[558] IdS *Pohlmann* RdNr. 202 ff.; *Kraemer/Vogelsang*, Handbuch, Bd. 2, Kap. 6, RdNr. 38.
[559] Insoweit zutreffend auch die Darstellung bei HKInsO-*Kirchhof* § 22 RdNr. 62 und 64; *Uhlenbruck* ZInsO 1999, 493 ff.
[560] Vgl. dazu den Beitrag von *Uhlenbruck*, FS Kreft S. 543 ff.; vgl. auch § 20 RdNr. 24 ff.

der Schuldner das Insolvenzgericht und den vorläufigen Verwalter bei der Erfüllung ihrer Arbeit – unabhängig vom Verfahrensauslöser – zu unterstützen.[561]

Durch die umfassende gesetzliche Verweisung auf §§ 97, 98, 101 Abs. 1 Satz 1, Abs. 2 obliegen dem Schuldner bereits für das Eröffnungsverfahren weitreichende **Auskunfts- und Mitwirkungspflichten**.[562] Die Auskunftspflicht betrifft alle Informationen, die das Gericht für seine Entscheidung über den Insolvenzantrag benötigt.[563] Insoweit gelten die gleichen Grundsätze wie für die Amtsermittlung nach § 5 Abs. 1 Satz 1, so dass das Gericht vom Schuldner sämtliche Informationen verlangen kann die für das Insolvenzverfahren von Bedeutung sind. Hierzu gehört notwendigerweise auch die **aktive und passive Mitwirkungspflicht** mit der Folge, dass zB der Schuldner oder Schuldnervertreter gezwungen werden kann, zum Zwecke der Erfüllung seiner Auskunftspflichten den Arzt, Wirtschaftsprüfer, Steuerberater oder Rechtsanwalt von seiner Schweigepflicht zu entbinden.[564] Bei einem Arzt tritt insoweit das individuelle Recht des Patienten hinter dem schwerer wiegenden Informationsinteresse der Gläubigergemeinschaft zurück.[565] Eine über die Mitwirkungspflicht hinausgehende Mitarbeit des Schuldners kann allerdings nur gegen eine entsprechende Vergütung verlangt werden.[566] Geschieht dies, dann handelt es sich um eine Vergütung i. S. d. §§ 850 ff. ZPO und nicht um Unterhaltsleistungen analog § 100. Der Schuldner ist daher auch verpflichtet, dem Insolvenzgericht bzw. vorläufigen Verwalter über alle das Verfahren betreffenden Verhältnisse und Tatsachen Auskunft zu geben, auch wenn diese geeignet sind, eine Verfolgung wegen einer Straftat oder einer Ordnungswidrigkeit herbeizuführen. Auf Grund der durch gesetzliche Anordnung bestimmten „Verpflichtung zur Selbstbelastung" wird der das Strafrecht prägende Nemo-Tenetur-Grundsatz verletzt,[567] so dass eine solche Auskunft nur mit Einwilligung des Schuldners verwendet werden darf (§ 97 Abs. 3 Satz 1).[568]

Die Regelung des § 22 Abs. 3 gibt dem vorläufigen Insolvenzverwalter ein **originäres**, nicht aus dem Auskunftsrecht des Gerichts hergeleitetes **Informationsrecht**. Diese Pflichten treffen gemäß § 101 Abs. 1 Satz 1, Abs. 2 auch die Mitglieder des Vertretungs- und Aufsichtsorgans (Geschäftsführer, Vorstands- und Aufsichtsratsmitglieder, Liquidatoren) und die vertretungsberechtigten persönlich haftenden Gesellschafter des Schuldners (zB OHG-Gesellschafter, Komplementär der KG), soweit dieser keine natürlich Person ist und die Angestellten und früheren Angestellten des Schuldners, die noch nicht länger als zwei Jahre vor dem Eröffnungsantrag ausgeschieden sind.[569] Gegenwärtige und nicht früher als zwei Jahre vor dem Insolvenzantrag ausgeschiedene Angestellte des Schuldners sind nur auskunfts- nicht mitwirkungspflichtig, da § 101 Abs. 2 nur auf § 97 Abs. 1 Satz 1 verweist. Aus dem Verzicht des § 22 Abs. 3 Satz 3 auf den in § 20 enthaltenen Zusatz „die zur Entscheidung über den Antrag erforderlich sind", wird deutlich, dass der Schuldner und die o. g. Personen verpflichtet ist, dem vorläufigen Verwalter alle von diesem als notwendig angesehenen Auskünfte zu erteilen. Daher sind nicht nur der Verfahrenseröffnung dienenden Auskünfte zu offenbaren, sondern darüber hinaus insbesondere die Auskünfte, die für eine Begutachtung zB der Fortführungs- oder Sanierungschancen wesentlich sein können, da eine fundierte Entscheidung hierüber nur auf Grund einer Zusammenarbeit zwischen Schuldner und vorläufigen Verwalter erfolgen kann.[570] Aus dieser umfassenden Pflichtenstellung folgt zugleich auch, dass der Schuldner alle verfahrenszweckwidrigen Handlungen zu unterlassen hat, insbesondere darf er weder Unterlagen vernichten noch Vermögensgegenstände, die vom Insolvenzbeschlag erfasst werden, beiseiteschaffen oder zu versuchen, im Ausland gelegene Gegenstände durch geeignete Handlungen oder Unterlassungen vor dem Insolvenzverwalter zu verbergen.[571] Er kann nach einer Entscheidung des LG Duisburg[572] sogar verpflichtet

---

[561] HKInsO-*Kirchhof* § 22 RdNr. 57; HambKomm-*J. S. Schroeder* § 22 RdNr. 189.
[562] Vgl. dazu ausführlich *Schmerbach* InsbürO 2009, 16 ff.; *Dahl* NJW-Spezial 2011, 405 ff.
[563] Vgl. dazu die Beispiele bei § 20 RdNr. 28 ff.
[564] Vgl. dazu auch BGH NZI 2004, 312; LG Berlin ZInsO 2004, 817; so auch schon *Uhlenbruck* ZInsO 1999, 493, 495.
[565] Vgl. BGH ZInsO 2004, 550; LG Berlin ZInsO 2004, 817.
[566] BGH ZInsO 2006, 703.
[567] Bei dem Grundsatz „Nemo tenetur prodere seipsum", verstanden als Verbot des Selbstbelastungszwangs, handelt es sich um einen Grundsatz, der sich schon im talmudischen Recht, das auf den „Fünf Büchern Moses" (Pentateuch) beruht, findet. Vgl. zum Nemo-Tenetur-Grundsatz und seiner Anwendung auf das Insolvenzverfahren umfassend *Haarmeyer*, Hoheitliche Beschlagnahme, S. 93 ff. sowie *Hefendehl* wistra 2003, 1 ff.
[568] Umfassend dazu und für eine Beweisverwendungsverbot *Hefendehl* wistra 2003, 1 ff.; *Bittmann/Rudolph* wistra 2001, 81; LG Stuttgart wistra 2000, 439 = ZInsO 2001, 135 m. Anm. *Weyand.*
[569] *Hess/Obermüller* RdNr. 105.
[570] *Uhlenbruck,* Kölner Schrift, S. 325 RdNr. 42.
[571] Vgl. dazu auch LG Memmingen ZIP 1983, 204; OLG Köln ZIP 1986, 658; OLG Koblenz ZIP 1993, 844; BVerfG ZIP 1986, 1337.
[572] ZInsO 2001, 522.

werden, geordnete schriftliche Aufzeichnungen über seine Geschäfte anzufertigen und diese dem vorläufigen Verwalter in bestimmten Abständen zur Verfügung zu stellen.

174 Von der ihm obliegenden umfassenden Auskunftspflicht zu trennen ist die dem Schuldner nicht obliegende allgemeine Pflicht zur ggf. entgeltlichen Mitarbeit bei der Verwaltung,[573] da Gegenstand des § 22 Abs. 3 nicht die Normierung einer Arbeits-, sondern einer informationellen Unterstützungspflicht der vom vorläufigen Insolvenzverwalter selbständig vorzunehmenden Aufgabenstellung ist. Vgl. dazu ausführlich § 97 RdNr. 31, 33.

175 Verweigert der Schuldner oder zB das Organ einer juristischen Person seine Mitwirkung oder entzieht sich der Auskunftspflicht, so stellt dies in keinem Fall einen Grund dar, einen Antrag auf Eröffnung zurückzuweisen, zB mit der Begründung, die Amtsermittlung hätten keine Aussicht auf Erfolg, da die Erfolglosigkeit von Amtsermittlungen nicht fingiert werden darf, sondern das Gericht unter Umständen mit Zwangsmittel seinen Auskunftsanspruch im Rahmen der Amtsermittlung durchzusetzen hat.[574] Zu diesen Zwangsmitteln gehört als ultima ratio auch die Anordnung oder Durchsetzung der Verhaftung mit dem Ziel, den Schuldner im Wege der Beugehaft zur Auskunftserteilung zu zwingen, wobei für die Durchsetzung der Verhaftung nach § 98 Abs. 3 die Regelungen der §§ 903 ff. ZPO gelten. Zu den Voraussetzungen und der Umsetzung vgl. eingehend § 98 RdNr. 15 ff.

176 Die Verletzung der Auskunftspflicht kann im Einzelfall auch strafrechtliche Folgen nach sich ziehen, wenn zB Vermögensbestandteile verheimlicht werden (strafbar nach § 283 Abs. 1 Nr 1 StGB), wobei, wegen der Auskunftsverpflichtung, auch ein bloßes Schweigen zur Tatbestandsverwirklichung ausreichend ist. Im Übrigen kann, wenn falsche oder unvollständige Angaben an Eides statt versichert werden, eine Strafbarkeit nach § 156 StGB gegeben sein.[575]

177 Für den die Anordnung für die Haft begründenden Beschluss ist nur der Richter zuständig. Er ist verpflichtet nach einer Inhaftierung von Amts wegen jederzeit zu prüfen, ob der Haftgrund noch fortbesteht. Im Übrigen ist davon auszugehen, dass auch die Sicherungshaft sechs Monate nicht überschreiten darf.[576] In einem eröffneten Insolvenzverfahren sind die Kosten der Haft zu den Kosten des Verfahrens nach § 54 zu rechnen, allerdings darf eine Sicherungshaft nicht deshalb unterbleiben, weil keine Massekostendeckung vorhanden ist.[577] Vgl. insgesamt zu den Anordnungsvoraussetzungen § 98 RdNr. 15 ff.

VII. Unmittelbare Zwangsbefugnisse des vorläufigen Verwalters

178 Unabhängig vom Erlass eines allgemeinen Verfügungsverbotes verleiht § 22 Abs. 3 jedem Insolvenzverwalter eigenständige Zwangsbefugnisse gegenüber dem Schuldner und ergänzt insoweit die Regelungen des § 20.[578] Die dem vorläufigen Insolvenzverwalter insoweit zuwachsenden Zwangsbefugnisse sind nicht isoliert voneinander zu betrachten, sondern können auch mit anderen ihm zustehenden Befugnissen und Ermächtigungen kombiniert werden, insbesondere können diese im Rahmen der Erfüllung des Prüfungsauftrages gemäß § 22 Abs. 1 Nr. 2 zur Anwendung gelangen. Auf diese Weise wird es dem vorläufigen Verwalter auf Grund eigener Rechtszuständigkeit ermöglicht, die für ihn notwendigen Erkenntnisse gegenüber dem Schuldner durchzusetzen bzw. sich durch Ausnutzung der ihm übertragenen Befugnisse die Kenntnisse auch gegen den Willen des Schuldners unmittelbar und selbst zu verschaffen. Insoweit spricht auch die Kombination der Rechte aus §§ 20 und 22 Abs. 3 ganz wesentlich dafür, mit der Bestellung eines vorläufigen Verwalters diesen zugleich als Sachverständigen einzusetzen, da der isoliert bestellte Sachverständige als solcher keine Zwangsbefugnisse nach § 22 Abs. 3 hat,[579] sondern insoweit auf die Unterstützung des Insolvenzgerichts angewiesen ist (vgl. dazu oben RdNr. 144).

179 Nach § 22 Abs. 3 Satz 1 ist der vorläufige Insolvenzverwalter – nicht jedoch der isoliert bestellte Sachverständige[580] – u.a. berechtigt, alle **Geschäftsräume** des Schuldners zu betreten. Insoweit ist der Beschluss über die Bestellung des Insolvenzverwalters zugleich eine Anordnung im Sinne von Art. 13 Abs. 2 GG.[581] Das Zutrittsrecht des vorläufigen Verwalters kann dieser daher auch zwangs-

---

[573] Vgl. BGH ZInsO 2006, 703; so zu Recht schon Uhlenbruck InsO 1997, 227.
[574] IdS auch LG Mannheim ZInsO 2000, 679; Runkel in Anm. zu LG Göttingen EWiR 1996, 271; Haarmeyer/Wutzke/Förster, Handbuch, Kap. 3 RdNr. 167.
[575] Dazu § 98 RdNr. 28; Haarmeyer/Wutzke/Förster, Handbuch, Kap. 3 RdNr. 169.
[576] Haarmeyer/Wutzke/Förster, Handbuch, Kap. 3 RdNr. 298.
[577] Uhlenbruck/Delhaes, Handbuch, RdNr. 386.
[578] HKInsO-Kirchhof § 22 RdNr. 57; Begr. zu § 22; abgedruckt bei Balz/Landfermann S. 232.
[579] Allg. Meinung vgl. u.a. BGH ZInsO 2004, 550; HKInsO-Kirchhof § 22 RdNr. 57.
[580] BGH ZInsO 2004, 550.
[581] BGH ZInsO 2008, 268, 269; Frind EwiR 2008, 351; ZPOHambKomm-Schröder § 22 RdNr. 191; HKInsO-Kirchhof § 22 RdNr. 58; Nerlich/Römermann/Mönning § 22 RdNr. 221.

weise durchsetzen, ggf. unter Inanspruchnahme polizeilicher Mittel oder eines Gerichtsvollziehers, denn wie er das Zutrittsrecht wahrnimmt, ist ausschließlich Sache der Ausübung der ihm übertragenen eigenständigen Kompetenz. Insoweit gibt es weder eine quantitative noch zeitliche Begrenzung oder Einschränkung, maßgebend ist allein die Durchsetzung des Sicherungszweckes. Der Bestellungsbeschluss ist insoweit zugleich auch ein Vollstreckungstitel i.S.v. § 794 Abs. 1 Nr. 3 ZPO,[582] aus dem die Vollstreckung entsprechend §§ 883, 885 ZPO vollzogen werden kann.[583] Das Zutrittsrecht des Verwalters erstreckt sich auch auf von ihm beauftragte Hilfskräfte, derer er sich zur Erfüllung seiner Aufgaben bedient sowie der von ihm beauftragten Dritten zB Wirtschaftsprüfer und Steuerberater. **Wohnräume** des Schuldners darf der vorläufige Insolvenzverwalter nur betreten, wenn in diesen Räumen eine wenn auch nur partielle Geschäftstätigkeit des Schuldners ausgeübt wird.[584]

Für das Betreten privater Räume bzw. der vom Geschäftsbetrieb getrennten Privatwohnung bedarf es jedoch einer zusätzlichen richterlichen Anordnung gemäß § 758 ZPO.[585] Ist allerdings gegen den Schuldner ein allgemeines Verwaltungs- und Verfügungsverbot erlassen worden, so dass die Wirkungen des eröffneten Verfahrens in das Eröffnungsverfahren vorverlagert worden sind, so spricht einiges dafür, dass diese Anordnung gemeinsam mit der Verfolgung des Sicherungszweckes hinsichtlich des gesamten der Insolvenzbeschlagnahme unterliegenden Vermögens den so ausgestatteten vorläufigen Insolvenzverwalter auch zum Betreten und zu Nachforschungen in den Privaträumen unter Hinzuziehung eines Gerichtsvollziehers berechtigt. Es kann aber auch eine Durchsuchung durch den Gerichtsvollzieher angeordnet werden.[586] Streitigkeiten über das Betretungsrecht sind vor dem Insolvenzgericht, nicht vor dem Prozess- oder Vollstreckungsgericht zu führen.[587] **180**

Über das Betreten hinaus ist der vorläufige Insolvenzverwalter berechtigt, in den vorbenannten Räumen Nachforschungen anzustellen, die alle rechtlichen und tatsächlichen Verhältnisse betreffen, die für die Insolvenzabwicklung bzw. für die Entscheidung über die Eröffnung oder Fortführung etc. von Belang sein können. Dem vorläufigen Insolvenzverwalter ist daher nicht nur eine tatsächliche Besichtigung der Räume, ihrer Einrichtungen und der Warenbestände gestattet, sondern insbesondere auch die Ermittlung verborgen gehaltener Gegenstände und Aufzeichnungen im Wege der Durchsuchung der Räumlichkeiten und darin befindlicher Gegenstände, Mobiliar etc. Der **Umfang der Nachforschungen** liegt insoweit im pflichtgemäßen Ermessen des vorläufigen Insolvenzverwalters, an dessen Ausübung der Schuldner ihn auch nicht hindern darf, da er sich ggf. bei einer bewussten Verletzung seiner Pflichten zur Mitwirkung gemäß § 826 BGB schadensersatzpflichtig machen kann.[588] Die Mitwirkung des Schuldners in diesem Rahmen kann als ultima ratio sogar durch eine Haftanordnung des Insolvenzgerichtes nach § 22 Abs. 3 Satz 3 i. V. m. § 98 Abs. 2 und 3 erzwungen werden. Das Nachforschungsrecht beschränkt auch nicht allein auf die Einsicht in die in § 22 Abs. 3 genannten Bücher und Geschäftspapiere, sondern umfasst stets auch die tatsächliche Feststellung des Bestandes an Vermögensgegenständen und deren Verbleib wie die Ermittlung der Verbindlichkeiten, da die Zuständigkeiten aus § 22 Abs. 3 im Zusammenhang mit der Zweckrichtung und Zweckbestimmung der Anordnung von Sicherungsmaßnahmen gesehen werden müssen (vgl. dazu umfassend § 21 RdNr. 13 ff.). Aufgrund seiner umfassenden Auskunfts- und Mitwirkungspflichten (vgl. dazu oben RdNr. 171 ff.) hat der Schuldner dem vorläufigen Verwalter die Einsicht in seine Bücher und Geschäftspapiere zu gestatten, wobei sich diese Verpflichtung auf alle Aufzeichnungen, einschließlich der EDV-Datenträger (vgl. § 239 Abs. 4 HGB) oder andere Formen der Datensicherung bezieht, die Aufschluss über die geschäftlichen Verhältnisse und die Vermögenssituation des Schuldners gegen können.[589] **181**

Einsicht durch den vorläufigen Verwalter ist grundsätzlich dort zu nehmen, wo sich die Sache befindet. Eine Überlassung in seinen eigenen Bereich kann der vorläufige Verwalter nur verlangen, wenn ein allgemeines Verfügungsverbot gegen den Schuldner erlassen worden ist oder soweit die Sachen für den Geschäftsbetrieb des Schuldners entbehrlich sind.[590] **182**

---

[582] *Uhlenbruck* InsO § 22 RdNr. 239; *Uhlenbruck* KTS 1990, 25; *Pohlmann* RdNr. 128; HKInsO-*Kirchhof* § 22 RdNr. 58.
[583] Vgl. *Uhlenbruck* § 22 RdNr. 239; *Lohkemper* 1995, 1649.
[584] Dazu ausführlich *Irmen/Werres* NZI 2001, 583; HKInsO-*Kirchhof* § 22 RdNr. 58 m. w. Nachw.; aA KP-*Pape* § 22 RdNr. 106; *Ampferl* RdNr. 877.
[585] Nach § 148 Abs. 2 hat dagegen der Beschluss über die Eröffnung des Verfahrens die Funktion eines Herausgabetitels nach § 794 Abs. 1 Nr. 3, der den Verwalter nach der ausdrücklichen Begründung des Gesetzgebers auch dazu berechtigt, gemeinsam mit dem Gerichtsvollzieher die Wohnung des Schuldners zu betreten, um Gegenstände der Insolvenzmasse zu suchen und in Besitz zu nehmen, ohne dass es dazu einer weiteren gerichtlichen Anordnung bedarf.
[586] BGH ZInsO 2008, 268.
[587] LG Duisburg NZI 1999, 328, 329 = ZInsO 1999, 421.
[588] HKInsO-*Kirchhof* § 22 RdNr. 60; OLG Köln ZIP 1998, 114; *Uhlenbruck* InsO § 22 RdNr. 212.
[589] Nerlich/Römermann/*Mönning* § 22 RdNr. 224; HKInsO-*Kirchhof* § 22 RdNr. 61.
[590] HKInsO-*Kirchhof* § 22 RdNr. 61.

183 Sind die für ein Insolvenzverfahren benötigten Unterlagen auf Grund strafrechtlich relevanter Ermittlungen von der Staatsanwaltschaft beschlagnahmt worden, so hat der vorläufige Insolvenzverwalter bei Verhängung eines allgemeinen Veräußerungs- und Verfügungsverbotes seine Rechte unmittelbar gegenüber der Staatsanwaltschaft geltend zu machen.[591] Der Herausgabeanspruch des vorläufigen Insolvenzverwalters mit Verwaltungs- und Verfügungsbefugnis für verfahrens- oder fortführungsnotwendige Unterlagen gegenüber der besitzenden Staatsanwaltschaft folgt, gegen Überlassung entsprechender Kopien, aus den gegenüber den Normen des allgemeinen Rechts spezielleren Normen des Insolvenzrechts, sowie des bei solchen Konkurrenzlagen als höherrangig anzuerkennenden Erhaltes der Funktionsfähigkeit und der Zweckbestimmung des Insolvenzverfahrens.[592] Hat der vorläufige Insolvenzverwalter mit Verwaltungs- und Verfügungsbefugnisse die Geschäftsunterlagen und -papiere des Schuldners in seinen Besitz, so scheidet ihm gegenüber eine Vollstreckung, zB im Wege der Beschlagnahme durch konkurrierende Dritte (Staatsanwaltschaft) in das insolvenzbefangene Vermögen, für die Dauer des Insolvenzverfahrens aus. Die Herausgabepflicht des Insolvenzverwalters ist durch den Insolvenzzweck auf die Fälle begrenzt, in denen die begehrten Gegenstände für die Fortführung des Insolvenzverfahrens nicht mehr benötigt werden. Eine zwangsweise Durchsetzung ist insoweit daher auch nur unter Zuhilfenahme des die Aufsicht führenden Insolvenzgerichts möglich, nicht jedoch im Wege der Selbstexekution oder der vollstreckungsrechtlichen Wegnahme (Beschlagnahme) auf andere Weise, da der Vollzug einer strafrechtlichen Beschlagnahmeanordnung für die Dauer des Insolvenzverfahrens gehemmt ist.[593] Etwas anderes gilt jedoch für den Fall der Eigenverwaltung. Wegen der beim Schuldner verbleibenden Verfügungsbefugnis hat in diesem Fall der Beschlagnahmebeschluss der Staatsanwaltschaft die Wirkung eines dinglichen Arrestes, mit der Folge, dass Veräußerungen an Dritte verhindert werden können.[594]

VIII. Zur Prozessführungsbefugnis des vorläufigen Verwalters

184 Bei Erlass eines allgemeinen Verfügungsverbotes gegen den Schuldner geht die Prozessführungsbefugnis für alle das verwaltete Schuldnervermögen betreffenden Prozesse – auch künftig zu führende[595] – auf den vorläufigen Insolvenzverwalter über und die noch laufenden Verfahren werden gemäß § 240 Satz 2 ZPO unterbrochen, es sei denn, eine Klage ist noch gar nicht zugestellt worden.[596] Der vorläufige Insolvenzverwalter hat sodann die Möglichkeit, diese Verfahren – ohne Mitwirkung des Insolvenzgerichts – nach § 24 Abs. 2 i. V. m. §§ 85 Abs. 1 Satz 1, 86 aufzunehmen, jedoch nicht die Aufnahme endgültig abzulehnen oder vom Prozessgegner zur Entscheidung gezwungen zu werden, da § 85 Abs. 1 Satz 2 und Abs. 2 im Eröffnungsverfahren nicht gelten.[597] Nicht unterbrochen wird ein **selbständiges Beweisverfahren** nach §§ 485 ff. ZPO,[598] ein Verfahren der **freiwilligen Gerichtsbarkeit, Klauselerteilungsverfahren**[599] oder ein Einzelzwangsvollstreckungsverfahren,[600] die jedoch regelmäßig einem verhängten Vollstreckungsverbot unterfallen. Daher bleibt auch der Geschäftsführer ein GmbH berechtigt, rein gesellschaftsrechtliche Veränderungen zum Handelsregister anzumelden.[601] Einen noch nicht vollzogenen Antrag des Schuldners zum Grundbuch kann der vorläufigen Verwalter zurücknehmen.[602]

185 Anders als der vorläufige Verwalter im Rahmen eines allgemeinen Verfügungsverbotes handelt ein „schwacher" vorläufiger Insolvenzverwalter ohne begleitendes allgemeines Verfügungsverbot im Rahmen prozessrechtlicher Wahrnehmung von Rechten des Schuldners bzw. der Vermögensmasse nicht als Partei Kraft Amtes,[603] sondern wie ein Prozesspfleger entsprechend § 1911 Abs. 2 BGB im fremden Namen. Er ist daher auch **nicht prozessführungsbefugt**,[604] sodass auch anhängige Pro-

---

[591] *Rönnau* ZInsO 2012, 509, 511; LG Mannheim NStZ-RR 1998, 113.
[592] Vgl. umfassend dazu *Rönnau* ZInsO 2012, 509; *Haarmeyer*, Hoheitliche Beschlagnahme, S. 132 ff.
[593] Vgl. dazu ausführlich *Haarmeyer*, Hoheitliche Beschlagnahme, S. 138; in diesem Sinne auch *Uhlenbruck* InsO § 22 RdNr. 212.
[594] *Uhlenbruck* InsO § 22 RdNr. 212.
[595] BGH ZInsO 2009, 2394 Tz 9; AG Göttingen ZInsO 2002, 386; *Johlke/Schröder* EWIR 1998, 1100.
[596] BGH ZInsO 2009, 202.
[597] Vgl. dazu auch die Begr. zu § 24 abgedruckt bei *Balz/Landfermann* S. 235; ebenso HKInsO-*Kirchhof* § 22 RdNr. 41. Vgl. im Übrigen zu den Fragen der Prozessführungsbefugnis die umfassende Darstellung bei § 24 RdNr. 15 ff. sowie bei § 80 RdNr. 73 ff.
[598] Vgl. BGH ZInsO 2004, 85; auch PKH-Verfahren vgl. BGH NZI 2006, 543; Verfahren nach dem SpruchG nach OLG Frankfurt ZInsO 2006, 876.
[599] BGH ZIP 2008, 527
[600] KG NJW-RR 2000, 1075.
[601] OLG Köln ZIP 2001, 1554.
[602] *Raebel* ZInsO 2002, 955.
[603] Vgl. dazu LG Leipzig ZInsO 2006, 1003; LAG Hamm ZInsO 2002, 579, 581.
[604] LG Essen NZI 2000, 552.

zesse nicht unterbrochen werden.[605] Im eigenen Namen handelt der vorläufige Verwalter ohne begleitendes Verfügungsverbot nur, soweit er persönlich, zB als Besitzer oder Handlungsstörer sachbefugt ist. Prozessrechtlich ist er auf die Rolle eines Streithelfers des Schuldners nach § 66 ZPO verwiesen.[606] Diese Konsequenz folgt schon unmittelbar daraus, dass der Schuldner für den Fall des Verzichtes auf einen Erlass eines allgemeinen Verfügungsverbotes weiterhin verfügungs- und damit auch prozessführungsbefugt bleibt und eine isolierte Übertragung allgemeiner Prozessbefugnisse auf den vorläufigen Insolvenzverwalter ausgeschlossen ist, soweit sie nicht mit einer entsprechenden Übertragung der Verwaltungs- und Verfügungsbefugnisse über das Vermögen des Schuldners konform geht.[607] Das hindert das Insolvenzgericht aber nicht daran, auch den „schwachen" vorläufigen Verwalter gemäß § 53 ZPO zu ermächtigen zur Sicherung oder Erhaltung der Masse Prozesse zu führen, insbesondere wenn es sich um unaufschiebbare Maßnahmen handelt.[608] An eine entsprechende Ermächtigung sind die Prozessgericht idR gebunden.[609]

Als originär dem vorläufigen Insolvenzverwalter auch ohne Verwaltungs- und Verfügungsbefugnis **186** zustehende Rechte dürften die **Besitzschutzansprüche** aus §§ 861, 862 BGB anzusehen sein, da es sich insoweit um eine von der Verfügungsbefugnis losgelöste Maßnahme der Vermögenssicherung handelt. Eine Klage des Verwalters auf Wiedereinräumung des Besitzes hat im Übrigen auch nur dann Aussicht auf schnellen Erfolg, wenn die Ansichnahme des Sicherungsgutes als Nacht- und Nebelaktion ohne oder gar gegen den Willen des Schuldners, rechtlich also im Wege verbotener Eigenmacht nach § 858 BGB geschehen ist.[610] In Fällen dieser Art ist der Besitzerwerb stets rechtswidrig und die Sache auf Grund des possessorischen Anspruchs nach § 861 BGB umgehend wieder an den Schuldner herauszugeben. Dieser Anspruch fällt mit der Verfahreneröffnung in die Masse und kann danach auch im Wege der einstweiligen Verfügung durch den Insolvenzverwalter geltend gemacht werden. Auch an Hand dieser Rechtswirkungen wird deutlich, dass der Verzicht auf die Anordnung eines mit umfassender Verwaltungs- und Verfügungsbefugnis ausgestatteten Verwalters im Einzelfall zu erheblichen haftungsrechtlichen Risiken für alle Beteiligten führen kann.

Ohne Ermächtigung im Einzelfall sind auch dem „schwachen" vorläufigen Verwalter alle Rechtsbehelfe zur Durchsetzung eines Vollstreckungsverbotes oder Einstellungsanträge nach § 30 Abs. 4 **187** ZVG eröffnet.[611] Unstreitig kann das Insolvenzgericht den vorläufigen Verwalter auch ohne begleitendes Verfügungsverbot entsprechend § 53 ZPO ermächtigen, Prozesse zur Sicherung und Erhaltung des Schuldnervermögens zu führen, was aber stets auch voraussetzt, dass bezüglich dieser Vermögensgegenstände dem Schuldner die Verfügungsbefugnis entzogen wird, es sei denn, es handelt sich um unaufschiebbare Notmaßnahmen, die zur Sicherung oder Erhaltung des verwalteten Vermögens nötig ist.[612] **Unzulässig** ist jedoch die Ermächtigung zur Führung von **Anfechtungsprozessen,** da diese dem Verwalter im eröffneten Verfahren vorbehalten sind.[613]

Da das Insolvenzgericht die Wirksamkeit prozessualer Rechtshandlungen des Schuldners nur **188** insoweit an die Zustimmung des vorläufigen Insolvenzverwalters binden kann, als diese materiellrechtliche Verfügungsbefugnisse enthalten, kann dem vorläufigen Insolvenzverwalter ansonsten nur die Überwachung der Prozessführung bzw. des Sachvortrags des Schuldners übertragen werden.[614] Diese Kontrollfunktion wurde auch schon unter der Geltung der KO dem Sequester zugebilligt.[615] Verstößt der Schuldner im Rahmen der ihm noch verbliebenen Prozessführungsmacht gegen die auch ihm obliegende Zweckerreichung des Eröffnungsverfahrens, so kann ihm das Insolvenzgericht nachträglich die Verwaltungs- und Verfügungsbefugnis entziehen mit der Folge, dass § 240 Satz 2 ZPO zur Anwendung gelangt, der Prozess unterbrochen wird und der Schuldner aus einer prozessualen Rechtsstellung verdrängt wird. Ohne den Erlass eines allgemeinen Verfügungsverbots verbleibt dem Schuldner die Verfügungsbefugnis und damit auch die Prozessführungsbefugnis, so dass schwebende Prozesse nicht unterbrochen werden.[616] Vergleiche im Übrigen umfassend zur Prozessführungsbefugnis die Darlegungen bei § 24 RdNr. 15 ff. und bei § 80 RdNr. 73 ff.[617]

---

[605] BGH ZIP 1999, 1315; KG ZInsO 2001, 265; OLG Celle ZInsO 2002, 728.
[606] *Pohlmann* RdNr. 573, 574; *Paulus* ZZP 96 (1983), 363 f.; HKInsO-*Kirchhof* § 22 RdNr. 55.
[607] IdS wohl auch *Pohlmann* RdNr. 573.
[608] OLG Braunschweig ZIP 1999, 1770; OLG Stuttgart ZInsO 1999, 474; *Uhlenbruck* InsO § 22 RdNr. 195, 208.
[609] OLG Köln ZIP 2004, 2450, anders aber OLG Dresden ZInsO 1998, 285 m. abl. Anm. *Johlke/Schröder* EWIR 1998, 1808.
[610] *Eckardt* ZIP 1999, 1734, 1743.
[611] HKInsO-*Kirchhof* § 22 RdNr. 55; *Steder* ZIP 2002, 70.
[612] Vgl. OLG Stuttgart ZInsO 1999, 474; LG Magdeburg ZIP 1997, 896; *Urban* MDR 1982, 445 f.
[613] OLG Hamm ZInsO 2005, 217.
[614] *Pohlmann* RdNr. 575.
[615] Vgl. *Uhlenbruck* KTS 1990. 15, 24; *Koch* S. 72; *Pohlmann* RdNr. 575.
[616] LG Leipzig ZInsO 2006, 1003; so auch HKInsO-*Kirchhof* § 22 RdNr. 31; *Pohlmann* RdNr. 581.
[617] Vgl. zur Anfechtbarkeit prozessualer Handlungen im Rahmen insolvenzrechtlicher Prozessführung *Kühnemund* ZInsO 1999, 62 ff.

IX. Anfechtbarkeit von Handlungen des vorläufigen Verwalters durch den Insolvenzverwalter

189 Das Anfechtungsrecht wird nach hM vom Insolvenzverwalter kraft seines Amtes ausgeübt und ist mit diesem Amt und der Eröffnung des Verfahrens untrennbar verbunden.[618] Nach der Rechtslage zur KO/GesO war es äußerst umstritten, ob Rechtshandlungen des Sequesters durch den späteren Konkursverwalter auch dann angefochten werden konnten, wenn beide Personen identisch waren.[619] So hatte nach der vormaligen Auffassung ein Verzicht des Sequesters auf das Anfechtungsrecht auch dann keine Auswirkungen, wenn jener mit dem Konkursverwalter im nachfolgenden Verfahren personengleich war, da das Anfechtungsrecht auch nach KO/GesO erst originär mit Eröffnung des Verfahrens beim Konkursverwalter entstand.[620] Der Konkursverwalter konnte also eine Rechtshandlung anfechten, obwohl er als Sequester bereits zu einem früheren Zeitpunkt den Verzicht der Anfechtung erklärt hatte. Diese Entwicklung der Rechtsprechung war Folge der uneinheitlichen Bestimmung der Rechtsstellung des Sequesters, der nach dem Wortlaut des § 29 KO anfechtungsrechtlich als Dritter im Sinne dieser Regelung angesehen wurde. Die unterschiedlichen Funktionen von Sequester und Konkursverwalter sollten nach der Rechtsprechung des BGH nicht den Raum für die Bejahung eines durch den Sequester geschaffenen Vertrauenstatbestandes lassen, welche dem rechtlich bessergestellten Verwalter eine Anfechtung verwehren konnte. Insofern konnte der Konkursverwalter also auch Handlungen anfechten, die er selbst als Sequester vorgenommen hatte, wenn diese nicht erforderlich waren um den Betrieb fortzuführen.[621]

190 Gleichwohl kann man die so durch die Rechtsprechung entschiedenen Fälle als Ausnahmen betrachten, die nur für die Konstellation gelten sollte, in denen der Sequester zB zwecks Betriebsfortführung gezwungen war, anfechtbare Zahlungen zu leisten.[622] Exemplarisch seien so die Fälle genannt, dass ein Unternehmen der Energieversorgung mit einer Stromsperre droht, um so vom Sequester die Zahlung rückständiger Energiekosten aus der Zeit vor Stellung des Insolvenzantrages zu erhalten[623] oder die Deutsche Bundespost die Vorauszahlung eines Gebührenvorschusses verlangte.[624] In diesen Konstellationen war es für die Vertragspartner offenkundig, dass die Besserung ihrer vermögensrechtlichen Stellung nur unter Verstoß gegen den insolvenzrechtlichen Gleichbehandlungsgrundes erfolgen konnte und der Sicherung und der Haftung der künftigen Masse widersprach. Die Anfechtung einer solchen Maßnahme des vorläufigen Verwalters stellte daher auch für den späteren endgültigen Konkursverwalter kein venire contra factum proprium und keinen Verstoß gegen den Grundsatz von Treu und Glauben nach § 242 BGB dar.[625] Zu Recht war daher auch nach überwiegender Ansicht der spätere Konkursverwalter, von den vorgenannten Sonderkonstellation abgesehen, grundsätzlich an Erklärungen und Rechtshandlungen gebunden, die er als Sequester vorgenommen hatte.[626]

191 Mit der Einführung der Rechtsfigur des vorläufigen Verwalters mit Verwaltungs- und Verfügungsbefugnis hat die Insolvenzordnung, in Abweichung von der bisherigen Rechtslage nach der Konkurs- und Vergleichsordnung, ein Rechtsfigur geschaffen, deren Rechtshandlungen nicht mehr dem nachmaligen Gemeinschuldner zuzurechnen sind und die von diesem begründeten Verbindlichkeiten nach Eröffnung des Insolvenzverfahrens als Masseverbindlichkeiten gemäß § 55 Abs. 2 gelten lassen. Damit weicht die Insolvenzordnung von der bisherigen Einordnung der durch den Sequester begründeten Verbindlichkeiten als bloße Konkursforderung ab, so dass der vorläufige Insolvenzverwalter den Gläubigern nunmehr eine Sicherstellung ihrer Forderungen aus der Masse verschaffen kann.[627] Dadurch, dass die Verfahrenseröffnung aus anfechtungsrechtlicher Sicht auf die Zeit der vorläufigen Verwaltung vorverlegt wird, wird eine Anfechtung durch den Insolvenzverwalter bereits wegen des Charakters der Forderungen als Masseverbindlichkeiten ausgeschlossen.[628] Da durch § 55

---

[618] BGH ZInsO 2006, 208; 2005, 209; BGHZ 83, 102 = NJW 1982, 1765; 86, 190; BGHZ 106, 127; 113, 98; 118, 374; *Haarmeyer/Wutzke/Förster*, Handbuch, Kap. 3 RdNr. 443; *Hess/Pape* RdNr. 729; *Kilger/Castendiek* § 36 RdNr. 2; *Zeuner*, Anfechtung, RdNr. 285; vgl. auch OLG Schleswig ZIP 1985, 820, 821.
[619] Vgl. dazu *Gottwald/Huber* § 47 RdNr. 18; § 49 RdNr. 28; *Herbert* S. 190 ff.; *Kuhn/Uhlenbruck* § 106 RdNr. 17.
[620] OLG Hamburg WM 1988, 571, 573; OLG Köln ZIP 1996, 1049; *Zeuner*, Anfechtung, RdNr. 286.
[621] BGH NJW 1992, 2485 = ZIP 1992, 1008 mit Anm. *Häsemeyer* EWiR 1992, 907; vgl. auch BGHZ 86, 190 = NJW 1983, 887.
[622] Vgl. zum Meinungsstand die Übersicht bei *Kuhn/Uhlenbruck* § 106 RdNr. 17.
[623] BGHZ 97, 87 = NJW 1986, 1498.
[624] BGHZ 83, 87.
[625] *Thiemann* S. 261.
[626] Vgl. dazu die Zusammenstellung bei *Kuhn/Uhlenbruck* § 106 RdNr. 17.
[627] *Kirchhof* ZInsO 2000, 299 ff.; *Zeuner* RdNr. 288; *Pape* 1994, 89, 94.
[628] *Zeuner* RdNr. 288; *Malitz* DZWiR 1997, 24, 26; *Hess/Weis*, Anfechtungsrecht, RdNr. 145.

Abs. 2 das Vertrauen der für das Eröffnungsverfahren benötigten Vertragspartner in die mit dem vorläufigen Verwalter eingegangenen Verträge gestärkt wird und ein Anreiz für solche Geschäfte geschaffen werden soll, gebietet der Vertrauensschutz, dass solche Masseverbindlichkeiten nicht in einem eröffneten Verfahren angefochten werden können.[629] Insoweit entspricht es einhelliger Ansicht in Literatur und Rechtsprechung, dass Rechtshandlungen des „starken" vorläufigen Verwalters nach der Eröffnung des Verfahrens durch die Masseverbindlichkeiten wirksam begründet worden sind, grundsätzlich der Anfechtung – ebenso wie bei Bargeschäften – entzogen sind,[630] es sei denn, die Rechtshandlung selbst war offenkundig insolvenzzweckwidrig oder ist durch wirtschaftlichen Druck erzwungen worden, sodass schon auf Grund dieser Zwangslage für den dadurch Begünstigten ein schutzwürdiges Vertrauen[631] im o. a. Sinne nicht entstehen konnte.[632] Insoweit kann auch die Anordnung einer starken Insolvenzverwaltung für sich kein schutzwürdiges Vertrauen in die erzwungene Tilgung von Altforderungen begründen.[633] Kein schutzwürdiges Vertrauen besteht auch hinsichtlich eines etwa erklärten Verzichts eines vorläufigen Verwalters auf das Anfechtungsrecht, denn eine solche Rechtsmacht steht ihm nicht zu.[634]

Ist dem vorläufigen Verwalter jedoch nicht die Verwaltungs- und Verfügungsbefugnis übertragen worden, handelt es sich also um solche Formen der vorläufigen Verwaltung, in denen kein allgemeines Verfügungsverbot angeordnet wurde oder die in Betracht zu ziehende entsprechende Anwendung von § 55 Abs. 2 ausscheidet, ist die Rechtsstellung des dann mit minderen Befugnissen ausgestatteten vorläufigen Verwalters mit der eines Sequesters nach bisherigem Recht vergleichbar, so dass in diesen Fällen der Insolvenzverwalter auch die Rechtshandlungen des vorläufigen Verwalters nach Eröffnung des Insolvenzverfahrens anfechten können muss.[635] Es entspricht daher auch allgemeiner Auffassung, dass Rechtshandlungen des Schuldners, denen ein „schwacher" vorläufiger Verwalter zugestimmt hat, auch bei Personenidentität dann angefochten werden können, wenn das **Vertrauen** des Gläubigers in die Beständigkeit des Verhaltens **nicht schutzwürdig** ist.[636] Kein schutzwürdiges Vertrauen besteht insbesondere dann, wenn der vorläufigen Verwalter sich die Anfechtung bzw. Rückforderung ausdrücklich vorbehalten hat[637] oder wenn es sich um insolvenzzweckwidrige Zahlungen gehandelt hat (zB Tilgung von Altforderungen). Schutzwürdig hingegen ist das Vertrauen, wenn der vorläufige Verwalter dem Vertragsschluss vorbehaltlos zugestimmt hat oder gegenüber Rechtshandlungen die er selbst auf Grund einer gerichtlichen Einzelermächtigung vorgenommen hat.[638] Daher sind auch Leistungen des Schuldners im Rahmen von Bargeschäften nach § 142, in denen also in einem engen zeitlichen Zusammenhang gleichwertige Gegenleistungen in das Schuldnervermögen geflossen sind, der Anfechtung entzogen. Vgl. umfassend zu Anfechtbarkeit in diesen und vergleichbaren Fällen die Darstellung bei §§ 129 ff.

X. Steuerrechtliche Pflichten des vorläufigen Verwalters[639]

Obwohl die steuerrechtlichen Pflichten des Schuldners nach § 155 Abs. 1 erst mit der Eröffnung auf den Insolvenzverwalter übergehen,[640] können sich für den vorläufigen Verwalter gleichwohl steuerrechtliche Pflichten nach den Regelungen der §§ 34, 35 AO ergeben. Maßgebend für die steuerrechtliche Stellung des Insolvenzverwalters sind Art und Umfang der Verwaltungs- und Verfügungsbefugnis, die auf ihn durch das Gericht übertragen worden ist, die steuerrechtliche Stellung

---

[629] So ausdrücklich OLG Celle ZInsO 2005, 148, 149; vgl. auch HK-*Kreft* § 129 RdNr. 31; Jaeger/*Gerhardt* § 22 RdNr. 226.
[630] OLG Celle ZInsO 2005, 148 = OLG Report 2005, 525; HKInsO-*Kirchhof* § 22 RdNr. 51.
[631] In diesem Sinne auch BGH ZInsO 2006, 208; 2005, 209, 210; OLG Celle ZIP 2003, 413 und NZI 2003, 267 sowie OLG Düsseldorf ZInsO 1999, 573; AG Bielefeld DZWIR 2005, 167; vgl. auch Spliedt ZInsO 2007, 405 ff. sowie zu Zahlungen auf wirtschaftlichen Druck auch *Ganter*, FS Gerhardt S. 237 ff.
[632] In diesem Sinne HambKomm-*J. S. Schroeder* § 22 RdNr. 180; *Kirchhof* ZInsO 2000, 297, 299; *Ganter*, FS Gerhardt, S. 237, 249 ff.
[633] So ausdrücklich HambKomm-*Schröder* § 22 RdNr. 181; vgl. aber auch BAGE 112, 266 = ZInsO 2005, 388 sowie *Ganter*, FS Gerhardt S. 237, 249 ff. und *Spliedt* ZInsO 2007, 405 ff..
[634] *Bork* ZIP 2006, 589, 594 ff.; HambKomm-*Schröder* § 22 RdNr. 181a.
[635] BGH ZInsO 2006, 208; 2005, 209; *Bork*, ZIP 2006, 589 ff.; HKInsO-*Kirchhof* § 22 RdNr. 51; *Zeuner* RdNr. 288.
[636] BGH ZInsO 2006, 208; 2005, 88 und 209, 210; vgl. aber auch BAG ZInsO 2005, 388, 389, Vorinstanz LAG München ZInsO 2004, 1157; OLG Dresden ZInsO 2005, 1221; AG Bielefeld DZWIR 2005, 167.
[637] Vgl. dazu BGH ZInsO 2006, 208; 2005, 88 und 209, 210 f.
[638] BGH ZInsO 2006, 208; OLG Koblenz ZInsO 2009, 1395. In diesem Sinne schon *Kirchhof* ZInsO 2000, 297, 300, HK-*Kreft* § 129 RdNr. 31; offen gelassen in BGH ZInsO 2005, 209.
[639] Vgl. dazu umfassend Band III Anhang Insolvenzsteuerrecht.
[640] Eine analoge Regelung für das Eröffnungsverfahren wird einhellig abgelehnt, da insoweit keine Regelungslücke bestehe, vgl. Jaeger/*Gerhardt* § 22 RdNr. 269.

wiederum ist Grundlage der steuerlichen Pflichten.[641] Danach kann der Insolvenzverwalter steuerrechtlich entweder Vermögensverwalter nach § 34 Abs. 3 AO oder Verfügungsberechtigter nach § 35 AO mit allen sich aus § 34 Abs. 1 AO ergebenden Pflichten und Handlungen sein.[642] **Vermögensverwalter** sind Personen, denen unter Ausschluss des Eigentümers oder seines gesetzlichen Vertreters auf Grund gesetzlicher Regelungen, behördlicher oder gerichtlicher Anordnungen oder letztwilliger Verfügungen die Verwaltung des gesamten Vermögens oder eines Teils des Vermögens zusteht.[643] **Verfügungsberechtigt** gem. § 35 AO ist jemand, der rechtlich und wirtschaftlich über Mittel verfügen kann, die einem anderen nach § 39 AO zuzurechnen sind.

194 Während der Insolvenzverwalter auf Grund der ihm vom Gesetzgeber zugewiesenen umfassenden Verwaltungs- und Verfügungsbefugnis (§ 80 Abs. 1) unstreitig als Vermögensverwalter i. S. d. § 34 Abs. 3 AO anzusehen ist, kommt es für die rechtliche Einordnung des vorläufigen Insolvenzverwalters entscheidend auf den Inhalt und den Umfang der ihm übertragenen Befugnisse an.[644] Dabei hat der „starke" vorläufige Verwalter, ebenso wie der endgültige, als Vermögensverwalter nach § 34 Abs. 3 AO für die **Zeiträume der vorläufigen Verwaltung**[645] die gleichen steuerrechtlichen Pflichten, insbesondere die Steuererklärungspflicht nach §§ 149 ff. AO, einschließlich der Berichtigungspflicht nach § 153 AO, sowie die Mitwirkungs-, Anzeige- und Aufzeichnungspflichten nach den §§ 90 ff., 137 ff. sowie 140 ff. AO. Soweit die Verfügungsbefugnis in den Fällen der §§ 21 Abs. 2 Nr. 2; 22 Abs. 2 nicht oder nicht vollständig auf den vorläufigen Verwalter übergeht, ist grds. kein Raum für eine Anwendung von § 34 Abs. 3 AO. Das Insolvenzgericht kann zwar die Rechtsstellung des vorläufigen Insolvenzverwalters im Anordnungsbeschluss im Einzelnen bestimmen, ist jedoch zur Übertragung der gesamten Verwaltungs- und Verfügungsbefugnis über das schuldnerische Vermögen auf den nicht verfügungsbefugten vorläufigen Verwalter nicht berechtigt, da der Übergang der gesamten Befugnisse erst mit dem Erlass eines allgemeinen Veräußerungsverbots erfolgt. Ein so bestellter „schwacher" vorläufiger Insolvenzverwalter erfüllt, wie schon zur Rechtslage nach der KO bzw. GesO, auch künftig weder die Voraussetzung des § 34 Abs. 3 AO noch die des § 35 AO.[646] Der Schuldner bleibt in diesen Fallkonstellationen weiterhin steuerrechtlich allein berechtigt und verpflichtet. Daran ändert auch die rechtliche Befugnis des vorläufigen Verwalters, im Einzelfall Notverkäufe vornehmen zu können (vgl. dazu oben RdNr. 77, 79 f.), nichts. Hierbei handelt es sich lediglich um einen Ausnahmefall des Verwaltungshandelns aus eigenem Recht, die mit der Vermögensverwaltung aus der Sicht des § 34 AO nichts zu tun hat.[647] Besondere Zustimmungsvorbehalte führen ebenso wenig zur Rechtsstellung des vorläufigen Insolvenzverwalters als Vermögensverwalter und Verfügungsberechtigter wie allgemeine Zustimmungsvorbehalte.[648] Ordnet das Gericht jedoch dem vorläufigen Verwalter in der Form von Einzel- oder Gruppenermächtigungen die Verfügungsbefugnis über bestimmte Gegenstände des schuldnerischen Vermögens zu, so wird dieser bezüglich der einzelnen Gegenstände Vermögensverwalter i. S. d. § 34 Abs. 3 AO.[649]

195 Auch für den Fall, dass der Beschluss des Insolvenzgerichtes nach § 22 Abs. 2, ohne Anordnung eines allgemeinen Veräußerungsverbots, dem vorläufigen Insolvenzverwalter die „mittelbare" Fortführung des Geschäftsbetriebes als Zustimmungsverwalter aufgibt, wird man den so bestellten Insolvenzverwalter nicht als Vermögensverwalter nach § 34 AO ansehen können, da der Schuldner auch in diesem Fall weiterhin verfügungsbefugt bleibt und nicht aus seinem Verwaltungs- und Verfügungsrecht umfassend verdrängt worden ist. Dem steht das grundlegende Urteil des BFH vom 29.4.1986[650] nicht entgegen, da in dem vom BFH entschiedenen Sachverhalt das Konkursgericht die Sequestration angeordnet und ein allgemeines Veräußerungsverbot verhängt hatte. Anders als das

---

[641] *Onnusseit* ZInsO 2000, 363 ff.; *Maus* ZInsO 1999, 683, 684.
[642] *Tipke/Kruse/Loose* § 34 AO RdNr. 25; *Maus* ZInsO 1999, 683.
[643] *Boeker* in *Hübschmann/Hepp/Spitaler*, Kommentar zur AO § 34 RdNr. 40; wer auf Grund eines privatrechtlichen Vertrages fremdes Vermögen verwaltet, fällt nicht unter § 34 Abs. 3 AO.
[644] Vgl. dazu u.a. *Maus*, Insolvenzsteuerrecht, RdNr. 150 ff.; BGH ZInsO 2002, 819; *Blank* ZInsO 2003, 308, 310. Soweit Eigenverwaltung des Schuldners nach §§ 270 ff. angeordnet worden ist, ist der in diesem Zusammenhang bestellte Sachwalter nicht als Vermögensverwalter nach § 34 AO anzusehen, da in diesen Fällen der eigenverwaltende Schuldner die Verwaltungs- und Verfügungsbefugnis behält, so dass dem Sachwalter nicht die selben steuerlichen Pflichten wie einen Insolvenzverwalter treffen.
[645] Da seine Verwaltung nur soweit reicht, ist er zur Erfüllung steuerrechtlicher Pflichten für Zeit vor Einleitung des Eröffnungsverfahrens nicht verantwortlich. So auch *Onasseit/Kunz* RdNr. 140; HambKomm-*Schröder* § 22 RdNr. 138; aA *Frotscher*, Besteuerung in der Insolvenz, S. 45 ff.
[646] BFH ZIP 1986, 849; *Uhlenbruck*, Kölner Schrift, S. 268 RdNr. 53; *Smid* InsO § 22 RdNr. 70; Nerlich/Römermann/*Mönning* § 22 RdNr. 211.
[647] *Kraemer/Vogelsang* Bd. 2 Kap. 6 RdNr. 114.
[648] *Jaffé/Hellert* ZIP 1999, 1204, 1206; *Maus* ZInsO 1999, 683, 684.
[649] Vgl. dazu das Beispiel bei *Maus*, Insolvenzsteuerrecht RdNr. 154; ebenso *Blank* ZInsO 2003, 308, 310.
[650] ZIP 1986, 849 = BStBl. II 1986, 586.

Gesellschaftsrecht begründet im Steuerrecht allein das faktische Verhalten nach außen nicht die steuerrechtliche Stellung, der vorläufige Verwalter wird also auch bei Überschreiten ihm eingeräumter Kompetenzen kein „faktischer" Vermögensverwalter.[651]

Eine **Steuerzahlungspflicht** nach § 34 Abs. 3 i. V. m. Abs. 1 Satz 2 AO trifft auch den starken vorläufigen Verwalter im Eröffnungsverfahren nicht. Soweit er in dieser Funktion Masseverbindlichkeiten steuerrechtlicher Art begründet, sind diese erst nach der Eröffnung aus der Insolvenzmasse zu berichtigen. Dies bezieht sich auch auf Lieferungen und Leistungen des Unternehmens sowie auf Verwertungshandlungen von Sicherungsnehmern.[652] Eine **umsatzsteuerliche Organschaft** gem. § 2 Abs. 2 Nr. 2 UStG endet wenn der Organgesellschaft eine allgemeines Verfügungsverbot auferlegt wird, weil dadurch regelmäßig die Eingliederung in das Unternehmen des Organträgers wegfällt.[653]

Umfassend zur steuerrechtlichen Stellung des vorläufigen wie des endgültigen Verwalters sowie zu den einzelnen Steuerarten, der Haftung etc. die Darstellung in Band III Anhang Insolvenzsteuerrecht RdNr. 21 ff.

(nicht belegt) 196–200

XI. Die Rechnungslegungspflicht des vorläufigen Insolvenzverwalters

Obwohl nach der Rechtslage zur KO/GesO die Pflicht des Sequesters und des Verwalters zur Rechnungslegung unzureichend geregelt war, wurde eine Pflicht des Sequesters zur Rechnungslegung aus § 86 Satz 1 KO und dem darin enthaltenen allgemeinen Rechtsgedanken abgeleitet, dass, wer entgeltlich oder unentgeltlich fremde Geschäfte besorge, Rechenschaft über seine Geschäftsführung abzulegen habe.[654] Anders als die KO, GesO und die VerglO hat die InsO die Rechnungslegungspflichten des vorläufigen Insolvenzverwalters festgelegt, indem § 21 Abs. 2 Nr. 1, ohne nach der Art der vorläufigen Insolvenzverwaltung zu differenzieren, die Vorschrift des § 66 auf den vorläufigen Insolvenzverwalter entsprechende Anwendung finden lässt.

Gemäß § 66 Abs. 1 hat daher der vorläufige Insolvenzverwalter bei der Beendigung seines Amtes Rechnung zu legen gegenüber dem Gericht[655], womit der Gesetzgeber nicht die externe, sondern die **interne Rechnungslegungspflicht** des Insolvenzverwalters gegenüber dem Insolvenzgericht, den Gläubigern und dem Gemeinschuldner gemeint hat.[656] Sie besteht aber nicht gegenüber einem neu bestellten vorläufigen Insolvenzverwalter.[657]

Die handels- und steuerrechtliche **externe Rechnungslegung** obliegt dem vorläufigen Insolvenzverwalter mittelbar, als dies zur ordnungsgemäßen Erfüllung seiner steuerlichen Erklärungspflichten als Vermögensverwalter nach § 34 Abs. 3 AO erforderlich ist. So hat der „starke" vorläufige Verwalter insoweit auch die steuerlichen Buchführungspflichten zu erfüllen. Die für das eröffnete Verfahren geltende Vorschrift des § 155 greift jedoch im Eröffnungsverfahren nicht ein und findet insoweit auch nach einhelliger Auffassung keine analoge Anwendung.[658] Die Verpflichtung ist **unabhängig** von der Form der **Anordnung** oder der **Beendigung**, gilt also auch bei Abweisung mangels Masse ebenso wie bei der Rücknahme oder bei der vorzeitigen Entlassung aus dem Amt.[659]

Aus der Stellung des vorläufigen Verwalters als insolvenzgerichtliches „Sicherungsmittel" im Eröffnungsverfahrens folgt die Rechnungslegungspflicht gegenüber dem Insolvenzgericht, da die verfahrensmäßigen Rechte der Gläubigergemeinschaft erst mit der Eröffnung des Verfahrens beginnen. Die entsprechende Berichtspflicht des vorläufigen Verwalters und die daraus folgende Prüfungspflicht des Insolvenzgerichts ist Ausfluss der gerichtlichen Aufsicht aus § 58 Abs. 1.[660] Die Prüfung

---

[651] *Maus*, Insolvenzsteuerrecht, RdNr. 155.
[652] Vgl. dazu u.a. BFH NZI 2006, 251; *Zeek*, KTS 2006, 407; *de Weerth* ZInsO 2003, 246 ff.; 2007, 70.
[653] *Onusseit* ZInsO 2006, 1084, 1095 m. w. Nachw.; *Ganter/Brünink* NZI 2006, 257, 263; ausf. *Maus*, Steuern im Insolvenzverfahren, RdNr. 328 ff. sowie BFH ZInsO 2004, 618; zu den Konsequenzen instruktiv der Beitrag von *Nickert/Nickert* ZInsO 2004, 479 ff. und 596 ff.
[654] Vgl. *Kilger*, FS 100 Jahre KO, S. 195; *Jaeger/Weber* § 86 RdNr. 1; *Kuhn/Uhlenbruck* § 86 RdNr. 3; *Uhlenbruck/Delhaes* RdNr. 367 und 394 ff.; *Castendiek* S. 124 ff.; *Koch* S. 152 ff.; *Bähner* KTS 1991, 347, 357; *Uhlenbruck* NZI 1999, 289 ff.
[655] BGH ZInsO 2010, 2232 Tz 8; 2007, 539 Tz 5; Uhlenbruck NZI 1999, 289, 292.
[656] Vgl. dazu die Begr. zu § 66 abgedruckt bei *Balz/Landfermann* S. 280; *Uhlenbruck* NZI 1999, 289, 290; zu den Differenzierungen zwischen interner und externer Rechnungslegungspflicht vgl. *Pink* ZIP 1997, 177; *Haarmeyer/Wutzke/Förster*, Handbuch, Kap. 3 RdNr. 454 ff.
[657] BGH ZInsO 2010, 2232 Tz 8.
[658] *Pohlmann* RdNr. 248; *Uhlenbruck* NZI 1999 289, 291; *Haarmeyer/Wutzke/Förster*, Handbuch, Kap. 3 RdNr. 456 ff.
[659] *Uhlenbruck* InsO § 22 RdNr. 216; FKInsO-*Schmerbach* § 21 RdNr. 67 d; *Jaeger/Gerhardt* § 22 RdNr. 220.
[660] Zu Art und Weise der Rechnungslegung vgl. die Grundsätze in ZInsO 2000, 637 sowie LG Berlin ZInsO 2000, 595.

durch das Insolvenzgericht, nach Eröffnung regelmäßig durch den funktionell zuständigen Rechtspfleger,[661] ist nicht nur Grundlage für die Vergütungsfestsetzung des vorläufigen Insolvenzverwalters nach § 11 InsVV,[662] sondern regelmäßig auch Grundlage für die Prüfung der Gläubiger, ob für sie zB Schadensersatzansprüche gegen den vorläufigen Insolvenzverwalter gemäß §§ 60, 61 in Betracht kommen. Schon aus diesen Gründen wird deutlich, dass ein vollständiger Verzicht auf die Rechnungslegung in keinem Fall gerechtfertigt sein kann (vgl. dazu näher unten RdNr. 206). Obwohl § 66 dem Schuldner kein Recht auf Rechnungslegung gegenüber dem Verwalter zuerkennt, bezogen auf das eröffnete Verfahren, sind im Eröffnungsverfahren seine Interessen zu berücksichtigen, zumal die Sicherungs- und Werterhaltungsfunktion, die Maßstab der Tätigkeit des vorläufigen Insolvenzverwalters sind, regelmäßig davon auszugehen hat, dass während des Laufes der Tätigkeit des vorläufigen Verwalters die Insolvenz des Schuldners noch nicht feststeht. Es liegt daher im legitimen Interesse des Schuldners, auch im Nachhinein feststellen zu können, ob der mögliche Rückfall der Verwaltungs- und Verfügungsbefugnis an ihn vom vorläufigen Insolvenzverwalter in sachlich gerechtfertigter Weise berücksichtigt worden ist oder nicht.[663]

204 Schon vor diesem Hintergrund ist die von *Hess*[664] vertretene Auffassung, dass der vorläufige Insolvenzverwalter erst im Falle der Verfahrenseröffnung der Gläubigerversammlung Rechnung zu legen habe, abzulehnen, denn wenn man dieser Differenzierung, die aus Verwaltersicht möglicherweise begrüßenswert erscheinen mag, folgt, würde man es für zulässig halten müssen, dass der Verwalter die Rechnungslegung für das Eröffnungsverfahren mit der Schlussrechnung im eröffneten Verfahren verbindet. Eine solche Handhabung würde schon vom Grundsatz her der Pflichtenstellung eines Treuhänders fremden Vermögens widersprechen, denn die Berechtigten haben einen Anspruch darauf, zu jeder Zeit die sachgerechte Verwendung der treuhänderisch verwalteten Mittel überprüfen zu können. In diesen Fällen bestünde zudem schon alleine auf Grund des Zeitablaufes und der sachlichen Ferne zu den Entscheidungen im Eröffnungsverfahren die Gefahr, dass Schadensersatzansprüche gegen den vorläufigen Insolvenzverwalter zu diesem Zeitpunkt bereits verjährt sind.[665] Die Rechnungslegung des vorläufigen Insolvenzverwalters bei Beendigung seiner Tätigkeit gewinnt auch wegen § 25 Abs. 2 erhöhte Bedeutung, wonach der vorläufige Verwalter noch vor Beendigung seines Amtes die von ihm begründeten Verbindlichkeiten aus dem verwalteten Vermögen zu berichtigen und ggf. Rücklagen zur Befriedigung der Verbindlichkeiten zu bilden hat, sofern die nach § 25 Abs. 2 für das Eröffnungsverfahren geschützten Lieferanten noch keine Rechnung gelegt haben.

205 Art und Umfang der Rechnungslegungspflicht ist im Wesentlichen bestimmt und begrenzt durch den jeweiligen Verfahrensstand und die Art der Verwaltung.[666] Sie sollte sich aber strukturell in einem einheitlichen und allseits anerkannten Kontenrahmen bewegen, der es zu jeder Zeit ermöglicht, den Geldverkehr und die Verwendung der verwalteten Mittel transparent nachvollziehbar zu machen. Dies geschieht im Rahmen des inzwischen allseits konsentierten einheitlichen Gemeinschaftskontenrahmen SKR-InsO.[667] Während die externe Rechnungslegungspflicht im eröffneten Verfahren mehrteilig gestaltet ist, reicht für das Eröffnungsverfahren regelmäßig eine geordnete Zusammenstellung der Einnahmen und Ausgaben nebst Belegen (§ 259 HGB) in der Form einer Überschussrechnung aus, die im Regelfall mit einem Bericht über den bisherigen Verfahrenslauf und ggf. auch die Aussichten einer Betriebsfortführung bzw. Sanierung zu verbinden ist.[668] Zu beachten ist auch, dass die Rechnungslegung des vorläufigen Verwalters ein Tätigkeitsbericht und kein Rechenschaftsbericht ist.[669]

Die Einrichtung einer besonderen Insolvenzbuchführung ist im Eröffnungsverfahren nicht notwendig. Führt jedoch der vorläufige Verwalter im Eröffnungsverfahren das Schuldnerunternehmen einstweilen fort, so richten sich die insolvenzrechtlichen Rechnungslegungspflichten grundsätzlich nach denjenigen des eröffneten Verfahrens, wobei anzustreben ist, mit der Verfahrenseröffnung die Rechnungslegung mit dem Verzeichnis der Massegegenstände nach § 151 und der Vermögensüber-

---

[661] Vgl. dazu LG Halle ZIP 1995, 486, 488; LG Magdeburg Rpfleger 1996, 38; *Herbst/Bassenge* § 18 RdNr. 4; *Dallmayer/Eickmann* § 18 RdNr. 4; *Haarmeyer* ZInsO 1998, 375; *Haarmeyer/Wutzke/Förster* InsVV § 8 RdNr. 13 ff.
[662] LG Berlin ZInsO 2000, 595 m. Anm. *Haarmeyer*; vgl. auch *Förster* ZInsO 2000, 639.
[663] Vgl. HambKommInsO-*J. S. Schroeder* § 22 RdNr. 13; *Smid* GesO § 2 RdNr. 175; *Thiemann* S. 296; *Pohlmann* RdNr. 250; *Bähner* KTS 1991, 347, 358.
[664] *Hess* InsO § 22 RdNr. 63.
[665] So zutreffend auch *Uhlenbruck* NZI 1999, 289, 292.
[666] Vgl. *Uhlenbruck* NZI 1999, 389, 290 f.
[667] Vgl. dazu auch die Berichte der ZEFIS-Forschungsgruppe Schlussrechnung ZInsO 2011, 1874 ff.
[668] *Nerlich/Römermann/Mönning* § 22 RdNr. 218.
[669] Vgl. zur Rechnungslegung *Liévre/Stahl/Ems* KTS 1999, 1 ff.; *Bähner/Berger/Braun* ZIP 1993, 1283; *Uhlenbruck* ZIP 1982, 125; *Heni* WpG 1990, 97 ff.; ders. ZInsO 1999, 609 ff.; *Pink* ZIP 1997, 177 ff.; ders., Insolvenzrechnungslegung, S. 77 ff.; *Haarmeyer/Wutzke/Förster*, Handbuch, Kap. 3 RdNr. 454 ff.

sicht zu verbinden.⁶⁷⁰ In den übrigen Fällen der Anordnung vorläufiger Insolvenzverwaltung beschränkt sich der Abschlussbericht des vorläufigen Verwalters weitgehend auf eine Verfahrensdarstellung, die gleichzeitig mit dem Bericht und einem evtl. Gutachten vorgelegt werden kann.⁶⁷¹

Wird ein **vorläufiger Verwalter ohne Verfügungsbefugnisse** bestellt, so richten sich Art 206 und Umfang der Rechnungslegungspflicht nach dem jeweils angeordneten Pflichten. Hat also das Gericht zB dem vorläufigen Insolvenzverwalter die Kassenführung übertragen oder angeordnet, dass er berechtigt ist, einzelne, bestimmte Masseverbindlichkeiten einzugehen (vgl. dazu oben RdNr. 69 ff.), so ist insoweit eine eingehende und sorgfältige Rechnungslegung zu fordern. Sind hingegen keine besonderen Pflichten durch gerichtlichen Beschluss angeordnet worden, kann das Gericht dem Verwalter gar ganz von der Rechnungslegungspflicht befreien bzw. diese auf eine Berichtspflicht reduzieren, da Sinn und Zweck der Rechnungslegung des vorläufigen Verwalters stets der Nachweis der ordnungsgemäßen Geschäftsführung ist. Hat der vorläufige Verwalter kein Vermögen verwaltet, ist eine Einnahme-Ausgaben-Rechnung ebenso überflüssig wie eine Bilanz.⁶⁷²

Hat das Insolvenzgericht dem Verwalter Befugnisse eingeräumt, die über zB das Recht zur Kassenführung hinaus ihm in umfangreicher Weise Verwaltungs- und Verfügungsbefugnisse einräumen, kann in keinem Fall auf eine gesonderte Rechnungslegung verzichtet werden. In diesen wie in allen weiteren Fällen der vorläufigen Verwaltung ist daher regelmäßig gegenüber dem Insolvenzgericht und, auf Anforderung, ggf. auch gegenüber dem Schuldner, Rechnung gemäß §§ 66 Abs. 1, 21 Abs. 2 Nr. 1 zu legen. Der Vorlage eines Rechenwerkes bedarf es, von der o. g. eingeschränkten Rechnungslegung abgesehen, selbstverständlich dann nicht, wenn der vorläufige Verwalter nur als Kontrollorgan tätig gewesen ist, so dass regelmäßig dem vorläufigen Insolvenzverwalter mit Zustimmungsbefugnis nur eine „Rechnungslegungspflicht" als Bericht über die mit Zustimmung vorgenommenen Rechtsgeschäfte aufzuerlegen ist, so dass sich die Rechnungslegungspflicht hier auf eine Berichtspflicht reduziert.

Vergleiche im Übrigen umfassend zur Rechnungslegungspflicht, deren Grundsätze entsprechend 207 den Besonderheiten auch auf das Eröffnungsverfahren übertragen werden können, die Darlegungen bei § 66 RdNr. 9 ff.

XII. Die Haftung des vorläufigen Verwalters⁶⁷³

Das Risiko der persönlichen haftungsrechtlichen Inanspruchnahme⁶⁷⁴ ist aus der Sicht des Gesetz- 208 gebers der beste Weg, eine ordnungsgemäße Aufgabenwahrnehmung sicher zu stellen, was allerdings stets auch voraussetzt, dass die den Verwalter dabei beaufsichtigenden Mitarbeiter der Gerichte dazu die fachliche Kompetenz haben und eine transparente Verfahrensabwicklung sicherstellen.⁶⁷⁵ Grundsätzlich kann sich auch der vorläufige wie der endgültige Verwalter als Treuhänder fremdem Vermögens sowohl einer spezifisch insolvenzrechtlichen⁶⁷⁶ als auch einer allgemeinen haftungsrechtlichen Inanspruchnahme, zB wegen unerlaubter Handlungen nach den §§ 823 ff. BGB, ausgesetzt sehen.⁶⁷⁷ Dabei ist, wie allgemein im Recht des Schadensersatzes, notwendige Voraussetzung, dass es sich um schuldhafte Pflichtverletzungen gehandelt hat. Nach §§ 21 Abs. 2 Nr. 1, 22 Abs. 1 gelten für den vorläufigen Verwalter die den endgültigen Verwalter betreffenden Haftungsvorschriften der §§ 60 bis 62 entsprechend. **Zentrale Haftungstatbestände** sind die §§ 60, 61, wobei § 60 den Verschuldensmaßstab gegenüber dem allgemeinen Zivilrecht wegen der Besonderheiten des Insolvenzverfahrens

---
⁶⁷⁰ Vgl. zu Art und Umfang der externen Rechnungslegungspflicht *Haarmeyer/Wutzke/Förster*, Handbuch, Kap. 3 RdNr. 456 ff.
⁶⁷¹ *Uhlenbruck* NZI 1999, 289, 290.
⁶⁷² *Uhlenbruck* NZI 1999, 289, 292; *Braun* ZIP 1997, 1014, 1015; *Pink* ZIP 1997, 185; *Lièvre/Stahl/Ems* KTS 1999, 1, 5; *Kunz/Mund* DStR 1997, 623.
⁶⁷³ Vgl. umfassend zu Fragen der Haftung die Darlegungen oben bei RdNr. 121 ff. sowie Darstellung bei *Pape/Graeber* Handbuch der Insolvenzverwalterhaftung, passim sowie die Kommentierung bei § 60, 61 ff. sowie die Beiträge von *Pape* ZInsO 2005, 953 ff.; *ders.* FS Kirchhof, S. 391 ff.; *ders.*, ZInsO 2004, 605 ff. sowie 2003, 1013 ff.
⁶⁷⁴ Vgl. aus der Rechtsprechung typische Fälle bei OLG Hamm ZInsO 2011, 2043. OLG Koblenz NZI 2008, 567. Zu den Möglichkeiten der versicherungsrechtlichen Deckung vgl. *van Bühren* NZI 2003, 465 ff.
⁶⁷⁵ Dass dies in der Praxis eine der wesentlichen Schwachstellen im „System Insolvenz" ist zeigen die immer wieder und vermehrt auftretenden Fälle von Unterschlagungen bzw. Untreuehandlungen durch Verwalter, die teilweise über sehr lange Zeiträume unentdeckt geblieben sind.
⁶⁷⁶ BGH ZInsO 2006, 169; 2004, 609, 611; FKInsO-*Schmerbach* § 21 RdNr. 42 a.
⁶⁷⁷ Vgl. dazu die Beispiele bei *Graeber* InsbürO 2011, 140; *ders.* 2010, 327 und aus der Rechtsprechung zB BGHZ 100, 346 = NJW 1987, 3133; OLG Celle NZI 2004, 89; *Nöll* ZInsO 2004, 1058; LAG Hamm ZInsO 2004, 694, 696; OLG Brandenburg ZIP 1999, 1979; OLG Hamm ZInsO 1999, 535.

begrenzt und § 61 die allgemeine Haftung deutlich verschärft und dem Verwalter die Beweislast für eine nicht schuldhaftes Verhalten auferlegt.[678] Die Verwalterhaftung nach § 60 ist nicht subsidiär gegenüber einem Schadensersatzanspruch gegen die Masse[679], während bei § 61 die Nichterfüllbarkeit aus der Masse Anspruchsvoraussetzung ist. Daneben kommen aber auch Haftungen aus §§ 280 ff. BGB wegen Verletzungen von **Vertragspflichten**[680] infrage, insbesondere wenn der vorläufige Verwalter Geschäfte mit Eigeninteresse verfolgt oder besonderes Vertrauen in Anspruch nimmt,[681] aber natürlich auch Haftungen aus Delikt nach §§ 823 ff. BGB. Daneben gibt es die **steuerrechtliche** Haftung nach § 69 AO ebenso wie die **sozialrechtliche** aus § 321 SGB III, die sich im Rahmen des § 266a StGB schnell zu einer auch strafrechtlichen Haftung verdichten kann, wenn es um die Haftung für die Sozialversicherungsbeiträge geht.[682]

§ 60 sieht in seiner entsprechenden Anwendung vor, dass der vorläufige Verwalter allen Beteiligten zum Schadensersatz verpflichtet ist, wenn er schuldhaft die Pflichten verletzt, die ihm nach der InsO obliegen. Die Haftungsvorschriften des Verwalters bringen im Vergleich zur bisherigen Regelung nach § 82 KO, § 8 Abs. 1 Satz 2 GesO keine substantiellen Änderungen, da der Gesetzgeber überwiegend nur das nachgezeichnet hat was sich unter der Geltung des bisherigen Konkursrechtes herausgebildet hat,[683] mit Ausnahme der besonderen haftungsrechtlichen Folgerungen aus der Pflicht zur **Betriebsfortführung** (vgl. dazu ausführlich oben RdNr. 121 ff.) und aus der Begründung von Masseverbindlichkeiten im Rahmen des § 55 Abs. 2. Grundsätzlich haftet der „starke" vorläufige Verwalter wie der endgültige Insolvenzverwalter für die von ihm im Rahmen der Fortführung begründeten Masseverbindlichkeiten (§ 21 Abs. 2 Nr. 1 i. V. m. 55 Abs. 2) persönlich nach § 61,[684] wenn er ohne einen vorausgegangenen und kontinuierlich fortgeschriebenen Liquiditätsplan bei Fälligkeit zur Erfüllung der Verbindlichkeiten nicht in der Lage ist.[685] Ist er zum Nachweis einer so notwendigen Vorplanung nicht in der Lage, wird es ihm kaum möglich sein, den nach § 61 zu führenden Entlastungsbeweis zu erbringen.

209 Zu den Beteiligten im Sinne der haftungsrechtlichen Normen zählen die späteren Insolvenzgläubiger, soweit der vorläufiger Verwalter seine Pflicht zur Schaffung oder Erhaltung einer möglichst weitgehenden, gleichmäßigen Befriedigungsaussicht verletzt hat, die Aus- und Absonderungsgläubiger wegen einer Verletzung der dem Verwalter bekannten dinglichen Rechte oder die Massegläubiger, deren nach § 55 Abs. 2 zu befriedigende Forderungen aus der späteren Masse nicht erfüllt werden können.[686] Gerade gegenüber den Absonderungsberechtigten fallen dem vorläufigen Insolvenzverwalter im Hinblick auf die komplexen Rechtslagen auch erhebliche Hinweis- und Beratungspflichten zu,[687] deren Unterlassen wiederum haftungsrechtlichen Folgen nach sich ziehen kann. Beteiligte sind auch der Schuldner, bei Gesellschaften die Gesellschaft selbst, die Gesellschafter, nicht jedoch die Vertretungs- und Aufsichtsorgane. Wie schon im Recht der KO/GesO ist der vorläufige Verwalter auch für die Erfüllung der ihm nach der InsO obliegenden Pflichten persönlich verantwortlich, wobei für sein Tätigwerden nach § 60 Abs. 1 Satz 2 der Maßstab der Sorgfalt eines ordentlichen und gewissenhaften Insolvenzverwalters, nicht jedoch der eines Kaufmanns, Geschäftsleiters (§ 93 Abs. 1 Satz 1 AktG) oder eines Geschäftsmanns (§ 43 Abs. 1 GmbHG) zu Grunde zu legen ist. Dies findet seine Berechtigung in den ungünstigen Bedingungen, die der Verwalter regelmäßig mit der Übernahme des Amtes antrifft, insbesondere aber darin, dass er beim Amtsantritt mit dem Unternehmen selbst, mit den Strukturen, aber auch zB der Buchführung nicht vertraut ist, in vielen Fällen diese nicht einmal vorfindet. Insoweit ist also die Haftung in seinem Pflichtenkreis auch durch den besonderen Charakter seiner Tätigkeit geprägt, so dass

---

[678] Vgl. BGH NZI 2006, 169 = ZInsO 2006, 169 sowie die Zusammenstellung bei *Meyer-Löwy/Poerzgen* ZInsO 2004, 363 ff.; zuletzt in diesem Sinne BGH ZInsO 2005, 205; dazu auch *Pape* ZInsO 2005, 953, 956 ff.
[679] BGH ZInsO 2006, 100; BAG ZInsO 2007, 781.
[680] Zur Haftung aus culpa in contrahendo vgl. OLG Rostock ZIP 2005, 220; OLG Schleswig NJW 2004, 1257 bzw. zur Haftung aus Garantiezusagen OLG Celle NZI 2004, 89 ff. Zu den Grenzen haftungsrechtlicher Inanspruchnahme vgl. auch BGH ZIP 2003, 1303 zu § 106 KO.
[681] Vgl. dazu OLG Celle NZI 2004, 89 m. krit. Anm. *Nöll* ZInsO 2004, 1058; BGHZ 100, 346 = NJW 1987, 3133 sowie die Darlegungen bei § 61 RdNr. 72 ff.
[682] Vgl. dazu die Zusammenstellung haftungsrechtlicher Fälle bei FKInsO-*Schmerbach* § 21 RdNr. 42 b.
[683] Vgl. dazu *Smid*, Kölner Schrift, S. 453, 456.
[684] Inzwischen wohl ganz hM; vgl. zuletzt *Pape* ZInsO 2005, 953; *ders.* ZInsO 2003, 1061 sowie in FS Kirchhof S. 391 ff.; *Wallner/Neuenhahn* NZI 2004, 63; BGH vom 6.5.2004 ZInsO 2004, 609 und vom 17.12.2005 = ZInsO 2005, 200 und 209; *Pape* ZInsO 2005, 138 ff.; K/P/*Lüke* § 61 RdNr. 13.
[685] BGH ZInsO 2005, 205 spricht insoweit von einem „sorgfältig erwogenen Liquiditätsplan" der auf „zutreffenden Anknüpfungstatsache" beruhen muss.
[686] *Thiemann* S. 298 ff.; vgl. auch *Hess/Obermüller* RdNr. 807 ff. sowie umfassend *Smid*, Kölner Schrift, S. 453, 480 ff., sowie *Kirchhof* ZInsO 1999, 365 ff.
[687] BGH 2011, 1463 Tz 44.

insbesondere der Vorwurf der Fahrlässigkeit stets besonders gründlicher Prüfung bedarf.[688] Zu den haftungsrechtlichen Besonderheiten im Rahmen der **Betriebsfortführung** vergleiche die Darlegungen oben bei RdNr. 121 ff.

Gegenüber dem vorläufigen Insolvenzverwalter greift die besondere Haftungsregelung des § 61 **210** nur ein, sofern dieser überhaupt Masseverbindlichkeiten zu begründen vermag.[689] Kommt der vorläufige Insolvenzverwalter bei seiner Prognose der späteren Befriedigungsmöglichkeiten zu dem Ergebnis, dass der Eintritt der Masseunzulänglichkeit wahrscheinlicher ist als deren Nichteintritt, dass die spätere Masse also voraussichtlich nicht zur Befriedigung der neu zu begründenden Masseverbindlichkeiten ausreichen wird, so ist er bereits nach allgemeinen schuldrechtlichen Grundsätzen zur **Warnung des Geschäftspartners** verpflichtet, denn in diesem Fall geht das Risiko des Vertragspartners weit über die allgemeinen Gefahren eines Vertragsschlusses auch in der Insolvenzsituation hinaus.[690] Für den Fall einer haftungsrechtlichen Inanspruchnahme ist jeweils die ex ante Sicht des vorläufigen Insolvenzverwalters zu Grunde zu legen. Vgl. zu den sich daraus ergebenden Folgerungen in der vorläufigen Verwaltung oben RdNr. 121 ff.

Die Haftung des vorläufigen Insolvenzverwalters aus §§ 61, 21 Abs. 1 Nr. 1 greift grds. unabhän- **211** gig davon ein, ob das Insolvenzverfahren eröffnet wird oder nicht. Da der vorläufige Insolvenzverwalter ohne begleitendes Verfügungsverbot im Allgemeinen keine Masseschulden begründen kann, greift § 61 ihm gegenüber regelmäßig nicht ein, sondern es bleibt durchweg allein bei § 60 als Haftungsgrundlage.[691] Nur wenn er ausnahmsweise durch Beschluss gemäß § 22 Abs. 2 rechtswirksam durch Einzel- oder Gruppenermächtigung zur Begründung von Masseschulden ermächtigt worden ist, kann seine Haftung über § 61 verschärft werden. Bei der Begründung einer konkreten Masseverbindlichkeit handelt daher der „schwache" vorläufige Insolvenzverwalter auch auf eigenes Risiko, da die gerichtliche Ermächtigung keine haftungsmindernde oder befreiende Legitimationswirkung zu Gunsten des Verwalters entfaltet, sondern dies allein in die Kompetenz und Prüfung des vorläufigen Insolvenzverwalters gestellt ist.[692] Vergleiche umfassend zu den haftungsrechtlichen Schutzregelungen der §§ 60, 61, die entsprechend den Besonderheiten vorläufiger Verwaltung auch diesen Tätigkeitsbereich betreffen, die Erörterungen bei den betreffenden Normierungen der §§ 60, 61.

Für **eigene Hilfskräfte** hat der Verwalter nach § 278 BGB einzustehen. Bedient er sich jedoch **212** offensichtlich nicht ungeeigneter Angestellter des Schuldners, was auf Grund häufig fehlender finanzieller Mittel oder wegen besonderer Kenntnisse der Angestellten relativ häufig vorkommt, so ist seine Haftung nach § 60 Abs. 2 auf die ordnungsgemäße Überwachung und die weiter bestehende Pflicht zur eigenen Vornahme wichtiger Entscheidungen begrenzt. Die offensichtliche Nichteignung von Personen setzt voraus, dass der vorläufige Insolvenzverwalter entweder auf Grund von im Unternehmen selbst verfügbaren Personalunterlagen Anhaltspunkte auf die Nichteignung hat oder wenn sich im Rahmen der weiteren Tätigkeit objektive Gründe dafür ergeben, dass die eingesetzten Mitarbeiter für die ihnen übertragenen Aufgaben erkennbar unzureichend befähigt sind.[693]

XIII. Die Aufsicht des Insolvenzgerichts

In kaum einem Rechtsbereich ist die Aufsicht und Überwachung gerichtlich bestellter Treuhän- **213** der so sehr gefragt, wie bei der Treuhänderschaft über fremdes Vermögen. Dies gilt im Insolvenzrecht umso mehr, als mit dem individuellen Rechtsverlust der Gläubiger die staatliche Garantie verbunden ist, dass die in Beschlag genommene schuldnerische Vermögensmasse den Beteiligten als Haftungsmasse ungekürzt erhalten bleibt. Diese Sicherstellung erfolgt durch die gerichtliche Bestellung des vorläufigen wie des endgültigen Verwalters. Den Umfang dieser Kontrolle beschreibt das Gesetz allerdings nicht.[694] So verwundert es nicht, dass an deutschen Insolvenzgerichten eine durchaus unterschiedliche Aufsichtspraxis herrscht: Überprüfen manche Richter und Rechtspfleger systematisch die Verfahrenshandlungen des Verwalters, so verzichten andere weitgehend auf jegliche Dokumentation der Verfahrensabwicklung und beschränken sich auf die jeweils letzte Seite eingereichter Berichte oder Gutachten bzw. eine zusammengefasste Empfehlung. Ein einheitliches Auf-

---

[688] *Haarmeyer/Wutzke/Förster,* Handbuch, Kap. 3 RdNr. 465 ff.; *Bork* InsO RdNr. 59; *Burger/Schellberg* WpG 1995, 69, 78.
[689] Vgl. dazu oben RdNr. 121 ff.; HKInsO-*Kirchhof* § 22 RdNr. 72.
[690] Vgl. dazu auch BGH ZInsO 2005, 205; *Pohlmann* RdNr. 371; vgl. auch Begr. zu § 61, abgedruckt bei *Balz/Landfermann* S. 275.
[691] BGH ZInsO 2004, 609 ff.
[692] Ausführlich dazu *Pape* ZInsO 2005, 953, 955 ff.; *Pohlmann* RdNr. 377.
[693] Vgl. dazu *Brandes* §§ 60, 61 RdNr. 94.
[694] Zu den Anforderungen im Rahmen des Eröffnungsverfahrens und speziell der Amtsermittlungspflicht sehr pointiert BGH ZInsO 2009, 433 Tz 14 und 15 sowie ZInsO 2008, 859.

sichtsprofil existiert daher auch nicht. Aus der öffentlichen Berichterstattungen der vergangenen Jahre und aktuellen Fällen jedoch wird deutlich, dass Personen, die mit der Verwaltung fremden Vermögens beauftragt sind, häufig dann – aber nicht nur – zu Untreuehandlungen greifen, wenn sie selbst in finanzielle Schwierigkeiten geraten.[695] Zunehmend dienen Untreuehandlungen auch dazu kaufmännische oder betriebswirtschaftliche Fehlentwicklungen zu kaschieren und die haftungsrechtliche Inanspruchnahme[696] zu vermeiden. Ist die gerichtliche Kontrolle zB in Betreuungsangelegenheiten äußerst intensiv und erfasst regelmäßig auch die Prüfung der Einzelbelege, Kontoauszüge etc., so verwundert es, dass im Insolvenzbereich, in dem ungleich höhere Summen "bewegt" werden, sich die Aufsicht und Kontrolle weitgehend auf die summarische Kenntnisnahme von Berichten oder Gutachten beschränkt. Eine der wesentlichen Ursachen dafür dürfte in der Tatsache begründet sein, dass es die Justizverwaltungen bis heute versäumt haben, Insolvenzrichter wie Rechtspfleger auf die spezifischen Erfordernisse der Aufsicht über betriebswirtschaftliches Handeln in einem geordneten Rechtsrahmen vorzubereiten und nur solche Personen in diesen Bereichen einzusetzen, die auch sachlich zu einem Nachvollzug und einem echten Controlling in der Lage sind. Dass zu Insolvenzrichtern zB Assessoren oder unerfahrene Richter, dazu noch in schnellem Wechsel, eingesetzt werden, ist nicht nur gegenüber den zu betreuenden Vermögensmassen unverantwortlich, sondern birgt auch, wie jüngste Ereignisse zeigen, hohe haftungsrechtliche Risiken für die jeweilige Justizverwaltung.[697] Die aktive Wahrnehmung der Aufsichts- und Kontrollfunktion ist kein Ausdruck des generellen Misstrauens gegenüber dem bestellten Verwalter, sondern Ausdruck der übernommenen Verpflichtung gegenüber der betreuten Vermögensmasse und gegenüber den Beteiligten des Verfahrens. Allerdings hinkt die gerichtliche Aufsicht seit langer Zeit den komplexer gewordenen Anforderungen professioneller Insolvenzverwaltung hinterher, sie ist insbesondere nicht auf den generell mit Risiken behafteten Prozess einer fremdnützigen Treuhand ausgerichtet und lässt alle Aspekte heute bekannter Risikomanagementfaktoren außer Betracht.[698]

Gemäß § 21 Abs. 2 Nr. 1 i. V. m. § 58 untersteht der vorläufige Insolvenzverwalter der Aufsicht und Überwachung seiner Tätigkeit durch das Insolvenzgericht. Die Ausübung der Aufsicht ist Amtspflicht im Sinne des § 839 BGB, ihre Verletzung ist mithin auch stets eine Amtspflichtverletzung.[699] Mit der Erweiterung der Befugnisse des Gerichts gegenüber dem Verwalter auf Grund der §§ 58, 59 verfolgt der Gesetzgeber die Absicht, dem Gericht ein effektives Instrumentarium an die Hand zu geben, das es in die Lage versetzt, schneller als in der Vergangenheit möglich, auf Pflichtverletzungen des Verwalters zu reagieren und ihn zum pflichtgemäßen Handeln auch durch Einsatz der Mittel der Einzelvollstreckung nach § 58 Abs. 2 (Zwangsgeld) anzuhalten.[700] Darüber hinaus wird durch die Neuregelung des § 59 dem Gericht die Möglichkeit eröffnet, den Verwalter in jeder Phase des Verfahrens bei schweren Pflichtverstößen oder aus anderen wichtigen Gründen zu entlassen. Da die Überwachung und Kontrolle durch die Gremien der Gläubigerselbstverwaltung im Eröffnungsverfahren noch nicht greift, sind die Aufsichtspflichten des Insolvenzgerichts im Eröffnungsverfahren strenger, die Kontrollfunktion des Gerichts muss die fehlende Aufsicht der Gläubiger kompensieren und kann sich deshalb auch im Einzelfall auf die Kontrolle der Geschäftsführung durch den vorläufigen Verwalter erstrecken.[701] Dies bedeutet jedoch nicht, dass das Gericht jede Maßnahme des vorläufigen Verwalters auf seine Zweckmäßigkeit hin zu überprüfen hätte, da auch der vorläufige Verwalter seine Aufgaben mit vollem Haftungsrisiko gegenüber allen Beteiligten eigenverantwortlich und selbständig wahrnimmt, sondern das Gericht hat sich darauf zu beschränken, die Einhaltung der ihm nach der InsO auferlegten Pflichten zu kontrollieren.[702] Um das Verfahren zu fördern und zu einem für die Gläubiger befriedigenden und baldigen Entscheid über die Eröffnung zu bringen, sollte sich das Gericht zwar vor kleinlicher Überwachung hüten, zumal der Insolvenzverwalter

---

[695] Vgl. dazu und zu dem aktuellen Fall einer Unterschlagung im zweistelligen Millionenbereich im Bereich Hannover den Beitrag und die Vorschläge von *Eckert/Brenner* „Der untreue Verwalter", ZInsO 2005, 1130 ff.

[696] Die Versicherer beklagen seit etwas über 2001/2002 deutliche ansteigende Risiken und sehen die wesentliche Ursache dafür in der zunehmenden Bestellung von unerfahrenen Verwaltern durch ebenso unerfahrene Richter, die sich durch eine solche Bestellung in vielen Fällen die Qual der Wahl oder der zu begründenden Ablehnung einer Aufnahme in eine Vorauswahlliste ersparen wollen.

[697] Berücksichtigt man in diesem Zusammenhang, dass die amerikanischen Insolvenzrichter Bundesrichter sind und über einen qualifizierten Mitarbeiterstab verfügen, so wird deutlich wie weit die Entwicklung einer Insolvenzkultur in Deutschland noch in den Anfängen steckt.

[698] Vgl. die Darstellung zu einer risikoorientierten Aufsicht bei *Haarmeyer/Wutzke/Förster*, Handbuch vorl. Verwaltung, § 5 Zi ff. III.

[699] So schon RGZ 154, 296.

[700] *Haarmeyer/Wutzke/Förster*, Handbuch, Kap. 3 RdNr. 465.

[701] *Thiemann* S. 291 ff.; *Leithaus* NZI 2001, 124 ff.

[702] Vgl. dazu *Heinze*, Leipold (Hrsg.), Insolvenzrecht im Umbruch, S. 31 ff.; *Haarmeyer/Wutzke/Förster*, Handbuch, Kap. 3 RdNr. 477.

gerade im Eröffnungsverfahren regelmäßig im Mittelpunkt widersprüchlicher Interessen steht; gleichwohl hat das Gericht nicht nur regelmäßige Stichproben vorzunehmen und insbesondere auch ernsthaften Hinweisen aus der Gläubigerschaft nachzugehen, um sie im Rahmen seiner Aufsicht zu überprüfen. Notwendig ist in jedem Fall schon den vorläufigen Verwalter zB zur Führung von Online-Treuhandkonten anzuhalten, in die das Gericht zu jeder Zeit und ohne Rücksprache mit dem vorläufigen Verwalter Einblick nehmen kann. Gleiches gilt für die Vorlage von Kontoauszügen mit dazu gehörenden Original-Belegen.

Die Aufsicht erstreckt sich von der Bestellung des Verwalters bis zur endgültigen Erfüllung aller Pflichten – auch über die Beendigung seines Amtes hinaus – und setzt nicht erst ein, wenn Anhaltspunkte für ein mögliches Fehlverhalten des Verwalters vorliegen.[703] In der Regel erfolgt die Aufsicht durch **sorgfältiges Durcharbeiten** der überreichten Berichte, Gutachten, Sachstandsmitteilung und einer sich daraus möglicherweise ergebenden Aufklärung bestimmter Sach- und Rechtsfragen. Das Gericht kann im Rahmen seiner Aufsicht jederzeit Auskunft über die Führung der Bücher des vorläufigen Insolvenzverwalters verlangen, Bücher und Belege einsehen und die Kassenführung und den Kassenbestand prüfen. Das Gericht hat dabei aber stets zu beachten, dass es im Ermessen des Verwalters steht, welche Maßnahmen er zur Erfüllung seiner Aufgaben ergreift; zulässig ist daher auch die Überprüfung von Zweckmäßigkeitsentscheidungen des Verwalters nur auf ihre Rechtmäßigkeit hin.[704] Gleichwohl sollte auch dies in unregelmäßigen Abständen und als Stichprobe erfolgen. **Verstärkte Überwachungsmaßnahmen** können insbesondere dann geboten sein, wenn ein Verwalter im direkten Leistungsvergleich mit seinen Verwalterkollegen schlecht abschneidet.[705] Das aber setzt voraus, dass sich die Gerichte solche Leistungsvergleiche vorlegen bzw. zur Grundlage der Bestellung überhaupt machen. Hier schließt sich dann der Kreis, denn die Ursachen von Fehlentwicklungen werden regelmäßig bereits mit der Bestellung gemacht, die sich bisher an vielen, aber nicht an erfolgs- oder bonitätsorientierten Leistungskriterien ausrichtet.[706]

Mit den Mitteln des Zwangsgeldes nach § 58 Abs. 2 kann das Gericht jede dem Verwalter obliegende Verpflichtung durchsetzen, wenngleich nicht jede Pflichtverletzung oder einzelne unberechtigte Maßnahme hinreichend Anlass für die Verhängung eines Zwangsgeldes sein kann, da die Festsetzung des Zwangsgeldes keine Strafe für Pflichtwidrigkeiten ist, sondern reines Erzwingungsmittel, so dass eine Festsetzung dann nicht mehr möglich ist, wenn der Verwalter seine verfahrensrechtlichen Verpflichtungen erfüllt. Im Allgemeinen wird daher auch für den Fall der Zweckerreichung die Vollstreckung aus einem Zwangsgeldbeschluss für unzulässig erachtet.[707] Nimmt also der Verwalter eine von ihm verlangte Handlung nach Androhung und Festsetzung vor, so kann er die Aufhebung des rechtskräftigen Beschlusses bzw. die Aufhebung einer begonnenen Vollstreckung verlangen.[708] Vergleiche im Übrigen dazu die Kommentierung zu § 58 RdNr. 7 ff. Das Insolvenzgericht ist verpflichtet, gegen **Pflichtwidrigkeiten** des Verwalters durch Anordnung geeigneter Gebote und Verbote **einzuschreiten**.[709] Hierzu müssen konkrete Anhaltspunkte vorliegen, die ein Einschreiten rechtfertigen.[710] Dies ist nach einer Entscheidung des AG Karlsruhe etwa der Fall, wenn ein Insolvenzverwalter zur Masse gehörige Gelder über einen längeren Zeitraum auf seinem persönlichen Geschäftskonto und nicht auf einem Insolvenzanderkonto hält.[711] Gleichfalls dann, wenn der Verwalter Generalvollmachten erteilt, höchstpersönliche Aufgaben laufend delegiert oder die Abwicklung des Verfahrens durch Untätigkeit verzögert.[712] Das gerichtliche Einschreiten muss in diesen Fällen in der Untersagung des Handelns oder in der Aufforderung zur Vornahme einer bestimmten Handlung erfolgen, etwa zur Ausführung der Beschlüsse der Gläubigerversammlung,[713] sollte aber stets auch die Möglichkeit der unverzüglichen Entlassung beinhalten. Eine Möglichkeit, die Aufsicht über die Verwaltertätigkeit zu verbessern, sehen *Eckert/Brenner*[714] in der Übermittlung personenbe-

---

[703] *Graeber*, iMüKo/InsO, § 58 RdNr. 10; *Smid* InsO, § 57 RdNr. 3.
[704] *Haarmeyer/Wutzke/Förster*, Handbuch, Kap. 3 RdNr. 474.
[705] In diesem Sinne *Eckert/Brenner* ZInsO 2005, 1130, 1132 unter Hinweis auf die Kriterien von *Haarmeyer* in ZInsO 2005, 337 ff.
[706] Dazu ausführlich *Haarmeyer* ZInsO 2007, 169; 2006, 673; 2005, 337 ff.
[707] Vgl. dazu LG Oldenburg ZIP 1982, 1233; OLG Köln KTS 1989, 59; *Uhlenbruck* Rpfleger 1982, 351 ff.
[708] So ausdrücklich LG Oldenburg ZIP 1982, 1233; kritisch dazu *Uhlenbruck/Delhaes* RdNr. 530; zu den kostenrechtlichen Folgen vgl. OLG Zweibrücken ZInsO 2001, 87.
[709] *Nerlich/Römermann/Delhaes*, InsO, § 58 RdNr. 10.
[710] *Naumann*, Kölner Schrift zur InsO, RdNr. 32, S. 444.
[711] AG Karlsruhe, ZIP 1983, 101.
[712] *Delhaes*, Nerlich/Römermann, InsO, § 58 RdNr. 10.
[713] RGZ 154, 296.
[714] ZInsO 2005, 1130, 1133 ff. Es geht bei den differenzierten Vorschlägen vornehmlich um die Mitteilungen in Zivil- und in Strafsachen, beides Verwaltungsvorschriften, welche die Länder bundeseinheitlich vereinbart haben.

§ 22a 2. Teil. 1. Abschnitt. Eröffnungsvoraussetzungen und Eröffnungsverfahren

zogener Daten über Strafverfahren bzw. Vollstreckungsverfahren gegen den Insolvenzverwalters an das Insolvenzgericht. Eine weitere Möglichkeit zur Verbesserung der gerichtlichen Aufsicht sehen die Verfasser in der Einholung von Auskünften über die Person des Insolvenzverwalters. Als äußerst geeignet erweisen sich die in jüngerer Zeit von einigen Insolvenzgerichten, beispielhaft insoweit das Insolvenzgericht in Münster und Karlsruhe,[715] entwickelten Fragebögen.

216 Eine Entlassung des vorläufigen Verwalters als ultima ratio ist nur dann gerechtfertigt, wenn dieser die für das konkrete Verfahren erforderliche Qualifikation nicht besitzt, sich schwerer Pflichtverletzung schuldig gemacht hat oder offensichtlich amtsunfähig ist.[716] Das Recht zur Entlassung eines Verwalters ist kein Disziplinierungsmittel des Gerichts zur Durchsetzung erwünschten Verhaltens, sondern dient der Einhaltung der Rechtmäßigkeit des Verfahrens und der Sicherung der gleichmäßigen Befriedigung der Gesamtgläubigerschaft unter Achtung der Gläubigerautonomie und der Ziele des Insolvenzverfahrens.[717] Eine Entlassung des vorläufigen Verwalters ist daher immer nur dann angezeigt, wenn ein weiteres Belassen des vorläufigen Verwalters in seinem Amt die Interessen der Gesamtgläubigerschaft und die Rechtmäßigkeit der Abwicklung objektiv nachhaltig beeinträchtigt, denn für „einfache" wirtschaftliche Fehlentscheidungen haftet der Verwalter der Gesamtgläubigerschaft schon aus § 60.[718] Keinen Entlassungsgrund stellt die bloße Zerstörung des Vertrauensverhältnisses zwischen Gericht und Verwalter dar, wenn dieses nur auf das persönliche Verhältnis, nicht jedoch sachlich begründete Störungen des Vertrauensverhältnisses, die regelmäßig nur auf Grund von Pflichtverletzungen zustande kommen, gestützt wird.[719] Soll also die Störung des Vertrauensverhältnisses ein wichtiger Grund zur Abberufung sein, rechtfertigt dies eine Abberufung nur, wenn sie ihrerseits auf nachweisbaren anderen wichtigen Gründen beruht.[720] Die Entlassung kann von Amts wegen oder auf Antrag des Verwalters erfolgen. Eine Inhaftierung in entsprechender Anwendung von § 98 kommt aber in keinem Fall in Betracht.[721] Der besonderen Bedeutung der gerichtlichen Entscheidung über die Entlassung aus dem Amt wird dadurch Rechnung getragen, dass nach § 59 Abs. 2 sowohl gegen die Entlassung als auch gegen einen ablehnenden Beschluss die sofortige Beschwerde zugelassen wird. Vergleiche im Übrigen zur gerichtlichen Aufsicht umfassend die Darlegungen von *Graeber* bei §§ 58 und § 59.

§ 22a Bestellung eines vorläufigen Gläubigerausschusses

(1) Das Insolvenzgericht hat einen vorläufigen Gläubigerausschuss nach § 21 Absatz 2 Nummer 1a einzusetzen, wenn der Schuldner im vorangegangenen Geschäftsjahr mindestens zwei der drei nachstehenden Merkmale erfüllt hat:
1. mindestens 4 840 000 Euro Bilanzsumme nach Abzug eines auf der Aktivseite ausgewiesenen Fehlbetrags im Sinne des § 268 Absatz 3 des Handelsgesetzbuchs;
2. mindestens 9 680 000 Euro Umsatzerlöse in den zwölf Monaten vor dem Abschlussstichtag;
3. im Jahresdurchschnitt mindestens fünfzig Arbeitnehmer.

(2) Das Gericht soll auf Antrag des Schuldners, des vorläufigen Insolvenzverwalters oder eines Gläubigers einen vorläufigen Gläubigerausschuss nach § 21 Absatz 2 Nummer 1a einsetzen, wenn Personen benannt werden, die als Mitglieder des vorläufigen Gläubigerausschusses in Betracht kommen und dem Antrag Einverständniserklärungen der benannten Personen beigefügt werden.

(3) Ein vorläufiger Gläubigerausschuss ist nicht einzusetzen, wenn der Geschäftsbetrieb des Schuldners eingestellt ist, die Einsetzung des vorläufigen Gläubigerausschusses im Hinblick auf die zu erwartende Insolvenzmasse unverhältnismäßig ist oder die mit der Einsetzung verbundene Verzögerung zu einer nachteiligen Veränderung der Vermögenslage des Schuldners führt.

---

[715] Veröffentlicht in ZInsO 2006, 78.
[716] Vgl. dazu die zusammenfassende Darstellung bei *Schmittmann* NZI 2004, 239 ff.; auch die Begr. zu § 58 abgedruckt bei *Balz/Landfermann* S. 271.
[717] *Haarmeyer/Wutzke/Förster*, Handbuch, Kap. 5 RdNr. 47.
[718] Vgl. zu den Kriterien, die im Einzelfall eine Entlassung aus dem Amte rechtfertigen die Darstellung bei *Haarmeyer/Wutzke/Förster*, Handbuch, Kap. 3 RdNr. 478 ff.; *Smid* InsO § 22 RdNr. 63.
[719] BGH ZInsO 2012, 551; *Haarmeyer/Wutzke/Förster*, Handbuch, Kap. 5 RdNr. 54 ff.
[720] So auch Jaeger/*Gerhardt* § 22 RdNr. 197; HKInsO-*Kirchhof* § 22 RdNr. 68; *Vallender* DZWIR 1999, 273; *Uhlenbruck* InsO § 22 RdNr. 5, vgl. auch OLG Zweibrücken ZInsO 2000, 611; AG Hamburg ZIP 2001, 2147; AG Flensburg ZIP 2003, 920; Rechtsprechungsübersicht bei *Schmittmann* NZI 2004, 239..
[721] BGH ZInsO 2010, 132 Tz 6.

(4) Auf Aufforderung des Gerichts hat der Schuldner oder der vorläufige Insolvenzverwalter Personen zu benennen, die als Mitglieder des vorläufigen Gläubigerausschusses in Betracht kommen.

Übersicht

	Rn.		Rn.
A. Normzweck	1–9	**IV. Der derivative Pflichtausschuss nach § 22a Abs. 2**	100–121
B. Entstehungsgeschichte	10–177	1. Erweiterter Anwendungsbereich	100–103
I. Bisherige Regelung und Reformvorschläge	10–13	2. Antragsrecht	104–112
II. Gesetzgebungsverfahren im Rahmen der InsO	14–21	3. Benennung der Ausschussmitglieder und Zusammensetzung des Ausschusses	113–118
C. Die Bestellung eines vorläufigen Gläubigerausschusses	22	a) Personalvorschlag als Zulässigkeitsvoraussetzung	113
I. Anwendungsbereich der neuen Regelung	22–29	b) Namentliche Benennung und Eignung	114, 115
1. Nicht eigenverwaltete Unternehmensinsolvenzverfahren	23–27	c) Mitwirkungspflicht bei Nicht-Benennung (Abs. 4)	116–118
2. Eigenverwaltung und Schutzschirmverfahren	28, 29	4. Zeitpunkt der gerichtlichen Einsetzungsentscheidung	119–121
II. Allgemeine Kriterien zur Einsetzung	30–70	**V. Fakultativer vorläufiger Gläubigerausschuss**	122
1. Die neue Grundstruktur des Eröffnungsverfahrens	30, 31	**VI. Aufgaben und Rechte des vorläufigen Gläubigerausschusses**	123–125
2. Die sanierungsorientierte Verfahrensvorbereitung	32–39	**VII. Haftung**	126, 127
a) Rahmenbedingungen insolvenzrechtlicher Sanierungsprozesse	33, 34	**VIII. Abberufung**	128
b) Interessenanalyse und Entwicklung von Sanierungszenarien	35–39	**IX. Die Ausschussanhörung zur Bestellung eines vorläufigen Verwalters**	129–140
3. Kein gerichtliches Benennungsrecht der Mitglieder eines vorläufigen Gläubigerausschusses	40–46	1. Anhörungspflicht des Gerichts	129, 130
4. Anzahl der Mitglieder, Repräsentativität und Qualifikation	47–50	2. Offensichtlich nachteilige Vermögensveränderung	131, 132
5. Zusammensetzung und Vertretung	51–59	3. Nachholung einer unterlassenen Anhörung	133–135
6. Gerichtliche Prüfung und Gläubigerautonomie	60–67	4. Wahl eines anderen vorläufigen Verwalters	136–140
7. Präsumtive Beschlussfassungen und gerichtliche Entscheidung	68–70	**X. Die Befreiungstatbestände des § 22a Abs. 3 und ihre Reichweite**	141–163
III. Der originäre Pflichtausschuss (Abs. 1)	71–99	1. Der Anwendungsbereich der „Einsetzungsbremse"	141–147
1. Die Schwellenwerte	72–75	2. Teleologische Wertung des Vorrangs der Gläubigerautonomie	148
2. Schwellenwerte und deren Einzelkriterien; Beibringungsgrundsatz	76–87	3. Eingestellter Geschäftsbetrieb	149
a) Bilanzsumme	80–83	4. Unverhältnismäßigkeit im Hinblick auf die zu erwartende Masse	150–158
b) Umsatzerlöse	84, 85	5. Verzögerung und nachteilige Vermögensveränderung	159–163
c) Anzahl der Arbeitnehmer	86, 87	**XI. Ende der vorläufigen Ausschusstätigkeit und Fortführung im eröffneten Verfahren**	164–168
3. Notwendige Schuldnerangaben nach § 13	88–93	**XII. Rechtsbehelfe**	169–177
4. Antragsgrundsatz und Benennungsrecht	94–99		

A. Normzweck

§ 22a InsO ist in der über 130-jährigen Geschichte des Insolvenz- und Konkursrechts in Deutschland ohne Vorbild und zugleich Sinnbild für einen längst überfälligen gläubigerorientierten Wandel **1** im Insolvenzrecht, denn durch die Neuregelung wird der vorläufige Gläubigerausschuss als ein **zentrales Steuerungs- und Gestaltungsorgan** in das Eröffnungsverfahren eingeführt.[1] Damit erhalten die Gläubiger erstmals im deutschen Konkurs- und Insolvenzrecht bereits im Eröffnungsverfahren und vom ersten Tag eines Verfahrens an **Leistungs- und Teilhaberechte** als Ausfluss der ihnen schon durch die Insolvenzrechtsreform zugewiesenen Verfahrenszielbestimmung[2] sowie als Verbürgung der Eigentumsgarantie aus Art. 14 GG[3] (vgl. dazu näher RdNr. 7). Die Norm des § 22a InsO ist zudem nicht isoliert zu betrachten, sondern stellt nur einen Stein in einem Mosaik dar, dessen Gesamtbild durch das gesetzgeberische Ziel geprägt ist, der Gläubigerschaft vom ersten Tag eines Insolvenzverfahrens an einen deutlich stärkeren Einfluss auf den gesamten Ablauf des Insolvenzverfahrens einschließlich der Auswahl des (vorläufigen) Verwalters einzuräumen. Die Vorschrift steht im systematischen Zusammenhang zu § 56a; hinsichtlich des Zeitpunkts der Einbeziehung der Gläubigerschaft sind aber praktisch von besonderer Bedeutung auch die §§ 21 Abs. 2 Nr. 1 und 1a und die besonderen Pflichten gem. § 13 Abs. 1 Satz 4 bis 6, der dem Schuldner aufgibt, für die Besetzung des vorläufigen Gläubigerausschusses und die Information des Gerichts als Entscheidungshilfe wesentliche Angaben zu machen.[4] Die „Macht" des vorläufigen Gläubigerausschusses als Mittel der frühzeitigen Gläubigerbeteiligung zeigt sinnfällig das „Abwahlrecht" des ohne Beteiligung der Gläubiger bestellten vorläufigen Verwalters nach § 56a Abs. 3.

2   Mit der Neuregelung in § 22a InsO soll Schuldnern wie Gläubigern als wirtschaftlich Betroffene die Möglichkeit eröffnet werden, bereits im Eröffnungsverfahren maßgeblich auf die Auswahl des vorläufigen Verwalters sowie auf die wesentlichen wirtschaftlichen Entscheidungen bestimmenden Einfluss zu nehmen. Zugleich wird erstmals die Möglichkeit der Einsetzung eines Gläubigerausschusses bereits im Eröffnungsverfahren eindeutig gesetzlich verankert. Die Regelung des § 22a InsO ist wesentlicher Baustein eines Gesamtpaketes von Maßnahmen zur **Stärkung der Gläubigerrechte** und zur **Verbesserung der Sanierungschancen** von Unternehmen, denn vorläufige Gläubigerausschüsse spielen neben den „klassischen" Insolvenzverfahren auch im Rahmen der gestärkten Eigenverwaltung sowie des neuen Schutzschirmverfahrens (vgl. dazu RdNr. 28) eine zentrale Rolle[5].

3   Die auf Initiative des Rechtsausschusses in der Endphase der Beratungen des sog. ESUG (BGBl. I, S.2592 ff.) neu eingeführte Regelung des § 22a Abs. 2 ist eine der wichtigsten rechtspolitischen Errungenschaften des reformierten Insolvenzrechts. Sie ist faktisch der **letzte Baustein der Insolvenzrechtsreform** des Jahres 1999 und zugleich der (späte) Versuch des Gesetzgebers, durch Anreize, Mitwirkungs- und Gestaltungsmöglichkeiten Unternehmen in der Krise zu einer frühzeitigen Antragstellung zu bewegen und damit der flächendeckenden Verschleppung von Insolvenzen entgegenzuwirken und Sanierungen durch frühzeitige Antragstellung zu fördern. Zugleich sollen die zentralen wirtschaftlichen Weichenstellungen im Eröffnungsverfahren der Mitbestimmung derjenigen unterworfen werden um deren Geld es letztlich geht, die aber gesetzlich als Gemeinschaft erst zu einem Zeitpunkt in das Verfahren eingebunden wurden, in dem bereits die wichtigsten Entscheidungen gefallen waren.[6]

4   § 22a Abs. 2 ermöglicht in Verbindung mit der Neuregelung in § 56a dem Schuldner wie den Gläubigern in jedem Regelinsolvenzverfahren einen vorläufigen Gläubigerausschuss auch auf eigene Initiative installieren zu lassen und mithin vom ersten Tag eines Verfahrens an dessen Gestaltung und Abwicklung, einschließlich der Auswahl des (vorläufigen) Insolvenzverwalters, mitzuwirken. Dabei unterscheidet § 22a zwischen einem sog. originären, an bestimmte Betriebsgrößen orientierten Pflichtausschuss nach § 22a Abs. 1 und einem an eine Antragstellung gebundenen, derivativen Pflichtausschuss nach § 22a Abs. 2. Beide Ausschüsse stehen nach vorherrschender Auffassung (vgl.

---

[1] Die vorliegende Kommentierung wäre ohne den mir aus frühen gemeinsamen Studientagen verbunden gebliebenen Richter am Amtsgericht Berlin-Charlottenburg Martin Horstkotte undenkbar gewesen, der stets ein offenes Ohr für meine Fragen hatte, aber sich immer auch Zeit nahm für teilweise sehr kontrovers geführte Diskussionen. Seine Bereitschaft, auch sein hohes fachliches Wissen und seine umfassenden Erfahrungen mit mir zu teilen, hat geholfen im „Neuland" des § 22a nicht den Blick für das Ganze zu verlieren und gleichwohl die Notwendigkeit nachhaltiger Veränderungen tradierter Verhaltensmuster in die Kommentierung einfließen zu lassen.

[2] Allg. Begr. zum RegE-InsO A 3 a cc, 4 h, sowie *Balz* in: Kölner Schrift S. 1 ff. RdNr. 5 ff. Die Gläubigerautonomie gelte es zu Lasten der Kompetenzen des Insolvenzgerichts und des Insolvenzverwalters mit dem Ziel größerer Marktkonformität zu stärken, insbesondere hinsichtlich der Verfahrenszielbestimmungen zwecks sanierender Maßnahmen in Abweichung von der gesetzlichen Abwicklungsregelung.

[3] Ausdrücklich zum Schutz privater vermögenswerter Rechte im Insolvenzverfahren und mit weiteren Nachweisen BVerfG, Beschl. v. 23.5.2006 – 1 BvR 2530/04 = ZInsO 2006, 765, 769 ff.

[4] Zum grundlegenden Anliegen des Gesetzgebers, die Gläubigerschaft - möglichst frühzeitig - in die Verfahrensgestaltung einzubeziehen vgl. regierungsamtliche Begründung des Gesetzentwurfs zum ESUG, BT-Drs. 17/5712, S. 2, 24 f.

[5] Vgl. dazu u.a. *Huber* ZInsO 2013, 1 ff.; *Buchalik* ZInsO 2012, 340; *Landfermann* WM 2012, 869; *Vallender* GmbHR 2012, 450.

[6] *Graf-Schlicker*, InsO, § 22a RdNr. 1.

dazu unten RdNr. 141 ff.) unter einem Einsetzungsvorbehalt, der in Abs. 3 geregelt ist und begründen nach Abs. 4 eine aktive Mitwirkungspflicht bei der Findung geeigneter Personen für die Arbeit in einem vorläufigen Gläubigerausschuss, sofern diese nicht zugleich mit dem Insolvenzantrag dem Gericht bereits benannt worden sind.

Kernzweck der mit dem „ESUG" getroffenen Neuregelungen ist aber auch die **Erweiterung** **der Sanierungsmöglichkeiten** von Schuldnerunternehmen hin zu einer strategischen Option in der Krise und der – diese Zielrichtung unterstützende - Anreiz zu frühzeitigerer Antragstellung von Schuldnerunternehmen bei gleichzeitig repräsentativer Beteiligung der Gläubiger bereits im Eröffnungsverfahren. Eine „Unternehmenssanierung" kann im Insolvenzverfahren in unterschiedlichster Weise bewirkt und durch besondere Rechte unterstützt werden: Möglich sind übertragende Sanierung[7] an Fremd- oder Eigeninteressenten (management-buy-out), Teilverkäufe, Betriebsfortführung mit unterschiedlicher Dauer, sowie das Insolvenzplanverfahren mit seinen ganz unterschiedlichen Variationsmöglichkeiten. Solche „Sanierungsmöglichkeiten" im weitesten Sinne setzen zumindest einen bei Antragstellung noch laufenden Geschäftsbetrieb voraus, der auch zumindest in Teilen durch Einsatz eines oder mehrerer der vorgenannten Instrumente noch erhaltungsfähig ist.[8]

Adressat der Norm sowie der unterstützenden Regelungen in § 21 Abs. 2 Satz 1 Nr. 1a iVm § 56a (Auswahl des vorläufigen Verwalters), § 56a (Auswahl des Verwalters), 270a (Eigenverwaltung als Regelfall) und 270b (Schutzschirmverfahren) ist nach dem Willen des Gesetzgebers der sich der Krise seines Unternehmens möglichst frühzeitig stellende und mit den (wichtigsten) Gläubigern gemeinsam die Bewältigung der Krise planende Unternehmensleiter, wie z. B. der Geschäftsführer, der aufgrund der besonderen Gegebenheiten eine Sanierung unter Insolvenzschutz als eine unternehmensstrategische Option in Anspruch nehmen will. Diesem **vorsorgend planenden Normadressaten** und seinen wichtigsten Gläubigern sollen mit den Neuregelungen des ESUG alle Tore zu einer verfahrenssicher zu gestaltenden Sanierung im Insolvenzverfahren eröffnet werden. Durch die sich daraus ergebende **Planungs- und Prozesssicherheit** hofft man Unternehmen mit einem Sanierungskonzept zu einer deutlich früheren Antragstellung bewegen zu können und die volkswirtschaftlichen Schäden zu mindern. Der „Preis" für die erstmalig gewährten Steuerungs- und Mitbestimmungsrechte für Schuldner wie Gläubiger sind deutlich gesteigerte Antragserfordernisse, ohne deren Erfüllung der Zugang zu den neuen Privilegien nicht eröffnet wird. Die zögernden und weiterhin ihre Gläubiger mit plötzlichen Insolvenzanträgen überraschenden Schuldner sollen hingegen von den Vorzügen der Neuregelung schon strukturell ausgeschlossen bleiben, weil diese ein Miteinander von Schuldnern und Gläubigern voraussetzen. Zumindest werden diese Schuldner eine Beteiligung am oder eine Gestaltung des Verfahrens vom ersten Tag an nicht durchsetzen können, sodass es für diese Gruppe insolventer Unternehmen faktisch bei der Rechtslage vor Inkrafttreten des ESUG bleibt.[9] Dass dies auch in der Praxis sich so widerspiegeln zeigen die beim AG Berlin-Charlottenburg erhobenen Daten zur Zulässigkeit von Eigenanträgen.[10]

Rechtspolitisch wendet sich das ESUG insbesondere an vorgerichtliche Handlungs- und Krisenszenarien die weit vor einer entstehenden Insolvenzantragspflicht liegen, erweitert damit auch das Spektrum möglicher Sanierungsstrategien durch eine Sanierung unter dem Schutz des Insolvenzrechts – und nähert sich damit deutlich den Verfahrensweisen in den anglo-amerikanischen Systemen an. Aufgrund der neuen Möglichkeiten einer gestärkten Eigenverwaltung, des Schutzschirmverfahrens sowie der Gestaltungsoptionen im Eröffnungsverfahren hat damit auch das deutsche Recht Anschluss an die sanierungsorientierten Strukturen anderer europäischer Länder gefunden. Zugleich eröffnen sich damit nicht nur für Geschäftsführer und Vorstände sondern auch für Unternehmens- wie Steuer- und Sanierungsberater neue Handlungsoptionen, weil sie nun in die Rolle eines möglichen Mittlers zwischen dem krisenbehafteten Unternehmen, seinen wesentlichen Gläubigern sowie einem potenziellen Insolvenzverwalter/Sachwalter und dem Insolvenzgericht hineinwachsen können. Damit öffnet sich auch der „closed-shop" der Insolvenzverwaltung in eine neue Richtung und das Ende der Gelegenheitsverwalter scheint nun auch möglich zu werden.

---

[7] Der verfestigte Begriff einer übertragenden Sanierung täuscht darüber hinweg, dass es letztlich ein Verkaufsprozess ist, der oftmals die wesentlichen betriebswirtschaftlichen Probleme einer späteren Lösung durch den Erwerber zuführt, während eine „echte" Sanierung die Lösung dieser Probleme im Verfahren erfolgen lässt. So bestens gelungen in der Insolvenz von Woolworth, während die Übertragung von Karstadt die seit langer Zeit bestehenden Probleme schlicht auf den Erwerber verlagert hat..

[8] So ausdrücklich auch Frind, ZInsO 2012, 2028.

[9] Auch Flöther, ZIP 2012, 1833 geht in seinem kritischen Beitrag von einem nur begrenzten Anwenderkreis aus.

[10] Nach einer Erhebung des AG Berlin-Charlottenburg waren in der Zeit vom 01.03. bis zum 31.07.2012 fast 90% aller eingereichten Anträge nach den neuen Regelungen mangelhaft und als unzulässig zurückzuweisen; vgl. dazu ZInsO 2012, Heft 28, Seite III.

8 Hinsichtlich aller Insolvenzverfahren gilt aber auch weiterhin, dass das grundsätzliche Ziel der InsO, die bestmögliche Massemehrung und Befriedigung der Gläubiger, nicht durch die Regelungen des „ESUG" verdrängt worden ist, sondern das ESUG nur als ein Vehikel zur Erreichung dieses Ziels zu verstehen ist, der Mut zu einem wirklichen Paradigmenwechsel hin zu einer klaren Sanierungsorientierung hat dem Gesetzgeber gefehlt.[11] Bereits im Gesetzgebungsverfahren ist darauf hingewiesen worden, dass das „ESUG" keine Änderung von § 1 InsO enthält und den Stellenwert der Sanierung im Insolvenzverfahren im Vergleich zur bestmöglichen Generierung und Verteilung der Masse jedenfalls nicht anhebt,[12] aber die Voraussetzungen für das Gelingen einer Sanierung und damit vielfach auch einer Verminderung der eintretenden Schäden deutlich verbessert.

9 Ist Zielsetzung des Verfahrens auch weiterhin die bestmögliche Befriedigung der Gläubiger, so genießen die **Interessen der Gläubiger den Vorrang**[13] vor allgemeinen Sanierungserwägungen, dem bloßen Erhalt von Arbeitsplätzen oder Regionalstrukturen, denn letztlich bestimmt allein die zu erzielende Befriedigung der Gläubiger über den Erfolg oder Misserfolg einer Sanierung, sodass es auch geboten ist, diese an den dafür grundlegenden Entscheidungen zu beteiligen.[14] Es verbleibt daher notwendig auch ein unauflösliches Spannungsverhältnis zwischen diesem Ziel, gesamtwirtschaftlichen Interessen und der Verbesserung der Sanierungschancen unter Einbeziehung der Gläubigerschaft im Einzelfall. Wenn die Gläubiger aber zB bereit sind, auf eine kurzfristig mögliche höhere Befriedigung zugunsten eines langfristigen Erhalts von Liefer- und Kundenbeziehungen zu verzichten, dann wird man auch dies als mit den Zielen des Verfahrens vereinbar anzusehen haben, denn letztlich bestimmen die Gläubiger stets autonom und mit Mehrheit über die Wahrung ihrer Interessen.

B. Entstehungsgeschichte
I. Bisherige Regelung und Reformvorschläge

10 Das ESUG ist in seiner Gesetz gewordenen Ausformulierung eine Reaktion auf das Fehlschlagen der mit der Insolvenzrechtsreform 1999 verbundenen Erwartungen und gesetzgeberischer Defizite aus dieser Zeit, insbesondere auf Grund der Tatsache, dass es für Gläubiger wie Schuldner an einem rechtssicheren Gestaltungsrahmen fehlte und eine institutionalisierte Beteiligung nach der bisherigen InsO nur im Rahmen der Gläubigerversammlung gesichert war; lediglich in Großverfahren kam es (regional höchst unterschiedlich) auch schon unter dem alten Recht zu einer informellen Einbindung der Gläubiger. Der Versuch einer frühen Beteiligung durch sog. vor-vorläufige Gläubigerausschüsse im Eröffnungsverfahren war ohne gesetzliche Grundlage und von der Einstellung des jeweiligen Gerichts oder gar den entscheidenden Richters oder der Richterin abhängig, obwohl bereits im Eröffnungsverfahren alle relevanten Weichenstellungen erfolgen, die Monate später in der ersten Gläubigerversammlung nicht mehr reversibel sind. Diese **Dimension** der durch nicht Betroffene gefällten rechtlichen wie wirtschaftlichen Weichenstellungen und deren betriebswirtschaftlicher Folgen für die das Verfahren letztlich finanzierenden Gläubiger ist über Jahrzehnte **konsequent ausgeblendet** worden, sodass die Fremdbestimmung vermögensrechtlicher Interessen der Gläubiger die Regel und deren Einbeziehung die eher seltene Ausnahme gewesen ist.

11 Dementsprechend verlaufen auch die meisten Versammlungen der Gläubiger ohne deren Beteiligung. Wollte man zudem das Verhalten antragsverpflichteter Schuldnerunternehmen nach mehr als 12 Jahren der Reform kurz und knapp charakterisieren, so ergaben alle vorliegenden Befunde auch nach der grundlegenden Reform des Jahres 1999 das gleiche Ergebnis: Der offene und nachhaltige **Rechtsbruch ist die Regel**, Ausnahmen waren allenfalls in wenigen Einzelfällen feststellbar. Trotz Eintritts der materiellen Insolvenz mehr als 10 Monate vor der Einleitung eines Insolvenzverfahrens wirtschaften die Schuldner so lange weiter, bis auch die letzten finanziellen Reserven erschöpft und das Eigenkapital vollständig verbraucht sind.[15] Dies nicht zuletzt auch, weil das Stigma der Insolvenz

---

[11] Zu erinnern ist nicht nur an die über lange Zeit und sehr konstruktiv geführte Diskussion zur Schaffung einer außergerichtlichen Sanierung, die Zuordnung von Sanierungsverfahren zu den Kammern für Handelssachen oder Spezialkammern bei den Oberlandesgerichten etc. Sämtlich zukunftweisende Vorschläge die maßgeblich an den Widerständen aus Justiz und Verwalterkreisen gescheitert.

[12] *Frind* ZInsO 2012, 2028; *Braun/Heinrich* NZI 2011, 505, 516; *Frind* ZInsO 2011, 373, 381 m. w. N.

[13] *Huber* ZInsO 2013, 1 ff.; HRI-*Ampferl* § 8 RdNr.4.

[14] *Wimmer*, juris PR-InsR 5/2011, Anm. 1.

[15] Vgl. dazu u.a. Langzeitstudie KDLB, *Kirstein* ZInsO 2006, 966 ff.; Studie des ZIS Mannheim und von Euler-Hermes, nachzulesen unter: http://www.eulerhermes.com/ger/ger/press/aktuelle_analysen.html; Studie Creditreform unter: http://www.creditreform.de/Deutsch/Creditreform/Aktuelles/Creditreform_Analysen/ Insolvenzen_Neugruendungen_Loeschungen/index;. *Weyand/Diversy*. Insolvenzdelikte, 7. Aufl., S. 22 ff.; *Beck*, in: Wabnitz/Janovsky, Wirtschafts- und Steuerstrafrecht, 2. Aufl., § 6 RdNr. 53 ff.; *Meyer* GmbHR 2002, 177 und 242 und 2004, 1417, 1420 ff.; *Richter* GmbHR 1984, 113 ff.

auch nach der Reform des Jahres 1999 nicht endete. Hinzu kam, dass der Ablauf der Verfahren für die Gläubiger unkalkulierbar war, ebenso wie die Qualifikation, Auswahl und die Kriterien zur Bestellung eines Insolvenzverwalters. Dabei kommt gerade der Erfahrung und Sanierungsorientierung des vorläufigen Insolvenzverwalters die zentrale und gestaltende Position für die Weichenstellungen im Eröffnungsverfahren zu.

Nach dem Willen des Gesetzgebers bei der Reform des Insolvenzrechts 1999 soll der vorläufige Verwalter – anders als der vormalige Sequester nach der Konkursordnung – nicht lediglich zurückhaltend sichernd tätig sein und damit eine passive Rolle im Eröffnungsverfahren einnehmen; nein, er soll auch aktiv das Insolvenzeröffnungsverfahren befördern, ein noch am Markt befindliches Unternehmen fortführen, die Sanierungswürdigkeit erhalten und prüfen, die Insolvenzmasse nach Möglichkeit anreichern, Außenstände einziehen, übertragende Sanierungen vorbereiten, Lastschriften widerrufen, Anfechtungs- und Haftungstatbestände ermitteln, mit potenziellen Investoren Vorverhandlungen führen, betriebliche Sanierungsmaßnahmen einleiten, Insolvenzgeld vorfinanzieren, mit Absonderungsberechtigten verhandeln etc. – kurz, er soll ein Verfahren bereits in diesem frühen Stadium mit allen ihm zur Verfügung stehenden Möglichkeiten - wenn nötig auch rechtlich und betriebswirtschaftlich - gestalten.[16] Dies ist das marktwirtschaftliche und soziale Verständnis des reformierten Insolvenzrechts auf der Grundlage von § 1 InsO und die funktionale Zweckbestimmung des Eröffnungsverfahrens. Die Praxis der vergangenen 12 Jahre zeigte, dass aufgrund der hohen Gestaltungsmacht eines vorläufigen Verwalters faktisch schon in den ersten zwei bis drei Wochen die Entscheidung über Erfolg oder Misserfolg eines Verfahrens, über Sanierung oder Liquidation fällt und falsche wirtschaftliche Weichenstellungen, unzureichende Ermittlungen, rechtliches Taktieren und betriebswirtschaftliches Abwarten in dieser Zeit nicht oder nur unter ganz besonders schwierigen Umständen wieder korrigiert werden können – über Erfolg und Misserfolg wird mithin schon durch die Weichenstellungen in den ersten 10 - 20 Tagen eines Insolvenzverfahrens entschieden, aber die wirtschaftlich betroffenen Gläubiger hatten gerade in dieser Phase keine gesicherten Möglichkeiten der Einflussnahme oder gar der Mitbestimmung.

Vor diesem Hintergrund war die auf Beseitigung dieser Mängel abzielende Reform des Insolvenzrechts, die Stärkung der Rechte der Gläubiger und der Sanierungschancen bereits Teil der Koalitionsvereinbarung der Bundesregierung. Diese Entwicklung bedeutete für den Gesetzgeber zugleich aber auch, dass eine Erfolg versprechende neue Reform des Insolvenzverfahrens an diesen Fakten ansetzen musste, denn ohne eine frühzeitige Einbindung der Gläubiger und ihre aktive Mitwirkung würde es eine Akzeptanz des reformierten Insolvenzverfahrens aus den o.g. Gründen auch künftig nicht geben. Festzustellen ist, dass sich der Gesetzgeber, insbesondere aber auch der Rechtsausschuss des Bundestages, mit dem ESUG diesen Rahmenbedingungen erstmals gestellt und eine seit Jahrzehnten überfällige Konkretisierung des Prinzips der Gläubigerautonomie vollzogen hat, die das bisher eher fürsorglich und **paternalistisch geprägte gerichtliche Verfahren** zu einem nun auch gläubigerautonom zu gestaltenden Verfahren verändert hat. Ein Verfahren allerdings, das ob seiner Besonderheiten und gestiegenen Anforderungen notwendig professioneller Vorbereitung und planend agierender Schuldner wie Gläubiger bedarf.

II. Gesetzgebungsverfahren im Rahmen der InsO

Auf dem Weg vom Diskussionsentwurf[17] bis zur Beschlussempfehlung des Rechtsausschusses hat gerade der Versuch einer Stärkung der Gläubigerautonomie bei der Verwalterauswahl wohl die meisten Änderungen erfahren. Der Diskussionsentwurf wollte die Regelungen über Auswahl des Insolvenzverwalters durch Ergänzung des § 56 um folgende Absätze 2 und 3 wesentlich ändern:

„*(2) Soweit dies nicht offensichtlich zu einer nachteiligen Veränderung der Vermögenslage des Schuldners führt, ist dem vorläufigen Gläubigerausschuss oder, sofern ein solcher nicht bestellt wurde, den wesentlichen Gläubigern vor der Bestellung des Verwalters Gelegenheit zu geben, sich zu den Anforderungen, die an den Verwalter zu stellen sind, und zur Person eines möglichen Verwalters zu äußern. Dies gilt nicht für Verbraucherinsolvenzverfahren und sonstige Kleinverfahren (Neunter Teil dieses Gesetzes) und in Fällen, in denen eine Sanierung offensichtlich aussichtslos ist.*

(3) Das Gericht soll von einem solchem Vorschlag, der offensichtlich von einer Summenmehrheit der dem Gericht bekannten Gläubiger unterstützt wird, nur abweichen, wenn der Vorschlag in Widerspruch zu den Anforderungen nach Absatz 1 Satz 1 steht."

Dieser Vorschlag traf auf heftigen Widerstand, vor allem von Seiten der Insolvenzverwalter und der Richter, teilweise aber auch des Kreditgewerbes. Hauptkritikpunkt war der Umstand, dass durch die in

---

[16] Umfassend dazu die Darstellung bei *Haarmeyer/Wutzke/Förster* Handbuch der vorläufigen Insolvenzverwaltung, passim.
[17] Abgedruckt in ZInsO 2011, 269 ff.

Absatz 3 vorgesehene Summenmehrheit die weitgehend gesicherten Gläubiger auch noch den größten Einfluss erhalten sollten, während die große Masse der ungesicherten Gläubiger, denen durch die Insolvenz die größten Verluste drohen, faktisch rechtlos geblieben wären. Die Bedenken richteten sich vor allem auch gegen die Banken, die in der kurzen Phase nach der Einführung der InsO 1999 bis zum Insolvenzrechtsänderungsgesetz 2001 die Möglichkeit, in der ersten Gläubigerversammlung den vom Gericht bestellten (aber ihnen unliebsamen) Insolvenzverwalter mit Summenmehrheit wieder abzuwählen, in wenigen Fällen missbraucht hatten. Hinzu kam aber auch die Befürchtung der Banken selbst, mit dem dominierenden Vorschlagsrecht für einen Verwalter diesen zugleich für Tätigkeiten bei anderen Gerichten zu diskreditieren, weil er dann in der Gefahr stand, aus der Sicht der anderen Beteiligten, insbesondere der Insolvenzgerichte, nicht als unabhängig, sondern als einseitig für die Kreditwirtschaft oder mindestens in deren Interesse tätig angesehen zu werden.[18]

16   Schon der Referentenentwurf und ihm folgend der Regierungsentwurf wichen unter dem Eindruck der ablehnenden Diskussion daraufhin von der Summenmehrheit ab und wiesen das Recht zur Mitwirkung an der Auswahl des vorläufigen und des endgültigen Verwalters ausschließlich einem vorläufigen Gläubigerausschuss zu, der bei Unternehmen von einer bestimmten Größenordnung an stets bestellt und aus Vertretern von Gläubigergruppen mit unterschiedlichen Interessen (§ 67 Abs. 2) zusammengesetzt werden sollte; nur dessen einstimmiges und repräsentatives Votum sollte das Insolvenzgericht binden. Das Verfahren war aber auch in dieser Entwurfsphase noch erheblich davon entfernt, den betroffenen Gläubigern wie den Schuldner eine verfahrenssichere Gestaltung zu ermöglichen.

17   Von verschiedenen Autoren, Verbänden und Vereinigungen[19] wurde zudem gegenüber dem BMJ und Abgeordneten kritisiert, dass die Größenordnung der Unternehmen, bei deren Insolvenz das Gericht zur Einsetzung eines vorläufigen Gläubigerausschusses verpflichtet sein sollte, viel zu niedrig bemessen sei, und dass der Zeitverlust durch Zusammenstellung des vorläufigen Gläubigerausschusses und dessen Entscheidungsfindung eine nachteilige Veränderung der Insolvenzmasse verursachen werde. Auch wurde kritisiert, dass die Grenzziehung willkürlich und die Privilegierung bestimmter Unternehmen mit Art. 3 GG kaum vereinbar sein. In den Beratungen im Rechtsausschuss am 29.6.2011 wurde u.a. aufgrund der maßgeblichen Stellungnahme eines der Sachverständigen thematisiert, ob der vorläufige Gläubigerausschuss nicht jenseits der „Schwellenwert"-Betriebe des § 22a Abs.1 InsO auch für andere Unternehmensinsolvenzverfahren fruchtbar gemacht werden sollte.[20] In seiner Beschlussempfehlung[21] nahm sich der Rechtsausschuss dieser Argumente an, setzte die Grenzen für die Pflicht zur Bestellung eines vorläufigen Gläubigerausschusses deutlich herauf und definierte die Rolle des vorläufigen Gläubigerausschusses neu, indem er auf Intervention von Wirtschaftsverbänden und Gläubigerschutzvereinigungen[22] auch für Unternehmen unterhalb bestimmter Größenkategorien die Möglichkeit zur Einsetzung eines vorläufigen Gläubigerausschusses eröffnete und diesen auch für die Eigenverwaltung wie das Schutzschirmverfahren zu einem zentralen **Sanierungs- und Steuerungsinstrument** ausbaute. Ein allseitig konsentiertes Ziel war es in diesem Kontext auch, die Gerichte aus der bisher allein bestimmenden Rolle für die Auswahl eines Insolvenzverwalters zu verdrängen und den wirtschaftlich Beteiligten und Betroffenen bei einstimmigen Voten ein die Gerichte bindendes Vorschlags- und Gestaltungsrecht zu geben.

18   Sah der Diskussionsentwurf neben dem vorläufigen Gläubigerausschuss noch die Möglichkeit eines nicht formalisierten Rückgriffs auf den Willen der „wesentlichen Gläubiger" vor[23], konzent-

---

[18] Gerade auch vor diesem Hintergrund erscheint es angezeigt, die Fehlentwicklung im Rahmen der Stimmrechte gesicherter Gläubiger einer auch rechtspolitischen Prüfung zu unterziehen und deren Stimmrechte letztlich nur an dem zu erwartenden Ausfall zu orientieren. In diese Richtung zielen auch die Reformvorschläge des 1. Deutschen Gläubigerkongresses, vgl. dazu ZInsO 2012, 1772.

[19] Vgl. u.a. die gemeinsame Stellungnahme des Gravenbrucher Kreises und des BAKInsO, abgedruckt in ZInsO 2011, 813; aber auch die Stellungnahme des GSV e.V. ZInsO 2011, 909

[20] Stellungnahme des Sachverständigen Haarmeyer (GSV e.V.), S.21 und S.22 für den Rechtsausschuss, siehe unter www.bundestag.rechtsausschuss.de: „Es gibt keinen sachlichen Grund, den redlichen Schuldnerunternehmen, die sich mit ihren Gläubigern rechtzeitig verständigen, die Möglichkeit zum gemeinsamen Wirken und Gestalten zu verwehren. Nur auf diese Weise kann das immer noch bestehende Stigma der Insolvenz sukzessive überwunden und eine frühzeitige Antragstellung gefördert werden. Das erfordert aber auch einen verfahrensfesten und gläubigerautonom gestalteten Zugang zum Insolvenzverfahren für alle Unternehmen, in dem die zentralen Entscheidungen für das weitere Verfahren bereits in den ersten Tagen veranlasst werden müssen. Allen Unternehmen und damit auch allen Gläubigern muss (zumindest) die Option eröffnet werden, von sich aus die maßgeblichen Entscheidungen wirksam zu beeinflussen."

[21] BT-Drs. 17/7511 v. 26.10.2011.

[22] Vgl. dazu das Protokoll der 55. Sitzung des Rechtsausschusses vom 29. Juni 2011 mit den Beiträgen und Stellungnahmen von Brenner für den KSI und Haarmeyer für den GSVe.V.

[23] Siehe die Vorschläge des Diskussionsentwurfs, Bearbeitungsstand 30.06.2010, zu § 21 Abs. 1 Nr. 1a und § 56 Abs. 2 und 3 InsO

rierten sich nachfolgend der Referentenentwurf sowie der Regierungsentwurf auf den vorläufigen Gläubigerausschuss als Mittel der Wahl zur Realisierung einer frühzeitigen Einbeziehung der Gläubiger[24]. Im Zuge der weiteren Beratungen des Gesetzes folgten dann auf Initiative des Rechtsausschusses des Bundestags zwei wesentliche Erweiterungen,[25] die maßgeblich auch das Ziel verfolgten, die für eine gewünschte Verhaltensveränderung (frühzeitige Antragstellung) von Schuldnern notwendigen Rahmenbedingungen zu schaffen und ein Unterlaufen der Reform zu verhindern. Entsprechend der Beschlussempfehlung des Rechtsausschusses wurde geltendes Recht, dass der **Zeitpunkt** der gewünschten Einflussnahme der Gläubigerschaft auf die Bestellungspraxis der Gerichte durch Ergänzung des § 21 Abs. 2 Satz 1 Nr. 1 um den Verweis auf § 56a (mindestens klarstellend) dahingehend vorverlagert wurde, dass eine solche im Regelfall bereits für die Bestellung eines vorläufigen Verwalters gilt. Zudem wurde § 22a um Abs. 2 erweitert, der nun neben dem originären Pflichtausschuss gem. § 22a Abs. 1 vorsieht, dass das Gericht auf Antrag des Schuldners, eines Gläubigers oder eines des vorläufigen Insolvenzverwalters einen vorläufigen Gläubigerausschuss unabhängig von der Größe des Unternehmens zu bestellen hat (vgl. dazu RdNr. 100 ff.), wenn die dort genannten Voraussetzungen erfüllt sind. Zudem wurde durch das Abwahlrecht in § 56a Abs. 3 für einen erst später berufenen Ausschuss die Möglichkeit zur Selbstbestimmung eines anderen vorläufigen Verwalters schon im Eröffnungsverfahren eingeführt und damit das autonome Recht der Gläubiger zur Gestaltung eines Sanierungsverfahrens weiter gestärkt.

Leider wurde im Zuge der Änderungen in der Schlussphase der Beratungen des Rechtsausschusses versäumt, die gewollte Stärkung der Stellung und der Verfahrensrechte der Gläubiger auch durch ein ausdrückliches **Rechtsmittel** abzusichern. Dies ist offenbar versehentlich unterblieben[26], denn Hinweise für ein bewusstes Unterlassen können, bezogen insbesondere auf den in der Endphase erste eingefügten § 22a Abs. 2 den Materialien nicht entnommen werden. Vielmehr lässt sich aus den Materialien zum ESUG eher ablesen, dass das Bundesjustizministerium selbst erhebliche Zweifel an der Verfassungsmäßigkeit von § 6 Abs. 1 Satz 1 iVm § 21 Abs. 1 Satz 2) bezogen auf die Rechtsstellung der Gläubiger hatte. So war im Diskussionsentwurf zum ESUG vorgesehen, dass § 21 Abs. 1 Satz 2 InsO durch ein Beschwerderecht der aus- und absonderungsberechtigten Gläubiger gegen die Maßnahmen nach § 21 InsO ergänzt werden sollte. Die Begründung führt dazu aus:

19

„*In der Praxis hat sich gezeigt, dass entgegen der gesetzgeberischen Intention bei der Anordnung von Maßnahmen nach § 21 häufig keine Abwägung im Einzelfall unter Berücksichtigung der Verhältnismäßigkeit erfolgt, sondern die Maßnahme pauschal angeordnet wird. Die betroffenen aus- und absonderungsberechtigten Gläubiger haben derzeit jedoch kein Rechtsmittel gegen eine solche Anordnung. Die sofortige Beschwerde nach § 6 der Insolvenzordnung steht nach § 21 Absatz 1 Satz 2 nur dem Schuldner zu, nicht dagegen Gläubigern, Dritten oder dem vorläufigen Verwalter. Diesen bleibt nur die Möglichkeit einer Gegenvorstellung bei Gericht. Es ist aus rechtsstaatlichen Gründen geboten, den Gläubigern, in deren dingliche Rechtsposition durch pauschale Anordnung des Insolvenzgerichts eingegriffen wird, ein Beschwerderecht einzuräumen.*"

Dahinter stand die Erkenntnis des Justizministeriums, dass die Entscheidungen der Insolvenzrichter in essentiellen Fragen grundsätzlich auch von den Gläubigern einer Überprüfung unterzogen werden müssen, sofern nicht andere Belange das Schutzinteresse der Gläubiger überwiegen, was bei der Entscheidung nach § 22a Abs. 1 und 2 als Kernbereich der Stärkung der Gläubigerrechte gewiss nicht der Fall ist. Eine Einschränkung oder ein Ausschluss von Rechtsbehelfen bei ausdrücklicher oder konkludenter Ablehnung eines Ersuchens oder eines förmlichen Antrags auf Einsetzung eines vorläufigen Gläubigerausschusses nach § 22a Abs. 2 und 3 dürfte daher auch gegen die Verfahrensgestaltungsfreiheit der autonomen Gläubigerschaft, die Teilhaberechte der Gläubiger aus Art. 14 GG sowie gegen Art. 19 Abs. 4 GG verstoßen und wäre daher verfassungswidrig.[27] Umfassend dazu RdNr. 169 ff.

20

Nach der Begründung des Gesetzgebers in BT-Drs. 17/5712, S. 24 soll: „Die Einsetzung eines vorläufigen Gläubigerausschusses schon im Eröffnungsverfahren und die Beteiligung dieses Ausschusses **vor den Entscheidungen des Gerichts** ein Mittel sein, um einen frühzeitigen Einfluss der Gläubiger auf die Auswahl des (vorläufigen) Insolvenzverwalters, auf die Anordnung der Eigenverwaltung und auf die Bestellung des (vorläufigen) Sachwalters sicherstellen". Die Sicherung dieser zentralen Zielvorgabe des ESUG lässt sich nur dadurch umsetzen, dass den Gläubigern auch für den

21

---

[24] Vgl. Referentenentwurf, Bearbeitungsstand 25.01.2011, zu §§ 21 Abs. 2 Nr. 1a, 22a, 56 Abs. 2 und 3 InsO sowie Regierungsentwurf, BT-Drs. 17/5712 zu den genannten Bestimmungen
[25] Vgl. BT-Drs. 17/7511
[26] So überzeugend *Horstkotte* ZInsO 2012, 1930, auch *Römermann/Praß* ZInsO 2012, 1923. Auch aus dem Protokoll der 63. Sitzung des Rechtsausschusses, das dem Verfasser durch das Sekretariat des Rechtsausschusses zur Auswertung zur Verfügung gestellt worden ist, lassen sich keine Hinweise auf eine bewusst ein Rechtsmittel versagende Entscheidung des Ausschusses entnehmen.
[27] So überzeugend *Römermann/Praß* ZInsO 2012, 1923, 1925.

§ 22a 22, 23   2. Teil. 1. Abschnitt. Eröffnungsvoraussetzungen und Eröffnungsverfahren

Fall des ausdrücklichen oder konkludenten Unterlassens bzw. der Ablehnung der Einsetzung eines vorläufigen Gläubigerausschusses ein probater Rechtsbehelf zur Verfügung gestellt wird, was durch die Zulassung einer sofortigen Beschwerde nach §§ 4 InsO iVm § 567 Abs. 2 ZPO gesichert ist[28] (zu den Gründen ausführlich RdNr. 171).

C. Die Bestellung eines vorläufigen Gläubigerausschusses

I. Anwendungsbereich der neuen Regelung

22 Mit dem Inkrafttreten des ESUG haben sich der Charakter des Eröffnungsverfahrens, die Rollen der Beteiligten sowie der in diesem Kontext zu treffenden und möglichen Maßnahmen grundlegend verändert. Abhängig von bestimmten Unternehmensgrößen oder auf Antrag hat das Insolvenzgericht **schon vor den maßgeblichen verfahrensleitenden Entscheidungen** den Gläubigern nach Maßgabe der Neuregelungen die Möglichkeit zu eröffnen, diesen Entscheidungsprozess mitzugestalten und mitzubestimmen – es sei denn, eine der in § 22a Abs. 3 genannten Ausnahmen liegt vor (dazu ausführlich RdNr. 141 ff.). Damit besteht faktisch in allen Unternehmensinsolvenzverfahren die rechtliche Möglichkeit zur „Installierung" einer Gläubiger(mit)bestimmung vom ersten Tag eines Verfahrens an. Im Rahmen von Eigenverwaltung und Schutzschirmverfahren kommt dem vorläufigen Ausschuss zudem noch eine unmittelbar den Ablauf des Verfahrens steuernde Wirkung zu. Die sofortige Einsetzung eines vorläufigen Gläubigerausschusses und damit die Einbindung in die maßgeblichen Entscheidungen hängt jedoch maßgeblich davon ab, inwieweit der Schuldner und dessen Gläubiger im Vorfeld eines Insolvenzantrags bereits kooperieren, sodass dem Gericht bereits mit der Antragstellung **alle für eine die Beteiligung der Gläubiger ermöglichende Entscheidung notwendigen Unterlagen** zur Verfügung gestellt werden können.[29] Hier werden bei allen Beteiligten nachhaltige Verhaltensveränderungen notwendig sein, die sich vermutlich erst mittel- oder langfristig einstellen werden. Allerdings gibt die Entwicklung des ersten Jahres[30] durchaus Anlass für eine optimistische Erwartungshaltung an einen bereits routinierten Umgang vieler Gerichte und Beteiligter mit den Neuerungen des ESUG. Die in diesem Kontext bekannt gewordenen Versuche, das Verfahren eigennützig oder missbräuchlich zu nutzen,[31] bewegen sich in einem „üblichen" Umfang und können bei sorgsamer Arbeit der Insolvenzgerichte schon in einem sehr frühen Stadium unterbunden werden.

23 **1. Nicht eigenverwaltete Unternehmensinsolvenzverfahren.** Im Gegensatz zu dem durch eine Gläubigerversammlung nach § 68 einzusetzenden „endgültigen" Gläubigerausschuss eröffnet die Neuregelung durch das ESUG nunmehr neben dem bisher schon möglichen vorläufigen Gläubigerausschuss im eröffneten Verfahren, auch Interimsausschuss genannt (vgl. dazu § 67 RdNr. 8), drei weitere Varianten eines vorläufigen Gläubigerausschusses im Eröffnungsverfahren, mit einer Zäsur auf den Eröffnungszeitpunkt. Damit ist auch die bisher umstrittene Frage[32] nach einer Zulässigkeit eines solchen Organs im Eröffnungsverfahren geklärt.

Demgemäß kennt das Gesetz für das Eröffnungsverfahren nun folgende drei Formen des vorläufigen Gläubigerausschusses:
a) Den „originären Pflichtausschuss" gem. § 22a Abs. 1 InsO bei Überschreiten bestimmter, dort genannter Schwellenwerte;
b) den „derivativen „Pflichtausschuss" gem. § 22a Abs. 2 InsO[33] auf Antrag eines Verfahrensbeteiligten; und
c) den „fakultativen amtswegigen Ausschuss" gem. § 21 Abs. 2 Nr. 1a InsO.[34]

---

[28] So zutreffend *Horstkotte* ZInsO 2012, 1930, 1932.
[29] Zu den dazu notwendig beizubringenden Unterlagen und Erklärungen bis hin zur Deckungszusage einer Versicherung vgl. *Haarmeyer* ZInsO 2012, 370.
[30] Vgl. die Übersicht von *Fröhlich* über die größten Verfahren unter Eigenverwaltung und Schutzschirm in ZInsO Heft 40/2012 S. III.
[31] Vgl. zB AG Stendal ZIP 2012, 1875; dazu auch der Beitrag von *Seidl* ZInsO-Newsletter 2012, 2285 sowie *Horstkotte* ZInsO 2013, 160.
[32] Vgl. zum vormaligen Streitstand AG Duisburg NZI 2003, 502 m. Anm. *Haarmeyer* ZInsO 2003, 940; AG Köln ZInsO 2000, 406 m. w. N.; Uhlenbruck/*Uhlenbruck*, InsO § 67 RdNr. 5; *Jaeger/Gerhardt*, InsO, § 67 RdNr. 19.
[33] Terminologie entlehnt von *Hölzle*, Praxisleitfaden ESUG, S. 14/15, RdNr. 5-7
[34] So zutreffend HambKomm-*Frind*, 4. Aufl., § 22a, RdNr. 2; ebenso *Frind* in Haarmeyer/Wutzke/Förster, InsO, 2. Aufl., RdNr. 5 und 14; *Hölzle*, Praxisleitfaden, S. 15, RdNr. 7; *Obermüller*, ZInsO 2012, S. 18, 21; HambKomm-*Schröder*, § 21, Rdnr. 39d ff.; unklar auch *Braun-Böhm*, InsO, 5. Aufl., § 21, RdNr. 20 ff.

Bestellung eines vorläufigen Gläubigerausschusses   24–27   § 22a

Im Falle des originären Pflichtausschusses „hat", in der Variante des derivativen Pflichtausschusses „soll" und in Ansehung des amtswegigen Ausschusses „kann" das Insolvenzgericht schon vor den maßgeblichen verfahrensleitenden Entscheidungen den Gläubigern die Möglichkeit eröffnen, diesen Entscheidungsprozess mitzugestalten und mitzubestimmen.[35]

Damit besteht erstmals **in allen Unternehmensinsolvenzverfahren** die rechtliche Möglichkeit 24 zur „Installierung" einer Gläubiger(mit)bestimmung vom ersten Tag eines Verfahrens an. Grundsätzlich gilt trotz des Wortes „soll" in Abs. 2 für die Verbindlichkeit des derivativen Pflichtausschusses dasselbe wie für den originären Pflichtausschuss nach Abs. 1, denn das Gericht hat dem Antrag im Rahmen eines gebundenen Ermessens Folge zu leisten, wenn nicht besondere Umstände die Einsetzung des vorläufigen Gläubigerausschusses verbieten. Ein freies gerichtliches Einsetzungsermessen ist künftig nur noch in den über die Pflichtausschüsse hinausgehenden Fällen der sog. fakultativen Gläubigerausschüsse nach § 21 Abs. 2 Nr. 1a eröffnet,[36] nicht aber für das Absehen von der Einsetzung eines vorläufigen Gläubigerausschusses.

Die vom Gesetzgeber eröffnete Möglichkeit zur sofortigen Einsetzung eines vorläufigen Gläubi- 25 gerausschusses und damit die Einbindung der Gläubiger in die für das Verfahren maßgeblichen wirtschaftlichen Entscheidungen hängt entscheidend davon ab, inwieweit der Schuldner und dessen Gläubiger im Sinne des Gesetzgebers zumindest in der letzten Phase vor der Stellung eines Insolvenzantrages kooperieren. Nur unter dieser Voraussetzung und mit der Beibringung aller notwendigen Unterlagen nach § 13 können dem Gericht bereits mit der Antragstellung **alle für eine Entscheidung notwendigen Unterlagen** zur Verfügung gestellt werden.[37] Dabei hat es sich in der Praxis als außerordentlich sinnvoll erwiesen, spätestens 72 Stunden vor einer beabsichtigten Antragstellung Kontakt mit dem zuständigen Gericht[38] aufzunehmen und die Einzelheiten des Verfahrens vorzubesprechen. Auf diese Weise besteht auch die Möglichkeit, noch vorhandene Bedenken des Gerichts aufzunehmen und ihnen bis zur Antragstellung zu entsprechen.[39]

Die Tätigkeit der drei möglichen Ausschüsse ist untrennbar mit dem Eröffnungsverfahren verbun- 26 den und die diesbezüglichen Regelungen betreffen daher auch nicht den sog. **Interimsausschuss**, der vom Gericht nach § 67 Abs. 1 mit der Eröffnung des Verfahrens auch schon vor der ersten Gläubigerversammlung eingesetzt werden kann. Daher betrifft auch die sog. **Sperrwirkung** des Abs. 3 nach überwiegender Auffassung (vgl. dazu RdNr. 141) nur die für das Eröffnungsverfahren vorgesehenen originären und derivativen Pflichtausschüsse, während die anderen Erscheinungsformen von dieser Sperrwirkung gelöst eingesetzt werden können.[40]

Die Regelungen in § 22a gelten unabhängig davon, ob das Verfahren aufgrund eines **Eigen-** oder 27 eines **Fremdantrag**es (vgl. dazu unten RdNr. 30) eingeleitet wird.[41] Es ist Sache des Schuldners bzw. der einen Antrag stellenden Gläubiger dem Gericht die für eine Einsetzung notwendigen Unterlagen zur Verfügung zu stellen bzw. die erforderlichen Angaben zu machen. Erfolgt dies nicht zugleich mit dem Antrag, könnten sich daraus ggf. ergebenden Verzögerungen das Gericht veranlassen, die aus seiner Sicht notwendigen Sicherungsmaßnahmen direkt einzuleiten und den Ausschuss erst zu einem späteren Zeitpunkt zu konstituieren. Deutlich wird daraus, dass den Gläubigern wie dem Schuldner zwar erhebliche neue Rechte eingeräumt worden sind, die Neuregelung aber zugleich auch die Verantwortung für die Schaffung der rechtlichen und tatsächlichen Voraussetzungen diesen Beteiligten übertragen hat. Durch diese erhöhten Anforderungen soll auch einem

---

[35] *Haarmeyer/Horstkotte* ZInsO 2012, 1441, 1443.
[36] So auch *Smid* ZInsO 2013, 209; *Haarmeyer/Horstkotte* ZInsO 2012, 1441 ff.; *Hölzle*, Praxisleitfaden S. 13; AGR-*Sander* § 22a RdNr. 6; *Obermüller* ZInsO 2012, 18, 20.
[37] Darauf hinweisend auch schon die Begründung des Regierungsentwurfs, BT-Drs. 17/5712, S. 24 zu Nr. 5; in diesem Sinne auch zutreffend AG München ZIP 2012, 1308 Ziff. 3. b); *Hölzle* ZIP 2012, 161 f.; zu den dazu notwendig beizubringenden Unterlagen und Erklärungen bis hin zur Deckungszusage einer Versicherung vgl. *Haarmeyer* ZInsO 2012, 370.
[38] Bei Gerichten allerdings, die ihren Geschäftsverteilungsplan nach dem „Turnusmodell" gestaltet haben, ist man nach *Haarmeyer/Horstkotte* ZInsO 2012, 1441, 1443 mit der Schwierigkeit konfrontiert, den für das ja noch folgende Antragsverfahren effektiv zuständigen Richter zu bestimmen. Hier bietet sich - eine entsprechende Kooperationsbereitschaft der Gerichte vorausgesetzt - folgende Lösung an: Es wird eine Vorabfrage formuliert. Diese wird als AR-Sache eingetragen und dabei der nach dem Turnus zuständige Richter bestimmt. Sodann erfolgt die Vorabsprache und nach Antragseingang wird die AR-Sache als IN-Sache fortgeführt. Sodann erfolgt die Vorabsprache und nach Antragseingang wird die AR-Sache als IN-Sache fortgeführt.
[39] Eine Vielzahl gescheiterter Einsetzungsbemühungen beruhen schlicht auf der Verletzung dieser Grundsätze und führen notwendig zu Friktionen und zu Sachentscheidungen der Gerichte, die bei einer sorgfältigen Vorbereitung hätten vermieden werden können; vgl. dazu z. B. AG Ludwigshafen ZInsO 2012, 987; *Schmidt* ZInsO 2012, 1107 zu einem Fall in Dessau-Rosslau; ebenso *Cranshaw* ZInsO 2012, 1151.
[40] In diesem Sinne wohl auch HambKomm/*Frind* § 22a RdNr. 2
[41] So auch *Pape* ZInsO 2011, 2154, 2156

möglichen Missbrauch durch Schuldner wie Gläubiger vorgebeugt werden. Eine schnelle und flächendeckende Umsetzung der gesamten Neuordnung sowie der gestiegenen Anforderungen an die Prüfung und Missbrauchskontrolle durch das Insolvenzgericht zu erwarten, dürfte schon an den immer noch sehr beschränkten sachlichen und personellen Ressourcen scheitern.

28 **2. Eigenverwaltung und Schutzschirmverfahren.** Eine besondere Bedeutung kommt dem vorläufigen Gläubigerausschuss im Rahmen der **vorläufigen Eigenverwaltung** und des **Schutzschirmverfahrens** zu, denn § 270 Abs. 3 sieht ausdrücklich vor, dass einem solchen Ausschuss Gelegenheit zu geben ist, sich zu einem Eigenantrag zu äußern, wenn dies nicht offensichtlich zu einer nachteiligen Veränderung des Vermögens führt. Auch in einem Schutzschirmverfahren nach § 270b hat der vorläufige Gläubigerausschuss eine zentrale Steuerungs- und Mitbestimmungsfunktion. Neben den in § 22a Abs. 2 Genannten nimmt der **vorläufige Sachwalter** in der Eigenverwaltung das dem vorläufigen Insolvenzverwalter gesetzlich zustehende **Recht zur Antragstellung** auf Einsetzung eines vorläufigen Gläubigerausschusses sowie das Benennungsrecht nach § 22a Abs. 4 wahr, was sich unmittelbar auch § 270a Abs. 1 Satz 2 ergibt, der ausführt, dass im Rahmen der Eigenverwaltung die Aufgaben des vorläufigen Insolvenzverwalters vom vorläufigen Sachwalter wahrgenommen werden.

29 § 270 Abs. 3 setzt daher auch für eine angestrebte Eigenverwaltung bereits voraus, dass das Gericht einen vorläufigen Gläubigerausschuss bestellt hat bzw. dass die Voraussetzungen des § 22a zur Bildung eines vorläufigen Ausschusses gegeben sind.[42] Ein einstimmiger Beschluss des Ausschusses hat zur Folge, dass das Insolvenzgericht in diesem Fall die Eigenverwaltung aufgrund der gesetzlichen Fiktion, nach der eine solche Anordnung bei einem einstimmigen Votum nicht als nachteilig gilt, anzuordnen hat. Das Gericht dürfte in einem solchen Fall nicht einmal ihm positiv bekannte Umstände, die sich möglicherweise nachteilig auswirken könnten, zur Ablehnung der Anordnung der Eigenverwaltung heranziehen.[43] Dies entspricht der Logik des ESUG und der Absicht des Gesetzgebers, das eigenverwaltete Insolvenzverfahren zu einem Regelverfahren zu machen und den Gläubigern die maßgeblichen Entscheidungen selbst an die Hand zu geben. Werden dem Ausschuss oder dem Gericht nachträglich negative Umstände bekannt, hat entweder der vorläufige Ausschuss selbst oder die erste Gläubigerversammlung die Möglichkeit, die Unterstützung des Schuldners zu revidieren und ihm die Unterstützung für die Eigenverwaltung zu entziehen; Vergleichbares gilt nach § 270b Abs. 4 Nr. 2 für das Schutzschirmverfahren. Vgl. umfassend dazu die Kommentierung zur Eigenverwaltung und zum Schutzschirmverfahren von *Buchalik* in *Haarmeyer/Wutzke/Förster*-InsO §§ 270 ff.

II. Allgemeine Kriterien zur Einsetzung

30 **1. Die neue Grundstruktur des Eröffnungsverfahren.** Unabhängig von der Frage welche der möglichen Ausschussvariationen in einem Eröffnungsverfahren zur Anwendung kommt wirft das neue Recht eine ganze Reihe von Fragestellungen auf, die sich auf der Ebene der vormaligen Rechtslage nicht gestellt haben. Konnte sich bis zu den Änderungen des ESUG manches engagierte Insolvenzgericht durchaus als „Wahrer der Interessen der Gläubigerschaft"[44] verstehen, da diese im Eröffnungsverfahren noch nicht organisiert und institutionell vertreten war, so hat sich dies mit der Zuweisung der Rechte an die Gläubigerschaft grundlegend gewandelt. Die den Gläubigern gesetzlich verbrieften und verfassungsrechtlich geschützten Teilhabe- und Gestaltungsrechte führen notwendig auch zu einer Aufgabenverlagerung im Eröffnungsverfahren, das nun – sofern die Gläubiger ihre Rechte aktiv wahrnehmen – als ein gläubigerautonom zu gestaltender Verfahrensabschnitt anzusehen ist, in dem sich die Aufgaben des Gerichts auf die Rechtsaufsicht und die Vermeidung von Missbrauch beschränken, während die Wahrung der Interessen der Gläubigerschaft nunmehr von den organisierten Gremien selbst wahrgenommen wird.

31 Der Zuwachs an Autonomie für die Gläubiger führt daher auch notwendig zu einem **Verlust an Gestaltungsmacht für das Insolvenzgericht** und zu entsprechend verändertem Rollenverhalten der Beteiligten. Dazu gehört notwendig auch, dass zum Schutz der Gläubigerrechte und zur Förderung möglicher Sanierungsszenarien stets **zügige Entscheidungen** des Gerichts geboten sind,[45] da

---

[42] *Buchalik* in: Haarmeyer/Wutzke/Förster-InsO, § 270 RdNr. 7 ff.
[43] So auch *Smid* ZInsO 2013, 209, 212 ff.; AGR/*Ringstmeier* § 270 RdNr. 20.
[44] *Frind* ZInsO 2012, 2028. Bei den meisten Insolvenzgerichten hingegen dürften die Gläubiger eher als störend empfunden worden sein, da sie das seit Jahren gepflegte und ausbalancierte Miteinander von Gericht und Verwalter durcheinander bringen. Die Fremdnützigkeit der Tätigkeit von Gericht wie von Insolvenzverwaltern und deren Folgen bis weit hinein in die vergütungsrechtlichen Fragen ist für die meisten Gläubiger in den vergangenen Jahren wenig vertrauensbildend erfahrbar. gewesen.
[45] In diesem Sinne für das Eröffnungsverfahren ausdrücklich BVerfG ZInsO 2006, 765, 769 RdNr. 36.

sonst die Gefahr droht, dass die aus Art 14 GG verfassungsrechtlich geschützten privaten Rechte der Gläubiger verletzt werden.[46] Dies ist insbesondere vor dem Hintergrund der vielfach bereits vor Eintritt in das gerichtliche Verfahren laufenden Sanierungsbemühungen unerlässlich und wenn die Förderung der Sanierung von Unternehmen ein wesentliches Ziel des Gesetzgebers ist, dann hat auch das Gericht dies seinem Handeln zugrunde zu legen. Daher liegt auch im Verfahren nach dem §§ 270 ff. InsO der Schutz der Gläubigerinteressen ausschließlich in den Händen der Gläubiger.[47]

2. Die sanierungsorientierte Verfahrensvorbereitung. Gerade vor dem genannten Hintergrund mutet es schon fast rührend an, wenn durchaus engagierte Richter sich selbst in die Rolle von Sanierern bringen und in Anspruch nehmen, sie würden bei der gerichtlichen Auswahl der Mitglieder und der Gruppenbesetzungen ihr Ermessen am Wohle des Verfahrens ausrichten.[48] Angesichts der Tatsache, dass sich der dahinter verbergende, gleichwohl ausbildungsbedingt zur Zeit noch bei fast allen deutschen Insolvenzgerichten vorzufindende **fehlende wirtschaftliche Sachverstand,** der sich dadurch äußert, dass die gerichtlichen Rechtsanwender weitgehend über keine Kenntnisse der tatsächlichen Abläufe üblicher Sanierungszenarien und deren spezifischen Anforderungen vor der Einleitung eines gerichtlichen Verfahrens verfügen, erscheint es für die weitere Darstellung erforderlich und sinnvoll zu sein, zumindest die allgemeinen Anforderungen an eine sanierungsorientierte Verfahrensvorbereitung kurz vorab zu skizzieren.[49]

a) Rahmenbedingungen insolvenzrechtlicher Sanierungsprozesse. Das **Stigma der Insolvenz** als bürgerlicher Tod des Kaufmanns hat tiefe Spuren im öffentlichen Bewusstsein und in dem Köpfen der unternehmerisch Handelnden hinterlassen. Fast 15 zehn Jahre nach der Reform des Insolvenzrechts und seiner vorsichtigen Hinwendung von der Liquidierung zur Sanierung, gilt dies leider noch immer. Obwohl gerade die leistungswirtschaftlichen Instrumentarien einer Sanierung im Schutze der Insolvenz in Deutschland[50] – auch und gerade im Gegensatz zu den vielfach finanzwirtschaftlich orientierten anglo-amerikanischen Systemen - einzigartig und hervorragend sind, dominiert immer noch die Angst vor gesellschaftlichem und sozialem Abstieg das Handeln der Unternehmensführer. Hinzu gekommen ist die bisherige Unkalkulierbarkeit eines Insolvenzverfahrens, sodass heute die langfristige Verschleppung von Insolvenzen die Regel und die frühzeitige Hinwendung zu einer Sanierung im Insolvenzverfahren die große Ausnahme ist – und mit jedem Tag der Verzögerung sinken die Chancen einer Sanierung massiv.[51]

Es entspricht vor diesem Hintergrund durchaus den weit und insoweit zutreffend verbreiteten Vorurteilen, dass sich auch Unternehmen in der Krise erst zeitlich sehr spät um eine qualifizierte Sanierungsberatung kümmern und bis dahin die Augen fest geschlossen halten und auf ein Umsatzwunder hoffend den Dingen ihren Lauf lassen. Unter günstigen Umständen findet eine insolvenzspezifische Sanierungsberatung ca. 6 Wochen vor dem späteren Antrag, vielfach aber auch erst 10 – 14 Tage vor einem sich als notwendig und/oder schon unvermeidlich erweisenden Insolvenzantrag ein – d.h. alle weiteren Handlungen der Beteiligten müssen unter sehr großem zeitlichen Druck und auf unterschiedlichsten Ebenen die betriebswirtschaftlichen, gesellschafts-, steuer- und insolvenzrechtlichen Fragen gleichzeitig abklären und zu einem Sanierungsszenario verdichten.[52]

b) Interessenanalyse und Entwicklung von Sanierungszenarien. In der Krisensituation müssen Entscheidungen für den weiteren Gang des Sanierungsprozesses mit sehr großer Geschwindigkeit getroffen und umgesetzt werden. Dies gilt insbesondere auch für eine angestrebte Sanierung unter Insolvenzschutz. Gerade hier ist es nahezu unmöglich, Streitfragen auszustreiten, sondern diese müssen schon im Vorfeld geklärt und mit den unterschiedlichen Trägern der Interessen möglichst beigelegt werden. Es obliegt dem insolvenz- und sanierungserfahrenen Berater dabei insbesondere die Interessen der beteiligten Gläubiger einerseits, deren rechtliche Möglichkeiten andererseits zu analysieren und in einem Konzept zu verschmelzen, dessen Umsetzung realistisch erscheint. Dabei gilt: Kein Berater kann in dieser Situation an allen Fronten kämpfen. Er braucht die Rückdeckung durch die Hauptgläubiger und muss sich, soweit er Konflikte mit Partikularinteressen riskiert, hinsichtlich ihrer Unterstützung ausreichend absichern.

---

[46] *Smid* ZInsO 2013, 209; BVerfG ZInsO 2006, 765, 769 RdNr. 34 m.w. Nachw.
[47] *Smid* ZInsO 2013, 209, 212 ff.
[48] So ausdrücklich *Frind* ZInsO 2012, 2028.
[49] Pointiert dazu *Horstkotte* ZInsO 2013, 160.
[50] Man denke nicht nur an das Insolvenzgeld, sondern insbesondere an die Regelungen der §§ 103, 112, 113 ff.
[51] Umfassend dazu *Haarmeyer/Buchalik*, Sanieren statt liquidieren, 1. Aufl. 2012, passim.
[52] Zu den unterschiedlichen Handlungs- und Prüfungsebenen vergleiche die ESUG-Bedingungen verfasste Fallstudie der Otto Kind AG bei *Haarmeyer/Buchalik*, Sanieren statt liquidieren, S. 24 ff.

36 Die Interessen der Verfahrensbeteiligten[53] sind je nach ihrer Stellung im Verfahren (Rang der Forderungen, Sonderrechte wie Aus- und Absonderung etc.) multipolar. Ganz unterschiedlich sind auch die Handlungsinstrumente, mit denen die betroffenen Beteiligten ihre Interessen durchsetzen können. So kann z B der Lieferantengläubiger seine Rechte durch einstweilige Verfügung sichern. Die absonderungsberechtigte Bank kann dem Unternehmen durch Zwangsversteigerung die Betriebsimmobilie entziehen. Die Arbeitnehmer können, zumal in der vorläufigen Verwaltung, ein Zurückbehaltungsrecht an ihrer Arbeitskraft geltend machen und die Arbeit niederlegen. Gelingt es dem Berater im Vorfeld nicht, diese Prozesse unter Kontrolle zu halten, dann scheidet eine konstruktive Lösung, z B in Form eines gemeinsam entwickelten und von den wichtigsten Gläubigern getragenen Sanierungskonzeptes unter Insolvenzschutz, sowie die frühzeitige Einbindung aller relevanten Gläubigergruppen aus und die Sanierung scheitert.

37 Erfahrungen aus der Praxis haben gezeigt, dass es insbesondere bei Insolvenzplanszenarien unerlässlich ist, für den Berater oder das Schuldnerunternehmen als Planinitiator oder -verfasser sich bereits in einem möglichst frühen Stadium des Verfahrens ein eigenes objektives Bild vom schuldnerischen Unternehmen zu machen und zugleich eine Interessenanalyse durchzuführen, die letztlich erst Aufschluss darüber gibt, ob der Insolvenzplan eine realistische Umsetzungschance hat oder nicht. Die entscheidenden Informationen müssen ebenso wie die relevanten Zahlen aktuell sein und dürfen auch vom Berater des Schuldners **nicht ungeprüft übernommen** werden, um nicht schon deshalb die Durchführbarkeit eines Fortführungsplans zu gefährden.

38 Hinzu kommt, dass die Information über einen Insolvenzfall oft wenig planbare Reaktionen bei den Geschäftspartnern des illiquiden Unternehmens hervorruft. So ist jeder Planersteller auch gut beraten, sich im Rahmen der Interessenanalyse der weiteren Zusammenarbeit der unerlässlichen Geschäftspartner auch für die Zukunft und trotz Insolvenz zu versichern, bevor er ein Antragsverfahren einleitet und mit den eigentlichen Arbeiten zur Aufstellung und Umsetzung des Insolvenzplankonstruktes beginnt. Dies gilt insbesondere dann, wenn die Einreichung des Insolvenzplans bei Gericht bereits mit oder kurz nach Eröffnung des Insolvenzverfahrens beabsichtigt ist. Nur so vermag er im Fall der fehlenden Kooperation rechtzeitig Alternativen zu schaffen.

39 Aus all dem folgt, dass der Sanierungsberater die Interessen der Beteiligten kennen, realistisch einschätzen, und in sein Gesamtkonzept integrieren muss, wenn er ein positives Sanierungsergebnis – wie auch immer – erreichen will. Vor diesem Hintergrund kommt einer **sorgfältigen und frühen Interessenanalyse**[54] eine verfahrensentscheidende Wirkung zu, denn ohne eine entsprechend differenzierte Analyse können die strategischen Weichen im Eröffnungsverfahren irreversibel in die falsche Richtung gestellt werden – mit erheblichen Auswirkungen für die Sanierungs- und Befriedigungschancen. Vor diesem Hintergrund liegt es auf der Hand, dass ein sich erst im Eröffnungsverfahren in diesen Prozess „einschaltendes" Insolvenzgericht schon auf der Informations- wie der Diskussionsebene nicht Teil des Sanierungsprozesses sein oder werden kann, sondern seine Aufgabe im Rahmen der notwendigen rechtlichen Gewährleistung und der Verhinderung von Missbrauch wahrzunehmen hat. Unter diesen Gegebenheiten liegt es nahe, dass eine vermeintlich freie Auswahl von Mitgliedern eines vorläufigen Gläubigerausschusses durch das Insolvenzgericht jenseits der im Vorfeld getroffenen Vereinbarungen und außerhalb einer sorgfältigen Interessenanalyse den geplanten **Sanierungsprozess zum Scheitern** bringen kann.

40 3. Kein gerichtliches Benennungsrecht der Mitglieder eines vorläufigen Gläubigerausschusses. Jede Krise eines Unternehmens ist daher, wie jedes Insolvenzverfahren, von **multipolaren Interessen**[55] geprägt und selten teilen die Gläubiger die Einschätzung des Schuldners zu den Ursachen der Krise und den Möglichkeiten, diese im rechtlichen Rahmen einer Insolvenz nachhaltig überwinden zu können. Es ist daher eine wesentliche Anforderung an die Beteiligten, diese Interessen schon im Vorfeld eines Verfahrens zum Ausgleich zu bringen und sich zu einem gemeinsamen Vorgehen zu entschließen. Das führt vielfach und unvermeidlich auch dazu, dass es Befürworter wie Gegner einer Sanierung des Schuldners gibt. Vor diesem Hintergrund ist die vom Gesetzgeber gewollte verfahrenssichere Gestaltung nur möglich, wenn die Beteiligten für die Mitgliedschaft in einem vorläufigen Gläubigerausschuss Personen vorschlagen, die das zu realisierende Konzept auch mittragen. Insoweit führt die autonome Gestaltungsmacht der Gläubiger im Eröffnungsverfahren auch dazu, dass das bisher den Gerichten vorbehaltene Benennungsrecht für Mitglieder eines vorläufigen Ausschusses notwendig auf den/die Antragsteller übergeht, denen der Gesetzgeber dieses Benennungsrecht in § 22a Abs. 2 und 4 ausdrücklich zugewiesen hat, während das Gericht aus § 21

---

[53] Dazu *Haarmeyer/Wutzke/Förster*, Handbuch der vorläufigen Insolvenzverwaltung, § 11 S. 321 ff.
[54] Die Interessenanalyse für die unterschiedlichen Gruppen im Insolvenzverfahren findet sich bei *Haarmeyer/Wutzke/Förster*, Handbuch der vorläufigen Insolvenzverwaltung, S. 322 ff.
[55] BVerfG ZInsO 206, 765, 768.

Abs. 2 S. 1 Nr. 1 nur nach Maßgabe von § 70 aus wichtigem Grund auf die Besetzung Einfluss nehmen kann (dazu unten RdNr. 45).

Bei der Auswahl der Personen als künftige Ausschussmitglieder steht daher dem Gericht bei einem Eigenantrag oder einem Gläubigerantrag auf Einsetzung eines vorläufigen Gläubigerausschusses **kein freies personelles Benennungsrecht** zu[56] und es hat auch nicht – so *Frind* wörtlich – bei der Auswahl sein „Ermessen zum Wohle des Verfahrens auszuüben", denn über das Wohl des Verfahrens und dessen Gestaltung zur optimalen Befriedigung der Gläubigerinteressen, zB im Wege einer Sanierung, zu entscheiden, ist allein die vom Gesetzgeber den Gläubigern zugewiesene Aufgabe, nicht jedoch des allein die Rechtsaufsicht ausübenden Gerichts.[57] Dem Gericht steht jedoch nach § 21 Abs. 2 Nr. 1a iVm § 70 selbstverständlich im Rahmen seiner Rechtsaufsicht bei einem Besetzungsvorschlag der /des Antragsberechtigten ein sachliches **Zurückweisungsrecht** zu, wenn die Kriterien der Repräsentativität und Integrität nicht erfüllt sind, die Berücksichtigung des Gesamtgläubigerinteresses nicht gewährleistet oder ein Missbrauch durch die benennenden und/oder die benannten Personen nicht ausgeschlossen werden kann (vgl. dazu RdNr. 44). Dies führt aber nicht dazu, dass nunmehr das Gericht selbst zu einer Änderung der personellen Zusammensetzung befugt ist, sondern es hat den/die Antragsteller schlicht auf seine rechtlichen Bedenken nach § 70 hinzuweisen und zur Benennung einer anderen Person aufzufordern. 41

In diesem Kontext ist es auch völlig legitim, dass sich der antragstellende Schuldner wie entsprechend agierende Gläubiger beim Antrag auf Einsetzung eines vorläufigen Gläubigerausschusses der Mitwirkung von Gläubigern versichern, die ein vorhandenes oder geplantes Sanierungskonzept mittragen, nicht aber gegen ein solches opponieren, es sei denn, dadurch würde das Verfahrensziel einer optimalen Gläubigerbefriedigung gefährdet oder die Mitbestimmungsrechte missbraucht. Auch die Letztentscheidung über den besten Weg zur Verwertung des Schuldnervermögens durch die Gläubigerversammlung bzw. die Gestaltung im Rahmen eines Insolvenzplans ist stets eine Mehrheitsentscheidung und es ist ja gerade das Ziel der Insolvenzordnung und des ESUG in einem geordneten gesetzlichen Rahmen zB Sanierungen zu erleichtern und auch gegen den Willen einer qualifizierten Minderheit durchsetzen zu können. 42

Die Frage der Verfahrensgestaltung sowie der Zweckmäßigkeit und/oder Wirtschaftlichkeit ist daher auch schon wegen der vermögensrechtlichen Folgen allein eine Frage, die den Gläubigern zugewiesen worden ist[58] und die sich auch und gerade in der Auswahl und Benennung geeigneter Personen widerspiegelt. Mit der Zuweisung der Zweckmäßigkeit an die Gläubiger korrespondiert spiegelbildlich das Gebot an die gerichtlichen Rechtsanwender, sich in einem **„judicial self-restraint"** zu üben,[59] also nicht ihre Entscheidungen an die Stelle der Ergebnisse einer gläubigerautonomen Willensbildung zu setzen, sondern sich allein deren Überprüfung anhand der Kriterien ihrer Gesetz- und Rechtmäßigkeit vorzubehalten. Die selbstverständliche Begründung im RegE , dass „die Entscheidung über die Auswahl der Mitglieder des vorläufigen Gläubigerausschusses im Ermessen des Gerichts (bleibt)" darf daher auch nicht darüber hinwegtäuschen, dass es sich bei antragsbezogenen Verfahren nur um die „Entscheidung" über deren Mitgliedschaft, nicht aber um deren Auswahl oder Benennung dreht, und dass sich auch die Entscheidung selbst und das dabei auszuübende Ermessen nur im Rahmen der Grundentscheidung des Gesetzgebers zu Stärkung der Gläubigerautonomie bewegen kann. Das personenbezogene Auswahlermessen des Gerichts reduziert sich mithin auf den amtswegigen oder obligatorischen Pflichtausschuss ohne Personalvorschlag nach § 22a Abs. 4 (vgl. dazu unten RdNr. 141 ff.). 43

Steht mithin die Auswahl und Benennung geeigneter Personen in der freien Entscheidung der Gläubiger selbst und ist dies notwendiger Bestandteil einer verfahrenssicheren Planung und Gestaltung des Eröffnungsverfahrens, so kann sich auch die Zurückweisung eines benannten Mitgliedes nur im Rahmen der gesetzlich anerkannten Kriterien für eine solche Handlung bewegen, wie sie in § 70 für die Entlassung von Ausschussmitgliedern gesetzlich geregelt ist,[60] oder durch Zurückweisung, wenn die gebotene Repräsentativität nach § 67 Abs. 2 nicht gewahrt ist (sog. „Family & Friends-Ausschüsse"). So kann auch über eine Zurückweisung hinaus die Entlassung eines Mitgliedes aus einem bereits bestehenden vorläufigen Ausschuss erfolgen, wenn es ihm an der notwendigen Unabhängigkeit fehlt oder wenn es ausschließlich eigene Vorteile, nicht aber die der Gesamtgläubigerschaft verfolgt etc., stets muss also auch insoweit ein **wichtiger Grund** gegeben sein. 44

---

[56] So aber *Frind* ZInsO 2012, 2028, 2031.
[57] *Smid* ZInsO 2013, 209, 211 ff.
[58] Allg. Meinung, vgl. u.a. *Smid* ZInsO 2013, 209; *Cranshaw* ZInsO 2012, 1151, 1152; *Frind* ZIP 2012, 1380, 1382; *Heeseler/Neu* NZI 2012, 440, 442.
[59] *Haarmeyer/Horstkotte* ZInsO 2012, 1441ff; vgl. beispielhaft dazu BVerfGE 36, S. 1, 14
[60] *Pöhlmann* in *Graf-Schlicker*, InsO, § 80 RdNr. 1

45 Übertragen auf die vorgelagerte Benennungssituation im Eröffnungsverfahren kann daher das vorgeschlagene Mitglied (zB die Ehefrau des Schuldners) vom Gericht wegen **Inhabilität** zurückgewiesen werden oder weil es ihm an der notwendigen Repräsentativität für die von ihm vertretene Gläubigergruppe fehlt, aber auch, wenn ihm jedwede Geschäftserfahrung fehlt (vgl. dazu auch unten RdNr.##) oder erhebliche Interessenkollisionen vorliegen. In all diesen Fällen kann das Gericht aus diesen **wichtigen Gründen** eine vorgeschlagene Person zurückweisen, nicht aber an Stelle der Gläubiger eine eigene Besetzungsentscheidung vornehmen. Vielmehr ist in einem solchen Fall der/die Antragsteller auf die Bedenken hinzuweisen und Gelegenheit zu geben, eine andere Person zu benennen.

46 Dem Gericht steht es daher auch nicht zu, eigene **Vorgaben für die Besetzung** zu machen, soweit diese über die gesetzlichen Anforderungen hinausgehen. Die gerichtliche Weisung, man akzeptiere zB nur den Betriebsratsvorsitzenden, ist ohne jede rechtliche Grundlage und greift in die autonomen Rechte der Gläubiger ein. In vielen Fällen folgt die Auswahl der vorgeschlagenen Mitglieder dem angestrebten Verfahrensziel einer Sanierung unmittelbar und ist Ergebnis auch geführter Diskussionen zwischen den Gläubigern. In diese den Gläubigern zugewiesene Vorschlagskompetenz zur Sicherung eines Sanierungskonzeptes darf daher nach den gesetzlichen Regelungen in §§ 21 Abs. 2 Nr. 1a iVm 70 auch das Gericht nicht mit eigenen Vorschlägen eingreifen. Für solche eigenen gerichtlichen Benennungen in Fällen eines Antrags auf Bestellung eines Ausschusses fehlt es nicht nur an der gesetzlichen Grundlage, sondern ein solche gerichtliche Benennung würde notwendig das Risiko in sich tragen, dass Gegner des Sanierungskonzeptes zu Mitgliedern benannt werden und die geplante Sanierung bis hin zu einstimmigen Entscheidungsfindungen im Ausschuss untergraben würde. Die sich daraus ergebenden haftungsrechtlichen Folgen sind evident. Ebenso unzulässig ist es, einen bereits gerichtlich bestellten und repräsentativ besetzten vorläufigen Gläubigerausschuss ohne dessen Zustimmung und Mitwirkung durch gerichtliche Beschlussfassung und ohne wichtige Gründe umzubesetzen oder durch andere Personen zu ergänzen.[61]

47 **4. Anzahl der Mitglieder, Repräsentativität und Qualifikation.** Ein „ordentlicher" Gläubigerausschuss im eröffneten Verfahren muss aus **mindestens zwei Mitgliedern**[62] bestehen. Hingegen wird man für einen vorläufigen Gläubigerausschuss deutlich höhere Anforderungen zu stellen haben, denn die Legitimation dieses Gremiums zur Teilhabe oder Gestaltung verfahrensrelevanter Entscheidungen leitet sich maßgeblich aus seiner Repräsentativität ab, mit der es die unterschiedlichen Gruppen des Verfahrens abbildet und zu gemeinsamen Entscheidungen führt. Nur auf diese Weise kann auch ein Korrelat zu dem gerichtlichen „Machtverlust" durch das ESUG hingenommen werden, denn letztlich tragen auch die Gläubiger die Folgen eigenen Handelns. Für die Auswahl der Mitglieder enthält das Gesetz zwar nur grobe Vorgaben; aber dass im vorläufigen Gläubigerausschuss die **wichtigsten Gruppen** von Gläubigern repräsentiert sein sollen, hat der Gesetzgeber selbst zur Maxime gemacht.[63] Nur durch eine strenge Beachtung des Grundsatzes der **Legitimität durch Repräsentativität** kann letztlich verhindert werden, dass ein im frühen Stadium des Verfahrens eingesetztes Organ von einzelnen Vertretern gleichgelagerter Interessen usurpiert wird und nicht dem Interesse der Gesamtgläubigerschaft folgt. Hier ist es die maßgebliche **Aufgabe der Gerichte**, diesen Grundsätzen durch **sorgfältige Prüfung und Kontrolle** Geltung zu verschaffen sowie Missbrauch zu verhindern.

48 Für die Zusammensetzung des vorläufigen Gläubigerausschusses kommt es nach der gesetzlichen Grundentscheidung vornehmlich auf die **Zugehörigkeit** zu bestimmten Gläubigergruppen an. Allerdings darf dieses Kriterium nicht dazu führen, offensichtlich für diese Aufgabe nicht qualifizierte Mitglieder allein aufgrund der Gruppenzugehörigkeit zu bestellen, denn eine Person, der es an der **Geschäftserfahrung** fehlt, darf schon aus diesem Grund nicht zum Mitglied berufen werden. Dies folgt einerseits aus der Fürsorgepflicht des Gerichts als Kehrseite des Haftungsrisikos für die Mitglieder in dem Gremium, andererseits aber auch im Rahmen der Rechtsaufsicht, denn durch den vorläufigen Gläubigerausschuss muss eine wirkliche Kontrolle der Arbeit eines vorläufigen Verwalters – die ohne den Ausschuss dem Gericht obliegen würde – gewährleistet sein. Kein Gläubiger hat im Übrigen einen Anspruch darauf, selbst in den Ausschuss gewählt zu werden oder die Pflicht, ein ihm angetragenes Amt anzunehmen. Wird mithin ein offensichtlich geschäftsunerfahrenes Mitglied benannt, so hat das Gericht diesen Vorschlag zurückzuweisen und die Benennung einer anderen Person anzuregen.

49 Völlig **überzogen** ist jedoch die Anforderung, dass die benannten Mitglieder grundlegende **Kenntnisse des formellen und materiellen Insolvenzrechts** haben müssen und sich das Gericht

---

[61] Vgl. dazu *Seidl* ZInsO 45 2012, 2285.
[62] BGHZ 124,86.
[63] *Graf-Schlicker*, InsO, § 22a RdNr. 15; so auch schon BT-Drucks. 12/2443, S. 100.

dessen zu vergewissern habe.[64] Das würde diametral dem Interesse des Gesetzgebers zuwiderlaufen, durch die Betriebsnähe der benannten Personen gerade den betrieblichen Sachverstand in die Entscheidungsfindung einzubeziehen. Wen die Gläubiger im Rahmen der ihnen zugewiesenen gesetzlichen Möglichkeiten benennen ist vielmehr allein in deren Auswahlermessen und Zweckmäßigkeitsüberlegungen gestellt. Hieran ist das Gericht gebunden, es sei denn, es liegen wichtige Gründe für eine Zurückweisung einzelner Personen vor.

Die **Eignung zur Tätigkeit** in einem vorläufigen Gläubigerausschuss macht sich nach der gesetzlichen Regelung daher vorrangig an der gegenwärtigen oder künftigen Gläubigerstellung fest, der Zugehörigkeit zu verschiedenen Interessen- oder Gläubigergruppen und der sich damit verbindenden Erwartung, dass in einem moderierten Prozess die unterschiedlichen Interessen zu einem Gesamtinteresse verbunden werden können. Bedenken kann das Gericht daher auch allein gegen eine nicht vorhandene, aus seiner Sicht aber notwendige Repräsentativität, die fehlende Geschäftserfahrung, die fehlende Gläubigereigenschaft oder im Falle erkennbaren Missbrauchs erheben, hat dann aber auch den Antragstellern das Recht zur Nachbenennung zu gewähren und sich nicht an deren Stelle zu setzen (dazu oben RdNr. 44). Unabhängig davon können sich natürlich auch betriebsnahe Gläubiger im vorgenannten Sinne im Ausschuss durch qualifizierte Personen mit entsprechender Bevollmächtigung vertreten lassen, so z. B. Arbeitnehmer durch eine im Unternehmen aktive Gewerkschaft oder ein Lieferant durch einen rechtskundigen Berater, um die sich aus den Entscheidungen ergebenden Haftungsrisiken sachgerecht einschätzen und darüber entscheiden zu können. Vgl. dazu die nachfolgende RdNr. 57.

5. Zusammensetzung und Vertretung. Soweit es die Regelungen zur **Zusammensetzung eines vorläufigen Gläubigerausschusses** betrifft, ist die Verweisung in § 21 Abs. 2 S. 1 Nr. 1a allein auf die Regelung des § 67 Abs.2 und damit der Ausschluss sachkundiger Dritter für das Eröffnungsverfahren weitgehend misslungen. Auf diese Weise wird ein sachlich nicht zu rechtfertigender Eingriff in die autonome Gestaltungsmacht der Gläubigerschaft insgesamt vorgenommen , der zu dem absurden Ergebnis führt, dass danach z. B. **Vertreter einer Gewerkschaft** in einem insolventen Unternehmen nicht Mitglieder eines Gläubigerausschusses sein dürften, obwohl gerade ihnen in vielen Fällen der Sanierung eines entscheidende Rolle zufällt und sie die Verhältnisse in dem Unternehmen möglicherweise besser kennen, als Lieferanten oder andere Kunden des Unternehmens.[65] Andererseits führt die Beschränkung auf „Nur-Gläubiger" zu einer Beschränkung der Qualifikation der Mitglieder, die sich wegen fehlender Sachkunde ggf. negativ auf die zu treffenden wirtschaftlichen Entscheidungen auswirken kann, insbesondere aber auch die notwendige Kontrolle des Insolvenzverwalters auf ein Niveau zurückführt, das man mit den Bestrebungen um eine Professionalisierung von Aufsichtsräten[66] seit vielen Jahren zu überwinden versucht. Der Ausschluss sachkundiger Dritter zielte maßgeblich auf Gläubigerschutzvereinigungen oder denen gleichgestellte Interessenvertretungen der Gläubiger ab[67], obwohl gerade mit deren Hilfe die notwendige Transparenz und Professionalität auch auf Seiten der Gläubiger eintreten könnte.

Insgesamt erscheint die Beschränkung nicht unbedenklich, denn gerade die schnelle Entscheidungsfolge im Eröffnungsverfahren erfordert ein hohes Maß an Geschäftserfahrung, verbunden mit der Fähigkeit die spezifischen Risiken der Ausschusstätigkeit einschätzen und gegen die wirtschaftlich geprägten Grundentscheidungen im Verfahren abwägen zu können. Da in Sanierungsverfahren tätige vorläufige Insolvenzverwalter regelmäßig auf einem sehr professionellen Niveau agieren, mutet es schon **wirklichkeitsfern** an, wenn gleichwohl die den Verwalter beaufsichtigenden Personen „Laien" sein sollen. Man wird daher gerade aufgrund dieser Problemstellung den Gerichten eine eher großzügige Handhabung empfehlen müssen, die insbesondere über die Zulassung von qualifizierten Beratern und oder Vertretern des ordentlichen Mitglieds erreicht werden kann. Damit entspannt sich naturgemäß auch das Problem, dass ein solcher Ausschuss, wenn er über die Eröffnung hinaus im Amt bleiben soll, was in der Regel der Fall sein dürfte, zu einem späteren Zeitpunkt ggf. sachkundige Dritte hinzuwählen kann und muss. Waren diese bereits als Berater oder Vertreter in das Eröffnungsverfahren eingebunden, unterbricht ihre Berufung in den „ordentlichen" Gläubigerausschuss dann auch nicht die Kontinuität der Willensbildung.

Die Reaktion des Schrifttums auf die Auswirkungen des § 21 Abs. 2 Nr. 1a iVm § 22a InsO sind uneinheitlich. *Frind*[68] geht davon aus, dass die Norm eindeutig sei und daher allein „originäre"

---

[64] So gefordert von HmbKomm-*Frind* § 22a RdNr. 9. Rechtspolitisch wäre es allerdings wünschenswert, wenn die Qualifikation der Mitglieder gesetzlich „angehoben" werden würde, denn nur mit einem qualifiziert besetzten Ausschuss ist eine wirkliche Aufsicht und Kontrolle des Handelns eines Insolvenzverwalters möglich.
[65] Vgl. dazu umfassend *Smid* ZInsO 2012, 757 ff.
[66] Instruktiv dazu *Cranshaw* ZInsO 2012, 1151, 1152 ff.
[67] Nachzulesen bei *Wimmer*, Das neue Insolvenzrechte nach der ESUG-Reform, S. 16.
[68] ZInsO 2011, 2250

Gläubiger in den vorläufigen Gläubigerausschuss berufen werden dürften (zu den Folgen RdNr. 54). Dagegen hat sich *Obermüller*[69] für eine Auslegung des § 21 Abs. 2 Nr. 1a InsO dahin gehend ausgesprochen, dass eine im Betrieb vertretene Gewerkschaft iSd § 2 Abs. 1 und 2 BetrVG Mitglied des vorläufigen Gläubigerausschusses werden könne. Der Gläubigerausschuss hat als insolvenzrechtliches Selbstverwaltungsorgan der Gläubiger die Aufgabe, die Tätigkeit des Verwalters zu überwachen. Dabei untersteht der Gläubigerausschuss, anders als die Gläubigerversammlung, nicht der *Leitung* durch das Insolvenzgericht.[70] Vor dem Hintergrund der nicht unerheblichen Rolle, die den Gewerkschaften im Übrigen in der betrieblichen Mitbestimmung zukommt und deren positive Bedeutung über die Sicherstellung der Tarifautonomie hinaus in anderen Bereichen der Wirtschaftsverfassung nicht verkannt werden darf, berührt, wenn nicht die Stoßrichtung, so doch die Wirkung des Gesetzes gegen die Gewerkschaften den Art. 9 Abs. 1 und Abs. 3 GG.[71] Vor diesem Hintergrund ist Abs. 2 S. 1 Nr. 1a nicht grundrechtskonform und dahingehend teleologisch zu korrigieren, dass auch Mitglieder einer im Unternehmen vertretenen Gewerkschaft Mitglieder in einem Gläubigerausschuss sein können, da bei ihnen auch nicht von Betriebsfremdheit ausgegangen werden kann, sondern diese auch im Sinne des Gesetzgebers einen unmittelbaren Bezug zum Schuldner haben.[72]

54 Für die Tätigkeit in einem vorläufigen Gläubigerausschuss müssen die **namentlich benannten Personen** die persönlichen Kriterien des § 21 Abs. 2 Nr. 1a 2. Halbsatz erfüllen, ebenso wie deren Benennung den Anforderungen des § 67 Abs. 2 hinsichtlich der Anzahl und der Zusammensetzung gerecht werden muss (vgl. dazu auch oben RdNr. 47). Es dürfen nur gegenwärtige oder unstreitig mit der Eröffnung zu Gläubigern werdende Personen benannt werden. Dazu gehören neben den oben Genannten auch der **PSV, die Bundesagentur für Arbeit, Kredit- oder Kreditausfallversicherer, der Einlagensicherungsfond** bei Bankinsolvenzen, aber auch die **Inhaber unbestrittener oder titulierter Forderungen** ebenso wie regelmäßig die Minijob-Zentrale, Krankenversicherungen etc. wenn deren Gläubigerstellung voraussichtlich mit der Verfahrenseröffnung entsteht; aber nach Maßgabe von RdNr.# auch Vertreter einer im Betrieb nach § 2 BetrVG vertretenen **Gewerkschaft**.[73]

55 Die Gläubigerstellung kann natürlich auch im Wege der **Abtretung einer Forderung** an einen sachkundigen Dritten erlangt werden. Auch eine **Bevollmächtigung zur Vertretung** in den Sitzungen darf erfolgen, insbesondere wenn es bei rechtlich nicht sachkundigen Personen um die Abschätzung haftungsrechtlich relevanter Risiken geht. Angesichts der ungesicherten und unklaren Rechts- und Tatsachenverhältnisse in einem frühen Stadium des Insolvenzverfahrens hat daher auch jedes Mitglied eines solchen Gremiums einen Anspruch darauf, sich in einer Sitzung von einem Rechtskundigen **beraten oder vertreten zu lassen**.

56 Als originär **nicht geeignete** Gläubiger oder Personen gelten betriebsfremde Personen oder sachverständige Dritte, da das Gesetz insoweit nur auf § 67 Abs. 2 Bezug nimmt, gleichwohl können auch solche Personen als Vertreter echter, betriebsnaher Gläubiger diese im vorläufigen Gläubigerausschuss vertreten. **Ausgeschlossen** sind auch der Schuldner selbst, persönlich haftende Gesellschafter oder Mitglieder von Vertretungsorganen wie zB ein Aufsichtsrat (näher dazu § 65 RdNr. 22). Auch Insolvenzverwalter, Mitarbeiter des Verwalters oder Gerichtspersonen sind von der Mitgliedschaft ausgeschlossen.[74]

57 Während die Vertretung von Mitgliedern des Gläubigerausschusses nach der Eröffnung umstritten ist,[75] dürfte dies für Mitglieder vorläufiger Gläubigerausschüsse anders zu beurteilen sein, denn das Haftungsrisiko für notwendige Entscheidungen unter dem Druck des Eröffnungsverfahrens ist enorm, sodass gerade rechtsunkundige Mitglieder schon im Eigeninteresse darauf angewiesen sind, sich bei Entscheidung von zB wirtschaftlicher Tragweite des Rates oder der Vertretung durch Dritte versichern zu können. Man wird daher einer generellen Vertretung durch einen Dritten durchaus zu Recht entgegentreten müssen, weil dadurch die gesetzliche Regelungen unterlaufen werden würde, jedoch ist eine Vertretung für einzelne Sitzungen oder auch für konkrete Entscheidungen aus dem haftungsrechtlichen Eigeninteresses des Mitglieds zu akzeptieren. Hier ist es auch eine Frage der gerichtlichen Fürsorge, erkennbar rechtsunkundige Mitglieder nicht in die Haftung laufen zu lassen, sondern ihnen den Beistand oder die Vertretung durch eine sachkundige Person zu ermöglichen. Insoweit erweist sich die Regelung zum Ausschluss bestimmter Gruppen und Personen im Ergebnis auch als verfehlt, wenngleich das Ziel, betriebsfremde und damit von Kenntnissen über das Unternehmens freie Vertreter in vorläufigen Gläubigeraus-

---

[69] ZInsO 2012, 18, 22.
[70] Uhlenbruck/*Uhlenbruck* (Fn. 2), § 69 RdNr. 3; Nerlich/Römermann/*Delhaes*, InsO, § 69 RdNr. 10.
[71] So ausdrücklich und zutreffend *Smid* ZInsO 2012, 757, 768.
[72] BT-Drucks. 17/7511, S. 33.
[73] Vgl. dazu § 21 RdNr.46a sowie den überzeugenden Beitrag von *Smid* ZInsO 2012, 757 ff.; dafür ebenso *Obermüller* ZInsO 2012, 18, 22.
[74] HmbKomm-*Frind* § 67 RdNr. 7.
[75] Vgl. dazu *Schmid-Burgk* § 67 RdNr. 26.

schüssen zu verhindern, als zwar durchaus zielführend anzuerkennen ist, in seiner Umsetzung und Widersprüchlichkeit aus den vorgenannten Gründen aber schlicht zum Scheitern verurteilt sein dürfte.

Mitglieder eines vorläufigen Gläubigerausschusses können neben natürlichen Personen auch **juristische Personen** oder der **Rechtsträger von Behörden**[76] sein, wie zB die Bundesagentur für Arbeit. Diese können sich durch von ihnen benannte natürliche Personen vertreten lassen. Vgl. im Übrigen die Darstellung bei Schmidt-Burgk § 67 RdNr. 17 ff.. Möglich bleibt aber auch weiterhin die Möglichkeit dass sich ein Lieferant oder Kreditversicherer von dem als Rechtsanwalt zugelassenen präsumtiven **Poolvertreter** vertreten lässt. 58

Will man den Eindruck eines auf **einzelne Interessengruppen** orientierten Antrags vermeiden[77] und zugleich den weiteren Vorschlägen entsprechende repräsentative Legitimation verleihen, empfiehlt es sich, den Ausschuss **in der Regel mit 5 Personen** zu besetzen, die den Gruppen Kreditwirtschaft, Sicherungsgläubiger, ungesicherte Gläubiger, institutionelle Gläubiger und Vertretern der Arbeitnehmerschaft zuzuordnen sind. Es sollte sorgfältig darauf geachtet werden, dass die jeweils benannte Person **eindeutig und überschneidungsfrei**[78] einer der fünf vorgenannten Gruppen angehören und der Nachweis ihrer Gläubigerstellung auch gegenüber dem Gericht durch Einreichung entsprechender Unterlagen geführt wird. Die Benennung des Vertreters einer Bank für die Gruppe der Sicherungsgläubiger und zugleich eines anderen Vertreters der gleichen Bank wegen des zu erwartenden Ausfalls für die Gruppe der ungesicherten Gläubiger dürfte gegen die vorgenannten Grundsätze der Überschneidungsfreiheit und Eindeutigkeit verstoßen. Sachgerecht dürfte im Sinne einer Entscheidungsfindung auch in kritischen Situationen regelmäßig die Benennung einer **ungeraden Zahl** von Personen sein, wobei ein Ausschuss nicht zwingend fünf Mitglieder haben muss, insbesondere dann, wenn eine spezifische Gläubigerstruktur gegeben ist. Schlagen daher die Gläubiger aus sachlichen Gründen nur einen Dreier-Ausschuss vor, so ist auch dieser vom Gericht zu bestellen – es sei denn, es bestehen Anhaltspunkte für einen Missbrauch. 59

6. Gerichtliche Prüfung und Gläubigerautonomie. Unabhängig von der Frage ob ein originärer oder ein derivativer Pflichtausschuss eingesetzt werden soll, hat das Gericht schon vor dem Hintergrund der Eilbedürftigkeit für die Einsetzung eines vorläufigen Gläubigerausschusses[79] die von einem Antragsberechtigten gemachten weiteren Angaben lediglich auf ihre **Plausibilität** zu prüfen und im Zweifel als richtig zu unterstellen.[80] Liegen die in § 22a Abs. 3 abschließend genannten Versagungsgründe erkennbar nicht vor und sind die Schwellenwerte oder andere Antragsvoraussetzungen plausibel und nachvollziehbar dargelegt, dann hat das Gericht den Ausschuss zu bestellen und sich mit weiterer Entscheidung zum Kernbereich der gläubigerautonomer Selbstbestimmung zurückzuhalten. 60

Die gerichtliche Entscheidung über die Einsetzung eines vorläufigen Gläubigerausschusses hat daher stets und unverzüglich zu erfolgen, sobald die erforderlichen Unterlagen dem Gericht vorliegen und **keine objektiven Anhaltspunkte** für eine fehlerhafte oder gar missbräuchliche Besetzung des vorgeschlagenen Ausschusses erkennbar sind (ausführlich dazu RdNr. 44). Ist daher das Verfahren im Sinne des Gesetzgebers so **vorstrukturiert** worden, dass sich - wie es auch unter der alten Rechtslage bei größeren Verfahren der Fall war - bereits ein entsprechend den Vorgaben der §§ 21 Abs. 2 Nr. 1a, 67 Abs. 2 zusammengesetzter, designierter vorläufiger Gläubigerausschuss gebildet hat und dem bereits vorinformierten Gericht alle weiteren erforderlichen Unterlagen, Versicherungsnachweise etc. vorliegen, ist das Gericht schon aus Gründen des verfassungsrechtlich gebotenen Schutzes der gestärkten Gläubigerinteressen[81] gehalten, diesen Ausschuss auch **sofort zu bestellen**.[82] Gerade im Verfahren nach §§ 270 ff. liegt der Schutz der Gläubigerinteressen ausschließlich in den Händen der Gläubiger und Amtsermittlungen verbieten sich schon aus der Umkehrung des Regel-/Ausnahmeverhältnisses in § 270 Abs. 2 Nr. 2.[83] 61

---

[76] Nach BGH ZIP 1994, 46, 47 können Behörden selbst regelmäßig keine Mitglieder werden, da es ihnen an der Rechtsfähigkeit fehlt, sodass die juristische Person des öffentlichen Rechts zu bestellen ist, deren Vertreter die Behörde ist.

[77] Vgl. dazu die Nichtberücksichtigung der Kleingläubiger bei AG Hamburg ZInsO 2011, 2337 mit krit. Anmerkung von *Haarmeyer* ZInsO 2011, 2316.

[78] Eine Überschneidung könnte sich ergeben, wenn z. B. ein Kreditinstitut einerseits der Gruppe der Kreditgeber zugeordnet wird und andererseits, in Höhe des Ausfalls, für die Gruppe der ungesicherten Gläubiger benannt wird.

[79] *Graf-Schlicker*, InsO, § 22a RdNr. 12.

[80] In diesem Sinne auch *Obermüller* ZInsO 2012, 18, 19; HRI-*Ampferl*, § 8 RdNr. 75. So auch *Gutmann/Lauberau* ZInsO 2012, 1863, 1847; *Desch* BB 2011, 841; *Brinkmann/Zipperer* ZIP 2011, 1337, 1344; *Hirte* ZInsO 2011, 401, 404; *Vallender* GmbHR 2012, 450, 451; a. A. *Frind* ZInsO 2011, 2249, 2261

[81] BVerfG ZInsO 2006, 765, 769.

[82] In der bisher bekannten Praxis der ersten Monate ist bei entsprechender Vorstrukturierung der Unterlagen faktisch von allen Insolvenzgerichten in dieser Weise sofort entschieden worden, dabei hat die vorherige Unterrichtung des Gerichts die wesentliche Rolle gespielt.

[83] Vgl. dazu umfassend *Smid* ZInsO 2013, 209, 212 ff.

62 Völlig verfehlt wäre es, bei der Feststellung der Kriterien für die jeweiligen Ausschüsse eine „**Prüfungsorgie**"[84] zu veranstalten und etwa einen Gutachter, z. B. einen Wirtschaftsprüfer einzusetzen, der die Größe des Unternehmens im vorangegangenen Geschäftsjahr penibel untersucht. Dies wäre der Bedeutung des Vorgangs und einer gesetzlich gewollten frühzeitigen Gläubigerbeteiligung nicht angemessen, denn aufgrund der Kriterien des Abs. 3 kann schon ein nennenswerter Schaden durch die Einsetzung eines vorläufigen Gläubigerausschusses nicht unterstellt werden, vielmehr ist eine damit Verzögerung die vom Gesetzgeber gesehene und auch in Kauf genommene Folge der Etablierung einer frühen Mitbestimmung der Gläubiger. In den Verfahren nach §§ 270 ff. verbietet sich eine Amtsermittlung schon aufgrund der gesetzlichen Regelung, es sei denn, dem Gericht sind Negativtatsachen iSd § 270 Abs. 2 Nr. 2 bereits bekannt, dann ist der Antrag schon deshalb abzulehnen.

63 Hinter die dafür notwendigen **Freiräume der autonomen Gestaltung des Verfahrens** durch die Gläubiger hat die Prüfungsintensität des Gerichts zurückzutreten, denn die Gläubiger sollten selbst die maßgebenden wirtschaftlichen Weichenstellungen (mit)bestimmen, was eine schnelle Entscheidungsfindung erfordert. Auch stehen wesentliche Entscheidungen, bei denen die Gläubiger typischerweise konträre Interessen haben wie z. B. über Anfechtungen oder Loslösung von Verträgen (§ 103 InsO) im Antragsverfahren noch gar nicht an. Nicht das Insolvenzgericht ist der Garant einer optimalen Gläubigerbefriedigung, sondern dies ist Aufgabe der insoweit **autonom handelnden Gläubigergesamtheit**, die dann allerdings auch die wirtschaftlichen Folgen fehlerhaften oder unzureichenden Handelns zu tragen haben. Dem Insolvenzgericht ist in diesem Kontext lediglich die Rolle der Rechtsaufsicht zugewiesen.[85]

64 Mit einer von der gesetzgeberischen Grundentscheidung – frühzeitige Gläubigerbeteiligung an allen maßgeblichen Entscheidungen durch einen institutionalisierten vorläufigen Gläubigerausschuss – gelösten „Intensivprüfung" würde das Ziel, Gläubigern frühzeitige Mitwirkungs- und Gestaltungsmöglichkeiten zu eröffnen und/oder Sanierungen zu erleichtern, vereitelt, indem das Eröffnungsverfahren durch gerichtliche „Steuerung" mit allen damit zwangsläufig verbundenen Nachteilen in die Länge gezogen werden würde. Anders als von *Frind* unterstellt, ist die gesicherte Feststellung der Kriterien auch nicht eine Frage der Amtsermittlung, sondern folgt dem für solche Anträge und ihre schnelle Entscheidbarkeit notwendigen **Beibringungsgrundsatz**.[86] Auch insoweit hat das ESUG insoweit auch eine einschränkende Wirkung auf den Amtsermittlungsgrundsatz und begrenzt im Interesse der frühzeitigen Einbindung der Gläubiger die Prüfungskompetenz des Gerichts.[87] Insoweit beschränkt sich auch insoweit die Prüfungskompetenz des Gerichts auf eine **reine Plausibilitätskontrolle**.[88] Sind die Angaben weder plausibel noch nachvollziehbar belegt oder testiert, oder tragen Gläubiger Negativtatsachen vor, dann hat das Gericht den oder die Antragsteller schon nach § 139 ZPO auf diese Mängel hinzuweisen und Gelegenheit zur kurzfristigen Nachbesserung zu geben.

65 Die über eine Plausibilitätskontrolle hinaus gehende stark beschränkte **Amtsermittlungspflicht** des Gerichts aus § 5 erstreckt sich nach Inkrafttreten des ESUG mithin nur noch auf Umstände, die der Haftungsverwirklichung zu Gunsten der Gläubiger dienen[89], nicht jedoch auf die von den Gläubigern autonom zu beantwortende Frage, in welcher Weise sie sich an dem Verfahren organisiert beteiligen wollen. Selbst wenn man im Rahmen einer extensiven Interpretation der Amtsermittlungspflicht auch die mittelbare Folge der Einsetzung des „richtigen" Insolvenzverwalters in den Fokus einer Amtsermittlung nimmt, scheitert die Einsetzung eines Sachverständigen zur Prüfung dieser Kriterien schon am Eilcharakter des Eröffnungsverfahrens, an der gesetzlich gewollten frühzeitigen Beteiligung eines vorläufigen Gläubigerausschusses[90] an allen maßgeblichen Entscheidungen und letztlich und entscheidend an dem abschließenden Versagungskanon des § 22a Abs. 3.[91]

---

[84] So ist wohl die Kommentierung von HambKomm/*Frind* § 22a RdNr. 5 ff. zu verstehen, der dies mit einer aus dem Gesetz nicht abzuleitenden aber von ihm als notwendig erkannten „gesicherten Erkenntnisbasis zum Vorliegen der Schwellenwerte" begründet.

[85] *Smid* ZInsO 2013, 209 ff.

[86] So auch zutreffend vertreten für die Beibringung aller notwendigen Unterlagen beim Insolvenzplan von *Uhlenbruck/Luer*, InsO, § 231 RdNr. 5; *Braun* in: Nerlich/Römermann, InsO vor § 217 RdNr. 90

[87] So auch *Smid* ZInsO 2013, 209 ff.; *Gutmann/Lauberau* ZInsO 2012, 1863, 1866; ähnlich für das Insolvenzplanverfahren *Uhlenbruck/Luer*, InsO, § 231 RdNr. 5; *Braun* in: Nerlich/Römermann, InsO vor § 217 RdNr. 90.

[88] So auch *Gutmann/Lauberau* ZInsO 2012, 1863, 1847; *Desch* BB 2011, 841; Brinkmann/Zipperer ZIP 2011, 1337, 1344; *Hirte* ZInsO 2011, 401, 404, *Vallender* GmbHR 2012, 450, 451; a. A. *Frind* ZInsO 2011, 2249, 2261.

[89] *KPB/Pape* § 5 RdNr. 22; Hölzle, Leitfaden S. 18; *AGR-Sander* § 22a RdNr.6.

[90] *Graf-Schlicker*, InsO, § 22a RdNr. 12.

[91] So auch der einhellige Tenor bei *Gutmann/Lauberau* ZInsO 2012, 1863, 1847; *Desch* BB 2011, 841; Brinkmann/Zipperer ZIP 2011, 1337, 1344; *Hirte* ZInsO 2011, 401, 404, *Vallender* GmbHR 2012, 450, 451; im Ergebnis so auch *Vallender*/Zipperer NZI 2012, 729, 735.

Nur auf diese Weise wird auch das gesetzgeberische Ziel eines für Schuldner wie Gläubiger **66** vorausschauend und verfahrenssicher zu gestaltenden Eröffnungsverfahren erreichbar und werden künftig auch Unternehmen das Insolvenzverfahren als eine **strategische Option** in der Krise annehmen. Angesichts der sich damit verbindenden betriebs- und volkswirtschaftlichen Dimensionen sind die Insolvenzgerichte in der Pflicht, sich insoweit auch in den Dienst des Gesetzes zu stellen und sich mit kleinlichen Vorgaben oder gar mit nicht legitimierten abweichenden Besetzungen oder Zurückweisungen – ohne dass zB die dazu notwendig vorhandenen wichtigen Gründe (§ 70) vorliegen –zurückzuhalten und dies auf die Fälle zu beschränken, bei denen die Kriterien der Integrität und Repräsentativität (vgl. dazu oben RdNr. 47 ff.) nicht eingehalten sind oder offensichtlich Missbrauch droht.

Eine Verzögerung des eilbedürftigen Verfahrens der Einsetzung eines vorläufigen Gläubigeraus- **67** schusses[92] trotz Vorliegens aller tatsächlichen Voraussetzungen steht dem Gericht nicht zu, weil dann nicht die Einsetzung, sondern die Verfahrensweise des Gerichts zu einer Verzögerung der Einsetzung des Ausschusses führt; das jedoch ist mit § 22a Abs. 3, 3. Alt. unvereinbar.[93] Ein solches **verzögerndes Verhalten** dürfte auch erhebliche haftungsrechtliche Folgen haben, weil dadurch die verfassungsrechtlich determinierten Mitbestimmungs- und Gestaltungsrechte der Gläubiger verhindert und wesentliche oder falsche Entscheidungen ohne Beteiligung der Gläubiger erfolgen, diese aber dadurch unmittelbar in ihren vermögensrechtlichen Interessen getroffen werden.[94]

7. Präsumtive Beschlussfassungen und gerichtliche Entscheidung. Die Wahrnehmung der **68** gesetzlichen Teilhabe- und Gestaltungsrechte an den wesentlichen Weichenstellungen und Entscheidungen setzt notwendig eine Mitwirkung der Gläubigerschaft vom ersten Tag bzw. schon in den ersten Tagen eines Verfahrens voraus. Dem gesetzgeberischen Leitbild folgend, richtet sich das ESUG mit seinen gesteigerten Anforderungen zur Antragstellung und Willensbildung weit in den vorinsolvenzlichen Bereich und adressiert den vorausschauend planenden Schuldner ebenso wie die mit ihm konstruktiv zusammenarbeitenden Gläubiger. Spätestens mit einer grundlegenden Einigung zwischen dem Schuldner und seinen wesentlichen Hauptgläubigern besteht die Notwendigkeit, auch die anderen Gruppen der Gläubiger einzubinden und das geplante Szenario einer Sanierung unter Insolvenzschutz zu erläutern. Zu diesem Zeitpunkt erfolgen dann auch die **wesentlichen Weichenstellungen** zur Benennung von Personen für einen vorläufigen Gläubigerausschuss, die Darstellung der Aufgaben bis hin zu den haftungsrechtlichen Risiken. Damit zwischen den Beteiligten das notwendige Vertrauen aufgebaut und ein interne Arbeitsteilung vereinbart werden kann, ist es unbedingt erforderlich, dass sich die benannten Mitglieder eines künftigen vorläufigen Gläubigerausschusses bereits vor Einleitung des Verfahrens selbst treffen und das weitere Procedere miteinander abstimmen. Obwohl der Ausschuss als solcher noch nicht rechtlich existent ist, denn er bedarf dazu der gerichtlichen Beschlussfassung, hat es sich in der Praxis außerordentlich bewährt die anstehenden Entscheidungen des Eröffnungsverfahrens in diesem Gremium bereits zu diskutieren und zu Entscheidungen zu gelangen. Ist die Auswahl der Mitglieder nach den benannten (vgl. RdNr. 47 ff.) Kriterien der Integrität und Repräsentativität erfolgt, dann ist das Gericht an die Benennung entsprechend geeigneter Personen gebunden bzw. kann diese nur aus wichtigen Gründen ablehnen oder abändern. Vor diesem Hintergrund entsteht dann auch im Sinne des Gesetzgebers die notwendige Planungs- und Verfahrenssicherheit zB für eine Sanierung des Schuldnerunternehmens und die Förderung der Bereitschaft zu einer möglichst frühzeitigen Antragstellung durch Unternehmen in der Krise.

Wenngleich zweifelhaft sein mag, ob ein noch nicht durch Beschluss des Insolvenzgerichtsgerichts **69** bestellter und ordnungsgemäß konstituierter vorläufiger Gläubigerausschuss befugt ist, seinerseits „**präsumtiv**" Festlegungen oder Entscheidungen zB zum Personal- oder Profilvorschlag betreffend den vorläufigen Verwalter zu fassen[95] – die selbstverständlich stets auch unter dem Vorbehalt der gerichtlichen Bestellung stehen – lässt sich das vermeintliche Legitimationsproblem – jedenfalls bei Beachtung der gesetzgeberischen Intention durch das Insolvenzgericht – praktisch leicht lösen. Zwischen dem Antrag oder der Anregung, einen personell den Vorgaben der §§ 21 Abs. 2 Nr. 1a, 67 Abs. 2 genügenden vorläufigen Gläubigerausschuss zu bestellen und der in aller Regel sofort, jedenfalls kurzfristig bestehenden Notwendigkeit, zur Sicherung des Schuldnervermögens Maßnahmen,

---

[92] So ausdrücklich *Graf-Schlicker*, InsO, § 22a RdNr. 12.
[93] *Haarmeyer/Horstkotte* ZInsO 2012, 1441, 1444. Die aus der Praxis berichtete schlichte Missachtung entsprechender Anträge sowie die teilweise im Zusammenwirken mit örtlichen „Platzhirschen" erfolgende Fortsetzung der Einsetzungspraxis nach der Art vor Inkrafttreten des ESUG dürfte faktisch auf eine Rechtsverweigerung hinauslaufen.
[94] *Haarmeyer/Horstkotte* ZInsO 2012, 1411, 1444; im Ergebnis so wohl auch AGR-*Sander*, § 22a RdNr. 10.
[95] Davon geht Haarmeyer ZInsO 2012, S. 370 aus.

nicht notwendig in Form eines vorläufigen Verwalters zu erlassen, mag in der Tat zu viel Zeit als hinnehmbar ist verstreichen. Niemand kann indes die benannten Mitglieder des designierten vorläufigen Gläubigerausschusses daran hindern, dem Gericht neben ihrer Bereitschaft zur Amtsübernahme auch zeitgleich einen Vorschlag zur Person oder zum Profil eines zu bestellenden vorläufigen Verwalters zu unterbreiten. Wenn all dies, also Personalvorschlag hinsichtlich der Mitglieder und der Zusammensetzung des vorläufigen Gläubigerausschusses gem. § 67 Abs. 2, Einverständnis zur Amtsübernahme, Versicherungsnachweis, etc., den gesetzlichen Anforderungen entspricht, ist das Insolvenzgericht in Annahme eines „Eilfalles" iSv §§ 21 Abs. 2 S. 1 Nr. 1, 56a Abs. 1 letzter Halbsatz InsO gehalten, inhaltlich dem Personal- / Profilvorschlag[96] zu folgen, will es sich nicht der Gefahr der sachwidrigen Verzögerung oder der anderweitigen Bestimmung gem. § 56a Abs. 3 InsO aussetzen.[97] Es erscheint lebensfremd, von den vorgeschlagenen Mitgliedern eines vorläufigen Gläubigerausschusses anzunehmen, sie würden heute den Vorschlag A und nach Konstituierung einen dem widersprechenden Vorschlag B unterbreiten. Folgt das Insolvenzgericht dieser Empfehlung, vermeidet es eine Friktion zwischen informellem und - nach Konstituierung und Beschlussfassung - formellem Personal- / Profilvorschlag und verhindert zugleich eine Verzögerung des Tätigwerdens des vorläufigen Gläubigerausschusses.[98]

70 So verfahren sind die gesetzlichen Voraussetzungen für eine **zeitgleiche Bestellung** des **vorläufigen Gläubigerausschuss** und eines einstimmig vorgeschlagenen **vorläufigen Insolvenzverwalters** gegeben(zur Anhörung des Ausschusses vgl. RdNr. 129 ff.). Empfehlenswert dürfte es auch in diesem speziellen Kontext (informeller Vorschlag oder präsumtiver Beschluss) sein, die konkrete Verfahrensweise mit dem jeweiligen Gericht abzustimmen. So zeigen sich sehr viele Insolvenzgerichte, z. B. auch das AG München[99], durchaus offen für ein professionell vorbereitetes Verfahren, in dessen Vorfeld es bereits zu einer klaren Votierung für einen vorläufigen Verwalter gekommen ist. Nur auf diese Weise wird auch das gesetzgeberische Ziel eines vorausschauend zu gestaltenden und verfahrenssicher aufzubauenden Eröffnungsverfahren erreichbar sein und es werden auch zunehmend mehr Unternehmen das Insolvenzverfahren als eine strategische Option in der Krise annehmen.

III. Der originäre Pflichtausschuss (Abs. 1)

71 Ist die Einsetzung eines originären Pflichtausschusses schon aufgrund der bekannten Größe eines Unternehmens zu erwarten oder wird sie von den Beteiligten angestrebt, so sollten die notwendig beizubringenden und nachfolgend näher beschriebenen Unterlagen sorgfältig zusammengestellt und zugleich alle möglichen Einwände des Gerichtes aus der Sperrregelung des § 22a Abs. 3 antizipiert und bereits mit den Antragsunterlagen ausgeräumt werden. Nur auf diese Weise kann bei einem Eigenantrag das gesetzgeberische Ziel sichergestellt werden, dass bereits mit der Einleitung des Verfahrens auch das Gericht umfassend informiert und die Beteiligung der Gläubigerschaft gesichert ist.[100] Es ist nicht von der Hand zu weisen, dass ein „schlecht" vorbereiteter Antrag zu erheblichen Verzögerungen und Beeinträchtigungen der Gläubigerinteressen führen kann, was dann notwendig auch die Frage der Haftung eines ggf. tätig gewordenen Beraters aufwirft.[101] Die gesteigerten Anforderungen sollen aber neben der verbesserten Information der Beteiligten, insbesondere der Gerichte, auch einem mögliche Missbrauch durch nicht planend gestaltende Verfahrensvorbereitungen vorbeugen.

72 **1. Die Schwellenwerte.** Ein vorläufiger Gläubigerausschuss ist immer dann und für das Gericht verpflichtend einzusetzen, wenn das schuldnerische Unternehmen die an § 267 Abs. 1 Nr. 1 – 3 HGB angeglichenen Größenkriterien des § 22a Abs. 1 erfüllt. Die Verpflichtung entfällt nur dann, wenn schon bei der Antragstellung einer der Befreiungstatbestände aus Abs. 3 (vgl. dazu RdNr. 141 ff.) erfüllt ist.

---

[96] Bei dem sog. „Profilvorschlag" reicht eine Mehrheit der Mitglieder des vorläufigen Gläubigerausschusses aus.
[97] *Haarmeyer/Horstkotte* ZInsO 2012, 1441, 1443.
[98] *Haarmeyer/Horstkotte* ZInsO 2012, 1441, 1444. Der Insolvenzrichter sollte sich in einer solchen Situation vergegenwärtigen, dass eine von einem solchen, noch „informellen" Vorschlag abweichende Bestellung in Ausnutzung vorgeblich vorhandener gerichtlicher Kontrolldichte wegen des Vergütungsanspruchs des später gem. § 56a Abs. 3 abgelösten vorläufigen Verwalter seine persönliche Haftung auslösen kann, denn man wird in dieser Konstellation wohl von grober Fahrlässigkeit auszugehen haben.
[99] AG München ZIP 2012, 1308, 1309.
[100] Vgl. dazu den erläuterten Musterantrag von *Haarmeyer* in ZInsO 2012, 370.
[101] Nach einer Erhebung des AG Berlin-Charlottenburg waren in der Zeit vom 01.03. bis zum 31.07.2012 fast 90% aller eingereichten Anträge nach den neuen Regelungen mangelhaft und als unzulässig zurückzuweisen; vgl. dazu ZInsO 2012, Heft 34, Seite III.

Ein vorläufiger Gläubigerausschuss ist mithin immer dann verpflichtend einzusetzen, wenn das 73
schuldnerische Unternehmen im vorvergangenen Geschäftsjahr mindestens 2 von 3 bestimmenden
Merkmalen aufweist, nämlich
- mindestens € 4.840.000 Bilanzsumme nach Abzug eines auf der Aktivseite nicht durch Eigenkapital gedeckten Fehlbetrags iSv § 268 Abs. 3 HGB,
- mindestens € 9.680.000 Umsatzerlöse in den 12 Monaten vor dem Abschlussstichtag,
- im Jahresdurchschnitt mind. 50 Arbeitnehmer[102] (§ 22a Abs. 1 InsO)

und (kumulativ) der **Geschäftsbetrieb** bei Antragstellung **noch nicht eingestellt** ist (§ 22a Abs. 3 InsO). Vgl. dazu nachfolgend RdNr. 149.

Damit hat der Gesetzgeber die Untergrenzen gegenüber dem Regierungsentwurf deutlich 74
heraufgesetzt. Folgt man den Angaben von Creditreform [103] dann betrifft die Einsetzung eines
Pflichtausschusses jährlich ca. 2.000 Unternehmen, da 80% der 30.200 antragstellenden Unternehmen im Jahre 2011 höchstens fünf Mitarbeiter und ca. 65% der insolventen Unternehmen einen
Umsatz von bis zu 500.000 Euro hatten.

Es ist aber bei der Regelung geblieben, dass diese Merkmale nach § 13 Abs. 1 Satz 4 und 5 im 75
vorangegangenen Geschäftsjahr – nicht im zurückliegenden Kalenderjahr - vorgelegen haben
müssen und etwaige Veränderungen bis zum Insolvenzantrag unerheblich sein sollen. Dahinter steht
die Erwartung, dass in Zweifelsfällen auf die Bilanzen oder Abschlüsse der Vorjahre zurückgegriffen
werden kann, was die Feststellung deutlich erleichtern könnte. Das dürfte aber vielfach an der
Säumigkeit von insolventen Unternehmen hinsichtlich der zeitgerechten Aufstellung des Jahresabschlusses und deren Veröffentlichung scheitern.

2. Schwellenwerte und deren Einzelkriterien; Beibringungsgrundsatz. Für das Eröff- 76
nungsverfahren gilt bis zur Schwelle der gerichtlichen Zulassung des Antrags der **Beibringungsgrundsatz**, d.h. der jeweilige Antragsteller hat für das von ihm angestrebte Ziel einen zulässigen
Antrag einzureichen und in diesem Kontext die gesetzlich vorgegebenen Angaben zu machen, etwa
erforderliche Unterlagen beizubringen und in substantiierter, nachvollziehbarer Form darzulegen.
Das Eröffnungsverfahren wechselt erst nach der (konkludenten) gerichtlichen Zulassung in ein amtswegig geführtes Ermittlungsverfahren.[104]

Die Verpflichtungswirkung zur Einsetzung des originären Pflichtausschusses tritt nur dann ein, 77
wenn dem Gericht im Rahmen eines **Eigenantrags** die maßgeblichen Tatsachen im Rahmen der
Antragstellung gem. § 13 Abs. 1 Satz 4 und 5 plausibel dargelegt und die wesentlichen Angaben nach § 13 Abs. 1 Satz 7 als richtig versichert werden oder aber diese Kriterien aufgrund offensichtlicher und/oder öffentlich zugänglicher Kriterien (bundesweit agierender Konzern, Großunternehmen mit mehr als 500 Mitarbeitern etc.) als gegeben vorausgesetzt werden können – was im
Ergebnis bedeutet, dass in den sog. Großverfahren wie Arcandor, Schlecker, SinnLeffers etc. nicht
auch noch der Nachweis nach Abs. 1 geführt werden muss, sondern als **gerichtsbekannt** unterstellt
werden kann.

Die vom Gesetzgeber eröffnete Möglichkeit zur sofortigen Einsetzung eines vorläufigen Gläu- 78
bigerausschusses und Einbindung der Gläubiger in die das Verfahren maßgeblichen wirtschaftlichen
Entscheidungen hängt wesentlich davon ab, inwieweit die antragsberechtigten Schuldner und Gläubiger im Sinne des Gesetzgebers im Vorfeld eines Insolvenzantrags bereits kooperieren, sodass dem
Gericht bereits mit der Antragstellung **alle für eine Entscheidung notwendigen Unterlagen**
vorliegen.[105] Ohne eine professionelle Vorbereitung dürften die meisten Anträge und damit auch
eine frühzeitige Einflussnahme auf die wesentlichen Entscheidungen des Gerichts scheitern.[106] Dafür
sprechen auch die Praxiserfahrungen während des ersten Jahres nach dem Inkrafttreten des ESUG,
sowie die dazu ergangenen Entscheidungen.[107] Hier wird auch bereits deutlich, dass die gestiegenen
Anforderungen an die Antragstellung zugleich eine Seriositätsschwelle markieren, die es den Gerich-

---

[102] Für den Begriff des Arbeitnehmers sind die Kriterien des Arbeitsrechts sowie der Auslegung durch das BAG zugrunde zu legen, mithin alle natürlichen Personen die aufgrund eines privatrechtlichen Vertrages zur Leistung fremdbestimmter Arbeit in persönlicher Abhängigkeit verpflichtet sind; vgl. dazu Reiner in MüKo-HGB, § 267 RdNr. 8
[103] ZInsO 2012, 117, 122 f.
[104] BGH ZInsO 2003, 217;
[105] Darauf hinweisend auch schon die Begründung des Regierungsentwurfs, BT-Drs. 17/5712, S. 24 zu Nr. 5; in diesem Sinne auch zutreffend AG München ZIP 2012, 1308 Ziff. 3. b); Hölzle ZIP 2012, 161 f.; zu den dazu notwendig beizubringenden Unterlagen und Erklärungen bis hin zur Deckungszusage einer Versicherung vgl. Buchalik ZInsO 2012, 349 ff.; Haarmeyer ZInsO 2012,370.
[106] In diesem Sinne auch HRI-Ampferl, § 8 RdNr 13; Graf-Schlicker, InsO, § 22a RdNr. 3.
[107] Vgl. dazu z. B. AG Ludwigshafen ZInsO 2012, 987.

ten erleichtert, unseriöse und missbräuchliche Anträge schon in der ersten Phase eines Verfahrens scheitern zu lassen.

79 Anders als verschiedentlich in der Literatur[108] vertreten, gilt die den Schuldner treffende **Beibringungsverpflichtung nicht für einen Gläubigerantrag,** denn diesem ist der Einblick in die nach § 13 notwendigen Unterlagen regelmäßig verwehrt.[109] Kann der Gläubiger daher keine Angaben nach § 13 Abs. 1 Sätze 4 und 5 machen, hat das Insolvenzgericht zwei Möglichkeiten. Entweder es fordert den Schuldner gemäß § 20 zur Auskunft über die Schwellenwerte auf, was notwendiger zu einer Verzögerung des weiteren Verfahrens führt und damit auch die Gefahr einer Verschlechterung der Vermögenslage in sich trägt. Oder aber – dafür spricht der Tenor des Gesetzes - es kann den Gläubiger auf die Mängel hinweisen und diesen auffordern, mit den nach § 22 Absatz 2 notwendigen Angaben die Einsetzung eines derivativen Gläubigerausschusses zu beantragen (vgl. dazu unten RdNr. 100 ff.).

80 a) **Bilanzsumme. Bilanzsumme** ist die Summe der in § 266 Abs. 2 HGB ausgewiesenen Aktivposten unter Abzug eines auf der Aktivseite nach § 268 Abs. 3 HGB nicht durch Eigenkapital ausgewiesenen Fehlbetrages, bei der KGaA etwaiger Verlustanteile nach § 286 Abs. 2 Satz 3 HGB oder bei Personenhandelsgesellschaften nach § 264a Abs. 1 HGB der nicht durch Vermögensanteil gedeckte Verlustanteil persönlich haftender Gesellschafter (§ 264 Abs. 2 Satz 5 HGB. Die **Umsatzerlöse** sind nach § 277 Abs. 1 HGB zu bestimmen. Die zulässige Darstellung von Bilanzvermerken im Anhang oder in der Bilanz selbst hat keinen Einfluss auf die Höhe der Bilanzsumme.[110]

81 Angaben zu diesen Bilanzkennzahlen sowie zu seinen Gläubigern und deren Forderungen hat der Schuldner bei einem **Eigenantrag** – sofern sein Geschäftsbetrieb nicht eingestellt ist – gemäß § 13 Abs. 1 Sätze 4 und 5, 6 mit seinem Eröffnungsantrag zu machen. Außerdem hat er bei einem noch laufenden Geschäftsbetrieb die höchsten Forderungen, die höchsten gesicherten Forderungen sowie die Forderungen der sog. institutionellen Gläubiger (Finanzverwaltung, Sozialversicherungsträger, Träger der betrieblichen Altersversorgung) besonders zu kennzeichnen, damit das Gericht diese für die Zusammensetzung des vorläufigen Gläubigerausschusses problemlos identifizieren kann.[111] Um sicherzustellen, dass diese für die Einsetzung des Ausschusses wichtigen Angaben richtig und vollständig sind, hat der Schuldners dies zu versichern.[112] Fehlen die Angaben oder sind sie unvollständig, ist der Antrag unzulässig.

82 Hat das schuldnerische Unternehmen zwar eine erhebliche Größe, ist aber wegen fehlender Kaufmannseigenschaft **nicht bilanzierungspflichtig,** so kann weder die Vorlage einer Bilanz oder gar deren Schätzung verlangt werden. Erreicht oder übertrifft aber bei den anderen beiden Kriterien (Umsatz und Arbeitnehmer) das Schuldnerunternehmen die Grenzwerte, so ist auch hier ein Pflichtausschuss einzusetzen. Verfehlt es sie auch nur in einem der weiteren Bereiche, so scheidet die Einsetzung eines Pflichtausschusses aus, zu empfehlen ist in diesen Fällen vornherein die Einsetzung eines Antragsausschusses nach Abs. 2 anzustreben.

83 Für die Ermittlung der maßgeblichen Kriterien ist **nicht notwendig die Bilanz** des vorangegangenen Geschäftsjahres vorzulegen, sondern diese Angaben können auch auf andere Art und Weise belegt werden. Insbesondere dann, wenn der Jahresabschluss der vorangegangenen Geschäftsjahres (noch) nicht vorliegt oder aber die Summen- und Saldenlisten nicht verfügbar sind, wird man schon aus Gründen einer beschleunigten Entscheidungsfindung an einer **begründeten Schätzung** nicht vorbeikommen, zumal auch der Gesetzgeber dies für den Antrag nach § 13 (BT-Drs. 17/5712, S. 23) ausdrücklich zulässt.[113] Auch der Nachweis einzelner oder aller Kriterien durch **Testierung eines Berufsträgers** ist insoweit für die Einzelkriterien ausreichend. Das Insolvenzgericht sollte die Angaben des Schuldners schon aus Gründen der Beschleunigung und zur Sicherung der gesetzgeberischen Ziele lediglich auf **Plausibilität** überprüfen und im Zweifel als **zutreffend unterstellen,** wenn die Richtigkeit nach § 13 Abs. 1 Satz 7 auch für die Größenangaben so versichert worden ist.[114]

84 b) **Umsatzerlöse.** Im betriebswirtschaftlichen Sinne stellt der Umsatz die Summe der mit den Verkaufspreisen bewerteten Absatzmengen oder Dienstleistungen eines Unternehmens während einer Abrechnungsperiode dar. Umsatzerlöse sind der erste **Ertragsposten der Gewinn- und Ver-**

---

[108] *Pape* ZInsO 2011, 1033, 1036.
[109] So auch *Graf-Schlicker,* InsO, § 22a RdNr. 6.
[110] *Reiner* in MüKo-HGB § 267 RdNr. 6.
[111] BT-Drucks. 17/5712, S. 23.
[112] BT-Drucks. 17/7511, S. 33.
[113] So einhellig auch AGR-*Sander* § 22a RdNr. 4; Hölzle, Praxisleitfaden S. 16
[114] Vor diesem Hintergrund unverständlich die jedes Verfahren bewusst verzögernde Empfehlung des BAKInsO v. 15.11.2011, ZInsO 2011, 2223 die Angaben regelmäßig amtswegig mithilfe eines Sachverständigen ermitteln und/oder verifizieren zu lassen.

lustrechnung (GuV) nach § 275 HGB (für Kapitalgesellschaften). Sie setzen sich zusammen aus den Erlösen aus Verkauf, Vermietung oder Verpachtung von typischen Produkten, Waren und Dienstleistungen im Rahmen des gewöhnlichen Geschäftsverkehrs nach Abzug von Erlösschmälerungen und Umsatzsteuer.[115] Nicht zu den Umsatzerlösen zählen Bestandsveränderungen nach § 275 Abs. 2 Nr. 2 HGB, sodass insoweit auch nicht auf das Gesamtergebnis abgestellt werden kann, wenn darin solche Veränderungen eingeflossen sind.

Für die Bestimmung der Umsatzerlöse stellt § 22a Abs. 1 Nr. 2 als spezielle Regelung auf die letzten 12 Monate vor dem Abschlussstichtag ab und nicht auf das der Antragstellung vorangegangene Geschäftsjahr. Diese Differenzierung wird insbesondere dann relevant, wenn ein Geschäftsjahr keine 12 Monate umfasst hat. Dies kann der Fall sein bei sog. **Rumpfgeschäftsjahren,** bei vom Kalenderjahr abweichenden Geschäftsjahren oder auch weil das Unternehmen bereits in seinem ersten Jahr in die Insolvenz gefallen ist. In diesen Fällen ist der Jahresumsatz in Übereinstimmung mit § 267 Abs. 1 Nr. 2 HGB aufgrund der vorliegenden Monatsangaben auf den Jahresumsatz hochzurechnen; saisonale Schwankungen können, soweit sie bekannt sind, berücksichtigt werden.[116]

c) Anzahl der Arbeitnehmer. Für den Begriff des Arbeitnehmers sind zunächst die Kriterien des Arbeitsrechts sowie der Auslegung durch das BAG zugrunde zu legen. Als Arbeitnehmer sind danach alle natürlichen Personen zu betrachten, die aufgrund eines privatrechtlichen Vertrages zur Leistung fremdbestimmter Arbeit in persönlicher Abhängigkeit verpflichtet sind. Nach Maßgabe von § 267 Abs. 5 HGB gehören dazu auch im Ausland beschäftigte Personen ebenso wie Aushilfskräfte und Teilzeitbeschäftigte, nicht jedoch Auszubildende. Diese sind nicht auch nicht etwa auf Vollarbeitnehmer „umzurechnen", sondern sind schlicht als Arbeitnehmer zu zählen.[117] Nicht zu den Arbeitnehmern im vorgenannten Sinne gehören im Sinne des AÜG überlassene Mitarbeiter, Mitarbeiter in Elternzeit oder Arbeitnehmer, deren Beschäftigungsverhältnis ruht

Die tatsächliche **Zahl der Arbeitnehmer** kann nach Maßgabe von § 267 Abs. 5 HGB im Rahmen einer typisierten Einordnung als arithmetisches Mittel bestimmt oder durch die Lohnabrechnung des vergangenen Jahres belegt werden. Danach wird der vierte Teil der Summe aus den Zahlen der jeweils am 31. März 30. Juni, 30. September und am 31. Dezember beschäftigten Arbeitnehmer gebildet. Der sich danach ergebende Durchschnitt ist Maßstab für § 22a Abs. 1. Handelt es sich nur um eine Rumpfgeschäftsjahr ist bei einem längeren Zeitraum entweder ein darauf bezogener Durchschnitt zu bilden oder man legt in Ermangelung nachvollziehbarer Unterlagen bzw. einem Zeitraum von weniger als 6 Monaten zunächst als Zeitpunktbetrachtung die Zahl der Beschäftigten zum Abschlussstichtag zugrunde.

3. Notwendige Schuldnerangaben nach § 13. Im Rahmen seiner Auskunfts- und Mitwirkungspflichten nach §§ 20 Abs. 1, 97, 98 hat der Schuldner richtige und vollständige Angaben zu machen. Allerdings sollten an die Angaben keine überzogenen Anforderungen gestellt werden, weil aufgrund der Komplexität einiger zu machenden Angaben schon kleine Fehler zur Unzulässigkeit führen könnten, was den Bestrebungen des Gesetzgebers sowie den verfassungsrechtlich verbürgten Teilhabeansprüchen der Gläubiger zuwider laufen würde. Vielfach ist dem Schuldner auch eine genaue Bezifferung nicht möglich . So ist zB auch, entgegen den Anforderungen einzelner Gerichte, die Angabe der aktuellen Adresse der Gläubiger ist nicht Teil der gesetzlichen Verpflichtung, zumal der Schuldner vielfach auch nicht mehr über die aktuellen Daten verfügt. Angesichts der für die Antragstellung insgesamt gesteigerten Anforderungen nach § 13 dürfte eine im Vorfeld nicht professionell beratene Partei auch kaum in der Lage sein, allen Anforderungen überhaupt gerecht zu werden. Sind daher die Angaben in sich schlüssig und nachvollziehbar und kann zudem ein Missbrauch aufgrund der Gesamtumstände ausgeschlossen werden, so sollte dies zunächst für die weiteren Entscheidungen zugrunde gelegt werden. Eine vollständige Bezifferung jeder Angabe ist selbst nach Auffassung des Gesetzgebers nicht erforderlich.[118]

Ein Schuldner, der selbst den Insolvenzantrag einreicht, hat, wenn der Geschäftsbetrieb nicht eingestellt ist und/oder er die sofortige Einsetzung eines vorläufigen Gläubigerausschusses erreichen will, muss neben dem plausiblen Nachweis der Schwellenwerte auch ein Verzeichnis seiner Gläubiger und ihrer Forderungen beifügen (§ 13 Abs. 1 Satz 2 InsO). Zu den Voraussetzungen eines Fremdantrages vgl. oben RdNr. 79.

Ist der Geschäftsbetrieb nicht eingestellt, hat der Antragsteller in jedem Fall Angaben zu den drei Einsetzungskriterien des § 22a Abs. 1 zu machen, denn das Gericht hat stets zu prüfen, ob die

---

[115] Gabler Verlag (Herausgeber), Gabler Wirtschaftslexikon, Stichwort: Umsatzerlös, online im Internet: http://wirtschaftslexikon.gabler.de/Archiv/56927/umsatzerloes-v4.html
[116] HRI-*Ampferl*, § 8 RdNr. 20, 21; ebenso *Reiner* in MüKo-HGB, § 267 RdNr. 16.
[117] So auch HRI-*Ampferl*, § 8 RdNr. 24.
[118] BT-Drucks. 17/5712, S. 23.

Schwellenwerte überschritten sind. Die etwas verunglückte Fassung in § 13 Abs. 1 Satz „...in diesem Fall" bezieht sich nicht auf die Verpflichtung zur Vorlage nach Satz 5, sondern allein auf das Vorhandensein eines nicht eingestellten Geschäftsbetriebes.[119]

91 Ist der Geschäftsbetrieb mithin nicht eingestellt (§ 13 Abs. 1 Satz 4), sollen in dem **Gläubigerverzeichnis** nach § 13 Abs. 1 Satz 3 gesondert angegeben und kenntlich gemacht werden:
- die höchsten Forderungen,
- die höchsten gesicherten Forderungen,
- die Forderungen der Finanzverwaltung,
- die Forderungen der Sozialversicherungsträger und
- die Forderungen aus betrieblicher Altersversorgung (vgl. dazu ausführlich § 13 RdNr. 12 ff.).

92 Damit erhält das Gericht alle notwendigen Informationen, um festzustellen, ob § 22a Abs. 1 überhaupt zur Anwendung kommt, und, wenn dies aufgrund der eingereichten Unterlagen zu bejahen ist, welche Gläubiger in einem vorläufigen Gläubigerausschuss vertreten sein sollen. Liegt zugleich ein Antrag auf Einsetzung eines vorläufigen Gläubigerausschusses vor, so ist es Aufgabe des oder der Antragsteller geeignete Personen zu benennen. Ist dies nicht erfolgt sollte das Gericht unter Fristsetzung nach § 22a Abs. 4 vorgehen (vgl. dazu unten RdNr. 97). Raum für ein direkte Ansprache von Gläubigern durch das Gericht dürfte daher nur in den isolierten, nicht mit einem Antrag verbundenen Fällen des § 22a Abs. 1 bzw. im Rahmen des amtswegigen Ausschusses nach § 21 Abs. 2 Nr. 1a ergeben, es sei denn, das Gericht macht auch in diesen Fällen aus Gründen Praktikabilität von seinem Recht aus Abs. 4 Gebrauch. Reichen die Angaben dem Gericht nicht oder will es sich einer eigenen Auswahl enthalten, so kann es gem. § 22a Abs. 4 vom Schuldner oder vom vorläufigen Verwalter, falls es diesen schon vor der Einsetzung eines vorläufigen Gläubigerausschusses bestellt hat, verlangen, dass dem Gericht Personen benannt werden, die als Mitglieder eines vorläufigen Gläubigerausschusses in Betracht kommen. Allerdings ist bei einer Benennung durch einen vorläufigen Insolvenzverwalter **erhebliche Vorsicht geboten** und sind Interessenkonflikte unvermeidbar, da der auf dessen Vorschlag berufene Ausschuss letztlich nicht nur diesen beaufsichtigen, sondern auch über seinen Verbleib im Amt entscheiden soll. In einzelnen Fällen mag sich ein solcher Vorschlag allerdings in der Praxis ausnahmsweise nicht vermeiden lassen, so zB wenn der Schuldner in seinen intellektuellen Fähigkeiten erheblich eingeschränkt ist..

93 Gem. § 13 Abs. 1 Satz 7 hat der Schuldner zwar keine eidesstattliche Versicherung[120] abzugeben, er hat jedoch eine schriftliche Erklärung abzugeben und zu unterschreiben, dass die von ihm gemachten Angaben im Vermögensverzeichnis sowie in den weiteren Unterlagen richtig und vollständig sind. Ohne eine solche Erklärung fehlt es dem Antrag an der für die gerichtliche Prüfung notwendigen **Verlässlichkeit der Angaben**.[121]

94 **4. Antragsgrundsatz und Benennungsrecht.** Äußert bei einem großen Unternehmen iSd § 22a Abs. 1 ein zur Antragstellung grundsätzlich Berechtigter (dazu RdNr. 104 ff.) den Wunsch nach Einsetzung eines vorläufigen Gläubigerausschusses so liegt darin zugleich auch der **konkludente Antrag** auf Einsetzung eines Ausschusses nach § 22a Abs. 2 und mithin ein „doppelter Einsetzungstatbestand",[122] denn der Antrag ist nicht von der Erfüllung einer bestimmten Form abhängig.[123] Dass solchen „Wünschen" häufig die erforderlichen Ergänzungen zur Benennung geeigneter Personen fehlen, rechtfertigt es nicht, ihnen die Qualität eines Antrags abzusprechen, vielmehr ist hier das Gericht gefordert nach § 139 ZPO auf eine entsprechende Vervollständigung hinzuwirken. Mit einem gleichzeitigen Antrag nach § 22a Abs. 2 kann auch bei Großbetrieben zugleich sichergestellt werden, dass es nicht zu Verzögerungen im weiteren Ablauf kommt, denn allein die ansonsten gebotene Ermittlung potenzieller Mitglieder durch das Gericht nimmt naturgemäß eine erhebliche Zeit von mindestens 3 – 5 Tagen in Anspruch.

95 Mit dem ESUG ist das Recht für die Benennung geeigneter Personen unter den gesetzlichen Voraussetzungen der §§ 22a, 56a als Ausprägung des Prinzips der Gläubigerautonomie den Gläubigern übertragen worden, die auch durch die Zusammenstellung des Ausschusses notwendig den Sanierungsgedanken für das Unternehmen zum Tragen bringen, gleichzeitig aber auch gewährleisten müssen, dass die vom Gesetzgeber normierten Grundsätze der Repräsentativität der beteiligten Gruppen gewahrt, die Integrität der vorgeschlagenen Personen gesichert ist und sachfremde oder

---

[119] HRI-*Ampferl*, § 8 RdNr. 64; missverständlich *Frind* ZInsO 2011, 2249, 2253.
[120] Der Verzicht darauf dient der Vermeidung einer abschreckenden Wirkung und damit einer vielleicht verspäteten Antragstellung aus Angst, sich vielleicht durch unrichtige oder unvollständige Angaben strafbar zu machen, so BT-Drucks. 17/5712, S. 23.
[121] Vgl. dazu auch die Stellungnahme des Bundesrates in BT-Drucks. 17/5711, S. 33; ebenso *Kexel* in: Graf-Schlicker, InsO, § 13 RdNr. 25.
[122] Begriff so bei Horstkotte ZInsO 2012, 1930, 1931
[123] So ausdrücklich Horstkotte, ZInsO 2012, 1930 ff.

manipulative Auswahlkriterien ‚zB bei nahe stehenden Personen, unberücksichtigt bleiben. Vgl. zum Benennungsrecht ausführlich oben RdNr. 40.

Die Wahrnehmung der Vorschlagsrechte für die Person den vorläufigen Verwalters sowie die Bindungswirkung getroffener Beschlüsse eines Ausschusses für die weiteren wichtigen gerichtlichen Entscheidungen hängt maßgeblich von der **Legitimation** der Vorschläge als Reflex der **Repräsentativität** der Mitglieder eines vorläufigen Gläubigerausschusses ab, denn nur ein so zusammengesetzter Ausschuss kann die neuen Rechte der Gläubiger institutionell und mit Bindungswirkung wahrnehmen. Die Prüfung dieser Voraussetzung ist daher auch **Kernbereich** der verbliebenen **gerichtlichen Prüfungskompetenz** (zu den Einschränkungen vgl. oben RdNr. 31). Auch und gerade bei einem Unternehmen oberhalb der Schwellenwerte ist die gleichzeitige Beantragung des Gläubigerausschusses nach § 22a Abs. 2 unter Benennung geeigneter und bereiter Personen empfehlenswert und sinnvoll.[124]

Um der Gefahr einer Verzögerung vorzubeugen, kann nur dringend dazu geraten werden, über die vorgenannten und zwingend notwendigen Unterlagen hinaus, auch bei einem Schwellenwertverfahren bzw. dem Antrag auf Einrichtung eines derivativen Pflichtausschusses ohne Aufforderung durch das Gericht bereits konkret **Personen zu benennen,** die für eine Tätigkeit im Gläubigerausschuss geeignet und dazu auch bereit sind (analog § 22a Abs. 4). Dies sollte zwingend mit der Vorlage von Einverständniserklärungen der Vorgeschlagenen sowie mit dem Nachweis der Gläubigerstellung zB durch Rechnungen, Verträge etc. verbunden werden. Dabei sollte besonders der Grundsatz der **Repräsentativität** der Vertretung aller beteiligten Gläubigergruppen (idR Geld- und Warenkreditgläubiger, institutionelle Gläubiger, ungesicherte Gläubiger und Arbeitnehmer), sowie die Besetzungsregelung aus § 21 Abs. 2 Nr. 1a iVm § 67 Abs. 2 **genau und überschneidungsfrei beachtet** werden (vgl. dazu oben RdNr. 47).

Wird das Verfahren professionell vorbereitet, kann sich ein solcher präsumtiver Gläubigerausschuss bereits vor Einleitung des Verfahrens informell zusammenfinden und sich für den Fall seiner Bestellung zugleich eine Satzung geben[125] sowie unter dem Vorbehalt der gerichtlichen Bestellung alle maßgeblichen Beschlüsse fassen, diese ordnungsgemäß protokollieren[126] und mit der vorläufigen Deckungszusage einer Versicherung sowie der schriftlichen Erklärung aller potenziellen und über ihre Pflichten belehrten Ausschussmitglieder dem Gericht übermitteln.

Grundsätzlich ist zu empfehlen, dass die Insolvenzgerichte für ihren Gerichtsbezirk als Antragsvoraussetzung zB für die Einsetzung eines vorläufigen Gläubigerausschusses und einem Antrag auf Eigenverwaltung oder ein Schutzschirmverfahren die Benennung geeigneter Personen **generell als durch den Antragsteller beizubringend** festlegen und dies auch entsprechend kommunizieren. Damit entlasten sie sich einerseits von der kaum zu bewältigenden Auswahlarbeit und schaffen zugleich die Voraussetzungen für eine zügige Entscheidung. Die Legitimation ergibt sich aus der ihnen zugewiesenen Aufsicht sowie der Notwendigkeit in Insolvenzverfahren aufgrund des Eilcharakters zu schnellen Entscheidungen über die Einsetzung eines vorläufigen Gläubigerausschusses zu gelangen.[127]

IV. Der derivative Pflichtausschuss nach § 22a Abs. 2

1. Erweiterter Anwendungsbereich. Die Regelung des § 22a Abs. 2 ist erst durch den Rechtsausschuss des Bundestages eingeführt worden, nachdem die im RegE enthaltenen Schwellenwerte des Absatzes 1 angehoben worden sind. Sie bezweckt, bei einem aktiven Interesse seitens des Schuldners, eines Gläubigers oder eines vorläufigen Insolvenzverwalters auch bei kleineren als den in Absatz 1 bezeichneten Unternehmen eine frühzeitige Einbindung von Gläubigern zu ermöglichen[128]. Die Einsetzung eines vorläufigen Gläubigerausschusses können die Gläubiger sowohl bei Unternehmen, deren Größe die Schwellenwerte des § 22a Abs. 1, als auch bei solchen, die darunter liegen, durch **eigene Initiative** erreichen. Insoweit handelt es sich immer dann, wenn von einem Antragsberechtigten der Wunsch nach einem vorläufigen Gläubigerausschuss geäußert wird, um einen sog. „doppelten Einsetzungstatbestand".[129] Insoweit haben die Antragsberechtigten auch stets ein **Wahlrecht**, ob sie auf die Pflichteinsetzung durch das Gericht nach Abs. 1 vertrauen oder zugleich auch von den Möglichkeiten des Abs. 2 Gebrauch machen wollen.[130] Sind die oben genannten Schwellenwerte des § 22a Abs. 1 erreicht und haben Schuldner oder Gläubiger die Befürchtung, das Insolvenz-

---

[124] So auch HRI-*Ampferl*, § 8 RdNr. 82; *Obermüller* ZInsO 2012, 18, 20..
[125] Vgl. das Muster in ZInsO 2012, 372.
[126] Vgl. dazu das erläuterte Muster von *Haarmeyer* in ZInsO 2012, 370.
[127] *Graf-Schlicker*, InsO § 22a RdNr. 12.
[128] BT-Drucks. 17/7511, S. 33; *Graf-Schlicker*, InsO, § 22a RdNr. 8; HRI-*Ampferl*, § 8 RdNr. 81 ff.
[129] Begriff von Horstkotte ZInsO 2012, 1930, 1931 geprägt.
[130] So auch HRI-*Ampferl*, § 8 RdNr. 82.

gericht könne aus Sorge vor nachteiligen Veränderungen der Insolvenzmasse ohne vorherige Mitwirkung der Gläubiger sofort einen vorläufigen Verwalter bestellen, können sie einer solchen verzögernden Entscheidung des Gerichts durch parallele Beantragung eines derivativen Ausschusses und entsprechende weitere Erklärungen (dazu unten RdNr. 113 ff.) begegnen. Es kann letztlich nur empfohlen werden, unabhängig von möglichen gerichtlichen Verzögerungen stets auch bei einem sog. originären Pflichtausschuss zugleich auf einen Antragsausschuss hinzuwirken und bereits sehr früh geeignete Personen zu benennen.[131]

101 Durch die Neuregelung sind Schuldner, aber auch die Gläubiger kleinerer und mittlerer Unternehmen von der Mitbestimmung und –gestaltung eines Insolvenzverfahrens durch einen vorläufigen Gläubigerausschuss nicht ausgeschlossen. Vielmehr können auch sie als Antragsberechtigte die Einsetzung eines vorläufigen Gläubigerausschusses beantragen. Ihr rechtliches Interesse an der Einrichtung ist durch Benennung geeigneter Personen und deren Einverständniserklärung zu untermauern.[132]

102 Diesem Antrag ist regelmäßig stattzugeben, wenn dem Gericht zugleich geeignete Personen benannt werden, die als Mitglieder dieses Ausschusses in Betracht kommen, im Verfahren auch die beteiligten Gruppen repräsentieren und deren Einverständniserklärungen dem Antrag beigefügt sind (§ 22a Abs. 2 InsO). Grundsätzlich gilt trotz des Wortes „soll" für die Verbindlichkeit zur Einsetzung des derivativen Pflichtausschusses dasselbe wie für den originären Pflichtausschuss nach Abs. 1, denn das Gericht **hat dem Antrag Folge zu leisten**, wenn nicht besondere Umstände die Einsetzung des vorläufigen Gläubigerausschusses verbieten (vgl. dazu RdNr. 141 ff.).[133]

103 Zu diesen besonderen Umständen zählen nicht die in Abs. 3 gesetzlichen Befreiungsgründe, sondern nur solche, die über diese generell zu berücksichtigenden Kriterien hinausgehen und objektive Anhaltspunkte für einen Missbrauch des Vorschlagsrechts begründen.[134] Bloße Zweckmäßigkeitserwägungen genügen insoweit nicht,[135] weil nach der gesetzgeberischen Intention die Beurteilung der Zweckmäßigkeit der Einsetzung gerade nicht in den Händen des Gerichts, sondern der Gläubiger liegen soll, wenn deren Voraussetzungen im Übrigen gegeben sind. Dementsprechend darf die Einsetzung auch nicht außerhalb der zu prüfenden Voraussetzungen des § 56a verzögert werden (vgl. dazu auch unten RdNr. 119), es sei denn, es sind objektive und greifbare Anhaltspunkte für eine rechtsmissbräuchliche Handhabung gegeben.

104 **2. Antragsrecht.** Der Antrag auf Einsetzung eines vorläufigen Gläubigerausschusses nach Abs. 2, gemeinhin auch als „derivativer Pflichtausschuss" bezeichnet, kann **zu jeder Zeit** während der Dauer des Eröffnungsverfahrens gestellt werden und ist insoweit an **keine Frist gebunden**. Gewiss jedoch kann mit der Dauer des Eröffnungsverfahrens die Notwendigkeit zur Beteiligung der Gläubiger im Wege der Mitwirkung durch einen Ausschuss deutlich abnehmen, da die maßgeblichen Entscheidungen bereits in den ersten Tagen fallen. Gleichwohl kann der Ausschuss auch zu einem späteren Zeitpunkt des Eröffnungsverfahrens beantragt und bestellt werden, insbesondere auch um von seinem Wahlrecht nach § 56 Abs. 3 Gebrauch zu machen, wenn er den gerichtlichen bestellten vorläufigen Verwalter für nicht geeignet erachtet. Da der Antrag eine **Prozesshandlung** ist, kann dieser weder bedingt noch befristet gestellt werden, z. B. mit der Bedingung, dass er nur dann gelten soll, wenn die vom Antragsteller vorgeschlagenen Mitglieder bestellt werden.

105 Das **Antragsrecht** steht dem **Schuldner** bzw. dessen organschaftlichem Vertreter zu. Bei Führungslosigkeit ist jeder Gesellschafter antragsbefugt, hat aber zugleich auch den Insolvenzgrund glaubhaft zu machen (§ 15 Abs. 1 Satz 2). Der Antrag eines Schuldners ist nur zulässig, wenn er die gem. § 13 Abs. 1 Sätze 3, 4 und 6 Nr. 3 notwendigen Angaben macht, geeignete Personen benennt und zugleich eine Versicherung der Richtigkeit und Vollständigkeit abgibt.

106 Dem Wortlaut des § 22a Abs. 2 InsO zufolge steht das Antragsrecht auch **jedem Gläubiger** unabhängig von der Höhe seiner Forderung, insbesondere **auch den künftigen Gläubigern,** zu. Den künftigen Gläubigern ist durch die Regelung des § 21 Abs. 1 Nr. 1 a 2. Halbsatz schon für das Eröffnungsverfahren eine Beteiligtenstellung zugewiesen worden, die sie nicht nur zu potenziellen Mitgliedern eines vorläufigen Gläubigerausschusses macht, sondern ihnen natürlich auch das Recht zuweist, aufgrund eigener Rechtsmacht die Einsetzung eines vorläufigen Ausschusses zu beantragen. Da das Gesetz auch im Übrigen allgemein von Gläubigern und nicht etwa von Insolvenzgläubigern spricht, muss das Antragsrecht nicht nur den absonderungsberechtigten Gläubigern, sondern **auch**

---

[131] *Obermüller* ZInsO 2012, 1820.
[132] *Graf-Schlicker*, InsO, § 22a RdNr. 8.
[133] Allg. Meinung; vgl. für alle *Frind* ZInsO 2012, 2028; HRI-*Ampferl* § 8 RdNr. 99
[134] AGR-*Sander* § 22a RdNr. 6,10; Hölzle, Praxisleitfaden, S. 14, 15;
[135] Ausdrücklich in diesem Sinne auch AGR-*Sander* § 22a RdNr. 10.

den nachrangigen und etwaigen Massegläubigern zugestanden werden, ohne dass es zB auf die Höhe oder die Fälligkeit der Forderung ankommt.[136]

Einer Mehrheit der Gläubiger nach Summen oder Köpfen oder einer qualifizierten Minderheit **107** wie sie z. B. in § 75 InsO für die Einberufung einer Gläubigerversammlung vorgesehen ist, bedarf es nicht. Ein Vorschlag für die Besetzung des vorläufigen Gläubigerausschusses hingegen muss den Kriterien des § 67 Abs. 2 InsO entsprechen (vgl. dazu unten RdNr. 113).

Ob es sich bei dem Antragsteller tatsächlich um einen Gläubiger handelt, kann grundsätzlich nur **108** anhand eines **Gläubigerverzeichnisses** festgestellt werden, das aber regelmäßig nur vom Schuldner vorgelegt werden kann. Liegt ein solches dem antragstellenden Gläubiger nicht vor, kann er seine Gläubigerstellung und Antragsberechtigung nur anhand der Unterlagen nachweisen, die regelmäßig auch für die Zulässigkeit eines Insolvenzantrags oder die Anmeldung einer Forderung im Verfahren notwendig sind (vgl. dazu ausführlich § 14 RdNr. 12 ff.). In einem zum Zeitpunkt der Antragstellung bereits laufenden Verfahren, sollten sich die Unterlagen bereits in der Gerichtsakte befinden.

Antragsberechtigt ist auch ein (ohne Beteiligung der Gläubiger) bereits eingesetzter **vorläufiger** **109** **Verwalter**. Dies entspricht zwar einer schon in der Vergangenheit vielfach geübten Praxis, gleichwohl sollte hier größte Zurückhaltung walten, denn es ist schlechterdings ohne Interessenkonflikte kaum denkbar, dass der zu kontrollierende vorläufige Verwalter Vorschläge zu Personen macht, die sodann, abhängig von dessen Vorschlag, diesen wiederum unabhängig und mit der notwendigen Objektivität und Distanz kontrollieren. Beantragt daher ein vorläufiger Verwalter die Einsetzung eines vorläufigen Gläubigerausschusses, der dann zB auch das Recht hat, diesen in der ersten Sitzung abzuwählen, dann sollte das Gericht die Auswahl an sich ziehen und die ihm aus der Akte bekannten Gläubiger im Wege eines Rundschreibens zu entsprechenden Vorschlägen auffordern. Nehmen allerdings dann die Gläubiger ihr Benennungsrecht nicht wahr, tritt für diesen Fall ausnahmsweise auch das personelle Auswahlrecht des Gerichts an deren Stelle (vgl. dazu oben RdNr. 40).

Im Rahmen der **Eigenverwaltung** und des **Schutzschirmverfahrens** nimmt der **vorläufige** **110** **Sachwalter** die in der Regelinsolvenz dem vorläufigen Insolvenzverwalter zugewiesenen Antragsrechte nach Abs. 2 und das Benennungsrecht nach Abs. 4 wahr. Nach § 270 Abs. 1 Satz 2 wird in der Eigenverwaltung „anstelle des vorläufigen Insolvenzverwalters ... ein vorläufiger Sachwalter bestellt," sodass die originär in der Regelinsolvenz zugewiesenen Kompetenzen unmittelbar dem bestellten Sachwalter zuwachsen.[137]

Angesichts der verschiedenen Antragsberechtigungen kann es durchaus auch zu **konkurrieren-** **111** **den Vorschlägen** des Schuldners, von einzelnen Gläubigern oder von mehreren Gläubigergruppen kommen. Die Antragsberechtigten sind nicht gezwungen, sich auf eine „Einheitsliste" zu verständigen, auch wenn dies sinnvoll wäre. Deshalb sind solche Anträge zulässig, wenn sie die Kriterien von Abs. 2 sowie die des § 67 Abs. 2 einhalten. Es ist nicht einmal ausgeschlossen, dass ein Gläubigerausschusskandidat für das Amt des vorläufigen Insolvenzverwalters auf mehreren Listen erscheint. Das Insolvenzgericht hat dann die Aufgabe, zwischen den Listen oder aus den Listen zu wählen, kann diese jedoch nicht um eigene Personenvorschläge ergänzen oder abändern.[138] **Nur in diesem Fall** hat daher auch das Insolvenzgericht ein **aktives Bestellungsrecht**, was im Ergebnis zu Konstellationen führen kann, die von keinem der Beteiligten im Vorfeld gewollt oder gar geplant waren Dies wiederum sollte die Gläubiger darin bestärken, sich nicht in eine solche konkurrierende Situation unter Fremdbestimmung zu begeben, sondern zu versuchen, einen Gläubigerkonsens im Vorfeld zu erreichen. Insoweit ist das ESUG durchaus auch als ein Mittel zur Gläubigerdisziplinierung und Selbstorganisation zu verstehen, denn bei konkurrierenden Vorschlägen gebietet schon der Eilcharakter des Verfahrens einen solchen „Stichentscheid" des Gerichts.

Stellt nur ein Gläubiger oder der vorläufige Verwalter - nicht jedoch der Schuldner selbst - einen **112** Antrag auf Einsetzung eines vorläufigen Gläubigerausschusses nach § 22a Abs. 2, hat der Schuldner die ggf. fehlenden Angaben zur Bilanzsumme, Umsatz und Anzahl der Arbeitnehmer (§ 13 Abs. 1 Satz 5 und 6) nachzureichen und deren Vollständigkeit und Richtigkeit zu versichern (§ 13 Abs. 1 Satz 7), falls dies nicht schon in seinem Insolvenzantrag enthalten ist. Unterlässt er bei eigener Antragstellung die Beibringung, wird dadurch sein einmal zulässig gestellter Insolvenzantrag nicht nachträglich unzulässig. Dies ergibt sich zwar nicht aus der verunglückten Formulierung des Gesetzes, aber nach zutreffender Meinung von *Obermüller*[139] aus folgenden Überlegungen: Für die Entscheidung des Insolvenzgerichts, ob es einen vorläufigen Gläubigerausschuss bestellen soll, kommt es in diesem Fall nicht mehr auf die in § 13 geforderten Angaben zur Größenordnung des Schuldner-

---

[136] BGH ZInsO 2007, 939; ZIP 2010, 2055; *Obermüller* ZInsO 2012, 18, 20.
[137] Vgl. dazu LG Duisburg ZInsO 2012, 2346.
[138] *Obermüller* ZInsO 2012, 18, 21.
[139] ZInsO 2012, 18, 21.

unternehmens an, da es sich um einen von den **Größenkriterien unabhängigen Antragsausschuss** handelt. Wollte man aufgrund des Antrags eines Gläubigers auf Einsetzung eines solchen Antragsausschusses dem Insolvenzantrag des Schuldners nachträglich die Wirksamkeit nehmen, so könnte dies ferner zur Folge haben, dass der Schuldner seine Insolvenzantragspflicht nach § 15a verletzt und sich ohne eigenes Zutun strafbar gemacht hätte.

113 **3. Benennung der Ausschussmitglieder und Zusammensetzung des Ausschusses. a) Personalvorschlag als Zulässigkeitsvoraussetzung.** Der Antrag auf Einsetzung eines vorläufigen Gläubigerausschusses nach Abs. 2 ist nur zulässig, wenn er von einem Antragsberechtigten gestellt, mit dem Antrag zugleich **geeignete und die Gesamtgläubigerschaft repräsentierende Personen benannt** werden, die als Mitglieder in Betracht kommen und deren Einverständniserklärungen dem Antrag beigefügt sind. Von der Anzahl her sollten mindestens 3 Personen unterschiedlicher Gläubigergruppen [140] benannt werden (vgl. dazu auch oben RdNr. 47), die dem Schuldner iSd § 138 nicht nahe stehend oder auf andere Weise persönlich verbunden sein sollten. Der Antrag kann sich aber auch darauf beschränken, dass der Antragsteller sich selbst und/oder eine oder mehrere übernahmebereite Personen benennt, ohne dass dies dann den Antrag unzulässig macht. Obwohl letztlich nur durch die Benennung eines „vollständigen" Ausschusses einerseits das notwendige Interesse an der Einsetzung eines solchen Ausschusses untermauert und andererseits dadurch das Gericht von der Aufgabe entbunden werden kann, nach geeigneten Mitgliedern zu suchen und dann auch noch deren Einverständnis einzuholen, entzieht ein nicht vollständig vorgeschlagener Ausschuss dem Antrag nicht die Legitimationsbasis. Hier gilt, ebenso wie beim Pflichtausschuss nach Abs. 1, der **Beibringungsgrundsatz**, sodass derjenige, der eine für ihn günstige Rechtsfolge herbeiführen will, auch die zur Entscheidung notwendigen Voraussetzungen darzulegen hat. Das Gericht ist in diesen Fällen nach § 139 ZPO gehalten, den Antragsteller auf die Besetzungsmängel hinzuweisen und entsprechende Ergänzung, ggf. unter kurzer Fristsetzung, einzufordern. Ohne eine solche Zulässigkeitshürde bestünde ansonsten auch die Gefahr, dass einzelne unzufriedene Gläubiger, ohne entsprechendes Interesse der Gesamtgläubigerschaft, das Eröffnungsverfahren aus einem Einzelinteresse heraus behindern oder verzögern könnten.

114 **b) Namentliche Benennung und Eignung.** Die vom Antragsteller benannten Personen sind mit ihren **Kontaktdaten** anzugeben (voller Name, Anschrift, Telefon, ggf. auch E-Mail-Adresse etc.) und es ist darzulegen, welche **Gruppe der Gläubiger** von ihnen vertreten wird. Dazu gehört die Benennung und ggf. Belegung der Umstände aus denen sich deren Gläubigerstellung ergibt.

115 Dem Antrag sind **Einverständniserklärungen** der benannten Personen beizufügen, aus denen hervorgeht, dass sie für den Fall der Bestellung bereit sind, das Amt anzunehmen. Es dürfte sich empfehlen, diese Erklärung um eine Belehrung über die Rechte und Pflichten eines Gläubigerausschussmitglieds zu erweitern und die benannte Person auch diese Belehrung unterschreiben zu lassen. Die Einverständnisse sind dem Gericht mit dem Antrag einzureichen. Eines Originals oder eine beglaubigten Abschrift[141] bedarf es dafür gewiss nicht, zumal auch nach § 131 ZPO Urkunden im Original oder in Abschrift beizufügen sind. Daher reicht sowohl eine Kopie als auch ein Fax aus und auch nur durch diese Handhabung kann der Beschleunigung des Verfahrens hinreichend Rechnung getragen werden.

116 **c) Mitwirkungspflicht bei Nicht-Benennung (Abs. 4).** Haben der oder die Antragsberechtigten zwar einen Einsetzungsantrag gestellt, aber keine Personen benannt, so sind sie sowohl in den Fällen des Abs. 1[142] (originärer Pflichtausschuss) wie des Abs. 2 verpflichtet, dem Gericht nach § 22a Abs. 4 **auf dessen Aufforderung** geeignete Personen zu benennen und damit das Gericht bei der Auswahl geeigneter Personen aktiv zu unterstützen. Verzichten die Gläubiger – aus welchen Gründen auch immer – ausdrücklich oder konkludent auf das ihnen zustehende Vorschlagsrecht, so hat das Gericht die notwendigen Mitwirkungshandlungen einzufordern und sollte zugleich darauf hinweisen, dass für den Fall der Nichtbenennung geeigneter Personen ein vorläufiger Ausschuss nach § 22a Abs. 2 nicht eingesetzt werden kann (vgl. dazu RdNr. 113).

117 Die dann notwendige gerichtliche Aufforderung zur Benennung geeigneter Personen bedarf keiner besonderen Form, Anregungen der Gläubiger können auch unaufgefordert unterbreitet werden. Fordert das Gericht die Gläubiger zur Mitwirkung auf, hat es die von ihm als sachgerecht erkannten

---

[140] So auch *Frind* ZInsO 2011, 2250; HRI-*Ampferl*, § 8 RdNr. 89. Unzutreffend *Römermann* ForderungsPraktiker 2012, 8, 9, wonach bereits zwei Mitglieder hinreichend sein sollen. Die Festlegung einer Untergrenze, ab der man überhaupt von einem Ausschuss sprechen kann, ist kein geeignetes Abgrenzungskriterium weil die Legitimität der Bindung des Gerichts an Entscheidungen eines vorläufigen Gläubigerausschusses sich aus dessen Repräsentativität ableitet und diese ist gewiss bei zwei Personen nicht gegeben.
[141] So gefordert von *Frind* ZInsO 2011, 2249, 2253.
[142] Für Abs. 2 folgt diese Benennungsverpflichtung schon unmittelbar aus der gesetzlichen Regelung selbst.

Kriterien offenzulegen, damit die Gläubiger überhaupt die Möglichkeit haben, geeignete Personen zu benennen. Die Benennung sollte gruppenorientiert und begründet iSv § 67 Abs. 2 erfolgen. Für den Fall eines entsprechenden individuellen Vorschlags einer grundsätzlich geeigneten Person sowie deren Einverständnis dürfte es schon mit dem richterlichen Selbstverständnis unvereinbar sein, eigene Kriterien an die Stelle der zur Benennung berufenen Gläubiger zu setzen.

Fordert das Gericht zu einer Mitwirkung auf und erfolgt eine solche dann nicht oder nicht in geeigneter Weise, dürfte damit die Pflicht zur Einsetzung eines vorläufigen Gläubigerausschusses ihr Ende gefunden haben, denn das Gericht ist nicht zu einer überobligationsmäßigen Leistung verpflichtet, wenn die Berechtigten selbst ihre Interessen nicht in entsprechender Form wahrnehmen. Da den Gläubigern zu jeder Zeit die Möglichkeit der Bestellung eines derivativen Ausschusses nach § 22a Abs. 2 verbleibt, entspricht die vorgenannte Konsequenz auch dem das Eröffnungsverfahren prägenden Beibringungsgrundsatz.[143] **118**

4. Zeitpunkt der gerichtlichen Einsetzungsentscheidung. Die gerichtliche Entscheidung über die Einsetzung eines vorläufigen Gläubigerausschusses hat zu erfolgen, sobald die erforderlichen Unterlagen dem Gericht vorliegen und keine objektiven Anhaltspunkte für eine fehlerhafte oder gar missbräuchliche Besetzung des vorgeschlagenen Ausschusses erkennbar sind. Hier kann nur dringend dazu geraten werden, das zuständige Gericht zumindest einige Tage **vor der beabsichtigten Antragstellung** zu **konsultieren** und den vorbereiteten Antrag sowie die weiteren Ziele des Verfahrens vorab zu erläutern (vgl. dazu oben RdNr. 25, 60 ff.). **119**

Der Gesetzgeber sieht den Zweck des § 22a darin, die Beteiligung der Gläubiger „vor den Entscheidungen des Gerichts" (BT-Drs. 17/5712, S. 24) sicherzustellen und so insbesondere den Einfluss der wirtschaftlich Betroffenen auf die Wahl des vorläufigen Insolvenzverwalters zu stärken bzw. ihnen insoweit ein Bestimmungsrecht nach § 56 zu eröffnen. Ist daher das Verfahren im Sinne des Gesetzgebers so **vorstrukturiert** worden, dass sich, wie es auch unter der alten Rechtslage bei großen Verfahren der Fall gewesen ist, bereits ein repräsentativ besetzter designierter vorläufiger Gläubigerausschuss konstituiert hat und dem bereits vorinformierten Gericht alle weiteren erforderlichen Unterlagen, Protokolle, Versicherungsnachweise etc. vorliegen, ist das Gericht gehalten diesen Ausschuss auch **sofort zu bestellen**[144] und bei einer unveränderten Bestellung auch von diesem bereits gefasste Beschlüsse bei seiner weiteren Entscheidungsfindung zu berücksichtigen. Ein Bestehen auf einer Wiederholung der bereits präsumtiv erfolgten Beschlussfassung wäre reine Förmelei und eine gerichtliche Verzögerung des Einsetzungsprozesses. In diesen Fällen sind dann auch die gesetzlichen Voraussetzungen für eine zeitgleiche Bestellung des vorläufigen Gläubigerausschuss und des vorläufigen Insolvenzverwalters gegeben. Hat der vorläufige Gläubigerausschuss sich einstimmig für eine bestimmte Person ausgesprochen, so ist das Gericht nach § 56a Abs. 2 an diesen Vorschlag und diese Person gebunden, es sei denn der Vorgeschlagene ist ungeeignet oder nicht unabhängig.[145] Hat er sich mehrheitlich zu einem konkreten Anforderungsprofil[146] verstanden, so ist dies der Entscheidung des Gerichts zugrunde zu legen (vgl. dazu § 56a RdNr. 4 ff.). Vgl. zu den Bestellungsvoraussetzungen ausführlich RdNr. 129 ff.. **120**

Angesichts der sich damit verbindenden betriebs- und volkswirtschaftlichen Dimensionen sind die Insolvenzgerichte in der Pflicht, sich insoweit auch in den Dienst des Gesetzes zu stellen und sich mit kleinlichen Vorgaben oder abweichenden Besetzungen zurückzuhalten und dies auf die Fälle zu beschränken, bei denen die o.g. Kriterien nicht eingehalten sind. Eine Verzögerung des Verfahrens trotz Vorliegens aller tatsächlichen Voraussetzungen steht dem Gericht nicht zu, weil dann nicht die Einsetzung zu einer Verzögerung führt, sondern die Verfahrensweise des Gerichts; das jedoch ist mit § 22a Abs. 3, 3. Alt. unvereinbar.[147] Ein solches verzögerndes Verhalten dürfte auch erhebliche haftungsrechtliche Folgen haben, weil dadurch die Mitbestimmungsrechte der Gläubiger verhindert und wesentliche oder falsche Entscheidungen ohne Beteiligung der Gläubiger getroffen werden.[148] **121**

---

[143] Im Ergebnis so auch *Hölzle*, Praxisleitfaden, S. 27
[144] In der bisher bekannten Praxis der ersten 6 Monate ist faktisch von allen Insolvenzgerichten in dieser Weise sofort entschieden worden, dabei hat die vorherige Unterrichtung des Gerichts die entscheidende Rolle gespielt.
[145] Vgl. dazu AG Stendal ZIP 2012, 1875 zur nicht gegebenen Unabhängigkeit eines Sachwalters im Eigenverwaltungsverfahren aufgrund von Verschweigen geschäftlicher Beziehungen mit einem Organ des Schuldners.
[146] Zu den notwendigen Anforderungen an ein sachgerechtes Anforderungsprofil vgl. *Frind* ZInsO 2011, 2249, 2257; HRI-*Ampferl*, § 8 RdNr. 174 ff.
[147] Die aus der Praxis berichtete schlichte Missachtung entsprechender Anträge sowie die teilweise im Zusammenwirken mit örtlichen „Platzhirschen" erfolgende Fortsetzung der Einsetzungspraxis nach der Art vor Inkrafttreten des ESUG dürfte faktisch auf eine Rechtsverweigerung hinauslaufen.
[148] Im Ergebnis so wohl auch AGR-*Sander*, § 22a RdNr. 10.

V. Fakultativer vorläufiger Gläubigerausschuss

122 Mit der Einführung des § 21 Abs. 2 Nr. 1a ist dem Gericht nunmehr ausdrücklich die Befugnis eingeräumt worden, auch ohne einen Antrag eines Beteiligten und ohne dass die Schwellenwerte des § 22a Abs. 1 überschritten sind, nach eigenem, pflichtgemäßen Ermessen einen vorläufigen Gläubigerausschuss einzusetzen. Selbst wenn weder die Voraussetzungen des § 22a InsO erfüllt sind. noch die Gläubiger, der Schuldner oder ein etwa schon vorhandener vorläufiger Verwalter einen Antrag nach § 22a Abs. 2 InsO gestellt hat, ist das Gericht keineswegs gehindert, einen vorläufigen Gläubigerausschuss zu bestellen. Dies wird aber nur in seltenen Ausnahmefällen oder dann in Betracht kommen, wenn z. B. der Schuldner zwar in die Kategorien des § 22a Abs. 1 fällt, aber sein Insolvenzantrag den Anforderungen des § 13 Abs. 1 Satz 3 InsO noch nicht vollständig gerecht wird, sich der Geschäftsumfang im Eröffnungsverfahren deutlich erweitert und das Gericht gleichwohl eine frühzeitige Einbindung der Gläubiger von Amts wegen für richtig erachtet oder in den zu erwartenden Schwellenwertverfahren mit bereits eingestelltem Geschäftsbetrieb bzw. bei umfangreichen Nachlassinsolvenzverfahren. Mit diesen Möglichkeiten kann das Gericht zudem auf Anregungen aus dem Kreis der Verfahrensbeteiligten schnell reagieren, wenn es ansonsten an den gesetzlichen Voraussetzungen für einen Pflicht- oder Antragsausschuss fehlt. Bei der fakultativen gerichtlichen Einsetzung sind die in § 21 Abs. 2 Nr. 1a genannten Voraussetzungen zu beachten. Vgl. dazu ausführlich § 21 RdNr. 47a.

VI. Aufgaben und Rechte des vorläufigen Gläubigerausschusses

123 Der vorläufige Gläubigerausschuss hat grundsätzlich die gleichen Rechte und Pflichten wie der endgültige Ausschuss nach §§ 67 – 69 InsO. Darüber hinaus stehen ihm die originären Befugnisse zur Mitwirkung und ggf. bindenden Bestimmung des vorläufiges Insolvenzverwalters nach §§ 21 Abs. 2 Nr. 1a, 56a zu (vgl. dazu § 56a RdNr. 4 ff.). § 56a differenziert dabei nicht zwischen den Pflichtausschüssen und dem fakultativen Ausschuss, sodass allen Ausschüssen nach ihrer gerichtlichen Bestellung die gleichen Rechte zustehen.

124 Der Ausschuss entspricht nach zutreffender Auffassung von *Cranshaw*[149] in seiner Struktur einem Aufsichtsrat, ein Umstand, der besonders bedeutsam im **Schutzschirmverfahren** erscheint, wo der Antrag des Ausschusses zur unmittelbaren und folgenreichen Aufhebung der Anordnung nach § 270b Abs. 1 führt. Vermutlich hat das dann meist zur Konsequenz, dass es nicht mehr zu einer Sanierung des Rechtsträgers des Schuldners kommt, sondern zu dessen Zerschlagung. Die Aufgabe des Ausschusses führt u.a. zu der Pflicht, dass der Ausschuss **ständig den Fortgang der wirtschaftlichen Entwicklung des Schuldners**[150] anhand der Ausführungen der Begründung und des „Tenors" zB einer Bescheinigung gem. § 270b Abs. 1 Satz 3 verfolgen muss, nicht nur die Fortentwicklung des innerhalb der vom Insolvenzgericht bewilligten Frist aufzustellenden Insolvenzplans nach § 270b Abs. 1 Sätze 1 und 2. Zu seinen Aufgaben gehört aber auch die jeweils zeitangemessene Prüfung beim Schuldner, die Vereinbarung regelmäßiger Besprechung („jour fixe") über die Lage des Unternehmens, die Nachfrage beim Insolvenzschuldner bei sich aufdrängenden Zweifeln an dessen Darstellung und das Verlangen nach Vorlage von Unterlagen durch den Schuldner, da der Ausschuss ansonsten seiner Aufgabe nicht nachkommen kann. Eine Grundlage zur Anforderung solcher Unterlagen usw. ist dem Gesetz nicht ausdrücklich zu entnehmen. Hierauf kommt es aber nicht an. Zieht man die Normen des Aktienrechts analog heran, so stehen dem Ausschuss die Ansprüche auf Information gem. §§ 90, 111, 125 Abs. 2 AktG zu. Besonders bedeutsam erscheint die Berichtspflicht des § 90 AktG, dort insbesondere § 90 Abs. 1 Satz 1 Nr. 1 AktG, wo über die Unternehmensplanung und die Abweichungen von früheren Annahmen zu berichten ist. In der Krise ist „*unverzüglich*" Bericht zu erstatten, da Abweichungen vom Plan in einer solchen Situation (hier: im Verfahren gem. § 270b InsO) stets so gewichtig sind, dass unverzügliches Tätig werden nach § 90 Abs. 1 Satz 1 Nr. 1 2. Alt. AktG geboten ist. Der Aufsichtsrat muss sich nach der Rechtsprechung des BGH zu II ZR 280/07 „*ein genaues Bild von der wirtschaftlichen Situation der Gesellschaft verschaffen und insbesondere in einer Krisensituation alle ihm nach §§ 90 Abs. 3, 111 Abs. 2 AktG zur Verfügung stehenden Erkenntnisquellen ausschöpfen*". Für den (vorläufigen) Gläubigerausschuss gilt das in Übereinstimmung mit *Cranshaw* nicht minder. Erhält er keine Informationen, die ihm ein zuverlässiges Bild zu vermitteln scheinen, wird er dies dem Gericht mitteilen und ggf. den erwähnten Antrag gem. § 270b Abs. 4 Nr. 2 stellen müssen.

125 Außerhalb des Verfahrens nach § 270b, also im Eröffnungsverfahren der Eigenverwaltung nach § 270a, verbleibt es bei der Unterstützung und Überwachung des vorläufigen Sachwalters bzw. (im

---
[149] ZInsO 2012, 1151 ff.
[150] So auch *Frind* ZIP 2012 1380, 1381.

Eröffnungsverfahren außerhalb eines Eigenverwaltungsantrags) des vorläufigen Insolvenzverwalters. In diesem Kontext nimmt der Ausschuss dann auch die **Zweckmäßigkeitskontrolle** wahr, denn diese ist ihm überantwortet, während sich die Überwachungsaufgabe des Gerichts allein auf die Rechtmäßigkeit des Handelns bezieht.[151] Ist die *business judgement rule* auf die Geschäftsführung der AG und der GmbH anwendbar, so liegt ihre Heranziehung jedenfalls nach Inkrafttreten des ESUG auch in der Insolvenz nahe[152], soll doch durch die Eigenverwaltung gerade die frühe Insolvenzantragstellung und die Sanierung des insolventen Rechtsträgers durch das Insolvenz(plan)verfahren gestärkt werden. Für den Insolvenzverwalter und den Ausschuss als „Aufsichtsorgan" gilt nichts anderes.[153] Die unternehmerischen Entscheidungen sind gerade im Verfahren zur Vorbereitung und Umsetzung des Sanierungsplans/Insolvenzplans mit besonderer Verantwortung verbunden und in besonders gravierendem Umfang zu treffen.[154] Zu den Aufgaben im Eröffnungsverfahren gehört aber zB auch eine mindestens 14-tägige Kassen- und Kontenprüfung. Vgl. im Übrigen zu den Aufgaben § 69 RdNr. 13 ff.

VII. Haftung

Der Gläubigerausschuss bzw. das jeweilige Mitglied, auch des fakultativ vorläufigen Ausschusses nach § 21 Abs. 2 Satz 1 Nr. 1a, **haftet für schuldhaft begangene Fehler**, wie der Verweis der zitierten Norm auf die §§ 69 ff. und damit auf die Haftungsnorm des § 71 zeigt.[155] Die Bandbreite der Haftung ist enorm, ist der vorläufige Ausschuss doch das einzige Gläubigerorgan vor Verfahrenseröffnung und seine Entscheidungen sind bei Betrachtung der Abläufe im Verfahren weitgehend irreversibel – und damit auch seine Fehler. Die meisten schädigenden Handlungen der Ausschussmitglieder bestehen im pflichtwidrigen Unterlassen gebotenen Handelns [z. B. fehlende oder nicht hinreichende Kontrolle des Insolvenzverwalters (in der bisherigen Praxis der Indikator insbesondere bei "*Geldverkehr und -bestand*", § 69 Satz 2 InsO), pflichtwidrige Unterlassung des Antrags auf Aufhebung des Schutzschirmverfahrens etc. Vgl. dazu ausführlich § 71 RdNr. 5 ff.

Angesichts der beachtlichen Haftungsrisiken kann die Übernahme des Amtes und dessen fortwährende Ausübung nur dann zugemutet werden, wenn eine hinreichende **Haftpflichtversicherung** besteht, welche die Masse zu übernehmen hat und zwar als Auslagenerstattung des Ausschussmitglieds gem. § 18 InsVV. Ohne eine solche ist angesichts der Haftung die Mitwirkung in Gläubigerausschüssen gefährdet und damit ein wesentliches Instrument der Gläubigerbeteiligung.[156]

VIII. Abberufung

Das Insolvenzgericht darf einen eingesetzten vorläufigen Gläubigerausschuss nicht und einzelne Mitglieder nur aus **wichtigen Gründen des § 70 abberufen**.[157] Insbesondere besteht keine Pflicht zur Absetzung des Ausschusses, wenn zB der Geschäftsbetrieb während des Eröffnungsverfahrens eingestellt wird, denn es ist allein die autonome Entscheidung der Gläubiger, ob sie eine Beibehaltung des Ausschusses für zweckmäßig halten. Das Gericht kann aber ggf. prüfen, ob die Einsetzung über die Eröffnung hinaus vertretbar ist, wird sich aber auch dabei an den Sachargumenten der Gläubiger zu orientieren haben. So kann insbesondere nach einer Stilllegung die Mitwirkung der Gläubiger bei der Verwertung der Vermögensgegenstände von besonderem Interesse sein. Zu den Möglichkeiten der Entlassung bzw. Abberufung vgl. § 70 RdNr. 5 ff.

IX. Die Ausschussanhörung zur Bestellung eines vorläufigen Verwalters

1. Anhörungspflicht des Gerichts. Gem. § 56a Abs. 1 ist dem vorläufigen Gläubigerausschuss Gelegenheit zu geben, sich zum Anforderungsprofil und zur Person des vorläufigen Insolvenzverwalters zu äußern, was notwendig voraussetzt, dass das Gericht den vorläufigen Gläubigerausschuss zuvor bestellt oder dessen „Vor-Votum" (vgl. oben RdNr. 21, 68 ff.) zur Kenntnis genommen hat. Eine Ausnahme für diese Anhörungspflicht besteht nach der gesetzlichen Fassung nur, wenn es

---

[151] Einhellige Meinung; vgl. u.a. *Heseler/Neu*, NZI 2012, 440, 442; *Cranshaw* ZInsO 2012, 1151, 1152; *Frind* ZIP 2012, 1380, 1382; *Gundlach/Frenzel/Jahn* ZInsO 2009, 902, 903.
[152] Dafür *Cranshaw* ZInsO 2012, 1151; 1153; *Frind* ZIP 2012, 1380, 1382.
[153] *Berger/Frege/Nicht* NZI 2012, 321, 328.
[154] Zum Umfang der Prüfung und zu den einzelnen Pflichten vgl. *Frind* ZIP 2012, 1380, 1382 ff.; *Gundlach/Frenzel/Jahn* ZInsO 2009, 902, 904.
[155] Zu den möglichen Haftungsszenarien nach dem ESUG vgl. *Frind* ZIP 2012, 1380, 1384 ff.
[156] So auch ausdrücklich BGH ZIP 2012, 876.
[157] So auch HRI-*Ampferl*, § 8 RdNr. 156; A.A. *Frind* ZInsO 2011, 2249, 22545 der dies für den Fall der Stilllegung des Betriebes befürwortet.

§ 22a 130–134   2. Teil. 1. Abschnitt. Eröffnungsvoraussetzungen und Eröffnungsverfahren

aufgrund der notwendigen Anhörung **offensichtlich** zu einer **nachteiligen Veränderung** der Vermögenslage kommt. Damit bestehen deutliche höhere Anforderungen für ein Absehen von der Anhörungspflicht, als für die in § 22a Abs. 3 normierte Möglichkeit von der Einsetzung des Ausschusses abzusehen. Es wird daher sehr deutlich, dass der Gesetzgeber auch im Zweifel eine Anhörung will, ggf. mit einer kurzen Fristsetzung, denn aus seiner Sicht ist dies mit einem nur geringen zeitlichen Aufwand möglich.[158]

130   Die Regelung umfasst alle Fälle, in denen aufgrund der bereits vorliegenden vollständigen Unterlagen (vgl. dazu oben RdNr. 68 ff.) eine sofortige Einsetzung grundsätzlich erfolgen kann, sich die Konstituierung aber aus anderen Gründen - zB der Erreichbarkeit einzelner Mitglieder – verzögert und die Mitglieder oder der präsumtive Ausschuss sich aber noch nicht zur Person des vorläufigen Verwalters geäußert haben. Zur Verhinderung von sich dann hinziehenden Beratungen hat das Gericht dann den benannten Mitgliedern eine Frist zur Stellungnahme zu geben, wobei diese Frist unter Nutzung moderner Kommunikationsmittel 2 – 5 Tage nicht überschreiten sollte, in dringlichen Fällen kann auch eine Frist zur Stellungnahme von nur einem Tag notwendig sein. Sind die benannten Mitglieder nur postalisch zu erreichen, dann müssen entsprechende Postlaufzeiten berücksichtigt werden.

131   **2. Offensichtlich nachteilige Vermögensveränderung.** Für die Frage einer **offensichtlich nachteiligen Veränderung der Vermögenslage** kommt es entscheidend darauf an, ob die Fortführung des Unternehmens und die notwendige Sicherung der Vermögenswerte durch die Organe der Gesellschaft als „Notversorgung"[159] sichergestellt werden kann. Das dürfte insbesondere dann gegeben sein, wenn es sich um einen nicht offensichtlich aussichtslosen **Antrag eines Schuldners auf Eigenverwaltung** handelt, bei dem ja gerade schon nach der gesetzlichen Regelung der Schuldner weiter die Verantwortung für die Geschäftsführung trägt und ein vorläufiger Verwalter nicht bestellt werden soll (§ 270a InsO). Sind mithin keine offensichtlichen und konkreten Anhaltspunkte für nachteilige Veränderungen ersichtlich, dann hat das Gericht den Ausschuss unter Fristsetzung zur Person des zu bestellenden vorläufigen Verwalters anzuhören.

132   Entscheidet sich der Ausschuss sodann einstimmig für einen vorläufigen Verwalter oder mehrheitlich für ein konkretes Anforderungsprofil,[160] so ist das Gericht für seine Bestellungsentscheidung daran gebunden (§ 56a Abs. 2), es sei denn, der Vorgeschlagene ist ungeeignet. **Einstimmigkeit** erfordert, dass alle Mitglieder, nicht nur die anwesenden, zustimmen, Enthaltungen und nichtige Stimmen schließen daher auch eine Einstimmigkeit aus.[161]

133   **3. Nachholung einer unterlassenen Anhörung.** Hat das Gericht – aus welchen Gründen auch immer[162] – von der Einsetzung eines vorläufigen Gläubigerausschusses abgesehen und ohne gebotene Anhörung sofort einen vorläufigen Verwalter bestellt, so muss es die Einsetzung und Anhörung des Ausschusses sofort **nachholen**. § 56a Abs. 3 findet nicht nur auf die Fälle einer **unterbliebenen Anhörung**, sondern auch und gerade auf die Fälle einer **unterlassenen Bestellung** des Ausschusses entsprechende Anwendung.[163] Gerade aus diesem Grund darf sich das Gericht mit einer Nachholung der Anhörung nicht bis kurz vor der Entscheidung über die Eröffnung des Insolvenzverfahrens Zeit lassen, sondern hat diesem **unverzüglich die Möglichkeit zu eröffnen**, in der ersten Sitzung des vorläufigen Gläubigerausschusses nach § 56a Abs. 3 auch einen anderen vorläufigen Insolvenzverwalter zu wählen.

134   Zwar deutet die Anordnung dieser Vorschrift in § 56a, mithin im Abschnitt über die Verfahrenseröffnung, darauf hin, dass dieser Gläubigerausschuss erst im eröffneten Verfahren für die Zeit zwischen dem Eröffnungsbeschluss und der ersten Gläubigerversammlung einzusetzen sei. Dem steht aber der ausdrückliche Verweis in § 21 Abs. 2 Nr. 1 entgegen, der gerade in Bezug auf den vorläufigen Verwalter auch unmittelbar auf § 56a verweist. So heißt es dann auch in der Begründung des Rechtsausschusses zu §§ 56, 56a,[164] dass die Phase der Ungewissheit für den vom Insolvenzgericht ohne Anhörung eingesetzten Verwalter möglichst kurz gehalten werden müsse. Dem würde eine nicht

---

[158] BT-Drucks. 17/5712, S. 26.
[159] So HRI-*Ampferl*, § 8 RdNr. 169.
[160] Vgl. dazu § 56a RdNr. 8 ff..
[161] HK-*Eickmann* § 72 RdNr. 5.
[162] Neben den in Abs. 3 genannten Gründen können nur die in § 56a Abs. 1 genannten offensichtlichen Gründe ein Absehen von der Einsetzung rechtfertigen, bloße Zweckmäßigkeitserwägungen reichen nicht aus, denn dies ist Sache der Gläubiger. Denkbar sind daher nur objektive Anhaltspunkte für einen Missbrauch oder entsprechend schwer wiegende Verstöße.
[163] So auch AGR-*Lind* § 56a RdNr. 6; HRI-*Ampferl*, § 8 RdNr.194; die von *Frind* ZInsO 2011, 2249, 2258 vertretene ablehnende Auffassung konterkariert den Willen des Gesetzgebers, die zügige Bestellung und die frühzeitige Beteiligung der Gläubiger in Einklang zu bringen.
[164] BT-Drs. 17/7511, S. 47; zur Praxis vgl. u.a. *Fölsing* ZInsO 2012, 2272.

unverzügliche Nachholung oder gar Verschiebung der Bestellung des vorläufigen Gläubigerausschusses auf den Zeitpunkt der Verfahrenseröffnung diametral zuwiderlaufen.

Auch ist zu berücksichtigen, dass das Insolvenzgericht von der Konzeption des Gesetzes und dem Willen des Gesetzgebers gehalten ist, grundsätzlich sofort einen Gläubigerausschuss einzusetzen und nur **ausnahmsweise** zunächst den vorläufigen Verwalter ohne Anhörung bestellen darf. Dann aber muss es die gewonnene Zeit nutzen und bei einem originären Pflichtausschuss unverzüglich die Suche nach einem geeigneten Gläubigerausschuss beginnen oder bereits gemachte Vorschläge ebenso unverzüglich umsetzen. Insoweit findet die Regelung des § 56a Abs. 3 nicht nur auf die Fälle einer **unterbliebenen Anhörung**, sondern auch und gerade auf die Fälle einer **unterlassenen Bestellung** des Ausschusses entsprechende Anwendung.[165] 135

4. Wahl eines anderen vorläufigen Verwalters. Auch der **nachträglich** auf **eingesetzte Ausschuss** hat die Möglichkeit, in seiner ersten Sitzung einstimmig einen neuen vorläufigen Verwalter entsprechend § 56a Abs. 3 zu wählen.[166] Wenn also das Insolvenzgericht zur Abwendung offensichtlich nachteiliger Veränderungen der Insolvenzmasse (vgl. dazu RdNr. 159) den Gläubigerausschuss erst nach der Bestellung des vorläufigen Verwalters einsetzt, kann der Gläubigerausschuss in seiner ersten Sitzung eine **andere Person** zum Verwalter wählen. Das Insolvenzgericht muss diesen ernennen, wenn die Wahl einstimmig ausfällt (§ 56a Abs. 3 InsO) und der Vorgeschlagene nicht objektiv ungeeignet ist, wozu insbesondere die zu wahrende **Unabhängigkeit** gehört. 136

Ungeklärt ist durch den Gesetzgeber nach *Obermüller*[167] geblieben,
- ob es sich dabei nur um einen neuen vorläufigen Verwalter für die Zeit bis zum Eröffnungsbeschluss handeln soll,
- ob dieser vorläufige Verwalter als Insolvenzverwalter über den Eröffnungsbeschluss hinaus bis zur Gläubigerversammlung im Amt bleiben soll und
- ob damit auch schon der Insolvenzverwalter installiert ist, den die Gläubigerversammlung nur noch mit den Mehrheiten nach § 57 abwählen darf.

Formal ist es gewiss zutreffend, dass der nach § 56a Abs. 3 gewählte neue vorläufige Verwalter zunächst nur bis zur Entscheidung über die Eröffnung amtiert, denn einen gesetzlichen Automatismus zur Fortdauer des Amtes gibt es nicht, sondern es liegt in der gerichtlichen Entscheidung, das eröffnete Verfahren mit dem dann bereits amtierenden vorläufigen Verwalter fortzusetzen oder für das eröffnete Verfahren eine andere Person zu bestellen. Dabei gilt es jedoch zu beachten, dass dem Unternehmen und der Abwicklung des Verfahrens ein möglicher **ständiger Wechsel** nur schaden könnte. Es ist daher zu hoffen, dass in diesen Fällen die Insolvenzgerichte pragmatisch handeln und den vom vorläufigen Gläubigerausschuss abgewählten Verwalter nicht im Eröffnungsbeschluss wieder einsetzen in der Hoffnung, dass die erneute Abwahl die dann erforderliche Kopfmehrheit verfehlt. Hierdurch dürfte zudem aus der Sicht der Gläubiger eine so große Nähe zwischen Gericht und dem abgewählten und gleichwohl wiederbestellten Insolvenzverwalter entstehen, dass die notwendige Unabhängigkeit der so Beteiligten nicht mehr gewährleistet sein dürfte. 137

Empfehlenswert dürfte es daher für das Insolvenzgericht sein, die Auswahlentscheidung des vorläufigen Gläubigerausschusses über den Eröffnungsbeschluss hinaus zu akzeptieren und es der Gläubigerversammlung zu überantworten ggf. von ihrem Abwahlrecht nach § 57 Gebrauch zu machen und anstelle des vom vorläufigen Gläubigerausschuss bestimmten Insolvenzverwalters eine andere Person zu wählen. Einer **erneuten Anhörung** des vorläufigen Gläubigerausschusses **bedarf es insoweit nicht**, vielmehr kann, wenn keine gegenteiligen Äußerungen vorliegen, davon ausgegangen werden, dass die Beibehaltung des vorläufigen Verwalters über die Eröffnungsentscheidung hinaus auch der weiterhin der vorhergehenden Willensbildung entspricht. Dies entspricht auch der Notwendigkeit entscheidungsfähige Strukturen auch über das Eröffnungsdatum hinaus zu sichern und den Sachverstand der Gläubiger einzubinden. 138

Der praktische Unterschied zwischen der Einsetzung des vorläufigen Gläubigerausschusses vor der Bestellung des vorläufigen Verwalters und der Bestellung erst nach der Ernennung eines vorläufigen Verwalters ist auch für die weitere Gestaltung des Verfahrens ganz erheblich. Denn die nachträgliche Bestellung beschert jedem einzelnen Gläubigerausschussmitglied unter bereits veränderten Voraussetzungen ein **erhöhtes Blockadepotenzial**, da die Wahl eines anderen vorläufigen Verwalters und die Abwahl des gerichtlich bestimmten vorläufigen Verwalters Einstimmigkeit voraussetzt. Da aber nun bereits ein vorläufiger Verwalter amtiert, ist, anders als bei einer Bestellung vor der gerichtlichen 139

---

[165] So auch AGR-*Lind* § 56a RdNr. 6; HRI-*Ampferl*, § 8 RdNr.194; die von *Frind* ZInsO 2011, 2249, 2258 vertretene ablehnende Auffassung konterkariert den Willen des Gesetzgebers, die zügige Bestellung und die frühzeitige Beteiligung der Gläubiger in Einklang zu bringen.
[166] So auch HRI-*Ampferl*, § 8 RdNr. 195, 196; *Graf-Schlicker*, InsO, §§56, 56a RdNr. 55
[167] ZInsO 2012, 18 ff.

Auswahl eines vorläufigen Verwalters, keine Eile geboten und kein Einigungszwang gegeben, denn es ist bereits ein vorläufiger Verwalter im Amt, der etwaige Gefahren und Nachteile für die Insolvenzmasse abzuwehren hat und viele Gläubiger stellen sich die Frage, ob nicht durch einen Wechsel neue Kosten und Unruhe entstehen. Es ergibt sich also dieselbe Situation wie in der ersten Gläubigerversammlung, in der sich ggf. Summen- und Kopfmehrheit gegenseitig blockieren können und im Ergebnis der vom Gericht gewählte Verwalter im Amt bleibt. Es kann nur der Hoffnung Ausdruck gegeben werden, dass die Gerichte der solchen Versuchung widerstehen, auf diese Weise „ihre" Verwalter zum Einsatz zu bringen.

140 In den meisten anderen Fällen, insbesondere bei Fremdanträgen oder schlecht vorbereiteten Eigenanträgen, wird die Benennung oder das gerichtliche Finden der Mitglieder des vorläufigen Gläubigerausschusses, dessen Etablierung sowie die nachfolgende Anhörung und die Einsetzung eines konsentierten vorläufigen Insolvenzverwalters nicht unerhebliche Zeit in Anspruch nehmen. Ist dies in Verfahren der Fall in denen das Unternehmen noch am Markt ist und fortgeführt werden muss, wird häufig ein so enges zeitliches Fenster gegeben sein, dass ein Abwarten des Gerichts bis zur Konstituierung eines vorläufigen Gläubigerausschuss mit dem Eilcharakter des Verfahrens nicht vereinbar ist, es sei denn, das Verfahren ist offensichtlich für eine Eigenverwaltung geeignet. Für diesen Fall ist die Anhörung unverzüglich nach der Findung und Konstituierung nachzuholen. Auch insoweit kann nur nachdrücklich darauf hingewiesen werden, dass die sorgfältige Vorbereitung des Antrags und die vorherige Konsultation des Gerichts die maßgebenden künftigen Faktoren sein werden, um den vom Gesetzgeber gewollten Paradigmenwechsel einer stärkeren Beteiligung der Gläubiger vom ersten Tag eines Verfahrens an auch in der Praxis zu vollziehen.

X. Die Befreiungstatbestände des § 22a Abs. 3 und ihre Reichweite

141 **1. Der Anwendungsbereich der „Einsetzungsbremse".** Die Frage, auf welche vorläufigen Gläubigerausschüsse die Ausnahmeregelung des § 22a Abs. 2 anwendbar ist, wird in der Literatur streitig diskutiert.[168] In seiner Entscheidung, von der Einsetzung eines Gläubigerausschusses abzusehen, scheint jedenfalls auf den ersten Blick das Gericht generell an die „Einsetzungsbremse[169] des Abs. 3 gebunden zu sein. Die in Abs. 3 normierten drei Tatbestände scheinen in ihrer weiten und absoluten Formulierung „Ein vorläufiger Gläubigerausschuss *ist* nicht einzusetzen, wenn..." insoweit verunglückt, als danach vom Wortlaut her jede mögliche Form eines nicht fortführungsbedingten vorläufigen Gläubigerausschusses erfasst wird, was in der Konsequenz zu einem faktischen Verbot der Einsetzung eines vorläufigen Gläubigerausschuss in mindestens 80%% aller möglichen Anwendungsfälle führen und dies auch den Fall der Einsetzung eines fakultativen Gläubigerausschusses nach § 21 Abs. 2 Nr. 1a – der ja nur eine von drei möglichen Formen abbildet - umfassen würde.[170] Dies würde jedoch im Gegensatz zu den rechtspolitischen Zielsetzungen der Gewährung von Verfahrens- und Prozesssicherheit für die Gläubiger und deren autonomer Gestaltungsmacht stehen, die ein berechtigtes Interesse daran haben können z. B. auch die Verwertung des Vermögens in einem bereits stillgelegten Unternehmen von Anfang an zu begleiten, weil die „richtige" Verwertung unmittelbare Auswirkung auf die Befriedigungsaussichten der Gläubiger hat. Gerade in Spezialmärkten kann hier die frühzeitige Einbindung der Sachkunde der Gläubiger wesentliche und positive Auswirkungen auf das Verfahrensergebnis haben.

142 Der autonomen Gestaltungsmacht der Gläubiger als wirtschaftlich Betroffene soll mit den Neuregelungen des ESUG ein **verfahrenssicherer Rahmen** eröffnet werden, mit dem Ziel, insbesondere durch eine frühzeitige Antragstellung von Unternehmen in der Krise einen institutionellen Rahmen z. B. für eine geplante Restrukturierung unter Insolvenzschutz zu eröffnen.[171] Sinnfällig exemplifizieren dies die Gesetzesänderungen sowie deren amtlicher Begründung, als da sind vorrangig zu nennen die §§ 21 Abs. 2 Nrn. 1 und 1a, 22a, 56a, 271 InsO.[172] Wo sich diese **autonome Gestaltungsmacht der Gläubiger** artikuliert, muss ihr um ihrer selbst als grundlegendem Prinzip willen Vorrang eingeräumt werden gegenüber einer zu intensiven gerichtlichen Kontrolldichte. Die den Gerichten überantwortete Aufgabe erschöpft sich in der Wahrung der Rechtmäßigkeit

---

[168] Für eine Beschränkung der Reichweite allein auf den originären Pflichtausschuss nach § 22a Abs. 1 unter Verweis auf die Entstehungsgeschichte der Norm *Haarmeyer/Horstkotte*, ZInsO 2012, 1441 ff.; für eine Erstreckung auf den originären und den derivativen Pflichtausschuss *Frind*, ZInsO 2012, 2028; für eine Anwendung auf alle vorläufigen Gläubigerausschüsse offenbar *Graf-Schlicker*, InsO, § 22a RdNr. 9, 10.

[169] Begriff bei HambKomm-*Frind* § 22a RdNr. 16.

[170] So *Haarmeyer/Horstkotte* ZInsO 2012, 1441, 1443.

[171] Allg. Meinung, vgl. für alle *Marotzke* in FS Kirchhof 2003, S. 321, 322; *Häsemeyer*, Insolvenzrecht Rn. 4.05; MüKo-*Ganter* § 1 Rn. 53 ff..Vgl. zum Recht nach ESUG beispielhaft AGR-*Lind*, § 57, RdNr. 1

[172] Flankiert durch die amtliche Begründung des Regierungsentwurfs, BT-Drs. 17/5712 auf den Seiten 17, 25, 39, 42.

des Verfahrens und des Verhaltens ihrer Akteure, nicht jedoch ihrer Zweckmäßigkeit, denn diese ist den Gläubigern überantwortet.[173] Damit korrespondiert gewisser Maßen spiegelbildlich das Gebot an die gerichtlichen Rechtsanwender, sich in einem „judicial self-restraint" zu üben[174], also nicht ihre Entscheidungen an die Stelle der Ergebnisse einer gläubigerautonomen Willensbildung zu setzen, sondern sich allein deren Überprüfung anhand der Kriterien ihrer Rechtmäßigkeit vorzubehalten.

143 Hiervon ist der „amtswegige" fakultative Gläubigerausschuss gem. § 21 Abs. 2 Nr. 1a InsO auszunehmen, denn es geht dabei eben nicht um die Entäußerung eines Gläubigerwillens, dem zum Zwecke der Wahrung eines grundlegenden Gesetzesprinzips Geltung zu verleihen wäre, denn seine Bestellung steht im insoweit auch künftig im freien Ermessen des Insolvenzgerichts. Seine Einsetzung kommt daher in allen Verfahren, insbesondere in Fallkonstellationen in Betracht, die § 22a InsO nicht im Auge hatte, so z. B. in Fällen komplexerer Nachlassinsolvenzverfahren, bei denen vielfach beachtliche Vermögenswerte zu verwalten sind. Auf den amtswegigen fakultativen Gläubigerausschuss ist § 22a Abs. 3 mithin entgegen dem Wortlaut nicht anzuwenden, weil dieser Ausschuss – wie schon nach altem Recht – nicht der autonomen Entscheidungsmacht der Gläubigerschaft unterliegt.[175] Für dieses Ergebnis streitet auch der systematische Standort der „Einsetzungsbremse" in § 22a.[176]

144 Soweit es indes um den **derivativen Pflichtausschuss** gem. § 22a Abs. 2 geht, verhält es sich anders. In allen 3 Alternativen, also sowohl beim Antrag des Schuldners, des vorläufigen Verwalters oder eines Gläubigers bedarf es neben dem Antrag der Benennung von Mitgliedern des designierten Ausschusses unter - soweit dessen Zusammensetzung betroffen ist - Beachtung von § 67 Abs. 2, sowie der Beibringung von Einverständniserklärungen zur Amtsübernahmen der Vorgeschlagenen. Mindestens durch die letztgenannten Voraussetzungen kommt - unabhängig von der Person des Antragstellers - hinreichend der Wunsch eines repräsentativen Teils der Gläubigerschaft zum Ausdruck, bereits das Eröffnungsverfahren mitbestimmen und mitgestalten zu wollen. Es geht also um die unmittelbare Ausübung von Gläubigerautonomie, der in Gestalt einer repräsentativen Vertretung der unterschiedlichen Gruppen eine gesetzlich gewollte Legitimation zur gestaltenden Mitwirkung zugeordnet worden ist. Zu deren Sicherstellung als dem der Gesetzessystematik zu Grunde liegenden Prinzips ist daher eine telelogische Reduktion[177] des § 22a Abs. 3 InsO dahingehend notwendig, seine Rechtsfolge **nicht auf den derivativen Pflichtausschuss** gem. Abs. 2 **anzuwenden**. Wollte man den Gläubigern trotz Vorliegens aller gesetzlichen Voraussetzungen die Möglichkeit einer autonomen Gestaltung des Verfahrens unter Einschluss des Eröffnungsverfahren durch eigene Mitwirkung beschränken, so würde des zentrale Ziel der Reform, die Gewährung von Verfahrens- und Prozesssicherheit als Anreiz für frühzeitige Antragstellung und Gewährleistung der Durchsetzbarkeit autonom geplanter Szenarien, verfehlt und in sein Gegenteil verkehrt.[178] Hier vermag auch mit *Haarmeyer/Horstkotte* keine der 3 Alternativen von § 22a Abs. 3 InsO eine hinreichende Rechtfertigung dafür zu liefern, von der Bestellung abzusehen.

145 Die **Kosten-/Nutzenrelationsbetrachtung** der zweiten Alternative verfängt schon deshalb nicht, weil es ja die Gläubigerschaft selbst ist, die ggf. unter einer kostenbedingten Minderung der Teilungsmasse zu „leiden" hätte und dem Gericht auch ohne dieses Kriterium die Rechtsaufsicht für eine missbräuchliche Handhabung durch die Gläubiger obliegt, deren Handeln auch in der Insolvenzzweckwidrigkeit ihre Grenzen erfährt.

146 Gleiches gilt im Kern für die erste Alternative des **eingestellten Geschäftsbetriebs**. Ein entsprechender Antrag setzt auch hier immer ein bestehendes Interesse voraus, ggf. auch und gerade nicht eine Fortführung, sondern die Abwicklung des Unternehmens fachkundig zu begleiten. In diesem Zusammenhang gewinnt § 21 Abs. 2 Nr. 1a, der § 67 Abs. 3 aus der Verweisung ausnimmt, eine ganz neue Bedeutung: Wird damit doch sichergestellt, dass „tatsächliche" Gläubiger den Ausschuss beschicken - und diese kennen das Unternehmen und den entsprechenden Markt häufig besser als ein vorläufiger Verwalter.

147 Zur dritten Alternative bleibt es bei der Redundanz: Ist der Antrag professionell vorbereitet und entspricht er demzufolge den gesetzlichen Anforderungen, kann es zu einer unzulässigen Verzögerung gar nicht kommen; eine solche hätte allein das Insolvenzgericht zu verantworten.[179]

---

[173] Allg. Meinung, vgl. u.a. *Haarmeyer/Horstkotte* ZInsO 2012, 1441, 1444; *Cranshaw* ZInsO 2012, 1151, 1152; *Frind* ZIP 2012, 1380, 1382; *Heeseler/Neu* NZI 2012, 440, 442.
[174] Beispielhaft BVerfGE 36, S. 1, 14
[175] Ebenso u.a. HambKomm-*Frind*, § 22a; Rdnr. 2; Hölzle, Praxisleitfaden, S. 18 RdNr. 17 am Ende.
[176] So überzeugend und insoweit auch übereinstimmend *Haarmeyer/Horstkotte* ZInsO 2012, 1441, 1444 sowie *Frind* ZInsO 2012, 2028.
[177] Zu den Gründen ausführlich *Haarmeyer/Horstkotte* ZInsO 2012, 1441, 1443 f.
[178] Vgl. dazu *Haarmeyer/Horstkotte* a. a. O. III.1.
[179] Vgl. dazu *Haarmeyer/Horstkotte* a. a. O. 1441, 1446.

Im Anwendungsbereich der §§ 22a Abs. 2, 21 Abs. 2 Nr. 1a InsO (derivativer Pflichtausschuss und amtswegiger fakultativer Gläubigerausschuss) findet mithin nach bestrittener Auffassung des Verfassers die „Einsetzungsbremse" des § 22a Abs. 3 InsO **keine Anwendung**.

148   **2. Teleologische Wertung des Vorrangs der Gläubigerautonomie.** Der Grundsatz der Gläubigerbeteiligung als Ausfluss der Gläubigerautonomie genießt in der teleologischen Wertung den Vorrang. Schlussfolgerung hieraus: ebenso wie der Nachrang in § 56a Abs. 1 letzter Halbsatz stellt auch § 22a Abs. 3 die Ausnahme von der Regel dar und findet grundsätzlich nur auf den originären, nicht von gläubigerautonomen Beteiligungsinteressen getriebenen Pflichtausschuss Anwendung. Ebenso wie Ausnahmeregelungen höchst selten analogiefähig sind verhält es sich mit der Auslegung des Verhältnisses von Grundsatz und Ausnahme. Ausnahmen sind eng, Grundsätze weit auszulegen. Im Lichte dessen dürfte die Regelung des Abs. 3 restriktiv, nicht im Sinne eines gesetzlichen Verbots[180], sondern als eine **Soll-Bestimmung**[181] auszulegen sein, in der lediglich typisierte Kriterien genannt werden, die aber im Einzelfall die Bestellung nicht von vornherein ausschließen sollen. Das Gericht wird daher im Rahmen des gebundenen Ermessens sowohl die tatbestandlichen Voraussetzungen wie auch die sich daraus ergebenden Folgerungen zu berücksichtigen und ggf. mit den normierten Gläubigerinteressen abzuwägen haben. Im Ergebnis dürfte diese Abwägung zu den gleichen Ergebnissen führen, wie die Betrachtung als gesetzliche Pflichtregelung, denn auch in diesen Fällen hat die Rechtsprechung Ausnahmen dann anerkannt, wenn dies zu nicht vertretbaren oder zumutbaren Ergebnissen führt. Selbst wenn man sich auf den Standpunkt gesetzlicher Verbotsregelungen stellen würde, verbliebe für das Gericht immer noch die Möglichkeit, den vorläufigen Gläubigerausschuss als fakultativen Ausschuss nach § 21 Abs. 2 Nr. 1a einzusetzen, für den die Verbotsregelung des Abs. 3 überhaupt keine Anwendung finden.

149   **3. Eingestellter Geschäftsbetrieb.** Der Ausschlusstatbestand der **Geschäftseinstellung** ist regelmäßig gegeben wenn das Unternehmen bereits **bei Antragstellung nicht mehr werbend im Markt**[182] tätig ist bzw. die betriebliche Tätigkeit schon so weit zum Erliegen gekommen ist, das deren Fortsetzung nicht mehr zu erwarten ist. Auch ein noch bestehender Abwicklungsbedarf steht dem nicht entgegen, sodass ein bloßer Abverkauf noch vorhandener Ware nicht dazu führt, dass von einem fortgeführten Unternehmen auszugehen ist (vgl. dazu auch § 22 RdNr. 111 ff.). Schon aus dem Wortlaut „eingestellt **ist**" folgt, dass eine Einstellung im Laufe des Eröffnungsverfahrens nicht maßgeblich für die Einsetzung eines vorläufigen Gläubigerausschusses ist, dieser aber möglicherweise mit der Einstellung seine zuvor unterstellte Daseinsberechtigung verliert. Dies zu entscheiden ist aber Sache der Gläubiger selbst und für sich genommen auch kein wichtiger Grund einen Ausschuss bzw. dessen Mitglieder zu entlassen (vgl. dazu auch oben RdNr. 44). Hier ist den Zweckmäßigkeitserwägungen der insoweit autonom handelnden Gläubiger der Vorrang vor möglichen anderen Erwägungen des Gerichts zu geben, denn über Sinn und Zweck entscheiden allein die Gläubiger, es sei denn, das Gesamtinteresse der Gläubigerschaft wird dadurch oder durch anderes missbräuchliches Verhalten so massiv verletzt, dass ein dem Schweregrad des § 78 entsprechender Widerspruch vorliegt und das Eingreifen des Gerichts erfordert.[183]

150   **4. Unverhältnismäßigkeit im Hinblick auf die zu erwartende Masse.** Nach der Ratio des § 22a ist die Einsetzung eines vorläufigen Gläubigerausschusse nur dann gerechtfertigt, wenn eine freie Masse zu erwarten ist, die eine Einsetzung des Gremiums rechtfertigt. Da die Rechte der Aussonderungsberechtigten auf die freie Masse keinen Einfluss haben, weil sie außerhalb des Verfahrens befriedigt werden und die Interessen der Sicherungsgläubiger durch die Privilegierung der Sicherungsrechte hinreichend geschützt sind, kann die Frage des Verhältnisses von Aufwand und Ertrag nach Abs. 3 nur an den Interessen der ungesicherten Gläubiger bemessen werden, denen nur die **freie Masse** nach Abzug der bevorrechtigten Ansprüche zur Befriedigung zur Verfügung steht. Diese ist daher zunächst auch der notwendige Bezugspunkt für eine solche Vergleichsrechnung. Dabei gilt es jedoch zu berücksichtigen, dass die Regelungen in Abs. 3 ein **Regel-Ausnahme-Verhältnis** normieren. Artikulieren sich die Gläubiger im gesetzlichen Sinne oder sind die Schwellenwerte des Abs. 1 überschritten, dann sieht § 22a Abs. 1 und 2 eine **Pflicht zur Bestellung** des Ausschusses vor. Insbesondere beim Antragsausschuss gehen die Gläubiger schon aufgrund ihres Antragsverhaltens davon aus, dass für das jeweilige Verfahren ein Ausschuss sinnvoll ist und das sie daran teilnehmen möchten. Es ist in diesen Fällen daher auch nicht Aufgabe des Gerichtes, sein eigenes Ermessen an die Stelle der Gläubiger zu setzen, sondern unter Berücksichtigung des Regel-

---

[180] So jedoch HambKomm-*Frind* § 22a RdNr. 16; Hölzle, Leitfaden, S. 18
[181] So auch AGR-*Sander*, § 22a, RdNr. 11
[182] Vgl. dazu die Orientierung an der wirtschaftlichen Tätigkeit iSd § 3 Abs. 1 InsO. Dazu u.a. OLG Stuttgart ZIP 2009, 1928; AG Hamburg ZInsO 2009, 302.
[183] In diesem Sinne auch HRI-*Ampferl*, § 8 RdNr. 29 ff.; *Graf-Schlicker*, InsO, § 22a RdNr. 10.

Ausnahme-Verhältnisses nur offenkundige Anhaltspunkte oder ihm bekannte Tatsachen zu berücksichtigen, um im gesetzlich normierten Ausnahmefall des Abs. 3 von einer Bestellung abzusehen.

In den ersten Tagen eines Antragsverfahren stehen jedoch weder dem Gericht noch regelmäßig 151 den Beteiligten wirklich gesicherte Erkenntnisse zur Verfügung, wie hoch am Ende des Verfahrens die zu erwartende freie Masse sein wird, an der sich die Frage der Verhältnismäßigkeit der Kosten eines Gläubigerausschusses nach dem verunglückten Wortlaut der Regelung orientieren soll. *Pape* spricht zu Recht daher von einer unmöglichen gerichtlichen Prognose.[184] Wenn dies aber der Maßstab ist und dem Gericht wie den Beteiligten die rechnerische Ermittlung **praktisch unmöglich** ist,[185] dann kann es schon nach dem das Eröffnungsverfahren zunächst beherrschenden **Beibringungsgrundsatz** nur Aufgabe des oder der Antragsteller sein, die für eine solche Betrachtung notwendige Basis mit dem Antrag zu verbinden. Es kann daher insbesondere nicht Aufgabe des Gerichts sein, hier ohne offensichtliche oder ihm bekannte negative Informationen investigativ oder amtsermittelnd[186] tätig zu werden, da sich dies schon nicht mit dem **Eilcharakter des Eröffnungsverfahrens** und dem Ziel des Gesetzgebers, eine glatte und beschleunigte Abwicklung unter Wahrung der Gläubigerrechte anzustreben, vereinbaren lässt.[187] So heißt es auch in der regierungsamtlichen Begründung zu § 13 (BT-Drs. 17/5712, S. 25), dass bei Vorliegen eines vollständigen Gläubigerverzeichnisses die Entscheidung über die Einsetzung eines vorläufigen Gläubigerausschusses „ohne Weiteres zu treffen sei" und regelmäßig nicht zu einer Verzögerung führe.

Im Übrigen findet auch der nach ESUG eingeschränkte (vgl. dazu RdNr. 31) **Amtsermitt-** 152 **lungsgrundsatz** dort seine **Grenze**, wo er zu vermeidbaren Verfahrensverzögerungen führt, denn dies steht im Widerspruch zum grundsätzlichen Anliegen des Gesetzes, der frühzeitigen Partizipation der Gläubigerschaft. Dies gerade auch weil dem Gericht keine einfachen oder erleichternden Mittel zur Feststellung der notwendigen Informationen für die verfahrensleitende Maßnahme der Einsetzung eines vorläufigen Gläubigerausschusses zur Verfügung stehen. Vielmehr hat der Gesetzgeber mit den Neuregelungen der §§ 13 und 22 Abs. 4 zum Ausdruck gebracht, dass er den Antragsteller in der Pflicht sieht, dem Gericht eine schnelle und sachgerechte Entscheidung zu ermöglichen. Das muss sich aber notwendig auf alle Umstände beziehen, nicht nur die den Anspruch positiv begründenden, sondern auch die einen Anspruch möglicherweise gefährdenden Umstände, zu denen auch die Beachtung des Grundsatzes der Verhältnismäßigkeit gehört.[188]

Es kommt bei der Frage der Verhältnismäßigkeit als "Einsetzungsbremse" nicht auf die am Ende 153 des Verfahrens vorzunehmende konkrete und im Beschwerdeweg überprüfbare Festsetzung einer Vergütung auf der Grundlage einer dann objektiv feststellbaren Grundlage an, sondern schlicht auf die **Verhinderung von Missbrauch** oder vergleichbar offensichtliche Fälle[189] bei der Einsetzung an,[190] wenn daraus die Gefahr erwächst, dass es zu einer nachteiligen Veränderung der künftigen Masse kommt.

Verhindert werden soll die Einsetzung eines Ausschusses um seiner selbst willen, die Einsetzung 154 eines Ausschusses in Verfahren, in denen es nichts zu entscheiden gibt oder die Einsetzung eines nicht-repräsentativen Ausschusses, bei dem Einzelinteressen verfolgt oder eine mögliche Sanierung des Unternehmens gar aus sachfremden Gründen verhindert werden soll - Fälle also, in denen die Funktion des Ausschusses als eines interessenübergreifenden Gremiums verfehlt oder ins Gegenteil verkehrt wird. In diesen Fällen soll das Gericht die Möglichkeit erhalten, trotz des regelhaften Charakters eines vorläufigen Gläubigerausschusses, von seiner Einsetzung abzusehen, um eine sich damit verbindende missbräuchliche und unverhältnismäßige Schädigung der Insolvenzmasse oder das Entstehen von Kosten überhaupt von vornherein zu unterbinden. Liegen dafür keine objektiven Anhaltspunkte vor, dann ist ein vorläufiger Ausschuss einzusetzen, sofern auch die weiteren Voraussetzungen erfüllt sind. Gegen die Einsetzung müssen mithin gewichtige Gründe eines möglichen

---

[184] *Pape* ZInsO 2011, 1033, 1037
[185] So auch HRI-*Ampferl*, § 8 RdNr. 28.
[186] So aber wohl HmbKomm-*Frind* § 22a RdNr. 18 f.; dagegen entschieden *Graf-Schlicker*, InsO, § 22a RdNr. 12; HRI-*Ampferl*, § 8 RdNr. 38 ff.
[187] So ist z. B. gerade die Frage des Zeitpunkts des Eintritts der materiellen Insolvenz für die Prognoseentscheidung zur künftigen Insolvenzmasse von entscheidender Bedeutung. Verlagert man aber, wie das bei manchen Gerichten Praxis ist, die Entscheidung über die Einsetzung eines vorläufigen Gläubigerausschusses auf einen Gutachter, ohne dass es objektive Anhaltspunkte für das Vorliegen eines gewichtigen Ausschlussgrundes gibt, werden damit die Mitwirkungsrechte des vorläufigen Gläubigerausschusses unmittelbar tangiert, dessen unverzügliche Einsetzung bewusst verzögert und damit die vom Gesetzgeber gewollte frühzeitige Beteiligung der Gläubiger unterlaufen.
[188] In diesem Sinne auch Hölzle, Praxisleitfaden, S. 22, 23; AGR-*Sander* § 22a RdNr. 13.
[189] Vgl. dazu auch die Darstellung bei HRI-*Ampferl*, § 8 RdNr. 43 ff.
[190] In diesem Sinne auch BK-InsO/Blersch, § 22a Rn. 16; ARG-*Sander*, § 22a Rn. 10, 13; *Cranshaw* ZInsO 2012, 1151, 1156.

Missbrauchs sprechen, bloße Zweckmäßigkeitserwägungen stehen dem Gericht insoweit nicht zu, weil dies nach der Intention der Regelung in die Hände der Gläubigerschaft gelegt worden ist.[191]

155 Mit dem Antrag sollte daher auch zugleich ein **Nachweis der Verhältnismäßigkeit geführt werden**. Dies kann geschehen indem entweder das freie Vermögen selbst oder wesentliche unbelastete Vermögenswerte dargelegt werden, aber auch die aus einer Fortführung zu erwartende Erlöse, sei es durch die Zahlung von Insolvenzgeld oder aus bestehenden Aufträgen zu erzielenden Gewinnen etc. oder von Seiten der den Antrag stellenden Gläubiger die Tragung der Kosten des Eröffnungsverfahrens garantiert bzw. durch Hinterlegung gesichert wird. Liegen allerdings mit dem Antrag zugleich Vermögensübersichten oder andere nachvollziehbare Rechenwerke vor, so können auch diese als Entscheidungsgrundlage herangezogen werden. Gleiches gilt für eine entsprechende Testierung durch einen Berufsträger.

156 Andererseits kann der Nachweis aber auch dadurch geführt werden, dass die voraussichtlichen Kosten des Ausschusses konkret bestimmt werden und sich als objektiv niedrig herausstellen, weil sie weniger als z. B. 10.000 Euro betragen. Dies kann anhand eines prognostizierenden Zeitaufwandes und der Vergütungs- und Auslagenregelung in § 17 InsVV (also incl. einer notwendigen Versicherung[192]) annähernd bestimmbar gemacht werden. Dies kann andererseits aber auch dadurch geschehen, dass die vorgeschlagenen Personen im Interesse der Masseschonung im Eröffnungsverfahren auf eine **Vergütung verzichten** oder ausdrücklich erklären, nicht mehr als die **Mindestvergütung von 300 Euro** geltend zu machen. Liegen Erklärungen dieser letztgenannten Art vor, so steht damit zugleich auch für das Gericht fest, dass die kostenbezogene Unverhältnismäßigkeit als „Versagungsgrund" nicht gegeben ist. Es ist daher dringend zu empfehlen, im Interesse einer schnellen gerichtlichen Entscheidung dem Antrag und der Benennung der Mitglieder des Ausschusses entsprechende Erklärungen oder konkrete Berechnungen beizufügen. Die von einigen Autoren insoweit angeführten prozentualen Begrenzungen auf Sätze zwischen 1% und 10%[193] entbehren nicht nur jeder sachlichen oder rechtlichen Begründung, sondern sind auch als Pauschalierungen nicht geeignet den Besonderheiten des jeweiligen Falles hinreichend Rechnung zu tragen. Sie verleiten vielmehr dazu, die den Gläubiger überantwortete Frage der Zweckmäßigkeit in unzulässiger Weise auf die gerichtliche Ebene zu verlagern.

157 Die **Unverhältnismäßigkeit** dürfte regelmäßig dann gegeben sein, wenn schon bei Antragstellung aufgrund eigener gerichtlicher Erkenntnisse deutlich ist, dass eine Ablehnung der Eröffnung mangels Masse im Raum. Sie dürfte aber nach Maßgabe der obigen Darlegungen auch dann zu unterstellen sein, wenn der oder die Antragsteller auch nach Aufforderung des Gerichts einen entsprechenden Deckungsnachweis nicht erbringen können, denn insoweit gehen dann die Zweifel des Gerichts zu Lasten der Antragsteller, sodass für diesen Fall von der Einsetzung eines vorläufigen Gläubigerausschusses abzusehen ist.[194]

158 Im Rahmen des **Schutzschirmverfahrens** werden sich die vorgenannten Fragen eher nicht stellen, da schon aufgrund der nur drohenden Zahlungsunfähigkeit die Abdeckung der Kosten des Verfahrens Zulässigkeitsvoraussetzung für den Antrag nach § 270b selbst ist.

159 **5. Verzögerung und nachteilige Vermögensveränderung.** Aufgrund der vorgenannten Struktur der Neuordnung durch das ESUG hat das Insolvenzgericht auf einen zulässigen Insolenzantrag hin zunächst zwingend über die Einsetzung eines vorläufigen Gläubigerausschusses zu entscheiden und sodann in einem weiteren Schritt unter dessen Einbeziehung ggf. einen vorläufigen Insolvenzverwalter zu bestellen. Dabei nimmt der Gesetzgeber, wie sich aus dem Zusammenspiel von § 22a und 56a ergibt, durchaus in Kauf, dass trotz der Eilbedürftigkeit von Entscheidungen bei einem noch laufenden Geschäftsbetrieb die Bestellung eines vorläufigen Insolvenzverwalter länger dauern kann, als bei einer Alleinentscheidung des Gerichts nach „altem" Recht. Diese grundsätzliche Inkaufnahme der Verzögerung ist mithin notwendige und als gewollt akzeptierte Folge der gesetzlichen Neuregelung von den Beteiligten, insbesondere den Gerichten, hinzunehmen. Daher gibt es auch keine abstrakte Rechtfertigung dafür, bei einem noch laufenden Geschäftsbetrieb das Eingreifen dieses Ausnahmetatbestandes generell zu unterstellen und stets eine Entscheidung über die Einsetzung eines vorläufigen Verwalters ohne vorherige Beteiligung der Gläubiger zu vollziehen.[195] § 22a Abs. 3 Alt. 3 regelt mithin allein den Fall, dass der Ausschuss aufgrund nicht vorhandener, nachzubringender oder unzutreffender Angaben nicht zeitnah eingesetzt werden kann, gleichzeitig aber konkrete Anhaltspunkte dafür vorliegen, dass auf-

---

[191] So zuletzt auch *Frind* ZIP 2012, 1380, 1382.

[192] Ohne objektive Grundlage stellt HambKomm-*Frind* § 22a RdNr. 20 die Behauptung auf, dass schon allein für Versicherungen mit einem Prämienaufkommen von 20.000 bis 30.000 Euro zu rechnen ist und der Kostenanteil für einen Gläubigerausschuss maximal 1% der freien Masse betragen dürfe.

[193] In diesem Sinne *Frind* in HambKomm § 22a RdNr. 20; *Beth* ZInsO 2012,##.

[194] Beispielhaft dazu AG Ludwigshafen ZInsO 2012, 987.

[195] Ganz einhellige Meinung: vgl. *Graf-Schlicker*, InsO, § 22a RdNr. 13; HRI-*Ampferl*, § 8 RdNr. 50; AGR-*Sander*, § 22a RdNr. 13; a. *Frind* ZInsO 2011, 757, 758 sowie die Entschließung des BAKInso, ZInsO 2011, 2223.

grund der sich verzögernden Einsetzung schädliche Auswirkungen auf das Schuldnervermögen konkret zu erwarten sind. Die Alternative des § 22a Abs.3 Alt. 3 kann daher auch nur **temporär** die Einsetzung des Pflicht- oder Antragsausschusses **suspendieren**,[196] wobei ihr generelles Eingreifen auch für den Antragsausschuss in der Literatur nicht in Abrede gestellt wird.[197] Der Vermögensnachteil, der einer Masse droht, muss konkret sein, eine abstrakte Gefahr genügt nicht. Durch die Verzögerung muss also z. B. eine Masseschmälerung erwartbar sein, weil mögliche Zahlungseingänge, die dann nicht gesichert sind,[198] der Masse nicht jetzt und auch nicht später zugeführt werden können.

Der Gesetzgeber selbst geht davon aus, dass bei einem **Eigenantrag** und der Erreichung der Größenkriterien nach § 22a Abs. 1 grundsätzlich von einer nachteiligen Veränderung der Vermögenslage dann nicht ausgegangen werden kann, wenn der Schuldner mit seinem Antrag die Angaben nach § 13 Abs. 1 pflichtgemäß mache, weil es dann dem Gericht „ein Leichtes sei, aus den gemachten Angaben die geeigneten Gläubiger zu identifizieren" (vgl. BT-Drs. 17/5712, S. 25). Dies gilt umso mehr, wenn mit dem Antrag zugleich auch konkrete Personen unterschiedlicher Gläubigergruppen benannt werden, die ihre Bereitschaft zur Übernahme nach § 22 Abs. 4 erklärt haben. In einem solchen Fall einer nachvollziehbar repräsentativen Besetzung sowie der Einreichung aller weiteren notwendigen Unterlagen (vgl. RdNr. 60 ff.), ist das Gericht auch nicht berechtigt unter Hinweis darauf, dass es zB beabsichtige andere Personen zu benennen, das Verfahren zu verzögern und unter Verweis auf sein eigenes verzögerndes Verhalten nach Abs. 3 die Einsetzung zu versagen.[199] **160**

Bei einem **Fremdantrag** fehlt es regelmäßig an einem Gläubigerverzeichnis nach § 13 Abs. 1, sodass es für das Gericht kaum möglich ist, die richtige und repräsentative Auswahl der Mitglieder unmittelbar zu prüfen, selbst wenn übernahmebereite Personen unterschiedlicher Gruppen benannt werden, die ihr Einverständnis zugleich erklärt haben. Ist mithin die Ausübung des gerichtlichen Ermessens aufgrund einer nicht ausreichenden Informationsbasis unmöglich, so dürfte die unmittelbare Einsetzung eines originären oder derivativen Ausschusses kaum möglich sein, es sei denn, dass Gericht hat keine Anhaltspunkte für eine missbräuchliche Ausübung des Antragsrechts. In einem solchen Fall ist das Gericht nicht gehindert, gleichwohl den beantragten Ausschuss einzusetzen oder den Antragstellern die Gelegenheit zu geben, die notwendige Repräsentativität innerhalb einer kurzen Frist von 1 – 3 Tagen nachvollziehbar zu belegen. **161**

Eine nachteilige Veränderung der Vermögenslage nach Abs. 3 muss sich auf die **mit der Einsetzung verbundene Verzögerung des Verfahrens** gründen, nicht jedoch auf die Beteiligung des Ausschusses an den weiteren Entscheidungen, einschließlich der Auswahl des vorläufiger Insolvenzverwalters. Werden daher alle für eine Entscheidung notwendigen Unterlagen nach §§ 13, 21, 22a bereits mit dem Antrag verbunden und dem Gericht vorgelegt, dann kann dieser Ausschlussgrund schon begrifflich nicht zur Versagung der Einsetzung eines vorläufigen Gläubigerausschusses herangezogen werden, da eine nun gleichwohl folgende Verzögerung nicht auf der Ebene der Antragsteller, sondern des Gerichts liegt und mithin nicht berücksichtigt werden darf. Dies gilt auch bei einem laufenden Geschäftsbetrieb und der Notwendigkeit, zügig Sicherungsmaßnahmen anzuordnen, denn der Gesetzgeber selbst hat schon nach dem Wortlaut der Regelung in Kauf genommen, dass mit der Einsetzung eines vorläufigen Gläubigerausschusses und dessen Beteiligung an den wesentlichen Entscheidungen, wie z. B. der Einsetzung eines vorläufigen Verwalters, Verzögerungen eintreten.[200] Für ein Normalverfahren unter Berücksichtigung weitgehend rechtzeitiger Antragstellung ist mit *Ampferl*[201] davon auszugehen, dass durch die Geschäftsführung des insolventen Unternehmens kurzfristig für 3 – 5 Tage die Fortführung des Geschäftsbetriebs und das Vermögen gesichert werden kann, soweit der Insolvenzantrag noch nicht publik gemacht worden ist. Insbesondere bei einem nicht offensichtlich aussichtslosen **Antrag auf Eigenverwaltung** kann auch für die Bestellung eines vorläufigen Sachwalters eine größere Zeitspanne zur Verfügung stehen. **162**

Nur ob eine, diese **gesetzlich akzeptierte Verzögerung** überschrittene „Dehnung" des Eröffnungsverfahrens zu einer nachteiligen Veränderung des Vermögens führt, ist der alleinige Prüfungsgrund. Dies hat das Gericht im Rahmen einer Prognose anhand von objektiven Umständen zu ermitteln und seiner Entscheidung zugrunde zu legen. Es genügt dabei nicht, mit allgemeinen Erwägungen oder pauschalen Hinweisen auf eine Verzögerung in der Anordnung von Sicherungsmaßnahmen hinzuweisen, **163**

---

[196] Denn der Ausschüsse ist bzw. soll nach Beseitigung des Zeithindernisses dann eingesetzt werden, vgl. HambKomm-*Frind*, aaO, § 22a Rn. 21.
[197] *Braun-Böhm*, InsO, § 22a Rn. 9; *Graf-Schlicker*, InsO, § 22a Rn.13, 14; HRI-*Ampferl* , § 8 Rn. 57; anders *Haarmeyer/Horstkotte* ZInsO 2012, 1441, S. 1446 zu S.1448.
[198] Instruktiv: AG München v. 14.6.2012, ZIP 2012, 1308.
[199] Hölzle, Praxisleitfaden S. 20.
[200] Das wird übersehen von HambKomm-*Frind* § 22a RdNr. 21, der schon der Überprüfungswürdigkeit von Angaben einen verzögernden Charakter zuweist.
[201] HRI-*Ampfler*, § 8 RdNr. 58.

denn die Anordnung von Sicherungsmaßnahmen kann unabhängig von der Frage der Einsetzung des Ausschusses entschieden werden. So kann nicht nur die Zwangsvollstreckung eingestellt werden, sondern es können dem Schuldner wie den Gläubigern (z. B. mit einer Anordnung nach § 21 Abs. 2 Nr. 5) auch Handlungs- und besondere Verfügungsverbote auferlegt werden, die bis zur Konstituierung eines vorläufigen Gläubigerausschusses ein Auseinanderfallen oder eine Gefährdung der Masse verhindern helfen. Gerade solche Maßnahmen hat das Gericht auch **vorrangig anzuordnen**, um auf diese Weise für die Dauer bis zur Einsetzung des Ausschusses negative Veränderungen der Vermögensmasse zu verhindern. Allein wenn der Gefahr einer konkret drohenden Vermögensverschlechterung auch nicht durch die Anordnung solcher Sicherungsmaßnahmen begegnet werden kann, dürften die tatbestandlichen Voraussetzungen für eine nachteilige Veränderung iSd Abs. 3 gegeben sein, soweit es sich nicht um geringfügige Verschlechterungen handelt.[202]

XI. Ende der vorläufigen Ausschusstätigkeit und Fortführung im eröffneten Verfahren

164 Wurde schon im Antragsverfahren ein vorläufiger Gläubigerausschuss eingesetzt, so stellt sich die Frage, ob das Insolvenzgericht im Eröffnungsbeschluss insoweit überhaupt noch tätig werden muss. Eine Entscheidung wäre entbehrlich, wenn der nach §§ 21 Abs. 2 Nr. 1a, 22a im Antragsverfahren bestellte Gläubigerausschuss bis zum Berichtstermin im Amt bliebe. Da das Gesetz jedoch eine klare Trennung zwischen dem Antragsverfahren und dem eröffneten Verfahren vornimmt und mit Verfahrenseröffnung durch gesonderten gerichtlichen Beschluss ein – wenn auch mit dem vorläufigen Verwalter meist identischer – Insolvenzverwalter zu bestellen ist, **endet** auch das Amt des vorläufigen Gläubigerausschusses **mit Verfahrenseröffnung**.[203]

165 Da § 67 Abs. 1 auf den vorläufigen Ausschuss des Eröffnungsverfahrens nicht und die übrigen Regelungen nur entsprechend und mit Modifikationen für anwendbar erklärt werden, ergibt sich daraus eindeutig, dass der **Gläubigerausschuss nach Eröffnung ein gesondertes Gremium** mit gesondertem Regelungsbereich ist. Außerdem hat der vorläufige Gläubigerausschuss seine wichtigste Funktion, nämlich die Mitwirkung an den grundlegenden wirtschaftlichen Weichenstellungen sowie an der Verwalterauswahl nach § 56a bereits vor der Verfahrenseröffnung erfüllt. Soll der vorläufige Gläubigerausschuss auch nach der Eröffnung in seiner bisherigen Besetzung beibehalten werden, sollte dies entweder von den Antragstellern bzw. dem vorläufigen Ausschuss rechtzeitig beantragt werden, damit ein notwendiger gerichtlicher Beschluss rechtzeitig ergehen kann. Hinreichend für eine Beschlussfassung dürfte es aber auch sein, wenn eine Anregung zur Beibehaltung des vorläufigen Gläubigerausschusses als Interimsausschuss gem. § 67 nach Eröffnung vom vorläufigen Verwalter kommt bzw. das Gericht mangels entgegenstehender Äußerung hierüber schlicht auch von Amts wegen entscheidet, um eine Kontinuität der Arbeit sicherzustellen.

166 Demgemäß hat das Insolvenzgericht im Eröffnungsbeschluss auf Antrag oder von Amts wegen zu befinden, ob der vorläufige Gläubigerausschuss in der bisherigen Zusammensetzung beizubehalten ist, in neuer Zusammensetzung fortgeführt werden soll oder ob das Insolvenzgericht auf einen Interimsausschuss bis zur ersten Gläubigerversammlung verzichtet. Ein Verzicht kann allerdings wohl nur dann vertretbar sein, wenn die wesentlichen Weichenstellungen für das Insolvenzverfahren schon im Antragsverfahren stattgefunden haben und wichtige Gründe einer Fortsetzung dieser Arbeit entgegenstehen, denn schließlich kontrolliert auch der Interimausschuss vorrangig die Tätigkeit des Insolvenzverwalters. Wenn der Gläubigerausschuss beibehalten werden soll, erscheint es sinnvoll, ihn mit denselben Mitgliedern fortzuführen und allenfalls um sachkundige Dritte zu ergänzen. Falls der vorläufige Gläubigerausschuss einen zunächst vom Gericht nach § 56a Abs. 3 bestimmten vorläufigen Verwalter abgewählt hat, sollte das Insolvenzgericht der Versuchung widerstehen, seinerseits den Gläubigerausschuss neu zusammenzustellen oder aber den bereits abgewählten Verwalter erneut zu bestellen.

167 Ob im eröffneten Insolvenzverfahren ein „endgültiger" Gläubigerausschuss bestellt, ein im Eröffnungsverfahren schon eingesetzter als Interimsausschuss gem. § 67 vorläufig durch das Gericht bestellter beibehalten oder das Verfahren ohne Gläubigerausschuss durchgeführt werden soll, liegt letztlich im **Ermessen der Gläubigerversammlung** (§ 68). Sie kann also auch dann, wenn das Schuldnerunternehmen die Schwellenwerte des § 22a Abs. 1 erreicht und das Insolvenzgericht dementsprechend einen vorläufigen Gläubigerausschuss eingesetzt hat, bestimmen, das bereits eröffnete Insolvenzverfahren ohne Gläubigerausschuss fortzuführen.

168 Über diese Fragen entscheidet die Gläubigerversammlung mit der **relativen Mehrheit** der Stimmen (§ 68 Abs. 1). Sie kann auch vom Gericht bestellte Mitglieder abwählen und andere oder

---

[202] Im Ergebnis so auch AGR-*Sander* § 22a RdNr. 14.
[203] Allg. Meinung; vgl. für alle *Graf-Schlicker*, InsO, § 22a RdNr. 17; *Obermüller* ZInsO 2012, 18, 21.

zusätzliche Mitglieder wählen (§ 68 Abs. 2). Das Gericht hat dann keine Möglichkeit mehr, die Zusammensetzung des Ausschusses zu korrigieren, es sei denn, einer der wichtigen Gründe des § 70 ist gegeben, sei es, dass die Bestellung eines bestimmten Mitglieds den Interessen der Gläubiger nachweislich widerspricht oder konkrete Anhaltspunkte für eine missbräuchliche Vertretung vorliegen. Die Gläubigerversammlung kann und sollte dem endgültigen Gläubigerausschuss schon aus Gründen der Praktikabilität das Recht einräumen, sich bei Verhinderung oder Wegfall gewählter Mitglieder selbst zu ergänzen, damit der Ausschuss auch kurzfristig auf das Ausscheiden eines Mitglieds durch Krankheit oder aus anderen wichtigen Gründen reagieren kann.

XII. Rechtsbehelfe

§ 21 Abs. 1 Satz 2 bestimmt, dass *dem Schuldner* gegen die Anordnung einer Maßnahme nach § 21 Abs. 2 die sofortige Beschwerde zusteht. Nach der (bisherigen) Rechtsprechung bedeutet dies, dass Gläubiger kein Beschwerderecht gegen eine Maßnahme nach § 21 haben.[204] Dem Schuldner steht es nur bei Anordnung zu, nicht aber bei Nicht-Anordnung einer Maßnahme nach § 21.[205] Dies entspricht auch nach Inkrafttreten des ESUG der allgemeinen Auffassung in der Literatur zu den Rechtsmitteln der Gläubiger oder anderer Beteiligter für den Fall der gerichtlichen Ablehnung zur Einsetzung eines vorläufigen Gläubigerausschusses.[206] Ob im Übrigen Entscheidungen des Gerichts im Insolvenzverfahren angegriffen werden können, richtet sich nach § 6 Abs. 1 Satz 1, wonach den Verfahrensbeteiligten nur Rechtsmittel zustehen, wenn die InsO dies ausdrücklich anordnet. Bei der Einsetzung eines vorläufigen Gläubigerausschusses handelt es sich stets um eine Maßnahme nach § 21 Abs. 2 Satz 1 Nr. 1a, unabhängig davon, ob die Einsetzung beantragt wurde oder zwingend ist (§ 22a Abs. 1 und 2).[207] Da in den Regelungen des ESUG zur Einsetzung eines vorläufigen Gläubigerausschusses aber solche Rechtsmittel nicht vorgesehen sind, wird daraus allgemein der Schluss gezogen, dass weder gegen die Einsetzung noch gegen die Versagung der Einsetzung Rechtsmittel oder Rechtsbehelfe gegeben sind.

Diese verbreitete Auffassung ist jedoch unzutreffend[208], vielmehr steht den Gläubigern bei verfassungsrechtlich gebotener teleologischer Reduktion von § 6 das **Recht der sofortigen Beschwerde nach § 4 InsO, 567 Abs. 1 Nr. 2 ZPO** zu. Die Insolvenzordnung stellt einen verfahrensrechtlichen Rahmen zur Verfügung, um die Realisierung der Gläubigeransprüche bestmöglich zu verwirklichen. Die Forderungen der Gläubiger unterfallen als solche dem Schutzbereich des Art. 14 GG[209], soweit der Staat durch Regulierungen Einfluss auf ihren Bestand oder auch ihre Realisierbarkeit nimmt, sei es in Form von Gestaltungs- oder Teilhaberechten, wie dies mit der Stärkung der Gläubigerautonomie und Mitbestimmung durch das ESUG erfolgt ist.[210] Zwar lassen sich die im Verfahrensrecht ihren Niederschlag findenden Teilhabeansprüche aus den Grundrechten in der Regel nicht unmittelbar ableiten, denn das Grundgesetz überlässt es prinzipiell der nicht einklagbaren Entscheidung des Gesetzgebers, ob und inwieweit er Teilhaberechte gewährt. Gewährt er sie aber, wie dies durch die Neuregelungen der §§ 22a, 56a erfolgt ist, so hat er auch für deren Durchsetzbarkeit Sorge zu tragen und die grundsätzliche Gewährleistung des Eigentums zu beachten.[211] Mit einer sachlich oder rechtlich nicht gerechtfertigten ausdrücklichen oder konkludenten Versagung oder Verzögerung der Einsetzung eines vorläufigen Gläubigerausschusses greift das so handelnde Gericht mithin unmittelbar in das den Gläubigern aus Art. 14 GG zugewiesene Recht der Verfahrensmitbestimmung und -gestaltung, insbesondere auch zum Zwecke der Sanierung eines Schuldnerunternehmens, regulierend ein. Schon aus dem Rechtsstaatsgebot des Art. 19 Abs. 4 GG ist nach diesen Maßgaben die Gewährleistungsverpflichtung effektiven Rechtsschutz gegen eine solche Verletzung subjektiver und verfassungsrechtlich geschützter Rechte geboten ist.

---

[204] LG Göttingen ZInsO 2004, 1046.
[205] HK-*Kirchhof* § 21 RdNr. 59; LG München I ZVI 2003, 78.
[206] Vgl. für alle den lapidaren Hinweis von *Frind* in HambKomm § 22a RdNr. 24 „Ein Rechtsmittel sieht die Regelung nicht vor, daher besteht gem. § 6 Abs. 1 keine Möglichkeit zur sofortigen Beschwerde. Über § 4 InsO mag eine Gegenvorstellung analog § 321a ZPO denkbar sein."
[207] Vgl. zu diesem Problemkreis *Römermann/Praß* ZInsO 2012, 1923 sowie Horstkotte ZInsO 2012, 1930 ff.
[208] So, wenn auch mit unterschiedlichen Wegen, *Römermann/Praß* ZInsO 2012, 1923, 1925 und *Horstkotte* ZInsO 2012,1930, 1932. Während Römermann/Praß im Handeln des Gerichts einen Justizverwaltungsakt oder beim Unterlassen ein Justizverwaltungshandeln sehen, folgert Horstkotte zutreffend aus dem Antrag ein das Verfahren betreffendes Gesuch iSv § 567 Abs. 1 Nr. 2 ZPO und entwickelt über § 4 InsO unter Beachtung der sich aus dem Verfassungsrecht ergebenden Schutz- und Obhutspflicht daraus das Recht zur sofortigen Beschwerde.
[209] Vgl. dazu ausdrücklich und umfassend BVerfG ZInsO 2006, 765, 769 RdNr. 34; NZM 2005, 657, 659.
[210] BVerfGE 33, 303, 331.
[211] BVerfGE 33, 303, 331; 51, 150, 156; BVerfG ZInsO 2006, 756, 769; *Horstkotte* ZInsO 2012, 1930, 1933.

171 Geht man mit *Horstkotte*[212] und *Römermann/Praß*[213] davon aus, dass § 6 Abs. 1 Satz 1 zumindest für den Fall des § 22a Abs. 2 aus den vorstehend genannten und von den Autoren im Einzelnen dargelegten Gründen die Rechtsmittel verfassungswidrig einschränkt, so ist § 6 Abs. 1 Satz 1 teilweise verfassungswidrig und damit für den Fall des § 22a Abs. 2 nichtig. Daraus folgt, dass die allgemeinere – weitergehende – Norm des § 567 Abs. 1 Nr. 2 ZPO Anwendung findet.[214]

172 § 567 Abs. 1 Nr. 2 ZPO enthält eine Generalklausel, wonach die sofortige Beschwerde auch mangels ausdrücklicher Anordnung in den Fällen statthaft ist, in denen ein das Verfahren betreffendes Gesuch durch Entscheidung zurückgewiesen wurde und keine mündliche Verhandlung erforderlich ist. Diese Norm ist zwar ohnehin generell auf das Insolvenzverfahren übertragbar (§ 4), jedoch (an sich) wegen § 6 Abs. 1 Satz 1 unanwendbar, weil dieser den Rechtsschutz nur bei ausdrücklich geregelten Beschwerderechten zulässt. Trotz Anwendbarkeit des § 567 Abs. 1 Nr. 2 ZPO ist problematisch, dass diese Norm ein „Gesuch" der Gläubiger voraussetzt, das jedoch stets in jedem Antrag nach § 22a Abs. 2 gesehen werden kann (vgl. dazu ausführlich RdNr. 100 ff.). Daraus würde allerdings auch folgen, dass sich Gläubiger nur gegen die Ablehnung des Antrags nach § 22a Abs. 2, nicht aber gegen die Entscheidung im Anwendungsbereich von § 22a Abs. 1 mittels sofortiger Beschwerde zur Wehr setzen können, denn das lässt der Wortlaut des § 567 Abs. 1 Nr. 2 ZPO nicht zu, da es beim originären Pflichtausschuss zumindest vordergründig an einem Antrag fehlt. In diesem Fall bliebe es ggf. bei einer bloßen Gegenvorstellung oder dem von *Römermann/Praß* aufgezeigten Rechtsweg nach § 23 EGGVG. Die Gläubiger können sich jedoch die Beschwerdemöglichkeit auch in diesen Fällen dadurch eröffnen, dass sie auch im Fall des § 22a Abs. 1 vorsorglich stets einen Antrag nach § 22a Abs. 2 stellen (vgl. dazu unten RdNr. 104). Da es sich bei einem auf die Einsetzung eines vorläufigen Gläubigerausschusses durch das Gericht gem. § 21 Abs. 2 S. 1 Nr. 1a gerichteten Antrag nicht nur um einen Sachantrag, sondern zugleich um ein Petitum handelt, das auf eine das Verfahren betreffende Maßnahme gerichtet ist, liegt in diesem auch stets ein das Verfahren betreffendes Gesuch iSv § 567 Abs. 1 Nr. 2 ZPO.

173 **Beschwerdebefugt** ist derjenige oder sind diejenigen Antragsteller, deren Gesuch nicht entsprochen wurde.

174 Ist bei einer **ablehnenden Entscheidung** des Gerichts zu befürchten, dass das Insolvenzgericht von einer Nichtabhilfeentscheidung und Vorlage der Akte an das Landgericht absehen wird, kann es sich empfehlen, gemäß § 569 Abs. 1 S. 1 ZPO die sofortige Beschwerde **direkt bei dem Landgericht** als judex ad quem einzulegen.[215]

175 Trifft hingegen das Insolvenzgericht keine ausdrückliche Entscheidung, sondern „verhindert" eine beantragte Einsetzung eines vorläufigen Gläubigerausschusses durch bloßes Nichtstun, so steht auch diese **Untätigkeit oder verzögerndes Verhalten** einer sofortigen Beschwerde nicht entgegen. Eine „Entscheidung" als Angriffsziel der sofortigen Beschwerde setzt nämlich nicht zwingend voraus, dass diese sich in einer spezifischen Form, beispielsweise der eines Beschlusses, entäußert. Ausreichend ist vielmehr, dass sich die Zurückweisung des Antrags gem. § 22a Abs. 2 InsO schlüssig aus dem Verhalten des Insolvenzgerichts ergibt.[216]

176 Setzt das Gericht folglich ohne Antragsbescheidung nach außen erkennbar das Verfahren fort und ernennt beispielsweise einen vorläufigen Insolvenzverwalter, ohne den beantragten vorläufigen Gläubigerausschuss zu bestellen, greift es damit in ein vom Gesetz vorausgesetztes Recht auf Äußerung und ggf. Bestimmung gem. §§ 21 Abs. 2 Nr. 1, 56a Abs. 1 und 2 ein. Ergibt eine – ggf. zu empfehlende – Nachfrage beim Insolvenzgericht, dass dieses eine Bescheidung des Antrags nicht für erforderlich hält, reicht eine solche Ablehnung einer Entscheidung aus, um die sofortige Beschwerde gegen die Zurückweisung des Gesuchs zu eröffnen.

177 Gleiches dürfte für die Anordnung zeitraubender **Sachverständigengutachten** zB zur Frage der Kosten-/Nutzenrelation eines vorläufigen Gläubigerausschusses gelten, die sich schon per se mit dem genuinen Eilcharakter des Eröffnungsverfahrens, speziell aber mit der Eilbedürftigkeit einer Entscheidung über die Einsetzung eines vorläufigen Gläubigerausschusses, nicht verträgt.[217] Ein solches Vorgehen verletzt den/die Antragsteller in ihrem Recht auf eine zeitnahe Bestellung und damit auch Teilhabe an den maßgebenden gerichtlichen Entscheidungen im Eröffnungsverfahren. Auch in diesem Fall liegt nicht nur eine die Entscheidung verzögernde Handhabung des Gerichts, sondern eine die sofortige Beschwerde eröffnende Zurückweisung eines Gesuchs „zur Unzeit" vor.[218]

---

[212] ZInsO 2012, 1930.
[213] ZInsO 2012, 1923 ff.
[214] Zur verfassungsrechtlich gebotenen Reduktion der Beschränkung einer Statthaftigkeit der sofortigen Beschwerde durch § 6 InsO schon BVerfG, Beschl. v. 23.5.2006 - 1 BvR 2530/04 = ZInsO 2006, 765 Rn. 28.
[215] So auch die Empfehlung von *Horstkotte* ZInsO 2012, 1930, 1932.
[216] *Baumbach/Lauterbach/Albers/Hartmann*, ZPO, 70 Aufl., § 567 RdNr. 7; *Zöller*, ZPO, § 567 RdNr. 30, 31, 33 ff.
[217] Ausdrücklich in diesem Sinne *Smid* ZInsO 2013, 209; *Graf-Schlicker*, InsO § 22a RdNr. 12.
[218] So ausdrücklich und zutreffend *Horstkotte* ZInsO 2012, 1930, 1932 f.

§ 23 Bekanntmachung der Verfügungsbeschränkungen

(1) ¹Der Beschluß, durch den eine der in § 21 Abs. 2 Nr. 2 vorgesehenen Verfügungsbeschränkungen angeordnet und ein vorläufiger Insolvenzverwalter bestellt wird, ist öffentlich bekanntzumachen. ²Er ist dem Schuldner, den Personen, die Verpflichtungen gegenüber dem Schuldner haben, und dem vorläufigen Insolvenzverwalter besonders zuzustellen. ³Die Schuldner des Schuldners sind zugleich aufzufordern, nur noch unter Beachtung des Beschlusses zu leisten.

(2) Ist der Schuldner im Handels-, Genossenschafts-, Partnerschafts- oder Vereinsregister eingetragen, so hat die Geschäftsstelle des Insolvenzgerichts dem Registergericht eine Ausfertigung des Beschlusses zu übermitteln.

(3) Für die Eintragung der Verfügungsbeschränkung im Grundbuch, im Schiffsregister, im Schiffsbauregister und im Register über Pfandrechte an Luftfahrzeugen gelten die §§ 32, 33 entsprechend.

Übersicht

	Rn.		Rn.
A. Normzweck	1, 2	I. Anwendungsbereich	9–13
B. Entstehungsgeschichte	3–6	II. Öffentliche Bekanntmachung	14, 15
I. Bisherige Regelung und Reformvorschläge	3, 4	III. Einzelzustellung nach § 23 Abs. 1 Satz 2	16, 17
II. Gesetzgebungsverfahren im Rahmen der InsO	5, 6	IV. Register- und Grundbucheintragungen	18–21
C. Die Publikation von Verfügungsbeschränkungen	7–21		

A. Normzweck

Die Vorschrift des § 23 InsO normiert zwingend die öffentliche Bekanntmachung von Verfügungsbeschränkungen i.S.v. § 21 Abs. 2 Nr. 2 InsO, um so zu gewährleisten, dass diese bei den am Insolvenzverfahren Beteiligten sowie im übrigen Rechtsverkehr Berücksichtigung finden. Sinn und Zweck des § 23 InsO ist letztlich die Verhinderung von Tatbeständen des gutgläubigen Erwerbs sowie der schuldbefreienden Leistung an den Insolvenzschuldner. Die umfassenden und unmittelbaren Wirkungen der Anordnung der vorläufigen Insolvenzverwaltung i. V. m. Verfügungsbeschränkungen für eine Vielzahl von Personen und Rechtsverhältnissen, die regelmäßig im Zeitpunkt der Anordnung noch unbekannt sind, erfordern Formen der Publikation, die sich von denen im normalen Parteienprozess notwendig erheblich unterscheiden müssen. § 23 fasst unter diesen Umständen die verschiedenen möglichen Publikationsformen, nämlich die öffentliche Bekanntmachung, die Zustellung, sowie die Übermittlung bzw. Übersendung zusammen. Die öffentliche Bekanntmachung und die anderen Formen der Publikation bzw. Zustellung haben die Aufgabe, den Anordnungen des Gerichtes im Eröffnungsverfahren nach außen hin Geltung zu verschaffen und dafür zu sorgen, dass alle vom Insolvenzgericht angeordneten Verfügungsbeschränkungen sowie die Bestellung eines vorläufigen Insolvenzverwalters den Beteiligten und dem Geschäftsverkehr insgesamt bekannt werden. Die noch im Vergleichsrecht vorgesehene Beschränkung der öffentlichen Bekanntmachung auf allgemeine Veräußerungsverbote ist entfallen und entsprechend der Neuordnung des Insolvenzrechts auch auf die allgemeinen Zustimmungsvorbehalte sowie die Bestellung eines vorläufigen Insolvenzverwalters erweitert worden.[1]

Dem Schutz der Masse und der Effektivität der gerichtlichen Sicherungsmaßnahmen dient auch die in Abs. 1 Satz 2 angeordnete besondere Zustellung des Beschlusses, die vorrangig den Zweck verfolgt, die Beachtung eines Verfügungsverbotes sicherzustellen und zu verhindern, dass schuldbefreiend an den Schuldner geleistet werden kann. Die in den Absätzen 2 und 3 vorgesehene Übermittlung der Beschlüsse an die dort genannten Register dient ebenfalls dem Sicherungszweck, insbesondere durch Beseitigung des Gutglaubensschutzes und gewährleistet dadurch die Durchsetzung allgemeiner wie relativer Veräußerungsverbote insoweit, als sich die Beschränkungen aus dem jeweiligen Register ergeben.[2]

---

[1] So auch ausdrücklich AG Düsseldorf ZInsO 2011, 443 für den Fall der Anordnung eines allgemeinen Zustimmungsvorbehalts.
[2] BGH ZInsO 2011, 1212; 2006, 92, 93 = ZIP 2006, 138, 139; OLG München ZInsO 2011, 536..

B. Entstehungsgeschichte

I. Bisherige Regelung und Reformvorschläge

3 Die Bekanntmachung von Verfügungsbeschränkungen war im überkommenen Konkurs- und Gesamtvollstreckungsrecht nicht geregelt, hingegen sah die Vergleichsordnung die öffentliche Bekanntmachung eines angeordneten allgemeinen Veräußerungsverbots und dessen Zustellung an die Vergleichsschuldner, die Schuldner des Vergleichsschuldners und den Vergleichsverwalter in § 16 VerglO vor und erweiterte diese Eintragung gemäß § 61 VerglO auf das Grundbuch, das Schiffsregister und das Schiffsbauregister. Aufgrund der unvollkommenen gesetzlichen Regelung wurde die öffentliche Bekanntmachung eines Sequestrationsbeschlusses völlig unterschiedlich gehandhabt. Zwar wurde allgemein empfohlen, Verfügungsbeschränkungen im Eröffnungsverfahren zu veröffentlichen, um gutgläubigen Dritterwerb zu verhindern.[3] Gleichwohl wurde die Zustellung von Sequestrationsbeschlüssen teilweise auf den Schuldner und den Sequester beschränkt bzw. auf eine Zustellung mangels gesetzlicher Anordnung gar verzichtet, so dass von allen Beteiligten eine Neuordnung der Bekanntmachung im Eröffnungsverfahren schon frühzeitig gefordert wurde.[4] Schon zur KO wurde diskutiert, ob eine besondere Zustellung sowohl an den Schuldner als auch sogar an Gläubiger des Schuldners analog § 111 Abs. 3 KO zu fordern sei, da die Zustellung des Beschlusses der Effektivität der Sicherungsmaßnahmen diene.[5]

4 Als bedenklich wurde insbesondere erachtet, dass der Schuldner mit einer besonderen Zustellung an seine Gläubiger und Schuldner in Misskredit gebracht werde, wodurch eine krisenhafte Entwicklung möglicherweise in eine nicht mehr sanierungsfähige Insolvenzsituation umschlage, zumal im Eröffnungsverfahren noch nicht sicher sei, ob das Insolvenzverfahren überhaupt eröffnet würde.[6] Unklarheit herrschte in der Rechtsprechung und Literatur zu § 113 KO auch darüber, ob mit der Eintragung eines allgemeinen Verfügungsverbotes in das Grundbuch auch eine Grundbuchsperre eintrat.[7] Überwiegend wurde der Eintritt einer Grundbuchsperre abgelehnt, weil auf der Basis des Verständnisses eines allgemeinen Verfügungsverbotes als relatives Verfügungsverbot dies nur zur Unwirksamkeit der Verfügung gegenüber dem durch das Verfügungsverbot Geschützten führte. Die Annahme absoluter Wirkungen einer Grundbuchsperre gegenüber jedermann wurde jedoch ganz überwiegend abgelehnt, so dass sich immer wieder die Frage stellte, ob das Grundbuchamt trotz eines solches Verbotes verpflichtet sei, sämtliche weiteren beantragten Rechtsänderungen einzutragen und mithin auch einen gutgläubigen Erwerb nicht verhindern zu können.[8] Schon frühzeitig wurde daher zum Schutze des Rechtsverkehrs ein absolut wirkendes Verfügungsverbot für das reformierte Insolvenzrecht gefordert und auf die Notwendigkeit der Veröffentlichung hingewiesen, um mit der Eintragung eine Grundbuchsperre wie im eröffneten Verfahren nach Eintragung des Konkursvermerkes eintreten zu lassen.[9]

II. Gesetzgebungsverfahren im Rahmen der InsO

5 Schon der 1. Bericht der Kommission für Insolvenzrecht fordert unter Leitsatz 1.2.10 das Wirksamwerden, die Veröffentlichung und die Mitteilung von Verfügungsbeschränkungen nach den Vorschriften der Vergleichsordnung (§§ 60, 61 VerglO) neu zu gestalten und in diesem Rahmen auch der Registerbehörde die bei einem allgemeinen Verfügungsverbot bestellten vorläufigen Insolvenzverwalter mitzuteilen.[10] Schon bei der Vorstellung des Diskussionsentwurfes am 30.8.1988 fand sich die Anregung der Insolvenzrechtskommission in § 24 DE umgesetzt und wurde von dort ohne jegliche Änderung in den 1989 vorgelegten Referentenentwurf und als § 27 auch in den Regierungsentwurf übernommen. Im Zuge der Beratungen des Rechtsausschusses wurde die im § 27 Abs. 1 enthaltene Zustellungsbeschränkung auf diejenigen Adressaten, deren Anschriften dem Gericht bekannt sind, unter Hinweis auf die allgemeinen Grundsätze im § 8 gestrichen, da in dieser

---

[3] Vgl. dazu BGH NJW-RR 1986, 1188, 1189; *Häsemeyer* RdNr. 7.36 ff.; *Jäger/Weber* § 106 RdNr. 3; *Kuhn/Uhlenbruck* § 106 RdNr. 3; *Kübler/Prütting/Pape* § 23 RdNr. 3; *Nerlich/Römermann/Mönning* § 23 RdNr. 2.
[4] Vgl. dazu auch Kuhn/*Uhlenbruck* § 106 RdNr. 3.
[5] *Kleiner* S. 173.
[6] *Gerhardt*, Kölner Schrift, S. 193 f.; *Koch* S. 45.
[7] Vgl. mwN Kuhn/*Uhlenbruck* § 113 RdNr. 4 a.
[8] Vgl. zum Meinungsstand *Eickmann* KTS 1974, 202, 206; Jaeger/*Weber* § 113 RdNr. 11; Kilger/*K. Schmidt* § 113 Anm. 4.
[9] Vgl. dazu umfassend *Gerhardt* ZIP 1982, 1, 5.
[10] 1. KommBer. S. 107, 108.

Regelung bereits vorgesehen war, dass an Personen, deren Aufenthalt unbekannt ist, nicht zugestellt werden soll.[11]

Durch das InsO Änderungsgesetz vom 19.12.1998[12] wurde Abs. 2 dahingehend ergänzt, dass der Eröffnungsbeschluss gegebenenfalls auch dem Gericht mitzuteilen ist, bei dem das Partnerschaftsregister geführt wird, wenn es sich bei dem Schuldner um eine entsprechende Gesellschaft handelt. Korrespondierend mit dieser Regelung und ergänzend zu der bisherigen Regelung des Abs. 2 hat der Gesetzgeber mit der registerrechtlichen Anpassungsverordnung vom Dezember 1998[13] die Eintragungsbestimmungen für das Handels-, Genossenschafts- und Partnerschaftsregister neu geregelt und die Vorschriften über die Eintragung betreffend Insolvenzverfahren in das jeweilige Register der Insolvenzordnung angepasst. Aufgrund der Änderungen der Handelsregisterverfügung ist nunmehr auch die Bestellung eines vorläufigen Insolvenzverwalters mit Verwaltungs- und Verfügungsbefugnis bzw. einem allgemeinen Zustimmungsvorbehalt in die genannten Register zwingend einzutragen, so dass sich in diesen Fällen die **Anordnung der vorläufigen Verwaltung** unmittelbar auch aus dem Register selbst ergibt.[14] Wird kein vorläufiger Verwalter bestellt, steht die Bekanntmachung im Ermessen des Gerichts, dasselbe gilt für die Bekanntmachung anderer Sicherungsmaßnahmen. Regelmäßig sollte das Gericht von dieser Möglichkeit Gebrauch machen, um hier ebenfalls einem gutgläubigen Erwerb oder einer schuldbefreienden Leistung an den Schuldner vorzubeugen. 6

C. Die Publikation von Verfügungsbeschränkungen

Für den Regelfall der Bestellung eines vorläufigen Insolvenzverwalters und der Anordnung von Verfügungsbeschränkungen sieht das Gesetz zwingend eine öffentliche Bekanntmachung dieser Entscheidung vor, die für den weiteren Verlauf des Verfahrens die wichtige Funktion hat, über die unmittelbar Beteiligten hinaus auch anderen Kenntnis von der Einleitung des Verfahrens zu geben und damit den im Eröffnungsverfahren verhängten Sicherungsmaßnahmen nach außen hin rechtliche Wirkung zu verschaffen, um in erster Linie gutgläubigen Erwerb oder schuldbefreiende Leistungen an den Schuldner zu verhindern.[15] Insbesondere im Rahmen von Eigenverwaltung und Schutzschirmverfahren fehlte es bisher an einer klaren gesetzlichen Regelung zur Veröffentlichung.[16] Es sollte sich aber für ein Gericht von selbst verstehen, dass gerade auch diese besonderen und neuen Verfahrensarten nur auf einer klaren gesetzlichen Grundlage bekannt gemacht werden dürfen, auch um einen Sanierungserfolg nicht zu gefährden. Für den Fall einer Veröffentlichung dürfte es sich empfehlen, das Verfahren nach § 270b auch als „Schutzschirmverfahren in Eigenverwaltung" bekanntzumachen, um auf diese Weise auch die notwendige Differenzierung gegenüber einem „normalen" Insolvenzverfahren nach außen kenntlich zu machen. Auch die Abberufung und Neubestellung eines vorläufigen Verwalters sind öffentlich bekannt zu machen.[17] In diesem Zusammenhang fasst § 23 Abs. 1 die im Insolvenzrecht möglichen Publikationsformen, nämlich die öffentliche Bekanntmachung, die Übersendung und die Zustellung zusammen. 7

Dabei dient die **öffentliche Bekanntmachung** der Information aller potentiell von der Eröffnung betroffenen Dritten, während die **Zustellung** nur die dort unmittelbar genannten Verfahrensbeteiligten meint. Die **Übersendung** schließlich an die Register führenden Stellen sowie das Grundbuch etc. in Form der Übermittlung bzw. Übersendung stellt eine Form der qualifizierten Information gegenüber einzelnen Betroffenen und Stellen dar, deren Mitwirkung für das Verfahren von besonderer Bedeutung ist.[18] Sowohl für die öffentliche Bekanntmachung wie auch für die Zustellung gilt jedoch, dass sie nicht Wirksamkeitsvoraussetzung für die angeordneten Sicherungsmaßnahmen sind, sondern lediglich vorbeugen und den beteiligten Verkehrskreisen Rechtsnachteile ersparen, die durch Verletzung und Missachtung der vom Gericht angeordneten Sicherungsmaßnahmen entstehen können[19] (vgl. zur Frage des Wirksamwerdens des Beschlusses § 21 RdNr. 37). 8

---

[11] Ausschussbericht zu § 27, abgedruckt bei *Balz/Landfermann* S. 234.
[12] BGBl. I S. 3836, 3839.
[13] Verordnung zur Anpassung registerrechtlicher Vorschriften an die Insolvenzordnung vom 8.12.1998; BGBl. I S. 3580.
[14] Vgl. dazu auch *Kübler/Prütting/Pape* § 23 RdNr. 7 a.
[15] BGH ZInsO 2011, 1212;
[16] Vgl. dazu *Horstkotte* ZInsO 2012, 1161; *Frind* ZIP 2012, 1591; *Keller* ZIP 2012, 1895 mit jeweils unterschiedlichen Standpunkten.
[17] LG Gera ZIP 2002, 1735, 1737.
[18] BGH ZInsO 2011, 1212; OLG München ZInsO 2011, 536; *Haarmeyer/Wutzke/Förster* GesO § 6 RdNr. 2; Kilger/*K. Schmidt* GesO § 6 Anm. 1; FKInsO-*Schmerbach* § 22 RdNr. 2.
[19] Vgl. dazu auch BGH ZInsO 2006, 92; 2004, 550; *Pape* ZInsO 1998, 61 ff.; *Haarmeyer/Wutzke/Förster*, Handbuch, Kap. 3 RdNr. 48; Kap. 4 RdNr. 20; Nerlich/Römermann/*Mönning* § 23 RdNr. 17.

I. Anwendungsbereich

9 Seinem Wortlaut nach ist der Anwendungsbereich des § 23 Abs. 1 Satz 1 auf die Fälle zugeschnitten, in denen im Eröffnungsverfahren die vorläufige Insolvenzverwaltung angeordnet und entweder der Schuldner mit einem allgemeinen Verfügungsverbot belegt oder ihm aufgegeben wird, über sein Vermögen nur mit Zustimmung eines vorläufigen Insolvenzverwalters zu verfügen (§§ 22 Abs. 1 Satz 1, 22 Abs. 2). Dementsprechend geht auch die Kommentarliteratur davon aus, dass die zwingende öffentliche Bekanntmachung auf diese Fälle reduziert sei, es dem Gericht aber im Übrigen freistehe, auch in anderen Fallkonstellationen eine öffentliche Bekanntmachung vorzusehen.[20] Mit einer so reduzierten öffentlichen Bekanntmachungsverpflichtung besteht jedoch die Gefahr, dass der vom Gesetzgeber ganz bewusst gegenüber dem geltenden Recht erheblich erweiterte Masseschutz zu Lasten des Rechtsverkehrs nicht konsequent durchgesetzt wird (vgl. dazu umfassend § 21 RdNr. 11 ff.). Besteht jedoch die allgemein akzeptierte Funktion von Sicherungsmaßnahmen im Hinblick auf die Verfügungsberechtigung des Schuldners darin, insbesondere einen gutgläubigen Erwerb bzw. eine schuldbefreiende Leistung Dritter oder Vermögensmanipulationen des Schuldners selbst zu verhindern,[21] so kann dieses Ziel nur dann erreicht werden, wenn allen die Masse gegen schädigende Verfügung sichernden Maßnahmen des Insolvenzgerichts die gleiche Wirkung zukommt wie einem allgemeinen Verfügungsverbot. Wird dem Schuldner also untersagt, Immobiliarvermögen zu veräußern, zu belasten oder in anderer Weise darüber zu verfügen, so ist dies eine allgemeine Verfügungsbeschränkung für den gesamten Grundstücksverkehr, da sie nicht eine konkrete Handlung beschränkt oder eine konkrete Rechtshandlung verbietet, sondern dem Schuldner, auf einen Gegenstand oder Teil seines Vermögens beschränkt, alle Verfügungen darüber, also allgemein, gleich in welcher Form verbietet.[22] Dies stimmt nicht nur mit der unbeschränkten Regelung in § 24 Abs. 1 überein, die nämlich jede „vorgesehene Verfügungsbeschränkung" umfasst, sondern auch damit, dass der Gesetzgeber erkennbar selbst von der Verfügungsbeschränkung als dem alle Beschränkungen bis hin zum Verbot umfassenden Oberbegriff ausgegangen ist, von denen § 21 Abs. 2 Nr. 2 nur zwei Beschränkungsmöglichkeiten („insbesondere") beispielhaft aufführt. Auch wenn das Gericht bei der Anordnung von Sicherungsmaßnahmen hinter den Möglichkeiten eines generellen Verfügungsverbots zurück bleibt und dies auf bestimmte Teile seines Vermögens beschränkt, so ändert dies weder das Ziel vermögenssichernder Maßnahmen des Eröffnungsverfahrens, noch gibt es einen sachlichen Grund für einen Wechsel der rechtlichen Beurteilung bei einem Verstoß gegen solche Beschränkungen. In beiden Fällen setzt sich der Schuldner über ein gerichtliches Verbot hinweg und verfügt in verbotswidriger Weise über einen Gegenstand der künftigen Insolvenzmasse, eine Verfügung, die ihm entweder allgemein oder speziell verboten worden ist. Da nach der bei § 21 RdNr. 60 ff. ausgeführten Begründung jedoch allen nach § 21 Abs. 2 angeordneten Verfügungsbeschränkungen auf Grund des unzweideutigen Wortlautes des § 24 Abs. 1 die gleiche absolute Wirkung zukommt, ist es nur folgerichtig, dass auch diese so getroffenen Verfügungsbeschränkungen öffentlich bekannt gemacht werden, mit der weiteren Folge, dass auf diese Weise gutgläubiger Erwerb von beweglichen Sachen im Eröffnungsverfahren stets ausgeschlossen ist.[23]

10 Auch wenn man der vorgenannten Auffassung einer absoluten Wirkung auch für individuelle, verfügungsbeschränkende Maßnahmen im Eröffnungsverfahren nicht folgt, reduziert sich für das von der Literatur befürwortete Ermessen des Gerichtes dessen Spielraum auf Null und wendet sich in eine Veröffentlichungspflicht, denn das Insolvenzgericht ist im Rahmen von Sicherungsmaßnahmen im Eröffnungsverfahren zur Durchsetzung und Erreichung des Sicherungszwecks (vgl. dazu § 21 RdNr. 11 ff.) verpflichtet, alle erforderlichen Maßnahmen zu treffen, um diese Wirkungen eintreten zu lassen. Letztlich lässt auch nur ein auf Null reduziertes Ermessen zur Veröffentlichung eine sachgerechte Entscheidung im Rahmen der Verhältnismäßigkeitsprüfung zur Anordnung von Sicherungsmaßnahmen zu, denn ansonsten wäre das Gericht regelmäßig zur eigenen Haftungsfreistellung gezwungen, im Interesse des Masseschutzes nur zum allgemeinen Verfügungsverbot greifen zu können, um auch über die nur auf diesen Fall bezogene Veröffentlichung den Sicherungszweck zu erreichen, obwohl ihm gerade nach dem Verhältnismäßigkeitsgrundsatz dafür ein abgestimmtes Instrumentarium zur Verfügung steht.

11 Entsprechend der gesetzgeberischen Intention zu § 23, nämlich sicherzustellen, dass **allgemeine Verfügungsbeschränkungen** des Schuldners dem Rechts- und Geschäftsverkehr bekannt werden, wird auch die bloße Anordnung eines allgemeinen Verfügungsverbots ohne gleichzeitige Bestim-

---

[20] Vgl. dazu HambKomm-*Schröder* § 23 RdNr. 4; *Kübler/Prütting/Pape* § 23 RdNr. 1; Nerlich/Römermann/*Mönning* § 23 RdNr. 9; FKInsO-*Schmerbach* § 23 RdNr. 4; *Breutigam* in: *Breutigam/Blersch/Goetsch* § 23 RdNr. 2; HKInsO-*Kirchhof* § 23 RdNr. 3; *Smid* InsO § 23 RdNr. 1.
[21] Vgl. BGH ZInsO 2006, 92, 93.
[22] Vgl. dazu ausführlich § 21 RdNr. 59 ff.
[23] Vgl. dazu umfassend § 21 RdNr. 60 ff.; vgl. auch LG Duisburg ZIP 2006, 1594.

mung eines vorläufigen Insolvenzverwalters bekannt zu machen sein, ob wohl dieser Fall vom Gesetzeswortlaut nicht erfasst ist und man der Ansicht folgen könnte, dass formal keine Veröffentlichungspflicht besteht.[24] Dabei dürfte jedoch zu berücksichtigen sein, dass eine solche reduzierte Anordnung zu der rechtlich untragbaren Situation führt, dass während des Eröffnungsverfahrens überhaupt kein Verfügungsberechtigter mehr vorhanden ist.[25] Die insoweit unstreitige absolute Wirkung eines allgemeinen Verfügungsverbotes zwingt jedoch dazu, für die Dauer des Eröffnungsverfahrens eine verfügungsberechtigte Person zu haben, so dass sich die isolierte Anordnung sowohl faktisch als auch rechtlich verbietet (vgl. dazu auch § 22 RdNr. 28).

Die gleichen rechtlichen Bedenken gelten auch für den Fall der Anordnung einer vorläufigen **12** Insolvenzverwaltung ohne Verfügungsbeschränkung des Schuldners, da in diesem Fall die Zuordnung des Vermögens und die kompetenzrechtlichen Fragen von vornherein zu Konflikten führen, die nur durch eine eindeutige gerichtliche Zuordnung der Verfügungsgewalt auf einen der Beteiligten verhindert werden kann. Ergeht jedoch, aus welchen Gründen auch immer, gleichwohl ein solcher auf die vorläufige Insolvenzverwaltung isolierter Beschluss, um auf diese Weise zumindest den Rechtsverkehr auf die darin implizit liegende Beschränkung der Verfügungsmacht des Schuldners hinzuweisen und dadurch den Gutglaubensschutz möglichst weitgehend auszuschließen, so ist auch dieses bekannt zu machen, denn nach dem Willen des Gesetzgebers sollten die bisher lediglich erhobenen Empfehlungen, Verfügungsbeschränkungen im Eröffnungsverfahren zu veröffentlichen, mit der InsO in Gesetzeskraft erwachsen. Fungiert dagegen der vorläufige Insolvenzverwalter lediglich als Sachwalter oder Berater des ansonsten in vollem Umfang verfügungsbefugten Schuldners, kann es mit Rücksicht auf den Erfolg beabsichtigter Sanierungsbemühungen im Einzelfall sogar geboten sein, zunächst von einer Veröffentlichung abzusehen, da dem Gericht bei dieser Fallkonstellation ein weiter Ermessensspielraum zur Seite steht, der durch die allgemein gehaltene Regelung des § 9 Abs. 2 geschaffen worden ist.[26] Zwar sieht § 23 Abs. 1 vor, dass Sicherungsmaßnahmen, durch die die Verfügungsbefugnis des Schuldners beschränkt wird, öffentlich bekannt zu machen sind und darüber hinaus eine Zustellung an den Schuldner, den vorläufigen Insolvenzverwalter und die Schuldner des Schuldners zu erfolgen hat, daraus kann aber nicht der Schluss gezogen werden, dass die öffentliche Bekanntmachung und/oder die Zustellung der Entscheidung, die sicherstellen soll, dass Verfügungsbeschränkungen des Schuldners über sein Vermögen im Geschäftsverkehr bekannt werden, auch Wirksamkeitsvoraussetzung für die Sicherungsmaßnahmen sind. Unabhängig davon, ob das Gericht nämlich zu einer Veröffentlichung gesetzlich verpflichtet ist oder diese bei anderen Maßnahmen nach seinem Ermessen als notwendig ansieht, hat die öffentliche Bekanntmachung lediglich **deklaratorische Wirkungen**, da Sicherungsmaßnahmen nach der neueren Rechtsprechung des BGH unabhängig von der Veröffentlichung und der besonderen Zustimmung mit ihrem Erlass wirksam werden.[27]

Die Zustellung an die Beteiligten ist mit der öffentlichen Bekanntmachung nachgewiesen, wobei **13** es jedoch regelmäßig so sein wird, dass die Einzelzustellung eine frühere Kenntnis von den angeordneten Verfügungsbeschränkungen vermittelt als die durch die häufig an bestimmte Fristen und Erscheinungsterminen gebundene öffentliche Bekanntmachung. Bedeutsam ist dies insbesondere für Personen, die dem Schuldner etwas schulden und die nicht mehr mit befreiender Wirkung leisten können. Diese werden, um ihnen Rechtsnachteile zu ersparen, in dem Beschluss noch einmal ausdrücklich aufgefordert, nur noch unter Beachtung der vom Insolvenzgericht angeordneten Sicherungsmaßnahmen zu leisten.[28] Nach der Neuordnung in § 21 Abs. 2 Nr. 1 kann die Zustellung gemäß § 8 Abs. 3 auch auf den vorläufigen Insolvenzverwalter übertragen werden. Von dieser Möglichkeit wird in der Praxis regelmäßig Gebrauch gemacht.

II. Öffentliche Bekanntmachung

Die öffentliche Bekanntmachung erfolgt nach Maßgabe von § 9 und entspricht grundsätzlich dem **14** bisher in § 76 KO geregelten Verfahren der Bekanntmachung, fasst dieses jedoch präziser und redaktionell klarer und erweitert es zeitgemäß durch die Möglichkeit der Publikation in einem für das Gericht

---

[24] *Breutigam* in *Breutigam/Blersch/Goetsch* § 23 RdNr. 7; *Kübler/Prütting/Pape* § 23 RdNr. 1.
[25] Vgl. dazu *Gerhardt*, Kölner Schrift, S. 159 RdNr. 8.
[26] Vgl. dazu auch *Haarmeyer/Wutzke/Förster*, Handbuch, Kap. 3 RdNr. 99, 256; *Breutigam* in *Breutigam/Blersch/Goetsch* § 23 RdNr. 6.
[27] Vgl. dazu BGHZ 133, 310; BGH ZIP 1995, 40, 41 sowie die ausführliche Darstellung bei § 21 RdNr. 37; *Uhlenbruck* § 23 RdNr. 2; *Kübler/Prütting/Pape* § 21 RdNr. 13; *Breutigam* in *Breutigam/Blersch/Goetsch* § 23 RdNr. 9; Nerlich/Römermann/*Mönning* § 23 RdNr. 17; HKInsO-*Kirchhof* § 23 RdNr. 6; BGH NJW 1997, 528 = ZIP 1996, 1909; BGH ZIP 1995, 40; *Pape* ZInsO 1998, 61 ff.
[28] Nerlich/Römermann/*Mönning* § 23 RdNr. 16.

bestimmten elektronischen Informations- und Kommunikationssystem, nach Maßgabe der VO zu öffentlichen Bekanntmachungen im Internet (InsIntBekV).[29] Mit der öffentlichen Bekanntmachung wird gemäß § 9 Abs. 3 die Zustellung des gerichtlichen Beschlusses an alle Beteiligten fingiert, was stets die Einhaltung der Form und Inhalt bestimmenden Regelung des Absatzes 1 voraussetzt. Die Zustellungswirkung tritt unabhängig von der Frage ein, ob, wie in § 23 Abs. 1 Satz 2, daneben Zustellungen noch besonders vorgeschrieben sind, zumal Mängel von Einzelzustellungen durch die öffentliche Bekanntmachung bedeutungslos werden.[30] Insbesondere beginnen Rechtsmittelfristen für alle Beteiligten einheitlich mit dem Zeitpunkt der Bekanntmachung, da zeitlich frühere Einzelzustellungen für die Berechnung der Beschwerdefrist aus Gründen der Rechtsklarheit außer Betracht bleiben.[31] Die früher und ordnungsgemäß erfolgte Einzelzustellung kann jedoch bereits eine Kenntnis i.S.v. §§ 81 Abs. 1 Satz 1 und 82 begründen. Die öffentliche Bekanntmachung selbst erfolgt nach § 9 Abs. 1 zentral auf der Internetseite der Länder unter www.insolvenzbekanntmachungen.de.

15 Für den Umfang der auch auszugsweise möglichen Veröffentlichung gilt stets, dass der Zweck der Bekanntmachung zu beachten und der Text auf das Notwendige zu beschränken ist. Erforderlich ist jedoch nach § 9 Abs. 1 Satz 2 in jedem Fall, dass der Schuldner bei der Bekanntmachung mit Anschrift und Firma bzw. Branchenzugehörigkeit anzugeben ist und dass daneben das Datum der Beschlussfassung sowie das entscheidende Gericht und das betreffende Aktenzeichen mit zu veröffentlichen sind. Ist ein vorläufiger Verwalter bestellt, so sollte auch dessen Name und Anschrift veröffentlicht werden, um den Beteiligten frühzeitige Informationsmöglichkeiten zu eröffnen. Wie schon nach dem Recht der Konkursordnung genügt die einmalige Einrückung auf der für amtliche Bekanntmachung bestimmten Internetseite unter www.insolvenzbekanntmachungen.de, was das Gericht jedoch nicht hindert, zB bei bundesweit oder international tätigen Unternehmen auch schon im Eröffnungsverfahren weitere oder wiederholte Veröffentlichungen zu veranlassen. In internationalen Insolvenzverfahren ist gem. Art. 38 EUInsVO bzw. §§ 345 Abs. 1, 344 Abs. 2, 343 Abs. 2 InsO ein vorläufiger Verwalter berechtigt, che Bekanntmachungen bzw. Eintragungen in das Grundbuch zu beantragen. Betroffen sind jedoch nur inländische Register, das da Übereinkommen keine Anwendung auf das Eröffnungsverfahren findet. Gem. § 9 Abs. 3 gilt die Bekanntmachung mit dem Ablauf des **zweiten Tages nach der Veröffentlichung** als bewirkt an, wobei es auf die tatsächliche Ausgabe des Blattes oder der Internetveröffentlichung ankommt, wenn dieser Zeitpunkt vom ausgedruckten Datum abweicht.[32] Entscheidend für die Fristberechnung ist also der Tag seiner tatsächlichen Ausgabe. Vgl. im Übrigen zur Frage der öffentlichen Bekanntmachung sowie den Besonderheiten von Bekanntmachungen im Internet die umfassende Kommentierung zu § 9 RdNr.10 ff.

III. Einzelzustellung nach § 23 Abs. 1 Satz 2

16 Abs. 1 Satz 2 bestimmt, dass der Beschluss des Insolvenzgerichts über die Anordnung von Verfügungsbeschränkungen bzw. der vorläufigen Insolvenzverwaltung dem Schuldner und den Personen, die Verpflichtungen gegenüber dem Schuldner haben sowie dem vorläufigen Insolvenzverwalter besonders zuzustellen ist. Dabei sind die Schuldner des Schuldners mit der Übersendung des Beschlusses nach § 23 Abs. 1 Satz 3 zugleich aufzufordern, nur noch nach Maßgabe des verfahrenssichernden Beschlusses, das heißt entweder nur an den vorläufigen Insolvenzverwalter oder nur an den Schuldner mit Zustimmung des vorläufigen Insolvenzverwalters zu leisten. Diese Aufforderung entspricht inhaltlich der des § 28 Abs. 3 und der Vorziehung der Wirkungen der Verfahrenseröffnung in das Eröffnungsverfahren mit dem Ziel, die Befreiungswirkung einer Zahlung nach § 82 auszuschließen.[33] Die vorgenannten gesonderten Einzelzustellungen erfolgen nach § 8 mit der Maßgabe, dass die Zustellung entsprechend § 8 Abs. 3 i. V. m. § 21 Abs. 2 Nr. 1 auch auf den vorläufigen Insolvenzverwalter übertragen werden kann. Vgl. dazu ausführlich die Kommentierung zu § 8 sowie § 21. An Personen, deren Aufenthalt unbekannt ist, wird nach § 8 Abs. 2 nicht zugestellt, es sei denn diese Personen haben einen zur Entgegennahme von Zustellung berechtigten Vertreter benannt, für diesen Fall erfolgt die Zustellung an den sogenannten Vertreter. Vgl. dazu die Kommentierung zu § 8 RdNr. 12 ff.

17 Wegen der im Eröffnungsverfahren relativ begrenzten Erkenntnisse über diejenigen Schuldner, die Verpflichtungen gegenüber dem Schuldner haben, empfiehlt es sich regelmäßig die in Abs. 1 Satz 3 enthaltene Aufforderung an die Drittschuldner zusammen mit dem Beschluss über die Sicherungsmaßnahmen öffentlich bekannt zu machen, denn wer nach öffentlicher Bekanntmachung Leistungen an

---

[29] Keine verfassungsrechtlichen Bedenken dagegen erhebt das LG Duisburg NJW-RR 2005, 57. Öffentliche Bekanntmachungen erfolgen unter www.insolvenzbekanntmachungen.de.
[30] HKInsO-*Kirchhof* § 9 RdNr. 7.
[31] Vgl. zuletzt LG München I ZInsO 2000, 684; OLG Frankfurt ZIP 1996, 556.
[32] BGH KTS 1993, 415.
[33] BGH ZInsO 2006, 92, 93; *Kübler/Prütting/Pape* § 23 RdNr. 5.

den Schuldner erbringt, muss nachweisen, dass ihm die verfügungsbeschränkenden Maßnahmen nicht bekannt waren (§ 83). Öffentliche Bekanntmachung und/oder Einzelzustellung bewirken daher auch eine Beweislastumkehr.[34] Die Zustellung an die Drittschuldner setzt idR voraus, dass dem vorläufigen Verwalter die Einziehungsbefugnis nach § 21 Abs. 2 Nr. 5 übertragen worden ist.

IV. Register- und Grundbucheintragungen

Die in Abs. 2 und 3 vorgesehene Übermittlung von Verfügungsbeschränkungen und der Anordnung einer vorläufigen Insolvenzverwaltung an die dort genannten Stellen dient ebenfalls der Publizierung der verfügungsbeschränkenden Maßnahmen und entspricht den Mitteilungen nach §§ 31 bis 33 für den Fall der Eröffnung (vgl. zu den Einzelheiten dazu die dortige Kommentierung). Wegen der Besonderheiten verschiedener öffentlicher Register und des daran anknüpfenden Gutglaubensschutzes ist daher über die öffentliche und individuelle Bekanntmachung im Wege der Zustellung hinaus die Übersendung an die Register führenden Behörden mit dem Ersuchen um Eintragung in das dort geführte Register notwendig. Ziel der Mitteilung ist es dafür zu sorgen, dass sich die Beschränkungen aus dem jeweiligen Register ergeben.[35] Dabei kommen zum einen dem Handelsregister für die Anordnung der in Abs. 1 genannten Sicherungsmaßnahmen über das Vermögen eines Kaufmanns oder einer Handelsgesellschaft Bedeutung zu, zum anderen bezieht es sich auf das Genossenschaftsregister, das Partnerschaftsregister und das Vereinsregister für solche Vereinigungen betreffende Verfahren sowie das Grundbuchamt und die in Abs. 3 genannten Register entsprechend §§ 32, 33. 18

Ebenso wie die vorgenannte Mitteilung der Anordnung von Sicherungsmaßnahmen ist auch deren Aufhebung gemäß § 25 Abs. 1 an die Vorgenannten zu bewirken.[36]

Ist der Schuldner in einem der in Abs. 2 genannten Register eingetragen, hat die Geschäftsstelle des Insolvenzgerichts von Amts wegen dem jeweiligen Registergericht eine Ausfertigung des Anordnungsbeschlusses im Hinblick auf § 75 BGB für den Verein; §§ 6, 32 HGB für das Vermögen eines Kaufmanns oder einer Handelsgesellschaft; gem. § 102 Abs. 1 Satz 2 Nr. 2 für die Genossenschaft sowie nach § 5 Abs. 4 Nr. 4 Partnerschaftsregister-Verordnung zu übermitteln. Die Eintragungen sind sodann in eigener Rechtszuständigkeit der jeweiligen das Register führenden Stelle vorzunehmen. Vgl. dazu auch die Kommentierung zu § 31. 19

Der bisherige Meinungsstreit, ob mit der Eintragung eines allgemeinen Verfügungsverbotes im Grundbuch auch eine Grundbuchsperre eintritt, ist, wegen der zu einem absoluten Verfügungsverbot führenden Verhängung verfügungsbeschränkender Maßnahmen (vgl. dazu oben RdNr. 9) mit der Folge obsolet, dass diese Maßnahmen nunmehr zu einer Grundbuchsperre führen, die jedem gutgläubigen Erwerb verhindert.[37] Die früher vertretene Auffassung zu § 106 KO,[38] ein Verfügungsverbot im Eröffnungsverfahren führe noch nicht zu einer Sperre des Grundbuches, ist nach Inkrafttreten der Insolvenzordnung schon im Hinblick auf Abs. 3 nicht mehr aufrecht zu erhalten, weil die Vorschrift keine Unterschiede zwischen dem im Eröffnungsverfahren erlassenen Verfügungsverbot und dem mit der Verfahrenseröffnung verbundenen Übergang der Verwaltungs- und Verfügungsbefugnis auf den Insolvenzverwalter mehr zulässt.[39] Die nicht auf § 21 Abs. 2 Nr. 2 beschränkte Fassung der Absätze 2 und 3 spricht im Übrigen auch für die o. g. Auffassung (oben RdNr. 9), auch solchen massesichernden Verboten eine umfassende Wirkung beizumessen, die nicht unter § 21 Abs. 2 Nr. 2 fallen, jedoch zB Grundstücke betreffen, die von Abs. 3 erfasst werden könnten. Insbesondere die in der Begründung zu § 23 aufgenommene, nicht auf § 21 Abs. 2 Nr. 2 beschränkte Fassung, bestätigt die hier vertretene Auffassung, auch allgemein verfügungsbeschränkenden Maßnahmen eine umfassende Wirkung beizumessen und die §§ 32, 33 auch auf diese Verbote anzuwenden, zumal sonst der massesichernde Zweck im Eröffnungsverfahren nicht erreicht werden kann.[40] Indem die Begründung zu § 23 bezüglich der Register- und Grundbucheintragungen nicht mehr auf allgemeine Verfügungsbeschränkungen gegenüber dem Schuldner abstellt, sondern jeweils „eine Verfügungsbeschränkung" genügen lässt, soweit sie eine vom Gutglaubensschutz getragene Eintragung in einem Register bzw. ein Grundstück oder andere rechtlich als Mobilien zu behandelnde Gegenstände betrifft, wird erneut deutlich, dass nur die hier vertretene Auffassung absoluter Wirkungen 20

---

[34] Vgl. BGH ZInsO 2003, 318, 321; *Haarmeyer/Wutzke/Förster*, Handbuch, Kap. 3 RdNr. 479; Nerlich/Römermann/*Mönning* § 23 RdNr. 19.
[35] Begr. zu § 27 RegE; abgedruckt bei *Balz/Landfermann* S. 234.
[36] HKInsO-*Kirchhof* § 23 RdNr. 5; FKInsO-*Schmerbach* § 23 RdNr. 23.
[37] *Kübler/Prütting/Pape* § 23 RdNr. 7; HKInsO-*Kirchhof* § 23 RdNr. 11; FKInsO-*Schmerbach* § 23 RdNr. 23; *Gerhardt*, Kölner Schrift, S. 193, 206 RdNr. 27; *Pape* WPrax 1995, 236, 239.
[38] Vgl. dazu *Eickmann* KTS 1974, 202; Kuhn/*Uhlenbruck* § 113 RdNr. 4 a.
[39] *Kübler/Prütting/Pape* § 23 RdNr. 7.
[40] In diesem Sinne auch LG Duisburg ZIP 2006, 1594; *Kübler/Prütting/Pape* § 23 RdNr. 7.

jeglicher Art von Verfügungsbeschränkungen dem vom Gesetzgeber intendierten des umfassenden Masseschutzes im Eröffnungsverfahren gerecht wird (vgl. dazu ausführlich § 21 RdNr. 59 ff.). Insbesondere das Grundbuchamt hat die allgemein wirkenden Verfügungsbeschränkungen auch ohne förmliche Benachrichtigung zu beachten, sobald sie ihm bekannt werden und darf daher nach dem Verbot abgegebene und dagegen verstoßende Verfügungen des Schuldners nicht mehr im Grundbuch vollziehen, solange ihm nicht die Voraussetzungen der §§ 878, 873 Abs. 2 BGB nachgewiesen werden.[41] Veräußerungsverbote, Verfügungsbeschränkungen und insolvenzrechtliche Beschlagnahme in Folge der Eröffnung sind Verfügungsbeschränkungen i. S. d. § 892 Abs. 1 Satz 1 BGB, § 16 Abs. 1 Satz 2 SchiffsRg. und des § 16 Abs. 1 Satz 2 LfzgRg., die durch ihre Eintragung im Grundbuch, Schiffs-, Schiffsbau- oder Luftfahrzeugpfandregister auch dem Erwerber gegenüber wirksam werden. Vgl. im Übrigen dazu auch die Kommentierung zu §§ 32, 33.

21 Die Eintragung der Verfügungsbeschränkungen in den Registern und im Grundbuch ist nach § 23 Abs. 3 i. V. m. §§ 32, 33 **von Amts wegen** zu bewirken, auch wenn zB das Grundbuch beim selben Amtsgericht geführt wird. Es genügt nicht die einfache Übersendung des Beschlusses, sondern erforderlich ist ein ausdrückliches, formgerechtes Eintragungsersuchen (so zB in der Form des § 29 Abs. 3 GBO bei Grundstücken) mit genauer Bezeichnung, unterschrieben vom Rechtspfleger/Richter bzw. vom vorläufigen Verwalter unter Beifügung einer beglaubigten Ablichtung der Bestallungsurkunde. Angegeben werden muss auch, welche Sicherungsmaßnahme angeordnet worden ist.[42] Wegen der Gefahr des Rechtsverlustes nach § 892 BGB ist der Eintritt der Rechtskraft nicht abzuwarten. Bei teilweise unbekanntem Grundbesitz wird eine Insolvenzanzeige als zulässig angesehen.[43] Umstritten ist die Eintragung von Verfügungsbeschränkungen bei Gesamthänderinsolvenzen,[44] wenn also zB in der Insolvenz eines Gesellschafters die OHG oder GbR als Eigentümer eingetragen ist. Im Interesse des Sicherungszweckes wird man hier die Eintragung der Verfügungsbeschränkung eines Mitberechtigten zur Erreichung des Sicherungszweckes bejahen müssen. Die Versäumung des Eintragungsersuchens ist ebenso wie die Versäumung der Eintragung Amtspflichtverletzung i.S.v. § 839 Abs. 1 BGB. Gegen das Eintragungsersuchen des Insolvenzgerichts steht einem Absonderungsberechtigten kein Beschwerde- oder Erinnerungsrecht zu.[45] Dagegen wird das Insolvenzgericht regelmäßig als berechtigt angesehen, gegen eine Entscheidung, mit der das Grundbuchamt ein Eintragungsersuchen ablehnt, Beschwerde einzulegen.[46] Erfährt der vorläufige Insolvenzverwalter erst im Laufe des Eröffnungsverfahrens von Grundstücken oder anderen in Abs. 3 genannten Vermögensgegenständen, so kann auch er beim Grundbuchamt bzw. der das Register führenden Stelle die Eintragung der Verfügungsbeschränkung veranlassen, wobei eine dem Antrag beizufügende Ausfertigung des insolvenzgerichtlichen Beschlusses als Unrichtigkeitsnachweis i.S.v. § 22 GBO gilt. Vgl. ausführlich zur Eintragung in Register §§ 32, 33 RdNr. 12 ff.

§ 24 Wirkungen der Verfügungsbeschränkungen

(1) Bei einem Verstoß gegen eine der in § 21 Abs. 2 Nr. 2 vorgesehenen Verfügungsbeschränkungen gelten die §§ 81, 82 entsprechend.

(2) Ist die Verfügungsbefugnis über das Vermögen des Schuldners auf einen vorläufigen Insolvenzverwalter übergegangen, so gelten für die Aufnahme anhängiger Rechtsstreitigkeiten § 85 Abs. 1 Satz 1 und § 86 entsprechend.

Übersicht

	Rn.		Rn.
A. Normzweck	1, 2	I. Rechtsfolgen von Verfügungsbeschränkungen nach § 21 Abs. 2 Nr. 2	7–15
B. Entstehungsgeschichte	3, 4	1. Materiell rechtlicher Anwendungsbereich	8, 9
C. Reformvorschläge und Gesetzgebungsverfahren zur InsO	5, 6	2. Wirkungen der Verfügungsbeschränkungen	10, 11
D. Rechtsnatur und Wirkung gerichtlich angeordneter Verfügungsbeschränkungen	7–30	3. Reichweite der entsprechenden Anwendbarkeit der §§ 81, 82	12–15

---

[41] HKInsO-*Kirchhof* § 23 RdNr. 11; MünchKommBGB-*Wacke* § 892 RdNr. 70.
[42] AG Hamburg ZInsO 2002, 1145; FKInsO-*Schmerbach* § 23 RdNr. 23.
[43] FKInsO-*Schmerbach* § 23 RdNr. 23.
[44] Umfassend dazu *Raebel*, FS Kreft S. 483 ff.; vgl. auch LG Duisburg ZIP 2006, 1594.
[45] OLG Hamm KTS 1970, 314 = Rpfleger 1970, 210; Kilger/*K. Schmidt* § 113 Anm. 2.
[46] OLG Rostock ZIP 2004, 44; LG Flensburg ZINsO 2002, 1145; LG Frankenthal ZInsO 2001, 1607.

	Rn.		Rn.
II. Prozessuale Wirkungen nach § 24 Abs. 2	16–30	c) Die Aufnahme unterbrochener Aktivprozesse durch den vorläufigen Insolvenzverwalter	22–26
1. Die prozessrechtliche Stellung des vorläufigen Verwalters	16–28	d) Die Aufnahme von Passivprozessen des Schuldners	27
a) Rechtsfolgen des Übergangs der Prozessführungsbefugnis	17–19	e) Anhängigmachung von Neuverfahren	28
b) Unterbrechung anhängiger Verfahren	20, 21	2. Anspruch des vorläufigen Verwalters auf Gewährung von Prozesskostenhilfen	29, 30

A. Normzweck

Mit der Regelung in § 24 werden die materiell-rechtlichen und prozessualen Wirkungen der Anordnung von allgemeinen Verfügungsbeschränkungen in zwei wesentlichen Punkten den Rechtsfolgen des eröffneten Verfahrens gleichgestellt. § 24 Abs. 1 befasst mit den Rechtsfolgen von Verstößen des Schuldners gegen Verfügungsbeschränkungen des Insolvenzgerichts sowie dem Schicksal von Leistungen an den Schuldner vor oder nach öffentlicher Bekanntmachung der entsprechenden Sicherungsmaßnahmen im Eröffnungsverfahren. Verstößt der Schuldner gegen eine der im § 21 Abs. 2 Nr. 2 vorgesehenen Verfügungsbeschränkungen, so verlegt § 24 Abs. 1 insoweit die Wirkungen der Verfahrenseröffnung in das Eröffnungsverfahren vor, denn die Regelung verweist für die Rechtsfolgen eines solchen Verstoßes auf die Vorschriften, in denen die Wirkungen der Eröffnung des Insolvenzverfahrens auf Verfügungen des Schuldners und auf Leistungen an ihn geregelt sind. Die §§ 81, 82 finden dann „entsprechende Anwendung", was im Ergebnis nichts anderes besagt, dass Handlungen des Schuldners gegen angeordnete Verfügungsbeschränkungen den gleichen Wirkungen unterfallen wie solche Verfügungen nach Eröffnung des Insolvenzverfahrens. **1**

Durch § 24 Abs. 2 wird dem vorläufigen Insolvenzverwalter über das in §§ 85, 86 geregelte Aufnahmerecht das Recht zur Prozessführung schon im Eröffnungsverfahren eingeräumt, soweit es sich um unterbrochene Prozesse nach Maßgabe des § 85 Abs. 1 Satz 1 handelt. Während Passivprozesse sowohl vom Insolvenzverwalter als auch vom Gegner aufgenommen werden können, ist dem vorläufigen Insolvenzverwalter die Aufnahme von Aktivprozessen im Eröffnungsverfahren vorbehalten, soweit auf ihn die Verfügungsbefugnis über das Vermögen des Schuldners übergegangen ist. Die Neuregelung ist i. V. m. § 240 Satz 2 ZPO zu sehen, wonach ein Zivilprozess, der die Insolvenzmasse betrifft, bereits im Eröffnungsverfahren unterbrochen wird, wenn die Verwaltungs- und Verfügungsbefugnis über das Vermögen auf den vorläufigen Insolvenzverwalter übergegangen ist. **2**

B. Entstehungsgeschichte

Die Frage nach den Rechtswirkungen angeordneter Verfügungsverbote hat im Rahmen von Sequestrationen nach der KO und GesO zu der nahezu einhelligen Antwort geführt, dass solchen Verfügungsverboten im Eröffnungsverfahren nur eine relative Wirkung zukomme, da es sich bei ihnen um ein richterliches Verfügungsverbot nach §§ 135, 136 BGB handele.[1] Nach Auffassung der hM in Rechtsprechung und Lehre bezweckte das Veräußerungsverbot nach § 106 KO den Schutz bestimmter Personen, nämlich den Schutz der Konkursgläubiger mit der daraus gezogenen Schlussfolgerung, dass dieser Schutz also auch nur diesen zugute kommen sollte und eine verbotswidrig vorgenommene Verfügung daher auch nur relativ, das heißt den Konkursgläubigern gegenüber unwirksam sein könnte. Der vom Veräußerungsverbot Betroffene verliere, anders als durch §§ 6, 7 KO, nicht seine Verfügungsbefugnis, so dass diese Verfügung nur gegenüber den verbotsgeschützten Konkursgläubigern unwirksam sein. Begründet wurde diese nur relative Schutzwirkung des allgemeinen Verfügungsverbotes damit, dass die in der Konkursordnung normierte Trennung von Eröffnungsverfahren und eröffnetem Verfahren vollständig aufgehoben würde, wenn das allgemeine Verfügungsverbot ebenso wie die Eröffnung gemäß § 7 Abs. 1 KO absolute Verbotswirkungen entfaltete.[2] Obwohl gemäß § 7 Abs. 1 Satz 2 KO gutgläubiger Erwerb im eröffneten Verfahren nur an Grundstücken und Grundstücksrechten möglich war, wurde der öffentliche Glaube des Grundbuchs durch den Konkursvermerk gem. § 113 KO gestört. Gleichwohl vertrat die ganz hM zum **3**

---

[1] Vgl. dazu u.a. Kuhn/*Uhlenbruck* § 106 RdNr. 4; Kilger/*K. Schmidt* § 106 Anm. 3; *Hess* § 106 RdNr. 4; Jaeger/*Weber* § 106 RdNr. 4; *Baur/Stürner* Bd. 2 RdNr. 7.37; *Koch* S. 53 ff., 55 mit ausführlichen bis zur Jahrhundertwende zurückreichenden Nachweisen; RGZ 71, 40; BGHZ 19, 359; OLG Stuttgart KTS 1985, 349 sowie die weiteren Nachweise bei Kuhn/*Uhlenbruck* § 106 RdNr. 4.

[2] So ausdrücklich Kuhn/*Uhlenbruck* § 106 RdNr. 4.

Konkursrecht die Auffassung, dass es nicht gerechtfertigt sei, die Möglichkeiten des gutgläubigen Erwerbs an beweglichen Sachen analog § 7 Abs. 1 KO zu Lasten des Geschäftsverkehrs generell auszuschließen, wenn das Konkursgericht noch gar nicht über die Insolvenz des Schuldners entschieden haben. Wollte man gleichwohl einem solchen Veräußerungsverbot absolute Wirkung beimessen, so würde der Schuldner während des Eröffnungsverfahrens stärker verfügungsbeschränkt als nach der Konkursordnung, da der Neuerwerb nach § 1 Abs. 1 KO nicht in die Masse falle und der Schuldner hierüber frei verfügen könne. Eine Trennung der Vermögensmassen erfolgte nach den Regelungen der KO erst im Eröffnungsverfahren, so dass eine absolute Wirkung sich auch auf Gegenstände erstreckte, die unstreitig nicht dem Insolvenzbeschlag unterfielen.[3]

4   Gegen die ganz hM hat zunächst *Gerhardt*[4] und ihm folgend sodann *Herbert*[5] und *Eckardt*[6] darauf hingewiesen, dass das Veräußerungsverbot bei Sequestrationen nicht den Schutz bestimmter Personen bezweckt, sondern die generelle Sicherstellung des Schuldnervermögens im Hinblick auf eine später vorzunehmende Gesamtverwertung gem. § 117 KO im eröffneten Verfahren. Deshalb handele es sich auch um ein absolutes Verbot, so dass nicht die §§ 135, 136 BGB anwendbar seien, sondern §§ 7, 14 KO, soweit Verfügungen oder Zwangsvollstreckungsmaßnahmen dem Verfügungsverbot zuwiderlaufen.[7] Trotz der vorgebrachten beachtlichen Argumente konnte sich die Auffassung von *Gerhardt* unter der Geltung der KO und GesO nicht durchsetzen, obwohl auch der BGH nach längerem Zögern im Jahre 1992 anerkannt hatte,[8] dass durch den Sequestrationsbeschluss das bisherige Verfügungsrecht in dem Umfang auf den Sequester übergehe wie es der Zweck der Sequestration erfordere. In seinem Urteil von 20. März 1997[9] hat der Senat seine Auffassung dahingehend präzisiert, dass durch den Sequestrationsbeschluss „die Verfügungsbefugnis ... dem Schuldner entzogen und auf einen Vermögensverwalter übertragen" werde.[10] Spätestens mit dieser Entscheidung jedoch verlor die ganz hA von der nur relativen Wirkung des Verfügungsverbotes ihre Grundlage, da, sofern das Gericht von der Möglichkeit Gebrauch macht, dem Sequester die Verfügungsmacht zu übertragen, diese notwendig dem Schuldner fehlen muss, da die verfügungsrechtliche Zuordnung der betroffenen Vermögensgegenstände nicht dem Sequester und dem Schuldner gemeinsam zukommen kann, sondern nur entweder dem Sequester oder dem Schuldner. Auf der Grundlage dieser Rechtsprechung des BGH war daher auch die von *Eckardt*[11] gezogene Schlussfolgerung richtig, dass ein so um seine Verfügungsbefugnis gebrachter Schuldner bei Anordnung der Sequestration wie im eröffneten Verfahren als Nicht-Berechtigter verfüge, es sich also um eine Verfügung i.S.v. § 185 BGB und nicht gem. §§ 135 ff. BGB handele. Konsequent war daher auch die Folgerung, dass nur dann, wenn sich der Sequestrationsanordnung gerade nicht entnehmen lässt, dass dem Sequester auch die Verfügungsmachtbefugnis übertragen wird, es bei den Verfügungsverbot nach § 106 Satz 3 KO bleibe, dessen Wirkungen sich dann in der Tat allein nach §§ 135 ff. BGB bestimmen. Die Diskussion um die Reichweite und Konsequenzen der Verfügungsmachtentziehung durch den Sequester sind weitgehend durch die enge Auslegung des Sequestrationszweckes durch den BGH und durch die Beschränkung des Sequesters auf Sicherungs- und Erhaltungsmaßnahmen bestimmt gewesen,[12] wobei jedoch weitgehend verkannt wurde, dass durch den eher restriktiv verstandenen Sequestrationszweck nicht der Übergang der Verfügungsmacht auf den Sequester an sich, sondern lediglich der Umfang, in dem dieser hiervon Gebrauch machen dürfte, beschränkt worden ist.[13]

C. Reformvorschläge und Gesetzgebungsverfahren zur InsO

5   Die von *Gerhardt*[14] immer wieder belebte Auseinandersetzung zur Frage eines absolut wirkenden Verfügungsverbotes im Rahmen der Sequestration hat in der Reformdiskussion kaum Beachtung gefunden. Weder im 1. Bericht der Kommission für Insolvenzrecht[15] noch in den nachfolgenden Begründungen zu § 28 RegE ist die Frage der Neuordnung der Wirksamkeit von Verfügungsverbo-

---

[3] Vgl. dazu *Koch* S. 55; *Pohlmann* RdNr. 262.
[4] FS 100 Jahre KO, S. 111, 122; *ders.*, FS Flume, 1978, S. 527, 541 f. und ZIP 1982, 1, 5, 8.
[5] *Herbert* S. 93.
[6] ZIP 1997, 957, 961.
[7] Vgl. dazu auch *Pohlmann* RdNr. 261 f.
[8] BGHZ 118, 374, 379; noch offen gelassen in BGHZ 105, 230, 233.
[9] BGH ZIP 1997, 737; vgl. dazu auch *Eckardt* ZIP 1997, 957 ff.
[10] BGH ZIP 1997, 737, 738.
[11] ZIP 1997, 957, 961.
[12] Vgl. hierzu BGHZ 86, 190, 196; 104, 151, 153; 105, 230, 239; 118, 374, 379.
[13] Vgl. dazu *Eckardt* ZIP 1997, 957, 962; BGHZ 118, 374, 379.
[14] Vgl. zB *Gerhardt*, FS Flume, S. 527 ff.
[15] 1. KommBer. S. 102, 105.

ten angesprochen worden, vielmehr gingen die Beteiligten, insbesondere die Kommission für Insolvenzrecht, offenbar von einem relativen Verfügungsverbot aus, so dass anordnungswidrige Verfügungen des Schuldners auch weiterhin nur gegenüber den Insolvenzgläubigern als Berechtigte am Verwertungserlös des schuldnerischen Vermögens relativ unwirksam geworden wären. Mit der Neuordnung des Insolvenzeröffnungsverfahrens jedoch ist auch eine eindeutige Zweckbestimmung dahingehend erfolgt, dass die umfassende Massesicherung für ein späteres Insolvenzverfahren erklärtes Ziel der im Insolvenzeröffnungsverfahren möglichen Anordnung allgemeiner oder besonderer Verfügungsverbote nach § 21 Abs. 2 Nr. 2 sein könne. Nach der Begründung zu § 28 RegE sollte von der Anordnung sowohl das gegenwärtige Vermögen des Schuldners als auch das Vermögen, das der Schuldner nach der Anordnung des allgemeinen Verfügungsverbotes erwirbt, erfasst werden. Obwohl noch im 1. Bericht der Kommission für Insolvenzrecht für die Rechtsfolgen des dort vorgesehenen allgemeinen Veräußerungsverbotes ausdrücklich auf § 135, 136 BGB und damit auf die Regelung des relativen Verfügungsverbotes verwiesen wurde, regelt der dann neu gefasste § 24 die Rechtsfolgen der Anordnung von Verfügungsbeschränkungen nach der InsO mit einem relativ lapidaren Verweis, ohne nähere Begründung, auf die §§ 81, 82. Ganz zweifelsfrei handelt es sich jedoch bei den in § 81 vorgesehenen Beschränkungen um absolute, wenn auch durch den Zweck des Insolvenzverfahrens beschränkte Verfügungsverbote, wodurch bewusst und gewollt die Wirkungen des eröffneten Insolvenzverfahrens in das Eröffnungsverfahren zum Schutze der Masse vorverlagert wurden.

Obwohl im Gesetzgebungsverfahren keine ausdrückliche Begründung für die Änderung der dann 6 Gesetz gewordenen absoluten Verfügungsbeschränkung ersichtlich ist, ordnet sie sich gleichwohl konsequent in den vom Gesetzgeber beabsichtigten effektiven Masseschutz für das Eröffnungsverfahren ein. Schon nach dem ersten Bericht der Kommission für Insolvenzrecht sollten die Sicherungsmaßnahmen des Eröffnungsverfahrens so gestaltet werden, dass „bei einer Verbindung sämtlicher Maßnahmen sich die vorläufige Insolvenzverwaltung den Wirkungen der Verfahrenseröffnung annähert".[16] Konsequent ist deshalb auch die nach § 21 Abs. 2 Nr. 3 normierte Anordnung einer vorläufigen Einstellung von Maßnahmen der Einzelzwangsvollstreckung, verbunden mit einer weitreichenden Rückschlagsperre für das eröffnete Verfahren, die eine vorläufige, absolute Sperre bewirkt, welche sich mit Verfahrenseröffnung in eine endgültige Sperre umkehrt. Konsequent ist dann in diesem Zusammenhang auch die durch den Gesetzgeber herbeigeführte absolute Wirkung der Verfügungsbeschränkung, wenngleich sie bis zur Eröffnung vorläufigen Charakter behält, weil sonst die aus der Praxis bekannte Verschiebung werthaltiger Anlagegüter mit dem Problem der behaupteten oder vom Schuldner und einzelnen Gläubigern konstruierten Gutgläubigkeit bei Erwerb nicht konsequent hätte unterbunden werden können, obwohl durch die Sicherungsmaßnahmen im Insolvenzeröffnungsverfahren die Masse für die Gläubiger umfassend gesichert werden soll. Nur durch diese Sicherung kann letztlich auch der Gedanke der par condicio im eröffneten Verfahren zu Gunsten aller Gläubiger verwirklicht werden, so dass sich, auch ohne gesonderte Begründung, die Reform aus dem Gesamtzusammenhang der Neugestaltung des Eröffnungsverfahrens und des Schutzes der Masse rechtfertigt.[17]

D. Rechtsnatur und Wirkung gerichtlich angeordneter Verfügungsbeschränkungen

I. Rechtsfolgen von Verfügungsbeschränkungen nach § 21 Abs. 2 Nr. 2

Um dinglich wirksame Verfügungen des Schuldners zu verhindern, kann ihm das Insolvenzgericht nach § 21 Abs. 1, 2 Nr. 2 als Sicherungsmaßnahme „insbesondere" auch „ein allgemeines Verfügungsverbot auferlegen oder anordnen, dass Verfügungen des Schuldners nur mit Zustimmung des vorläufigen Insolvenzverwalters wirksam sind". Bei einem Verstoß gegen angeordnete Verfügungsbeschränkungen gelten die §§ 81, 82 entsprechend, d.h. es tritt gegenüber **jedermann** die **absolute (schwebende) Unwirksamkeit** solcher Verfügungen des Schuldners ein.[18] Unberührt von einer Verfügungsbeschränkung nach § 21 Abs. 2 Nr. 2 bleiben gem. § 81 Abs. 1 Satz 2 von vornherein im Eröffnungsverfahren die Vorschriften der §§ 892, 893 BGB, die §§ 16, 17 des Gesetzes über Rechte am eingetragenen Schiffen und Schiffsbauwerken, sowie die §§ 16, 17 des Gesetzes über Rechte an Luftfahrzeugen. Insofern kann ein gutgläubiger Erwerb an Grundstücken und an

---
[16] 1. KommBer. S. 104.
[17] Vgl. idS auch BGH ZInsO 2006, 261, 263; OLG Frankfurt ZInsO 2006, 612, 614, sowie *Gerhardt*, Kölner Schrift, S. 193, 195 RdNr. 5 ff.
[18] BGH ZInsO 2006, 261, 263; OLG Frankfurt/M. ZInsO 2006, 612, 614.

unter die vorgenannten Gesetze fallenden Schiffe, Schiffsbauwerke und Luftfahrzeuge trotz der Anordnung einer Verfügungsbeschränkung durch das Insolvenzgericht im Eröffnungsverfahren noch erfolgen.[19]

8 **1. Materiell rechtlicher Anwendungsbereich.** Materiell rechtlich beschränkt sich die Schutzwirkung der angeordneten Verfügungsbeschränkungen, entgegen der insoweit überwiegenden Meinung,[20] nicht auf die Anordnung allgemeiner Verfügungsverbote und die Anordnung eines Zustimmungsvorbehalts, sondern erstreckt sich auch auf die besonderen, gegenstandsbezogenen Verfügungsbeschränkungen für den Schuldner, soweit diesem dadurch allgemein die Verfügung über einen Gegenstand oder Teile seines Vermögens entzogen wird (vgl. dazu umfassend die Begründung bei § 21 RdNr. 59 ff.).[21] Dies entspricht nicht nur der unbeschränkten Regelung in § 24 Abs. 1, die nämlich jede „vorgesehene Verfügungsbeschränkung" den Wirkungen der Verfahrenseröffnung unterwirft, sondern auch der Tatsache, dass der Gesetzgeber erkennbar selbst von der Verfügungsbeschränkung als dem alle Beschränkungen bis hin zum Verbot umfassenden Oberbegriff ausgegangen ist, von denen § 21 Abs. 2 Nr. 2 nur zwei Beschränkungsmöglichkeiten beispielhaft ausführt (vgl. § 21 RdNr. 60 ff.). Für die einheitliche Bestimmung der absoluten Wirkung von Verfügungsbeschränkungen ist im Übrigen auch der einleitende Wortlaut „Das Gericht kann insbesondere" des § 21 Abs. 2 relevant, der deutlich macht, dass das allgemeine Verfügungsverbot bzw. die Anordnung von Zustimmungsvorbehalten nicht die einzig denkbaren, sondern nur zwei der beispielhaft genannten möglichen Verfügungsbeschränkungen darstellen. Sowohl allgemeine als auch besondere Verfügungsbeschränkungen, soweit ihnen der Charakter einer allgemeinen Beschränkung auf Gegenstände oder Teile des Vermögens zukommt (vgl. dazu § 21 RdNr. 63), dienen jedoch gleichermaßen dem vom Gesetzgeber gewollten Schutz der künftigen Masse vor vermögensmindernden Verfügungen des Schuldners. Der sachliche Unterschied zwischen beiden Beschränkungsarten ist lediglich quantitativer Natur; ein qualitativer Unterschied lässt sich wegen der Gleichartigkeit der Schutzrichtung und des Sicherungszweckes hinsichtlich der absoluten Wirkung kaum begründen.[22] Ein qualitativer Unterschied besteht allenfalls bezüglich der rechtsgestaltenden Wirkungen, die das Gesetz an den Erlass eines allgemeinen Verfügungsverbotes zB in § 22 Abs. 1, § 25 Abs. 1 Satz 1, § 55 Abs. 2 Satz 1; § 240 Satz 2 ZPO knüpft.

9 Nur durch eine einheitliche Anwendung der Verweisung des § 24 Abs. 1 auf sämtliche Verfügungsbeschränkungen, soweit diese den **Charakter einer allgemeinen Beschränkung** haben, können die Wirkungen der Verfahrenseröffnung in das Eröffnungsverfahren vorverlagert werden. Die Erstreckung der Wirkungen auf alle der vorgenannten angeordneten Verfügungsbeschränkungen ist auch systematisch konsequent, da § 24 Abs. 1 durch seinen hinsichtlich des Eintritts der Wirkungen uneingeschränkten Verweis auf die §§ 81, 82 deutlich macht, dass damit vom Konzept der relativen Unwirksamkeiten nach der KO auch schon für das Eröffnungsverfahren bewusst abgewichen werden soll. Die Übertragung dieser Systematik kann jedoch nicht dadurch aufgehoben werden, dass hinsichtlich des materiell rechtlichen Anwendungsbereiches für einen Teil angeordneter Verfügungsbeschränkungen zu den Wirkungen der KO zurückgekehrt werden soll, nachdem der Gesetzgeber die Überwindung des Rechtszustandes gerade zu seinem Ziel gemacht hat. Letztlich lässt auch nur eine solche nicht abgestufte Rechtsfolge eine sachgerechte Entscheidung im Rahmen des Verhältnismäßigkeitsgrundsatzes bei der Anordnung von Sicherungsmaßnahmen zu. Bei unterschiedlichen Wirkungen gerichtlich angeordneter Verfügungsbeschränkung wäre sonst das Gericht zum Schutze der Masse regelmäßig schon aus Gründen der eigenen Haftungsfreistellung gezwungen, zum schärferen Mittel zu greifen, um den Sicherungszweck zu erreichen, da dem Gericht nur ein effektives und ansonsten aber nur ein ineffektives, risikobeladenes Mittel zur Seite stünde. Letztlich kann auch nur durch die uneingeschränkte Erstreckung der vom Gesetzgeber gewollten Rechtswirkungen für Verfügungsbeschränkungen die künftige Insolvenzmasse wirkungsvoll vor masseschädlichen Verfügungen des Schuldners geschützt werden. Von der Verfügungsbeschränkung **ausgenommen** sind Verfügungen über Finanzsicherheiten und Verrechnungen i. S. d. § 21 Abs. 2 Satz 2.

10 **2. Wirkungen der Verfügungsbeschränkungen.** Der Verweis auf das absolut wirkende Verfügungsverbot gem. § 81 in § 24 Abs. 1 zeigt, dass auch das vorläufig gegen den Schuldner verhängte allgemeine Verfügungsverbot nach § 21 Abs. 2 Nr. 2 absolut wirkt, so dass in der Literatur wie in der Rechtsprechung zur InsO konsequent auch ohne weitere Begründung vertreten wird, dass ein allgemeines Verfügungsverbot zur **absoluten Unwirksamkeit** von Verfügungen des Schuldners

---

[19] Vgl. dazu auch 1. KommBer. S. 105.
[20] Vgl. dazu die Nachweise bei *Uhlenbruck* § 24 RdNr. 1.
[21] In diesem Sinne auch LG Duisburg ZIP 2006, 1594; *Kießling/Singhof* DZWIR 2000, 357; *Pohlmann* RdNr. 259; abl. HKInsO-*Kirchhof* § 24 RdNr. 3; *Uhlenbruck* § 24 RdNr. 1; *Kübler/Prütting/Pape* § 24 RdNr. 2.
[22] *Pohlmann* RdNr. 259.

führe.²³ § 24 Abs. 1 überträgt konsequent das in den §§ 81, 82 enthaltende Wertungssystem der bewussten Abkehr von der Konzeption einer relativen Unwirksamkeit in seiner Gesamtheit auf die im Eröffnungsverfahren eingehenden Verfügungsbeschränkungen.²⁴ Für diesen Wirkungsgrad spricht auch, dass die Vorschrift des § 24 Abs. 1 lediglich von Verfügungsbeschränkungen nach § 21 Abs. 2 Nr. 2 in allgemeiner Form spricht und damit die Wirkungen der in diesem Rahmen möglichen Verfügungsbeschränkungen des Schuldners, von der Anordnung eines allgemeinen Verfügungsverbotes bis zur Verhängung eines sogenannten Zustimmungsvorbehaltes einheitlich den Wirkungen der §§ 81, 82 unterwirft, so dass es konsequent ist, dass ein in seiner Reichweite zwischen den vorgenannten extremen Anordnungspositionen liegendes besonderes Verfügungsverbot dessen Wirkungen folgt. Es wäre auch vom Sicherungszweck des neu geordneten Insolvenzeröffnungsverfahrens nicht zu erklären, warum ein Schuldner, der gegen ein ihm nach § 21 Abs. 1 isoliert angeordnetes allgemeines Verfügungsverbot verstößt, wegen der behaupteten relativen Unwirksamkeit Dritten gutgläubigen Erwerb verschaffen könnte und eine weitere Verfügung, die nach einer anschließenden Bestellung eines vorläufigen Insolvenzverwalters vorgenommen wird und gegen das gleiche Verbot verstößt, unzweifelhaft den Wirkungen der Regelung der §§ 80 Abs. 1, 81 Abs. 1 folgen würde. In beiden Fällen verstößt der Schuldner bewusst gegen ein ihm auferlegtes Verfügungsverbot, während sich die Rechtsfolgen nicht nach seinem Tun und damit seinem Rechtsverstoß, sondern nach der Tatsache des Vorhandenseins einer dritten Person (des vorläufigen Insolvenzverwalters) richten würde. Gerade die bewusste Hinwendung zur Vorverlagerung der Wirkungen des eröffneten Verfahrens in das Eröffnungsverfahren zum Schutze des Erhaltes der Masse erfordert daher eine einheitliche Betrachtung auch der Wirkungen verfügungsbeschränkender Maßnahmen, soweit ihnen ein allgemeiner Charakter zukommt. Verbietet das Gericht jedoch dem Schuldner im Rahmen der Generalklausel des § 21 Abs. 1 lediglich die Verfügung über einen bestimmten konkreten Gegenstand bzw. die Vornahme einer bestimmten einzelnen Handlung, ist es konsequent, ein so isoliertes Verbot auch nur der relativen Wirkung unterfallen zu lassen. Soweit jedoch das Gericht entweder ganz allgemein jede Verfügung des Schuldners untersagt oder ihn in allgemeiner Form in der Verfügung über Gegenstände bzw. Teile seines Vermögens beschränkt, so ist jede dagegen verstoßende Verfügung des Schuldners entsprechend § 24 Abs. 1, § 81 Abs. 1 Satz 1 absolut unwirksam, so dass während des Eröffnungsverfahrens grundsätzlich gutgläubiger Erwerb an beweglichen Sachen stets ausgeschlossen ist. Ein Verweis auf § 91, der sich auch auf sonstige Erwerbstatbestände bezieht und diese nicht mehr zulässt, fehlt allerdings in § 24 für das Eröffnungsverfahren, sodass die Anordnung von Verfügungsbeschränkungen den Erwerb einer zuvor abgetretenen Forderung nicht hindert.²⁵ Ein **sonstiger Rechtserwerb** i. S. d. § 91 Abs. 1 wird mithin im Eröffnungsverfahren nicht ausgeschlossen, sodass weder der Erwerb kraft Gesetzes oder der Erwerb im Wege eine Zwangsvollstreckung ausgeschlossen ist.²⁶ Insoweit findet § 91 Abs. 1 auch keine entsprechende Anwendung.

Erweist sich eine Verfügung des Schuldners nach den vorgenannten Grundsätzen als unwirksam, so hat es der vorläufige Insolvenzverwalter gleichwohl in der Hand nach Zweckmäßigkeitsgesichtspunkten zu entscheiden, ob er die **Verfügung** im Interesse der Gläubigerschaft **genehmigt** und somit diese gem. §§ 184, 185 Abs. 2 BGB rückwirkend (ex tunc) wirksam²⁷ werden lässt, denn die schon im Bereich der KO vorhandene Genehmigungsmöglichkeit entspricht lediglich dem Grundsatz, dass die Unwirksamkeit nach § 81 Abs. 1 Satz 1 auf die Zwecke des Insolvenzverfahrens begrenzt ist.²⁸

3. Reichweite der entsprechenden Anwendbarkeit der §§ 81, 82. Ist eine Verfügungsbeschränkung im vorgenannten Sinne erlassen worden, so ist jede nachfolgende Verfügung des Schuldners über Vermögensgegenstände die im Fall einer Eröffnung zur Insolvenzmasse i. S. d. § 35 gehören würden, entsprechend § 81 Abs. 1 Satz 1 absolut unwirksam (schwebend) unwirksam.²⁹ Erfasst werden mithin nicht nur gegenwärtige sondern auch nach Erlass erworbene Vermögensgegenstände sowie die sog. gestreckten Rechtserwerbe (zB im Rahmen von Vorausverfügungen), wenn bei ihnen noch

---

²³ Vgl. BGH ZInsO 2006, 261, 263; OLG Frankfurt/M. ZInsO 2006, 612, 614; *Bork* RdNr. 106; *Braun/Uhlenbruck* S. 263; HKInsO-*Kirchhof* § 24 RdNr. 3; Nerlich/Römermann/Mönning § 24 RdNr. 8; *Kübler/Prütting/Pape* § 24 RdNr. 1; *Smid* InsO § 24 RdNr. 2; *Breutigam* in *Breutigam/Blersch/Goetsch* § 24 RdNr. 3; *Pohlmann* RdNr. 261; *Haarmeyer/Wutzke/Förster*, Handbuch, Kap. 3 RdNr. 261 ff.; *Gerhardt*, Kölner Schrift, S. 193 ff.
²⁴ *Pohlmann* S. 105 ff.; vgl. auch oben § 21 RdNr. 60 ff.
²⁵ Grundlegend dazu BGH ZInsO 2009, 2336 m. Anm. Obermüller.
²⁶ BGH ZInsO 2007, 91 Tz 8; ZIP 2010, 138 Tz 27
²⁷ OLG Köln ZInsO 2009, 391, 392
²⁸ Vgl. dazu *Kübler/Prütting/Pape* § 24 RdNr. 2; *Uhlenbruck* § 24 RdNr. 2; *Bork* RdNr. 136; *Jaffé/Hellert* ZIP 1999, 1206; *Pohlmann* RdNr. 271.
²⁹ BGH ZInsO 2010, 602 605; 2009, 2336, 2338 RdNr.15;2006, 261, 263; *Uhlenbruck* InsO § 24 RdNr. 2; HKInsO-*Kirchhof* § 24 RdNr. 3; FKInsO-*Schmerbach* § 24 RdNr. 4; *Jaeger/Schilken* § 24 RdNr. 4.

kein vollwirksamer Rechtsübergang vorliegt.[30] **Verfügung ist im Sinne des allgemeinen Zivilrechts**[31] zu verstehen und erfasst jedes Rechtsgeschäft, durch das der Verfügende auf ein Recht unmittelbar einwirkt, indem er es auf einen Dritten überträgt oder das Recht aufhebt oder es mit einem Recht belastet oder in seinem Inhalt verändert.[32] Nicht erfasst sind die sog. Realakte wie die Besitzaufgabe oder die Einbringung von Sachen in Mieträume.[33] Auch in der Kündigung eines Arbeitsverhältnisses liegt eine Verfügung über das Schuldnervermögen, weil der Anspruch auf Leistungserbringung eine Forderung ist.[34] Das Verfügungsverbot umfasst auch die Übertragung von **Schutzrechten**[35] und die Vornahme von **Prozesshandlungen**.[36] Erfasst werden von der Regelung nur Verfügungen im Rechtssinne, nicht jedoch sonstiger Rechtserwerb an Massegegenständen[37], gleichviel auf welchem Rechtsvorgang er beruht, da § 91 im Rahmen von § 24 Abs. 1 nicht für anwendbar erklärt worden ist, sodass zB durch Verbindung, Vermischung oder Verarbeitung nach den §§ 945 ff. BGB ein Rechtserwerb zulasten des Schuldnervermögens möglich bleibt.[38] Ein Verstoß gegen die Verfügungsbeschränkung liegt daher nur vor, soweit die Verfügung Vermögen betrifft, das im Falle der Insolvenzeröffnung gem. §§ 35 bis 37 zur Insolvenzmasse gehören würde. Handlungen von Stellvertretern des Schuldners stehen seinen eigenen gleich, ebenso werden Verfügungen Dritter, die, insbesondere auf Grund gutgläubigen Erwerbs, gegenüber dem Schuldnervermögen wirken, von der absoluten Wirkung der Verfügungsbeschränkung erfasst.[39] Erfasst sind Verfügungen über Massegegenstände nach Anordnung der Verfügungsbeschränkung, da diese in **zeitlicher Hinsicht** denjenigen der Insolvenzeröffnung nach § 81 Abs. 1 Satz und Abs. 3 gleichstehen. Die Vorverlagerung der Wirkung der Verfahrenseröffnung erfolgt entsprechend dem Wortlaut der §§ 24 Abs. 1, 21 Abs. 2 Satz 1 Nr. 2 InsO lediglich in verfügungsrechtlicher Sicht, nicht jedoch hinsichtlich der Möglichkeit des Schuldners zur **Eingehung von Verpflichtungen** gegenüber anderen Personen.[40] Dementsprechend sind Verpflichtungsgeschäfte des Schuldners trotz angeordneter Verfügungsbeschränkungen nach § 21 Abs. 2 Satz 1 Nr. 2 wirksam, aber gegebenenfalls nach § 132 anfechtbar.

12a **Verfügungen** im vorgenannten Sinn sind zB Zahlungen an den Insolvenzantragsteller nach einer Anordnung gem. § 21 Abs. 2 Nr. 2[41], die Genehmigung einer Belastungsbuchung im Einziehungsermächtigungsverfahren[42], Übertragung der sächlichen Betriebsmittel durch den Schuldner an einen Erwerber,[43] die Anerkennung eines Kontokorrentsaldos,[44] die Aufhebung einer gesellschaftsrechtlichen Rangrücktrittvereinbarung[45], Abschluss und nachfolgende Ausführung eines Überweisungsvertrages sowie Verfügungen über Guthaben des Schuldners.[46] Im Abbuchungsauftragsverfahren wird die Verfügung allerdings mit der Ausführung durch das Kreditinstitut sofort und unwiderruflich wirksam,[47] ebenso im SEPA-Lastschriftverfahren.[48] Unzulässig ist nach Erlass eine Verfügungsverbots auch die Verrechnung der Bank aufgrund einer Kontokorrentabrede.[49] Verfügungsbeschränkungen schließen eine **Aufrechnung** durch Gläubiger während des Eröffnungsverfahrens nicht aus. Allerdings ist nach Verfahrenseröffnung eine Anfechtung durch den Insolvenzverwalter nach den §§ 129 ff. sehr wahrscheinlich. Eine kontoführende Bank darf nach der Anordnung von Sicherungsmaßnahmen gem. § 21 Abs. 2 Satz 1 Nr. 2 keine Überweisungen oder Auszahlungen mehr vornehmen oder vom Schuldner ausgestellte Schecks einlösen.[50]

---

[30] BGH ZInsO 2009, 2336, 2338; FG Hamburg ZInsO 2011, 1985; Jaeger/*Gerhardt* § 24 RdNr. 6; *Eckardt* ZIP 1997, 957, 964 f.; *Uhlenbruck* § 24 RdNr. 2.
[31] Dazu BGH ZInsO 2010, 133 Tz 26; BGHZ 101, 24, 26; HKInsO-*Kirchhof* § 24 RdNr. 15; Jaeger/*Gerhardt* § 21 RdNr. 20.
[32] Zum zivilrechtlichen Verfügungsbegriff BGHZ 101, 24, 26; HKInsO-*Kirchhof* § 24 RdNr. 5; Kübler/Prütting/*Pape* § 24 RdNr. 3.
[33] HambKomm-*Schröder* § 24 RdNr. 3; HK-*Kirchhof* § 21 RdNr. 17.
[34] LAG Niedersachen ZInsO 2009, 50 Tz 28; BAG ZInsO 2003, 817, 818.
[35] BpatG 6.9.2007, 10 W (pat) 53/06, Tz 27.
[36] OLG Bamberg 8.2.2006 4 U 5/06InVo 2006, 184, 185
[37] BGHZ 170, 199; HK-*Kirchhof* § 24 RdNr. 5.
[38] BGH ZInsO 2010, 133 RdNr. 27; Jaeger/*Gerhardt* § 24 RdNr. 7.
[39] HKInsO-*Kirchhof* § 24 RdNr. 5; Kilger/*K. Schmidt* § 7 Anm. 5 c.
[40] BGH ZInsO 2010, 659 RdNr. 21.
[41] AG Hamburg ZInsO 2008, 679; AG Göttingen NZI 2011, 594, sie sind daher auch nicht als ein erledigendes Ereignis im verfahrensrechtlichen Sinne zu betrachten.
[42] BGH ZInsO 2010, 1538 Tz 11.
[43] LAG Niedersachen ZInsO 2009, 50.
[44] BGH ZIP 2009, 1529 = BGHZ 181, 362 RdNr. 9.
[45] HK-*Kirchhof* § 26 RdNr. 5.
[46] LG Offenburg ZInsO 2004, 560.
[47] HambKomm-*Schröder* § 22 RdNr. 156; *dÀvoine* ZInsO 2006, 227 ff.
[48] BGH ZIP 2010, 1556; *Obermüller/Kuder* ZIP 2010, 349 ff.
[49] BGHZ 74, 254 f.; HK-*Kirchhof* § 24 RdNr. 5.
[50] LG Gera NZI 2001, 101; OLG Koblenz WM 1989, 1818.

Das Verfügungsverbot der §§ 21 Abs. 2 Satz 1 Nr. 2, 24 Abs. 1, 81 Abs. 1 umfasst auch Vorausverfügungen des Schuldners, sofern das jeweilige Recht bei Anordnung der Verfügungsbeschränkungen noch nicht bestanden hat. Derartige Vorausverfügungen gelten entsprechend § 81 als unwirksam. Relevanz erlangt diese Problematik insbesondere bei den sehr praxisrelevanten **Vorausabtretungen** von Forderungen und speziell im Rahmen von Betriebsfortführungen. Diese erfassen jedenfalls in entsprechender Anwendung des § 81 keine Forderungen, die erst nach Wirksamwerden eines Verfügungsverbotes nach §§ 21 Abs. 2 Nr. 2, 24 entstehen.[51] **Vorausverfügungen** des Schuldners sind unwirksam, wenn das betroffene Recht bei Anordnung noch nicht bestand, was weit reichende Wirkung insbesondere im Rahmen von Vorausabtretungen hat.[52] Nach der neueren Rechtsprechung des BGH soll die Anordnung von Verfügungsbeschränkungen im Eröffnungsverfahren den Erwerb einer zuvor abgetretenen Forderung des Schuldners nicht hindern, weil es für die Wirksamkeit nur auf den Verfügungstatbestand (Abtretung) und nicht den Verfügungserfolg (Forderungsentstehung) ankomme.[53] Dabei verkennt der Senat offenbar, dass gerade im Rahmen der Betriebsfortführung die entsprechende Anwendung der §§ 24, 81 zwingend notwendig ist[54], da andernfalls die gesetzliche gewollte Fortführungsverpflichtung massiv gefährdet und belastet wird.[55]

12b

Der Zeitpunkt der Anordnung ist entsprechend § 27 Abs. 2 Nr. 3 und Abs. 3 zu bestimmen; maßgeblich ist grundsätzlich also die im Sicherungsbeschluss angegebene Uhrzeit.[56] Zuvor bereits vollendete Verfügungen bleiben wirksam. Bei Willenserklärungen entscheidet nach § 130 Abs. 1 BGB grundsätzlich deren Zugang, bei Grundbucheintragungen unter den Voraussetzungen des § 878 schon der Eingang des Eintrags beim **Grundbuchamt**.[57] Lastschriften im Bankverkehr sind abgeschlossen, sobald sie nicht mehr rückgängig gemacht werden können.[58] Grundsätzlich hat, wer sich auf die Unwirksamkeit nach § 24 beruft, den Zeitpunkt des Wirksamwerdens des Verfügungsverbotes zu beweisen sowie die Tatsache darzulegen, dass die Handlung des Schuldners danach vorgenommen wurde. Die **Beweislast** trifft insoweit regelmäßig den Verwalter.

12c

Verstößt der Schuldner gegen eine nach § 21 Abs. 2 Satz 1 Nr. 2 angeordnete Verfügungsbeschränkung, kommt zumindest bei Verfügungen über bewegliche Vermögensgüter ein **Gutglaubensschutz** Dritter nicht in Betracht. Ein Gutglaubensschutz ist ausnahmsweise entsprechend §§ 24 Abs. 1, 81 Abs. 1 Satz 2 allein bei verbotswidrigen Verfügungen über Grundstücke, grundstücksgleiche Rechte sowie entsprechende Rechte an eingetragenen Schiffen und Luftfahrzeugen möglich, sofern eine Verfügungsbeschränkung nicht im Grundbuch oder dem entsprechenden Register eingetragen war und der Erwerber im entscheidenden Zeitpunkt keine positive Kenntnis von dieser hatte.[59] Ein gutgläubiger Erwerb von beweglichen Vermögensgütern des Schuldners ist dagegen grundsätzlich möglich bei der Anordnung von besonderen Verfügungsverboten und Zustimmungsvorbehalten, da es sich bei diesen bloß um relative Verfügungsbeschränkungen nach §§ 135 und 136 BGB handelt. Darüber hinaus wird ein gutgläubiger Erwerb bei Verfügungen Dritter ebenfalls nicht durch die §§ 24, 81 gehindert. Bei Verfügungen am Eröffnungstag wird entsprechend § 81 Abs. 3 vermutet, dass der Schuldner nach Wirksamwerden des Verfügungsverbotes verfügt hat. Beruft sich hingegen der Empfänger auf einen Erwerb durch Abtretung, so hat er zu beweisen, dass diese vor dem Wirksamwerden des Verfügungsverbotes abgeschlossen war. Ausnahmen bei Finanzsicherheiten i. S. d. § 1 Abs. 17 KWG finden sich, neben der Regelung in Abs. 1, auch in § 81 Abs. 3 Satz 2.

12d

Nicht erfasst von einer angeordneten Verfügungsbeschränkung werden **Verpflichtungsgeschäfte** des Schuldners, die aber nach § 132 anfechtbar sein können.[60] Solche Verpflichtungsgeschäfte des Schuldners sind grundsätzlich wirksam, auch wenn sie sich auf Massegegenstände beziehen, da die Vorverlagerung der Wirkung der Verfahrenseröffnung nur in verfügungsrechtlicher Hinsicht erfolgt, nicht jedoch hinsichtlich der Möglichkeit des Schuldners sich gegenüber anderen

13

---

[51] Vgl. dazu BGH ZInsO 2010, 133; 2009, 2336; *Gehrlein* ZInsO 2011, 5,6; *Ganter* NZI 2010, 551 ff.; *Flöther/Wehner* NZI 2010, 554..

[52] Vgl. dazu BGH ZInsO 2006, 708; OLG Dresden ZInsO 2006, 1057; Jaeger/*Gerhardt* § 24 RdNr. 6, 7 m. w. Nachw.

[53] So BGH ZInsO 2010, 133 Tz 25; vgl. dazu auch die Darstellung bei HambKomm-*Schröder* § 24 RdNr.8.

[54] In diesem Sinne auch OLG Dresden ZInsO 2006, 1057; OLG Naumburg ZInsO 2008, 1022; *Uhlenbruck/Uhlenbruck* § 24 RdNr. 4.

[55] So zutreffend *Flöther/Wehner* NZI 2010, 554, 556, das räumt auch *Ganter* NZI 2010, 551, 553 ein, zieht daraus aber nicht die notwendigen Konsequenzen.

[56] Ganz hM; vgl. für alle: Jaeger/*Gerhardt* § 21 RdNr. 100 sowie BGH NZI 2001, 203.

[57] Die Schutzwirkung des § 878 BGB setzt voraus, dass alle materiell-rechtlichen Wirksamkeitsvoraussetzungen vorliegen, vgl. dazu OLG Frankfurt/M ZInsO 2006, 612.

[58] Vgl. dazu HKInsO-*Kirchhof* § 24 RdNr. 8; BGH WM 1988, 322; OLG Nürnberg BB 1996, 2007.

[59] PK-*Haarmeyer/Wutzke/Förster/Mitter* § 24 RdNr. 10.

[60] BGH ZInsO 2010, 659; HK-*Eickmann* § 81 RdNr. 3; HKInsO-*Kirchhof* § 24 RdNr. 6; *Pohlmann* RdNr. 272; aA FKInsO-*Schmerbach* § 24 RdNr. 5.

Personen zu verpflichten. In Bezug auf die Verpflichtungsgeschäfte des Schuldners bleibt es daher bei der Zäsur, die die Eröffnung für die Bildung der Insolvenzmasse und der Insolvenzgläubigerschaft bedeutet.[61] Gleichwohl kann der Insolvenzverwalter Verpflichtungsgeschäfte des Schuldners nach Maßgabe der §§ 130 ff. anfechten, sofern die Gläubiger durch diese Verpflichtung benachteiligt werden (§ 129 Abs. 1). Kommt eine Anfechtung nicht in Betracht, bleibt dem Insolvenzverwalter im eröffneten Verfahren allein das Wahlrecht aus § 103. Lehnt der danach die Erfüllung eines für ungünstig gehaltenen Verpflichtungsgeschäftes des Schuldners nach § 103 Abs. 2 ab, so handelt es sich bei der Forderung des Vertragspartners, die dieser wegen Nichterfüllung geltend machen kann, um eine Insolvenzforderung. **Zahlungen des Schuldners an den Insolvenzantragsteller** sind nach Anordnung unwirksam und haben keine Erfüllungswirkung, sodass teilweise auch eine daraufhin abgegebene Erledigungserklärung als rechtsmissbräuchlich angesehen wird, auch wenn die Zahlungen von dritter Seite zur Verfügung gestellt worden sind. Zahlungen des vorläufigen Verwalters an den Antragsteller sind ebenso wie eine Zustimmung zu Zahlungen des Schuldners insolvenzzweckwidrig und anfechtbar.

14 **Leistungen an den Schuldner** nach Anordnung von Verfügungsbeschränkungen i. S. d. § 21 Abs. 2 Nr. 2 haben lediglich dann schuldbefreiende Wirkung, wenn zur Zeit der Leistung dem Leistenden die Verfügungsbeschränkung nicht bekannt gewesen ist (§§ 24 Abs. 1, 82 Satz 1 InsO). Ist eine Verbindlichkeit, die an das vom vorläufigen Insolvenzverwalter verwaltete Vermögen zu erfüllen war, statt dessen an den Insolvenzschuldner oder seinen Stellvertreter geleistet worden, so wird der Leistende entsprechend § 82 Satz 1 daher auch nur befreit, wenn die Verfügungsbeschränkung dem Leistenden zurzeit seiner Leistung nicht bekannt war, wobei eine gutgläubige Unkenntnis des Leistenden geschützt wird.[62] Fällt eine Leistung unter den entsprechend anwendbaren Tatbestand des § 82, so kommt es darauf an, ob sie vor oder nach der öffentlichen Bekanntmachung der Verfügungsbeschränkung geschah; maßgebend ist der Wirksamkeitszeitpunkt des § 9 Abs. 1 Satz 3.[63] Die Kenntnis von Vertretern wird dem Leistenden zugerechnet (§ 166 BGB). Bei Körperschaften genügt die Kenntnis eines Organs, bei Banken die angestellter Mitarbeiter.[64] Dabei ist jedoch grundsätzlich Vorsorge dafür zu leisten, dass Informationen über Verfügungsbeschränkungen von den Entscheidungsträgern zur Kenntnis genommen werden. Die Darlegungs- und Beweislast für die Unkenntnis trifft den Leistenden.[65]

15 Liegen die Voraussetzungen des § 82 nicht vor, so bleibt die von der Verfügungsbeschränkung erfasste Forderung des Schuldners gegen den Leistenden bestehen, so dass der vorläufige Insolvenzverwalter sie im Rahmen seiner Befugnisse zu dem von ihm verwalteten Vermögen zu ziehen hat. **Nicht erfasst** von den Verfügungsbeschränkungen werden **Aufrechnungserklärungen** von Gläubigern, da diesen gegenüber § 96 eine abschließende Sonderregelung, beschränkt auf das eröffnete Verfahren, enthält, die auch nicht durch eine entsprechende Anwendung von § 394 BGB erweitert werden können.[66] Ebenso nicht erfasst wird das Recht der Inhaber sicherungshalber abgetretener Forderung, ihre eigene, dem Schuldner erteilte Einziehungsermächtigung zu widerrufen und, vorbehaltlich einer Anfechtung, den Gegenwert beim Drittschuldner einzuziehen, es sei denn, es liegt ein Beschluss des Gerichts nach § 21 Abs. 2 Nr. 5 vor. Vgl. hierzu und zu den weiteren Wirkungen der Verfügungsbeschränkung § 21 RdNr. 60 ff. sowie die umfassende Darstellung bei §§ 81, 82.

II. Prozessuale Wirkungen nach § 24 Abs. 2

16 **1. Die prozessrechtliche Stellung des vorläufigen Verwalters.** In Kenntnis der vormalig uneinheitlichen Rechtsprechung[67] und im Bewusstsein der Reform und Effektivierung des eröffneten Verfahrens ist der Gesetzgeber der InsO dem Vorschlag der Kommission für Insolvenzrecht gefolgt, wonach für anhängige Prozesse den §§ 11, 12 KO entsprechende Vorschriften vorgesehen werden sollten.[68] § 240 Satz 2 ZPO ordnet daher seit Inkrafttreten der Insolvenzordnung an, dass

---

[61] Pohlmann RdNr. 274.
[62] BGH ZInsO 2006, 92, 93; OLG Rostock ZInsO 2006, 884, 885; HK-*Eickmann* § 82 RdNr. 8; HKInsO-*Kirchhof* § 24 RdNr. 13.
[63] BGH ZInsO 2006, 92; OLG Rostock ZInsO 2006, 884; HK-*Eickmann* § 82 RdNr. 9; vgl. im Übrigen zu den Voraussetzungen die Kommentierung bei § 82.
[64] BGH ZInsO 2006, 92, 93; BGHZ 109, 327, 330. Für Personengesellschaften vgl. BGHZ 140, 54 = ZInsO 1998, 392 zu § 106 KO.
[65] BGH ZInsO 2010, 810; ZInsO 2006 92.
[66] Vgl. BGH ZInsO 2004, 852 = NJW 2004, 3118; dazu HKInsO-*Kirchhof* § 24 RdNr. 5; BGH ZIP 1998, 1319; *Gerhardt* ZZP 109, 420; *Kübler/Prütting/Pape* § 24 RdNr. 7.
[67] Vgl. dazu die Darstellung in der 2. Auflage.
[68] 1. KommBer. Leitsatz 1.2.3 Abs. 4 Satz 2, S. 117.

anhängige Rechtsstreitigkeiten auch durch ein noch zu eröffnendes Verfahren unterbrochen werden, wenn die Verfügungsbefugnis auf Grund eines allgemeinen Verfügungsverbotes auf den vorläufigen Insolvenzverwalter übergeht und bestimmt konsequent in § 24 Abs. 2, dass Rechtsstreitigkeiten durch oder gegen den vorläufigen Verwalter dann aufgenommen werden können, wenn die Verfügungsbefugnis über das Vermögen auf diesen übergegangen ist und verweist insoweit auf die §§ 85 Abs. 1 Satz und 86. Der Gesetzgeber der InsO hat daher eine grundlegende Änderung der prozessualen Stellung des vorläufigen Insolvenzverwalters im Verhältnis zu der des Sequesters nach altem Recht vorgenommen, jedoch ausdrücklich auf die Fälle beschränkt, in denen auf den vorläufigen Verwalter die Verfügungsbefugnis über das Vermögen des Schuldners übergegangen ist.[69] Die Wirkungen treten daher nicht im Rahmen der sog. schwachen vorläufigen Verwaltung ein, auch wenn ein allgemeiner Zustimmungsvorbehalt angeordnet worden ist, es sei denn, der vorläufige Verwalter wird zur Führung eines konkreten Prozesses gerichtlich ermächtigt.[70] Die Übertragung dieser Befugnisse stellt eine vom Gesetzgeber gewollte Vorverlagerung von Wirkungen des Eröffnungsbeschlusses in das Vorverfahren dar, in welchem die Rechtszuständigkeit des Schuldners grundsätzlich noch bestehen bleibt und nur im Rahmen des Sicherungszweckes beschränkt werden darf. Dementsprechend dient das Recht der Prozessführung der Verwirklichung bestehender Rechte oder der Abwehr ungerechtfertigter Angriffe auf bestehende Rechte, während auf die materielle Rechtslage selbst nicht gestaltend eingewirkt wird. Mit der nun so normierten Prozessführungsbefugnis des vorläufigen Verwalters mit Verfügungsbefugnis kann verhindert werden, dass die notwendigen prozessualen Maßnahmen bis zur Verfahrenseröffnung warten müssen bzw. dem vielfach an der Führung des Prozesses uninteressierten Schuldner überlassen bleiben.[71]

a) Rechtsfolgen des Übergangs der Prozessführungsbefugnis. Die Sicherung der Insolvenzmasse bis zur Entscheidung über die Eröffnung des Verfahrens gegen (gutgläubigen) Rechtserwerb und Zwangszugriffe von Gläubigern wird im Eröffnungsverfahren durch den Ausschluss des Schuldners von der Prozessführung über alle die Insolvenzmasse betreffenden Rechtsverhältnisse ergänzt, sofern das Insolvenzgericht dem Schuldner die Verfügungsbefugnis über sein Vermögen allgemein und umfassend entzogen und auf einen vorläufigen Insolvenzverwalter übertragen hat. Als negative Folge dieser umfassenden gerichtlichen Anordnung verliert der Schuldner die entsprechenden Rechtspositionen auf materieller wie prozessualer Ebene, denn die Übertragung der umfassenden, originären Verwaltungs- und Verfügungsbefugnis nach § 22 Abs. 1 Satz 1 hat prozessual zur Konsequenz, dass der vorläufige Insolvenzverwalter auch in demselben weiten Umfang als Partei kraft Amtes zur Prozessführung berechtigt ist.[72] Aus der Neuregelung folgt auch, dass der mit der vollen Verwaltungs- und Verfügungsbefugnis ausgestattete vorläufige Insolvenzverwalter nicht mehr auf unaufschiebbare Eilmaßnahmen beschränkt ist, sondern vielmehr in Bezug auf anhängige Aktiv- oder Passivprozesse des Schuldners dieselben Rechte hat wie der Verwalter im eröffneten Verfahren.[73] Diese umfassende Rechtsmacht entspricht auch den Erfordernissen des reformierten Eröffnungsverfahrens, in denen es immer wieder geboten ist Prozesse zu führen, etwa wenn Dritte zur künftigen Insolvenzmasse gehörende Gegenstände nicht freiwillig herausgeben oder der vorläufige Insolvenzverwalter gezwungen ist, Forderungen des Schuldners gerichtlich geltend zu machen.[74] Gleichwohl führt dies nicht dazu, dass die Prozessführungsbefugnis auf den vorläufigen Verwalter ebenso umfassend übergeht wie auf den späteren endgültigen Insolvenzverwalter, denn der vorläufige Verwalter darf seine Befugnisse, also auch die Prozessführungsbefugnis, nur insoweit ausüben als es der Zweck der Vermögenssicherung bis zur Entscheidung über die Verfahrenseröffnung erfordert, denn auch nach der Neuordnung soll es dabei verbleiben, dass erst der Insolvenzverwalter im eröffneten Verfahren über die gerichtliche Geltendmachung eines schuldnerischen Anspruches und das damit verbundene Prozessrisiko entscheidet.[75]

Wird eine vorläufige Insolvenzverwaltung angeordnet, ohne dass zugleich ein allgemeines Verfügungsverbot erlassen wird oder wird umgekehrt ein allgemeines Verfügungsverbot angeordnet, ohne

---

[69] *Kübler/Prütting/Pape* § 24 RdNr. 8; HKInsO-*Kirchhof* § 24 RdNr. 19; *Pohlmann* RdNr. 569; *Smid* InsO § 24 RdNr. 4.
[70] Allg. Meinung vgl. OLG Stuttgart ZInsO 1999, 474; OLG Köln ZIP 2004, 2450; OLG Hamm ZInsO 2005, 217; vgl. auch für alle Jaeger/*Gerhardt* § 24 RdNr. 11 ff. sowie BGH ZIP 1999, 1314; OLG Celle ZInsO 2002, 728.
[71] *Hess*/Pape RdNr. 144.
[72] *Pohlmann* RdNr. 569; *Uhlenbruck* KTS 1994, 169, 179; *Kübler/Prütting/Pape* § 24 RdNr. 8.
[73] *Kübler/Prütting/Pape* § 24 RdNr. 10.
[74] Vgl. dazu *Johlke* ZIP 1985, 1012; *Uhlenbruck* KTS 1990, 15, 24; OLG Celle BM 1987, 513; *Pohlmann* RdNr. 571.
[75] Vgl. dazu auch die Begr. zur § 22; abgedruckt bei *Balz*/*Landfermann* S. 232; *Smid* InsO § 24 RdNr. 8; *Pohlmann* RdNr. 570 f.

dass zugleich ein vorläufiger Insolvenzverwalter bestellt wird und ergeht auch keine Einzelermächtigung zur Prozessführung, verbleibt es auch unter der Neuordnung der InsO bei dem bisherigen bestrittenen und weitgehend unbefriedigenden Zustand, dass der Schuldner auch in einer solchen Konstellation während des Eröffnungsverfahrens grundsätzlich weiterhin prozessführungsbefugt ist.[76] Insoweit tritt auch weder die Unterbrechungswirkung gem. § 240 Satz 2 ZPO ein, noch besteht die Aufnahmemöglichkeit gem. § 24 Abs. 2. Dem Prozessgericht bleibt es daher auch künftig in solchen Konstellationen unbenommen, den Ausgang des Eröffnungsverfahrens abzuwarten, um die sich aus einer Eröffnung ergebenden Vorteile in Form der dann eintretenden Unterbrechungswirkung zu nutzen.[77] Entsprechend der vorgenannten Rechtsprechung unter der Geltung der KO zum Prozessführungsrecht des Sequesters ist in diesen Fällen also davon auszugehen, dass der vorläufige Insolvenzverwalter ohne begleitende Verwaltungs- und Verfügungsbefugnis nur bei Eilmaßnahmen berechtigt ist, im eigenen Namen zu klagen und verklagt zu werden (vgl. dazu auch die Nachweise oben bei RdNr. 15).[78]

19 Erweist sich die Führung eines Prozesses als vom Sicherungszweck des Eröffnungsverfahrens nicht gedeckt oder schätzt der vorläufige Insolvenzverwalter das bestehende Prozessrisiko schuldhaft falsch ein und erleiden die Beteiligten hieraus einen Vermögensschaden, so kann zwar die Prozessführungsbefugnis in keinen Fall berührt werden, jedoch kann der vorläufige Insolvenzverwalter nach §§ 60, 21 Abs. 2 Nr. 1 haftungsrechtlich in Anspruch genommen werden.[79] Durch die Rechtsprechung sind jedoch die haftungsrechtlichen Risiken weitgehend auf die Fälle beschränkt worden, in denen ein Verwalter faktisch „ins Blaue" hinein Prozesse führt, während das von jedermann zu tragende „normale" Prozessrisiko nicht haftungsbelastet ist.

20 **b) Unterbrechung anhängiger Verfahren.** Geht die Verwaltungs- und Verfügungsbefugnis hinsichtlich des schuldnerischen Vermögens auf den „starken" vorläufigen Insolvenzverwalter gem. § 22 Abs. 1 Satz 1 über, so treten gem. § 240 Satz 2 ZPO dieselben prozessualen Wirkungen ein, die das Gesetz in § 240 Satz 1 ZPO an die Eröffnung des Insolvenzverfahrens knüpft. Danach wird ein die Insolvenzmasse „betreffendes" Verfahren unterbrochen bis es nach den für das Insolvenzverfahren geltenden Vorschriften aufgenommen oder das Insolvenzverfahren beendet bzw. entsprechend im Falle der Nichteröffnung die vorläufige Insolvenzverwaltung aufgehoben wird.[80] Nicht unterbrochen werden mithin Verfahren über solche Gegenstände, die nicht in die Insolvenzmasse fallen würden, wie etwa unpfändbare Gegenstände oder höchstpersönliche Rechtsgüter (zB Verfahren über die Ehescheidung des Schuldners oder Prozesse, in denen der Schuldner und nicht das insolvente Unternehmen persönlich auf Leistung in Anspruch genommen wird). Ebenso nicht unterbrochen werden selbstständige Beweisverfahren nach den §§ 485 ff. ZPO,[81] Verfahren der freiwilligen Gerichtsbarkeit sowie Einzelzwangsvollstreckungsverfahren.[82] Durch die Unterbrechung wird dem vorläufigen Verwalter ermöglicht, sich über die tatsächlichen und rechtlichen Gegebenheiten eines Prozesses zu informieren und zugleich die künftige Insolvenzmasse vor schädlicher Prozessführung durch den Gemeinschuldner geschützt.[83] Die Wirkung der Unterbrechung tritt mit der insolvenzgerichtlichen Anordnung des allgemeinen Verfügungsverbotes ein, da der Schuldner bis zur Übertragung der Verwaltungs- und Verfügungsbefugnis auch noch prozessführungsbefugt ist.

21 Erlässt das Insolvenzgericht kein allgemeines Verfügungsverbot, so verbleibt dem Schuldner die Verfügungsbefugnis und damit auch die Prozessführungsbefugnis, so dass noch schwebende Prozesse nicht unterbrochen werden. Vgl. im Übrigen zur Unterbrechungswirkung die ausführliche Kommentierung bei § 85.

22 **c) Die Aufnahme unterbrochener Aktivprozesse durch den vorläufigen Insolvenzverwalter.** Ein gem. § 240 Satz 2 ZPO unterbrochener, vom Schuldner geführter Rechtsstreit (Aktivprozess) kann nach § 85 Abs. 1 Satz 1, § 86 nur vom vorläufigen Insolvenzverwalter aufgenommen werden, der darüber nach pflichtgemäßem Ermessen zu entscheiden hat. Dem Prozessgegner wird

---

[76] *Kübler/Prütting/Pape* § 24 RdNr. 9; *Pape* ZIP 1994, 89, 95; HKInsO-*Kirchhof* § 24 RdNr. 19; FKInsO-*Schmerbach* § 24 RdNr. 31 ff.
[77] FKInsO-*Schmerbach* § 24 RdNr. 32.
[78] Vgl. dazu OLG Celle, OLG-Report 1998, 102 ff.; LG Düsseldorf WM 1997, 1345, 1346; LG Frankfurt/M. NJW-RR 1997, 796; LG Magdeburg ZIP 1997, 896; AG Magdeburg ZIP 1996, 1756; OLG Hamburg ZIP 1987, 385; LG Bonn ZIP 1984, 867; OLG Köln ZIP 1984, 89; OLG Düsseldorf ZIP 1983, 1079; OLG Hamburg ZIP 1982, 860, 861.
[79] Vgl. dazu u.a. BGH ZInsO 2001, 703; in diesem Sinne auch *Pohlmann* RdNr. 572.
[80] *Pohlmann* RdNr. 579; *Kübler/Prütting/Pape* § 24 RdNr. 8; HKInsO-*Kirchhof* § 24 RdNr. 20; FKInsO-*Schmerbach* § 24 RdNr. 25; *Smid* InsO § 24 RdNr. 4.
[81] BGH ZInsO 2004, 85 = NJW 2004, 1388.
[82] BGH NZI 2006, 543; BFH ZIP 2006, 2333; OLG Frankfurt ZInsO 2006, 876; KG NJW-RR 2000, 1075.
[83] Vgl. dazu auch BGHZ 9, 308, 310; *Herbert* S. 210.

hingegen beim Aktivprozess ein Abwarten bis zur Eröffnung des Insolvenzverfahrens zugemutet. Der Fortgang des Verfahrens hängt also grundlegend davon ab, ob der Schuldner materiell als Anspruchsinhaber oder als Anspruchsgegner im Prozess steht, es sich also um Aktiv- oder Passivprozesse des Schuldners handelt. Bei einem Aktivprozess i. S. d. § 85 handelt es sich idR um einen Rechtsstreit, der der Durchsetzung dinglicher oder obligatorischer Rechte dient, die in die Masse fallen, mit denen der vorläufige Insolvenzverwalter also den Zusammenhalt der Vermögenswerte verfolgt, die im eröffneten Verfahren als sogenannte Sollmasse nach § 35 die Insolvenzmasse bilden.

Einen unterbrochenen Aktivprozess des Schuldners kann der vorläufige Insolvenzverwalter in der Lage in der er sich befindet aufnehmen, während dem Schuldner und dem Prozessgegner ein Aufnahmerecht in keinem Fall zukommt, da § 24 Abs. 2 nicht auf § 85 Abs. 2 verweist. Wegen dieser begrenzten Verweisung kann der vorläufige Insolvenzverwalter auch nicht vom Prozessgegner gem. § 25 Abs. 1 Satz 2 i. V. m. § 239 Abs. 2 bis 4 ZPO zur Entscheidung über die Aufnahme gezwungen werden, denn er soll ohne Zeitdruck die Vor- und Nachteile der Prozessführung gegeneinander abwägen können. Durch den Ausschluss der Aufnahmemöglichkeit des Schuldners oder des Prozessgegners nach erfolgter Unterbrechung berücksichtigt der Gesetzgeber die verfahrensspezifische Beschränkung des vorläufigen Insolvenzverwalters auf den Sicherungszweck. Rechtsfolge dieser beschränkten Verweisung ist zugleich, dass der vorläufige Insolvenzverwalter nicht berechtigt ist, die Verfahrensaufnahme für den späteren Insolvenzverwalter verbindlich abzulehnen, da er dadurch in die nach dem Willen des Gesetzgebers dem Insolvenzverwalter vorbehaltende Entscheidung irreversibel eingreifen würde.[84] Der Prozessgegner hat daher auch keinen Anspruch auf eine verbindliche Erklärung des vorläufigen Insolvenzverwalters, sondern muss bis zur Eröffnung des Insolvenzverfahrens abwarten, bevor er auf eine Verzögerung der Verfahrensaufnahme durch den Insolvenzverwalter reagieren oder den Rechtsstreit nach erfolgter Ablehnung der Aufnahme durch den endgültigen Insolvenzverwalter gem. § 85 Abs. 2 seinerseits aufnehmen kann, so dass es bis zu diesem Zeitpunkt beim Stillstand des Verfahrens bleibt, sofern nicht der vorläufige Insolvenzverwalter den Rechtsstreit zuvor aufgenommen hat.[85] Die Nichtaufnahme eines Prozesses durch den vorläufigen Insolvenzverwalter kann demgemäß auch nicht als Freigabe des streitbefangenen Gegenstandes gewertet werden.[86] Nicht gehindert ist der vorläufige Insolvenzverwalter jedoch daran, schon in diesem Stadium ein sofortiges Anerkenntnis i. S. d. § 86 Abs. 2 abzugeben mit der Folge, dass ggf. die Kosten des Rechtsstreits im eröffneten Insolvenzverfahren nur eine Insolvenzforderung und keine Masseforderung nach § 55 Abs. 2 darstellen.[87]

Entscheidet sich der vorläufige Insolvenzverwalter für die Aufnahme des Verfahrens, so hat dies gem. § 250 ZPO durch einen dem Gegner vom Prozessgericht zuzustellenden Schriftsatz zu erfolgen. Damit tritt der Verwalter in die prozessuale Stellung des Schuldners ein und übernimmt den Prozess in der Situation, in der er sich bei Eintritt in der Unterbrechung befindet.

Schon aus Gründen einer möglichen haftungsrechtlichen Inanspruchnahme wird der vorläufige Insolvenzverwalter von einer Aufnahme des unterbrochenen Aktivprozesses regelmäßig dann absehen, wenn er die Rechtsverfolgung des Schuldners entweder für aussichtslos hält oder der Streitgegenstand für das verwaltete Vermögen wertlos ist, zB wenn der herausverlangte Gegenstand über seinen Wert hinaus mit Sicherungsrechten Dritter belastet ist. Kann jedoch der vorläufige Insolvenzverwalter einen übersicherten Gegenstand ausnahmsweise für die Geschäftsfortführung sinnvoll nutzen, steht dieser Umstand der Aufnahme des Herausgabeprozesses nicht entgegen, da der vorläufige Verwalter in diesem Falle seine Rechte in Ausübung der ihm übertragenen Fortführungsauftrages aus § 22 Abs. 1 Satz 1, 2 Nr. 2 wahrnimmt.[88] Entsprechend darf der vorläufige Insolvenzverwalter wegen des ihm zustehenden Verwertungsrechtes auch Herausgabeprozesse gegen ungesicherte Dritte aufnehmen, wenn er das Sicherungsgut im Rahmen der Geschäftsfortführung gewinnbringend verwenden kann, zumal mit der Besitzübertragung dann dem Sicherungsnehmer gegen den endgültiger Insolvenzverwalter die Rechte aus §§ 166 Abs. 1, 172 Abs. 1 zustehen.

Entgegen der von *Pohlmann*[89] vertretenen Auffassung erfordert weder die Aufnahme von Aktiv- noch von Passivprozessen die Zustimmung des Insolvenzgerichts, da der Gesetzgeber insoweit nicht nur in der gesetzlichen Fassung des § 24, sondern auch in seiner Begründung auf eine Inbezugnahme des § 160 Abs. 2 Nr. 3 verzichtet hat.[90] Da den Materialien auch keine Grundlagen dafür zu entneh-

---

[84] *Pohlmann* RdNr. 588.
[85] Diese Rechtsfolge hält der Gesetzgeber nach der Begr. zu § 24, abgedruckt bei *Balz/Landfermann* S. 25, ausdrücklich für zumutbar; ebenso HKInsO-*Kirchhof* § 24 RdNr. 22; *Kübler/Prütting/Pape* § 24 RdNr. 11.
[86] *Kübler/Prütting/Pape* § 24 RdNr. 11.
[87] Vgl. dazu *Mohrbutter/Pape* RdNr. X.63; *Kübler/Prütting/Pape* § 24 RdNr. 10.
[88] *Pohlmann* RdNr. 584.
[89] *Pohlmann* RdNr. 594.
[90] IdS auch HKInsO-*Kirchhof* § 24 RdNr. 22.

men sind, dass es sich insoweit um ein Redaktionsversehen gehandelt hat, scheitert auch eine analoge Heranziehung der Regelungen des § 160 Abs. 2 Nr. 3, so dass es dabei verbleibt, dass der verwaltungs- und verfügungsbefugte vorläufige Insolvenzverwalter, um den Preis persönlicher Haftung bei Verletzung der ihm obliegenden Pflichten, über die Aufnahme von Prozessen allein entscheiden kann.[91] Das schließt im Einzelfall nicht aus, dass sich der vorläufige Insolvenzverwalter um eine Rückkoppelung mit dem Insolvenzgericht oder dem Schuldner bemüht, wenn es bei der Aufnahme um Prozesse mit einem „erheblichen Streitwert" geht, eine Rechtspflicht zur Konsultation besteht jedoch insoweit nicht.

27   **d) Die Aufnahme von Passivprozessen des Schuldners.** Ist im Zeitpunkt der Übertragung der Verwaltungs- und Verfügungsbefugnis auf den vorläufigen Insolvenzverwalter ein Verfahren gegen den Schuldner anhängig, mit dem die Massefremdheit eines Gegenstandes geltend gemacht wird (Aussonderung gem. §§ 44 ff.) oder Sicherheiten für Insolvenzforderungen durchgesetzt werden sollen (abgesonderte Befriedigung §§ 49 ff.) bzw. Klagen potentieller Massegläubiger nach §§ 53 ff. auf Erfüllung ihrer Ansprüche anhängig sind, so findet für die so bestimmten Passivprozesse und ihre Aufnahme die Sonderregelung des § 86 Anwendung. Danach kann ein solcher Prozess sowohl vom vorläufigen Insolvenzverwalter als auch vom Prozessgegner aufgenommen werden, was dem Umstand Rechnung trägt, dass diesen Gläubigern im eröffneten Verfahren ein Recht auf bevorzugte Befriedigung zusteht, so dass selbst der Insolvenzverwalter ihnen gegenüber keine Sonderstellung einnehmen oder Sonderrechte geltend machen kann. Eine Ausnahme gilt für Herausgabeansprüche absonderungsberechtigter Gläubiger, sofern dem vorläufigen Insolvenzverwalter ein Recht an dem Sicherungsgut zusteht, sei es weil er aufgrund eines Beschlusses nach § 21 Abs. 2 Nr. 5 daran ein eigenes Nutzungsrecht hat oder er die Rechte des Insolvenzverwalters aus §§ 166 Abs. 1, 172 Abs. 1 sicherzustellen hat. Während des Insolvenzverfahrens kann der vorläufige Insolvenzverwalter die in seinem Amt begründete dilatorische Einrede geltend machen und damit die Abweisung der Herausgabeklage als „derzeit unbegründet" bewirken, da die Herausgabeansprüche des Sicherungsnehmers erst dann gegen den Schuldner durchsetzbar sind, wenn die vorläufige Insolvenzverwaltung im Falle der Nichteröffnung aufgehoben, das Insolvenzverfahren mangels Masse eingestellt worden ist oder der Insolvenzverwalter den Gegenstand im eröffneten Verfahren freigegeben hat.[92] Betrifft der Gegenstand eines unterbrochenen Rechtsstreites eine Insolvenzforderung, so ist eine Aufnahme des Rechtsstreites sowohl für den vorläufigen Insolvenzverwalter als auch für den Prozessgegner ausgeschlossen, da § 24 Abs. 2 die Regelung des § 87 nicht in Bezug nimmt. Dies ergibt sich im Übrigen auch aus dem fehlenden insolvenzrechtlichen Anmeldungs- und Prüfungsverfahren, dessen Durchführung notwendige Voraussetzung für die Fortsetzung von Rechtsstreitigkeiten über Insolvenzforderungen ist.[93] Ebenso wenig können für die Dauer des Eröffnungsverfahrens Passivprozesse zu Lasten des Schuldnervermögens aufgenommen werden, so dass die Aufnahme von Passivprozessen während dieser Zeit regelmäßig auf Prozessgegenstände beschränkt ist, die entweder zur Aussonderung oder aber zur Absonderung berechtigen.

28   **e) Anhängigmachung von Neuverfahren.** Die Übertragung der umfassenden Verwaltungs- und Verfügungsbefugnis in § 22 Abs. 1 Satz 1 hat prozessual zur Konsequenz, dass der vorläufige Insolvenzverwalter als Partei kraft Amtes zur Prozessführung berechtigt ist, da als Folge dieser gerichtlichen Anordnung der Schuldner die entsprechende Rechtsposition auf prozessualer Ebene verliert. Der so bestellte vorläufige Insolvenzverwalter hat daher in Bezug auf das verwaltete Vermögen des Schuldners im Außenverhältnis die umfassende Prozessführungsbefugnis.[94] Der mit der vollen Verwaltungs- und Verfügungsbefugnis ausgestattete vorläufige Insolvenzverwalter ist daher, ebenso wie der mit einer prozessualen Einzelermächtigung ausgestattete, auch nicht mehr auf unaufschiebbare Eilmaßnahmen beschränkt, sondern hat im Rahmen des doppelten Sicherungszwecks des Eröffnungsverfahrens dieselben Rechte wie der Verwalter im eröffneten Verfahren. Ist danach die Führung eines Prozesses für die Sicherung und Verwaltung des schuldnerischen Vermögens erforderlich, so ist der vorläufige Insolvenzverwalter in diesem Umfang auch zur Anhängigmachung von Neuverfahren berechtigt, wenn nur auf diese Weise der Sicherungszweck schon im Eröffnungsverfahren durchgesetzt werden kann. Auch wenn der Sicherungszweck unmittelbar die Anhängigmachung eines Neuverfahrens nicht erfordert, kann sich die Klageerhebung als notwendige Eilmaßnahme darstellen, sofern zB ein Anspruch des Schuldners zu verjähren droht. Ist der vorläufige

---

[91] In diesem Sinne auch *Uhlenbruck* § 24 RdNr. 9; *Jaeger/Gerhardt* § 24 RdNr. 14; *HK-Kirchhof* § 24 RdNr. 25; aA *Pohlmann* RdNr. 595.

[92] *Pohlmann* RdNr. 592; vgl. dazu auch *Bork* RdNr. 188.

[93] *Kübler/Prütting/Pape* § 24 RdNr. 12; *HKInsO-Kirchhof* § 24 RdNr. 23.

[94] Vgl. auch OLG Hamm NZI 2004, 35; *Kübler/Prütting/Pape* § 24 RdNr. 10; *Pohlmann* RdNr. 569; *HKInsO-Kirchhof* § 24 RdNr. 19.

Verwalter daher im Rahmen des Eröffnungsverfahrens zB verpflichtet, das schuldnerische Geschäft fortzuführen und über Gegenstände des Vermögens zu verfügen, so ist er hinsichtlich des seiner Verwaltungsbefugnis unterliegenden Vermögens auch berechtigt, Prozesse zu führen, denn mit der Fortführungsverpflichtung werden dem vorläufigen Verwalter durch gerichtlichen Beschluss bzw. durch die gesetzlich Fassung seiner Pflichten in § 22 ausdrücklich Aufgaben zugewiesen, die über die eigentliche Sicherungsfunktion hinausgeht.[95] Auch wenn im Katalog der dem vorläufigen Verwalter zustehenden Befugnisse gem. § 22 Abs. 1 Satz 2 ein Prozessführungsbefugnis nicht ausdrücklich vorgesehen ist, folgt insoweit die Prozessführungsbefugnis aus der dem so bestellten vorläufigen Insolvenzverwalter zuwachsenden Rechtsstellung als Partei kraft Amtes bzw. einer ihm erteilten Einzelermächtigung.[96] In der Regel wird es sich aber stets um Eilmaßnahmen im Rahmen von einstweiligen Verfügungen zB zur Sicherung des Anspruchs auf Energieversorgung oder aber der Sicherung des Vermieterpfandrechts handeln,[97] jedoch erlaubt die Stellung des starken bzw. „ermächtigten" Verwalters auch die frühe Verfolgung weitergehender Ansprüche.

2. Anspruch des vorläufigen Verwalters auf Gewährung von Prozesskostenhilfen. Der 29 zur Prozessführung gem. § 24 Abs. 2 befugte vorläufige Verwalter ist berechtigt, gem. den §§ 140 ff. ZPO Prozesskostenhilfe zu beanspruchen.[98] Wegen der Annäherung der Wirkungen der vorläufigen Verwaltung an die der Eröffnung des Verfahrens richten sich die Voraussetzungen grundsätzlich an denen des endgültigen Verwalters aus. Daher kann dem vorläufigen Verwalter auf seinen Antrag vom Prozessgericht Prozesskostenhilfe bewilligt werden, wenn er einen Prozess aufnimmt, aber die zur Führung des Prozesses erforderlichen Mittel weder aus der vorläufig verwalteten Masse noch von den an der Führung des Prozesses wirtschaftlich Beteiligten aufgebracht werden können oder diesen eine solche Aufbringung nicht zugemutet werden kann. Dabei sind an die Darlegungslast deutlich geringere Voraussetzungen zu knüpfen, weil sich Feststellungen darüber, welche Gläubiger aus der Prozessführung Vorteile zu erwarten haben bzw. wie sich die Masse entwickeln wird, zu diesem frühen Verfahrenszeitpunkt verlässlich nicht zu treffen sind.[99] Der vorläufige Verwalter ist Partei kraft Amtes und als solcher auch nicht i. S. d. § 116 Satz 1 Nr. 1 ZPO wirtschaftlich Beteiligter, da der Verwalter in dieser Regelung durch ein „weder-noch" von den wirtschaftlich Beteiligten getrennt ist.[100] Der vorläufige Verwalter nimmt im Rahmen einer Prozessführung im Eröffnungsverfahren eine auch im öffentlichen Interesse liegende Aufgabe, die Abwicklung eines geordneten Insolvenzverfahrens, wahr, so dass ihm Prozesskostenhilfe nicht mit der Begründung versagt werden kann, ein Prozesserfolg diene auch oder gar nur der Befriedigung seines Vergütungsanspruchs.[101] Die notwendige Erfolgsaussicht ist in der Regel schon dann zu bejahen, wenn die Entscheidung von einer schwierigen, bisher ungeklärten Rechtsfrage abhängig ist[102] und kann wegen Mutwilligkeit nicht deshalb versagt werden, weil zB die Aussichten einer erfolgreichen Zwangsvollstreckung aus einem künftigen Titel ungewiss oder derzeit ein Betreiben mit Gewissheit nicht möglich ist.[103] Dem vorläufigen Insolvenzverwalter kann Prozesskostenhilfe auch nicht deshalb versagt werden, weil der Prozess aus dem Barbestand der Masse finanziert werden könnte, da von dem Barbestand zunächst die vorrangigen Massekosten und Verbindlichkeiten abzusetzen sind und nur ein dann noch verbleibender Rest zur Prozessführung heranzuziehen ist.[104] Dass die Kosten nicht aus der Masse aufzubringen sind, hat der Verwalter gegenüber dem Gericht glaubhaft zu machen, wobei entscheidend auf die aktuelle Liquidität abzustellen ist, nicht jedoch auf eine Masseprognose.[105] Eine Darlehensaufnahme ist in jedem Fall unzumutbar.

Die bereits zur KO und GesO diskutierte Frage, ob der vorläufige Verwalter darlegen muss, ob 30 und welche Gläubiger für die Einzahlung eines Prozesskostenvorschusses in Betracht kommen, bleibt

---

[95] So auch schon für den Fall der sogenannten Verwaltungssequestration Kuhn/*Uhlenbruck* § 106 RdNr. 13L.
[96] IdS wohl auch HambKomm-*Schröder* § 24 RdNr. 172; *Smid* InsO § 24 RdNr. 6.
[97] OLG Köln ZIP 1984, 89; AG Magdeburg ZIP 1996, 1756; LG Magdeburg ZIP 1997, 896.
[98] AG Göttingen ZInsO 2002, 386. Dass dem vorläufigen Verwalter ohne Einzelermächtigung die entsprechende Befugnis und damit auch das Recht auf Gewährung von PKH fehlt, hat das LG Essen ZInsO 2000, 296 zutreffend am Sicherungszweck festgemacht; vgl. dazu auch FKInsO-*Schmerbach* § 24 RdNr. 34; *Kübler/Prütting/ Pape* § 24 RdNr. 8.
[99] Dazu auch *Uhlenbruck* § 24 RdNr. 11; FKInsO-*Schmerbach* § 24 RdNr. 34; AG Göttingen NZI 1999, 506.
[100] Vgl. dazu auch BGH ZIP 1998, 297 sowie ausführlich dazu *Haarmeyer/Wutzke/Förster* GesO § 8 RdNr. 29 ff.; *dies.*, Handbuch Kap. 3 RdNr. 112 ff.
[101] Ausdrücklich BGH ZInsO 2005, 877 m. w. Nachw., so schon BGHZ 116, 233, 238; BGH ZIP 1998, 297, 298; vgl. auch OLG Köln NZI 2000, 540 m. ausf. Nachw.
[102] BGH ZIP 1997, 1757.
[103] OLG Hamm ZIP 1997, 248.
[104] OLG Köln ZIP 1994, 724, 725; 1910, 936.
[105] Vgl. dazu auch BAG ZInsO 2003, 722 sowie *Haarmeyer/Wutzke/Förster* GesO § 8 RdNr. 31; dazu auch OLG Celle EWiR 1994, 97 mA *Pape*.

auch nach der neuen Rechtslage weiterhin umstritten, wenngleich alles dafür spricht, die Verweisung des vorläufigen Verwalters zB auf Vorschussleistung bestimmter Gläubiger schon wegen des frühen Verfahrensstadiums für unzulässig zu halten. Insoweit ist entscheidend darauf abzustellen, dass im Eröffnungsverfahren eine realistische Chance, derartige Leistungen zu erhalten, nicht besteht und dementsprechend die Prozessführung entgegen den gesetzgeberischen Absichten bei der Neufassung des § 116 Satz 1 Nr. 1 ZPO, unmöglich gemacht werden würde, wenn man schon in diesem Zeitpunkt auf die wirtschaftliche Beteiligung zB des Fiskus abstellt. Im Übrigen liegt gerade in diesen Fällen die Prozessführung im öffentlichen Interesse, weil eine Mehrung der Masse dazu führt, dass nicht nur die **Ordnungsfunktion des Verfahrens** zur Geltung kommt, sondern auch öffentliche Abgaben im eröffneten Verfahren realisiert werden können, die sonst unbeglichen blieben.[106] Vgl. im Übrigen umfassend zur Prozesskostenhilfe die entsprechend anwendbaren Grundsätze für den Insolvenzverwalter und die Darlegungen dazu bei § 80 RdNr. 85 ff.

§ 25 Aufhebung der Sicherungsmaßnahmen

(1) Werden die Sicherungsmaßnahmen aufgehoben, so gilt für die Bekanntmachung der Aufhebung einer Verfügungsbeschränkung § 23 entsprechend.

(2) ¹Ist die Verfügungsbefugnis über das Vermögen des Schuldners auf einen vorläufigen Insolvenzverwalter übergegangen, so hat dieser vor der Aufhebung seiner Bestellung aus dem von ihm verwalteten Vermögen die entstandenen Kosten zu berichtigen und die von ihm begründeten Verbindlichkeiten zu erfüllen. ²Gleiches gilt für die Verbindlichkeiten aus einem Dauerschuldverhältnis, soweit der vorläufige Insolvenzverwalter für das von ihm verwaltete Vermögen die Gegenleistung in Anspruch genommen hat.

Übersicht

	Rn.		Rn.
A. Normzweck	1	III. Rechtsstellung und Pflichten des vorläufigen Insolvenzverwalters nach Aufhebung der Verfügungsbefugnis	23–28
B. Entstehungsgeschichte	2, 3	1. Wirksamkeit vorgenommener Rechtshandlungen	24
C. Gesetzgebungsverfahren zur InsO	4, 5	2. Befriedigung der vom vorläufigen Insolvenzverwalter begründeten Verbindlichkeiten	25
D. Anwendungsbereich	6–9		
E. Aufhebung von Sicherungsmaßnahmen	10–13		
F. Die Aufhebung der Bestellung des vorläufigen Insolvenzverwalters	14–28	3. Begleichung der Kosten des Insolvenzverfahrens	26
I. Legitimationswirkung der fortdauernden Bestellung	15–19	4. Befriedigung sonstiger Masseverbindlichkeiten	27
II. Das Verfahren der Aufhebung	20–22	5. Bekanntmachung	28

A. Normzweck

1 § 25 hat das Ziel, Auseinandersetzungen um die Erfüllung der von einem vorläufigen Insolvenzverwalter begründeten Verbindlichkeiten zu vermeiden und ordnet daher für die Fälle einer vorzeitigen Beendigung des Eröffnungsverfahrens an, dass der vorläufige Insolvenzverwalter erst dann aus seinem Amt entlassen werden darf, wenn er zuvor die entstandenen Kosten berichtigt und die von ihm begründeten Verbindlichkeiten erfüllt hat.[1] Die Aufhebung von Sicherungsmaßnahmen kommt in Betracht nach Ab- bzw. Zurückweisung, Rücknahme oder Erledigung des Insolvenzantrags sowie einer Aufhebung wegen Wegfalls des Sicherungserfordernisses. Im Hinblick auf den Verhältnismäßigkeitsgrundsatz (vgl. dazu ausführlich § 21 RdNr. 23 ff.) ergibt sich aus der Aufhebungsbefugnis des Insolvenzgerichts im Umkehrschluss auch eine Aufhebungspflicht, sofern die entsprechenden Voraussetzungen für eine Aufhebung vorliegen. Während der Schuldner bzw. das Schuldnerunternehmen in diesen Fällen regelmäßig das Bedürfnis haben, so schnell wie möglich nach einer Antragsrücknahme bzw. einer Abweisung des Insolvenzantrages wieder die volle Verwaltungs- und Verfü-

---

[106] OLG Düsseldorf ZIP 1995, 1037; OLG Rostock ZIP 1997, 1710.
[1] BGH ZIP 2007, 47, 48; Nerlich/Römermann/*Mönning* § 25 RdNr. 4; HKInsO-*Kirchhof* § 25 RdNr. 4; Kübler/Prütting/Pape § 25 RdNr. 2; FKInsO-*Schmerbach* § 25 RdNr. 16.

gungsbefugnis zu erlangen, haben zB die mit dem vorläufigen Insolvenzverwalter kontrahierenden Vertragspartner ein Interesse an vollständiger Befriedigung der von diesem begründeten Verbindlichkeiten. Der vorläufige Insolvenzverwalter wiederum ist maßgeblich auch daran interessiert ist, seine Vergütungs- und Auslagenansprüche[2] gesichert zu sehen und diese Ansprüche nicht außerhalb eines aufgehobenen Insolvenzverfahrens ggf. gegen einen unwilligen Schuldner weiter verfolgen zu müssen.[3] Ohne die Regelung des § 25 bliebe ansonsten der Vergütungsanspruch des vorläufigen Verwalters in einem nachfolgenden zweiten Insolvenzverfahren eine bloße Insolvenzforderung.[4] Darüber hinaus bestimmt § 25 Abs. 1 zur Sicherung des Rechtsverkehrs die Bekanntmachung der Aufhebung von Sicherungsmaßnahmen in der gleichen Weise wie deren Anordnung.

B. Entstehungsgeschichte

Die Regelung des § 25 zieht die Konsequenzen aus der Vorverlagerung der Wirkungen des Eröffnungsverfahrens für den Fall der Anordnung einer vorläufigen Verwaltung mit einem verwaltungs- und verfügungsbefugten Insolvenzverwalter und den mehr oder weniger komplizierten Regelungen, die unter der Geltung der KO und GesO gefunden werden mussten, um Verbindlichkeiten, die durch den Sequester begründet wurden, noch vor Konkurseröffnung zu erledigen. Hintergrund der sich daraus ergebenden faktischen und rechtlichen Problemlage war die vormals herrschende Auffassung in Rechtsprechung und Literatur, dass der Sequester nach KO und GesO keine Masseverbindlichkeiten begründen konnte und daher auch die mit ihm in der Eröffnungsphase kontrahierenden Geschäftspartner nicht rechtlich zweifelsfrei absichern konnte.[5]

In diesem Zusammenhang ist dann auch zu Recht versucht worden, die Problematik von in der Sequestration begründeten Verbindlichkeiten generell über ein aus dem Vergleichsrecht abgeleitetes Einbehaltungs- oder Zurückbehaltungsrecht des Sequesters zu lösen.[6] Erweitert wurde dies durch das von *Kilger*[7] entwickelte vertragliche Einbehaltungsrecht zugunsten der Gläubiger, das den Konkursverwalter in eine garantenähnliche Treuhänderstellung brachte und ihn verpflichtete, die während der Sequestration begründeten Verbindlichkeiten aus dem erwirtschafteten Produktionsergebnis sicherzustellen. Diesen Ansatz hat der BGH in seiner späteren Rechtsprechung aufgenommen und für das Vergleichsverfahren als sogenanntes Treuhandverhältnis zugunsten der Gläubiger bestätigt hat.[8] Darüber hinausgehend wurde generell die Möglichkeit bejaht, Forderungen von Neugläubigern im Sequestrationsverfahren mit Hilfe eines Treuhandkontos des Sequesters/Konkursverwalters abzusichern.[9] Gleichwohl blieb es nach dem überkommenen Recht dabei, dass zur Bedienung von Verbindlichkeiten, die vom Sequester begründet wurden und vor Konkurseröffnung nicht mehr erledigt werden konnten, mehr oder weniger komplizierte Regelungen gefunden werden mussten, ohne dass damit das Problem grundsätzlich gelöst wurde.

C. Gesetzgebungsverfahren zur InsO

Die im Gesetzgebungsverfahren verankerte Regelung des § 25 formuliert die als unzureichend erkannte Bestimmung des § 106 KO konsequent im Sinne der Reformgesetzgebung aus. Mit der in § 55 Abs. 2 verankerten Möglichkeit der Begründung von Masseverbindlichkeiten durch einen mit

---

[2] Dass die Kosten und Auslagen des vorläufigen Insolvenzverwalters, falls es nicht zur Verfahrenseröffnung kommt, nicht gegen den antragstellenden Gläubiger festgesetzt werden können, wenn diesem allgemein "die Verfahrenskosten" auferlegt wurden, entspricht der herrschenden Meinung (OLG Celle NZI 2000, 226, 227; LG Stuttgart NZI 2004, 630 f.; LG Stuttgart 31.8.2004 – 10 T 79/03; MünchKommInsO-*Hefermehl* § 54 RdNr. 13b; Uhlenbruck, InsO 12. Aufl. § 26 RdNr. 32; HKInsO-Kirchhof. § 14 RdNr. 52; FKInsO-Schmerbach. § 13 RdNr. 58; *Kübler/Prütting/Eickmann/Prasser*, InsO § 11 InsVV RdNr. 69; aA AG Hamburg ZInsO 2001, 1121, 1122; HambKommInsO-*Wehr*, 2. Aufl. § 13 RdNr. 90). Unter der Geltung der Konkursordnung/Gesamtvollstreckungsordnung war diese Ansicht in Bezug auf den Sequester ebenfalls vorherrschend (BGH, Urt. v.11.Juli 1961 – VI ZR 208/60, NJW 1961, 2016; OLG Frankfurt/Main ZIP 1992, 1564; OLG Naumburg ZIP 1994, 398, 399; LG Wuppertal ZIP 1984, 734, 735; LG Köln KTS 1986, 360; *Kuhn/Uhlenbruck*, KO 11. Aufl. § 106 RdNr. 20; *Eickmann*, Vergütungsverordnung [1989] Anhang A RdNr. 33).
[3] Dazu auch BGH ZInsO 2008, 151.
[4] BGH ZInsO 2008, 151 RdNr. 35 ff.; OLG Celle ZInsO 2007, 1049.
[5] Vgl. u.a. BGH ZIP 1986, 448, 450; *Kilger* ZIP 1988, 409, 411; *Kuhn/Uhlenbruck* § 106 RdNr. 15; *Pape* ZIP 1994, 89, 93; *Uhlenbruck* KTS 1994, 169, 179.
[6] *Mentzel/Kuhn* KO 8. Aufl., § 23; vgl. auch *Kuhn/Uhlenbruck* § 106 RdNr. 22; *Feuerborn* KTS 1997, 171, 189.
[7] *Kilger* ZIP 1988, 409, 413.
[8] Vgl. BGH ZIP 1989, 1466 ff.
[9] *Kreft*, FS Merz, S. 313, 324, 325; *Kuhn/Uhlenbruck* § 23 RdNr. 12a; *Feuerborn* KTS 1997, 171, 190.

Verwaltungs- und Verfügungsbefugnis ausgestatteten vorläufigen Insolvenzverwalter hat der Reformgesetzgeber die Grundlage für eine Lösung des Problems der im Eröffnungsverfahren begründeten Verbindlichkeiten geschaffen und konsequent daher auch in § 25 Abs. 2 die rechtliche Grundlage verankert, diese Verbindlichkeiten auch für den Fall der Nichteröffnung zu befriedigen. § 25, der das Verfahren bei Aufhebung von Sicherungsmaßnahmen regelt, weicht erheblich von der in § 29 RegE verankerten Fassung ab, ohne dass dadurch jedoch eine inhaltliche Veränderung erfolgt ist, denn die Änderungen des § 29 Abs. 1 und 3 RegE sind lediglich redaktioneller Art, während § 29 Abs. 2 RegE als § 25 Abs. 2 unverändert übernommen worden ist. Die ursprüngliche Fassung des RegE sah vor, dass Sicherungsmaßnahmen aufzuheben sind, wenn der Antrag auf Eröffnung des Insolvenzverfahrens abgewiesen wird oder die Maßnahmen aus anderen Gründen entbehrlich werden. Zu Recht hat der Rechtsausschuss diese Regelung ersatzlos gestrichen, denn schon aus dem Sicherungszweck erlassener Anordnungen (vgl. dazu § 21 RdNr. 11 ff.) ergibt sich die rechtliche Schlussfolgerung, dass in den vorgenannten Fällen die Sicherungsmaßnahmen auch ohne ausdrückliche Anordnung aufzuheben sind.[10]

5   Mit § 25 Abs. 2 hat der Gesetzgeber die Absicht verfolgt, das Insolvenzgericht zu verpflichten, dem vorläufigen Insolvenzverwalter vor der Aufhebung seiner Bestellung die Begleichung der Kosten des Verfahrens und der von ihm begründeten Verbindlichkeiten zu ermöglichen, um auf diese Weise zu vermeiden, dass nach dem Rückfall der Verfügungsbefugnis an den Schuldner über die Erfüllung dieser Verbindlichkeiten Streit entsteht. Diese Bestimmung sollte insbesondere auch den Vergütungsanspruch des vorläufigen Verwalters sicherstellen und ihn davor bewahren, sich insoweit mit dem Schuldner in eine Auseinandersetzung zu begeben, denn mit der Aufhebung der Bestellung entfällt die Aktiv- und Passivlegitimation des vorläufigen Insolvenzverwalters sowohl zur Verfolgung von Ansprüchen wie auch zu deren Abwehr.[11] Auf diese Weise sollte der durch die §§ 54 Nr. 2, 55 Abs. 2 normierte Masseschuldcharakter begründeter Verbindlichkeiten im eröffneten Verfahren „faktisch" in das Eröffnungsverfahren vorverlagert werden, um die berechtigten Ansprüche auch für diesen Fall außer Streit zu stellen, ohne dass der Gesetzgeber jedoch das dabei einzuhaltende Verfahren näher geregelt hat (vgl. dazu unten RdNr. 20 ff.), was in der Praxis zu einer Fülle von Schwierigkeiten führt, die sich insbesondere auch für den Fall nicht zureichender liquider Mittel ergeben. Die in 25 Abs. 2 niedergelegte Pflicht des vorläufigen Insolvenzverwalters entspricht der früher in der KO bei §§ 116 Satz 2 i. V. m. § 191 Abs. 1 KO normierten Pflicht des Sequesters, bei Aufhebung des Konkurseröffnungsbeschlusses im Beschwerdeverfahren zunächst die von ihm begründeten Masseansprüche zu berichtigen, bevor das Verfahren aufgehoben wird.[12] Eine entsprechende ausdrückliche Regelung enthält zwar der neue § 34 Abs. 3 nicht mehr, aus dessen Begründung ergibt sich jedoch, dass auch nach der InsO die vom Verwalter bis zur Eröffnung begründeten Verbindlichkeiten aus dem Vermögen des Schuldners zu befriedigen sind.[13] Während § 34 offen lässt, ob diese Befriedigung noch durch den Insolvenzverwalter selbst oder nach Auskehrung durch den Schuldner zu erfolgen hat, trifft § 25 Abs. 2 für die vorläufige Verwaltung eine eindeutige Regelung dahingehend, dass hier noch eine **Befriedigung durch den vorläufigen Verwalter** erfolgen muss, bevor das bis dahin verwaltete Vermögen an den Schuldner „zurückfällt". Die Einbeziehung der Dauerschuldverhältnisse in die vor Aufhebung zu befriedigenden Ansprüche verfolgt in erster Line die Absicherung der weiterbeschäftigten Arbeitnehmer, aber auch die Absicherung der Ansprüche des Vermieters, wenn der Verwalter die Mietsache für das verwaltete Vermögen genutzt hat.[14] Die Regelung des § 25 Abs. 2 stellt letztlich sicher, dass auch für das Eröffnungsverfahren die insolvenzrechtlichen Regeln dann eingehalten werden, wenn es zu einer Eröffnung nicht kommt.[15] Dass im Übrigen die in Abs. 1 normierte öffentliche Bekanntmachung der Aufhebung eines allgemeinen Verwaltungs- und Verfügungsverbotes notwendig ist, um die Publizität des anordnenden Beschlusses aufzuheben, ist im Gesetzgebungsverfahren nie infrage gestellt worden.

D. Anwendungsbereich

6   Seinem Wortlaut nach findet das besondere Abwicklungsverfahren des § 25 Abs. 2 nur dann statt, wenn einem vorläufigen Insolvenzverwalter nach § 22 Abs. 1 die Verfügungsbefugnis über das schuldnerische Vermögen übertragen worden ist und nunmehr wegen Wegfall des Sicherungszwecks

---

[10] Begr. zu § 29 RegE; abgedruckt bei *Balz/Landfermann* S. 236.
[11] Nerlich/Römermann/*Mönning* § 25 RdNr. 4.
[12] Vgl. dazu Kuhn/*Uhlenbruck* KO, 11. Aufl. § 191 RdNr. 1; Kilger/*K. Schmidt* KO, 17. Aufl. § 191 Anm. 1.
[13] Begr. Zu § 34 InsO, BT-Drucks. 12/2443, S. 121.
[14] *Haarmeyer* ZInsO 2000, 70 ff.; *Gerhardt*, Kölner Schrift, S. 193, 211 RdNr. 35; *Pape* WPrax 1995, 236, 239; Begr. zu § 29 RegE; abgedruckt bei *Balz/Landfermann* S. 236.
[15] Vgl. Begr. RegE zu § 29 (§ 25 InsO); so auch BGH ZIP 2007, 47, 48.

oder aus einem anderen Grund (zB Rücknahme des Insolvenzantrages), seine Bestellung aufgehoben werden soll.[16] Reicht das verwaltete und ggf. verwertete Vermögen nicht zur Befriedigung aller Verbindlichkeiten aus, so kann der vorläufige Verwalter die noch vorhandene Masse entsprechend § 209 Abs. 1 Nr. 1 und 3 verteilen. Alle nicht befriedigten Gläubiger bleiben wegen ihres Ausfalls, vorbehaltlich einer haftungsrechtlichen Inanspruchnahme des vorläufigen Verwalters, auf Ansprüche gegen den Schuldner verwiesen. Die gemäß § 25 Abs. 2 erfolgten Leistungen können in einem später eröffneten Verfahren nicht nach §§ 129 ff. angefochten werden, weil sie die Insolvenzgläubiger im Hinblick auf § 55 Abs. 2 nicht benachteiligen.[17] Dahinter steht als ratio legis, dass den Gläubigern der Forderungen nach §§ 54, 55 auch in diesen Fällen Befriedigung aus der Insolvenzmasse gewährt werden soll, was nichts anders bedeutet, als das die Kosten des Verfahrens, die regelmäßig unabhängig davon entstehen, ob der Verwalter stark oder schwach ist, ebenso vorweg Befriedigung finden sollen, wie die im Rahmen des Eröffnungsverfahrens begründeten Masseverbindlichkeiten. Entstehen aber die vorrangig zu bedienenden Verfahrenskosten unabhängig von der dem vorläufigen Verwalter gegebenen Rechtsmacht, so kann die Anwendung des § 25 Abs. 2 nicht auf den Fall der Anordnung einer starken Verwaltung beschränkt bleiben. Daraus folgt dann aber auch notwendig, dass § 25 Abs. 2 für den bestellten vorläufigen Verwalter neben einer Verpflichtung auch die Berechtigung enthält, über die Haftungsmasse des Schuldners zur Befriedigung der Forderungen nach §§ 54, 55 zu verfügen, denn das Ziel ist die sachgerechte Beendigung des Insolvenzverfahrens.[18]

Obwohl die unmittelbare Anwendung vom Wortlaut auf eine bestimmte Konstellation begrenzt ist, schließt dies nach ganz hM eine entsprechende Anwendung auf vergleichbare Konstellationen nicht aus.[19] § 25 Abs. 2 ist mithin zum einen nach der ratio legis auch dann **entsprechend anzuwenden,** wenn dem Schuldner nur ein **gegenständlich beschränktes Verfügungsverbot** auferlegt worden ist und insoweit die Verfügungsmacht auf den vorläufigen Verwalter übergegangen ist (ausführlich dazu § 21 RdNr. 59 ff.) oder wenn dem vorläufigen Verwalter die Kassenführung übertragen war bzw. ihm die Begründung von Masseverbindlichkeiten durch im Voraus erteilte **Einzelermächtigungen**[20] gerichtlich gestattet worden ist, denn auch in diesem Fällen kommt es nicht nur notwendig zur Begründung von Masseverbindlichkeiten[21], sondern es entstehen insbesondere auch Massekosten die vor einer Aufhebung zu begleichen sind.[22] Ein weiterer entsprechend anwendbarer Fall ist die isolierte **Aufhebung des allgemeinen Verfügungsverbots,** da dann dem vorläufigen Insolvenzverwalter nur die Befugnis nach § 22 Abs. 2 verbleibt, die ihm aber nicht die Begleichung von Kosten und Verbindlichkeiten durch Zugriff auf das Schuldnervermögen ermöglicht, so dass er auf das besondere Abwicklungsverfahren und die Sicherstellung der ordnungsgemäßen Beendigung durch das Insolvenzgericht angewiesen ist, da hierdurch die gesetzgeberisch gewollte Streitvermeidung nach Rückfall der Verfügungsbefugnis auf den Schuldner vermieden werden kann.[23] Ebenfalls entsprechend anzuwenden ist § 25 Abs. 2 auf den Fall der Aufhebung des **Eröffnungsbeschlusses im Beschwerdeverfahren,** da mit der Rechtskraft dieses Beschlusses die Verfügungsmacht des Schuldners rückwirkend wieder auflebt, nach § 34 Abs. 3 Satz 3 jedoch die Rechtshandlungen des Insolvenzverwalters rechtswirksam bleiben.[24] Auch in diesem Fall ist daher gegenüber dem Insolvenzverwalter entsprechend § 25 Abs. 2 durch das Insolvenzgericht sicherzustellen, dass dieser vor Aufhebung seiner Bestellung Gelegenheit zur Begleichung von Kosten und der von ihm begründeten Verbindlichkeiten erhält (zum dabei zu beachtenden Verfahren vgl. unten RdNr. 20 ff.).

---

[16] HKInsO-*Kirchhof* § 25 RdNr. 4; *Smid* InsO § 25 RdNr. 4; *Kübler/Prütting/Pape* § 25 RdNr. 2; FKInsO-*Schmerbach* § 25 RdNr. 15; hingegen geht Nerlich/Römermann/*Mönning* § 25 RdNr. 2 zu Unrecht davon aus, dass es sich um einen Fall nach § 21 Abs. 2 Nr. 2 handeln soll, was schon dem Wortlaut des § 25 Abs. 2 widerspricht, der von einem Übergang der Verfügungsbefugnis auf einen vorläufigen Insolvenzverwalter ausgeht.
[17] HKInsO-*Kirchhof* § 25 RdNr. 8.
[18] In diesem Sinne auch BGH ZIP 2007, 47, 48; *Uhlenbruck* § 25 RdNr. 12; *Gundlach/Frenzel/Schmidt* DZWIR 2003, 309, 311.
[19] Vgl. dazu BGH ZInsO 2008, 151, 152; ZIP 2007, 827; LG Duisburg ZIP 2001, 1020; AG Göttingen ZIP 2001, 801; FKInsO-*Schmerbach* § 25 RdNr. 15; LG Duisburg ZIP 2001, 70, 71; AG Duisburg DZWIR 2000, 306 und 397; auch *Gundlach/Frenzel/Schmidt* DZWIR 2003, 309 ff.; HKInsO-*Kirchhof* § 25 RdNr. 9; *Braun/Kind* § 25 RdNr. 12.
[20] Vgl. dazu umfassend BGH ZInsO 2002, 819, 821 ff.; *Gundlach/Frenzel/Schmidt* DZWIR 2003, 309, 312; HambKomm-*Schröder* § 25 RdNr. 11.
[21] Vgl. dazu auch BGH, Urt. v. 18.7.2002 – AZ: IX ZR 195/01, ZInsO 2002, 819; AG Coburg, Beschl. v. 26.11.2001 – AZ: IN 248/01, ZInsO 2002, 383; Bork ZIP 2003, 1423; Pape ZIP 2002, 2285; Kirchhof ZInsO 2000, 297, 300.
[22] *Gundlach/Frenzel/Schmidt* DZWIR 2003, 309 ff.; HKInsO-*Kirchhof* § 25 RdNr. 9.
[23] Vgl. dazu auch LG Duisburg DZWIR 2001, 70; AG Duisburg DZWiR 2000, 307; *Prager/Thiemann* NZI 2001, 634, 637.
[24] HKInsO-*Kirchhof* § 34 RdNr. 30; *Kübler/Prütting/Pape* § 25 RdNr. 14.

8 **Nicht anwendbar** ist die Regelung, wenn ein vorläufiger Verwalter ohne ein allgemeines oder besonderes, gegenständlich beschränktes Verfügungsverbot bestellt worden ist, weil ein solcher Verwalter weder Vermögen des Schuldners zu verwalten noch Masseschulden zu begründen hat und daher auch aus dem entsprechenden Anwendungsbereich des § 25 Abs. 2 ausgeschlossen ist.[25] Das Risiko der Begleichung von Kosten und begründeten Verbindlichkeiten, insbesondere auch seines Vergütungsanspruches, verbleibt in diesem Fall ganz bei ihm, da der Gesetzgeber das besondere Abwicklungsverfahren an das Vorliegen verfügungsbeschränkender Maßnahmen gegen den Schuldner und das darauf gegenüber dem vorläufigen Verwalter begründete Vertrauen der Rechts- und Geschäftskreise geknüpft hat.[26] In diesen Fällen kann jedoch das Gericht den Verwalter einzeln ermächtigen, zur Begleichung der Kosten Mittel aus der Masse zu verwenden.

9 Tatsächlich erfasst der Anwendungsbereich des § 25 auch die Fälle der Abweisung eines Insolvenzantrages als unzulässig oder unbegründet bzw. die Abweisung mangels Masse und die Konstellationen der zulässigen Rücknahme des Insolvenzantrages sowie der übereinstimmenden Erledigungserklärung. Entsprechend anwendbar ist § 25 Abs. 2 auch für den Fall der **Rücknahme des Insolvenzantrages**.[27] Auch für diesen Fall ist die Aufhebung im Beschlusswege notwendig, da die Rücknahme selbst keine konstitutive Wirkung entfaltet.[28] Hauptanwendungsfälle sind jedoch die mit einer Abweisung mangels Masse nach § 26 endenden Eröffnungsverfahren.[29]

E. Aufhebung von Sicherungsmaßnahmen

10 Sicherungsmaßnahmen nach §§ 21 ff. sind von Amts wegen aufzuheben, wenn sie entbehrlich werden oder sicher zu erwarten ist (zB auf Grund sachverständiger Äußerung), dass der Eröffnungsantrag abgewiesen wird, so zB regelmäßig im Fall der zu erwartenden Abweisung mangels Masse und eines nicht gezahlten Vorschusses. Die notwendige gerichtliche Aufhebung von Sicherungsmaßnahmen ist dabei stets die Kehrseite ihrer Anordnung und unterfällt daher den gleichen Kriterien, wie sie bei ihrer Anordnung zu beachten sind (umfassend dazu § 21 RdNr. 15 ff.). Entfallen also die Anordnungsvoraussetzungen oder erweist sich die Annahme bzw. Überzeugung der Notwendigkeit im Nachhinein als nicht mehr oder nicht mehr gegeben, so ist das Gericht nach dem unabdingbaren Grundsatz der Verhältnismäßigkeit und Erforderlichkeit zur Aufhebung der Sicherungsmaßnahmen unter Beachtung der Grundsätze des § 25 Abs. 2 verpflichtet, ohne dass es einer vorherigen Anhörung der Beteiligten bedarf. Gleichwohl sollte in jedem Fall eine Abstimmung mit dem vorläufigen Insolvenzverwalter erfolgen, der auf Grund seiner Sachnähe die Erforderlichkeit und Wirkung der Aufhebung von Sicherungsmaßnahmen regelmäßig am besten beurteilen kann. Andererseits ist dabei aber auch stets das Recht des Schuldners zu berücksichtigen, der zB für den Fall der Nichterforderlichkeit verfügungsbeschränkender Maßnahmen aus seiner vermögensrechtlichen Stellung und der eigentumsrechtlichen Zuordnung heraus einen Anspruch auf den Rückfall der Verfügungsbefugnis hat.

11 Generell wird man sagen können, dass die Sicherungsmaßnahmen für jeden Fall aufzuheben sind, wenn eine Entscheidung über die Eröffnung – aus welchen Gründen auch immer – nicht mehr ergeht, da dann das Sicherungsinteresse bis zur Entscheidung über die Eröffnung entfallen ist. Grundsätzlich gilt jedoch, dass nach Prüfung der Zulässigkeit eingeleitete Sicherungsmaßnahmen fortzusetzen sind und nur besondere Umstände eine Aufhebung der Sicherungsmaßnahmen vor der abschließenden Entscheidung rechtfertigen. Dies kann insbesondere dann der Fall sein, wenn durch die vorläufige Sicherungsmaßnahme eine Existenzgefährdung des Schuldners eintritt und dieser glaubhaft macht, dass ein Insolvenzgrund nicht gegeben ist. Gleiches gilt für den Fall, dass kein vorläufiger Verwalter mit Verfügungsbefugnis bestellt ist.[30] Eine analoge Anwendung dürfte im Hinblick auf die Zweckrichtung ausscheiden. Anstelle der Aufhebung kommt im Einzelfall auch eine weniger einschneidende Austauschmaßnahme infrage, wenn diese geeignet ist den Sicherungszweck zu erfüllen.

12 Zu denken ist für die Aufhebung von Sicherungsmaßnahmen nicht nur an die Abweisung mangels Masse, sondern insbesondere auch an die Fälle, in denen zB durch Gegenglaubhaftmachung die

---

[25] OLG Celle NZI 2001, 306 = ZInsO 2001, 377; *Haarmeyer* ZInsO 2000, 70, 71; *Vallender* EWIR 2002, 69, 70; *Uhlenbruck* § 25 RdNr. 5.
[26] Vgl. dazu auch *Gundlach/Frenzel/Schmidt* DZWIR 2003, 309, die die Regelungen auf jeden Fall der vorläufigen Verwaltung anwenden wollen.
[27] *Uhlenbruck* § 25 RdNr. 13; AG Duisburg DZWIR 2000, 306 m. zust. Anm *Smid*; zur Wirkung der Rücknahme eines Antrags vgl. auch BGH ZIP 2009, 195 mit Besprechung von *Sethe* ZInsO 2009, 218.
[28] BGH ZIP 2009, 195.
[29] Zum Anwendungsbereich auch FKInsO-*Schmerbach* § 25 RdNr. 3 ff.
[30] OLG Celle ZInsO 2001, 377 ff.

ursprüngliche Glaubhaftmachung der Forderung oder des Insolvenzgrundes erschüttert wird, weshalb der Antrag letztlich als unzulässig zurückzuweisen ist[31] oder wenn sich im Zuge der Begründetheit herausstellt, dass ein Insolvenzgrund nicht vorliegt, so dass der Antrag sich nach Zulassung gleichwohl als nachträglich unzulässig erweist bzw. zurückgenommen wird[32] oder der Schuldner den Antragsteller befriedigt und das Verfahren auf Antrag eingestellt bzw. aufgehoben wird. Gleiches gilt für die Anordnung von Sicherungsmaßnahmen in der Erwartung einer Betriebsfortführung, die sich dann jedoch entweder als nicht sachgerecht oder aus anderen Gründen nicht durchführbar erweist, so dass eine Fortdauer der vorläufigen Verwaltung nur zur Entstehung weiterer Kosten führen würde.[33] In einer erheblichen Anzahl von Fällen erledigt sich also der Insolvenzantrag bevor eine verfahrensabschließende Entscheidung ergeht, so dass es eines Fortbestandes der angeordneten Sicherungsmaßnahmen nicht mehr bedarf. Das Gericht kann sich dabei nicht damit begnügen, dass bei Anordnung der Maßnahmen zur Sicherung der Masse diese erforderlich erschienen, es hat vielmehr regelmäßig, insbesondere jedoch bei entsprechenden Erkenntnissen aus Berichten oder Stellungnahmen, zu prüfen und herauszufinden, ob die Sicherungsmaßnahmen auch tatsächlich noch weiterhin erforderlich sind.[34]

Die Bedeutung des § 25 Abs. 2 liegt insoweit darin, dass auch für den Fall der Aufhebung von Sicherungsmaßnahmen der bisherige vorläufige Verwalter neben dem Schuldner berechtigt bleibt, alle Maßnahmen zur Erreichung des Verfahrenszweckes durchzuführen und dass der Schuldner insoweit diese „interne Beschränkung" seiner wiedergewonnenen Verfügungsmacht hinzunehmen hat, da die **gesetzlich vorbehaltenen Restbefugnisse** des vorläufigen Verwalters die Aufhebung von Sicherungsmaßnahmen bis zur vollständigen Befriedigung der Kosten und Verbindlichkeiten überdauern und § 25 Abs. 2 selbst keine unmittelbaren Ansprüche der dort genannten Gläubiger begründet.[35]

F. Die Aufhebung der Bestellung des vorläufigen Insolvenzverwalters

Ist die Frage des gesetzgeberischen Hintergrundes der Neuregelung in § 25 Abs. 2 auch weitgehend nachvollziehbar und erklärbar (vgl. dazu oben RdNr. 4 ff.), so bleibt doch die Frage ungeklärt und nicht geregelt, nach welchem Verfahren und in welchem zeitlichen und rechtlichen Verhältnis der Beschluss des Insolvenzgerichtes über die Aufhebung von Sicherungsmaßnahmen zu der im Übrigen zu treffenden verfahrensabschließenden Entscheidung des Gerichtes. steht.[36] Dieser Frage kommt schon deshalb entscheidende Bedeutung zu, weil es darum geht, die legitimen Interessen des Schuldners bei Wegfall des Sicherungsgrundes wieder unbeschränkt über sein Vermögen verfügen zu können, mit den Interessen der Gläubiger und des vorläufigen Verwalters in Einklang zu bringen, ohne dafür auf die zwar vielfältigen, aber rechtlich durchaus fragwürdigen Regelungsmodelle nach der KO bzw. GesO zurückgreifen zu müssen (vgl. dazu oben RdNr. 2, 3).[37] Die Frage gewinnt insbesondere vor dem Hintergrund Bedeutung, dass mit der Aufhebung der Bestellung bzw. der Aufhebung des Verfahrens auch die gerichtliche Legitimationswirkung für den vorläufigen Insolvenzverwalter entfällt ggf. über fremdes Vermögen zu verfügen und auch die Aufsicht des Insolvenzgerichtes über den vorläufigen Insolvenzverwalter den vorgenannten Zeitpunkt als möglicherweise nachwirkende Amtspflicht des Gerichtes noch überdauern kann oder nicht notwendigerweise mit der Beendigung des Eröffnungsverfahrens erlöschen muss.[38] Vgl. im Übrigen zu den Fallgruppen und zum Anwendungsbereich oben RdNr. 6.

I. Legitimationswirkung der fortdauernden Bestellung

Der aus dem bisherigen Konkurs- und Gesamtvollstreckungsrecht bekannte regelmäßige zeitliche Ablauf, der zB für den Fall der Abweisung mangels Masse parallel zur materiell-rechtlichen Entscheidung auch zur Aufhebung von Sicherungsmaßnahmen führte oder gar des gesamten Verfahrens unmittelbar dann, wenn in zulässiger Weise der Antrag zurückgenommen wurde, lässt sich mit der

---

[31] Vgl. dazu *Uhlenbruck* KTS 1994, 169, 182.
[32] Ausdrücklich auch für diesen Fall BGH ZIP 2009, 195 m. Anm. *von Sethe* ZInsO 2009, 218.
[33] *Kübler/Prütting/Pape* § 25 RdNr. 3.
[34] *Haarmeyer* ZInsO 2000, 70, 71; *Kübler/Prütting/Pape* § 25 RdNr. 3 ff.
[35] Dazu BGH ZIP 2007, 47, 48; vgl. auch *Uhlenbruck* § 25 RdNr. 12.
[36] Dazu *Graeber/Graeber* InsbürO 2009, 354 ff.
[37] Vgl. dazu auch *Kübler/Prütting/Pape* § 25 RdNr. 7 ff.
[38] Vgl. zu diesen Fragestellungen auch *Haarmeyer* ZInsO 2000, 70 ff.; *Uhlenbruck*, Kölner Schrift, S. 325 ff. RdNr. 63 ff.; *Pape* WPrax 1995, 252, 254; *Kübler/Prütting/Pape* § 25 RdNr. 8.

Neuregelung des § 25 Abs. 2 und der Legitimation des vorläufigen Insolvenzverwalters nicht mehr in Einklang bringen.

16 Verliert der vorläufige Insolvenzverwalter mit der **vollständigen Aufhebung eines Beschlusses** nach §§ 21, 22 – als actus contrarius zum Anordnungsbeschluss – alle materiell-rechtlichen und prozessualen Befugnisse, so verliert der vorläufige Insolvenzverwalter zugleich die ihm Kraft hoheitlichen Aktes übertragenen Befugnisse, die ihn zum Handeln gegenüber dem Schuldner ermächtigen, die insolvenzrechtliche Beschlagnahme der Vermögensmasse erlischt und damit auch das Zugriffs- und Verwertungsrechts der Gläubiger, das sicherzustellen ja gerade die dem vorläufigen Insolvenzverwalter übertragene Rechtsmacht sicherstellen sollte. Das bedeutet in der Konsequenz natürlich nicht, dass der vorläufige Insolvenzverwalter sich nach wirksamer Aufhebung des ihn legitimierenden Beschlusses sofort jeder Tätigkeit zu enthalten hat, jedoch reduziert sich unter solchen Voraussetzungen sein **rechtliches Können** auf die tatsächliche Abwicklung des Verfahrens gegenüber den Beteiligten, insbesondere dem Gericht, in Form der Erstellung der Rechnungslegung bzw. des Vollzuges der Herausgabe von Gegenständen an die Berechtigten, insbesondere an den Schuldner. Daraus ergeben sich aber notwendigerweise die Rechtssicherheit und Rechtsklarheit beeinträchtigende **Abgrenzungsprobleme,** ob nämlich zB bestimmte Tätigkeiten noch zu einer zulässigen Abwicklung gehören oder nicht, worauf zB für den Fall nachwirkender Befugnisse des Zwangsverwalters *Wrobel* mit überzeugenden Gründen für diese Rechtsfigur hingewiesen hat.[39] Es ist daher notwendig, schon zur Sicherheit des Rechtsverkehrs eindeutig zu bestimmen, welche Kompetenzen und Legitimation ein vorläufiger Insolvenzverwalter unter den Voraussetzungen des § 25 Abs. 2 noch hat oder haben muss, da sonst Konkurrenzprobleme auftreten, die ebenso wenig wie die Kompetenzen eindeutig abgrenzbar sind. Nur durch eine solche, auf geordnete, wenn auch vorzeitige Beendigung eines Insolvenzverfahrens gerichtete Lösung, kann auch erreicht werden, dass der vorläufige Verwalter nicht ohne Aufsicht des Gerichtes weiter agiert, denn die gerichtliche Aufsicht ist die notwendige und gewollte Garantie für ein geordnetes Insolvenzverfahren und rechtfertigt die Durchsetzung bzw. Beschränkung privater Ansprüche kraft staatlichem Zwangs.[40] Bedarf es daher zur Erfüllung der Maßgaben des § 25 Abs. 2 und zur sinnvollen Beendigung des Verfahrens der notwendigen Abwicklung, so darf trotz des Eintritts eines Aufhebungsgrundes kein unpassender, die Sicherungsmaßnahmen und die vorläufige Verwaltung gänzlich aufhebender Beschluss ergehen, wenn nicht das Insolvenzgericht zuvor geprüft hat, dass einer Beendigung des Verfahrens keine schützenswerten Interessen des Insolvenzverwalters bzw. der mit ihm kontrahierenden Gläubiger entgegenstehen. Nur für diesen Fall darf eine umfassende Aufhebung beschlossen werden, ansonsten hat das Insolvenzgericht die kompetenzrechtlichen Abgrenzungen eindeutig zu vollziehen und für den Rechts- und Geschäftsverkehr unmissverständliche Kompetenzzuweisungen vorzunehmen. Hebt das Insolvenzgericht mithin nicht nur die Sicherungsmaßnahmen, sondern zugleich auch die Bestellung des vorläufigen Verwalters vorzeitig auf, kann dies Amtshaftungsansprüche der beteiligten Gläubiger oder des vorläufigen Verwalters begründen.[41]

17 Erweisen sich also im Laufe des Eröffnungsverfahrens die verhängten Sicherungsmaßnahmen nicht mehr als notwendig bzw. wird auf Grund anderer Ereignisse deutlich, dass es zu einer Eröffnungsentscheidung nicht kommt, sondern das Verfahren trotz angeordneter vorläufiger Insolvenzverwaltung vorzeitig beendet wird, so geht das **Recht des Schuldners,** beim Wegfall des Sicherungsgrundes wieder unbeschränkt über sein Vermögen verfügen zu können, grundsätzlich vor, da mit dem Wegfall der Anordnungsvoraussetzung des § 21 Abs. 1 auch die Legitimationswirkung für eine Beschränkung seiner Verwaltungs- und Verfügungsbefugnis entfallen ist. Mit diesem Recht des Schuldner **konkurriert** nunmehr die Regelung des § 25 Abs. 2, wonach dem vorläufigen Insolvenzverwalter vor der Aufhebung seiner Bestellung Gelegenheit zu geben ist, aus dem Vermögen des Schuldners die dort genannten Kosten, Auslagen etc. sowie die von ihm begründeten Verbindlichkeiten zu erfüllen. Zweck der Neuregelung ist, wie bereits oben bei RdNr. 4 dargelegt, zu vermeiden, dass nach dem Rückfall der Verfügungsbefugnis auf den Schuldner aus der Zeit der vorläufigen Insolvenzverwaltung noch Verbindlichkeiten offen stehen, über deren Erfüllung dann Streit entstehen könnte.

18 Über die Art und Weise, in der diese konkurrierenden Interessen ausgeglichen werden können, werden in der Literatur durchaus **unterschiedliche Lösungsmöglichkeiten** erörtert.[42] So wird behauptet, sachgerechte Ergebnisse seien in Bezug auf die Neuregelung nur dann zu erreichen, wenn

---

[39] Vgl. dazu *Wrobel* KTS 1995, 19 ff.; auch *Haarmeyer* RPfleger 2000, 30.
[40] Vgl. dazu umfassend zur staatlichen Legitimation der Herbeiführung einer Zwangsgemeinschaft *Haarmeyer*, Hoheitliche Beschlagnahme, S. 36 ff.
[41] HK-Kirchhof § 25 RdNr. 5; PK-Haarmeyer/Wutzke/Förster-Mitter § 25 RdNr. 8.
[42] Vgl. dazu *Graeber/Graeber* InsbürO 2009, 354ff sowie die Zusammenstellung bei *Uhlenbruck* § 25 RdNr. 6–12.

das Insolvenzgericht entgegen dem gesetzlichen Wortlaut die Aufhebung nicht von der vorherigen Berichtigung des verwalteten Vermögens abhängig macht, sondern in analoger Anwendung des § 211 Abs. 3 das Verfahren aufhebt und zugleich eine Nachtragsliquidation anordnet.[43] Andererseits wird einer „Vorankündigung" der Verfahrensbeendigung das Wort geredet und der vorläufige Insolvenzverwalter als verpflichtet angesehen, sofort nach Erkennbarwerden der Abweisungsreife seinen Vergütungs- und Auslagenersatzantrag zu stellen und die anderen Forderungen bzw. Verbindlichkeiten schnellstmöglich zu erfüllen.[44] Es wird auch die Auffassung vertreten, dass das Insolvenzgericht die Aufhebung der Sicherungsmaßnahmen erst beschließen könne, wenn die durch die Verwaltung entstandenen Kosten und Verbindlichkeiten aus der Masse beglichen sind.[45] Daneben werden Formen der Sicherung erwogen, die zwischen der Hinterlegung eines Betrages in Höhe der zu erwartenden Kosten unter Verzicht auf die Rücknahme[46] und der Empfehlung einer Hinterlegung der dafür erforderlichen Beträge auf einem Anderkonto das Wort geredet.[47] Hingegen wird bei HKInsO-*Kirchhof*[48] erkennbar und deutlich zwischen der Aufhebung der Sicherungsmaßnahmen und der Aufhebung der Bestellung des vorläufigen Verwalters differenziert.

Nur der zuletzt genannte Weg entspricht zum einen dem Gesetz selber, das sich zwar in § 25 Abs. 1 zur Aufhebung von Sicherungsmaßnahmen verhält, jedoch § 25 Abs. 2 eindeutig von der **davon abzugrenzenden Aufhebung** der Bestellung des vorläufigen Insolvenzverwalters spricht, mithin einem Minus gegenüber der aufzuhebenden Übertragung der Verfügungsbefugnis über das Vermögen des Schuldners. Zur Erreichung des Verfahrenszweckes und zur Sicherung der unterschiedlichen Interessen ist daher wie folgt zu verfahren:[49] Erweisen sich die Sicherungsmaßnahmen als nicht mehr notwendig, weil die Beibehaltung der Maßnahmen nicht mehr begründet oder erforderlich ist und eine Gefahr für die Insolvenzmasse nicht mehr besteht, so ist die auf den vorläufigen Insolvenzverwalter zunächst übergegangene Verfügungsbefugnis auf den Schuldner zurückzuübertragen.[50] Gleichzeitig ist der vorläufige Insolvenzverwalter nach Maßgabe des § 22 Abs. 2 mit der Aufgabenstellung der Durchführung der Abwicklung und mit den ihm gesetzlich zugewiesenen Restbefugnissen (vgl. dazu oben RdNr. 5 und 13) nach § 25 Abs. 2 in seinem Amte zu belassen, bis dieser gegenüber dem Gericht anzeigt, dass der gesetzlich erforderte Ausgleich von Kosten, Auslagen, Forderungen und Verbindlichkeiten nach § 25 Abs. 2 durch ihn erfolgt ist. Auf diese Weise kommt man dem Interesse des Schuldners entgegen, der einen Anspruch darauf hat, mit der Aufhebung der Verfügungsberechtigung nicht warten zu müssen, bis der letzte Lieferant des Eröffnungsverfahrens seine Rechnung gelegt oder der vorläufige Insolvenzverwalter diese geprüft hat und zum anderen behält der vorläufige Insolvenzverwalter seine Rechtsstellung in Bezug auf die Aufgaben, die er gesetzlich zu erfüllen hat, bevor er aus seinem Amt und damit auch aus der Aufsicht des Gerichtes entlassen werden kann. Zeigt der vorläufige Verwalter sodann an, dass er der ihm übertragenen bzw. gesetzlich obliegenden Verpflichtung gerecht geworden ist, kann das Insolvenzgericht nach § 25 Abs. 2 auch diese reduzierte Bestellung des vorläufigen Insolvenzverwalters aufheben und ihn damit aus seinem Amt entlassen. Bedarf es mithin zur sinnvollen Beendigung eines Insolvenzverfahrens auch nach Rückfall der allgemeinen Verwaltungs- und Verfügungsbefugnis an den Schuldner der Fortsetzung des Verfahrens zur Realisierung des gesetzlichen Auftrages nach § 25 Abs. 2, so darf trotz Eintritts eines Aufhebungstatbestandes kein die Sicherungsmaßnahmen und die vorläufige Verwaltung insgesamt aufhebender Beschluss ergehen, wenn nicht das Insolvenzgericht zuvor geprüft hat, dass die rechtlichen Voraussetzungen auch der Aufhebung der Bestellung des vorläufigen Insolvenzverwalters gegeben sind. Auch im Hinblick auf die gesetzlichen Gründe für eine Aufhebung und die dahinterstehende Interessenlage aller Beteiligten vermag das Abstellen auf einen so definierten Aufhebungszeitpunkt zu überzeugen, denn mit einer solchen Beschlussfassung nach § 22 Abs. 2 hat der vorläufige Insolvenzverwalter seine Tätigkeit im Hinblick auf § 25 Abs. 2 uneingeschränkt weiterzuführen, jedoch sein gesamtes Handeln auf die neue Rechtslage einzustellen, um sich nicht ggf. pflichtwidrig und damit haftungsrechtlich relevant zu verhalten. Nur auf diese Weise kann auch verhindert werden, dass nach dem Rückfall der Verfügungsbefugnis an den Schuldner Streit über die Frage entsteht, ob der vorläufige Insolvenzverwalter noch hinsichtlich der von ihm gesonderten und verwalteten Vermögensmasse legitimiert ist. Sinnvollerweise sollte daher in einem klarstellenden Beschluss nach außen hin für den Rechts- und Geschäftsverkehr die gesetzlich gebundene Verfü-

---

[43] Nerlich/Römermann/*Mönning* § 25 RdNr. 28.
[44] *Kübler/Prütting/Pape* § 25 RdNr. 9 ff.
[45] FKInsO-*Schmerbach* § 25 RdNr. 20.
[46] FKInsO-*Schmerbach* § 25 RdNr. 22.
[47] *Braun/Uhlenbruck* S. 267.
[48] HKInsO-*Kirchhof* § 25 RdNr. 5; vgl. auch *Prager/Thiemann* NZI 2001, 634.
[49] Vgl. dazu BGH ZIP 2009, 195; *Haarmeyer* ZInsO 2000, 70 ff.; *ders.* FS Greiner, S. 103 ff.
[50] In diesem Sinne auch Jaeger/*Gerhardt* § 25 RdNr. 16.

gungsgewalt hinreichend deutlich gemacht werden und von der auf den Schuldner zurückfallenden Verwaltungs- und Verfügungsbefugnis über sein sonstiges Vermögen eindeutig abgegrenzt werden.

II. Das Verfahren der Aufhebung

20 Nach Maßgabe der vorgenannten Regelungsmaximen vollzieht sich das **Verfahren** der Aufhebung von Sicherungsmaßnahmen für den Fall der Übertragung der Verfügungsbefugnis auf den Schuldner und damit der Anordnung einer vorläufigen Insolvenzverwaltung regelmäßig **dreistufig**. Sobald für das Gericht erkennbar wird, regelmäßig durch einen entsprechenden Bericht bzw. eine Stellungnahme des Insolvenzverwalters, dass es zu einer Eröffnung des Verfahrens aus tatsächlichen Gründen nicht kommen wird, oder dass die rechtlichen Voraussetzungen für eine Eröffnung nicht gegeben sind bzw. andere erledigende Ereignisse (Rücknahme des Antrages, Erledigungserklärung etc.) vorliegen und der Entzug der Verwaltungs- und Verfügungsbefugnis zu Lasten des Schuldners nicht weiter gerechtfertigt ist, so hat das Gericht in einem ersten Schritt die dahingehende Übertragung der Verfügungsbefugnis auf den vorläufigen Verwalter aufzuheben und dem Schuldner die Verfügungsgewalt über das nicht vorläufig gesicherte Vermögen zurückzuübertragen. Dagegen steht dem vorläufigen Verwalter kein Rechtsmittel zu.[51]

21 In einem zweiten Schritt ist sodann der bisher allgemein und gesetzlich bestimmte Aufgabenkreis des vorläufigen Insolvenzverwalters nach § 22 Abs. 1 unter Anwendung der Möglichkeiten des § 22 Abs. 2 klarstellend dahingehend zu reduzieren, dass sich seine Verfügungsbefugnis auf die vorhandenen und von ihm verwalteten Vermögensgegenstände reduziert und er zu deren Verwendung nach Maßgabe des § 25 Abs. 2 zum Zwecke Begleichung von Kosten und Verbindlichkeiten gesetzlich legitimiert ist. Ist der Schuldner auf Grund einer so erfolgten Beschlussfassung des Gerichtes nach außen hin wieder allgemein legitimiert, so obliegt dem vorläufigen Insolvenzverwalter sodann die Verteilung bzw. Verwertung des vorhandenen Vermögens in Bezug auf die Kosten und die im Eröffnungsverfahren von ihm begründeten Verbindlichkeiten einschließlich der Verbindlichkeiten aus Dauerschuldverhältnissen (zum Verteilungsverfahren im Einzelnen vgl. unten 25 ff.).

22 Teilt nach erfolgtem Verteilungsverfahren der vorläufige Insolvenzverwalter dem Gericht den Vollzug der Verteilung mit, so kann sodann das Insolvenzgericht nach Prüfung der Rechnungslegung in einem dritten Schritt das Insolvenzverfahren insgesamt aufheben, wodurch mit dem Zeitpunkt der Aufhebung auch das Amt des vorläufigen Insolvenzverwalters endet, da es ihm von diesem Zeitpunkt an jeder hoheitlich legitimierten Funktion fehlt.

III. Rechtsstellung und Pflichten des vorläufigen Insolvenzverwalters nach Aufhebung der Verfügungsbefugnis

23 Unmittelbar nach Erkennbarwerden oder Bekanntwerden der auf eine Abweisung der Eröffnung des Verfahrens hinauslaufenden Entscheidung des Insolvenzgerichts bzw. ggf. sogar einer dahingehenden Empfehlung des vorläufigen Insolvenzverwalters selbst, hat dieser die Pflicht, seine gesamte Tätigkeit auf das nicht mehr erreichbare Ziel einer Eröffnung des Verfahrens auszurichten was notwendigerweise zur Folge hat, dass das Werterhaltungsinteresse des Schuldners (vgl. dazu § 21 RdNr. 13) Vorrang gegenüber den im Übrigen vorhandenen Interessen potentieller Insolvenzgläubiger hat. Dementsprechend dürfte der vorläufige Insolvenzverwalter in dieser Situation auch nicht mehr berechtigt sein, neue Verbindlichkeiten einzugehen, weil das Interesse des Schuldners, die Masse möglichst unbeschadet zurückzubekommen, überwiegt.[52] Ebenso dürften von diesem Zeitpunkt an Maßnahmen ausgeschlossen sein wie eine Geschäftsschließung, die dem Schuldner die Möglichkeit nehmen würde, sein Geschäft nach Rückerhalt der Verwaltungs- und Verfügungsbefugnis weiterzuführen.[53] Die gesamte Tätigkeit des vorläufigen Insolvenzverwalters hat sich daher vom Zeitpunkt des Erkennbarwerdens bzw. des Bekanntwerdens der Abweisungsreife, gleich aus welchem Grund, darauf zu reduzieren, die Voraussetzungen für eine endgültige Aufhebung der vorläufigen Insolvenzverwaltung dadurch herbeizuführen, dass der Verwalter nicht nur seinen Vergütungs- und Auslagenersatzantrag stellt, sondern auch im Übrigen gegenüber dem Insolvenzgericht über die noch zu erfüllenden Forderungen bzw. Verbindlichkeiten Rechnung zu legen hat. Da das Gericht auch über die Abwicklung nach § 25 Abs. 2 weiterhin die Aufsicht führt, bedarf es einer Offenlegung der noch zu erfüllenden Pflichten durch den vorläufigen Insolvenzverwalter, damit zumindest auch für das Gericht der zeitliche Horizont eines, wenn auch

---

[51] BGH ZIP 2007, 47.
[52] *Kübler/Prütting/Pape* § 25 RdNr. 12.
[53] Vgl. dazu auch HambKomm-*Schröder*, § 25 RdNr. 8; *Pape* WPrax 1995, 251, 254; *Kübler/Prütting/Pape* § 25 RdNr. 12.

kompetenzrechtlich weitgehend reduzierten, weiteren Tätigbleibens des vorläufigen Insolvenzverwalters erkennbar wird. Reicht der Massebarbestand zur Berichtigung der Masseansprüche und Vorrechtsforderungen nicht aus, so war schon zu § 191 KO unstreitig, dass es dann Aufgabe des Konkursverwalters gewesen ist, zur Deckung der nötigen Beträge die Masse flüssig zu machen,[54] also verwaltetes Vermögen zu verwerten, um der gesetzlichen Aufgabenerfüllung gerecht werden zu können. Der Gesetzgeber der InsO hat dies in § 25 Abs. 2 und § 208 Abs. 3 aufgegriffen und in § 211 Abs. 1 geregelt, dass die Einstellung masseunzulänglicher Verfahren erst nach Verteilung, d.h. nach Verwertung des insoweit zur Deckung der Verbindlichkeiten benötigten Massebestandes erfolgt. Die Befugnis des vorläufigen Insolvenzverwalters im Falle des § 25 Abs. 2 umfasst daher zugleich auch dessen Berechtigung, nicht nur vorhandenes Barvermögen zu verteilen, sondern auch das vorhandene, nicht bare Vermögen zu verwerten und Forderungen einzuziehen bis zur vollständigen Befriedigung der Kosten und Verbindlichkeiten.[55] Dabei ergibt sich schon aus der Formulierung in § 25 Abs. 2 Satz 1 „aus dem von ihm verwalteten Vermögen", dass der ehemalige vorläufige Verwalter berechtigt ist, auch unter seiner Verwaltung befindliche Gegenstände des Schuldnervermögens zu veräußern, wenn dies zur Berichtigung der Kosten und Masseverbindlichkeiten erforderlich ist.[56] Die **Verwertungsbefugnis** dauert daher so lange an, als die Berichtigung der Kosten und Masseverbindlichkeiten dies erfordert, da nur auf diese Weise dem gesetzlichen Erfordernis der Berichtigung von Kosten und Verbindlichkeiten aus dem „von ihm verwalteten Vermögen" hinreichend Rechnung getragen werden kann. Aufgrund seiner Stellung kraft Amtes bedarf es dazu bei einem vorläufigen Verwalter mit Verwaltungs- und Verfügungsbefugnis auch keiner gesonderten Beschlussfassung zur Verwertungsbefugnis, worauf Smid zutreffend hingewiesen hat,[57] weil die ihm übertragene Verwaltungs- und Verfügungsbefugnis die Verwertungsbefugnis solange umfasst, wie der Sicherungsbeschluss nicht aufgehoben worden ist. Insoweit kann zwar zB das allgemeine Verfügungsbeschränkung zu Lasten des Schuldners aufgehoben werden, dieser muss jedoch die Beschränkung dulden, dass der vorläufige Verwalter berechtigt bleibt, alle Maßnahmen vorzunehmen, die zur Erreichung des gesetzlichen Zweckes des § 25 Abs. 2 Satz 1 erforderlich sind. Wie bei der Nachtragsverteilung oder im Fall des § 211 Abs. 3 handelt es sich um gesetzlich **vorbehaltene Restbefugnisse** des vorläufigen Verwalters, die über die Verfahrensbeendigung hinaus andauern.[58] Die Sicherungsmaßnahmen sind also in derartigen Fällen gegebenenfalls auf ein partielles Verfügungsverbot und eine entsprechende ausschließliche Verfügungsermächtigung zu Gunsten des vorläufigen Verwalters zu reduzieren. Insoweit bleibt auch der vorläufige Verwalter verfügungsberechtigt bis die Verbindlichkeiten gemäß § 25 Abs. 2 S. 2 InsO erfüllt sind und damit der Normzweck erreicht ist. Um einen gutgläubigen Erwerb oder entsprechende Belastungen des Grundbuches durch Verfügungen der Schuldnerin bis zur Zweckerfüllung des § 25 Abs. 2 zu vermeiden, muss die Verfügungsbeschränkung im Sinne der vorläufigen Verwaltung im Grundbuch eingetragen bleiben oder eingetragen werden. Reicht das verwaltete Schuldnervermögen gleichwohl nicht aus, so greift die Rangordnung des § 209 Abs. 1 entsprechend ein.[59]

1. Wirksamkeit vorgenommener Rechtshandlungen. Die Aufhebung von Sicherungsmaßnahmen ändert nichts an der Wirksamkeit der vom vorläufigen Insolvenzverwalter getroffenen Verfügungen, auch wenn es nicht zur Eröffnung kommt, da insoweit die Regelung des § 34 Abs. 3 Satz 3 entsprechende Anwendung findet.[60] § 34 Abs. 3 regelt die Wirksamkeit von Rechtshandlungen, die entweder vom Insolvenzverwalter oder ihm gegenüber im eröffneten Verfahren vorgenommen worden sind, wenn das Verfahren später durch das Beschwerdegericht aufgehoben wird. Abs. 3 Satz 3 lässt insoweit die Rechtshandlungen des Insolvenzverwalters, der zunächst wirksam bestellt war, dessen Bestellung aber nachträglich beseitigt wurde, wirksam bleiben. Dass Handlungen eines Konkursverwalters im „steckengebliebenen" Insolvenzverfahren wirksam bleiben, war schon im Anwendungsbereich der Konkursordnung allgemein anerkannt.[61] Durch die Vorverlagerung des

---

[54] Kilger/K. Schmidt § 191 Anm. 1.
[55] So ausdrücklich auch *Uhlenbruck* § 25 RdNr. 12 und 13; ebenso *Gundlach/Frenzel/Schmidt* DZWIR 2003, 309 ff.; aA *Schmahl*, § 34 RdNr. 105.
[56] So ausdrücklich auch *Uhlenbruck* § 25 RdNr. 13; *Pape*, Kübler/Prütting § 25 RdNr. 11.
[57] DZWiR 2000, 308. Dass ein solcher Beschluss gleichwohl zur Klarstellung erfolgen kann, hat das AG Duisburg DZWiR 2000, 307 dargelegt. Vgl. dazu auch LG Duisburg ZIP 2001, 1020.
[58] So ausdrücklich auch *Uhlenbruck* § 25 RdNr. 12 aE.
[59] HKInsO-*Kirchhof* § 25 RdNr. 7; *Kübler/Prütting/Pape* § 25 RdNr. 16; *Haarmeyer* ZInsO 2000, 70, 71; *Uhlenbruck* § 25 RdNr. 16.
[60] *Kübler/Prütting/Pape* § 25 RdNr. 13; HKInsO-*Kirchhof* § 25 RdNr. 4; *Uhlenbruck*, Kölner Schrift, S. 325 ff. RdNr. 37; *Smid* InsO § 25 RdNr. 4.
[61] BGH NJW 1959, 1873; Jaeger/*Weber* § 109 RdNr. 4; Kuhn/*Uhlenbruck* § 109 RdNr. 8; *Mohrbutter/Pape* RdNr. II.32; *Kübler/Prütting/Pape* § 25 RdNr. 13.

Übergangs der Verwaltungs- und Verfügungsbefugnis auf den vorläufigen Insolvenzverwalter kann daher für die Rechtshandlungen des so ausgestatteten vorläufigen Insolvenzverwalters nichts anderes gelten als für das eröffnete Verfahren, zumal der Gesetzgeber die früher allgemein vertretene Auffassung nunmehr zum Schutze des Rechtsverkehrs in § 34 Abs. 3 ausdrücklich geregelt hat.[62] Begründet daher der vorläufige Insolvenzverwalter mit Verwaltungs- und Verfügungsbefugnis im Rahmen des Eröffnungsverfahrens zB Verbindlichkeiten, so sind diese Verbindlichkeiten vom Schuldner auch dann zu erfüllen, wenn es nicht zu einer Verfahrenseröffnung kommt. Insoweit haftet das Vermögen des Schuldners für die vom vorläufigen Insolvenzverwalter begründeten Verbindlichkeiten und die entstandenen Kosten, da die Aufhebung der Sicherungsmaßnahmen nur für die Zukunft gilt.[63] Vom so ausgestatteten vorläufigen Insolvenzverwalter ausgesprochene Kündigungen können daher auch Dienstverhältnisse, die mit dem Schuldner bestanden haben, dauerhaft beenden.[64] Bei kollidierenden Rechtshandlungen des vorläufigen Insolvenzverwalters und des Schuldners während des Eröffnungsverfahrens gehen die des vorläufigen Verwalters vor.[65]

25 **2. Befriedigung der vom vorläufigen Insolvenzverwalter begründeten Verbindlichkeiten.** Soweit im Anschluss an die vorläufige Insolvenzverwaltung das Insolvenzverfahren eröffnet wird, wird durch §§ 54 Nr. 2, 55 Abs. 2 gewährleistet, dass die vor der Eröffnung entstanden Kosten und die vom vorläufigen Verwalter begründeten Verbindlichkeiten aus der Insolvenzmasse erfüllt werden. Während für das eröffnete Verfahren nicht geregelt ist, ob die Befriedigung noch durch den Insolvenzverwalter oder nach Auskehrung der Masse durch den Schuldner erfolgen soll, wobei alles für eine analoge Anwendung des § 25 Abs. 2 spricht,[66] bestimmt § 25 Abs. 2, dass vor der Aufhebung der Bestellung des vorläufigen Insolvenzverwalters in diesem Fall die Befriedigung noch durch den vorläufigen Insolvenzverwalter erfolgen soll. Dadurch soll vermieden werden, dass nach dem Rückfall der Verfügungsbefugnis auf den Schuldner noch Verbindlichkeiten offen stehen, über deren Erfüllung dann Streit entstehen könnte, wodurch das Vertrauen der mit dem vorläufigen Insolvenzverwalter kontrahierenden Gläubiger und das Vertrauen in die diesem eingeräumte Rechtsstellung geschützt werden soll. Reicht das verwaltete Vermögen auch nach Verwertung für diesen Fall nicht zur Tilgung aller Verbindlichkeiten aus, so kann der vorläufige Insolvenzverwalter die vorhandene Masse in entsprechender Anwendung des § 209 Abs. 1 Nr. 1 und Abs. 3 verteilen. Alle nicht befriedigten Gläubiger bleiben wegen ihres Ausfalls, vorbehaltlich einer haftungsrechtlichen Inanspruchnahme des vorläufigen Insolvenzverwalters, auf ihre Ansprüche gegen den Schuldner verwiesen.[67] Diese Möglichkeit hat auch der Gesetzgeber selbst erkannt, indem er die Pflichten zur Begleichung der Verbindlichkeiten in der Gesetzesbegründung selbst eingeschränkt hat, denn danach soll durch § 25 Abs. 2 Satz 1 „möglichst" also nur im Rahmen der verfügbaren Mittel, die Begleichung der aus der Zeit der vorläufigen Insolvenzverwalters noch bestehenden Verbindlichkeiten erfolgen.[68] Sofern die Berechtigung der Erfüllung einer Verbindlichkeit streitig ist, dürfte es sich empfehlen, dass der vorläufige Insolvenzverwalter den streitigen Betrag auf einem Anderkonto hinterlegt und sich somit entsprechend der Rechtslage im Fall des § 34 Abs. 3 verhält.[69] Der vorläufige Insolvenzverwalter würde pflichtwidrig handeln, wenn er eine streitige Verbindlichkeit unbesehen begleichen würde. Bereits entstandene, aber noch nicht fällige Forderungen sind ebenso durch Hinterlegen entsprechend § 198 zu berichten.[70] Verbleibt nach Begleichung aller Verbindlichkeiten im Rahmen des § 25 Abs. 2 ein Überschuss, so ist dieser an den Schuldner auszukehren.[71]

26 **3. Begleichung der Kosten des Insolvenzverfahrens.** Der Umfang der vom vorläufigen Insolvenzverwalter nach § 25 Abs. 2 vor Aufhebung seiner Bestellung zu begleichenden Kosten ergibt sich unmittelbar aus § 54. Danach fallen unter die Kosten des Verfahrens die Gerichtskosten in Form der Gebühren nach dem GKG, sofern sie vom Schuldner zu tragen sind. Vgl. dazu näher die Kommentierung zu § 54. Zu den Gerichtskosten gehören auch die Veröffentlichungskosten, die

---

[62] Vgl. dazu auch die Begr. zu § 34; abgedruckt bei *Balz/Landfermann* S. 250; ebenso *Uhlenbruck*, Kölner Schrift, S. 325 ff. RdNr. 37.
[63] FKInsO-*Schmerbach* § 25 RdNr. 9.
[64] HKInsO-*Kirchhof* § 34 RdNr. 31; unter Verweis auf RAG JW 1938, 2239.
[65] *Jaeger/Gerhardt* § 25 RdNr. 12; zur Kollisionsproblematik vgl. auch MünchKomm-*Gitter* § 115 BGB RdNr. 5, 6.
[66] In diesem Sinne auch HKInsO-*Kirchhof* § 34 RdNr. 32; *Kübler/Prütting/Pape* § 25 RdNr. 14.
[67] HKInsO-*Kirchhof* § 25 RdNr. 7.
[68] *Pohlmann* RdNr. 368 sieht das Wort „möglichst" als nur eine Begrenzung im Rahmen der praktischen Möglichkeiten an und übersieht dabei ganz offenbar die Möglichkeit des nicht hinreichenden Vermögens zur Tilgung aller Verbindlichkeiten.
[69] FKInsO-*Schmerbach* § 25 RdNr. 23.
[70] *Nerlich/Römermann/Mönning* § 25 RdNr. 24.
[71] FKInsO-*Schmerbach* § 26 RdNr. 25.

Sachverständigenvergütung sowie die durch die öffentliche Bekanntmachung der Aufhebung noch entstehenden Kosten. Ebenfalls hierzu gehören die Vergütung und die Auslagen des vorläufigen Insolvenzverwalters, die Umsatzsteuer nach § 7 InsVV ebenso wie die Zusatzvergütung für den Einsatz besonderer Sachkunde nach § 5 InsVV, da sie Teil der dem vorläufigen Insolvenzverwalter zustehenden Vergütung ist.[72] Im Übrigen bestimmt sich die Vergütung des vorläufigen Verwalters nach § 11 InsVV auf der Grundlage des Wertes des Vermögens, das der Verwaltung durch den vorläufigen Insolvenzverwalter unterlegen hat.[73] Vor Aufhebung der Bestellung des Insolvenzverwalters ist daher über dessen Vergütung und den Auslagenersatz durch gerichtlichen Beschluss zu entscheiden, da dieser die Grundlage des Rechtes des vorläufigen Insolvenzverwalters bildet, seine Ansprüche aus dem verwalteten Vermögen des Schuldners zu befriedigen. Reicht das verwaltete Vermögen zur Berichtigung der Kosten, der Verbindlichkeiten und der sonstigen Masseverbindlichkeiten nicht aus, kann der Verwalter die Kosten entsprechend der Regelung des § 209 Abs. 1 Nr. 1 einschließlich seiner Vergütung an erster Rangstelle berichtigen.

4. Befriedigung sonstiger Masseverbindlichkeiten. Der Berichtigung der von einem vorläufigen Verwalter mit Verfügungsbefugnis begründeten Verbindlichkeiten werden nach § 25 Abs. 2 Satz 2 Verbindlichkeiten aus einem Dauerschuldverhältnis gleichgestellt, soweit der vorläufige Verwalter für das von ihm verwaltete Vermögen die Gegenleistung in Anspruch genommen hat.[74] Durch die Regelung über die Dauerschuldverhältnisse sollen nach der Begründung des Gesetzgebers zu § 25 insbesondere Arbeitnehmer geschützt werden, die der vorläufige Insolvenzverwalter weiter beschäftigt hat und soll auch dem Vermieter einer Sache die Gelegenheit gegeben werden, sich auf die vorrangige Befriedigung zu berufen, wenn der vorläufige Insolvenzverwalter die Mietsache für das verwaltete Vermögen genutzt hat. Insoweit ist die Regelung deckungsgleich mit § 55 Abs. 2, so dass auf die Darlegungen dort verwiesen werden kann. In beiden Fällen sind die Ansprüche auf Befriedigung nur dann gerechtfertigt, wenn der vorläufige Insolvenzverwalter die Gegenleistung in Anspruch genommen hat, was für Arbeits- und Dienstverhältnisse bedeutet, dass die geschuldete Arbeitsleistung vom vorläufigen Insolvenzverwalter angefordert und von den Arbeitnehmern tatsächlich erbracht worden ist.[75] Das ist regelmäßig dann nicht der Fall, wenn der betreffende Arbeitnehmer vom vorläufigen Insolvenzverwalter mit Verwaltungs- und Verfügungsbefugnis freigestellt und beurlaubt worden ist. Die Beweislast für die Inanspruchnahme der Gegenleistung liegt bei dem Gläubiger, der seine „bevorzugte" Befriedigung nach § 25 Abs. 2 geltend macht.[76] Hat der Verwalter die für die Begleichung von Verbindlichkeiten aus Dauerschuldverhältnissen nötigen Mittel dem verwalteten Vermögen entnommen, darf das Insolvenzgericht die Begründetheit der Kostenberechnung prüfen und ggf. den vorläufigen Insolvenzverwalter entsprechend § 58 anweisen, zu viel entnommene Beträge zurückzuzahlen.[77] Andererseits darf das Insolvenzgericht jedoch den vorläufigen Insolvenzverwalter nicht anweisen, der Masse entnommene Beträge zB an einen Aus- oder Absonderungsberechtigten herauszugeben, da der Streit über die Vermögenszugehörigkeit verwendeter Mittel nur vor den Prozessgerichten geklärt werden kann.[78]

5. Bekanntmachung. Nach § 25 Abs. 1 sind für die Bekanntmachung der Aufhebung einer Verfügungsbeschränkung die Regelungen des § 23 entsprechend anwendbar. In den Fällen der öffentlichen Bekanntmachung der Anordnung einer Verfügungsbeschränkung gem. § 21 Abs. 2 Nr. 2 und bei Bestellung eines vorläufigen Insolvenzverwalters sind daher auch die Aufhebungen bzw. Einschränkungen öffentlich bekannt zu machen. In den übrigen Fällen erfolgt eine öffentliche Bekanntmachung der Aufhebung, sofern Sicherungsmaßnahmen angeordnet und öffentlich bekannt gemacht worden sind, bzw. weitere Sicherungsmaßnahmen zusammen mit den oben genannten Sicherungsmaßnahmen aufgehoben worden sind. Wegen der Einzelheiten kann insoweit auf die Kommentierung bei § 23 RdNr. 14 verwiesen werden. Ein Verzicht des Schuldners zB zur Vermeidung von Publizität ist insoweit unbeachtlich, da der Rechtsverkehr nicht nur Anspruch auf die Information über die Anordnung von Sicherungsmaßnahmen, sondern auch über deren Aufhebung hat.[79] Ein Unterlassen der Bekanntmachung könnte sich insoweit auch nachteilig für Gläubiger auswirken, die auf Grund der ihnen bekannten Anordnung von Sicherungsmaßnahmen davon absehen, Forderungen gegen den Schuldner klageweise oder im Vollstreckungswege geltend zu

---

[72] Vgl. dazu *Haarmeyer/Wutzke/Förster* InsVV § 11 RdNr. 3 ff.
[73] Näher dazu *Haarmeyer/Wutzke/Förster* InsVV § 11 RdNr. 39.
[74] BGH NZI 2007, 338 Tz 15 und 21; Jaeger/*Gerhardt* § 25 RdNr. 12, 13; *Uhlenbruck* § 25 RdNr. 15.
[75] Nerlich/Römermann/*Mönning* § 25 RdNr. 25.
[76] IdS auch Nerlich/Römermann/*Mönning* § 25 RdNr. 26.
[77] HKInsO-*Kirchhof* § 25 RdNr. 6; LG Aachen Rpfleger 1978, 380.
[78] HKInsO-*Kirchhof* § 25 RdNr. 6; LG Göttingen ZIP 1995, 859.
[79] So auch FKInsO-*Schmerbach* § 25 RdNr. 11.

§ 26 2. Teil. 1. Abschnitt. Eröffnungsvoraussetzungen und Eröffnungsverfahren

machen.[80] Einer Zustellung entsprechend § 23 Abs. 1 Satz 2 und 3 bedarf es nicht, da § 25 Abs. 1 nur die für die Bekanntmachung geltende Regelung des § 23 für entsprechend anwendbar erklärt, so dass die Unterrichtung potentiell betroffener Drittschuldner entweder durch die öffentliche Bekanntmachung oder durch eine förmliche Übersendung des Beschlusses möglich ist.[81] Ist über die Anordnung von Sicherungsmaßnahmen gem. § 23 Abs. 2 eine Mitteilung an die Register führenden Behörden oder andere Stellen ergangen, so hat das Insolvenzgericht die Aufhebung einer Sicherungsmaßnahme dem Registergericht bzw. den anderen Stellen gem. § 23 Abs. 3 mitzuteilen.[82]

Hinsichtlich der Aufhebung von Verfügungsbeschränkungen bestehen über die öffentliche Bekanntmachung hinaus noch Mitteilungspflichten des Insolvenzgerichts, die in der allgemeinen Verfügung über Mitteilungen in Zivilsachen (MitZi) in Ziffer XIIa Nr. 1 geregelt sind. Vgl. dazu § 23 RdNr. 14.[83]

§ 26 Abweisung mangels Masse

(1) ¹Das Insolvenzgericht weist den Antrag auf Eröffnung des Insolvenzverfahrens ab, wenn das Vermögen des Schuldners voraussichtlich nicht ausreichen wird, um die Kosten des Verfahrens zu decken. ²Die Abweisung unterbleibt, wenn ein ausreichender Geldbetrag vorgeschossen wird oder die Kosten nach § 4a gestundet werden. ³Der Beschluss ist unverzüglich öffentlich bekannt zu machen.

(2) ¹Das Gericht hat die Schuldner, bei denen der Eröffnungsantrag mangels Masse abgewiesen worden ist, in ein Verzeichnis einzutragen (Schuldnerverzeichnis). ²Die Vorschriften über das Schuldnerverzeichnis nach der Zivilprozeßordnung gelten entsprechend; jedoch beträgt die Löschungsfrist fünf Jahre.

(3) ¹Wer nach Absatz 1 Satz 2 einen Vorschuß geleistet hat, kann die Erstattung des vorgeschossenen Betrages von jeder Person verlangen, die entgegen den Vorschriften des Insolvenz- oder Gesellschaftsrechts den Antrag auf Eröffnung des Insolvenzverfahrens pflichtwidrig und schuldhaft nicht gestellt hat. ²Ist streitig, ob die Person pflichtwidrig und schuldhaft gehandelt hat, so trifft sie die Beweislast.

(4) ¹Zur Leistung eines Vorschusses nach Absatz 1 Satz 2 ist jede Person verpflichtet, die entgegen den Vorschriften des Insolvenz- oder Gesellschaftsrechts pflichtwidrig und schuldhaft keinen Antrag auf Eröffnung des Insolvenzverfahrens gestellt hat. ²Ist streitig, ob die Person pflichtwidrig und schuldhaft gehandelt hat, so trifft sie die Beweislast. ³Die Zahlung des Vorschusses kann der vorläufige Insolvenzverwalter sowie jede Person verlangen, die einen begründeten Vermögensanspruch gegen den Schuldner hat.

Übersicht

	Rn.		Rn.
A. Normzweck	1	III. Massekostendeckung durch Vorschussleistungen oder Stundung	27–31
B. Entstehungsgeschichte	2–5	IV. Beschlussfassung und weiteres Verfahren	32–40
C. Gesetzgebungsverfahren zur InsO	6–10	1. Abweisungsbeschluss	32
D. Abweisung mangels Masse	11–69	2. Kostenentscheidung	33–36
I. Feststellung der Massekostendeckung	14–23	3. Zustellung, Bekanntmachung	37
		4. Rechtsmittel	38–40
1. Amtsermittlungspflicht	14–14d	V. Rechtsfolgen der Abweisung mangels Masse	41–69
2. Zu deckende Kosten	15–19	1. Die Eintragung in das Schuldnerverzeichnis	42–45
3. Bestimmung des heranzuziehenden Vermögens	20–22	2. Gesellschaftsrechtliche und sonstige Folgen der Abweisung mangels Masse	46–55a
4. Zeitrahmen der Prognose	23		
II. Anhörung des Schuldners	24–26		

---

[80] FKInsO-*Schmerbach* § 25 RdNr. 11 unter Verweis auf einen entsprechenden Beschluss des AG Göttingen – 71 N 12/97 vom 18.2.1997 (unveröffentlicht).

[81] In diesem Sinn auch *Uhlenbruck* § 25 RdNr. 17; HambKomm-*Schröder* § 25 RdNr. 2; aA Jaeger-*Gerhardt* § 25 RdNr. 9.

[82] FKInsO-*Schmerbach* § 25 RdNr. 14.

[83] Vgl. auch die zusammenfassende Darstellung der Neufassung der MitZI in NZI 1999, 405.

	Rn.		Rn.
3. Der Erstattungsanspruch aus § 26 Abs. 3	56–59	b) Vorschussverpflichtete	61, 62
5. Der Vorstenssanspruch nach § 26 Abs. 4	60–69	c) Auslöser und Umfang der Vorschusspflicht	63–65
a) Normzweck	60	d) Die Durchsetzung des Anspruchs; Festsetzung durch Beschluss	66–69

A. Normzweck

Die Vorschrift des § 26 InsO, die für alle Arten von Insolvenzverfahren gilt, soll zu einer frühzeitigeren und erleichterten Insolvenzverfahrenseröffnung führen. So unterbleibt bei Verfahren, in denen das Vermögen des Schuldners voraussichtlich nicht ausreicht, um die Kosten des Verfahrens zu decken, die Abweisung mangels Masse, sofern die Zahlung eines ausreichenden Vorschusses oder eine Kostenstundung erfolgt (§ 4a InsO).§ 26 befasst sich vor diesem Hintergrund mit dem Fall, dass ein Eröffnungsantrag trotz seiner Zulässigkeit und Begründetheit abzuweisen ist, weil das Schuldnervermögen als nicht hinreichend angesehen wird, um zumindest die Kosten des Insolvenzverfahrens zu decken. Das aus den Regelungen der KO übernommene und trotz der grundlegenden Reform aufrecht erhaltene Erfordernis der Kostendeckung als Eröffnungsvoraussetzung war schon bei Verabschiedung der Insolvenzrechtsreform **rechtspolitisch verfehlt** und hat maßgeblich dazu beigetragen, dass die Präventions- und Ordnungsfunktion des Insolvenzrechts nicht in der vom Gesetzgeber gewünschten Weise eingetreten ist. Sie bietet zudem einen Anreiz, die Verfahrenseröffnung so lange zu verzögern, bis keine hinreichende Liquidität im Unternehmen mehr vorhanden ist. Eine Verbesserung gegenüber dem alten Recht der KO besteht jedoch zumindest in der Verengung des Begriffs der zu deckenden Verfahrenskosten auf den in § 54 normierten Inhalt, wodurch diese Kosten auf den Kernbereich der gerichtlichen und außergerichtlichen Kosten reduziert worden sind. Damit soll die Verfahrenseröffnung erleichtert und zugleich die Möglichkeit zur Aufdeckung von Vermögensmanipulationen sowie zur Durchsetzung der Ordnungsfunktion aber auch von Anfechtungs- und Haftungsansprüchen erleichtert werden. Dem dient auch die von der Rechtsprechung einhellig vertretene Auffassung, dass es nicht auf die im Zeitpunkt der Eröffnung vorhandene, sondern auf die im Laufe des Verfahrens zu erreichende Kostendeckung ankommt. Hiermit soll die Ordnungsfunktion des Insolvenzrechts stärker durchgesetzt werden, was jedoch glaubwürdiger dann gelingen würde, wenn man gerade bei Kapitalgesellschaften auf das Erfordernis ganz verzichten und damit für den Fall des Eintritts einer Insolvenz in jedem Fall eine Eröffnung erfolgt.[1] Steht allerdings für das Gericht die fehlende Massekostendeckung fest und bleibt ein Massekostenvorschuss aus, so ist nach der gegenwärtigen Rechtslage der Antrag auf Eröffnung des Verfahrens, wie schon nach altem Recht, zwingend zurückzuweisen. Die Bereitschaft zur Vorschussleistung soll durch die Regelung des § 26 Abs. 3 und des neuen Abs. 4 gefördert werden, indem der Vorschussleistende einerseits einen Rückgriffsanspruch in Höhe der Vorschusszahlung gegen den zur Antragstellung verpflichteten Geschäftsführer oder Vorstand der Schuldnerin erhält und diesen gegenüber zugleich eine durchsetzbare Vorschusspflicht postuliert wird. Nach § 26 Abs. 2 erfolgt als Rechtsfolge der Abweisung mangels Masse eine Eintragung in das Schuldnerverzeichnis, das der Warnung des Rechtsverkehrs vor Geschäften mit unzuverlässigen Schuldnern für die Zukunft dienen soll.[2]

B. Entstehungsgeschichte

Der Funktionsverlust der Konkursordnung ist ganz wesentlich darauf zurückzuführen, dass die ursprünglich als verfahrensrechtliche Ausnahmeregelung geschaffene Abweisungsmöglichkeit mangels Masse nach § 107 KO über die Jahrzehnte sich zur Regel verkehrt hatte und vor allem dadurch dokumentiert wurde, dass im gewerblichen Bereich ca. 80 % aller Konkursanträge mangels einer die Verfahrenskosten deckenden Masse abgewiesen wurden.[3] Während 1950 der prozentuale Anteile masseloser Konkurse noch bei 27,03 % lag, stieg dieser in der Zeit danach kontinuierlich über 35,22 % im Jahre 1960, 47,22 % im Jahre 1970 auf 74,6 % im Jahre 1994, einem Niveau, auf dem der Anteil der mangels Masse abgelehnten Verfahren im Wesentlichen bis zum Inkrafttreten der InsO verharrte. Konnte man bei Inkrafttreten der Gesamtvollstreckungsordnung im Jahre 1990 noch

---

[1] Vgl. dazu auch *Jaeger/Schilken* § 26 RdNr. 6.
[2] Vgl. dazu BVerfG NJW 1988, 3009; vgl. auch dazu die Begr. zu § 26; abgedruckt bei *Balz/Landfermann* S. 237.
[3] *Haarmeyer/Wutzke/Förster*, Handbuch, Kap. 3 RdNr. 517 ff.; Nerlich/Römermann/*Mönning* § 26 RdNr. 1; FKInsO-*Schmerbach* § 26 RdNr. 2.

davon ausgehen, dass auf Grund des schon am reformierten Insolvenzrecht orientierten Eröffnungsverfahrens die Zahl der Abweisungen mangels Masse deutlich hinter denen in den alten Bundesländern zurückbleiben würden, zeigte die Entwicklung, dass auch insoweit eine Anpassung an die Werte der alten Bundesländer deutlich wurde, was letztlich darin begründet ist, dass es sich nicht um verfahrensrechtliche, sondern strukturelle Probleme handelt.[4] *Karsten Schmidt*[5] hat daher zutreffend das Problem der masselosen Insolvenz als „Sorgenkind" und „Stiefkind" des Insolvenzrechts bezeichnet, weil die hohe Zahl der masselosen Insolvenzen nicht nur Probleme in Bezug auf die außergerichtliche Abwicklung mit sich bringt, sondern im Wesentlichen dazu führt, dass das Insolvenzverfahren die ihm zugedachte Ordnungsfunktion nicht erfüllen kann, mit der daraus weiter folgenden Gefährdung, dass masselose Gesellschaften trotz eingetretener „materieller" Insolvenz weiter am Rechtsverkehr teilnehmen und Neugläubiger geschädigt werden.[6] Hinzu kommen unabweisbare Tendenzen, insbesondere bei der GmbH und der GmbH & Co. KG, dass die Masselosigkeit häufig gezielt herbeigeführt wird, um eine geordnete Abwicklung durch einen Insolvenzverwalter zu verhindern.[7]

3 Die stetig steigende Massearmut ist daher im Jahre 1978 auch für den Bundesminister der Justiz Anlass gewesen, eine Kommission für Insolvenzrecht einzusetzen und somit ein neues Insolvenzrecht auf den Weg zu bringen (vgl. dazu auch unten RdNr. ff.). Die Entwicklung entgegen dem ursprünglichen Sinn der Vorschrift[8] steht in einem unmittelbaren funktionellen Zusammenhang zu den §§ 60, 204 KO und der zunehmenden Übersicherung bestimmter Gläubigergruppen, Banken etc., der Privilegierung auslaufender Löhne vor den Verfahrenskosten, der Einräumung nachträglicher Sicherheiten ohne Liquiditätszufluss, den Regelungen der §§ 419, 613a BGB ebenso wie § 75 AO, beruht jedoch auch auf Rechtsanwendungsfehlern der Gericht selbst bei § 107 KO.[9] Entsprechend diesen Fehlentwicklungen sind die Gerichte, im Hinblick auf die unklaren Regelungen in § 60 KO dazu übergegangen, äußerst hohe Vorschussforderungen geltend zu machen, indem in die Berechnung auch die vorrangigen Masseschulden einbezogen wurden, zum anderen aber viele Verwalter im Hinblick auf die Haftungsgefahren hinsichtlich der Begründung von Neuverbindlichkeiten eine Übernahme des Amtes in „massearmen" Verfahren ablehnen bzw. auf Grund der ihnen zustehenden Definitionsmacht die entstehenden Kosten insgesamt so hoch ansetzten, dass die vorhandenen Barmittel mit Sicherheit nicht ausreichen.[10] Dementsprechend forderten die Gerichte im Bereich der KO wie der GesO teilweise Vorschüsse ein, die nicht nur die Massekosten nach § 58 Nr. 1 und 2 KO, sondern auch die gem. § 60 Abs. 1 Nr. 1 KO vorrangigen Masseschulden i. S. d. § 59 Abs. 1 Nr. 1 und 2 KO deckten, wodurch die Bereitschaft und die Möglichkeit der Gläubiger durch Vorschusszahlungen auf den Fortgang eines Verfahrens einzuwirken erheblich eingeschränkt worden ist.

4 Die hohe Abweisungsquote dokumentierte daher nach übereinstimmender Auffassung von Politik, Gesetzgeber, Rechtsprechung, Literatur und Insolvenzpraxis den Funktionsverlust des Konkurs- und Vergleichsrechtes und bestimmte im Rahmen der Reformkommission die Bemühungen, durch gesetzliche Regelungen die Eröffnungsquote wesentlich zu erhöhen und die Abweisung eines Insolvenzantrages mangels Masse wieder zur Ausnahme werden zu lassen.[11] Nach Auffassung aller Beteiligten stellte der Funktionsverlust des Insolvenzrechtes nicht nur das Verfahren selbst in Frage, sondern auch die Überzeugungskraft der Rechtsordnung, da es allgemein als nicht hinnehmbar angesehen wurde, dass nahezu vermögenslose Schuldner, vor allem insolvente Kapitalgesellschaften, weiter am Rechtsverkehr teilnehmen und andere schädigen, ihr Marktaustritt jedoch nicht erzwungen werden kann. Gleiches gilt für die im Falle der Abweisung mangels Masse nicht mögliche Geltendmachung von Haftungsansprüchen des Schuldnerunternehmens gegen Geschäftsführer, Gesellschafter oder Muttergesellschaft sowie das Unentdecktbleiben von Vermögensmanipulationen oder Wirtschaftsstraftaten. Wird ein Insolvenzverfahren nicht eröffnet, findet weder eine staatlich kontrollierte noch eine geordnete gleichmäßige Gläubigerbefriedigung statt.

---

[4] Die Abweisungsquote mangels Masse stieg in den neuen Bundesländern und Ostberlin von 18,2 % im Jahre 1991 über 43,5 % im Jahre 1992 auf 63,2 % im Jahr 1994 an und erreicht im Jahre 1998 mit 71,8 % nahezu das Niveau der alten Bundesländer; vgl. dazu auch ZInsO 1999 S. 35 ff. sowie die Insolvenzstatistiken des Statistischen Jahrbuches für die Bundesrepublik Deutschland.
[5] *K. Schmidt* ZIP 1982, 9 ff.
[6] Kuhn/*Uhlenbruck* § 107 vor RdNr. 1; Nerlich/Römermann/*Mönning* § 26 RdNr. 9.
[7] Vgl. dazu *Weyand*, Insolvenzdelikte, S. 21 ff. Der Eintritt der materiellen Insolvenz liegt bei Kapitalgesellschaften idR bei ca. 10 Monaten vor der Antragstellung.
[8] Vgl. dazu *Henckel*, FS 100 Jahre KO, S. 169, 172 ff.
[9] Kilger/*K. Schmidt* § 107 Anm. 2.
[10] Zur Kritik an dieser Praxis vgl. u.a. *Gottwald/Uhlenbruck*, Insolvenzrechts-Handbuch, § 15 RdNr. 13 ff.; Haarmeyer/Wutzke/Förster GesO § 4 RdNr. 15; Kilger/*K. Schmidt* § 107 Anm. 2, 4.
[11] Vgl. dazu auch den allgemeinen Teil der Begr. zum RegE der Insolvenzordnung; abgedruckt bei *Balz/Landfermann* S. 136 ff.

Da annähernd vier Fünftel des bei insolventen Schuldnern vorhandenen Vermögens mit Aus- 5 und Absonderungsrechten Dritter belastet ist, zerschlägt der Zugriff der gesicherten Gläubiger auf das Sicherungsgut regelmäßig auch das Betriebsvermögen, wodurch eine Fortführung oder gar Sanierung nahezu unmöglich wird. Beim individuellen Zugriff der Sicherungsgläubiger auf das Sicherungsgut kommt es nicht selten zu kriminellen Handlungen, insbesondere zu Tatbeständen der Sachbeschädigung und der Nötigung.[12] Diese und eine Vielzahl mehr der vom Gesetzgeber selbst eingeräumten Mängel des Konkursverfahrens machten es aus der Sicht der Kommission für Insolvenzrecht erforderlich, durch massive Eingriffe in das Verfahren und eine Anreicherung der Masse durch substantielle Eingriffe in Sicherungsrechte, das Insolvenzverfahren wieder seiner Funktionsfähigkeit zuzuführen.[13] Im Grundsatz sind jedoch die im bisherigen Konkurs-, Vergleichs- und Gesamtvollstreckungsrecht vorgesehenen Abweisungsgründe selbst niemals in Frage gestellt worden, so dass, da es eine staatliche Insolvenzkostenhilfe nicht gibt, die Abweisung eines Insolvenzantrages zwingend ist, wenn das Vermögen des Schuldners nicht einmal ausreicht, um die voraussichtlich entstehenden Kosten zu decken. An diesem rein fiskalpolitisch orientierten Grundsatz wurde weder in der Reformdiskussion noch im Gesetzgebungsverfahren ernsthaft gezweifelt, sondern die Lösung des Problems zum einen in substantiellen Eingriffen und dem Abbau von Vor- und Sonderrechten gesehen, andererseits aber auch auf dem Wege der Begrenzung der zu deckenden Kosten als eine Alternative bzw. Ergänzung zur Wiederherstellung der Funktionsfähigkeit des Insolvenzrechts. Würde der Gesetzgeber den Mut aufbringen, mit diesem **Anachronismus** Schluss zu machen, so gewänne man dadurch nicht nur rechtlich Anschluss an die Verhältnisse in den großen Industrienationen wie Frankreich, England, Italien, Niederlande, Schweden, den USA und Norwegen, sondern würde zugleich ein wichtiges **generalpräventives Signal** an die Unternehmensverantwortlichen senden, dass eine Verzögerung der Insolvenzantragstellung mit dem Ziel der Abweisung mangels Masse keine Aussicht auf Erfolg mehr haben wird. Zudem würde die aus der Institutsgarantie des Insolvenzrechts folgende Pflicht zur Gewährleistung verstärkter Rechtsschutzgleichheit unter den Gläubigern deutlich verbessert, denn die gegenwärtigen Verhältnisse mit zu deckenden Kosten von deutlich über 5.000 Euro im Durchschnitt stellen eine besondere Zugangshürde dar, die durchaus verfassungsrechtlichen Bedenken begegnet.[14]

C. Gesetzgebungsverfahren zur InsO

Zur Beseitigung der Funktionsdefizite des Konkursverfahrens hinsichtlich der Abweisung mangels 6 Masse und deren Voraussetzungen, wenn auch teilweise mit unterschiedlichen Tendenzen, wurde das Ziel der Verringerung der zu deckenden Kosten durch verfahrensrechtliche Eingriffe als vorrangig angesehen. In LS 1.2.9 sah daher die Kommission für Insolvenzrecht vor, dass zum einen als Kosten des sogenannten Vorverfahrens nur noch die Gerichtskosten sowie die notwendigen Verwaltungskosten, insbesondere die Vergütung und Auslagen und des Verwalters vorzusehen waren, dass aber andererseits die Masseschulden, anders als nach dem Recht der KO, unberücksichtigt bleiben sollten (LS 1.3.3). Vereinfacht werden sollte die Entscheidung des Insolvenzgerichtes dadurch, dass diesem die Möglichkeit gegeben werden sollte, den Antrag auf Eröffnung mangels Masse dann abzuweisen, wenn auch ohne besondere Ermittlungen offenkundig sei, dass die voraussichtlichen Kosten des Vorverfahrens aus der Masse nicht bezahlt werden können. Durch die Begrenzung der Kosten auf die des Vorverfahrens sollten nach dem Willen der Kommission zeitraubende und schwierige Ermittlungen zur Kostendeckung für das gesamte Verfahren aus der Eröffnungsphase herausgehalten werden, um dadurch die Entscheidung über die Eröffnung zu beschleunigen.

Darüber hinaus wollte die Kommission für Insolvenzrecht die Wiederherstellung der Funktionsfä- 7 higkeit dadurch erreichen, dass sie den Inhabern von besitzlosen Mobiliarsicherheiten einen Verfahrensbeitrag in Höhe von 25 % des Verwertungserlöses auflegen wollte (LS 3.3.2). Daneben sollte auch für den Fall der Zwangsversteigerung eines zur Masse gehörenden Grundstückes ein Beitrag in Höhe von 10 % des Wertes des Grundstückszubehörs vorweg für die Masse zu entnehmen sein (LS 3.5.1). Im Übrigen verfolgten die weitgehenden Vorschläge zur Veränderung der Kapital- und Führungsstrukturen des insolventen Unternehmens, mit vorgeschlagenen tiefgreifenden Eingriffen in die Gläubiger-, Kapitalgeber- und Gesellschaftsrechte, die Einführung eines sogenannten Reorganisationsverfahrens, das Ziel, die Insolvenz eines unternehmerisch tätigen Schuldners auf wirtschaftlich vertretbare und den Gläubigern zumutbare Weise zu bereinigen und das schuldnerische Unternehmen, statt es zu liquidieren, auf Dauer zu erhalten.[15]

---

[12] Allg. Begr. zum RegE, abgedruckt bei *Balz/Landfermann* S. 137.
[13] 1. KommBer. S. 152.
[14] Vgl. dazu u.a. MünchKommInsO-*Stürner*, Einl. RdNr. 78; *Heese*, Gläubigerinformation, S. 72.
[15] 1. KommBer. S. 152.

8 Auch die Bundesregierung verfolgte von Anfang an sowohl mit ihrem Diskussionsentwurf aus dem Jahre 1988 als auch mit dem Referentenentwurf des Jahres 1989 das gemeinsame Ziel der Insolvenzrechtsreform zu einer vermehrten Eröffnung der Verfahren zu gelangen, wenn auch mit einer verfahrensrechtlich anders ausgerichteten Regelung, als dies von der Insolvenzrechtskommission vorgeschlagen worden war. So heißt es dann auch in der Allgemeinen Begründung zur Analyse sehr klar, „Die Massearmut der heutigen Konkursordnung geht zu einem erheblichen Teil darauf zurück, dass Schuldner im Vorfeld einer herannahenden, oftmals geradezu geplanten Insolvenz erhebliche Vermögenswerte auf Dritte übertragen und so ihren Gläubigern entziehen." Daraus erwuchs dann auch die logische Konsequenz, dass „Aus wirtschaftlichen, sozialen und rechtsstaatlichen Gründen es ein bedeutsames Reformziel ist, in einem weit größeren Teil der Insolvenzen als heute die Eröffnung eines Insolvenzverfahrens zu ermöglichen....Nur im (eröffneten) Insolvenzverfahren ( ) sind die rechtsstaatlich korrekte gleichmäßige Gläubigerbefriedigung und der Einfluss der Gläubigergemeinschaft auf die Insolvenzabwicklung gesichert. Vermögensverschiebungen werden rückgängig gemacht, Manipulationen aufgedeckt." Im Wesentlichen verfolgte der Bundesgesetzgeber daher auch das Ziel die Verfahrenseröffnung wieder zur Regel werden zu lassen, durch Abschaffung bzw. Verkürzung des Eröffnungsverfahrens und Beschränkung der Kosten. § 30 Abs. 1 RegE sah deshalb vor, dass bei einem ansonsten zulässigen und begründeten Antrag es für eine Eröffnung ausreichend sein sollte, dass die Kosten des Verfahrens nur bis zum Berichtstermin gedeckt waren und kam damit der Forderung der Kommission für Insolvenzrecht relativ nahe. Auf Anregung des Rechtsausschusses ist das Gesetz jedoch im parlamentarischen Verfahren so gefasst worden, dass man, entgegen den Empfehlungen der Kommission für Insolvenzrecht und der Bundesregierung selbst, zurückkehrte zur Notwendigkeit der Kostendeckung für das gesamte Verfahren, da ansonsten nach Ansicht des Rechtsausschusses zwar viele Verfahren eröffnet, aber alsbald wieder eingestellt und nicht bis zum Ende hätten durchgeführt werden können. Die sich daraus notwendig ergebende Verlängerung des Eröffnungsverfahrens und die Hinzuziehung von Sachverständigen zur Feststellung der Kostendeckung nahm der Rechtsausschuss dabei billigend in Kauf, obwohl auch für ihn hätte erkennbar sein müssen, dass dadurch ein weiterer Beitrag dazu geleistet wird, das Haftungsvermögen des Schuldners zB über die Verfahrenskosten vorweg zu verteilen, ohne dass diesen Kosten ein praktischer Nutzen gegenübersteht.[16] Zudem hat man in diesem Kontext die Beteiligung der Gläubiger schlicht vergessen und dies erst mit der am 1.03.2012 in Kraft getretenen Reform des ESUG korrigiert, sodass man sich auf den Standpunkt stellen kann, dass erst mit dieser Veränderung die Insolvenzrechtsreform des Jahres 1999 ihren Abschluss gefunden hat.

9 Zugleich wurde mit dieser Rückkehr zum „alten Recht" die Chance vertan, der Ordnungsfunktion des Insolvenzrechtes noch stärker Geltung zu verschaffen, da nur durch eine nachhaltige Erhöhung der eröffneten Verfahren überhaupt die Chance besteht, kriminelle Umgehungsformen insolvenzrechtlicher Tatbestände zu vermeiden.[17] Wie alles Recht in einem demokratischen und sozialen Rechtsstaat soll auch das Insolvenzrecht nicht nur die gerechte, justizförmige Verteilung der Schäden und Lasten anstreben, sondern es soll zugleich einen gerechten Ausgleich zwischen den Beteiligten schaffen, den Schwächeren stützen und Frieden stiften, geht also ganz bewusst auch über die Reduzierung der Insolvenz als bloßem Verteilungskonflikt hinaus.[18] Die damit durch den Gesetzgeber selbst umschriebene Ordnungsfunktion des Insolvenzverfahrens verkörpert eines der Hauptanliegen der Gesamtreform des Insolvenzrechts.[19] Die heute im Durchschnitt der Unternehmensinsolvenzen erreichte Eröffnungsquote von ca. 60 % zeigt, dass zumindest Teilerfolge eingetreten sind, auch wenn die Zahl der eröffneten Unternehmensinsolvenzen eigentlich wesentlich höher liegen müsste.[20] Das von der Insolvenzrechtskommission vorgeschlagen Reorganisationsverfahren wurde zwar dem Namen nach aufgegeben, erhebliche Teile davon jedoch in das Insolvenzplanverfahren eingeführt. Andererseits wurden jedoch die Eingriffe in gesicherte Rechtspositionen erheblich herabgemildert und so reduziert, dass die jetzt im Gesetz festgeschriebenen Feststellungs- und Verwertungskostenbeiträge teilweise erheblich unter den Sätzen liegen, die bis zum Inkrafttreten der Insolvenzordnung von den Sicherungsgläubigern freiwillig an die Verwalter gezahlt wurden.[21]

10 Die in § 30 Abs. 3 RegE neu geschaffene Anspruchsgrundlage auf Erstattung eines Gläubigervorschusses wurde im Gesetzgebungsverfahren mit geringfügigen redaktionellen Änderungen übernommen

---

[16] Vgl. dazu *Häsemeyer* RdNr. 7.27.
[17] Vgl. dazu ausführlich *Weyand* S. 21 ff.
[18] So ausdrücklich die Begründung des RegE-InsO a. a. O. Ziffer 2.
[19] Vgl. dazu umfassend *Haarmeyer*, FS Gero Fischer, 223 ff.
[20] In der Praxis gibt es zwischen Verwaltern ein und desselben Insolvenzgerichts Spreizungen bei der Eröffnungsquote für Unternehmen zwischen 20 und 95 %!.
[21] Vgl. zu den sich daraus ergebenden Konsequenzen des „Unterbietens" den Beitrag von *Förster* ZInsO 1999, 689.

und als eine wichtige Neuerung durch den Gesetzgeber betrachtet.[22] Nach der Vorstellung des Bundesgesetzgebers sollten durch diese Möglichkeit der persönlichen Inanspruchnahme des Antragsverpflichteten Missbräuche, die sich in der Praxis insbesondere bei den Kapitalgesellschaften ergeben haben, verhindert werden, andererseits sollte die Bereitschaft von Gläubigern erhöht werden, wegen der Aussicht der persönlichen Inanspruchnahme eines Dritten, sich eher für die Zahlung eines Massekostenvorschusses zu entscheiden. Die unter Bezugnahme auf die in § 4a im Jahre 2001 erfolgte Stundungsregelung vorgenommene Änderung in Abs. 1 Satz 2 führt im Ergebnis dazu, dass eine Abweisung mangels Masse in Verfahren natürlicher Personen mit dem Ziel der Restschuldbefreiung nur noch in ganz seltenen Fällen zum Tragen kommen wird. Die seit Inkrafttreten der InsO festzustellende Erhöhung der Eröffnungsquote bei Unternehmensinsolvenz auf ca. 60 % gibt zumindest Anlass, die Neuregelung in § 26 zumindest als einen Teilerfolg zu werten, obwohl auf Grund der Erkenntnisse der Wirtschaftsstaatsanwaltschaften eigentlich mit wesentlich höheren Eröffnungsquoten gerechnet werden müsste und diese mit Quoten von deutlich über 80 % auch von vielen Gerichten erreicht werden.[23]

D. Abweisung mangels Masse

Eine Abweisung mangels Masse darf nur noch dann erfolgen, wenn das gegenwärtige und künftig zu erwartende und in Geld umwandelbare Vermögen des Schuldners nicht einmal ausreicht, um die im Verlauf des Verfahrens entstehenden Kosten zu decken.[24] Nach § 26 ist mithin im Umkehrschluss ein Insolvenzverfahren zu eröffnen, wenn, neben der Zulässigkeit und Begründetheit eines Antrages, das Schuldnervermögen voraussichtlich zumindest die Verfahrenskosten (§ 54) für die gesamte Dauer des Verfahrens decken wird. Hierzu zählt auch der Vorschussanspruch aus der Neuregelung in Abs. 4.[25]Die Verbesserung der alten Rechtslage nach der KO besteht in der Klarstellung und Verengung des Begriffs der Verfahrenskosten, zu denen gem. § 54 nur noch die Gerichtskosten, die Vergütungen und die Auslagen des vorläufigen Insolvenzverwalters, des Insolvenzverwalters und der Mitglieder des Gläubigerausschusses zählen, während der ehemals große Bereich der Ausgaben für die Verwaltung, Verwertung und Verteilung der Masse aus den zu deckenden Verfahrenskosten ausgeklammert worden ist.[26] Vor diesem Hintergrund zeigt sich in den §§ 26, 54, 207 ff. die auf eine frühzeitige und umfassende Verfahrenseröffnung angelegte Neukonstellation der Insolvenzordnung, denn selbst nach der insoweit engsten Auffassung zur Konkursordnung, die lediglich die Ausgaben nach Maßgabe des § 58 Nr. 1, 2 KO berücksichtigte,[27] mussten neben den gerichtlichen Kosten des Verfahrens wenigstens zusätzlich die Ausgaben für die Verwaltung, Verwertung und Verteilung gedeckt sein. Die Gegenansicht kam unter Berufung auf die Rangfolge des § 60 KO gar zu einem Verständnis, nachdem auch die vorhergehenden Masseschulden des § 59 Abs. 1 Nr. 1, 2 KO mit in die Frage der Kostendeckung einzustellen seien.[28]

Diese Ausgaben werden nunmehr erst bei den sonstigen Masseverbindlichkeiten des § 55 Abs. 1 erfasst, wo ihnen allein noch im Rahmen der Finanzierung des zu eröffnenden und durchzuführenden Verfahrens Bedeutung beigemessen wird. Von der Nomenklatur her differenziert die Insolvenzordnung mithin nur noch zwischen Verfahrenskosten und sonstigen Masseverbindlichkeiten i. S. d. § 53, gibt also die Unterscheidung von Massekosten und Masseschulden in den §§ 57 ff. KO auf.[29] Die bewusste gesetzgeberische Entscheidung für eine erleichterte Eröffnung von Insolvenzverfahren führt im Ergebnis dazu, dass die Frage der Massearmut im weiteren Sinne, das heißt ob über die reinen Kosten des Verfahrens nach § 54 hinaus eine Deckung auch der sonstigen Masseverbindlichkeiten nach § 55 gegeben ist, für die Eröffnungsfähigkeit eines Insolvenzverfahrens keine Rolle mehr spielt, sondern erst im eröffneten Verfahren an die Massearmut im weiteren Sinne Rechtsfolgen geknüpft werden.[30]

---

[22] Begr. zu § 26; abgedruckt bei *Balz/Landfermann* S. 238.
[23] Zu den empirischen Befunden vgl. *Haarmeyer*, FS Fischer, 223, 227 ff..Nach den übereinstimmenden Erkenntnissen in diesem Bereich gehen mehr als 95 % aller Unternehmensinsolvenzen im letzten Jahr mit straf- und haftungsrechtlich relevantem Verhalten der Geschäftsleitungen einher, die im Falle der Abweisung mangels Masse regelmäßig weder aufgedeckt noch verfolgt werden können. Vgl. zu dem Gesamtkomplex *Weyand* RdNr. 3 ff.; *Bittmann*, Insolvenzstrafrecht, passim.
[24] BGH Beschl. v. 17.6.2003 – IX ZB 476/02 = ZInsO 2003, 706; vgl. auch BGH NZI 2006, 405, 406.
[25] Vgl. dazu den Beitrag von *Foerste* ZInsO 2012, 532.
[26] Vgl. dazu ausführlich LG Berlin ZInsO 2000, 224, 226; umfassend *Kaufmann* ZInsO 2006, 961 m. ausf. Nachw.; *Dinstühler* ZIP 1998, 1697, 1698 sowie § 22 RdNr. 145 ff.
[27] *Kuhn/Uhlenbruck* § 107 RdNr. 1 g; *Jaeger/Weber* § 107 RdNr. 4; vgl. auch *Henckel*, FS 100 Jahre KO, S. 169, 172.
[28] *Kilger/K. Schmidt* § 107 Anm. 2.
[29] *Dinstühler* ZIP 1998, 1697, 1698.
[30] BGH ZInsO 2006, 597; *Kübler*, Kölner Schrift, S. 967 RdNr. 7.

13 Mit der Abkehr vom Erfordernis der auch nur teilweisen Befriedigung der Gläubiger und der Reduzierung der Eröffnungsvoraussetzungen auf die reinen Verfahrenskosten war notwendigerweise auch ein **Paradigmenwechsel hinsichtlich der Ziele des Insolvenzverfahrens** getreten. Konnte man bis zum Inkrafttreten der InsO davon ausgehen, dass in der gemeinschaftlichen, wenn auch nur quotalen Gläubigerbefriedigung der primäre Verfahrenszweck eines Gesamtvollstreckungsverfahrens zu sehen ist, so trat mit dem Verzicht auf die Befriedigungsaussicht für die allgemeinen Gläubiger als Eröffnungsvoraussetzung das Verfahren ohne Verteilungsperspektive und mithin das reine ordnungspolitisch determinierte Insolvenzverfahren hinzu.[31] Dies war auch konsequent, denn es galt die Maxime vom „Der Künstler der masselos Konkurs macht" zu durchbrechen und die Erwartung einer kalkulierten Abweisung mangels Masse – nebst Nichtverfolgung und Durchsetzung von Vermögensverschiebungen, Haftungsansprüchen etc. – zu durchkreuzen, wollte man das Vertrauen der Bürger, insbesondere der Gläubiger, in die rechtsstaatliche Verfahrensabwicklung wieder herstellen. Erst die mit Eröffnung des Insolvenzverfahrens wirksam werdende Befriedungsfunktion führt im Ergebnis zu einer gesetzlichen Haftungsordnung, die mit Wirkung für und gegen alle Insolvenzgläubiger festgeschrieben wird.

I. Feststellung der Massekostendeckung

14 **1. Amtsermittlungspflicht.** Gem. § 26 Abs. 1 InsO hat das Insolvenzgericht den Antrag auf Eröffnung des Insolvenzverfahrens abzuweisen, wenn das Vermögen des Schuldners voraussichtlich nicht ausreichen wird, die Kosten des Verfahrens zu decken. Die Prüfung der Frage, ob die Masse für die Begleichung der Kosten des Insolvenzverfahrens ausreicht, gehört zu den Amtspflichten des Insolvenzgerichts.[32] Maßgebend für die Frage der Kostendeckung ist nicht die Abgabe eine Gutachtens, sondern der Zeitpunkt der Entscheidung über einen Insolvenzantrag.[33] Behebbare Zweifel an der Massekostendeckung rechtfertigen daher auch die Abweisung mangels Masse in keinem Fall.[34] Hinsichtlich der mangelnden „voraussichtlichen" Kostendeckung genügt eine überwiegende Wahrscheinlichkeit, sodass auch bei ausgeschöpften Ermittlungsmöglichkeiten der Antrag nicht als unbegründet, sondern mangels Masse abgewiesen werden kann.[35] Der in diesem Zusammenhang regelmäßig im Auftrag des Gerichts tätig werdende Sachverständige und/oder vorläufige Verwalter leistet mit seinen Ermittlungen nach Maßgabe von § 407a ZPO lediglich Zuarbeit und Entscheidungshilfen, anhand derer dann das Gericht seine Entscheidung orientiert, vorausgesetzt, die Ermittlungen des Sachverständigen sind in sich schlüssig, nachvollziehbar und überprüfbar belegt.[36] Die Nichtbeachtung der Verpflichtung zu eigenständigen gerichtlichen Prüfung des Gutachtens bzw. Fehler bei der Anwendung des § 26 auch durch unzureichende Ermittlungen oder einen zu hohen Kostenansatz, können haftungsrechtliche Ansprüche gegen den Staat und im Rückgriff gegen den Insolvenzrichter auslösen.[37]

14a Dabei kommt, neben den notwendigen Feststellungen zum Insolvenzgrund, der Ermittlung der Insolvenzursachen sowie der Erfassung aller Vermögensgegenstände und -rechte eine für die Ordnungsfunktion maßgebliche Bedeutung zu[38], da nur im Lichte dieser Feststellungen bestimmt werden kann, ob die für die Deckung der Kosten notwendigen Mittel schon im Eröffnungsverfahren vorhanden sind oder ob sie im Laufe des Verfahrens als voraussichtlich realistisch erzielbar festgestellt werden. „Vermögen" i. S. d. Regelung ist mithin nicht wörtlich zu verstehen, sondern zu verstehen als **„künftige Insolvenzmasse"**.[39] Neben der zutreffenden Bewertung vorhandenen Anlage- und Umlaufvermögens sind daher auch in den Gutachten die Feststellungen zum **Eintrittszeitpunkt der materiellen Insolvenz** als Tatbestandsvoraussetzung für eine Vielzahl haftungsrechtlicher sowie strafrechtlicher Normen (§ 64 GmbHG; § 283 StGB; 823 Abs. 2 BGB i. V. m. § 263 StGB etc.) ebenso unverzichtbar, wie die Ermittlung anfechtungsrelevanter Umstände sowie gesell-

---

[31] So ausdrücklich BGH ZInsO 2010, 2091 RdNr. 11; Hamb-Komm-*Schröder*, 2. Aufl. § 26 RdNr. 1; Münch-KommInsO-*Haarmeyer* § 26 Rn.8 ff.

[32] BGH ZInsO 2006, 597; ZInsO 2009, 433; AG Göttingen ZInsO 2003, 1156; LG Arnsberg ZInsO 2002, 680; *Kübler/Prütting/Pape* § 26 RdNr. 3; Kilger/*K. Schmidt* § 107 Anm. 2.

[33] BGH ZInsO 2011, 92, 93 Tz 3

[34] BGH ZInsO 2009, 433; ZIP 2006, 1056, 1057; OLG Köln ZInsO 2000, 606; vgl. auch *Zipperer* NZI 2003, 591 zu den Grenzen der Amtsermittlung.

[35] AG Göttingen ZInsO 2003, 1156; LG Erfurt ZInsO 2001, 473; aA LG Magdeburg ZInsO 1999, 358.

[36] Zu den Anforderungen an ein Sachverständigengutachten vgl. umfassend *Vallender* ZInsO 2010, 1457 ff.; aus der Rechtsprechung beispielhaft LG Berlin ZInsO 2000, 224 m. zust. Anm. *Pape,* aber auch BGH ZInsO 2009, 433; 2003, 706.

[37] AG Hamburg ZInsO 2006, 51; OLG Hamm ZInsO 2005, 217; Kilger/*K. Schmidt* § 107 RdNr. 2.

[38] Vgl. dazu *Vallender* ZInsO 2010, 1457 ff.

[39] BGH ZInsO 2010, 2198, 2201 Tz 21.

schaftsrechtlichen Fehlverhaltens[40], da nur die Gesamtheit dieser Feststellungen das tatsächliche Ist-Vermögen des insolventen Schuldners bzw. Unternehmens abbildet, aufzeigt sowie feststellbar werden lässt, ob schon wegen Verstoßes gegen gesetzliche Regelungen das Interesse der Gläubiger wie auch das öffentliche Interesse an einer Eröffnung Vorrang vor möglichen wirtschaftlichen Erwägungen des (vorläufigen) Insolvenzverwalters[41] hat. Soll die Ordnungs- und Befriedigungsfunktion zum Tragen gebracht werden, ist die Ermittlung aller Tatbestände unverzichtbar, aus denen entweder potentielle Haftungsansprüche für die Masse zu generieren sind oder aufgrund derer die betroffenen Gläubiger in der Lage sind festzustellen, ob der jeweilige Vertragsschluss noch auf ordnungsgemäßem, gesetzeskonformem Verhalten beruhte oder unter Verstoß gegen gesetzliche Bestimmungen[42] erfolgt ist, mit der weiteren Folge, dass entweder der Gläubiger von den Möglichkeiten eines Strafantrags Gebrauch machen kann oder seine Forderung nach § 302 InsO von einer möglichen Restschuldbefreiung ausnehmen kann, weil sie auf einer vorsätzlich unerlaubten Handlung des Schuldners beruht haben. Für die Erstellung eines entsprechenden Gutachtens empfiehlt sich die Orientierung an der Checkliste des BAKInsO.[43]

Dass die vorgenannten Feststellungen unter dem zeitlichen Druck des Eröffnungsverfahren vielfach nicht ausermittelt werden können, liegt auf Hand, entbindet jedoch die Gerichte nicht davon, die möglichen und sachlich gebotenen Prüfungen vorzunehmen und deren Werthaltigkeit mit der nötigen Vorsicht und Risikoabschlägen zu quantifizieren.[44] Eine besondere Prüfungspflicht besteht zB auch dann, wenn die Abweisung eine Privilegierung der Vorgehensweise von verantwortlichen Geschäftsführern zu Folge hätte, Unternehmen so "ausbluten" zu lassen und so spät die Insolvenz zu beantragen, dass eine Verfahrenseröffnung mit Geltendmachung von Schadenersatz ihnen gegenüber nicht mehr zu erwarten ist.[45] Letztlich kann also nur die Feststellung all dieser Umstände dazu beitragen, dem betroffenen Gläubiger die Gewissheit zu gewähren, dass auch das Insolvenzverfahren von einem fairen Interessenausgleich geprägt ist und dass in einem staatlich kontrollierten Verfahren relevantes Fehlverhalten aufgedeckt und ggf. auch verfolgt wird. Befriedung und Ordnung wird nur dann zu erreichen sein, wenn der Staat sich in der Insolvenz als Garantiegeber bewährt, der dafür Sorge trägt, dass die vollständige Erfassung aller relevanten Umstände Maßstab der Eröffnungsentscheidung[46] wird und zudem jeden Gläubiger in die Lage versetzt, den Eintritt der Insolvenz nachzuvollziehen und seine rechtliche und tatsächliche „Betroffenheit" eigenständig beurteilen zu können.

Stellt sich die Unzulänglichkeit der Masse erst im Laufe des Verfahrens heraus oder wird die Massearmut durch den Verwalter nach Eröffnung angezeigt, ergeben sich die Rechtsfolgen aus den §§ 207 ff. Eine Nachschusspflicht besteht nicht.

Bei der Prüfung der Frage, ob das Vermögen des Schuldners für die voraussichtlichen Kosten ausreicht, hat das Gericht zunächst die vom Schuldner beizubringenden Unterlagen selbst zu prüfen und dabei auch den Schuldner zur aktiven Mitwirkung zu veranlassen.[47] Sieht sich das Gericht jedoch auf Grund eigener Erkenntnismöglichkeiten nicht in der Lage, die Unterlagen bzw. die Frage der Masseunzulänglichkeit sachgerecht zu beurteilen und zu beantworten, so gebietet es die Amtsermittlungspflicht, sich insoweit der Unterstützung eines Sachverständigen zu bedienen oder aber ein solches Gutachten im Rahmen der vorläufigen Verwaltung anzufordern, wenn diese als erforderlich angeordnet worden ist.[48] Nur auf diese Weise können bereits im Vorfeld Feststellungen getroffen und Beweise zB für

---

[40] Im Rahmen einer Langzeitbetrachtung über 15 Jahre und der Auswertung von ca. 500 Insolvenzverfahren wurde festgestellt, dass bei insolventen Kapitalgesellschaften durchschnittlich 9 anfechtungs- und haftungsrechtliche relevante Tatbestände festgestellt wurden. Dies konnten zu 47 % realisiert werden und führten zu einer Massemehrung von durchschnittlich 39 %, wobei sich die Summen zwischen 11.500 und 282.000,- Euro bewegt haben; ausführlich dazu *Kirstein* ZInsO 2006, 966 ff.

[41] In der Praxis ist von Verwaltern immer wieder das Argument zu hören, dass es sich in vielen Fällen schon wirtschaftlich für sie nicht lohne ein Verfahren zu eröffnen, worin eine deutliche Verkennung der Funktion des öffentlich bestellten Verwalters fremden Vermögens liegt, denn nicht das Vermögensinteresse des Verwalters ist zu beachten, sondern allein das Interesse der Gläubiger.

[42] Übernimmt man die als gesichert zu betrachtenden Werte der Wirtschaftsstaatsanwalt-schaften von straf- und haftungsrechtliche relevanten Fehlverhaltens bei mehr als 95 % aller Kapitalgesellschaften (vgl. Fn.4) , so liegt auf der Hand, dass vor dem Hintergrund der zwingenden kapitalerhaltenden Regelungen des Gesellschaftsrechts schon zur Aufdeckung des Verbleibs des haftenden Kapitals nahezu alle Anträge mit einer Eröffnung enden müssten.

[43] ZInsO 2009, 22 ff.

[44] Vgl. *Frind* ZInsO 2012, 1357 ff. Für eine Haftung des Sachverständigen analog zu § 60 InsO vgl. *Bürger* DZWIR 2007, 361 ff.

[45] Vgl. dazu *Schützeberg* StRR 2009, 450 ff.; AG Hamburg ZInsO 2006, 51.

[46] BGH ZInsO 2012, 693; 2011, 92, 93 Tz 3.

[47] LG Arnsberg ZInsO 2002, 680 befürwortet die zwangsweise Vorführung oder Haft.

[48] BGH ZInsO 2009, 433; *Haarmeyer/Wutzke/Förster*, Handbuch, Kap. 3 RdNr. 194 ff.; Kuhn/*Uhlenbruck* § 107 RdNr. 1 e; *Kübler/Prütting/Pape* § 26 RdNr. 7; FKInsO-*Schmerbach* § 26 RdNr. 13; *Häsemeyer* RdNr. 7.28.

Anfechtungs- und Haftungsansprüche gesichert werden. Nur dadurch kann sich letztlich auch der Richter davor schützen, wegen unzureichender Ermittlungen von Gläubigern aus dem Gesichtspunkt der Amtspflichtverletzung dann in Anspruch genommen zu werden, wenn sich bei sorgfältiger Bearbeitung des Antrags herausgestellt hätte, dass die vorhandenen bzw. für die Beurteilung heranzuziehenden Mittel für eine Eröffnung des Verfahrens ausreichend waren. Bei der Feststellung ob die Insolvenzmasse voraussichtlich ausreicht, um die Verfahrenskosten zu decken, hat das Gericht daher die Darlegungen eines Sachverständigen dahingehend zu prüfen, ob diese nachvollziehbar und in sich widerspruchsfrei sind und darf sie nur für diesen Fall seiner Entscheidung zugrunde legen.[49] Tatsächlich werden diese Anforderungen jedoch in der Praxis nur selten erfüllt, denn die Fehlerhaftigkeit von Eröffnungsgutachten, insbesondere im Bereich der Prognose[50] ist auch weiterhin eher die Regel als die Ausnahme. Dabei sollte nicht übersehen werden, dass es vielfach auch das eigene wirtschaftliche Interesse eines als Sachverständigen eingesetzten vorläufigen Verwalters ist, ob er die Eröffnung eines Verfahrens vorschlägt oder dessen Abweisung mangels Masse.[51]

14d Die aus mehreren Studien vorliegenden Ergebnisse und Langzeitbetrachtungen[52] rechtfertigen den Schluss, dass bei konsequenter Ermittlung, Feststellung und Umsetzung insolvenz- und haftungsrechtlicher Ansprüche eine Eröffnungsquote bei Kapitalgesellschaften von 90 % und mehr durchaus erreichbar ist. Damit würde die Ordnungsfunktion des Insolvenzrechts nicht nur im Interesse der davon unmittelbar profitierenden Gläubiger umgesetzt, sondern die sanktionslose Verletzung gesetzlicher Pflichten wäre nicht mehr ein kalkulierbares und daher leicht abschätzbares Risiko, sodass auch das Rechtsempfinden der betroffenen Gläubiger wie auch der Öffentlichkeit gestärkt werden könnte. Die sich daraus ergebenden Folgewirkungen bestünden zudem in einer deutlich höheren Befriedigungsquote, einem verbesserten und beschleunigten Antragsverhalten und den sich daraus ergebenden größeren Chancen zum Erhalt von Unternehmen und Arbeitsplätzen sowie einer Verminderung der Schäden der öffentlichen Gläubiger. Angesichts der Feldforschungsergebnisse kann davon ausgegangen werden, dass die Ursachen für die derzeit noch festzustellenden massiven Mängeln unmittelbar bei den Insolvenzgerichten selbst sowie den von diesen beauftragten Sachverständigen liegen, die ihre Tätigkeit offenbar überwiegend am jeweiligen Interesse und Anforderungsprofil der Gerichte und nicht an den gesetzlichen Erfordernissen ausrichten.

15 **2. Zu deckende Kosten.** § 26 stellt klar, das die zur Deckung notwendigen Kosten nur die in § 54 aufgeführten Kosten sind, also die Gerichtskosten, die Vergütung des vorläufigen Insolvenzverwalters, des Insolvenzverwalters und der Mitglieder des Gläubigerausschusses.[53] Dies entspricht auch der ganz herrschenden Meinung in Rechtsprechung[54] und Literatur.[55] Es bleibt daher festzustellen, dass in die zur Deckung der Eröffnung erforderlichen Kosten des Verfahrens ausschließlich die in § 54 aufgeführten Positionen einzubeziehen sind.[56] Ausführlich dazu § 22 RdNr. 145 ff. Die Deckung der Kosten ist bei einem zulässigen Antrag von Amts wegen festzustellen.[57] Dass daneben nicht einmal existentiell notwendige Ausgaben zur Abwicklung und Verwertung bestritten werden können, spielt nach der gesetzlichen Regelung keine Rolle, führt also daher auch nicht mehr zur Abweisung des Insolvenzantrages mangels Masse oder, wie die korrespondierende Regelung des § 207 Abs. 1 Satz 1 zeigt, zur Einstellung des eröffneten Verfahrens wegen Masselosigkeit.[58] Vgl. dazu das instruktive Muster im HambKommInsO § 26 RdNr. 13.

---

[49] BGH ZInsO 2003, 706; LG Berlin ZInsO 2000, 224, 225.
[50] Vgl. dazu BGH ZInsO 2009, 433 sowie LG Berlin ZInsO 2000, 224.
[51] Vgl. zu den vielen Mängeln *Haarmeyer*, FS Gero Fischer (2008), 203 ff.
[52] Ausführlich dazu *Haarmeyer*, FS Gero Fischer, 203, 206 ff.
[53] Ganz hM vgl. BGH ZInsO 2010, 2188 Tz 9; NZI 2007, 238 Tz 11; AG Neuruppin DZWIR 1999, 306; *Pape* ZInsO 1999, Nr. 17; HKInsO-*Kirchhof* § 26 RdNr. 12; *Kübler/Prütting/Pape* § 26 RdNr. 5; *Kübler*, Kölner Schrift, S. 967, 968; FKInsO-*Schmerbach* § 26 RdNr. 6a; *Häsemeyer* RdNr. 7.29.
[54] BGH ZIP 2006, 1056; ZInsO 2003, 706; LG Berlin ZInsO 2000, 224; AG Hamburg NZI 2000, 124; AG Neu-Ulm NZI 2000, 386.
[55] *Kaufmann* ZInsO 2006, 961; *Breutigam/Blersch/Goetsch* § 26 RdNr. 28; HKInsO/*Kirchhof* § 26 RdNr. 14 f.; *Jaeger/Gerhardt* InsO, § 26 RdNr. 19 ff.; *Hess* InsO, § 26 RdNr. 16; *Kübler/Prütting/Pape* InsO, § 26 RdNr. 6, 9a ff., 14, 16a; *Uhlenbruck* InsO, § 26 RdNr. 5; *Pannen* NZI 2000, 575, 576; *Kirchhof* ZInsO 2001, 1, 5; *Haarmeyer* ZInsO 2001, 103, 104.
[56] Vgl. u.a. BGH ZInsO 2010, 2188; LG Berlin ZInsO 2000, 224; AG Hamburg NZI 2000, 140; *Uhlenbruck* InsO § 26 RdNr. 6f.; HKInsO-*Kirchhof* § 26 RdNr. 14.
[57] BGH ZInsO 2011, 92 Tz2.
[58] *Dinstühler* ZIP 1998, 1697, 1698; zur Kritik an der Regelung des Gesetzgebers *Häsemeyer* RdNr. 7.26 ff.; verfehlt ist auch der Versuch von *Obermüller* RdNr. 149 den Begriff der Gerichtskosten soweit auszulegen, dass darunter auch die Kosten für die Verwaltung, Verwertung und Verteilung der Insolvenzmasse fallen, da die Gesetzesbegründung ausdrücklich klargestellt hat, dass die sonstigen Masseverbindlichkeiten für die Frage der Kostendeckung außer Betracht zu bleiben haben.

16 Wie bei allen in die Zukunft gerichteten Entscheidungen handelt es sich auch bei der Frage der Massekostendeckung um eine Prognoseentscheidung, sodass nicht festgestellt werden kann, ob die Kosten gedeckt sind, sondern ob die Ermittlungen Anlass für die Schlussfolgerung sein können, dass die Kosten des Verfahrens aus den zu erwartenden Mitteln voraussichtlich gedeckt werden können. Die voraussichtliche Verfahrenskostendeckung ist immer dann zu bejahen, wenn sie überwiegend wahrscheinlich ist.[59] Entgegen dem üblichen Sprachgebrauch erfordert mithin die Feststellung der zu deckenden Kosten nicht eine exakte rechnerische Ermittlung, sondern dies kann, schon im Hinblick auf den relativ frühen Zeitpunkt der stattfindenden Beurteilung, nur im Wege einer Schätzung erfolgen.[60] Abzustellen ist dabei auf den voraussichtlichen Wert der Insolvenzmasse bei Beendigung des Verfahrens.[61] Auf Grund der Reduzierung der maßgeblichen Kosten ist die Prognose der zu erwartenden Kostenentwicklung wesentlich einfacher, als dies nach dem alten Recht möglich gewesen ist. Dass nur eine schätzungsweise Annäherung möglich ist, wird schon dadurch deutlich, dass nach § 3 Abs. 2, 34 GKG für die Gerichtskosten des Verfahrens, die Gebühren für den Antrag auf Eröffnung und für die Durchführung des Insolvenzverfahrens nach dem Wert der Insolvenzmasse zurzeit der Beendigung des Verfahrens erhoben werden, diese aber zum Zeitpunkt der Entscheidung über die Eröffnung nur ungefähr bestimmt werden können. Daher lassen sich die nach Nr. 2310 ff. des Kostenverzeichnisses anfallenden Gebühren kaum jemals „berechnen", was jedoch das Gericht nicht davon entbindet, im Rahmen seiner Amtspflicht das Vermögen des Schuldners ebenso wie die dadurch zu deckenden Kosten in nachprüfbarer Weise zu ermitteln. Bei der Kostenprognose in Regelinsolvenzverfahren erfolgt die Berücksichtigung der Positionen ohne Umsatzsteuer, sofern die künftige Insolvenzmasse diese als Vorsteuer zurückbekommt.

17 Wie für den Wert der Insolvenzmasse zur Zeit der Beendigung des Verfahrens gilt auch die Prognoseunsicherheit für die Vergütung der (vorläufigen) Gläubigerausschussmitglieder ebenso wie für die Vergütung und die Auslagen des Insolvenzverwalters. Da Berechnungsgrundlage für die Vergütung des Insolvenzverwalters grundsätzlich der Wert der Insolvenzmasse ist, auf die sich die Schlussrechnung des Verwalters bezieht, lassen sich sowohl diese Grundlage als auch die sich möglicherweise aus der Abfolge des Verfahrens ergebenden Zu- oder Abschläge nur relativ ungenau feststellen. Dies darf aber umgekehrt nicht dazu führen, dass, quasi unter Umgehung des gesetzgeberischen Willens, hinsichtlich dieser zu deckenden Kosten von so weit überhöhten Sätzen ausgegangen wird, da dadurch der gesetzgeberische Wille konterkariert wird. Sind im Zeitpunkt der Prognoseentscheidung bereits etwaige Zu- oder Abschläge bei den Vergütungen nach der InsVV erkennbar, so sind diese Umstände zu berücksichtigen, auch wenn sich der konkrete Verlauf des Verfahrens schwer abschätzen lässt. Auch und gerade wegen dieser Unsicherheiten sind an die **Sorgfalt des Gerichts** bei der Prüfung der entscheidungsrelevanten Tatsachen schon wegen der Folgen einer Abweisung mangels Masse, jedoch auch im Interesse der Gläubiger hohe Anforderungen zu stellen.[62]

18 Nicht zu berücksichtigen sind die im Rahmen einer Fortführung des Unternehmens zu deckenden Kosten, da es sich um sonstige Masseverbindlichkeiten nach § 55 handelt.[63] Dazu zählen insbesondere die Ausgaben für Verwaltung, Verwertung und Verteilung der Masse wie zB auch für die dabei anfallenden Steuern.[64] Aus diesem Grund darf daher auch eine Insolvenzeröffnung nicht mit der selbständigen Begründung abgelehnt werden, dass ein eröffnetes Verfahren alsbald wieder eingestellt werden muss, da dies dem ausdrücklichen Willen des Gesetzgebers entspricht, denn die Voraussetzungen des § 207 Abs. 1 Satz 1 und des § 26 Abs. 1 sind insoweit gleich.[65]

19 Handelt es sich allerdings um sog. **Stundungsverfahren** nach § 4a, kann der Verwalter bei Masselosigkeit Steuerberatungskosten als Auslagen geltend machen, wenn die Erledigung der steuerlichen Aufgaben besondere Kenntnisse erfordert oder dem Umfang nach über das hinausgeht, was mit der Erstellung einer Steuererklärung allgemein verbunden ist und, dies muss hinzukommen, der Fiskus trotz Hinweises auf die Masselosigkeit nicht bereit ist, den Verwalter von der Verpflichtung zur Erfüllung steuerlicher Pflichten des Schuldners zu dispensieren.[66] In diesem Zusammenhang ist der Begriff der Auslagen in der Entscheidung des BGH aber nicht als im Rahmen von § 26

---

[59] BGH ZIP 2006, 1056 = NZI 2006, 405; OLG Karlsruhe ZInsO 2002, 247; AG Göttingen ZInsO 2003, 1156; HKInsO-*Kirchhof* § 26 RdNr. 4; *Jaeger/Schilken* § 26 RdNr. 27.
[60] *Kübler/Prütting/Pape* § 26 RdNr. 6; *Kuhn/Uhlenbruck* § 107 RdNr. 1.
[61] BGH ZInsO 2003, 706, 707.
[62] *Jaeger/Schilken* § 26 RdNr. 38; *Haarmeyer/Wutzke/Förster* GesO § 4 RdNr. 14; LG Arnsberg ZVI 2002, 278.
[63] Zuletzt dazu *Kaufmann* ZInsO 2006, 961 m. w. Nachw.
[64] HKInsO-*Kirchhof* § 26 RdNr. 12.
[65] Vgl. dazu auch K. Schmidt/*Uhlenbruck*, GmbH, S. 403 RdNr. 732.
[66] BGH ZInsO 2004, 970 = NJW 2004, 2976 sowie *Pape* ZInsO 2004, 1049, der diese Regelung über die Stundungsverfahren hinaus für alle Verfahren zur Anwendung bringen will. Ablehnend insoweit AG Hamburg ZInsO 2004, 1093.

berücksichtigungsfähig anzusehen, da es in der Entscheidung ausschließlich um die Vorschuss- und Erstattungsfähigkeit solcher Aufwendungen ging, die der BGH im Hinblick auf die Sanktionswirkung fiskalischen Handelns zutreffend bejaht hat.

20   **3. Bestimmung des heranzuziehenden Vermögens.** Vermögen des Schuldners i. S. d. § 26 Abs. 1 ist – wie bei RdNr. 14 dargelegt – die Zusammenfassung aller gegenwärtigen und zukünftigen liquidierbaren Vermögenswerte, beschränkt auf die pfändbaren Gegenstände, aus denen die Insolvenzmasse gebildet wird.[67] Das heranzuziehende Vermögen ist die künftige freie Insolvenzmasse einschließlich etwaiger Ansprüche nach § 26 Abs. 4[68] und von daher weiter zu verstehen als in § 19, da hierzu nicht nur das vorhandene Vermögen einschließlich aller Ansprüche und Rechte gehört, sondern auch der Neuerwerb während des Verfahrens und die Realisierung anfechtungs- und haftungsrechtlicher Ansprüche gleich welcher Art. Bei der Bestimmung der zur Deckung der Kosten heranziehbaren Vermögens des Schuldners ist zu beachten, dass das Problem der Deckung der Kosten zwar vordergründig als ein Problem der aktuellen Liquidität, also der verfügbaren Eigenmittel anzusehen ist, dass sie jedoch unter dem Gesichtspunkt der „voraussichtlichen" Deckung auch die Liquidierbarkeit im Auge hat, vorrangig also die Möglichkeit, Vermögensobjekte mehr oder weniger rasch in Geld umzuwandeln, so dass eine mangelnde Anfangsliquidität unschädlich ist, wenn zB aus dem zukünftigen Neuerwerb, der Durchsetzung anfechtungs- oder haftungsrechtlicher Ansprüche, dem Einzug von Forderungen etc. die Kosten gedeckt werden können. Ob also die Verfahrenskostendeckung auf Grund der aktuellen Liquidität gesichert ist oder ob nur eine überwiegende Wahrscheinlichkeit dafür besteht, dass es voraussichtlich zur Kostendeckung bereitgestellt werden kann, spielt letztlich keine Rolle.[69] Entscheidend kommt es daher auch nicht auf eine kurzfristige Liquidität an, sondern lediglich darauf, ob eine überwiegende Wahrscheinlichkeit dafür besteht, dass der Insolvenzverwalter im weiteren Verlauf des Verfahrens die Mittel zur Deckung der Kosten aus dem Vermögen des Schuldners bereitstellen kann. Auch insoweit ist, unter Beachtung der erklärten Zielsetzung der Insolvenzrechtsreform, eher ein großzügiger Maßstab anzulegen, so dass auch die Realisierbarkeit von Vermögenswerten nur innerhalb eines längeren Zeitraumes bzw. im Laufe des Verfahrens die Eröffnung des Verfahrens nicht hindert.[70] Aufgabe von Gutachtern und Insolvenzrichtern muss aber auch sein, in einem frühen Stadium insbesondere auch die Durchsetzbarkeit etwaiger Ansprüche zu ermitteln.

21   Grundsätzlich sind bei der Bewertung vorhandener oder künftig zu erlangender Vermögenswerte des Schuldners **Verkehrswerte** zugrunde zu legen. Dies sind bei einem „lebenden" Unternehmen regelmäßig Fortführungswerte, werden im Übrigen jedoch Liquidationswerte sein, weil die Fortführung eines Unternehmens idR kaum zu erwarten ist, wenn schon die Massekostendeckung ernsthaft zweifelhaft ist. Die Vermögensgegenstände sind also mit dem Wert anzusetzen, der sich durch ihre optimale Verwertung am Markt unter Insolvenzbedingungen erzielen ließe. Dies sind regelmäßig nicht die Nominal- oder Buchwerte, sondern gerade im Bereich von Forderungen und Waren wird idR Wertberichtigungen vorzunehmen, wenn dazu auf Grund der vorgefundenen Unterlagen oder der Bedingungen des konkreten Insolvenzverfahrens berechtigter Anlass besteht. Bei der Vermögensfeststellung sind unpfändbare (§ 36 InsO) und auszusondernde (§ 47 InsO) Vermögensgüter nicht zu berücksichtigen, denn nicht das gesamte Vermögen des Schuldners steht zur Verfahrenskostendeckung zur Verfügung, sondern gerade nur die **freie Masse.** Bei der Feststellung des Wertes des Vermögens sind mit Absonderungsrechten belastete Gegenstände nur mit ihrem Überschussbetrag zu berücksichtigen, während Aussonderungsrechte sowie unpfändbare Gegenstände regelmäßig keine Berücksichtigung finden.[71] Forderungen des Schuldners sind bei konkreten, wertmindernden Anhaltspunkten mit ihrem mutmaßlichen Realisierungswert durch notwendige Wertberichtigungen zu bereinigen, ebenso wie Waren mit ihrem voraussichtlichen Erlös unter den Bedingungen des Insolvenzverfahrens einzustellen sind. Wesentlich ist allerdings, dass die Wertefindung nach den Regelungen der §§ HGB nachvollziehbar begründet und an sachlichen Kriterien orientiert stattfindet. Eine pauschale Abwertung von Forderung auf einen „Erfahrungswert" von zB 20 % ist sicher außerhalb von Bauinsolvenzen unzulässig, denn es bedarf für eine Abwertung, wie in allgemeinen Bewertungsregelungen auch, jeweils konkreter Anhaltspunkte aus den vorhandenen Geschäftsunterlagen. Ergeben sich Schwierigkeiten bei der Bewertung des realisierbaren Wertes von Vermögensge-

---

[67] *Jaeger/Schilken* § 26 RdNr. 12.
[68] Foerste ZInsO 2012, 532.
[69] Vgl. dazu auch BGH ZInsO 2009, 433; OLG Köln ZInsO 2000, 606; HKInsO-*Kirchhof* § 26 RdNr. 4, 5 ff.; Kuhn/*Uhlenbruck* § 107 RdNr. 1 h.
[70] BGH ZIP 2006, 1056, 1057; ZInsO 2003, 706; LG Leipzig ZInsO 2002, 576; LG Kaiserslautern ZInsO 2001, 628; *Kübler/Prütting/Pape* § 26 RdNr. 7a; *Kirchhof* ZInsO 2001, 1, 5.
[71] FKInsO-*Schmerbach* § 26 RdNr. 9; Kuhn/*Uhlenbruck* § 107 RdNr. 1 f.; HKInsO-*Kirchhof* § 26 RdNr. 5.

genständen, so kann in Anlehnung an die Rechtsprechung zum Freigabeanspruch bei revolvierenden Mobiliarsicherheiten[72] von einem realisierbaren Wert von $^2/_3$ des Schätzwertes als Orientierungshilfe ausgegangen werden.[73] Bei höheren Abschlägen besteht erheblicher Erläuterungsbedarf. Wegen der Beschlagnahme auch des Neuerwerbs für die Insolvenzmasse ist auch dieser einzubeziehen, so dass künftiger Erwerb des Schuldners auch für die Massekostendeckung zu berücksichtigen ist.[74] Hierzu zählen insbesondere potentielle Haftungs- und Anfechtungsansprüche,[75] aber ggf. auch immaterielle Vermögenswerte wie Know-how, Goodwill, Kundenstamm etc. sowie die Ansprüche aus §§ 92, 93, sofern im Laufe des Verfahrens realistisch erwartet werden kann, dass es daraus zu Massezuflüssen kommt. Heranzuziehen sind auch die zu erwartenden Kostenbeiträge nach § 171 sowie Einnahmen aus Verwertungsabreden bei Veräußerungen von Gegenständen oder Einziehung abgetretener Forderungen. Bei Finanzsicherheiten (vgl. dazu § 21 RdNr. 105) fällt ein solcher Kostenbeitrag allerdings nicht an.

Unter Abwägung von Prozessaussichten und des Kostenrisikos, einschließlich einer möglichen Prozesskostenhilfe, sind auch Ansprüche einzustellen, die nur im Prozesswege durchzusetzen sind, insbesondere Anfechtungsansprüche, aber auch Ansprüche gegen Gesellschafter der insolventen Gesellschaft.[76] Dabei kann es sich auch empfehlen, die Möglichkeiten einer Prozessfinanzierung zu prüfen. Neben den Erfolgsaussichten ist dabei entscheidend, ob einem wirtschaftlich Beteiligten die Aufbringung der Kosten zuzumuten ist. Der Insolvenzverwalter ist kein wirtschaftlich Beteiligter und scheidet daher insoweit von vornherein aus, ebenso wie die Massegläubiger[77] Bei der Insolvenz einer Genossenschaft ist die Nachschusspflicht der Genossen zu berücksichtigen, die nach § 105 GenG durch die Eröffnung des Insolvenzverfahrens auch zugunsten der Massegläubiger ausgelöst wird. Bei der Prüfung der hinreichenden Verfahrenskostendeckung ist auch **Auslandsvermögen** des Schuldners in die Prüfung mit einzubeziehen, wobei aber insbesondere die möglicherweise schwierige und langfristige Umsetzungsmöglichkeit durch entsprechende Berichtigungen auf den voraussichtlichen Realisierungswert zu reduzieren ist. Auch das Bestehen eines Gewinnabführungs- und Verlustübernahmevertrages zB nach § 302 AktG kann, wenn dieser zugunsten des Gemeinschuldners besteht, dazu führen, dass die Masse auch daraus angereichert werden kann, während andererseits das Bestehen eines solchen Vertrages zu Lasten des Gemeinschuldners dazu führt, dass dies vermögensmindernd zu berücksichtigen ist. Ausführlich dazu § 22 RdNr. 149 ff. 22

4. Zeitrahmen der Prognose. Zu beachten ist bei Frage des zu berücksichtigenden Prognosezeitraums sowohl für die Kostendeckung als auch für das zur Deckung heranzuziehende Vermögen das erklärte Ziel der Insolvenzrechtsreform, eine vermehrte Eröffnung der Verfahren zu erreichen. Daher ist auch bei der Deckungsprognose – wie auch bei der Prognose hinsichtlich der Kosten – ein **großzügiger Maßstab** anzulegen.[78] Eine Realisierbarkeit von Vermögenswerten nur innerhalb eines längeren Zeitraumes hindert die Eröffnung des Verfahrens daher auch nicht. So führt es nicht zur Abweisung mangels Masse, wenn sich möglicherweise erst durch die spätere Verwertung von Grundstücken noch erhebliche Masse bilden lässt.[79] Maßgeblich ist allein die Frage, ob im jeweiligen Einzelfall[80] die zu treffende Prognose eine überwiegende Wahrscheinlichkeit dafür gibt, dass dem Insolvenzverwalter die notwendigen Mittel im Laufe des eröffneten Verfahrens zur Verfügung stehen, mag dies auch erst nach einem längeren Zeitraum zu erwarten sein.[81] Ein Verfahren kann mithin trotz fehlender aktueller Liquidität eröffnet werden, wenn Aussicht besteht, dass der Insolvenzverwalter zB nach Eröffnung und Bewilligung von Prozesskostenhilfe durch das Prozessgericht klageweise Forderungen einbringen und dadurch die erforderliche Massekostendeckung herbeiführen wird oder wenn im Rahmen eines Forderungseinzuges bzw. der Durchsetzung anderer Ansprüche und Rechte hinreichende Wahrscheinlichkeit für Massezuflüsse im Laufe des Verfahrens beste- 23

---

[72] BGH ZIP 1998, 235.
[73] *Jaeger/Schilken* § 26 RdNr. 13.
[74] OLG Köln ZInsO 2000, 606.
[75] OLG Hamm ZInsO 2005, 217.
[76] Vgl. u.a. OLG Karlsruhe ZIP 1989, 1071; LG Konstanz ZIP 1982, 1232; OLG Schleswig ZIP 1996, 1051; *Wessels* KTS 1996, 601; HKInsO-*Kirchhof* § 26 RdNr. 6.
[77] BGH ZIP 2003, 2036.
[78] BGH NZI 2004, 30, 31 (ca. 1 Jahr).
[79] *Frind* ZInsO 2012, 1357, 1358; FKInsO-*Schmerbach* § 26 RdNr. 15; BGH ZInsO 2003, 706.
[80] So auch AG Göttingen ZInsO 2009, 190, 191.
[81] Ganz hM; vgl. u.a. BGH ZInsO ZIP 2006, 1056, 1057 f.; 2003, 706, 707; LG Kaiserslautern ZInsO 2001, 628; LG Leipzig InVo 2002, 369; AG göttingen ZInsO 2009, 190; AG Hamburg ZInsO 2006, 51 sowie *Jaeger/Schilken* § 26 RdNr. 29. Dies Auffassung wird mittelbar auch durch die Regelung des § 26 Abs. 1 Satz 2 für den Fall der Stundung bestätigt, denn auch im Stundungsverfahren setzt der Gesetzgeber darauf, dass die gestundeten Verfahrenskosten mittels künftigen Erwerbs des Schuldners zu decken sind.

hen.[82] Im Ergebnis führt daher die Tatsache, dass das aktuell vorhandene liquide Vermögen des Schuldners die Kosten des Verfahrens nicht oder nicht vollständig abdeckt, nicht dazu, dass der Antrag mangels Masse abzuweisen ist, wenn auf Grund der angestellten Ermittlungen und Darlegungen zu erwarten ist, dass nach Eröffnung der Insolvenzverwalter erforderliche Beiträge mit hinreichender Wahrscheinlichkeit zur Masse ziehen kann. Die sonstigen Masseverbindlichkeiten i.S.v. § 55 spielen für die Feststellung der Massekostendeckung nach der Neuordnung des Insolvenzrechts keine Rolle mehr, ihre Berücksichtigung wäre sogar verfehlt, weil der Katalog des § 54 abschließend ist und keine Ausweitung zulässt.[83] Kriterien der Zumutbarkeit für den Insolvenzverwalter haben insoweit zurück zu treten hinter den Zielen des Gesetzgebers, da, wie der BGH[84] ausführlich dargelegt hat, dieser hinreichende Sicherungsmechanismen in der Hand hat, um einen Ausfall der Vergütung zu verhindern oder zumindest zu minimieren. Wollte man dies als einen zu berücksichtigenden Faktor zulassen, wären Tür und Tor geöffnet für „taktische" Bewertungen von einzelnen Werten, um auf diese Weise nur die aus Sicht des Verwalters lukrativen und mit Ausfallrisiken nicht belasteten Verfahren zur Eröffnung zu bringen. Da kein Verwalter gezwungen ist Insolvenzverwaltungen zu bearbeiten, müssen individuelle und allgemein in der Wirtschaftsleben vorhandene Risiken hinter den öffentlichen Interessen an einer deutlichen Erhöhung der Eröffnungsquoten zurücktreten. Daher sind auch die Insolvenzgerichte verpflichtet, Empfehlungen zur Abweisung mangels Masse bei Unternehmensinsolvenzen stets mit kritischem Blick zu verfolgen.[85] Es gehört zu den eher erschreckenden Erkenntnissen der Feldforschung in Insolvenzsachen, dass die Eröffnungsquote für Unternehmensinsolvenzen bei den Insolvenzgerichten zwischen ca. 12% und 95% schwankt.[86] Dabei spielt, entgegen mancher Behauptung, die Frage nach der Wirtschaftskraft einer Region offenbar gar keine Rolle, sondern entscheidend scheint die Art und Weise der Handhabung bei dem jeweiligen Insolvenzgericht zu sein. Stellt das Gericht qualitativ definierte hohe Anforderungen an die zu erstellenden Gutachten und strebt die Umsetzung der Ordnungsfunktion des Insolvenzrechts durch eine möglichst hohe Zahl eröffneter Verfahren an, werden in diesen Gerichtsbezirken weitaus mehr Unternehmensinsolvenzverfahren eröffnet, während das Fehlen solcher Vorgaben in der Folge dazu führt, dass die Verwalter sich nach eigenen – auch vergütungsrechtlichen – Kriterien für oder gegen eine Eröffnung entscheiden. Dass diese Handhabung bei entsprechender Öffentlichkeit zu sehr schnellen Änderungen führen kann, zeigt eindrucksvoll die Entwicklung der Eröffnungszahlen am AG Berlin-Charlottenburg.[87]

II. Anhörung des Schuldners

24 Dem Schuldner muss, sowohl beim Eigen- wie auch beim Fremdantrag,[88] im Hinblick auf Art. 103 Abs. 1 GG vor einer Entscheidung über die Abweisung der Eröffnung mangels Masse Gelegenheit gegeben werden, zu allen die Entscheidung tragenden Erwägungen Stellung zu nehmen, insbesondere zum Ergebnis der Ermittlungen des Insolvenzgerichts oder des von diesem beauftragten Sachverständigen. Dies ist nicht nur wegen der drohenden Folgen einer Abweisung mangels Masse geboten, sondern insbesondere dem verfassungsrechtlichen Grundsatz geschuldet, dass jeder an einem gerichtlichen Verfahren Beteiligte Gelegenheit erhalten muss, sich zu dem der Entscheidung zugrunde liegenden Sachverhalt und zur Rechtslage zu äußern.[89] Eine solche Anhörung – gleich ob schriftlich oder mündlich – ist nicht nur geboten für den Fall eines Eigenantrages des Schuldners, sondern insbesondere auch dann, wenn ein Gläubiger den Insolvenzantrag gestellt hat und dieser nach § 26 zurückgewiesen werden soll.[90] Hat allerdings der Schuldner neben dem Eröffnungsgrund auch die voraussichtliche Masselosigkeit eingeräumt oder räumt er diese nach Erstellung des Gutachtens nunmehr ein, so bedarf es vor einer Beschlussfassung keiner erneuten Anhörung,[91]

---

[82] In diesem Sinne auch AG Hamburg ZInsO 2006, 51, 53; FKInsO-*Schmerbach* § 26 RdNr. 15 m. w. Nachw.
[83] Ganz h. M.; vgl. *Kaufmann* ZInsO 2006, 961 ff. m. w. Nachw.; *Kübler/Prütting/Pape* § 26 RdNr. 9.
[84] BGH ZInsO 2004, 336.
[85] AG Hamburg ZInsO 2006, 51.
[86] Vgl. die Nachweise bei *Haarmeyer/Suvacarevic* ZInsO 2006, 953, 954.
[87] Vgl. dazu den Beitrag von *Haarmeyer* ZInsO 2006, 449 und 619 sowie die Erwiderung von *Buse* ZInsO 2006, 617. Die von der LG-Präsidentin angeführten besonderen Berliner Verhältnisse standen einer danach plötzlich eintretenden Steigerung der Eröffnungsquote von unter 30% im Jahre 2004 auf inzwischen weit über 50% sowie einer Öffnung des „closed-shop" für die Verwalterauswahl offenbar nicht entgegen.
[88] BGH ZInsO 2004, 274 = NJW-RR 2004, 926.
[89] *Kübler/Prütting/Pape* § 26 RdNr. 11; vgl. auch BVerfGE 60, 175, 210; 64, 135, 143; *Vallender*, Kölner Schrift, S. 221 RdNr. 44.
[90] HKInsO-*Kirchhof* § 26 RdNr. 15; *Kübler/Prütting/Pape* § 26 RdNr. 11; FKInsO-*Schmerbach* § 26 RdNr. 58.
[91] BGH ZInsO 2004, 274; so auch MünchKommInsO-*Schmahl* § 16 RdNr. 29; *Uhlenbruck* InsO § 26 RdNr. 26; aA Jaeger/*Gerhardt* § 26 RdNr. 34.

wenn dieser schon vorher Gelegenheit hatte, sich zur Frage des Kostendeckung zu äußern. Im Übrigen kann die Anhörung jedoch auch dann unterbleiben, wenn sich der Schuldner mit dem Inhalt des Gutachtens zur Masselosigkeit ausdrücklich einverstanden erklärt.[92]

Führt das Gericht eine Anhörung durch, kann diese regelmäßig in schriftlicher Form erfolgen, wobei eine Äußerungsfrist von wenigen Tagen hinreichend ist. Hinreichend ist auch die Übersendung des Gutachtens mit dem Hinweis, dass das Gericht beabsichtige auf der Grundlage der gutachterlichen Feststellungen zu entscheiden und Gelegenheit zur Einzahlung eines Vorschusses gegeben werde.[93] Drohen infolge der Gewährung rechtlichen Gehörs übermäßige, die Interessen der Gläubiger beeinträchtigende Verzögerungen, so ist gem. § 10 zu verfahren, wobei das Gericht allerdings die für den Verzicht auf die Anhörung maßgeblichen Gründe aktenkundig zu machen hat. 25

Ergeben die Ermittlungen des Gerichtes bzw. die Feststellungen des Sachverständigen, dass sich zwischen dem verfügbaren bzw. verwertbaren Vermögen und dem zur Kostendeckung notwendigen Betrag eine negative Differenz ergibt, so hat das Gericht neben den/dem Antragsteller den notwendigen Fehlbetrag auch dem Schuldner mitzuteilen um auch diesem Gelegenheit zu geben, entweder selbst oder durch einen Dritten den notwendigen Deckungsbetrag einzahlen zu können (zur Vorschusszahlung durch Gläubiger vgl. unten RdNr. 27 ff.)[94] Hat ein Gläubiger bereits im Vorfeld erklärt, dass er zur Zahlung eines Vorschusses nicht bereit ist, bedarf es keiner Gewährung rechtlichen Gehörs. 26

Die Höhe muss den gesamten voraussichtlichen Kostenbetrag auf der Basis von Mindestsätzen berücksichtigen und kann vom Schuldner als Antragsteller nach freiem Ermessen als Vorschuss angefordert werden, sofern aus der Sicht des Insolvenzgerichtes das Interesse des Schuldners nicht fern liegt (zB wegen einer angestrebten Restschuldbefreiung), das Insolvenzverfahren notfalls aus Mitteln Dritter einleiten zu lassen.[95]

III. Massekostendeckung durch Vorschussleistungen oder Stundung

Auch wenn eine zur Deckung der Verfahrenskosten ausreichende Masse nicht vorhanden ist, soll nach § 26 Abs. 1 Satz 2 insbesondere den regelmäßig durch den Schuldner geschädigten Gläubigern die Möglichkeit gegeben werden, die Verfahrenskosten vorzufinanzieren, um einerseits dadurch eine Abweisung mangels Masse zu vermeiden, andererseits unter Umständen auch die Möglichkeit zu schaffen, Ansprüche gegen den Schuldner oder gegen Dritte nach Eröffnung des Insolvenzverfahrens durchsetzen zu können. Schon dies macht die rechtspolitische Fragwürdigkeit der Kostendeckung deutlich, denn die Durchsetzung der **Ordnungsfunktion des Insolvenzrechts** ist kein privatwirtschaftlich organisierbare Aufgabe der Gläubiger sondern eine öffentlich-rechtliche Verpflichtung. Regelmäßig ist es bei einer Insolvenzverschleppung nur durch die Eröffnung möglich, die antragspflichtigen Organe oder Gesellschafter in die Haftung zu nehmen. Stellt man dem gegenüber, dass bei mehr als 95 % aller Insolvenzen von Unternehmen die langfristige Verschleppung die Regel ist, dann wird deutlich, wie weit sich die gesetzliche Regelung von den praktischen Tatsachen entfernt hat Andererseits ist der Kreis der Einzahler nicht auf bestimmte Personen begrenzt, so dass ein notwendiger Vorschuss grundsätzlich von jeder interessierten Person, mit Ausnahme des Insolvenzverwalters selbst,[96] freiwillig eingezahlt werden kann. Eine gerichtliche Vorschussanforderung kommt allerdings nur gegenüber dem antragstellenden Gläubiger bzw. dem Schuldner in Betracht.[97] Sind mehrere Gläubiger Antragsteller, so kann das Gericht jedem Gläubiger die Vorschusszahlung in voller Höhe aufgeben.[98] Die Einzahlung eines Vorschusses kann weder durch eine für den Gläubiger erfolgte Bewilligung von Prozesskostenhilfe[99] noch durch eine Gebührenfreiheit ersetzt werden.[100] Sind jedoch dem Schuldner die **Kosten gestundet** worden (§ 4a), so unterbleibt die Abweisung mangels Masse. Vgl. dazu die Kommentierung zu §§ 4a bis c. Der Kostenvorschuss kann auch noch im Beschwerdeverfahren nachgeholt werden.[101] Eine Abweisung des Eröffnungsantrags nach 27

---

[92] Vgl. HKInsO-*Kirchhof* § 26 RdNr. 18; zur Anhörung auch *Vallender*, Kölner Schrift, S. 249, 264; LG Bielefeld MDR 1956, 363; LG Saarbrücken Rpfleger 1992, 444.
[93] So in BGH ZInsO 2004, 274.
[94] In diesem Sinn wohl auch BGH ZInsO 2004, 274.
[95] HKInsO-*Kirchhof* § 26 RdNr. 16; Jaeger/*Weber* § 107 RdNr. 3; Kilger/*K. Schmidt* § 107 Anm. 4.
[96] *Uhlenbruck* § 26 RdNr. 19; ebenso HKInsO-*Kirchhof* § 26 RdNr. 29.
[97] *Kübler/Prütting/Pape* § 26 RdNr. 2.
[98] LG Mainz Rpfleger 1975, 253.
[99] *Kübler/Prütting/Pape* § 26 RdNr. 20; HKInsO-*Kirchhof* § 26 RdNr. 8; Kuhn/*Uhlenbruck* § 107 RdNr. 5 c; AG Köln KTS 1972, 127.
[100] HKInsO-*Kirchhof* § 26 RdNr. 18; Jaeger/*Weber* § 107 RdNr. 5.
[101] LG Cottbus ZInsO 2002, 296; LG Potsdam ZInsO 2002, 779.

§ 26 InsO darf nur erfolgen, wenn der Antrag zulässig und – von der fehlenden Massekostendeckung abgesehen – begründet ist.[102]

28 Der Kostenvorschuss ist an das Gericht bzw. die Justizkasse zu leisten. Die **Höhe des Vorschusses** ist auf der Basis der gesetzlichen Mindestgebühren bzw. -vergütungen zu kalkulieren. In der Praxis bewegen sich die Anforderungen regelmäßig zwischen **2.000 und 3.000 €** bei Unternehmensinsolvenzen und bei ca. 1.500 € bei Insolvenzen natürlicher Personen, wenn überhaupt keine freie Masse vorhanden ist,[103] wenn nur teilweise freie Masse vorhanden ist, sollte die Differenzbetrag zu den angegebenen Werten angefordert werden. Die Anforderung des Vorschusses ist grundsätzlich formlos möglich, muss jedoch die Höhe der nötigen Zahlung und eine Frist dafür angeben. Dabei sollte die Frist so bemessen sein, dass dem möglicherweise zu einem Vorschuss bereiten Dritten die Überprüfung der Massearmut ermöglicht wird, da dadurch sowohl überflüssigen wie anfechtbaren Abweisungsbeschlüssen vorgebeugt werden kann.[104] Da die Anforderung entgegen der anerkannten Praxis bei § 107 Abs. 1 Satz 2 nicht mehr selbständig anfechtbar ist, kann sie auch nicht mehr in Rechtskraft erwachsen und daher auch keine Bindungswirkung für den endgültigen Abweisungsbeschluss haben.[105] Ob eine ausreichende Masse fehlt oder der Vorschuss zutreffend berechnet gewesen ist, kann allein im Rahmen eines Rechtsmittels gegen den Abweisungs- oder den Eröffnungsbeschluss gem. § 34 überprüft werden. Wie auch an anderer Stelle wirkt sich der Verzicht auf die Möglichkeit der isolierten Anfechtbarkeit der Vorschussanforderung auf den weiteren Verfahrensgang negativ aus, da Beschwerdeverfahren über die Abweisung mangels Masse mit der Frage der Zulänglichkeit des Vermögens des Schuldners und der zutreffenden Berechnung des Vorschusses belastet werden.

29 Die Abweisung mangels Masse hat nach Abs. 1 Satz 2 zu unterbleiben, wenn ein ausreichender Geldbetrag an die Justizkasse vorgeschossen wird oder in vergleichbarer Weise die Deckung der Kosten sichergestellt wird, sei es durch eine Bankgarantie[106] bzw. die unbedingte[107] Verfahrenskostengarantie eines Gläubigers.[108] Ein Vorschuss durch Sicherungsgläubiger kann auch in der Weise geleistet werden, dass die zur Kostendeckung notwendigen Beiträge aus der Verwertung abgetreten werden.[109] Regelmäßig ist aber in der Praxis die Einzahlung eines entsprechenden Geldbetrages. Wer den Vorschuss leistet, ist nach Maßgabe der Darlegungen bei RdNr. 27 grundsätzlich unerheblich, so dass der Vorschuss auch von Insolvenzgläubigern aufgebracht werden kann, die keinen Antrag gestellt haben, jedoch besteht keine Möglichkeit, diesen eine Vorschusszahlung gerichtlich aufzugeben. Ebenso gilt dies auch für nachrangige Gläubiger.[110] Der geleistete Vorschuss eines Gläubigers ist als treuhänderisches Sondervermögen mit der ausschließlichen Bestimmung der Massekostendeckung dem Insolvenzverwalter überlassen. Das vorgeschossene Sondervermögen gehört nicht zur Insolvenzmasse und unterliegt nicht der Verteilung nach § 209 Abs. 1 Nr. 1 und 3, der Vorschussleistende rückt jedoch in die Rangstelle des aus dem Vorschuss befriedigten Massegläubigers ein, allerdings erst nach der Befriedigung der übrigen Massekosten.[111] Der eingezahlte Vorschuss ist vom Insolvenzverwalter an den Leistenden zurückzuzahlen, sobald die Insolvenzmasse selbst zur Kostendeckung ausreicht.[112]

30 Ein vom Schuldner geleisteter Vorschuss gilt als ein Sondervermögen im vorgenannten Sinne nur, wenn die Mittel nachweislich massefrei sind oder von einem Dritten stammen,[113] andernfalls stellen sie einen Teil der allgemeinen Insolvenzmasse dar und können nur die Prüfung beeinflussen, ob diese ausreicht.

31 Der gezahlte Vorschuss darf nicht mit Zweckbestimmungen versehen werden, die über § 26 Abs. 1 hinausgehen, vielmehr sind solche Bedingungen unwirksam, worauf der Einzahlende durch das Insolvenzgericht hinzuweisen ist, weil er einen nur bedingt geleisteten, noch nicht verbrauchten

---

[102] BGH ZInsO 2011, 931; BGH ZIP 2006, 1056 RdNr. 5.
[103] HambKomm-*Schröder* § 26 RdNr. 55.
[104] HKInsO-*Kirchhof* § 26 RdNr. 17.
[105] LG Berlin ZInsO 2002, 680; LG Göttingen NZI 2000, 438; *Jaeger/Schilken* § 26 RdNr. 66; *Kübler/Prütting/Pape* § 26 RdNr. 18; HKInsO-*Kirchhof* § 26 RdNr. 17.
[106] BGH ZInsO 2002, 818, 819; *Obermüller*, Insolvenzrecht in der Praxis, I.506.
[107] AG Charlottenburg DZWiR 2005, 168.
[108] In diesem Sinne auch BGH ZInsO 2002, 818, 819; HKInsO-*Kirchhof* § 27 RdNr. 29; *Jaeger/Schilken* § 26 RdNr. 62; *Uhlenbruck* § 26 RdNr. 23.
[109] OLG Hamm WM 1999, 1226; HKInsO-*Kirchhof* § 26 RdNr. 4; *Uhlenbruck* § 26 RdNr. 22.
[110] BGH ZInsO 2010,2091.
[111] HKInsO-*Kirchhof* § 26 RdNr. 25; OLG Hamburg KTS 1958, 57; *Kuhn/Uhlenbruck* § 107 RdNr. 4 a.
[112] *Uhlenbruck* § 26 RdNr. 23; HKInsO-*Kirchhof* § 26 RdNr. 31; OLG Frankfurt KTS 1986, 503; *Skrotzki* KTS 1959, 24; *Kübler/Prütting/Pape* § 26 RdNr. 21.
[113] *Henckel*, FS 100 Jahre KO, S. 178, 182.

Vorschuss zurückfordern darf.[114] Nimmt der einzige Antragsteller seinen Antrag auf Grund der Kostenanforderung zurück, so kann ein anderer den Vorschuss nur auf Grund eines neuen ggf. eigenen Antrages leisten.[115] Der von einem Antragsteller geleistete Vorschuss kommt nach der Rücknahme oder der Erledigung seines Antrages jedoch nicht einem anderen zugute, sondern ist, sofern er noch nicht verbraucht worden ist, an den Antragsteller zurückzuzahlen.[116] Mit dem Rückzahlungsanspruch kann trotz fehlender Gegenseitigkeit gegen eine zur Insolvenzmasse gehörende Forderung aufgerechnet werden.[117]

IV. Beschlussfassung und weiteres Verfahren

1. Abweisungsbeschluss. Eine Abweisung des Eröffnungsantrags nach § 26 InsO darf nur erfolgen, wenn der Antrag zulässig und – von der fehlenden Massekostendeckung abgesehen -begründet ist.[118] Deckt das Vermögen des Schuldners im Zeitpunkt der Entscheidung voraussichtlich nicht die Kosten des Verfahrens nach § 54, ist auch ein hinreichender Vorschuss nicht eingezahlt bzw. sind die Kosten nach § 4a nicht gestundet worden, so wird der Antrag auf Eröffnung des Insolvenzverfahrens durch gerichtlichen Beschluss mangels Masse abgewiesen. Diese Entscheidung kann nicht durch den nachträglichen Ausgleich der Forderung zu Fall gebracht werden.[119] Die spätere Befriedigung der Forderung des Gläubigers ändert daran nichts, wenn zum Zeitpunkt der Entscheidung des Insolvenzgerichts die Voraussetzungen für eine Abweisung mangels Masse gegeben waren. Nach Erlass einer solchen Entscheidung ist durch das Gericht stets zu beachten, dass es durch eine vorschnelle, nicht mit einem vorläufigen Verwalter abgestimmte gleichzeitige Aufhebung von Sicherungsmaßnahmen, nicht zu Kollisionen mit der Regelung des § 25 Abs. 2 kommt. Zum dabei im Hinblick auf § 25 Abs. 2 einzuhaltenden Verfahren und den haftungsrechtlichen Risiken bei Verstößen vgl. § 25 RdNr. 20 ff. In dem Beschluss ist zugleich über die Kostentragungspflicht nach § 4 InsO i. V. m. §§ 91 ff. ZPO zu befinden und der Wert des Verfahrens zu bestimmen. Zugleich können, soweit möglich, die Vergütung des vorläufigen Insolvenzverwalters und die Entschädigung des Sachverständigen festgesetzt werden. Vgl. im Übrigen zur Wertfestsetzung und Bestimmung der Gerichtskosten die Kommentierung bei § 13.

2. Kostenentscheidung. Für den Fall der Abweisung mangels Masse hat grundsätzlich der Antragsgegner/Schuldner die Kosten und Auslagen des Verfahrens zu tragen,[120] neben diesen tritt aber bei Uneinbringlichkeit regelmäßig die Haftung des Gläubigers als Zweitschuldner nach § 23 Abs. 1 Satz GKG.[121] Zu den Kosten gehören unstreitig nicht die Kosten der vorläufigen Verwaltung, sodass der Gläubiger dafür in keinem Fall haftet. Sie können dem antragstellenden Gläubiger ausnahmsweise direkt nur dann auferlegt werden, wenn dieser zu Unrecht ausdrücklich geltend gemacht hat, dass die Masse für eine Eröffnung ausreicht.[122] Für den Fall der Abweisung mangels Masse „obsiegt" der Gläubiger nämlich im vollen Umfang, weil sich seine Behauptung, der Antragsgegner und Schuldner sei zahlungsunfähig und/oder überschuldet als wahr herausstellt, wenn durch dessen Vermögen nicht einmal die Kosten des Verfahrens gedeckt sind.[123] Auch wenn der Gesetzgeber das Problem ungeregelt gelassen hat, wer bei Abweisung eines Eröffnungsantrages mangels Masse die entstandenen Verfahrenskosten zu tragen hat, erweist sich allein die vorgenannte Lösung als richtig, denn der Eröffnung steht als Verfahrenshindernis lediglich die Massearmut entgegen, die Voraussetzung einer hinreichenden Masse fällt jedoch nicht in den Verantwortungsbereich des Gläubigers und ist von ihm bei Antragstellung auch nicht zu überblicken.[124] Allerdings wird auch die Auffassung vertreten, dass eine Kostentragungspflicht des antragstellenden Gläubigers durch das Veranlassungsprinzip gedeckt sei.[125] Überwiegend wird die **amtswegige Feststellung der Massearmut** als ein

---
[114] HKInsO-*Kirchhof* § 26 RdNr. 24.
[115] *Kübler/Prütting/Pape* § 26 RdNr. 20; HKInsO-*Kirchhof* § 26 RdNr. 24.
[116] Vgl. LG Wiesbaden KTS 1973, 274.
[117] FKInsO-*Schmerbach* § 26 RdNr. 26; OLG Frankfurt ZIP 1986, 931.
[118] BGH ZInsO 2011, 931; 2011, 91.
[119] BGH ZInsO 2011, 91.
[120] AG Göttingen ZInsO 2004, 632; LG Berlin ZInsO 2001, 269; LG München I ZInsO 2002, 42; AG Göttingen ZInsO 2003, 1156; AG Köln NZI 2000, 384.
[121] LG Göttingen ZInsO 200, 981; LG Bonn ZInsO 2009, 2413.
[122] Vgl. dazu aber auch OLG Köln NZI 2000, 374; LG Münster NZI 2000, 383; HKInsO-*Kirchhof* § 26 RdNr. 19.
[123] *Kuhn/Uhlenbruck* § 107 RdNr. 5 e; *Haarmeyer/Wutzke/Förster*, Handbuch, Kap. 3 RdNr. 537; FKInsO-*Schmerbach* § 26 RdNr. 68; LG Köln KTS 1986, 361; *Vallender* InVO 1997, 6; *Uhlenbruck* KTS 1983, 343.
[124] HKInsO-*Kirchhof* § 26 RdNr. 19.
[125] OLG Köln NZI 2000, 374, 375; *Hess/Pape* RdNr. 191; LG Frankfurt/M. RPfleger 1986, 496; LG Münster NZI 2000, 383.

erledigendes Ereignis i.S.v. § 91a Abs. 1 Satz 1 ZPO gewertet,[126] so dass durch das Insolvenzgericht einem antragstellenden Gläubiger bei Feststellung der Masseunzulänglichkeit regelmäßig Gelegenheit zu geben ist, seinen Antrag in der Hauptsache für erledigt zu erklären, mit der dann notwendigen Folge, dass in diesem Fall die Kosten dem Schuldner aufzuerlegen sind. Dagegen mit beachtlichen Gründen das AG Köln[127], unter Verweis auf das Leerlaufen der Regelung des § 26 mit der darin enthaltenen Ordnungs- und Schutzfunktion sowie die Vermeidbarkeit der Zweitschuldnerhaftung durch eine Erledigungserklärung.

34 Die Auferlegung der Kosten zu Lasten des Schuldners verhindert im Übrigen auch, dass der antragstellende Gläubiger auf Zahlung der außergerichtlichen Auslagen des Schuldners in Anspruch genommen werden kann, ohne dass es seine Stellung als Kostenschuldner i. S. d. § 50 GKG tangiert. Die Vorschriften der §§ 50, 40 GKG regeln lediglich die Kostentragungspflicht des Antragstellers im Verhältnis zum Fiskus, nicht jedoch zwischen den Parteien, so dass das Gericht in jedem Fall eine dieser Rechtslage entsprechende Kostenentscheidung zu treffen hat.[128]

35 Wie schon im bisherigen Recht hat die Frage der Kostentragung hinsichtlich der vorläufigen Verwaltung keine gesetzliche Regelung gefunden. Nach Ansicht der Bundesregierung in ihrer Stellungnahme zu einem angemessenen Regelungsvorschlag des Bundesrates[129] habe der Verwalter auch im Falle der Masselosigkeit nur ein begrenztes Risiko, seinen Anspruch nicht voll durchsetzen zu können, wenn er trotz erkennbar fehlender Deckung seiner Vergütung „weiterwirtschafte". Für diesen Fall sei es daher gerechtfertigt, ihm die Gefahr eines Verlustes einer angemessen Vergütung aufzuerlegen, damit er seine Tätigkeit nicht fortsetze. Der Argumentation ist eine gewisse Realitätsferne anzusehen, denn in der Mehrzahl der Fälle wird der vorläufige Insolvenzverwalter gerade deshalb vom Gericht beauftragt, weil auf Grund der vorliegenden Unterlagen der Bestand des Vermögens für die Gläubigergesamtheit noch nicht zu erkennen ist, so dass der vorläufige Insolvenzverwalter regelmäßig sein Amt übernimmt, ohne in irgendeiner Weise zu wissen, ob seine Vergütung durch das Schuldnervermögen gesichert ist.[130] Obwohl sich der Vergütungsanspruch grundsätzlich gegen den Inhaber des verwalteten Vermögens, in der Regel also den Schuldner richtet, ist dem vorläufigen Verwalter in den Fällen der Abweisung mangels Masse damit jedoch nicht gedient, so dass er ggf. lediglich auf die Vergütung als Sachverständiger nach dem JVEG verwiesen wird.

36 Vor diesem Hintergrund wurde über lange Zeit die Frage einer subsidiären Haftung des Staates diskutiert.[131] Mit der Entscheidung des BGH v. 22.1.2004 – IX ZB 123/03 = ZInsO 2004, 336 ist dieser Streit auf das Basis des geltenden Rechts zunächst im Sinne der Gegner einer subsidiären Staatshaftung entschieden worden. Es ist aber auch nach dieser Entscheidung nicht einsehbar und mit dem Vollstreckungsrecht nicht vereinbar, das Ausfallrisiko einer hoheitlichen Inanspruchnahme dem vorläufigen Insolvenzverwalter aufzubürden, solange der Gesetzgeber nicht alles unternimmt, um das Ausfallrisiko für den gerichtlich bestellten vorläufigen Insolvenzverwalter zu vermeiden. Auch im Bereich des Einzelvollstreckungsrechtes trägt zB der Gerichtsvollzieher nicht das Ausfallrisiko für seine Tätigkeit, sondern er ist neben seinen Gebührenansprüchen durch die beamtenrechtlichen Bezüge dienstrechtlich abgesichert worden. Es wird daher auch weiterhin an der Auffassung festgehalten, dass die Versagung einer Ausfallhaftung des Staates für die Vergütung des vorläufigen Verwalters außerhalb von Stundungsverfahren gegen Art. 3 und 12 GG sowie die sich aus §§ 63, 64 InsO ergebende Verpflichtung zur angemessenen Vergütung verstößt.[132]

37 **3. Zustellung, Bekanntmachung.** Der die Eröffnung mangels Masse abweisende Beschluss ist dem Schuldner und dem antragstellenden Gläubiger im Hinblick auf deren Beschwerderecht gem. § 34 Abs. 1 förmlich zuzustellen, dazu gehört auch die Aufgabe zur Post.[133] Eine Ausfertigung ist gem. § 31 Nr. 2 dem zuständigen Registergericht zu übermitteln, wenn der Schuldner eine juristische Person oder eine Gesellschaft ohne Rechtspersönlichkeit ist, die durch die Abweisung mangels Masse aufgelöst wird (vgl. dazu auch unten RdNr. 46 ff.). Mit der Einfügung von Satz 4 in § 26 Abs. 1 hat der Gesetzgeber die schon seit langem geäußerte Kritik an einer Nichtveröffentlichung der Abweisung mangels Masse aufgenommen und nunmehr die unverzügliche Veröffentlichung des Beschlusses bestimmt. Die Veröffentlichung ist mithin nicht von der Rechtskraft des Beschlusses abhängig, sondern ist zugleich mit seinem Erlass zu verfügen und löst mit der Veröffentlichung die

---

[126] HK-*Kirchhof* § 26 RdNr. 25; LG Göttingen ZIP 1992, 572 f.; *Mohrbutter* EWiR 1992, 588.
[127] Beschl. v. 26.10.2011 – 72 IN 30/11 = NZI 2012, 194.
[128] *Haarmeyer/Wutzke/Förster*, Handbuch, Kap. 3 RdNr. 562 ff.; Kuhn/*Uhlenbruck* § 107 RdNr. 5 e.
[129] Vgl. dazu *Kübler/Prütting* RWS DOC 18 Bd. 1 S. 98.
[130] *Haarmeyer/Wutzke/Förster*, Handbuch, Kap. 3 RdNr. 567 ff.
[131] So u.a. Kilger/*K. Schmidt* § 106 RdNr. 4; OLG Hamburg KTS 1977, 176; LG Frankfurt Rpfleger 1986, 496; LG Frankfurt/O. ZIP 1995, 485 mA *Haarmeyer* EWiR 1993, 363; dagegen *Pape* WPrax 1995, 254, 255.
[132] Vgl dazu umfassend *Haarmeyer/Wutzke/Förster* InsVV, 4. Aufl. 2007 Vorbem. RdNr. 56 ff.
[133] Vgl. BGH ZInsO 2003, 216.

Zustellfiktion des § 9 Abs. 3 aus.[134] Damit wird, neben der Eintragung in das Schuldnerverzeichnis, mit der Veröffentlichung nicht nur das Informationsinteresse des Rechts- und Wirtschaftsverkehrs befriedigt, sondern zudem ein weiterer Beitrag zur Verbesserung des Gläubigerschutzes geleistet. Es kann nur gehofft werden, dass der Gesetzgeber daneben auch zu Regelungen findet, die das strukturelle Problem der immer noch zu hohen Abweisungsquote bei Unternehmensinsolvenzen, speziell bei Kapitalgesellschaften, nachhaltig verändert.[135]

4. Rechtsmittel. Der Abweisungsbeschluss ist gem. § 24 Abs. 1 sowohl für den Antragsteller als auch für den Schuldner mit der sofortigen Beschwerde **anfechtbar,** nicht jedoch gem. § 99 ZPO die bloße Kostenentscheidung.[136] In diesem Rahmen hat das Beschwerdegericht die Voraussetzungen des § 26 voll zu überprüfen, insbesondere die Frage, ob das Insolvenzgericht die erforderliche Ermittlung über die Massezulänglichkeit unterlassen oder den Kostenvorschuss zu hoch berechnet hat.[137] Hat der Gläubiger als Antragsteller den Beschluss über den Vorschuss nicht angefochten, so kann er die Aufhebung des die Eröffnung ablehnenden Beschlusses durch das Beschwerdegericht nur durch nachträgliche Zahlung des Vorschusses oder Vortrag neuer Tatsachen erreichen.[138] 38

Bis zur Rechtskraft des die Eröffnung abweisenden Beschlusses, also auch noch in der Rechtsmittelinstanz, kann der Antragsteller seinen Antrag zurücknehmen, wenn er zB hinsichtlich seiner Forderung befriedigt wird, mit der Folge, dass der die Eröffnung ablehnende Beschluss wirkungslos ist wird und dies auf Antrag des Gemeinschuldners gem. § 269 Abs. 3 ZPO durch Beschluss auszusprechen ist.[139] Hieran kann für den Schuldner schon deshalb ein hohes Interesse bestehen, weil er durch den Ausspruch der Wirkungslosigkeit die Löschung im Schuldnerverzeichnis erreichen kann (vgl. dazu unten RdNr. 42). Gleiches gilt, wenn der Antragsteller seinen Antrag wegen zwischenzeitlicher Zahlung in der Hauptsache für erledigt erklärt und auf die nach § 99 Abs. 1 ZPO nicht anfechtbare Kostenentscheidung beschränkt.[140] 39

Die Beschwerde eines Schuldner gegen die von ihm selbst beantragte Eröffnung des Insolvenzverfahrens mit dem Ziel, eine Abweisung mangels Masse zu erreichen ist hingegen unzulässig.[141] Vgl. im Übrigen zum Beschwerdeverfahren die Kommentierung bei § 34. Erst mit der Rechtskraft des Abweisungsbeschlusses endet auch die Antragspflicht nach § 15a.[142] 40

V. Rechtsfolgen der Abweisung mangels Masse

Die Abweisung eines Eröffnungsantrages mangels Masse hat weitreichende Folgen für den Schuldner. Unabhängig davon, ob es sich um eine natürliche oder juristische Person handelt, folgt aus der Abweisung mangels Masse bei allen Schuldnern gem. § 26 Abs. 2 die Eintragung in das Schuldnerverzeichnis, das beim Insolvenzgericht geführt wird. Bei juristischen Personen und Gesellschaften ohne Rechtspersönlichkeit, bei denen keine natürlichen Personen mit ihrem gesamten Vermögen für die Verbindlichkeiten der Gesellschaft haftet, tritt darüber hinaus die Auflösung der Gesellschaft ein. Daneben gibt es aber noch eine Reihe weiterer Folgen, welche die Bedeutung der Entscheidung noch einmal deutlich machen. Ein **erneuter Insolvenzantrag** über das Vermögen des Schuldners ist nur zulässig, wenn nach der Abweisung mangels Masse neues Vermögen ermittelt wird,[143] womit der Schuldner in der Regel zufrieden leben kann. Der Gläubiger kann durch die Abweisung mangels Masse gegenüber dem Finanzamt die Uneinbringlichkeit seiner Forderung nachweisen, die Bemessungsgrundlage nach § 17 Abs. 2 Nr. 2 UStG ändern und die Umsatzsteuerschuld reduzieren und die Einzugsstellen der Sozialversicherungsträger können Rückgriff bei der Arbeitsverwaltung nehmen, während Finanzämter die Abweisung mangels Masse erstreben, um die Löschung des Unternehmens im Handelsregister zu erreichen.[144] Viele Verwaltungsbehörden nehmen zudem die Abweisung mangels Masse zum Anlass die Ausübung des Gewerbes zu untersagen, während die Angehörigen 41

---

[134] So auch HambKomm-*Schröder* § 26 RdNr. 47.
[135] Vgl dazu u.a. die Vorschläge von *Haarmeyer/Frind* ZInsO 2007, 225, 226.
[136] OLG Zweibrücken ZInsO 2001, 87 sowie NZI 2000, 271; OLG Köln NZI 2000, 374; OLG Brandenburg NZI 2001, 483.
[137] HKInsO-*Kirchhof* § 26 RdNr. 21; vgl. auch LG Hof JurBüro 1989, 655.
[138] OLG Frankfurt ZIP 1991, 1153.
[139] *Haarmeyer/Wutzke/Förster*, Handbuch, Kap. 3 RdNr. 540.
[140] Ausführlich dazu *Pape* InsbürO 2006, 344 ff.; OLG Köln NZI 2000, 374; OLG Köln ZIP 1993, 1483; LG Memmingen MDR 1987, 767; LG Bielefeld Rpfleger 1986, 400.
[141] Vgl. dazu BGH WM 2004, 1785; LG München ZIP 1996, 1952; *Pape* ZIP 1989, 1929; anders OLG Bamberg ZIP 1983, 200.
[142] BGH ZInsO 2008, 1385; HK-Kirchhof § 26 RdNr. 29
[143] BGH ZInsO 2002, 818 = NZI 2002, 601.
[144] Dazu ausführlich auch *Zipperer* NZI 2003, 591.

bestimmter Berufe (Wirtschaftsprüfer, Rechtsanwälte, Notare, Steuerberater) mit einem Widerruf der Bestellung bzw. Zulassung rechnen müssen.

42 **1. Die Eintragung in das Schuldnerverzeichnis.** § 26 Abs. 2 übernimmt den Grundsatz des § 107 Abs. 2 KO wonach Schuldner, bei denen der Eröffnungsantrag mangels Masse abgewiesen worden ist, zur Warnung des Geschäftsverkehrs in ein Schuldnerverzeichnis eingetragen werden.[145] Wegen der mit der Eintragung verbundenen weitreichenden Folgen für die Kreditwürdigkeit des Schuldners sollte die Eintragung erst mit der Rechtskraft des Beschlusses über die Abweisung mangels Masse vorgenommen werden.[146] Einzutragen ist der Schuldner selbst, nicht jedoch, wie zB bei Kapitalgesellschaften, der gesetzliche Vertreter (§ 1 Abs. 2 und 3 SchuVVO). Wegen des möglichen Auseinanderfallens von insolvenzrechtlicher und vollstreckungsrechtlicher örtlicher Zuständigkeiten kann es entsprechend § 915 Abs. 2 ZPO zu Doppeleintragungen kommen.[147] Funktionell zuständig ist der Urkundsbeamte der Geschäftsstelle gem. § 153 GVG.

43 Im Zuge der Neuordnung der §§ 915 ff. ZPO,[148] auf Grund derer das Schuldnerverzeichnis neu geführt wird, hat der Gesetzgeber auch das Recht des Schuldners auf informationelle Selbstbestimmung neu geregelt. Durch diese Neuregelung ist § 915 ZPO auch den neueren Anforderungen an die Bedürfnisse des Datenschutzes und des Rechtes auf informationelle Selbstbestimmung angepasst und damit den Schutzbedürfnissen des Geschäftsverkehrs und des betroffenen Schuldners Rechnung getragen worden.[149] Die Vorschriften über das Schuldnerverzeichnis nach den §§ 915 ff. ZPO gelten für die Eintragung nach § 26 Abs. 2 mit der Maßgabe, dass die Löschungsfrist statt drei Jahre fünf Jahre beträgt. Nicht einzutragen ist die Einstellung eines einmal eröffneten Insolvenzverfahrens wegen Masseunzulänglichkeit, da insoweit eine öffentliche Bekanntmachung nach § 215 erfolgt. Entsprechend § 915 Abs. 3 ZPO ist jedermann die Einsicht in das Schuldnerverzeichnis und Auskunft über die eingetragenen Personen zu gewähren, ohne dass es des Nachweises eines rechtlichen Interesses bedarf. Vgl. zu den Einzelheiten die Kommentierungen bei *Baumbach/Lauterbach/Hartmann* zu §§ 915 bis 915a ZPO.

44 Die Eintragung in das Schuldnerverzeichnis ist durch Unkenntlichmachung des Namens zu löschen, wenn seit Abweisung des Konkursantrages fünf Jahre verstrichen sind (§ 26 Abs. 2 Satz 2). War irrtümlich ein anderer als der Schuldner eingetragen, so ist nach § 319 ZPO von Amts wegen zu berichtigen.[150] Eine vorzeitige Löschung, zB nach Befriedigung aller Gläubiger, kommt nach der Entscheidung des Bundesverfassungsgerichtes vom 25.7.1988[151] nicht in Betracht, da die Schutzfunktion der Eintrag im Schuldnerverzeichnis höher einzustufen ist als das Löschungsinteresse des Schuldners.[152] Einen Anspruch auf Löschung kann aber dann gegeben sein, wenn der Gläubiger mitteilt, dass die vermeintliche Forderung nicht bestand.[153] Erörtert wird dies mit guten Gründen auch für den Fall der Befriedigung aller zum Zeitpunkt der Abweisung bestehenden Forderungen.[154] Die noch unter der Geltung der KO umstrittene Frage, ob der Insolvenzrichter bei irrtümlicher Abweisung mangels Masse als befugt angesehen wird, seinen Beschluss selbst zu ändern, da dem Schuldner gegen die Abweisung mangels Masse kein Rechtsbehelf zustand, ist mit der Neuregelung der Beschwerdebefugnis des Schuldners in § 34 Abs. 1 obsolet.[155]

45 Die Zulässigkeit der Auskunftserteilung – nicht der Einsicht – bestimmt sich nach § 915b Abs. 1 ZPO und setzt ein rechtliches Interesse voraus. Dies ist regelmäßig dahingehend zu verstehen, dass es ein Auskunftsbegehren zur Abwendung wirtschaftlicher Nachteile hinreichend ist. Nach § 915d können aus dem Schuldnerverzeichnis nach Maßgabe des § 915e ZPO auf Antrag Abdrucke zum laufenden Bezug erteilt werden.[156] Als Antragsberechtigte sind in § 915e ZPO u.a. die Industrie- und Handelskammern sowie Körperschaften des öffentlichen Rechts, in denen Angehörige eines

---

[145] Vgl. AG Köln ZInsO 2003, 957; ausführlich dazu *Heyer* ZInsO 2004, 1127 ff.
[146] HKInsO-*Kirchhof* § 26 RdNr. 27.
[147] Zu den vielfältigen Fragen der örtlichen Zuständigkeit vgl. *Heyer* ZInsO 2004, 1127, 1129.
[148] Gesetz zur Änderung von Vorschriften über Schuldnerverzeichnis vom 15.7.1994 BGBl. I, 1566.
[149] Vgl. dazu *Lappe* NJW 1994, 3067.
[150] Kuhn/*Uhlenbruck* § 107 RdNr. 10.
[151] NJW 1988, 3009 = KTS 1988, 759; in diesem Sinn auch AG Köln ZInsO 2003, 957 sowie die hM in der Literatur; vgl. für alle *Uhlenbruck* § 26 RdNr. 39.
[152] In diesem Sinne auch AG Duisburg ZInsO 2001, 573.
[153] Vgl. dazu LG Münster ZIP 1995, 1760.
[154] Dafür HKInsO-*Kirchhof* § 26 RdNr. 35; *Jaeger/Schilken* § 26 RdNr. 88; dagegen AG Duisburg NZI 2001, 437; FKInsO-*Schmerbach* § 26 RdNr. 84.
[155] Vgl. dazu noch die Darstellung bei Kuhn/*Uhlenbruck* § 107 RdNr. 10 unter Aufgabe der noch in der Vorauflage vertretenen Auffassung der Möglichkeit einer vorzeitigen Löschung im Schuldnerverzeichnis für den Fall der Befriedigung aller Gläubiger.
[156] Umfassend dazu *Heyer* ZInsO 2004, 1127, 1130.

Berufs kraft Gesetz zusammengeschlossen sind (zB Apothekerkammern, Architektenkammern, Ärztekammern etc.) sowie die Führer sonstiger privater Schuldnerverzeichnisse aufgenommen werden (Schufa und vergleichbare Einrichtungen). Vgl. im Übrigen umfassend dazu die Kommentierung bei *Baumbach/Lauterbach/Albers/Hartmann* §§ 915 ff.

2. Gesellschaftsrechtliche und sonstige Folgen der Abweisung mangels Masse. Bei Aktiengesellschaften, Kommanditgesellschaften auf Aktien, Gesellschaften mit beschränkter Haftung, der GmbH & Co. KG (sofern kein persönlich haftender Gesellschafter eine natürliche Person ist) und der Genossenschaft hat die rechtskräftige Abweisung des Insolvenzantrages mangels Masse die Auflösung zur Folge. Neben den freiwilligen Auflösungsgründen und der Auflösung einer Kapitalgesellschaft nach §§ 262 Abs. 1 Nr. 3 AktG, 60 Abs. 1 Nr. 4 GmbHG auch durch die Eröffnung des Insolvenzverfahrens über ihr Vermögen, tritt nach § 262 Abs. 1 Nr. 4 AktG, § 60 Abs. 1 Nr. 5 GmbHG, § 81a Nr. 1 GenG; § 131 Abs. 2 HGB diese Rechtsfolge auch durch die Abweisung mangels Masse ein. In all diesen Fällen richtet sich das weitere Verfahren nur sehr begrenzt nach den gesellschaftsrechtlichen Regeln, sondern bestimmt sich fortan regelmäßig nach den insolvenzrechtlichen Bestimmungen. 46

Die Folgen dieser Auflösung sind völlig unterschiedlicher Natur und in Literatur und Rechtsprechung bisher nicht eindeutig geregelt. Während die Eröffnung des Insolvenzverfahrens die vorgenannten Gesellschaften in ein staatlich geordnetes Liquidationsverfahren mit einem obligatorischen Drittliquidator (dem Insolvenzverwalter) und gesetzlich geregeltem Ausgang (Vollbeendigung oder gerichtlich beaufsichtigte Sanierung) bringt, führt die Einstellung mangels Masse dagegen in ein gesellschaftsrechtliches Liquidationsverfahren nach §§ 145 ff. HGB, 264 ff. AktG, 66 ff. GmbHG, 83 ff. GenG.[157] 47

Nicht aufgelöst werden durch die Abweisung mangels Masse OHG, KG, BGB-Gesellschaften, Partnerschaftsgesellschaften, EWIV, rechtsfähige Vereine und Stiftungen sowie der nicht rechtsfähige Verein (vgl. §§ 161 Abs. 2, 131 HGB; § 42 Abs. 1 BGB). 48

Die Auflösung der Gesellschaft durch die Abweisung mangels Masse bedeutet grundsätzlich nicht, dass mit der Auflösung auch schon die **Vollbeendigung** der Gesellschaft eintritt, denn die Existenz der vorgenannten Gesellschaften und juristischen Personen endet nach der Lehre vom Doppeltatbestand nur, wenn die Gesellschaft sowohl im Register gelöscht wird auch kein Vermögen mehr vorhanden ist.[158] Auch nach einer Abweisung mangels Masse ist daher stets noch Raum nicht nur für die Geltendmachung von Ansprüchen gegen die aufgelöste Gesellschaft, sondern regelmäßig auch für ein Handeln der Gesellschaft selbst, da der Gesetzgeber es versäumt hat, auch für den Fall der Abweisung mangels Masse die vollständige Abwicklung und Liquidation dem Insolvenzverfahren ggf. in der Form einer Nachtragsliquidation oder auf andere verfahrensrechtliche Weise zu ermöglichen.[159] Diese Konsequenz folgt aus der Fassung des § 141a FGG, der die Löschung der Gesellschaft im Handelsregister regelt und dessen Begründung zu entnehmen ist, dass es das Ziel des Insolvenzverfahrens sei, das Vermögen des Schuldners vollständig abzuwickeln und eine Liquidation nach Beendigung des Insolvenzverfahrens zu vermeiden, mithin also die Eröffnung des Insolvenzverfahrens voraussetzt und daher eine Lösung für die Abweisung mangels Masse nicht gibt, denn sonst hätte § 207 Abs. 3 nicht auf juristische Personen anwendbar sein dürfen, sondern die Freigabe hätte auf die Insolvenz natürlicher Personen beschränkt werden müssen.[160] 49

Im Verfahren nach dem Löschungsgesetz nach § 141a FGG hat das Gericht wegen der besonders schwerwiegenden Folgen einer Amtslöschung das Vorliegen von Vermögen entsprechend § 12 FGG mit besonderer Sorgfalt zu ermitteln. Allein auf eine unterbliebene Offenbarung der Vermögensverhältnisse durch den Geschäftsführer kann eine Löschung nicht gestützt werden, sie bedarf vielmehr der positiven Feststellung der Vermögenslosigkeit.[161] 50

Zum Zwecke der Löschung übersendet die Geschäftsstelle des Insolvenzgerichts dem Registergericht eine Ausfertigung des den Eröffnungsantrag mangels Masse abweisenden Beschlusses (§ 31 Nr. 2). Die Eintragung wird im Bundesanzeiger und mindestens einem anderen Blatt nach § 10 Abs. 1 Satz 1 HGB bekannt gemacht. 51

---

[157] *K. Schmidt,* Gesellschaftsrecht, S. 339.
[158] BGH NJW-RR 1988, 477 = ZIP 1988, 247; BAG NJW 1988, 2637; OLG Stuttgart ZIP 1986, 647, 648; LG Meinungen ZIP 1999, 453; *K. Schmidt,* Gesellschaftsrecht, § 11 V 6; *ders.,* GmbH-Recht, 1988, 209; vgl. auch BGHZ 48, 303, 307; 74, 212, 213 sowie BGH NJW-RR 1994, 542; *Hachenburg/Ulmer* § 63 GmbHG RdNr. 5, § 60 GmbHG RdNr. 18; *Hüffer* § 262 AktG RdNr. 4.
[159] Zu den Forderungen vgl. insbesondere *K. Schmidt,* Kölner Schrift, S. 911 RdNr. 14 ff.; kritisch zur Möglichkeit der Vollliquidation im eröffneten Verfahren *Pape* WPrax 1996, 242 ff., 258 ff.; *J. Uhlenbruck,* Kölner Schrift, S. 901 RdNr. 20.
[160] *Kübler/Prütting/Pape* § 26 RdNr. 43.
[161] OLG Düsseldorf NJW-RR 1997, 870 = ZIP 1997, 201; BayObLG GmbHR 1985, 53.

52 Nach dem herkömmlichen Verständnis verbleibt es mithin auch nach der Reform des Insolvenzrechts bei der unbefriedigenden Situation, dass zB mit der Abweisung mangels Masse die Ablösung des Managements durch einen Verwalter und die Gleichbehandlung der Gläubiger als Maxime des Handelns während des Eröffnungsverfahrens wirkungslos sind und damit auch wieder Raum für die Einzelzwangsvollstreckung in das Vermögen der Gesellschaft besteht. Die Tatsache nämlich, dass die Eröffnung eines Insolvenzverfahrens abgewiesen worden ist mangels Masse, schließt nicht aus, dass oftmals noch erhebliche Vermögenswerte vorhanden sind, sei es dass sie für die Deckung der Massekosten nicht ausreichen, oder weil es an der für die Verfahrenseröffnung notwendigen kurzfristigen Liquidierbarkeit fehlt. Obgleich daher eine solche Gesellschaft mit der Abweisung mangels Masse aufgelöst ist, besteht sie als aufgelöste Gesellschaft in Liquidation („i. L.") weiter.[162] Bedenkt man weiter, dass die Abwicklung einer masselosen Gesellschaft ganz in die Hand der Geschäftsführer gelegt wird (§ 66 GmbHG)[163] und diese aus dem Vermögen beliebige Forderungen, auch ihre eigenen, befriedigen können, so wird deutlich, dass der vielfach beklagte Missstand der insolvenzrechtlich unkontrollierten Liquidation nach einer Abweisung mangels Masse weiter fortbesteht. Berücksichtigt man, dass insolvente Gesellschaften häufig eine erhebliche Anzahl von Ansprüchen gegen Organmitglieder, Gesellschafter, Konzernmütter etc. haben und damit nur scheinbar masselos, nicht jedoch vermögenslos sind, so wird deutlich, dass eine Abwicklung masseloser Gesellschaften nach dem Gutdünken der Gesellschafter und Geschäftsführer auf erhebliche rechtsstaatliche Bedenken trifft.[164] Es verbleibt daher nur zu hoffen, dass der vorläufige Insolvenzverwalter im Rahmen der Möglichkeiten des § 25 Abs. 2, also der Berichtigung der entstandenen Kosten und der von ihm begründeten Verbindlichkeiten aus dem Vermögen des Schuldners, dies dazu nutzt, auch Feststellungen ggf. zur Vermögenslosigkeit zu treffen und damit die Voraussetzung für eine Vollbeendigung der Gesellschaft zu schaffen und ihr dadurch den Boden für ein weiteres Tätigwerden und ggf. die Schädigung anderer Unternehmen oder Gläubiger zu verstellen.[165]

53 Auch nach der Reform des Insolvenzrechts unentschieden geblieben ist die Frage, ob eine juristische Person nach einer Abweisung mangels Masse fortgesetzt werden darf und wenn ja unter welchen Voraussetzungen dies geschieht, denn die Insolvenzordnung enthält hierzu keine Aussage.[166] Ausdrücklich vorgesehen ist die Möglichkeit der Fortsetzung nur für den Fall einer Auflösung durch Eröffnung des Insolvenzverfahrens, wenn das Verfahren auf Antrag des Schuldners eingestellt oder nach Bestätigung eines Insolvenzplans, der den Fortbestand der Gesellschaft vorsieht, aufgehoben worden ist (§ 274 Abs. 2 Nr. 1 AktG; § 60 Abs. 1 Nr. 4 HS 2 GmbHG). Umstritten ist insbesondere, ob eine Fortsetzung durch Gesellschafterbeschluss möglich ist, wenn juristische Personen nach rechtskräftigem Abweisungsbeschluss nach § 26 aufgelöst worden sind (§ 141a Abs. 1 Satz 2 FGG).[167] Entscheidend dürfte hierfür sein, dass die aufgelöste Gesellschaft für die Fortsetzung zumindest den Insolvenzgrund dadurch beseitigen muss, dass sie der juristischen Person neues Kapital zuführt, um damit den Insolvenzgrund oder die Vermögenslosigkeit zu beseitigen.[168] Im Übrigen könnte jedoch aus der nach § 60 Abs. 1 Nr. 4 GmbHG nunmehr gegebenen Möglichkeit, im Rahmen eines Insolvenzplans die Fortsetzung der Gesellschaft zu beschließen, im Umkehrschluss abgeleitet werden, dass in allen anderen Fällen der Auflösung der Gesellschaft als Folge einer Abweisung mangels Masse ein Fortsetzungsbeschluss nicht zulässig ist.[169]

54 Tauchen nach Löschung wegen Vermögenslosigkeit noch größere Vermögenswerte auf, kommt eine Nachtragsverteilung nach den §§ 203 ff. in Betracht, denn eine Fortsetzung ist zumindest dann ausgeschlossen, wenn die juristische Person zuvor wegen Vermögenslosigkeit nach § 141a Abs. 1 Satz 1 FGG im Register gelöscht worden ist.[170] Ist rechtskräftig über den Insolvenzantrag nach § 26 Abs. 1 entschieden worden, so entfällt damit gleichzeitig auch die gesetzliche Antragspflicht der organschaftlichen Vertreter juristischer Personen, es sei denn, dass sich vor Vollbeendigung der Gesellschaft herausstellt, dass noch beachtliches oder verwertbares Vermögen vorhanden ist. In die-

---

[162] BGH NJW 1968, 297, 298; Kuhn/*Uhlenbruck* § 107 RdNr. 8.
[163] OLG Nürnberg GmbHR 1988, 399; OLG Koblenz GmbHR 1991, 315.
[164] *K. Schmidt*, Gesellschaftsrecht § 11 VI 5a; vgl. dazu auch *Uhlenbruck* ZIP 1993, 241.
[165] Vgl. dazu auch *Hirte* ZInsO 2000, 127 ff.; *K. Schmidt*, Kölner Schrift, S. 1199 ff. RdNr. 14 ff.
[166] Vgl. *Kübler/Prütting/Pape* § 26 RdNr. 44; *Uhlenbruck*, Kölner Schrift, S. 325 ff. RdNr. 21; *Mohrbutter/Pape* RdNr. II 30.
[167] Gegen eine Fortsetzungsmöglichkeit hat sich u.a. ausgesprochen BGHZ 75, 178, 180 = NJW 1980, 233; KG ZIP 1993, 1476, BayObLG NJW 1994, 594; *Halm/Linder* DStR 1999, 379, 380; *Kübler/Prütting/Noack* Gesellschaftsrecht, RdNr. 99.
[168] *Hirte* ZInsO 2000 S. 127, 129.
[169] IdS wohl *Kübler/Prütting/Pape* § 26 RdNr. 44.
[170] So auch OLG Düsseldorf GmbHR 1979, 227; *Halm/Linder* DStR 1979, 379, 381; *Erle* GmbHR 1997, 973, 981; vgl. im Übrigen auch.

sem Fall kann ausnahmsweise die Eigenantragspflicht wieder aufleben.[171] Ansonsten bestellt das Registergericht auf Antrag eines Beteiligten die bisherigen Abwickler oder beruft neue Abwickler gem. § 273 Abs. 4 AktG, der analog auch für die GmbH gilt.[172]

Die Abweisung mangels Masse bedeutet jedoch für den Gläubiger nicht, dass er damit von weiteren Insolvenzanträgen ausgeschlossen ist, zumal mit der Rechtskraft abweisender Entscheidungen die Frist des § 26 Abs. 2 Satz 2 wieder zu laufen beginnt. Voraussetzung für einen neuen Antrag ist jedoch stets, dass die Vollbeendigung der juristischen Personen noch nicht eingetreten ist und dass der Antragsteller glaubhaft macht, dass verteilbares Vermögen vorhanden ist oder er einen entsprechenden Vorschuss zu leisten bereit ist. Der Antrag ist dabei stets zu richten gegen die durch den Abweisungsbeschluss aufgelöste Gesellschaft, so dass stets deutlich wird, dass es sich um ein Insolvenzverfahren über die Liquidationsgesellschaft und nicht die ursprüngliche Schuldnerin handelt.[173] 55

Als **sonstige Folge** eröffnet die Abweisung mangels Masse u.a. für die Gläubiger erneut den Zugang zu **Einzelvollstreckungsmaßnahmen** gegen den Schuldner, mit dem sich damit nach § 299 Abs. 2 ZPO verbindenden Recht zur Akteneinsicht,[174] um festzustellen, über welche Vermögenswerte dieser verfügt bzw. ob Anhaltspunkte für Haftungsansprüche gegen zB den Geschäftsführer oder die Gesellschafter gegeben sind. 55a

Abweisung mangels Masse ist nach § 183 Abs. 1 Nr. 2 SGB III neben der Eröffnung das zweite anspruchsbegründende Ereignis zur Zahlung von **Insolvenzgeld**. Eine Abweisung als unzulässig oder unbegründet lösen diesen Anspruch hingegen nicht aus (vgl. InsG-DA zu § 183 SGB II, 3.2.).

Abweisung mangels Masse kann auch erhebliche **berufs- und gewerberechtliche** Folgen haben. So zB für Berufsträger den Widerruf der Bestellung zum Notar, Wirtschaftsprüfer oder Steuerberater wegen Vermögensverfalls oder für Gewerbetreibende die Gewerbeuntersagung oder Entziehung wegen wirtschaftlicher Unzuverlässigkeit (vgl. §§ 34b und c, 35 GewO), zumal dagegen § 12 GewO nicht schützt.[175]

3. Der Erstattungsanspruch aus § 26 Abs. 3. Die Vorschrift des § 26 Abs. 3 Satz 1 InsO gewährt jedem, der in zulässiger Weise einen Vorschuss im Sinne des § 26 Abs. 1 Satz 2 InsO oder des § 207 Abs. 1 Satz 2 InsO geleistet hat, einen Ersatzanspruch. Der Anspruch kann sich auch gegen das Insolvenzgericht richten, wenn das Gericht verfahrensfehlerhaft die Prognoseentscheidung nicht hinreichend geprüft hat.[176] Die Regelung setzt neben der Insolvenzverschleppung voraus, dass der Kostenvorschuss gerade zu dem Zweck geleistet worden ist, das Insolvenzverfahren trotz der Massearmut der Eröffnung zuzuführen oder das schon eröffnete Verfahren weiterzuführen.[177] Danach können nur wirkliche Massekostenvorschüsse, nicht jedoch rechtlich anders zu qualifizierende Zahlungen wie allgemeine Massedarlehen[178] oder Prozesskostenvorschüsse einen erstattungsfähigen Schaden begründen. Dies ist nach objektiven Kriterien zu beurteilen. Die Bezeichnung der Zahlung als „Massekostenvorschuss" durch den Gläubiger, Treuhänder oder Insolvenzverwalter ist demgegenüber belanglos.[179] 56

Getragen von dem allgemeinen Ziel der Insolvenzordnung, die Anforderung an die Einhaltung der Antragspflichten zu erhöhen und bei Verstößen die persönliche Haftung der antragspflichtigen Organe zu verschärfen, ist die durch Abs. 3 erfolgte Einführung des Erstattungsanspruches für den Einzahler eines Vorschusses gegen diejenigen Gesellschaftsorgane, die pflichtwidrig und schuldhaft keinen Insolvenzantrag gestellt haben. Die Vorschrift hat den Zweck, den Missbrauch zu bekämpfen, der insbesondere bei Gesellschaften mit beschränkter Haftung dadurch getrieben wird, dass Insolvenzanträge regelmäßig so spät gestellt werden, dass nur noch eine Abweisung mangels Masse in Betracht kommt, die Gesellschaft somit nicht insolvenzrechtlich liquidiert wird und etwaige Vermögensmanipulationen etc. damit unaufgeklärt werden.[180] 56a

Es mag richtig sein, dass die Bedeutung der Vorschrift als gering anzusetzen ist und ihre Effizienz bezweifelt werden kann.[181] Es ist jedoch nicht zu verkennen, dass mit der Neuregelung erstmals 56b

---

[171] Kuhn/*Uhlenbruck* § 107 RdNr. 8 a.
[172] Dazu *Hirte* ZInsO 2000, 127, 131.
[173] Zu Schadensersatzansprüchen gegen eine Nachgesellschaft vgl. *Uhlenbruck* KTS 1991, 223 ff.
[174] BGH ZInsO 2006, 597.
[175] HambKomm-*Schröder* § 26 RdNr. 66.
[176] BGH ZInsO 2009, 435.
[177] Vgl. BGH ZInsO 2009, 433; HKInsO-*Kirchhof*, § 27 RdNr. 44
[178] Vgl. BGH NZI 2003, 324; HKInsO-*Kirchhof*, aaO; *Jaeger/Schilken*, InsO § 26 RdNr. 90; FKInsO/Schmerbach, § 26 RdNr. 97
[179] BGH ZInsO 2009, 433, 434; 2003, 28.
[180] Vgl. dazu auch die Begr. zu § 26; abgedruckt bei *Balz/Landfermann* S. 235 sowie die Darlegungen von *Schmittmann* zur sog. Firmenbestattung InsbürO 2006, 410.
[181] Zur Kritik an der geltenden Regelung K. Schmidt NJW 2011, 1255 ff.; Pape NWB 2008, 643; Kübler, Kölner Schrift, S. 967 ff. RdNr. 9; *K. Schmidt*, Kölner Schrift, S. 1199 ff. RdNr. 9; *Uhlenbruck* KTS 1994, 168, 175; FKInsO-*Schmerbach* § 26 RdNr. 98.

eine Regelung geschaffen worden ist, die dem antragspflichtigen Geschäftsführer oder Vorstand unmittelbar vermögensrechtlich sanktioniert und somit dem Vorschuss leistenden Gläubiger ermöglicht, sich direkt bei dem entsprechenden Anspruchsgegner direkt schadlos zu halten. Allerdings ist hiervon in den vergangenen Jahren kaum Gebrauch gemacht worden, weil der Vorschussleistende mit dem gesamten Risiko belastet ist.[182] Vor diesem Hintergrund ist es zu begrüßen, dass der Gesetzgeber mit der Neuregelung Abs. 4 die Vorschusspflicht der zur Antragstellung Verpflichteten erstmals gesetzlich verankert hat, wenngleich auch hier die Lösung halbherzig geblieben ist, soweit sie den vorläufigen Insolvenzverwalter auf den Rechtsweg zur Durchsetzung verweist.

57 Die von Abs. 3 erfassten Geschäftsführer und Vorstände sind deckungsgleich mit dem Kreis, der in diesen Gesellschaften zu den antragspflichtigen Organen zu rechnen ist. Haben mithin bei einem mehrköpfigen Vertretungsorgan alle Geschäftsführer oder Vorstände gegen die Verpflichtung zur Antragstellung verstoßen, so haften sie nach Abs. 3 gesamtschuldnerisch. Vgl. zum Kreis der antragsverpflichtenden Organe auch die Darstellung bei § 13. Neben den haftungsbewehrten Antragspflichten gesellschaftsrechtlicher Art wie zB in den §§ 64 GmbHG oder 99 GenG wird allgemein auch eine analoge Anwendung auf vergleichbare Insolvenzantragspflichten nach den §§ 42 Abs. 2 oder 86 BGB bejaht, während die Antragspflicht des Erben bzw. des Nachlassverwalter teilweise ausgenommen wird.[183]

58 In objektiver Hinsicht erfordert § 26 Abs. 3 die Zahlung eines echten Verfahrenskostenvorschusses[184] sowie die Feststellung, dass die antragspflichtigen Organe die gesellschaftsrechtlichen Dreiwochenfrist schuldhaft versäumt haben, wofür bei einer Gesellschaft, die zahlungsunfähig und überschuldet ist und bei der nicht einmal mehr die nötigen Mittel für die Eröffnung des Insolvenzverfahrens vorhanden sind, schon nach den Grundsätzen des Anscheinsbeweises alles dafür spricht, dass Zahlungsunfähigkeit und/oder Überschuldung nicht erst wenige Tage vor der Antragstellung eingetreten sind, sondern schon längere Zeit andauert.[185] Insoweit obliegt es auch der besonderen Begutachtung eines Sachverständigen oder vorläufigen Insolvenzverwalters, schon vor der Verfahrenseröffnung zu prüfen, ob ggf. Ansprüche nach § 26 Abs. 3 oder der Neuregelung in Abs. 4 gegen die Gesellschaftsorgane bestehen und inwieweit diese auf Grund deren persönlicher Vermögenslage einbringlich sind. Insbesondere die Erkenntnis, dass Abweisung mangels Masse weder etwas mit Vermögenslosigkeit des Unternehmers noch mit Vermögenslosigkeit der handelnden Personen zu tun hat, sollte bei den interessierten Gläubigern die Bereitschaft wecken, an dieser Stelle durch einen Massekostenvorschuss eine mögliche Sachaufklärung zu erleichtern, zumal der Gesetzgeber auch im Übrigen durch die Umkehr der Beweislast den einen Vorschuss zahlenden Gläubiger erheblich besser stellt als den in Anspruch genommenen Antragspflichtigen.

59 Legt also zB das antragstellende Organ in seinem Insolvenzantrag die genau zeitliche Abfolge des Eintrittes von Zahlungsunfähigkeit und/oder Überschuldung in den letzten drei Wochen vor Antragstellung dar, so spricht der Anscheinsbeweis zunächst dafür, dass der durch § 26 Abs. 3 sanktionierte Tatbestand gegeben ist. Es ist in dieser Situation dann Aufgabe des Gerichtes den vorläufigen Insolvenzverwalter oder einen Sachverständigen anzuhalten, insbesondere dieser Frage besondere Aufmerksamkeit zu widmen. Es dürfte völlig verfehlt sein, angesichts der gesetzgeberischen Zielrichtung und der vielfach anzutreffenden kriminellen Energie im gesellschaftsrechtlichen Bereich, an den Nachweis der Fristüberschreitung zur Antragstellung überzogene Anforderungen zu stellen. Dazu fehlt es regelmäßig auch dem zu einer Vorschusszahlung bereiten Gläubiger an den internen Kenntnissen, so dass es Teil der rechtsfürsorgerischen Funktion des Insolvenzgerichtes ist, dem Interesse des Reformgesetzgebers an einer möglichst hohen Zahl eröffneter Verfahren auch dadurch Rechnung zu tragen, dass es die Feststellungen des Sachverständigen bzw. des vorläufigen Insolvenzverwalters auch regelmäßig auf das Vorhandensein des Tatbestandsmerkmals des § 26 Abs. 3 erstreckt, damit diese ggf. in einem späteren Verfahren zugunsten des Vorschuss leistenden Gläubigers eingeführt werden können. Nur wenn auch die Insolvenzgerichte bereit sind, den gesetzgeberischen Weg der verschärften Inanspruchnahme der persönlichen Haftung antragspflichtiger Organe mitzugehen, kann auch der weitgehend zu beklagende Missbrauch bestimmter gesellschaftsrechtlicher Unternehmensformen eingeschränkt werden. Der Anspruch unterliegt der **dreijährigen Verjährung** nach §§ 195, 199 BGB. Diese beginnt am Schluss des Jahres, in dem der Vorschuss geleistet wurde.

60 **5. Der Vorschussanspruch nach § 26 Abs. 4. a) Normzweck.** § 26 Abs. 4 begründet, anders als für die Erstattungsklage des Vorleistenden nach Abs. 3, bereits für die Herstellung einen Vor-

---

[182] Vgl. zu diesen Aspekten auch K.Schmidt NJW 2011,1255, 1256.
[183] Vgl. dazu u.a. OLG Hamm NZI 2002, 437 sowie die Darlegungen bei *Jaeger/Schilken* § 26 RdNr. 93 m. w. Nachw.
[184] Zu den Voraussetzungen BGH ZInsO 2003, 28; OLG Brandenburg ZInsO 2003, 223.
[185] Dazu ausführlich OLG Brandenburg ZInsO 2003, 223; *Kübler/Prütting/Pape* § 26 RdNr. 24.

schlusspflicht eine Beweislastumkehr und ermöglicht die Einziehung eines Vorschusses von einem antragspflichtigen Organ. Mit der den bestehenden Abs. 3 ergänzenden Neuregelung unternimmt der Gesetzgeber einen weiteren Versuch[186], die Eröffnung von Insolvenzverfahren zur Regel werden zu lassen, scheut aber ganz offenbar auch hier davor zurück, durch den Verzicht auf die Kostendeckung bei Kapitalgesellschaften dieses Ziel konsequent umzusetzen (vgl. dazu oben RdNr. 12 ff.). Konsequent ist allerdings, dass er als zur Vorschusszahlung Verpflichtete die Antragsverpflichteten nach § 15a ins Visier nimmt und damit diejenigen, die maßgeblicher Verursacher der flächendeckenden Verschleppung von Insolvenzen sind. Ihrer Struktur nach ist die Regelung durchaus geeignet, bei richtiger Anwendung die Eröffnungsquote merkbar zu erhöhen. Mit Neuregelung ist jedenfalls in ansonsten masselosen Verfahren der **Sachverständige** nunmehr **zwingend verpflichtet** Ausführungen zum Zeitpunkt des **Eintritts der materiellen Insolvenz** zu machen, da die Vorschussverpflichtung die Insolvenzverschleppung als Tatbestandsmerkmal voraussetzt und diese auch in der Folge im Interesse der Gesamtgläubigerschaft und zur Verwirklichung der Ordnungsfunktion durchzusetzen ist.[187]

b) Vorschussverpflichtete. Gemäß Abs. 4 S. 1 ist zur Zahlung eines Vorschusses jede Person 61 verpflichtet, die entgegen den Vorschriften des Insolvenz- oder Gesellschaftsrechts (§ 15a) pflichtwidrig und schuldhaft keinen Antrag auf Eröffnung des Insolvenzverfahrens gestellt hat. Zur Geltendmachung und Durchsetzung des Vorschusses sind gemäß Abs. 4 S. 3 der vorläufige Insolvenzverwalter sowie jede Person berechtigt, die einen begründeten Vermögensanspruch gegen den Schuldner hat. Wie aus der Gesetzesbegründung hervorgeht, sind mit der Formulierung »jede Person, die einen begründeten Vermögensanspruch gegen den Schuldner hat« auch Insolvenzgläubiger gemeint.

Die Neuregelung postuliert einen Haftungsanspruch mit Sanktionscharakter, der bemerkenswer- 62 ter Weise auch dann eingreift, wenn ein Schaden durch die verspätete oder nicht erfolgte Antragstellung nicht eingetreten ist. § 26 Abs. 4 InsO kommt auch insofern keine Schadenskompensationswirkung zu, als dass der ggf. im Prozessweg (vgl. dazu unten RdNr. 66) eingezogene Vorschuss auch bei später erfolgender Kostendeckung (§ 54 InsO) an das vorschusspflichtige Organ zurückzugewähren ist.[188] Dies folgt bereits daraus, dass der Anspruch gemäß § 26 Abs. 4 ausschließlich auf die Zahlung eines Vorschusses gerichtet ist. Insofern handelt es sich um einen **unvollkommenen Haftungsanspruch,** der – anders als das reguläre zivilrechtliche Haftungssystem – nicht voraussetzt, dass ein wirtschaftlicher Schaden tatsächlich eingetreten ist.[189] Auch als reine Sanktionsnorm ist Abs. 4 unvollkommen, da der Sanktionscharakter in dem Zeitpunkt entfällt, wenn der Vorschuss bei etwaig im weiteren Verfahrensverlauf erreichter Verfahrenskostendeckung gemäß § 54 an den Vorschusspflichtigen zurückzuzahlen wäre. § 26 Abs. 4 ist somit als Anspruch *sui generis* zu qualifizieren. Einem tatsächlichen Rückzahlungsanspruch dürften bei festgestellter Insolvenzverschleppung regelmäßig andere haftungsrechtliche Ansprüche aus § 64 GmbHG etc. entgegenstehen. Einer Aufrechnung mit Ansprüchen der vorgenannten Art steht der Charakter des Vorschusses als Sondervermögen auch nicht entgegen, denn dem Rückzahlungsanspruch kann die Erfüllungswirkung der Aufrechnung als Erfüllungssurrogat entgegengehalten werden.

c) Auslöser und Umfang der Vorschusspflicht. Auslöser des Vorschusszahlungsanspruches ist, 63 dass, entgegen den insolvenzrechtlichen oder gesellschaftsrechtlichen Vorschriften, trotz Eintritt der materiellen Insolvenz ein Insolvenzantrag nicht oder nicht rechtzeitig gestellt wurde.[190] Der Gesetzgeber hat die gesellschaftsrechtlichen Antragspflichten ausdrücklich in den Gesetzeswortlaut aufgenommen, um sicherzustellen, dass bei der Frage der insolvenzrechtlichen Antragspflichten auch die Fälle erfasst werden, in denen nach den Vorschriften des internationalen Privatrechts die Pflicht zur Antragstellung aus dem Gesellschaftsrecht folgt. Insbesondere soll dies Fälle von Schein-Auslandsgesellschaften erfassen. Ausführlich zu den Antragspflichten und zu den Antragsverpflichteten vgl. § 15a RdNr. 10 ff. Angesichts der Tatsachen, dass faktisch in jedem Unternehmensinsolvenzverfahren Verschleppungstatbestände realisiert sind, dürfte der Anspruch aus Abs. 4 künftig in jedem Insolvenzverfahren über Kapitalgesellschaften eine nicht unerhebliche Rolle spielen.

Der Anspruch auf Zahlung des Vorschusses durch einen zB nach § 15a Antragsverpflichteten entsteht 64 auch dem Grunde nach – ähnlich der Regelung in § 64 GmbHG – mit dem Eintritt der materiellen Insolvenz und dem darauf folgenden Verstoß gegen die Insolvenzantragspflicht. Er konkretisiert sich der Höhe nach mit einem später erfolgenden Insolvenzantrag, egal ob ein Eigen- oder Fremdantrag vorliegt.

---

[186] Zur Kritik an der Neuregelung vgl. u.a. *Pape* ZInsO 2011, 1038; *Zimmermann* ZInsO 2012, 396, aber auch *Foerste* ZInsO 2012 532; zuvor auch schon *Paul* ZInsO 2008, 28..
[187] In diesem Sinne auch *Hölzle*, Praxisleitfaden ESUG, S. 32 ff.
[188] OLG Frankfurt ZIP 1986, 931; *Haarmeyer* ZInsO 2001, 193, 107; *Uhlenbruck* § 26 RdNr. 32
[189] *Zimmermann* ZInsO 2012, 396.
[190] In diesem Sinne schon OLG Brandenburg ZInsO 2003, 224; *Paul* ZInsO 2008, 29.

Anders als bei § 64 GmbHG jedoch ist Anspruchsinhaber nicht die Gesellschaft, sondern die Gemeinschaft der Gläubiger der Gesellschaft, also die (künftige) Insolvenzmasse. Der **Vorschussanspruch** gehört daher auch zu den in die Kostendeckungsprognose einzubeziehenden **künftigen Vermögensansprüchen der Masse**[191] wie zB Ansprüche aus der späteren Durchsetzung von noch offenen Forderungen des insolventen Schuldners sowie aus Anfechtungs- und Haftungsansprüchen (vgl. dazu oben RdNr.20 ff.). Der Anspruch besteht auch unabhängig von der Eröffnung des Verfahrens weiter, denn Abs. 4 begrenzt den Anspruch nicht auf eine Leistung vor der Eröffnung – dies mag zwar erstrebenswert sein, ist aber nicht der alleinige Zweck des Vorschusses.

65   Für die als Sachverständige tätigen **Gutachter** kommt mithin der Feststellung des Zeitpunkts des Eintritts der materiellen Insolvenz sowie der Prognose einer späteren Beitreibbarkeit gegenüber den Antragsverpflichteten eine erhebliche Bedeutung zu, auch wenn die prozessuale Durchsetzung erst im eröffneten Verfahren erfolgen sollte. Bei ansonsten drohender Masselosigkeit ist die **Feststellung sogar zwingend zu treffen**. Anders als von *Zimmermann* dargelegt, ist die Norm daher bei richtiger Anwendung daher durchaus geeignet die Eröffnungsvoraussetzungen zu verbessern, zumal durch die Beweislastumkehr nach Abs. 4 Satz 2 der Vorschussanspruch selbst noch einmal verstärkt worden ist. Zur Beweislast vgl. oben RdNr. 58, 59. Wird der Anspruch bereits im Eröffnungsverfahren geltend gemacht, wird man sich auch hier mit den möglichen Unsicherheiten einer Prognose abfinden müssen, während eine spätere ggf. prozessuale Durchsetzung schon auf einer exakt bezifferbaren Höhe begründet sein dürfte. Dass im Rahmen der Prognose auch die Frage der wirtschaftlichen Einbringlichkeit beantwortet werden muss, versteht sich von selbst, stellt aber den Anspruch an sich nicht infrage.

66   **d) Die Durchsetzung des Anspruchs; Festsetzung durch Beschluss.** Die Gesetzesbegründung geht davon aus, dass die Zahlung des Vorschusses „im Prozesswege" verlangt werden kann. Darin liegt allerdings nicht die Einräumung eines Ermessens, sondern mit der festgestellten Verpflichtung des Organs korrespondiert auch die Verpflichtung des Insolvenzverwalters, wenn keine freiwillige Zahlung erfolgt, diese auch im Klagewege durchzusetzen und den Anspruch zu realisieren. Besteht also eine festgestellte Vorschusspflicht, so ergibt sich daraus auch die Verpflichtung zur Durchsetzung, denn der vorläufige Insolvenzverwalter ist – schon zur Vermeidung einer eigenen haftungsrechtlichen Inanspruchnahme – nach dem Gesetzeswortlaut und aufgrund seiner Stellung als Treuhänder fremden Vermögens gehalten, die Ansprüche auf Zahlung eines Verfahrenskostenvorschusses auch effektiv zu verfolgen. Dafür wäre ihm auch nach den Grundsätzen der Rechtsprechung[192] **Prozesskostenhilfe** zu bewilligen, ohne dass dafür die Gläubiger eine Vorschusspflicht treffen dürfte, da die Durchsetzung allein der Kostendeckung dient, ohne dass damit schon Rückflüsse für die Gläubiger zu erwarten wären. Da die Neuregelung aber ganz offenbar nach dem Willen des Gesetzgebers auch dazu dient, durch Postulierung einer Vorschusspflicht die Organträger von einer Verschleppung abzuhalten, zu einer frühzeitigen Antragstellung zu bewegen und zugleich, für den Fall eines Verstoßes gegen die Antragsverpflichtung, durch den Vorschuss mehr Insolvenzverfahren über Kapitalgesellschaften zur Eröffnung zu bringen und Verstöße gegen die Antragspflicht im eröffneten Verfahren entsprechend zu sanktionieren, dann kann die Durchsetzung des Anspruchs im Prozesswege schon wegen der langen Verfahrensdauer nicht der einzige, sondern nur ein möglicher Weg sein.

67   Die Durchsetzung der Ordnungsfunktion und die Steigerung der Eröffnungsquoten für antragspflichtigen Unternehmen setzt daher auch nicht zwingend voraus, dass ein solcher Vorschuss ausschließlich im Prozessweg beizutreiben ist, sondern eröffnet auch die Möglichkeit, eine solche Zahlungspflicht auf der Grundlage einer sachverständigen Feststellung durch **gerichtlichen Beschluss** nach §§ 5 Abs. 3 Satz 1 i. V. m. 26 Abs.1, 26a InsO zu postulieren.[193] Hierfür spricht nicht nur die originäre Beschlusskompetenz des Insolvenzgerichts zur Feststellung der Kostendeckung nach § 26, sondern auch der notwendige Eilcharakter des Insolvenzverfahrens sowie die Durchsetzung der Ordnungsfunktion des Insolvenzverfahrens. Hierdurch würde dass vorschusspflichtige Organ auch nicht rechtlich schlechter gestellt, denn ihm steht dagegen das Recht der sofortigen Beschwerde nach den § 6 InsO zu. Das Grundgesetz garantiert im Rahmen des allgemeinen Justizgewährungsanspruchs ebenso wie nach Art. 19 Abs. 4 GG nur das Offenstehen des Rechtswegs, also die Öffnung des Zugangs zum Gericht. Insofern reicht es grundsätzlich auch aus, dass die Rechtsordnung eine einmalige Möglichkeit zur Einholung einer gerichtlichen Entscheidung eröffnet[194]; ein Instanzenzug, wie im normalen Zivilprozess, ist von Verfassung wegen nicht

---

[191] In diesem Sinne auch *Foerste* ZInsO 2012, 532, 5333; aA *Zimmermann* ZInsO 2012, 396, 398 der aber offenbar die Verbindung zwischen materieller Insolvenz, ihrer Feststellungsnotwendigkeit im Gutachten sowie die Zielsetzung des Gesetzgebers außer Acht gelassen hat.
[192] Vgl. BGH, Beschl. v. 17. Juni 2003 – IX ZB 476/02, NZI 2004, 30, 31; BGH Beschl. v. 16.7.2009 – IX ZB 234/08, JurionRS 2009, 18852
[193] Dafür auch mit überzeugender Begründung *Hölzle*, Praxisleitfaden S. 33 ff.
[194] Vgl. BVerfGE 54, 277, 291; 107, 395, 402; 112, 185, 207.

garantiert. Für eine solche Feststellung im Beschlusswege spricht auch die Neuregelung in § 26a, nach der nun auch der vorläufige Verwalter für den Fall der Nichteröffnung seinen Vergütungsanspruch sowie die zu erstattenden Auslagen gegen den Schuldner fest- und durchsetzen kann. Auch der auf dieser Grundlage ergehende gerichtliche Beschluss gibt dem Anspruchsinhaber einen vorläufig vollstreckbaren Titel nach § 794 Abs. 1 Nr. 3 ZPO.

Auch gesellschaftsrechtlich lässt sich die Vorschussverpflichtung als Annex zur Liquidationsverantwortung der Organe aus den §§ 84 Abs. 1 GmbHG sowie 15a InsO rechtfertigen, denn durch eine Abweisung mangels Masse würde kein Liquidationsweg beschritten, der dazu führt, das noch vorhandene Gesellschaftsvermögen zur Befriedigung der Gesellschaftsverbindlichkeiten in einem gesetzlich geordneten Rahmen zur Verfügung zu stellen. Betrachtet man mithin die Liquidationsverantwortung und die Antragspflicht im Insolvenzfall als **Reflex der gesellschaftsrechtlichen Haftungsprivilegierung** aus § 13 Abs. 2 GmbHG, so besteht für den Fall einer festgestellten Insolvenzverschleppung auch eine Liquidationsgarantiehaftung der antragspflichtigen Organe zur Leistung eines Vorschusses, wenn nur auf diesem Wege eine geordnete Liquidation herbeigeführt werden kann. Dies hat der Gesetzgeber mit der Erweiterung der Vorschusspflicht in Abs. 4 auch in überzeugender Weise zum Ausdruck gebracht. 68

Letztlich kann ein vorläufiger Verwalter auch den der Insolvenzschuldnerin gegenüber ihrem Organ zustehenden Anspruch auf Zahlung eines Verfahrenskostenvorschusses pfänden und sich zur Einziehung überweisen lassen (§§ 829, 835 ZPO), wenn er ansonsten befürchten muss, mit seinen Ansprüchen zu einem späteren Zeitpunkt der gerichtlichen Festsetzung ggf. auszufallen. Auch diese spricht letztendlich dafür, den Anspruch aus Abs. 4 auch durch gerichtlichen Beschluss festsetzen und damit effektiv durchsetzbar zu machen. 69

§ 26a Vergütung des vorläufigen Insolvenzverwalters

(1) ¹Wird das Insolvenzverfahren nicht eröffnet, setzt das Insolvenzgericht die Vergütung und die zu erstattenden Auslagen des vorläufigen Insolvenzverwalters gegen den Schuldner durch Beschluss fest. ²Der Beschluss ist dem vorläufigen Verwalter und dem Schuldner besonders zuzustellen.

(2) ¹Gegen den Beschluss steht dem vorläufigen Verwalter und dem Schuldner die sofortige Beschwerde zu. ²§ 567 Absatz 2 der Zivilprozessordnung gilt entsprechend.

A. Normzweck

Die nunmehr durch das ESUG eingeführte Vorschrift ist motiviert durch die BGH-Entscheidung v. 3.12.2009[1] mit welcher der BGH eine weit reichende Verunsicherung zur Frage der Zuständigkeit für die Vergütungsfestsetzung des vorläufigen Insolvenzverwalters bei nicht eröffneten Insolvenzeröffnungsverfahren geschaffen hatte. Die Neuregelung schließt eine durch den BGH als offen benannte Regelungslücke. Mit der klarstellenden Regelung wird bestimmt, dass auch bei Nichteröffnung des Insolvenzverfahrens das Insolvenzgericht für die Festsetzung der Vergütung und Auslagen des vorläufigen Insolvenzverwalters zuständig ist. Hierbei ist es nicht von Bedeutung, ob die Verfügungsbefugnis über das Vermögen des Schuldners bereits auf den vorläufigen Insolvenzverwalter übergegangen ist. Die Entscheidung ergeht durch Beschluss und ist nach Abs. 2 mit dem Rechtsmittel der sofortigen Beschwerde angreifbar. Nach *Wimmer*[2] soll die Neuregelung nicht bestimmen, wer die Kosten zu tragen hat, was allerdings wegen des Wortlautes „... gegen den Schuldner"[3] kaum nachvollziehbar erscheint (vgl. dazu unten RdNr. 6). 1

B. Entstehungsgeschichte

Der BGH hatte mit Beschluss vom 03.12.2009[4] klargestellt, dass die Festsetzung der Vergütung des vorläufigen Insolvenzverwalters nach §§ 63, 64, §§ 8, 10, 11 InsVV durch das Insolvenzgericht ausscheide, wenn das Verfahren nicht zur Eröffnung kommt. Insoweit fehle es in der Insolvenzordnung an einer gesetzlichen Grundlage, da der vorläufige Insolvenzverwalter nicht Partei des Eröff- 2

---

[1] IX ZB 280/08, ZInsO 2010,107 ff.
[2] ESUG-Reform S. 30.
[3] Vgl. dazu die berechtigte Kritik von *Frind* ZInsO 2011, 2249 f.
[4] BGH ZInsO 2010, 107.

nungsverfahrens sei. Der materiell-rechtliche bestehende Vergütungsanspruch des vorläufigen Insolvenzverwalters analog §§ 1835, 1836, 1915, 1987, 2221 BGB gegen den Schuldner, müsse daher in diesen Fällen vor den Zivilgerichten durchgesetzt werden. Diese Entscheidung wurde in der Literatur heftig kritisiert,[5] teilweise widersetzten sich Insolvenzgerichte dieser BGH-Entscheidung und es ergingen davon abweichende insolvenzgerichtliche Entscheidungen.[6] Grund des Streites war die Frage, ob die Entscheidung nach dem Leitsatz so zu verstehen war, dass das Insolvenzgericht nun gar keine Kostenfestsetzung in diesen Fällen vornehmen konnte. Unklar war auch, ob der BGH in den Fällen der Nichteröffnung nur die Kostenlastentscheidung, also die Frage, wer die Vergütung letztendlich zu bezahlen hatte, den Zivilgerichten zuweisen wollte, oder, ob er auch die Vergütungsfestsetzung der Höhe nach, mithin den gesamten Regelungskomplex der InsVV, inzident in einen Zivilprozess transportieren wollte.[7] Mit der Neuregelung hat sich zumindest der Streit über den richtigen Rechtsweg und mithin der Zuständigkeit erledigt.

C. Gesetzgebungsverfahren zur InsO

3   Der gemeinsam mit den Regelungen des ESUG verabschiedete neue § 26a InsO versucht die zuvor aufgetretenen Differenzen zu beseitigen und zugleich eine prozessökonomische Regelung zu schaffen, die für Rechtssicherheit bei den Beteiligten sorgen soll.[8] Obwohl aus Kreisen des IX. Senates des BGH immer wieder zu hören war, man werden die Ausgangsentscheidung bei sich bietender Gelegenheit klarstellen, hat das BMJ den heftig geführten Streit zwischen den Untergerichten und dem BGH zum Anlass genommen, korrigierend und klarstellend einzugreifen (vgl. BT-Drucks. 17/7511, S. 46). Begrüßenswert ist die Neuregelung, da der (ehemalige) vorläufige Insolvenzverwalter nunmehr nicht auf einen unter Umständen langwierigen und mit dem Kostenrisiko behafteten Zivilprozess verwiesen wird, sondern seinen Anspruch vor dem Gericht geltend machen kann, das ohnehin mit der Sache befasst war und das ihn auch zuvor zum vorläufigen Insolvenzverwalter bestellt hat.

D. Der Anwendungsbereich der Norm

I. Vergütungsfestsetzung bei Nichteröffnung

4   § 26a betrifft nur Insolvenzverfahren, bei denen es nicht zu einer Eröffnung des Verfahrens gekommen ist und bestimmt für dies Fallkonstellation, dass das Insolvenzgericht als zuständige Instanz die Vergütung und die Auslagen des vorläufigen Insolvenzverwalters festsetzt. Damit ist zumindest die Frage der örtlichen und sachlichen Zuständigkeit hinreichend geklärt und der eingangs dargelegte Streit insoweit erledigt.

5   Für die **funktionelle Zuständigkeit** ist darauf abzustellen, wer im Zeitpunkt der Festsetzung gem. § 18 RPflG zuständig ist (Richter oder Rechtspfleger). Der vorläufigen Verwalter erlangt durch den Vergütungsfestsetzungsbeschluss einen **vorläufig vollstreckbaren Titel** im Sinne des § 794 Abs. 1 Nr. 3 ZPO. Über die Verweisung in § 21 Abs. 2 Satz 1 Nr. 1 InsO gelangen auch die §§ 63 ff. zur Anwendung, damit ergibt sich der **Vergütungsanspruch materiell** aus § 65 i. V. m. §§ 10 ff. InsVV[9]. Gleichwohl enthält auch diese relativ einfache Regelung Folgeprobleme für die Rechtsanwendung und die Praxis.[10]

6   Kaum verständlich bleibt, warum mit der Festsetzungsbestimmung „**gegen den Schuldner**" der Eindruck erweckt wird, als komme nur stets eine gegen den Schuldner gerichtete gerichtliche Entscheidung infrage. Zwar wird vertreten, die Kosten der vorläufigen Vergütung seien immer "aus dem Vermögen des Schuldners zu leisten", gemeint ist damit aber selbstverständlich nur die Masse,[11] eine Masse allerdings, die erst mit der Eröffnung entsteht und somit aus dem Anwendungsbereich der Regelung selbst

---

[5] Vgl. u.a. *Frind*, Anmerkung zu BGH, Beschl. v. 3.12.2009 – IX ZB 280/08, ZInsO 2010, 108; *Seehola* ZInsO 2011, 1783.

[6] So auch die Begründung zu BT-Drucks. 17/7511 v. 26.10.2011 – mit Beschlüssen des Rechtsausschusses in: Beilage zu ZInsO 45/11, S. 17.

[7] Dazu *Frind* ZInsO 2011, 2249 ff.

[8] Haarmeyer/Wutzke/Förster-InsO/*Mitter* § 26 RdNr.5

[9] So nun auch BGH ZInsO 2012, 800Unverständlich bleibt warum *Wimmer* ESUG-Reform, S.31 trtotz dieser klaren Verweisungskette gleichwohl daran festhält, dass der materielle Anspruch sich auf eine analoge Anwendung von §§ 1835, 1836, 1915, 1987, 2221 BGB stütze.

[10] Dazu sehr differenziert *Frind* ZInsO 2011, 2249, 2250.

[11] Vgl. zB AG Duisburg v. 28.4.2010, ZInsO 2010, 973.

herausfällt. Damit würden zudem ohne jede sachliche Rechtfertigung auch notwendig gegen Gläubiger[12] zu richtende Kostenentscheidungen zB bei einem unzulässigen, unbegründeten oder zurückgenommenen Antrag[13] faktisch gesetzlich untersagt[14] – eine Lösung die schon unter Beachtung des Willkürverbots von Art. 3 GG keinen Bestand haben könnte. Eine ähnliche Konsequenz ist schon unter der misslungenen Neuregelung in § 14 Abs. 3 völlig zutreffend abgelehnt worden.[15] Da die Begründung des Rechtsausschusses – trotz der sog. Formulierungshilfes des BMJ – keinen Aufschluss über die Motive für die Beschränkung auf den Schuldner enthält, wird man die Regelung auf dem Hintergrund des Normzwecks **einschränkend dahingehend auszulegen**, dass damit nur die Zuständigkeit des Insolvenzgerichts zur Festsetzung der Höhe der Vergütung des vorläufigen Verwalters gemeint ist,[16] während die weitergehende Regelung zur Frage, wer im konkreten Fall diese zu tragen haben, entgegen dem gewählten Wortlaut aus den genannten Gründen faktisch ins Leere geht und mit der Beschränkung auf eine Festsetzung gegen den Schuldner insoweit auch unbeachtlich ist. Dafür spricht auch, dass das BMJ im Rahmen der Reform der Verbraucherinsolvenz[17] die „verunglückte" Formulierung durch eine Neufassung entsprechend ergänzen will, die aber ebenfalls unzureichend ist.[18]

II. Rechtsmittel

Nach Abs. 2 steht das Rechtsmittel der sofortigen Beschwerde dem Schuldner und dem vorläufigen Insolvenzverwalter zu. Unverständlich ist der **Ausschluss des Rechtsmittels für die Gläubiger**, die schon unter dem Gesichtspunkt einer möglichen Zweitschuldnerhaftung nach § 23 GKG ein eigenständiges rechtliches Interesse an einer Überprüfung der Höhe der Festsetzung durch das Gericht haben. Ganz offenbar ist dies und die mögliche Beteiligung der Gläubiger schon im Eröffnungsverfahren im Zuge des Gesetzgebungsverfahrens schlicht übersehen worden, sodass die Regelung **nur auf den Fall des Eigenantrags** ohne Beteiligung von Gläubigern Anwendung finden kann. 7

Die Regelung in Abs. 2 würde im Ergebnis dazu führen, dass Gläubiger bei einem Rückgriff mit Einwendungen zur Höhe der Festsetzung gegenüber dem Insolvenzgericht gesetzlich und vor dem Zivilgericht wegen nicht gegebener Zuständigkeit ausgeschlossen wären. Die Regelung ist daher bei Gläubigerbeteiligung im Eröffnungsverfahren im Lichte der nach wie vor geltenden und für diesen Fall dann auch vorgehenden Verweisung aus § 21 Abs. 2 Nr. 1 InsO nach § 64 Abs. 3 InsO dahingehend auszulegen,[19] dass für den Fall einer Gläubigerbeteiligung im Eröffnungsverfahren auch dem Gläubiger das Recht der sofortigen Beschwerde zusteht. Nach dem RegE vom 18.7.2012[20] soll das Rechtsmittel jeweils dem zustehen, dem die Kosten auferlegt worden sind. 8

Die Beschwerde ist nach § 567 Abs. 2 ZPO nur zulässig, wenn der Wert des Beschwerdegegenstandes 200,- € übersteigt. 9

III. Keine Rückwirkung

Die Regelung gilt gem. Art. 3, 10 ESUG für alle nach Inkrafttreten des ESUG am 01.03.2012 beantragten Insolvenzverfahren und enthält keine Rückwirkungsregelung.[21] Für „Altfälle" bleibt es bei der vormalig umstrittenen Rechtslagen, allerdings mit der Einschränkung, dass eine gleichwohl vom Insolvenzgericht erlassene Entscheidung, nicht unwirksam sei.[22] 10

---

[12] Vgl. dazu auch die bei *Frind* ZInsO 2011, 2250 dargestellten weiteren Beispiele, die eine Festsetzung gegen den Schuldner geradezu verbieten.
[13] Vgl. dazu AG Hamburg, ZInsO 2001, 1121; ZInsO 2002, 687; ZInsO 2004, 458; ZVI 2004, 256; LG Hamburg v. 3.2.2006 – 318 T 8/06 n.V. = AG Hamburg v. 12.12.2005 – 67c IN 385/05; HambKomm-InsO/Wehr, 3. Aufl., § 13 RdNr. 90; *Jaeger/Gerhardt*, InsO, § 22 RdNr. 253 f; MünchKommInsO-*Schmahl*, 2. Aufl., § 13 RdNr. 171; *Hess*, InsVV, § 11 RdNr. 132; *Frind/A. Schmidt*, ZInsO 2002, 8, 12; ebenso bereits *Kuhn/Uhlenbruck*, KO, 11. Aufl., § 106 RdNr. 24; vgl. auch *Haarmeyer/Wutzke/Förster*, InsVV, 4. Aufl., § 11 RdNr. 81, die diese Lösung freilich nur als "vertretbar" bezeichnen.
[14] Der BGH hat mit Entscheidung v. 13.12.2007 (ZInsO 2008, 151), dort RdNr. 14, die Möglichkeit der Festsetzung gegen den Gläubiger in einem Sachverhalt, der noch unter Geltung der KO "spielte", abgelehnt und den vorläufigen Verwalter auf den materiell-rechtlichen Kostenerstattungsanspruch verwiesen; so auch LG Gießen v. 9.9.2010, ZInsO 2011, 304.
[15] AG Deggendorf, Beschl. v. 3.8.2011, ZInsO 2011, 1801, hat die Vorschrift wegen Verfassungswidrigkeit (Verstoß gegen Willkürverbot gem. Art. 3 GG) vorgelegt; *Marotzke* ZInsO 2011, 841.
[16] In diesem Sinne auch *Frind* ZInsO 2011, 2250; ebenso *Graf-Schlicker* InsO § 26a RdNr. 2.
[17] RegE vom 18.7.2012, ZInsO 2012, 1461.
[18] Vgl. dazu Frind ZInsO 2012, 1455, 1460.
[19] Ebenso *Frind* ZInsO 2011, 2250; *Haarmeyer/Wutzke/Förster/Mitter* § 26a RdNr. 7.
[20] RegE v.18.7.2012 ZInsO 2012, 1461.
[21] BGH v. 9.2.2012 = ZInsO 2012, 802.
[22] So BGH v. 8.3.2012 IX ZB 219/11 = ZInsO 2012, 800.

§ 27 Eröffnungsbeschluß

(1) ¹Wird das Insolvenzverfahren eröffnet, so ernennt das Insolvenzgericht einen Insolvenzverwalter. ²Die §§ 270, 313 Abs. 1 bleiben unberührt.

(2) Der Eröffnungsbeschluß enthält:
1. Firma oder Namen und Vornamen, Geburtsjahr, Registergericht und Registernummer, unter der der Schuldner in das Handelsregister eingetragen ist,[2] Geschäftszweig oder Beschäftigung, gewerbliche Niederlassung oder Wohnung des Schuldners;
2. Namen und Anschrift des Insolvenzverwalters;
3. die Stunde der Eröffnung;
4. einen Hinweis, ob der Schuldner einen Antrag auf Restschuldbefreiung gestellt hat;
5. die Gründe, aus denen das Gericht von einem einstimmigen Vorschlag des vorläufigen Gläubigerausschusses zur Person des Verwalters abgewichen ist; dabei ist der Name der vorgeschlagenen Person nicht zu nennen.

(3) Ist die Stunde der Eröffnung nicht angegeben, so gilt als Zeitpunkt der Eröffnung die Mittagsstunde des Tages, an dem der Beschluß erlassen worden ist.

§ 28 Aufforderungen an die Gläubiger und die Schuldner

(1) ¹Im Eröffnungsbeschluß sind die Gläubiger aufzufordern, ihre Forderungen innerhalb einer bestimmten Frist unter Beachtung des § 174 beim Insolvenzverwalter anzumelden. ²Die Frist ist auf einen Zeitraum von mindestens zwei Wochen und höchstens drei Monaten festzusetzen.

(2) ¹Im Eröffnungsbeschluß sind die Gläubiger aufzufordern, dem Verwalter unverzüglich mitzuteilen, welche Sicherungsrechte sie an beweglichen Sachen oder an Rechten des Schuldners in Anspruch nehmen. ²Der Gegenstand, an dem das Sicherungsrecht beansprucht wird, die Art und der Entstehungsgrund des Sicherungsrechts sowie die gesicherte Forderung sind zu bezeichnen. ³Wer die Mitteilung schuldhaft unterläßt oder verzögert, haftet für den daraus entstehenden Schaden.

(3) Im Eröffnungsbeschluß sind die Personen, die Verpflichtungen gegenüber dem Schuldner haben, aufzufordern, nicht mehr an den Schuldner zu leisten, sondern an den Verwalter.

§ 29 Terminbestimmungen

(1) Im Eröffnungsbeschluß bestimmt das Insolvenzgericht Termine für:
1. eine Gläubigerversammlung, in der auf der Grundlage eines Berichts des Insolvenzverwalters über den Fortgang des Insolvenzverfahrens beschlossen wird (Berichtstermin); der Termin soll nicht über sechs Wochen und darf nicht über drei Monate hinaus angesetzt werden;
2. eine Gläubigerversammlung, in der die angemeldeten Forderungen geprüft werden (Prüfungstermin); der Zeitraum zwischen dem Ablauf der Anmeldefrist und dem Prüfungstermin soll mindestens eine Woche und höchstens zwei Monate betragen.

(2) Die Termine können verbunden werden.

Schrifttum: *Brinkmann/Zipperer,* Die Eigenverwaltung nach dem ESUG aus Sicht von Wissenschaft und Praxis, ZIP 2011, 13337; *Franke/Burger,* Richter und Rechtspfleger im Insolvenzverfahren, NZI 2001, 403; *Frind,* Die Praxis fragt, „ESUG" antwortet nicht, ZInsO 2011, 2249; *ders,* Gültigkeit von thematischen Teil-Richtervorbehalten gem. § 18 Abs. 2 RPflG, ZInsO 2001, 993; *Fuchs,* Die Zuständigkeitsverteilung zwischen Richter und Rechtspfleger im Insolvenzeröffnungs- und im eröffneten Insolvenzverfahren, ZInsO 2001, 1033; *Schlegel,* Insolvenzantrag und Eigenverwaltungsantrag bei drohender Zahlungsunfähigkeit, ZIP 1999, 954; *Uhlenbruck,* Die Zusammenarbeit von Richter und Rechtspfleger in einem künftigen Insolvenzverfahren, Rpfleger 1997, 356; *H. M. Ule,* Der Rechtspfleger und sein Richter, 1983; *Vallender,* Eigenverwaltung im Spannungsfeld zwischen Schuldner- und Gläubigerautonomie, WM 1998, 2129.

Übersicht

	Rn.
A. Normzweck	1–3
B. Entstehungsgeschichte	4–6
C. Voraussetzungen der Eröffnung	7–16
I. Notwendige Feststellungen des Gerichts	7–13
II. Rechtliches Gehör	14–16
D. Inhalt des Eröffnungsbeschlusses (§§ 27 bis 29)	17–118
I. Bezeichnung des betroffenen Vermögens und der Parteien	18–27
1. Grundsatz	18, 19
2. Sondervermögen	20, 21
3. Firma, Namen, Geburtsjahr, Registerbezeichnung	22–24
4. Gewerbliche Niederlassung, Wohnung	25
5. Geschäftszweig, Beschäftigung	26
6. Antragsteller	27
II. Angabe der Verfahrensart	28
III. Ernennung des Insolvenzverwalters, Sachwalters oder Treuhänders	29–38
1. Allgemeines	29–32
2. Eigenverwaltung	33, 34
3. Vereinfachtes Insolvenzverfahren (§ 313 Abs. 1)	35, 36
4. Nachholen der Ernennung	37
5. Keine Beschwerde (§ 6 Abs. 1)	38
IV. Tag und Stunde der Eröffnung	39–44
1. Grundsatz	39
2. Zeitpunkt der Eröffnung	40–42
3. Wirksamwerden des Eröffnungsbeschlusses	43
4. Datum des maßgeblichen Eröffnungsantrags	44
V. Aufforderungen an die Gläubiger und die Drittschuldner (§ 28)	45–76
1. Normzweck	45
2. Aufforderung zur Anmeldung der Forderungen (§ 28 Abs. 1)	46–55
a) Adressaten	47
b) Anmeldefrist	48–51
c) Zwischenfrist	52, 53
d) Versäumung der Anmeldefrist	54, 55
3. Aufforderung zur Mitteilung von Sicherungsrechten (§ 28 Abs. 2)	56–70
a) Normzweck	57, 58
b) Aufforderung des Gerichts	59
c) Betroffene Rechte	60, 61
d) Mitteilung des Gläubigers	62, 63
e) Mitteilung bei Eigenverwaltung	64
f) Schadensersatzpflicht	65–69
g) Verlagerung der Verantwortung auf den Gläubiger	70
4. Aufforderung an die Drittschuldner (§ 28 Abs. 3)	71–76
a) Deklaratorische Bedeutung	72, 73
b) Eigenverwaltung; Kassenführung durch den Sachwalter	74–76
VI. Bestimmung der Termine (§ 29)	77–101
1. Normzweck, Art der Termine	77, 78
2. Entstehungsgeschichte	79
3. Kriterien für die Terminsbestimmung	80, 81
4. Gesetzliche Fristen	82, 83
5. Verbindung, Trennung	84–86
6. Verlegung, nachträgliche Trennung	87
7. Überschreitung der Terminfristen	88, 89
8. Tagesordnung	90–96
a) Berichtstermin	91–93
b) Prüfungstermin	94
c) Erörterungs- und Abstimmungstermin	95
d) Verbundene Termine	96
9. Verbraucherinsolvenz (§ 312)	97–100
10 Schriftliches Verfahren (§ 5 Abs. 2)	101
VII. Zusätzliche Anordnungen bei besonderen Schuldnern und Sondermassen	102–109
1. Aussteller von Pfandbriefen und sonstigen Schuldverschreibungen	103, 104
2. Versicherungsunternehmen	105
3. Verwahrer von Wertpapieren	106
4. Natürliche Personen: Hinweis auf Restschuldbefreiungsantrag (§ 27 Abs. 2 Nr. 4)	107–109
VIII. Fakultative Anordnungen bei der Eröffnung	110–113
IX. Gründe und Kostenentscheidung	114–118
1. Gründe	114–116
2. Kostenentscheidung	117
3. Abgestufte Bekanntgabe der Gründe	118
E. Wirksamwerden des Eröffnungsbeschlusses	119–128
I. Allgemeines	119, 120
II. Verkündung	121
III. Unterzeichnung	122, 123
IV. Verlassen des gerichtsinternen Bereichs	124–127
V. Rückwirkung auf die Stunde der Eröffnung	128
F. Nachträgliche Ergänzung, Änderung oder Berichtigung des Beschlusses	129–134
I. Grundsatz	129

	Rn.		Rn.
II. Nachholen einer notwendigen Anordnung	130	II. Richtervorbehalt	143–146
III. Änderung	131	III. Evokationsrecht des Richters	147, 148
IV. Berichtigung	132	IV. Rechtsmittel	149
V. Richtigstellung nach Rüge mit der Beschwerde	133	H. Eröffnung durch das Beschwerdegericht	150–153
VI. Rechtsmittel	134	I. Ermessensentscheidung	150
G. Übergang der Zuständigkeit auf den Rechtspfleger (§ 18 RPflG)	135–149	II. Notwendiger Inhalt der Entscheidung	151, 152
I. Gesetzliche Übertragung	135–142	III. Abstimmung mit dem Amtsgericht	153

A. Normzweck

1 Die §§ 27 bis 29 fassen den **regelmäßigen Inhalt des Eröffnungsbeschlusses** zusammen. Der Beschluss hat zugleich eine **rechtsgestaltende** und eine **verfahrensleitende Funktion.** Zum einen bewirkt er in der materiellrechtlichen Stellung der Beteiligten eine Vielzahl von Änderungen, die entweder unmittelbar den Zwecken des Insolvenzverfahrens dienen oder, wie etwa im Gesellschaftsrecht, vom Gesetz als notwendige Folge der Eröffnung angesehen werden. Zum andern löst er gesetzlich geregelte Verfahrensabläufe aus, in deren Rahmen die Beteiligten die Möglichkeit erhalten, auf geordnete Weise die Verfahrenszwecke zu verwirklichen.

2 In § 27 sind die Elemente des Beschlusses festgelegt, welche die **Grundlage für die** eigentliche **Umgestaltung der Rechtsverhältnisse der Beteiligten** bilden: der Ausspruch der Verfahrenseröffnung und die Einrichtung einer rechtlich gebundenen externen Kontrolle über das schuldnerische Vermögen, sei es durch die Ernennung des Insolvenzverwalters (§ 27 Abs. 1 Satz 1) oder Treuhänders (§ 27 Abs. 1 Satz 2, § 313 Abs. 1) oder durch die Anordnung der Eigenverwaltung unter Aufsicht eines Sachwalters (§ 27 Abs. 1 Satz 2, § 270 Abs. 1). In den **§§ 28, 29** sind die erforderlichen **organisatorischen Anordnungen des Gerichts** geregelt, um die Abläufe des Verfahrens ordnungsgemäß in Gang zu setzen. Die eigentlichen gesetzlichen Wirkungen der Eröffnung, insbesondere die Beschlagnahme des schuldnerischen Vermögens und die damit verbundenen Einschränkungen der Verfügungsbefugnis des Schuldners sowie das Verbot der Einzelzwangsvollstreckung für Insolvenzgläubiger, treten sodann unmittelbar kraft Gesetzes ein, ohne dass es einer ausdrücklichen Anordnung des Gerichts im Eröffnungsbeschluss bedarf. Sie sind vor allem im Dritten Teil der Insolvenzordnung geregelt (§§ 80 bis 147).

3 Die Bestimmungen der §§ 27 bis 29 gelten für **alle Arten des Insolvenzverfahrens,** also auch im Fall der Nachlassinsolvenz und der Gesamtgutinsolvenz. Für Verbraucherinsolvenz- oder sonstige Kleinverfahren ergeben sich nach der Vorstellung des Gesetzes Vereinfachungen aus den §§ 312, 313.

B. Entstehungsgeschichte

4 Die §§ 27 bis 29 übernehmen im Wesentlichen die Bestimmungen des alten Rechts über den Inhalt des Eröffnungsbeschlusses im Konkurs-, Vergleichs- und Gesamtvollstreckungsverfahren[1] und fassen sie zusammen. Sie waren weder in der Reformdiskussion noch im Gesetzgebungsverfahren[2] umstritten.

In den Eröffnungsbeschluss sind nach dem ESUG nun die Gründe aufzunehmen, die das Gericht veranlasst haben, von einem einstimmigen Vorschlag des vorläufigen Gläubigerausschusses zur Person des Verwalters abzuweichen.[3]

5 Grundlegende Änderungen enthalten daneben die Bestimmungen des § 28 über die gerichtlichen Aufforderungen an die Gläubiger. Nach § 28 Abs. 1 haben die Gläubiger ihre Forderungen nicht mehr, wie nach altem Recht (§ 139 KO, § 67 VglO), beim Insolvenzgericht anzumelden, sondern beim Verwalter (vgl. § 174). Diese Regelung wurde erst vom Rechtsausschuss des Bundestags nach dem Vorbild des § 5 Nr. 3 GesO in das Gesetz aufgenommen; mit ihr soll eine Entlastung der Gerichte erreicht werden.[4] Außerdem sieht § 28 Abs. 2 im Anschluss an Vorschläge der Kommission

---
[1] Vgl. § 78 Abs. 1, §§ 108, 110, 118, 119, 138 KO, §§ 20, 21 VglO, § 5 GesO.
[2] Gesetzesmaterialien: *Balz/Landfermann,* 2. Aufl. S. 240 ff. = *Kübler/Prütting,* Dok. Bd. I, S. 194 ff.
[3] Gesetz zur weiteren Erleichterung der Sanierung von Unternehmen, BGBl 2001 Teil I Nr. 64 v. 13.12.2011. Inkraft seit dem 1.3.2012.
[4] Vgl. Bericht BTag zu § 32 RegE (= § 28), *Balz/Landfermann,* 2. Aufl. S. 242 = *Kübler/Prütting,* Dok. Bd. I, S. 196.

für Insolvenzrecht[5] erstmals eine ausdrückliche Pflicht der Inhaber von Sicherungsrechten vor, ihre beanspruchten Rechte nach Eröffnung unverzüglich dem Verwalter mitzuteilen. Dies betrifft vor allem die Gläubiger, zu deren Gunsten besitzlose Mobiliarsicherheiten bestehen.

Durch das InsVfVereinfG 2007[6] sind § 27 Abs. 2 Nr. 1 geändert (vgl. RdNr. 22) und Nr. 4 einge- 6 fügt worden (vgl. RdNr. 107 ff.). Durch das ESUG[7] ist § 27 Abs. 2 Nr. 5 eingefügt worden.

C. Voraussetzungen der Eröffnung

I. Notwendige Feststellungen des Gerichts

Bei Eröffnung des Insolvenzverfahrens müssen im Zeitpunkt der Entscheidung folgende Voraus- 7 setzungen erfüllt sein:

Es muss ein **zulässiger Eröffnungsantrag** vorliegen. Dies setzt insbesondere voraus:[8] 8
- die **deutsche Gerichtsbarkeit** über den Schuldner (vgl. §§ 18 bis 20 GVG),
- die sachliche (§ 2), internationale (Art. 3 EuInsVO; §§ 354, 356) und örtliche (§§ 3, 354 Abs. 3; Art. 102 § 1 EGInsO) **Zuständigkeit des entscheidenden Gerichts,**
- die **Insolvenzfähigkeit** des Schuldners oder des betroffenen Sondervermögens (§§ 11, 12),
- die ordnungsgemäße **rechtliche Handlungsfähigkeit des Schuldners** zur Wahrnehmung seiner Rechte im Verfahren (§ 13 RdNr. 13 ff.),
- die **Partei- und Prozessfähigkeit des antragstellenden Gläubigers** (§§ 50 ff. ZPO, § 4), im Falle der Prozessunfähigkeit seine ordnungsgemäße Vertretung,
- das Vorliegen eines wirksamen Eröffnungsantrags,
- die **Antragsberechtigung** des Antragstellers und, soweit gesetzlich vorgeschrieben, die **Glaubhaftmachung** der besonderen Zulässigkeitsvoraussetzungen (§§ 14, 15, 18 Abs. 3, §§ 305, 317 bis 319, 332, 333).

Außerdem müssen ein gesetzlicher **Eröffnungsgrund** gegeben (§§ 16 bis 19, 320, 332, 333) und 9 die **Kosten** des Verfahrens gedeckt sein (§ 26 Abs. 1). Die Feststellung eines Eröffnungsgrundes ist entbehrlich, wenn nach Eröffnung eines anzuerkennenden ausländischen Hauptinsolvenzverfahrens (Art. 3 Abs. 1, Art. 16 EuInsVO, § 343) ein **Sekundärinsolvenzverfahren** über das Inlandsvermögen zu eröffnen ist (Art. 27 EuInsVO, § 356 Abs. 3; vgl. § 16 RdNr. 4).

Die Eröffnungsvoraussetzungen müssen zur **Überzeugung des Insolvenzgerichts** feststehen 10 (vgl. § 16 RdNr. 34 ff.). Verlangt das Gesetz im Zusammenhang mit der Antragstellung die Glaubhaftmachung bestimmter Tatsachen (§ 14 Abs. 1, § 15 Abs. 2), so reicht die Glaubhaftmachung für die Zulässigkeit des Antrags aus. Erst danach beginnen Amtsermittlungen.[9] Für die Begründetheit des Antrags muss jedoch der Eröffnungsgrund als selbständige Eröffnungsvoraussetzung in jedem Fall erwiesen sein (§ 16). Wegen der wirtschaftlichen Bedeutung des Insolvenzverfahrens für alle Beteiligten sind die Ermittlungen zum Eröffnungsgrund mit besonderer Sorgfalt zu führen; Pflichtverletzungen des Insolvenzrichters können eine Amtshaftung begründen (vgl. § 16 RdNr. 7 ff., 11; § 34 RdNr. 109).

Stehen neben der Eröffnung des Verfahrens bereits zusätzliche Entscheidungen des Gerichts an, 11 zB über die beantragte Anordnung der **Eigenverwaltung** (§ 270) oder die Weiterleitung eines **Insolvenzplans** (§§ 231, 232), so sind auch die hierfür maßgebenden Tatsachen von Amts wegen festzustellen (§ 5).

Der Eröffnungsantrag ist zurückzuweisen, wenn im Zeitpunkt der Entscheidung entweder nicht 12 alle Zulässigkeitsvoraussetzungen vorliegen (**Unzulässigkeit;** vgl. § 13 RdNr. 114 f.) oder ein gesetzlicher Eröffnungsgrund nicht festgestellt werden kann (**Unbegründetheit;** vgl. § 16 RdNr. 6 ff., 34 ff.). Fehlt es dagegen allein an einer kostendeckenden Masse, so ist der Antrag, wenn kein ausreichender Geldbetrag vorgeschossen oder keine Kostenstundung bewilligt worden ist, **mangels Masse** abzuweisen (§ 26 Abs. 1; vgl. auch § 16 RdNr. 8). Der Beschluss über die Zurückweisung oder Abweisung muss eine **Kostenentscheidung** enthalten (§ 91 ZPO, § 4; Einzelheiten bei § 13 RdNr. 154 ff.; § 15 RdNr. 88 f. und bei § 26).

Erweist sich in **Parallelverfahren gegen den selben Schuldner** (§ 13 RdNr. 8) auch nur einer 13 von mehreren Eröffnungsanträgen als zulässig und begründet, so hat das Gericht, wenn die Kosten gedeckt sind, das Verfahren zu eröffnen, ohne die Unzulässigkeit der übrigen Anträge besonders

---

[5] 1. KommBer. (1985), Leitsatz 1.2.11.
[6] Art. 1 Nr. 9 InsVfVereinfG 2007.
[7] Siehe FN 3.
[8] Vgl. die Zusammenstellung bei HKInsO-*Kirchhof* § 27 RdNr. 3 ff.
[9] BGH, Beschl. v. 12.12.2002 –IX ZB 423/02, NZI 2003, 147.

auszusprechen.[10] Mit der Eröffnung sind die unzulässigen Anträge erledigt, denn das Ziel der Antragsteller ist, wenn auch auf anderem Weg, erreicht. Die nicht zum Zuge gekommenen Antragsteller tragen abtrennbare Gerichtskosten ihres Eröffnungsverfahrens kraft Gesetzes selbst[11] (§ 23 Abs. 1 GKG) und haben wie jeder Gläubiger die Möglichkeit, ihre Forderungen einschließlich der bis zur Eröffnung entstandenen Kosten in dem eröffneten Verfahren mit dem Rang des § 38 anzumelden. Sind mehrere Eröffnungsanträge zulässig und begründet, so ergeht ein einheitlicher Eröffnungsbeschluss, weil über das selbe Vermögen nur ein einziges Insolvenzverfahren eröffnet werden kann; die Verfahren sind bei der Eröffnung zu verbinden.[12]

II. Rechtliches Gehör

14 Vor der Eröffnung und auch vor dem Abweisungsbeschluss[13] muss dem Schuldner, beim Eigenantrag auch den nicht antragstellenden organschaftlichen Vertretern des Schuldners, rechtliches Gehör zum **Eröffnungsantrag** gewährt worden sein (§ 14 Abs. 2, § 15 Abs. 2 Satz 2; vgl. § 14 RdNr. 120 ff., § 15 RdNr. 78 ff.). In den Ausnahmefällen des § 10 kann hiervon abgesehen werden. Ob nach **Abschluss der gerichtlichen Ermittlungen** eine erneute Anhörung stattfinden muss, hängt vom Verhalten des Schuldners oder seiner nicht antragstellenden organschaftlichen Vertreter im Eröffnungsverfahren ab. Sind sie dem Antrag mit einer substantiierten und schlüssigen Sachdarstellung entgegengetreten, so müssen sie Gelegenheit erhalten, zu den Ermittlungsergebnissen Stellung zu nehmen. In allen anderen Fällen ist die erneute Anhörung in der Regel entbehrlich (vgl. im Einzelnen § 16 RdNr. 25 ff.).

15 Hat der Schuldner einen eigenen Eröffnungsantrag **bei drohender Zahlungsunfähigkeit** verbunden mit dem Antrag auf Eigenverwaltung gestellt und beabsichtigt das Gericht die **Eröffnung unter Ablehnung der Eigenverwaltung**, hat das Gericht dem Schuldner seine Bedenken mitzuteilen und ihm Gelegenheit zu geben, den Eröffnungsantrag vor der Entscheidung über die Eröffnung zurückzunehmen (§ 270a Abs. 2).

16 Ist die Gewährung des rechtlichen Gehörs versehentlich versäumt worden, so kann sie wegen der Abhilfebefugnis des Insolvenzgerichts **im Rahmen des Beschwerdeverfahrens** (§ 572 Abs. 1 ZPO, § 4) in der Regel auch noch nach Erlass des Eröffnungsbeschlusses nachgeholt werden (vgl. § 34 RdNr. 76).

D. Inhalt des Eröffnungsbeschlusses (§§ 27 bis 29)

17 Wesentlicher Inhalt des Eröffnungsbeschlusses sind der eigentliche **Ausspruch der Eröffnung** des Insolvenzverfahrens und die Einrichtung einer rechtlich gebundenen **externen Kontrolle über das schuldnerische Vermögen** (§ 27 Abs. 1). Darüber hinaus enthält der Beschluss nach dem Gesetz zahlreiche **organisatorische Anordnungen** für den weiteren Gang des Verfahrens. Das Gericht kann außerdem fakultativ weitere Anordnungen in den Beschluss aufnehmen. Eine Aussage über die regelmäßigen **gesetzlichen Wirkungen der Eröffnung** auf das Verwaltungs- und Verfügungsrecht des Schuldners (in Abgrenzung zur Eigenverwaltung) schreibt das Gesetz nicht vor. Sie kann zur deklaratorischen Verdeutlichung gegenüber den Beteiligten zweckmäßig sein, ist jedoch nicht notwendig. Wegen der erheblichen Bedeutung des Beschlusses für eine Vielzahl von Beteiligten ist bei seiner Abfassung sorgfältig darauf zu achten, dass **Zweifel und Unklarheiten über Inhalt und rechtliche Tragweite** der getroffenen Anordnungen vermieden werden.[14]

I. Bezeichnung des betroffenen Vermögens und der Parteien

18 **1. Grundsatz.** Der gerichtliche Ausspruch über die Eröffnung des Insolvenzverfahrens bezieht sich stets auf ein bestimmtes **Gesamt- oder Sondervermögen als Inbegriff** (RdNr. 19). Das betroffene Vermögen muss daher zwingend im Eröffnungsbeschluss rechtlich eindeutig bezeichnet sein. Zugleich werden damit die Gläubiger möglichst genau über die **Identität des Schuldners** unterrichtet. Diesen Zwecken dienen die in § 27 Abs. 2 Nr. 1 vorgeschriebenen Angaben über den Schuldner. Die Bezeichnung des Schuldners muss in der vom Richter unterzeichneten Urschrift des

---

[10] Jaeger/*Weber* KO § 105 RdNr. 1 aE; *Uhlenbruck* KTS 1987, 561, 565; FKInsO-*Schmerbach* § 13 RdNr. 48; Jaeger/*Gerhardt* § 13 RdNr. 36; anders Jaeger/*Schilken* § 27 RdNr. 9; *Kübler/Prütting/Pape* § 13 (09/03) RdNr. 78.
[11] *Uhlenbruck* KTS 1987, 561, 563.
[12] BGH 17.2.2005 – IX ZB 88/03, ZVI 2006, 28.
[13] BGH, Beschl. v. 15.1.2004 – IX ZB 478/02, NZI 2004, 255.
[14] Vgl. BGH ZIP 1986, 319, 321; BGH ZIP 1990, 1141.

Beschlusses enthalten sein; eine Bezugnahme auf andere Schriftstücke ist unzulässig.[15] Ist der Schuldner nicht eindeutig bezeichnet und kann er auch nicht im Wege der Auslegung zweifelsfrei ermittelt und durch Berichtigung in das Rubrum des Beschlusses eingefügt werden (vgl. RdNr. 132), so ist der Eröffnungsbeschluss ebenso wie im Falle eines nicht existierenden Schuldners gegenstandslos und rechtlich ohne Wirkung (vgl. § 34 RdNr. 121). Bei der Ermittlung des Schuldners durch Auslegung kann jedenfalls der gesamte Inhalt der insolvenzgerichtlichen Akte verwertet werden. Eine hinreichende Grundlage für die nachträgliche Identifizierung liegt daher insbesondere vor, wenn der Schuldner anhand eines Verweises im Beschluss auf eine eindeutig markierte Aktenstelle[16] oder anhand des im Beschluss angegebenen Aktenzeichens und der hierzu geführten Akte zweifelsfrei festzustellen ist. Dabei kann auch der nach dem Eröffnungsbeschluss ergangene Nichtabhilfebeschluss herangezogen werden.[17]

Das betroffene Vermögen ist im Eröffnungsbeschluss nur als Inbegriff genau zu bezeichnen. Einzelne Vermögensgegenstände werden nicht angegeben. Solche Angaben sind weder für die Funktion des **Eröffnungsbeschlusses als Vollstreckungstitel** (§ 148 Abs. 2) noch für die Befugnisse des Verwalters (§ 80) oder für sonstige Rechtswirkungen des Beschlusses von Bedeutung. 19

2. Sondervermögen. Im Allgemeinen betrifft das Insolvenzverfahren das gesamte Vermögen 20 des Schuldners. Erstreckt es sich nur auf ein Sondervermögen, so ist dies im Eröffnungsbeschluss auszusprechen. Als Sondervermögen kommen insbesondere in Betracht: das Inlandsvermögen eines im Ausland ansässigen Schuldners (Art. 3 Abs. 2 bis 4, Art. 27 EuInsVO; §§ 354 ff.), der Nachlass, das Gesamtgut einer fortgesetzten Gütergemeinschaft und das gemeinschaftlich verwaltete Gesamtgut einer ehelichen Gütergemeinschaft, sowie der nach Freigabe einer selbständigen Tätigkeit gem. § 35 Abs. 2 vom Schuldner durch seine Tätigkeit erzielte Neuerwerb, der während des eröffneten (Erst-)Verfahrens im Zweitverfahren allein den Neugläubigern haftet.[18]

Ist der **Schuldner während der Anhängigkeit des Eröffnungsantrags verstorben,** so ist das 21 Insolvenzverfahren nicht über sein Vermögen, sondern stets über seinen Nachlass zu eröffnen. Dies gilt auch, wenn der Antragsteller einen allgemeinen Eröffnungsantrag gestellt hat. Das Gericht hat von Amts wegen die Verfahrensvorschriften anzuwenden, die nach den rechtlichen und tatsächlichen Verhältnissen des Schuldners einschlägig sind (vgl. § 13 RdNr. 81, 98). Auch das Verbraucherinsolvenzverfahren ist als Nachlassinsolvenzverfahren fortzuführen. Der Treuhänder ist nachträglich als Insolvenzverwalter zu bestellen, wenn dieses die Abwicklung des Verfahrens erfordert.[19] Tritt der Todesfall ein und ist das Verfahren noch nicht eröffnet worden, so wird es sich empfehlen, dem antragstellenden Gläubiger oder im Fall des Eigenantrags den Erben Gelegenheit zur Rücknahme des Antrags zu geben.

3. Firma, Namen, Geburtsjahr, Registerbezeichnung. Zur Bezeichnung des Schuldners 22 sind nach § 27 Abs. 2 Nr. 1 Firma oder Namen und Vornamen sowie Geburtsjahr und ggf. die Registerbezeichnung (Registergericht, Art und Abteilung des Registers, Registernummer) anzugeben. Im Einzelnen:
– bei einer **natürlichen Person:** die bürgerlichen Vornamen und Namen; bei einem **eingetragenen Einzelkaufmann:** zusätzlich (nicht aber ausschließlich[20]) die Firma, unter der er am Rechtsverkehr teilnimmt, sowie Registergericht, Art und Abteilung des Registers und Registernummer. Führt er mehrere Geschäfte unter verschiedenen Firmen, so sollten möglichst alle angegeben werden. Entsprechend ist bei einem **nicht eingetragenen Einzelunternehmer** die zusätzliche Angabe seiner tatsächlich verwendeten Unternehmensbezeichnung zulässig und zweckmäßig, bei einem Künstler die zusätzliche Angabe seines **Pseudonyms.** Nicht vorgeschrieben, aber zur Identifizierung des Schuldners durch die Gläubiger und zum Schutz Dritter gleichen Namens[21] geeignet und deshalb zulässig ist auch die zusätzliche Angabe des Geburtsnamens oder eines sonstigen früher geführten Namens sowie des **Geburtsdatums** als numerische Ergänzung des Namens.[22] Die seit 2007 vorgesehene Angabe des (bloßen) **Geburtsjahrs**[23] schließt weiterge-

---

[15] BGH NZI 2003, 197; BGH NJW 2003, 3136 f.
[16] BGH NZI 2003, 197; BGH NJW 2003, 3136 f.; *Vallender* EWiR 2002, 723 f.
[17] OLG Köln NZI 2000, 480, 484; vgl. auch BGH NZI 2003, 197; BayObLG NJW 2002, 1506, 1507.
[18] BGH, Beschl. v. 9.6.2011 – IX ZB 175/10, NZI 2011, 633; AG Hbg., Beschl. v. 18.6.2008 – 67g 37/N 37/08, ZIP 2009, 384.
[19] BGH, Beschl. v. 12.2.2008 – IX ZB 62/05, NZI 2008, 382.
[20] Vgl. RGZ 157, 369, 373; BGH NJW 1999, 1871.
[21] Zur Verwechslungsgefahr bei der Erfassung durch die *Schufa* (Sitz: Wiesbaden) vgl. etwa den 18. Bericht der hessischen Landesregierung über die Tätigkeit der Datenschutzaufsichtsbehörden vom 5.12.2005, HessLT-Drucks. 16/4752, S. 12 f.; ferner die statistische Auswertung bei *Kollbach* ZVI 2006, 544.
[22] Zutr. *Prütting/Brinkmann* ZVI 2006, 477, 478.
[23] Vgl. Art. 1 Nr. 9a InsVfVereinfG 2007.

hende Angaben zur Identifizierung nicht aus; schutzwürdige Belange des Schuldners, die gegenüber gleichnamigen Dritten generell Vorrang haben, sind nicht ersichtlich. Auch die Veröffentlichung der zusätzlichen Angaben (§ 30) ist trotz der Einschränkung in § 1 Satz 2 InsBekV zulässig, weil die Bekanntmachungsverordnung insoweit die Ermächtigung des § 9 Abs. 2 Satz 3 überschreitet und nicht bindend ist. Es geht bei diesen Angaben nicht um eine kommunikationstechnische Einzelheit, sondern um die möglichst genaue Bezeichnung des betroffenen Schuldners, die allein dem Gericht obliegen kann und sich einer starren gesetzlichen Regelung entzieht. Gleiches gilt für das **Sterbedatum** des Erblassers in der Nachlassinsolvenz;

- bei einer **juristischen Person** oder einem **nicht rechtsfähigen Verein:** die rechtlich maßgebende Firma oder der Name, bei Eintragung in ein öffentliches Register ist die Eintragung maßgebend; das Registergericht, die Art und Abteilung des Registers und die Registernummer;
- bei einer **Vor-Kapitalgesellschaft:** die satzungsmäßige Firma mit dem Zusatz „in Gründung";
- bei **Gesellschaften des bürgerlichen Rechts:** die Namen und Firmen aller Gesellschafter, daneben soweit bekannt auch die etwa verwendete firmenähnliche Bezeichnung der Gesellschaft;
- bei der **Partenreederei:** der Name der Reederei (des Schiffs) und die Namen aller Mitreeder, das Registergericht, die Art des Registers und die Registernummer;
- bei **sonstigen Gesellschaften ohne Rechtspersönlichkeit:** die eingetragene Firma (OHG, KG) oder der eingetragene Name (Partnerschaftsgesellschaft, EWIV), das Registergericht, die Art und Abteilung des Registers und die Registernummer;
- in der **Nachlassinsolvenz:** die Vornamen und Namen des Erblassers, eventuell auch die von ihm als Einzelkaufmann verwendete Firma nebst Registerbezeichnung. Zulässig sind auch zusätzliche Identifikationsmerkmale; üblich und sinnvoll ist die zusätzliche Angabe des Sterbedatums. Nicht erforderlich sind Angaben über die Erben oder eventuell amtierende Nachlasspfleger oder Testamentsvollstrecker. Sie sind zwar zurzeit die eigentlichen Rechtsträger oder Verfügungsberechtigten des betroffenen Vermögens, doch kommt es nach dem Zweck des § 27 Abs. 2 Nr. 1 auf die Person an, mit deren Namen der Rechtsverkehr den Nachlass als Vermögensmasse in Verbindung bringt; dies ist der Erblasser;
- in der **Gesamtgutinsolvenz:** die Vornamen und Namen aller Mitglieder der Gütergemeinschaft; für zusätzliche Identifikationsmerkmale gilt das oben zur natürlichen Person Gesagte.

23 Rechtlich nicht zu beanstanden ist es, wenn zur Information der Gläubiger im Falle einer kurz zuvor erfolgten **Änderung der Firma** neben der eingetragenen neuen auch die alte oder neben der eingetragenen alten auch die schon verwendete neue Firma angegeben wird.

24 Angaben über die **gesetzlichen Vertreter des Schuldners** sind nicht vorgeschrieben (§ 313 Abs. 1 Nr. 1 ZPO wird von § 27 Abs. 2 Nr. 1 verdrängt), aber zulässig und zweckmäßig.

25 **4. Gewerbliche Niederlassung, Wohnung.** Diese Pflichtangaben dienen der eindeutigen Identifizierung des Schuldners. Bei Einstellung des Geschäftsbetriebs ist es im Interesse der Gläubiger zulässig, auch die Anschrift der letzten bekannten Niederlassung (oder bei häufigem Wechsel frühere Anschriften) mitzuteilen.

26 **5. Geschäftszweig, Beschäftigung.** Diese Pflichtangaben verfolgen den Zweck, den Gläubigern die Identifizierung des Schuldners zu erleichtern oder sie beim Lesen der öffentlichen Bekanntmachung auf ihn aufmerksam zu machen. Es kommt deshalb bei Unternehmen nicht auf den (häufig recht wortreichen) satzungsmäßigen Unternehmensgegenstand an, sondern auf den tatsächlich einschlägigen allgemeinen Geschäftszweig, die Branche.

27 **6. Antragsteller.** Die Angabe des Eröffnungsantragstellers ist nicht erforderlich.[24] Für die Verwendung des Eröffnungsbeschlusses im Rechtsverkehr ist sie ohne Bedeutung. Das Gesetz verlangt sie nicht, die Vorschriften der ZPO über die Bezeichnung der Parteien im Rubrum werden von § 27 Abs. 2 Nr. 1 verdrängt.

II. Angabe der Verfahrensart

28 Bei der Eröffnung hat das Gericht von Amts wegen diejenige Verfahrensart zu wählen, die nach den rechtlichen und tatsächlichen Verhältnissen des Schuldners einschlägig ist (vgl. § 13 RdNr. 101). Wird eine besonders geregelte Art des Insolvenzverfahrens eröffnet, etwa ein vereinfachtes Verbraucherinsolvenzverfahren (vgl. RdNr. 36) oder ein gegenständlich oder territorial beschränktes Sonderinsolvenzverfahren, so ist es im Interesse der Klarheit zweckmäßig,[25] dies in einer **Überschrift** oder

---

[24] So zu Recht FKInsO-*Schmerbach* § 27 RdNr. 40; *Uhlenbruck* § 27 RdNr. 5 ff.
[25] Ebenso HKInsO-*Kirchhof* § 27 RdNr. 19; zu weitgehend (zwingend) *Uhlenbruck* § 27 RdNr. 6.; *Kübler/Prütting/Pape* § 27 (/10/07) RdNr. 12.

im **Tenor des Eröffnungsbeschlusses** ausdrücklich zu erwähnen. Abgesehen von der notwendigen Bezeichnung des betroffenen Vermögens (RdNr. 18 f.), ist eine solche Erwähnung nicht zwingend vorgeschrieben. Sie liegt jedoch besonders nahe in Fällen mit **Auslandsberührung,** in denen eine Verwendung des Eröffnungsbeschlusses im Ausland abzusehen ist oder ernsthaft möglich erscheint. Hier sollte im Beschluss unmissverständlich zum Ausdruck kommen, ob es sich um ein Haupt- oder Partikularinsolvenzverfahren, evtl. in Form eines Sekundärverfahrens, handelt[26] (vgl. Art. 102 § 2 EGInsO, Art. 3 Abs. 2 bis 4, Art. 27 ff. EuInsVO); zur Verdeutlichung sollte auch die Rechtsnorm benannt werden, aus der sich die Verfahrensart ergibt (vgl. auch RdNr. 115 und Art. 21 Abs. 1 Satz 2 EuInsVO). Darüber hinaus kann es insbesondere zur Verwendung außerhalb der Europäischen Union zweckmäßig sein, im Eröffnungsbeschluss in Anlehnung an die §§ 1, 80 den allgemeinen Zweck des deutschen Insolvenzverfahrens und die Stellung des Insolvenzverwalters kurz zu charakterisieren.[27] Fehlen ausreichende Angaben, so ist im Zweifel davon auszugehen, dass das Gericht ein Hauptinsolvenzverfahren eröffnen will.[28]

III. Ernennung des Insolvenzverwalters, Sachwalters oder Treuhänders

1. Allgemeines. Die Ernennung eines bestimmten Insolvenzverwalters (§ 27 Abs. 1) ist neben dem gerichtlichen Ausspruch der Verfahrenseröffnung eines der wesentlichen Elemente des Eröffnungsbeschlusses. Mit ihr wird die **Unterstellung des schuldnerischen Vermögens unter eine externe Kontrolle** rechtlich abgeschlossen. Die Kriterien für die Auswahl des Insolvenzverwalters sind in § 56 geregelt. Die Auswahlentscheidung muss grundsätzlich im Eröffnungsbeschluss nicht begründet werden, dies gilt auch, wenn das Gericht den zuvor beauftragten vorläufigen Insolvenzverwalter nicht übernommen hat[29] (vgl. RdNr. 38; § 34 RdNr. 67). Eine **Begründungspflicht** sieht § 27 Abs. 2 Nr. 5[30] dann vor, wenn das Gericht vom einstimmigen Vorschlag des vorläufigen Gläubigerausschusses zur Person des Verwalters abgewichen ist. Dabei ist gleichgültig, ob das Gericht den vorläufigen Gläubigerausschuss nach eigenem Ermessen oder auf Antrag des Schuldners, des vorläufigen Verwalters oder eines Gläubigers gem. § 21 Abs. 2 Nr. 1a i. V. m § 22a Abs. 2 eingesetzt hatte oder den vorläufigen Gläubigerausschuss wegen des Vorliegens qualifizierender Merkmale nach § 22a Abs. 1 Nr. 1,2 und 3 hatte einsetzen müssen. In der Begründung hat sich das Gericht insbesondere mit der Frage auseinanderzusetzen, ob die vorgeschlagene Person die geforderte **Unabhängigkeit** besitzt. Ist die Person in einer Anwaltskanzlei tätig, von denen ein Mitglied den Schuldner im Vorfeld der Insolvenz beraten hat oder ist der Vorgeschlagene in einer internationalen Großkanzlei mit Unternehmensberatern tätig, die den Schuldner in der Krise begleitet haben, ist dieses nach Ansicht des Rechtsausschusses nicht der Fall.[31] Selbstverständlich darf der vorgeschlagene Person für die Übernahme des Amtes in dem **konkreten Verfahren**[32] auch **nicht ungeeignet** sein. Die vorgeschlagene Person muss aber nicht bereits auf der Vorauswahlliste des Gerichts stehen.[33] Angesichts des von der Bundesregierung angestrebten Ziels, durch einen stärkeren Einfluss der Gläubiger auf die Auswahl des Insolvenzverwalters die Sanierung von Unternehmen zu erleichtern,[34] sollten **nur zwingende objektive Gründe,** die offensichtlich gegeben sind, aber den Ausschussmitgliedern **nicht bekannt sein können,** zur Ungeeignetheit des Vorgeschlagenen führen. Hierzu zählen auch sichere Erkenntnisse des Insolvenzgerichts, die Grund zur Entlassung des Verwalters wären. Hat der vorläufige Gläubigerausschuss einstimmig eine Person zum (vorläufigen) Verwalter gewählt, ist eine umfassende Prüfung des Gerichts anhand der allgemeinen Kriterien des § 56 Abs. 1 nicht geboten.[35] Gegen eine umfassende Geeignetheitsprüfung spricht auch die Eilbedürftigkeit des Verfahrens. Die Gläubiger haben bei der Auswahlentscheidung ein weites Ermessen, an das das Insolvenzgericht grundsätzlich gebunden sein soll.[36] Die Mitglieder des vorläufigen Gläubigerausschusses, die selbst auch Gläubiger mit Eröffnung des Insolvenzverfahrens sein müssen, tragen insbesondere die Verantwortung dafür, dass sie für das sie betreffende Insolvenzverfahren den richtigen Verwalter ausgewählt haben.

---

[26] EuGH, Gutachten v. 27.9.2005 – C 341/04, RdNr. 15, ZIP 2005, 1878.
[27] Vgl. *Rüfner* ZIP 2005, 1859, 1861.
[28] AG Duisburg NZI 2003, 160; *Uhlenbruck* § 27 RdNr. 10.
[29] LG Potsdam ZInsO 2005, 501 f.
[30] Eingefügt durch das Gesetz zur weiteren Erleichterung der Sanierung von Unternehmen, BGBl. 2001 Teil I Nr. 64 v. 13.12.2011. Inkraft seit dem 1.3.2012.
[31] Beschlussempfehlung und Bericht des Rechtsausschusses v. 26.10.2011, BT-Drucks. 17/7511, S. 35.
[32] RegE v. 4.5.2011, BT-Drucks. 17/5712, S. 26; Graf-Schlicker, InsO, §§ 56, 56a RdNr. 51.
[33] BT-Drucks. 17/5712, S. 26
[34] BT-Drucks. 17/5712, S. 2.
[35] So aber den Gläubigereinfluss negierend Frind, Das „Anforderungsprofil" gem. § 56a InsO – Bedeutung und praktische Umsetzung, NZI 2012, 650 (652); ders. HambKomm § 57 RdNr. 6 „genaue Eignungsprüfung".
[36] BT-Drucks. 17/5712, S. 26 zu b)

Ist das Gericht dem einstimmigen Vorschlag des vorläufigen Gläubigerausschusses zur Person des vorläufigen Insolvenzverwalters nicht gefolgt, hat es nach § 56a Abs. 2 S. 2 bei seiner Auswahlentscheidung das vom vorläufigen Gläubigerausschuss beschlossene **Anforderungsprofil,** soweit die beschlossenen Anforderungen nicht gegen das Gesetz verstoßen bzw. von der Rechtsprechung nicht als unzulässig verworfen worden sind,[37] zwingend zugrunde zu legen. Damit die Gläubiger dieses nachvollziehen und sich mit der auf dem Anforderungsprofil beruhenden Auswahlentscheidung in ihrer ersten Gläubigerversammlung nach Verfahrenseröffnung auseinandersetzen können, hat das Gericht im Eröffnungsbeschluss seine Auswahlentscheidung zu **begründen.** Diese Begründung muss zum Einen erkennen lassen, welches Anforderungsprofil das Gericht zugrunde gelegt hat und zum Anderen, inwiefern der nun vom Gericht bestellte Verwalter dieses Profil erfüllt. Nur so können die Gläubiger in ihrer ersten Versammlung sich mit der gerichtlichen Entscheidung sachgerecht auseinandersetzen. Einstimmigkeit setzt der Beschluss des vorläufigen Gläubigerausschusses zum Anforderungsprofil nicht voraus.[38] Durch die Begründungspflicht wird sichergestellt, dass die Beteiligten sich mit den Gründen der gerichtlichen Entscheidung auseinandersetzen können, bevor sie gegebenenfalls in Kenntnis und in Auseinandersetzung mit den Bedenken des Gerichts in der ersten Gläubigerversammlung dennoch die vorgeschlagene aber zunächst vom Insolvenzgericht abgelehnte Person zum Verwalter wählen.[39] Wegen dieser Befugnisse der Gläubigerversammlung ist auf ein Rechtsmittel gegen die ablehnende Entscheidung des Insolvenzgerichts verzichtet worden[40](vgl. RdNr. 38). Diese Möglichkeit wahrt die Rechte der Gläubiger aber nur unzureichend, denn zwischen der Einsetzung des vorläufigen Verwalters, der regelmäßig auch der endgültige Verwalter sein wird und der Verfahrenseröffnung, liegen oft drei Monate. In den Gründen des Eröffnungsbeschlusses, der nach § 30 öffentlich bekanntzumachen ist, darf wegen des zu beachtenden **Persönlichkeitsschutzes** die zunächst abgelehnte Person nicht namentlich genannt werden. Darüber hinaus ist der Richter auf Grund seiner Unabhängigkeit in der Begründung nicht eingeschränkt. Sollte aus den Beschlussgründen eine Identifizierung der vom Gericht abgelehnten Person möglich sein, kann dieses nicht zu einer Amtspflichtverletzung und einer Haftung des Richters führen. Es sind die Grundsätze zu beachten, die bei der Veröffentlichung anderer Gerichtsentscheidungen zur Wahrung des Persönlichkeitsschutzes gelten. Ein Rechtsmittel steht der nicht ernannten Person auch dann nicht zu, wenn sie sich in den Gründen des Beschlusses zu erkennen glaubt.

30   Das Amt des Verwalters beginnt erst mit der **Annahme der Ernennung** durch ausdrückliche oder stillschweigende Erklärung gegenüber dem Insolvenzgericht.[41] Die Bestellungsurkunde (§ 56 Abs. 2) ist nur eine deklaratorische Bescheinigung, ihr Zugang beim Ernannten hat keine rechtliche Bedeutung. Im Interesse der gesamten Gläubigerschaft ist es geboten, ein längeres Interregnum zwischen der Beschlagnahme des schuldnerischen Vermögens und dem Beginn des Verwalteramtes zu vermeiden.[42] Es obliegt daher beiden Seiten, dem Gericht wie dem Verwalter, die erforderlichen Benachrichtigungen und Erklärungen unverzüglich innerhalb weniger Tage zu veranlassen. Hat der ernannte Verwalter als Sachverständiger oder vorläufiger Verwalter dem Gericht die Eröffnung empfohlen, so liegt darin im Zweifel die durch die Eröffnung bedingte Annahme des Amtes.

31   In der **ersten Gläubigerversammlung,** die auf die Ernennung des Insolvenzverwalters folgt, in der Regel also im Berichtstermin (§ 29 Nr. 1, § 156), können die Gläubiger eine andere Person zum Verwalter wählen (§ 57 Abs. 1). Diese in § 57 Abs. 1 vorgesehene Befugnis können die Gläubiger eine andere Person zum Verwalter wählen (§ 57 Abs. 1). Diese in § 57 Abs. 1 vorgesehene Befugnis steht **allein der ersten Gläubigerversammlung** nach Verfahrenseröffnung zu. Soweit dem vorläufigen Gläubigerausschuss in § 56a Abs. 3 die Befugnis übertragen worden ist, in seiner ersten Gläubigerversammlung einstimmig die vom Gericht zunächst ernannte Person ab- und eine andere Person als die bestellte zu wählen, ist dieses entgegen dem missverständlichen Wortlaut auf die Person des **vorläufigen Verwalters** beschränkt.[43] Das Amt des in § 56a Abs. 3 genannten vorläufigen Gläubigerausschusses, endet nämlich mit der Eröffnung des Insolvenzverfahrens. Da § 21 Abs. 2 Nr. 1a nicht auch auf § 68 verweist, ist klargestellt, dass der vorläufiger Gläubigerausschuss des Eröffnungsverfahrens nicht mit dem vorläufigen Gläubigerausschuss des eröffneten Verfahrens identisch ist.

32   Die Ernennung **mehrerer Insolvenzverwalter für verschiedene Geschäftsbereiche** des schuldnerischen Unternehmens ist unzulässig. Eine entsprechende, sehr selten angewandte Regelung des alten Rechts (§ 79 KO) ist bewusst nicht übernommen worden, um Schwierigkeiten bei der

---

[37] BT-Drucks. 17/5712, S. 26.
[38] BT-Drucks. aaO, S. 26.
[39] Begr. RegE zu § 27 Abs. 2 BRDrs. 127/11 v. 4.3.2001 zu Nummer 7.
[40] Begr. DiskE zum ESUG v. 1.9.2010 zu § 56.
[41] OLG Düsseldorf KTS 1973, 270, 272 und ZIP 1993, 135.
[42] Vgl. dazu OLG Düsseldorf KTS 1973, 270.
[43] *Graf-Schlicker,* InsO, §§ 56, 56a RdNr. 54.

Abgrenzung der Zuständigkeiten zu vermeiden.[44] Sind allerdings in einem Verfahren zur Befriedigung bestimmter Gläubigergruppen kraft Gesetzes Sondermassen zu bilden (vgl. RdNr. 104 ff.), so kann für ihre Verwaltung nach dem Ermessen des Gerichts schon bei der Eröffnung ein eigenverantwortlicher **Sonderinsolvenzverwalter** bestellt werden.[45] Die Bestellung eines Sonderinsolvenzverwalters wegen rechtlicher oder tatsächlicher Verhinderung des regulären Verwalters (vgl. Erl. zu § 56) wird dagegen bei der Eröffnung nicht in Betracht kommen, weil in einem solchen Fall die Ernennung des verhinderten Verwalters regelmäßig ermessensfehlerhaft ist. Etwas anderes gilt, wenn bereits absehbar ist, dass der Verwalter bei bestimmten Handlungen oder Fallgestaltungen nicht imstande sein wird, sein Amt rechtlich uneingeschränkt wahrzunehmen. Zu denken ist dabei vor allem an sinngemäße Anwendungsfälle des § 181 BGB (vgl. Erl. zu §§ 56, 80), wie sie etwa in der Insolvenz mehrerer wirtschaftlich verflochtener, dem selben Verwalter zugewiesener Konzernunternehmen vorkommen können. Sind solche Anwendungsfälle vermehrt zu erwarten, so kann bereits im Eröffnungsbeschluss ein ständiger Sonderinsolvenzverwalter zur Ausübung des Verwalteramtes in diesen Fällen bestellt werden.[46] In der Insolvenz der typischen Kapitalgesellschaft & Co. und ihrer Komplementärin ist dies allerdings nicht notwendig, weil beide Verfahren ohnehin nur dem gemeinsamen Zweck einer koordinierten Abwicklung der Unternehmensinsolvenz dienen (§ 93).[47]

2. Eigenverwaltung. Auf Antrag des Schuldners kann das Insolvenzgericht im Eröffnungsbeschluss die Eigenverwaltung anordnen (§ 270 Abs. 1 Satz 1). Liegt ein solcher Antrag bei der Eröffnung vor, so muss über ihn im Eröffnungsbeschluss entschieden werden.[48] Bei positiver Entscheidung ist zugleich mit der Anordnung der Eigenverwaltung ein **Sachwalter zur Aufsicht über den Schuldner** zu bestellen (§ 270c Satz 1, § 274 Abs. 1). Beide Anordnungen, die gemeinsam an die Stelle der Ernennung des Insolvenzverwalters treten (§ 27 Abs. 1 Satz 2), bedürfen, wie sich unmittelbar aus § 270 Abs. 1 Satz 1, § 270c Satz 1 ergibt, eines **ausdrücklichen Ausspruchs des Gerichts** im Eröffnungsbeschluss. Sie ändern die regelmäßigen gesetzlichen Wirkungen der Eröffnung auf das Verwaltungs- und Verfügungsrecht des Schuldners so wesentlich ab, dass sie im Interesse der Klarheit und Rechtssicherheit unzweideutig zum Ausdruck kommen müssen. Die bloße Verwendung des Begriffs „Sachwalter" für die externe Kontrollperson reicht nicht aus. Besteht Unklarheit, so ist Fremdverwaltung angeordnet und notfalls nachträglich ein Insolvenzverwalter zu bestellen.

Hat der Schuldner selbst den Eröffnungsantrag gestellt und zugleich Eigenverwaltung beantragt, sieht das Gericht aber die Voraussetzungen der Eigenverwaltung als nicht gegeben an, so ist dem Schuldner vor einer **Ablehnung der Eigenverwaltung** Gelegenheit zur Antragsrücknahme zu geben, wenn das Gericht ausschließlich die drohende Zahlungsunfähigkeit feststellt, § 270a Abs. 2. Dasselbe gilt wegen der Rücknahmesperre des § 13 Abs. 2, wenn wegen der Rechtsform des Schuldners auch bei Feststellung eines anderen Eröffnungsgrundes keine gesetzliche Antragspflicht besteht (vgl. RdNr. 15). Gegen die Mitteilung des Gerichts ist allerdings kein Rechtsmittel gegeben (§ 6 Abs. 1).

Auch für die Eigenverwaltung sieht das Gesetz eine stärkere Einbindung der Gläubiger bereits im Eröffnungsverfahren vor. Ist ein **vorläufiger Gläubigerausschuss** eingesetzt worden, ist diesem vor der Entscheidung über den Antrag auf Eigenverwaltung **Gelegenheit zur Äußerung** zu geben. Ein einstimmiger Beschluss zugunsten der beantragten Eigenverwaltung hat zur Folge, dass das Gericht zu unterstellen hat, dass die Anordnung der Eigenverwaltung nicht zu Nachteilen für die Gläubiger führt. Der neue Absatz 4 statuiert eine **Begründungspflicht des Gerichts** im Falle einer ablehnenden Entscheidung selbst dann, wenn der Antrag des Schuldners auf Eigenverwaltung zunächst keine Unterstützung bei den Gläubigern gefunden hatte. § 27 Abs. 2 Nr. 5 findet entsprechende Anwendung, § 270 Abs. 4. Das Gericht muss die Ablehnung der beantragten Eigenverwaltung schriftlich begründen und die Begründung in den Eröffnungsbeschluss aufnehmen.[49] Damit ist sichergestellt, dass die Gläubigerversammlung in Kenntnis der gerichtlichen Bedenken die Entscheidung fällt, ob nachträglich dennoch nach § 271 eine Eigenverwaltung beantragt wird. Da § 274 Abs. 1 auf § 27 Abs. 2 Nr. 5 verweist, gelten auch bei der Bestellung des Sachwalters durch das Gericht die Grundsätze, die bei der Bestellung des Insolvenzverwalters zu beachten sind. (s. dazu RdNr. 29–31). Hat der vorläufige Gläubigerausschuss einstimmig eine bestimmte Person als Sachwalter vorgeschlagen, folgt das Gericht diesem Vorschlag aber nicht, ist dieses im Eröffnungsbeschluss

---

[44] Begr. RegE zu § 65 (= § 56), *Balz/Landfermann*, 2. *Aufl.* S. 268 = *Kübler/Prütting, Dok.* Bd. I, S. 228.
[45] Begr. RegE und Bericht BTag zu § 77 (ohne Entsprechung in der InsO), *Balz/Landfermann*, 2. Aufl. S. 268 = *Kübler/Prütting, Dok.* Bd. I, S. 228, 596.
[46] AG Duisburg NZI 2002, 556, 560 (Babcock Borsig AG); dazu auch *Piepenburg* NZI 2004, 231, 234.
[47] *K. Schmidt* GmbHR 2002, 1209, 1214 ff.; *Bork/Jacoby* ZGR 2005, 611, 651; *H. P. Westerman*, FS Röhricht, 2005, S. 655, 671.
[48] *Vallender* WM 1998, 2129, 2133; *Jaeger/Schilken* § 27 RdNr. 21.
[49] BR-Drucks. 127/11 v. 4.3.2011, S. 57.

schriftlich zu begründen.[50] Der Persönlichkeitsschutz ist hier ebenso wie bei Bestellung des Insolvenzverwalters zu beachten, so dass der Name des vom Gericht abgelehnten Sachwalters nicht genannt werden darf. Auch insoweit kann auf die Ausführungen zu RdNr. 29 verwiesen werden.

35 **3. Vereinfachtes Insolvenzverfahren (§ 313 Abs. 1).** In der Verbraucher- und sonstigen Kleininsolvenz (§ 304) ist anstelle des Insolvenzverwalters im Eröffnungsbeschluss der **Treuhänder** zu ernennen (§ 313 Abs. 1). Dies gilt unabhängig davon, ob der Eröffnung ein Eigen- oder Gläubigerantrag zugrunde liegt.

36   Die Ernennung des Treuhänders im Eröffnungsbeschluss enthält zugleich die **allgemeinverbindliche Einstufung des Verfahrens als vereinfachtes Insolvenzverfahren** im Sinne der §§ 312 bis 314. Die ausdrückliche Feststellung, dass es sich um ein solches Verfahren handelt, kann zur Klarstellung in den Eröffnungsbeschluss aufgenommen werden, ist aber nicht erforderlich. Die Verfahrensart muss auch nicht vorab in einer förmlichen Zwischenentscheidung festgelegt werden. Nach Rechtskraft des Eröffnungsbeschlusses sind in dem Verfahren die Vorschriften über den Insolvenzplan und über die Eigenverwaltung nicht anzuwenden (§ 312 Abs. 3). Zugleich ist für jedermann, auch für andere Gerichte, bindend entschieden, dass der Treuhänder den Einschränkungen des § 313 Abs. 2, 3 unterliegt und die Gläubiger die dort genannten besonderen Rechte haben.

37 **4. Nachholen der Ernennung.** Ist die Ernennung eines Insolvenzverwalters (Treuhänders, Sachwalters) unterblieben, so kann sie vom Insolvenzgericht jederzeit durch einen besonderen Beschluss nachgeholt werden (RdNr. 130, 137). Gleiches gilt für die Ernennung eines neuen Verwalters, wenn der zunächst ernannte das Amt nicht annimmt. Zuständig für die nachträgliche Ernennung ist nach dem klaren Wortlaut des § 18 Abs. 1 Nr. 1 RPflG in jedem Fall der Richter, nicht der Rechtspfleger (vgl. RdNr. 137). Wegen der unterschiedlichen Rechtsauffassungen in dieser Frage und der Rechtsfolge des § 8 Abs. 4 RPflG ist ein ausdrücklicher Richtervorbehalt nach § 18 Abs. 2 Satz 1 RPflG zu empfehlen.

38 **5. Keine Beschwerde (§ 6 Abs. 1).** Die Ernennung einer bestimmten Person zum Insolvenzverwalter kann nicht isoliert, d.h. ohne das Ziel der Aufhebung des gesamten Eröffnungsbeschlusses, mit der Beschwerde angegriffen werden. Gleiches gilt für die Entscheidung über die Anordnung der Eigenverwaltung im Eröffnungsbeschluss.[51] Weder die §§ 34, 56 noch § 270 sehen insoweit die Möglichkeit einer Beschwerde vor (vgl. § 34 RdNr. 67 f.). Eine Überprüfung und Korrektur der gerichtlichen Entscheidung ist in der ersten Gläubigerversammlung möglich, in der nach § 271 nachträglich die Eigenverwaltung beantragt oder nach § 272 Abs. 1 Nr. 1 nachträglich die Aufhebung verlangt werden kann. Das Gericht hat diesem Votum zu entsprechen. Auch der Insolvenzverwalter (Treuhänder, Sachwalter) selbst kann seine Ernennung nicht mit der Beschwerde anfechten; er hat stattdessen die Möglichkeit, die Übernahme des Amtes abzulehnen (vgl. § 34 RdNr. 60).

IV. Tag und Stunde der Eröffnung

39 **1. Grundsatz.** Im Zusammenhang mit dem Erlass des Eröffnungsbeschlusses sind zwei Zeitpunkte zu unterscheiden, die nicht notwendig zusammenfallen:
– der **Zeitpunkt der Eröffnung,** d.h. die im Beschluss anzugebende „**Stunde der Eröffnung**" (RdNr. 40 ff.), die den Eintritt der gesetzlichen Wirkungen der Eröffnung zeitlich markiert,
– der Zeitpunkt des **Wirksamwerdens des Beschlusses,** von dem abhängt, ob der Eröffnungsbeschluss überhaupt Wirksamkeit erlangt hat (RdNr. 43, 119 ff.).

40 **2. Zeitpunkt der Eröffnung.** Der Eröffnungsbeschluss muss die „Stunde der Eröffnung" enthalten (§ 27 Abs. 2 Nr. 3, Abs. 3), d.h. Kalenderdatum und Uhrzeit. Die Angabe dient dazu, den Eintritt der vielfältigen gesetzlichen Wirkungen der Eröffnung zeitlich genau festzulegen. Spricht das Gesetz von der Eröffnung des Insolvenzverfahrens, so ist stets dieser im Beschluss genannte Zeitpunkt gemeint.[52] Nur wenn gesetzlich etwas anderes bestimmt ist, kommt es auf die Bekanntmachung oder die Rechtskraft des Beschlusses an. Für die Zeitangabe ist die gesetzliche Zeit nach deutschem Recht maßgebend.[53] Zur Anwendung in anderen Zeitzonen ist die Angabe in die dort zur Stunde der Eröffnung geltende Zeit umzurechnen.[54]

---

[50] BR-Drucks. 127/11 v. 4.3.2011, S. 62.
[51] BGH, Beschl. v. 11.1.2007 – IX ZB 85/05, NZI 2007, 238.
[52] BGH NJW 2006, 1286 f. = NZI 2006, 224; Jaeger/*Weber* KO § 108 RdNr. 1 Abs. 1; HKInsO-*Kirchhof* § 27 RdNr. 22; *Jaeger/Schilken* § 27 RdNr. 16, 30.
[53] Mitteleuropäische Zeit bzw. Sommerzeit, §§ 1, 3 Zeitgesetz vom 25.7.1978 (BGBl. I S. 1110, 1262); BGH NJW 2003, 3487.
[54] Vgl. *Jaeger/Schilken* § 27 RdNr. 30; allgemein auch *v. Münch* NJW 2000, 1, 4.

Zeitpunkt der Eröffnung ist im schriftlichen Verfahren der Augenblick der Unterzeichnung des Eröffnungsbeschlusses durch den Richter,[55] im Fall der förmlichen Verkündung der Zeitpunkt der Verkündung (RdNr. 121 ff.). Mit der entsprechenden Angabe im Beschluss wird dieser tatsächliche Zeitpunkt mit Beweiswirkung für und gegen jedermann beurkundet (§ 417 ZPO, §§ 80 ff.).[56] Die ausdrückliche Festsetzung eines späteren Wirksamkeitszeitpunkts („mit Wirkung zum . . .") ist nach Auffassung des BGH selbst in engen zeitlichen Grenzen unzulässig;[57] dem Insolvenzgericht steht insoweit keine Anordnungsbefugnis zu.[58] Dass dies bei Eröffnungen, die nicht zum Ende einer betrieblichen Abrechnungsperiode stattfinden, in der Buchführung des schuldnerischen Unternehmens, insbesondere bei der Berechnung der Löhne und Gehälter und des Insolvenzgelds, zu technischen Schwierigkeiten bei der Abgrenzung zwischen der Zeit vor und der Zeit nach der Eröffnung führen kann, muss hingenommen werden.[59] Die nicht offengelegte Angabe eines vom Erlass des Beschlusses abweichenden Zeitpunkts der Eröffnung dürfte als Falschbeurkundung im Amt (§ 348 StGB) zu werten sein. **41**

Ist die Stunde der Eröffnung nicht angegeben, so gilt nach § 27 Abs. 3 kraft unwiderleglicher[60] gesetzlicher Vermutung als Zeitpunkt der Eröffnung die **Mittagsstunde** des Tages, an dem der Beschluss erlassen, d.h. unterzeichnet worden ist. Dies ist genau 12.00 Uhr mittags der gesetzlichen Zeit. Die Regelung greift subsidiär auch ein, wenn eine tatsächlich erfolgte Zeitbestimmung rechtlich unwirksam ist.[61] **42**

3. Wirksamwerden des Eröffnungsbeschlusses. Der im Beschluss genannte Zeitpunkt der Eröffnung (§ 27 Abs. 2 Nr. 3) beantwortet die Frage, *wann* die gesetzlichen Wirkungen der Eröffnung eingetreten sind. *Ob* der Eröffnungsbeschluss überhaupt wirksam geworden ist, bestimmt sich in zeitlicher Hinsicht nach dem Zeitpunkt, zu dem die Entstehung des Beschlusses abgeschlossen ist (dazu RdNr. 119 ff.). Sobald dieses Ereignis stattgefunden hat, treten die gesetzlichen Wirkungen der Eröffnung rückwirkend zu der im Beschluss genannten Stunde der Eröffnung ein (vgl. RdNr. 128). **43**

4. Datum des maßgeblichen Eröffnungsantrags. Nicht vorgeschrieben ist die Angabe des **Eingangsdatums des Antrags,** auf dem die Eröffnung beruht. Sie kann aber zweckmäßig sein, um den maßgeblichen Zeitpunkt für die Anwendung der Anfechtungsvorschriften zu dokumentieren (§ 139 Abs. 2), wenn dem Eröffnungsbeschluss mehrere Anträge zu Grunde liegen und kein früherer, mangels Masse rechtskräftig abgewiesener Antrag vorgelegen hat. Die Angabe ist für die Prozessgerichte nicht bindend; ein Vorschlag des Regierungsentwurfs der InsO für ein besonderes insolvenzgerichtliches Feststellungsverfahren ist vom Bundestag abgelehnt worden.[62] **44**

V. Aufforderungen an die Gläubiger und die Drittschuldner (§ 28)

1. Normzweck. Im Eröffnungsbeschluss hat das Insolvenzgericht von Amts wegen die in § 28 geregelten Aufforderungen an die Gläubiger und die Schuldner des Schuldners (Drittschuldner, § 829 ZPO) zu erlassen. Die Aufforderungen sollen den Adressaten die Bedeutung der Eröffnung für ihr eigenes weiteres Verhalten deutlich machen. Die Gläubiger werden dazu angehalten, den Verwalter durch eine sorgfältige und auf die Förderung des Verfahrens bedachte Mitwirkung bei der Ermittlung der vollständigen Schuldenmasse (Abs. 1) und der Mobiliarsicherheiten (Abs. 2) zu unterstützen. Die Aufforderung an die Drittschuldner (Abs. 3), nicht mehr an den Schuldner, sondern an den Verwalter zu leisten, soll die gesetzlichen Wirkungen der Eröffnung auf ihr Schuldverhältnis klarstellen und sie davor bewahren, ohne befreiende Wirkung noch Leistungen an den Schuldner zu erbringen (§ 82). **45**

2. Aufforderung zur Anmeldung der Forderungen[63] **(§ 28 Abs. 1).** Die erste Aufforderung, die das Insolvenzgericht im Eröffnungsbeschluss zu erlassen hat, richtet sich an die **Insolvenzgläu-** **46**

---

[55] BGHZ 50, 242, 245; BGH NZI 2004, 316 f.
[56] Motive zur 1. Fassung des § 108 KO, *Hahn* S. 301; HKInsO-*Kirchhof* § 27 RdNr. 22, *Jaeger/Schilken* § 27 RdNr. 31.
[57] Unpassend ist der Ausdruck „Vordatierung" für einen solchen Vorgang (*Uhlenbruck* ZInsO 2001, 977); so bezeichnet man gemeinhin eine verdeckte Falschangabe.
[58] BGH NZI 2004, 316 f.; vgl. auch *Uhlenbruck* § 27 RdNr. 10; *ders.* ZInsO 2001, 977 ff.; *Kummer,* FS Metzeler, 2003, S. 15 ff.
[59] Dazu auch FKInsO-*Schmerbach* § 27 RdNr. 34, der eine Vordatierung des Eröffnungsbeschlusses für zulässig erachtet.
[60] Motive zu § 108 KO, *Hahn* S. 301.
[61] So für künftige Fälle wohl auch BGH NZI 2004, 316, 317 (III 2a, c).
[62] Bericht BTag zu den §§ 157, 158 RegE, *Balz/Landfermann* S. 363 f. (vor § 129), Fn. 1 = *Kübler/Prütting,* Dok. Bd. I, S. 606.
[63] Zum alten Recht vgl. § 110 Abs. 1, § 138 KO.

biger (§ 38). Sie können nach der Eröffnung des Verfahrens ihre zu diesem Zeitpunkt begründeten Forderungen gegen den Schuldner nur noch nach den Vorschriften über das Insolvenzverfahren verfolgen (§ 87). Die Forderungen sind also, sofern sie nicht als Masseverbindlichkeiten behandelt werden (§ 55 Abs. 2), ausschließlich durch Anmeldung zur Tabelle geltend zu machen. Die Einzelheiten sind in den §§ 174 bis 186, 38 bis 46, 52, 55 Abs. 2 geregelt. Die Anmeldung ist **an den Insolvenzverwalter oder Treuhänder** zu richten (§ 174 Abs. 1 Satz 1, § 313), im Fall der Eigenverwaltung **an den Sachwalter** (§ 270c Satz 2).

47 **a) Adressaten.** Im Allgemeinen ergeht die Aufforderung zur Anmeldung, auch wenn dies im Eröffnungsbeschluss nicht zum Ausdruck kommt, nur an die Insolvenzgläubiger mit nicht nachrangigen Forderungen (§ 38). Eine Aufforderung zur Anmeldung nachrangiger Forderungen (§§ 39, 265, 266, 327) ist wegen § 174 Abs. 2 in den Beschluss besonders aufzunehmen. Sie ist nur sinnvoll, wenn abzusehen ist, dass die Masse voraussichtlich ausreicht, um auch diese Forderungen zumindest teilweise zu bedienen. An Aussonderungsberechtigte (§ 47) oder Massegläubiger (§ 53) richtet sich die Aufforderung nach § 28 in keinem Fall.

48 **b) Anmeldefrist.** Die im Eröffnungsbeschluss zu bestimmende Anmeldefrist von mindestens zwei Wochen und höchstens drei Monaten beginnt, sobald nach dem Tag der öffentlichen Bekanntmachung des Eröffnungsbeschlusses zwei weitere Tage verstrichen sind (§ 30 Abs. 1, § 9 Abs. 1 Satz 3). Sie beginnt für alle Beteiligten zur selben Zeit, auch wenn der Eröffnungsbeschluss an unterschiedlichen Tagen zugestellt wird (§ 9 Abs. 3, § 30 Abs. 2). In der Praxis wird die Anmeldefrist zur eindeutigen Festlegung nicht in Wochen oder Monaten bemessen, sondern am Ende durch ein **festes Kalenderdatum** bestimmt; dies ist vernünftig und rechtlich nicht zu beanstanden.[64]

49 Die Länge der Anmeldefrist liegt innerhalb des gesetzlichen Rahmens im **pflichtgemäßen Ermessen des Gerichts.** Die Frist braucht zum **Zeitpunkt des Berichtstermins** noch nicht abgelaufen zu sein.[65] Zwar haben auch in dieser Versammlung nur diejenigen Gläubiger ein Stimmrecht, deren Forderungen zumindest bereits angemeldet sind (§ 77 Abs. 1). Dies zwingt jedoch nicht zu dem Schluss, ein späterer Ablauf der Anmeldefrist verletzte die Rechte der übrigen Gläubiger auf Teilnahme an der Abstimmung. Das Zusammenspiel von § 28 Abs. 1 und § 29 Abs. 1 Nr. 2 zeigt, dass das Gesetz eine Gläubigerversammlung vor Ablauf der Anmeldefrist bewusst zulässt. Ein Gläubiger, der Wert auf die Teilnahme an der Abstimmung legt, hat seine Forderung so rechtzeitig beim Verwalter anzumelden (§ 174 Abs. 1, § 270 Abs. 3), dass dieser sie spätestens im Berichtstermin dem Gericht mitteilen kann; im Termin selbst ist der Verwalter nicht zur Entgegennahme von Anmeldungen verpflichtet.

50 Die **Verletzung der gesetzlichen Grenzwerte** oder ein **Ermessensfehler** bei der Fristbestimmung macht den Eröffnungsbeschluss rechtsfehlerhaft aber nicht unwirksam. Der Eröffnungsbeschluss kann mit der Beschwerde nur vom Schuldner und nur mit dem Ziel der Aufhebung des gesamten Eröffnungsbeschlusses angegriffen werden (§ 34 Abs. 2);[66] Gläubiger haben auch wegen eines solchen Rechtsfehlers kein Beschwerderecht (§ 6 Abs. 1, § 34). Gleiches gilt, wenn die Anmeldefrist ganz fehlt. Eine kürzere als die gesetzliche Frist ist schlechthin unwirksam; an ihre Stelle tritt die Mindestfrist. Ist die festgesetzte Anmeldefrist länger als die gesetzliche Höchstfrist, so muss auf Grund des Vertrauensschutzes die Frist des Gerichts gelten.[67] In jedem Fall endet die Frist spätestens mit dem Prüfungstermin, auch wenn versehentlich überhaupt keine Anmeldefrist bestimmt worden ist.[68]

51 Zur **nachträglichen Neubestimmung der Frist** von Amts wegen vgl. RdNr. 131.

52 **c) Zwischenfrist.** Zwischen dem **Ablauf der Anmeldefrist** und dem **allgemeinen Prüfungstermin** soll nach § 29 Abs. 1 Nr. 2 ein Zeitraum von mindestens einer Woche und höchstens zwei Monaten liegen. Diese Zwischenfrist dient einerseits der Anlegung der Tabelle durch den Verwalter und andererseits der Information der Gläubiger über die eingegangenen Anmeldungen. Der Verwalter hat innerhalb des ersten Drittels der Zwischenfrist die Tabelle mit den Anmeldungen und den beigefügten Urkunden in der Geschäftsstelle des Insolvenzgerichts zur Einsicht der Beteiligten niederzulegen (§ 175 Satz 2). Dies ist bei der Bemessung der Zwischenfrist zu berücksichtigen. Die gesetzliche Mindestfrist von einer Woche ist ersichtlich zu kurz; eine zweckentsprechende Zwischenfrist kann selbst in Kleinverfahren nicht weniger als drei Wochen betragen, damit der Verwalter

---

[64] FKInsO-*Schmerbach* § 28 RdNr. 5; HKInsO-*Kirchhof* § 28 RdNr. 4; *Jaeger/Schilken* § 28 RdNr. 7; *Uhlenbruck* § 28 RdNr. 3.
[65] Jaeger/*Weber* KO § 95 RdNr. 5; HKInsO-*Kirchhof* § 28 RdNr. 4.
[66] Abw. (kein Beschwerdegrund): FKInsO-*Schmerbach* § 30 RdNr. 10; HKInsO-*Kirchhof* § 28 RdNr. 6; *Jaeger/Schilken* § 28 RdNr. 8, § 29 RdNr. 1.
[67] Im Ergebnis ebenso HKInsO-*Kirchhof* § 28 RdNr. 6; *Jaeger/Schilken* § 28 RdNr. 8.
[68] Vgl. LG Meiningen ZIP 1999, 1055 f.; *Paulus* EWiR 1999, 791.

zumindest eine Woche für die Anlegung der Tabelle zur Verfügung hat. Als Soll-Vorschrift kann die Bestimmung des § 29 Abs. 1 Nr. 2 aus erheblichen Gründen (vgl. § 227 ZPO) durchbrochen werden, wenn die Höchstfrist zur Erledigung der anstehenden gesetzlichen Aufgaben nicht ausreicht. Aus denselben Gründen ist auch die **nachträgliche Verlegung** des anberaumten Prüfungstermins zulässig (RdNr. 87, 131).[69]

Ein **Ermessensfehler** bei der Festlegung der Zwischenfrist rechtfertigt die Aufhebung des Eröffnungsbeschlusses durch das Beschwerdegericht. Gleiches gilt für die **Überschreitung der gesetzlichen Höchstfrist,** sofern kein erheblicher Grund vorliegt.[70] Ein Beschwerderecht steht indessen nur dem Schuldner zu (vgl. RdNr. 50; § 34 RdNr. 85). 53

d) Versäumung der Anmeldefrist. Die Anmeldefrist ist **keine Ausschlussfrist.** Auch nach ihrem Ablauf können noch Forderungen angemeldet werden (vgl. § 177 Abs. 1), selbst wenn eine schuldhafte Verspätung vorliegt.[71] Daher ist eine Wiedereinsetzung des säumigen Gläubigers in den vorigen Stand überflüssig. Ist eine Prüfung der verspätet angemeldeten Forderung wegen eines Widerspruchs des Verwalters oder eines Insolvenzgläubigers im allgemeinen Prüfungstermin nicht zulässig oder wird die Forderung erst nach diesem Termin angemeldet, so findet auf Kosten des Säumigen ein besonderer Prüfungstermin oder eine Prüfung im schriftlichen Verfahren statt (§ 177 Abs. 1). Im Übrigen hat der Gläubiger das Verfahren in der Lage gegen sich gelten zu lassen, in der es sich zur Zeit seiner Anmeldung befindet; dies gilt insbesondere für gerichtliche Entscheidungen oder Beschlüsse der Gläubigerversammlung.[72] 54

Endgültig geschlossen ist der Kreis der an der Verteilung beteiligten Insolvenzgläubiger, sobald die zweiwöchige **Ausschlussfrist zur Vorbereitung der Schlussverteilung** (§ 188 Satz 3, § 189 Abs. 1, § 196) abgelaufen ist. Forderungen, die so spät angemeldet werden, dass sie nicht mehr vor Ablauf dieser Frist geprüft werden können, sind von der Aufnahme in das Schlussverzeichnis ausgeschlossen, selbst wenn sie im Schlusstermin[73] noch festgestellt werden.[74] Sie bleiben daher sowohl bei der Schlussverteilung als auch bei einer Nachtragsverteilung (§§ 205, 211 Abs. 3) unberücksichtigt (§ 189 Abs. 3, § 192).[75] Ebenso wenig entfallen auf diese Forderungen Zahlungen im Rahmen des Verfahrens zur Restschuldbefreiung, denn auch hier richtet sich die Verteilung nach dem Schlussverzeichnis (§ 292 Abs. 1 Satz 2). Eine Prüfung der Forderung ist zwar in einem solchen Fall noch zulässig, solange das Insolvenzverfahren nicht aufgehoben oder eingestellt ist, die Feststellung der Forderung hat aber nur Bedeutung für die Zeit nach Abschluss des Verfahrens (Einzelheiten bei § 177). Ab dann können alle Insolvenzgläubiger, auch solche, die eine Forderung zu spät oder überhaupt nicht angemeldet haben, ihre Forderungen grundsätzlich wieder nach den allgemeinen Gesetzen unbeschränkt gegen den Schuldner geltend machen (§§ 201, 215 Abs. 2 Satz 2), sofern nicht die Vorschriften über die Restschuldbefreiung (§§ 292, 294, 301 bis 303) oder über die Wirkungen eines Insolvenzplans (§§ 254 bis 269) eingreifen. 55

3. Aufforderung zur Mitteilung von Sicherungsrechten (§ 28 Abs. 2). Die zweite Aufforderung, die das Insolvenzgericht im Eröffnungsbeschluss zu erlassen hat, richtet sich an die Gläubiger mit Mobiliarsicherheiten. Diese Gläubiger haben ihre Sicherungsrechte zwar nicht im eigentlichen Sinne anzumelden, denn die Rechte werden im Verfahren nicht förmlich geprüft. Die Aufforderung des Gerichts nach § 28 Abs. 2 begründet jedoch eine Pflicht der Sicherungsgläubiger, ihre beanspruchten Rechte unverzüglich dem Verwalter mitzuteilen, wenn sie nicht Gefahr laufen wollen, für den entstehenden Schaden haftbar gemacht zu werden und eigene Ersatzansprüche zu verlieren. 56

a) Normzweck. Die Mitteilungspflicht der Sicherungsgläubiger soll dem Missstand abhelfen, dass die Unterlagen des Schuldners vielfach keinen eindeutigen Aufschluss über bestehende Sicherungsrechte geben.[76] Sie soll den Verwalter in die Lage versetzen, möglichst bald einen genauen **Überblick über die Belastung der Masse mit Aus- und Absonderungsrechten** zu gewinnen. Insbesondere ist die Mitteilungspflicht im Zusammenhang mit der Befugnis des Verwalters zur Nut- 57

---

[69] Jaeger/*Weber* KO § 138 RdNr. 7; HKInsO-*Kirchhof* § 29 RdNr. 6; *Uhlenbruck* § 29 RdNr. 3.
[70] Jaeger/*Weber* KO § 138 RdNr. 7; abw. (kein Beschwerdegrund): FKInsO-*Schmerbach* § 29 RdNr. 12; HKInsO-*Kirchhof* § 29 RdNr. 7; *Jaeger/Schilken* § 29 RdNr. 1; *Hess*/*Weis*/*Wienberg* § 29 RdNr. 4.
[71] Begr. RegE zu § 204 (= § 177), *Balz/Landfermann* S. 428 ff. = *Kübler/Prütting,* Dok. Bd. I, S. 409.
[72] Jaeger/*Weber* KO § 138 RdNr. 4.
[73] Oder allgemeiner: in der letzten Gläubigerversammlung vor Beendigung des Verfahrens (vgl. § 289 Abs. 3).
[74] BGH, Beschl. v. 22.10.2010 – IX ZB 49/09, ZInsO 2009, 2243; BGH NZI 2007, 401; OLG Köln ZIP 1992, 949; aA *Boennecke* KTS 1955, 173, 176; *Tscheschke* Rpfleger 1992, 96; Hahn, Zur Änderung eines falschen Schlußverzeichnisses in der Frist des § 197 InsO, ZInsO 2010, 1056.
[75] Jaeger/*Weber* KO § 138 RdNr. 4, § 142 RdNr. 2, § 162 RdNr. 9; *Uhlenbruck* KTS 1975, 14, 16; FKInsO-*Schmerbach* § 28 RdNr. 8; *Uhlenbruck* § 177 RdNr. 10; anders *Hess*/Weis/Wienberg § 28 RdNr. 14 ff.
[76] Begr. RegE zu § 33 (= § 28 Abs. 2), *Balz/Landfermann* S. 241 = *Kübler/Prütting,* Dok. Bd. I, S. 593.

zung und Verwertung von Sicherungsgut zu sehen (§§ 166 ff., 107 Abs. 2). Sie soll es ihm ermöglichen, diese Rechte und die damit verbundenen Pflichten sachgerecht wahrzunehmen. Zugleich gibt sie auch den Sicherungsgläubigern frühzeitig die Möglichkeit, ihre Interessen im Verfahren angemessen zur Geltung zu bringen.

58 Die **Mitteilungspflicht** nach § 28 Abs. 2 hängt nicht mehr vom Besitz einer Sache, sondern allein davon ab, ob ein **Sicherungsrecht an einer beweglichen Sache oder an einem Recht** in Anspruch genommen wird.[77] Der Besitz einer unbelasteten Sache aus dem Vermögen des Schuldners ist nicht mehr anzeigepflichtig; das entspricht der Regelung in § 28 Abs. 3, nach der die Schuldner des Schuldners (Drittschuldner) keine Anzeigepflicht haben. Auf der anderen Seite werden auch die Sicherungsrechte an solchen beweglichen Gegenständen erfasst, die sich nicht im Besitz des Gläubigers befinden. Gerade diese besitzlosen Mobiliarsicherheiten wie Eigentumsvorbehalt, Sicherungsübereignung und Sicherungsabtretung haben große wirtschaftliche Bedeutung.

59 **b) Aufforderung des Gerichts.** Nur eine ordnungsgemäße Aufforderung des Gerichts an die Sicherungsgläubiger löst deren Mitteilungspflicht und deren Haftung wegen Unterlassung oder Verzögerung der Mitteilung aus.[78] Die Aufforderung ist mit ihrem gesetzlichen Inhalt (§ 28 Abs. 2 Satz 1) zu erlassen.[79] Die Gläubiger sind aufzufordern, dem Verwalter (Insolvenzverwalter, Treuhänder, Sachwalter, vgl. RdNr. 46) unverzüglich mitzuteilen, welche Sicherungsrechte sie an beweglichen Sachen oder an Rechten des Schuldners in Anspruch nehmen. Das Gericht kann eine Frist bestimmen, sie ist aber rechtlich nicht bindend. Nicht erforderlich, wenn auch empfehlenswert, ist ein zusätzlicher Hinweis auf den notwendigen Inhalt der Mitteilung nach Satz 2 oder auf die Haftung nach Satz 3. Ist der Eröffnungsbeschluss versehentlich ohne die Aufforderung des Gerichts ergangen oder bekanntgemacht, so kann die Aufforderung durch öffentliche Bekanntmachung wie bei Erlass des Beschlusses (§ 30 Abs. 1) nachgeholt werden.[80]

60 **c) Betroffene Rechte.** Die Verwendung des allgemeinen Begriffs der **Sicherungsrechte** in § 28 Abs. 2 bringt zum Ausdruck, dass von der Vorschrift alle Rechte betroffen sind, die im Ergebnis eine Verpflichtung des Verwalters begründen, beim Umgang mit dem Gegenstand des Rechts die Sicherungsinteressen des berechtigten Gläubigers zu beachten. Als Sicherungsrechte sind hier deshalb nicht nur die Rechtspositionen anzusehen, die dem Gläubiger ein **Recht auf abgesonderte Befriedigung** (§§ 50, 51) gewähren, sondern auch **Aussonderung- und Ersatzaussonderungsrechte** (§§ 47, 48), sofern sie, wie der Eigentumsvorbehalt, der Sicherung von Forderungen dienen. Nicht nach § 28 Abs. 2 mitzuteilen sind dagegen solche Aussonderungsrechte, denen kein Sicherungszweck zugrunde liegt, etwa Eigentumsrechte im Fall der Miete, der Pacht, des Leasing oder des Nießbrauchs.

61 Die Mitteilungspflicht bezieht sich allein auf Sicherungsrechte an beweglichen Sachen oder an Rechten des Schuldners. Sie erstreckt sich nicht auf Sicherungsrechte an Grundstücken oder anderen unbeweglichen Gegenständen (§ 49). Diese Rechte kann der Verwalter in der Regel ohne Schwierigkeiten dem Grundbuch oder den entsprechenden Registern für Schiffe und Luftfahrzeuge entnehmen. Ob der Gläubiger das Sicherungsgut in Besitz hat, ist ohne Bedeutung, die Mitteilungspflicht erfasst auch und gerade die besitzlosen Mobiliarsicherheiten (Eigentumsvorbehalt, Sicherungsübereignung und Sicherungsabtretung.

62 **d) Mitteilung des Gläubigers.** In der Mitteilung des Sicherungsgläubigers an den Verwalter sind der **Gegenstand**, an dem das Sicherungsrecht beansprucht wird, die **Art** und der **Entstehungsgrund** des Sicherungsrechts sowie die gesicherte **Forderung** zu bezeichnen (§ 28 Abs. 2 Satz 2). Die Mitteilung muss wahrheitsgemäß und vollständig sein.[81] Sie muss alle Angaben enthalten, die zur eindeutigen Identifizierung des Sicherungsguts und zur abschließenden rechtlichen Beurteilung des geltend gemachten Sicherungsrechts durch den Verwalter notwendig sind. Ist dies nicht sofort möglich, so müssen Ergänzungen oder Erläuterungen unverzüglich nachgereicht werden.[82] Den Verwalter trifft eine Nachforschungspflicht nur, soweit Erfahrungssätze oder hinreichend erkennbare Anhaltspunkte für das Bestehen von Sicherungsrechten an bestimmten Gegenständen sprechen (vgl. RdNr. 70). Zum Entstehungsgrund sind die tatsächlichen und rechtlichen (vertraglichen) Grundlagen anzugeben, auf denen das Sicherungsrecht beruht. Es obliegt dem Gläubiger, zur Ergänzung der Mitteilung glaubhafte Nachweise vorzulegen; sind keine schriftlichen Unterlagen

---

[77] Zum folgenden vgl.1.KommBer. (1985), Leitsatz 1.2.11, S. 121 f.; Begr. RegE zu § 33 (= § 28 Abs. 2), Balz/Landfermann S.241 = Kübler/Prütting, Dok. Bd. I, S. 593. Zum alten Recht vgl.1.Aufl. RdNr. 56 f.
[78] Jaeger/Weber KO § 118 RdNr. 2; HKInsO-Kirchhof § 28 RdNr. 10.
[79] Jaeger/Weber KO § 111 RdNr. 1.
[80] Jaeger/Weber KO § 110 RdNr. 1; HKInsO-Kirchhof § 28 RdNr. 8; Uhlenbruck § 28 RdNr. 4.
[81] HKInsO-Kirchhof § 28 RdNr. 9 f.; Jaeger/Schilken § 28 RdNr. 16, 18; Uhlenbruck § 28 RdNr. 6.
[82] LG Düsseldorf ZIP 1996, 1309 f.; OLG Düsseldorf NZI 2000, 82 f.

vorhanden, so kann auch eine eidesstattliche Versicherung des Gläubigers ausreichen.[83] Der Verwalter ist seinerseits nach einer ordnungsgemäßen Mitteilung des Sicherungsgläubigers verpflichtet, dem Gläubiger – notfalls mit Hilfe des Schuldners (§ 97) – **Auskunft über den gegenwärtigen Bestand und den Verbleib** der Gegenstände zu erteilen, an denen ein Sicherungsrecht beansprucht wird, oder dem Gläubiger Gelegenheit zu geben, den Bestand festzustellen[84] (Einzelheiten bei § 167).

Die Mitteilung hat **unverzüglich** (§ 121 Abs. 1 BGB) zu erfolgen. Das Gesetz sieht **keine feste Frist** vor, eine vom Gericht gesetzte Frist ist nicht bindend. In der Regel wird eine Mitteilung des Sicherungsgläubigers rechtzeitig sein, wenn sie noch vor dem Berichtstermin beim Verwalter eingeht (vgl. § 169). Ist der Eröffnungsbeschluss dem Gläubiger unmittelbar nach der Eröffnung besonders zugestellt worden (§ 30 Abs. 2), so wird eine Mitteilung nach Ablauf der Anmeldefrist für Insolvenzforderungen (§ 28 Abs. 1) regelmäßig verspätet sein.[85] Eine **unrichtige** oder **unvollständige Mitteilung** steht einer unterlassenen gleich. Auch Nachfragen des Verwalters sind unverzüglich zu beantworten.[86] Es ist dem Verwalter nicht zuzumuten, die Verwertung eines allem Anschein nach zur Masse gehörenden Gegenstands (bei Sachen greift die Vermutung des § 1006 Abs. 1 BGB ein) auf unabsehbare Zeit auszusetzen, nur weil ohne nähere Angaben ein Sicherungsrecht an ihm geltend gemacht wird.[87]

e) Mitteilung bei Eigenverwaltung. Im Fall der Eigenverwaltung sind die Mitteilungen der Sicherungsgläubiger nach § 28 Abs. 2 **an den Sachwalter** zu richten. Dies ergibt sich aus dessen Stellung als externe Kontrollinstanz. Mit der Mitteilungspflicht der Sicherungsgläubiger soll dem Umstand Rechnung getragen werden, dass die Unterlagen des Schuldners vielfach keinen eindeutigen Aufschluss über Sicherungsrechte geben und der Insolvenzverwalter sich im Zusammenhang mit der Verfahrenseröffnung einen hinreichenden Überblick über diese Rechte verschaffen muss (vgl. RdNr. 57). Dieser Situation entspricht im Fall der Eigenverwaltung die Lage des Sachwalters. Im Rahmen seiner Aufsicht über die Geschäftsführung des Schuldners (§ 274 Abs. 2) hat er auch die Verwertung von Sicherungsgut zu überwachen. Der Schuldner ist zwar zu dieser Verwertung wie ein Insolvenzverwalter berechtigt (§ 282 Abs. 1 Satz 1), er soll sein Verwertungsrecht jedoch nur im Einvernehmen mit dem Sachwalter ausüben (§ 282 Abs. 2). Eine sinnvolle Kontrolle ist dem Sachwalter nur bei hinreichender Information durch die Sicherungsgläubiger möglich.

f) Schadensersatzpflicht[88] . Wer als Gläubiger die Mitteilung über beanspruchte Sicherungsrechte (§ 28 Abs. 2 Satz 1) schuldhaft unterlässt oder verzögert, haftet für den daraus entstehenden Schaden (§ 28 Abs. 2 Satz 3). Die Mitteilungspflicht des Sicherungsgläubigers wird konstitutiv begründet durch die ordnungsgemäß bekanntgemachte Aufforderung des Gerichts (vgl. RdNr. 59). Die Mitteilung des Gläubigers muss wahrheitsgemäß und vollständig sein, eine unrichtige oder unvollständige Mitteilung steht einer unterlassenen gleich (vgl. RdNr. 63).

Wird durch das Fehlverhalten des Gläubigers die Insolvenzmasse vermindert, so ist **ersatzberechtigt** die Gesamtheit der Gläubiger. Es handelt sich um einen Gesamtschaden, der während des Verfahrens nur vom Insolvenzverwalter geltend gemacht werden kann[89] (§ 92 Satz 1). Denkbar ist jedoch auch, dass der Insolvenzverwalter persönlich Schadensersatz verlangen kann. Dies ist etwa der Fall, wenn er infolge einer rechtlich oder tatsächlich unrichtigen Behandlung des Sicherungsguts selbst Ansprüchen ausgesetzt ist.

Der erforderliche **Kausalzusammenhang** zwischen dem Verhalten des Sicherungsgläubigers und dem Schaden fehlt, wenn der Schaden auch bei pflichtgemäßer Mitteilung eingetreten wäre oder wenn dem Verwalter das Sicherungsrecht zu dem Zeitpunkt, zu dem die Mitteilung spätestens hätte erfolgen müssen, bereits zweifelsfrei bekannt war. Die Beweislast liegt insoweit beim Sicherungsgläubiger. Im Übrigen liegt die Beweislast für alle Anspruchsvoraussetzungen beim Verwalter.[90]

Der geschuldete **Schadensersatz** wird sich regelmäßig vor allem in Abwehrrechten des Verwalters gegenüber Ersatzansprüchen des Sicherungsgläubigers (§ 254 BGB) konkretisieren.[91] Im Übrigen gelten für die Bemessung des Schadens die §§ 249 ff. BGB. Neben einem Schaden bei der sog. „freien Spitze" durch Wertverlust oder Untergang des Sicherungsguts sowie neben den Unkosten, die bei ordnungsmäßiger Mitteilung nicht entstanden wären, ist daher auch der entgangene Gewinn

---

[83] OLG Hamburg ZIP 1984, 348, 350; vgl. auch 1. KommBer. (1985), Leitsatz 1.2.11 Abs. 2, S. 121.
[84] Vgl.1.KommBer. (1985), S. 122 (Begr. zu Leitsatz 1.2.11); BGH NJW 2000, 3777, 3779 f.; BGH NZI 2004, 209; OLG Düsseldorf NZI 2000, 82 f.
[85] OLG Karlsruhe NZI 1999, 231, 232 (zum alten Recht).
[86] OLG Hamburg ZIP 1984, 348, 350; LG Düsseldorf ZIP 1996, 1309 f.
[87] BGH NJW 1996, 2233, 2235; OLG Hamburg ZIP 1984, 348, 350.
[88] Zum alten Recht vgl. § 119 KO.
[89] Jaeger/Weber KO § 119 RdNr. 3; HKInsO-Kirchhof § 28 RdNr. 11; Uhlenbruck § 28 RdNr. 6.
[90] HKInsO-Kirchhof § 28 RdNr. 14.
[91] Kübler/Prütting/Pape § 28 (11/00) RdNr. 5.

zu ersetzen, der durch eine günstigere Verwertungsmöglichkeit oder durch eine mögliche Masseverwaltung ohne Einbeziehung des Sicherungsguts hätte erzielt werden können (§ 252 BGB).[92] Der Schaden kann ferner darin bestehen, dass die Verjährungsfrist des § 146 Abs. 1 abgelaufen ist; die Ersatzpflicht hindert dann in der Regel den Sicherungsgläubiger daran, gegenüber dem Anfechtungsanspruch des Verwalters die Einrede der Verjährung zu erheben (Einzelheiten bei § 146).

69 Als **Verschulden** reicht neben Vorsatz jede Fahrlässigkeit aus (§§ 276, 278 BGB). Ob eine Unkenntnis der gerichtlichen Aufforderung fahrlässig war, hängt von den Umständen ab. Allein durch die öffentliche Bekanntmachung des Eröffnungsbeschlusses wird keine Vermutung der Kenntnis begründet.[93] Fahrlässigkeit ist aber anzunehmen, wenn der Gläubiger die Eröffnung als solche kennen muss und die Aufforderung des Gerichts tatsächlich erfolgt ist.[94]

70 **g) Verlagerung der Verantwortung auf den Gläubiger.** Aus § 28 Abs. 2 folgt, dass den Sicherungsgläubigern bei der Wahrnehmung ihrer Rechte eine hohe Eigenverantwortung zukommt. Es ist in erster Linie ihre Sache, Sicherungsrechte gegenüber dem Verwalter geltend zu machen und dabei den Gegenstand und den Entstehungsgrund des Rechts ausreichend zu bezeichnen. Ein Sicherungsgläubiger, der seine Mitteilungspflicht verletzt, ist in aller Regel mit Ersatzansprüchen gegen den Verwalter ausgeschlossen.[95] Solange keine ordnungsgemäße Mitteilung vorliegt, wird vermutet, dass an den beweglichen Gegenständen des Schuldners kein Sicherungsrecht besteht. Zur Nachforschung ist der Verwalter nur verpflichtet, soweit deutlich erkennbare Anhaltspunkte für das Bestehen von Sicherungsrechten an bestimmten Gegenständen sprechen.[96] Im Übrigen hat er gemeinsam mit dem Gericht lediglich dafür zu sorgen, dass der Eröffnungsbeschluss allen bekannten Gläubigern besonders zugestellt wird (§ 30 Abs. 2, § 8 Abs. 3, § 152). Anschließend ist jeder Sicherungsgläubiger ebenso wie ein Insolvenzgläubiger (§ 28 Abs. 1) verpflichtet, in eigener Initiative zur Wahrung seiner Rechte tätig zu werden (Einzelheiten bei §§ 60, 61).

71 **4. Aufforderung an die Drittschuldner**[97] (§ 28 Abs. 3). Die letzte Aufforderung, die das Insolvenzgericht im Eröffnungsbeschluss zu erlassen hat, richtet sich an die Personen, die Verpflichtungen gegenüber dem Schuldner oder dem betroffenen Sondervermögen (Nachlass, Gesamtgut) haben. Sie werden aufgefordert, nicht mehr an den Schuldner zu leisten (beim Nachlass: an die Erben oder sonstigen bisher Verfügungsberechtigten; beim Gesamtgut: an die Mitglieder der schuldnerischen Gütergemeinschaft), sondern an den Verwalter.

72 **a) Deklaratorische Bedeutung.** Die Aufforderung an diese Schuldner des Schuldners (Drittschuldner, § 829 ZPO) hat keine eigenständige rechtliche Bedeutung. Sie soll die Adressaten lediglich auf die Wirkungen hinweisen, die sich aus der Eröffnung kraft Gesetzes (§§ 80, 81, 35, 36) für ihre Leistungsverpflichtung ergeben,[98] und sie davor bewahren, nach Leistung an den Schuldner nochmals vom Verwalter in Anspruch genommen zu werden (§ 82). Zugleich wird damit die Insolvenzmasse vor unnötigen Streitigkeiten geschützt. Sofern der Insolvenzverwalter dem Drittschuldner nichts anderes mitteilt (sog. unechte Freigabe), sind auch unpfändbare vermögensrechtliche Leistungen an den Verwalter zu erbringen, der sie sodann an den Schuldner auszukehren hat (Einzelheiten bei den §§ 35, 36). Die Aufforderung gilt auch für Drittschuldner im Ausland, die von dort aus in das Inland an den insolventen Schuldner leisten wollen; eine solche Leistung befreit nur, soweit ihr Gegenstand tatsächlich zur Masse gelangt.[99]

73 Wegen der deklaratorischen Bedeutung der Aufforderung ist es für die Beweislastregeln des § 82 ohne Belang, ob dem leistenden Drittschuldner die Aufforderung als solche bekannt war; maßgeblich ist allein die Kenntnis von der öffentlichen Bekanntmachung der Eröffnung selbst. Dies gilt auch, wenn die Aufforderung versehentlich ganz unterblieben ist.[100]

74 **b) Eigenverwaltung; Kassenführung durch den Sachwalter.** Bei Anordnung der Eigenverwaltung im Eröffnungsbeschluss entfällt die in § 28 Abs. 3 vorgeschriebene Aufforderung an die

---

[92] Jaeger/*Weber* KO § 119 RdNr. 2; Jaeger/*Schilken* § 28 RdNr. 22; *Uhlenbruck* § 28 RdNr. 6.
[93] Jaeger/*Weber* KO § 119 RdNr. 1; HKInsO-*Kirchhof* § 28 RdNr. 12.
[94] HKInsO-*Kirchhof* § 28 RdNr. 12; *Uhlenbruck* § 28 RdNr. 6.
[95] HKInsO-*Kirchhof* § 28 RdNr. 11 f.; Jaeger/*Schilken* § 28 RdNr. 19, 21; *Kübler/Prütting/Pape* § 28 (11/00) RdNr. 5.
[96] BGH NJW 1996, 2233, 2235; OLG Köln ZIP 1982, 1107; OLG Hamburg ZIP 1984, 348, 350; OLG Hamm NJW 1985, 965, 867; OLG Düsseldorf ZIP 1988, 450, 452; OLG Karlsruhe NZI 1999, 231, 232; HKInsO-*Kirchhof* § 28 RdNr. 11 f.; Jaeger/*Schilken* § 28 RdNr. 20; *Barnert* KTS 2005, 431, 436 ff.
[97] Zum alten Recht vgl. § 110 Abs. 1, § 118 KO.
[98] BGH NJW 1963, 2019; HKInsO-*Kirchhof* § 28 RdNr. 15; Jaeger/*Schilken* § 28 RdNr. 25; *Uhlenbruck* § 28 RdNr. 7.
[99] RGZ 90, 124, 127 f.
[100] Jaeger/*Weber* KO § 118 RdNr. 1, 6; Jaeger/*Schilken* § 28 RdNr. 25.

Drittschuldner. Nach § 270 Abs. 1 Satz 1 bleibt der verwaltende Schuldner nämlich abweichend von den §§ 80 bis 82 berechtigt, über die Insolvenzmasse zu verfügen und damit auch Leistungen seiner Drittschuldner mit befreiender Wirkung entgegenzunehmen.

Erklärt der Sachwalter bereits bei der Eröffnung die **Übernahme der Kassenführung** nach 75 § 275 Abs. 2, so kann in den Eröffnungsbeschluss eine modifizierte, an § 28 Abs. 3 angelehnte Aufforderung des Gerichts an die Drittschuldner aufgenommen werden, Zahlungen nicht mehr an den Schuldner zu leisten, sondern an den Sachwalter. Nach § 275 Abs. 2[101] kann der Sachwalter vom Schuldner verlangen, dass alle eingehenden Gelder nur vom Sachwalter entgegengenommen werden. Diese Übernahme der Kassenführung kann der in Aussicht genommene Sachwalter bereits vor der Eröffnung aufschiebend bedingt gegenüber dem Schuldner beanspruchen. Sie wird durch einseitige Erklärung wirksam und bedarf keiner Anordnung des Gerichts.[102]

Die modifizierte Aufforderung im Fall des § 275 Abs. 2 hat nicht so sehr rechtliche als tatsächliche 76 Bedeutung. Mit der Erklärung des Sachwalters verliert der Schuldner nämlich nicht, wie beim gerichtlich angeordneten Zustimmungsvorbehalt (§ 277 Abs. 1), die Befugnis, selbst Zahlungen entgegenzunehmen. Drittschuldner können Zahlungen unverändert mit befreiender Wirkung auch an den Schuldner leisten, selbst wenn sie die Übernahme der Kassenführung durch den Sachwalter kennen.[103] Die gerichtliche Aufforderung im Eröffnungsbeschluss dient hier dem Zweck, die Übernahme der Kassenführung allgemein bekanntzumachen und so faktisch den Umfang unkontrollierter direkter Zahlungen an den Schuldner möglichst gering zu halten. Dies ist im Interesse eines gesetzmäßigen Verfahrens sachgerecht und zulässig.

VI. Bestimmung der Termine (§ 29)

1. Normzweck, Art der Termine. Im Interesse eines zügigen Ablaufs des Verfahrens[104] 77 schreibt § 29 vor, dass das Insolvenzgericht schon im Eröffnungsbeschluss von Amts wegen die Termine derjenigen Gläubigerversammlungen zu bestimmen hat, die in der Anfangsphase des Verfahrens in jedem Fall notwendig sind: den **Berichtstermin** (§ 29 Abs. 1 Nr. 1), in dem auf der Grundlage eines Berichts des Insolvenzverwalters (§ 156) über den Fortgang des Verfahrens entschieden wird (§ 157), und den (allgemeinen) **Prüfungstermin,** in dem die angemeldeten Forderungen der Insolvenzgläubiger geprüft werden (§ 29 Abs. 1 Nr. 2, § 176). Ist bereits ein Insolvenzplan vorgelegt, so kann das Gericht außerdem nach pflichtgemäßem Ermessen bereits bei der Eröffnung einen **Erörterungs- und Abstimmungstermin** (§ 235) oder neben dem Erörterungstermin einen **gesonderten Abstimmungstermin** (§ 241) festlegen (vgl. RdNr. 85).

Ob die Termine anberaumt werden, steht nicht im Ermessen des Gerichts. Die Regelung des 78 § 29 als Ganze ist zwingendes Recht, soweit das Gesetz nicht ausdrücklich etwas anderes zulässt. Insbesondere ist der **Prüfungstermin** auch dann zu bestimmen (oder im Fall des § 312 Abs. 2 ein schriftliches Prüfungsverfahren durchzuführen), wenn aus der Sicht des Gerichts keine Insolvenzmasse zur Verteilung an die Insolvenzgläubiger vorhanden ist oder gebildet werden kann. Dies gilt nicht nur bei absehbarer Masseunzulänglichkeit (§ 208), sondern auch, wenn die Masse nicht einmal zur Deckung der Verfahrenskosten ausreicht, das Verfahren aber dennoch – etwa nach Stundung der Kosten (§ 4a) oder nach einer Vorschusszahlung (§ 26 Abs. 1 Satz 2) – eröffnet wird. Der Zweck der Stundung oder Vorschusszahlung besteht gerade darin, trotz (vorläufig) fehlender Masse die Ordnungsfunktion des Insolvenzverfahrens zur Geltung zu bringen. Diese Funktion gebietet eine geregelte Forderungsprüfung, solange die Kosten gedeckt oder sichergestellt sind.

2. Entstehungsgeschichte. Die Regelungen des § 29 entsprechen im Wesentlichen dem **alten** 79 **Recht.**[105] Ein Vorschlag des **Bundesrats,** dem Insolvenzgericht allgemein die Möglichkeit zu geben, im Eröffnungsbeschluss die Prüfung der angemeldeten Forderungen im schriftlichen Verfahren anzuordnen,[106] ist nicht übernommen worden. Die Bundesregierung hatte sich gegen den Vorschlag ausgesprochen.[107] Nach ihrer Ansicht hätten zur Wahrung des rechtlichen Gehörs Regelungen geschaffen werden müssen, die allen Beteiligten eine effektive Möglichkeit der Forderungsprüfung und des Widerspruchs gegeben, wegen ihrer Schwerfälligkeit aber eher eine Belastung der

---
[101] Die Vorschrift ist § 57 Abs. 2 VglO nachgebildet; vgl. Begr. RegE zu § 336 (= § 275), *Balz/Landfermann* S. 533 = *Kübler/Prütting,* Dok. Bd. I, S. 519.
[102] *Bley/Mohrbutter* § 57 VglO RdNr. 25; Kilger/*K. Schmidt* § 57 VglO Anm. 3 a.
[103] BGHZ 67, 223, 227; *Bley/Mohrbutter* § 57 VglO RdNr. 43; Kilger/*K. Schmidt* § 57 VglO Anm. 2 f., 3 d.
[104] Begr. RegE zu § 35 (= § 29), *Balz/Landfermann* S. 243 = *Kübler/Prütting,* Dok. Bd. I, S. 197.
[105] Einzelheiten: 1. Aufl. §§ 27 bis 29 RdNr. 77, 78.
[106] Stellungnahme des Bundesrats zum Regierungsentwurf, zu § 35 (= § 29), *Kübler/Prütting,* Dok. Bd. I, S. 197.
[107] Gegenäußerung der Bundesregierung, zu § 35 (= § 29), *Kübler/Prütting,* Dok. Bd. I, S. 197 f.

Gerichte bewirkt hätten. Dem ist der Rechtsausschuss des Bundestags bei § 29 gefolgt. Er hat jedoch – nicht folgerichtig – in § 177 Abs. 1 Satz 2 und in § 312 Abs. 2 nachträglich die Möglichkeit einer schriftlichen Forderungsprüfung in besonderen Fällen geschaffen.[108]

80   **3. Kriterien für die Terminsbestimmung.** Die Bestimmung der Termine steht innerhalb der gesetzlichen Fristen im **pflichtgemäßen Ermessen des Gerichts.** Dabei ist einerseits der Wille des Gesetzes zur Beschleunigung des Verfahrens zu berücksichtigen, andererseits darauf zu achten, dass allen Beteiligten eine angemessene Zeit zur Vorbereitung der Termine zur Verfügung steht; ein schlecht vorbereiteter Termin nutzt niemandem. Von besonderer Bedeutung wird die Situation des Insolvenzverwalters sein. Vor dem **Berichtstermin** muss er genügend Zeit haben, um rechtzeitig die in § 154 genannten Unterlagen zusammenzustellen und einen begründeten Bericht auszuarbeiten (§ 158), der in der Versammlung eine geeignete Grundlage für die Beschlussfassung der Gläubiger über den Fortgang des Verfahrens bietet (§ 157; vgl. RdNr. 91 ff.). Der Termin darf andererseits nicht weiter als notwendig hinausgeschoben werden, weil das Verfahren sich bis zum Berichtstermin in einem Schwebezustand befindet und das Gesetz den Gläubigern ein vorläufiges Stillhalten gegenüber dem Verwalter zumutet (vgl. etwa § 107 Abs. 2, § 155 Abs. 2 Satz 2, §§ 159, 169 InsO, § 30d Abs. 1 Nr. 1 ZVG). Die Anmeldefrist braucht zum Zeitpunkt des Berichtstermins noch nicht abgelaufen zu sein (vgl. RdNr. 49). Die Zeit bis zum **Prüfungstermin** muss so bemessen sein, dass der Verwalter imstande ist, nach Ablauf der Anmeldefrist die angemeldeten Forderungen in der Tabelle zu erfassen (§ 175 Satz 1), mit der gebotenen Gründlichkeit zu überprüfen und die Tabelle mit den Anmeldungen rechtzeitig vor dem Termin, d.h. im ersten Drittel der Zwischenfrist (§ 175 Satz 2, § 29 Abs. 1 Nr. 2; vgl. RdNr. 52), in der Geschäftsstelle des Insolvenzgerichts zur Einsicht der Beteiligten niederzulegen.

81   Der **Prüfungstermin** darf **nicht vor dem Berichtstermin** liegen.[109] Beide Termine können allerdings verbunden werden (vgl. RdNr. 84). Die Themen des Berichtstermins haben in der zeitlichen Abfolge des Verfahrens gedanklich Vorrang vor der Prüfung und Feststellung der Forderungen. Dies kommt in der gesetzlichen Systematik (§§ 29, 156 bis 159, 174 bis 177) zum Ausdruck. Dass damit die für die erste Gläubigerversammlung vorgesehene Abstimmung über die Wahl eines anderen Verwalters (§ 57) nur auf der Grundlage vorläufiger Stimmrechte stattfindet (§ 77 Abs. 1), ist zwar bedenklich, entspricht aber dem Willen des Gesetzes.

82   **4. Gesetzliche Fristen.** Die bei der Terminsbestimmung zu beachtenden Fristen **beginnen** mit dem Eintritt der Zustellungswirkung der öffentlichen Bekanntmachung, also mit Beginn des dritten Tages nach der Veröffentlichung (§ 9 Abs. 1 Satz 3). Sie sind im Zusammenhang mit der Anmeldefrist (vgl. RdNr. 48 ff.) in folgender Reihenfolge zu sehen:
– **Berichtstermin:** sechs Wochen, in Ausnahmefällen drei Monate (§ 29 Abs. 1 Nr. 1);
– **Anmeldefrist:** zwischen zwei Wochen und drei Monaten (§ 28 Abs. 1 Satz 2);
– **Prüfungstermin:** eine Woche bis zwei Monate nach Ablauf der Anmeldefrist (§ 29 Abs. 1 Nr. 2);
– **Erörterungs- und Abstimmungstermin:** ein Monat (§ 235 Abs. 1 Satz 2).

83   Die Fristen sind teils als Soll- und teils als Muss-Fristen normiert und haben deshalb einen unterschiedlichen Grad der Verbindlichkeit. **Soll-Fristen** sind für den Normalfall des Berichtstermins (sechs Wochen) und den Prüfungstermin sowie für den Erörterungs- und Abstimmungstermin im Insolvenzplanverfahren vorgesehen. Sie sind in aller Regel einzuhalten, können allerdings aus erheblichen Gründen überschritten werden (vgl. § 227 ZPO). Der Prüfungstermin darf daher in umfangreichen Verfahren, ohne dass zusätzliche außergewöhnliche Umstände vorzuliegen brauchen, bis zu fünf Monate später als die Eröffnung stattfinden. **Schlechthin zwingend** sind nach dem eindeutigen Wortlaut des Gesetzes dagegen die Höchstdauer der Anmeldefrist (drei Monate) und der späteste Zeitpunkt für den Berichtstermin (ebenfalls drei Monate).

84   **5. Verbindung, Trennung.** Berichtstermin und Prüfungstermin können verbunden werden (§ 29 Abs. 2). Dies erscheint im Allgemeinen nur zweckmäßig, wenn die Vermögensverhältnisse des Schuldners überschaubar sind und die Zahl der Gläubiger gering ist (vgl. auch § 312 Abs. 2). In diesem Fall sind als **Mindestfrist** für die Terminierung die kürzeste Anmeldefrist (zwei Wochen) und die kürzeste Zwischenfrist (eine Woche) zu beachten. Die absolute **Höchstfrist** für die erste Gläubigerversammlung beträgt drei Monate (§ 29 Abs. 1 Nr. 1).

85   Liegt bei Eröffnung bereits ein (zulässiger) **Insolvenzplan** vor und sind bereits die Stellungnahmen nach § 232 angefordert, so kann der Erörterungs- und Abstimmungstermin (§ 235) mit dem Prüfungstermin verbunden werden (§ 236 Satz 2). Zulässig ist es auch, alle drei Termine (Berichts-,

---

[108] Bericht BTag zu §§ 204, 357 i (= §§ 177, 312), *Balz/Landfermann* S. 429, 575 = *Kübler/Prütting*, Dok. Bd. I, S. 410, 572.
[109] LG Düsseldorf ZIP 1985, 528 f.; *Jaeger/Schilken* § 29 RdNr. 7; anders *Kübler/Prütting/Pape* § 29 (11/00) RdNr. 8; *Uhlenbruck* § 29 RdNr. 3.

Prüfungs- sowie Erörterungs- und Abstimmungstermin) zusammenzulegen[110] (§ 29 Abs. 2, § 236). Dies kann bei guter Vorbereitung des Insolvenzplans auch in Großverfahren durchaus sinnvoll sein und im Interesse aller Beteiligten liegen. Bei der Terminierung ist die absolute Höchstfrist für die erste Gläubigerversammlung von drei Monaten zu beachten (§ 29 Abs. 1 Nr. 1). Hält das Gericht es für zweckmäßig, den Erörterungstermin vom Abstimmungstermin getrennt durchzuführen (§ 241), so kann der Prüfungstermin mit dem Erörterungstermin zusammengefasst werden.

Gesetzlich ausgeschlossen ist dagegen die Durchführung des **Erörterungs- und Abstimmungstermins vor dem Prüfungstermin** (§ 236). Eine sinnvolle Erörterung und Beurteilung des Insolvenzplans ist ohne vorherige Prüfung der Forderungen und damit ohne Schätzung des Gesamtumfangs der schuldnerischen Verbindlichkeiten nicht möglich.[111] Deshalb muss auch in einem verbundenen Termin die Forderungsprüfung vor der Erörterung des Plans stattfinden (vgl. RdNr. 96). **86**

6. Verlegung, nachträgliche Trennung. Aus erheblichen Gründen (vgl. § 227 ZPO) können **87** Termine zur Gläubigerversammlung von Amts wegen nachträglich verlegt und verbundene Termine wieder getrennt werden. Dabei sind die jeweils geltenden gesetzlichen Höchstfristen ab Eröffnung einzuhalten. Da mit der Neuterminierung eine richterliche Anordnung geändert wird, kann sie nur der Richter vornehmen (vgl. RdNr. 140). Für die Vertagung der Verhandlung in einem bereits begonnenen Termin (vgl. § 74 Abs. 2 Satz 2), die dem Rechtspfleger obliegt, gelten die gesetzlichen Fristen nicht. Entscheidungen über Terminänderungen sind nur nach § 11 Abs. 2 RPflG anfechtbar (§ 227 Abs. 4 ZPO, §§ 4, 6 Abs. 1).[112]

7. Überschreitung der Terminfristen. Wird die zwingende Höchstfrist für den Berichtstermin **88** (§ 29 Abs. 1 Nr. 1) nicht beachtet, so ist der Eröffnungsbeschluss wegen Verletzung des Gesetzes rechtsfehlerhaft. Gleiches gilt, wenn das Gericht eine Soll-Frist ohne erheblichen Grund überschreitet oder bei der Terminbestimmung innerhalb der gesetzlichen Grenzwerte von seinem Ermessen nicht in zweckentsprechender Weise Gebrauch macht (vgl. RdNr. 53, 80 ff.). Der Rechtsfehler kann mit der **Beschwerde** nur vom Schuldner und nur mit dem Ziel der Aufhebung des gesamten Eröffnungsbeschlusses geltend gemacht werden[113] (§ 34 Abs. 2); Gläubiger haben auch in einem solchen Fall kein Beschwerderecht (§ 6 Abs. 1, § 34).

Zur **nachträglichen Neubestimmung von Terminen** von Amts wegen vgl. RdNr. 129, 131). **89**

8. Tagesordnung. Die Bestimmung der Termine im Eröffnungsbeschluss enthält zugleich die **90** Einberufung der entsprechenden Gläubigerversammlung (§ 74). Neben Zeit und Ort ist deshalb die Tagesordnung ihrem wesentlichen Inhalt nach festzulegen (§ 74 Abs. 2). Allgemeine Andeutungen wie „Abstimmung über Anträge des Verwalters" genügen nicht. Ausdrücklich zu bezeichnen sind auch Gegenstände der Beschlussfassung und sonstige Themen, die kraft Gesetzes notwendigerweise in einer bestimmten Gläubigerversammlung zu behandeln sind.[114] In solchen Fällen genügt der Hinweis auf die gesetzliche Vorschrift; gleiches gilt für sonstige Tagesordnungspunkte, die sich aus dem Gesetz hinreichend genau ergeben,[115] etwa „die in den §§ 149, 159 bis 163 und 271 bezeichneten Gegenstände". Einzelheiten bei § 74.

a) Berichtstermin. Gesetzliche Tagesordnungspunkte des Berichtstermins sind **91**
– der Bericht des Insolvenzverwalters nach § 156,
– die Beschlussfassung der Gläubiger über den Fortgang des Verfahrens (§§ 157, 159), insbesondere über die Fortführung des schuldnerischen Unternehmens und über den Auftrag an den Verwalter zur Ausarbeitung eines Insolvenzplans (§ 218).

Außerdem sind auf die Tagesordnung des Berichtstermins die Punkte zu setzen, die das Gesetz **92** ausdrücklich oder stillschweigend der **ersten Gläubigerversammlung** zuweist:
– die Wahl eines anderen Insolvenzverwalters, Treuhänders oder Sachwalters (§ 57),
– die Beibehaltung und weitere Zusammensetzung eines vom Gericht bereits eingesetzten Gläubigerausschusses[116] (§ 67 Abs. 1, § 68 Abs. 1 Satz 2, Abs. 2),
– die Beibehaltung der Eigenverwaltung, also die Beschlussfassung über die Stellung eines Antrags auf Aufhebung der Eigenverwaltung (§ 272 Abs. 1 Nr. 1) oder auf Anordnung eines Zustimmungsvorbehalts (§ 277 Abs. 1),

---

[110] Begr. RegE zu § 280 (= § 236), *Balz/Landfermann* S. 489 = *Kübler/Prütting*, Dok. Bd. I, S. 473.
[111] Begr. RegE zu § 280 (= § 236), *Balz/Landfermann* S. 489 = *Kübler/Prütting*, Dok. Bd. I, S. 473.
[112] BGH NZI 2006, 404.
[113] Abw. (kein Beschwerdegrund): FKInsO-*Schmerbach* § 29 RdNr. 15; HKInsO-*Kirchhof* § 29 RdNr. 7.
[114] RGZ 143, 263, 265.
[115] *Kübler/Prütting/Pape* § 29 (11/00) RdNr. 7; *Uhlenbruck* § 29 RdNr. 5; LG Freiburg ZIP 1983, 1098 mit zust. Anm. *Uhlenbruck* Rpfleger 1983, 493; abl. Anm. *Kübler* ZIP 1983, 1100 ff.
[116] Vgl. Bericht BTag zu § 35 (= § 29), *Balz/Landfermann* S. 242 = *Kübler/Prütting*, Dok. Bd. I, S. 198.

— der Antrag an das Gericht, die von ihm abgelehnte Eigenverwaltung dennoch anzuordnen (§ 271).

93 Weitere Punkte, die in aller Regel im Berichtstermin als der ersten Gläubigerversammlung zu erledigen sind, betreffen
– die erstmalige Einsetzung eines Gläubigerausschusses (§ 68),
– die Bestimmung einer Hinterlegungsstelle, die weiteren Einzelheiten und die Zeichnungsbefugnis des Verwalters (§ 149),
– die Beschlussfassung über zustimmungsbedürftige Rechtshandlungen des Verwalters (§§ 160 bis 163),
– die Beschlussfassung über Unterhaltszahlungen aus der Insolvenzmasse (§§ 100, 101 Abs. 1 Satz 3).

94 b) **Prüfungstermin.** Gesetzlicher Tagesordnungspunkt ist die Prüfung der angemeldeten Forderungen der Insolvenzgläubiger nach Betrag und Rang (§§ 176 bis 178) sowie in den Fällen des § 175 Abs. 2, § 302 Nr. 1 hinsichtlich ihres Rechtsgrundes.

95 c) **Erörterungs- und Abstimmungstermin.** Liegt ein zulässiger **Insolvenzplan** vor, so dient dieser Termin kraft Gesetzes der Erörterung des Plans durch die Gläubiger und der anschließenden Abstimmung über den Plan (§ 235).

96 d) **Verbundene Termine.** Werden Termine verbunden, so hat sich in der Reihenfolge der Tagesordnungspunkte die zwingend vorgeschriebene gesetzliche Reihenfolge der Termine grundsätzlich widerzuspiegeln (vgl. RdNr. 81, 86). Insbesondere darf die Prüfung der Forderungen nicht vor der Erledigung der Themen der §§ 156, 157 stattfinden; ebenso unzulässig ist es, die Erörterung des Insolvenzplans und die anschließende Abstimmung vor der Prüfung der Forderungen durchzuführen (§ 236 Satz 1). Nicht sinnwidrig und damit zulässig ist es allerdings, die Entscheidung der Gläubiger über den Fortgang des Verfahrens (§ 157) mit der Erörterung eines bereits vorliegenden (zulässigen) Insolvenzplans (§ 235) zu verbinden und beide Themen gemeinsam nach der Prüfung der Forderungen zu behandeln (§ 236).

97 9. **Verbraucherinsolvenz (§ 312).** In der Verbraucherinsolvenz (§ 304) entfällt der Berichtstermin als gesonderte Gläubigerversammlung. Abweichend von § 29 ist hier bei der Eröffnung nur der Prüfungstermin zu bestimmen (§ 312 Abs. 1). Für die Terminierung gelten die Regeln des § 29 Abs. 1 Nr. 2.

98 Die Regelung des § 312 Abs. 1 soll der Verfahrensvereinfachung dienen. Sie wird damit begründet, dass die Möglichkeiten für einvernehmliche Lösungen bereits vor der Verfahrenseröffnung eingehend geprüft worden seien.[117] Dieser Hinweis auf den erfolglosen außergerichtlichen Einigungsversuch (§ 305 Abs. 1 Nr. 1) und das Scheitern des Schuldenbereinigungsplans (§§ 307 bis 311) mag im Fall eines Eigenantrags vielfach zutreffen. Es kann sich jedoch auch hier, erst recht aber bei der Eröffnung auf Grund eines Gläubigerantrags, die Notwendigkeit ergeben, dass der Treuhänder in der ersten Gläubigerversammlung über die **wirtschaftliche Lage des Schuldners und ihre Ursachen** berichtet. Dies gilt insbesondere, wenn Anhaltspunkte für unrichtige Angaben des Schuldners oder für Anfechtungstatbestände festgestellt sind. Auch in der Verbraucherinsolvenz kann daher ein **Bericht des Treuhänders** in die Tagesordnung aufgenommen oder im Termin ohne besondere Ankündigung erstattet werden.

99 Der **Prüfungstermin** übernimmt im Verbraucherinsolvenzverfahren insgesamt die **Funktion der ersten Gläubigerversammlung.** Es sind daher alle Tagesordnungspunkte zu behandeln, die das Gesetz allgemein dieser Versammlung zuweist, soweit sie nach Lage des Falles in Betracht kommen (vgl. RdNr. 92 f.). Dies gilt insbesondere für
– die Wahl eines anderen Treuhänders (§ 313 Abs. 1, § 57),
– die Beschlussfassung über Unterhaltszahlungen aus der Insolvenzmasse (§ 100).

100 Besondere Tagesordnungspunkte, die sich aus den **Besonderheiten des sog. vereinfachten Verfahrens** (§§ 312 ff.) ergeben, sind:
– die Anhörung der Gläubiger zur beabsichtigten vereinfachten Verwertung der Masse (§ 314 Abs. 2),
– die Beauftragung des Treuhänders oder eines Gläubigers mit der Anfechtung von Rechtshandlungen (§ 313 Abs. 2).

101 10. **Schriftliches Verfahren (§ 5 Abs. 2).** Sind die Vermögensverhältnisse des Schuldners überschaubar und die Zahl der Gläubiger oder die Höhe seiner Verbindlichkeiten gering, so kann nach § 5 Abs. 2[118] das Insolvenzgericht anordnen, dass das Verfahren oder einzelne seiner Teile schriftlich

---

[117] Bericht BTag zu § 357 i (= § 312), *Balz/Landfermann* S. 575 = *Kübler/Prütting*, Dok. Bd. I, S. 572.
[118] Eingefügt durch Art. 1 Nr. 1a InsVfVereinfG 2007 anstelle des früheren § 312 Abs. 2; zur Begr. vgl. RegE BT-Drucks. 16/3227, S. 13.

durchgeführt werden. Dies gilt unabhängig von der Verfahrensart, der Rechtsform des Schuldners oder der Art seiner Beteiligung am wirtschaftlichen Leben. Die Anordnung steht im freien Ermessen des Gerichts. In geeigneten Fällen kann deshalb schon im Eröffnungsbeschluss von der Terminierung der beiden Gläubigerversammlungen abgesehen und stattdessen ein schriftliches Verfahren angeordnet werden. An die Stelle des Termins zur Gläubigerversammlung tritt ein **Kalenderdatum (Stichtag)**, bis zu dem die Beteiligten ihre schriftlichen Erklärungen bei Gericht einreichen können (vgl. § 128 Abs. 2 ZPO, § 4). Die Fristen des § 29 Abs. 1 und die Grundsätze über die Tagesordnung (RdNr. 90 ff.) sowie die Regeln über Niederlegungspflichten des Verwalters (§ 154) gelten entsprechend. Das schriftliche Verfahren muss insgesamt so ausgestaltet sein, dass die Informations-, Anhörungs- und Mitwirkungsrechte der Beteiligten sichergestellt bleiben und die Willensbildung der Gläubiger in vertretbaren Fristen zu eindeutigen Ergebnissen führt. Das Gericht kann deshalb dem Verwalter eine Frist zur vorherigen Niederlegung seines Berichts auf der Geschäftsstelle setzen. Wird auf Grund der fristgerecht eingegangenen Äußerungen der Beteiligten eine förmliche Beschlussfassung der Gläubiger erforderlich, so kann die Abstimmung ebenfalls schriftlich durchgeführt werden. Neben der Befugnis des Gerichts, von Amts wegen eine Gläubigerversammlung einzuberufen (§§ 74, 5 Abs. 2 Satz 2), bleibt das Recht der Verfahrensbeteiligten unberührt, nach Maßgabe des § 75 die Einberufung einer Versammlung zu beantragen.

VII. Zusätzliche Anordnungen bei besonderen Schuldnern und Sondermassen

Für Sonderfälle der Insolvenz sind zur besseren Organisation des Verfahrens verschiedentlich zusätzliche Anordnungen des Insolvenzgerichts vorgeschrieben. Diese brauchen allerdings nicht unbedingt in den Eröffnungsbeschluss selbst aufgenommen zu werden.

1. Aussteller von Pfandbriefen und sonstigen Schuldverschreibungen. In der Insolvenz eines Ausstellers von nach deutschem Recht begebenen inhaltsgleichen Schuldverschreibungen aus Gesamtemissionen, § 1 SchVG, hat das Insolvenzgericht nach der Eröffnung des Verfahrens nach § 19 Abs. 2 Satz 2 SchVG außer der Gläubigerversammlung . eine **Versammlung der Schuldverschreibungsgläubiger** einzuberufen, wenn ein gemeinsamer Vertreter für alle Gläubiger zur Wahrung ihrer Interessen im Verfahren und noch nicht bestellt worden ist (§ 19 Abs. 2 SchVG).[119] Für die Einberufung der Insolvenzgläubigerversammlung gelten die Bestimmungen der §§ 29 Abs. 1, 75 der Insolvenzordnung.[120]

Auch für **Gläubiger von Pfandbriefen (Hypothekenpfandbriefen, öffentlichen Pfandbriefen oder Schiffspfandbriefen)**[121] gelten Sonderregelungen. Ist über das Vermögen eines Kreditinstituts, das Pfandbriefgeschäfte vornimmt (**Pfandbriefbank**, § 1 PfandBG),[122] das allgemeine Insolvenzverfahren eröffnet, so fallen nämlich die im Deckungsregister eingetragenen Werte (Deckungsmasse) nicht in die Insolvenzmasse.[123] Das allgemeine Insolvenzverfahren berührt die Forderungen der Pfandbriefgläubiger nicht (§ 30 Abs. 1 PfandBG). Die Einberufung einer Versammlung dieser Gläubiger von Amts wegen ist in dieser Situation nicht geboten. Die Deckungsmasse wird als Sondervermögen von einem Sachwalter verwaltet.[124] Der Sachwalter wird von dem Amtsgericht, in dessen Bezirk das Landgericht und die Bank ihren Sitz haben auf Antrag der Bundesanstalt für Finanzdienstleistungsaufsicht bestellt und beaufsichtigt (§§ 375 Nr. 12, 376 FamFG, § 30 Abs. 2 bis 5, §§ 31 bis 36); er darf nicht mit dem Sachwalter bei der Eigenverwaltung verwechselt werden (§§ 270, 274). Ist ein solcher Sachwalter für die Deckungsmasse bereits vor der Verfahrenseröffnung eingesetzt worden, so bleibt er im Amt (§ 30 Abs. 5 PfandBG). Im Fall der **Zahlungsunfähigkeit**

---

[119] Gesetz zur Neuregelung der Rechtsverhältnisse bei Schuldverschreibungen aus Gesamtemissionen und zur verbesserten Durchsetzbarkeit von Ansprüchen von Anlegern aus Falschberatung vom 4.8.2009 (BGBl. I S. 2512).

[120] *Kuder/Obermüller*, Insolvenzrechtliche Aspekte des neuen Schuldverschreibungsgesetzes, ZInsO 2009, 2025 ff. (2028).

[121] Zum Folgenden vgl. Gesetz zur Neuordnung des Pfandbriefrechts vom 22.5.2005 (BGBl. I S. 1373; Materialien: BT-Dr. 15/4321; 15/4487, 15/4878). Es hat die früheren Einzelgesetze über Hypothekenbanken, Schuldverschreibungen öffentlich-rechtlicher Kreditanstalten und Schiffsbanken abgelöst und dabei die Vereinheitlichung der hier dargestellten Regelungen durch das Gesetz zur Umsetzung der RL 2002/47/EG über Finanzsicherheiten vom 5.4.2004 (BGBl. I S. 502; Materialien: BT-Dr. 15/1853, 15/2485) übernommen (BT-Dr. 15/4321, S. 37). Einzelheiten bei *Reuschle* BKR 2003, 689; *Escher/Frey* BKR 2004, 381 f.; *Koppmann* WM 2006, 305 ff.; *Kristen/ Springer* BKR 2006, 366, 370 f.

[122] Pfandbriefgesetz (Art. 1 des Gesetzes zur Neuordnung des Pfandbriefrechts vom 22.5.2005, BGBl. I S. 1373).

[123] Begr. RegE des Gesetzes zur Umsetzung der RL 2002/47/EG über Finanzsicherheiten, 2004, BT-Dr. 15/1853, S. 21.

[124] Ausführlich dazu *Koppmann* WM 2006, 305, 306 ff.

oder **Überschuldung einer Deckungsmasse** findet über sie ein **gesondertes Insolvenzverfahren** statt, das nur von der Bundesanstalt für Finanzdienstleistungsaufsicht beantragt werden kann (§ 30 Abs. 6 Satz 2 PfandBG). Nach der Eröffnung eines derartigen Verfahrens[125] ist eine Versammlung der Pfandbriefgläubiger als der betroffenen Schuldverschreibungsgläubiger einzuberufen. Mit der Eröffnung des Sonderinsolvenzverfahrens und der Bestellung des Sonderinsolvenzverwalters für die Deckungsmasse endet die Tätigkeit des Sachwalters. Er wird nicht etwa kraft Gesetzes gemeinsamer Vertreter der Gläubiger. Er kann allerdings in diesem Verfahren zum Sonderinsolvenzverwalter bestellt werden.[126] Die verfahrensrechtliche Position des Schuldners übernimmt die Pfandbriefbank. Einen etwaigen Ausfall in dem Sonderinsolvenzverfahren können die beteiligten Gläubiger, selbst oder durch ihren gewählten gemeinsamen Vertreter, ähnlich wie Absonderungsberechtigte im Insolvenzverfahren über das übrige Vermögen der Pfandbriefbank geltend machen (§ 30 Abs. 6 Satz 4 PfandBG).

105 **2. Versicherungsunternehmen.** In der Insolvenz eines Versicherungsunternehmens hat das Insolvenzgericht – nach Anhörung der Bundesanstalt für Finanzdienstleistungsaufsicht – den Versicherten zur Wahrung ihrer Rechte auf Befriedigung aus den Werten des Sicherungsvermögens einen **Pfleger** zu bestellen (§ 78 Abs. 1, 6 VAG). Der Pfleger hat insbesondere die Forderungen der Versicherten zu ermitteln und anzumelden, jeder Versicherer bleibt jedoch selbst zur Anmeldung berechtigt (§ 78 Abs. 3 VAG). Für die Pflegschaft tritt an die Stelle des Vormundschaftsgerichts das Insolvenzgericht. Die Verwaltung des Sicherungsvermögens als Sondermasse kann einem eigenverantwortlichen **Sonderinsolvenzverwalter** anvertraut werden (vgl. RdNr. 32).

106 **3. Verwahrer von Wertpapieren.** In der Insolvenz eines Verwahrers, Pfandgläubigers oder Kommissionärs von Wertpapieren (§§ 1, 17, 18, 32 DepotG) hat das Insolvenzgericht den vorrangigen Gläubigern zur Wahrung der ihnen aus dem Depotgeschäft zustehenden Rechte einen **Pfleger** zu bestellen, wenn es nach Lage des Falles erforderlich ist (§ 32 Abs. 5, § 33 Abs. 6 DepotG). Dem Gericht steht ein gewisser Beurteilungsspielraum zu. Die Bestellung wird angezeigt sein, wenn eine große Anzahl betroffener Gläubiger zu erwarten oder sonst mit Schwierigkeiten bei der Abwicklung der Sondermassen zu rechnen ist. Der Pfleger hat insbesondere die Forderungen der vorrangigen Gläubiger zu ermitteln und anzumelden, jeder Gläubiger bleibt jedoch selbst zur Anmeldung berechtigt (§ 32 Abs. 5 DepotG, § 78 Abs. 3 VAG). Für die Pflegschaft tritt an die Stelle des Betreuungsgerichts das Insolvenzgericht. Zur Befriedigung der vorrangigen Gläubiger werden Sondermassen gebildet, die der Insolvenzverwalter oder ein eigenverantwortlicher **Sonderinsolvenzverwalter** (vgl. RdNr. 32) getrennt zu verwalten hat (§ 32 Abs. 3, 5, § 33 Abs. 2 DepotG, § 78 VAG).

107 **4. Natürliche Personen: Hinweis auf Restschuldbefreiungsantrag (§ 27 Abs. 2 Nr. 4).** Ist der Schuldner eine natürliche Person, so ist im Eröffnungsbeschluss anzugeben, ob der Schuldner einen Antrag auf Restschuldbefreiung gestellt hat (§ 27 Abs. 2 Nr. 4).[127] **Zweck des Hinweises** ist die frühzeitige Information der Gläubiger[128] im Interesse einer sachgerechten Förderung des Verfahrens. Der Hinweis gibt den Gläubigern die Möglichkeit, schon ab Kenntnis des Eröffnungsbeschlusses Versagungsgründe zu ermitteln und Beweise zu sichern; er erleichtert damit die Stellung ordnungsmäßiger Versagungsanträge (§ 290 Abs. 2). Er ist in den Eröffnungsbeschluss jedes Verfahrens über das Vermögen einer lebenden natürlichen Person aufzunehmen. Da aus dem Beschluss regelmäßig nicht der Antragsteller hervorgeht, gilt dies selbst dann, wenn dem Verfahren nur ein Gläubigerantrag zu Grunde liegt.

108 Nach dem Gesetz beschränkt sich der **Inhalt des Hinweises** auf die Aussage, ob der Schuldner einen Antrag auf Restschuldbefreiung gestellt hat, d.h. ob dem Gericht bei Verfahrenseröffnung ein solcher Antrag vorliegt. Der Hinweis ist daher auch geboten, wenn dies nicht der Fall ist. Eine Aussage zur Zulässigkeit des Antrags gehört nicht zwingend zum wesentlichen Inhalt des Hinweises. Das Gesetz sieht dies, anders als die Gesetzesbegründung[129] annimmt, nicht vor. Es ist indessen vom Zweck der Norm (s.o.) gedeckt, auch Angaben zur Zulässigkeit zu machen. Insbesondere wird dies zweckmäßig sein, wenn der Antrag offenkundig unzulässig ist oder er sogar bereits, sei es rechtskräftig oder nicht, zurückgewiesen worden ist.

109 Ist der Hinweis zu Unrecht unterblieben, so kann er bei der öffentlichen Bekanntmachung des Eröffnungsbeschlusses nachgeholt werden (§ 30 Abs. 1 Satz 2). Das unberechtigte **Unterlassen des Hinweises oder der Bekanntmachung** berührt nicht die Rechtmäßigkeit des Eröffnungsbe-

---

[125] Vgl. dazu Koppmann WM 2006, 305, 309 ff.
[126] Begr. RegE des Gesetzes zur Umsetzung der RL 2002/47/EG über Finanzsicherheiten, 2004, BT-Dr. 15/1853, S. 20; Koppmann WM 2006, 305, 310.
[127] Eingefügt durch Art. 1 Nr. 9b InsVfVereinfG 2007.
[128] Begr. RegE InsVfVereinfG 2007, BT-Drucks. 16/3227, zu Art. 1 Nr. 9b, S. 16.
[129] Begr. RegE InsVfVereinfG 2007, BT-Drucks. 16/3227, zu Art. 1 Nr. 9b, S. 16.

schlusses. Es begründet auch keine Vermutung, dass Restschuldbefreiung nicht beantragt sei. Rechtliches Gehör zum Antrag des Schuldners ist den Gläubigern erst zu gewähren, wenn die Entscheidung über die Ankündigung der Restschuldbefreiung ansteht (§ 291), also bei der Einberufung zur abschließenden Gläubigerversammlung (§ 289 Abs. 1, 3) oder in der schriftlichen Schlussanhörung (§ 5 Abs. 2). Beteiligungsrechte der Gläubiger sind erst verletzt, wenn ihnen diese Möglichkeit der Information, Äußerung und Antragstellung genommen wird.

VIII. Fakultative Anordnungen bei der Eröffnung

Im Interesse eines geordneten und zügigen Verfahrensablaufs kann das Gericht bei der Eröffnung, jedoch nicht notwendig im Eröffnungsbeschluss, weitere Anordnungen treffen: 110
– Beauftragung des Verwalters mit der **Zustellung des Eröffnungsbeschlusses** an Gläubiger und Drittschuldner (§ 8 Abs. 3, § 30 Abs. 1); 111
– Auflagen an den Schuldner zur Konkretisierung seiner **Mitwirkungspflichten** (§ 97), etwa zur Erteilung einer Vollmacht über das Auslandsvermögen an den Verwalter oder zur Einschränkung seiner Freizügigkeit (§ 97 Abs. 3);
– Erlass einer **Postsperre** (§ 99, zweckmäßigerweise wegen der erforderlichen Begründung in einem gesonderten Beschluss);
– Einsetzung eines **Gläubigerausschusses** (§ 67);
– Bestimmung einer vorläufigen **Hinterlegungsstelle** (§ 149 Abs. 1).

Hat der Sachverständige oder vorläufige Insolvenzverwalter, der zum Insolvenzverwalter oder Sachwalter bestellt wird, bereits in seinem Eröffnungsgutachten mitgeteilt, dass Masseunzulänglichkeit (§ 208 Abs. 1) vorliegt, so kann das Gericht dies als **Anzeige der Masseunzulänglichkeit** bereits in den Eröffnungsbeschluss aufnehmen und mit ihm bekannt machen; eine zusätzliche Anzeige des bestellten Verwalters ist sodann entbehrlich.[130] Gleiches gilt, wenn die Eröffnung nur durch Stundung der Verfahrenskosten ermöglicht worden ist.[131] Infolge der gerichtlichen Bekanntmachung greifen von Anfang an die Regelungen der §§ 209, 210 ein. 112

Nicht mehr zulässig ist es, dem Insolvenzverwalter die **Leistung einer Sicherheit** zur Abdeckung etwaiger Schadensersatzansprüche aufzuerlegen. Eine entsprechende Regelung des Regierungsentwurfs, die in Anlehnung an das alte Recht aus besonderem Grund diese Möglichkeit vorsah,[132] ist vom Bundestag wegen geringer praktischer Bedeutung gestrichen worden.[133] 113

IX. Gründe und Kostenentscheidung

1. Gründe. Angesichts der Schwere des Eingriffs in die Rechte des Schuldners gebieten es die allgemeinen rechtsstaatlichen Grundsätze, den Eröffnungsbeschluss zu begründen. Die **Ausführlichkeit** der Begründung hängt im Wesentlichen davon ab, ob und mit welchen Argumenten der Schuldner oder einzelne seiner organschaftlichen Vertreter dem Eröffnungsantrag entgegengetreten sind oder ob ein Beteiligter einen besonderen Antrag gestellt hat. Erfahrungsgemäß genügt in der Regel eine sehr knappe Begründung, die sich auf die Angabe des festgestellten gesetzlichen **Eröffnungsgrunds** beschränkt. Ein eingeholtes Sachverständigengutachten ist dem Schuldner spätestens mit dem Eröffnungsbeschluss mitzuteilen. 114

Ist anzunehmen, dass sich Vermögen des Schuldners in einem anderen Mitgliedstaat der Europäischen Union befindet, so sollen nach Art. 102 § 2 EGInsO im Eröffnungsbeschluss die tatsächlichen Feststellungen und rechtlichen Erwägungen kurz dargestellt werden, aus denen sich die **internationale Zuständigkeit des Insolvenzgerichts** nach Art. 3 EuInsVO ergibt. Diese Angaben (vgl. auch RdNr. 28) sollen Schwierigkeiten bei der internationalen Anerkennung der Eröffnung und einen positiven Kompetenzkonflikt mit ausländischen Gerichten vermeiden, wenn sich abzeichnet, dass im Ausland ebenfalls Anknüpfungspunkte für eine insolvenzgerichtliche Zuständigkeit vorliegen.[134] Ein Kompetenzkonflikt ist nur bei der Eröffnung mehrerer Hauptinsolvenzverfahren (Art. 3 Abs. 1 EuInsVO) denkbar. Hat das **Gericht eines anderen Mitgliedstaats** der Europäischen Union ein **Hauptinsolvenzverfahren eröffnet,** so ist, solange dieses Insolvenzverfahren anhängig ist, ein bei einem inländischen Insolvenzgericht gestellter Antrag auf Eröffnung eines solchen Verfahrens über das zur Insolvenzmasse gehörende Vermögen gemäß Art. 102 § 3 Abs. 1 Satz 1 EGInsO unzulässig. Ein entgegen dieser Bestimmung eröffnetes Verfahren darf nach Satz 2 der Vorschrift 115

---

[130] BAGE 114, 13 = NZI 2005, 408, 409; LAG Düsseldorf ZIP 2003, 2039, 2041.
[131] AG Duisburg NZI 2003, 384, 386.
[132] § 65 Abs. 2 RegE, vgl. § 78 Abs. 2 KO.
[133] Bericht BTag zu § 65 Abs. 2 RegE, *Balz/Landfermann* S. 268 (zu § 56) = *Kübler/Prütting,* Dok. Bd. I, S. 228.
[134] Begr. RegE IIRNG 2003 zu Art. 102 § 2 EGInsO, BT-Dr. 15/16, S. 15.

nicht fortgesetzt werden. Es ist gemäß Art. 102 § 4 Abs. 1 Satz 1 EGInsO von Amts wegen zugunsten der Gerichte des anderen Mitgliedstaats der Europäischen Union **einzustellen**.[135] Angaben zur internationalen Zuständigkeit sind insbesondere angezeigt, wenn die Zuständigkeit des deutschen Gerichts für ein Hauptinsolvenzverfahren darauf beruht, dass der Mittelpunkt der hauptsächlichen Interessen des Schuldners im Inland liegt, während sich sein Wohnsitz oder sein satzungsmäßiger Sitz im Ausland befindet (vgl. Art. 3 Abs. 1 Satz 2 EuInsVO).[136] Auch bei der Eröffnung eines Partikularinsolvenzverfahrens kann es sinnvoll sein, die Grundlagen der internationalen Zuständigkeit darzulegen, wenn der erste Anschein von den maßgebenden tatsächlichen Verhältnissen abweicht. Je besser die Gründe des Gerichts nachvollzogen werden können, umso größer wird die Akzeptanz der Entscheidung im Ausland sein. Zur Darstellung der rechtlichen Erwägungen gehört auch die Bezeichnung der Verfahrensart (Hauptinsolvenzverfahren, Partikularinsolvenzverfahren, Sekundärinsolvenzverfahren) sowie der Rechtsnorm, auf welche die internationale Zuständigkeit gestützt wird (Art. 3 Abs. 1 oder Abs. 2 EuInsVO, vgl. Art. 21 Abs. 1 Satz 2 EuInsVO). Ein Verstoß gegen die Soll-Vorschrift des Art. 102 § 2 EGInsO hat allerdings keinen Einfluss auf die Rechtmäßigkeit des Eröffnungsbeschlusses und des weiteren Verfahrens.[137] Nach dem Grundsatz von Regel und Ausnahme ist im Zweifel davon auszugehen, dass ein Hauptinsolvenzverfahren eröffnet werden sollte.[138] Wird der Auslandsbezug erst später bekannt oder treten sonst Unklarheiten über den territorialen Geltungsbereich der Verfahrenseröffnung auf, so kann auch nachträglich ein klarstellender Beschluss des Insolvenzgerichts ergehen.[139]

116 Die Ablehnung des Antrags auf Anordnung der **Eigenverwaltung** (§ 270) ist stets zu begründen (dazu auch RdNr. 30). Die maßgebenden Erwägungen des Gerichts werden in der Regel eine wichtige Entscheidungsgrundlage für die erste Gläubigerversammlung sein, die das Recht hat, die nachträgliche Anordnung der Eigenverwaltung zu beantragen (§ 271). Insbesondere werden die Gründe des Gerichts von Nutzen für den weiteren Fortgang des Verfahrens sein, wenn Tatsachen festgestellt sind, die ausdrücklich die Annahme stützen, dass die Eigenverwaltung nicht dem gemeinsamen Interesse der Gläubiger entspricht.

117 **2. Kostenentscheidung.** Eine Kostenentscheidung enthält der Eröffnungsbeschluss nicht.[140] Die gerichtlichen Kosten des Eröffnungsverfahrens sind kraft Gesetzes von der Masse zu tragen (§§ 53, 54). Bereits entstandene außergerichtliche Kosten des antragstellenden Gläubigers oder zu Verbindlichkeiten gewordene Kosten des Schuldners sind als nicht nachrangige Insolvenzforderung (§ 38) anzumelden; der Nachrang des § 39 Abs. 1 Nr. 2 betrifft die Kosten nach der Eröffnung.

118 **3. Abgestufte Bekanntgabe der Gründe.** Der Eröffnungsbeschluss wird einer Vielzahl von Beteiligten und Unbeteiligten bekanntgemacht (§ 30 Abs. 1, 2). Es ist daher aus Gründen der **Verhältnismäßigkeit** und des **Datenschutzes** zulässig, die vollständige Fassung des Beschlusses mit den ausführlichen Gründen nur einzelnen Beteiligten, etwa dem antragstellenden Gläubiger, dem Schuldner und dem Verwalter, zugänglich zu machen (dazu oben RdNr. 29). Den übrigen Adressaten kann nach dem pflichtgemäßen Ermessen des Richters eine Fassung übermittelt werden, die ausschließlich die gerichtlichen Anordnungen und Aufforderungen enthält (§ 30 RdNr. 11). Das Gesetz schreibt zwar in § 30 ohne Einschränkung die Bekanntgabe des Beschlusses vor. Nach Sinn und Zweck der Vorschrift sind damit aber nur die eigentlichen rechtsgestaltenden und organisatorischen Anordnungen und Aufforderungen des Gerichts gemeint (vgl. § 30 RdNr. 5).

E. Wirksamwerden des Eröffnungsbeschlusses

I. Allgemeines

119 Im Zusammenhang mit dem Erlass des Eröffnungsbeschlusses sind zwei Zeitpunkte zu unterscheiden, die nicht notwendig zusammenfallen:

---

[135] BGH, Beschl. v. 29.5.2008 – IX ZB 103/07 RdNr. 17, ZIP 2008, 2029.
[136] Beispielhaft: AG Nürnberg NZI 2007, 186 f., dazu *Kebekus* ZIP 2007, 84 ff.; *Duursma-Kepplinger* EWiR 2007, 81 f.; *Andres/Grund* NZI 2007, 137 ff.
[137] *Kübler/Prütting/Kemper* Art. 102 § 2 EGInsO (10/04) RdNr. 1.
[138] Dies übersieht *Vallender* InVo 2005, 41, 42 f.
[139] AG Duisburg NZI 2003, 160; *Kirchhof* in Kebekus (Hrsg.), Grenzüberschreitende Insolvenzen in der Insolvenzpraxis, 2004, S. 96, 101.
[140] Jaeger/*Weber* KO § 108 RdNr. 6; FKInsO-*Schmerbach* § 27 RdNr. 27; HKInsO-*Kirchhof* § 27 RdNr. 26; Jaeger/*Schilken* § 27 RdNr. 12; Uhlenbruck § 27 RdNr. 17.

- die im Beschluss anzugebende **„Stunde der Eröffnung"** (oben RdNr. 40 ff.), die mit dem Zeitpunkt der Unterzeichnung oder förmlichen Verkündung des Beschlusses identisch ist (RdNr. 120 ff.),
- der Zeitpunkt des **Wirksamwerdens des Beschlusses** (vgl. RdNr. 124 ff.).

Während die Stunde der Eröffnung (§ 27 Abs. 2 Nr. 3) die Frage beantwortet, *wann* die gesetzlichen Wirkungen der Eröffnung eingetreten sind, steht der **Zeitpunkt des Wirksamwerdens** am Ende der Entstehung des Beschlusses und ist dafür maßgebend, *ob* der Eröffnungsbeschluss überhaupt Wirksamkeit erlangt hat. Das Wirksamwerden des Beschlusses ist vor allem im Zusammenhang mit der **Rücknahme des Eröffnungsantrags** bedeutsam. Nach § 13 Abs. 2 kann der Antrag nicht mehr zurückgenommen werden, wenn das Insolvenzverfahren eröffnet ist. Mit diesem Zeitpunkt ist nicht die Unterzeichnung oder die Stunde der Eröffnung gemeint, sondern der Zeitpunkt, zu dem der Eröffnungsbeschluss wirksam wird (vgl. § 13 RdNr. 122 ff.). 120

II. Verkündung

Wird der Eröffnungsbeschluss ausnahmsweise (vgl. § 5 Abs. 2 Satz 1) in einem protokollierten Termin förmlich verkündet, so wird er zu diesem Zeitpunkt wirksam, selbst wenn er nicht unterzeichnet ist.[141] Die „Stunde der Eröffnung" fällt dann mit diesem Zeitpunkt zusammen. 121

III. Unterzeichnung

Für die Wirksamkeit eines nicht förmlich verkündeten, schriftlich abgefassten richterlichen Beschlusses ist die **Unterschrift des Richters** zwingende Voraussetzung;[142] eine Paraphe reicht nicht aus.[143] Dies gilt auch und gerade für den Eröffnungsbeschluss. Ist er weder förmlich verkündet noch vom Richter unterzeichnet, so ist er nichtig, also rechtlich schlechthin unwirksam.[144] Die Wirkungslosigkeit ist in jedem gerichtlichen Verfahren zu beachten. Wegen der Bedeutung gerichtlicher Entscheidungen, insbesondere wenn sie so schwerwiegend in die Rechte der Beteiligten eingreifen wie der Eröffnungsbeschluss, muss die Urheberschaft zuverlässig und zweifelsfrei gewährleistet sein. Deshalb ist es auch unerheblich, ob der Richter den Inhalt eines nicht unterschriebenen Beschlusses durch **schlüssiges Verhalten gebilligt** hat.[145] Ebenso wenig wird der Mangel der Unterschrift durch die Zustellung,[146] die **öffentliche Bekanntmachung**[147] oder die formelle **Rechtskraft** des scheinbaren Eröffnungsbeschlusses geheilt (vgl. § 34 RdNr. 113 ff.). 122

Ein **Nachholen der Unterschrift** ist allerdings mit Wirkung für die Zukunft zulässig.[148] In einem solchen Fall ist notwendigerweise die Stunde der Eröffnung abzuändern. Außerdem ist der nachträglich wirksam zustande gekommene Eröffnungsbeschluss erneut öffentlich bekanntzumachen und den Beteiligten zuzustellen (§ 30). 123

IV. Verlassen des gerichtsinternen Bereichs

Der Eröffnungsbeschluss wird nach allgemeiner Meinung in dem Zeitpunkt **wirksam,** in dem er **aufhört, ein Internum des Insolvenzgerichts zu sein,** er also erstmals mit allgemeiner Zustimmung des Richters zum Zweck der Bekanntgabe aus dem inneren Geschäftsbetrieb des Gerichts herausgegeben wird.[149] Seine Wirksamkeit hängt nicht davon ab, dass er dem Schuldner zugestellt oder sonst mitgeteilt worden ist oder dass ein anderer Beteiligter von ihm Kenntnis erlangt hat.[150] Die Bestimmung des § 329 ZPO, dass auf Grund mündlicher Verhandlung ergangene 124

---

[141] BGHZ 137, 49, 52 f. = NJW 1998, 609 f.
[142] BVerfG NJW 1985, 788 Nr. 2; BGH ZIP 1986, 319, 321; BGHZ 137, 49, 51 f. = NJW 1998, 609 f.; OLG Koblenz VersR 1981, 688; OLG Düsseldorf MDR 1980, 943; OLG Köln ZIP 1988, 1001.
[143] BGHZ 76, 241; OLG Köln ZIP 1988, 1001.
[144] BGHZ 137, 49 = NJW 1998, 609; anders LG Halle ZIP 1995, 1757.
[145] BGH ZIP 1986, 319, 321; BGHZ 137, 49, 54 f. = NJW 1998, 609 f.
[146] BVerfG NJW 1985, 788 Nr. 2; BGHZ 42, 94, 96; BGHZ 137, 49, 53.
[147] BGHZ 137, 49, 53 f.
[148] BGHZ 18, 350, 354; BGHZ 137, 49, 53.
[149] BVerfGE 62, 347, 353 = NJW 1983, 2187; BVerfG NJW 1993, 51; RGZ 156, 385, 389; RGZ 160, 307, 310; BGHZ 25, 60, 66; BGH NJW 82, 2074 f.; BGHZ 133, 307, 310; BGH NJW-RR 2000, 877 f.; BGH NJW-RR 2004, 1575; BGH ZVI 2006, 565 f.; OLG Köln KTS 1958, 13, 14 f.; OLG Koblenz AnwBl 2001, 522; LG Nürnberg-Fürth NJW 1953, 1147, 1148; *Böhle-Stamschräder* NJW 1953, 1147.
[150] RGZ 160, 307 ff.; BGHZ 25, 60, 66; BGH ZIP 1995, 40 f.; BGHZ 133, 307, 313; LG Nürnberg-Fürth NJW 1953, 1147, 1148.

Beschlüsse verkündet und nicht verkündete Beschlüsse der Partei mitgeteilt werden müssen, enthält keine Aussage zur Frage der Wirksamkeit.[151]

125 Aus dem inneren Geschäftsbetrieb des Gerichts ist der Beschluss noch nicht herausgegeben, wenn der Richter ihn nach Unterzeichnung in sein Abtragefach gelegt hat oder der Beschluss auf der Geschäftsstelle eingegangen ist. Dies sind interne Vorgänge, aus denen sich nur die Zustimmung des Richters zur Bekanntgabe ergibt. Hat dagegen die Geschäftsstelle ein Exemplar des Beschlusses bereits in ein Fach für ausgehende Post oder in ein besonderes Fach des Verwalters gelegt oder hat der Gerichtswachtmeister ein Exemplar bei der Geschäftsstelle abgetragen, um es in das Fach eines Beteiligten einzulegen oder zur Poststelle zu geben, so hat der Beschluss damit den inneren Geschäftsbetrieb des Insolvenzgerichts verlassen.[152] Gleiches gilt für die telefonische Bekanntgabe[153] der Kernaussage des unterschriebenen Beschlusses an einen Verfahrensbeteiligten (Schuldner, Eröffnungsantragsteller, sonstigen Gläubiger, Verwalter) oder für ähnliche Formen der Übermittlung (etwa durch Fax oder elektronische Post).[154] Eine Herausgabe liegt auch in der Absendung des Beschlusses oder eines Eintragungsersuchens an eine andere Abteilung des selben Amtsgerichts (Registergericht, Grundbuchamt).[155] Erst recht ausreichend ist die Absendung des Beschlusses an eine Rechenanlage zur Veröffentlichung im Internet oder an ein Bekanntmachungsblatt.

126 Ob es dem Gericht möglich ist, die bereits begonnene Herausgabe des Eröffnungsbeschlusses aus dem inneren Geschäftsbetrieb abzubrechen oder rückgängig zu machen, ist für das Wirksamwerden des Beschlusses unerheblich (vgl. § 318 ZPO, § 4).[156] Ein solcher Rückruf ist weder dem Gericht zumutbar noch mit der Autorität seiner Entscheidungen vereinbar.

127 Solange der Eröffnungsbeschluss den inneren Geschäftsbetrieb des Insolvenzgerichts noch nicht verlassen hat, darf der Richter den unterzeichneten Beschluss abändern, einziehen und unbrauchbar machen.[157] Dies ist sogar von Gesetzes wegen geboten, wenn in diesem Zeitraum noch eine Rücknahme des Eröffnungsantrags oder eine Erledigungserklärung des antragstellenden Gläubigers eingeht (vgl. § 13 RdNr. 117 ff., 129); in diesem Fall ist zur Klarstellung auch eine vorsorgliche Feststellung der Unwirksamkeit des Eröffnungsbeschlusses zulässig.[158]

V. Rückwirkung auf die Stunde der Eröffnung

128 Ist der Eröffnungsbeschluss durch Verlassen des internen Bereichs des Insolvenzgerichts überhaupt wirksam geworden, so ist für die gesetzlichen Wirkungen der Eröffnung, insbesondere für die Beschlagnahme des schuldnerischen Vermögens, der im Beschluss selbst angegebene Zeitpunkt, die Stunde der Eröffnung (§ 27 Abs. 2 Nr. 3), maßgebend.[159]

F. Nachträgliche Ergänzung, Änderung oder Berichtigung des Beschlusses

I. Grundsatz

129 Gesetzlicher und gedanklicher Kern des Eröffnungsbeschlusses ist der Ausspruch des Insolvenzgerichts, dass über das Vermögen eines bestimmten Rechtsträgers oder über ein bestimmtes Sondervermögen das Insolvenzverfahren eröffnet wird. Fehlt diese Aussage, so liegt schlechthin kein wirksamer Eröffnungsbeschluss vor. Die übrigen gerichtlichen Anordnungen, die kraft Gesetzes bei der Verfahrenseröffnung anstehen, hängen dagegen nicht so eng mit ihr zusammen, dass sie logisch zwingend nur gleichzeitig mit der Eröffnung in einem einzigen Akt getroffen werden können. Eine bewusste Trennung der eigentlichen Eröffnung von den zusätzlichen Anordnungen wird deshalb im Fall der Verfahrenseröffnung durch das Beschwerdegericht seit langem als angemessen und rechtlich unbedenklich angesehen (vgl. RdNr. 150 ff.). Daraus folgt grundsätzlich, dass das Insolvenzgericht den

---

[151] BGH NJW 1982, 2074 f. (in BGHZ 83, 158 nicht abgedruckt).
[152] RGZ 156, 385 ff.; RGZ 160, 307 ff.; BGH NJW-RR 2004, 1575 f.; LG Nürnberg-Fürth NJW 1953, 1147 mit zust. Anm. *Böhle-Stamschräder*; LG Halle DZWIR 2004, 260 = ZVI 2005, 39.
[153] RGZ 156, 385 ff.; RGZ 160, 307 ff.; BGH NJW-RR 2000, 877 f.; LG Karlsruhe NZI 2002, 608 f.; deshalb wohl unrichtig LG Halle DZWIR 2004, 260 = ZVI 2005, 39.
[154] Ebenso *Jaeger/Schilken* § 27 RdNr. 14.
[155] OLG Köln KTS 1958, 13, 14; LG Nürnberg-Fürth NJW 1953, 1147, 1148.
[156] *Jaeger/Schilken* § 27 RdNr. 15.
[157] OLG Köln KTS 1958, 13, 14; *Jaeger/Weber* KO § 108 RdNr. 1 Abs. 3; *Jaeger/Schilken* § 27 RdNr. 15.
[158] OLG Celle NZI 2001, 480.
[159] *Jaeger/Weber* KO § 108 RdNr. 1 Abs. 3; HKInsO-*Kirchhof* § 27 RdNr. 25; *Jaeger/Schilken* § 27 RdNr. 16; *Uhlenbruck* § 27 RdNr. 8.

Eröffnungsbeschluss nachträglich ergänzen und einzelne Teilanordnungen ändern oder berichtigen kann.

II. Nachholen einer notwendigen Anordnung

Enthält der Eröffnungsbeschluss neben dem eigentlichen Ausspruch der Eröffnung des Verfahrens **130** keine Ernennung des Verwalters (Insolvenzverwalters, Treuhänders, Sachwalters) oder fehlt eine andere im Gesetz vorgeschriebene Anordnung oder Aufforderung (§§ 27 bis 29, 270, 312, 313), so kann das Insolvenzgericht jederzeit, auch noch nach Rechtskraft der Eröffnung, das Fehlende in einem besonderen Beschluss **mit Wirkung für die Zukunft** von Amts wegen ergänzen.[160] Solche Mängel sind nicht so schwerwiegend, dass sie die rechtliche Unwirksamkeit des Eröffnungsbeschlusses zur Folge haben.[161] Auch die fehlerhafte Eröffnung wird wirksam, und zwar bezogen auf die „Stunde der Eröffnung", die im Beschluss angegeben ist (oder in § 27 Abs. 3 gesetzlich vermutet wird). Grob schuldhafte Versäumnisse des Gerichts können allerdings eine Amtshaftung auslösen (§ 839 BGB, Art. 34 GG; vgl. § 34 RdNr. 109).

III. Änderung

Sofern sich nicht aus dem Gesetz etwas anderes ergibt, können Anordnungen des Eröffnungsbe- **131** schlusses jederzeit, auch noch nach Rechtskraft, von Amts wegen mit **Wirkung für die Zukunft** geändert werden. So kann das Gericht etwa in den Grenzen der §§ 28, 29 Fristen verlängern und Termine neu bestimmen, verbinden oder trennen (vgl. RdNr. 87). Es kann auch einen neuen Verwalter (Insolvenzverwalter, Treuhänder, Sachwalter) bestellen, wenn der ernannte das Amt nicht annimmt. Ebenso kann die Anordnung der Eigenverwaltung, die ohne einen entsprechenden Antrag erfolgt ist, aufgehoben und ein regulärer Insolvenzverwalter oder Treuhänder bestellt werden. Unzulässig ist dagegen die Entlassung des Verwalters, ohne dass die Voraussetzungen der §§ 57, 59 vorliegen.

IV. Berichtigung

Schreibfehler und ähnliche offenbare Unrichtigkeiten im Eröffnungsbeschluss können nach § 319 **132** ZPO (§ 4) jederzeit auch von Amts wegen mit **Rückwirkung auf den Zeitpunkt der Eröffnung**[162] berichtigt werden. Dies gilt insbesondere für die **Bezeichnung des Schuldners,** sofern die Identität mit dem im Eröffnungsantrag angesprochenen Schuldner gewahrt bleibt,[163] etwa bei unrichtiger Bezeichnung einer Gesellschaft durch den Antragsteller (nicht aber bei rechtskräftiger irrtümlicher Verfahrenseröffnung über ein nicht insolvenzfähiges Teilvermögen des Schuldners),[164] bei Führung eines falschen Namens oder einer vom Handelsregister abweichenden Firma, bei einer während des Eröffnungsverfahrens eingetretenen Gesamtrechtsnachfolge (zB Verschmelzung, Formwechsel) oder bei einem Versehen des Gerichts. Es gilt auch für die falsche **Bezeichnung des Verwalteramtes** (zB Bestellung eines Treuhänders oder Sachwalters anstelle eines Insolvenzverwalters, wenn ein Regelverfahren ohne Eigenverwaltung vorliegt).

V. Richtigstellung nach Rüge mit der Beschwerde

Die Ergänzung, Änderung oder Berichtigung des Eröffnungsbeschlusses ist auch zulässig, wenn **133** der **Mangel mit der Beschwerde gerügt** worden ist und der Beschwerde durch den nachträglichen Beschluss die Grundlage entzogen wird. Im Interesse des allgemeinen Rechtsverkehrs ist die Ordnungsmäßigkeit des Eröffnungsbeschlusses wichtiger als das Interesse des Beschwerdeführers am (zeitweiligen) Erfolg seines Rechtsmittels. Das Amtsgericht kann deshalb anlässlich der Abhilfeentscheidung (§ 572 Abs. 1 ZPO, § 4) auf die Rüge eingehen und den Eröffnungsbeschluss ergänzen oder sonst richtig stellen.[165] In diesem Fall kann der Beschwerdeführer sein Rechtsmittel in der

---

[160] Jaeger/*Weber* KO § 110 RdNr. 1; HKInsO-*Kirchhof* § 27 RdNr. 18, 28, 34; *Jaeger/Schilken* § 27 RdNr. 17, 44; *Uhlenbruck* § 27 RdNr. 7, 15, 16.
[161] HKInsO-*Kirchhof* § 27 RdNr. 34; *Jaeger/Schilken* § 27 RdNr. 41; *Uhlenbruck* § 27 RdNr. 7; anders Nerlich/Römermann/*Mönning* § 27 (4/02) RdNr. 11, 12.
[162] BGH NZI 2003, 197, 198.
[163] BGH NZI 2003, 197, 198; vgl. auch BGHZ 4, 328, 334 = NJW 1952, 545; BGH NJW 1999, 1871; BGH NJW 2003, 1043; BGHZ 157, 151 = NJW 2004, 1528; BGH NJW-RR 2004, 275 f.; OLG Hamburg ZIP 2004, 906 f. = NZG 2004, 729 f.; OLG Rostock NZG 2006, 941; *Vollkommer* MDR 1992, 642.
[164] Anders zu Unrecht LG Deggendorf ZInsO 2002, 336 (nicht mehr existente GbR; dazu § 34 RdNr. 117).
[165] HKInsO-*Kirchhof* § 27 RdNr. 31; *Jaeger/Schilken* § 27 RdNr. 46; *Uhlenbruck* § 27 RdNr. 20.

Hauptsache für erledigt erklären. Kommt es nicht zu einer Richtigstellung, so wird das Beschwerdegericht seinerseits dem Amtsgericht Gelegenheit zur Behebung des Mangels geben müssen, wenn der Beschluss nach seiner Auffassung die vom Gesetz geforderten Anordnungen nicht richtig und vollständig enthält. Nimmt das Amtsgericht diese Gelegenheit nicht wahr, so ist der Beschluss als rechtlich fehlerhaft aufzuheben.

VI. Rechtsmittel

134 Gegen eine nachträgliche Anordnung zur Ergänzung, Änderung oder Berichtigung des Eröffnungsbeschlusses steht in entsprechender Anwendung des § 34 Abs. 2 und des § 319 Abs. 3 ZPO, § 4 nur dem Schuldner die sofortige Beschwerde zu. Die Ablehnung einer solchen Anordnung ist unanfechtbar (§ 319 Abs. 3 ZPO, § 4).

G. Übergang der Zuständigkeit auf den Rechtspfleger (§ 18 RPflG)

I. Gesetzliche Übertragung

135 Das Verfahren bis zur Entscheidung über den Eröffnungsantrag unter Einschluss dieser Entscheidung und der Ernennung des Insolvenzverwalters ist gesetzlich dem Richter beim Amtsgericht zugewiesen (§ 22 Abs. 1, 4 GVG, § 18 Abs. 1 Nr. 1 RPflG); dies gilt auch für Sekundär- und andere Partikularinsolvenzverfahren (§ 19a RPflG).[166] Mit dem **Wirksamwerden des Eröffnungsbeschlusses** (vgl. RdNr. 119 ff.) geht die funktionelle Zuständigkeit für das weitere Verfahren kraft gesetzlicher Übertragung (§ 3 Nr. 2 lit. e, g, § 18 Abs. 1 Nr. 1 RPflG) vom Richter auf den Rechtspfleger über, soweit nicht generelle Ausnahmen eingreifen (§§ 4, 18 Abs. 1, § 19a RPflG) oder der Richter sich das Insolvenzverfahren ganz oder teilweise vorbehält (§ 18 Abs. 2 RPflG).[167] Der Übergang betrifft auch die unmittelbar nach Unterzeichnung des Eröffnungsbeschlusses zu treffenden gerichtlichen Anordnungen, etwa die Benachrichtigung des Verwalters, die Verfügung von Eintragungsersuchen (§§ 32, 33) oder die Übersendung des Sachverständigengutachtens an den Schuldner, wenn es ihm nicht bereits vor der Entscheidung zugänglich gemacht worden ist. Der Eröffnungsbeschluss selbst fällt mit sämtlichen gesetzlich vorgeschriebenen Anordnungen (§§ 27 bis 29, 270, 312 Abs. 1, § 313 Abs. 1) noch vollständig in die Zuständigkeit des Richters.[168] Vereinzelt wird die Auffassung vertreten, aus § 18 Abs. 1 Nr. 1 RPflG ergebe sich, dass die **Grenze zwischen der richterlichen und der rechtspflegerischen Zuständigkeit** innerhalb des Eröffnungsbeschlusses zwischen der Eröffnung des Verfahrens und der Ernennung des Insolvenzverwalters (§ 27) einerseits und den weiteren Anordnungen (§§ 28, 29) andererseits verlaufe.[169] Diese Auffassung ist mit dem Gesetz unvereinbar. Abgesehen vom Ausnahmefall der Eröffnung durch das Beschwerdegericht (RdNr. 150 ff.), gibt es – anders, als es nach früherem Konkursrecht teilweise üblich war[170] – nur einen einheitlichen Eröffnungsbeschluss, dessen Inhalt allein der Richter festlegt und für den er durch seine alleinige Unterschrift die Verantwortung übernimmt. Diese Aussage der §§ 27 bis 29 wird durch § 18 Abs. 1 Nr. 1 RPflG nicht aufgehoben.[171] Dass der Richter vor der Festlegung der Fristen und Termine mit dem künftig zuständigen Rechtspfleger Einvernehmen herstellt oder ihm intern vorab deren Bestimmung überlässt, ist zwar für den inneren Geschäftsgang zweckmäßig und sachgerecht, rechtlich aber ohne Bedeutung. Unzulässig ist daher sowohl der Erlass eines gemeinschaftlichen Eröffnungsbeschlusses durch Richter und Rechtspfleger[172] als auch dessen Aufspaltung in einen Beschluss des Richters und einen solchen des Rechtspflegers.

136 Die alleinige Zuständigkeit des Richters für den Eröffnungsbeschluss bedeutet nicht, dass er umstritten. Nach richtiger Ansicht ist sie selbstherrlich entscheiden darf. Der Richter hat beim Erlass des Eröffnungsbeschlusses zu bedenken, dass er mit dem Beschluss Bedingungen setzt, mit denen

---

[166] *Rellermeyer* Rpfleger 2003, 391, 392, 394.
[167] Die Übertragung war als Ermessensentscheidung des Richters erstmals im RPflG vom 8.2.1957 (BGBl. I S. 18) zugelassen; seit dem RPflG vom 5.11.1969 (BGBl. I S. 2065), angepasst durch Art. 14 EGInsO, ist sie der gesetzliche Regelfall.
[168] *Helwich* MDR 1997, 13; *Uhlenbruck* Rpfleger 1997, 356, 358; *Bley/Mohrbutter* VglO Anh. § 19 RPflG RdNr. 2; HKInsO-*Kirchhof* § 2 RdNr. 8; *Hess*/Weis/Wienberg § 2 RdNr. 11; *Jaeger/Schilken* § 27 RdNr. 6; *Uhlenbruck* § 29 RdNr. 4; *Arnold/Meyer-Stolte/Rellermeyer* RPflG § 18 RdNr. 19, 20.
[169] FKInsO-*Schmerbach* § 30 RdNr. 3, 4, 5; vgl. auch LG Göttingen NZI 1999, 238 f.; AG Göttingen (Rechtspfleger) ZInsO 2002, 292 = ZVI 2002, 80.
[170] §§ 108, 110 KO; vgl. Motive zu § 110 KO, *Hahn* S. 303.
[171] So ausdrücklich zu § 20 VglO: *Bley/Mohrbutter* VglO Anh. § 19 RPflG RdNr. 2.
[172] Vgl. auch BGH ZIP 1986, 319, 321.

der Rechtspfleger und die Geschäftsstelle im weiteren Verfahren zurechtkommen müssen. Dies gilt nicht nur für die Bestimmung der Fristen und Termine, sondern mehr noch für die Auswahl des Verwalters.

Die **Grenzlinie für den Übergang der Zuständigkeit** nach § 18 Abs. 1 Nr. 1 RPflG ist **137** umstritten. Nach richtiger Ansicht ist sie nicht rein zeitlich,[173] sondern sachlich zu bestimmen. Für Geschäfte, die der Sache nach zum Eröffnungsverfahren oder zur Entscheidung über die Eröffnung gehören, bleibt auch dann der Richter zuständig, wenn sie erst später anfallen.[174] Mit der **Zuständigkeit für die Ernennung des Verwalters** (Insolvenzverwalters, Treuhänders, Sachwalters) im Eröffnungsbeschluss ist deshalb dem Richter[175] auch die Zuständigkeit vorbehalten für
- die nachträgliche Ernennung des Verwalters im Wege der Ergänzung oder Berichtigung des Eröffnungsbeschlusses (vgl. RdNr. 130),
- die nachträgliche Ernennung eines neuen Verwalters, wenn der zunächst ernannte das Amt nicht annimmt,
- die Ernennung eines anderen als des bisherigen Verwalters zum Sachwalter bei der nachträglichen Anordnung der Eigenverwaltung (§ 271) und umgekehrt die Ernennung eines anderen als des bisherigen Sachwalters zum Insolvenzverwalter bei der nachträglichen Aufhebung der Eigenverwaltung (§ 272 Abs. 3),
- die gleichzeitige Ernennung eines Sonderinsolvenzverwalters zur Verwaltung von Sondermassen oder im Fall der rechtlichen oder tatsächlichen Verhinderung des regulären Verwalters.

Wegen der unterschiedlichen Rechtsauffassungen in dieser Frage und der Rechtsfolge des § 8 Abs. 4 **138** RPflG ist ein ausdrücklicher und eindeutiger Richtervorbehalt nach § 18 Abs. 2 Satz 1 RPflG zu empfehlen (RdNr. 143 ff.).

Eigenständige Entscheidungen ohne Zusammenhang mit dem Eröffnungsbeschluss sind dagegen **139** die **Bestellung des gewählten Verwalters** (§ 57) und die **Entlassung des Verwalters aus wichtigem Grund** einschließlich der **Bestellung des Amtsnachfolgers** (§ 59). Sie obliegen dem Rechtspfleger.[176] Allerdings liegt es nahe, bei der Verfahrenseröffnung auch diese Fälle in den Richtervorbehalt (RdNr. 138) aufzunehmen.

Im Übrigen erfasst der gesetzliche Richtervorbehalt für den Erlass des vollständigen Eröffnungs- **140** beschlusses jede **nachträgliche Ergänzung, Änderung oder Berichtigung** von Anordnungen, die im Beschluss getroffen sind oder hätten getroffen werden müssen.[177] Eine Vorlage an den Richter ist deshalb insbesondere erforderlich, wenn der Rechtspfleger eine Änderung der **Anmeldefrist** oder die Neubestimmung eines noch nicht begonnenen **Termins** für angezeigt hält. Auch die Entscheidung über die **Abhilfe** im Fall der Beschwerde gegen den Eröffnungsbeschluss oder gegen eine andere richterliche Entscheidung ist dem Richter vorbehalten. Gleiches gilt für die **Aussetzung der Vollziehung** des Eröffnungsbeschlusses durch das Insolvenzgericht (§ 570 Abs. 2 ZPO, § 4) sowie für jede andere Anordnung, die den Eröffnungsbeschluss vor Aufhebung oder Einstellung des Insolvenzverfahrens vollständig oder teilweise außer Kraft setzt. In Zweifelsfällen empfiehlt sich die Vorlage an den Richter (§ 7 RPflG).

Von der Übertragung des weiteren Verfahrens auf den Rechtspfleger ausgenommen sind neben **141** den besonderen insolvenzrechtlichen Aufgaben nach § 18 Abs. 1 Nr. 2, Abs. 3 RPflG allgemein die in § 4 Abs. 2 RPflG aufgeführten Maßnahmen. Zu ihnen gehören als Freiheitsentziehung insbesondere die Anordnung der **Haft** und der **zwangsweisen Vorführung**[178] nach § 98. Die besondere rechtliche oder wirtschaftliche Tragweite einer Entscheidung ist für sich genommen für die Abgrenzung der gesetzlichen Zuständigkeit zwischen Richter und Rechtspfleger unerheblich.[179] Deshalb

---

[173] So aber OLG Zweibrücken NZI 2000, 314 f.; OLG Köln NZI 2000, 585 f.; OLG Stuttgart ZIP 2001, 2185; HKInsO-*Kirchhof* § 2 RdNr. 5,7; *Franke/Burger* NZI 2001, 403, 405; *Fuchs* ZInsO 2001, 1033, 1034.
[174] Insbesondere für die Festsetzung der Vergütung des vorläufigen Verwalters: LG Köln Rpfleger 1997, 273; LG Koblenz Rpfleger 1997, 427; LG Rostock ZInsO 2001, 96; AG Göttingen NZI 1999, 469; ZInsO 2001, 616, 617; AG Kaiserslautern ZInsO 2000, 624; AG Köln NZI 2000, 143; *Uhlenbruck* ZIP 1996, 1889 f.; *ders.* NZI 1999, 289; HKInsO-*Schmerbach* § 21 RdNr. 145 ff.
[175] Ebenso FKInsO-*Schmerbach* § 2 RdNr. 20, § 30 RdNr. 3; *Jaeger/Schilken* § 27 RdNr. 17; für Zuständigkeit des Rechtspflegers: HKInsO-*Kirchhof* § 2 RdNr. 7 f.; *Kübler/Prütting/Pape* § 27 (4/03) RdNr. 3b; *Uhlenbruck* § 27 RdNr. 20.
[176] Anders AG Göttingen NZI 2003, 267 ff.; dazu mit Recht abl. *Keller* EWiR 2003, 935 f.; *Graeber* Rpfleger 2003, 529.
[177] Ebenso *Jaeger/Schilken* § 27 RdNr. 6.
[178] *Dallmeyer/Eickmann* RPflG § 4 RdNr. 20; FKInsO-*Schmerbach* § 2 RdNr. 26; vgl. auch KG NStZ-RR 2000, 145. Anders zum Richtervorbehalt für Freiheitsentziehungen nach Art. 104 Abs. 2 GG: BGHZ 82, 261, 271 = NJW 1982, 753, 755 (Vorführung zum Gesundheitsamt durch die Polizei); BVerwGE 79, 339 (Vorführung eines Zeugen zum Untersuchungsausschuß eines Landtags).
[179] OLG Köln NZI 2000, 587, 588; AG Duisburg NZI 2000, 608 (zu § 89 Abs. 3).

ist etwa für den Erlass einer **Postsperre** im eröffneten Verfahren (§ 99) oder für die Zurückweisung eines unzulässigen Antrags auf **Restschuldbefreiung**[180] der Rechtspfleger zuständig.

142 Die **Beachtung der** kraft Gesetzes bestehenden **funktionellen Zuständigkeitsgrenzen** ist eine grundlegende Amtspflicht des Rechtspflegers. Nimmt er ein Geschäft des Richters wahr, das ihm kraft Gesetzes weder übertragen ist noch übertragen werden kann, so ist das Geschäft unwirksam (§ 8 Abs. 4 RPflG); der Verstoß kann nicht rückwirkend geheilt werden. Ein vom Rechtspfleger im Zusammenhang mit der Eröffnung ernannter Verwalter etwa hat keinerlei gesetzliche Befugnisse.[181] Auf der anderen Seite hat auch der Richter alles zu vermeiden, was in Fragen der Zuständigkeit Unklarheiten verursachen kann. Wird dem Richter im Zusammenhang mit seiner eigenen Tätigkeit ein Verhalten des Rechtspflegers bekannt, das in den richterlichen Zuständigkeitsbereich übergreift, so hat er einzuschreiten und zweifelsfrei klarzustellen, ob er die unwirksame Handlung des Rechtspflegers mit Wirkung für die Zukunft als eigene Entscheidung übernehmen will;[182] ein bloßer Nichtabhilfebeschluss oder der Zurückweisung eines Rechtsmittels durch den Richter ersetzen eine solche Klarstellung nicht.[183] Die Verletzung dieser Pflichten kann eine Amtshaftung zugunsten aller Verfahrensbeteiligten einschließlich des Verwalters begründen, soweit sie im Vertrauen auf zuständigkeitskonformes Verhalten des Rechtspflegers einen Schaden erlitten haben. Dies gilt insbesondere für den Fall der unbefugten Ernennung eines Verwalters durch den Rechtspfleger.[184]

II. Richtervorbehalt

143 Der Richter kann sich das Insolvenzverfahren ganz oder teilweise vorbehalten, wenn er dies für geboten erachtet (§ 18 Abs. 2 Satz 1 RPflG). Der Vorbehalt steht in seinem **pflichtgemäßen Ermessen.**[185] Er greift nicht in die sachliche Unabhängigkeit des Rechtspflegers ein, sondern bewirkt einen (sofortigen oder bedingten) Wechsel der funktionellen Zuständigkeit innerhalb des Insolvenzgerichts. Die Anordnung bedarf keines förmlichen Beschlusses oder einer sonstigen Mitteilung an die Beteiligten. Sie sollte aktenkundig gemacht werden, doch ist dies nicht Voraussetzung für ihre Wirksamkeit.[186] Sie kann weder vom Rechtspfleger noch von den Verfahrensbeteiligten angefochten werden.[187] Bei Ungewissheit über die Tragweite des Vorbehalts entscheidet der Richter durch unanfechtbaren Beschluss (§ 7 RPflG). Der Vorbehalt bezieht sich stets nicht auf die Person, sondern auf das Amt des Insolvenzrichters; er gilt daher fort, wenn durch eine neue Geschäftsverteilung ein anderer Richter allgemein für das Verfahren zuständig wird.

144 Ein Richtervorbehalt kommt insbesondere in Betracht, wenn das Verfahren **erhebliche rechtliche Schwierigkeiten** erwarten lässt oder es sonst von besonderer **rechtlicher oder wirtschaftlicher Bedeutung** ist oder wenn allgemein die **Einheitlichkeit der Rechtsanwendung** sichergestellt werden soll. Er kann zeitlich auf bestimmte Verfahrensabschnitte (zB das Verfahren nach Vorlage eines Insolvenzplans) oder als sog. thematischer Teil-Richtervorbehalt[188] sachlich auf einzelne, möglicherweise besonders bedeutsame Arten von Geschäften beschränkt werden,[189] etwa:
– die Abhilfeentscheidung im Fall der Beschwerde gegen eine Entscheidung des Rechtspflegers;[190]
– die Entscheidung über Untersagungsanträge nach den §§ 158, 161, 163;
– die Behandlung von Beschwerden über die Amtsführung des Verwalters; die Anordnung von Zwangsmaßnahmen gegen den Verwalter und dessen Entlassung; die Bestellung eines von den Gläubigern gewählten Verwalters; allgemein jede Veränderung in der Besetzung des Verwalteramtes (zu originären Richteraufgaben vgl. RdNr. 137 ff.);
– die Prüfung eines Insolvenzplans und die Entscheidung über dessen Bestätigung;
– die Zurückweisung unzulässiger Anträge auf Restschuldbefreiung;

---

[180] OLG Köln NZI 2000, 587, 588; LG Saarbrücken Rpfleger 2001, 123; *Lücke/Schmittmann* ZInsO 2000, 87.
[181] BGH ZIP 1986, 319, 322; BGH NJW-RR 2003, 955 f. = Rpfleger 2003, 423 f.; *Eickmann* EWiR 1986, 295.
[182] BGH ZIP 1986, 319, 321.
[183] BGH NZI 2005, 520 = Rpfleger 2005, 520; BayObLG Rpfleger 1980, 350 und 1988, 472 f.; OLG Frankfurt NJW-RR 1996, 1288 = Rpfleger 1996, 280; OLG Zweibrücken Rpfleger 2003, 117; LG Berlin ZInsO 2004, 987 f. = ZVI 2005, 98 f.
[184] BGHZ 65, 182, 187; BGH ZIP 1986, 319, 320; BGH ZIP 1990, 1141.
[185] BGHZ 50, 258, 260 = NJW 1968, 1675; *Mohrbutter/Drischler* NJW 1971, 361.
[186] BGHZ 50, 258, 261 = NJW 1968, 1675.
[187] *Mohrbutter/Drischler* NJW 1971, 361; *Jaeger/Schilken* § 27 RdNr. 7; *Uhlenbruck* § 2 RdNr. 6.
[188] *Frind* ZInsO 2001, 993.
[189] Zutreffend FKInsO-*Schmerbach* § 2 RdNr. 25; *Uhlenbruck* § 2 RdNr. 6; *Frind* ZInsO 2001, 993 ff.; vgl. auch AG Duisburg NZI 2002, 566.
[190] Vgl. AG Göttingen ZInsO 2002, 1150 = ZVI 2003, 88.

– Entscheidungen, bei denen die Anwendung ausländischen oder europäischen Rechts in Betracht kommt.

Beim thematischen Vorbehalt für einzelne Geschäftsarten kommt es – wie in den gesetzlichen Fällen des § 4 Abs. 2, § 5 RPflG – zu einer sachlichen, nicht notwendig zeitlichen[191] Aufteilung der Zuständigkeit zwischen Richter und Rechtspfleger. Im Hinblick auf sein Evokationsrecht (s.u.) kann der Richter im Wege des Vorbehalts auch verfügen, dass ihm die Akte nach einer bestimmten Frist, bei einem bestimmten Verfahrensereignis oder bei Eintritt einer sonstigen Bedingung wieder vorzulegen ist. **145**

Hält der Richter den Vorbehalt nicht mehr für erforderlich, so kann er das Verfahren erneut oder erstmals dem Rechtspfleger übertragen (§ 18 Abs. 2 Satz 2 RPflG). Je nach Stand und Entwicklung des Verfahrens kann er dabei einen neuen Vorbehalt aussprechen (zB bezogen auf bestimmte Entscheidungen im Insolvenzplanverfahren).[192] Auch diese Anordnungen sind nicht anfechtbar (§ 7 RPflG). Der Richter kann sich bei der Wahrnehmung seines Vorbehalts auf die Entscheidung einer bestimmten Rechtsfrage beschränken und die Sache zur Entscheidung im Übrigen dem Rechtspfleger zurückgeben. Der Rechtspfleger ist sodann ebenso wie im Fall des § 5 Abs. 3 RPflG in dem betreffenden Verfahren an die vom Richter mitgeteilte Rechtsauffassung gebunden. Diese Bindung ist Folge des zeitweiligen Wechsels der Zuständigkeit und bedeutet keine unzulässige Einschränkung der sachlichen Unabhängigkeit des Rechtspflegers. **146**

III. Evokationsrecht des Richters

Der Richter ist befugt, das Verfahren nach der Übertragung auf den Rechtspfleger an sich zu ziehen, wenn und solange er dies für erforderlich hält (§ 18 Abs. 2 Satz 3 RPflG). Dieses Evokationsrecht besteht, anders als der Wortlaut des Gesetzes anzudeuten scheint, nicht nur, wenn zuvor bereits ein Richtervorbehalt ausgeübt worden ist und die Rückgabe an den Rechtspfleger stattgefunden hat.[193] Es gilt auch, wenn bisher kein Richtervorbehalt ausgesprochen war, d.h. im Anwendungsbereich der Übertragung kraft Gesetzes (§ 3 Nr. 2 lit. e, g, § 18 Abs. 1 Nr. 1 RPflG). Normzweck des § 18 Abs. 2 RPflG ist es, die Abgrenzung der Zuständigkeiten so weitgehend beweglich zu gestalten, dass sie eine **einzelfallbezogene Einschaltung des Richters** erlaubt.[194] Der Richter hat damit die rechtliche Möglichkeit, unabhängig von früheren eigenen Anordnungen die gesetzliche Übertragung des eröffneten Verfahrens auf den Rechtspfleger jederzeit ganz oder teilweise außer Kraft zu setzen.[195] Die Evokation kann wie der Richtervorbehalt (RdNr. 144 ff.) auf bestimmte Verfahrensabschnitte oder Arten von Entscheidungen, auf einzelne Geschäfte[196] oder auf die bindende Klärung einzelner Rechtsfragen beschränkt werden. Auch sie ist unanfechtbar (§ 7 RPflG). **147**

Aus der Verzahnung der Zuständigkeiten nach § 18 RPflG ergibt sich für Richter und Rechtspfleger des Insolvenzgerichts die rechtliche **Pflicht zur sachbezogenen und vertrauensvollen Zusammenarbeit.** Bei außergewöhnlichen Vorfällen, etwa bei offenkundiger Unfähigkeit oder groben Pflichtverletzungen des eingesetzten Verwalters, kann sie den unverzüglichen Austausch von Informationen erfordern.[197] Vor allem aber gebietet sie gegenseitige Rücksichtnahme. Richtervorbehalt und Evokationsrecht werden deshalb in der Praxis aus gutem Grund zurückhaltend ausgeübt. Sie verlangen vom Richter viel Fingerspitzengefühl. Die gute Zusammenarbeit wird nur gelingen, wenn beide Seiten einander ohne persönliche oder kollektive Selbstüberschätzung[198] begegnen, die jeweilige Ausbildung und Erfahrung achten und zugleich die rechtlichen und tatsächlichen Unterschiede zwischen ihren Berufsbildern[199] nicht zu verwischen suchen. Der Richter darf seine rechtlichen Möglichkeiten nicht als persönliches Kontrollinstrument einsetzen, der Rechtspfleger darf ihren **148**

---

[191] So aber zu Unrecht *Fuchs* ZInsO 2001, 1033, 1034 ff.
[192] AG Duisburg NZI 2002, 502, 503.
[193] So aber *Arnold/Meyer-Stolte/Rellermeyer* RPflG § 18 RdNr. 43 f.; *Mohrbutter/Drischler* NJW 1971, 361, 362.
[194] *Uhlenbruck* § 2 RdNr. 6; *Ule* RdNr. 238, 243; *Dallmeyer/Eickmann* RPflG § 18 RdNr. 13.
[195] AG Köln NZI 2000, 331 f.; AG Duisburg NZI 2000, 385; *Ule* RdNr. 238, 243; *Bassenge/Herbst* RPflG § 18 Anm. 2, 3; *Dallmeyer/Eickmann* RPflG § 18 RdNr. 13; FKInsO-*Schmerbach* § 2 RdNr. 24; HKInsO-*Kirchhof* § 2 RdNr. 9; *Jaeger/Schilken* § 27 RdNr. 7; *Uhlenbruck* § 2 RdNr. 6; *ders.* Rpfleger 1997, 356, 359; *Holzer* DZWIR 2000, 174; *Frind* ZInsO 2001, 993 f.; *Fuchs* ZInsO 2001, 1033 f.
[196] Vgl. etwa AG Göttingen ZVI 2002, 25 = Rpfleger 2002, 170.
[197] OLG München ZIP 1991, 1367 = NJW-RR 1992, 1508.
[198] Zum Realitätsverlust in der Standespolitik der Rechtspfleger vgl. *Frind* ZInsO 2001, 993; *ders.* NZI 2002, 138; *Uhlenbruck* ZInsO 2001, 1129.
[199] Vgl. dazu BVerfGE 56, 110, 127 = NJW 1981, 1033 f.; BVerfGE 101, 397, 405 = NJW 2000, 1709; BGH NJW-RR 2003, 1220 f.; BGH NJW 2007, 224, 226; BVerwG NVwZ 2006, 1074 f.; ferner Begr. RegE JuMoG, 2004, BT-Dr. 15/1508, S. 13 f., 29 ff.; *B. Mielke* ZRP 2003, 442.

Gebrauch nicht grundsätzlich als Ausdruck richterlicher Überheblichkeit oder Missgunst wahrnehmen.

IV. Rechtsmittel

149 Die Entscheidungen des **Richters** nach § 18 Abs. 2 RPflG, mit denen er sich Geschäfte vorbehält, sie überträgt oder an sich zieht, sind unanfechtbar (§ 7 RPflG). Für die Rüge, eine Amtshandlung des **Rechtspflegers** (§§ 3, 8 RPflG: Geschäft) überschreite die gesetzlich oder richterlich festgelegte Zuständigkeitsgrenze zum Richter, ist subsidiär die Erinnerung an den Richter beim Amtsgericht (§ 11 Abs. 2, § 7 RPflG) gegeben, sofern nicht nach den allgemeinen Vorschriften die sofortige Beschwerde statthaft ist (§ 11 Abs. 1 RPflG, §§ 4, 6 Abs. 1). Mit der Erinnerung kann auch geltend gemacht werden, dass das Geschäft des Rechtspflegers nach § 8 Abs. 4 RPflG kraft Gesetzes unwirksam ist;[200] in diesem Fall ist das Rechtsmittel nach dem Zweck der Norm unbefristet zulässig. Die Erinnerung steht jedem Beteiligten zu, der durch die Amtshandlung in seinen Rechten verletzt sein kann, also auch jedem am Verfahren beteiligten Gläubiger. Einzelheiten bei § 6.

H. Eröffnung durch das Beschwerdegericht

I. Ermessensentscheidung

150 Ist die Beschwerde gegen eine Zurückweisung oder Abweisung des Eröffnungsantrags erfolgreich, so hat das Beschwerdegericht, wenn es die Sache für eröffnungsreif hält, die Möglichkeit, selbst den vollständigen Eröffnungsbeschluss zu erlassen.[201] Es kann aber auch nach pflichtgemäßem Ermessen (§ 572 Abs. 3 ZPO, § 4) die Sache zur Eröffnung an das Amtsgericht zurückverweisen oder die Eröffnung mit den rechtsgestaltenden Anordnungen des § 27 aussprechen und die übrigen, eher organisatorischen Anordnungen (§§ 28, 29) dem Amtsgericht übertragen (RdNr. 151). Dieses ist an die tragenden Gründe der Beschwerdeentscheidung gebunden. Im Fall der bloßen Zurückverweisung zur Eröffnung hat das Beschwerdegericht in eigener Zuständigkeit zu prüfen, ob Sicherungsmaßnahmen nach den §§ 21, 22 angezeigt sind.[202] Entsprechende Anordnungen des Beschwerdegerichts sollten mit dem Amtsgericht abgestimmt werden (vgl. auch RdNr. 153).

II. Notwendiger Inhalt der Entscheidung

151 Die eröffnende Entscheidung des Beschwerdegerichts braucht nicht sämtliche Elemente des Eröffnungsbeschlusses (§§ 27 bis 29) zu enthalten,[203] sondern kann sich auf die rechtsgestaltenden Anordnungen des § 27 beschränken, mit denen die gesetzlichen Wirkungen der Eröffnung ausgelöst werden (vgl. RdNr. 2); dies folgt aus § 572 Abs. 3 ZPO.[204] Zu ihnen gehört neben dem Ausspruch der eigentlichen **Eröffnung unter Angabe ihrer Stunde** notwendig auch die **Ernennung des Verwalters** (Insolvenzverwalters, Treuhänders, Sachwalters).[205] Die Eröffnung ohne gleichzeitige Ernennung eines Verwalters ist mit Wortlaut und Zweck des § 80 Abs. 1 unvereinbar. Sie würde ein Interregnum schaffen, in welchem dem Schuldner das Verwaltungs- und Verfügungsrecht über die Masse entzogen ist, ohne dass eine Person existiert, auf die dieses Recht übergegangen ist. Entsprechendes gilt bei Anordnung der Eigenverwaltung ohne Ernennung eines Sachwalters; eine Aufsicht ohne Aufsichtsperson ist sinnlos. Beim Amtsgericht sind die fehlenden Anordnungen sodann vom Richter zu erlassen (RdNr. 135).

152 Im Hinblick auf § 6 Abs. 3 hat das Beschwerdegericht, wenn es wegen der Dringlichkeit selbst das Verfahren eröffnet, notwendigerweise die **sofortige Wirksamkeit** seiner Entscheidung (§ 6 Abs. 3 Satz 2) **anzuordnen**.[206] Andernfalls wird die Eröffnung erst mit der Rechtskraft des Beschlusses wirksam. In der Bestimmung der Stunde der Eröffnung (§ 27 Abs. 2 Nr. 3), die ja auch

---

[200] OLG München Rpfleger 1979, 346.
[201] BGHZ 169, 17 RdNr. 21 = NJW 2006, 3553, 3555 = NZI 2006, 693, 695.
[202] BGH NZI 2006, 34; BGH NZI 2006, 122 f.; OLG Düsseldorf ZIP 1993, 135.
[203] So aber *Hess*/Weis/Wienberg § 29 RdNr. 10, 11;; *Uhlenbruck* § 29 RdNr. 4, wie hier Uhlenbruck-Pape § 34 RdNr. 26.; zweifelnd: *Kübler/Prütting/Pape* § 29 (11/00) RdNr. 6.
[204] LG Potsdam NZI 2002, 554 f.; Jaeger/*Weber* KO § 109 RdNr. 7; HKInsO-*Kirchhof* § 34 RdNr. 30; *Kübler/Prütting/Pape* § 27 (10/07) RdNr. 68; *Uhlenbruck–Pape* § 34 RdNr. 26 (aA § 29 RdNr. 4); vgl. auch *Schneider* MDR 1978, 525, 528.
[205] Ebenso *Jaeger/Schilken* § 34 RdNr. 12.
[206] Jaeger/*Weber* KO § 74 RdNr. 3; § 108 RdNr. 1 Abs. 4; FKInsO-*Schmerbach* § 34 RdNr. 46; *Kübler/Prütting/Pape* § 27 (10/07) RdNr. 69.

den Tag festlegt (vgl. RdNr. 40), ist im Zweifel zugleich die Anordnung der sofortigen Wirksamkeit zu sehen.[207] Umgekehrt gilt bei Anordnung der sofortigen Wirksamkeit ohne Angabe der Stunde der Eröffnung die Vermutung des § 27 Abs. 3. In dritter Instanz kann die Vollziehung der Entscheidung des Beschwerdegerichts einstweilen ausgesetzt werden (§ 575 Abs. 5, § 570 Abs. 3 ZPO, § 4).

III. Abstimmung mit dem Amtsgericht

Die Eröffnung des Verfahrens durch das Beschwerdegericht erfordert vor allem wegen der Person des Verwalters eine Abstimmung mit dem Amtsgericht. Die Anordnungen nach den §§ 28, 29 können dagegen aus Gründen der Zweckmäßigkeit ganz dem Amtsgericht übertragen werden. Abgesehen von der Zustellung des eröffnenden Beschlusses an Beschwerdeführer, Schuldner und Verwalter, obliegen die weiteren Zustellungen, Mitteilungen und öffentlichen Bekanntmachungen (§§ 30 bis 33) in jedem Fall der Geschäftsstelle des Amtsgerichts (und im Auftrag des Gerichts dem Verwalter, § 8 Abs. 3), selbst wenn das Beschwerdegericht den vollständigen Eröffnungsbeschluß erlassen hat.[208]

§ 30 Bekanntmachung des Eröffnungsbeschlusses

(1) ¹Die Geschäftsstelle des Insolvenzgerichts hat den Eröffnungsbeschluß sofort öffentlich bekanntzumachen. ²Hat der Schuldner einen Antrag nach § 287 gestellt, ist dies ebenfalls öffentlich bekannt zu machen, sofern kein Hinweis nach § 27 Abs. 2 Nr. 4 erfolgt ist.

(2) Den Gläubigern und Schuldnern des Schuldners und dem Schuldner selbst ist der Beschluß besonders zuzustellen.

Übersicht

	Rn.		Rn.
I. Normzweck	1, 2	3. Besondere Zustellungen (Abs. 2)	11
II. Entstehungsgeschichte	3	4. Unterrichtung ausländischer Gläubiger und Insolvenzverwalter	12, 13
III. Bekanntmachung des Eröffnungsbeschlusses	4–18	5. Mitteilungen an Gerichte und Behörden	14–16
1. Öffentliche Bekanntmachung im Inland (Abs. 1)	4–8	6. Sonderregelungen für Kreditinstitute und Versicherungsunternehmen	17, 18
2. Öffentliche Bekanntmachung innerhalb der EU (Art. 21 EuInsVO)	9, 10	IV. Bekanntmachungen über ausländische Insolvenzverfahren	19–22

I. Normzweck

Sobald der Eröffnungsbeschluss aufgehört hat, eine interne Angelegenheit des Insolvenzgerichts zu sein, entfaltet er unabhängig von seiner Bekanntgabe rechtliche Wirkungen (vgl. §§ 27 bis 29 RdNr. 119 ff.). Sie betreffen nicht nur die Parteien des Eröffnungsverfahrens, sondern eine **Vielzahl von Beteiligten** im weitesten Sinne, die in der Regel bei der Eröffnung nicht alle bekannt sind. Um die Abläufe des eröffneten Verfahrens in Gang zu setzen, sind deshalb bestimmte Ausführungshandlungen von Seiten des Gerichts erforderlich (§§ 30 bis 33).

Die **Bekanntmachungs- und Zustellungspflichten** des § 30 sollen sicherstellen, dass der Eröffnungsbeschluss mit seinem wesentlichen Inhalt möglichst bald und möglichst weitgehend im Rechtsverkehr verbreitet wird. Die Beteiligten sollen in die Lage versetzt werden, ihr Verhalten auf die neue Situation einzustellen und insbesondere ihre Rechte und Pflichten im Verfahren sachgerecht wahrzunehmen. Durch die Einzelzustellungen (Abs. 2) soll zudem ihr guter Glaube in die unbeschränkte Verfügungsbefugnis des Schuldners beseitigt werden.

II. Entstehungsgeschichte

Die Vorschrift entspricht im Kern dem alten Recht (§ 111 KO, § 22 Abs. 1, 2 VglO, § 6 Abs. 1, 3 GesO). Sie sah in der Fassung von 1999 (§ 30 Abs. 1 Satz 2 aF) neben der öffentlichen Bekanntmachung nach § 9 stets eine auszugsweise Veröffentlichung des Eröffnungsbeschlusses im gedruckten Bundesanzeiger vor. Diese Regelung ist durch das InsVfVereinfG 2007[1] mit der Einführung der

---
[207] Jaeger/*Weber* KO § 108 RdNr. 1 Abs. 4; HKInsO-*Kirchhof* § 34 RdNr. 31; Jaeger/*Schilken* § 27 RdNr. 16.
[208] Jaeger/*Weber* KO § 109 RdNr. 7, § 111 RdNr. 1; HKInsO-*Kirchhof* § 34 RdNr. 31.
[1] Art. 1 Nr. 3a InsVfVereinfG 2007.

obligatorischen Bekanntmachung im Internet (§ 9 Abs. 1 Satz 1) aufgehoben worden; der neue Abs. 1 Satz 2 ergänzt nunmehr den § 27 Abs. 2 Nr. 4.

III. Bekanntmachung des Eröffnungsbeschlusses

4 **1. Öffentliche Bekanntmachung im Inland (Abs. 1).** Mit der öffentlichen Bekanntmachung des Eröffnungsbeschlusses sollen die bisher **unbekannten Beteiligten** informiert werden. Die Bekanntmachung obliegt der **Geschäftsstelle** des Amtsgerichts, auch wenn das Verfahren erst vom Beschwerdegericht eröffnet worden ist (vgl. §§ 27 bis 29 RdNr. 153). Die Geschäftsstelle hat die Bekanntmachung von Amts wegen ohne Anordnung des Richters oder Rechtspflegers in eigener Verantwortung (§ 839 BGB) zu veranlassen,[2] und zwar **sofort** nachdem der Beschluss entweder förmlich verkündet worden oder unterschrieben bei ihr eingegangen ist, nicht erst nach Rechtskraft. Die Interessen des Schuldners haben insoweit hinter den Interessen der übrigen Beteiligten zurückzustehen.[3]

5 Die **Einzelheiten** der öffentlichen Bekanntmachung richten sich nach § 9. Sofern der Richter oder der Rechtspfleger (§ 18 RPflG) keine weiteren Veröffentlichungen anordnet (§ 9 Abs. 2), findet die Veröffentlichung ausschließlich im Internet statt (Einzelheiten bei § 9). Sie kann auszugsweise geschehen (§ 9 Abs. 1 Satz 1), doch muss sie entsprechend dem Normzweck (RdNr. 2) den gesamten **wesentlichen Inhalt des Eröffnungsbeschlusses** wiedergeben. Hierzu gehören – wie im alten Recht, das im Kern übernommen werden sollte[4] – die Angaben über den Schuldner und das vom Verfahren betroffene Vermögen (§§ 27 bis 29 RdNr. 18 ff.) sowie die in den §§ 27 bis 29, 270, 313 Abs. 1 erwähnten Anordnungen, Aufforderungen, Fristen und Termine[5] einschließlich der im Beschluss enthaltenen Angaben zu Zeit, Ort und Tagesordnung der Gläubigerversammlungen (§ 74 Abs. 2). Enthält der Eröffnungsbeschluss entgegen § 27 Abs. 2 Nr. 4 keine Mitteilung über einen Antrag des Schuldners auf **Restschuldbefreiung,** so ist diese Mitteilung (vgl. dazu §§ 27 bis 29 RdNr. 107 ff.) nachträglich zusammen mit dem Beschluss bekannt zu machen (Abs. 1 Satz 2). Beschlussgründe sind, abgesehen von der Angabe des festgestellten Eröffnungsgrundes, nur nach besonderer richterlicher Anordnung zu veröffentlichen (vgl. §§ 27 bis 29 RdNr. 118). Eine obligatorische auszugsweise **Veröffentlichung im Bundesanzeiger** findet nicht mehr statt (RdNr. 3).

6 Für die **Wirksamkeit der Bekanntmachung,** die nicht mit dem Wirksamwerden des Eröffnungsbeschlusses verwechselt werden darf (vgl. §§ 27 bis 29 RdNr. 124 ff.), ist allein die Veröffentlichung nach § 9 Abs. 1 maßgebend.[6] Nach ihr richtet sich insbesondere der Schutz der Drittschuldner nach § 82 Satz 2 und der Beginn der Rechtsmittelfrist, sofern der Beschluss dem Schuldner nicht schon vorher besonders zugestellt worden ist (§ 9 Abs. 1 Satz 3, Abs. 3; vgl. § 34 RdNr. 12).

7 Nachträgliche **Ergänzungen, Änderungen oder Berichtigungen des Eröffnungsbeschlusses** durch das Insolvenzgericht (vgl. §§ 27 bis 29 RdNr. 129 ff.) sind in gleicher Weise bekanntzumachen wie der ursprüngliche Beschluss.

8 Eine **unrichtige öffentliche Bekanntmachung** des Eröffnungsbeschlusses (sofern er nur überhaupt wirksam geworden ist[7]) müssen Insolvenzgericht und Verwalter im weiteren Verfahren bei Rechtshandlungen eines Beteiligten, der den Fehler nicht kannte, mit dem bekanntgemachten Inhalt gegen sich gelten lassen. Dies trifft insbesondere auf Fristen und Termine zu.[8]

9 **2. Öffentliche Bekanntmachung innerhalb der EU (Art. 21 EuInsVO).** Hat der Schuldner eine Niederlassung in einem anderen EU-Mitgliedsstaat,[9] dessen Recht die obligatorische öffentliche Bekanntmachung der Eröffnung ausländischer Hauptinsolvenzverfahren (Art. 3 Abs. 1 EuInsVO) vorsieht, so sind der Insolvenzverwalter und subsidiär das Insolvenzgericht bei der Eröffnung des Hauptinsolvenzverfahrens verpflichtet, die Bekanntmachung des wesentlichen Inhalts des Eröffnungsbeschlusses durch Vermittlung der Stellen des anderen Staates zu veranlassen (Art. 21 Abs. 2 EuInsVO). Als Niederlassung gilt nach Art. 2 lit. h EuInsVO jeder Tätigkeitsort, an dem der Schuldner einer wirtschaftlichen Aktivität von nicht vorübergehender Art nachgeht, die den Einsatz von Personal und Vermögenswerten voraussetzt. Die Einzelheiten zum Verfahren einer solchen Bekanntmachung ergeben sich aus dem jeweiligen ausländischen Recht. Das deutsche Recht regelt den umgekehrten Fall in Art. 102 § 5 EGInsO und in § 345 (dazu auch unten RdNr. 19 ff.).

---

[2] BGHZ 137, 49, 54 = NJW 1998, 609 f.
[3] Vgl. BVerfGE 77, 275, 285; BGHZ 140, 54, 58.
[4] § 111 Abs. 1 KO; vgl. Begr. RegE zu § 36 (= § 30), *Balz/Landfermann* S. 245.
[5] HKInsO-*Kirchhof* § 30 RdNr. 5; *Uhlenbruck* § 30 RdNr. 2.
[6] BGH NZI 2006, 175, 177; zust. *Flitsch/Schellenberger* EWiR 2006, 213 f.
[7] BGHZ 137, 49, 53 f. = NJW 1998, 609 f.
[8] LG Meiningen ZIP 1999, 1055 f.
[9] Mit Ausnahme von Dänemark, dort gilt die EuInsVO nicht (Begründungserwägung Nr. 33 zur EuInsVO).

Unabhängig von der in Art. 21 Abs. 2 EuInsVO geregelten Bekanntmachungspflicht ist der Insolvenzverwalter berechtigt, die Veröffentlichung in anderen EU-Mitgliedsstaaten zu beantragen (Art. 21 Abs. 1 EuInsVO). Auf Grund eines solchen Antrags sind die Stellen der EU-Mitgliedsstaaten verpflichtet, den deutschen Eröffnungsbeschluss gemäß den jeweiligen nationalen Vorschriften öffentlich bekannt zu machen.

3. Besondere Zustellungen (Abs. 2). Dem **Schuldner** sowie seinen **Gläubigern** und **Drittschuldnern**, deren Anschriften bekannt sind (§ 8 Abs. 2), ist der Eröffnungsbeschluss auf Veranlassung der Geschäftsstelle (§ 209 ZPO, § 4) von Amts wegen besonders zuzustellen. Gleiches gilt für die **Bundesanstalt für Finanzdienstleistungsaufsicht,** wenn sie den Eröffnungsantrag gestellt hat (§ 46b Abs. 1 Satz 7 KWG, § 88 Abs. 3 Satz 1 VAG), und für den **ausländischen Insolvenzverwalter** als Antragsteller (§§ 354, 356). Das Insolvenzgericht entscheidet nach pflichtgemäßem Ermessen, ob die Zustellung förmlich (§§ 166–190 ZPO) oder durch Aufgabe zur Post erfolgen soll. Letzteres ist heute die Regel. Dem Schuldner, dem Eröffnungsantragsteller und dem bestellten Verwalter steht eine vollständige Ausfertigung des Beschlusses zu. Bei der Zustellung an die übrigen Gläubiger und die Drittschuldner reicht eine unbeglaubigte Abschrift aus (§ 8 Abs. 1 Satz 2). Beschlussgründe, die unternehmensinterne oder persönliche Dinge behandeln, etwa gescheiterte oder unzulängliche Sanierungsbemühungen oder persönliche Vorwürfe der organschaftlichen Vertreter gegeneinander, können unter dem Gesichtspunkt des **Datenschutzes** und der **Verhältnismäßigkeit** nach richterlicher Anordnung den Zustellungsempfängern vorenthalten oder nur auszugsweise übermittelt werden;[10] für Abs. 2 gilt insoweit trotz des unbeschränkten Wortlauts des Gesetzes nichts anderes als für Abs. 1 (oben RdNr. 5; vgl. §§ 27 bis 29 RdNr. 118). Ohne ein besonderes rechtliches Interesse haben diese Personen auch keinen Anspruch auf Erteilung einer Ausfertigung des Eröffnungsbeschlusses.[11] Der Umstand, dass die Beschwerdefrist bereits durch die öffentliche Bekanntmachung nach Abs. 1 in Gang gesetzt wird (§ 34 RdNr. 12), entbindet nicht von der Pflicht zur besonderen Zustellung nach Abs. 2. Die Zustellung an Gläubiger und Drittschuldner wird zweckmäßigerweise dem Verwalter übertragen, die diese in der Regel durch Aufgabe zur Post vornimmt (§ 8 Abs. 1 Satz 2, Abs. 3). Der Insolvenzverwalter ist über den Eröffnungsbeschluss mit entsprechender urkundlicher Dokumentation zu unterrichten.[12] Das Gericht oder die Geschäftsstelle ist nicht verpflichtet, von Amts wegen Ermittlungen nach Gläubigern oder Drittschuldnern anzustellen (vgl. §§ 151, 152).[13]

4. Unterrichtung ausländischer Gläubiger und Insolvenzverwalter. Neben dem Eröffnungsbeschluss hat das Gericht oder der beauftragte Verwalter (§ 8 Abs. 3) den bekannten **Gläubigern** mit gewöhnlichem Aufenthalt, Wohnsitz oder Sitz in anderen EU-Mitgliedsstaaten ein besonderes Formblatt mit mehrsprachiger Überschrift zu übersenden, mit dem sie über Einzelheiten der Forderungsanmeldung informiert werden (Art. 40, 42 EuInsVO; Art. 102 § 11 EGInsO).[14]

Ist nach der Kenntnis des Gerichts im Ausland ein (eröffnetes oder noch nicht eröffnetes) Insolvenzverfahren über das schuldnerische Vermögen oder über ein Teilvermögen anhängig, so ist der Eröffnungsbeschluss auch dem (vorläufigen oder endgültigen) **ausländischen Insolvenzverwalter** besonders zuzustellen. Dies folgt aus dem Recht des Verwalters, sich am Verfahren in Deutschland zu beteiligen (Art. 32 Abs. 2, 3 EuInsVO, § 357 Abs. 2, 3). Der inländische Insolvenzverwalter ist zudem kraft seines Amtes verpflichtet, den ausländischen Verwalter über die Eröffnung zu unterrichten (Art. 31 Abs. 1 EuInsVO, § 357 Abs. 1).

5. Mitteilungen an Gerichte und Behörden. Zur Bekanntmachung des Eröffnungsbeschlusses schreibt die InsO in den §§ 31 bis 33 die Benachrichtigung oder Einbeziehung der **Registergerichte** und **Grundbuchämter** vor. Darüber hinaus ergibt sich aus § 22a FamFG[15] eine Mitteilungspflicht des Insolvenzgerichts gegenüber dem **Familien- oder Betreuungsgericht** (§§ 1666, 1837 Abs. 4 BGB), wenn dem Schuldner als Elternteil, Betreuer oder Pfleger die Sorge für fremdes Vermögen obliegt. Zusätzliche Mitteilungspflichten der Geschäftsstelle haben die Landesjustizverwaltungen in der bundeseinheitlichen **Anordnung über Mitteilungen in Zivilsachen (MiZi)** festgelegt.[16] Die Eröffnung ist

---

[10] Anders zu Unrecht FKInsO-*Schmerbach* § 30 RdNr. 16; *Jaeger/Schilken* § 30 RdNr. 6; *Kübler/Prütting/Pape* § 30 (7/07) RdNr. 25; *Uhlenbruck* § 30 RdNr. 6.
[11] AG Hamburg KTS 1976, 155.
[12] *Graf-Schlicker/Kexel,* InsO, § 30 RdNr. 10.
[13] *Jaeger/Weber* KO § 111 RdNr. 3; *Jaeger/Schilken* § 30 RdNr. 10.
[14] Veröffentlicht sind (a) die Rahmentexte des Formblatts und des Anmeldeformulars auf den Internetseiten der EU-Kommission, Generaldirektion Justiz und Inneres; (b) die deutsche Fassung des Formblatts mit vollständigen Übersetzungen auf den Internetseiten des Bundesjustizministeriums.
[15] Geändert durch das Gesetz zur Reform des Verfahrens in Familiensachen und in den Angelegenheiten der freiwilligen Gerichtsbarkeit v. 17.12.2008, BGBl. I 2008, 1586; in Kraft getreten am 1.9.2009.
[16] MiZi XIIa §§ 3, 4, zuletzt geändert zum 1.9.2001 (zB JMBl. NRW 2001, 185).

danach u.a. verschiedenen Stellen innerhalb der Justiz (zB der Staatsanwaltschaft, dem Präsidenten des Landgerichts, den gerichtlichen Vollstreckungsorganen, dem Arbeitsgericht), verschiedenen Finanzbehörden und Sozialversicherungsträgern, dem Arbeitsamt sowie der Industrie- und Handelskammer oder der Handwerkskammer mitzuteilen (MiZi XIIa § 3). Ist bereits im Ausland ein paralleles Haupt- oder Partikularinsolvenzverfahren eröffnet, so entspricht es dem Grundsatz des gegenseitigen Vertrauens der Gerichte und dem Gebot einer sinnvollen Koordination beider Verfahren,[17] das nun auch in § 348 Abs. 2 zum Ausdruck kommt, den deutschen Eröffnungsbeschluss auch dem **ausländischen Insolvenzgericht** zu übermitteln.

15 Eine Mitteilung des Insolvenzgerichts an die **Geschäftsführung der inländischen Börsen** in Fällen, in denen der Schuldner zum Handel an der Börse oder am sonstigen organisierten Markt (§ 2 Abs. 5 WpHG) zugelassene Wertpapiere emittiert hat, ist gesetzlich nicht vorgeschrieben. Sie wurde früher empfohlen.[18] Angesichts der Entwicklung des Kapitalmarktrechts erscheint sie jedoch nur noch – und zwar als Mitteilung an die **Bundesanstalt für Finanzdienstleistungsaufsicht**[19] – notwendig, wenn anzunehmen ist, dass die organschaftlichen Vertreter des Schuldners ihrer Pflicht zur unverzüglichen Veröffentlichung von Insiderinformationen (**Ad-hoc-Publizität**, § 15 WpHG) nicht nachkommen. Diese Pflicht umfaßt auch die Benachrichtigung der Börsengeschäftsführung und der Bundesanstalt (§ 15 Abs. 4 WpHG). Sie entfällt nicht durch die öffentliche Bekanntmachung des Insolvenzgerichts (Abs. 1), denn diese bedeutet nicht, dass die Entscheidung tatsächlich am Finanzmarkt allgemein bekannt ist.[20] Ebenso unberührt bleibt die Pflicht des Schuldners zur Veröffentlichung auf seinen Internetseiten, wenn die Wertpapiere nur im Freiverkehr gehandelt werden.[21] Die Ad-hoc-Publizitätspflicht greift zudem nicht erst bei Verfahrenseröffnung ein. Schon die Erkenntnis der Überschuldung oder der ernstlich drohenden Zahlungsunfähigkeit ist eine Insiderinformation und muss grundsätzlich sofort, spätestens aber nach dem Scheitern ernsthafter Sanierungsverhandlungen[22] oder nach Ablauf der Insolvenzantragspflicht eine Ad-hoc-Mitteilung auslösen.[23] Ein berechtigtes Interesse an der Geheimhaltung der Krise entfällt deshalb in jedem Fall mit der Stellung eines eigenen Eröffnungsantrags oder mit der Zustellung eines vom Insolvenzgericht als zulässig eingestuften Gläubigerantrags.

16 Gehört zur Insolvenzmasse ein Recht, das durch die Anmeldung oder Eintragung einer Marke in das **Markenregister** des **Deutschen Patent- und Markenamts** begründet worden ist, so kann dies durch eine Eintragung im Register verlautbart werden. Erforderlich ist ein Antrag des Insolvenzverwalters oder Sachwalters oder ein Ersuchen des Insolvenzgerichts (§ 29 Abs. 3, § 31 MarkenG). Für angemeldete oder eingetragene Patente oder ähnliche Rechte fehlt eine entsprechende gesetzliche Regelung (vgl. zur **Patentrolle** § 30 PatentG); hier ist es Aufgabe des Insolvenzverwalters, durch Mitteilungen an die Registerbehörde das geschützte Recht zu sichern.

17 **6. Sonderregelungen für Kreditinstitute und Versicherungsunternehmen**[24]. Bei Eröffnung eines Insolvenzverfahrens über das Vermögen eines **Einlagenkreditinstituts** oder **E-Geld-Instituts** (§ 46b, § 46e KWG; vgl. § 13 RdNr. 50 ff.) hat das Insolvenzgericht den Eröffnungsbeschluss zusätzlich zur allgemeinen öffentlichen Bekanntmachung (Abs. 1) auszugsweise auch im Amtsblatt der Europäischen Union und in mindestens zwei überregionalen Zeitungen derjenigen Vertragsstaaten des EWR-Abkommens[25] (vgl. § 15 RdNr. 50, 61) zu veröffentlichen, in denen das

---

[17] EuInsVO, Begründungserwägungen Nr. 20 Satz 1, Nr. 22 Satz 3.
[18] AV des preuss. JM v. 24.3.1898, JMBl. S. 77; Jaeger/*Weber* KO § 112 RdNr. 7.
[19] Anschrift der Bundesanstalt: Graurheindorfer Straße 108, 53117 Bonn; Anschrift der Deutschen Börse AG (Trägerin der öffentlich-rechtlichen Geschäftsführung der Frankfurter Wertpapierbörse): 60485 Frankfurt am Main.
[20] Zutr. *Bundesaufsichtsamt für den Wertpapierhandel* (Hrsg.), Insiderhandelsverbot und Ad-hoc-Publizität nach dem WpHG, 2. Aufl. 1998, S. 32; *Bundesanstalt für Finanzdienstleistungsaufsicht* (Hrsg.), Emittentenleitfaden, 2005, S. 50.
[21] Richtlinien der Deutschen Börse AG für den Freiverkehr an der Frankfurter Wertpapierbörse (25.10.2005), § 12; vgl. *Sudmeyer/Rückert/Kuthe* BB 2005, 2703 f.
[22] Vgl. Art. 3 Abs. 1 der RL 2003/124/EG vom 22.12.2003 (ABl. EU 2003 Nr. L 339, S. 70 – Insiderinformationen); § 15 Abs. 3 WpHG mit § 6 WpAIVO vom 13.12.2004 (BGBl. I S. 3376).
[23] Vgl. dazu BVerwGE 123, 203, 216 f. = NZI 2005, 510, 514 = NJW-RR 2005, 1207, 1210; ferner *Bundesanstalt für Finanzdienstleistungsaufsicht* (Hrsg.), Emittentenleitfaden, 2005, S. 44; *Schander/Schinogl* ZInsO 1999, 202; *M. Weber* ZGR 2001, 422, 436, 441 ff.; *S. H. Schneider* BB 2001, 1214; *ders.* BB 2005, 897, 901; *Obermüller* ZInsO 2002, 597, 598 f.; *Hirte*, FS Kirchhof, 2003, S. 223, 229 ff.; *ders.* ZInsO 2006, 1289, 1292; *Rattunde/Berner* WM 2003, 1313, 1314; *Reuter* BB 2003, 1797, 1800, 1804; *Grub/Streit* BB 2004, 1397, 1398 f.; *Ziemons* NZG 2004, 537, 542 f.; *Töllkühn* ZIP 2004, 2215, 2218; *Veith* NZG 2005, 254, 256 ff.
[24] Vgl. auch RL 2001/17/EG und 2001/24/EG über die Sanierung und Liquidation von Versicherungsunternehmen und Kreditinstituten (ABl. EG 2001 Nr. L 110, S. 28; Nr. L 125, S. 15).
[25] EU-Mitgliedsstaaten sowie Island, Norwegen und Liechtenstein.

schuldnerische Institut eine Zweigstelle hat oder Dienstleistungen erbringt (§ 46e Abs. 3 Satz 2 KWG; Aufnahmestaaten). Für den Inhalt dieser zusätzlichen auszugsweisen Veröffentlichung und die Folgen eines Mangels gilt zunächst das zu § 30 Abs. 1 Satz 2 Gesagte (RdNr. 6). Der Veröffentlichung ist der Text eines vom Bundesjustizministerium herausgegebenen Formblattes mit mehrsprachiger Überschrift und Informationen zur Forderungsanmeldung voranzustellen (§ 46e Abs. 3 Satz 3, § 46 f. Abs. 1 KWG). Der Text für das Amtsblatt ist in deutscher Sprache beim Amt für amtliche Veröffentlichungen der Europäischen Gemeinschaften[26] einzureichen; eine Pflicht zur Beifügung von Übersetzungen in die übrigen Amtssprachen der EU besteht nicht.[27] Die weitere Pflichtveröffentlichung in den Zeitungen der Aufnahmestaaten erfüllt ihren Zweck allerdings nur in der Landessprache. Den bereits bekannten Gläubigern hat das Gericht oder der beauftragte Verwalter (§ 8 Abs. 3) mit dem Eröffnungsbeschluss ein besonderes amtliches Formblatt zu übersenden, mit dem sie über die Notwendigkeit und die Einzelheiten der Forderungsanmeldung informiert werden (§ 46f Abs. 1 KWG).[28] Abgesehen von der Überschrift kann auch das Formblatt allein in deutscher Sprache abgefasst sein.[29]

Ähnliches gilt bei Eröffnung eines Insolvenzverfahrens über das Vermögen eines **Versicherungs-** **18** **unternehmens** (§ 88 VAG; vgl. § 13 RdNr. 59 ff.). Auch hier hat das Insolvenzgericht den Eröffnungsbeschluss in deutscher Sprache[30] zusätzlich auszugsweise im Amtsblatt der Europäischen Union zu veröffentlichen (§ 88 Abs. 3 Satz 3 VAG; vgl. RdNr. 17). Dabei ist in allen öffentlichen Bekanntmachungen neben dem zuständigen Insolvenzgericht und dem Insolvenzverwalter auch das maßgebliche Recht anzugeben (§ 88 Abs. 3 Satz 4 VAG). Diesem auf Vorgaben des EU-Rechts[31] beruhenden Erfordernis wird bei der Eröffnung des deutschen Insolvenzverfahrens durch die schlichte Erwähnung der InsO entsprochen. Die Vorgaben zielen ersichtlich darauf ab, Klarheit über die Rechtsgrundlage zu schaffen, wenn das Recht des Eröffnungsstaats unterschiedliche Liquidationsverfahren kennt;[32] zu ihnen gehört möglicherweise auch die gesellschaftsrechtliche Abwicklung.[33] Eine Veröffentlichung in ausländischen Zeitungen ist hier, anders als bei Kreditinstituten (RdNr. 17), nicht vorgeschrieben. Den bereits bekannten Gläubigern mit Forderungen aus einem Versicherungsgeschäft hat das Gericht oder der beauftragte Verwalter (§ 8 Abs. 3) mit dem Eröffnungsbeschluss ein besonderes amtliches Formblatt zu übersenden, mit dem sie über die Notwendigkeit und die Einzelheiten der Forderungsanmeldung sowie die allgemeinen Wirkungen des Verfahrens auf ihr Versicherungsverhältnis informiert werden (§ 88a Abs. 1 VAG).[34] Bei Gläubigern mit gewöhnlichem Aufenthalt, Wohnsitz oder Sitz in einem anderen EWR-Vertragsstaat (RdNr. 17) muss dieses Formblatt in eine Amtssprache dieses Staates übersetzt sein (§ 88a Abs. 2 VAG).

IV. Bekanntmachungen über ausländische Insolvenzverfahren

Ist im Ausland ein anzuerkennendes Haupt- oder Partikularinsolvenzverfahren (Art. 3, **19** EuInsVO, § 343) eröffnet worden, so ist auf **Antrag des ausländischen Insolvenzverwalters** der wesentliche Inhalt der Eröffnungsentscheidung und der Entscheidung über die Bestellung des Verwalters in Deutschland öffentlich bekannt zu machen (Art. 21 Abs. 1 EuInsVO; Art. 102 § 5 EGInsO, § 345 Abs. 1). Hat der Schuldner im Inland eine **Niederlassung** (Art. 2 lit. h EuInsVO), so erfolgt die öffentliche **Bekanntmachung von Amts wegen** (Art. 21 Abs. 2 EuInsVO; Art. 102 § 5 Abs. 2 EGInsO; § 345 Abs. 2), sobald das zuständige deutsche Gericht zuverlässige Kenntnis von der Eröffnung erhält. Eine Pflicht zur Nachforschung besteht nur, wenn Umstände vorliegen, die mit überwiegender Wahrscheinlichkeit auf ein ausländisches Verfahren hindeuten.

Ebenso wie bei einem inländischen Insolvenzverfahren ist die Bekanntmachung keine Voraussetzung **20** für die **Wirksamkeit** des ausländischen Eröffnungsbeschlusses im Inland oder für die Anerkennung des ausländischen Verwalters (Art. 16 EuInsVO, § 343).[35]

---

[26] Anschrift: 2, rue Mercier, L-2985 Luxembourg.
[27] Vgl. Art. 17 Abs. 1, Art. 13 der RL 2001/24/EG (Unterrichtung erfolgt „in der Amtssprache oder einer der Amtssprachen des Herkunftsmitgliedstaats").
[28] Entgegen § 46 f Abs. 1 Satz 2 KWG ist das Formblatt bisher im (gedruckten) Bundesanzeiger (Stand: Nr. 123 vom 6.7.2007) nicht bekanntgemacht.
[29] Vgl. Art. 17 Abs. 1, Art. 14 der RL 2001/24/EG.
[30] Art. 14 Abs. 1 Satz 1, Abs. 2 Satz 2 der RL 2001/17/EG.
[31] Art. 14 Abs. 2 der RL 2001/17/EG.
[32] Vgl. Art. 3 lit. d der RL 2001/17/EG mit Begründungserwägung Nr. 5; ferner Anhang B zur EuInsVO.
[33] Vgl. *Wimmer* ZInsO 2002, 897 f.
[34] Entgegen § 88a Abs. 1 Satz 2 VAG ist das Formblatt bisher im elektronischen Bundesanzeiger nicht bekanntgemacht (Stand: 6.7.2007).
[35] *Virgos/Schmit*, Erläuternder Bericht, Tz. 177.

21 Die **Einzelheiten** regeln für Verfahren aus dem Geltungsbereich der EuInsVO[36] Art. 102 §§ 1, 5, 7 EGInsO, Art. 21, 19 EuInsVO und für sonstige ausländische Verfahren die §§ 345, 347, 348 (vgl. auch § 13 RdNr. 63 f.). Die Art und Weise der Bekanntmachung richtet sich nach § 30 Abs. 1, § 9. Sachlich zuständig für die Bekanntmachung sind die Insolvenzgerichte. Ihre örtliche Zuständigkeit richtet sich im Anwendungsbereich der EuInsVO nach Art. 102 § 1 EGInsO und in sonstigen Fällen nach § 348. Ein Antrag, der bei einem (örtlich oder sachlich) unzuständigen Gericht eingeht, ist unverzüglich von Amts wegen an das zuständige Gericht weiterzuleiten (Art. 102 § 6 Abs. 3 EGInsO, § 348 Abs. 3 Satz 2). Funktional zuständig für die Anordnung der Bekanntmachung und die Festlegung ihres Inhalts ist, wenn es um ein Verfahren aus dem Geltungsbereich der EuInsVO geht, der Rechtspfleger (§ 19a RPflG), bei sonstigen ausländischen Verfahren der Richter (vgl. § 18 Abs. 1 Nr. 3 RPflG).

22 Ist die Eröffnung des Insolvenzverfahrens im Inland bekannt gemacht worden, so ist die **Beendigung des Verfahrens** in gleicher Weise bekannt zu machen (Art. 102 § 5 Abs. 2 Satz 2 EGInsO, § 345 Abs. 1 Satz 3). Unerheblich ist, ob die erste Bekanntmachung auf Antrag oder von Amts wegen erfolgt ist.

§ 31 Handels-, Genossenschafts-, Partnerschafts- und Vereinsregister

Ist der Schuldner im Handels-, Genossenschafts-, Partnerschafts- oder Vereinsregister eingetragen, so hat die Geschäftsstelle des Insolvenzgerichts dem Registergericht zu übermitteln:

1. im Falle der Eröffnung des Insolvenzverfahrens eine Ausfertigung des Eröffnungsbeschlusses;
2. im Falle der Abweisung des Eröffnungsantrags mangels Masse eine Ausfertigung des abweisenden Beschlusses, wenn der Schuldner eine juristische Person oder eine Gesellschaft ohne Rechtspersönlichkeit ist, die durch die Abweisung mangels Masse aufgelöst wird.

Schrifttum: *Weber,* Die Funktionsteilung zwischen Konkursverwalter und Gesellschaftsorganen im Konkurs der Kapitalgesellschaft, KTS 1970, 73; *Wentzel,* Auswirkungen des Insolvenzverfahrens auf das Vereinsregister, Rpfleger 2001, 334.

Übersicht

	Rn.		Rn.
I. Normzweck und Anwendungsbereich	1, 2	2. Inhalt der Eintragung	34, 35
II. Entstehungsgeschichte	3, 4	3. Zweigniederlassungen	36, 37
III. Eingetragene Rechtsträger	5–9	4. Gelöschter Rechtsträger	38
IV. Mitzuteilende Entscheidungen	10–23	5. Registerpublizität	39
1. Eröffnung und sonstige Verfügungsregelungen (Nr. 1)	10–21	6. Gesellschafts- und registerrechtliche Wirkungen	40–45
a) Eintragungspflichten des Registergerichts	10	7. Löschung wegen Vermögenslosigkeit	46
b) Übermittlungspflichten des Insolvenzgerichts	11–20	VII. Sonstige öffentliche Register	47
c) Zeitpunkt der Übermittlung	21	VIII. Registereintragungen über ausländische Insolvenzverfahren	48–66
2. Abweisung mangels Masse (Nr. 2)	22, 23	1. Grundsätze	48–52
V. Mitteilung an das Registergericht	24–31	a) Maßgebende Vorschriften	48, 49
1. Übermittlung durch die Geschäftsstelle	24–26	b) Nur Hauptinsolvenzverfahren	50
2. Mitteilung an ausländische Registerbehörden	27–31	c) Eintragung von Amts wegen	51, 52
a) Hauptinsolvenzverfahren	28, 29	2. Eintragungen im Anwendungsbereich der EuInsVO	53–63
b) Partikularinsolvenzverfahren	30	a) Amtseintragung auf Ersuchen des Insolvenzgerichts	54, 55
c) Abweisung mangels Masse	31	b) Mitteilungs- und Anmeldepflichten	56, 57
VI. Registergerichtliches Verfahren	32–46	c) Zuständiges deutsches Insolvenzgericht	58
1. Unverzügliche Eintragung in das Register	32, 33	d) Eintragung ohne Pflichtmitteilung oder Anmeldung	59

---

[36] EU-Mitgliedsstaaten ohne Dänemark (EuInsVO, Begründungserwägung Nr. 33).

	Rn.		Rn.
e) Eintragungsersuchen des Insolvenzgerichts	60	3. Eintragungen in sonstigen Auslandsfällen	64–66
f) Vollzug des Eintragungsersuchens	61	a) Alleinzuständigkeit des Registergerichts	65
g) Sofortige Beschwerde, Löschung	62, 63	b) Mehrere Niederlassungen im Inland	66

I. Normzweck und Anwendungsbereich

Nach den Bestimmungen des Registerrechts sind die wesentlichen Ereignisse des Insolvenzverfahrens in das Handels-, Genossenschafts-, Partnerschafts- und Vereinsregister einzutragen (§§ 6, 32 HGB, § 16 VAG, § 102 GenG, § 2 Abs. 2 PartGG, § 75 BGB). Diese Insolvenzvermerke sollen ähnlich wie die öffentliche Bekanntmachung nach § 30 den Geschäftsverkehr über die grundlegenden Entscheidungen des Insolvenzgerichts zur Verfügungsbefugnis des Schuldners unterrichten und diese Informationen als Warnung vor dem insolventen Schuldner allgemein verfügbar halten.[1] Entsprechendes gilt für die Abweisung eines Eröffnungsantrags mangels Masse, wenn sie nach dem Gesellschaftsrecht die Auflösung des schuldnerischen Rechtsträgers zur Folge hat.

Die Vorschrift des § 31 ergänzt diese registerrechtlichen Bestimmungen, indem sie – unmittelbar oder auf Grund von Verweisungen bei weiteren Verfahrensereignissen – die Übermittlung der maßgebenden insolvenzgerichtlichen Entscheidungen an das Registergericht vorschreibt. Damit soll sichergestellt werden, dass das Registergericht seiner Eintragungspflicht umgehend und auf zuverlässiger Grundlage nachkommen kann. § 31 unterscheidet weder zwischen Haupt- und Partikularinsolvenzverfahren noch zwischen Rechtsträgern mit ausländischem und solchen mit deutschem Gesellschaftsstatut. Die Mitteilungspflicht des § 31 gilt daher in allen Verfahren, deren Schuldner mit Sitz, Haupt- oder Zweigniederlassung in einem inländischen Register eingetragen ist.

II. Entstehungsgeschichte

Die Vorschrift des § 31, die im Gesetzgebungsverfahren nicht umstritten war, entspricht im Kern (Nr. 1) den Regelungen des alten Rechts über die Mitteilung des Eröffnungsbeschlusses an die Registerbehörden (§ 112 KO, § 23 Abs. 1 VglO, § 6 Abs. 2 GesO). Mit der Bestimmung über die Mitteilung der rechtskräftigen Abweisung mangels Masse (Nr. 2) übernimmt sie den Inhalt des § 1 Abs. 2 des aufgehobenen Löschungsgesetzes von 1934,[2] der nur Kapitalgesellschaften betraf, und erweitert den Anwendungsbereich auf alle durch die Abweisung aufgelösten Rechtsträger (vgl. RdNr. 22).

In den korrespondierenden Vorschriften des Registerrechts ist der Katalog der einzutragenden Verfahrensereignisse gegenüber dem alten Recht um einige neue Institute der Insolvenzordnung erweitert worden. Er umfasst nunmehr auch die Verfügungsbeschränkungen im Eröffnungsverfahren, die Anordnungen im Zusammenhang mit der Eigenverwaltung und die Überwachung der Erfüllung eines Insolvenzplans (vgl. RdNr. 10 und § 32 Abs. 1 Nr. 2, 3, 5 HGB). Durch die Eintragungen im Zusammenhang mit der Eigenverwaltung soll der Geschäftsverkehr genauer über die vom Regelfall abweichenden Wirkungen der Eröffnung auf die Verfügungsbefugnis des Schuldners informiert werden; sie sind erst im Zuge der Dezember-Novelle von 1998[3] in den Katalog aufgenommen worden.

III. Eingetragene Rechtsträger

Die Übermittlungspflicht des § 31 greift bei Verfahren ein, in denen einer der folgenden Rechtsträger Schuldner ist:
Handelsregister:
– eingetragener Kaufmann, eingetragene Kauffrau (§§ 19, 29 HGB),
– Offene Handelsgesellschaft (§ 106 HGB),
– Kommanditgesellschaft (§§ 161, 106 HGB),
– Europäische wirtschaftliche Interessenvereinigung (§ 2 EWIV-AG),
– Aktiengesellschaft (§ 36 AktG),
– Societas Europaea (Europäische Aktiengesellschaft, § 3 SEAG),
– Kommanditgesellschaft auf Aktien (§§ 278, 36 AktG),

---

[1] Vgl. Begr. RegE EGInsO zu Art. 38 Nr. 1 (= Art. 40 Nr. 2 EGInsO, § 32 HGB), *Balz/Landfermann* S. 699 = *Kübler/Prütting*, Dok. Bd. II, S. 171 f.
[2] Gesetz über die Auflösung und Löschung von Gesellschaften und Genossenschaften vom 9.10.1934 (RGBl. I S. 914); aufgehoben durch Art. 2 Nr. 9 EGInsO.
[3] Art. 1 Nr. 6, 7a, 11 EGInsOÄndG vom 19.12.1998 (BGBl. I S. 3836); dazu Bericht des Rechtsausschusses, 2.12.1998: BT-Drucks. 14/120, zu Art. 1 EGInsOÄndG, Nr. 5.

- Gesellschaft mit beschränkter Haftung (§ 7 GmbHG),
- Versicherungsverein auf Gegenseitigkeit (§ 30 VAG),
- eingetragene inländische Zweigniederlassung eines Unternehmens mit Sitz oder Hauptniederlassung im Ausland (§§ 13d ff. HGB),
- sonstige eingetragene, wirtschaftlich tätige juristische Person (§ 33 HGB),[4] etwa Gesellschaft ausländischen Rechts mit Sitz oder Hauptniederlassung im Inland, privatrechtliche Stiftung, öffentlich-rechtliche Körperschaft oder Anstalt (vgl. aber § 12 Abs. 1 Nr. 2),

Genossenschaftsregister:
- eingetragene Genossenschaft (§ 10 GenG),
- Societas Cooperativa Europaea (Europäische Genossenschaft, Art. 11 SCEVO),

Partnerschaftsregister: Partnerschaftsgesellschaft (§ 4 PartGG, § 106 HGB),

Vereinsregister: eingetragener Verein (§ 59 BGB).

6 Die Übermittlungspflicht greift ferner in Partikularinsolvenzverfahren ein, wenn in einem inländischen Register eine Zweigniederlassung des im Ausland ansässigen Schuldners eingetragen ist.

7 Ist dem Insolvenzgericht bekannt, dass der schuldnerische Rechtsträger noch nicht in das Register eingetragen, aber **zur Eintragung angemeldet** ist, so sollten auch hier dem Registergericht die maßgebenden Entscheidungen übermittelt werden, damit entweder die erstmalige Eintragung des Rechtsträgers unterbleibt oder zumindest bei dieser Eintragung auch die Insolvenz im Register vermerkt wird.

8 Gelegentlich findet noch über das Vermögen einer wegen Vermögenslosigkeit bereits **gelöschten Gesellschaft oder Genossenschaft** ein Insolvenzverfahren oder zumindest ein Eröffnungsverfahren statt. Auch in einem solchen Fall gelten die Übermittlungspflichten des Insolvenzgerichts nach § 31 (§ 23 Abs. 2) ebenso wie die Eintragungspflichten des Registergerichts nach den §§ 6, 32 HGB, § 16 VAG, § 102 GenG (vgl. RdNr. 38).

9 Für die **Partenreederei** gilt § 31 nicht. Bei ihr handelt es sich zwar um eine besondere Form der Gesellschaft ohne Rechtspersönlichkeit (§ 11 Abs. 2 Nr. 1), sie wird jedoch nicht in das Handelsregister eingetragen (vgl. § 489 HGB). Maßgebend sind die Vorschriften über das **Schiffsregister** (§§ 32, 33 RdNr. 95).

IV. Mitzuteilende Entscheidungen

10 **1. Eröffnung und sonstige Verfügungsregelungen (Nr. 1). a) Eintragungspflichten des Registergerichts.** Nach den registerrechtlichen Vorschriften sind bei den im Handels-, Genossenschafts-, Partnerschafts- und Vereinsregister eingetragenen Rechtsträgern folgende Ereignisse des Insolvenzverfahrens einzutragen (§§ 6, 32 Abs. 1 HGB, § 16 VAG, § 102 Abs. 1 GenG, § 2 Abs. 2 PartGG, § 75 BGB):
- die Bestellung eines vorläufigen Insolvenzverwalters, wenn zusätzlich dem Schuldner ein allgemeines Verfügungsverbot auferlegt oder ein Zustimmungsvorbehalt (§ 21 Abs. 2 Nr. 2) angeordnet ist,
- die Aufhebung einer derartigen Sicherungsmaßnahme,
- die Eröffnung des Insolvenzverfahrens,
- die Aufhebung des Eröffnungsbeschlusses,
- die Anordnung der Eigenverwaltung und deren Aufhebung,
- die Anordnung eines Zustimmungsvorbehalts nach § 277,
- die Einstellung und die Aufhebung des Insolvenzverfahrens,
- die Überwachung der Erfüllung eines Insolvenzplans und die Aufhebung der Überwachung.

11 **b) Übermittlungspflichten des Insolvenzgerichts.** Dementsprechend schreibt die InsO in § 31 Nr. 1 oder durch Verweisung auf diese Vorschrift die Übermittlung der folgenden Entscheidungen des Insolvenzgerichts an das Registergericht vor:

12 – des Beschlusses über die **Bestellung eines vorläufigen Insolvenzverwalters,** wenn zusätzlich dem Schuldner ein **allgemeines Verfügungsverbot** auferlegt oder ein **Zustimmungsvorbehalt** angeordnet ist (§ 23 Abs. 2),

13 – des Beschlusses über die **Aufhebung** einer derartigen **Sicherungsmaßnahme** (§ 25 Abs. 1),

14 – des **Eröffnungsbeschlusses** unabhängig davon, ob Fremd- oder Eigenverwaltung angeordnet ist (§ 31 Nr. 1),

15 – des rechtskräftigen Beschlusses über die **Aufhebung des Eröffnungsbeschlusses** auf Grund einer Beschwerde (§ 34 Abs. 3 Satz 2, § 200 Abs. 2 Satz 2),

---

[4] Zur Aufhebung des früheren § 36 HGB durch Art. 3 des Gesetzes vom 22.6.1998 (BGBl. I S. 1474) vgl. *Wehrstedt* MittRhNotK 1999, 289.

- des Beschlusses über die Anordnung eines **Zustimmungsvorbehalts im Fall der Eigenverwaltung** (§ 277 Abs. 3 Satz 2), **16**
- des Beschlusses über die **Einstellung** und die **Aufhebung des Insolvenzverfahrens** (§ 215 Abs. 1 Satz 3, § 200 Abs. 2 Satz 2, § 258 Abs. 3 Satz 2), **17**
- der Bekanntmachung über die **Überwachung der Erfüllung eines Insolvenzplans** unabhängig von einem Zustimmungsvorbehalt (§ 267 Abs. 3 Satz 1), wobei der Mitteilung nur indirekt eine gerichtliche Entscheidung (nämlich der Bestätigungsbeschluss nach § 248) zugrunde liegt, **18**
- des Beschlusses über die **Aufhebung** der Überwachung (§ 268 Abs. 2 Satz 2, § 267 Abs. 3 Satz 1). **19**

Auch die **nachträgliche Anordnung der Eigenverwaltung** und deren **Aufhebung** ist zu übermitteln, denn auch diese Ereignisse sind in die Register einzutragen (§ 32 Abs. 1 Nr. 3 HGB, oben RdNr. 10). Es besteht eine Übermittlungspflicht.[5] **20**

c) **Zeitpunkt der Übermittlung.** Das Gesetz knüpft die Übermittlungspflicht nur bei der Aufhebung des Eröffnungsbeschlusses ausdrücklich an die **Rechtskraft** der Entscheidung (§ 34 Abs. 3 i. V. m. § 200 Abs. 2 Satz 2, § 31). Aus dieser Regelung ist ein allgemeiner Grundsatz abzuleiten. Entscheidungen, die eine Verfügungsbeschränkung des Schuldners anordnen (also insbesondere der Eröffnungsbeschluss),[6] sind entsprechend ihrem Sicherungszweck (RdNr. 1) dem Registergericht **alsbald nach Erlass** zuzuleiten, bei Entscheidungen, die eine solche Beschränkung lockern oder aufheben, hat dies trotz ihrer sofortigen Wirksamkeit erst **nach Rechtskraft** zu geschehen; Entscheidungen, die nach § 6 Abs. 1 unanfechtbar sind, werden allerdings sofort rechtskräftig, wenn sie der Richter erlassen hat (vgl. § 11 Abs. 2 RPflG). **21**

2. **Abweisung mangels Masse (Nr. 2).** Ist der Schuldner eine juristische Person oder eine Gesellschaft ohne Rechtspersönlichkeit, die nicht nur durch die Eröffnung des Insolvenzverfahrens, sondern auch durch die Abweisung eines Eröffnungsantrags mangels Masse aufgelöst wird, so ist im Fall einer solchen Abweisung auch dieser Beschluss dem Registergericht zu übermitteln (§ 31 Nr. 2). Die Übersendung erfolgt hier stets **nach Rechtskraft**, weil erst mit ihr die Auflösung eintritt. Die Regelung betrifft **22**
- die Aktiengesellschaft (§ 262 Abs. 1 Nr. 4 AktG),
- die Societas Europaea (Europäische Aktiengesellschaft, Art. 9, 10 SEVO, § 262 Abs. 1 Nr. 4 AktG),
- die Kommanditgesellschaft auf Aktien (§ 289 Abs. 2 Nr. 1 AktG),
- die Gesellschaft mit beschränkter Haftung (§ 60 Abs. 1 Nr. 5 GmbHG),
- die Genossenschaft (§ 81a Nr. 1 GenG),
- die Societas Cooperativa Europaea (Europäische Genossenschaft, Art. 8 SCEVO, § 81a Nr. 1 GenG),
- den Versicherungsverein auf Gegenseitigkeit (§ 42 Nr. 4 VAG)
- die offene Handelsgesellschaft oder Kommanditgesellschaft, bei der kein persönlich haftender Gesellschafter eine natürliche Person ist und bei der für diese Gesellschafter auch nicht letztlich eine natürliche Person haftet (§ 131 Abs. 2 Nr. 1, § 161 Abs. 2 HGB).

Obwohl nicht gesetzlich vorgeschrieben, sollte die rechtskräftige Abweisung mangels Masse auch bei folgenden Rechtsträgern dem Registergericht oder der zuständigen ausländischen Registerbehörde übermittelt werden: **23**
- beim eingetragenen Verein,[7]
- bei einem Rechtsträger mit ausländischem Gesellschaftsstatut mit Sitz oder Hauptniederlassung im In- oder Ausland.

In beiden Fällen ist die Information der zuständigen Stelle zumindest unter dem Gesichtspunkt des Gläubigerschutzes und damit im öffentlichen Interesse gerechtfertigt. Welche Konsequenzen für den Fortbestand des Rechtsträgers sich aus der Entscheidung des Insolvenzgerichts ergeben, mag das Registergericht beurteilen.

V. Mitteilung an das Registergericht

1. **Übermittlung durch die Geschäftsstelle.** Ebenso wie bei § 30 Abs. 1 ist die Übermittlung der Entscheidungen Aufgabe der **Geschäftsstelle** des Amtsgerichts, auch wenn das Verfahren erst **24**

---

[5] Zutreffend MiZi XIIa § 4 Abs. 1 (BAnz. Nr. 160 vom 27.8.1999 = JMBl. NRW 1999, 189 = NZI 1999, 405).

[6] Ebenso *Jaeger/Schilken* § 31 RdNr. 8; trotz § 262 Abs. 1 Nr. 3, 4 AktG, § 60 Abs. 1 Nr. 4, 5 GmbHG anders (Eintragung erst bei Rechtskraft) HKInsO-*Kirchhof* § 31 RdNr. 6; *Kübler/Prütting/Holzer* § 31 (01/08) RdNr. 6; *Uhlenbruck* § 31 RdNr. 6.

[7] Hierzu *Wentzel* Rpfleger 2001, 334, 335; ebenso *Kübler/Prütting/Holzer* § 31 (01/08) RdNr. 9; aA *Uhlenbruck* § 31 RdNr. 6.

vom Beschwerdegericht eröffnet worden ist (vgl. §§ 27 bis 29 RdNr. 153). Die Geschäftsstelle hat sie von Amts wegen ohne Anordnung des Richters oder Rechtspflegers in eigener Verantwortung (§ 839 BGB) zu veranlassen. Bei der Eröffnung des Verfahrens oder der Anordnung einer anderen Verfügungsbeschränkung erfolgt die Übermittlung **sofort**, bei der Lockerung oder Aufhebung einer solchen Beschränkung und bei der Abweisung mangels Masse **nach Rechtskraft** (vgl. RdNr. 21, 22). Sie ist auch erforderlich, wenn Registergericht und Insolvenzgericht Teile desselben Amtsgerichts sind.

25   Die Mitteilung ist an das **Registergericht der Hauptniederlassung** oder des satzungsmäßigen **Sitzes** zu richten. An die Registergerichte inländischer **Zweigniederlassungen** ergeht sie nur, wenn der Schuldner nicht mit Hauptniederlassung oder Sitz im Inland eingetragen ist (§ 13 HGB). Sind in einem solchen Fall mehrere Zweigniederlassungen vorhanden, so sind möglichst alle zuständigen deutschen Registergerichte zu benachrichtigen. Nur wenn eine von ihnen ersichtlich als zentrale (führende) Zweigniederlassung geführt wird (vgl. § 13e Abs. 5 HGB), reicht die Übermittlung an das für sie zuständige Gericht aus. Dieses hat sodann von Amts wegen auch die Registergerichte der übrigen inländischen Zweigniederlassungen von der Eintragung in Kenntnis zu setzen (RdNr. 37).

26   Anders als bei den Eintragungsersuchen nach §§ 32, 33 ist in den Fällen des § 31 **keine besondere Förmlichkeit** zu beachten und **kein Ersuchen** erforderlich. Dem Registergericht ist formlos – soweit erforderlich, mit Rechtskraftvermerk – eine Ausfertigung des Beschlusses zu übersenden; ausreichend ist auch eine beglaubigte Abschrift, denn sie erfüllt den Zweck der Mitteilung ebenso zuverlässig.[8] Im Fall des § 267 Abs. 3 Satz 3 ist neben dem Aufhebungsbeschluss der Wortlaut der gerichtlichen Bekanntmachung über die Überwachung des Insolvenzplans mitzuteilen.

27   **2. Mitteilung an ausländische Registerbehörden.** § 31 gilt unmittelbar nur im Verhältnis zwischen deutschen Gerichten und damit nur für inländische Haupt- oder Partikularinsolvenzverfahren, deren Schuldner mit Sitz, Haupt- oder Zweigniederlassung in einem inländischen Register eingetragen ist (RdNr. 1, 2). Der Gesichtspunkt des Gläubigerschutzes begründet jedoch bei Schuldnern mit grenzüberschreitenden wirtschaftlichen Beziehungen auch ein öffentliches Interesse an der Benachrichtigung ausländischer Registerbehörden, bei denen der Schuldner erfasst ist.

28   **a) Hauptinsolvenzverfahren.** Rechtlich geregelt ist die Benachrichtigung ausländischer Registerbehörden allein für den **Anwendungsbereich der EuInsVO**.[9] Wird über das Vermögen eines Schuldners, der in einem anderen EU-Mitgliedstaat mit Sitz, Haupt- oder Zweigniederlassung im Handelsregister eingetragen ist, in Deutschland ein Hauptinsolvenzverfahren nach Art. 3 Abs. 1 EuInsVO eröffnet, so hat nach Art. 22 EuInsVO vorrangig der Insolvenzverwalter für die Eintragung der Eröffnung in das ausländische Register zu sorgen.[10] Dies gilt auch, wenn das ausländische Recht die obligatorische Eintragung der Eröffnung vorsieht (Art. 22 Abs. 2 EuInsVO). Die ausländische Registerbehörde ist auf Antrag des Verwalters zur Eintragung verpflichtet (Art. 22 Abs. 1 EuInsVO). Die Einzelheiten regelt das Recht des Registerstaates. Die Registereintragung ist jedoch in keinem Fall Voraussetzung für die Wirksamkeit des Eröffnungsbeschlusses oder für die Anerkennung des Verwalters innerhalb der Europäischen Union (Art. 16 EuInsVO).[11] Das deutsche Insolvenzgericht ist für die Benachrichtigung nur subsidiär zuständig (Art. 22 Abs. 2 Satz 2 EuInsVO), wird aber im Rahmen seiner Aufsicht über den Verwalter (§ 58) auch die Erledigung dieser Aufgabe zu überwachen haben. Es kann sie bei einer Pflichtverletzung des Verwalters an sich ziehen. Ist die Verfahrenseröffnung in ein ausländisches Register eingetragen worden, so hat der Verwalter auch für die Eintragung der Verfahrensbeendigung zu sorgen (Art. 102 § 5 Abs. 2 Satz 2 EGInsO analog).

29   Zur Benachrichtigung ausländischer Registerbehörden **außerhalb des Geltungsbereichs der EuInsVO** besteht keine Rechtspflicht. Eine Mitteilung des Verwalters oder des Gerichts an eine solche Behörde ist jedoch auch hier im Interesse des grenzüberschreitenden Gläubigerschutzes (RdNr. 27) gerechtfertigt.

30   **b) Partikularinsolvenzverfahren.** Eine Verpflichtung des Insolvenzgerichts oder des Verwalters, über die Eröffnung eines inländischen Partikularinsolvenzverfahrens die ausländische Registerbehörde der schuldnerischen Hauptniederlassung oder des Sitzes zu unterrichten, sieht weder die EuInsVO noch das deutsche Recht vor. Eine solche Mitteilung ist jedoch im Interesse des grenzüberschreitenden Gläubigerschutzes (RdNr. 27) sinnvoll und gerechtfertigt, selbst wenn sich das Verfahren nicht auf das schuldnerische Vermögen im Registerstaat bezieht.

---

[8] FKInsO-*Schmerbach* § 31 RdNr. 2; HKInsO-*Kirchhof* § 31 RdNr. 6; *Uhlenbruck* § 31 RdNr. 5.
[9] EU-Mitgliedsstaaten ohne Dänemark (EuInsVO, Begründungserwägung Nr. 33).
[10] *Virgos/Schmit*, Erläuternder Bericht, Tz. 182, 185.
[11] *Virgos/Schmit*, Erläuternder Bericht, Tz. 182, 185.

c) Abweisung mangels Masse. Ebenso wenig schreibt die EuInsVO oder das deutsche Recht 31 eine Benachrichtigung ausländischer Registerbehörden über die Abweisung eines Eröffnungsantrags mangels Masse vor. Auch in diesem Fall rechtfertigt jedoch der Gesichtspunkt des grenzüberschreitenden Gläubigerschutzes (RdNr. 27) eine Mitteilung des Gerichts oder des vorläufigen Verwalters.

VI. Registergerichtliches Verfahren

1. Unverzügliche Eintragung in das Register. Die Eintragung der Insolvenz- und Auflö- 32 sungsvermerke in die in § 31 genannten Register erfolgt unverzüglich und **von Amts wegen** auf der Grundlage der vom Insolvenzgericht übermittelten Urkunden;[12] bei den Auflösungsvermerken ist auch der Grund der Auflösung anzugeben (§§ 6, 32 Abs. 1, § 34 Abs. 5 HGB, § 263 Satz 2, 3 AktG, § 65 Abs. 1 Satz 2, 3 GmbHG, § 16 VAG). Eine entsprechende **Anmeldung** des Schuldners oder des Insolvenzverwalters ist als bloße Anregung zu behandeln, muss allerdings, wenn der Sachverhalt dem Registergericht noch nicht bekannt ist, Anlass für eine Nachfrage beim Insolvenzgericht sein (§ 26 FamFG). Zuständig ist für die Insolvenzvermerke der **Urkundsbeamte** der Geschäftsstelle,[13] für die Auflösungsvermerke der **Rechtspfleger**. Der Informationszweck der Vermerke erfordert stets die **unverzügliche Eintragung**. Ist wegen einer angemeldeten **Sitzverlegung** oder einer ähnlichen Veränderung (zB Formwechsel) die Zuständigkeit des Registergerichts in der Schwebe, so ist deshalb für die Eintragung des Insolvenz- oder Auflösungsvermerks das bisherige Registergericht so lange zuständig, bis durch die Eintragung der angemeldeten Veränderung die endgültige Zuständigkeit des neu befassten Gerichts begründet worden ist. Ob die Registerakten bereits an das neu befasste Gericht versandt sind (§ 13b HGB), ist unerheblich.

Das Registergericht hat eine Klarstellung des Insolvenzgerichts herbeizuführen, wenn in dem 33 übersandten Beschluss die **Firma des Schuldners** von der eingetragenen wesentlich abweicht oder wenn sonst ernsthafte **Zweifel an der Identität** des Schuldners auftreten. Die Klarstellung des Insolvenzgerichts braucht nicht unbedingt in einer förmlichen Berichtigung des Beschlusses (§ 4, § 319 ZPO) zu bestehen.

2. Inhalt der Eintragung. Das mitgeteilte Verfahrensereignis ist – unter Angabe des Insolvenz- 34 gerichts, der Art und des Datums der Entscheidung sowie des Aktenzeichens – so in das Register (Spalte „Rechtsverhältnisse") einzutragen, dass das **Ereignis** und das **Ausmaß der Verfügungsbeschränkung** zutreffend und klar verlautbart wird. Insbesondere ist bei vorläufigen Sicherungsmaßnahmen (§ 21) und beim Zustimmungsvorbehalt im Rahmen der Eigenverwaltung (§ 277) der Inhalt der gerichtlichen Anordnung knapp, aber möglichst genau anzugeben. Handelt es sich um ein Partikularinsolvenzverfahren über das Inlandsvermögen, so ist auch diese Verfahrensart einzutragen. Nicht in das Register aufzunehmen ist die **Person des Verwalters;** er ist weder Abwickler (Liquidator) noch sonst gesetzlicher Vertreter des Schuldners im verbandsrechtlichen Sinn. Eine eingetragene **Prokura** ist bei der Eintragung der Verfahrenseröffnung von Amts wegen zu löschen (§ 395, 384 Abs. 2 FamFG), weil sie infolge einer gerichtlichen Entscheidung – anders als bei der Auflösung einer Handelsgesellschaft außerhalb des Insolvenzverfahrens[14] – kraft Gesetzes erloschen ist (§ 117) und dies aus dem Register für jedermann zweifelsfrei und aus sich heraus verständlich hervorgehen muss.[15] Ist die Überwachung der Erfüllung eines Insolvenzplans einzutragen (§ 32 Abs. 1 Nr. 5 HGB), so braucht neben dem Aufhebungsbeschluss in der Regel nur die Tatsache der Überwachung vermerkt zu werden; zusätzlich einzutragen ist nur – entsprechend § 32 Abs. 1 Nr. 3 HGB – ein im Plan vorgesehener Zustimmungsvorbehalt nach § 263. Die übrigen Einzelheiten (§§ 260, 263) kann das Publikum den Register- oder Insolvenzakten entnehmen.[16] Die nach § 31 übermittelten Urkunden des Insolvenzgerichts unterliegen beim Registergericht der uneingeschränkten Einsicht (§ 9 Abs. 1, 2 HGB). Insolvenzrechtliche Eintragungen sind gebührenfrei (§ 87 Nr. 1, § 88 Abs. 2 Satz 1 KostO).

---

[12] Vgl. Verordnung zur Anpassung registerrechtlicher Vorschriften an die InsO vom 8.12.1998 (BGBl. I S. 3580).
[13] § 29 Abs. 1 Nr. 3 HRV; vgl. auch § 19 Abs. 2 Satz 2 HRV.
[14] Vgl. dazu *K. Schmidt* BB 1989, 229.
[15] Zu diesem Grundgedanken des durch Art. 2 der RL 68/151/EWG (ABl. EG 1968 Nr. L 65, S. 8) harmonisierten Registerrechts vgl. EuGH Slg. 1974, 1201 = Rpfleger 1975, 15 f.; BGHZ 63, 261 = NJW 1975, 213 f.; BGHZ 87, 59 = NJW 1983, 1676; BGHZ 114, 167 = NJW 1991, 1731; nun auch Begr. RegE ERJuKoG, 2001, BT-Dr. 14/6855, S. 19; Begr. RegE EHUG, 2006, BT-Dr. 16/960, S. 53 f. zu § 144c FGG. Wie hier ferner *Ries* Rpfleger 2006, 233, 236; *Kellner* ZInsO 2007, 280. Unrichtig LG Halle NZI 2004, 631 = Rpfleger 2005, 93, es verwechselt (ebenso wie *Vogel/Beutler* EWiR 2005, 543) Auflösung und Erlöschen der Gesellschaft.
[16] So zu Recht die Begr. RegE EGInsO zu Art. 38 Nr. 1 (= Art. 40 Nr. 2 EGInsO, § 32 HGB), *Balz/Landfermann* S. 699 = *Kübler/Prütting,* Dok. Bd. II, S. 171 f.

35 Eingetragene **vorläufige Sicherungsmaßnahmen** (§ 21) sind nicht bereits bei Eintragung der Verfahrenseröffnung **zu röten,** sondern erst bei Beendigung des gesamten Insolvenzverfahrens. Sie können nämlich möglicherweise wieder aufleben, wenn der Eröffnungsbeschluss auf Grund einer Beschwerde aufgehoben wird (vgl. § 34 RdNr. 92).

36 **3. Zweigniederlassungen.** Bei **Schuldnern mit Hauptniederlassung oder Sitz im Inland** sind Insolvenz- und Auflösungsvermerke nur bei dem Registergericht der Hauptniederlassung oder des Sitzes einzutragen. Mit der gesetzlichen Zentralisierung aller Eintragungen bei diesem Gericht[17] (§ 13 HGB, § 14 GenG, § 5 Abs. 2 PartGG) sind die früher geführten besonderen Registerblätter beim Gericht der Zweigniederlassung zum 1.1.2007 geschlossen worden (Art. 61 Abs. 6 EGHGB, § 161 Abs. 3 GenG).

37 Findet über das **Gesamtvermögen** oder das **Inlandsvermögen eines ausländischen Rechtsträgers** mit einer im Inland eingetragenen Zweigniederlassung (§§ 13d ff. HGB) ein Insolvenzverfahren nach deutschem Recht statt, so sind die Insolvenzvermerke auch in das Handelsregister dieser Zweigniederlassung von Amts wegen einzutragen (§ 13d Abs. 3 HGB). Die Pflicht zur registerrechtlichen Anmeldung eines Insolvenzverfahrens oder eines ähnlichen Verfahrens über das Vermögen einer ausländischen Kapitalgesellschaft (§ 13e Abs. 4 HGB) steht der Eintragung von Amts wegen nicht entgegen. Sie bezieht sich nur auf Verfahren im Ausland (dazu unten RdNr. 48 ff.), denn den Gerichten oder Behörden fremder Staaten kann das deutsche Recht keine Mitteilungspflicht auferlegen. Ist eine von mehreren Niederlassungen als **zentrale (führende) inländische Zweigniederlassung** (§ 13e Abs. 5 HGB) eingetragen, so obliegt dem Registergericht dieser Niederlassung eine gewisse Koordinierungsfunktion. Es ist für die Eintragung der Insolvenzvermerke vorrangig zuständig und hat diese Eintragungen von Amts wegen den Registergerichten der übrigen inländischen Zweigniederlassungen mitzuteilen; diese Gerichte haben die Eintragungen in ihr Register zu übernehmen.

38 **4. Gelöschter Rechtsträger.** Teilt das Insolvenzgericht dem Registergericht einzutragende Verfahrensereignisse mit, die einen **wegen Vermögenslosigkeit gelöschten Rechtsträger** betreffen, so sind diese Ereignisse jedenfalls von der Verfahrenseröffnung an trotz der Löschung wie eine Nachtragsliquidation[18] in das Register einzutragen. Das Insolvenzverfahren ist zugleich auch eine besondere Art des gesellschaftsrechtlichen Liquidationsverfahrens (vgl. § 199).

39 **5. Registerpublizität.** Die eingetragenen Insolvenzvermerke nehmen nicht an der Registerpublizität nach § 15 HGB teil (§ 32 Abs. 2 Satz 2 HGB). Das Vertrauen in die Richtigkeit und Vollständigkeit dieser Eintragungen wird also nicht geschützt; maßgebend sind allein die §§ 80 ff., 81, 91. Die Insolvenzvermerke werden vom Registergericht auch nicht bekanntgemacht (§ 32 Abs. 2 Satz 1 HGB, § 102 Abs. 2 GenG), weil das Verfahrensereignis bereits vom Insolvenzgericht zu veröffentlichen ist. Dagegen ist die Eintragung über die Auflösung infolge der Abweisung mangels Masse nach den allgemeinen Regeln des § 10 HGB bekanntzumachen.[19]

40 **6. Gesellschafts- und registerrechtliche Wirkungen.** Mit der Eröffnung des Insolvenzverfahrens über ihr Vermögen wird jede juristische Person des privaten Rechts, der nicht rechtsfähige Verein und jede Gesellschaft ohne Rechtspersönlichkeit **kraft Gesetzes aufgelöst.** Gleiches gilt bei den oben (RdNr. 22) aufgeführten Rechtsträgern im Fall der Abweisung eines Eröffnungsantrags mangels Masse. Mit der Auflösung erhält der Rechtsträger, ohne dass seine etwaige Rechtsfähigkeit berührt wird, einen neuen Zweck, nämlich seine eigene Abwicklung (Liquidation) und die anschließende Beendigung der Tätigkeit. Die **Fortsetzung** eines wegen Insolvenz aufgelösten Rechtsträgers ist nur zulässig, wenn das eröffnete Insolvenzverfahren auf Antrag des Schuldners wegen Wegfalls des Eröffnungsgrundes oder mit Zustimmung aller Gläubiger eingestellt (§§ 212, 213) oder das Verfahren nach der Bestätigung eines Insolvenzplans, der den Fortbestand des Rechtsträgers vorsieht, aufgehoben worden ist.[20] In allen anderen Fällen der insolvenzbedingten Auflösung ist eine Fortsetzung des Rechtsträgers nicht zulässig. Dies gilt insbesondere für die Auflösung durch die Abweisung mangels Masse, selbst wenn nachträglich die Zahlungsunfähigkeit oder Überschuldung durch Zuführung neuen Vermögens beseitigt wird. Beschränkt haftende Rechtsträger, die nicht einmal über die finanziellen Mittel zur Durchführung des Insolvenzverfahrens verfügen, sollen im öffentlichen Inte-

---

[17] Neufassung der § 13 HGB, § 14 GenG und Streichung der §§ 13a bis 13c HGB, § 14a GenG durch Art. 1, 3 EHUG (vgl. dazu Bericht des Rechtsausschusses, BT-Drucks. 16/2781, S. 152 f.).
[18] Zur Parallele zwischen Insolvenzverwalter und Nachtragsliquidator vgl. BGHZ 148, 175, 179 = NJW 2001, 3187, 3188 = NZI 2001, 533.
[19] Vgl. *Crisolli* JW 1934, 2657, 2658.
[20] Vgl. § 42 Abs. 1, § 86, § 728 Abs. 1 BGB, §§ 144, 506a HGB, § 274 Abs. 2 Nr. 1, § 9 Abs. 1 PartGG i. V. m. § 144 HGB, § 289 AktG, § 60 Abs. 1 Nr. 4 GmbHG, § 49 Abs. 2 VAG, § 117 Abs. 1 GenG.

resse möglichst bald beendet werden.[21] Die Unzulässigkeit der Fortsetzung wiederum hat zur Folge, dass der aufgelöste Rechtsträger weder als übertragendes noch als übernehmendes[22] Unternehmen an einer **Verschmelzung,** einer **Spaltung** oder einem **Formwechsel** beteiligt sein kann (§ 3 Abs. 3, § 124 Abs. 2, § 191 Abs. 3 UmwG).

Die **Organe des schuldnerischen Rechtsträgers** bestehen auch im eröffneten Verfahren fort. **41** Abgesehen vom Fall der Eigenverwaltung (§ 270), behalten sie allerdings ihre Zuständigkeiten, Rechte und Pflichten nur, soweit diese nicht durch den gesetzlichen Aufgabenkreis des Insolvenzverwalters verdrängt werden.[23] Dies gilt nicht nur für das Vertretungsorgan, sondern für sämtliche Organe (Einzelheiten bei § 80). In dem ihnen verbleibenden insolvenzfreien Bereich dürfen sie auch ohne Zustimmung des Verwalters weiterhin Beschlüsse fassen oder im Namen des Schuldners handeln (RdNr. 44). Den dort geltenden Rechtspflichten unterliegen sie ebenfalls unverändert (vgl. etwa § 11 WpHG, § 43 BörsG).[24]

Anhängige **Verfahren vor dem Registergericht** werden durch die Eröffnung des Insolvenzver- **42** fahrens grundsätzlich nicht unterbrochen. § 240 ZPO gilt in FamFG-Verfahren nicht entsprechend.[25] Die Eröffnung ist allerdings für Registerverfahren einschließlich der Handelssachen nach § 375 FamFG nicht ohne jede Bedeutung. Betrifft das Verfahren eine Angelegenheit, die nunmehr dem gesetzlichen Aufgabenkreis des Insolvenzverwalters, insbesondere seinem Verwaltungs- und Verfügungsrecht über die Insolvenzmasse (§ 80), zuzuordnen ist (sog. Verdrängungsbereich), so geht die Befugnis zur Anmeldung, Antragstellung oder Einlegung von Rechtsmitteln auf den Verwalter über.[26] Er wird kraft Gesetzes zum Verfahrensbeteiligten.[27] Das Verfahren darf nur unter seiner Beteiligung fortgesetzt werden. Früher erteilte Verfahrensvollmachten erlöschen (§§ 117, 119). Dies ist vom Registergericht und den Beschwerdegerichten jederzeit von Amts wegen zu beachten (§ 26 FamFG). Entsprechendes gilt für Verfahren zur zwangsweisen Durchsetzung registerrechtlicher Pflichten aus dem Aufgabenkreis des Verwalters.[28]

Zum **registerrechtlichen Aufgabenkreis des Insolvenzverwalters** gehört insbesondere die **43** Anmeldung des Erlöschens oder der Erteilung der Prokura (§§ 117, 119). Bei einer Beteiligung des Schuldners an einer Personenhandelsgesellschaft zählt hierzu ferner die Mitwirkung bei der Anmeldung von Veränderungen im Gesellschafterbestand.[29] In der Insolvenz einer Kapitalgesellschaft steht dem Verwalter die Anmeldung einer Satzungsänderung zu, die er selbst anstelle der Gesellschaftsorgane vorgenommen hat, etwa bei der Bildung einer Ersatzfirma.[30] Wird eine Satzungsänderung wegen ihrer Auswirkungen auf die Insolvenzmasse im Einvernehmen mit dem Verwalter beschlossen, so kann sie mit seiner Zustimmung von den organschaftlichen Vertretern angemeldet werden.[31] Bei einer Unternehmensfortführung obliegt dem Verwalter grundsätzlich auch die handelsrechtliche Offenlegungspflicht (§ 155 Abs. 1 Satz 2; Einzelheiten bei § 155). Ebenso hat er allein für die gerichtliche Bestellung eines Abschlussprüfers zu sorgen (§ 155 Abs. 3). Zur Anmeldung von Veränderungen bei den organschaftlichen Vertretern und bei der Vertretungsregelung ist er regelmäßig nicht befugt (vgl. RdNr. 44). Etwas anderes gilt, wenn kein Anmeldeberechtigter mehr vorhanden ist[32] oder sich die Berechtigten weigern; auch dann ist der Verwalter jedoch zur Anmeldung nicht verpflichtet. Abberufen kann der Verwalter ein Organmitglied nicht. Er ist allerdings berechtigt, die gerichtliche Bestellung eines organschaftlichen

---

[21] BGHZ 75, 178, 180 = NJW 1980, 233; BayObLG NJW 1994, 594; BayObLG NJW-RR 1995, 612; KG NJW-RR 1994, 229; KG NJW-RR 1999, 475; OLG München DB 2005, 2185 f. = ZIP 2005, 2214 L; *Gehrlein* DStR 1997, 31, 34.

[22] OLG Naumburg NJW-RR 1998, 178; KG NJW-RR 1999, 475; AG Erfurt Rpfleger 1996, 163; *Heckschen* DB 2005, 2283, 2284.

[23] AllgM; RGZ 74, 244, 246; BGH NJW 1981, 1097; BGHZ 163, 32, 34 = NJW 2005, 2015 f. = NZI 2005, 387 f.; *Weber* KTS 1970, 73, 77 ff.

[24] BVerwGE 123, 203, 210 ff. = NZI 2005, 510, 512 ff. = NJW-RR 2005, 1207; BVerwG ZIP 2006, 530 f. = NVwZ 2006, 599. – Zu § 11 WpHG, §§ 42a, 54 BörsG ersetzt durch §§ 42, 43 BörsG v. 16.7.2007, BGBl I S. 1330 vgl. BT-Drucks. 16/2498, S. 26, 31 f., 53 f.; BT-Drucks. 16/4028, Art. 2, § 43 BörsG-E.

[25] BayObLGZ 1978, 209, 211 = DB 1978, 2163 f.; BayObLG NZI 2002, 280 = Rpfleger 2002, 261; OLG Köln NZI 2001, 470 f. = Rpfleger 2001, 552; OLG Frankfurt ZIP 2006, 203 = NZG 2006, 556.

[26] BayObLG ZIP 2004, 1426 = Rpfleger 2004, 426; OLG Düsseldorf DNotZ 1970, 306 = MDR 1970, 425; OLG Köln NZI 2001, 470 f. = Rpfleger 2001, 552; OLG Köln NZI 2005, 472 = Rpfleger 2005, 625; OLG Dresden NotBZ 2005, 112; OLG München ZInsO 2005, 1113 = Rpfleger 2006, 35 f.

[27] BayObLG 1978, 209, 212 = DB 1978, 2163 f.

[28] LG Oldenburg Rpfleger 1993, 451; LG München I ZIP 2001, 2291.

[29] BayObLG NJW 1981, 822 = Rpfleger 1981, 101; OLG Düsseldorf DNotZ 1970, 306 f. = MDR 1970, 425.

[30] BGHZ 85, 221 = NJW 1983, 755 f.; BGHZ 109, 364 = NJW 1990, 1605; *Ulmer* NJW 1983, 1697, 1701 f.; *Uhlenbruck* ZIP 2000, 401, 403; *Herchen* ZInsO 2004, 1112, 1116 f.

[31] OLG Karlsruhe NJW 1993, 1931 = Rpfleger 1993, 364.

[32] LG Baden-Baden ZIP 1996, 1352; AG Charlottenburg ZIP 1996, 683; *R. Hintzen* Rpfleger 2005, 344, 345.

Vertreters für den Schuldner zu beantragen, wenn dies zur sachgerechten Durchführung des Verfahrens notwendig erscheint (§ 29 BGB, § 85 AktG). Wird ein solcher Antrag von anderer Seite gestellt, so ist der Verwalter anzuhören und am Verfahren zu beteiligen.[33] Die Löschung des schuldnerischen Rechtsträgers kann der Verwalter weder während des Insolvenzverfahrens noch nach dessen Abschluss beantragen; ebenso wenig kann er das Erlöschen der schuldnerischen Firma anmelden.[34]

44   Dem **insolvenzfreien Bereich,** in dem allein die Organe des Schuldners rechtlich zuständig bleiben (RdNr. 41), sind im registerrechtlichen Zusammenhang insbesondere zuzuordnen:
– die Zustimmung zur Übertragung von Anteilen am schuldnerischen Rechtsträger,
– die Einreichung der Gesellschafterliste,
– die Einberufung der Versammlung der Anteilsinhaber,
– die Bestellung und Abberufung organschaftlicher Vertreter[35] und die Regelung ihrer Vertretungsbefugnis (nicht aber die Bestellung von Sonderprüfern),[36]
– die Bestellung und Abberufung von Aufsichtsratsmitgliedern sowie der Antrag auf gerichtliche Ergänzung des Aufsichtsrats,[37]
– solche Satzungsänderungen, die mit dem Zweck des Insolvenzverfahrens vereinbar sind und die Stellung der Gläubiger nicht gefährden, keinen Bezug zur Insolvenzmasse haben (etwa Sitzverlegung, vereinfachte Kapitalherabsetzung[38]) oder sie allenfalls vermehren (Kapitalerhöhung, auch deren Aufhebung vor der Registereintragung),[39] nicht aber die Änderung der Firma oder des Unternehmensgegenstandes oder ein Beschluss über die Heilung einer verdeckten Sacheinlage,[40] ebenso wenig eine gesellschaftsrechtliche Umwandlung (Verschmelzung, Spaltung, Formwechsel; vgl. RdNr. 40).

45   Auch den einzelnen Anteilsinhabern bleibt im insolvenzfreien Bereich die Befugnis erhalten, nach den allgemeinen Regelungen (§ 375 FamFG) gerichtliche Anordnungen, etwa die Bestellung eines organschaftlichen Vertreters[41] oder deren Widerruf, zu beantragen.

46   **7. Löschung wegen Vermögenslosigkeit.** Nach **Durchführung des eröffneten Insolvenzverfahrens** hat das Registergericht von Amts wegen bei Kapitalgesellschaften, letztlich nur beschränkt haftenden Personenhandelsgesellschaften, Genossenschaften und Partnerschaftsgesellschaften in aller Regel das Verfahren zur Löschung wegen Vermögenslosigkeit einzuleiten (§ 394 Abs. 1, 4, § 397, § 380 Abs. 1 FamFG). Gleiches gilt, sobald die Auflösung eines dieser Rechtsträger wegen **Abweisung eines Eröffnungsantrags mangels Masse** eingetragen worden ist. Werden dem Registergericht **unabhängig von einem laufenden insolvenzgerichtlichen Verfahren** Umstände bekannt, die den Verdacht der Vermögenslosigkeit aufkommen lassen, so hat es auch hier von Amts wegen die erforderlichen Ermittlungen aufzunehmen (§ 26 FamFG). Bei der Ermessensentscheidung über die Löschung ist die **Subsidiarität des registerrechtlichen Löschungsverfahrens** gegenüber dem insolvenzrechtlichen Verfahren zu beachten. Erfährt das Registergericht während des Löschungsverfahrens von einem anhängigen Insolvenzverfahren, so hat es deshalb sein Verfahren ruhen zu lassen, bis das Verfahren vor dem Insolvenzgericht abgeschlossen ist. Entsprechendes gilt bei letztlich beschränkt haftenden Personenhandelsgesellschaften (etwa der GmbH & Co KG), wenn, wie es nicht selten vorkommt, nur bei der verwaltenden Kapitalgesellschaft der Eröffnungsantrag mangels Masse abgewiesen worden ist. Auch hier ist mit der Löschung der Kapitalgesellschaft wegen Vermögenslosigkeit so lange zu warten, bis das Insolvenzverfahren über die Personenhandelsgesellschaft durchgeführt ist.[42] Da die Vertretungsbefugnis der geschäftsführenden Organe mit der Löschung wegen Vermögenslosigkeit endet (§ 264 Abs. 2 Satz 2 AktG, § 66 Abs. 5 Satz 2 GmbHG),[43] hat die Schuldnerin andernfalls im eröffneten Insolvenzverfahren keinen ordnungsgemäßen organschaftlichen Vertreter mehr.

---

[33] Vgl. BayObLGZ 1988, 61, 66 ff. = ZIP 1988, 1119 ff.
[34] BayObLGZ 1979, 65 = Rpfleger 1979, 214 f.
[35] RGZ 76, 244, 247; BGH NZI 2007, 231, 233; BayObLGZ 1988, 61, 66 ff. = ZIP 1988, 1119 ff.; OLG Köln NZI 2001, 470 f. = Rpfleger 2001, 552; OLG Rostock Rpfleger 2003, 444.
[36] *Weber* KTS 1970, 73, 78.
[37] KG ZIP 2005, 1553.
[38] BGHZ 138, 71, 78 f. = NJW 1998, 2054, 2056.
[39] RGZ 76, 244, 247; BGHZ 24, 279, 286 = NJW 1957, 1279; BGH NJW 1995, 460 f.; BayObLG ZIP 2004, 1426 = Rpfleger 2004, 426; KG NZG 2000, 103 f.; OLG Köln NZG 2001, 470 f.; LG Heidelberg ZIP 1988, 1257 f.; *Weber* KTS 1970, 73, 80; *Götze* ZIP 2002, 224 ff.; *Kuntz* DStR 2006, 519 u. 1050; *Gundlach/Frenzel/Schmidt* DStR 2006, 1048.
[40] OLG Saarbrücken GmbHR 2004, 668 L, dazu *Undritz* EWiR 2004, 1031.
[41] OLG Köln ZInsO 2002, 834 = Rpfleger 2002, 569.
[42] OLG Düsseldorf NJW-RR 1995, 611 = Rpfleger 1995, 257; OLG Frankfurt NZG 2005, 844 f. = ZIP 2005, 2157; *Heckschen* EWiR 2005, 881 f.
[43] BGH NJW 1985, 2479 f. (zu § 2 Abs. 3 LöschG); BGH NJW-RR 1994, 542.

VII. Sonstige öffentliche Register

In das **Güterrechtsregister** (§§ 1558 ff. BGB) werden im Zusammenhang mit dem Insolvenzverfahren keine Eintragungen vorgenommen,[44] auch nicht im Falle einer Gesamtgutinsolvenz. Zu **sonstigen Mitteilungspflichten des Insolvenzgerichts** gegenüber anderen Gerichten und Behörden vgl. die §§ 30, 32, 33. 47

VIII. Registereintragungen über ausländische Insolvenzverfahren

1. Grundsätze. a) Maßgebende Vorschriften. Die Eröffnung eines ausländischen Insolvenzverfahrens und die ihr vorausgehende Anordnung von Sicherungsmaßnahmen werden im Inland grundsätzlich anerkannt. Die Einzelheiten der Anerkennung und ihrer Rechtsfolgen sind allgemein in den §§ 335 ff., 343 ff. (Internationales Insolvenzrecht) geregelt. Für Verfahren aus einem EU-Mitgliedsstaat mit Ausnahme Dänemarks[45] gilt jedoch vorrangig die EuInsVO; sie wird ergänzt durch Art. 102 EGInsO. Nicht in den Anwendungsbereich der EuInsVO und des Art. 102 EGInsO fallen Insolvenzverfahren über das Vermögen eines in der EU ansässigen Kreditinstituts oder Versicherungsunternehmens. Sie werden uneingeschränkt anerkannt und unterliegen im Übrigen den §§ 335 ff. (vgl. § 13 RdNr. 68). 48

Infolge dieser Anerkennung gelten die registerrechtlichen Vorschriften über die Eintragung der Verfahrenseröffnung und der sonstigen Verfahrensereignisse (RdNr. 10) unabhängig davon, ob das Insolvenzverfahren seine Grundlage im deutschen oder im ausländischen Recht hat. Sofern das ausländische Verfahren im Inland anerkannt wird, ist das Verfahrensereignis – unter Beachtung der im Folgenden dargestellten Besonderheiten – in das Handelsregister oder die ihm gleichstehenden Register (RdNr. 5) einzutragen. Der Inhalt des ausländischen Rechts ist stets von Amts wegen zu ermitteln (§ 293 ZPO, § 4). 49

b) Nur Hauptinsolvenzverfahren. Einzutragen sind nur Verfahrensereignisse aus einem ausländischen Insolvenzverfahren über das gesamte Vermögen des Schuldners (Hauptinsolvenzverfahren). Nur ein solches Verfahren mit grenzüberschreitendem Geltungsanspruch (Art. 3 Abs. 1, Art. 16 EuInsVO, § 335), das auch das Vermögen und die Verfügungsbefugnis des Schuldners in Deutschland erfasst, ist für die Rechtsverhältnisse des Schuldners im Inland erheblich. Nicht einzutragen ist deshalb ein **ausländisches Partikularinsolvenzverfahren.** Dementsprechend sieht auch Art. 22 EuInsVO die Eintragung eines Verfahrens in öffentliche Register der übrigen EU-Mitgliedsstaaten nur im Fall eines Hauptinsolvenzverfahrens nach Art. 3 Abs. 1 EuInsVO vor. 50

c) Eintragung von Amts wegen. Die Eintragung über ein ausländisches Insolvenzverfahren erfolgt von Amts wegen (§§ 6, 32 Abs. 1, § 13d HGB, § 102 GenG, § 16 VAG). Sobald dem Registergericht ernsthafte Anhaltspunkte dafür bekannt werden, dass über das Vermögen eines bei ihm eingetragenen Rechtsträgers im Ausland ein Hauptinsolvenzverfahren (RdNr. 48 ff., 50) eröffnet worden ist, hat es den Sachverhalt zu klären (§ 26 FamFG, § 32 HGB u.a.). Auch bei ausländischen Kapitalgesellschaften kommt es nicht entscheidend auf die Anmeldung durch die gesetzlichen Vertreter oder die ständigen Vertreter der inländischen Zweigniederlassung (§ 13e Abs. 4 HGB) an. Die Anmeldepflicht des § 13e Abs. 4 HGB verdrängt nicht das Gebot der Amtseintragung, sondern soll lediglich eine möglichst frühzeitige und sichere Kenntnis des deutschen Registergerichts von der Verfahrenseröffnung im Ausland gewährleisten.[46] Anlass für Ermittlungen kann jede substantiierte Mitteilung des Schuldners, des ausländischen Verwalters, eines Gerichts, einer Behörde oder eines Dritten sein. 51

Steht fest, dass eine Verfahrenseröffnung im Ausland oder ein anderes, möglicherweise einzutragendes ausländisches Verfahrensereignis stattgefunden hat, so hängt entsprechend der Systematik des Internationalen Insolvenzrechts (RdNr. 48) das weitere **Eintragungsverfahren des Registergerichts** davon ab, ob das ausländische Insolvenzverfahren innerhalb oder außerhalb des Geltungsbereichs der EuInsVO (RdNr. 53 ff., 64 ff.) eröffnet worden ist. 52

2. Eintragungen im Anwendungsbereich der EuInsVO. In diesem Bereich erfolgt die Eintragung über das ausländische Insolvenzverfahren nur auf Ersuchen des zuständigen deutschen Insolvenzgerichts (Art. 22 EuInsVO, Art. 102 § 6 EGInsO). 53

a) Amtseintragung auf Ersuchen des Insolvenzgerichts. Auch im Anwendungsbereich der EuInsVO werden die Insolvenzvermerke in das Handelsregister **von Amts wegen** eingetragen. Soweit Art. 22 EuInsVO und Art. 102 § 6 EGInsO von einem Antrag sprechen, ist das für den 54

---

[44] Art. 33 EGInsO; Jaeger/*Weber* KO § 112 RdNr. 3; HKInsO-*Kirchhof* § 31 RdNr. 7.
[45] Die EuInsVO gilt nicht in Dänemark (EuInsVO, Begründungserwägung Nr. 33).
[46] Begr. RegE des Gesetzes zur Durchführung der RL 89/666/EWG (Zweigniederlassungen), 1992, zu § 13e Abs. 4 HGB, BT-Dr. 12/3908, S. 16.

Bereich des Handelsregisters und der ihm gleichstehenden Register (RdNr. 5) nicht wörtlich zu nehmen. Beide Vorschriften gelten für Grundbuch, Handelsregister und andere öffentliche Register gleichermaßen und setzen die jeweiligen Bestimmungen über die Eintragungsverfahren voraus. Art. 102 § 6 EGInsO soll nicht den registerrechtlichen Grundsatz durchbrechen, dass Insolvenzvermerke von Amts wegen einzutragen sind (§ 32 HGB u.a.). Gleiches war schon vor Schaffung der EuInsVO für § 13e Abs. 4 HGB anerkannt, der ausländische Kapitalgesellschaften mit Zweigniederlassung im Inland zur Anmeldung einer Verfahrenseröffnung im Ausland verpflichtet (vgl. RdNr. 51). Aus Art. 102 § 6 EGInsO darf daher nicht der Schluss gezogen werden, Handelsregistereintragungen über ausländische Insolvenzverfahren setzten stets den Antrag oder gar die förmliche Anmeldung eines Beteiligten voraus.

55 Die Besonderheit des Art. 102 § 6 EGInsO besteht vielmehr darin, dass das Registergericht im Anwendungsbereich der EuInsVO Eintragungen über ausländische Insolvenzverfahren **ausschließlich nach Vorprüfung durch das inländische Insolvenzgericht** und auf dessen Ersuchen hin vornehmen darf und dass es an das Ersuchen gebunden ist. Die Prüfung der Eintragungsfähigkeit des ausländischen Verfahrensereignisses ist abgespalten und dem Insolvenzgericht übertragen. Diese Regelung soll die Registergerichte von der möglicherweise schwierigen Prüfung der insolvenzrechtlichen Einordnung (Qualifikation) des ausländischen Verfahrens und der Anerkennungsvoraussetzungen entlasten; außerdem sollen einander widersprechende Entscheidungen verschiedener deutscher Gerichte über die Anerkennung des selben ausländischen Verfahrens vermieden werden.[47]

56 **b) Mitteilungs- und Anmeldepflichten.** Zur Unterstützung des deutschen Handelsregisters und zur Beschleunigung der Eintragung bestehen grenzüberschreitende gesetzliche Mitteilungs- und Anmeldepflichten. Ist für den Schuldner in Deutschland eine Niederlassung im Handelsregister (RdNr. 5) eingetragen, so sind der **ausländische Insolvenzverwalter** und (subsidiär) das **ausländische Insolvenzgericht** im Anwendungsbereich der EuInsVO verpflichtet, unverzüglich nach Wirksamwerden der Verfahrenseröffnung (Art. 16 Abs. 1, Art. 2 lit. f EuInsVO) die erforderlichen Mitteilungen und Nachweise an die zuständige deutsche Stelle zu veranlassen (Art. 22 Abs. 2 EuInsVO). Betrifft das ausländische Verfahren eine Kapitalgesellschaft, so haben auch die **gesetzlichen Vertreter** des Schuldners oder seine **ständigen Vertreter im Inland** die Verfahrenseröffnung zur Eintragung in das Handelsregister anzumelden (§ 13e Abs. 4 HGB).

57 Der **Inhalt der Pflichtmitteilung oder Anmeldung** wird von ihrem Zweck bestimmt. Sie muss neben der Bezeichnung des Schuldners möglichst genaue Angaben über Name (Firma) und Ort der Niederlassung enthalten. Beizufügen ist eine öffentlich beglaubigte Abschrift der einzutragenden Entscheidung nebst deutscher Übersetzung (vgl. Art. 19 EuInsVO). Ferner ist der Inhalt der Eintragung anzugeben, der nach dem Recht des Eröffnungsstaates in das entsprechende dortige Register aufzunehmen wäre (vgl. Art. 102 § 6 Abs. 2 Satz 2 EGInsO). Um dem Gericht die Anerkennungsentscheidung zu ermöglichen, sind die tatsächlichen Voraussetzungen für die Anerkennung, insbesondere die Anknüpfungspunkte für die internationale Zuständigkeit des eröffnenden Gerichts (Art. 3 Abs. 1 EuInsVO), darzulegen und nachzuweisen (zu Einzelheiten vgl. Art. 19 EuInsVO; § 347 Abs. 1 sowie § 13 RdNr. 64).

58 **c) Zuständiges deutsches Insolvenzgericht.** Pflichtmitteilung oder Anmeldung sind an das für die inländische Niederlassung zuständige Insolvenzgericht zu richten (Art. 22 Abs. 2 EuInsVO, Art. 102 § 6 Abs. 1 EGInsO). Maßgeblich ist nicht der im Register eingetragene, sondern der tatsächliche Ort der Niederlassung (Art. 102 § 1 Abs. 2 EGInsO). Eine Pflichtmitteilung oder Anmeldung, die bei einem unzuständigen Gericht eingeht, ist unverzüglich von Amts wegen an das zuständige Gericht weiterzuleiten (Art. 102 § 6 Abs. 3 EGInsO).

59 **d) Eintragung ohne Pflichtmitteilung oder Anmeldung.** Wie oben dargelegt (RdNr. 51, 54), setzt die Eintragung des Insolvenzvermerks in das Register auch bei ausländischen Insolvenzverfahren nicht notwendigerweise einen Antrag oder eine Anmeldung voraus. Zwar dürfen die deutschen Register- und Insolvenzgerichte regelmäßig davon ausgehen, dass die ausländischen Verantwortlichen (Verwalter und Insolvenzgericht) ihrer Mitteilungspflicht aus Art. 22 Abs. 2 EuInsVO nachkommen. Deren Mitteilung hat jedoch nur die Bedeutung einer besonders sachkundigen Anregung an das zuständige Gericht, von Amts wegen tätig zu werden (§ 32 HGB, § 26 FamFG). Ergeben die Ermittlungen des Registergerichts mit hinreichender Wahrscheinlichkeit, dass eine Verfahrenseröffnung im Ausland oder ein anderes einzutragendes ausländisches Verfahrensereignis stattgefunden hat, so ist die Sache dem nach Art. 102 §§ 6, 1 EGInsO zuständigen Insolvenzgericht vorzulegen und seine Entschließung abzuwarten. Das Insolvenzgericht hat sodann, ebenfalls von Amts wegen (§ 26 FamFG, § 5), zu prüfen, ob ein Eintragungsersuchen geboten ist.

---

[47] Begr. RegE IIRNG 2003 zu Art. 102 § 6 EGInsO, BT-Dr. 15/16, S. 16.

e) Eintragungsersuchen des Insolvenzgerichts. Dem nach Art. 102 §§ 6, 1 EGInsO zuständigen deutschen Insolvenzgericht obliegt die gesamte Prüfung der Eintragungsvoraussetzungen des Insolvenzvermerks. Es hat insbesondere zu klären, ob das ausländische Verfahren als Hauptinsolvenzverfahren mit grenzüberschreitendem Geltungsanspruch anzuerkennen ist (Art. 16, 17, 26 EuInsVO), ob das bekannt gewordene Verfahrensereignis in Analogie zu § 32 HGB eintragungsfähig ist und ob es nach dem Recht des Eröffnungsstaates ebenfalls in das Handelsregister eingetragen wird (Art. 102 § 6 Abs. 1 EGInsO); nicht erforderlich ist, dass dort die Eintragung bereits tatsächlich erfolgt ist.[48] Liegen die Voraussetzungen vor, so ersucht das Insolvenzgericht das Registergericht um die Eintragung und legt deren Inhalt fest (Art. 102 § 6 Abs. 2 EGInsO); dabei sollte auch angegeben werden, nach welchem ausländischen Recht sich das Insolvenzverfahren richtet. Wegen des Grundsatzes der Amtseintragung (RdNr. 51, 54, 59) ist das Eintragungsersuchen auch dann zu veranlassen, wenn keine Pflichtmitteilung oder Registeranmeldung vorliegt. Eine besondere Form ist für das Ersuchen nicht vorgeschrieben. **60**

f) Vollzug des Eintragungsersuchens. Das ersuchte Registergericht hat zu prüfen, ob die schuldnerische Niederlassung im örtlichen Register eingetragen ist. Im Übrigen hat es kein eigenes Prüfungsrecht, sondern verfügt lediglich die Eintragung entsprechend dem Ersuchen des Insolvenzgerichts und führt sie aus. Das ersuchte Registergericht hat zu prüfen, ob die schuldnerische Niederlassung im örtlichen Register eingetragen ist. Im Übrigen hat es kein eigenes Prüfungsrecht, sondern verfügt lediglich die Eintragung entsprechend dem Ersuchen des Insolvenzgerichts und führt sie aus. Handelt es sich um das Registergericht der **zentralen (führenden) inländischen Zweigniederlassung** (§ 13e Abs. 5 HGB; vgl. RdNr. 37); so teilt es seine Eintragung den Gerichten der übrigen inländischen Niederlassungen mit. **61**

g) Sofortige Beschwerde, Löschung. Nach Art. 102 § 7 EGInsO findet gegen die Entscheidung des Insolvenzgerichts nach Art. 102 § 6 EGInsO die sofortige Beschwerde (§§ 567, 569 ZPO, § 4) statt. Wird ein bereits vollzogenes Ersuchen im Beschwerdeverfahren rechtskräftig aufgehoben, so ist der zu Unrecht eingetragene Vermerk auf Ersuchen des Insolvenzgerichts nach § 395 Abs. 1 FamFG zu löschen. **62**

Auch jede sonstige **Löschung des Insolvenzvermerks,** etwa wegen Beendigung des ausländischen Verfahrens, ist nach dem Zweck des Art. 102 § 6 EGInsO nur auf Ersuchen des Insolvenzgerichts zulässig. Es gelten die gleichen Regeln wie für die Eintragung. **63**

3. Eintragungen in sonstigen Auslandsfällen. Das autonome, außerhalb des Anwendungsbereichs der EuInsVO geltende deutsche Internationale Insolvenzrecht (§§ 335 ff.) enthält keine besondere Bestimmung über die Registereintragung ausländischer Insolvenzverfahren. Es gelten daher zunächst die oben dargestellten allgemeinen Grundsätze (RdNr. 48 bis 52). **64**

a) Alleinzuständigkeit des Registergerichts. Außerhalb des Anwendungsbereichs der EuInsVO hat das Registergericht in eigener Zuständigkeit darüber zu entscheiden, ob das ausländische Verfahren als Hauptinsolvenzverfahren mit grenzüberschreitendem Geltungsanspruch zu qualifizieren, ob es im Inland anzuerkennen (§ 343) und ob das Verfahrensereignis in Analogie zu § 32 HGB eintragungsfähig ist. Ein besonderes Verfahren zur allgemein verbindlichen Anerkennung solcher Verfahren kennt das deutsche Recht nicht. Die Vorprüfung durch das deutsche Insolvenzgericht (RdNr. 53 ff.) findet in diesen Fällen nicht statt. Sie ist in den §§ 343 bis 348 nicht vorgesehen. Art. 102 § 6 EGInsO bezieht sich nur auf Anwendungsfälle des Art. 22 EuInsVO und ist als Ausnahme von der gesetzlichen Prüfungszuständigkeit des Registergerichts auf sonstige Fälle mit Auslandsberührung nicht entsprechend anwendbar, selbst wenn der Normzweck des Art. 102 § 6 EGInsO (RdNr. 55) dies nahelegt. **65**

b) Mehrere Niederlassungen im Inland. Für die Eintragungen über ausländische Insolvenzverfahren ist vorrangig das Registergericht des **satzungsmäßigen Sitzes** oder der **Hauptniederlassung** im Inland zuständig. Sind allerdings im Inland nur Zweigniederlassungen des Schuldners eingetragen, so ist grundsätzlich jedes Registergericht einer solchen Niederlassung eigenständig zur Prüfung und Eintragung verpflichtet. Nur wenn eine **zentrale (führende) inländische Zweigniederlassung** (§ 13e Abs. 5 HGB) eingetragen ist, obliegen Prüfung und Eintragung der Insolvenzvermerke vorrangig dem für diese Niederlassung zuständigen Registergericht (vgl. RdNr. 37). **66**

§ 32 Grundbuch

(1) Die Eröffnung des Insolvenzverfahrens ist in das Grundbuch einzutragen:
1. bei Grundstücken, als deren Eigentümer der Schuldner eingetragen ist;

---

[48] *Kübler/Prütting/Kemper* Art. 102 § 6 EGInsO (05/10) RdNr. 4.

§ 33

2. Teil. 1. Abschnitt. Eröffnungsvoraussetzungen und Eröffnungsverfahren

2. bei den für den Schuldner eingetragenen Rechten an Grundstücken und an eingetragenen Rechten, wenn nach der Art des Rechts und den Umständen zu befürchten ist, daß ohne die Eintragung die Insolvenzgläubiger benachteiligt würden.

(2) [1]Soweit dem Insolvenzgericht solche Grundstücke oder Rechte bekannt sind, hat es das Grundbuchamt von Amts wegen um die Eintragung zu ersuchen. [2]Die Eintragung kann auch vom Insolvenzverwalter beim Grundbuchamt beantragt werden.

(3) [1]Werden ein Grundstück oder ein Recht, bei denen die Eröffnung des Verfahrens eingetragen worden ist, vom Verwalter freigegeben oder veräußert, so hat das Insolvenzgericht auf Antrag das Grundbuchamt um Löschung der Eintragung zu ersuchen. [2]Die Löschung kann auch vom Verwalter beim Grundbuchamt beantragt werden.

§ 33 Register für Schiffe und Luftfahrzeuge

[1]Für die Eintragung der Eröffnung des Insolvenzverfahrens in das Schiffsregister, das Schiffsbauregister und das Register für Pfandrechte an Luftfahrzeugen gilt § 32 entsprechend. [2]Dabei treten an die Stelle der Grundstücke die in diese Register eingetragenen Schiffe, Schiffsbauwerke und Luftfahrzeuge, an die Stelle des Grundbuchamts das Registergericht.

Schrifttum: *Bachmann,* Auswirkungen der Sicherungsmaßnahmen nach § 21 InsO auf das Grundbuchverfahren, Rpfleger 2001, 105; *Bock,* Die Auswirkung der Konkurseröffnung und des Veräußerungsverbots nach § 106 KO auf den Grundbuchverkehr, Diss. Bonn 1980; *Dobberahn,* Rechte an Schiffen und Luftfahrzeugen, MittRhNotK 1998, 145; *Eickmann,* Konkurseröffnung und Grundbuch, Rpfleger 1972, 77; *Gerhardt,* Verfügungsbeschränkungen in der Eröffnungsphase und nach Verfahrenseröffnung, in Kölner Schrift zur Insolvenzordnung, 2. Aufl. 2000, S. 193; *Gottwald,* Auslandskonkurs und Registereintragung im Inland, IPRax 1991, 168; *Heckschen,* Notarielle Tätigkeit unter der Geltung der Insolvenzordnung, MittRhNotK 1999, 11; *Holzer,* Die Löschung des Gesamtvollstreckungsvermerks, NZG 1998, 417; *Hornung,* Das Schwimmdock in der Register- und Vollstreckungspraxis, Rpfleger 2003, 232; *Raebel,* Grundbuchvermerke über Gesamthänderinsolvenzen, in FS Gerhart Kreft, 2004, S. 483; *Rehm,* Rechtsprobleme der Luftfahrzeughypothek, NJW 1959, 709; *K. H. Schmitz,* Wegweiser durch das Grundbuchverfahren, JuS 1994, 962, 1054; 1995, 53, 245, 333, 438; *Schölermann/Schmid-Burgk,* Flugzeuge als Kreditsicherheit, WM 1990, 1137; *Schwenk,* Die Kreditsicherung bei der Beleihung von Luftfahrzeugen, BB 1966, 477; *Wendt,* Dingliche Rechte an Luftfahrzeugen, MDR 1963, 448.

Übersicht

	Rn.
I. Normzweck und Anwendungsbereich	1–3
II. Entstehungsgeschichte	4
III. Einzutragende Verfügungsbeschränkungen	5–11
1. Vorläufige Sicherungsmaßnahmen	6, 7
2. Eröffnung des Verfahrens	8
3. Eigenverwaltung	9
4. Überwachung des Insolvenzplans	10
5. Nachtragsverteilung	11
IV. Grundeigentum und andere im Grundbuch eingetragene Rechte des Schuldners (§ 32)	12–23
1. Zugehörigkeit zur Masse	12–17
2. Eigentum an Grundstücken	18–21
3. Rechte an Grundstücken und eingetragenen Rechten	22, 23
V. Eintragungsersuchen des Insolvenzgerichts	24–29
1. Amtspflicht des Gerichts	24
2. Zuständigkeit	25
3. Inhalt	26, 27
4. Form	28
5. Beschwerderecht	29
VI. Eintragungsantrag des Verwalters	30–34
1. Antragsrecht, Antragspflicht	30–32
2. Form, Inhalt	33, 34
VII. Eintragungen auf Grund ausländischer Insolvenzverfahren	35–52
1. Anerkennungsgrundsatz	35
2. Bindende Vorprüfung durch deutsches Insolvenzgericht	36, 37
3. Antragsrecht	38–41
a) Kreis der Berechtigten	38, 39
b) Beschränkung auf Hauptinsolvenzverfahren	40
c) Nachweis des Antragsrechts	41
4. Inhalt des Eintragungsantrags	42, 43
5. Form des Antrags	44
6. Glaubhaftmachung der Anerkennungsvoraussetzungen	45
7. Insolvenzrechtliche Sachprüfung	46–48
8. Eintragungsersuchen des Insolvenzgerichts	49–51
a) Form, Inhalt, Vollzug	49, 50

	Rn.		Rn.
b) Sofortige Beschwerde	51	**X. Löschung des Insolvenzvermerks**	76–89
9. Löschung von Eintragungen	52	1. Allgemeines	76, 77
VIII. Verfahren des Grundbuchamts	53–60	2. Freigabe eines Massebestandteils	78
1. Unverzügliche Eintragung	53	3. Allgemeine Aufhebung des Insolvenzbeschlags	79
2. Prüfungsrecht des Grundbuchamts	54	4. Löschungsersuchen des Insolvenzgerichts	80–82
3. Entscheidung des Grundbuchamts, Rechtsmittel	55–58	5. Löschungsantrag des Verwalters	83–85
4. Inhalt der Eintragung	59	6. Löschungsantrag eines Betroffenen	86
5. Gebührenfreiheit	60	7. Eintragung des Löschungsvermerks	87–89
IX. Wirkung der Eintragung des Insolvenzvermerks	61–75	**XI. Eingetragene Schiffe, Schiffsbauwerke und Luftfahrzeuge (§ 33)**	90–103
1. Allgemeines	61–63	1. Allgemeines	90, 91
2. Wirkung bei Sicherungsmaßnahmen und Zustimmungsvorbehalten	64	2. Schiffs- und Schiffsbauregister	92–95
3. Grundbuchsperre, Auswirkung auf das Grundbuchverfahren	65–75	3. Luftfahrzeug-Pfandrechtsregister	96, 97
a) Nachfolgende Eintragungsanträge	66, 67	4. Eintragungsersuchen des Insolvenzgerichts	98
b) Bereits anhängige Eintragungsanträge	68–70	5. Eintragungsantrag des Insolvenzverwalters	99
c) Briefgrundpfandrechte	71, 72	6. Sicherung nicht eingetragener Objekte	100–102
d) Neuerwerb oder Rückgewähr zur Masse	73	7. Eintragungen auf Grund ausländischer Insolvenzverfahren	103
e) Vorläufige besondere Verfügungsbeschränkungen	74		
f) Vollstreckungsverbot (§ 89)	75		

I. Normzweck und Anwendungsbereich

Der öffentliche Glaube des Grundbuchs, des Schiffs- und Schiffsbauregisters sowie des Registers für Pfandrechte an Luftfahrzeugen gewährt in seinem jeweiligen Anwendungsbereich gutgläubigen Erwerbern Schutz vor insolvenzrechtlichen Verfügungsbeschränkungen des Schuldners, die aus dem Grundbuch oder den anderen sachenrechtlichen Registern nicht ersichtlich sind (§ 81 Abs. 1 Satz 2, § 91 Abs. 2, § 24 Abs. 1; vgl. auch Art. 8, 11, 14 EuInsVO und §§ 336, 349). Neben dem guten Glauben an die Rechtsinhaberschaft des Schuldners wird auch der gute Glaube an die Freiheit von insolvenzrechtlichen Verfügungsbeschränkungen geschützt. Es ist deshalb im Interesse der gesamten Gläubigerschaft dringend erforderlich, zur Sicherung der Masse den Insolvenzbeschlag umgehend im Register offenkundig zu machen.[1] Diesem Zweck dienen die §§ 32, 33. Um eine Beeinträchtigung der Masse durch gutgläubigen Erwerb möglichst wirkungsvoll zu verhindern, ist die Eröffnung des Insolvenzverfahrens bei allen Grundstücken oder eingetragenen Rechten, die zur Insolvenzmasse gehören, grundbuch- und registerrechtlich zu verlautbaren und so deren Zugehörigkeit zur Insolvenzmasse kenntlich zu machen.[2] Der Insolvenzvermerk weist die Massezugehörigkeit des Grundstücks bzw. diesbezüglicher Rechte nach.[3] **1**

Die §§ 32, 33 sind auf die **Eröffnung des Insolvenzverfahrens** in allen Verfahrensarten anzuwenden. Keine Anwendung finden sie nur bei Anordnung der **uneingeschränkten Eigenverwaltung** (§ 270 Abs. 3 Satz 3). Im Übrigen gelten sie kraft gesetzlicher Verweisung entsprechend **2**
– bei **vorläufigen Verfügungsbeschränkungen** im Eröffnungsverfahren (§ 23 Abs. 3, § 21 Abs. 2 Nr. 2) und bei deren Aufhebung (§ 25 Abs. 1),
– nach rechtskräftiger **Aufhebung des Eröffnungsbeschlusses** (§ 34 Abs. 3 Satz 2, § 200 Abs. 2 Satz 2),
– bei der Anordnung eines **Zustimmungsvorbehalts** im Rahmen der **Eigenverwaltung** (§ 277 Abs. 3 Satz 3).
– bei allen Arten der **Einstellung des Verfahrens** (§ 215 Abs. 1 Satz 3, § 200 Abs. 2 Satz 2),
– bei allen Arten der **Aufhebung des Verfahrens** (§ 200 Abs. 2 Satz 2, § 258 Abs. 3 Satz 3),
– bei der **Überwachung eines Insolvenzplans**, der einen **Zustimmungsvorbehalt** enthält (§ 267 Abs. 3 Satz 2), und bei deren Aufhebung (§ 268 Abs. 2 Satz 2).

---
[1] Motive zu § 113 KO; *Hahn* S. 304 zu § 106; LG Köln KTS 1965, 177 f.
[2] Begr. RegE zu § 39 (= § 32), *Balz/Landfermann* S. 247 = *Kübler/Prütting*, Dok. Bd. I, S. 201; OLG Düsseldorf NJW-RR 1998, 1267 = Rpfleger 1998, 334 f.
[3] OLG Köln, Beschl. v. 4. 7.2010 – 2 Wx 86/10, ZIP 2010, 1763.

3 Über den Gesetzeswortlaut hinaus sind die Regeln der §§ 32, 33 entsprechend ihrem Sicherungszweck sinngemäß anzuwenden (vgl. RdNr. 9, 11)
– bei der Aufhebung der Fremdverwaltung unter **nachträglicher Anordnung der uneingeschränkten Eigenverwaltung** (§ 271, durch Löschung des Eröffnungsvermerks),
– bei der Aufhebung der Fremdverwaltung unter **nachträglicher Anordnung der Eigenverwaltung mit Zustimmungsvorbehalt** (§§ 271, 277 Abs. 3, durch Ergänzung des Eröffnungsvermerks um einen Hinweis auf den Zustimmungsvorbehalt),
– bei der **Aufhebung der Eigenverwaltung** (§ 272, durch Eintragung des Eröffnungsvermerks),
– bei der Anordnung der **Nachtragsverteilung** nach bekanntgemachter Beendigung des Verfahrens (§ 203 Abs. 1 Nr. 3, Abs. 2, § 211 Abs. 3, durch erneute Eintragung des Eröffnungsvermerks oder eines besonders gefassten Textes) sowie bei deren Aufhebung (durch Löschung des Vermerks).

II. Entstehungsgeschichte

4 Die Vorschriften der §§ 32, 33, die im Gesetzgebungsverfahren nicht umstritten waren, übernehmen im Wesentlichen wörtlich das alte Recht (§§ 113, 114 KO, § 6 Abs. 2 Nr. 4 GesO) und gliedern den Stoff redaktionell um; dabei ist die Regelung für Luftfahrzeuge aus dem entsprechenden Spezialgesetz eingefügt worden.[4] Abweichend vom alten Recht stehen die Befugnisse des Insolvenzgerichts und des Verwalters, die Eintragung und Löschung des Insolvenzvermerks zu veranlassen, nunmehr gleichwertig nebeneinander.

III. Einzutragende Verfügungsbeschränkungen

5 Das Gesetz sieht die Eintragung einer insolvenzgerichtlichen Anordnung in das Grundbuch (§ 32) oder in die übrigen sachenrechtlichen Register (§ 33) nicht nur bei der Eröffnung des Insolvenzverfahrens, sondern auch in verschiedenen anderen Fällen vor. Der Grundgedanke, dass die Eintragung stets zu erfolgen hat, wenn mit der Anordnung die Verfügungsbefugnis des Schuldners über einen eingetragenen Vermögensgegenstand beschränkt wird, ist freilich im Gesetzestext nicht streng durchgehalten (vgl. RdNr. 3).

6 1. **Vorläufige Sicherungsmaßnahmen.** Einzutragen ist zunächst kraft ausdrücklicher Bestimmung (§ 23 Abs. 3, Abs. 1, §§ 32, 33) die Anordnung eines **allgemeinen Verfügungsverbots** oder eines (allgemeinen oder besonderen) **Zustimmungsvorbehalts** nach § 21 Abs. 2 Nr. 2, wenn zugleich ein vorläufiger Insolvenzverwalter bestellt wird. Aus dem Sicherungszweck aller Maßnahmen nach § 21 folgt darüber hinaus, dass in das Grundbuch und die anderen Register (§ 33) auch solche Anordnungen einzutragen sind, die unterhalb dieser Schwelle liegen, sofern sie (auch) eine **Beschränkung der Verfügungsbefugnis** des Schuldners über einen eingetragenen Vermögensgegenstand aussprechen, etwa ein besonderes Verfügungsverbot.[5] Dass dies aus § 23 Abs. 3 nicht eindeutig hervorgeht, ist als Redaktionsversehen zu werten. Ob die Verfügungsbeschränkung eine relative oder absolute Unwirksamkeit zur Folge hat, ist für die Frage der Eintragung ohne Bedeutung.[6]

7 Der Vermerk über eine Verfügungsbeschränkung nach § 21 ist nach Abweisung oder Zurückweisung des Eröffnungsantrags zu löschen (§ 25 Abs. 1, 2, § 23 Abs. 3). Im Fall der Eröffnung ist er nicht schon mit der Eintragung des Eröffnungsvermerks zu löschen, sondern erst mit dessen Löschung bei Abschluss des gesamten Verfahrens;[7] eine Aufhebung nach § 25 Abs. 1 liegt nicht vor.

8 2. **Eröffnung des Verfahrens.** Die Pflicht zur Eintragung der **Eröffnung des Insolvenzverfahrens** ergibt sich unmittelbar aus den §§ 32, 33. Sie gilt in allen Verfahrensarten, auch in der Verbraucherinsolvenz (§§ 304, 312, 313 Abs. 1). Die Eröffnung ist auch dann (zusätzlich) einzutragen, wenn bereits die Eröffnung eines anderen Insolvenzverfahrens über das selbe Vermögen oder über ein Teilvermögen vermerkt ist, etwa bei Eröffnung eines ausländischen Hauptinsolvenzverfahrens nach vorangegangener Eröffnung eines inländischen Partikularinsolvenzverfahrens oder bei Eröffnung eines inländischen Sekundärinsolvenzverfahrens.

9 3. **Eigenverwaltung.** Nicht einschlägig sind die §§ 32, 33 nur bei Anordnung der **uneingeschränkten Eigenverwaltung** im Eröffnungsbeschluss (§ 270 Abs. 3 Satz 3). Ein **Zustimmungsvorbehalt** nach § 277 ist dagegen in das Grundbuch und die anderen Register (§ 33) einzutragen,

---

[4] Begr. RegE zu §§ 39, 40 (= §§ 32, 33), *Balz/Landfermann* S. 247 f. = *Kübler/Prütting*, Dok. Bd. I, S. 201 f.
[5] HKInsO-*Kirchhof* § 23 RdNr. 11; *Jaeger/Schilken* § 32 RdNr. 15; *Kübler/Prütting/Pape* § 23 (8/98) RdNr. 7; ebenso schon für das alte Recht (§ 106 KO): Jaeger/*Weber* KO § 113 RdNr. 1.
[6] RGZ 71, 38, 40 f.
[7] Jaeger/*Weber* KO § 113 RdNr. 7.

soweit der Vorbehalt eingetragene Gegenstände erfasst (§ 277 Abs. 3 Satz 2). Gleiches gilt für die **Aufhebung der Eigenverwaltung;** mit ihr werden im Verfahren wieder die allgemeinen Vorschriften der §§ 32, 33 wirksam. Unmittelbar oder sinngemäß sind die §§ 32, 33 außerdem beim **Wechsel zwischen Fremd- und Eigenverwaltung** anzuwenden, soweit eine eingetragene Verfügungsbeschränkung aufgehoben oder abgeändert oder eine solche Beschränkung erstmals angeordnet wird (RdNr. 2, 3; vgl. auch die Parallelvorschrift des § 32 Abs. 1 Nr. 3 HGB).

4. Überwachung des Insolvenzplans. Eine Eintragung nach den §§ 32, 33 ist auch vorgeschrieben, wenn ein rechtskräftig bestätigter Insolvenzplan im Rahmen der Überwachung des Schuldners oder der Übernahmegesellschaft einen Zustimmungsvorbehalt vorsieht (§ 267 Abs. 3 Satz 2, § 263).

5. Nachtragsverteilung. In entsprechender Anwendung der §§ 32, 33 ist auch die gerichtliche Anordnung der Nachtragsverteilung nach Aufhebung oder Einstellung des Verfahrens (§ 203 Abs. 1 Nr. 3, Abs. 2, § 211 Abs. 3) in das Grundbuch und die anderen Register (§ 33) einzutragen, soweit sie sich auf dort registrierte Vermögensgegenstände erstreckt. Mit der Anordnung der Nachtragsverteilung wird der Insolvenzbeschlag wiederhergestellt, er muss also auch entsprechend verlautbart werden.[8]

IV. Grundeigentum und andere im Grundbuch eingetragene Rechte des Schuldners (§ 32)

1. Zugehörigkeit zur Masse. Seinem Wortlaut nach betrifft § 32 Grundstücke, als deren Eigentümer, und Rechte, als deren Inhaber der Schuldner eingetragen ist. Dies ist missverständlich. Maßgebend ist nicht die Identität des eingetragenen Rechtsinhabers mit dem verfahrensrechtlichen Träger der Schuldnerrolle, sondern die aus dem Grundbuch ersichtliche oder nach Einschätzung des Insolvenzgerichts feststehende Zugehörigkeit des eingetragenen Vermögensgegenstands zur Insolvenzmasse, wie sie im Eröffnungsbeschluss bestimmt ist.[9] Dies ergibt sich aus dem Zweck der Norm, die vom Verfahren erfasste Masse umgehend nach Erlass einer gerichtlichen Verfügungsbeschränkung vor einer Verminderung durch gutgläubigen Erwerb zu schützen (RdNr. 1). Dieser **Sicherungszweck** verdrängt in seinem Anwendungsbereich das strenge Gebot der **Voreintragung des Betroffenen**[10] (§ 39 GBO).

Bedeutsam ist dies vor allem in der **Nachlassinsolvenz.** Dort kommt es für die Eintragung des Insolvenzvermerks nicht auf die Voreintragung des Erben in dieser Eigenschaft (als des verfahrensrechtlichen Trägers der Schuldnerrolle) an, sondern es reicht die noch bestehende Eintragung des Erblassers aus.[11] Eine gleichartige Situation kann bei der **Gesamtgutinsolvenz** einer fortgesetzten Gütergemeinschaft eintreten (§ 332). Sie ist außerdem denkbar, wenn das Insolvenzverfahren über ein Vermögen eröffnet wird, das inzwischen, vom Insolvenzgericht unbemerkt, im Wege der **Gesamtrechtsnachfolge** (etwa durch Anwachsung, Verschmelzung oder Aufspaltung) auf einen anderen Rechtsträger übergegangen ist.

Entsprechendes gilt in der Insolvenz einer **Gesellschaft des Bürgerlichen Rechts.** Unerheblich ist zunächst, ob die Gesellschaft im Grundbuch unter dem im Insolvenzverfahren geführten firmenähnlichen Namen erscheint. Angesichts der nunmehr anerkannten eigenen Grundbuchfähigkeit der Gesellschaft Bürgerlichen Rechts[12] und der entsprechend geschaffenen Regelung des § 47 Abs. 2 GBO, wonach die Gesellschafter mit in das Grundbuch einzutragen sind[13], ist es unerheblich, ob in der Eintragung als Berechtigte andere Gesellschafter genannt sind, als die, die bei Erlass der gerichtlichen Verfügungsbeschränkung vorhanden waren oder im Beschluss des Insolvenzgerichts genannt worden sind.[14] Die Gesellschaft hat die Fähigkeit, unbeeinflusst vom Wechsel der Gesellschafter Schuldner im Insolvenzverfahren zu sein (§ 11 Abs. 2 Nr. 1), und besitzt, soweit sie am Rechtsver-

---

[8] Ebenso *Jaeger/Schilken* § 32 RdNr. 16; *Uhlenbruck* § 203 RdNr. 15.
[9] *Jaeger/Weber* KO § 113 RdNr. 3; OLG Düsseldorf NJW-RR 1998, 1267 = Rpfleger 1998, 334 f.; LG Köln KTS 1965, 177, 178 f.; HKInsO-*Kirchhof* § 32 RdNr. 4; *Jaeger/Schilken* § 32 RdNr. 8; *Uhlenbruck* § 32 RdNr. 5.
[10] OLG Düsseldorf NJW-RR 1998, 1267 = Rpfleger 1998, 334 f.; LG Köln KTS 1965, 177, 178 f.
[11] OLG Düsseldorf NJW-RR 1998, 1267 = Rpfleger 1998, 334 f.; *Holzer* EWiR 1998, 609.
[12] Vgl. BGH, Beschl. v. 4.12.2008 – V ZB 74/08, NJW 2009, 594; BayObLGZ 2002, 330 = NJW 2003, 70 = Rpfleger 2003, 78; BayObLG NJW-RR 2005, 43 = Rpfleger 2005, 19; OLG Celle NJW 2006, 2194; LG Aachen NZG 2003, 721 = Rpfleger 2003, 496; LG Berlin Rpfleger 2004, 283.
[13] BGH NJW 2004, 3632 = Rpfleger 2004, 718; BGH NJW 2006, 2191 = Rpfleger 2006, 478; BGH NJW 2006, 3716 f. = Rpfleger 2007, 23; OLG Stuttgart ZIP 2007, 419, 421; *Raebel*, FS Kreft, 2004, S. 483, 494; HKInsO-*Kirchhof* § 32 RdNr. 6; *Kübler/Prütting/Holzer* § 32 (01/08) RdNr. 3c.
[14] OLG Stuttgart ZIP 2007, 419, 421; HKInsO-*Kirchhof* § 32 RdNr. 6; *Uhlenbruck* § 32 RdNr. 6; vgl. auch *Wellkamp* KTS 2000, 331, 337 ff.

kehr teilnimmt, unabhängig vom jeweiligen Gesellschafterbestand die Rechtsfähigkeit als eigenständiger Vermögensträger.[15] Andererseits fehlt derzeit ein öffentliches Register, aus dem die Gesellschafter ersichtlich sind. Infolge dieser Rechtslage hat der Sicherungszweck des Insolvenzvermerks auch hier Vorrang vor dem strengen Gebot der Voreintragung der Betroffenen. Die Regeln über die lückenlose Verlautbarung sämtlicher Anteilsübertragungen[16] im Grundbuch sind nicht anwendbar. Die fehlende Registerpublizität bei gleichzeitiger Rechts- und Insolvenzfähigkeit der Gesellschaft darf nicht dazu führen, dass die Sicherstellung des materiellrechtlichen Gesellschaftsvermögens in der Insolvenz verhindert oder erschwert wird. Deshalb ist der Insolvenzvermerk bei einer Gesellschaft des Bürgerlichen Rechts auf Ersuchen des Insolvenzgerichts auch ohne vorherige Berichtigung des Gesellschafterbestandes in das Grundbuch einzutragen, wenn das Insolvenzgericht dem Grundbuchamt bestätigt, dass die im Grundbuch für das maßgebende Rechtsverhältnis verlautbarte Gesellschaft nach seiner Überzeugung mit der Schuldnerin rechtlich identisch ist (§ 727 ZPO analog, § 4); ein solches Ersuchen ersetzt für den Sicherungszweck des Insolvenzvermerks den Nachweis der Identität. Der Weg über einen Widerspruch des Insolvenzverwalters nach § 899 BGB[17] ist nicht erforderlich.

15 Seinem Sicherungszweck entsprechend ist der Insolvenzvermerk darüber hinaus bei allen gebuchten Vermögensgegenständen einzutragen, deren gutgläubigen Erwerb zu Lasten der Masse das Insolvenzgericht ausschließen will.[18] Auf ausdrückliches Ersuchen des Insolvenzgerichts ist der Vermerk deshalb auch bei einem Vermögensgegenstand anzubringen, der zwar auf den Namen eines Dritten eingetragen ist, aber wegen **Unrichtigkeit des Grundbuchs** oder aus sonstigen Gründen materiell zur Insolvenzmasse gehört, zB als Objekt einer dinglich unwirksamen Verfügung,[19] als noch auf den früheren Hypothekengläubiger eingetragene **Eigentümergrundschuld**[20] einschließlich einer nach § 88 unwirksamen Zwangshypothek (§ 868 ZPO analog)[21] oder als **Treugut des Schuldners** auf Grund eines Treuhandverhältnisses.[22] Gleiches gilt, wenn die Eintragung des Schuldners als Berechtigter beantragt ist.[23]

16 Mit der Verlautbarung der insolvenzrechtlichen Verfügungsbeschränkung im Grundbuch wird allerdings **keine verbindliche Entscheidung** über die Zugehörigkeit des gebuchten Vermögensgegenstandes zur Insolvenzmasse getroffen. Es obliegt deshalb im Übrigen dem Verwalter, in Fällen einer materiellrechtlichen Unrichtigkeit des Grundbuchs die Grundbuchberichtigung zugunsten der Insolvenzmasse zu erwirken (§ 22 GBO).

17 Der Insolvenzvermerk ist auch bei Vermögensgegenständen anzubringen, die erst **im Laufe des Verfahrens in die Masse gelangen.** In Betracht kommen neben Erbschaften oder sonstigem Neuerwerb des Schuldners (§ 35) insbesondere Gegenstände, die auf Grund schwebender Rechtsgeschäfte übertragen oder auf Grund einer Anfechtung zurückgewährt werden. In einem solchen Fall ist der Schuldner als Eigentümer oder sonstiger Inhaber des Rechts (zB Eigentümergrundschuld) in das Grundbuch einzutragen und gleichzeitig die Eröffnung des Verfahrens zu vermerken.[24] Entsprechendes gilt bei Vormerkungen zur Sicherung von Übertragungs- oder Rückgewähransprüchen zugunsten der Masse. Nicht einzutragen ist der Insolvenzvermerk, wenn der Vermögensgegenstand infolge einer **Freigabe des Verwalters** (vgl. RdNr. 78) bereits nicht mehr zur Insolvenzmasse gehört. Stellt sich allerdings später noch ein anderes zur Masse gehörendes Recht an dem Gegenstand heraus (zB Eigentümergrundschuld an einem freigegebenen Grundstück), so ist insoweit der Insolvenzvermerk nachzuholen; entsprechendes gilt, wenn ein eingetragener Insolvenzvermerk auf Grund einer Veräußerung oder Freigabe des Verwalters gelöscht worden ist (RdNr. 76 ff.).

18 **2. Eigentum an Grundstücken.** Bei Eigentumsrechten an Grundstücken, die zur Insolvenzmasse gehören (RdNr. 12 ff.), ist die Eröffnung des Verfahrens stets in das Grundbuch einzutragen.

---

[15] BGHZ 146, 341, 345 = NJW 2001, 1056; BGH NJW 2002, 1207 = NZI 2002, 278; BGH NJW 2004, 3632, 3634 = Rpfleger 2004, 718.
[16] Vgl. OLG München ZIP 2006, 1997 = FGPrax 2006, 148 = Rpfleger 2006, 538.
[17] *Wellkamp* KTS 2000, 331, 339.
[18] LG Köln KTS 1965, 177, 178.
[19] Vgl. BGH NJW-RR 2006, 888 = Rpfleger 2006, 316.
[20] OLG Köln NJW 1961, 368; BayObLGZ 2000, 176 = NZI 2000, 427 f. = Rpfleger 2000, 448 (dazu *Hintzen* EWiR 2000, 887); HKInsO-*Kirchhof* § 32 RdNr. 10.
[21] BayObLGZ 2000, 176 = NZI 2000, 427 = Rpfleger 2000, 448; OLG Düsseldorf NZI 2004, 94 f.
[22] Ebenso *Jaeger/Schilken* § 32 RdNr. 6, 8. Der Vermerk könnte etwa lauten: „Durch Beschluss ... ist über das Vermögen der S., für den das Eigentum am Grundstück treuhänderisch gehalten wird, das Insolvenzverfahren eröffnet worden."
[23] HKInsO-*Kirchhof* § 32 RdNr. 4.
[24] BayObLG ZIP 1981, 41 = Rpfleger 1980, 429; HKInsO-*Kirchhof* § 32 RdNr. 8, *Uhlenbruck* § 32 RdNr. 1, 5.

Dies gilt auch für Wohnungs- und Teileigentum (§ 1 WEG) sowie für **grundstücksgleiche Rechte** wie Erbbaurecht (§ 11 ErbbauVO), selbständiges Gebäudeeigentum im Beitrittsgebiet[25] (Art. 231 § 5 EGBGB), Bergwerkseigentum oder Fischereirechte[26] nach Landesrecht (Art. 96, 196 EGBGB) oder Stockwerkseigentum aus der Zeit vor 1900 (Art. 182 EGBGB).

Nach Anerkennung der Grundbuchfähigkeit der **Gesellschaft Bürgerlichen Rechts** und der nachfolgend geschaffenen Regelung in § 47 Abs. 2 GBO, wonach die Gesellschafter mit in das Grundbuch einzutragen sind, ist als richtig davon auszugehen[27], dass bei Eröffnung des Insolvenzverfahrens über das Vermögen eines **Gesellschafters** zu Lasten der Gesellschaft Bürgerlichen Rechts eine Verfügungsbeschränkung nicht mehr eingetragen werden darf.[28] Der Insolvenzvermerk ist allein in Form einer Verfügungsbeschränkung des Gesellschafters auf einem der Gesellschaft Bürgerlichen Rechts gehörenden Grundstücks einzutragen, so dass die Unterschiede zwischen der Haftungsmasse der Gesellschaft und der des Gesellschafters deutlich werden.[29] Ist das Insolvenzverfahren über das Vermögen eines **Miterben** eröffnet, ist entsprechend § 32 Abs. 1 ein Insolvenzvermerk auch dann in das Grundbuch einzutragen[30], wenn das Grundstück im Eigentum einer Erbengemeinschaft steht[31]. Eine solche Beteiligung steht in diesem Zusammenhang einem Recht am Grundstück gleich. Soweit die Beteiligung mit vermögensrechtlichen Befugnissen des Schuldners verbunden ist, geht das Recht zu ihrer Ausübung, unabhängig von der rechtlichen Eigenständigkeit der Gesamthandsgemeinschaft, mit der Verfahrenseröffnung auf den Insolvenzverwalter über.[32] Hierzu gehört insbesondere das Recht zur Mitwirkung an der gemeinschaftlichen Geschäftsführung und Vertretung,[33] und zwar auch bei der Auseinandersetzung nach Auflösung oder Aufhebung der Gemeinschaft (vgl. §§ 709, 714, 730, 2028, 2040 BGB, § 146 Abs. 3 HGB, § 117). Ohne Eintragung des Insolvenzvermerks könnte der Schuldner durch seine Mitwirkung an Verfügungen über das Recht am Grundstück unkontrolliert den Wert des zur Masse gehörenden Abfindungs- oder Auseinandersetzungsguthabens beeinflussen.[34] Der Insolvenzvermerk ist deshalb immer dann notwendig, wenn infolge der Verfügungsbeschränkung des Schuldners zugleich die Verfügungsfreiheit der Gesamthandsgemeinschaft beschränkt ist.[35]

Als insolvenzbefangene Mitberechtigung des Schuldners ist auch seine Beteiligung als persönlich haftender Gesellschafter an einer **Personenhandelsgesellschaft** (OHG, KG) zu werten. Sieht der Gesellschaftsvertrag für den Fall der Eröffnung des Insolvenzverfahrens gegen den Gesellschafter die Auflösung der Gesellschaft vor (§ 131 Abs. 3 Nr. 2, § 161 Abs. 2 HGB) und erlangt damit der Insolvenzverwalter an Stelle des Gesellschafters das Recht, bei der Vertretung der Gesellschaft mitzuwirken (§ 146 Abs. 1, 3 HGB, § 117), so ist diese Einschränkung jedenfalls dann auf dem Grundbuchblatt eines gesellschaftseigenen Grundstücks zu vermerken, wenn die Auflösung noch nicht in das Handelsregister eingetragen ist.[36]

Die vorstehenden Überlegungen (RdNr. 19, 20) gelten auch für die **Bestellung eines vorläufigen Insolvenzverwalters** unter Anordnung einer die Mitberechtigung erfassenden Verfügungsbeschränkung nach § 21 Abs. 2 Nr. 2. Hierzu gehört nicht nur das allgemeine Verfügungsverbot (§ 21 Abs. 2 Nr. 2 Fall 1, § 22 Abs. 1), sondern auch der allgemeine Zustimmungsvorbehalt oder jede andere Sicherungsanordnung des Insolvenzgerichts (§ 21 Abs. 2 Nr. 2 Fall 2), welche die gesellschaftsrechtliche Mitwirkungsbefugnis des Schuldners beschränkt (vgl. RdNr. 6).[37]

---

[25] *Kübler/Prütting/Holzer* § 32 (01/08) RdNr. 2.
[26] BayObLG NJW-RR 2004, 738; OLG Hamm NJW-RR 2000, 1328 = Rpfleger 2000, 493.
[27] Siehe dazu abweichend 2. Aufl. §§ 32, 33 RdNr. 19 mit weiteren Nachweisen des vormaligen Meinungsstands.
[28] HKInsO-*Kirchhof* § 32 RdNr. 7; so nun auch *Graf-Schlicker/Kexel*, 3. Aufl. § 32 RdNr. 5.
[29] OLG München, Beschl. v. 2.7.2010 – WX 62/10, ZIP 2011, 375; OLG Dresden, Beschl. v. 5.10.2011. 17 W 828/11, NotBZ 2011, 444; HKInsO-*Kirchhof* § 32 RdNr. 7; Graf-Schlicker/Kexel, § 32 RdNr. 5.
[30] BGH, Beschl. v. 19.5.2011 – V ZB 197/10, NJW-RR 2011, 1030; OLG Dresden ZInsO 2005, 1220; LG Dessau ZInsO 2001, 626 f.; LG Duisburg NZI 2006, 534 f. = Rpfleger 2006, 465 f.; *Raebel*, FS Kreft, 2004, S. 483, 496; HKInsO-*Kirchhof* § 32 RdNr. 5.
[31] „Über das Vermögen des Mitberechtigten S ist das Insolvenzverfahren eröffnet", bei Sicherungsmaßnahmen etwa: „Verfügungen des Mitberechtigten S sind nur mit Zustimmung seines vorläufigen Insolvenzverwalters wirksam" bzw. „Dem Mitberechtigten S ist ein allgemeines Verfügungsverbot auferlegt."
[32] BGH NJW 1981, 822 f. = Rpfleger 1981, 101; *Wörbelauer* DNotZ 1961, 471, 477; *Raebel*, FS Kreft, 2004, S. 483, 487.
[33] Unrichtig daher *Kesseler* EWiR 2006, 597 f.
[34] Vgl. *Wörbelauer* DNotZ 1961, 471, 474 f.; *Bergmann*, FS Kirchhof, 2003, S. 15, 21 ff. = ZInsO 2004, 225, 227 ff.; *Undritz* EWiR 2004, 73 f.
[35] Ausführlich *Raebel*, FS Kreft, 2004, S. 483, 486 ff.; HKInsO-*Kirchhof* § 32 RdNr. 7; LG Duisburg NZI 2006, 534 f. = Rpfleger 2006, 465 f.; vgl. auch OLG München NJW-RR 2005, 1609 f. = Rpfleger 2005, 530.
[36] *Raebel*, FS Kreft, 2004, S. 483, 495, 497 f.
[37] *Raebel*, FS Kreft, 2004, S. 483, 499 f.

22 **3. Rechte an Grundstücken und eingetragenen Rechten.** Bei den für den Schuldner eingetragenen oder sonst zur Masse gehörenden (RdNr. 12 ff.) Rechten an eigenen oder fremden Grundstücken und eingetragenen Rechten ist der Insolvenzvermerk nur einzutragen, wenn nach der Art des Rechts und den Umständen zu befürchten ist, dass ohne die Eintragung die Insolvenzgläubiger benachteiligt würden (§ 32 Abs. 1 Nr. 2). Die Befürchtung ist regelmäßig gerechtfertigt, wenn ein gutgläubiger Erwerb des Rechts allgemein möglich ist.[38] Sie ist nicht davon abhängig, dass der Schuldner bereits Vorbereitungen zu einer Verfügung über das Recht oder zu einer sonstigen **Gefährdung der Masse** getroffen hat. Die Eintragung ist deshalb bei Sicherungsmaßnahmen nach § 21 immer und bei Eröffnung in der Regel geboten. Unterbleiben kann sie etwa bei **Briefgrundpfandrechten** (§§ 1116, 1140, 1192, 1200 BGB), wenn der Verwalter im Besitz des Briefes ist;[39] in diesem Fall kann nämlich der Schuldner ohne Vorlage des Briefes nicht über das Recht verfügen (§§ 1154, 1192, 1199 BGB, §§ 41, 42 GBO). Bei einem nicht übertragbaren **Nießbrauch** zugunsten einer natürlichen Person (§§ 1059, 1059a BGB) kann es ausreichen, dem Verzicht des Schuldners durch eine Mitteilung der Verfügungsbeschränkung an den Belasteten vorzubeugen.[40] Sicherer ist es, die Eintragung zu erwirken. Ist zugunsten des Schuldners ein **Nacherbenvermerk** eingetragen (§ 51 GBO), so ist auch hier der Insolvenzvermerk beizuschreiben.[41] Gleiches gilt bei einer **Vormerkung zugunsten des Schuldners.** Zwar ist nach Eintritt der Verfügungsbeschränkung ein gutgläubiger Erwerb der Vormerkung vom Schuldner nicht mehr möglich, weil die Vormerkung wegen ihrer strengen Akzessorietät dem gesicherten Anspruch folgt (§§ 401, 413 BGB analog[42]) und deshalb für ihre Übertragung § 81 Abs. 1 Satz 1 gilt. Der Insolvenzvermerk gewährleistet hier aber, dass ohne Zustimmung des Insolvenzverwalters weder die Vormerkung gelöscht noch die durch sie gesicherte Rechtsänderung eingetragen werden kann[43] und dass bei der Eintragung dieser Rechtsänderung durch die (von Amts wegen vorzunehmende) Übernahme des Insolvenzvermerks die Massezugehörigkeit des erworbenen Rechts von Anfang an verlautbart wird.

23 Dem Grundbuchamt steht kein **Prüfungsrecht** hinsichtlich der Notwendigkeit oder Zweckmäßigkeit der Eintragung zu (vgl. RdNr. 54). Hierüber befindet allein das ersuchende Gericht oder der antragstellende Insolvenzverwalter.[44] Betrifft die angestrebte Eintragung ein **Briefgrundpfandrecht,** so kann das Grundbuchamt abweichend von den §§ 41, 42 GBO nicht die Vorlage des Briefes verlangen.[45] Der Sicherungszweck gebietet die Eintragung des Insolvenzvermerks gerade dann, wenn der Brief vom Schuldner nicht sofort zu erlangen ist und deshalb die Möglichkeit einer Verfügung außerhalb des Grundbuchs besteht.

V. Eintragungsersuchen des Insolvenzgerichts

24 **1. Amtspflicht des Gerichts.** Das Gesetz erlegt dem Insolvenzgericht die Amtspflicht auf, die Eintragung der Verfahrenseröffnung und der schon vorher angeordneten Verfügungsbeschränkungen (§ 23 Abs. 1) in das Grundbuch zu veranlassen, sobald und soweit ihm eingetragene Eigentums- und sonstige Rechte bekannt werden, die zur Insolvenzmasse gehören (§ 32 Abs. 2 Satz 1). Das Gericht ist zwar – über seine allgemeinen Ermittlungspflichten (§§ 16, 26) hinaus – nicht zu besonderer Nachforschung verpflichtet.[46] Es muss jedoch **unverzüglich von Amts wegen** tätig werden, sobald es entsprechende amtliche Kenntnis von Eintragungsobjekten erhält; keinesfalls ist etwa die Rechtskraft des Eröffnungsbeschlusses abzuwarten. Für eingetragene Rechte im Geltungsbereich des Art. 22 EuInsVO obliegt die Aufgabe, für die Eintragung der Eröffnung in das ausländische Register zu sorgen, allerdings vorrangig dem Insolvenzverwalter.[47]

25 **2. Zuständigkeit.** Für Eintragungsersuchen auf Grund von Sicherungsmaßnahmen (§§ 21, 23 Abs. 3) ist der Richter zuständig, für Ersuchen nach Unterzeichnung des Eröffnungsbeschlusses der Rechtspfleger, soweit nicht ein Richtervorbehalt eingreift (§ 18 Abs. 1 Nr. 1, Abs. 2 RPflG); ein

---

[38] HKInsO-*Kirchhof* § 32 RdNr. 11; *Jaeger/Schilken* § 32 RdNr. 13; *Kübler/Prütting/Holzer* § 32 (01/08) RdNr. 3; *Uhlenbruck* § 32 RdNr. 6.
[39] OLG Hamburg OLGRspr. 3, 194; HKInsO-*Kirchhof* § 32 RdNr. 12; *Uhlenbruck* § 32 RdNr. 6.
[40] Jaeger/*Weber* KO § 113 RdNr. 5; *Jaeger/Schilken* § 32 RdNr. 12.
[41] OLG Schleswig SchlHA 1958, 178; vgl. RGZ 83, 434.
[42] BGHZ 25, 16, 23 f.; BGHZ 150, 138, 142 = NJW 2002, 2313 f. = NZI 2002, 380 f.; BGH NZI 2005, 331 f.
[43] Zum vergleichbaren Pfändungsvermerk zur Vormerkung: BayObLG Rpfleger 1985, 58; OLG Frankfurt NJW-RR 1997, 1308 = Rpfleger 1997, 152 f.; *Hintzen* Rpfleger 1989, 439 f.
[44] Jaeger/*Weber* KO § 113 RdNr. 5; HKInsO-*Kirchhof* § 32 RdNr. 12; *Jaeger/Schilken* § 32 RdNr. 25.
[45] OLG Hamburg OLGRspr. 3, 194; Jaeger/*Weber* KO § 113 RdNr. 6; HKInsO-*Kirchhof* § 32 RdNr. 11; *Uhlenbruck* § 32 RdNr. 6; vgl. auch OLG Düsseldorf NJW-RR 1998, 1267 = Rpfleger 1998, 334 f.
[46] Jaeger/*Weber* KO § 113 RdNr. 1; HKInsO-*Kirchhof* § 32 RdNr. 14; *Jaeger/Schilken* § 32 RdNr. 18.
[47] *Virgos/Schmit,* Erläuternder Bericht, Tz. 182, 185; HKInsO-*Kirchhof* § 32 RdNr. 15.

Ersuchen des Richters ist jedoch auch im Zuständigkeitsbereich des Rechtspflegers wirksam (§ 8 Abs. 1 RPflG).

3. Inhalt. Das Gesetz unterscheidet in § 32 Abs. 2, 3 zwischen **Ersuchen des Insolvenzgerichts** und **Anträgen des Insolvenzverwalters**. Es knüpft damit an die Regelungen der §§ 13 ff., 38 GBO an. Das Eintragungsersuchen des Gerichts (§ 38 GBO) ersetzt den erforderlichen Antrag (§ 13 GBO), die Bewilligung des Betroffenen (§ 19 GBO) und die sonstigen Nachweise der Eintragungsvoraussetzungen (§§ 22, 29 GBO).[48] Das Gebot der Voreintragung des Betroffenen (§ 39 GBO) gilt wegen des Sicherungszwecks des Ersuchens nur eingeschränkt.[49] Anstelle der Voreintragung ist maßgebend, dass sich aus dem Grundbuch die materiellrechtliche Zugehörigkeit des eingetragenen Vermögensgegenstands zur Insolvenzmasse ergibt oder dass diese Zugehörigkeit aus anderen Gründen nach Einschätzung des Insolvenzgerichts feststeht (vgl. RdNr. 12 ff., 16). Abweichend von § 28 GBO, der nur für Anträge, nicht für Ersuchen gilt, ist nicht unbedingt die genaue grundbuchliche Bezeichnung des betroffenen Grundstücks erforderlich. Das Eintragungsersuchen enthält nämlich im Zweifel zugleich die Bitte, im Wege der Amtshilfe vorab die für den Schuldner eingetragenen Rechte zu ermitteln. Es reicht deshalb aus, wenn das Grundbuchamt von der angeordneten Verfügungsbeschränkung benachrichtigt und allgemein ersucht wird, diese Beschränkung bei allen Rechten einzutragen, deren Zugehörigkeit zur Insolvenzmasse sich aus den bei ihm geführten Grundbüchern ergibt (sog. **Insolvenzanzeige**).[50] In der Nachlassinsolvenz etwa sind dies auch diejenigen Rechte, die bereits auf Grund der Erbfolge auf den Erben umgeschrieben sind.

Das Eintragungsersuchen kann vor Vollzug **zurückgenommen** und im Übrigen jederzeit **berichtigt** oder **ergänzt** werden.

4. Form. Das dem Grundbuchamt zugeleitete Exemplar des Ersuchens muss vom zuständigen Richter oder Rechtspfleger eigenhändig unterschrieben sein und ist zum Nachweis der Zuständigkeit der ersuchenden Gerichtsperson mit Siegel oder Stempel zu versehen (§ 29 Abs. 3 GBO). Eine von der Geschäftsstelle erteilte Ausfertigung reicht nicht aus.[51] Auch wenn derselbe Rechtspfleger die Insolvenz- und die Grundbuchsache bearbeitet, ist ein schriftliches Ersuchen erforderlich. Entbehrlich ist im Allgemeinen eine Begründung, doch empfiehlt es sich, eine Abschrift des maßgebenden gerichtlichen Beschlusses beizufügen; eine Verbindung mit Schnur und Siegel ist nicht notwendig.[52] Etwaige nachträgliche Erläuterungen oder Klarstellungen des Ersuchens bedürfen nicht der Form des § 29 GBO.[53]

5. Beschwerderecht. Gegen das Eintragungsersuchen steht weder dem Schuldner noch einem Aus- oder Absonderungsberechtigten[54] ein Rechtsmittel zu (§§ 32, 6 Abs. 1). Ein Ersuchen des Rechtspflegers kann mit der befristeten Erinnerung nach § 11 Abs. 2 RPflG angefochten werden, über die der Insolvenzrichter abschließend entscheidet; da das Ersuchen den Beteiligten nicht ausdrücklich bekanntgegeben wird, beginnt die Frist mit dem tatsächlichen Bekanntwerden des Ersuchens.

VI. Eintragungsantrag des Verwalters

1. Antragsrecht, Antragspflicht. Auch der **Insolvenzverwalter** oder **Treuhänder (§ 313)** ist berechtigt, die Eintragung des Insolvenzvermerks zu beantragen (§ 32 Abs. 2 Satz 2). Da er anders als das Gericht die Pflicht hat, durch eigene Ermittlungen das gesamte zur Masse gehörende Schuldnervermögen festzustellen und in Verwaltung zu nehmen (§ 148 Abs. 1, § 151), hat er **eigenverantwortlich** und **unverzüglich** für eine Eintragung des Insolvenzvermerks zu sorgen, sobald er eingetragene Vermögensgegenstände auffindet oder solche nachträglich in die Masse gelangen.[55] Schuldhaftes Unterlassen kann eine Haftung des Verwalters auslösen (§ 60). Mitteilungen an das Insolvenzgericht reichen allenfalls aus, wenn der Verwalter darin ein Eintragungsersuchen des Gerichts vorschlägt. Ein solches Vorgehen erscheint nur sinnvoll, wenn dem Verwalter nicht die

---

[48] OLG Karlsruhe OLGRspr. 11, 321, 322; BayObLGZ 1955, 314, 320 f.
[49] OLG Düsseldorf NJW-RR 1998, 1267 = Rpfleger 1998, 334 f.; vgl. auch OLG Karlsruhe OLGRspr. 11, 321, 323 f.
[50] KG OLGRspr. 3, 194, 196; Jaeger/*Weber* KO § 113 RdNr. 1; HKInsO-*Kirchhof* § 32 RdNr. 16; *Jaeger/Schilken* § 32 RdNr. 19; *Kübler/Prütting/Holzer* § 32 (01/08) RdNr. 13; *Uhlenbruck* § 32 RdNr. 13.
[51] *Kübler/Prütting/Holzer* § 32 (01/08) RdNr. 15; *Uhlenbruck* § 32 RdNr. 13.
[52] *Kübler/Prütting/Holzer* § 32 (01/08) RdNr. 14.
[53] *Kübler/Prütting/Holzer* § 32 (01/08) RdNr. 3.
[54] OLG Hamm OLGZ 1970, 487 = KTS 1970, 314 f.
[55] LG Zweibrücken NZI 2000, 327; Jaeger/*Weber* KO § 113 RdNr. 1; HKInsO-*Kirchhof* § 32 RdNr. 18 f.; *Uhlenbruck* § 32 RdNr. 14.

genaue Grundbuchbezeichnung des Objekts bekannt ist; das Insolvenzgericht kann dann dem Grundbuchamt ein allgemeiner gefasstes Ersuchen übermitteln (Insolvenzanzeige, vgl. RdNr. 26).

31 Im Eröffnungsverfahren gilt entsprechendes für den **vorläufigen Insolvenzverwalter** (§ 23 Abs. 3, §§ 32, 33). Auch ihm steht das Antragsrecht zu. Eine Pflicht zur vollständigen Ermittlung eingetragener Vermögensgegenstände hat er zu diesem Zeitpunkt noch nicht (§ 22 Abs. 1 Nr. 1, Abs. 2). Soweit ihm jedoch solche Gegenstände bekannt werden, hat er für die umgehende Eintragung einer gerichtlich angeordneten Verfügungsbeschränkung zu sorgen.

32 Bei Anordnung der Eigenverwaltung mit Zustimmungsvorbehalt (§ 277) ist neben dem Schuldner auch der **Sachwalter** zur unmittelbaren Antragstellung beim Grundbuchamt berechtigt und verpflichtet, soweit der Vorbehalt eingetragene Vermögensgegenstände erfasst (§ 277 Abs. 3 Satz 2, §§ 32, 33).[56]

33 **2. Form, Inhalt.** Der Sache nach betrifft der Eintragungsantrag des Verwalters eine **Berichtigung des Grundbuchs** (§ 894 BGB, § 22 Abs. 1 GBO), das durch die angeordnete Verfügungsbeschränkung unrichtig geworden ist.[57] Für den Antrag gelten die §§ 13 ff. GBO (vgl. RdNr. 26). Anders als beim Ersuchen des Gerichts ist im Antrag des Verwalters das betroffene Grundstück mit seiner grundbuchlichen Bezeichnung anzugeben (§ 28 GBO).[58] Für den Antrag reicht die einfache Schriftform aus (§ 30 GBO).[59] Die **Antragsberechtigung** hat der Verwalter in der Regel durch die Urschrift der gerichtlichen Bestellungsurkunde (§ 56 Abs. 2) nachzuweisen; eine öffentlich beglaubigte Abschrift reicht aus, wenn aus dem Beglaubigungsvermerk hervorgeht, dass die Urschrift zeitnah vorgelegen hat.[60] Solange das Insolvenzverfahren eröffnet ist, spricht grundsätzlich eine tatsächliche Vermutung dafür, dass der Verwalter verfügungs- und antragsberechtigt ist. Dies gilt auch, wenn ein bereits eingetragener Insolvenzvermerk auf Veranlassung des Insolvenzgerichts oder des Verwalters wieder gelöscht worden ist. Ohne nähere Sachaufklärung darf das Grundbuchamt in einem solchen Fall nicht unterstellen, dass der eingetragene Eigentümer wieder verfügungsberechtigt ist.[61] Besteht dennoch wegen des Zeitablaufs seit Ausstellung der Urkunde oder aus anderen Gründen Anlass, an der Fortdauer der Verfügungsbefugnis des Verwalters zu zweifeln, so kann das Grundbuchamt einen entsprechenden Nachweis durch öffentliche Urkunden (§ 29 Abs. 1 GBO) verlangen.[62] Zum **Nachweis der Unrichtigkeit** als Eintragungsvoraussetzung (§ 29 Abs. 1 GBO) ist eine Ausfertigung oder öffentlich beglaubigte Abschrift[63] des Eröffnungsbeschlusses oder des sonstigen Beschlusses beizufügen, durch den die Verfügungsbeschränkung angeordnet worden ist.[64] Entbehrlich sind Nachweise für Umstände, die bereits beim Grundbuchamt offenkundig sind (§ 29 Abs. 1 Satz 2 GBO). So reicht etwa die Beifügung einer einfachen Beschlussabschrift aus, wenn dem Grundbuchamt bereits eine Ausfertigung oder beglaubigte Abschrift des Beschlusses vorliegt.[65]

34 Erwirbt der Verwalter für die Masse einen eingetragenen Vermögensgegenstand, so kann er die **gleichzeitige Eintragung des Erwerbs und des Insolvenzvermerks** erreichen, indem er in den zur Eintragung erforderlichen Urkunden bereits die Eintragung des Vermerks beantragt und bewilligt (§§ 19, 29 GBO).[66]

VII. Eintragungen auf Grund ausländischer Insolvenzverfahren

35 **1. Anerkennungsgrundsatz.** Im Grundbuch können auch Verfügungsbeschränkungen verlautbart werden, die ihre Grundlage in einem ausländischen Insolvenzverfahren haben. Die Eröffnung eines solchen Verfahrens und die ihr vorausgehende Anordnung von Sicherungsmaßnahmen werden im Inland grundsätzlich anerkannt. Die Einzelheiten der Anerkennung und ihrer Rechtsfolgen sind allgemein in den §§ 335 ff., 343 ff. (Internationales Insolvenzrecht) geregelt. Für Verfahren aus einem EU-Mitgliedsstaat mit Ausnahme Dänemarks[67] gilt jedoch vorrangig die EuInsVO; sie wird ergänzt durch Art. 102 EGInsO. Nicht in den Anwendungsbereich der EuInsVO und des Art. 102 EGInsO

---

[56] HKInsO-*Kirchhof* § 32 RdNr. 19.
[57] HKInsO-*Kirchhof* § 32 RdNr. 20; *Kübler/Prütting/Holzer* § 32 (01/08) RdNr. 25; *Uhlenbruck* § 32 RdNr. 14.
[58] LG Zweibrücken NZI 2000, 327.
[59] Jaeger/*Weber* KO § 113 RdNr. 1; Jaeger/*Schilken* § 32 RdNr. 24; *Kübler/Prütting/Holzer* § 32 (01/08) RdNr. 25; vgl. auch BGHZ 141, 347, 350 = NJW 1999, 2369 f.; BayObLG Rpfleger 1977, 134 f.
[60] BGH NZI 2005, 689 f. = Rpfleger 2005, 610; LG Berlin ZInsO 2003, 905 f. = Rpfleger 2003, 648 f.
[61] LG Berlin Rpfleger 2004, 158 f.
[62] LG Osnabrück KTS 1972, 202 f.
[63] BGHZ 144, 181, 183 = NJW 2000, 2427.
[64] BGHZ 144, 181, 183 = NJW 2000, 2427; BayObLG NZI 2000, 427 = Rpfleger 2000, 448.
[65] OLG Düsseldorf NZI 2004, 94 = Rpfleger 2004, 647 f.
[66] Vgl. LG Koblenz Rpfleger 1974, 438.
[67] Die EuInsVO gilt nicht in Dänemark (EuInsVO, Begründungserwägung Nr. 33).

fallen Insolvenzverfahren über das Vermögen eines in der EU ansässigen Kreditinstituts oder Versicherungsunternehmens. Sie werden uneingeschränkt anerkannt und unterliegen im Übrigen den §§ 335 ff. (vgl. § 13 RdNr. 61).

2. Bindende Vorprüfung durch deutsches Insolvenzgericht. Ersuchen oder sonstige 36 Anträge auf Eintragung oder Löschung eines Grundbuchvermerks im Zusammenhang mit einem ausländischen Insolvenzverfahren sind ausschließlich an das zuständige deutsche Insolvenzgericht zu richten (Art. 102 § 6 EGInsO, § 346 Abs. 1). Das Grundbuchamt wird in diesem Zusammenhang nur auf Ersuchen dieses Gerichts tätig. Die gesamte Prüfung der kollisions- und insolvenzrechtlichen Fragen, insbesondere der rechtlichen Einordnung (Qualifikation) und Anerkennungsfähigkeit des ausländischen Verfahrens sowie seiner Auswirkungen auf die Verfügungsbefugnis des Schuldners obliegt dem Insolvenzgericht. Seine rechtliche Beurteilung ist für das Grundbuchamt bindend. Diese Regelung soll die Grundbuchämter entlasten und einander widersprechende Entscheidungen verschiedener Gerichte über die Anerkennung des selben ausländischen Verfahrens vermeiden.[68]

Für die örtliche Zuständigkeit des Insolvenzgerichts gelten Art. 102 § 1 EGInsO und § 348. 37 Unmittelbare Eintragungsanträge ausländischer Personen oder Stellen hat das Grundbuchamt von Amts wegen und ohne Zwischenverfügung unverzüglich an das zuständige Insolvenzgericht weiterzuleiten (Art. 102 § 6 Abs. 3 EGInsO, § 348 Abs. 3 Satz 2).

3. Antragsrecht. a) Kreis der Berechtigten. Das Recht zur Stellung eines Eintragungsan- 38 trags – auch amtliche Ersuchen aus dem Ausland werden in Art. 102 § 6 EGInsO als Antrag bezeichnet – steht dem (vorläufigen oder endgültigen) ausländischen Insolvenzverwalter und dem ausländischen Insolvenzgericht zu (Art. 22 Abs. 2 EuInsVO, Art. 102 § 6 EGInsO, § 346). Für Fälle außerhalb des Anwendungsbereichs der EuInsVO sieht § 346 zwar ein Antragsrecht des ausländischen Insolvenzgerichts nicht ausdrücklich vor, doch ergibt sich dieses Recht aus allgemeinen Grundsätzen des internationalen Rechtshilfeverkehrs. Wenn schon der Verwalter, gestützt auf die Entscheidung des ausländischen Gerichts, den Eintragungsantrag stellen darf, muss dies erst recht für das Gericht selbst gelten.

Der eigenverwaltende Schuldner steht dem Verwalter gleich, doch wird es hier regelmäßig an 39 einer einzutragenden Verfügungsbeschränkung fehlen.

b) Beschränkung auf Hauptinsolvenzverfahren. Ein rechtliches Interesse an der Eintragung 40 eines Insolvenzvermerks im inländischen Grundbuch besteht nur, wenn sich das ausländische Insolvenzverfahren nach dem Recht des Eröffnungsstaates auf das gesamte Vermögen des Schuldners bezieht (Hauptinsolvenzverfahren). Nur ein **Verfahren mit anerkanntem Geltungsanspruch in Deutschland** kann Wirkungen auf das Inlandsvermögen des Schuldners haben (Art. 3 Abs. 1, Art. 16 EuInsVO, § 335) und damit Verfügungsbeschränkungen im Inland auslösen. Stets unzulässig sind deshalb Eintragungsanträge auf Grund eines ausländischen Partikularinsolvenzverfahrens (Art. 3 Abs. 2 EuInsVO, §§ 354, 356). Zulässig ist dagegen der Eintragungsantrag auf Grund eines ausländischen Hauptinsolvenzverfahrens, selbst wenn in Deutschland bereits Verfügungsbeschränkungen auf Grund eines Partikularinsolvenzverfahrens über das Inlandsvermögen bestehen; Bedeutung für das inländische Immobiliarvermögen erlangt das ausländische Verfahren in diesem Fall allerdings erst nach Aufhebung des deutschen Verfahrens.

c) Nachweis des Antragsrechts. Die tatsächlichen Voraussetzungen der Antragsberechtigung 41 sind vom Antragsteller nachzuweisen. Beim Eintragungsantrag eines **ausländischen Insolvenzgerichts** ergeben sie sich unmittelbar aus der Existenz des Gerichts und seiner gesetzlichen Zuständigkeit, die das deutsche Gericht von Amts wegen festzustellen hat (§ 293 ZPO, § 4). Der **ausländische Insolvenzverwalter** hat bei seinen Nachweisen, insbesondere bei der Vorlage des Eröffnungsbeschlusses, die Formvorschriften der Art. 19 EuInsVO und des § 347 Abs. 1 sowie – außerhalb des Anwendungsbereichs der EuInsVO – des § 438 Abs. 2 ZPO, § 4 zu beachten (Einzelheiten bei Art. 19 EuInsVO; § 347 sowie bei § 13 RdNr. 69 f.). Die Einhaltung dieser Form genügt auch den Anforderungen des § 29 Abs. 1 Satz 2 GBO.

4. Inhalt des Eintragungsantrags. Der Antrag muss alle Angaben enthalten, die das deutsche 42 Insolvenzgericht benötigt, um die formale und sachliche Berechtigung des Antrags zu prüfen und das zuständige Grundbuchamt um eine bestimmte Eintragung zu ersuchen. Hierzu gehören zumindest folgende Angaben:
– Name und Anschrift des Antragstellers und sein verfahrensrechtliches Amt als Grundlage des Antragsrechts (beim ausländischen Gericht: die gesetzliche Zuständigkeit, beim Verwalter: die Entscheidung, auf der sein Amt beruht);

---

[68] Begr. RegE IIRNG 2003 zu Art. 102 § 6 EGInsO und § 346, BT-Dr. 15/16, S. 16, 22.

- Name, Rechtsform und Anschrift des Schuldners;
- Ziel des Antrags, d.h. der angestrebte Inhalt der Eintragung;
- Bezeichnung des ausländischen Insolvenzverfahrens (einschließlich der Verfahrensart, falls es im Staat der Entscheidung mehrere insolvenzrechtliche Verfahrensarten gibt), des Insolvenzgerichts und seiner für die angestrebte Eintragung maßgebenden Entscheidung; diese muss nicht unbedingt formell rechtskräftig sein;
- Darstellung der tatsächlichen Voraussetzungen für die internationale Zuständigkeit des tätig gewordenen ausländischen Insolvenzgerichts;
- Art und Umfang der durch die Entscheidung (Sicherungs- oder Eröffnungsbeschluss) eingetretenen Änderung der Verfügungsbefugnis des Schuldners;
- Lage des betroffenen Grundstücks, entweder mit der Grundbuchbezeichnung oder zumindest mit Ortsangaben, die eine Anfrage des Insolvenzgerichts bei einem bestimmten Grundbuchamt ermöglichen.

43 Auf die vorgelegten gerichtlichen Entscheidungen kann Bezug genommen werden, wenn sie die erforderlichen Angaben enthalten. Im Übrigen wird es zumindest zweckmäßig sein, die maßgeblichen ausländischen Rechtsvorschriften im vollen Wortlaut mitzuteilen.

44 **5. Form des Antrags.** Der Eintragungsantrag eines **ausländischen Gerichts,** der als Rechtshilfeersuchen zu behandeln ist, aber wegen der Eilbedürftigkeit ohne Einhaltung des (deutschen) Dienstwegs unmittelbar an das deutsche Insolvenzgericht gerichtet werden darf (Art. 102 § 6 Abs. 1 Satz 1, § 1 EGInsO), ist entsprechend § 29 Abs. 3 GBO vom ersuchenden Richter eigenhändig zu unterschreiben sowie unter Beifügung der Amtsbezeichnung mit einem Abdruck des dienstlichen Siegels oder Stempels zu versehen (RdNr. 28). Das stimmt auch mit den allgemein anerkannten Regeln des internationalen Rechtshilfeverkehrs überein (vgl. etwa § 16 Abs. 6 ZRHO). Für den Antrag des **ausländischen Insolvenzverwalters** reicht die einfache Schriftform aus (§ 30 GBO; oben RdNr. 33).

45 **6. Glaubhaftmachung der Anerkennungsvoraussetzungen.** Betrifft der Eintragungsantrag ein Insolvenzverfahren, das außerhalb des Anwendungsbereichs der EuInsVO anhängig ist, so ist der Antrag nur zulässig, wenn der Antragsteller glaubhaft macht, dass die tatsächlichen Voraussetzungen für die Anerkennung der Verfahrenseröffnung oder Sicherungsanordnung vorliegen (§ 346 Abs. 2 Satz 1). Die Glaubhaftmachung setzt schlüssige, hinreichend genaue Angaben zu den maßgebenden Umständen voraus, insbesondere zur internationalen Zuständigkeit des ausländischen Insolvenzgerichts für ein Hauptinsolvenzverfahren (§ 343; vgl. oben RdNr. 40). Im Übrigen richtet sie sich nach § 294 ZPO, § 4. Die Formvorschrift des § 29 Abs. 1 Satz 2 GBO gilt für die Glaubhaftmachung nicht, wohl aber für den zur Begründetheit des Antrags erforderlichen Vollbeweis.

46 **7. Insolvenzrechtliche Sachprüfung.** Liegt ein zulässiger Antrag vor, so hat das deutsche Insolvenzgericht die Voraussetzungen für das vom Antragsteller angestrebte Eintragungsersuchen grundsätzlich von Amts wegen zu prüfen und notfalls die erforderlichen Ermittlungen anzustellen (§ 5 Abs. 1). Die Amtsermittlungspflicht wird allerdings von den **Nachweis- und Beibringungspflichten des Grundbuchrechts** überlagert. Sie gelten in Grundbuchsachen auch für das Anerkennungsverfahren vor dem deutschen Insolvenzgericht nach Art. 102 § 6 EGInsO, § 346. Dieses Gericht nimmt nämlich hier abgespaltene Teilfunktionen des Grundbuchamts wahr (vgl. auch § 31 RdNr. 55). Insolvenzrechtliche Beschränkungen der Verfügungsbefugnis eines eingetragenen Berechtigten (oder deren Aufhebung) bewirken die Unrichtigkeit des Grundbuchs (vgl. RdNr. 33). Diese Unrichtigkeit ist vom Antragsteller nachzuweisen (§ 22 Abs. 1 GBO). Ihm obliegt vor allem der Nachweis des ausländischen Verfahrensereignisses durch Vorlage einer öffentlich beglaubigten Abschrift der entsprechenden gerichtlichen Entscheidung. Ist unklar, ob das ausländische Gericht ein Haupt- oder nur ein Partikularinsolvenzverfahren eröffnet hat, so sind die maßgebenden Umstände, insbesondere die Voraussetzungen für die **internationale Zuständigkeit des ausländischen Gerichts** für die Eröffnung eines Hauptinsolvenzverfahrens, darzulegen und nachzuweisen. Soweit hierbei als Beweismittel schriftliche Erklärungen gegenüber dem Gericht verwendet werden (zB eidesstattliche Versicherungen), sind sie in der Regel in Form öffentlicher oder öffentlich beglaubigter Urkunden vorzulegen (§ 29 Abs. 1 Satz 1 GBO).

47 Die **rechtlichen Voraussetzungen der Anerkennung** hat das Insolvenzgericht in eigener Verantwortung aufzuklären und zu beurteilen.[69] Dies gilt insbesondere für die Frage, ob und in welchem Umfang sich aus dem festgestellten Verfahrensereignis nach ausländischem Recht Verfügungsbeschränkungen des Schuldners über sein Immobilienvermögen in Deutschland ergeben und ob diese Wirkungen mit dem deutschen *ordre public* vereinbar sind. Den Inhalt des maßgeblichen ausländischen Rechts

---

[69] Begr. RegE IIRNG 2003 zu Art. 102 § 6 EGInsO und § 346, BT-Dr. 15/16, S. 22.

hat das Gericht stets von Amts wegen zu ermitteln (§ 293 ZPO, § 4). Zur Beschleunigung des Verfahrens ist dem Antragsteller zu empfehlen, bereits mit dem Eintragungsantrag Unterlagen einzureichen (zB Gesetzestexte oder Aufsätze aus juristischen Fachzeitschriften, Bescheinigungen des ausländischen Insolvenzgerichts),[70] in denen die rechtliche Einordnung des ausländischen Verfahrens, sein grenzüberschreitender Geltungsanspruch und die Befugnisse des Antragstellers dargestellt sind.

Hat das ausländische Verfahren nach dem Recht des Eröffnungsstaats insolvenzrechtliche Wirkungen auf das Immobiliarvermögen, die dem deutschen *ordre public* widersprechen oder die dem deutschen Recht unbekannt sind, so hat das Insolvenzgericht zu prüfen, ob eine Eintragung veranlasst werden kann, die im Rahmen des deutschen Grundbuchrechts dem Zweck der ausländischen Regelung am nächsten kommt. Der Rechtsgedanke des Art. 102 § 6 Abs. 2 Satz 2 EGInsO gilt insoweit auch in Verfahren außerhalb des Anwendungsbereichs der EuInsVO. Ein solcher Fall liegt etwa vor, wenn die Entscheidung des ausländischen Insolvenzgerichts nicht nur eine Verfügungsbeschränkung, sondern eine unmittelbare dingliche Rechtsänderungen zur Folge hat.[71] **48**

8. Eintragungsersuchen des Insolvenzgerichts. a) Form, Inhalt, Vollzug. Für Form und Inhalt des Eintragungsersuchens des Insolvenzgerichts an das Grundbuchamt sowie für seinen Vollzug gelten die allgemeinen Regeln (RdNr. 26 ff., 53 ff.), sofern sich nicht aus der ausschließlichen Zuständigkeit des Insolvenzgerichts für die Beurteilung der kollisions- und insolvenzrechtlichen Fragen etwas anderes ergibt (Art. 102 § 6 Abs. 2 EGInsO, § 346 Abs. 1). Im Eintragungsersuchen hat das Insolvenzgericht das einzutragende Verfahrensereignis und die Einschränkung der Verfügungsbefugnis des Schuldners möglichst klar und genau zu bezeichnen (§ 346 Abs. 1); dabei sollte auch angegeben werden, nach welchem ausländischen Recht sich das Insolvenzverfahren richtet. Diese Festsetzungen sind für das Grundbuchamt bindend. **49**

In Verfahren aus dem **Anwendungsbereich der EuInsVO** ist für die Frage, ob und mit welchem Inhalt eine Eintragung in das Grundbuch erfolgt, das Recht des Eröffnungsstaats maßgeblich (Art. 22 Abs. 2 Satz 2 EuInsVO, Art. 102 § 6 Abs. 1 EGInsO).[72] Kennt das ausländische Recht insolvenzbezogene Grundbucheintragungen, die dem deutschen Recht unbekannt sind, so hat das Insolvenzgericht eine Eintragung zu wählen, die der des Eröffnungsstaates am nächsten kommt (Art. 102 § 6 Abs. 2 Satz 2 EGInsO). In diesen Fällen kann das Insolvenzgericht also um eine Eintragung ersuchen, die das deutsche Recht nicht vorsieht; die Textfassung der Eintragung ist in dem Ersuchen bindend vorzugeben. **50**

b) Sofortige Beschwerde. Gegen die Entscheidung des deutschen Insolvenzgerichts über den Antrag des ausländischen Verwalters oder das Ersuchen des ausländischen Insolvenzgerichts findet die sofortige Beschwerde statt (Art. 102 § 7 EGInsO, § 346 Abs. 2 Satz 2 InsO, §§ 567, 569 ZPO, § 4). Sie steht jedem Antragsteller (RdNr. 38 f.) zu und kann auch darauf gestützt werden, dass das deutsche Insolvenzgericht die rechtliche Wirkung der ausländischen Verfügungsbeschränkung nach Art oder Inhalt im Ersuchen an das Grundbuchamt unzutreffend umgesetzt habe. Eine Beschwerde gegen die Entscheidung des Grundbuchamts (§ 71 GBO) kann wegen der Zwischenschaltung des deutschen Insolvenzgerichts nur von diesem, nicht aber von dem ursprünglichen Antragsteller eingelegt werden.[73] Wird ein bereits vollzogenes Ersuchen im Beschwerdeverfahren rechtskräftig aufgehoben, so ist der zu Unrecht eingetragene Vermerk auf Ersuchen des deutschen Insolvenzgerichts nach § 53 Abs. 1 Satz 2 GBO zu löschen. **51**

9. Löschung von Eintragungen. Nach dem Zweck des Art. 102 § 6 EGInsO und des § 346 ist in Fällen mit Auslandsberührung auch jede Löschung eines Insolvenzvermerks im Grundbuch (RdNr. 76 ff.) ausschließlich auf Ersuchen des zuständigen deutschen Insolvenzgerichts zulässig. Dem ausländischen Gericht oder dem Verwalter steht insoweit ein Antragsrecht nur beim Insolvenzgericht, nicht aber unmittelbar beim Grundbuchamt zu (Art. 102 § 6 Abs. 1 Satz 3 EGInsO, § 346 Abs. 2 Satz 3). Ebenso unzulässig ist der unmittelbare Löschungsantrag eines Betroffenen (RdNr. 86). **52**

VIII. Verfahren des Grundbuchamts

1. Unverzügliche Eintragung. Das Grundbuchamt trägt den Insolvenzvermerk nicht von Amts wegen ein. Das Gebot des § 32 begründet jedoch die Pflicht, das Ersuchen des Insolvenzgerichts oder den Eintragungsantrag des Insolvenzverwalters unter Beachtung des **Sicherungszwecks** unver- **53**

---

[70] *Virgós/Schmit*, Erläuternder Bericht, Tz. 170.
[71] Vgl. *Kübler/Prütting/Kemper/Paulus* § 346 (08/08) RdNr. 11.
[72] Begr. RegE IIRNG 2003 zu Art. 102 § 6 EGInsO und § 346, BT-Dr. 15/16, S. 16, 22.
[73] Zutr. HK-*Stephan* Art. 102 § 7 EGInsO RdNr. 2; anders zu Unrecht *Kübler/Prütting/Kemper/Paulus* § 346 (08/08) RdNr. 17, Art. 102 § 7 EGInsO RdNr. 6.

züglich zu erledigen. Allerdings gilt auch insoweit das **Prioritätsprinzip** (§§ 17, 45 GBO).[74] Bereits früher gestellte Anträge sind daher vorrangig zu erledigen. Ist dies wegen eines behebbaren Eintragungshindernisses nicht sofort möglich, so ist nach § 18 Abs. 2 GBO zu verfahren und anschließend umgehend der Insolvenzvermerk einzutragen.

54 **2. Prüfungsrecht des Grundbuchamts.** Das Grundbuchamt hat das Ersuchen des Insolvenzgerichts daraufhin zu überprüfen, ob das Gericht abstrakt hierzu befugt ist, ob das Ersuchen der vorgeschriebenen Form entspricht (RdNr. 28) und ob die nicht durch das Ersuchen ersetzten Eintragungsvoraussetzungen vorliegen. Hierzu gehört auch die Voreintragung des Betroffenen oder die nachvollziehbare Darstellung der Überzeugung des Insolvenzgerichts, dass der betroffene Vermögensgegenstand zur Masse gehört (RdNr. 12 ff.). Nicht zu prüfen hat das Grundbuchamt, ob im Einzelfall die Eintragung notwendig ist oder ob die Voraussetzungen, unter denen das Insolvenzgericht um die Eintragung ersuchen darf, wirklich vorliegen; die Verantwortung hierfür trägt allein das ersuchende Gericht. Etwas anderes gilt nur, wenn dem Grundbuchamt das Fehlen einer Voraussetzung bekannt ist.[75]

55 **3. Entscheidung des Grundbuchamts, Rechtsmittel.** Für Entscheidungen über das gerichtliche Ersuchen um Eintragung oder Löschung des Insolvenzeröffnungsvermerks ist der **Urkundsbeamte der Geschäftsstelle** zuständig (§ 12c Abs. 2 Nr. 3 GBO). In den übrigen Fällen (Antrag des Verwalters, Anträge oder Ersuchen ausländischer Stellen) verbleibt es bei der Zuständigkeit des **Rechtspflegers**.

56 Die **Eintragung des Insolvenzvermerks** erfolgt bei Grundstücken und grundstücksgleichen Rechten in Abteilung II unter „Lasten und Beschränkungen", bei anderen Rechten unter „Veränderungen" in der Abteilung, in der das Recht eingetragen ist, jeweils auf jedem betroffenen Grundbuchblatt (§ 3 Abs. 1 GBO). Bei **Briefgrundpfandrechten** hat das Grundbuchamt von Amts wegen[76] dafür zu sorgen, dass unverzüglich auch am Brief ein entsprechender Insolvenzvermerk angebracht wird (§ 57 Abs. 1 Satz 1, §§ 62, 70 GBO, § 1140 BGB).

57 Wird einem Eintragungsersuchen nicht stattgegeben, kann das Insolvenzgericht gegen die Entscheidung des Grundbuchamtes **Rechtsbehelfe** einlegen. Für Ersuchen des Insolvenzgerichts ist der Urkundsbeamte der Geschäftsstelle zuständig (§ 12c Abs. 2 Nr. 3 GBO). Über den Antrag auf Abänderung seiner Entscheidung entscheidet der Grundbuchrichter, § 12c Abs. 4 GBO. Erst gegen dessen Entscheidung steht dem ersuchenden Insolvenzgericht oder dem Antragsteller die Beschwerde zu (§ 71 GBO).[77] Gegen den Beschluss des Beschwerdegerichts ist die Rechtsbeschwerde statthaft, wenn sie das Beschwerdegericht zugelassen hat, § 78 GBO i. V. m. §§ 71 bis 74a FamFG. Gegen die **Eintragung des Insolvenzvermerks** ist trotz des § 71 Abs. 2 Satz 1 GBO die Beschwerde des Betroffenen statthaft, weil der Vermerk nicht am öffentlichen Glauben des Grundbuchs teilhat.[78] Das ersuchende Gericht und der Insolvenzverwalter können allerdings die Berichtigung, Ergänzung oder Löschung des Vermerks auf dem einfacheren Weg des § 32 Abs. 2, 3 erwirken.

58 Hat das Grundbuchamt das Ersuchen oder den Antrag **versehentlich unrichtig vollzogen**, zB die Eröffnung oder ein allgemeines Verfügungsverbot statt der Anordnung eines Zustimmungsvorbehalts nach § 21 Abs. 2 Nr. 2 eingetragen, so ist dies von Amts wegen durch Löschung und Neueintragung richtig zu stellen. Rechtsgrundlage für die Löschung wird § 84 Abs. 2 lit. b, Abs. 3 GBO sein; eine zwangsweise eingetragene Verfügungsbeschränkung, die nicht mit der zugrunde gelegten gerichtlichen Anordnung übereinstimmt, kann (auch) aus tatsächlichen Gründen dauernd nicht ausgeübt werden. Zwischenzeitlich verfügte andere Eintragungen haben Vorrang vor der neuen Eintragung.

59 **4. Inhalt der Eintragung.** Die Beschränkung der Verfügungsbefugnis des Schuldners infolge des Insolvenzverfahrens ist in das Grundbuch so einzutragen, dass für das Publikum bei Einsichtnahme **die Art und das Ausmaß der Einschränkung zutreffend und verständlich verlautbart**

---

[74] OLG Zweibrücken Rpfleger 1997, 428 f.; *Eickmann* Rpfleger 1972, 77, 79 f.; *Demharter* GBO, § 38 RdNr. 75.
[75] BGHZ 19, 355, 357 f. = NJW 1956, 463; KG JFG 7, 397, 399; BayObLGZ 1952, 157, 158 f.; BayObLGZ 1955, 314, 318; OLG Köln DNotZ 1958, 487; OLG Hamm OLGZ 1978, 304, 307; BayObLGZ 1970, 182, 184 f.; BayObLGZ 1985, 372, 374; OLG Frankfurt Rpfleger 1993, 486 f.; KG FGPrax 2003, 56 f. = Rpfleger 2003, 204 f.; OLG Frankfurt FGPrax 2003, 197.
[76] KG OLGRspr. 3, 194, 196; BayObLG ZIP 1981, 41 f.; HKInsO-*Kirchhof* § 32 RdNr. 13; *Uhlenbruck* § 32 RdNr. 3.
[77] FKInsO-*Schmerbach* § 32 RdNr. 11; KGJ 41, A 253, 254 f.; OLG Düsseldorf NJW-RR 1998, 1267 = Rpfleger 1998, 334 f.; OLG Dresden NZI 2002, 687 = Rpfleger 2003, 96; OLG Rostock NZI 2003, 648 f. = Rpfleger 2004, 94; LG Köln KTS 1965, 177 f.; LG Hamburg ZIP 1989, 1590.
[78] BayObLGZ 1970, 182, 184; OLG Zweibrücken NJW 1990, 648.

wird. Insbesondere ist bei vorläufigen Sicherungsmaßnahmen (§ 21) und beim Zustimmungsvorbehalt im Rahmen der Eigenverwaltung (§ 277) der Inhalt der gerichtlichen Anordnung knapp, aber möglichst genau anzugeben.[79] Gleiches gilt für die Überwachungsregelung eines Insolvenzplans (§ 267 Abs. 3 Satz 2, § 263) und für die Nachtragsverteilung nach eingetragener Beendigung des Insolvenzverfahrens (§ 203 Abs. 1 Nr. 3, Abs. 2, § 211 Abs. 3). Die Angabe des Insolvenzgerichts, der Art und des Datums seiner Entscheidung sowie des Aktenzeichens ist zulässig und sachgerecht, sie dient der Verständlichkeit der Eintragung.

5. Gebührenfreiheit. Für Eintragungen und Löschungen auf Ersuchen des Insolvenzgerichts werden keine Gerichtsgebühren erhoben (§ 69 Abs. 2 Satz 1 KostO); Auslagen sind davon unberührt. Ebenfalls gebührenfrei sind aus § 32 folgende Eintragungen und Löschungen auf Antrag des Insolvenzverwalters (einschließlich des Treuhänders oder Sachwalters), im Fall der Eigenverwaltung (vgl. § 277 Abs. 3) gilt dies auch für Anträge des Schuldners (§ 69 Abs. 2 Satz 2 KostO).

IX. Wirkung der Eintragung des Insolvenzvermerks

1. Allgemeines. Mit dem Vermerk über die Eröffnung des Insolvenzverfahrens oder über eine sonstige, vom Insolvenzgericht angeordnete oder bestätigte Verfügungsbeschränkung (**Insolvenzvermerk**) wird für das betreffende Grundbuchblatt (vgl. § 3 Abs. 1 GBO) eine Beschränkung im Sinne der §§ 878, 892 Abs. 1 Satz 2, § 894 BGB verlautbart[80] und zugleich der eingetragene Vermögensgegenstand als zur Insolvenzmasse gehörend kenntlich gemacht. Der **gute Glaube** an die uneingeschränkte Verfügungsbefugnis des eingetragenen Berechtigten ist damit zerstört. Rechte an dem vom Vermerk erfassten Vermögensgegenstand können nur noch unter Mitwirkung des Insolvenzverwalters (Treuhänders, Sachwalters) erworben werden.

Der Insolvenzvermerk hat indessen **keine eigenständige konstitutive Bedeutung.** Er teilt nur eine außerhalb des Grundbuchs bereits kraft Gesetzes oder auf Grund gerichtlicher Anordnung entstandene Verfügungsbeschränkung mit.[81] Die Eintragung des Vermerks bei einem bestimmten Vermögensgegenstand enthält auch keine verbindliche Entscheidung über dessen Zugehörigkeit zur Insolvenzmasse, sondern gibt insoweit nur die Einschätzung des Insolvenzgerichts wieder (vgl. RdNr. 12 ff., 16). Rechte von Ab- oder Aussonderungsberechtigten werden deshalb allein durch den Vermerk ebenso wenig berührt wie Zugriffsrechte anderer Gläubiger. Die Eintragung stellt insoweit lediglich klar, dass die Rechtsverfolgung sich nunmehr nicht mehr gegen den Schuldner, sondern gegen den Insolvenzverwalter zu richten hat.[82]

Eine **Vermutung der Richtigkeit des Insolvenzvermerks** wird durch dessen Eintragung **nicht** begründet. Insbesondere schützt der Vermerk nicht das Vertrauen auf die fortbestehende Verfügungsbefugnis eines (unzulässigerweise) mit Namen eingetragenen Insolvenzverwalters oder auf den Fortbestand der Verfügungsbeschränkung allgemein, etwa bei einer Verfügung des Verwalters nach Aufhebung des Insolvenzverfahrens.[83] Ebenso rechtfertigt die Löschung des Insolvenzvermerks nicht den Schluss, dass der Verwalter zu früheren Verfügungen nicht befugt gewesen sei[84] oder nunmehr die Verfügungsbefugnis verloren habe.[85]

2. Wirkung bei Sicherungsmaßnahmen und Zustimmungsvorbehalten. Die rechtlichen Wirkungen des Insolvenzvermerks auf Grund der Verfahrenseröffnung (§ 32) gelten grundsätzlich entsprechend für die übrigen insolvenzrechtlichen Verfügungsbeschränkungen. Wie sich aus der Verweisung des § 24 Abs. 1 auf die §§ 81, 82 ergibt, sind im Eröffnungsverfahren Zuwiderhandlungen des Schuldners gegen ein **allgemeines Verfügungsverbot** oder einen **allgemeinen Zustimmungsvorbehalt** (§ 21 Abs. 2 Nr. 2) ebenso unwirksam wie ein Verstoß gegen den Eröffnungsbeschlag im eröffneten Verfahren.[86] Die gleiche Aussage trifft das Gesetz für den Zustimmungsvorbehalt im Fall der **eingeschränkten Eigenverwaltung** (§ 277 Abs. 1 Satz 1) und der **Überwachung des Insolvenzplans** durch den Verwalter (§ 263). Aus diesem Grunde wird im Folgenden in der Regel nicht zwischen den verschiedenen Ausprägungen insolvenzrechtlicher Verfügungsbeschränkungen unter-

---
[79] LG Flensburg ZInsO 2002, 1145 = ZVI 2002, 418.
[80] Bei Schiffen: § 3 Abs. 3, § 16 Abs. 1 Satz 2, §§ 18, 77, 78 SchRG; bei Luftfahrzeugen: § 5 Abs. 3, § 16 Abs. 1 Satz 2, § 18 LuftfzRG.
[81] OLG Hamm OLGZ 1970, 487, 490 f. = KTS 1970, 314 f.; OLG Zweibrücken NJW 1990, 648; LG Berlin ZInsO 2003, 905 f. = Rpfleger 2003, 648 f.
[82] OLG Hamm OLGZ 1970, 487, 490 f. = KTS 1970, 314 f.
[83] AllgM, Jaeger/*Weber* KO § 113 RdNr. 2; *Jaeger/Schilken* § 32 RdNr. 28; MünchKommBGB-*Kohler* § 892 RdNr. 68.
[84] OLG Hamm KTS 1970, 314, 315, insoweit in OLGZ 1970, 487 nicht abgedruckt.
[85] LG Berlin ZInsO 2003, 905 f. = Rpfleger 2003, 648 f.
[86] BGH NJW 2006, 1286, 1287 = NZI 2006, 224 f. = Rpfleger 2006, 253 f.

schieden. Eine Ausnahme gilt nur bei besonderen, auf einzelne Gegenstände bezogenen Verfügungsbeschränkungen nach § 21 Abs. 1 (RdNr. 74).

65 **3. Grundbuchsperre, Auswirkung auf das Grundbuchverfahren.** Durch die Eröffnung des Insolvenzverfahrens über das Vermögen eines Beteiligten wird ein anhängiges Grundbuchverfahren grundsätzlich nicht kraft Gesetzes unterbrochen; § 240 ZPO gilt nicht entsprechend.[87] Mit Eintragung des Insolvenzvermerks (RdNr. 61) tritt jedoch eine **sog. Grundbuchsperre** ein. Sie verbietet alle Eintragungen, die den Rechtswirkungen der Verfügungsbeschränkung widersprechen.

66 **a) Nachfolgende Eintragungsanträge.** Die Eintragung des Insolvenzvermerks (RdNr. 61) sperrt das Grundbuch für weitere Eintragungen auf Grund eines Rechtsgeschäfts oder einer Bewilligung des Schuldners; solche Eintragungen sind nunmehr ohne Zustimmung des Insolvenzverwalters schlechthin unzulässig (§ 80).[88] Die theoretische Möglichkeit, dass der Schuldner eine Verfügung trifft, die den Zweck des Insolvenzverfahrens nicht beeinträchtigt, kann vernachlässigt werden, da allein die Tatsache der Verfügung bereits eine wirtschaftliche Verwertbarkeit des Gegenstands vermuten lässt; auch in einem solchen Fall ist eine Freigabeerklärung des Verwalters zu verlangen.

67 Wegen der **Prioritätsregelung** der §§ 17, 45 GBO gilt die Grundbuchsperre trotz § 892 Abs. 2 BGB auch für Eintragungsanträge, die zwischen dem Eingang des Ersuchens oder Antrags nach § 32 und der Eintragung des Insolvenzvermerks beim Grundbuchamt eingegangen sind.[89]

68 **b) Bereits anhängige Eintragungsanträge.** Inwieweit das Grundbuchamt insolvenzrechtliche Verfügungsbeschränkungen des Schuldners schon vor der Eintragung des Insolvenzvermerks zu beachten hat, ist umstritten. Grundsätzlich unproblematisch erscheinen nur Vorgänge, auf die **§ 878 BGB** anzuwenden ist (§ 91 Abs. 2); auf sie hat nach materiellem Recht eine nachfolgende Verfügungsbeschränkung des Schuldners keinen Einfluss mehr, so dass es auch nicht auf den guten Glauben des Erwerbers ankommt.[90] Allerdings ist der Insolvenzverwalter bis zur Eintragung befugt, einen nur vom Schuldner gestellten Eintragungsantrag zurückzunehmen.[91] Zeichnet sich ein solcher Fall ab, so ist es deshalb jedenfalls nicht pflichtwidrig, wenn das Grundbuchamt in Kenntnis der Verfügungsbeschränkung dem Insolvenzverwalter vor Vollzug der beantragten Eintragung Gelegenheit gibt, den Antrag zurückzunehmen.

69 In Fällen, in denen § 878 BGB nicht eingreift, ist das Grundbuchamt schon vor Eintragung des Insolvenzvermerks verpflichtet, von Amts wegen den **Verlust der Verfügungs- und Bewilligungsbefugnis** des Schuldners (§§ 19, 20 GBO) durch eine insolvenzrechtliche Verfügungsbeschränkung zu beachten. Auf diesem Standpunkt steht die Rechtsprechung,[92] unterstützt von Teilen der Literatur,[93] seit langem einhellig. Nach ihrer Auffassung darf das Grundbuchamt einen gutgläubigen Erwerb nur berücksichtigen, wenn er bereits vollzogen ist. Das Grundbuchamt hat deshalb, wenn ihm im Zeitpunkt der Eintragung bekannt ist, dass dem Veräußerer (allgemeiner: dem Aussteller der Eintragungsbewilligung) die Verfügungsbefugnis fehlt, im Wege der Zwischenverfügung (§ 18 GBO) zu verlangen, dass die Zustimmung des Insolvenzverwalters beigebracht wird.

70 Die vielfach geübte Kritik an dieser Rechtsprechung, sie missachte den aus § 892 BGB ersichtlichen Willen des Gesetzes,[94] berücksichtigt nicht hinreichend die verfahrensrechtliche Stellung des Grundbuchamtes. Mit dem Erlass der Zwischenverfügung (§ 18 GBO) scheitert der Rechtserwerb des Gutgläubigen nicht endgültig. Der Erwerber hat vielmehr unter den Voraussetzungen der § 81 Abs. 1 Satz 2, § 91 Abs. 2, § 24 Abs. 1 gegen den Insolvenzverwalter einen Anspruch auf Erteilung der Eintragungsbewilligung. Notfalls muss er ihn mit der Klage durchsetzen,[95] und dabei kommt

---

[87] BayObLGZ 1978, 209, 211; BayObLG NZI 2002, 512; OLG Köln NZI 2001, 470 = Rpfleger 2001, 552.
[88] RGZ 71, 38, 40 f.; allgM.
[89] *Heckschen* MittRhNotK 1998, 11, 13.
[90] Vgl. RGZ 51, 284, 286; BGH NZI 2005, 331 f.; KG OLGRspr. 45, 188 f.; KG HRR 1930 Nr. 975.
[91] *Raebel* ZInsO 2002, 954, 955 f.
[92] RGZ 71, 38, 40 f.; KG OLGRspr. 8, 107, 109; KG JFG 18, 205, 208; BayObLGZ 1954, 97, 99; KG OLGZ 1973, 76, 80 f. = NJW 1973, 56, 58; OLG Düsseldorf MittRhNotK 1975, 6; OLG Köln MittRhNotK 1983, 52 f.; OLG Frankfurt Rpfleger 1991, 381; BayObLGZ 1994, 66, 71 ff.; OLG Karlsruhe NJW-RR 1998, 445 f.; OLG Hamburg NJW-RR 1999, 600 f.; OLG Naumburg WM 2005, 173 f.; OLG Frankfurt ZInsO 2006, 269, 271; offen gelassen von BGH NJW 1986, 1687.
[93] RGRK-*Augustin* § 892 RdNr. 125; *Demharter* GBO, § 19 RdNr. 59, 61, § 38 RdNr. 8, 36; *Jaeger/Henckel* KO § 7 RdNr. 19; *Jaeger/Weber* KO § 113 RdNr. 9; FKInsO-*Schmerbach* § 32 RdNr. 11; HKInsO-*Kirchhof* § 23 RdNr. 12; *Bestelmeyer* Rpfleger 1997, 424, 426.
[94] *Eickmann* Rpfleger 1972, 77, 78 f.; *Ertl* Rpfleger 1980, 41, 44 f.; *Rademacher* MittRhNotK 1983, 81, 90; *Holzer* NZG 1998, 417, 418; *Lenenbach* NJW 1999, 923 ff.; *Bachmann* Rpfleger 2001, 105, 111 f.; MünchKommBGB-*Kohler* § 892 RdNr. 69 ff.; *Staudinger/Gursky* § 892 RdNr. 176, 201; *Jaeger/Schilken* § 32 RdNr. 33; *Kübler/Prütting/Holzer* § 32 (01/08) RdNr. 6; *Uhlenbruck* § 23 RdNr. 7, § 32 RdNr. 20.
[95] HKInsO-*Kirchhof* § 23 RdNr. 12.

ihm auch die Beweislastregel des § 892 Abs. 1 BGB zugute. Es ist aber nicht Aufgabe des Grundbuchamts, in eigener Verantwortung vorläufige Feststellungen über den guten Glauben des Erwerbers zu treffen. Die in § 32 vorausgesetzte Notwendigkeit einer Eintragung des Insolvenzvermerks in das Grundbuch[96] verliert durch diese Handhabung nicht ihren Sinn. Das Eintragungsersuchen ist und bleibt, anders als eine bloße Mitteilung des Insolvenzgerichts an das Grundbuchamt, bedeutsam für die alsbaldige allgemeine Verlautbarung der neuen Rechtslage im Grundbuch, die für die Zukunft auch materiellrechtlich jeden gutgläubigen Erwerb ausschließt.

c) Briefgrundpfandrechte. Soweit für den Erwerb eines Briefgrundpfandrechts durch einen Gläubiger die Übergabe des Briefes erforderlich ist (§§ 1117, 1192 BGB), steht das Recht bis zur Briefübergabe als Eigentümergrundschuld der Insolvenzmasse zu (§ 1163 Abs. 2 BGB). Ein gutgläubiger Erwerb kann sich nur vollziehen, wenn die erforderlichen Voraussetzungen noch im **Zeitpunkt der Briefübergabe** oder der sie ersetzenden Vereinbarung nach § 1117 Abs. 2 BGB vorliegen;[97] es darf also weder der Erwerber Kenntnis von der insolvenzrechtlichen Verfügungsbeschränkung haben, noch inzwischen der Insolvenzvermerk eingetragen worden sein. 71

Befindet sich der Brief beim Grundbuchamt, so steht er nach Erlass der Verfügungsbeschränkung in der Regel dem Insolvenzverwalter zu (§ 80). Das Grundbuchamt darf den Brief nur dann dem (nach amtlicher Kenntnis nicht bösgläubigen) Gläubiger aushändigen, wenn eine Vereinbarung nach § 1117 Abs. 2 BGB vorliegt oder bereits vor Erlass der Verfügungsbeschränkung eine einseitige abweichende Bestimmung des Schuldners nach § 60 Abs. 2 GBO beim Grundbuchamt eingegangen ist.[98] 72

d) Neuerwerb oder Rückgewähr zur Masse. Vermögensgegenstände, die nach Erlass der Verfügungsbeschränkung in die Masse gelangen, sind nicht etwa auf den Namen des Insolvenzverwalters, sondern unter Beischreibung des Insolvenzvermerks auf den Namen des Schuldners einzutragen (vgl. RdNr. 17). 73

e) Vorläufige besondere Verfügungsbeschränkungen. Eine Ausnahme von der Grundbuchsperre für nachfolgende Eintragungsanträge (RdNr. 66 f.) gilt bei besonderen Verfügungsbeschränkungen im Eröffnungsverfahren (§ 21 Abs. 1), die sich **nur auf einzelne Gegenstände** beziehen. Diese – nur selten zweckmäßigen – Beschränkungen sind nicht von der Verweisung in § 24 Abs. 1 erfasst. Entgegenstehende Verfügungen des Schuldners sind daher nicht absolut, sondern nur relativ unwirksam (§§ 135, 136 BGB).[99] Infolge dessen darf das Grundbuchamt auch nach Eintragung des Vermerks über eine solche Verfügungsbeschränkung noch Eintragungen vornehmen, die der Beschränkung widersprechen; mit ihnen wird für den Fall einer Nichteröffnung des Verfahrens der Rang des eingetragenen Rechts gewahrt.[100] Dies gilt allerdings nicht für Eintragungen, die ein Recht des Schuldners scheinbar zum Erlöschen bringen würden, etwa der Verzicht auf ein beschränkt dingliches Recht an einem fremden Grundstück. Da die Rangstelle des Rechts gegenüber einem gutgläubigen Dritten verloren ginge, muss das Grundbuchamt die Löschung ablehnen.[101] Wird das Insolvenzverfahren später eröffnet, so gehört der veräußerte Vermögensgegenstand mit dinglicher Wirkung zur Insolvenzmasse und ist vom Verwalter zur Masse zu ziehen.[102] 74

f) Vollstreckungsverbot (§ 89). Auch das Vollstreckungsverbot des § 89 Abs. 1 hat das Grundbuchamt von Amts wegen zu beachten, sobald ihm die Eröffnung des Insolvenzverfahrens bekannt ist. Unerledigten Anträgen eines Insolvenzgläubigers (§§ 38, 39) auf Eintragung einer Zwangs- oder Arresthypothek kann daher nach der Verfahrenseröffnung nicht mehr stattgegeben werden. Auf den guten Glauben des Antragstellers kommt es nicht an; die §§ 878, 892 BGB gelten nur für den rechtsgeschäftlichen Erwerb (Einzelheiten bei § 89).[103] 75

---

[96] Motive zu § 113 KO, *Hahn* S. 304 zu § 106; Begr. RegE zu § 39 (= § 32), *Balz/Landfermann* S. 247 = *Kübler/Prütting*, Dok. Bd. I, S. 201.

[97] RGZ 89, 152, 160; BGHZ 27, 360, 366 f. = NJW 1958, 1286; BayObLGZ 1999, 104, 109 = NJW-RR 1999, 1392 f.; KG NJW 1975, 878 f.; OLG Naumburg WM 2005, 173 f.; OLG Frankfurt ZInsO 2006, 269, 271; ZInsO 2006, 612, 614; RGRK-*Augustin* § 892 RdNr. 122; *Staudinger/Gursky* § 892 RdNr. 167; MünchKommBGB-*Kohler* § 892 RdNr. 56.

[98] *Eickmann* Rpfleger 1972, 77, 80; *Kübler/Prütting/Holzer* § 32 (01/08) RdNr. 7.

[99] *Gerhardt*, Kölner Schrift, S. 193, 200 f.; FKInsO-*Schmerbach* § 32 RdNr. 19.; HKInsO-*Kirchhof* § 21 RdNr. 20, § 24 RdNr. 4; *Kübler/Prütting/Pape* § 24 (8/98) RdNr. 2; *Uhlenbruck* § 24 RdNr. 5.

[100] OLG Stuttgart WM 1985, 1371 (für das allgemeine Veräußerungsverbot nach § 106 KO).

[101] *Eickmann* KTS 1974, 202, 210 f.

[102] Einzelheiten bei *Eickmann* KTS 1974, 202, 214 ff.

[103] RGZ 84, 280; BGHZ 9, 250, 254; *Jaeger/Henckel* KO § 14 RdNr. 38; *Jaeger/Schilken* § 32 RdNr. 35; *Uhlenbruck* § 89 RdNr. 8.

X. Löschung des Insolvenzvermerks

76 1. Allgemeines. Die Löschung des Insolvenzvermerks ist geboten, wenn ein zur Insolvenzmasse gehörender, im Grundbuch eingetragener Vermögensgegenstand aus der beschlagnahmten Masse ausscheidet. Mit dem **Ende der Massezugehörigkeit** wird das Grundbuch unrichtig, soweit in ihm, d.h. auf dem betreffenden Grundbuchblatt (§ 3 Abs. 1 GBO), durch die Eintragung der insolvenzrechtlichen Verfügungsbeschränkung die Zugehörigkeit deklaratorisch verlautbart ist. Die Massezugehörigkeit endet durch Freigabe oder Veräußerung eines einzelnen Gegenstandes durch den Verwalter (§ 32 Abs. 3) oder durch allgemeine Aufhebung des Insolvenzbeschlags. Entsprechendes gilt, wenn der Insolvenzvermerk auf einer vorläufigen Sicherungsmaßnahme oder auf einer insolvenzrechtlichen Verfügungsbeschränkung im Rahmen der Eigenverwaltung oder der Überwachung eines Insolvenzplans beruht.

77 Das Gesetz bietet auch für die Löschung des Insolvenzvermerks gleichrangig die Möglichkeiten des **gerichtlichen Ersuchens** oder des **Antrags des Verwalters** an. Für beide Verfahrensweisen gelten die gleichen Grundregeln wie bei der Veranlassung des Insolvenzvermerks (vgl. RdNr. 24 ff., 30 ff.). Insbesondere ist es unerheblich, ob der zu löschende Vermerk vom Insolvenzgericht oder vom Verwalter erwirkt worden ist.[104]

78 2. Freigabe eines Massebestandteils. Das Gesetz setzt in § 32 Abs. 3 voraus, dass der Insolvenzverwalter auf Grund seiner Verwaltungs- und Verfügungsbefugnis (§ 80) nach pflichtgemäßem Ermessen (§ 60) einzelne Vermögensgegenstände aus dem Insolvenzbeschlag zugunsten des Schuldners freigeben kann.[105] Die Freigabe kommt in Betracht, wenn zu erwarten ist, dass angesichts der finanziellen Lasten, die mit dem Gegenstand zusammenhängen, seine Verwertung für die Masse keinen Nutzen bringt. Sie erfolgt durch eine – auch bei Grundstücken – formlose[106] und einseitige empfangsbedürftige **Erklärung des Verwalters** gegenüber dem Schuldner, in der zum Ausdruck kommt, dass er endgültig auf seine Verwaltungs- und Verfügungsbefugnis über den betreffenden Gegenstand verzichtet und ihn dem Schuldner zur freien Verfügung überlässt. Eine Zustimmung des Insolvenzgerichts ist nicht erforderlich; selbst ein ausdrückliches Verbot des Gerichts gegenüber dem Insolvenzverwalter (§§ 161, 163) wäre im Verhältnis zum Grundbuchamt ohne rechtliche Bedeutung[107] (vgl. § 164). Mit Zugang der Freigabeerklärung scheidet der Gegenstand rechtlich aus der Insolvenzmasse aus und wird wieder Teil des insolvenzfreien schuldnerischen Vermögens (Einzelheiten bei § 35).

79 3. Allgemeine Aufhebung des Insolvenzbeschlags. Jede Massezugehörigkeit endet, wenn der Insolvenzbeschlag des schuldnerischen Vermögens (und sei es nur in Form des Zustimmungsvorbehalts bei der Eigenverwaltung oder bei der Überwachung eines Insolvenzplans) durch eine der folgenden gerichtlichen Anordnungen beseitigt ist:
– durch **Aufhebung einer** im Eröffnungsverfahren angeordneten **vorläufigen Verfügungsbeschränkung** (§§ 21, 23 Abs. 3, § 25 Abs. 1),
– durch rechtskräftige **Aufhebung des Eröffnungsbeschlusses** (§ 34 Abs. 3 Satz 2, § 200 Abs. 2 Satz 2),
– durch **Aufhebung der Fremdverwaltung** unter nachträglicher Anordnung der uneingeschränkten Eigenverwaltung (§§ 271, 270 Abs. 1, 270c Satz 3). Bei nachträglicher Anordnung der Eigenverwaltung mit Zustimmungsvorbehalt (§§ 271, 277 Abs. 3) wird dagegen der Insolvenzbeschlag nur modifiziert; hier ist der Eröffnungsvermerk nicht zu löschen, sondern durch die Eintragung des Zustimmungsvorbehalts zu ergänzen,
– durch Aufhebung eines Zustimmungsvorbehalts im Rahmen der Eigenverwaltung (§ 277 Abs. 3 Satz 2),
– durch die **Einstellung des Verfahrens** (§ 215 Abs. 1 Satz 3, § 200 Abs. 2 Satz 2),
– durch die **Aufhebung des Verfahrens** (§ 200 Abs. 2 Satz 2, § 258 Abs. 3 Satz 3),
– durch die Aufhebung der Überwachung eines Insolvenzplans mit Zustimmungsvorbehalt (§ 268 Abs. 2 Satz 2, § 267 Abs. 3 Satz 2),

---

[104] BayObLGZ 1952, 157, 159; LG Koblenz Rpfleger 1974, 438; HKInsO-*Kirchhof* § 32 RdNr. 22 ff.; *Jaeger/Schilken* § 32 RdNr. 41; *Uhlenbruck* § 32 RdNr. 25.
[105] RGZ 60, 107, 109; BGHZ 35, 180, 181 f.; BGHZ 148, 252, 258 f. = NJW 2001, 2966 f. = NZI 2001, 531; BGHZ 154, 72, 86 = NJW 2003, 2243 f. = NZI 2003, 259; BGH NZI 2003, 666 f.; BGHZ 163, 32, 34 = NJW 2005, 2015 f. = NZI 2005, 387 f.; BGH NJW 2006, 1286, 1288 = NZI 2006, 224, 226 = Rpfleger 2006, 253, 255; BVerwG NJW 1984, 2427; BVerwGE NZI 2005, 51 f. = NJW 2005, 379 L, dazu *Kreft* EWiR 2005, 439.
[106] BGH NZI 2007, 173, 175; LG Berlin ZInsO 2004, 557 f. = Rpfleger 2004, 564.
[107] KG OLGRspr. 35, 259 f.

– durch die **Beendigung der Nachtragsverteilung** oder die förmliche Aufhebung ihrer Anordnung (analog § 200 Abs. 2 Satz 2, § 215 Abs. 1 Satz 3).

4. Löschungsersuchen des Insolvenzgerichts. Im den Fällen der **Freigabe** (RdNr. 78) oder **Veräußerung** eines Massebestandteils kann das Insolvenzgericht **nur auf Antrag**, nicht von Amts wegen um die Löschung des Insolvenzvermerks ersuchen (§ 32 Abs. 3 Satz 1). Der Antrag kann vom Verwalter, aber auch vom Schuldner, vom Erwerber oder von einem anderen Betroffenen ausgehen. Ist die Freigabe oder das Veräußerungsgeschäft[108] nach den Feststellungen des Insolvenzgerichts (§ 5 Abs. 1) wirksam, und dies kann auch bei einem Verstoß gegen die §§ 160 bis 163 der Fall sein (§ 164), so ist das Insolvenzgericht zum Löschungsersuchen verpflichtet; ein Ermessen steht ihm nach dem klaren Gesetzeswortlaut nicht zu. Das Gericht kann den Antragsteller auch nicht auf dessen eigenes unmittelbares Antragsrecht verweisen. Liegt allerdings bereits eine förmliche Löschungsbewilligung des Verwalters vor, so besteht für einen Antrag an das Insolvenzgericht kein Rechtsschutzbedürfnis mehr.[109] Das Löschungsersuchen des Gerichts bedarf keiner Begründung.[110]

Gegen die **Ablehnung des Antrags** durch das Insolvenzgericht ist, wenn der Rechtspfleger entschieden hat, die **befristete Erinnerung** nach § 11 Abs. 2 RPflG statthaft, über die der Insolvenzrichter abschließend entscheidet; im Übrigen ist die Ablehnung unanfechtbar (§ 6 Abs. 1).

In den Fällen der **allgemeinen Aufhebung oder Modifizierung des Insolvenzbeschlags** (RdNr. 79), in denen § 32 entsprechend anzuwenden ist, gilt dessen Abs. 2. Hier ist das Insolvenzgericht **von Amts wegen** verpflichtet, um die Löschung zu ersuchen, soweit ihm zu Unrecht fortbestehende Eintragungen des Insolvenzvermerks im Grundbuch bekannt sind.

5. Löschungsantrag des Verwalters. Der Sache nach handelt es sich hierbei um den **Berichtigungsantrag** eines Betroffenen nach allgemeinem Grundbuchrecht (§§ 13, 22 GBO, § 894 BGB). Der Verwalter kann entweder die Unrichtigkeit urkundlich in der Form des § 29 Abs. 1 Satz 2 GBO nachweisen oder stattdessen eine **Löschungsbewilligung** abgeben (§§ 19, 29 Abs. 1 Satz 1 GBO). Bei einer Veräußerung kann er die Löschung bereits in der Auflassungsurkunde bewilligen. Die Bewilligung bedarf keiner Begründung.[111] Zur Löschung des Insolvenzvermerks hinsichtlich eines **Briefgrundpfandrechts** ist ebenso wie bei der Eintragung (RdNr. 23) nicht die Vorlage des Briefes erforderlich.[112]

Hat die **Veräußerung im Wege der Zwangsversteigerung** stattgefunden, so ist auch das Vollstreckungsgericht auf Grund des § 130 Abs. 1 ZVG berechtigt, das Grundbuchamt um die Löschung des (durch den rechtskräftigen Zuschlag gegenstandslos gewordenen) Insolvenzvermerks zu ersuchen.[113]

Im Zusammenhang mit der **allgemeinen Aufhebung oder Modifizierung des Insolvenzbeschlags** ist der Verwalter auch noch nach dem Ende seines Amtes zu einem unverzüglichen Löschungsantrag berechtigt und verpflichtet,[114] sofern nicht inzwischen, etwa bei nachträglicher Anordnung der Eigenverwaltung, ein anderer Verwalter (Sachwalter) bestellt ist. Die Verweisungen der Aufhebungsvorschriften (RdNr. 79) auf § 32 beziehen sich auch auf die Befugnisse des zuletzt amtierenden Verwalters.[115]

6. Löschungsantrag eines Betroffenen. Die Löschung des Insolvenzvermerks kann als Berichtigung des Grundbuchs von jedem rechtlich Betroffenen auch unmittelbar beim Grundbuchamt beantragt werden (§§ 13, 22 GBO). Der Betroffene kann vom Verwalter die Zustimmung zur Löschung verlangen (§ 894 BGB) oder den Nachweis der Unrichtigkeit durch öffentliche Urkunden führen (§ 29 Abs. 1 Satz 2 GBO).[116] Ein Anspruch des Betroffenen gegen den Verwalter auf Stellung eines eigenen Löschungsantrags ergibt sich aus § 32 Abs. 3 nicht.[117] Dass die Eintragung auf dem Ersuchen eines Gerichts beruht, ist für den Antrag des Betroffenen ohne Bedeutung; § 32 Abs. 2, 3 verdrängt hinsichtlich der Löschung nicht die allgemeinen Vorschriften. Das Grundbuchamt hat

---

[108] LG Berlin ZInsO 2003, 905 f. = Rpfleger 2003, 648 f.
[109] LG Koblenz Rpfleger 1974, 438.
[110] LG Berlin ZInsO 2003, 905 f. = Rpfleger 2003, 648.
[111] LG Berlin ZInsO 2003, 905 f. = Rpfleger 2003, 648.
[112] Jaeger/*Weber* KO § 114 RdNr. 1; Jaeger/*Schilken* § 32 RdNr. 42.
[113] OLG Colmar OLGRspr. 16, 343; HKInsO-*Kirchhof* § 32 RdNr. 24; *Uhlenbruck* § 32 RdNr. 27.
[114] Jaeger/*Weber* KO § 114 RdNr. 4.
[115] Vgl. *Uhlenbruck* § 32 RdNr. 28.
[116] OLG Düsseldorf NJW-RR 2004, 814 L = Rpfleger 2004, 282; Jaeger/*Weber* KO § 114 RdNr. 1, 2; Jaeger/*Schilken* § 32 RdNr. 40; *Uhlenbruck* § 32 RdNr. 26.
[117] AG Celle ZInsO 2005, 50.

§ 33   87–94   2. Teil. 1. Abschnitt. Eröffnungsvoraussetzungen und Eröffnungsverfahren

allerdings vor der Löschung das Insolvenzgericht und den Verwalter anzuhören und bei der Entscheidung die Grenzen seines Prüfungsrechts (RdNr. 54) zu beachten.[118]

87   **7. Eintragung des Löschungsvermerks.** Die Löschung des Insolvenzvermerks erfolgt durch Eintragung eines Vermerks (§ 46 Abs. 1 GBO) unter „Löschungen" in derselben Abteilung wie der zu löschende Vermerk.

88   Für die Prüfung des Löschungsbegehrens durch das Grundbuchamt gelten die Regeln über das Eintragungsbegehren entsprechend (RdNr. 54). Insbesondere ist vom Grundbuchamt nicht zu prüfen, ob dem Ersuchen des Insolvenzgerichts ein zulässiger Antrag zugrunde liegt (§ 32 Abs. 3 Satz 1) oder ob der Verwalter für die Freigabe oder Veräußerung die etwa erforderliche Zustimmung des Insolvenzgerichts, des Gläubigerausschusses oder der Gläubigerversammlung eingeholt hat[119] (§ 164). Dem Ersuchen des Insolvenzgerichts ist auch keine Löschungsbewilligung des Verwalters oder ein Unrichtigkeitsnachweis beizufügen.[120]

89   Die **Zurückweisung des Löschungsbegehrens** oder eine Zwischenverfügung kann vom Insolvenzgericht, vom Verwalter oder vom Schuldner[121] mit den gleichen Rechtsbehelfen angefochten werden wie die Zurückweisung des ursprünglichen Eintragungsbegehrens (vgl. RdNr. 57).

XI. Eingetragene Schiffe, Schiffsbauwerke und Luftfahrzeuge (§ 33)

90   **1. Allgemeines.** Die sachenrechtlichen Verhältnisse eingetragener inländischer Schiffe, Schiffsbauwerke und Luftfahrzeuge sind in großen Teilen dem Liegenschaftsrecht nachgebildet[122] und werden in diesem Rahmen durch Register verlautbart,[123] die ähnlich wie das Grundbuch öffentlichen Glauben genießen (§§ 16, 17, 77 SchRG, §§ 16, 17 LuftfzRG). Soweit hiernach trotz insolvenzrechtlicher Verfügungsbeschränkungen ein gutgläubiger Rechtserwerb möglich ist, droht allgemein die Gefahr einer Benachteiligung der Insolvenzgläubiger. Zur Sicherung der Insolvenzmasse ist deshalb die Eintragung der Beschränkung in das jeweilige Register erforderlich. Die Rechtsgrundlage hierfür ist § 33.

91   Entsprechend der Verweisung des § 33 auf § 32 gelten die Erläuterungen zur Verlautbarung des Insolvenzbeschlags im Grundbuch sinngemäß auch hier. Das Verfahrensrecht des Schiffs- und Schiffsbauregisters sowie des Luftfahrzeug-Pfandrechtsregisters ist weitgehend an die Regelungen der GBO angelehnt. Im Folgenden werden deshalb nur einige Besonderheiten dargestellt.

92   **2. Schiffs- und Schiffsbauregister.** Das Schiffsregister wird, getrennt nach Seeschiffs- und Binnenschiffsregister, bei landesrechtlich bestimmten Amtsgerichten (Registergerichten) geführt (§ 3 SchRegO). Außerdem besteht dort für im Bau befindliche Schiffsbauwerke und für Schwimmdocks[124] das Schiffsbauregister (§ 65 SchRegO). Von den im Schiffsregister verlautbarten Rechten genießen die Angaben über das **Eigentum am Schiff**, über **Schiffshypotheken** oder **Rechte an einer solchen** und über einen **Nießbrauch am Schiff** öffentlichen Glauben (§§ 16, 17 SchRG). Bei eingetragenen Schiffsbauwerken und Schwimmdocks erstreckt sich der öffentliche Glaube nur auf die Angaben über die Schiffshypothek (§ 77 i. V. m. §§ 16, 17 SchRG). Hinsichtlich einer Verfügungsbeschränkung des Berechtigten gilt wie beim Grundbuch nur der negative Vertrauensschutz (vgl. RdNr. 61, 63).

93   Materiellrechtlich ist von Bedeutung, dass als dingliches Sicherungsrecht nur die streng akzessorische **Schiffshypothek** zulässig ist, die mit der Forderung erlischt (§ 57 Abs. 1 SchRG). War der Schiffseigentümer zugleich der Schuldner der Forderung, so entsteht kein der Eigentümergrundschuld vergleichbares Recht (§ 64 SchRG); der Eigentümer kann jedoch, solange die Schiffshypothek nicht gelöscht ist, im Rang und bis zur Höhe der bisherigen Belastung eine neue Schiffshypothek bestellen (§ 57 Abs. 3 SchRG).

94   Keine sachenrechtliche Bedeutung hat das beim Bundesministerium für Verkehr geführte **Internationale Seeschifffahrtsregister**.[125] Es eröffnet inländischen Schiffseigentümern lediglich die

---

[118] Vgl. BayObLGZ 1952, 157, 158 f.; BayObLG Rpfleger 2005, 21.
[119] KG OLGRspr. 35, 259 f.; Jaeger/*Weber* KO § 114 RdNr. 3.
[120] HKInsO-*Kirchhof* § 32 RdNr. 24.
[121] *Holzer* NZG 1998, 417, 418.
[122] Gesetz über Rechte an eingetragenen Schiffen und Schiffsbauwerken vom 15.11.1940 (SchRG); Gesetz über Rechte an Luftfahrzeugen vom 26.2.1959 (LuftfzRG).
[123] Schiffsregisterordnung (SchRegO) vom 19.12.1940; §§ 78 ff. LuftfzRG; Luftfahrzeug-Pfandrechtsregister-Verordnung (LuftRegV) vom 2.3.1999.
[124] Hierzu allgemein *Hornung* Rpfleger 2003, 232.
[125] Gesetz zur Einführung eines zusätzlichen Registers für Seeschiffe unter der Bundesflagge im internationalen Verkehr vom 23.3.1989 (BGBl. I S. 550).

Möglichkeit, für die Arbeitsverhältnisse ausländischer Besatzungsmitglieder deren Heimatrecht zu vereinbaren.[126]

Steht das eingetragene Schiff im Eigentum einer **Partenreederei** (§§ 489 ff. HGB), so werden alle Mitreeder in das Schiffsregister eingetragen (§ 503 Abs. 1 Satz 2 HGB). Gleiches gilt für die persönlich haftenden Gesellschafter einer **offenen Handelsgesellschaft**, einer **Kommanditgesellschaft** oder einer **Kommanditgesellschaft auf Aktien** (§ 16 Abs. 1, § 11 Nr. 6 SchRegO) und dürfte auch für die Mitglieder einer **Gesellschaft des Bürgerlichen Rechts** gelten (vgl. auch § 12 Nr. 6 SchRegO). Der Insolvenzvermerk ist ebenso wie bei Liegenschaften im Verfahren über das Gesellschaftsvermögen (§ 11 Abs. 2 Nr. 1), jedoch in der Insolvenz eines einzelnen Mitreeders oder persönlich haftenden Gesellschafters, bezogen auf die Mitberechtigung, mit den oben unter RdNr. 19 ff. dargestellten Einschränkungen in das Schiffsregister einzutragen. 95

3. Luftfahrzeug-Pfandrechtsregister. Für Luftfahrzeuge gibt es zwei funktional verschiedene Register: für die öffentlich-rechtliche Erfassung der Fahrzeuge die vom Luftfahrt-Bundesamt in Braunschweig geführte **Luftfahrzeugrolle** (§ 64 LuftVG), die nicht mit öffentlichem Glauben ausgestattet ist, und für privatrechtliche Zwecke das vom Amtsgericht Braunschweig geführte **Register für Pfandrechte an Luftfahrzeugen** (§§ 78 ff. LuftfzRG). In § 33 ist allein das letztgenannte Register angesprochen.[127] Es genießt öffentlichen Glauben nur im Zusammenhang mit dem Erwerb eines **Registerpfandrechts** oder eines **Rechts an einem solchen**, nicht aber im Zusammenhang mit dem Erwerb des Eigentums (§§ 16, 17 LuftfzRG). Im Vertrauen auf die Eintragung eines Nichtberechtigten als Eigentümer kann daher nur ein Registerpfandrecht am Luftfahrzeug erworben werden; beim Erwerb des Eigentums kann sich der Erwerber dagegen nicht auf die Eintragung des Veräußerers als Eigentümer im Pfandrechtsregister berufen.[128] 96

Materiellrechtlich ist das **Registerpfandrecht,** das auch auf Ersatzteillager erstreckt werden kann (§ 71 LuftfzRG), wie die Schiffshypothek streng akzessorisch (§ 57 Abs. 1, § 63 LuftfzRG), so dass mit dem Erlöschen der Forderung kein Eigentümerpfandrecht entsteht. Anders als im Schiffsrecht hat der Eigentümer des Luftfahrzeugs nicht die Möglichkeit, unter Wahrung des Rangs ein neues Pfandrecht zu bestellen.[129] 97

4. Eintragungsersuchen des Insolvenzgerichts. Das Eintragungs- oder Löschungsersuchen an das Registergericht ist im Original vom Insolvenzrichter oder -rechtspfleger zu unterschreiben und mit Siegel oder Stempel zu versehen (§§ 45, 37 Abs. 3 SchRegO, § 86 Abs. 1 LuftfzRG). Entscheidungen des Registergerichts, d.h. des Rechtspflegers (§ 3 Nr. 1h RPflG), können mit der unbefristeten Beschwerde angefochten werden (§ 11 Abs. 1 RPflG, §§ 75 ff. SchRegO, § 95 LuftfzRG). 98

5. Eintragungsantrag des Insolvenzverwalters. Auch bei Schiffen, Schiffsbauwerken und Luftfahrzeugen betrifft der Eintragungs- oder Löschungsantrag des Verwalters eine Berichtigung des Registers (§ 18 SchRG, § 31 Abs. 1 SchRegO, §§ 18, 86 Abs. 1 LuftfzRG). Für den Antrag reicht die einfache Schriftform aus (vgl. § 30 GBO). Die Antragsberechtigung des Verwalters und die Unrichtigkeit des Registers als Eintragungsvoraussetzungen sind jedoch, sofern sie nicht bereits gerichtsbekannt sind, wie beim Grundbuch durch öffentliche oder öffentlich beglaubigte Urkunden nachzuweisen (§ 37 Abs. 1 SchRegO, § 86 Abs. 1 LuftfzRG). Entscheidungen des Registergerichts (d.h. des Rechtspflegers, § 3 Nr. 1h RPflG) können mit der unbefristeten Beschwerde angefochten werden (§ 11 Abs. 1 RPflG, §§ 75 ff. SchRegO, § 95 LuftfzRG). 99

6. Sicherung nicht eingetragener Objekte. Eine Pflicht des Insolvenzgerichts und des Insolvenzverwalters, für die Eintragung des Insolvenzvermerks zu sorgen, ergibt sich unmittelbar aus § 33 nur bei solchen Schiffen, Schiffsbauwerken oder Luftfahrzeugen, die bereits in dem betreffenden Register eingetragen sind. Gehört zur Insolvenzmasse ein eintragungsfähiges, aber noch nicht registriertes Objekt, so steht die Anmeldung zur Eintragung im **pflichtgemäßen Ermessen des Insolvenzverwalters.** Solange solche Objekte nicht eingetragen sind, bestimmen sich zwar die Wirkungen des Insolvenzbeschlags nach den Regeln über bewegliche Sachen (§§ 80, 81 Abs. 1 Satz 1),[130] so dass ein gutgläubiger Erwerb vom Schuldner (§ 932a BGB) ausgeschlossen ist.[131] Dennoch wird die allgemeine Sicherungspflicht des Verwalters (§ 148 Abs. 1, § 60) in der Regel die Anmeldung 100

---

[126] Vgl. dazu EuGH Slg. 1993, I-887 = NZA 1993, 799; BVerfGE 92, 26 = NJW 1995, 2339.
[127] Begr. RegE zu § 40 (= § 33), *Balz/Landfermann* S. 247 = *Kübler/Prütting*, Dok. Bd. I, S. 202.
[128] *Rehm* NJW 1959, 709, 710 f.; *Wendt* MDR 1963, 448, 449; *Schwenk* BB 1966, 477, 478; *Schölermann/Schmidt-Burgk* WM 1990, 1137, 1140; *Dobberahn* MittRhNotK 1998, 145, 161.
[129] *Dobberahn* MittRhNotK 1998, 145, 162.
[130] BGHZ 112, 4, 5 ff.
[131] *Jaeger/Henckel* KO § 7 RdNr. 65; FKInsO-*Schmerbach* § 33 RdNr. 2; *Jaeger/Schilken* § 33 RdNr. 5; *Uhlenbruck* § 81 RdNr. 13 ff.; anders wohl HKInsO-*Kirchhof* § 33 RdNr. 4.

gebieten. Die Eintragung in das Register und die Beischreibung des Insolvenzvermerks sind jedenfalls geeignete Mittel, um das Objekt vor einer unberechtigten Eintragung auf Veranlassung des Schuldners und vor anschließenden dinglichen Belastungen zugunsten eines gutgläubigen Dritten zu schützen. Der Antrag auf Eintragung des Insolvenzvermerks kann mit der Anmeldung zur Ersteintragung des Objekts verbunden werden.

101 Soweit für die **Ersteintragung eines Schiffsbauwerks** ein Sicherungsbedürfnis erforderlich ist (vgl. § 66 SchRegO), ergibt sich dieses Bedürfnis, ergänzend zu dem Rechtsgedanken des § 66 SchRegO, aus § 33 und dem ihm zugrunde liegenden umfassenden Sicherungszweck des Insolvenzverfahrens. Der Insolvenzbeschlag steht deshalb der in § 66 SchRegO erwähnten Anordnung der Zwangsversteigerung gleich.[132]

102 Ein **Luftfahrzeug** kann stets zur Eintragung in das Luftfahrzeug-Pfandrechtsregister angemeldet werden (§§ 79, 80 LuftfzRG), auch wenn kein Registerpfandrecht bestellt, sondern nur die anschließende Verlautbarung des Insolvenzvermerks erreicht werden soll.[133]

103 **7. Eintragungen auf Grund ausländischer Insolvenzverfahren.** Auch in die Register für Schiffe und Luftfahrzeuge (§ 33) können Insolvenzvermerke auf Grund ausländischer Insolvenzverfahren nur auf Ersuchen eines deutschen Insolvenzgerichts eingetragen werden (Art. 22 EuInsVO, Art. 102 § 6 EGInsO, § 346 Abs. 3). Die Erläuterungen zum Grundbuch (RdNr. 35 ff.) gelten entsprechend.

§ 34 Rechtsmittel

(1) Wird die Eröffnung des Insolvenzverfahrens abgelehnt, so steht dem Antragsteller und, wenn die Abweisung des Antrags nach § 26 erfolgt, dem Schuldner die sofortige Beschwerde zu.

(2) Wird das Insolvenzverfahren eröffnet, so steht dem Schuldner die sofortige Beschwerde zu.

(3) [1]Sobald eine Entscheidung, die den Eröffnungsbeschluß aufhebt, Rechtskraft erlangt hat, ist die Aufhebung des Verfahrens öffentlich bekanntzumachen. [2]§ 200 Abs. 2 Satz 2 gilt entsprechend. [3]Die Wirkungen der Rechtshandlungen, die vom Insolvenzverwalter oder ihm gegenüber vorgenommen worden sind, werden durch die Aufhebung nicht berührt.

Schrifttum: *Baur,* „Steckengebliebene" Insolvenzverfahren, in FS Friedrich Weber, 1975, S. 41; *Gerhardt,* Die Beschwerde im Insolvenzverfahren, in FS Wilhelm Uhlenbruck, 2000, S. 75; *Heintzmann,* Befugnis der Gesellschafter einer Gründer-GmbH zur Einlegung eines Rechtsmittels gegen die Konkurseröffnung, BB 1979, 454; *Henckel,* Fehler bei der Eröffnung des Insolvenzverfahrens – Abhilfe und Rechtsmittel, ZIP 2000, 2045; *Kirchhof,* Insolvenzrechtliche weitere Beschwerden im Zickzackkurs, ZInsO 2012, 16; *Kuhn,* Zur Aufhebung des Konkurseröffnungsbeschlusses, KTS 1957, 6; *G. Pape,* Das Beschwerderecht des Gemeinschuldners bei selbst herbeigeführter Konkurseröffnung und die Eröffnung masseloser Konkursverfahren, ZIP 1989, 1029; *ders.,* Wirksamkeitsprobleme im Insolvenzeröffnungsverfahren, ZInsO 1998, 61; *Pieper,* Aussetzung der Vollziehung angefochtener Konkurseröffnungsbeschlüsse, KTS 1963, 193; *Siegmann,* Der Tod des Schuldners im Insolvenzverfahren, ZEV 2000, 345.

Übersicht

	Rn.		Rn.
A. Normzweck	1–5	I. Einlegung der Beschwerde	11
I. Grundsatz	1–3	II. Beschwerdefrist	12, 13
II. Austragung interner Meinungsverschiedenheiten	4	III. Abhilfemöglichkeit	14, 15
		IV. Aussetzung der Vollziehung	16–18
III. Rechtsmittelausschluss im Eröffnungsverfahren	5	V. Entscheidungen über die Beschwerde	19–21
B. Entstehungsgeschichte	6–10	VI. Rechtsbeschwerde	22
C. Allgemeines zum Beschwerdeverfahren	11–26	VII. Kosten	23–26

---

[132] Ebenso HKInsO-*Kirchhof* § 33 RdNr. 4; *Jaeger/Schilken* § 33 RdNr. 5; *Kübler/Prütting/Holzer* § 33 (01/08) RdNr. 5.
[133] *Schwenk* BB 1966, 477, 478; vgl. Begr. RegE zu § 40 (= § 33), *Balz/Landfermann* S. 247 = *Kübler/Prütting,* Dok. Bd. I, S. 202.

	Rn.
D. Beschwerden im Eröffnungsverfahren	27–34
I. Grundsatz	27, 28
II. Vorbereitende Maßnahmen	29, 30
III. Anordnungen im Zusammenhang mit den §§ 304, 305	31–34
1. Eigenantrag	31–33
2. Gläubigerantrag	34
E. Beschwerde gegen die Ablehnung der Eröffnung (Abs. 1)	35–54
I. Ablehnung: Zurückweisung und Abweisung	35, 36
II. Beschwerderecht gegen die Zurückweisung als unzulässig oder unbegründet	37–42
1. Gläubiger als Antragsteller	37
2. Schuldner als Antragsteller	38–41
3. Ausländischer Insolvenzverwalter als Antragsteller	42
III. Beschwerderecht gegen die Abweisung mangels Masse	43–46
1. Antragsteller und Schuldner	43, 44
2. Aufsichtsbehörde	45
3. Pensions-Sicherungs-Verein	46
IV. Beschwerdeziel und Beschwerdegrund	47–51
1. Antragsteller	47–49
2. Schuldner	50, 51
V. Eröffnung durch das Beschwerdegericht	52, 53
VI. Möglichkeit eines neuen Eröffnungsantrags	54
F. Beschwerde gegen den Eröffnungsbeschluss (Abs. 2)	55–109
I. Beschwerderecht	55–66
1. Schuldner, Gläubiger	55–61
2. Pensions-Sicherungs-Verein	62
3. Aufsichtsbehörde	63
4. Ausländischer Insolvenzverwalter	64–66
II. Beschwerdeziel und Beschwer	67–71
1. Grundsatz	67, 68
2. Beschwer des Schuldners	69–71
a) Materielle Beschwer	69
b) Beschwerdeziel: Abweisung mangels Masse	70, 71

	Rn.
III. Beschwerdegrund	72–85
1. Allgemeines	72, 73
2. Einzelne Einwendungen (Beispiele)	74–85
a) Unzulässigkeit oder Unwirksamkeit des Eröffnungsantrags	74, 75
b) Verfahrensfehler	76, 77
c) Unbegründetheit des Eröffnungsantrags	78, 79
d) Mängel des Eröffnungsbeschlusses	80–85
IV. Aufhebung des Eröffnungsbeschlusses (Abs. 3)	86–109
1. Terminologie	86
2. Allgemeine Wirkungen der Aufhebung	87–89
3. Wirkung auf das Verfahren	90, 91
4. Wirkung auf Sicherungsmaßnahmen	92
5. Verwaltungs- und Verfügungsrecht des Schuldners	93
6. Zwischenzeitliche Rechtshandlungen des Verwalters	94–98
7. Bekanntmachungen	99–104
a) Öffentliche Bekanntmachung	100
b) Mitteilung an Registergericht	101
c) Löschungsersuchen	102
d) Mitteilungen	103
e) Benachrichtigungen	104
8. Abwicklung der Masseverbindlichkeiten	105–108
9. Amtshaftung wegen unberechtigter Eröffnung	109
G. Rechtliche Mängel und Bindungswirkung des Eröffnungsbeschlusses	110–126
I. Grundsatz: Bindungswirkung trotz rechtlicher Mängel	110–112
II. Rechtliche Wirkungslosigkeit (Nichtigkeit)	113–115
III. Einzelfragen	116–125
1. Völkerrechtliche Exemtion, internationale Zuständigkeit	117
2. Mangel der Insolvenzfähigkeit	118
3. Unzulässiges Verfahren über Teilvermögen	119
4. Verstorbener oder nicht existenter Schuldner	120, 121
5. Mehrfache Eröffnung	122, 123
6. Mängel des Beschlusses selbst	124, 125
IV. Wegfall von Eröffnungsvoraussetzungen nach Rechtskraft	126

A. Normzweck

I. Grundsatz

Die Vorschrift, die für alle Arten des Insolvenzverfahrens gilt, regelt das Recht zur Einlegung **1** von Rechtsmitteln gegen die Entscheidung über den Eröffnungsantrag (Abs. 1, 2). Zugleich legt sie Grundsätze für die Rückabwicklung des Verfahrens nach Aufhebung des Eröffnungsbeschlusses im Beschwerdeverfahren fest (Abs. 3).

2 Die Notwendigkeit eines Beschwerderechts gegen die Entscheidung über die Eröffnung ergibt sich aus deren schwerwiegender und weitreichender Bedeutung.[1] Das Gesetz zieht allerdings den **Kreis der Beschwerdeberechtigten** im Vergleich zum Kreis der rechtlich und wirtschaftlich Betroffenen wesentlich enger. Nach seiner Vorstellung, die bereits dem alten Recht zugrunde lag,[2] erfolgt die Eröffnung des Insolvenzverfahrens im Interesse der gesamten Gläubigerschaft und soll deshalb von eigennützigen rechtlichen Interventionen einzelner Beteiligter weitgehend unbeeinflusst bleiben. Dieser Rechtsgedanke spiegelt sich auch in dem Ausschluss der Antragsrücknahme nach Eröffnung des Verfahrens wider (§ 13 Abs. 2). Als Konsequenz dieser Überlegung sieht das Gesetz nur für diejenigen Beteiligten ein Beschwerderecht vor, die in das vorangehende Eröffnungsverfahren als Antragsteller oder Antragsgegner unmittelbar einzubeziehen waren. Dass durch den Erlass des Eröffnungsbeschlusses auch in Positionen von Dritten eingegriffen wird, die keinen Eröffnungsantrag gestellt haben und ihn möglicherweise für unbegründet halten, rechtfertigt es aus der Sicht des Gesetzes nicht, ihnen die Möglichkeit der Beschwerde einzuräumen.

3 Die Ablehnung der **Eröffnung** kann daher uneingeschränkt nur vom Antragsteller (Abs. 1), der Eröffnungsbeschluss ausschließlich vom Schuldner (Abs. 2) mit der sofortigen Beschwerde angefochten werden. Das zusätzliche Beschwerderecht des Schuldners gegen die **Abweisung mangels Masse** (Abs. 1) hängt mit der Zwiespältigkeit der Entscheidung zusammen, mit der das Gericht die Eröffnung ablehnt, zugleich aber das Vorliegen eines gesetzlichen Eröffnungsgrundes verbindlich feststellt. Diese Entscheidung greift rechtlich und wirtschaftlich schwerwiegend in die Belange des Schuldners ein. Abgesehen von der gesellschaftsrechtlichen Wirkung der Auflösung bei beschränkt haftenden Rechtsträgern (vgl. § 31 RdNr. 22), kann sie schon wegen der Eintragung in das Schuldnerverzeichnis (§ 26 Abs. 2) erhebliche Auswirkungen auf die Kreditwürdigkeit des Schuldners unabhängig von seiner Rechtsform haben. Dies rechtfertigt es, gegen die Abweisung mangels Masse auch dem Schuldner die Möglichkeit der Beschwerde zu geben (Abs. 1).

II. Austragung interner Meinungsverschiedenheiten

4 Sind in der Sphäre des Schuldners mehrere Personen berechtigt, einen Eröffnungsantrag zu stellen (Unternehmen: § 15, Nachlass: §§ 317, 318, 330, Gesamtgut: §§ 332, 333), so ist das Beschwerderecht des Schuldners gegen den Eröffnungsbeschluss und die Abweisung mangels Masse zugleich im Zusammenhang mit diesem Antragsrecht zu sehen. Im Allgemeinen können die Verfahrensrechte des Schuldners von seinen Vertretern nur im Rahmen ihrer konkreten Vertretungsbefugnis ausgeübt werden.[3] Meinungsverschiedenheiten über das Vorliegen einer Insolvenz sollen jedoch nicht zur gegenseitigen Blockade der Verantwortlichen führen. Das Beschwerderecht hat hier auch die Funktion, ein Verfahren zur Verfügung zu stellen, in dem jeder Antragsberechtigte, der dem Eröffnungsantrag entgegentritt, die Möglichkeit hat, seinen abweichenden Standpunkt nicht nur gegenüber dem Amtsgericht, sondern auch gegenüber dem Beschwerdegericht zur Geltung zu bringen (vgl. RdNr. 43, 54).

III. Rechtsmittelausschluss im Eröffnungsverfahren

5 Mittelbar enthält die Vorschrift eine weitere wesentliche Aussage. Sie ist innerhalb der Bestimmungen über das Eröffnungsverfahren (§§ 11 bis 34) neben § 21 Abs. 1 Satz 2[4] die einzige Norm, die ein Rechtsmittel vorsieht. Im Zusammenhang mit § 6 Abs. 1 folgt daraus, dass Entscheidungen während des Eröffnungsverfahrens, die nicht in § 21 Abs. 1 Satz 2 oder § 34 angesprochen werden, unanfechtbar sind, sofern sich nicht aus Verweisungen auf andere Normen eine Beschwerdemöglichkeit ergibt (§ 20 Abs. 1, § 21 Abs. 2 Nr. 4, § 22 Abs. 3 Satz 3). Diese Rechtslage soll nach dem Willen des Gesetzgebers einen zügigen Verfahrensablauf ermöglichen.[5]

B. Entstehungsgeschichte

6 Nach der **Konkursordnung** konnte der Eröffnungsbeschluss nur vom Gemeinschuldner und der ablehnende Beschluss nur vom Eröffnungsantragsteller mit der sofortigen Beschwerde angefochten werden (§ 109 KO). Kapitalgesellschaften als Gemeinschuldner waren außerdem seit Erlass des

---

[1] Begr. RegE zu § 41 (= § 34), *Balz/Landfermann* S. 248 = *Kübler/Prütting*, Dok. Bd. I, S. 203.
[2] Motive zu § 109 KO, *Hahn* S. 303.
[3] *Henssler*, Kölner Schrift, S. 1283, 1303; *Uhlenbruck* GmbHR 1999, 390, 396.
[4] Eingefügt durch Art. 1 Nr. 4 InsOÄndG 2001.
[5] Begr. RegE zu § 6 (= § 6), *Balz/Landfermann* S. 208 = *Kübler/Prütting*, Dok. Bd. I, S. 159; ebenso 1. Komm.-Ber. (1985), Leitsätze 1.1.6 und 1.2.14.

Löschungsgesetzes von 1934[6] in jedem Fall zur Beschwerde gegen die Abweisung eines Eröffnungsantrags mangels Masse berechtigt (§ 1 Abs. 1 Satz 2 LöschG), weil sie mit Rechtskraft dieser Entscheidung kraft Gesetzes aufgelöst wurden.

In der **Reformdiskussion** wurde seit langem ein allgemeines Beschwerderecht des Schuldners gegen die Abweisung mangels Masse gefordert.[7] Darüber hinaus hielt man es vereinzelt für erforderlich, auch Gläubigern, die keinen Antrag gestellt hatten, durch ein Beschwerderecht die Möglichkeit zu geben, einer vom Schuldner zu Unrecht erwirkten Konkurseröffnung entgegenzutreten.[8] Die **Kommission für Insolvenzrecht** griff dies nur zum Teil auf. Sie sah in ihren Empfehlungen[9] abweichend von § 109 KO nur ein zusätzliches Beschwerderecht des Schuldners bei der Abweisung mangels Masse vor. Der **Diskussionsentwurf**[10] fiel zunächst wieder auf die Position des § 109 KO zurück, doch war seit der anschließenden Vorlage des **Referentenentwurfs**[11] das uneingeschränkte Beschwerderecht des Schuldners bei der Abweisung mangels Masse nicht mehr umstritten. 7

Die **Neuregelung des § 34**, die abgesehen von den Verweisungen unverändert auf dem **Regierungsentwurf**[12] beruht, schließt im Grundsatz an das alte Recht an. Sie verallgemeinert jedoch das Beschwerderecht des Schuldners bei der Abweisung des Eröffnungsantrags mangels Masse. Dies wird vor allem mit der hiermit verbundenen Eintragung des Schuldners in das Schuldnerverzeichnis (§ 26 Abs. 2), also mit der Gefährdung seiner Kreditwürdigkeit, begründet.[13] 8

Sondervorschriften, die nach altem Recht die Beschwerde gegen einen Eröffnungsbeschluss ausschlossen, der auf Antrag der Bundesaufsichtsämter für das Kreditwesen und für das Versicherungswesen ergangen war,[14] sind aufgehoben worden.[15] 9

Die Bestimmungen über die Rückabwicklung eines aufgehobenen Eröffnungsbeschlusses (Abs. 3) entsprechen dem bisherigen Recht (vgl. §§ 116, 191 KO). Die Wirksamkeit von Rechtshandlungen des Verwalters war zwar nicht eindeutig normiert, ergab sich jedoch nach allgemeiner Ansicht aus dem Gesichtspunkt des Vertrauensschutzes.[16] Durch das InsVfVereinfG 2007[17] ist die Verweisung in Abs. 3 Satz 2 an die Änderung des § 200 Abs. 2 angepasst worden (Abschaffung der Bekanntmachung im Bundesanzeiger, vgl. auch § 9). 10

C. Allgemeines zum Beschwerdeverfahren

I. Einlegung der Beschwerde

Die sofortige Beschwerde (Einzelheiten bei § 6) ist innerhalb einer Notfrist von zwei Wochen beim Amtsgericht als Insolvenzgericht schriftlich oder durch Erklärung zu Protokoll der Geschäftsstelle einzulegen (§ 567 Abs. 1 Nr. 1, § 569 ZPO, § 4). Die Einlegung beim Beschwerdegericht genügt zur Wahrung der Frist nicht.[18] 11

II. Beschwerdefrist

Die zweiwöchige Beschwerdefrist (§ 569 Abs. 1 ZPO, § 4) beginnt entweder, abweichend von § 569 Abs. 1 Satz 2 ZPO, mit der förmlichen Verkündung des Beschlusses in einem protokollierten Termin oder, wenn keine Verkündung stattfindet, mit seiner Zustellung (§ 6 Abs. 2, § 4). Ist, wie beim **Eröffnungsbeschluss**, neben der besonderen Zustellung der Entscheidung deren öffentliche Bekanntmachung als allgemeine Zustellung vorgeschrieben (§ 30 Abs. 1, 2), so beginnt die Beschwerdefrist für jeden Beteiligten mit der frühesten, ihm gegenüber bewirkten allgemeinen oder besonderen Zustellung. Zwar genügt nach § 9 Abs. 3 die öffentliche Bekanntmachung zum Nachweis der Zustellung an alle Beteiligten. Der Nachweis einer früheren Zustellung an einzelne Betei- 12

---

[6] Später auch § 252 Abs. 1 Nr. 4 AktG.
[7] Jaeger/*Weber* KO § 109 RdNr. 6.
[8] Jaeger/*Weber* KO § 109 RdNr. 1; ähnlich jetzt noch Jaeger/*Schilken* § 34 RdNr. 19.
[9] 1. KommBer. (1985), Leitsätze 1.2.14 und 1.2.9.
[10] DE (1988) § 38.
[11] RefE (1989) § 38.
[12] RegE (1992) § 41.
[13] Begr. RegE zu § 41 (= § 34), *Balz/Landfermann* S. 248 = *Kübler/Prütting*, Dok. Bd. I, S. 203.
[14] § 46b Satz 5 KWG aF, § 88 VAG aF.
[15] Art. 79 Nr. 5 EGInsO (§ 46b KWG), Art. 87 Nr. 12 EGInsO (§ 88 Abs. 1 VAG).
[16] BGHZ 30, 173, 176; *Kuhn* KTS 1957, 6; Jaeger/*Weber* KO § 109 RdNr. 4 Abs. 2.
[17] Art. 1 Nr. 11, 25, 3 InsVfVereinfG 2007.
[18] OLG Köln, Beschl. v. 1.10.1999 – 2 W 147/99, NZI 1999, 458.

ligte wird hierdurch jedoch nicht ausgeschlossen.[19] Obwohl diese Auslegung nach dem Wortlaut des § 9 Abs. 3 nicht zwingend ist und dem Willen des historischen Gesetzgebers widerspricht,[20] wird sie nunmehr von der Rechtsprechung vertreten und sollte im Interesse der Rechtssicherheit akzeptiert werden. Die Einzelzustellung hat deshalb für den Beginn der Beschwerdefrist Vorrang, soweit sie nachweislich vor dem Wirksamwerden der öffentlichen Bekanntmachung erfolgt ist. Die Veröffentlichung selbst behält allerdings, wie nach altem Recht,[21] die Funktion eines fiktiven generellen Zustellungsnachweises als Grundlage für ein einheitliches Datum der Rechtskraft, wenn auf Seiten des Schuldners mehrere beschwerdeberechtigte Zustellungsadressaten vorhanden sind und der Beschluss vor der Bekanntmachung nicht jedem von ihnen besonders zugestellt worden ist. Bei **Beschlüssen, mit denen die Eröffnung abgelehnt wird,** beginnt die Beschwerdefrist stets mit der Einzelzustellung an den Beteiligten; diese kann notfalls durch eine öffentliche Bekanntmachung ersetzt werden (§ 8 Abs. 2, § 9 Abs. 3).

13   Nach Ablauf der Beschwerdefrist kann von einem Beschwerdeberechtigten unter den Voraussetzungen der Nichtigkeits- oder Restitutionsklage die **Nichtigkeitsbeschwerde** mit dem Ziel der Wiederaufnahme des Eröffnungsverfahrens eingelegt werden[22] (§ 569 Abs. 1 Satz 3, §§ 578 ff. ZPO, § 4); dabei ist die Frist des § 586 ZPO zu beachten. Die Entscheidung ergeht im Beschlussverfahren (§ 585 ZPO; § 4; Einzelheiten bei § 4). Eine Wiederaufnahme kommt insbesondere in Betracht, wenn der prozessunfähige Schuldner im Eröffnungsverfahren nicht nach Vorschrift der Gesetze vertreten war[23] oder wenn der Schuldner ohne sein Verschulden überhaupt daran gehindert war, sich im Verfahren eigenverantwortlich rechtliches Gehör zu verschaffen (§ 579 Abs. 1 Nr. 4 ZPO, Art. 103 Abs. 1 GG).[24]

III. Abhilfemöglichkeit

14   Das Insolvenzgericht ist befugt, der sofortigen Beschwerde abzuhelfen (§ 572 Abs. 1 ZPO, § 4; Einzelheiten bei § 6). Der Beschwerdeführer hat damit die Möglichkeit, schon gegenüber dem Insolvenzgericht alle ihm wesentlichen Gesichtspunkte geltend zu machen. Rügt er die Verletzung des Anspruchs auf rechtliches Gehör, so hat er im Einzelnen die Tatsachen oder Argumente darzulegen, die er bei ordnungsgemäßer Anhörung vorgebracht hätte. Das Insolvenzgericht kann für das Vorbringen von Angriffs- und Verteidigungsmitteln eine Frist setzen (§ 571 Abs. 3 ZPO, § 4); dies kann schon in einer Rechtsmittelbelehrung anlässlich der angefochtenen Entscheidung geschehen.

15   Hilft das Insolvenzgericht der Beschwerde ab, so wird diese Entscheidung entsprechend § 6 Abs. 3 erst mit Rechtskraft der abhelfenden Entscheidung wirksam, sofern nicht das Gericht aus besonderem Grund die sofortige Wirksamkeit anordnet (§ 570 Abs. 2 ZPO).[25] Der Zweck des § 6 Abs. 3, einem wiederholten Wechsel zwischen Wirksamkeit und Unwirksamkeit gerichtlicher Entscheidungen entgegenzuwirken, gilt auch in der ersten Instanz. Entscheidet das Gericht mit der Abhilfe zugleich über den Eröffnungsantrag, etwa durch Zurückweisung eines Gläubigerantrags nach vorangegangener Verfahrenseröffnung, so ist die Abhilfeentscheidung dem Beschwerdegegner zuzustellen. Ihm steht nunmehr das Rechtsmittel zu, das ihm bei unmittelbarem Erlass einer solchen Entscheidung nach § 34 Abs. 1, 2 zugestanden hätte. Das Insolvenzgericht kann mit der Abhilfeentscheidung zugleich Sicherungsmaßnahmen (§§ 21, 22) anordnen oder bereits angeordnete ergänzen.

IV. Aussetzung der Vollziehung

16   Die Beschwerde gegen die Entscheidung über den Eröffnungsantrag hat keine aufschiebende Wirkung (§ 570 Abs. 1 ZPO, vgl. § 6 Abs. 3). Gleiches gilt für eine Beschwerde, die gegen eine

---

[19] BGH, Beschl. v. 5.11.2009 – IX ZB 173/08, NZI 2010,159; BGH NZI 2004, 341 = ZIP 2003, 768; OLG Köln NZI 2000, 169, 170 f.; zust. Bork EWiR 2000, 181; *Jaeger/Schilken* § 34 RdNr. 7; *Uhlenbruck* –Pape § 9 RdNr. 5, § 34 RdNr. 21; vgl. auch EuGH Slg. 2006, I-1417 = NJW 2006, 975 f.; BGH NJW 2002, 2252.

[20] Vgl.1.Auflage § 34 RdNr. 12; *Keller* EWiR 2003, 977.

[21] § 76 Abs. 3 KO, § 119 Abs. 4 VglO; vgl. OLG Celle KTS 1972, 264; OLG Hamm ZIP 1993, 777; OLG Frankfurt ZIP 1996, 556; Jaeger/*Weber* KO § 109 RdNr. 3, § 76 RdNr. 5; Kuhn/*Uhlenbruck* § 109 RdNr. 2, § 76 RdNr. 4.

[22] BGH NJW 1995, 404; BGH NZI 2006, 234 f.; BGH ZIP 2006, 1316 = NZG 2006, 593; BGH ZIP 2007, 144; OLG Hamburg MDR 1955, 366; OLG Karlsruhe NJW 1965, 1023 f.; OLG Frankfurt ZIP 1996, 556; LG Frankfurt/Main ZIP 1995, 1836; LG Münster NZI 2001, 485; *Gerhardt*, FS Uhlenbruck, 2000, S. 75, 93 f.; HKInsO-*Kirchhof* § 6 RdNr. 39; *Jaeger/Schilken* § 34 RdNr. 7.

[23] BGH FamRZ 2005, 200 f.; BGH ZIP 2007, 144; OLG Hamburg MDR 1955, 366; LG Münster NZI 2001, 485.

[24] BVerfG NJW 1998, 745; BGHZ 84, 24, 29; LG Frankfurt/Main ZIP 1995, 1836; OLG Frankfurt ZIP 1996, 556; *Baumbach/Lauterbach/Hartmann* ZPO § 579 RdNr. 13; zu Unrecht abl. BGHZ 153, 189 = NJW 2003, 1326.

[25] HKInsO-*Kirchhof* § 34 RdNr. 17.

vorangegangene Entscheidung im Eröffnungsverfahren eingelegt worden ist (zB § 21 Abs. 1 Satz 2). Die Anhängigkeit einer solchen Beschwerde hindert das Gericht insbesondere nicht daran, die Ermittlungen fortzusetzen und einen Eröffnungsbeschluss zu erlassen (vgl. RdNr. 19). Das Amtsgericht sowie das Beschwerde- und Rechtsbeschwerdegericht haben jedoch bei Zulässigkeit der Beschwerde die Möglichkeit, durch unanfechtbare[26] Anordnung nach pflichtgemäßem Ermessen die Vollziehung der angefochtenen Entscheidung ganz oder teilweise auszusetzen (§ 570 Abs. 2, 3, § 575 Abs. 5 ZPO).[27] Dabei sind die schutzwürdigen Interessen der unmittelbar Beteiligten und die drohenden Nachteile für die gesamte Gläubigerschaft gegeneinander abzuwägen. Die Aussetzung kommt nur in Betracht, wenn nicht sofort über die Beschwerde entschieden werden kann, die Rechtslage bei vorläufiger summarischer Prüfung zweifelhaft ist und dem Beschwerdeführer bei unterstellter Rechtswidrigkeit der angefochtenen Entscheidung durch die weitere unbeschränkte Vollziehung wesentlich größere, nicht wieder gutzumachende Nachteile drohen als den anderen Beteiligten durch den Aufschub der Vollziehung bei unterstellter Rechtmäßigkeit der Entscheidung.[28] Die Aussetzung kann auch von einer Sicherheitsleistung abhängig gemacht,[29] mit Auflagen verbunden[30] oder befristet werden. Mit der Entscheidung über die Beschwerde treten die Anordnungen von selbst außer Kraft.[31]

Richtet sich die Beschwerde gegen den Eröffnungsbeschluss, so ist das eröffnete Verfahren grundsätzlich fortzuführen.[32] Als teilweise Aussetzung der Vollziehung kommt insbesondere die **vorläufige Untersagung bestimmter Verwertungshandlungen** (analog § 233) in Betracht; sie lässt die übrigen Anordnungen des Beschlusses unberührt. Die vollständige Aussetzung der Vollziehung hat demgegenüber zur Folge, dass alle **verfahrensleitenden Anordnungen des Eröffnungsbeschlusses** vorläufig außer Kraft treten und ihre weitere Ausführung angehalten werden muss. Es darf keine der anberaumten Gläubigerversammlungen stattfinden. Laufende Fristen, insbesondere die Anmeldefrist, werden unterbrochen und beginnen (entsprechend dem Rechtsgedanken des § 249 Abs. 1 ZPO) erst wieder von Anfang an zu laufen, wenn die Eröffnung des Verfahrens rechtskräftig bestätigt worden ist oder das Beschwerdegericht die sofortige Wirksamkeit seiner bestätigenden Entscheidung anordnet (§ 6 Abs. 3). Die **rechtsgestaltenden gesetzlichen Wirkungen der Eröffnung** werden von der Aussetzung der Vollziehung nicht berührt. Sie bedürfen keines weiteren Vollzugs.[33] Der Übergang des Verwaltungs- und Verfügungsrechts des Schuldners auf den Verwalter (§ 80) bleibt ebenso wirksam wie dessen Bestellung; andernfalls entstünde ein Interregnum, während dessen niemand über die Masse verfügen dürfte. Es ist deshalb auch unzulässig, den Übergang des Verwaltungs- und Verfügungsrechts außer Kraft zu setzen und stattdessen nur einen Zustimmungsvorbehalt (§ 21 Abs. 2 Nr. 2) anzuordnen oder dem Schuldner einstweilen die freie Verfügungsbefugnis über sein Vermögen vollständig zurückzugeben. Der Verwalter ist allerdings nicht mehr befugt, die Masse zu verwerten oder gar den Erlös zu verteilen. Im Ergebnis hat er in einem solchen Fall unter strenger Bindung an den Sicherungszweck die rechtliche Stellung eines vorläufigen Insolvenzverwalters nach Anordnung eines allgemeinen Verfügungsverbots (§ 22 Abs. 1). Diese rechtlichen Wirkungen sollten im Interesse der Rechtssicherheit im Aussetzungsbeschluss unmissverständlich angegeben werden.

Ist der angefochtene Eröffnungsbeschluss bereits veröffentlicht oder in anderer Weise **bekanntgegeben**, so ist auch die Aussetzung oder eine andere einstweilige Anordnung (entsprechend dem Rechtsgedanken der § 25 Abs. 1, § 34 Abs. 3 Satz 1, 2) in gleicher Weise bekanntzumachen. Entsprechendes gilt, wenn eine Bekanntgabe noch nicht stattgefunden hat. In diesem Fall sind die Teile des Eröffnungsbeschlusses, welche die rechtsgestaltenden gesetzlichen Wirkungen der Eröffnung aussprechen, zusammen mit der Anordnung über die Aussetzung wie ein Sicherungsbeschluss (§§ 21, 23) bekanntzumachen.

V. Entscheidungen über die Beschwerde

Soweit das Amtsgericht die Beschwerde für zulässig und begründet erachtet, hilft es ihr ab (RdNr. 14 f.); im Übrigen legt es die Sache dem Beschwerdegericht vor (§ 572 Abs. 1 ZPO, § 4).

---

[26] BGH 12.10.2006 – IX ZB 33/05, juris; BGHZ 159, 14 = NJW 2004, 2224 (zu § 769 ZPO); KG NJW 1971, 473; *Pieper* KTS 1963, 193, 195.
[27] Dazu Motive zu § 109 KO, *Hahn* S. 303; kritisch *Pieper* KTS 1963, 193 ff.
[28] BGH NJW 2002, 1658 f. = NZI 2002, 338 f.; dazu *Frind* EWiR 2002, 595; BGH NZI 2004, 29; BGH NZI 2006, 122; vgl. auch BVerfG ZIP 2004, 1977 f.
[29] BGH NZI 2006, 122; LG Karlsruhe ZIP 1984, 623.
[30] Vgl. BVerfG NJW 1998, 295; BVerfG NJW 2004, 49.
[31] BGH NZI 2006, 122.
[32] HKInsO-*Kirchhof* § 34 RdNr. 26; *Uhlenbruck/Pape* § 34 RdNr. 22,.
[33] *Pieper* KTS 1963, 193; HKInsO-*Kirchhof* § 34 RdNr. 25; *Uhlenbruck/Pape* § 34 RdNr. 22,.

Der mit der Vorlage verbundene Übergang der Entscheidungszuständigkeit (**Devolutiveffekt, Anfallwirkung**) ist beschränkt. Er betrifft nur den Gegenstand der angefochtenen Entscheidung in der Fassung des Nichtabhilfebeschlusses. Im Übrigen bleibt es bei der Zuständigkeit der ersten Instanz. Das Amtsgericht ist durch die Anhängigkeit einer Beschwerde oder Rechtsbeschwerde gegen eine Entscheidung im Eröffnungsverfahren nicht daran gehindert, die Ermittlungen fortzusetzen, notwendige Sicherungs- oder Zwangsmaßnahmen anzuordnen oder sogar den Eröffnungsbeschluss zu erlassen.[34] Im Fall der Beschwerde gegen den Eröffnungsbeschluss bleibt das Amtsgericht für die Vollziehung des angefochtenen Beschlusses zuständig, sofern keine Anordnungen der höheren Instanzen nach § 570 Abs. 2, 3, § 575 Abs. 5 ZPO entgegenstehen.

20 Das Beschwerdegericht hat dem etwaigen Beschwerdegegner **rechtliches Gehör** zu gewähren, wenn es das Rechtsmittel zumindest teilweise für begründet hält. Bei ernstlichen Zweifeln an den erstinstanzlichen Feststellungen hat es von Amts wegen ergänzende Ermittlungen anzustellen (§ 5 Abs. 1, §§ 16, 26).[35] In der **stattgebenden Entscheidung** kann das Beschwerdegericht entweder gleichzeitig auch über den Eröffnungsantrag selbst entscheiden oder die Sache nach seinem Ermessen zur weiteren Entscheidung an die Vorinstanz zurückverweisen (§ 572 Abs. 3 ZPO, § 4); das Amtsgericht ist an die tragenden Gründe der Beschwerdeentscheidung gebunden (§ 563 Abs. 2 ZPO analog, § 4). Verweist das Beschwerdegericht in einem solchen Fall nicht uneingeschränkt zurück, so hat es je nach Sachlage entweder selbst das Insolvenzverfahren zu eröffnen (RdNr. 52, §§ 27 bis 29 RdNr. 150 ff.), den Eröffnungsantrag mangels Masse abzuweisen (§ 26) oder den Antrag als unzulässig oder unbegründet zurückzuweisen.

21 Die Beschwerdeentscheidung wird erst mit Rechtskraft wirksam, sofern nicht das Gericht die **sofortige Wirksamkeit** anordnet (§ 6 Abs. 3) oder die Vollziehung der angefochtenen Entscheidung durch eine einstweilige Anordnung regelt (§ 570 Abs. 3 ZPO, § 4); dies sollte nur aus besonderem Grund geschehen, da bei wiederholter Wechsel zwischen Wirksamkeit und Unwirksamkeit nicht sinnvoll ist. Das Beschwerdegericht kann jedoch vorläufige **Sicherungsmaßnahmen** (§§ 21, 22) anordnen oder bereits angeordnete ergänzen (vgl. §§ 27 bis 29 RdNr. 150). Die Beschwerdeentscheidung ist den Beteiligten des Beschwerdeverfahrens förmlich zuzustellen, sofern ihnen nach § 34 gegen eine erstinstanzliche Entscheidung gleichen Inhalts ein Beschwerderecht zusteht (vgl. RdNr. 22). Auch dem etwa bestellten vorläufigen oder endgültigen Insolvenzverwalter sollte die Entscheidung umgehend mitgeteilt werden, damit dieser sich frühzeitig auf die neue Lage einstellen kann (Abs. 3, § 25 Abs. 2).

VI. Rechtsbeschwerde

22 Die Regelung des § 34 Abs. 1, 2 gilt sinngemäß auch für die Rechtsbeschwerde. Sie ergänzt die Zulässigkeitsvoraussetzungen des § 574 Abs. 1 Nr. 2, Abs. 2 ZPO. Aus ihr ergibt sich abschließend (§ 6 Abs. 1), wer aus der Sicht des Gesetzes durch die jeweilige Entscheidung in seinen Rechten verletzt (beschwert) sein kann. Die Möglichkeit der Rechtsverletzung (materielle Beschwer) ist dabei nach der konkreten Entscheidung des Beschwerdegerichts zu beurteilen. Allerdings ist zu beachten, dass § 7 durch Artikel 2 des Gesetzes zur Änderung des § 522 ZPO ersatzlos aufgehoben wurde[36]. Seit dem 27.10.2011 gilt auch für insolvenzrechtliche Rechtsbeschwerden § 574 Abs. 1 Nr. 2 ZPO. Danach findet die **Rechtsbeschwerde** gegen Beschlüsse der Beschwerdegerichte nur statt, falls diese sie **zugelassen** haben.[37] Eine Nichtzulassungsbeschwerde gibt es in diesen Fällen nicht.

VII. Kosten

23 Für die Kostenentscheidung im Beschwerdeverfahren gelten die §§ 91 bis 93, 97, 516 Abs. 3 ZPO entsprechend (§ 4). Ist wegen der Eröffnung des Verfahrens im Hinblick auf § 13 Abs. 2 eine auf den Eröffnungsantrag als Hauptsache bezogene Erledigungserklärung selbst bei Wegfall aller Eröffnungsgründe nicht mehr zulässig (vgl. § 13 RdNr. 129), so kommt insoweit auch eine Kostenentscheidung nach § 91a ZPO nicht in Betracht. Etwas anderes kann nur für die Kosten des Beschwerdeverfahrens gelten, wenn die Beschwerde gegen den Eröffnungsbeschluss für erledigt erklärt wird, weil neue Umstände eingetreten sind, die dem Rechtsmittel nachträglich den Boden entzogen haben. Bei Zurückverweisung der Sache an die Vorinstanz (§ 572 Abs. 3 ZPO) ist dem Untergericht auch die Entscheidung über die Kosten des Beschwerdeverfahrens zu übertragen, weil der endgültige Erfolg des Rechtsmittels noch nicht abzusehen ist. Wird die Abweisung oder Zurückweisung des Eröff-

---

[34] BGH NZI 2004, 216; BGH NZI 2006, 122 f.; OLG Köln NZI 2000, 369 f.
[35] BGH NZI 2006, 405 f.; BGH NZI 2007, 45.
[36] Gesetz zur Änderung des § 522 ZPO, BGBl. I, S. 2082.
[37] Kirchhof, Insolvenzrechtliche weitere Beschwerden im Zickzackkurs ZInsO 2012, 16.

nungsantrags in der Beschwerdeinstanz aufgehoben, ohne dass ein Antragsgegner am Verfahren beteiligt war (etwa im Fall eines Eigenantrags oder eines ohne Anhörung des Schuldners als unzulässig zurückgewiesenen Gläubigerantrags), so hat der Beschwerdeführer seine außergerichtlichen Kosten des erfolgreichen Beschwerdeverfahrens jedenfalls zunächst selbst zu tragen;[38] eine Erstattung durch die Staatskasse kommt nicht in Betracht, weil diese nicht am Verfahren beteiligt ist.[39] Im Beschwerdeverfahren entstandene Gerichtskosten sind in einem solchen Fall regelmäßig nach § 21 GKG (= § 8 GKG 1975) niederzuschlagen.[40] Kommt es letztlich zur Verfahrenseröffnung und damit nicht zu einer abschließenden Kostenentscheidung, so sind die außergerichtlichen Kosten des erfolgreichen Beschwerdeverfahrens als Insolvenzforderung anzumelden (§§ 27 bis 29 RdNr. 117).

Die Kosten einer erfolglosen Beschwerde des Schuldners gegen die Eröffnung des Insolvenzverfahrens sind dem Schuldner persönlich aufzuerlegen und aus seinem insolvenzfreien Vermögen aufzubringen.[41] 24

Die Gerichtsgebühr für das Beschwerdeverfahren nach § 34 Abs. 1, 2 richtet sich nach den §§ 58 Abs. 3, § 3 GKG, Nr. 2360 KV GKG; sie wird auch dann ausgelöst, wenn die Beschwerde erfolgreich war (vgl. Nr. 2361 KV GKG). Wird der Eröffnungsbeschluss auf die Beschwerde hin aufgehoben, so entfällt die schon entstandene Gebühr für die Durchführung des Insolvenzverfahrens (Nr. 2320, 2330 KV GKG). Der Gegenstandswert richtet sich nach § 58 Abs. 3 GKG. Für den Schuldner oder den ausländischen Insolvenzverwalter als Beschwerdeführer gilt die Wertvorschrift über ihren Wortlaut hinaus für jede Beschwerde gegen eine Ablehnung der Eröffnung. Wird als Ergebnis des Beschwerdeverfahrens das insolvenzgerichtliche Verfahren fortgesetzt und ist für die Wertberechnung nach § 58 Abs. 3 GKG der Wert der Insolvenzmasse bei Beendigung des Verfahrens maßgebend, so ist der Gegenstandswert der Beschwerde zunächst nur vorläufig festzusetzen; die endgültige Festsetzung erfolgt nach Abschluss des Verfahrens.[42] 25

Für die Rechtsanwaltsgebühren gelten § 28 RVG, Nr. 3500, 3513 VV RVG. 26

D. Beschwerden im Eröffnungsverfahren

I. Grundsatz

Nach § 6 Abs. 1 unterliegen die Entscheidungen des Insolvenzgerichts nur in den Fällen einem Rechtsmittel, in denen die InsO die sofortige Beschwerde vorsieht. Im Eröffnungsverfahren sind dies: 27
– Entscheidungen über die Stundung der Verfahrenskosten (§ 4d),
– Anordnung von Sicherungsmaßnahmen (§ 21 Abs. 1 Satz 2),
– Erlass eines Haftbefehls gegen den Schuldner oder einen seiner organschaftlichen Vertreter sowie Ablehnung der Aufhebung des Haftbefehls (§ 20 Abs. 1 Satz 2, § 98 Abs. 3, § 21 Abs. 3 Satz 3, § 22 Abs. 3 Satz 3),
– Anordnung der vorläufigen Postsperre (§ 21 Abs. 2 Nr. 4, § 99 Abs. 3).

Sonstige gerichtliche Entscheidungen während des Eröffnungsverfahrens können im Grundsatz nicht mit einem ordentlichen Rechtsmittel angefochten werden (vgl. RdNr. 5), sofern sich nicht aus einer besonderen Vorschrift innerhalb oder außerhalb der InsO (vgl. § 4) etwas anderes ergibt. Die Unanfechtbarkeit einer Entscheidung bleibt auch bei der äußerlichen Verbindung mit einer anfechtbaren Entscheidung erhalten. 28

II. Vorbereitende Maßnahmen

Kein Rechtsmittel ist gegen solche richterlichen Maßnahmen statthaft, mit denen lediglich die Entscheidung über den Eröffnungsantrag oder eine sonstige im Eröffnungsverfahren anfallende Entscheidung vorbereitet wird, ohne dass die Anordnungen unmittelbar in Rechte eines Beteiligten eingreifen oder eine verbindliche endgültige Regelung treffen. Dass ihnen bereits rechtliche Bewertungen zugrunde liegen, ist ohne Bedeutung. Sie sind keine Entscheidungen und schon deshalb unabhängig von § 6 Abs. 1 nicht beschwerdefähig.[43] Hierzu gehören: 29

---
[38] OLG Koblenz ZIP 1989, 660 f.; OLG Köln NZI 2001, 304 f.
[39] So aber LG Essen ZInsO 2000, 47 und 1. Aufl. § 34 RdNr. 26.
[40] Vgl. etwa OLG Frankfurt ZInsO 2002, 192, 193.
[41] OLG Bamberg Rpfleger 1962, 349; OLG Celle NZI 2001, 426 f.
[42] OLG Köln NZI 2003, 231.
[43] BGH NZI 1998, 42; BGH 7.12.2006 – IX ZB 67/06, bei *Ganter* Beilage NZI 5/2007, 25; KG KTS 1960, 61; OLG Hamm KTS 1972, 105.

- **Zwischenverfügungen,** mit denen das Gericht dem Antragsteller vor einer Zurückweisung Gelegenheit gibt, den Sachvortrag oder die Antragsunterlagen, etwa die Mittel der Glaubhaftmachung (§§ 14, 15 Abs. 2), zu ergänzen;
- die Äußerung vorläufiger rechtlicher oder tatsächlicher Einschätzungen, die endgültig erst bei der Entscheidung über den Eröffnungsantrag anstehen, etwa die vorläufige Annahme der örtlichen Zuständigkeit;[44]
- die vorläufige **rechtliche Zuordnung** des Antrags zum Anwendungsbereich des § 304 oder des Regelverfahrens[45] (vgl. RdNr. 30 ff.);
- die Einleitung des **Schuldenbereinigungsverfahrens** (§ 307 Abs. 1) mit der Folge, dass ein anhängiger Gläubigerantrag nach § 306 Abs. 3 Satz 2 zum Ruhen kommt;
- die Anordnung, den zulässigen Eröffnungsantrag zur Gewährung des rechtlichen Gehörs zuzustellen (die sog. **Zulassung** des Antrags, vgl. § 16 RdNr. 6);[46]
- die Anordnung einer **Beweisaufnahme,** die Bestimmung ihrer Art und Weise (vgl. § 4, § 355 Abs. 2 ZPO), insbesondere die Beauftragung eines Sachverständigen mit der näheren Untersuchung der schuldnerischen Vermögensverhältnisse;[47]
- die Ablehnung beantragter **Ermittlungshandlungen;**
- die Anforderung von **Auskünften** beim Schuldner oder bei Dritten, die Erteilung von **Auflagen zur Mitwirkung** im Verfahren (§ 20 Abs. 1, § 97);[48]
- die Anforderung des **Vorschusses nach § 26 Abs. 1 Satz 2,** d.h. die Mitteilung an die Beteiligten, dass mangels kostendeckender Masse eine Eröffnung nur möglich ist, wenn ein bestimmter Vorschuss zur Deckung der Verfahrenskosten eingezahlt wird;[49]
- die Ankündigung der Ablehnung der beantragten Eigenverwaltung, um dem Schuldner Gelegenheit zur Antragsrücknahme zu geben (§§ 27 bis 29 RdNr. 34).

30 Unanfechtbar bleiben vorbereitende Maßnahmen auch bei einer **Verbindung mit Sicherungsmaßnahmen** (§§ 21, 22) in einem einheitlichen Beschluss (zB die Bestellung eines Sachverständigen unter gleichzeitiger Übertragung von Ermittlungsbefugnissen nach § 22 Abs. 3, vgl. § 16 RdNr. 20 ff.). Die Statthaftigkeit der Beschwerde ist für jede Einzelanordnung getrennt zu beurteilen. Die Maßnahmen ändern durch die äußerliche Verbindung nicht ihren rechtlichen Charakter, eine unanfechtbare Anordnung bleibt unanfechtbar.[50] Im Fall der Beschwerde gegen einen solchen Beschluss ist daher die genaue Abgrenzung zwischen unmittelbar eingreifenden und regelnden Sicherungsmaßnahmen einerseits und nur vorbereitenden Maßnahmen andererseits unerlässlich.[51]

III. Anordnungen im Zusammenhang mit den §§ 304, 305

31 **1. Eigenantrag.** Die gerichtliche Aufforderung zur Ergänzung der vom Schuldner in der Verbraucherinsolvenz vorzulegenden Antragsunterlagen (§ 305 Abs. 3) ist unanfechtbar. Bei dieser **Zwischenverfügung** handelt es sich zwar, weil bei Nichtbeachtung die Fiktion der Antragsrücknahme droht, um eine Entscheidung, die der (rechtsmittelfähigen) Zwischenverfügung im Grundbuch- und Registerrecht vergleichbar ist, doch fällt auch sie unter die Einschränkung des § 6 Abs. 1.[52]

32 Dies gilt auch, wenn der Schuldner die Ergänzung der Antragsunterlagen verweigert, indem er sich unter Darlegung der Gründe gegen einzelne Beanstandungen des Gerichts wendet oder der Zuordnung seines Eröffnungsantrags zum Verbraucherinsolvenzverfahren widerspricht (**substantiierter Widerspruch des Schuldners**). Eine Ausweitung des Anwendungsbereichs des § 34 Abs. 1 auf die Zwischenverfügung ist, selbst wenn sie auf offenkundig rechtswidrige Ergänzungsaufforderungen beschränkt wird,[53] nicht erforderlich. Die Rücknahmefiktion des § 305 Abs. 3 Satz 2 kann

---
[44] OLG Celle NZI 2001, 143.
[45] OLG Köln NZI 2001, 216; OLG Celle NZI 2001, 153 f.
[46] BGH NZI 2006, 590; KG KTS 1960, 61 und KTS 1963, 111; OLG Köln ZIP 1993, 1723 und NZI 2001, 598 f.
[47] BGH NZI 1998, 42; BGHZ 158, 212 = NJW 2004, 2015 = NZI 2004, 312; OLG Düsseldorf NJW-RR 1993, 1256; OLG Köln NZI 2000, 173.
[48] BGH NJW-RR 2004, 134 = NZI 2004, 21; vgl. auch LG Köln EWiR 1998, 77.
[49] OLG Köln NZI 2000, 217, 219; LG Göttingen NZI 2000, 438; FKInsO-*Schmerbach* § 26 RdNr. 76; HKInsO-*Kirchhof* § 26 RdNr. 21; *Jaeger/Schilken* § 26 RdNr. 66; *Kübler/Prütting/Pape* § 26 (3/02) RdNr. 18; *Uhlenbruck* § 26 RdNr. 27, 35; *Lüke* ZIP 2001, 2189.
[50] Zutr. *Prütting* NZI 2000, 145, 147.
[51] Beispiele falscher oder ungenauer Abgrenzung: OLG Brandenburg NZI 2001, 42 f. und ZIP 2001, 207; OLG Köln NZI 2001, 598 f.
[52] BayObLG NZI 1999, 412; *Vallender* EWiR 1999, 955 f.; *Holzer* EWiR 2000, 447.
[53] So BGH NJW 2004, 67 f. = NZI 2004, 40 f.; BayObLG NZI 2000, 129 f.; OLG Celle NZI 2001, 254; *Kübler/Prütting/Pape* § 34 (05/09) RdNr. 52; *Uhlenbruck/Pape* § 34 RdNr. 5; *Ahrens* NZI 2000, 201, 206.

nämlich nach dem Vereinfachungszweck der Norm nur eingreifen, wenn die Zwischenverfügung vom Schuldner widerspruchslos hingenommen wird. Andernfalls würde die Fiktion den Schuldner bei Meinungsverschiedenheiten mit dem Gericht über die Berechtigung der Zwischenverfügung auf Dauer von einem Insolvenzverfahren ausschließen.[54] Geht der substantiierte Widerspruch des Schuldners innerhalb des Monatsfrist ein und bleibt das Gericht bei seiner Auffassung, so hat es daher abweichend von § 305 Abs. 3 Satz 2 den Eröffnungsantrag durch **Beschluss** als unzulässig zurückzuweisen.[55] Die entgegengesetzte Ansicht, die auch hier grundsätzlich die unanfechtbare Rücknahmefiktion eingreifen lässt und Ausnahmen allenfalls bei gesetzwidrigen oder unerfüllbaren Anforderungen machen will,[56] wird der Vielfalt der möglichen Mängel der Antragsunterlagen und der sich hieraus ergebenden Meinungsverschiedenheiten zwischen Gericht und Schuldner nicht hinreichend gerecht; im Ergebnis führt sie zudem unter dem Gesichtspunkt der Zulässigkeit des Rechtsmittels ebenfalls zu einer sachlichen Überprüfung der erstinstanzlichen Ergänzungsaufforderung.[57] Mit der sofortigen Beschwerde gegen den Zurückweisungsbeschluss kann der Schuldner sowohl die fehlerhafte Bestimmung der Verfahrensart[58] als auch die Rechtswidrigkeit einzelner gerichtlicher Beanstandungen rügen. Allerdings verdrängt die Fristenregelung des § 305 Abs. 3 Satz 2 die allgemeine Bestimmung über neues Vorbringen im Beschwerdeverfahren (§ 571 Abs. 2 Satz 1 ZPO, § 4), so dass nach Ablauf der Monatsfrist eine Ergänzung der Antragsunterlagen (§ 305 Abs. 1) ausgeschlossen ist. Nur wenn das Gericht zu erkennen gibt, dass es trotz eines rechtzeitigen Widerspruchs des Schuldners die Rücknahmefiktion als wirksam geworden ansieht, ist diese Entschließung unabhängig von ihrer Form (Beschluss oder bloße Mitteilung) als Zurückweisung des Eröffnungsantrags zu werten und unterliegt der sofortigen Beschwerde.[59] Im Übrigen ist die deklaratorische Feststellung des Gerichts, dass der Eröffnungsantrag nach § 305 Abs. 3 als zurückgenommen gilt, stets **unanfechtbar**, selbst wenn sie durch Beschluss ausgesprochen wird;[60] § 269 Abs. 4, 5 ZPO wird von § 305 Abs. 3 Satz 2 verdrängt und ist nicht anwendbar.[61] Ausnahmsweise kommt eine Anfechtung nur dann in Betracht, wenn das Gericht im Hinblick auf die beizubringenden Unterlagen und Erklärungen **Unmögliches** verlangt, so dass diese Anforderungen auch mit der gesetzlichen Regelung nicht mehr im Einklang stehen.[62]

Unanfechtbar ist die Entscheidung des Gerichts, entgegen den Vorstellungen des Schuldners kein **Schuldenbereinigungsverfahren** durchzuführen, sondern unmittelbar das **Verfahren über den Eröffnungsantrag** zu betreiben, weil die Merkmale des § 304 nicht vorliegen.[63] Ob die Entscheidung durch besonderen Beschluss ausgesprochen wird oder ob sie sich allein im Betreiben des regulären Verfahrens (§§ 13, 16 ff.) ausdrückt, ist dabei ohne Bedeutung. Widerspricht der Schuldner dieser Verfahrensweise, so ist hierin eine zulässige nachträgliche Beschränkung des Eröffnungsantrags auf das Verbraucherinsolvenzverfahren zu sehen (vgl. § 13 RdNr. 97). Das Gericht hat, wenn es bei seiner Bewertung bleibt, den eingeschränkten Antrag wegen Wahl der falschen Verfahrensart als unzulässig zurückzuweisen;[64] dieser Beschluss ist beschwerdefähig (§ 34 Abs. 1). Unanfechtbar ist auch die Anordnung des Gerichts, wegen voraussichtlicher Aussichtslosigkeit von einem Schuldenbereinigungsverfahren abzusehen und das **Verfahren über den Eröffnungsantrag fortzusetzen** (§ 306 Abs. 1 Satz 3).[65] Ebenso unanfechtbar ist die Entscheidung darüber, ob dem Schuldner Gele-

---

[54] Zutr. *Vallender* EWiR 1999, 956; *Schmerbach* EWiR 2000, 975; im Ergebnis ebenso BayObLG NZI 2000, 129 f.; LG Oldenburg NZI 2000, 486 f.
[55] OLG Frankfurt ZInsO 2003, 567 f. = ZVI 2002, 165, 168; LG Kassel ZInsO 2002, 1147 = ZVI 2003, 25; LG Aachen NZI 2003, 451 f.; AG Duisburg NZI 2001, 105; HKInsO-*Kirchhof* § 34 RdNr. 7.
[56] BGH NJW 2004, 67, 68 = NZI 2004, 40 f.; BGH NZI 2005, 403 f.
[57] Instruktiv: BGH NZI 2005, 403 f.
[58] OLG Schleswig NZI 2000, 164; OLG Naumburg NZI 2000, 603; OLG Rostock NZI 2001, 213; OLG Köln NZI 2000, 216; OLG Oldenburg ZInsO 2001, 560.
[59] OLG Frankfurt ZInsO 2003, 567 f. = ZVI 2002, 165, 168; LG Aachen NZI 2003, 451 f.; insoweit zutr. OLG Celle NZI 2000, 229, 230 und NZI 2001, 254; *Schmerbach* EWiR 2000, 975; im Ergebnis auch LG Berlin ZVI 2002, 323.
[60] BGH, Beschl. v. 19.1.2006 – IX ZB 52/03; BGH NJW 2004, 67, 68 = NZI 2004, 40 f.; BayObLGZ 1999, 370 = NZI 2000, 129; OLG Frankfurt NZI 2000, 137; OLG Köln NZI 2000, 317 und NZI 2000, 538; OLG Braunschweig DZWIR 2001, 467; LG Berlin NZI 2000, 546.
[61] Anders zu Unrecht OLG Karlsruhe NZI 2000, 163; LG Potsdam NZI 2002, 616.
[62] BGH, Beschl. v. 22.10.2009 – IX ZB 195/08, RdNr. 5, NZI 2010, 44; LG Berlin, Beschl. v. 11.1.2011 – 85 T 7/11, ZVI 2011, 293; LG Bonn, Beschl. v. 8.9.2010 – 6 T 218/10, NZI 2010, 863; Graf-Schlicker/Kexel, 3. Aufl. § 34 RdNr. 5.
[63] LG Göttingen NZI 2002, 322.
[64] OLG Köln NZI 2000, 542, 543; *Henckel* ZIP 2000, 2045, 2052.
[65] BGH 11.9.2003 – IX ZB 157/03, unveröff.; LG Berlin ZInsO 2003, 188 = ZVI 2003, 77; *Vallender* KTS 2001, 519, 525; *Fuchs* ZInsO 2002, 298, 304; *Kübler/Prütting/Pape* § 34 (05/09) RdNr. 73; FK-*Grote* § 306 RdNr. 7 g.

genheit zur **Änderung des abgelehnten Schuldenbereinigungsplans** gegeben wird[66] (§ 307 Abs. 3). Die genannten Entscheidungen nach den §§ 306, 307, bei denen es um die Zweckmäßigkeit der Durchführung oder Fortsetzung des Schuldenbereinigungsverfahrens geht, sind allein in das eigenverantwortliche pflichtgemäße Ermessen des Amtsgerichts gestellt.[67] Sie sind deshalb nach dem Zweck des § 6 Abs. 1 auch dann für das Beschwerdegericht bindend,[68] wenn ihre Rechtswidrigkeit im Rahmen der Beschwerde gegen eine nachfolgende anfechtbare Entscheidung, etwa über die Verfahrenseröffnung, gerügt wird.[69]

34   **2. Gläubigerantrag.** Stellt ein Gläubiger einen Eröffnungsantrag gegen eine natürliche Person mit dem Ziel des Regelverfahrens, so hat dies für die Sachbehandlung im Eröffnungsverfahren keine Bedeutung. Die Frage eines Rechtsmittels gegen die Bestimmung der Verfahrensart (§§ 304, 311 ff.) stellt sich erst bei der Eröffnung (vgl. RdNr. 57, 59, 78). Gleiches gilt, wenn das Gericht auf Grund eines nachfolgenden Eigenantrags des Schuldners das Schuldenbereinigungsverfahren einleitet (§ 307) und damit das Verfahren über einen anhängigen Gläubigerantrag kraft Gesetzes zum Ruhen kommt (§ 306 Abs. 3 Satz 2); die Anordnung des Gerichts ist als vorbereitende Maßnahme unanfechtbar (vgl. RdNr. 28).

E. Beschwerde gegen die Ablehnung der Eröffnung (Abs. 1)

I. Ablehnung: Zurückweisung und Abweisung

35   Wird die Eröffnung des Insolvenzverfahrens abgelehnt, so steht nach Abs. 1 jedem Antragsteller und, wenn die Abweisung des Antrags mangels Masse erfolgt (§ 26), dem Schuldner die sofortige Beschwerde zu. Das Gesetz unterscheidet damit ohne genaue begriffliche Festlegung zwischen der Abweisung mangels Masse und sonstigen Fällen der Ablehnung der Eröffnung. Die Alternativen[70] sind:
– **Zurückweisung als unzulässig** (etwa wegen Fehlens der gerichtlichen Zuständigkeit oder der Insolvenzfähigkeit des Antragsgegners oder wegen eines Mangels des Antrags),
– **Zurückweisung als unbegründet** (wegen Nichterweislichkeit eines gesetzlichen Eröffnungsgrundes),
– **Abweisung mangels Masse** (es liegt zwar ein Eröffnungsgrund vor, doch sind die voraussichtlichen Kosten des Verfahrens nicht gedeckt).

36   Die Zurückweisung des Eröffnungsantrags als unzulässig oder als unbegründet kann nur vom Antragsteller angefochten werden (erste Alternative des Abs. 1), die Abweisung mangels Masse stets auch vom Schuldner, selbst wenn er keinen Eröffnungsantrag gestellt hat (zweite Alternative des Abs. 1).

II. Beschwerderecht gegen die Zurückweisung als unzulässig oder unbegründet

37   **1. Gläubiger als Antragsteller.** Gläubiger haben nur als Eröffnungsantragsteller ein Beschwerderecht. Ein Gläubiger, der bisher keinen Eröffnungsantrag gestellt hat, ist nicht beschwerdeberechtigt. Er wird es auch nicht dadurch, dass er zugleich mit der Beschwerde einen zulässigen Eröffnungsantrag stellt;[71] dieser Antrag ist nämlich zu diesem Zeitpunkt nicht abgelehnt. Das Insolvenzgericht hat in einem solchen Fall über den Eröffnungsantrag nicht im Rahmen der Abhilfeentscheidung, sondern in einem gesonderten Eröffnungsverfahren zu befinden; es wird sich empfehlen, den Beschwerdeführer zuvor auf diese Rechtslage hinzuweisen. Als Eröffnungsantrag gilt in diesem Zusammenhang auch der nach einseitiger Erledigungserklärung anstehende Antrag auf Feststellung, dass die Hauptsache erledigt sei (vgl. § 13 RdNr. 137 f.).

38   **2. Schuldner als Antragsteller.** Für einen **prozessunfähigen Schuldner** als Antragsteller handelt bei Einlegung der Beschwerde grundsätzlich der allgemeine gesetzliche Vertreter (vgl. § 13 RdNr. 15 ff.). Macht der Schuldner geltend, dass er nicht prozessunfähig sei, so wird er als prozessfähig behandelt, bis dieser Punkt rechtskräftig geklärt ist (vgl. RdNr. 53).

---

[66] BayObLG NZI 2002, 110, 111; OLG Köln NZI 2001, 593 f.; LG Duisburg NZI 2001, 102; FK-*Grote* § 307 RdNr. 22.
[67] BGH NZI 2006, 248, 249; BayObLG NZI 2002, 110, 111.
[68] LG Duisburg NZI 2001, 102; LG Berlin ZInsO 2003, 188 = ZVI 2003, 77.
[69] Zutr. HKInsO-*Kirchhof* § 34 RdNr. 10; unrichtig LG Hannover ZIP 2001, 208; LG Traunstein ZinsO 2002, 781 f. = ZVI 2002, 197, 199 f.
[70] Zur Terminologie vgl. auch *Jaeger/Schilken* § 34 RdNr. 9.
[71] *Jaeger/Weber* KO § 109 RdNr. 6; HKInsO-*Kirchhof* § 34 RdNr. 3; *Jaeger/Schilken* § 34 RdNr. 10.

Bei **juristischen Personen** oder **Gesellschaften ohne Rechtspersönlichkeit** gilt als beschwerdeberechtigter Antragsteller jeder, der im Namen des Schuldners den Eröffnungsantrag gestellt hat,[72] mag er sich des Antragsrechts auch zu Unrecht berühmt haben. Er darf allerdings bei Einlegung der Beschwerde nicht bereits aus der Rechtsposition ausgeschieden sein, auf die er das Antragsrecht stützt.[73] Ein anderer in § 15 genannter Antragsberechtigter, der selbst keinen Eröffnungsantrag gestellt hat, ist im Fall der Zurückweisung als unzulässig oder unbegründet nicht beschwerdeberechtigt.[74] Er wird es auch nicht dadurch, dass er zugleich mit der Beschwerde einen zulässigen Eröffnungsantrag stellt (vgl. RdNr. 36). Ein Beschwerderecht steht dagegen dem Nachfolger eines ausgeschiedenen Antragstellers zu, zB beim Wechsel im Amt eines organschaftlichen Vertreters.[75] Ist eine Kapitalgesellschaft vor Einlegung der Beschwerde aufgelöst worden, so ist nicht mehr der antragstellende organschaftliche Vertreter (Geschäftsführer, Vorstandsmitglied), sondern der nunmehr bestellte Liquidator (Abwickler) zur Beschwerde berechtigt.[76] Entsprechendes gilt für Fälle der gesellschaftsrechtlichen Umwandlung (Verschmelzung, Spaltung, Formwechsel), in denen an die Stelle des früheren Vertretungsorgans ein anderes Organ getreten ist.

Der **faktische Geschäftsführer** (§ 15 RdNr. 68, 100) ist, da ihm ein Recht zur Stellung des Eröffnungsantrags nicht zusteht (§ 15 RdNr. 68), nur dann beschwerdeberechtigt, wenn er selbst (zu Unrecht) als Antragsteller für den Schuldner aufgetreten ist. In diesem Fall ist er bis zur rechtskräftigen Klärung der Zulässigkeit seines Antrags am Verfahren zu beteiligen. Gleiches gilt für Anteilsinhaber des Schuldners, die nicht persönlich haften und deshalb kein Antragsrecht haben (§ 15 Abs. 1), etwa GmbH-Gesellschafter,[77] Aktionäre oder Kommanditisten.

Die Zurückweisung eines allein auf **drohende Zahlungsunfähigkeit** gestützten Eröffnungsantrags als unbegründet kann im Anwendungsbereich des § 18 Abs. 3 nur von Beschwerdeberechtigten angefochten werden, die gesellschaftsrechtlich zur Vertretung befugt sind.

3. Ausländischer Insolvenzverwalter als Antragsteller. Gegen die Ablehnung der Eröffnung steht auch einem ausländischen Insolvenzverwalter die sofortige Beschwerde zu, wenn er den abgelehnten Eröffnungsantrag gestellt hat (dazu § 13 RdNr. 69).

III. Beschwerderecht gegen die Abweisung mangels Masse

1. Antragsteller und Schuldner. Hat das Gericht den Antrag mangels Masse abgewiesen, so ist – neben dem **Antragsteller** (RdNr. 36 ff.) – wegen der damit getroffenen Feststellung eines Eröffnungsgrundes (vgl. RdNr. 3) stets auch der **Schuldner** beschwerdeberechtigt (Abs. 1, zweite Alternative). Eine juristische Person oder eine Gesellschaft ohne Rechtspersönlichkeit kann als Schuldner auch dann Beschwerde gegen die Abweisung einlegen, wenn sie bereits aus einem anderen Rechtsgrund, etwa durch Gesellschafterbeschluss, aufgelöst ist;[78] bei der Auflösung durch rechtskräftige Abweisung mangels Masse ist nämlich die Fortsetzung der Gesellschaft und die Einbeziehung in Umwandlungsvorgänge (Verschmelzungen, Spaltungen, Formwechsel) ausgeschlossen.[79]

Wahrgenommen wird das Beschwerderecht des Schuldners ebenso wie im Fall der Eröffnung des Insolvenzverfahrens (RdNr. 56 ff.) einzeln von jedem, der kraft Gesetzes im Namen des Schuldners (§ 15 RdNr. 10 ff., 16 ff., 86) oder des betroffenen Sondervermögens (Nachlasses: §§ 317, 318, 330, Gesamtguts: §§ 332, 333) zur Stellung eines Eröffnungsantrags berechtigt ist. Dies gilt unabhängig davon, ob er selbst den abgewiesenen Antrag gestellt hat.[80]

2. Aufsichtsbehörde. Die **Bundesanstalt für Finanzdienstleistungsaufsicht** hat das Recht der Beschwerde gegen die Abweisung mangels Masse, wenn das schuldnerische Unternehmen in den Anwendungsbereich ihres gesetzlichen Antragsmonopols fällt (§ 46b Abs. 1 Satz 4 KWG, § 88 Abs. 1 VAG) und die Entscheidung ohne den erforderlichen Antrag der Behörde ergangen ist (vgl. RdNr. 61). Durch die Rechtskraft des gerichtlichen Beschlusses wird der Mangel des Antrags allerdings geheilt (RdNr. 108, 114). Die Beschwerdefrist beginnt, sofern nicht bereits früher eine beson-

---

[72] Jaeger/Weber KO §§ 207, 208 RdNr. 25; HKInsO-Kirchhof § 34 RdNr. 5; Jaeger/Schilken § 34 RdNr. 10.
[73] BGH ZInsO 2006, 822; BGH NZI 2006, 700.
[74] Jaeger/Weber KO § 109 RdNr. 6; Jaeger/Schilken § 34 RdNr. 10; anders Uhlenbruck/Pape § 34 RdNr. 3.
[75] LG Berlin KTS 1974, 183 f.; LG Karlsruhe ZIP 1984, 623.
[76] OLG Frankfurt Rpfleger 1982, 436.
[77] OLG Köln DB 1974, 2202.
[78] OLG Düsseldorf ZIP 1993, 214.
[79] § 274 Abs. 2 Nr. 1 AktG, § 3 Abs. 3 UmwG; vgl. BGH NJW 1980, 233; OLG Düsseldorf ZIP 1993, 214 f.; BayObLGZ 1993, 341 = NJW 1994, 594; BayObLG NJW-RR 1995, 612; KG NJW-RR 1999, 475.
[80] LG Berlin KTS 1974, 182 ff.; Uhlenbruck GmbHR 1999, 390, 396; Jaeger/Weber KO §§ 207, 208 RdNr. 25; FKInsO-Schmerbach § 34 RdNr. 9, 11; HKInsO-Kirchhof § 34 RdNr. 5; Uhlenbruck/Pape § 34 RdNr. 3, 6.

dere Zustellung stattfindet, mit der öffentlichen Bekanntmachung des Abweisungsbeschlusses (§ 26 Abs. 1 Satz 3).

46 3. Pensions-Sicherungs-Verein. Das besondere Beschwerderecht des PSVaG gegen den Eröffnungsbeschluss (RdNr. 62) gilt nach dem Schutzzweck des § 9 Abs. 5 BetrAVG bei der Abweisung mangels Masse trotz des § 6 Abs. 1 entsprechend;[81] auch hier hat der PSVaG nämlich unter Umständen in erhebliche Rentenverpflichtungen des Schuldners einzutreten (§ 7 Abs. 1 Satz 4 Nr. 1 BetrAVG). Die Beschwerdefrist beginnt, sofern nicht bereits früher eine besondere Zustellung stattgefunden hat, mit der öffentlichen Bekanntmachung des Abweisungsbeschlusses (§ 26 Abs. 1 Satz 3).

IV. Beschwerdeziel und Beschwerdegrund

47 1. Antragsteller. Der unterlegene Antragsteller kann mit der Beschwerde gegen die Ablehnung der Eröffnung nur seinen ursprünglichen Antrag weiterverfolgen, das Insolvenzverfahren zu eröffnen. Dies schließt auch das Beschwerdeziel der Abweisung mangels Masse ein, wenn der Antrag als unzulässig oder unbegründet zurückgewiesen worden ist. Die Abweisung mangels Masse enthält nämlich stets zumindest die Feststellung eines gesetzlichen Eröffnungsgrundes (§§ 16, 26 Abs. 1), und ein Gläubiger, der einen zulässigen Eröffnungsantrag stellt, hat regelmäßig jedenfalls ein rechtliches Interesse an dieser Feststellung.[82] Ein Rechtsschutzbedürfnis fehlt dagegen, wenn die Zurückweisung des Antrags als unzulässig statt unbegründet oder als unbegründet statt unzulässig begehrt wird.[83] Als Beschwerdegrund kann der Antragsteller alle Umstände und Gesichtspunkte anführen, die nach seiner Ansicht der angefochtenen Entscheidung die Grundlage entziehen. Er kann ebenso Verfahrensfehler rügen wie neue Tatsachen einführen (§ 571 Abs. 2 Satz 1 ZPO, § 4), neue Mittel der Glaubhaftmachung beibringen (§ 14 Abs. 1, § 15 Abs. 2) oder neue Beweismöglichkeiten zur Aufklärung der schuldnerischen Vermögenslage aufzeigen (§ 16).

48 Bei der **Abweisung mangels Masse** kann der Antragsteller auch geltend machen, dass die Werte der frei verfügbaren Insolvenzmasse zu niedrig oder die zu deckenden Kosten des Verfahrens (und der erforderliche Vorschuss) zu hoch angesetzt seien oder dass aus anderen Gründen, etwa nach Bewilligung der Prozesskostenhilfe im Zivilprozess,[84] die Kostendeckung gewährleistet sei.[85] Ebenso kann er nach Einlegung der Beschwerde die Zahlung des Vorschusses nachholen.[86] Dem Antragsteller kann nicht entgegengehalten werden, dass er sich nicht rechtzeitig gegen die gerichtliche Mitteilung über die Höhe des erforderlichen Vorschusses gewandt habe;[87] diese vorbereitende Mitteilung ist nämlich nicht anfechtbar (vgl. RdNr. 18). Unstatthaft ist dagegen der Einwand, die Verfahrenskosten seien gedeckt, wenn das Gericht die beantragte Eigenverwaltung anordne. Auf diese Weise kann nicht die Unanfechtbarkeit der Entscheidung des Amtsgerichts nach § 270 InsO umgangen werden.[88] Das Beschwerdegericht ist nicht befugt, die Kosten in einer Höhe anzusetzen, welche die Eigenverwaltung zwingend voraussetzt.

49 Ist der Schuldner eine natürliche Person, so kann er die Beschwerde gegen die Abweisung seines Eröffnungsantrags mangels Masse auch darauf stützen, dass ihm die **Stundung der Verfahrenskosten (§ 4a)** bewilligt oder über seinen entsprechenden Antrag noch nicht rechtskräftig entschieden sei.[89] Den Stundungsantrag kann er nachholen, solange er neue Angriffs- und Verteidigungsmittel vorbringen kann (§ 571 Abs. 2 ZPO). Die Entscheidung über den Stundungsantrag ist vorgreiflich. Notfalls ist das Beschwerdeverfahren über den Abweisungsbeschluss bis zur Rechtskraft der Stundungsentscheidung (vgl. § 4 d) auszusetzen.

50 2. Schuldner. Ist der Schuldner nicht Antragsteller, so kann er die Beschwerde gegen die Abweisung mangels Masse nur mit dem Ziel der **Zurückweisung des Eröffnungsantrags** und der **vollständigen Beendigung des Verfahrens** einlegen. Strebt er selbst die Eröffnung an, so hat er einen entsprechenden eigenen (zulässigen) Antrag zu stellen.

51 Der Schuldner kann die Beschwerde auf alle Umstände und Gesichtspunkte stützen, welche die Unrechtmäßigkeit der Entscheidung ergeben. Er kann auch auf die rechtzeitig erfolgte Rücknahme des Eröffnungsantrags (§ 13 Abs. 2) oder die Erledigungserklärung des Antragstellers hinweisen, die

---

[81] LG Duisburg NZI 2006, 535 f.
[82] *Zipperer* NZI 2003, 590.
[83] Vgl. BGH NZI 2006, 606 f. = NJW-RR 2006, 1346.
[84] OLG Schleswig ZIP 1996, 1051.
[85] OLG Stuttgart JW 1934, 571; LG Hof JurBüro 1989, 655; LG Traunstein NZI 2000, 439.
[86] BGH NZI 2002, 601 f.; BGH ZVI 2004, 24 f.; KG KTS 1957, 30; OLG Frankfurt ZIP 1991, 1153; LG Cottbus ZIP 2001, 2188; *Lüke* ZIP 2001, 2189.
[87] So für § 107 KO: OLG Frankfurt ZIP 1991, 1153.
[88] BGH NZI 2007, 238 f.
[89] OLG Köln NZI 2002, 167, 169.

den Abweisungsbeschluss wirkungslos machen (vgl. § 13 RdNr. 123, 129). Im Übrigen gelten für die Begründetheit seiner Beschwerde die gleichen Grundsätze wie bei der Beschwerde gegen den Eröffnungsbeschluss (dazu RdNr. 70 ff.).

V. Eröffnung durch das Beschwerdegericht

Ist die Beschwerde gegen eine Zurückweisung oder Abweisung des Eröffnungsantrags zulässig und begründet, so hat das Beschwerdegericht, wenn es die Sache für eröffnungsreif hält, die Möglichkeit, selbst den vollständigen Eröffnungsbeschluss zu erlassen. Es kann aber auch nach pflichtgemäßem Ermessen (§ 572 Abs. 3 ZPO, § 4) die Sache an das Amtsgericht zurückverweisen oder die Eröffnung im Grundsatz (unter Einschluss der Ernennung des Verwalters) aussprechen und die übrigen, eher organisatorischen Anordnungen dem Amtsgericht übertragen (zu den Einzelheiten vgl. §§ 27 bis 29 RdNr. 150 ff.). 52

Die Eröffnungsentscheidung des Beschwerdegerichts ist vom Schuldner (Abs. 2) nur unter den zusätzlichen Voraussetzungen der Rechtsbeschwerde (§ 574 Abs. 1 Nr. 2, Abs. 2 ZPO, §, 4) anfechtbar. Diese Einschränkung gegenüber dem allgemeinen Beschwerderecht gegen die Verfahrenseröffnung in erster Instanz ist hinzunehmen, denn die Eröffnungsvoraussetzungen sind in zwei Rechtszügen uneingeschränkt geprüft worden. 53

VI. Möglichkeit eines neuen Eröffnungsantrags

Die rechtskräftige Zurückweisung oder Abweisung eines Eröffnungsantrags hindert weder den Antragsteller selbst noch einen anderen Antragsberechtigten daran, nach Beseitigung von Mängeln oder unter geänderten Umständen erneut einen Eröffnungsantrag zu stellen.[90] Dies gilt selbst dann, wenn der Schuldner inzwischen wegen (vermeintlicher) Vermögenslosigkeit oder Beendigung der Abwicklung im Handelsregister gelöscht worden ist (vgl. § 13 RdNr. 80). Liegt die Abweisung mangels Masse erst wenige Monate zurück, so kann das Gericht auf Grund der Ermittlungsergebnisse des früheren Verfahrens den Antragsteller sogleich auf die Notwendigkeit eines Kostenvorschusses hinweisen (§ 26 Abs. 1 Satz 2). Ein rechtliches Interesse an erneuten gerichtlichen Ermittlungen besteht in der Regel nur, wenn glaubhaft gemacht wird, dass der Schuldner inzwischen verwertbares Vermögen erworben oder zumindest weiter am wirtschaftlichen Leben teilgenommen hat (vgl. § 14 RdNr. 23). 54

F. Beschwerde gegen den Eröffnungsbeschluss (Abs. 2)

I. Beschwerderecht

1. Schuldner, Gläubiger. Gegen den Eröffnungsbeschluss steht ausschließlich dem Schuldner oder dem Träger des schuldnerischen Sondervermögens die sofortige Beschwerde zu (Abs. 2). Der Verlust der Verfügungs- und Verwaltungsrechts nach § 80 beschränkt seine Beschwerdebefugnis nicht. Für einen **prozessunfähigen Schuldner** handelt grundsätzlich der allgemeine gesetzliche Vertreter (vgl. § 13 RdNr. 15 ff., 20). Macht der Schuldner geltend, dass er nicht prozessunfähig sei, so wird er als prozessfähig behandelt, bis dieser Punkt rechtskräftig geklärt ist.[91] 55

Bei **juristischen Personen** oder **Gesellschaften ohne Rechtspersönlichkeit** kann das Beschwerderecht einzeln von jedem wahrgenommen werden, der kraft Gesetzes im Namen des Schuldners (§ 15 RdNr. 2 ff., 7 ff.) zur Stellung eines Eröffnungsantrags berechtigt ist.[92] Hinter dieser Auffassung steht der Gedanke, dass ebenso wie beim Antragsrecht auch beim Beschwerderecht Meinungsverschiedenheiten unter den gesetzlich Verantwortlichen in einem gerichtlichen Verfahren geordnet sollen ausgetragen werden (vgl. RdNr. 4). Nicht antragsberechtigte Organe haben demnach kein Beschwerderecht. Insbesondere gibt § 112 AktG dem Aufsichtsrat selbst dann kein solches Recht, wenn der Eröffnungsantrag vom gesamten Vorstand gestellt worden ist (vgl. § 15 RdNr. 89). Bei einer **noch nicht eingetragenen Kapitalgesellschaft** sind nicht nur die Gesell- 56

---

[90] BGH NZI 2005, 225 f.; Jaeger/*Weber* KO § 109 RdNr. 9.
[91] BGH NJW 1995, 404; KG KTS 1962, 111.
[92] RG JW 1895, 454; BGH NZI 2006, 594 f. = NJW-RR 2006, 1423; BGH NZI 2006, 700; OLG Düsseldorf KTS 1959, 175; LG Tübingen KTS 1961, 158, 159; LG Berlin KTS 1974, 182; LG Dessau ZIP 1998, 1006; LG Duisburg ZIP 1998, 1008; *Uhlenbruck* GmbHR 1999, 390, 396; Jaeger/*Weber* KO §§ 207, 208 RdNr. 25; FKInsO-*Schmerbach* § 34 RdNr. 9 ff.; HKInsO-*Kirchhof* § 34 RdNr. 8; Jaeger/Schilken § 34 RdNr. 18; *Uhlenbruck*/*Pape* § 34 RdNr. 11.

schafter in ihrer Gesamtheit[93] beschwerdeberechtigt, sondern entsprechend ihrem Antragsrecht jeder Einzelne von ihnen sowie jeder schon bestellte organschaftliche Vertreter (vgl. § 15 RdNr. 89).

57 In der **Nachlass- oder Gesamtgutinsolvenz** steht dementsprechend die Beschwerde jedem einzelnen Antragsberechtigten[94] mit Ausnahme der Gläubiger zu (vgl. §§ 317, 318, 330, 332, 333). Entsprechendes gilt, wenn der Schuldner vor Rechtskraft des Eröffnungsbeschlusses verstorben ist.[95]

58 Nicht beschwerdeberechtigt im Namen des Schuldners ist der **faktische Geschäftsführer** (§ 15 RdNr. 11), da ihm ein Recht zur Stellung des Eröffnungsantrags nicht zusteht (vgl. § 15 RdNr. 11). Gleiches gilt für nicht persönlich haftende **Anteilsinhaber** des Schuldners (§ 15 Abs. 1), etwa GmbH-Gesellschafter, Aktionäre oder Kommanditisten, sowie für solche Antragsberechtigten, die aus ihrer berechtigenden Position bereits ausgeschieden sind (vgl. RdNr. 39).[96] Ein Beschwerdeberechtigter kann die Beschwerde eines Nichtberechtigten auch nicht nach Ablauf der Beschwerdefrist durch **Genehmigung** zu seiner eigenen machen.[97]

59 Ebenfalls nicht beschwerdeberechtigt sind alle **Gläubiger,**[98] auch nicht der antragstellende Gläubiger, der seinen Eröffnungsantrag rechtzeitig zurückgenommen hat (§ 13 Abs. 2), ebenso wenig der Empfänger einer anfechtbaren Leistung des Schuldners oder ein sonstiger Dritter, der als **künftiger Gegner eines Anfechtungsprozesses** in Betracht kommt.[99] Sie alle können nicht mit einem Rechtsmittel geltend machen, dass ein Eröffnungsgrund nicht vorliege.

60 Nicht beschwerdeberechtigt ist der ernannte **Insolvenzverwalter** (Treuhänder, Sachwalter). Er ist es selbst dann nicht, wenn er sich als Sachverständiger oder vorläufiger Insolvenzverwalter gegen die Eröffnung ausgesprochen hat. Er kann stattdessen die Übernahme des Amtes ablehnen.[100] Ebenso unstatthaft ist jede Beschwerde des bisherigen vorläufigen Insolvenzverwalters, der sich gegen die Bestellung eines anderen endgültigen Verwalters wendet.[101]

61 Unzulässig ist die **Umgehung der Beschränkung des Beschwerderechts** durch einen Antrag, der im Ergebnis auf eine Wirkung abzielt, die der Aufhebung des Eröffnungsbeschlusses gleichkommt. Dies gilt etwa für den Antrag eines Gläubigers oder eines Drittschuldners, den Eröffnungsbeschluss für unwirksam und seine Vollziehung für unzulässig zu erklären (zur Ausnahme beim nichtigen Eröffnungsbeschluss vgl. RdNr. 111).[102]

62 **2. Pensions-Sicherungs-Verein.** Ein eigenes Beschwerderecht gegen die Eröffnung des Insolvenzverfahrens steht kraft gesetzlicher Sondervorschrift (§ 9 Abs. 5 BetrAVG[103]) dem Pensions-Sicherungs-Verein (PSVaG; vgl. § 13 RdNr. 47) als Träger der Insolvenzsicherung für Betriebsrenten zu. Dies ist gerechtfertigt,[104] weil der PSVaG mit der Verfahrenseröffnung unmittelbar in die Verpflichtungen des Schuldners aus einer betrieblichen Altersversorgung eintritt (§§ 7, 9 Abs. 2 BetrAVG).

63 **3. Aufsichtsbehörde.** Nicht gesetzlich geregelt ist das Beschwerderecht der **Bundesanstalt für Finanzdienstleistungsaufsicht** im Anwendungsbereich ihres Antragsmonopols (vgl. § 13 RdNr. 50 ff.). Der öffentlich-rechtliche Zweck des Antragsmonopols gebietet es, der Bundesanstalt auch das Recht der Beschwerde gegen den Eröffnungsbeschluss oder die Abweisung mangels Masse zu geben, wenn die Entscheidung ohne ihren Antrag ergangen ist (vgl. § 13 RdNr. 58).[105] Durch die Rechtskraft des gerichtlichen Beschlusses wird der Mangel des Antrags allerdings geheilt (RdNr. 108, 114).

64 **4. Ausländischer Insolvenzverwalter.** Gegen die Eröffnung eines **Insolvenzverfahrens über das gesamte Vermögen des Schuldners** (Hauptinsolvenzverfahren) steht auch dem Verwalter eines im Geltungsbereich der EuInsVO über das selbe Vermögen bereits eröffneten ausländischen Hauptinsolvenzverfahrens die sofortige Beschwerde zu (Art. 102 § 3 Abs. 1 Satz 3 EGInsO). Entsprechendes gilt für einen ausländischen vorläufigen Insolvenzverwalter, wenn das ausländische Insol-

---

[93] So aber *Heintzmann* BB 1979, 454 f.
[94] Nicht dagegen dem bloßen Erbprätendenten, LG Wuppertal ZIP 1999, 1536.
[95] Jaeger/*Weber* KO § 214 RdNr. 21 Abs. 1; *Uhlenbruck* § 13 RdNr. 138.
[96] BGH ZInsO 2006, 822; OLG Frankfurt Rpfleger 1982, 436.
[97] OLG Hamm NJW 1968, 1147.
[98] BGH 30.3.2006 – IX ZB 36/05, bei *Ganter* Beilage NZI 5/2007, 25; LG Potsdam DZWIR 2002, 43; LG Zweibrücken NZI 2005, 397; LG Hamburg NZI 2005, 645; AG Köln NZI 2005, 633 f.
[99] BGH 30.3.2006 – IX ZB 36/05, bei *Ganter* Beilage NZI 5/2007, 25; LG Berlin KTS 1960, 127.
[100] OLG Düsseldorf ZIP 1993, 135.
[101] LG Potsdam ZInsO 2005, 501 f.
[102] *Böhle-Stamschräder* NJW 1953, 1147; im Ergebnis auch LG Nürnberg-Fürth NJW 1953, 1147.
[103] In der Fassung des Art. 91 Nr. 4d EGInsO.
[104] Begr. RegE EGInsO zu Art. 94 (= Art. 91 EGInsO), *Balz/Landfermann* S. 787 = *Kübler/Prütting,* Dok. Bd. II, S. 284.
[105] Ebenso *Jaeger/Schilken* § 34 RdNr. 14, 21.

venzgericht schon vor der Entscheidung über die endgültige Verfahrenseröffnung (Anlage A zur EuInsVO) dem Schuldner die ausschließliche Verwaltungsbefugnis über sein gesamtes Vermögen entzogen hat.[106] Wer als Verwalter in diesem Sinne gilt, ergibt sich aus Art. 2 lit. b EuInsVO. Ihm wird damit die Möglichkeit gegeben, den kollisionsrechtlichen Vorrang seines Verfahrens (Art. 16 EuInsVO) geltend zu machen.[107] Er kann seine Beschwerde nur auf diesen Vorrang stützen. Greift der Vorrang ein, so ist noch im Beschwerdeverfahren die deklaratorische **Überleitung des Verfahrens in ein Sekundärinsolvenzverfahren** (Art. 27 EuInsVO) zulässig, wenn der ursprüngliche Eröffnungsantragsteller zustimmt oder der beschwerdeführende ausländische Verwalter es beantragt (Art. 29 EuInsVO) und die Voraussetzungen eines solchen Verfahrens vorliegen. Auch nach Rechtskraft des Eröffnungsbeschlusses hat das Insolvenzgericht das Rangverhältnis der Verfahren von Amts wegen zu beachten (Art. 102 § 4 Abs. 1 Satz 1 EGInsO). Der ausländische Verwalter bleibt daher nach Ablauf der Beschwerdefrist befugt, beim deutschen Gericht die Einstellung des nachrangigen Hauptinsolvenzverfahrens zugunsten des zuständigen ausländischen Gerichts anzuregen.

Außerhalb des Anwendungsbereichs der EuInsVO steht dem ausländischen Insolvenzverwalter kein Beschwerderecht gegen die Eröffnung des inländischen Hauptinsolvenzverfahrens zu (§ 6 Abs. 1). 65

Die Eröffnung eines **Partikularinsolvenzverfahrens (Sekundärinsolvenzverfahren) über das inländische Vermögen** kann vom Verwalter eines bereits eröffneten ausländischen Hauptinsolvenzverfahrens (Art. 2 lit. b EuInsVO) in keinem Fall mit der sofortigen Beschwerde angefochten werden (§ 6 Abs. 1). Weder Art. 102 EGInsO noch das deutsche autonome Internationale Insolvenzrecht (§§ 335 bis 358) sieht eine solche Möglichkeit vor. Selbst wenn das Verwaltungs- und Verfügungsrecht über das schuldnerische Vermögen schon insgesamt auf den ausländischen Verwalter übergegangen ist, steht er verfahrensrechtlich nicht dem Schuldner gleich. Der Verwalter kann nicht in seinen Rechten verletzt sein (Art. 3 Abs. 3, Art. 27 EuInsVO, § 356 Abs. 1 Satz 1). Ohne ausdrückliche Vollmacht des Schuldners kann er das Beschwerderecht auch nicht in dessen Namen ausüben. 66

II. Beschwerdeziel und Beschwer

1. Grundsatz. Die Beschwerde gegen den Eröffnungsbeschluss kann nur mit dem Ziel seiner **Aufhebung,** nicht dagegen mit dem Ziel der **Eröffnung unter anderen Bedingungen** eingelegt werden.[108] Unstatthaft ist deshalb im Hinblick auf § 6 Abs. 1 eine Beschwerde, die sich isoliert gegen einzelne Anordnungen des Beschlusses wendet, insbesondere gegen 67
– die Bestimmung des Eröffnungszeitpunkts,[109]
– die Auswahl des Verwalters[110] (§ 56) und die ihr sachlich gleichstehende Entscheidung über die Eigenverwaltung[111] (§ 270),
– den Ansatz der Fristen und Termine (vgl. § 74),
– den Ausspruch über den festgestellten Eröffnungsgrund,
– die Bestimmung der Verfahrensart[112] (Regelverfahren oder vereinfachtes Verfahren, §§ 312 ff.) und die daraus folgende rechtliche Einstufung des Verwalteramts (Insolvenzverwalter oder Treuhänder).

Die genannten Vorschriften, welche die einzelnen Anordnungen konkretisieren, sehen jeweils keine Beschwerdemöglichkeit vor. Zulässig ist es dagegen, mit der Beschwerde gegen den Eröffnungsbeschluss dessen Rechtswidrigkeit als Folge der Fehlerhaftigkeit einzelner Anordnungen oder des Fehlens einer gesetzlich notwendigen Anordnung geltend zu machen (vgl. RdNr. 78 ff.). Im Zweifel wird die Beschwerde gegen eine Einzelanordnung in eine Beschwerde gegen den gesamten Eröffnungsbeschluss umzudeuten sein. Allerdings muss der behauptete Mangel der Einzelanordnung für den Eröffnungsbeschluss so wesentlich sein, dass ohne dessen Beseitigung dem Schuldner die weitere 68

---

[106] EuGH Slg. 2006, I-3813 RdNr. 54, 58 – Eurofood = NJW 2006, 2682 L = NZI 2006, 360; *Liersch* NZI 2006, H. 6, V, VI; *Kammel* NZI 2006, 334, 337; *Herchen* NZI 2006, 435, 437; *Knof/Mock* ZIP 2006, 911, 912; *Mankowski* BB 2006, 1753, 1758; *Poertzgen/Adam* ZInsO 2006, 505, 508.
[107] Begr. RegE IIRNG 2003 zu Art. 102 § 3 EGInsO, BT-Dr. 15/16, S. 15.
[108] Jaeger/*Weber* KO § 109 RdNr. 2; HKInsO-*Kirchhof* § 34 RdNr. 10; Jaeger/*Schilken* § 34 RdNr. 22; *Uhlenbruck/Pape* § 34 RdNr. 20.
[109] LG Duisburg NZI 2002, 666; Jaeger/*Weber* KO § 109 RdNr. 2; HKInsO-*Kirchhof* § 34 RdNr. 10; *Uhlenbruck/Pape* § 34 RdNr. 20.
[110] LG Münster NZI 2002, 445; LG Halle DZWIR 2004, 526; LG Potsdam ZInsO 2005, 501 f.; HKInsO-*Kirchhof* § 34 RdNr. 10.
[111] BGH NZI 2007, 238; BGH NZI 2007, 240; OLG Naumburg ZInsO 2001, 810; LG Mönchengladbach NZI 2003, 152; AG Köln NZI 2005, 633 f.; HKInsO-*Kirchhof* § 34 RdNr. 10, 13; für ein Beschwerderecht: *Uhlenbruck/Pape* § 34 RdNr. 17; *Uhlenbruck* ZInsO 2003, 821 f.; FK-*Foltis* § 270 RdNr. 15; Jaeger/*Schilken* § 34 RdNr. 22; *Bärenz* EWiR 2003, 483; *Bähr* EWiR 2006, 153.
[112] Anders zu Unrecht Jaeger/*Schilken* § 34 RdNr. 22.

Unterwerfung unter das Insolvenzverfahren nicht zuzumuten ist und seine Rechte deshalb nur bei einer Aufhebung des gesamten Beschlusses gewahrt sind. Die Darlegungs- und Feststellungslast hierfür trägt der Schuldner.

69 **2. Beschwer des Schuldners. a) Materielle Beschwer.** Die Zulässigkeit der Beschwerde setzt voraus, dass der Beschwerdeführer durch die angefochtene Entscheidung in rechtlich erheblicher Weise beschwert ist. Nach allgemeinen verfahrensrechtlichen Grundsätzen kommt es beim Antragsteller auf die formelle Beschwer (Abweichung der angefochtenen Entscheidung vom Antrag) und beim Antragsgegner auf die materielle Beschwer (Einschränkung der Rechtsstellung) an.[113] Das Eröffnungsverfahren weist die Eigenheit auf, dass der Schuldner stets zumindest auch Antragsgegner ist; beim Eigenantrag stellt er gleichsam einen Antrag gegen sich selbst. Angesichts der uneingeschränkten Fassung des § 34 Abs. 2 hängt das Beschwerderecht des Schuldners nicht davon ab, dass der Schuldner (oder der beschwerdeführende organschaftliche Vertreter) vor der Entscheidung dem Eröffnungsantrag entgegengetreten ist. Sogar wenn er selbst den Antrag gestellt oder den Eröffnungsgrund eingeräumt hat, ist grundsätzlich nicht die formelle Beschwer maßgebend,[114] sondern die mit dem Eröffnungsbeschluss stets verbundene materielle Beschwer des Schuldners.[115] Unerheblich ist auch, ob der Schuldner den Eröffnungsgrund irrtümlich angenommen oder ob er den Antrag aus Furcht vor Bestrafung gestellt hat.[116] Obwohl der BGH vom Grundsatz des Erfordernisses der formellen Beschwer ausgeht, lässt er im Einzelfall auch die materielle Beschwer ausreichen. Nämlich dann, wenn dieses Sinn und Zweck gebieten sollten. Dieses könnte der Fall sein, wenn der Schuldner, der selbst einen Eröffnungsantrag gestellt hat, sich auf den späteren Wegfall des Eröffnungsgrundes beruft.[117]

70 **b) Beschwerdeziel: Abweisung mangels Masse.** Umstritten ist, ob trotz der materiellen Beschwer des Schuldners ein hinreichendes Rechtsschutzbedürfnis für eine Beschwerde besteht, wenn er gegenüber dem Eröffnungsbeschluss geltend macht, der Antrag habe mangels Masse abgewiesen werden müssen. Die obergerichtliche Rechtsprechung nimmt überwiegend, nunmehr bestätigt durch den BGH, ein solches Bedürfnis an, wenn das Verfahren allein aufgrund eines Gläubigerantrags eröffnet wurde[118] Es soll sich insbesondere daraus ergeben, dass die Einschränkung des Schuldners in der freien Verfügung über sein Vermögen nach der Verfahrenseröffnung wesentlich schwerwiegender sei als nach der Abweisung mangels Masse.[119] Der Schuldner müsse zudem, jedenfalls wenn ein Gläubigerantrag vorliege, die Möglichkeit haben, das Entstehen weiterer, das schuldnerische Vermögen belastender nutzloser Kosten zu verhindern. Ein Teil der Rechtsprechung verneint dagegen ein Rechtsschutzbedürfnis, weil die Rechtsstellung des Schuldners durch die Eröffnung nicht weitergehend beeinträchtigt werde als durch die Abweisung mangels Masse.[120] In beiden Fällen habe das Interesse des Schuldners, sein Vermögen selbst abzuwickeln, hinter den Interessen der gesamten Gläubigerschaft zurückzutreten.[121]

71 Ist das Verfahren auf **Antrag eines Gläubigers** eröffnet worden, ist der Schuldner sowohl materiell als auch formell durch die Eröffnungsentscheidung beschwert.[122] Unter Aufgabe der Meinung der Vorauflage[123], kann nicht in Abrede gestellt werden, dass der Schuldner in diesem Fall auch dann, wenn er geltend macht, der Antrag habe mangels Masse abgewiesen werden müssen, ein

---

[113] Vgl. BGH NJW 1955, 545; BGH ZIP 2007, 499; OLG Koblenz NJW-RR 1993, 462.
[114] So aber BGH ZIP 2007, 499 = NJW-RR 2007, 765; OLG Stuttgart NZI 1999, 491; LG Rostock ZInsO 2000, 340; LG Düsseldorf NZI 2002, 60 f.; LG Mönchengladbach NZI 2003, 152; LG Rostock NZI 2004, 37; *Pape* ZIP 1989, 1029, 1031 ff.
[115] OLG Schleswig MDR 1951, 49; OLG Frankfurt KTS 1971, 219; OLG Bamberg ZIP 1983, 200; OLG Karlsruhe ZIP 1989, 1070 f.; OLG Hamm ZIP 1993, 777 f.; OLG Schleswig ZIP 1996, 1051; OLG Brandenburg NZI 2002, 44, 47; LG München II ZIP 1996, 1952 f.; *Jaeger/Weber* KO § 109 RdNr. 1; ebenso HK-InsO-*Kirchhof* § 34 RdNr. 9, 11.
[116] OLG Schleswig MDR 1951, 49; HK-InsO-*Kirchhof* § 34 RdNr. 11.
[117] BGH, Beschl. v. 9.2.2012 – IX ZB 248/11, RdNr. 13, ZInsO 2012, 504.
[118] BGH, Beschl. v. 15.7.2004 – IX ZB 172/03, NZI 2004, 625 f.; OLG Stuttgart JW 1934, 571; OLG Frankfurt KTS 1971, 219; OLG Bamberg ZIP 1983, 200; OLG Karlsruhe (9. ZS) ZIP 1989, 1070 f.; OLG Hamm ZIP 1993, 777 f.; OLG Schleswig ZIP 1996, 1051; ebenso *Jaeger/Weber* § 109 RdNr. 2; *Hess/Weis/Wienberg* § 27 RdNr. 20, 23.
[119] BGH NZI 2004, 625 f.; ebenso HK-InsO-*Kirchhof* § 34 RdNr. 9, 21; *Hess*/Weis/Wienberg § 34 RdNr. 23.
[120] OLG Karlsruhe (14. ZS) ZIP 1992, 417 f.; LG Hof bei *Wazlawik* EWiR 2004, 189.
[121] OLG Celle ZIP 1999, 1605; OLG Köln NZI 2002, 101; LG München II ZIP 1996, 1952; LG Mönchengladbach ZIP 1997, 1384; LG Frankfurt/Main NJW-RR 1998, 338; LG Tübingen NZI 2006, 245 = NJW-RR 2006, 1209; LG Leipzig ZInsO 2007, 278; ebenso *Pape* ZIP 1989, 1029, 1031 (ausführlich); *Messner* EWiR 1999, 901; FK-InsO-*Schmerbach* § 34 RdNr. 18, 20 ff.; *Kübler/Prütting/Pape* § 34 (05/0) RdNr. 36, 37; unentschieden *Uhlenbruck/Pape* § 34 RdNr. 14.
[122] *Graf-Schlicker/Kexel* § 34 RdNr. 24.
[123] Hierzu: 2. Auflage – Schmal § 34 RdNr. 71.

rechtliches Interesse daran hat, dass ihn die einschneidenden Folgen einer Verfahrenseröffnung nicht treffen. Zwar darf der Einwand mangelnder Kostendeckung in aller Regel nicht dazu dienen, die nach der Eröffnung drohende Durchsetzung von Anfechtungsansprüchen oder sonstigen Forderungen gegen den Schuldner oder ihm wirtschaftlich nahe stehende Personen zu vereiteln. Entscheidend ist aber, dass durch die Eröffnungsentscheidung dem Schuldner nicht nur sein Verwaltungs- und Verfügungsrecht genommen wird, sondern dass darüber hinaus auch zukünftiger Neuerwerb nach § 35 in die Insolvenzmasse fällt

Ist das Verfahren aufgrund eines **Eigenantrags des Schuldners** eröffnet worden, steht diesem jedoch kein Beschwerderecht mit der Begründung zu, die Eröffnung hätte mangels einer die Kosten des Verfahrens deckenden Masse unterbleiben müssen, denn der Schuldner hat mit der auf seinen Eröffnungsantrag hin erfolgten Eröffnung sein angestrebtes Verfahrensziel erreicht. Er ist mithin weder formell, noch materiell beschwert.[124] Das gilt auch dann, wenn neben dem Schuldner auch ein Gläubiger den Insolvenzantrag gestellt hatte. Da beide Eröffnungsanträge im Zeitpunkt der Eröffnung zwecks einheitlicher Entscheidung verbunden werden, hat das Gericht mit der Eröffnungsentscheidung zumindest auch dem Eigenantrag des Schuldners entsprochen.[125]

III. Beschwerdegrund

1. Allgemeines. Die Beschwerde ist begründet, wenn der Eröffnungsbeschluss zu Unrecht ergangen und der Schuldner dadurch in seinen Rechten verletzt ist. Rechtswidrig ist die Eröffnung insbesondere,
– wenn eine allgemeine Verfahrensvoraussetzung, vor allem ein wirksamer Eröffnungsantrag, oder eine besondere Voraussetzung für die Zulässigkeit des Eröffnungsantrags fehlt,
– wenn die Verfahrensweise des Insolvenzgerichts unzulässig war und der Fehler im Beschwerdeverfahren nicht behoben werden kann,
– wenn ein für den Schuldner maßgebender Eröffnungsgrund nicht vorlag oder
– wenn der Eröffnungsbeschluss seinem Inhalt nach mit dem Gesetz nicht vereinbar ist.

Die Beteiligten können im Beschwerdeverfahren **neue Angriffs- und Verteidigungsmittel** in das Verfahren einführen (§ 571 Abs. 2 Satz 1 ZPO, § 4), sofern diese sich auf die Sachlage im jeweils **maßgebenden Zeitpunkt** beziehen. Für die verfahrensrechtlichen Eröffnungsvoraussetzungen (Zulässigkeit des Antrags, Kostendeckung) ist dies – mit der Einschränkung des § 13 Abs. 2 – der Zeitpunkt der letzten Tatsachenentscheidung. Die materiellrechtliche Begründetheit des Eröffnungsantrags, also das Vorliegen eines Eröffnungsgrundes (§ 16), ist dagegen nach der Sachlage zur Zeit der Verfahrenseröffnung zu beurteilen (RdNr. 78; § 16 RdNr. 41 ff.).

2. Einzelne Einwendungen (Beispiele). a) Unzulässigkeit oder Unwirksamkeit des Eröffnungsantrags. Der Schuldner kann sich selbstverständlich darauf berufen, dass der Eröffnungsantrag rechtzeitig, also vor Wirksamwerden des Eröffnungsbeschlusses (§ 13 Abs. 2) **zurückgenommen**[126] oder für erledigt erklärt worden sei (§ 13 RdNr. 118 ff., 131 ff.). Ferner kann er mit der Beschwerde rügen, dass die **Forderung des antragstellenden Gläubigers** vor der Eröffnung nicht glaubhaft gemacht worden sei (§ 14 Abs. 1). Unerheblich ist dagegen der Einwand, dass der Gläubiger nach dem Wirksamwerden des Eröffnungsbeschlusses sein Antragsrecht durch Erlöschen der Forderung verloren habe. Im Hinblick auf § 13 Abs. 2 kann der Wegfall der Forderung nur Bedeutung haben, wenn damit nachträglich der festgestellte Eröffnungsgrund insgesamt entfallen ist und ein anderer Eröffnungsgrund nicht besteht (vgl. § 13 RdNr. 150).

Ebenfalls unerheblich ist der Einwand, dass ein **Antragsteller aus der Sphäre des Schuldners** (vgl. § 15 RdNr. 2 ff.) aus der mitgliedschaftlichen oder organschaftlichen Stellung, auf der sein Antragsrecht beruht, nach Einreichung des Antrags ausgeschieden sei (vgl. § 13 RdNr. 144, § 15 RdNr. 9). Auch der Hinweis auf die Antragsrücknahme durch einen anderen Antragsberechtigten ist ohne Bedeutung, weil eine solche Rücknahme unzulässig ist (vgl. § 15 RdNr. 83).

b) Verfahrensfehler. Ist dem Schuldner nicht ausreichend **rechtliches Gehör** gewährt worden, so kann dies in aller Regel im Beschwerdeverfahren sowohl vom Amtsgericht als auch vom Beschwerdegericht nachgeholt werden (§ 571 Abs. 2 Satz 1, § 572 Abs. 1 Satz 1 ZPO). Mit der nachträglichen einwandfreien Gewährung des rechtlichen Gehörs wird der frühere Verfahrensfehler

---

[124] BGH, Beschl. v. 26.4.2007 –IX ZB 8/06, NZI (Beilage) 2007, 7; *Kübler/Prütting/Pape* § 34 (05/09) RdNr. 70.
[125] BGH, Beschl. v. 09.02.2012 – IX ZB 248/11, NZI 2012, 318.
[126] OLG Brandenburg NZI 2002, 44, 47.

geheilt (vgl. § 321a ZPO).[127] Zur Begründung der Rüge hat der Beschwerdeführer im Einzelnen die Tatsachen und Argumente darzulegen, die übergangen worden sind oder die er bei ordnungsgemäßer Anhörung vorgebracht hätte, um eine ihm günstigere Entscheidung zu erreichen.[128] Vgl. dazu auch § 14 RdNr. 141 ff., § 15 RdNr. 78 ff., § 16 RdNr. 25 ff.

77 Auf die **örtliche Unzuständigkeit** des Amtsgerichts kann die Beschwerde nicht gestützt werden (§ 571 Abs. 2 Satz 2 ZPO). Dabei ist es unerheblich, ob der Beschwerdeführer im Eröffnungsverfahren die Unzuständigkeit gerügt hat oder die Rüge ohne Verschulden unterblieben ist.[129] Die Rüge der **internationalen Unzuständigkeit** ist dagegen uneingeschränkt zulässig.[130]

78 **c) Unbegründetheit des Eröffnungsantrags.** Für das Vorliegen eines Eröffnungsgrundes ist der **Zeitpunkt der Verfahrenseröffnung** maßgebend (Einzelheiten bei § 16 RdNr. 41 ff.). Neues Vorbringen (§ 571 Abs. 2, 3 ZPO, § 4) oder neue Ermittlungsergebnisse sind nur erheblich, soweit sie die Sachlage zu diesem Zeitpunkt betreffen.[131] Dass während des Beschwerdeverfahrens nachträglich jeder nach der Rechtsform des Schuldners einschlägige Eröffnungsgrund weggefallen sei, kann nur mit einem Einstellungsantrag nach § 212 geltend gemacht werden (§ 16 RdNr. 43). Stellt sich im Beschwerdeverfahren heraus, dass bei Verfahrenseröffnung zwar nicht der in erster Instanz zu Grunde gelegte, wohl aber ein anderer einschlägiger Eröffnungsgrund vorlag, so ist die Beschwerde unbegründet. Bei ernstlichen Zweifeln am Vorliegen eines Eröffnungsgrundes wird es regelmäßig ratsam sein, zur genaueren Ermittlung der bei Eröffnung fälligen Verbindlichkeiten zumindest den Ablauf der Anmeldefrist abzuwarten (vgl. § 213 Abs. 1) und anschließend den Schuldner zu den Forderungsanmeldungen anzuhören.[132]

79 Zur Unzulässigkeit des **Einwands fehlender Kostendeckung** vgl. RdNr. 70 f.

80 **d) Mängel des Eröffnungsbeschlusses.** Ziel der Beschwerde muss die **Aufhebung des Eröffnungsbeschlusses insgesamt** sein (vgl. RdNr. 65 f.). Mit dieser Zielrichtung kann auch die Rechtswidrigkeit oder das Fehlen einzelner Anordnungen geltend gemacht werden, die nach dem Gesetz im Eröffnungsbeschluss zu treffen sind.[133] Gesetzliche Grundlage des Beschwerderechts ist insoweit § 34 Abs. 2, weil die Verfahrenseröffnung in gesetzmäßiger Weise erfolgen muss. Zu solchen gesetzlichen Bestandteilen des Eröffnungsbeschlusses gehören
– die Bestimmung der Verfahrensart[134] (Regelverfahren oder vereinfachtes Verfahren, §§ 304, 312 ff., Nachlassinsolvenz, Gesamtgutinsolvenz) und die daraus folgende Einstufung des Verwalteramts (Insolvenzverwalter oder Treuhänder),
– die Anordnung der Eigenverwaltung ohne (wirksamen) Antrag des Schuldners (§ 270),
– die Bestimmung der Fristen und Termine (§ 29).

81 Nicht hierzu zählen die Entscheidungen über die Auswahl des Verwalters (§ 56) sowie über den Antrag des Schuldners auf Eigenverwaltung (§ 270). Hierüber hat das Gericht nur vorläufig bis zur ersten Gläubigerversammlung zu befinden. Eine endgültige Entscheidung obliegt kraft Gesetzes der Gesamtheit der Gläubiger (§§ 57, 271, 272). Auch eine Abänderung des Eröffnungszeitpunkts (RdNr. 65), der Entscheidungsgründe[135] (zB das Auswechseln des festgestellten Eröffnungsgrundes) oder einer bloß unzweckmäßigen, aber nicht ermessensfehlerhaften Anordnung[136] kann mit der Beschwerde nicht begehrt werden. Ebenso wenig kann die Beschwerde auf die Unrichtigkeit von Hinweisen oder Anordnungen gestützt werden, die nur die maßgebliche Rechtslage (zB die Wirkungen des Insolvenzbeschlags) wiedergeben oder erläutern.[137]

---

[127] Vgl. BVerfGE 5, 9, 10 f. = NJW 1956, 985; BVerfGE 22, 282, 286 f.; BVerfG NZI 2002, 30 = NJW 2002, 1564; BVerfGE 107, 395, 410 f. = NJW 2003, 1924, 1926 f.
[128] Vgl. HessStGH NJW 2001, 2462; BGH NJW-RR 2003, 1003; BGH ZVI 2004, 24 f.; BAG NJW 2005, 1885.
[129] BGH NZI 2005, 184 (zu § 576 Abs. 2 ZPO); BGH NJW 2005, 1660, 1661 (zu § 512 Abs. 2 ZPO).
[130] BGHZ 44, 46 = NJW 1965, 1665; BGHZ 153, 82, 84 ff. = NJW 2003, 426; BGH NJW 2003, 2916 = NZI 2003, 545; BGHZ 157, 224 = NJW 2004, 1456; BGH NJW-RR 2006, 198 f.
[131] BGH, Beschl. v. 8.11.2007 – IX ZB 201/03, ZInsO 2007, 1275.
[132] BGH 13.4.2006 – IX ZB 151/05, unveröff.
[133] So schon für das alte Recht: Jaeger/*Weber* KO § 78 RdNr. 9, § 110 RdNr. 2; Kuhn/*Uhlenbruck* KO § 78 RdNr. 5, § 110 RdNr. 1; ebenso *Smid* WM 1998, 2489, 2509; Jaeger/*Schilken* § 34 RdNr. 22. Generell gegen die Berücksichtigung dieser Gründe: HKInsO-*Kirchhof* § 34 RdNr. 10.
[134] OLG Schleswig NZI 2000, 164; OLG Naumburg NZI 2000, 603; OLG Rostock NZI 2001, 213; OLG Köln NZI 2001, 216; OLG Oldenburg ZInsO 2001, 560.
[135] *Gerhardt*, FS Uhlenbruck, 2000, S. 75, 85; vgl. BayObLGZ 1994, 115, 117; OLG Hamm Rpfleger 2002, 353, 354.
[136] Weitergehend *Gerhardt*, FS Uhlenbruck, 2000, S. 75, 85 f., 95; Jaeger/*Schilken* § 34 RdNr. 22.
[137] OLG Köln ZIP 1986, 384, 386.

Soweit die Beschwerde auf die Rechtswidrigkeit oder das Fehlen einzelner Anordnungen gestützt werden kann (RdNr. 78), ist allerdings wegen ihrer eher organisatorischen Bedeutung eine **besondere materielle Beschwer des Schuldners** zu verlangen. Der behauptete Mangel der Einzelanordnung muss für den Eröffnungsbeschluss so wesentlich sein, dass ohne dessen Beseitigung dem Schuldner die weitere Unterwerfung unter das Insolvenzverfahren nicht zuzumuten ist und seine Rechte deshalb nur bei einer Aufhebung des gesamten Beschlusses gewahrt sind. Die Darlegungs- und Feststellungslast hierfür trägt der Schuldner. 82

Bei der Rüge der Rechtswidrigkeit einzelner Anordnungen ist auch zu berücksichtigen, dass das Amtsgericht jederzeit, sofern sich aus dem Gesetz nichts anderes ergibt, eine solche Anordnung des Eröffnungsbeschlusses von Amts wegen mit Wirkung für die Zukunft ändern, ergänzen oder nachholen kann. Dies gilt auch, wenn hierdurch der Beschwerde die Grundlage entzogen wird (vgl. §§ 27 bis 29 RdNr. 129 ff.). 83

Für **fakultative Anordnungen** im Eröffnungsbeschluss (zB die Einsetzung eines Gläubigerausschusses) sind im Rahmen des § 6 Abs. 1 die jeweiligen Sondervorschriften maßgebend. 84

Gläubiger haben gegen den Eröffnungsbeschluss kein Beschwerderecht. Sie können lediglich Gegenvorstellungen erheben, die das Gericht als Anregung für ein Einschreiten von Amts wegen (vgl. RdNr. 81) zu behandeln hat und formlos beantworten kann. Nur im Wege der Gegenvorstellung[138] ist auch die Rüge des **antragstellenden Gläubigers** vorzubringen, es sei ohne seine Zustimmung die Eigenverwaltung angeordnet worden (§ 270 Abs. 2 Nr. 2). 85

IV. Aufhebung des Eröffnungsbeschlusses (Abs. 3)

1. Terminologie. Die **Aufhebung des Eröffnungsbeschlusses,** die im Folgenden behandelt wird, und die mit deren Rechtskraft eintretende „Aufhebung des Verfahrens" im Sinne des Abs. 3 sind zu unterscheiden von der **Aufhebung des Insolvenzverfahrens** im Sinne der §§ 200, 258. Letztere ist ebenso wie die Einstellung eine Form der Beendigung des rechtskräftig eröffneten und (ganz oder teilweise) durchgeführten Verfahrens. Sie lässt die gesetzlichen Folgen der Eröffnung unberührt und gibt dem Schuldner nur für die Zukunft seine verbliebenen Rechte zurück. Die Aufhebung des Eröffnungsbeschlusses dagegen ergeht auf Grund einer Beschwerde und beendet das eröffnete Verfahren, abgesehen vom Sonderfall der Nichtigkeitsbeschwerde (§ 569 Abs. 1 Satz 3 ZPO), bereits vor Rechtskraft der Eröffnung. 86

2. Allgemeine Wirkungen der Aufhebung. Der Beschluss, der den Eröffnungsbeschluss im Beschwerdeverfahren aufhebt, wird regelmäßig erst mit der Rechtskraft wirksam; bis dahin besteht der Insolvenzbeschlag (§§ 80, 81, 270, 275) fort. Etwas anderes gilt nur, wenn das Beschwerdegericht die sofortige Wirksamkeit seiner Entscheidung anordnet (§ 6 Abs. 3 Satz 2) oder die Vollziehung der angefochtenen Entscheidung durch eine einstweilige Anordnung regelt (§ 570 Abs. 3 ZPO, § 4). Letzteres wird zu erwägen sein, wenn die Eröffnungsvoraussetzungen von Anfang an nicht vorlagen, um den Schuldner nicht unnötig dem fortwirkenden Insolvenzbeschlag zu unterwerfen.[139] Mit Eintritt der Wirksamkeit wird der Eröffnung – vorbehaltlich des Abs. 3 Satz 3 – rückwirkend die Grundlage entzogen; die rechtlichen Wirkungen der Eröffnung entfallen **von Anfang an.**[140] 87

Die Rückwirkung der Aufhebung erstreckt sich auf alle **kraft Gesetzes ausgelösten Rechtsfolgen** der Eröffnung, unabhängig davon, ob sie in der InsO oder in anderen Gesetzen bestimmt sind. Sie hebt auch solche Wirkungen wieder auf, die **kraft rechtsgeschäftlicher Bedingung** mit der Eröffnung von selbst eingetreten sind. Rückwirkend entfallen ferner rechtsgeschäftliche oder gesetzliche Befugnisse oder Beschränkungen, deren **tatbestandliche Voraussetzung die Eröffnung** war (zB Kündigungs- oder Rücktrittsrechte auf Grund von Lösungsklauseln; Aufrechnungs- oder Vollstreckungsverbote). Etwas anderes wird gelten, wenn eine an die Verfahrenseröffnung anknüpfende Rechtsfolge dem Schutz des anderen Vertragsteils dienen soll, etwa durch die Umwandlung des Erfüllungsanspruchs in einen Schadensersatzanspruch, und dieser Schutz durch die Rückwirkung beseitigt würde.[141] Unberührt von der Rückwirkung der Aufhebung bleibt auch die Wirksamkeit von Rechtshandlungen, die durch die Eröffnung nur motiviert waren, aber ohne rechtserheblichen tatbestandlichen Bezug zu ihr standen; ihre Rückabwicklung richtet sich nach den allgemeinen Regeln des jeweiligen Rechtsverhältnisses (zB Widerruf, Rücktritt, Kündigung). 88

---

[138] Anders *Smid* WM 1998, 2489, 2509 f. (Beschwerde).
[139] *Graf-Schlicker/Kexel* § 34 RdNr. 37.
[140] *Jaeger/Weber* KO § 109 RdNr. 4 Abs. 1; HKInsO-*Kirchhof* § 34 RdNr. 38; *Jaeger/Schilken* § 34 RdNr. 28; *Uhlenbruck/Pape* § 34 RdNr. 30.
[141] *Kübler/Prütting/Pape* § 34 (4/03) RdNr. 45; *Uhlenbruck/Pape* § 34 RdNr. 30; FKInsO-*Schmerbach* § 34 RdNr. 41.

89 Wird der Eröffnungsbeschluss auf Grund einer **Nichtigkeitsbeschwerde** aufgehoben (§ 569 Abs. 1 Satz 3 ZPO), so erstrecken sich die dargestellten Wirkungen der Aufhebung auch auf solche Rechtsfolgen, die erst mit Rechtskraft der Eröffnung eingetreten sind.[142]

90 **3. Wirkung auf das Verfahren.** Mit Rechtskraft der Aufhebung des Eröffnungsbeschlusses ist das Insolvenzverfahren kraft Gesetzes aufgehoben (Abs. 3 Satz 1) und das Amt des Insolvenzverwalters beendet. Alle im Eröffnungsbeschluss bestimmten Fristen und Termine entfallen, eine Gläubigerversammlung oder ein eingesetzter Gläubigerausschuss darf nicht mehr zusammentreten. Ein besonderer, dies aussprechender Beschluss ist nicht erforderlich,[143] die Verlautbarung erfolgt durch die sofort zu veranlassende öffentliche Bekanntmachung (RdNr. 97 ff.). Damit befindet sich das Verfahren wieder in dem **Stand vor Erlass des Eröffnungsbeschlusses**. Endgültig beendet ist es nur, wenn das Beschwerdegericht mit der Aufhebung zugleich den Eröffnungsantrag rechtskräftig zurückgewiesen oder mangels Masse abgewiesen hat. Andernfalls wird das Verfahren über den Eröffnungsantrag nach Maßgabe der Beschwerdeentscheidung und ihrer tragenden Gründe fortgesetzt.[144]

91 Soweit der antragstellende Gläubiger nach der **Kostenentscheidung** des Beschwerdegerichts die Kosten des Verfahrens zu tragen hat, betrifft dies nur die Kosten des Eröffnungsverfahrens und des Beschwerdeverfahrens. Die seit der Eröffnung angefallenen Massekosten (§ 54), insbesondere die Vergütung und die Auslagen des Insolvenzverwalters oder die Kosten des Gläubigerausschusses, fallen ihm kostenrechtlich nicht zur Last (vgl. auch RdNr. 103 ff.).[145]

92 **4. Wirkung auf Sicherungsmaßnahmen.** Mit der Aufhebung des Eröffnungsbeschlusses entfällt auch die durch die Eröffnung bewirkte Ablösung[146] (nicht: Aufhebung) von Sicherungsmaßnahmen (§§ 21, 22), die zur Zeit der Eröffnung angeordnet waren. Die Maßnahmen treten rückwirkend wieder in Kraft. Das Wiederaufleben kann nur mit Wirkung für die Zukunft und nur durch eine ausdrückliche Aufhebungsanordnung des Beschwerdegerichts verhindert werden.[147] Eine solche Anordnung kommt in Betracht, wenn mit der Aufhebung des Eröffnungsbeschlusses zugleich der Eröffnungsantrag zurückgewiesen oder mangels Masse abgewiesen wird. Im Fall der Aufhebung unter Zurückverweisung an die Vorinstanz empfiehlt es sich, das rückwirkende Wiederaufleben der Sicherungsmaßnahmen im Aufhebungsbeschluss festzustellen. Zulässig ist auch die erstmalige Anordnung von Sicherungsmaßnahmen in der Beschwerdeinstanz (§§ 27 bis 29 RdNr. 150).

93 **5. Verwaltungs- und Verfügungsrecht des Schuldners.** Mit der Aufhebung lebt auch das Verwaltungs- und Verfügungsrecht des Schuldners rückwirkend wieder in dem Stand auf, in dem es sich zur Zeit der Eröffnung befand. Beschränkungen auf Grund von Sicherungsmaßnahmen (§§ 21, 22) bleiben deshalb wirksam, bis sie vom Beschwerde- oder Amtsgericht gesondert aufgehoben werden (vgl. RdNr. 90). Im Übrigen sind Rechtshandlungen, die in der Zwischenzeit vom Schuldner oder ihm gegenüber vorgenommen worden sind, grundsätzlich – vorbehaltlich des Vorrangs der Verwalterhandlungen (Abs. 3 Satz 3; vgl. RdNr. 94) – ebenso wirksam, wie wenn der Eröffnungsbeschluss niemals erlassen worden wäre.[148] Etwas anderes gilt für einseitige rechtsgestaltende Willenserklärungen des Schuldners, wenn sie ohne Einverständnis des Gegners abgegeben worden sind; der Gegner braucht nämlich den ihm aufgedrängten rechtlichen Schwebezustand nicht zu dulden.[149] Dritte bleiben allerdings ihrerseits an die Willenserklärungen gebunden, die sie selbst gegenüber dem Schuldner abgegeben haben.

94 **6. Zwischenzeitliche Rechtshandlungen des Verwalters.** Die Wirkungen von Rechtshandlungen, die in der Zwischenzeit vom Insolvenzverwalter oder ihm gegenüber vorgenommen worden sind, werden durch die Aufhebung des Eröffnungsbeschlusses nicht berührt (Abs. 3 Satz 3). Diese Regelung soll das Vertrauen des Rechtsverkehrs in den Bestand der gerichtlichen Bestellung des Verwalters schützen;[150] derselbe Rechtsgedanke liegt etwa § 47 FamFG zugrunde. Als Rechtshand-

---

[142] Jaeger/*Weber* KO § 109 RdNr. 4 Abs. 1; *Jaeger/Schilken* § 34 RdNr. 28.
[143] *Kuhn* KTS 1957, 6 f.
[144] Vgl. BGH 9.6.2005 – IX ZB 14/05, bei *Ganter* Beilage NZI 5/2007, 3.
[145] BGH NJW 1961, 2016; Jaeger/*Gerhardt* § 13 RdNr. 71; *Uhlenbruck* § 14 RdNr. 124 ff.
[146] Vgl. Jaeger/*Weber* KO § 106 RdNr. 13; Bericht BTag zu § 29 Abs. 1 RegE (wie § 106 Abs. 2 KO); *Balz/Landfermann* S. 236 = *Kübler/Prütting*, Dok. Bd. I, S. 189; HKInsO-*Kirchhof* § 21 RdNr. 43, § 25 RdNr. 4; Jaeger/*Gerhardt* § 25 RdNr. 1; *Kübler/Prütting/Pape* § 25 (11/00) RdNr. 6; *Uhlenbruck* § 25 RdNr. 2.
[147] Jaeger/*Weber* KO § 109 RdNr. 4 Abs. 2 aE.
[148] BGH NJW 2000, 1150, 1151; BGHZ 166, 74 RdNr. 20 = NJW 2006, 1286, 1288 = NZI 2006, 224, 225 f.; *Baur*, FS Weber, 1975, S. 41, 50; Jaeger/*Weber* KO § 109 RdNr. 4 Abs. 2; *Jaeger/Schilken* § 34 RdNr. 29; *Uhlenbruck/Pape* § 34 RdNr. 30.
[149] Siehe vorherige Fn.
[150] Begr. RegE zu § 41 (= § 34), *Balz/Landfermann* S. 248 = *Kübler/Prütting*, Dok. Bd. I, S. 203; *Kuhn* KTS 1957, 6 f.; *Uhlenbruck/Pape* § 34 RdNr. 31.

lung ist wie im Anfechtungsrecht (§ 129) neben der Willenserklärung jedes (rechtmäßige oder rechtswidrige) Verhalten anzusehen, das eine rechtliche Wirkung für oder gegen die Insolvenzmasse auslöst. Solche Rechtshandlungen des Insolvenzverwalters bleiben in vollem Umfang auch für die Zukunft wirksam und binden den Schuldner wie eigene Handlungen. Ihre materielle Rechtmäßigkeit richtet sich unverändert nach den Vorschriften, welche die Befugnisse des Verwalters im eröffneten Verfahren festlegen. Andererseits haftet der Verwalter für seine zwischenzeitliche Amtsführung (§ 60) und für persönliches deliktisches Verhalten (§§ 823 ff. BGB) ebenso wie im rechtmäßig eröffneten Verfahren.[151]

Verpflichtungen, die der Verwalter zu Lasten der Masse begründet hat, sind wie Masseverbindlichkeiten im eröffneten Verfahren aus dem Vermögen des Schuldners zu erfüllen.[152] Hierzu gehören nicht nur Verpflichtungen zur geschuldeten Erfüllung, sondern auch solche auf Grund einer schuldrechtlichen Pflichtverletzung. Der Schuldner kann sich dieser Bindung nur nach den allgemeinen Regeln des materiellen Rechts nachträglich entledigen (etwa durch Rücktritt oder Kündigung). Die Fortdauer der Wirksamkeit gilt auch für rechtsgestaltende einseitige Erklärungen des Verwalters wie die Ausübung des Wahlrechts nach § 103 oder die Kündigung eines Vertragsverhältnisses, selbst wenn der Gegner wusste, dass der Eröffnungsbeschluss mit der Beschwerde angefochten war.[153] Die Rechtsfolgen dieser Erklärungen einschließlich etwaiger Schadensersatzansprüche treffen nunmehr den Schuldner.[154] 95

Haben Schuldner und Verwalter in der Zwischenzeit einander **widersprechende Rechtshandlungen** vorgenommen, etwa über denselben Gegenstand verfügt, so hat unabhängig von der zeitlichen Abfolge im Interesse der Rechtssicherheit das Verhalten des Verwalters rechtlichen Vorrang (vgl. § 184 Abs. 2 BGB).[155] Unterschiedliche Rechtshandlungen des Schuldners und des Verwalters, die zwar dem gleichen Zweck dienen, deren rechtliche Wirkungen aber nebeneinander eintreten können (zB die Miete verschiedener Lagerräume für dieselben Waren oder der Verkauf derselben Sachen an unterschiedliche Kunden), sind beide wirksam und verpflichten den Schuldner;[156] insoweit trägt der Schuldner das Risiko fehlender Koordination mit dem Verwalter. 96

Die Regelung des Abs. 3 Satz 3 gilt nicht, wenn der Ernennung des Insolvenzverwalters ein schlechthin rechtlich wirkungsloser **Scheinbeschluss** zugrunde liegt.[157] Insofern kann allenfalls im Einzelfall wegen ganz besonderer Umstände im Hinblick auf guten Glauben und besondere Schutzbedürftigkeit des Betroffenen ein Vertrauensschutz gerechtfertigt sein (vgl. RdNr. 111 f.). 97

Entsprechend anzuwenden ist Abs. 3 Satz 3 auf **Rechtshandlungen des vorläufigen Insolvenzverwalters**, wenn die Verwaltungs- und Verfügungsbefugnis über das schuldnerische Vermögen auf ihn übergegangen war[158] (§ 22 Abs. 1 Satz 1) oder wenn das Gericht ihn sonst ermächtigt hatte, zur Sicherung der Masse mit rechtlicher Wirkung für den Schuldner zu handeln (§ 22 Abs. 2). 98

7. Bekanntmachungen. Um der Aufhebung des Eröffnungsbeschlusses nach Rechtskraft die gleiche Publizität zu verschaffen wie der Eröffnung des Verfahrens, schreibt Abs. 3 Satz 1, 2 bestimmte, von Amts wegen zu treffende Maßnahmen vor. Zuständig ist die Geschäftsstelle des Amtsgerichts (vgl. § 30 Abs. 1 Satz 1), nicht die des Beschwerdegerichts; dieser obliegt es, das Amtsgericht umgehend von der Rechtskraft des Aufhebungsbeschlusses zu benachrichtigen. Die Bekanntmachungen und Löschungen müssen sofort nach Eintritt der Rechtskraft veranlasst werden. Sie dürfen nicht so lange hinausgeschoben werden, bis der ehemalige Insolvenzverwalter seine nachwirkenden Aufgaben hinsichtlich der Masseverbindlichkeiten (RdNr. 104 ff.) erledigt hat.[159] Entsprechendes gilt für die gleichzeitige Aufhebung von Sicherungsmaßnahmen (§ 25 Abs. 1, § 23). 99

a) Öffentliche Bekanntmachung. Die Aufhebung des Insolvenzverfahrens ist in gleicher Weise **öffentlich bekanntzumachen** wie der Eröffnungsbeschluss (§ 34 Abs. 3 Satz 1, 2, § 30 Abs. 1). 100

---

[151] BGH ZIP 1990, 1141, 1142.
[152] Begr. RegE zu § 41 (= § 34), *Balz/Landfermann* S. 248 = *Kübler/Prütting*, Dok. Bd. I, S. 203; vgl. RGZ 36, 93, 94 f.; BGHZ 30, 173, 176 = NJW 1959, 1873; *Uhlenbruck/Pape* § 34 RdNr. 31.
[153] *Baur*, FS Weber, 1975, S. 41, 49 f.; *Jaeger/Weber* KO § 109 RdNr. 4 Abs. 2; *Jaeger/Schilken* § 34 RdNr. 33; *Uhlenbruck/Pape* § 34 RdNr. 31; vgl. BGHZ 30, 173, 176 = NJW 1959, 1873 (für den Zwangsverwalter).
[154] *Baur*, FS Weber, 1975, S. 41, 47 f., 52.
[155] *Jaeger/Weber* KO § 109 RdNr. 4 Abs. 2; HKInsO-*Kirchhof* § 34 RdNr. 40; *Jaeger/Schilken* § 34 RdNr. 34; *Uhlenbruck/Pape* § 34 RdNr. 32.; vgl. BGHZ 30, 173, 176 = NJW 1959, 1873. Für Vorrang der Priorität, aber ohne Begr.: *Baur*, FS Weber, 1975, S. 41, 50.
[156] *Baur*, FS Weber, 1975, S. 41, 50 f.; *Jaeger/Weber* KO § 109 RdNr. 4 Abs. 2; *Jaeger/Schilken* § 34 RdNr. 34; *Uhlenbruck/Pape* § 34 RdNr. 30.
[157] BGHZ 137, 49, 56 f. = NJW 1998, 609, 611; vgl. BGHZ 39, 45, 48 = NJW 1963, 759.
[158] *Uhlenbruck* KTS 1994, 169, 182; *ders.*, Kölner Schrift, S. 325, 366; FKInsO-*Schmerbach* § 34 RdNr. 60; HKInsO-*Kirchhof* § 34 RdNr. 43, § 25 RdNr. 4; *Jaeger/Schilken* § 34 RdNr. 35.
[159] *Kuhn* KTS 1957, 6 f.; *Jaeger/Weber* KO § 116 RdNr. 1; *Jaeger/Schilken* § 34 RdNr. 31.

Dabei ist darauf hinzuweisen, dass alle im Eröffnungsbeschluss bestimmten Fristen und Termine entfallen. Wenn Sicherungsmaßnahmen weitergelten, wird es sich empfehlen, dies zur Klarstellung in die Bekanntmachung aufzunehmen.

101 **b) Mitteilung an Registergericht.** Dem **Registergericht** ist eine Ausfertigung des Aufhebungsbeschlusses mit Rechtskraftvermerk zu übermitteln (§ 34 Abs. 3 Satz 2, § 200 Abs. 2 Satz 2, § 31). Die Aufhebung ist in das entsprechende Register von Amts wegen einzutragen. Falls ursprünglich eingetragene Sicherungsmaßnahmen (Verfügungsbeschränkungen), die anlässlich der Eröffnung gelöscht worden sind, wieder aufleben (RdNr. 90), ist deren Löschung ihrerseits nach § 395 FamFG zu löschen.

102 **c) Löschungsersuchen.** Ist die Eröffnung in das **Grundbuch**, das **Schiffs- oder Schiffsbauregister** oder das **Register für Pfandrechte an Luftfahrzeugen** eingetragen worden, so ist die registerführende Stelle um die Löschung dieser Eintragung zu ersuchen (§ 34 Abs. 3 Satz 2, § 200 Abs. 2 Satz 2, §§ 32, 33). Die Löschung kann auch vom ehemaligen Insolvenzverwalter beantragt werden (§ 32 Abs. 2 Satz 2). Für die Zulässigkeit des Ersuchens oder des Antrags ist es unerheblich, ob die zu löschende Eintragung auf Veranlassung des Insolvenzgerichts oder des Insolvenzverwalters erfolgt ist (vgl. §§ 32, 33 RdNr. 77).

103 **d) Mitteilungen.** Eine Mitteilung über die Aufhebung ist alsbald nach Rechtskraft ferner sämtlichen **Gerichten** und **Behörden** zuzuleiten, denen der Eröffnungsbeschluss auf Grund justizinterner Verwaltungsvorschriften mitgeteilt worden ist (vgl. § 30 RdNr. 14). Die Einschränkung des Adressatenkreises durch Abschnitt XIIa § 4 Abs. 1 Nr. 9, Abs. 3 MiZi erscheint nicht sachgerecht. Die Mitteilung kann in der Übersendung einer einfachen, auch auszugsweisen Beschlussabschrift bestehen (vgl. § 8 Abs. 1 Satz 2).

104 **e) Benachrichtigungen.** Die besondere Benachrichtigung der **einzelnen Gläubiger** und **Drittschuldner** ist anders als bei der Eröffnung gesetzlich nicht vorgeschrieben; § 30 Abs. 2 ist in § 200 Abs. 2 Satz 2 nicht für entsprechend anwendbar erklärt. Die Benachrichtigung liegt im pflichtgemäßen Ermessen des Insolvenzgerichts. Sie kann entsprechend § 8 Abs. 3 dem ehemaligen Insolvenzverwalter übertragen werden; eine besondere Form ist nicht zu beachten. Ohne besondere Anfrage wird sie nur bei den Drittschuldnern und bei jenen Gläubigern erforderlich sein, die bereits Forderungen angemeldet haben.

105 **8. Abwicklung der Masseverbindlichkeiten.** Mit Rechtskraft der Aufhebung des Eröffnungsbeschlusses ist kraft Gesetzes das Amt des Insolvenzverwalters beendet (vgl. RdNr. 88). Sofern keine entgegenstehenden Sicherungsmaßnahmen weitergelten, hat der ehemalige Insolvenzverwalter das von ihm als Insolvenzmasse verwaltete Vermögen an den Schuldner **herauszugeben** und ihm auf Verlangen über seine Geschäftsführung **Rechnung zu legen**. Da die Gläubigerversammlung nicht mehr zusammentreten darf, findet eine Rechnungslegung gegenüber den Gläubigern oder eine Prüfung durch das Gericht (§ 66 Abs. 1, 2) nicht statt.[160]

106 Nicht ausdrücklich geregelt[161] ist, ob und in welchem Umfang der ehemalige Insolvenzverwalter vor der vollständigen Rückgabe der Masse an den Schuldner die **Verbindlichkeiten zu erfüllen** hat, die auf der Grundlage des gerichtlich angeordneten Insolvenzverfahrens entstanden sind und die im Fall der rechtskräftigen Eröffnung Masseverbindlichkeiten gewesen wären. Der Rechtsgedanke des § 25 Abs. 2, der auch § 207 Abs. 3 und § 258 Abs. 2 zugrunde liegt, spricht dafür, dem Verwalter trotz der Beendigung seines Amtes diese **nachwirkende Aufgabe außerhalb des Insolvenzverfahrens** zuzuweisen. Es soll möglichst vermieden werden, dass nach dem Rückfall der Verfügungsbefugnis auf den Schuldner aus der Amtszeit des Insolvenzverwalters noch Verbindlichkeiten offen stehen, über deren Erfüllung dann Streit entstehen könnte.[162] Diese Überlegung trifft auch auf die Lage nach Aufhebung des Eröffnungsbeschlusses zu.[163] Da die Rechtswidrigkeit des Eröffnungsbeschlusses es nicht erlaubt, die Aufhebung insgesamt über die Entscheidungsreife hinaus zu verzögern, muss dem ehemaligen Verwalter die Befugnis zuerkannt werden, auch noch nach Rechtskraft der Aufhebung aus dem von ihm verwalteten Vermögen die entstandenen Kosten des Verfahrens (§ 54) zu berichtigen und die von ihm begründeten Verbindlichkeiten einschließlich derjenigen aus einem von ihm fortgesetzten Dauerschuldverhältnis zu erfüllen; für streitige Ansprü-

---

[160] Jaeger/*Weber* KO § 116 RdNr. 2; FKInsO-*Schmerbach* § 34 RdNr. 63; anders *Kübler/Prütting/Pape* § 34 (4/03) RdNr. 48; *Uhlenbruck/Pape* § 34 RdNr. 34.
[161] Anders das alte Recht: § 116 Satz 2, § 191 Abs. 1 KO; dazu RGZ 36, 93, 94 f.; 161, 198 f.; *Kuhn* KTS 1957, 6 f.; Jaeger/*Weber* KO § 116 RdNr. 2; *Kuhn*/*Uhlenbruck* KO § 116 RdNr. 6.
[162] Begr. RegE zu § 29 (= § 25), *Balz/Landfermann* S. 235 = *Kübler/Prütting*, Dok. Bd. I, S. 189.
[163] Ebenso FKInsO-*Schmerbach* § 34 RdNr. 59; HKInsO-*Kirchhof* § 34 RdNr. 40; Jaeger/*Schilken* § 34 RdNr. 36; *Kübler/Prütting/Pape* § 34 (05/09) RdNr. 83 ff.; anders *Uhlenbruck/Pape* § 34 RdNr. 33

che hat er Sicherheit zu leisten (§ 258 Abs. 2 analog), sofern die verwaltete Masse ausreicht. Für dem Grunde nach feststehende oder erkennbare, ihrer Höhe nach jedoch ungewisse Verbindlichkeiten (zB Gerichtskosten, Vergütung), hat er geschätzte Beträge zurückzuhalten.

107 Da die Eröffnung des Verfahrens rechtskräftig für unrechtmäßig erklärt worden ist, sind die nachwirkenden Befugnisse des ehemaligen Insolvenzverwalters und die entsprechenden Eingriffe in Rechte des Schuldners auf das **unabweisbar notwendige Mindestmaß** zu beschränken. Ebenso wie im Fall des § 25 Abs. 2 erstreckt sich deshalb die fortdauernde Verfügungsbefugnis des Verwalters nur auf die ihm zugänglichen **Barmittel** einschließlich des Buchgeldes. Für weitergehende Befugnisse, wie sie ihm nach altem Recht zugestanden wurden,[164] fehlt es nach geltendem Recht an einer gesetzlichen Grundlage. Der ehemalige Verwalter ist deshalb nicht berechtigt, sonstige Vermögensgegenstände des Schuldners zur Schaffung liquider Mittel zurückzuhalten und zu verwerten.

108 Reichen die ihm zugänglichen Barmittel nicht zur Erfüllung oder Sicherstellung aller Masseverbindlichkeiten aus, so darf der Verwalter in sinngemäßer Anwendung des § 207 Abs. 3 und des § 209 Abs. 1 die **Kosten des Verfahrens** einschließlich seiner eigenen **Vergütung** vorrangig berichtigen. Die übrigen Massegläubiger müssen sich sodann unmittelbar an den Schuldner halten. Dieser haftet ihnen mit seinem gesamten gegenwärtigen und künftigen pfändbaren Vermögen. Für eine Beschränkung seiner Haftung auf das Vermögen zur Zeit der Verfahrenseröffnung[165] gibt es schon wegen der Einbeziehung des Neuerwerbs in die Insolvenzmasse (§ 35) keine Rechtsgrundlage.

109 9. **Amtshaftung wegen unberechtigter Eröffnung.** Eine objektiv rechtswidrige Eröffnung des Verfahrens ist kein enteignungsgleicher Eingriff. Die Einschränkungen und Nachteile, die der Schuldner hierdurch erleidet, werden ihm nicht im Interesse der Allgemeinheit auferlegt, sondern dienen den individuellen Interessen der Gläubiger. Entschädigungsansprüche nach Enteignungsgrundsätzen stehen dem Schuldner daher nicht zu.[166] Pflichtverletzungen des Insolvenzrichters können jedoch eine Amtshaftung (§ 839 BGB, Art. 34 GG) begründen. Dabei gilt nach derzeit herrschender Ansicht nicht das sog. Spruchrichterprivileg (§ 839 Abs. 2 Satz 1 BGB), weil die Entscheidung über den Eröffnungsantrag kein Urteil in einer Rechtssache, sondern Teil eines Vollstreckungsverfahrens ist.[167] Ob dies auch zutrifft, wenn der Schuldner oder eine Person aus seiner Sphäre dem Eröffnungsantrag entgegengetreten ist und die richterliche Entscheidung deshalb durchaus eine Befriedungsfunktion hat, mag zweifelhaft sein.[168] Jedenfalls folgt aus dem Verfassungsgrundsatz der richterlichen Unabhängigkeit (Art. 97 GG), dass dem Richter außerhalb des Anwendungsbereichs des § 839 Abs. 2 Satz 1 BGB nur bei einem besonders groben Verstoß, also bei Vorsatz oder grober Fahrlässigkeit und Unvertretbarkeit seiner Rechtsansicht oder Verfahrensweise, ein Schuldvorwurf gemacht werden kann.[169]

G. Rechtliche Mängel und Bindungswirkung des Eröffnungsbeschlusses

I. Grundsatz: Bindungswirkung trotz rechtlicher Mängel

110 Die rechtliche Wirksamkeit des Eröffnungsbeschlusses für und gegen alle Beteiligten im weitesten Sinne kann in aller Regel nur durch ein Rechtsmittel gegen den Beschluss[170] im Insolvenzverfahren selbst in Zweifel gezogen werden. Als hoheitlicher Akt, der in dem dafür vorgesehenen Verfahren erlassen ist, beansprucht der rechtskräftige Eröffnungsbeschluss Geltung gegenüber jedermann, sofern ihm nicht ausnahmsweise ein Fehler anhaftet, der zur Nichtigkeit (RdNr. 111 ff.) führt.[171] Die formelle Rechtskraft des Beschlusses (§ 705 ZPO, § 4) heilt daher grundsätzlich alle rechtlichen **Mängel der Eröffnung** und des vorangegangenen **insolvenzgerichtlichen Verfahrens** ein-

---

[164] Siehe Fn. 157.
[165] So für das alte Recht (§ 1 KO): BGH NJW 1955, 339; BGH WM 1964, 1125.
[166] BGH NJW 1959, 1085.
[167] BGH WM 1957, 67 = LM BGB § 839 (Fi) Nr. 4; BGH NJW 1959, 1085; BGH KTS 1978, 24, 27 f.; BGH NJW 1981, 1726; BGH ZIP 1986, 319, 321 = NJW-RR 1986, 412; BGH ZIP 1992, 947 = NJW-RR 1992, 919; LG Dortmund MDR 1984, 144 = KTS 1984, 146 f. mit Anm. *Mohrbutter*.
[168] Vgl. etwa zur einstweiligen Verfügung: BGH NJW 2005, 436 f.
[169] BGH WM 1965, 1158; BGH 26.4.1990 – III ZR 182/89, juris; BGH ZIP 1992, 947 = NJW-RR 1992, 919; BGHZ 155, 306, 309 = NJW 2003, 3052 f.; BGH NJW 2007, 224, 226; OLG Frankfurt NJW 2001, 3270 f.
[170] OLG Köln ZIP 2000, 1900.
[171] RGZ 129, 390, 392; 136, 97, 99; BGHZ 113, 216, 218 = NJW 1991, 922; BGHZ 138, 40, 44 = NJW 1998, 1318; BGH NZI 2003, 197 f.; BGH NZI 2004, 316 f.; BAG ZIP 1989, 798; OLG Hamburg ZIP 1984, 348 f.; OLG Frankfurt ZIP 1996, 556; LG Frankfurt/Main ZIP 1995, 1836.

schließlich des zu Grunde liegenden Antrags.[172] Mit ihr werden die rechtsgestaltenden Wirkungen des Eröffnungsbeschlusses innerhalb und außerhalb des Verfahrens unanfechtbar. Die Wirksamkeit des Beschlusses kann, auch schon vor seiner Rechtskraft, nicht als Vorfrage in einem anderen Rechtsstreit geprüft werden. Die Prozessgerichte aller Gerichtszweige haben ihn – bis zur Aufhebung oder Einstellung des Verfahrens, die ebenfalls nur durch Anträge im Verfahren selbst angestrebt werden kann[173] – als wirksam und verbindlich gegenüber jedermann hinzunehmen, selbst wenn er rechtlich fehlerhaft ist.[174]

111 Insbesondere ist die Verfahrenseröffnung ohne Nachprüfung ihrer Rechtmäßigkeit stets hinzunehmen, wenn sie Tatbestandsmerkmal einer Rechtsnorm (einschließlich einer objektiven Bedingung der Strafbarkeit) ist.[175] Ebenso kann im Prozesswege nicht geltend gemacht werden, der **Insolvenzverwalter** sei wegen Rechtswidrigkeit der Eröffnung oder wegen eines rechtlichen Mangels seiner Ernennung nicht befugt, Rechte aus diesem Amt wahrzunehmen.[176] Bindend ist auch die insolvenzgerichtliche Entscheidung über die Anordnung der Eigenverwaltung sowie die Einstufung des Verfahrens als vereinfachtes Insolvenzverfahren (§§ 312 bis 314) und die damit verbundene Festlegung der Befugnisse des Treuhänders und der Gläubiger nach § 313 Abs. 2, 3 (vgl. §§ 27 bis 29 RdNr. 36).

112 Von der Bindungswirkung des Eröffnungsbeschlusses nicht erfasst sind die **tatsächlichen Feststellungen** des Insolvenzgerichts und deren **rechtliche Würdigung**.[177] Ein Prozessgericht ist deshalb nicht gehindert, das Vorliegen eines Eröffnungsgrundes oder dessen Zeitpunkt abweichend zu beurteilen;[178] dies kann etwa bei Anfechtungs- oder Schadensersatzprozessen, aber auch im Strafprozess gegen einen organschaftlichen Vertreter des Schuldners bedeutsam werden. Im Amtshaftungsprozess kann das Gericht ebenfalls die Rechtmäßigkeit des Eröffnungsbeschlusses selbständig überprüfen. Die Wirksamkeit des Beschlusses selbst wird hiervon freilich nicht berührt.

II. Rechtliche Wirkungslosigkeit (Nichtigkeit)

113 Keine Bindungswirkung entfaltet ein Eröffnungsbeschluss, dessen rechtlicher Mangel bei verständiger Würdigung aller Umstände so offensichtlich und schwerwiegend ist, dass der Beschluss als nichtig angesehen werden muss.[179] Ein solcher **Scheinbeschluss** ist auch nach Rechtskraft ebenso wie ein Scheinurteil rechtlich schlechthin wirkungslos (nichtig), selbst wenn er einem Beteiligten zugestellt oder öffentlich bekanntgemacht worden ist oder wenn sogar auf seiner Grundlage bereits eine Gläubigerversammlung stattgefunden hat.[180] Die Nichtigkeit ist in jedem gerichtlichen Verfahren von Amts wegen zu beachten, ohne dass zuvor eine Aufhebung in dem entsprechenden Rechtsmittelverfahren stattgefunden haben muss.[181] Zulässig ist jedoch auch die **Beschwerde** gegen einen solchen wirkungslosen Beschluss, selbst wenn sie nicht innerhalb der Beschwerdefrist eingelegt wird;[182] zudem wird die (außerordentliche) Beschwerde jedem zustehen, der durch den unrichtigen Anschein eines wirksamen Beschlusses unmittelbar in seinen Rechten verletzt sein kann.[183]

114 Die Nichtigkeit des Eröffnungsbeschlusses ist angesichts der Vielzahl der Betroffenen und der kaum zu übersehenden rechtlichen und wirtschaftlichen Konsequenzen schon aus Gründen der Rechtssicherheit nur außerordentlich selten und in ganz außergewöhnlichen Fällen anzunehmen.[184] Sie kommt hauptsächlich in Betracht, wenn der Mangel den **Vorgang des Wirksamwerdens** bis zum Verlassen des gerichtsinternen Bereichs betrifft (vgl. §§ 27 bis 29 RdNr. 119 ff.) und er dem Beschluss damit schon äußerlich die Eigenschaft einer richterlichen Entscheidung nimmt (vgl. RdNr. 122).

115 Ist der Mangel im Rahmen des Gesetzes nachträglich zu beheben, so kann die **Nichtigkeit mit Wirkung für die Zukunft beseitigt** werden;[185] für die Bekanntmachung des allein maßgeblichen

---

[172] Jaeger/*Weber* KO § 109 RdNr. 10 bis 10b, § 74 RdNr. 4 zub; HKInsO-*Kirchhof* § 27 RdNr. 34; Jaeger/ *Schilken* § 27 RdNr. 47, § 34 RdNr. 39; *Kübler/Prütting/Pape* § 27 (4/03) RdNr. 9; *Uhlenbruck/Pape* § 6 RdNr. 22, § 34 RdNr. 24.
[173] BAG ZIP 1989, 798, 799.
[174] Siehe oben Fn. 167.
[175] RGSt 26, 37.
[176] RGZ 129, 390, 391 f.; 136, 97, 99 f.; BGH ZIP 1986, 319, 322; BGHZ 113, 216, 217 = NJW 1991, 922; BAG NZA 2004, 1407 = ZInsO 2003, 722; BFH/NV 2000, 1134 f.
[177] Vgl. BGH NJW 1986, 2508; BGH NJW 2003, 3058, 3059 mwN.
[178] Jaeger/*Weber* KO § 74 RdNr. 4 zub; *Uhlenbruck/Pape* § 6 RdNr. 22.
[179] BGHZ 29, 233 = NJW 1959, 723; BGHZ 113, 216, 218 = NJW 1991, 922; BGHZ 114, 315, 326 = NJW 1991, 2147; BGHZ 138, 40, 44 = NJW 1998, 1318; BGH NZI 2003, 197 f.
[180] BVerfG NJW 1985, 788 Nr. 2; BGHZ 42, 94, 96; BGHZ 137, 49, 53 ff. = NJW 1998, 609 ff.
[181] BGHZ 137, 49, 56 = NJW 1998, 609 f.
[182] Vgl. BGH NJW 1995, 404.
[183] Vgl. BGHZ 29, 223, 230 = NJW 1959, 723; *Baumbach/Lauterbach/Hartmann* ZPO Übers. § 300 RdNr. 18.
[184] BGH NZI 2003, 197 f.; *Pape* EWiR 2003, 281 f.
[185] BGHZ 18, 350, 354 = NJW 1955, 1919; BGHZ 137, 49, 53 = NJW 1998, 609.

neuen Eröffnungsbeschlusses gilt unmittelbar § 30. In den übrigen Fällen der Nichtigkeit kann das Insolvenzgericht von Amts wegen die rechtliche Wirkungslosigkeit des Beschlusses feststellen und nach § 30 bekannt machen.

III. Einzelfragen

Durch die Rechtskraft des Eröffnungsbeschlusses werden insbesondere folgende Mängel geheilt: **116**
- Mängel der gerichtlichen Zuständigkeit (Ausnahme: RdNr. 115),[186]
- Mängel des Eröffnungsantrags oder der Insolvenzfähigkeit des Schuldners (RdNr. 116),[187]
- Mängel der gerichtlichen Verfahrensweise einschließlich der Nichtgewährung des rechtlichen Gehörs (hier kommt allerdings eine Nichtigkeitsbeschwerde nach § 579 Abs. 1 Nr. 4, § 569 Abs. 1 Satz 3 ZPO in Betracht; vgl. RdNr. 13),
- das Fehlen eines Eröffnungsgrundes,
- inhaltliche Mängel des Beschlusses selbst (RdNr. 78, 122).

1. Völkerrechtliche Exemtion, internationale Zuständigkeit. Nicht geheilt wird ein Ver- **117** stoß gegen die völkerrechtliche Exemtion (Exterritorialität, Immunität) eines Schuldners, der von der **deutschen Gerichtsbarkeit** befreit ist (§§ 18 bis 20 GVG). Die rechtskräftige Eröffnung eines solchen Verfahrens ist ohne jede rechtliche Wirkung.[188] In den übrigen Fällen mit Auslandsbezug heilt jedoch die Rechtskraft des Eröffnungsbeschlusses auch den Mangel der **internationalen Zuständigkeit** des Gerichts. Ein Insolvenzverfahren über das Vermögen eines Schuldners, auf den im Inland weder die Anknüpfungspunkte für ein Hauptinsolvenzverfahren noch diejenigen für ein Partikularinsolvenzverfahren zutreffen, ist nach Rechtskraft allgemeinverbindlich eröffnet,[189] allerdings nur gegenständlich beschränkt auf das mutmaßliche **Inlandsvermögen**. Ebenso eingeschränkt wird eine Eröffnung wirksam, die ohne ausdrückliche Beschränkung auf das Inlandsvermögen beschlossen worden ist, weil dem Gericht bei Eröffnung nicht bekannt war, dass nur die Voraussetzungen für ein Partikularinsolvenzverfahren vorlagen. Die beschränkte Geltung des Verfahrens kann das Gericht auch später noch als deklaratorische Ergänzung des Eröffnungsbeschlusses feststellen.[190] Zur Kollision eines zu Unrecht eröffneten inländischen Verfahrens mit einem bereits eröffneten ausländischen Verfahren vgl. RdNr. 121.

2. Mangel der Insolvenzfähigkeit. Ein Beschluss, durch den entgegen § 11 über das Vermögen **118** einer nicht insolvenzfähigen Vereinigung oder über ein nicht insolvenzfähiges Sondervermögen das Insolvenzverfahren eröffnet wird, ist im Fall der Rechtskraft wirksam. In Betracht kommen etwa Verfahren über das Vermögen einer Gemeinschaft[191] (§ 741 BGB, §§ 10, 11 Abs. 3 WEG), über das Vermögen von Eheleuten, die nicht in Gütergemeinschaft leben, oder über ein Teilvermögen eines an sich insolvenzfähigen Schuldners. Nach altem Recht war dies insbesondere für den Konkurs über das Vermögen einer nicht konkursfähigen Gesellschaft des Bürgerlichen Rechts bedeutsam. Ein solches Verfahren wurde als Sonderkonkurs über das Gesellschaftsvermögen zugunsten der Gesellschaftsgläubiger behandelt.[192] § 11 Abs. 2 Nr. 1 hat diese Grundsätze übernommen. Man wird sie auch auf jene Zusammenschlüsse sinngemäß anwenden können, die nach geltendem Recht nicht insolvenzfähig sind. Im Fall einer Gemeinschaft ist daher das Verfahren als **Sonderinsolvenzverfahren** über das verwertbare gemeinschaftliche Vermögen (einschließlich etwaiger Einlageforderungen) zugunsten der Gemeinschaftsgläubiger durchzuführen.[193] Fehlt von Rechts wegen ein solches Vermögen, so ist das Verfahren mangels Masse einzustellen.

3. Unzulässiges Verfahren über Teilvermögen. Ist das Verfahren irrtümlich über ein Teilver- **119** mögen des Schuldners eröffnet worden, so ist das Verfahren nach Rechtskraft als **Sonderinsolvenzverfahren** über das Teilvermögen zugunsten jener Gläubiger durchzuführen, deren Forderungen im Zusammenhang mit diesem Teilvermögen entstanden sind.[194] Eine solche Eröffnung ist etwa denk-

---

[186] BGHZ 138, 40, 44 = NJW 1998, 1318.
[187] BGHZ 113, 216 = NJW 1991, 922.
[188] RGZ 157, 389, 394; LG Berlin KTS 1960, 126; vgl. auch BGH NJW-RR 2003, 1218.
[189] RGZ 157, 389, 392; BGH NJW 1955, 222; BGHZ 44, 46 = NJW 1965, 1665; vgl. auch Jaeger/*Weber* KO § 109 RdNr. 10 Abs. 2.
[190] AG Duisburg NZI 2003, 160; *Kirchhof* in Kebekus (Hrsg.), Grenzüberschreitende Insolvenzen in der Insolvenzpraxis, 2004, S. 96, 101.
[191] AG Göttingen NZI 2001, 102 = ZIP 2001, 580; dazu *Bork* ZIP 2001, 545.
[192] BGHZ 113, 216 = NJW 1991, 922; Jaeger/*Weber* KO § 109 RdNr. 10a; Kuhn/*Uhlenbruck* KO § 109 RdNr. 11.
[193] OLG Hamburg ZIP 1984, 348 f.; Jaeger/*Weber* KO § 109 RdNr. 10a Abs. 3; *Jaeger/Schilken* § 34 RdNr. 43.
[194] RGZ 129, 390, 392 f.

bar im Fall eines rechtlich unselbständigen, unter eigener Bezeichnung geführten Unternehmens oder Teilbetriebs (zB eines kommunalen Eigenbetriebs oder einer Zweigniederlassung), im Fall des unter einer besonderen Firma geführten Geschäftsvermögens eines Einzelkaufmanns oder einer Erbengemeinschaft[195] oder im Fall einer Personengesellschaft, deren sämtliche Anteile vor Eröffnung einem einzigen Gesellschafter angewachsen sind.[196] Die gleichen Grundsätze gelten, wenn der schuldnerische Rechtsträger, vom Insolvenzgericht unbemerkt, während des Eröffnungsverfahrens durch eine Verschmelzung[197] oder eine Aufspaltung[198] erloschen und sein Vermögen auf einen oder mehrere Rechtsträger übergegangen ist. Zwar sind solche Vorgänge nach ihrer Registereintragung umwandlungsrechtlich bestandskräftig,[199] doch hat dies insolvenzrechtlich keine Bedeutung, weil die Nichtbeachtung eines Eröffnungsantrags kein Mangel des Umwandlungsvorgangs ist und deshalb durch die Eintragung nicht geheilt wird. Eine Aufhebung oder Einstellung des Verfahrens ist auch in diesen Fällen nur nach den allgemeinen Vorschriften (§§ 200, 207 bis 216, 258) zulässig;[200] dabei kommt vor allem die Einstellung wegen Wegfalls des Eröffnungsgrundes in Betracht. Es wird allerdings nahe liegen, zunächst die Möglichkeit einer jederzeit zulässigen rückwirkenden Berichtigung der Schuldnerbezeichnung nach § 319 ZPO, § 4 zu prüfen (vgl. §§ 27 bis 29 RdNr. 132).

120 **4. Verstorbener oder nicht existenter Schuldner.** Ist der Schuldner vor Rechtskraft des Eröffnungsbeschlusses verstorben, ohne dass dies im Rubrum oder Tenor der Entscheidung zum Ausdruck kommt, so wird das Verfahren auch dann als Verfahren über den Nachlass als Sondervermögen durchgeführt (§§ 315 ff.), wenn der Antrag auf die Eröffnung des allgemeinen Verfahrens gerichtet war.[201] Die fehlerhafte Bestimmung der Verfahrensart und des betroffenen Vermögens ist mit Rechtskraft geheilt. Es empfiehlt sich, die zutreffenden Bezeichnungen in einem Berichtigungsbeschluss (§ 319 ZPO, § 4) klarzustellen.[202]

121 Die rechtskräftige Eröffnung des Verfahrens über das Vermögen eines nicht existenten Rechtsträgers ist, sofern sich nicht durch Auslegung der richtige Schuldner oder das betroffene Sondervermögen (RdNr. 117) ermitteln lässt, gegenstandslos und rechtlich ohne Wirkung (nichtig).[203] Das Insolvenzgericht kann entweder das Verfahren mangels Masse einstellen[204] (§ 207) oder, wohl besser, von Amts wegen die Wirkungslosigkeit des Eröffnungsbeschlusses feststellen.[205]

122 **5. Mehrfache Eröffnung.** Bei Unklarheiten über die Anknüpfungspunkte für die **örtliche Zuständigkeit** kann es vorkommen, dass bei mehreren Insolvenzgerichten ein Insolvenzverfahren über das Vermögen ein und desselben Schuldners eröffnet wird. Die Eröffnungsbeschlüsse sind auch hier nach Rechtskraft uneingeschränkt (einschließlich der Ernennung der jeweiligen Verwalter) wirksam, weil die Verletzung des § 3 Abs. 2 geheilt wird.[206] Es kann jedoch nur das **zuerst eröffnete Verfahren** durchgeführt werden, denn auch hier unterliegt das gesamte schuldnerische Vermögen einschließlich des Neuerwerbs allein dem Insolvenzbeschlag in diesem Verfahren (§ 35). Die interlokale Kollision ist in Analogie zu Art. 102 § 4 EGInsO (dazu RdNr. 121) von Amts wegen durch Einstellung des später eröffneten Verfahrens zugunsten des anderen Insolvenzgerichts aufzulösen; die Hilfskonstruktion der Einstellung mangels Masse[207] erscheint entbehrlich. Falls – ein akademischer Fall – mehrere Verfahren gegen den Schuldner genau zum selben Zeitpunkt eröffnet werden (§ 27 Abs. 2 Nr. 3), ist das zuständige Insolvenzgericht nach § 36 Abs. 1 Nr. 5 ZPO, § 4 zu bestimmen[208] und anschließend wie beschrieben zu verfahren.

123 Für **grenzüberschreitende Kollisionsfälle** dieser Art besteht im Geltungsbereich der EuInsVO[209] die besondere Prioritätsregelung des Art. 102 §§ 3, 4 EGInsO. Danach hat ein bereits in

---

[195] OLG Hamburg ZIP 1984, 348 f.
[196] RGZ 136, 97, 99; OLG Naumburg OLGRspr. 19 (1909), 230; HKInsO-*Kirchhof* § 27 RdNr. 31; *Liebs* ZIP 2002, 1716, 1718; unrichtig deshalb LG Deggendorf ZInsO 2002, 336.
[197] §§ 2, 20 Abs. 1 Nr. 2, § 36 UmwG.
[198] § 123 Abs. 1, § 131 Abs. 1 Nr. 2, § 135 UmwG.
[199] § 20 Abs. 2, § 131 Abs. 2 UmwG.
[200] Jaeger/*Weber* KO § 109 RdNr. 10a Abs. 3 gegen KG LZ 1910, 483.
[201] BGHZ 157, 350, 354 = NJW 2004, 1444 f. = NZI 2004, 206 f., LG Frankenthal Rpfleger 1986, 104; *Siegmann* ZEV 2000, 345, 346 f.
[202] Jaeger/*Weber* KO § 214 RdNr. 21 Abs. 3. Zum umgekehrten Fall des Wiederauftauchens eines für tot Erklärten: Jaeger/*Weber* KO § 216 RdNr. 8.
[203] Jaeger/*Weber* KO § 109 RdNr. 10a Abs. 5; HKInsO-*Kirchhof* § 27 RdNr. 31.
[204] So Jaeger/*Weber* KO § 109 RdNr. 10a Abs. 5.
[205] Ebenso *Jaeger/Schilken* § 34 RdNr. 42.
[206] RGZ 129, 390, 392 f.; RG JW 1932, 1558; Jaeger/*Weber* KO § 109 RdNr. 10a Abs. 4.
[207] 1. Aufl. § 34 RdNr. 120.
[208] Jaeger/*Weber* KO § 71 RdNr. 14 Abs. 2.
[209] EU-Mitgliedstaaten ohne Dänemark (vgl. EuInsVO, Begründungserwägung Nr. 33).

einem anderen EU-Mitgliedsstaat eröffnetes Hauptinsolvenzverfahren (Art. 3 Abs. 1 EuInsVO) Vorrang vor dem später eröffneten gleichartigen Verfahren in Deutschland, sofern die Eröffnung nicht gegen den deutschen *ordre public* verstößt (Art. 16, 26 EuInsVO). Das rechtskräftig eröffnete deutsche Hauptinsolvenzverfahren ist von Amts wegen zugunsten des zuständigen ausländischen Gerichts einzustellen (Art. 102 § 4 EGInsO). Außerhalb des Anwendungsbereichs der EuInsVO sieht das autonome deutsche Internationale Insolvenzrecht (§§ 335 ff.) eine solche Einstellung nicht vor. Hier ergeben sich jedoch entsprechende Rechtsfolgen aus dem Anerkennungsgrundsatz des § 343. Ist das früher eröffnete ausländische Hauptinsolvenzverfahren im Inland anzuerkennen, so hat das inländische Verfahren zurückzutreten, weil seine gesamte Insolvenzmasse aus Rechtsgründen dem ausländischen Verfahren zuzuordnen ist (RdNr. 120). Es ist analog Art. 102 § 4 EGInsO zugunsten des ausländischen Gerichts einzustellen. Diese Analogie ist gerechtfertigt, weil Art. 102 § 4 EGInsO die Überleitung des einen auf das andere Verfahren sachgerechter regelt als die andernfalls anzuwendenden Vorschriften über die Einstellung mangels Masse (§§ 207, 215). Mit der uneingeschränkten Anerkennung des ausländischen Verfahrens muss auch außerhalb des Geltungsbereichs der EuInsVO der Grundsatz des gegenseitigen Vertrauens der Insolvenzgerichte[210] gelten. In beiden Kollisionsfällen besteht allerdings auch die Möglichkeit der deklaratorischen **Überleitung des Verfahrens in ein Sekundärinsolvenzverfahren** (Art. 27 EuInsVO, §§ 354, 356), wenn die Voraussetzungen für ein Verfahren dieser Art vorliegen (RdNr. 62, 115).

6. Mängel des Beschlusses selbst. Die rechtliche Wirkungslosigkeit (Nichtigkeit) des Eröffnungsbeschlusses kommt hauptsächlich in Betracht, wenn der Mangel den **Vorgang des Wirksamwerdens** betrifft und dem Beschluss damit schon äußerlich die Eigenschaft einer richterlichen Entscheidung nimmt (vgl. §§ 27 bis 29 RdNr. 119 ff.). Wirkungslosigkeit liegt deshalb insbesondere vor, wenn der Beschluss weder vom Richter **unterschrieben** noch förmlich **verkündet** worden ist (vgl. §§ 27 bis 29 RdNr. 121 f.).[211] Auch ein Beschluss, in dessen Urschrift der eigentliche **Beschlusstenor** über die Eröffnung des Insolvenzverfahrens unter Angabe des Schuldners oder des betroffenen Sondervermögens völlig fehlt, ist schlechthin wirkungslos.[212] Nur anfechtbar ist der Beschluss dagegen, wenn die Bezeichnung des Schuldners zwar unzureichend ist, der Mangel jedoch durch zweifelsfreie Identifizierung des Schuldners und Berichtigung oder Ergänzung des Rubrums (vgl. §§ 27 bis 29 RdNr. 18, 132) nachträglich geheilt werden kann.[213] Wirkungslos ist ferner ein Beschluss, mit dem ein **Rechtspfleger** anstelle des Richters bei der Eröffnung einen Insolvenzverwalter ernannt hat[214] (vgl. §§ 27 bis 29 RdNr. 135 ff., 140). Ist die **Stunde der Eröffnung** entgegen § 27 Abs. 2 Nr. 3 und nach Bekanntwerden der hierzu ergangenen Rechtsprechung (§§ 27 bis 29 RdNr. 41) auf einen anderen Zeitpunkt als den der Unterzeichnung oder Verkündung des Beschlusses festgesetzt worden, so ist zwar diese Anordnung nichtig. Der Eröffnungsbeschluss bleibt jedoch im Übrigen wirksam, weil anstelle der nichtigen Regelung die subsidiäre gesetzliche Vermutung des § 27 Abs. 3 eingreift.[215]

Abgesehen von dem völligen Fehlen des Ausspruchs über die Verfahrenseröffnung (RdNr. 122), ist es für die Wirksamkeit des Beschlusses unerheblich, dass eine sonstige gesetzlich **vorgeschriebene Anordnung oder Aufforderung** fehlt (§§ 27 bis 29, 270, 312, 313). Das Insolvenzgericht kann von Amts wegen jederzeit, auch noch nach Rechtskraft der Eröffnung, das Fehlende in einem besonderen Beschluss mit Wirkung für die Zukunft ergänzen (vgl. §§ 27 bis 29 RdNr. 129 f.).

IV. Wegfall von Eröffnungsvoraussetzungen nach Rechtskraft

Der Eröffnungsbeschluss bleibt nach Rechtskraft auch wirksam, wenn eine Eröffnungsvoraussetzung nachträglich wegfällt oder sich herausstellt, dass sie ursprünglich nicht vorlag. Tritt durch den nachträglichen Wegfall des schuldnerischen Rechtsträgers Gesamtrechtsnachfolge ein, so bleibt der Insolvenzbeschlag bestehen und das Verfahren ist, wie im Fall der Eröffnung über ein Teilvermögen, als **Sonderinsolvenzverfahren** über das bisherige Vermögen des weggefallenen Schuldners fortzusetzen (vgl. RdNr. 119 bis 121). In einer solchen Lage kann das Insolvenzgericht den Eröffnungsbeschluss nicht von Amts wegen aufheben. Es ist auch hier an die gesetzlichen Regelungen über die Beendigung des Verfahrens gebunden. In Betracht kommt eine **Einstellung wegen Wegfalls des Eröffnungsgrundes** (§ 212) oder eine **Einstellung mangels kostendeckender Masse** (§ 207).

---

[210] EuInsVO, Begründungserwägung Nr. 22.
[211] BGH ZIP 1986, 319, 321; BGHZ 137, 49 = NJW 1998, 609; vgl. auch *Pape* ZInsO 1998, 61, 64 f.
[212] Ebenso *Jaeger/Schilken* § 34 RdNr. 40.
[213] BGH NZI 2003, 197; BGH NJW 2003, 3136 f.
[214] BGH ZIP 1986, 319, 322; BGH ZIP 1990, 1141; *Eickmann* EWiR 1986, 295.
[215] So für künftige Fälle wohl auch BGH NZI 2004, 316 f.

Zweiter Abschnitt. Insolvenzmasse. Einteilung der Gläubiger

§ 35 Begriff der Insolvenzmasse

(1) Das Insolvenzverfahren erfaßt das gesamte Vermögen, das dem Schuldner zur Zeit der Eröffnung des Verfahrens gehört und das er während des Verfahrens erlangt (Insolvenzmasse).

(2) [1]Übt der Schuldner eine selbstständige Tätigkeit aus oder beabsichtigt er, demnächst eine solche Tätigkeit auszuüben, hat der Insolvenzverwalter ihm gegenüber zu erklären, ob Vermögen aus der selbstständigen Tätigkeit zur Insolvenzmasse gehört und ob Ansprüche aus dieser Tätigkeit im Insolvenzverfahren geltend gemacht werden können. [2]§ 295 Abs. 2 gilt entsprechend. [3]Auf Antrag des Gläubigerausschusses oder, wenn ein solcher nicht bestellt ist, der Gläubigerversammlung ordnet das Insolvenzgericht die Unwirksamkeit der Erklärung an.

(3) [1]Die Erklärung des Insolvenzverwalters ist dem Gericht gegenüber anzuzeigen. [2]Das Gericht hat die Erklärung und den Beschluss über ihre Unwirksamkeit öffentlich bekannt zu machen.

Schrifttum: *Abel,* Filmlizenzen in der Insolvenz des Lizenzgebers und Lizenznehmers, NZI 2003, 121; *Ahrens,* Negativerklärung zur selbstständigen Tätigkeit gem. § 35 II InsO, NZI 2007, 622; *ders.,* Pfändung verschleierter Arbeitseinkommen: Aktuelle Rechtsprechung, NJW-Spezial 2009, 53; *Altmeppen,* Verschlimmbesserungen im Kapitalersatzrecht, ZIP 1996, 1455; *Andres,* Die geplante Neuregelung des Neuerwerbs des selbständigen Schuldners in der Insolvenz, NZI 2006, 198; *Andres/Pape,* Die Freigabe des Neuerwerbs als Mittel zur Bewältigung der Probleme einer selbständigen Tätigkeit des Schuldners, ZInsO 2005, 141; *Angermann,* Zivilrechtliche Probleme des Unternehmenskaufs, 1987; *Balz,* Das neue europäische Insolvenzübereinkommen, ZIP 1996, 948; *ders.,* Die Ziele der Insolvenzordnung, Kölner Schrift zur InsO, 2. Aufl. 2000, S. 3; *Bange,* Die Veräußerung einer Arztpraxis im Rahmen eines (Liquidations-) Insolvenzplanverfahrens, ZInsO 2006, 362; *Bankenkommentar zum Insolvenzrecht,* 2. Aufl. 2012; *Bankrecht und Bankpraxis,* Loseblatt; *Bärmann,* WEG, 11. Aufl. 2010; *Bartenbach/Volz,* Der Arbeitnehmererfinder in Konkurs- und Vergleichsverfahren seines Arbeitgebers, DB 1981, 1121; *dies.,* ArbnErfG, 4. Auflage 2002; *Batereau,* Die Haftung der Bank bei fehlgeschlagener Sanierung, WM 1992, 1517; *Bauer,* Gesellschafterhaftung in Krise und Insolvenz der GmbH – Teil 3, ZInsO 2011, 1379; *Baumbach/Hefermehl,* Wettbewerbsrecht, 23. Aufl. 2004; *Baumbach/Hopt,* HGB, 35. Aufl. 2012; *Baumbach/Hueck,* GmbHG, 20 Aufl. 2013; *Baumbach/Lauterbach/Albers/Hartmann,* ZPO, 70. Aufl. 2012; *Benkard,* PatGu. GebrMG, 10. Aufl. 2006; *Benckendorff,* Freigabe von Kreditsicherheiten in der Insolvenz, Kölner Schrift zur InsO, 2. Aufl. 2000, S. 1099; *Berger,* Zwangsvollstreckung in urheberrechtliche Vergütungsansprüche, NJW 2003, 853; *ders.,* Die Abtretung ärztlicher Honorarforderungen, NJW 1995. 1584; *ders.,* Auf dem Weg zur Insolvenzfestigkeit von Lizenzen, ZInsO 2007, 114; *ders.,* Die unternehmerische Tätigkeit des Insolvenzverwalters im Rahmen der Haftungserklärung nach § 35 Abs. 2 InsO, ZInsO 2008, 1101; *Bergmann,* Die Verwaltungsbefugnis des Insolvenzverwalters über einen zur Insolvenzmasse gehörenden GmbH-Geschäftsanteil, ZInsO 2004, 225; *Berkowsky,* Aktuelle arbeitsrechtliche Fragen in Krise und Insolvenz, NZI 2011, 12; *Bernhardt/Kraßer,* Lehrbuch des Patentrechts, 4. Aufl. 1986; *Beuthin/Friebel,* Kein Geschäftsanteilerwerb mehr nach Insolvenzeröffnung?, NZI 2006, 505; *Bode/Bergt/Obenberger,* Doppelseitige Treuhand als Instrument der privatrechtlichen Insolvenzsicherung im Bereich betrieblicher Altersversorgung, DB 2000, 1864; *Böhme,* Die Besteuerung des Know-how, 1967; *Bokelmann,* Die Firma im Konkursverfahren, KTS 1982, 27; *Bork,* Einführung in das neue Insolvenzrecht, 5. Aufl. 2009; *ders.,* Vinkulierte Namensaktien in Zwangsvollstreckung und Insolvenz des Aktionärs, FS Henckel, 1995, S. 23; *ders.,* Die Insolvenz der Wohnungseigentümergemeinschaft, ZInsO 2005, 1067; *ders.,* Die Doppeltreuhand in der Insolvenz, NZI 1999, 337; *ders.,* Abschaffung des Eigenkapitalersatzrechts zugunsten des Insolvenzrechts?, ZGR 2007, 250; *Brandt,* Softwarelizenzen in der Insolvenz, NZI 2001, 337; *Braun,* InsO, 5. Aufl. 2012; *Breutigam/Blersch/Goetsch,* Insolvenzrecht, Loseblatt; *Buchmann,* Die Insolvenz der Pfandbriefbank, WM 2009, 442; *Bullinger/Hermes,* Insolvenzfestigkeit von Lizenzen im zweiten Anlauf einer Insolvenzrechtsreform?, NZI 2012, 492; *Buntenbroich,* Verlässlichkeit der öffentlichen Bekanntmachung gem. § 9 InsO (www.insolvenzbekanntmachungen.de), NZI 2009, 370; *Bußhardt,* Urheberrechte in der Insolvenz, Der Syndikus 2003, 36; *v. Caemmerer,* Kapitalanlage- oder Investmentgesellschaften, JZ 1958, 46; *Campbell,* Die neue Asseetklasse „Infrastruktur-Sondervermögen" (Infrastrukturfonds) nach §§ 90a–f InvG, WM 2008, 1774; *Canaris,* Bankvertragsrecht, 3. Aufl. 1988; *ders.,* Die Auswirkungen eines im Ausland ausgebrachten Arrests im inländischen Konkurs und Vergleich, ZIP 1983, 647; *ders.,* Unternehmenskontinuität als Haftungs- und Enthaftungsgrund im Rahmen von § 25 HGB, FS Frotz, 1993, S. 29; *du Carois,* Freigabe eines Grundstückes (Schuldner, was ist zu tun?), ZInsO 2005, 472; *Casse,* Einkommenssteuer als Masseverbindlichkeit?, ZInsO 2008, 795; *Cepl,* Lizenzen in der Insolvenz des Lizenznehmers, NZI 2000, 357; *Cranshau,* Die Sicherheiten- bzw. Sicherungsurhand in Sanierung und Abwicklung im Spiegel der Rechtsprechung, WM 2009, 1682; *Dahl,* Die Bestellung eines Sonderinsolvenzverwalters nach der InsO, ZInsO 2004, 1014; *ders.,* „Unternehmensfreigabe" nach § 35 II, III InsO – Insolvenzmasse, NJW-Spezial 2007, 485; *ders.,* Auswirkung der Freigabe des Geschäftsbetriebs auf Mietverhältnisse, VIA 2010, 54; *Dahl/Schindler,* Auswirkungen der Negativerklärung gem. § 35 II 1 InsO auf bestehende Dauerschuldverhältnisse, VIA 2011, 1; *Dahl/Schmitz*, Die geplante Einführung eines § 108a InsO zur Regelung der Insolvenzfestigkeit von Lizenzen, NZI 2008, 424 f; *dies.*, Der Lizenzvertrag in der Insolvenz des Lizenzgebers und die geplante Einführung des § 108a InsO, NZI 2007, 626; *Dawe*, Verbraucherdarlehen und Restschuldversicherung im Insolvenzverfahren, NZI 2008, 513; *Delhaes*, Zur Kündigung von Wohnraummietverhältnissen durch den Treuhänder im Verbraucherinsolvenzverfahren, FS Uhlenbruck, 2000, S. 585; *Dengler/Gruson/Spielberger*, Insolvenzfestigkeit von Lizenzen? Forschungsstandort Deutschland – so wohl kaum!, NZI 2006, 677; *Dörndorfer*, Insolvenzverfahren und Lohnpfändung, NZI 2000, 292; *Eckert*, Miete, Pacht und Leasing im neuen Insolvenzrecht, ZIP 1996, 897; *Eden*, Treuhandschaft an Unternehmen und Unternehmensanteilen, 1981; *Elfring*, Die Verwertung verpfändeter und abgetretener Lebensversicherungsansprüche in der Insolvenz des Versicherungsnehmers, NJW 2005, 2192; *Ehricke*, Die Zusammenarbeit der Insolvenzverwalter bei grenzüberschreitenden Insolvenzen nach der EuInsVO, WM 2005, 397; *Elz*, Verarbeitungsklauseln in der Insolvenz des Vorbehaltskäufers – Aussonderung oder Absonderung, ZInsO 2000, 478; *Emmerich*, Das Firmenrecht im Konkurs, 1992; *Emmert*, Kündigung und Einziehung des Genossenschaftsanteils durch den Insolvenzverwalter trotz § 109 Abs. 1 Satz 2 InsO?, ZInsO 2005, 852; *Empting*, Die Internet-Domain in der Insolvenz, ZInsO 2006, 229; *ders.*, Immaterialgüter in der Insolvenz, 2003; *Enzensberger/Roth*, Der Pflichtteilsanspruch in der Pfändung und Insolvenz, NJW-Spezial 2009, 263; *Finger*, Die Offenkundigkeit des mitgeteilten Fachwissens bei Know-how-Verträgen, GRUR 1970, 3; *D. Fischer/Thoms-Meyer*, Privatrechtlicher Insolvenzschutz für Arbeitnehmeransprüche aus deferred compensation, DB 2000, 1861; *T. Fischer*, Widerspruchsrecht des Markenrechtsinhabers bei der Verwertung von sicherungsübereigneter Markenware, WM 1997, 597; *Fleckner*, Das Refinanzierungsregister, WM 2006, 697 und WM 2007, 2272; *Flitsch/Herbst*, Lebensversicherungsverträge in der Insolvenz des Arbeitgebers, BB 2003, 317; *Förster*, Klartext: Die Freigabe bleibt zulässig, ZInsO 2000, 315; *Frankfurter Kommentar*, InsO, 7. Aufl. 2013; *Frege*, Abgrenzungsfragen im Recht zur Sonderinsolvenzverwaltung, ZInsO 2008, 1130; *Fritz*, Begründungspflicht für einen Antrag nach § 35 II 3 InsO, NZI 2011, 801; *Fromm/Nordemann*, Urheberrecht, 10. Aufl. 2010; *Frotscher*, Besteuerung bei Insolvenz, 7. Aufl. 2010; *Fuhr/Friauf*, GewO, Loseblattsammlung; *v. Gamm*, GeschmMG, 2. Aufl. 1989; *ders.*, UrhG, 3. Aufl. 1993; *v. Gamm/Teplitzky*, Wettbewerbs- und Wettbewerbsverfahrensrecht, Band 1, 5. Aufl. 1987; *Ganter*, Patentlizenzen in der Insolvenz des Lizenzgebers, NZI 2011, 833; *ders.*, Gläubigerbenachteiligung durch Drittzahlungen?, NZI 2011, 475; *ders.*, Die Rechtsprechung des BGH zum Insolvenzrecht im Jahr 2010, NZI 2011, 209; *Gerhardt*, Grundbegriffe des Vollstreckungs- und Insolvenzrechts, 3. Aufl. 1985; *Geßler*, Zur Problematik des kapitalersetzenden Gesellschafterdarlehen, ZIP 1981, 228; *v. Gleichenstein*, Der Steuererstattungsanspruch als Bestandteil der Insolvenzmasse?, NZI 2006, 624; *Gottwald*, Insolvenzrechts-Handbuch, 4. Aufl. 2010; *Graf-Schlicker/Kexel*, InsO, 2. Aufl. 2010; *Grahlmann*, Zahlungsobliegenheit eines Selbstständigen während Treuhandperiode, VIA 2009, 21; *Großfeld/Schemmann*, Versicherungsunternehmen im Reorganisations- und Liquidationsverfahren, ZIP 1985, 1180; *Grote*, Wohnraummiete und Arbeitseinkommen während der eröffneten Verbraucherinsolvenzverfahrens, NZI 2000, 66; *ders.*, § 35 Abs. 2 und § 295 Abs. 2 InsO – Echte oder scheinbare Probleme nach der Freigabe der Selbstständigkeit, ZInsO 2011, 1489; *Grote/Pape*, Stellungnahme zum Referentenentwurf eines Gesetzes zur Änderung der Insolvenzordnung des Kreditwesengesetzes und anderer Gesetze, ZInsO 2004, 993; *Grunsky*, Der Sportverein in der wirtschaftlichen Krise, 1990; *Göttlich*, Die Zwangsvollstreckung in Schutzrechte, MDR 1957, 11; *Haarmeyer*, Die „Freigabe" selbstständiger Tätigkeit des Schuldners und die Erklärungspflichten des Insolvenzverwalters, ZInsO 2007, 696; *Haarmeyer/Wutzke/Förster*, InsO, 3. Aufl. 2001; *Haas*, Nutzungsüberlassung des Gesellschafters in der GmbH-Insolvenz, NZI 2012, 601; *Habersack*, Gesellschafterdarlehen nach MoMiG: Anwendungsbereich, Tatbestand und Rechtsfolgen der Neuregelung, ZIP 2007, 2145; *Hain*, Das Wohnraummietverhältnis des Insolvenzschuldners unter besonderer Berücksichtigung der Räumungs- und Herausgabeverpflichtung des Insolvenzverwalters/Treuhänders, ZInsO 2007, 192; *Hamburger Kommentar*, InsO, 4. Aufl. 2012; *Hanisch*, Rechtszuständigkeit der Konkursmasse, 1973; *Harder*, Die geplante Reform der Verbraucherinsolvenzrechts, NZI 2012, 113; *Hartmann*, Kraftfahrtsteuer in der Insolvenz nach neuer BFH-Rechtsprechung, NZI 2012, 168; *Häsemeyer*, Die Aufrechnung nach der Insolvenzordnung, Kölner Schrift zur InsO, 2. Aufl. 2000, S. 645; *ders.*, Insolvenzrecht, 4. Auflage 2007; *Hasse*, Interessenkonflikte bei der Lebensversicherung zugunsten Dritter, 1981; *Heckel*, Innengesellschaften im Konkurs, 1990; *Heidelberger Kommentar*, InsO, 6. Aufl. 2011; *Heidner*, Die rechtsgeschäftliche Treuhand in Zivil- und Insolvenzrecht, DStR 1989, 276; *Heilmann*, Software im Entwicklungsstadium als Teil der Konkursmasse, KTS 1990, 437; *Heim*, Lizenzverträge in der Insolvenz – Anmerkungen zu § 108a InsO-E, NZI 2008, 338; *Heinze*, Die neue Freigabe des Unternehmens aus der Insolvenzmasse, ZVI 2007, 349; *Henn*, Patent- und Know-how-Lizenzvertrag, 5. Aufl. 2003; *Herchen*, Die Befugnis des Insolvenzverwalters zur Änderung der Firma im Rahmen der übertragenden Sanierung, ZInsO 2004, 1112; *Hess/Pape*, InsO- und EGInsO, 1995; *Hess/Röpke*, Die Insolvenz der kammerabhängigen freien Berufsangehörigen, NZI 2003, 233; *Hess/Weis/Wienberg*, InsO, 2. Auflage 2001; *Heymann/Horn*, HGB, 2. Aufl. 1999; *Hinkel/Laskos*, Das eingeschränkt unwiderrufliche Bezugsrecht in der Insolvenz des Arbeitgebers – Kollidiert die BGH-Rechtsprechung mit § 91 InsO?, ZInsO 2006, 1253; *Hirsch*, Das Recht der Erfindung, 1930; *Hirte*, Entwicklung des Unternehmens- und Gesellschaftsrechts in Deutschland 1998/99, NJW 2000, 3321; *ders.*, Das Recht der Genossenschaft, FS Uhlenbruck, 2000, S. 637; *ders.*, Neuregelungen mit Bezug zum gesellschaftsrechtlichen Gläubigerschutz im Insolvenzrecht durch das Gesetz zur Modernisierung des GmbH-Rechts und zur Bekämpfung von Missbräuchen (MoMiG), ZInsO 2008, 689; *ders.*, Die Neuregelung des Rechts der (früher: kapitalersetzenden) Gesellschafterdarlehen durch das „Gesetz zur Modernisierung des GmbH-Rechts und zur Bekämpfung von Missbräuchen" (MoMiG), WM 2008, 1429; *Hirte/Knof*, Das „neue" Sanierungsprivileg nach § 39 Abs. 4 Satz 2 InsO, WM 2009, 1961; *Hölzle/Geßner*, Die Insolvenz des Leasinggebers – Zweifelsfragen bei der Besicherung des Refinanzierers, ZIP 2009, 1641; *Hoffmann*, Immaterialgüterrechte in der Insolvenz, ZInsO 2003, 732; *Hölters*, Hdb. des Unternehmens- und Beteiligungskaufs, 6. Aufl. 2005; *Holzer*, Erklärungen des Insolvenzverwalters bei Ausübung einer selbständigen Erwerbstätigkeit des Schuldners, ZVI 2007, 289; *Höpfner*, Möglichkeiten des Insolvenzverwalters zur Rückgängigmachung oder wirtschaft-

§ 35　　　2. Teil. 2. Abschnitt. Insolvenzmasse. Einteilung der Gläubiger

lichen Kompensation der Freigabe, ZIP 2000, 1517; *Horner/Rand,* Kfz-Steuer: Massehaftung für insolvenzfreies Vermögen?, NZI 2011, 898; *Huber,* Die Abwicklung gegenseitiger Verträge nach der Insolvenzordnung, NZI 1998, 97; *Hubmann,* Gewerblicher Rechtsschutz, 7. Aufl. 2002; *ders.,* Die Zwangsvollstreckung in Persönlichkeits- und Immaterialgüterrechte, FS Lehmann, Band II, 1956, S. 812; *Hübschmann/Hepp/Spitaler,* AO-FGO, Loseblatt; *Hüffer,* AktG, 8. Aufl. 2008; *Isay,* PatG und GebrMG, 6. Aufl. 1932; *Jacobs/Lindacher/Teplitzky,* UWG, 2007; *Jaeger,* InsO, 2004; *Janca,* Der Lebensversicherungsvertrag im Insolvenzverfahren, ZInsO 2003, 449; *ders.,* Zuordnung des Rückkaufswerts der Kapitallebensversicherung bei Abtretung nur für den Todesfall, ZInsO 2009, 161; *ders.,* Massezugehörigkeit des Rückkaufswertes kapitalbildender Lebensversicherungen bei Abtretung auf den Todesfall, ZInsO 2007, 982; *Jungmann,* Das Zusammentreffen von Zwangsverwaltung und eigenkapitalersetzender Nutzungsüberlassung, ZIP 1999, 601; *Kalter,* Das konkursfreie Vermögen, KTS 1975, 1; *Karollus,* Zur geplanten Reform des Kapitalersatzrechtes, ZIP 1996, 1893; *Kayser,* Die Lebensversicherung in der Insolvenz des Arbeitgebers, 2006; *Kern,* Verwertung der Personalfirma im Insolvenzverfahren, BB 1999, 1717; *Kießling,* Entgeltfinanzierte Direktversicherungen in der Insolvenz des Arbeitgebers, NZI 2008, 469; *Kilger,* Rechtsanwendung im Konkurs, FS Merz, 1992, S. 253; *Kilger/K. Schmidt,* KO, 17. Aufl. 1997; *Kind,* Insolvenzrechtliche Änderungen durch das MoMiG, NZI 2008, 475; *Klauer/Möhring,* PatG, 3. Aufl. 1971; *Klenk,* Die rechtliche Behandlung des Investmentanteils, 1967; *Kluth,* Die freiberufliche Praxis „als solche" in der Insolvenz – „viel Lärm um nichts"?, NJW 2002, 186; *Knöfler/Ghedina,* Das Erlaubnisverfahren für KAGen nach dem Investmentgesetz, WM 2008, 1341; *Knoppe,* Besteuerung der Lizenz- und Know-how-Verträge, 2. Auflage 1972; *Köke,* Freigabe von Immobilien aus dem Insolvenzbeschlag, VIA 2010, 8; *Kothe,* Die Behandlung von Unterhaltsansprüchen nach der Insolvenzordnung, Kölner Schrift zur InsO, 2. Aufl. 2000, S. 781; *ders.,* Wohnraummiete und Insolvenz, FS Uhlenbruck, 2000, S. 217; *Kranenberg,* Modifizierte Freigabe – Quo vadis?, NZI 2009, 156; *dies.,* Kraftfahrzeugsteuer in der Insolvenz – neuere Entwicklungen in der Rechtsprechung, NZI 2008, 81; *Kretschmer,* Der Schuldbefreiungsanspruch im Konkurs des Befreiungsgläubigers, 1977; *Kuder,* Kontoführung im Insolvenzverfahren, ZInsO 2009, 584; *Kübler,* Sondersituation bei Unternehmensfortführung und Unternehmenskauf im Konkurs, ZGR 1982, 498; *Kübler/Prütting,* InsO, Loseblatt; *Küppers/Louven,* Outsourcing und Insolvenzsicherung von Pensionsverpflichtungen durch Contractual „Trust" Arrangements, BB 2004, 337; *Lange,* Treuhandkonten in Zwangsvollstreckung und Insolvenz, NJW 2007, 2513; *Laufs/Uhlenbruck,* Arztrecht, 3. Aufl. 2002; *Landmann/Rohmer,* Umweltrecht, Loseblatt; *Leipold,* Insolvenzrecht im Umbruch, 1991; *Löser,* Zur rechtlichen Behandlung des eingeschränkt unwiderruflichen Bezugsrechts des Arbeitnehmers als einer Direktversicherung in der Insolvenz des Arbeitgebers, ZInsO 2008, 649; *Lüdecke/Fischer,* Lizenzverträge, 1957; *Lüke,* Freigabe und was dann? Zu den materiellrechtlichen Folgen der Freigabe der Wohnung in der Insolvenz ihres Eigentümers, FS Wenzel, 2005, S. 235; *ders.,* Der Mieter in der Insolvenz, ZWE 2004, 62; *Lutter/Hommelhoff,* GmbHG, 17. Aufl. 2009; *Lwowski/Fischer/Langenbucher,* Das Recht der Kreditsicherung, 9. Aufl. 2011; *Lwowski/Heyn,* Die Rechtsstellung der absonderungsberechtigten Gläubiger nach der InsO, WM 1998, 473; *Lwowski/Hoes,* Markenrecht in der Kreditpraxis, WM 1999, 771; *Lwowski/Tetzlaff,* Zivilrechtliche Umwelthaftung in der Insolvenz, WM 1998, 1509; *dies.,* Die Verwertung von unbeweglichen Gegenständen im Insolvenzverfahren, WM 1999, 2336; *dies.,* Altlasten in der Insolvenz – Die insolvenzrechtliche Qualifikation der Ersatzvornahmekosten für die Beseitigung von Umweltlasten, NZI 2001, 57; *dies.,* Umweltrisiken und Altlasten in der Insolvenz, 2002; *dies.,* Umweltlasten in der Insolvenz und gesicherte Gläubiger, WM 2005, 921; *Marotzke,* Die Wohnraummiete in der Insolvenz des Mieters, KTS 1999, 269; *ders.,* Nutzungs- und Immaterialgüterrechte im Fokus der aktuellen (Insolvenz-)Rechtspolitik, ZInsO 2008, 1108; *Meller-Hannich,* Gleicher Pfändungsschutz für alle Einkünfte?, WM 2011, 529; *dies.,* Verfügbarkeit von Forderungen und Gläubigerzugriff, KTS 2000, 37; *Mentzel,* Der Einfluß des Konkurses auf Patentrechtsverhältnisse, KuT 1937, 17; *Metzner,* GastG, 6. Aufl. 2002; *G. Meyer,* Das Erbbaurecht in der Insolvenz, NZI 2007, 487; *Michalski/Barth,* Kollision von eigenkapitalersetzender Nutzungsüberlassung und Grundpfandrechten, NZG 1999, 277; *Mock,* Was Lizenzverträge im Insolvenzverfahren mit engagierten Müttern, Studienkrediten und Abtreibungen verbindet, ZInsO 2007, 1121; *Mohrbutter/Ringstmeier,* Insolvenzverwaltung, 8. Aufl. 2007; *Molitor,* Zulässigkeit der Freigabe trotz Verwaltungsvereinbarung, ZInsO 2009, 231; *Mork/Heß,* Mieterschutz contra Freigabe, ZInsO 2005, 1206; *Mülbert/Wilhelm,* Kombination von Verbraucherdarlehen und Restschuldversicherung, WM 2009, 2241; *Müller,* GenG, 2. Aufl. 2000; *Münchener Kommentar,* BGB, Band 5 und 6, jeweils 5. Aufl. 2009; *Nerlich/Römernmann,* InsO, Loseblatt; *Neuwinger,* Die handelsrechtliche Personenfirma in der Insolvenz, 2006; *Nungeßer,* Aktuelle arbeitsrechtliche Fragen in Krise und Insolvenz, NZI 2012, 9; *Obermüller,* Insolvenzrecht in der Bankpraxis, 8. Aufl. 2011; *ders.,* Anwendung der Kapitalersatzregeln auf die grundpfandrechtliche Belastung des Gesellschaftergrundstücks, InVo 1999, 225; *ders.,* Das Refinanzierungsregister, ZInsO 2005, 1079; *Oepen,* Massefremde Masse, 1999; *Ohl,* Die Rechtsbeziehungen innerhalb des Investment-Dreiecks, 1989; *Onusseit/Kunz,* Steuern in der Insolvenz, 2. Aufl. 1997; *Pahlow,* Lizenz und Lizenzvertrag in der Insolvenz, WM 2008, 2041; *Palandt,* BGB, 71. Aufl. 2012; *Pannen/Riedemann,* Entwurf eines Gesetzes zur Vereinfachung des Insolvenzverfahrens vom 8.2.2006 – Ein weiterer Mosaikstein für eine Reform der InsO, NZI 2006, 193; *Pape,* Die Altlastenproblematik im Konkurs, KTS 1993, 551; *ders.,* Änderungen im eröffneten Verfahren durch das Gesetz zur Vereinfachung des Insolvenzverfahrens, NZI 2007, 481; *Passarge,* Contractual Trust Agreements als Instrumente zur Insolvenzsicherung von Pensionsverpflichtungen, Wertguthaben aus Altersteilzeit und von Arbeitszeitkonten, NZI 2006, 20; *Paul,* Arbeitnehmererfindungsrechte in der Insolvenz des Arbeitgebers, ZInsO 2009, 1839; *Paulus,* Software in Vollstreckung und Insolvenz, ZIP 1996, 2; *ders.,* Der Konkurs des Softwarehauses, CR 1987, 651; *Pech,* Die Einbeziehung des Neuerwerbs in die Insolvenzmasse, 1999; *Peter/Greß,* Das Refinanzierungsregister und die Wohnungswirtschaft, ZInsO 2007, 455; *Peters,* Freigabe in der Insolvenz des Selbständigen (§ 35 Abs. 2, 3 InsO), WM 2012, 1067; *ders.,* Regressloser An-/Verkauf von Forderungen beim Mobilienleasing, WM 2009, 2294; *Peters/Schmid-Burgk,* Das Leasinggeschäft, 3. Aufl. 2011; *Petersen,* Ordnungsrechtliche Verantwortlichkeit und Insolvenz, NJW 1992, 1202; *ders.,* Insolvenzrechtlicher Sukzessionsschutz durch verschmelzungsbedingte Sondermasse?, NZG 2001, 836; *Pfaff,* Der know-how-Vertrag im bürgerlichen Recht, BB 1974, 565; *Pfister,* Das techni-

§ 35 Begriff der Insolvenzmasse

sche Geheimnis "Know How" als Vermögensrecht, 1974; *Pichler,* Unternehmenssanierung auf Grundlage des geänderten § 32a GmbHG, WM 1999, 411; *Picot,* Unternehmenskauf und Restrukturierung, 3. Aufl. 2004; *Piekenbrock,* Zum Wert der Globalzession in der Insolvenz, WM 2007, 141; *Pinzger,* Zwangsvollstreckung in das Erfinderrecht, ZZP Band 60 (1936/37), 415; *Pogacar,* Rechte und Pflichten des Hauptverwalters im Sekundärverfahren, NZI 2011, 46; *Pöhlmann,* Wer bezahlt die Beseitigung von Altlasten in der Insolvenz?, NZI 2003, 486; *Pöhlmann/Fandrich/Bloehs,* GenG, 4. Aufl. 2012; *Praxishandbuch Leasing,* 1998; *Prölss/Martin/Reiff,* VVG, 28. Aufl. 2010; *Prütting,* Aktuelle Entwicklungen des internationalen Insolvenzrechts, ZIP 1996, 1277; *Purps,* Aktuelle Entwicklung in der Rechtsprechung zur Sachenrechtsbereinigung in den neuen Bundesländern, ZfIR 2000, 761; *Quack,* Der Unternehmenskauf und seine Probleme, ZGR 1982, 350; *Rehbinder,* Urheberrecht, 16. Aufl. 2010; *Reimer,* Patent- und Gebrauchsmustergesetz, 3. Auflage 1968; *Reinhart,* Die Bedeutung der EuInsVO im Insolvenzeröffnungsverfahren – Verfahren bei internationaler Zuständigkeit nach Art. 102 EGInsO, NZI 2009, 73; *ders.,* Die Bedeutung der EuInsVO im Insolvenzeröffnungsverfahren – Besonderheiten paralleler Eröffnungsverfahren, NZI 2009, 201; *Reiter/Plumridge,* Das neue Investmentgesetz Teil I und Teil II, WM 2012, 343 und 388; *Repenn,* Das Warenzeichen in der Konkursmasse, ZIP 1994, 1565; *Repenn/Weidenhiller,* Markenbewertung und Markenverwertung, 2. Aufl. 2005; *Reuter,* Die Anfechtbarkeit der Rückzahlung von Gesellschafterdarlehen im Cash-Pool: Explosive Massemehrung nach § 135 InsO?, NZI 2011, 921; *Rieger,* Praxisverkauf und ärztliche Schweigepflicht, MedR 1992; *Ries,* Freigabe (auch) von Dauerschuldverhältnissen des § 108 InsO aus dem Insolvenzbeschlag beruflich selbstständiger Schuldner, ZInsO 2009, 2030; *Ritgen,* Gefahrenabwehr im Konkurs, GewArch 1998, 393; *Rößler,* Contractual Trust Arrangements – eine rechtliche Bestandsaufnahme, BB 2010, 1405; *Roth,* Das Treuhandmodell des Investmentrechts, 1972; *Roth/Altmeppen,* GmbHG, 6. Aufl. 2009; *Rüger,* Das Doppeltreuhandmodell zur Insolvenzsicherung von Altersteilzeitentgeltansprüchen im Blockmodell, NZI 2012, 488; *Rümker,* Bankkredit als kapitalersetzende Gesellschafterdarlehen unter besonderer Berücksichtigung der Sanierungssituation, ZIP 1982, 1385; *ders.,* Die kreditwirtschaftlichen Aspekte der neuen Insolvenzordnung, in Kübler, Neuordnung des Insolvenzrechts, 1989, S 135; *Runkel,* Probleme bei Neuerwerb in der Insolvenz, FS Uhlenbruck, 2000, S. 315; *Sämisch,* Das Wohnrecht des Schuldners als persönlich beschränkte Dienstbarkeit gem. §§ 1090 ff. BGB in der Insolvenz, ZInsO 2005, 922; *Schäfer,* Die harte Patronatserklärung – vergebliches Streben nach Sicherheit?, WM 1999, 153; *Schick,* Der Konkurs des Freiberuflers-Berufsrechtliche, konkursrechtliche und steuerrechtliche Aspekte, NJW 1990, 2359; *Schimanski/Bunte/Lwowski,* Bankrechts-Handbuch, 4. Aufl. 2011; *Schmalenbach/Sester,* Voraussetzungen und Rechtsfolgen der Eintragung in das neu geschaffene Refinanzierungsregister, WM 2005, 2025; *Schmerbach,* Das Ende der Abführungspflicht bei Selbstständigen?, NZI 2009, 469; *ders.,* Gewerbeuntersagung bei freigegebenem Geschäftsbetrieb, VIA 2011, 56; *Schmerbach/Wegener,* Insolvenzrechtsänderungsgesetz 2006, ZInsO 2006, 400; *B. Schmidt,* Die Pfändung von Steuererstattungsansprüchen, InVo 2000, 259; *K. Schmidt,* Gesellschaftsrecht, 4. Aufl. 2002; *ders.,* Handelsrecht, 5. Aufl. 1999; *ders.,* Wege zum Insolvenzrecht der Unternehmen, 1990; *ders.,* Ordnungsrechtliche Haftung der Insolvenzmasse für die Altlastenbeseitigung, ZIP 1997, 1441; *ders.,* Insolvenzordnung und Unternehmensrecht – Was bringt die Reform?, Kölner Schrift zur InsO, 2. Aufl. 2000, S. 1199; Zwerganteile im GmbH-Kapitalsatzrecht, ZIP 1996, 1586; *ders.,* HGB-Reform im Regierungsentwurf, ZIP 1997, 909; *ders.,* Kapitalersetzende Bankenkredite?, ZHR Band 147 (1983), 165; *ders.,* Labyrinthus creditorum-Gesellschaftsrechtliche Haftung im Insolvenzverfahren nach §§ 92, 93, ZGR 1996, 209; *ders.,* Altlasten in der Insolvenz, ZIP 2000, 1913; *ders.,* Nachlaßinsolvenzverfahren und Personengesellschaft, FS Uhlenbruck, 2000, S. 655; *ders.,* Organverantwortlichkeit und Sanierung im Insolvenzrecht der Unternehmen, ZIP 1980, 328; *K. Schmidt/W. Schulz,* Konkursfreies Vermögen insolventer Handelsgesellschaften?, ZIP 1982, 1015; *Schmittmann,* Rechtsfragen bei der Pfändung einer Domain und Aufnahme der Domain in das Vermögensverzeichnis, DGVZ 2001, 177; *Schneider,* Pfändung und Verwertung von Internet-Domains, ZAP 1999, 355; *Schörnig,* Die Konkurs-/Insolvenzbefangenheit von Honorarforderungen schweigepflichtiger Berufe, InVo 1999, 297; *Schricker/Loewenheim,* Urheberrecht, 4. Aufl. 2010; *Schüller,* Zwangsvollstreckung in den Nießbrauch, 1978; *Schulte,* PatG, 7. Aufl. 2005; *Schultz-Süchting/Thomas,* Insolvenzrecht in internationalen Immobilientransaktionen, WM 2008, 2285; *dies.,* Fremdfinanzierung offener Immobilienfonds, WM 2009, 2156; *Schulz,* Gewerberechtliche Fragen bei Fortführung des Gewerbebetriebes des Gemeinschuldners durch den Konkursverwalter, GewA 1959, 73; *Schürnbrand,* Darlehensvertrag und Restschuldversicherung als verbundene Verträge, ZBB 2010, 123; *Schwab,* Die Rechtsstellung des Urhebers in der Insolvenz, KTS 1999, 49; *ders.,* Die Rechtsposition des Arbeitnehmererfinders in der Insolvenz des Arbeitgebers, NZI 1999, 257; *Serick,* Eigentumsvorbehalt und Sicherungsübereignung, Band V, 2. Aufl. 1993; *Sieg,* Kritische Betrachtungen zum Recht der Zwangsvollstreckungen in Lebensversicherungsforderungen, FS Klingmüller, 1974, S. 447; *Slopek,* § 108a InsO RegE und die Büchse der Pandora, ZInsO 2008, 1118; *Smid,* InsO, 1999; *Smid/Rattunde,* Der Insolvenzplan, 2. Aufl. 2005; *Sonnen/Tetzlaff,* Umweltstrafrechtliche Unterlassungshaftung des Insolvenzverwalters bei Umweltschäden in der Insolvenz, wistra 1999, 1; *Stahlschmidt,* Die Schwierigkeiten eines (Ander-) kontos, NZI 2011, 272; *ders.,* Direktversicherungen und Rückdeckungsversicherungen in der Unternehmensinsolvenz, NZI 2006, 375; *Staudinger,* BGB, Buch 2: Recht der Schuldverhältnisse §§ 433–487, 2004; *Steinbeck,* Die Verwertbarkeit der Firma und der Marke in der Insolvenz, NZG 1999, 133; *Stephan,* Das InsO-Änderungsgesetz 2005, NZI 2004, 521; *Sternal,* Neuregelungen zum Unternehmensinsolvenzrecht, NZI 2006, 185; *ders.,* Das Gesetz zur Vereinfachung des Insolvenzverfahrens, NJW 2007, 1909; *Stickelbrock,* Urheberrechtliche Nutzungsrechte in der Insolvenz, WM 2004, 549; *Stiller,* Wirkung der Negativerklärung gem. § 35 Abs. 2 Satz 1 InsO auf bei Insolvenzeröffnung bestehende Arbeitsverhältnisse, ZInsO 2010, 1374; *Stöber,* Forderungspfändung, 15. Aufl. 2010; *Stürner,* Sicherung der Pfandbrief- und Obligationengläubiger, 1998; *Stumpf,* Der Know-how-Vertrag, 3. Aufl. 1977; *Stumpf/Groß,* Der Lizenzvertrag, 8. Aufl. 2005; *Tetzlaff,* Altlasten in der Insolvenz, ZIP 2001, 10; *ders.,* Rechtliche Probleme in der Insolvenz des Selbständigen, ZInsO 2005, 393; *Theißen,* Gesellschafterbürgschaften in der Insolvenz der OHG nach neuem Recht, ZIP 1998, 1625; *Thietz-Bartram,* Keine Sperre durch die Rückschlagsperre – Zur Heilung der Unwirksamkeit von gegen § 88 InsO verstoßenden Vollstreckungen,

§ 35

2. Teil. 2. Abschnitt. Insolvenzmasse. Einteilung der Gläubiger

ZInsO 2006, 527; *Töllmann,* Die Sicherstellung der Insolvenzfestigkeit bei der Asset Backed Securitization nach dem neuen Refinanzierungsregister gemäß §§ 22a ff. KWG, WM 2005, 2017; *Uhlenbruck,* InsO, 13. Aufl. 2011; *ders.,* Die Firma als Teil der Insolvenzmasse, ZIP 2000, 401; *ders.,* Die Rechtsstellung des vorläufigen Insolvenzverwalters, Kölner Schrift zur InsO, 2. Aufl. 2000, S. 325; *ders.,* Die GmbH & Co. KG in Krise, Konkurs und Vergleich, 2. Aufl. 1988; *ders.,* Konkursrechtliche Probleme des Sportvereins, FS Merz, 1992, S. 581; *ders.,* Die Legitimation zur Geltendmachung von Neugläubigerschäden wegen Konkursverschleppung, ZIP 1994, 1152; *Ulmer,* Die Haftungsverfassung der BGB-Gesellschaft, ZIP 2003, 1113; *ders.,* Urheber- und Verlagsrecht, 3. Aufl. 1980; *Vallender,* Die Arztpraxis in der Insolvenz, FS Metzeler, 2003, S. 21; *ders.,* Wohnungseigentum in der Insolvenz, NZI 2004, 401; *ders.,* Gewerbeuntersagung während des Insolvenzverfahrens, VIA 2010, 56; *Vallender/Dahl,* Das Mietverhältnis des Schuldners im Verbraucherinsolvenzverfahren, NZI 2000, 246; *Viegener,* Betriebliche Altersvorsorge in der Insolvenz – Widerruf von Bezugsrechten und Pfändungsschutz von Altersrenten, ZInsO 2006, 352; *Vierhaus,* Umweltrechtliche Pflichten des Insolvenzverwalters (Teil II), ZInsO 2005, 1026; *Volmer/Gaul,* ArbnErfG, 2. Aufl. 1983; *Wagner,* Materiell-rechtliche Probleme des § 354a HGB, WM-Sonderbeilage 1/1996; *Weber/Hötzel,* Das Schicksal der Softwarelizenz in der Lizenzkette bei Insolvenz des Lizenznehmers, NZI 2011, 432; *Weers/Hönig,* Möglichkeit der Heranziehung des Insolvenzverwalters für die Sanierung von Altlasten – zum Verhältnis von Ordnungsrecht und Insolvenzrecht, ZInsO 2005, 244; *Wegener,* § 108a InsO zur Insolvenzfestigkeit von Lizenzen – Zuviel des Guten?, ZInsO 2008, 352; *Wessing,* Vertragsklausel beim Unternehmenskauf, ZGR 1982, 455; *Westpfahl,* Umweltschutz und Insolvenz, 1998; *v. Westphalen,* Der Leasingvertrag, 6. Aufl. 2008 *Wieczorek/Schütze,* ZPO, 3. Aufl. 1994; *v. Wilmowsky,* Insolvenz und Umwelthaftung – Die Verantwortlichkeit für Altlasten im Verhältnis zu den anderen Pflichten des Schuldners, ZHR Band 160 (1996), 593; *ders.,* Altlasten in der Insolvenz. Verwaltungsakt – Vollstreckung-Freigabe, ZIP 1997, 389; *ders.,* Vermieter (Verpächter, Lizenzgeber) in Insolvenz, ZInsO 2011, 1473; *Wimmer,* Die Kündigung des Mietvertrages über die vom Schuldner bewohnte Wohnung durch den Insolvenzverwalter/Treuhänder, FS Uhlenbruck, 2000, S. 605; *Windel,* Die Verteilung der Befugnisse zur Entscheidung über Vermögenserwerb zwischen (Gemein-) Schuldner und Konkurs- (Insolvenz-)verwalter bzw. Vollstreckungsgläubiger nach geltendem und künftigem Haftungsrecht, KTS 1995, 367; *Wischemeyer,* Die Freigabe der selbstständigen Tätigkeit des Schuldners gem. § 35 Abs. 2 InsO – eine „kleine" übertragende Sanierung?, ZInsO 2009, 937; *ders.,* Maßnahmen der Sicherung, Verwaltung und Verwertung bei Mitberechtigung des Schuldners an Immobilien im Insolvenzverfahren, ZInsO 2009, 116; *Wischemeyer/Schnur,* Zur Reichweite der Freigabeerklärung des Insolvenzverwalters nach § 35 Abs. 2 InsO bei bereits ausgeübter selbstständiger Tätigkeit des Schuldners, ZInsO 2007, 1240; *Wittig,* Beseitigung der Insolvenzgründe mit Bankenbeiträgen als Voraussetzung der freien Unternehmenssanierung, NZI 1998, 49; *Würz-Bergmann,* Die Abtretung von Honorarforderungen schwergepflichtiger Gläubiger, 1993; *Zahn,* Der Leasingvertrag über Mobilien in der Insolvenz des Leasingnehmers nach der Novellierung der Insolvenzordnung, DB 1996, 1393; *B. Zimmermann,* Immaterialgüterrechte in der Zwangsvollstreckung, InVo 1999, 3; *S. Zimmermann,* Rechtsposition, Handlungsalternativen und Kostenbeiträge der absonderungsberechtigten Bank im Rahmen der InsO, NZI 1998, 57; *Zöller,* ZPO, 29. Aufl. 2012.

Übersicht

	Rn.		Rn.
A. Normzweck	1–6	**E. Räumlicher Umfang**	36–42
B. Entstehungsgeschichte	7–14	I. Auslandsbezug einer Inlandsinsolvenz	36–41
I. Frühere Regelung	7–9	II. Inlandsbezug einer Auslandsinsolvenz	42
II. Reformvorschläge	10–12	**F. Neuerwerb**	43–70
III. Gesetzgebungsverfahren	13, 14	I. Überblick	43
C. Begriff der Insolvenzmasse	15–22	II. Zusammenhang zwischen Restschuldbefreiung und Einbeziehung des Neuerwerbs	44
I. Allgemeines	15–18		
II. Definition der Insolvenzmasse	19–21	III. Neuerwerb während des Insolvenzverfahrens	45–58
1. Soll-/Istmasse	19, 20	1. Einbeziehung des Neuerwerbs	45–54
2. Schulden-/Teilungsmasse	21	a) Rechtserwerb auf Grund Vertrags	45, 46
III. Haftungsrechtliche Zuweisung durch Insolvenzbeschlag	22	b) Lohn- und Gehaltsansprüche, Pensions- und Rentenansprüche	47
D. Prozessführung für die Masse	23–35	c) Einkünfte aus selbständiger Tätigkeit und Freigabe	47a–47n
I. Überblick	23	d) Erbschaften, Schenkungen und Lotteriegewinne	48–50
II. Einteilung der massebezogenen Prozesse	24–27	e) Ansprüche aus unerlaubter Handlung, die nach Verfahrenseröffnung gegen den Schuldner begangen wurde	51
III. Negativabgrenzung	28, 29		
IV. Streitigkeiten über die Massezugehörigkeit	30, 31		
V. Gerichtsstand	32–35		

	Rn.
f) Probleme bei Gütergemeinschaft	52
g) Entscheidung über den Neuerwerb	53, 54
2. Abgrenzung	55–58
a) Massesurrogation	55–57
b) insolvenzfreies Vermögen und Freigabe	58
IV. Neugläubiger	59–65
1. Problemstellung	60
2. Unterhalt	61
3. Deliktische Ansprüche	62
4. Vertragliche Ansprüche	63–65
V. Abschluss des Insolvenzverfahrens – Neuerwerb	66–70
G. Abgrenzung in zeitlicher Hinsicht	71
H. Insolvenz besonderer Vermögensmasse und Einzelfragen	72–75
I. Sonderinsolvenz/Sondermasse/Sonderverwalter	72–74
II. Zweite Insolvenz	75
I. Inbesitznahme der Insolvenzmasse	76–83
J. Freigabe	84–115
I. Einführung	84
II. Abgrenzung der echten Freigabe von anderen Freigabeformen	85–89
1. echte Freigabe	85
2. Unechte Freigabe	86
3. Freigabe von Sicherungsgut	87
4. Modifizierte Freigabe	88, 89
III. Anwendungsbeispiele für die echte Freigabe	90–99
1. Verhinderung der Belastung der Masse mit Realsteuern	90
2. Freigabe und Kostenbeteiligung	91
3. Freigabe zur Verhinderung der Belastung der Masse mit Umsatzsteuern	92–94
4. Freigabe und Umweltaltlastenprobleme	95–99
a) Darstellung des Meinungsstreits	95–97
b) Stellungnahme	98, 99
IV. Durchführung der echten Freigabe	100–103
1. Inhalt der Freigabeerklärung, Anfechtbarkeit	100
2. Rückgängigmachung der Freigabe	101
3. Genehmigung der Freigabe durch Gläubigerorgane	102
4. Wirkung der Freigabe	103
V. Zulässigkeit der Freigabe in der Gesellschaftsinsolvenz	104–115
1. Einführung	104–106

	Rn.
2. Neuregelungen in der InsO	107–112
3. Keine Verpflichtung zur Vollabwicklung in der Gesellschaftsinsolvenz – Freigabe möglich	113, 114
4. Freigabe und Einbeziehung des Neuerwerbs	115
K. Treuhand	116–135
I. Insolvenz des Treuhänders	116–124
1. Echte Treuhand	117–120
2. Unechte Treuhand	121–123
3. Surrogation	124
II. Insolvenz des Treugebers	125
III. Doppeltreuhand	126–127a
IV. Kommissionsgeschäft	128–131
V. Auftrag und Stellvertretung	132–135
L. Die einzelnen Gegenstände der Insolvenzmasse	136–516
I. Bewegliche Sachen	136–163
1. Grundsätze	136, 137
2. Nicht wesentliche Bestandteile von Grundstücken	138, 139
3. Unter Eigentumsvorbehalt gelieferte Sachen, Sicherungseigentum und mit Pfandrechten belastete Gegenstände	140–143
4. Verbindung, Vermischung, Verarbeitung, Ersitzung	144–152
5. Manuskripte, Briefe, Urkunden	153, 154
6. Praxisunterlagen eines Freiberuflers	155–159
7. Computersoftware	160–163
II. Unbewegliche Sachen	164–173
1. Grundstücke	164
2. Grundstücksgleiche Rechte	165–167
3. Wohnungs- und Teileigentum	168, 169
4. Sonstige dingliche Rechte	170–173
III. Schiffe und Luftfahrzeuge	174–178
IV. Gesellschaftsrechte	179–282a
1. BGB-Gesellschaft	179–190
a) Insolvenz des Gesellschafters	179–184
b) Insolvenz der Gesellschaft	185, 186
c) Insolvenz von Gesellschaft und Gesellschafter	187–190
2. Offene Handelsgesellschaft	191–199
a) Insolvenz des Gesellschafters	192–195
b) Insolvenz der Gesellschaft	196
c) Insolvenz von Gesellschaft und Gesellschafter	197–199
3. Kommanditgesellschaft	200–207
a) Insolvenz des Kommanditisten	201
b) Insolvenz der Kommanditgesellschaft	202–207
4. GmbH & Co. KG	208–212
5. Europäische wirtschaftliche Interessenvereinigung	213, 214

	Rn.		Rn.
6. Stille Gesellschaft	215–219	b) Alte Rechtslage (Konkursordnung)	332–336
a) Insolvenz des Geschäftsinhabers	216–218	c) Neuregelungen durch Art. 56 EGInsO und das Gesetz vom 31.7.2009	337, 338
b) Insolvenz des stillen Gesellschafters	219	8. Urheberrechte an Werken der Literatur, Wissenschaft und Kunst	339–364
7. Rechtsfähiger Verein	220–225	a) Übertragbarkeit	339
a) Insolvenz des Vereinsmitglieds	220	b) Pfändbarkeit und insolvenzrechtliche Verwertbarkeit	340–364
b) Insolvenz des Vereins	221–225	9. Markenrecht	365–373
8. Versicherungsverein auf Gegenseitigkeit (VVaG)	226	a) Marken	365–369
9. Insolvenz des nicht rechtsfähigen Vereins	227	b) Geschäftliche Bezeichnungen	370, 371
10. Genossenschaften	228–235	c) Verwertung von Markenware	372, 373
a) Insolvenz eines Genossen	228–230	10. Know-how	374–382
b) Insolvenz der Genossenschaft	231–235	a) Begriff	374–376
11. Juristische Personen des öffentlichen Rechts	236–239	b) Beschlagnahmefähigkeit des Know-hows	377
12. GmbH	240–248	c) Rechtsnatur des Know-how-Vertrages	378, 379
a) Insolvenz des Gesellschafters	240–243	d) Abwicklung nach KO und nach InsO	380–382
b) Insolvenz der Gesellschaft	244–248	11. Internet-Domains	382a
13. Aktiengesellschaft	249–255	**VI. Forderungen**	383–463b
a) Insolvenz des Aktionärs	250, 251	1. Überblick	383
b) Insolvenz der Gesellschaft	252–255	2. Beschränkungen	384–391
14. Kapitalanlagegesellschaft	256–267	a) Unübertragbare Ansprüche	384–387
a) Überblick über die gesetzlichen Regelungen	256–258	b) Rechtsgeschäftliche Abtretungsverbote	388, 389
b) Sondervermögen	259–263	c) Höchstpersönliche Ansprüche	390
c) Schutz des Sondervermögens	264–267	d) Zweckbestimmung	391
15. Schadensersatzansprüche gegen Organe und Gesellschafter	268–271	3. Einzelne Forderungen	392–463b
16. (Eigenkapitalersetzende) Gesellschafterdarlehen/ -leistungen	272–282a	a) Ansprüche aus Darlehensverträgen	392, 393
a) Rechtslage vor MoMiG	273–282	b) Kontokorrentforderungen	394–398a
b) Rechtslage nach MoMiG	282a	c) Gemeinschaftskonten	398b
V. Immaterialgüterrechte	283–382a	d) Schuldbefreiungsansprüche	399–401
1. Allgemeines	283, 284	e) Patronatserklärungen, Bürgschaft, Garantie, Kreditauftrag und Schuldmitübernahme	402–405
2. Erfindung	285–292	f) Vertrag zugunsten Dritter	406–408
3. Gebrauchsmuster	293–295	g) Ansprüche aus Versicherungen	409–419a
a) Einfache Gebrauchsmuster	293, 294	h) Ansprüche aus Wechsel und anderen Wertpapieren	420
b) Geheimgebrauchsmuster	295	i) Steuererstattungsansprüche	421–423
4. Patente	296–309	j) Rücknahme einer hinterlegten Sache	424, 425
a) Überblick	296–299	k) Schadensersatz	426–428
b) Das Recht aus dem Patent und Erteilung	300	l) Unterlassungsansprüche	429
c) Das Recht auf das Patent	301–305	m) Erbrechtliche Ansprüche	430
d) Geheimpatente	306	n) Familienrechtliche Ansprüche	431, 432
e) Vorbenutzungsrechte	307–309	o) Schenkungswiderruf, Aussteuer oder Brautgeschenke	433
5. Lizenzen	310–324a	p) Arbeitseinkommen, Arbeitskraft, Unterhalt und Rente	434–437
a) Einfache Lizenzen	310, 311	q) Honorarforderungen von Ärzten, Steuerberatern, Rechtsanwälten	438
b) Rechtsnatur des Lizenzvertrags	312–320	r) Vorkaufsrechte	439–446
c) Ausschließliche Lizenzen	321, 322	s) Leibrente	447, 448
d) Betriebslizenzen	323	t) Nießbrauch	449–453
e) Zwangslizenzen	324	u) Beschränkt persönliche Dienstbarkeit	454–458
f) Bundesligalizenzen	324a	v) Nutzungsrecht nach § 14 Abs. 1 HöfeO und Altenteilsrecht	459
6. Geschmacksmuster	325–330		
a) Überblick	325, 326		
b) Verwertung nach Anmeldung	327		
c) Verwertung vor Anmeldung	328, 329		
d) Anspruch auf Herausgabe des Musters	330		
7. Arbeitnehmererfindungen	331–338		
a) Überblick	331		

	Rn.		Rn.
w) Ansprüche aus Mietverhältnissen – Wohnraummiete	460–463	a) Allgemeines	484–488
x) Leasing	463a	b) Kapitalgesellschaften	489–491
y) Prozessuale Kostenerstattungsansprüche	463b	c) Einzelkaufleute und Personenhandelsgesellschaften	492–503
VII. Unternehmens- und Betriebsveräußerung	464–510	d) GmbH & Co. KG	504
1. Unternehmen	464–483	e) Nachlassinsolvenzverfahren	505
a) Verwertung in seiner Gesamtheit	464	f) Gesellschaftsvertraglicher Vorbehalt	506
b) Einzelfragen der Verwertung	465–483	3. Praxis des Freiberuflers	507–510
2. Firma	484–506	**VIII. Genehmigungen**	511–516
		1. Personenbezogene Erlaubnis	512–515
		2. Sachgenehmigung	516

A. Normzweck

Die Insolvenzmasse dient den Insolvenzgläubigern zu ihrer Befriedigung. Das Insolvenzverfahren erfüllt damit den Zweck der Vermögenshaftung: Es soll das gesamte Schuldnervermögen, mit dem der Schuldner seinen Gläubigern für die Erfüllung ihrer Forderungen haftet, erfasst und verwertet werden. **1**

Mit der **Einbeziehung des Neuerwerbs** werden neben den Einkünften, die eine **natürliche Person** aus ihrer beruflichen bzw. selbständigen Tätigkeit nach der Verfahrenseröffnung erzielt, auch Erbschaften und Schenkungen, die dem Schuldner zufallen, einbezogen. **2**

Der Gesetzgeber hat mit der Einbeziehung des Neuerwerbs die Sonderstellung der Konkursordnung im internationalen Vergleich aufgegeben. Der Grundsatz „Neuerwerb ist konkursfrei" wurde früher namentlich mit zwei Argumenten begründet: Es müsse dem Schuldner ermöglicht werden, sich schon während des Verfahrens eine Existenz aufzubauen. Außerdem sei es ungerecht, die neuen Gläubiger des Schuldners vom Zugriff auf den Neuerwerb auszuschließen. **3**

Dem ersten Argument wird mit Recht entgegengehalten, dass der Schuldner gerade dann kein Interesse an einem wirtschaftlichen Neubeginn hat, wenn, wie nach altem Recht, sein Neuerwerb nach Beendigung des Konkursverfahrens dem Zugriff aller Gläubiger unterliegt. Dieses wird jetzt durch die Einführung einer Restschuldbefreiung verhindert (§§ 286 ff.). **4**

Das zweite Argument, mit der die bisherige Lösung begründet wurde, vermag ebenfalls nicht zu überzeugen. Auch bisher war es nicht so, dass der Neuerwerb nur den Neugläubigern zur Verfügung stand, denn in der Insolvenz der natürlichen Person war die wichtigste Art des Neuerwerbs das künftige Einkommen, regelmäßig bereits den Altgläubigern abgetreten oder von diesen gepfändet.[1] **5**

Für die **Insolvenz von Gesellschaften** und juristischen Personen hat die Einbeziehung des Neuerwerbs in die Masse kaum praktische Bedeutung, da bereits unter Geltung der KO anerkannt war, dass Gegenstände, die der Verwalter mit Mitteln der Insolvenzmasse erwirbt, kein Neuerwerb darstellen. Diese gehörten schon nach Konkursrecht kraft Surrogation zur Masse.[2] Zur Massesurrogation vgl. RdNr. 55. **6**

B. Entstehungsgeschichte

I. Frühere Regelung

§ 1 KO definierte den Begriff der Konkursmasse und beschränkte sie auf das Vermögen des Gemeinschuldners, welches ihm zur Zeit der Eröffnung des Verfahrens gehörte. Die in § 811 Abs. 1 Nr. 4 u. Nr. 9 ZPO vorgesehenen Einschränkungen wurden für nicht anwendbar erklärt. In § 1 KO war in Abs. 3 geregelt, dass auch die Geschäftsbücher des Gemeinschuldners zur Masse gehörten. Abs. 4 nahm die Gegenstände, die nicht gepfändet werden konnten, aus der Masse heraus. **7**

Im Konkursfall wurden sowohl das Vermögen des Gemeinschuldners als auch die Forderungen der Gläubiger auf einen einheitlichen Zeitpunkt bezogen, den Zeitpunkt der Eröffnung des Konkursverfahrens. Ein Erwerb des Gemeinschuldners nach der Eröffnung des Verfahrens stand ihm zu, fiel also nicht (als Neuerwerb) in die Masse. Begründet wurde dies nicht nur mit der billigen Rücksichtnahme auf den Schuldner selbst und seine Familie, sondern auch mit dem Interesse der Neugläubiger und dem „allgemeinen Wohl", das es wünschenswert erscheinen ließ, dem Schuldner **8**

---

[1] Vgl. dazu Begr. zu § 42 RegE InsO, BT-Drucks. 12/2443, 122.
[2] Begr. zu § 42 RegE InsO, BT-Drucks. 12/2443, 122 f.

baldige Möglichkeit wirtschaftlichen „Emporkommens" zu geben.[3] Wäre auch der Neuerwerb von der Masse erfasst, läge die Gefahr nahe, „dass der Schuldner sich in seiner Not an Massewerten vergreift, und es wäre ihm jeder Anreiz zu weiterer Arbeit genommen, soweit er daraus pfändbares Einkommen bezöge".[4]

9   Daraus, dass der Neuerwerb nicht in die Masse fiel, ergaben sich streitige Fragen bezüglich der Abgrenzung von Neuerwerb und Alterwerb.[5] Diese Streitfragen haben sich durch die Einbeziehung des Neuerwerbs in die Insolvenzmasse erledigt.

II. Reformvorschläge

10 Die **Vorschläge der Kommission für Insolvenzrecht** sahen noch kein Restschuldbefreiungsverfahren vor.[6] Der Neuerwerb wurde nicht in die Insolvenzmasse einbezogen, d.h. es blieb bei der alten Regelung. Die Einbeziehung war auf Grund der Nichteinführung eines Restschuldbefreiungsverfahrens bei natürlichen Personen auch nicht geboten.

11 Die Vorschläge der Insolvenzrechtskommission beinhalteten auch die Einbeziehung der dem Schuldner unter Eigentumsvorbehalt verkauften Sachen in die Insolvenzmasse.[7] Vgl. dazu Kommentierung von § 47.

12 Im **Referentenentwurf** war die Einbeziehung des Neuerwerbs in die Insolvenzmasse vorgesehen. Diese Neuregelung stand im Zusammenhang mit der Einführung eines Restschuldbefreiungsverfahrens.[8]

III. Gesetzgebungsverfahren

13 § 42 des Regierungsentwurfes regelte den Begriff der Insolvenzmasse (jetzt der Abs. 1 des § 35) und erstreckte den Insolvenzbeschlag auch auf das Vermögen, das der Schuldner während des Verfahrens erlangt (Neuerwerb). Aufgrund der Beschlussempfehlung des Rechtsausschusses[9] wurde der Text des § 42 RegE InsO lediglich redaktionell verändert. § 42 RegE InsO wurde ansonsten unverändert zu § 35 (jetzt der Abs. 1 des § 35). Mit dem Gesetz zur Vereinfachung des Insolvenzverfahrens[10] wurden 2 Absätze neu im § 35 aufgenommen und der bisherige Gesetzeswortlaut stellt nunmehr den 1. Absatz dar. Im „neuen" 2. Absatz finden sich Regelungen zur möglichen Freigabe des Neuerwerbs durch den Insolvenzverwalter im Falle der selbständigen Tätigkeit des Schuldners. Nach dem 3. Absatz hat das Gericht das, was gemäß dem 2. Absatz passiert, öffentlich bekannt zu machen.

14 Die Regelungen der unpfändbaren Gegenstände, der Geschäftsbücher, der Sachen, die nach § 811 Nr. 4, 9 ZPO nicht der Zwangsvollstreckung unterliegen und der Sachen, die zum gewöhnlichen Hausrat gehören und im Haushalt des Schuldners gebraucht werden, wurden in § 43 RegE InsO, der § 36 entspricht. Hierzu und den weiteren gesetzgeberischen Maßnahmen siehe die Kommentierung von § 36.

C. Begriff der Insolvenzmasse

I. Allgemeines

15 Wie schon nach § 1 Abs. 1 KO umfasst auch die Insolvenzrechtsordnung das gesamte Vermögen des Schuldners (§ 35). Gegenstände, die nicht der Zwangsvollstreckung unterliegen, gehören nicht zur Insolvenzmasse (§ 36 Abs. 1). Ausnahmen davon sind in § 36 Abs. 2 geregelt. § 36 Abs. 3 enthält eine weitere Differenzierung für Hausratgegenstände.

16 Rechte werden damit grundsätzlich Bestandteil der Insolvenzmasse, wenn die folgenden Voraussetzungen erfüllt sind:
— Es muss sich um Vermögensrechte handeln,
— diese Rechte müssen der Zwangsvollstreckung unterliegen,

---

[3] *Jaeger/Hencke,l* KO 9. Aufl. 1997, § 1 RdNr. 117.
[4] *Jaeger/Henckel*, KO 9. Aufl. 1997, § 1 RdNr. 117.
[5] *Jaeger/Henckel*, KO 9. Aufl. 1997, § 1 RdNr. 119 f.
[6] 2. KommBer. Ls. 6.3 = 162.
[7] 1. KommBer. Ls. 2.4.4.1 = 251 ff.; vgl. dazu: *Rümker* in Kübler, Neuordnung des Insolvenzrechts, S. 135, 137.
[8] RefE A 101 ff.
[9] BT-Drucks. 12/7302, S. 159 f.
[10] BGBl. I S. 509; siehe dazu auch Beschlussempfehlung und Bericht des Rechtsausschusses zum Gesetzentwurf der Bundesregierung, BT-Drucks. 16/4194.

- die Rechte müssen dem Schuldner zustehen,
- der Schuldner muss diese Rechte vor der Eröffnung des Insolvenzverfahrens oder im Laufe des Verfahrens erworben haben.

Im Gegensatz zur Konkursordnung wird auch der Neuerwerb von der Insolvenz erfasst (§ 35). **17** Bedeutung hat dies insbesondere für die Einkünfte, die eine natürliche Person aus einer beruflichen bzw. selbständigen Tätigkeit nach der Verfahrenseröffnung bezieht.[11] Ebenso fallen Erbschaften, Schenkungen oder ein Lottogewinn in die Insolvenzmasse.[12]

Die damit erzielte Masseanreicherung soll dazu beitragen, einem der Hauptziele der Insolvenz- **18** rechtsreform, Maßnahmen gegen die Massearmut zu ergreifen, näher zu kommen.

II. Definition der Insolvenzmasse

1. Soll-/Istmasse. Die §§ 35, 36 enthalten eine Legaldefinition des Begriffs der Insolvenz- **19** masse.[13] Man bezeichnet die Insolvenzmasse im Sinne dieser Legaldefinition als „Sollmasse", um zu verdeutlichen, dass es sich um einen Rechtsbegriff handelt, der erst noch in die Wirklichkeit umgesetzt werden muss: durch Sammlung, Sichtung und Feststellung aller Gegenstände oder subjektiven Rechte, welche die Masse ausmachen sollen.[14] Danach ist die Sollmasse als Inbegriff aller Gegenstände zu verstehen, die von Rechts wegen vom Insolvenzbeschlag erfasst und den Gläubigern haftungsrechtlich zugewiesen sind.[15]

Die §§ 47, 50 Abs. 1 verwenden hingegen einen erweiterten Massebegriff, der die der Aus- und **20** Absonderung unterfallenden Vermögensgegenstände mitumfasst.[16] Diese Vorschriften gehen von der sogen. „Istmasse" aus. Unter der Istmasse versteht man alle Gegenstände, die der Insolvenzverwalter tatsächlich im Verwaltungsbesitz hat oder für die Insolvenzmasse in Anspruch nimmt.[17]

2. Schulden-/Teilungsmasse. Unter Teilungsmasse (auch Aktivmasse), auf die in den §§ 187 ff. **21** abgestellt wird, versteht man den Bestand der Insolvenzmasse, der nach Durchführung von Aufrechnungen, abgesonderten Befriedigungen, Freigaben und nach Befriedigung der Massegläubiger zur Verteilung unter den Insolvenzgläubigern zur Verfügung steht.[18] Die Höhe der Quote für die Gläubiger richtet sich nach der Schuldenmasse (auch Passivmasse), die der Teilungsmasse gegenübersteht. Unter der Schuldenmasse versteht man die Gesamtheit der gegenüber den Insolvenzgläubigern bestehenden Verbindlichkeiten.[19]

III. Haftungsrechtliche Zuweisung durch Insolvenzbeschlag

Der Insolvenzbeschlag weist den Insolvenzgläubigern die Insolvenzmasse als Sondervermögen **22** haftungsrechtlich zu. Zur Durchsetzung dieser Haftungsfunktion werden dem Schuldner die Eigentümerbefugnisse genommen.[20] Nach § 80 Abs. 1 verliert der Schuldner mit der Eröffnung des Insolvenzverfahrens die Befugnis, über sein Vermögen zu verfügen und dieses zu verwalten. An seine Stelle tritt nach hM[21] der Insolvenzverwalter als Partei kraft Amtes. Vgl. dazu die Kommentierung von § 80. Der Schuldner bleibt aber weiterhin Rechtsträger der ihm gehörenden Vermögenswerte. Die Insolvenzmasse wird weder Eigentum der Gläubiger noch selbständiger Rechtsträger.[22] Sie ist Rechtsobjekt und als solche nicht parteifähig.[23] Am Beispiel der Grundbucheintragung wird die Trennung zwischen Rechtsträgerschaft und Verwaltungs- und Verfügungsbefugnis deutlich: Einzutragen ist der Schuldner, während die Zugehörigkeit des Grundstückes zur Masse durch die Eintragung des Insolvenzvermerks offenbart wird.[24] Mit dem Übergang des Verwaltungs- und Verfügungsrechts auf den Verwalter nach § 80 Abs. 1 tritt die haftungsrechtliche Zuweisung der Insolvenzmasse

---

[11] Zur Freigabemöglichkeit bei Selbständigen gemäß § 35 Abs. 2 siehe RdNr. 47b ff.
[12] Begr. zu § 42 RegE InsO, BT-Drucks. 12/2443, S. 122.
[13] *Häsemeyer*, Insolvenzrecht, RdNr. 9.06.
[14] *Jaeger/Henckel* § 35 RdNr. 7.
[15] *Häsemeyer*, Insolvenzrecht, RdNr. 9.06.
[16] *Kübler/Prütting/Holzer* § 35 RdNr. 3.
[17] *Jaeger/Henckel* § 35 RdNr. 7.
[18] *Uhlenbruck/Hirte* § 35 RdNr. 49 f.
[19] *Uhlenbruck/Hirte* § 35 RdNr. 52.
[20] *Jaeger/Henckel* § 35 RdNr. 5; *Häsemeyer*, Insolvenzrecht, RdNr. 9.03 ff.
[21] BGHZ 32, 114, 118; 88, 331, 334; *Kübler/Prütting/Holzer* § 35 RdNr. 4.
[22] *Jaeger/Henckel* InsO § 35 RdNr. 5.
[23] *Kübler/Prütting/Holzer* § 35 RdNr. 9.
[24] *Kübler/Prütting/Holzer* § 35 RdNr. 9.

an die Gläubiger ein. Die damit verbundenen pfandähnlichen Rechte der Gesamtheit der Gläubiger werden mit dem Begriff des Insolvenzbeschlags umschrieben.[25]

D. Prozessführung für die Masse

I. Überblick

23   Werden nach der Verfahrenseröffnung Prozesse mit dem Schuldner über massezugehörige Rechtsverhältnisse anhängig, sind die Klagen als unzulässig abzuweisen.[26] Wirkungen für oder gegen die Masse äußert ein Prozess, der mit dem Schuldner geführt wird, nicht.[27] Dem Insolvenzverwalter steht als **Partei kraft Amtes** die Prozessführung für alle massebezogenen Prozesse zu (sogen. Amtstheorie, vgl. dazu Kommentierung von § 80). Er führt alle die Masse betreffenden Prozesse im „eigenen Namen", d.h. nicht als Vertreter des Schuldners (sogen. Vertretertheorie) oder der – verselbständigt gedachten – Masse (sogen. Organtheorie). Zu den weiteren Insolvenzverwaltertheorien vgl. Kommentierung von § 80.

II. Einteilung der massebezogenen Prozesse

24   Die massebezogenen Prozesse, die der Prozessführungsbefugnis des Verwalters unterfallen, lassen sich wie folgt unterteilen:[28]

25   Einen **Aktivprozess** (§ 85), mit dem massezugehörige Rechte verfolgt werden, bezeichnete man bisher als Teilungsmassestreit. Mit ihm, d.h. mit der Durchsetzung dinglicher und obligatorischer Rechte, die in die Masse fallen, verfolgt der Verwalter die Komplettierung der Sollmasse, die durch Verwertung und Vorwegabzug der Massekosten und -schulden in die Teilungsmasse überführt wird. Ein Aktivprozess, der bei Verfahrenseröffnung anhängig ist, wird nach § 85 aufgenommen. Vgl. dazu die Kommentierung von § 85.

26   **Passivprozess:** Von den Aktivprozessen zu unterscheiden sind die Fälle des bisherigen sogen. Teilungsmassegegenstreits – nunmehr in § 86 geregelt. Dabei handelt es sich um Prozesse, mit denen die Massefremdheit eines Gegenstandes geltend gemacht wird (Aussonderung, § 47) oder Sicherheiten für Insolvenzforderungen durchgesetzt werden (abgesonderte Befriedigung, §§ 49 ff.), ferner die Klagen der Massegläubiger (§§ 53 ff.) auf Erfüllung ihrer Ansprüche. Ist ein solcher Prozess bei Verfahrenseröffnung anhängig, so gilt für seine Unterbrechung und Aufnahme die Vorschrift des § 86. Vgl. dazu die Kommentierung von § 86.

27   Als **Schuldenmassestreit** werden Prozesse bezeichnet, die Insolvenzgläubiger (§ 38) zur Durchsetzung ihrer Insolvenzforderungen betreiben. Vgl. dazu die Kommentierung von § 87.

III. Negativabgrenzung

28   Da sich die Prozessführungsbefugnis des Insolvenzverwalters allein auf die Insolvenzmasse beschränkt, behält der Schuldner hinsichtlich des insolvenzfreien Vermögens die Prozessführungsbefugnis.[29] Es kann also zu Prozessen zwischen dem Verwalter und dem Schuldner über die Zugehörigkeit eines Rechts zur Masse oder zum insolvenzfreien Vermögen kommen (dazu auch unter RdNr. 30).

29   Der Insolvenzverwalter verliert die Prozessführungsbefugnis über ein Recht, wenn er es aus seiner Verwaltungs- und Verfügungszuständigkeit freigibt, mit der Folge, dass nunmehr wieder der Schuldner die Verwaltungs- und Verfügungsfreiheit ausübt. Zur Freigabe vgl. RdNr. 47b ff. und 84 ff.

IV. Streitigkeiten über die Massezugehörigkeit

30   Besteht zwischen dem Verwalter und dem Schuldner Streit darüber, ob etwas zur Insolvenzmasse gehört oder nicht, haben hierüber grundsätzlich die ordentlichen Gerichte zu entscheiden und nicht etwa das Insolvenzgericht, es sei denn, in der InsO ist dies abweichend geregelt (siehe auch die

---

[25] *Kübler/Prütting/Holzer* § 35 RdNr. 10; *Häsemeyer,* Insolvenzrecht, RdNr. 9.05.
[26] *Häsemeyer,* Insolvenzrecht, RdNr. 10.40.
[27] *Häsemeyer,* Insolvenzrecht, RdNr. 10.40.
[28] Vgl. dazu: *Gerhardt,* Grundbegriffe des Vollstreckungs- und Insolvenzrechts, RdNr. 275 ff.; *Häsemeyer,* Insolvenzrecht, RdNr. 10.45 ff.
[29] Siehe zB BGH WM 2010, 523; LAG Düsseldorf NZI 2012, 466, 467.

Kommentierung zu § 36 Abs. 4).³⁰ In Frage kommen Feststellungs-, Leistungs- und Unterlassungsklagen des Schuldners gegen den Verwalter.³¹

Setzt der Schuldner der Inbesitznahme durch den Verwalter Widerstand entgegen, so ist der Verwalter nicht auf den Klageweg zu verweisen; vielmehr ist der Eröffnungsbeschluss als ein Vollstreckungstitel anzusehen, mit dem die Herausgabe mit Hilfe des Gerichtsvollziehers erzwungen werden kann.³² Hierfür ist das Insolvenzgericht dann das zuständige Vollstreckungsgericht (§ 148 Abs. 2).³³ Wegen der Einzelheiten wird auf die Kommentierung von § 148 verwiesen.

V. Gerichtsstand

Unter Geltung der Konkursordnung war umstritten, ob in Prozessen, die sich materiell gegen die Konkursmasse richteten, bei der Bestimmung des allgemeinen Gerichtsstandes vom Wohnsitz des Konkursverwalters auszugehen war.³⁴

Die Rechtsprechung hatte dies bejaht³⁵ mit der Begründung, dass der Konkursverwalter als Partei kraft Amtes die Verwaltungs- und Verfügungsbefugnis des Vermögensinhabers in eigenem Namen und aus eigenem Recht, also nicht als Vertreter des Gemeinschuldners, ausübe; daraus folge, dass der Konkursverwalter – in Aktiv- wie in Passivprozessen – kraft gesetzlicher Prozessstandschaft die Rechte der Konkursgläubiger und des Gemeinschuldners an der Masse in eigener Parteistellung wahrzunehmen habe. Damit stünde aber wiederum in Widerspruch, den allgemeinen Gerichtsstand des Konkursverwalters vom Wohnsitz des Gemeinschuldners abhängig zu machen.

Mit Einführung des **§ 19a ZPO** (durch Art. 18 EGInsO) ist dieser Streit hinfällig geworden. Der Gesetzgeber hat den Sitz des Insolvenzgerichts zum Gerichtsstand gemacht:

„*Der allgemeine Gerichtsstand eines Insolvenzverwalters für Klagen, die sich auf die Insolvenzmasse beziehen, wird durch den Sitz des Insolvenzgerichts bestimmt*".

Begleitend wurde **§ 240 ZPO** geändert und lautet nunmehr wie folgt:

„*Im Falle der Eröffnung des Insolvenzverfahrens über das Vermögen einer Partei wird das Verfahren, wenn es die Insolvenzmasse betrifft, unterbrochen, bis es nach den für das Insolvenzverfahren geltenden Vorschriften aufgenommen oder das Insolvenzverfahren beendet wird. Entsprechendes gilt, wenn die Verwaltungs- und Verfügungsbefugnis über das Vermögen des Schuldners auf einen vorläufigen Insolvenzverwalter übergeht*".

E. Räumlicher Umfang

I. Auslandsbezug einer Inlandsinsolvenz

Das Auslandsvermögen gehört zur Insolvenzmasse, gleichgültig, ob es auf Grund der Bestimmungen des ausländischen Rechts zur Masse gezogen werden kann oder nicht. Der Insolvenzverwalter ist verpflichtet, auch ausländisches Vermögen des Schuldners in Besitz zu nehmen und zu verwerten (Universalitätsprinzip).³⁶

Da im Ausland die von deutschen Gerichten angeordnete Beschlagnahme allerdings oftmals nicht anerkannt wird, kann es zu Problemen in der praktischen Umsetzung kommen. Insoweit können multilaterale Vorschriften bzw. zwei- oder mehrseitige Staatsverträge auf dem Gebiet des Insolvenzrechts weiterhelfen.³⁷

Die multilateralen Vorschriften des Übereinkommens der Europäischen Gemeinschaft über die gerichtliche Zuständigkeit und die Vollstreckung gerichtlicher Entscheidungen in Zivil- und Han-

---

³⁰ BGH ZInsO 2008, 204; BGH ZIP 1984, 1501, 1502; LG Hamburg ZInsO 2009, 916; LG Mönchengladbach ZInsO 2009, 1076; *Jaeger/Henckel* § 35 RdNr. 129; *Breutigam/Kahlert* in Breutigam/Blersch/Goetsch § 35 RdNr. 113.
³¹ BGH NJW 1962, 1392; *Jaeger/Henckel* § 35 RdNr. 129.
³² BGH NJW 1962, 1362; OLG Koblenz NZI 2012, 88; *Jaeger/Henckel* § 35 RdNr. 130.
³³ BGH NZI 2012, 666, 667.
³⁴ BGHZ 88, 331, 333 mit Nachw. zum damaligen Streitstand.
³⁵ BGHZ 88, 331, 333 f.
³⁶ BGHZ 88, 147 ff.; *Canaris* ZIP 1983, 647 ff.; siehe auch OLG Hamm, Urt. v. 15.9.2011, Az. 18 U 226/10; zu sog. Sekundärinsolvenzverfahren nach der EuInsVO zB BGH NZI 2011, 120; *Pogacar* NZI 2011, 46 ff. mwN.
³⁷ Siehe Art. 102 §§ 1 bis 11 EGInsO, §§ 335 ff.; zur EuInsVO vgl. zB *Reinhart* NZI 2009, 73 ff. und 201 ff.; *Ehricke* WM 2005, 397 ff. und die Kommentierung zum Internationalen Insolvenzrecht im Band 3 und 4.

delssachen (EuGVÜ)³⁸ und des Lugano-Abkommens³⁹ gelten für Insolvenzsachen allerdings gerade nicht.⁴⁰

39 Für den Bereich der Europäischen Union ist insbesondere auf den Entwurf des Europäischen Übereinkommens über Insolvenzverfahren vom 23.11.1995⁴¹ (EuIÜ) hinzuweisen. Ziel ist die Durchsetzung des gemeinschaftsweiten Universalitätsprinzips, d.h. die Anerkennung von Auslandswirkungen von Insolvenzverfahren nach Art. 3 des Übereinkommens.⁴² Insbesondere werden darin die Regelungen des anwendbaren Rechtes (Art. 4) und die gegenseitige Anerkennung von Verfahren (Art. 16) vorgesehen. Das Abkommen ist jedoch vornehmlich am Widerstand des Vereinigten Königreiches (UK) gescheitert.

Stattdessen trat am 31.5.2002 die hiermit weitgehend wortgleiche EG Verordnung über Insolvenzverfahren (EuInsVO) in Kraft – dazu im Einzelnen die Kommentierung zum Internationalen Insolvenzrecht im Band 3 und 4.

40 Unabhängig von der Frage, ob ein deutscher Titel im Ausland durchgesetzt werden kann oder nicht, ist der Verwalter verpflichtet, Anstrengungen zu unternehmen, um Auslandsvermögen zur Masse zu ziehen.⁴³ Der Schuldner ist verpflichtet, im Rahmen seiner in §§ 97, 98 normierten Pflichten an der Realisierung des Auslandsvermögens mitzuwirken.⁴⁴ Vgl. dazu § 97.

41 Ein inländischer Insolvenzgläubiger, der die Masse durch im Ausland zulässige Vollstreckungsmaßnahmen geschmälert hat, muss die erlangten Vermögensgegenstände an den Verwalter herausgeben.⁴⁵

II. Inlandsbezug einer Auslandsinsolvenz

42 Bis zum Inkrafttreten der EuInsVO am 31.5.2002 war für alle bis dahin eröffneten Verfahren Art. 102 EGInsO aF anzuwenden, der auf die diesbezügliche Rechtsprechung des BGH zurückging.⁴⁶ Art. 102 Abs. 1 Satz 1 EGInsO aF beinhaltete, dass ein ausländisches Insolvenzverfahren das im Inland belegene Vermögen grundsätzlich umfasst. Ferner regelten Art. 102 Abs. 1 Satz 2 Nr. 1 und Nr. 2 EGInsO aF, dass dies jedoch nicht gilt, wenn die Gerichte des Staates der Verfahrenseröffnung nach inländischem Recht nicht zuständig sind () und soweit die Anerkennung des ausländischen Verfahrens zu einem Ergebnis führt, das mit wesentlichen Grundsätzen des deutschen Rechts, vor allem der Grundrechte, offensichtlich unvereinbar ist.

Der deutsche Gesetzgeber hat in die §§ 1 bis 11 des „neuen" Art. 102 EGInsO die Umsetzungsvorschriften zur EuInsVO aufgenommen, die in Zweifelsfällen verordnungskonform auszulegen sind – siehe dazu im Einzelnen die Kommentierung zum Internationalen Insolvenzrecht im Band 3 und 4.

F. Neuerwerb

I. Überblick

43 Im Gegensatz zur Konkursordnung umfasst die Insolvenzmasse das gesamte Vermögen, das dem Schuldner zurzeit der Verfahrenseröffnung gehört und das er während des Verfahrens erlangt. Ausgenommen sind idR Gegenstände, die nicht der Zwangsvollstreckung unterliegen (§ 36 Abs. 1 bis 3). Demgegenüber gehörte nach § 1 Abs. 1 KO nur das zum Zeitpunkt der Konkurseröffnung vorhandene Vermögen des Gemeinschuldners zur Konkursmasse, der Neuerwerb des Schuldners war insolvenzfrei. Zur zeitlichen Abgrenzung war entscheidend, ob der Rechtsgrund des Erwerbs in die Zeit vor oder nach der Insolvenz fiel.⁴⁷ Diese Fragen stellen sich nach der Einbeziehung des Neuerwerbs in § 35 nicht mehr. An ihre Stelle sind neue Probleme getreten, die insbesondere daraus resultieren, dass den Neugläubigern, also denjenigen, die erst nach Verfahrenseröffnung eine Forderung gegen den Schuldner erworben haben, jede Haftungsgrundlage entzogen wird.⁴⁸ Die Insolvenzordnung

---

³⁸ Abgedruckt bei *Baumbach/Lauterbach/Albers/Hartmann*, Schlussanhang V C 1.
³⁹ Siehe *Baumbach/Lauterbach/Albers/Hartmann*, Schlussanhang V D.
⁴⁰ *Breutigam*/Blersch/Goetsch § 35 RdNr. 119; *Prütting* ZIP 1996, 1277, 1278.
⁴¹ Abgedruckt in ZIP 1996, 976 ff.
⁴² *Balz* ZIP 1996, 948, 951.
⁴³ BGH NJW 1977, 900; *Hess/Weis* §§ 35, 36 RdNr. 56.
⁴⁴ BVerfG ZIP 1986, 1336; *Hess/Weis* §§ 35, 36 RdNr. 58.
⁴⁵ BGH ZIP 1985, 944; *Kübler/Prütting/Holzer* § 35 RdNr. 20.
⁴⁶ ZB BGH NJW 1985, 2897.
⁴⁷ *Uhlenbruck/Hirte* § 35 RdNr. 12, 110, vgl. auch Kuhn/*Uhlenbruck*, KO, 11. Aufl. 1994, § 1 RdNr. 6.
⁴⁸ Vgl. dazu RdNr. 59 ff.

verschiebt die vermögensrechtliche Zugriffsgrenze zu Gunsten der Gläubiger, denen zurzeit der Verfahrenseröffnung eine Forderung gegen den Schuldner zusteht. Mit dieser Regelung hat der Gesetzgeber einen Schritt zur Rechtsangleichung insbesondere im europäischen Raum getan, da auch dem deutschen Recht eng verwandte Rechtsordnungen, wie das österreichische Recht, den Neuerwerb in die Masse einbeziehen (§ 1 öst. KO).

II. Zusammenhang zwischen Restschuldbefreiung und Einbeziehung des Neuerwerbs

Die Einbeziehung des Neuerwerbs in die Insolvenzmasse ist im Zusammenhang mit der Einführung des Restschuldbefreiungsverfahrens zu sehen. Aufgrund dieser Tatsache wird eine **teleologische Reduktion hinsichtlich des Anwendungsbereiches** des Neuerwerbs erwogen. **44**

Bei Verfahren ohne Restschuldbefreiungsmöglichkeit (Insolvenzverfahren von juristischen Personen und Gesellschaften ohne Rechtspersönlichkeit) wird das nach Verfahrenseröffnung erworbene Vermögen kraft Surrogation Massebestandteil.[49] Hier muss nicht auf das Institut des Neuerwerbs zurückgegriffen werden.

Anders ist es aber bei Insolvenzverfahren über das Vermögen natürlicher Personen. Hier stellt sich die Frage, ob der Neuerwerb insolvenzfrei bleiben soll, wenn kein Antrag auf Restschuldbefreiung gestellt oder die Restschuldbefreiung versagt wurde. Eine teleologische Reduktion in der Weise, dass der Neuerwerb insolvenzfrei bleibt, wenn die Restschuldbefreiung nicht zum Zuge kommt, ist abzulehnen.[50] Eine teleogische Reduktion ist mit dem Gesetzeswortlaut nicht vereinbar. Außerdem muss aus Gründen der Rechtssicherheit von Anfang an feststehen, was in die Insolvenzmasse fällt und was insolvenzfrei bleibt. Würde man die Einbeziehung des Neuerwerbs von einer ja erst später sich herausstellenden Versagung bzw. Bewilligung der Restschuldbefreiung abhängig machen, so wäre gerade dies nicht gewährleistet.[51]

Sollte zum Zeitpunkt der Rechtskraft der Entscheidung, mit der die Restschuldbefreiung erteilt wird, das Insolvenzverfahren noch laufen, entfällt der Insolvenzbeschlag für den gemäß § 287 Abs. 2 abgetretenen Neuerwerb ab dem Zeitpunkt des Ablaufs der Abtretungserklärung.[52]

III. Neuerwerb während des Insolvenzverfahrens

1. Einbeziehung des Neuerwerbs. a) Rechtserwerb auf Grund Vertrags. Erwirbt der **45** Schuldner mit Hilfe seines insolvenzfreien Vermögens Gegenstände, so fallen diese Gegenstände in die Insolvenzmasse, es sei denn, es handelt sich um unpfändbare Gegenstände i. S. d. § 36. Schafft sich der Schuldner also bspw. mit dem unpfändbaren Teil seines Arbeitseinkommens ein zweites Fernsehgerät an, so fällt das angeschaffte Zweitgerät nicht unter die Pfändungsschutzbestimmung aus § 811 Abs. 1 Nr. 1 ZPO i. V. m. § 36 Abs. 1, mit der Folge, dass es vom Massebeschlag erfasst wird.[53] Die Einbeziehung dieser Gegenstände entspricht dem ausdrücklichen Willen des Gesetzgebers, sodass für eine anderweitige Interpretation, etwa iS einer dinglichen Surrogation, wonach die Gegenstände, die aus dem insolvenzfreien Vermögen angeschafft wurden, ebenfalls nicht in die Masse fallen, kein Raum ist.[54] Dieses Ergebnis ist auch nicht unbillig, denn der Schuldner hat im Gegenzug für diese Beschränkungen die Möglichkeit, sich nach Abschluss des Restschuldbefreiungsverfahrens endgültig von seinen gesamten Schulden zu befreien.[55]

Der Erlös aus dem Verkauf einer unpfändbaren Sache durch den Schuldner ist grundsätzlich **46** massezugehörig.[56] Dasselbe gilt, wie bereits oben dargestellt, wenn der Schuldner mit insolvenzfreiem Vermögen Gegenstände erwirbt. Der Schuldner wird hier nur durch die Pfändungsschutzregelungen geschützt.[57] Vgl. insoweit die Kommentierung von § 36.

---

[49] Vgl. dazu RdNr. 55.
[50] *Pech,* Die Einbeziehung des Neuerwerbs in die Insolvenzmasse, S. 70 ff.
[51] *Pech,* Die Einbeziehung des Neuerwerbs in die Insolvenzmasse, S. 71.
[52] BGH WM 2010, 42, 43 ff. mit Darstellung des Streitstandes; siehe auch die Vorschläge im am 18.7.2012 vom Bundeskabinett beschlossenen Gesetzesentwurf zur Verkürzung des Restschuldbefreiungsverfahrens und zur Stärkung der Gläubigerrechte (abrufbar über die internet-Seite des BMJ) zur Änderung von § 300 und Aufnahme von § 300a.
[53] *Hess/Weis* 35, 36 RdNr. 39; LG Coburg, Urteil vom 6.5.2008, Az. 23 O 26/08.
[54] *Hess/Weis* §§ 35, 36 RdNr. 36; *Runkel,* FS Uhlenbruck, S. 315, 318 ff. *Pech,* Die Einbeziehung des Neuerwerbs in die Insolvenzmasse, 1998, S. 92 ff.
[55] *Hess/Weis* §§ 35, 36 RdNr. 37; *Runkel,* FS Uhlenbruck, S. 315, 318 ff.
[56] HK-*Eickmann* § 35 RdNr. 36.
[57] Ähnlich: *Häsemeyer,* Insolvenzrecht, RdNr. 9.29; HK-*Eickmann* § 35 RdNr. 27.

47 b) Lohn- und Gehaltsansprüche, Pensions- und Rentenansprüche. Lohn- und Gehaltsansprüche des Schuldners entstehen erst mit der Erbringung der Dienstleistung. Unter Geltung der KO stellten diese Ansprüche konkursfreien Neuerwerb dar, in den die Gläubiger vollstrecken konnten; den Konkursgläubigern war gem. § 14 KO die Vollstreckung untersagt. Nach der Neudefinition des Massebegriffs fallen die pfändbaren Lohn- und Gehaltsansprüche nunmehr auch dann in die Insolvenzmasse, wenn sie erst nach Insolvenzeröffnung während des Insolvenzverfahrens entstanden sind (siehe auch § 36 RdNr. 42).

Pensions- und Rentenansprüche können ebenfalls Massebestandteile darstellen (vgl. aber zB §§ 850a, 850b, 851c und d ZPO – dazu auch noch unter RdNr. 435 und die Kommentierung zu § 36).

47a c) Einkünfte aus selbständiger Tätigkeit und Freigabe. Pfändbare **Einkünfte**, die ein **selbständig tätiger Schuldner** nach der Insolvenzeröffnung während des laufenden Insolvenzverfahrens erzielt, gehören ebenfalls zur Insolvenzmasse und zwar grundsätzlich vollen Umfangs.[58] Einen Abzug für beruflich bedingte Ausgaben, die Berücksichtigung von Vorsorgeaufwendungen und Unterhaltspflichten kann der Schuldner gemäß § 850i ZPO i. V. m. § 36 InsO beantragen, damit ihm von seinen durch Vergütungsansprüche gegen Dritte erzielten Einkünften ein pfandfreier Teil belassen wird.[59] Vgl. dazu auch § 36 RdNr. 42.

Zum Pfändungsschutz bei Altersrenten (§ 851c und d ZPO) siehe auch § 36 RdNr. 45a. Das (Gestaltungs-) **Recht auf Beendigung der Mitgliedschaft** in einem berufsständischen Versorgungswerk oder das **Antragsrecht** auf eine insoweit **vorgezogene Altersrente** fällt allerdings regelmäßig nicht in die Insolvenzmasse, da ausschließlich dem Mitglied diese Dispositionsbefugnis zustehen soll, die mit finanziellen Auswirkungen für sein weiteres Leben verbunden ist.[60]

47b Der Gesetzgeber hat sich entschlossen, im Rahmen des **Gesetzes zur Vereinfachung des Insolvenzverfahrens**[61] dem vormaligen Wortlaut des § 35 (der nunmehr den 1. Absatz des § 35 darstellt) zwei neue Absätze hinzuzufügen (siehe auch oben unter RdNr. 13). Im „neuen" Absatz 2 finden sich **Regelungen zur Freigabe durch den Insolvenzverwalter bei einer selbständigen Tätigkeit des Schuldners** und nach dem Absatz 3 hat das Gericht das, was gemäß dem Absatz 2 geschieht, zu veröffentlichen.

Hintergrund ist, dass bisher keine ausdrückliche Regelung dazu existierte, wie mit der Situation einer selbständigen Tätigkeit des Schuldners mit Blick auf § 35 InsO umzugehen ist. Weitgehend bestand Einigkeit darüber, dass eine solche Tätigkeit des Schuldners vom Insolvenzverwalter schon angesichts des Art. 12 GG nicht per se unterbunden werden kann.[62] Die Folgen der selbständigen Tätigkeit und die (Reaktions-)Möglichkeiten des Insolvenzverwalters im Einzelnen waren jedoch unklar und umstritten.[63] Vom (bis dahin uneingeschränkten) Ansatz des § 35 her, dass der Neuerwerb zur Masse gehört, würden die Einkünfte des Schuldners aus seiner selbständigen Tätigkeit in die Masse fallen.[64] Dadurch wäre allerdings auch der ökonomische Anreiz für den Schuldner, entsprechend tätig zu werden, nicht vorhanden.[65] Hinzu kam, dass unklar war, wie die vom Insolvenzschuldner in diesem Rahmen eingegangenen Verbindlichkeiten (dabei ging es auch um daraus ggf. resultierende Steuerpflichten) zu behandeln sind, insbesondere ob es sich um Masseverbindlichkeiten handelt oder diese nur gegen den Insolvenzschuldner außerhalb des Insolvenzverfahrens geltend zu machen sind.[66] Insofern sah die Praxis zT so aus, dass man den Schuldner „schalten und walten" ließ und nur die (pfändbaren) Übererlöse aus der selbständigen Tätigkeit des Schuldners vom Insolvenzverwalter zur Masse gezogen wurden.[67]

Um für die **selbständige Tätigkeit** einen entsprechenden Rahmen zur Verfügung zu stellen, hat der Gesetzgeber die neuen Regelungen des 2. und 3. Absatzes in § 35 eingefügt.[68] Dadurch soll einerseits die Insolvenzmasse vor den finanziellen Folgen einer etwaig verlustbringenden selbständi-

---

[58] Insbesondere erfolgt kein Abzug von Beträgen, die der Schuldner zur Erfüllung von Neuverbindlichkeiten benötigt: BGH WM 2003, 980, 983 f.; BGH WM 2007, 977, 978.
[59] BGH ZInsO 2011, 1412, 1413; BGH NJW 2008, 227, 229; BGH WM 2003, 980, 983 f.; OLG Koblenz NZI 2012, 88; *Andres/Pape* NZI 2005, 141 ff.; zur Neufassung des § 850i ZPO: *Meller-Hannich* WM 2011, 529 ff.
[60] BGH WM 2008, 415, 416 f.; VGH Düsseldorf NZI 2011, 460, 461 f.
[61] BGBl. I S. 509.
[62] Vgl. zB *Andres* NZI 2006, 198; *Sternal* NZI 2006, 185, 189.
[63] *Grote/Pape* ZInsO 2004, 993; *Sternal* NZI 2006, 185, 189; *Andres* NZI 2006, 198.
[64] Siehe dazu BGH NJW 2003, 2167 ff. = NZI 2003, 389 ff.
[65] *Bork* ZInsO 2005, 1067, 1075.
[66] Dazu zB *Andres/Pape* NZI 2005, 141, 142; *Sternal* NZI 2006, 185, 189.
[67] Siehe zB *Andres* NZI 2006, 198: „kommt einer faktischen Freigabe nahe"; dazu auch *Sternal* NZI 2006, 185, 189.
[68] Im Einzelnen dazu z.B. *Peters* WM 2012, 1067 ff. mwN.

gen Tätigkeit des Schuldners geschützt und andererseits dem Schuldner die Möglichkeit einer solchen Tätigkeit außerhalb des Insolvenzverfahrens eröffnet werden, sei es, dass der Schuldner eine bereits vorher ausgeübte selbständige Tätigkeit fortsetzt oder eine neue aufnimmt.[69] Der Insolvenzverwalter hat dem Schuldner gegenüber zu erklären, ob Vermögen aus der selbständigen Tätigkeit zur Insolvenzmasse gehört und ob Ansprüche aus dieser Tätigkeit im Insolvenzverfahren geltend gemacht werden können. Hierbei handelt es sich nach Ansicht des Gesetzgebers um eine „der ‚echten' Freigabe ähnlichen Erklärung",[70] wobei diese gesetzliche **Neuregelung** nur „**klarstellend**" im Hinblick auf die auch schon vorher vorhandene Möglichkeit der Freigabe ist.[71]

Mit **Zugang** der **Freigabeerklärung (Negativerklärung)** des Insolvenzverwalters **beim Schuldner** treten deren **Rechtswirkungen** ein,[72] insbesondere sind dadurch die Erträge aus der selbständigen Tätigkeit aus dem Haftungsverbund entlassen. Nach erfolgter Freigabe kann die Masse über die Erträge mithin nicht (mehr) disponieren (zu den weiteren Folgen der Freigabe sogleich). Der Anzeige an das Insolvenzgericht und der öffentlichen Bekanntmachung gemäß § 35 Abs. 3 kommt keine konstitutive, sondern eine klarstellende, informatorische Funktion zu.[73]

Bei der umstrittenen Frage der **„Reichweite"** der **Freigabe** des der selbständigen Tätigkeit gewidmeten Vermögens ist mit Blick auf das Zusammenspiel mit § 811 Abs. 1 Nr. 5 ZPO zunächst Folgendes zu berücksichtigen: Fallen die in Rede stehenden Gegenstände unter § 811 Abs. 1 Nr. 5 ZPO und überwiegt die persönliche Tätigkeit des Schuldners gegenüber der Leistung von Mitarbeitern und dem Einsatz von Maschinen, kommt man mit der einen Ansicht zum Ergebnis, dass diese Gegenstände nicht dem Insolvenzbeschlag unterliegen.[74] Eine Freigabe wäre insoweit dann nicht erforderlich. Nach hier vertretener Auffassung bedarf es der Abwägung sämtlicher Einzelumstände im Sinne der Ausführungen unter § 36 RdNr. 24 ff., wobei davon auszugehen sein dürfte, dass die Ergebnisse oftmals übereinstimmen.[75] Mit erfolgter Freigabe der in Rede stehenden Gegenstände wäre in dieser Hinsicht jedenfalls Klarheit geschaffen.[76]

Im Übrigen verlangt eine Auffassung eine explizite auf die jeweiligen Gegenstände bezogene Freigabeerklärung[77], während die zutreffende Ansicht, u.a. unter Bezugnahme auf die Gesetzesmaterialien, vertritt, dass die Freigabeerklärung gemäß § 35 Abs. 2 sich auf das gesamte der selbstständigen Tätigkeit gewidmete Vermögen ohne Weiteres erstreckt[78]. Da die Freigabe gemäß § 35 Abs. 2 sich auf das Vermögen des Schuldners aus seiner gewerblichen Tätigkeit bezieht, werden hiervon im Gegensatz zur von § 32 Abs. 1 Satz 3 als zulässig vorausgesetzten echten Freigabe (dazu siehe RdNr. 84 ff.) richtigerweise nicht nur einzelne (zu benennende) Vermögensgegenstände, sondern die diesbezügliche Gesamtheit von Gegenständen und Werten erfasst. Gibt der Insolvenzverwalter die Erklärung gemäß § 35 Abs. 2 ohne Einzelbenennungen ab, werden also auch die Gegenstände freigegeben, die der Schuldner zur Ausübung seiner selbständigen Tätigkeit außerhalb des Insolvenzverfahrens benötigt (im Hinblick auf § 811 Abs. 1 Nr. 5 ZPO ggf. klarstellend – s.o.).[79]

---

[69] Vgl. Begr. RegE BT-Drucks. 16/3227, S. 11, 17; BGH WM 2012, 522, 523; *Dahl/Schindler* VIA 2011, 1; von daher ist eine Anwendbarkeit ausschließlich auf selbständig tätige natürliche Personen (für die auch eine Restschuldbefreiung in Frage käme) vorgegeben, sodass der vereinzelt befürworteten Erweiterung auf alle Rechtssubjekte, wie auch juristische Personen (*Heinze* ZVI 2007, 349, 351), nicht gefolgt werden kann (ebenso zB *Ahrens* NZI 2007, 622, 623; *Berger* ZInsO 2008, 1101, 1104; *Haarmeyer* ZInsO 2007, 696, 697; *Holzer* ZVI 2007, 289, 291).

[70] Beschlussempfehlung und Bericht des Rechtsausschusses, BT-Drucks. 16/4194, S. 31; BGH WM 2012, 522, 523; zur Rechtsnatur dieser Erklärung siehe zB *Haarmeyer* ZInsO 2007, 696, 697 („rechtsgestaltende, konstitutiv wirkende Erklärung bzw. eine Freigabe sui generis"); *Ahrens* NZI 2007, 622, 624 f.; *Dahl/Schindler* VIA 2011, 1.

[71] Vgl. Begründung zum Entwurf eines Gesetzes zur Änderung der Insolvenzordnung, des Kreditwesengesetzes und anderer Gesetze, NZI 2004, 549, 562; siehe auch BGH ZInsO 2007, 94 ff.; FG München ZInsO 2008, 1025, 1026; *Schmerbach/Wegener* ZInsO 2006, 400, 406; *Grote* ZInsO 2011, 1489, 1491.

[72] BGH WM 2012, 522, 523 und 524; LG Kassel ZIP 2007, 2370; *Ahrens* NZI 2007, 622, 623; *Haarmeyer* ZInsO 2007, 696, 698; *Sternal* NJW 2007, 1909, 1912; *Berger* ZInsO 2008, 1101, 1104.

[73] BT-Drucks. 16/3227, S 17; BGH WM 2012, 522, 524; AG Hamburg ZInsO 2008, 680, 681; *Berger* ZInsO 2008, 1101, 1104; *Sternal* NJW 2007, 1909, 1912.

[74] Vgl. HambKomm-*Lüdtke* § 35 RdNr. 132; FG München ZInsO 2008, 1025, 1026.

[75] Dazu siehe zB AG Göttingen ZInsO 2011, 1659 f.; *Peters* WM 2012, 1067, 1068 f.

[76] FG München ZInsO 2008, 1025, 1026.

[77] *Wischemeyer* ZInsO 2009, 937, 942 f.; *Wischemeyer/Schnur* ZInsO 2007, 1240, 1245 f.; *Berger* ZInsO 2008, 1101, 1104; Bankenkomm-*Meyer* § 35 RdNr. 83; unklar: Uhlenbruck-*Hirte* § 35 RdNr. 91 und 100; siehe auch FG Rheinland-Pfalz ZInsO 2007, 552, 554 f. zur Interpretation einer Freigabe der selbständigen Tätigkeit vor Aufnahme der Absätze 2 und 3 in § 35.

[78] BGH WM 2012, 522, 523; LG Krefeld, NZI 2010, 485; *Ahrens* NZI 2007, 622, 624 f.; *Ries* ZInsO 2009, 2030, 2033; siehe auch BT-Drucks. 16/3227. S. 17.

[79] BGH WM 2012, 522, 523; siehe auch *Ahrens* NZI 2007, 622, 625; im Ergebnis ebenso AG Duisburg NZI 2010, 905, 907.

47f Die Freigabe erstreckt sich nach zutreffender Ansicht, die im Einklang mit der Gesetzesbegründung[80] steht, nicht nur auf das Vermögen des Schuldners, das seiner gewerblichen Tätigkeit gewidmet ist, sondern auch auf die dazu gehörenden Vertragsverhältnisse, insbesondere die Dauerschuldverhältnisse wie Arbeits- und Mietverhältnisse, ohne dass es ggf. weiterer Erklärungen, wie zB einer nach § 109 Abs. 1, bedarf.[81] Insoweit ist ebenfalls zu berücksichtigen, dass die Freigabe sich auf eine Gesamtheit von Gegenständen und Werten bezieht und die Neuregelung des § 35 Abs. 2 gerade darauf abzielt, im Wege dieser Erklärung dem Schuldner zu ermöglichen, eine selbständige Tätigkeit außerhalb des Insolvenzverfahrens fortzusetzen oder aufzunehmen, ohne die Masse hierdurch zu beeinträchtigen. Das wird u.a. durch die mit der Freigabe einhergehenden sofortigen Beendigung der Dauerschuldverhältnisse mit dem Insolvenzverwalter und Überleitung auf den Schuldner auch entsprechend umgesetzt. Um selbständig tätig sein zu können, ist der Schuldner ja regelmäßig auf den Fortbestand bestimmter Dauerschuldverhältnisse wie Miet-, Pacht-, Dienst-, Versorgerverträge (Gas, Wasser, Elektrizität) angewiesen. Folge der Freigabe ist, dass die nach Freigabe insoweit entstehenden Verbindlichkeiten, einschließlich diesbezüglicher Steuerschulden, keine Masse- sondern (Neu-) Verbindlichkeiten des Schuldners sind.[82]

47g Zu für die Ausübung der selbständigen Tätigkeit erforderlichen **Genehmigungen** und der Sperrwirkung des § 12 **GewO** im Fall der Freigabe gemäß § 35 Abs. 2 siehe RdNr. 515.

47h Im Fall einer Freigabe stehen den **Neugläubigern** als Haftungsmasse grundsätzlich die Einkünfte des Schuldners aus seiner selbständigen Tätigkeit zur Verfügung.[83] Von daher ist zwischen den beiden Haftungsmassen, die den jeweiligen Gläubigern zur Verfügung stehen sollen, zu trennen:

Den **Alt-/Insolvenzgläubigern** steht die Insolvenzmasse zur Verfügung, den **Neugläubigern** der Neuerwerb nach Freigabe.[84] Insofern ist es denkbar, dass ein zusätzliches zweites Insolvenzverfahren über das Vermögen des Schuldners eröffnet wird.[85]

Eine „Vermischung" dieser Sphären, indem zB ein Alt-/Insolvenzgläubiger bezüglich der gegen ihn gerichteten Forderungen, die nach Freigabe entstanden sind, mit Alt-/Insolvenzforderungen aufrechnen oder aufgrund von titulierten Forderungen in freigegebene Gegenstände vollstrecken möchte, ist unzulässig.[86] Es fehlt bei dem Aufrechnungsversuch schon an der erforderlichen Gegenseitigkeit der Forderungen, die unterschiedliche Haftungsmassen betreffen. Letzteres gilt auch für den Vollstreckungsversuch. Des Weiteren würden die Neugläubiger durch ein solches Vorgehen seitens der Alt-/Insolvenzgläubiger ungerechtfertigt benachteiligt, denn dadurch würde die ja gerade für die Neugeschäfte zur Verfügung stehende Vermögensmasse des Schuldners verringert bzw. ihnen entzogen werden. Ferner würde man hierdurch den Sinn und Zweck der Freigabe gemäß § 35 Abs. 2 und 3 unterlaufen, denn dem Schuldner wird angesichts nicht zu vermeidender Geschäftspartner, wie Strom-/Gas-/Wasserversorger, und dem Gläubiger Finanzamt, der beabsichtigte Neustart nicht nur erschwert, sondern ggf. vereitelt. Zutreffend ist die Sichtweise des BGH, dass eine

---

[80] RegE BT-Drucks. 16/3227, S. 17, wonach die Erklärung „die dazu gehörenden Vertragsverhältnisse" einschließt.

[81] BGH WM 2012, 522, 523 ff.; LG Krefeld NZI 2010, 485 f.; ArbG Herne, Urteil vom 10.8.2010, Az. 2 Ca 350/10; ArbG Berlin, Urteil vom 3.6.2010, Az. 53 Ca 2104/10; AG Duisburg NZI 2010, 905, 907 f.; HambKomm-*Lüdtke* § 35 RdNr. 263; *Braun/Bäuerle* § 35 RdNr. 72; *Dahl* VIA 2010, 54; *Ahrens* NZI 2007, 622, 625; *Haarmeyer* ZInsO 2007, 696, 698; *Stiller* ZInsO 2010, 1374, 1375; *Heinze* ZVI 2007, 349, 354; *Pannen/Riedemann* NZI 2006, 193, 196; zweifelnd, ob die Wirkung der Erklärung ggf. erst nach Ablauf der Frist des § 109 Abs. 1 oder § 113 eintreten soll: *Dahl/Schindler* VIA 2011, 1, 2 f.; *Dahl* NJW-Spezial 2007, 485 f.; *Uhlenbruck/Hirte* § 35 RdNr. 101; aA OLG Rostock ZInsO 2007, 996, 997 (zur „Altregelung" des § 35); *Berger* ZInsO 2008, 1101, 1107; HK-*Eickmann* § 35 RdNr. 59; anders auch BAG ZInsO 2009, 1116, 1117 ff.; BAG ZInsO 2008, 866, 868 zur „Altregelung" des § 35, soweit die Freigabe sich nicht auf den Beschlag der Masse unterliegender Betriebsmittel, die eine „Einheit" im Sinne des § 613a BGB darstellen, zu der auch das in Rede stehende Arbeitsverhältnis gehöre, beziehe.

[82] Siehe zB BGH WM 2012, 522, 524 f.; FG München ZInsO 2008, 1025, 1026 f.

[83] *Stephan* NZI 2004, 521, 525; OLG Koblenz NZI 2012, 88 ff. – auch zur Frage einer Zahlungsklage des Insolvenzverwalters (der für den streitgegenständlichen Zeitraum keine Freigabe nach § 35 Abs. 2 erklärt hatte) gegen den Schuldner gemäß § 816 Abs. 2 BGB wegen nicht an die Masse abgeführter Provisionseinnahmen aus selbstständiger Tätigkeit sowie dem Entreicherungseinwand des Schuldners (§§ 818 Abs. 2, 819 BGB).

[84] BT-Drucks. 16/3227, S. 17; BGH WM 2012, 522, 524 f.; HambKomm-*Lüdtke* § 35 RdNr. 258, 269; AG Hamburg ZInsO 2008. 680, 681; *Berger* ZInsO 2008, 1101, 1106; allerdings hat der Schuldner mit seinem „Neuerwerb" auch seinen Zahlungspflichten gegenüber der Masse entsprechend § 295 Abs. 2 nachzukommen – dazu noch sogleich.

[85] Wenn der Neuerwerb nicht ausreicht, die Neuforderungen zu bedienen – siehe auch RdNr. 75.

[86] *Berger* ZInsO 2008, 1101, 1106; *Dahl* VIA 2011, 49 ff.; *Kahlert* EWiR 2011, 53 f.; siehe auch BGH WM 2012, 522, 524 f.; BGH WM 2009, 807, 808 f.; im Ergebnis ebenso BFH-Urteile vom 25.7.2012, Az. VII R 29/11 und VII R 44/10; BFH NZI 2011, 378, 379 ff.; BFH NZI 2011, 553, 554 ff.; BFH NZI 2010, 877 f. zu dem Versuch des Finanzamtes, den in die Masse fallenden Umsatzsteuervergütungsanspruch mit rückständiger Einkommensteuer des Schuldners aufzurechnen; diese Differenzierung verkennend: BFH NZI 2011, 35 ff. zum Versuch des Finanzamtes, Steuererstattungsansprüche aus der Zeit nach Freigabe mit steuerlichen Insolvenzforderungen aufzurechnen; siehe auch *Kranenberg* NZI 2008, 81 ff.

Aufrechnung in derartigen Sachlagen nur möglich ist, wenn die Aufrechnungslage bereits zum Zeitpunkt der Eröffnung des Insolvenzverfahrens bestand.[87]

Gibt der Insolvenzverwalter eine **„Positiverklärung"** ab, gehört das Vermögen aus selbständiger Tätigkeit zur Insolvenzmasse und die Ansprüche aus dieser Tätigkeit können im Insolvenzverfahren geltend gemacht werden.[88] 47i

Aufgrund der vom Insolvenzverwalter gegenüber dem Schuldner abzugebenden Erklärung ist dann auch klar und wegen der obligatorischen **Anzeige** an und **Veröffentlichung** durch das **Gericht** (§ 35 Abs. 3) dem Rechtsverkehr bekannt gegeben,[89] ob die in diesem Zusammenhang vom Schuldner eingegangenen Verbindlichkeiten Masseverbindlichkeiten sind oder nicht.[90]

Eine **zeitliche Bestimmung** zur Abgabe dieser **Erklärung** durch den Insolvenzverwalter hat der Gesetzgeber bewusst vermieden, um ihm seine Flexibilität zu erhalten und lediglich in den Materialien darauf hingewiesen, dass der Insolvenzverwalter dabei jedoch die Haftungsnorm des § 60 InsO zu berücksichtigen habe.[91] 47j

Die Einordnung einer etwaigen **„Zwischenzeit"**, in der der Insolvenzverwalter möglicherweise sich weder „positiv" noch „negativ" erklärt hat und während dessen durch den Schuldner Verbindlichkeiten entstehen, beantwortet sich nach dem Eintritt der Rechtswirkungen einer solchen Freigabeerklärung: Ausgehend von den erst durch Zugang beim Schuldner eintretenden Rechtswirkungen der Freigabeerklärung (s.o. RdNr. 47c) ist es nur folgerichtig, dass aufgrund der Nichtabgabe die in der Zwischenzeit entstehenden Verbindlichkeiten Masseverbindlichkeiten darstellen.[92] Eine solche „Zwischen-/Überlegungsphase" dürfte zudem durch entsprechend rechtzeitige Abgabe der Erklärung mit Insolvenzeröffnung für den (späteren) Insolvenzverwalter, der sich bereits im Eröffnungsverfahren den nötigen Überblick verschaffen konnte, regelmäßig vermeidbar sein. 47k

Auch eine Differenzierung danach, ob der Verwalter von der konkreten unternehmerischen Tätigkeit des Schuldners gewusst hat bzw. haben müsste oder nicht, ist daher richtigerweise für die Frage der Entstehung von Masseverbindlichkeiten nicht maßgeblich.[93]

Das kann eher eine Rolle spielen bei der Beurteilung einer etwaigen **Haftung** des **Insolvenzverwalters** gemäß §§ 60, 61 InsO.[94] Hat der Insolvenzverwalter die Freigabe erklärt, scheidet eine Haftung für insoweit danach entstehende Verbindlichkeiten aus, da diese nicht gegen die Masse geltend gemacht werden können. Zwischen dem Schuldner und seinen Vertragspartnern spielt sich dann alles Weitere im Bereich der Entstehung von Neuverbindlichkeiten ab. Bei der Frage, wie schnell der Insolvenzverwalter auf das drohende Entstehen von zu hohen Masseverbindlichkeiten zu reagieren hat, ist zB bei Dauerschuldverhältnissen der Blick auf eine frühestmögliche Beendigung durch Kündigung, d.h. bei deren Versäumung auf nach diesem Zeitpunkt ggf. entstehende Masseverbindlichkeiten zu richten. Die Ersatzpflicht scheidet aus, wenn der Insolvenzverwalter entweder die frühestmögliche Beendigung durch rechtzeitige Kündigung oder vor diesem Zeitpunkt der frühestmöglichen Beendigung eine Enthaftung durch die Freigabe gemäß § 35 Abs. 2 herbeigeführt hat.[95]

Damit die Freigabeentscheidung nicht zu einer ungerechtfertigten Bevorzugung des Selbständigen im Vergleich zu einem in abhängiger Tätigkeit beschäftigten Arbeitnehmer führt, verweist der Absatz 2 Satz 2 des § 35 auf eine entsprechende Anwendung des **§ 295 Abs. 2 InsO** und mithin auf eine entsprechende **Abführungspflicht des Schuldners** an den Insolvenzverwalter.[96] Der Schuldner muss die Masse so stellen, als würde er in einem **angemessenen Dienstverhältnis** beschäftigt sein, d.h. seine Zahlungen haben so auszufallen, wie diese aussähen, wenn er ein angemessenes 47l

---

[87] BGH WM 2012, 1205, 1206 (darlegungs- und beweisbelastet ist der Aufrechnende); BGH NZI 2011, 538, 539 f.; siehe auch BGH WM 2012, 522, 524 f.; *Casse* ZInsO 2008, 795 ff.; aA *Kranenberg* NZI 2009, 156, 158 f.

[88] *Ahrens* NZI 2007, 622, 623; LG Göttingen ZInsO 2011, 1798.

[89] Die Bekanntmachung erfolgt gemäß § 9 (auf „www.insolvenzbekanntmachungen.de") – dazu siehe die dortige Kommentierung.

[90] BT-Drucks. 16/4194, S. 14; BGH WM 2012, 522, 523 f.; *Sternal* NJW 2007, 1909, 1912; zur Verlässlichkeit der öffentlichen Bekanntmachung gemäß § 9 InsO siehe zB OLG Düsseldorf NZI 2009, 407 f. und die ablehnende Anmerkung dazu von *Buntenbroich* NZI 2009, 370 – im Einzelnen siehe die Kommentierung zu § 9.

[91] Beschlussempfehlung und Bericht des Rechtsausschusses, BT-Drucks. 16/4194, S. 31.

[92] *Haarmeyer* ZInsO 2007, 696, 697 f.; *Ahrens* NZI 2007, 622, 623; *Sternal* NJW 2007, 1909, 1912; *Berger* ZInsO 2008, 1101, 1104; siehe auch BGH WM 2012, 522, 523 ff.; aA: *Dahl/Schindler* VIA 2011, 1,2; *Dahl* NJW-Spezial 2007, 485; HambKomm-*Lüdtke* § 35 RdNr. 257.

[93] So aber *Berger* ZInsO 2008, 1101, 1105; *Pape* NZI 2007, 481, 482.

[94] *Berger* ZInsO 2008, 1101, 1106.

[95] BGH WM 2012, 522, 525.

[96] Vgl. *Berger* ZInsO 2008, 1101, 1107; *Grote/Pape* ZInsO 2004, 993, 996 f.; *Andres/Pape* NZI 2005, 141, 146; *Sternal* NZI 2006, 185, 189; Stellungnahme des Deutschen Anwaltsvereins durch den DAV Insolvenzrechtsausschuss zum Referentenentwurf eines Gesetzes zur Änderung der Insolvenzordnung, des Kreditwesengesetzes und anderer Gesetze, ZInsO 2005, 32, 33; zur Frage einklagbarer Anspruch oder Obliegenheit (Sanktion: § 296): LG Düsseldorf NZI 2012, 970 f. mit Anmerkung von Grund.

Dienstverhältnis eingegangen wäre.[97] Unabhängig von dem wirtschaftlichen Erfolg der selbständigen Tätigkeit ist das anzunehmende fiktive Nettoeinkommen auf der Grundlage eines angemessenen, dem Schuldner möglichen Dienstverhältnisses zu berechnen.[98] Die ihm obliegenden Zahlungen hat der Schuldner jährlich zu leisten (entsprechend § 292 Abs. 1 Satz 2), nicht hinreichend ist daher z.B. eine einmalige Zahlung erst zum Ende der Wohlverhaltensperiode.[99] Der Versuch der „Koppelung" der Freigabe an darüber hinausgehende Abrechnungs- und Zahlungspflichten ist vom Gesetz nicht vorgesehen und als unzulässig anzusehen.[100]

Geht der selbständig tätige Schuldner zusätzlich einer abhängigen Tätigkeit nach, muss er die der Masse zufließenden Erträge aus abhängiger Tätigkeit um den Betrag aufstocken, der der Masse zugeflossen wäre, wenn er an Stelle der selbständigen Tätigkeit auch insoweit abhängig beschäftigt gewesen wäre.[101]

47m Vormals war eine erforderliche **Zustimmung** seitens des **Gläubigerausschusses** oder der **Gläubigerversammlung** für eine „Freigabe" durch den Insolvenzverwalter ins Auge gefasst worden.[102] Um dem Insolvenzverwalter ein flexibleres Agieren zu ermöglichen, wie zB auch schon vor der Abhaltung einer Gläubigerversammlung,[103] wurde dies fallengelassen und dadurch ersetzt, dass für die „Freigabeerklärung" zwar eine derartige Zustimmung nicht mehr vorgesehen ist, aber auf Antrag des Gläubigerausschusses oder (wenn ein solcher nicht bestellt ist) der Gläubigerversammlung das Insolvenzgericht die Unwirksamkeit der Erklärung des Insolvenzverwalters anordnet (§ 35 Abs. 2 Satz 3).[104] Der Antrag kann während des Insolvenzverfahrens gestellt werden und unterliegt keiner Fristbindung. Gemäß dem Gesetzeswortlaut hat das Insolvenzgericht keine eigene materielle Prüfungskompetenz. Allenfalls eine Missbrauchskontrolle nach § 78 kommt in Betracht.[105] Eine diesbezügliche Unwirksamkeitsanordnung des Insolvenzgerichtes tritt richtigerweise grundsätzlich mit der öffentlichen Bekanntmachung nach § 35 Abs. 3 in Kraft, mit der Folge, dass der ab diesem Zeitpunkt anfallende Neuerwerb des Schuldners und ebenso alle freigegebenen Gegenstände zur Insolvenzmasse gehören. Der die Zwischenzeit betreffende Erwerb und zwischenzeitlich entstandene Verbindlichkeiten betreffen den Schuldner und nicht die Insolvenzmasse (Rechtsgedanke des § 34 Abs. 3 Satz 3).[106]

Der Antragsbeschluss der Gläubigerversammlung nach § 35 Abs. 2 Satz 3 kann gemäß § 78 Abs. 1 (im Einzelnen dazu die dortige Kommentierung) angefochten werden.[107]

47n In der Praxis sind **Lohn- und Gehaltsansprüche** meist im Voraus abgetreten bzw. verpfändet, sodass auf Grund der Absonderungsrechte von gesicherten Gläubigern die Einbeziehung in den Neuerwerb für die Gläubigergesamtheit keine Vorteile mit sich bringen würde. Die Wirkung der Abtretung bzw. Verpfändung ist daher gem. § 114 Abs. 1 auf zwei Jahre nach Verfahrenseröffnung beschränkt.[108] Zwangsvollstreckungen in das zukünftige Arbeitseinkommen sind im Rahmen des § 114 Abs. 3 unwirksam.[109]

---

[97] LG Göttingen NZI 2011, 775; LG Göttingen ZInsO 2011, 1798, 1799; LG Siegen, Beschluss vom 27.11.2008, Az. 4 T 130/08; dazu *Grahlmann* VIA 2009, 21 f.; anders AG Wuppertal NZI 2011, 695; dazu auch *Schmerbach/Wegener* ZInsO 2006, 400, 406; im Einzelnen die Kommentierung zu § 295.

[98] BGH WM 2012, 1638; BGH WM 2012, 1597, 1598; BGH-Beschluss vom 10.5.2012, Az. IX ZB 203/10; BGH NZI 2011, 596, 597; BGH NZI 2009, 482, 483 – im Zusammenhang mit etwaigen Obliegenheitsverletzungen bei angestrebter Restschuldbefreiung weist der BGH darauf hin, dass im Falle eines zu geringen Erfolges der selbständigen Tätigkeit für die Zahlung derartiger Beträge an die Masse, diese Tätigkeit nicht unbedingt aufgegeben werden muss. Vielmehr müsse dann der Schuldner – ebenso wie ein beschäftigungsloser Schuldner – nachweisen, dass er sich entsprechend um eine angemessene Erwerbstätigkeit bemüht; dazu *Schmerbach* NZI 2009, 469 f.; siehe ferner auch HambKomm-*Schmid-Streck*, § 295 RdNr. 23; *Berger* ZInsO 2008, 1101, 1107; AG Memmingen ZInsO 2009. 1220, 1221; zu den Fragen der Festsetzung der abzuführenden Beträge und ggf. Sanktionen bei Pflichtverletzungen des Schuldners siehe auch *Grote* ZInsO 2011, 1489, 1492 ff.

[99] BGH WM 2012, 1597, 1598 ff.

[100] Vgl. LG Göttingen ZInsO 2011, 1798, 1799; *Grote* ZInsO 2011, 1489, 1492; anscheinend aA *Berger* ZInsO 2008, 1101, 1107 f.

[101] Vgl. BGH NZI 2006, 413, 414; LG Potsdam, Beschluss vom 1.10.2009, Az. 5 T 322/09.

[102] *Pape* NZI 2007, 481.

[103] Dazu zB *Andres* NZI 2006, 198, 199 f.

[104] Zur Frage einer Begründungspflicht für einen solchen Antrag: *Fritz* NZI 2011, 801 ff.

[105] FK-*Schumacher* § 35 RdNr. 25; HambKomm-*Lüdtke* § 35 RdNr. 266; Bankenkomm-*Meyer* § 35 RdNr. 87; *Graf-Schlicker/Kexel* § 35 RdNr. 29; *Uhlenbruck/Hirte* § 35 RdNr. 106; anders wohl HK-*Eickmann* § 35 RdNr. 52 ff.

[106] FK-*Schumacher* § 35 RdNr. 25; *Uhlenbruck/Hirte* § 36 RdNr. 103; *Graf-Schlicker-Kexel* § 35 RdNr. 30; *Haarmeyer* ZInsO 2007, 696, 698; *Berger* ZInsO 2008, 1101, 1105; AG Duisburg NZI 2010, 905, 908; AG Duisburg NZI 2010, 303, 304; aA HambKomm-*Lüdtke* § 35 RdNr. 267; HK-*Eickmann* § 35 RdNr. 65, die eine ex tunc-Wirkung mit entsprechenden Rückabwicklungsproblemen annehmen.

[107] *Berger* ZInsO 2008, 1101, 1105; AG Duisburg NZI 2010, 905, 906.

[108] Vgl. dazu zB BGH WM 2006, 2315 f.; BGH WM 2010, 1129, 1131 unabhängig davon, ob das Dienstverhältnis vor oder nach Insolvenzeröffnung eingegangen worden ist: BGH WM 2012, 2292 ff.

[109] Zu den Einzelheiten vgl. § 114 - im am 18.7.2012 vom Bundeskabinett beschlossenen Gesetzesentwurf (ähnlich im vormaligen Referentenentwurf vom 23.1.2012) zur Verkürzung des Restschuldbefreiungsverfahrens

Umstritten ist, ob § 114 auch auf die **Abtretung von Vergütungsansprüchen aus selbständiger Tätigkeit,** wie zB die Forderungen des Arztes gegen die kassenärztliche Vereinigung, anwendbar ist.[110] Der BGH begrenzt die Anwendung des § 114 grundsätzlich auf die Abtretung der Lohn- und Gehaltsansprüche, auch in Ansehung des § 35 Abs. 2 und argumentiert insoweit mit dem Fall der Fortführung des Betriebes durch den Insolvenzverwalter.[111]

d) Erbschaften, Schenkungen und Lotteriegewinne. Erbschaften und Vermächtnisse fallen als Neuerwerb in die Insolvenzmasse. Allerdings kann der Schuldner (nicht etwa der Insolvenzverwalter) entscheiden, ob er eine Erbschaft oder ein Vermächtnis annimmt oder (zum Nutzen anderer) ausschlägt.[112] Nimmt der Schuldner die Erbschaft an, so ist der Nachlass von diesem Zeitpunkt an als Bestandteil der Insolvenzmasse verwertbar. Damit haben Nachlassgläubiger Zugriff auf die den Nachlass und das Schuldnervermögen vor Erbschaftsannahme umfassende Insolvenzmasse. Nachlassgläubiger und Insolvenzverwalter können eine Trennung der Vermögensmassen herbeiführen.[113] Auch über die Annahme von Schenkungen entscheidet auf Grund der Höchstpersönlichkeit dieses Rechtsgeschäfts allein der Schuldner. Der Lottogewinn nach Verfahrenseröffnung fällt als Neuerwerb in die Insolvenzmasse, unabhängig davon, ob er aus pfändbaren oder unpfändbaren Mitteln des Schuldners generiert wurde.[114] **48**

Ob ein der Testamentsvollstreckung unterliegender Nachlass in die Insolvenzmasse fällt, ist umstritten. Da dieser nicht schlichtweg unpfändbar, sondern als Sondervermögen nur zeitlich bis zur Beendigung der Testamentsvollstreckung dem Zugriff der Gläubiger vorübergehend entzogen ist, rechnet die hM auch einen solchen Nachlass der Insolvenzmasse zu.[115] **49**

Für den Fall der beantragten Restschuldbefreiung kann die Wahlmöglichkeit des § 83 hinsichtlich der Erbschaftsannahme zu Lasten der Gläubiger missbraucht werden, insbesondere, wenn diese im Hinblick auf die zu erwartende Erbschaft des Vertragspartners das Geschäft abgeschlossen haben. Es sollte allerdings von dem auf Restschuldbefreiung bedachten „redlichen" Schuldner erwartet werden, dass er die Werte aus Erbschaft etc. der Verteilungsmasse zuführt.[116]

Die Einbeziehung des Neuerwerbs in § 35 ist nicht kompatibel mit den Regelungen zur Restschuldbefreiung: Nach dem spezielleren § 295 Abs. 1 Nr. 2 hat der Schuldner Vermögen, das er von Todes wegen oder mit Rücksicht auf ein künftiges Erbrecht erwirbt, nur zur Hälfte des Wertes an den Treuhänder herauszugeben. Zur Frage, ob der Schuldner das Wahlrecht aus § 83 auch während der Wohlverhaltensphase innehat, vgl. § 295. **50**

e) Ansprüche aus unerlaubter Handlung, die nach Verfahrenseröffnung gegen den Schuldner begangen wurde. Auch Ansprüche des Schuldners wegen einer unerlaubten Handlung, die nach Verfahrenseröffnung gegen ihn begangen wurde, fallen in die Insolvenzmasse, und zwar unabhängig davon, ob der Berechtigte selbst den Willen zur Rechtsverfolgung bekundet.[117] **51**

f) Probleme bei Gütergemeinschaft. Die Einbeziehung des Neuerwerbs erweist sich im güterrechtlichen Bereich als problematisch, da die in § 37 enthaltenen Regelungen bei der Insolvenz eines Ehegatten bei vereinbarter Gütergemeinschaft nur dann durchführbar sind, wenn der Neuerwerb nicht in die Insolvenzmasse fällt.[118] Wegen der Einzelheiten wird auf die Kommentierung des § 37 verwiesen. **52**

g) Entscheidung über den Neuerwerb. Die Entscheidungsbefugnis über den Neuerwerb liegt grundsätzlich beim Schuldner.[119] Doch ist dem Insolvenzverwalter die Kompetenz zuzuerkennen, den **53**

---

und zur Stärkung der Gläubigerrechte (abrufbar über die internet-Seite des BMJ) ist die Streichung von § 114 vorgesehen. Ziel ist die Anreicherung der Insolvenzmasse, die Stärkung der Rechte ungesicherter Gläubiger sowie die Erhöhung der Verteilungsgerechtigkeit in Insolvenzverfahren. Wegen der vorgesehenen Verkürzung der Dauer bis zur Erteilung der Restschuldbefreiung auf bis zu 3 Jahre wäre diese Streichung auch konsequent. Würde eine Lohn- und Gehaltsabtretung noch 2 Jahre wirksam bleiben, wie bisher, wäre der verbleibende Zeitraum von (nur noch) bis zu 3 Jahren weitgehend entwertet – dazu auch *Harder* NZI 2012, 113 f.

[110] Im Einzelnen dazu siehe § 114 RdNr. 3 ff.
[111] BGH WM 2006, 1343 ff.; BGH WM 2010, 567; BGH WM 2010, 127 f.; siehe auch KG ZInsO 2009, 665, 666; LG Mosbach ZInsO 2009, 198, 199 f.; das LG Hamburg (WM 2011, 1524) sieht die Abtretung als wirksam an, wenn die Freigabe gemäß § 35 Abs. 2 erfolgt ist und der Insolvenzverwalter **keine** Fortführung wählt.
[112] Vgl. dazu die Kommentierung von § 83.
[113] Vgl. dazu § 83.
[114] *Breutigam*/Blersch/Goetsch § 35 RdNr. 97; HambKomm-*Lüdtke* § 35 RdNr. 55; *Uhlenbruck*/Hirte § 36 RdNr. 51a; AG Göttingen NZI 2012, 32 f.
[115] Vgl. OLG Köln NZI 2005, 268 ff. mit Darstellung des Streitsandes.
[116] *Dieckmann* in Leipold, Insolvenzrecht, 127, 138 f.; vgl. dazu auch *Windel* KTS 1995, 367, 406 f.
[117] HambKomm-*Lüdtke* § 35 RdNr. 238; HK-*Eickmann* § 35 RdNr. 39; Bankenkomm-*Meyer* § 35 RdNr. 64.
[118] *Kübler*/Prütting/Holzer § 35 RdNr. 39.
[119] *Windel* KTS 1995, 367, 378 ff. u. 392 ff.; *Häsemeyer*, Insolvenzrecht, RdNr. 9.26.

Erwerb mit Wirkung für die Masse zurückzuweisen (entsprechend § 333 BGB), wenn dadurch nur die Masse belastet wird.[120] Zu Fragen des Abschlusses neuer Verträge zu Gunsten und zu Lasten der Masse vgl. RdNr. 65. Zur Frage der Einkünfte aus selbständiger Tätigkeit des Schuldners siehe RdNr. 47.

54 Fraglich ist, ob es nunmehr möglich ist, auch die **Unterlassung eines Vermögenserwerbs durch den Schuldner** anzufechten. Grundsätzlich gilt, dass der Insolvenzverwalter den Schuldner nicht zur Ausnutzung massegünstiger Erwerbschancen zwingen kann. Vgl. dazu auch die Ausführungen unter RdNr. 49, 50. Ein unterlassener Erwerb ist demnach **nicht nach § 129 Abs. 2 anfechtbar.** Dagegen besteht die Möglichkeit einer Insolvenzanfechtung, wenn bereits eine vermögenswerte Position entstanden war, die wiederum durch ein Unterlassen des Schuldners zerstört worden ist.[121] Vgl. insoweit die Kommentierung von § 129 Abs. 2.

55 **2. Abgrenzung. a) Massesurrogation.** Der Erwerbszeitpunkt spielt für Rechte, die kraft Surrogation in die Insolvenzmasse fallen, keine Rolle. Die InsO enthält keine ausdrücklichen Regelungen, die eine Massesurrogation anordnen, setzt aber eine allgemeine Massesurrogation analog § 2041 BGB voraus.[122] Infolge des Grundsatzes der Massesurrogation soll erreicht werden, dass Rechtsgeschäfte über Masserechte und masseschädigende Einwirkungen, wie zB der Einzug von zur Masse gehörigen Forderungen durch den Schuldner nach Aufhebung des Insolvenzverfahrens, möglichst nicht zu Wertverlagerungen und Massebenachteiligungen führen.[123] Kraft Surrogationsprinzip gehören alle Rechte zur Masse, die der Insolvenzverwalter durch Rechtsgeschäfte, Verwaltungs- und Verwertungsgeschäfte für sie mit Mitteln der Insolvenzmasse erwirbt.[124]

56 Nicht in die Insolvenzmasse fällt der Erlös/das Surrogat von durch den Insolvenzverwalter unterschlagenen Gegenständen der Insolvenzmasse.[125]

57 Der auf Verbindung und Vermischung mit massezugehörigen Rechten und auf Verarbeitung für die Masse beruhende Rechtserwerb fällt gem. §§ 946 ff. BGB in die Masse. Dies gilt auch dann, wenn zwischen einzelnen, unter Eigentumsvorbehalt liefernden Warenkreditgebern und dem Schuldner eine Verarbeitungsklausel, nach der die Verarbeitung für den Lieferanten erfolgt, vereinbart worden ist, da der Insolvenzverwalter nicht für den Sicherungsgläubiger verarbeitet. Die Lieferanten können nur ihre Rechte auf abgesonderte Befriedigung aus einem verlängerten Eigentumsvorbehalt geltend machen. Dies gilt auch für Sicherungseigentum mit Verarbeitungsklauseln. Zur Befugnis des Insolvenzverwalters, Sicherungsgut zu verarbeiten, zu verbinden oder zu vermischen, siehe bei §§ 166 ff.

58 **b) insolvenzfreies Vermögen und Freigabe.** Nicht zur Insolvenzmasse gehört das insolvenzfreie Vermögen des Schuldners. Dessen Umfang wird nicht nur durch § 36 bestimmt. Zum insolvenzfreien Vermögen gehören auch die Gegenstände und Einkünfte, die der Insolvenzverwalter aus der Masse freigegeben hat.[126] Die Freigabe von Massegegenständen bleibt trotz Einbeziehung des Neuerwerbs in die Insolvenzmasse auch unter Geltung der InsO möglich (zu der Freigabe bei selbständig Tätigen im Sinne von § 35 Abs. 2 siehe RdNr. 47b ff.). Der freigegebene Gegenstand bzw. dessen Surrogat fällt nicht wieder in die Insolvenzmasse, auch wenn es sich um wesentliche Werte handelt (zur Wirkung der Freigabe siehe auch RdNr. 47c ff. und 103).

IV. Neugläubiger

59 Die Regelungen zur Einbeziehung des Neuerwerbs sind mit anderen gesetzlichen Regelungen nur unvollständig abgestimmt. Bei Neugläubigern kommt man teilweise zu unbilligen Ergebnissen, da diesen Gläubigern bis zum Abschluss des Insolvenzverfahrens praktisch kein Haftungsobjekt zur Verfügung steht, um ihre Ansprüche zu realisieren.

60 **1. Problemstellung.** Neugläubiger, die nach Insolvenzeröffnung, aber vor Abschluss des Verfahrens, auf Grund einer Handlung des Schuldners eine Forderung gegen diesen erwerben, können bis zum Ende des Insolvenzverfahrens nur auf das insolvenzfreie Vermögen des Schuldners zurückgreifen. Erst das nach Ende des Insolvenzverfahrens erworbene Vermögen steht ihnen damit als Haftungsobjekt zur Verfügung.

---

[120] *Windel* KTS 1995, 367, 405; *Häsemeyer,* Insolvenzrecht, RdNr. 9.26.
[121] *Windel* KTS 1995, 367, 385 ff.; *Häsemeyer,* Insolvenzrecht, RdNr. 9.26.
[122] *Häsemeyer,* Insolvenzrecht, RdNr. 9.28.
[123] *Häsemeyer,* Insolvenzrecht, RdNr. 9.28; so auch BGH WM 2012, 366, 368 zur vom Schuldner nach Aufhebung des Insolvenzverfahrens eingezogenen Forderung, die aber zur Masse gehörte – dabei hat der BGH offen gelassen, ob der Schuldner sich auf einen etwaigen zwischenzeitlichen „gutgläubigen" Verbrauch nach den Rechtsgedanken der §§ 818 Abs. 3, 819 BGB berufen könnte; aA zB FK-*Kießner* § 203 RdNr. 19; *Uhlenbruck/ Uhlenbruck* § 203 RdNr. 12.
[124] BGHZ 27, 360, 366; *Häsemeyer,* Insolvenzrecht, RdNr. 9.28.
[125] RGZ 78, 186, 188; *Jaeger/Henckel* § 35 RdNr. 105.
[126] Zu den Einzelheiten vgl. RdNr. 47b ff. und 84 ff.

2. Unterhalt. Zu den Neugläubigern zählen u.a. die Personen, denen der Schuldner zum Unterhalt verpflichtet ist. Für diese Fälle enthält § 100 eine Regelung, die die nachteiligen Auswirkungen der Einbeziehung des Neuerwerbs in die Insolvenzmasse für diesen Personenkreis verhindert.[127] Die Ansprüche gehen den Ansprüchen der Insolvenzgläubiger vor.[128] 61

3. Deliktische Ansprüche. Ähnlich schützenswert erscheinen die Gläubiger von Schadensersatz- und Schmerzensgeldansprüchen, soweit kein ausreichender Versicherungsschutz besteht. Es erscheint rechtspolitisch zweifelhaft, die Geschädigten mit ihren Ansprüchen aus unerlaubter Handlung auf die Zeit nach der Verfahrensbeendigung bzw. bei der Restschuldbefreiung auf die Zeit nach Ablauf der Wohlverhaltensphase zu verweisen. Die Lösung kann darin liegen, dass derartige Ansprüche den Unterhaltsansprüchen des Schuldners gleichgestellt werden.[129] 62

4. Vertragliche Ansprüche. Anderes muss für Ansprüche aus Vertragsrecht gelten: Hier kann der Vertragspartner (und Geschädigte) grundsätzlich frei entscheiden, ob er sich mit dem Schuldner einlässt. Es bleibt ihm die Möglichkeit, auf Leistung gegen Vorkasse zu bestehen. Eine Klage gegen den Schuldner gerichtet auf Zahlung aus dessen bis dahin insolvenzfreiem Vermögen ist zulässig, wenn der Vertragsschluss nach Eröffnung des Insolvenzverfahrens getätigt wurde; bei Vertragsschluss vor Eröffnung des Insolvenzverfahrens ist der Gläubiger auf Anmeldung zur Tabelle beschränkt.[130] 63

Vielfach wird diese neue Rechtslage als unbefriedigend angesehen. Überlegungen zur Möglichkeit einer **Korrektur** werden **auf unterschiedlichen Ebenen** angestellt, bspw. indem die Neugläubiger den Insolvenzgläubigern gleichgestellt werden.[131] Weiterhin wird vorgeschlagen, dem Neugläubiger abweichend vom Wortlaut des § 96 Nr. 4 die Aufrechnung mit konnexen Forderungen gegenüber der Masse zu gestatten.[132] Wegen der Einzelheiten sei auf die Kommentierung des § 96 Nr. 4 verwiesen. 64

Es ist sicherzustellen, dass die Insolvenzmasse nicht auf Kosten von Neugläubigern ungerechtfertigte Gewinne einstreicht. Eine derartige Bereicherung kann entstehen, wenn der Schuldner einen Austauschvertrag schließt und die Ansprüche aus diesem Vertrag automatisch in die Insolvenzmasse fallen, während sich die Forderung des Vertragspartners des Schuldners nur gegen dessen insolvenzfreies Vermögen richtet.[133] Der Schutz der Neugläubiger bei selbständig tätigen Schuldnern ergibt sich nunmehr aus den (Neu-) Regelungen des Absatzes 2 und 3 des § 35 (dazu RdNr. 47b ff.). 65

V. Abschluss des Insolvenzverfahrens -Neuerwerb

Nach Verfahrensschluss erworbenes Neuvermögen unterliegt nicht dem Insolvenzbeschlag.[134] Nach § 200 beschließt das Insolvenzgericht die Aufhebung des Insolvenzverfahrens, sobald die Schlussverteilung vollzogen ist. Die Anordnung einer Nachtragsverteilung lässt das Verfahren nicht wieder aufleben: Die Aufhebung des Verfahrens steht – andererseits – einer Nachtragsverteilung nicht entgegen (§ 203 Abs. 2).[135] Hat der Schuldner nach Aufhebung des Insolvenzverfahrens eine Forderung eingezogen, die zur Masse gehörte, unterliegt der Erlös aufgrund dinglicher Surrogation der Nachtragsverteilung.[136] 66

Der Schuldner hat ein Interesse an einer baldigen Aufhebung des Verfahrens. Die Gläubiger wollen hingegen Neuerwerb möglichst lange zur Insolvenzmasse ziehen, da die Wohlverhaltensperiode für die Erlangung der Restschuldbefreiung erst nach Aufhebung des Insolvenzverfahrens zu laufen beginnt (vgl. § 287 Abs. 2), wird es in der Praxis zu Konflikten zwischen dem Insolvenzverwalter und dem Schuldner kommen, wenn es um die möglichst schnelle Aufhebung des Insolvenzverfahrens geht.[137] Jedenfalls ist die Überlegung, eine schnelle Aufhebung des Verfahrens zu verhindern, eine unzulässige Erwägung, um die Masse anzureichern. Die Schlussverteilung und die sich daran anschließende 67

---

[127] Wegen der Einzelheiten vgl. die Kommentierung von § 100.
[128] Vgl. dazu auch *Dörndorfer* NZI 2000, 292, 293.
[129] AA *Kübler/Prütting/Holzer* § 35 RdNr. 38, der die Neugläubiger zu Insolvenzgläubigern machen will; vgl. dazu auch *Dörndorfer* NZI 2000, 292, 294.
[130] OLG Celle, ZInsO 2003, 128.
[131] Vgl. bspw. *Kübler/Prütting/Holzer* § 35 RdNr. 38.
[132] *Häsemeyer*, Kölner Schrift, S. 645 ff. RdNr. 51 f.; *Nerlich/Römermann/Wittkowski* § 36 RdNr. 20; *Windel* KTS 1995, 367, 401 ff.
[133] *Häsemeyer*, Kölner Schrift, S. 645 ff.; *Runkel*, FS Uhlenbruck, S. 315, 326 ff.
[134] *Bork*, Einführung in das neue Insolvenzrecht, RdNr. 298.
[135] Auch der Abschluss des Insolvenzverfahrens und die Erteilung der Restschuldbefreiung stehen einer Nachtragsverteilung nicht entgegen: vgl. z.B. BGH NZI 2008, 560; LG Dessau-Roßlau NZI 2012, 281 f.
[136] BGH WM 2012, 366, 368 mit Darstellung des Streitstandes, offen gelassen hat der BGH, ob der Schuldner sich auf einen etwaigen zwischenzeitlichen „gutgläubigen" Verbrauch nach den Rechtsgedanken der §§ 818 Abs. 3, 819 BGB berufen könnte – siehe zur Massesurrogation auch RdNr. 55.
[137] Vgl. dazu *Runkel*, FS Uhlenbruck, S. 315, 324 ff.

Aufhebung des Verfahrens haben nach Eintritt der Voraussetzungen ohne Zögern zu erfolgen. Es sind bei schuldhafter Verlängerung durch den Insolvenzverwalter oder auch des Insolvenzgerichts Schadensersatzansprüche des Schuldners denkbar. Die Regelung der InsO, dass der Neuerwerb während des Verfahrens in die Insolvenzmasse fällt, zwingt alle Beteiligten zu einer zügigen, ordnungsgemäßen Beendigung des Verfahrens. Konflikte wegen langer Prozesslaufzeiten bei Rechtsstreitigkeiten des Insolvenzverwalters sind zu erwarten.

68 Abzugrenzen ist in der Endphase eines Insolvenzverfahrens, was noch **„während" des Verfahrens**, und was nach Beendigung erworben ist. Dabei ist entscheidend, ob der Rechtsgrund für den Rechtserwerb – auch wenn das Erfüllungsgeschäft erst nach Beendigung des Verfahrens vollzogen wird (bspw. die Eintragung eines Eigentumserwerbs im Grundbuch) – noch vor dem Aufhebungsbeschluss gelegt wurde. Die Rechtslage gleicht der nach der Regelung in der Konkursordnung, dort allerdings bezogen auf den Zeitpunkt der Konkurseröffnung. Massezugehörigkeit war gegeben, wenn der Rechtsgrund so weit und definitiv verwirklicht worden war, dass man das betreffende Recht sofort als umsetzungsfähigen Bestandteil zu dem Vermögen des Erwerbers, also des Schuldners, zurechnete.[138] Zwar hieß es in § 1 KO: „... Vermögen, ... welches ihm zurzeit der Eröffnung gehört", während § 35 für den Bestand zum Zeitpunkt der Verfahrenseröffnung ebenfalls von „gehört" spricht, aber für den Neuerwerb „erlangt" formuliert. Daraus kann aber keine unterschiedliche Regelung entnommen werden: Nach altem wie nach neuem Recht heißt gehören „dem Rechte nach zustehen".[139]

69 Ein **in Raten zu zahlender Kaufpreis** gehört auch bezüglich der nach Beendigung des Verfahrens anfallenden Raten in die Insolvenzmasse, da der Rechtsgrund vor dem Abschluss des Verfahrens liegt und der Anspruch ein einheitlicher bleibt, auch wenn er in Raten zu bezahlen ist.

70 Gleiches gilt für Ansprüche aus einem **Sukzessivlieferungsvertrag**. Bei einer unerlaubten Handlung, die während des Insolvenzverfahrens begangen wurde, bei der sich der Schaden aber erst nach Beendigung des Insolvenzverfahrens entwickelt hat, fällt der Anspruch gegen den Schädiger im Ganzen in die Insolvenzmasse, da der Rechtsgrund während des Verfahrens entstanden ist. Zur Einschränkung durch Unpfändbarkeit siehe die Kommentierung des § 36.

G. Abgrenzung in zeitlicher Hinsicht

71 Ein Vermögensrecht gehört dann zur Masse, wenn sein Erwerbstatbestand im Zeitpunkt der Verfahrenseröffnung vollendet ist.[140] Als Eröffnungszeitpunkt gilt der Zeitpunkt, an dem der Eröffnungsbeschluss unterzeichnet wird. Die Festsetzung eines hiervon abweichenden Zeitpunktes ist unzulässig.[141] Massebestandteil wird darüber hinaus auch das vom Schuldner oder Verwalter bis zum Verfahrensende erlangte Vermögen. Verfahrensfrei bleiben demgegenüber die Rechte, deren Erwerbstatbestand vollständig nach der Aufhebung des Verfahrens verwirklicht worden ist.[142] Die Massezugehörigkeit hängt davon ab, ob der Erwerbsgrund soweit verwirklicht worden ist, dass man das betroffene Recht schon als umsetzungsfähigen Bestandteil dem Vermögen des Schuldners zuordnen kann. Wesentlich ist dabei weniger die dingliche Zuordnung von Rechten durch abstrakte Verfügungsgeschäfte, als vielmehr das zugrundeliegende schuldrechtliche Grundverhältnis.[143] Als Kennzeichen für die Abgrenzung Neuerwerb/Neuerwerb nach Abschluss des Insolvenzverfahrens wird teilweise auch das Kriterium der Schuldnerunabhängigkeit betont.[144] Danach können Rechte dann zur Masse gezählt werden, wenn von ihrem Entstehungstatbestand bereits so viele Erfordernisse erfüllt sind, dass die Vollendung nicht mehr von einem willensgesteuerten Verhalten des Schuldners abhängt.[145]

H. Insolvenz besonderer Vermögensmasse und Einzelfragen

I. Sonderinsolvenz/Sondermasse/ Sonderverwalter

72 Wie schon unter Geltung der Konkursordnung gilt die Grundregel: Eine Person, ein Vermögen, eine Insolvenz.[146] Dies gilt insbes. für natürliche Personen, auch für den Einzelkaufmann mit seinem

---

[138] *Jaeger/Henckel*, KO 9. Aufl. 1997, § 1 RdNr. 123 ff.; *Häsemeyer*, Insolvenzrecht, RdNr. 9.22.
[139] *Breutigam*/Blersch/Goetsch § 35 RdNr. 49; *Jaeger/Henckel*, KO 9. Aufl. 1997, § 1 RdNr. 120 ff.
[140] *Jaeger/Henckel* § 35 RdNr. 105, 100 ff.; *Häsemeyer*, Insolvenzrecht, RdNr. 9.21.
[141] BGH ZInsO 2004, 387.
[142] Vgl. dazu RdNr. 67, 68.
[143] *Jaeger/Henckel* § 35 RdNr. 105; *Häsemeyer*, Insolvenzrecht, RdNr. 9.22.
[144] *Pech*, Die Einbeziehung des Neuerwerbs in die Insolvenzmasse, S. 46.
[145] *Pech*, Die Einbeziehung des Neuerwerbs in die Insolvenzmasse, S. 46.
[146] *Jaeger/Henckel* § 35 RdNr. 131.

Handelsvermögen, gleichgültig, ob er mehrere Unternehmen als Einzelkaufmann hat. Eine Insolvenz über eine Sondermasse ist dort zulässig, wo das Gesetz eine Sondermasse besonderen Gläubigern als Haftungsobjekt zuweist (sog. Sonderinsolvenz).[147] In § 11 ist geregelt, welche Rechtsträger und Vermögensmassen Gegenstand eines Insolvenzverfahrens sein können (dazu im Einzelnen die dortige Kommentierung). Vgl. insoweit die Kommentierung von § 11. Auch nach dem neuem Recht gibt es **keine Konzerninsolvenz.**

Zu **Sekundär- oder Partikularverfahren** bei Insolvenzverfahren mit Auslandsbezug siehe die Kommentierung zum Internationalen Insolvenzrecht im Band 3 und 4.

Im Rahmen einer Insolvenz können Sondermassen zu bilden sein, wenn zB in einer Kapitalgesellschaft eine Personenhandelsgesellschaft durch Übernahme aller Gesellschaftsanteile aufgegangen ist und in einer späteren Insolvenz der Verwalter auch Rechtshandlungen der erloschenen Personenhandelsgesellschaft anficht, um die auf solche Weise zur Masse gekommenen Vermögenswerte an noch nicht befriedigte Gläubiger der Personenhandelsgesellschaft auszukehren.[148] Die Anfechtung muss ausschließlich im Interesse und zugunsten der Gläubiger der Personenhandelsgesellschaft betrieben werden, d.h., der Insolvenzverwalter darf zB die einzufordernde Hafteinlage nicht unterschiedslos zur Masse ziehen, sondern das Eingezogene nur für die „Altgläubiger" verwenden.[149] Die Bildung einer Sondermasse innerhalb einer Insolvenz war schon dem Konkursrecht nicht fremd. So haftet in der Insolvenz über das Vermögen einer Kommanditgesellschaft der vor Eröffnung des Insolvenzverfahrens ausgeschiedene Kommanditist, dem vor der Insolvenzeröffnung die Einlage zurückgezahlt oder in entsprechender Höhe ein Abfindungsguthaben ausbezahlt worden ist, nur noch für die vor seinem Ausscheiden begründete Verbindlichkeiten der Gesellschaft. Gesellschaftsgläubiger, deren Forderungen gegen die Gesellschaft erst nach dem Ausscheiden des Kommanditisten und der entsprechenden Eintragung in das Handelsregister entstanden sind, haben einen solchen Anspruch gegen ihn nicht, weil sie mit der beschränkten persönlichen Haftung des ausgeschiedenen Kommanditisten in keinem Zeitpunkt rechnen konnten.[150] Es gibt weitere Fälle, in denen den Gläubigern von dem Vermögen des Schuldners getrennte oder überhaupt verselbständigte Vermögensmassen haften: zB bei Insolvenz über den Nachlass, §§ 315 ff., über das fortgesetzte oder gemeinschaftlich verwaltete Gesamtgut, §§ 332 f. und bei der Insolvenz einer Pfandbriefbank, da die in den Deckungsregistern eingetragenen Werte ein eigenständiges Sondervermögen darstellen und nicht in die Insolvenzmasse fallen (§ 30 Abs. 1 Satz 1 PfandBG)[151].

Obwohl in der InsO nicht geregelt, kommt die Bestellung eines Sonderverwalters in Betracht, wenn der Insolvenzverwalter tatsächlich oder rechtlich verhindert ist, sein Amt auszuüben. Das ist der Fall, wenn Schadensersatzansprüche für die Masse gegen den Insolvenzverwalter geltend gemacht werden sollen.[152]

Zum Sondervermögen bei einer Kapitalanlagegesellschaft vgl. die RdNr. 264.

II. Zweite Insolvenz

Eine weitere (zweite) Insolvenz wird mit Rücksicht darauf, dass nach neuem Recht zur Insolvenzmasse auch der Neuerwerb (vgl. RdNr. 43 ff.) gehört, selten eintreten. Solange das erste Insolvenzverfahren läuft, besteht für Neugläubiger kein rechtlich geschützter Anspruch auf Eröffnung eines zweiten Insolvenzverfahrens, da die gesamten Einkünfte des Schuldners in die Masse fallen.[153] Sind allerdings Gegenstände aus der Masse freigegeben worden, der Schuldner besitzt also Vermögen, das nicht gem. § 35 zur Insolvenzmasse gehört, kann über dieses Vermögen ein weiteres Verfahren eröffnet werden.[154] Im Übrigen haben Neugläubiger grundsätzlich die Möglichkeit, nur gegen Vor-

---

[147] Vgl. *Dahl* ZInsO 2004, 1014 ff.; AG Köln NZI 2009, 621 f. zu dem Fall eines Partikularinsolvenzverfahrens über das Sondervermögen einer vollbeendeten GmbH & Co. KG.
[148] BGHZ 71, 296, 298 ff.; *Jaeger/Henckel* § 35 RdNr. 141; *Uhlenbruck/Hirte* § 35 RdNr. 57; krit. *Petersen* NZG 2001, 836 ff.
[149] BGHZ 71, 296, 305.
[150] *Baumbach/Hopt*, HGB, § 171 RdNr. 11 ff.
[151] Vgl. *Buchmann* WM 2009, 442, 445, 447 ff.; *Stürner,* Sicherung der Pfandbrief- und Obligationengläubiger, S. 164.
[152] BGH NZI 2007, 237, 238; BGH NZI 2006, 94, 95; BVerfG NZI 2010, 525; dazu auch *Frege* ZInsO 2008, 1130 ff.
[153] BGH WM 2004, 1589; OLG Köln ZInsO 2002, 728; AG Oldenburg ZInsO 2004, 1154 f. – so kann nach LG Koblenz NZI 2004, 679 auch ein Schuldner für denselben Bestand an Verbindlichkeiten nicht zweimal ein Insolvenzverfahren durchführen lassen, weil er im ersten Verfahren die Stellung des Antrages auf Restschuldbefreiung versäumt hat.
[154] BGH-Urteil vom 9.2.2012, Az. IX ZR 75/11, S. 14; BGH WM 2011, 1344, 1345 f.; BGH WM 2008, 1748, 1749; AG Göttingen NZI 2012, 198; AG Göttingen NZI 2011, 861; AG Göttingen, Beschluss v.

kasse zu leisten und können sich dadurch schützen.¹⁵⁵ § 89, der Zwangsvollstreckungen für einzelne Gläubiger während der Dauer des Insolvenzverfahrens weder in die Insolvenzmasse noch in das sonstige Vermögen des Schuldners zulässt, spricht nicht gegen ein weiteres Insolvenzverfahren über die fraglichen „massefreien" Gegenstände.¹⁵⁶ In der Regel wird der Insolvenzverwalter aber Gegenstände von Wert bereits im ersten Verfahren verwertet, schon um eine eigene Haftung wegen der Freigabe werthaltiger Vermögensgegenstände zu vermeiden. Das Nachtragsverteilungsverfahren eines früheren Konkurs-/Insolvenzverfahrens „sperrt" ein neuerliches Insolvenzverfahren nicht, denn die Nachtragsverteilung erfasst lediglich den Gegenstand, auf den sie sich bezieht.¹⁵⁷

I. Inbesitznahme der Insolvenzmasse

76   Der Schuldner bleibt Eigentümer des zur Insolvenzmasse gehörenden Vermögens. Durch die Eröffnung des Insolvenzverfahrens geht das Recht des Schuldners, das zur Insolvenzmasse gehörende Vermögen zu verwalten und über es zu verfügen, auf den Insolvenzverwalter über (§ 80). Der Besitz an der Masse geht nicht kraft Gesetzes auf den Verwalter über, vielmehr ist die **Besitzergreifung** seitens des Verwalters **erforderlich**. Die Inbesitznahme gehört zu seinen Pflichten (§ 148 Abs. 1). Er muss die tatsächlichen Verhältnisse schaffen, die seine Zuständigkeit gegenüber jedermann klarstellen und seine Verfügungsbefugnis gegenüber Einwirkungen schützen. Vgl. dazu § 148.

77   Der Begriff der Insolvenzmasse meint in diesem Sinne die Istmasse (vgl. RdNr. 19). Besitz bedeutet hier die Verschaffung der tatsächlichen Gewalt (§ 854 BGB).¹⁵⁸

78   **Nicht vom Insolvenzbeschlag erfasste Gegenstände** bleiben in der Verwaltungs- und Verfügungsbefugnis des Schuldners. Dies gilt insbesondere nach § 36 für Gegenstände, die nicht der Zwangsvollstreckung unterliegen. Vgl. dazu die Kommentierung von § 36. Auf diese Gegenstände wird sich der für die Inbesitznahme erforderliche Besitzwille des Insolvenzverwalters nicht erstrecken.

79   Der Insolvenzverwalter hat grundsätzlich die Pflicht, das gesamte, dem Insolvenzbeschlag unterliegende Vermögen des Schuldners sofort in Besitz zu nehmen.¹⁵⁹ Es ist allerdings auch anerkannt, dass der Verwalter **auf die Besitzergreifung** an solchen Gegenständen **verzichten** kann, die für die Masse wertlos sind oder die wegen ihrer Belastung mit Absonderungsrechten keinen Überschuss für die Masse versprechen.¹⁶⁰ In diesem Falle gehört der Gegenstand nicht zur Insolvenzmasse, sondern zum insolvenzfreien Vermögen des Schuldners.

80   Nimmt der Insolvenzverwalter gegen den Willen des Schuldners Gegenstände in Besitz, kann sich letzterer im Wege der Besitzwehrklage dagegen wehren. Er kann auch Klage auf Feststellung dessen erheben, dass der Gegenstand nicht zur Masse gehört. Umgekehrt kann der Insolvenzverwalter die Herausgabe von Massegegenständen gegen den Schuldner durchsetzen (vgl. RdNr. 30 f.).

81   Der in § 166 erwähnte Besitz des Insolvenzverwalters leitet sich aus dem unmittelbaren Besitz des Schuldners ab. Im Sinne des unmittelbaren Besitzes in § 166 versteht sich auch der Besitz, der aus einer Inbesitznahme durch den Insolvenzverwalter gegen den Willen des Schuldners resultiert.

82   Der Insolvenzverwalter kann für die Masse grundsätzlich nicht mehr Rechte beanspruchen, als dem Schuldner zustehen. Auch für ihn sind insoweit zunächst die Rechte und Pflichten des Schuldners¹⁶¹ und die Rechtslage maßgebend, die er bei Eröffnung des Verfahrens vorfindet.¹⁶²

83   So muss er gesetzlich geschützte Rechte Dritter¹⁶³ und Beschränkungen, wie zB ein Wettbewerbsverbot, beachten. Besteht zwischen dem Insolvenzverwalter und einem Gläubiger des Gemeinschuldners Streit darüber, ob ein Gegenstand zur Insolvenzmasse gehört oder nicht, ist der Insolvenzverwalter Dritter i.S.v. § 771 ZPO.¹⁶⁴

29.12.2011, Az. 74 IN 224/11; AG Köln NZI 2010, 743, 744; AG Trier, Beschluss vom 21.9.2009, Az. 23 IN 91/09; AG Hamburg ZInsO 2008, 680, 681; AG Göttingen NZI 2008, 313, 314; aA *Pape* NZI 2007, 481, 482; LG Dresden NZI 2011, 291 f. für den Fall der Freigabe gemäß § 35 Abs. 2 bei einem selbstständig tätigen Schuldner.

¹⁵⁵ Vgl. RdNr. 63.
¹⁵⁶ BGH WM 2011, 1344, 1345; *Jaeger/Henckel* § 35 RdNr. 143; dem BFH NZI 2011, 35 ff., der zur Frage der Aufrechnung des Finanzamtes von Steuererstattungsansprüchen aus der Zeit nach Freigabe mit steuerlichen Insolvenzforderungen als zulässig ansieht, ist nicht zu folgen – dazu RdNr. 47h.
¹⁵⁷ BGH WM 2011, 135, 136.
¹⁵⁸ Kilger/*K. Schmidt* KO § 117 Anm. 3.
¹⁵⁹ *Uhlenbruck/Uhlenbruck* § 80 RdNr. 82.
¹⁶⁰ RGZ 94, 55, OLG Hamburg ZIP 1996, 386; Kuhn/*Uhlenbruck,* KO 11. Aufl. 1994, § 117 RdNr. 3.
¹⁶¹ RGZ 52, 407.
¹⁶² BGHZ 24, 15; 44, 14; RGZ 99, 167.
¹⁶³ BGH NJW 1975, 1969.
¹⁶⁴ RGZ 114, 83.

J. Freigabe

I. Einführung

Wie schon unter Geltung der alten Rechtslage (vgl. § 114 KO) steht dem Insolvenzverwalter auch nach der InsO die Möglichkeit offen, Gegenstände aus der Insolvenzmasse freizugeben, da in § 32 Abs. 3 Satz 1 die Freigabemöglichkeit vorausgesetzt und in § 35 Abs. 2 und 3 bei selbständiger Tätigkeit des Schuldners ausdrücklich geregelt wird (dazu RdNr. 47b ff.). 84

In der Praxis der Insolvenzabwicklung ergeben sich für die Freigabe vielfältige Anwendungsmöglichkeiten.[165] Namentlich im Zusammenhang mit Umweltaltlasten sind in Rechtsprechung[166] und Literatur[167] Bedenken gegen die Zulässigkeit der Freigabe in der Gesellschaftsinsolvenz erhoben worden. Es wird zT angeführt, dass es in der Gesellschaftsinsolvenz kein insolvenzfreies Vermögen gebe und deshalb eine Freigabe nicht möglich sei.[168]

II. Abgrenzung der echten Freigabe von anderen Freigabeformen

1. echte Freigabe. Bei der echten Freigabe wird der Gegenstand aus dem Insolvenzbeschlag gelöst und der Schuldner erlangt die Verfügungsbefugnis über ihn zurück.[169] Die echte Freigabe kommt insbesondere dann in Betracht, wenn die Kosten für die Verwaltung und Verwertung des Gegenstandes den voraussichtlichen Verwertungserlös übersteigen werden.[170] Die vom OLG Stuttgart vertretene Ansicht,[171] der Verwalter könne durch die Freigabe auch einmal entstandene Masseverbindlichkeiten nachträglich beseitigen, ist abzulehnen. Zwar ist der Argumentation insoweit zu folgen, als dass grundsätzlich Masseschmälerungen möglichst vermieden werden sollen. Allerdings verträgt es sich mit der Systematik der §§ 103 ff. nicht, Verträge nach Eröffnung des Insolvenzverfahrens fortzuführen, dann daraus resultierende Nebenpflichten aber nicht zu erfüllen. Der Vertragsgegner wäre gegenüber den anderen Gläubigern schlechter gestellt, da er einerseits die Fortführung des Vertrages zur Anreicherung der Masse dulden soll, es ihm andererseits aber verwehrt wäre, Forderungen aus Nebenpflichten des Vertrages (im vom OLG Stuttgart zu entscheidenden Fall Pflichten aus § 546 BGB) geltend zu machen. So hat dann folgerichtig auch der BGH entscheiden.[172] Vgl. hierzu auch die Kommentierung zu § 108. 85

Anwendungsbeispiele für die echte Freigabe unter RdNr. 90 ff.

2. Unechte Freigabe. Bei der unechten Freigabe gibt der Verwalter einen massefremden Gegenstand zB dem Aussonderungsberechtigten heraus. Insofern erkennt der Verwalter nur eine bereits bestehende Rechtslage an, sodass eine solche Freigabe nur deklaratorische Wirkung hat.[173] 86

3. Freigabe von Sicherungsgut. Die Freigabe von Sicherungsgut an den absonderungsberechtigten Gläubiger wird in § 170 Abs. 2 vorausgesetzt. Wegen der Einzelheiten vgl. die Kommentierung von § 170 Abs. 2. 87

4. Modifizierte Freigabe. Problematisch ist die Einordnung der Konstellationen einer sog. modifizierten Freigabe, in denen die Freigabe durch den Insolvenzverwalter sozusagen „konditioniert" erfolgt, insbesondere in der Weise, dass der freigegebene Gegenstand letztlich nicht endgültig beim Schuldner verbleiben soll, sondern der Masse wieder zugeführt werden kann.[174] Von einer 88

---

[165] Siehe zB *Förster* ZInsO 2000, 315; dazu sogleich.
[166] ZB OVG Greifswald WM 1998, 1548, 1553 = WuB VI B. § 6 KO 1.98 *Lwowski/Tetzlaff*. Vgl. auch BVerwG WM 1999, 339 = WuB VI B. § 6 KO 1.99 *Lwowski/Tetzlaff*.
[167] *K. Schmidt*, Wege zum Insolvenzrecht der Unternehmen, S. 69 ff.; *ders.* ZIP 2000, 1913 ff. *Bork*, Einführung in das neue Insolvenzrecht, RdNr. 134 f.
[168] Siehe dazu die RdNr. 104 ff.
[169] BGHZ 35, 180, 181; *Uhlenbruck/Hirte* InsO § 35 RdNr. 71; siehe auch LG Dortmund, Beschluss vom 21.6.2010, Az. 9 T 212/10.
[170] *Uhlenbruck/Hirte* § 35 RdNr. 74; zur Wirkung der Freigabe eines Grundstückes aus der Masse, welches einer durch die Rückschlagsperre (§ 88) unwirksam gewordenen Zwangshypothek belastet ist: BGH WM 2006, 580 ff.; dazu *Thietz-Bartram* ZInsO 2006, 527 ff.
[171] OLG Stuttgart, ZInsO 2005, 498 f.
[172] BGH WM 2006, 1496 ff.
[173] *Uhlenbruck/Hirte* § 35 RdNr. 85.
[174] Siehe zB *Uhlenbruck/Hirte* § 35 RdNr. 86 f.; OLG Koblenz NZI 2010, 570, 571 f.; ein anderes „Anwendungsgebiet" für eine modifizierte bzw. „erkaufte" Freigabe sieht *Molitor* ZInsO 2009, 231, 232 f. im Falle einer etwaigen Freigabe einer Immobilie trotz Abschluss einer diesbezüglichen Verwaltungsvereinbarung des Insolvenzverwalters mit dem dinglich besicherten Gläubiger (sog. „kalte Zwangsverwaltung") angesichts der hier möglichen Interessenkollision zwischen dem dinglich besicherten Gläubiger, den übrigen Gläubigern und dem Insolvenzverwalter (wie lang hat/soll eine solche „kalte Verwaltung" dauern?; um für alle Seiten verlässliche Bedingungen zu

modifizierten Freigabe wird bspw. dann gesprochen, wenn der Insolvenzverwalter den Schuldner ermächtigt, ein zur Insolvenzmasse gehörendes Recht im eigenen Namen gerichtlich geltend zu machen und im Falle des Obsiegens den Erlös, ggf. nach Abzug von Kosten, an die Masse auszukehren.[175] Mit einer solchen modifizierten Freigabe wird regelmäßig das Ziel verfolgt, die Insolvenzmasse von einem **Prozesskostenrisiko** freizuhalten. Im Falle des Unterliegens haftet dem Gegner nur das insolvenzfreie Vermögen des Schuldners, während im Falle des Obsiegens der Schuldner verpflichtet ist, einen möglichen Erlös aus der Prozessführung an die Masse abzuführen.[176] Die Rechtsprechung hat ein solches prozessuales Vorgehen in bestimmten Fallgestaltungen unter Hinweis auf § 138 BGB für unzulässig erachtet.[177]

89　In eine ähnliche Richtung ging auch die Rechtsprechung des BFH zur Rechtslage nach der vormaligen KO,[178] die Freigaben zur **Verhinderung einer Belastung der Masse mit der Umsatzsteuer** als modifizierte Freigabe klassifiziert hat, sodass nach Meinung des BFH die Freigabe nicht die vom Insolvenzverwalter gewollten Entlastungswirkungen entfalten konnte. Vgl. dazu die Ausführungen unter RdNr. 92 ff. und Kommentierung von § 165.

III. Anwendungsbeispiele für die echte Freigabe

90　**1. Verhinderung der Belastung der Masse mit Realsteuern.** Die Freigabe kann eingesetzt werden zur Verhinderung einer Belastung der Masse mit Realsteuern wie bspw. Grundsteuern. Gibt hier der Insolvenzverwalter ein zur Masse gehöriges Grundstück frei, so bilden die vor Verfahrenseröffnung entstandenen Steueransprüche Insolvenzforderungen, die späteren (bis zur Freigabe) Masseverbindlichkeiten, während für den Zeitraum nach der Freigabe der Fiskus seine Ansprüche gegenüber dem insolvenzfreien Vermögen des Schuldners geltend machen muss.[179]

91　**2. Freigabe und Kostenbeteiligung.** Der Insolvenzverwalter kann gegenüber absonderungsberechtigten Gläubigern die Freigabe von Gegenständen in Aussicht stellen, quasi als „Druckmittel", um so die Bereitschaft der Gläubiger, Kostenbeiträge als Gegenleistung für die Durchführung einer freihändigen Verwertung zu leisten, zu fördern. Das „Alleinstellungsmerkmal" des Verwalters liegt insofern darin, dass bspw. bei Grundstücken nur er – nicht die absonderungsberechtigten Grundpfandgläubiger – die freihändige Verwertung des Grundstücks durchführen kann. Die Grundpfandgläubiger können nur durch die zeit- und kostenintensive Zwangsversteigerung die Verwertung betreiben.[180]

92　**3. Freigabe zur Verhinderung der Belastung der Masse mit Umsatzsteuern.** Für die Freigabe von Gegenständen der Masse können auch steuerliche Erwägungen von Bedeutung sein. Gem. § 1 Abs. 1 Nr. 1 UStG unterliegen Lieferungen und sonstige Leistungen, die ein Unternehmer im Inland gegen Entgelt im Rahmen seines Unternehmens ausführt, der Umsatzsteuer. Verwertet der Insolvenzverwalter bewegliches Sicherungsgut, ist die Steuer eine Masseschuld. Gibt der Insolvenzverwalter das Sicherungsgut frei, ist dies kein steuerbarer Umsatz, die Masse wird nicht belastet.[181]

93　Nach der alten Rechtslage war der Verwalter verpflichtet, den Bruttoerlös an den Sicherungsnehmer auszukehren, sodass letztlich die Masse mit der Umsatzsteuer als Masseverbindlichkeit für die erste umsatzsteuerrelevante Lieferung belastet wurde.[182] Um dieses für die Insolvenzmasse negative Ergebnis zu verhindern, wurde von den Insolvenzverwaltern häufig das Sicherungsgut an den Schuldner freigegeben. Handelte es sich um eine echte Freigabe, so lagen die umsatzsteuerrelevanten Lieferungen im Verhältnis insolventer Schuldner – Sicherungsnehmer, Sicherungsnehmer – Endabnehmer.[183] Allerdings wurde von der Rechtsprechung der Finanzgerichte dieses Vorgehen der Verwalter nur unter engen Voraussetzungen akzeptiert – meist wurden die Freigaben als modifizierte Freigabe klassifiziert. Diese modifizierte Freigabe konnte aber nicht die eben beschriebene Entlastung der Masse von der Belastung mit der Umsatzsteuer erreichen.[184]

---

schaffen, schlägt er vor, entweder sich auf eine Mindestzeit der Dauer der Verwaltung, während der eine Freigabe dann ausscheidet, zu verständigen (modifizierte Freigabe) oder zu regeln, dass eine Freigabe während der laufenden Verwaltung nur gegen angemessene Entschädigung erfolgen könne (erkaufte Freigabe).

[175] *Uhlenbruck/Hirte* § 35 RdNr. 87.
[176] *Uhlenbruck/Hirte* § 35 RdNr. 87, kritisch dazu *K. Schmidt/W. Schulz* ZIP 1982, 1015, 1022.
[177] BGHZ 100, 217, 218 ff.; BGHZ 35, 180 ff.
[178] BFH ZIP 1993, 1247 ff.; vgl. dazu *Onusseit/Kunz*, Steuern in der Insolvenz, RdNr. 375.
[179] *Häsemeyer*, Insolvenzrecht, RdNr. 13.19.
[180] *Lwowski/Tetzlaff* WM 1999, 2336, 2338.
[181] *Ganter* in Schimansky/Bunte/Lwowski, § 95 RdNr. 184 und 192 mwN.
[182] *Ganter* in Schimansky/Bunte/Lwowski, 2. Aufl. 2001, § 95 RdNr. 180 ff.
[183] BFH ZIP 1993, 1247 ff.
[184] Vgl. dazu *Braun*, Anm. zu BFH-Urt. vom 12.5.1993, EWiR 1993, 795 f.

Der Missstand der Belastung der Insolvenzmasse mit der Umsatzsteuer als Masseverbindlichkeit sollte im Rahmen der Insolvenzrechtsreform behoben werden.[185] Dieses Ziel wurde aber nur im Rahmen der Verwertung von beweglichem Sicherungsgut (vgl. §§ 170 Abs. 2, 171 Abs. 2) verwirklicht. Von einer allgemeinen Umsatzsteuerabführungspflicht für alle gesicherten Gläubiger hat der Gesetzgeber ausdrücklich abgesehen.[186] Dadurch kann es bspw. in der Zwangsversteigerung eines Grundstückes samt Zubehör dazu kommen, dass die auf das Zubehör entfallende Umsatzsteuer als Masseverbindlichkeit die Insolvenzmasse belastet.[187] Da eine analoge Anwendung der §§ 170 Abs. 2, 171 Abs. 2 zu Lasten der Grundpfandgläubiger ausscheidet,[188] wird die Freigabe in diesem Bereich ihre Bedeutung zur Entlastung der Masse von der Umsatzsteuer behalten.[189]

4. Freigabe und Umweltaltlastenprobleme. a) Darstellung des Meinungsstreits. Jahrelang war in Rechtsprechung[190] und Lehre[191] umstritten, ob der Insolvenzverwalter verpflichtet ist, Massemittel zur Sanierung von Umweltschäden, die bereits vor Verfahrenseröffnung bestanden, einzusetzen. In der Praxis weigerten sich die Verwalter meist, die Masse für die Sanierung der Umweltaltlasten aufzubrauchen. Die zuständigen Behörden führten eine Beseitigung bzw. Sanierung der Umweltaltlasten im Wege der Ersatzvornahme durch und machten die **Ersatzvornahmekosten als Masseverbindlichkeiten** geltend. Die Verwaltungsgerichte entschieden unterschiedlich. Im Schrifttum wurde überwiegend die Auffassung vertreten, die Behörde könne die Ersatzvornahmekosten nur zur Insolvenztabelle anmelden.[192] In den letzten Jahren haben sich die Gerichte allerdings verstärkt für die bevorzugte Befriedigung der Ersatzvornahmekosten ausgesprochen, darunter auch das **BVerwG**.[193] Vor diesem Hintergrund haben die Insolvenzverwalter verstärkt zum Instrument der Freigabe von Abfällen und Altlastengrundstücken gegriffen.

Mit der **Freigabe** verfolgen diese das **Ziel, die Masse von einer ordnungsrechtlichen Verantwortlichkeit zu entbinden.** Es soll mittels der Freigabe erreicht werden, dass die Behörde nur noch den Schuldner, an den der Gegenstand freigegeben wurde, ordnungsrechtlich in Anspruch nehmen kann. Dabei muss allerdings beachtet werden, dass der **Erfolg der Freigabe an der Ausgestaltung von ordnungsrechtlichen Normen scheitern kann.** Lagern bspw. auf dem Grundstück der Insolvenzmasse Abfälle, so kann der Verwalter sich nicht damit begnügen, die Abfälle an den Schuldner freizugeben und das Grundstück weiter in der Insolvenzmasse behalten. In diesem Fall ist er nämlich weiterhin zustandsverantwortlich. Anders aber, wenn er das gesamte Grundstück freigibt. In diesem Fall beseitigt er eine vorher bestehende Zustandsverantwortlichkeit und die Behörde kann keine Ordnungsverfügungen mehr an den Verwalter richten und deshalb auch nicht die Ersatzvornahmekosten als Masseverbindlichkeit gegenüber der Insolvenzmasse geltend machen.[194] Ähnliche Fragen (nach dem Erfolg einer Freigabe) treten auf, wenn die ordnungsrechtliche Ermächtigungs-

---

[185] Begr. zu § 196 RegE InsO (entspricht § 171), BT-Drucks. 12/2443, S. 181 f.
[186] Beschlussempfehlung des Rechtsausschusses zu § 196 RegE InsO, BT-Drucks. 12/7302, S. 178.
[187] *Kübler/Prütting/Kemper* § 165 RdNr. 53; *Lwowski/Tetzlaff* WM 1999, 2336, 2344 f.; nur Vorgänge, die unter die Grunderwerbssteuer fallen, sind von der Umsatzsteuer ausgenommen, vgl. § 4 Nr. 9a UStG; dies ist bei dem mitversteigerten Zubehör aber gerade nicht der Fall.
[188] Strittig, ebenso *Kübler/Prütting/Kemper* § 165 RdNr. 54; *Zimmermann* NZI 1998, 57, 59; aA *Häsemeyer*, Insolvenzrecht, RdNr. 23.61.
[189] Vgl. *Lwowski/Tetzlaff* WM 1999, 2336, 2344 f.; siehe dazu BFH ZInsO 2002, 222 f.
[190] BVerwG NJW 1984, 2487 m. Anm. *W. Schulz;* BayVGH KTS 1983, 466, 468 m. Anm. *Kölsch;* VGH Mannheim ZIP 1991, 393; OVG Lüneburg ZIP 1991, 1607; OVG Lüneburg ZIP 1993, 1174; OVG Schleswig ZIP 1993, 283; OVG Sachsen-Anhalt ZIP 1994, 1130; OVG Sachsen ZIP 1995, 852; OVG Greifswald ZIP 1997, 1460; OVG Lüneburg, NJW 1998, 398; VGH Kassel NZI 2000, 47; OVG Sachsen-Anhalt ZInsO 2000, 506; zu zivilrechtlichen Ansprüchen nach § 82 Abs. 1 SachRBerG vgl. OLG Naumburg ZIP 2000, 976; dazu siehe auch *Purps* ZflR 2000, 761, 767 mwN.
[191] Ausführlich dazu: *Lwowski/Tetzlaff*, Umweltrisiken und Altlasten in der Insolvenz, Kap. A; *Kilger*, FS Merz, S. 253, 267 ff.; *Pape* in Mohrbutter, Insolvenzverwaltung, 7. Aufl. 1996, RdNr. VI. 71 ff.; *Petersen* NJW 1992, 1202 ff.; *v. Wilmowsky* ZHR Bd. 160 (1996), 593 ff.; *Lwowski/Tetzlaff*, Anm. zu OVG Greifswald, Urt. v. 16.1.1997, WuB VI B. § 6 KO 1.98, S. 809; *dies.*, NZI 2001, 57 ff. *K. Schmidt* ZIP 1997, 1441 ff.; *ders.* ZIP 2000, 1913 ff.
[192] *Kilger*, FS Merz, S. 253, 267 ff.; *Pape* in Mohrbutter/Ringstmeier, Insolvenzverwaltung, RdNr. VI. 71 ff.; *Petersen* NJW 1992, 1202 ff.; *v. Wilmowsky* ZHR Bd. 160 (1996), 593 ff.; *Lwowski/Tetzlaff* Anm. zu OVG Greifswald, Urt. v. 16.1.1997, WuB VI B. § 6 KO 1.98, S. 809.
[193] BVerwG WM 1999, 818 = WuB VI B. § 6 KO 2.99 *Lwowski/Tetzlaff;* BVerwG WM 1999, 339 = WuB VI B. § 6 KO 1.99 *Lwowski/Tetzlaff;* BayVGH ZInsO 2006, 496 ff.; OVG Magdeburg Beschluss vom 16.10.2012, Az. 2 M 149/12; mittlerweile berücksichtigt das BVerwG (WM 2005, 233; ZInsO 2006, 495 f.; ZIP 2004, 1766) insolvenzrechtliche Gesichtspunkte etwas stärker, jedoch ohne sich der „massefreundlichen" Rechtsprechung des BGH (WM 2002, 1195; WM 2001, 1574) anzuschließen; zu diesen Urteilen und deren Abgrenzung im Einzelnen *Lwowski/Tetzlaff* WM 2005, 921 ff.; *Weers/Hönig* ZInsO 2005, 244 ff.; *Vierhaus* ZInsO 2005, 1026, 1027 ff.
[194] Zur Freigabe des Deckungsanspruchs gegen den Haftpflichtversicherer: BGH WM 2009, 960, 961.

norm an eine Handlung, bspw. den Betrieb einer genehmigungsbedürftigen Anlage i. S. d. Immissionsschutzrechts, anknüpft. In diesem Fall wurde von der Rechtsprechung die Unwirksamkeit der Freigabe mit der Ausgestaltung der ordnungsrechtlichen Normen begründet.[195] Festzuhalten ist aber, dass durch eine Freigabe von störenden Gegenständen grundsätzlich eine Zustandsverantwortlichkeit beseitigt werden kann.[196] In diesem Falle muss der Insolvenzverwalter nicht mehr die Zustandsverantwortlichkeit wahrnehmen. Eine Belastung der Masse mit den Beseitigungskosten sowie persönliche Haftungsrisiken des Verwalters[197] scheiden dann aus.

96   Die Vertreter der Ansicht, die für eine bevorzugte Befriedigung der Kosten für die Beseitigung von Umweltaltlasten eintreten, wollen dieses Ergebnis verhindern. Deshalb wird von diesen Vertretern die Freigabe entweder generell für **unzulässig** bzw. für **unvereinbar mit umweltrechtlichen Normen** erklärt.

97   Insofern sind mehrere Argumentationslinien zu unterscheiden:
– Das OVG Greifswald[198] vertritt in einem **obiter dictum** die Ansicht, die Freigabe sei **in der Gesellschaftsinsolvenz unzulässig**. Das OVG Sachsen-Anhalt[199] sowie das BVerwG in einer älteren Entscheidung[200] haben die entgegengesetzte Position eingenommen. Letzterer Ansicht ist zuzustimmen; die Freigabe bleibt auch unter Geltung der InsO in der Gesellschaftsinsolvenz zulässig. Vgl. dazu RdNr. 104 ff.
– Andere Stimmen erklären die Freigabe von Abfällen und kontaminierten Grundstücken zum Zwecke der Verhinderung einer Haftung der Masse generell für unzulässig.[201] Sie weisen darauf hin, dass es zu einer Haftungsverkürzung komme, wenn die Behörde nach einer Freigabe nur noch auf den Schuldner und dessen insolvenzfreies Vermögen zurückgreifen könne. Diese Ansicht beruht auf der Prämisse, dass es generell zu einer bevorzugten Befriedigung der Ersatzvornahmekosten für die Beseitigung der Umweltschäden kommt. Lehnt man diesen Ausgangspunkt zutreffenderweise aber ab, so kann von einer Haftungsverkürzung infolge der Freigabe keine Rede mehr sein.[202]
– Weiterhin kann der Erfolg einer Freigabe an der Ausgestaltung umweltrechtlicher Normen scheitern. Einen solchen Ansatz verfolgt insbesondere die Rechtsprechung des OVG Lüneburg[203] zu Anordnungen an den Verwalter nach § 5 BImSchG, die durch eine Entscheidung des BVerwG[204] bestätigt wurde. Außerdem liegen Gerichtsentscheidungen[205] zu der Frage vor, ob die Pflichten nach dem KrW-/AbfG (vgl. insbes. §§ 11, 13) und gemäß § 7 Abs. 1 HSOG i. V. m. § 15 Abs. 1 GPSG der „massebefreienden" Freigabe an den Schuldner entgegen stehen; diese Gerichte haben das in den zu entscheidenden Fällen zutreffend verneint.

98   **b) Stellungnahme.** Die Ansicht, die generell für eine bevorzugte Befriedigung der Ersatzvornahmekosten eintritt, ist abzulehnen.[206] Es besteht kein Anlass, von der grundsätzlichen Differenzierung der Situation vor und nach Insolvenzeröffnung hier abzurücken. Danach ist zwischen sogen. **Altschäden** (Umweltschäden, die schon vor Verfahrenseröffnung bestanden) und sogen. **Neuschäden** (Umweltschäden, die nach Verfahrenseröffnung entstanden sind, sei es durch ein Verhalten des Insolvenzverwalters, seines Personals oder des Personals des Schuldners oder durch Verhalten Dritter) zu unterscheiden.

Die **Ersatzvornahmekosten für die Beseitigung der Altschäden** sind **Insolvenzforderungen** und werden infolge dessen ggf. (nur) quotal befriedigt, während bei **Neuschäden** die Ersatzvornahmekosten eine **Masseverbindlichkeit** darstellen können.[207]

---

[195] BVerwG WM 1999, 339 = WuB VI B. § 6 KO 1.99 *Lwowski/Tetzlaff*.
[196] BVerwG WM 2005, 233; OVG Berlin-Brandenburg ZInsO 2008, 1088, 1089; BVerwG NJW 1984, 2487 m. Anm. *W. Schulz*.
[197] Zu strafrechtlichen Risiken des Insolvenzverwalters, wenn er die Beseitigung der Umweltschäden mit Massemitteln verweigert: *Sonnen/Tetzlaff* wistra 1999, 1 ff.
[198] OVG Greifswald WM 1998, 1548, 1553.
[199] OVG Sachsen-Anhalt ZIP 1994, 1130 ff.
[200] BVerwG NJW 1984, 2487 m. Anm. *W. Schulz*.
[201] OVG Greifswald WM 1998, 1548, 1553; *Ritgen* GewA 1998, 393, 401.
[202] Vgl. dazu RdNr. 98.
[203] OVG Lüneburg ZInsO 1998, 188 m. Anm. *Pape*; OVG Lüneburg WM 1998, 1553 = WuB VI B. § 6 KO 2.98 *Lwowski/Tetzlaff*; siehe auch VGH Mannheim NZI 2012, 722, 723 f.
[204] BVerwG WM 1999, 339 = WuB VI B. § 6 KO 1.99 *Lwowski/Tetzlaff*.
[205] OVG Lüneburg NZI 2010, 235, 236; OVG Sachsen-Anhalt ZIP 1994, 1130 ff.; VGH Kassel NZI 2010, 236, 237 f.
[206] Ausführlich dazu: *Lwowski/Tetzlaff*, Umweltrisiken und Altlasten in der Insolvenz, Kap. I; *dies.* NZI 2001, 57 ff.; *Tetzlaff* ZIP 2001, 10; *Pöhlmann* NZI 2003, 486, 487; siehe auch OVG Lüneburg Beschluss vom 25.1.2010, Az. 7 LA 130/09.
[207] *Lwowski/Tetzlaff* WM 2005, 921 ff.; *Lwowski/Tetzlaff* Anm. zu OVG Greifswald Urt. vom 16.1.1997, WuB VI B. § 6 KO 1.98, 809; *dies.* NZI 2001, 57 ff.

Folgt man dieser Einordnung, dann hat die **Freigabe** von entsorgungspflichtigen Stoffen bei **Altschäden**, die also in der Zeit der Produktion des späteren Schuldners **vor Verfahrenseröffnung** angefallen sind, oder von vor Verfahrenseröffnung bereits kontaminierten Altlastengrundstücken, **keine große Bedeutung**, da in derartigen Fällen die Ersatzvornahmekosten zur Beseitigung der Altschäden von der Behörde nur zur Insolvenztabelle angemeldet werden können.[208] Damit kann gleichzeitig die Problematik der im Fall der Freigabe durch den Insolvenzverwalter ggf. „weiter bestehenden" Verpflichtung des Schuldners und seiner daraus resultierenden Neuverschuldung, der er sich nicht durch Aufgabe des Eigentums entziehen kann (vgl. § 4 Abs. 3 Satz 4 2. HS BBodSchG) und die ein etwaiges Restschuldbefreiungsverfahren für ihn letztlich entwertet,[209] gelöst werden.

Anders verhält es sich aber bei sogen. Neuschäden: Muss der Insolvenzverwalter das Entstehen von Neuschäden befürchten, also zB dadurch, dass nach Insolvenzeröffnung ein Grundstück der Insolvenzmasse verunreinigt wird (Vandalismus, Abkippen von Abfällen, etc.) und ist das Grundstück derart mit Grundpfandrechten belastet, dass kein Erlös für die Masse zu erwarten ist, so empfiehlt sich für den Insolvenzverwalter die Freigabe des Grundstücks. In diesem Fall haftet die Insolvenzmasse nicht für die Beseitigung der Neuschäden.

Wird hingegen keine Freigabe durchgeführt und ergeht nach den allgemeinen ordnungsrechtlichen Grundsätzen zur Inanspruchnahme des Grundstückseigentümers der Erlass von Sanierungs- und Beseitigungsverfügungen gegen den Verwalter, dann stellen die Ersatzvornahmekosten für die Beseitigung dieser Neuschäden eine Masseverbindlichkeit dar.[210] Vgl. außerdem die Ausführungen bei § 165.

IV. Durchführung der echten Freigabe

1. Inhalt der Freigabeerklärung, Anfechtbarkeit. Die Freigabe erfolgt durch eine an den Schuldner zu richtende, einseitige, empfangsbedürftige Willenserklärung, die auch konkludent erfolgen kann.[211] Die Freigabeerklärung betrifft bestimmte Gegenstände, die zur Insolvenzmasse gehören[212] und muss einen Verzicht auf die Massezugehörigkeit zum Ausdruck bringen.[213] Es gilt einen Schwebezustand zu vermeiden, während dessen Dauer ungewiss wäre, wer über den freigegebenen Gegenstand verfügungs- und prozessführungsberechtigt ist.[214] Die Freigabeerklärung bei der echten Freigabe hat konstitutive Wirkung. Das unterscheidet sie von der unechten Freigabe, bei der die Freigabeerklärung lediglich deklaratorische Wirkung hat. Vgl. dazu RdNr. 86. Aus Gründen der Rechtssicherheit ist die Freigabeerklärung unwiderruflich.[215] Sie ist jedoch anfechtbar.[216]

Gibt der Verwalter einen Gegenstand in der irrigen Annahme heraus, er sei nicht massezugehörig, überbelastet oder unverwertbar, so ist eine Anfechtung wegen Irrtums nach § 119 BGB ausgeschlossen, da lediglich ein unbeachtlicher Motivirrtum vorliegt.[217] Dies ist jedoch kein Grund, die Möglichkeit der Irrtumsanfechtung einer Freigabeerklärung insgesamt auszuschließen, da auch neben diesen Anfechtungsgründen ein Anwendungsbereich der Irrtumsanfechtung im Rahmen des § 119 BGB möglich ist.[218] Zu denken ist hier beispielsweise an die Fälle des § 119 Abs. 1 2. Fall BGB, also die Fälle des Versprechens, Verschreibens etc. Ebenfalls möglich ist eine Anfechtung wegen arglistiger Täuschung nach § 123 BGB.

2. Rückgängigmachung der Freigabe. Befürchtet der Insolvenzverwalter, dass sich auf einem Grundstück der Insolvenzmasse eine Altlastenkontamination befindet und gibt er das Grundstück im Hinblick auf eine befürchtete ordnungsrechtliche Inanspruchnahme aus der Insolvenzmasse frei, so käme in Frage, dass durch eine besondere vertragliche Gestaltung die Freigabe rückgängig gemacht bzw. die wirtschaftlichen Auswirkungen der Freigabe kompensiert werden könnte (zB Verpflichtung des Schuldners zur Rückübertragung der Verwaltungs- und Verfügungsbefugnis).[219] Derartige Konstruktionen bergen aber die Gefahr, dass im Streitfall derartige Freigabeerklärungen nicht als echte Freigabe angesehen werden.

---

[208] *v. Wilmowsky* ZIP 1997, 389, 399; *Lwowski/Tetzlaff* Anm. zu OVG Greifswald Urt. vom 16.1.1997, WuB VI B. § 6 KO 1.98.
[209] Dazu *du Carrois* ZInsO 2005, 472 f.
[210] *Nerlich/Römermann/Andres* § 55 RdNr. 76 ff.
[211] BGHZ 127, 156, 163; *Uhlenbruck/Hirte* § 35 RdNr. 73; *HK-Eickmann* InsO § 35 RdNr. 46.
[212] *Kalter* KTS 1975, 1, 9.
[213] RGZ 60, 107, 108.
[214] *Uhlenbruck/Hirte* § 35 RdNr. 73.
[215] RGZ 60, 107, 109; OLG Nürnberg MDR 1957, 683; *Höpfner* ZIP 2000, 1517, 1520.
[216] *Uhlenbruck/Hirte* § 35 RdNr. 73.
[217] *Höpfner* ZIP 2000, 1517, 1520.
[218] *Nerlich/Römermann/Wittkowski* § 80 RdNr. 96; *Uhlenbruck/Hirte* § 35 RdNr. 73.
[219] *Höpfner* ZIP 2000, 1517, 1521.

102   3. Genehmigung der Freigabe durch Gläubigerorgane. Ob ein Gegenstand verwertbar ist oder ob von einer Verwertung ein Gewinn für die Masse zu erwarten ist, hat der Verwalter nach pflichtgemäßem Ermessen und unbeschadet seiner persönlichen Haftung (§ 60) zu entscheiden. Oft lässt sich über diese Frage erst **gegen Ende des Verfahrens** Klarheit gewinnen. **§ 197 Abs. 1 Nr. 3** sieht eine **Beschlussfassung der Gläubigerversammlung** über die nicht verwertbaren Gegenstände der Insolvenzmasse vor. Aus dieser Bestimmung kann jedoch nicht entnommen werden, dass erst im Schlusstermin eine Entscheidung über die nicht verwertbaren Gegenstände getroffen werden kann. Vielmehr hat der Verwalter auch schon während des Verfahrens die Möglichkeit, Gegenstände freizugeben. Der Verwalter kann auch von vornherein auf eine Inbesitznahme der Gegenstände verzichten,[220] dann braucht er sie später nicht mehr freizugeben. Gerade im Hinblick auf die dargestellten Anwendungsmöglichkeiten der Freigabe ist es häufig sogar unbedingt notwendig, durch die Freigabe den Gegenstand möglichst schnell aus der Insolvenzmasse zu entfernen.[221]

Fraglich ist, ob die Organe der Gläubigerschaft eine vom Insolvenzverwalter durchgeführte Freigabe genehmigen müssen.

Der Insolvenzverwalter ist bei der Freigabe grundsätzlich nicht an die Zustimmung der Organe der Gläubigerschaft gebunden, denn die Freigabe ist nicht in § 160 Abs. 2 aufgeführt.[222] Die Einholung einer Genehmigung kann sich aber im Einzelfall empfehlen, um persönliche Haftungsrisiken für den Verwalter auszuschalten.[223] Unter Umständen kann sich eine **Genehmigungspflicht aus § 160 Abs. 1** ergeben, nämlich dann, wenn die Freigabe bspw. des Grundstücks als eine Rechtshandlung anzusehen ist, die für das Insolvenzverfahren von besonderer Bedeutung ist. Vgl. insoweit die Kommentierung von § 160 Abs. 1.

103   4. Wirkung der Freigabe. Durch die Freigabeerklärung des Insolvenzverwalters wird der bisherige insolvenzbefangene Gegenstand wieder in vollem Umfang der Verwaltungs- und Verfügungsbefugnis des Schuldners unterstellt. Der Gegenstand wird insolvenzfreies oder verfahrensfreies Vermögen.[224] Diese Wirkung tritt jedoch nur für die Zukunft ein.[225] Ein etwaiger Erlös aus der Verwertung des freigegebenen Gegenstandes durch den Schuldner fließt nicht zur Masse, sondern wird insolvenzfreies Vermögen des Schuldners.[226] Eine diesbezügliche Nachtragsverteilung scheidet daher aus.[227]

V. Zulässigkeit der Freigabe in der Gesellschaftsinsolvenz

104   1. Einführung. Die Durchführung einer echten Freigabe setzt voraus, dass es ein insolvenzfreies Vermögen gibt.

In der **Insolvenz einer natürlichen Person** ist anerkannt, dass diese ein insolvenzfreies Vermögen hat und deshalb auch die Freigabe in der Insolvenz der natürlichen Person **zulässig** ist.[228]

Anderes soll aber nach einer Ansicht[229] in der **Gesellschaftsinsolvenz** gelten. Hier wird das Bestehen eines verfahrensfreien Vermögens abgelehnt, da der Insolvenzverwalter zur **Vollabwicklung** des Gesellschaftsvermögens verpflichtet sei. Es solle nicht dazu kommen, dass die insolvente

---

[220] Vgl. dazu die Ausführungen unter RdNr. 76 ff.
[221] Vgl. dazu die Ausführungen unter RdNr. 99.
[222] *Nerlich/Römermann/Wittkowski* § 80 RdNr. 96.
[223] *Nerlich/Römermann/Wittkowski* § 80 RdNr. 96.
[224] BGH WM 2007, 406, 408; OVG Magdeburg Beschluss vom 5.11.2009, Az. 4 L 243/08, dazu *Köke* VIA 2010, 8 unter Aufzeigung der „Kehrseite" in Form damit verbundener Pflichten/Verbindlichkeiten (in dem Fall ging es um die Grundsteuer beim Grundstück); OLG Nürnberg MDR 1957, 683 f.; *Uhlenbruck/Hirte* § 35 RdNr. 82; *Kalter* KTS 1975, 1, 9; handelt es sich bei dem „freigegebenen" Gegenstand um ein Grundstück, kann der im Grundbuch ggf. vorhandene Insolvenzvermerk nach zutreffender Ansicht durch den formlosen Antrag des Insolvenzverwalters gemäß § 13 Abs. 1 GBO (ohne formgerechten „Unrichtigkeitsnachweis" nach §§ 22, 29 GBO) oder durch ein entsprechendes Löschungsersuchen des Insolvenzgerichtes gemäß § 38 GBO zur Löschung gebracht werden – dazu im Einzelnen unter Darstellung des Streitstandes: *Hintzen* ZInsO 2011, 1509 ff. in seiner Anmerkung zum Urteil des OLG Dresden ZInsO 2011, 1508 f., das zum gleichen Ergebnis kommt.
[225] LG Stuttgart NZI 2008, 442, 443; *Kalter* KTS 1975, 1, 10.
[226] Leistet der gutgläubige Dritte in Unkenntnis der Freigabe an den Insolvenzverwalter, so kann entsprechend § 82 Befreiung eintreten: BGH WM 2011, 270, 271; LG München I NZI 2010, 821, 822 f.; dem BFH NZI 2011, 35 ff., der eine Aufrechnung des Finanzamtes von Steuererstattungsansprüchen aus der Zeit nach Freigabe mit steuerlichen Insolvenzforderungen als zulässig ansieht, ist nicht zu folgen – dazu RdNr. 47h.
[227] LG Dortmund Beschluss vom 21.6.2010, Az. 9 T 212/10.
[228] *K. Schmidt/W. Schulz* ZIP 1982, 1015, 1017.
[229] *K. Schmidt* ZIP 2000, 1913, 1916 ff.; *K. Schmidt/W. Schulz* ZIP 1982, 1015, 1017; *K. Schmidt*, Kölner Schrift, S. 1199 ff. RdNr. 20 ff.; *Bork*, Einführung in das neue Insolvenzrecht, RdNr. 134 f.; *Jaeger/Müller* § 35 RdNr. 145 ff.; Bankenkomm-*Meyer* § 35 RdNr. 72; *Westpfahl*, Umweltschutz und Insolvenz, S. 27 ff., 146, 151 ff.; *Kranenberg* NZI 2008, 81, 82; hiervon abgerückt: HK-*Eickmann* § 35 RdNr. 47.

Gesellschaft das Verfahren überdauere und danach weiterexistiere und auf diese Weise den Rechtsverkehr schädigen könne.

Unter Geltung der Konkursordnung ging die überwiegende Ansicht in Rechtsprechung[230] und Literatur[231] davon aus, dass auch in der Gesellschaftsinsolvenz die Freigabe zulässig sei. Diese Meinung zog folgende Konsequenzen nach sich: Das Konkursverfahren hatte nicht die Aufgabe der Liquidation des Gesellschaftsvermögens, an das Konkursverfahren musste sich uU noch ein gesellschaftsrechtliches Liquidationsverfahren anschließen.[232]

Diese Konsequenzen werden u.a. als Grund angeführt, dass bei Gesellschaften die Liquidation in das Insolvenzverfahren einbezogen werden müsse.[233] Würde man diesen Vorschlägen folgen, so käme es im stärkeren Maße als bisher zur **Durchsetzung ordnungspolitischer Ziele** im Insolvenzverfahren, der eigentliche Zweck des Insolvenzverfahrens, die **Gläubigerbefriedigung**, würde **zurückgedrängt** werden, denn die Erfüllung der neuen ordnungspolitischen Aufgaben durch den Insolvenzverwalter kostet Geld.[234] Bejaht man eine Pflicht des Insolvenzverwalters zur Vollabwicklung des Gesellschaftsvermögens, so gibt es bei Gesellschaften kein insolvenzfreies Vermögen. Eine Freigabe von Massegegenständen an den Schuldner wäre dann nicht möglich.

2. Neuregelungen in der InsO. An verschiedenen Stellen finden sich im Gesetzestext und in den Gesetzesmaterialien Anhaltspunkte, dass der Gesetzgeber der InsO eine Einbeziehung der gesellschaftsrechtlichen Liquidation in das Insolvenzverfahren wollte.

In der **Allgemeinen Begr. des Regierungsentwurfs** der InsO hieß es, das Insolvenzverfahren übernehme bei Gesellschaften „regelmäßig zugleich die Aufgabe der gesellschaftsrechtlichen Abwicklung bis hin zur Herbeiführung der Löschungsreife und anschließenden Löschung. Für eine außergerichtliche Liquidation im Anschluss an das Insolvenzverfahren besteht dann kein Bedürfnis mehr."[235]

Der Rechtsausschuss des Bundestages hat § 1 Abs. 2 Satz 3 RegE InsO gestrichen mit der Begr., dadurch die Vorschrift zu straffen und auf ihre wesentlichen Elemente zurückführen zu wollen.[236] Gleichzeitig wurde in der Begr. zu den Beschlussempfehlungen zu § 1 RegE InsO die Gläubigerbefriedigung als Ziel des Insolvenzverfahrens hervorgehoben.[237] Dies kann in so interpretiert werden, dass der Gesetzgeber keine Vollabwicklung auf Kosten der Gläubiger wollte. Andererseits wird aber auch behauptet, dass die Veränderungen bei § 1 nicht als inhaltliche Distanzierung vom ursprünglich vorgesehenen Normtext zu verstehen seien.[238] Zur Begr. wird darauf hingewiesen, dass in anderen Normen erkennbar sei, dass der Gesetzgeber von einer über die bloße Vermögensverwertung im Gläubigerinteresse hinausgehende Tätigkeit des Insolvenzverwalters ausgegangen sei.[239]

Bei den in Frage kommenden Normen handelt es sich um § 199 Satz 2 und um den neuen § 141a FGG.[240]

§ 199 Satz 2 ordnet an, dass der Insolvenzverwalter jeder am Schuldner beteiligten Person den Teil des Überschusses herauszugeben habe, der ihr bei einer Abwicklung außerhalb des Insolvenzverfahrens zustünde. Auf diese Weise, so die Regierungsbegründung, werde vermieden, dass sich dem Insolvenzverfahren noch eine gesellschaftsrechtliche Liquidation anschließen muss.[241] Für diese Vorschrift werden sich in der Praxis kaum Anwendungsmöglichkeiten ergeben, denn für die Gesellschafter wird sich am Ende eines Insolvenzverfahrens nur in den allerseltensten Fällen eine Liquidationsquote ergeben, da die Gesellschafter nachrangige Insolvenzgläubiger (vgl. § 39 Abs. 1 Nr. 5) sind.[242] Das bedeutet, dass die Gesellschafter nur dann Zahlungen erhalten, wenn die Insolvenzgläubiger vollständig befriedigt wurden.

---

[230] BGH ZIP 1996, 842, 844; BVerwG NJW 1984, 2487 m. Anm. *W. Schulz;* OVG Sachsen-Anhalt ZIP 1994, 1130, 1131.
[231] Kuhn/*Uhlenbruck,* KO 11. Aufl. 1994, § 1 RdNr. 4a; *Häsemeyer,* Insolvenzrecht, 1. Aufl. 1992, 173 f.; Jaeger/*Henckel/Weber,* KO 9. Aufl. 1997, § 6 RdNr. 18 und §§ 207, 208 Anm. 28; *Pape* KTS 1993, 551, 582 f.; *Kölsch* Anm. zu BayVGH Urt. vom 11.12.1979 KTS 1983, 466, 468.
[232] BGH ZIP 1996, 842, 844.
[233] *Balz,* Kölner Schrift, S. 3 ff. RdNr. 30 ff.
[234] *Balz,* Kölner Schrift, 3 ff. RdNr. 30 ff.
[235] Allgemeine Begr. zum RegE InsO, BT-Drucks. 12/2443, S. 84.
[236] Beschlussempfehlungen zu § 1 RegE InsO, BT-Drucks. 12/7302, S. 155.
[237] Beschlussempfehlungen zu § 1 RegE InsO, BT-Drucks. 12/7302, S. 155.
[238] *Kübler/Prütting/Noack,* Gesellschaftsrecht, RdNr. 86.
[239] *K. Schmidt,* Kölner Schrift, S. 1199 ff. RdNr. 20 ff.; *Kübler/Prütting/Noack,* Gesellschaftsrecht, RdNr. 86; aA *Hess/Pape,* InsO und EGInsO, RdNr. 34.
[240] Eingeführt durch Art. 23 Nr. 1 EGInsO.
[241] Begr. zu § 226 RegE InsO (entspricht § 199), BT-Drucks. 12/2443, S. 187.
[242] Dies räumt auch *K. Schmidt,* Kölner Schrift, S. 1199 ff. RdNr. 20 ein.

112 In § 141a FGG ist schließlich festgelegt, dass vermögenslose Gesellschaften vom Registergericht von Amts wegen gelöscht werden können. Auch in den Gesetzesmaterialien zu § 141a FGG wird betont, dass Ziel des neuen Insolvenzverfahrens sei, das Vermögen des Schuldners vollständig abzuwickeln. Wichtig erscheint vor allem folgende Aussage in der Regierungsbegründung: „In Zukunft kann damit im Regelfall davon ausgegangen werden, dass nach der Durchführung eines Insolvenzverfahrens über das Vermögen einer Gesellschaft kein Gesellschaftsvermögen mehr vorhanden ist. Es erscheint wünschenswert, für diesen Regelfall auch die Löschung der Gesellschaft im Handelsregister sicherzustellen."[243]

Hervorzuheben ist hier, dass der Gesetzgeber selbst davon ausging, dass nur im **Regelfall** auf eine nachträgliche gesellschaftsrechtliche Liquidation im Anschluss an das Insolvenzverfahren verzichtet werden könne. Also muss es auch **Ausnahmefälle** geben, in denen es zu einem Nacheinander von Insolvenzverfahren und gesellschaftsrechtlicher Liquidation kommt. Ein derartiger Fall liegt dann vor, wenn der Insolvenzverwalter Massegegenstände an den Schuldner freigegeben hat. In diesem Fall existiert die Gesellschaft auch nach der Beendigung des Insolvenzverfahrens über ihr Vermögen. Es muss ein gesellschaftsrechtliches Liquidationsverfahren durchgeführt werden.

113 **3. Keine Verpflichtung zur Vollabwicklung in der Gesellschaftsinsolvenz – Freigabe möglich.** Es existiert keine Pflicht des Insolvenzverwalters zur Vollabwicklung des Vermögens der insolventen Gesellschaft. Auch in der Gesellschaftsinsolvenz gibt es insolvenzfreies Vermögen. Der Insolvenzverwalter kann also Massegegenstände auch in der Gesellschaftsinsolvenz freigeben.[244]

114 Der Hauptzweck des Insolvenzverfahrens ist und bleibt die Gläubigerbefriedigung. Deshalb müssen die Gläubiger auch auf eine Verwertung von sogen. „Minusobjekten", d.h. Gegenständen, die mehr Kosten verursachen, als sie einbringen (Bsp.: Sanierungsmaßnahmen für ein hochkontaminiertes Grundstück betragen 2 Mio. €, nach einer Sanierung kann es für 0,5 Mio. € veräußert werden), verzichten können.

115 **4. Freigabe und Einbeziehung des Neuerwerbs.** Es wurde die Frage aufgeworfen, ob wegen der Einbeziehung des Neuerwerbs in die Insolvenzmasse die Freigabe von Gegenständen keine Wirkungen mehr entfalten könne, weil der Gegenstand als Neuerwerb sofort wieder in die Masse falle.[245] Die Frage ist eindeutig zu verneinen, denn bei den freigegebenen Gegenständen handelt es sich nicht um neu erworbene Vermögensgegenstände. Der Schuldner war vielmehr während der Dauer des Insolvenzverfahrens Eigentümer des Gegenstandes. Durch die Freigabe wurde der Gegenstand nur aus dem Insolvenzbeschlag gelöst und der Schuldner erhält nach der Freigabe die Verwaltungs- und Verfügungsbefugnis über diesen Gegenstand zurück.[246]

K. Treuhand

I. Insolvenz des Treuhänders

116 Bei der Treuhand ist zu unterscheiden zwischen: echter und unechter Treuhand und eigennütziger und uneigennütziger Treuhand.[247]

117 **1. Echte Treuhand.** Bei der echten Treuhand (auch Übertragungstreuhand genannt)[248] wird das Treugut unmittelbar vom Treugeber auf den Treuhänder übertragen (sog. Unmittelbarkeitsprinzip – dazu auch noch sogleich).[249] Gleich, wem die echte Treuhand dient, d.h. in wessen Interessen die Treuhand in erster Linie vereinbart wird – eigennützig oder uneigennützig –[250] kann der Treuge-

---

[243] Begr. zu Art. 22 RegE EGInsO (entspricht Art. 23 EGInsO), BT-Drucks. 12/3803, S. 70 f.
[244] So auch die überwiegende Meinung unter Geltung der neuen Rechtslage: Vgl. BGH WM 2005, 1084 ff.; BGH WM 2002, 1195; BGH WM 2001, 1574; in diesem Sinne nunmehr auch BVerwG WM 2005, 233; siehe ferner FK-*Schumacher* § 35 RdNr. 13; HambKomm-*Lüdtke* § 35 RdNr. 64; HK-*Eickmann* § 35 RdNr. 47; *Uhlenbruck/Hirte* § 35 RdNr. 72; *Kübler/Prütting/Lüke* § 80 RdNr. 9 f.; *Hess* § 80 RdNr. 213 f.; *Breutigam/Blersch/Goetsch* § 80 RdNr. 23; *Nerlich/Römermann/Wittkowski* § 80 RdNr. 102; *Smid/Rattunde* § 80 RdNr. 30 ff.; *Balz*, Kölner Schrift, S. 3 ff. RdNr. 30 ff.; *Lwowski/Tetzlaff* WM 2005, 921; *Lwowski/Tetzlaff* WM 1999, 2336, 2345 f. ausführlich dazu: *dies.*, Umweltrisiken und Altlasten in der Insolvenz, Kap. H.
[245] *Benckendorff*, Kölner Schrift, S. 1099 ff. RdNr. 18.
[246] *Nerlich/Römermann/Andres* § 36 RdNr. 49; *Lwowski/Tetzlaff* WM 1998, 1509, 1511 Fn. 18; ähnlich: *Benckendorff*, Kölner Schrift, S. 1099 ff. RdNr. 18.
[247] Vgl. *Palandt/Bassenge* § 903 BGB RdNr. 33 ff.
[248] *Heidner* DStR 1989, 276.
[249] RGZ 84, 214, 216 f.; RGZ 91, 12, 14 ff.; RGZ 133, 84, 87; dazu siehe auch BGH NJW 1959, 1223, 1224; BGH WM 1960, 325; BGH WM 1993, 1524; BGH ZInsO 2003, 797.
[250] Vgl. dazu *Eden*, Treuhandschaft an Unternehmen und Unternehmensanteilen, S. 24.

ber in der Insolvenz des Treuhänders die Aussonderung des Treugutes verlangen. Bei der uneigennützigen Treuhand wird dies damit begründet, dass das Treugut wirtschaftlich dem Treugeber zugerechnet wird.[251] Meist wird in diesen Fällen als auflösende Bedingung für die Übertragung des Treugutes auf den Treugeber die Insolvenz des Treuhänders vereinbart.[252] Weitere auflösende Bedingungen können u.a. die Pflichtverletzung durch den Treuhänder oder die Zwangsvollstreckung von Gläubigern des Treuhänders in das Treugut[253] sein.

Unabhängig davon, ob eine derartige auflösende Bedingung vereinbart worden ist oder nicht, **118** kann bei vom Treuhänder verwalteten Geldern auf einem Konto unter seinem Namen ein Aussonderungsrecht bestehen, wenn es sich (offensichtlich) um ein Treuhandkonto handelt.[254] Über die Voraussetzungen für die Annahme eines offenen Treuhandkontos besteht Streit. Es kommt auf die Umstände des Einzelfalles an.[255] Vgl. dazu Kommentierung von § 47.

Ein Aussonderungsrecht besteht auch bei **offenen Fremdkonten**[256] bzw. **Anderkonten**.[257] **119**

Werden Zahlungen von Drittschuldnern auf ein vom Insolvenzverwalter eingerichtetes Anderkonto erbracht, fällt das Guthaben auf dem Anderkonto nicht (automatisch) in die Masse, sondern der Kontoinhaber, der Insolvenzverwalter selbst, ist der Vollrechtsinhaber.[258]

Bei der eigennützigen Treuhand ist das Aussonderungsrecht gegeben, wenn die gesicherte Forde- **120** rung befriedigt ist. Solange es eine zu sichernde Forderung noch gibt, ist der Insolvenzverwalter des Treuhänders besitzberechtigt (und kann bei Eintritt des Sicherungsfalles verwerten).

Beim Verkauf und der Verbriefung von Kreditforderungen, die grundpfandrechtlich besichert sind, stellte das vornehmlich vom Reichsgericht verfolgte „Unmittelbarkeitserfordernis" (dazu auch noch sogleich) ein Problem dar. Die regelmäßig vorgesehene treuhänderische Haltung der Grundschulden durch den Verkäufer für den Käufer würde demnach nicht „insolvenzfest" sein, wenn man das Unmittelbarkeitsprinzip insoweit als das Maß der Dinge ansehen würde. Diese Thematik ist durch die Einführung des sog. Refinanzierungsregisters[259] (siehe §§ 22a ff. KWG) gelöst worden. Sofern die abgetretenen Forderungen und die dazugehörigen Sicherheiten in diesem Register verzeichnet sind, das bei einem Kreditinstitut geführt und von einem durch die Bundesanstalt für Finanzdienstleistungen bestellten Verwalter beaufsichtigt wird, hat der Käufer im Falle der Insolvenz des Verkäufers ein Aussonderungsrecht (§ 22j KWG).[260]

Zur Doppeltreuhand vgl. RdNr. 126 ff.

2. Unechte Treuhand. Bei der unechten Treuhand (auch Vereinbarungs- oder Erwerbstreuhand **121** genannt)[261] erhält der Treuhänder die Verfügungsmacht von einem Dritten, oder er hat sie bereits inne, oder der Treuhänder erwirbt das Treugut mit Mitteln des Treugebers.[262]

Wie der BGH in seiner Entscheidung vom 10.2.2011[263] ausführt, ist weder gesetzlich **122** geregelt noch in der Rechtsprechung des BGH abschließend geklärt, unter welchen Voraussetzungen dann in der Insolvenz des Treuhänders ein Aussonderungsrecht besteht. Eine einheitliche Systematik für die Voraussetzungen einer zur Aussonderung berechtigenden Treuhänderschaft ist bisher nicht festzustellen. Das oben angesprochene und vornehmlich von dem Reichsgericht[264] verfolgte **Unmittelbarkeitsprinzip** versagt regelmäßig bei Treuhandkonten und sollte insoweit nicht als allein maßgebend angesehen werden (im Einzelnen siehe unter § 47 – zu von der Rechtsprechung bereits entschiedenen „Ausnahmen" auch noch sogleich). Als „kleinster gemeinsamer Nenner" dürfte das Verständnis der Zuordnung fremder Vermögenswerte, bezüglich derer der Treuhänder nach Maßgabe der Abreden mit dem Treugeber zu verfahren

---

[251] BGH ZIP 1993, 213, 214; OLG Hamm ZIP 1999, 765, 766.
[252] *Heidner* DStR 1989, 276, 277.
[253] *Heidner* DStR 1989, 276, 277.
[254] BGH ZIP 1993, 213, 214; OLG Hamm ZIP 1999, 765, 766.
[255] Vgl. dazu OLG Hamm ZIP 1999, 765, 766.
[256] Siehe zB *Lange* NJW 2007, 2513 ff.
[257] BGH NJW 1954, 190, 191; BGH ZIP 1993, 213, 214.
[258] BGH WM 2009, 562; bei Zahlungen im Eröffnungsverfahren auf ein vom vorläufigen Insolvenzverwalter eingerichtetes Anderkonto: BGH NZI 2008, 39 f.; dazu zB *Stahlschmidt* NZI 2011, 272 ff.; *Kuder* ZInsO 2009, 584 ff.
[259] BGBl. I, S. 2809 – Gesetz vom 22.9.2005.
[260] Vgl. im Einzelnen dazu: *Obermüller* ZInsO 2005, 1079 ff.; *Fleckner* WM 2006, 697 ff. und WM 2007, 2272 ff.; *Peter/Greß* ZInsO 2007, 455 ff.; *Schmalenbach/Sester* WM 2005, 2025; *Tollmann* WM 2005, 2017 ff.
[261] *Heidner* DStR 1989, 276.
[262] *Heidner* DStR 1989, 276.
[263] BGH WM 2011, 798, 799.
[264] RGZ 133, 84, 87; RGZ 91, 12, 14 ff.; RGZ 84, 214, 216 f.; siehe auch *Heidner* DStR 1989, 276; BGH ZInsO 2003, 797.

hat, gelten.²⁶⁵ Weitere Abgrenzungsmöglichkeiten werden insbesondere unter den Stichworten Herkunfts-, Offenkundigkeits-²⁶⁶, Vermögenstrennungs- und Bestimmtheitsprinzip diskutiert. Je nach Einzelfallkonstellation tauchen diese Gesichtspunkte auch kombiniert in der Argumentation für oder gegen das Bestehen eines Treuhandverhältnisses auf.²⁶⁷ Ein Lösungsweg zB für die Kreditpraxis könnte die Erweiterung des dem Refinanzierungsregister nach §§ 22a ff. KWG zugrunde liegenden Gedankens, die Treuhandbelastungen von Gegenständen nachprüfbar auszuweisen, darstellen.²⁶⁸

123 Von dem **Grundsatz der Unmittelbarkeit** hat der BGH bereits folgende Ausnahmen gemacht:
– wenn der Treugeber auf ein Treuhandkonto bei der Bank des Treuhänders einzahlt,²⁶⁹
– wenn von dritter Seite Geld auf ein Konto eingezahlt oder überwiesen wird, das offenkundig dazu bestimmt ist, fremde Gelder zu verwalten (zB Anderkonten),²⁷⁰ wobei nach einer weiteren Entscheidung der BGH die Publizität des Treuhandkontos nicht zwingend erforderlich ist,²⁷¹
– wenn eine Zahlung auf ein Bankkonto durch einen Dritten erfolgt und die den Zahlungen zugrunde liegenden Forderungen nicht in der Person des Treuhänders, sondern unmittelbar in der Person des Treugebers entstanden sind,²⁷² dabei kann der Treuhänder auch die betreffenden Gelder bar in Empfang nehmen und auf das Treuhandkonto einzahlen.²⁷³

Der BGH hat ein Aussonderungsrecht für ausschließlich für die Verwaltung von Fremdgeld bestimmten und (zunächst auch so) genutzten Konten, die nicht als Treuhandkonten gekennzeichnet waren, für den Fall verneint, in dem der Treuhänder (später) die Guthaben (auch) für eigene Zwecke nutzte. Nach Meinung des BGH besteht die Treuhandbindung hier jedenfalls dann nicht mehr fort, wenn dem Treuhänder in Wirklichkeit der Wille fehlt, das Treugut für den Treugeber zu verwalten.²⁷⁴

124 **3. Surrogation.** Umstritten ist die Behandlung von Surrogaten für beschädigtes oder untergegangenes Treugut. Eine dingliche Surrogation gibt es hier nicht.²⁷⁵ Vgl. dazu § 47.
Im Übrigen vgl. zur Aussonderung von Treugut § 47.

II. Insolvenz des Treugebers

125 Fällt der Treugeber in die Insolvenz, so kann der Insolvenzverwalter vom Treuhänder die Herausgabe verlangen.²⁷⁶
Die Frage nach der Unmittelbarkeit stellt sich hier von vornherein nicht, da es nicht um die Aussonderung iS des Insolvenzrechts aus dem Vermögen des Treuhänders geht. Dem Insolvenzverwalter steht ein schuldrechtlicher Anspruch, resultierend aus der Treuhandvereinbarung, zu.²⁷⁷

III. Doppeltreuhand

126 Bei der Doppeltreuhand überträgt der Sicherungsgeber das Sicherungsgut auf einen Treuhänder, der es sowohl für den Sicherungsnehmer als auch für den Sicherungsgeber hält. Diese Konstruktion wird in der Praxis aus steuerlichen sowie aus Gründen der Vorsicht angewandt, außerdem ist sie notwendig bei unteilbaren Sicherungsgütern und mehreren Sicherungsnehmern.²⁷⁸ Es handelt sich um eine echte Treuhand, da das Treugut aus dem Vermögen des Treugebers/Sicherungsgebers aus-

---

²⁶⁵ *Cranshaw* WM 2009, 1682, 1683 mwN.
²⁶⁶ *Canaris*, Bankvertragsrecht, RdNr. 280; ausnahmsweise das Offenkundigkeitsprinzip anwendend: BGH NJW 1959, 1223, 1225.
²⁶⁷ Im Einzelnen dazu unter § 47.
²⁶⁸ *Cranshaw* WM 2009, 1682, 1689 – zum Refinanzierungsregister siehe auch RdNr. 120.
²⁶⁹ BGH NJW 1959, 1223, 1225.
²⁷⁰ BGH NJW 1954, 190, 191; BGH ZInsO 2005, 879, 880 f., wonach auch nach Kündigung des Treuhandverhältnisses auf dem Treuhandkonto eingehende Gelder darunter fallen, bis das Treuhandkonto abgerechnet und der Saldo, soweit er dem Treugeber gebührt, an diesen herausgegeben ist.
²⁷¹ BGH WM 1993, 1524 f.
²⁷² BGH NJW 1959, 1223, 1225.
²⁷³ BGH NJW 1959, 1223, 1225.
²⁷⁴ BGH WM 2011, 798, 800 ff.; siehe auch OLG Frankfurt a.M., Urteil vom 1.3.2012, Az. 16 U 152/11.
²⁷⁵ RGZ 153, 366; *Heidner* DStR 1989, 276, 278.
²⁷⁶ BGH WM 2012, 1496, 1497; BGH WM 1964, 179.
²⁷⁷ BGH WM 2012, 1496, 1497; zur Pfändbarkeit der sich aus dem Treuhandverhältnis ergebenden Ansprüche des Treugebers gegen den Treuhänder zB BGH WM 2010, 1271 ff.; BGH WM 1994, 459, 460; BGH WM 1958, 1222, 1223; BGH WM 1955, 372, 375.
²⁷⁸ *Bork* NZI 1999, 337.

geschieden wird. Fällt der Treugeber/Sicherungsgeber in die Insolvenz, so steht das Treugut dem Sicherungsnehmer zu.²⁷⁹

Die Konstruktion der Doppeltreuhand kann auch dazu genutzt werden, dingliche Nutzungsrechte für den Insolvenzfall zu sichern, indem das dingliche Nutzungsrecht im Wege eines dreiseitigen Treuhandverhältnisses auf einen Treuhänder übertragen wird (dingliches Nutzungsrecht als Sicherheit des Schadensersatzanspruches, der entsteht, wenn Insolvenzverwalter des Sicherungsgebers die Nichterfüllung Vertrages, der schuldrechtliche Nutzungsrechte einräumt).²⁸⁰ **127**

In der arbeitsvertraglichen Praxis gewinnt die Erarbeitung erst später fällig werdender Vergütungsansprüche, zunehmend an Bedeutung. Mitarbeiter verzichten auf einen Teil ihres Arbeitsentgelts und erhalten stattdessen vom Arbeitgeber mit dem ersparten Entgelt finanzierte Versorgungszusagen (vgl. **AltTZG** bzw. sog. „deferred compensation"). **127a**

Die Sicherung der aufgeschobenen Vergütungsansprüche der Mitarbeiter kann über eine sog. **doppelseitige Treuhand** (sog. **Contractual Trust Agreements/Arrangements**) erfolgen.²⁸¹

In Frage kommt auch eine Absicherung **der Arbeitnehmer** über einen **externen Versorgungsträger,** wie eine **Unterstützungskasse,** der selbst Versicherungsnehmer der abgeschlossenen Rückdeckungsversicherung ist (und nicht der Arbeitgeber). In dem Fall gehört der Rückkaufswert dieser Rückdeckungsversicherung nicht zur Insolvenzmasse.²⁸²

IV. Kommissionsgeschäft

Im Kommissionsgeschäft ist zu unterscheiden: Hat der Kommissionär in den Fällen eine **Verkaufskommission,** in denen der Kommittent Eigentümer des Kommissionsgutes bleibt, solange es der Kommissionär in den Händen hat, vor Insolvenz das Kommissionsgut verkauft und den Kaufpreis eingezogen, so steht dem Kommittenten ohne Aussonderungs- oder Absonderungskraft nur eine Insolvenzforderung zu. Ein fiduziarisches Eigentum, das zur Aussonderung berechtigen würde, hat zur Voraussetzung, dass der Gegenstand vom Treugeber aus seinem Vermögen dem Treuhänder anvertraut und übereignet ist.²⁸³ **128**

Eine **Ausnahme** ist nur für die Kommission in **§ 392 Abs. 2 HGB** gemacht: Forderungen aus einem Geschäft, das der Kommissionär abgeschlossen hat, auch wenn sie nicht abgetreten sind, gelten im Verhältnis zwischen den Kommittenten und dem Kommissionär oder dessen Gläubigern als Forderungen des Kommittenten. Diese Ausnahme wird damit begründet, dass bei demjenigen, welcher gewerbsmäßig Kommissionsgeschäfte betreibt, vom Dritten vorhergesehen werden kann, dass der Kommissionär für Rechnung eines anderen gehandelt hat. In anderen Fällen versagt dieser Grundsatz.²⁸⁴ **129**

Werden die Forderungen nach Insolvenzeröffnung eingezogen, steht dem Kommittenten die Ersatzaussonderung zu.²⁸⁵ **130**

Zur Frage der Ausdehnung des Schutzes des § 392 Abs. 2 HGB vgl. § 47. **131**

V. Auftrag und Stellvertretung

Zur Masse gehören Gegenstände, die der Schuldner durch unmittelbare Stellvertretung mittels eines Dritten erworben hat. Sowohl bei der Einigung als auch bei der Übergabe können auf beiden Seiten Vertreter handeln. Bei der Übergabe allerdings nur, wenn sie als Rechtsgeschäft nach § 854 Abs. 2 BGB erfolgt, nicht aber beim Realakt nach § 854 Abs. 1 BGB.²⁸⁶ Die Handelnden können aber als Besitzdiener, Besitzmittler oder als Geheißperson auftreten. **132**

Nicht zur Masse gehören Gegenstände, die ein stiller Stellvertreter für Rechnung des Schuldners (Vertretenen) erworben hat. Der stille Vertreter wird Eigentümer, ist aber (schuldrechtlich) verpflichtet, das Eigentum auf den Schuldner zu übertragen. Der Anspruch des Schuldners fällt in die Insol- **133**

---

²⁷⁹ BGH ZIP 1989, 1466 (Doppeltreuhandkonstruktion, in der ein Vergleichsverwalter ein Treuhandkonto zu Gunsten von Gläubigern errichtet hatte, die noch an den Schuldner lieferten, im Konkurs aber nicht ausfallen wollten).
²⁸⁰ Zu den Einzelheiten vgl. *Bork* NZI 1999, 337 ff.
²⁸¹ *D. Fischer/Thoms-Meyer* DB 2000, 1861 ff.; *Bode/Bergt/Obenberger* DB 2000, 1864 ff.; *Küppers/Louven* BB 2004, 337 ff.; *Passarge* NZI 2006, 20 ff.; *Rößler* BB 2010, 1405 ff.; vgl. LAG Berlin-Brandenburg, Urteil vom 27.10.2011, Az. 5 Sa 1310/11 zur doppelseitigen Treuhand im Falle eines Blockmodells zur Sicherung des Wertguthabens des Arbeitnehmers (§ 8a AltTZG); dazu auch *Rüger* NZI 2012, 488 ff.
²⁸² BAG NZI 2011, 152, 153 ff.
²⁸³ RGZ 94, 308; BGH NJW 1974, 456 f.
²⁸⁴ RGZ 84, 214.
²⁸⁵ RG JW 1901, 458.
²⁸⁶ BGHZ 16, 259; LG Frankfurt/M. NJW-RR 1986, 470; *Palandt/Bassenge* § 929 RdNr. 23.

venzmasse. In der Insolvenz des stillen Vertreters gibt der Anspruch kein Aussonderungsrecht. Der Übereignungsanspruch wird eine (einfache) Insolvenzforderung. Hat der Schuldner dem stillen Vertreter bereits das Geld zum Erwerb auf seine Rechnung gegeben, fällt der Schuldner in der Insolvenz des stillen Vertreters bis auf die Quote für die Insolvenzgläubiger aus.

134 Anders ist die Forderung, die ein Kommissionär bei Ausführung der Kommission für den Kommittenten erworben hat, in der Insolvenz des Kommissionärs einzuordnen: Sie ist aussonderungsfähig, vgl. RdNr. 129.

135 Zur Frage, ob dies auch für das Surrogat der Forderungen gilt (wenn die Forderung durch den Kommissionär bereits eingezogen ist), vgl. § 48 (Ersatzaussonderungsrecht).

L. Die einzelnen Gegenstände der Insolvenzmasse

I. Bewegliche Sachen

136 **1. Grundsätze.** Grundsätzlich fallen alle im Eigentum des Schuldners stehenden beweglichen Sachen in die Insolvenzmasse. Eine Ausnahme sieht § 36 Abs. 1 für Sachen vor, die nicht der Zwangsvollstreckung unterliegen, sofern nicht die „Gegenausnahmen des § 36 Abs. 2 eingreifen. Systematisch bedeutet dies Folgendes: Die in § 36 Abs. 2 genannten beweglichen Gegenstände sind zwar nicht pfändbar[287], sie sind aber wegen ihrer Notwendigkeit für eine geordnete Insolvenzabwicklung Massebestandteil (vgl. dazu die Kommentierung von § 36).

137 Im Folgenden wird eine beispielhafte Nennung der beweglichen Vermögensgegenstände vorgenommen, die Massebestandteil sein können.

138 **2. Nicht wesentliche Bestandteile von Grundstücken.** An Sachen, die sich auf fremden Grundstücken befinden, verliert der Schuldner dann sein Eigentum, wenn sie gem. § 94 BGB wesentliche Bestandteile des fremden Grundstücks geworden sind. Sie werden mithin nicht Massebestandteil. Sonderrechtsfähig ist aber bspw. das Zubehör (vgl. § 97 BGB). Dieses gehört zur Insolvenzmasse, auch wenn es sich auf einem fremden Grundstück befindet. Erst recht gilt dies für Zubehör auf Grundstücken der Insolvenzmasse. Zubehör unterfällt aber dem Haftungsverband der auf dem Grundstück lastenden Grundpfandrechte. Vgl. dazu die Kommentierung zu § 165.

139 Ist das Insolvenzverfahren über das Vermögen eines Grundstückspächters eröffnet, so fallen die zu diesem Zeitpunkt noch am Halm befindlichen, aber bis zur Beendigung des Pachtverhältnisses abgeernteten Früchte wegen § 956 BGB auch in die Insolvenzmasse.[288]

140 **3. Unter Eigentumsvorbehalt gelieferte Sachen, Sicherungseigentum und mit Pfandrechten belastete Gegenstände.** Unter **Eigentumsvorbehalt** an den Schuldner gelieferte Sachen gehören nicht zur Insolvenzmasse. Sie werden zwar durch den Verwalter bei der Inbesitznahme der Masse vorgefunden und gehören deshalb zur Ist-Masse. Diese ist durch Aussonderung der Gegenstände auf den Soll-Bestand zu reduzieren.[289] Vgl. dazu die RdNr. 20.

Der Vorbehaltslieferant ist zur Aussonderung (§ 47) berechtigt, es sei denn, der Insolvenzverwalter wählt gem. § 103 die Erfüllung des Kaufvertrages. Vgl. insoweit die Kommentierungen von § 47 und § 103.

Hat der Vorbehaltsverkäufer das ihm vorbehaltene Eigentum an der Kaufsache, das ihn als Warenkreditgeber aufgrund besonderer Schutzbedürftigkeit privilegiert sichert (§ 47), allerdings auf eine den Käufer finanzierende Bank übertragen, kann die Bank das vorbehaltene Eigentum in der Insolvenz des Käufers nicht aussondern. Wegen ihrer Geld-Finanziererfunktion im Verhältnis zum Käufer und der dadurch herbeigeführten Funktionsgleichheit der auf die Bank übertragenen Eigentumsposition (vorbehaltenes Eigentum) mit einem Sicherungseigentum, im Gegensatz zur vorherigen Warenkredit-Absicherung beim Vorbehaltsverkäufer, ist die Bank wie ein Sicherungseigentümer lediglich zur abgesonderten Befriedigung berechtigt. Hintergrund ist, dass die insolvenzrechtliche Stellung des Geldkreditgebers sich durch Verschaffung des Sicherungsmittels eines (privilegierten) Warenkreditgebers nicht verbessern soll.[290]

141 Zur Insolvenzmasse gehören Gegenstände, die der Schuldner seinen Gläubigern zur Sicherheit übereignet hat. Die **Sicherungseigentümer** können nur ihr Recht auf abgesonderte Befriedigung geltend machen.[291] Vgl. insoweit die Kommentierung von §§ 166 ff.

---

[287] HK-*Eickmann* § 36 RdNr. 1.
[288] *Jaeger/Henckel* § 47 RdNr. 10; *Nerlich/Römermann/Andres* § 47 RdNr. 8; vgl. dazu auch BGHZ 27, 360, 365 f.
[289] *Kübler/Prütting/Holzer* § 35 RdNr. 65.
[290] BGH WM 2008, 821, 824 f.
[291] *Lwowski/Heyn* WM 1998, 473.

Mit Pfandrechten belastete Gegenstände: In § 50 Abs. 1 heißt es, dass Gläubiger, die an 142 einem Gegenstand der Insolvenzmasse ein rechtsgeschäftliches Pfandrecht, ein durch Pfändung erlangtes Pfandrecht oder ein gesetzliches Pfandrecht haben, zur abgesonderten Befriedigung aus dem Pfandgegenstand berechtigt sind. Dies zeigt, dass die mit einem Pfandrecht belasteten Gegenstände des Schuldners zur Insolvenzmasse gezählt werden.

Allerdings heißt dies nicht, dass uneingeschränkt alle mit Pfandrechten belasteten Gegenstände des Schuldners der Verfügungsgewalt des Insolvenzverwalters unterstehen. Es kommt darauf an, um welche Art von Pfandrecht es sich handelt. Vgl. insoweit die Kommentierung von § 50. Das Vermieterpfandrecht erlischt gem. § 562a BGB auch bei geschäftsüblicher Veräußerung und Entfernung der Gegenstände vom Grundstück durch den vorläufigen Insolvenzverwalter, weil es für die Geschäftsüblichkeit nicht darauf ankommen kann, ob der vorläufige Insolvenzverwalter oder der spätere Gemeinschuldner selbst verfügt.[292]

Beim rechtsgeschäftlich bestellten Pfandrecht an beweglichen Sachen (§§ 1204 ff. BGB) befindet 143 sich die Pfandsache im Besitz des Pfandnehmers. In diesem Fall ist allein der Pfandnehmer zur Verwertung befugt. Vgl. dazu die Kommentierung von §§ 166 ff.

4. Verbindung, Vermischung, Verarbeitung, Ersitzung. Massezugehöriges Eigentum bzw. 144 Miteigentum des Schuldners kann durch Verbindung oder Vermischung von Dritten gehörenden mit massezugehörigen Sachen nach §§ 946 ff. BGB entstehen. Der Schuldner als Eigentümer der Hauptsache wird dann auch Eigentümer der vormals fremden Nebensache. Ist keine der Sachen als Hauptsache anzusehen, so entsteht Miteigentum nach den Wertverhältnissen.

Wird fremdes und eigenes Bargeld in einer einheitlichen Kasse vermischt, entsteht gemäß §§ 948 Abs. 1, 947 Abs. 1 BGB Miteigentum. Ist die Masse im Besitz des „vermischten" Bargeldes (§ 1006 BGB), obliegt es dem Miteigentümer, den auf ihn entfallenden Anteil der Höhe nach zu beweisen.[293]

Werden Sachen Dritter vom Insolvenzverwalter verarbeitet, so erwirbt unter den Voraussetzungen 145 des § 950 BGB die Insolvenzmasse das Eigentum. Dabei kommt es nach allgemeinen Regeln darauf an, wer als Hersteller anzusehen ist. Lässt der Insolvenzverwalter in dem von ihm fortgeführten Betrieb Sachen der Masse oder auch insolvenzfreie Sachen verarbeiten, so gehört der neu entstandene Gegenstand zur Insolvenzmasse.[294]

Die Bedingungen der **Eigentumsvorbehaltslieferanten** sehen häufig vor, dass die Verarbeitung 146 für den Lieferanten zu erfolgen hat (sog. **Verarbeitungsklausel**).[295] War zum Zeitpunkt der Verfahrenseröffnung die neue Sache noch nicht hergestellt, so unterfällt der Kaufvertrag dem Wahlrecht des Insolvenzverwalters nach § 103. Der Verwalter darf auf Grund der vor Verfahrenseröffnung dem solventen Schuldner erteilten Verarbeitungserlaubnis die Kaufsache verarbeiten, wenn er nach einer mit der gebotenen Sorgfalt angestellten Prüfung zu dem Ergebnis kommt, dass er aus der Masse den Kaufpreis für die Vorbehaltsware zahlen kann und die Erfüllung des Kaufvertrages wählt.[296]

Kommt es nicht dazu, so greift zugunsten des Vorbehaltslieferanten die Verarbeitungsklausel ein. 147 Es stellt sich die Frage, ob an dem gem. § 950 BGB neu entstandene Eigentum dem Vorbehaltslieferanten ein **Aussonderungsrecht** gem. § 47 **oder** nur ein **Absonderungsrecht** gem. §§ 50 f. zusteht. Dieselbe Fragestellung ergibt sich auch, wenn die Verarbeitung bereits vor Verfahrenseröffnung vorgenommen wurde.

Die Frage wird kontrovers beurteilt.[297] Vgl. insoweit die Kommentierung bei § 47 oder § 51. 148 Zuzustimmen ist der Ansicht, die § 51 Nr. 1 anwendet, denn die Verarbeitungsklausel verfolgt letztlich nur einen Sicherungszweck.[298] Die verarbeiteten Gegenstände sind also Gegenstand der Insolvenzmasse.

Bei der **Sicherungsübereignung** von Waren sind derartige **Verarbeitungsklauseln** ebenfalls 149 üblich. Eine Verarbeitungsklausel, mittels der sich der Sicherungsgläubiger beim zu verarbeitenden Sicherungsgut zum Verarbeiter macht, erlischt mit der Insolvenzeröffnung insofern, als der Verwalter infolge seines Eintritts für die Interessen der Gesamtgläubigerschaft nicht mehr allein für den Sicherungsgläubiger verarbeitet. Bei einer Weiterverarbeitung werden die Rechte der absonderungsbe-

---

[292] LG Mannheim ZIP 2003, 1310.
[293] BGH NZI 2010, 897, 898; dazu auch *Ganter* NZI 2011, 209, 212.
[294] *Jaeger/Henckel* § 35 RdNr. 106.
[295] Zur Zulässigkeit: BGH WM 1956, 527.
[296] Vgl. *Uhlenbruck/Brinkmann* § 47 RdNr. 20 und § 172 RdNr. 12; *Serick*, Eigentumsvorbehalt und Sicherungsübertragung, Bd. V, § 63 III, S. 429 ff.; siehe auch § 47.
[297] Vgl. dazu die Nachw. bei *Hess/Weis* § 47 RdNr. 86 u. bei *Elz* ZInsO 2000, 478.
[298] *Elz* ZInsO 2000, 478 ff.

rechtigten Sicherungsgläubiger durch § 172 Abs. 2 geschützt.[299] Vgl. dazu die ausführliche Kommentierung bei § 172.

150 Umgekehrt gilt dies auch für die Insolvenzmasse, wenn die zur Sicherheit übereignete Sache als Hauptsache anzusehen ist und der Sicherungseigentümer kraft Gesetzes Eigentum erwirbt und ihm ein höherer Wert zuwächst. In diesem Fall ist er nach § 172 Abs. 2 Satz 2 in Höhe des Zuwachses zur Freigabe verpflichtet.[300] Vgl. dazu die ausführliche Kommentierung bei § 172.

151 Eigentum gehört ebenfalls zur Masse, wenn es auf Grund massezugehörigen Eigenbesitzes während des Insolvenzverfahrens durch Ersitzung nach § 937 BGB erworben wird.[301]

Im Verhältnis der Masse zum insolvenzfreien Vermögen des Schuldners (vgl. § 36) gelten die §§ 946 ff. BGB ebenso, als wenn die beiden Vermögen verschiedenen Rechtsträgern zugeordnet wären.[302] Das bedeutet, dass Massegegenstände aus der Masse ausscheiden, wenn sie zu wesentlichen Bestandteilen eines massefreien Gegenstand werden. Der Schuldner ist der Masse für diesen Fall nach §§ 951, 812 BGB ausgleichspflichtig.

152 Entsprechendes gilt selbstredend auch für die umgekehrte Variante, bei der nicht der Masse zugehörige Sachen wesentliche Bestandteile zB eines Massegrundstücks werden. Vgl. dazu die Kommentierung von § 55 Abs. 1 Nr. 3.

153 **5. Manuskripte, Briefe, Urkunden.** Manuskripte sind nur mit Einwilligung des Urhebers oder seines Rechtsnachfolgers pfändbar (§§ 113, 115 UrhG) und gehören darum nur unter dieser Voraussetzung zur Insolvenzmasse. Der Zwangsvollstreckung unterliegen gem. § 119 UrhG Vorrichtungen, die ausschließlich der Vervielfältigung oder Funksendung eines Werkes bestimmt sind (zB Formen, Platten, Steine, Druckstöcke, Matrizen, Negative) nur, wenn der Vollstreckungsgläubiger selbst Inhaber des Rechts zur Nutzung des Werks mittels dieser Vorrichtungen ist. Diese Norm lässt diese Gegenstände also insolvenzfrei.[303] Nach § 118 UrhG finden die §§ 113, 117 UrhG entsprechende Anwendung in der Insolvenz des Verfassers wissenschaftlicher Ausgaben und des Lichtbildners sowie deren Rechtsnachfolger. Rechte des ausübenden Künstlers sind dagegen gem. § 78 UrhG abtretbar und fallen deswegen in die Insolvenzmasse (vgl. §§ 36 i. V. m. 851 ZPO). Auch urheberrechtlich geschützte Werke, die im Eigentum des Schuldners stehen, der aber dieses nicht selbst Urheber oder urheberrechtlicher Rechtsnachfolger ist, fallen in die Masse.[304] Bei Filmwerken muss zwischen dem zugrundeliegenden Drama, Drehbuch, Exposé oder Treatment und dem eigentlichen Urheberrecht am Film selbst differenziert werden: Das Urheberrecht an den zugrundeliegenden Schriftwerken fällt nur mit Zustimmung des Urheber-Schuldners in die Masse.[305] Der Insolvenzverwalter hat ohne Einwilligung nicht die Befugnis, die Verfilmung des Werkes einem anderen zu gestatten (§ 88 UrhG).[306]

154 Briefe, private Aufzeichnungen und Unterlagen über den Gesundheitszustand gehören zur Geheimsphäre und sind daher auf Grund der Art. 1, 2 GG, selbst wenn der Festlegungsform eine Urheberschutzfähigkeit nicht zugebilligt werden kann, unpfändbar und damit insolvenzfrei.[307] Briefe, die Urheberschutz genießen, können nach § 64 UrhG erst 70 Jahre nach dem Tode des Urhebers von jedermann benutzt und verwertet werden. Das ist eine Zeitspanne, die Briefe für die Insolvenz uninteressant macht. Die Geschäftskorrespondenz gehört jedoch gem. § 36 Abs. 2 Nr. 1 zur Insolvenzmasse (vgl. Kommentierung von § 36).

155 **6. Praxisunterlagen eines Freiberuflers.** Problematisch ist, ob und in welchem Umfang der Insolvenzverwalter über Praxisunterlagen eines Freiberuflers[308] verfügen darf, die dem Berufsgeheimnis unterliegen.[309] Die Frage stellt sich insbesondere dann, wenn nach der Eröffnung des Insol-

---

[299] Vgl. *Haarmeyer/Wutzke/Förster* Kap. 5 RdNr. 445.
[300] *Haarmeyer/Wutzke/Förster* Kap. 5 RdNr. 446.
[301] *Jaeger/Henckel* § 35 RdNr. 106.
[302] *Jaeger/Henckel* § 35 RdNr. 106.
[303] Näher dazu: *Stöber*, Forderungspfändung, RdNr. 1758 ff.
[304] *Jaeger/Heckel* § 35 RdNr. 50.
[305] *Jaeger/Henckel* § 35 RdNr. 53 f.
[306] *Jaeger/Henckel* § 35 RdNr. 53.
[307] *Uhlenbruck/Hirte* § 35 RdNr. 147; *Hess/Weis* §§ 35, 36 RdNr. 120; vgl. dazu BGHZ 13, 337; 15, 257; 24, 72.
[308] Bei der Ausfüllung dieses Begriffes kann auf § 18 Abs. 1 Satz 1 EStG abgestellt werden, der u.a. Ärzte, Tierärzte, Rechtsanwälte, Notare, Patentanwälte, Vermessungsingenieure, Architekten, Wirtschaftsprüfer, Heilpraktiker, Journalisten, Dolmetscher und Lotsen nennt. Zum Begriff des Freiberuflers vgl. *Schick* NJW 1990, 2359.
[309] Vgl. dazu BFH ZIP 1994, 1283; *Uhlenbruck/Hirte* § 35 RdNr. 276 ff.; *Jaeger/Henckel* § 35 RdNr. 14 ff.; *Gottwald/Klopp/Kluth* § 26 RdNr. 7 ff.; *Haarmeyer/Wutzke/Förster* Kap. 5 RdNr. 77 f.; *Schick* NJW 1990, 2359, 2360; *Hess/Weiss* §§ 35, 36 RdNr. 210 ff.

venzverfahrens eine freiberufliche Praxis mit den schon bisher der Berufsausübung dienenden Vermögensgegenständen weitergeführt oder verkauft werden soll. Ein gewerbliches Unternehmen kann vom Insolvenzverwalter fortgeführt und/oder veräußert werden (vgl. RdNr. 464 ff.). Die Besonderheiten der freiberuflichen Tätigkeit und des dieser Tätigkeit dienenden Vermögens bringen besondere Probleme mit sich.

Zu den Gegenständen, über die der Schuldner die Verwaltungs- und Verfügungsbefugnis verliert, gehört auch die freiberufliche Praxis. Diese untersteht dann der Verwaltungs- und Verfügungsbefugnis des Insolvenzverwalters.[310] Zu den zur Praxis gehörenden Vermögenswerten gehören auch die **Praxisunterlagen,** die bei vielen freien Berufen (etwa beim Arzt, Anwalt, Steuerberater) einem **Berufsgeheimnis** unterliegen (vgl. §§ 203, 204 StGB). Hier stellt sich die Frage, ob das Verfügungsrecht über solche Unterlagen beim Freiberufler verbleibt oder ob es auf den Insolvenzverwalter übergeht. Insolvenzrechtliche und berufsrechtliche Regelungen treten miteinander in Konkurrenz.

Es wird argumentiert, dass das Berufsgeheimnis dem Insolvenzrecht grundsätzlich vorgeht und daher das Verwertungsrecht an den Praxisunterlagen, die dem Berufsgeheimnis unterliegen, nicht beim Insolvenzverwalter liege.[311] Dem kann entgegengehalten werden, dass die besondere, durch das Berufsgeheimnis geschützte Sphäre des freiberuflichen Schuldners aber nicht diesen vor seinen Gläubigern, sondern seine Klienten vor der unberechtigten Weitergabe der personenbezogenen Daten schützen soll.[312] Im Interesse der bestmöglichen Befriedigung der Gläubiger des Schuldners muss diesem die wirtschaftliche Verfügungsbefugnis über sein Vermögen, soweit es dem Berufsgeheimnis unterliegt, entzogen werden.[313] Die Praxisunterlagen des Freiberuflers gehören zur Insolvenzmasse.[314] Nicht zu folgen ist der vom FG Düsseldorf[315] vertretenen Ansicht, dass die Praxis eines Rechtsanwalts nicht vom Insolvenzbeschlag erfasst wird.[316]

Mittlerweile sieht die Rechtsprechung den Kauf bzw. Tausch der Praxis der Anwälte, Steuerberater, Ärzte und Zahnärzte grundsätzlich als zulässig an.[317] Einigkeit herrscht auch darüber, dass beim Verkauf einer Arztpraxis die Übergabe der Patientendatei ohne Einwilligung des Patienten an den Rechtsnachfolger unzulässig ist.[318] Dementsprechend wird für die Insolvenz vertreten, dass die wirtschaftliche Nutzung oder Verwertung auch der dem Berufsgeheimnis unterliegenden Unterlagen nicht auf den Insolvenzverwalter übergeht, da das Verhältnis des Anwalts oder Steuerberaters zu seinen Klienten und das des Arztes zu seinen Patienten auf einer **besonderen Vertrauensbeziehung** beruht, in die der Insolvenzverwalter nicht eingreifen darf.[319] Als **weitere Begr.** wird angeführt, dem Schuldner müsse die **Chance** erhalten bleiben, die **Praxis fortzuführen;** folgerichtig wäre dann bei einer Veräußerung der Praxisunterlagen eine Einwilligung des Schuldners notwendig.[320]

Dieser Argumentation ist nicht zu folgen. Abzustellen ist insoweit vielmehr ausschließlich auf den **Schutz der Klienten bzw. der Patienten.** Schutzüberlegungen, die den Schuldner als Verpflichteten aus dem Berufsgeheimnis zum Gegenstand haben, können für die Rechtslage im Insolvenzverfahren über das Vermögen des Freiberuflers keine Rolle spielen. Eine Praxisveräußerung durch den Insolvenzverwalter – bei der Arztpraxis mit Patientenkartei, bei der Anwaltskanzlei mit Mandantenkartei – stellt dann keine Verletzung des Berufsgeheimnisses dar, wenn die Patienten bzw. Mandanten der Veräußerung der Kartei zustimmen.[321]

Als zulässig wird die Fortführung der freiberuflichen Praxis durch den Insolvenzverwalter in der Zeit nach der Insolvenzeröffnung angesehen, sofern er oder ein Stellvertreter die zur Berufsausübung erforderliche Berufszulassung besitzt.[322]

---

[310] *Uhlenbruck/Hirte* f. § 35 RdNr. 276., *Schick* NJW 1990, 2359, 2360.
[311] *Schick* NJW 1990, 2359, 2360 f.; *Kübler/Prütting/Holzer* § 35 RdNr. 62.
[312] *Haarmeyer/Wutzke/Förster* Kap. 5 RdNr. 67.
[313] *Schick* NJW 1990, 2359, 2361.
[314] *Hess/Weis* §§ 35, 36 RdNr. 211; *Kübler/Prütting/Holzer* § 35 RdNr. 62; *Uhlenbruck/Hirte* § 35 RdNr. 280; *Schick* NJW 1990, 2359, 2361.
[315] FG Düsseldorf ZIP 1992, 645.
[316] *Hess/Weis,* InsO §§ 35, 36 RdNr. 213; aA zumindest für die Rechtsanwaltspraxis *Kübler/Prütting/Holzer* § 35 RdNr. 74.
[317] BGHZ 16, 74 (Arzt); BGHZ 43, 47, 48 f. (Rechtsanwalt); BGH NJW 1973, 98 (Rechtsanwalt); BGH BB 1958, 496 (Steuerberater).
[318] BGH NJW 1992, 737, 739 (Arzt); BGH ZIP 1993, 923, 924 (Rechtsanwalt); *Rieger* MedR 1992, 147; *Laufs/Uhlenbruck* Arztrecht § 19 RdNr. 11.
[319] *Schick* NJW 1990, 2359, 2361; siehe dazu auch *Hess/Weis* §§ 35, 36 RdNr. 211.
[320] Vgl. *Hess* §§ 35, 36 RdNr. 211.
[321] *Uhlenbruck/Hirte* § 35 RdNr. 280; *Kilger/K. Schmidt* KO § 1 Anm. 2 Ab; *Jaeger/Henckel* InsO § 35 RdNr. 14; *Hess/Röpke* NZI 2003, 233, 237 mwN; siehe auch RdNr. 507 ff.
[322] BFH ZIP 1994, 1283; *Hess/Weis* §§ 35, 36 RdNr. 215; *Hess/Röpke* NZI 2003, 233 ff. mwN.

160 **7. Computersoftware.** Die Software (Computerprogramme) kann sowohl in der Insolvenz des Herstellers, als auch in der Insolvenz des Nutzungsberechtigten zur Insolvenzmasse gehören.[323] Umstritten ist dabei, ob es sich bei der Software um eine Sache handelt, ob Sachenrecht zumindest entsprechend angewendet wird oder ob know-how-Verträge vorliegen.[324] Die auf einem Datenträger verkörperte Software ist nach ständiger BGH-Rechtsprechung als bewegliche Sache einzuordnen.[325] Computerprogramme sind urheberrechtlich geschützt ist (§ 2 Abs. 1 Nr. 1, §§ 69a ff. UrhG).[326]

161 Sie gehört schon im Entwicklungsstadium, d.h. noch bevor ein Urheberrecht entstanden ist, als Teil des Geschäftsbetriebs zur Insolvenzmasse.[327] In der Insolvenz des Herstellers fällt die Software sogar dann in die Masse, wenn die Mitarbeiter ein Urheberrecht erlangt haben, da der Schuldner Nutzungsberechtigter ist.[328] Wenn die Programmentwicklung nicht auf den Vertrieb gerichtet war, bedarf der Insolvenzverwalter zur Verwertung der Zustimmung des Urheber-Programmierers (§ 113 UrhG).[329] Sobald der Urheber aber Kommerzialisierungsabsichten hinsichtlich seiner Erfindung geäußert hat, ist diese für seine Gläubiger pfändbar.[330]

162 **Insolvenz des Nutzungsberechtigten:** Im Einzelzwangsvollstreckungsrecht kann der Gläubiger die beim Schuldner vorhandenen Nutzungsrechte pfänden, urheberrechtlich jedoch beschränkt auf das, was der Schuldner tatsächlich an Rechten hat (vgl. § 857 ZPO). Allerdings sind hier Datenschutzrecht (personenbezogene Daten des Schuldners im Programm) und § 69c UrhG (Übertragung der Nutzungsrechte und Gestattung durch Softwarehaus) zu beachten.[331] Diese Probleme stellen sich auch in der Insolvenz des Nutzungsberechtigten. Vgl. dazu ausführlich unter RdNr. 312 ff.

163 **Insolvenz des Herstellers:** In der Insolvenz des Softwarehauses droht folgendes Szenario: Der Insolvenzverwalter über das Vermögen des Herstellers wählt Nichterfüllung des Lizenzvertrages mit dem Nutzungsberechtigten, um das Programm gewinnbringender anbieten zu können. Der Lizenzvertrag unterfällt dem allgemeinen Wahlrecht des Insolvenzverwalters (§ 103).[332] Vgl. dazu die Kommentierung von § 103. Eine andere Frage ist, ob der Ausnahmefall des § 108 Abs. 1 Satz 2 InsO entsprechende Anwendung finden kann.[333]

II. Unbewegliche Sachen

164 **1. Grundstücke.** Grundstücke sind Bestandteil der Insolvenzmasse, soweit sie dem Schuldner zustehen.[334] Um diese Tatsache nach außen zu dokumentieren und einen gutgläubigen Erwerb Dritter auszuschließen, hat das Insolvenzgericht oder der Verwalter möglichst bald gem. § 32 den Insolvenzvermerk in das Grundbuch eintragen zu lassen.[335]

Wenn der Insolvenzverwalter ein zur Insolvenzmasse gehörendes Grundstück mit Zustimmung eines Grundpfandgläubigers veräußert, dann entscheidet sich die Frage, ob die dabei anfallende Umsatzsteuer die Insolvenzmasse endgültig belastet oder ob sie vom Verwertungserlös der Grundpfandgläubiger abgezogen wird, vor allem nach den zwischen Insolvenzverwalter und Grundpfandgläubiger getroffenen Absprachen.[336]

165 **2. Grundstücksgleiche Rechte.** Die grundstücksgleichen Rechte, d.h. gem. § 864 Abs. 1 ZPO die Berechtigungen, für die die grundstücksbezogenen Vorschriften gelten, sind massezugehörig. Dazu zählen Bergwerkseigentum, Jagd- und Fischereirechte, Kohlenabbaurechte usw. (Art. 63 bis 69, 184, 196 EGBGB).

---

[323] Vgl. dazu *Paulus* ZIP 1996, 2 ff.; *Hess/Weis* §§ 35, 36 RdNr. 121; *Uhlenbruck/Hirte* InsO § 35 RdNr. 151.
[324] Praxishandbuch Leasing-*Beckmann* § 16 RdNr. 6 ff. mwN.
[325] BGH WM 2007, 467, 468; BGH NJW 1993, 2436; BGH NJW 1990, 320; BGH NJW 1988, 406; BGH NJW 1984, 2938.
[326] Vgl. dazu *Paulus* ZIP 1996, 2, 3 f.
[327] *Uhlenbruck/Hirte* § 35 RdNr. 152; *Heilmann* KTS 1990, 437, 438; *Hess/Weis* §§ 35, 36 RdNr. 122; *Paulus* CR 1987, 651 und ZIP 1996, 2.
[328] *Hess/Weis* §§ 35, 36 RdNr. 122, *Uhlenbruck/Hirte* § 35 RdNr. 152.
[329] *Breutigam/Blersch/Goetsch* § 35 RdNr. 38; *Hess/Weis* §§ 35, 36 RdNr. 122; *Paulus* ZIP 1996, 2, 3 f.
[330] BGH JZ 1994, 1012; BGH NJW 2000, 3571 ff.; *Paulus* ZIP 1996, 2, 4.
[331] *Paulus* ZIP 1996, 2, 4.
[332] *HK-Marotzke* § 103 RdNr. 10; *Paulus* ZIP 1996, 2, 6; die Entscheidung des BGH KTS 1995, 656 zur alten Rechtslage ist überholt.
[333] Dazu RdNr. 317 ff.
[334] *Hess/Weis* §§ 35, 36 RdNr. 157; *Kilger/K. Schmidt* KO § 1 Anm. 2 Aa; *Uhlenbruck/Hirte* § 35 RdNr. 132.
[335] *Kübler/Prütting/Holzer* § 35 RdNr. 44.
[336] BGH ZIP 1987, 764; *Uhlenbruck/Hirte* § 35 RdNr. 132; *Lwowski/Tetzlaff* WM 1999, 2336, 2344.

Die bisherige **Heimstätte** gehört seit Aufhebung des Reichsheimstättengesetzes[337] einschränkungslos und nicht nur vorübergehend in die Insolvenzmasse. Die befristete Fortgeltung des Vollstreckungsschutzes nach Art. 6 Abs. 1 S. I 1 AufhebungsG erstreckt sich nicht auf die insolvenzrechtlichen Vorschriften des § 24 AVO-RHeimstG; diese sind mit dem Reichsheimstättenrecht insgesamt am 1.10.1993 außer Kraft getreten. Bei einem laufenden Insolvenzverfahren fällt die Reichsheimstätte seit dem 1.10.1993 endgültig in die Insolvenzmasse, sofern nicht vorher gem. § 24 AVO-RHeimstG durch Übertragung auf den Ausgeber (§ 24 Abs. 2 AVO-RHeimstG) oder durch Freigabe an den Heimstätter (§ 24 Abs. 5 AVO-RHeimstG) wirksam verfügt worden ist.[338] **166**

Das **Erbbaurecht** unterliegt der Zwangsvollstreckung und fällt deshalb in die Insolvenzmasse des Erbbauberechtigten.[339] Bei Vereinbarung gem. § 5 ErbbauRG, dass das Erbbaurecht nur mit Zustimmung des Grundeigentümers veräußert werden darf, ist eine vom Insolvenzverwalter ohne diese Zustimmung vorgenommene Veräußerung gegenüber jedermann schwebend unwirksam (siehe auch § 8 ErbbauRG).[340] Zur Masse gehört daneben auch der Anspruch des Erbbauberechtigten nach § 7 Abs. 2, 3 ErbbauRG auf Zustimmung des Grundstückseigentümers zur Veräußerung des Erbbaurechts.[341] **167**

3. Wohnungs- und Teileigentum. Wohnungs- und Teileigentum (§ 1 Abs. 2, 3 WEG) des Schuldners unterliegt nach § 864 Abs. 2 ZPO der Zwangsvollstreckung und fällt deshalb uneingeschränkt in die Insolvenzmasse. Wohnungseigentum ist Sondereigentum an einer Wohnung in Verbindung mit dem Miteigentumsanteil an den gemeinschaftlichen Grundstück der Wohnungseigentümer. Es darf gem. § 6 Abs. 1 WEG ohne den Miteigentumsanteil nicht veräußert werden. Gem. § 12 Abs. 1 WEG kann das Verfügungsrecht des Wohnungseigentümers durch eine entsprechende Vereinbarung beschränkt sein. Diese dingliche Beschränkung bindet gem. § 12 Abs. 3 Satz 2 WEG auch den Insolvenzverwalter, sodass eine Veräußerung durch den Insolvenzverwalter solange unwirksam ist, wie die nach § 12 Abs. 1 WEG erforderliche Zustimmung aussteht.[342] Eine Zustimmung darf jedoch gem. § 12 Abs. 2 Satz 1 WEG nur aus einem wichtigen Grund versagt werden. Nach § 43 WEG kann der Insolvenzverwalter die Feststellung beantragen, dass die Zustimmungsverweigerung mangels wichtigen Grundes unberechtigt ist.[343] Ist die Zustimmung eines Dritten erforderlich, muss der Verwalter gegen diesen im Zivilprozess klagen.[344] Wegen § 11 Abs. 2 WEG darf er eine Aufhebung der Gemeinschaft nach § 84 nicht durchführen.[345] Er kann das Wohnungseigentum freihändig veräußern oder im Wege der Zwangsversteigerung (§§ 172 ff. ZVG) verwerten.[346] **168**

Grundstücks-Mieteigentumsanteile kann der Insolvenzverwalter im Wege der Teilungsversteigerung nach §§ 180 ff. ZVG verwerten, nicht aber durch Zwangsversteigerung des gesamten Grundstückes gemäß §§ 172 ff. ZVG.[347]

Das nach Art. 182 EGBGB fortbestehende **Stockwerkseigentum**[348] fällt ebenso in die Insolvenzmasse wie das selbständige Gebäudeeigentum in den neuen Bundesländern.[349] Die Sicherung erfolgt durch Eintragung des Insolvenzvermerks nach § 32. **169**

4. Sonstige dingliche Rechte. In die Insolvenzmasse fallen auch alle sonstigen dinglichen Grundstücksrechte, zB **Hypotheken, Grund- und Rentenschulden** (§§ 1113, 1191, 1199 BGB) sowie **Dauerwohnrechte** (§ 31 WEG). **Dingliche Wohnungsrechte** (§ 1093 BGB) gehören zu den beschränkt persönlichen Dienstbarkeiten, sodass hierfür die Ausführungen unter RdNr. 454 ff. entsprechend gelten.[350] **170**

---

[337] BGBl. 1993 I S. 912.
[338] *Hess/Weis* §§ 35, 36 RdNr. 163.
[339] *Kilger/K. Schmidt* KO § 1 Anm. 2 Aa; *G. Meyer* NZI 2007, 487, 488.
[340] BGHZ 33, 85, 87; *Kilger/K. Schmidt* KO § 1 Anm. 2 Aa; *Uhlenbruck/Hirte* § 35 RdNr. 133; *G. Meyer* NZI 2007, 487, 488.
[341] BGHZ 33, 76, 85 ff.; *Hess/Weis* §§ 35, 36 RdNr. 131; *Kalter* KTS 1966, 139; *G. Meyer* NZI 2007, 487, 488.
[342] *Jaeger/Eckhardt* § 84 RdNr. 14; *Hess/Weis* §§ 35, 36 RdNr. 282; *Kilger/K. Schmidt* KO § 1 Anm. 2 Aa; *Uhlenbruck/Hirte* § 35 RdNr. 137; *MünchKommBGB-Commichau* WEG § 12 RdNr. 47; *Palandt/Bassenge* WEG § 12 RdNr. 13; *Wischemeyer* ZInsO 2009, 116, 117.
[343] *Bärmann* WEG § 43 RdNr. 23.
[344] *Bärmann* WEG § 43 RdNr. 51; *Jaeger/Henckel* § 36 RdNr. 65; *Palandt/Bassenge* WEG § 12 RdNr. 11, 13.
[345] OLG Düsseldorf KTS 1970, 310, 313; *Kübler/Prütting/Holzer* § 35 RdNr. 47; *Uhlenbruck/Hirte* § 35 RdNr. 137.
[346] *Uhlenbruck/Hirte* § 35 RdNr. 137; *Kübler/Prütting/Holzer* § 35 RdNr. 47; *Vallender* NZI 2004, 401, 404 f.
[347] BGH WM 2012, 1245, 1246.
[348] Vgl. hierzu *Palandt/Bassenge*, EGBGB, Art. 182 RdNr. 1.
[349] *Kübler/Prütting/Holzer* § 35 RdNr. 48.
[350] OLG München, Beschluss vom 14.9.2010, Az. 34 Wx 72/10; dazu auch *Sämisch* ZInsO 2005, 922, 923 mwN.

171 Auch die nach § 1120 BGB in den Haftungsverband der Grundpfandrechte fallenden **beweglichen Sachen** sind gem. § 865 ZPO mitumfasst. Hierzu zählen die wesentlichen Bestandteile des Grundstücks einschließlich der Erzeugnisse (§§ 93, 94 BGB) wie auch das Zubehör (§§ 97, 98 BGB).[351]

172 Die rechtlich bindende **Auflassung** und **Vormerkung** gehören als gesicherte Rechtsposition zur Insolvenzmasse,[352] wie zB die **Rückauflassungsvormerkung** und der dadurch gesicherte Rückauflassungsanspruch als pfändbare Vermögensbestandteile des Schuldners. Ein nach Eröffnung des Insolvenzverfahrens insoweit erklärter Verzicht des Schuldners vermag daran nichts zu ändern, auch wenn sich das Geschäft im familiären Bereich abgespielt hat.[353]

173 Gegenstand der Insolvenzmasse sind ferner die **Grunddienstbarkeiten** (§ 1018 BGB). Zur **beschränkt persönliche Dienstbarkeit** (§§ 1090 ff. BGB) siehe RdNr. 454 ff. und zum **Nießbrauch** (§§ 1030 ff. BGB) siehe RdNr. 449 ff.

III. Schiffe und Luftfahrzeuge

174 Die im Schiffsregister eingetragenen oder eintragungsfähigen Schiffe und Schiffsbauwerke werden, obwohl sie bewegliche Sachen sind, wegen ihrer Registerfähigkeit wie Grundstücke behandelt (vgl. §§ 162 ff. ZVG, 864 Abs. 1 ZPO).[354] Die nicht eingetragenen/nicht eintragungsfähigen Schiffe werden hingegen wie bewegliche Gegenstände behandelt, dies gilt auch in der Insolvenz.

175 Unter **Schiffen im Rechtssinne** versteht man dabei schwimmfähige, mit Hohlraum versehene Fahrzeuge von nicht ganz unbedeutender Größe, deren Zweckbestimmung es ist, auf dem Wasser bewegt zu werden.[355]

176 Die **Schiffsregister** werden bei bestimmten Amtsgerichten geführt (§ 1 i. V. m. § 4 Abs. 1 SchiffsRO). Einzutragen ist das Schiff in das zuständige Schiffsregister seines Heimathafens (Seeschiffe) oder seines Heimatortes (Binnenschiffe).[356]

In das Binnenschiffsregister werden die zur Schifffahrt auf Flüssen und sonstigen Binnengewässern bestimmten Schiffe eingetragen. Hier können Schiffe eingetragen werden, die zur Beförderung von Gütern bestimmt sind und deren Tragfähigkeit mindestens 10 t beträgt oder Schiffe, die nicht zur Beförderung von Gütern bestimmt sind und deren Wasserverdrängung bei größter Eintauchung mindestens 5 Kubikmeter beträgt, ferner Schlepper, Tankschiffe und Schubboote (§ 3 Abs. 3 SchiffsRO).

In das Seeschiffsregister werden die zur Seeschifffahrt bestimmten Schiffe eingetragen, die nach den §§ 1, 2 des Flaggenrechtsgesetzes die Bundesflagge zu führen haben oder führen dürfen (§ 3 Abs. 2 SchiffsRO). Im Bau befindliche Schiffe können unter bestimmten Bedingungen in das Schiffsbauregister eingetragen werden.[357]

Die Abgrenzung zwischen **eintragungsfähigen und nicht eintragungsfähigen Schiffen** ist wichtig, denn für die Wirksamkeit der Übereignung von eingetragenen Schiffsfahrzeugen bedarf es uU der Eintragung im Schiffsregister).[358]

177 **Luftfahrzeuge** unterliegen, wenn sie in einer Luftfahrzeugrolle eingetragen sind, ebenfalls der Liegenschaftszwangsvollstreckung (§ 864 Abs. 1 ZPO) und gehören deshalb zur Insolvenzmasse.[359] Der Begriff des Luftfahrzeugs bestimmt sich nach § 1 Abs. 2 LuftVG. Dieser ist so weit gefasst, dass nahezu alle für die Benutzung des Luftraums bestimmten Geräte erfasst sind.

178 Weil die jeweils entsprechenden Register (Register für Schiffe und Luftfahrzeuge) dem öffentlichen Glauben unterliegen, hat das Insolvenzgericht oder der Verwalter die Zugehörigkeit zur Insolvenzmasse nach § 33 Satz 1 durch **Eintragung des Insolvenzvermerks** zu sichern. Vgl. dazu die Kommentierung von § 33.

IV. Gesellschaftsrechte

179 **1. BGB-Gesellschaft. a) Insolvenz des Gesellschafters.** Der Anteil eines Gesellschafters am Gesellschaftsvermögen einer Gesellschaft bürgerlichen Rechts ist beschlagsfähig (§ 859 ZPO) und fällt damit in die Insolvenzmasse.[360]

---

[351] *Kübler/Prütting/Holzer* § 35 RdNr. 49; *Palandt/Bassenge* § 1120 RdNr. 2 ff.
[352] *Uhlenbruck/Hirte* § 35 RdNr. 265.
[353] OLG München NZI 2010, 527 528 f.
[354] *Kübler/Prütting/Holzer* § 35 RdNr. 51.
[355] BGH NJW 1952, 1135.
[356] BuB-*Zimmermann* RdNr. 4/1704.
[357] Vgl. dazu BuB-*Zimmermann* RdNr. 4/1705 f.
[358] Vgl. *Palandt/Bassenge* § 929a RdNr. 2.
[359] *Hess/Weis* §§ 35, 36 RdNr. 182.
[360] *Kübler/Prütting/Noack*, Gesellschaftsrecht, RdNr. 481 u. RdNr. 547.

Der aus einer Auseinandersetzung resultierende Abfindungsanspruch/Anspruch auf das Auseinandersetzungsguthaben ist übertragbar (§ 717 Satz 1 und 2 BGB) und gehört gleichfalls zur Insolvenzmasse.[361] Der Insolvenzverwalter kann diesbezüglich Auskunft und Rechenschaft verlangen. 180

Wird ihm das verweigert, hat er die Möglichkeit, den Anspruch auf Auskunft und Rechenschaft klagweise geltend zu machen. Liegt eine vor Eröffnung des Insolvenzverfahrens vom jetzigen Schuldner bereits erstrittene Verurteilung eines Mitgesellschafters vor, kann der Insolvenzverwalter die Erzwingung nach § 888 ZPO betreiben.[362] 181

Der **Anteil am tatsächlich gezogenen Gewinn** fällt ebenfalls in die Insolvenzmasse, wie ein stehengelassener Gewinn, Aufwendungsersatz und Ausgleichsansprüche. 182

Nicht in die Masse fallen, die höchstpersönlichen mitgliedschaftlichen Rechte, wie die Geschäftsführung (§ 709 BGB). 183

In Abweichung von § 728 BGB kann gemäß § 736 BGB im Gesellschaftsvertrag vereinbart werden, dass der insolvente Gesellschafter aus der Gesellschaft ausscheidet und diese unter den übrigen Gesellschaftern fortgeführt wird. Der dem ausscheidenden Gesellschafter zustehende Abfindungsanspruch fällt in die Insolvenzmasse.[363] Zu den Ansprüchen des ausgeschiedenen Gesellschafters/Schuldners siehe § 84, § 738 BGB. 184

b) Insolvenz der Gesellschaft. Wird über das Vermögen einer BGB-Gesellschaft das Insolvenzverfahren eröffnet, § 11 Abs. 2 Nr. 1, so führt dies zur Auflösung der Gesellschaft (§ 728 Abs. 1 BGB). Erfasst wird das gesamte pfändbare Gesellschaftsvermögen, so auch die Sozialansprüche. Hierunter fallen beispielsweise die auf Grund der Mitgliedschaft von den Gesellschaftern zu leistenden Beiträge/Einlagen. 185

Gesellschaftsvertraglich vorgesehene Nachschusspflichten der Gesellschafter fallen in die Insolvenzmasse, allerdings ist dies angesichts der von der hM angenommenen „direkten" persönlichen Gesellschafterhaftung (in Anlehnung an § 128 HGB)[364] und der Möglichkeit, den BGB-Gesellschafter nach § 93 InsO in Anspruch zu nehmen,[365] eher von untergeordneter Bedeutung.[366]

Sind Gesellschafterbeiträge nicht bezahlt worden, fallen die Ansprüche der Gesellschaft auf Leistung der rückständigen Beiträge in die Insolvenzmasse (zur im Übrigen bestehenden persönlichen Gesellschafterhaftung s.o.).[367] 186

c) Insolvenz von Gesellschaft und Gesellschafter. Fallen Gesellschafter und die BGB-Gesellschaft in die Insolvenz, ist das Gesamthandsvermögen von dem Eigenvermögen der Gesellschafter zu trennen. Es kommt zur Durchführung von zwei voneinander getrennten Insolvenzverfahren.[368] 187

Die Eröffnung des Insolvenzverfahrens über das Vermögen der Gesellschaft wirkt sich wegen der persönlichen Haftung des Gesellschafters[369] auf die Insolvenzmasse des Gesellschafters aus. 188

Nach § 93 kann die persönliche Haftung des Gesellschafters im Interesse der gleichmäßigen Befriedigung aller Gesellschaftsgläubiger nur vom Insolvenzverwalter geltend gemacht werden (vgl. § 93).[370] Solange aber das Insolvenzverfahren über das Vermögen einer Gesellschaft nicht eröffnet worden ist, können Privatgläubiger des Gesellschafters im Wege der Einzelzwangsvollstreckung auf sein Vermögen zugreifen. Wird die Insolvenz über sein Vermögen eröffnet, nehmen sie neben dem Insolvenzverwalter der Gesellschaft gleichberechtigt am Verfahren teil.[371] 189

Die InsO geht ab von der Ausfallhaftung in der Doppelinsolvenz, wie sie in § 212 Abs. 1 KO vorgesehen war.[372] Danach konnte der am Gesellschaftskonkurs teilnehmende Gläubiger im Privatkonkurs des persönlich haftenden Gesellschafters nur für den Teil Befriedigung erlangen, mit dem er bei der Gesellschaft ausgefallen war. Nunmehr konkurrieren in der Insolvenz des Gesellschafters dessen Privatgläubiger und die Gesellschaftsgläubiger, letztere gem. § 93 über den Insolvenzverwalter, der die Forderung grundsätzlich mit dem vollen Betrag anmeldet.[373] 190

---

[361] *Kübler/Prütting/Noack,* Gesellschaftsrecht, RdNr. 483; *Wischemeyer* ZInsO 2009, 116, 120.
[362] KG OLG Rspr. 41, 132.
[363] Vgl. BGH WM 2007, 409 ff.
[364] Nach heute hM wird die persönliche Haftung aus einer akzessorischen Gesellschafterhaftung, die aus der Rechtsnatur der Personengesellschaft in Anlehnung an die oHG-Regelungen (§§ 128 ff. HGB) entwickelt wurde, abgeleitet – vgl. BGHZ 146, 341 ff.; *Ulmer* ZIP 2003, 1113 ff.; vormals wurde weitgehend die sog. Doppelverpflichtungstheorie vertreten.
[365] Vgl. z.B. BGH-Beschluss vom 12.7.2012, Az. IX ZR 217/11.
[366] *Uhlenbruck/Hirte* § 35 RdNr. 381, 385.
[367] *Uhlenbruck/Hirte* § 35 RdNr. 380.
[368] *Kübler/Prütting/Noack,* Gesellschaftsrecht, RdNr. 479.
[369] Dazu s.o.
[370] Vgl. z.B. BGH-Beschluss vom 12.7.2012, Az. IX ZR 217/11.
[371] Begr. zu § 105 RegE InsO, BT-Drucks. 12/2443, S. 139 f.
[372] Dazu *Gottwald/Timm/Körber* § 84 RdNr. 30.
[373] *Kübler/Prütting/Noack,* Gesellschaftsrecht, RdNr. 479.

191   **2. Offene Handelsgesellschaft.** Zwischen der Insolvenz der Gesellschaft und der Insolvenz des Gesellschafters ist zu unterscheiden. So kann aus einem gegen die Gesellschaft gerichteten Titel nur in das Gesellschaftsvermögen und aus einem gegen den Gesellschafter gerichteten Titel nur in das Gesellschaftervermögen vollstreckt werden, §§ 124 Abs. 2, 129 Abs. 4 HGB.

192   **a) Insolvenz des Gesellschafters.** Hinsichtlich der Beschlagsfähigkeit der Vermögensrechte einer offenen Handelsgesellschaft gilt grundsätzlich das, was hinsichtlich der BGB-Gesellschaft festgestellt wurde. Vgl. insoweit RdNr. 179 ff.

Der Gesellschaftsanteil des Gesellschafters einer offenen Handelsgesellschaft repräsentiert die Mitgliedschaft in der Personengesellschaft.[374] Mit der Beteiligung hat der Gesellschafter zugleich einen Vermögensanteil. Der Gesellschaftsanteil kann von seinen Gläubigern nach § 857 ZPO (mit § 859 Abs. 1 ZPO), § 829 ZPO gepfändet werden und fällt damit in die Insolvenzmasse. Auch der Anspruch auf den Gewinnanteil und der Gewinnentnahmeanspruch des § 122 Abs. 1 HGB sind pfändbar und gehören zur Insolvenzmasse.

Ferner kann der dem Gesellschafter im Falle seines Ausscheidens aus der Gesellschaft zustehende Abfindungsanspruch vom Insolvenzverwalter (§ 146 Abs. 3 HGB) eingefordert werden (§ 105 Abs. 2 HGB, § 738 Abs. 1 Satz 2 BGB).[375] Dieser Anspruch darf nicht für den Fall der Gesellschafterinsolvenz ausgeschlossen oder minimiert werden, weil das auf eine sittenwidrige Benachteiligung der Privatgläubiger des Gesellschafters hinausliefe.[376] Der Verwalter ist befugt, den dieser Auseinandersetzung dienenden Anspruch des Schuldners auf Auskunft und Rechenschaft geltend zu machen.

Im Gegensatz dazu fällt der Kapitalentnahmeanspruch nach § 122 Abs. 1 HGB nicht in die Masse, denn er ist nicht selbständig pfändbar.[377]

193   Aus der Betrachtung des Gesellschaftsanteils als Mitgliedschaft ergibt sich, dass dem Insolvenzverwalter die Wahrnehmung aller Rechte des Gesellschafters möglich sein muss, nicht nur soweit sie zur Wahrnehmung seiner Pflichten notwendig sind. Nicht von der Pfändung erfasst und damit auch kein Massebestandteil sind lediglich Rechte der Gesellschafter, die mit der Stellung des Insolvenzverwalters schlichtweg nicht vereinbar sind, wie das Recht zur Geschäftsführung nach § 114 HGB.

194   Mit der Änderung des § 131 HGB zum 1. Juli 1998 im Zuge der HGB-Reform scheidet der in Insolvenz gefallene Gesellschafter lediglich aus der Gesellschaft aus. Die offene Handelsgesellschaft wird also durch die Insolvenz eines Gesellschafters nicht mehr automatisch aufgelöst, vgl. § 131 Abs. 3 Nr. 2 HGB.

195   Die Auseinandersetzung findet gemäß § 84 Abs. 1 außerhalb des Insolvenzverfahrens nach allgemeinen Grundsätzen des Gesellschaftsrechts statt. Die übrigen Gesellschafter können aus dem Auseinandersetzungsguthaben des schuldnerischen Gesellschafters wegen ihrer in dem Gesellschaftsverhältnis begründeten Ansprüche abgesonderte Befriedigung verlangen. Vgl. dazu die Kommentierung von § 84 Abs. 1.

196   **b) Insolvenz der Gesellschaft.** Die Insolvenzmasse ist das Gesellschaftsvermögen. Ferner fallen zum Gesellschaftsvermögen gehörende Ansprüche gegen die Gesellschafter in die Insolvenzmasse. Daher gehört der Anspruch auf rückständige Einlagen (nebst möglicher Zinsen, § 111 HGB) der Gesellschafter zur Masse. Versprochene Beiträge, die nach einer vertraglichen Vereinbarung erst zu einem späteren Zeitpunkt fällig würden, werden mit der Eröffnung des Verfahrens fällig. Ferner gehören Ansprüche aus für die Gesellschaft geführten Geschäften oder Schadenersatzansprüche wegen Verletzung gesellschaftsvertraglicher Pflichten zur Masse.[378] Diese Ansprüche muss der Insolvenzverwalter geltend machen, ohne dass es der Zustimmung der Gesellschaft bedarf. Er kann diese Ansprüche jedoch nur insoweit geltend machen, als sie zur Befriedigung der Gesellschaftsgläubiger erforderlich sind, darlegen muss er dies jedoch grundsätzlich nicht.[379] Darüber hinaus muss er den Grundsatz der Gleichbehandlung der Gesellschafter beachten.[380] Der Verwalter kann nach § 93 i. V. m. § 128 HGB vorgehen oder die Nachschusspflicht der Gesellschafter (Gläubigerin ist die insolvente Gesellschaft) geltend machen.[381]

Bei Bürgschaften der Gesellschafter für Gesellschaftsverbindlichkeiten konkurrieren Insolvenzverwalter und Bürgschaftsnehmer.[382] Im Einzelnen unter § 93.

---

[374] *K. Schmidt*, Gesellschaftsrecht § 47 III 1 a.
[375] Ausführlich dazu: *K. Schmidt*, FS Uhlenbruck, S. 655 ff.
[376] BGHZ 65, 22, 28; *Kübler/Prütting/Noack*, Gesellschaftsrecht, RdNr. 483.
[377] *Stöber*, Forderungspfändung, RdNr. 1586.
[378] *Uhlenbruck/Hirte* § 35 RdNr. 380; *Gottwald/Timm/Haas* § 94 RdNr. 38 ff.; *Häsemeyer*, Insolvenzrecht, RdNr. 31.12.
[379] *Kübler/Prütting/Noack*, Gesellschaftsrecht, RdNr. 469.
[380] BGH NJW 1963, 1873; BGH NJW 1985, 1468; *Häsemeyer*, Insolvenzrecht, RdNr. 31.15.
[381] Vgl. *Uhlenbruck/Hirte* § 35 RdNr. 381, 385; *Kübler/Prütting/Noack*, Gesellschaftsrecht, RdNr. 469.
[382] *Theißen* ZIP 1998, 1625 ff.

c) Insolvenz von Gesellschaft und Gesellschafter. Durch ein Insolvenzverfahren über das 197 Gesellschaftsvermögen wird die persönliche Haftung der Gesellschafter für Schulden der offenen Handelsgesellschaft nicht beschränkt, § 128 HGB. Neben der Insolvenz der Gesellschaft kann daher als selbständiges Verfahren ein weiteres Insolvenzverfahren über das Vermögen eines einzelnen oder mehrerer Gesellschafter durchgeführt werden.

Diese persönliche, unmittelbare und unbeschränkte Haftung der Gesellschafter für Gesellschafts- 198 schulden (§ 128 HGB) wird nach der Insolvenzordnung nunmehr im Insolvenzverfahren über das Gesellschaftsvermögen gleich mitabgewickelt. Gemäß § 93 (vgl. Kommentierung von § 93) ist die Geltendmachung der Haftung der Gesellschafter nunmehr Aufgabe des Insolvenzverwalters und nicht mehr Aufgabe der Gesellschafter.

Zur gesamtschuldnerischen Haftung mehrerer Gesellschafter siehe § 43. 199

3. Kommanditgesellschaft. Das Insolvenzverfahren einer Kommanditgesellschaft entspricht im 200 Wesentlichen dem der offenen Handelsgesellschaft. Das ergibt sich schon daraus, dass die für die OHG geltenden Vorschriften gemäß § 161 Abs. 2 HGB für die KG weitgehend Anwendung finden.

Besonderheiten ergeben sich aus der gesellschaftsrechtlichen Stellung des Kommanditisten.

a) Insolvenz des Kommanditisten. Nach der Reform des Handelsgesetzbuches führt nunmehr 201 auch die Eröffnung des Insolvenzverfahrens über das Vermögen des Kommanditisten gemäß § 131 Abs. 3 Nr. 2 HGB lediglich zum Ausscheiden dieses Gesellschafters. Ein möglicher Abfindungsanspruch des Kommanditisten fällt in die Insolvenzmasse.

b) Insolvenz der Kommanditgesellschaft. In der Insolvenz der Gesellschaft kann der 202 Anspruch der Gesellschaft an einen ihrer Kommanditisten auf die Zahlung der Kommanditeinlage gepfändet werden und fällt daher auch in die Masse.

Der Insolvenzverwalter macht die Haftung des Kommanditisten geltend. Dabei ist zwischen 203 **Pflichteinlage** (Höhe ergibt sich aus Gesellschaftsvertrag) und **Hafteinlage** (Höhe ergibt sich aus dem Handelsregister) zu unterscheiden.[383] Beide Summen sind vielfach identisch, doch können sie auch differieren.[384]

§ 171 Abs. 2 HGB bezieht sich nur auf die Hafteinlage und die Geltendmachung der beschränk- 204 ten Kommanditistenhaftung, nicht auch auf die unbeschränkte Kommanditistenhaftung nach § 176 HGB.[385] Hier greift dann § 93.[386]

Der ausgeschiedene Kommanditist, dem die Einlage zurückbezahlt wurde, haftet den Gläubigern 205 bis zur Höhe der Hafteinlage (§ 172 Abs. 4 Satz 1 HGB).[387] Zwischen dem Ausscheiden des Kommanditisten (und Eintragung seines Ausscheidens im Handelsregister) und der Eröffnung des Insolvenzverfahrens über das Vermögen der KG wird die Gesellschaft häufig weitere Verbindlichkeiten begründen. Diesen Neugläubigern haftet der Ex-Kommanditist nicht, er haftet nur den Altgläubigern. Die Haftungsansprüche der Altgläubiger stellen für diese ein zusätzliches Haftungsobjekt dar, das ihnen allein gebührt.[388] Der Insolvenzverwalter hat eine rechnerische Sondermasse zu bilden, die aus den eingetriebenen Beträgen aus der Haftung ausgeschiedener Kommanditisten besteht und mittels der ausschließlich die Altgläubiger befriedigt werden.[389]

Die Kommanditistenhaftung wird durch eine Änderung der Rechtsform der KG nicht berührt.[390] 206

Eine **Aufrechnung durch den Kommanditisten** nach Eröffnung des Insolvenzverfahrens ist 207 unter den Voraussetzungen der §§ 94 ff. möglich.[391] Vgl. dazu die Kommentierung von § 94.

Die Befugnis des Insolvenzverwalters zur Einziehung der Pflichteinlage ergibt sich aus §§ 80, 148.[392]

4. GmbH & Co. KG. Bei der Insolvenz der GmbH & Co. KG müssen zwei verschiedene 208 Insolvenzverfahren durchgeführt werden, einerseits über das Vermögen des Komplementärs und andererseits über das Vermögen der KG.[393] In der Praxis zieht die Insolvenz der KG praktisch immer

---

[383] *Kübler/Prütting/Noack*, Gesellschaftsrecht, RdNr. 521; *K. Schmidt*, Gesellschaftsrecht § 54 V 2.
[384] BGH NJW 1977, 1820, 1821.
[385] BGH ZIP 1982, 177, 179 f.; *Kübler/Prütting/Noack*, Gesellschaftsrecht, RdNr. 523.
[386] *Kübler/Prütting/Noack*, Gesellschaftsrecht, RdNr. 523.
[387] Zum Wiederaufleben der Kommanditistenhaftung nach § 172 Abs. 4 Satz 2 HGB: OLG Hamm NZG 2010, 1298; siehe auch Anmerkungen dazu von *Wolfer* GWR 2010, 450 und *Göb* NZI 2011, 51.
[388] BGHZ 27, 51, 56; *Kübler/Prütting/Noack*, Gesellschaftsrecht, RdNr. 524.
[389] BGHZ 39, 319, 321; *K. Schmidt*, Gesellschaftsrecht § 54 V 3 e; *Kübler/Prütting/Noack*, Gesellschaftsrecht, RdNr. 524.
[390] BGH ZIP 1990, 1009; ausführlich dazu: *Kübler/Prütting/Noack*, Gesellschaftsrecht, RdNr. 525.
[391] BGHZ 58, 72, 75; *Kübler/Prütting/Noack*, Gesellschaftsrecht, RdNr. 526 ff.
[392] *Kübler/Prütting/Noack*, Gesellschaftsrecht, RdNr. 529.
[393] *Jaeger/Ehricke* § 11 RdNr. 45; *Kübler/Prütting/Noack*, Gesellschaftsrecht, RdNr. 550.

die Insolvenz der Komplementär-GmbH nach sich, weshalb dann zwei Verfahren nebeneinander abgewickelt werden müssen.[394] Die Durchführung eines einheitlichen Insolvenzverfahrens ist auch nach dem neuen Recht nicht möglich.[395] Trotzdem sollte die Abwicklung beider Insolvenzen durch denselben Insolvenzverwalter erfolgen.[396]

209 Die Auseinandersetzung beider Gesellschaften findet gem. § 84 außerhalb des Insolvenzverfahrens statt. Aufgrund der Kollision der vom Insolvenzverwalter in dieser Situation wahrzunehmenden Interessen ist es ihm verwehrt, an der Ermittlung des Auseinandersetzungsguthabens teilzunehmen, Arg. aus § 181 BGB.[397]

210 Zur Insolvenzmasse gehören die Ansprüche gegen die Gesellschafter, insbesondere auf Leistung von Einlagen (§§ 161 Abs. 2, 105 Abs. 2 HGB, § 706 BGB). Daneben kommen weitere Sozialverpflichtungen der Kommanditisten und des Komplementärs.[398]

211 **Leistung der Einlagen:** Die enge Verzahnung der Gesellschaften kann bei der Zuordnung des Mittelzuflusses zu erheblichen Problemen führen. So kann es bei Einzahlungen auf das Konto der geschäftsführenden Komplementär-GmbH fraglich sein, ob die Kommanditeinlage erbracht worden ist. Erst wenn die GmbH den fraglichen Betrag als Einlage des Kommanditisten an die KG überweist, wird der Kommanditist von einer Haftung frei.[399]

Umgekehrt gilt im Hinblick auf die Frage, ob eine Zahlung auf das Konto der KG eine Zahlung auf die GmbH-Stammeinlage darstellt, folgendes: Die Zahlung ist zwar an einen Dritten gegangen, doch schadet dies zivilrechtlich wegen §§ 362 Abs. 2, 185 BGB nicht. Gesellschaftsrechtlich ist zu prüfen, ob die Einlageforderung der KG gegen die GmbH fällig, liquide und vollwertig ist, dann wirkt die Zahlung befreiend.[400]

212 Zu (eigenkapitalersetzenden) Gesellschafterdarlehen/-leistungen siehe RdNr. 272 ff.

213 **5. Europäische wirtschaftliche Interessenvereinigung.** Ein Insolvenzverfahren über das Vermögen der Interessenvereinigung führt nicht zwangsläufig zu einem Insolvenzverfahren über die Vermögen der einzelnen Mitglieder, Art. 36 Satz 2 EWIV-VO. Da es sich bei dieser Interessenvereinigung um eine Gesellschaft ohne Rechtspersönlichkeit handelt, ist auch hier der Insolvenzverwalter für die Geltendmachung der persönlichen Haftung eines der Mitglieder ausschließlich zuständig, § 93. Durch die Eröffnung des Insolvenzverfahrens über das Vermögen eines Mitgliedes wird die Interessenvereinigung nicht aufgelöst. Es kann gemäß § 28 EWIV-VO vorgesehen werden, dass dieses Mitglied aus der Vereinigung ausscheidet, was so in § 8 EWIV-AG auch umgesetzt worden ist.

214 Diese Gesellschaftsform wird nach dem deutschen Ausführungsgesetz als offene Handelsgesellschaft behandelt, § 1 EWIV-AG, da ihre Mitglieder persönlich, unmittelbar, unbeschränkt und gesamtschuldnerisch für die Verbindlichkeiten der Interessenvereinigung haften. Durch die Angleichung des HGB bezüglich des Fortbestehens bei Ausscheiden eines Mitgliedes (§ 131 Abs. 3 Nr. 2 HGB) sind die oben für den Insolvenzfall einer OHG entwickelten Grundsätze auch für die Insolvenz der Interessenvereinigung anwendbar.

215 **6. Stille Gesellschaft.** Ein selbstständiges Insolvenzverfahren über die stille Gesellschaft (§ 230 HGB) als solche ist nicht möglich. Die stille Gesellschaft ist eine reine Innengesellschaft, die nicht am Rechtsverkehr teilnimmt und bei der kein Gesellschaftsvermögen gebildet werden kann. Nur die an der stillen Gesellschaft beteiligten Gesellschafter können in Insolvenz fallen.

216 **a) Insolvenz des Geschäftsinhabers.** Sonderregelungen enthalten die §§ 236 HGB, 136. § 136 (bisher: § 237 HGB) erklärt eine Rechtshandlung für anfechtbar, durch die einem **stillen Gesellschafter** die Einlage zurückgewährt wird. Vgl. dazu die Kommentierung von § 136.

217 Durch die Eröffnung des Insolvenzverfahrens über das Vermögen des Geschäftsinhabers wird die stille Gesellschaft aufgelöst, § 728 BGB. Mit der Auflösung der stillen Gesellschaft kann der stille Gesellschafter den Betrag seiner Einlage als Insolvenzforderung geltend machen, soweit diese den auf ihn entfallenden Verlustanteil übersteigt, § 236 Abs. 1 HGB. War die Einlage des stillen Gesellschafters von diesem noch nicht oder noch nicht vollständig eingezahlt, so hat der stille Gesellschafter

---

[394] BGH ZIP 1996, 1617; *K. Schmidt* ZIP 1997, 909, 917.
[395] *K. Schmidt* ZGR 1996, 209, 218.
[396] *Kübler/Prütting/Noack,* Gesellschaftsrecht, RdNr. 553; *Uhlenbruck,* Die GmbH & Co. KG in Krise, Konkurs und Vergleich, S. 486.
[397] *Uhlenbruck/Hirte* § 11 RdNr. 361.
[398] Vgl. dazu ausführlich *Häsemeyer,* Insolvenzrecht, RdNr. 31.62 ff.; *Kübler/Prütting/Noack,* Gesellschaftsrecht, RdNr. 553 ff.
[399] OLG Hamm NJW-RR 1996, 27; *Kübler/Prütting/Noack,* Gesellschaftsrecht, RdNr. 577.
[400] BGH ZIP 1986, 161; *Kübler/Prütting/Noack,* Gesellschaftsrecht, RdNr. 577.

seinen Anteil am Verlust in die Masse zu entrichten, § 236 Abs. 2 HGB. Dies gilt jedoch dann nicht, wenn er am Verlust nicht beteiligt war, § 231 Abs. 2 HGB.[401]

Zur Ermittlung eines derartigen Rückzahlungsanspruches seitens des stillen Gesellschafters bedarf es einer Auseinandersetzung, die sich daher an die Eröffnung des Insolvenzverfahrens anschließt und gemäß § 84 (s. dort) außerhalb des Insolvenzverfahrens stattfindet.[402]

Die Rückforderung ist ausgeschlossen, wenn sich die Einlage nicht als qualifiziertes Fremdkapital, sondern mit Rücksicht auf eine gesellschaftliche Stellung als materielles Eigenkapital darstellt.[403]

b) Insolvenz des stillen Gesellschafters. Für die Insolvenz des stillen Gesellschafters gelten die allgemeinen Grundsätze. Durch die Eröffnung des Insolvenzverfahrens über das Vermögen des stillen Gesellschafters wird die stille Gesellschaft aufgelöst (§ 728 BGB), da es nur auf diese Weise möglich ist, die Beteiligung des stillen Gesellschafters am Vermögen des Geschäftsinhabers zu ermitteln. Wie in der Insolvenz des Geschäftsinhabers findet eine Auseinandersetzung außerhalb des Insolvenzverfahrens statt, §§ 235 HGB, 84. Hat der stille Gesellschafter auf Grund dieser Auseinandersetzung etwas zu fordern, so ist dieser Betrag vom Geschäftsinhaber an die Masse zu zahlen. Der Insolvenzverwalter zieht diese Forderung dann gemäß § 84 (siehe dort) zur Masse. Ergibt die Auseinandersetzung einen Passivsaldo, nimmt der Geschäftsinhaber als Insolvenzgläubiger am Verfahren teil.[404]

7. Rechtsfähiger Verein. a) Insolvenz des Vereinsmitglieds. Die Insolvenz eines Vereinsmitgliedes führt nicht zur Auflösung des Vereines. Das Mitgliedschaftsrecht fällt nicht in seine Insolvenzmasse, da es unübertragbar und daher auch nicht pfändbar ist.[405] Beim Ausscheiden eines Mitgliedes aus dem Verein besteht kein Anspruch auf das Auseinandersetzungsguthaben nach § 738 Abs. 1 Satz 2 BGB. § 84 (siehe dort) ist daher unanwendbar.

b) Insolvenz des Vereins. Insolvenzen von Vereinen haben lange Zeit keine große Aufmerksamkeit auf sich gezogen. In den letzten Jahren hat sich dies namentlich im Bereich von Sportvereinen, die mit einer Abteilung am Profispielbetrieb teilgenommen und dort finanziell Schiffbruch erlitten haben, geändert.[406]

Als juristische Person ist der rechtsfähige (eingetragene) Verein insolvenzfähig (§ 11 Abs. 1 Satz 1). Mit der Eröffnung des Insolvenzverfahrens verliert der Verein seine Rechtsfähigkeit und wird aufgelöst (§ 42 Abs. 1 BGB).

Zur Insolvenzmasse gehört das gesamte, der Zwangsvollstreckung unterworfene Vereinsvermögen, soweit es im Zeitpunkt der Verfahrenseröffnung vorhanden war oder aber während des Verfahrens erworben wird (§§ 35, 36).

Ansprüche gegen Vorstandsmitglieder oder Liquidatoren wegen schuldhafter Pflichtverletzung ihrer Eröffnungsantragspflicht nach § 42 Abs. 2 BGB fallen dann in die Masse, wenn dadurch ein Schaden zu Lasten der Gesamtgläubigerschaft verursacht worden ist (§ 92).[407]

Ferner fallen die Ansprüche auf rückständige Beiträge der Mitglieder in die Masse. Die Beitragspflicht erlischt jedoch mit Eröffnung des Insolvenzverfahrens, es sei denn, die Satzung des Vereins sieht für diesen Fall etwas anderes vor.[408]

8. Versicherungsverein auf Gegenseitigkeit (VVaG). In der Insolvenz des Versicherungsvereins auf Gegenseitigkeit gelten einige Besonderheiten.[409] Zur Insolvenzmasse gehört das Vereinsvermögen (§ 19 VAG), bestehend aus Eigenmitteln und gegebenenfalls dem Deckungsstock. Zudem kann eine Beitrags- und Nachschusspflicht der Mitglieder gegenüber dem Verein bestehen (§§ 52, 50, 24, 25 VAG).[410] Betreffend Höhe und Art der Inanspruchnahme gelten die §§ 50 bis 52 VAG,

---

[401] *Uhlenbruck/Hirte* § 11 RdNr. 385; *Jaeger/Ehricke* § 11 RdNr. 75; *Häsemeyer,* Insolvenzrecht, RdNr. 31.53; *Kübler/Prütting/Noack,* Gesellschaftsrecht, RdNr. 651 ff.
[402] So bereits die ganz hM zu § 16 KO: Kuhn/*Uhlenbruck,* KO 11. Aufl. 1994, § 16 RdNr. 6b; *Jaeger/Henckel* KO, 9. Aufl. 1997, § 16 RdNr. 5; ausführlich zum Meinungsstand: *Heckel,* Innengesellschaften im Konkurs, S. 66 ff.; *Uhlenbruck/Hirte* § 11 RdNr. 387; *Jaeger/Henckel* § 38 RdNr. 62.
[403] Vgl. dazu ausführlich *Kübler/Prütting/Noack,* Gesellschaftsrecht, RdNr. 659 ff.
[404] *Uhlenbruck/Hirte* § 11 RdNr. 393; *Jaeger/Henckel* § 38 RdNr. 62; *Heckel,* Innengesellschaften im Konkurs, S. 86 ff.; *Häsemeyer,* Insolvenzrecht, RdNr. 31.51.
[405] BGHZ 150, 325, 329; RGZ 113, 125, 135.
[406] Vgl. zu den Problemen der Insolvenz von Sportvereinen die ausführliche Darstellung von *Uhlenbruck,* FS Merz, S. 581 ff.; *Grunsky,* Der Sportverein in der wirtschaftlichen Krise; *Kübler/Prütting/Noack,* Gesellschaftsrecht, RdNr. 692.
[407] *Häsemeyer,* Insolvenzrecht, RdNr. 30.19.
[408] *Jaeger/Müller,* KO § 213 RdNr. 13; *Uhlenbruck/Hirte* § 11 RdNr. 221; *Kilger/K. Schmidt,* KO § 1 Anm. 2 Cb aa; *Häsemeyer,* Insolvenzrecht, RdNr. 30.19.
[409] Vgl. dazu *Großfeld/Schemmann* ZIP 1985, 1180; *Kübler/Prütting/Noack,* Gesellschaftsrecht, RdNr. 700 ff.
[410] *Kübler/Prütting/Noack,* Gesellschaftsrecht, RdNr. 704.

wobei gegen die Forderung des VVaG nicht aufgerechnet werden darf (§ 26 VAG). Die Erhebung der Beiträge und Nachschüsse richtet sich nach dem Genossenschaftsrecht (vgl. § 52 Abs. 1 Satz 3 VAG).

227 **9. Insolvenz des nicht rechtsfähigen Vereins.** Der nicht rechtsfähige Verein wird im Insolvenzverfahren der Sache nach und in den Ergebnissen wie ein rechtsfähiger Verband behandelt.[411] Es kann insoweit auf die Ausführungen unter RdNr. 221 ff. verwiesen werden.

228 **10. Genossenschaften. a) Insolvenz eines Genossen.** Die Insolvenz eines Genossen berührt den Bestand der Genossenschaft nicht.

Der Geschäftsanteil, also der Betrag, mit dem sich ein Mitglied an der Genossenschaft beteiligt, ist lediglich eine rechnerische Größe und als solcher unpfändbar. Er ist daher grundsätzlich auch kein Bestandteil der Masse.[412]

229 Der Anspruch auf das Auseinandersetzungsguthaben ist pfändbar und fällt in die Insolvenzmasse.[413] Der Insolvenzverwalter kann die Mitgliedschaft mit dem Ziel, den zur Insolvenzmasse gehörigen Anspruch des Schuldners auf Auszahlung des Auseinandersetzungsguthabens zu realisieren, kündigen. Das insolvenzrechtliche Kündigungsverbot für gemieteten Wohnraum ist auf diesen Fall nicht entsprechend anwendbar.[414] Das auszuzahlende Auseinandersetzungsguthaben wird gemäß § 73 GenG ermittelt, wobei auch Ansprüche der Genossenschaft gegen das Mitglied, etwa eine Verlustbeteiligung, berücksichtigt werden.

230 Ist satzungsmäßig ein Beteiligungsfonds vorgesehen und gebildet, ist er dem Eigenkapital zuzurechnen. Die Satzung kann vorsehen, dass einem Mitglied ein Anteil am Vermögen der Genossenschaft ausgezahlt werden kann, der dann in die Insolvenzmasse des Genossen fällt.[415]

231 **b) Insolvenz der Genossenschaft.** Der gegen die Genossen gerichtete Anspruch der Genossenschaft auf **Nachschüsse** ist Bestandteil des Vermögens der Genossenschaft (sog. Innenhaftung)[416] und daher Massebestandteil.

Das Statut der Genossenschaft bestimmt, ob die Genossen im Insolvenzfall unbeschränkt oder beschränkt Nachschüsse zu leisten haben (§ 6 Nr. 3 GenG). Das Statut kann aber auch vorsehen, dass die Genossen keine Nachschüsse zur Insolvenzmasse zu leisten haben. Diese den Gläubigern bekannte Entscheidung (§ 10 GenG) wird im Insolvenzfalle respektiert (§ 105 Abs. 1 Satz 1 GenG).[417]

Die Nachschusspflicht besteht auch bei Masseunzulänglichkeit, bei der es nicht zu einer Schlussverteilung kommt. Der Anspruch ist vom Insolvenzverwalter geltend zu machen (§ 208 Abs. 3).

Umstritten ist, welche Haftsumme gilt, wenn zwar mehrere Geschäftsanteile übernommen werden sollten (Pflichtbeteiligung), jedoch bis zur Eröffnung des Insolvenzverfahrens und der damit verbundenen Auflösung der Genossenschaft nicht übernommen worden sind.[418]

232 **Rückständige Pflichteinlagen** (Anzahl der Anteile, die gem. § 7a Abs. 2 GenG von einem Mitglied mindestens übernommen werden müssen) sind weder abtretbar noch pfändbar.[419] Dennoch ist der Insolvenzverwalter befugt, diese zur Masse einzufordern, da der Verwalter an die Stelle der

---

[411] *Kübler/Prütting/Noack*, Gesellschaftsrecht, RdNr. 696; *Jaeger/Ehricke* § 11 RdNr. 36; *Uhlenbruck/Hirte* § 11 RdNr. 229.
[412] *Pöhlmann/Fandrich/Bloehs*, GenG § 18 RdNr. 4; *Emmert* ZInsO 2005, 852, 853 f.
[413] Vgl. AG Berlin-Lichtenberg, Urteil vom 26.10.2011, Az. 105 C 164/11.
[414] BGH WM 2011, 134 f.; BGH WM 2009, 859 f.; *Müller*, GenG § 65 RdNr. 11; *Emmert* ZInsO 2005, 852, 854; aA AG Duisburg NZI 2011, 333; insofern genießt der Nutzer einer Genossenschaftswohnung weniger Schutz als ein „normaler" Mieter, der im Fall seiner Insolvenz durch § 109 Abs. 1 Satz 2 vor dem Verlust seiner Wohnung geschützt ist. Angesichts dessen wird im am 18.7.2012 vom Bundeskabinett beschlossenen Gesetzesentwurf (ähnlich im vormaligen Referentenentwurf vom 23.1.2012) für ein Gesetz zur Verkürzung des Restschuldbefreiungsverfahrens und zur Stärkung der Gläubigerrechte (abrufbar über die internet-Seite des BMJ) neben der (klarstellenden) Einfügung des § 66a GenG (= Recht des Insolvenzverwalters zur Kündigung der Mitgliedschaft des Schuldners in der Genossenschaft) in dem ebenfalls einzufügenden § 67c GenG insoweit ein Kündigungsausschluss vorgesehen, wenn die Mitgliedschaft des Schuldners in der Genossenschaft Voraussetzung für seine Nutzung der Wohnung ist. Um eine Vergleichbarkeit mit einer Mietwohnung sicherzustellen, soll für das Kündigungsverbot eine Obergrenze des Genossenschaftsanteils des Schuldners in Höhe des Vierfachen des monatlichen Nettonutzungsentgelts für die Genossenschaftswohnung oder aber höchstens 2.000 Euro gelten – dazu *Harder* NZI 2012, 113, 118 f.; zur Kündigung eines Wohnraummietverhältnisses siehe RdNr. 461 ff.
[415] Vgl. dazu *Hirte*, FS Uhlenbruck, S. 637 ff.
[416] Zu den Unterschieden der Nachschusspflicht bei Kapitalgesellschaften und Personengesellschaften vgl. *Kübler/Prütting/Noack*, Gesellschaftsrecht, RdNr. 604.
[417] *Kübler/Prütting/Noack*, Gesellschaftsrecht RdNr. 603.
[418] Vgl. dazu *Kübler/Prütting/Noack*, Gesellschaftsrecht, RdNr. 614 ff.
[419] RGZ 135, 55, 56 ff.

Begriff der Insolvenzmasse 233–241 § 35

Genossenschaft tritt und daher befugt ist, die ihr zustehenden Rechte, soweit sie nicht mit Eröffnung des Insolvenzverfahrens erlöschen, geltend zu machen.[420] Es ist fraglich, ob nach der Auflösung der Genossenschaft noch ein Einzahlungsanspruch in Höhe der pflichtwidrig unterlassenen Zeichnung weiterer Geschäftsanteile besteht.

Die Aussage, dass nach Eröffnung des Insolvenzverfahrens kein Beitritt mehr zur Genossenschaft möglich sei, überträgt die überwiegende Ansicht auf die Aufstockung einer Beteiligung, selbst wenn diese nach dem Statut vorgesehen ist und schlussfolgert daraus für die Nachschusspflicht, dass diese ebenfalls entfalle.[421] Eine andere Ansicht will demgegenüber § 87a Abs. 2 Satz 5 GenG analog anwenden.[422] In der Norm ist aber nur die Rede von Einzahlungen auf Geschäftsanteile, sie bezieht sich auf die Liquidation und nicht auf die Insolvenz. Eine derartige doppelte Analogie ist abzulehnen.[423] 233

Es ist also insoweit zwischen den Einlagen auf die nicht übernommenen Geschäftsanteile und der Nachschussregelung zu unterscheiden: Während der Insolvenzverwalter rückständige Pflichteinlagen einfordern kann,[424] gilt dies hinsichtlich der vorgenannten Nachschussregelung nicht. 234

Der Schadensersatzanspruch gegen Vorstands-/Aufsichtsratsmitglieder wegen schuldhafter Pflichtverletzung fällt in die Masse. 235

11. Juristische Personen des öffentlichen Rechts. Zwar geht die InsO in § 11 Abs. 1 Satz 1 von der Insolvenzfähigkeit aller juristischen Personen aus. Für die juristischen Personen des öffentlichen Rechts gelten jedoch zahlreiche Ausnahmen, § 12 Abs. 1. Vgl. dazu Kommentierung von § 12. 236

Gemäß § 882a ZPO ist die Zwangsvollstreckung gegen den **Bund, die Länder, gegen Körperschaften, Anstalten und Stiftungen des öffentlichen Rechts** nur sehr eingeschränkt möglich. Ziel dieser Regelung ist es, den Staatsapparat in jedem Falle funktionsfähig zu erhalten und nicht durch Einzelzwangsvollstreckungen zu beeinträchtigen. Somit ist der Staat, also Bund und Länder, nicht insolvenzfähig (§ 12 Abs. 1 Nr. 1). Ausgeschlossen ist auch die Insolvenzfähigkeit von Gemeinden.[425] 237

Ebenfalls nicht insolvenzfähig sind **Religionsgemeinschaften.** Dies ist zwar nicht ausdrücklich in der InsO geregelt, ergibt sich jedoch bereits für das Konkursrecht aus der Rechtsprechung des Bundesverfassungsgerichtes zur Art. 140 GG i. V. m. Art. 137 Abs. 3 der Weimarer Verfassung. Danach sind die insolvenzrechtlichen Vorschriften unanwendbar auf Religionsgemeinschaften, die als öffentlich-rechtliche Körperschaft organisiert sind.[426] In der amtlichen Begr. zu § 12 heißt es: „Die mit der Eröffnung des Insolvenzverfahrens verbundene Einschränkung der Verfügungs- und Verwaltungsbefugnis der Religionsgemeinschaft und der Übergang der Rechte auf einen Insolvenzverwalter würde die Verwirklichung des kirchlichen Auftrags nahezu unmöglich machen. Darin müsste eine Beeinträchtigung der den Religionsgemeinschaften verfassungsrechtlich gewährleisteten Autonomie gesehen werden. Deshalb kann auch das künftige Insolvenzrecht keine Anwendung jedenfalls auf solche Religionsgemeinschaften finden, die öffentlich-rechtlich organisiert sind".[427] 238

Die Insolvenz von **Anstalten, Stiftungen und Körperschaften** des öffentlichen Rechts beurteilt sich gemäß § 12 Abs. 1 Nr. 2 nach Landesrecht. Vgl. dazu die Kommentierung von § 12. Ist die Insolvenzfähigkeit landesrechtlich nicht ausgeschlossen, so ergeben sich insolvenzrechtlich keine Besonderheiten. Das gesamte pfändbare Vermögen der Körperschaft wird vom Insolvenzbeschlag erfasst.[428] 239

12. GmbH. a) Insolvenz des Gesellschafters. Der Geschäftsanteil an einer GmbH kann als Verkörperung der Mitgliedschaft übertragen werden (§ 15 Abs. 1 GmbHG) und ist daher auch Bestandteil der Insolvenzmasse des Gesellschafters.[429] 240

Bei der Verwertung der Geschäftsanteile ist der Verwalter nicht an die Beschränkungen des § 15 Abs. 5 GmbHG gebunden. Im Gesellschaftsvertrag möglicherweise vorgesehene Zustimmungserfordernisse oder sonstige Veräußerungsbeschränkungen gelten nicht. Die Vinkulierung des Geschäftsanteils hindert somit die Massezugehörigkeit nicht.[430] 241

---

[420] BGH WM 2009, 1229, 1231; RGZ 135, 55, 61 f.
[421] BGH NZI 2005, 288 = NJW-RR 2004, 900, 902; BGH BB 1978, 1134, 1135 f.; *Kübler/Prütting/Noack*, Gesellschaftsrecht, RdNr. 616 ff.; RGZ 117, 116; RGZ 125, 196.
[422] Siehe auch *Beuthien/Friebel* NZI 2006, 505 ff.
[423] *Kübler/Prütting/Noack*, Gesellschaftsrecht, RdNr. 618.
[424] BGH WM 2009, 1229, 1231; RGZ 135, 55, 61 f.
[425] Beachte bei Gemeinden und Gemeindeverbänden das Landesrecht § 15 Nr. 3 EGZPO.
[426] BVerfGE 66, 1 ff.
[427] Begr. zu § 14 RegE InsO, BT-Drucks. 12/2443, S. 113.
[428] *Jaeger/Ehricke* § 12 RdNr. 19.
[429] OLG München WM 2010, 2230, 2231; *Baumbach/Hueck*, GmbHG § 15 RdNr. 2; *Roth/Altmeppen*, GmbHG § 14 RdNr. 8, § 15 RdNr. 68; *Bergmann* ZInsO 2004, 225 ff.
[430] *Lutter/Hommelhoff*, GmbHG § 15 RdNr. 55; *Jaeger/Henckel* § 36 RdNr. 51; *Bergmann* ZInsO 2004, 225, 226.

242 Der Gewinnanspruch des einzelnen Gesellschafters ist als selbständig abtretbares Gläubigerrecht Massebestandteil.[431] Auch das für die Einziehung des Gesellschaftsanteils zu zahlende Entgelt fällt in die Masse.

243 Die Insolvenz eines Gesellschafters löst die GmbH nicht auf, es sei denn, der Gesellschaftsvertrag schreibt die Auflösung ausdrücklich vor. Etwas anderes gilt für die Insolvenz des einzigen Gesellschafters der sog. „Einmann-GmbH". Die Mitgliedschaftsrechte übt gemäß § 80 Abs. 1 der Insolvenzverwalter aus, mithin auch das Stimmrecht in Gesellschafterversammlungen. Der insolvente Gesellschafter bleibt bis zu einer etwaigen Einziehung oder Verwertung Inhaber des Geschäftsanteils.[432] Auf die Insolvenz des Gesellschafter-Geschäftsführers der „Einmann-GmbH" finden wegen der starken Verbindung des Gesellschafters zum Unternehmen die Vorschriften des Regelinsolvenzverfahrens Anwendung.[433]

244 **b) Insolvenz der Gesellschaft.** Die Einlagen der Gesellschafter bilden in der Insolvenz der GmbH die Haftungsmasse der Gesellschaft (insolvenzfähig ist auch die Vor-GmbH[434]). Nach Eröffnung des Insolvenzverfahrens können diese Einlagen daher von den Gesellschaftern nicht herausgefordert werden.[435] Steht die vom Gesellschafter zu erbringende Einlage noch aus, fällt der Anspruch der Gesellschaft auf Einzahlung der rückständigen Einlagen in die Insolvenzmasse. Der Anspruch der Gesellschaft auf noch ausstehende Einzahlungen auf eine bereits vor Eröffnung des Insolvenzverfahrens beschlossene und angemeldete Kapitalerhöhung ist Massebestandteil und wird vom Insolvenzverwalter geltend gemacht.[436]

245 Das Einziehungsrecht des Insolvenzverwalters tritt an die Stelle des Einforderungsrechts des Vorstandes. Der Verwalter fordert die Einlagen in dem Umfang ein, wie sie auch der Gesellschaft zustehen (also etwa mit Zinsen, § 20 GmbHG und möglichen Vertragsstrafen). Dabei hat er die gesetzlich oder satzungsmäßig bestimmten Formerfordernisse zu beachten.[437] Ein Leistungsverweigerungsrecht der Gesellschafter besteht schon deshalb nicht, da die Einlagen in der Regel zur Gläubigerbefriedigung benötigt werden. Daher kann sich der Gesellschafter seiner Verpflichtung auch nicht durch Aufrechnung, Zurückbehaltung oder Pfändung entziehen.[438]

246 Ansprüche auf Nachschüsse (§§ 26 ff. GmbHG), deren Einforderung die Gesellschafter vor Eröffnung des Insolvenzverfahrens wirksam beschlossen haben, fallen ebenfalls in die Masse und werden vom Insolvenzverwalter durchgesetzt.[439] Dies gilt auch für eine Rückerstattung von Auszahlungen an Gesellschafter.[440]

247 Über die Einzahlung rückständiger Einlagen und eventueller Nachschüsse hinaus scheidet ein Rückgriff des Insolvenzverwalters auf die Gesellschafter zur Gläubigerbefriedigung idR aus, da die Gesellschafter nicht mit ihrem Privatvermögen für die Gesellschaftsverbindlichkeiten haften (vgl. § 13 Abs. 2 GmbHG). Zu etwaigen Schadensersatzansprüchen siehe RdNr. 268 ff.

248 Zu (eigenkapitalersetzenden) Gesellschafterdarlehen/-leistungen siehe RdNr. 272 ff.

249 **13. Aktiengesellschaft.** Die Aktie verbrieft das Mitgliedschaftsrecht als Wertpapier im engeren Sinne, sodass Verfügungen nicht über die Mitgliedschaft selbst, sondern über die Aktie als Wertpapier getroffen werden können.[441]

250 **a) Insolvenz des Aktionärs.** Der Bestand und damit auch das Vermögen einer Aktiengesellschaft wird durch die Eröffnung eines Insolvenzverfahrens über das Vermögen eines Aktionärs nicht berührt. Der Anteil des Aktionärs stellt keine Mitberechtigung am Gesellschaftsvermögen dar.

251 Die vom insolventen Aktionär gehaltenen Aktien gehören als verbriefte Einlagenforderung in dessen Insolvenzmasse. Der Insolvenzverwalter kann die Aktien verwerten und den erzielten Veräußerungserlös zur Insolvenzmasse ziehen. Dies gilt auch für den Fall, dass die Übertragung, wie etwa

---

[431] *Roth/Altmeppen*, GmbHG § 29 RdNr. 52; *Lutter/Hommelhoff*, GmbHG § 29 RdNr. 3, 41.
[432] OLG München WM 2010, 2230, 2231.
[433] BGH WM 2005, 2191 f.; LG Köln, NZI 2004, 673.
[434] BGH WM 2004, 39.
[435] *Jaeger/Henckel* § 3 RdNr. 18.
[436] Vgl. zur Wirksamkeit einer Kapitalerhöhung in der Insolvenz: BGH WM 1995, 156 ff. und Kommentierung von § 11; zur Geltendmachung der sog. Unterbilanzhaftung der Gesellschafter durch den Insolvenzverwalter im Falle einer unterbliebenen Offenlegung der wirtschaftlichen Neugründung einer GmbH: BGH-Urt. v. 6.3.2012, Az. II ZR 56/10.
[437] *Jaeger/Müller* § 35 RdNr. 151.
[438] *Häsmeyer*, Insolvenzrecht, RdNr. 30.55; BGHZ 90, 370 ff.
[439] *Jaeger/Müller* § 35 RdNr. 171; *Häsemeyer*, Insolvenzrecht, RdNr. 30.56.
[440] *Jaeger/Müller* § 35 RdNr. 173; *Häsemeyer*, Insolvenzrecht, RdNr. 30.55.
[441] Es gilt der Grundsatz: Das Recht aus dem Papier folgt dem Recht am Papier. Vgl. i.ü. *Kübler/Prütting/Noack*, Gesellschaftsrecht § 14 I 3b) sowie *K. Schmidt*, Gesellschaftsrecht § 26 IV 1b).

bei Namensaktien an die Zustimmung der Gesellschaft gebunden ist, vgl. § 68 Abs. 2 AktG. Eine Zustimmung der Gesellschaft ist in diesem Fall nicht erforderlich.[442]

Massebestandteil ist auch der persönliche Anspruch des Aktionärs gegen die Gesellschaft auf Zuteilung neuer Aktien. Er ist nach §§ 857, 847 ZPO pfändbar und daher beschlagsfähig. Als künftiger Anspruch kann er auch bereits vor dem Erhöhungsbeschluss gepfändet werden.[443]

b) Insolvenz der Gesellschaft. Für Verbindlichkeiten der AG haftet gemäß § 1 Abs. 1 Satz 2 AktG nur das Gesellschaftsvermögen. Das Vermögen der AG ist somit streng von dem Vermögen ihrer Gesellschafter zu trennen. Daher ist auch das Gesellschaftsvermögen vom Grundkapital zu unterscheiden. Gemäß § 1 Abs. 2 AktG hat die AG ein in Aktien zerlegtes Grundkapital. Das Grundkapital ist nach der gesetzlichen Regelung der Kapitalbetrag, zu dessen Aufbringung sich die Gründer bei der Gründung der Aktiengesellschaft verpflichten müssen. Seine Existenz bietet den notwendigen Ausgleich für den in § 1 Abs. 1 Satz 2 AktG angeordneten Haftungsausschluss. Es stellt die materielle Grundlage für das Haftungskapital der Gesellschaft dar. Das Grundkapital bildet eine Sicherung der Gläubiger, weil die AG wenigstens über Vermögenswerte verfügen muss, deren Gesamtwert dem Betrag des Grundkapitals entsprechen.[444]

Neben dem Vermögen der Gesellschaft fallen sämtliche **Haftungsansprüche der Aktiengesellschaft** in die Masse.

Die Ansprüche der Aktiengesellschaft gegen die Gesellschafter auf Einzahlung der rückständigen Einlagen gehören zur Masse und sind vom Insolvenzverwalter durchzusetzen.[445] Diese Ansprüche, zu denen auch mögliche Zinsen gehören, richten sich zunächst gegen die säumigen Aktionäre, vgl. § 63 AktG. Sind diese Ansprüche uneinbringlich, so kommen auch Ansprüche gegen die Gründer der Aktiengesellschaft in Betracht, vgl. § 46 Abs. 4 AktG. Darüber hinaus kann der Insolvenzverwalter auch Ansprüche auf Rückerstattung von Zahlungen verlangen, die Aktionäre unter Verstoß gegen aktienrechtliche Vorschriften (§§ 57 ff. AktG) empfangen haben, vgl. § 62 Abs. 2 Satz 2 AktG.[446]

Die Aktionäre können bei Eröffnung des Insolvenzverfahrens über das Vermögen der Aktiengesellschaft ihre Aktieneinlage nicht als Insolvenzforderung zur Tabelle anmelden.

Massebestandteil sind des Weiteren sämtliche **Schadensersatzansprüche** der Gesellschaft (dazu auch RdNr. 268 ff.). In Betracht kommen Ansprüche gegen pflichtwidrig handelnde Mitglieder der Gesellschaftsorgane. Hierunter fallen Schadensersatzansprüche begründet aus Verstößen gegen Gründungsvorschriften (§ 48 AktG), aus Pflichtverletzungen bei der Leitung (§§ 92, 93 AktG), aus der Überwachung der Geschäftsführung (§§ 116, 111 Abs. 1 AktG) und aus Verstößen gegen die Pflicht zur Beantragung des Insolvenzverfahrens nach Zahlungsunfähigkeit oder Überschuldung (§ 92 Abs. 2 AktG) und die Regeln über die Kapitalerhaltung (§ 93 Abs. 3 AktG[447]). In Betracht kommen ferner Ansprüche auf Schadensersatz gegen Dritte, natürliche wie juristische Personen, Letztere allerdings vertreten durch ihre Organe, die unter Ausnutzung ihres Einflusses, der rechtlichen oder tatsächlichen Machtstellung, auf die Aktiengesellschaft dieser vorsätzlich Schaden zugefügt haben (§ 117 AktG) oder auch Ansprüche gegen den Abschlussprüfer (§ 323 HGB).[448]

Zu (eigenkapitalersetzenden) Gesellschafterdarlehen/-leistungen vgl. RdNr. 272 ff.

14. Kapitalanlagegesellschaft. a) Überblick über die gesetzlichen Regelungen. Begriffsdefinition und Rechtsformregelung der Kapitalanlagegesellschaft finden sich in § 6 Investmentgesetz (InvG). Nach § 6 Abs. 1 S. 1 InvG sind Kapitalanlagegesellschaften Unternehmen, deren Geschäftsbereich darauf gerichtet ist, inländische Investmentvermögen oder EU-Investmentvermögen (Sondervermögen)[449] zu verwalten und Dienstleistungen oder Nebendienstleistungen nach § 7 Abs. 2 InvG zu erbringen.

---

[442] Vgl. dazu ausführlich: *Bork*, FS Henckel, S. 23 ff.
[443] *Stöber*, Forderungspfändung, RdNr. 1607.
[444] *Hüffer*, AktG § 1 RdNr. 8 ff.
[445] Zur Differenzhaftung des Aktionärs aus § 36a Abs. 2 AktG i. V. m. §§ 183, 188 Abs. 2 Satz 1 AktG und dem Verbot in § 9 Abs. 1 AktG sowie der Analogie zu § 9 Abs. 1 GmbHG: BGH-Urteil vom 6.12.2011, Az. II ZR 149/10.
[446] RGZ 119, 223; 120, 363; *Häsemeyer*, Insolvenzrecht, RdNr. 30.32.
[447] ZB BGH WM 2011, 2092, 2093 ff. mwN.
[448] *Hüffer*, AktG § 264 RdNr. 17; *Gottwald/Haas* § 93 RdNr. 9.
[449] Zu den Änderungen im InvG durch zum einen das Gesetz zur Umsetzung der Richtlinie 2009/65/EG zur Koordinierung der Rechts- und Verwaltungsvorschriften betreffend bestimmte Organismen für gemeinsame Anlagen in Wertpapieren vom 22.6.2011 (OGAW-IV Umsetzungsgesetz), BGBl. 2011, Teil 1, Nr. 30, S. 1126 ff. und zum anderen durch das Gesetz zur Verstärkung des Anlegerschutzes und Verbesserung der Funktionsfähigkeit des Kapitalmarktes vom 5.4.2011 (AnsFuG), BGBl. 2011, Teil 1, Nr. 14, S. 538 ff. siehe zB *Reiter/Plumridge* WM 2012, 343 ff. und 388 ff.; zu zulässigen Vermögensgegenständen zB *Schultz-Süchting/Thomas* WM 2008, 2285 ff.; *Campbell* WM 2008, 1774 ff., jeweils mwN.

257 Nach § 6 Abs. 1 S. 2 InvG dürfen Kapitalanlagegesellschaften nur in der Rechtsform der AG oder der GmbH betrieben werden. Der Grund hierfür liegt in deren gesetzlicher Pflicht zur Prüfung und Veröffentlichung ihrer Jahresabschlüsse (§§ 340 ff. HGB). Hierdurch wird eine ausreichende Publizität der Kapitalanlagegesellschaft sichergestellt. In der Praxis hat sich die Rechtsform der GmbH durchgesetzt.

258 Die Kapitalanlagegesellschaften sind gemäß § 5 InvG der Aufsicht der Bundesanstalt für Finanzdienstleistungsaufsicht (BaFin) unterstellt. Aus § 7 Abs. 1 InvG ergibt sich die Genehmigungsbedürftigkeit einer Kapitalanlagegesellschaft.[450]

259 b) Sondervermögen. Die Kapitalanlagegesellschaften müssen die Vermögenswerte, die mit Hilfe der ihnen zu Anlagezwecken überlassenen Mittel erworben werden, unter Einschaltung einer Depotbank als Sondervermögen treuhänderisch verwalten. (§§, 2 Abs. 2, 20, 24 ff., 30 ff. InvG).[451] Dem Sondervermögen wird das gegen Ausgabe von Anteilscheinen eingelegte Geld, aber auch die mit diesem Geld angeschafften Vermögensgegenstände zugeordnet (§§ 30, 33 InvG). Nach § 30 Abs. 2 InvG gehört auch das abgeleitet Erworbene, etwa Früchte i. S. d. § 99 BGB (Dividenden, Guthabenzinsen), Bezugsrechte, Kauf von Effekten und dergleichen zum Sondervermögen.[452] Das Sondervermögen ist nach § 30 Abs. 1 Satz 2 InvG von dem eigenen Vermögen der Kapitalanlagegesellschaft getrennt zu halten.

260 Wirtschaftlich gesehen ist das **Sondervermögen** dem **Vermögen der Anteilsinhaber** zuzuordnen. Rechtlich kann es jedoch gemäß § 30 Abs. 1 Satz 2 InvG nach Maßgabe der Vertragsbedingungen zwischen Kapitalanlagegesellschaft und Anteilsinhabern entweder im Eigentum der Kapitalanlagegesellschaft **(Treuhandlösung)** oder im Miteigentum der Anteilsinhaber **(Miteigentumslösung)** stehen. Die **Miteigentumslösung** hat sich gegenüber der Treuhandlösung in der Praxis durchgesetzt.

261 Soweit es um Sachen geht, liegt genuines Miteigentum i. S. d. § 1008 BGB vor. Bei Rechten und Forderungen geht die hM von einer Bruchteilsgemeinschaft nach § 741 BGB aus.[453] Zur Begründung verweist sie u.a. auf den Wortlaut des § 33 Abs. 2 Satz 1 InvG sowie auf die Vorgeschichte des Gesetzes. Die Bezeichnung als „Miteigentum" steht insoweit als pars pro toto für Mitberechtigung und Mitgläubigerschaft.[454] Gegen die Annahme einer Bruchteilsgemeinschaft wird zwar eingewandt, dass die Anteilsinhaber nicht über ihren Anteil an den einzelnen Gegenständen des Sondervermögens verfügen könnten, obgleich diese Möglichkeit für eine Bruchteilsgemeinschaft charakteristisch sei. Ein Ausschluss sei vielmehr das wesentliche Merkmal einer Gesamthandsgemeinschaft, weshalb eine solche an den Gegenständen des Sondervermögens anzunehmen sei.[455] Dem widerspricht der Wortlaut des § 33 Abs. 2 InvG, der die Verfügung der Anteilsinhaber über ihre Anteile an den zum Sondervermögen gehörenden Gegenständen regelt. Beim Gesamthandseigentum kann es aber gerade keine Anteile der Eigentümer an einzelnen Vermögensgegenständen geben.

262 Die Kapitalanlagegesellschaft erhält bei Anwendung der Miteigentumslösung nach § 31 Abs. 1 InvG die grundsätzliche Verfügungsmacht über das Sondervermögen.[456] Demgegenüber wird den Anteilsinhabern nach § 33 Abs. 2 InvG jede Verfügungsmacht entzogen, mit Ausnahme der genannten Befugnis zur Übertragung der in dem Anteilsschein verbrieften Ansprüche.[457] Dies führt im Ergebnis zu der „dogmatischen Besonderheit" einer **verdrängenden Verfügungsmacht** der **Kapitalanlagegesellschaft**.[458] Zwar ist die Konstellation ähnlich der beim Verhältnis zwischen Testamentsvollstrecker und Erben oder zwischen Insolvenzverwalter und Schuldner. Sowohl Testamentsvollstrecker als auch Insolvenzverwalter sind allein verfügungsbefugt, während das Eigentum materiellrechtlich noch den Erben bzw. dem Schuldner zugeordnet wird (§§ 2205 Satz 1, 2211 Abs. 1 BGB bzw. § 80, wenn auch der Übergang des Verfügungsrechts auf den Insolvenzverwalter durch die Eigenverwaltung gemäß § 270 Abs. 1 Satz 1 eine gewisse Einschränkung erfahren kann). Der entscheidende Unterschied zu den beiden genannten Verhältnissen besteht aber darin, dass die

---

[450] Zum Erlaubnisverfahren: *Knöfler/Ghedina* WM 2008, 1341 ff.
[451] *Uhlenbruck-Hirte* § 35 RdNr. 38.
[452] *Uhlenbruck-Hirte* § 35 RdNr. 38; *Canaris,* Bankvertragsrecht, RdNr. 2402.
[453] Eine Rechtsgemeinschaft ist nach hM auch an Forderungen möglich, vgl. MünchKommBGB-*K. Schmidt* § 741 RdNr. 11.
[454] *v. Caemmerer* JZ 1958, 41, 46.
[455] *Canaris,* Bankvertragsrecht, RdNr. 2397.
[456] In § 26 Abs. 1 InvG sind Geschäfte genannt, die einer Zustimmung der Depotbank bedürfen; zur Eintragungsfähigkeit der Verfügungsbefugnis der Kapitalanlagegesellschaft mit einem Zustimmungsvorbehalt nach § 26 Abs. 1 Nr. 3 und 4 InvG: BGH WM 2011, 1551 f.
[457] Zur Wirkung einer derartigen Verfügung (Durchbrechung des sachenrechtlichen Spezialitätsgrundsatzes) siehe MünchKommBGB-*K. Schmidt* § 741 RdNr. 52.
[458] *Canaris,* Bankvertragsrecht, RdNr. 2405, 2396.

Trennung zwischen Rechtsträgerschaft und Verfügungsmacht nicht nur vorübergehend, sondern endgültig ist. Dies wird damit begründet, dass eine wirksame Ausübung der Rechte durch die Gemeinschaft der Anteilsinhaber, wie es § 747 Satz 2 BGB für den Regelfall einer Bruchteilsgemeinschaft vorsieht, auf praktisch unüberwindbare Schwierigkeiten stoßen würde.[459] Insoweit sind die §§ 31 Abs. 1, 33 Abs. 2 InvG als Ausnahmeregelung i. S. d. § 741 BGB anzusehen.

Zwar hat sich die Praxis im Grundsatz fast ausschließlich für die Miteigentumslösung entschieden, allerdings findet die sog. **Treuhandlösung,** bei der das Eigentum an den Gegenständen des Sondervermögens bei der Kapitalanlagegesellschaft liegt, dennoch auf speziellen Gebieten Anwendung. Zum einen wird sie von § 75 InvG angeordnet, was wegen der formellen Eigentumszuordnung bei Grundstücken durch Eintragung in das Grundbuch nur folgerichtig ist. Zum anderen kann die Treuhandlösung aus aktienrechtlichen Gründen besser geeignet sein. Wenn etwa im Ausland unzulässig ist, dass eine Kapitalanlagegesellschaft lediglich die Rechte der Aktionäre wahren darf, ohne selbst Aktionärin zu sein (wie bei der Miteigentumslösung denkbar), dann bleibt dort die Handlungsfähigkeit einer Kapitalanlagegesellschaft erhalten, wenn sie selbst als Aktionärin auftreten kann.[460] Ferner können Rückerstattungsansprüche für ausländische Steuern auf ausländische Erträge von einer einzelnen Eigentümerin leichter geltend gemacht werden als von einer Vielzahl von Eigentümern.

Im InvG finden sich im Gegensatz zum vormaligen KAGG Begriffe wie Treuhandverhältnis und Treuhänderschaft (vgl. zB §§ 31, 75 InvG). Aber auch nach dem Sinn der vormaligen §§ 9 Abs. 1, 10 Abs. 1 Satz 1 KAGG sowie nach der Funktion und Aufgabe der Kapitalanlagegesellschaft unterlag deren Treuhänderschaft keinerlei Zweifel.[461] Wesentliches Merkmal der Treuhand ist die starke obligatorische Rechtsstellung des Treugebers gegenüber dem Treuhänder. Tatsächlich ist die Stellung der Anteilsinhaber weitgehend wie ein dingliches Recht ausgestaltet.[462]

Uneinigkeit besteht darüber, wie bei der Treuhandlösung die Anteilsinhaber zueinander stehen. Während die hM trotz formal juristischen Eigentums der Kapitalanlagegesellschaft die Regeln der Bruchteilsgemeinschaft nach §§ 742 ff. BGB anwenden will,[463] befürworten andere die Gesamthandsgemeinschaft.[464]

c) Schutz des Sondervermögens. Dass das Sondervermögen für die Verbindlichkeiten der Kapitalanlagegesellschaft nicht haftet, ergibt sich für die Miteigentumslösung schon daraus, dass fremdes Vermögen nicht ohne weiteres Haftungsgrundlage für Verbindlichkeiten eines anderen sein kann. Auch bei Treuhandvermögen wird in ständiger Rechtsprechung vertreten, dass das Treugut nicht für die persönlichen Verbindlichkeiten des Treuhänders haftet, sondern insoweit dem Treugeber zuzuschreiben ist[465] (vgl. RdNr. 116 ff.). Trotzdem stellt die Bestimmung des § 31 Abs. 2 InvG mehr als eine Klarstellung für die Treuhandlösung dar. Denn zumindest nach der (noch nicht ausdrücklich aufgegebenen) reichsgerichtlichen Rechtsprechung haftet das Treugut nur dann nicht für die persönlichen Verbindlichkeiten des Treuhänders, wenn es der Treugeber unmittelbar aus seinem Vermögen dem Treuhänder überlassen hat (sog. Unmittelbarkeitsprinzip).[466] Wie der BGH in seiner Entscheidung vom 10.2.2011[467] ausführt, ist es als bisher ungeklärt anzusehen, unter welchen Voraussetzungen in der Insolvenz des Treuhänders ein Aussonderungsrecht besteht.[468] Erwirbt eine Kapitalanlagegesellschaft Gegenstände für das Sondervermögen von Dritten, so wäre nach dem Unmittelbarkeitsprinzip eine Freistellung des Sondervermögens von der Haftung für persönliche Verbindlichkeiten des Treuhänders nicht möglich. Ein solches unbefriedigendes Ergebnis wird durch § 31 Abs. 2 InvG verhindert.[469] §§ 31 Abs. 2, 30 Abs. 1 Satz 2 InvG wird insofern zT auch als klare Absage des Gesetzgebers an das Unmittelbarkeitsprinzip verstanden.[470]

---

[459] Mit dem gleichen Ergebnis für die Gesamthandsgemeinschaft: *Canaris,* Bankvertragsrecht, RdNr. 2396.
[460] *Klenk,* Die rechtliche Behandlung des Investmentanteils, S. 8.
[461] *Canaris,* Bankvertragsrecht, RdNr. 2395.
[462] *Canaris,* Bankvertragsrecht, RdNr. 2395.
[463] *Baur,* Investmentgesetze, § 6 KAAG RdNr. 16; *Roth,* Das Treuhandmodell des Investmentrechts, S. 116.
[464] *Canaris,* Bankvertragsrecht, RdNr. 2397 mwN.
[465] BGHZ 11, 37, 41; BGH WM 1969, 475, 476; BGH NJW 1971, 559, 560.
[466] RGZ 133, 84, 87; RGZ 91, 12, 14 ff.; RGZ 84, 214, 216 f.
[467] BGH WM 2011, 798, 799.
[468] Andere Abgrenzungsmöglichkeiten werden insbesondere unter den Stichworten Herkunfts-, Offenkundigkeits-, Vermögenstrennungs- und Bestimmtheitsprinzip diskutiert. Je nach Einzelfallkonstellation tauchen diese Gesichtspunkte auch kombiniert in der Argumentation für oder gegen das Bestehen eines Treuhandverhältnisses auf – siehe auch RdNr. 116 ff.; im Einzelnen dazu unter § 47.
[469] Siehe auch *Uhlenbruck-Hirte* § 35 RdNr. 38.
[470] *Canaris,* Bankvertragsrecht, RdNr. 2395, 2403, 2411.

Fällt eine Kapitalanlagegesellschaft in Insolvenz, so zählt grundsätzlich der Teil ihres Vermögens zur Insolvenzmasse, welcher ihr zurzeit der Verfahrenseröffnung gehört sowie der, welchen sie während des Verfahrens erwirbt. §§ 38 Abs. 3, 39 Abs. 1 InvG regelt die Trennung des Sondervermögens und den damit einhergehende Schutz auch bei einer insolventen Kapitalanlagegesellschaft. **Das Sondervermögen gehört nicht zur Insolvenzmasse.**[471] Hiervon zu unterscheiden sind Vergütungsansprüche der Kapitalanlagegesellschaft nach § 31 Abs. 3 InvG, die (nur) aus dem Sondervermögen befriedigt werden können. Sie gehören zum eigenen Vermögen der Kapitalanlagegesellschaft und fallen in die Insolvenzmasse.

Die Anteilinhaber erhalten ein **Aussonderungsrecht** an den zum Sondervermögen gehörenden Gegenständen nach § 47. Kommt es zur Zwangsvollstreckung Dritter in das Sondervermögen, so steht ihnen ein Drittwiderspruchsrecht i. S. d. § 771 ZPO zu.

265 Das oben bereits erwähnte Problem, dass eine **wirksame Ausübung ihrer Rechte** durch die Gemeinschaft der Anteilinhaber auf praktisch unüberwindbare Schwierigkeiten stoßen würde, wird dadurch gelöst, dass bei der Insolvenz der Kapitalanlagegesellschaft das **Eigentum und Verwaltungsrecht** (bei der Treuhandlösung) bzw. das **Verfügungsrecht** (bei der Miteigentumslösung) am Sondervermögen nach den §§ 38 Abs. 3, 39 Abs. 1 InvG **von der Gesellschaft auf die Depotbank übergeht.**[472] Auch das Aussonderungs- und Drittwiderspruchsrecht wird nach §§ 39 Abs. 2, 28 Abs. 1 Nr. 3 InvG von der Depotbank ausgeübt. Diese gesetzlichen Pflichten[473] der Depotbank ermöglichen die Durchsetzung der Anteilsinhaberrechte auch im Fall der Insolvenz der Kapitalanlagegesellschaft.

266 Die Depotbank ist allerdings nicht zur Fortsetzung der Verwaltung des Sondervermögens berechtigt. Nach § 39 Abs. 2 InvG hat sie die Pflicht, das Sondervermögen abzuwickeln und an die Anteilsinhaber zu verteilen.

267 Alternativ zur möglicherweise für die Anteilsinhaber nachteiligen Abwicklung bietet § 39 Abs. 3 InvG die Möglichkeit, die Verwaltung des Sondervermögens nach Maßgabe der bisherigen Vertragsbedingungen auf eine andere Kapitalanlagegesellschaft zu übertragen. Voraussetzung hierfür ist die (öffentlich-rechtliche) Genehmigung der Bundesanstalt für Finanzdienstleistungsaufsicht (BaFin).

268 **15. Schadensersatzansprüche gegen Organe und Gesellschafter.** Schadensersatzansprüche der Gesellschaft gegen ihre Organe und Haftungsansprüche der Gesellschaft gegen die Gesellschafter fallen in die Insolvenzmasse, wenn die Insolvenzmasse und nicht nur einzelne Insolvenzgläubiger geschädigt sind.[474] Vgl. dazu die Kommentierung von § 92.

269 In Frage kommen sowohl Schadensersatzansprüche der Gesellschaft als auch Schadensersatzansprüche von Gläubigern der Gesellschaft gegen Organe und Gesellschafter der schuldnerischen Gesellschaft. Zur **Frage, ob allein der Insolvenzverwalter zur Geltendmachung der Ansprüche gegenüber den Organen und Gesellschaftern befugt ist,** oder ob auch noch nach Eröffnung des Insolvenzverfahrens über das Vermögen der Gesellschaft einzelne Gläubiger gegen die Organe und Gesellschafter vorgehen können, trifft **§ 92 Satz 1** eine ausdrückliche Regelung: Allein der Verwalter ist zur Geltendmachung der Ansprüche berechtigt, die auf eine Masseschmälerung gründen und deshalb allen Gläubigern zustehen (sog. **Gesamtschaden**) – vgl. dazu § 92.

270 Nicht von § 92 erfasst werden Gläubiger, die einen sogen. **Individualschaden** geltend machen. Dabei kann es sich um Gläubiger handeln, deren Forderungen erst nach dem Zeitpunkt des schadensstiftenden Verhaltens entstanden sind, also zB nach dem Zeitpunkt, zu dem der Geschäftsführer einer GmbH den Insolvenzantrag hätte stellen müssen.[475] Diese sogenannten **Neugläubiger** erhalten vollen Ersatz des Schadens, der ihnen durch die Rechtsbeziehung zu der bereits insolventen GmbH entstanden ist und können diesen Anspruch im Verfahren selbständig geltend machen.[476]

271 Den Insolvenzgläubigern muss der Schaden ersetzt werden, um den ihre Insolvenzquote infolge der Vermögensverfügungen des Geschäftsführers verringert worden ist. Der Insolvenzverwalter kann diesen Anspruch auf Ersatz dieses einheitlichen **Quotenschadens** für die Altgläubiger geltend machen. Diese Ansprüche werden der Masse zugewiesen.[477] Vgl. dazu auch die Kommentierung von § 92.

Bei diesen Ansprüchen handelt es sich um massefremde Masse, d.h. das Insolvenzverfahren erstreckt sich auf Ansprüche von Insolvenz- und Massegläubigern gegen vom (Insolvenz-) Schuldner

---

[471] *Uhlenbruck-Hirte* § 35 RdNr. 26; zu den ausnahmsweise zulässigen Kreditaufnahmen für Rechnung der Sondervermögen siehe insbesondere §§ 53, 66 InvG, § 80a Satz 1 InvG, § 82 InvG und § 69 InvG – dazu zB *Schultz-Süchting/Thomas* WM 2009, 2156 ff.
[472] *Uhlenbruck-Hirte* § 35 RdNr. 26, 38.
[473] AA: *Ohl,* Die Rechtsbeziehungen innerhalb des Investment-Dreiecks, S. 83.
[474] BGH WM 2012, 1591, 1593; BGH WM 1986, 368, 370; *Hess/Weis* §§ 35, 36 RdNr. 227.
[475] BGHZ 126, 181, 201; *K. Schmidt* ZGR 1996, 209, 213; *Uhlenbruck* ZIP 1994, 1153.
[476] HK-*Eickmann* § 92 RdNr. 5; *Hess/Weis* § 92 RdNr. 3.
[477] HK-*Eickmann* § 92 RdNr. 1.

verschiedene Personen, die bspw. dafür verantwortlich sind, dass die Insolvenzgläubiger sogenannte Gesamtschäden erlitten haben.[478]

16. (Eigenkapitalersetzende) Gesellschafterdarlehen/ -leistungen. (Eigenkapitalersetzende) Gesellschafterdarlehen und -leistungen sind aus der Sicht der Gläubiger problematisch. Wenn die Gesellschaft anstelle von neuem haftenden Eigenkapital der Gesellschaft mit Fremdmitteln weitergeführt wird, besteht zum einen die Gefahr, dass bis zur Eröffnung der Insolvenz diese Fremdmittel dem Gesellschaftsvermögen und damit den Gläubigern wieder entzogen werden und zum anderen die Frage, wie diese und etwaige Besicherungen in der Insolvenz der Gesellschaft dann behandelt werden.[479]

a) Rechtslage vor MoMiG.[480] Für alle Insolvenzverfahren, die vor dem 1.11.2008 eröffnet worden sind (Art. 103d EGInsO) gilt nach wie vor § 135 Nr. 2 aF, der in Ergänzung der §§ 32a,b GmbHG aF vorsah, dass die Rückzahlung eines kapitalersetzenden Darlehens oder einer gleichgestellten Forderung im letzten Jahr vor der Eröffnung des Insolvenzverfahrens an einen Gesellschafter durch den Insolvenzverwalter anfechtbar ist. Darüber hinaus war der Insolvenzverwalter auf Grund der Fortgeltung der von der Rechtsprechung zu §§ 30, 31 GmbHG entwickelten Grundsätze in der GmbH-Gesellschaftsinsolvenz befugt, auch solche Darlehen zur Masse zu ziehen, deren Rückzahlung bereits früher als ein Jahr vor der Eröffnung des Verfahrens vorgenommen wurde.[481] Durch § 172a HGB aF wurde das GmbH-Kapitalersatzrecht (§§ 32a,b GmbHG aF) auf die GmbH & Co. KG und durch § 129a HGB aF auf die oHG erstreckt, bei der kein Gesellschafter eine natürliche Person ist bzw. keine natürliche Person haftet.[482] Wurde der Kredit vor Eröffnung des Insolvenzverfahrens von der KG zurückgezahlt, kamen zu Lasten der Kommanditisten die Vorschriften der §§ 30, 31 GmbHG[483] bzw. die Anfechtungsvorschriften (§ 135) zum Zuge.[484]

aa) KonTraG und KapAEG. Die Regelungen des KonTraG und des KapAEG können eine Sanierung behindern. Ein zur Sanierung bereites Kreditinstitut wird nämlich auf Grund seines Sanierungsbeitrages schlechter gestellt, obwohl wirtschaftlich eigentlich eine Privilegierung solcher Sanierungsbemühungen angemessen wäre.[485] Dies beeinträchtigte in der Vergangenheit die Bereitschaft der Banken zur Übernahme von Anteilen an einem Krisenunternehmen und verhinderte damit eine praktisch sehr bedeutsame Sanierungsmöglichkeit und konnte im Falle einer aus diesen Gründen nicht vermiedenen Insolvenz den von der Rechtsprechung beabsichtigten Schutz der Gläubiger sogar ins Gegenteil verkehren.[486]

Diese Kritik hatte der Gesetzgeber vor Inkrafttreten des MoMiG bereits in zwei Gesetzesänderungen im Recht der kapitalersetzenden Darlehen berücksichtigt. Zum einen wurde durch den Art. 2 Nr. 1 des Kapitalaufnahmeerleichterungsgesetzes (KapAEG)[487] § 32a Abs. 3 GmbHG dahingehend ergänzt, dass von der Anwendung der Kapitalersatzregeln Darlehen des nicht geschäftsführenden Gesellschafters, der **mit 10 % oder weniger am Stammkapital beteiligt** ist, ausgenommen sind. Darüber hinaus hatte der Gesetzgeber in dem Gesetz zur Kontrolle und Transparenz im Unternehmensbereich (KonTraG)[488] ein **Sonderprivileg** geschaffen, welches die Anwendbarkeit der Kapitalersatzregeln weiter einschränkte. Durch Art. 10 KonTraG wurde an § 32a Abs. 3 GmbHG nämlich ein weiterer Satz mit folgendem Inhalt angefügt:

„*Erwirbt der Darlehensgeber in der Krise der Gesellschaft Geschäftsanteile zum Zweck der Überwindung der Krise, führt dies für seine bestehenden oder neu gewährten Kredite nicht zur Anwendung der Regeln über den Kapitalersatz.*"

---

[478] Ausführlich dazu: *Oepen*, Massefremde Masse.
[479] Vgl. dazu ausführlich *Hirte* NJW 2000, 3321, 3329 ff.
[480] Gesetz zur Modernisierung des GmbH-Rechts und zur Bekämpfung von Missbräuchen (MoMiG) vom 23.10.2008, BGBl. I (Nr. 48), S. 2026 ff.
[481] BGHZ 90, 370, 380; *Geßler* ZIP 1981, 228, 233.
[482] Ausführlich dazu: *Kübler/Prütting/Noack*, Gesellschaftsrecht, RdNr. 579.
[483] *Heymann/Horn*, HGB, § 172a RdNr. 35; *Kübler/Prütting/Noack*, Gesellschaftsrecht, RdNr. 580 und 578.
[484] *Kübler/Prütting/Noack*, Gesellschaftsrecht, RdNr. 580.
[485] Vgl. zu diesen Überlegungen *Rümker* ZIP 1982, 1385 ff., der darauf hinweist, dass bereits die Bankenstrukturkommission zu Recht einen generellen gesetzlichen Ausnahmetatbestand für den Anteilserwerb zu Sanierungszwecken empfohlen hat. Skeptisch gegenüber einem generellen Sanierungsprivileg: *K. Schmidt*, ZHR Bd. 147 (1983) 165 ff.
[486] *Batereau* WM 1992, 1517 ff.; *Rümker* ZIP 1982, 1585 ff.
[487] Gesetz zur Verbesserung der Wettbewerbsfähigkeit deutscher Konzerne an Kapitalmärkten und zur Erleichterung der Aufnahme von Gesellschafterdarlehen vom 20.4.1998, BGBl. I 707. Ablehnend zu diesem Gesetzesvorhaben: *K. Schmidt* ZIP 1996, 1586 ff.; *Altmeppen* ZIP 1996, 1455 ff.; *Karollus* ZIP 1996, 1893 ff.
[488] Gesetz vom 27.4.1998, BGBl. I 786.

Danach fanden die Regeln über kapitalersetzende Darlehen keine Anwendung auf **Kreditgeber, die ihre über 10 % hinausgehende Beteiligung an der GmbH erst in der Krise dieser Gesellschaft erwerben.**[489] Die Krise in diesem Sinne begann dabei nach der damaligen Legaldefinition in § 32a GmbHG in dem Zeitpunkt, in dem ein ordentlicher Kaufmann dem Unternehmen Kapital zugeführt hätte. Die Privilegierung greift unabhängig davon ein, ob die Bank ihre Anteile unmittelbar nach der Überwindung der Krise wieder veräußert oder weiter hält. Eine zu enge zeitliche Begrenzung in dieser Hinsicht würde den Erfolg von Sanierungen gefährden.[490]

275 **bb) Eigenkapitalersetzende Darlehen.** Der Rechtscharakter von eigenkapitalersetzenden Gesellschafterdarlehen ist strittig.[491] Der Anspruch auf Rückgewähr der eigenkapitalersetzenden Darlehen kann zwar geltend gemacht werden, jedoch nur nachrangig (vgl. § 39 Abs. 1). Auch wenn es nur sehr selten dazu kommen wird, dass an die Gläubiger eigenkapitalersetzende Darlehen Quoten ausgeschüttet werden, sind sie doch systematisch unter den Gläubigern der insolventen Gesellschaft einzuordnen.

276 **cc) Eigenkapitalersetzende Nutzungsüberlassung und andere Leistungen.** Auch der Charakter der eigenkapitalersetzenden Nutzungsüberlassung ist nicht geklärt. Es ist anerkannt, dass der Gesellschafter **keine Ansprüche auf Aussonderung** (§ 47) geltend machen kann, soweit die Anlagegegenstände ihrem Wert nach benötigt werden, um eine bestehende Eigenkapitaldifferenz zu decken.[492]

277 In Ausnahmefällen kann es dazu kommen, dass der Wert der überlassenen Gegenstände den Kapitalbedarf der Gesellschaft übersteigt. Hier wird man entweder dem Insolvenzverwalter oder dem Gesellschafter das Recht zubilligen müssen, die herauszugebenden Gegenstände bis zur Wertgrenze in Höhe der Kapitaldifferenz zu bestimmen.[493]

278 Der Insolvenzverwalter kann im Verhältnis zum Gesellschafter zwar keine Übereignung des zur Nutzung überlassenen Grundstücks, wohl aber die Belassung zur Weiternutzung für eine gewisse Zeit verlangen.[494] Die Überlassungsdauer richtet sich nach den Vereinbarungen des Überlassungsvertrages; der Gesellschafter kann das Grundstück **selbst nutzen oder auch einem Dritten das Nutzungsrecht übertragen.**[495]

279 Das Nutzungsrecht der insolventen Gesellschaft entfaltet in einer durch einen **grundpfandrechtlich gesicherten Gläubiger** der schuldnerischen Gesellschaft betriebenen Verwertung des Grundstücks folgende Wirkungen:

280 **Zwangsverwaltung:** Die Wirkung einer eigenkapitalersetzenden Nutzungsüberlassung endet in entsprechender Anwendung der §§ 146 ff. ZVG, §§ 1123, 1124 Abs. 2 BGB mit dem Wirksamwerden des im Wege der Zwangsverwaltung erlassenen Beschlagnahmebeschlusses. Ab diesem Zeitpunkt kann der Zwangsverwalter die Zahlung der Miet- und Pachtzinsen verlangen.[496]

281 **Zwangsversteigerung:** Die vom BGH für die Kollision von Grundpfandrechten und eigenkapitalersetzender Nutzungsüberlassung im Bereich der Zwangsverwaltung entwickelte Lösung kann auch in der Zwangsversteigerung nutzbar gemacht werden. Eine Versteigerung des Grundstückes ist möglich. Das Miet-/Pachtverhältnis geht auf den Ersteher über und dieser erhält ein Nutzungsentgelt von der insolventen Gesellschaft sowie ein Kündigungsrecht analog § 57a ZVG. Die Kündigungsfrist ist von den Umständen des Einzelfalles abhängig.[497]

282 Auch andere Leistungen des Gesellschafters können als eigenkapitalersetzend eingestuft werden, wie bspw. Vorbehaltseigentum.[498]

282a **b) Rechtslage nach MoMiG. Für alle Insolvenzverfahren, die ab dem 1.11.2008 eröffnet worden sind (Art. 103d EGInsO),** werden die Gläubiger statt durch die insoweit überholten § 135 Nr. 2, §§ 32a, b, 30, 31 GmbHG, §§ 172a, 129a HGB durch die aktuellen Regelungen der **§§ 39 Abs. 1 Nr. 5, Abs. 4, Abs. 5, 44a, 135, 143** geschützt.[499] Neben der angeordneten grundsätzli-

---

[489] Beschlussempfehlung des Rechtsausschusses zu Art. 9 KonTraG, BT-Drucks. 13/10 038, S. 49.
[490] *Wittig* NZI 1998, 49, 54 ff.; anders wohl *Pichler* WM 1999, 411 ff.
[491] *Kübler/Prütting/Noack,* Gesellschaftsrecht, RdNr. 191 ff.
[492] BGH WM 1994, 1530; BGH WM 1999, 20; *Uhlenbruck/Brinkmann* § 49 RdNr. 56a.
[493] *Kuhn/Uhlenbruck* KO, 11. Aufl. 1994, § 43 RdNr. 46p mwN, strittig.
[494] BGH WM 1994, 1530, 1534 f.; BGH WM 1998, 1626, 1627 f.; BGH WM 1999, 20, 21 ff.
[495] BGH WM 1999, 20, 21 f.; *Lwowski/Tetzlaff* WM 1999, 2336, 2349.
[496] BGH WM 1999, 20, 23; *Lwowski/Tetzlaff* WM 1999, 2336, 2349 f.; *Obermüller* InVo 1999, 225 ff.; *Michalski/Barth* NZG 1999, 277 ff.; *Jungmann* ZIP 1999, 601 ff.
[497] Zum Vorstehenden: *Lwowski/Tetzlaff* WM 1999, 2336, 2350 f.
[498] OLG Karlsruhe ZIP 1989, 588, 589 ff.
[499] Vgl. BGH-Beschluss vom 15.11.2011, Az. II ZR 6/11 auch zur Umstellung auf das zeitliche Konzept im Sinne des § 135 Abs. 1 Nr. 2 InsO durch das MoMiG.

chen Nachrangigkeit von Gesellschafterdarlehen/-leistungen wird bei diesbezüglichen Rückzahlungen vor Verfahrenseröffnung die Insolvenzanfechtung und damit entsprechende Zahlungen in die Masse ermöglicht.[500]

Mit den durch das MoMiG erfolgten Änderungen (u.a. wurden die §§ 32a,b GmbHG und die §§ 179a, 129a HGB aufgehoben und die bisherigen Kapitalersatzregelungen durch die vorstehend genannten Insolvenzvorschriften „ersetzt") wird in dieser Hinsicht nicht mehr an die Finanzierungsverantwortung der Gesellschafter mit Blick auf die Krise der Gesellschaft[501], sondern wohl eher an eine etwaige missbräuchliche Ausnutzung der Haftungsbeschränkungen für Kapitalgesellschaften durch die Gesellschafter angeknüpft.[502]

So werden nach der neu gefassten Vorschrift des § 39 Abs. 1 Nr. 5 Gesellschafterdarlehen[503] unabhängig von ihrem eigenkapitalersetzenden Charakter nach der Eröffnung des Insolvenzverfahrens über das Vermögen der Gesellschaft grundsätzlich im Rang nach den übrigen Insolvenzforderungen berichtigt (Ausnahmen dazu regeln die Abs. 4[504] und 5 des § 39). Gleiches gilt für Forderungen aus Rechtshandlungen, die einem solchen Darlehen wirtschaftlich entsprechen, wie zB bei Regressansprüchen eines Gesellschafters, der einen Gesellschaftsgläubiger befriedigt hat oder im Falle der Nichtgeltendmachung von Lohnansprüchen seitens des (Mit-)Gesellschafters, der auch gleichzeitig Arbeitnehmer ist.[505]

Diese Regelungen gelten grundsätzlich „rechtsformunabhängig" für alle Gesellschaften, die weder eine natürliche Person noch eine Gesellschaft, bei der ein persönlich haftender Gesellschafter eine natürliche Person ist, als persönlich haftender Gesellschafter haben.[506]

Hat ein Gesellschafter einem (Dritt-) Gläubiger für seine Forderungen gegen die Gesellschaft eine Sicherheit gestellt (zB sich verbürgt), kann der (Dritt-) Gläubiger nur den Teil aus der Insolvenzmasse verlangen, mit dem er nach Verwertung dieser Sicherheit ausgefallen ist (§ 44a).

Die Anfechtbarkeit der Sicherung oder Befriedigung von Gesellschafterdarlehen an die Gesellschaft sowie der Befriedung eines von einem Gesellschafter besicherten Darlehens eines (Dritt-) Gläubigers regelt § 135, wodurch der Insolvenzverwalter entsprechende Zahlungen in die Masse erreichen kann (§ 143).[507]

Der Fall des Bestehens von sog. „Doppelsicherheiten" für Gesellschaftsforderungen – also des „Nebeneinanders" von Gesellschafts- und Gesellschaftersicherheiten – auch noch nach Insolvenzeröffnung mit anschließender Verwertung der Gesellschaftssicherheit, ist weder geregelt noch vom Gesetzgeber bedacht worden. Umstritten ist, wie mit dieser Regelungslücke umgegangen werden soll. Der BGH hat sich der Meinung angeschlossen, die eine entsprechende Anwendung des § 143 Abs. 3 InsO befürwortet. Wird die Gesellschaftssicherheit verwertet und dadurch die Gesellschaftersicherheit ganz oder zum Teil „frei", hat der Insolvenzverwalter gegen den „freigewordenen" Gesellschafter demnach einen entsprechenden Erstattungsanspruch.[508] Umstritten ist auch, ob die nach vormaligen Recht eigenkapitalersetzenden Nutzungsüberlassungen den Gesellschafterdarlehen wirtschaftlich entsprechende Rechtshandlungen im Sinne von §§ 39 Abs. 1 Nr. 5, 135 Abs. 1 Nr. 2 anzusehen sind. Das OLG Schleswig hat sich der insofern ablehnenden Auffassung angeschlossen.[509] Ferner wird thematisiert, inwiefern die Erstreckung auch auf „Dritte" nach wie vor möglich ist.[510] Einzelheiten zu den §§ 39, 44a, 135, 144 siehe die diesbezüglichen Kommentierungen.

V. Immaterialgüterrechte

1. Allgemeines. Zur Masse gehören auch bestimmte Immaterialgüterrechte, wie bspw. Patente, das Urheberrecht an Mustern und Modellen sowie das Markenrecht. Die Verwertung von Immateri-

---

[500] Im Überblick dazu zB *Kind* NZI 2008, 475, 476 f.; *Bauer* ZInsO 2011, 1379 ff. mwN.
[501] BGH-Urteil vom 17.2.2011, Az. IX ZR 131/10, Randzeichen 25.
[502] *Hirte* ZInsO 2008, 689 ff.; *ders.* WM 2008, 1429, 1430; *Habersack* ZIP 2007, 2145 ff.; anders *Bork* ZGR 2007, 250, 257; offen gelassen vom BGH in seinem Urteil vom 17.2.2011, Az. IX ZR 131/10, Randzeichen 16.
[503] Zum atypisch stillen Gesellschafter einer GmbH&Co. KG: BGH-Urteil vom 28.6.2012, Az. IX ZR 191/11.
[504] Zum „neuen" Sanierungsprivileg *Hirte/Knof* WM 2009, 1961 ff. mwN.
[505] LAG Niedersachsen, Urteil vom 27.1.2012, Az. 6 Sa 1145/11.
[506] *Hirte* WM 2008, 1429, 1432 f.
[507] Zur Frage der Anfechtung der Rückzahlung von Gesellschafterdarlehen im Cash-Pool siehe zB *Reuter* NZI 2011, 921 ff.; zur Anfechtung der Gesellschafterdarlehensrückzahlung an den Zessionar: OLG Stuttgart, Urteil vom 8.2.2012, Az. 14 U 27/11, jeweils mwN.
[508] BGH WM 2011, 2376, 2377 f. mit Darstellung des Streitstandes; kritische Anmerkung dazu von *Lenger/Müller* NZI 2012, 80 f., die eine analoge Anwendung des § 143 Abs. 3 mangels sowohl planwidriger Regelungslücke als auch vergleichbarer Interessenlage ablehnen; siehe ferner OLG Stuttgart, Urteil vom 14.3.2012, Az. 14 U 28/11.
[509] OLG Schleswig NZI 2012, 622 ff. mit Darstellung des Streitstandes; anders *Haas* NZI 2012, 601 ff.
[510] LG Hagen, Urteil vom 1.7.2011, Az. 9 O 191/10; *Uhlenbruck-Hirte* § 39 RdNr. 36 ff. m.w.N.

algütern in der Insolvenz unterliegt bestimmten Einschränkungen.[511] Allerdings hat der BGH in seiner Entscheidung vom 2.4.1998[512] dem Insolvenzverwalter einen sehr weitgehenden Anspruch auf Verwertung derartiger Rechte eingeräumt. Auch das geschmacksmusterrechtliche Anwartschaftsrecht fällt in die Insolvenzmasse, wenn das Urheber- und Nutzungsrecht dem Schuldner gebührt und der Gestalter durch eine eigene Anmeldung zu erkennen gegeben hat, dass das Muster einer gewerblichen Nutzung zugeführt werden soll. Anmeldungsberechtigter ist dann der Verwalter, der das Geschmacksmuster im Interesse aller Gläubiger verwerten kann.[513]

284 Daneben können bspw. auch Markenrechte Dritter bei der Verwertung von Massebestandteilen eine Rolle spielen, wenn Markenrechtsinhaber unter Berufung auf ihre Rechte die Verwertung der Markenware zu verhindern trachten.[514]

285 **2. Erfindung.** Erfindungen **unterliegen bereits vor ihrer Anmeldung** beim Patentamt der Zwangsvollstreckung und damit auch **der insolvenzrechtlichen Beschlagnahme,** sofern die Verwertungsabsicht kundgetan wurde.[515]

286 **Der konkrete Zeitpunkt der insolvenzrechtlichen Verwertbarkeit ist umstritten.** Die Ursache hierfür liegt in der **Doppelnatur des Erfinderrechts.** Es hat sowohl **vermögensrechtlichen Charakter,** denn es enthält ein Verwertungsrecht, das den wirtschaftlichen Interessen des Erfinders dient, als auch **persönlichkeitsrechtlichen Charakter,** da es allein in der freien Wahl des Erfinders steht, ob er seine Erfindung zum Patent anmelden oder unbenutzt lassen will.

287 Rechtsprechung[516] und Literatur[517] betrachten die **Kundgabe der Verwertungsabsicht** seitens des Erfinders als den für die insolvenzrechtliche Verwertbarkeit maßgebenden Zeitpunkt. Konkrete Ausführungshandlungen sind nicht erforderlich. Es genügt vielmehr jede Handlung des Erfinders, die die Absicht der wirtschaftlichen Nutzbarmachung und Verwertung erkennen lässt, denn der Erfinder habe sich durch seine Handlung dafür entschieden, dass seiner Erfindung eine vermögensrechtliche Bestimmung zuteil werden soll und sie zum Gegenstand des Güterverkehrs wird. Als Beispiele für derartige Kundgabehandlungen kommen eigene Auswertungshandlungen des Erfinders, Verkaufsverhandlungen und Vorführungen, die Erteilung einer Benutzungserlaubnis an Dritte sowie Verpfändungen und Sicherungsübertragungen[518] in Betracht. Auch die Benutzung der Erfindung als Geheimverfahren wird als solcher Akt der Kundgabe angesehen.[519]

288 Allen Vertretern dieser Auffassung ist gemein, dass dem persönlichkeitsrechtlichen Aspekt des Erfinderrechts in besonderem Maße Rechnung getragen wird und die Beschlagsfähigkeit der Erfindung erst dann eintritt, wenn der Erfinder selber die Absicht der wirtschaftlichen Verwertung zu erkennen gibt. Im Vordergrund steht die ideelle Leistung des Erfinders. Die Entscheidung darüber, ob die Erfindung verwertet werden soll, muss, ebenso wie die Bestimmung, ob die Erfindung der Öffentlichkeit zugänglich gemacht wird oder eine alleinige Verwertung im bloßen Privatinteresse erfolgen soll, allein dem Schöpfer der ideellen Leistung vorbehalten bleiben.

289 Nach anderer Ansicht[520] soll mit der **Verlautbarung der Erfindung** das Recht der unangemeldeten Erfindung zur Insolvenzmasse gehören. Eine solche Verlautbarung sei beispielsweise dann anzunehmen, wenn die Erfindung in Form von Zeichnungen oder Modellen nach außen hin in Erscheinung getreten ist.[521]

290 Beide Meinungen haben ihren Ausgangspunkt zunächst in einem subjektiven Ansatz. Sowohl die Kundgabe der Verwertungsabsicht als auch die Verlautbarung der Erfindung gehen nämlich davon aus, dass sich der Erfinder der zunächst nur in seinem Kopf vorhandenen Erfindung entäußern muss. Dieser Vorgang ist stets vom Willen des Erfinders abhängig, seine Leistung der Öffentlichkeit zugänglich machen zu wollen. Ab dem Zeitpunkt der Entäußerung unterscheiden sich jedoch beide Auffassung dadurch, dass diejenigen, die die Verwertbarkeit der nicht angemeldeten Erfindung erst ab Kundgabe der Verwertungsabsicht favorisieren, dem Persönlichkeitsrecht des Erfinders einen zeitlich länger währenden Schutz

---

[511] Vgl. zur Einzelzwangsvollstreckung: *Zimmermann* InVo 1999, 3 ff.
[512] BGH WM 1998, 1037, 1038 ff. = WuB VI B. § 4 KO 1.98, *Pape.*
[513] BGH WM 1998, 1037, 1038 ff. = WuB VI B § 4 KO 1.98, *Pape.*
[514] Zu diesem Problemkreis vgl. ausführlich: *T. Fischer* WM 1997, 597 ff.; *Lwowski/Hoes* WM 1999, 771, 777 ff.
[515] RGZ 52, 227, 230; *Benkard,* PatG § 6 PatG RdNr. 18; *Uhlenbruck/Hirte* § 35 RdNr. 239; nach *Empting,* S. 26 ff. bedarf es der Kundgabe der Verwertungsabsicht nicht.
[516] BGH NJW 1955, 628, 629.
[517] HK-*Eickmann* § 35 RdNr. 11, § 36 RdNr. 42.
[518] *Benkard,* PatG § 6 PatG Anm. 18.
[519] BGHZ 16, 172, 174 ff.
[520] *Isay,* PatG und GebrMG, Anh. zu §§ 2, 3 Pat RdNr. 20; *Mentzel* KuT 1937, 17 f.; *Hirsch,* Recht der Erfindung, S. 91 ff.; *Berndhardt/Kraßer,* Lehrbuch des Patentrechts, § 31 VI.
[521] *Mentzel,* KuT 1937, 17, 18.

zukommen lassen. Die Gegenmeinung hingegen, die bereits ab der Verlautbarung der Erfindung für eine Verwertbarkeit plädiert, verkürzt den Schutz des Persönlichkeitsrechts in nicht hinnehmbarer Weise. Dem Erfinder muss als Ausfluss des Persönlichkeitsrechts zugestanden werden, dass er seine zunächst nur geistigen Leistungen in eine körperliche Form bringt, sei es Zeichnung oder Modell, ohne dass er befürchten muss, dass etwaige Gläubiger oder Konkurrenten darauf Zugriff haben. Verbesserungen oder Erweiterungen von Erfindungen würden sonst verhindert.

Auch das unter Geltung der Konkursordnung vertretene Argument, ein Erfinder könne im Fall 291 des Konkurses unter dem Deckmantel des Persönlichkeitsrechts die Verwertungsabsicht erst nach der Konkurseröffnung kundgeben, sodass diese Erfindung nicht mehr in die Konkursmasse nach § 1 KO fiele, überzeugt angesichts der Neuregelung des § 35 nicht mehr. Hier umfasst die Insolvenzmasse nicht nur das gesamte Vermögen, das dem Schuldner im Zeitpunkt der Verfahrenseröffnung gehört, sondern auch den Neuerwerb, den der Schuldner nach der Verfahrenseröffnung erlangt.

Erst wenn der Erfinder selber mit der Kommerzialisierung seines Werkes beginnt, ist Gläubigern 292 der Zugriff auf diesen Vermögenswert eröffnet und die Erfindung fällt im Falle der Insolvenz in die Insolvenzmasse.

3. Gebrauchsmuster. a) Einfache Gebrauchsmuster. Das Recht auf das Gebrauchsmuster, 293 der Anspruch auf seine Eintragung und das durch die Eintragung begründete Recht sind beschränkt oder unbeschränkt übertragbar (§ 22 Abs. 1 GebrMG) und somit gemäß §§ 857 Abs. 1 ZPO, 851 Abs. 1 ZPO auch pfändbar. Sie können daher Objekte der Zwangsvollstreckung sein und gehören im Insolvenzfall eines Unternehmens zur Insolvenzmasse.[522] Voraussetzung ist jedoch, dass das Gebrauchsmuster gemäß § 4 Abs. 1, 2 GebrMG ordnungsgemäß unter Beifügung u.a. einer Zeichnung (§ 4 Abs. 3 GebrMG) beim Patentamt angemeldet worden ist.[523]

Die Beifügung eines Modells des Gebrauchsmusters, die gemäß § 2 GebrMG aF (1968) noch 294 verlangt wurde, ist seit der Neufassung des Gesetzes im Jahre 1986 (BGBl. I S. 1456 f.) nicht mehr erforderlich. Nach altem Recht konnte der Konkursverwalter kraft der gemäß § 6 KO auf ihn übergegangenen Verwaltungs- und Verfügungsbefugnis die Rechte aus § 22 GebrMG übertragen, das Recht zur Benutzung des Gebrauchsmusters gemäß § 11 GebrMG ausüben, auf das Gebrauchsmuster verzichten oder Lizenzen erteilen. Ferner hatte er das Recht, Ansprüche gegen Gebrauchsmusterverletzer nach § 24 GebrMG geltend zu machen sowie nach Maßgabe des § 13 Abs. 3 GebrMG i. V. m. § 8 PatentG im Wege der Vindikation gegen nicht berechtigte Anmelder bzw. Inhaber vorzugehen und die Abtretung des Anspruchs auf Erteilung des Gebrauchsmusters oder die Übertragung des bereits erteilten Gebrauchsmusters zu verlangen.

b) Geheimgebrauchsmuster. Gegenstand eines Geheimgebrauchsmusters ist ein Staatsgeheim- 295 nis i.S.v. § 93 StGB (§ 9 Abs. 1 Satz 1 GebrMG). Wird ein derartiges Gebrauchsmuster angemeldet, ordnet die für die Anordnung gemäß §§ 9 GebrMG, 50 PatentG zuständige Prüfungsstelle von Amts wegen an, dass die Offenlegung und Bekanntmachung im Patentblatt unterbleibt. Das Gebrauchsmuster wird in eine besondere Rolle eingetragen (§ 9 Abs. 1 Satz 4 GebrMG). Der Bundesminister für Verteidigung ist gemäß der „Verordnung der Bundesregierung zur Ausführung des § 56 PatentG (§ 30g PatentG aF) und des § 9 GebrMG (§ 3a GebrMG aF)"[524] als zuständige oberste Bundesbehörde berechtigt, den Umfang der Geheimhaltung festzulegen und den Empfängerkreis zu bestimmen.[525]

Die nach § 9 GebrMG erteilten Geheimgebrauchsmuster gehören wie alle anderen Gebrauchsmuster zur Insolvenzmasse eines Schuldners. Im Rahmen der Erteilung von Lizenzen oder Übertragung von Rechten sind jedoch weiterhin die Geheimhaltungsvorschriften zu beachten. Die Übertragung von Rechten durch den vorläufigen Insolvenzverwalter mit weiten Verwaltungs- und Verfügungsbefugnissen i.S.v. § 22 Abs. 1 Satz 1 oder durch den Insolvenzverwalter an nicht zum festgelegten Empfängerkreis bestimmte Personen bedarf daher der Zustimmung des Bundesministers für Verteidigung. Die strikten Geheimhaltungsvorschriften und Beschränkungen dürften die Verwertbarkeit eines Geheimgebrauchsmuster in der Insolvenz eines Schuldners erheblich beeinträchtigen.[526]

4. Patente. a) Überblick. Nach § 15 Abs. 1 PatG sind das Recht auf das Patent, der Anspruch 296 auf Erteilung des Patents und das Recht aus dem Patent beschränkt oder unbeschränkt übertragbar. Rechte, die übertragbar sind, sind auch pfändbar, vgl. §§ 857 Abs. 1, 851 Abs. 1 ZPO, und gehören daher auch zur Insolvenzmasse.

---

[522] Zimmermann InVo 1999, 3, 7.
[523] Benkard, PatG § 4 GebrMG RdNr. 27; Zimmermann InVo 1999, 3, 7.
[524] BGBl. 1961 I, S. 595.
[525] Vgl. Benkard, PatG § 9 GebrMG RdNr. 1 f.
[526] Vgl. Benkard, PatG § 9 GebrMG RdNr. 15.

297 Das Recht auf das Patent ist der privatrechtliche Anspruch des Erfinders darauf, dass nur ihm, nicht jedoch einem nicht dazu befugten Dritten ein Patent für seine schutzfähige Erfindung erteilt wird. Der Anspruch auf Erteilung des Patents für die beim Patentamt schon angemeldete Erfindung (vgl. §§ 1, 7, 35 PatG), ist der aus der Anmeldung erwachsene formelle Anspruch auf Bewilligung des Patents durch das Patentamt. Das Recht aus dem Patent ist die sich aus dem erteilten Patent ergebende Rechtsstellung, also die gesamte Rechtsstellung, die das erteilte Patent dem Patentinhaber gewährt. Dieses Recht gibt die alleinige Befugnis, gewerbsmäßig den Gegenstand des Patents herzustellen, anzubieten, in Verkehr zu bringen oder zu gebrauchen oder zu diesen Zwecken entweder einzuführen oder zu besitzen (§ 9 PatG).

298 Im Gegensatz zu den noch nicht angemeldeten Erfindungen, deren Verwertbarkeit umstritten ist (vgl. RdNr. 301 ff.), regelt § 15 PatG ausdrücklich die Möglichkeit der beschränkten und unbeschränkten Übertragung des Rechts auf das Patent, des Anspruchs auf Erteilung des Patents und des Rechts aus dem Patent. Da diese Rechte übertragbar sind, sind sie grundsätzlich auch pfändbar, unterliegen der Zwangsvollstreckung und fallen in die Insolvenzmasse des Schuldners.[527]

299 Bereits nach den Regelungen der KO konnte der Gemeinschuldner die Rechte nach § 15 PatG nicht mehr geltend machen, da die Verwaltungs- und Verfügungsbefugnis über sein Vermögen mit der Eröffnung des Konkursverfahrens gemäß § 6 KO auf den Konkursverwalter übergegangen war. Dieser konnte kraft der auf ihn übergegangenen Befugnisse die Rechte aus § 15 PatG übertragen, das Recht zur Nutzung des Patents nach § 9 PatG ausüben, auf das Patent verzichten oder Lizenzen erteilen. Auch Ansprüche gegen Patentverletzer nach §§ 139, 140a, 140b PatG sowie patentindikatorische Ansprüche nach § 8 PatG gegen nicht berechtigte Anmelder bzw. nicht berechtigte Patentinhaber konnten vom Konkursverwalter geltend gemacht werden.

300 **b) Das Recht aus dem Patent und Erteilung.** Das Recht aus dem Patent und der Anspruch auf Erteilung des Patents sind der Pfändung unterworfen und damit Bestandteile der Insolvenzmasse. Diese Rechte unterliegen nach der Eröffnung des Verfahrens der alleinigen Verfügung des Insolvenzverwalters.

301 **c) Das Recht auf das Patent.** Strittig ist, ob das vor der Anmeldung bestehende Recht auf das Patent der Zwangsvollstreckung unterworfen ist und damit in die Insolvenzmasse des Erfinders fällt.[528] Auch dieses vor der Anmeldung bestehende Erfinderrecht ist bereits übertragbar und besitzt Geldwert. Unstreitig ist, dass sich dieses Recht aus vermögensrechtlichen und personenrechtlichen Bestandteilen zusammensetzt.

302 Es wird vertreten, dass das Veröffentlichungsrecht, also das Recht auf das Patent, persönlichkeitsrechtlicher Natur ist. Das Recht auf das Patent ist danach nicht pfändbar, weil seine Verwertung ohne Verletzung des Erfinders nicht möglich wäre und daran die gesamte Zwangsvollstreckung scheitern würde.[529]

303 Nach aA[530] ist das Recht auf das Patent pfändbar und insolvenzbeschlagsfähig. Danach bestehe kein Persönlichkeitsrecht an der Erfindung. Persönlichkeitsrechtlichen Gehalt habe nur die Erfindungsleistung. Dies wird im Wesentlichen damit begründet, dass nach § 15 PatG auch das Recht auf das Patent vererblich und veräußerlich sei.

304 Eine solche Betrachtungsweise wird zT mit der Begründung abgelehnt, dass die Veräußerbarkeit und Vererbbarkeit allein noch nicht dafür spricht, dass dieses Recht auch gepfändet werden könne. Das Antragsrecht sei prozessualer Art, da es den dinglichen Anspruch des Erfinders erst mit der Antragstellung verwirkliche. Von der Abtretbarkeit könne somit noch nicht auf die Pfändbarkeit geschlossen werden.[531]

305 Nach hM[532] kommt den Erfinderrechten eine doppelte, d.h. teils persönlichkeitsrechtliche und teils vermögensrechtliche Rechtsnatur zu. Dieser Doppelnatur kann nur dadurch Rechnung getragen werden, indem man die Möglichkeit des Insolvenzbeschlages für das Recht auf das Patent von der Voraussetzung abhängig macht, dass der Erfinder seine Absicht kundgetan hat, die Erfindung wirtschaftlich zu verwerten. Er kann nämlich die Erfindung auch ungenutzt lassen. Dieses Wahlrecht gehöre der Persönlichkeitssphäre an und kann wider seinen Willen nicht abgelöst werden.[533]

---

[527] *Benkard*, PatG § 15 PatG RdNr. 18.
[528] *Zimmermann* InVo 1999, 3, 6.
[529] *Pinzger* ZZP Bd. 60 (1936/37), 415, 417.
[530] *Pfister*, Das technische Geheimnis „Know How" als Vermögensrecht, S. 17 ff.; *Mentzel*, KuT 1937, 17; Göttlich MDR 1957, 11; *Bernhardt/Krasser*, Lehrbuch des Patentrechts, S. 687.
[531] *Wieczorek/Schütze*, ZPO § 857 Anm. A IIb 1.
[532] BGHZ 16, 172, 175; *Stöber*, Forderungspfändung, RdNr. 1720; Kilger/K. Schmidt KO § 1 Anm. 2 Ca aa.
[533] RGZ 52, 227, 231.

d) Geheimpatente. Gegenstand eines Geheimpatents ist eine Erfindung, die ein Staatsgeheimnis 306 i.S.v. § 93 StGB darstellt. Wie im Fall des Geheimgebrauchsmusters (vgl. RdNr. 295) ordnet die zuständige Prüfungsstelle an, dass jede Veröffentlichung zu unterbleiben hat, gemäß § 50 Abs. 1 PatG. Das Geheimpatent fällt in die Insolvenzmasse des Schuldners. Die Verwertung des Geheimpatents durch Lizenzvergabe oder Veräußerung unterliegt ebenso wie im Geheimgebrauchsmusterrecht insoweit Besonderheiten, als strafrechtliche Bestimmungen (§ 93 StGB) nicht entgegenstehen dürfen. Die Übertragung und die Lizenzvergabe ist jedoch auf einen engen Kreis möglicher Interessenten beschränkt. Vgl. dazu auch RdNr. 295.

e) Vorbenutzungsrechte. Ein Vorbenutzungsrecht i. S. d. § 12 PatG kann im Wege des Erbfalls 307 oder der Veräußerung an Dritte nur zusammen mit dem Betrieb übertragen werden, vgl. § 12 Abs. 1 Satz 3 PatG.[534]

Mangels Selbständigkeit bzw. separater Pfändbarkeit (§ 857 Abs. 3 ZPO) ist daher die Zwangsvoll- 308 streckung in das Vorbenutzungsrecht im Wege der Pfändung nicht zulässig.[535]

Trotz der Unpfändbarkeit bejaht der BGH[536] und mit ihm die Literatur[537] die Zugehörigkeit 309 eines Weiterbenutzungsrechts zur Insolvenzmasse. Die Argumentation des BGH überzeugt: § 12 Abs. 1 Satz 3 PatG und die Versagung einer separater Pfändbarkeit soll verhindern, dass der Umfang des Vorbenutzungsrechts durch Ablösung von dem Betrieb, in dem es entstanden ist, verändert wird. Eine solche Gefahr droht nicht, wenn das Recht gemeinsam mit dem Betrieb der Verwaltungsbefugnis des Insolvenzverwalters unterstellt wird, unabhängig davon, ob der Insolvenzverwalter den Betrieb zunächst fortführt oder sogleich mit dem Recht veräußert.

5. Lizenzen. a) Einfache Lizenzen. Bei der einfachen Lizenz handelt es sich lediglich um ein 310 positives Benutzungsrecht, das ggf. auch Mehreren eingeräumt werden kann. Der Erwerber darf das geschützte Recht im vereinbarten Umfang nutzen und hat keine negativen Abwehrbefugnisse, also auch kein Recht, gegen Nachahmer vorzugehen.[538]

Einfache Lizenzen sind allein unübertragbar und damit gemäß §§ 857 Abs. 1, 851 Abs. 1 ZPO 311 nicht pfändbar. Sie fallen daher nicht in die Insolvenzmasse, wohl aber die schuldrechtlichen Ansprüche aus dem Lizenzvertrag.[539]

b) Rechtsnatur des Lizenzvertrags. aa) Bedeutung. Für die insolvenzrechtliche Abwicklung 312 eines Lizenzvertrages ist von Bedeutung, welcher Rechtsnatur Lizenzverträge zuzuordnen sind. In Rechtsprechung und Literatur werden hierzu die unterschiedlichsten Standpunkte vertreten. Zum Teil sah man in dem Lizenzvertrag einen Rechtskauf, einen Mietvertrag oder einen Pachtvertrag. Gegen die Einordnung als reiner Kaufvertrag spricht, dass keine Verfügung über das ganze Patent getroffen wird, da das eigentliche Kernstück des Vertrages beim Lizenzgeber bleibt, während der Lizenznehmer nur als abgespaltenen Teil ein Nutzungsrecht erhält.[540] Gegen die Qualifikation als Mietvertrag ist einzuwenden, dass das deutsche Recht nur eine Miete von Sachen kennt, nicht aber von Rechten.

Für die Einordnung als Pacht spricht zunächst, dass nach deutschem Recht auch Rechte Gegen- 313 stand eines Pachtvertrages sein können.[541]

Allerdings lässt sich der Gegenstand eines Pachtvertrages nicht wirksam an mehrere, völlig voneinander unabhängige Personen verpachten. Dennoch weist der Lizenzvertrag in seiner Gesamtheit wesentliche und typische Merkmale eines Pachtvertrages auf, denn die Inhaberschaft über das eigentliche Recht verbleibt beim Lizenzgeber und die Lizenzverträge sind in der Regel als Dauerschuldverhältnisse ausgestaltet, sodass die analoge Anwendung der Vorschriften über das Pachtrecht gerechtfertigt ist.[542]

Die Lizenz ist daher als Dauerschuldverhältnis einzuordnen.

---

[534] Vgl. *Benkard*, PatG § 12 PatG RdNr. 25.
[535] *Benkard*, PatG § 12 PatG RdNr. 25.
[536] BGH, Urteil vom 10.9.2009, Az. Xa ZR 18/08, Randzeichen 13; BGH GRUR 1966, 370, 374.
[537] *Reimer*, PatG § 7 Anm. 46; *Uhlenbruck/Hirte* § 35 RdNr. 242; *Jaeger/Henckel* § 35 RdNr. 59; *Mentzel*, KuT 1937, 17, 18.
[538] BGH GRUR 1982, 411; *Benkard*, PatG u. GebrMG, § 15 PatG RdNr. 56; *Stumpf/Groß*, Der Lizenzvertrag, Teil G RdNr. 381; *Weber/Hötzel* NZI 2011, 432 f. unter Hinweis darauf, dass auch der einfachen Lizenz zunehmend gewisse „dingliche Eigenschaften" beigemessen werden, als Beispiel wird der Sukzessionsschutz gemäß § 33 S. 2 UrhG angeführt.
[539] *Ganter* NZI 2011, 833, 834 ff.; *Kilger/K. Schmidt* KO § 1 Anm. 2 C a aa; *Jaeger/Henckel* § 35 RdNr. 62; *Uhlenbruck/Hirte* § 35 RdNr. 254; *Abel* NZI 2003, 121, 122.
[540] *Stumpf/Groß*, Der Lizenzvertrag, Teil A RdNr. 20.
[541] *Palandt/Weidenkaff* § 581 BGB RdNr. 3.
[542] *Stumpf/Groß*, Lizenzvertrag, Teil A RdNr. 24; *Abel* NZI 2003, 121, 123; *Hoffmann* ZInsO 2003, 732, 735 f. mwN.

314 **bb) Alte Rechtslage.** Da auf Lizenzverträge als Dauerschuldverhältnisse die §§ 19 bis 21 KO entsprechende Anwendung fanden, konnten im Konkurs des Lizenznehmers sowohl der Lizenznehmer als auch der Konkursverwalter gemäß § 19 KO den Lizenzvertrag kündigen.[543] Die gesetzliche Kündigungsfrist, auf die § 19 KO hinwies, bestimmte sich nach § 595 BGB.[544] Hatte der Lizenzgeber dem Lizenznehmer bei der Eröffnung des Konkurses über dessen Vermögen den Gegenstand noch nicht überlassen, so konnte der Lizenzgeber gemäß § 20 KO vom Vertrag zurücktreten und der Konkursverwalter gemäß §§ 20 Abs. 2, 17 KO zwischen Erfüllung und Nichterfüllung wählen.[545]

315 Im Konkurs des Lizenzgebers blieb der Lizenzvertrag der Konkursmasse nach Maßgabe des § 21 KO gegenüber wirksam.[546]

316 Hatte der Lizenzgeber dem Lizenznehmer bei Konkurseröffnung die Erfindung noch nicht überlassen, so fand nicht § 21 KO, sondern § 17 KO Anwendung.[547]

317 **cc) Neue Rechtslage.** Gemäß § 108 Abs. 1 Satz 1 sind grundsätzlich nur noch Miet- und Pachtverhältnisse über unbewegliche Gegenstände oder Räume insolvenzfest. Das gleiche gilt gemäß § 108 Abs. 1 Satz 2 für Miet- und Pachtverhältnisse, die der Schuldner als Vermieter oder Verpächter eingegangen war und die sonstige Gegenstände betreffen, die einem Dritten, der ihre Anschaffung oder Herstellung finanziert hat, zur Sicherheit übertragen wurden. Lizenzverträge werden wie gegenseitige Verträge behandelt und fallen gemäß § 103 unter das Wahlrecht des Insolvenzverwalters.[548]

318 Dieser Unterschied in der Behandlung zum früheren Konkursrecht birgt **Gefahren und Probleme für die Wirtschaft** in sich. Lizenzverträge sind vor allem im Bereich der Nutzung von Software weit verbreitet. Wird ein **Lizenzgeber insolvent,** kann der Insolvenzverwalter nunmehr bei Vorliegen der Voraussetzungen des § 103 die Nichterfüllung des Vertrages wählen und die Lizenz anderweitig zu für ihn besseren Konditionen anbieten/vermarkten. Der Lizenznehmer wäre gezwungen, sich in relativ kurzer Zeit ein neues Softwareprogramm verschaffen zu müssen. Es besteht die Gefahr, dass auf diese Weise Lizenznehmer „in den Sog der Insolvenz des Lizenzgebers geraten".[549]

319 Der **amerikanische Gesetzgeber** hat in Sorge um die Wettbewerbsfähigkeit von Unternehmen auf die zuvor beschriebene Entwicklung reagiert und den § 365 des US-amerikanischen Bankruptcy Codes (B.C.) um einen Abs. (n) erweitert, der Software-Lizenzverträgen unter bestimmten Voraussetzungen Insolvenzfestigkeit verleiht.[550]

Um eine etwaige **Lösung** im **deutschen Insolvenzrecht** wird seit längerem gerungen, bisher ohne entsprechende gesetzgeberische Umsetzung.[551]

---

[543] *Jaeger/Henckel,* KO 9. Aufl. 1997, § 1 RdNr. 38; *Kuhn/Uhlenbruck,* KO 11. Aufl. 1994, § 19 RdNr. 2a; *Stumpf/Groß,* Lizenzvertrag, Teil M RdNr. 497; *Weber/Hötzel* NZI 2011, 432.

[544] *Jaeger/Henckel,* KO 9. Aufl. 1997, § 19 RdNr. 23.

[545] *Reimer,* PatG § 9 Anm. 123; *Klauer/Möhring,* PatG § 9 Anm. 95; *Stumpf/Groß,* Lizenzvertrag, Teil M RdNr. 498.

[546] *Kuhn/Uhlenbruck,* KO 11. Aufl. 1994, § 19 RdNr. 2a; *Berger* ZInsO 2007, 1142.

[547] *Benkard,* PatG u. GebrMG, § 15 PatG RdNr. 32; *Stumpf/Groß,* Lizenzvertrag, Teil M RdNr. 493.

[548] BGH WM 2011, 1474, 1477; KG, Beschluss vom 23.4.2012, Az. 20 SCHH 3/09; siehe auch BGH WM 2006, 144 ff. zu einem Fall einer aufschiebend bedingten Übertragung; *Braun/Kroth* § 103 RdNr. 12; *Stumpf/Groß,* Lizenzvertrag, Teil M RdNr. 499; *Weber/Hötzel* NZI 2011, 432, 433; *Berger* ZInsO 2007, 1142; nach aA soll § 108 Abs. 1 Satz 2 (analog) auch auf Lizenzverträge Anwendung finden: vgl. zB *Hoffmann* ZInsO 2003, 732, 741; *Brandt* NZI 2001, 337, 341; FK-*Wegener* § 108 RdNr. 14 f.; dagegen zB HK-*Marotzke* § 108 RdNr. 4; *Paulus* ZIP 1996, 2, 5 f.; *Weber/Hötzel* NZI 2011, 432, 434; siehe auch LG München I, Urteil vom 13.6.2007, Az. 21 O 23532/06: für den Fall, dass der Schuldner als Lizenzgeber dem Lizenznehmer ein ausschließliches, unbeschränktes sowie unwiderrufliches marken- und urheberrechtliches Nutzungsrecht eingeräumt und damit sämtliche Verpflichtungen aus dem Lizenzvertrages bereits erfüllt hat, bleibe kein Raum für ein Erfüllungswahlrecht nach § 103 des Insolvenzverwalters; ferner zu einfachen Lizenzen: LG München I, Urteil vom 9.2.2012, Az 7 O 1906/11 – siehe auch Kommentierung zu § 103.

[549] Siehe zB *Paulus* ZIP 1996, 2, 5; *Dahl/Schmitz* NZI 2007, 626; *Dengler/Gruson/Spielberger* NZI 2006, 677, 678 ff.; zu etwaigen Lösungsansätzen zB HK-*Marotzke* § 108 RdNr. 7; *Pahlow* WM 2008, 2041, 2044; *Berger* ZInsO 2007, 1142 ff.; *Heim* NZI 2008, 338 ff.

[550] *Paulus* ZIP 1996, 2, 6; *Mock* ZInsO 2007, 1121; *von Wilmowsky* ZInsO 2011, 1473, 1481 mit kritischer Beleuchtung, auch der Urteile, die zu dieser Aufnahme des Absatzes „n" in § 365 B.C. geführt haben.

[551] Siehe den am 18.7.2012 vom Bundeskabinett beschlossenen Gesetzesentwurf zur Verkürzung des Restschuldbefreiungsverfahrens und zur Stärkung der Gläubigerrechte, der den vormaligen Vorschlag im Referentenentwurf vom 23.1.2012 für ein Gesetz zur Verkürzung des Restschuldbefreiungsverfahrens, zur Stärkung der Gläubigerrechte und zur Insolvenzfestigkeit von Lizenzen zum Umgang mit Lizenzen im Fall der Insolvenz (§ 108a InsO-E) nicht mehr enthält (jeweils abrufbar über die internet-Seite des BMJ); vgl. zB *Berger* ZInsO 2007, 1142 ff. und *Heim* NZI 2008, 338 ff. zum vormaligen Regierungsentwurf eines diesbezüglichen § 108a InsO (abgedruckt zB in Beilage zu NZI-Heft 10/2007) und mit eigenen Formulierungsvorschlägen; siehe ferner auch *Bullinger/Hermes* NZI 2012, 492 ff.; *Ganter* NZI 2011, 833, 838; *Marotzke* ZInsO 2008, 1108, 1115 ff.; *Pahlow* WM 2008, 2041 ff.; *Slopek* ZInsO 2008, 1118 ff.; *Wegener* ZInsO 2008, 352 ff.; *Dahl/Schmitz* NZI 2008, 424 f.; und *dies.* NZI 2007, 626 ff.; kritisch dazu mit Blick auf

In der **Insolvenz des Lizenznehmers** beurteilt sich die Frage, inwieweit sich der Lizenzgeber 320 in diesem Fall von der Lizenzvereinbarung lösen kann, nach den §§ 112, 119 InsO. Trotz der in diesen Vorschriften vorgesehenen zwingenden Einschränkung der Kündigungsmöglichkeiten wegen Zahlungsverzuges und der Verschlechterung der Vermögensverhältnisse des Schuldners, wird für den Fall der Insolvenz des Lizenznehmers zum Teil vertreten, dass im Lizenzvertragsrecht unter bestimmten Voraussetzungen **Lösungsklauseln** zulässig seien.[552] Vgl. dazu ausführlich die Kommentierung von § 112 InsO.

Nach der BGH-Rechtsprechung bestehen **Unterlizenzen** trotz Erlöschens der Hauptlizenz idR fort, insbesondere dann, wenn der Grund für die Beendigung der Hauptlizenz nicht aus der Sphäre des Unterlizenznehmers stammt[553]

c) Ausschließliche Lizenzen. Im Falle der Gewährung einer ausschließlichen Lizenz wird dem 321 Lizenznehmer ein Benutzungsrecht mit positivem und negativem Inhalt eingeräumt: er ist berechtigt, im Rahmen der ihm erteilten Lizenz das geschützte Recht zu benutzen und Dritten die Benutzung zu untersagen.[554]

Die ausschließliche Lizenz hat damit dinglichen Charakter.[555] Sie kann veräußert werden, ist 322 pfändbar und gehört zur Insolvenzmasse des Gemeinschuldners.[556]

d) Betriebslizenzen. Die Betriebslizenz wird lediglich für die Produktion in einem bestimmten 323 Betrieb erteilt.[557] Die Betriebslizenz erlischt, wenn der Betrieb endgültig aufgegeben wird.[558] Darunter fällt nicht eine einzelne Fabrikanlage, sondern der wirtschaftliche Komplex eines Unternehmens.

e) Zwangslizenzen. Das ausschließliche Nutzungsrechts des Patentinhabers findet in § 24 324 PatentG eine Durchbrechung. Danach kann eine sogenannte Zwangslizenz erteilt werden, wenn der Patentsucher oder Patentinhaber sich weigert, die Benutzung der Erfindung einem anderen zu gestatten, der sich erbietet, eine angemessene Vergütung zu zahlen und Sicherheit dafür zu leisten, und die Erlaubnis im öffentlichen Interesse geboten ist.[559] Die Zwangslizenz kann nur zusammen mit dem Betrieb veräußert bzw. übertragen werden.[560]

f) Bundesligalizenzen. Das Recht zur Teilnahme mit Mannschaften am sportlichen Wettbe- 324a werb einer Bundesliga unterliegt grundsätzlich dem Insolvenzbeschlag, wenn es von Rechts wegen übertragbar ist und üblicherweise Geldbeträge für die Übertragung gezahlt werden.[561]

6. Geschmacksmuster. a) Überblick. Das Geschmacksmusterrecht unterliegt als Immaterial- 325 güterrecht dem Insolvenzbeschlag, soweit es übertragbar und damit pfändbar ist.

Als Geschmacksmuster im Sinne des GeschmMG wird die schöpferische Leistung eines Menschen definiert, die sich in einer ästhetisch besonders neuen und eigentümlichen Gestaltung eines Musters oder Modells verwirklicht. Unter Mustern versteht das Gesetz Flächenformen und unter Modellen Raumformen. Allerdings wird der Begriff des Musters auch als Oberbegriff verwendet.[562]

Beispiele für derartige Erzeugnisse sind Stoff- und Tapetenmuster, Kleiderschnitte, Schmuckstü- 326 cke, Vasen, Bestecke, Porzellan- oder Keramikwaren. Über diese traditionellen Bereiche hinaus werden heute auch sämtliche Gebrauchsgegenstände vom Auto bis zum Elektroschalter in den Kreis der Schutzgegenstände einbezogen.

b) Verwertung nach Anmeldung. Das Gesetz gewährt einem Muster den Schutz gegen Nach- 327 bildungen nur dann, wenn es zur Eintragung in das Musterregister angemeldet ist und in einem Exemplar oder einer Abbildung niedergelegt wird. Durch die Anmeldung erklärt der Musterurheber, dass er den gesetzlichen Schutz beansprucht.

---

den Grundsatz der Gläubigergleichbehandlung: *v. Wilmowsky* ZInsO 2011, 1473, 1477; *Leithaus/Frege* Editorial NZI 2007, Heft 10, V und VI; *Mock* ZInsO 2007, 1121 f.
[552] Übersicht bei *Hoffmann* ZInsO 2003, 732, 736 f.; *Cepl* NZI 2000, 357 ff.; *Abel* NZI 2003, 121, 127 f.; *Weber/Hötzel* NZI 2011, 432, 436.
[553] BGH-Urteile vom 19.7.2012, Az. I ZR 70/10 und I ZR 24/11.
[554] RGZ 57, 38; 75, 402; 83, 93; 106, 366; *Stumpf/Groß*, Lizenzvertrag, Teil F RdNr. 358; *Weber/Hötzel* NZI 2011, 432, 433.
[555] RGZ 57, 38; 83, 93; 142, 170; *Uhlenbruck/Hirte* § 35 RdNr. 254; *Weber/Hötzel* NZI 2011, 432, 433.
[556] RGZ 89, 114, 115; 122, 70, 73; *Ganter* NZI 2011, 833, 834, 839 f.; *Jager/Henckel* § 35 RdNr. 62; *Benkard*, PatG u. GebrMG, § 15 PatG RdNr. 29, 32; *Abel* NZI 2003, 121, 122.
[557] *Stumpf/Groß*, Lizenzvertrag, Teil A RdNr. 41.
[558] *Henn*, Patent- und Know-how-Lizenzvertrag, S. 105; *Benkard*, PatG u. GebrMG, § 15 PatG RdNr. 29.
[559] *Bernhardt/Kraßer*, Lehrbuch des Patentrechts, § 34 IVd 2., S. 864.
[560] *Benkard*, PatG u. GebrMG, § 15 PatG RdNr. 29; *Reimer*, PatG § 15 Anm. 17.
[561] BGH WM 2001, 1005, 1006 = ZInsO 2001, 555.
[562] *Hubmann*, Gewerblicher Rechtsschutz, § 30 I.

Das angemeldete Geschmacksmuster ist gem. §§ 29 Abs. 1, 30 Abs. 1 GeschmMG übertragbar und pfändbar. Nach der Anmeldung gehört das Geschmacksmusterrecht daher zur Insolvenzmasse.

Bei gleichzeitiger Urheberrechtsschutzfähigkeit, dem sog. doppelten Schutz, ergeben sich Schwierigkeiten: Möglich ist nämlich, dass ein Muster zugleich den Kunstschutz genießt. Ende des 19. Jahrhunderts unterschied man noch streng zwischen der „reinen" oder „hohen" Kunst, geschützt im sog. Kunstschutzgesetz auf der einen Seite und der gewerblich genutzten Kunst, die im GeschmMG geschützt wurde, auf der anderen Seite. Demgegenüber ist man heute der Ansicht, dass der Geschmacksmusterschutz und der Urheberrechtsschutz sich nur graduell unterscheiden. Urheberrechtsschutz und Geschmacksmusterschutz schließen sich auch nicht aus, sondern können nebeneinander bestehen, als sog. Doppelschutz.[563]

Genießt der Urheber des Modells also zugleich den Urheberrechtsschutz nach § 2 UrhG, so müssen die urheberrechtlichen Einschränkungen der §§ 112 ff. UrhG gelten (vgl. RdNr. 345). In diesen Fällen bedarf es somit der Einwilligung des Urhebers. Die Zwangsvollstreckung und damit auch die Möglichkeit der insolvenzrechtlichen Verwertung ist nur insoweit möglich, als der Urheber Nutzungsrechte einräumen kann.

328   **c) Verwertung vor Anmeldung.** Früher wurde vertreten, dass das Anwartschaftsrecht völlig unpfändbar sei. Eine Verwertung vor der Anmeldung gemäß § 7 GeschmMG aF (vgl. jetzt: § 11 GeschmMG) war danach nicht möglich. Eine Zwangsvollstreckung sei hiernach erst möglich, wenn das Muster angemeldet wurde, weil der Urheber mit der Anmeldung das Werk für erscheinungsreif erklärt habe. Da mit der Zwangsvollstreckung in der Regel die öffentliche Schaustellung verbunden ist, der Urheber hierzu vor der Anmeldung jedoch nicht gezwungen werden könne, dürfe das Anwartschaftsrecht vor der Anmeldung eben nicht gepfändet werden.[564]

Demgegenüber ist man heute der Auffassung, die entsprechende Heranziehung der §§ 113 ff. UrhG trage dem Urheberpersönlichkeitsrecht, insbesondere der Entschließungsfreiheit des Urhebers, das Werk entstehen zu lassen, hinreichend Rechnung. Das bedeutet, dass das Anwartschaftsrecht nur dann in die Masse fällt, wenn der Urheber seine Einwilligung zur Einbeziehung in die Masse erteilt hat.[565]

329   Geschmacksmusterrechtliche Anwartschaftsrechte unterliegen auch dann dem Insolvenzbeschlag, wenn dem Erwerber der von einem Arbeitnehmer entworfenen und entwickelten Stoffmuster das Recht eingeräumt wird, die Anmeldung vorzunehmen.[566]

330   **d) Anspruch auf Herausgabe des Musters.** Neben dem Geschmacksmusterrecht selbst, kann der Anspruch des Rechtsinhabers auf Herausgabe des hinterlegten Musters oder Modells nach § 846 ZPO gepfändet werden. Nicht möglich ist die unmittelbare Pfändung des hinterlegten Musters oder Modells.

331   **7. Arbeitnehmererfindungen. a) Überblick.** 80 bis 90 % aller in Deutschland patentierten Erfindungen sind Arbeitnehmererfindungen.[567] Der Umfang dieser Erfindungen lässt erahnen, welche Bedeutung diesen Erfindungen aus gesamtwirtschaftlicher Sicht zukommt. Nimmt der Arbeitgeber die Erfindungen seines Arbeitnehmers in Anspruch, so gehen mit Zugang seiner entsprechenden Erklärung alle vermögenswerten Rechte an der Erfindung gemäß § 7 Abs. 1 des Gesetzes über Arbeitnehmererfindungen – ArbnErfG – (vom 25.7.1957, BGBl. I S. 756, geändert durch Gesetz vom 5.10.1994, BGBl. I S. 2911 und vom 31.7.2009, BGBl. I 2009 S. 2521) auf den Arbeitgeber über.[568] Dem Schutz und den Interessen des Arbeitnehmers wird u.a. dadurch Rechnung getragen, dass § 27 ArbnErfG für den Fall einer Insolvenz des Arbeitgebers Sonderregelungen zugunsten des Arbeitnehmers vorsieht.

332   **b) Alte Rechtslage (Konkursordnung).** Gemäß § 27 Abs. 1 ArbnErfG aF stand dem Arbeitnehmer im Konkurs des Arbeitgebers hinsichtlich der vom Arbeitgeber unbeschränkt in Anspruch genommenen Diensterfindungen ein Vorkaufsrecht zu, sofern der Konkursverwalter diese ohne den Geschäftsbetrieb veräußerte.[569] Mit dieser Regelung sollte verhindert werden, dass im Fall einer Einzelveräußerung die Erfindung unter ihrem eigentlichen Wert verkauft würde.[570]

---

[563] *v. Gamm*, GeschmMG § 3 RdNr. 60.
[564] Vgl. die Nachw. bei *v. Gamm*, GeschmMG § 3 RdNr. 60 f.; *Zimmermann* InVo 1999, 3, 7; *Jaeger/Henckel* § 35 RdNr. 56.
[565] *v. Gamm*, GeschmMG § 3 RdNr. 60 f.; offengelassen vom BGH WM 1998, 1037 ff.
[566] BGH WM 1998, 1037 ff. = WuB VI B. § 4 KO 1.98 *Pape*.
[567] *Bernhardt/Kraßer*, Lehrbuch des Patentrechts, § 21 Ia 1, S. 394.
[568] OLG Karlsruhe NZI 2012, 983 f. (kein Anwartschaftsrecht vor Erklärungszugang).
[569] Vgl. dazu die ausführliche Darstellung von *Schwab* NZI 1999, 257 ff.
[570] Begr. Entwurf eines Gesetzes über Erfindung von Arbeitnehmern und Beamten, BT-Drucks. 2/1648, S. 41.

Eine Veräußerung ohne den Geschäftsbetrieb wurde beispielsweise bereits dann angenommen, 333
wenn nur die an der Erfindungsauswertung nicht beteiligten Betriebsteile veräußert werden.[571]
Demgegenüber ist eine Veräußerung im Rahmen eines Teilbetriebsüberganges zulässig, wenn ein
technisch und organisatorisch eigenständiger Betriebsteil veräußert wird, der die Auswertung der
Diensterfindung ermöglicht. Dabei kommt das LG Düsseldorf mit guten Gründen zu dem Ergebnis,
dass der Übergang des (Erfinder-)Arbeitsverhältnisses auf den Betriebserwerber nicht erforderlich
ist.[572]

Die Beschränkung des Vorkaufsrechts auf den Fall der Einzelveräußerung bewirkte, dass die Wah- 334
rung der wirtschaftlichen Einheit des Geschäftsbetriebes eine bessere Möglichkeit bot, das Unternehmen als Ganzes zu verwerten.[573]

Nahm der Arbeitgeber die Diensterfindung erst nach Konkurseröffnung in Anspruch, konnte er 335
das Vorrecht des Arbeitnehmers dadurch nicht vereiteln, denn zum einen ging mit der Eröffnung
des Konkursverfahrens die Verwaltungs- und Verfügungsbefugnis über das Konkursvermögen des
Gemeinschuldners gemäß § 6 KO auf den Konkursverwalter über, der mit der Verfahrenseröffnung
auch die sich aus der Arbeitgeberstellung des Gemeinschuldners ergebenden Rechte und Pflichten
übernahm,[574] zum anderen war ein konkursfreier Neuerwerb deshalb zu verneinen, weil der
Rechtsgrund des Erfindungsrechts nicht in dem Zeitpunkt der Inanspruchnahmeerklärung, sondern
in der Fertigstellung der Diensterfindung im Rahmen des bestehenden Arbeitsverhältnisses zu sehen
ist.[575]

§ 27 Abs. 2 ArbnErfG aF sah insofern ein Vorrecht des Arbeitnehmererfinders vor, als dessen 336
Vergütungsansprüche für die unbeschränkte Inanspruchnahme einer Diensterfindung, für das Benutzungsrecht an einer Erfindung oder für die Verwertung eines technischen Verbesserungsvorschlages
(damals: §§ 9, 10, 14 Abs. 3, 16 Abs. 3, 19, 20 Abs. 1 ArbnErfG) gemäß § 61 Nr. 1 KO ihrem Rang
nach wie Lohnforderungen des Arbeitnehmers behandelt wurden.

c) Neuregelungen durch Art. 56 EGInsO und das Gesetz vom 31.7.2009. Durch zunächst 337
Art. 56 EGInsO[576] und sodann das Gesetz zur Vereinfachung und Modernisierung des Patentrechts
vom 31.7.2009[577] ist das ArbnErfG neu gefasst worden. Das Vorkaufsrecht des Arbeitnehmererfinders nach § 27 Abs. 1 ArbnErfG aF wurde zunächst inhaltlich unverändert in § 27 Nr. 2 Satz 1
ArbnErfG aF übernommen und ist sodann durch eine Pflicht, die Diensterfindung zur Übernahme
anzubieten (§ 27 Nr. 3 ArbnErfG), ersetzt worden. Das Konkursvorrecht des § 27 Abs. 2 ArbnErfG
aF ist weggefallen, da die Rangvorrechte des § 61 KO nicht in die Insolvenzordnung übernommen
worden sind. Wird die Erfindung des Arbeitnehmererfinders nach der Eröffnung des Insolvenzverfahrens durch Veräußerung an einen Dritten (§ 27 Nr. 1 ArbnErfG) oder durch Benutzung im
insolventen Betrieb (§ 27 Nr. 2 ArbnErfG) verwertet, hat der Arbeitnehmer Anspruch auf eine
angemessene Vergütung. Verwertet der Insolvenzverwalter nicht, ist er verpflichtet, dem Arbeitnehmer die Übertragung seiner Erfindung anzubieten (§ 27 Nr. 3 ArbnErfG). Andere Vergütungsforderungen des Arbeitnehmererfinders, die zB auf Verwertungshandlungen vor der Eröffnung des Verfahrens beruhen, werden nicht bevorzugt, sondern als Insolvenzforderungen behandelt (§ 27 Nr. 4
ArbnErfG).

Die Möglichkeit der beschränkten Inanspruchnahme einer Diensterfindung (§ 27 Abs. 2 Arb- 338
nErfG aF) ist im Wege der letzten Novellierung gemäß dem Gesetz vom 31.7.2009 entfallen.[578]
Vorher wurden diese Vergütungsansprüche aus einer beschränkten Inanspruchnahme als Masseforderungen behandelt, soweit sie durch Nutzungs- oder Verwertungshandlungen des Insolvenzverwalters
(§ 55 Abs. 1 Nr. 1) entstanden sind, als einfache Insolvenzforderungen, wenn die Nutzung oder
Verwertung bereits vor der Verfahrenseröffnung erfolgte.[579]

8. Urheberrechte an Werken der Literatur, Wissenschaft und Kunst. a) Übertragbarkeit. 339
Das Urheberrecht als solches ist grundsätzlich nicht übertragbar, vgl. § 29 Abs. 1 UrhG.[580] Es
kann lediglich vererbt (§ 28 UrhG) und in diesem Zusammenhang auch im Rahmen einer

---

[571] OLG Düsseldorf GRUR 1971, 218, 219.
[572] LG Düsseldorf NZI 2012, 627, 629 ff. mit Anm. von Kunzmann.
[573] Bartenbach/Volz DB 1981, 1121, 1122.
[574] Bartenbach/Volz, ArbnErfG § 17 RdNr. 15; K. Schmidt/W. Schulz ZIP 1982, 1015, 1018.
[575] Volmer/Gaul, ArbnErfG § 27 RdNr. 32.
[576] Vgl. dazu die Darstellungen von Schwab NZI 1999, 257, 258 f.
[577] BGBl. I 2009, S. 2521 ff., in Kraft getreten am 1.10.2009; gemäß § 43 Abs. 3 ArbnErfG bleibt § 27 ArbnErfG aF maßgeblich für alle Arbeitnehmererfindungen, die dem Arbeitgeber vor dem 1.9.2009 gemeldet worden sind; im Einzelnen Paul ZInsO 2009, 1839 ff.
[578] Paul ZInsO 2009, 1839 f.
[579] Begr. zu Art. 54 RegE EGInsO (entsprach Art. 56 EGInsO), BT-Drucks. 12/3803, S. 99.
[580] Vgl. Stickelbrock WM 2004, 549, 550.

Erbregelung übertragen werden (§ 29 Abs. 1 UrhG). Im Übrigen bleibt der Urheber Inhaber der Verwertungsrechte und seines Urheberpersönlichkeitsrechts sowie der daraus abgeleiteten Einzelbefugnisse. Der Urheber kann einem anderen lediglich die Verwertung seines Werkes dadurch überlassen, dass er ihm ein vom Urheberrecht abgeleitetes Nutzungsrecht einräumt (§§ 29 Abs. 2, 31, 32 UrhG).[581]

340   **b) Pfändbarkeit und insolvenzrechtliche Verwertbarkeit. aa) Überblick.** Die allgemeinen Zwangsvollstreckungsregeln werden durch die Sonderregelungen in §§ 113 bis 119 UrhG ergänzt. Danach ist die Zwangsvollstreckung in das Urheberrecht nur mit Einwilligung des Urhebers oder seines Rechtsnachfolgers erlaubt. Diese Grenzen gelten auch in der Insolvenz.[582]

341   **bb) Vollstreckung in das Urheberrecht.** Das Urheberrecht als solches ist nicht pfändbar, vgl. § 857 Abs. 1 i. V. m. § 851 Abs. 1 ZPO, § 29 Abs. 1 UrhG. Das Gesetz räumt den geistigen und persönlichen Interessen des Urhebers den Vorrang vor den Vermögensinteressen der Gläubiger ein.[583]

342   **cc) Vollstreckung in Verwertungsrechte.** Möglich ist die Vollstreckung in die Verwertungsrechte. Die Verwertungsrechte sind als Teil des umfassenden Urheberrechts ausschließliche Rechte. Im Umfang dieser Rechte hat der Urheber das alleinige Recht, sein Werk zu nutzen (positives Benutzungsrecht) und Dritte von der Benutzung auszuschließen (negatives Benutzungsrecht).[584] Die Ausschließlichkeit der Verwertungsbefugnis erstreckt sich auf die Nutzung in körperlicher und unkörperlicher Form. Die Nutzung in körperlicher Form umfasst insbesondere die Herstellung von Vervielfältigungsstücken und deren Verbreitung. Die Verwertung in unkörperlicher Form erfolgt zB durch die Aufführung, Sendung usw., also die Rechte zur öffentlichen Wiedergabe des Werkes einschließlich der Bearbeitungsrechte.

343   Zweck der Verwertungsrechte ist es, dem Urheber die Kontrolle über die Nutzung seines Werkes zu sichern. Sie sind damit, neben den sonstigen Rechten aus §§ 25 ff. UrhG, die Grundlage dafür, dass der Urheber aus seinem Werk wirtschaftlichen Nutzen ziehen kann.

344   Die **Zwangsvollstreckung wegen einer Geldforderung** ist von der Zwangsvollstreckung wegen einer Individualforderung zu unterscheiden:

345   Die Vollstreckung in die Verwertungsrechte des Urhebers und seines Rechtsnachfolgers ist, sofern sie die Vollstreckung wegen Geldforderungen betrifft, einer doppelten Beschränkung unterworfen. Zum einen ist die Zwangsvollstreckung wegen Geldforderungen in die Verwertungsrechte nur mit der Einwilligung des Urhebers zulässig. Zum anderen ist die Zwangsvollstreckung dadurch beschränkt, dass sie nach den Regeln der §§ 113 und 115 UrhG nur insoweit zulässig ist, als der Urheber oder sein Rechtsnachfolger Nutzungsrechte einräumen kann.[585] Das UrhG unterscheidet zwischen den Verwertungsrechten in der Hand des Urheberrechtsinhabers (§§ 15 ff. UrhG) und den davon abgespalteten Nutzungsrechten, gem. §§ 31, 32 UrhG, die dem Vertragspartner eingeräumt werden.[586]

346   Die Zwangsvollstreckung wegen Geldforderungen in das Urheberrecht ist also nur insoweit möglich, als der Urheber Nutzungsrechte einräumen kann.[587] Die Beschränkung der Einwilligung erklärt sich daraus, dass das Gesetz die persönliche Bindung des Urhebers zu seinem Werk höher als die Vermögensinteressen der Gläubiger einschätzt und daher eine zwangsweise Verwertung seines Werkes nur zulässt, wenn der Urheber seine Einwilligung gibt.[588]

Der Insolvenzverwalter darf deshalb das Werk nur in der Art selbst nutzen oder Dritten Nutzungsrechte einräumen, zu welcher der Schuldner seine Einwilligung gegeben hat.[589] Selbst wenn der Urheber mit der Nutzung durch den Insolvenzverwalter einverstanden war, bzw. mit der Einräumung der Nutzung an Dritte, verbleiben ihm seine persönlichen Rückrufrechte nach §§ 41, 42 UrhG, sowohl gegenüber dem Verwalter als auch gegenüber dem Dritten, dem der Verwalter Nutzungsrechte eingeräumt hat. Diese Rechte sind auch nicht durch den Verwalter ausübbar, da sie urheberpersönlichkeitsrechtliche Elemente aufweisen.[590]

---

[581] *Fromm/Nordemann,* Urheberrecht, Vor § 28 RdNr. 1; *Bußhardt,* Der Syndikus 2003, 36 ff.; vgl. auch Begr. zu RegE UrhG, BT-Drucks. IV/270, S. 55.
[582] *Ulmer,* Urheber- und Verlagsrecht, S. 571; *Schwab* KTS 1999, 49, 50 f.
[583] Vgl. dazu *Schricker/Loewenheim,* Urheberrecht, § 112 RdNr. 1 ff.; *Ulmer,* Urheber- und Verlagsrecht, S. 571.
[584] *Schricker/Loewenheim,* Urheberrecht, § 15 RdNr. 1.
[585] Vgl. aber § 115 Satz 2 UrhG.
[586] *Schricker/Loewenheim,* Urheberrecht, §§ 31 f. RdNr. 1 aE.
[587] *Jaeger/Henckel* § 35 RdNr. 43.
[588] *Rehbinder,* Urheberrecht, § 69 I 1, RdNr. 464.
[589] *Jaeger/Henckel* § 35 RdNr. 43 f.
[590] *Jaeger/Henckel* § 35 RdNr. 44.

Keine Beschränkung ist für die **Vollstreckung** in die Verwertungsrechte **wegen Individualforderungen** vorgesehen. Es ist beispielsweise möglich, dass der Urheber auf Grund einer vertraglich übernommenen Verpflichtung zur Einräumung von ausschließlichen oder einfachen Nutzungsrechten verurteilt wird. In solchen Fällen gilt gemäß § 894 Abs. 1 ZPO die Einwilligung mit der Rechtskraft des Urteils als erteilt.[591]

dd) Vollstreckung in Geldforderungen. Für den Gläubigerzugriff in Geldforderungen, beispielsweise aus der Werkverwertung, insbesondere aus Forderungen, die dem Urheber aus der Einräumung von Nutzungsrechten zustehen (§§ 31 f. UrhG) und einer gesetzlichen, aber vergütungspflichtigen Werknutzungsberechtigung, gelten die allgemeinen Bestimmungen der §§ 803 ff. ZPO. Grundsätzlich können diese Ansprüche gepfändet werden,[592] es sei denn, die Forderung ist gemäß § 851 ZPO nicht übertragbar. Dies gilt auch für die Vollstreckung in Schadensersatz- und Bereicherungsansprüche wegen Verletzung des Urheberrechts.[593]

Diese Werte fallen als Vermögensrechte in die Insolvenzmasse, sofern sie bei Eröffnung der Insolvenz bereits entstanden waren oder während des Verfahrens entstehen.

ee) Vollstreckung in abgeleitete Rechte. Nicht im Urheberrecht geregelt sind Zwangsvollstreckungsmaßnahmen, die von einem Gläubiger gegen den Nutzungsberechtigten durchgeführt werden. Der Gläubigerzugriff gegen den Erwerber von Nutzungsrechten ist nach allgemeinen Regeln grundsätzlich zulässig. Eine insolvenzrechtliche Verwertung ist also in der Regel möglich. Da die Vollstreckung jedoch nicht in die Rechtsstellung des ursprünglichen Rechtsinhabers, insbesondere also nicht in die des Urhebers eingreifen darf, da dieser nicht Vollstreckungsschuldner ist, ergeben sich Besonderheiten.[594]

Gemäß §§ 34, 35 UrhG darf der Nutzungsberechtigte grundsätzlich nicht ohne die Zustimmung des Urhebers eine Weiterübertragung vornehmen. Nach der amtlichen Begründung zum Regierungsentwurf können Nutzungsrechte zwar unbeschränkt gepfändet werden, nicht aber an den Gläubiger übertragen werden, solange nicht die Zustimmung des Urhebers vorliegt.[595] Abweichend hiervon wird zum Teil angenommen, dass bereits die Pfändung grundsätzlich von der Zustimmung des Urhebers abhängt.[596] Diese Ansicht steht zwar im Widerspruch zur amtlichen Begründung, aber im Einklang mit dem Gesetzestext, der von der Unzulässigkeit des Pfändung ausgeht. Die Zustimmung des Urhebers ist nur dann nicht erforderlich, wenn es sich beim Insolvenzschuldner um einen Miturheber am Filmwerk handelt (§ 90 UrhG) oder das Einwilligungsrecht des Urhebers vertraglich abbedungen wurde.[597]

Ist die Einräumung abgeleiteter Rechte mit fortwirkenden Verpflichtungen gegenüber dem Urheber verbunden, etwa mit einer laufenden Zahlungspflicht, so ist die Einzelzwangsvollstreckung nur mit dessen Zustimmung zulässig. Für die Insolvenz des Erwerbers eines abgeleiteten Rechts muss dies bedeuten, dass dem ursprünglichen Rechtsinhaber ein außerordentliches Kündigungsrecht zusteht.[598]

ff) Vollstreckung in körperliche Gegenstände. Die insolvenzrechtliche Verwertung von Verkörperungen der Werke ist grundsätzlich möglich, unterliegt jedoch einzelnen Beschränkungen. Dies liegt teilweise an der persönlichen Beziehung des Urhebers zu einzelnen Exemplaren, teils an ihrer Bedeutung im Rahmen der Verwertung des geistigen Gutes.[599]

(1) Originale. §§ 114 und 116 UrhG beschränken die Zwangsvollstreckung wegen Geldforderungen in die Originale der Werke.

Original ist das unmittelbar vom Urheber geschaffene Werkstück in Abgrenzung zu Vervielfältigungsstücken. Original ist diejenige Werkverkörperung, die das Werk erstmals in vollendeter Weise wiedergibt und nicht nur Reproduktion, Kopie oder Nachbildung ist. Möglich ist, dass von einem Werk mehrere Fassungen existieren. Ein Original ist daher auch das der Drucklegung zugrunde liegende Manuskript, wenn es sich noch um eine Bearbeitungsfassung handelt, sodass vorausgegangene Entwürfe Originale darstellen.

---

[591] *Ulmer*, Urheber- und Verlagsrecht, S. 573.
[592] *Bußhardt*, Der Syndikus 2003, 36 ff.; vgl. auch *Berger* NJW 2003, 853 ff., insbesondere mit Blick auf den Vertragsänderungsanspruch gemäß § 32 UrhG und den Anspruch auf eine weitere Beteiligung nach § 32a UrhG.
[593] *v. Gamm*, UrhG § 112 RdNr. 3; *Rehbinder*, Urheberrecht, § 69 II, RdNr. 465; *Bußhardt*, Der Syndikus 2003, 36 f.
[594] Vgl. *Rehbinder*, Urheberrecht, § 69 III, RdNr. 466; *Bußhardt*, Der Syndikus 2003, 36, 38.
[595] Vgl. amtliche Begr. zu § 122 RegE UrhG, abgedruckt: UFITA 45 (1965), S. 329.
[596] *Ulmer*, Urheber- und Verlagsrecht, S. 575; vgl. dazu auch *v. Gamm*, UrhG § 112 RdNr. 4.
[597] *Fromm/Nordemann*, Urheberrecht, § 112 RdNr. 4.
[598] *Rehbinder*, Urheberrecht, § 69 III 3, RdNr. 466.
[599] Vgl. dazu *Hubmann*, FS Lehmann, S. 812 ff.

355 Die Zwangsvollstreckung wegen Geldforderungen in Originale der Werke ist grundsätzlich nur mit seiner Einwilligung zulässig (§ 114 Abs. 1 UrhG). Originale in der Hand des Insolvenzschuldners, der Urheber ist, darf der Insolvenzverwalter daher nur mit dessen Einwilligung zur Masse ziehen. Der Einwilligung bedarf es nicht, wenn das Original zur Werkverwertung erforderlich ist (§ 114 Abs. 2 Nr. 1 UrhG). Hat somit der Schuldner seine Einwilligung erteilt, dass das Urheberrecht zur Masse gezogen wird, kann der Insolvenzverwalter das Original ohne weitere Einwilligung herausverlangen, wenn es beispielsweise für Vervielfältigungen benötigt wird. Die Einwilligung ist darüber hinaus entbehrlich, wenn das Original bestimmungsgemäß zur Verwertung vorgesehen ist (§ 114 Abs. 2 Nr. 2 und 3 UrhG: Werke der Baukunst u. der bildenden Künste). Insbesondere bei Werken der Baukunst, die in der Regel wesentlicher Bestandteil des Grund und Bodens sind, auf dem sie stehen (vgl. § 94 BGB), würde die Unpfändbarkeit ohne die Einwilligung des Urhebers zu unlösbaren Problemen führen.[600]

356 Ist der Schuldner als Rechtsnachfolger des Urhebers Inhaber des Urheberrechts, so ist die Einwilligung des Rechtsnachfolgers erforderlich, um das Recht in die Masse einzubeziehen. Die Einwilligung ist jedoch entbehrlich, wenn das Original in der Insolvenz des Urhebers selbst ohne dessen Einwilligung in die Masse fiele oder wenn das Werk bereits erschienen ist (§ 116 Abs. 2 Satz 1 Nr. 2 UrhG). Wird das Urheberrecht durch einen Testamentsvollstrecker ausgeübt, so ist anstelle der Einwilligung des Rechtsnachfolgers diejenige des Testamentsvollstreckers erforderlich (§ 117 UrhG).[601]

357 **(2) Vorrichtungen im Sinne des § 119 UrhG.** Beschränkt wird durch das UrhG die Zwangsvollstreckung wegen Geldforderungen in Vorrichtungen, die ausschließlich zur Vervielfältigung oder Sendung eines Werkes oder zur Vorführung von Filmwerken bestimmt sind. Das sind gem. § 119 Abs. 1 UrhG Formen, Platten, Steine, Druckstöcke, Matrizen, Negative. Sie unterliegen der Zwangsvollstreckung wegen Geldforderungen nur, sofern der Gläubiger zur Nutzung des Werkes mittels dieser Vorrichtungen berechtigt ist. Diese Einschränkung begründet sich daraus, dass die Zwangsvollstreckung in Wiedergabevorrichtungen von Werken und geschützten Leistungen für einen Gläubiger, der nicht zugleich das Werk oder die geschützte Leistung verwerten darf, in der Regel nur geringen Materialwert hat. Dieser reine Materialwert tritt aber gegenüber der Bedeutung, die den Vorrichtungen wegen der darin verkörperten Arbeit und für die Ausübung urheberrechtlicher Befugnisse zukommt, völlig in den Hintergrund. Der Gläubiger soll sich nicht nur den reinen Materialwert zunutze machen können, da dies eine völlig unwirtschaftliche Maßnahme wäre.[602] Für die Insolvenz bedeutet diese Vorschrift, dass die genannten Gegenstände nur in die Masse fallen, wenn der Insolvenzverwalter das Werk für die Masse nutzen darf. Eine Veräußerung dieser Gegenstände ist ihm nur zusammen mit der Einräumung oder Übertragung eines Nutzungsrechtes erlaubt.[603]

358 **(3) Vervielfältigungsstücke.** Ein Vervielfältigungsstück ist die Wiedergabe des Werks in einer Verkörperung, die geeignet ist, das Werk den menschlichen Sinnen auf irgendeine Weise unmittelbar oder mittelbar wahrnehmbar zu machen wie zB Bücher, Notizen, Schallplatten und dergleichen.

359 Die Vollstreckung wegen Geldforderungen in Vervielfältigungsstücke, die keine Vorrichtungen im Sinne des § 119 UrhG sind, ist nach den allgemeinen Regeln der ZPO zulässig. Das heißt, sie gehören grundsätzlich zur Masse, es sei denn, der Schuldner benötigt beispielsweise eine Kopie zur Fortsetzung seiner Erwerbstätigkeit im Sinne des § 811 Abs. 1 Nr. 5 ZPO. Ihre Verwertung darf allerdings nicht in einer das Urheberrecht verletzenden Weise geschehen, insbesondere darf sie nicht gegen das ausschließliche Verbreitungsrecht des Urhebers verstoßen.

360 Das Verbreitungsrecht ist nach der Legaldefinition des § 17 Abs. 1 UrhG das Recht, das Original oder Vervielfältigungsstück des Werkes der Öffentlichkeit anzubieten oder in den Verkehr zu bringen. Unter § 17 UrhG fällt daher lediglich die Verbreitung in körperlicher Form. Hat sich der Urheber die Veröffentlichung noch vorbehalten, so kann der Insolvenzverwalter diese Vervielfältigungsstücke nur mit Zustimmung des Verbreitungsberechtigten zur Masse ziehen. Ohne Zustimmung des Verbreitungsberechtigten bleibt dem Insolvenzverwalter nur die Möglichkeit der Verwertung des Materialwertes.

361 In der Insolvenz eines Verlegers fallen daher auch die noch nicht abgesetzten Exemplare in die Masse. Lehnt der Insolvenzverwalter die Erfüllung des Verlagsvertrages ab, so erlischt das Vertragsrecht, sodass eine Verbreitung nur mit Zustimmung des Berechtigten zulässig ist.

362 Im Fall der Nachlassinsolvenz (§§ 315 ff.) gehört das Urheberrecht erst dann zur Insolvenzmasse, wenn das Werk schon zu Lebzeiten erschienen war oder die Erben eingewilligt haben.[604]

---

[600] *Fromm/Nordemann*, Urheberrecht, § 114 RdNr. 1; *Stickelbrock* WM 2004, 549, 554.
[601] Vgl. dazu auch *Ulmer*, Urheber- und Verlagsrecht, S. 577; *Rehbinder*, Urheberrecht, § 69 I 2, RdNr. 464.
[602] Vgl. Begr. § 129 RegE UrhG, abgedruckt: UFITA 45 (1965), S. 330.
[603] *Jaeger/Henckel* § 35 RdNr. 55; *Stickelbrock* WM 2004, 549, 554.
[604] *Ulmer*, Urheber- und Verlagsrecht, S. 579.

(4) Filmwerke. Für Filmwerke ist die Vermutungswirkung des § 89 UrhG zu berücksichtigen. 363
Danach steht im Zweifelsfall dem Filmhersteller das Verwertungsrecht zu.[605] Wenn das Urheberrecht
am Film in die Insolvenzmasse fällt, kann der Insolvenzverwalter auch frei darüber verfügen.[606]

gg) Vergütungs- und Schadensersatzansprüche des Urhebers. Die Ansprüche des Gemein- 364
schuldners auf Vergütung für eine Überlassung des Werkes oder ein entsprechender Schadensersatz
wegen Verletzung des Urheberrechts sind ebenfalls als Vermögensrechte zu betrachten, die in der
Insolvenz des Gemeinschuldners in die Masse fallen.[607]

9. Markenrecht. a) Marken. Das Gesetz über den Schutz von Marken und sonstigen Kennzei- 365
chen (MarkenG) vom 25.10.1994[608] schützt neben Marken (§ 1 Nr. 1 MarkenG) auch geschäftliche
Bezeichnungen (§ 1 Nr. 2 MarkenG) und geographische Herkunftsangaben (§ 1 Nr. 3 MarkenG).

aa) Aufhebung der Akzessorietät Marke/Geschäftsbetrieb bei der Verwertung. Nach 366
vormaliger Fassung des § 8 Abs. 1 Satz 2 WZG aF (das WZG ist durch das MarkenG abgelöst
worden) war die Übertragung eines Warenzeichens nur zusammen mit dem Geschäftsbetrieb möglich. Da nach dieser Gesetzeslage Warenzeichen nur zusammen mit dem Geschäftsbetrieb im Konkurs verwertet werden konnten, ist der Rechtsübergang bei Marken i. S. d. § 1 Nr. 1, 3 ff. MarkenG,
wie bereits in der letzten geänderten Fassung des WZG vom 23.4.1992, nicht mehr an das Unternehmen des Inhabers oder dessen Geschäftsbetrieb gebunden, vgl. § 27 Abs. 1 MarkenG. Die dem
deutschen Markenrecht zugrunde liegende EG-Markenrechtsrichtlinie enthält zur Übertragung von
Marken keinerlei Vorschriften, sodass die deutsche Umsetzung der EG-Markenrechtsrichtlinie darüber hinausgeht.[609]

Ferner bestimmt § 29 MarkenG ausdrücklich, dass Marken der Zwangsvollstreckung unterliegen 367
und vom Insolvenzverfahren erfasst werden. Sie gehören somit zur Insolvenzmasse.[610] Die Regelung
des § 27 MarkenG ist sehr weitgehend, da sie sich nicht nur auf eingetragene Marken erstreckt (§ 4
Nr. 1 MarkenG), sondern auch auf solche, die durch Benutzung im geschäftlichen Verkehr innerhalb
beteiligter Verkehrskreise Verkehrsgeltung erworben haben (§ 4 Nr. 2 MarkenG) oder die im Sinne
des Artikels 6 der Pariser Verbandsübereinkunft zum Schutz des gewerblichen Eigentums notorische
Bekanntheit besitzen (§ 4 Nr. 3 MarkenG). Folge der freien Übertragbarkeit von Markenrechten ist,
dass die betroffenen Markenrechte nahezu unbeschränkt der Zwangsvollstreckung gemäß § 29 Abs. 1
Nr. 2 MarkenG unterworfen sind. Durch die fehlende Bindung der Marke an das Unternehmen
wird diese in der Insolvenz eines Unternehmens als selbständiger Vermögenswert äußerst interessant.[611] Der Insolvenzverwalter kann insbesondere auch die Unterlassungsansprüche nach §§ 14 ff.
MarkenG geltend machen.[612]

bb) Fassung des § 29 Abs. 3 MarkenG zur Zeit der KO. Bis zum 31.12.1998 sah § 29 368
Abs. 3 MarkenG aF die Möglichkeit vor, dass die Eröffnung eines Konkursverfahrens des Marken-
inhabers durch den Konkursverwalter oder auf Ersuchen des Konkursgerichts in das Markenregister
eingetragen werden konnte. Im Falle der Verwertung der Marke im Konkurs und der sich daran
anschließenden Übertragung an einen Erwerber, konnte der Übergang des Markenrechts nach § 27
Abs. 3 MarkenG ins Markenregister eingetragen werden. Der Konkursverwalter konnte auf Grund
der ihm zustehenden Verwaltungs- und Verfügungsbefugnis nach § 6 KO Lizenzen vergeben, diese
blieben auch bei einer sich anschließenden Veräußerung der Marke gemäß § 30 Abs. 5 MarkenG
unberührt.

cc) Fassung des § 29 Abs. 3 MarkenG zur Zeit der InsO. Seit dem 1.1.1999 gilt die Neufas- 369
sung des § 29 Abs. 3 MarkenG. Die dem früheren Konkursverwalter und dem Konkursgericht zustehenden Rechte werden nunmehr durch den Insolvenzverwalter und das Insolvenzgericht ausgeübt
(§ 29 Abs. 3 Satz 1 MarkenG). Im Fall der Eigenverwaltung des Schuldners (§ 270) tritt ein Sachwalter an die Stelle des Insolvenzverwalters (§ 29 Abs. 3 Satz 2 MarkenG).

b) Geschäftliche Bezeichnungen. Die gemäß §§ 5, 15 MarkenG geschützten geschäftlichen 370
Bezeichnungen umfassen Unternehmenskennzeichen (§ 5 Abs. 2 MarkenG) und Werktitel (§ 5

---

[605] *Jaeger/Henckel* § 35 RdNr. 54.; *Uhlenbruck/Hirte* § 35 RdNr. 251.
[606] *Uhlenbruck/Hirte* § 35 RdNr. 251.
[607] *Uhlenbruck/Hirte* § 35 RdNr. 250.
[608] BGBl. I, S. 3082, zuletzt geändert durch Gesetz vom 24.11.2011, in Kraft getreten am 3.12.2011 (BGBl. I, S. 2302).
[609] Vgl. dazu *Repenn* ZIP 1994, 1565 ff.
[610] *Lwowski/Hoes* WM 1999, 771, 776; *T. Fischer* WM 1997, 597 ff.
[611] Zur Bewertung vgl. *Repenn* ZIP 1994, 1565, 1566 f.
[612] *Uhlenbruck/Hirte* § 35 RdNr. 245; *Jaeger/Henckel* § 35 RdNr. 38; BPatG NZI 2012, 291, 292 lehnt unzu-
treffenderweise ein Widerspruchsrecht des Insolvenzverwalters nach § 42 MarkenG ab.

Abs. 3 MarkenG). Der Gesetzgeber hat für die geschäftlichen Bezeichnungen bewusst auf eine Regelung der Übertragbarkeit und damit auch auf eine Regelung der Folgeproblematiken wie Vollstreckungsunterworfenheit und Verwertung in der Insolvenz verzichtet.[613] Demzufolge sollte das geltende Recht nicht verändert werden.[614]

371 Sowohl das RG[615] als auch der BGH[616] haben frühzeitig eine Bindung der Kennzeichnungsrechte an das Unternehmen bejaht und die isolierte Übertragung einer nicht mehr auf ein tätiges Unternehmen hinweisenden Geschäftsbezeichnung als gegenstandslos bezeichnet. Diesen Standpunkt teilte auch die Literatur.[617] Das Schicksal der geschäftlichen Bezeichnung sollte somit untrennbar mit dem Geschäftsbetrieb bzw. dem Unternehmen verbunden sein. Die isolierte insolvenzrechtliche Verwertbarkeit wurde ausgeschlossen.[618]

Diese Ansicht wird nunmehr nach der Liberalisierung des Firmenrechts nach wohl h.M. abgelehnt, soweit bisher die Nichtübertragbarkeit damit begründet wurde, dass eine isolierte Übertragbarkeit deshalb nicht in Frage komme, weil eine natürliche Person bei der Bildung der Marke ihren natürlichen Namen zur Verfügung gestellt habe.[619]

372 **c) Verwertung von Markenware.** Probleme können sich bei der Verwertung von Markenware aus der Insolvenzmasse ergeben, wenn Schuldner und Markenrechtsinhaber personenverschieden sind und der Markenrechtsinhaber verhindern will, dass die Waren infolge der Insolvenz zu „Schleuderpreisen" auf den Markt kommen.[620] Es sind folgende Konstellationen zu unterscheiden:
– Ware befindet sich beim Markenrechtsinhaber,
– Ware befindet sich bei einem Zwischenhändler, der kein Lizenznehmer ist,
– Ware befindet sich bei einem Zwischenhändler, der zugleich auch Lizenznehmer ist.

373 In allen Fällen kann der Markenrechtsinhaber nicht gegen die Verwertung der Markenware durch den Insolvenzverwalter oder durch das Kreditinstitut, dem die Ware zur Sicherheit übereignet worden ist, vorgehen.[621] Der Markenrechtsinhaber kann bei den Fallgruppen 2 und 3 nicht über das Markenrecht den *Preis* und den Vertriebsweg der Ware kontrollieren. Diese Befugnis räumt das Markenrecht seinem Inhaber gerade nicht ein.[622]

374 **10. Know-how. a) Begriff.** Versuche, den aus dem anglo-amerikanischen Sprachraum stammenden Begriff des „Know-how" zu definieren, sind bereits recht häufig vorgenommen worden. Die deutsche Gruppe der Internationalen Handelskammer hat im Verlauf einer Sitzung am 27./28.5.1958 zur Definition des Know-how Begriffs auf den damaligen § 21 GWB verwiesen und das Know-how als gesetzlich nicht geschützte Erfindungsleistungen, Fabrikationsverfahren, Konstruktionen sowie sonstige die Technik bereichernde Leistungen angesehen.[623]

375 Die internationale Vereinigung für gewerblichen Rechtsschutz hat in einem Beschluss ausgeführt, dass der Begriff „Know-how" Kenntnisse und Erfahrungen technischer, kaufmännischer, administrativer, finanzieller oder anderer Natur umfasse, die im Betrieb eines Unternehmens oder in der Ausübung eines Berufes praktisch anwendbar seien.[624]

376 Eine ähnliche Definition stammt von Stumpf,[625] nach dessen Auffassung das Know-how technische, kaufmännische und betriebswirtschaftliche Kenntnisse sowie Erfahrungen umfasse, deren Benutzung einem Know-how-Nehmer die Produktion und den Vertrieb von Gegenständen, aber auch sonstige betriebliche Tätigkeiten wie Organisation und Verwaltung ermögliche. Es handle sich

---

[613] Dazu *Repenn/Weidenhiller,* Markenbewertung und Markenverwertung.
[614] Amtl. Begr. zum Entwurf eines Gesetzes zur Reform des Markenrechts und zur Umsetzung der Ersten Richtlinie 89/104/EWG des Rates vom 21.12.1988 zur Angleichung der Rechtsvorschriften der Mitgliedsstaaten über Marken, BT-Drucks. 1 2/6 581.
[615] RG GRUR 1943, 349, 350.
[616] BGHZ 1, 241, 247; BGHZ 21, 66, 68 ff.
[617] *v. Gamm/Teplitzky,* Wettbewerbs- und Wettbewerbsverfahrensrecht § 56 RdNr. 51; *Baumbach/Hefermehl,* Wettbewerbsrecht § 16 UWG RdNr. 12.
[618] RGZ 70, 226, 227; RGZ 95, 235, 237; BGHZ 32, 103, 105 f.; *Jacobs/Lindacher/Teplitzky,* UWG, § 16 RdNr. 159.
[619] So z.B. *Uhlenbruck/Hirte* § 35 RdNr. 379; HambKomm-*Lüdtke* § 35 RdNr. 109; *Braun/Bäuerle* § 35 RdNr. 57; *Steinbeck* NZG 1999, 133, 139 f.; aA. z.B. *Jaeger/Henckel* § 35 RdNr. 21 ff.; BankenKomm-*Meyer* § 35 RdNr. 18.
[620] *T. Fischer* WM 1997, 597; *Lwowski/Hoes* WM 1999, 771, 778.
[621] Vgl. zur Verwertung durch Kreditinstitute: *T. Fischer* WM 1997, 597 ff.; *Lwowski/Hoes* WM 1999, 771, 776 ff.
[622] *T. Fischer* WM 1997, 597, 604.
[623] Vgl. dazu *Stumpf,* Der Know-how-Vertrag, S. 20; siehe auch Art. 1 (1) g) unter „Begriffsbestimmungen" in der Verordnung (EU) Nr. 330/2010 der Kommission vom 20.4.2010 (EU-Amtsblatt L 102/1 vom 23.4.2010).
[624] GRUR Int. 1974, 358, 362; ähnlich auch *Finger* GRUR 1970, 3.
[625] *Stumpf,* Der Know-how-Vertrag, S. 27.

dabei um Wissen, das nicht durch gewerbliche Schutzrechte geschützt sei. Zudem liege es meist in Form eines Geheimnisses vor, was jedoch nicht zwingend der Fall sein muss.[626]

b) Beschlagnahmefähigkeit des Know-hows. Das Know-how ist, solange es sich noch „im Kopf" des Urhebers befindet, ein rein immaterielles Gut. Voraussetzung dafür, dass das Know-how in die Insolvenzmasse fällt, ist, dass es als wirtschaftlich verwertbares Gut erfasst ist. Dies kann bereits dann der Fall sein, wenn Angebote zum Abschluss eines Know-how-Vertrages schon soweit formuliert sind, dass sie einen konkreten Preis enthalten bzw. spätestens, wenn das Know-how Gegenstand eines Vertrages geworden ist.[627]

c) Rechtsnatur des Know-how-Vertrages. Mangels einer gesetzlichen Regelung ist die Rechtsnatur des Know-how-Vertrages umstritten. Zum Teil wird die Auffassung vertreten, dass im Rahmen eines Know-how-Vertrages die kaufrechtlichen Elemente überwiegen.[628]
Die überwiegende Mehrheit im Schrifttum sieht den Know-how-Vertrag auf Grund seiner unterschiedlichen Erscheinungsformen als Vertrag sui generis[629] an, bei dem es sich in der Regel um ein Dauerschuldverhältnis handelt. Danach erscheint es angebracht, auf den Know-how-Vertrag die gesetzlichen Regelungen über die Pacht analog anzuwenden.[630]

d) Abwicklung nach KO und nach InsO. Da das Pachtrecht analoge Anwendung auf den Know-how-Vertrag finden sollte, war vormals im Konkurs des Know-how-Gebers § 21 KO analog anwendbar. Dies hatte zur Folge, dass der Know-how-Vertrag der Konkursmasse gegenüber wirksam blieb.[631]
Unter Geltung der InsO ist der Vertrag hingegen nicht mehr insolvenzfest, da er nunmehr dem Wahlrecht des Insolvenzverwalters nach § 103 unterliegt. Vgl. dazu die Kommentierung von § 103.
In der Insolvenz des Know-how-Nehmers soll nach überwiegender Ansicht das Benutzungsrecht nicht in die Insolvenzmasse fallen, da es sich um ein unveräußerbares und unpfändbares Recht handelt.[632]
Diese im Vergleich zum Lizenznehmer andere rechtliche Behandlung ist darin begründet, dass der Know-how-Vertrag nicht auf einem durch öffentlich-rechtlichen Akt begründeten Monopolrecht beruht und der Know-how-Geber daher erheblich schutzbedürftiger ist.[633]

11. Internet-Domains. Ob eine Internet-Domain ein pfändbares Vermögensrecht im Sinne von § 857 Abs. 1 ZPO ist oder nicht, ist umstritten. Eine Meinung sieht die Internet-Domains als absolutes Recht „sui generis", vergleichbar mit einer Lizenz, an, das übertragbar und pfändbar sei.[634] Eine andere Ansicht lehnt die Pfändbarkeit ab, da eine Internet-Domain nicht ein vom Inhaber losgelöstes Recht sei.[635]
Der BGH[636] ordnet die Internet-Domain als solche nicht als pfändbares Vermögensrecht gemäß § 857 Abs. 1 ZPO ein. Er betont dabei, dass im Gegensatz zu Patent-, Marken- oder Urheberrechten, die dem Inhaber einen Absolutheitsanspruch gewähren, der vom Gesetzgeber herrührt und nicht durch Parteivereinbarung geschaffen werden kann, eine Internet-Domain lediglich eine technische Adresse im Internet wäre. Diese werde zwar (von der DENIC) nur einmal vergeben, was aber rechtlich bedingt sei und kein absolutes Recht im Sinne von § 857 Abs. 1 BGB begründe. Vielmehr gründe sich die Inhaberschaft an einer Internet-Domain auf die Gesamtheit der schuldrechtlichen Ansprüche des Inhabers der Domain gegen die Vergabestelle aus dem Registrierungsvertrag, die Gegenstand der Pfändung nach § 857 Abs. 1 ZPO sein können.[637]

---

[626] *Stumpf,* Der Know-how-Vertrag, S. 27; *Pfaff* BB 1974, 565.
[627] *Stumpf,* Der Know-how-Vertrag, S. 172; *Uhlenbruck/Hirte* § 35 RdNr. 253.
[628] *Lüdecke/Fischer,* Lizenzverträge, S. 661.
[629] *Knoppe,* Besteuerung der Lizenz- und Know-how-Verträge, S. 23 ff.; *Stumpf,* Der Know-how-Vertrag, S. 41 ff.
[630] *Stumpf,* Der Know-how-Vertrag, S. 46; *Böhme,* Die Besteuerung des Know-how, S. 35; *Pfaff* BB 1974, 565, 568.
[631] *Kuhn/Uhlenbruck* KO, 11. Aufl. 1994, § 21 RdNr. 4a; *Jaeger/Henckel,* KO 9. Aufl. 1997, § 21 RdNr. 6; *Stumpf,* Der Know-how-Vertrag, S. 177.
[632] *Stumpf,* Der Know-how-Vertrag, S. 177; *Lüdecke/Fischer,* Lizenzverträge, S. 169.
[633] *Stumpf,* Der Know-how-Vertrag, S. 177.
[634] LG Essen Rpfleger 2000, 168; im Ergebnis ebenso: LG Düsseldorf JurBüro 2001, 548; *Schmittmann* DGVZ 2001, 177 ff.; *Schneider* ZAP 1999, 355 f.
[635] LG München I CR 2001, 342 ff.; vgl. auch LG München I CR 2000, 620 mit Anm. *Hanloser* CR 2000, 703 f.
[636] BGH-Beschluss vom 5.7.2005, Az. VII ZB 5/05; BGH WM 2012, 608, 610; zum Gesichtspunkt des Namensrechtes und einer Namensanmaßung: BVerfG WM 2006, 1861 f.
[637] Vgl. auch *Empting* ZInsO 2006, 229 ff.

VI. Forderungen

383 **1. Überblick.** Forderungen sind idR Massebestandteile, wenn sie pfändbar i. S. d. ZPO sind, vgl. dazu auch die Kommentierung von § 36.

384 **2. Beschränkungen. a) Unübertragbare Ansprüche.** Unübertragbare Ansprüche (§ 851 Abs. 1 ZPO) gehören grundsätzlich nicht zur Insolvenzmasse. Die Übertragbarkeit kann durch Gesetz, Vertrag oder letztwillige Verfügung ausgeschlossen sein.[638]

Allerdings gibt es von diesem Grundsatz Ausnahmen. Dies wird auch in § 851 Abs. 2 ZPO deutlich, der die durch § 399 BGB begründete Unübertragbarkeit nicht ohne weiteres als Pfändungsverbot ausreichen lässt.

Zu landesgesetzlich geregelten Ausschlüssen der Übertragbarkeit bzw. Pfändbarkeit von Ansprüchen hat der BGH bereits für **Ansprüche gegen das Versorgungswerk** der Rechtsanwälte in Baden-Württemberg (RAVG) und für **Ansprüche auf Zusatzversorgung in Form von Ruhegeld** nach dem Schornsteinfegergesetz (SchfG) Stellung genommen.[639] Bei diesen war die Unübertragbarkeit bzw. Unpfändbarkeit ausdrücklich geregelt (§ 11 Abs. 1 RAVG, § 46 SchfG). Angesichts der diesbezüglichen Argumentation des BGH, dass der verfassungsrechtlich gewährleistete Schutz des Art. 14 Abs. 1 GG sich auch auf das Befriedigungsrecht der Gläubiger erstrecke, wegen des staatlichen Zwangsvollstreckungsmonopols das Einkommen bestimmter Schuldner nicht generell als Haftungsgrundlage entzogen werden darf und Pfändungsverbote mit Blick auf das Sozialstaatsprinzip nur dann gerechtfertigt sind, wenn es darum geht, die eigene Lebensgrundlage des Schuldners zu sichern (Pfändungen in den Grenzen des § 850c ZPO), ist von einem allgemeingültigen Grundsatz auszugehen, der zB für alle gesetzlich geregelten Ansprüche gegen Versorgungswerke gilt, bei denen ein entsprechender Übertragungs- und Pfändungsausschluss vorgesehen ist.

Die Verwendungspflicht gemäß § 1 Abs. 1 des Gesetzes über die Sicherung von **Bauforderungen** (Bauforderungssicherungsgesetz – BauFordSiG; vormals GSB) stellt keine rechtliche Zuordnung eines bestimmten Vermögensbestandteils zu einer anderen bestimmten Person dar und ist nur als unselbständige Verhaltenspflicht einzuordnen. Daher gehört „Baugeld" im Sinne des BauFordSiG zur Insolvenzmasse.[640]

Zu den unübertragbaren Forderungen gehören zB das **persönliche Vorkaufsrecht** nach § 463 BGB sowie das **Vorkaufsrecht des Erben** gemäß § 2034 BGB.[641]

385 Strittig ist die Frage, ob die **Honorarforderungen schweigepflichtiger Berufe** dem Insolvenzbeschlag unterliegen.[642] Teilweise bestehen für die einzelnen Berufsgruppen ausdrückliche gesetzliche Abtretungsausschlüsse/-beschränkungen (Steuerberater: § 64 Abs. 2 StGB; Wirtschaftsprüfer: § 55 Abs. 3 WPO; Rechtsanwälte: § 49b Abs. 4 BRAO); teilweise geht die hM auch ohne ausdrückliche Regelung von einem grundsätzlichen Honorarabtretungsverbot aus und stützt dies auf § 134 BGB i. V. m. § 203 Abs. 1 StGB.[643]

Zur **Pfändbarkeit von Gebührenforderungen von Steuerberatern** hat der BGH[644] ausgeführt, dass das Abtretungsverbot aus § 64 Abs. 2 StGB der Annahme, dass diese Gebührenforderungen dem Insolvenzbeschlag unterliegen, nicht entgegenstehe. Es sei zwischen Pfändungsverboten und Abtretungsverboten zu unterscheiden. Pfändungsverbote wirkten sich viel stärker aus als Abtretungsverbote. Normalerweise sei kein Gläubiger gezwungen, seine Forderungen abzutreten oder rechtsgeschäftlich zu verpfänden. Das Abtretungsverbot aus § 64 Abs. 2 StGB sei deshalb mit Art. 12 Abs. 1 GG vereinbar, da diese Vorschrift sicherstelle, dass die beruflichen Verschwiegenheitspflichten auch bei der Durchsetzung der Gebührenforderungen beachtet werden. Hingegen habe das Abtretungsverbot nicht zur Folge, dass die Gebühren den Gläubigern als Haftungsgrundlage entzogen werden können. Gebührenforderungen von Steuerberatern sind deshalb grundsätzlich pfändbar und gehören zur Insolvenzmasse. Der BGH hält es aufgrund der Verschwiegenheitspflicht des Steuerbe-

---

[638] Ausführlich dazu: *Meller-Hanich* KTS 2000, 37 ff.
[639] BGH WM 2004, 2316 ff.; BGH WM 2007, 1033, 1034; zur Pfändbarkeit der sog. Anlieferungs-Referenzmenge eines Milcherzeugers (MilchAbgV): BGH WM 2007, 2156, 2157 f.
[640] OLG Hamm ZInsO 2007, 331, 332 ff. (rechtskräftig durch BGH-Beschluss vom 20.9.2007, Az. IX ZR 01/07).
[641] *Kübler/Prütting/Holzer* § 35 RdNr. 80; *Kilger/K. Schmidt* KO § 1 Anm. 2 Cd bb – dazu auch § 36 RdNr. 55.
[642] Vgl. dazu BGH NZI 2009, 396; BGH NZI 1999, 191 ff.; OLG Stuttgart NJW 1994, 2838 f.; *Berger* NJW 1995, 1584, 1588 f.; *Kübler/Prütting/Holzer* § 35 RdNr. 80; *Würz-Bergmann*, Die Abtretung von Honorarforderungen schweigepflichtiger Gläubiger, S. 226 ff.; *Schörnig* InVo 1999, 297 ff.
[643] BGHZ 115, 123; *Würz-Bergmann*, Die Abtretung von Honorarforderungen schweigepflichtiger Gläubiger, S. 33 ff.
[644] BGH NZI 1999, 191, 193.

raters und der Zugriffsmöglichkeit des Insolvenzverwalters auf die Buchhaltungs- und Bearbeitungsunterlagen des Steuerberaters für nahe liegend, für den Verwalter entsprechende Verschwiegenheitspflichten anzunehmen.[645]

Fraglich ist, ob die Entscheidung des BGH zur Insolvenzbefangenheit von Steuerberateransprü- 386 chen auf andere schweigepflichtige Berufe übertragen werden kann. Der BGH[646] hat ausgeführt, dass die von ihm aufgestellten Grundsätze auch für Abtretungsverbote gelten, die sich auf § 134 BGB i. V. m. § 203 StGB stützen.[647] Allerdings wird darauf hingewiesen, dass in jedem Einzelfall eine Abwägung vorzunehmen sei zwischen den Interessen der Gläubiger auf Befriedigung und den schutzwürdigen Interessen der Honorarschuldner.[648] So kann zB bei Steuerberatern ein überwiegendes Interesse der Gläubiger an der Befriedigung zu bejahen sein, da die Beauftragung eines Steuerberater heute keine geheimhaltungsbedürftige Tatsache sei; anders könne aber uU zu entscheiden sein, wenn es um Honorarforderungen von spezialisierten Ärzten (zB Spezialist für AIDS oder Schwangerschaftsabbruch) oder Rechtsanwälten (zB Spezialist für Strafverteidigungen) handelt.[649]

Festzuhalten ist allerdings, dass der BGH vom Grundsatz her die Pfändbarkeit von Arztforderun- 387 gen angenommen und darauf hingewiesen hat, dass ein Eingriff in die durch die ärztliche Schweigepflicht geschützte Intimsphäre bei der Pfändung von Forderungen nicht vorliege, weil die bloße Tatsache eines Arztbesuches und dem damit verbundenen Kontakt zur Umwelt keine Einzelheiten über den Gesundheitszustand des Patienten offenbare.[650] Auch Honorar- und Gebührenforderungen von Rechtsanwälten sind demnach grundsätzlich pfändbar.[651] Bei stetiger Weigerung des Schuldners, Namen und Anschriften seiner Schuldner herauszugeben, ist sogar die Haftanordnung vorzunehmen.[652] Für Rechtsanwälte hat der BFH bereits im Jahr 2005 speziell ausgeführt, dass das Abtretungsverbot aus § 49b BRAO aF nicht zu einer Unpfändbarkeit der Forderungen führt.[653] Dies spiegelt die neue Fassung des § 49b BRAO auch wider.[654]

b) Rechtsgeschäftliche Abtretungsverbote. Rechtsgeschäftliche Abtretungsverbote nach 388 § 399 BGB machen die Forderung nicht unpfändbar, wenn der Leistungsgegenstand der Pfändung unterliegt (vgl. § 851 Abs. 2 ZPO). Gleiches gilt, wenn Forderungen nur dem Zugriff eines einzelnen Gläubigers unterliegen.[655] Abtretungsverbote sind bei Vorliegen der Voraussetzungen des § 354a HGB unwirksam.[656]

Wurde eine Forderung, deren Abtretung durch Vereinbarung zwischen dem Gläubiger und dem 389 Schuldner ausgeschlossen war, in vertragswidriger Form durch den Gläubiger/Zedenten abgetreten, und zu einem späteren Zeitpunkt gepfändet, so werden die durch eine Pfändung erworbenen Rechte an der Forderung nicht dadurch hinfällig, dass der Drittschuldner nach der Pfändung seine Zustimmung zu der bereits erfolgten Abtretung der Forderung an einen Dritten erklärt.[657] Der Ausschluss der Abtretung gilt grundsätzlich auch dann, wenn die Wirksamkeit der Abtretung von bestimmten Erfordernissen abhängig gemacht wird, diese aber nicht eingehalten werden.[658]

c) Höchstpersönliche Ansprüche. Unübertragbar sind Forderungen, wenn die Leistung an 390 einen anderen als den ursprünglichen Gläubiger nicht ohne Veränderung ihres Inhalts erfolgen kann (§ 851 Abs. 1, 2 ZPO, § 399 BGB). Hierher gehört im Zweifel der Anspruch auf die Dienstleistung (§ 613 BGB) und der Anspruch aus einem Auftrag (§ 664 Abs. 2 BGB).

d) Zweckbestimmung. Ansprüche aus Verträgen mit „wirklicher" Zweckbindung (im Gegensatz 391 zur bloßen Zweckbestimmung)[659] gehören nur bei zweckentsprechender Verwendung zur Insolvenz-

---

[645] BGH WM 1999, 786, 791.
[646] BGH NZI 1999, 191, 194, BGH ZInsO 2005, 436 ff.
[647] Siehe zB auch BGH WM 2010, 669. 670 ff. zur Abtretung von Provisionsansprüchen eines selbständigen Versicherungsvertreters.
[648] BGH ZInsO 2005, 436 ff., insbesondere unter II. 1. b. bb. (2); *Schörnig* InVo 1999, 297 ff.
[649] *Schörnig* InVo 1999, 297, 300.
[650] BGH ZInsO 2005, 436 ff., insbesondere unter II. 1. b. bb. (2).
[651] BGHZ 141, 173, 176 ff.; BGH ZInsO 2003, 1099 ff.
[652] BGH ZInsO 2005, 436 ff.; AG Köln NZI 2004, 155; zu den Mitwirkungspflichten eines Psychotherapeuten in seinem Insolvenzverfahren: BGH NZI 2009, 396 f.
[653] BFH-Beschluss vom 1.2.2005, Az. VII B 198/04.
[654] Vgl. BT-Drucks. 16/3655, S. 82; dazu BGH WM 2008, 1229, 1230.
[655] *Kübler/Prütting/Holzer* § 35 RdNr. 81; Kilger/K. Schmidt KO § 1 Anm. 2 B e.
[656] Vgl. dazu *Wagner* WM 1996, Sonderbeilage 1.
[657] RGZ 75, 142, 145; *Palandt/Grüneberg* § 399 RdNr. 10.
[658] BGHZ 12, 300; 112, 389.
[659] *Baumbach/Lauterbach/Albers/Hartmann* ZPO § 851 RdNr. 3; *Stöber*, Forderungspfändung, RdNr. 14; vgl. dazu BGH WM 2005, 181 ff. – siehe auch § 36 RdNr. 57b.

masse.660 Unübertragbar ist daher der Anspruch auf ein Baudarlehen, wenn das Geld nicht zur Förderung des Baus verwendet werden soll. An einer entsprechenden Zweckbindung fehlt es, wenn das Darlehen zur freien Verfügung eingeräumt wird. Die Ansprüche aus einer „offenen" Kreditlinie sind daher zwar grundsätzlich pfändbar, aber erst begründet, wenn der Kontoinhaber einen entsprechenden Abruf vornimmt. Ob die Kreditlinie in Anspruch genommen werden soll, ist die persönliche Entscheidung des Kontoinhabers, sodass diese Abrufbefugnis nicht durch Pfändung übertragbar ist.661

Der vertragliche Anspruch des Schuldners mit der bloßen Zweckbindung, die vereinbarte Leistung einem bestimmten Dritten zu gewähren, kann zur Insolvenzmasse gehören.662 Anders ist es bei der treuhänderischen Bindung der vertraglichen Leistung zu Gunsten eines Dritten, die die Unpfändbarkeit bewirkt und damit diesen Anspruch dem Insolvenzbeschlag entzieht663 (zur Treuhand vgl. RdNr. 116 ff.).

392 **3. Einzelne Forderungen. a) Ansprüche aus Darlehensverträgen. Ansprüche des Schuldners aus Darlehensverträgen als Darlehensnehmer** können gemäß den vorstehenden Ausführungen zur Insolvenzmasse gehören. Der Anspruch aus einem Darlehensversprechen/-vertrag ist jedoch auch dann nicht abtretbar und damit nicht massezugehörig, wenn der Abtretungsempfänger anstelle des Zedenten durch den Empfang des Geldes selbst zum Darlehensschuldner werden soll.664

393 In der **Insolvenz des Darlehensgebers** stellt sich die Frage, ob der Insolvenzverwalter den Darlehensvertrag wie einen unerfüllten gegenseitigen Vertrag nach § 103 kündigen und Rückzahlung der Valuta verlangen kann oder ob er an den Vertrag gebunden ist.

Im Wege der Einführung des „neuen" § 108 Abs. 2 hat der Gesetzgeber klargestellt, dass vom Schuldner als Darlehensgeber eingegangene Darlehensverhältnisse fortbestehen, soweit das Darlehen an den Darlehensnehmer ausgezahlt worden ist.665

394 **b) Kontokorrentforderungen.** Der festgestellte Saldo eines **Kontokorrentkontos,** der dem Schuldner bei einer Verrechnung als Überschuss zusteht, fällt in die Insolvenzmasse.

395 Ein **Bankvertrag** endet mit der Eröffnung des Insolvenzverfahrens über das Vermögen des Kunden, denn der Bankvertrag ist ein auf Geschäftsbesorgung i.S.v. § 675 BGB gerichteter Dienstvertrag.666 Derartige Verträge erlöschen regelmäßig mit der Eröffnung des Insolvenzverfahrens (vgl. §§ 116, 115 – im Einzelnen dazu die dortige Kommentierung).

396 Mit Beendigung des Bankvertrages erlischt auch das bestehende Kontokorrentverhältnis.667 Für die Kontokorrentkonten ist ein außerordentlicher Saldenabschluss durchzuführen,668 falls dies nicht schon vorher auf Grund der Anordnung eines Verfügungsverbotes im Rahmen der vorläufigen Insolvenzverwaltung (§§ 21, 22) geschehen ist.669 Vgl. zum letzteren die Kommentierung von §§ 21, 22.

397 Bei dem Kontoabschluss können wegen § 91 Abs. 1 nur diejenigen Forderungen gegeneinander verrechnet werden, die vor Eröffnung des Insolvenzverfahrens entstanden und somit kontokorrentgebunden sind.670

398 Ergibt der Kontoabschluss ein Guthaben für den insolventen Kunden, so kann der Insolvenzverwalter die sofortige Auszahlung an sich verlangen, sofern es nicht als Sicherheit für Forderungen aus anderweitigen Geschäften, wie Darlehensgewährungen, dient.671

398a Allerdings erlischt der Girovertrag über ein **Pfändungsschutzkonto** i. S. d. § 850k ZPO nicht mit Eröffnung des Insolvenzverfahrens. Das pfändungsfreie Guthaben steht auch weiterhin dem Kontoinhaber zu, nur ein etwaiger Überschuss fällt in die Insolvenzmasse. Dazu und zur sog. „Monatsanfangsproblematik" siehe § 36 RdNr. 45b.

---

660 Uhlenbruck/Hirte § 35 RdNr. 172 f.
661 BGH WM 2012, 542, 543, mit weiterer Erläuterung, dass § 836 Abs. 3 Satz 1 ZPO auch die Pflicht zur Herausgabe sämtlicher Kontoauszüge umfasst; BGH WM 2011, 1343, 1344; BGH WM 2004, 517, 518 f.; vgl. auch BGH WM 2001, 898 ff.; OLG Saarbrücken WM 2006, 2212 f.
662 BGH WM 2011, 803, 804; BGH WM 2001, 1476 f.; siehe dazu auch Ganter NZI 2011, 475.
663 BGH WM 1998, 40, 41 f.; BGH WM 2000, 264 ff.; BGH NJW 2006, 2040 f.
664 Uhlenbruck/Hirte InsO § 35 RdNr. 173; Kübler/Prütting/Holzer § 35 RdNr. 85.
665 Dazu zB Pape NZI 2007, 481, 483; im Einzelnen dazu die Kommentierung zu § 108.
666 BGH WM 1982, 816; BGH WM 1991, 317.
667 Hess/Weis §§ 35, 36 RdNr. 174; Jaeger/Henckel § 35 RdNr. 97; Obermüller, Insolvenzrecht in der Bankpraxis, RdNr. 2.105.
668 BGH WM 1991, 60, 63 = WuB I E 1.–2.91 Sonnenhol; Canaris, Bankvertragsrecht, RdNr. 495; Obermüller, Insolvenzrecht in der Bankpraxis, RdNr. 2.105.
669 Obermüller, Insolvenzrecht in der Bankpraxis, RdNr. 2.105.
670 BGH WM 1979, 719, 720.
671 Obermüller, Insolvenzrecht in der Bankpraxis, RdNr. 2.113; Hess/Weis §§ 35, 36 RdNr. 174; Jaeger/Henckel § 35 RdNr. 97.

c) Gemeinschaftskonten. aa) Oder-Konto. Die Inhaber eines sog. Oder-Kontos sind als **398b** Gesamtgläubiger gemäß § 428 BGB berechtigt, jeder für sich die gesamte Leistung von der Bank zu fordern. Die Bank hat die Leistung allerdings nur einmal zu erbringen. Demnach ist jeder Kontoinhaber hinsichtlich der gesamten Leistung selbständig forderungsberechtigt, d.h. sein Forderungsrecht ist von dem Recht des anderen Kontoinhabers unabhängig. In der Insolvenz eines der Kontoinhaber unterliegt dieses Konto nicht dem Insolvenzbeschlag. Vielmehr bleibt die Verfügungsberechtigung des anderen Kontoinhabers unberührt und der Insolvenzverwalter hat die bisher dem insolventen Kontoinhaber zustehende Verfügungsbefugnis inne (§ 80 Abs. 1), mit der Folge, dass über das Konto auch weiterhin Buchungen erfolgen können und die Bank auch weiterhin an den anderen Kontoinhaber oder den Insolvenzverwalter leisten kann.[672] Allerdings können sowohl der andere Kontoinhaber oder der Insolvenzverwalter die bisherige Einzelverfügungsbefugnis widerrufen, sodass fortan nur noch beide gemeinsam verfügungsbefugt sind.[673] Unabhängig davon, ob man davon ausgeht, dass das Kontoguthaben in voller Höhe der Insolvenzmasse zuzuordnen oder eine Auseinandersetzung gemäß § 84 vorzunehmen ist,[674] wird gerade mit Blick auf den Fall einer etwaigen (Doppel-)Insolvenz, d.h. beide Kontoinhaber fallen in die Insolvenz, klar, dass am Ende eine Aufteilung des Kontoguthabens gemäß der dem jeweiligen Kontoinhaber zustehenden Beteiligung zu erfolgen hat.

bb) Und-Konto. Bei einem sog. Und-Konto können beide Kontoinhaber nur gemeinschaftlich über das Konto verfügen und die Bank hat an beide gemeinsam zu leisten.[675] Im Hinblick auf die Auseinandersetzung im Falle der Insolvenz eines oder beider der Kontoinhaber gilt das oben zum Oder-Konto Ausgeführte entsprechend.[676]

d) Schuldbefreiungsansprüche. Schuldbefreiungsansprüche unterfallen eigentlich dem Abtre- **399** tungsverbot des § 399 BGB, solange sie nicht an den Gläubiger der zu tilgenden Schuld abgetreten werden.[677] Gleichwohl gehören diese Befreiungsansprüche zur Masse.[678] Mit der Eröffnung des Insolvenzverfahrens wandelt sich der Freihalteanspruch des Schuldners in einen Zahlungsanspruch um, der in die Masse fällt.[679] Der Befreiungsschuldner hat den vollen Betrag in die Masse zu zahlen, während der Drittgläubiger nur Leistung in Höhe der Insolvenzquote erhält.[680] Das ergibt sich daraus, dass sonst der Dritte durch die Insolvenz des Gläubigers eines Befreiungsanspruches einen unverdienten Vorteil ziehen würde.[681]

Ähnlich ist es, wenn der Insolvenzverwalter und ein Dritter vereinbart haben, dass der Dritte **400** einen vom Schuldner abgeschlossenen Auftrag übernimmt (sogenannter Übernahmevertrag). Erfüllt der Dritte den **Übernahmevertrag** nicht, kann der Verwalter vom Dritten Schadensersatz in voller Höhe beanspruchen, auch wenn sein gegenüber der Insolvenzmasse geltend gemachte Schadensersatzforderung des Vertragspartners des Schuldners nur mit einer Quote erfüllt wird.[682]

Etwas anderes gilt, wenn der Schuldner des Befreiungsanspruchs zusammen mit dem Insolvenz- **401** schuldner als Gesamtschuldner zur Leistung verpflichtet ist (§ 43). In diesem Fall darf der Ausgleich im Innenverhältnis nicht zu Lasten des Drittgläubigers gehen.[683] In dieser Konstellation soll der Verwalter richtigerweise keine Leistung in die Masse fordern können.[684]

e) Patronatserklärungen, Bürgschaft, Garantie, Kreditauftrag und Schuldmitüber- 402 nahme. Ansprüche aus Personalsicherheiten wie Bürgschaft, Garantie, Kreditauftrag und Schuldmitübernahme fallen in die Insolvenzmasse des Sicherungsnehmers. IdR werden, bei der Bürgschaft schon auf Grund der Akzessorietät, die gesicherten Forderungen ebenfalls in die Masse fallen.

---

[672] BGHZ 95, 185, 187 f., BGHZ 29, 363, 364.
[673] *Obermüller*, Insolvenzrecht in der Bankpraxis, RdNr. 2.130.
[674] Dazu siehe zB OLG Hamburg NZI 2008, 436, 437 f.; AG Köln ZInsO 2011, 1260, 1262 zu einem „Oder-Bausparkonto"; *Uhlenbruck/Hirte* § 84 RdNr. 4; zur KO: BGH ZIP 1986, 787, 790 und BGHZ 95, 185, 188 speziell zum § 16 KO, der dem heutigen § 84 entsprach.
[675] *Obermüller*, Insolvenzrecht in der Bankpraxis, RdNr. 2.132.
[676] Vgl. *Uhlenbruck/Hirte* § 84 RdNr. 4.
[677] *Breutigam*/Blersch/Goetsch § 35 RdNr. 64; *Palandt/Grüneberg* § 399 BGB RdNr. 4.
[678] BGH NZI 2001, 539, 540; BGH ZIP 1993, 1656; *Uhlenbruck/Hirte* § 35 RdNr. 162; *Breutigam*/Blersch/Goetsch § 35 RdNr. 64; einschränkend: OLG Hamburg ZIP 1994, 477 478 f.; aA *Kretschmer*, Der Schuldbefreiungsanspruch im Konkurs des Befreiungsgläubigers.
[679] BGH ZIP 1993, 1657, 1657 f.; *Uhlenbruck/Hirte* § 35 RdNr. 162.
[680] BGH ZIP 1993, 1656, 1658; BGH KTS 1981, 240; BGH WM 1965, 1054, 1056; *Uhlenbruck/Hirte* § 35 RdNr. 163; *Breutigam*/Blersch/Goetsch § 35 RdNr. 64.
[681] BGHZ 57, 78, 81 f.
[682] BGH ZIP 1981, 131 f.
[683] OLG Hamburg ZIP 1994, 477, 478.
[684] *Uhlenbruck/Hirte* § 35 RdNr. 164; *Breutigam*/Blersch/Goetsch § 35 RdNr. 64.

§ 35 403–409   2. Teil. 2. Abschnitt. Insolvenzmasse. Einteilung der Gläubiger

403   Der Begriff der Patronatserklärung[685] wird für eine Vielzahl von Erklärungen mit unterschiedlichem Rechtsgehalt verwendet. Gemeinsames Merkmal derartiger Erklärungen ist idR, dass eine Muttergesellschaft (Patronin) zur Erhaltung oder Stärkung der „Kreditwürdigkeit" ihrer Tochtergesellschaft unterstützende Maßnahmen oder Unterlassungen in Aussicht stellt oder zusagt, insbesondere auf dem Hintergrund, dass die Tochter die erforderlichen Kredittilgungen oder Sicherheitenstellungen nicht aus eigener Kraft bewerkstelligen kann.

404   Für die Frage, ob Patronatserklärungen für den Sicherungsnehmer und seine Insolvenzmasse von Bedeutung sind, gilt es zunächst zwischen „harten" und „weichen Patronatserklärungen" zu unterscheiden. **„Weiche Patronatserklärungen"** sind meist Absichtsbekundungen, insbesondere darüber, dass die Muttergesellschaft nicht vorhabe, das Tochterunternehmen in Zukunft zu verschenken, zu liquidieren oder zu verkaufen. Sie sind für die Insolvenzmasse regelmäßig nicht von Interesse.[686]

405   Bei der sog. **harten Patronatserklärung** sagt die Muttergesellschaft – ähnlich wie bei einer Bürgschaft oder Garantie – hinsichtlich der Liquidität oder Kreditwürdigkeit der Tochter bestimmte Maßnahmen zu,[687] zB verpflichtet sie sich, die Tochtergesellschaft so mit finanziellen Mitteln auszustatten, dass diese ihrer Zahlungspflicht jederzeit nachkommen kann.[688] Harte Patronatserklärungen ziehen einen unmittelbar durchsetzbaren Anspruch gegen den Verpflichteten nach sich und gehören zur Insolvenzmasse des Sicherungsnehmers.[689]

Wird die Tochtergesellschaft insolvent und hatte die Muttergesellschaft gegenüber einem Gläubiger der Tochtergesellschaft eine harte Patronatserklärung abgegeben, fallen die Ansprüche aus der Patronatserklärung nicht in die Insolvenzmasse der Tochtergesellschaft, da die Muttergesellschaft die Haftung gegenüber dem Gläubiger übernommen hat.[690] Ist der Gläubiger (auch) insolvent, gehören die Ansprüche aus der Patronatserklärung zu seiner Insolvenzmasse.

Davon sind die **Ansprüche der Tochtergesellschaft gegen die Muttergesellschaft wegen unzureichender Kapitalausstattung** abzugrenzen. Hat die Muttergesellschaft gegenüber ihrer Tochtergesellschaft eine Patronatserklärung abgegeben, hängt deren Reichweite und Qualität von der jeweiligen Ausgestaltung ab.[691] Diese Ansprüche der Tochtergesellschaft fallen grundsätzlich in die Insolvenzmasse und werden durch den Insolvenzverwalter im Interesse der Gläubigergesamtheit geltend gemacht.

406   **f) Vertrag zugunsten Dritter.** Der echte Vertrag zugunsten Dritter (§§ 328 ff. BGB), bei dem zwischen Versprechendem (Schuldner) und Versprechensempfänger (Gläubiger) eine Leistung an einen Dritten vereinbart wird, verschafft dem Dritten einen eigenen Anspruch gegen den Schuldner.[692]

407   Grundsätzlich geht der Anspruch gem. § 328 BGB sofort auf den Dritten über. Er fällt also nicht, auch nicht übergangsweise, in das Vermögen des Versprechensempfängers[693] und kann daher nicht Teil seiner Insolvenzmasse werden.

408   Etwas anderes ergibt sich nur dann, wenn der Übergang bedingt vereinbart wurde. In diesem Fall bleibt der Anspruch bis zum Bedingungseintritt im Vermögen des Versprechensempfängers und kann dementsprechend auch in dessen Insolvenzmasse fallen.

Unabhängig davon bleibt dem Insolvenzverwalter auch die Möglichkeit gem. §§ 129 ff. anzufechten, bzw. ein eventuelles Widerrufsrecht des Gemeinschuldners geltend zu machen.[694]

409   **g) Ansprüche aus Versicherungen.** Versicherungsvertragliche Ansprüche sind Rechte von Vermögenswert und deshalb grundsätzlich Bestandteile der Insolvenzmasse des Berechtigten.[695]

Dies gilt nicht nur für den großen Bereich der Schadensversicherung, sondern auch für Personenversicherungsansprüche, sofern die Leistung des Versicherers nicht rein persönlicher Art wäre.[696]

---

[685] Im Einzelnen zu Patronatserklärungen zB Lwowski/*Fischer*/Langenbucher, Das Recht der Kreditsicherung, § 9 RdNr. 235 ff. mwN.
[686] *Breutigam*/Blersch/Goetsch § 35 RdNr. 65.
[687] Ausführlich dazu *Schäfer* WM 1999, 153, 153.
[688] *Breutigam*/Blersch/Goetsch § 35 RdNr. 65; *Hess*/Weis §§ 35, 36 RdNr. 202 f.
[689] BGH ZIP 1992, 338, 341 f.; *Uhlenbruck*/Hirte § 35 RdNr. 169; *Kübler*/Prütting/Holzer § 35 RdNr. 87.
[690] Anders *K. Schmidt*, Wege zum Insolvenzrecht der Unternehmen, S. 82 f.
[691] Vgl. BGH WM 2010, 2037, 2038 ff. für den Fall einer Patronatserklärung in der Phase der Prüfung der Sanierungsfähigkeit der Tochtergesellschaft.
[692] *Palandt*/Grüneberg § 328 BGB RdNr. 5.
[693] *Palandt*/Grüneberg § 328 BGB RdNr. 5.
[694] *Jaeger*/Henckel § 35 RdNr. 72.
[695] *Jaeger*/Henckel § 35 RdNr. 39; *Uhlenbruck*/Hirte § 35 RdNr. 207; *Kilger*/K. *Schmidt* KO § 1 Anm. 2 Bc aa.; OLG Brandenburg WM 2003, 1643.
[696] *Jaeger*/Henckel § 35 RdNr. 39.

Begriff der Insolvenzmasse   410–414 § 35

Zum Teil bestehen jedoch besondere Beschlagsschranken, wie zB für die Versicherung unpfändbarer Fahrnis, die Kranken-, Lebens-, Haftpflicht-, Unfall-, Invaliditäts-, Berufsunfähigkeitsversicherungen und die Gebäudeversicherung. Ansprüche aus Schadenversicherungen, die sich auf unpfändbare Sachen beziehen, fallen nicht in die Insolvenzmasse.[697] . Zu iSv § 850b Abs. 1 und 2 ZPO nur bedingt pfändbaren Ansprüchen siehe RdNr. 435 und zu Versicherungen gemäß § 851c und d ZPO siehe § 36 RdNr. 45a.

Werden an die den Schuldner finanzierenden Bank bei einer **Kapitallebensversicherung** lediglich die **Todesfallansprüche** als Sicherheit abgetreten, so ist durch Auslegung zu ermitteln, ob damit zugleich der Anspruch auf den **Rückkaufswert** abgetreten sein soll. War die Beschränkung des Abtretungsumfanges steuerlich motiviert, so ist in der Regel davon auszugehen, dass die Abtretung sich allein auf die Todesfallansprüche bezieht und der Rückkaufwert dieser Versicherung in die Masse fällt.[698] Spielen steuerliche Gründe keine Rolle, kann das je nach Fallgestaltung anders aussehen.[699]

Kann der Schuldner bereits vor Insolvenzeröffnung in Gänze nicht mehr über den Lebensversicherungsvertrag verfügen, weil alle erdenklichen Rechte bei Abtretungs- und/oder Pfändungsgläubigern/Pfandnehmern liegen, sodass auch eine Kündigung der Lebensversicherung zwecks Einzugs des Rückkaufswertes durch den Insolvenzverwalter ausscheidet (dazu auch RdNr. 419a), fallen die Versicherungsansprüche nicht in die Masse.[700] Versichert der **Leasingnehmer** die **Leasingsache** und tritt der Versicherungsfall ein, so gehört der Entschädigungsanspruch nicht in die Insolvenzmasse, da der Versicherungsvertrag auf fremde Rechnung abgeschlossen wurde. Dies gilt auch dann, wenn der Versicherer an den Gemeinschuldner leistet – dieser ist dann nur Treuhänder des Versicherten.[701]

Für die Fälle, in denen der Schuldner Versicherungsnehmer, Begünstiger aber ein Dritter ist, siehe RdNr. 419.

aa) Versicherungsfall vor Eintritt des Insolvenzverfahrens. Tritt der Versicherungsfall 410 bereits vor Eröffnung des Insolvenzverfahrens ein, fällt der Anspruch des Versicherungsnehmers auf Entschädigung grundsätzlich in die Insolvenzmasse.[702]

bb) Versicherungsfall während des Insolvenzverfahrens. Der Anspruch bzw. die Anwart- 411 schaft des Schuldners auf Auszahlung der Versicherungssumme fällt aber auch dann in die Insolvenzmasse, wenn der Versicherungsfall erst nach Eröffnung des Verfahrens eintritt.[703] Eine der Voraussetzungen dafür ist, dass der Versicherer nicht wegen Prämienverzuges nicht zur Leistung verpflichtet (keine Zahlung der Erstprämie) oder sich von der Leistungspflicht davon befreien konnte (vgl. §§ 37, 38VVG).[704]

Für den Fall, dass das Versicherungsverhältnis noch bei Insolvenzbeginn läuft, kann der Insolvenz- 412 verwalter das Wahlrecht nach § 103 (ob er das Vertragsverhältnis fortsetzt oder die Erfüllung ablehnt) ausüben.[705] Eine Fortsetzung ist allerdings ausgeschlossen, wenn die Versicherung den Vertrag nach § 38 Abs. 3 VVG oder eines nach § 11 VVG zulässig ausbedungenen Kündigungsrechts wirksam gekündigt hat.[706]

Wird die **Erfüllung abgelehnt,** hat der Versicherer **ggf. einen** Anspruch nach § 103 Abs. 2 413 (einfache Insolvenzforderung) und die (Versicherungs-) Ansprüche gegen ihn sind nicht durchsetzbar.[707]

Sollte der Insolvenzverwalter **Erfüllung des Vertrages wählen,** begründet er Masseverbindlich- 414 keiten. Laufende Prämien sind dann aus der Masse zu zahlen.

---

[697] Siehe dazu auch § 36 RdNr. 47.
[698] BGH WM 2012, 549, 551; BGH WM 2007, 1510, 1511 ff.; dazu auch *Janca* ZInsO 2009, 161 ff. und ZInsO 2007, 982 f.
[699] So hat das OLG Hamburg WM 2008, 248 f. in einem Fall, in dem die Rückzahlung des Darlehens aus der Versicherung erfolgen sollte und für die Beschränkung der Abtretung auf die Todesfallansprüche keine steuerlichen Gründe bestanden, entschieden, dass gemäß der vorzunehmenden Auslegung der Abtretungserklärung sich diese auch auf den Rückkaufswert erstreckt.
[700] BGH WM 2012, 549, 552.
[701] OLG Frankfurt a. M. NZI 2002, 262.
[702] *Uhlenbruck/Hirte* § 35 RdNr. 207.
[703] RGZ 52, 49; 71, 364; *Uhlenbruck/Hirte* § 35 RdNr. 207 *Jaeger/Henckel* § 35 RdNr. 40; *Kübler/Prütting/Holzer* § 35 RdNr. 82; *Kilger/K. Schmidt* KO § 1 Anm. 2 Bc aa.
[704] *Uhlenbruck/Hirte* § 35 RdNr. 207.
[705] Vgl. *Jaeger/Henckel* § 35 RdNr. 40 f.; *Prölss/Martin*, VVG, § 14 RdNr. 1 ff.; *Hasse*, Interessenkonflikte bei der Lebensversicherung zugunsten Dritter, S. 108 f.
[706] *Jaeger/Henckel* § 35 RdNr. 40.
[707] BGH WM 2002, 1199 ff.; BGH WM 1989, 229; BGH WM 1987, 380; BGH ZIP 1991, 945, 946; BGHZ 15, 333, 335 f.; RGZ 56, 238, 240.

415 Dies wird sich bei der Zahlung von laufenden Prämien oft nicht lohnen, es sei denn, die restliche Vertragslaufzeit ist nur noch kurz und die Zahlung der vollen Versicherungssumme steht demnächst an. Der Insolvenzverwalter hat insoweit die Schmälerung der Insolvenzmasse durch die Prämienzahlungen gegen die sich dadurch „erkaufte" Differenz zwischen Rückkaufswert und voller Versicherungssumme abzuwägen.[708] Im Übrigen kann er auch nach Erfüllungswahl den Vertrag gem. § 168 VVG kündigen, sodass er in dem Fall die Prämien nicht über die laufende Versicherungsperiode hinaus noch zu zahlen hat.[709]

416 cc) Eintrittsrecht der Angehörigen/ Bezugsberechtigung/ Restschuldversicherung. Die **Anwartschaft** auf die **Versicherung** gehört zur Masse, wenn der Versicherungsnehmer keinen Bezugsberechtigten genannt hat und der Versicherungsfall noch nicht eingetreten ist.

§ 170 Abs. 2 VVG bestimmt, dass Ehegatten, Lebenspartner und Kinder ein Eintrittsrecht im Falle (u.a.) der Insolvenz des Versicherungsnehmers haben, sofern keine Bezugsberechtigung existiert. Der Eintritt bedarf der Zustimmung des Versicherungsnehmers und muss durch Anzeige an den Versicherer innerhalb eines Monats, nachdem der Eintrittsberechtigt Kenntnis von der Insolvenzeröffnung erlangt hat, erfolgen (§ 170 Abs. 1 Satz 1, Abs. 2 und Abs. 3 VVG). Jedoch hat der Eintretende dann den Rückkaufswert in die Masse zu zahlen (§ 170 Abs. 1 Satz 2, Abs. 2 VVG).

417 Kündigt der Insolvenzverwalter die Versicherung innerhalb dieser Monatsfrist, um die Rückkaufsumme für die Masse einziehen, macht er sich evtl. schadensersatzpflichtig.[710] Das Eintrittsrecht der Ehegatten, Lebenspartner und Kinder besteht nicht mehr, wenn der Versicherungsfall bereits eingetreten ist.

418 Bei einer **Versicherung auf den Todesfall** fällt der Versicherungsanspruch grundsätzlich in den Nachlass und haftet den Nachlassgläubigern.[711]

419 Hat der Schuldner als Versicherungsnehmer einen **Bezugsberechtigter widerruflich** benannt und ist der Versicherungsfall noch nicht eingetreten,[712] so gehört die Versicherungsanwartschaft zur Masse des Versicherungsnehmers.[713]

Ist der Schuldner Versicherungsnehmer, Begünstiger aber ein Dritter, dem ein **unwiderrufliches Bezugsrecht** eingeräumt worden ist, so stehen die Ansprüche aus der Versicherung dem Begünstigten und nicht der Masse zu.[714]

Diese Unterscheidung zwischen widerruflichem und unwiderruflichem Bezugsrecht gilt auch dann, wenn die Prämien aus einer dem Begünstigten im Rahmen eines Dienstvertrages zustehenden Vergütung bezahlt wurden.[715]

Bei einem sog. **eingeschränkt unwiderruflichen Bezugsrecht,** anzutreffen im Rahmen betrieblicher Altersversorgung, ist das an sich unwiderrufliche Bezugsrecht unter bestimmten Voraussetzungen doch widerrufbar. Für die insolvenzrechtliche Einordnung ist sowohl auf die Bestimmung dieser Widerrufsvoraussetzungen als auch auf die betriebsrentenrechtlichen Wertungen (insbesondere im Rahmen der Auslegung des Versicherungsvertrages/der Versicherungsbedingungen) mit abzustellen.[716] Geht es hierbei um den Vorbehalt in Richtung der Beendigung des Arbeitsverhältnisses, werden Betriebsübergänge (vgl. § 613a BGB) und insolvenzbedingte Beendigungen

---

[708] Zur Frage der Abzüge beim Rückkaufswert, insbesondere durch Verrechnung mit Abschlusskosten, vgl. BGH-Urteil vom 17.10.2012 Az. IV ZR 202/10; BGH-Urteile vom 25.7.2012 Az. IV ZR 201/10, vom 12.10.2005 zu den Az. IV ZR 162/03, IV ZR 177/03 und IV ZR 245/03 sowie die Urteile BGHZ 147, 354 ff. und 373 ff.

[709] *Janca* ZInsO 2003, 449 f.

[710] *Sieg,* FS Klingmüller, S. 452 f.

[711] *Sieg,* FS Klingmüller, S. 453 f.; vgl. auch OLG Düsseldorf NZI 2008, 501.

[712] BGH NZI 2010, 646 f.

[713] BGH WM 2012, 2294, 2295 f.; BAG NZI 2011, 30, 32; BAG ZIP 1995, 2112, 2113; BAG ZIP 1996, 965, 966 f.; *Berkowsky* NZI 2011, 12; *Uhlenbruck/Hirte* § 35 RdNr. 217; *Breutigam/*Blersch/Goetsch § 35 RdNr. 60; Kilger/*K. Schmidt* KO § 1 Anm. 2 ca; *Hess/Weis* §§ 35 f. RdNr. 178; *Kießling* NZI 2008, 469, 470 ff. möchte danach differenzieren, ob die angestrebte Altersvorsorge arbeitgeber(dann Teil der Insolvenzmasse)- oder aber arbeitnehmerfinanziert (dann Aussonderung zu Gunsten des Arbeitnehmers wegen der treuhänderischen Bindung des Arbeitgebers) ist.

[714] BAG NZI 2011, 777, 779 f.; BAG NZI 2011, 30, 32; BAG VersR 1991, 943; LAG Hamburg ZInsO 2008, 1335; *Berkowsky* NZI 2011, 12; zur Anfechtbarkeit der Änderung eines unwiderruflichen in ein widerrufliches Bezugsrecht: BGH NZI 2012, 661, 662 f.

[715] BGH NZI 2002, 604; zum Verstoß des Widerrufs gegen arbeitsrechtliche Pflichten: BAG-Urteil vom 18.9.2012, Az. 3 AZR 176/10; für den Fall der Übertragung einer unwiderruflichen Bezugsberechtigung bei einer Direktversicherung auf den Kreditgeber des Arbeitnehmers: OLG Bamberg NZI 2006, 355 ff.

[716] BAG NZI 2011, 30 ff. im Anschluss an die Vorlage an den gemeinsamen Senat der obersten Gerichtshöfe des Bundes mit Beschluss vom 22.5.2007, Az. 3 AZR 334/06 (NZI 2007, 674 ff.) – nach Präzisierung der Vorlagefrage durch Beschluss vom 26.5.2009 endete das Verfahren durch Einstellung.

Begriff der Insolvenzmasse   419   § 35

richtigerweise regelmäßig nicht dazu führen können, dass der Arbeitnehmer sein (beschränkt) unwiderrufliches Bezugsrecht verliert.[717]

§ 2 Abs. 2 Satz 4 BetrAVG i. V. m. § 851 Abs. 1 ZPO schließt eine Verfügung und Pfändung der Ansprüche aus dem **Direktversicherungsvertrag** vor Eintritt des Versicherungsfalles mit Blick auf den Versorgungszweck der Anwartschaft aus. Allerdings ist der Leistungsanspruch auf Zahlung der Versicherungssumme bei Eintritt des Versicherungsfalles hiervon nicht umfasst, sodass der Anspruch des Arbeitnehmers auf Auszahlung der Versicherungssumme aus einer Direktversicherung auch vor Eintritt des Versicherungsfalles als zukünftige Forderung pfändbar ist.[718]

Bei einer **Restschuldversicherung** bejaht eine Ansicht[719] eine **unwiderrufliche Bezugsberechtigung** zu Gunsten der finanzierenden Bank in Form der Abrede der Zahlung eines unverbrauchten Einmalbetrages auf das Kreditkonto, das bei der auch die Prämie für diese Versicherung finanzierenden Bank geführt wird. Danach fällt der Rückerstattungsanspruch nicht in die Masse. Das wird von der Gegenmeinung[720] abgelehnt.

Im Vorfeld der streitigen Frage, ob in den jeweiligen Fällen sich aus den Vertragswerken eine unwiderrufliche Bezugsberechtigung zu Gunsten der finanzierenden Bank entnehmen lasse, könnte für die vorzunehmende Einordnung, ob der Rückerstattungsanspruch eher zur Masse gehören und damit allen Gläubigern zu Gute kommen oder zur Rückführung des eingeräumten Kredites dienen solle, folgende **wirtschaftliche Überlegung** hilfreich sein: In der in Rede stehende Fallkonstellation, der Finanzierung der Prämie für die Restschuldversicherung vollends durch einen Dritten (hier der Bank), d.h. mit dessen Mitteln ist die Prämie bezahlt worden, hat der Schuldner aus seinen Mitteln insoweit zunächst nichts aufgewandt. Hat er ferner keine Zahlungen auf den ihm eingeräumten Kredit, der dieser Finanzierung der Prämie diente, erbracht, ist dann auch kein Grund ersichtlich, der Masse einen „**Rückerstattung**sanspruch" zuzubilligen, (wo nichts gezahlt worden ist, kann auch nichts rückerstattet werden), woran dann alle Gläubiger partizipieren würden. Hierin läge aus Sicht der Vermögensmasse des Schuldners nichts anderes als ein klassischer „Windfall-Profit". Anders wäre es, wenn der Kredit bereits vollends zurückgeführt/erledigt und damit auch die vorfinanzierte Prämie aus dem Vermögen des Schuldners „bezahlt" worden ist – dann steht die Rückerstattung der Insolvenzmasse zu.

Liegen Teiltilgungen vor, ist sowohl die Frage nach einer etwaigen unwiderruflichen Bezugsberechtigung der finanzierenden Bank zwecks Rückführung des Krediters als auch nach Teiltilgungen hinsichtlich der Prämienzahlung für die Restschuldversicherung von Bedeutung. Bejaht man Ersteres, dient die Rückerstattung der Kreditrückführung und zwar solange und soweit, bis der Kredit erledigt ist – (erst) etwaige Überschüsse fließen in die Masse. Verneint man Ersteres, könnte der Umfang der Teiltilgungen als Maßstab für eine Aufteilung der Rückerstattung zwischen der Masse und der finanzierenden Bank (zwecks Rückführung des Kredites) dienen. Unter der vorstehend angestellten „wirtschaftlichen Betrachtungsweise" erscheint in dem Fall die entsprechende Aufteilung vorzugswürdig.

Ähnliche Überlegungen spielen bei einem etwaigen Widerruf gemäß dem **Verbraucherdarlehensrecht** eine Rolle, wenn es sich bei dem ggf. in Rede stehenden Darlehensvertrag und der ebenfalls abgeschlossenen Restschuldversicherung um ein **Verbundenes Geschäft** handelt (§ 358 ff. BGB).[721] Oftmals wird diese Thematik relevant im Falle des Widerrufes seitens des Insolvenzverwalters, die mit Fehlern in der Widerrufsbelehrung (und damit einer nicht in Lauf gesetzten Widerrufsfrist) begründet wird. Angesichts der Rechtsfolge bei einem wirksamen Widerruf eines Verbundenen Geschäftes dergestalt, dass der Darlehensgeber in die Rechte und Pflichten des Restschuldversicherers eintritt,[722] ist es konsequent, zu einer Saldierung der Ansprüche, Konsumtion bzw. Konzentration mit der Folge zu kom-

---

[717] BAG NZI 2011, 30, 32 ff. für den Fall eines Betriebsüberganges; siehe auch BGH-Urteil vom 8.6.2005, Az. IV ZR 30/04; BGH-Beschluss vom 22.9.2005, Az. IX ZR 85/04; BGH WM 2006, 1393, 1395 f.; BGH NZI 2012, 762; OLG Hamm ZInsO 2006, 881 f.; OLG Düsseldorf NVersZ 2001, 504; OLG Karlsruhe VersR 2001, 1501; LG Köln, ZInsO 2003, 383 f.; LAG Hamm ZInsO 2007, 669, 671 f.; *Berkowsky* NZI 2011, 12; *Hinkel/Laskos* ZInsO 2006, 1253 ff.; *Stahlschmidt* NZI 2006, 375 ff.; *Viegener* ZInsO 2006, 352 ff.; *Janca* ZInsO 2003, 449, 453; *Löser* ZInsO 2008, 649, 652 ff. schlägt die regelmäßige Einbeziehung in die Masse vor unter der „auflösenden Bedingung", dass eine Sanierung und Fortführung scheitert; was weder überzeugt noch praktikabel erscheint; anders ist es nach OLG München ZInsO 2009, 351 f. und LG Dresden ZInsO 2006, 998, 1000 für den Gesellschafter-Geschäftsführer als Alleingesellschafter bzw. mit Mehrheitsbeteiligung an der Gesellschaft; dagegen: AG Göttingen NZI 2012, 419, 420; OLG Koblenz, Beschluss vom 24.4.2006, Az. 10 U 171/06.

[718] BGH WM 2010, 2366, 2367 f.

[719] LG Göttingen NZI 2011, 815 f.; LG Düsseldorf, Urteil vom 31.3.2010, Az. 23 S 119/09; LG Düsseldorf, Urteil vom 26.2.2010, Az. 22 S 257/09; LG Düsseldorf, Urteil vom 27.6.2012, 23 S 230/11.

[720] LG Memmingen, Urteil vom 6.5.2009, Az. 12 S 2165/08; LG Lüneburg, Beschluss vom 26.3.2008, Az. 1 T 47/08; LG Düsseldorf, Urteil vom 6.9.2007, Az. 11 O 169/07; AG Mosbach WM 2010, 2379, 2371 f.; AG Düsseldorf ZInsO 2008, 1146, 1147 f.

[721] Dazu BGH WM 2010, 166 ff. mit Darstellung des Streitstandes.

[722] BGH WM 2010, 166, 170.

men, dass der Insolvenzmasse solange kein Rückerstattungsanspruch zusteht, als ein übersteigender Darlehenssaldo zu Buche steht.[723]

419a **dd) Rückkaufswert zur Masse ziehen.** Da durch die Insolvenzeröffnung die gegenseitigen Ansprüche auf Leistungen ihre Durchsetzbarkeit verlieren,[724] bedarf es entgegen einer teilweise in der Literatur vertretenen Ansicht[725] der Beendigung/Kündigung der Versicherung durch den Insolvenzverwalter, um den Rückkaufswert zur Masse ziehen zu können.[726]

An den Inhalt einer Kündigung sind jedoch keine hohen Anforderungen zu stellen. So liegt in der Wahl der Nichterfüllung des Versicherungsvertrages gemäß § 103 und der Aufforderung, den Rückkaufswert zu überweisen, die erforderliche Kündigungserklärung. Ein vertraglicher Abtretungs- oder Kündigungsausschluss hindert den Insolvenzverwalter nicht daran, die Versicherung zu kündigen und den Rückkaufswert zur Masse zu ziehen.[727] Anders ist es, wenn aufgrund einer Pfändung (auch) das Kündigungsrecht dem Pfändungsgläubiger zusteht.[728]

420 **h) Ansprüche aus Wechsel und anderen Wertpapieren.** Ansprüche aus Wechsel gehören, wie auch andere Wertpapiere, zB Aktien, Schuldverschreibungen, Schecks etc., zur Insolvenzmasse.[729]

421 **i) Steuererstattungsansprüche. Steuererstattungsansprüche** des Schuldners können durch zu hohe Vorauszahlungen, Aufhebung, Rücknahme oder Änderung eines früheren Steuerbescheides entstehen.

422 Sie fallen in die Insolvenzmasse, wenn die Steuerzahlungen, die zu dem Erstattungsanspruch geführt haben, aus der Insolvenzmasse oder dem vorinsolvenzrechtlichen Vermögen erfolgt sind und der die Erstattungsforderung begründende Sachverhalt vor oder während des Insolvenzverfahrens verwirklicht worden ist.[730] Sind die Steuern aus insolvenzfreiem Vermögen gezahlt worden, so fallen auch die Erstattungsansprüche nicht in die Insolvenzmasse.[731] **Vorausgezahlte Kfz.-Steuer** wird gemäß dem BFH[732] auf die Tage vor und nach Eröffnung des Insolvenzverfahrens aufgeteilt. Sollte das Kfz. für die Masse genutzt werden – also nicht freigegeben werden oder unpfändbar sein[733] –, entstehen zwar Masseverbindlichkeiten. Aber dabei ist zwischen dem Rückerstattungsanspruch hinsichtlich der zuvor gezahlten Steuer und der gegen die Masse aufgrund der Nutzung gerichtete Steuerschuld zu unterscheiden.[734] An der vormals vertretenen Ansicht, es sei eine Aufrechnung des Rückgewähranspruches mit bereits bestehenden Insolvenzforderungen aus anderen Steuern zulässig,[735] hält der BFH nicht mehr fest. Er hat sich der diesbezüglichen BGH-Rechtsprechung,[736] wonach eine solche Aufrechnung gegen § 96 Abs. 1 Nr. 1 verstößt, ausdrücklich angeschlossen.[737]

Anders als noch in der KO[738] kommt es in der InsO auf Grund der Einbeziehung des Neuerwerbs in der Insolvenz des Steuerpflichtigen nicht mehr darauf an, ob der Anspruch im Zeitpunkt der Insolvenzeröffnung bereits im steuerrechtlichen Sinn begründet war.[739]

---

[723] So zB OLG Düsseldorf NZI 2010, 29, 30; OLG Düsseldorf, Beschluss vom 17.8.2009, Az. I-17 W 59/09; OLG Stuttgart WM 2009, 1361, 1362; OLG Schleswig WM 2009, 1606, 1607; OLG Celle WM 2009, 1600, 1601 f.; *Schürnbrand* ZBB 2010, 123, 125; *Mülbert/Wilhelm* WM 2009, 2241, 2245; aA zB LG Düsseldorf NZI 2009, 732, 734 f. *Dawe* NZI 2008, 513 ff.
[724] BGH NZI 2005, 384; BGH NZI 2003, 491, 493; BGH NJW 2002, 2783, 2785.
[725] *Flitsch/Herbst* BB 2003, 317, 319; *Janca* ZInsO 2003, 449, 450.
[726] BGH WM 2012, 549, 552; BGH WM 2012, 46, 47 f.; BGH WM 2005, 937, 938; BAG NZI 2011, 30, 32; *Prölss/Martin/Reiff*, VVG, § 168 RdNr. 14; *Kayser*, Die Lebensversicherung in der Insolvenz des Arbeitgebers, S. 51; *Elfring* NJW 2005, 2192, 2194.
[727] BGH WM 2012, 46 f.
[728] BGH WM 2012, 549, 552.
[729] *Breutigam/Blersch/Goetsch* § 35 RdNr. 50, 71; zur Pfändbarkeit von Miteigentumsanteilen an im Sammeldepot verwahrten Wertpapieren: WM 2008, 400, 402.
[730] BGH WM 2006, 539 f.; BFH ZInsO 2006, 875; OLG Oldenburg ZInsO 2008, 460; LG Krefeld ZInsO 2008, 1289; LG Hannover ZInsO 2006, 1113; *Uhlenbruck/Hirte* § 35 RdNr. 182; *B. Schmidt* InVo 2000, 259.
[731] *Horner/Rand* NZI 2011, 898, 899; *Frotscher*, Besteuerung bei Insolvenz, S. 44 f.; nach AG Dortmund NZI 2002, 448 ist eine Einkommensteuererstattung aufgrund beruflicher Werbungskosten kein Arbeitseinkommen im Sinne der § 850 ff. ZPO und fällt daher vollen Umfangs in die Insolvenzmasse.
[732] BFH NZI 2005, 279 ff.; dazu im Anschluss an BFH NZI 2011, 828: *Horner/Rand* NZI 2011, 898, 899.
[733] BFH NZI 2011, 828 f. unter ausdrücklicher Aufgabe der bisherigen abweichenden Rechtsprechung; *Horner/Rand* NZI 2011, 898; aA noch BFH NZI 2010, 497, 498 mit abl. Anm. von *Ries* NZI 2010, 499 f.; BGH NZI 2008, 59 f.; *Hartmann* NZI 2012, 168 ff.
[734] BFH NZI 2005, 279, 280.
[735] BFH NZI 2005, 276 ff.; BFH NZI 2005, 79 ff.
[736] BGH NZI 2010, 17 f.
[737] BFH NZI 2011, 378, 379 ff.; BFH NZI 2011, 553, 554 ff.; dazu siehe auch *Gundlach/Frenzel* NZI 2005, 281 f.; darlegungs- und beweisbelastet ist insofern der Aufrechnende: BGH WM 2012, 1205, 1206.
[738] Vgl. zur dortigen Regelung: *Kuhn/Uhlenbruck*, KO 11. Aufl. 1994, § 1 RdNr. 73b.
[739] Vgl. zB *v. Gleichenstein* NZI 2006, 624, 626.

Eine Abtretung eines zur Insolvenzmasse gehörenden Steuererstattungsanspruchs, die dem **423** Finanzamt nach Insolvenzeröffnung über das Vermögen des Zedenten angezeigt worden ist, ist nur wirksam, wenn die Mitwirkung des Insolvenzverwalters als Verfügungsberechtigter aus der Abtretungsanzeige deutlich wird.[740] Grund dafür ist, dass die Abtretungsanzeige materielle Wirksamkeitsvoraussetzung und Tatbestandsmerkmal der Abtretung ist. Fehlt sie, so liegt keine wirksame Abtretung vor; dies nicht nur gegenüber dem Steuergläubiger, sondern auch nicht im Verhältnis zwischen Abtretenden und Abtretungsempfänger.[741]

j) Rücknahme einer hinterlegten Sache. Das **Recht zur Rücknahme** einer **hinterlegten** **424** **Sache** ist unpfändbar, vgl. § 377 Abs. 1 BGB, sodass dieser Anspruch nicht zur Insolvenzmasse gehört.[742] Dem Insolvenzverwalter ist damit die Möglichkeit genommen, die hinterlegte Sache zur Masse zu ziehen, obschon sie zunächst noch dem Schuldner gehört.[743] Dadurch dient § 377 Abs. 1 BGB dem Schutz des Gläubigerrechts auf die hinterlegte Sache.[744] Um diesen Schutz zu vervollständigen, bestimmt § 377 Abs. 2 BGB, dass der Schuldner während des Insolvenzverfahrens sein Rücknahmerecht nicht ausüben kann.[745] Das Rücknahmerecht seinerseits ist insolvenzfrei, sodass der Schuldner auf die Rücknahme verzichten kann, § 376 Abs. 2 Nr. 1 BGB.[746]

Auch nach Insolvenzeröffnung bleibt der Gläubiger zur Annahme der hinterlegten Sache berech- **425** tigt. Er erwirbt dann das Eigentum an dieser Sache.[747] Ist die Annahme von einer Gegenleistung des Gläubigers abhängig (§ 373 BGB), so fällt mit der Annahme der Anspruch auf die Gegenleistung in die Masse.[748] Erlischt das Annahmerecht des Gläubigers (§ 382 BGB), kann der Insolvenzverwalter die hinterlegte Sache zur Masse ziehen. In diesem Fall greift § 377 Abs. 1 BGB nicht ein.[749] § 377 Abs. 1 BGB greift auch dann nicht ein, wenn die Hinterlegung unwirksam ist, da in diesem Fall ist hinterlegte Sache Massebestandteil ist.[750]

Erfolgt die Hinterlegung durch den späteren Insolvenzschuldner zum Zweck der Sicherheitsleistung (§ 232 BGB), ist ein etwaiger Aussonderungsrechtsstreit zwischen dem begünstigten Gläubiger und dem Insolvenzverwalter auszutragen. Stellt sich heraus, dass dem Hinterlegungsbegünstigten kein Pfandrecht an dem hinterlegten Geld zusteht, fällt der hinterlegte Betrag in die Insolvenzmasse.[751]

k) Schadensersatz. Die Insolvenzmasse dient der Haftungsrealisierung, sodass auch **Deliktsan-** **426** **sprüche** wegen schuldhaft rechtswidriger Verkürzung der Masse nach § 826 BGB zu ihr gehören.[752] Hat ein Dritter der Insolvenzmasse durch Ermöglichung einer von § 826 BGB missbilligten Art einer Aufrechnung Schaden zugefügt, muss er Schadensersatz in die Masse leisten. Auf den Zeitpunkt, in dem die Handlung i. S. d. § 826 BGB vorgenommen wurde, kommt es nunmehr nicht mehr an, da in der InsO anders als noch in der KO[753] auch der Neuerwerb in die Masse fällt. Gleiches gilt auch für Ansprüche aus Gewährleistung, positiver Vertragsverletzung, Kaufverträgen, Werks- und Werklieferungsverträgen.

Ansprüche wegen **immaterieller Schäden** sind grundsätzlich übertragbar und pfändbar, wie **427** zB **Schmerzensgeldansprüche (§ 253 Abs. 2 BGB)**, die auch nach dem Schuldrechtsmodernisierungs-Gesetz und Abschaffung des § 847 Abs. 1 Satz 2 BGB aF aufgrund ihrer freien Übertragbarkeit und Pfändbarkeit im Rahmen der §§ 850 ff. ZPO zur Insolvenzmasse gehören, unabhängig davon, ob der Anspruch anerkannt oder rechtshängig geworden ist.[754]

Gleiches gilt für auf den Ersatz immaterieller Schäden gerichteter **Staatshaftungsansprüche**.[755] **427a**

---

[740] BFH-Urt. vom 6.2.1996, Az. VII R 116/94, BStBl. II 1996, S. 557; *Hess/Weis* §§ 35, 36 RdNr. 252.
[741] *Boeker* in Hübschmann/Hepp/Spitaler, AO-FGO, § 46 RdNr. 16; *Hess/Weis* §§ 35, 36 RdNr. 252.
[742] *Hess/Weis* §§ 35, 36 RdNr. 166; *Uhlenbruck/Hirte* § 35 RdNr. 206; *Kübler/Prütting/Holzer* § 35 RdNr. 90.
[743] *Jaeger/Henckel* § 36 RdNr. 28.
[744] *Uhlenbruck/Hirte* § 35 RdNr. 206.
[745] *Palandt/Grüneberg* § 377 BGB RdNr. 1, *Uhlenbruck/Hirte* § 35 RdNr. 206.
[746] *Palandt/Grüneberg* § 377 BGB RdNr. 1; *Kübler/Prütting/Holzer* § 35 RdNr. 90; *Jaeger/Henckel* § 36 RdNr. 28 – siehe auch § 36 RdNr. 49.
[747] *Jaeger/Henckel* § 36 RdNr. 28; *Uhlenbruck/Hirte* § 35 RdNr. 206.
[748] *Kilger/K. Schmidt* KO § 1 Anm. 2 E e.
[749] *Hess/Weis* §§ 35, 36 RdNr. 166; *Kübler/Prütting/Holzer* § 35 RdNr. 90; *Jaeger/Henckel* § 36 RdNr. 31.
[750] *Hess/Weis* §§ 35, 36 RdNr. 166; *Uhlenbruck/Hirte* § 35 RdNr. 206; *Kilger/K. Schmidt* KO § 1 Anm. 2 E e.
[751] BGH-Urt. vom 11.5.2010, Az. IX ZR 127/09; dazu auch *Ganter* NZI 2011, 209, 212.
[752] RGZ 120, 189, 192; *Hanisch*, Rechtszuständigkeit der Konkursmasse, S. 110 f.
[753] Vgl. zur dortigen Regelung *Jaeger/Henckel* KO, 9. Aufl. 1997, § 1 RdNr. 47.
[754] *Palandt/Grüneberg* § 253 BGB RdNr. 22; *Kilger/K. Schmidt* KO § 1 Anm. 2 E c; *Uhlenbruck/Hirte* § 35 RdNr. 198; vgl. auch BGH NJW 1995, 783; LG Bochum ZInsO 2007, 1156, 1158: allerdings unter dem nicht mit der späteren BGH-Rechtsprechung (siehe zB BGH WM 2010, 271, 273; BGH WM 2010, 1612, 1614 f.; – dazu auch unter RdNr. 435) konformen Hinweis, dass für eine (entsprechende) Anwendung des § 850b ZPO im Insolvenzverfahren mangels Nennung des § 850b ZPO in § 36 Abs. 1 Satz 2 kein Raum sei.
[755] BGH WM 2011, 2376; BGH WM 2011, 756, 758.

Die **Kapitalentschädigung** gemäß § 17 StrRehaG ist daher übertragbar (Abs. 3), pfändbar und folglich Massebestandteil.[756] Gleiches gilt für den **Entschädigungsanspruch** nach § 15 Abs. 2 AGG.[757]

Anders verhält es sich bei dem **Anspruch** auf **besondere Zuwendung für Haftopfer** nach § 17a Abs. 1 StrRehaG, der nicht übertragbar und nicht pfändbar ist (Abs. 5).[758]

Ebenfalls scheidet eine Pfändung des Staates eines gegen ihn gerichteten Anspruches eines Strafgefangenen auf **Geldentschädigung** wegen immaterieller Schäden infolge **menschenunwürdiger Haftbedingungen** nach § 242 BGB aus. Der aus dem Schutzauftrag der Grundrechte gemäß Art. 1 Abs. 1 und Art. 2 Abs. 1 GG abgeleitete Anspruch auf Geldentschädigung hat neben der Genugtuungsfunktion auch den Zweck einer wirksamen Sanktion und Prävention. Der Zweck, menschenunwürdige Haftbedingungen zu vermeiden oder zumindest alsbald zu beseitigen, kann nur erreicht werden, wenn dies für den ersatzpflichtigen Staat spürbare Auswirkungen hat. Kann er im Wege der Aufrechnung oder Pfändung eine „Verrechnung" mit seinen an sich wertlosen Ansprüchen gegen den in vielen Fällen vermögenslosen Strafgefangenen herbeiführen, wäre das nicht (mehr) der Fall.[759]

427b Die vom **Europäischen Gerichtshof für Menschenrechte** zugesprochenen **Entschädigungen** wegen der **Verletzung des Persönlichkeitsrechtes (§ 41 EMRK)** und die für dieses Verfahren zuerkannten Kostenerstattungsansprüche sind jedoch nicht pfändbar und fallen nicht in die Insolvenzmasse. Hintergrund ist, dass der vom Gerichtshof für Menschenrechte bezweckte Ausgleich der schweren persönlichen Beeinträchtigungen in Form der erlittenen Menschenrechtsverletzungen nicht erreicht werden kann, wenn der Ausgleichsanspruch einem Vollstreckungsschuldner zustehen oder in die Masse fallen würde. Die Entschädigung hat vielmehr dem Betroffenen persönlich zuzustehen. Eine Auszahlung an einen Dritten, wie einen Vollstreckungsgläubiger oder die Masse, würde den Leistungsinhalt grundlegend ändern.[760]

Hinsichtlich der **Kostenerstattungsansprüche** differenziert der BGH wie folgt: Gleiches wie für die Entschädigung gilt für die Erstattung der **Verfahrenskosten des Europäischen Gerichtshofes**, da diese Kosten eng mit der Menschenrechtsverletzung verbunden sind. Pfändbar und damit Massebestandteil sind jedoch grundsätzlich die Erstattungsansprüche für das Prozessieren vor den **(inländischen) Verwaltungsgerichten**.[761] Insofern fehlt es an dem unmittelbaren Zusammenhang mit der Menschenrechtsverletzung.[762]

428 Demgegenüber fällt eine aus einer Verletzung des Körpers resultierenden **Rente** nach § 843 BGB grundsätzlich nicht in die Masse (vgl. § 850b Abs. 1 Nr. 1 und Abs. 2 ZPO).[763] Dieser Schutz entfällt, wenn statt der Rente eine Abfindung gezahlt wird.[764] Der Grund dafür, dass diese Rente anders als der auf § 253 Abs. 2 BGB basierende Anspruch behandelt wird, liegt darin, dass § 253 Abs. 2 BGB den Nichtvermögensschaden ausgleichen soll, also nachteilige Folgen für die körperliche und seelische Verfassung,[765] während es bei der Rente nach § 843 BGB insbesondere um den Ausgleich der Beeinträchtigung der Erwerbstätigkeit geht.[766]

429 **l) Unterlassungsansprüche. Unterlassungsansprüche** des Schuldners (Wettbewerbsverbote, Ansprüche aus § 1004 BGB) gehören dann in die Insolvenzmasse, wenn sie dem Schutz eines Massegegenstandes dienen.[767]

Die Vertragsstrafe bei Verletzung einer strafbewehrten Unterlassungserklärung und der Schadensersatzanspruch aus einem Verstoß gegen den Unterlassungsanspruch fallen ebenfalls in die Insolvenzmasse.[768]

430 **m) Erbrechtliche Ansprüche.** Da gemäß § 35 (im Gegensatz zur Regelung des § 1 KO) der Neuerwerb des Schuldners nach Verfahrenseröffnung zur Insolvenzmasse gehört, fallen in diese auch **Erbschaften,** die der Schuldner nach Verfahrenseröffnung bis zur Aufhebung des Insolvenzverfah-

---

[756] BGH WM 2011, 2376.
[757] LAG Baden-Württemberg NZI 2012, 333, 335; dazu *Nungeßer* NZI 2012, 9, 12 f.
[758] BGH WM 2011, 2376.
[759] BGH WM 2011, 1141 f.
[760] BGH WM 2011, 756 ff.
[761] BGH WM 2009, 332, 334; BGH WM 2007, 977, 978; OLG Nürnberg Beschluss vom 21.10.2010, Az. 12 W 1990/10 – dazu auch RdNr. 463b.
[762] BGH WM 2011, 759 f.
[763] *Kohte*, Kölner Schrift, S. 781 ff. RdNr. 73 ff.; *Palandt/Sprau* § 843 BGB RdNr. 14 – siehe auch RdNr. 435 und § 36 RdNr.43.
[764] *Kübler/Prütting/Holzer* § 35 RdNr. 78; *Kohte*, Kölner Schrift, S. 781 ff. RdNr. 73 ff.
[765] *Palandt/Grüneberg* § 253 BGB RdNr. 4.
[766] *Palandt/Sprau* § 843 BGB RdNr. 1.
[767] *Uhlenbruck/Hirte* § 35 RdNr. 196.
[768] *Uhlenbruck/Hirte* § 35 RdNr. 196.

Begriff der Insolvenzmasse 431–434 § 35

rens erlangt hat und zwar auch dann, wenn ihm schon die Restschuldbefreiung angekündigt worden ist.[769] Sie fallen in vollem Umfang in die Insolvenzmasse, es sei denn der Schuldner schlägt das Erbe aus (§ 83 Abs. 1 InsO), sodass gegebenenfalls Dritte in den Genuss der Erbschaft kommen.[770]

Der BGH hat mittlerweile entschieden, dass der **Pflichtteilsanspruch** zur Masse gehört, unabhängig davon, ob er bereits durch Vertrag anerkannt oder rechtshängig geworden ist.[771] Zwar ist ein Pflichtteilsanspruch nach § 852 Abs. 1 ZPO der Pfändung nur unterworfen, wenn er durch Vertrag anerkannt oder rechtshängig geworden ist. Allerdings kann der Pflichtteilsanspruch auch schon vorher als in seiner zwangsweisen Verwertbarkeit aufschiebend bedingter Anspruch gepfändet werden. Der gepfändete Pflichtteilsanspruch darf allerdings erst zur Einziehung überwiesen werden, wenn die Voraussetzungen des § 852 Abs. 1 ZPO vorliegen. Hierüber kann in entsprechender Anwendung von § 836 Abs. 3 ZPO vom Schuldner Auskunft verlangt werden.[772] Wird der Pflichtteilsanspruch erst nach Aufhebung des Insolvenzverfahrens vertraglich anerkannt oder gerichtlich geltend gemacht, hat eine Nachtragsverteilung zu erfolgen.[773]

Auch ein der **Testamentsvollstreckung** unterliegender Nachlass fällt mit Eröffnung des Insolvenzverfahrens über das Vermögen des Erben in die Insolvenzmasse, bildet aber bis zur Beendigung der Testamentsvollstreckung eine Sondermasse, auf die die Nachlassgläubiger, nicht aber die Erbengläubiger zugreifen können.[774]

n) **Familienrechtliche Ansprüche.** Zu den familienrechtlichen Ansprüchen[775] gehören u.a. 431 das Recht auf Ehescheidung, Nichtigerklärung oder Aufhebung der Ehe, das Recht auf Anfechtung der Ehelichkeit eines Kindes und die sich aus der elterlichen Gewalt resultierenden Rechte. Ergeben sich aus unpfändbaren Familienrechten vermögensrechtliche Folgeansprüche, so gehören diese nur, soweit sie der Zwangsvollstreckung unterworfen sind, zur Insolvenzmasse. Da Unterhaltsansprüche gem. § 850b Abs. 1 Nr. 2, Abs. 2 ZPO nur ausnahmsweise gepfändet werden können, ist umstritten, ob sie in die Insolvenzmasse fallen.[776]

Für den Anspruch auf **Zugewinnausgleich,** der mit Entstehung veräußerlich und verwertbar 432 ist (§§ 1378 II, 2317 BGB) gelten die obigen Ausführungen zum Pflichtteilsanspruch (RdNr. 430) entsprechend.

o) **Schenkungswiderruf, Aussteuer oder Brautgeschenke.** Ebenfalls für den Rückforde- 433 rungsanspruch im Falle des Widerrufes einer **Schenkung wegen groben Undanks** (§§ 530 bis 534 BGB) sowie den Rückforderungsanspruch des **verarmten Schenkers** (§ 528 BGB)[777] gelten die Ausführungen zum Pflichtteilsanspruch (RdNr. 430) entsprechend.[778]

Ansprüche auf Rückgewähr der Aussteuer oder der Brautgeschenke nach §§ 1301 f., 812 ff. BGB sind übertragbare Vermögensrechte und als solche der Masse zugehörig.[779]

p) **Arbeitseinkommen, Arbeitskraft, Unterhalt und Rente. aa) Arbeitseinkommen,** 434 **Unterhalts- und Rentenansprüche: § 850b Abs. 1 und Abs. 2,3 ZPO.** Rückständiges **Arbeitseinkommen** gehört, soweit es nicht nach §§ 850a ff. ZPO pfändungsfrei ist, zur Insolvenzmasse.[780]

Im Rahmen des § 850h ZPO kann der Insolvenzverwalter auch die pfändbaren Anteile verschleierter Arbeitseinkommen zur Masse ziehen.[781] Anders als noch in der KO,[782] ist in der

---

[769] BGH WM 2010, 1610; *Breutigam*/Blersch/Goetsch § 35 RdNr. 97; *Hess/Weis* §§ 35, 36 RdNr. 47.
[770] *Hess/Weis* §§ 35, 36 RdNr. 47; *Enzensberger/Roth* NJW-Spezial 2009, 263.
[771] BGH WM 2011, 79, 80; BGH WM 2009, 1517.
[772] BGH WM 2009, 710, 711 f.; BGH WM 1993, 1729, 1730 ff.; BGH WM 1997, 1407, 1408.
[773] BGH WM 2011, 79, 80.
[774] BGH WM 2006, 1254 ff. mit Darstellung des Streitstandes.
[775] Vgl. Kommentierung zu § 40.
[776] Im Einzelnen dazu unter RdNr. 435.
[777] Vgl. BGH WM 2007, 179, 181 f.
[778] *Kilger/K. Schmidt* KO § 1 Anm. 2 Eb; *Jaeger/Henckel* § 36 RdNr. 38; zum Rückgewähranspruch wegen Notbedarfs (§ 528 Abs. 1 BGB): BGH WM 2007, 179 ff.
[779] *Jaeger/Henckel* § 36 RdNr. 38.
[780] BGH WM 2008, 256, 257; BGH WM 2008, 171 f.; *Hess/Weis* §§ 35, 36 RdNr. 100; *Kilger/K. Schmidt* KO § 1 Anm. 2 Bb; *Breutigam*/Blersch/Goetsch § 35 RdNr. 93, 100.
[781] BAG ZInsO 2009, 344, 345 f.; BAG ZInsO 2008, 869 ff.; *Ahrens* NJW-Spezial 2009, 53 f.; *Uhlenbruck/Hirte* § 35 RdNr. 153; *Hess/Weis* §§ 35, 36 RdNr. 101; zur etwaigen analogen Anwendung des § 850h ZPO i. V. m. § 36 Abs. 1 Satz 2, Abs. 4 zwecks Korrektur einer Steuerklassenwahl des Schuldners: LG Dortmund Beschluss vom 23.3.2010, Az. 9 T 106/10; zur Frage einer diesbezüglichen entsprechenden Anwendung des § 850h ZPO im Vollstreckungsverfahren: BGH NZI 2006, 114 f. und der Versagung der Restschuldbefreiung wegen eines Verstoßes gegen die Erwerbsobliegenheiten im Wege der Wahl einer ungünstigen Steuerklasse: BGH NZI 2009, 326; LG Dortmund Beschluss vom 23.2.2010, Az. 9 T 106/10.
[782] Vgl. zur dortigen Regelung; Kuhn/*Uhlenbruck*, KO 11. Aufl. 1994, § 1 RdNr. 29 ff.; *Jaeger/Henckel,* KO 9. Aufl. 1997, § 1 RdNr. 72.

InsO auch der Neuerwerb in die Insolvenz einbezogen, sodass auch das nach Verfahrenseröffnung erworbene Arbeitseinkommen in die Insolvenzmasse fällt.[783] Vgl. dazu RdNr. 47 und § 36 RdNr. 42.

435   Nur bedingt pfändbar gemäß § 850b Abs. 1 Nr. 1 und 2 ZPO sind u.a. der gesetzliche **Unterhaltsanspruch** (zB §§ 1360 ff., 1601 ff., 1969, 1569 ff. BGB), die nach § 844 BGB zu ersetzende **Rente,** Haftpflicht-, Unfall-, Invaliditäts-, Berufsunfähigkeitsrenten,[784] auch selbständig Tätiger,[785] sowie die nach §§ 843 BGB, 13 StVG, 38 LuftVG, 8 HaftpflichtG, 30 AtomG wegen Körper- und Gesundheitsverletzung und nach §§ 618 Abs. 3 BGB, 62 HGB wegen Verletzung der Fürsorgepflicht des Arbeitgebers[786] zu entrichtende Rente; ferner fortlaufende Einkünfte aus Stiftungen, auf Grund der Fürsorge und Freigebigkeit eines Dritten, eines Altenteils-[787] oder Auszugsvertrages im Sinne von § 850b Abs. 1 Nr. 3 und Bezüge aus Witwen-, Waisen-, Hilfs- und Krankenkassen[788] sowie Ansprüche aus Todesfallversicherungen (bis zur Versicherungssumme in Höhe von 3579 Euro[789]) gemäß § 850b Abs. 1 Nr. 4 ZPO.[790]

Nach § 850b Abs. 2 ZPO[791] spielen für die Frage der Pfändbarkeit insbesondere Billigkeitserwägungen und die Anspruchsart bezogen auf den betreibenden Gläubiger eine Rolle. Die Unpfändbarkeit im Übrigen dient dem Schuldnerschutz.

Ob daraus zu schlussfolgern ist, dass diese Forderungen deshalb auch nicht zur Insolvenzmasse gehören können, ist umstritten.

Einerseits wird angeführt, dass im Falle der Massezugehörigkeit, sie sozusagen systemwidrig sämtlichen Gläubigern zugute kämen.[792] So dürfe das Zugriffsvorrecht, das nach § 850d ZPO zugunsten der Unterhaltsansprüche naher Schuldnerangehörigen besteht, nicht ausgehöhlt werden, indem die dem Zugriff anderer Gläubiger entrückten Einkünfte für die Gesamtheit der Insolvenzgläubiger einbezogen werden.[793]

Dem hält der BGH[794] andererseits mit guten Argumenten entgegen, dass der Sinn und Zweck des § 850b ZPO es gebiete, nicht nur dessen Absatz 1 sondern auch Absätze 2 und 3 im Insolvenzverfahren anzuwenden. Demnach sei dem Schuldner zum einen das Existenzminimum zu belassen und zum anderen ein angemessener Ausgleich zwischen den Interessen des Schuldners und der Gläubiger anzustreben. Insofern haben im Insolvenzverfahren entsprechende Billigkeitserwägungen zu gelten wie bei einer Vollstreckung in das Vermögen des Schuldners. Statt zwischen den Interessen des Schuldners und den Einzelinteressen der Gläubiger in der Individualvollstreckung, sind im Insolvenzverfahren in dieser Hinsicht die Interessen des Schuldners gegen das Gesamtinteresse der Gläubiger abzuwägen. Der BGH nennt hierbei beispielhaft für die Bestimmung des pfändbaren Betrages den Anlass und die Art der Leistung, die der Schuldner bezieht, deren Höhe sowie die dem Schuldner im Fall der Pfändung verbleibenden Beträge. Er verweist auf eine erforderliche umfassende und nachvollziehbare Gesamtwürdigung aller in Betracht kommenden Umstände des Einzelfalles. Sind keine besonderen Umstände ersichtlich, könne die Pfändbarkeit auch anhand der Freigrenzen des § 850c Abs. 1 ZPO bestimmt werden.

---

[783] *Kübler/Prütting/Holzer* § 35 RdNr. 77; *Hess/Weis* §§ 35, 36 RdNr. 102.

[784] Siehe zB BGHZ 70, 206, 208 ff.; *Zöller-Stöber* ZPO § 850b RdNr. 2; LG Mönchengladbach ZInsO 2009, 1076, 1077; im Falle der Kombination einer Berufsunfähigkeits-Zusatzversicherung und einer Kapitallebensversicherung in Form eines einheitlichen Vertrages erstreckt sich § 850b Abs. 1 Nr. 1 ZPO nicht auf die Ansprüche bezüglich der Kapitallebensversicherung: BGH WM 2010, 163, 164 ff.

[785] BGH WM 2010, 1612, 1615.

[786] *Zöller/Stöber* ZPO § 850b RdNr. 2.

[787] Hierzu BGH WM 2007, 2018 f.

[788] Hierzu gehören auch Ansprüche auf Erstattung von Kosten für ärztliche Behandlungen: BGH WM 2007, 2017 f. und Krankentagegeldversicherungen: vgl. z.B. OLG Karlsruhe, Urteil vom 14.6.2012, Az. 9 U 139/10.

[789] Liegt die Todesfall-Versicherungssumme über der Grenze von 3579 Euro, fällt der Pfändungsschutz nicht in Gänze weg, sondern nur insoweit, als die Ansprüche diese Grenze überschreiten: BGH WM 2008, 450, 451 f. mit Darstellung des Streitstandes.

[790] Im Einzelnen zu § 850b Abs. 1 Nr. 1 bis 4 ZPO zB *Zöller/Stöber* ZPO § 850b RdNr. 2 ff.

[791] Im Einzelnen zu § 850b Abs. 2 ZPO zB *Zöller/Stöber* ZPO § 850b RdNr. 11 ff.

[792] LG Hamburg VersR 1957, 366; *Jaeger/Henckel* § 36 RdNr. 19.

[793] *Jaeger/Henckel* § 36 RdNr. 19; zum Pfändungsschutz bei gezahltem Kindesunterhalt: BGH NJW 2006, 2040 f.

[794] BGH WM 2010, 271, 273; BGH WM 2010, 1612, 1614 f.; im Ergebnis ebenso OLG Düsseldorf Urteil vom 25.3.2011, Az. I-7 U 148/09, 7 U 148/09, das allerdings vorschnell § 850c Abs. 1 ZPO anwendet, weil es Besonderheiten nicht zu erkennen vermochte – stattdessen hätte es nahegelegen, in die vom BGH verlangte Gesamtabwägung aller Einzelumstände u.a. die Höhe der in diesem Fall streitgegenständlichen Nachzahlung, deren Anlass, die Art der Leistung und den im Fall einer Pfändung dem Schuldner verbleibenden Betrag einzustellen; siehe auch OLG Karlsruhe, Urteil vom 14.6.2012, Az. 9 U 139/10.

bb) Arbeitskraft. Die Arbeitskraft des Schuldners ist Ausstrahlung der eigenen Persönlichkeit **436** und damit kein Vermögensobjekt, mithin **insolvenzfrei**.[795] Die Gläubiger haben keinen Anspruch darauf, dass der Schuldner seine Arbeitskraft in ihren Dienst stellt oder eine ihnen günstige Erwerbstätigkeit fortsetzt.[796] Auch bedarf die Annahme eines Änderungsangebotes seines Arbeitgebers (zB in Form der Arbeitszeitverringerung mit der Folge eines geringeren Entgeltes) nicht der Zustimmung des Insolvenzverwalters.[797] Allerdings obliegen dem Schuldner gewisse verfahrensrechtliche Mitwirkungspflichten.[798] Vgl. dazu die Kommentierung von § 97 und § 22 Abs. 3 Satz 3.

Eine **Obliegenheit des Schuldners** ergibt sich dann, wenn er **Restschuldbefreiung** **437** begehrt,[799] vgl. dazu die Kommentierung von § 295 I Nr. 1.

In die Insolvenzmasse fallen allerdings Ansprüche des Schuldners als Arbeitgeber auf Erbringung der Arbeitskraft seiner Arbeitnehmer, wenn deren Leistung übertragbar ist und für deren Leistung in der Regel Entgelt gezahlt wird. Es kommt nicht darauf an, ob der Arbeitgeber für seine Arbeitnehmer selbst keine Verwendung mehr hat.[800]

q) Honorarforderungen von Ärzten, Steuerberatern, Rechtsanwälten. Honorarforderungen **438** von Steuerberatern, Rechtsanwälten und Ärzten sind ungeachtet der Abtretungsverbote (Bsp.: § 64 Abs. 2 StGB, § 49b Abs. 4 Satz 2 BRAO, § 134 BGB i. V. m. § 203 StGB) nach hM idR pfändbar und fallen in die Insolvenzmasse.[801] Vgl. dazu RdNr. 385 ff.

r) Vorkaufsrechte. Vorkaufsrechte des Schuldners (persönliche wie dingliche) sind nicht **439** übertragbar und somit insolvenzfrei, falls nicht etwas anderes vereinbart worden ist.[802] Demgegenüber fällt ein subjektiv dingliches Vorkaufsrecht, wenn es untrennbar mit einem zur Insolvenzmasse gehörigen Grundstück verbunden ist,[803] mit dem Grundstück in die Masse.

Besteht **gegenüber dem Schuldner** ein Vorkaufsrecht und verkauft nicht er, sondern der Insol- **440** venzverwalter den Kaufgegenstand freihändig oder im Wege der Zwangsvollstreckung, so ist das persönliche Vorkaufsrecht ausgeschlossen (§ 471 BGB), da es als obligatorisches Recht den Zwangsverkauf bzw. die Zwangsvollstreckung nicht beeinträchtigen darf.[804] Der Schuldner ist in diesen Fällen schon nicht der Verkäufer.[805] Dem Vorkaufsberechtigten steht auch kein Schadensersatzanspruch, den er im Verfahren geltend machen könnte, zu.[806]

Das dingliche Vorkaufsrecht kann auch dann ausgeübt werden, wenn das Grundstück vom Insol- **441** venzverwalter aus freier Hand verkauft wird (§ 1098 Abs. 1 Satz 2 BGB). Mit der Ausübung kommt ein selbständiger Kaufvertrag zwischen dem Verpflichteten und dem Berechtigten zustande. Der Vertrag zwischen dem Verpflichteten und dem (Erst-)Käufer wird durch die Ausübung des Vorkaufsrechts nicht aufgelöst. Es gelten die §§ 435, 437, 442 Abs. 1 BGB.[807] Nach § 1102 BGB wird der (Erst-)Käufer aber von seiner Verpflichtung, den Kaufpreis zu zahlen, frei.

Die Ansprüche gegen den Vorkaufsberechtigten (Zweit-Käufer) aus dem Kaufvertrag sind abtret- **442** bar und pfändbar. Sie werden vom Insolvenzbeschlag erfasst.[808]

Ein **Miterbenvorkaufsrecht** (§ 2034 BGB) kann nicht vom Insolvenzverwalter ausgeübt werden, **443** da es dem Gesetzeszweck widersprechen würde, die Miterben gegen das Eindringen unerwünschter Dritter und damit vor einer Überfremdung zu schützen. Die Auseinandersetzung unter den Miterben kann nicht von einem Nichterben betrieben werden.[809]

Ein **Wiederkaufsrecht,** nach dem der Käufer verpflichtet werden kann, die Sache gegen Zah- **444** lung des Wiederkaufspreises zurückzuübereignen, kann vom Insolvenzverwalter ausgeübt werden. Der Insolvenzverwalter hat aus der Masse den Wiederkaufspreis zu zahlen.

---

[795] BAG NZI 2010, 318, 319; *Uhlenbruck/Hirte* § 35 RdNr. 16.; *Hess/Weis* §§ 35, 36 RdNr. 105.
[796] RGZ 70, 226, 230; OLG Düsseldorf ZIP 1982, 720, 721.
[797] LAG Düsseldorf Urt. vom 21.9.2011, Az. 12 Sa 964/11; dazu *Nungeßer* NZI 2012, 9, 11 f.
[798] Vgl. zu den Pflichten des Schuldners gegenüber dem vorläufigen Verwalter: *Uhlenbruck,* Kölner Schrift, S. 325 ff. RdNr. 42.
[799] *Hess/Weis* §§ 35, 36 RdNr. 105; vgl. zu näheren Ausführungen die Kommentierung zu § 295.
[800] BGH WM 2004, 540 f.
[801] BGH NZI 2009, 396 f.; BGH NZI 1999, 191, 192 ff.; BGH ZInsO 2003, 1099; BFH Beschluss vom 1.2.2005, Az. VII B 198/04; OLG Stuttgart NJW 1994, 2838 f.; *Zöller/Stöber* ZPO § 829 RdNr. 33, Stichwort „Arzt"; anders *Schörnig* InVo 1999, 297 ff.
[802] *Jaeger/Henckel* § 36 RdNr. 41; *Kilger/K. Schmidt* KO § 1 Anm. 2 Cd bb; *Stöber,* Forderungspfändung, RdNr. 1783.
[803] *Jaeger/Henckel* § 36 RdNr. 41; *Kilger/K. Schmidt* KO § 1 Anm. 2 Cd bb.
[804] *Palandt/Weidenkaff* § 471 BGB RdNr. 1.
[805] RGZ 154, 355 ff.
[806] *Palandt/ Weidenkaff* § 471 BGB RdNr. 4.
[807] RG JW 1922, 576; *Palandt/Bassenge* § 1098 RdNr. 7.
[808] *Stöber,* Forderungspfändung, RdNr. 1784.
[809] BGHZ 86, 379; *Palandt/Weidlich* § 2034 RdNr. 1.

Auf das Wiederverkaufsrecht, das in einer Insolvenz des Berechtigten bedeutender sein wird als das Wiederkaufsrecht, da es Liquidität in die Kasse bringt, sind die §§ 456 ff. BGB entsprechend anwendbar.[810]

Dem Berechtigten steht das Recht zu, den Verkäufer zum Rückkauf zu verpflichten.[811]

445 Besondere Bedeutung erlangt das (vereinbarte) Wiederverkaufsrecht bei Beendigung eines Eigenhändlervertrages, bei Rücknahmegarantie eines Vermittlers oder des Lieferanten eines Leasinggegenstandes sowie im Baubetreuungsgeschäft.[812]

446 Auch ein Ankaufsrecht (= Optionsrecht in Bezug auf einen Kauf) kann vom Insolvenzverwalter ausgeübt werden. Der Inhalt, insbesondere der Kaufgegenstand muss hinreichend bestimmt sein. Das Ankaufsrecht kann durch ein bindendes Verkaufsangebot (§ 145 BGB) als aufschiebend bedingter Kaufvertrag oder als Optionsvertrag begründet sein.[813]

447 s) Leibrente. Eine Leibrente (§ 759 BGB) ist ein einheitlich nutzbares Recht, eingeräumt auf die Lebenszeit des Berechtigten, demzufolge Erträge in Form von wiederkehrenden gleichmäßigen Leistungen in Geld oder anderen vertretbaren Sachen auszuschütten sind.[814] Die während des Verfahrens fällig werdenden Renten fallen in die Insolvenzmasse des Berechtigten.

448 Das aus dem Leibrentenvertrag fließende Grund- oder Stammrecht ist nach der Rechtsprechung ein einheitliches Stammrecht, das einen übertragbaren und beschlagsfähigen Vermögensgegenstand bildet.[815]

449 t) Nießbrauch. Das Nießbrauchsrecht selbst, d.h. das Stammrecht, ist grundsätzlich nicht übertragbar (§ 1059 Satz 1 BGB), kann aber Gegenstand einer Pfändung sein.[816]

450 Der Insolvenzverwalter kann nach überwiegender Meinung auch über das Stammrecht verfügen, allerdings nur in der eingeschränkten Form, dass er es gegen Zahlung eines Geldbetrages aufgibt.[817]

451 Damit wird zum einen dem Zweck der Regelung in § 857 Abs. 3 und 4 ZPO Rechnung getragen, keinen Wechsel in der Person des Nießbrauchberechtigten zuzulassen, um somit den Eigentümer vor einer unkontrollierten Aushöhlung und Entwertung seines Eigentums zu schützen.[818] Mit der Möglichkeit, das Nießbrauchsrecht gegen Zahlung eines Geldbetrages aufzugeben, wird zum anderen verhindert, dass das Insolvenzverfahren solange betrieben werden muss, wie der Nießbrauch währt.[819] Zur Bewilligung der Löschung des Nießbrauchs bedarf der Insolvenzverwalter keiner Mitwirkung des Nießbrauchsberechtigten.[820]

452 Die Ausübung des Nießbrauchs kann nach § 1059 Satz 2 BGB übertragen werden. Die aus dem Stammrecht fließende Nutzungsbefugnis bzw. die diesbezüglichen Erträge fallen selbst dann in die Masse, wenn ein Ausschluss der Überlassungsbefugnis vereinbart wurde.[821] Der Insolvenzverwalter kann daher nutzen bzw. die Nutzungen für die Masse einziehen.[822]

453 Steht ein Nießbrauch einer juristischen Person oder einer rechtsfähigen Personengesellschaft zu, so ist dieses im Rahmen der §§ 1059a–e BGB übertragbar, pfändbar und fällt daher dann unbeschränkt in die Insolvenzmasse.[823]

454 u) Beschränkt persönliche Dienstbarkeit. Die beschränkt persönliche Dienstbarkeit (§ 1090 BGB) steht zwischen der Grunddienstbarkeit (§ 1018 BGB) und dem Nießbrauch (§ 1030 BGB). Wie die Grunddienstbarkeit geht sie auf die Nutzung eines Grundstückes in einzelnen Beziehungen oder gibt eine sonstige Befugnis. Wie der Nießbrauch ist das Recht an eine bestimmte Person geknüpft. Im Gegensatz zum Nießbrauch ist die beschränkt persönliche Dienstbarkeit grundsätzlich in der Ausübung aber nur dann übertragbar, wenn die Überlassung gestattet ist (§ 1092 Abs. 1 Satz 2 BGB).[824]

---

[810] *Palandt/Weidenkaff* § 456 BGB RdNr. 5; zur Rechtslage vor dem SchModG BGHZ 110, 183 ff.
[811] BGH NJW 1984, 2568; *Palandt/ Weidenkaff* § 456 BGB RdNr. 5.
[812] BGH NJW 1994, 1653.
[813] *Palandt/Weidenkaff* Vor § 463 BGB RdNr. 14, *Palandt/Ellenberger* Einf. v. § 145 RdNr. 23.
[814] BGH BB 1966, 305; *Palandt/Sprau* § 759 BGB RdNr. 1.
[815] BGH WM 1980, 593, 595; BGH WM 1966, 248; vgl. auch *Palandt/Sprau* § 759 BGB RdNr. 1 und 7 ff.; kritisch: MünchKommBGB-*Habersack*, § 759 BGB RdNr. 3 ff. und 37; siehe auch *Jaeger/Henckel* § 35 RdNr. 46.
[816] BGH WM 2006, 913, 914; BGHZ 62, 133, 136 ff.; *Uhlenbruck/Hirte* § 35 RdNr. 189.
[817] *Uhlenbruck/Hirte* § 35 RdNr. 189 f. mwN.
[818] OLG Frankfurt a. M. ZIP 1990, 1357 f.; vgl. auch BGH WM 2007, 86 f.
[819] *Petzold* Anm. zu OLG Frankfurt a. M., EWiR § 1059 BGB 1/90, 897.
[820] OLG Frankfurt a. M. ZIP 1990, 1357; *Hess/Weis* § 35, 36 RdNr. 196; *Uhlenbruck/Hirte* § 35 RdNr. 190.
[821] BGH ZIP 1985, 1084, 1086; *Kübler/Prütting/Holzer* § 35 RdNr. 50.
[822] *Jaeger/Henckel* § 36 RdNr. 48 f.; *Kilger/K. Schmidt* KO § 1 Anm. 2 Cc aa; *Gottwald/Heilmann/Klopp* § 26 RdNr. 39; *Schüller*, Zwangsvollstreckung in den Nießbrauch, S. 23 ff., 74 f.; vgl. auch BGH WM 2006, 913 ff.
[823] *Uhlenbruck/Hirte* § 35 RdNr. 192.
[824] BGH ZInsO 2006, 1324, 1325 f.; BGH NJW 1963, 2319.

Eine solche Gestattung im Sinne von § 1092 Abs. 1 Satz 2 BGB bedarf zu ihrer Wirksamkeit 455 nicht der Eintragung ins Grundbuch. Eine Eintragung ist nur dann erforderlich, wenn die Gestattung der Ausübung gegenüber dem Rechtsnachfolger im Eigentum an dem belasteten Grundstück wirken soll.[825]

In der Bewilligung einer Dienstbarkeit, die einem bestimmten Geschäftsbetrieb dienen soll, ist 456 nicht ohne weiteres die Gestattung zur Überlassung enthalten.

Die beschränkt persönliche Dienstbarkeit fällt in die Masse, wenn die Überlassung an einen 457 anderen gestattet ist.[826]

Ist die Überlassung gestattet, dann kann der Insolvenzverwalter nicht nur die beschränkt persönliche Dienstbarkeit ausüben, sondern auch über das Recht selbst verfügen. Im letzteren Fall erwirbt der Dritte allerdings kein dingliches Recht und keinen Anspruch gegen den Eigentümer, sondern eine Einwendung gegen die Klage aus §§ 1004, 1027 BGB.[827]

Steht eine beschränkt persönliche Dienstbarkeit einer juristischen Person oder einer rechtsfähigen 458 Personengesellschaft zu, so ist diese im Rahmen der §§ 1092 Abs. 2, 3, 1059 a–d BGB übertragbar, pfändbar und fällt in die Insolvenzmasse.[828]

v) Nutzungsrecht nach § 14 Abs. 1 HöfeO und Altenteilsrecht. Das Nutzungsrecht des 459 überlebenden Ehegatten nach § 14 Abs. 1 HöfeO ist nicht übertragbar und nicht pfändbar und fällt deshalb nicht in die Masse des Überlebenden. § 857 Abs. 3 ZPO und § 1059 BGB sind nicht anwendbar. Dasselbe gilt für das Altenteilsrecht nach § 14 Abs. 2 HöfeO. Unpfändbar ist nicht nur das Stammrecht, sondern auch die von diesem umfassten Einzelrechte.[829]

w) Ansprüche aus Mietverhältnissen – Wohnraummiete. Ansprüche aus einem Mietverhält- 460 nis gehören zur Masse. In den §§ 108 ff. finden sich Sonderregelungen: Nach § 108 Abs. 1 wird der Mietzins zu einer Masseverbindlichkeit; daraus folgt konsequenterweise ein Kündigungsrecht des Insolvenzverwalters nach § 109 Abs. 1 Satz 1, wobei im Fall eines Wohnraummietverhältnisses nach dem mit dem InsOÄndG 2001[830] neu aufgenommenen Satz 2 an die Stelle der Kündigung das Recht des Insolvenzverwalters tritt, zu erklären, dass Ansprüche, die nach Ablauf der in Satz 1 genannten Frist fällig werden, nicht im Insolvenzverfahren geltend gemacht werden können.[831] Diese Erklärung wirkt auch gegenüber dem Erwerber des betreffenden Grundstückes, wenn der Insolvenzverwalter sie in Unkenntnis des Eigentumüberganges gegenüber dem „alten" Vermieter/Eigentümer abgegeben hat (§§ 407 Abs. 1, 412 BGB analog).[832] Vgl. dazu die Kommentierung von §§ 108, 109.

Hintergrund dieser Änderung des § 109 Abs. 1 war der Streit darum, ob die vormals lediglich 461 geregelten Kündigungsgrundsätze im **Verbraucherinsolvenzverfahren** angewendet werden sollten: Es wurde darauf hingewiesen, dass es den Grundsätzen zur Abwicklung des Verbraucherinsolvenzverfahrens widersprechen würde, wenn der Treuhänder das Mietverhältnis des Schuldners kündigen darf, um die Mietkaution für die Masse zu vereinnahmen, und dem Schuldner aus Sozialhilfemitteln die Mietkaution für die Beschaffung einer neuen Wohnung zur Verfügung gestellt werden würde.[833] Es solle auch keine Verpflichtung des Treuhänders zur Zahlung der Miete für die schuldnerische Wohnung aus der Masse bestehen, denn die vom Insolvenzbeschlag nicht erfassten Einkünfte des Schuldners müssten so bemessen sein, dass er davon die Miete für eine angemessene Wohnung aufbringen könne. Handele es sich um eine Luxuswohnung, so stelle sich nicht die Frage, ob der Treuhänder diese Wohnung kündigen dürfe,[834] sondern es bliebe der Entscheidung des Schuldners überlassen, in welcher Wohnung er wohnen möchte; er müsse ggf. die Miete aus seinem unpfändbaren Vermögen aufbringen und nicht die Masse.[835]

Die vormals diskutierten problematischen Rechtsfolgen einer Kündigung des Wohnraummietver- 462 hältnisses durch den Insolvenzverwalter werden nunmehr vermieden, in dem zum einen das Kündi-

---

[825] BGH ZInsO 2006, 1324, 1325 f.; BGH NJW 1962, 1392; RGZ 159, 193, 204.
[826] BGH NJW 1962, 1392 f.
[827] *Palandt/Bassenge* § 1092 BGB RdNr. 8.
[828] *Uhlenbruck/Hirte* § 35 RdNr. 142.
[829] *Jaeger/Henckel* § 36 RdNr. 47.
[830] BGBl. I, S. 2710.
[831] Vgl. BGH NZI 2012, 770, 774.
[832] BGH WM 2012, 751, 752 ff.
[833] *Grote* NZI 2000, 66, 69.
[834] Vgl. dazu: *Marotzke* KTS 1999, 269, 272 f.
[835] *Grote* NZI 2000, 66, 68; vgl. zur Problematik der drohenden gläubigersubventionierenden Masseanreicherung, wenn die Kosten für die Mietwohnung die öffentliche Hand trägt: *Marotzke* KTS 1999, 269, 282; vgl. außerdem zu dieser Problematik: *Vallender/Dahl* NZI 2000, 246; *Kohte*, FS Uhlenbruck, S. 217; *Delhaes*, FS Uhlenbruck, S. 585; *Wimmer*, FS Uhlenbruck, S. 605.

gungsrecht des Insolvenzverwalters vollständig verdrängt und zum anderen ihm ein Instrument an die Hand gegeben wird, um die Masse von den Ansprüchen des Vermieters freizustellen.[836]

463 Eine **Vorausabtretung von Mietforderungen** wird weder nach der **KO** noch nach der **InsO** von der Rechtsprechung als „insolvenzfest" angesehen. Ausgangspunkte hierfür sind § 15 KO bzw. §§ 91, 81, die regeln, dass ein Rechtserwerb nach Konkurs- bzw. Insolvenzeröffnung grundsätzlich unzulässig ist. Insoweit stellt der BGH[837] maßgeblich darauf ab, ob die betreffenden Forderungen bereits vorher entstanden und nur später – nach Konkurs-/Insolvenzeröffnung – fällig werden (sogenannte betagte Forderungen) oder ob diese aufschiebend befristet nach Zeitabschnitten entstehen (sogenannte befristete Forderungen). Während betagte Forderungen insolvenzfest abgetreten werden können, ist das bei befristeten Forderungen wegen § 15 KO bzw. §§ 91, 81 nicht möglich. Da Mietforderungen befristet nach Zeitabschnitten entstehen, sind nach dem BGH[838] Vorausabtretungen dieser befristeten Forderungen grundsätzlich nicht insolvenzfest,[839] sodass die Mietforderungen (auch in Ansehung von Vorausabtretungen) regelmäßig zur Insolvenzmasse gehören.

463a x) **Leasing. Leasingverträge**[840] werden von der Rechtsprechung als **atypische Mietverträge** eingeordnet,[841] sodass man meinen könnte, dass die vorstehenden Überlegungen zu Mietforderungen und deren Massezugehörigkeit trotz etwaiger Vorausabtretungen ebenso hierfür gelten. Dabei muss in wirtschaftlicher Hinsicht berücksichtigt werden, dass Leasinggeber für die Anschaffung der erforderlichen Leasinggüter auf entsprechende Refinanzierungen angewiesen sind, die dem Refinanzierer als „Gegenwert" bzw. Sicherheit zumeist nur die Rechte und Ansprüche aus den Leasingverträgen und die Leasinggüter anbieten können. Daher ist von entscheidender Bedeutung, ob der Refinanzierer auch bei Insolvenz des Leasinggebers auf die ihm (voraus-) abgetretenen Rechte und Ansprüche aus den Leasingverträgen zugreifen kann, insbesondere ihm die (von ihm vorfinanzierten) Zahlungsansprüche gegen die Leasingnehmer zustehen oder diese in die Insolvenzmasse des Leasinggebers fallen. Müsste Letzteres angenommen werden, würden solche Refinanzierungen erheblich erschwert mit entsprechend einschneidenden Folgen für die gesamte Leasingbranche, die für die gesamtwirtschaftliche Lage in Deutschland ein erheblicher Faktor ist.[842]

Festzuhalten ist insofern zunächst, dass Leasingverträge auch bereits nach der **KO** vom BGH anders als Mietverträge behandelt worden sind.[843] Hintergrund ist, dass beim Leasing der Leasinggeber seine vertragswesentlichen Pflichten gegenüber dem Leasingnehmer bereits mit Anschaffung und Zurverfügungstellung des Leasinggutes erfüllt hat. Die daran anschließende „Nichtstörung" des Gebrauches und die fortwährende Gebrauchsüberlassung spielen diesbezüglich keine ins Gewicht fallende Rolle. Mit der Maßgabe, dass die Leasingsache vor Konkurseröffnung dem Leasingnehmer überlassen worden war, sodass der Leasingvertrag auch nach Konkurseröffnung fortbesteht (§ 21 Abs. 1 KO), sah der BGH beim Leasing die Vorausabtretung von Forderungen jedenfalls der (unkündbaren) Grundleasingzeit sowie der Forderungen einer etwaigen automatisch sich anschließenden Verlängerungszeit als insolvenzfest an.[844] Damit wurde

---

[836] Begr. des Gesetzentwurfs zum InsOÄndG, BT-Drucks. 14/5680, S. 27; demgegenüber will *Eckert* NZM 2001, 260, 262 die mietrechtlichen Kündigungsmöglichkeiten dem Insolvenzverwalter erhalten, was aber zum Unterlaufen des Schutzzweckes des § 109 Abs. 1 Satz 2 führen würde; dagegen: *Hain* ZInsO 2007, 192, 196; zum „umgekehrten" Fall der Insolvenz des Vermieters: LG Dortmund ZInsO 2005, 724; kritisch dazu *Mork/Heß* ZInsO 2005, 1206 ff.; umstritten sind die Folgen der Freigabe von selbstgenutztem Wohnungseigentum: während AG Mannheim NZI 2010, 689, 690 die auch nach Freigabeerklärung fällig werdenden Hausgelder als Masseschulden ansieht, kommt *Lüke* ZWE 2010, 62, 66 f. und *ders.*, FS Wenzel, S. 235 ff. zum entgegengesetzten Ergebnis – dazu siehe auch § 55.
[837] ZB BGH-Urt. vom 17.9.2009, Az. IX ZR 106/08; BGH ZIP 2007, 1507, 1509; BGHZ 170, 196, 200; BGHZ 111, 84, 93 f.
[838] ZB BGH-Urt. vom 17.9.2009, Az. IX ZR 106/08; BGH ZIP 2007, 1507, 1509; BGHZ 170, 196, 200; BGHZ 111, 84, 93 f.
[839] Siehe § 110 InsO bei Vermietung/Verpachtung von unbeweglichen Gegenständen oder Räumen, wie zB Immobilien, Schiffe, Flugzeuge – dazu die dortige Kommentierung.
[840] Zur Rechtsnatur von Leasingverträgen und den unterschiedlichen Ausgestaltungen siehe zB *v. Westphalen*, Der Leasingvertrag, S. 114 ff. mwN.
[841] BGH NJW 1996, 2860; BGH WM 1990, 1620, 1622 m. Anm. *Emmerich* in WuB I J 2.–15.90; BGH WM 1987, 1338, 1339 m. Anm. *Emmerich* in WuB I J 2.–1.88; BGH WM 1985, 1447, 1448 m. Anm. *Konzen* in WuB I J 2.–8.85; BGH WM 1982, 7, 8 f.; BGH WM 1982, 151, 152; BGH WM 1977, 447, 448 f.; BGH WM 1975, 1203, 1204.
[842] Dazu zB *Peters/Schmid-Burgk*, Das Leasinggeschäft, RdNr. 13/64.
[843] Siehe zB BGHZ 109, 368 ff.
[844] BGHZ 109, 368, 372 ff.

für die Vielzahl der gängigen Leasinggeschäfte diesbezüglich die nötige (Refinanzierungs-) Verlässlichkeit geschaffen.

Ausdrücklich hat der BGH entschieden, dass dies allerdings nicht für die Vorausabtretung von Forderungen aus einer Kaufoption gilt, insbesondere mit Hinweis darauf, dass es insoweit noch einer Änderung der sachenrechtlichen Zuordnung des überlassenen Leasinggegenstandes bedarf (Übereignung an den Leasingnehmer).[845] Wie es sich mit weiteren denkbaren Leasingforderungen verhält, wie zB Forderungen aus Verlängerungsoptionen, aus Abschlusszahlungen/erhöhten Letztmieten oder Andienungsrechten, ist vom BGH nicht entschieden worden.

Bei der 1994 verabschiedeten **Reform des Insolvenzrechts** wurde dieser Aspekt der Refinanzierung der Leasinggeschäfte zunächst übersehen, mit der Folge, dass diese generell dem Wahlrecht des Insolvenzverwalters gemäß § 103 unterliegen würden und daher eine insolvenzfeste Vorausabtretung von Leasingforderungen nicht in Frage käme. Als das erkannt wurde, hat der Gesetzgeber noch vor Inkrafttreten der Insolvenzrechtsreform eine Änderung vorgenommen und den **§ 108 Abs. 1 Satz 2** eingefügt, um insolvenzfeste Refinanzierungen zu ermöglichen.[846]

§ 108 Abs. 1 Satz 2 beinhaltet zwei Voraussetzungen. Erforderlich ist, dass die Leasingforderungen einem Dritten (im Regelfall der refinanzierenden Bank) abgetreten werden,
– der die Anschaffung oder Herstellung der Leasinggüter finanziert hat
und
– dem die Leasinggüter zur Sicherheit übertragen worden sind.
Nur unter diesen Voraussetzungen sieht § 108 Abs. 1 Satz 2 vor, dass der Vertrag bei einer Insolvenz des Leasinggebers fortbesteht und dem Dritten (idR der refinanzierenden Bank) weiterhin die im Vorwege abgetretenen Leasingforderungen zustehen können und die Leasingforderungen dann nicht zur Insolvenzmasse gehören.[847]

Ist der Leasinggegenstand vor Insolvenzeröffnung dem Leasingnehmer überlassen worden[848] und sind die beiden Voraussetzungen des § 108 Abs. 1 Satz 2 erfüllt, kann nach zutreffender Ansicht von der Insolvenzfestigkeit der an den Refinanzierer abgetretenen Leasingforderungen ausgegangen werden.[849] Dann gehören diese durch den Refinanzierer ja bereits „bevorschussten" Leasingforderungen nicht zur Insolvenzmasse.

γ) Prozessuale Kostenerstattungsansprüche. Kostenerstattungsansprüche, die entstehen, weil dem Schuldner nach Insolvenzeröffnung eine gemäß § 87 InsO unzulässige Klage zugestellt wird, gehören grundsätzlich als Neuerwerb zur Insolvenzmasse.[850] Offengelassen hat der BGH, ob eine entgegenstehende Zweckbindung[851] vorliegen könnte, wenn „der durch den Kostenerstattungsanspruch begünstigte Anwalt noch nicht befriedigt ist".[852] Insofern ist zu berücksichtigen, dass in derartigen Verfahren meist Prozesskostenhilfe gewährt werden kann und dann der Prozessbevollmächtigte im Falle des Obsiegens die Möglichkeit hat, seine Vergütung gemäß § 126 Abs. 1 ZPO im eigenen Namen geltend zu machen. Eine Einrede aus der Person der Partei ist nach § 126 Abs. 2 Satz 1 ZPO nicht zulässig.

---

[845] BGHZ 109, 368, 375.
[846] Siehe zB *Peters/Schmid-Burgk*, Das Leasinggeschäft, RdNr. 13/110a mwN.
[847] Im Einzelnen dazu zB *Peters* in Lwowski/Fischer/Langenbucher, Das Recht der Kreditsicherung, § 14 RdNr. 57 ff.; *ders.* WM 2009, 2294, 2298 ff., jeweils mwN und die Kommentierung zu § 108.
[848] Der BGH (NZI 2007, 713 ff. mit abl. Anmerkung von *Dahl/Schmitz* NZI 2007, 716 f.) hat sich entgegen der fast einhelligen Literatur (vgl. zB FK-*Wegner* § 108 RdNr. 8, 24; HK-*Marotzke* § 108 RdNr. 2, 15; *Nerlich/Römermann/Balthasar* § 108 RdNr. 9; *Zahn* DB 1996, 1393, 1396; *Eckert* ZIP 1996, 897. 899, 906; *Huber* NZI 1998, 97, 102; siehe auch Kommentierung zu § 108) der abweichenden Ansicht, vornehmlich vertreten von *Smid* (InsO § 108 RdNr. 20), angeschlossen und verlangt als Voraussetzung für den Fortbestand des Leasingvertrages die Überlassung des Leasinggegenstandes vor Insolvenzeröffnung an den Leasingnehmer, obwohl das in § 108 Abs. 1 Satz 2 entgegen der Rechtslage nach KO (siehe damals § 21 Abs. 1 KO) nicht vorgesehen ist und der Gesetzgeber hiervon abgesehen hatte (so hat der Gesetzgeber eine solche Maßgabe in § 109 Abs. 2 für die dortigen Fälle auch entsprechend geregelt).
[849] So zB *Palandt/Ellenberger* § 163 BGB RdNr. 2; MünchKommBGB-*Koch* Leasing RdNr. 143; *Piekenbrock* WM 2007, 141, 148 f.; *Obermüller*, Insolvenzrecht in der Bankpraxis, RdNr. 7.46 ff.; *Peters* WM 2009, 2294, 2298 ff.; anders für Forderungen aus Kaufoptionen: FK-*Wegener* § 108 RdNr. 15; *Hölzle/Geßner* ZIP 2009, 1641 ff. wollen keinerlei Leasingforderungen als gemäß § 108 Abs. 1 Satz 2 InsO insolvenzfest vorausabtretbar ansehen; dieser Sonderansicht steht die Gesetzeslage, der ausdrückliche Wille des Gesetzgebers sowie die insoweit einhellige Rechtsprechung und Literatur entgegen – dazu zB *Peters/Schmid-Burgk*, Das Leasinggeschäft, RdNr. 13/114g mwN.
[850] BGH WM 2009, 332, 334; BGH WM 2007, 977, 978; OLG Nürnberg Beschluss vom 21.12.2010, Az. 12 W 1990/10.
[851] Dazu auch RdNr. 391 und § 36 RdNr. 57b.
[852] BGH WM 2009, 332, 334.

VII. Unternehmens- und Betriebsveräußerung

464 **1. Unternehmen. a) Verwertung in seiner Gesamtheit.** Das Unternehmen als Ganzes stellt eine Gesamtheit von beweglichen und unbeweglichen Sachen, Rechten und tatsächlichen Vermögenswerten dar.[853] Als diese kann es aber nicht Gegenstand einheitlicher dinglicher Rechte sein, weshalb es als Ganzes auch nicht pfändbar ist.[854] Vermögenswerte wie Know-how, Kundschaft, Lage, Geschäfts- oder Betriebsgeheimnisse etc. sind zwar ggf. im bisherigen Betrieb für das Unternehmen gewonnen worden, unterliegen aber nicht der Einzelzwangsvollstreckung. In ihrer Gesamtheit haben sie jedoch einen in Geld ausdrückbaren Wert, der für die Insolvenzmasse von Interesse ist.[855] In seiner Sachgesamtheit gehört das Unternehmen daher zur Insolvenzmasse.[856] Die Veräußerbarkeit eines Geschäfts bzw. Unternehmens durch den Konkursverwalter wurde unter Hinweis auf die Erwähnung von Unternehmen in § 117 Abs. 2 und § 134 Nr. 1 KO bereits in der Rechtsprechung des Reichsgerichts angenommen.[857] Heute ist sie in § 160 Abs. 2 Nr. 1 ausdrücklich vorgesehen.[858] Dies zeigt, dass § 36 Abs. 1 hier der Zugehörigkeit zur Insolvenzmasse und der Veräußerbarkeit des Unternehmens als Gesamtheit durch den Insolvenzverwalter nicht entgegensteht.[859]

Die Veräußerung durch den Insolvenzverwalter hat nach zivilrechtlichen Regeln zu erfolgen. Eine Möglichkeit ist, die zum Unternehmen gehörigen einzelnen Vermögenswerte und -gegenstände im Wege einzelner Rechtsgeschäfte zu veräußern. Der Insolvenzverwalter kann aber auch das Unternehmen als Gesamtheit verkaufen (als sonstiger Gegenstand i. S. d. § 453 BGB).[860] Lediglich eine einheitliche Pfändung des Unternehmens ist nicht möglich (siehe oben).

465 **b) Einzelfragen der Verwertung. aa) Bewertung des insolventen Unternehmens.** Ein besonderes Problem ist die Bewertung des insolventen Unternehmens mit dem Ziel einer angemessenen Preisfindung. Die in der Betriebswirtschaftslehre entwickelten Bewertungsmethoden zur Ermittlung des Unternehmenswertes sind sehr unterschiedlich.[861] Vgl. dazu die Kommentierung von § 103.

466 **bb) Voraussetzungen für die Unternehmensveräußerung.** Für den Verkauf des gesamten Unternehmens ist die Zustimmung des Gläubigerausschusses oder der Gläubigerversammlung erforderlich (§ 160 Abs. 2 Nr. 1).[862] Vgl. insoweit die Kommentierung von § 160 Abs. 2 Nr. 1.

467 Bei einem Verkauf im Rahmen eines Insolvenzplanverfahrens bedarf es der gerichtlichen Bestätigung des Plans (§ 248).

468 **cc) Besonderheiten des Veräußerungsgeschäfts.** Gegenstand der Übertragung bei einem Verkauf eines insolventen Unternehmens ist lediglich das Aktivvermögen des Schuldnerunternehmens.[863]

469 Bei einem Verkauf eines insolventen Unternehmens kann für die Vereinbarung eines sogenannten variablen Kaufpreises[864] ein Bedürfnis bestehen. Ein variabler Kaufpreis soll berücksichtigen, dass sich der Wert eines Unternehmens im Zeitpunkt des Kaufvertragsschlusses gegenüber der letzten Bilanz positiv oder negativ verändern kann. Dies trifft besonders auf insolvente Unternehmen zu. Allerdings ist hier zu beachten, dass bei einer Veräußerung in der Insolvenz die Haftung für die Passiva entfällt (vgl. dazu RdNr. 480). Der Erwerber eines Unternehmens hat Europa-rechtswidrig gewährte Beihilfen jedenfalls nicht zurückzugewähren, wenn das Unternehmen im Rahmen eines Share-Deals zu einem marktüblichen Preis erworben wurde, da durch die Kaufpreiszahlung die Masse nicht geschädigt wird. Der Rückforderungsanspruch besteht wegen des Fortbestehens des Unternehmensträgers auch gegen diesen und ist zur Tabelle anzumelden.[865]

---

[853] *Jaeger/Henckel* § 35 RdNr. 9.
[854] BGHZ 32, 103, 105; RGZ 134, 95, 98; 95, 235; *Uhlenbruck/Hirte* § 35 RdNr. 269; *Jaeger/Henckel* § 35 RdNr. 9; *Breutigam*/Blersch/Goetsch § 35 RdNr. 13; *K. Schmidt*, Handelsrecht § 6 V 1 b.
[855] *Kübler/Prütting/Holzer* § 35 RdNr. 70, § 151 RdNr. 19 ff.; *Jaeger/Henckel* § 35 RdNr. 9; *Kilger/Schmidt* KO § 1 Anm. 2 Da aa; *Steinbeck* NZG 1999, 133.
[856] *Hess/Weis* §§ 35, 36 RdNr. 169; *Breutigam*/Blersch/Goetsch § 35 RdNr. 17; *K. Schmidt*, Handelsrecht § 6 II 2; *Steinbeck* NZG 1999, 133.
[857] RGZ 134, 95, 98.
[858] Vgl. auch BGH NJW 1996, 1283.
[859] *Herchen* ZInsO 2004, 1112, 1113 mwN.
[860] *K. Schmidt*, Handelsrecht § 6 II 2a; *Staudinger/Beckmann* § 453 BGB RdNr. 19 ff.
[861] Vgl. dazu *Picot*, Unternehmenskauf und Restrukturierung, RdNr. I. 59.
[862] Vgl. OLG Rostock NZI 2011, 488 ff.
[863] *Angermann*, Zivilrechtliche Probleme des Unternehmenskaufs, S. 101; *Kübler* ZGR 1982, 498, 511.
[864] Zum Begriff *Wessing* ZGR 1982, 455, 465; *Ouack* ZGR 1982, 359 f.
[865] EuGH ZIP 2004, 1013.

Begriff der Insolvenzmasse　　　　　　　　　　　　　　　　　　　　　470–480　§ 35

Bei einem Unternehmensverkauf in der Insolvenz ergeben sich hinsichtlich der Formerforder- 470
nisse keine Besonderheiten. Wie auch der Unternehmenskaufvertrag außerhalb der Insolvenz ist der
Abschluss des Unternehmenskaufvertrages grundsätzlich formfrei. Hinsichtlich der Übertragung der
einzelnen Aktiva (Grundstücke etc.) sind die sich aus den §§ 311 ff. BGB ergebenden Formerfordernisse zu beachten.

Die bei einer Veräußerung außerhalb eines Insolvenzverfahrens geltenden Zustimmungserforder- 471
nisse (Gesellschafter müssen der Veräußerung zustimmen) gelten in der Insolvenz nicht.[866]

Zur Veräußerung des insolventen Unternehmens an die Gesellschafter, bei denen es sich um 472
besonders interessierte Personen i. S. d. § 162 handelt, siehe die Kommentierung von § 162.

Im Rahmen von Unternehmenskaufverträgen werden dem bisherigen Unternehmer (natürliche 473
Person) häufig Wettbewerbsverbote auferlegt. Derartige Wettbewerbsverbote sollen die Übertragung
des Unternehmens auf den Käufer einschließlich der ihm verbundenen immateriellen Werte, insbesondere des Kundenkreises, schützen und sicherstellen.[867] Bei einem Unternehmensverkauf in der
Insolvenz kann der Insolvenzverwalter, der Partei des Kaufvertrages ist, grundsätzlich keine derartigen Vereinbarungen in den Kaufvertrag aufnehmen. Eine derartige Vereinbarung wäre regelmäßig
ein unzulässiger Vertrag zu Lasten Dritter.[868] Allerdings soll es nach Ansicht des OLG Saarbrücken
dem Insolvenzverwalter möglich sein, ein beschränktes Wettbewerbsverbot bezüglich der Kunden
der letzten 2 Jahre zu vereinbaren.[869] Dies kann allenfalls nur dann gelten, wenn das Wettbewerbsverbot für die Verwertung der Sache oder des Rechts unumgänglich ist, in direktem Bezug zu der
Sache oder dem Recht selbst steht und den Schuldner nicht über Gebühr belastet. Nicht zulässig
muss es hingegen sein, wenn dem Schuldner seine berufliche Betätigung insgesamt verwehrt wird.

dd) Leistungsstörungen und Rückabwicklung. Auf den Unternehmenskauf ist die Vorschrift 474
des § 433 BGB jedenfalls analog anwendbar. Dementsprechend müsste eigentlich auch das kaufver-
tragliche Gewährleistungsrecht anwendbar sein. Allerdings enthält ein derartig komplexes Gebilde
wie ein Unternehmen neben Sachen und Rechten auch Werte, auf die in die Kategorie des Rechts-
oder Sachkaufes nicht passen, wie etwa Fabrikations- und Betriebserfahrungen, Good-will etc. Es
ist deshalb streitig, welche Vorschriften anwendbar sind (Sach- Rechtsmängelgewährleistung, Wegfall
der Geschäftsgrundlage, § 280 BGB).

Weiterhin ist streitig, wann ein Mangel anzunehmen ist.[870]　　　　　　　　　　　　　　　475

Zuletzt sind auch die Rechtsfolgen streitig. Aufgrund der praktischen Schwierigkeiten einer
Rückabwicklung ist anerkannt, dass diese auf eng begrenzte Sonderfälle beschränkt werden muss.[871]
Aufgrund der beschriebenen Unsicherheiten werden in der Praxis meist vertragliche Regelungen
getroffen.[872]

Die Aussagen bezüglich der Beschränkung der Rückabwicklung gelten insbesondere bei einem 476
Unternehmensverkauf in der Insolvenz. Praktisch kommen also nur Schadensersatzansprüche in
Betracht. Wird ein insolventes Unternehmen verkauft, wird der Erlös unter den Gläubigern verteilt
und das Insolvenzverfahren beendet. Werden zu einem späteren Zeitpunkt Schadensersatzansprüche
geltend gemacht, so kann nicht mehr auf die Insolvenzmasse zurückgegriffen werden. In Frage
kommt nur eine persönliche Haftung des Insolvenzverwalters.

Die Zustimmung der Gläubigerorgane zum Unternehmensverkauf schließt eine Haftung des Insol- 477
venzverwalters gegenüber den Gläubigern gem. § 60 aus. Vgl. dazu die Kommentierung von § 60.

Hat der Insolvenzverwalter den Erwerber des Unternehmens getäuscht, so hat die Zustimmung 478
der Gläubigerorgane keine Auswirkungen auf das Bestehen einer Haftung gegenüber dem Erwerber.
Vgl. dazu die Kommentierung von § 60.

In der Praxis könnte durch entsprechende vertragliche Regelungen die Geltendmachung von 479
Ansprüchen durch den Erwerber zeitlich beschränkt werden. Der Insolvenzverwalter müsste dann
Rückstellungen wegen der möglicherweise bestehenden Ansprüche bilden und könnte erst nach
Ablauf der vereinbarten Frist eine endgültige Verteilung der Masse, möglicherweise im Wege der
Nachtragsverteilung, vornehmen. Vgl. dazu die Kommentierung von § 203.

ee) Haftung bei Unternehmensübernahme. Eine Schuldenhaftung aus § 25 HGB entfällt 480
bei einer Veräußerung eines Unternehmens durch den Insolvenzverwalter.[873] Es ist strittig, ob dies

---

[866] *Kübler/Prütting/Noack,* Gesellschaftsrecht, RdNr. 336.
[867] *Hölters/Hölters,* Hdb. des Unternehmens- und Beteiligungskaufs, S. 54.
[868] Vgl. dazu *Palandt/Grüneberg* Einf. vor § 328 BGB RdNr. 10.
[869] OLG Saarbrücken ZInsO 2001, 392.
[870] Vgl. dazu *Hölters/Semler,* Hdb. des Unternehmens- und Beteiligungskaufes, S. 537 f.
[871] BGH NJW 1977, 1536, 1537 f.
[872] *Quack* ZGR 1982, 350, 352.
[873] BGHZ 104, 151, 153 f.; BGH NJW 1992, 911; BAG, DB 1990, 1416; RGZ 58, 167, 168; *Jaeger/Henckel* § 35 RdNr. 30.

auch bei einer Veräußerung im Eröffnungsverfahren gilt.[874] Interessengerecht dürfte es sein, den § 25 HGB auch bei einem Erwerb des Unternehmens vom vorläufigen Insolvenzverwalter nicht anzuwenden. Allerdings ist auch umstritten, ob die Veräußerung des Unternehmens im Eröffnungsverfahren überhaupt zulässig ist (vgl. dazu die Kommentierung zu §§ 21, 22). Bei der Entscheidung dieser Fragen muss zum einen berücksichtigt werden, dass die Praxis der Insolvenzabwicklung erheblich dadurch erschwert wird, wenn man den Verwalter über die Bejahung der Anwendbarkeit des § 25 HGB dazu zwingt, das Verfahren zu eröffnen, wenn er eine günstige Veräußerungschance nutzen will. Andererseits ist im Eröffnungsverfahren nicht im gleichen Maße wie im eröffneten Verfahren gewährleistet, dass die Gläubiger an der Entscheidung über die Form der Verwertung der Insolvenzmasse beteiligt werden. In der Mehrzahl der Fälle wird der Schutz der Gläubigerinteressen es erforderlich machen, eine Veräußerung des Unternehmens im Eröffnungsverfahren nicht zuzulassen.

Die Nichtanwendbarkeit des § 25 HGB im Rahmen der übertragenen Selbstsanierung wird kontrovers beurteilt.[875]

481 In der Betriebsveräußerung durch den Insolvenzverwalter greift zugunsten der Arbeitnehmer der Bestandsschutz nach **§ 613a BGB** ein.[876] Allerdings gilt der § 613a BGB mit der teleologischen Einschränkung, dass der Erwerber wegen des Grundsatzes der Gleichbehandlung der Gläubiger für bereits vor Verfahrenseröffnung entstandene Ansprüche der Arbeitnehmer nicht haftet.[877] § 613a BGB wurde trotz der von Seiten der Insolvenzpraktiker gerade auch im Rahmen der Insolvenzrechtsreform geäußerten Bedenken[878] nicht abgeschafft. Die Rechtswirkungen des § 613a BGB in der Insolvenz sollen durch den § 128 abgemildert werden. Vgl. insoweit die Kommentierung von § 128.

482 § 75 AO (Haftung für Betriebssteuern) findet bei einer Betriebsveräußerung in der Insolvenz keine Anwendung (vgl. § 75 Abs. 2 AO).

483 § 419 BGB (Haftung des Vermögensübernehmers) wurde im Zuge der Insolvenzrechtsreform abgeschafft.

484 **2. Firma. a) Allgemeines.** Der kaufmännische Name, also die Firma (§ 17 Abs. 1 HGB), ist nach § 23 HGB mit dem Geschäft übertragbar und daher, obgleich ein Persönlichkeitsrecht, Massebestandteil in der Insolvenz.[879]

485 Mit Eröffnung des Insolvenzverfahrens bleibt die Firma bestehen (§ 32 HGB). Der Insolvenzverwalter kann, sofern das Unternehmen für Rechnung der Masse weitergeführt wird, dies unter Benutzung der bisherigen Firma tun, ohne in das Persönlichkeitsrecht des Schuldners einzugreifen. Dieser bleibt Träger des Persönlichkeitsrechtes.[880] Wird die Firma nicht mit dem Unternehmen übertragen, so erlischt sie mit dessen Vollbeendigung.

486 Im Hinblick auf § 23 HGB kann die Verwertung der Firma (als Massebestandteil) nur durch den Verkauf des gesamten Unternehmens erfolgen.[881] Allerdings bedeutet die Zugehörigkeit der Firma zur Insolvenzmasse nicht zwingend auch die unbeschränkte Veräußerungsbefugnis des Insolvenzverwalters. Probleme bestehen besonders dann, wenn der Name des Unternehmens eng mit dem „good-will", dem vermögenswerten Image des Unternehmens, verbunden ist. Hier **kollidieren** dann einerseits das Interesse der Gläubiger bzw. des Insolvenzverwalters an der **Realisierung des Firmenwertes** und andererseits das **namensrechtliche Interesse** des Schuldners. Insbesondere dann, wenn der **(Familien-) Name** des Schuldners oder eines Gesellschafters in der Firma enthalten ist und der Schuldner nach Beendigung der Insolvenz ein Neugeschäft unter seiner bisherigen Firma betreiben will, wird sich die Veräußerung der Firma zusammen mit dem Unternehmen sehr schwierig gestalten.

Ob der Insolvenzverwalter Unternehmen und Firma zusammen ohne Zustimmung des Schuldners veräußern kann oder ob nur letzterem das Recht zur Verfügung über die Firma zusteht, ist umstritten.[882]

---

[874] Bei Erwerb vom Sequester verneint durch BGHZ 104, 151, 153 ff.; dagegen *Canaris*, FS Frotz, S. 29.
[875] Vgl. *K. Schmidt* ZIP 1980, 328, 336 f.
[876] BAG WM 1980, 561 ff.
[877] BAG WM 1980, 561, 563.
[878] *Gravenbrucher Kreis* BB Beilage 15/1986, 12 f.; ZIP 1989, 468, 474; ZIP 1993, 625, 626; ZIP 1994, 585, 586.
[879] *Uhlenbruck/Hirte* § 35 RdNr. 302; *Jaeger/Henckel* InsO § 35 RdNr. 20; *Hess/Weis* §§ 35, 36 RdNr. 137; BGH ZIP 1983, 193; *Breutigam*/Blersch/Goetsch § 35 RdNr. 21; *Steinbeck* NZG 1999, 133 ff.; *Herchen* ZInsO 2004, 1112, 1113.
[880] *Jaeger/Henckel* § 35 RdNr. 20; *Hess/Weis* §§ 35, 36 RdNr. 137 ff.
[881] *Breutigam*/Blersch/Goetsch § 35 RdNr. 21.
[882] Vgl. dazu ausführlich: *Steinbeck* NZG 1999, 133 ff.; *Kern* BB 1999, 1717 ff.; *Uhlenbruck* ZIP 2000, 401 ff. jeweils mwN.

Das Reichsgericht sah das Recht an der Firma als ein dem Namensrecht gleichzustellendes Persönlichkeitsrecht an und forderte deshalb grundsätzlich die Zustimmung des Gemeinschuldners zur Veräußerung der Firma durch den Konkursverwalter.[883] **487**

Dem schloss sich ursprünglich der BGH mit der Auffassung an, der Konkursverwalter könne, wenn der Familienname des Gemeinschuldners in dessen Firma enthalten sei, nicht rechtswirksam die zur Fortführung der Firma durch den Erwerber erforderliche Einwilligung erteilen.[884] Dabei ließ er aber offen, ob das Recht an der Firma nur ein Namensrecht oder auch ein vermögenswertes Recht darstellt; also ob es in die Konkursmasse fällt.

Der BGH hat diese Rechtsprechung nicht aufrechterhalten und zählte auch den Firmennamen eines Unternehmens zu den vermögenswerten Rechten.[885] Die Begründung geht dahin, dass die Verbindung eines Namens mit einem Unternehmen diesen weitgehend von einer bestimmten Person löst (zB „Daimler-Benz AG"). Dadurch kommen beachtliche vermögenswerte Interessen ins Spiel, die etwaige ideelle Interessen am Namen überwiegen und ggf. völlig verdrängen können.[886] Allerdings kann nach Auffassung des BGH der Konkurs- bzw. Insolvenzverwalter nicht schlichtweg im Rahmen des § 23 HGB über die Firma verfügen. Enthält ein Unternehmen einen Personennamen, so ist stets zu prüfen, inwieweit der personale Bezug durch die Namenswahl die vermögenswerten Interessen überwiegt.[887] Dies kommt insbesondere dann in Betracht, wenn der Firmenname den Familiennamen des Schuldners enthält. Jedenfalls mit der Zustimmung des Schuldners kann der Insolvenzverwalter hierüber verfügen.[888] Ist in der Firma kein Personenname enthalten, so bedarf es keiner Zustimmung. Bei der Beurteilung der kollidierenden Interessen ist zwischen Einzelkaufleuten und Personenhandelsgesellschaften einerseits und juristischen Personen (Kapitalgesellschaften) andererseits zu differenzieren.[889] **488**

b) Kapitalgesellschaften. Die herrschende Auffassung betont, dass bei juristischen Personen kein Zwang für einen Gesellschafter bestehe, seinen Familiennamen für die Firmenbildung zur Verfügung zu stellen, da er auch zB eine Sachfirma wählen könne.[890] Enthält die Firma einer juristischen Person den Namen eines Gesellschafters, so habe dieser Betroffene freiwillig über seinen Namen disponiert. Er habe seinen Namen in das Gesellschaftsvermögen eingebracht, ihn also quasi kapitalisiert, und damit die Verfügungsmacht darüber verloren.[891] Danach sei die Verwertung der Firma der Kapitalgesellschaft durch den Insolvenzverwalter ohne Zustimmung des Namensgebers möglich.[892] **489**

Die **Gegenauffassung**[893] lehnt in diesen Fällen eine Verwertungsbefugnis des Insolvenzverwalters ab und stützt sich dabei auf die gesetzliche Wertung der durch das Handelsrechtsreformgesetz 1998 geänderten Vorschriften der §§ 22, 24 Abs. 2 HGB. Aufgrund der Neubewertung des § 24 Abs. 2 HGB, der nunmehr auch für Kapitalgesellschaften gelte, bestehe nach der Gesetzesänderung für die Gläubiger der Gesellschaft keine Sicherheit mehr, dass die Firma und der in ihr enthaltenen „good will" der Gesellschaft erhalten bleiben, denn bei einem Ausscheiden des namensgebenden Gesellschafters aus der Gesellschaft bedarf es der Zustimmung des Gesellschafters oder seiner Erben, § 24 Abs. 2 HGB. **490**

Die Argumentation der Gegenauffassung überzeugt nicht. Aus dem Hinweis auf § 24 Abs. 2 HGB ist kein Vorrang der Interessen des namensgebenden Gesellschafters zu den Gläubigerinteressen abzuleiten, denn die Regelung betrifft das Verhältnis zwischen dem ausscheidenden Gesellschafter und der Gesellschaft.

Zu den Möglichkeiten des namensgebenden Gesellschafters, einen Vorbehalt im Gesellschaftsvertrag zu vereinbaren, sodass der Name mit der Insolvenz wieder an den namensgebenden Gesellschafter zurückfällt vgl. RdNr. 506. **491**

c) Einzelkaufleute und Personenhandelsgesellschaften. aa) Firma des Einzelkaufmannes. (1) Alte Rechtslage. Vor dem **Handelsrechtsreformgesetz** waren Einzelkaufleute und Personenhandelsgesellschaften gesetzlich gezwungen (§§ 18, 19 aF HGB), ihre bürgerlichen Namen für **492**

---

[883] RGZ 9, 104; 58, 166, 169.
[884] BGHZ 32, 103, 106.
[885] BGHZ 85, 221, 222 ff.
[886] BGHZ 85, 221, 223.
[887] BGHZ 85, 221, 223.
[888] *Uhlenbruck/Hirte* § 35 RdNr. 302.
[889] *Breutigam*/Blersch/Goetsch § 35 RdNr. 21 ff.
[890] BGHZ 85, 221, 224; 58, 322, 326; *Breutigam*/Blersch/Goetsch § 35 RdNr. 22.
[891] BGHZ 85, 221; OLG Düsseldorf NJW 1980, 1284, 1285; OLG Frankfurt a. M. ZIP 1982, 334, 336.
[892] BGHZ 85, 221, 224; *Steinbeck* NZG 1999, 133, 135.
[893] *Kern* BB 1999, 1717, 1719 f.

die Firmierung zu verwenden. Von einer freiwilligen Freigabe des Namens konnte daher nicht gesprochen werden.

493 Zuzustimmen ist daher der Auffassung des BGH, dass die Veräußerung der Firma eines Einzelkaufmannes durch den Konkursverwalter der Zustimmung des Schuldners bedurfte.

An dieser Rechtsprechung ist auch heute bei **Firmierungen, die vor Änderung des HGB** erfolgten, festzuhalten. Einen Anhaltspunkt dafür gibt die InsO selbst, indem sie dem Schuldner die Chance lässt, sich wirtschaftlich neu zu etablieren. Wird der Firmenname auf einen Dritten, der das Unternehmen fortführt, übertragen, kann der Schuldner diese Chance nicht nutzen. Auch das Argument, der Schuldner könne nach der Insolvenz seinen Namen mit einem unterscheidungskräftigen Zusatz versehen,[894] trägt nicht. Denn der Schuldner muss die Konkurrenz mit seinem eigenen Namen nicht hinnehmen. In Anlehnung an die Rechtsprechung ist vielmehr zu unterscheiden, ob der Schuldner seinen Namen kommerzialisiert hat oder nicht.

494 **(2) Rechtslage nach Handelsrechtsreformgesetz.** Mit der **Handelsrechtsreform** wurde das Firmenrecht neu geregelt. Kapitalgesellschaften, Personenhandelsgesellschaften und Einzelkaufleute haben nun eine größere Wahlfreiheit bei der Bildung ihrer Firmen, um diese aussagekräftiger und werbewirksamer zu gestalten.[895]

495 Einzelkaufleute und Personenhandelsgesellschaften haben jetzt nach §§ 18, 19 HGB die Wahl einer Personen-, Sach- oder Phantasiefirma. Nur aus Transparenzgründen müssen die Gesellschafts- und Haftungsverhältnisse der Firma offengelegt werden. Ein Einzelkaufmann braucht einen solchen Zusatz allerdings nicht.

496 Aufgrund dieses Wahlrechts erscheint es nunmehr gerechtfertigt, dem Insolvenzverwalter eine umfassende Verwertungskompetenz, die auch den bürgerlichen Namen des insolventen Einzelkaufmannes umfasst, zuzuerkennen.[896]

497 Die **herrschende Meinung** geht von dem Vorrang der Gläubigerinteressen vor den Interessen des insolventen Einzelkaufmanns aus.[897] Zwar werde durch eine Veräußerung der Firma gegen dessen Willen in seinen Namensschutz eingegriffen, dem der bürgerliche Name (§ 12 BGB) untersteht.[898] Jedoch habe der insolvente Einzelkaufmann durch die Verwendung seines Familiennamens seinen Namen kommerzialisiert, ohne dass er dazu gezwungen gewesen sei.[899]

498 Die **gegenteilige Auffassung**[900] hebt bei der Auslegung der Neufassung des § 24 Abs. 2 HGB darauf ab, dass Gläubiger des Schuldners nunmehr generell nicht mehr darauf vertrauen dürften, dass die Firma und der in ihr enthaltene „good will" der Gesellschaft (Gesellschaft jeder Rechtsform) für den Fall des Ausscheidens eines Gesellschafters erhalten bleiben, und zieht daraus die Schlussfolgerung, dass Personalfirmen aller Unternehmen – gleich ob die Unternehmensträger Einzelkaufleute, Personenhandels- oder Kapitalgesellschaften sind – im Insolvenzverfahren nicht ohne die Zustimmung des Namensgebers verwertbar seien.

499 Diese Grundsätze der hM (Verwertbarkeit auf Grund Kommerzialisierung) gelten zumindest für eine Übergangszeit nicht für sogenannte **„Altunternehmen",** also Einzelkaufleute, die ihre Firma noch nach den früheren Vorschriften über die Firmenbildung gegründet haben.[901]

500 **(3) Zusammenfassung.** Die Firma des Einzelkaufmanns fällt also in die Insolvenzmasse, wenn
– sie den Familiennamen des Schuldners nicht enthält (Abgrenzung: Name des Unternehmens leitet sich vom Vorgänger ab),
– der Schuldner der Verwertung der Firma zugestimmt hat,
– der Schuldner seinen Namen „vermarktet" oder „kommerzialisiert" hat, ohne dazu durch die gesetzlichen Vorschriften gezwungen gewesen zu sein.

501 **bb) Personenhandelsgesellschaften.** Die beschriebenen Veränderungen durch das Handelsrechtsreformgesetz wirken sich auch bei Personenhandelsgesellschaften aus. Diese waren nach §§ 18, 19 HGB aF gezwungen, den Namen wenigstens eines Gesellschafters in die Firma aufzunehmen. Unter Geltung der alten Rechtslage war strittig, ob eine Zustimmung des namensgebenden Gesellschafters zur Veräußerung der Firma mit seinem Namen durch den Insolvenzverwalter notwendig ist.[902]

---

[894] *Bokelmann* KTS 1982, S. 27, 59.
[895] *Steinbeck* NZG 1999, 133 ff.
[896] *Uhlenbruck/Hirte* § 35 RdNr. 379; HambKomm-*Lüdtke* § 35 RdNr. 109; *Braun/Bäuerle* § 35 RdNr. 57: *Steinbeck* NZG 1999, 133, 136 ff.; aA: *Jaeger/Henckel* § 35 RdNr. 21 ff.; *Graf-Schlicker/Kexel* § 35 RdNr. 9; *Kern* BB 1999, 1717 ff.
[897] *K. Schmidt,* Handelsrecht § 12 I 3 c; *Steinbeck* NZG 1999, 133 ff.; *Uhlenbruck* ZIP 2000, 401 ff.
[898] BGHZ 32, 103, 109; *Kübler/Prütting/Holzer* § 35 RdNr. 71.
[899] *K. Schmidt,* Handelsrecht § 12 I 3 c.
[900] *Kern* BB 1999, 1717, 1719 f.; *Neuwinger,* Die handelsrechtliche Personenfirma in der Insolvenz, S. 96 ff.
[901] *Uhlenbruck/Hirte* § 35 RdNr. 379; *Steinbeck* NZG 1999, 133, 139.
[902] Vgl. dazu OLG Düsseldorf ZIP 1982, 720, 721; *Breutigam/Blersch/Goetsch* § 35 RdNr. 23.

Nach der neuen Rechtslage sind auch Personenhandelsgesellschaften nicht mehr gesetzlich verpflichtet, den Namen eines Gesellschafters in die Firma aufzunehmen. Vielmehr haben auch sie bei der Namensgebung die Wahl zwischen Personen-, Sach- oder Phantasiefirma. Personenhandelsgesellschaften basieren auf dem Zusammenschluss von mehr als einer Person. Für eine spätere Firmierung (nach dem Insolvenzverfahren) ist der bürgerliche Name eines der Gesellschafter nicht in dem Maße notwendig, wie bei Einzelkaufleuten. Es erscheint damit interessengerecht, bei einer Neugründung nach abgeschlossenem Insolvenzverfahren auf den bürgerlichen Namen des Gesellschafters zu verzichten, um sich von der veräußerten Firma deutlich zu unterscheiden. Hatten die Gesellschafter einer Personenhandelsgesellschaft bei Gründung ihres Unternehmens die Wahl zwischen Personen-, Sach- und Phantasiefirma, so ist der Insolvenzverwalter auch ohne Zustimmung zur Veräußerung der Firma befugt, auch wenn sie den Namen eines Gesellschafters enthält.[903]

Das eben Ausgeführte gilt auch für Personenhandelsgesellschaften, die vor dem Inkrafttreten des Handelsrechtsreformgesetzes firmiert wurden.[904] Diese Gesellschaften unterlagen zwar damals dem Zwang der §§ 18, 19 HGB aF. Folgende Gesichtspunkte sprechen aber dafür, auf eine Zustimmung des namensgebenden Gesellschafters zu verzichten: Die Aufnahme eines Namens in die Firma der Gesellschaft stellt grundsätzlich eine stärkere Kommerzialisierung des Namens als beim Einzelkaufmann dar.[905] Bei einer Neugründung nach Beendigung des Insolvenzverfahrens wird der Name des namensgebenden Gesellschafters nicht benötigt.

d) GmbH & Co. KG. Hinsichtlich der Verwertung einer GmbH & Co. KG bestand auch nach der alten Rechtslage kein Bedürfnis nach einer Zustimmung des Namensgebers, da kein Zwang zur Aufnahme oder Beibehaltung des Familiennamens eines Gesellschafters in die Firma der GmbH & Co. KG bestand.[906]

e) Nachlassinsolvenzverfahren. In einem Nachlassinsolvenzverfahren kann der Insolvenzverwalter die Firma, auch wenn sie den Namen des Erben trägt, ohne dessen Einwilligung veräußern, da der Erbe schon zu Lebzeiten des Erblassers bei eigener Firmengründung hätte hinnehmen müssen, dass eine, bis auf den Vornamen, gleich lautende Firma tätig ist. Gleiches gilt, wenn der Firmenname der Mädchenname der Erbin ist.[907]

f) Gesellschaftsvertraglicher Vorbehalt. Gegen eine Abrede, nach der der namensgebende Gesellschafter seinen Namen nur für die Dauer seiner Mitgliedschaft in der Gesellschaft als Firmenbestandteil zur Verfügung stellt, ist grundsätzlich nichts einzuwenden. Bedenken bestehen jedoch gegen die Wirksamkeit dieser Regelung, wenn sie in der Insolvenz der Gesellschaft Wirksamkeit beanspruchen soll.[908] Würde man eine derartige Regelung zulassen, so könnte die Möglichkeit des Insolvenzverwalters, auf einen wichtigen Bestandteil der Insolvenzmasse zurückzugreifen, durch eine Vereinbarung zwischen der Gesellschaft (Schuldner) und dem namensgebenden Gesellschafter (Drittschuldner) beschränkt werden. Eine derartige Abrede widerspricht aber dem Rechtsgedanken des § 851 Abs. 2 ZPO und verliert in der Insolvenz ihre Wirksamkeit.[909]

3. Praxis des Freiberuflers. Die Veräußerung einer freiberuflichen Praxis ist heute als grundsätzlich zulässig anzusehen. Die freiberufliche Praxis wird vom Insolvenzbeschlag erfasst.[910] Neben den in die Insolvenzmasse fallenden Räumlichkeiten, Einrichtungen und bestehenden Rechtsbeziehungen, die im Falle der Veräußerung aber regelmäßig nur einen Bruchteil des eigentlichen Praxiswertes ausmachen, zählen auch immaterielle wirtschaftliche Güter, wie der Mandanten- bzw. Patientenstamm sowie sich daraus ergebende Chancen und Möglichkeiten für den Praxisbetreiber, zu den wesentlichen Grundlagen einer freiberuflichen Praxis.[911] Auch dieser „good will" ist ein veräußerlicher Vermögenswert.[912]

---

[903] *Steinbeck* NZG 1999, 133 ff.; *Uhlenbruck* ZIP 2000, 401 ff.; aA: *Kern* BB 1999, 1717 ff.
[904] AA *Steinbeck* NZG 1999, 133, 139, die „Altunternehmen", die nach 1.7.1998 in Insolvenz gefallen sind, privilegieren will.
[905] *Jaeger/Henckel* § 35 RdNr. 26.
[906] OLG Düsseldorf NJW 1980, 1284; *Emmerich,* Das Firmenrecht im Konkurs, S. 99.
[907] OLG Hamm KTS 1964, 184; *Jaeger/Henckel* § 35 RdNr. 27.
[908] *Steinbeck* NZG 1999, 133, 138; aA: *Kern* BB 1999, 1717, 1720.
[909] *Steinbeck* NZG 1999, 133, 138.
[910] BGHZ 16, 72, 74; BGHZ 43, 46, 47; BGH NJW 1973, 98, 99 ff.; BFH ZIP 1994, 1283; AG Duisburg NZI 2010, 905, 908; *Hess/Weis* §§ 35, 36 *Uhlenbruck* § 35 RdNr. 14; *Uhlenbruck/Hirte* § 35 RdNr. 276 ff.; *Hess/Röpke* NZI 2003, 233, 234 mwN; *Kluth* NJW 2002, 186; *Vallender,* FS Metzeler, Seite 21, 26; aA FG Düsseldorf ZIP 1992, 635 f.; vgl. auch *Breutigam/Blersch/Goetsch* § 35 RdNr. 19; *Kübler/Prütting/Holzer* § 35 RdNr. 74; *Bange* ZInsO 2006, 362 ff.
[911] BFH NJW 1997, 2480; *Haarmeyer/Wutzke/Förster* RdNr. 5.67.
[912] *Jaeger/Henckel* § 35 RdNr. 14.

508 Da strittig ist, ob dem Inhaber die Entscheidung zu überlassen ist, ob er seinen Patienten- oder Mandantenstamm einem anderen Kollegen anvertrauen will (vgl. dazu RdNr. 155 ff.), ist es auch umstritten, ob die Veräußerung einer Praxis durch den Insolvenzverwalter nur mit Einwilligung des Schuldners zulässig ist.[913] Für die Veräußerung der Praxis spricht das Interesse der Gläubiger an einer umfassenden Verwertung des schuldnerischen Vermögens. Gegen eine Veräußerung der Praxis mit Patienten- und Klientenstamm kann angeführt werden, dass zwischen dem Schuldner und den Patienten/Mandanten eine besondere Vertrauensbeziehung besteht, die dem jeweiligen Berufsgeheimnis unterliegt. Außerdem wird zum Teil auch vertreten, dass es dem Schuldner möglich sein muss, die Praxis fortzuführen. Auch während der Dauer des Insolvenzverfahrens stehen öffentlich-rechtliche Vorschriften einer Fortsetzung der Berufstätigkeit nicht entgegen. Bei der Fortsetzung der Berufstätigkeit kann sich der Schuldner unter Umständen sogar auf die Pfändungsschutzvorschriften des § 811 Abs. 1 Nr. 5 ZPO berufen.[914] Vgl. dazu § 36.

Teilweise wird angenommen, die Praxis des Freiberuflers werde nicht vom Insolvenzbeschlag erfasst, wohl aber die erzielten Honorare. Dies ergebe sich aus den standesrechtlichen Einbindungen und den besonderen Berufspflichten, zB eines Anwalts.[915]

509 Diese Ansicht ist aber abzulehnen. Der Insolvenzverwalter kann den „good will" der Praxis veräußern. Das Gläubigerinteresse genießt Vorrang. Unterlagen von Mandanten dürfen mit deren Einwilligung einem Erwerber überlassen werden.[916] Ob und in welchem Umfang die Mandantschaft des Schuldners gegenüber dem Rechtsnachfolger Vertrauen aufbringen und der Praxis treu bleiben wird, zumal der Schuldner ja auch eine neue Praxis (sofern ihm kein Berufsverbot ausgesprochen wurde) eröffnen kann, ist eine andere Frage.[917] Das tatsächliche Verhalten der Mandanten/Patienten hat nichts mit der Veräußerungsbefugnis zu tun, sondern wirkt sich auf die Preisbestimmung bei der Veräußerung durch den Insolvenzverwalter aus.[918]

510 Nicht in die Insolvenzmasse fallen die Zulassung als Vertragsarzt und der zugewiesene Vertragsarztsitz, da es sich um unveräußerliche Rechte handelt.[919]

VIII. Genehmigungen

511 Bei der Frage, ob eine öffentlich-rechtliche Genehmigung zum Betrieb eines Gewerbes und damit zur Insolvenzmasse eines Unternehmens gehört, ist zwischen personenbezogener Erlaubnis (zB §§ 30 ff. GewO) und Sachgenehmigungen (zB Genehmigung zum Betrieb einer Anlage nach § 4 BImSchG) zu unterschieden.

512 **1. Personenbezogene Erlaubnis.** Der Erwerber des vom Insolvenzverwalter veräußerten Unternehmens muss eine eigene Betriebserlaubnis für sich beantragen.

Die Eröffnung eines Insolvenzverfahrens über das Vermögen des Gewerbetreibenden führt nicht automatisch zum Erlöschen der Erlaubnis bzw. der Gewerbegenehmigung.[920]

513 Um die in dem Unternehmen vorhandenen Vermögenswerte zu realisieren, kann der Insolvenzverwalter das Unternehmen vorläufig fortführen. Dazu benötigt er jedoch die Betriebserlaubnis. Die Fortführung durch den Verwalter oder Dritte ist möglich, wenn eine Stellvertretung statthaft ist.[921] In der Praxis wird dem Insolvenzverwalter meist die spezialgesetzlich festgelegte Eignung fehlen, sodass man dem Verwalter die Befugnis zubilligen muss, einen gewerblichen Stellvertreter einzusetzen (vgl. etwa § 45 GewO, § 9 GastG).[922]

514 Wird das Unternehmen vom Insolvenzverwalter fortgeführt, kann die Rücknahme einer Erlaubnis nicht aus Gründen erfolgen, die in der Person des Schuldners liegen. § 12 GewO regelt bezüglich des zur Zeit des Antrages auf Eröffnung des Insolvenzverfahrens ausgeübten Gewerbes, dass während des Insolvenzverfahrens, während der Zeit, in der Sicherungsmaßnahmen nach § 21 InsO angeordnet sind, und während der Überwachung der Erfüllung des Insolvenzplans (§ 260 InsO), die Vorschrif-

---

[913] Keine Zustimmung nötig: zB *Uhlenbruck/Hirte* InsO § 35 RdNr. 277, 288; HambKomm-*Lüdtke* § 35 RdNr. 106; *Hess/Weis* §§ 35, 36 RdNr. 211; *Breutigam*/Blersch/Goetsch § 35 RdNr. 19; Bankenkomm-*Meyer* § 35 RdNr. 17; *Kluth* NJW 2002, 186; aA *Schick* NJW 1990. 2359, 2361; HK-*Eickmann* § 35 RdNr. 28.
[914] *Kübler/Prütting/Holzer* § 35 RdNr. 74.
[915] FG Düsseldorf ZIP 1992, 635.
[916] *Kluth* NJW 2002, 186 ff.; *Tetzlaff* ZInsO 2005, 393, 400; *Uhlenbruck/Hirte* InsO § 35 RdNr. 280; dazu im Einzelnen RdNr. 155 ff.
[917] *Kluth* NJW 2002, 186 ff.
[918] *Hess/Weis* §§ 35, 36 RdNr. 213.
[919] LSG NRW NJW 1997, 2477.
[920] *Uhlenbruck/Hirte* § 35 RdNr. 271; *Jaeger/Henckel* § 35 RdNr. 12; *Fuhr/Friauf/Heß*, GewO, § 49 RdNr. 44.
[921] BVerwG MDR 1970, 80, 81.
[922] *Jaeger/Henckel* § 35 RdNr. 13; *Fuhr/Friauf/Heß*, GewO, § 49 RdNr. 45; *Metzner*, GastG, § 9 RdNr. 4; *Schulz* GewA 1959, 73, 75.

Unpfändbare Gegenstände § 36

ten, die eine Untersagung des Gewerbes oder die Rücknahme oder der Widerruf der Zulassung wegen Unzuverlässigkeit des Gewerbetreibenden, die auf ungeordnete Vermögensverhältnisse zurückzuführen sind, ermöglichen, keine Anwendung finden. Dies gilt auch dann, wenn die Gewerbeuntersagungsverfügung vor Insolvenzantrag bereits bestandskräftig war, aber der Betrieb weiter geduldet wurde.[923]

Strittig ist die Fallkonstellation der Insolvenz einer GmbH & Co. KG, bei der die Untersagungsverfügung gegenüber der gewerbebetreibenden GmbH ergeht. Während das OVG Berlin-Brandenburg[924] mit der eher formalen Sichtweise, dass der Gewerbetreibende (= GmbH) nicht mit dem vom Insolvenzverfahren Betroffenen (= GmbH & Co. KG) übereinstimmen und daher der sachliche Anwendungsbereich des § 12 GewO nicht eröffnet sei, argumentiert, stellt das OVG Hamburg[925] auf die Bindung der Vermögensmasse an den Insolvenzverwalter und eine ganzheitliche Betrachtung ab. Damit kommt das OVG Hamburg zum Ergebnis, dass die Untersagungsverfügung gegenüber der GmbH & Co. KG wirkt und vom Insolvenzverwalter gemäß § 12 GewO angegriffen werden kann.

Für die Einordnung des OVG Hamburg spricht zudem, dass die GmbH als Komplementärin der GmbH & Co. KG Vollhafterin ist und insofern „haftungsmäßig" diese Schicksale auf das Engste verwoben sind. Hierin liegt zugleich die sich anbietende „praktische" Lösung: Die Insolvenz der KG führt regelmäßig zur Insolvenz der Komplementär-GmbH, wodurch zwei Insolvenzverfahren nebeneinander existieren, sodass die Geltendmachung des § 12 GewO jedenfalls im Insolvenzverfahren der GmbH erfolgen kann. Sinnvollerweise werden beide Insolvenzen durch denselben Insolvenzverwalter abgewickelt und mithin liegen dann die Handlungsoptionen sogar „in einer Hand".[926]

Eine Freigabe gemäß § 35 Abs. 2 ändert an der Sperrwirkung des § 12 GewO grundsätzlich 515 nichts. Anders kann es allerdings im Falle nachfolgender Verfehlungen des selbständig tätigen Schuldners sein, wenn zB die Zahlungsrückstände, mit denen die Unzuverlässigkeit des gewerbebetreibenden Schuldners begründet wird, nicht aus der Zeit vor der Freigabe, sondern aus der freigegebenen selbständigen Tätigkeit herrühren.[927]

2. Sachgenehmigung. Bei Sachgenehmigungen (zB § 4 BImSchG) wird die Errichtung und 516 der Betrieb einer Anlage in einem speziellen Verfahren geprüft. Die Genehmigung ist somit an die Anlage und nicht an die Person des Schuldners gebunden. Die Genehmigung bleibt auch nach der Veräußerung bestehen. Bei Sachgenehmigungen handelt es sich um massezugehörige Vermögensrechte.[928]

§ 36 Unpfändbare Gegenstände

(1) ¹Gegenstände, die nicht der Zwangsvollstreckung unterliegen, gehören nicht zur Insolvenzmasse. ²Die §§ 850, 850a, 850c, 850e, 850f Abs. 1, §§ 850g bis 850k, 851c und 851d der Zivilprozessordnung gelten entsprechend.

(2) Zur Insolvenzmasse gehören jedoch
1. die Geschäftsbücher des Schuldners; gesetzliche Pflichten zur Aufbewahrung von Unterlagen bleiben unberührt;
2. die Sachen, die nach § 811 Abs. 1 Nr. 4 und 9 der Zivilprozeßordnung nicht der Zwangsvollstreckung unterliegen.

(3) Sachen, die zum gewöhnlichen Hausrat gehören und im Haushalt des Schuldners gebraucht werden, gehören nicht zur Insolvenzmasse, wenn ohne weiteres ersichtlich ist,

---

[923] OVG Münster ZInsO 2011, 1359, 1361 zur Fallkonstellation der zum Zeitpunkt der ersten insolvenzgerichtlichen Sicherungsmaßnahme zwar bereits existierenden, aber noch nicht bestandskräftigen Gewerbeuntersagungsverfügung unter Darstellung des Streitstandes: VG Regensburg Urteil vom 22.11.2012, Az. RN 5 K 12/26.
[924] OVG Berlin-Brandenburg Beschluss vom 12.8.2010, Az. 1 S 188.09; siehe auch VG Gießen Urteil vom 4.10.2005, Az. 8 E 2110/04; Hessischer VG Urteil vom 21.11.2002, Az. 8 UE 3195/01.
[925] OVG Hamburg Beschluss vom 26.1.2011, Az. 5 Bs 239/10.
[926] Siehe dazu auch RdNr. 208.
[927] OVG Lüneburg Beschluss vom 8.12.2008, Az. 7 ME 144/08; VG Darmstadt NZI 2011, 491, 492 f.; VG Trier Urteil vom 14.4.2010, Az. 5 K 11/10; OVG Koblenz NJW-Spezial 2011, 183; *Schmerbach* VIA 2011, 56; *Vallender* VIA 2010, 56; VG Oldenburg Beschluss vom 14.7.2008, Az. 12 B 1781/08; VG München Urteil vom 12.5.2009, Az. M 16 K 09.923;VG München NZI 2009, 527, 528 ff. zur sog. modifizierten Freigabe aus der Zeit vor Inkrafttreten der Aufnahme der Absätze 2 und 3 in § 35; aA: VG Ansbach ZInsO 2009, 1349, 1351 ff.
[928] *Landmann/Rohmer/Kutscheit* BImSchG vor § 4 RdNr. 16; *Uhlenbruck/Hirte* § 35 RdNr. 270.

§ 36 2. Teil. 2. Abschnitt. Insolvenzmasse. Einteilung der Gläubiger

daß durch ihre Verwertung nur ein Erlös erzielt werden würde, der zu dem Wert außer allem Verhältnis steht.

(4) [1]**Für Entscheidungen, ob ein Gegenstand nach den in Absatz 1 Satz 2 genannten Vorschriften der Zwangsvollstreckung unterliegt, ist das Insolvenzgericht zuständig.** [2]**Anstelle eines Gläubigers ist der Insolvenzverwalter antragsberechtigt.** [3]**Für das Eröffnungsverfahren gelten die Sätze 1 und 2 entsprechend.**

Schrifttum: *Ahrens,* Gesetzliche Regelung des so genannten Monatsanfangsproblems beim Pfändungsschutzkonto, NZI 2011, 183; *Andres/Pape,* Die Freigabe des Neuerwerbs als Mittel zur Bewältigung der Probleme einer selbstständigen Tätigkeit des Schuldners, NZI 2005, 141; *Baltzer,* Elektronische Datenverarbeitung in der kaufmännischen Buchführung und Prozeßrecht, Gedächtnisschrift für Bruhns, 1980, S. 73; *Bankenkommentar zum Insolvenzrecht,* 2. Aufl. 2012; *Bauckhage-Hoffer/Umnuß,* Die Berechnung des pfändbaren Arbeitseinkommens nach § 850e ZPO – Schuldnerschutz ohne Grenzen?, NZI 2011, 745; *Baumbach/Lauterbach/Albers/Hartmann,* ZPO, 70. Aufl. 2012; *Bernsen,* Probleme der Insolvenzrechtsreform aus Sicht des Rechtspflegers, Kölner Schrift zur InsO, 2. Aufl. 2000, S. 1843; *Bitter,* Das neue Pfändungsschutzkonto (P-Konto) – eine Zwischenbilanz, ZIP 2011, 149; *Bork,* Einführung in das neue Insolvenzrecht, 5. Aufl. 2009; *Braun,* InsO, 5. Aufl. 2012; *Breutigam/Blersch/Goetsch,* Insolvenzrecht, Loseblatt; *Brox/Walker,* Zwangsvollstreckungsrecht, 9. Aufl. 2011; *Bruck/Möller,* VVG, 9. Aufl. 2008; *Buchholz,* Keine Anfechtung der Umwandlung einer Lebens- in eine Rentenversicherung, VIA 2012, 21; *Büchel,* Das neue Pfändungsschutzkonto in der Insolvenz des Schuldners, ZInsO 2010, 20; *Busch,* Das Pfändungsschutzkonto des Schuldners im Insolvenzverfahren, VIA 2010, 57; *Dörndorfer,* Insolvenzverfahren und Lohnpfändung, NZI 2000, 292; *Empting,* Die Internet-Domain in der Insolvenz, ZInsO 2006, 229; *Fischer/Hempler,* Keine Pflicht zur Unterhaltsgewährung an den Schuldner aus Mieteinnahmen der Masse, ZInsO 2006, 474; *Frankfurter Kommentar,* InsO, 7. Aufl. 2013; *Ganter,* Die Rechtsprechung des BGH zum Insolvenzrecht im Jahr 2010, NZI 2011, 209; *ders.,* Die Rechtsprechung des BGH zum Insolvenzrecht im Jahr 2011, NZI 2012, 201; *Gaul/Schilken/Becker-Eberhard,* Zwangsvollstreckungsrecht, 12. Aufl. 2010; *Graf-Schlicker/Kexel,* InsO, 2. Aufl. 2010; *Grote,* Erhöhung der Pfändungsgrenzen nach § 850 f. ZPO im Insolvenzverfahren, ZInsO 2000, 490; *Hamburger Kommentar,* InsO, 4. Aufl. 2012; *Harder,* Die geplante Reform des Verbraucherinsolvenzrechts, NZI 2012, 113; *Häsemeyer,* Insolvenzrecht, 4. Aufl. 2007; *Heidelberger Kommentar,* InsO, 6. Aufl. 2011; *Helwich,* Das Zusammentreffen von Lohnpfändung und Verbraucherinsolvenz, NZI 2000, 460; *Henckel,* Prozeßrecht und materielles Recht, 1970; *Henning,* Anfechtbarkeit der Bildung einer nach § 851c ZPO geschützten Altersvorsorge, VIA 2009, 17; *ders.,* Aktuelles zu den Insolvenzverfahren natürlicher Personen 2007, ZInsO 2007, 1253; *Herchen,* Die Befugnis des Insolvenzverwalters zur Änderung der Firma im Rahmen der übertragenden Sanierung, ZInsO 2004, 1112; *Hess,* InsO-Änderungsgesetz, 2001; *Hess/Weis/Wienberg,* InsO, 2. Aufl. 2001; *Heyer,* Strafgefangene im Insolvenz- und Restschuldbefreiungsverfahren, NZI 2010, 81; *Hintzen,* Zuständigkeitsfragen im Verbraucherinsolvenzverfahren, Rpfleger 2000, 312; *Hornung,* Fünftes Gesetz zur Änderung der Pfändungsfreigrenzen, Rpfleger 1984, 125; *Jaeger,* InsO, 2004; *Jauernig,* Zwangsvollstreckungs- und Insolvenzrecht, 23. Aufl. 2010; *Kalter,* Die Geschäftsbücher und Geschäftspapiere im Konkurs, insbesondere ihre Führung und Verwaltung im Konkurs, KTS 1960, 65; *Kilger/K. Schmidt,* KO, 17. Aufl. 1997; *Kluth,* Die freiberufliche Praxis „als solche" in der Insolvenz – „viel Lärm um nichts"?, NJW 2002, 186; *Köke,* Zum Pfändungsschutz bei Zahlungen einer Krankentagegeldversicherung, VIA 2009, 22; *Kohte,* Die Behandlung von Unterhaltsansprüchen nach der Insolvenzordnung, Kölner Schrift zur InsO, 2. Aufl. 2000, S. 781; *ders.,* Das neue Pfändungsschutzkonto – auch eine Vereinfachung im Insolvenzverfahren!, VIA 2010, 49; *Kotzur,* Der Vollstreckungsschutz des Apothekers nach § 811 Nr. 9 ZPO, DGVZ 1989, 165; *Kübler/Prütting,* InsO, Loseblatt; *Leibner,* Die Änderungen des Insolvenzrechts aus anwaltlicher Sicht, NZI 2001, 574; *Lorz,* Das Gesetz zur Verbesserung der Rechtstellung des Tieres im bürgerlichen Recht, MDR 1990, 1057; *Mankowski,* Bestimmung der Insolvenzmasse und Pfändungsschutz unter der EuInsVO, NZI 2009, 785; *Mäusezahl,* Zur Anwendbarkeit der §§ 850 ff. ZPO in der Verbraucherinsolvenz, ZInsO 2000, 193; *May,* Ermittlung des pfändbaren Einkommens beim Schuldner, VIA 2010, 46; *Meller-Hannich,* Gleicher Pfändungsschutz für alle Einkünfte?, WM 2011, 529; *Möhlen,* Anwendbarkeit des § 850 f. Abs. 1 ZPO auf das Restschuldbefreiungsverfahren, Rpfleger 2000, 4; *Mohrbutter/Ringstmeier,* Insolvenzverwaltung, 8. Aufl. 2007; *Münchener Kommentar,* ZPO, Band 2, 3. Aufl. 2007; *Noack,* Allgemeine Grundsätze des Schuldnerschutzes nach § 811 ZPO, Hinweise für seine Anwendung in der Praxis des Gerichtsvollziehers, DGVZ 1969, 113; *Obermüller,* Insolvenzrecht in der Bankpraxis, 8. Aufl. 2011; *Olbrich,* Zur Umsatzsteuerpflicht des Verwalters bei Neuerwerb des Schuldners, ZInsO 2005, 860; *ders.,* Steuerpflichten des Verwalters bei Neuerwerb des Schuldners?, ZInsO 2004, 1292; *Prölss/Martin,* VVG. 28. Auflage 2010; *Ries,* § 35 und die „aufoktroyierte Neumasse", über die der Verwalter tatsächlich gar nicht verfügt, ZInsO 2005, 298; *Runkel,* Die Arztpraxis in der Insolvenz, FS Gerhardt, 2004, S. 839; *Schäfer,* Die Interessenverteilung zwischen Konkursverwalter und Staatsanwalt im Konkurs- und Strafverfahren, KTS 1991, 23; *K. Schmidt,* Handelsrecht, 5. Aufl. 1999; *ders.,* Wege zum Insolvenzrecht der Unternehmen. Befunde, Kritik, Perspektiven, 1990; *K. Schmidt/W. Schulz,* Konkursfreies Vermögen insolventer Handelsgesellschaften?, ZIP 1982, 1015; *Schmidt-Räntsch,* InsO mit EG, 1995; *Schnittmann,* Zur Pfändbarkeit von teilnehmereigenen Telekommunikationsendgeräten, DGVZ 1994, 49; *Smid,* Freigabeerklärungen des Insolvenzverwalters/Treuhänders bei selbständiger Tätigkeit des Insolvenzschuldners?, WM 2005, 625; *Smid/Wehdeking,* Arbeitseinkommen des Schuldners und die Rechtszuständigkeit des Insolvenzverwalters bzw. Treuhänders in dem über das Vermögen natürlicher Personen eröffneten Insolvenzverfahren, InVo 2000, 293; *Soergel,* BGB, 13. Aufl. 2001; *Staudinger,* BGB, Buch 2: Recht der Schuldverhältnisse §§ 433–487, 2004; *Steder,* Behandlung des Arbeitseinkommens und sonstiger laufender Bezüge im eröffneten Insolvenzverfahren, ZIP 1999, 1874; *Stein/Jonas,* ZPO, Band 7, 22. Aufl. 2002; *Steinbeck,* Die Verwertbarkeit der Firma und der Marke in der Insolvenz, NZG 1999, 133; *Stephan,* § 850 f. Abs. 1 ZPO im Verbraucherinsolvenz- und Restschuldbefreiungsverfahren, ZInsO 2000, 376; *ders.*, Pfändungsgrenzen von im Ausland erwirtschaftetem Lohn, VIA 2010, 72; *Stöber*, Das Gesetz zum Pfändungsschutz der Altersvorsorge, NJW 2007, 1242: *ders.*, Forderungspfändung, 15. Aufl. 2010; *Tavakoli*, Lohnpfändung und private Altersvorsorge: Erhöhung der Freigrenze durch § 851c ZPO?, NJW 2008, 3259; *Tetzlaff*, Rechtliche Probleme in der Insolvenz des Selbständigen, ZInsO 2005, 393; *ders.*, Insolvenz des Selbständigen, Praktikerhandbuch Verbraucherdarlehen, 2. Aufl. 2009; *Thomas/Putzo*, ZPO, 32. Aufl. 2011; *Uhlenbruck*, InsO, 13. Aufl. 2011; *ders.*, Das neue Insolvenzrecht, 1994; *Vallender*, Die Arztpraxis in der Insolvenz, FS Metzeler, 2003, S. 21; *Voigt/Gerke*, Die insolvenzfreie selbständige Arbeit, ZInsO 2002, 1054; *Wacke*, Die Grabsteinpfändung, DGVZ 1986, 161; *Weimann*, Software in Einzelzwangsvollstreckung, Rpfleger 1996, 12; *Weimar*, Der Vollstreckungsschutz des Arztes, DGVZ 1978, 184; *Wieczorek/Schütze*, ZPO, 3. Aufl. 1994; *Wimmer*, Das Gesetz zum Pfändungsschutz der Altersvorsorge unter besonderer Berücksichtigung der Hinterbliebenenversorgung, ZInsO 2007, 281; *Zöller*, ZPO, 29. Aufl. 2012.

Übersicht

	Rn.		Rn.
A. Systematik, Regelungszweck	1–3	d) Bezüge aus Witwen-, Waisen-, Hilfs- und Krankenkassen sowie Todesfallversicherungen gemäß § 850b Abs. 1 Nr. 4 ZPO	45
B. Grenzen der Beschlagsfähigkeit	4–63		
I. Keine Massezugehörigkeit bei Unpfändbarkeit, Abs. 1	5–59	e) Altersrenten und Leistungen aufgrund steuerlich gefördertem Altersvorsorgevermögen gemäß §§ 851c und d ZPO	45a
1. Begriffsbestimmung	5, 6		
2. Bewegliche Sachen/Sachgesamtheiten	7–38	f) Pfändungsschutzkonto (§ 850k ZPO) und Lastschriftrückgaben	45b–45e
a) Persönliche Sachen, Haushalt: § 811 Abs. 1 Nr. 1 ZPO	8–12	g) Ansprüche auf Herausgabe oder Verschaffung unpfändbarer Sachen	46
b) Nahrungsmittel: § 811 Abs. 1 Nr. 2 ZPO	13	h) Fahrnisversicherung: § 17 VVG	47, 48
c) Tiere: §§ 811 Abs. 1 Nr. 3, 811c ZPO	14, 15	i) Recht zur Rücknahme einer hinterlegten Sache: § 377 BGB	49
d) Naturalien der landwirtschaftlichen Arbeitnehmer: § 811 Abs. 1 Nr. 4a ZPO	16	j) Ansprüche aus dem Gesellschaftsverhältnis: § 717 S. 1 BGB	50, 51
e) Gegenstände zur Erwerbstätigkeit (§ 811 Abs. 1 Nr. 5 ZPO) und Unternehmens-/Betriebsveräußerung	17–28a	k) Vermögensrechtliche Ansprüche zwischen Ehegatten	52
f) Erwerbsgegenstände der Witwen und minderjährigen Erben: § 811 Abs. 1 Nr. 6 ZPO	29	l) Pflichtteilsanspruch, Zugewinnausgleich, Rückforderungsanspruch des verarmten Schenkers; Schenkungswiderruf; Schadensersatzansprüche	53, 54
g) Dienstbekleidung und Dienstausrüstungsgegenstände: § 811 Abs. 1 Nr. 7 ZPO	30, 31	m) Vorkaufsrecht des Schuldners und der Erben: §§ 473, 1098, 2034 BGB	55
h) Geldbetrag aus Lohn, Gehalt: § 811 Abs. 1 Nr. 8 ZPO	32, 33	n) Recht der Eltern nach § 1649 Abs. 2 S. 1 BGB	56
i) Kirchen- und Schulbücher: § 811 Abs. 1 Nr. 10 ZPO	34, 35	o) Pfändungsschranken in Sozialgesetzen	57
j) Haushaltsbücher, Familienpapiere, Trauringe: § 811 Abs. 1 Nr. 11 ZPO	36	p) Urheberrecht	57a
k) Künstliche Gliedmaßen: § 811 Abs. 1 Nr. 12 ZPO	37	q) Treuhandbindung, Unübertragbarkeit und Zweckbestimmung	57b
l) Bestattungsgegenstände: § 811 Abs. 1 Nr. 13 ZPO	38	4. Pfändungsschutzverzicht	58, 59
3. Forderungen und andere Vermögensrechte	39–57b	**II. Massefreier Hausrat, Abs. 3**	60–63
a) Arbeitseinkommen sowie Einkünfte aus selbständiger Tätigkeit (§§ 850 bis 850k ZPO)	42	**C. Positive Abgrenzung der Insolvenzmasse, Abs. 2**	64–78
		I. Geschäftsbücher, Abs. 2 Nr. 1	65–74
		1. Geltungsbereich des Abs. 2 Nr. 1, 1. HS	65, 66
b) Unterhalts- und Rentenansprüche gemäß § 850b Abs. 1 Nr. 1, 2 ZPO	43	2. Herausgabe der Geschäftsbücher	67–73
c) Einkünfte aus Stiftungen, auf Grund Fürsorge, Freigebigkeit, eines Altenteils oder Auszugsvertrags (§ 850b Abs. 1 Nr. 3 ZPO)	44	3. Aufbewahrungspflichten, Abs. 2 Nr.1, 2.HS	74
		II. Landwirtschaftliches Inventar und Apothekeneinrichtung, Abs. 2 Nr. 2	75–78
		D. Zuständigkeitsregelung, Abs. 4	79

A. Systematik, Regelungszweck

1   Zum vorherigen Recht vgl. § 1 Abs. 3 und 4, § 117 Abs. 2 KO; § 1 Abs. 1 Satz 2 GesO; im RegE: § 43. In § 36 Abs. 2 Nr. 2 Verweisung angepasst durch EGInsOÄndG vom 19.12.1999 (BGBl. I S. 3836); Satz 2 in Abs. 1 sowie Abs. 4 in § 36 eingefügt durch InsOÄndG vom 26.10.2001 (BGBl. I S. 2710); in § 36 Abs. 1 Satz 2 nach der Angabe „850i" die Angabe „851c und 851 d" eingefügt durch Gesetz zum Pfändungsschutz der Altersvorsorge vom 26.3.2007 (BGBl. I S. 368); in § 36 Abs. 1 Satz 2 die Angabe „§ 850i" zunächst ersetzt durch „§ 850l" (Art. 3 – in Kraft getreten am 1.7.2010) und diese sodann wiederum ersetzt durch „§ 850k" (Art. 7 – in Kraft getreten zum 1.12.2012) im Wege des Gesetzes zur Reform des Kontopfändungsschutzes vom 7.7.2009 (BGBl. I S. 1707).

Die Vorschrift entspricht inhaltlich weitgehend dem vormaligen Konkursrecht (vgl. § 1 KO; auch § 1 Abs. 1 S. 2 GesO).[1] § 36 ist im Zusammenhang mit § 35 zu lesen. Er ergänzt die positive Bestimmung der Insolvenzmasse in § 35, indem er den dort aufgestellten Grundsatz dahingehend einschränkt, dass unpfändbare Gegenstände nicht massezugehörig sind (Abs. 1). Dies ist die Folge des Vollstreckungscharakters des Insolvenzverfahrens.[2] Der Schutz des Schuldners vor Kahlpfändung soll damit auch im Insolvenzverfahren sichergestellt werden, zum einen als Konkretisierung des Art. 1 GG (Menschenwürde) sowie des Art. 2 GG (freie Entfaltung der Persönlichkeit) und zum anderen als Verwirklichung des Schutzgedankens des Sozialstaatsprinzips (Art. 20, 28 GG). § 36 Abs. 1 dient der Aufgabe, dem Schuldner die Führung eines Lebens zu ermöglichen, das der Würde des Menschen entspricht. Insbesondere soll ihn dieser Schutz befähigen, unabhängig von Sozialhilfe zu leben (vgl. § 1 SGB XII). Dem Schuldner soll im Insolvenzverfahren nicht aufgrund gesetzlicher Regelungen etwas zu Gunsten der Gläubiger weggenommen werden dürfen, was der Staat mittels Transferleistungen zur sozialen Sicherung wieder geben müsste.[3]

2   Als Gegenausnahme zur Einschränkung des Abs. 1 ordnet Abs. 2 bestimmte unpfändbare Gegenstände der Masse zu. Der Grund dafür liegt darin, dass Erwägungen zum Schutz des Schuldners bei der Einzelzwangsvollstreckung[4] in der Insolvenz hinter den überwiegenden Gläubigerinteressen an der Verwertung werthaltiger Vermögenspositionen zurücktreten.[5] Sie setzen sich erst recht bei der Betriebsfortführung durch.[6]

3   In Abs. 3 wird, dem § 812 ZPO vergleichbar, eine Verhältnismäßigkeitsabwägung zwischen Verfahrens- und Schuldnerinteressen durchgeführt, wodurch dem Schuldner eine bescheidene Haushaltsführung ermöglicht wird.

Mit dem Gesetz zur Änderung der Insolvenzordnung und anderer Gesetze[7] wurde ein zweiter Satz in den ersten Absatz des § 36 InsO des Inhalts eingefügt, dass die §§ 850, 850a, 850c, 850 e, 850f Abs. 1, §§ 850g bis 850i ZPO entsprechend gelten. Ferner erhielt § 36 einen zusätzlichen vierten Absatz, wonach für dies betreffende Entscheidungen das Insolvenzgericht zuständig und an Stelle der Gläubiger der Insolvenzverwalter antragsberechtigt ist. Des Weiteren wurde mit dem Gesetz zum Pfändungsschutz der Altersvorsorge und zur Anpassung des Rechts der Insolvenzanfechtung[8] im Wege der Aufnahme der Angaben „851c und 851d" in § 36 Abs. 1 Satz 2 auf den neu in der ZPO geregelten Pfändungsschutz für Altersrenten und steuerlich gefördertem Altersvorsorgevermögen verwiesen. Zudem erfolgte durch letztlichen Austausch der Angabe „§ 850i" gegen „850k" ebenfalls in § 36 Abs. 1 Satz 2 gemäß dem Gesetz zur Reform des Kontopfändungsschutzes[9] der Verweis auf die neu in die ZPO aufgenommenen Regelungen zum Pfändungsschutzkonto.

B. Grenzen der Beschlagsfähigkeit

4   Die Insolvenzmasse umfasst gem. § 35 das gesamte dem Schuldner bei Beginn des Insolvenzverfahrens gehörende Vermögen sowie den Neuerwerb während des Verfahrens (vgl. Ausführungen zu § 35). Von diesem Grundsatz werden in § 36 Abs. 1 und 3 jedoch Ausnahmen gemacht.

---

[1] Begr. RegE InsO, BT-Drucks. 12/2443, S. 122; vgl. auch *Schmidt-Räntsch* Teil 2 III § 36; *Uhlenbruck*, Das neue Insolvenzrecht, Teil 3 D § 36.
[2] *Breutigam*/Blersch/Goetsch § 36 RdNr. 1; HK-*Eickmann* § 36 RdNr. 1.
[3] *Zöller*/Stöber ZPO § 811 RdNr. 1.
[4] *Kotzur* DGVZ 1989, 165, 169; MünchKommZPO-*Schilken* § 811 RdNr. 34.
[5] Vgl. *Kübler*/Prütting/Holzer § 36 RdNr. 4.
[6] *Kotzur* DGVZ 1989, 165, 167 f.
[7] Das Gesetz wurde am 26.10.2001 (BGBl. I S. 2710) in der vom Bundestag am 28.6.2001 beschlossenen Fassung (BT-Drucks. 14/6468) verkündet und trat gemäß dessen Art. 12 am 1. des zweiten auf die Verkündung folgenden Kalendermonats, also am 1.12.2001, in Kraft, mit Ausnahme des Art. 6, der die kostenrechtlichen Vorschriften betrifft und erst am 1.1.2002 in Kraft trat.
[8] BGBl. I S. 368.
[9] BGBl. I S. 1707.

I. Keine Massezugehörigkeit bei Unpfändbarkeit, Abs. 1

1. Begriffsbestimmung. Abs. 1 ist inhaltlich dem früheren § 1 Abs. 1 KO nachgebildet.[10] Der Begriff des „Vermögens" in § 1 Abs. 1 KO wurde durch den Begriff des „Gegenstandes" ersetzt. Gemeint sind nicht nur körperliche Gegenstände i. S. d. § 90 BGB,[11] sondern wie in § 35 sämtliche Vermögensbestandteile.[12] Das ergibt sich schon daraus, dass § 36 im Zusammenhang mit § 35 als dessen Ergänzung zu lesen ist.[13]

Der Zwangsvollstreckung nicht unterliegende Gegenstände gehören idR nicht zur Insolvenzmasse.[14] Dass es neben der „Regel" auch „Ausnahmen" gibt, lässt sich u.a. auf die von den betreffenden Vorschriften verfolgten unterschiedlichen Zielrichtungen zurückführen: Während die der Existenzsicherung dienenden Schutzbestimmungen den Gegenstand dem Schuldner zu einer durch Gläubigerzugriff ungestörten Nutzung zuweisen, dienen andere Pfändungsverbote, zB § 852 ZPO dem Zweck, dem Schuldner die Entscheidung darüber vorzubehalten, ob er den Anspruch realisiert. Ferner sind die Pfändungsschutzvorschriften inhaltlich auf die Einzelzwangsvollstreckung in Vermögenswerte natürlicher Personen zugeschnitten und greifen in der Insolvenz von juristischen Personen und Handelsgesellschaften wegen fehlender Schutzbedürftigkeit nicht ein.[15] Der Grund für die Differenzierung liegt darin, dass die juristische Person, ebenso wie die Handelsgesellschaft, als Zweckgebilde keine ihr Kraft Natur zugewiesene individuelle Existenz hat. Nur die natürliche Person hat eine individuelle Existenz und ist deshalb in diesem Sinne schutzbedürftig.[16] In der Insolvenz des Einzelhandelskaufmanns ist im Einzelfall zu prüfen, ob die Pfändungsschutzvorschriften, hier insbes. § 811 Abs. 1 Nr. 5 ZPO, zu seinen Gunsten eingreifen.[17]

Nachfolgend kann lediglich ein Überblick über die Pfändungsschutzregelungen, die die einschlägigen ZPO-Kommentierungen umfassend behandeln, gegeben werden.

2. Bewegliche Sachen/Sachgesamtheiten. Von den beweglichen Sachen i. S. d. § 90 BGB (vgl. im Einzelnen dazu § 35 RdNr. 136 ff.) sind die in §§ 811 Abs. 1 Nr. 1 bis 3, 4a bis 8 und 10 bis 13, 811c ZPO bezeichneten sowohl dem Zwangszugriff einzelner Gläubiger als auch dem Insolvenzbeschlag grundsätzlich entzogen.

a) Persönliche Sachen, Haushalt: § 811 Abs. 1 Nr. 1 ZPO. Nach § 811 Abs. 1 Nr. 1 ZPO sind die dem persönlichen Gebrauch und dem Haushalt dienenden Sachen sowie die Wohnzwecken dienenden Einrichtungen unpfändbar. Es wird also auf die Zweckbestimmung abgestellt, nicht aber Unentbehrlichkeit verlangt.[18] Als Sachen des persönlichen Gebrauchs oder für den Haushalt sind nicht abschließend bezeichnet: Kleidungsstücke, Wäsche, Betten, Haus- und Küchengeräte, wobei auch entsprechende Ersatz- und Wechselstücke dazu gehören. Der Hausstand muss bereits bestehen oder fortdauern, was auch nach einer Zwangsräumung bei vorübergehender Obdachlosigkeit der Fall ist, sofern der Schuldner irgendwo vorübergehend untergebracht ist.[19] Zum Hausstand gehören alle Familienmitglieder, die in häuslicher Gemeinschaft mit dem Schuldner leben und von ihm wirtschaftlich abhängig sind,[20] aber auch Pflegekinder, Hausangestellte, Lehrlinge, Handlungsgehilfen, sofern sie in die Wohnung aufgenommen sind. Eine Unterhaltspflicht braucht nicht zu bestehen. Gegenstände, die dem Bedürfnis des Haushalts nicht mehr dienen, sind pfändbar. So besteht beispielsweise kein Pfändungsschutz mehr, wenn Haushaltsgegenstände im Wege der nicht gewerbsmäßigen Untervermietung an Dritte überlassen sind.[21]

Geschützt sind nur Sachen, die der Schuldner zu einer seiner Berufstätigkeit und zu einer seiner Verschuldung angemessenen, bescheidenen Lebens- und Haushaltsführung bedarf. Dazu gehört auch, dass das Wohnzimmer möbliert ist.[22] Der Schuldner muss sich auf eine solche „angemessene,

---

[10] Begr. RegE InsO, BT-Drucks. 12/2443, S. 122.
[11] *Bernsen*, Kölner Schrift, S. 1843, 1850; *Uhlenbruck/Hirte* § 36 RdNr. 13.
[12] Vgl. *Kübler/Prütting/Holzer* § 36 RdNr. 6.
[13] Vgl. *Breutigam/Blersch/Goetsch* § 36 RdNr. 1; *HK-Eickmann* § 36 RdNr. 1.
[14] Der Gesetzgeber hat durch die Änderung des Abs. 1 des § 36 die zuvor umstrittene Frage der Anwendbarkeit der Pfändungsschutzregelungen der §§ 850 ff. ZPO bejahend beantwortet; vgl. auch *Kübler/Prütting/Holzer* § 36 RdNr. 1 – im Einzelnen dazu RdNr. 40 ff.
[15] *K. Schmidt*, Wege zum Insolvenzrecht der Unternehmen, S. 69 mwN.
[16] *K. Schmidt/W. Schulz* ZIP 1982, 1015, 1017.
[17] Vgl. dazu RdNr. 24 ff.
[18] LG Bochum DGVZ 1983, 12 f.; *Baumbach/Lauterbach/Albers/Hartmann* ZPO § 811 RdNr. 15; *Zöller/Stöber* ZPO § 811 RdNr. 11.
[19] LG München DGVZ 1983, 93 f.
[20] Vgl. OLG Schleswig SchlHA 1952, 12.
[21] AG Berlin DGVZ 1939, 11.
[22] LG Wiesbaden DGVZ 1989, 141.

bescheidene" Lebenshaltung einstellen, ganz gleich, welche soziale Stellung er einnimmt. Er darf aber nicht auf den Stand äußerster Dürftigkeit und völliger Ärmlichkeit herabgedrückt werden.[23] Art und Grad seiner Verschuldung werden jedoch nicht berücksichtigt.[24]

10 Was angemessen ist, lässt sich nur nach den Besonderheiten des Einzelfalls bestimmen.[25] Hierbei ist zu beachten, dass die Regelung des notwendigen Lebensunterhalts in § 27a Abs. 1 SGB XII nicht immer zweckidentisch mit den Pfändungsschutzvorschriften der ZPO ist.[26] Bedeutsam können die Person des Schuldners wie auch seiner Angehörigen, die persönlichen, beruflichen, örtlichen und zeitlichen Verhältnisse, in diesem Zusammenhang ferner die zunehmende technische Ausstattung der Haushalte, ebenso Zahl und Alter der Haushaltsangehörigen, Behinderung, körperliche und persönliche Belastungen sein.[27] Selbst wenn der Schuldner mehrere Wohnungen unterhält, ist die Beurteilung der Unpfändbarkeit einzelfallabhängig.[28]

11 Als dem persönlichen Gebrauch dienend kann eine Armband-[29] oder Taschenuhr unpfändbar sein; ebenso ein Fahrrad (auch das des Ehegatten oder der Kinder) und ein Heizkissen.[30] Gegenstände, die in vertretbarem Umfang Beziehungen zur Umwelt, eine Teilnahme am kulturellen Leben (vgl. § 27a Abs. 1 S. 2 SGB XII) und Informationen über das Zeitgeschehen ermöglichen, dienen persönlichen Bedürfnissen des täglichen Lebens und können somit als für den persönlichen Gebrauch bestimmt unpfändbar sein. Daher dient ein Rundfunkgerät[31] (nicht aber eine Stereokompaktanlage)[32] wie auch ein Fernseher[33] heute bescheidener Lebens- und Haushaltsführung, ist somit jeweils unpfändbar. Unpfändbar ist auch ein Telefon, nicht jedoch ein Anrufbeantworter oder ein Telefaxgerät.[34] Zu den dem Haushalt dienenden Sachen gehören die zur Aufbewahrung, Herstellung oder Erhaltung von Kleidungsstücken, Wäsche usw. nötigen Gegenstände wie Stoffe,[35] Bügeleisen und Nähmaschine.[36] Unpfändbar können als Gegenstände der Wohnungseinrichtung Tisch, Stühle, Schrank, Liege, Wanduhr, uU auch ein Teppich[37] sowie ein Sideboard, nicht aber eine Glasvitrine[38] sein. Als Haus- und Küchengeräte unpfändbar sind Gas- und Elektroherd, Öfen und andere Heizgeräte, Warmwasserbereiter,[39] Kaffeemaschine, elektrische Kaffeemühle,[40] Staubsauger, ein Kühlschrank[41] (nicht aber eine Gefrier- und Tiefkühltruhe),[42] eine Waschmaschine[43] und eine Wäscheschleuder.[44]

12 Zu Wohnzwecken dienende Einrichtungen sind, wenn sie der Zwangsversteigerung in das bewegliche Vermögen unterliegen (vgl. §§ 864, 865 Abs. 2 ZPO), unpfändbar, sofern sie dem

---

[23] RGZ 72, 181, 183; LG Heilbronn MDR 1992, 1001; AG München DGVZ 1981, 94.
[24] *Stein/Jonas/Münzberg* ZPO § 811 RdNr. 26; *Zöller/Stöber* ZPO § 811 RdNr. 13; aA *Baumbach/Lauterbach/Albers/Hartmann* ZPO § 811 RdNr. 16.
[25] VGH Mannheim NJW 1995, 2804; *Baumbach/Lauterbach/Albers/Hartmann* ZPO § 811 RdNr. 16; *Zöller/Stöber* ZPO § 811 RdNr. 14.
[26] BVerwG NJW 1989, 924, 925.
[27] Vgl. *Stein/Jonas/Münzberg* ZPO § 811 RdNr. 25; *Zöller/Stöber* ZPO § 811 RdNr. 14.
[28] *Baumbach/Lauterbach/Albers/Hartmann* ZPO § 811 RdNr. 16; *Zöller/Stöber* ZPO § 811 RdNr. 14; weitergehend AG Korbach DGVZ 1984, 154: Sachen in einer weniger benutzten Zweitwohnung haben keinen Pfändungsschutz.
[29] OLG München DGVZ 1983, 140.
[30] *Zöller/Stöber* ZPO § 811 RdNr. 15; aA OLG Köln MDR 1969, 151.
[31] KG MDR 1953, 178, 179; OLG Nürnberg MDR 1950, 750; LG Amberg NJW 1950, 549; aA noch LG Regensburg NJW 1950, 548; LG Siegen NJW 1950, 548; AG Ingelheim MDR 1950, 751.
[32] LG Bochum DGVZ 1983, 12, 13.
[33] VGH Kassel NJW 1993, 550, 551; BFH NJW 1990, 1871; OLG Frankfurt a. M. NJW 1970, 152; OLG Stuttgart NJW 1987, 196, 197; LG Augsburg DGVZ 1993, 55; LG Bonn DGVZ 1988, 11, 12; LG Detmold DGVZ 1990, 26; LG Frankfurt a. M. DGVZ 1988, 154; LG Hannover DGVZ 1990, 60; LG Itzehoe DGVZ 1988, 11 und 120; LG Lübeck DGVZ 1985, 153; AG München DGVZ 1981, 94; aA BVerwG NJW 1989, 924, 925; OLG Frankfurt a. M. DGVZ 1994, 43; LG Bochum DGVZ 1983, 12; LG Wiesbaden DGVZ 1997, 60.
[34] *Schnittmann* DGVZ 1994, 49, 51 mwN.
[35] OLG Stuttgart OLGRspr. 42, 37.
[36] KG DGVZ 1953, 116.
[37] KG DGVZ 1967, 105.
[38] LG Heilbronn DGVZ 1993, 12.
[39] AG Bochum-Langendreer DGVZ 1967, 188.
[40] *Baumbach/Lauterbach/Albers/Hartmann* ZPO § 811 RdNr. 21; *Zöller/Stöber* ZPO § 811 RdNr. 15; aA OLG Köln MDR 1969, 151.
[41] LG Traunstein MDR 1963, 58, 59; AG München DGVZ 1974, 95; aA AG Wolfsburg MDR 1971, 56.
[42] LG Kiel DGVZ 1978, 115; AG Itzehoe DGVZ 1984, 30; AG Paderborn DGVZ 1979, 27; *Baumbach/Lauterbach/Albers/Hartmann* ZPO § 811 RdNr. 23; differenzierend *Zöller/Stöber* ZPO § 811 RdNr. 15.
[43] LG Berlin NJW-RR 1992, 1038; AG Siegen DGVZ 1977, 29; *Schneider* DGVZ 1980, 177 mwN; aA LG Konstanz DGVZ 1991, 25; AG Syke DGVZ 1973, 173; AG Berlin-Schöneberg DGVZ 1990, 15.
[44] LG Traunstein MDR 1963, 58.

Schuldner und seiner Familie zur ständigen Unterkunft bestimmt sind, wie zB Gartenhäuser, Wohnlauben, Behelfsheime, Wohnwagen, Hausboote. Auf Größe und Wert des Bauwerks kommt es nicht an, solange keine Austauschpfändung möglich ist.[45]

b) Nahrungsmittel: § 811 Abs. 1 Nr. 2 ZPO. Nach § 811 Abs. 1 Nr. 2 ZPO sind die für den Schuldner, seine Familie und seine Hausangehörigen, die ihm im Haushalt helfen, auf die Dauer von vier Wochen erforderlichen Nahrungs-, Feuerungs- und Beleuchtungsmittel unpfändbar. Für das Insolvenzverfahren kommt § 811 Abs. 1 Nr. 2 ZPO jedoch nur beschränkte Bedeutung zu. Zur Familie gehören die mit dem Schuldner in häuslicher Gemeinschaft lebenden Angehörigen wie auch Pflegekinder, unabhängig davon, ob sie unterhaltsberechtigt sind. Hausangehörige sind dagegen nur die zu häuslichen Diensten angestellten, in der Hausgemeinschaft lebenden Personen, nicht aber Gewerbe- und Handlungsgehilfen oder Hauslehrer. Lebende Tiere sind als Nahrungsmittel (anderenfalls § 811 Abs. 1 Nr. 3 ZPO) nur unpfändbar, wenn sie zum baldigen Verzehr bestimmt sind, wie zB Schlachthuhn und Fisch. 13

Falls es an der nötigen Menge an Vorräten fehlt, ist dem Schuldner eine für die Beschaffung erforderliche Geldmenge für vier Wochen und nur insoweit zu überlassen, als die Beschaffung nicht anderweitig gesichert ist. Der Zeitraum von vier Wochen wird ab der Pfändung gerechnet. Das nicht in Nr. 2 Genannte, insbesondere die Bedürfnisse für den Gewerbebetrieb und die Aufwendungen für Miete, Kleidung finden keine Berücksichtigung.[46]

c) Tiere: §§ 811 Abs. 1 Nr. 3, 811c ZPO. Unpfändbar nach § 811 Abs. 1 Nr. 3 ZPO sind in beschränkter Anzahl Kleintiere (Hühner, Kaninchen, Enten) sowie eine Milchkuh oder stattdessen wahlweise insgesamt zwei Schweine, Ziegen oder Schafe. Der Pfändungsschutz besteht aber nur, soweit diese Tiere für die Ernährung des Schuldners, seiner Familien- oder Hausangehörigen, die ihm im Haushalt, in der Landwirtschaft oder im Gewerbe helfen, erforderlich sind. Die Praxis versteht unter der Erforderlichkeit einen geringen Grad der Unentbehrlichkeit.[47] Unpfändbar sind auch die zur Fütterung und zur Streu für vier Wochen nötigen Vorräte. Sind entsprechende Vorräte nicht vorhanden bzw. ist die Beschaffung für die Zeit von vier Wochen auf anderem Weg, insbesondere durch Ernte, nicht gesichert, ist der zur Beschaffung erforderliche Geldbetrag unpfändbar. 14

Darüber hinaus sind nach § 811c Abs. 1 ZPO Tiere jeder Art, die im häuslichen Bereich, somit in räumlicher Nähe zum Schuldner, nicht zu Erwerbszwecken gehalten werden, unpfändbar, unabhängig davon, welchen Wert sie haben.[48] Grund dafür ist der Tierschutzgedanke (§ 765a Abs. 1 S. 3 ZPO), der einen Eingriff in die engen Beziehungen zwischen Schuldner und seinem Tier durch die Pfändung ausschließt. Anders dagegen verhält es sich mit Tieren, die zu Erwerbszwecken gehalten werden, da bei solchen Nutztieren wirtschaftliche Erwägungen der Tierhaltung im Vordergrund stehen.[49] Für diese richtet sich der Pfändungsschutz vielmehr nach § 811 Abs. 1 Nr. 5 ZPO. Ausnahmsweise ist nach § 811c Abs. 2 ZPO die Pfändung eines im häuslichen Bereich gehaltenen wertvollen Tiers zuzulassen, wenn die Unpfändbarkeit für den Gläubiger eine Härte bedeuten würde, die auch unter Würdigung der Belange des Tierschutzes und der berechtigten Schuldnerinteressen nicht zu rechtfertigen ist (zB wertvolle Reitpferde, Rassehunde, seltene Tierarten).[50] 15

d) Naturalien der landwirtschaftlichen Arbeitnehmer: § 811 Abs. 1 Nr. 4a ZPO. Bei Arbeitnehmern in landwirtschaftlichen Betrieben sind die als Arbeitsvergütung gelieferten Naturalien unpfändbar, soweit der Schuldner ihrer zu seinem und seiner Familie Unterhalt bedarf. Die Naturalien müssen nicht unbedingt landwirtschaftlich erzeugt sein. Unbeachtlich ist auch, ob sie aus dem Betrieb des Arbeitgebers stammen.[51] 16

e) Gegenstände zur Erwerbstätigkeit (§ 811 Abs. 1 Nr. 5 ZPO) und Unternehmens-/Betriebsveräußerung. Die für die Einzelzwangsvollstreckung geltende Pfändungsschutzvorschrift des § 811 Abs. 1 Nr. 5 ZPO kann nicht unmodifiziert auf das Insolvenzverfahren übertragen werden, auch wenn § 36 Abs. 1 dem Wortlaut nach auf die Vorschrift verweist.[52] 17

Auszugehen ist zunächst von den Grundsätzen im Einzelzwangsvollstreckungsverfahren, deren Übertragbarkeit auf das Insolvenzverfahren sodann untersucht wird. 18

---

[45] OLG Zweibrücken, Rpfleger 1976, 328; LG Berlin DGVZ 1972, 90; aA LG Braunschweig DGVZ 1975, 25.
[46] Vgl. *Zöller/Stöber* ZPO § 811 RdNr. 17.
[47] *Baumbach/Lauterbach/Albers/Hartmann* ZPO § 811 RdNr. 26; OLG Düsseldorf MDR 1950, 295.
[48] Hierzu *Lorz* MDR 1990, 1057, 1060; *Hornung* Rpfleger 1984, 125, 127.
[49] *Lorz* MDR 1990, 1057, 1060.
[50] BT-Drucks. 11/5463, S. 7.
[51] Vgl. *Zöller/Stöber* ZPO § 811 RdNr. 23.
[52] Vgl. RdNr. 24 ff.

19 **aa) Grundsätze im Einzelzwangsvollstreckungsverfahren.** Der Erwerb durch persönliche Arbeit bzw. Leistung, körperlicher oder geistiger Art, wird durch § 811 Abs. 1 Nr. 5 ZPO geschützt. Der Schuldner kann somit weiter seine Arbeitskraft zur Beschaffung des Lebensunterhalts für sich und seine unterhaltsberechtigten Angehörigen einsetzen (vgl. § 18 Abs. 1 BSHG). Auch Gegenstände des Schuldners, die für seinen Ehegatten zur Fortsetzung der Erwerbstätigkeit notwendig sind, können wegen § 1360 BGB nicht gepfändet werden.[53]

20 Der Schutzbereich der Vorschrift umfasst Personen in abhängiger Arbeit, mithin alle im fremden kaufmännischen, gewerblichen, land- und forstwirtschaftlichen Betrieb oder in einem Fabrikbetrieb gegen Entgelt beschäftigten Personen, wie Gesellen, Gehilfen, Werkmeister, Techniker, Buchhalter, Kassierer, Auszubildenden usw. und Personen in selbständiger Stellung,[54] wie Kaufleute,[55] Obst- und Milchhändler, Schank- und Gastwirte, sonstige Gewerbetreibende, Handwerker, auch ohne Eintragung in der Handwerksrolle,[56] andere selbständig Tätige, Ärzte,[57] Steuerberater, Rechtsanwälte, Journalisten, Künstler, Schauspieler, Artisten, Musiker, Photographen, Schriftsteller, etc.

21 Im Rahmen der Einzelzwangsvollstreckung ist anerkannt, dass die Beschäftigung von Mitarbeitern und der Einsatz von Maschinen die Unpfändbarkeit der für die Erwerbstätigkeit des Schuldners erforderlichen Gegenstände nicht ausschließt. Die Kapitalnutzung unter Einsatz von Sachwerten und die Organisation von Arbeits- oder Dienstleistungen, die andere erbringen, sind dagegen nicht nach Nr. 5 geschützt. Für die Grenze des Schutzes nach Nr. 5 ist insoweit maßgeblich, ob die persönliche Tätigkeit des Schuldners im Vergleich zur Leistung anderer wie auch zur Ausnutzung sachlicher Betriebsmittel die überwiegende Bedeutung für den Erwerb des Schuldners hat oder nicht.[58] In den Schutzbereich des § 811 Abs. 1 Nr. 5 ZPO können danach der Inhaber eines kleineren Bauunternehmens;[59] eine Geschäftsfrau, die ihr aus einem Ladengeschäft, einem Markthandel und einer Vertretertätigkeit bestehendes Erwerbsgeschäft überwiegend persönlich betreut[60] sowie der Inhaber einer Kfz.-Werkstatt mit 6 Angestellten;[61] nicht dagegen ein Schausteller von Karussell, Schießwagen und Auto-Scooter (Wert: 300 000 DM entspricht jetzt ca. 153 000 €)[62] oder ein Frachtführer[63] fallen.

22 Der Schutz der Arbeitsleistung besteht mithin nur, wenn der Schuldner daraus seinen Erwerb zieht. Es muss sich nicht notwendig um eine hauptberufliche Tätigkeit handeln; geschützt ist vielmehr auch der Nebenverdienst[64] wie die auf den künftigen Erwerb gerichtete persönliche Tätigkeit (zB Berufsausbildung)[65] und die Betriebsgründung,[66] soweit mit künftiger Aufnahme der neuen Erwerbstätigkeit in naher Zukunft sicher zu rechnen ist. Nicht geschützt ist aber die bloße Freizeittätigkeit. Juristische Personen und Handelsgesellschaften als solche sind nicht geschützt, wohl aber deren Inhaber, soweit sie ihr Einkommen aus der persönlicher Mitarbeit ziehen.[67]

23 Unpfändbar sind die zur Fortsetzung der geschützten Erwerbstätigkeit erforderlichen Gegenstände,[68] also alles, was der Schuldner zur Fortsetzung seiner bisherigen Erwerbstätigkeit notwendig braucht, zB Arbeitskleidung, Hilfsmittel für den Weg zur Arbeit oder für Kundenbesuche (zB Kraftrad, Kfz.),[69] Werkzeuge, Maschinen und Geräte, die zur Arbeitserleichterung gebräuchlich sind,[70]

---

[53] BGH WM 2010, 471, 472 f.; OLG Hamm MDR 1984, 855; LG Nürnberg-Fürth FamRZ 1963, 650; LG Siegen NJW-RR 1986, 224; *Stein/Jonas/Münzberg* ZPO § 811 RdNr. 55; aA OLG Stuttgart FamRZ 1963, 297.
[54] LG Heilbronn MDR 1994, 405.
[55] KG JW 30, 653.
[56] LG Bielefeld MDR 1954, 426.
[57] AG Göttingen ZInsO 2003, 667, 669.
[58] OLG Hamm Rpfleger 1956, 46; LG Berlin DGVZ 1976, 971; LG Bochum DGVZ 1982, 43; LG Hamburg DGVZ 1984, 26; LG Hildesheim DGVZ 1976, 26; LG Oldenburg DGVZ 1993, 12.
[59] AG Schönau DGVZ 1974, 61.
[60] KG Rpfleger 1958, 225.
[61] LG Bochum DGVZ 1982, 43.
[62] AG Hannover DGVZ 1975, 75.
[63] OLG Hamburg DGVZ 1984, 57.
[64] OLG Hamm, Rpfleger 1956, 46; LG Rottweil DGVZ 1993, 57; AG Karlsruhe DGVZ 1989, 141; aA LG Regensburg DGVZ 1978, 45.
[65] *Stein/Jonas/Münzberg* ZPO § 811 RdNr. 48.
[66] LG Hannover NJW 1953, 1717.
[67] Vgl. OLG Oldenburg NJW 1964, 505; AG Bersenbrück DGVZ 1992, 78; *Stein/Jonas/Münzberg* ZPO § 811 RdNr. 43.
[68] BGH, NJW 1993, 921, 922; AG Göttingen ZInsO 2003, 667, 669.
[69] LG Heilbronn NJW 1988, 148; LG Rottweil DGVZ 1993, 57; LG Stuttgart DGVZ 1986, 78; LG Tübingen DGVZ 1992, 137; BGH WM 2010, 471, 472 zum Kfz. der Schuldnerin, das ihr Ehemann für die Fahrten zu seiner Arbeitsstätte nutzt; zu einem Kraftrad als für die Erwerbstätigkeit ggf. erforderlich und die Auswirkungen auf die Frage, ob es sich bei der Kfz.-Steuer um eine Masseverbindlichkeit handelt: BFH ZInsO 2011, 1502 ff.; FG Saarland NZI 2011, 912 ff.; zur Austauschpfändung eines (unpfändbaren) Kfz.: BGH WM 2011, 1477 f.
[70] LG Verden DGVZ 1973, 92.

Unpfändbare Gegenstände   24–28 § 36

Wechselgeld eines Gewerbetreibenden,[71] Schreib-, Diktier- und Zeichengeräte, Telekommunikationsgeräte,[72] Kopiergeräte[73] wie auch Hard- und Software;[74] nicht dagegen zum Vermieten bestimmte Video-Kassetten[75] oder zur Veräußerung bestimmte Waren.[76] Was erforderlich ist, bestimmt sich nach den individuellen Bedürfnissen des Schuldners sowie nach wirtschaftlichen und betrieblichen Erwägungen.[77]

bb) Modifikationen im Insolvenzverfahren. Die oben dargestellten Grundsätze wurden vornehmlich von der Rechtsprechung im Bereich der Einzelzwangsvollstreckung aufgestellt. Über die schon bereits angesprochene Differenzierung zwischen natürlichen Personen und juristischen Personen/Handelsgesellschaften (siehe oben RdNr. 6) hinaus bedarf es bezüglich der Übertragbarkeit der Pfändungsschutzbestimmungen der ZPO auf das Insolvenzverfahren noch weiterer Modifikationen mit Blick auf das ggf. unterschiedliche Betätigungsfeld der natürlichen Personen: Bei Personen in selbständiger Stellung haben die für die Erwerbstätigkeit des Schuldners notwendigen Gegenstände im stärkerem Maße als in der Einzelzwangsvollstreckung dem Beschlag zugunsten der Gläubiger des Schuldners zu unterliegen. Wird über das Vermögen eines Einzelkaufmannes ein Insolvenzverfahren durchgeführt, so kann man den Gläubigern nicht ohne Weiteres die im Regelfall den Großteil des Vermögens ausmachenden Gegenstände zur Weiterführung des Betriebes als Haftungsmasse entziehen.[78] 24

Eine natürliche Person als Schuldner hat die Möglichkeit, im Anschluss an das durchgeführte Insolvenzverfahren, sei es nach den Regeln des Verbraucherinsolvenz- oder des „normalen" Insolvenzverfahrens, eine (Rest-)Schuldbefreiung (vgl. §§ 286 ff.) zu erlangen. Erhält der Schuldner die (Rest-)Schuldbefreiung und wird ihm gleichwohl der wesentliche Teil seines Vermögens belassen, so würde dies eine einseitige Zurückdrängung der Interessen der Gläubiger darstellen. 25

Würde § 811 Abs. 1 Nr. 5 ZPO in der Insolvenz gerade eines Selbständigen, wie etwa eines Handwerkers oder Freiberuflers, „schrankenlos" gelten, zöge dies nach sich, dass eine Fortführung des Betriebes und eine übertragende Sanierung mangels der zur Fortsetzung der Tätigkeit erforderlichen Gegenstände verhindert wird.

Den Interessen des Schuldners, der bspw. Einzelkaufmann ist, den Vorrang zu geben und ihm generell quasi sein Unternehmen zu belassen, würde zudem der Regelung des § 35 Abs. 2 zuwiderlaufen. Danach hat der Insolvenzverwalter darüber zu entscheiden, ob eine Freigabe erklärt (dann kann der Schuldner seine selbständige Tätigkeit fortführen) oder nicht (dann kann der Insolvenzverwalter fortführen). Wären von vornherein die zur Fortführung des Betriebes erforderlichen Gegenstände „insolvenzfrei", hätte der Insolvenzverwalter aus praktischer Sicht regelmäßig nichts mehr zu entscheiden.[79] 26

Ferner läge hierin eine nicht gerechtfertigte Besserstellung gegenüber Landwirten und Apothekern, deren Sachen gem. § 36 Abs. 2 Nr. 2 in die Insolvenzmasse fallen,

Diese Sichtweise steht im Einklang damit, dass anerkanntermaßen im Rahmen der Insolvenzabwicklung der Insolvenzverwalter eine Anwaltspraxis veräußern darf (vgl. dazu § 35 RdNr. 155 ff.), obgleich der Anwalt ausdrücklich in den Kommentierungen zu § 811 Abs. 1 Nr. 5 ZPO genannt wird.[80] 27

§ 811 Abs. 1 Nr. 5 ZPO hat daher im Insolvenzverfahren nur eingeschränkt Berücksichtigung zu finden.[81]

Es bedarf insofern einer differenzierten Betrachtung: So wäre ein Ansatz, § 811 Abs. 1 Nr. 5 ZPO im Insolvenzverfahren generell nicht zu berücksichtigen, ebenfalls unzutreffend. Gerade im Zusammenhang mit der schon angesprochenen Möglichkeit einer Restschuldbefreiung kann es angezeigt sein, dem Schuldner die Gegenstände, die er zur Ausübung seiner Erwerbstätigkeit benötigt, zu belassen, selbst wenn diese den größten Teil seines Vermögens ausmachen. Das wäre der Fall, wenn zu erwarten steht, dass er gerade die betreffenden Gegenstände benötigt, um Erlöse zu 28

---

[71] LG Heidelberg DGVZ 1971, 138; AG Horbach DGVZ 1989, 78.
[72] LG Düsseldorf DGVZ 1986, 44; *Schnittmann* DGVZ 1994, 49.
[73] LG Frankfurt DGVZ 1990, 58.
[74] LG Heilbronn NJW-RR 1995, 255; LG Koblenz JurBüro 1992, 264; *Weimann* Rpfleger 1996, 12 mwN.
[75] BGH NJW-RR 1988, 1471.
[76] LG Göttingen DGVZ 1994, 89, 90; LG Kassel, JurBüro 1996, 215.
[77] LG Berlin DGVZ 1965, 28; LG Mannheim BB 1974, 1458; AG Köln JurBüro 1965, 932; näher auch *Stein/Jonas/Münzberg* ZPO § 811 RdNr. 50; *Noack* DGVZ 1969, 118.
[78] *Smid/Wehdeking* InVo 2000, 293, 294; *Uhlenbruck/Hirte* § 35 RdNr. 15; *Tetzlaff*, Praktikerhandbuch Verbrauchercherdarlehen, S. 574 f.; *Tetzlaff* ZInsO 2005, 393, 398 f.; *Runkel*, FS Gerhardt, S. 839, 843; *Empting* ZInsO 2006, 229, 232; vgl. AG Köln ZInsO 2003, 668; auch in diese Richtung gehend HambKomm-*Lüdtke* § 35 RdNr. 132; aA *Voigt/Gerke* ZInsO 2002, 1054 ff.
[79] Zur Freigabemöglichkeit gemäß § 35 Abs. 2 siehe § 35 RdNr. 47b ff. und zur Behandlung der Einkünfte aus selbständiger Tätigkeit des Schuldners siehe RdNr. 42 und § 35 RdNr. 47a.
[80] Vgl. *Zöller/Stöber* ZPO § 811 RdNr. 24a.
[81] Vgl. *Smid/Wehdeking* InVo 2000, 293, 294; *Tetzlaff* ZInsO 2005, 393, 398 f.; *Runkel*, FS Gerhardt, S. 839, 843; *Empting* ZInsO 2006, 229, 232; vgl. auch AG Köln ZInsO 2003, 668; aA *Voigt/Gerke* ZInsO 2002, 1054 ff.

erwirtschaften, die seinen Gläubigern zugute kommen.[82] Hat demgegenüber der Schuldner die Möglichkeit, auch ohne diese Gegenstände einer ggf. adäquaten angestellten Erwerbstätigkeit nachzugehen, insbesondere angesichts seiner persönlichen Voraussetzungen (Alter, Aus- und Vorbildung etc.) unter Berücksichtigung der Arbeitsmarktlage, spricht das für den Insolvenzbeschlag der betreffenden Gegenstände. Die Entscheidung, ob die Gegenstände zur Erwerbstätigkeit dem Insolvenzbeschlag unterfallen, hängt also von den Umständen des Einzelfalles ab. Es bedarf einer diesbezüglichen Gesamtabwägung. Zu ähnlichen Ergebnissen dürfte oftmals die Ansicht kommen, die in diesen Fällen maßgeblich auf eine überwiegende persönliche Tätigkeit des Schuldners im Vergleich zur Leistung von Mitarbeitern und zum Einsatz von Maschinen abstellt.[83]

28a **cc) Unternehmens-/Betriebsveräußerung.** Da ein Unternehmen als Ganzes eine Gesamtheit von beweglichen und unbeweglichen Sachen, Rechten und tatsächlichen Vermögenswerten darstellt,[84] ist es als solches nicht pfändbar.[85] Vermögenswerte wie Know-how, Kundschaft, Lage, Geschäfts- oder Betriebsgeheimnisse etc. sind zwar ggf. im bisherigen Betrieb für das Unternehmen gewonnen worden, unterliegen aber nicht der Einzelzwangsvollstreckung. In ihrer Gesamtheit haben sie jedoch einen in Geld ausdrückbaren Wert, der für die Insolvenzmasse von Interesse ist.[86] Mit Blick darauf wurde die Veräußerbarkeit eines Geschäfts bzw. Unternehmens durch den Konkursverwalter bereits zur Zeit der Geltung der KO unter Hinweis auf die Erwähnung von Unternehmen in § 117 Abs. 2 und § 134 Nr. 1 KO schon nach der Rechtsprechung des Reichsgerichts angenommen.[87] Heute ist sie in § 160 Abs. 2 Nr. 1 ausdrücklich vorgesehen.[88] In seiner Sachgesamtheit gehört das Unternehmen also zur Insolvenzmasse.[89] Auch insofern erfolgt eine Modifikation im Insolvenzverfahren in der Form, dass § 36 Abs. 1 hier der Zugehörigkeit zur Insolvenzmasse und der Veräußerbarkeit des Unternehmens als Gesamtheit durch den Insolvenzverwalter nicht entgegensteht.[90] Vgl. im Einzelnen dazu § 35 RdNr. 464 ff.

29 **f) Erwerbsgegenstände der Witwen und minderjährigen Erben: § 811 Abs. 1 Nr. 6 ZPO.** Die Zwangsvollstreckung muss sich gegen Witwen oder minderjährige Erben der unter § 811 Abs. 1 Nr. 5 ZPO fallenden Personen richten. Ein Stellvertreter muss die Erwerbstätigkeit für die Rechnung dieser Personen fortführen, nicht aber neu begründen, und tritt dann an die Stelle des Schuldners. Nicht erforderlich ist jedoch, dass er die Erwerbstätigkeit ganz in der bisherigen Weise fortführt. Betreibt die Witwe oder ein Erbe die Erwerbstätigkeit des Verstorbenen persönlich weiter, so fallen sie uU unter § 811 Abs. 1 Nr. 5 ZPO.[91]

30 **g) Dienstbekleidung und Dienstausrüstungsgegenstände: § 811 Abs. 1 Nr. 7 ZPO.** Schutzzweck des § 811 Abs. 1 Nr. 7 ZPO ist insbesondere die Sicherung des öffentlichen Dienstes.[92]

31 Unpfändbar sind Dienstbekleidungsstücke jeder zum Tragen von Dienstkleidung berechtigten oder verpflichteten Person, zB Polizei- und Zollbeamte, Justiz- und Gefängniswachtmeister, sowie Dienstausrüstungsgegenstände. Freiwillig getragene Dienstkleidung (zB von Privatkraftwagenführern) ist hingegen pfändbar.[93] Geschützt werden insbesondere Beamte, auch wenn für sie keine Uniformpflicht besteht; Lehrer, soweit sie an einer öffentlichen oder öffentlich anerkannten Schule unterrichten; Geistliche einer anerkannten Religionsgemeinschaft; Richter; Rechtsanwälte; Notare, unabhängig davon, ob sie als Beamte oder als Freiberufler tätig sind; in Deutschland approbierte Ärzte,[94] auch Zahn-[95] und Tierärzte (nicht aber soweit es um einen Pkw geht);[96] Hebammen. Dentisten und Naturheilkundige fallen unter Nr. 5.

---

[82] Vgl. dazu auch AG Köln ZInsO 2003, 668.
[83] HambKomm-*Lüdtke* § 35 RdNr. 132; vgl. auch AG Göttingen ZInsO 2011, 1659 f., das im dortigen Fall den Meinungsstreit wegen übereinstimmender Ergebnisse dahingestellt sein lassen konnte.
[84] *Jaeger/Henckel* § 35 RdNr. 9.
[85] BGHZ 32, 103, 105; RGZ 134, 95, 98; 95, 235; *Uhlenbruck/Hirte* § 35 RdNr. 269; *Breutigam*/Blersch/Goetsch § 35 RdNr. 13; *K. Schmidt*, Handelsrecht § 6 V 1b; *Jaeger/Henckel* § 35 RdNr. 9.
[86] *Kübler/Prütting/Holzer* § 35 RdNr. 70, § 151 RdNr. 19 ff.; *Jaeger/Henckel* § 35 RdNr. 9; *Kilger/Schmidt* § 1 KO Anm. 2 Da aa; *Steinbeck* NZG 1999, 133.
[87] RGZ 134, 95, 98.
[88] Vgl. auch BGH NJW 1996, 1283.
[89] *Breutigam*/Blersch/Goetsch § 35 RdNr. 17; *K. Schmidt*, Handelsrecht § 6 II 2; *Steinbeck* NZG 1999, 133; *Kluth* NJW 2002, 186 ff.; AG Köln ZInsO 2003, 668.
[90] *K. Schmidt*, Handelsrecht § 6 II 2a; Staudinger/Beckmann BGB § 453 RdNr. 19 ff.; *Herchen* ZInsO 2004, 1112, 1113 mwN.
[91] Vgl. *Baumbach/Lauterbach/Albers/Hartmann* ZPO § 811 RdNr. 45; *Zöller/Stöber* ZPO § 811 RdNr. 30.
[92] *Baumbach/Lauterbach/Albers/Hartmann* ZPO § 811 RdNr. 46.
[93] *Baumbach/Lauterbach/Albers/Hartmann* ZPO § 811 RdNr. 47.
[94] *Weimar* DGVZ 1978, 184; nach LG Aachen NZI 2006, 643 gehören hierzu auch Praxis- und Laboreinrichtungsgegenstände.
[95] LG Aachen NZI 2006, 643.
[96] FG Bremen DGVZ 1994, 14; AG Sinzig NJW-RR 1987, 508.

h) Geldbetrag aus Lohn, Gehalt: § 811 Abs. 1 Nr. 8 ZPO. Die Vorschrift schützt das bar 32 ausgezahlte Geld und dient der Sicherung der Existenz der Gehalts-, Lohn- und sonstiger Arbeitsvergütungsempfänger (unabhängig davon, ob sie in einem öffentlichen oder privaten Dienstverhältnis stehen), der Empfänger von Renten[97] und Versorgungsbezügen (Ausbildungsförderung, Graduiertenförderung, Arbeitslosenunterstützung).[98] Hierunter fallen alle wiederkehrenden Einkünfte i. S. d. §§ 850 ff. ZPO. Nach diesen Vorschriften ist der nach Nr. 8 zu belassende Teil im Zusammenhang mit dem nächsten Zahlungstermin zu berechnen.[99]

Wird fremdes und eigenes Bargeld in einer einheitlichen Kasse vermischt, entsteht gemäß §§ 948 Abs. 1, 947 Abs. 1 BGB Miteigentum. Ist dieses „vermischte" Bargeld im Besitz der Masse, obliegt es dem Miteigentümer, den auf ihn entfallenden Anteil der Höhe nach zu beweisen (§ 1006 BGB).[100]

Soweit sich die Pfändungsgrenze nach den Lohnpfändungsbestimmungen vermindert, besteht 33 auch kein Schutz nach Nr. 8. Der Gläubiger kann daher einen Betrag, der dem Gehalts- oder Lohnempfänger ausgezahlt wurde, sofort bei diesem pfänden. Dem Schuldner ist aber genau so viel zu belassen, als ob der Anspruch gepfändet worden wäre.[101] Geschützt werden jedoch nicht spätere Nachzahlungen.[102] Demgegenüber fällt der Anspruch selbst unter §§ 850 ff. ZPO.

i) Kirchen- und Schulbücher: § 811 Abs. 1 Nr. 10 ZPO. Die Bücher sind unpfändbar, unab- 34 hängig davon, ob sie entbehrlich sind oder nicht. Unter Kirche ist jede staatlich anerkannte oder geduldete Religionsgemeinschaft zu verstehen, bzw. negativ abgegrenzt gehört hierzu jede nicht verbotene Religionsgemeinschaft. Schulen sind staatliche oder nichtstaatliche Lehranstalten, Fachschulen, Fortbildungsschulen, jegliche Hochschule oder auch ein Konservatorium.

Insbesondere ist eine Bibel[103] unpfändbar, nicht hingegen ein Gebetsteppich.[104] 35

j) Haushaltsbücher, Familienpapiere, Trauringe: § 811 Abs. 1 Nr. 11 ZPO. Unpfändbar 36 sind weiterhin nach § 811 Abs. 1 Nr. 11 ZPO die in Gebrauch genommenen Haushaltungs- und Geschäftsbücher, die Familienpapiere, sowie Trauringe, Orden und Ehrenzeichen, auch soweit sie nach dem Tod des Besitzers der Familie verbleiben. Demnach sind Geschäftsbücher zwar unpfändbar, gehören aber gleichwohl gemäß § 36 Abs. 2 Nr. 1 zur Insolvenzmasse (dazu im einzelnen RdNr. 64 ff.).

k) Künstliche Gliedmaßen: § 811 Abs. 1 Nr. 12 ZPO. Unter diese Vorschrift fallen alle erfor- 37 derlichen Hilfsmittel der Krankenpflege. Geschützt sind zB Krücken, Perücken, Gebiss, Blindenhund, Rollstuhl eines Gebrechlichen,[105] ein behindertengerechter Büro-Drehstuhl[106] und auch der Pkw des Gebrechlichen,[107] nicht aber eine übermäßige Anzahl und ebenso nicht die ausgemusterten Hilfsmittel.[108]

l) Bestattungsgegenstände: § 811 Abs. 1 Nr. 13 ZPO. Nach § 811 Abs. 1 Nr. 13 ZPO sind 38 die zur unmittelbaren Verwendung für die Bestattung bestimmten Gegenstände unpfändbar und damit massefrei. Die Streitfrage, ob auch der Grabstein insoweit geschützt ist, hat der BGH verneinend entschieden. Ob sich ein übergesetzliches Pfändungsverbot (außerhalb von § 811 Abs. 1 Nr. 13 ZPO) aus Pietätsgründen ergeben kann, hat der BGH dabei offengelassen, da es nach seiner Ansicht jedenfalls dann nicht gilt, wenn der Steinmetz (wie in dem zugrundeliegenden Fall) den Grabstein unter Eigentumsvorbehalt geliefert hat und wegen seines unbeglichenen Zahlungsanspruches vollstreckt.[109]

3. Forderungen und andere Vermögensrechte. Die unpfändbaren Forderungen und Vermö- 39 gensrechte unterliegen grundsätzlich nicht dem Insolvenzbeschlag.[110]

---

[97] Vgl. LG Regensburg Rpfleger 1979, 467.
[98] OLG Oldenburg Rpfleger 1956, 164.
[99] LG Karlsruhe DGVZ 1988, 43.
[100] BGH NZI 2010, 897, 898; dazu auch *Ganter* NZI 2010, 209, 212.
[101] *Zöller/Stöber* ZPO § 811 RdNr. 32.
[102] AG Neuwied DGVZ 1996, 127.
[103] AG Bremen DGVZ 1984, 157.
[104] AG Hannover DGVZ 1987, 31; aA *Wacke* DGVZ 1986, 161, 164.
[105] AG Bielefeld DGVZ 1972, 126.
[106] LG Kiel SchlHA 1984, 75.
[107] BGH WM 2011, 1418, 1419 f.; BGH WM 2004, 935; OLG Köln NJW-RR 1986, 488; LG Hannover DGVZ 1985, 121; LG Köln MDR 1964, 604; LG Lübeck DGVZ 1979, 25; AG Germersheim DGVZ 1980, 127; aA LG Düsseldorf DGVZ 1989, 14; LG Waldbröl DGVZ 1991, 119.
[108] OLG Hamm JMBlNRW 1961, 235.
[109] BGH WM 2006, 911 ff. mit Darstellung des Streitstandes.
[110] Siehe dazu auch § 35 RdNr. 383 ff.

40 **Rechtslage und Streitstand vor Inkrafttreten des Gesetzes zur Änderung der Insolvenzordnung und anderer Gesetze:**[111]
Strittig war, in welchem Umfang und in welchem verfahrensrechtlichen Kontext die Pfändungsschutzregelungen der §§ 850 ff. ZPO im Insolvenzverfahren zu berücksichtigen sind.[112]

Im Einzelnen ging es dabei um recht unterschiedliche Fragestellungen, überwiegend im Bereich des Verbraucherinsolvenz- und Restschuldbefreiungsverfahrens:
– **Anwendung des § 850f Abs. 1 ZPO** (Änderung des unpfändbaren Arbeitseinkommens, insbesondere wenn der notwendige Lebensunterhalt nach BSHG nicht erreicht wird),
– **Empfangszuständigkeit** des Insolvenzverwalters/Treuhänders für das Arbeitseinkommen,
– **Gerichtszuständigkeit** für die Entscheidungen über die Sicherung des Existenzminimums (Insolvenzgericht oder Vollstreckungsgericht).

Da sich § 36 InsO zur Frage der Zugehörigkeit zur Insolvenzmasse verhält, wird auf die oben angesprochenen Themenkomplexe, soweit es sich Themen des Restschuldbefreiungsverfahrens[113] handelt, nur kurz zwecks Veranschaulichung eingegangen (im Einzelnen vgl. dazu die Kommentierung bei §§ 286 ff.). Eng zusammen mit dem Problemkreis hängt auch § 100 InsO, der die Gewährung von Unterhalt für den Schuldner und seine Familie aus der Insolvenzmasse regelt (vgl. dazu die Kommentierung von § 100).

Die angesprochenen Fragen stellten sich vor dem Hintergrund einer fehlenden Abstimmung zwischen den Regelungen zur Gewährung eines angemessenen Lebensunterhalts nach dem BSHG und den Pfändungsfreigrenzen, insbesondere in § 850c ZPO.[114] Wenn der Insolvenzverwalter/Treuhänder die nach § 850c ZPO der Pfändung unterworfenen Bezüge des Arbeitseinkommens für die Befriedigung der Gläubiger hätte verwenden können, so hätte der Schuldner während des Verbraucherinsolvenzverfahrens uU nur finanzielle Mittel unter den Regelsätzen der Sozialhilfe zur Verfügung gehabt. Dasselbe Problem stellte sich – aufgrund der Zeitdauer – in ungleich stärkerem Maße im Restschuldbefreiungsverfahren.[115]

Für eine Anpassung der unpfändbaren Beträge des Arbeitseinkommens und damit für eine Verringerung der für die Befriedigung der Gläubiger zur Verfügung stehenden Mittel sprachen vor allem verfassungsrechtliche Gründe. Nach der Rechtsprechung des **BVerfG**,[116] dürfen staatliche Hoheitsakte den einzelnen Bürgern das sozialhilferechtlich geschützte Existenzminimum nicht entziehen. Schriebe man diese Rechtsprechung fort, so dürften auch im Insolvenzverfahren dem Schuldner nicht die Beträge entzogen werden, die er für die Sicherung seines Existenzminimums benötigt.[117] Dem Schuldner bliebe auch nicht die Möglichkeit, während der Verfahrensdauer Sozialleistungen zu beantragen, um so die für die Sicherung des Existenzminimums benötigten Mittel zu beschaffen. Zudem würde dies eine Subventionierung der Gläubiger aus Kassen der öffentlichen Hand darstellen.[118]

Gegen die Anwendung des § 850f ZPO in dem dem Verbraucherinsolvenzverfahren typischerweise nachfolgenden Restschuldbefreiungsverfahren wurde zT angeführt, dass das Restschuldbefreiungsverfahren nicht einem staatlich garantierten Zwang unterliege, der Schuldner sich vielmehr aus eigenem Entschluss in das Verfahren begebe, er mittels dieses Verfahrens ja eine Befreiung von seinen Schulden

---

[111] Das Gesetz wurde am 26.10.2001 (BGBl. I S. 2710) in der vom Bundestag am 28.6.2001 beschlossenen Fassung (BT-Druck. 14/6468) verkündet und trat gemäß dessen Art. 12 am 1. des zweiten auf die Verkündung folgenden Kalendermonats, also am 1.12.2001, in Kraft, mit Ausnahme des Art. 6, der die kostenrechtlichen Vorschriften betrifft und erst am 1.1.2002 in Kraft trat.

[112] Vgl. dazu OLG Köln ZInsO 2000, 499 = NZI 2000, 529; OLG Köln ZIP 2000, 2074 = ZInsO 2000, 603; OLG Frankfurt/M. NZI 2000, 531 = ZInsO 2000, 614; LG Frankfurt/M. ZInsO 2000, 594; LG Wuppertal NZI 2000, 327; AG München InVo 2000, 407; AG Aachen, NZI 2000, 554 und aus der Literatur: *Smid/Wehdeking* InVo 2000, 293; *Möhlen* Rpfleger 2000, 4; *Dörndorfer* NZI 2000, 292; *Grote* ZInsO 2000, 490; *Helwich* NZI 2000, 460; *Mäusezahl* ZInsO 2000, 193; *Steder* ZIP 1999, 1874; *Stephan* ZInsO 2000, 376. Zur Frage, inwieweit ein Gläubiger die vor einer Gehaltspfändung getroffene Wahl der Steuerklasse gegen sich gelten lassen muss, vgl. OLG Köln WM 2000, 2114.

[113] Im Restschuldbefreiungsverfahren, das an das Verbraucherinsolvenzverfahren anschließt, kann nicht von einer Insolvenzmasse gesprochen werden. Der Treuhänder hat nur Inkassopflichten. Vgl. dazu die Kommentierung zu § 292.

[114] OLG Frankfurt/M. NZI 2000, 531, 532.

[115] Vgl. dazu vor allem *Mäusezahl* ZInsO 2000, 193, 196.

[116] BVerfGE 87, 153 = NJW 1992, 3153 f.; BVerfGE 87, 234 = NJW 1993, 643 f.; BVerfGE 91, 93 = NJW 1994, 2817 f.; BVerfGE 99, 246 = NJW 1999, 561, 564.

[117] OLG Frankfurt/M. NZI 2000, 531, 532; OLG Köln NZI 2000, 529, 531; OLG Köln NZI 2000, 590; OLG Celle ZInsO 2001, 713 f.; AG Aachen NZI 2000, 554; *Hintzen* Rpfleger 2000, 312, 314; *Steder* ZIP 1999, 1874, 1880; *Kohte*, Kölner Schrift, S. 781 ff.

[118] *Mäusezahl* ZInsO 2000, 193, 195.

erstrebe und ggf. auch erlange (§ 286 InsO). Begebe sich der Schuldner aber freiwillig in dieses Verfahren, um die damit verbundenen Vorteile der Restschuldbefreiung zu erlangen, so erscheine es durchaus sachgerecht, wenn der Schuldner im Gegenzug weitgehende Einschränkungen – die zur Verfügung stehenden finanziellen Mittel liegen unter Sozialhilfeniveau – hinnehmen müsse.[119]

Im Hinblick auf die hier interessierende Bestimmung der Insolvenzmasse im (Verbraucher-) Insolvenzverfahren wurde bereits vor der gesetzlichen Klarstellung (dazu sogleich unter RdNr. 41) von der Möglichkeit der in § 850f ZPO vorgesehenen Heraufsetzung der unpfändbaren Beträge ausgegangen. Für die Entscheidung über eine Heraufsetzung der pfändungsfreien Einkommens zur Sicherung des Existenzminimums waren nach überwiegender Ansicht[120] die Insolvenzgerichte zuständig.

Ferner wurde vertreten, dass dem Verwalter/Treuhänder die rechtliche Empfangszuständigkeit für die Entgegennahme des Netto-Arbeitseinkommens zu 100 % zustehe[121] und die hiergegen vorgebrachten Bedenken, insbesondere mit Blick auf zeitliche Verzögerungen infolge der dadurch erforderlichen Weiterleitung für den Schuldner,[122] nicht maßgeblich ins Gewicht fallen. Würde die Empfangszuständigkeit des Verwalters für 100 % des Arbeitseinkommens abgelehnt werden, müsse der Verwalter bei Streitigkeiten über die Höhe der pfändungsfreien Beträge ggf. wegen geringer Beträge Rechtsstreitigkeiten mit dem Arbeitgeber des Schuldners führen.[123] Dies sei eine zu starke Zurückdrängung der Gläubigerinteressen. Dagegen wurde vorgebracht, dass es sich beim unpfändbaren Teil des Arbeitseinkommens um massefreies Einkommen handele, das der Insolvenzverwalter nicht einziehen dürfe und der Arbeitgeber dem Insolvenzschuldner folgerichtig auszuzahlen habe.[124] An diesem Punkt trafen also Erwägungen zum möglichst reibungslosen Ablauf und eine randscharfe Trennung nach massefrei und massezugehörig aufeinander.

Mit dem Gesetz zur Änderung der Insolvenzordnung und anderer Gesetze[125] ist unter anderem sowohl der Streit über die Anwendung der Pfändungsschutzregelungen der §§ 850 ff. ZPO als auch über die Gerichtszuständigkeit durch die Einfügung des Satzes 2 in Abs. 1 und die Aufnahme des zusätzlichen Absatzes 4 in § 36[126] weitgehend geklärt:

Der Gesetzgeber hat damit klarstellend die Anwendbarkeit der in § 36 Abs. 1 Satz 2 benannten Regelungen im Insolvenzverfahren festgeschrieben.[127] Dabei werden unter dem Blickwinkel des im Insolvenzverfahren herrschenden Prinzips der gleichmäßigen Gläubigerbefriedigung Unterschiede zwischen den Vorschriften gemacht, die die Pfändbarkeit für alle Gläubiger erweitern oder beschränken (§§ 850c,[128] 850e Nr. 2, 2a, § 850f Abs. 1 ZPO[129]) und denen, die die Pfändbarkeit für bestimmte Gläubiger modifizieren (§ 850d, § 850f Abs. 2 ZPO). In der Gesetzesbegründung wird hervorgehoben, dass sich eine nicht zu rechtfertigende Ungleichbehandlung zwischen Insolvenzschuldnern und Vollstreckungsschuldnern ergeben würde, wenn eine Zusammenrechnung mehrerer Arbeitseinkommen und eine Heraufsetzung der unpfändbaren Beträge unterbliebe. Ein Verzicht auf eine individuelle Anhebung der Pfändungsfreigrenzen führe zu dem problematischen Ergebnis, dass private Schulden mit Mitteln der Sozialhilfe getilgt werden würden. Eine (entsprechende) Anwendung der betreffenden ZPO-Regelungen sei gerechtfertigt, wenn der Zweck der jeweiligen zwangsvollstreckungsrechtlichen Regelung mit dem Ziel der Gesamtvollstreckung im Einklang steht.[130]

Dabei ist zu berücksichtigen, dass § 36 Abs. 1 Satz 1 bereits die Geltung der Pfändbarkeitsbeschränkungen der ZPO anordnet und die Aufzählung in Satz 2 nicht ab- bzw. ausschließend ist. Von daher sind auch ohne Nennung in Satz 2 diejenigen Pfändungsschutzvorschriften in der Insolvenz

---

[119] *Möhlen* Rpfleger 2000, 4 für das Restschuldbefreiungsverfahren; ähnlich *Smid/Wehdeking* InVo 2000, 293, 294 für das Verbraucherinsolvenzverfahren. Vgl. auch HK-*Eickmann* § 100 RdNr. 3 u. die Erwägungen des OLG Frankfurt/M., NZI 2000, 531, 532 zur Entstehungsgeschichte des § 100 InsO.
[120] OLG Köln NZI 2000, 529; OLG Frankfurt/M. NZI 2000, 531; LG Dortmund NZI 2000, 182; LG Wuppertal NZI 2000, 327; AG München ZInsO 2000, 407; AG Solingen InVo 2000, 205; AG Aachen NZI 2000, 554; aA *Smid/Wehdeking* InVo 2000, 293, 297; AG Köln NZI 2001, 160 ff.; AG Köln NZI 2001, 162.
[121] *Smid/Wehdeking* InVo 2000, 293, 296; aA *Steder* ZIP 1999, 1874, 1875 f.; *Jaeger/Henckel* § 36 RdNr. 15.
[122] *Mäusezahl* ZInsO 2000, 193.
[123] *Smid/Wehdeking* InVo 2000, 293, 297 f.
[124] *Jaeger/Henckel* § 36 RdNr. 15 mwN.
[125] Das Gesetz wurde am 26.10.2001 (BGBl. I S. 2710) in der vom Bundestag am 28.6.2001 beschlossenen Fassung (BT-Druck. 14/6468) verkündet und trat gemäß dessen Art. 12 am 1. des zweiten auf die Verkündung folgenden Kalendermonats, also am 1.12.2001, in Kraft, mit Ausnahme des Art. 6, der die kostenrechtlichen Vorschriften betrifft und erst am 1.1.2002 in Kraft trat.
[126] Siehe auch unter RdNr. 3 und 79.
[127] *Leibner* NZI 2001, 574, 577; *Fischer/Hempler* ZInsO 2006, 474 f.
[128] Dazu OLG Karlsruhe ZInsO 2003, 1150 f.; AG Göttingen ZInsO 2006, 952.
[129] Vgl. AG Braunschweig ZInsO 2007, 280; AG Göttingen ZInsO 2003, 625 f.; AG Göttingen NZI 2003, 333 f.; BGH WM 2011, 2188 ff.
[130] BT-Drucks. 14/6468, Seite 17; vgl. auch *Hess* § 36 RdNr. 3 und 4.

§ 36 42   2. Teil. 2. Abschnitt. Insolvenzmasse. Einteilung der Gläubiger

einschlägig, deren Anwendung nach ihrem Sinn und Zweck geboten sind, wie zB die (Un-) Pfändbarkeitsregelungen des § 850b Abs. 1, 2 und 3 ZPO (dazu noch sogleich).[131]

42 **a) Arbeitseinkommen sowie Einkünfte aus selbständiger Tätigkeit (§§ 850 bis 850k ZPO).** Der Grundsatz, dass unpfändbare Gegenstände nicht zur Insolvenzmasse gehören (§ 36 Abs. 1 InsO), hat für den Neuerwerb des Schuldners zur Folge, dass nur der pfändbare Teil des **Arbeitseinkommens** zur Masse gezogen werden kann.[132] Die Pfändung von Arbeitseinkommen unterliegt den Grenzen der §§ 850a bis k ZPO.[133] Innerhalb dieser Grenzen ist es also massefrei. Nach vorzugswürdiger Ansicht[134] ist bei im Ausland erwirtschafteten Einkommen des Schuldners für die Bestimmung der Pfändungsfreigrenzen das deutsche Recht und nicht das ausländische maßgebend (lex fori concursus). Andernfalls würden sich im Übrigen insoweit auch Ungleichgewichte ergeben, wenn man einerseits beim ausländischen Arbeitgeber eine Pfändung ausbringt oder andererseits das ggf. aus der Gutschrift des Einkommens resultierende deutsche Bankguthaben pfändet.

Die unpfändbaren Beträge sind an den Schuldner auszukehren; hierbei handelt es sich um eine Aussonderung.[135] Die Möglichkeit, das Einkommen als Kreditsicherheit einzusetzen, wird durch § 114 InsO geregelt.[136] Der sich aus § 35 ergebende Grundsatz, dass der Neuerwerb zur Insolvenzmasse gehören soll, wird insoweit eingeschränkt.[137]

Arbeitseinkommen sind dabei gem. § 850 Abs. 2 ZPO alle Vergütungen in Geld, die dem Schuldner aus Arbeits- oder Dienstleistung zustehen,[138] auch Urlaubsgeld,[139] unabhängig davon, ob im Haupt- oder Nebenberuf erworben, einschließlich der fortgezahlten Bezüge (EntgeltfortzahlungsG, § 616 BGB), der Abfindungen nach §§ 9, 10 KSchG[140] und aus § 113 BetrVG,[141] der Bezüge von Vorstandsmitgliedern einer AG[142] und Geschäftsführern einer GmbH,[143] der Bezüge der Beamten, Richter und Soldaten, der Hinterbliebenenbezüge, der Leistungen der Altersversorgung sowie sonstiger Vergütungen. Mit erfasst sind daher auch fortlaufende Renteneinkünfte der Arbeitnehmer und Beamten, nicht jedoch selbständig oder freiberuflich tätiger Personen.[144] Zu beachten sind die in § 850a ZPO („Unpfändbare Bezüge") geregelten Ausnahmen, wie z.B. „übliche" Urlaubsgelder und Erschwerniszulagen.[145] Zu privaten Altersrenten für den letztgenannten Personenkreis siehe § 851c ZPO (dazu sogleich). Beim Abfindungsanspruch wegen der Beendigung des Arbeitsverhältnisses

---

[131] BGH WM 2010, 271, 272 ff.; BGH WM 2010, 1612, 1614 f.; *Uhlenbruck/Hirte* § 36 RdNr. 2 mwN; vgl. auch AG Kiel NZI 2012, 30 f.

[132] BGH WM 2008, 171 f.; BGH WM 2008, 256, 257; *Schmidt-Räntsch* Teil 2 III § 36 InsO; *Uhlenbruck*, Das neue Insolvenzrecht, Teil 3 D § 36 InsO.

[133] Zur Berücksichtigung unterhaltsberechtigter Personen bei der Errechnung der Pfändungsgrenze zum einen gemäß § 850c Abs. 1 Satz 2 ZPO vgl. LG Berlin, Beschluss vom 23.7.2009, Az. 85 T 31/09; dazu *May* VIA 2010, 46 und zum anderen nach § 850c Abs. 4 ZPO vgl. BGH NZI 2010, 578 f. und BGH NZI 2010, 443, 444; zur Anwendung des § 850e Nr. 1 Satz 1 ZPO auf Arbeitnehmer-Pflichtbeiträgen bei der Versorgungsanstalt des Bundes und der Länder: BGH WM 2009, 2390 f. und zur Berechnung des pfändbaren Arbeitseinkommens nach § 850e ZPO(Brutto- oder Nettomethode): *Bauckhage-Hoffer/Umnuß* NZI 2011, 745 ff.; zu § 850f Abs. 1a) ZPO und von der gesetzlichen Krankenkasse nicht übernommenen Behandlungskosten: BGH NZI 2009, 623 f.; zur Härtefallklausel des § 850f Abs. 1 ZPO: LG Dessau-Roßlau, Beschluss vom 15.9.2011, Az. 1 T 221/11.

[134] LG Traunstein ZInsO 2009, 1026, 1027; *Stephan* VIA 2010, 72; *Mankowski* NZI 2009, 785 ff. mwN; aA AG München NZI 2010, 664; AG Passau ZInsO 2009, 253; beim Streit über die Massezugehörigkeit (Schuldner ist ins Ausland verzogen und arbeitet dort) hat allerdings das (ausländische) Prozessgericht zu entscheiden, wenn deutsche Gerichte für die Einzelvollstreckung nicht zuständig sind: BGH WM 2012, 1444, 1445; siehe auch RdNr. 79.

[135] *Smid/Wehdeking* InVo 2000, 293, 298.

[136] Im am 18.7.2012 vom Bundeskabinett beschlossenen Gesetzesentwurf (ähnlich im vormaligen Referentenentwurf vom 23.1.2012) für ein Gesetz zur Verkürzung des Restschuldbefreiungsverfahrens und zur Stärkung der Gläubigerrechte (abrufbar über die internet-Seite des BMJ) ist die Streichung von § 114 InsO vorgesehen. Ziel ist die Anreicherung der Insolvenzmasse, die Stärkung der Rechte ungesicherter Gläubiger sowie die Erhöhung der Verteilungsgerechtigkeit im Insolvenzverfahren. Wegen der vorgesehenen Verkürzung der Dauer bis zur Erteilung der Restschuldbefreiung auf bis zu 3 Jahre wäre diese Streichung auch konsequent. Würde eine Lohn- und Gehaltsabtretung noch 2 Jahre wirksam bleiben, wie bisher, wäre der verbleibende Zeitraum von (nur noch) bis zu 3 Jahren weitgehend entwertet – dazu auch *Harder* NZI 2012, 113 f.

[137] BGH WM 2010, 1129, 1131 – im Einzelnen siehe die Kommentierung zu § 114 und § 35 RdNr. 47.

[138] *Zöller/Stöber* ZPO § 850 RdNr. 2.

[139] BAG ZIP 2001, 2100.

[140] BGH WM 2010, 1129, 1130; BAG MDR 1980, 346.

[141] Sozialplanabfindung, BAG Rpfleger 1992, 442.

[142] BGH NJW 1978, 756.

[143] OLG Rostock NJW-RR 1995, 173.

[144] BGH WM 2008, 171, 172 f.; BGH NZI 2008, 95, 96 f.

[145] BGH WM 2012 1040, 1041; LG Hannover, Beschluss vom 21.3.2012, Az. 11 T 6/12; OVG Lüneburg, Beschluss vom 17.9.2009, Az. 5 ME 186/09; VG Düsseldorf, Urteil vom 4.5.2012, Az. 13 K 5526/10.

kann der Schuldner beantragen, ihm als unpfändbaren Betrag so viel zu belassen, wie ihm nach freier Schätzung des Gerichtes verbliebe, wenn sein Einkommen aus laufendem Arbeits- oder Dienstlohn bestände (§ 850i Abs. 1 ZPO).[146]

Nicht als Arbeitseinkommen anzusehen sind dagegen Steuerrückerstattungen wegen Werbungskosten.[147]

Bei **Einkünften, die ein selbständig tätiger Schuldner** nach der Insolvenzeröffnung erzielt (und die ebenfalls zur Insolvenzmasse gehören – siehe § 35 RdNr. 47a ff.) kann gemäß § 850i ZPO i. V. m. § 36 InsO beantragt werden, dass ein Abzug insbesondere für beruflich bedingte Ausgaben, die Berücksichtigung von Vorsorgeaufwendungen und Unterhaltspflichten erfolgt und ihm von seinem durch Vergütungsansprüche gegen Dritte erzielten Einkünften ein pfandfreier Teil belassen wird.[148]

Für die Frage der Umsatzsteuerpflicht des Insolvenzverwalters will der BFH danach differenzieren, ob der Schuldner seinen Erwerb aus dem Unternehmen mittels persönlicher Leistung zog und die eingesetzten Gegenstände nach § 811 Abs. 1 Nr. 5 ZPO unpfändbar oder Massegegenstände waren.[149]

b) Unterhalts- und Rentenansprüche gemäß § 850b Abs. 1 Nr. 1, 2 ZPO. Zu der Frage, ob nach § 850b Abs. 1 Nr. 1, 2[150] und Abs. 2, 3 ZPO nur bedingt pfändbare Forderungen, wie zB der gesetzliche **Unterhaltsanspruch** (zB §§ 1360 ff., 1601 ff., 1969, 1569 ff. BGB), Haftpflicht-, Unfall-, Invaliditäts-, Berufsunfähigkeitsrenten, die nach § 844 BGB zu ersetzende **Rente**, Haftpflicht-, Unfall-, Invaliditäts-, Berufsunfähigkeitsrenten,[151] auch selbständig Tätiger,[152] die nach §§ 843 BGB, 13 StVG, 38 LuftVG, 8 HaftpflichtG, 30 AtomG wegen Körper- und Gesundheitsverletzung und nach §§ 618 Abs. 3 BGB, 62 HGB wegen Verletzung der Fürsorgepflicht des Arbeitgebers zu entrichtende Rente[153] zur Insolvenzmasse gehören können, siehe im Einzelnen § 35 RdNr. 435.

c) Einkünfte aus Stiftungen, auf Grund Fürsorge, Freigebigkeit, eines Altenteils oder Auszugsvertrags (§ 850b Abs. 1 Nr. 3 ZPO). Fortlaufende Einkünfte aus Stiftungen oder auf Grund der Fürsorge und Freigebigkeit eines Dritten vermögen ein Pfändungsverbot gemäß § 850b Abs. 1 Nr. 3 ZPO nur zu begründen, wenn es sich um fortlaufende, wenn auch rückständige Einkünfte in Geld gemäß eines Vertrages oder letztwilliger Verfügung als Vermächtnis[154] handelt, die auf fürsorglicher Absicht und Freigebigkeit eines Dritten beruhen.[155] Nicht ausreichend ist einmalige Willkür des Spenders; auch kann er die Befugnis des Bedachten, über zugewandte veräußerliche Rechte zu verfügen, nicht rechtsgeschäftlich beschränken (§ 137 BGB), sofern das Gesetz keine Ausnahmen vorsieht (zB auflösende Bedingung, Testamentsvollstreckung).[156] Der Spender kann aber das zugewandte Recht selber herabmindern und damit auch dem Zugriff der Gläubiger des Bedachten feste Grenzen setzen.[157]

Fortlaufende Einkünfte aus Altenteils-[158] und Auszugsvertrags sind Geld-, Sach- und Dienstleistungen, die aus und auf einem Grundstück zu gewähren sind, der Versorgung des Berechtigten bzw. seiner Angehörigen dienen und dessen Verknüpfung mit einem Grundstück bezwecken.[159]

Zur Anwendung der Absätze 2 und 3 des § 850b ZPO im Insolvenzverfahren siehe § 35 RdNr. 435.

d) Bezüge aus Witwen-, Waisen-, Hilfs- und Krankenkassen sowie Todesfallversicherungen gemäß § 850b Abs. 1 Nr. 4 ZPO. Einmalige oder fortlaufende Bezüge aus Witwen-, Wai-

---

[146] LG Bochum, Beschluss vom 18.8.2010, Az. I-7 T 433/09; zu Einkünften aus Vermietung/Verpachtung: LG Bonn Beschluss vom 30.8.2012, Az. 6 T 140/12.
[147] AG Dortmund NZI 2002, 448.
[148] BGH ZInsO 2011, 1412, 1413; BGH NJW 2008, 227, 229; BGH WM 2003, 980, 983 f.; OLG Koblenz NZI 2012, 88; *Andres/Pape* NZI 2005, 141 ff.; zur Neufassung des § 850i ZPO: *Meller-Hannich* WM 2011, 529 ff.
[149] BFH ZInsO 2005, 774; kritisch dazu *Olbrich* ZInsO 2005, 860 ff.; *ders.* ZInsO 2004, 1292 ff.; vgl. auch *Ries* ZInsO 2005, 298 ff.; *Smid* WM 2005, 625 ff.; *Vallender*, FS Metzeler, S. 21, 30 ff.; LG Erfurt ZInsO 2002, 1090.
[150] Im Einzelnen dazu zB *Zöller/Stöber* ZPO § 850b RdNr. 2 ff.
[151] Siehe zB BGHZ 70, 206, 208 ff.; *Zöller-Stöber* ZPO § 850b RdNr. 2; LG Mönchengladbach ZInsO 2009, 1076, 1077; im Falle der Kombination einer Berufsunfähigkeits-Zusatzversicherung und einer Kapitallebensversicherung in Form einer einheitlichen Vertrages erstreckt sich § 850b Abs. 1 Nr. 1 ZPO nicht auf die Ansprüche bezüglich der Kapitallebensversicherung: BGH WM 2010, 163, 164 ff.
[152] BGH WM 2010, 1612, 1615.
[153] *Zöller/Stöber* ZPO § 850b RdNr. 2 mwN.
[154] RGZ 106, 205.
[155] Im Einzelnen dazu zB *Zöller/Stöber* ZPO § 850b RdNr. 7.
[156] *Jaeger/Henckel* § 36 RdNr. 20.
[157] RGZ 25, 292 ff.; 46, 165, 167.
[158] Hierzu BGH WM 2007, 2018 f.
[159] Im Einzelnen dazu zB *Zöller/Stöber* ZPO § 850b RdNr. 8.

sen-, Hilfs- und Krankenkassen[160], die zumindest zu einem wesentlichen Teil zu Unterstützungszwecken gewährt werden sowie Ansprüche aus Todesfallversicherungen bis zur Grenze von 3579 Euro[161] fallen unter § 850b Abs. 1 Nr. 4 ZPO[162] und sind grundsätzlich unpfändbar. Sie können allerdings bei Anwendung des § 850b Absätze 2 und 3 ZPO in die Masse fallen – dazu siehe § 35 RdNr. 435.

45a e) Altersrenten und Leistungen aufgrund steuerlich gefördertem Altersvorsorgevermögen gemäß §§ 851c und d ZPO. Auf die in die ZPO aufgenommenen Regelungen zum Pfändungsschutz bei Altersrenten und steuerlich geförderten Altersvorsorgevermögen gemäß §§ 851c und d ZPO verweist § 36 Abs. 1 Satz 2 (vgl. RdNr. 3). Dieser (eingeschränkte) Schutz bezweckt für Personen, die am Ende ihrer Verdienstfähigkeit keine oder keine ausreichende Rente aus der gesetzlichen Rentenversicherung beziehen, wie insbesondere Selbständige, den Erhalt existenzsichernder Einkünfte. Bei dieser Neuregelung ging es auch darum, die Ungleichbehandlung von Arbeitnehmern und einem Versorgungswerk angehörenden Freiberuflern, deren Rentenansprüche Pfändungsschutz genießen, und selbständigen Gewerbetreibenden, deren Altersvorsorge bislang nicht pfändungssicher war, zu beseitigen. Hiermit soll dem bisher möglichen Zugriff von Vollstreckungsgläubigern auf die Renten- und Kapitalleistungen aus den privaten Versicherungsverträgen der Selbständigen mit der Folge, dass sie am Ende ihrer Verdienstfähigkeit auf staatliche Transferleistungen angewiesen wären, obwohl sie für ihr Alter privat vorgesorgt hatten, entgegengewirkt werden. Ferner soll ein Anreiz zum Aufbau einer „dritten Säule", der Altersvorsorge für gesetzlich Rentenversicherte, die zusätzlich privat für ihr Alter vorsorgen wollen sowie für nicht berufstätige Personen, geschaffen werden.[163] Zudem ist erklärtes Ziel, den Staat dauerhaft von Sozialleistungen zu entlasten[164] – letztlich auf Kosten der Vollstreckungsgläubiger.[165]

Die Voraussetzungen des § 851c Abs. 1 ZPO zielen auf den (Pfändungs-) Schutz des angesparten Kapitals für die Existenzsicherung im Alter ab, das zu diesem Zweck eingesetzt wird, d.h. das Kapital muss endgültig und unwiderruflich für die Altersvorsorge angelegt sein.[166] Diese Voraussetzungen müssen im Zeitpunkt der Pfändung kumulativ gegeben sein.[167] So lässt zB das Kapitalwahlrecht hinsichtlich der Altersrente den Pfändungsschutz des § 851c ZPO auch für die Berufsunfähigkeitsrente entfallen (§ 851c Abs. 1 Nr. 4 ZPO).[168] Oder anders gewendet: Eine Kapitallebensversicherung ist nicht deshalb unpfändbar, weil dem Schuldner gemäß den Versicherungsbedingungen das Recht, statt der Kapitalleistung eine Versorgungsrente zu wählen, eingeräumt worden ist, solange er von diesem Wahlrecht kein Gebrauch gemacht hat (nach erfolgter Pfändung kann er das dann auch nicht mehr – sozusagen „zu Lasten" des Pfändungsgläubigers – ausüben).[169] Steht eine vertragliche Regelung zunächst der Erfüllung dieser Voraussetzungen entgegen und sieht der Vertrag den Wegfall dieses Punktes vor, gilt der Pfändungsschutz ab dem Zeitpunkt, zu dem alle Voraussetzungen des § 851c Abs. 1 ZPO dann vorliegen.[170] Dabei wird durch § 851c Abs. 2 ZPO nur das für eine private Altersvorsorge angesparte Deckungskapital (§ 851c Abs. 1 ZPO) und die nach Eintritt des Versicherungsfalles zu zahlenden Rentenbeträge geschützt, nicht aber (zusätzliche) Beträge des Einkommens des Schuldners zwecks Aufbaus seiner Altersvorsorge.[171] Veranlasst der Schuldner eine Umwandlung seiner Lebens- in eine pfändungsfreie Altersrentenversicherung nach § 851c ZPO vor Insolvenzeröffnung, hat der Insolvenzverwalter keinen Zugriff hierauf.[172]

---

[160] Hierzu gehören auch Ansprüche auf Erstattung von Kosten für ärztliche Behandlungen: BGH WM 2007, 2017 f.

[161] Liegt die Todesfall-Versicherungssumme über der Grenze von 3579 Euro, fällt der Pfändungsschutz nicht in Gänze weg, sondern nur insoweit, als die Ansprüche diese Grenze überschreiten: BGH WM 2008, 450, 451 f. mit Darstellung des Streitstandes.

[162] Im Einzelnen dazu zB *Zöller/Stöber* ZPO § 850b RdNr. 9 f.; zur Todesfallversicherung gemäß § 850b Abs. 1 Nr. 4 ZPO: BGH ZInsO 2009, 915 f.; BGH WM 2008, 450, 451 f.; zur Unterscheidung zwischen Todesfall- und kombinierten Lebensversicherungen: BVerfG WM 2004, 1190 f.; zur Krankenhaustagegeldversicherung: *Köke* VIA 2009, 22 f.

[163] Begr. zum RegE BT-Drucks. 16/886, S. 7; siehe auch zB *Tavakoli* NJW 2008, 3259 ff.; *Wimmer* ZInsO 2007, 281; *Stöber* NJW 2007, 1242, 1244; *Henning* ZInsO 2007, 1253 f.; *ders.* VIA 2009, 17.

[164] Begr. zum RegE BT-Drucks. 16/886, S. 7, 9.

[165] *Stöber* NJW 2007, 1242, 1244.

[166] Begr. zum RegE BT-Drucks. 16/886, S. 7 ff.; *Stöber* NJW 2007, 1242, 1244.

[167] BGH WM 2010, 1612, 1613.

[168] BGH WM 2010, 1612, 1614.

[169] BGH WM 2007, 2332, 2333 f.; BGH WM 2012, 1870, 1871 f.

[170] BGH WM 2011, 128, 130.

[171] BGH WM 2011, 1180 ff.

[172] OLG Stuttgart NZI 2012, 250, 251 ff.; dazu *Buchholz* VIA 2012, 21 f.; siehe auch BGH WM 2011, 128, 130; eine andere Frage ist, ob eine solche Umwandlung nach §§ 129 ff. anfechtbar ist: siehe z.B. AG Köln NZI 2012, 615, 616; OLG Naumburg, Urteil vom 8.12.2010, Az. 5 U 96/10, jeweils mwN; BGH NZI 2011, 937.

Unpfändbare Gegenstände   45b–45d § 36

Der Schutz wird gemäß § 851d ZPO auch auf Ansprüche auf monatliche Leistungen in Form einer lebenslangen Rente oder monatlicher Ratenzahlungen im Rahmen eines Auszahlungsplans nach § 1 Abs. 1 Satz 1 Nr. 4 AltZertG aus steuerlich gefördertem Altersvorsorgevermögen erstreckt. Dadurch sollen laufende Leistungen aus einem Altersvorsorgevermögen im Sinne der §§ 10a, 79 ff. EStG, §§ 1 ff. AltZertG (Stichwort: Riester-Rente – Rentenversicherung oder Bank-/Fondssparplan) sowie Rentenzahlungen aus einer Basisrentenversicherung im Sinne des § 10 Abs. 1 Nr. 2b EStG (Stichwort: Rürup-Rente) erfasst werden.[173]

f) Pfändungsschutzkonto (§ 850k ZPO) und Lastschriftrückgaben. aa) Pfändungs- 45b schutzkonto (§ 850k ZPO). Die in die ZPO aufgenommenen Regelungen zum Pfändungsschutzkonto[174] nimmt § 36 Abs. 1 Satz 2 in Bezug, sodass die nach § 850k ZPO pfändungsfreien Kontoguthaben nicht in die Insolvenzmasse fallen.

Das Pfändungsschutzkonto dient dazu, dem Schuldner und seinen unterhaltsberechtigten Angehörigen das Existenzminimum zu sichern und ihm die Teilnahme am bargeldlosen Zahlungsverkehr zu ermöglichen.[175] Die Insolvenzeröffnung wirkt sich nicht auf den Bestand eines Pfändungsschutzkontos aus. Nach § 850k Abs. 7 Satz 2 ZPO hat jeder Girokontoinhaber das Recht, von seiner kontoführenden Bank die Umwandlung in ein Pfändungsschutzkonto zu verlangen.[176] Der Kontoinhaber kann auch nach Insolvenzeröffnung weiter über diese geschützten Guthaben verfügen.[177] Nicht pfändungsfreie Beträge fallen in die Insolvenzmasse.[178] Sollte während eines Monats sowohl der Arbeitslohn für diesen als auch bereits der für den Folgemonat auf dem Pfändungsschutzkonto eingehen, führt dies nicht dazu, dass der „zweite" Gehaltseingang in diesem Monat (für den Folgemonat) ohne Weiteres an einen etwaigen Pfandgläubiger auszukehren ist. Vielmehr ist dieser „vorzeitige" Geldeingang bis Ende des Folgemonates für den Kontoinhaber „geschützt" (§ 850k Abs. 1 Satz 2 i. V. m. § 835 Abs. 4 ZPO)[179] und fällt auch insoweit nicht in die Insolvenzmasse. Hiermit soll sichergestellt werden, dass im Laufe eines Kalendermonates, insbesondere an dessen Ende, eingehende Zahlungen, die für den Folgemonat zur Sicherung des Lebensunterhaltes erforderlich sind, nicht dem Kontoinhaber (vorzeitig) entzogen werden (sog. „Monatsanfangs- bzw. Monatsendproblematik"[180], die über die Neueinfügung von Satz 2 in § 850k Abs. 1 ZPO i. V. m. dem „neuen" Abs. 4 des § 835 ZPO gelöst worden ist[181]).

Gehen auf dem Pfändungsschutzkonto vom Arbeitgeber monatlich die unpfändbaren Beträge ein 45c und weichen diese laufend in unterschiedlichem Maße von den Sockelbeträgen des § 850k Abs. 1, Abs. 2 Satz 1 Nr. 1 und Abs. 3 ZPO ab, kann nach dem BGH das Vollstreckungsgericht den Freibetrag gemäß § 850k Abs. 4 ZPO ohne Benennung eines konkreten Betrages auch (allein) durch Bezugnahme auf das (jeweils) vom Arbeitgeber monatlich überwiesene pfändungsfreie Arbeitseinkommen festsetzen.[182] Diese Sichtweise des BGH lässt sich nur schwerlich sowohl mit dem Wortlaut des § 850k Abs. 4 Satz 1 ZPO als auch mit dem Anliegen des Gesetzgebers[183], im Wege der Angabe eines konkret zu beziffernden pfändungsfreien Betrages den Aufwand für die Kreditinstitute in einem vertretbaren Rahmen zu halten, vereinbaren.[184]

Will der Insolvenzverwalter eine Entscheidung über eine der in § 36 Abs. 1 Satz 2 InsO genannte 45d Vorschrift herbeiführen, wie zB nach § 850c Abs. 4 ZPO mit dem Ziel, dass bei der Berechnung

---

[173] Begr. zum RegE BT-Drucks. 16/886, S. 10; *Stöber* NJW 2007, 1242, 1246 mwN.
[174] BGBl. I S. 1707; dazu zB *Kohte* VIA 2010, 49 ff.
[175] BT-Drucks. 16/7615, S. 10.
[176] Dazu zB *Kohte* VIA 2010, 49 f.; zur Unzulässigkeit von „Abwehrkonditionen" in Form von besonderen Bank-Entgelten: BGH-Urteile vom 13.11.2012, Az. XI ZR 500/11 und XI ZR 145/12; OLG Frankfurt a.M., Urteil vom 28.3.2012, Az. 19 U 238/11; KG NJW 2012, 395, OLG Schleswig-Holstein NZI 2012, 923 ff.; OLG Frankfurt a.M. WM 2012, 1911 ff.; jeweils mwN.
[177] *Obermüller*, Insolvenzrecht in der Bankpraxis, RdNr. 2.185 f.; der Kunde als natürliche Person bzw. sein Vertreter und das Kreditinstitut können gemäß § 850k Abs. 7 ZPO vereinbaren, dass das Girokonto als Pfändungsschutzkonto geführt wird. Dies fällt nicht in den Aufgabenbereich des Insolvenzverwalters – siehe AG Kandel, Urteil vom 17.1.2011, Az. 1 C 531/19; insoweit anders *Busch* VIA 2010, 57, wonach dem Insolvenzverwalter die Umwandlung eines Girokontos in ein Pfändungsschutzkonto obläge.
[178] *Graf-Schlicker/Kexel* § 36 RdNr. 19; *Busch* VIA 2010, 57, 58.
[179] BGH WM 2011, 1565, 1566 f.; BGH NZI 2011, 717, 718 f.
[180] Im Einzelnen dazu zB *Bitter* ZIP 2011, 149, 154 und ders. in WuB VI D. § 850k ZPO 1.11; *Büchel* ZInsO 2010, 20, 25 f.; siehe auch AG Esslingen NZI 2011, 150 f.; AG Köln WM 2011, 31, 32 f.
[181] Siehe Art. 3 des Zweiten Gesetzes zur erbrechtlichen Gleichstellung nichtehelicher Kinder, zur Änderung der Zivilprozessordnung und der Abgabenordnung vom 12.4.2011, BGBl. I 615; dazu auch BT-Drucks. 17/5411 vom 7.4.2011, Antwort der Bundesregierung auf eine Kleine Anfrage zu Missständen beim Pfändungsschutzkonto (abgedruckt auch in NZI 2011, 397 ff.); *Ahrens* NZI 2011, 183 ff.
[182] BGH WM 2011, 2367, 2368 f.
[183] BT-Drucks. 16/7615, 1.
[184] Anders und überzeugend: LG Essen WM 2011, 2183, 2184 f.; zur Kritik siehe zB auch *Sudergat* in WuB VI D. § 850k ZPO 1.12.

des pfändungsfreien Betrages des Arbeitseinkommen des Schuldners der Ehegatte wegen eigener Einkünfte als Unterhaltsberechtigter nicht (mehr) berücksichtigt wird, hat er diesen Antrag bei dem hierfür gemäß § 36 Abs. 4 Satz 2 InsO zuständigen Insolvenzgericht zu stellen.[185]

45e **bb) Lastschriftrückgaben.** Eine Vielzahl von Gerichtsentscheidungen befassen sich mit den **Rückgaben von Lastschriften** durch Insolvenzverwalter. Hintergrund ist, dass hierdurch Beträge zur Masse gezogen werden sollen, die im **Einzugsermächtigungsverfahren** vor Insolvenzeröffnung vom Girokonto des Schuldners abgebucht worden waren. In diesen Entscheidungen geht es insbesondere um die Frage, ob die in Rede stehenden Belastungen zwischenzeitlich genehmigt worden sind, ggf. auch konkludent, was dem Begehren der Insolvenzverwalter entgegenstehen würde.[186]

Mit Einführung des **Pfändungsschutzkontos** hat sich die vom BGH im Rahmen dieser Thematik der „pauschalen" Rückgabe von Lastschriften durch den Insolvenzverwalter im Einzugsermächtigungsverfahren vormals vorgenommene Differenzierung, ob der in Rede stehende Betrag aus dem pfändungsfreien „Schonvermögen" oder aus dem der Masse zuzuordnenden Vermögen aufgebracht worden ist,[187] überholt, worauf der BGH am Ende seiner Entscheidung vom 20.7.2010 hinweist.[188]

Das „neue" **SEPA-Lastschriftverfahren** unterscheidet sich von dem Einzugsermächtigungsverfahren insbesondere dahingehend, dass die Forderungen der Gläubigers bereits mit vorbehaltloser Gutschrift der Zahlbeträge auf ihren Konten erfüllt sind, die Zahlungen in der Regel Bestand haben und eine Rückbelastung binnen acht Wochen nur ausnahmsweise erfolgt. Der BGH sieht die SEPA-Lastschriftzahlungen auch binnen dieser Acht-Wochen-Frist als insolvenzfest an und leitet das aus einer analogen Anwendung des § 377 Abs. 1 BGB her. Danach ist das Recht des Schuldners, eine von ihm zur Schuldbefreiung hinterlegte Sache zurückzunehmen (§ 376 BGB), unpfändbar und damit auch nicht der Insolvenzmasse zugehörig.[189] Weiter führt der BGH aus, dass eine entsprechende konstruktive Nachbildung für das Einzugsermächtigungsverfahren in den Banken-AGB erfolgen kann und dann die betreffenden Lastschriftzahlungen ebenfalls insolvenzfest sind.[190]

46 **g) Ansprüche auf Herausgabe oder Verschaffung unpfändbarer Sachen.** Unpfändbar sind persönliche oder dingliche Ansprüche auf Verschaffung oder Herausgabe unpfändbarer Sachen (zB aus dem Kauf einer unter § 811 ZPO fallenden Sache). Grund dafür ist, dass andernfalls über den Umweg der Anspruchspfändung eine unzulässige Sachpfändung durchgeführt würde (§ 847 Abs. 2 ZPO).[191] Daraus folgt, dass der Anspruch auf Leistung der insolvenzfreien Sache ebenfalls nicht dem Insolvenzbeschlag unterliegt.

47 **h) Fahrnisversicherung: § 17 VVG.** Von dem Grundsatz, dass Versicherungsansprüche beschlagsfähig sind (vgl. § 35 RdNr. 409), macht § 17 VVG für die Versicherung unpfändbarer Sachen eine Ausnahme. Da die „Forderung aus der Versicherung" – nicht etwa Schadensersatzansprüche gegen dritte Schädiger – sich auf unpfändbare Sachen bezieht, soll das Übertragungs-, Abtretungs- und Verpfändungsverbot sicherstellen, dass der Versicherungsanspruch ebenso wie die zerstörte oder beschädigte Sache nicht zum haftenden Vermögen des Schuldners gehört. Wer unpfändbare Gegenstände versichert, soll diese mittels der Versicherungssumme ersetzen können. Daher kann der Versicherungsanspruch auf die Gläubiger, die einen Ersatzgegenstand geliefert oder diesen finanziert haben, übertragen werden. Ihnen ist sowohl vor als auch während des Insolvenzverfahrens die Pfändung der Forderung möglich.[192] Von daher gehört er auch nicht zur Masse, unabhängig davon, ob er vor oder nach Eröffnung des Insolvenzverfahrens entstanden ist. Denn die relative Pfändbarkeit des § 17 VVG hat ihren Grund darin, dass der Schuldner den Ersatz für die pfändungsfreie Sache bereits erhalten hat und der Versicherungsanspruch für die Ersatzbeschaffung zweckgebunden ist. Auch die Eröffnung des Insolvenzverfahrens ändert daran nichts und bewirkt

---

[185] BGH WM 2011, 2372, 2373; BGH NZI 2011, 979, 980 – zur Gerichtszuständigkeit siehe auch RdNr. 79.
[186] Siehe zB BGH WM 2012, 1490, 1491; BGH WM 2012, 933, 934 ff.; BGH NZI 2011, 185 ff.; BGH NZI 2011, 187 ff.; BGH NZI 2011, 321 ff.; BGH NZI 2011, 676 ff.; BGH NZI 2011, 679 ff.: BGH NZI 2011, 693 ff.; BGH NZI 2011, 807 ff.; BGH NZI 2012, 22 ff. (zum Fall einer „doppelt begründeten Lastschrift"); BGH ZInsO 2011, 2328 ff.; BGH ZInsO 2011, 2330 ff.; BGH NJW 2012, 306 ff.: BGH-Beschluss vom 7.7.2011, Az. IX ZR 160/10; dazu auch *Ganter* NZI 2012, 201, 207 f.
[187] BGH WM 2010, 1543, 1544 ff.; siehe dazu auch *Ganter* NZI 2011, 209, 211 f.
[188] BGH WM 2010, 1543, 1546.
[189] BGH WM 2010, 1546, 1549 ff.; dazu siehe auch RdNr. 49.
[190] BGH WM 2010, 1546, 1552 ff. – dies ist in der breiten Bankpraxis per 9.7.2012 auch umgesetzt worden.
[191] *Stein/Jonas/Münzberg* ZPO § 847 RdNr. 2; *MünchKommZPO-Smid* § 847 RdNr. 2; *Wieczorek/Schütze* ZPO § 847 RdNr. B I b.
[192] Vgl. dazu *Bruck/Möller* VVG § 15 RdNr. 14; *Prölss/Martin* VVG § 15 RdNr. 11; *Jaeger/Henckel* § 36 RdNr. 14.

daher nicht, dass der Ersatzlieferant auf die Masse verwiesen wird, während der Schuldner sowohl den pfändungsfreien Ersatz als auch den massefreien Anspruch gegen die Versicherung erhält.[193]

Unter Geltung der Konkursordnung wurde dieses interessengerechte Ergebnis u.a. damit begründet, dass die Versicherungsansprüche zugunsten der Lieferanten als konkursfreier Neuerwerb angesehen wurden, in den die Gläubiger vollstrecken konnten.[194] Nach Inkrafttreten der Insolvenzordnung kann auf diese Begründung wegen der Einbeziehung des Neuerwerbs in die Insolvenzmasse nicht ohne weiteres zurückgegriffen werden. Das Ergebnis, dass den Lieferanten der Ersatzstücke die Versicherungsforderungen zu deren Befriedigung zur Verfügung stehen, kann allerdings begründet werden, indem man zugunsten dieser Gläubiger eine Sondermasse bildet.[195]   48

i) Recht zur Rücknahme einer hinterlegten Sache: § 377 BGB. Durch § 377 Abs. 1 BGB   49
ist das Recht zur Rücknahme einer zum Zwecke der Schuldbefreiung hinterlegten Sache der Pfändung und damit dem Insolvenzbeschlag entzogen. Der Insolvenzverwalter kann die hinterlegte Sache also nicht zur Insolvenzmasse ziehen, obwohl sie dem Schuldner noch zuzuordnen ist. Das Gesetz verwehrt in § 377 Abs. 2 BGB auch dem noch rücknahmeberechtigten Schuldner die Rücknahme im Fall der Insolvenz. Dies dient der Sicherung des Rechts des Gläubigers an der hinterlegten Sache (§§ 376 Abs. 2 Nr. 2, 382 BGB) sowohl gegenüber der Gesamtgläubigerschaft als auch gegenüber dem Schuldner. Der Gläubiger kann daher gegenüber der Hinterlegungsstelle (nicht gegenüber dem Insolvenzverwalter) die Annahme erklären und so im Laufe des Insolvenzverfahrens das Eigentum an der hinterlegten Sache erwerben. Nur der Schuldner, nicht jedoch der Insolvenzverwalter, hat die Möglichkeit, auf das Rücknahmerecht zu verzichten und damit die Rücknahme auszuschließen (§ 376 Abs. 2 Nr. 1 BGB).[196]

j) Ansprüche aus dem Gesellschaftsverhältnis: § 717 S. 1 BGB. Eine nicht übertragbare   50
Forderung ist regelmäßig auch nicht pfändbar (§ 851 ZPO), sodass die Unübertragbarkeit eines Rechts zu seiner Massefreiheit führt. Unübertragbar und damit massefrei sind gem. § 717 S. 1 BGB Ansprüche, die aus dem Gesellschaftsverhältnis den Gesellschaftern gegeneinander zustehen. Unpfändbar ist zB der Anspruch eines Gesellschafters gegen den Mitgesellschafter auf Zahlung eines geschuldeten Beitrages zugunsten des gemeinschaftlichen Vermögens, der sich aus § 705 BGB ergibt, auf Auskunftserteilung bzw. auf Rechenschaftsablegung (§§ 713, 666 BGB).[197] Ansprüche eines Gesellschafters, die sich bereits aus dem Gesellschaftsverhältnis gelöst haben, wie zB der Anspruch auf Anteil am tatsächlich gezogenen Gewinn (§§ 721, 722 BGB), bilden dagegen gem. § 717 S. 2 BGB selbständige Massebestandteile.[198]

Der Anteil eines Gesellschafters am Gesellschaftsvermögen ist dem Insolvenzbeschlag unterworfen   51
(vgl. § 859 ZPO – dazu im einzelnen § 35 RdNr. 179 ff.).

k) Vermögensrechtliche Ansprüche zwischen Ehegatten. Der Anspruch eines Ehegatten   52
gegen den anderen aus § 1360 BGB, durch **Arbeit** die Familie angemessen zu unterhalten, ist als höchstpersönlicher Anspruch nach § 851 ZPO i. V. m. § 399 BGB unpfändbar und somit auch kein Massebestandteil.

Der Anspruch auf **Unterhaltszahlung** nach § 850b Abs. 1 Nr. 2 ZPO ist (nur) bedingt pfändbar – im Einzelnen dazu oben unter RdNr. 43 und § 35 RdNr. 435.

Stellt ein **Recht** das **gesamte Vermögen** eines Ehegatten dar, sodass es der Verfügungsbeschränkung des § 1365 BGB unterfällt, ist es dennoch pfändbar[199] und deshalb massezugehörig.

Der Anteil des nicht verwaltenden Ehegatten am **Gesamtgut** gehört im Fall seiner Insolvenz nicht zur Insolvenzmasse – auch wird im Falle der gemeinschaftlichen Verwaltung das Gesamtgut nicht durch das Insolvenzverfahren über das Vermögen eines der Ehegatten berührt (§ 37 Abs. 1 Satz 3 und Abs. 2 InsO; vgl. auch § 860 Abs. 1 Satz 1 ZPO).[200]

Begehrt der Ehegatte vom Insolvenzverwalter seines insolventen Ehepartners die Zustimmung zur steuerlichen Zusammenveranlagung, um die **Verlustvorträge** nutzen zu können, kann die Zustimmung nicht von einer Zahlung entsprechend dem Wert des dadurch erzielten Steuervorteils abhängig gemacht werden. Ein Verlustvortrag ist nicht übertragbar und gehört damit nicht zur Insolvenzmasse.[201]

---

[193] *Jaeger/Henckel* § 36 RdNr. 14.
[194] Vgl. *Jaeger/Henckel*, KO 9. Aufl. 1997, § 1, RdNr. 71.
[195] Zur Bildung von Sondermassen vgl. im Einzelnen die Ausführungen unter § 35 RdNr. 72 ff.
[196] *Jaeger/Henckel* § 36 RdNr. 28 – siehe auch § 35 RdNr. 424 f.
[197] *Jaeger/Henckel* § 36 RdNr. 33.
[198] *Jaeger/Henckel* § 36 RdNr. 33.
[199] OLG Hamburg NJW 1970, 952; *Soergel/Lange* BGB § 1365 RdNr. 32.
[200] BGH WM 2006, 1343.
[201] BGH WM 2011, 44, 45; aA *Kahlert* EWiR 2008, 47, 48.

§ 36   53–57   2. Teil. 2. Abschnitt. Insolvenzmasse. Einteilung der Gläubiger

53   **l) Pflichtteilsanspruch, Zugewinnausgleich, Rückforderungsanspruch des verarmten Schenkers; Schenkungswiderruf; Schadensersatzansprüche.** Zum **Pflichtteilsanspruch,** dem **Anspruch** eines Ehegatten auf **Ausgleich des Zugewinns** (§§ 2317 Abs. 2, 1378 Abs. 3 BGB), dem **Rückforderunganspruch** des **verarmten Schenkers** (§ 528 BGB) sowie dem Rückforderunganspruch aufgrund des **Widerrufs einer Schenkung** wegen groben Undanks (§§ 530 bis 534 BGB) siehe § 35 RdNr. 430 ff.

54   Zu vertraglichen und deliktischen **Schadensersatzansprüchen,** sowie **Schmerzensgeld, Staatshaftungsansprüchen** und durch den **Europäischen Gerichtshof für Menschenrechte** zugesprochenen **Entschädigungen** wegen der **Verletzung des Persönlichkeitsrechtes (§ 41 EMRK)** siehe § 35 RdNr. 426 ff.

55   **m) Vorkaufsrecht des Schuldners und der Erben: §§ 473, 1098, 2034 BGB.** Das persönliche Vorkaufsrecht (§§ 463 ff. BGB) ist nach § 473 BGB im Zweifel unübertragbar und ebenso wie das Vorkaufsrecht der Erben gemäß § 2034 BGB massefrei.[202] Ein dinglich wirksames Vorkaufsrecht, das dem Schuldner für seine Person kraft Vertrags oder Testament zusteht (subjektiv-persönliches Recht, § 1094 Abs. 1 BGB), fällt ebenfalls im Zweifel nicht in die Insolvenzmasse (arg. § 1098 Abs. 1 S. 1 BGB i. V. m. § 473 BGB, § 857 Abs. 1 ZPO i. V. m. § 851 Abs. 1 ZPO).[203]

56   **n) Recht der Eltern nach § 1649 Abs. 2 S. 1 BGB.** Das Recht der Eltern, Einkünfte des Kindesvermögens für ihren eigenen und den Unterhalt der minderjährigen unverheirateten Geschwister des Kindes zu verwenden (§ 1649 Abs. 2 S. 1 BGB), ist nicht übertragbar und unterliegt daher nicht dem Insolvenzbeschlag.[204]

57   **o) Pfändungsschranken in Sozialgesetzen.** In mehreren Sozialgesetzen finden sich Unpfändbarkeitsregelungen, die insofern (teilweise) zur Massefreiheit führen. Insbesondere können bedeutsam sein:
– **§§ 53, 54 SGB I (Sozialgesetzbuch),** im einzelnen: §§ 54 Abs. 1 (Ansprüche auf Dienst- und Sachleistungen);[205] 54 Abs. 2 (Ansprüche auf einmalige Geldleistungen); 54 Abs. 3 (Erziehungsgeld, Elterngeld, Mutterschaftsgeld nach § 13 Abs. 1 Mutterschutzgesetz, Wohngeld[206], Geldleistungen, die einen durch Körper- oder Gesundheitsschaden bedingten Mehraufwand ausgleichen); 54 Abs. 4 (laufende Geldleistungen wie Arbeitseinkommen pfändbar);[207] 54 Abs. 5 (Geldleistungen für Kinder nach § 48 Abs. 1 S. 2).
– **§ 189 SGB III**: Anspruch auf Insolvenzgeld vor dessen Beantragung
– **§ 27 HAG (Heimarbeitsgesetz):** für Entgelt aus Heimarbeit gelten Vorschriften über Pfändungsschutz für Vergütungen, die aufgrund eines Arbeits- oder Dienstverhältnisses geschuldet werden, entsprechend
– **§ 5 Bergmannsprämiengesetz:** Anspruch auf Bergmannsprämien nicht übertragbar
– **§ 51 Abs. 3 BeamtVG (Beamtenversorgungsgesetz):** Ansprüche auf Sterbegeld (§ 18), auf Erstattung von Heilkosten (§ 33) und der Pflege (§ 34), auf Unfallausgleich (§ 35) sowie auf eine einmalige Unfallentschädigung (§ 43) und auf Schadensausgleich in besonderen Fällen (§ 43a) können weder gepfändet noch abgetreten noch verpfändet werden; im Gegensatz zu Ansprüchen auf Unfallausgleich (§ 35) sind allerdings Unfallruhegehaltsansprüche gemäß § 36 weder nach § 51 Abs. 3 noch nach § 850 b Abs. 1 Nr. 1 ZPO unpfändbar[208]
– **§§ 244, 262, 294 LAG (Lastenausgleichsgesetz):** § 244 (Anspruch auf Hauptentschädigung unterliegt in Person des Geschädigten nicht der Zwangsvollstreckung); § 262 (Anspruch auf Kriegsschadenrente kann grds. nicht übertragen, nicht gepfändet und nicht verpfändet werden; dies gilt, vorbehaltlich der §§ 290 und 350a, nicht für Beträge, die für einen in der

---
[202] *Kübler/Prütting/Holzer* § 35 RdNr. 80; *Kilger/K. Schmidt* § 1 KO Anm. 2 C d bb.
[203] OLG Dresden, OLGRspr. 40, 58; vgl. dazu auch § 35 RdNr. 439 ff.
[204] *Soergel/Lange* BGB § 1649 RdNr. 13; *Jaeger/Henckel* § 36 RdNr. 54.
[205] Vgl. LG Aschaffenburg, ZInsO 2000, 628.
[206] LG Hannover ZInsO 2011, 1611, 1612 wendet auf die Leistungen nach SGB II in Form von Unterkunfts- und Heizungskosten, die letztlich an die Stelle des Wohngeldes getreten sind (vgl. den Ausschluss nach § 7 WoGG), § 54 Abs. 3 Nr. 2a SGB I (zumindest) analog an.
[207] Vgl. z.B. BGH WM 2012, 2247, 2248 ff. (Arbeitslosengeld II); bei Nachzahlungen von Arbeitslosengeld und Krankengeld handelt es sich um laufende Sozialleistungen im Sinne von § 54 Abs. 4 SGB I, die wie Arbeitseinkommen gepfändet werden können: LG Lübeck ZInsO 2005, 155 f.; zur Rente wegen verminderter Erwerbsfähigkeit (§ 43 SGB VI): BGH WM 2003, 2347 f.; zur Pfändbarkeit zukünftiger Ansprüche gegen die gesetzliche Rentenversicherung: BGH NJW 2003, 1457 ff; auf Heiz- und Neben-/Betriebskostenrückzahlungen ist § 54 Abs. 4 SGB I anzuwenden: BSG-Urteil vom 16.10.2012, Az. B 14 AS 188/11R.
[208] OVG Saarlouis NJW 2006, 2873.

Unpfändbare Gegenstände   57a, 57b   § 36

Vergangenheit liegenden Zeitraum rechtskräftig bewilligt worden sind); § 294 (Anspruch auf Hausratentschädigung kann vererbt, übertragen und verpfändet, jedoch nicht gepfändet werden)§§ 42, 48, 12 **SVG (Soldatenversorgungsgesetz):** § 48 Abs. 1 (Ansprüche auf Versorgungsbezüge nur verpfändbar, als sie der Pfändung unterliegen); § 48 Abs. 2 (Ansprüche auf Übergangsbeihilfe, Sterbegeld, einmalige Unfallentschädigung, einmalige Entschädigung, Schadensausgleich in besonderen Fällen; Ansprüche auf Ausbildungszuschuss, Übergangsgebührnisse und aufgrund einer Bewilligung einer Unterstützung nach § 42 weder übertragnoch pfändbar)

- **BEG (Bundesentschädigungsgesetz für Opfer des Nationalsozialismus):** § 14 (Pfändung nur mit Genehmigung der Entschädigungsbehörde); §§ 26 Abs. 1; 39 Abs. 1 (keine Übertragbarkeit der laufenden Rente); § 41 (Versorgung der Hinterbliebenen nach § 16 bis 26 BEG); §§ 46 Abs. 1; 50 (Anspruch auf Entschädigung für Freiheitsentzug); §§ 140, 158 (zur Übertragung des Rentenanspruchs auf Ehegatten bei Todesfall); § 141 Abs. 7 (Anspruch auf Soforthilfe nicht übertragbar)
- § 28 Abs. 10 **Berlin FG (BerlinFörderungsgesetz):** Anspruch auf Zulage nicht übertragbar
- § 17 Abs. 1 **SGB XII (Sozialgesetzbuch XII):** Anspruch auf Sozialhilfe nicht übertragbar, verpfändbar und kann nicht gepfändet werden[209]
- § 67 **IFSG (Infektionsschutzgesetz):** die nach § 56 Abs. 2 Satz 2 und 3 zu zahlenden Entschädigungen wie Arbeitseinkommen pfändbar; Übertragung, Verpfändung und Pfändung der Ansprüche nach §§ 60, 62 und 63 Abs. 1 richten sich nach Vorschriften des Bundesversorgungsgesetzes.
- § 25b **HHG (Häftlingshilfegesetz):** §§ 9 a, b, c; 18 (Eingliederungshilfen und Unterstützungen).
- §§ 51 Abs. 1, Abs. 4 Satz 1, 52 **StVollzG (Strafvollzugsgesetz):** 3/7 des Eigengeldes (setzt sich zusammen aus „mitgebrachtem" Geld und Arbeitsentgelt) dienen als Haus-/Taschengeld (stehen zur Verfügung des Strafgefangenen für Einkäufe, § 47 StVollzG); aus den verbleibenden 4/7 wird das Überbrückungsgeld (soll den notwendigen Unterhalt des gefangenen und seiner Unterhaltsberechtigten für die ersten 4 Wochen nach seiner Entlassung sichern, § 51 Abs. 1, 4 StVollzG) gebildet; Haus-/Taschen- und Überbrückungsgeld sind aufgrund dieser Zweckbestimmung unpfändbar. Pfändbar ist das verbleibende Eigengeld, das nicht als Haus-/Taschen- und Überbrückungsgeld benötigt wird.[210]

p) **Urheberrecht.** Das Urheberrecht ist als solches grundsätzlich nicht rechtsgeschäftlich übertragbar (§ 29 Abs. 1 UrhG) und nicht pfändbar, mithin auch nicht Teil der Insolvenzmasse. Hat der Urheber Dritten Nutzungsrechte eingeräumt (vgl. §§ 29 Abs. 2, 31 ff. UrhG), ist insoweit eine Pfändung und eine Massezugehörigkeit möglich. Im Einzelnen dazu § 35 RdNr. 339 ff.   57a

q) **Treuhandbindung, Unübertragbarkeit und Zweckbestimmung.** Neben der Höchstpersönlich- und Unübertragbarkeit[211] kann auch eine Treuhand- sowie eine Zweckbindung der Pfändbarkeit und der Massezugehörigkeit von Ansprüchen entgegenstehen (im Einzelnen dazu § 35 RdNr. 116 ff. und 384 ff.).[212]   57b

Zu unterscheiden ist zwischen Ansprüchen aus Verträgen mit „wirklicher" Zweckbindung und mit bloßer Zweckbestimmung.[213] Letztere sind ohne weiteres pfändbar, erstere gehören nur bei

---

[209] Dem Schuldner sind für seinen notwendigen Unterhalt jedenfalls die Regelsätze nach § 28 SGB XII als Existenzminimum zu belassen; eine darüber hinausgehende Herabsetzung gemäß § 850f Abs. 2 ZPO kommt nicht in Betracht: BGH WM 2011, 76, 77 f.

[210] *Heyer* NZI 2010, 81, 83; BGH NJW 2004, 3714, auch zur Frage der Pfändbarkeit nach Verbuchung dieser Beträge auf dem Konto der Justizvollzugsanstalt.

[211] Zur Frage der Unübertragbarkeit und Unpfändbarkeit von Ansprüchen gegen das Versorgungswerk für Rechtsanwälte in Baden-Württemberg (§ 11 Abs. 1 RAVG): BGH WM 2004, 2316 ff. = BRAK-Mitt. 2005, 36; von Ansprüchen auf Zusatzversorgung nach dem Schornsteinfegergesetz (§ 46 Satz 1 SchfG): BGH WM 2007, 1033, 1034; von sog. Anlieferungs-Referenzmenge eines Milcherzeugers (MilchAbgV): BGH WM 2007, 2156, 2157 f – siehe dazu auch § 35 RdNr. 384.

[212] Vgl. zB BGH WM 2005, 181 ff. zu Beihilfeansprüchen von Beamten unter Nennung weiterer Beispiele; ist die Beihilfe an den Schuldner allerdings bereits ausgezahlt worden, hat sich die Zweckbindung dieses Anspruches erledigt und die entsprechenden Zahlungsmittel bzw. Kontoguthaben gehören zur Masse: BGH WM 2008, 87; Die Verwendungspflicht gemäß § 1 Abs. 1 des Gesetzes über die Sicherung von Bauforderungen (Bauforderungssicherungsgesetz – BauFordSiG; vormals GSB) stellt keine rechtliche Zuordnung eines bestimmten Vermögensbestandteils zu einer anderen bestimmten Person dar und ist nur als unselbständige Verhaltenspflicht einzuordnen. Daher gehört „Baugeld" im Sinne des BauFordSiG zur Insolvenzmasse: OLG Hamm ZInsO 2007, 331, 332 ff. (rechtskräftig durch BGH-Beschluss vom 20.09.2007, Az. IX ZR 01/07) – siehe § 35 RdNr. 384.

[213] *Baumbach/Lauterbach/Albers/Hartmann* ZPO § 851 RdNr. 3; *Stöber*, Forderungspfändung, RdNr. 14; vgl. dazu BGH WM 2005, 181 ff.

zweckentsprechender Verwendung zur Insolvenzmasse.[214] Der vertragliche Anspruch des Schuldners mit bloßer Zweckbestimmung, die vereinbarte Leistung einem bestimmten Dritten zu gewähren, gehört also grundsätzlich zur Insolvenzmasse.[215]

Anders ist es bei der treuhänderischen Bindung der vertraglichen Leistung zu Gunsten eines Dritten, die die Unpfändbarkeit bewirkt und damit diesen Anspruch dem Insolvenzbeschlag entzieht.[216]

58 **4. Pfändungsschutzverzicht.** Für den Fall, dass der Schuldner auf den Unpfändbarkeitsschutz verzichtet, sind die Folgen und Auswirkungen, insbesondere hinsichtlich der Frage, ob die Unpfändbarkeit bestimmter Sachen nach § 811 ZPO auch dann besteht, umstritten.

Gegen die Pfändbarkeit wird zum Teil eingewandt, dass die durch den Pfändungsschutz zu vermeidende Kahlpfändung des Schuldners im öffentlichen Interesse sei. Widersprüchlich sei es deshalb, wenn man dem Schuldner den Verzicht gestatten würde und ihn damit über das öffentliche Interesse disponieren ließe.[217]

Unabhängig davon, inwieweit der Pfändungsschutz (auch) öffentlichen Interessen dient, wird zum Teil die Pfändung zumindest dann als zulässig angesehen, wenn der Schuldner bei der Pfändung oder nachträglich auf den Pfändungsschutz verzichtet.[218]

Zu berücksichtigen ist hierbei, dass der Schuldnerschutz das Interesse des Schuldners an der Erhaltung seines Existenzminimums gegenüber dem Rechtsausübungsinteresse des Gläubigers abwägt. Er gründet sich also auf materiell-rechtliche Wertungen.[219] Auch im Rahmen des § 811 ZPO ist der Schuldner nicht gehindert, die unpfändbare Sache selbst zu veräußern und den Gläubiger aus dem Erlös zu befriedigen. Jedoch ist der Pfändungsschutz nicht uneingeschränkt disponibel. Da der Schuldner die Tragweite eines ggfs. im Voraus erklärten Verzichts möglicherweise erst dann erfasst, wenn ihm die Sache weggenommen wird, ist von dessen Unwirksamkeit auszugehen.[220] Anders dagegen verhält es sich mit einem bei der Pfändung oder später erklärten Verzicht. Hier ist sich der Schuldner über die Auswirkungen eines Verzichts sehr wohl bewusst, so dass er nicht (mehr) des Pfändungsschutzes bedarf.

59 Auf das Insolvenzverfahren übertragen kann der Schuldner bei oder nach Besitzergreifung der unpfändbaren Sache durch den Insolvenzverwalter auf die Unpfändbarkeit verzichten und damit die Massezugehörigkeit der Sache herbeiführen. Dies gilt jedoch nicht für unpfändbare Forderungen und Rechte, da eine rechtsgeschäftliche Verfügung hierüber nicht in Betracht kommt (§§ 400, 413, 1274 Abs. 2 BGB).[221]

II. Massefreier Hausrat, Abs. 3

60 § 36 Abs. 3 übernimmt § 812 ZPO sinngemäß in die Insolvenzordnung.[222]
61 Unpfändbar sind demnach Gegenstände des gewöhnlichen Hausrats, also des täglichen Bedarfs im Haushalt (nicht im Gewerbe),[223] zB Fernsehgerät,[224] Stereoturm, Videogerät,[225] Kleidung,[226] Wäsche, Möbel (ua Betten, Tische, Schränke), Küchengerät, Geschirr. Luxusgegenstände oder

---

[214] *Uhlenbruck/Hirte* § 35 RdNr. 172.
[215] BGH WM 2001, 1476 f.
[216] BGH WM 1998, 40, 41 f.; BGH WM 2000, 264 ff.; BGH NJW 2006, 2040 f.
[217] Vgl. RGZ 72, 181; RG JW 1933, 535; BayObLG NJW 1950, 697; OLG Frankfurt NJW 1953, 1853; OLG Frankfurt Rpfleger 1954, 194; LG Berlin DGVZ 1953, 118; *Brox/Walker*, ZwangsvollstreckungsR, RdNr. 303 f.; *Stein/Jonas/Münzberg* ZPO § 811 RdNr. 8.
[218] AG Köln NZI 387, 389; KG JR 1952, 281; DGVZ 1956, 89; NJW 1960, 682; LG Bremen MDR 1951, 752; LG Bonn MDR 1965, 303; *Uhlenbruck/Hirte* § 36 RdNr. 3; FK-*Schumacher* § 36 RdNr. 34; *Kübler/Prütting/Holzer* § 36 RdNr. 9; *Jaeger/Henckel* § 36 RdNr. 6; *Jauernig*, Zwangsvollstreckungs- und Insolvenzrecht, § 32 II A; 9; *Gaul/Schilken/Becker-Eberhard*, ZwangsvollstreckungsR, § 33 IV 1 c bb; *MünchKommZPO-Schilken* § 811 RdNr. 9; *Baumbach/Lauterbach/Albers/Hartmann* ZPO § 811 RdNr. 4 f.
[219] *Henckel*, Prozessrecht und materielles Recht, S. 349 ff.; *Jaeger/Henckel* § 36 RdNr. 6.
[220] RGZ 72, 181, 183; OLG Köln Rpfleger 1969, 439; *Jaeger/Henckel* § 36 RdNr. 6; *MünchKommZPO-Schilken* § 811 RdNr. 9; aA OLG Bamberg MDR 1981, 50; LG Bonn MDR 1965, 303.
[221] Vgl. zB *Uhlenbruck/Hirte* § 36 RdNr. 39 f. mwN; *Jaeger/Henckel* § 36 RdNr. 15; *Gaul/Schilken/Becker-Eberhard*, ZwangsvollstreckungsR, § 33 IV 1 c aa.
[222] RegE InsO, BT-Drucks. 12/2443, S. 122; Schmidt-Räntsch Teil 2 III § 36; *Uhlenbruck*, Das neue Insolvenzrecht, Teil 3 D § 36.
[223] *Baumbach/Lauterbach/Albers/Hartmann* ZPO § 812 RdNr. 3; *Thomas/Putzo* ZPO § 812 RdNr. 1; *Zöller/Stöber* ZPO § 812 RdNr. 1; *Wieczorek/Schütze* ZPO § 812 RdNr. B I a.
[224] LG Essen DGVZ 1973, 24; LG Itzehoe DGVZ 1988, 120; vgl. aber auch oben RdNr. 8 ff.
[225] LG Hannover DGVZ 1990, 60.
[226] *Stein/Jonas/Münzberg* ZPO § 812 RdNr. 1; *MünchKommZPO-Schilken* § 812 RdNr. 2.

eine Sache mit besonderem Sammler- oder Alterswert[227] gehören somit nicht dazu.[228] Erfasst werden weiterhin nur Gegenstände, die nicht schon unter § 36 Abs. 1 i. V. m. § 811 Abs. 1 Nr. 1 ZPO (dazu im Einzelnen RdNr. 8 ff.) fallen, also jenseits der Grenze bescheidener Haushaltsführung liegen.[229]

Die Gegenstände müssen zudem im Haushalt des Schuldners tatsächlich gebraucht, also benutzt werden. Ihre Zahl oder Notwendigkeit ist unerheblich.[230] **62**

Für die Beurteilung der Anwendbarkeit des § 36 Abs. 3 wird auf die Verwertbarkeit der Sache abgestellt. Zu vergleichen ist dabei derjenige Wert, den die Sache für den Haushalt des Schuldners hat, mit dem Veräußerungserlös. Keine von beiden Größen darf allein den Ausschlag geben.[231] Sinn und Zweck der Norm ist, das Nutzungsinteresse des Schuldners gegen das Gläubigerinteresse an der Verwertung abzuwägen.[232] § 36 Abs. 3 dient damit dem Grundsatz der Verhältnismäßigkeit.[233] Aufgrund dieser individuellen Betrachtungsweise kann der Wert für den Schuldnerhaushalt uU höher oder niedriger als der objektive Wert sein.[234] Der Unterschied zu dem objektiven Wert muss, um die Massefreiheit nach sich zu ziehen, außer Verhältnis, also krass sein.[235] Es würde nämlich eine besondere Härte/Verschleuderung für bzw. aus Sicht des Schuldners sein, wenn man ihm die Haushaltsgegenstände zugunsten eines geringen Vorteils des Gläubigers entzöge.[236] Da Haushaltsgegenstände nach der allgemeinen Lebenserfahrung einem raschen Wertverfall unterliegen, wird die Abwägung naheliegend in der Regel zugunsten des Schuldnerinteresses an der Nutzung ausgehen.[237] Ist demgegenüber von einem nicht nur unbeachtlichen Erlös für die Masse auszugehen, fallen auch die o. g. Gegenstände in die Masse.[238] **63**

C. Positive Abgrenzung der Insolvenzmasse, Abs. 2

Als Ausnahme zum § 36 Abs. 1 zählen gem. § 36 Abs. 2 Geschäftsbücher und bestimmte Gegenstände, die gemäß § 811 Nr. 4 und 9 ZPO unpfändbar sind, gleichwohl zur Insolvenzmasse. **64**

I. Geschäftsbücher, Abs. 2 Nr. 1

1. Geltungsbereich des Abs. 2 Nr. 1, 1. HS. Geschäftsbücher sind zwar nach § 811 Nr. 11 ZPO unpfändbar, gehören aber aufgrund der Regelung gemäß § 36 Abs. 2 Nr. 1 trotzdem zur Insolvenzmasse. Das gilt auch dann, wenn der Schuldner nicht zur Führung von Büchern verpflichtet ist. Geschäftsbücher sind die der Rechnungslegung dienenden Unterlagen.[239] Zur Insolvenzmasse gehören über die gemäß §§ 238 ff. HGB kaufmännisch geführten Bücher hinaus, ebenfalls Bücher über Arbeitsaufzeichnungen und geschuldete Beträge, Rechnungen, Quittungen, Geschäftsbriefe, Handelsbriefe, Frachtbriefe, Tagnotizbücher, Beibücher, Kontobücher, Kundenbücher, Kundenlisten, Abonnementsverzeichnisse, Lohnlisten, Umsatzsteuerbücher, sonstige Kassenbelege und entsprechende EDV-Datenträger, selbst wenn sie zwar keinen Vermögens- jedoch Beweiswert haben.[240] Es ist zu berücksichtigen, dass die Insolvenz in den Grenzen des § 99 sogar das Briefgeheimnis ausschaltet (vgl. dazu Kommentierung zu § 99).[241] Wenn Vertragsurkunden die Masse betreffen, gehören diese zu ihr.[242] Soweit zur Insolvenzmasse Forderungen und Rechte zählen, gehören auch **65**

---

[227] AG Frankfurt DGVZ 1974, 45.
[228] HK-*Eickmann* § 36 RdNr. 58; *Baumbach/Lauterbach/Albers/Hartmann* ZPO § 812 RdNr. 3; MünchKommZPO-*Schilken* § 812 RdNr. 3.
[229] Vgl. HK-*Eickmann* § 36 RdNr. 58; *Thomas/Putzo* ZPO § 812 RdNr. 1; MünchKommZPO-*Schilken* § 812 RdNr. 3.
[230] MünchKommZPO-*Schilken* § 812 RdNr. 3.
[231] *Baumbach/Lauterbach/Albers/Hartmann* ZPO § 812 RdNr. 3.
[232] HK-*Eickmann* § 36 RdNr. 58.
[233] *Breutigam* in *Breutigam/Blersch/Goetsch* § 36 RdNr. 15; *Baumbach/Lauterbach/Albers/Hartmann* ZPO § 812 RdNr. 2; MünchKommZPO-*Schilken* § 812 RdNr. 1.
[234] Vgl. *Kübler/Prütting/Holzer* § 36 RdNr. 27; MünchKommZPO-*Schilken* § 812 RdNr. 4.
[235] *Kübler/Prütting/Holzer* § 36 RdNr. 27; MünchKommZPO-*Schilken* § 812 RdNr. 4.
[236] *Kübler/Prütting/Holzer* § 36 RdNr. 28; *Stein/Jonas/Münzberg* ZPO § 812 RdNr. 3.
[237] HK-*Eickmann* § 36 RdNr. 58; *Kübler/Prütting/Holzer* § 36 RdNr. 28; vgl. auch *Zöller/Stöber* ZPO § 812 RdNr. 1.
[238] *Breutigam* in *Breutigam/Blersch/Goetsch* § 36 RdNr. 15; *Kübler/Prütting/Holzer* § 36 RdNr. 28.
[239] *Kilger/Schmidt* § 117 KO RdNr. 6 a.
[240] *Baumbach/Lauterbach/Albers/Hartmann* ZPO § 811 RdNr. 51; *Hess/Weis/Wienberg* §§ 35, 36 RdNr. 72 f.; *Jaeger/Henckel* § 36 RdNr. 10; *Kalter* KTS 1960, 65; *Uhlenbruck/Hirte* § 36 RdNr. 44; *Stein/Jonas/Münzberg* ZPO § 811 RdNr. 67; OLG Saarbrücken ZInsO 2001, 132 ff.
[241] *Uhlenbruck/Hirte* § 36 RdNr. 44.
[242] *Uhlenbruck/Hirte* § 36 RdNr. 44 f.

die hierüber existierenden Urkunden zur Insolvenzmasse, wie zB Sparkassenbücher, Wertpapiere, Hypotheken-, Grundschuld-, Rentenschuldbriefe.[243]

66 Demgegenüber fallen nicht in die Insolvenzmasse, die lediglich das Privatvermögen betreffenden Notiz- oder Haushaltungsbücher und solche Geschäftsbücher, die vom Schuldner gemeinschaftlich mit anderen geführt werden. Ferner gehören die Handakten des Insolvenzverwalters auch nicht zur Insolvenzmasse.[244]

67 **2. Herausgabe der Geschäftsbücher.** Der Insolvenzverwalter hat die Geschäftsbücher nach der Eröffnung des Insolvenzverfahrens in Besitz und Verwaltung zu nehmen (§ 148 Abs. 1). Der Insolvenzverwalter benötigt die Bücher u. a. zur Unterrichtung über den Massebestand.

68 Sollte der Schuldner sich weigern, die Bücher herauszugeben, kann aus dem Insolvenzeröffnungsbeschluss vollstreckt werden (§ 148 Abs. 2 S. 1).[245] Werden die Handelsbücher von einer Datenverarbeitungsanlage erstellt, können die EDV-Unterlagen über §§ 883, 886 ZPO, § 97 herausverlangt werden.[246] Befinden sich die Geschäftsunterlagen nicht bei dem Schuldner, sondern bei Dritten, hat der Insolvenzverwalter einen Herausgabeanspruch.[247] Sollte die Staatsanwaltschaft die Unterlagen im Besitz haben, kann sie sich im Hinblick auf den Ermittlungszweck Ablichtungen von den Geschäftsunterlagen fertigen.[248] Hat der Insolvenzverwalter die Akten im Besitz, so steht der Staatsanwaltschaft ein Einblicksrecht zu.[249] Eine Herausgabepflicht des Insolvenzverwalters besteht nicht, solange die Geschäftsbücher zur Abwicklung benötigt werden.[250]

69 Setzen sich die Geschäftsbücher aus verschiedenen einzelnen Teilen zusammen (zB Journalabrechnungen, Summenlisten, Saldenlisten, Kontoblätter), steht die etwaige Geltendmachung eines Eigentumsvorbehaltes an bestimmten Einzelteilen (zB einzelne Blätter) der Inbesitznahme der Bücher durch den Insolvenzverwalter nicht entgegen, was u. a. mit § 93 BGB begründet wird.[251]

70 Der einzelne Insolvenzgläubiger hat kein Recht zur Einsicht in die Geschäftsbücher,[252] da insbesondere ein Verlust von Geschäfts- und Betriebsgeheimnissen an die Konkurrenz des Schuldners und damit eine weitere Verschlechterung der Insolvenzsituation hiermit einhergehen könnte.[253] Entsprechendes gilt grundsätzlich auch hinsichtlich der Geschäftsbücher und Geschäftspapiere des Insolvenzverwalters. Nur in den Fällen, in denen das Gesetz ein Einsichtnahmerecht ausdrücklich gewährt, ist dies anders (vgl. zB § 153 bei der Vermögensübersicht des Insolvenzverwalters).[254]

71 Im Insolvenzverfahren über das Vermögen einer Handelsgesellschaft hat der Insolvenzverwalter in gleicher Weise wie ein Liquidator dafür zu sorgen, dass die Geschäftsbücher nach Maßgabe der §§ 157 Abs. 2 HGB, 74 Abs. 2 GmbHG, 273 Abs. 2 AktG in Verwahrung genommen werden.[255]

72 Die weitergehende Beschränkung des ehemaligen § 117 Abs. 2 KO, dass Geschäftsbücher nur mit dem Geschäft im ganzen und nur insoweit veräußert werden dürfen, als sie zur Fortführung des Geschäftsbetriebs unentbehrlich sind, wurde nicht in die InsO übernommen,[256] weil sie allgemein als übermäßig angesehen wurde. Nunmehr ist festgeschrieben, dass der Insolvenzverwalter die Bücher selbständig verwerten kann, sofern nicht zu diesem Zeitpunkt gesetzliche Aufbewahrungsfristen entgegenstehen.[257] Insbesondere Kundenlisten können einen erheblichen Vermögenswert

---

[243] *Uhlenbruck/Hirte* § 36 RdNr. 45.
[244] LG Leipzig KuT 1934, 93; *Jaeger/Henckel* § 36 RdNr. 10.
[245] *Mohrbutter/Ringstmeier*, Insolvenzverwaltung, RdNr. III 11.
[246] Vgl. *Baltzer*, GS Bruns, 73, 89; *Mohrbutter/Ringstmeier*, Insolvenzverwaltung, RdNr. III 11.
[247] vgl. *Hess* §§ 115, 116 RdNr. 14 ff.; *Uhlenbruck/Hirte* § 36 RdNr. 46.
[248] *Hess* § 148 RdNr. 16; *Uhlenbruck* § 148 RdNr. 16; *Schäfer* KTS 1991, 23, 27.
[249] *Hess* § 148 RdNr. 16 *Uhlenbruck* § 148 RdNr. 16.
[250] *Hess* § 148 RdNr. 16.
[251] KG BB 1972, 983 f.; *Mohrbutter/Ringstmeier*, Insolvenzverwaltung, RdNr. III.13.
[252] *Jaeger/Henckel* § 36 RdNr. 11.
[253] *Kalter* KTS 1960, 65, 66.
[254] *Kalter* KTS 1960, 65, 66.
[255] LG Koblenz KTS 1965, 241; vgl. auch *Mohrbutter/Ringstmeier*, Insolvenzverwaltung, RdNr. III.13.
[256] Vgl. OLG Saarbrücken ZIP 2001, 164 f.; in der KO bildeten die Geschäftsbücher keine selbständig verwertbaren Massebestandteile. Sie durften nur mit dem Geschäft im Ganzen (§ 134 Nr. 1 KO) und auch dann vor insoweit veräußert werden, als sie zur Geschäftsfortführung unentbehrlich waren (§ 117 Abs. 2 KO). War das Unternehmen unveräußerlich, war ausnahmsweise die selbständige Verwertung der Geschäftsbücher zulässig, wenn auf diese Weise der Insolvenzmasse bare Mittel zugeführt werden konnten. Insbesondere galt dies für Geschäftsbücher von erheblichem Vermögenswert, wie u. a. Kundenkartei (Kundenliste, Kundenbuch), Abonnementenverzeichnis eines Zeitschriftenverlages, Adressenverzeichnis. Vgl. *Ernestus* in *Mohrbutter/Mohrbutter*, Insolvenzverwaltung, 7. Aufl. 1997, RdNr. III.10.
[257] Vgl. RegE InsO, BT-Drucksache 12/2443, S. 122; *Schmidt-Räntsch* Teil 2 III § 36; *Uhlenbruck*, Das neue Insolvenzrecht, Teil 3 D § 36; *Häsemeyer*, Insolvenzrecht, 2. Teil RdNr. 9, 12.

darstellen, der bei Insolvenz des Schuldners den Gläubigern, nicht dem Schuldner zugute kommen soll (vgl. dazu auch § 35 RdNr. 507 ff.).[258]

Erfolgt eine demgemäße Verwertung nicht, sind nach der Beendigung des Insolvenzverfahrens 73 die Geschäftsbücher dem Schuldner wieder zur Verfügung zu stellen; diesen trifft dann sogar eine Rücknahmepflicht, die ggfs. erzwungen werden kann.[259]

3. Aufbewahrungspflichten, Abs. 2 Nr. 1, 2. HS. Die bisherige Vorschrift über die Massezuge- 74 hörigkeit der Geschäftsbücher (vgl. § 1 Abs. 3 KO) wurde durch den Hinweis ergänzt, dass gesetzliche Pflichten zur Aufbewahrung von Unterlagen unberührt bleiben (vgl. insbes. § 257 HGB, § 147 AO 1977).[260] Die Erfüllung dieser Pflichten darf nicht durch eine Verwertung der Geschäftsbücher unmöglich gemacht werden. Damit soll gleichzeitig erreicht werden, dass die für eine Fortführung des Unternehmens des Schuldners erforderlichen Geschäftsunterlagen dann auch noch vorhanden sind.[261]

II. Landwirtschaftliches Inventar und Apothekeneinrichtung, Abs. 2 Nr. 2

Abweichend von der Regel, dass unpfändbare Gegenstände nicht zur Masse gehören, bezieht 75 das Gesetz in § 36 Abs. 2 Nr. 2 das für einen landwirtschaftlichen Betrieb oder eine Apotheke erforderliche Inventar (entgegen der Pfändungsverbote der § 811 Abs. 1 Nr. 4 und 9 ZPO) in die Insolvenzmasse mit ein. Hierdurch soll sichergestellt werden, dass das Unternehmen des Schuldners zunächst einmal als veräußerungsfähige Einheit erhalten bleibt.[262] Der für die Unpfändbarkeit maßgebliche gesetzgeberische Grund, dem Schuldner die Fortführung seiner geschäftlichen Tätigkeit zu ermöglichen, entfällt in der Insolvenz, da der Geschäftsbetrieb des Schuldners zur Insolvenzmasse gehört.[263]

Bei landwirtschaftlichen Betrieben sind die wesentlichen Betriebsmittel (vgl. § 811 Abs. 1 Nr. 4 76 ZPO) mithin massezugehörig.[264] Dabei ist unbeachtlich, ob die Landwirtschaft als Haupt- oder Nebenberuf betrieben wird.[265] Landwirte sind Personen, die tatsächlich, auch als Nießbraucher oder Pächter, geschäftlich oder zum Vergnügen, eine Landwirtschaft betreiben (vgl. auch § 156 Abs. 2 S. 2).[266] Unter Landwirtschaft ist jede erwerbsmäßige Bearbeitung eigenen oder fremden Bodens zu verstehen,[267] wobei auch die Fisch-, Vieh-, Geflügelzucht, Imkerei, Baum- und Forstwirtschaft dazu zählen.[268]

Bei Apotheken fallen alle für den Betrieb der Apotheke unentbehrlichen Geräte (zB Waagen, 77 Thermometer, Registrierkassen), Gefäße (zB Mörser, Reagenzgläser) und Waren in die Insolvenzmasse (vgl. §§ 36 Abs. 2 Nr. 2, 811 Nr. 9 ZPO). Waren sind dabei verkaufsbereite Arzneimittel,[269] nicht jedoch die Grundstoffe, die bereits § 35 unterfallen. Ebenso werden Rezepte zur Anfertigung von Arzneimitteln behandelt.[270] Der Insolvenzverwalter ist zwar nicht berechtigt, eine Apotheke selbst fortzuführen; er darf sie aber verpachten, schließen oder einem Treuhänder mit Vollapprobation überlassen. Die Apothekenerlaubnis erlischt nicht mit der Insolvenzeröffnung.[271] Zur Insolvenzmasse gehört auch eine etwaige dingliche Apothekenrealberechtigung des Schuldners.[272]

Ist das landwirtschaftliche Inventar bzw. die Apothekeneinrichtung Zubehör eines Grundstücks, 78 hat der Insolvenzverwalter die Rechte der Grundpfandrechtsgläubiger zu berücksichtigen.[273]

---

[258] So auch RegE InsO, BT-Drucksache 12/2443, S. 122; *Schmidt-Räntsch* Teil 2 III § 36; *Uhlenbruck,* Das neue Insolvenzrecht, Teil 3 D § 36; OLG Saarbrücken ZInsO 2001, 132 ff.
[259] LG Hannover KTS 1973, 191; *Mohrbutter/Ringstmeier,* Insolvenzverwaltung, RdNr. III. 15.
[260] RegE InsO, BT-Drucks. 12/2443, S. 122; *Schmidt-Räntsch* Teil 2 III § 36; *Uhlenbruck,* Das neue Insolvenzrecht, Teil 3 D § 36.
[261] RegE InsO, BT-Drucks. 12/2443, S. 122; *Schmidt-Räntsch* Teil 2 III § 36; *Uhlenbruck,* Das neue Insolvenzrecht, Teil 3 D § 36.
[262] *Bork,* Einführung in das neue Insolvenzrecht, RdNr. 123.
[263] Vgl. auch *Häsemeyer,* Insolvenzrecht, RdNr. 9.12; *Uhlenbruck/Hirte* § 36 RdNr. 49.
[264] *Kübler/Prütting/Holzer* § 36 RdNr. 33.
[265] *Baumbach/Lauterbach/Albers/Hartmann* ZPO § 811 RdNr. 27; *Thomas/Putzo* ZPO § 811 RdNr. 12.
[266] *Baumbach/Lauterbach/Albers/Hartmann* ZPO § 811 RdNr. 28; *Kilger/Schmidt* § 14 VglO RdNr. 1; *Stein/Jonas/Münzberg* ZPO § 811 RdNr. 38.
[267] LG Oldenburg DGVZ 1980, 170; *Baumbach/Lauterbach/Albers/Hartmann* ZPO § 811 RdNr. 28.
[268] MünchKommZPO-*Schilken* § 811 RdNr. 24; *Stein/Jonas/Münzberg* ZPO § 811 RdNr. 38 mwN; vgl. auch *Kübler/Prütting/Holzer* § 36 RdNr. 33.
[269] *Kübler/Prütting/Holzer* § 36 RdNr. 35; *Stein/Jonas/Münzberg* ZPO § 811 RdNr. 65; *Thomas/Putzo* ZPO § 811 RdNr. 33.
[270] *Kübler/Prütting/Holzer* § 36 RdNr. 35.
[271] *Uhlenbruck/Hirte* § 35 RdNr. 296 f.
[272] *Jaeger/Henckel* § 36 RdNr. 8.
[273] *Uhlenbruck/Hirte* § 35 RdNr. 298; vgl. dazu § 165 RdNr. 215 ff.

D. Zuständigkeitsregelung, Abs. 4

79 § 36 wurde mit dem Gesetz zur Änderung der Insolvenzordnung und anderer Gesetze[274] um Abs. 4 ergänzt. Abs. 4 stellt klar, dass für die Entscheidung, ob ein bestimmter Gegenstand der Zwangsvollstreckung und damit dem Insolvenzbeschlag unterliegt, das Insolvenzgericht zuständig[275] und außer dem Schuldner statt der Gläubiger der Insolvenzverwalter antragsberechtigt ist (siehe dazu auch die Ausführungen unter RdNr. 40 ff.).[276] Beides gilt bereits im Rahmen des Eröffnungsverfahrens. Die Begründung verweist insoweit darauf, dass dem Insolvenzgericht alle Unterlagen vorliegen, die für die in Rede stehende Entscheidung maßgebend sind. Eine entsprechende Anwendung sei auch im Eröffnungsverfahren sinnvoll, da das Insolvenzgericht mit dem Eröffnungsantrag regelmäßig über die einschlägigen Unterlagen verfüge und nach Verfahrenseröffnung ohnehin für eine etwaige Anpassung der getroffenen Maßnahme zuständig sei.[277]

Mit der Regelung der Zuständigkeit des Insolvenzgerichtes folgt der Gesetzgeber der schon vorher in der Rechtsprechung herrschenden Auffassung.[278] Die überwiegende Rechtsprechung nahm als Begründung für die Zuständigkeit des Insolvenzgerichts in den entsprechenden Fällen den stärkeren Sachbezug des Insolvenzgerichts an.[279] Laut Abs. 4 S. 3 gilt diese Zuständigkeitsregelung auch im Eröffnungsverfahren. Allerdings kann damit begrifflich keine Entscheidung über die Insolvenzmasse gemeint sein, weil es im Eröffnungsverfahren, also vor Verfahrenseröffnung, noch keine Insolvenzmasse gibt (vgl. § 35). Henckel stellt daher zutreffend darauf ab, dass es sich insoweit nur um Entscheidungen über den Umfang des Vermögens handeln kann, das den Beschränkungen des § 21 und insbesondere der Verwaltungs- und Verfügungsbefugnis des „starken" Insolvenzverwalter (§ 22 Abs. 1) unterliegt.[280]

Da das Insolvenzgericht gemäß § 36 Abs. 4 Aufgaben nach vollstreckungsrechtlichen Vorschriften wahrnimmt, ist folgerichtig idR der Rechtspfleger (§ 20 Nr. 17 RPflG) für die Entscheidung und im Falle der Vollstreckungserinnerung (§ 766 ZPO) dann der Richter funktionell zuständig.[281]

Neben der Vollstreckungserinnerung (§ 766 ZPO) kommen im Rechtsmittelzug die sofortige Beschwerde (§§ 793, 567 ZPO) und die Rechtsbeschwerde (§ 574 Abs. 1 Nr. 2 ZPO), sofern sie zugelassen ist, in Betracht.[282]

---

[274] Das Gesetz wurde am 26.10.2001 (BGBl. I S. 2710) in der vom Bundestag am 28.06.2001 beschlossenen Fassung (BT-Druck. 14/6468) verkündet und trat gemäß dessen Art. 12 am 1. des zweiten auf die Verkündung folgenden Kalendermonats, also am 01.12.2001, in Kraft, mit Ausnahme des Art. 6, der die kostenrechtlichen Vorschriften betrifft und erst am 01.01.2002 in Kraft trat – s. o. RdNr. 3 und 40 f.

[275] Vgl. BGH WM 2004, 834 f.; BGH WM 2007, 2300, 2301; BGH ZInsO 2008, 506, 507; BGH WM 2008, 87; LG Bonn NZI 2009, 615; AG Göttingen NZI 2004, 332; AG Göttingen ZInsO 2003, 625 f; auch über entsprechende Vollstreckungsschutzanträge nach § 765a ZPO und für die Herausgabevollstreckung, die der Insolvenzverwalter aus dem Eröffnungsbeschluss gegen den Schuldner betreibt, hat das Insolvenzgericht zu entscheiden: BGH WM 2008, 171, 172 f. und BGH NZI 2012, 666, 667; zur Abgrenzung der Zuständigkeit von Insolvenz- und Prozessgericht beim Streit zwischen Insolvenzverwalter und Schuldner über die Massezugehörigkeit von Lohnanteilen: BGH WM 2010, 1185 f, über die Berechnung des pfändbaren Teils des Arbeitseinkommens durch den Drittschuldner: BGH WM 2013, 137 f. und bei Pfändungsschutzanträgen im Zusammenhang mit einem gerichtlich festgestellten Schuldenbereinigungsplan: BGH ZInsO 2008, 506, 507 f; folgerichtig ist das Insolvenzgericht nicht zuständig bei Streitigkeiten zwischen dem Insolvenzverwalter und dem Schuldner über die Frage, ob der Insolvenzverwalter Lastschriften widerrufen darf, da es hierbei nicht um die Anwendung der Pfändungsschutzvorschriften geht: BGH WM 2008, 2175 f.; ist der Schuldner ins Ausland verzogen und arbeitet dort, hat das (ausländische) Prozessgericht beim Streit über die Massezugehörigkeit zu entscheiden, wenn deutsche Gerichte für die Einzelvollstreckung nicht zuständig sind: BGH WM 2012, 1444, 1445.

[276] *Uhlenbruck/Hirte* § 36 RdNr. 54; *Kübler/Prütting/Holzer* § 36 RdNr. 40.

[277] BT-Drucks. 14/6468, Seite 17; vgl. auch Hess, § 36 RdNr. 5 und 6 .

[278] OLG Köln, NZI 2000, 590; OLG Köln NZI 2000, 529; OLG Frankfurt aM NZI 2000, 531; OLG Stuttgart NZI 2002, 52 f.; LG Rostock ZInsO 2001, 914; LG Dortmund NZI 2000, 182; LG Wuppertal NZI 2000, 327; AG München ZInsO 2000, 407; AG Solingen InVo 2000, 205; AG Aachen NZI 2000, 554; aA *Smid/Wehdeking* InVo 2000, 293, 297; AG Köln NZI 2001, 160, 161; AG Köln NZI 2001, 162 – s. o. unter RdNr. 41.

[279] Vgl. BGH WM 2006, 2090, 2091.

[280] *Jaeger/Henckel* § 36 RdNr. 15 mwN.

[281] HambKomm-*Lüdtke* § 36 RdNr. 56; *Graf-Schlicker/Kexel* § 36 RdNr. 26; *Bankenkomm-Meyer* § 36 RdNr. 37; aA *Braun/Bäuerle* § 36 RdNr. 28; HK-*Eickmann* § 36 RdNr. 60.

[282] Vgl. BGH NZI 2004, 278; BGH ZInsO 2005, 708; BGH ZInsO 2006, 139; BGH WM 2013, 137; HambKomm-*Lüdtke* § 36 RdNr. 58 ff.; *Graf-Schlicker/Kexel* § 36 RdNr. 27 f.; *Bankenkomm-Meyer* § 36 RdNr. 38; aA HK-*Eickmann* § 36 RdNr. 62; FK-*Schumacher* § 36 RdNr. 41; zur Änderung im Verfahren zur Festsetzung der Verwaltervergütung mit Wirkung zum 27.10.2011: BGH WM 2012, 276; BGH-Beschluss vom 10.05.2012, Az. IX ZB 295/11 und IX ZB 296/11.

§ 37 Gesamtgut bei Gütergemeinschaft

(1) ¹Wird bei dem Güterstand der Gütergemeinschaft das Gesamtgut von einem Ehegatten allein verwaltet und über das Vermögen dieses Ehegatten das Insolvenzverfahren eröffnet, so gehört das Gesamtgut zur Insolvenzmasse. ²Eine Auseinandersetzung des Gesamtguts findet nicht statt. ³Durch das Insolvenzverfahren über das Vermögen des anderen Ehegatten wird das Gesamtgut nicht berührt.

(2) Verwalten die Ehegatten das Gesamtgut gemeinschaftlich, so wird das Gesamtgut durch das Insolvenzverfahren über das Vermögen eines Ehegatten nicht berührt.

(3) Absatz 1 ist bei der fortgesetzten Gütergemeinschaft mit der Maßgabe anzuwenden, daß an die Stelle des Ehegatten, der das Gesamtgut allein verwaltet, der überlebende Ehegatte, an die Stelle des anderen Ehegatten die Abkömmlinge treten.

Schrifttum: *Baur,* Zwangsvollstreckungs- und konkursrechtliche Fragen zum Gleichberechtigungsgesetz, FamRZ 1958, 252–259; *Dieckmann,* Zur Behandlung des Neuerwerbs, in *Leipold* (Hrsg.), Insolvenzrecht im Umbruch, Köln 1991, 127–138; *Grziwotz,* Güterstand, Insolvenz und Grundbuch, Rpfleger 2008, 289–291; *Menz,* Das Aussonderungsrecht des einen Ehegatten im Konkurs des anderen, Diss., Tübingen 1961; *Müller,* Zwangsvollstreckung gegen Ehegatten, Berlin 1970; *Schuler,* Der Sonderkonkurs des ehelichen Gesamtgutes, NJW 1958, 1609–1613.

Übersicht

	Rn.		Rn.
A. Normzweck	1–3	c) Insolvenz eines Ehegatten bei gemeinschaftlicher Verwaltung	32–34
B. Entstehungsgeschichte	4	3. Insolvenzverfahren zwischen Aufhebung der Gütergemeinschaft und Auseinandersetzung des Gesamtguts	35–38
C. Anwendungsbereich	5–49		
I. Zugewinngemeinschaft	6–13		
1. Begriff	6	a) Insolvenzverfahren über das Vermögen eines Ehegatten	36, 37
2. Insolvenzmasse	7–13		
a) Eigentumsvermutung	8–10	b) Sonderinsolvenzverfahren über das Gesamtgut	38
b) Zugewinnausgleich	11–13		
II. Gütertrennung	14, 15	IV. Fortgesetzte Gütergemeinschaft	39–46
1. Begriff	14	1. Begriff	39, 40
2. Insolvenzmasse	15	2. Insolvenzmasse	41–45
III. Eheliche Gütergemeinschaft	16–38	a) Insolvenz des überlebenden Ehegatten	42–44
1. Begriff	16–19	b) Insolvenz eines Abkömmlings	45
2. Insolvenzmasse	20–34	3. Insolvenzverfahren zwischen Aufhebung der fortgesetzten Gütergemeinschaft und Auseinandersetzung des Gesamtguts	46
a) Insolvenz des allein verwaltenden Ehegatten	21–27		
b) Insolvenz des nicht verwaltenden Ehegatten	28–31	V. Güterstandswechsel und Insolvenzanfechtung	47–49

A. Normzweck

Abs. 1 und 2 regeln die Frage der **Zugehörigkeit des Gesamtguts zur Insolvenzmasse** bei Eröffnung eines Insolvenzverfahrens über das Vermögen eines in **ehelicher Gütergemeinschaft** lebenden Schuldners. Dabei sind drei Fallgruppen zu unterscheiden, wobei Anknüpfungspunkt die Verwaltungsbefugnis über das Gesamtgut ist: (1) Bei Insolvenz des allein verwaltenden Ehegatten gehört das Gesamtgut neben dem Eigenvermögen dieses Ehegatten zur Insolvenzmasse, Abs. 1 Satz 1. (2) Im Falle der Insolvenz des nicht verwaltungsbefugten Ehegatten ist nur dessen Eigenvermögen, nicht hingegen das Gesamtgut Bestandteil der Insolvenzmasse, Abs. 1 Satz 3. (3) Nach Abs. 2 ist das Gesamtgut auch dann nicht Bestandteil der Insolvenzmasse, wenn die Ehegatten das Gesamtgut gemeinschaftlich verwalten und über das Vermögen eines Ehegatten ein Insolvenzverfahren eröffnet wird.

Die Regelung des Abs. 3 zur **fortgesetzten Gütergemeinschaft** darf nicht als eigene Fallgruppe verstanden werden, vielmehr enthält sie lediglich Unterfälle zur ersten und zweiten Fallgruppe. Handelt es sich beim Schuldner um den überlebenden Ehegatten, der zusammen mit den gemeinsamen Abkömmlingen nach dem Tode des anderen Ehegatten eine fortgesetzte Gütergemeinschaft bildet, so hat dieser nach § 1487 Abs. 1 BGB die rechtliche Stellung des allein verwaltungsbefugten Ehegatten. Damit fällt das Gesamtgut entsprechend Abs. 1 Satz 1 in die Insolvenzmasse (Fallgruppe 1). Ist hingegen ein Insolvenzverfahren über das Vermögen eines Abkömmlings eröffnet, so bleibt entsprechend Abs. 1 Satz 3 das Gesamtgut der fortgesetzten Gütergemeinschaft insolvenzfrei (Fallgruppe 2).

3   Nicht geregelt ist in § 37 das **selbstständige Insolvenzverfahren über das Gesamtgut als Sondervermögen,** d.h. als eigenständige Insolvenzmasse. Zu differenzieren ist dabei zwischen dem von den Ehegatten gemeinschaftlich verwalteten Gesamtgut und dem in fortgesetzter Gütergemeinschaft von dem überlebenden Ehegatten verwalteten Gesamtgut. Für diese Sonderinsolvenzverfahren gelten nach § 11 Abs. 2 Nr. 2 die §§ 332, 315 bis 331 (Insolvenzverfahren über das Gesamtgut einer fortgesetzten Gütergemeinschaft) bzw. die §§ 333, 334 (Insolvenzverfahren über das Gesamtgut einer ehelichen Gütergemeinschaft).

B. Entstehungsgeschichte

4   § 37 entspricht im Wesentlichen § 2 KO in der Fassung des Art. 3 Abs. 1 Nr. 1 Gleichberechtigungsgesetz vom 18.6.1957.[1] Die gegenüber § 2 KO vorgenommenen Änderungen sind überwiegend sprachliche Anpassungen an das neue Insolvenzrecht bzw. redaktioneller Art. In Abs. 2 wurde allerdings die systematisch etwas unglücklich untergebrachte Vorschrift des § 2 Abs. 2 HS 2 KO nicht mehr aufgenommen. Vielmehr ergibt sich nun aus § 11 Abs. 2 Nr. 2, dass ein selbstständiges Insolvenzverfahren über das von den Ehegatten gemeinsam verwaltete Gesamtgut nach §§ 333, 334 eröffnet werden kann.[2] Im Recht der Einzelzwangsvollstreckung hat die Vorschrift ihre Parallele in den §§ 740, 745 Abs. 1 ZPO.[3]

C. Anwendungsbereich

5   Hinsichtlich der **drei gesetzlich geregelten ehelichen Güterstände des BGB** trifft die Insolvenzordnung – wie auch schon die Konkursordnung – positiv nur Aussagen zu der heute eher selten vorkommenden Gütergemeinschaft. Bei Insolvenz eines in Zugewinngemeinschaft oder Gütertrennung lebenden Ehegatten gelten hingegen die allgemeinen Regeln der Insolvenzordnung, wobei jedoch einige Besonderheiten des Eherechts zu berücksichtigen sind. Seit der am 1.1.2005 in Kraft getretenen Reform des Lebenspartnerschaftsgesetzes stehen auch **eingetragenen Lebenspartnern** nach §§ 6, 7 LPartG die im Familienrecht des BGB geregelten Güterstände (Zugewinngemeinschaft, Gütertrennung und Gütergemeinschaft) zur Verfügung;[4] die nachfolgenden Ausführungen gelten daher entsprechend für eingetragene Lebenspartner.[5]

I. Zugewinngemeinschaft

6   **1. Begriff.** Die **Ehegatten** leben im Güterstand der Zugewinngemeinschaft, wenn sie nicht durch Ehevertrag etwas anderes vereinbaren, § 1363 Abs. 1 BGB. Im gesetzlichen Güterstand der Zugewinngemeinschaft behält jeder Ehegatte sein in die Ehe eingebrachtes und das während der Ehe erworbene Vermögen, § 1363 Abs. 2 Satz 1 BGB. Damit besteht im Güterstand der Zugewinngemeinschaft Gütertrennung, allerdings mit den Verfügungsbeschränkungen der §§ 1365 bis 1370

---

[1] BGBl. I S. 609, 634; BT-Drucks. 1/3802, 88 f. Dazu Jaeger/*Weber* KO § 236a bis c RdNr. 2 f. Umfassend zur Rechtslage bis 1958 *Weise,* Konkurs eines Ehegatten bei allgemeiner Gütergemeinschaft, 1934.
[2] Während die Bestimmungen zur Konkursfähigkeit in der Konkursordnung nicht systematisch zusammengefasst waren, stellt nunmehr § 11 Abs. 2 abschließend fest, welche rechtlich nicht selbstständigen Personenvereinigungen und Vermögensmassen insolvenzfähig sind. Dazu BR-Drucks. 1/92, 112; BT-Drucks. 12/2443, 112; § 11 RdNr. 2 ff. Vgl. weiter Kübler/*Prütting*/Bork § 11 RdNr. 1, 3.
[3] Dazu insgesamt BR-Drucks. 1/92, 16, 122 f.; BR-Drucks. 1/1/92, 15; BR-Drucks. 1/92 (Beschluss), 8; BT-Drucks. 12/2443, 16, 122 f., 250, 262; BT-Drucks. 12/7302, 19 f., 160.
[4] *Gesetz zur Überarbeitung des Lebenspartnerschaftsrechts* vom 15.12.2004 (BGBl. I, 3396); BT-Drucks. 15/3445, 14 f.; *Grziwotz,* Gleichstellung der Lebenspartnerschaft nach dem Gesetz zur Überarbeitung des Lebenspartnerschaftsrechts – Beratungs- und Gestaltungsprobleme, DNotZ 2005, 13, 16 ff.; *Wellenhofer,* Das neue Recht für eingetragene Lebenspartnerschaften, NJW 2005, 705, 706.
[5] Wesentlich komplizierter ist die Rechtslage für eingetragene Lebenspartner, die vor der Reform des Lebenspartnerschaftsgesetzes ihre Lebenspartnerschaft begründet haben. Für diese Altfälle war umstritten, ob die Lebenspartner einen der ehelichen Gütergemeinschaft vergleichbaren Güterstand durch Lebenspartnerschaftsvertrag (§ 7 Abs. 1 LPartG aF) eingehen können (sog. Vermögensgemeinschaft). Vgl. dazu *Kemper,* Der zweite Schritt – Die Lebenspartnerschaft auf dem Weg vom eheähnlichen zum ehegleichen Rechtsinstitut, FF 2005, 88, 92 f. mwN; *Grziwotz* DNotZ 2005, 13, 18. Ob es überhaupt je einen praktischen Anwendungsfall (Insolvenz eines eingetragenen Lebenspartners, der im Zeitraum zwischen 1.8.2001 und 31.12.2004 mit seinem Partner den Vermögensstand der Vermögensgemeinschaft vereinbart hat) geben wird, ist zu bezweifeln.

BGB und der Besonderheit, dass der Zugewinn, den die Ehegatten während des Güterstandes erzielen, an dessen Ende ausgeglichen wird, § 1363 Abs. 2 Satz 2 BGB. Entsprechendes gilt für **eingetragene Lebenspartner,** die nach § 6 LPartG im Güterstand der Zugewinngemeinschaft leben.[6]

2. Insolvenzmasse. Für die Insolvenz ist in erster Linie der Umstand der Gütertrennung bedeutsam. Jeder Ehegatte haftet seinen Gläubigern nur mit seinem eigenen Vermögen. Dies hat zur Folge, dass zur Insolvenzmasse nach Maßgabe der §§ 35, 36 ausschließlich das **Vermögen des insolventen Ehegatten** gehört. Das Vermögen des anderen Ehegatten wird vom Insolvenzverfahren nicht berührt.[7] Allerdings sind zwei eherechtliche Besonderheiten zu beachten.[8]

a) Eigentumsvermutung. Nach § 1362 Abs. 1 Satz 1 BGB wird zugunsten der Gläubiger eines Ehegatten vermutet, dass die im Besitz eines oder beider Ehegatten befindlichen beweglichen Sachen dem Schuldner gehören. Die Vermutung gilt nicht, wenn die Ehegatten getrennt leben und sich die Sachen im Besitz des Ehegatten befinden, der nicht Schuldner ist (§ 1362 Abs. 1 Satz 2 BGB). Soweit die Sachen ausschließlich zum persönlichen Gebrauch eines Ehegatten bestimmt sind, gilt nach § 1362 Abs. 2 BGB die Vermutung, dass diese Sachen dem Ehegatten gehören, für dessen Gebrauch sie bestimmt sind. Die Vermutung nach § 1362 Abs. 1 Satz 1 BGB kann durch den Nachweis von Miteigentum oder durch den Nachweis, dass der andere Ehegatte Eigentümer ist, widerlegt werden. Da § 1362 BGB nach allgemeiner Ansicht auch in der Insolvenz eines Ehegatten zugunsten des Insolvenzverwalters gilt,[9] muss dieser nur nachweisen, dass die Sache, die er zur Insolvenzmasse ziehen will, im Besitz eines Ehegatten steht.[10] Erbringt ein Ehegatte dann den Nachweis, dass die zur Masse gezogene Sache in seinem Alleineigentum steht, so kann er diese nach § 47 aussondern (dazu § 47 RdNr. 440); bei nachgewiesenem Miteigentum gilt § 84.[11]

Sofern über das Vermögen beider Ehegatten Insolvenzverfahren eröffnet werden, heben sich die widersprechenden Vermutungen des § 1362 Abs. 1 BGB auf. Es gilt dann § 1006 BGB, jedoch nur für diejenigen beweglichen Sachen, die nicht bereits vom Insolvenzbeschlag des zuerst eröffneten Verfahrens aufgrund der Vermutung des § 1362 BGB erfasst wurden; insoweit wirkt – entsprechend dem in der Einzelzwangsvollstreckung geltenden Prioritätsgrundsatz – die Eigentumsvermutung zugunsten der Gläubiger des ersten Verfahrens auch nach Eröffnung des zweiten Verfahrens fort.[12]

Nach § 8 Abs. 1 LPartG gelten die vorgenannten Grundsätze (RdNr. 8, 9) auch für **eingetragene Lebenspartnerschaften.**[13] Umstritten ist, ob § 1362 BGB auf **nichteheliche Lebensgemeinschaften** und andere Wohn- und Wirtschaftsgemeinschaften analog angewandt werden kann. Dies wird entgen einigen Stimmen im Schrifttum von der höchstrichterlichen Rechtsprechung mit Recht abgelehnt. § 1362 BGB ist als Ausnahmevorschrift konzipiert, die die Gläubiger von Ehegatten deshalb privilegiert, weil in der ehelichen Wohngemeinschaft regelmäßig von einer tatsächlichen Vermengung der beweglichen Sachen auszugehen ist. Hiervon kann in Wohngemeinschaften von nichtehelichen Lebensgefährten, von Verwandten oder von Freunden nicht ausgegangen werden. Insoweit fehlt es an der erforderlichen Vergleichbarkeit der Sachverhalte. Eine analoge Anwendung der Gläubigerschutzvorschrift auf andere Wohn- und Lebensgemeinschaften ist daher abzulehnen.[14]

b) Zugewinnausgleich. Der Zugewinnausgleichsanspruch entsteht erst mit Beendigung des gesetzlichen Güterstandes (§ 1378 Abs. 3 BGB) in den gesetzlich geregelten Fällen des BGB, etwa

---

[6] Dies gilt nach § 8 Abs. 1 LPartG aF auch für Lebenspartnerschaften, die vor dem 1.1.2005 begründet wurden.
[7] *Bork* RdNr. 431; *Jaeger/Henckel* § 37 RdNr. 6.
[8] Hingegen gelten die Verfügungsbeschränkungen der §§ 1365 ff. BGB für den Insolvenzverwalter nicht, vgl. *Berges,* Das neue eheliche Güterrecht, KTS 1958, 65, 69; *Ziege,* Zur Auslegung des § 1369 BGB nF, NJW 1957, 1579, 1580; *Jaeger/Henckel* § 37 RdNr. 8 mwN; *Soergel/Lange* § 1365 RdNr. 31; *Staudinger/Thiele* § 1365 RdNr. 13.
[9] BVerfG NJW 1968, 1771; BGH NJW 1955, 20; *Menz,* S. 23 ff.; *Müller,* S. 64 f.; MünchKommBGB-*Weber-Monecke* § 1362 RdNr. 18 f.; *Gottwald/Adolphsen,* Insolvenzrechts-Handbuch, § 40 RdNr. 103; *Jaeger/Henckel* § 37 RdNr. 7.
[10] *Pieper,* Hoffnungslos verschuldet – was nun?, ZVI 2009, 99, 103.
[11] Dazu insgesamt *Uhlenbruck/Knof* § 47 RdNr. 34; *Nerlich/Römermann/Andres* § 47 RdNr. 56; *Kübler/Prütting/Bork* § 47 RdNr. 12; *Nerlich/Römermann/Wittkowski* § 84 RdNr. 3, 18; HambKomm-*Lüdtke* § 37 RdNr. 19.
[12] *Hess* InsO § 37 RdNr. 16 f.; *Uhlenbruck/Knof* § 37 RdNr. 36. AA *Menz,* S. 36 ff.; *Jaeger/Henckel* § 37 RdNr. 7; *Gottwald/Adolphsen,* Insolvenzrechts-Handbuch, § 40 RdNr. 104. Vgl. auch *Müller,* S. 66 ff.
[13] So auch *Uhlenbruck/Knof* § 37 RdNr. 37.
[14] BGHZ 170, 187, 193 ff. = NJW 2007, 992, 993 f. mit Anm. *Metz* = FamRZ 2007, 457, 458 f. mit Anm. *Böttcher;* OLG Köln NJW 1989, 1737 f.; OLG Hamm FamRZ 1989, 616 f.; *Nerlich/Römermann/Andres* § 47 RdNr. 56; *Uhlenbruck/Knof* § 37 RdNr. 38; *Gottwald/Adolphsen,* Insolvenzrechts-Handbuch, § 40 RdNr. 102; *Soergel/Schumann,* Die nichteheliche Lebensgemeinschaft, RdNr. 136; MünchKommBGB-*Weber-Monecke* § 1362 RdNr. 10 mwN. AA *Thran,* Die analoge Anwendung der §§ 1362 BGB, 739 ZPO auf nichteheliche Lebensgemeinschaften, NJW 1995, 1458 ff.; *Hofmann,* Eigentumsvermutung und Gewahrsamsfiktion in der „Ehe ohne Trauschein", ZRP 1990, 409 ff. Vgl. auch *Rosenberg/Gaul/Schilken/Becker-Eberhard* § 20 RdNr. 9.

durch Tod eines Ehegatten[15] oder durch Scheidung (§§ 1371, 1372 BGB), nicht hingegen durch Eröffnung des Insolvenzverfahrens.[16] Entsprechendes gilt nach § 6 Satz 2 LPartG für **eingetragene Lebenspartner,** die im Güterstand der Zugewinngemeinschaft leben.

12   aa) **Ausgleichsanspruch des Schuldners.** Der nach Beendigung der Zugewinngemeinschaft entstehende Ausgleichsanspruch kann zur Insolvenzmasse gezogen werden, sobald er pfändbar ist. Nach § 852 Abs. 2 ZPO ist dazu erforderlich, dass der Zugewinnausgleichsanspruch durch Vertrag anerkannt oder rechtshängig gemacht ist.[17] Da im Insolvenzverfahren nach Verfahrenseröffnung entstehende Ansprüche gemäß § 35 als Neuerwerb Bestandteil der Insolvenzmasse werden, fällt auch der nach Eröffnung des Insolvenzverfahrens entstandene und gemäß § 852 Abs. 2 ZPO pfändbare Zugewinnausgleichsanspruch in die Insolvenzmasse.[18]

13   bb) **Ausgleichspflicht des Schuldners.** Ist die vor Verfahrenseröffnung entstandene Ausgleichsforderung bei Eröffnung noch nicht erfüllt, so ist der ausgleichsberechtigte Ehegatte Insolvenzgläubiger i. S. d. § 38. Sofern der Schuldner vor Eröffnung des Insolvenzverfahrens Sicherheit nach § 1382 Abs. 3 BGB oder § 1389 BGB geleistet hat, hat der ausgleichsberechtigte Ehegatte ein Absonderungsrecht nach Maßgabe der §§ 49 ff.[19]

II. Gütertrennung

14   **1. Begriff.** Schließen die **Ehegatten** den gesetzlichen Güterstand der Zugewinngemeinschaft aus, so tritt Gütertrennung ein, falls sich nicht aus dem **Ehevertrag** etwas anderes ergibt, § 1414 Satz 1 BGB. Das gleiche gilt, wenn die Ehegatten den Zugewinn- oder Versorgungsausgleich ausgeschlossen oder die Gütergemeinschaft aufgehoben haben (§ 1414 Satz 2 BGB) sowie in den Fällen der §§ 1388, 1449 Abs. 1, 1470 Abs. 1 BGB. Bei der Gütertrennung bestehen im Gegensatz zur Zugewinngemeinschaft keine Verfügungsbeschränkungen und der in der Ehe erzielte Vermögenszuwachs wird an deren Ende nicht ausgeglichen. Gemäß § 7 LPartG i. V. m. § 1414 BGB können auch **eingetragene Lebenspartner** durch Lebenspartnerschaftsvertrag den Güterstand der Gütertrennung wählen.

15   **2. Insolvenzmasse.** Zur Insolvenzmasse gehört nach Maßgabe der §§ 35, 36 das Vermögen des insolventen Ehegatten. Das Vermögen des anderen Ehegatten wird von der Insolvenz nicht erfasst. Allerdings gilt auch bei Gütertrennung die **Eigentumsvermutung des § 1362 BGB** (s.o. RdNr. 8 f.).[20]

III. Eheliche Gütergemeinschaft

16   **1. Begriff.** Gütergemeinschaft tritt nach § 1415 BGB **durch formgebundenen Ehevertrag** (§ 1410 BGB) ein. Die Vorschriften über die eheliche Gütergemeinschaft gelten auch für Ehegatten, die am 1.7.1958 im vertraglichen **Güterstand der allgemeinen Gütergemeinschaft** gelebt haben.[21] Des Weiteren gelten die Gütergemeinschaftsregeln für diejenigen vor der Wiedervereinigung in der ehemaligen DDR geschlossenen Ehen, deren Ehegatten nach der Wiedervereinigung für den Fortbestand des gesetzlichen Güterstandes der **Eigentums- und Vermögensgemeinschaft** gemäß Art. 234 § 4 Abs. 2 EGBGB optiert haben. Nach Art. 234 § 4a Abs. 2 Satz 1 EGBGB hat diese Entscheidung der Ehegatten zur Folge, dass auf das bestehende und künftige gemeinschaftliche Eigentum der Ehegatten die Vorschriften über das gemeinschaftlich von beiden Ehegatten verwaltete Gesamtgut einer Gütergemeinschaft (§§ 1450 bis 1470 BGB) entsprechende Anwendung finden.[22] Die **Gütergemeinschaft endet** in den gesetzlich geregelten Fällen des BGB und damit – entspre-

---

[15] Zum Zugewinnausgleich bei Beendigung des Güterstandes durch Tod vgl. *Jaeger/Henckel* § 37 RdNr. 10.
[16] *Hess* InsO § 37 RdNr. 9 f.; *Staudinger/Thiele* § 1364 RdNr. 16; *Grziwotz* Rpfleger 2008, 289.
[17] *MünchKommBGB-Koch* § 1378 RdNr. 18; *Soergel/Lange* § 1378 RdNr. 13.
[18] *Leipold*, Erbrechtlicher Erwerb und Zugewinnausgleich im Insolvenzverfahren und bei der Restschuldbefreiung, in FS Gaul, 1997, S. 367, 369 f., 373; § 35 RdNr. 432; *Nerlich/Römermann/Andres* § 37 RdNr. 4; *Jaeger/Henckel* § 37 RdNr. 9; *Uhlenbruck/Knof* § 37 RdNr. 26.
[19] Dazu insgesamt auch *Hess* InsO § 37 RdNr. 19 ff.; *Jaeger/Henckel* § 37 RdNr. 11 f.; *Uhlenbruck/Knof* § 37 RdNr. 27.
[20] Zust. *Jaeger/Henckel* § 37 RdNr. 13. Vgl. weiter *Uhlenbruck/Knof* § 37 RdNr. 30 f.; *MünchKommBGB-Weber-Monecke* § 1362 RdNr. 14; *Müller*, S. 16; *Gottwald/Adolphsen*, Insolvenzrechts-Handbuch, § 40 RdNr. 104.
[21] Dazu *Jaeger/Henckel* § 37 RdNr. 2 (sowie zur Errungenschafts- und Fahrnisgemeinschaft RdNr. 3–5).
[22] *MünchKommBGB-Koch* (4. Aufl. 2006) Art. 234 §§ 4, 4a EGBGB RdNr. 33 ff.; *Staudinger/Rauscher* Art. 234 § 4a EGBGB RdNr. 39 ff.; *Graf-Schlicker/Kexel* § 37 RdNr. 8; HK-*Eickmann* § 37 RdNr. 1; FK-*Bornemann* § 37 RdNr. 10. Vgl. auch *Jaeger/Henckel* § 37 RdNr. 25; *Rosenberg/Gaul/Schilken/Becker-Eberhard* § 20 RdNr. 49.

chend den anderen Güterständen – **nicht durch Eröffnung des Insolvenzverfahrens**.[23] Nach § 7 LPartG i. V. m. §§ 1415 bis 1482 BGB können auch **eingetragene Lebenspartner** durch Lebenspartnerschaftsvertrag den Güterstand der Gütergemeinschaft vereinbaren; die nachfolgenden Grundsätze finden in diesem Fall entsprechende Anwendung.[24]

Im Gegensatz zu den vorgenannten Güterständen der Zugewinngemeinschaft und der Gütertrennung ist das von den Ehegatten in die Gütergemeinschaft eingebrachte und das während der Ehe erworbene Vermögen gemeinschaftliches Vermögen beider Ehegatten, sog. **Gesamtgut** (§ 1416 Abs. 1 BGB).[25] Das Gesamtgut steht den Ehegatten in Gesamthandsgemeinschaft zu, § 1419 BGB. Daraus folgt, dass jeder Ehegatte weder über seinen Anteil am Gesamtgut noch über die dazu gehörenden Einzelgegenstände verfügen kann. Die Verwaltung des Gesamtguts soll im Ehevertrag geregelt werden; bei fehlender Regelung verwalten die Ehegatten das Gesamtgut gemeinschaftlich, § 1421 BGB. 17

Vom Gesamtgut sind die **Eigenvermögen** (Sonder- und Vorbehaltsgut) der Ehegatten zu trennen. **Sondergut** (§ 1417 BGB) ist Vermögen, das nicht durch Rechtsgeschäft übertragen werden kann, etwa Nießbrauchs- oder Urheberrechte.[26] Mangels Übertragbarkeit ist das Sondergut regelmäßig nicht pfändbar (§ 851 Abs. 1 ZPO) und gehört dann auch nicht zur Insolvenzmasse (§ 36 Abs. 1).[27] **Vorbehaltsgut** (§ 1418 BGB) entsteht durch ehevertragliche Bestimmung oder durch Bestimmung eines Dritten, der das Gut einem Ehegatten unentgeltlich zu Lebzeiten oder von Todes wegen zugewandt hat.[28] Vorbehaltsgut sind auch Früchte und Surrogate des Vorbehaltsguts.[29] Jeder Ehegatte verwaltet sein Sonder- und Vorbehaltsgut selbstständig, §§ 1417 Abs. 3, 1418 Abs. 3 BGB. Nur hinsichtlich beweglicher Sachen aus dem Sonder- und Vorbehaltsgut, nicht jedoch bezüglich der zum Gesamtgut gehörigen Gegenstände kann die **Eigentumsvermutung des § 1362 BGB** (dazu RdNr. 8 f.) zur Anwendung gelangen.[30] 18

Gehört zum Gesamtgut ein Nachlass, so kann über diesen ein **selbstständiges Nachlassinsolvenzverfahren** gemäß § 11 Abs. 2 Nr. 2, §§ 315 bis 331 eröffnet werden, § 318. Das Nachlassinsolvenzverfahren kann parallel zu einem Insolvenzverfahren über das Vermögen eines Ehegatten nach § 37 Abs. 1, 2 oder auch zu einem Sonderinsolvenzverfahren über das Gesamtgut nach §§ 11 Abs. 2 Nr. 2, 333 f. eröffnet werden, wobei dann § 331 Abs. 2 zu beachten ist.[31] 19

2. Insolvenzmasse. Bei der ehelichen Gütergemeinschaft bestehen **drei voneinander zu trennende Vermögensmassen:** das Gesamtgut (§ 1416 BGB), das Eigenvermögen des einen Ehegatten und das Eigenvermögen des anderen Ehegatten. Für die in § 37 geregelte Frage, ob das Gesamtgut bei Eröffnung eines Insolvenzverfahrens über das Vermögen eines Ehegatten zur Insolvenzmasse gehört, ist Anknüpfungspunkt nicht die Vermögensinhaberschaft, sondern die von den Ehegatten gewählte **Form der Verwaltung des Gesamtguts**.[32] Dabei ist auf die eingangs dargestellte **Einteilung in drei Fallgruppen** zurückzugreifen (RdNr. 1). 20

a) Insolvenz des allein verwaltenden Ehegatten. Bei dieser ersten Fallgruppe gehört neben dem nach Maßgabe der §§ 35, 36 zu berücksichtigenden Eigenvermögen (Sonder- und Vorbehaltsgut) des verwaltenden Ehegatten auch das Gesamtgut zur Insolvenzmasse, Abs. 1 Satz 1.[33] **Schuldner** ist nur der verwaltende Ehegatte.[34] Die **Eröffnungsgründe** nach §§ 17, 18 beziehen sich auf das aus dem Eigenvermögen des Schuldners und dem Gesamtgut beider Ehegatten bestehende Ver- 21

---

[23] Mot. IV, S. 370 f., 398; *Maßfeller*, Das Güterrecht des Gleichberechtigungsgesetzes, DB 1957, 1145; *Schuler* NJW 1958, 1609; *Grziwotz* Rpfleger 2008, 290; MünchKommBGB-*Kanzleiter* § 1447 RdNr. 2; *Jaeger/Henckel* § 37 RdNr. 20; *Hess* InsO § 37 RdNr. 33 f. Krit. *Kübler/Prütting/Bork/Holzer* § 35 RdNr. 42, § 37 RdNr. 8.
[24] FK-*Bornemann* § 37 RdNr. 11; *Graf-Schlicker/Kexel* § 37 RdNr. 9.
[25] Zur Frage, ob ein Kommanditanteil Bestandteil des Gesamtguts sein kann vgl. BayObLG DNotZ 2003, 454 f. m. Anm. *Kanzleiter* DNotZ 2003, 422 ff.
[26] MünchKommBGB-*Kanzleiter* § 1417 RdNr. 4; *Erman/Heckelmann* § 1417 RdNr. 2. Vgl. auch *Uhlenbruck/Knof* § 37 RdNr. 4.
[27] Ausnahmen sind in Fällen des § 857 Abs. 3 ZPO denkbar, vgl. *Soergel/Gaul* § 1417 RdNr. 7; *Jaeger/Henckel* § 37 RdNr. 23.
[28] Dazu auch *Uhlenbruck/Knof* § 37 RdNr. 5. Für die Frage, ob das Gut wirksam zum Vorbehaltsgut bestimmt wurde, kommt es im Rahmen des Insolvenzverfahrens auf eine Eintragung im Güterrechtsregister (§ 1418 Abs. 4 i. V. m. § 1412 BGB) nicht an; vgl. MünchKommBGB-*Kanzleiter* § 1412 RdNr. 4.
[29] So auch *Uhlenbruck/Knof* § 37 RdNr. 11.
[30] So auch *Grziwotz* Rpfleger 2008, 290.
[31] Vgl. insoweit die Ausführungen zu § 333 RdNr. 7.
[32] *Jaeger/Henckel* § 37 RdNr. 14. Krit. zum Anknüpfungspunkt der Verwaltungsbefugnis für die Einbeziehung des Gesamtguts in die Insolvenzmasse *Kübler/Prütting/Bork/Holzer* § 35 RdNr. 41, § 37 RdNr. 5, 10.
[33] Mot. IV, S. 372; *Jaeger/Henckel* § 37 RdNr. 15; *Kübler/Prütting/Bork/Holzer* § 37 RdNr. 4.
[34] *Jaeger/Henckel* § 37 RdNr. 17 f.

mögen.³⁵ Als Ausnahme zum Grundsatz, dass den Insolvenzgläubigern nur das schuldnereigene Vermögen haftet, wird durch die Einbeziehung des Gesamtguts in die **Insolvenzmasse** der Zugriff auf schuldnerfremdes Vermögen, nämlich auf das beiden Ehegatten in gemeinsamem Eigentum zustehende **Gesamtgut**, ermöglicht.³⁶ Dies beruht darauf, dass der nicht verwaltende Ehegatte dem anderen Ehegatten mit dem Verwaltungsrecht auch die Verfügungsbefugnis über das Gesamtgut eingeräumt hat, § 1422 Satz 1 BGB.³⁷ Als problematisch erweist sich in diesem Zusammenhang aber die **Einbeziehung des Neuerwerbs** nach § 35 (dazu § 35 RdNr. 45 ff., 52). Denn in der Insolvenz des allein verwaltenden Ehegatten wird auch der während des Verfahrens vom nicht verwaltenden Ehegatten erzielte Neuerwerb – soweit dieser nicht zum Sonder- oder Vorbehaltsgut gehört – Bestandteil des Gesamtguts.³⁸ Demzufolge fällt nicht nur das vom Schuldner erworbene (pfändbare) Arbeitseinkommen, sondern regelmäßig auch das von dem anderen Ehegatten erzielte (pfändbare) Einkommen als Neuerwerb in das Gesamtgut und damit in die Insolvenzmasse.³⁹ Strittig ist, ob die Ehegatten das nach Verfahrenseröffnung erzielte Arbeitseinkommen des anderen Ehegatten durch Ehevertrag noch wirksam zum Vorbehaltsgut erklären können (§ 1418 Abs. 2 Nr. 1 BGB), damit dieses nicht in die Masse fällt. Dies muss bejaht werden, denn trotz Eröffnung des Insolvenzverfahrens kann den Ehegatten die **Gestaltung ihres Güterstandes für die Zukunft** nicht verwehrt werden, zumal die Gläubiger kein schützenswertes Interesse am Arbeitseinkommen des anderen Ehegatten geltend machen können.⁴⁰

22 Aus der einheitlichen, Eigenvermögen des Schuldners und Gesamtgut der Ehegatten umfassenden Masse sind die Insolvenzgläubiger zu befriedigen.⁴¹ Der nicht verwaltende Ehegatte verliert dadurch seinen **Gesamtgutsanteil**. Hinsichtlich seines Eigenvermögens hat der nicht verwaltende Ehegatte ein **Aussonderungsrecht** nach § 47, wobei er allerdings die Vermutung der Zugehörigkeit der Gegenstände zum Gesamtgut nach § 1416 Abs. 1 BGB entkräften muss.⁴² Damit bleibt für die **Eigentumsvermutung des § 1362 BGB** kaum ein Anwendungsbereich, denn mit dem Nachweis, dass der Gegenstand nicht zum Gesamtgut gehört, sind auch regelmäßig die Eigentumsverhältnisse geklärt.⁴³

23 Das Gesamtgut fällt auch dann in die Insolvenzmasse, wenn vor Eröffnung des Insolvenzverfahrens Klage auf **Aufhebung der Gemeinschaft** nach § 1447 oder § 1448 BGB erhoben wurde, die Aufhebung jedoch noch nicht eingetreten war.⁴⁴ Aber auch nach Verfahrenseröffnung sind die Ehegatten nicht gehindert, durch Ehevertrag die Gütergemeinschaft aufzuheben (§§ 1408, 1414 BGB).⁴⁵ Darüber hinaus kann der verwaltende Ehegatte bei Überschuldung (nicht Zahlungsunfähigkeit) des Gesamtguts Klage auf Aufhebung der Gemeinschaft nach § 1447 Nr. 3 BGB erheben.⁴⁶ Gemäß Abs. 1 Satz 2 ist die Auseinandersetzung des insolvenzverfangenen Gesamtguts nach Verfahrenseröffnung zwar ausgeschlossen, jedoch hat die Beendigung der Gütergemeinschaft in diesen Fällen die Wirkung, dass auch der Neuerwerb des Schuldners nicht mehr in das Gesamtgut⁴⁷ und damit auch nicht mehr in die Insolvenzmasse fällt.⁴⁸ Da § 37 als Ausnahme vom Grundsatz, dass den Insolvenzgläubigern nur das schuldnereigene Vermögen haftet, an die von den Ehegatten gewählte Form der Verwaltungszuständigkeit anknüpft, müssen die Folgen dieser vom Gesetzgeber gewählten Anknüpfung auch konsequent umgesetzt werden, zumal sich die systemwidrige Durchbrechung der haf-

---

³⁵ *Jaeger/Henckel* § 37 RdNr. 14. Vgl. auch *Uhlenbruck/Knof* § 37 RdNr. 7.
³⁶ So auch FK-*Bornemann* § 37 RdNr. 2.
³⁷ RT-Drucks. 9/100, 24. Vgl. weiter *Jaeger/Henckel* § 37 RdNr. 14.
³⁸ So auch *Braun/Bäuerle* § 37 RdNr. 3.
³⁹ So auch *Jaeger/Henckel* § 37 RdNr. 15; HambKomm-*Lüdtke* § 37 RdNr. 7. Krit. dazu *Kübler/Prütting/Bork/Holzer* § 35 RdNr. 39 ff. Vgl. auch MünchKommBGB-*Kanzleiter* § 1417 RdNr. 4.
⁴⁰ Zust. *Grziwotz* Rpfleger 2008, 290. Vgl. dazu auch *Jaeger/Henckel* § 37 RdNr. 15; *Leipold/Dieckmann*, S. 127, 136; aber auch RGZ 57, 81, 83, 85. Zur Berücksichtigung des Arbeitseinkommens des Ehegatten vgl. weiter BT-Drucks. 12/7302, 191 zu § 305 Abs. 1 Nr. 4 sowie *Grub/Smid*, Verbraucherinsolvenz als Ruin des Schuldners – Strukturprobleme des neuen Insolvenzrechts, DZWIR 1999, 2, 6.
⁴¹ *Kübler/Prütting/Bork/Holzer* § 37 RdNr. 7; *Uhlenbruck/Knof* § 37 RdNr. 7; *Schuler* NJW 1958, 1609.
⁴² Dazu insgesamt Mot. IV, S. 335; MünchKommBGB-*Kanzleiter* § 1416 RdNr. 4; *Staudinger/Thiele* § 1416 RdNr. 12; *Hess* InsO § 37 RdNr. 42, 46; *Jaeger/Henckel* § 37 RdNr. 16; HambKomm-*Lüdtke* § 37 RdNr. 9.
⁴³ LG München II DGVZ 1982, 188; *Müller*, S. 16; *Weber*, Die Zwangsvollstreckung in Mobilien nach dem Gleichberechtigungsgesetz, Der Deutsche Rechtspfleger 1959, 179, 180; MünchKommBGB-*Weber-Monecke* § 1362 RdNr. 14. Vgl. weiter *Rosenberg/Gaul/Schilken/Becker-Eberhard* § 20 RdNr. 7; *Gottwald/Adolphsen*, Insolvenzrechts-Handbuch, § 40 RdNr. 104.
⁴⁴ Mot. IV, S. 372; *Jaeger/Henckel* § 37 RdNr. 31.
⁴⁵ RGZ 57, 81, 83; BGHZ 57, 123, 126.
⁴⁶ Dazu insgesamt *Soergel/Gaul* § 1447 RdNr. 9; *Staudinger/Thiele* § 1447 RdNr. 21; *Uhlenbruck/Knof* § 37 RdNr. 8; *Jaeger/Henckel* § 37 RdNr. 20.
⁴⁷ Mot. IV, S. 404 f.
⁴⁸ Vgl. *Müller*, S. 109 f.; *Menz*, S. 199 f.

tungsrechtlichen Zuweisung der Vermögensmassen durch § 37 je nach Konstellation sowohl zugunsten als auch zulasten der Insolvenzgläubiger auswirken kann.[49]

Insolvenzgläubiger sind sämtliche **Gläubiger des verwaltenden Ehegatten,** unabhängig davon, ob sich die Forderungen gegen das Gesamtgut oder das Eigenvermögen des Schuldners richten.[50] Insolvenzgläubiger sind auch diejenigen Gläubiger, deren Forderungen gegen das Gesamtgut durch den anderen Ehegatten begründet wurden.[51] Nach § 1437 Abs. 2 Satz 1 BGB haftet der verwaltende Ehegatte diesen Gesamtgutsgläubigern nicht nur mit dem Gesamtgut, sondern auch persönlich als Gesamtschuldner mit seinem Eigenvermögen. **Gesamtgutsverbindlichkeiten** sind somit sämtliche Verbindlichkeiten der Ehegatten, soweit nicht nach §§ 1438 bis 1440 BGB ausschließlich das Eigenvermögen eines Ehegatten haftet. Zu den Gesamtgutsverbindlichkeiten gehören insbesondere auch die von dem nicht verwaltungsbefugten Ehegatten in die Ehe eingebrachten persönlichen Verbindlichkeiten sowie seine während der Ehe eingegangenen Verbindlichkeiten, soweit der andere Ehegatte das zugrunde liegende Rechtsgeschäft genehmigt oder es unwidersprochen geduldet hat.[52] Weiter gehören nach Maßgabe des § 1431 BGB dazu Verbindlichkeiten aus dem Erwerbsgeschäft des nicht verwaltenden Ehegatten.[53]

Da der nicht verwaltungsbefugte Ehegatte für die von ihm begründeten Gesamtgutsverbindlichkeiten auch mit seinem Eigenvermögen haftet,[54] können die Gläubiger unabhängig vom Insolvenzverfahren **Befriedigung aus dem Eigenvermögen des nicht verwaltungsbefugten Ehegatten** verlangen. § 89 Abs. 1 steht dem nicht entgegen, weil es sich zum einen bei dem Eigenvermögen des nicht verwaltenden Ehegatten nicht um Vermögen des Schuldners handelt und zum anderen die Gläubiger beim Zugriff auf das Eigenvermögen nicht in ihrer Eigenschaft als Insolvenzgläubiger, sondern als persönliche Gläubiger des nicht verwaltungsbefugten Ehegatten auftreten. Insoweit fehlt allerdings eine § 334 entsprechende Regelung (dazu § 334 RdNr. 22 ff.).

Nach allgemeiner Ansicht unterliegt der **Insolvenzverwalter** bei der Verwertung des Gesamtguts nicht den Beschränkungen der §§ 1423, 1424 BGB.[55]

Bei einer Gütergemeinschaft mit alleiniger Verwaltungsbefugnis eines Ehegatten ist im Umkehrschluss aus § 11 Abs. 2 Nr. 2, der nur bei gemeinschaftlich verwaltetem Gesamtgut einer Gütergemeinschaft Anwendung findet, ein **selbstständiges Insolvenzverfahren über das Gesamtgut** nicht zulässig.[56]

b) Insolvenz des nicht verwaltenden Ehegatten. Nach Abs. 1 Satz 3 wird das Gesamtgut durch Eröffnung des Insolvenzverfahrens über das Vermögen des nicht verwaltenden Ehegatten nicht berührt. Zur Insolvenzmasse gehören daher in dieser zweiten Fallgruppe nach Maßgabe der §§ 35, 36 das **Sonder- und Vorbehaltsgut** des nicht verwaltenden Ehegatten, der **Schuldner** des Verfahrens ist.[57] Demzufolge beziehen sich die **Eröffnungsgründe** nach §§ 17, 18 auch nur auf das aus Sonder- und Vorbehaltsgut bestehende Eigenvermögen des Schuldners. Zur Insolvenzmasse gehört insbesondere **nicht der Gesamtgutsanteil** des Schuldners, denn mangels Verfügungsmöglichkeit über den Gesamtgutsanteil (§ 1419 Abs. 1 BGB) ist dieser nach § 860 Abs. 1 ZPO auch nicht pfändbar (§ 36 Abs. 1).[58] Der Gesamtgutsanteil kann erst dann Gegenstand der Insolvenzmasse werden, wenn die Gütergemeinschaft beendet und der Anteil gemäß § 860 Abs. 2 ZPO pfändbar geworden ist.[59] Wird daher nach Verfahrenseröffnung über das Eigenvermögen des nicht verwalten-

---

[49] Krit. dazu *Kübler/Prütting/Bork/Holzer* § 35 RdNr. 39 ff. mit Hinweis darauf, dass die Einbeziehung des Neuerwerbs mit dem Prinzip der haftungsrechtlichen Zuweisung von Vermögensmassen anhand der Verwaltungszuständigkeit bei der Gütergemeinschaft nicht vereinbar sei.
[50] *Jaeger/Henckel* § 37 RdNr. 19; *Kübler/Prütting/Bork/Holzer* § 37 RdNr. 7; *Oepen*, Massefremde Masse, 1999, RdNr. 60 (Fn. 140).
[51] So auch HambKomm-*Lüdtke* § 37 RdNr. 5. Vgl. weiter FK-*Bornemann* § 37 RdNr. 4; *Bork* RdNr. 434; *Breuer*, Insolvenzrecht RdNr. 750, 753.
[52] MünchKommBGB-*Kanzleiter* § 1437 RdNr. 1 ff., § 1438 RdNr. 1 f.; *Staudinger/Thiele* § 1437 RdNr. 7 f.
[53] *Baur* FamRZ 1958, 252, 258; *Jaeger/Henckel* § 37 RdNr. 19; MünchKommBGB-*Kanzleiter* § 1431 RdNr. 1 f., 9. Vgl. auch BGHZ 83, 76, 78 ff. und BGH BeckRS 2011, 15426 (zu Rechtsgeschäften, die der Geschäftsbetrieb mit sich bringt, i. S. d. § 1456 Abs. 1 Satz 1 BGB; entsprechend § 1431 Abs. 1 Satz 1 BGB).
[54] RT-Drucks. 9/237, 4; *Seuffert*, Eine Lücke des Konkursrechts, DJZ 1898, 119.
[55] Mot. IV, S. 372; *Grziwotz* Rpfleger 2008, 290; MünchKommBGB-*Kanzleiter* § 1437 RdNr. 16; *Staudinger/Thiele* Vorbem. zu §§ 1437 ff. RdNr. 22; *Hess* InsO § 37 RdNr. 43; *Kübler/Prütting/Bork/Holzer* § 37 RdNr. 9; *Uhlenbruck/Knof* § 37 RdNr. 7. Zust. auch *Jaeger/Henckel* § 37 RdNr. 15.
[56] Krit. dazu *Kübler/Prütting/Bork/Holzer* § 37 RdNr. 4 ff.
[57] Dazu umfassend *Jaeger/Henckel* § 37 RdNr. 23.
[58] RT-Drucks. 9/100, 24; Mot. IV, S. 373; BGH FamRZ 2006, 1030, 1031 mwN = ZInsO 2006, 597; *Breuer*, Insolvenzrecht RdNr. 753; *Müller*, S. 110; *Menz*, S. 202; *Jaeger/Henckel* § 37 RdNr. 21; *Hess* InsO § 37 RdNr. 41; *Staudinger/Thiele* Vorbem. zu §§ 1437 ff. RdNr. 21.
[59] Mot. IV, S. 408.

den Ehegatten die Gütergemeinschaft beendet,[60] so fällt dessen Anteil am Gesamtgut als Neuerwerb in die Insolvenzmasse (dazu RdNr. 36). Bei bestehender Gütergemeinschaft kann der **Neuerwerb** des Schuldners nur dann zur Insolvenzmasse gezogen werden, wenn er nach den §§ 1417 f. BGB dem Sonder- oder Vorbehaltsgut zuzuordnen ist.[61] Das ist aber insbesondere für Gehaltszahlungen zu verneinen, denn diese werden regelmäßig Bestandteil des Gesamtguts.[62] Begründen die Ehegatten erst nach Verfahrenseröffnung die Gütergemeinschaft und vereinbaren sie die Verwaltungsbefugnis des nicht insolventen Ehegatten, so fließt der Neuerwerb nach Maßgabe des Vorgenannten regelmäßig in das Gesamtgut und steht damit der Insolvenzmasse nicht zur Verfügung.[63] Dies führt nicht zu einer Lücke im Gläubigerschutz, denn alle Verbindlichkeiten des nicht verwaltenden (insolventen) Ehegatten, die vor dem Eintritt der Gütergemeinschaft entstanden sind, sind Gesamtgutsverbindlichkeiten,[64] für die das Gesamtgut und der andere Ehegatte persönlich mit seinem Eigenvermögen haften (s.u. RdNr. 30).[65]

29 Dem verwaltenden Ehegatten steht in der Insolvenz des anderen Ehegatten ein **Aussonderungsrecht** hinsichtlich seines Eigenvermögens und des Gesamtguts nach § 47 zu.[66] Hier gilt die widerlegbare Vermutung der Zugehörigkeit der Gegenstände zum Gesamtgut nach § 1416 BGB nun zugunsten des verwaltenden Ehegatten (zur Anwendung des § 1362 BGB s.o. RdNr. 22).[67]

30 **Insolvenzgläubiger** sind alle **Gläubiger des Schuldners.** Dies umfasst sowohl die Gläubiger, die nach §§ 1438 bis 1440 BGB Befriedigung allein aus dem Eigenvermögen des Schuldners verlangen können, als auch diejenigen, die Inhaber einer Forderung gegen das Gesamtgut sind. Diesen **Gesamtgutsgläubigern** haftet auch das Gesamtgut sowie der andere Ehegatte persönlich als Gesamtschuldner mit seinem Eigenvermögen, § 1437 BGB. Unabhängig vom Insolvenzverfahren können daher die Gesamtgutsgläubiger Befriedigung aus dem Gesamtgut und aus dem Eigenvermögen des anderen Ehegatten verlangen.[68] § 89 Abs. 1 steht einer solchen Befriedigung nicht entgegen, weil die Gläubiger beim Zugriff auf das Gesamtgut und auf das Eigenvermögen des anderen Ehegatten nicht als Insolvenzgläubiger, sondern als Gläubiger des verwaltenden Ehegatten auftreten.[69]

31 Mangels gemeinschaftlicher Verwaltung kann ebenso wie in Fallgruppe 1 **kein selbstständiges Insolvenzverfahren über das Gesamtgut** eröffnet werden, § 11 Abs. 2 Nr. 2 (dazu RdNr. 27).

32 **c) Insolvenz eines Ehegatten bei gemeinschaftlicher Verwaltung.** Nach Abs. 2 gehört das Gesamtgut auch dann nicht zur Insolvenzmasse, wenn bei gemeinschaftlicher Verwaltung des Gesamtguts ein Insolvenzverfahren über das Vermögen eines Ehegatten eröffnet wird. Die Insolvenzmasse umfasst in dieser dritten Fallgruppe – nach Maßgabe der §§ 35, 36 – das **Sonder- und Vorbehaltsgut** des Ehegatten, der **Schuldner** des Verfahrens ist.[70] Demzufolge beziehen sich die **Eröffnungsgründe** nach §§ 17, 18 auch nur auf das aus Sonder- und Vorbehaltsgut bestehende Eigenvermögen des Schuldners.[71] Der **Gesamtgutsanteil** des Schuldners ist **nicht Bestandteil der Insolvenzmasse,** § 860 Abs. 1 ZPO, § 36.[72] Nur bei Beendigung der Gütergemeinschaft nach Verfahrenseröffnung fällt der nunmehr nach § 860 Abs. 2 ZPO pfändbare Gesamtgutsanteil des Schuldners als Neuerwerb in die Insolvenzmasse (dazu RdNr. 28, 36). Bei bestehender Gütergemeinschaft wird der **Neuerwerb** des Schuldners nur dann ausnahmsweise Bestandteil der Insolvenz-

---

[60] Etwa durch Aufhebungsurteil (§ 1449 Abs. 1 i. V. m. §§ 1447, 1448 BGB) oder durch Ehevertrag (§§ 1408, 1414 BGB), dessen Abschluss jederzeit möglich ist (BGHZ 57, 123, 126). Vgl. weiter *Griziwotz* Rpfleger 2008, 290.

[61] So gehören etwa Erträge aus dem Sondergut zum Gesamtgut (MünchKommBGB-*Kanzleiter* § 1417 RdNr. 7; *Staudinger/Thiele* § 1417 RdNr. 17) und fallen damit nicht in die Insolvenzmasse; *Nerlich/Römermann/ Andres* § 37 RdNr. 11. AA *Kübler/Prütting/Bork/Holzer* § 37 RdNr. 11.

[62] Zust. HambKomm-*Lüdtke* § 37 RdNr. 10. Vgl. weiter MünchKommBGB-*Kanzleiter* 1417 RdNr. 4. Krit. *Leipold/Dieckmann*, S. 127, 136.

[63] Krit. dazu *Leipold/Dieckmann*, S. 127, 137; *Griziwotz* Rpfleger 2008, 290; *Kübler/Prütting/Bork/Holzer* § 35 RdNr. 43.

[64] *Staudinger/Thiele* § 1417 RdNr. 7.

[65] So auch *Uhlenbruck/Knof* § 37 RdNr. 12. Vgl. weiter BGH NZI 2006, 402 = FamRZ 2006, 1030, 1031.

[66] BGH NZI 2006, 402 = FamRZ 2006, 1030 m. Anm. *Bäuerle* FD-InsR 2006, 184340; HambKomm-*Lüdtke* § 37 RdNr. 10; *Uhlenbruck/Knof* § 37 RdNr. 10; *Braun/Bäuerle* § 37 RdNr. 6; *Jaeger/Henckel* § 37 RdNr. 21; *Müller*, S. 110; *Menz*, S. 202 f.

[67] MünchKommBGB-*Kanzleiter* § 1416 RdNr. 4.

[68] BGH FamRZ 2006, 1030, 1031; *Baur* FamRZ 1958, 252, 258; *Schuler* NJW 1958, 1609; *Müller*, S. 110; *Menz*, S. 202; MünchKommBGB-*Kanzleiter* § 1437 RdNr. 17.

[69] *Jaeger/Henckel* § 37 RdNr. 22; *Kübler/Prütting/Bork/Holzer* § 37 RdNr. 12; HambKomm-*Lüdtke* § 37 RdNr. 11; *Uhlenbruck/Knof* § 37 RdNr. 12.

[70] *Andres/Leithaus* § 37 RdNr. 3.

[71] So auch *Uhlenbruck/Knof* § 37 RdNr. 13.

[72] *Jaeger/Henckel* § 37 RdNr. 24; *Uhlenbruck/Knof* § 37 RdNr. 15.

masse, wenn er dessen Eigenvermögen zuzuordnen ist (s.o. RdNr. 28). Hinsichtlich des Gesamtguts steht beiden Ehegatten nach § 47 ein **Aussonderungsrecht** zu.[73] Auch hier gilt die widerlegbare Vermutung der Zugehörigkeit der Gegenstände zum Gesamtgut nach § 1416 BGB (s.o. RdNr. 29).

Insolvenzgläubiger sind alle Gläubiger, die einen Anspruch gegen den Schuldner haben. Da nach § 1459 Abs. 1 BGB grundsätzlich alle Schulden der Ehegatten (von den Ausnahmen der §§ 1460 bis 1462 BGB abgesehen) **Gesamtgutsverbindlichkeiten** sind und für diese Verbindlichkeiten beide Ehegatten persönlich als Gesamtschuldner mit ihrem Eigenvermögen haften (§ 1459 Abs. 2 BGB),[74] müssen die Verbindlichkeiten nicht durch den Schuldner begründet worden sein. Zu den Gesamtgutsverbindlichkeiten gehören insbesondere die von den Ehegatten in die Gütergemeinschaft eingebrachten persönlichen Verbindlichkeiten sowie die während der Ehe von einem Ehegatten mit Zustimmung des anderen Ehegatten eingegangenen Verbindlichkeiten (§ 1460 Abs. 1 BGB). Einer Zustimmung bedarf es jedoch nicht, wenn der Ehegatte darin eingewilligt hat, dass der andere Ehegatte selbstständig ein Erwerbsgeschäft betreibt (§ 1456 Abs. 1 BGB), oder das selbstständige Betreiben eines Erwerbsgeschäfts des anderen Ehegatten ohne Einspruch geduldet hat (§ 1456 Abs. 2 BGB) und es um ein Rechtsgeschäft geht, das der Geschäftsbetrieb mit sich bringt.[75] Insolvenzgläubiger sind aber nicht nur die Gesamtgutsgläubiger, sondern auch die Gläubiger, die nach Maßgabe der §§ 1460 bis 1462 BGB Befriedigung aus dem Eigenvermögen des Schuldners verlangen können.[76] Vom Verfahren ausgeschlossen sind damit nur diejenigen Gläubiger, die ausschließlich einen Anspruch gegen das Eigenvermögen des anderen Ehegatten haben. Da den Gesamtgutsgläubigern zusätzlich das Gesamtgut sowie der andere Ehegatte mit seinem Eigenvermögen persönlich haften, können diese Gläubiger unabhängig vom Insolvenzverfahren Befriedigung aus dem Gesamtgut und aus dem Eigenvermögen des anderen Ehegatten verlangen; § 89 Abs. 1 steht dem nicht entgegen (s.o. RdNr. 25, 30).

Nach § 11 Abs. 2 Nr. 2 kann über das gemeinsam verwaltete Gesamtgut ein **selbstständiges Insolvenzverfahren gemäß §§ 333, 334** eröffnet werden. Die Eröffnung dieses Sonderinsolvenzverfahrens ist nicht davon abhängig, dass über das Vermögen eines oder beider Ehegatten (Sonder- und Vorbehaltsgut) ein Insolvenzverfahren eröffnet worden ist. Umgekehrt schließt auch ein Insolvenzverfahren über das Vermögen eines oder beider Ehegatten nicht die Eröffnung eines selbstständigen Insolvenzverfahrens über das Gesamtgut nach §§ 333, 334 aus.[77] Bei gemeinschaftlicher Verwaltung des Gesamtguts ist somit das Zusammentreffen von drei Insolvenzverfahren denkbar: das Insolvenzverfahren über das Eigenvermögen eines Ehegatten, das Insolvenzverfahren über das Eigenvermögen des anderen Ehegatten sowie das Sonderinsolvenzverfahren über das Gesamtgut. Die Gesamtgutsgläubiger sind jedoch nur am Sonderinsolvenzverfahren über das Gesamtgut beteiligt, während sie vom Verfahren über das Eigenvermögen eines Ehegatten für die Dauer des Sonderinsolvenzverfahrens nach § 334 Abs. 1 ausgeschlossen sind (dazu § 334 RdNr. 18).

3. Insolvenzverfahren zwischen Aufhebung der Gütergemeinschaft und Auseinandersetzung des Gesamtguts. Nach seinem eindeutigen Wortlaut findet § 37 nur Anwendung, wenn **bei** dem Güterstand der Gütergemeinschaft das Insolvenzverfahren eröffnet wird.[78] Für die Phase zwischen Aufhebung der Gütergemeinschaft und Auseinandersetzung des Gesamtguts kann daher auf die vorstehenden Grundsätze nicht zurückgegriffen werden. In dieser Phase verwalten die Ehegatten das Gesamtgut gemeinschaftlich (§ 1472 Abs. 1 BGB), und zwar unabhängig davon, welche Verwaltungsform in der ehelichen Gütergemeinschaft bis zu deren Aufhebung galt.[79]

a) Insolvenzverfahren über das Vermögen eines Ehegatten. Bei Eröffnung eines Insolvenzverfahrens über das Vermögen eines Ehegatten nach Aufhebung der Gemeinschaft aber noch vor Auseinandersetzung des Gesamtguts gehört der nach § 860 Abs. 2 ZPO pfändbare **Gesamtgutsanteil** des Schuldners neben dessen Eigenvermögen zur Insolvenzmasse.[80] Auch wenn der Gesamtgutsanteil mit Verfahrenseröffnung insolvenzverfangen ist, realisiert sich der entsprechende Vermögenswert (Überschuss nach § 1476 Abs. 1 BGB) jedoch erst nach der außerhalb des Insol-

---

[73] So auch HambKomm-*Lüdtke* § 37 RdNr. 13. Vgl. weiter *Müller*, S. 110 f.; *Menz*, S. 204.
[74] *Breuer*, Insolvenzrecht RdNr. 751.
[75] BGH BeckRS 2011, 15426 (so auch die Vorinstanz: LG Duisburg BeckRS 2011, 15493).
[76] So auch HambKomm-*Lüdtke* § 37 RdNr. 5.
[77] *Breuer*, Insolvenzrecht RdNr. 754; *Hess* InsO § 37 RdNr. 49; *Kübler/Prütting/Bork/Holzer* § 37 RdNr. 13. Vgl. auch *Böhle-Stamschräder*, Änderungen der Konkursordnung und der Vergleichsordnung durch das Gleichberechtigungsgesetz, KTS 1957, 97, 98; *Uhlenbruck/Knof* § 37 RdNr. 14.
[78] Dazu *Menz*, S. 207 f.; *Uhlenbruck/Knof* § 37 RdNr. 17.
[79] Mot. IV, S. 404 f.
[80] RT-Drucks. 9/100, 25; *Hahn/Mugdan*, Materialien, Bd. 7, S. 233 f.; Mot. IV, S. 405, 408 f.; MünchKommBGB-*Kanzleiter* § 1471 RdNr. 8; *Staudinger/Thiele* § 1471 RdNr. 14; *Hess* InsO § 37 RdNr. 50; HambKomm-*Lüdtke* § 37 RdNr. 4; *Leonhardt/Smid/Zeuner* § 37 RdNr. 7; *Jaeger/Henckel* § 37 RdNr. 33; *Menz*, S. 208.

venzverfahrens durchzuführenden Auseinandersetzung (§ 84 Abs. 1 Satz 1).[81] Der **Neuerwerb** des Schuldners fällt allerdings nicht mehr in das Gesamtgut[82] und ist damit für die Insolvenzmasse sofort verfügbar. Dem anderen Ehegatten steht hinsichtlich seines Eigenvermögens ein **Aussonderungsrecht** nach § 47 zu (s.o. RdNr. 22).

37 **Insolvenzgläubiger** sind alle Gläubiger, denen der Ehegatte persönlich haftet und zwar auch dann, wenn es sich um die Haftung für **Gesamtgutsverbindlichkeiten** nach § 1437 Abs. 2 Satz 1 BGB oder § 1459 Abs. 2 Satz 1 BGB handelt. Zu beachten ist dabei, dass die Mithaftung für die von dem anderen Ehegatten begründeten Gesamtgutsverbindlichkeiten gemäß § 1437 Abs. 2 Satz 2 BGB bzw. § 1459 Abs. 2 Satz 2 BGB entfällt, wenn diese im Innenverhältnis dem anderen Ehegatten zur Last fallen (§§ 1441 ff., 1463 ff. BGB). Neue Gesamtgutsverbindlichkeiten können nach Beendigung der Gütergemeinschaft nicht mehr begründet werden.[83] Diejenigen Insolvenzgläubiger, die Inhaber einer Forderung gegen das Gesamtgut sind, können außerhalb des Insolvenzverfahrens aus dem Gesamtgut und bei persönlicher Haftung des anderen Ehegatten auch aus dessen Eigenvermögen Befriedigung verlangen. Eine Zwangsvollstreckung in einzelne Gegenstände des Gesamtguts soll nach den Motiven aber daran scheitern, dass der Gesamtgutsanteil des Schuldners insolvenzverfangen ist und sich die Zwangsvollstreckung in einzelne Gegenstände des Gesamtguts zugleich als eine Zwangsvollstreckung in den insolvenzverfangenen Gesamtgutsanteil des Schuldners darstellt.[84]

38 b) **Sonderinsolvenzverfahren über das Gesamtgut.** In der Zeit zwischen Aufhebung der Gütergemeinschaft und Auseinandersetzung des Gesamtguts ist nach allgemeiner Ansicht ein Sonderinsolvenzverfahren über das Gesamtgut nach Maßgabe der §§ 333, 334 zulässig und zwar unabhängig davon, welche Verwaltungsform in der Gütergemeinschaft bis zu deren Aufhebung galt (dazu umfassend § 333 RdNr. 20 f., 23, § 334 RdNr. 25).[85]

IV. Fortgesetzte Gütergemeinschaft

39 **1. Begriff.** Die fortgesetzte Gütergemeinschaft tritt nach § 1483 Abs. 1 BGB ein, wenn durch Ehevertrag bestimmt ist, dass nach dem Tod eines Ehegatten die Gütergemeinschaft zwischen dem überlebenden Ehegatten und den gemeinschaftlichen, gesetzlich erbberechtigten (ehelichen) Abkömmlingen fortgesetzt werden soll und der Ehegatte die Fortsetzung der Gütergemeinschaft nicht nach § 1484 BGB ablehnt. Der **Gesamtgutsanteil des verstorbenen Ehegatten** gehört dann nicht zum Nachlass (§ 1483 Abs. 1 Satz 3 HS 1 BGB), vielmehr bleibt er Bestandteil des Gesamtguts.[86] Nach § 1487 Abs. 1 HS 2 BGB hat der überlebende Ehegatte die rechtliche Stellung des allein verwaltungsbefugten Ehegatten. Die Abkömmlinge haben die Stellung eines von der Verwaltung ausgeschlossenen Ehegatten, wobei das Vermögen der Abkömmlinge nicht Bestandteil des Gesamtguts wird (§ 1485 Abs. 2 BGB). Die fortgesetzte Gütergemeinschaft endet in den gesetzlich geregelten Fällen des Bürgerlichen Gesetzbuchs und nicht durch Eröffnung des Insolvenzverfahrens. Seit 1.1.2005 können auch **eingetragene Lebenspartner**, die aufgrund einer **Stiefkindadoption** gemeinschaftliche Abkömmlinge haben (§ 9 Abs. 7 LPartG i. V. m. § 1754 Abs. 1 BGB), durch Lebenspartnerschaftsvertrag den Eintritt einer fortgesetzten Gütergemeinschaft für den Fall des Todes eines Lebenspartners vereinbaren (§ 7 LPartG i. V. m. §§ 1483–1518 BGB);[87] in diesem Fall gelten die nachfolgenden Ausführungen entsprechend.

40 Nach § 11 Abs. 2 Nr. 2 kann ein **selbstständiges Insolvenzverfahren über das Gesamtgut** einer fortgesetzten Gütergemeinschaft gemäß § 332 i. V. m. §§ 315 bis 331 eröffnet werden (dazu § 11 RdNr. 66 f., § 332 RdNr. 1 ff.). Dieses Sonderinsolvenzverfahren über das Gesamtgut knüpft materiellrechtlich an § 1489 Abs. 2 BGB an. Das Sonderinsolvenzverfahren kann demnach über das **Gesamtgut mit dem Bestand zur Zeit des Eintritts der fortgesetzten Gütergemeinschaft** eröffnet werden, wenn die persönliche Haftung des überlebenden Ehegatten für die Gesamtgutsverbindlichkeiten Folge des Eintritts der fortgesetzten Gütergemeinschaft ist.[88] Nach § 1489 Abs. 1 BGB haftet der überlebende Ehegatte für alle **Gesamtgutsverbindlichkeiten** auch persönlich mit seinem Eigenvermögen, wobei Gesamtgutsverbindlichkeiten nach § 1488 BGB neben den Verbindlichkeiten des überlebenden Ehegatten auch die Verbindlichkeiten des verstorbenen Ehegatten sind,

---

[81] RT-Drucks. 9/237, 11. Vgl. auch § 84 RdNr. 18.
[82] Mot. IV, S. 404 f.; *Uhlenbruck/Knof* § 37 RdNr. 18.
[83] BGH FamRZ 1986, 40, 41; OLG München FamRZ 1996, 170 mwN; *Uhlenbruck/Knof* § 37 RdNr. 18.
[84] Mot. IV, S. 409.
[85] So auch *Jaeger/Henckel* § 37 RdNr. 34; *Uhlenbruck/Knof* § 37 RdNr. 17. Vgl. weiter FK-*Schallenberg/Rafiqpoor* § 333 RdNr. 30 f.; *Kübler/Prütting/Bork/Holzer* § 37 RdNr. 14; *Kübler/Prütting/Bork/Holzer* § 333 RdNr. 11 f.
[86] So auch *Uhlenbruck/Knof* § 37 RdNr. 19.
[87] Dazu *Kemper* FF 2005, 88, 94 f.; *Grziwotz* DNotZ 2005, 13, 25; *Wellenhofer* NJW 2005, 705, 706 f.
[88] *Jaeger/Henckel* § 37 RdNr. 29. Vgl. weiter *Uhlenbruck/Knof* § 37 RdNr. 23.

sofern sie schon Gesamtgutsverbindlichkeiten der ehelichen Gütergemeinschaft waren.[89] Aus diesem Grund wird dem überlebenden Ehegatten in § 1489 Abs. 2 BGB die Möglichkeit eingeräumt, die persönliche Haftung für Gesamtgutsverbindlichkeiten – entsprechend den Grundsätzen über die Beschränkung der Erbenhaftung auf den Nachlass – auf das Gesamtgut mit dem Bestand zur Zeit des Eintritts der fortgesetzten Gütergemeinschaft zu beschränken. Demzufolge sind nach § 332 Abs. 2 Insolvenzgläubiger auch nur Gläubiger, deren Forderung gegen das Gesamtgut schon zur Zeit des Eintritts der fortgesetzten Gütergemeinschaft bestand. Damit dient das Sonderinsolvenzverfahren über das Gesamtgut einerseits dem Interesse der überlebenden Ehegatten, weil dieser den genannten Gläubigern nicht mit seinem Eigenvermögen haftet. Andererseits dient es aber auch den betroffenen Gläubigern, weil ihnen das Gesamtgut allein zur Verfügung steht und sie diese Vermögensmasse nicht mit den Gläubigern des überlebenden Ehegatten, die erst mit Eintritt der fortgesetzten Gütergemeinschaft nach § 1488 Alt. 1 BGB Gesamtgutsgläubiger wurden, teilen müssen.[90] **Schuldner** des Sonderinsolvenzverfahrens über das Gesamtgut ist der überlebende Ehegatte. Das Sonderinsolvenzverfahren kann parallel zu einem Insolvenzverfahren über das Vermögen des überlebenden Ehegatten eröffnet werden (insoweit gelten die Ausführungen zu § 333 RdNr. 7 entsprechend).

2. Insolvenzmasse. Bei der fortgesetzten Gütergemeinschaft bestehen mehrere voneinander zu trennende Vermögensmassen: das **Gesamtgut** nach § 1485 BGB (s.o. RdNr. 17), das **Eigenvermögen des überlebenden Ehegatten** bestehend aus dessen Sonder- und Vorbehaltsgut nach § 1486 BGB (s.o. RdNr. 18) sowie die **Vermögen der Abkömmlinge** nach § 1485 Abs. 2 BGB. Ob das Gesamtgut in der Insolvenz des überlebenden Ehegatten oder eines Abkömmlings zur Insolvenzmasse gehört, bestimmt sich nach § 37 Abs. 3 durch Verweis auf die in Abs. 1 geregelten Fallgruppen. Demnach ist Abs. 3 wie folgt zu lesen: Wird über das Vermögen des überlebenden Ehegatten einer fortgesetzten Gütergemeinschaft das Insolvenzverfahren eröffnet, so gehört das Gesamtgut zur Insolvenzmasse. Eine Auseinandersetzung des Gesamtguts findet nicht statt.[91] Durch das Insolvenzverfahren über das Vermögen eines Abkömmlings wird das Gesamtgut nicht berührt.[92] **41**

a) Insolvenz des überlebenden Ehegatten. Abs. 1 Satz 1 gilt bei fortgesetzter Gütergemeinschaft nach Abs. 3 entsprechend, wenn über das Vermögen des überlebenden Ehegatten ein Insolvenzverfahren eröffnet wird. Zur **Insolvenzmasse** gehören das Eigenvermögen des überlebenden Ehegatten und das **Gesamtgut**. Dies hat zur Folge, dass die Abkömmlinge ihre **Anteile am Gesamtgut** verlieren. Mit leichten Modifikationen gelten auch die übrigen Ausführungen zu Fallgruppe 1 (s.o. RdNr. 21 bis 24). Die Abweichungen ergeben sich aus den §§ 1483 bis 1518 BGB. So fällt nur der **Neuerwerb** des Schuldners in die Insolvenzmasse (§§ 1485 Abs. 1, 1486 BGB), nicht aber der Neuerwerb der Abkömmlinge (§ 1485 Abs. 2 BGB).[93] **Insolvenzgläubiger** sind sämtliche Gläubiger des überlebenden Ehegatten sowie die Gläubiger des verstorbenen Ehegatten, soweit es sich um **Gesamtgutsverbindlichkeiten der ehelichen Gütergemeinschaft** handelt (§ 1488 BGB).[94] **42**

Der **Insolvenzverwalter** unterliegt bei der Verwertung des Gesamtguts nicht den Beschränkungen der §§ 1487 Abs. 1, 1423, 1424 BGB (s.o. RdNr. 26). **43**

Wird das Insolvenzverfahren während der für die **Ablehnung der fortgesetzten Gütergemeinschaft** gewährten Frist nach §§ 1484 Abs. 2, 1944 BGB eröffnet, so steht dem überlebenden Ehegatten als Schuldner (und nicht dem Insolvenzverwalter) nach § 83 Abs. 1 Satz 2 das Recht zu, die Fortsetzung der Gütergemeinschaft abzulehnen (dazu § 83 RdNr. 18 bis 20).[95] **44**

b) Insolvenz eines Abkömmlings. Abs. 1 Satz 3 gilt bei fortgesetzter Gütergemeinschaft nach Abs. 3 insoweit entsprechend, als das Gesamtgut bei Eröffnung eines Insolvenzverfahrens über das Vermögen eines Abkömmlings insolvenzfrei bleibt. Zur **Insolvenzmasse** gehört demzufolge nur das Vermögen des Abkömmlings, das jedoch gemäß § 860 Abs. 1 ZPO, § 36 Abs. 1 nicht dessen **Gesamtgutsanteil** umfasst. Der Gesamtgutsanteil kann erst nach Beendigung der fortgesetzten Gütergemeinschaft als Neuerwerb Bestandteil der Insolvenzmasse werden (dazu RdNr. 28, 36). **Insolvenzgläubiger** sind nur die Gläubiger des Abkömmlings, da eine Haftung des Abkömmlings **45**

---

[89] *Staudinger/Thiele* § 1488 RdNr. 2 ff.; *Soergel/Gaul* § 1488 RdNr. 2; MünchKommBGB-*Kanzleiter* § 1488 RdNr. 1 ff.
[90] BR-Drucks. 1/92, 233; BT-Drucks. 12/2443, 233; MünchKommBGB-*Kanzleiter* § 1489 RdNr. 5; *Soergel/Gaul* § 1489 RdNr. 2; *Staudinger/Thiele* § 1489 RdNr. 4.
[91] So auch *Uhlenbruck/Knof* § 37 RdNr. 22.
[92] Vgl. auch BVerfG NJW 1971, 747; *Jaeger/Henckel* § 37 RdNr. 26; *Hess* InsO § 37 RdNr. 57 f.
[93] So auch *Jaeger/Henckel* § 37 RdNr. 27; *Uhlenbruck/Knof* § 37 RdNr. 21.
[94] *Staudinger/Thiele* § 1488 RdNr. 2 ff.; *Soergel/Gaul* § 1488 RdNr. 2; MünchKommBGB-*Kanzleiter* § 1488 RdNr. 1 ff.
[95] *Jaeger/Henckel* § 37 RdNr. 30; *Kübler/Prütting/Bork/Lüke* § 83 RdNr. 13.

für Verbindlichkeiten des verstorbenen oder des überlebenden Ehegatten durch die fortgesetzte Gütergemeinschaft nicht begründet wird (§ 1489 Abs. 3 BGB).

3. Insolvenzverfahren zwischen Aufhebung der fortgesetzten Gütergemeinschaft und Auseinandersetzung des Gesamtguts. Nach Aufhebung der fortgesetzten Gütergemeinschaft gehört der **Gesamtgutsanteil** des überlebenden Ehegatten bei Eröffnung eines Insolvenzverfahrens über dessen Vermögen gemäß § 860 Abs. 2 ZPO, § 36 zur **Insolvenzmasse** (s.o. RdNr. 36). Entsprechendes gilt bei Eröffnung eines Insolvenzverfahrens über das Vermögen eines Abkömmlings. Da in der Liquidationsphase der überlebende Ehegatte und die Abkömmlinge gemäß §§ 1497 Abs. 2, 1472 Abs. 1 BGB das Gesamtgut gemeinschaftlich verwalten,[96] ist darüber hinaus auch bei der fortgesetzten Gütergemeinschaft ein **Sonderinsolvenzverfahren über das Gesamtgut** unter entsprechender Anwendung der §§ 333, 334 (und nicht nach § 332 i. V. m. §§ 315 bis 331) für zulässig zu erachten (s.o. RdNr. 38 sowie § 333 RdNr. 22 f., § 334 RdNr. 25). Wird die fortgesetzte Gütergemeinschaft durch den Tod des überlebenden Ehegatten beendet, so gehört im Nachlassinsolvenzverfahren (§§ 315 bis 331) das Gesamtgut nicht zur Insolvenzmasse, sondern nur der Anteil des überlebenden Ehegatten am Gesamtgut.[97]

V. Güterstandswechsel und Insolvenzanfechtung

Es wurde bereits an mehreren Stellen darauf hingewiesen, dass den Ehegatten eine **Gestaltung des Güterstandes** für die Zukunft (Wechsel des Güterstandes oder Änderung der Verwaltungszuständigkeit im Güterstand der Gütergemeinschaft) **auch nach Eröffnung des Insolvenzverfahrens** freisteht (s.o. RdNr. 21, 23 und 28). Eine andere Frage ist aber, ob eine **Neuordnung des Güterstandes in der Krise,** die zu einer Verlagerung von Vermögen vom Schuldner auf den anderen Ehegatten führt, der Insolvenzanfechtung nach §§ 129 ff. unterliegt. Insoweit sind die folgenden **eherechtlichen Besonderheiten** zu beachten.

Im anfechtungsrelevanten Zeitraum abgeschlossene Verträge über die Änderung des Güterstandes sind regelmäßig **nicht als unentgeltliche Leistung i. S. d. § 134 Abs. 1** zu werten (§ 134 RdNr. 36). Dies gilt auch dann, wenn die Neuordnung des Güterstandes zu einer beträchtlichen Bereicherung des Ehegatten des Schuldners führt (etwa wenn ein Ehegatte mit geringem eigenem Vermögen durch die Vereinbarung einer Gütergemeinschaft einen Vermögenszuwachs erfährt).[98] Die Bewertung der Vermögensverlagerung zwischen den Ehegatten als nicht unentgeltlich ist Folge der Befugnis der Ehegatten, jederzeit ihre güterrechtlichen Verhältnisse zwecks Verwirklichung der Ehe neu zu ordnen (§ 1408 Abs. 1 BGB). Eine Ausnahme besteht lediglich dann, wenn die „ehegüterrechtliche causa für die Bereicherung […]" durch einen schuldrechtlichen Schenkungsvertrag verdrängt" wird, d.h. die Ehegatten mit einer güterrechtlichen Vereinbarung einen „ehefremden Zweck" verfolgen.[99] So kann ausnahmsweise eine im anfechtungsrelevanten Zeitraum vorgenommene **Vereinbarung über die Auseinandersetzung des Gesamtguts** (im Anschluss an den Wechsel von der Gütergemeinschaft zur Gütertrennung), die zu einer erheblichen Bereicherung des Ehegattens des Schuldners führt, eine **gemischte Schenkung** darstellen. Sofern dies zu bejahen ist, weil Leistung und Gegenleistung in einem groben und auffälligen Missverhältnis zueinander stehen,[100] kommt eine **Schenkungsanfechtung nach § 134 Abs. 1** in Betracht.

Da Verträge über die Änderung des Güterstandes, über die Auseinandersetzung des Gesamtguts oder über die Festlegung eines vorzeitigen Zugewinnausgleichs somit regelmäßig als entgeltliche Verträge einzuordnen sind,[101] kann jedoch bei Vorliegen der weiteren Voraussetzungen des § 133 Abs. 2 i. V. m. § 138 Abs. 1 Nr. 1 (Vorliegen einer unmittelbaren Gläubigerbenachteiligung durch Abschluss der güterrechtlichen Vereinbarung) eine **Beweislastumkehr zulasten des begünstigten Ehegatten** eintreten. In diesem Fall muss der begünstigte Ehegatte als Anfechtungsgegner die Vermutung des Benachteiligungsvorsatzes bzw. der Kenntnis hiervon widerlegen.[102] Der die Änderung des Güterstandes regelnde Ehevertrag dürfte allerdings nur selten eine **unmittelbare Gläubigerbenachteiligung** bewirken, sodass regelmäßig nur „die gläubigerbenachteiligenden Rechtswirkungen

---
[96] RGZ 139, 118, 121; MünchKommBGB-*Kanzleiter* § 1497 RdNr. 3.
[97] BayObLG LZ 1916, 1046.
[98] Vgl. BGHZ 116, 178, 180 f.
[99] BGHZ 116, 178, 181 f. Vgl. dazu auch *Ponath*, Vermögensschutz durch Güterstandswechsel, ZEV 2006, 49, 51 f.
[100] BGHZ 57, 123, 127 f.; BGHZ 116, 178, 183.
[101] BGH FamRZ 2010, 1548.
[102] Dazu *Hosser*, Gläubiger- bzw. Insolvenzanfechtung güterrechtlicher Verträge und Asset Protection, ZEV 2011, 174, 175.

der einzelnen Übertragungsvorgänge" der Insolvenzanfechtung unterliegen.[103] Dies gilt nach der neueren Rechtsprechung des BGH insbesondere dann, wenn die Ehegatten im anfechtungsrelevanten Zeitraum eine **Regelung über den vorzeitigen Zugewinnausgleich** treffen[104] und die Erfüllung dieser Vereinbarung zu Lasten des Schuldnervermögens geht.[105]

§ 38 Begriff der Insolvenzgläubiger

Die Insolvenzmasse dient zur Befriedigung der persönlichen Gläubiger, die einen zur Zeit der Eröffnung des Insolvenzverfahrens begründeten Vermögensanspruch gegen den Schuldner haben (Insolvenzgläubiger).

Schrifttum: *Altmeppen*, Gegen „Fiskus-" und „Sozialversicherungsprivileg" bei Insolvenzreife, in: Festschrift für Wulf Goette zum 65. Geburtstag, 2011, s. *ders.*, Das neue Recht der Gesellschafterdarlehen in der Praxis, NJW 2008, 3601; *App*, Gemeinden als Inhaber von Insolvenzforderungen (Insolvenzgläubiger) in einem Insolvenzverfahren - zur Terminologie des Gesetzes, KStZ 2010, 30; *Bauer*, Insolvenzgläubiger als Einnahmequelle des Fiskus und der Sozialversicherungen?, ZInsO 2010, 1917; *Behrens*, Anwendung des deutschen Eigenkapitalersatzrechts auf Scheinauslandsgesellschaften, IPRax 2010, 230; *Blöse*, Anmerkung zu BGH, Urt. v. 21.07.2011 – IX ZR 185/10, GmbHR 2011, 1093; *Bork*, Anfechtung bei Rücktritt in den Rang des § 39 Abs. 1 Nr. 4½ InsO, ZIP 2012, 2277; *Dahl/Schmitz*, Eigenkapitalersatzrecht nach dem MoMiG aus insolvenzrechtlicher Sicht, NZG 2009, 325; *Damerius*, Masseverbindlichkeit oder Insolvenzforderung? - zur Einordnung der Kosten eines vom Insolvenzverwalter nach Verfahrenseröffnung fortgesetzten Prozesses, ZInsO 2007, 569; *Ekkenga*, Angewandte Rechtsmethodik am Beispiel der insolvenzrechtlichen Rangrückstufung von „Gesellschafter"-Darlehen : vom „richtigen" Umgang mit § 39 Abs. 1 Ziff. 5 InsO in Zessionsfällen, in: Festschrift für Jan Schapp zum 70. Geburtstag, 2010, S. 125; *Fahl*, Nicht insolvenzfeste Forderungen aus vorsätzlicher unerlaubter Handlung (§ 302 Nr. 1 InsO) - Risiken für privilegierte Insolvenzgläubiger im geltenden Recht, NZI 2010, 288; *Farr*, Der Fiskus als Steuer- und Insolvenzgläubiger im Restschuldbefreiungsverfahren, BB 2003, 2324; *Fölsing*, Der Sonderinsolvenzverwalter: Rechtsschutz für absonderungsberechtigte Insolvenzgläubiger?, KSI 2008, 178; *Franz*, Die umweltrechtliche Ordnungspflicht als Insolvenzforderung, NuR 2000, 496; *Franzmeyer*, Nachrangige Verbindlichkeiten als haftendes Eigenkapital von Kreditinstituten: eine kritische Würdigung der Anerkennungsgrenze des § 10 Abs. 2b Satz 3 KWG aus bankaufsichtlicher Sicht, Regensburg 1998; *Gehle*, Aufsteigendes Darlehen einer Aktiengesellschaft, DB 2010, 1051; *Gehrlein*, Die Behandlung von Gesellschafterdarlehen durch das MoMiG, BB 2008, 843; *Gogger*, Insolvenzgläubiger-Handbuch, 3. Aufl., München 2011; *Haas*, Die atypisch stille Gesellschafter als nachrangige Insolvenzgläubiger, Anmerkung zu BGH, Urt. v. 28.06.2012 – IX ZR 191/11, NZI 2012, 875; *ders.*, Das neue Kapitalersatzrecht nach dem RegE-MoMiG, ZInsO 2007, 617; *Habersack*, Die Bürgschaft für eine nachrangige Forderung, in: Zwischen Vertragsfreiheit und Verbraucherschutz, Festschrift für Friedrich Graf von Westphalen zum 70. Geburtstag, 2010, S. 273; *ders.*, Die Erstreckung des Rechts der Gesellschafterdarlehen auf Dritte, insbesondere im Unternehmensverbund, ZIP 2008, 2385; *ders.*, Gesellschafterdarlehen nach MoMiG: Anwendungsbereich, Tatbestand und Rechtsfolgen der Neuregelung, ZIP 2007, 2145; *Heeg*, Die Kündigung von Patronatserklärungen in der Krise der Gesellschaft, BB 2011, 1160; *Henckel*, Insolvenzgläubiger – Massegläubiger – Neugläubiger, in: Aktuelle Probleme des neuen Insolvenzrechts, 50 Jahre Kölner Arbeitskreis, 2. Aufl. Köln 2000, S. 97; *Hirte*, Neuregelungen mit Bezug zum gesellschaftsrechtlichen Gläubigerschutz und im Insolvenzrecht durch das Gesetz zur Modernisierung des GmbH-Rechts und zur Bekämpfung von Missbräuchen (MoMiG), ZInsO 2008, 689; *Hirte/Knof/Mock*, Ein Abschied auf Raten? – Zum zeitlichen Anwendungsbereich des alten und neuen Rechts der Gesellschafterdarlehen, NZG 2009, 48; *Hölzle*, Anmerkung zu OLG Köln, Urt. v. 27.10.2011 – I-18 U 34/11, EWiR 2012, 27; *ders.*, Die „erleichterte Sanierung von Unternehmen" in der Nomenklatur der InsO – ein hehres Regelungsziel des RefE-ESUG, NZI 2011, 124; *Holzer*, Insolvenzrechtliche Überleitungsvorschriften des MoMiG und die Praxis, ZIP 2009, 206; *Huber/Habersack*, GmbH-Reform: Zwölf Thesen zu einer möglichen Reform des Rechts der kapitalersetzenden Gesellschafterdarlehen, BB 2006, 1; *Kampshoff*, Behandlung von Bankdarlehen in der Krise der GmbH, GmbHR 2010, 897; *Kebekus*, Verstrickung adieu - Auswirkungen von Beteiligungswechseln und Zessionen auf Nachrang und Anfechtbarkeit von „Gesellschafterdarlehen", in: Festschrift für Jobst Wellensiek zum 80. Geburtstag, 2011, S. 475; *Keller*, Der Unterhaltsanspruch als Insolvenzforderung und die Stellung des Unterhaltsgläubigers im Insolvenzverfahren, NZI 2007, 143; *Knof*, Anmerkung zu LG Kiel, Urt. v. 25.03.2011 – 17 O 229/10, EWiR 2011, 543; *Leithaus/Schaefer*, Rangrücktrittsvereinbarungen

---

[103] BGH FamRZ 2010, 1548, 1549. Vgl. dazu auch *Klühs*, Anfechtbarkeit ehevertraglicher Vereinbarungen wegen Unentgeltlichkeit, NotBZ 2010, 286, 287 ff.

[104] Zu berücksichtigen ist aber, dass Gläubigerforderungen, die zum Zeitpunkt der Vereinbarung des vorzeitigen Zugewinnausgleichs gegen den ausgleichspflichtigen Ehegatten bestehen, den Ausgleichsanspruch des berechtigten Ehegatten von vornherein mindern. Vgl. dazu *Bisle*, Der Güterstandswechsel als Gestaltungsmittel, DStR 2011, 2359, 2361.

[105] BGH FamRZ 2010, 1548 m. Anm. *Bergschneider*. Krit. dazu *Klühs*, Vorsatzanfechtung von Güterstandsvereinbarungen im Lichte der Rechtsprechung des BGH, NZI 2010, 921, 922 ff. Nicht gefolgt werden kann *Scherer/Kirchhain*, Der vorzeitige Zugewinnausgleich – wirksames Instrument zum Vermögensschutz vor Gläubigerforderungen?, ZErb 2006, 106, 108, die davon ausgehen, dass die vertragliche Vereinbarung eines vorzeitigen Zugewinnausgleichs eine unentgeltliche Leistung darstelle und somit der Schenkungsanfechtung nach § 134 unterliege.

§ 38

2. Teil. 2. Abschnitt. Insolvenzmasse. Einteilung der Gläubiger

zur Vermeidung der Überschuldung anno 2010 – Unter welchen Voraussetzungen lässt sich eine Rangrücktrittsvereinbarung aufheben?, NZI 2010, 844; *Marotzke*, Darlehen und sonstige Nutzungsüberlassungen im Spiegel des § 39 Abs. 1 Nr. 5 InsO – eine alte Rechtsfrage in neuem Kontext, JZ 2010, 592; *ders.*, Sinn und Unsinn einer insolvenzrechtlichen Privilegierung des Fiskus - zugleich eine Stellungnahme zu Art. 3 des Haushaltsbegleitgesetzes 2011 i. d. F. des Gesetzesbeschlusses des Deutschen Bundestages v. 28.10.2010, ZInsO 2010, 2163; *Moll/ Müller*, Rechtsstellung der Bundesanstalt für Arbeit – Insolvenzgläubiger oder Massegläubiger im Falle von Insolvenzgeldzahlung nach Bestellung eines vorläufigen Insolvenzverwalters mit Verfügungsbefugnis gem. § 22 I InsO, KTS 2000, 587; *Pannen*, Zur Stellung der Insolvenzgläubiger nach der Europäischen Verordnung über Insolvenzverfahren (EuInsVO), NZI 2002, 303; *Ries*, Ist der vorläufige Verwalter wegen früherer Vergütungsansprüche aus anderen Verfahren Insolvenzgläubiger i. S. v. § 38 InsO?, ZInsO 2007, 1102; *Sämisch*, Fiskalische Begehrlichkeiten: Insolvenzforderung oder Masseverbindlichkeit?, ZInsO 2010, 934; *Schall*, Die Zurechnung von Dritten im neuen Recht der Gesellschafterdarlehen, ZIP 2010, 205; *K. Schmidt*, Anmerkung zu BGH, Urt. v. 13.09.2011 – VI ZR 229/09, JuS 2012, 72; *ders.*, Eigenkapitalersatz, oder: Gesetzesrecht versus Rechtsprechungsrecht, ZIP 2006, 1925; *ders.*, Gesetzliche Unterlassungsansprüche im Insolvenzverfahren – Kontinuitätsprobleme zu §§ 240, 890 ZPO, §§ 38, 45, 55, 85 ff, 90 InsO, in: Festschrift für Walter Gerhardt, 2004, S. 903; *ders.*, Vertragliche Unterlassungsansprüche und Ansprüche auf unvertretbare Handlungen als Massegläubigerforderungen und als Insolvenzforderungen? - Nachdenken über §§ 38, 45, 55 und 103 InsO, KTS 65 (2004), 241; *Schütte/Horstkotte/Hünemörder*, Qualität von Forderungen als Masse- oder Insolvenzforderung bei abgabenrechtlichen Zeitintervallen, LKV 2008, 544; *Schütte/Horstkotte/Rohn/Schubert*, Die öffentliche Körperschaft als Insolvenzgläubiger: Leitfaden mit Beispielsfällen und Mustern für Kommunen, Zweckverbände und Unternehmen der öffentlichen Hand, 2006; *Spliedt*, Anmerkung zu BGH, Urt. v. 28.06.2012 – IX ZR 191/11, EWIR 2012, 669; *Steinberg*, Insolvenzforderung oder Masseverbindlichkeit: die insolvenzrechtliche Einordnung von Steuern, Hamburg 2012; *Theewen*, Rechtsstellung der Insolvenzgläubiger, Berlin 2010; *Thole*, Nachrang und Anfechtung bei Gesellschafterdarlehen - zwei Seiten derselben Medaille?, ZHR 177 (2012), 513; *Wälzholz*, Die insolvenzrechtliche Behandlung haftungsbeschränkter Gesellschaften nach der Reform durch das MoMiG, DStR 2007, 1914; *Van der Hout*, EU-Kartellbußen und nationales Insolvenzrecht: die „Flucht in die Insolvenz" vor dem Hintergrund des europarechtlichen Effektivitätsgrundsatzes, in: Europäische Integration und Globalisierung, 2011, S. 285; *Wittig*, Das Sanierungsprivileg für Gesellschafterdarlehen im neuen § 39 Abs. 4 Satz 2 InsO, in: Festschrift für Karsten Schmidt zum 70. Geburtstag, 2009, S. 1743.

Übersicht

	Rn.		Rn.
I. Einleitung	1–9	4. Darstellung im Weiteren	35
1. Funktion der Vorschrift	1, 2	**IV. Keine Insolvenzforderungen**	36–58
2. Zweck der Masse	3–6	1. Grundsatz	36
a) Haftungsrechtliche Zuweisung	3	2. Höchstpersönliche Ansprüche	37
b) Gläubigergleichbehandlungsgrundsatz	4	3. Unterlassungsansprüche	38–42
c) Materiell-rechtliche Begriffsbestimmung	5	4. Ansprüche auf unvertretbare Handlungen	43–46
d) Abgrenzung der Gruppe der Insolvenzgläubiger	6	a) Allgemeines	43, 44
		b) Beseitigungspflichten des Schuldners als Zustandsstörer	45
3. Verzicht auf die Teilnahme am Verfahren	7–9	c) Auskunftsansprüche	46
II. Persönliche Gläubiger	10–13	5. Gestaltungsrechte	47
1. Persönliche Gläubiger und dingliche Haftung	10	6. Unvollkommene Verbindlichkeiten	48
2. Kritik an der Unterscheidung	11	7. Verjährte Ansprüche	49
3. Beschränkte Haftung, insbes. Kommanditistenhaftung	12, 13	8. Unvollständige Ansprüche; Besserungsabrede	50, 51
III. Vermögensansprüche gegen den Schuldner in der Übersicht	14–35	9. Aberkannte Ansprüche	52
		10. Dingliche Ansprüche	53
1. Allgemeines	14	11. Mitgliedschaftsrechte in der Gesellschaft	54, 55
2. Begründetheit der Forderung	15, 16	a) Allgemeines	54
3. Einzelne Ansprüche	17–34	b) Besonderheiten beim stillen Gesellschafter	55
a) Betagte, bedingte und künftige Forderungen	17, 18	12. Forderungen, die der Restschuldbefreiung unterliegen	56
b) Wiederkehrende Ansprüche	19–23		
c) Sukzessivlieferungsverträge	24	13. Forderungen, die dem Insolvenzplan unterliegen	57
d) Steuerforderungen	25		
e) Schadensersatzansprüche	26–29		
f) Rückgriffsansprüche	30–32		
g) Ansprüche bei Gläubigerwechsel	33, 34	14. Ansprüche aus Sozialplänen	58

	Rn.		Rn.
V. Insolvenzforderungen – Einzelfälle	59–109	4. Familienrechtliche Ansprüche	76–78
1. Schuldrechtliche Ansprüche	59–71	5. Steuerrechtliche Ansprüche	79–94
a) Grundsätzliches	59–61	a) Allgemeines	79, 80
b) Beispielsfälle	62–71	b) Einzelne Steuerarten	81–94
2. Arbeitsrechtliche Ansprüche	72–72c	6. Ansprüche aus Abgabenschuldverhältnissen	94a
a) Allgemeines	72		
b) Urlaubsansprüche	72a	7. Ansprüche auf Rückforderung staatlicher Beihilfe	95
c) Altersteilzeit	72b		
d) Betriebliche Altersversorgung	72c	8. Weitere Ansprüche	96–109
3. Dingliche Ansprüche	73–75	a) Handelsvertreterrecht	96, 97
a) Sachenrechtliche Schadensersatzansprüche	73	b) Wechselrecht	98, 99
b) Verbriefte Forderungen	74	c) Bankrecht	100–103
c) Ansprüche im Zusammenhang mit der Wohnungseigentümergemeinschaft	75	d) Versicherungsrecht	104–106
		e) Betriebsrat	106a
		f) Verfahrensrecht	107–109

I. Einleitung

1. Funktion der Vorschrift. Während im zweiten Abschnitt der Insolvenzordnung in den §§ 35 bis 37 zunächst geklärt wird, welchen **Umfang** die Insolvenzmasse besitzt, bestimmt § 38 die Funktion der Insolvenzmasse.[1] Der Begründung des Regierungsentwurfes nach, soll § 38 nicht nur dem Wortlaut, sondern auch inhaltlich dem alten § 3 Abs. 1 KO entsprechen und dessen Regelungsgehalt im Kontext der Insolvenzordnung fortführen.[2] Demzufolge dient die Insolvenzmasse als Liquidationsvermögen der gemeinschaftlichen Befriedigung der Gläubiger des Schuldners. Damit soll ein Ausgleich dafür geschaffen werden, dass den Gläubigern in der Insolvenz des Schuldners die individuelle Rechtsverfolgung, wie sie außerhalb der Insolvenz zulässig ist, verwehrt ist und durch ein besonderes Verfahren ersetzt wird, das die Befriedigung aller Gläubiger – auf Kosten individueller Interessen – als Ziel hat.[3] Dieser Ausgleich kommt indes nicht jedem Gläubiger zu, sondern nach der in § 38 enthaltenen Legaldefinition nur denjenigen Gläubigern, die einen zurzeit der Eröffnung des Verfahrens begründeten Vermögensanspruch an den Schuldner haben.

§ 38 ist damit Ausfluss des in § 1 Satz 1 formulierten Zieles des Insolvenzverfahrens der **gemeinschaftlichen Befriedigung der Gläubiger** und konkretisiert es in verschiedene Richtungen. Zunächst werden durch die Begriffsbestimmung formal Gläubiger von Nichtgläubigern getrennt.[4] § 38 dient – ebenso wie früher § 3 KO – zudem der Unterscheidung von Insolvenzgläubigern und sonstigen Gläubigern,[5] und beantwortet damit die Frage, *welche* der Gläubiger, die sich im Verfahren allgemein als forderungsberechtigt erweisen, tatsächlich an der gemeinschaftlichen Befriedigung teilhaben dürfen und welche davon ausgeschlossen sind. Damit wird zugleich auch eine Aussage darüber getroffen, welche Gläubiger vom Insolvenzverfahren betroffen sind und den Beschränkungen, die für Insolvenzgläubiger gelten, unterfallen, auch wenn sie sich nicht am Verfahren beteiligen.[6] § 38 gilt **für alle Verfahrensarten**. Modifikationen finden sich für das Nachlassinsolvenzverfahren in § 325, in der Insolvenz einer fortgesetzten Gütergemeinschaft in § 332 Abs. 1 und Abs. 2 und in der Insolvenz eines gütergemeinschaftlichen Gesamtgutes in § 333 Abs. 1.[7]

2. Zweck der Masse. a) Haftungsrechtliche Zuweisung. Die Grundlage für die Befriedigung von (bestimmten) Gläubigern aus der Masse findet sich in der haftungsrechtlichen Zuweisung der Masse an die Gläubiger. Während früher noch davon ausgegangen wurde, dass den Gläubigern

---

[1] *Kübler/Prütting/Holzer* § 38 RdNr. 1; *Breutigam* in *Blersch/Goetsch/Haas* § 38 RdNr. 1; *Uhlenbruck/Sinz* § 38 RdNr. 1; *A/G/R-Ahrens* § 38 RdNr. 1.

[2] Begr. RegE BT-Drucks. 12/2443, 123.

[3] Vgl. *Jaeger/Henckel* § 38 RdNr. 1.

[4] Siehe *Kübler/Prütting/Holzer* § 38 RdNr. 1, der aber den Zweck der Vorschrift darauf beschränken will; vgl. dazu auch *Jaeger/Henckel* § 38 RdNr. 6. S. ferner auch *A/G/R-Ahrens* § 38 RdNr. 4 Fn. 4, der allerdings die hier gemachten Darlegungen dahingehend missversteht, der Zweck der Vorschrift erstreckte sich allgemein auf die Differenzierung von Gläubigern und Nichtgläubigern.

[5] *Häsemeyer* RdNr. 16.01; anders offensichtlich *Kübler/Prütting/Holzer* § 38 RdNr. 1: Zweck der Vorschrift ist damit nicht die Trennung von Gläubigern und Nichtgläubigern; ebenso *Hess* § 38 RdNr. 5; vgl. zudem *Jaeger/Henckel* § 38 RdNr. 6; *Nerlich/Römermann/Andres* § 38 RdNr. 2; *Smid/Leonhardt* in *Leonhardt/Smid/Zeuner* § 38 RdNr. 1.

[6] *Jaeger/Henckel* § 38 RdNr. 8.

[7] HK-*Eickmann* § 38 RdNr. 4; *Jaeger/Henckel* § 38 RdNr. 2.

ein gemeinschaftliches Konkurspfandrecht oder ein dingliches Beschlagsrecht an der Konkursmasse zustand,[8] hat sich im 20. Jahrhundert die Auffassung durchgesetzt, dass es nicht um die spezielle haftungsrechtliche Zuweisung eines speziellen Rechts geht, sondern um die haftungsrechtliche **Zuweisung der gesamten Masse** als Privatvermögen an die Gläubiger.[9] Dies beruht auf dem Gedanken, dass mit der Eröffnung des Insolvenzverfahrens das zur Haftung zur Verfügung stehende Vermögen fixiert wird und daher der Schuldner die Verwaltungs- und Verfügungsmacht über sein Vermögen einbüßt (§ 81). Damit verliert das Vermögen des Schuldners auch seine Funktion als ein ihm zur Disposition stehendes Vermögen. Es findet vielmehr ein Paradigmenwechsel statt, und das Vermögen des Schuldners tritt nun für dessen Verbindlichkeiten ein. Die Gläubiger stehen in der Insolvenz dann auch nicht mehr nur als anspruchsberechtigte personelle Gläubiger gegenüber, sondern zielen auf die Verwertung der Masse ab. Das **Prinzip der haftungsrechtlichen Zuweisung** beinhaltet außerdem, dass den Gläubigern nur diejenigen Vermögensgegenstände des Schuldners zugewiesen sind, die dem Schuldner frei von Rechten Dritter zustehen. Daraus folgt, dass sich die Verteilung des in Beschlag genommenen Vermögens des Schuldners an der Zuweisung bestimmter Gegenstände im Schuldnervermögen zur ausschließlichen eigenen Befriedigung bestimmter Gläubiger ausrichtet. Dem folgend zählen zu den Insolvenzgläubigern nach § 38 all diejenigen Gläubiger, denen nicht, oder jedenfalls nicht in voller Höhe ihrer Rechte, Gegenstände im Schuldnervermögen zur ausschließlichen eigenen Befriedigung zugewiesen sind.[10] Eine Verwirklichung dinglicher Vermögenshaftung wird von § 38 dagegen nicht erfasst.[11]

4 b) **Gläubigergleichbehandlungsgrundsatz.** Diese quantitative Aussage zur Bestimmung derjenigen, die an der Befriedigung durch die Insolvenzmasse teilnehmen dürfen, wird ergänzt durch eine qualitative Aussage. Die Befriedigung der Gläubiger ist nämlich geprägt durch das spezifisch insolvenzrechtliche Gerechtigkeitspostulat des Gläubigergleichbehandlungsgrundsatzes.[12] Dieses findet sich darin wieder, dass die Privatautonomie des Schuldners als Legitimationsgrund für die haftungsrechtliche Bevorrechtigung bestimmter Gläubiger entfällt. Die Gläubiger verlieren mit Verfahrenseröffnung zugleich ihren Einfluss auf das Schuldnervermögen und müssen sich wechselseitig ihren Einfluss auf die Vermögens- und Haftungsverhältnisse des Schuldners zurechnen lassen. Sie sind daher gleich zu behandeln.[13] Die Privilegierungen bestimmter Gläubiger[14] findet deshalb nicht durch privatautonome Entscheidungen statt, sondern diese werden allenfalls durch den Gesetzgeber vorgenommen. Dabei bedarf es aber auch insoweit großer Zurückhaltung, um den Gläubigergleichbehandlungsgrundsatz nicht durch staatliche Eingriffe in die Zuordnung des haftungsrechtlich *allen* Gläubigern zugewiesenen Schuldnervermögens zu *bestimmten* Gläubigern auszuhöhlen. Die Bevorzugung oder die Nachrangigkeit bestimmter Gläubiger durch Gesetz ist daher nur möglich, wenn daran ein überwiegendes Interesse besteht, welches den Interessen an der gleichmäßigen und möglichst umfangreichen Befriedigung der übrigen Gläubiger vorgeht. Zur Verbesserung der Gleichbehandlung der Insolvenzgläubiger sind daher in der Insolvenzordnung die Vorrechte der § 61 KO und § 17 Abs. 3 GesO, insbesondere der Vorrang des Fiskus auf Grund öffentlicher Abgaben,[15] abgeschafft worden.[16] Zudem sind Arbeitnehmer, die Lohn- und Gehaltsforderungen wegen rückständiger Zahlungen vor Verfahrenseröffnung geltend machen, und früher nach § 59 Abs. 1 Nr. 3 KO als Massegläubiger qualifiziert wurden,[17] jetzt in den Kreis der Insolvenzgläubiger aufgenommen worden.[18] Dagegen sind die Vorrechte nach § 32 DepotG im Insolvenzverfahren über das Vermögen eines der in den §§ 1, 17 und 18 DepotG bezeichneten Verwahrer, Pfandgläubiger oder Kommissionäre erhalten geblieben.[19]

Ein erneutes „Fiskusprivileg" wurde jedoch durch die durch das Haushaltsbegleitgesetz 2011 zum 1.1.2011 eingeführte Regelung des § 55 Abs. 4 geschaffen. Demnach gelten Steuerforderungen aus

---

[8] Vgl. u. a. *Kohler*, Lehrbuch, 99 und 102; *ders.* AcP 81 (1893), 329 ff.; *Hellmann*, Konkursrecht (1907), 622 ff.; *Seuffert*, Zur Geschichte und Dogmatik des deutschen Konkursrechts (1888), 20 ff., 76 ff. und 81 ff.
[9] Einzelheiten bei *Jaeger/Henckel* § 38 RdNr. 4; *Henckel*, FS Weber 237 ff.; vgl. auch BGHZ 121, 179, 184; HambKomm-*Lüdtke* § 38 RdNr. 2.
[10] *Häsemeyer* RdNr. 16.03.
[11] *Uhlenbruck/Sinz* § 38 RdNr. 5; *Smid/Leonhardt* in *Leonhardt/Smid/Zeuner* § 38 RdNr. 1; *Bäuerle/Braun* § 38 RdNr. 1.
[12] *Häsemeyer* RdNr. 2.17 ff., 16.20; *ders.* KTS 1982, 507, 514 ff.; *Jaeger/Henckel* § 38 RdNr. 4; *Uhlenbruck/Sinz* § 38 RdNr. 1; vgl. aber auch *Stürner* ZZP 91 (1981), 263, 269 ff.; *K. Schmidt*, Gutachten zum 54. DJT, Band I, D 51.
[13] Exemplarisch *Häsemeyer* RdNr. 16.20 und 16.01.
[14] Vgl. *Baur/Stürner*, Insolvenzrecht, II RdNr. 5.37; *Kuhn/Uhlenbruck*, KO, § 3 RdNr. 3.
[15] Dazu siehe *Smid/Leonhardt* in *Leonhardt/Smid/Zeuner* § 38 RdNr. 2; *Uhlenbruck/Sinz* § 38 RdNr. 1.
[16] Dazu vgl. *Nerlich/Römermann/Andres* § 38 RdNr. 4; Begr. RegE BT-Drucks. 12/2443, 96.
[17] Siehe *Kuhn/Uhlenbruck*, KO, § 103 RdNr. 6 a.
[18] *Smid/Leonhardt* in *Leonhardt/Smid/Zeuner* § 38 RdNr. 11; vgl. auch Begr. RegE BT-Drucks. 12/2443, 96.
[19] Siehe *Uhlenbruck/Sinz* § 38 RdNr. 95; *Smid/Leonhardt* in *Leonhardt/Smid/Zeuner* § 38 RdNr. 5.

der vorläufigen Insolvenzverwaltung nach Verfahrenseröffnug als Masseverbindlichkeiten, wenn sie durch einen vorläufigen schwachen Insolvenzverwalter selbst oder mit Zustimmung begründet werden. Der Fiskus kann dadurch seine ohnehin bereits deutlich bessere Rechtsposition gegenüber anderen Gläubigern weiter stärken, indem er sich den alleinigen Zugriff auf einen großen Teil der Insolvenzmasse sichert. Der Gläubigergleichbehandlungsgrundsatz wird damit faktisch aufgehoben.[20]

c) Materiell-rechtliche Begriffsbestimmung. Da es für die Eigenschaft als Insolvenzgläubiger 5 mithin auf die haftungsrechtliche Zuweisung der zur Befriedigung dienenden Vermögensgegenstände ankommt und nicht auf die Reihenfolge der Berücksichtigung der Gläubiger im Verfahren, ist die Definition des Insolvenzgläubigers **materiell-rechtlicher Natur**.[21] Etwas anderes ergibt sich auch nicht aus §§ 39 bis 46. Zwar beinhalten diese Vorschriften durchaus verfahrensrechtliche Komponenten, doch werden durch sie nur die Rangordnung der Insolvenzforderungen bestimmt und inhaltsspezifische Berücksichtigungsvoraussetzungen geregelt. Aus dem materiell-rechtlichen Zuweisungsgehalt folgt des Weiteren, dass es für die Eigenschaft als Insolvenzgläubiger nicht darauf ankommt, ob die Forderung besteht oder nicht besteht, sondern allein darauf, ob sie – ihr Bestehen unterstellt – zur Teilnahme an der gemeinschaftlichen Befriedigung berechtigt.[22] Das bedeutet, dass grundsätzlich auch derjenige Insolvenzgläubiger ist, der Gläubiger einer **nicht erzwingbaren Verbindlichkeit** ist.[23] Damit sind die Ansprüche gemeint, die im Wege der Zwangsvollstreckung nicht durchgesetzt werden können, sowie diejenigen, die im weiteren Sinne unvollkommen oder verjährt oder aber rechtskräftig aberkannt worden sind.[24]

d) Abgrenzung der Gruppe der Insolvenzgläubiger. Nach diesen Grundsätzen lässt sich die 6 Gruppe der Insolvenzgläubiger negativ wie folgt abgrenzen: Zu ihr gehören zum einen diejenigen Gläubiger *nicht,* die ihre Forderungen in der Insolvenz nicht geltend machen dürfen, und zum anderen diejenigen *nicht,* die gegenüber anderen Insolvenzgläubigern bevorzugt werden und deshalb nicht auf die Partizipation an der Insolvenzmasse angewiesen sind (Aussonderungs- und Ersatzaussonderungsberechtigte, Absonderungsberechtigte, uU durch Vormerkung oder Anwartschaftsrecht gesicherte Forderungsberechtigte, Massegläubiger).[25] Zur Abgrenzung von einfachen zu nachrangigen Insolvenzforderungen nicht herangezogen werden kann die Vorschrift des § 138, denn von der systematischen Stellung spricht dagegen, dass die Vorschrift in der Sache auf einen anderen Regelungsbereich zugeschnitten ist.[26]

3. Verzicht auf die Teilnahme am Verfahren. Mit der Funktion des § 38, diejenigen Gläubi- 7 ger zu benennen, die den Beschränkungen als Insolvenzgläubiger unterfallen, selbst wenn sie am Insolvenzverfahren nicht teilnehmen, wird verhindert, dass sich Gläubiger Sondervorteile verschaffen können, indem sie nicht am Verfahren teilnehmen.[27]

Die Befugnis am Insolvenzverfahren teilzunehmen, ist eine individuelle Entscheidung des jeweiligen 8 Gläubigers und daher auch ohne gesetzliche Anordnung verzichtbar. Die Vorschrift des § 87 postuliert nur die Vorgaben, wie eine Forderung verfolgt werden muss, wenn der Gläubiger sie verfolgen will, nicht aber das „Ob".[28] Durch den Verzicht an der Teilnahme hat der betreffende Gläubiger keine verfahrensrechtlichen Befugnisse in dem Insolvenzverfahren. Er verliert dadurch aber nicht seine Stellung als (Insolvenz-)Gläubiger.[29] Damit unterliegt er den Beschränkungen, die den Insolvenzgläubigern allgemein auferlegt sind. Insbesondere darf er während des Verfahrens seine Forderungen gegen den Schuldner nicht persönlich einklagen (§ 87) oder in das insolvenzfreie Vermögen des Schuldners vollstrecken (§ 89 Abs. 1). Ebenso darf er nicht innerhalb der Frist der Rückschlagsperre (§ 88) in das Vermögen des Schuldners vollstrecken, und er unterliegt den Aufrechnungsbeschränkungen der §§ 55 Abs. 1 und 96. Der Verzicht

---

[20] Vgl. dazu *Braun/Bäuerle/Schneider,* § 55 RdNr. 67 ff.; *Andres/Leithaus,* § 55, RdNr. 18 ff; *Sterzinger,* BB 2011, 1367; *Sinz/Oppermann* BB 2011, 2185; *Kahlert* DStR 2011, 1973.
[21] *Jaeger/Henckel* § 3 RdNr. 6 f.; *Kübler/Prütting/Bork/Holzer* § 38 RdNr. 1; *Uhlenbruck/Sinz* § 38 RdNr. 1; HK-*Eickmann* § 38 RdNr. 2.
[22] *Uhlenbruck/Sinz* § 38 Rd.Nr. 2; *Jaeger/Henckel* § 38 RdNr. 10; *Kübler/Prütting/Bork/Holzer* § 38 RdNr. 3.
[23] *Jaeger/Henckel* § 38 RdNr. 10; A/G/R-*Ahrens* § 38 RdNr. 7.
[24] Vgl. *Jaeger/Henckel* § 38 RdNr. 10.
[25] S. z.B. LAG München v. 13.6.2012 Az 10 Sa 1150/11; *Gottwald/Klopp/Kluth,* Insolvenzrechts-Handbuch, § 19 RdNr. 8; *Eckardt,* Kölner Schrift, 2. Aufl., 533, 536 (RdNr. 5 f.).
[26] So überzeugend und mit näherer Begründung BGH v. 17.2.2011, Az IX ZR 131/10 RdNr. 12 ff.
[27] *Kübler/Prütting/Bork/Holzer* § 38 RdNr. 4; *Uhlenbruck/Sinz* § 38 RdNr. 2.
[28] Siehe dazu *Uhlenbruck/Sinz* § 38 RdNr. 1; *Birkenhauer,* Probleme der Nichtteilnahme am und im Insolvenzverfahren, Diss. Augsburg 2002; *Heukamp* ZInsO 2007, 57.
[29] RGZ 152, 323; *Uhlenbruck/Sinz* § 38 RdNr. 1; HambKomm-*Lüdtke* § 38 RdNr. 4; HK-*Eickmann* § 38 RdNr. 2 f., *Jaeger/Henckel* § 38 RdNr. 18; BGH, Beschl. v. 14.10.2004 – IX ZB 114/04 = ZIP 2004, 2339 = ZVI 2004, 750 = NZI 2005, 31, dazu *Grundlach/Schirrmeister* EWiR 2005, 359; BGH, Beschl. v. 16.12.2010 – IX ZB 238/09 = ZInsO 2011, 131.

auf die Teilnahme führt des Weiteren dazu, dass der betreffende Gläubiger nicht an der Verteilung der Masse teilnimmt, weil die Teilhabe am Liquidationserlös eine Rechtsausübung des Gläubigers voraussetzt.[30] Andererseits kann der verzichtende Gläubiger nach Beendigung des Verfahrens seine Rechte grundsätzlich unbeschränkt gegen den Schuldner verfolgen (vgl. §§ 201, 215 Abs. 2). Ausnahmen gibt es jedoch bei einem rechtskräftig bestätigten Insolvenzplan (§ 254 Abs. 1 Satz 3) und bei Erteilung der Restschuldbefreiung (§ 301 Abs. 1 Satz 2).

9   Der Gläubiger, der mit dem Verzicht auf die Teilnahme am Verfahren zugleich auch auf die Befriedigung aus der Insolvenzmasse verzichtet, kann seine Forderung allerdings ungehindert durch das Verfahren gegen den Gemeinschuldner einklagen.[31] Zwar wird ein bei Verfahrenseröffnung anhängiger Rechtsstreit auch dann unterbrochen, wenn sich der Gläubiger nicht am Insolvenzverfahren beteiligen will und nicht beteiligt (vgl. § 240 ZPO),[32] doch hört durch die Erklärung des Teilnahmeverzichts[33] die Beziehung zur Insolvenzmasse auf, so dass der Grund für die Unterbrechung des Prozesses wegfällt. Insoweit greift grundsätzlich auch nicht § 87 ein. Der Rechtsstreit kann dann sowohl vom Gläubiger als auch vom Schuldner wieder aufgenommen werden,[34] denn der Insolvenzschuldner wird nicht vor Prozessen geschützt, die sein insolvenzfreies Vermögen betreffen.[35] § 89 schützt den Schuldner nur vor Vollstreckungsmaßnahmen für die Dauer des Insolvenzverfahrens, so dass der dann erlangte Titel während des Verfahrens nicht vollstreckbar ist.[36]

II. Persönliche Gläubiger

10 **1. Persönliche Gläubiger und dingliche Haftung.** Nach § 38 sind nur **persönliche Gläubiger** Insolvenzgläubiger. Das persönliche Gläubigerrecht zeichnet sich dadurch aus, dass der Schuldner mit seinem ganzen Vermögen bzw. mit einem Sondervermögen, wie etwa dem Gesamtgut (§ 333), für die Verbindlichkeiten einzustehen hat.[37] Dem steht das dingliche Haftungsrecht gegenüber, welches die Belastung eines bestimmten Gegenstandes des Vermögens für Forderungen des Schuldners beschreibt. Das dingliche Haftungsrecht bildet einen Anspruch auf vorzugsweise Sonderbefriedigung aus bestimmten Haftungsgegenständen, der dazu führt, dass der belastete Gegenstand nicht zur gemeinschaftlichen Befriedigung der übrigen Insolvenzgläubiger zur Verfügung steht, soweit der Verwertungserlös dem Inhaber des Haftungsrechts gebührt.[38] Dingliche Forderungen berechtigen insoweit zur Aussonderung (§§ 47 f.) oder zur (vorrangigen) abgesonderten Befriedigung (§§ 49 ff.), während die persönlichen Forderungen an der gemeinsamen Verlusttragung par conditio creditorum teilnehmen[39] mit der Folge, dass die Forderungen bei nicht zureichendem Vermögen gekürzt werden. Dies gilt freilich im Hinblick auf die Berechtigten auf abgesonderte Befriedigung auch insoweit als ihm der Schuldner auch persönlich haftet (§ 52 Satz 1), wobei die Masse nur in Höhe des Ausfalls haftet.[40] Die Regelung des § 38 orientiert sich damit ebenso wie § 3 KO weiter an der Unterscheidung von persönlichen und dinglichen Forderungen. Die Frage nach der persönlichen Gläubigerschaft beinhaltet damit die Frage nach der individuellen oder kollektiven Zuweisung bestimmter Gegenstände aus dem Vermögen des Schuldners.[41]

---

[30] *Jaeger/Henckel* § 38 RdNr. 18.
[31] BGHZ 25, 395; BGHZ 72, 234; BGH NJW 1979, 162; *Uhlenbruck/Uhlenbruck* § 87 RdNr. 1; *Jaeger/Windel* § 87 RdNr. 10 f.; *Jaeger/Henckel* § 38 RdNr. 11; *Gottwald/Gerhardt,* Insolvenzrechts-Handbuch, § 32 RdNr. 11; anders hingegen LG Hamburg NJW 1968, 1528; *Bernhard* NJW 1961, 808; HK-*Eickmann* § 38 RdNr. 3.
[32] Vgl. dazu u. a. *Stein/Jonas/Roth,* ZPO, § 240 RdNr. 6 ff.; MünchKommZPO-*Gehrlein* § 240 RdNr. 3 ff.; allgemein vgl. *Damerius,* Die Unterbrechung von Verfahren nach § 240 ZPO, 2007, ibid.
[33] Zu dem Fall, dass ein Gläubiger zwar an einem Insolvenzverfahren nicht teilnimmt, gleichwohl den Verzicht nicht ausdrücklich erklärt siehe *Jaeger/Henckel* § 38 RdNr. 18; vgl. auch OLG Frankfurt ZIP 1980, 629, das eine Klage zugelassen hat (Prozessführungsbefugnis des Gemeinschuldners in einer Rechtsstreitigkeit, die gegen ihn nach Beginn des Verfahrens angestrengt wurde), weil der Kläger (Gläubiger) über das Konkursverfahren nicht informiert war und aus diesem Grund seinen Verzicht an der Teilnahme am Konkursverfahren nicht ausdrücklich erklärt hatte.
[34] *Uhlenbruck/Uhlenbruck* § 87 RdNr. 9; HK-*Eickmann* § 87 RdNr. 12; *Nerlich/Römermann/Wittkowski* § 87 RdNr. 8; *Breuer* unten Kommentierung zu § 87 RdNr. 21.
[35] BGH, Urt. v. 14.01.2010 – IX ZR 93/09 = NZI 2010, 223 m. Anm. Gundlach.
[36] *Jaeger/Henckel* § 38 RdNr. 18.
[37] *Jaeger/Henckel* § 38 RdNr. 19; A/G/R-*Ahrens* § 38 RdNr. 19; *Kübler/Prütting/Bork/Holzer* § 38 RdNr. 5; *Nerlich/Römermann/Andres* § 38 RdNr. 3; *Gottwald/Klopp/Kluth,* Insolvenzrechts-Handbuch, § 19 RdNr. 8; HambKomm-*Lüdtke* § 38 RdNr. 7; HK-*Eickmann* § 38 RdNr. 4; *Eckardt,* Kölner Schrift, 533, 538 (RdNr. 10); vgl. auch *Ahrens,* Der mittellose Geldschuldner, S. 155 ff.
[38] *Jaeger/Henckel* § 38 RdNr. 20; RGZ 155, 95, 98 f.; *Smid/Leonhardt* in *Leonhardt/Smid/Zeuner* § 38 RdNr. 13; *Nerlich/Römermann/Andres* § 38 RdNr. 3; *Uhlenbruck/Sinz* § 38 RdNr. 5.
[39] Siehe *Smid/Leonhardt* in *Leonhardt/Smid/Zeuner* § 38 RdNr. 13.
[40] Vgl. HK-*Eickmann* § 38 RdNr. 6; unten § 52 RdNr. 5 ff.
[41] So auch *Kübler/Prütting/Bork/Holzer* § 38 RdNr. 5; vgl. auch *Uhlenbruck/Sinz* § 38 RdNr. 4.

2. Kritik an der Unterscheidung. An dem Festhalten an der traditionellen Unterscheidung im Rahmen des § 38 ist indes Kritik laut geworden.[42] Sie stützt sich im Wesentlichen darauf, dass sie unter insolvenzrechtlichen Bedingungen nicht durchzuhalten sei. So komme es im Rahmen der Aussonderung nicht auf den dinglichen Charakter des zugrundeliegenden Anspruches an, sondern darauf, ob der Gläubiger die Sache ihrer Substanz nach dem schuldnerischen Vermögen einverleiben wollte.[43] So könnten auch Verschaffungsansprüche zur Aussonderung berechtigen, wie etwa in Treuhand- und Geschäftsbesorgungsverhältnissen die Ansprüche des Treugebers oder Geschäftsherrn auf Übertragung des Treuguts oder des durch die Geschäftsführung Erlangten. Gleichzeitig brauche nicht jedes dingliche Recht insolvenzfest zu sein. So könne dessen haftungsrechtliche Behandlung durchaus von der dinglichen Zuordnung abweichen, wie zB die haftungsrechtliche Beschränkung des Sicherungseigentums auf ein Absonderungsrecht zeige.[44]

Trotz dieser Kritik ist an der herkömmlichen Sichtweise festzuhalten. Zum einen ist die soeben referierte Auffassung nicht mit dem Wortlaut des § 38 zu vereinbaren, der ausdrücklich auf die Befriedigung der *persönlichen* Gläubiger abstellt.[45] Damit ist eine deutliche und gewollte Einschränkung zum Adressatenkreis des § 1 Satz 1 vorgenommen worden, welcher von der gemeinschaftlichen Befriedigung der Gläubiger eines Schuldners spricht und damit auch die dinglichen Gläubiger einbeziehet. Diese vom Gesetzgeber vorgesehene Beschränkung des Kreises der Normbetroffenen darf nicht durch eine Ausdehnung des Begriffs der persönlichen Gläubiger unterlaufen werden.[46] Das wird freilich auch konzediert,[47] so dass sich die Kritik insoweit nur auf eine Forderung de lege ferenda reduzieren lässt, die freilich eng verknüpft ist mit dem allgemeineren Problem der Behandlung von Kreditsicherheiten in der Insolvenz. Zum anderen ist die herkömmliche Aufteilung gerade im Hinblick auf die Insolvenz interessengerecht, so dass auch zukünftig an der klassischen Aufteilung grundsätzlich festgehalten werden sollte. Ein Abweichen von ihr würde im Ergebnis nämlich zu einem Aufweichen dinglicher Rechte in der Insolvenz führen, das zu erheblichen negativen Effekten im Wirtschaftsverkehr führen würde. Denn die Kreditvergabe verlangt nach Sicherungen, die Kreditgeber vor anderen Gläubigern bevorrechtigen, also zu „insolvenzsicher" sind. Diesem Verlangen wird durch die dinglichen Haftungsrechte in der Insolvenz Rechnung getragen. Würde man dies nun relativieren wollen, hätte das zur Folge, dass sich die Bereitschaft zur Vergabe von Krediten stark verringern würde, dass die Kreditvergabe sich erheblich verteuern würde und dass mit der Kreditvergabe andere Formen der Sicherung geknüpft werden, die das Wirtschaften behindern oder sogar lähmen könnten. Dies hätte gesamtwirtschaftlich negative Implikationen, weil die für innovatives Handeln auf dem Markt notwendige Bereitstellung von Risikokapital empfindlich zurückgehen würde.[48] Für das einzelne Unternehmen würde dies unter Umständen sogar dazu führen können,

---

[42] *Smid/Leonhardt* in *Leonhardt/Smid/Zeuner* § 38 RdNr. 13 unter Berufung auf *Häsemeyer* RdNr. 11.04 ff.; vgl. auch *ders.* RdNr. 16.03 und im Anschluss daran *Uhlenbruck/Sinz* § 38 RdNr. 5.
[43] *Smid/Leonhardt* in *Leonhardt/Smid/Zeuner* § 38 RdNr. 13.
[44] *Häsemeyer* RdNr. 16.03, 11.03 ff., 11.09, 18.26.
[45] So nun auch A/G/R-*Ahrens* § 38 RdNr. 14.
[46] Kritisch zur Zielbestimmung des § 38 und der Regelung des § 38 jedoch *Smid/Leonhardt* in *Leonhardt/Smid/Zeuner* § 38 RdNr. 1, der auf eine Diskrepanz zwischen altem und neuem Recht in Bezug auf die Koppelung von Verfahrenszweck und Bestimmung von Konkurs- und Insolvenzgläubigern hinweist. § 1 Satz 1 nenne als Ziel die Befriedigung der Gläubiger, insbesondere auch der Absonderungsberechtigten. Nach § 38 sei die Insolvenzmasse aber den Insolvenzgläubigern zur Befriedigung zugewiesen. Daraus könne man konsequenterweise folgern, dass dann, wenn das Insolvenzverfahren die Aufgabe habe, die Gläubiger – also auch die Absonderungsberechtigten – zu befriedigen, die Zuweisung der Masse an die Insolvenzgläubiger durch § 38 bedeute, dass diesen „besonderen" Gläubigern die Masse in einer Weise zur Verfügung stehen müsse, die es ihnen erlaube, sich aus ihr zu befriedigen. Aus § 38 in Verbindung mit § 1 Satz 1 folge daher, dass die Verwirklichung der Sicherheiten der absonderungsberechtigten Gläubiger im Wesentlichen nicht zu Lasten der Masse und damit zum Nachteil der Insolvenzgläubiger betrieben werden dürfe. Diese Forderung sei in der Insolvenzordnung aber nur bruchstückhaft realisiert worden (§§ 170, 171), worin ein Versagen des Reformgesetzgebers zu sehen sei. Ob dieses Monitum berechtigt ist oder nicht, kann hier dahinstehen, denn für die Bestimmung derjenigen, die aus der Insolvenzmasse befriedigt werden, ist es ohne Belang. Im Übrigen sollte die Frage der Behandlung von gesicherten Gläubigern in der Insolvenz streng davon getrennt werden, welche der nicht (voll) gesicherten Gläubiger sich aus der Masse Befriedigung erhoffen dürfen.
[47] *Häsemeyer* RdNr. 16.03.
[48] Ein gleichgelagertes Problem war ausführlich im Zusammenhang mit der Einführung des Sanierungsprivilegs in § 32 a Abs. 3 Satz 3 GmbHG a. F. diskutiert worden. Argumente für ein solches Privileg fanden sich etwa bei *Claussen* GmbHR 1996, 316, 323 ff.; *Götz/Hegerl* DB 1997, 2365, 2369 f.; *Goette* ZHR 162 (1998), 223, 228, 230; vgl. auch BT-Drucks. 13/10 038, 28 (dazu *Seibert* GmbHR 1998, 309 f.). Zu den Gegenargumenten ganz ausführlich *Dauner-Lieb* in *v. Gerkan/Hommelhoff*, Handbuch des Kapitalersatzrechts, 2000, 85 ff.; *dies.* DStR 1998, 1517, 1518 ff.; *Altmeppen* ZIP 1996, 1455; *ders.* ZGR 1999, 291, 293 ff.; *Lutter/Hommelhoff*, GmbH-Gesetz, 16. Aufl., 2004, §§ 32 a/b RdNr. 60 ff.; zum Sanierungsprivileg des § 39 Abs. 1 Nr. 5 InsO, vgl. unten Kommentierung zu § 39.

dass es auf Grund der Schwierigkeiten Kapital für seine Tätigkeit zu erhalten, schneller in die Insolvenz gerät. Überspitzt ausgedrückt wäre der Preis für die Annäherung oder sogar die Gleichbehandlung von dinglich gesicherten Kreditgebern mit anderen Gläubigern die Gefahr einer höheren Anzahl von Insolvenzen und ein Leerlaufen des Sanierungsziels der Insolvenzordnung.

3. Beschränkte Haftung, insbes. Kommanditistenhaftung. Die Stellung als persönlicher Gläubiger wird nicht dadurch beeinträchtigt, dass ihm der Schuldner zwar mit seinem ganzen Vermögen, allerdings nur summenmäßig beschränkt haftet. Als typischer Fall wird immer wieder der Kommanditist genannt, welcher nur in Höhe der rückständigen Stammeinlage nach §§ 171 bis 176 HGB für die Gesellschaftsschuld einzustehen hat.[49] Gerade in diesem speziellen Fall handelt es sich jedoch nicht um eine beschränkte Haftung im Sinne einer **beschränkten Zugriffsmöglichkeit** auf das Vermögen im engeren Sinne, sondern um eine summenmäßige Beschränkung.[50] Der Kommanditist haftet also gegenständlich unbeschränkt, der Höhe nach aber auf die Haftungssumme begrenzt. Der Gesellschaftsgläubiger wird in der Insolvenz des Kommanditisten mit den anderen Gläubigern gemeinschaftlich aus der Masse befriedigt. Da die Gesellschaftsgläubiger aber auf das gesamte Vermögen des Kommanditisten nur bis zum Betrag der Haftungssumme zurückgreifen dürfen, darf der Gesellschaftsgläubiger seine Forderung nur in Höhe des Rückstands der Haftungseinlage anmelden.[51]

Dagegen liegt in einigen **familien- und erbrechtlichen Fällen** nicht nur eine rechnerische, sondern sogar eine dem Gegenstand nach beschränkte persönliche Haftung vor. Dazu gehören die Haftung des Ehegatten nach Teilung des Gesamtguts vor Berichtigung von Gesamtgutsverbindlichkeiten (§ 1480 Satz 2 BGB); die Haftung des überlebenden Ehegatten infolge des Eintritts der fortgesetzten Gütergemeinschaft (§ 1489 Abs. 2 BGB); die Haftung anteilsberechtigter Abkömmlinge den Gesamtgutsgläubigern gegenüber (§ 1504 S. 2 BGB); die Haftung der Erben für Nachlassverbindlichkeiten (§ 1975 BGB); die Verantwortlichkeit des Erben nach Erhebung der Einrede der Dürftigkeit des Nachlasses (§§ 1991, 1990 BGB); die Haftung des Hauptvermächtnisnehmers (§ 2187 BGB). Die gegenständlich beschränkte Haftung kann ein Sonderinsolvenzverfahren nach sich ziehen.[52]

III. Vermögensansprüche gegen den Schuldner in der Übersicht

1. Allgemeines. Insolvenzforderung kann nur ein Anspruch des Schuldners sein, der ein *Vermögens*anspruch ist. Voraussetzung dafür ist, dass der geltend gemachte Anspruch auf Geld gerichtet ist oder sich nach §§ 45, 46 in einen Geldanspruch umwandeln lässt. Alle nicht ursprünglich auf einen Geldbetrag gerichteten Forderungen sind vom zur Insolvenztabelle anzumeldenden Gläubiger selbst mit dem Geldbetrag anzusetzen, der ihrem Schätzwert zum Zeitpunkt der Eröffnung des Verfahrens entspricht. Die auf Rechtsgeschäft oder Gesetz beruhenden Verschaffungsansprüche sind mit dem Wert anzusetzen, der dem allgemeinen Verkehrswert, nicht beispielsweise aber dem Liebhaberwert, entspricht.[53] Ansprüche auf eine vertretbare Handlung werden mit dem Betrag angesetzt, der für eine Ersatzvornahme (§ 887 ZPO) erforderlich wäre. Nur dort, wo diese Ansprüche in einen Geldbetrag übergehen können, wird einfach der benannte Geldbetrag angesetzt (zB bei einem Anspruch auf Schuldbefreiung).[54] Gemäß § 45 Satz 2 sind Insolvenzforderungen, die in **ausländischer Währung** oder in einer Rechnungseinheit ausgedrückt sind, nach dem Kurswert, der zurzeit der Verfahrenseröffnung für den Zahlungsort maßgeblich ist, in inländische Währung umzurechnen. Dies ist ebenfalls Aufgabe des anmeldenden Gläubigers.

Forderungen, die keinen vermögensrechtlichen und damit nicht in Geld umrechenbaren Inhalt haben, gehören nicht zu den Insolvenzforderungen.[55] Allerdings können diese Forderungen Folgeansprüche – in der Regel Schadensersatzansprüche – auslösen, die ihrerseits dann wieder Insolvenzforderungen sind.[56] Dabei ist jedoch darauf zu achten, ob es sich um die Verletzung eines *Haupt*anspruchs handelt; nur in diesem Fall werden dann Folgeansprüche, wie zB Schadensersatzforderungen

---

[49] *Jaeger/Henckel* § 38 RdNr. 21; *Kübler/Prütting/Bork/Holzer* § 38 RdNr. 6. Vgl. ferner auch MünchKommHGB/*K. Schmidt*, § 172 RdNr. 4; *Ebenroth/Boujong/Joost/Strohn/Weipert*, 3. Aufl., 2013, HGB, § 171 RdNr. 1; *Häsemeyer* ZHR 149 (1985), 42 ff.
[50] *Jaeger/Henckel* § 38 RdNr. 21; vgl. ferner *Häsemeyer* ZHR 149 (1985), 42 ff.
[51] *Jaeger/Henckel* § 38 RdNr. 21; *Uhlenbruck/Sinz* § 38 RdNr. 7.
[52] Siehe *Jaeger/Henckel* § 38 RdNr. 22, A/G/R-*Ahrens* § 38 RdNr. 16.
[53] *Häsemeyer* RdNr. 16.07; *Gottwald/Klopp/Kluth*, Insolvenzrechts-Handbuch, § 19 RdNr. 32.
[54] Siehe *Jaeger/Henckel* § 38 RdNr. 63; *Häsemeyer* RdNr. 16.07; *Smid/Leonhardt* in *Leonhardt/Smid/Zeuner* § 38 RdNr. 15; HK-*Eickmann* § 38 RdNr. 8; *Gottwald/Klopp/Kluth*, Insolvenzrechts-Handbuch, § 19 RdNr. 32; MünchKommZPO-*Gruber* § 887 RdNr. 3 f.
[55] Einzelheiten sofort unten RdNr 36 ff.
[56] Vgl. *Häsemeyer* RdNr. 16.05; HK-*Eickmann* § 38 RdNr. 8.

auch zu Insolvenzforderungen.⁵⁷ Das bedeutet umgekehrt, dass die Verletzungen von Ansprüchen auf unvertretbare Handlungen, die nur der Durchsetzung eines vermögenswerten Hauptanspruchs dienen (zB Auskunfts- oder Rechnungslegungsanspruch⁵⁸), ebenso wenig Insolvenzforderungen begründen, wie sie selbst Insolvenzforderungen sind.⁵⁹

2. Begründetheit der Forderung. Die Stellung als Insolvenzgläubiger setzt des Weiteren 15 voraus, dass sein Vermögensanspruch zum Zeitpunkt der Verfahrenseröffnung begründet ist. Diese Grenzziehung ergibt sich daraus, dass der Schuldner grundsätzlich mit Eröffnung des Insolvenzverfahrens seine Verfügungsbefugnis über ein Vermögen verliert (§§ 80 f.) und daher auch die Masse nicht mehr verpflichten kann. Dabei ist allerdings nicht notwendig, dass der vom Gläubiger geltend gemachte Anspruch ihm auch tatsächlich zusteht. Vielmehr kommt es nur darauf an, ob der betreffende Gläubiger, wenn man das Bestehen der Forderung unterstellt, zur Teilnahme am Verfahren berechtigt wäre.⁶⁰ Das ergibt sich daraus, dass das Gesetz eine unterschiedliche Intensität der Forderungsprüfung in den einzelnen Verfahrensabschnitten vorsieht. Die Feststellung, dass eine Forderung dem Gläubiger wirklich zusteht, wird erst dort relevant, wo die Verteilungsquote an den betreffenden Gläubiger ausgezahlt werden soll. Dessen Forderung muss entweder festgestellt (§§ 178 Abs. 1, 183 Abs. 1) oder tituliert sein, ohne dass ein erhobener Widerspruch im Prozess verfolgt würde (vgl. § 189).⁶¹ Am Verteilungsverfahren selbst können dagegen all die Forderungen teilnehmen, die im Verfahren angemeldet (§ 174) und im Termin geprüft wurden (§§ 176, Satz 1, 187 Abs. 1); soweit die Forderungen im Prüfungstermin bestritten wurden, können sie am Verteilungsverfahren indes nur teilnehmen, wenn sie tituliert sind oder wenn der in § 189 Abs. 1 geforderte Nachweis rechtzeitig erbracht wird.⁶² Für die Stellung des Insolvenzantrages reicht nach § 14 Abs. 1 schließlich die Glaubhaftmachung der Forderung aus, es sei denn es ist ausnahmsweise der Vollbeweis erforderlich.⁶³ Die Begriffe des Insolvenzgläubigers und der Insolvenzforderung sind kongruent.⁶⁴

Der Zeitpunkt der Begründung der Forderung ist relevant, um die Abgrenzung von Insolvenz- 16 und Masseforderungen vornehmen zu können.⁶⁵ Überwunden ist mittlerweile die frühere Auffassung, die das Entstehen oder die Fälligkeit einer Forderung mit der Begründung dieser Forderung gleichgestellt hat.⁶⁶ Trennlinie zwischen der Forderungen, die als Masseverbindlichkeiten vorweg zu befriedigen sind, und Insolvenzforderungen ist nunmehr, ob der Rechtsgrund der Entstehung der Forderung im Augenblick vor Verfahrenseröffnung bereits gelegt war.⁶⁷ Das ist dann der Fall, wenn der anspruchsbegründende Tatbestand vor der Verfahrenseröffnung materiell-rechtlich abgeschlossen war.⁶⁸ Es braucht weder die Forderung selbst schon entstanden zu sein, noch ist Fälligkeit erforderlich; notwendig ist nur, dass der „Schuldrechtsorganismus",⁶⁹ der die Grundlage des Anspruchs darstellt, besteht. In diesem Moment führt dieser nämlich auf der Aktivseite zum Rechtserwerb für das Schuldnervermögen (in der Insolvenz: die Masse) und begründet auf der Passivseite die Leistungsverpflichtung (in der Insolvenz: die Insolvenzforderung).⁷⁰ Daher ist der Entstehungszeitpunkt auch von Bedeutung für die Unterscheidung zwischen Insolvenz- und Masseforderung, wenn Rechtsverhältnisse vor Verfahrenseröffnung zwar begründet wurden, nach der Eröffnung

---

⁵⁷ *Häsemeyer* RdNr. 16.05 und 13.10; *Jaeger/Henckel* § 38 RdNr. 63.
⁵⁸ S. BGH ZInsO 2005, 770, 771; *Jaeger/Henckel* § 38 RdNr. 73 ff.; *HambKomm-Lüdtke* § 38 RdNr. 25; *Häsemeyer* RdNr. 13.10; *HK-Eickmann* § 38 RdNr. 10.
⁵⁹ Vgl. *Häsemeyer* RdNr. 16.05.
⁶⁰ Allg. Meinung, siehe nur *Kübler/Prütting/Holzer* § 38 RdNr. 2; *HambKomm-Lüdtke* § 38 RdNr. 28; *Smid/Leonhardt* in *Leonhardt/Smid/Zeuner* § 38 RdNr. 13; *HK-Eickmann* § 38 RdNr. 10; *Nerlich/Römermann/Andres* § 38, RdNr. 13; *Häsemeyer* RdNr. 16.11 ff.; 36 ff.; *Uhlenbruck/Sinz* § 38 RdNr. 6; *Jaeger/Henckel* § 38 RdNr. 8.
⁶¹ Näher dazu *Jaeger/Henckel* § 38 RdNr. 8.
⁶² *Kübler/Prütting/Bork/Holzer* § 38 RdNr. 2; *Jaeger/Henckel* § 38 RdNr. 18.
⁶³ Siehe *Kübler/Prütting/Bork/Holzer* § 38 RdNr. 2; *Hess* § 38 RdNr. 14; *Jaeger/Henckel* § 38 RdNr. 18.
⁶⁴ *Kübler/Prütting/Holzer* § 38 RdNr. 2.
⁶⁵ Vgl. *Jaeger/Henckel* § 38 RdNr. 81; *Kübler/Prütting/Holzer* § 38 RdNr. 7; *HambKomm-Lüdtke* § 38 RdNr. 28; *Nerlich/Römermann/Andres* § 38 RdNr. 13; *Breutigam* in *Blersch/Goetsch/Haas* § 38 RdNr. 15; *Smid/Leonhardt* in *Leonhardt/Smid/Zeuner* § 38 RdNr. 12.
⁶⁶ Vgl. noch BFH BB 1971, 999, aufgegeben in BFH BB 1978, 187; s. ferner BGH NZI 2011, 953 Rn. 3; vgl. zudem auch OVG Weimar ZIP 2007, 880, 881.
⁶⁷ BGHZ 72, 263; BGH NZI 2011, 953; BAG NJW 1979, 774, 777; BFH ZIP 1986, 316, 317; BFH ZIP 1994, 1286 f.;*Uhlenbruck/Sinz* § 38 RdNr. 6; *Kübler/Prütting/Bork/Holzer* § 38 RdNr. 7; *Graf-Schlicker/Kalkmann* § 38 RdNr. 15; *FK-Schumacher* § 38 RdNr. 12; *Jaeger/Henckel* § 38 RdNr. 82.
⁶⁸ *Kübler/Prütting/Bork/Holzer* § 38 RdNr. 12; *Jaeger/Henckel* § 38 RdNr. 82; vgl. auch BGH NZI 2005, 403; BGH ZInsO 2005, 537; BGH NZI 2011, 953.
⁶⁹ *Uhlenbruck/Sinz* § 38 RdNr. 26; *HK-Eickmann* § 38 RdNr. 18; *Breutigam* in *Breutigam/Blersch/Haas* § 38 RdNr. 15.
⁷⁰ Siehe *Häsemeyer* RdNr. 16.11.

jedoch mit der Masse fortgesetzt werden.[71] Verfügungen des Schuldners *nach* Eröffnung des Verfahrens können demzufolge nicht die Stellung eines Gläubigers als Insolvenzgläubiger begründen, weil sie wegen des Übergangs der Verwaltungs- und Verfügungsbefugnis auf den Verwalter gem. §§ 80, 81 grundsätzlich unwirksam sind. Ebenso dürfen Gläubiger, die nach § 53 Massegläubiger sind, nicht am Verfahren teilnehmen, weil der Entstehungszeitpunkt ihrer Forderung *nach* Eröffnung des Verfahrens liegt.[72] Eine Ausnahme von dieser Regel ergibt sich aus § 55 Abs. 2. Wenn ein vorläufiger Insolvenzverwalter, auf den die Verfügungsbefugnis des Schuldners übergegangen ist, vor Eröffnung des Verfahrens eine Forderung begründet, handelt es sich um eine Masseschuld. Dasselbe gilt für Verbindlichkeiten aus einem Dauerschuldverhältnis, soweit der vorläufige Insolvenzverwalter für das von ihm verwaltete Vermögen die Gegenleistung in Anspruch genommen hat. Diese ausdrückliche gesetzliche Wertung lässt es nicht zu, dass ein Verwalter, auf den die Verfügungsbefugnis übertragen wurde, vom Insolvenzgericht ermächtigt wird, Insolvenzforderungen zu begründen.[73] Vom Schuldner erteilte Aufträge erlöschen durch die Eröffnung des Insolvenzverfahrens (vgl. §§ 115, 116). Kündigt der vorläufige Insolvenzverwalter, dann sind die Ersatzansprüche bloße Insolvenzforderungen, weil sie aus der Liquidation eines vor Insolvenzeröffnung begründeten Vertragsverhältnisses herrühren.[74]

17   **3. Einzelne Ansprüche. a) Betagte, bedingte und künftige Forderungen.** Bereits entstandene, aber noch nicht fällige Forderungen **(betagte Forderungen)** gelten nach § 41 Abs. 1 als fällig; sie werden wegen des bestehenden Anwartschaftsrechts auf das Forderungsrecht als Insolvenzforderung berücksichtigt.[75] **Auflösend bedingte** Forderungen, welche schon bestanden bevor das Insolvenzverfahren eröffnet wurde, werden im Verfahren wie unbedingte Insolvenzforderungen behandelt, soweit die Bedingung nicht eingetreten ist (§ 42).[76] Dasselbe gilt auch für **aufschiebend bedingte und aufschiebend befristete Forderungen** (§ 41).[77] In diesen drei Fällen stellen die Bedingungen bzw. die Betagung nämlich der Sache nach nichts anderes dar als technische Abwicklungsfragen, die sich aber nicht auf den Charakter der Forderung als solcher auswirken.[78] Die aufschiebende Bedingung ihrerseits weist allerdings freilich die äußerste Grenze aus, bis zu der noch Insolvenzforderungen entstehen können; sie ist deshalb gerechtfertigt, weil ein Anwartschaftsrecht auf die Forderungen entstanden ist, das insolvenzrechtlich geschützt wird.[79] Diese Grenze ist dort überschritten, wo ein forderungs- oder haftungsbegründendes Rechtsgeschäft bei Verfahrenseröffnung erst in Aussicht genommen oder versprochen worden ist, aber nicht wenigstens schon bedingt oder befristet vorgenommen wurde **(künftige Forderung)**, so dass insoweit keine Insolvenzforderung vorliegt.[80] Bei öffentlich-rechtlichen Forderungen liegt eine Insolvenzforderung noch nicht vor, wenn nicht alle rechtlichen Voraussetzungen des Verwaltungsaktes vorliegen, insbesondere wenn der betreffende Verwaltungsakt dem Schuldner noch nicht vor Eröffnung des Insolvenzverfahrens bekanntgegeben worden ist.[81]

18   Ebenso liegt keine Insolvenzforderung vor, wenn eine Verpflichtung zwar aus einem Rechtsgeschäft resultiert, das vor Verfahrenseröffnung abgeschlossen wurde, welches aber unter einer Potestativbedingung steht, wo es also von dem in das Belieben des Schuldners gestellten Tun oder Unterlassen abhängig gemacht wird, ob das betreffende Rechtsgeschäft wirksam ist. Zwar entspricht hier der Zeitpunkt der Anspruchsbegründung grundsätzlich der Vorgabe des § 38, so dass die entsprechende Forderung eigentlich am Verfahren teilnehmen müsste, doch liegt der Grund für den Ausschluss

---

[71] *Häsemeyer* RdNr. 16.11.
[72] So *Kübler/Prütting/Bork/Holzer* § 38 RdNr. 12; *Breutigam* in *Blersch/Goetsch/Haas* § 38 RdNr. 15; *Uhlenbruck/Sinz* § 38 RdNr. 26; *Gottwald/Klopp/Kluth,* Insolvenzrechts-Handbuch, § 19 RdNr. 17; *Eckardt,* Kölner Schrift, 2. Aufl., 533, 536 (RdNr. 5).
[73] AG Hamburg ZInsO 2002, 1197; *Jaeger/Henckel* § 38 RdNr. 82.
[74] *Braun/Bäuerle* § 38 RdNr. 7 unter Berufung auf LG Lübeck DZWiR 2000, 78.
[75] RGZ 152, 321, 322; *Nerlich/Römermann/Andres* § 38 RdNr. 14; *Smid/Leonhardt* in *Leonhardt/Smid/Zeuner* § 38 RdNr. 13; HambKomm-*Lüdtke* § 38 RdNr. 32; *Jaeger/Henckel* § 38 RdNr. 87; *Kübler/Prütting/Bork/Holzer* § 38 RdNr. 28; *Uhlenbruck/Sinz* § 38 RdNr. 33; HK-*Eickmann* § 38 RdNr. 19; vgl. zudem die Kommentierung zu § 41 RdNr. 1 ff.
[76] Vgl. *Nerlich/Römermann/Andres* § 38 RdNr. 14; *Smid/Leonhardt* in *Leonhardt/Smid/Zeuner* § 38 RdNr. 10; *Jaeger/Henckel* § 38 RdNr. 87; *Bitter* NZI 2000, 399, 400, siehe zudem unten Kommentierung bei § 42 RdNr. 1 ff.
[77] *Jaeger/Henckel* § 38 RdNr. 87; *Uhlenbruck/Sinz* § 38 RdNr. 33; *Breutigam* in *Breutigam/Blersch/Haas* § 38 RdNr. 16; vgl. auch HK-*Eickmann* § 38 RdNr. 19; *Hess* § 38 RdNr. 32; BGHZ 38, 369, 371 f.
[78] *Häsemeyer* RdNr. 16.12.
[79] *Häsemeyer* RdNr. 16.12.
[80] BGH NZI 2012, 24 RdNr. 7; LG Düsseldorf v. 10.10.2008, Az 39 O 99/08 unter II.; *Jaeger/Henckel* § 38 RdNr. 89; *Uhlenbruck/Sinz* § 38 RdNr. 35; *Hess* § 38 RdNr. 36; vgl. auch RGZ 75, 212; RGZ 52, 49, 53.
[81] OVG Berlin-Brandenburg, BeckRS 2010, 46465 (entschieden für einen Vorauslastungsbescheid gem. § 133 Abs. 3 S. 1 BauGB); VG Cottbus v. 19.1.2012, Az 6 K 855/10 (Schmutzwasseranschlussbeitrag).

dieser Forderung aus der Gruppe der Insolvenzforderungen im Wesentlichen in der Zweckbestimmung des § 81. Danach ist dem Schuldner nicht nur die Eingehung von neuen Verpflichtungen nach Verfahrenseröffnung untersagt, sondern auch die Vermehrung der Schuldenmasse soll von der Verfahrenseröffnung an dem Willensbereich des Schuldners entzogen bleiben.[82]

b) Wiederkehrende Ansprüche. Bei wiederkehrenden Ansprüchen, die nach Verfahrenseröffnung auflaufen, insbesondere bei Dauerschuldverhältnissen, ist die Frage, ob es sich um Insolvenzforderungen handelt, differenziert zu beantworten. Es ist zu unterscheiden, ob die Ansprüche aus einem einheitlichen Stammrecht folgen, welches vor Verfahrenseröffnung begründet worden ist, oder ob der Grund der Forderung als Gegenleistung für künftige Leistungen des anderen Teils stets von neuem zur Entstehung gelangt.[83]

aa) Ansprüche aus einem einheitlichen Stammrecht. Im ersten Fall hat der Gläubiger den Gegenwert für seine künftig entstehenden Ansprüche schon in das Vermögen des Schuldners – in der Insolvenz also in die Masse – erbracht, so dass seine Forderungen auch aus diesem Vermögen zu befriedigen sind; solche Forderungen sind immer Insolvenzforderungen.[84] Die Höhe der Forderung bestimmt sich gem. § 46 Satz 1 durch eine Addition der ausstehenden Leistungen unter Abzug des in § 41 für nicht fällige Forderungen bezeichneten Zwischenzinses. Ist die Dauer der Leistung unbestimmt, so ist eine Schätzung des Wertes auf den Zeitpunkt der Verfahrenseröffnung entsprechend § 45 Satz 1 vorzunehmen. Zu den Leistungen aus Stammrechten gehören u. a. Forderungen aus einem Leibgedinge (Art. 96 EGBGB), Forderungen aus einer Rente nach § 843 BGB, Forderungen aus einem Leibrentenvertrag,[85] Rentenansprüche nach §§ 618 Abs. 3 BGB, §§ 120 a, 120 b GewO und nach § 62 Abs. 3 HGB,[86] Pensions- und Rentenansprüche der Privatangestellten.[87]

bb) Ansprüche aus einzelnen neu entstehenden Einzelforderungen. Bei den jeweils neu entstehenden Einzelforderungen sind nur die bis zur Eröffnung des Verfahrens begründeten Ansprüche Insolvenzforderungen. Später entstehende Ansprüche sind entweder Masseforderungen oder Neuforderungen, je nachdem, ob das Schuldverhältnis mit der Masse oder mit dem insolvenzfreien Vermögen des Schuldners fortgesetzt wird.[88]

Ansprüche aus einem *einheitlichen* Dauerschuldverhältnis werden getrennt in Ansprüche vor und nach Verfahrenseröffnung, wobei nur die ersteren Insolvenzforderungen sind.[89] Das bedeutet, dass dann, wenn nach Eröffnung des Verfahrens entstehende Einzelansprüche jeweils das Äquivalent für die Gegenleistung des Gläubigers bilden (so insbesondere bei Miet-, Pacht- und Dienstverträgen), Masseforderungen entstehen, soweit dieses Dauerschuldverhältnis für die Masse fortgesetzt wird (§ 55 Abs. 1 Nr. 2).[90] Für Miete und Pacht ergibt sich dies ausdrücklich aus § 108 Abs. 2. In den anderen Fällen entstehen Neuforderungen, für die das insolvenzfreie Vermögen des Schuldners haftet.[91] Forderungen auf Arbeitsentgelt für die Zeit nach der Verfahrenseröffnung sind keine Insolvenzforderungen, denn soweit der Insolvenzverwalter den Arbeitsvertrag zu erfüllen hat, wird das Dauerschuldverhältnis nach der Eröffnung für die Masse fortgesetzt und die Lohnforderungen werden Masseforderungen. Dagegen sind Ansprüche aus einer betrieblichen Altersversorgung, die vor Verfahrenseröffnung begründet wurden, aber erst nach Eröffnung des Verfahrens fällig sind, Insolvenzforderungen.

Bei Wiederkehrschuldverhältnissen entsteht der Grund der Leistung auf einer zumindest stillschweigenden Wiederholung bzw. Erneuerung des einmaligen, vor Verfahrenseröffnung liegenden, Vertragsschlusses für neue Zeiträume oder Bezugsmengen.[92] Daher sind nur diejenigen Forderungen, die vor dem Zeitpunkt der Verfahrenseröffnung begründet worden sind, auch Insolvenzforde-

---

[82] Siehe *Jaeger/Henckel* § 38 RdNr. 88; *Nerlich/Römermann/Andres* § 38 RdNr. 14; *Breutigam* in *Blersch/Goetsch/Haas* § 38 RdNr. 16; *Smid/Leonhardt* in *Leonhardt/Smid/Zeuner* § 38 RdNr. 14.
[83] Statt aller *Uhlenbruck/Sinz* § 38 RdNr. 58; *A/G/R-Ahrens* § 38 RdNr. 33; *Jaeger/Henckel* § 38 RdNr. 158; *Hess* § 38 RdNr. 30; *HambKomm-Lüdtke* § 38 RdNr. 35.
[84] *Häsemeyer* RdNr. 16.16; *Gottwald/Klopp/Kluth*, Insolvenzrechts-Handbuch, § 19 RdNr. 35; *Uhlenbruck/Sinz* § 38 RdNr. 58; *Jaeger/Henckel* § 38 RdNr. 158; vgl. auch RGZ 141, 291, 295.
[85] RGZ 111, 287; RGZ 106, 95.
[86] Siehe *Uhlenbruck/Sinz* § 38 RdNr. 58.
[87] BAG NJW 1970, 964, 965.
[88] *Häsemeyer* RdNr. 16.16; *Hess* § 38 RdNr. 42; *A/G/R-Ahrens* § 38 RdNr. 33.
[89] Zu den Forderungen, die trotz Fortsetzung eines Dauerschuldverhältnisses für die Masse nicht an Masseumsetzungen als Äquivalent teilnehmen, siehe *Häsemeyer* RdNr. 20.45 ff.; vgl. auch *Jaeger/Henckel* § 38 RdNr. 158 ff.
[90] Für die Miete: BGH 14.12.06. – IX ZR 102/03, NZI 2007, 158, Rn 12; vgl. auch *Uhlenbruck/Sinz*, § 38, Rn. 60.
[91] Vgl. *Häsemeyer* RdNr. 16.16.
[92] Siehe RGZ 148, 332; BGH BB 1952, 868 f.; *Kübler/Prütting/Bork/Holzer* § 38 RdNr. 26; *Smid/Leonhardt* in *Leonhardt/Smid/Zeuner* § 38 RdNr. 20; vgl. auch *Henckel* ZZP 84 (1971), 447, 461.

rungen, während Lieferungen nach Verfahrenseröffnung Masseschulden nach § 55 Nr. 2 sind.[93] In der Praxis hat aber diese Trennung einer Dauerbeziehung in Einzelverträge, um bei Eröffnung des Verfahrens eine deutliche Zäsur machen zu können, die Insolvenz- von Masseforderungen zu unterscheiden hilft, an Bedeutung verloren, seitdem der BGH auch bei Annahme eines einheitlichen Schuldverhältnisses (Stromlieferungsvertrag) den Anspruch auf Bezahlung der vor Verfahrenseröffnung erhaltenen Leistungen als Insolvenzforderung eingestuft hat.[94] Die heute herrschende Meinung im Zivil- und Energierecht sieht in den Energielieferungsverträgen ein einheitliches Dauerschuldverhältnis über unbestimmte Mengen. Der BGH hat für den Sonderkundenbereich entschieden, dass der Elektrizitätsversorgungsvertrag die Rechtsnatur eines Sukzessivlieferungsvertrages hat; für den Tarifkundenbereich hat er die Frage bislang offen gelassen.[95] Unterhaltsansprüche entstehen jeweils in dem Zeitpunkt neu, in dem ihre Fälligkeitsvoraussetzungen vorliegen. Deswegen sind regelmäßig nur die bis zur Eröffnung des Insolvenzverfahrens entstandenen Unterhaltsansprüche Insolvenzforderungen.[96]

24 **c) Sukzessivlieferungsverträge.** Bei Sukzessivlieferungsverträgen sind die aus dem einheitlichen Vertragsverhältnis folgenden Leistungen Insolvenzforderungen, wenn sie vor Eröffnung materiell entstanden sind, gleichgültig ob sie erst nach Eröffnung geschuldet werden.[97] Mit der Eröffnung des Verfahrens endet ein solcher Vertrag.[98] Der Insolvenzverwalter kann ihn zwar fortsetzen, die dann entstehenden Forderungen sind jedoch Masseforderungen.

25 **d) Steuerforderungen.**[99] Bei Steuerforderungen regelt das Steuerrecht die Frage der Entstehung und Höhe der Forderung und das Insolvenzrecht deren Einordnung und Behandlung in der Insolvenz. Steuerforderungen sind im Sinne von § 38 folglich schon dann „begründet", wenn sie zwar im steuerrechtlichen Sinne noch nicht entstanden sind, der zivilrechtliche Tatbestand, der zur Entstehung der Steueransprüche führt, aber vom Schuldner vor Eröffnung des Verfahrens bereits verwirklicht worden ist (vgl. § 251 Abs. 2 AO).[100] Eine Steuerforderung, die erst in der Insolvenz durch eine Handlung des Insolvenzverwalters entsteht, aber trotzdem auf Grund des vor Verfahrenseröffnung liegenden steuerrechtlichen Verhältnisses bereits begründet worden ist, ist daher bloße Insolvenzforderung und keine Masseforderung.[101]

26 **e) Schadensersatzansprüche. aa) Ansprüche aus unerlaubter Handlung.** Ob Ansprüche aus unerlaubter Handlung nach §§ 823 ff. BGB oder aus Gefährdungshaftung, zB nach § 833 BGB, § 7 StVG; § 1 HaftpflG, § 25 AtomG; § 434 BGB, Insolvenzforderungen sind, hängt davon ab, ob der Gemeinschuldner die unerlaubte Handlung vor Eröffnung des Insolvenzverfahrens begangen hat.[102] Nicht erforderlich ist, dass auch die Rechtsgutverletzung vor Eröffnung des Verfahrens liegen muss,[103] weil alle Ansprüche als Bestandteil des einheitlichen Schuldverhältnisses von Anfang an gegeben sind.[104] Ist die Rechtsgutverletzung vor Eröffnung bewirkt, so sind daher alle daraus erwachsenden Schadensersatzansprüche Insolvenzforderungen, also auch Schäden, die erst nach Verfahrenseröffnung eintreten. Ebenso sind Schadensersatzforderungen, die zu den ursprünglichen Folgen der Handlung, welche vor Verfahrenseröffnung begangen wurde, hinzutreten, dann Insolvenzforderungen, wenn diese Fortentwicklung

---

[93] Vgl. *Uhlenbruck/Sinz* § 38 RdNr. 59.
[94] BGH ZIP 1982, 854, 855; zustimmend *Uhlenbruck/Sinz* § 38 RdNr. 59.
[95] *Evers*, Das Recht der Energieversorgung, 2. Aufl., S. 128; *Hose*, Energieversorgungsvertrag, S. 73 ff.; *Reinholz*, RdE 1999, 64, 72; Palandt/*Ellenberger*, vor § 311 RdNr. 28, 30; BGHZ 81, 90, 91; BGHZ 83, 359, 362.
[96] BGH NZI 2012, 24; OLG Nürnberg NZI 2005, 638, 638 f.; A/G/R-*Ahrens* § 38 RdNr. 33 (auch zur Ausnahme, dass gem. § 40 S. 1 im Insolvenzverfahren über das Vermögen der Erben des Unterhaltspflichtigen die nach Eröffnung entstehenden Unterhaltsansprüche als Insolvenzforderung geltend gemacht werden können.).
[97] *Kübler/Prütting/Holzer* § 38 RdNr. 26; *Smid/Leonhardt* in Leonhardt/Smid/Zeuner § 38 RdNr. 20; *Breutigam* in Blersch/Goetsch/Haas § 38 RdNr. 18; *Baur/Stürner*, Insolvenzrecht, RdNr. 9.8.
[98] Vgl. *Uhlenbruck/Sinz* § 38 RdNr. 59.
[99] Ausführlich *Gottwald/Frotscher*, Insolvenzrechts-Handbuch, §§ 120 ff.; *Jaeger/Henckel* § 38 RdNr. 126 ff.; *Uhlenbruck/Sinz* § 38 RdNr. 67 ff.; siehe zudem unten RdNr. 79 ff.
[100] Vgl. BFH KTS 1971, 111, 116; BFH BB 1984, 1471; BFH NJW 1995, 80; BFH ZVI 2008, 441 f.; ausführlich *Kuhn/Uhlenbruck*, KO, § 3 RdNr. 11; *Jaeger/Henckel* § 38 RdNr. 126; *Frotscher*, Steuern im Konkurs, 58 f.; *Onusseit/Kunz*, Steuern in der Insolvenz, 2. Aufl., 1997, RdNr. 290 ff.; *Hess/Boochs/Weis* RdNr. 206 ff.; HK-*Eickmann* § 38 RdNr. 22; *Nerlich/Römermann/Andres* § 38 RdNr. 15; *Uhlenbruck/Sinz* § 38 RdNr. 68; *Gottwald/Frotscher*, Insolvenzrechts-Handbuch, § 120 ff.
[101] *Uhlenbruck/Sinz* § 38 RdNr. 67; *Nerlich/Römermann/Andres* § 38 RdNr. 15; *Jaeger/Henckel* § 38 RdNr. 126; *Gottwald/Klopp/Kluth*, Insolvenzrechts-Handbuch, § 19 RdNr. 20 f.
[102] RGZ 87, 82, 84 f.; *Jaeger/Henckel* § 38 RdNr. 169; *Smid/Leonhardt* in Leonhardt/Smid/Zeuner § 38 RdNr. 20; *Kübler/Prütting/Holzer* § 38 RdNr. 31; *Breutigam* in Blersch/Goetsch/Haas § 38 RdNr. 19.
[103] So aber *Häsemeyer* RdNr. 16.14; vgl. auch *Uhlenbruck/Sinz* § 38 RdNr. 41.
[104] Grundlegend RGZ 87, 82, 84 f.; siehe auch *Breutigam* in Blersch/Goetsch/Haas § 38 RdNr. 19.

nach den allgemeinen Grundsätzen der haftungsausfüllenden Kausalität der Handlung zuzurechnen ist.[105] Die Höhe der künftigen Schäden ist ggf. nach § 45 Satz 1 zu schätzen.[106]

bb) Schadensersatzansprüche aus pVV und c. i. c. Schadensersatzansprüche aus pVV (§ 280 Abs. 1 BGB) oder c. i. c. (§ 311 Abs. 2 und 3 BGB) sind Insolvenzforderungen, wenn die Verletzung vor Eröffnung des Verfahrens bewirkt worden ist; das gilt auch dann, wenn der Schaden erst später entsteht.[107] Spätere Verletzungen verpflichten nicht mehr die Masse, sondern nur das insolvenzfreie Vermögen, denn mit dem Entzug der Verfügungsbefugnis über das zur Masse gehörende Vermögen ist der Schuldner auch nicht mehr in das „Schutzpflichtverhältnis" gegenüber der Masse[108] einbezogen.

cc) Andere Schadensersatzansprüche. Andere Schadensersatzansprüche, die aus einem vor Eröffnung bestehenden Schuldverhältnis erwachsen, wie etwa Nichterfüllungsschaden oder Verzugsschaden, sind in voller Höhe Insolvenzforderungen, wenn die Vertragsverletzung vor der Verfahrenseröffnung eingetreten ist.[109] Wenn die Unmöglichkeit oder der Verzug durch die Eröffnung des Verfahrens selbst entstanden sind, kann nicht mehr als die eigentliche Forderung verlangt werden.[110] Ansprüche aus einer Vertragsstrafe sind Insolvenzforderungen, wenn die Zuwiderhandlung vor Insolvenzeröffnung erfolgt ist.[111] Schadensersatzansprüche der Arbeitnehmer nach § 628 Abs. 2 BGB sind ebenfalls Insolvenzforderungen.[112]

Zu den Insolvenzforderungen zählen in diesem Zusammenhang auch Schadensersatzansprüche die vor Verfahrenseröffnung wegen Verletzung eines dinglichen Rechts entstanden sind (§ 904 Satz 2 BGB) oder an die Stelle des Eigentumsanspruchs getreten sind (§§ 987 ff. BGB).[113]

f) Rückgriffsansprüche. aa) Gesamtschuldnerrückgriff. Rückgriffsansprüche, wie etwa aus dem Gesamtschuldverhältnis (zB § 426 Abs. 1 BGB) oder aus der Bürgschaft (zB § 774 Abs. 1)[114] sind Insolvenzforderungen. Das macht die Vorschrift des § 44 deutlich. Der Ausgleichsanspruch nach § 426 Abs. 1 BGB entsteht nach allgemeiner Meinung schon mit der Begründung der Gesamtschuld und nicht erst mit der Befriedigung des Gläubigers.[115] Wenn also der Rückgriffsberechtigte nach Verfahrenseröffnung an den Gläubiger gezahlt hat, handelt es sich gleichwohl um eine Insolvenzforderung, wenn die Gesamtschuld und damit der Befreiungsanspruch vor Verfahrenseröffnung bestand. Denn die Befriedigung des Gläubigers durch den mithaftenden Gesamtschuldner ist eine aufschiebende Bedingung seines Regressanspruchs.[116] Entsprechendes gilt auch für das Rückgriffsrecht nach § 426 Abs. 2 Satz 2 BGB.[117]

bb) Rückgriff des Bürgen. Schuldbefreiungsanspruch. Der Bürge wird anstelle des Hauptgläubigers Insolvenzgläubiger, wenn er diesen *nach* Verfahrenseröffnung vollständig befriedigt, soweit die Bürgenschuld schon *vor* Eröffnung begründet worden ist.[118] Das ergibt sich aus § 774 BGB, der dem Zweck dient, denjenigen, der den Gläubiger befriedigt, in die haftungsrechtliche Situation des Gläubigers einrücken zu lassen.[119] Soweit der Bürge den Gläubiger schon *vor* Verfahrenseröffnung befriedigt hat, ist er mit seiner nunmehr unbedingt gewordenen Regressforderung Insolvenzgläubiger. Der Hauptgläubiger ist entsprechend nur noch mit dem Teil der ursprünglichen Forderung Insolvenzgläubiger, die nicht befriedigt worden ist.

---

[105] *Jaeger/Henckel* § 38 RdNr. 169.
[106] RGZ 83, 354, 360; RGZ 170, 276 ff.; BGH NJW 1960, 380.
[107] *Hess* § 38 RdNr. 38; *Breutigam* in *Blersch/Goetsch/Haas* § 38 RdNr. 20; *Jaeger/Henckel* § 38 RdNr. 86; *Bork*, Einführung in das Insolvenzrecht, RdNr. 120. Anders insoweit *Häsemeyer* RdNr. 16.14, der hier – abweichend von den soeben behandelten Deliktsschuldverhältnissen – die schadensstiftende Handlung des Schuldners ausreichen lässt.
[108] So der Ausdruck von *Häsemeyer* RdNr. 16.14.
[109] Vgl. *Jaeger/Henckel* § 38 RdNr. 77; *Breutigam* in *Blersch/Goetsch/Haas* § 38 RdNr. 20; *Stürner*, FS Merz, 563, 577.
[110] Zur eingehenden Begr. siehe *Häsemeyer* RdNr. 16.14, 17.02 f.
[111] Siehe HambKomm-*Lüdtke* § 38 RdNr. 19.
[112] Siehe BAG ZIP 1980, 1067.
[113] RGZ 137, 179, 180; RGZ 143, 269 f.; *Smid/Leonhardt* in *Leonhardt/Smid/Zeuner* § 38 RdNr. 20.
[114] *Häsemeyer* RdNr. 16.12; *Gottwald/Klopp/Kluth*, Insolvenzrechts-Handbuch, § 19 RdNr. 29.
[115] Siehe BGHZ 35, 317, 325; BGHZ 12, 213, 218; RGZ 160, 148, 151; *Jaeger/Henckel* § 38 RdNr. 109; aA MünchKommBGB-*Bydlinski*, § 426 RdNr. 12, 70.
[116] So die hM, siehe *Jaeger/Henckel* § 38 RdNr. 109; *Uhlenbruck/Sinz* § 38 RdNr. 39; RGZ 58, 11; LG Hagen NJW 1961, 1680; aA *Wissmann*, Persönliche Mithaft im Konkurs, 1988, 23 ff.
[117] Siehe *Kübler/Prütting/Holzer* § 38 RdNr. 29.
[118] BGH, 06.12.2007 – IX ZR 215/06, ZInsO 2008, 100.
[119] *Jaeger/Henckel* § 38 RdNr. 113; HK-*Eickmann* § 38 RdNr. 21; *Smid/Leonhardt* in *Leonhardt/Smid/Zeuner* § 38 RdNr. 20; *Breutigam* in *Blersch/Goetsch/Haas* § 38 RdNr. 21; *Gottwald/Klopp/Kluth*, Insolvenzrechts-Handbuch, § 19 RdNr. 29.

32 Der Bürge oder der Mitverpflichtete kann seinen bedingten Anspruch nicht neben dem Hauptgläubiger des Schuldners anmelden (§ 44), weil es sich um eine nur einmal zu zahlende Schuld handelt.[120] Befriedigt der Bürge oder Gesamtschuldner den Gläubiger während des Insolvenzverfahrens nur teilweise, so bleibt der Gläubiger trotzdem mit dem *ganzen* Betrag Insolvenzgläubiger, bis er voll befriedigt ist (vgl. § 43).[121] Bis dahin kann der Bürge seinen Regressanspruch gegen den Hauptschuldner freilich auch nicht zur Tabelle anmelden.[122] Der Bürge, der nach Eröffnung des Insolvenzverfahrens an den Gläubiger zahlt, wird allerdings von einem Insolvenzplan betroffen, auch wenn er wegen der Teilnahme des Gläubigers am Insolvenzverfahren des Hauptschuldners seine Forderung nicht geltend machen konnte.[123] Wenn sich ein Bürge aber nur für einen Teil der Forderungen des Gläubigers verbürgt hat und seine Bürgschaftsschuld in vollem Umfang erfüllt, muss der Gläubiger seine Forderungsanmeldung um den Betrag ermäßigen, den er von dem Bürgen empfangen hat. Andererseits darf er dann seinen Regressanspruch anmelden, weil die gebotene Kürzung der Anmeldung des Gläubigers es gestattet, den Rückgriffsanspruch neben der restlichen Forderung des Gläubigers zu berücksichtigen.[124] Der Gläubiger darf auch nur dann einen Teil seiner Gesamtforderung anmelden, wenn der Bürge vor Insolvenzeröffnung teilweise an ihn erfüllt hat. Den nach § 774 Abs. 1 Satz 1 BGB auf ihn übergegangenen Teil der verbürgten Forderung kann nur der Bürge zur Tabelle anmelden.[125] Diese Grundsätze ergeben sich aus dem Schutzbereich, welchen § 43 denjenigen Gläubigern eröffnet, denen mehrere Personen für dieselbe Leistung auf das Ganze haften.[126] Sie beruhen – wie das Reichsgericht ausgeführt hat – auf dem Gedanken, dass für die Frage, in welchem Betrag eine Forderung im Insolvenzverfahren zuzulassen ist, der Bestand zum Zeitpunkt der Eröffnung des Insolvenzverfahrens maßgeblich sein soll, mit der Folge, dass die Zulassung für den ganzen, zu jener Zeit bestehenden Betrag der Forderung, auch dann aufrecht zu erhalten ist, wenn der dritte Mitverpflichtete dieselbe bereits zum Teil durch Zahlung getilgt hat.[127] Ein (vertretbarer) Schuldbefreiungsanspruch (zB § 775 BGB) gegen den insolventen Befreiungsschuldner ist vom Befreiungsgläubiger nach § 45 in Geld umzurechnen und mit der Maßgabe der Zahlung an den Drittgläubiger anzumelden.[128] Der Befreiungsanspruch stellt in der Insolvenz des Befreiungsschuldners im Übrigen eine aufschiebend bedingte Insolvenzforderung des Befreiungsgläubigers, bedingt durch die Erfüllung der gegenüber einem Dritten bestehenden Freistellungsverbindlichkeit dar, wenn der Dritte sich nicht am Insolvenzverfahren beteiligt.[129] In der Insolvenz des Befreiungsgläubiger wandelt er sich in einen Zahlungsanspruch um, der in die Insolvenzmasse fällt.[130]

33 **g) Ansprüche bei Gläubigerwechsel.** Erwirbt ein **neuer Gläubiger** eine Insolvenzforderung im Wege einer Gesamt- oder Sonderrechtsnachfolge zum Beispiel durch Abtretung oder gesetzlichen Forderungsübergang (vgl. etwa §§ 268 Abs. 3, 426 Abs. 2 S. 1, 774 S. 1, 1143 Abs. 1, 1225 BGB), so verliert sie nicht ihren Charakter als Insolvenzforderung. Der Rechtsnachfolger kann wie der ursprüngliche Inhaber an dem Verfahren teilnehmen.[131]

34 Wenn der **Schuldner** selbst während des Verfahrens eine Insolvenzforderung **erwirbt**, ist zu differenzieren, ob diese nach der allgemeinen Konfusionsregel durch Vereinigung von Recht und Verbindlichkeit erlischt.[132] Da mit der Eröffnung des Verfahrens *zwei* voneinander zu trennende Vermögen entstehen, nämlich die Masse und das insolvenzfreie Vermögen des Schuldners,[133] ist eine Situation gegeben, die

---

[120] Eingehend *Jaeger/Henckel* § 38 RdNr. 116.
[121] RGZ 52, 171; RGZ 74, 233; BGHZ 92, 374, 380; *Jaeger/Henckel* § 38 RdNr. 118; *Kuhn/Uhlenbruck*, KO, § 3 RdNr. 37; *Wissmann,* Persönliche Mithaft im Konkurs, 60.
[122] BGHZ 27, 51, 54.
[123] So *Jaeger/Henckel* § 38 RdNr. 113.
[124] Vgl. BGH NJW 1960, 1295, 1296; BGH NJW 1969, 796; BGHZ 92, 374, 379.
[125] Vgl. *Jaeger/Henckel* § 38 RdNr. 113; *Kuhn/Uhlenbruck*, KO, § 3 RdNr. 37; RGZ 83, 401, 406.
[126] Näher unten in der Kommentierung zu § 43 RdNr. 1 ff.
[127] So grundlegend RGZ 52, 169, 171 f.
[128] S. HambKomm-*Lüdtke* § 38 RdNr. 27; *Braun/Bäuerle* § 38 RdNr. 24 ff. Ausführlich nun auch *Körner*, Der Schuldbefreiungsanspruch in der Insolvenz des Befreiungsgläubigers, 2013.
[129] S. *Braun/Bäuerle* § 38 RdNr. 23; OLG Jena BeckRS 2011, 22622.
[130] *Körner*, Der Schuldbefreiungsanspruch (...), 2013; BGH ZIP 1993, 1656, 1658; OLG Frankfurt/M. ZInsO 2005, 1274, 1276 f.
[131] *Jaeger/Henckel* § 38 RdNr. 106; *Häsemeyer* RdNr. 16.17.
[132] So früher zur KO LG Colmar LZ 1907, Sp. 306; *Jaeger/Lent*, KO, 8. Aufl. § 3 Anm. 33 a; *Kilger/K. Schmidt,* KO, § 3 Anm. 8.
[133] Vgl. allg. zum Verhältnis von Sondervermögen zum Hauptvermögen die noch immer lesenswerte Arbeit von *Hunn*, Die Trennung des Sondervermögens vom Hauptvermögen, Diss. Frankfurt/M. 1931; ferner siehe *Dauner-Lieb,* Unternehmen in Sondervermögen, 1998, 31 ff.; *Ulmer/Ihring* GmbHR 1988, 373, 376 f.; *v. Thur,* Bürgerliches Recht AT, Band I, 330 ff. und 348 ff.

der entspricht, die § 1975 BGB für das Nachlassinsolvenzverfahren vorsieht. Demnach ist zu unterscheiden, ob die erworbene Forderung in das insolvenzfreie Vermögen oder in die Masse fällt.[134] Im ersten Fall wird erreicht, dass der Erwerb neuen Vermögens durch den Schuldner seinen Gläubigern zugute kommt, wenngleich freilich nur diejenigen Gläubiger davon profitieren können, denen gegenüber das insolvenzfreie Vermögen haftet. Zugleich bleiben auch die Pfandrechte, die die vom Schuldner erworbene Forderung sichern, bestehen. Im zweiten Fall kommt der Vermögenswert allen zu. Im Falle, dass der Schuldner nach Verfahrenseröffnung einen Gläubiger beerbt, fällt die Erbschaft gem. § 35 InsO in die Masse, so dass die mit der Erbschaft erworbene Forderung, die gegen den Schuldner bestand, durch Konfusion erlischt.[135]

Der Schuldner ist allerdings an der **Teilnahme an seinem eigenen Insolvenzverfahren** gehindert. Denn die Insolvenzgläubiger können ihm seine eigene fortdauernde Haftung für die Insolvenzforderungen (§ 201 Abs. 1) einredeweise entgegenhalten.[136]

4. Darstellung im Weiteren. Nach den vorstehend entwickelten Grundsätzen lässt sich konkret entscheiden, ob eine Forderung als Insolvenzforderung prinzipiell an der Verteilung der Masse teilnehmen kann oder nicht. Welche Forderungen im Einzelnen Insolvenzforderungen darstellen, entzieht sich wegen ihrer Vielfalt und der breiten Kasuistik einer Vollständigkeit beanspruchenden Aufzählung.[137] In dieser Kommentierung soll daher im Folgenden der Versuch unternommen werden, die Gruppe der Insolvenzforderungen durch eine negative Abgrenzung näher zu beschreiben. Dazu werden zunächst diejenigen Forderungen bezeichnet, die keine Insolvenzforderungen darstellen. Im Anschluss daran sollen dann ergänzend noch einige besonders praxisrelevante Insolvenzforderungen ausdrücklich benannt werden.

IV. Keine Insolvenzforderungen

1. Grundsatz. Keine Insolvenzgläubiger sind diejenigen Gläubiger, deren Forderungen nach ihrer Art für die Teilnahme an der Verteilung der (baren) Masse, also an der durch den Insolvenzverwalter mittels Auszahlung eines Geldbetrages erfolgenden gemeinschaftlichen Befriedigung der Gläubiger, nicht geeignet sind, weil deren Forderungen nicht auf Geld gerichtet sind und sich auch nicht gem. § 45 in einen Geldanspruch umwandeln lassen können.[138]

2. Höchstpersönliche Ansprüche. Keine Insolvenzforderungen sind dementsprechend **höchstpersönliche Ansprüche.** Dazu gehören beispielsweise das Namensrecht (§ 12 BGB), das Recht auf Achtung der Intimssphäre,[139] Ansprüche rein familienrechtlicher Art, wie zB der Anspruch auf Ehescheidung, der Anspruch auf Aufhebung oder Nichtigerklärung einer Ehe, der Anspruch eines Ehegatten auf Zustimmung der steuerlichen Zusammenveranlagung,[140] der Anspruch auf Anerkennung der Vaterschaft und erbrechtliche Ansprüche aus Pflichtteilsrechten, Vermächtnissen oder Auflagen (§§ 1939 ff., 2147 ff., 2192 ff., 2303 ff. BGB). Hiervon exakt zu trennen sind etwaige vermögensrechtliche Ansprüche, etwa Unterhaltsansprüche, die sich aus den familienrechtlichen Verhältnissen ergeben können, oder Schadensersatzansprüche bei der Verletzung der Intimsphäre. Diese sind regelmäßig Insolvenzforderungen.

3. Unterlassungsansprüche. Unterlassungsansprüche (zB Unterlassung des Gebrauchs eines Namens, einer Firma, eines Warenzeichens, eines Geschmacksmusters, eines Urheberrechts, eines wettbewerbswidrigen Verhaltens oder der Beeinträchtigung des Eigentums) gegen den Schuldner sind keine Insolvenzforderungen, da es sich um Ansprüche auf nichtvertretbare Handlungen handelt, die nur persönlich bewirkt werden können und daher, wie § 890 ZPO für die Zwangsvollstreckung zeigt, gegen den Schuldner persönlich und nicht gegen sein Vermögen gerichtet sind.[141] Da dieser Anspruch deshalb nicht im Wege des Vermögenszugriffs erzwungen werden kann, ist seine Teilhabe an der Haftungsmasse ausge-

---

[134] Dazu siehe etwa *Bötticher* ZZP 77 (1964), 70 f.; *Dauner-Lieb* in *v. Gerkan/Hommelhoff*, Handbuch des Kapitalersatzrechts, 67 ff. mwN.; vgl. ferner auch *Jaeger/Henckel*, KO, § 3 RdNr. 53; *Häsemeyer* RdNr. 16.17.
[135] *Jaeger/Henckel* § 38 RdNr. 108.
[136] Überzeugend *Häsemeyer* KTS 1982, 507, 552; *ders.* RdNr. 16.17.
[137] Der Versuch einer – in Qualität und Quantität nach wie vor nicht erreichten – Vollständigkeit der Aufzählung von Insolvenzforderungen findet sich bei *Jaeger/Henckel* § 38 RdNr. 19 ff., 63 ff. und 84 ff.
[138] *Uhlenbruck/Sinz* § 38 RdNr. 10; *Jaeger/Henckel* § 38 RdNr. 63; *Kübler/Prütting/Bork/Holzer* § 38 RdNr. 13; HK-*Eickmann* § 38 RdNr. 8; *Nerlich/Römermann/Andres* § 38 RdNr. 5.
[139] Ebenso *Kübler/Prütting/Bork/Holzer* § 38 RdNr. 15; *Uhlenbruck/Sinz* § 38 RdNr. 11; *Hess* § 38 RdNr. 37 – früher aA RGZ 132, 363, dagegen aber RGZ 134, 377, 379.
[140] BGH NZI 2011, 647.
[141] *Jaeger/Henckel* 38 RdNr. 69; *Uhlenbruck/Sinz* § 38 RdNr. 12.

schlossen.¹⁴² Er darf deshalb auch nicht nach § 45 in Geld umgewandelt werden.¹⁴³ Etwas anderes gilt jedoch dann, wenn dem Unterlassungsanspruch ein selbständiger Vermögenswert, etwa auf Grund einer Schadensersatzforderung, zukommt. Nur dann kann dieser geschätzt und zur Tabelle angemeldet werden.¹⁴⁴ Dasselbe gilt auch für **Ansprüche auf Unterlassung von Patentverletzungen** nach § 139 PatG.¹⁴⁵ Verletzt der Insolvenzverwalter ein vor Eröffnung des Insolvenzverfahrens entstandenes Patentrecht, so begründet dies einen Schadensersatzanspruch gem. § 139 Abs. 2 PatG, der Masseforderung ist.¹⁴⁶ Dasselbe gilt für Verletzungshandlungen von Warenzeichen oder anderen gewerblichen Schutzrechten, die der Insolvenzverwalter in Ausübung seines Amtes vornimmt, oder wenn er Dienstbarkeiten zuwiderhandelt, die auf dem massezugehörigen Grundstück lasten.¹⁴⁷ Schadensersatzansprüche aus Zuwiderhandlungen des Schuldners vor Eröffnung des Verfahrens sind Insolvenzforderungen.¹⁴⁸ Handelt der Insolvenzverwalter einer vom Schuldner vor Eröffnung des Verfahrens durch Vertrag begründeten Unterlassungspflicht zuwider, entsteht allenfalls eine Insolvenzforderung, weil eine Vertragspflicht den Verwalter nicht bindet.¹⁴⁹ Ist die Verpflichtung in einem gegenseitigen Vertrag übernommen worden, ist § 103 anzuwenden.¹⁵⁰

39 Auch öffentlich-rechtliche Ordnungspflichten (Unterlassungspflichten) des Schuldners begründen keine Insolvenzforderungen,¹⁵¹ wenngleich öffentlich-rechtliche Forderungen sehr wohl Insolvenzforderungen sein können.¹⁵² Das ergibt sich schon allein daraus, dass auch solche Pflichten – ebenso wie privatrechtliche Unterlassungspflichten – personengebunden sind und sich ihrer Natur nicht entsprechend deshalb auch nicht zur Aufnahme in die Insolvenztabelle eignen; der rechtliche Charakter der Pflichten spielt dabei keine Rolle.¹⁵³ Diejenigen, die davon ausgehen, dass diese Ansprüche als Vermögensansprüche zu qualifizieren sind, nehmen dies offenbar nur deshalb an, um begründen zu können, dass Ersatzvornahmekosten in der Insolvenz nicht bevorrechtigt sind.¹⁵⁴ Dies gilt jedenfalls soweit, als es sich um vertretbare Ansprüche handelt.¹⁵⁵ Man mag dies rechtspolitisch auch für richtig halten, gleichwohl kann dies nicht begründen, warum hier das Unterlassen einer Handlung zu einer Umqualifizierung in einen Vermögensanspruch führen soll. Dem kann auch nicht überzeugend entgegengehalten werden, dass ebenfalls bei öffentlich-rechtlichen Pflichten die Möglichkeit besteht, sie im Wege einer Verwaltungsvollstreckung durchzusetzen.¹⁵⁶ Zwar ist richtig, dass dies zumindest für den Bereich des Vollstreckungsrechts ein wesentliches Element der subjektiv-rechtlichen Rechtsposition ist, doch begründet dies letztlich nicht das Vorliegen eines subjektiv-öffentlichen Rechts als solches, sondern sagt nur, dass auch öffentlich-rechtliche Pflichten durchsetzbar sind. Festzuhalten ist daher, dass Ordnungsrecht nicht durch Insolvenzrecht verdrängt wird¹⁵⁷ und dass eine in der Masse begründete Beseitigungspflicht grundsätzlich auch vom Insolvenzverwalter aus der Masse erfüllt werden muss.¹⁵⁸

Letztlich wird man bei der Lösung der Altlastenproblematik,¹⁵⁹ bei der diese Fragestellung auftaucht, wohl andere rechtliche Argumente finden müssen, um das erwünschte Ergebnis zu begrün-

---

¹⁴² *Jaeger/Henckel* § 38 RdNr. 69; *Uhlenbruck/Sinz* § 38 RdNr. 12; HambKomm-*Lüdtke* § 38 RdNr. 18; *Kübler/Prütting/Bork/Holzer* § 38 RdNr. 18; *Nerlich/Römermann/Andres* § 38 RdNr. 8; HK-*Eickmann* § 38 RdNr.12; siehe auch KG NZI 2000, 228; OLG Stuttgart ZInsO 2002, 774, 775; BGH ZInsO 2003, 751, 753. Anders offensichtlich aber *K. Schmidt* KTS 2004, 241 ff.
¹⁴³ RGZ 134, 377, 379; OLG Stuttgart NZI 2002, 489; BGH ZIP 2003, 2550; *Uhlenbruck/Sinz* § 38 RdNr. 12; *Jaeger/Henckel* § 38 RdNr. 78; FK-*Schumacher* § 38 RdNr. 9.
¹⁴⁴ *Uhlenbruck/Sinz* § 38 RdNr. 12.
¹⁴⁵ Zutreffend *Jaeger/Henckel* § 38 RdNr. 78; vgl. auch *Kübler/Prütting/Bork/Holzer* § 38 RdNr. 18.
¹⁴⁶ *Jaeger/Henckel* § 38 RdNr. 78.
¹⁴⁷ *Jaeger/Henckel* § 38 RdNr. 78; vgl. auch BGH ZIP 2003, 1550, 1553.
¹⁴⁸ *Häsemeyer* RdNr. 16.05.
¹⁴⁹ *Jaeger/Henckel* § 38 RdNr. 78.
¹⁵⁰ BGH NZI 2003, 539; OLG Stuttgart EWiR 2003, 127 *(Gundlach)*; als obiter dictum in BGH, NZI 2008, 27, Rn. 18.
¹⁵¹ Allgemein dazu *Lüke,* Kölner Schrift, 706 ff.; *Uhlenbruck/Sinz* § 38 RdNr. 14; *Jaeger/Henckel* § 38 RdNr. 26.
¹⁵² Siehe auch *Jaeger/Henckel* § 38 RdNr. 79 ff. und 95; ferner auch *Baur/Stürner,* Insolvenzrecht, RdNr. 11.3.
¹⁵³ Vgl. *K. Schmidt* NJW 1993, 2833, 2835; *Hess* § 38 RdNr. 21; OVG Greifswald ZIP 1997, 1460, 1462.
¹⁵⁴ Siehe OVG Lüneburg NJW 1993, 1544; OVG Sachsen-Anhalt ZIP 1994, 1130; *Pape* KTS 1993, 574 ff.; *v. Wilmowsky* ZIP 1997, 389 f.
¹⁵⁵ Siehe etwa *Lüke,* Kölner Schrift, 706, 722 (RdNr. 43 ff.); *v. Wilmowsky* ZIP 1997, 1445.
¹⁵⁶ *Lüke,* Kölner Schrift, 706, 727 ff. (RdNr. 55 ff.).
¹⁵⁷ Siehe OVG Lüneburg NJW 1992, 1252; OVG Greifswald ZIP 1997, 1460; vgl. auch BVerwG v. 23.9.2004 (Az 7 C 22/03) und dazu *Gantenberg,* Bau-Rechtsberater 2005, 182; siehe ferner *K. Schmidt* BB 1992, 1093; aA zB *Kilger,* FS Merz, 253, 268; *ders.* ZIP 1997, 1441.
¹⁵⁸ So auch OVG Greifswald ZIP 1997, 1460; OVG Sachsen, SächsVBl. 1995, 99; OVG Lüneburg NJW 1993, 1671.
¹⁵⁹ Eine sehr ausführliche Bibliographie dazu findet sich bei *Hess* § 38 vor RdNr. 54; *Jaeger/Henckel* § 38 RdNr. 26 ff. Allgemein vgl. dazu *Lwowski,* Umweltrisiken und Altlasten in der Insolvenz, 2002; *Klose* Neue Justiz 2005, 393; *Kebekus* NZI 2001, 63.

den; den Unterlassungsanspruch als Insolvenzforderung zu qualifizieren, ist jedenfalls systemwidrig und übersieht zudem den Unterschied zwischen Unterlassungsanspruch und Folgeanspruch, welcher selbstverständlich Insolvenzforderung sein kann.[160]

Wer – nach der hier vertretenen Auffassung zu Unrecht – annimmt, dass die Gefahrbeseitigungsansprüche Vermögensansprüche seien, gerät in Probleme zu bestimmen, ob es sich dann um eine Insolvenz- oder eine Masseforderung handelt, wenn die Gefahrenlage bereits bei Eröffnung des Insolvenzverfahrens bestand, die Behörde aber erst nach Verfahrenseröffnung eine Beseitigungsverfügung bzw. die Verfügung über eine Ersatzvornahme gegen den Insolvenzverwalter erlassen hat.[161] Konsequenterweise kommt es auch hier darauf an, dass die Beseitigungspflicht vor Beginn des Verfahrens entstanden ist.[162] Die Vollendung des ordnungsrechtlichen Gefahrentatbestands muss also vor Eröffnung des Verfahrens liegen.[163] Dagegen wird vertreten, dass unabhängig vom Entstehen der ordnungsrechtlichen Gefahrenlage, es für den Zeitpunkt darauf ankomme, wann die ordnungsbehördliche Verfügung konkretisiert wird, wann die Behörde also tätig wird.[164] Dafür spräche, dass die im Gesetz normierte Handlungspflicht zuvor noch unbestimmt sei und es auch noch nicht klar sei, ob die Behörde das ihr zustehende Ermessen ausübe.[165] Diese Argumentation übersieht aber hier, dass es keine formale Rechtfertigung gibt, von dem Grundsatz abzuweichen, dass der „Schuldrechtsorganismus" vor Beginn des Verfahrens gelegt sein muss: Ob die Behörde tätig wird, hat insofern nichts damit zu tun, dass der Insolvenzschuldner bereits alles getan hat, um einen Anspruch gegen ihn entstehen zu lassen. Ob und wenn ja wie dieser verfolgt wird, hat mit dem Umstand, dass es einen Anspruch überhaupt gibt, gar nichts zu tun.

Wiederum unproblematisch ist der Fall, dass die Ersatzvornahmekosten eine Insolvenzforderung darstellen, wenn der der Ersatzvornahme zugrundeliegende Verwaltungsakt und die Anordnung der Vornahme vor Eröffnung des Verfahrens erfolgt sind.[166]

Ebenso um Insolvenzforderungen handelt es sich dort, wo der Schuldner vor Eröffnung des Insolvenzverfahrens einer Unterlassung zuwidergehandelt hat und dadurch einen Entschädigungsanspruch auslöst.[167]

4. Ansprüche auf unvertretbare Handlungen. a) Allgemeines. Ansprüche auf eine nur durch den Gläubiger persönlich und nicht durch einen Dritten bewirkbare Leistung bilden keine Insolvenzforderungen, denn derartige **unvertretbare Handlungen** sind nicht aus dem Vermögen des Schuldners betreibbar, sondern können nur von ihm persönlich erzwungen werden (vgl. § 888 Abs. 1 ZPO).[168] Daher können derartige Ansprüche auch dann nicht am Verfahren teilnehmen, wenn sie einen berechenbaren Vermögenswert haben.[169] Keine Insolvenzforderungen sind daher ärztliche oder anwaltliche Leistungen; wissenschaftliche, künstlerische und geistige Leistungen;[170] Erteilung von **Unterricht;** [171] die Ausstellung von Zeugnissen und Nachlassverzeichnissen;[172] die Abgabe bestimmter Erklärungen, die nicht von § 894 ZPO ersetzt werden können (zB Ehrenerklärungen[173] und Widerrufe);[174] Weiterbeschäftigung von Arbeitnehmern; Betrieb eines Einzelhandelsgeschäfts;[175] Anspruch eines Handelsvertreters

---

[160] Vgl. aus der Rechtsprechung u. a. OVG Bautzen ZIP 1995, 852; OVG Lüneburg NJW 1995, 413; OVG Lüneburg ZIP 1993, 1174; OVG Lüneburg ZIP 1991, 1607.
[161] Vgl. *Hess* § 38 RdNr. 65.
[162] *Lüke,* Kölner Schrift, 706, 723 (RdNr. 45); *Stürner,* FS Merz, 1992, 563, 571 f.
[163] Siehe auch *Petersen* NJW 1992, 1202; *Lüke,* Kölner Schrift, 706, 723 (RdNr. 45).
[164] *Hess* § 38 RdNr. 63.
[165] Zum Auswahlermessen der Behörde vgl. VG Gelsenkirchen ZIP 1996, 1257.
[166] Siehe AG Essen ZIP 2001, 756; *Uhlenbruck/Sinz* § 38 RdNr. 14; *Jaeger/Henckel* § 38 RdNr. 26; *v. Wilmowsky* ZHR 160 (1996), 593, 602; *Schulz* NVwZ 1997, 530; *Petersen* NJW 1992, 1202.
[167] Schon zur KO: *Kilger/K. Schmidt,* KO, § 3 Anm. 2 f.
[168] OLG Neustadt NJW 1965, 257; *Jaeger/Henckel* § 38 RdNr. 69; *Kübler/Prütting/Bork/Holzer* § 38 RdNr. 16; *Nerlich/Römermann/Andres* § 38 RdNr. 9; HK-*Eickmann* § 38 RdNr. 9; *Breutigam* in *Breutigam/Blersch/Haas* § 38 RdNr. 6; *Uhlenbruck/Sinz* § 38 RdNr. 20; *Braun/Bäuerle* § 38 RdNr. 5.
[169] *Jaeger* ZZP 50 (1926), 157, 158 f.; *Jaeger/Henckel* § 38 RdNr. 69; *A/G/R-Ahrens* § 38 RdNr. 21; *Kübler/Prütting/Bork/Holzer* § 38 RdNr. 16; BAG NJW 2005, 460 ff.
[170] *Uhlenbruck/Sinz* § 38 RdNr. 20; *Kübler/Prütting/Bork/Holzer* § 38 RdNr. 17; *Jaeger* ZZP 50 (1926), 157, 158; *Jaeger/Henckel* § 38 RdNr. 69; HambKomm-*Lüdtke* § 38 RdNr. 24.
[171] *Kilger/K. Schmidt,* KO, § 3 Anm. 2 d.
[172] *Uhlenbruck/Sinz* § 38 RdNr. 20; *Kübler/Prütting/Bork/Holzer* § 38 RdNr. 17.
[173] *Kilger/K. Schmidt,* KO, § 3 Anm. 2 d.
[174] Zum Widerruf einer nachteiligen Erklärung BVerfG NJW 1970, 652; zum Widerruf nach dem AGBG *Uhlenbruck/Sinz* § 38 RdNr. 20.
[175] *Kübler/Prütting/Holzer* § 38 RdNr. 17.

auf Provisionsabrechnung und Erteilung eines Buchauszugs,[176] Freigabe eines Internet-Domain-Namens.[177]

44 Allerdings ist mit der Feststellung, dass Ansprüche auf die Vornahme einer unvertretbaren Handlung keine Insolvenzforderung sind, noch nicht gesagt, dass sie sich notwendig und ausschließlich gegen den Schuldner richten.[178] Vielmehr kann unter Umständen dieser Anspruch auf den Insolvenzverwalter „übergehen" und eine Masseschuld werden. Bedeutsam ist dies für die Frage des Auskunftsanspruchs[179] und des Gefahrenbeseitigungsanspruchs.

Hinsichtlich des Beseitigungsanspruchs ist zutreffenderweise zu differenzieren. Soweit die Gefahr einer künftigen Beeinträchtigung vor Eröffnung des Verfahrens bestand und nach diesem Zeitpunkt weiter besteht und dem Insolvenzverwalter zugerechnet werden kann, wie es zB regelmäßig dann der Fall ist, wenn der Verwalter eine Anlage weiterbetreibt, von der Gefahren ausgehen, dann ist der Anspruch gegen den Verwalter geltend zu machen und stellt eine Masseforderung dar. Ist die Gefahr mit der Eröffnung des Verfahrens entfallen oder geht die Gefahr von der insolvenzfreien Sphäre des Schuldners aus, so besteht jedenfalls keine Insolvenzforderung.[180] Das bedeutet, dass man einen Gefahrenbeseitigungsanspruch (§§ 1004, 1027, 1065 BGB) keinesfalls als Insolvenzforderung qualifizieren kann, soweit man die Rechtsfolgen dieses Anspruchs auf die Gefahrbeseitigung beschränkt.[181] Etwas anderes gilt dann, wenn man dem Beseitigungsanspruch auch eine Restitutionsfunktion zubilligt.[182] Da ein Restitutionsanspruch auf die Wiederherstellung des früheren unbeeinträchtigten Zustandes gerichtet ist, ist er funktional wie ein Schadensersatzanspruch zu behandeln. Schadensersatzansprüche sind grundsätzlich Insolvenzforderungen, so dass entsprechend für den Gefahrenbeseitigungsanspruch als Restitutionsanspruch Gleiches gelten muss.[183]

45 **b) Beseitigungspflichten des Schuldners als Zustandsstörer.** Beseitigungspflichten des Schuldners als Zustandsstörer sind keine Insolvenzforderungen.[184] Dieses bei der Freigabe von mit Altlasten verseuchten Grundstücken häufig auftauchende Problem ist zwar strittig, doch nach den oben dargelegten Grundsätzen können diese Ansprüche schon deshalb keine Insolvenzforderungen sein, weil ihre Anmeldung zur Tabelle sinnlos wäre.[185] Damit verschiebt sich diese Problematik auf die Frage der Verantwortlichkeit des Insolvenzverwalters im Ordnungs- bzw. Umweltrecht.[186]

46 **c) Auskunftsansprüche.** Ähnliches gilt für Auskunftsansprüche,[187] Ansprüche auf **Rechnungslegung** und die **Aufstellung von Bilanzen**.[188] Auch hier kann eine solche Leistung mit derselben Begründung wie oben vom Schuldner nicht als Insolvenzforderung gefordert werden.[189] Ist die Auskunftspflicht, etc. allerdings – wie regelmäßig der Fall – eine Nebenpflicht eines Vertrages oder eines gesetzlichen Schuldverhältnisses, so ist im Anschluss an die von *Häsemeyer* und *Jaeger/Henckel*

---

[176] OLG Neustadt NJW 1965, 257.
[177] FK-*Schumacher* § 38 RdNr. 9.
[178] *Jaeger/Henckel* § 38 RdNr. 71.
[179] Vgl. *Nerlich/Römermann/Andres* § 38 RdNr. 9; *Jaeger/Henckel* § 38 RdNr. 73 ff.; HambKomm-*Lüdtke* § 38 RdNr. 25; *Häsemeyer* ZIP 1980, 263; siehe zu den Einzelheiten ausführlich unten RdNr. 46.
[180] Siehe *Jaeger/Henckel* § 38 RdNr. 24.
[181] Vgl. *Palandt/Bassenge*, BGB, § 1004 RdNr. 1; MünchKommBGB/*Baldus*, § 1004 RdNr. 151; *Staudinger/Gursky*, BGB, § 1004 RdNr. 247.
[182] So etwa *Soergel/Münch*, Kommentar zum BGB, 13. Aufl., 2006, § 1004 RdNr. 484 f.; vgl. auch *Baur* AcP 160 (1961), 465, 481 ff.; *K. Schmidt* ZZP 90 (1977), 38, 40 ff. Zum Streitstand vgl. u. a. MünchKommBGB/*Medicus* § 1004 RdNr. 150 ff.; *Staudinger/Gursky*, BGB, § 1004 RdNr. 247.
[183] So auch *Jaeger/Henckel* § 38 RdNr. 24; HK-*Eickmann* § 38 RdNr. 8.
[184] VGH Baden-Württemberg ZIP 1991, 393; *Stürner* EWiR 1991, 487; *Kübler/Prütting/Bork/Holzer* § 38 RdNr. 17.
[185] Siehe oben RdNr. 39.
[186] Nachweise bei *Kilger/K. Schmidt*, KO, § 6 RdNr. 5 g; vgl. auch *Lüke*, Kölner Schrift, 706, 734 ff. (RdNr. 61 ff.); zur speziellen Frage der Freigabe durch den Insolvenzverwalter siehe außerdem *Meier-Sommer*, Die Freigabe streitbefangener Forderungen in der Insolvenz einer GmbH, 2006, passim; u. a. *Sonnen/Tetzlaff* wistra 1999, 1, 5; *K. Schmidt* ZIP 1997, 1441, 1445; *Bork*, Einführung in das Insolvenzrecht, RdNr. 124; *v. Wilmowsky* ZIP 1997, 389, 395 ff.; *Kniesel* BB 1997, 2009, 2013; *Weitemeyer* NVwZ 1997, 533, 538; *Schulz* NVwZ 1997, 530; *Pape* ZIP 1993, 1546; ferner vgl. BayVGH KTS 1983, 462. Zum parallelen Fall der Aufgabe eines Grundstücks: *Lwowski/Tetzlaff* WM 1998, 1509.
[187] Grundlegend dazu *Häsemeyer* ZZP 80 (1967), 263 ff., insbes. 286; vgl. ferner BGHZ 70, 86, 91 ff.; LG Berlin NJW 1957, 1563; *Nerlich/Römermann/Andres* § 38 RdNr. 10; *Smid/Leonhardt* in *Leonhardt/Smid/Zeuner* § 38 RdNr. 21; *Jaeger/Henckel* § 38 RdNr. 73; *Uhlenbruck/Sinz* § 38 RdNr. 20.
[188] *Jaeger/Henckel* § 38 RdNr. 74;*Uhlenbruck/Sinz* § 38 RdNr. 20; vgl. auch LG Berlin NJW 1957, 1563; OLG Neustadt NJW 1965, 257; OLG Naumburg NJW-RR 1996, 993; OLG Hamm BB 2002, 375.
[189] Siehe BGH ZIP 2005, 1326, 1327.

entwickelte Auffassung wie folgt zu differenzieren: Es kommt darauf an, wie das Rechtsverhältnis, dem die Nebenpflicht entspringt, haftungsrechtlich einzuordnen ist. Dort, wo aus dem Rechtsverhältnis, aus dem sich der Auskunftsanspruch etc. ableitet, keine Haftung der Masse mehr besteht, richtet sich der Anspruch gegen den Schuldner persönlich.[190] Dies ist aber keine Insolvenzforderung, sondern eine gegen die Person des Schuldners gerichtete und klagbare Forderung (zB der Anspruch auf Auskunft über die vor Eröffnung des Insolvenzverfahrens abgetretene Forderung, § 402 BGB). In den Fällen hingegen, wo die Hauptforderung Masseanspruch oder Insolvenzforderung ist, richtet sich der Auskunftsanspruch bzw. der Anspruch auf Rechnungslegung oder Aufstellung einer Bilanz gegen den Insolvenzverwalter.[191]

5. Gestaltungsrechte. Gestaltungsrechte sind keine Insolvenzforderungen. Sie verschaffen dem Inhaber die gesetzlich gewährleistete Möglichkeit, Änderungen einer Rechtslage zu erwirken oder zu bewirken und sind daher kein Gläubigerrecht, das den für Insolvenzrechte geltenden Regeln unterworfen sein könnte.[192] Insolvenzforderungen können aber durch die Ausübung des Gestaltungsrechts entstehen, und zwar mit dem Zeitpunkt der Ausübung.[193] Unter § 38 fallen daher beispielsweise nicht: das Anfechtungsrecht (§§ 119, 123 i. V. m. § 142 Abs. 1 BGB); das Rücktrittsrecht (zB §§ 324, 346 BGB); das Recht zur Kündigung (zB nach § 626 BGB); Wiederverkaufs- und Vorkaufsrecht; Aneignungsrecht;[194] Optionsrechte des Leasingnehmers in der Insolvenz des Leasinggebers.[195]

47

6. Unvollkommene Verbindlichkeiten. Unvollkommene Verbindlichkeiten stellen ebenfalls keine Insolvenzforderungen dar.[196] Das ist im Ergebnis im Wesentlichen unstreitig. Lediglich die Begründungen sind unterschiedlich. Zum einen wird mit Hinweis auf die ältere Rechtsprechung des Reichsgerichts[197] darauf abgestellt, dass ein Anspruch klagbar und mittels Zwangsvollstreckung in das Vermögen des Gemeinschuldners verfolgbar sein müsse. Da unvollkommene Ansprüche nicht einklagbar seien, können sie auch keine Insolvenzforderungen darstellen.[198] Zum anderen wird zu Recht auf die Rechtsnatur der unvollkommenen Verbindlichkeit abgestellt, aus der sich nämlich erst die – dann nachgeordnete – Frage der Klagbarkeit ergibt, und darauf hingewiesen wird, dass unvollkommene Verbindlichkeiten gerade kein Forderungsrecht begründen, sondern nur den Rechtsgrund für die empfangene Leistung darstellen. Wenn aber Gläubiger solcher Verbindlichkeiten nicht einmal ein Forderungsrecht haben, stellt sich gar nicht die Frage, ob ihnen die Insolvenzgläubigerschaft zusteht, denn sie nähmen aus diesem Grund gar nicht am Verfahren teil.[199]

48

Zu den unvollkommenen Forderungen gehören Forderungen aus Heiratsvermittlung (§ 656 BGB) und aus Spiel oder Wette (§ 762 BGB) sowie unverbindliche und verbotene Börsentermingeschäfte.[200] Zu den unvollkommenen Verbindlichkeiten gehören auch die in einem Insolvenzplan erlassene Schuld (§ 254 Abs. 3) und die von der Restschuldbefreiung betroffenen Verbindlichkeiten (§ 301 Abs. 3).

7. Verjährte Ansprüche. Verjährte Ansprüche sind für sich genommen Insolvenzforderungen, die zur Tabelle angemeldet werden können. Die Einrede der Verjährung kann auch während des Insolvenzverfahrens entstehen, weil gem. § 204 Abs. 1 Nr. 10 BGB erst die Forderungsanmeldung und noch nicht die Eröffnung des Insolvenzverfahrens die Verjährung hemmt. Es hängt dann in erster Linie vom Insolvenzverwalter ab, die Verjährungseinrede zu erheben. Damit macht er ein Leistungsverweigerungsrecht geltend, das die Durchsetzung der Forderung in der Insolvenz dauerhaft ausschließt. Wegen § 204 Abs. 1 Nr. 10 BGB kann die Einrede der Verjährung auch noch im Insolvenzverfahren entstehen. Zudem kann nicht nur der Insolvenzverwalter, sondern jeder andere

49

---

[190] *Häsemeyer* ZZP 80 (1967), 263, 286; *ders.* RdNr. 16.05; *Jaeger/Henckel* § 38 RdNr. 75; *A/G/R-Ahrens* § 38 RdNr. 22; vgl. auch KG ZInsO 2001, 959; OLG Naumburg NZI 2002, 605.
[191] Grundlegend *Häsemeyer* ZZP 80 (1967), 263, 295; BGHZ 49, 11; siehe auch *Graf-Schlicker/Kalkmann* § 38 RdNr. 8; HambKomm-*Lüdtke* § 38 RdNr. 25; *Uhlenbruck/Sinz* § 38 RdNr. 20; BGH ZIP 2005, 1325, 1327, dazu *Schröder* EWiR 2006, 147.
[192] *Jaeger/Henckel* § 38 RdNr. 64; *Uhlenbruck/Sinz* § 38 RdNr. 16; *Kübler/Prütting/Bork/Holzer* § 38 RdNr. 14; *Nerlich/Römermann/Andres* § 38 RdNr. 6; *Braun/Bäuerle* § 38 RdNr. 5; *Breutigam* in *Blersch/Goetsch/Haas* § 38 RdNr. 5.
[193] Siehe *Uhlenbruck/Sinz* § 38 RdNr. 16; *Jaeger/Henckel* § 38 RdNr. 64; *A/G/R-Ahrens* § 38 RdNr. 19.
[194] *Jaeger/Henckel* § 38 RdNr. 64.
[195] *Uhlenbruck/Sinz* § 38 RdNr. 16.
[196] *Uhlenbruck/Sinz* § 38 RdNr. 17; *Kübler/Prütting/Bork/Holzer* § 38 RdNr. 24; HK-*Eickmann* § 38 RdNr. 13; *Breutigam* in *Blersch/Goetsch/Haas* § 38 RdNr. 10. Im Ergebnis auch *Jaeger/Henckel* § 38 RdNr. 14.
[197] RG *Gruchot* 50, 1120.
[198] *Uhlenbruck/Sinz* § 38 RdNr. 17; ausführlichere Begründung siehe *Kuhn/Uhlenbruck*, KO, § 3 RdNr. 25.
[199] Vgl. *Jaeger/Henckel* § 38 RdNr. 13.
[200] *Jaeger/Henckel* § 38 RdNr. 13; *Uhlenbruck/Sinz* § 38 RdNr. 17; *A/G/R-Ahrens* § 38 RdNr. 25.

Insolvenzgläubiger der Anmeldung einer verjährten Forderung zur Tabelle widersprechen, da diese Verjährungseinrede kein höchstpersönliches Recht des Schuldners ist.[201] Für die Frage, ob eine bestimmte Forderung eine Insolvenzforderung ist oder nicht, kommt es daher nicht darauf an, ob sie verjährt ist, sondern, ob die Voraussetzungen des § 38 gegeben sind. Die Einrede der Verjährung hindert nur die Durchsetzung.[202]

Etwas anderes gilt bei verjährten Steueransprüchen, weil nach §§ 232, 47 AO die Ansprüche der Finanzbehörden aus dem Steuerschuldverhältnis und die von ihnen abhängigen Zinsen erlöschen.[203]

50   **8. Unvollständige Ansprüche; Besserungsabrede.** Ansprüche, die auf Grund des Parteiwillens unvollständig sein sollen, also dort, wo der Gläubiger auf die Einklagbarkeit oder Betreibbarkeit der Forderung vertraglich verzichtet hat, sind ebenfalls von der Teilnahme am Insolvenzverfahren ausgeschlossen.[204] Der Verzicht des Gläubigers auf Geltendmachung seines Anspruchs kann auch im Rahmen eines Insolvenzplans erklärt werden.[205] Der Ausschluss der Forderung von der Teilnahme begründet sich dabei nicht damit, dass es sich hierbei nicht um eine Insolvenzforderung handele, sondern, wie bei der Verjährung auch, darauf, dass die Forderung einredebehaftet ist.

51   Besondere Probleme ergeben sich bei der sog. Besserungsabrede.[206] Insoweit sind die Konstruktion und die praktischen Folgen einer solchen Abrede umstritten. Man wird hier generell auf den Parteiwillen abstellen müssen.[207] Das gilt insbesondere hinsichtlich der von den Parteien gewollten Bedingung, ob die Forderung dann wieder aufleben soll, wenn der Besserungsfall eingetreten ist, oder ob die Forderung im Insolvenzverfahren geltend gemacht werden soll, wenn die Sanierung außerhalb des Insolvenzverfahrens gescheitert ist. Im letzteren läge trotz der Besserungsabrede eine Insolvenzforderung vor, während im ersten Fall die Forderung einredebehaftet wäre und damit nicht als Insolvenzforderung teilnehmen dürfte. Eine pauschale Annahme, eine Besserungsabrede stelle im Ergebnis eine Stundungsvereinbarung dar,[208] vernachlässigt den Parteiwillen im Einzelfall und überzeugt daher nicht. Da es im Hinblick auf die mit der Besserungsvereinbarung verfolgte Rechtsfolge des vertraglichen Verzichts auf die zwangsweise Durchsetzung von Ansprüchen auf den konkreten Parteiwillen ankommt, lässt sich eine allgemein gültige Konstruktion nicht überzeugend begründen.[209]

52   **9. Aberkannte Ansprüche.** Rechtskräftig aberkannte Ansprüche sind keine Insolvenzforderungen, weil insoweit rechtskräftig feststeht, dass überhaupt keine Forderung besteht. Wenn jedoch keine Forderung besteht, kann diese auch nicht mehr die Qualität einer Insolvenzforderung haben.[210] Der Umstand, dass ein Gläubiger diese Forderung zur Tabelle anmelden kann und sich erst bei der Prüfung herausstellt, dass die Forderung aberkannt ist, macht aus der aberkannten Forderung keine Insolvenzforderung.[211]

53   **10. Dingliche Ansprüche.** Die Ansprüche auf Aussonderung dinglich (zB Eigentümer) oder persönlich Berechtigter (zB Verleiher, Vermieter, Hinterleger) eines dem Schuldner nicht gehörenden Gegenstandes stellen keine Insolvenzforderung dar. Dies wird nunmehr ausdrücklich durch § 47 festgestellt. Der Grund dafür liegt darin, dass das Objekt des Anspruchs auf Aussonderung der Masse haftungsrechtlich nicht eingegliedert ist.[212] Entsprechendes gilt im Grundsatz auch für die Ansprüche auf abgesonderte Befriedigung aus Massegegenständen nach §§ 49 ff.[213] Soweit aber der Absonderungsberechtigte zugleich persönlicher Gläubiger des Schuldners ist, ist er als solcher nach Maßgabe des § 52 auch Insolvenzgläubiger.[214]

---

[201] *Jaeger/Henckel* § 38 RdNr. 14.
[202] *Jaeger/Henckel* § 38 RdNr. 14; vgl. *Hess* § 38 RdNr. 16 f.
[203] Vgl. dazu *Höllig* BB 1978, 300; *Kraemer* DStZ 1988, 330; *Breutigam* in *Blersch/Goetsch/Haas* § 38 RdNr. 10; *HK-Eickmann* § 38 RdNr. 13.
[204] *Smid/Leonhardt* in *Leonhardt/Smid/Zeuner* § 38 RdNr. 21; vgl. *Jaeger/Henckel* § 38 RdNr. 10.
[205] Vgl. *Kübler/Prütting/Bork/Holzer* § 38 RdNr. 21.
[206] Dazu allgemein *Schrader*, Die Besserungsabrede, 1995; *Herlinghaus*, Forderungsverzicht und Besserungsabrede, 1995.
[207] So auch *Jaeger/Henckel* § 38 RdNr. 12; HambKomm-*Lüdtke* § 38 RdNr. 21; *HK-Eickmann* § 38 RdNr. 15.
[208] Siehe *Herlinghaus*, Forderungsverzicht und Besserungsabrede, S. 113 ff.; *Braun/Uhlenbruck*, Unternehmensinsolvenz, S. 151.
[209] Ebenso *Jaeger/Henckel* § 38 RdNr. 12.
[210] Siehe *Jaeger/Henckel* § 38 RdNr. 16, 10; *Uhlenbruck/Sinz* § 38 RdNr. 27; früher jedoch aA *Wolff*, KO, 2. Aufl., § 3 Anm. 4.
[211] So aber *Jaeger/Henckel* § 38 RdNr. 16.
[212] Vgl. *Jaeger/Henckel* § 38 RdNr. 20; vgl. auch oben RdNr. 3 ff.
[213] *Uhlenbruck/Sinz* § 38 RdNr. 5; *Kübler/Prütting/Holzer* § 38 RdNr. 9.
[214] Vgl. *Breutigam* in *Blersch/Goetsch/Haas* § 38 RdNr. 11.

11. Mitgliedschaftsrechte in der Gesellschaft. a) Allgemeines. Mitgliedschaftsrechte der 54
Teilhaber einer Gesellschaft, insbesondere Einlagen und Kapitalkonten, begründen in der Insolvenz
der Gesellschaft keine Insolvenzforderungen,[215] denn die Einlage stellt haftendes Kapital der Gesellschaft dar und darf entsprechend von den Gesellschaftern nicht als Anspruch auf Auszahlung ihrer
Liquidationsquote zur Tabelle angemeldet werden.[216] Betroffen sind davon die persönlich haftenden
Gesellschafter und Kommanditisten in der Insolvenz der OHG und der KG (§ 11 Abs. 2 Nr. 1), die
Aktionäre in der Insolvenz einer AG (§ 11 Abs. 1), die Gesellschafter in der Insolvenz einer GmbH
(§ 11 Abs. 1) und die Genossen in der Insolvenz einer eingetragenen Genossenschaft (§ 98 GenG).
Gleiches gilt für die Genossen in der Insolvenz einer nicht eingetragenen Genossenschaft[217] und –
nach der mittlerweile erfolgten Anerkennung ihrer Insolvenzfähigkeit[218] – auch die Gesellschafter
einer Vor-GmbH.

b) Besonderheiten beim stillen Gesellschafter. Etwas anderes gilt allerdings für den stillen 55
Gesellschafter. Er darf wegen § 236 HGB in der Insolvenz des Geschäftsinhabers seine Einlage als
Insolvenzgläubiger zurückfordern, soweit sie seinen vertragsmäßigen Verlustanteil übersteigt.[219] Ist
sogar vereinbart, dass der Stille überhaupt nicht am Verlust der Gesellschaft teilnehmen soll (§ 231
Abs. 2 HGB), stellt der Anspruch auf Auszahlung der Einlage als Ganzes eine Insolvenzforderung
dar.[220] Ist dem stillen Gesellschafter eine ausschließlich auf das Insolvenzverfahren bezogene Verlustfreiheit zugesagt, ist dies unwirksam und stellt daher nicht die Grundlage für eine Insolvenzforderung
dar. Dasselbe gilt für eine Zusage eines Insolvenzvorrechts.[221] Der Grund für die privilegierte
Behandlung des stillen Gesellschafters liegt darin, dass dieser keinen Anteil am Geschäftsvermögen
hat und deshalb jenseits seiner Garantiehaft begrenzenden Verlustbeteiligung wie ein Darlehensgeber
behandelt wird.[222] In zwei Fällen kann allerdings auch der stille Gesellschafter bezüglich seiner
Einlage Insolvenzforderungen nicht gem. § 38 geltend machen. Zum einen wird die stille Einlage
wie Kapital der Gesellschaft behandelt und ist damit keine Insolvenzforderung, wenn der stille
Gesellschafter zugleich Kommanditist ist und die stille Einlage den Charakter von Eigenkapital hat,
weil sonst der Gesellschaftszweck nicht erreicht werden könnte.[223] Zum anderen kann die Einlage
eines atypischen stillen Gesellschafters[224] wie Risikokapital bewertet werden[225] und damit zwar als
Insolvenzforderung, aber nur nachrangig nach § 39 Abs. 1 Nr. 5 geltend gemacht werden.[226]

12. Forderungen, die der Restschuldbefreiung unterliegen. Keine Insolvenzforderungen 56
sind ebenfalls die Forderungen, die der Restschuldbefreiung unterliegen (§ 301). Sie gehen zwar mit
der Erteilung der Restschuldbefreiung nicht unter, doch sie sind weder innerhalb noch außerhalb
des Verfahrens durchsetzbar, so dass sie im Ergebnis nicht anderes behandelt werden wie andere
einredebehaftete Insolvenzforderungen.[227] Etwas anderes gilt nur für Forderungen, die nach § 302
von der Wirkung der Restschuldbefreiung ausgenommen werden.

13. Forderungen, die dem Insolvenzplan unterliegen. Ebenso wie Forderungen, die der 57
Restschuldbefreiung unterliegen, sind auch Forderungen, die von einem Insolvenzplan erfasst wer-

---

[215] BGH 30.06.09 – IX 21/09, vgl. dazu Anm. *Commandeur* NZG 2009, 984.
[216] *Kübler/Prütting/Holzer* § 38 RdNr. 19; *Hess* § 38 RdNr. 98; HambKomm-*Lüdtke* § 38 RdNr. 10; *Uhlenbruck/Sinz* § 38 RdNr. 8; *Nerlich/Römermann/Andres* § 38 RdNr. 12; *Jaeger/Henckel* § 38 RdNr. 31.
[217] LG Hannover Nds. Rpfleger 1959, 182; *Jaeger/Henckel* § 38 RdNr. 31.
[218] Dazu siehe oben die Kommentierung zu § 11; *K. Schmidt*, Kölner Schrift, 2. Aufl. 2000, 1199, 1201 f. (RdNr. 5); FK-*Schmerbach* § 11 RdNr. 28; *Smid/Leonhardt* in *Leonhardt/Smid/Zeuner* § 11 RdNr. 12; *Jaeger/Ehricke* § 11 RdNr. 42 ff.
[219] BGHZ 51, 352; BGH NJW 1983, 1855; *Uhlenbruck/Sinz* § 38 RdNr. 8; HambKomm-*Lüdtke* § 38 RdNr. 11; *K. Schmidt* KTS 1977, 1 und 65 ff.; *Nerlich/Römermann/Andres* § 38 RdNr. 12; HK-*Eickmann* § 38 RdNr. 16.
[220] *Kübler/Prütting/Holzer* § 38 RdNr. 20; vgl. zudem RGZ 31, 33, 36.
[221] *Uhlenbruck/Sinz* § 38 RdNr. 8.
[222] *Jaeger/Henckel* § 38 RdNr. 62; im Einzelnen vgl. auch *K. Schmidt*, Gesellschaftsrecht, 4. Aufl., 2002, § 62 IV 1 und 2.
[223] BGH NJW 1981, 2251.
[224] Von einem „atypischen" stillen Gesellschafter wird dann gesprochen, wenn er entweder am Gesellschaftsvermögen der GmbH, an der er sich „still" mit einer Einlage beteiligt hat, (schuldrechtlich) beteiligt worden ist, oder wenn ihm Geschäftsführerbefugnisse eingeräumt worden sind, die der typische stille Gesellschafter grundsätzlich nicht hat; vgl. *Roth/Altmeppen*, GmbHG, § 32 a RdNr. 176 ff.; *K. Schmidt*, Gesellschaftsrecht, § 62 II 2 c; BGHZ 106, 7.
[225] *Scholz/K. Schmidt*, GmbHG, § 32 a, 32b RdNr. 11; *Hachenburg/Ulmer*, GmbHG, § 32 a RdNr. 125; *Roth/Altmeppen*, GmbHG, § 32 a RdNr. 176 ff.; BGHZ 106, 7, 9; vgl. auch *Schön* ZGR 1990, 220, 234.
[226] Dazu vgl. unten in der Kommentierung zu § 39 RdNr. 31 ff.
[227] *Kübler/Prütting/Bork/Holzer* § 38 RdNr. 22; *Jaeger/Henckel* § 38 RdNr. 13.

den, grundsätzlich keine Insolvenzforderungen (vgl. § 254 Abs. 3).[228] Mit dem Bestätigungsbeschluss und der damit zusammenhängenden formellen Rechtskraft des Plans, treten die Gestaltungswirkungen des gestaltenden Teils des Plans ein (§ 254 Abs. 1 Satz 1). Das bedeutet, es kann insoweit unterschieden werden zwischen den vom Schuldner anerkannten Forderungen und den Forderungen, die von den Gläubigern erlassen oder gestundet worden sind. Das Insolvenzgericht ordnet nach der Berichtigung der unstreitigen Masseverbindlichkeiten gem. § 258 Abs. 1 die Aufhebung des Insolvenzverfahrens an, so dass es von dann ab der Sache nach gar nicht mehr um Insolvenzforderungen geht (vgl. § 257 Abs. 1 Satz 1). Vorbehaltlich anderer Regelungen (vgl. § 255 Abs. 3) leben die ursprünglichen Forderungen der Gläubiger allerdings wieder auf und werden zu Insolvenzforderungen, wenn der Schuldner bei Erlass oder Forderungsstundung mit der Erfüllung der durch den Plan anerkannten Forderungen der Gläubiger in erheblichen Rückstand[229] gerät. Stundungen und Erlasse werden für sämtliche Gläubiger hinfällig, selbst wenn der erhebliche Rückstand nur Teile der Verpflichtungen betrifft.[230]

58   **14. Ansprüche aus Sozialplänen.** Während nach früherem Recht Ansprüche aus vor Verfahrenseröffnung aufgestellten Sozialplänen bevorrechtigte Konkursforderungen waren (§ 61 Abs. 1 Nr. 1 KO), hat der Gesetzgeber sie nunmehr als „unechte" Masseverbindlichkeiten eingeordnet, um das hohe Ausfallrisiko für die Sozialplanberechtigten einzudämmen.[231] Nach § 123 Abs. 2 S. 1 sind die Ansprüche, die aus nach Verfahrenseröffnung aufgestellten Sozialplänen resultieren, Masseforderungen.[232] § 124 Abs. 1 und 2 erstreckt diese Regelung auf den Fall, wo ein vor Verfahrenseröffnung erstellter Plan nicht nach Verfahrenseröffnung widerrufen wird.[233] Hiermit werden der Grundsatz der haftungsrechtlichen Zuordnung und der Gleichbehandlungsgrundsatz der Gläubiger schwer verletzt. Rechtfertigung dessen soll die soziale Komponente unter dem Schutz der Sozialplanberechtigten sein. Auch wenn man dieses Ergebnis rechtspolitisch für wünschenswert hält,[234] so lässt sich nicht leugnen, dass die Privilegierung der Sozialplanberechtigten doch ein Ausdruck dessen ist, dass der Gesetzgeber nicht den Mut gehabt hat, den mit der lobenswerten Abschaffung der Konkursvorrechte beschrittenen Weg konsequent zu Ende zu gehen. In der Literatur ist versucht worden, die Qualifikation der vor dem Insolvenzverfahren begründeten Sozialplanforderungen als Insolvenzforderungen zu begründen, wenn der Sozialplan nicht nach Verfahrenseröffnung widerrufen wurde.[235] Im Wesentlichen wurde insoweit darauf abgestellt, dass es außerhalb des Normzwecks des § 124 Abs. 1 liege, wenn dem Insolvenzverwalter aufgebürdet würde, die Befriedigungschancen von Sozialplanforderungen dadurch zu verbessern, dass er mit dem Unterlassen des Widerrufs sie zu Masseforderungen aufwertet.[236] Demnach sollen derartige Forderungen stets Insolvenzforderungen sein. Dies ist ein aus der modernen insolvenzrechtlichen Konzeption zutreffendes Ergebnis, dem sich die Rechtsprechung und Literatur öffnen.[237] Diesem Ergebnis hat sich mittlerweile auch das BAG angeschlossen, das Ansprüche aus einem nicht widerrufenen insolvenznahen Sozialplan als Insolvenzforderungen qualifiziert hat. Es stellt vornehmlich darauf ab, dass die Regelung des § 123 Abs. 1 S. 1 den Anwendungsbereich der Norm ausdrücklich auf nach Eröffnung des Insolvenzverfahrens aufgestellte Sozialpläne beschränke, so dass die vor Eröffnung des Insolvenzverfahrens begründeten Verbindlichkeiten als Insolvenzforderungen zu verstehen seien.[238]

V. Insolvenzforderungen – Einzelfälle

59   **1. Schuldrechtliche Ansprüche. a) Grundsätzliches.** Insolvenzforderungen sind sämtliche schuldrechtlichen Ansprüche, die durch den Schuldner vor Verfahrenseröffnung durch Vertrag begründet wurden. Darunter fallen auch die Ansprüche auf Begründung von Rechten, wie zB auf Übereignung der Kaufsache nach § 433 Abs. 1 Satz 1 BGB, auf Bestellung eines Nießbrauchs (vgl.

---

[228] *Jaeger/Henckel* § 38 RdNr. 13.
[229] Dazu vgl. *Häsemeyer* RdNr. 28.76.
[230] *Häsemeyer* RdNr. 28.78.
[231] Vgl. zum Sozialplan *Ries/Zobel*, Kölner Schrift, 2. Aufl., 1140 ff.; unten Kommentierung zu § 123.
[232] Vgl. dazu im Einzelnen die Kommentierung unten zu § 123 RdNr. 3, 63 f.
[233] Vgl. *Warrikoff* BB 1994, 2338, 2344 und 2346; *Kübler/Prütting/Bork/Holzer* § 38 RdNr. 4; HambKomm-*Lüdtke* § 38 RdNr. 44; *Uhlenbruck/Sinz* § 38 RdNr. 57; *Gottwald/Bertram*, Insolvenzrechts-Handbuch, § 107 RdNr. 65; und ausführlich unten die Kommentierung zu § 124.
[234] So etwa *Kania* DStR 1996, 832, 835; *Lohkemper* KTS 1996, 1, 36; *Warrikoff* BB 1994, 2338, 2344.
[235] *Kübler/Prütting/Bork/Moll* §§ 123, 124 RdNr. 5; *Uhlenbruck/Sinz* § 38 RdNr. 57.
[236] *Kübler/Prütting/Bork/Moll* §§ 123, 124 RdNr. 5.
[237] Vgl. BAG ZInsO 2002, 998; LAG Köln ZIP 2001, 1070; *Jaeger/Henckel* § 38 RdNr. 82; *Uhlenbruck/Sinz* § 38 RdNr. 57.
[238] BAG ZInsO 2002, 998, 999; Vorinstanz: LAG Köln ZInsO 2001, 919; vgl. auch *Braun/Bäuerle* § 38 RdNr. 13 f.; *Moll/Langhoff* EWiR 2001, 771.

§ 1032 BGB); Gewährung eines Pfandrechts (vgl. § 1205 BGB).[239] Diese Ansprüche werden **nach § 45 in Geld umgerechnet.** Neben diesen primären Leistungsansprüchen gehören zu den Insolvenzforderungen auch Sekundäransprüche, die sich aus dem betreffenden Schuldverhältnis ergeben können, soweit die entsprechenden Gründe für derartige Sekundäransprüche (zB Leistungsstörungen) vor der Verfahrenseröffnung liegen.[240] Zinsen oder Kosten, die in Bezug auf einen schuldrechtlichen Anspruch *vor* Verfahrenseröffnung aufgelaufen sind, sind als Nebenforderungen Insolvenzforderungen.[241] Zinsen oder Kosten, die später auflaufen, sind nachrangige Insolvenzforderungen.[242]

Insolvenzgläubiger ist auch der Dritte, der bei einem vor Verfahrenseröffnung geschlossenen echten Vertrag zugunsten Dritter nach § 328 Abs. 2 BGB durch den Vertrag zwischen Versprechendem und Versprechensempfänger das Recht erhält, eine Leistung zu fordern. Neben dem Dritten ist im Verfahren über den Versprechenden aber auch der Versprechensempfänger zur Geltendmachung der Forderung im Insolvenzverfahren befugt.[243] Der Schuldner darf allerdings nur an den Dritten leisten.[244] Bei einem unechten Vertrag zugunsten Dritter ist ausschließlich der Versprechensempfänger zur Geltendmachung der Forderung im Insolvenzverfahren des Schuldners berechtigt.[245]

Ist der Schuldner in einem Anweisungsverhältnis **der Angewiesene** gewesen, so ist der Anspruch des Anweisungsempfängers eine Insolvenzforderung, wenn die Anweisung *vor* Verfahrenseröffnung angenommen wurde (vgl. § 784 BGB). Wird die Annahme erst nach Eröffnung erklärt – nämlich durch den Verwalter –, ist die Forderung nach § 55 ein Masseanspruch.

b) Beispielsfälle. Insolvenzforderungen sind ferner:
– Forderungen auf eine (vor Verfahrenseröffnung durch den Schuldner) verwirkte Vertragsstrafe (§ 339 BGB).[246]
– Befreiungsansprüche im Sinne des § 257 BGB, da sich diese mit Zeitpunkt der Eröffnung des Verfahrens in Zahlungsansprüche umwandeln und der Insolvenzschuldner verpflichtet ist, an den Drittgläubiger zu zahlen.[247]
– Rückgriffsrechte des Bürgen aus § 774 Abs. 1 Satz 1 BGB[248] oder der sonstigen Mitverpflichteten, wie etwa aus § 426 Abs. 2 Satz 2 BGB (vgl. § 44).[249]
– Ansprüche im Hinblick auf eine unechte Gesamtschuld, wobei im Einzelnen abzustufen ist: Geht bei einer unechten Gesamtschuld der Ersatzanspruch des Geschädigten kraft Gesetzes auf die Sozialversicherung (§ 116 SGB X) oder auf die Privatversicherung (§ 67 VVG) über, so ist dann, wenn der Schädiger der spätere Insolvenzschuldner ist, diese übergegangene Forderung eine Insolvenzforderung. Soweit es an einem gesetzlichen Forderungsübergang fehlt, werden die Fragen des Regressanspruchs unterschiedlich beantwortet.[250] Richtigerweise wird man jedenfalls davon ausgehen können, dass der Rückgriffsberechtigte einen insolvenzfesten Anspruch auf Abtretung der Forderung des Geschädigten hat. Wenn über den Rückgriffsschuldner das Insolvenzverfahren eröffnet wird, so ist diese Forderung des Rückgriffsberechtigten als Insolvenzforderung einzustufen, unabhängig davon, ob dieser vor oder nach der Verfahrenseröffnung den Gläubiger befriedigt hat.[251]
– Forderungen aus einem bedingten Regressanspruch der von mit dem Schuldner mithaftenden Wechselschuldner, die jene vor Verfahrenseröffnung als Aussteller, Indossanten, Wechselbürgen oder Akzeptanten gegen den Schuldner erworben haben.[252] Gleichgültig ist dabei, ob der Rückgriffsschuldner vor oder nach Eröffnung die Wechselschuld getilgt hat.[253] Der Regressanspruch des Wechselakzeptanten gegen den Aussteller des Wechsels ist dabei allerdings nicht nach Wechselrecht eine Insolvenzforderung, sondern nur nach Maßgabe des Innenverhältnisses gem. §§ 662,

---

[239] Vgl. *Kübler/Prütting/Bork/Holzer* § 38 RdNr. 30.
[240] *Kübler/Prütting/Bork/Holzer* § 38 RdNr. 29; *Smid/Leonhardt* in *Leonhardt/Smid/Zeuner* § 38 RdNr. 15, 20.
[241] Vgl. *Smid/Leonhardt* in *Leonhardt/Smid/Zeuner* § 38 RdNr. 20.
[242] Siehe unten Kommentierung zu § 39 RdNr. 11 ff.
[243] Vgl. *Jaeger/Henckel* § 38 RdNr. 92; *Uhlenbruck/Sinz* § 38 RdNr. 44; *Hess* § 38 RdNr. 22; *Gottwald/Klopp/Kluth*, Insolvenzrechts-Handbuch, § 19 RdNr. 27.
[244] *Jaeger/Henckel* § 38 RdNr. 92; *Uhlenbruck/Sinz* § 38 RdNr. 44.
[245] *Jaeger/Hencker* § 38 RdNr. 91.
[246] RGZ 59, 53, 56; *Smid/Leonhardt* in *Leonhardt/Smid/Zeuner* § 38 RdNr. 20; *Kübler/Prütting/Bork/Holzer* § 38 RdNr. 29; *Jaeger/Henckel* § 3 RdNr. 37.
[247] BGH ZIP 1993, 1656; *Jaeger/Henckel* § 38 RdNr. 68; *Smid/Leonhardt* in *Leonhardt/Smid/Zeuner* § 38 RdNr. 20.
[248] Siehe bereits oben, RdNr. 31 f.
[249] Vgl. *Breutigam* in *Blersch/Goetsch/Haas* § 38 RdNr. 21.
[250] Zum Streitstand vgl. *Jaeger/Henckel* § 38 RdNr. 112.
[251] Zur Begründung siehe *Jaeger/Henckel* § 38 RdNr. 112; vgl. zudem BGH KTS 1972, 44.
[252] Vgl. *Jaeger/Henckel* § 38 RdNr. 115.
[253] *Jaeger/Henckel* § 38 RdNr. 116.

670, 675 BGB. Gleiches gilt in Bezug auf den Gefälligkeitsakzeptanten, dessen Regressanspruch sich ebenfalls aus dem Geschäftsbesorgungsverhältnis ergibt.[254] Ist die Annahme des Wechsels vor Eröffnung des Verfahrens erfolgt, so ist der Anspruch – wenn er auf einer Geschäftsbesorgung für den Insolvenzverwalter beruht – als Befreiungsanspruch nur dann eine Insolvenzforderung nach § 38, wenn der Wechselgläubiger nicht im Wege des Regresses gegen den Aussteller an dessen Insolvenzverfahren teilnimmt. Meldet der Gläubiger seinen Anspruch gegen den Aussteller an, so ist der Bezogene in dessen Insolvenzverfahren nicht zur Anmeldung berechtigt, solange der Wechselgläubiger nicht volle Befriedigung erlangt hat. Erlangt der Wechselgläubiger allerdings volle Befriedigung, so rückt der Bezogene in dessen Position.[255] Ein vor Eröffnung des Verfahrens übergebenes Wechselblankett kann vom Gläubiger auch nach Eröffnung des Verfahrens ausgefüllt werden mit der Folge des Entstehens der Insolvenzforderung.[256]

Entsprechendes wie für den Wechselregress gilt auch für den Scheckregress gegen den Aussteller, Indossanten oder Scheckbürgen nach §§ 12, 18, 27, 40 ScheckG.[257]

67 – Forderungen aus vertraglichem Schadensersatz, wie zB aus § 280 Abs. 1 BGB.

68 – Mietrechtliche Ansprüche, soweit der schuldrechtliche Grund dafür vor Eröffnung des Verfahrens gelegt wurde.[258] Zu den aus dem Mietrecht stammenden Insolvenzforderungen gehören neben der Zahlung ausstehender Mietzinsen auch der Anspruch auf Auszahlung eines Guthabens aus Wohngeld- oder Heizkostenzuschuss, selbst wenn die Rechnungsperiode erst nach Verfahrenseröffnung abgelaufen ist.[259] Eine Insolvenzforderung ist insbesondere auch die Betriebskostennachforderung des Vermieters, die einen Abrechnungszeitraum vor der Eröffnung des Insolvenzverfahrens über das Vermögen des Mieters, wenn der Vermieter erst nach Verfahrenseröffnung oder nach der Erklärung des Insolvenzverwalters nach § 109 Abs. 1 S. 2 abgerechnet hat.[260] Ferner gehören zur Gruppe der Insolvenzforderung der Anspruch auf Herstellung des vertragsgemäßen Zustands der Mietsache,[261] der Anspruch auf Demontage von Einrichtungen durch den Schuldner als Mieter[262] und der Ersatz von Kosten, die durch Abholung der Mietsache und deren Wiederherstellung entstanden sind.[263] Der Anspruch des Mieters in der Insolvenz des Vermieters auf Herstellung eines zum vertragsgemäßen Gebrauch geeigneten Zustandes bei nach der Verfahrenseröffnung fortdauerndem Mietverhältnis ist eine Masseforderung, und zwar unabhängig davon, ob der mangelhafte Zustand vor oder nach der Eröffnung entstanden ist.[264] Ebenso ist der Wiederherstellungsanspruch des Verpächters eine Insolvenzforderung, wenn die rückgängig zu machende Veränderung der Pachtsache vor der Eröffnung des Insolvenzverfahrens vorgenommen worden ist.[265] Die nach Verfahrenseröffnung begründeten Mietansprüche sind Masseverbindlichkeiten (§ 55 Abs. 1 S. 2). Dasselbe gilt auch, wenn der vorläufige Insolvenzverwalter die Mietsache genutzt hat (vgl. § 55 Abs. 2).[266] Keine Masse- sondern Insolvenzansprüche sind die Beseitigungsansprüche des Eigentümers in Bezug auf durch den Schuldner überbaute Flächen bzw. der Erwerbsanspruch auf die überbaute Fläche, wenn der Insolvenzverwalter die störende Sache gem. § 148 nur in Besitz nimmt, um die Verwertbarkeit des Vermögenswerts zu prüfen.[267] Auch insoweit stellt der BGH streng auf die Regel des Entstehungszeitpunktes der Forderung ab. Etwas ande-

---

[254] *Jaeger/Henckel* § 38 RdNr. 116.
[255] Ausführlich zu diesem gesamten Komplex *Jaeger/Henckel* § 38 RdNr. 116.
[256] *Gottwald/Klopp/Kluth*, Insolvenzrechts-Handbuch, § 19 RdNr. 25.
[257] *Jaeger/Henckel* § 38 RdNr. 116.
[258] BGH NJW 1979, 310; *Nerlich/Römermann/Andres* § 38 RdNr. 21; *Smid/Leonhardt* in *Leonhardt/Smid/Zeuner* § 38 RdNr. 20. Vgl. auch BGH ZIP 2001, 1469 zum Herausgabeanspruch des Vermieters nach § 546 Abs. 1 BGB und den Kosten, die in Zusammenhang mit der Erfüllung des Besitzverschaffungsanspruchs anfallen, siehe dazu auch *Scherer* DZWiR 2002, 184.
[259] *Uhlenbruck/Sinz* § 38 RdNr. 61; *Nerlich/Römermann/Andres* § 38 RdNr. 21; vgl. auch BGH NJW 1994, 1866 f.
[260] BGH NZI 2011, 404.
[261] BGH ZIP 2001, 1469; OLG Hamburg KTS 1978, 258, 259; *Breutigam* in *Blersch/Goetsch/Haas* § 38 RdNr. 20; *Braun/Bäuerle* § 38 RdNr. 20; *Kübler/Prütting/Bork/Holzer* § 38 RdNr. 26.
[262] BGHZ 72, 263; LG Hamburg KTS 1976, 64; *Smid/Leonhardt* in *Leonhardt/Smid/Zeuner* § 38 RdNr. 20; vgl. auch *Zeuner* JZ 1976, 1 ff.; *Bötticher* BB 1975, 977; *Uhlenbruck* BB 1973, 1362. Anderer Ansicht, nämlich Massenverbindlichkeiten: OLG Nürnberg MDR 1973, 678; OLG Bremen KTS 1978, 39.
[263] *Uhlenbruck/Sinz* § 38 RdNr. 60; vgl. auch BGHZ 148, 252.
[264] Siehe BGH ZInsO 2003, 412; dazu FK-*Schumacher* § 38 RdNr. 10; *Gundlach/Frenzel* NZI 2003, 374.
[265] BGHZ 148, 252; *Kübler/Prütting/Holzer* § 38 RdNr. 26.
[266] Siehe *Börstinghaus* DWW 1999, 205, 206; *Kübler/Prütting/Bork/Holzer* § 38, RdNr. 26. Vgl. auch *Marotzke* KTS 1999, 269, 274, der die Masseverbindlichkeiten für eine bestimmte Übergangsfrist nach Eröffnung des Verfahrens als Insolvenzforderung umqualifizieren möchte. Dazu fehlt es aber sowohl an einer sicheren dogmatischen Grundlage noch an einer rechtspolitischen Rechtfertigung.
[267] BGH ZInsO 2002, 524.

res könnte nur dann in Betracht kommen, wenn der Verwalter die Sache für die Masse nutzt oder verwertet.[268]
Bei der Kautionsrückgewähr des Mieters ist zu unterscheiden. Um eine Insolvenzforderung handelt sich bei dem Kautionsrückgewähranspruch des Mieters, wenn der Vermieter die Kaution nicht von seinem Vermögen getrennt hat, also zB nicht auf ein gesondertes Sparbuch angelegt hat.[269] Hat der Vermieter jedoch die Mietsicherheit nach Maßgabe des § 551 Abs. 3 BGB treuhänderisch auf ein Sperrkonto gelegt, auf das er nur bei Beendigung des Mietverhältnisses oder mit Zustimmung des Mieters zugreifen kann, dann handelt es sich nicht um eine Insolvenzforderung, sondern der Mieter ist aussonderungsberechtigt.[270] Als Geschäftsbesorgungsvertrag i.S.v. § 675 BGB erlöschen Kautionsversicherungsverträge mit der Eröffnung des Insolvenzverfahrens. Das Erlöschen des Vertrages löst keine Schadensersatzansprüche für die Prämienzahlung nach der Verfahrenseröffnung aus, weil das Erlöschen nicht auf einer Leistungsstörung bzw. einer Pflichtverletzung im Sinne des Bürgerlichen Rechts beruht und eine mit § 103 Abs. 2 S. 1, § 113 S. 3 vergleichbare Regelung in den §§ 115 f. fehlt.[271]

– Ansprüche aus Garantieverträgen, die vor Verfahrenseröffnung geschlossen wurden, unabhängig davon, ob der Garantiefall vor oder nach Eröffnung des Verfahrens eintritt.[272] **69**
– Ansprüche aus Geschäftsführung ohne Auftrag, soweit der Tatbestand der Geschäftsführung vor Verfahrenseröffnung liegt. Dagegen sind Aufwendungen, die der Geschäftsführer nach Verfahrenseröffnung tätigt, Masseforderungen, weil die Aufwendungen von einem weiteren Handeln des Geschäftsführers abhängig sind.[273] **70**
– Bereicherungsrechtliche Ansprüche nach §§ 812 ff. BGB unabhängig davon, ob der Kondiktionsanspruch durch die Anfechtung eines Vertrages erst nach Verfahrenseröffnung entsteht, weil die erfolgte Anfechtung auf den Zeitpunkt der Vornahme des Rechtsgeschäfts zurückwirkt. Hatte der Insolvenzschuldner vor Verfahrenseröffnung einen Gegenstand nach §§ 929, 932 ff. BGB wirksam veräußert, so kann der Eigentümer seinen Anspruch nach § 816 Abs. 1 Satz 1 BGB als Insolvenzforderung geltend machen. Liegt keine wirksame Veräußerung vor, so hat der Eigentümer dagegen ein Wahlrecht. Entweder geht er gegen den Besitzer der Sache nach § 985 BGB vor, oder er genehmigt die Veräußerung nach § 185 Abs. 2 Satz 1 BGB und verfolgt seinen bereicherungsrechtlichen Anspruch im Insolvenzverfahren über den Veräußerer. Die Genehmigung selbst kann auch nach Verfahrenseröffnung erfolgen, denn sie wirkt wegen § 184 Abs. 1 BGB auf die Vornahme des Rechtsgeschäfts zurück. In der Regel ist die Möglichkeit nach Genehmigung, um den bereicherungsrechtlichen Anspruch als Insolvenzforderung anzumelden, nur dann interessant, wenn auf den Besitzer aus tatsächlichen Gründen (dauerhaft) kein Zugriff mehr besteht. **71**

2. Arbeitsrechtliche Ansprüche. a) Allgemeines. Die Wirkung der Eröffnung eines Insolvenzverfahrens über einen Arbeitgeber erfährt eine eigenständige Regelung im sog. Insolvenzarbeitsrecht und ist hier nicht darzustellen.[274] Die Arbeitnehmer können allerdings auch als Insolvenzgläubiger auftreten. Insolvenzforderungen sind insoweit sämtliche Forderungen auf rückständiges Gehalt, § 108 Abs. 2.[275] Abgeschafft ist damit die frühere Einordnung der Entgeltansprüche der letzten sechs Monate vor Insolvenzeröffnung als Masseschulden nach § 59 Abs. 1 Nr. 3 KO. Insolvenzforderungen sind ferner die Forderungen, die im Zeitpunkt der Verfahrenseröffnung nach § 113 Satz 3 BetrVG bestehen;[276] fällige Ansprüche aus einer betrieblichen Altersversorgung;[277] nach Verfahrenseröffnung fällig werdende Ansprüche auf wiederkehrende Deputate, wenn das zugrunde liegende Arbeitsverhältnis zB infolge Erreichung der Altersgrenze vor Verfahrenseröffnung beendet wurde und deshalb **72**

---

[268] Vgl. BGH ZInsO 2002, 524, 526; *Braun/Bäuerle* § 38 RdNr. 22.
[269] Vgl. dazu OLG München ZMR 1990, 413.
[270] *Hess* § 38 RdNr. 95; *Eckert* ZIP 1984, 1123; *Uhlenbruck/Sinz* § 38 RdNr. 60; vgl. auch OLG München ZMR 1990, 413.
[271] BGH NZI 2006, 637, 639; OLG München BeckRS 2009, 02807; *Braun/Bäuerle* § 38 RdNr. 5; s. aber auch LG Frankfurt/M. ZInsO 2008, 1090, 1091 f.
[272] Siehe *Uhlenbruck/Sinz* § 38 RdNr. 30.
[273] Vgl. BGH KTS 1972, 55; *Jaeger/Henckel* § 3 RdNr. 54.
[274] Siehe unten dazu eingehend die Kommentierung von *Löwisch/Caspers* der §§ 113 und 114; ferner *Runkel/Irschlinger*, Anwaltshandbuch Insolvenzrecht, 2. Aufl., 2008, § 12; *Gottwald/Heinze/Bertram*, Insolvenzrechts-Handbuch, § 104–105; *Gottwald/Bertram*, Insolvenzrechts-Handbuch, § 106–110; *Zwanziger*, Das Arbeitsrecht in der Insolvenzordnung, 4. Aufl., 2010.
[275] LAG Sachsen 22.11.07 – 1 Sa 364/03, nv; siehe auch *Lohkemper* KTS 1996, 1, 33; *Warrikoff* BB 1994, 2338, 2345; *Nerlich/Römermann/Hamacher* vor § 113 RdNr. 37. Weitere Einzelheiten siehe in der Kommentierung des § 108 RdNr. 189.
[276] BAG ZIP 2003, 311; BAG DB 1985, 658 (dazu *Bauer* EWiR 1985, 247).
[277] *Jaeger/Henckel* § 38 RdNr. 142.

keine Gegenleistung des Arbeitnehmers mehr geschuldet ist;[278] der Anspruch des Arbeitnehmers auf Erfindervergütung, selbst wenn die Höhe der Vergütung erst nach Eröffnung des Insolvenzverfahrens durch Verwertungshandlungen des Verwalters bestimmbar wird[279] und Ansprüche des Arbeitnehmers auf Schadensersatz nach § 628 Abs. 2 BGB.[280] Bei Sonderzahlungen, wie Weihnachtsgeld, Urlaubsgeld oder Gratifikationen ist zu differenzieren. Entstehen sie stichtagsbezogen durch Vertrag oder Gesetz und liegt dieser Stichtag vor der Eröffnung des Insolvenzverfahrens, so sind diese Ansprüche Insolvenzforderungen. Sind die Ansprüche ratierlich festgesetzt, so findet eine zeitliche Aufteilung zwischen Insolvenzanspruch und Masseanspruch statt.[281] Ist eine Altersteilzeit vereinbart, so ist ebenfalls zu differenzieren. Wird das Insolvenzverfahren während der Freistellungsphase eröffnet, so sind die noch offenen Zahlungen lediglich Insolvenzforderungen. Wird das Insolvenzverfahren in der Arbeitsphase eröffnet, ist die anschließend verdiente Vergütung eine Masseverbindlichkeit, die erst in der Freistellungsphase zu zahlen ist.[282] Abfindungszahlungen, deren Einzelheiten in einem Arbeitsvertrag oder in einem Tarifvertrag geregelt sind, werden als Regelung über die Fälligkeit eines bereits vor der Eröffnung des Insolvenzverfahrens begründeten Anspruchs, der eine Insolvenzforderung auch dann darstellt, wenn die Kündigung nach Eröffnung des Verfahrens erfolgt ist.[283]

72a **b) Urlaubsansprüche.** Bestehen bei der Eröffnung des Insolvenzverfahrens Urlaubsansprüche von Arbeitnehmern des Schuldners aus unbeendeten Arbeitsverhältnissen, so stellen diese, ebenso wie Urlaubsentgelt, Masseforderungen gem. §§ 108, 55 Abs. 1 dar. Ein Urlaubsabgeltungsanspruch nach § 7 Abs. 4 BUrlG ist dann Insolvenzforderung, wenn der Stichtag der Beendigung des Arbeitsverhältnisses vor Eröffnung des Insolvenzverfahrens liegt.[284]

72b **c) Altersteilzeit.** Auch Ansprüche aus einem Altersteilzeitverhältnis sind gemäß § 108 Abs. 2 Insolvenzforderungen, soweit diese vor Eröffnung des Insolvenzverfahrens entstanden sind.[285]

72c **d) Betriebliche Altersversorgung.** Ansprüche auf betriebliche Altersversorgung oder Überbrückungsgeld sind Insolvenzforderungen, soweit es sich um den vor Eröffnung des Insolvenzverfahrens über das Vermögen des Arbeitgebers erdienten Anteil handelt; Masseforderungen, für den während des Verfahrens entstandenen Anteil.[286]

73 **3. Dingliche Ansprüche. a) Sachenrechtliche Schadensersatzansprüche.** Sachenrechtliche Schadensersatzansprüche, wie zB solche aus §§ 904 Satz 2 oder 987 ff. BGB, sind Insolvenzforderungen.[287] Ausgenommen davon sind allerdings Ansprüche nach § 1004 BGB, die in Zukunft gegen den Schuldner gerichtet sind, weil die Gefahr aus der insolvenzfreien Sphäre des Schuldners stammt, oder gegen den Verwalter persönlich gerichtet sind.[288] Besteht die Gefahr allerdings nach Eröffnung des Insolvenzverfahrens noch weiter fort und ist sie dem Insolvenzverwalter zuzurechnen, so richtet sich der Anspruch gegen die Masse und ist gegen den Insolvenzverwalter geltend zu machen.[289] Die Kosten der Ersatzvornahme sind Insolvenzforderungen, solange nicht die Beseitigungspflicht durch eine dem Verwalter zurechenbare Handlung begründet worden ist. Bestand die Beseitigungspflicht bereits vor Eröffnung des Insolvenzverfahrens, darf es nicht in der Hand des Gläubigers liegen, ob die Kosten der Ersatzvornahme eine Masse- oder eine Insolvenzforderung ist, je nachdem, wann er diese Forderung geltend macht.[290]

---

[278] Vgl. ArbG Düsseldorf KTS 1971, 121, 124.
[279] LG München I KTS 1992, 469.
[280] BAG ZIP 1980, 1067; ArbG Bayreuth ZInsO 2002, 596; vgl. auch *Braun/Bäuerle* § 38 RdNr. 16.
[281] HambKomm-*Lüdtke* § 38 RdNr. 42; vgl. auch BAG NJW 1981, 79.
[282] HambKomm-*Lüdtke* § 38 RdNr. 43; vgl. dazu auch BAG ZIP 2005, 457; *Schrader/Straube* ZInsO 2005, 234 ff.; *Vogel/Neufeld* ZIP 2004, 1938 zum Übergang der Masseverbindlichkeiten beim Betriebsübergang nach § 613 a BGB.
[283] Vgl. BAG NZI 2006, 716, 718; BAG ZIP 2008, 374, 376; LAG Rheinland-Pfalz ZInsO 2009, 2159, 2161; s. weitergehend *Braun/Bäuerle* § 38 RdNr. 14.
[284] HambKomm-*Lüdtke* § 38 RdNr. 40 f.; BAG ZInsO 2004, 220; BAG ZInsO 2005, 1653.
[285] BAG BeckRS 2009, 55853; BAG 27.09.07 – AZR 975/06, ZIP 2008, 374; BAG 19.10.04 – 9 AZR 645/03, ZIP 2005, 457; BAG 24.09.09 – 10 AZR 640/02, ZIP 2004, 124; *Braun/Bäuerle* § 38 RdNr. 18; *Uhlenbruck/Sinz*, § 38, RdNr. 65.
[286] BGH 06.12.07 – IX ZR 284/03, NZI 2008, 185; BAG 15.12.87 – 3 AZR 420/87, ZIP 1988, 327; *Uhlenbruck/Sinz*, § 38, RdNr. 66; *Jaeger/Henckel*, § 55, RdNr. 56.
[287] Vgl. auch oben RdNr. 29.
[288] *Kübler/Prütting/Bork/Holzer* § 38 RdNr. 32; *Jaeger/Henckel* § 38 RdNr. 24 mit weiteren Nachweisen.
[289] BGHZ 150,305; *Tetzlaff* EWiR 2002, 573; *Jaeger/Henckel* § 38 RdNr. 24.
[290] Vgl. eingehend *Jaeger/Henckel* § 38 RdNr. 25; BGHZ 150, 305.

b) **Verbriefte Forderungen.** Wird eine verbriefte Forderung nach Verfahrenseröffnung gutgläu- 74 big erworben, so stellt sie eine Insolvenzforderung dar. Soweit es sich um eine verbriefte Scheinforderung (§ 405 BGB) handelt, ist der gutgläubige Zessionar insoweit deshalb Insolvenzgläubiger, weil die Forderung im Interesse des redlichen Geschäftsverkehrs als bestehend anzusehen ist.[291] Bei einer vor Verfahrenseröffnung ausgestellten Schuldverschreibung auf den Inhaber, die abhanden gekommen und nach Verfahrenseröffnung gutgläubig erworben worden ist, folgt die Einordnung als Insolvenzforderung daraus, dass der Anspruch gegen den Aussteller nach § 794 BGB schon mit der Ausstellung begründet wird. Wenn über den Schuldner eines Wechsels das Verfahren eröffnet wird, dann ergibt sich die Insolvenzforderung desjenigen, der nach Verfahrenseröffnung von einem nicht legitimierten Inhaber das Eigentum am Papier erwirbt (gutgläubiger Zweiterwerb), daraus, dass der für die Haftung ausschlaggebende Rechtsschein vor Verfahrenseröffnung vom Insolvenzschuldner geschaffen wurde.[292]

c) **Ansprüche im Zusammenhang mit der Wohnungseigentümergemeinschaft.** Insol- 75 venzforderungen sind die Ansprüche auf Vorschüsse, die ein Wohnungseigentümer entsprechend dem beschlossenen Wirtschaftsplan nach Abruf des Wohnungseigentumsverwalters gem. § 28 Abs. 2 WEG zu zahlen hat, soweit sie vor der Verfahrenseröffnung fällig geworden sind.[293] Der Schuldsaldo des Jahresabschlusses ist eine Insolvenzforderung, wenn darin Wohngeldvorschüsse enthalten sind, die der Insolvenzschuldner vor Eröffnung des Verfahrens hätte zahlen müssen. Die Differenz zwischen den im Wirtschaftsplan veranschlagten Kosten und Lasten und den nach der Jahresabrechnung tatsächlich entstandenen Lasten und Kosten (§ 16 Abs. 2 WEG) sind Masseverbindlichkeiten.[294]

Wenn ein Insolvenzverfahren über einen Wohnungseigentümer nach dem WEG eröffnet wird, sind die Ansprüche der Eigentümergemeinschaft auf rückständiges Wohngeld gem. § 16 Abs. 2 WEG, die vor Verfahrenseröffnung entstanden sind, Insolvenzforderungen.[295]

4. **Familienrechtliche Ansprüche.** Familienrechtliche Unterhaltsansprüche fallen weitestge- 76 hend unter § 40. Ansprüche nach den §§ 1569 ff., 1601 ff., 1615 a, 1615 l, 1615 n BGB können grundsätzlich nur für die Zeit vor Eröffnung des Verfahrens geltend gemacht werden. Eine Ausnahme für die Zeit nach Verfahrenseröffnung besteht nur, soweit der Schuldner als Erbe des Verpflichteten haftet.[296]

Hat der Schuldner höchstpersönliche familienrechtliche Ansprüche, die als solche keine Insol- 77 venzforderungen sind,[297] verletzt, und zieht dieser Verstoß Schadensersatzansprüche nach sich, so handelt es sich bei diesen Schadensersatzansprüchen um Insolvenzforderungen.[298]

Wenn der Schuldner anstelle einer Unterhaltsrente eine Kapitalabfindung (§ 1585 Abs. 2 BGB) 78 zu zahlen hat, ist der Anspruch darauf eine Insolvenzforderung.[299] Insolvenzforderungen sind auch die Ansprüche auf Abfindung künftiger Versorgungsausgleichsansprüche hinsichtlich der Versorgungsanwartschaft eines geschiedenen Ehegatten (§§ 1587 ff. BGB), soweit der Anspruch auf Abfindung vor Verfahrenseröffnung entstanden ist.[300] Ebenso gehören zu den Insolvenzforderungen Kapitalabfindungen aus einem vertraglich vereinbarten Versorgungsausgleich, selbst wenn sie erst nach Verfahrenseröffnung entstehen, wenn jedenfalls der diesem Anspruch zugrunde liegende Vertrag vor Eröffnung geschlossen wurde. Auch hier ist – wie in den eben erwähnten Fällen – der Anspruch von seiner familienrechtlichen Grundlage getrennt und unterfällt den allgemeinen Regeln. Dasselbe gilt schließlich auch für Ansprüche auf eine künftige Kapitalabfindung, welche der Schuldner unter Verzicht auf die Berücksichtigung seiner Lebensverhältnisse zur Zeit der Fälligkeit versprochen hatte, auch wenn diese als solche nicht geschuldet war.[301]

---

[291] RGZ 87, 420, 422; *Jaeger/Henckel* § 38 RdNr. 122; *Smid/Leonhardt* in *Leonhardt/Smid/Zeuner* § 38 RdNr. 20.
[292] RGZ 112, 202; *Jaeger/Henckel* § 38 RdNr. 125; *Kuhn/Uhlenbruck*, KO, § 3 RdNr. 31; vgl. auch *Hueck/Canaris*, Wertpapierrecht, § 10 IV 2 b cc).
[293] OLG Stuttgart ZInsO 2002, 1089; *Jaeger/Henckel* § 38 RdNr. 165.
[294] OLG Stuttgart ZInsO 2002, 1089; *Eckert* EWiR 2002, 1051; *Jaeger/Henckel* § 38 RdNr. 165.
[295] *Uhlenbruck/Sinz* § 38 RdNr. 61.
[296] Siehe *Gottwald/Klopp/Kluth*, Insolvenzrechts-Handbuch, § 19 RdNr. 31; vgl. ferner ausführlich *Kothe*, Kölner Schrift, 2. Aufl., 1161, 1179 f. (RdNr. 57 ff.); *Nerlich/Römermann/Andres* § 38 RdNr. 7; A/G/R–*Ahrens* § 38 RdNr. 26; die Kommentierung zu § 40 RdNr. 1 ff.; zur alten Rechtslage vgl. insbesondere *Kuhn/Uhlenbruck*, KO, § 3 RdNr. 19; *Jaeger/Henckel*, KO, § 3 RdNr. 108 ff.
[297] Siehe oben RdNr. 37.
[298] *Smid/Leonhardt* in *Leonhardt/Smid/Zeuner* § 38 RdNr. 15; *Uhlenbruck/Sinz* § 38 RdNr. 11.
[299] Näher *Jaeger/Henckel* § 38 RdNr. 171; vgl. zudem auch *Kothe*, Kölner Schrift, 2. Aufl., 1161, 1176, (RdNr. 51 ff.); *Kuhn/Uhlenbruck*, KO, § 3 RdNr. 42.
[300] Vgl. *Kuhn/Uhlenbruck*, KO, § 3 RdNr. 43.
[301] Siehe Kommentierung zu § 40 RdNr. 13; vgl. auch RG DR 1944, 618.

Vergütungsansprüche des Vormunds oder des Betreuers (§§ 1836 ff. BGB) sind nur dann Insolvenzforderungen, wenn die gerichtliche Festsetzung vor Verfahrenseröffnung erfolgt ist.[302]

79 **5. Steuerrechtliche Ansprüche. a) Allgemeines.** Steuer- und Abgabenforderungen können Insolvenzforderungen sein. Während sich die Frage der Entstehung der Steuerschuld genau wie deren Höhe nach steuerrechtlichen Grundsätzen richtet (§ 38 AO),[303] beurteilt sich die Frage, ob es sich bei den jeweiligen Forderungen um solche nach § 38 handelt, nach insolvenzrechtlichen Wertungen. Insoweit handelt es sich nämlich um die insolvenzrechtliche Vermögenszuordnung.[304] Eine Insolvenzforderung liegt dann vor, wenn der steuerpflichtige Tatbestand vor Eröffnung des Insolvenzverfahrens entstanden ist und es sich nicht um Vorgänge handelt, die eine Steuerpflicht des Schuldners außerhalb des Insolvenzverfahrens auslösen.[305] Eine Steuerforderung kann daher im Sinne des § 38 AO schon begründet sein, obwohl sie im Sinne des § 218 AO noch nicht entstanden ist.[306] Der Bundesfinanzhof stellt für das Vorliegen als Insolvenzforderung regelmäßig darauf ab, ob der Schuldrechtsorganismus, aus welchem sich der Anspruch ergibt, bereits vor Verfahrenseröffnung geschaffen ist.[307] Steuerschuldner ist insoweit nicht die Masse, sondern der Insolvenzschuldner selbst, so dass es sich um eine Insolvenz- und keine Masseforderung handelt.[308] Dagegen sind die Steuern abzugrenzen, die auf durch den Insolvenzverwalter erzielte Gewinne erhoben werden (Masseverbindlichkeiten) und die Steuern, die aus steuerpflichtigen Tatbeständen bezüglich des insolvenzfreien Vermögens des Schuldners herrühren (persönliche Forderung gegen den Schuldner).

Für den Umstand, dass eine Steuerforderung eine Insolvenzforderung ist, spielt es keine Rolle, ob es sich um eine befristete Steuerforderung handelt, also um eine solche, deren sachliche Voraussetzungen bereits gegeben sind, deren Entstehung aber nicht von dem Eintritt einer zeitlichen Voraussetzung abhängt.[309] Zu den Insolvenzforderungen gehören ferner auch bestimmte Formen aufschiebend bedingter Steuerforderungen,[310] Erstattungsansprüche aus der Besteuerung des für eine Leistung vereinbarten Entgelts und Ansprüche nach § 15 Abs. 1 UStG für Leistungen vor Verfahrenseröffnungen.[311]

80 Säumnis- und Verspätungszuschläge sind ebenfalls Insolvenzforderungen, ebenso Steuerforderungen nach § 14 Abs. 3 UStG wegen unberechtigten Steuerausweises.[312]

81 **b) Einzelne Steuerarten. aa) Einkommensteuer.** Einkommensteuerforderungen sind in der Regel Insolvenzforderungen, sobald sie nach § 2 Abs. 7 Satz 2, 25, 36 EStG entstanden sind. Als eine Jahressteuer entsteht die Steuerschuld erst mit dem Ablauf des Veranlagungszeitraums. Da steuerrechtlich eine gesonderte Festsetzung nicht vorgesehen ist, wird der Steuerpflichtige auch dann für den Jahreszeitraum einheitlich veranlagt, wenn im Zeitraum dieses Jahres das Insolvenzverfahren eröffnet wird.[313] Aus insolvenzrechtlicher Sicht ist es aber zur Abgrenzung von Insolvenzforderun-

---

[302] *Gottwald/Klopp/Kluth*, Insolvenzrechts-Handbuch, § 19 RdNr. 26.
[303] BFHE 128, 146; *Jaeger/Henckel* § 38 RdNr. 126; *Uhlenbruck/Uhlenbruck* § 38 RdNr. 67; *Frotscher*, Steuern im Konkurs, 57 ff.; *Gottwald/Frotscher*, Insolvenzrechts-Handbuch, § 120 RdNr. 7; *Kübler/Prütting/Bork/Holzer* § 38 RdNr. 36; *Nerlich/Römermann/Andres* § 38 RdNr. 15; *Hess* § 38 RdNr. 120; *Olufs/Ziegenhagen* DZWiR 1999, 146.
[304] BFH ZIP 1993, 1892; BFHE 115, 307; BFHE 114, 164; OVG Weimar ZIP 2007, 880, 881 f. (zu verwaltungsrechtlichen Abgaben); vgl. auch *Uhlenbruck/Sinz* § 38 RdNr. 67; HambKomm-*Lüdtke* § 38 RdNr. 52; *Breutigam* in *Blersch/Goetsch/Haas* § 38 RdNr. 30; *Hess/Boochs/Weis*, Steuerrecht in der Insolvenz, RdNr. 26.
[305] *Kübler/Prütting/Bork/Holzer* § 38 RdNr. 36; *Nerlich/Römermann/Andres* § 38 RdNr. 15; *Hundt-Eßwein* BB 1987, 1718, 1719; *Fischer* BB 1989, Beilage 12, 1, 2; *Uhlenbruck/Sinz* § 38 RdNr. 67; *Uhlenbruck* DB 1974, 628, 629; vgl. auch BFH NJW 1978, 559; BFH Betrieb 1976, 562; BFH ZIP 1984, 1471; BFH ZIP 1994, 1286; FG Düsseldorf ZIP 1991, 747 (mit Anm. v. *Frotscher* EWiR 1991, 1261); siehe auch BFH ZInsO 2005, 542.
[306] BFH NJW 1956, 1975; BFH KTS 1971, 111, 115 f.; *Tipke/Kruse* § 251 AO RdNr. 16. Siehe auch *Breutigam* in *Blersch/Goetsch/Haas* § 38 RdNr. 31; *Nerlich/Römermann/Andres* § 38 RdNr. 15.
[307] BFH ZIP 1987, 119; BFH ZIP 1987, 723, 724; BFH ZIP 1993, 1892, 1893.
[308] *Kübler/Prütting/Bork/Holzer* § 38 RdNr. 36; *Jaeger/Henckel* § 38 RdNr. 130 ff.; vgl. aus der Rechtsprechung BFH BStBl. 1964, 70, 71.
[309] Vgl. *Uhlenbruck/Sinz* § 38 RdNr. 68.
[310] Dazu gehören zB Erstattungsansprüche aus Steuervorauszahlungen des Schuldners, BFHE 128, 146, und solche Forderungen, deren Entstehen von einer Handlung des Verwalters abhängt, zB wenn von ihm der grunderwerbsteuerbegünstigte Zweck aufgegeben wird, BFHE 117, 176; BFHE 126, 122; *Hübschmann/Hepp/Spitaler/Beermann* § 251 AO RdNr. 50 e.
[311] Vgl. *Gottwald/Frotscher*, Insolvenzrechts-Handbuch, § 124 RdNr. 12; *Hübschmann/Hepp/Seiler/Beermann* § 251 AO RdNr. 50 e.
[312] BFH 19.01.2005 – VII B 286/04, ZIP 2005, 1035; VG Köln 16.07.08 – 23 K 4827/07, NVwZ-RR 2009, 34, 35; *Tipke/Kruse* § 251 AO RdNr. 26; *Frotscher*, Steuern im Konkurs, 26; *Uhlenbruck/Sinz* § 38 RdNr. 71; BFH BB 1982, 415.
[313] Vgl. *Uhlenbruck/Sinz* § 38 RdNr. 72; *A/G/R-Ahrens* § 38 RdNr. 42; *Maus*, Steuerrechtliche Probleme im Insolvenzverfahren, 2. Aufl., 1995, 109 ff.; *Frotscher*, Steuern im Konkurs, 100 ff.

gen und Masseverbindlichkeiten erforderlich, die in dem Veranlagungszeitraum erzielten Einkünfte danach aufzuteilen, welches Einkommen der Schuldner vor Verfahrenseröffnung erzielt hat und in solches, das ihm erst danach zugeflossen ist.[314] Diese Teilung ist unter Umständen durch eine Schätzung nach § 45 vorzunehmen.[315]

Probleme bereiten die **Einkommensteuerforderungen auf außerordentliche Erträge,** die bei der Verwertung durch den Verwalter erzielt wurden,[316] im Wesentlichen die Erträge aus der Auflösung stiller Reserven. Sie begründen nach Auffassung des BFH unabhängig von einer Amtstätigkeit des Insolvenzverwalters grundsätzlich Masseverbindlichkeiten nach § 55 Abs. 1 Nr. 1.[317] Diese Auffassung ist – zu Recht – auf erhebliche Ablehnung gestoßen.[318] Richtigerweise ist der aus der Aufdeckung stiller Reserven resultierende Teil der Steuerforderung Insolvenzforderung. Das gilt sowohl für den Fall, dass Verlustvorträge aufgezehrt werden, als auch für den Fall, dass der Verwertungserlös nicht der Masse zugeführt werden kann, etwa weil er ganz oder teilweise einem dinglich Berechtigten zufließt.[319] Der Grund für die Einordnung als Insolvenzforderung liegt darin, dass diese Gewinne schon vor Verfahrenseröffnung vorhanden sind und daher auch diesem Zeitraum zugeordnet werden müssen.[320] Nach Verfahrenseröffnung geschaffene stille Reserven führen dagegen hinsichtlich der Einkommensteuer grundsätzlich zu Masseverbindlichkeiten im Sinne von § 55 Abs. 1 Nr. 1.[321]

bb) Körperschaftsteuer. Nach § 8 KStG finden auf die Körperschaftsteuer weitgehend die Vorschriften des Einkommensteuergesetzes über die Einkommensermittlung, Veranlagung und Entrichtung der Steuern Anwendung.[322] Gem. § 4 Abs. 2 GewStDV (1991) wird die Gewerbesteuerpflicht durch die Eröffnung des Insolvenzverfahrens über das Vermögen eines Unternehmens nicht berührt.[323] Entsprechend sind Körperschaftsteuerforderungen Insolvenzforderungen, sobald sie nach § 7 Abs. 3 Satz 2 KStG entstanden sind. Führt der Insolvenzverwalter ein Schuldnerunternehmen im Verfahren fort, so gilt ein einjähriger Steuerzeitraum. Für das Jahr, in dem das Insolvenzverfahren eröffnet wird, muss die Steuerschuld ebenfalls auf den vor und nach Eröffnung liegenden Zeitpunkt aufgeteilt werden.[324] Diese Quote ergibt sich ggf. aus einer Schätzung nach § 45. Für die Liquidation einer aufgelösten juristischen Person gilt § 11 Abs. 7 KStG, der unter anderem auf § 11 Abs. 4 KStG verweist, so dass die Besteuerung für den Liquidationszeitraum erfolgt, der jedoch drei Jahre nicht überschreiten soll (§ 11 Abs. 1 Satz 2 KStG).[325]

Die Forderungen aus der **Kapitalertragsteuerpflicht auf Zinsen** und zinsähnliche Erträge (§ 43 Abs. 1 Nr. 7 EStG), insbesondere auch auf Festgeldzinsen,[326] nach dem Zinsabschlagsgesetz, sind in der Regel keine Insolvenzforderungen, sondern werden als Masseverbindlichkeiten eingeordnet.[327]

---

[314] Vgl. *Jaeger/Henckel* § 38 RdNr. 136; *Onusseit* ZInsO 2003, 677; siehe ferner BFH ZIP 1994, 1286; *Uhlenbruck/Sinz* § 38 RdNr. 72; *Hundt-Eßwein* BB 1987, 1718, 1720; vgl. aber *Breutigam* in *Blersch/Goetsch/Haas* § 38 RdNr. 35; *Hess/Boochs/Weis*, Steuerrecht in der Insolvenz, RdNr. 527.

[315] Siehe auch *Kübler/Prütting/Holzer* § 38 RdNr. 41.

[316] Ausführlich *Uhlenbruck/Sinz* § 38 RdNr. 73; *Jaeger/Henckel* § 38 RdNr. 134 f.

[317] BFH ZIP 1984, 853. Vgl. auch BFH ZIP 1994, 1286, 1287, wo der BFH eine Aufteilung der Einkommensteuer zu Masse, Konkursforderungen und konkursfreies Vermögen nach dem Verhältnis der jeweiligen Teileinkünfte vorgenommen hat.

[318] Allg. zum Streit vgl. *Maus*, Steuerrechtliche Probleme im Insolvenzverfahren, 112 ff.; *Frotscher*, Steuern im Konkurs, 89 ff. und 142 ff.; *Gottwald/Frotscher*, Insolvenzrechts-Handbuch, § 122 RdNr. 26 ff.; *Uhlenbruck/Sinz* § 38 RdNr. 73; *Braun/Uhlenbruck*, Unternehmensinsolvenz, 141 f.; *Jaeger/Henckel* § 38 RdNr. 134; *Onusseit* ZIP 1986, 77, 81; *ders./Kunz*, Steuern in der Insolvenz, 152 ff. (RdNr. 556 ff.); *Nerlich/Römermann/Andres* § 38 RdNr. 16; *Breutigam* in *Bräutigam/Blersch/Goetsch* § 38 RdNr. 38 ff.; *Hess/Boochs/Weis*, Steuerrecht in der Insolvenz, RdNr. 561; vgl. auch FG Niedersachen FR 1993, 305.

[319] Vgl. *Jaeger/Henckel* § 38 RdNr. 134 und BFH DB 1978, 1249. Der BFH verneint in dieser Entscheidung jedenfalls den Rang einer Masseverbindlichkeit, wenn das Wirtschaftsgut nicht vom Verwalter, sondern vom dinglich Berechtigten verwertet wird. Vgl. ferner BFH NJW 1985, 511, 512.

[320] Anderer Ansicht allerdings BFH NJW 1985, 511, 512; vgl. auch *Kilger/K. Schmidt*, KO, § 3 Anm. 4 k und § 58, Anm. 3 h; *Hess/Boochs/Weis*, Steuerrecht in der Insolvenz, RdNr. 561 ff. – Masseverbindlichkeiten.

[321] Siehe *Braun/Uhlenbruck*, Unternehmensinsolvenz, 142 f.; *Frotscher*, Steuern im Konkurs, 142 f.; *Onusseit/Kunz*, Steuern in der Insolvenz, 165.

[322] *Uhlenbruck/Sinz* § 38 RdNr. 75.

[323] *Jaeger/Henckel* § 38 RdNr. 145.

[324] Siehe BFH ZIP 1994, 1286; *Uhlenbruck/Sinz* § 38 RdNr. 73; *Kilger/K. Schmidt*, KO, § 3 Anm. 4 k; *Mohrbutter/Mohrbutter/Vortmann* XIV RdNr. 111 und 134; *Jaeger/Henckel* § 38 RdNr. 135; *Breutigam* in *Blersch/Goetsch/Haas* § 38 RdNr. 47; *Kübler/Prütting/Holzer* § 38 RdNr. 41.

[325] Vgl. *Gottwald/Frotscher*, Insolvenzrechts-Handbuch, § 96 RdNr. 6; BFH BStBl 1974 II, 692; *Breutigam* in *Blersch/Goetsch/Haas* § 38 RdNr. 47 f.; *Pelka/Niemann*, Praxis der Rechnungslegung, RdNr. 340 ff.

[326] Dazu *Welzel* DStZ 1993, 197; *Ley/Schöne* DB 1993, 1405; *Onusseit/Kunz*, Steuern in der Insolvenz, 179 ff.

[327] *Braun/Uhlenbruck*, Unternehmensinsolvenz, 144; vgl. auch *Maus*, Steuerrechtliche Probleme im Insolvenzverfahren, 115.

84 cc) Gewerbesteuer. Gem. § 4 Abs. 2 GewStDV berührt die Eröffnung des Insolvenzverfahrens über das Vermögen eines Einzelunternehmers, einer Personen- oder Kapitalgesellschaft die Gewerbesteuerpflicht nicht. Bei Einzelgewerbetreibenden und Personengesellschaften endet die Pflicht zur Zahlung von Gewerbesteuern, wenn die werbende Tätigkeit eingestellt wird. Bei Kapitalgesellschaften endet sie erst mit der Einstellung jeglicher Tätigkeit.[328] Forderungen auf Gewerbesteuer sind Insolvenzforderungen, wenn es sich um Beträge handelt, die der Gewerbetreibende vor Verfahrenseröffnung erzielt hat, und die, soweit sie nicht festgesetzt wurden, als betagte Forderung mit dem abgezinsten Betrag oder als aufschiebend bedingte Forderung ohne Vorrecht geltend zu machen sind. Demgegenüber zählen **nach Verfahrenseröffnung begründete Gewerbesteuern** zu den Massekosten.[329]

85 dd) Grund- und Grunderwerbsteuer. Kraftfahrzeugsteuer. Die Grundsteuer wird nach den Verhältnissen zu Beginn des Kalenderjahres festgesetzt und begründet (vgl. § 9 GrStG). Der Zeitpunkt, zu dem die Steuerforderung insolvenzrechtlich begründet ist, ist nicht identisch mit der steuerrechtlichen Begründetheit. Damit handelt es sich bei Forderungen aus der Grundsteuer um Insolvenzforderungen für die Zeit bis zur Eröffnung des Insolvenzverfahrens. Danach sind es Masseforderungen.[330]

Grunderwerbsteuer fällt an, wenn der Insolvenzverwalter Grundstücke des Schuldners veräußert. Wählt der Verwalter nach § 103 Abs. 1 Erfüllung eines vom Schuldner vor Verfahrenseröffnung abgeschlossenen Grundstückskaufvertrages, so ist der dadurch entstehende Grunderwerbsteueranspruch eine Insolvenzforderung.[331]

Die Kraftfahrzeugsteuer ist gem. § 11 Abs. 1 KraftStG grundsätzlich eine Jahressteuer. Bei ihr ist zu differenzieren. Für die Zeit vor Eröffnung des Insolvenzverfahrens ist sie eine Insolvenzforderung,[332] soweit nicht § 55 Abs. 2 S. 2 eingreift.[333] Nach Verfahrenseröffnung ist sie Masseverbindlichkeit (§ 55 Abs. 1 Nr. 1).

86 ee) Vermögensteuer. Die Eröffnung eines Insolvenzverfahrens berührt die Vermögensteuer nicht. Die Vermögensteuer wird nach § 5 Abs. 2 VStG jeweils für das Kalenderjahr festgesetzt. Für das Jahr, in dem das Verfahren eröffnet wird, findet eine zeitanteilige Aufteilung statt. Die Vermögensteuerforderung, die ihren Rechtsgrund vor Verfahrenseröffnung hat, ist eine Insolvenzforderung.[334]

87 ff) Umsatzsteuer. Forderungen nach dem UStG sind Insolvenzforderungen, wenn sie einerseits Umsätze betreffen, bei denen im Falle der Besteuerung nach vereinnahmten Entgelten (Istversteuerung) die Entgelte auch tatsächlich bereits vereinnahmt worden sind, und andererseits Umsätze betreffen, wo bei der Besteuerung von vereinbarten Entgelten (Sollversteuerung) die Leistungen schon ausgeführt worden sind.[335] Das gilt auch dann, wenn die Steuerforderungen wegen §§ 13 Abs. 1, 3, 21 Abs. 2 UStG noch nicht entstanden sind.[336] Der Rechtsgrund liegt allein in der

---

[328] Siehe *Breutigam* in *Blersch/Goetsch/Haas* § 38 RdNr. 50 ff.; *Hess/Boochs/Weis*, Steuerrecht in der Insolvenz, RdNr. 638 ff.; *Gottwald/Frotscher*, Insolvenzrechts-Handbuch, § 125 RdNr. 1 ff. Eingehend zu steuerrechtlichen Problemen bei der Fortführung von Unternehmen *Onusseit* KTS 2004, 537 ff.

[329] *Jaeger/Henckel* § 38 RdNr. 145; *Uhlenbruck/Sinz* § 38 RdNr. 91; *Braun/Uhlenbruck*, Unternehmensinsolvenz, 146; *Hess* § 38 RdNr. 130; *Breutigam* in *Blersch/Goetsch/Haas* § 38 RdNr. 50 ff.; *Gottwald/Frotscher*, Insolvenzrechts-Handbuch, § 125, RdNr. 7.

[330] So ausdrücklich *Jaeger/Henckel* § 38 RdNr. 147; vgl. zudem, z. T. nicht differenzierend VG Schleswig KTS 1985, 752; *Maus*, Steuerrechtliche Probleme im Insolvenzverfahren 137; *Hess/Boochs/Weis*, Steuerrecht in der Insolvenz, RdNr. 456; *Breutigam* in *Blersch/Goetsch/Haas* § 38 RdNr. 54; *Braun/Uhlenbruck*, Unternehmensinsolvenz, 145; HambKomm-*Lüdtke* § 38 RdNr. 56.

[331] *Gottwald/Frotscher*, Insolvenzrechts-Handbuch, § 125 RdNr. 8.

[332] BFH ZInsO 2005, 495; siehe auch *Graf-Schlicker/Kalkmann* § 38 RdNr. 19; HambKomm-*Lüdtke* § 38 RdNr. 57.

[333] *Jaeger/Henckel* § 38 RdNr. 147; *Uhlenbruck/Sinz* § 38 RdNr. 93; HK-*Eickmann* § 38 RdNr. 22; *Wohlers* ZInsO 2002, 1074.

[334] *Braun/Uhlenbruck*, Unternehmensinsolvenz, 148 f.; *Hess/Boochs/Weis*, Steuerrecht in der Insolvenz, RdNr. 652.

[335] Zur Bedeutung der Umsatzsteuer im Rahmen der Verwertung der Insolvenzmasse siehe ausführlich *Maus*, Steuerrechtliche Probleme im Insolvenzverfahren, 66 ff.; *Hess/Boochs/Weis*, Steuerrecht in der Insolvenz, RdNr. 685 ff.; *Breutigam* in *Blersch/Goetsch/Haas* § 38 RdNr. 55 ff.; *Hess* § 38 RdNr. 132 ff.; *Onusseit/Kunz*, Steuern in der Insolvenz, 95 ff.; *Frotscher*, Steuern im Konkurs, 201 ff.

[336] BGHZ 19, 163, 167 f.; BFH NJW 1956, 1175; *Frotscher*, Steuern im Konkurs, 187 ff.; *Jaeger/Henckel* § 38 RdNr. 146; *Kilger/K. Schmidt*, KO, § 3 Anm. 4 k; *Kuhn/Uhlenbruck*, KO, § 3 RdNr. 34; HK-InsO/*Eickmann* § 38 RdNr. 22; *Kübler/Prütting/Bork/Holzer* § 38 RdNr. 38.

Bewirkung des umsatzsteuerpflichtigen Vorgangs im Sinne des § 1 UStG. Die Umsatzsteuerschuld berechnet sich dabei auf der Basis des Vertragspreises nach dem hergestellten Teil des Werkes.[337]

Für den Fall, dass das **Entgelt vor Verfahrenseröffnung** vom Insolvenzschuldner **vereinnahmt** und die **Lieferung (Leistung)** erst **nach Verfahrenseröffnung** vom Insolvenzverwalter **bewirkt** wird, ist umstritten, ob die daraus resultierende Umsatzsteuerforderung Insolvenzforderung ist oder zu den Masseverbindlichkeiten gehört.[338] Zu beachten ist insoweit zunächst, dass die Verfahrenseröffnung auf die umsatzsteuerliche Unternehmenseigenschaft des Schuldners keinen Einfluss hat. Es kommt also zu keiner Trennung der Insolvenzmasse und des insolvenzfreien Vermögens des Schuldners.[339] Der Verwalter handelt deshalb nur als Verfügungsberechtigter über fremdes Vermögen; die Umsätze sind dem Schuldner zuzurechnen.[340] Zudem ist die nach steuerrechtlichen Gesichtspunkten zu beurteilende Frage des Entstehens der Steuerforderung (§ 13 UStG) und die insolvenzrechtliche Frage des Begründetseins einer Insolvenzforderung im Sinne des § 38 klar voneinander zu trennen.[341] Da der BFH für das Vorliegen einer Insolvenzforderung verlangt, dass der Tatbestand, aus dem sich der Anspruch ergibt, vollständig verwirklicht, also abgeschlossen, ist,[342] handelt es sich auch nur dann um eine Insolvenzforderung, wenn der Insolvenzverwalter Erfüllung wählt.[343]

88

Verwertungshandlungen des vorläufigen Insolvenzverwalters führen grundsätzlich nur zu Umsatzsteueransprüchen, die Insolvenzforderungen sind. Etwas anderes gilt nur dann, wenn das Insolvenzgericht ein allgemeines Verfügungsverbot angeordnet hat und der vorläufige Verwalter ausnahmsweise (zB wegen Verderblichkeit der Waren) Verfügungshandlungen vornimmt.[344] Verwertungshandlungen von Sicherungsnehmern im Vorverfahren führen dazu, dass die beim Schuldner anfallende Umsatzsteuer nur eine Insolvenzforderung ist.[345]

88a

Ebenso ist die **Umsatzsteuer auf Vorauszahlungen** eine Insolvenzforderung. Der Vorauszahlung liegt nämlich regelmäßig ein abgeschlossener, wirksamer Vertrag zugrunde, so dass die eigentliche Forderung vor Verfahrenseröffnung begründet ist, auch wenn die Leistung erst während des Insolvenzverfahrens bewirkt wird.[346] Die Umsatzsteuerforderung bei Abschlagszahlungen auf Teilleistungen mit Zahlungszufluss entsteht allerdings nur nach den in § 13 Abs. 1 Nr. 1 UStG geregelten Voraussetzungen.

89

Ein Sonderfall besteht allerdings insoweit, als sich der maßgebliche Zeitpunkt bei der Umsatzsteuer vorverlagern kann, wenn der Insolvenzschuldner als Spediteur gem. § 12 Satz 3 ZollG zum Sammelzollverfahren zugelassen wurde und er die Einfuhrumsatzsteuer auch für die von ihm vertretenen Importeure zu entrichten hatte. Hier ist die Steuerschuld Insolvenzforderung.[347]

90

Der Vorsteuerrückforderungsanspruch gemäß § 17 UStG ist eine Insolvenzforderung, wenn die materiell-rechtliche Voraussetzung der Uneinbringlichkeit der gegen den Insolvenzschuldner gerichteten geschäftlichen Forderung spätestens im Zeitpunkt der Verfahrenseröffnung gegeben war.[348] Gemäß § 17 Abs. 1 Satz 1 Nr. 2 in Verbindung mit § 17 Abs. 2 Nr. 1 UStG hat der Unternehmer, an den ein steuerpflichtiger Umsatz im Sinne des § 1 Abs. 1 Nr. 1 UStG ausgeführt worden ist, den dafür in Anspruch genommenen Vorsteuerabzug zu berichtigen, wenn das vereinbarte Entgelt für die steuerpflichtigen Leistungen und Lieferungen uneinbringlich geworden ist. Der Anspruch der

91

---

[337] Vgl. *Frotscher*, Steuern im Konkurs, 225 ff.
[338] Vgl. *Uhlenbruck/Sinz* § 38 RdNr. 79; *Rau/Dürrwächter/Geist* § 18 UStG RdNr. 296; *Onusseit/Kunz*, Steuern in der Insolvenz, 91 ff.; siehe aber auch; *Frotscher*, Steuern im Konkurs, 207; *Hübschmann/Hepp/Spitaler/Beermann* § 251 RdNr. 165.
[339] *Kübler/Prütting/Bork/Holzer* § 38 RdNr. 37; *Schnabel*, Steuern im Konkurs, 42.
[340] Vgl. dazu *Schnabel*, Steuern im Konkurs, 42 ff.
[341] Siehe BGH ZIP 1987, 119, 120; *Uhlenbruck/Sinz* § 38 RdNr. 78; vgl. zur KO: *Kilger/K. Schmidt*, KO, § 3 Anm. 4 k.
[342] BFH ZIP 1983, 1120; BFH ZIP 1987, 1134, 1136; vgl. auch BFH ZIP 1994, 1705, 1706 f., wonach in dem Fall, dass der sicherungsgebende Schuldner bereits vor Verfahrenseröffnung das Sicherungsgut unter Verzicht auf sein Auslöserecht an den Gläubiger freigegeben hat, noch keine Lieferung des Sicherungsguts zu sehen sei.
[343] Vgl. FG Schleswig-Holstein v. 2.9.2010 Az: 4 K 115/06; *Kilger/K. Schmidt* § 3 KO Anm. 4 k; im Ergebnis wohl ähnlich *Römermann/Nerlich/Andres* § 38 RdNr. 18; kritisch aber *Frotscher*, Steuern im Konkurs, 188; *Großmann* DStR 1989, 22; vgl. ferner *Maus/Uhlenbruck* DB 1988, 793 ff.
[344] Siehe *Onusseit*, Kölner Schrift, 2. Aufl., S. 1779 (RdNr. 44); *Frotscher*, Steuern im Konkurs, 270; *Uhlenbruck/Sinz* § 38 RdNr. 88.
[345] *Onusseit*, Kölner Schrift, 2. Aufl., S. 1779 (RdNr. 45).
[346] *Kuhn/Uhlenbruck*, KO, § 3 RdNr. 34 f.; *Onusseit*, Umsatzsteuer im Konkurs, 91; siehe auch *Frotscher*, Steuern im Konkurs, 207.
[347] BFH ZIP 1994, 1194; *Hess* § 38 RdNr. 136.
[348] BFH ZIP 1994, 2893; BFHE 148, 346; BFHE 150, 221; vgl. *Uhlenbruck/Sinz* § 38 RdNr. 85; *Nerlich/Römermann/Andres* § 38 RdNr. 19; *Frotscher*, Steuern im Konkurs, 189 ff.

Finanzbehörde aus der Rückgängigmachung des Vorsteuerabzugs entsteht mit dem Ablauf des Vormeldungszeitraums, in dem die Forderung uneinbringlich wird (§§ 17 Abs. 1 Satz 2, 13 Abs. 1 Nr. 1 UStG). Fällt der Entstehungszeitpunkt mit der Eröffnung des Verfahrens zusammen, so ist der Anspruch auf Vorsteuerrückforderung eine Insolvenzforderung, weil die Forderung erst mit Ablauf des Voranmeldezeitraums entsteht, also regelmäßig mit dem Ablauf des Kalendermonats der Verfahrenseröffnung.[349]

92   Fraglich ist indes, ob der Vorsteueranspruch aus bei der Eröffnung des Verfahrens noch **nicht vollständig abgewickelten Verträgen** in voller Höhe oder nur in Höhe des endgültigen Ausfalls des Lieferanten besteht.[350] Dasselbe Problem besteht auch, wenn der Insolvenzverwalter Eigentumsvorbehaltsware an den Lieferanten zurückgibt, unabhängig davon, ob er den Lieferanten zur Abholung auffordert, ob der Lieferant die Ware zurückverlangt oder wenn sich die für die Vorsteuer maßgeblichen Verhältnisse nach Eröffnung des Verfahrens geändert haben.[351] Wenn man davon ausgeht, dass Ansprüche auf Vorsteuerrückforderung auch dann vorliegen, wenn sich erst im Zeitraum nach der Verfahrenseröffnung ergibt, dass die bereits vom Schuldner vereinnahmte Vorsteuer zurückzuerstatten ist,[352] dann kann es sich nicht um eine Masseverbindlichkeit handeln, soweit der Anknüpfungszeitpunkt für den Vorsteuerabzug vor Eröffnung des Verfahrens lag. Hier und nicht erst bei der Änderung der Umstände (nach Verfahrenseröffnung) liegt der Grund für die spätere Rückforderung. Der Eintritt der Rückforderungsgründe realisiert lediglich den bereits in dem Vorsteuerabzugsrecht begründeten Anspruch auf Rückforderung bei Wegfall der Voraussetzungen.[353] Etwas anderes kann vor dem Hintergrund dieser Erwägungen auch nicht für den Vorsteuerberichtigungsanspruch gelten, der dadurch entsteht, dass ein Kfz-Leasingvertrag nach § 109 gekündigt wird und die vom Schuldner geleistete Leasingsonderzahlung zum Teil an den Insolvenzverwalter zurückgezahlt wird.[354] Es kommt auch hier darauf an, dass der Zeitpunkt, an dem der nun zurückzufordernde Vorsteuerabzug anknüpft, – nämlich Abschluss des Leasingvertrages – vor der Verfahrenseröffnung liegt.

93   Beruht der Rückforderungsanspruch indessen auf einer erst nach Verfahrenseröffnung vorgenommenen Rechnungsbereinigung, so geht der BFH davon aus, dass es sich um Masseverbindlichkeiten handelt.[355] Ebenso soll es sich bei der Rückforderung der Vorsteuerbeträge nach Auffassung des BFH um Masseverbindlichkeiten handeln, wenn ein Wirtschaftsgut, welches ursprünglich dafür bestimmt war für umsatzsteuerliche Umsätze zu dienen, in seiner Bestimmung so geändert wird, dass es mit umsatzsteuerfreien Umsätzen zusammenhängt, so dass nach § 15 Abs. 2 UStG nunmehr der Vorsteuerabzug ausgeschlossen ist.[356] In beiden Fällen spricht jedoch wiederum dagegen, dass der insoweit rückgängig zu machende Vorsteuerabzug an den Erwerb des Wirtschaftsgutes, also an einen Vorgang vor Verfahrenseröffnung, anknüpft und daher der Rückforderungsanspruch nur eine Insolvenzforderung sein kann.[357] Auch dieser Anspruch entsteht mit Ablauf des Vormeldungszeitraums, in den die Änderung der Bestimmung fällt, die zum Ausschluss des Vorsteuerabzugs führt.[358]

94   gg) **Lohnsteuer.** Wird über einen Arbeitgeber das Insolvenzverfahren eröffnet, so sind Lohnsteuerforderungen Insolvenzforderungen, soweit der Bruttolohnanspruch vor Verfahrenseröffnung begründet worden ist (vgl. §§ 38 Abs. 2, 41 a Abs. 1 Satz 1 EStG). Dabei kommt es nicht darauf an, ob der Lohnanspruch des Arbeitnehmers völlig, teilweise oder überhaupt nicht erfüllt ist. Der Lohnhaftungsanspruch des Finanzamtes aus § 42 d EStG ist auch dann Insolvenzforderung, wenn die Zahlung nach § 41 a EStG noch nicht fällig war.[359]

94a   6. **Ansprüche aus Abgabeschuldverhältnissen.** Ansprüche aus einem verwaltungsrechtlichen Abgabeschuldverhältnis (zB Straßenausbaubeiträge) sind erst dann „begründet", wenn die Beitrags-

---

[349] Siehe *Uhlenbruck/Sinz* § 38 RdNr. 85; *Hundt-Eßwein* DB 1987, 763; BFH ZIP 1987, 584; BFH ZIP 1987, 1130.
[350] Siehe BFH ZIP 1987, 119, 120 (dazu *Weiß* EWiR 1987, 177); BFH ZIP 1986, 317, 318 (dazu *Frotscher* EWiR 1987, 383); *Kübler/Prütting/Holzer* § 38 RdNr. 39; *Smid/Leonhardt* in *Leonhardt/Smid/Zeuner* § 38 RdNr. 20; *Frotscher*, Steuern im Konkurs, 205; *Gottwald/Frotscher*, Insolvenzrechts-Handbuch, § 124 RdNr. 16.
[351] *Kilger/K. Schmidt*, KO, § 3 Anm. 4 k; *Gottwald/Frotscher*, Insolvenzrechts-Handbuch, § 124 RdNr. 16, jeweils mwN.
[352] *Gottwald/Frotscher*, Insolvenzrechts-Handbuch, § 124 RdNr. 16; *Nerlich/Römermann/Andres* § 38 RdNr. 19.
[353] Für Insolvenzforderung offensichtlich *Nerlich/Römermann/Andres* § 38 RdNr. 20.
[354] Siehe aber BFH DStR 1995, 1674; *Hess* § 38 RdNr. 133.
[355] BFH ZIP 1995, 228.
[356] BFH BStBl 1987 II, 527.
[357] Siehe *Gottwald/Frotscher*, Insolvenzrechts-Handbuch, § 124 RdNr. 20; *Frotscher*, Steuern im Konkurs, 137 f.; *Hübschmann/Hepp/Spitaler* § 251 AO Anm. 171 a.
[358] Näher *Gottwald/Frotscher*, Insolvenzrechts-Handbuch, § 124 RdNr. 20.
[359] Vgl. dazu u. a. BFH BB 1975, 1047, 1048; *Nerlich/Römermann/Andres* § 38 RdNr. 17; *Uhlenbruck/Sinz* § 38 RdNr. 76; *Jaeger/Henckel* § 38 RdNr. 137; HambKomm-*Lüdtke* § 38 RdNr. 55; *Gottwald/Frotscher*, Insolvenzrechts-Handbuch, § 123 RdNr. 18; *Maus*, Steuerrechtliche Probleme im Insolvenzverfahren, RdNr.122.

pflicht entstanden ist. Einzelheiten entscheidet die jeweilige bundes- oder landesrechtliche Ermächtigungsgrundlage für die Erhebung eines Beitrages. Insbesondere entscheidet sie, ob die persönliche Beitragspflicht zugleich mit der sachlichen Beitragspflicht oder im Zeitpunkt der Bekanntgabe des Beitragsbescheides ergeht. Ist die persönliche Beitragspflicht vor Eröffnung des Insolvenzverfahrens entstanden, so ist diese Forderung eine Insolvenzforderung. Ohne das Vorliegen einer wirksamen Beitragssatzung kann jedoch keine wirksame Beitragspflicht entstehen.[360]

7. Ansprüche auf Rückforderung staatlicher Beihilfe. Rückforderungen von Investitionszulagen, die nach dem InvZulG gewährt wurden, oder anderer staatlicher Beihilfen sind Insolvenzforderungen,[361] und zwar selbst dann, wenn die Rückforderung aufschiebend bedingt ist.[362] Selbst wenn es sich um Gesellschafterdarlehen handelt, bei denen der Tatbestand des § 39 Abs. 1 Nr. 5 erfüllt ist, liegt eine Insolvenzforderung vor.[363] Sind die Beihilfen an ein Unternehmen gewährt worden, dessen Gesellschafter der Staat oder die beihilfegewährende Stelle ist, kommt die Stellung als nachrangiger Insolvenzgläubiger nach § 39 Abs. 1 Nr. 5 in Betracht.[364] Besondere Relevanz hat die Frage der Rückforderung von staatlichen Beihilfen im EG-rechtlichen Kontext gewonnen.[365] Da die Rückforderung EG-rechtswidriger staatlicher Beihilfen als Maßnahme zur Wiederherstellung der durch die Beihilfengewähr initiierte Wettbewerbsverzerrung angesehen wird, ist erwogen worden, im Hinblick auf den effet-utile-Grundsatz derartige Rückgewähransprüche bevorrechtigt vor den anderen Insolvenzforderungen zu befriedigen oder eine Sondermasse zur Befriedigung dieser Forderungen zu bilden. Dies ist jedoch mit dem System des deutschen Insolvenzrechts nicht vereinbar, insbesondere weil der Gesetzgeber das System der bevorrechtigten Forderungen mit Einführung der Insolvenzordnung grundsätzlich abgeschafft hat. Vielmehr gelten auch insoweit die allgemeinen Regeln.[366]

8. Weitere Ansprüche. a) Handelsvertreterrecht. Ausgleichsansprüche eines Handelsvertreters nach § 89 b HGB sind Insolvenzforderungen, wenn der Insolvenzverwalter den Betrieb des Schuldners fortführt und im Wege übertragener Sanierung den Betrieb mitsamt dem Recht zur Firmenfortführung und dem Vertriebsnetz veräußert. In diesem Fall ist davon auszugehen, dass im Preis der Kundenstamm abgegolten wird; der Verwalter kann sich insoweit nach Treu und Glauben nicht auf den Ablauf der Jahresfrist nach § 89 b Abs. 4 HGB berufen.[367]

Ansprüche des Handelsvertreters auf Provision sind Insolvenzforderungen, wenn die Abrechnung vor Eröffnung des Verfahrens Voraussetzung der Bezifferung der Forderung ist.[368]

b) Wechselrecht. Wechselansprüche und Ansprüche aus Inhaberschuldverschreibungen, die vor Verfahrenseröffnung entstanden sind, sind Insolvenzforderungen. Das gilt auch, wenn der Insolvenzschuldner vor Verfahrenseröffnung ein Wechselblankett ausgegeben hat und der Ausfüllungsberechtigte dieses Blankett nach Verfahrenseröffnung ausfüllt.[369] Der Grund liegt darin, dass der Blankettnehmer bereits mit dem Blankett eine vermögenswerte, übertragene Vermögensposition erlangt, die zu dem für seine (eigenen) Schulden haftenden Vermögen gehört.[370] Besteht eine Wechselforderung, die der Schuldner nur erfüllungshalber (§ 364 Abs. 2 BGB) eingegangen ist, wie zB die Begebung eines Wechselakzepts für eine Kaufpreisschuld, so dürfen im Verfahren nicht beide Ansprüche geltend gemacht werden. Das ergibt sich unmittelbar daraus, dass die Insolvenzmasse in dem Fall, wo eine Haftung aus zwei Rechtsgründen besteht, nur einem Anspruch haftungsrechtlich zugewiesen sein kann.[371]

---

[360] VGH München 25.10.07 – 23 ZB 07.1941, BayVBl 2008, 244; OVG Weimar, 27.09.06 – 4 EO 1283/04, ZIP 2007, 880; VG Dresden 29.08.08 – 2 K 2574/06, nv; *Uhlenbruck/Sinz*, § 38, RdNr. 28.
[361] *Jaeger/Henckel* § 38 RdNr. 148.
[362] *Breutigam* in *Blersch/Goetsch/Haas* § 38 RdNr. 24; *Hess* § 38 RdNr. 91 f.; BFH NJW 1978, 559.
[363] BGH 05.07. – IX ZR 221/05, NZI 2007, 647, Rn. 29; *Uhlenbruck/Sinz*, § 38, RdNr. 55; *Braun/Bäuerle* § 38 RdNr. 11; vgl. auch BVerfGE 85, 191, 204.
[364] Vgl. *Ehricke* ZIP 2000, 1656, 1660; *ders.* RWS-Forum 24, 117 ff.; *Verse/Wurmnest* ZHR 167 (2003), 403; *Smid*, FS Uhlenbruck, 405, 418; *Jaeger/Henckel* § 38 RdNr. 148; im Einzelnen vgl. auch unten § 39 RdNr. 35 ff.
[365] Zu diesem Problemkomplex siehe *Koenig* BB 2000, 573; *ders.* EuZW 2001, 37; *Smid*, FS Uhlenbruck, 405; *Ehricke* ZIP 2000, 1656; *Rapp/Bauer* KTS 2001, 1; *Geuting/Michels* ZIP 2004, 12.
[366] Siehe dazu *Smid*, Festschrift für Uhlenbruck, 405, 415 ff., insbes. 418 f.; *Ehricke* ZIP 2000, 1656, 1660.
[367] OLG Karlsruhe ZIP 1985, 235 (dazu *Henckel* EWiR 1985, 409); *Smid/Leonhardt* in *Leonhardt/Smid/Zeuner* § 38 RdNr. 20; *Nerlich/Römermann/Andres* § 38 RdNr. 25.
[368] *Smid/Leonhardt* in *Leonhardt/Smid/Zeuner* § 38 RdNr. 20; vgl. OLG Neustadt NJW 1965, 257.
[369] Vgl. RGZ 11, 5, 8; RGZ 58, 169, 172; BGHZ 54, 1, 5; *Jaeger/Henckel* § 38 RdNr. 125; *Kuhn/Uhlenbruck*, KO, § 3 RdNr. 30; *Baumbach/Hefermehl* Art. 10 WG RdNr. 10; *Hueck/Canaris*, Recht der Wertpapiere, § 10 II 2 c.
[370] Vgl. *Jaeger/Henckel* § 38 RdNr. 90; *Hess* § 38 RdNr. 108.
[371] Vgl. *Kübler/Prütting/Bork/Holzer* § 38 RdNr. 29; *Jaeger/Henckel* § 38 RdNr. 80.

98a Besteht für die Kausalforderung ein Pfandrecht an einem Gegenstand der Insolvenzmasse, so geht dieses Pfandrecht nicht unter; allerdings kann der Insolvenzgläubiger wegen der Wechselforderung eine Befriedigung aus der Masse auf Grund von § 52 nur für den Betrag verlangen, mit dem er bei der abgesonderten Befriedigung ausfällt.[372] § 52 greift auch dort ein, wo der Indossatar an dem Verfahren teilnimmt und für die Kausalforderung ein sicherndes Pfandrecht besteht. Der Indossatar erlangt insoweit auch nur für den Betrag Befriedigung aus der Insolvenzmasse, mit dem der Pfandrechtsinhaber, also der Indossant, bei der abgesonderten Befriedigung ausfällt. Diese Beschränkung hat den Grund zu vermeiden, dass es sich im Interesse der Insolvenzgläubiger nicht nachteilig auswirken darf, dass Inhaber der Kausalforderung und der Wechselforderung auseinanderfallen. Das Interesse des Indossatars an der Erfüllung der Verbindlichkeit ist dabei hinreichend geschützt, weil er Rückgriff beim Altgläubiger nehmen kann.[373]

99 Kommt es nach Verfahrenseröffnung zu der Übertragung des Wechsels und stand dem Indossanten eine persönliche Einrede entgegen, so hat dennoch der Indossatar eine Insolvenzforderung.[374]

Akzepte eines Dritten, die der spätere Insolvenzschuldner seiner Bank zur Einziehung übergeben hat, kann die Bank als Insolvenzforderung geltend machen, wenn sie die Bank sichern sollten, jedoch nicht, wenn ein reiner Einziehungsauftrag vorliegt.[375]

100 **c) Bankrecht. aa) Überweisung.**[376] Wenn das Insolvenzverfahren über die Empfängerbank eröffnet wird, ist bei der Einordnung von Banküberweisungen als Insolvenzforderungen wie folgt zu differenzieren: Noch keine Insolvenzforderung liegt vor, wenn im Giroverkehr der Überweisende eine Überweisung in Auftrag gibt. Da durch den Überweisungsvertrag (§ 676 a BGB) kein Vertrag zugunsten Dritter zustande kommt,[377] entsteht mit dessen Erteilung noch kein Anspruch des Empfängers gegen seine Bank. Eine Insolvenzforderung entsteht aber, wenn der Betrag auf dem Konto des Empfängers gutgeschrieben wird, weil zu diesem Zeitpunkt der Anspruch des Empfängers gegen die Bank entsteht.[378] Dabei ist es wiederum unerheblich, ob die betreffende Gutschrift vor oder nach dem Zeitpunkt der Verfahrenseröffnung erteilt wurde, soweit jedenfalls die Bank Deckung vor Verfahrenseröffnung erlangt hat.[379] Im Überweisungsverhältnis von Bank zu Bank ist Deckung in dem Moment gegeben, wenn die Empfängerbank den entsprechenden Betrag im Abrechnungs- oder Kontokorrentverkehr gutgeschrieben erhält. Bei einer Überweisung von Filiale zu Filiale derselben Bank ist die Deckung bereits mit der Belastung des Kontos des Überweisenden gegeben.[380]

101 Der Anspruch des Empfängers, der bei der Empfängerbank ein Konto unterhält,[381] auf die Gutschrift (Geschäftsbesorgungsvertrag, §§ 675, 667 BGB) ist jedoch auflösend bedingt[382] und kann daher gem. § 42 nur als bedingte Insolvenzforderung angemeldet werden.[383] Wird der Überweisungsauftrag vor der Gutschrift auf dem Empfängerkonto gegenüber der Empfängerbank widerrufen und erlangt die vorgeschaltete Bank keine volle Deckung bei einem Insolvenzverfahren über die Empfängerbank, weil sie dieser gegenüber ein Aktiv-Saldo hat, so kann die vorgeschaltete Bank den Schaden, welchen sie dadurch erleidet, nach § 670 BGB auf ihren Bankkunden – den Auftraggeber –

---

[372] *Jaeger/Henckel* § 38 RdNr. 80.
[373] Vgl. zu alledem *Jaeger/Henckel* § 38 RdNr. 80; vgl. auch RGZ 85, 53 ff.
[374] RGZ 84, 121; vgl. auch RGZ 112, 202; *Kuhn/Uhlenbruck,* KO, § 3 RdNr. 30.
[375] *Kuhn/Uhlenbruck,* KO, § 3 RdNr. 30.
[376] Zu Einzelheiten siehe u. a. *Canaris* in *Staub,* HGB, Bankvertragsrecht, 1. Teil., 10. Lieferung der 4. Aufl., 1988, RdNr. 300 ff.; *Oechsler,* Handbuch Bankrecht, 2004, § 37; *Schimansky,* Das neue Überweisungsrecht im Bankrecht, 2000; *ders.,* Bankrechts-Handbuch, 2. Aufl., §§ 48 ff.; *van Look* WM Sonderbeilage 1/2000, 50; *Hess* § 38 RdNr. 109 ff.
[377] Ständige Rechtsprechung, siehe nur BGHZ 26, 167, 179; BGH BB 1960, 343; BGH WM 1961, 797; ferner vgl. *Canaris,* Bankvertragsrecht, RdNr. 398; *Oechsler,* Handbuch Bankrecht, § 37 RdNr. 2; *Schönle,* Bank- und Börsenrecht, § 31 I 2; *Meyer-Cording,* Das Recht der Banküberweisung, 13 f.; *Hess* § 38 RdNr. 109; anders nur die frühere Rechtsprechung des Reichsgerichts, wie zB RGZ 84, 349, 354; RGZ 91, 116, 119; RGZ 134, 73, 76.
[378] BGHZ 26, 167, 171; BGH WM 1971, 110, 111; *Canaris,* Bankvertragsrecht, RdNr. 419 ff.; *Schönle* § 31 III 3 c2; *Schefold* in *Schimansky/Bunte/Lwowski,* Bankrechts-Handbuch, Band II, § 115 RdNr. 412; *Hess* § 38 RdNr. 110; *Jaeger/Henckel* § 38 RdNr. 93.
[379] Siehe *Kuhn/Uhlenbruck,* KO, § 3 RdNr. 39; *Jaeger/Henckel,* KO, § 3 RdNr. 42.
[380] Vgl. BGHZ 2, 218; BGHZ 10, 319.
[381] Zu den Problemen, die sich stellen, wenn der Empfänger bei der Empfängerbank kein Konto unterhält und die Gutschrift auf dem „Konto pro diverse" erfolgt, siehe *Jaeger/Henckel* § 3 RdNr. 42; *Kuhn/Uhlenbruck,* KO, § 3 RdNr. 39 mwN.
[382] BGHZ 6, 121, 124; BGH WM 1971, 110, 111: Grund für die auflösende Bedingung liegt darin, dass der Auftraggeber und alle Zwischenbanken berechtigt sind, den Überweisungsauftrag bis zum Zeitpunkt des Vollzugs der Gutschrift zu widerrufen.
[383] Siehe *Jaeger/Henckel,* KO, § 3 RdNr. 42; *Kuhn/Uhlenbruck,* KO, § 3 RdNr. 39; *Hess* § 38 RdNr. 111.

Begriff der Insolvenzgläubiger   102–107   § 38

abwälzen. Dieser erhält dann nach erfolgtem Widerruf nur eine Gutschrift in Höhe der Quote, welche die Zwischenbank erlangt hat, es sei denn die Ausführung des Überweisungsauftrags stellt sich als eine Sorgfaltspflichtverletzung der Bank des Auftraggebers heraus.[384]

bb) Lastschriftverkehr[385] . Im Lastschriftverkehr erfolgt die Gutschrift für den Empfänger meist vor Eingang der Lastschriftbeträge und dann unter Vorbehalt des Eingangs, so dass der Anspruch aus der Gutschrift aufschiebend bedingt ist durch die Einlösung der Lastschrift seiner Bank bei der Bank des Zahlungspflichtigen.[386] Daraus folgt, dass bei Insolvenz der Empfängerbank der Empfänger seine Insolvenzforderung als bedingte Forderung anmelden kann, soweit die Gutschrift vor Verfahrenseröffnung erfolgt ist. Denn als bedingte Forderung ist sie schon mit der Gutschrift entstanden. Deshalb ist der Anspruch gegen die Empfängerbank auch dann eine Insolvenzforderung, wenn diese erst nach Eröffnung des Verfahrens von der Zwischenbank Deckung erhält.[387] 102

cc) Kontokorrent[388] . Besteht zwischen dem Insolvenzschuldner und einem Dritten ein Kontokorrentverhältnis, so ist im Hinblick auf das Bestehen etwaiger Insolvenzforderungen im Verhältnis zwischen den einzelnen, in das Kontokorrent gestellten Forderungen einerseits und der durch den Feststellungsvertrag andererseits begründeten, abstrakten Saldoforderung wie folgt zu differenzieren: Wenn sich für den Dritten ein Saldo gegen den Schuldner ergibt und bei Verfahrenseröffnung noch kein Feststellungsvertrag geschlossen ist, kann der Dritte den (aktiven) kausalen Saldo als Insolvenzforderung zur Tabelle anmelden. Schließt der Insolvenzverwalter mit dem Dritten nach Verfahrenseröffnung einen Feststellungsvertrag, so wird die abstrakte Forderung Insolvenzforderung. Lehnt der Insolvenzverwalter den Abschluss eines Feststellungsvertrages ab, so ist der positive Saldo Insolvenzforderung.[389] 103

d) Versicherungsrecht. Wird über einen Versicherer das Insolvenzverfahren eröffnet, sind die Ansprüche des Versicherungsnehmers gegen den Versicherer Insolvenzforderungen. Das gilt auch, wenn der Versicherungsfall während des Verfahrens eintritt.[390] 104

Im Insolvenzverfahren über den Versicherungsnehmer sind rückständige Versicherungsprämien Insolvenzforderungen.[391] Etwas anderes gilt aber für diejenigen noch ausstehenden Prämienforderungen des Versicherers, welche als Entgelt für die Gefahrtragung nach Verfahrenseröffnung geschuldet werden, wenn der Insolvenzverwalter die Erfüllung des Vertrages nach § 103 ablehnt.[392] Insoweit besteht keine Insolvenzforderung, auch nicht für die Prämien bis zum Zugang der Kündigung durch den Verwalter.[393] Das gebietet der Schutz der Masse vor Aushöhlungen. 105

Sind **nach Eröffnung des Verfahrens Prämien fällig**, die sich auf eine Versicherungsperiode vor Verfahrenseröffnung beziehen, so ist der Vertrag von beiden Seiten nicht erfüllt, wenn der Versicherer keine Versicherungsleistung erbracht hat. Lehnt der Insolvenzverwalter die Erfüllung des Vertrages ab, so wird der Versicherer von seiner Leistungspflicht frei und hat dann auch keinen Anspruch auf die rückständigen oder künftig fälligen Prämien mehr. Zugleich steht dem Versicherer aber ein Schadensersatzanspruch zu, der eine Insolvenzforderung ist.[394] 106

e) Betriebsrat. Honoraransprüche eines Beraters des Betriebsrates nach § 111 S. 2 BetrVG sind bloße Insolvenzforderungen, soweit sie vor Insolvenzeröffnung erbrachte Tätigkeiten betreffen.[395] 106a

f) Verfahrensrecht. aa) Kosten. Insolvenzforderungen sind die Ansprüche auf Prozesskostenerstattung und Gerichtskostenansprüche der Justizkasse, wenn der Hauptanspruch ebenfalls Insolvenz- 107

---

[384] Zu alledem siehe *Jaeger/Henckel* § 38 RdNr. 93 ff.
[385] Zu Einzelheiten vgl. *van Gelder* in *Schimansky/Bunte/Lwowski*, Bankrechts-Handbuch Band I, 3. Aufl., § 56 (Grundlagen) und § 59 (Lastschrift und Insolvenz); *Strube*, Handbuch Bank- und Kapitalmarktrecht, Kapitel 3, B.
[386] Siehe BGH WM 1979, 995; BGHZ 118, 171, 177; *Canaris* RdNr. 231 und 602 ff.; *Strube* in Handbuch Bank- und Kapitalmarktrecht, Kapitel 3, B, RdNr. 57; *Gottwald/Obermüller*, Insolvenzrechts-Handbuch, § 99, RdNr. 42 ff.; *Jaeger/Henckel* § 38 RdNr. 96; *Uhlenbruck/Sinz* § 38 RdNr. 47; vgl. auch *Hadding* WM 1978, 1366.
[387] Ausführlich dazu und zu weiteren Problemen des Lastschriftverkehrs siehe *Jaeger/Henckel* § 3 RdNr. 96 ff.; *Hess* § 38 RdNr. 115 ff.
[388] Zu Einzelheiten vgl. *Schimansky* in *Schimansky/Bunte/Lwowski*, Bankrechts-Handbuch, Band I, 3. Aufl., § 47, insbesondere RdNr. 57; *Kandelhardt* in Handbuch Bankrecht, 2. Aufl., § 38.
[389] Zu alledem ausführlich mit Nachweisen *Jaeger/Henckel* § 38 RdNr. 101 ff.; *Uhlenbruck/Sinz* § 38 RdNr. 48; vgl. auch BGH NJW 1977, 1346.
[390] Siehe *Uhlenbruck/Sinz* § 38 RdNr. 30.
[391] *Jaeger/Henckel* § 38 RdNr. 160; *Kuhn/Uhlenbruck*, KO, § 3 RdNr. 12.
[392] So *Kuhn/Uhlenbruck*, KO, § 3 RdNr. 13; LG Braunschweig VersR 1960, 817; vgl. aber OLG Koblenz VersR 1960, 817 f.
[393] Ebenso *Hess* § 38 RdNr. 137; *Kuhn/Uhlenbruck*, KO, § 3 RdNr. 13; differenzierend *Jaeger/Henckel* § 38 RdNr. 161; anders *Knappmann*, VVG, § 39, Rn. 11; *Sieg*, FS Klingmüller, 1974, 459.
[394] Siehe *Jaeger/Henckel* § 38 RdNr. 163.
[395] BAG 09.12.09 – 7 ABR 90/07, AP BetrVG 1972 § 40 Nr. 96 m.Anm. *Schreiber*; LAG München ZIP 2008, 35, 35 f.

forderung ist.[396] Wenn der Hauptanspruch unanmeldbar ist, sind demnach auch die entsprechenden Kosten keine Insolvenzforderungen. Soweit der Hauptanspruch nur ein nachrangiger Insolvenzanspruch ist, sind auch die Kosten nachrangige Ansprüche.[397] In jedem Fall ist Voraussetzung, dass der für die Kostenforderung grundlegende Prozessbeginn vor Verfahrenseröffnung liegt.[398] Wird allerdings der Hauptanspruch zur Masseforderung, weil der Insolvenzverwalter im Rahmen seiner Befugnis nach § 103 Erfüllung des Vertrages verlangt, so sind die Kostenforderungen, die vor Verfahrenseröffnung entstanden sind und mangels Fortführung des Prozesses durch den Verwalter nicht der Masse zur Last fallen, nicht deshalb Masseforderungen, weil die Hauptforderung Masseforderung ist.[399]

108 Der Anspruch des Fiskus auf Entrichtung der **Kosten eines Strafverfahrens,** einschließlich der Strafvollstreckungskosten, für die Zeit vor Beginn des Insolvenzverfahrens ist eine Insolvenzforderung, soweit die Tätigkeit der Strafverfolgungsbehörden auch schon vor Verfahrenseröffnung begonnen hat. Denn diese Kosten sind – entgegen einer früher vertretenen Auffassung – öffentliche Abgaben, die dem Insolvenzschuldner nach dem Veranlasserprinzip auferlegt werden können, und keine Sanktion für begangenes Unrecht.[400]

109 bb) **Weitere Insolvenzforderungen.** Weitere Insolvenzforderungen, die im Zusammenhang mit dem Verfahrensrecht stehen, sind u. a.:
– die Kosten der Eintragung des Erwerbers eines Grundstücks, wenn der Zuschlag vor Verfahrenseröffnung erteilt und die Eintragung erst während des Insolvenzverfahrens vorgenommen worden ist.[401]
– Grundbuchgebühren, wenn der Befreiungsanspruch entfällt.[402]
– Prozesskosten im Zusammenhang mit Aussonderungs- oder Ersatzaussonderungsansprüchen, wenn sie vor Verfahrenseröffnung entstanden sind.[403]
– **Schadensersatzansprüche** bzw. Erstattungsansprüche **wegen unberechtigter Vollstreckung** nach §§ 302 Abs. 4 Satz 2–4; 600 Abs. 2, 717 Abs. 2, 945 ZPO, wenn die Vollstreckung dem Verfahren vorausging, auch wenn sich die Unrechtmäßigkeit erst nachträglich herausstellt. Ein derartiger Anspruch entsteht nämlich bereits (aufschiebend bedingt) im Zeitpunkt der Zahlung durch die Aufhebung des vorläufig vollstreckbaren Urteils.[404]
– Forderungen, die durch das Insolvenzverfahren selbst entstehen, wie zB die Kosten der Antragstellung nach § 14 als Nebenforderungen,[405] Schadensersatzansprüche nach §§ 109 Abs. 1 Satz 2, 113 Abs. 1 Satz 3, Ersatzansprüche des Beauftragten oder des Geschäftsbesorgers nach §§ 115 Abs. 3 Satz 2, 116 Satz 2 und Ansprüche nach §§ 105 Satz 1, 118 Abs. 1 Satz 2.
– Ansprüche auf vertretbare Handlungen, wie zB die Erstellung oder Nachbesserung eines Bauwerkes,[406] wobei diese Ansprüche nach § 887 ZPO nicht gegen den Schuldner persönlich ausgeführt, sondern gegen sein Vermögen vollstreckt werden und die Handlungen von Dritten ausgeführt werden dürfen; gegebenenfalls ist eine Umrechnung nach § 45 notwendig.[407]
– Befreiungsansprüche, einschließlich des Anspruchs aus § 775 ZPO,[408] soweit es sich nicht um die Befreiung von Zinslasten nach Verfahrenseröffnung handelt.[409] Inhalt dieses Befreiungsanspruchs, mit dem er auch als Insolvenzforderung zur Tabelle angemeldet werden muss, ist es, dass der Insolvenzschuldner an den Drittgläubiger zahlt. Insolvenzforderungen sind in diesem Zusammenhang auch alle Zahlungsansprüche, die sich aus dem Verfahren vorangegangener Pflichtverletzungen ergeben.[410]

---

[396] OLG Celle KTS 1969, 107; OVG Schleswig-Holstein KTS 1992, 479; BGH 29.06.05 – XII ZB 195/04, NZI 2006, 128, zur Unterbrechung gem. § 240 ZPO; *Kübler/Prütting/Bork/Holzer* § 38 RdNr. 8 und 35. Eingehend auf Einzelfälle: *Jaeger/Henckel*, KO, § 3 RdNr. 89 ff.
[397] Siehe *Jaeger/Henckel* § 38 RdNr. 153; vgl. ferner unten Kommentierung zu § 39 RdNr. 48.
[398] RGZ 145, 15.
[399] *Jaeger/Henckel* § 38 RdNr. 154; LG Hamburg DNotZ 1974, 567.
[400] Vgl. *Jaeger/Henckel* § 38 RdNr. 155; mit Nachweisen zur überkommenen Auffassung; siehe auch OLG Stuttgart Rpfleger 1965, 67.
[401] LG Hannover KTS 1970, 58, 59.
[402] *Kilger/K. Schmidt*, KO, § 3 Anm. 4 i; *Kuhn/Uhlenbruck*, KO, § 3 RdNr. 32; anders jedoch OLG Celle KTS 1978, 180.
[403] *Jaeger/Henckel* § 38 RdNr. 154.
[404] *Jaeger/Henckel* § 38 RdNr. 157; *Nerlich/Römermann/Andres* § 38 RdNr. 24; *Gottwald/Klopp/Kluth*, Insolvenzrechts-Handbuch, § 19 RdNr. 22; vgl. auch RGZ 85, 218; LG Düsseldorf KTS 1969, 62.
[405] Siehe *Smid/Leonhardt* in *Leonhardt/Smid/Zeuner* § 38 RdNr. 20.
[406] BGH NJW 1995, 3189; BGH NJW 1993, 1394 (dazu *Paulus* EWiR 1993, 203).
[407] Vgl. *Smid/Leonhardt* in *Leonhardt/Smid/Zeuner* § 38 RdNr. 10 und 15; *Kübler/Prütting/Bork/Holzer* § 38 RdNr. 34; HK-*Eickmann* § 38 RdNr. 9; *Jaeger/Henckel* § 38 RdNr. 65; vgl. auch OLG Karlsruhe MDR 1991, 454.
[408] Eingehend *Jaeger/Henckel* § 38 RdNr. 66 f.
[409] Vgl. OLG Karlsruhe MDR 1996, 487.
[410] Vgl. zur KO *Kilger/K. Schmidt*, KO, § 3. Anm. 2 d.

§ 39 Nachrangige Insolvenzgläubiger

(1) Im Rang nach den übrigen Forderungen der Insolvenzgläubiger werden in folgender Reihenfolge, bei gleichem Rang nach dem Verhältnis ihrer Beträge, berichtigt:
1. die seit der Eröffnung des Insolvenzverfahrens laufenden Zinsen und Säumniszuschläge auf Forderungen der Insolvenzgläubiger;
2. die Kosten, die den einzelnen Insolvenzgläubigern durch ihre Teilnahme am Verfahren erwachsen;
3. Geldstrafen, Geldbußen, Ordnungsgelder und Zwangsgelder sowie solche Nebenfolgen einer Straftat oder Ordnungswidrigkeit, die zu einer Geldzahlung verpflichten;
4. Forderungen auf eine unentgeltliche Leistung des Schuldners;
5. nach Maßgabe der Absätze 4 und 5 Forderungen auf Rückgewähr eines Gesellschafterdarlehens oder Forderungen aus Rechtshandlungen, die einem solchen Darlehen wirtschaftlich entsprechen.

(2) Forderungen, für die zwischen Gläubiger und Schuldner der Nachrang im Insolvenzverfahren vereinbart worden ist, werden im Zweifel nach den in Absatz 1 bezeichneten Forderungen berichtigt.

(3) Die Zinsen der Forderungen nachrangiger Insolvenzgläubiger und die Kosten, die diesen Gläubigern durch ihre Teilnahme am Verfahren entstehen, haben den gleichen Rang wie die Forderungen dieser Gläubiger.

(4) Absatz 1 Nr. 5 gilt für Gesellschaften, die weder eine natürliche Person noch eine Gesellschaft als persönlich haftenden Gesellschafter haben, bei der ein persönlich haftender Gesellschafter eine natürliche Person ist. Erwirbt ein Gläubiger bei drohender oder eingetretener Zahlungsunfähigkeit der Gesellschaft oder bei Überschuldung Anteile zum Zweck ihrer Sanierung, führt dies bis zur nachhaltigen Sanierung nicht zur Anwendung von Absatz 1 Nr. 5 auf seine Forderungen aus bestehenden oder neu gewährten Darlehen oder auf Forderungen aus Rechtshandlungen, die einem solchen Darlehen wirtschaftlich entsprechen.

(5) Absatz 1 Nr. 5 gilt nicht für den nicht geschäftsführenden Gesellschafter einer Gesellschaft im Sinne des Absatzes 4 Satz 1, der mit 10 Prozent oder weniger am Haftkapital beteiligt ist.

Schrifttum: *siehe § 38*

Übersicht

	Rn.
I. Einleitung	1–10
1. Funktion der Vorschrift	1–8
a) Konzeptionswechsel	2–6
b) Beschränkung der Rechte nachrangiger Gläubiger	7, 8
2. Übersicht der Rangordnung	9, 10
II. Zinsen und Säumniszuschläge	11–19
1. Zinsen	11–16
2. Säumniszuschläge	17–19
III. Rechtsverfolgungskosten	20, 21
IV. Geldstrafen und ähnliche Forderungen zu Sanktionszwecken	22–24
V. Forderungen auf unentgeltliche Leistungen	25–35
1. Grundlagen	25, 26
2. Unentgeltlichkeit	27–29
3. Erweiterung des Anwendungsbereichs	30–35
a) Fragestellung und unproblematische Fälle	30, 31
b) Verschleierte unentgeltliche Leistung	32–35
VI. Forderungen auf Rückgewähr von Gesellschafterdarlehen	36–61
1. Neuregelung	36–40
2. Grundtatbestand	41–61
a) Gesellschafterdarlehen	41, 42
b) Forderungen aus Rechtshandlungen, die Gesellschafterdarlehen wirtschaftlich entsprechen	43–47
c) Gesellschafterstellung und Einbeziehung Dritter	48–54
3. Sanierungs- und Kleinbeteiligtenprivileg	55–57
a) Sanierungsprivileg (§ 39 Abs. 4 Satz 2)	55, 56
b) Kleinbeteiligtenprivileg (§ 39 Abs. 5)	57
4. Andere Gesellschaftsformen	58, 59
5. Ausländische Gesellschaften	60, 61
VII. Vereinbarter Nachrang	62, 63
VIII. Zinsen und Kosten nachrangiger Insolvenzgläubiger	64–66
IX. Verfahrensrechtliches	67, 68

I. Einleitung

1 1. Funktion der Vorschrift. § 39 bestimmt den Kreis jener Forderungen, die gegenüber den übrigen Insolvenzforderungen nur im Nachrang befriedigt werden dürfen. Nachrangigkeit der in § 39 bezeichneten Forderungen meint, dass sie erst nach der **vollständigen** Berichtigung aller allgemeinen (vollrangigen) Forderungen zu befriedigen sind (absoluter Nachrang).[1] § 39 verändert damit nicht den materiellen Gehalt der Begriffsbestimmung des Insolvenzgläubigers nach § 38, er ergänzt aber diesen aber in verfahrensrechtlicher Hinsicht,[2] indem er eine Aussage über die Reihenfolge der zu berichtigenden Forderungen trifft. § 39 gilt nicht nur für Massegläubiger und nicht für persönliche Gläubiger, deren Forderungen von dem Zugriff auf die Masse ausgeschlossen sind, weil sie erst nach Eröffnung des Verfahrens begründet sind.[3] Bei den in § 39 Abs. 1 genannten Forderungen handelt es sich regelmäßig um Verbindlichkeiten im Sinne des § 19 Abs. 2, soweit sie nicht erst durch die Einleitung bzw. Eröffnung des Insolvenzverfahrens ausgelöst werden.[4] Wie diese als nachrangig eingeordneten Forderungen im Überschuldungsstatus zu behandeln sind, ist aus § 39 selbst nicht zu entnehmen.[5] § 39 trifft nämlich vorrangig Aussagen über die Befriedigungsaussichten bestimmter Forderungen und keine über die Einflussnahme nachrangiger Insolvenzforderungen auf die Insolvenzauslösetatbestände.

2 a) Konzeptionswechsel. Die Regelung des § 39 weicht vom alten Recht der Konkursordnung (§ 63 KO/§ 29 VglO) ab. Der dortige Ansatz ist in der Insolvenzordnung ersetzt worden durch ein Modell von vor- und nachrangig zu befriedigenden Gläubigern. Damit wurde die als nicht sachgerecht empfundene Entscheidung, bestimmte Forderungen im Verteilungsverfahren überhaupt nicht zu berücksichtigen, aufgehoben.[6] Zudem ist der frühere Ansatz zur Bestimmung einer Reihenfolge der Befriedigung von Insolvenzgläubigern durch einen Vorrangkatalog (§ 61 KO) in der InsO grundsätzlich aufgegeben worden. In der Begründung des Regierungsentwurfes wird darauf hingewiesen, dass unter modernen Eigenkapitalverhältnissen und Verschuldensgraden der Unternehmen die Massearmut der Insolvenzverfahren nur in einem beschränkten Umfang behebbar sei. Bei diesen Gegebenheiten bedeute die Einräumung eines Vorrechts häufig den Ausschluss der nichtprivilegierten Gläubiger von jeglicher Befriedigung im Insolvenzverfahren, während den bevorrechtigten Gläubigerklassen Chancen auf volle oder weitgehende Befriedigung gewährt würden. Mehr Verteilungsgerechtigkeit könne erwartet werden, wenn Vorrechte entfielen.[7] Allerdings sind auch im neuen Recht nicht alle Vorrechte beseitigt worden. Erhalten geblieben sind besondere Vorrechte nach § 32 Abs. 4 Satz 2 DepotG, § 77a VAG (§ 77 Abs. 4 VAG a. F.), § 30 Abs. 1 Satz 1 PfandBG (§ 35 HBG a. F und Schuldverschreibungen öffentlich-rechtlicher Kreditanstalten, wonach Berechtigte dann, wenn sie aus speziell gebildeten Sondermassen nicht vollständig befriedigt wurden, als einfache Insolvenzgläubiger mit dem nicht gedeckten Forderungsrest am Insolvenzverfahren teilnehmen dürfen.[8] Daneben sind auch **Ansprüche aus einem Sozialplan** der Sache nach anderen Forderungen gegenüber bevorteilt. Allerdings liegt dies nicht daran, dass diese bevorzugte Insolvenzforderungen darstellen, sondern daran, dass sie als Masseverbindlichkeiten ohnehin den Insolvenzforderungen vorgezogen werden.[9] Eine Erweiterung erfährt § 39 durch Art. 108 Abs. 2 EGInsO, wonach in einem Insolvenzverfahren die Forderungen, die noch der Vollstreckungsbeschränkung des § 18 Abs. 2 Satz 3 GesO unterfallen, im Rang nach den in § 39 Abs. 1 bezeichneten Forderungen zu befriedigen sind.

Die Gründe für die Nachrangigkeit der in Abs. 1 Nr. 1–5 aufgeführten Forderungen bleiben insgesamt gesehen diffus. Es mischen sich Vorstellungen darüber, dass Verbindlichkeiten, die, ohne dass sie Masseverbindlichkeiten sind, erst nach Verfahrenseröffnung entstehen, in ihrer haftungsrechtlichen Verwirklichung eher beschränkt werden können (Nr. 1 und 2) mit dem Ansatz, dass bestimmte Verbindlichkeiten auf Grund ihres besonderen Charakters nicht mit den Forderungen

---

[1] Siehe *Häsemeyer* RdNr. 17.13; FK-*Bornemann* § 39 RdNr. 1.
[2] Siehe RegE, BT-Drucks. 12/2443, 81; *Hess* § 39 RdNr. 20; im Ergebnis ähnlich *Kübler/Prütting/Bork/Preuß* § 39 RdNr. 5.
[3] *Jaeger/Henckel* § 39 RdNr. 3; *Smid* § 39 RdNr. 7.
[4] *Nerlich/Römermann/Mönning* § 19 RdNr. 37; vgl. auch allgemein die Kommentierung zu § 19, insbes. RdNr. 84 ff.
[5] *Müller/Haas*, Kölner Schrift, 1799, 1814 f. (RdNr. 38 f.).
[6] Zustimmend auch *Häsemeyer* RdNr. 17.01; *Leipold/Loritz*, Insolvrecht im Umbruch, 1991, 91, 100; *Gottwald/Klopp/Kluth*, Insolvenzrechts-Handbuch, § 19 RdNr. 36.
[7] Vgl. dazu *Kilger* KTS 1975, 142, 165; *Uhlenbruck* NJW 1975, 897, 903; siehe zudem auch BVerfG ZIP 1984, 78, 80 ff.
[8] *Häsemeyer* RdNr. 17.12; *Jaeger/Henckel* § 39 RdNr. 1; *Eckardt*, Kölner Schrift 743, 747 (RdNr. 8, Fn. 1). Zur Rechtsnatur der Vorrechte vgl. *Stürner*, FS Gaul, 739 ff.
[9] S. insoweit den berechtigten Hinweis von A/G/R-*Ahrens* § 39 RdNr. 1.

der übrigen Gläubiger im Wege der Verringerung derer Quote vergemeinschaftet werden sollten (Nr. 3 und 5), und mit dem Prinzip der Schwäche des unentgeltlichen Erwerbs (Nr. 4).[10]

Bei § 39 handelt es sich allerdings um keine dem deutschen Recht fremde Regelung, denn in der Konkursordnung waren im Rahmen des Nachlasskonkursverfahrens bereits nachrangige Forderungen bekannt (§ 226 Abs. 1 und Abs. 2 KO).[11] Die in § 63 Nr. 1, Nr. 3 und Nr. 4 KO genannten Forderungen konnten im Nachlassverfahren zwar geltend gemacht werden, sie wurden aber erst nach den übrigen Verbindlichkeiten berichtigt.

Das in der Insolvenzordnung verankerte System zur Bestimmung der **Rangfolgen im Verteilungsverfahren** hat in der Praxis trotz eines Ansatzes, der dem Gleichbehandlungsgrundsatz eher entspricht als die frühere Regelung, kaum etwas daran ändern können, dass weiterhin in vielen Fällen die allgemeinen Insolvenzforderungen praktisch wertlos bleiben. Der Grund dafür liegt freilich nicht an der Verteilungsreihenfolge der Insolvenzgläubiger, sondern im Wesentlichen in dem alten Konflikt des Verhältnisses von gesicherten und ungesicherten Gläubigern, also daran, dass durch ein fast lückenloses System von Immobiliar- und Mobiliarsicherheiten das Schuldnervermögen regelmäßig aufgezehrt wird und für ungesicherte Insolvenzgläubiger kaum etwas übrig bleibt.[12]

Mit dem Konzeptionswechsel soll in der Insolvenzordnung bewirkt werden, dass – anders als noch bei § 63 KO bzw. § 29 VglO – jede gegen den Schuldner bestehende Forderung die Chance der Befriedigung erhält. Ein nach der Berichtigung der Forderungen der allgemeinen Insolvenzgläubiger (§ 38) eventuell noch verbleibender Überschuss soll nach dem Willen des Gesetzgebers deshalb erst dann an den Schuldner herausgegeben werden können (vgl. § 199), wenn die im Verfahren aufgelaufenen Zins- und Kostenforderungen der Insolvenzgläubiger, die Geldstrafen, die Forderungen „aus einer Freigebigkeit", die Forderungen aus kapitalersetzenden Darlehen und die Forderungen mit vertraglichem Rangrücktritt getilgt sind.[13]

Die Neuregelung in § 39 hängt im Wesentlichen mit der Einbeziehung des **Neuerwerbs in die Insolvenzmasse** zusammen. Da die Gläubiger die nunmehr nachrangig zu erfüllenden Forderungen nach Verfahrenseröffnung nicht mehr in insolvenzfreies Vermögen des Schuldners vollstrecken können, war es notwendig, ihnen auf andere Art und Weise eine zumindest theoretische Befriedigungsmöglichkeit zu verschaffen. Dies soll dadurch gewährleistet werden, dass ihre Forderungen nunmehr formal in den Kreis der Insolvenzforderungen einbezogen werden.[14] Allerdings kommt der Vorschrift des § 39 bezüglich der Verteilung der Masse ausweislich der Begründung des Regierungsentwurfs kaum mehr als nur ein deklaratorischer Charakter zu. Denn für die Verteilung eines im Insolvenzverfahren liquidierten Vermögens an die Gläubiger ist es ohne praktische Bedeutung, ob ein Gläubiger nachrangig befriedigt wird oder gar nicht am Verteilungsverfahren teilnehmen kann. Ein Unterschied besteht nur in den seltenen Fällen, in welchen das Insolvenzverfahren zur Befriedigung aller allgemeinen Insolvenzgläubiger zu 100% führt und dann noch ein Überschuss bleibt.[15] Dann ist es jedoch sachgerecht, den Überschuss nicht an den Schuldner herauszugeben, sondern an die übrigen Gläubiger zu verteilen.[16] Im Kern sind es auch derartige Verteilungsgerechtigkeitserwägungen, die dazu geführt haben, dass die Regelungen über die nachrangigen Insolvenzforderungen durch zwei Gesetzesänderungen wesentlichen Modifikationen unterworfen wurden. Seit dem 1.7.2007 sind die nachrangigen Insolvenzforderungen in § 39 Abs. 1 Nr. 1 um Säumniszuschläge erweitert worden. Durch das MoMiG sind Regelungen zum Eigenkapitalersatzrecht aus dem Gesellschaftsrecht in das Insolvenzrecht verlagert worden. Dies hat zu einer Anpassung des § 39 Abs. 1 Nr. 5 und zur Ergänzung der Norm um die Absätze 4 und 5 geführt.[17]

b) Beschränkung der Rechte nachrangiger Gläubiger. Gleichwohl darf die Bedeutung des § 39 in der Praxis nicht zu gering geschätzt werden.[18] Denn dadurch, dass Gläubiger von nachrangigen

---

[10] *Nerlich/Römermann/Andres* § 39 RdNr. 2; HambKomm-*Lüdtke* § 39 RdNr. 1; FK-*Bornemann* § 39 RdNr. 1a.
[11] Siehe *Leipold/Loritz*, Insolvenzrecht im Umbruch, 91, 95 ff. Zur früheren Rechtslage vgl. ausführlich *Jaeger/Weber* §§ 226, 227, RdNr. 1 ff.; *Kuhn/Uhlenbruck* § 226 RdNr. 1 ff.; *Gottwald/Arnold*, Insolvenzrechts-Handbuch, 1. Aufl., 1990, § 106 RdNr. 18 ff.
[12] So zu Recht *Häsemeyer* RdNr. 17.11.
[13] RegE, BT-Drucks. 12/2443, 123.
[14] Siehe *Kübler/Prütting/Bork/Preuß* § 39 RdNr. 3.
[15] Zu diesem Fall und den damit einhergehenden Problemen vgl. *Boddenberg*, Haftungsprobleme in Verfahren mit einer 100%-Quote, Diss. Köln, 2012.
[16] RegE, BT-Drucks. 12/2443, 123; *Smid* § 39 RdNr. 1; *Nerlich/Römermann/Andres* § 39 RdNr. 3; *Gottwald/Klopp/Kluth*, Insolvenzrechts-Handbuch, § 19 RdNr. 36; *Braun/Bäuerle* § 39 RdNr. 1.
[17] BGBl. 2007 I, 509 und BGBl. 2008 I, 2026.
[18] Zu skeptisch daher zB *Häsemeyer* RdNr. 17.16; *Smid* § 39 RdNr. 1; *Blersch/Goetsch/Haas/Amelung/Wagner* § 39 RdNr. 3; *Nerlich/Römermann/Anders*, § 39 RdNr. 3; wie hier u.a. A/G/R-*Ahrens* § 39 RdNr. 5; FK-*Bornemann* § 39 RdNr. 4 f.

Forderungen auch Insolvenzgläubiger sind, werden sie wirkungsvoll in das Verfahren eingebunden (zB Berechtigung zum Antrag auf Eröffnung des Insolvenzverfahrens) und zwar, wie sich aus § 26 ergibt, auch dann, wenn es keine Aussicht für den Gläubiger auf Beteiligung an dem Verteilungserlös besteht[19] und unterliegen damit auch denselben Beschränkungen wie alle übrigen Insolvenzgläubiger.[20] Insbesondere gilt auf der einen Seite für sie ebenfalls das Verbot, während des Insolvenzverfahrens die Einzelzwangsvollstreckung in das Vermögen des Schuldners zu betreiben (§ 89 Abs. 1). Auf der anderen Seite darf der Insolvenzschuldner auch ihre Insolvenzforderungen nicht mehr befriedigen, weil ihm insoweit die Verfügung über die Masse entzogen worden ist (§§ 80 ff., 91). Zudem wirkt auch die Unwirksamkeit der Sicherung, die im letzten Monat vor Antrag auf Verfahrenseröffnung durch Zwangsvollstreckung an einem Vermögensgegenstand, der zur Insolvenzmasse gehört, erlangt wurde, für nachrangige Gläubiger (§ 88); Zwangsvollstreckungen der nachrangigen Gläubiger in die Insolvenzmasse und das sonstige Vermögen des Schuldners sind während des Insolvenzverfahrens gem. § 89 unzulässig. Nachrangige Gläubiger dürfen ihre Forderungen ferner auch nur nach den Vorschriften über das Insolvenzverfahren gem. § 87 verfolgen. Wird dem Schuldner Restschuldbefreiung erteilt (§§ 300, 301), so wirkt diese gem. § 301 Abs. 1 Satz 1 gegen alle Gläubiger, also auch gegenüber den nachrangigen. Eine Ausnahme davon ist allerdings in § 302 Nr. 2 vorgesehen, wonach von der Restschuldbefreiung Geldstrafen und die in § 39 Abs. 1 Nr. 3 gleichgestellten Verbindlichkeiten nicht berührt werden.

8   Wenngleich Inhaber nachrangiger Forderungen materiell-rechtlich als Insolvenzgläubiger qualifiziert werden, ist auf Grund des Nachrangs ihrer Forderungen die Rechtsstellung der von § 39 betroffenen Gläubiger gegenüber den allgemeinen Insolvenzgläubigern geschwächt:
– Das Gesetz sieht (erhebliche) Einschränkungen für nachrangige Insolvenzgläubiger bei der Gläubigerselbstverwaltung vor. So haben die nachrangigen Insolvenzgläubiger kein Recht, die Einberufung der Gläubigerversammlung zu beantragen (§ 75 Abs. 1 Nr. 3 und 4). In der Gläubigerversammlung selbst haben sie kein Stimmrecht (§ 77 Abs. 1 Satz 2) und damit auch kein Antragsrecht zur Aufhebung eines Beschlusses der Gläubigerversammlung beim Insolvenzgericht (§ 78). Den nachrangigen Gläubigern bleibt im Wesentlichen daher nur das Recht an der Teilnahme und damit ein Zugang zu allgemeinen Informationen, die der Gläubigerversammlung zugänglich gemacht werden.[21]
– Bei der Abschlagsverteilung dürfen nachrangige Insolvenzgläubiger nicht berücksichtigt werden (§ 187 Abs. 2 Satz 2). Die Regelung des § 187 Abs. 2 Satz 2 ist zwar als Soll-Vorschrift formuliert, da aber die Nachrangigkeit der in § 39 bezeichneten Forderungen absolut wirkt, sind Ausnahmen ausgeschlossen.[22]
– Auswirkungen hat die nachrangige Stellung bestimmter Insolvenzforderungen für die betreffenden Gläubiger auch im Hinblick auf deren Stellung in Bezug auf einen Insolvenzplan.[23] Sie sind dort anderen Insolvenzgläubigern gegenüber zurückgesetzt. Das zeigt sich bereits an dem Grundsatz des § 225 Abs. 1, nach dem die Forderungen nachrangiger Insolvenzgläubiger als erlassen gelten, wenn im Insolvenzplan nicht etwas anderes geregelt worden ist, und an der Bildung der Gläubigergruppen gem. § 222 Abs. 1 Nr. 3. Zudem haben nachrangige Insolvenzgläubiger bei der Verabschiedung eines Insolvenzplans nur eingeschränkte Stimmrechte, weil darin ihre Forderungen, mit Ausnahme von Geldstrafen etc., nur ausnahmsweise berücksichtigt werden. Das gilt insbesondere für die Gläubiger der Rangklasse des § 39 Abs. 1 Nr. 3, weil ihre Forderungen nach § 225 Abs. 3 von einem Insolvenzplan nicht betroffen werden (§ 237 Abs. 2). Die Gruppen der Gläubiger nach § 39 Abs. 1 Nr. 4 und Nr. 5 stimmen über einen Insolvenzplan nur ab, wenn ihre Forderungen nicht nach § 225 als erlassen gelten. Aus der Begründung des Regierungsentwurfs lässt sich zudem ableiten, dass die Zustimmung als Fiktion nach § 246 Nr. 2 als erteilt gilt wenn von den an sich teilnahmeberechtigten Gläubigern niemand an der Abstimmung teilnimmt.[24]
– Nachrangige Insolvenzgläubiger dürfen ihre Forderungen nach § 174 Abs. 3 nur dann anmelden, wenn das Insolvenzgericht sie besonders zur Anmeldung aufgefordert hat, wobei die Fristen der nachträglichen Anmeldung des § 177 Abs. 2 zu beachten sind. Auch nur in diesen Fällen wird die angemeldete Forderung vor Gericht geprüft. Eine Ausnahme gilt dann, wenn ohne Anmel-

---

[19] So ausdrücklich nun BGH ZIP 2012, 2055, 2055 f.; FK-*Bornemann* § 39 RdNr. 4a; *Jaeger/Henckel* § 39 RdNr. 8.
[20] *Jaeger/Henckel* § 39 RdNr. 8; HK-*Eickmann* § 39 RdNr. 6.
[21] Vgl. dazu § 74 RdNr. 27 und § 79 RdNr. 2 ff.
[22] Siehe etwa *Smid* § 39 RdNr. 4; *Jaeger/Henckel* § 39 RdNr. 5; A/G/R-*Ahrens* § 39 RdNr. 9; vgl. auch § 187 RdNr. 10.
[23] Ausführlich *Jaeger/Henckel* § 39 RdNr. 6.
[24] So auch *Jaeger/Henckel* § 39 RdNr. 6; vgl. RegE zu § 291, BT-Drucks. 12/2443, S. 210; FK-*Jaffé* § 246 RdNr. 11.

dung die Verjährung der Forderung drohen würde. Die Regelung des § 206 BGB wird insoweit von der Überlegung verdrängt, den ansonsten das Forderungsrecht wegen Fehlens einer Hemmungsregelung völlig entwertet würde.[25] Diese Einschränkung für die nachrangigen Insolvenzgläubiger dient der Verfahrensbeschleunigung. Es soll damit vermieden werden, dass die Durchführung des Insolvenzverfahrens auf Grund der großen Anzahl von Fällen, in denen die Gläubiger von vornherein keine Befriedigung erwarten können, nachteilig verzögert wird.[26]

2. Übersicht der Rangordnung. § 39 sieht in Abs. 1 vor, dass die dort in den Nummern 1 bis 5 genannten Forderungen in einer festen Rangfolge nacheinander zu befriedigen sind. Die Verteilung von Schuldnervermögen auf Forderungen der zweiten Forderungsgruppe ist demnach erst dann erlaubt, wenn die in der ersten Gruppe genannten Forderungen vollständig befriedigt worden sind. Auf Grund des zwingenden Charakters der Rangfolge kann sie auch nicht durch eine richterliche Entscheidung abgeändert oder ergänzt werden. Im Zusammenhang mit den sogenannten „Zwischenrangklassen" hat das Bundesverfassungsgericht deutlich gemacht, dass dies die Kompetenz der Gerichte zur Rechtsfortbildung überschreiten würde.[27] Etwas anderes gilt nur insoweit, als eine Vereinbarung über eine Rangberichtigung nach Abs. 2 vorliegt.[28] Weitere nachrangige Forderungen[29] sehen u. a. § 327 im Rahmen des Nachlassinsolvenzverfahrens und § 332 im Rahmen des Insolvenzverfahrens über das Gesamtgut einer fortgesetzten Gütergemeinschaft vor. Der dort bestimmte Katalog an Forderungen wird im Rang noch nach den Forderungen berichtigt, die in § 39 Abs. 1 Nr. 1–5 genannt sind.[30] Im Rang nach den nachrangigen Insolvenzgläubigern werden in der Insolvenz eines Versicherungsvereins auf Gegenseitigkeit die Ansprüche nach § 51 Abs. 1 Satz 1, Abs. 2 VAG in der Fassung durch Art. 87 Nr. 6 EGInsO befriedigt. Nach Art. 108 Abs. 1 EGInsO gilt § 18 GesO weiter, so dass bei einem neuen Insolvenzverfahren die von § 18 GesO erfassten Forderungen im Rang denen, die in § 39 genannt sind, nachgeordnet werden. Einen Forderungsnachrang gibt es auch, wenn im gestaltenden Teil des Insolvenzplans gem. § 264 Abs. 1 Satz 1 vorgesehen wird, dass die Insolvenzgläubiger nachrangig sind gegenüber Gläubigern mit Forderungen aus Darlehen und sonstigen Krediten, die der Schuldner oder die Übernahmegesellschaft während der Zeit der Überwachung aufnimmt oder die ein Massegläubiger in die Zeit der Überwachung hinein stehen lässt. Gegenüber den Gläubigern mit Forderungen aus Krediten, die nach Maßgabe des § 264 aufgenommen oder stehen gelassen werden, sind nachrangig auch die Gläubiger mit sonstigen vertraglichen Ansprüchen, die während der Zeit der Überwachung begründet werden (§ 265 Satz 1). Kommt es vor Aufhebung der Überwachung zu einem zweiten Insolvenzverfahren, so sind gegenüber den als Plafondkrediten bezeichneten Forderungen alle anderen Insolvenzforderungen nachrangig (§ 266 i. V. m. §§ 264, 265). Innerhalb einer Forderungsgruppe erfolgt die Befriedigung der einzelnen Forderungen nach dem Prinzip der gleichmäßigen Befriedigung der Gläubiger. Diesem Prinzip entspricht die Befriedigung nach dem Verhältnis der Beträge der Forderungen.[31]

Die teilweise aufgeworfene Frage, ob die in den Nummern 1 bis 5 vorgesehene Rangordnung der nachrangigen Insolvenzforderungen überzeugend gestaltet ist,[32] kann hier offen gelassen werden. Sie betrifft lediglich rechtspolitische Erwägungen de lege ferenda, für welche derzeit ganz offensichtlich kein praktischer Bedarf besteht, denn die nachrangigen Forderungen können, ganz gleich welcher Gruppe sie zugeordnet sind, wegen der Knappheit der Insolvenzmasse regelmäßig keine Befriedigung erwarten.

II. Zinsen und Säumniszuschläge

1. Zinsen. Mit § 39 Abs. 1 Nr. 1 wird die Wertung des früheren § 63 Nr. 1 KO revidiert, der Zinsforderungen die Eigenschaft als Konkursforderungen absprach, obwohl sie nach materiellrechtli-

---

[25] S. *Kübler/Prütting/Bork/Preuß* § 39 RdNr. 6; *Jaeger/Hendel* § 39 RdNr. 4 A/K/R-*Ahrens* § 39 RdNr. 8; s. auch HamKomInsO-*Lüdcke* § 39 RdNr. 8b.
[26] RegE, BT-Drucks. 12/2443, 123; *Smid* § 39 RdNr. 1; *Jaeger/Henckel* § 39 RdNr. 4; *Uhlenbruck/Hirte* § 39 RdNr. 2; HambKomm-*Lüdtke* § 39 RdNr. 3; *Nerlich/Römermann/Andres* § 39 RdNr. 4; *Eckhard*, Kölner Schrift, 743 (RdNr. 15).
[27] Vgl. BVerfGE 65, 182, 192 = NJW 1984, 475.
[28] Siehe unten RdNr. 67 ff.
[29] Siehe die ausführliche Übersicht der Rangfolge bei *Bähr* InVo 1998, 205; *Jaeger/Henckel* § 39 RdNr. 100 f.
[30] Siehe sehr ausführlich *Gottwald/Döbereiner*, Insolvenzrechts-Handbuch, § 115 RdNr. 14 ff.; ferner vgl. HK-*Eickmann* § 39 RdNr. 4; *Jaeger/Henckel* § 39 RdNr. 99 und unten die Kommentierung zu § 327.
[31] *Kübler/Prütting/Bork/Preuß* § 39 RdNr. 8; *Häsemeyer* RdNr. 17.13.
[32] Vgl. *Häsemeyer* RdNr. 17.16; *Leipold/Loritz*, Insolvenzrecht im Umbruch, 91, 98 f. Siehe auch *Nerlich/Römermann/Andres* § 39 RdNr. 2.

chen Gesichtspunkten als solche anzusehen waren.³³ Nunmehr werden auch die seit Eröffnung des Verfahrens anfallenden Zinsen auf Forderungen der Insolvenzgläubiger, wie bereits in § 226 Abs. 2 Nr. 1 KO, als nachrangige Forderungen behandelt. Damit kann wegen dieser Zinsen nach § 89 während des laufenden Insolvenzverfahrens die Individualvollstreckung gegen den Schuldner nicht mehr betrieben werden.³⁴ Allerdings haften Bürgen auch während des über das Vermögen des Schuldners eröffneten Insolvenzverfahrens für die aus der Bürgschaftsforderung anfallenden Zinsen weiter.³⁵

12   Zinsen werden in der **Rangfolge der nachrangigen Insolvenzforderungen** als erste berichtigt. Damit wird dem Umstand Ausdruck verliehen, dass Zinsen besonders eng mit der Hauptforderung zusammenhängen und deshalb im Rahmen der nachrangigen Forderungen frühzeitig berichtigt werden sollen. Unabhängig davon wird zudem auch klargestellt, dass für die Hauptforderung während des Insolvenzverfahrens noch Zinsen anfallen können.³⁶

13   Von § 39 Abs. 1 Nr. 1 werden neben allen vertraglichen auch die gesetzlichen Zinsen, einschließlich der Verzugszinsen³⁷ erfasst, die außerhalb des Insolvenzverfahrens wegen am Verfahren teilnehmenden Hauptforderungen entstehen (vgl. §§ 288 BGB, 352 HGB). Im Wege der Gleichstellung hat das BSG nach Verfahrenseröffnung entstehende Säumniszuschläge (§ 240 AO, § 24 SGB IV) mit Zinsforderungen auf eine Stufe gestellt.³⁸ Ferner ist auch der bei unverzinslichen Forderungen, die im Insolvenzverfahren gem. § 41 Abs. 2 mit dem gesetzlichen Zins abzuzinsen sind, in Abzug gestellte Zinsanspruch eine nachrangige Forderung.³⁹ Die *vor* Verfahrenseröffnung entstandenen Zinsen sind dagegen als „Nebenforderungen" allgemeine Insolvenzforderungen.

14   Mit Eröffnung des Insolvenzverfahrens endet gemäß §§ 115 Abs. 1, 116 Satz 1 ein Kontokorrentverhältnis.⁴⁰ Für den Schlusssaldo greift § 39 Abs. 1 Nr. 1 wegen der Zinsen aus einem Passivsaldo des Schuldners mit der Folge ein, dass anstelle der Kontokorrentzinsen nur noch einfache Zinsen (§ 246 BGB, § 355 HGB) verlangt werden können.⁴¹ Ausnahmsweise – aber nicht regelmäßig⁴² – können auch Verzugszinsen gem. § 288 BGB entstehen, wenn nämlich der Schuldner schon vor Eröffnung des Insolvenzverfahrens in Verzug geraten ist. Dies dürfte nur in seltenen Fällen bei entsprechenden Abreden im Rahmen der Kontokorrentvereinbarung vorliegen.⁴³

15   § 39 Abs. 1 Nr. 1 findet keine Anwendung für Zinsen von **Forderungen absonderungsberechtigter Gläubiger,** weil sich dessen Rechte auch auf die auflaufenden Zinsen erstrecken.⁴⁴ Insoweit sind § 50 Abs. 1 für Pfandgläubiger und im Übrigen §§ 166 ff., insbesondere § 169, zu beachten. Ebenso ist § 39 Abs. 1 Nr. 1 auch nicht für Zinsen auf Masseverbindlichkeiten gem. § 55 anwendbar, weil deren Verzinsung der Durchsetzbarkeit der Hauptforderung folgt.⁴⁵

---

[33] Siehe *Jaeger/Henckel* § 39 RdNr. 11; zum alten Recht vgl. *Kilger/K. Schmidt*, KO, § 63 Anm. 1. Eine ähnliche Rechtslage bestand auch bei § 29 Nr. 1 VglO, der Zinsen als Vergleichsforderung ebenfalls ausschloss – vgl. statt aller *Kilger/K. Schmidt* KO § 29 VglO Anm. 1.

[34] Unzutreffend daher *Hess/Obermüller,* Die Rechtsstellung der Verfahrensbeteiligten nach der Insolvenzordnung, 1995, RdNr. 1272; anderes galt im früheren Recht: BGH ZIP 1987, 245; *Kuhn/Uhlenbruck,* KO, § 14 RdNr. 1; *Kilger/K. Schmidt,* KO, § 14 Anm. 1.

[35] Siehe *Jaeger/Henckel* § 39 RdNr. 14; *Smid* § 39 RdNr. 5; *Kübler/Prütting/Bork/Preuß* § 39 RdNr. 11; *Hess* § 39 RdNr. 48; vgl. auch *Hess/Obermüller,* Rechtsstellung der Verfahrensbeteiligten, RdNr. 1275; OLG Nürnberg ZIP 1991, 1018 – dazu *Wissmann* EWiR 1991, 913.

[36] Vgl. A/G/R–*Ahrens* § 39 RdNr. 11; *Braun/Bäuerle* § 39 RdNr. 4; *Smid* § 39 RdNr. 5; OLG Düsseldorf KTS 1969, 108.

[37] Siehe *Häsemeyer* RdNr. 17.15; *Hess* § 39 RdNr. 15 ff.; *Jaeger/Henckel* § 39 RdNr. 10 und 12; HambKomm-*Lüdtke* § 39 RdNr. 6; FK-*Bornemann* § 39 RdNr. 6; HK-*Eickmann* § 39 RdNr. 7; vgl. auch *Uhlenbruck/Hirte* § 39 RdNr. 16; *Kübler/Prütting/Bork/Preuß* § 39 RdNr. 11. Anders für Verzugszinsen offensichtlich *Blersch/Goetsch/Haas/Amelung/Wagner* § 39 RdNr. 10.

[38] Siehe BSG ZInsO 2004, 350; dazu *Mitlehner* ZInsO 2004, 523 FK-*Bornemann* § 39 RdNr. 5; anders noch die Vorinstanz LSG Niedersachen-Bremen ZInsO 2003, 87, 88 f.

[39] *Smid* § 39 RdNr. 5. Zur Frage der Abzinsung bei unverzinslichen Forderungen siehe unten § 41 RdNr. 19 und 29.

[40] BGH NJW 1976, 1843; *Hess/Obermüller,* Rechtsstellung der Verfahrensbeteiligten, RdNr. 1271; *Hess* § 39 RdNr. 28; *Haarmeyer/Wutzke/Förster,* Handbuch, Kap. 5 RdNr. 191.

[41] *Smid* § 39 RdNr. 5; *Jaeger/Henckel* § 39 RdNr. 15; *Uhlenbruck/Hirte* § 39 RdNr. 17; *Braun/Bäuerle* § 39 RdNr. 5; *Kübler/Prütting/Bork/Preuß* § 39 RdNr. 12; *Blersch/Goetsch/Haas/Amelung/Wagner* § 39 RdNr. 8; *Hess* § 39 RdNr. 40 ff.; RGZ 149, 19, 25; BGHZ 22, 304, 309.

[42] So aber HambKomm-*Lüdtke* § 39 RdNr. 7.

[43] Siehe *Staudinger/Löwisch/Feldmann* § 288 BGB RdNr. 31.

[44] Vgl. BGH NJW 1956, 1594; BGH WM 1993, 265; BGH ZIP 1997, 120; BGHZ 134, 195; BGH WM 2011, 561; OLG Hamburg DZWIR 2003, 79; *Jaeger/Henckel* § 39 RdNr. 13; *Hess/Obermüller,* Rechtsstellung der Verfahrensbeteiligten, RdNr. 1273; HK-*Eickmann* § 39 RdNr. 7; FK-*Bornemann* § 39 RdNr. 6; *Nerlich/Römermann/Andres* § 39 RdNr. 6.

[45] Vgl. *Smid* § 39 RdNr. 6; HK-*Eickmann* § 39 RdNr. 7; BSG ZIP 1981, 1108; BSG ZIP 1988, 659.

Dafür sprechen wesentliche Argumente. Zwar sind derartige Ansprüche allgemeine Insolvenz- **16** forderungen, doch entständen ohne Rangnachordnung im Verhältnis zu den Forderungen der Mitgläubiger Verzerrungen, die mit dem Grundsatz der Gleichbehandlung des Forderungswertes in der Insolvenz des Schuldners kaum zu vereinbaren wären. Mit dem Zeitpunkt der Verfahrenseröffnung wird durch die Höhe der Forderungen der einzelnen Gläubiger der Gläubigereinfluss auf das Schuldnervermögen bestimmt, nach dessen Maßgabe quotal der haftungsrechtliche Ausgleich vorgenommen wird. Dass nun einzelne Forderungen nicht pünktlich und nicht vollständig getilgt werden, beruht auf der Haftungsabwicklung, die alle Insolvenzgläubiger gleichmäßig trifft. Da es aber im Insolvenzverfahren keine Unmöglichkeit und keinen Verzug gegenüber einzelnen Insolvenzgläubigern gibt, folgt daraus, dass Verzugs- und Nichterfüllungsschäden, die erst durch das Insolvenzverfahren entstehen, in der Befriedigung zurückzutreten haben, bis sämtliche anderen (allgemeinen) Insolvenzforderungen zu ihrem Nennwert getilgt worden sind.[46] Die Gleichstellung von Ansprüchen aus Schadensersatz wegen Nichterfüllung bzw. Verzug und Zinsansprüche im Rang nach § 39 Abs. 1 Nr. 1 findet indes im Gesetz keine Stütze. Daher fallen die Vorfälligkeitsentschädigungen für Zinsausfall auch nicht in diesen Anwendungsbereich.[47] Im Hinblick auf die enumerative Aufzählung der jeweiligen Forderungen und deren strenge Zuordnung in bestimmten Klassen dürfte zudem kein Spielraum bestehen, die Regelung des § 39 Abs. 1 Nr. 1 dahingehend auszulegen, dass auch Forderungen auf Schadensersatz wegen Nichterfüllung bzw. Verzug davon erfasst werden.

2. Säumniszuschläge. Problematisch war nach früher geltendem Recht die Einordnung von **17** Säumniszuschlägen (§§ 152, 240 AO, § 24 SGB IV). Das BSG und der BFH hatten in ständiger Rechtsprechung Säumniszuschläge wegen ausbleibender Sozialbeiträge nach § 24 SGB IV als Insolvenzforderungen anerkannt.[48] Dies wurde zum Teil als zutreffend angesehen, weil diese Zuschläge als Nebenforderung bereits vor der Eröffnung des Verfahrens entstehen. Von der wohl hM wurde für Verspätungs- und Säumniszuschläge, die auf die Zeit nach Eröffnung für vorher begründete Insolvenzforderungen entfallen eine Nachrangigkeit damit zu begründen versucht, dass Säumniszuschläge – weil sie einem pauschalierten Schadensausgleich dienten – die Funktion von Verzugszinsen hätten und daher in den Anwendungsbereich des § 39 Abs. 1 Nr. 1 fielen.[49] Zum Teil wurde auch die Subsumption unter § 39 Abs. 1 Nr. 3 befürwortet.[50]

Durch das Gesetz zur Vereinfachung des Insolvenzverfahrens[51] wurden Säumniszuschläge von **18** Finanzämtern, Sozialversicherungsträgern und der Bundesagentur für Arbeit (§ 240 AO, § 24 SGB IV) ausdrücklich § 39 Abs. I Nr. 1 zugeteilt. Laut Regierungsbegründung dient die Ergänzung lediglich der Klarstellung.[52] Einer Einordnung unter die Vorschrift des § 38 ist damit jegliche Grundlage entzogen. Ebenso bedarf es zur Begründung der Nachrangigkeit von Säumniszuschlägen keiner besonderen Konstruktionen mehr.

Da zu § 152 AO keine Änderung vorgesehen ist, ist davon auszugehen, dass dieser Verspätungszu- **19** schlag weiterhin als Insolvenzforderung einzuordnen ist.[53]

III. Rechtsverfolgungskosten

Nach § 39 Abs. 1 Nr. 2 können die den Insolvenzgläubigern **durch ihre Teilnahme** am Verfah- **20** ren entstandenen Kosten als nachrangige Insolvenzforderungen geltend gemacht werden. Der Grund für die Nachrangigkeit dieser Forderungen besteht darin, dass es im Hinblick auf die Beschränktheit der Insolvenzmassen nicht sinnvoll wäre, die bestehenden Schulden während des Verfahrens durch die Kosten noch zusätzlich zu vergrößern.[54] Kosten, die vor Eröffnung des Verfahrens entstanden

---

[46] So überzeugend *Häsemeyer* RdNr. 17.02 und 17.15; vgl. auch *Braun/Bäuerle* § 39 RdNr. 6; *Jaeger/Henckel* § 3 RdNr. 36 f.; OLG Karlsruhe MDR 1996, 477, 478; BGH WM 2011, 561 ff.
[47] OLG Hamburg DZWiR 2003, 79; HK-*Eickmann* § 39 RdNr. 7; *Braun/Bäuerle* § 38 RdNr. 7.
[48] Siehe BFH ZInsO 2005, 494; BFH BB 2003, 2442; BFH NJW 1974, 719 f.; BFH KTS 1983, 444; BSG ZIP 2001, 1159; BSG ZIP 1999, 887; BSG ZIP 1998, 659; *Zimmermann* ZInsO 2001, 495, 496; aA *Buhmann/Woldrich* ZInsO 2004, 1238.
[49] *Jaeger/Henckel* § 39 RdNr. 10; ähnlich *Häsemeyer* RdNr. 23.69; *Smid* § 39 RdNr. 5; SG Köln ZInsO 2001, 631; BSG ZInsO 2004, 350; vgl. auch *Uhlenbruck/Hirte* § 39 RdNr. 11; *Mittlehner* NZI 2003, 189. Dagegen etwa *Frotscher*, Besteuerung in der Insolvenz, S. 58 f.; siehe insoweit auch BSG ZIP 1988, 659 (dazu *Onusseit* EWiR 1988, 501).
[50] Vgl. *Braun/Bäuerle*, 2. Aufl.; § 39 RdNr. 9; *Mittlehner* NZI 2003, 189; *A. Schmidt* EWiR 1999, 905.
[51] Gesetz vom 13.4.2007 (BGBl. I S. 509).
[52] BT-Drucks. 16/3227, S. 17 f.
[53] Vgl. *Kübler/Prütting/Bork/Preuß* § 39 RdNr. 18; *Braun/Bäuerle* § 39 RdNr. 11; a. A. *Uhlenbruck/Hirte* § 39 RdNr. 11 ff.
[54] *Leipold/Loritz*, Insolvenzrecht im Umbruch, 91, 95; *Jaeger/Henckel* § 39 RdNr. 16.

sind, etwa solche im Rahmen der Stellung des Insolvenzantrags gem. §§ 13, 14, fallen nicht unter § 39 Abs. 1 Nr. 2, sondern sind als „Nebenforderungen" allgemeine Insolvenzforderungen nach § 38. Dasselbe gilt auch für einen vor Eröffnung vereinbarten Vorschuss (§ 9 RVG).[55] Etwas anderes gilt nur, wenn auch der Rang der Hauptforderung nachrangig ist, denn der Rang der Nebenforderung folgt dem Rang der Hauptforderung.[56] Daher sind Rechtsverfolgungskosten in Bezug auf Masseschuldansprüche ebenfalls Masseansprüche.

21 Als nachrangige Insolvenzforderungen können beispielsweise alle Kosten geltend gemacht werden, die bei der Anmeldung von Forderungen (zB Kopierkosten, Porti) entstanden sind. Das Gleiche gilt für Kosten, die im Zusammenhang mit der Teilnahme an Gläubigerversammlungen (Fahrtkosten, Übernachtungskosten, etc.) aufgelaufen sind.[57] Nachrangige Insolvenzforderungen nach § 39 Abs. 1 Nr. 2 sind auch Kosten, die den jeweiligen Gläubigern bei der Erstellung ihrer persönlichen Unterlagen im Rahmen des Insolvenzverfahrens entstehen. Ebenfalls zu den Rechtsverfolgungskosten zählen die Kosten der Vertretung des Insolvenzgläubigers im eröffneten Verfahren durch einen Anwalt (§ 28 RVG i. V. m. VV Nr. 3317 f., 3320 f.). Vor dem Hintergrund, dass eine Vorschrift wie die des § 62 Nr. 2 KO in der Insolvenzordnung nicht besteht, sind auch die Kosten der Vertretung im Antragsverfahren gem. § 39 Abs. 1 Nr. 2 nachrangig.[58] Ebenfalls nachrangig sind die Kosten, die dem Absonderungsberechtigten bei der Teilnahme am Verfahren zur Durchsetzung seiner Absonderungsrechte entstehen.[59] Die Gerichtskosten, die für die Prüfung von nachträglich angemeldeten Forderungen in einem besonderen Prüfungstermin oder im schriftlichen Verfahren entstehen (§ 177, Nr. 1430 des Kostenverzeichnisses des § 11 Abs. 1 GKG), gehören nicht zu den in § 39 Abs. 1 Nr. 2 genannten Kosten. Als Säumniskosten trägt sie allein der Gläubiger.[60] In Ausnahmefällen werden einem Gläubiger während des Verfahrens entstandene Kosten aus der Masse erstattet, nämlich dann, wenn durch sein Verhalten der Masse oder anderen Gläubigern Vorteile erwachsen, die ihnen kostenmäßig aber nicht zur Last gefallen sind. Dazu gehören die erfolgreiche Beantragung der Anordnung des Insolvenzgerichts, das eine geplante Veräußerung des Unternehmens oder eines Betriebs des Schuldners nur mit Zustimmung der Gläubigerversammlung zulässig sein soll (§ 163),[61] und die Prozesskosten, wenn ein Gläubiger, der die angemeldete Forderung eines anderen bestritten hat, im Feststellungsprozess, an dem sich der Insolvenzverwalter nicht beteiligt hat, einen Vorteil für die Masse erstritten hat (§ 183 Abs. 3).

IV. Geldstrafen und ähnliche Forderungen zu Sanktionszwecken

22 Im Gegensatz zum alten Recht der Konkursordnung sind nach § 39 Abs. 1 Nr. 3 nunmehr Geldstrafen, Geldbußen, Ordnungs- und Zwangsgelder und zu einer Geldzahlung verpflichtende Nebenfolgen einer Straftat oder Ordnungswidrigkeit nachrangige Insolvenzforderungen. Die Nachrangigkeit dieser Forderungen begründet sich dadurch, dass sie auf Grund ihres poenalen Charakters nur den Schuldner persönlich und nicht die Insolvenzgläubiger durch Verminderung der Quote belasten sollen.[62] Die Regelung des Nachrangs gem. § 39 Abs. 1 Nr. 3 findet jedoch auf strafprozessualen Arrest jedenfalls insoweit keine Anwendung als staatliche Ansprüche bereits durch wirksame Pfändung aufgrund dieses Arrests gesichert sind.[63]

23 Es werden insbesondere erfasst Geldstrafen gem. §§ 40, 41 und 43 a StGB, Geldbußen gem. § 17 OWiG, § 81 GWB und § 377 AO, Ordnungsgelder, wie zB gem. §§ 141 Abs. 3, 380, 390, 880, 890 ZPO oder gem. §§ 15, 140 FGG, § 37 HGB, §§ 56, 178 GVG, §§ 28, 46 Abs. 2, 51 Abs. 1 ArbGG, und Zwangsgelder, die von einem Gericht oder einer Behörde auferlegt werden, um zur Erfüllung einer Pflicht anzuhalten (zB §§ 328 f. AO).[64] Nebenfolgen einer Strafe oder einer Ordnungswidrigkeitensanktion, sofern sie zu einer Geldzahlung verpflichten, sind insbesondere die Einziehung des

---

[55] Siehe *Blersch/Goetsch/Haas/Amelung/Wagner* § 39 RdNr. 15; HK-*Eickmann* § 39 RdNr. 8; *Nerlich/Römermann/Andres* § 39 RdNr. 7; *Jaeger/Henckel* § 39 RdNr. 16; HambKomm-*Lüdtke* § 39 RdNr. 9.
[56] *Jaeger/Henckel* § 39 RdNr. 16; A/G/R-*Ahrens* § 39 RdNr. 18.
[57] Siehe ausführlich *Jaeger/Henckel* § 39 RdNr. 17.
[58] Siehe die Aufzählung bei *Jaeger/Henckel* § 39 RdNr. 17; vgl. ferner *Smid* § 39 RdNr. 7; *Kübler/Prütting/Bork/Preuß* § 39 RdNr. 14; FK-*Bornemann* § 39 RdNr. 7; HK-*Eickmann* § 39 RdNr. 8; HambKomm-*Lüdtke* § 39 RdNr. 11; *Blersch/Goetsch/Haas/Amelung/Wagner* § 39 RdNr. 16; *Uhlenbruck/Hirte* § 39 RdNr. 21.
[59] *Jaeger/Henckel* § 39 RdNr. 18.
[60] Siehe FK-*Bornemann* § 39 RdNr. 8.
[61] *Jaeger/Henckel* § 39 RdNr. 18; siehe auch HambKomm-*Lüdtke* § 39 RdNr. 10.
[62] *Häsemeyer* RdNr. 17.15; *Jaeger/Henckel* § 39 RdNr. 22; HambKomm-*Lüdtke* § 39 RdNr. 12; *Heinze* ZVI 2006, 14. Zur Vollstreckung von Ersatzfreiheitsstrafen siehe LG Leipzig ZIP 2002, 142; *Wessing* EWiR 2002, 167; *Fortmann* ZInsO 2005, 140.
[63] OLG Köln ZIP 2004, 2013, 2015.
[64] Eingehend *Jaeger/Henckel* § 39 RdNr. 24; *Buhmann/Woldrich* ZInsO 2004, 1238, 1239 f.

Wertersatzes und die Abschöpfung des Mehrerlöses und ergeben sich u. a. aus §§ 74 ff., insbes. 74 c StGB oder § 25 OWiG.[65]

Eine Besonderheit ergibt sich in diesem Zusammenhang beim **Nachlassinsolvenzverfahren**. 24 Geldbußen können nach § 101 OWiG nicht in den Nachlass des Betroffenen vollstreckt werden, und die Vollstreckung eines Zwangsgeldes in den Nachlass macht auf Grund des individualbezogenen Charakters des Zwangsgeldes ebenfalls keinen Sinn.[66] Allerdings enthält § 370 keine dem § 226 Nr. 2 KO entsprechende, die allgemeine Regel des § 39 Abs. 1 Nr. 3 einschränkende Vorschrift. Daher würden Geldbußen und Zwangsgelder als nachrangige Insolvenzforderung am Nachlassinsolvenzverfahren teilnehmen. Da an diesem Verfahren nach § 325 jedoch nur die Nachlassverbindlichkeiten beteiligt sind, reduziert sich in diesem speziellen Fall die Regelung des § 39 Abs. 1 Nr. 3 auf einen dem § 226 Nr. 2 KO entsprechenden Inhalt und ist insoweit ohne die Worte „Geldstrafen, Ordnungsgelder und Zwangsgelder" zu lesen.[67]

V. Forderungen auf unentgeltliche Leistungen

1. Grundlagen. Während § 63 Nr. 4 KO Forderungen aus einer Freigebigkeit des Gemein- 25 schuldners unter Lebenden oder von Todes wegen von der Anmeldung als Konkursforderung ausgeschlossen hat, bestimmt § 39 Abs. 1 Nr. 4, dass Forderungen auf eine **unentgeltliche** Leistung des Schuldners eine nachrangige Insolvenzforderung im vierten Rang darstellt. Im Verhältnis zu den Forderungen der übrigen Insolvenzgläubiger ist es sachgerecht, dass Forderungen auf unentgeltliche Leistungen des Schuldners zurückstehen müssen. Denn wenn der Schuldner seine Schulden nicht bezahlen kann, so soll er auch nicht zum Nachteil seiner Gläubiger verschenken dürfen. Daher müssen diejenigen, denen eine solche unentgeltliche Leistung versprochen worden ist, mit der Erfüllung dieses Versprechens warten, bis die anderen Gläubiger befriedigt worden sind.[68]

Hatte der Schuldner über Vermögensgegenstände vor Eröffnung des Insolvenzverfahrens **unent-** 26 **geltlich verfügt**, sie insbesondere schenkweise weggegeben, ist für § 39 Abs. 1 Nr. 4 kein Raum mehr.[69] Hier greift die Insolvenzanfechtung nach § 134 ein. Beide Vorschriften bilden von ihrem Regelungsansatz her freilich eine Einheit. Sie eröffnen nämlich jeweils die Möglichkeit, das, was der Schuldner freigebig, also ohne dass ein Gegenwert in sein Vermögen gelangt, weggegeben hat, oder die Verpflichtung zu einer solchen Leistung, in der Insolvenz für diejenigen nutzbar zu machen, welche für die nun von ihnen geltend gemachte Leistung einen Gegenwert in das Vermögen des Schuldners gegeben haben.[70]

2. Unentgeltlichkeit. Eine unentgeltliche Leistung liegt dann vor, wenn ein Vermögenswert 27 des Verfügenden zugunsten einer anderen Person aufgegeben wird, ohne dass der Empfänger eine ausgleichende Gegenleistung an den Verfügenden oder mit dessen Einverständnis an einen Dritten erbringt.[71] Ob eine solche Gegenleistung erbracht worden ist und ob es tatsächlich an einem Gegenwert fehlt, bestimmt sich grundsätzlich nach dem objektiven Sachverhalt.[72] Nach Auffassung des BGH kann jedenfalls die **einseitige** Vorstellung des Gemeinschuldners über mögliche wirtschaftliche Vorteile, die nicht in rechtlicher Abhängigkeit zu seiner Zuwendung stehen, deren Entgeltlichkeit nicht begründen.[73] Ebenso lässt die Hoffnung auf eine Gegenleistung ein Geschäft noch nicht entgeltlich werden.[74] Der Irrtum des Gläubigers über das Vorliegen einer zur Unentgeltlichkeit führenden Gegenleistung oder über sonstige Voraussetzungen einer unentgeltlichen Leistung schließt den Nachrang nicht aus. Umgekehrt ist eine Leistung, bei der der Schuldner irrtümlich davon ausgegangen ist, es handele sich um eine unentgeltliche Forderung, gleichwohl eine Insolvenzforderung nach § 38.[75] Der objektive Sachverhalt bedeutet dabei aber nicht in erster Linie die Frage nach

---

[65] BGH v. 11.5.2010, Az IX ZR 138/09; *Uhlenbruck/Hirte* § 39 RdNr. 23; *Häsemeyer* RdNr. 17.15; *Kübler/Prütting/Bork/Preuß* § 39 RdNr. 16; *Nerlich/Römermann/Andres* § 39 RdNr. 8; *Jaeger/Henckel* § 39 RdNr. 24; FK-*Bornemann* § 39 RdNr. 8; siehe auch BGH NZI 2010, 607.
[66] Vgl. *Kilger/K. Schmidt*, KO, § 222 Anm. 3 b; *Kübler/Prütting/Bork/Preuß* § 39 RdNr. 17.
[67] So auch *Kübler/Prütting/Bork/Preuß* § 39 RdNr. 17; *Jaeger/Henckel* § 39 RdNr. 99.
[68] Vgl. *Leipold/Loritz*, Insolvenzrecht im Umbruch, 91, 95; siehe auch *Jaeger/Henckel* § 39 RdNr. 25; Hamb-Komm-*Lüdtke* § 39 RdNr. 15; *Gerhardt* ZIP 1991, 273.
[69] *Jaeger/Henckel* § 39 RdNr. 26.
[70] Vgl. insoweit nun auch BGH NZI 2008, 369; A/G/R-*Ahrens* § 39 RdNr. 24.
[71] BGH ZIP 1993, 1170; vgl. auch BGH ZIP 1992, 1089, 1091 f. Ausführlich *Staudinger/Wimmer-Leonhardt*, BGB, § 516 RdNr. 31 ff.
[72] *Hess/Kopshofer* § 32 RdNr. 2; *Kübler/Prütting/Bork/Preuß* § 39 RdNr. 21; A/G/R-*Ahrens* § 39 RdNr. 25; *Uhlenbruck/Hirte* § 39 RdNr. 29; *Jaeger/Henckel* § 39 RdNr. 27; vgl. auch BGH WM 1956, 703.
[73] BGH ZIP 1991, 35.
[74] OLG Celle NJW 1990, 720.
[75] *Uhlenbruck/Hirte* § 39 RdNr. 30.

den objektiven Werten von Leistung und Gegenleistung, sondern er wird in der Regel durch die Wertung beider Parteiauffassungen gekennzeichnet.[76] Die Unentgeltlichkeit ist grundsätzlich also danach zu beurteilen, ob die Beteiligten den **Gegenwert der Leistung als Entgelt angesehen** haben oder nicht. Die systematische Verknüpfung von Leistung und Gegenleistung genügt im Allgemeinen, um die sich gegenseitig versprochenen Leistungen als entgeltlich anzusehen.[77] Allerdings braucht die Gegenleistung nicht in einem synallagmatischen Verhältnis zur versprochenen Leistung stehen.[78] Die Frage, ob Unentgeltlichkeit vorliegt, ist dabei sowohl in objektiver als auch in subjektiver Hinsicht nach dem Zeitpunkt der Versprechensabgabe zu beurteilen und zwar dergestalt, dass subjektive Elemente erst zu prüfen sind, wenn feststeht, dass der Zuwendungsempfänger einen Gegenwert für die Zuwendung erbracht hat.[79]

28   Eine Zuwendung, die zwecks **Erfüllung einer rechtlichen Pflicht** versprochen wird, ist daher entgeltlich und nimmt als allgemeine Insolvenzforderung an der Verteilung teil. Diese rechtliche Pflicht kann auf Vertrag oder auf Gesetz beruhen. Eine derartige gesetzliche Pflicht liegt etwa vor bei Unterhaltsversprechen im Rahmen der gesetzlichen Unterhaltspflicht[80] oder bei Ausstattungsversprechen nach § 1624 BGB, soweit das den Umständen entsprechende Maß nicht überschritten ist.[81] Ebenso ist das einem Arbeitnehmer versprochene Ruhegeld keine unentgeltliche Leistung, weil es eine auf Grund des Arbeitsverhältnisses versprochene entgeltliche Leistung ist.[82] Unentgeltlichkeit liegt dagegen vor bei Schenkungen unter Lebenden nach § 516 Abs. 1 BGB und bei Schenkungen unter Lebenden auf den Todesfall gem. § 2301 Abs. 2 BGB.[83] Den Schenkungen gleichgestellt sind in der Regel auch die sog. unbenannten Zuwendungen unter Ehegatten, nahen Angehörigen und Lebenspartnern.[84] Die Frage, ob derartige unbenannte Zuwendungen im Einzelfall als unentgeltlich angesehen werden können, ergibt sich aus den entsprechenden familienrechtlichen Erwägungen.[85] Der Grund für Schenkungen ist jeweils unerheblich.[86] Daher können auch Pflicht-, Anstandsschenkungen und gebräuchliche Gelegenheitsgeschenke nur als nachrangige Forderungen geltend gemacht werden.

29   Spendenzusagen sind ebenfalls in aller Regel Fälle von Freigebigkeit,[87] so dass entsprechende Forderungen in die vierte Klasse nachrangiger Insolvenzforderungen eingruppiert werden. Dasselbe gilt für einen Anspruch aus § 661a BGB aus einer Gewinnzusage.[88]

30   **3. Erweiterung des Anwendungsbereichs. a) Fragestellung und unproblematische Fälle.** Die enge Begrenzung des § 39 Abs. 1 Nr. 4 auf unentgeltliche Leistungen wirft, ähnlich wie bei der Anfechtung unentgeltlicher Leistungen nach § 134 Abs. 1, die Frage auf, wie Umgehungstatbestände, mit denen das Ziel verfolgt wird, als reguläre Insolvenzgläubiger am Verfahren teilnehmen zu können, erfasst werden können. Unproblematisch sind zunächst die Fälle, in denen durch selbstständige Schuldversprechen oder durch die Abgabe eines abstrakten Schuldanerkenntnisses oder durch eine Wechselbegebung die Freigebigkeit einer Leistung entfallen soll, denn in diesen Fällen besteht weiterhin der auf die Unentgeltlichkeit der Leistung gerichtete Wille des Zuwendenden.[89] Gleichzeitig ist aber bei einer Forderung aus Freigebigkeit, die mit einer Wechselbegebung verbunden ist, ein Dritter, der als gutgläubiger Indossatar den Wechsel erworben hat, Insolvenzgläubiger nach § 38.[90]

---

[76] BGHZ 113, 98, 101 ff.; *Gerhardt* ZIP 1991, 279 ff.; *Henckel* ZIP 1990, 139 ff.
[77] RGZ 163, 348, 356; BGH WM 1956, 354.
[78] Vgl. *Uhlenbruck/Hirte* § 39 RdNr. 28.
[79] BGHZ 162, 277, 281 f.; RGZ 141, 358, 359; A/G/R-*Ahrens* § 39 RdNr. 26; *Kübler/Prütting/Bork/Preuß* § 39 RdNr. 20; *Jaeger/Henckel* § 39 RdNr. 27.
[80] RG LZ 1908, Spalte 606; *Kilger/K. Schmidt*, KO, § 63 Anm. 5; *Uhlenbruck/Hirte* § 39 RdNr. 30.
[81] *Kübler/Prütting/Bork/Preuß* § 39 RdNr. 23; *Hess* § 39 RdNr. 57; *Jaeger/Henckel* § 39 RdNr. 32; FK-*Bornemann* § 39 RdNr. 9.
[82] Ausführlich *Jaeger/Henckel* § 39 RdNr. 31; siehe ferner *Uhlenbruck/Hirte* § 134 RdNr. 33. AA LG Görlitz EWiR 2002, 585.
[83] Vgl. *Kübler/Prütting/Bork/Preuß* § 39 RdNr. 22; *Smid* § 39 RdNr. 9.
[84] Zur Abgrenzung vgl. nur MünchKommBGB-*Koch* § 516 RdNr. 62 ff.; *Staudinger/Wimmer-Leonhardt*, BGB, § 516 RdNr. 84 ff.; *Kollhosser* NJW 1994, 2313.
[85] Siehe MünchKommBGB-*Musielak* § 2287 RdNr. 4; *Sandweg* NJW 1989, 1965, 1969; *Rauscher* AcP 186 (1986), 529, 549 ff.; BGHZ 82, 227; BGHZ 116, 167; BGH NJW-RR 1996, 133; vgl. aber auch BGHZ 127, 48, 50 ff.
[86] Siehe *Kübler/Prütting/Bork/Preuß* § 39 RdNr. 21; *Blersch/Goetsch/Haas/Amelung/Wagner* § 39 RdNr. 28.
[87] *Kilger/K. Schmidt*, KO, § 63 Anm. 5.
[88] BGH ZIP 2009, 37; vgl. dazu *Kriegel*, ZInsO 2008, 552.
[89] So auch *Kübler/Prütting/Bork/Preuß* § 39 RdNr. 20; HK-*Eickmann* § 39 RdNr. 10; HambKomm-*Lüdtke* § 39 RdNr. 16; vgl. zudem *Graf-Schlicker/Kalkmann* § 39 RdNr. 14; A/G/R-*Ahrens* § 39 RdNr. 27.
[90] Siehe *Smid* § 39 RdNr. 10; *Jaeger/Henckel* § 39 RdNr. 34 f.

Verspricht der Gemeinschuldner eine unentgeltliche Leistung, geht aber irrtümlicherweise davon aus, dass seine Leistung auf einer gesetzlichen Verpflichtung beruht, so soll nach BGHZ 71, 61, 69 diese Leistung gleichwohl nicht als unentgeltlich angesehen werden, so dass diese Leistung als Insolvenzforderung auch hier nach § 38 zu beurteilen ist. Die Eingruppierung solcher Forderungen als allgemeine Insolvenzforderung nach § 38 ist insoweit konsequent, als man für die Unentgeltlichkeit sowohl die objektive Betrachtung, dass einer Leistung keine Gegenleistung gegenübersteht, als auch den subjektiven Willen des Schuldners, unentgeltlich leisten zu wollen, fordert. Anders zu beurteilen ist hingegen der Fall, in dem der Empfänger einer unentgeltlichen Leistung diese für entgeltlich hielt,[91] denn auf die Vorstellung des Empfängers der Leistung kommt es bei der Bestimmung der Unentgeltlichkeit nicht an. Hinsichtlich der Frage der Unentgeltlichkeit unproblematisch sind auch die gemischten Schenkungen, bei denen sich die Beteiligten einig sind, dass eine Leistung zum Teil entgeltlich und zum Teil unentgeltlich erbracht werden soll. Wegen der Teilbarkeit der Leistung fällt in den Anwendungsbereich des § 39 Abs. 1 Nr. 4 der Wertanteil des versprochenen Gegenstandes, der unentgeltlich geleistet werden sollte.[92]

b) Verschleierte unentgeltliche Leistung. Fraglich ist, ob es sich auch dann um eine Forderung auf eine unentgeltliche Leistung handelt, wenn der spätere Gemeinschuldner für seine versprochene Leistung nur eine objektiv wertlose Ausgleichsforderung erhalten hat. Im Anfechtungsrecht des § 134 geht man im Anschluss an die Rechtsprechung zu § 32 KO davon aus, dass in diesen Fällen keine Gegenleistung des Zuwendungsempfängers vorliegt und die Leistung damit anfechtbar ist („verschleierte unentgeltliche Leistung").[93] Ähnlich wie bei der Anfechtung unentgeltlicher Leistungen nach § 134 sollte auch der Begriff der unentgeltlichen Leistung nach § 39 Abs. 1 Nr. 4 die verschleierten unentgeltlichen Leistungen umfassen.[94] Nur auf diesem Wege kann es gelingen, Manipulationen auszuschließen, mit denen dafür gesorgt wird, dass der Gläubiger als Insolvenzgläubiger nach § 38 gleichberechtigt mit den allgemeinen Gläubigern befriedigt wird, obwohl er faktisch eine unentgeltliche Leistung versprochen bekommen hat. Der vorgespiegelte Kauf als scheinbar entgeltliches Geschäft ist nach § 117 Abs. 2 BGB nichtig; das dissimulierte unentgeltliche Geschäft führt zur Anwendung des § 39 Abs. 1 Nr. 4.[95]

Neben den Fällen, in denen der Gemeinschuldner für seine versprochene Leistung eine Gegenleistung erhalten hat, die objektiv wertlos ist, sind auch die Fälle problematisch, in denen der spätere Schuldner eine Gegenleistung bekommen hat, die zwar nicht wertlos ist, wo aber der (objektive) Wert dieser Gegenleistung zu dem (objektiven) **Wert der Leistung in krassem Missverhältnis** steht. Die Legitimation dafür, auch hier von einer unentgeltlichen Leistung zu sprechen, die gem. § 39 Abs. 1 Nr. 4 erst nachrangig befriedigt wird, ergibt sich aus der ansonsten bestehenden Möglichkeit, die Nachrangigkeit des § 39 Abs. 1 Nr. 4 zu umgehen. Es bräuchte nämlich nur an das Versprechen einer an sich unentgeltlichen Leistung des einen Teils eine minimale Gegenleistung des anderen Teils geknüpft werden. Dann wäre der Tatbestand einer unentgeltlichen Leistung im formalen Sinne gerade nicht erfüllt, ohne dass aber zwischen den Parteien der wahre Charakter der Unentgeltlichkeit entfiele. Derartige Umgehungsmöglichkeiten können verhindert werden, wenn man eine Unentgeltlichkeit der Leistung auch dann annimmt, wenn der Wert der Gegenleistung im Vergleich zu dem der ihr gegenüberstehenden Leistung objektiv in einem krassen Missverhältnis steht und ihr deshalb in Wirklichkeit nur die Aufgabe zukommt, eine Quasi-Entgeltlichkeit vorzuspiegeln.[96]

Die **Einbeziehung von verschleierten unentgeltlichen Leistungen** in den Anwendungsbereich des § 39 Abs. 1 Nr. 4 erscheint nicht nur zur Vermeidung von Umgehungen der Norm, sondern auch aus Billigkeitserwägungen im Hinblick auf die allgemeinen Insolvenzgläubiger notwendig. Es ist ein allgemeines Rechtsprinzip, dass Schenkungen bzw. das Versprechen unentgeltlicher Leistungen ein schwacher Grund für den Erhalt dieser Leistungen darstellt.[97] Diejenige Leistung, die im Gegenzug zu einer anderen Leistung versprochen wird, wird in der Rechtsordnung privilegiert. Dieses Privileg muss auch bei dem Rang der Befriedigung in der Insolvenz beibehalten werden. Es wäre daher unbillig, den „schwachen Erwerb" im Rang der Befriedigung dem „starken

---

[91] Vgl. BGH ZIP 1991, 35.
[92] *Jaeger/Henckel* § 39 RdNr. 36.
[93] Vgl. dazu RGZ 50, 136; BGH WM 1964, 590; *Jaeger/Henckel* § 39 RdNr. 37; *Ehricke,* Das abhängige Konzernunternehmen in der Insolvenz, 1998, 51 ff.
[94] So auch *Jaeger/Henckel* § 39 RdNr. 37.
[95] *Jaeger/Henckel* § 39 RdNr. 37.
[96] So im Ergebnis auch *Häsemeyer,* 466 f.; *Kamlah,* Die Anfechtung in der Insolvenz von Unternehmen, 1995, 83 f.; *Jaeger/Henckel* § 39 RdNr. 37; vgl. auch MünchKommBGB-*M. Schwab* § 816 RdNr. 66.
[97] Siehe etwa *Jaeger/Henckel* § 39 RdNr. 3725; *Gottwald/Huber,* Insolvenzrechts-Handbuch, § 49 RdNr. 2; siehe zudem auch *Gerhardt* ZIP 1991, 273; *Gerhardt/Kreft,* Aktuelle Probleme der Insolvenzanfechtung, 109; *Ehricke,* aaO, 48.

Erwerb" durch Hingabe einer eigenen Leistung nur deshalb gleichzustellen, weil das formale Kriterium des Fehlens einer Gegenleistung nicht erfüllt ist.

35 Will man derartige Umgehungsmöglichkeiten in den Anwendungsbereich des § 39 Abs. 1 Nr. 4 einbeziehen, entsteht das Problem, dass auch eine noch so kleine Gegenleistung von den Beteiligten aber möglicherweise doch als angemessenes Entgelt angesehen wird, so dass zumindest ihrer übereinstimmenden Vorstellung nach die Verfügung nicht unentgeltlich sein sollte. Die Bewertung einer solchen Leistung als unentgeltlich könnte damit einen Eingriff in die Privatautonomie der Parteien darstellen.[98] Das Dilemma zwischen dem Versuch, Umgehungen der Unentgeltlichkeit zu umgehen, und der Freiheit der Parteien, Verträge untereinander abzuschließen, deren Leistung und Gegenleistung in krassem Widerspruch zueinander stehen, ist nur im Einzelfall mittels prozessualer Instrumente (Beweislast) zu lösen.[99] Man wird insoweit regelmäßig auf den Willen der Parteien abstellen müssen. Sie werden daher im Prozess dann, wenn eine Umgehung behauptet wird bzw. wenn der Richter eine solche für nahe liegend hält, darlegen müssen, aus welchen Gründen sie eine Leistung mit einer wirtschaftlich völlig unvernünftigen Gegenleistung verknüpft haben.[100]

VI. Forderungen auf Rückgewähr von Gesellschafterdarlehen

36 **1. Neuregelung.** Die Vorschrift des § 39 Abs. 1 Nr. 5 unterlag durch das MoMiG[101] einer grundlegenden Änderung. Das gesamte, verstreut geregelte Kapitalersatzrecht wurde in seiner bestehenden Form abgeschafft und ein einheitlicher Regelungskomplex in der Insolvenzordnung aufgenommen. Nach der alten Fassung von § 39 Abs. 1 Nr. 5 wurden nur sog. kapitalersetzende Darlehen und gleichgestellte Forderungen erfasst. Die Neuregelung erklärt den Nachrang nun für jedes Gesellschafterdarlehen in der Insolvenz.[102] Auf den Begriff der Krise wird verzichtet. Eine „Umqualifizierung" von Gesellschafterdarlehen in eine eigenkapitalersetzende Funktion findet nicht mehr statt. Dies führt u. a. dazu, dass bei der Beurteilung einer Überschuldung nach § 19 Abs. 2 alle Gesellschafterdarlehen unabhängig von ihrem Charakter nicht mehr zu den Verbindlichkeiten der Gesellschaft zählen.[103]

37 Das Auszahlungsverbot von Gesellschafterdarlehen nach § 30 Abs. 1 GmbHG a. F. analog wurde gestrichen. So ist eine Auszahlung nun zulässig, jedoch verbunden mit dem Risiko einer Anfechtung nach § 135 Abs. 1 Nr. 2.[104]

38 Problematisch ist, ob durch die Neuregelung auch der **Normzweck** der Vorschrift anders ausgerichtet wurde. Auf der einen Seite wird daran festgehalten, dass die Nachranganordnung nach wie vor durch die Finanzierungsfolgenverantwortung für entsprechend gewährte Darlehen gerechtfertigt wird.[105] Andere suchen die Begründung in der Haftungsbeschränkung der Kapitalgesellschaften, deren missbräuchlicher Ausnutzung entgegengesteuert werden soll.[106] Ein wiederum anderer Anknüpfungspunkt wird in der Nähe des Gesellschafters zur Gesellschaft und dem damit verbundenen Informationsvorsprung und der größeren Einwirkungsmöglichkeiten gegenüber den restlichen Gläubigern gesehen.[107] Am ehesten zu überzeugen vermag die Auffassung, die den Rangrücktritt im Kern als Ausgleich dafür sieht, dass der Gesellschafter einer Gesellschaft, der gleichzeitig auch Gläubiger der Gesellschaft ist, regelmäßig – aber keineswegs immer, wie die Beispiele der AG oder der SE zeigen – den Vorteil haben, im Zeitpunkt des Vertragsschlusses einen im Vergleich zu den übrigen außen stehenden Gläubigern der Gesellschaft verbesserte Möglichkeit der Information über ihren Vertragspartner zu haben. Würde man diesen Ansatz jedoch konsequent weiterdenken, dann müssten z.B. auch die institutionellen Kreditgeber immer dann in einen derartigen „Vorteilsausgleichsgedanken" einbezogen werden, wenn sie – jedenfalls in dem insoweit typischen Fall der „Hausbank" oder der Einbeziehung von Covenants in die Vertragsbeziehung – mindestens ebenso gut in die wirtschaftliche Situation ihres Schuldners Einblick nehmen

---

[98] Näher dazu *Ehricke*, aaO, 52 f.
[99] Näher dazu *Ehricke*, aaO, 54 f.
[100] Näher dazu *Ehricke*, aaO, 54 f. Vgl. auch MünchKommBGB-*M. Schwab* § 816 RdNr. 66; *Staudinger/Wimmer-Leonhardt*, BGB, § 516 RdNr. 43.
[101] Gesetz zur Modernisierung des GmbH-Rechts und zur Bekämpfung von Missbräuchen (MoMiG) vom 31.10.2008, BGBl. I, S. 2026.
[102] Vgl. Begründung RegE BT-Drucks. 16/6140, S. 56; *Kübler/Prütting/Bork/Preuß* § 39 RdNr. 24.
[103] Siehe RdNr. 67 ff.
[104] S. unten die Kommentierung zu § 135; *Kampshoff* GmbHR 2010, 897, 897.
[105] *Altmeppen* NJW 2008, 3601, 3602 f; *Bork* ZGR 2007, 250, 257; vgl. auch *Haas* ZInsO 2007, 617, 618; a. A. *Kampshoff* GmbHR 2010, 897, 898.
[106] *Habersack* ZIP 2007, 2145, 2147; *Gehrlein* BB 2008, 846, 849; *ders.*, BB 2011, 3, 5; HambKomm-*Lüdtke* § 39 RdNr. 19; zu Recht kritisch in Bezug auf einen pauschalen Missbrauchsvorwurf *Kampshoff* GmbHR 2010, 897, 899.
[107] *Kampshoff* GmbHR 2010, 897, 899; vgl. auch *K. Schmidt* ZIP 2006, 1925, 1932; anders BGH NZI 2011, 257, 259.

könne wie ein Gesellschafter. Ob die mit einer derartigen Sichtweise verbundenen Folgen, insbesondere im Hinblick auf etwaige Sanierungsbemühungen einer Gesellschaft in der Krise, die Vorteile der Einbeziehung solcher Personen in den Anwendungsbereich des § 39 Abs. 1 Nr. 5, aufwiegen, erscheint fraglich. Die Auffassung, welche den Normzweck des § 39 Abs. 1 Nr. 5 an die Finanzierungsfolgeverantwortung festmachen möchte, ist durch die Erweiterung des Anwendungsbereiches des § 39 Abs. 1 Nr. 5 auf alle Darlehen, unabhängig davon, ob sie in der Krise der Gesellschaft gegeben wurden oder früher, praktisch nicht mit den Grundlagen des Kapitalgesellschaftsrechts in Deutschland vereinbar. Es ist nämlich nicht ersichtlich, wie eine Finanzierungsfolgeverantwortung für solche Kredite von Gesellschaftern an ihre Gesellschaft begründet werden kann, die zu einem Zeitpunkt ausgereicht werden, der außerhalb einer Krise der Gesellschaft liegen. Der dritte Begründungsansatz, der davon ausgeht, dass ein Missbrauch die Haftungsbeschränkung durch die Gesellschafter mit dem Ansatz für die Neuregelung des § 39 Abs. 1 Nr. 5 ausgeglichen werden soll, überzeugt ebenfalls nicht, denn er setzt voraus, dass man Gesellschaftern pauschal vorwerfen könnte, eine Kapitalgesellschaft allein zu dem Zweck zu gründen oder Gesellschafter an ihr zu werden, um die Gesellschaftsform und die Beschränkung der Haftung auf das Gesellschaftsvermögen im Wirtschaftsverkehr zu missbrauchen. Für eine solche Annahme fehlt jede Grundlage.

Abgesehen von der **Übergangsregelung** in § 103d EGInsO gilt die Neufassung für alle nach dem 01.11.2008 eröffneten Insolvenzverfahren.[108] Wurde das Insolvenzverfahren über die Gesellschaft vor dem 01.11.2008 eröffnet, gelten das „alte" Eigenkapitalersatzrecht in Form der Novellenregeln und der entsprechenden Rechtsprechungsregeln.[109] Nicht geklärt ist die Frage, ob diese Regeln auch bei nach dem 01.11.2008 eröffneten Verfahren für den Zeitraum zuvor zur Anwendung kommen. Verneint man dies und lässt einen bereits vor Insolvenzeröffnung entstandenen Anspruch nach §§ 30, 31 GmbHG a. F. analog wegfallen, bestehen verfassungsrechtliche Bedenken.[110]

Auf § 39 Abs. 1 Nr. 5 bzw. Abs. 4 und 5 verweisen §§ 19 Abs. 2 Satz 2, 44a, 135, 143 sowie §§ 6, 6a AnfG.

2. Grundtatbestand. a) Gesellschafterdarlehen. § 39 Abs. 1 Nr. 5 definiert den sachlichen Geltungsbereich und bestimmt, welche Finanzierungsleistungen im Insolvenzverfahren über das Vermögen der Gesellschaft nachrangig sind. Eine Unterscheidung zwischen kapitalersetzenden und nicht – kapitalersetzenden Darlehen wird nicht mehr getroffen. Auf das Merkmal „kapitalersetzend" wird vielmehr gänzlich verzichtet. Die Rechtsfigur des „eigenkapitalersetzenden Gesellschafterdarlehens" in ihrer bestehenden Form wurde damit aufgegeben.[111] Die Nachrangigkeit aller Gesellschafterdarlehen bei Eröffnung des Insolvenzverfahrens entspricht international verbreiteten Regelungen.[112] Erfasst werden aber nur Darlehensforderungen, nicht hingegen Gesellschafterforderungen aus anderem Rechtsgrund, soweit sie nicht als „wirtschaftlich entsprechende Rechtshandlungen" qualifiziert werden können.[113] Unerheblich ist es, ob der vom Gesellschafter gewährte Darlehensbetrag auf der Grundlage eines unwirksamen Vertrages gewährt wurde, weil es nur darauf ankommt, dass der Darlehensbetrag tatsächlich in das Vermögen der Gesellschaft gelangt ist.[114] Aufgrund des Wortlauts werden schließlich auch Sachdarlehen, zinslose Gefälligkeitsdarlehen und patriachische Darlehen erfasst.[115]

b) Forderungen aus Rechtshandlungen, die Gesellschafterdarlehen wirtschaftlich entsprechen. Nach § 32 a Abs. 3 GmbHG a. F. wurden den eigenkapitalersetzenden Darlehen solche Rechtshandlungen von Gesellschaftern gleichgesetzt, die diesen wirtschaftlich entsprechen. Durch die Formulierung „Forderungen aus Rechtshandlungen, die einem solchen Darlehen wirtschaftlich entsprechen" in § 39 Abs. 1 Nr. 5 wird die bisherige Regelung aus dem Gesellschaftsrecht in das Insolvenzrecht übernommen.[116] Es kommt also darauf an, ob es sich um Forderungen handelt, die auf Rechtshandlungen beruhen und wirtschaftlich einem Darlehen entsprechen.[117] Insoweit kann auf die Rechtsprechung zur Vorgängerregelung zurückgegriffen werden.[118] Zu derartig entsprechenden Forderungen gehören insbesondere gestundete Forderungen, etwa aus Miete oder Pacht,

---

[108] Ausführlich hierzu *Gottwald/Haas/Hossfeld*, Insolvenzrechts-Handbuch, § 92 RdNr. 361 ff.
[109] BGH NJW 2009, 1277; BGH NJW 2009, 997; OLG Köln NZI 2009, 128; *Altmeppen* NJW 2008, 3601; *Goette* GWR 2009, 1 f.
[110] Vgl. *Hirte* ZInsO 2008, 689, 697; *Dahl/Schmitz* NZG 2009, 325, 331; Goette GWR 2009, 2.
[111] Vgl. zur alten Rechtslage MüKo-*Ehricke*,InsO, 2. Aufl. § 39 RdNr. 32.
[112] Vgl. Begründung RegE BT-Drucks. 16/6140, S. 56.
[113] *Gehrlein* BB 2008, 846, 850; *Uhlenbruck/Hirte* § 39 RdNr. 37 m. w. N.
[114] S. A/G/R-*Ahrens* § 39 RdNr. 35.
[115] A/G/R-*Ahrens* § 39 RdNr. 36.
[116] Vgl. Begründung RegE BT-Drucks. 16/6140, S. 56; *Uhlenbruck/Hirte* § 39 RdNr. 36.
[117] Vgl. FK-*Bornemann* § 39 RdNr. 12; A/G/R-*Ahrens* § 39 RdNr. 36; *Habersack*, ZIP 2007, 2145, 2150.
[118] *Wälzholz* DStR 2007, 1914, 1918, *Gehrlein* BB 2008, 846, 850; *Gehle* DB 2010, 1051, 1052.

die Nichtgeltendmachung von fälligen Forderungen oder Vorleistungen durch den Gesellschafter.[119] Eine jeweils entsprechende ausdrückliche Abrede ist nicht erforderlich. Vielmehr genügt es, wenn der Gesellschafter von seinem Recht, die Forderung einzuziehen, tatsächlich keinen Gebrauch macht.[120]

44 Eine entsprechende Rechtshandlung ist auch die Erbringung der Einlage eines **stillen Gesellschafters**.[121] Ist ein **Gesellschafter einer GmbH zugleich ein stiller Gesellschafter,** so werden abweichend von dem Grundsatz des § 236 HGB, wonach der stille Gesellschafter in Insolvenzverfahren der Gesellschaft wegen seiner Einlagen die Stellung eines einfachen Insolvenzgläubigers erhält, seine Einlagen als stiller Gesellschafter kapitalsetzenden Gesellschafterdarlehen gleichgestellt, wenn diese Einlagen zu einem Zeitpunkt geleistet wurden, zu dem die Gesellschafter der GmbH als ordentliche Kaufleute Eigenkapital zugeführt hätten.[122] Ist ein Gesellschafter an einer GmbH nur still beteiligt und gewährt er dieser Gesellschaft einen Kredit, so wird nach hM differenziert: Handelt es sich um eine sog. typische stille Beteiligung,[123] so werden die Kapitalersatzregeln für Kredite des Stillen in der Krise nicht angewendet,[124] so dass Darlehen der Stillen, die in der Krise der GmbH gegeben wurden, allgemeine Insolvenzforderungen nach § 38 sind.[125] Für sog. atypische stille Gesellschafter muss im Einzelfall geprüft werden, wieweit die gesellschaftsrechtlichen Befugnisse des stillen Gesellschafters ausgedehnt sind. So greifen die Kapitalersatzregeln u. a. dann ein, wenn der Stille am Ergebnis, dem Vermögen und den stillen Reserven des Unternehmens beteiligt ist und die Geschäftsführung für bedeutende Maßnahmen die Zustimmung des Stillen benötigt.[126] Der atypische Stille Gesellschafter einer GmbH & Co KG steht mit seinen Ansprüchen wirtschaftlich dem Gläubiger eines Gesellschafterdarlehens insolvenzrechtlich gleich, wenn in einer Gesamtbetrachtung seine Rechtsposition nach dem Beteiligungsvertrag des eines Kommanditisten weitgehend angenähert ist.[127] § 44a läßt insoweit nicht den Schluss zu, dass Nichtgesellschafter vom Nachrang des § 39 Abs. 1 Nr. 5 ausgeschlossen sind.[128]

45 Der Nachrang besteht auch nach den Änderungen durch das MoMiG ebenso für aus einem Darlehen **abgeleitete Zinsansprüche**.[129]

46 **Gesellschafterbesicherte Drittdarlehen**, die ebenfalls zu den wirtschaftlich vergleichbaren Forderungen zu zählen sind, werden zusätzlich von der Neuregelung des § 44a erfasst. Die aus diesen Sicherheiten entstandenen Regressfolgen fallen auch unter § 39 Abs. 1 Nr. 5.[130]

47 Für die Figur der **eigenkapitalersetzenden Nutzungsüberlassung** gibt es nach dem MoMiG keine Grundlage mehr.[131] Für den Verbleib des zur Nutzung überlassenen Gegenstandes enthält jedoch § 135 Abs. 3 eine neue Regelung, wonach der Aussonderungsanspruch des Gesellschafters während der Dauer des Insolvenzverfahrens, höchstens aber für eine Zeit von einem Jahr ab der Verfahrenseröffnung nicht geltend gemacht werden kann, wenn der Gegenstand für die Fortführung des Unternehmens des Schuldners von erheblicher Bedeutung ist.[132]

48 **c) Gesellschafterstellung und Einbeziehung Dritter.** Der personelle Anwendungsbereich der Vorschrift wird durch die Gesellschafterstellung des Darlehensgebers eröffnet. Anknüpfungspunkt ist zunächst die Gesellschaftereigenschaft.[133] Jedoch ist die formale Rechtsstellung nicht entscheidend.

---

[119] S. etwa FK-*Bornemann* § 39 RdNr. 12; Kübler/Prütting/Bork/*Preuß* § 39 RdNr. 80; Graf-Schlicker/*Kalkmann* § 39 RdNr. 42.
[120] BGH NJW 1995, 457 f.
[121] BGH NZI 2012, 860; OLG Köln ZIP 2011, 2208; siehe auch Anm. *Hölzle* EWiR 2012, 27.
[122] *Jaeger/Henckel* § 39 RdNr. 86; *Hess/Obermüller*, Rechtsstellung der Verfahrensbeteiligten, RdNr. 1283; K. *Schmidt* ZIP 1989, 689; *Baumbach/Hopt*, HGB, § 236 RdNr. 7; siehe auch BGH ZIP 1993, 561; OLG Hamm GmbHR 1984, 184.
[123] Näher dazu siehe K. *Schmidt*, Gesellschaftsrecht, 1861; ders. KTS 1977, 13 ff.; *Hommelhoff/Goette*, Eigenkapitalersatz, RdNr. 161.
[124] BGHZ 106, 7, 9 f.; BGH ZIP 1983, 561; *Bayer*, Handbuch KapitalersatzR, RdNr. 11.52; *Reusch* BB 1989, 2258, 2259; *Hommelhoff/Goette*, Eigenkapitalersatz, RdNr. 162.
[125] Siehe dazu *Renner* ZIP 2002, 1430, 1431.
[126] BGHZ 106, 7, 9 f.; *Bayer*, Handbuch KapitalersatzR, RdNr. 11.53; *Rümker*, FS Stimpel, 673, 693 f.; *Schön* ZGR 1990, 220, 225; *Baumbach/Hopt*, HGB, § 236 RdNr. 5; OLG Hamm ZIP 1993, 1321; *Hess/Obermüller*, Rechtsstellung der Verfahrensbeteiligten, RdNr. 1284.
[127] BGH NZI 2012, 860.
[128] BGH NZI 2012, 860, 861.
[129] *Habersack* ZIP 2007, 2145, 2150; *Gehrlein* BB 2008, 846, 850.
[130] Vgl. *Dahl/Schmitz* NZG 2009, 325, 327; *Gehrlein* BB 2008, 846, 850 f.
[131] BGH ZIP 2012, 885, 887; vgl. zur früheren Rechtslage MüKo-*Ehricke*, 2. Aufl. § 39 RdNr. 34; siehe auch Begründung RegE BT-Drucks. 16/6140, S. 56; *Dahl/Schmitz* NZG 2009, 325, 328.
[132] Vgl. BT-Drucks. 12/9737, S. 59.
[133] *Gottwald/Haas/Hossfeld*, Insolvenzrechts-Handbuch, § 92 RdNr. 370.

Auch Dritte können einbezogen werden, deren Darlehen demjenigen des Gesellschafters entsprechen.[134] Nach § 39 Abs. 1 Nr. 5 a. F. wurden als solche „gleichgestellte Forderungen" Forderungen Dritter gegen die Gesellschaft erfasst, wenn zwischen dem Gesellschafter und dem betreffenden Dritten ein Zurechnungszusammenhang hergestellt werden konnte, der die Leistung des Dritten an die Gesellschaft wirtschaftlich wie ein eigenkapitalersetzendes Darlehen eines Gesellschafters an die Gesellschaft erscheinen lässt.[135] Durch die Übernahme von § 32 a Abs. 3 GmbHG a. F. in die neue Regelung soll auch weiterhin der Anwendungsbereich in personeller Hinsicht, insbesondere in Bezug auf die Einbeziehung Dritter, eröffnet bleiben.[136] Trotzdem werden die Regeln über die Einbeziehung Dritter nicht pauschal und ohne Weiteres auf die neue Gesetzeslage übertragen werden.[137]

Dritter ist allgemein derjenige, der der Gesellschaft formal als Außenstehender ein Darlehen gewährt oder eine wirtschaftlich gleichwertige Leistung erbringt, welcher aber faktisch diese Leistung nur statt des Gesellschafters erbringt, wobei die entsprechende Leistung für den Gesellschafter ein eigenkapitalersetzendes Darlehen oder eine wirtschaftlich entsprechende Leistung wäre. Dies gilt u.a. für Darlehen oder entsprechende Leistungen, die von einem mit dem Gesellschafter verbundenen Unternehmen an den Schuldner gewährt worden ist.[138] Etwas anderes soll allerdings dann gelten, wenn die Darlehensgewährung an eine abhängige AG erfolgt ist. Begründet wird dies im Kern mit der Eigenverantwortlichkeit des Vorstandes gem. § 76 Abs. 1 AktG.[139] Darüber hinaus gelten die Regeln auch für Betriebsaufspaltungen[140] und sind auch auf den öffentlich-rechtlichen Bereich übertragbar.[141] So können beispielsweise Kredite, die eine Landesbank an Unternehmen vergibt, deren Anteile den sie tragenden Körperschaften gehören, wie Kredite dieser Gebietskörperschaft behandelt und deshalb bei Vorliegen der übrigen Voraussetzungen als nachrangig qualifiziert werden. Entsprechendes muss für Sparkassen und deren Kredite an Unternehmen gelten, deren Anteile dem Gewährträger der Sparkasse zustehen.[142] Gleichgestellte Forderungen i. S. d. § 39 Abs. 1 Nr. 5 sind auch solche Darlehen oder diesem entsprechende Leistungen, die der Gesellschafter über einen Strohmann an den Schuldner gegeben hat.[143] Gleiches gilt, wenn ein Kreditgeber etc. einem Unternehmen Vermögen zufügt oder es belässt, an dem er nur über Mittelmänner Anteile hält.[144] Einhergehend mit dem Normzweck handelt es sich bei den Dritten um eine **nahestehende Personen**.[145] Hierzu zählen etwa Dritte, die mit ihnen überlassenen Mitteln im Interesse des Gesellschafters der Gesellschaft ein Darlehen gewähren.[146] Ebenso können zu solchen nahestehenden Personen Nießbraucher des Geschäftsanteils,[147] stille Gesellschafter und nahe Familienangehörige der Gesellschafter gehören.[148] Alleine ein bestehendes Verwandtschaftsverhältnis zwischen darlehensgebendem Dritten und Gesellschafter führt jedoch nicht zur Gleichstellung der Forderung aus der Rechtshandlung des Dritten mit einem Gesellschafterdarlehen.[149] Dritter ist auch ein Miterbe, wenn der Geschäftsanteil einer GmbH durch Erbfall auf eine Erbengemeinschaft übergegangen ist. Gesellschafter ist insoweit die Erbengemeinschaft, nicht der einzelne Miterbe. Die Darlehensgewährung eines einzelnen Miterben entspricht aber wirtschaftlich der Kreditgewährung durch einen Gesellschafter.[150]

---

[134] Vgl. *Uhlenbruck/Hirte* § 39 RdNr. 40.
[135] Zur alten Rechtslage MüKo-*Ehricke*, 2. Aufl. § 39 RdNr. 35.
[136] Vgl. Begründung RegE BT-Drucks. 16/6140, S. 56; so auch BGH NJW, 257, 258; a. A *Wälzholz* DStR 2007, 1914, 1918.
[137] Vgl. *Kampshoff* GmbHR 2010, 897, 898.
[138] BGHZ 81, 311, 315; BGHZ 81, 365, 368; *Jaeger/Henckel* § 39 RdNr. 84; *Ehricke*, aaO, 158 ff.; *Gottwald/Haas*, Insolvenzrechts-Handbuch, § 92 RdNr. 381; FK-*Bornemann* § 39 RdNr. 12b.
[139] S. BGH ZIP 2008, 1230, 1231, dagegen FK-*Bornemann* § 39 RdNr. 12b.
[140] BGHZ 121, 31, 35; BGH WM 1993, 144; *Roth/Altmeppen*, GmbHG, § 32 a RdNr. 82 mwN; *Hachenburg/Ulmer*, GmbHG, §§ 32 a/b RdNr. 122; *Scholz/K. Schmidt*, GmbHG, §§ 32 a/b RdNr. 137; vgl. auch *Uhlenbruck/Hirte* § 39 RdNr. 10.
[141] BGH WM 1988, 1525; OLG Hamburg WM 1987, 1163.
[142] *Hess/Obermüller*, Rechtsstellung der Verfahrensbeteiligten, RdNr. 1292; *Jaeger/Henckel* § 39 RdNr. 89; vgl. auch BGHZ 105, 168, 177 f.
[143] *Ehricke*, aaO, 159 f.; BGH 81, 311, 315 f.; *Hachenburg/Ulmer*, GmbHG, §§ 32 a/b RdNr. 119; *Fleischer*, Handbuch KapitalersatzR, RdNr. 12.21.
[144] *Fleischer*, Handbuch KapitalersatzR, RdNr. 12.16 ff.; *Hess/Obermüller*, Rechtsstellung der Verfahrensbeteiligten, RdNr. 1296; *Rümker/Westermann*, Kapitalsetzende Darlehen, 1987, 30 f.
[145] Vgl. dazu BGH *Kampshoff* GmbHR 2010, 897, 899.
[146] *Habersack* ZIP 2007, 2145, 2148; *Gehrlein* BB 2008, 846, 850.
[147] BGH BB 2011, 1940; *Haas/Vogel*, NZI 2012, 257.
[148] M. w. N. *Gehrlein* BB 2008, 846, 850.
[149] BGH NZI 2011, 257.
[150] Siehe OLG Düsseldorf NJW-RR 2003, 1617.

50 Ein sog. **atypisch stiller Gesellschafter**, der sowohl am Gesellschaftsvermögen als auch an der Entscheidungsfindung im Unternehmen beteiligt ist, wird in den persönlichen Anwendungsbereich von Abs. 1 Satz 5 einbezogen.[151]

51 Der Pfandgläubiger ist Dritter, wenn ihm der gesamte Anteil verpfändet ist und es sich um ein Nutzungspfandrecht gem. §§ 1213, 1273 Abs. 1 BGB handelt und der Pfandgläubiger den Kredit gewährt, um sich den Ertragswert des Anteil zu erhalten.[152] Ebenso ist derjenige Pfandgläubiger Dritter, der sich weitgehende Einflussnahme auf die Gesellschaft gesichert hat und sich auch die Gewinnbezugsrechte der Gesellschafter sowie etwaige Ansprüche auf Abfindung aus dem Liquidationserlös hat abtreten lassen.[153] Wenn der Pfandgläubiger nicht berechtigt ist, die Nutzungen zu ziehen, ist er bei der Darlehenshingabe an die Gesellschaft Dritter, wenn es ihm um den Erhalt der kreditunwürdigen Gesellschaft geht, um so die Vollwertigkeit seines Pfandrechts zu sichern.[154]

52 Problematisch ist die Einbeziehung von Gläubigern als Dritte im Sinne des § 39 Abs. 1 Nr. 5, die sich aufgrund der Einbeziehung sogenannter Covenants in ihre schuldrechtlichen Beziehungen zum Schuldner die vertragliche Option einräumen lassen, dass sie vom Schuldner frühzeitig über eine drohende Krise oder über Umstände, die eine solche Krise nahelegen, informiert werden müssen, um entsprechend vorteilhafte Maßnahmen zur Sicherung ihrer Forderungen einleiten zu können. Derartige Covenants können den Schuldnern z.B. auch die Pflicht auferlegen, keine Maßnahmen zu ergreifen, die die Rückzahlbarkeit eines Kredites gefährden könnten. Eine solche fortlaufende Informationsgewinnung und möglicherweise sogar die Beteiligung an unternehmerischen Entscheidungen sind Anhaltspunkte, die die Gläubiger, welche Covenants vereinbart haben, wesentlich günstiger stellen als die übrigen außen stehenden Gläubiger. Ob diese Gläubiger unter Verwendung von Covenants als Dritte im Sinne von § 39 Abs. 1 Nr. 5 zu qualifizieren sind, ist umstritten. Geht man davon aus, dass der Zweck des § 39 Abs. 1 Nr. 5 in dem Ausgleich einer besseren Informationsmöglichkeit über die Situation des Schuldners bei bestimmten Gläubigern liegt, so muss dieser Gedanke auch auf solche Gläubiger übertragen werden können, die sich aufgrund anderer Möglichkeiten entsprechende Einsichtsmöglichkeiten in die Interna ihres Schuldners sichern. Es liefe einer wirtschaftlichen Betrachtung, die der Auslegung des § 39 Abs. 1 Nr. 5 zugrunde liegt entgegen, wenn man hier auf den Wortlaut und auf die Stellung derjenigen Gläubiger, die Covenants vereinbaren, abstellte. Allerdings wird man nicht übersehen dürfen, dass eine strenge Anwendung des § 39 Abs. 1 Nr. 5 auch auf solche außen stehenden Gläubiger, die Covenants mit ihren Schuldnern vereinbaren, recht weitgehende Auswirkungen auf das übrige Wirtschaftsverhalten der Gläubiger gegenüber ihren Schuldnern haben werden und volkswirtschaftlich gesehen möglicherweise zu einer erheblichen Verteuerung von Fremdkapital führen könnte.[155]

53 Treuhänderisch für einen Gesellschafter gehaltene Gesellschaftsanteile werden dem Treugeber zugerechnet, so dass ein von dem treugeber der Gesellschaft gegebenes Darlehen nachrangig im Sinne des § 39a Abs. Nr. 5 ist.[156]

54 Einen besonderen Problemkreis entsteht im Falle der **Abtretung der Forderung**. Der kapitalersetzende Charakter eines Darlehens wurde bislang nach dem Zeitpunkt der Forderungsentstehung beurteilt.[157] Für die Einordnung als Gesellschafterdarlehen nach neuer Rechtslage dürfte sich insoweit nichts geändert haben.[158] Zumindest für die Zessionäre, die die Forderung durch Abtretung innerhalb eines Jahres vor Eröffnung des Insolvenzverfahrens erworben haben, gilt damit die Nachrangregelung von § 39 Abs. 1 Nr. 5.[159] Ist mehr als ein Jahr vergangen, wird in analoger Anwendung von § 135 Abs. 1 Nr. 2 eine Ausnahme diskutiert.[160] Nachrangige Forderungen nach § 39 Abs. 1 Nr. 5 sind auch Darlehen und wirtschaftlich, die ein Gesellschafter der Gesellschaft in der Krise gewährt hat, auch wenn er vor Eröffnung des Verfahrens ausgeschieden ist.[161] Wenn ein Gesellschafter Kredite an den Schuldner gegeben hat, nachdem er aus der Gesellschaft ausgeschieden war, können diese hingegen als allgemeine Insolvenzforderung nach § 38 geltend gemacht werden, es sei denn, die Kreditgewährung oder die wirtschaftlich entsprechende Leistung wären entsprechende Leistungen als Nachwirkung der früheren Gesellschafterstellung

---

[151] Vgl. BGH NZI 2012, 860; *Hölzle* EWiR 2012, 27.
[152] *Jaeger/Henckel* § 39 RdNr. 85; vgl. *Kampshoff* GmbHR 2010, 897, 900 f.
[153] So *Jaeger/Henckel* § 39 RdNr. 85 unter Berufung auf BGH ZIP 1992, 1300.
[154] Ausführlich *Jaeger/Henckel* § 39 RdNr. 85.
[155] Vgl. u.a. *Engert*, ZGR 2012, 835 ff.; *Servatius*, CFL 2013, 14, 19 ff.
[156] S. BGH ZIP 1988, 1248, 1250; BGH ZIP 1986, 456; *Kampshoff* GmbHR 2010, 897, 902.
[157] BGH NJW 2008, 1153, 1156.
[158] *Gehrlein* BB 2008, 846, 850.
[159] OLG Stuttgart NZI 2012, 324.
[160] *Dahl/Schmitz*, NZG 2009, 325, 326; *Braun/de Bra* § 135 RdNr. 9; *Gehrlein* BB 2008, 846, 850.
[161] BGH WM 1986, 1554; BGHZ 110, 342, 353; OLG Düsseldorf, ZIP 1995, 1907.

zugesagt worden. Im Fall des ausgeschiedenen Gesellschafters wendet der BGH im Falle des Ausscheidens eines Gesellschafters vor Beginn der Anfechtungsfrist § 135 Abs. 1 Nr. 2 entsprechend an und entbindet den Darlehensrückzahlungsanspruch dieses Altgesellschafters von der Nachrangigkeit.[162]

3. Sanierungs- und Kleinbeteiligtenprivileg. a) Sanierungsprivileg (§ 39 Abs. 4 Satz 2). 55 Durch die Einfügung von § 39 Abs. 4 Satz 1 wird die Regelung aus § 32a Abs. 3 Satz 3 GmbHG a. F. in leicht veränderter Form übernommen. Dieses sog. Sanierungsprivileg ermöglicht den Erwerb von Geschäftsanteilen zum Zwecke der Sanierung eines Unternehmens, ohne dabei dem gesetzlichen Nachrang zu unterfallen. Privilegiert wird nur eine Sanierungsbeteiligung, nicht jedoch ein Sanierungskredit als solcher.[163] Der Darlehensgeber darf vor dem Anteilserwerb keine Person aus dem Anwendungsbereich von Abs. 1 Nr. 5, also kein Gesellschafter oder eine gleichgestellte Person, gewesen sein oder er muss dem Kleinbeteiligtenprivileg nach Abs. 5 unterfallen sein.[164] Die Vorschrift greift außerdem nur für den Anteilserwerb, der ab dem Zeitpunkt drohender oder eingetretener Zahlungsunfähigkeit oder Überschuldung stattfindet. Im Verhältnis zur alten Rechtslage[165] wird der Zeitraum für Sanierungsversuche damit verkürzt.[166]

Das Sanierungsprivileg gilt für den Neugesellschafter zeitlich nicht unbeschränkt. Sobald es zu 56 einer „nachhaltigen Sanierung" gekommen ist, wird der Gesellschafter wie alle anderen behandelt und die ursprüngliche Forderung unterfällt bei einer späteren Insolvenz dem Nachrang.[167] Umstritten ist insoweit, wann eine solche „nachhaltige Sanierung" anzunehmen ist. Ein möglicher Anhaltspunkt ist der im Sanierungsplan „geplante" Zeitrahmen. Wird dieser überschritten, muss der Gesellschafter beweisen, dass die Sanierung noch nicht abgeschlossen ist.[168] Vertreten wird auch, eine nachhaltige Sanierung immer dann anzunehmen, wenn die Kreditwürdigkeit der Gesellschaft über einen Zeitraum von mindestens zwölf Monaten wiederhergestellt wurde.[169]

b) Kleinbeteiligtenprivileg (§ 39 Abs. 5). Das Kleinbeteiligtenprivileg aus § 32a Abs. 3 Satz 2 57 GmbHG a. F. wurde in § 39 Abs. 5 aufgenommen. Durch diese Vorschrift werden nicht geschäftsführende Gesellschafter, die einen Anteil von 10% oder weniger an der Gesellschaft halten, aus dem Anwendungsbereich des § 39 Abs. 1 Nr. 5 herausgenommen. Entsprechend fallen die Forderungen dieser Gesellschafter nicht in die Nachrangregelung und können damit als allgemeine Insolvenzforderungen nach § 38 geltend gemacht werden. Diese Bevorzugung von Gesellschaftern mit sog. Zwerganteilen verdient rechtspolitisch Ablehnung. Gesellschaftsrechtlich erscheint sie wenig sinnvoll, weil damit der Möglichkeit zur Umgehung der Regeln über Gesellschafterdarlehen und wirtschaftlich entsprechende Rechtshandlungen Tür und Tor geöffnet wird.[170] Insolvenzrechtlich leuchtet es wenig ein, warum die Gründe, welche für die Nachrangigkeit der Forderungen aus Gesellschafterdarlehen und entsprechenden Rechtshandlungen angeführt werden[171] nicht gelten sollen, nur weil der betreffende Gesellschafter 10% oder weniger Anteile an der Gesellschaft hält.

4. Andere Gesellschaftsformen. In der Praxis haben die Regelungen über Gesellschafterdarle- 58 hen für die GmbH die größte Bedeutung. Die im Zusammenhang mit § 39 Abs. 1 Nr. 5 angestellten Erwägungen gelten aber entsprechend auch für andere Gesellschaftsformen. Der Anwendungsbereich der Vorschrift ist rechtsformneutral ausgestaltet.[172] Erfasst werden grundsätzlich Kapitalgesellschaften deutschen, europäischen und ausländischen Rechts. Hierzu gehören etwa die GmbH, die AG, die KGaA oder die Genossenschaft, aber auch die SE (Europäische Gesellschaft). Auf KG und OHG findet die Regelung Anwendung, wenn kein persönlich haftender Gesellschafter eine natürli-

---

[162] BGH NJW 2012, 682; vgl. auch *A/G/R-Ahrens* § 39 RdNr. 32.
[163] *Kübler/Prütting/Bork/Preuß* § 39 RdNr. 48; *Gottwald/Haas/Hossfeld*, Insolvenzrechts-Handbuch, § 92 RdNr. 407; siehe hierzu auch *Gehrlein* BB 2008, 846, 851; *Haas* ZInsO 2007, 617, 624.
[164] Vgl. Begründung RegE BT-Drucks. 16/6140, S. 57; siehe auch *Baumbach/Hueck/Hueck/Fastrich* Anh. nach § 30 RdNr. 74.
[165] Vgl. MüKo-Ehricke, 2. Aufl., § 39 RdNr. 40.
[166] *K. Schmidt* ZIP 2006, 1925, 1928; *Gehrlein* BB 2008, 846, 851; *Kübler/Prütting/Bork/Preuß* § 39 RdNr. 49; *Graf-Schlicker/Neußner* § 39 RdNr, 29; vgl. auch *Gottwald/Haas/Hossfeld*, Insolvenzrechts-Handbuch, § 92 RdNr. 411.
[167] Siehe *Kübler/Prütting/Bork/Preuß* § 39 RdNr. 53; *Graf-Schlicker/Kalkmann* § 39 RdNr, 30
[168] So *Gottwald/Haas/Hossfeld*, Insolvenzrechts-Handbuch, § 92 RdNr. 415.
[169] *Wittig*, Festschrift für K. Schmidt, 1743, 1758 f.; *Kübler/Prütting/Bork/Preuß* § 39 RdNr. 53; *Michalski/Dahl* Anh II §§ 32 a, 32 b GmbHG aF RdNr. 22.
[170] Ausführlich *Altmeppen* ZGR 1999, 291, 296 ff.; *ders.* ZIP 1996, 1455; *Scholz/K. Schmidt*, GmbHG, §§ 32 a/b RdNr. 13 und 179; *Dauner-Lieb* DStR 1998, 609, 613 ff.; *Hirte* ZInsO 1998, 147, 152; *Ehricke*, aaO, 155 f.
[171] Vgl. dazu *Leipold/Loritz*, Insolvenzrecht im Umbruch, 91, 95 ff.
[172] Vgl. Begründung RegE BT-Drucks. 16/6140, S. 56 f.

che Person ist oder zu deren persönlichen haftenden Gesellschaften auch keine Gesellschaft mit einer natürlichen Person als haftender Gesellschafter gehört.[173]

59 Nicht als eigenkapitalersetzendes Aktionärsdarlehen qualifiziert wird auf Grund § 24 UBGG eine Kreditgewährung, wenn der Kreditgeber lediglich an einer Unternehmensbeteiligungsgesellschaft beteiligt ist und diese Gesellschaft Aktionärin der Kreditnehmerin ist.[174]

60 **5. Ausländische Gesellschaften.** Zur Anwendung soll die Vorschrift auch bei entsprechenden Auslandsgesellschaften kommen, wie beispielsweise einer englischen Limited mit Zweigniederlassung in Deutschland, wenn das Insolvenzverfahren nach deutschem Recht gemäß Art. 3 Abs. 1 i. V. m. Art. 4 Abs. 1 EuInsVO[175] abgewickelt wird.[176] Soweit die Regelungen über die Nachrangigkeit nach altem Recht (§ 32 a GmbHG a. F., § 39 Abs. 1 Nr. 5 a. F.) zur Anwendung kommen, werden Kapitalgesellschaften vom BGH entsprechend behandelt, wenn über deren Vermögen ein Insolvenzverfahren in Deutschland eröffnet worden ist. Dies gilt auch dann, wenn diese Gesellschaft in einem anderen Mitgliedstaat der Europäischen Union gegründet worden ist.[177]

61 Das neue Recht ist auch auf sogenannte Scheinauslandsgesellschaften anwendbar. Dadurch, dass der Gesetzgeber das bisherige Eigenkapitalersatzrecht durch rein insolvenzrechtliche Vorschriften ersetzt und auf das Tatbestandsmerkmal der Krise aus § 32a Abs. 1 GmbHG a. F. verzichtet hat, ist der Meinungsstreit um die Anwendbarkeit des bisherigen Eigenkapitalersatzrechtes auf Scheinauslandsgesellschaften für Rechtshandlungen, die nach dem 1. November 2008 erfolgen, obsolet geworden.[178]

VII. Vereinbarter Nachrang

62 § 39 Abs. 2 enthält eine gesetzliche Auslegungsregel, wonach bei einem zwischen Schuldner und Gläubiger vereinbarten Nachrang im Zweifel eine Berichtigung der Forderung nach der Gruppe der Forderungen des Abs. 1 Nr. 5 erfolgt.[179] Aus dem Charakter des Abs. 1 als Auslegungsregel folgt, dass der Nachrang auch zwischen den Rangklassen des Abs. 1 vereinbart werden kann. Die Wirksamkeit von Rangvereinbarungen wird im Absatz 2 vorausgesetzt.[180] Eine Forderung, deren Nachrang vertraglich vereinbart worden ist, wird dann entsprechend dem vereinbarten Rang berichtigt.[181] Es erfolgt dadurch keine Schlechterstellung der Gläubiger, deren Forderungen in den nachfolgenden Rangklassen zu befriedigen sind. Denn die der Vereinbarung unterliegende Forderung wäre ohne die Vereinbarung ohnehin als allgemeine Insolvenzforderung nach § 38 vor diesen Forderungen berichtigt worden.[182] Die Regelungen über den vereinbarten Nachrang basieren auf der Überlegung, dass es jedem Gläubiger frei steht, am Insolvenzverfahren teilzunehmen. Wenn aber ein Gläubiger frei ist, darüber zu entscheiden, ob er an dem Verfahren teilnimmt oder ob er für den Fall der Eröffnung des Insolvenzverfahrens Forderungen erlässt, dann stellt es ein wesensmäßiges Minus dar, dass der Gläubiger auch die Möglichkeit hat, bei der Befriedigung seiner Forderung gegenüber anderen Gläubigern zurückzutreten.

63 Abs. 2 setzt eine **Vereinbarung** zwischen Gläubiger und Schuldner über den Nachrang voraus. Diese Vereinbarung ist privatrechtlicher Natur und kann entweder vor oder während des Insolvenzverfahrens geschlossen werden. Nach Eröffnung des Insolvenzverfahrens kann eine solche Vereinbarung wegen des Übergangs der Verwaltungs- und Verfügungsbefugnis auch mit dem Insolvenzverwalter geschlossen werden.[183] Der Rangrücktritt muss regelmäßig **ausdrücklich vereinbart** sein, wobei die Annahmeerklärung auch durch konkludentes Handeln erfolgen kann.[184] Die Vereinbarung muss vom Inhalt her verdeutlichen, dass die Forderung innerhalb des Insolvenzverfahrens nur

---

[173] Habersack ZIP 2007, 2145, 2148.
[174] *Bayer*, Handbuch KapitalersatzR, RdNr. 11.27; *Jaeger/Henckel* § 39 RdNr. 89; *Ehlermann/Schüppen* ZIP 1998, 1513.
[175] Verordnung (EG) Nr. 1346/2000.
[176] Vgl. Begründung RegE BT-Drucks. 16/6140, S. 56 f.; vgl. hierzu kritsch *Altmeppen* NJW 2008, 1911, 1913 ff.
[177] BGH NZI 2011, 818.
[178] AG Hamburg NZI 2009, 131.
[179] Vgl. *Blersch/Goetsch/Haas/Amelung/Wagner* § 39 RdNr. 37; *HK-Eickmann* § 39 RdNr. 12; *Smid* § 39 RdNr. 17; *Uhlenbruck/Hirte* § 39 RdNr. 52.
[180] *Jaeger/Henckel* § 39 RdNr. 97.
[181] Vgl. BT-Drucks. 12/2443, 123; FK-*Schumacher* § 39 RdNr. 11; HK-*Eickmann* § 39 RdNr. 12; *Smid* § 39 RdNr. 17.
[182] Vgl. *Kübler/Prütting/Bork/Preuß* § 39 RdNr. 83.
[183] So zu Recht HambKomm-*Lüdtke* § 39 RdNr. 64.
[184] Siehe BGH WM 1998, 944, 947; OLG Düsseldorf BB 1997, 517, 518; *Wittig* in K. Schmidt/Uhlenbruck (Hrsg.), Die GmbH in Krise, Sanierung, Insolvenz, 3. Aufl., 2003, RdNr. 339.

mit einem Rang hinter den einfachen Insolvenzgläubigern befriedigt werden darf.[185] Eine Vereinbarung, die einer Forderung einen besseren Raum einräumt als den gesetzlichen, ist unwirksam.[186] Die Vereinbarung entfaltet außerhalb des Verfahrens keine prozessualen Wirkungen; sie muss deshalb durch Prozesserklärung in das Insolvenzverfahren eingeführt werden.[187] Da die Aufgabe der Rechte des Gläubigers auf seiner Dispositionsfreiheit beruht und die Vereinbarung privatrechtlicher Natur ist, bedarf es weder einer Bestätigung durch das Insolvenzgericht noch einer Billigung durch die Gläubigerversammlung, den Gläubigerausschuss oder den Insolvenzverwalter. Unbeachtlich sind Vereinbarungen, die einen Gläubiger innerhalb einer Ranggruppe schlechter stellt als die anderen Gläubiger dieser Gruppe. § 39 Abs. 2 sieht eine Regelung dafür nicht vor, so dass es an einer Rechtsgrundlage fehlt. Der Grundsatz der Gleichbehandlung der Gläubiger in einer Ranggruppe kann nicht durch Vereinbarung des Schuldners mit nur einem Gläubiger durchbrochen werden.[188]

VIII. Zinsen und Kosten nachrangiger Insolvenzgläubiger

§ 39 Abs. 3 regelt, welcher Rangklasse die Zinsen der Forderungen nachrangiger Insolvenzgläubiger sowie deren durch die Teilnahme am Verfahren entstandenen Kosten zuzuordnen sind. Diese Regelung über Zinsen und Kosten ist scharf von der Regelung des § 39 Abs. 1 Nr. 1 und Nr. 2 abzugrenzen. Der Begründung zum Regierungsentwurf zufolge entspricht Abs. 3, soweit die Zinsforderungen nachrangiger Insolvenzgläubiger betroffen sind, der Regelung, die in § 227 KO für den Nachlasskonkurs vorgesehen war.[189]

Während § 39 Abs. 1 Nr. 1 und 2 die Rangklasse für Zinsen und Kosten von allgemeinen Insolvenzforderungen nach § 38 bestimmt, bezieht sich die Zins- und Kostenregelung des § 39 Abs. 3 nur auf **nachrangige** Forderungen. Damit sind theoretisch die in den § 39 Nr. 1 bis 5 und in § 39 Abs. 2 genannten Forderungen gemeint. Praktisch relevant wird die Regelung jedoch vor allem für die Forderungen, die in § 39 Abs. 1 Nr. 3 bis 5 und in § 39 Abs. 2 benannt sind. Insoweit gilt, dass die für die nachrangigen Forderungen angefallenen Zinsen und Kosten der entsprechenden Rangklasse zugeordnet werden. So fallen beispielsweise Anwaltskosten für die Betreibung einer Forderung auf unentgeltliche Leistung in die vierte Rangklasse.[190] Zinsen und Kosten, die bezüglich der Forderungen entstanden sind, für die ein bestimmter Rang vereinbart wurde, werden entsprechend der nachrangigen Forderung in dem vereinbarten Rang berichtigt.

Die Regelung des § 39 Abs. 3 kann sich nur insoweit auf die Fälle des Abs. 1 Nr. 1 und 2 beziehen, als es bezüglich der Zinsen auf eine allgemeine Insolvenzforderung bzw. bezüglich der Kosten, die hinsichtlich dieser Forderung entstanden sind, zu einem Zins- und/oder Kostenanfall für den Gläubiger gekommen ist.

IX. Verfahrensrechtliches

Obwohl sie Insolvenzforderungen sind, dürfen nachrangige Forderungen grundsätzlich erst nach besonderer Aufforderung durch das Insolvenzgericht angemeldet werden (§ 174 Abs. 3 Satz 1).[191] Im Einzelnen ist zu differenzieren: Meldet ein Gläubiger seine *nachrangige Forderung als solche* ohne vorherige Aufforderung an, so ist diese Anmeldung unzulässig.[192] Als unzulässige Anmeldung ist sie (bereits) im Rahmen der gerichtlichen Vorprüfung in einem förmlichen Beschluss des Insolvenzgerichts durch den Rechtspfleger zurückzuweisen, der dem Anmelder gem. § 8 zuzustellen ist.[193] Gegen den Beschluss ist die sofortige Erinnerung möglich, wogegen dann allerdings kein weiteres Rechtsmittel mehr zulässig ist (§ 11 Abs. 2 Satz 1 RPflG, § 6 Abs. 1). Meldet ein Gläubiger allerdings eine Forderung mit der Rechtsbehauptung an, es handele sich um eine (nicht nachrangige) Insolvenzforderung und beansprucht er für diese die insolvenzmäßige Haftung der Masse, so ist die

---

[185] *Müller/Haas*, Kölner Schrift, 1799, 1819 (RdNr. 48); *Jaeger/Henckel* § 39 RdNr. 97; *Braun/Bäuerle* § 38 RdNr. 19; *Kling* NZG 2000, 872 f.; *Hess/Weis* InVo 1999, 33, 34 f.; *Wittig* in *K. Schmidt/Uhlenbruck*, Die GmbH in Krise, Sanierung, Insolvenz, RdNr. 337; *Peters* WM 1988, 685.
[186] Siehe auch *Jaeger/Henckel* § 39 RdNr. 97.
[187] *Kübler/Prütting/Bork/Preuß* § 39 RdNr. 84.
[188] Siehe *Jaeger/Henckel* § 39 RdNr. 97; vgl. auch OLG München NZI 2002, 207; *Kling* NZG 2000, 872.
[189] Begründung RegE BT-Drucks. 12/2443, 123 f. Siehe auch *Uhlenbruck/Hirte* § 39 RdNr. 57; *Smid* § 39 RdNr. 18; *Blersch/Goetsch/Haas/Amelung/Wagner* § 39 RdNr. 41.
[190] Vgl. *Kübler/Prütting/Bork/Preuß* § 39 RdNr. 87.
[191] Siehe *Uhlenbruck/Hirte* § 39 RdNr. 1; *Jaeger/Henckel* § 39 RdNr. 4; *Nerlich/Römermann/Andres* § 39 RdNr. 4; vgl. ausführlich dazu unten die Kommentierung zu § 174.
[192] Vgl. *Eckardt*, Kölner Schrift 743, 751 (RdNr. 15); *Nerlich/Römermann/Andres* § 39 RdNr. 4.
[193] *Eckardt*, Kölner Schrift 743, 755 (RdNr. 23).

Anmeldung grundsätzlich zulässig.[194] Über die Feststellung, ob diese Behauptung zutrifft, wird dann, soweit sie (vom Insolvenzverwalter) im Prüftermin bestritten wurde, im Hauptprüfverfahren nach den Vorschriften der §§ 179 ff. entschieden. Um eine Beschleunigung des Verfahrens zu erreichen, sollte es möglich sein, dass „offensichtlich nachrangige" Forderungen auch bei der Anmeldung als gewöhnliche Insolvenzforderungen sofort zurückgewiesen werden können.[195] Als derartige „offensichtlich nachrangige" Forderungen werden regelmäßig jedenfalls diejenigen nach § 39 Abs. 1 Nr. 1 bis 3 und Abs. 3 in Betracht kommen. Zu Recht ist vor dem Hintergrund der Verjährungsproblematik des § 87 i. V. m. § 204 Abs. 1 Nr. 10 BGB darauf hingewiesen worden, dass die Anmeldung ausnahmsweise dann auch ohne Aufforderung des Gerichts zugelassen werden sollte, wenn durch die drohende Verjährung ein Rechtsschutzinteresse begründet ist und die Forderung auch nach Aufhebung oder Einstellung des Insolvenzverfahrens noch besteht und geltend gemacht werden kann.[196]

68 Ist eine an sich nachrangige Forderung als gewöhnliche Insolvenzforderung angemeldet und festgestellt worden, so gilt die haftungsrechtliche Berechtigung des Gläubigers als festgestellt mit der Folge, dass er im Verfahren alle Rechte eines gewöhnlichen Insolvenzgläubigers genießt.[197] Denn nachrangige Forderungen sind Insolvenzforderungen deren Verhältnis zu den gewöhnlichen Forderungen dem Verhältnis zwischen bevorrechtigten und nicht bevorrechtigten Forderungen im Geltungsbereich der Konkursordnung entspricht, für welches eine entsprechende Rechtskraftwirkung bei materiell unberechtigter Vorrechtsfeststellung nicht zweifelhaft gewesen ist.[198] In den Fällen, wo auf Grund unterbliebenen Widerspruchs eine nachrangige Forderung die Stellung einer gewöhnlichen Forderung erhält, könnte im Einzelfall freilich eine Haftung des Insolvenzverwalters zu prüfen sein.

§ 40 Unterhaltsansprüche

¹**Familienrechtliche Unterhaltsansprüche gegen den Schuldner können im Insolvenzverfahren für die Zeit nach der Eröffnung nur geltend gemacht werden, soweit der Schuldner als Erbe des Verpflichteten haftet.** ²**§ 100 bleibt unberührt.**

Schrifttum: *Gerhardt/v. Heintschel-Heinegg/Klein,* Handbuch des Fachanwalts Familienrecht, 8. Aufl., Köln 2011; *Hauß,* Unterhalt und Verbraucherinsolvenz, FamRZ 2006, 1496–1502; *ders.,* Wege aus der Mangelfallberechnung – Verbraucherinsolvenz und Unterhalt, MDR 2002, 1163–1167; *Hohloch,* Die Versagung der Restschuldbefreiung in der Verbraucherinsolvenz und ihre Bedeutung für das Unterhaltsrecht, FPR 2006, 77–81; *Hoppenz,* Insolvenzordnung und Unterhaltsrecht, FF 2003, 158–164; *Janlewing,* Die Insolvenz des selbstständig tätigen Unterhaltsschuldners, FPR 2012, 163–167; *dies.,* Keine Restschuldbefreiung für „deliktische" Unterhaltsrückstände i.S.v. § 170 Abs. 1 StGB, FamRB 2012, 155–162; *dies.,* Mitgehangen, mitgefangen? – Unterhaltsansprüche im Insolvenz- und Restschuldbefreiungsverfahren, FamRB 2011, 19–26; *Keller,* Der Unterhaltsanspruch als Insolvenzforderung und die Stellung der Unterhaltsgläubiger im Insolvenzverfahren, NZI 2007, 143–149; *ders.,* Die Gewährung von Unterhalt im Insolvenzverfahren, in Verbraucherinsolvenz und Restschuldbefreiung, NZI 2007, 316–320; *Kemper/Kohte,* Kein Ausweg aus dem Schuldenturm, Blätter der Wohlfahrtspflege 1993, 81–97; *Kohte,* Die Behandlung von Unterhaltsansprüchen nach der Insolvenzordnung, in Kölner Schrift zur Insolvenzordnung, 3. Aufl., Münster 2009, 1161–1192; *Krause,* Unterhalt und Insolvenz, FamRZ 2005, 1725–1727; *Melchers,* Obliegenheit zur Privatinsolvenz in Mangellagen, FuR 2003, 145–153; *Melchers/Hauß,* Unterhalt und Verbraucherinsolvenz, Köln 2003; *Pape,* Die Familie des Schuldners: Mitgefangen – mitgehangen?, AnwBl. 2009, 582–591; *ders.,* Die Familie des Schuldners im Insolvenzverfahren, ZFE 2010, 136–148; *Paul,* Die Rechtsstellung des Unterhaltsgläubigers im Insolvenz-(plan)verfahren, DZWIR 2009, 186–188; *Perleberg-Kölbel,* Familieninsolvenzrecht seit 2011, FuR 2012, 171–178; *dies.,* Pfändungspyramide – Vollstreckungsmöglichkeiten von Unterhalt im Insolvenz- und Restschuldbefreiungsverfahren, FuR 2009, 613–616; *Rohleder,* Unterhaltsansprüche in der Insolvenz, Köln 2005; *Schwarz/Facius,* Der Unterhaltsanspruch im Insolvenzverfahren und in der Wohlverhaltensperiode des Unterhaltsschuldners, ZVI 2010, 49–54 = FF 2010, 189–194; *Smid,* Restschuldbefreiung, in *Leipold* (Hrsg.), Insolvenzrecht im Umbruch, Köln 1991, 139–163; *Steder,* Unterhaltsansprüche in der Insolvenz, DAVorm 1998, 867–876; *Stumpe,* Verbraucherinsolvenz als aktives Instrument familienrechtlicher Unterhaltsgestaltung, 2006; *Uhlenbruck,* Familienrechtliche Aspekte der Insolvenzordnung, KTS 1999, 413–432 = Insolvenzrechtsreform und Familienrecht, in 13. Deutscher Familiengerichtstag, Bielefeld 2000, 74–95; *ders.,* Insolvenzrechtsreform: Flucht der Schuldner aus dem „Modernen Schuldturm" auf Kosten der Unterhaltsberechtigten?, FamRZ 1998, 1473–1477; *ders.,* Unterhaltsansprüche in einem Restschuldbefreiungsverfahren nach dem Entwurf einer Insolvenzordnung, FamRZ 1993, 1026–1029; *Weisbrodt,* Praktische Gestaltung des Unterhaltsprozesses bei Insolvenz des Unterhaltspflichtigen, FamRZ 2003, 1240–1245; *Wohlgemuth,* Obliegenheit zur „Flucht in die Insolvenz"?, FF 2004, 9–13.

---

[194] Siehe *Eckardt,* Kölner Schrift 743, 751 (RdNr. 15); *ders.* ZIP 1993, 1765, 1767; *Bähr* InVo 1998, 205, 208.
[195] Vgl *Kübler/Prütting/Bork/Schaltke/Pape* § 174 RdNr. 39.
[196] *Jaeger/Henckel* § 39 RdNr. 4.
[197] Grundlegend dazu *Eckardt* ZIP 1993, 1765, 1768 ff.; *ders.,* Kölner Schrift 743, 768 (RdNr. 46); dem folgend u. a. *Häsemeyer* RdNr. 22.04; *Carl,* Teilnahmerechte am Konkurs, 1998, 77 f.
[198] *Eckardt,* Kölner Schrift 743, 768 (RdNr. 46).

Übersicht

	Rn.		Rn.
A. Normzweck	1–3	**II. Rückständige Unterhaltsansprüche**	15–17
B. Entstehungsgeschichte	4	1. Insolvenzverfahren	15
C. Anwendungsbereich	5–30	2. Restschuldbefreiungsverfahren	16, 17
I. Familienrechtliche Unterhaltsansprüche	6–14	**III. Laufende Unterhaltsansprüche**	18–29
1. Begriff	6–12	1. Insolvenzverfahren	18–24
a) Unterhalt nach aufgehobener Ehe	7	a) Unterhaltsansprüche gegen den Schuldner als Erben des Unterhaltspflichtigen	19–21
b) Ehelicher und nachehelicher Unterhalt	8	b) Unterhaltsansprüche gegen den Schuldner als Unterhaltspflichtigen	22–24
c) Unterhalt unter Verwandten	9	2. Restschuldbefreiungsverfahren	25
d) Unterhalt nach §§ 1615l, n BGB	10	3. Obliegenheit des Unterhaltsschuldners zur Einleitung eines Insolvenzverfahrens	26–29
e) Unterhalt nach LPartG	11		
f) Schuldrechtlicher Versorgungsausgleich	12		
2. Übergang der Unterhaltsansprüche	13	**IV. Unterhalt aus der Insolvenzmasse nach § 100**	30
3. Unterhaltsansprüche nicht familienrechtlicher Natur	14		

A. Normzweck

Familienrechtliche Unterhaltsansprüche entstehen auf der Grundlage einer Anspruchsnorm laufend **1** von neuem. Dies beruht darauf, dass Voraussetzung jedes gesetzlichen Unterhaltsanspruchs die Bedürftigkeit des Berechtigten einerseits und das Leistungsvermögen des Pflichtigen andererseits ist. In Abhängigkeit dieser Kriterien gelangt der Unterhaltsanspruch monatlich neu zur Entstehung.[1] Grundsätzlich können daher **Unterhaltsansprüche für die Zeit nach Verfahrenseröffnung nicht als Insolvenzforderungen geltend gemacht** werden. Da der Berechtigte durch das Kriterium der Leistungsfähigkeit des Unterhaltspflichtigen als Voraussetzung des Unterhaltsanspruchs das vermögensrechtliche Schicksal des Schuldners teilt, war der historische Gesetzgeber der Ansicht, dass der besonderen Verbundenheit des Berechtigten mit den Lebensumständen des Unterhaltspflichtigen auch im Konkurs Rechnung getragen werden müsse. Der Unterhaltsberechtigte sollte daher mit seinen Ansprüchen nicht aus der Masse befriedigt, sondern in Abhängigkeit vom weiteren vermögensrechtlichen Schicksal des Schuldners – wie dieser selbst – auf den Neuerwerb verwiesen werden.[2] Obwohl diesem Gedanken durch die **Einbeziehung des Neuerwerbs in die Insolvenzmasse** (§ 35) die Grundlage entzogen wurde, ist nach dem Willen des Reformgesetzgebers an dem tradierten Grundsatz festzuhalten, dass Unterhaltsansprüche für die Zeit nach Verfahrenseröffnung keine Insolvenzforderungen darstellen und die Unterhaltsberechtigten hinsichtlich ihres laufenden Unterhalts somit als Neugläubiger zu behandeln sind.[3]

Von diesem Grundsatz nimmt Satz 1 **Unterhaltsansprüche, die sich gegen den Erben des** **2** **Unterhaltspflichtigen richten,** aus. Dies betrifft Unterhaltsansprüche nach geschiedener oder aufgehobener Ehe (§§ 1586b Abs. 1, 1318 Abs. 2, 1320 Abs. 2 BGB), Unterhaltsansprüche auf Grund der Geburt und wegen der Betreuung eines nichtehelichen Kindes (§ 1615l Abs. 3 Satz 4 BGB) sowie Unterhaltsansprüche nach § 16 Abs. 1 LPartG i. V. m. § 1586b BGB. Diese Unterhaltsansprüche, die sich gegen den Schuldner als Erben richten, werden – auch soweit sie den laufenden Unterhalt betreffen – durch Satz 1 als Insolvenzforderungen i. S. d. § 38 qualifiziert.

Satz 2 verweist auf § 100, wonach den Unterhaltsgläubigern aus der Insolvenzmasse Unterhalt **3** gewährt werden kann.

---

[1] RT-Drucks. 9/100, 25 (= *Hahn/Mugdan*, Materialien, Bd. 7, S. 234): „Indessen ist davon auszugehen, daß, wenngleich das Verhältniß, vermöge dessen der Gemeinschuldner unterhaltspflichtig ist, schon vor der Konkurseröffnung begründet war, doch der Unterhaltsanspruch selbst mit dem jedes Maligen Eintreten des Bedürfnisses neu entsteht." Vgl. auch RT-Drucks. 9/237, 6 (= *Hahn/Mugdan*, Materialien, Bd. 7, S. 288).

[2] RT-Drucks. 9/100, 25 (= *Hahn/Mugdan*, Materialien, Bd. 7, S. 234): „Andererseits widerspricht es auch der Natur und dem Zwecke der Unterhaltspflicht, wenn der Berechtigte gehindert wird, während des Konkursverfahrens seinen Anspruch gegen den Gemeinschuldner insoweit geltend zu machen, als dieser, namentlich durch neuen Erwerb, zur Gewährung des Unterhalts im Stande ist." Dazu *Kohte* RdNr. 3 f.; *Scholz*, Versorgungsausgleich und Konkurs, 1986, S. 94 f., 97 f.; *Steder* DAVorm 1998, 867 f.; *Uhlenbruck* FamRZ 1993, 1026, 1027; *Rohleder* RdNr. 86.

[3] BR-Drucks. 1/92, 124; BT-Drucks. 12/2443, 124. Vgl. weiter BT-Drucks. 12/7302, 167: „Der Nachteil, dass die Unterhaltsberechtigten wegen der Einbeziehung des Neuerwerbs in die Insolvenzmasse […] im Hinblick auf den laufenden Unterhalt schlechter gestellt werden als im geltenden Recht, wird von der Ausschussmehrheit in Kauf genommen." Dazu *Rohleder* RdNr. 83, 307 ff.; *Paul* DZWIR 2009, 186, 187.

B. Entstehungsgeschichte

4 Mit § 40 Satz 1 wurde der Regelungsinhalt von § 3 Abs. 2 KO und § 25 Abs. 2 VerglO in das neue Insolvenzrecht übernommen.[4] Der Wortlaut wurde sprachlich an das Insolvenzverfahren angepasst und durch Art. 4 Abs. 5 des Kindesunterhaltsgesetzes vom 6.4.1998 nochmals geändert.[5] Neu ist der in Satz 2 enthaltene Verweis auf § 100.

C. Anwendungsbereich

5 Obwohl der Wortlaut des Satzes 1 weitgehend dem des § 3 Abs. 2 KO entspricht, hat sich die Rechtslage für Unterhaltsgläubiger durch die Einschränkung des Zugriffs auf den Neuerwerb und durch die Einführung des Restschuldbefreiungsverfahrens erheblich verändert.[6] Dabei ist zu differenzieren zwischen familienrechtlichen Unterhaltsansprüchen für die Zeit vor Verfahrenseröffnung (**rückständige Unterhaltsansprüche**), die als Insolvenzforderungen geltend gemacht werden können, und Unterhaltsansprüchen für die Zeit nach Verfahrenseröffnung (**laufende Unterhaltsansprüche**; Unterhaltsgläubiger sind insoweit Neugläubiger), die regelmäßig von der Verfahrensteilnahme ausgeschlossen sind.[7]

I. Familienrechtliche Unterhaltsansprüche

6 **1. Begriff.** Die Aufzählung der einzelnen familienrechtlichen Anspruchsnormen in § 3 Abs. 2 KO hatte den Nachteil, dass die genannten Bestimmungen – wegen der zahlreichen Änderungen im Familienrecht – häufig nicht dem jeweils geltenden Recht entsprachen.[8] Die neue Regelung vermeidet diese Unstimmigkeiten und erfasst in Satz 1 sämtliche **gesetzlichen Unterhaltsansprüche des Vierten Buches des BGB** sowie die auf diese Bestimmungen verweisenden Normen des LPartG.[9]

7 **a) Unterhalt nach aufgehobener Ehe.** Durch das Eheschließungsrechtsgesetz vom 4.5.1998[10] sind die Voraussetzungen und Rechtsfolgen der Aufhebung einer Ehe aus dem Ehegesetz von 1946 mit Wirkung zum 1.7.1998 in das BGB zurückgeführt worden. Die Anfechtbarkeit der Ehe mit der Folge der Nichtigkeit ist zugunsten der Aufhebbarkeit der Ehe mit Wirkung ex nunc abgeschafft worden. Der Unterhaltsanspruch nach aufgehobener Ehe ergibt sich nunmehr aus **§§ 1318 Abs. 2, 1320 Abs. 2 BGB**.[11]

8 **b) Ehelicher und nachehelicher Unterhalt.** Zu den familienrechtlichen Unterhaltsansprüchen gehören der eheliche Unterhalt gemäß **§§ 1360 bis 1361 BGB** und der nacheheliche Unterhalt gemäß **§§ 1569 bis 1586b BGB**.

---

[4] Die GesO enthielt keine § 3 Abs. 2 KO entsprechende Vorschrift. Zur Behandlung von Unterhaltsansprüchen nach § 3 Abs. 2 KO, § 25 Abs. 2 VerglO und § 17 Abs. 3 Nr. 2 GesO vgl. *Kohte* RdNr. 2 ff., 21 ff.; *Steder* DAVorm 1998, 867 ff.; *Rohleder* RdNr. 10 ff., 51 ff.

[5] BR-Drucks. 1/92, 17, 124; BT-Drucks. 12/2443, 17, 124; BR-Drucks. 959/96, 17, 51; Kindesunterhaltsgesetz vom 6.4.1998, BGBl. I, S. 666, 673.

[6] Überwiegend krit. *Döbereiner*, Die Restschuldbefreiung nach der Insolvenzordnung, 1997, S. 197 ff.; *Forsblad*, Restschuldbefreiung und Verbraucherinsolvenz im künftigen deutschen Insolvenzrecht, 1997, S. 260 f.; *Steder* DAVorm 1998, 867, 870 f., 873 ff.; *Kohte* RdNr. 29 ff.; *Uhlenbruck* FamRZ 1998, 1473, 1474; *ders.* KTS 1999, 413, 421, 430, 432; *ders.*, Die Insolvenzordnung ein Jahrhundertgesetz?, NJW 2000, 1386, 1387; *Haarmeyer/Wutzke/Förster*, Handbuch, Kap. 6 RdNr. 113; *Jaeger/Henckel* § 40 RdNr. 5, 8, 11; FK-*Bornemann* § 40 RdNr. 1; *Kübler/Prütting/Bork/Holzer* § 35 RdNr. 37, § 40 RdNr. 8; *Nerlich/Römermann/Andres* § 40 RdNr. 5; *Uhlenbruck/Hirte* § 40 RdNr. 2; *Rohleder* RdNr. 408–462. Vgl. aber auch RA BT-Drucks. 12/7302, 167; *Müller*, Das neue Insolvenzverfahren für natürliche Personen, ZfJ 1999, 138, 140. Zur rechtspolitischen Kritik an der Stellung der unterhaltsberechtigten Familienangehörigen des Schuldners im Insolvenzverfahren vgl. auch 1. Aufl. § 40 RdNr. 32 ff.

[7] Soweit im Folgenden von Unterhaltsansprüchen die Rede ist, sind davon sämtliche Folgekosten (wie zB Verzugszinsen oder Kostenerstattungsansprüche nach durchgeführter Zwangsvollstreckung) ausgenommen. Insoweit kann die Rspr. zur Einzelzwangsvollstreckung (BGH FamRZ 2009, 1483 ff.; LG Krefeld FamRZ 2010, 1929 f.) übertragen werden.

[8] *Kuhn/Uhlenbruck* § 3 KO RdNr. 40.

[9] Vgl. auch *Kohte* RdNr. 54, mit Verweis auf die nach § 850d ZPO privilegierten Unterhaltsgläubiger. Durch das *Gesetz zur Überarbeitung des Lebenspartnerschaftsrechts* vom 15.12.2004 (BGBl. I, 3396) wurden mit Wirkung zum 1.1.2005 auch eingetragene Lebenspartner in § 850d Abs. 1 Satz 1 ZPO aufgenommen. Dazu auch *Rohleder* RdNr. 315 ff.

[10] BGBl. I, 833.

[11] Sofern vor dem 1.7.1998 Nichtigkeits- oder Aufhebungsklage erhoben wurde, bleiben gemäß Art. 226 Abs. 2 EGBGB für Unterhaltsansprüche nach aufgehobener oder nichtiger Ehe die §§ 26, 37, 39 EheG maßgebend.

c) **Unterhalt unter Verwandten.** Zu den familienrechtlichen Unterhaltsansprüchen sind weiterhin Ansprüche unterhaltsberechtigter Verwandter gemäß §§ 1601 bis 1615a, § 1770 Abs. 3 BGB zu zählen. 9

d) **Unterhalt nach §§ 1615l, n BGB.** § 1615l BGB enthält mehrere Unterhaltstatbestände, die 10 alle als familienrechtliche Unterhaltsansprüche zu qualifizieren sind. Hierzu zählen die **Ansprüche der Mutter eines nichtehelichen Kindes infolge Schwangerschaft und Entbindung** nach § 1615l Abs. 1, Abs. 2 Satz 1 BGB,[12] die Ansprüche **eines Elternteils für die Betreuung seines nichtehelichen Kindes** nach § 1615l Abs. 2 Satz 2 BGB bzw. nach § 1615l Abs. 4 Satz 1 i. V. m. Abs. 2 Satz 2 BGB sowie der Anspruch aus § 1615n BGB i. V. m. § 1615l BGB. Hingegen ist der Anspruch auf Erstattung der Beerdigungskosten im Falle des Todes der Mutter nach § 1615m BGB kein familienrechtlicher Unterhaltsanspruch.[13]

e) **Unterhalt nach LPartG.** Zu den familienrechtlichen Unterhaltsansprüchen gehören auch der 11 Lebenspartnerschaftsunterhalt nach § 5 LPartG, der Unterhalt bei Getrenntleben der eingetragenen Lebenspartner nach § 12 LPartG sowie der nachpartnerschaftliche Unterhalt nach § 16 LPartG.[14] Durch die Verweisung auf die Vorschriften über den ehelichen bzw. nachehelichen Unterhalt sind die genannten Ansprüche entsprechend den familienrechtlichen Unterhaltsansprüchen ausgestaltet.[15]

f) **Schuldrechtlicher Versorgungsausgleich.** Im Schrifttum wird vertreten, dass der schuld- 12 rechtliche Versorgungsausgleich nach **§ 1587 BGB i. V. m. §§ 1 ff. VersAusglG**[16] den familienrechtlichen Unterhaltsansprüchen im Wege der Analogie gleichzustellen sei. Dafür spräche, dass der schuldrechtliche Versorgungsausgleich unterhaltsähnlichen Charakter habe und der ausgleichsberechtigte Ehegatte in gewissem Umfang von der Versorgungslage des Pflichtigen abhängig sei.[17] Dem kann nicht gefolgt werden, denn diese Auffassung macht die beim schuldrechtlichen Versorgungsausgleich nur in Ausnahmefällen bestehende Abhängigkeit des Anspruchs von den wirtschaftlichen Verhältnissen des Pflichtigen zur Grundlage der Analogie. Grundsätzlich ist der schuldrechtliche Versorgungsausgleich nicht von der Bedürftigkeit des Berechtigten und der Leistungsfähigkeit des Pflichtigen abhängig,[18] sondern „beruht auf dem Gedanken der hälftigen Teilhabe des einen Ehegatten an der in der Ehezeit erworbenen Versorgung des anderen Ehegatten".[19] Eine Ausdehnung des § 40 Satz 1 auf Ansprüche, die lediglich unterhaltsähnliche Elemente enthalten, ist weder mit dem eindeutigen Wortlaut noch mit Sinn und Zweck der Norm vereinbar.[20]

2. Übergang der Unterhaltsansprüche. Der Wortlaut lässt offen, ob Satz 1 auch dann gilt, wenn 13 die genannten familienrechtlichen Unterhaltsansprüche vertraglich oder gesetzlich nach §§ 1607 Abs. 2 Satz 2, 1608 Satz 3, 1584 Satz 3 oder 1615l Abs. 3 Satz 1 BGB auf einen anderen Unterhaltspflichtigen bzw. nach § 33 Abs. 1 SGB II, § 95 SGB VIII, § 94 Abs. 1 SGB XII, § 7 UVG oder § 37 Abs. 1 BAföG

---

[12] Die Kosten, die infolge von Schwangerschaft oder Entbindung entstehen, erhöhen den Unterhaltsbedarf der Mutter. Daher wird dieser bis zur Reform des Kindesunterhaltsrechts in § 1615k BGB aF geregelte Anspruch seit dem 1.7.1998 ausdrücklich als Unterhaltsanspruch eingeordnet (BR-Drucks. 959/96, 11, 37 f., 51).
[13] Vgl. auch *Musielak/Becker* § 850d ZPO RdNr. 2; MünchKommZPO-*Smid* § 850d RdNr. 5. Zwar wurde in der Kommentarliteratur zu § 3 Abs. 2 KO teilweise dieser Erstattungsanspruch den Unterhaltsansprüchen gleichgestellt (*Jaeger/Henckel* KO § 3 RdNr. 109), dies entsprach aber schon nicht dem Willen des historischen Gesetzgebers, der nur den Erstattungsanspruch der Mutter „in Ansehung der Wochenbettskosten" den Unterhaltsansprüchen gleichgestellt hatte. Dazu RT-Drucks. 9/100, 25 (= *Hahn/Mugdan*, Materialien, Bd. 7, S. 234). Zur Gesetzgebungsgeschichte vgl. 1. Aufl. § 40 RdNr. 10. Nicht gefolgt werden kann daher *Nerlich/Römermann/Andres* § 40 RdNr. 1; HambKomm-*Lüdtke* § 40 RdNr. 8; *Keller* NZI 2007, 143, 144, die § 1615m BGB zu den familienrechtlichen Unterhaltsansprüchen zählen.
[14] FK-*Bornemann* § 40 RdNr. 4; *Jaeger/Henckel* § 40 RdNr. 4.
[15] So auch *Uhlenbruck/Hirte* § 40 RdNr. 7.
[16] Zur Neuregelung des Versorgungsausgleichs vgl. etwa *Bergner*, Der reformierte Versorgungsausgleich, NJW 2009, 1169 ff. und 1233 ff.; *Ruland*, Der neue Versorgungsausgleich – eine kritische Analyse, NJW 2009, 2781 ff.; *Eichenhofer*, Prinzipien des Versorgungsausgleichs, FamRZ 2011, 1630 ff.
[17] *Scholz* (Fn. 2), S. 84–101 (insb. 94 ff.), 119 f.; *Uhlenbruck* KTS 1999, 413, 420; *Uhlenbruck/Hirte* § 40 RdNr. 5; *Braun/Bäuerle* § 40 RdNr. 2; *Jaeger/Henckel* § 40 RdNr. 5; HK-*Eickmann* § 40 RdNr. 3; *Nerlich/Römermann/Andres* § 40 RdNr. 3; HambKomm-*Lüdtke* § 40 RdNr. 8; *Rohleder* RdNr. 319.
[18] BGH FamRZ 1985, 263, 265.
[19] BGH NJW 2012, 609, 610 = NZI 2012, 24.
[20] Zu diesem Ergebnis kommt jetzt auch BGH NJW 2012, 609, 610 (m. Anm. *Spieker* FamFR 2011, 542 und Anm. *Schütze* FD-InsR 2011, 325376) aufgrund einer Auslegung der Norm anhand von Wortlaut, Entstehungsgeschichte und Systematik. So auch schon die Vorinstanz LG Paderborn BeckRS 2010, 20471; FK-*Bornemann* § 40 RdNr. 7a. Für die Ausnahmeregel des Satzes 1 wäre eine Gleichstellung im Wege der Analogie ohnehin bedeutungslos, weil beim schuldrechtlichen Versorgungsausgleich die Ausgleichspflicht im Falle des Todes des Pflichtigen nicht auf den Erben übergeht (BVerfG NJW 1986, 1321, 1322).

auf einen öffentlichen Träger übergegangen oder übergeleitet sind.[21] Grundsätzlich ändert der Übergang bzw. die Überleitung nicht die Rechtsnatur des familienrechtlichen Unterhaltsanspruchs.[22] Da sich jedoch die an die Person des Unterhaltsberechtigten gebundene Zweckbestimmung in der Person des Rechtsnachfolgers nicht verwirklichen kann,[23] ist auch in der Einzelzwangsvollstreckung umstritten, ob mit dem Übergang bzw. der Überleitung die nach § 850d ZPO an die Person des Unterhaltsgläubigers gebundenen Privilegien auf den Rechtsnachfolger übergehen. Überwiegend wird dies befürwortet,[24] zumal § 850d ZPO – gerade für den praktisch wichtigen Fall des **Übergangs auf einen öffentlichen Träger** – auch den Zweck hat, eine Befreiung des Schuldners von seinen Pflichten zu Lasten der Sozialfürsorge zu verhindern.[25] Dieser Zweck lässt sich aber auch für die Sonderstellung der Unterhaltsgläubiger im Insolvenzverfahren nachweisen.[26] Somit darf die Vorleistungspflicht der öffentlichen Kassen nicht zu einer endgültigen Lastentragung führen,[27] mit der weiteren Folge, dass die Nichterfüllung von Verbindlichkeiten und ihre Abwälzung auf die Sozialfürsorge indirekt zur Vermögensbildung genutzt werden könnte. Beides ließe sich nicht verhindern, wenn die übergegangenen Ansprüche nicht als familienrechtliche Unterhaltsansprüche i.S.v. § 40 Satz 1 zu qualifizieren wären. Denn dies hätte zur Folge, dass sämtliche übergegangenen Unterhaltsansprüche als Insolvenzforderungen einzuordnen wären, mit der weiteren Konsequenz, dass es lediglich zu einer quotalen Befriedigung der Forderungen im Insolvenzverfahren käme. Nach erfolgreicher Restschuldbefreiung wäre die Nachforderung ausgeschlossen und der Schuldner hätte sich auch auf Kosten der Sozialfürsorge saniert.[28]

14 **3. Unterhaltsansprüche nicht familienrechtlicher Natur.** Von Satz 1 werden solche Ansprüche auf Zahlung einer Geldrente nicht umfasst, deren Grundlage keine familienrechtliche Anspruchsnorm ist. Dazu gehören alle **auf deliktischer Grundlage beruhenden Geldrenten**, beispielsweise nach §§ 618 Abs. 3, 843–845 BGB,[29] § 62 Abs. 3 HGB, § 8 HPflG, §§ 10, 13 StVG, § 38 LuftVG, §§ 28–30 AtG.[30] Nicht erfasst werden von Satz 1 auch **Kapitalabfindungen**, die durch vertragliche Vereinbarung an die Stelle eines familienrechtlichen Unterhaltsanspruchs treten, denn auf Grund der Vereinbarung einer Kapitalabfindung teilt der Berechtigte gerade nicht mehr das vermögensrechtliche Schicksal des Schuldners.[31] Weiterhin fallen **rechtsgeschäftlich** – durch Vertrag oder Verfügung von Todes wegen – **begründete Unterhaltsansprüche** nicht unter Satz 1. Allerdings sind diese (von einer gesetzlichen Unterhaltspflicht unabhängigen) Unterhaltsansprüche von solchen Unterhaltsvereinbarungen, die lediglich einen gesetzlichen Unterhaltsanspruch vertraglich ausgestalten, zu unterscheiden. Letztere sind familienrechtliche Unterhaltsansprüche i. S. d. § 40 Satz 1,[32] bei denen der Berechtigte das vermögensrechtliche Schicksal des Schuldners teilt. Die auf selbstständiger Grundlage beruhenden Unterhaltsansprüche (zB Leibrentenverträge, Gutsübernah-

---

[21] Befürwortend *Weisbrodt* FamRZ 2003, 1240, 1242. Vgl. auch *Leipold/Smid*, S. 139, 147. AA FK-*Bornemann* § 40 RdNr. 7; HambKomm-*Lüdtke* § 40 RdNr. 12. Differenzierend *Uhlenbruck/Hirte* § 40 RdNr. 9. Dazu umfassend *Rohleder* RdNr. 336 ff.

[22] *Hußmann*, Auswirkungen der neuen Sozialgesetzgebung auf das Unterhaltsrecht, FuR 2004, 534, 535 ff.

[23] *Bethke*, Privilegierte Pfändung nach § 850d ZPO wegen übergeleiteter Unterhaltsansprüche, FamRZ 1991, 397, 399.

[24] BGH NJW 1986, 1688; BGH FamRZ 2004, 185; LAG Hamm NZI 2011, 772, 774; LG Erfurt FamRZ 1997, 510 f. m. zust. Anm. *Schmidt; Brüggemann*, Rechtsnachfolge in Unterhaltsansprüche, DAVorm 1993, 217, 219; *Honold*, Die Pfändung des Arbeitseinkommens, Eine rechtsvergleichende Untersuchung, 1998, S. 175 f.; *Keller* NZI 2007, 143, 146; BeckOK-ZPO/*Riedel* § 850d RdNr. 7 f.; *Musielak/Becker* § 850d ZPO RdNr. 3. Vgl. auch *Kohte* RdNr. 58 ff.; sowie *Uhlenbruck* KTS 1999, 413, 421 mwN. AA AG Augsburg (22.2.2012 – 2 M 25028/11) m. krit. Anm. *Harbeck* jurisPR-InsR 8/2012 Anm. 6.

[25] Vgl. auch MünchKommZPO-*Smid* § 850d RdNr. 6 f. mwN; *Büttner*, Unterhalt und Zwangsvollstreckung, FamRZ 1994, 1433, 1434.

[26] In der Begründung zu § 100 (§ 114 RegE), auf den Satz 2 verweist, wurde der Zusammenhang zwischen der Sonderstellung der Unterhaltsberechtigten im Insolvenzverfahren und der Verhinderung einer Inanspruchnahme von Mitteln der Sozialhilfe dargestellt und ausdrücklich auf die Wertungen im Recht der Einzelzwangsvollstreckung verwiesen (BR-Drucks. 1/92, 143; BT-Drucks. 12/2443, 143). Vgl. auch *Weinbörner*, Das neue Insolvenzrecht mit EU-Übereinkommen, 1997, RdNr. B 238.

[27] *Fuchs*, Zivilrecht und Sozialrecht, 1992, S. 307.

[28] Zust. HK-*Eickmann* § 40 RdNr. 5; *Jaeger/Henckel* § 40 RdNr. 6.

[29] OLG Celle LZ 1917, 290, 291. Zu § 844 Abs. 2 BGB vgl. auch BGH NZI 2006, 593 = WuB VI A. § 89 InsO 1.07 m. Anm. *Freitag; Schmidt*, Schadensersatzansprüche nach § 844 Abs. 2 BGB in der Insolvenz und in der Zwangsvollstreckung, ZInsO 2007, 14 ff.; FK-*Bornemann* § 40 RdNr. 6.

[30] So auch *Uhlenbruck/Hirte* § 40 RdNr. 6.

[31] RG DR 1944, 618; HK-*Eickmann* § 40 RdNr. 4; FK-*Bornemann* § 40 RdNr. 5; *Braun/Bäuerle* § 40 RdNr. 5; *Jaeger/Henckel* § 40 RdNr. 7; *Kohte* RdNr. 56. Vgl. auch *Uhlenbruck* KTS 1999, 413, 420 f.; *Paul* DZWIR 2009, 186, 187; *Schwarz/Facius* ZVI 2010, 49, 50 = FF 2010, 189; HambKomm-*Lüdtke* § 40 RdNr. 11. Unklar *Uhlenbruck/Hirte* § 40 RdNr. 8.

[32] *Braun/Bäuerle* § 40 RdNr. 3; HambKomm-*Lüdtke* § 40 RdNr. 10.

meverträge) sind hingegen ebenso wie die deliktischen Unterhaltsrenten und die Kapitalabfindungen nicht als familienrechtliche Unterhaltsansprüche zu qualifizieren.[33]

II. Rückständige Unterhaltsansprüche

1. Insolvenzverfahren. Familienrechtliche Unterhaltsansprüche (RdNr. 6–11) sind Insolvenzforderungen i. S. d. § 38, wenn sie den **Zeitraum vor Eröffnung des Insolvenzverfahrens** betreffen (rückständige Unterhaltsansprüche).[34] Dazu gehören alle vor Verfahrenseröffnung fälligen, aber noch nicht erfüllten Unterhaltsforderungen.[35] Dies gilt auch, soweit die Periode, auf die sich der Unterhaltsanspruch bezieht, bei Verfahrenseröffnung noch nicht vollständig abgelaufen ist.[36] Zu beachten ist, dass Unterhaltsansprüche für die Vergangenheit nur unter den Voraussetzungen der §§ 1585b, 1613 BGB geltend gemacht werden können.[37]

Nach der KO wurden die rückständigen Unterhaltsansprüche als einfache Konkursforderungen quotal befriedigt. Darüber hinaus bestand nach Abschluss des Verfahrens gemäß § 164 Abs. 1 KO ein unbeschränktes **Nachforderungsrecht.** Auch nach § 40 Satz 1 sind Gläubiger rückständiger Unterhaltsforderungen als Insolvenzgläubiger am Verfahren beteiligt.[38] Nach Abschluss des Verfahrens können die Restforderungen gemäß § 201 Abs. 1 gegen den Schuldner uneingeschränkt geltend gemacht werden, sofern sich an das Insolvenzverfahren kein erfolgreiches Restschuldbefreiungsverfahren anschließt.[39] Bei **Übergang der Unterhaltsforderungen** (RdNr. 13) steht dem Rechtsnachfolger das Nachforderungsrecht zu.

2. Restschuldbefreiungsverfahren. Bei Zulassung des Verfahrens zur Erteilung der Restschuldbefreiung untersagt § 294 Abs. 1 den Insolvenzgläubigern (d.h. Gläubigern von rückständigen Unterhaltsforderungen) während der **Wohlverhaltensperiode** die Einzelzwangsvollstreckung in das Schuldnervermögen.[40] In dieser Zeit sind die Gläubiger von rückständigen Unterhaltsforderungen auf die einmal jährlich vom Treuhänder anteilig an die Insolvenzgläubiger zu verteilenden Beträge verwiesen (§ 292 Abs. 1 Satz 2).[41]

Nach Eintritt der Restschuldbefreiung haben die Gläubiger rückständiger Unterhaltsansprüche gemäß § 301 Abs. 1 **kein Nachforderungsrecht** hinsichtlich der nicht befriedigten Restforderungen.[42] Entsprechendes gilt bei einem **Übergang der Unterhaltsforderungen.**[43] Hingegen sind Ansprüche aus vorsätzlich begangener unerlaubter Handlung gemäß **§ 302 Nr. 1** von der Restschuldbefreiung ausgenommen. Dies gilt auch dann, wenn eine vorsätzlich begangene **unerlaubte Handlung wegen Verletzung der Unterhaltspflicht** nach § 823 Abs. 2 BGB i. V. m. § 170 StGB vorliegt,[44] wobei § 170 StGB auch als Schutzgesetz zugunsten des öffentlichen Versorgungsträgers wirkt (zur Überleitung des Anspruchs auf öffentliche Träger RdNr. 13), welcher durch seine Vorleistung die Gefährdung des Lebensbedarfs des Unterhaltsberechtigten abgewendet hat.[45] Der Anspruch ist als deliktische Forderung nach §§ 302 Nr. 1, 174 Abs. 2 beim Insolvenzverwalter anzumelden.[46] Im Falle eines Widerspruchs des Schuldners (§ 184 Abs. 1 Satz 1) kann der Unterhaltsgläubiger (bzw. der leistende Sozialversicherungsträ-

---

[33] Zust. *Uhlenbruck/Hirte* § 40 RdNr. 6. Dazu umfassend *Kohte* RdNr. 7–9; *Rohleder* RdNr. 35 f., 321 ff.
[34] RT-Drucks. 9/100, 25 f.; BAG NJW 2010, 253, 254 = NZI 2010, 35, 36; OLG Hamm FamRZ 2005, 279, 280 mwN; OLG Koblenz FamRZ 2003, 109; OLG Naumburg NJW-RR 2004, 7 f.; OLG Nürnberg ZInsO 2005, 443 f.; *Wohlgemuth* FF 2004, 9, 10.
[35] BGHZ 162, 234, 240 f., 245 = NZI 2005, 342, 344 f. = NJW 2005, 1279, 1280, 1282; OLG Nürnberg NJW-RR 2005, 776 = NZI 2005, 638.
[36] OLG Koblenz NZI 2003, 60; OLG Naumburg ZInsO 2004, 400; *Weisbrodt* FamRZ 2003, 1240; *Perleberg-Kölbel* FuR 2009, 613; *Jaeger/Henckel* § 40 RdNr. 6; *Nerlich/Römermann/Andres* § 40 RdNr. 2.
[37] *Jaeger/Henckel* § 40 RdNr. 6. Dazu umfassend *Thamm*, Unterhalt für die Vergangenheit, Die Entwicklung des Schuldnerschutzes im Unterhaltsrecht, 2003.
[38] *Kohte* RdNr. 27.
[39] *Steder* DAVorm 1998, 867, 874.
[40] BAG NJW 2010, 253, 255 = NZI 2010, 35, 37; *Pape* AnwBl. 2009, 582, 591 und ZFE 2010, 136, 147; *Gerhardt/v. Heintschel-Heinegg/Klein/Perleberg-Kölbel* RdNr. 213.
[41] *Döbereiner* (Fn. 6), S. 195 ff.; *Steder* DAVorm 1998, 867, 874; *Müller* ZfJ 1999, 138, 140; *Rohleder* RdNr. 680 ff.; *Stumpe*, S. 135.
[42] BGHZ 162, 234, 240 f.; *Uhlenbruck* FamRZ 1998, 1473, 1476 f. Krit. *Steder* DAVorm 1998, 867, 875 f.; *Trendelenburg*, Restschuldbefreiung, 2000, S. 61 (Fn. 215), 275; *Pape* AnwBl. 2009, 582, 591 und ZFE 2010, 136, 147.
[43] So auch *Uhlenbruck* KTS 1999, 413, 429; *Rohleder* RdNr. 683.
[44] Dazu *Keller* NZI 2007, 316, 320; *Pape* AnwBl. 2009, 582, 584 und ZFE 2010, 136, 138 f.; *Janlewing* FamRB 2012, 155 f.
[45] BGH NJW 2010, 2353, 2354 = NZI 2010, 615, 616 m. Anm. *Bürk* FamFR 2010, 320; *Gerhardt/v. Heintschel-Heinegg/Klein/Perleberg-Kölbel* RdNr. 249; *Janlewing* FamRB 2011, 19, 24.
[46] Dazu *Janlewing* FamRB 2012, 155, 156 f.; *Schwarz/Facius* ZVI 2010, 49, 50 = FF 2010, 189, 190.

ger)⁴⁷ zur Feststellung des Anspruchs aus § 823 Abs. 2 BGB i. V. m. § 170 StGB vor dem Familiengericht⁴⁸ **Feststellungsklage nach § 113 Abs. 1 Satz 2 FamFG i. V. m. § 256 Abs. 1 ZPO** erheben.⁴⁹ Das **Feststellungsinteresse** (rechtliches Interesse, dass ein Rechtsverhältnis alsbald festgestellt wird) folgt aus § 302 Nr. 1 und dem damit verbundenen Interesse, dass die Ansprüche aus § 823 Abs. 2 BGB i. V. m. § 170 StGB von der Restschuldbefreiung ausgenommen werden.⁵⁰

In der Literatur wird schon seit langem darauf hingewiesen, dass es systemwidrig sei, vorsätzlich begangene unerlaubte Handlungen, nicht aber Unterhaltsansprüche von der Restschuldbefreiung auszunehmen, denn regelmäßig werden beide Ansprüche in gleichem Maße privilegiert, etwa in § 89 Abs. 2 Satz 2 oder in der Einzelzwangsvollstreckung (§§ 850d, 850f Abs. 2 ZPO).⁵¹ Inzwischen hat das Bundesministerium der Justiz einen Referentenentwurf eines *Gesetzes zur Verkürzung des Restschuldbefreiungsverfahrens, zur Stärkung der Gläubigerrechte und zur Insolvenzfestigkeit von Lizenzen* vorgelegt, der eine Ergänzung von § 302 Nr. 1 dahingehend vorsieht, dass von der Restschuldbefreiung künftig nicht nur Verbindlichkeiten des Schuldners aus unerlaubter Handlung, sondern auch solche „aus rückständigem Unterhalt, den der Schuldner vorsätzlich pflichtwidrig nicht gewährt hat", ausgenommen sind.⁵²

III. Laufende Unterhaltsansprüche

18 **1. Insolvenzverfahren.** Familienrechtliche Unterhaltsansprüche für die **Zeit nach Verfahrenseröffnung** (laufende Unterhaltsansprüche) gelten nicht als Insolvenzforderungen, es sei denn, der Schuldner haftet als Erbe des Unterhaltspflichtigen, Satz 1.

19 **a) Unterhaltsansprüche gegen den Schuldner als Erben des Unterhaltspflichtigen.** Die in Satz 1 formulierte Ausnahme ordnet Unterhaltsansprüche gegen den Schuldner als Erben des Unterhaltspflichtigen auch für den Zeitraum nach Verfahrenseröffnung als Insolvenzforderungen ein.⁵³ Die Unterhaltspflicht des Erben besteht aber nur dann, wenn das Familienrecht einen Übergang der Unterhaltspflicht auf den Erben anordnet. Für die meisten Unterhaltsforderungen **(ehelicher Unterhalt, Unterhalt unter Verwandten)** gilt § 1615 Abs. 1 BGB (ggf. über die Verweisungen nach §§ 1360a Abs. 3, 1361 Abs. 4 Satz 4, 1615a BGB), wonach Unterhaltspflichten wegen ihrer höchstpersönlichen Natur grundsätzlich nicht vererblich sind.⁵⁴ Hingegen ist ein Übergang der Unterhaltspflicht gesetzlich normiert für den **nachehelichen Unterhalt gemäß §§ 1586b Abs. 1 BGB** und entsprechend für **Unterhaltsansprüche bei aufgehobener Ehe nach §§ 1318 Abs. 2, 1320 Abs. 2 BGB,** für **Unterhaltsansprüche aus § 1615l BGB** (§ 1615l Abs. 3 Satz 4 BGB) sowie für **nachpartnerschaftlichen Unterhalt nach § 16 Satz 2 LPartG i. V. m. § 1586b BGB.**⁵⁵

---

⁴⁷ OLG Hamm FamFR 2011, 10 m. Anm. *Spieker*.
⁴⁸ Das Familiengericht ist kraft Sachzusammenhangs mit dem Unterhaltsanspruch (§ 231 Abs. 1 FamFG) auch für Schadensersatzansprüche, die sich aus der Nichterfüllung gesetzlicher Unterhaltsansprüche ergeben, sachlich zuständig (sog. Annexzuständigkeit des Familiengerichts); die InsO begründet insoweit keine anderweitige Zuständigkeit. So KG FamFR 2011, 489 m. Anm. *Alberts;* OLG Celle FamFR 2012, 295 m. Anm. *Griesche;* OLG Köln FamRZ 2012, 1836 f.; FamRB 2012, 155, 159 f. AA OLG Rostock FamRZ 2011, 910.
⁴⁹ AG Villingen-Schwenningen FamRZ 2012, 730, 731 m. Anm. *Romeyko.* Vgl. weiter OLG Celle NZI 2009, 329 f.; *Janlewing* FamRB 2012, 155, 157 ff.; *Schwarz/Facius* ZVI 2010, 49, 50 f. = FF 2010, 189, 190 f.
⁵⁰ KG FamRZ 2012, 138, 139 = FamFR 2011, 489 m. Anm. *Alberts;* OLG Hamm FamFR 2011, 416 m. Anm. *Bürk.* Vgl. weiter OLG Hamm FamRZ 2011, 1800.
⁵¹ Dazu *Steder* DAVorm 1998, 867, 876; *Leipold/Smid*, S. 139, 146; *Häsemeyer* RdNr. 26.62; *Melchers* FuR 2003, 145, 148. Auch das als Vorbild dienende anglo-amerikanische Recht (BR-Drucks. 1/92, 105; BT-Drucks. 12/2443, 105) nimmt neben Ansprüchen aus vorsätzlicher unerlaubter Handlung Unterhaltsansprüche von der Restschuldbefreiung aus. Dazu *Forsblad* (Fn. 6), S. 111, 136, 189, 259; *Uhlenbruck* KTS 1999, 413, 431. Vgl. aber auch – unter Darstellung des Meinungsstandes – *Rohleder* RdNr. 693–723.
⁵² Referentenentwurf eines „Gesetzes zur Verkürzung des Restschuldbefreiungsverfahrens, zur Stärkung der Gläubigerrechte und zur Insolvenzfestigkeit von Lizenzen", S. 12, 25, 53 (als Grund wird u.a. eine Angleichung an die Rechtslage im europäischen Ausland genannt). Dazu krit. *Harder*, Die geplante Reform des Verbraucherinsolvenzrechts, NZI 2012, 113, 117.
⁵³ *Jaeger/Henckel* § 40 RdNr. 9. Vgl. auch *Kohte* RdNr. 57.
⁵⁴ *Horndasch,* Tod und Unterhalt, FuR 2011, 652 f. Unklar *Kübler/Prütting/Bork/Holzer* § 40 RdNr. 11 (Haftung für „Unterhaltsansprüche aller Art"). Vgl. weiter *Uhlenbruck/Hirte* § 40 RdNr. 12.
⁵⁵ FK-*Bornemann* § 40 RdNr. 8 f.; HambKomm-*Lüdtke* § 40 RdNr. 18; *Hohloch* FPR 2006, 77, 80. *Jaeger/Henckel* § 40 RdNr. 9 nennt noch Ansprüche nach § 5 LPartG und § 12 LPartG, die jedoch nicht vererblich sind (§ 5 Satz 2 LPartG i. V. m. §§ 1360a Abs. 3, 1615 BGB; § 12 Satz 2 LPartG i. V. m. §§ 1361 Abs. 4 Satz 4, 1360a Abs. 3, 1615 BGB). Dazu insgesamt *Häsemeyer* RdNr. 16.19; *Dressler,* Zur Reichweite der Erbenhaftung für Geschiedenenunterhalt nach § 1586b BGB, NJW 2003, 2430 ff.; *Hambitzer,* Zur Bindungswirkung von Unterhaltsvereinbarungen gemäß § 1586b BGB gegenüber den Erben, FamRZ 2001, 201 f.; *ders.*, Die Vererblichkeit von Unterhaltsansprüchen gemäß § 1586b BGB und ihre vertragliche Abdingbarkeit, FPR 2003, 157 ff.; *Roessink*, Die passive Vererblichkeit des Unterhaltsanspruchs des geschiedenen Ehegatten gemäß § 1586b BGB, Diss. Köln 1990.

Als Begründung für die Ausnahmeregelung des § 40 Satz 1 wird im Schrifttum regelmäßig angeführt, dass sich die Rechtsnatur des Unterhaltsanspruchs mit dem Übergang auf den Erben verändere. Grundlage der Unterhaltspflicht des Erben sei nicht mehr die familienrechtliche Anspruchsnorm, sondern die mit der Erbfolge eingetretene beschränkbare Haftung des Erben für Nachlassverbindlichkeiten gemäß §§ 1967 Abs. 1, 1975 ff. BGB; der Erbe hafte somit unabhängig von familienrechtlichen Beziehungen zum Unterhaltsberechtigten. Da der Berechtigte am vermögensrechtlichen Schicksal des Erben nicht mehr teilnehme, seien seine laufenden Unterhaltsansprüche genauso zu behandeln wie andere wiederkehrende Leistungen vermögensrechtlicher Art und demzufolge als Insolvenzforderungen zu qualifizieren.[56] Diese Auffassung ist jedoch insoweit verfehlt, als sie davon ausgeht, dass sich die Ausnahme auf eine durch den Erbfall bedingte Veränderung der Rechtsnatur des Unterhaltsanspruchs gründet, denn der Übergang der Unterhaltspflicht auf den Erben ändert an der Rechtsnatur des Anspruchs nichts.[57] Die in § 40 Satz 1 übernommene Ausnahmeregel des § 3 Abs. 2 KO ist vielmehr ausschließlich historisch zu erklären.[58] 20

Die passiv vererblichen Unterhaltsansprüche nach § 1586b BGB, § 1615l BGB und § 16 LPartG i. V. m. § 1586b BGB können nicht nur im Insolvenzverfahren über das Gesamtvermögen (Nachlass und Eigenvermögen) des Erben als Insolvenzforderungen, sondern auch als Nachlassverbindlichkeiten im **Nachlassinsolvenzverfahren** nach Maßgabe der §§ 315 bis 331 und bei unbeschränkter Haftung des Erben im Insolvenzverfahren über dessen Eigenvermögen geltend gemacht werden (§ 331 Abs. 1).[59] 21

b) Unterhaltsansprüche gegen den Schuldner als Unterhaltspflichtigen. Soweit die Ausnahmeregelung des Satzes 1 nicht eingreift, hat sich die Rechtslage für die Unterhaltsgläubiger seit der Reform wesentlich geändert.[60] Während die Gläubiger nach der KO ihren laufenden Unterhalt durch Zugriff auf den Neuerwerb des Schuldners befriedigen konnten, ist ihnen durch die Einbeziehung des Neuerwerbs gemäß § 35 dieser Zugriff nur noch begrenzt möglich. Nach § 89 Abs. 2 Satz 2 i. V. m. § 36 Abs. 1 Satz 2 können die Unterhaltsgläubiger im Wege der Einzelzwangsvollstreckung (§ 850d Abs. 1 ZPO) lediglich auf den **Differenzbetrag zwischen der Pfändungsfreigrenze des § 850c ZPO und dem dem Schuldner zu belassenden notwendigen Unterhalt (Existenzminimum) nach § 850d Abs. 1 Satz 2 ZPO** sowie auf die Hälfte der in § 850a Nr. 1, 2, 4 ZPO erfassten Bezüge zugreifen, um ihre **laufenden Unterhaltsansprüche**[61] zu befriedigen.[62] Da die Pfändungsfreigrenze nach § 850c ZPO bei Inkrafttreten der InsO so niedrig war, dass der Bedarf der Unterhaltsberechtigten häufig noch nicht einmal in Höhe des sozialhilferechtlichen Mindestbedarfs befriedigt werden konnte, war die Regelung im Schrifttum stark kritisiert worden.[63] 22

---

[56] So *Kohte* RdNr. 3 f.; *Uhlenbruck* KTS 1999, 413, 420; *Häsemeyer* RdNr. 16.19; *Jaeger/Henckel* § 40 RdNr. 11; *Kübler/Prütting/Bork/Holzer* § 40 RdNr. 12; *Rohleder* RdNr. 27.

[57] BGH NJW-RR 2003, 505; BGHZ 157, 395 = NJW 2004, 1326; BGHZ 160, 186 = NJW 2004, 2896; OLG Zweibrücken FamRZ 2007, 1192, 1193; OLG Frankfurt a. M. FF 2003, 68 f.; AG Tempelhof-Kreuzberg FamRZ 2005, 914 f.; *Bergschneider,* Der Tod des Unterhaltspflichtigen – Praktische Anmerkungen zu § 1586b BGB, FamRZ 2003, 1049, 1050 ff. So treten an die Stelle der bis zum Erbfall maßgeblichen Vermögensverhältnisse des Erblassers diejenigen des Erben, wenn der Berechtigte nach § 1585 Abs. 2 BGB statt der Rente eine Kapitalabfindung verlangt. Vgl. weiter *Horndasch,* Tod und Unterhalt, FuR 2011, 652, 653; *Grziwotz,* Pflichtteilsverzicht und nachehelicher Unterhalt, FamRZ 1991, 1258 mwN; *Pentz,* Nachehelicher Unterhalt trotz Pflichtteilsverzichts, FamRZ 1998, 1344, 1345 f.

[58] Dazu umfassend 1. Aufl. § 40 RdNr. 20 ff. mwN. Vgl. auch *Jaeger/Henckel* § 40 RdNr. 11.

[59] Zust. *Jaeger/Henckel* § 40 RdNr. 10.

[60] Zur Kritik hieran vgl. oben Fn. 6. Zu beachten ist, dass nach Arbeitslosigkeit die zweithäufigste Ursache einer Überschuldungssituation Trennung und Scheidung ist, dazu *Melchers/Hauß* RdNr. 10 f. Zur Rolle der Unterhaltsansprüche im Verbraucherinsolvenzverfahren vgl. auch *Rohleder* RdNr. 469 ff.

[61] Zu beachten ist, dass die Zwangsvollstreckung rückständiger Unterhaltsansprüche auch aus einem Pfändungs- und Überweisungsbeschluss, der vor Eröffnung des Insolvenzverfahrens über das Vermögen des Unterhaltsschuldners erwirkt wurde, nicht mehr betrieben werden kann. § 114 Abs. 3 Satz 3 HS 2 i. V. m. § 89 Abs. 2 Satz 2 (als Ausnahme vom generellen Vollstreckungsverbot) gilt nur für die nach Verfahrenseröffnung neu entstandenen Unterhaltsansprüche. So BGH NJW-RR 2008, 294 f. = NZI 2008, 50, 51 m. Anm. *Ahrens* (NZI 2008, 24) und Anm. *Kummer* jurisPR-BGHZivilR 49/2007 Anm. 4; BAG NJW 2010, 253, 254 f. = NZI 2010, 35 f. m. Anm. *Geißler* ArbRAktuell 2010, 51. Vgl. weiter BGH FamRZ 2008, 257; BGH FamRZ 2008, 684; BGH ZInsO 2008, 39; *Kohte* RdNr. 29; *Berkowsky,* Aktuelle arbeitsrechtliche Fragen in Krise und Insolvenz, NZI 2010, 10 ff. Weiterhin ist zu beachten, dass sämtliche mit der Durchsetzung des Unterhalts verbundene Folgekosten (zB Kostenerstattungsansprüche nach durchgeführter Zwangsvollstreckung) nicht unter das Vollstreckungsprivileg des § 850d Abs. 1 ZPO fallen; so BGH FamRZ 2009, 1483 f. und LG Krefeld FamRZ 2010, 1929 f. AA *Perleberg-Kölbel* FuR 2009, 613, 614.

[62] *Kohte* RdNr. 51, 62, 66; *Pape* AnwBl. 2009, 582, 583 f. und ZFE 2010, 136, 137 f. Zur Zuständigkeit des Insolvenzgerichts nach § 89 Abs. 3 vgl. auch BGH NJW-RR 2008, 294 = NZI 2008, 50; BGH ZInsO 2008, 39.

[63] So hatten *Kemper/Kohte,* Blätter der Wohlfahrtspflege 1993, 81, 86 darauf hingewiesen, dass während der Arbeiten am Regierungsentwurf zu Beginn der 1990er Jahre „die Pfändungsfreigrenzen typischerweise nicht über, sondern

Durch das *Gesetz zur Änderung der Insolvenzordnung und anderer Gesetze* vom 26.10.2001,[64] vor allem aber durch die Erhöhung der Pfändungsfreigrenzen zum 1.1.2002 und deren Anpassung nach § 850c Abs. 2a ZPO alle zwei Jahre,[65] hat sich die Rechtslage zugunsten der Unterhaltsgläubiger wesentlich entspannt.[66] So beträgt derzeit (2011) der unpfändbare Teil des während des Verfahrens erzielten Verdienstes bei zwei Unterhaltsberechtigten (Ehegatte und ein minderjähriges Kind) gemäß der Bekanntmachung zu § 850c Abs. 1 ZPO monatlich insgesamt 1.631,84 € (1.028,89 € + 387,22 € + 215,73 €); die Obergrenze liegt bei maximal 2.279,03 €.[67] Im Falle der Insolvenz eines selbstständig tätigen Unterhaltsschuldners ist dem Schuldner auf Antrag durch das Insolvenzgericht nach § 36 Abs. 1 Satz 2 i. V. m. § 850i Abs. 1 ZPO von seinen Einkünften grundsätzlich so viel zu belassen, wie ihm verbleiben würde, wenn sein Einkommen aus laufendem Arbeits- oder Dienstlohn bestünde.[68]

23 Bei der Berechnung des unpfändbaren Teils des während des Insolvenzverfahrens erzielten Verdienstes des Unterhaltsschuldners sind folgende Besonderheiten zu beachten: Erstens kann die **Härtefallklausel** des **§ 850f Abs. 1c) ZPO** nach § 36 Abs. 1 Satz 2 greifen, wenn **aus besonderen unterhaltsbedingten Umständen** (besonderer Umfang der gesetzlichen Unterhaltspflichten) die pauschalisierten Freibeträge des § 850c ZPO nicht ausreichen, um ein Absinken des dem Schuldner verbleibenden Resteinkommens unter das Existenzminimum zu verhindern. In diesem Fall kann unter Würdigung der Belange der Gläubiger dem Schuldner ein weiterer Teil seines Einkommens pfändungsfrei belassen werden.[69] Zweitens ist zu beachten, dass nach neuer Rspr. des BGH **§ 850c Abs. 4 ZPO** auch im Insolvenzverfahren gilt. Nach dieser Norm kann das Gericht auf Antrag des Gläubigers nach billigem Ermessen anordnen, dass eine unterhaltsberechtigte Person, die über eigene Einkünfte verfügt, bei der Berechnung des unpfändbaren Teils des Arbeitseinkommens des Schuldners ganz oder teilweise unberücksichtigt bleibt. Antragsberechtigt ist im Insolvenzverfahren nach § 36 Abs. 4 Satz 2 der Insolvenzverwalter oder der Treuhänder (§ 313 Abs. 1 Satz 1); zuständig ist nach § 36 Abs. 4 Satz 1 das **Insolvenzgericht** als besonderes Vollstreckungsgericht.[70]

24 Da laufende Unterhaltsansprüche gegen den Schuldner als Unterhaltspflichtigen keine Insolvenzforderungen darstellen, gilt auch die Regelung des § 113 Abs. 1 Satz 2 FamFG i. V. m. § 240 ZPO (**Unterbrechung des Unterhaltsverfahrens** im Falle der Eröffnung eines Insolvenzverfahrens) nur hinsichtlich des rückständigen Unterhalts.[71] Betrifft ein Verfahren sowohl rückständigen als auch laufenden Unterhalt, so ist bezüglich des laufenden Unterhalts das Verfahren abzutrennen.[72]

---

unter den Sozialhilfesätzen" lagen. Die Folge war, dass nicht nur der Schuldner, sondern auch die Unterhaltsberechtigten auf öffentliche Mittel zurückgreifen mussten, mit der weiteren Konsequenz, dass die Gemeinschaft aller Steuerzahler mittels Sozialhilfe und Wohngeld mittelbar die Gläubiger befriedigte. Zur alten Rechtslage vgl. 1. Aufl. § 40 RdNr. 24 f. Vgl. weiter *Kohte*, Die Bedeutung des Sozialhilferechts für die Pfändung von Sozialleistungen, Rpfleger 1990, 9 ff. mwN; *Büttner*, Vielerlei Maß, Widersprüchliche Bemessung des Existenzminimums bei Sozialhilfe, Pfändung, Prozesskostenhilfe und notwendigem Selbstbehalt im Unterhaltsrecht, FamRZ 1990, 459, 462 f.; *Keller*, Strukturprobleme und Systembrüche des neuen Insolvenzrechts bei Einbeziehung des Arbeitseinkommens des Schuldners in die Insolvenzmasse, NZI 2001, 449 ff.; *Steder* DAVorm 1998, 867, 870 ff.; *Honold* (Fn. 24), S. 137, 144 f., 150 ff., 174, 177 ff., 182, 330, 430. Weitere Nachweise auch in der 2. Aufl. § 40 RdNr. 22 Fn. 47.

[64] BGBl. I, 2760.

[65] *Siebtes Gesetz zur Änderung der Pfändungsfreigrenzen* vom 13.12.2001 (BGBl. I, 3638); dazu *Rohleder* RdNr. 134 ff. Nach § 850c Abs. 2a ZPO werden die Betragssätze alle zwei Jahre der Entwicklung der Lebensverhältnisse angepasst. Dazu auch *Stumpe*, S. 64 ff.

[66] So auch *v. Olshausen*, Das OLG Naumburg und die insolvenzrechtliche Behandlung von Unterhaltsansprüchen, ZInsO 2004, 781 (Fn. 2) mwN. Vgl. weiter *Melchers/Hauß* RdNr. 3 ff., 119, 139 f.; *Seier/Seier*, Verbraucherinsolvenz und Restschuldbefreiung im Unterhaltsrecht, ZFE 2003, 260 ff. Krit. aber *Wohlgemuth* FF 2004, 9 ff.; *Rohleder* RdNr. 819 f.; HambKomm-*Lüdtke* § 40 RdNr. 14.

[67] *Bekanntmachung zu § 850c der Zivilprozessordnung (Pfändungsfreigrenzenbekanntmachung 2011)* vom 9.5.2011 (BGBl. I, 825); dazu *Helwich*, Änderung der Pfändungsfreigrenzen ab 1.7.2011, JurBüro 2011, 565 f.

[68] Dazu *Janlewing* FPR 2012, 163, 165 ff. Vgl. weiter *Schwarz/Facius* ZVI 2010, 49, 53 = FF 2010, 189, 193 f.

[69] Vgl. LG Dessau-Roßlau BeckRS 2012, 05066 (im vorliegenden Fall wurde die Anwendung der Norm allerdings verneint). Vgl. weiter zur Berücksichtigung der „faktischen" Unterhaltslast in einer nichtehelichen Lebensgemeinschaft oder Stieffamilie bei Vorliegen einer Bedarfsgemeinschaft *Janlewing* FamRB 2011, 19, 22 in Anlehnung an LG Darmstadt ZVI 2008, 385 f. = VuR 2008, 396 f. m. zust. Anm. *Kohte* und OLG Frankfurt a. M. ZVI 2008, 384 f. m. zust. Anm. *Zimmermann/Zipf* (ZVI 2008, 378 ff.).

[70] BGH NJW 2012, 393, 394 m. Anm. *Buck* FD-InsR 2011, 325928; BGH NZI 2011, 979, 980; BGH FamRZ 2010, 123, 124; BGH NZI 2009, 443 f. m. Anm. *Ahrens* (NZI 2009, 423 f.); *Janlewing* FamRB 2011, 19, 22.

[71] OLG Brandenburg FamRZ 2008, 286; OLG Thüringen FamRZ 2012, 641.

[72] OLG Koblenz NZI 2003, 60; OLG Celle FamRZ 2003, 1116; OLG Karlsruhe NZI 2004, 343, 344; OLG Hamm NJOZ 2005, 429, 430 = FamRZ 2005, 279, 280; OLG Düsseldorf RNotZ 2011, 423, 425; *Janlewing* FamRB 2011, 19, 25; *Perleberg-Kölbel* FuR 2012, 171, 172 f.; *Schwarz/Facius* ZVI 2010, 49, 51 = FF 2010, 189, 191; *Braun/Bäuerle* § 40 RdNr. 8.

2. Restschuldbefreiungsverfahren. Auch im Restschuldbefreiungsverfahren ist zwischen den 25 Unterhaltsansprüchen, die sich gegen den Schuldner als Erben des Unterhaltsverpflichteten richten, und solchen, die sich gegen den Schuldner als Unterhaltsverpflichteten richten, zu differenzieren. Da laufende **Unterhaltsansprüche gegen den Schuldner als Erben** gemäß Satz 1 Insolvenzforderungen sind, wird der Berechtigte am Restschuldbefreiungsverfahren beteiligt und einmal jährlich vom Treuhänder befriedigt (§ 292 Abs. 1 Satz 2).

Hingegen sind die **Unterhaltsgläubiger des Schuldners** vom Restschuldbefreiungsverfahren ausgeschlossen, mit der Folge, dass ihnen während der Wohlverhaltensperiode keine Teilhabe an den dem Treuhänder abgetretenen Einkünften zusteht.[73] Da nach § 294 Abs. 1 nur den Insolvenzgläubigern die Einzelzwangsvollstreckung untersagt ist, können jedoch familienrechtliche Unterhaltsansprüche für die Zeit nach Eröffnung des Insolvenzverfahrens und damit auch alle während der Wohlverhaltensperiode entstehenden Unterhaltsansprüche von den Unterhaltsberechtigten im Wege der Einzelzwangsvollstreckung gegen den Schuldner durchgesetzt werden.[74] Zur Befriedigung dieser Unterhaltsansprüche steht wiederum der Differenzbetrag zwischen den §§ 850c und 850d Abs. 1 Satz 2 ZPO sowie die Hälfte der in § 850a Nr. 1, 2, 4 ZPO erfassten Bezüge zur Verfügung (RdNr. 22), § 292 Abs. 1 Satz 3 i. V. m. § 36 Abs. 1 Satz 2.[75] Nach Eintritt der Restschuldbefreiung können nicht befriedigte Forderungen der Unterhaltsgläubiger des Schuldners uneingeschränkt geltend gemacht werden, da sie nicht von der Restschuldbefreiung erfasst werden, § 301.[76] Soweit die Unterhaltsansprüche auf einen **Rechtsnachfolger** (RdNr. 13) übergegangen sind, tritt ebenfalls keine Restschuldbefreiung ein.[77]

3. Obliegenheit des Unterhaltsschuldners zur Einleitung eines Insolvenzverfahrens. 26 Nach der Rspr. des BGH trifft den Unterhaltsschuldner „grundsätzlich eine Obliegenheit zur Einleitung der Verbraucherinsolvenz, wenn dieses Verfahren zulässig und geeignet ist, den laufenden Unterhalt seiner minderjährigen Kinder dadurch sicherzustellen, dass ihm Vorrang vor sonstigen Verbindlichkeiten eingeräumt wird".[78] Grundlage dieser Rspr. ist das materielle Unterhaltsrecht des BGB, das dem Unterhaltsschuldner eine **gesteigerte Unterhaltspflicht gegenüber seinen minderjährigen Kindern** auferlegt.[79] Nach § 1603 Abs. 2 BGB muss der Unterhaltsschuldner alle zumutbaren Möglichkeiten ausnutzen, um den Unterhaltsbedarf seiner minderjährigen Kinder sicherzustellen. Nach der BGH-Rspr. kann dazu auch die Einleitung eines Insolvenzverfahrens gehören, um den laufenden Unterhaltsverpflichtungen Vorrang vor anderen Verbindlichkeiten zu verschaffen.[80] Der damit verbundene Eingriff in die durch Art. 2 Abs. 1 GG gewährleistete Handlungsfreiheit des Unterhaltsschuldners ist in diesen Fällen durch Art. 6 Abs. 2, 5 GG gerechtfertigt.[81] Hintergrund dieser Rspr. ist die derzeitige Rechtslage, nach der bis zur Eröffnung eines Insolvenzverfahrens berücksichtigungsfähige Forderungen von Drittgläubigern die Höhe der Unterhaltsansprüche minderjähriger Kinder bestimmen, weil sie vom Einkommen des Unterhaltsschuldners abgezogen werden, um dessen notwendigen Unterhalt nicht zu gefährden und um diesen vor einer

---

[73] Krit. *Uhlenbruck* FamRZ 1998, 1473, 1477; *ders.* KTS 1999, 413, 414. Vgl. weiter *Rohleder* RdNr. 623 ff.; *Stumpe*, S. 136; *Paul* DZWIR 2009, 186, 187.

[74] Dazu BAG NJW 2010, 253, 255 = NZI 2010, 35, 36 f.; *Keller* NZI 2007, 316, 319 f. Vgl. weiter *Berkowsky*, Aktuelle arbeitsrechtliche Fragen in Krise und Insolvenz, NZI 2010, 10, 12.

[75] Dazu *Rohleder* RdNr. 640 ff., 741 ff.; *Gerhardt/v. Heintschel-Heinegg/Klein/Perleberg-Kölbel* RdNr. 212 ff.

[76] Dazu *Kohte* RdNr. 30; *Kübler/Prütting/Bork/Holzer* § 40 RdNr. 9. Krit. dazu *Nerlich/Römermann/Andres* § 40 RdNr. 7; HambKomm-*Lüdtke* § 40 RdNr. 15; *Steder* DAVorm 1998, 867, 872, 876; *Henning*, Die praktische Umsetzung des Verbraucherinsolvenzverfahrens, InVo 1996, 288, 290; *Kemper/Kohte*, Blätter der Wohlfahrtspflege 1993, 81, 88; *Uhlenbruck* FamRZ 1998, 1473, 1477; *Hohloch* FPR 2006, 77, 80 f.

[77] HK-*Eickmann* § 40 RdNr. 5; *Forsblad* (Fn. 6), S. 262; *Trendelenburg* (Fn. 42), S. 276 f. Krit. *Leipold/Smid*, S. 139, 147; *Rohleder* RdNr. 748 ff.; *Allolio*, Das Insolvenzrecht in der Praxis des Familienrichters, FF 2001, 9, 12. Vgl. weiter *Kohte* RdNr. 93 ff.

[78] BGHZ 162, 234 = NJW 2005, 1279 m. zust. Anm. von *Schürmann* FamRZ 2005, 887 ff.; m. krit. Anm. *Wohlgemuth* FF 2005, 259 ff.; *dies.* FamRZ 2005, 2035 f.; m. Anm. *Maurer* LMK 2005, 90 f.; *Hohloch* JuS 2005, 843 f.; *Krause* FamRZ 2005, 1725 ff. Vgl. weiter *Ortner*, Familienrechtliche Unterhaltsleistungen im Verbraucherinsolvenzverfahren, ZFE 2005, 303, 306 ff. Bestätigt durch BGHZ 175, 67, 70 f. = NJW 2008, 851, 852. Im Ergebnis so auch schon OLG Dresden MDR 2003, 575 f. m. Anm. *Hauß*; OLG Karlsruhe FamRZ 2004, 656 f.; OLG Nürnberg FamRZ 2004, 300; *Palandt/Brudermüller* § 1603 RdNr. 10; *Hauß* MDR 2002, 1163, 1165 ff.; *Melchers* FuR 2003, 145 ff.; *Weisbrodt* FamRZ 2003, 1240, 1243 f. AA noch OLG Düsseldorf FuR 2004, 308 ff.; OLG Naumburg FamRZ 2003, 1215 f.; OLG Stuttgart FamRZ 2002, 982 f.

[79] Dies gilt auch für die nach § 1603 Abs. 2 Satz 2 BGB den minderjährigen Kindern gleichgestellten volljährigen Kinder.

[80] BGH FamRZ 2005, 608, 609. Eine Übertragung dieser Grundsätze auf andere Unterhaltsberechtigte wird bislang abgelehnt, vgl. *Hauß* FamRZ 2006, 1496, 1499 f.; *Stumpe*, S. 190 f.; OLG Koblenz NZI 2005, 637 f. = NJW-RR 2005, 1457 ff. = FamRZ 2006, 440.

[81] BGHZ 162, 234, 239 f. = NJW 2005, 1279, 1280; BGHZ 175, 67, 73 = NJW 2008, 851, 853.

stetig wachsenden Verschuldung durch auflaufende Zinsen zu bewahren.[82] Die der Unterhaltsberechnung zugrunde zu legende Leistungsfähigkeit des Schuldners orientiert sich somit an dem Differenzbetrag zwischen dem um die berücksichtigungsfähigen Drittschulden geminderten Einkommen und seinem eigenen notwendigen Selbstbehalt.[83] Dies hat zur Folge, dass den unterhaltsberechtigten minderjährigen Kindern häufig nicht einmal das sozialhilferechtliche Existenzminimum verbleibt.[84]

27 Leitet der Schuldner hingegen ein Verbraucherinsolvenzverfahren ein, so führt dies zu einer deutlichen Besserstellung der minderjährigen Kinder: Da das laufende Einkommen des Unterhaltsschuldners nur insoweit in die Insolvenzmasse fällt, als es den Pfändungsfreibetrag des § 850c Abs. 1 ZPO übersteigt, erhöht sich mit Eröffnung des Verfahrens in der Regel die Leistungsfähigkeit des Schuldners und damit die Höhe des geschuldeten Unterhalts.[85] Wegen des Verbots der Einzelzwangsvollstreckung für andere Gläubiger können die Unterhaltsgläubiger zudem zur Befriedigung der laufenden (nunmehr höheren) Unterhaltsansprüche auf den Differenzbetrag zwischen den Pfändungsfreigrenzen des § 850c ZPO und dem dem Schuldner zu belassenden Selbstbehalt i.S.v. § 850d Abs. 1 Satz 2 ZPO zugreifen (dazu RdNr. 22).[86] Dies hat zur Folge, dass statt einer Entschuldung zu Lasten der Sozialkassen eine Entschuldung zu Lasten der Drittgläubiger, insbesondere der Kreditgeber, eintreten wird.[87]

28 Da der BGH dem Schuldner (bei Vorliegen der sonstigen Voraussetzungen für die Eröffnung eines Insolvenzverfahrens) eine **Obliegenheit zur Einleitung der Verbraucherinsolvenz** auferlegt, wenn dieser „nicht Umstände vorträgt, die eine Antragspflicht im konkreten Einzelfall als unzumutbar darstellen,"[88] ist die Bestimmung der Leistungsfähigkeit des Unterhaltsschuldners somit davon abhängig, ob die Überschuldung bereits ein solches Ausmaß erreicht hat, dass die Einleitung eines Insolvenzverfahrens nicht mehr unzumutbar erscheint.[89] Damit hat der BGH – wenig glücklich – das materielle Unterhaltsrecht an den Regeln des Vollstreckungsrechts ausgerichtet und von der Frage abhängig gemacht, ob im Einzelfall die Voraussetzungen für die Einleitung eines Insolvenzverfahrens vorliegen.[90] Liegen diese Voraussetzungen vor und ist dem Schuldner die Einleitung eines Insolvenzverfahrens zumutbar, dann wird er unterhaltsrechtlich ab diesem Zeitpunkt so behandelt, wie wenn ein Insolvenzverfahren über sein Vermögen eröffnet worden wäre, d.h. die Unterhaltsansprüche der minderjährigen Kinder sind nun auf der Grundlage der erhöhten Leistungsfähig-

---

[82] Dazu *Melchers/Hauß* RdNr. 118.

[83] Zur Berücksichtigung von Verbindlichkeiten bei der Bedarfsermittlung vgl. OLG Koblenz FamRZ 2004, 823, 824. Vgl. weiter *Rohleder* RdNr. 561 ff.; *Melchers/Hauß* RdNr. 24–72. Zum notwendigen Selbstbehalt des Schuldners vgl. BGH FuR 2004, 78, 80.

[84] In dem der Entscheidung BGH FamRZ 2005, 608, 611 zugrunde liegenden Fall verblieb den minderjährigen Kindern nach Berücksichtigung der Drittschulden jeweils nur ein Unterhaltsbetrag in Höhe von 58,00 € monatlich. Zur Problematik allgemein vgl. auch *Melchers/Hauß* RdNr. 12 ff.

[85] Dies gilt allerdings erst nach Scheitern eines gerichtlichen Schuldenbereinigungsplanverfahrens mit Erlass des Eröffnungsbeschlusses. Vgl. dazu auch *Melchers/Hauß* RdNr. 276 ff.; *Stumpe*, S. 140 ff. (mit Berechnungsbeispielen). Vgl. weiter OLG Karlsruhe FamRZ 2006, 953, 954; OLG Koblenz ZInsO 2002, 832, 833.

[86] So BGH FamRZ 2005, 608, 611. Vgl. weiter OLG Frankfurt a. M. FF 2003, 182 f.; OLG Karlsruhe FamRZ 2004, 821 ff.; OLG Koblenz FamRZ 2002, 31 f.; OLG Koblenz FuR 2003, 186 ff. = FamRZ 2003, 109 ff.; OLG Koblenz FamRZ 2004, 823 ff. m. krit. Anm. *Gottwald;* OLG Koblenz FamRZ 2005, 915 f. m. Anm. *Gottwald;* OLG Koblenz FamRZ 2005, 650, 651 f.; OLG Nürnberg FamRZ 2005, 1761 f. = ZInsO 2005, 443 f.; *Krause* FamRZ 2005, 1725, 1726 f.; *Melchers* FuR 2003, 145, 149. Vgl. auch *Hauß* FamRZ 2006, 1496 f. (mit Berechnungsbeispielen).

[87] *Melchers/Hauß* RdNr. 12–23, 442; *Niepmann*, Pflicht des Unterhaltsschuldners zur Einleitung eines Verbraucherinsolvenzverfahrens, MDR 2005, 785, 786; *Melchers*, Schuldenfrei trotz Trennung und Scheidung, FamRB 2002, 180, 181 f.

[88] BGH FamRZ 2005, 608, 610.

[89] Zumutbarkeit wird bejaht, wenn eine nachhaltige Überschuldung vorliegt und der Unterhaltspflichtige wegen der Schuldenlast nicht in der Lage ist, den Unterhalt zu zahlen. Vgl. weiter *Stumpe*, S. 163 ff. mit zahlreichen Beispielen; *Hauß*, Checkliste: Obliegenheit des Unterhaltsschuldners zur Einleitung des Verbraucherinsolvenzverfahrens?, FamRB 2003, 312; *Weisbrodt* FamRZ 2003, 1240, 1243; *Wohlgemuth* FF 2004, 9, 12 f.; *Melchers/Hauß* RdNr. 260 ff.; *Kohte* RdNr. 43; *Ortner,* Auswirkungen des Verbraucherinsolvenzverfahrens auf familienrechtliche Unterhaltsleistungen, FPR 2006, 87, 90 f.; *Keller* NZI 2007, 143, 147 f.; FK-Bornemann § 40 RdNr. 12. Nach OLG Oldenburg FamRZ 2006, 1223, 1225 ist die Zumutbarkeit zu verneinen, wenn die Einstellung der Verbindlichkeiten gegenüber Drittgläubigern und die damit verbundene Einschränkung der wirtschaftlichen Handlungsfähigkeit des Schuldners dessen Arbeitsplatz gefährden würde. Nach AG Flensburg FamRZ 2007, 1344 ist die Zumutbarkeit zu verneinen, „wenn die Restlaufzeit des Kredites erheblich kürzer ist als die voraussichtliche Dauer eines Verbraucherinsolvenzverfahrens und die begründete Aussicht besteht, dass der Unterhaltsschuldner in absehbarer Zeit sein Einkommen so steigern kann, dass er zur Zahlung des Regelunterhaltes in der Lage ist." Vgl. weiter *Schwarz*, Familienrechtliche Ansprüche im Insolvenzverfahren, ZVI 2006, 380, 384; *Gerhardt/v. Heintschel-Heinegg/Klein/Perleberg-Kölbel* RdNr. 220; *Janlewing* FamRB 2011, 19, 21.

[90] Zum Vorliegen des Insolvenzgrundes der Zahlungsunfähigkeit vgl. auch *Melchers/Hauß* RdNr. 126 ff., 452 ff.; *Stumpe*, S. 156 ff.

keit des Schuldners neu zu berechnen.[91] Wenig überzeugend ist allerdings die Begründung, dass diese Neubewertung des materiellen Unterhaltsrechts zwingende Folge der Einführung der Verbraucherinsolvenz und der Anhebung der Pfändungsfreigrenzen zum 1.1.2002 sei.[92] Zwar ist positiv zu werten, dass der BGH diese Reformen zum Anlass genommen hat, seine 20-jährige Rspr., nach der Drittgläubiger auf Kosten der Unterhaltsgläubiger oder der Sozialkassen ihre Forderungen realisieren konnten, für bestimmte Fallgruppen zu durchbrechen,[93] jedoch wäre es konsequenter gewesen, generell bei Ermittlung der Leistungsfähigkeit des Unterhaltsschuldners Forderungen von Drittgläubigern nur bis zur Höhe der Pfändungsfreigrenzen in § 850c ZPO in Ansatz zu bringen.[94]

Diese mit der gesteigerten Unterhaltspflicht gegenüber minderjährigen Kindern begründete Rspr. ist jedoch **nicht auf den Ehegattenunterhalt übertragbar:** Nach der Rspr. des BGH besteht keine Obliegenheit des Unterhaltsschuldners zur Einleitung eines Insolvenzverfahrens, um den Unterhalt eines getrenntlebenden oder geschiedenen Ehegatten zu sichern. Der BGH begründet dies im Wesentlichen mit den familienrechtlichen Unterschieden zwischen dem Kindesunterhalt (gesteigerte Unterhaltspflicht aus Art. 6 Abs. 2 GG) und dem Ehegattenunterhalt (insb. mit Hinweis auf den Rang des Ehegattenunterhalts im Verhältnis zum Kindesunterhalt und auf den Umstand der Prägung der ehelichen Lebensverhältnisse durch die Verbindlichkeiten des Schuldners).[95] Entsprechend besteht auch keine Obliegenheit zur Einleitung eines Insolvenzverfahrens zur Befriedigung des Unterhaltsanspruchs der Mutter eines nichtehelichen Kindes nach § 1615l Abs. 1 und 2 BGB.[96]

IV. Unterhalt aus der Insolvenzmasse nach § 100

Nach der Ausnahmevorschrift des § 100 Abs. 2 Satz 2 kann den Unterhaltsberechtigten für den **Zeitraum des Insolvenzverfahrens** durch Beschluss der Gläubigerversammlung[97] bzw. durch den Insolvenzverwalter (mit Zustimmung des Gläubigerausschusses) laufenden Unterhalt aus der Insolvenzmasse gewährt werden.[98] Dabei handelt es sich um eine **Ermessensentscheidung,**[99] ob und

---

[91] BGH FamRZ 2005, 606, 609. Eine Darstellung des Meinungsstandes zur BGH-Rspr. findet sich bei *Stumpe*, S. 172 ff.

[92] So BGH FamRZ 2005, 608, 609 (Einführung einer „Verbraucherinsolvenz mit Restschuldbefreiung" durch den Gesetzgeber); OLG Stuttgart FamRZ 2003, 1216, 1217 f. („Anhebung der Pfändungsfreibeträge zum 1.1.2002"; „Diese Änderung der Rechtslage rechtfertigt eine Neubewertung der Bindung an die Grundlagen des abzuändernden Urteils."; „Die Belange der Drittgläubigerin verdienen demgegenüber nach der nunmehr getroffenen Wertentscheidung des Gesetzes geringeren Schutz."). Vgl. weiter *Hoppenz* FF 2003, 158, 162, 164; *Melchers*, Die Insolvenzordnung wird die Unterhaltsberechnung im Mangelfall revolutionieren!, ZVI 2002, 143; *Wohlgemuth* FF 2004, 9, 10; *Stumpe*, S. 171 ff.; *Hauß*, Anm. zu OLG Dresden MDR 2003, 575, 576.

[93] Vgl. auch *Brudermüller/Schürmann*, Empfehlungen des 15. Deutschen Familiengerichtstages, FuR 2004, 18 f.; *Hauß* MDR 2002, 1163 ff.; *Hoppenz* FF 2003, 158, 161 ff.; *Melchers* FuR 2003, 145, 149; *ders.* ZVI 2002, 143, 146; *Gutdeutsch*, in *Wendl/Dose*, Das Unterhaltsrecht in der familienrichterlichen Praxis, 8. Aufl. 2011, § 5 RdNr. 95–101.

[94] Zur Problematik vgl. *Tewes*, Überlegungen zum Verhältnis von Unterhalts- und Vollstreckungsrecht, 2001; *Stumpe*, S. 174 ff.; *Melchers*, Schuldenfrei trotz Trennung und Scheidung, FamRB 2002, 180, 182, 183. Zur unterschiedlichen Behandlung von Unterhaltsansprüchen in Einzelzwangsvollstreckung und Insolvenz vgl. auch *Rohleder* RdNr. 78 f.; *Melchers/Hauß* RdNr. 106 ff., 429; *Stumpe*, S. 75 ff., 139 ff., 148 ff. (mit Berechnungsbeispielen). Vgl. weiter *Hauß*, Verbraucherinsolvenz und Unterhalt, FamRZ 2006, 306 ff. und FamRZ 2006, 1496, 1497 ff. (Obliegenheit zur Berufung auf Pfändungsfreigrenzen statt zur Einleitung eines Verbraucherinsolvenzverfahrens); *Gerhardt/v. Heintschel-Heinegg/Klein/Perleberg-Kölbel* RdNr. 222.

[95] BGHZ 175, 67, 73 ff. = NZI 2008, 193, 194 f. m. Anm. *Ahrens* (NZI 2008, 159) = NJW 2008, 851, 853 f. m. Anm. *Melchers* (NJW 2008, 806) = FamRZ 2008, 497, 499 f. m. Anm. *Hauß* = FPR 2008, 107, 109 f. m. zust. Anm. *Tomfort/Carlberg* = JR 2009, 63, 64 f. m. zust. Anm. *Rauscher*. So auch schon OLG Celle FamRZ 2006, 1536, 1537. AA noch OLG Koblenz NJW 2004, 1256 f.; OLG Frankfurt a. M. BeckRS 2011, 19399. Vgl. weiter *FK-Bornemann* § 40 RdNr. 12; *Uhlenbruck/Hirte* § 40 RdNr. 15; *Kohte* RdNr. 38, 43.

[96] OLG Koblenz NJW-RR 2005, 1457, 1459 = NZI 2005, 637, 638; *Gerhardt/v. Heintschel-Heinegg/Klein/Perleberg-Kölbel* RdNr. 220.

[97] Dazu *Keller* NZI 2007, 316, 318.

[98] Im Falle der Eigenverwaltung gilt § 278 Abs. 1; dazu *Uhlenbruck* KTS 1999, 413, 423 f. mwN; *Rohleder* RdNr. 276 ff.

[99] In § 114 RegE war zugunsten des Schuldners und dessen unterhaltsberechtigten (früheren) Ehegatten, den minderjährigen Kindern sowie der Mutter eines nichtehelichen Kindes die Einräumung eines Rechtsanspruchs auf den notwendigen Unterhalt vorgesehen (BR-Drucks. 1/92, 26, 143; BT-Drucks. 12/2443, 26, 143). Von diesem Rechtsanspruch, den Teile der Literatur (*Uhlenbruck* FamRZ 1993, 1026, 1027 f.; *Kemper/Kohte*, Blätter der Wohlfahrtspflege 1993, 81, 86 f.) bereits für nicht ausreichend hielten, nahm der Rechtsausschuss des Deutschen Bundestages schließlich Abstand (BT-Drucks. 12/7302, 155, 167). Vgl. dazu auch HKInsO-*Kirchhof* § 1 RdNr. 1; *Grub*, Die Stellung des Schuldners im Insolvenzverfahren, in Kölner Schrift, RdNr. 39; *Rohleder* RdNr. 85 f., 160 ff., 177 ff., 805 ff.; 1. Aufl. § 40 RdNr. 30.

§ 41　2. Teil. 2. Abschnitt. Insolvenzmasse. Einteilung der Gläubiger

in welcher Höhe den Berechtigten Unterhalt aus der Insolvenzmasse geleistet wird.[100] Bei Masseunzulänglichkeit ist der gemäß § 100 den Unterhaltsgläubigern zugebilligte Unterhalt **an letzter Rangstelle** zu befriedigen, § 209 Abs. 1 Nr. 3.[101] Allerdings sind die Unterhaltsgläubiger auch bei Gewährung von Unterhalt aus der Insolvenzmasse nicht gehindert, in den pfändbaren Teil des Schuldnereinkommens zu vollstrecken, sofern ihr Bedarf noch nicht gedeckt ist.[102] Für die **Wohlverhaltensperiode** fehlt eine § 100 vergleichbare Norm, sodass die Unterhaltsberechtigten in diesen sechs Jahren nicht die Möglichkeit haben, Unterhalt aus dem an den Treuhänder abgetretenen Vermögen zu erhalten.[103]

§ 41 Nicht fällige Forderungen

(1) Nicht fällige Forderungen gelten als fällig.

(2) ¹Sind sie unverzinslich, so sind sie mit dem gesetzlichen Zinssatz abzuzinsen. ²Sie vermindern sich dadurch auf den Betrag, der bei Hinzurechnung der gesetzlichen Zinsen für die Zeit von der Eröffnung des Insolvenzverfahrens bis zur Fälligkeit dem vollen Betrag der Forderung entspricht.

Schrifttum: Bitter, Nicht fällige, bedingte und betragsmäßig unbestimmte Forderungen in der Insolvenz, NZI 2000, 399; *Carstens,* Zur Frage der Fälligkeit betagter Hypotheken, für die der Gemeinschuldner als Grundstückseigentümer persönlich haftet, durch die Eröffnung des Konkurses, JW 1916, 824; *Fürst,* Sind die Umrechnungen nach §§ 65, 69, 70 KO auch nach Beendigung des Konkurses wirksam?, ZZP 56 (1931), 381; *Glück,* Der Einfluß des Konkurses auf die von den §§ 65, 69, 70 betroffenen Forderungen, Diss. Heidelberg, 1970; *Gundlach/Frenzel/Schmidt,* Die Fälligkeit von Absonderungsrechten mit Insolvenzeröffnung, DZWIR 2002, 367; *Kuhn,* Anmerkung zum Urteil des BGH v. 10.12.1959 – VII ZR 210/58, MDR 1960, 490 (betr. Anwendbarkeit des § 65 KO auf absonderungsberechtigte Forderungen); *Muthorst,* Bedingt, befristet, betagt – Sonderfälle der Forderung im Spiegel des Insolvenzrechts, ZIP 2009, 1794; *Schießer,* Bedingte und betagte Ansprüche nach altem und neuem Insolvenzrecht, 1998; *Werner,* Die Verwertungsbefugnis in § 127 KO bei betagten Forderungen, KTS 1969, 215.

Übersicht

	Rn.		Rn.
A. Normzweck	1, 2	II. Berechnung der Forderung (Abs. 2 Satz 2)	21–25
B. Entstehungsgeschichte	3	E. Einzelfragen	26–40
C. Anwendungsbereich	4–16	I. Wirkung über das Insolvenzverfahren hinaus	26–31
I. Insolvenzforderungen	4, 5	1. Wirkung zugunsten des Gläubigers	27
II. Art der Forderung	6–11	2. Wirkung zulasten des Gläubigers	28–30
1. Nicht fällige Forderungen	6, 7	3. Ausnahmen von der fortdauernden Wirkung	31
2. Forderungen mit ungewissem Fälligkeitszeitpunkt	8	II. Wirkung gegenüber Dritten	32–36
3. Befristete Forderungen	9–11	III. Anwendung von § 41 in der Insolvenz persönlicher Sicherungsgeber	37–39
III. Aus- und Absonderungsrechte	12–16	1. Insolvenz des Bürgen	38
D. Abzug des Zwischenzinses (Abs. 2)	17–25	2. Insolvenz des Garanten/„Patrons"	39
I. Abzinsungsgrundsatz (Abs. 2 Satz 1)	17–20	IV. Aufrechnung	40

---

[100] BT-Drucks. 12/7302, 167. Vgl. auch LG Dortmund NZI 2000, 182 f.; LG Hamburg NZI 2000, 185 f.; *Kohte* RdNr. 74 ff.; *Uhlenbruck* KTS 1999, 413, 417 ff. mwN; *Hintzen,* Zuständigkeitsfragen im Verbraucherinsolvenzverfahren, Rpfleger 2000, 312, 314 f.; *App,* Der Unterhalt eines Insolvenzschuldners aus der Insolvenzmasse, JAmt 2001, 169 f.; *Rohleder* RdNr. 84–112. Krit. *Keller* NZI 2001, 449, 450. Vgl. auch *ders.* NZI 2007, 316, 317; *Martini* jurisPR-InsR 16/2010 Anm. 4. Vgl. weiter *Gerhardt/v. Heintschel-Heinegg/Klein/Perleberg-Kölbel* RdNr. 207; *dies.* FuR 2009, 613 f.; *Janlewing* FPR 2012, 163, 165.
[101] BT-Drucks. 12/7302, 180. Dazu auch *Uhlenbruck* KTS 1999, 413, 422 f.; *Rohleder* RdNr. 295 ff.
[102] So auch *Uhlenbruck/Hirte* § 40 RdNr. 14.
[103] Krit. daher *Döbereiner* (Fn. 6), S. 198 ff.; *Uhlenbruck* FamRZ 1998, 1473, 1477; *Rohleder* RdNr. 636 ff. Zur Frage der Berücksichtigung von laufenden Unterhaltsforderungen im Insolvenzplan vgl. *Uhlenbruck/Hirte* § 40 RdNr. 13; *Rohleder* RdNr. 478 ff., 576 ff., 588 ff.; *Paul* DZWIR 2009, 186, 187 f.

A. Normzweck

Durch die Regelung in § 41 Abs. 1 wird die Fälligkeit von Forderungen auf den Zeitpunkt der Eröffnung des Verfahrens (vgl. § 35) vorverlegt.[1] Die Forderungen werden hierdurch von Anfang an im Verfahren wie fällige Forderungen berücksichtigt, jedoch ggf. der Höhe nach gemäß der Abzinsungsregelung in Abs. 2 reduziert. Durch diese Regelung soll (wie auch durch die Vorschriften der §§ 45, 46) eine klare Grundlage für die Stellung der Gläubiger im Verfahren geschaffen werden.[2] Der Sinn des Insolvenzverfahrens, das gesamte Vermögen des Schuldners unter alle Gläubiger zu verteilen, erfordert auch die Berücksichtigung der noch nicht fälligen Forderungen.[3] Dabei wird durch die Fiktion[4] der Fälligkeit die umständliche Handhabung der Forderungen vermieden, wie sie für aufschiebend bedingte Forderungen (§ 42 RdNr. 11) besteht. Die Feststellung des Stimmrechts in der Gläubigerversammlung hat also nicht über § 77 zu erfolgen, sondern ergibt sich unmittelbar aus dem ggf. abgezinsten Betrag der Forderung. Insbesondere wird vermieden, dass bei späteren Verteilungen bestimmte Beträge zurückgehalten werden müssen, wie dies für aufschiebend bedingte Forderungen gemäß § 191 der Fall ist. Zuletzt schafft die Regelung auch eine klare Grundlage für das Insolvenzplanverfahren (§§ 217 ff.), indem sie auch hier das Stimmrecht im Gegensatz zu § 238 Abs. 1 Satz 3 klar bestimmbar macht und die Berechnung einer anteiligen Kürzung der Forderungen durch den Insolvenzplan (§ 224) erleichtert.

Die Vorverlegung der Fälligkeit vereinfacht somit insgesamt die Abwicklung der Insolvenz und führt eine schnelle Schuldenbereinigung herbei.[5] Die unterschiedliche Behandlung nicht fälliger gegenüber aufschiebend bedingten Forderungen ergibt sich dabei aus dem Umstand, dass bei ersteren bereits feststeht, dass die Forderungen jedenfalls später vom Schuldner zu erfüllen wären, während dies bei aufschiebend bedingten Forderungen nur für den Fall des Eintritts der Bedingung gilt.[6]

B. Entstehungsgeschichte

Der Regelungsgehalt des aus § 48 RegE hervorgegangenen § 41 war seit jeher im Insolvenzrecht anerkannt.[7] Die Vorschrift übernimmt inhaltlich die Regelung aus § 65 KO und § 30 VerglO und passt diese redaktionell und sprachlich an. Während in den Vorgängervorschriften von „betagten Forderungen" die Rede war, spricht der Gesetzgeber nunmehr von „nicht fälligen" Forderungen.[8] Er übernimmt damit wieder den Wortlaut, wie er bereits in § 67 des Entwurfs einer Deutschen Gemeinschuldordnung von 1873 enthalten, dann aber in § 58 KO vom 1.2.1877 (später § 65 KO) nicht übernommen worden war. Ein sachlicher Unterschied ist mit der Änderung nicht verbunden (siehe auch RdNr. 6).[9] Im Übrigen wurde Abs. 2 der bisherigen Vorschriften durch die Aufteilung in zwei Sätze neu gefasst. Hierdurch wird nun in Satz 1 der Grundsatz der Abzinsungspflicht für unverzinsliche Forderungen (RdNr. 17) klarer herausgestellt und von der in Satz 2 enthaltenen Berechnungsmethode (RdNr. 21) getrennt.

---

[1] Siehe hierzu auch RGZ 126, 252 f., wonach die Fälligkeit nicht rückwärts auf den Zeitpunkt der Anspruchsentstehung vorverlegt wird.

[2] Begr. zu § 48 RegE, BT-Drucks. 12/2443, S. 124, abgedruckt bei *Kübler/Prütting*, Das neue Insolvenzrecht, Bd. I, 1994, S. 211.

[3] Vgl. Motive II, S. 275 f., zu § 58 KO (später § 65 KO), abgedruckt bei *Hahn*, Die gesamten Materialien zur Konkursordnung, 1881, S. 256; siehe zum Zweck des § 41 (früher § 65 KO) auch BGH NJW 2000, 1408, 1409; *Bitter* NZI 2000, 399 f.; *v. Wilmowsky* WM 2000, 1189, 1192.

[4] Zum Fiktionscharakter der Regelung siehe RG LZ 1916, Sp. 242, 243 f.; *Glück* S. 14.

[5] Vgl. dazu auch BGH NJW 2000, 1408, 1409.

[6] Vgl. dazu schon *Fürst* ZZP 56 (1931), 381, 388 f., der die in gewissem Umfang nicht endgültige Erledigung der aufschiebend bedingten Forderungen als eine das Insolvenzverfahren beeinträchtigende, aber in der Natur der Forderungen begründete Notwendigkeit bezeichnet, die eine sofortige und endgültige Berücksichtigung der Forderungen mit einem gewissen Prozentsatz bestenfalls reiner Vermutung, wenn nicht reiner Willkür entsprechen würde; vgl. dazu eingehend *Bitter* NZI 2000, 399 f.

[7] Die Motive II, S. 276, zu § 58 KO (später § 65 KO), abgedruckt bei *Hahn* (Fn. 3), S. 256 f. verweisen auf die vorherige Anerkennung im gemeinrechtlichen, französischen und preußischen Recht, wobei letzteres die Wirkung allerdings auf die Verteilung beschränkte; vgl. aus jüngerer Zeit BFHE 184, 208, 211 = BB 1998, 87 = ZIP 1998, 214, wo von einem „allgemeinen insolvenzrechtlichen Grundprinzip" gesprochen und die Regelung deshalb im Geltungsbereich der GesO entsprechend angewendet wurde (zust. *Smid* DZWIR 1998, 151).

[8] Vgl. dazu auch BFHE 184, 208, 210 = BB 1998, 87 = ZIP 1998, 214; ferner BGHZ 168, 276, 283 = NJW-RR 2007, 50 = WM 2006, 1814 (dort allerdings mit falschen Schlussfolgerungen; vgl. *Bitter/Rauhut* WuB VI A. § 41 InsO 1.07).

[9] Vgl. auch *Kübler/Prütting/Bork/Holzer* § 41 RdNr. 6; näher zur Begrifflichkeit *Schießer* S. 20.

C. Anwendungsbereich

I. Insolvenzforderungen

4 § 41 erfasst auf Grund seiner Stellung im Gesetz zunächst einmal nur **Insolvenzforderungen**, d.h. vor Verfahrenseröffnung begründete einfache Forderungen gegen den Schuldner (zu Aus- und Absonderungsrechten s.u. RdNr. 12 ff.). Ob es sich dabei um vorrangige oder **nachrangige Insolvenzforderungen** handelt, ist unerheblich.[10] Bei verzinslichen Forderungen gelten demnach auch die Zinsen (vgl. § 39 Abs. 1 Nr. 1) als fällig, wenn auch in der Praxis auf derartige Forderungen wegen der Nachrangigkeit kaum jemals die Auszahlung einer Dividende zu erwarten sein wird.

5 Die Vorschrift gilt nicht für **Masseansprüche und Masseforderungen**.[11] Daraus folgt zum einen, dass die erst nachträglich zulasten der Masse begründeten Ansprüche nicht vorzeitig, sondern entsprechend der vertraglich vereinbarten oder sonst bestehenden Fälligkeit zu erfüllen sind. Gleiches gilt für diejenigen Forderungen, die sich aus dem Erfüllungsverlangen des nach § 103 wahlberechtigten Insolvenzverwalters ergeben. Anderes gilt nur im Sonderfall des masseunzulänglichen Verfahrens (§§ 208 ff.), das auf eine nur quotale Befriedigung der Altmassegläubiger hinausläuft und in dem folglich § 41 auf die Ansprüche jener Altmassegläubiger analog angewendet werden kann.[12] Zum anderen hat der Insolvenzverwalter in keinem Fall das Recht, von Dritten vorzeitige Zahlung zu verlangen, weil die Vorschrift eben nur Forderungen gegen den Schuldner erfasst, nicht aber **Forderungen des Schuldners gegen Dritte**.[13] Da die Eröffnung des Insolvenzverfahrens die vorzeitige Fälligkeit also nur zugunsten, nicht aber zulasten eines Dritten begründen kann, besteht zB eine vor der Eröffnung des Insolvenzverfahrens einem Dritten gewährte Stundung seiner Verbindlichkeiten fort, ohne dass es einer Bestätigung der Stundungsvereinbarung durch den Insolvenzverwalter bedarf.[14]

II. Art der Forderung

6 **1. Nicht fällige Forderungen.** § 41 erfasst unmittelbar diejenigen Forderungen, die in § 65 KO und § 30 VglO als **„betagte Forderungen"** bezeichnet wurden (RdNr. 3). Der jetzige Wortlaut macht sprachlich deutlicher, dass es sich um Forderungen handeln muss, die zur Zeit der Eröffnung des Insolvenzverfahrens entstanden sind oder entstehen, aber noch nicht fällig sind (zur analogen Anwendung auf befristete Forderungen s.u. RdNr. 9 ff.).

7 Aus dem Sinn einer schnellen Schuldenbereinigung (RdNr. 1 f.) ergibt sich dabei, dass der **Rechtsgrund der späteren Fälligkeit** für § 41 **ohne Bedeutung** ist. Die Vorschrift ist daher auf den rechtsgeschäftlich bestimmten Fälligkeitsaufschub ebenso anwendbar wie auf den gesetzlichen oder behördlichen (richterlichen, finanzamtlichen).[15] Typische Beispiele für eine spätere Fälligkeit sind vom Gläubiger gestundete (Kaufpreis-)Forderungen bzw. Ratenzahlungsvereinbarungen,[16] wobei gleichgültig ist, ob die **Stundung/Ratenzahlung** ursprünglich oder nachträglich vereinbart wurde,[17] außerdem auch Wechselforderungen, die zu einem bestimmten späteren Zeitpunkt fällig werden,[18] oder Ansprüche auf bezahlte Freistellung aus **Arbeitszeitkontenvereinbarungen**,[19] insbesondere bei Altersteilzeit.[20] Unter die Vorschrift fallen weiter Forderungen, deren Fälligkeit von einer Kündigung abhängt (zB § 488 Abs. 3 BGB), wobei ein ggf. vorhandener vertraglicher Ausschluss der Kündigung – sei er zeitweilig oder dau-

---

[10] Vgl. auch *Leonhardt/Smid/Zeuner* § 41 RdNr. 3; *Uhlenbruck/Knof* § 41 RdNr. 2.
[11] OLG Düsseldorf ZMR 2012, 14; *Jaeger/Lent* KO § 65 Anm. 3; *Jaeger/Henckel* InsO § 41 RdNr. 6.
[12] *Walther*, Das Verfahren bei Masseunzulänglichkeit nach den §§ 208 ff. InsO, 2005, S. 105 f.; *Adam* DZWIR 2011, 485, 486.
[13] OLG Frankfurt ZIP 1983, 1229, 1230 f. und ZIP 1984, 993 (Nichtannahme der Revision); *Uhlenbruck/Knof* § 41 RdNr. 2; *Jaeger/Lent* KO § 65 Anm. 3; *Jaeger/Henckel* InsO § 41 RdNr. 7; *Gaul*, FS Serick, 1992, S. 105, 137.
[14] OLG Frankfurt, aaO.
[15] PreußOVG JW 1933, 2855; *Jaeger/Lent* KO § 65 Anm. 2; *Jaeger/Henckel* InsO § 41 RdNr. 8; zur PKH-Bewilligung ohne Zahlungsanordnung OLG Bamberg ZInsO 2004, 441; zur Aussetzung von Zins- und Tilgungsleistungen für Altkredite gemäß § 27 Abs. 2 des Einigungsvertrages BGH ZIP 1996, 1016.
[16] *Werner* KTS 1969, 215, 219 mwN.
[17] PreußOVG JW 1933, 2855; *Jaeger/Lent* KO § 65 Anm. 2.
[18] Die Motive II, S. 277, zu § 58 KO (später § 65 KO), abgedruckt bei *Hahn* (Fn. 3), S. 257, sahen die Wechselforderung als den in der Praxis häufigsten Fall der nicht fälligen Forderung an.
[19] Dazu *von Rom*, Insolvenzsicherung und Jahresabschlussgestaltung durch doppelseitige Treuhandkonstruktionen, 2010, S. 178 f.
[20] Hessisches LAG ZIP 2007, 391 (juris-RdNr. 44) mwN.

ernd – durch § 41 beseitigt wird.[21] Als betagte Forderung hat das RG ferner den Schadensersatzanspruch angesehen, der sich aus der **vorzeitigen Kündigung eines Pachtvertrages** gemäß § 109 Abs. 2 Satz 2 (früher § 19 Satz 3 KO) ergibt, nachdem der Verpächter das Pachtgut für den Rest der ursprünglichen Pachtzeit zu einem niedrigeren Zins weiterverpachtet hatte. Ist hingegen noch ungewiss, ob und zu welchem Zins die Wiedervermietung erfolgen wird, kann nur die Bestellung einer Sicherheit gefordert werden.[22] Kein Rückgriff auf § 41 ist erforderlich, wo sich die Fälligkeit schon aus der Beendigung des zugrundeliegenden Rechtsverhältnisses ergibt (zB beim Kontokorrent[23]) oder bei einer vertraglichen Fälligkeitsvereinbarung für den Fall der Insolvenz,[24] nach der Rechtsprechung des BFH ferner bei **Steuern i. S. d. AO 1977,** die im Insolvenzverfahren ungeachtet einer sonst erforderlichen Festsetzung durch die Finanzbehörden fällig werden.[25] Zur Berücksichtigung von **Versorgungsanwartschaften** aus einer betrieblichen Altersversorgung als sofort fälliger bzw. bedingter Kapitalanspruch vgl. § 45 RdNr. 15 f.

2. Forderungen mit ungewissem Fälligkeitszeitpunkt. Steht der Eintritt der Fälligkeit fest und ist nur deren Zeitpunkt ungewiss, so hindert dies nicht die Anwendbarkeit des § 41 Abs. 1 (vgl. auch 2. Aufl., § 191 RdNr. 8). So wird zB auch eine Forderung, deren Verfall in der Tat an den Tod einer Person anknüpft,[27] vorzeitig mit der Eröffnung des Insolvenzverfahrens fällig (zur Berechnung s.u. RdNr. 20, 25). Anderes gilt hingegen für Forderungen, bei denen der **Fälligkeitseintritt noch ungewiss** ist, sei es dass das Ob *und* der Zeitpunkt des Eintritts ungewiss sind (Bsp.: Abstellen auf die Verheiratung einer Person) oder der Zeitpunkt bestimmt und nur das Ob unsicher ist (Bsp.: Anknüpfung an den fünfzigsten Geburtstag einer Person oder das hundertjährige Firmenjubiläum). Wegen der Unsicherheit, ob das den Verfalltag auslösende Ereignis überhaupt eintreten wird, unterfallen diese Forderungen den Regeln über aufschiebend bedingte Forderungen (zu diesen RdNr. 1 sowie § 42 RdNr. 11).[28]

3. Befristete Forderungen. Begrifflich abzugrenzen von den nicht fälligen Forderungen sind die sog. befristeten Forderungen, bei denen die sachlichen Voraussetzungen zwar schon vorliegen, deren Entstehung selbst aber noch von dem Eintritt einer zeitlichen Voraussetzung (Zeitbestimmung) abhängt.[29] Nach früher allgemeiner Ansicht[30] fielen diese befristeten Forderungen nicht unter § 41, weil die Vorschrift nur dem Mangel der Fälligkeit, nicht jedoch dem Mangel der Entstehung abhelfen wolle. Gemäß § 163 BGB fänden auf befristete Forderungen mit Anfangstermin die Vorschriften über die aufschiebende Bedingung Anwendung, sodass die befristeten Forderungen auch in der Insolvenz wie jene zu behandeln seien. In diesem Zusammenhang wird beispielsweise auf den Fall eines Vermächtnisses unter Bestimmung eines den Anfall hinausschiebenden Anfangstermins (§§ 2177, 2179 BGB)[31] oder auf Steuerforderungen hingewiesen, die insolvenzrechtlich i.S.v. § 38 schon begründet, aber noch nicht entstanden sind.[32] Befristet ist nach der Rechtsprechung auch der Anspruch aus § 535 Abs. 2 BGB auf Entrichtung der Miete, der – ebenso wie der Anspruch auf Vergütung geleisteter Dienste – erst zum Anfangstermin des jeweiligen Zeitraums der Nutzungsüberlassung entsteht.[33]

---

[21] *Jaeger/Lent* KO § 65 Anm. 2; *Kilger/K. Schmidt* § 65 Anm. 2.
[22] RG JW 1891, 392 f.; vgl. auch LAG Rheinland-Pfalz ZIP 1983, 595 zum Schadensersatz wegen Kündigung des Arbeitsverhältnisses.
[23] Das Kontokorrent endet mit der Insolvenz einer Partei; vgl. *Baumbach/Hopt,* HGB, 35. Aufl. 2012, § 355 RdNr. 23 mN zur Rspr.; *Obermüller* NZI 2001, 225, 226; ausführlich *Jaeger/Lent* KO § 65 Anm. 8; *Jaeger/Henckel* InsO § 35 RdNr. 97 und § 41 RdNr. 7.
[24] Vgl. dazu ausführlich *Jaeger/Lent* KO § 65 Anm. 4a; zur Kreditkündigung *v. Wilmowsky* WM 2008, 1189, 1193.
[25] BFH ZIP 2004, 1423, 1425.
[26] Motive II, S. 278, zu § 58 KO (später § 65 KO), abgedruckt bei *Hahn* (Fn. 3), S. 259; *Bley/Mohrbutter* § 30 VglO RdNr. 2; *Uhlenbruck/Knof* § 41 RdNr. 6; *Jaeger/Lent* KO § 65 Anm. 2; *Jaeger/Henckel* InsO § 41 RdNr. 8; *Glück* S. 12; *Bitter* NZI 2000, 399, 401 unter II. 3. b); *Muthorst* ZIP 2009, 1784, 1795.
[27] Bsp.: Darlehen, das beim Tode der Mutter zurückzuerstatten ist (vgl. *Jaeger/Lent* KO § 65 Anm. 2 unter Verweis auf RG Bolze 22 Nr. 848); Forderungsrecht auf Rückgabe der zum Gebrauche hingegebenen Wertpapiere, das an den Tod des Entleihers („Kommodatars") anknüpft (RG JW 1898, 160).
[28] *Jaeger/Lent* KO § 65 Anm. 2; *Kuhn/Uhlenbruck* § 65 Anm. 6b; *Glück* S. 12; *Bitter/Rauhut* WuB VI A. § 41 InsO 1.07 unter Ziff. 3.a); vgl. auch 2. Aufl., § 191 RdNr. 8.
[29] Zur Abgrenzung BGH ZIP 2010, 38, 39 (RdNr. 10).
[30] BFH ZIP 1981, 1261 f.; BFHE 150, 211, 214 und 215 = ZIP 1987, 1130, 1131 f.; *Jaeger/Lent* KO § 65 Anm. 1; *Bley/Mohrbutter* § 30 VglO RdNr. 2; *Kuhn/Uhlenbruck* § 65 RdNr. 7 f.; *Kilger/K. Schmidt* § 65 Anm. 1; *Nerlich/Römermann/Andres* § 41 RdNr. 5.
[31] Insbesondere von *Jaeger/Lent* KO § 65 Anm. 1; *Bley/Mohrbutter* § 30 VglO RdNr. 2.
[32] *Kuhn/Uhlenbruck* § 65 RdNr. 7a; *Kilger/K. Schmidt* § 65 Anm. 1 mwN; vgl. dazu auch 2. Aufl., § 191 RdNr. 10.
[33] BGH ZIP 2010, 38, 39 (RdNr. 10); zur Möglichkeit abweichender vertraglicher Abreden – insbesondere bei Finanzierungsleasingverträgen – BGH ZIP 2010, 332, 333 (RdNr. 19 ff.).

10   Die von der hM postulierte und mehrfach auch vom BGH bestätigte[34] unterschiedliche Behandlung der befristeten Forderungen und deren Gleichstellung mit aufschiebend bedingten überzeugt nicht.[35] Die in den Kommentaren zur Konkursordnung zT anzutreffende Behauptung, dass sich die entsprechende Einordnung mehr oder weniger zwingend aus den Motiven zur KO ergebe,[36] erscheint nicht plausibel. Zwar handeln diese nur von den nicht fälligen Forderungen; eine Aussage zu den befristeten Forderungen findet sich dort jedoch nicht.[37] Vielmehr ergibt sich der Eindruck, dass der damalige Gesetzgeber bei der Regelung der betagten Forderungen einerseits (§ 58 KO, später § 65 KO) und der aufschiebend bedingten Forderungen andererseits (§ 60 KO, später § 67 KO) die gesonderte Gruppe der befristeten Forderungen nicht erkannt und zugeordnet hat. Gleiches gilt auch für den Gesetzgeber der InsO, sodass eine **planwidrige Regelungslücke** entgegen der BGH-Rechtsprechung unproblematisch vorliegt.[38] Geht man von dem oben RdNr. 1 f. genannten Zweck der Vorschrift aus, die schnelle Schuldenbereinigung zu fördern, dann trifft dieser auf die befristeten Forderungen in gleicher Weise zu. Der entscheidende Unterschied zu den aufschiebend bedingten Forderungen besteht nämlich darin, dass bei letzteren die Entstehung noch ungewiss ist (s.o. RdNr. 2) und daher nur eine eingeschränkte Berücksichtigung im Verfahren erfolgen kann, die Forderungen insbesondere nur zur Sicherung berechtigen (vgl. 2. Aufl., § 191 RdNr. 2). Steht aber bei der befristeten Forderung bereits jetzt fest, dass der Schuldner später – nach Entstehung – zur Zahlung verpflichtet ist, so trifft die in RdNr. 2 genannte Erwägung in gleicher Weise wie bei betagten Forderungen zu.[39] Damit ist auch die für eine Analogie erforderliche vergleichbare Interessenlage eindeutig gegeben. Das gegen die hier in der 1. Aufl. entwickelte Ansicht von *Henckel* vorgebrachte Argument, es müsse damit gerechnet werden, dass die befristete Forderung erst nach Beendigung des Insolvenzverfahrens entsteht,[40] überzeugt nicht, weil auch betagte Forderungen, die erst nach Beendigung des Insolvenzverfahrens fällig werden, gemäß § 41 InsO unbedingt im Verfahren berücksichtigt werden.

11   Wie schon oben in RdNr. 8 ausgeführt, ist daher allgemein für die Einordnung einer Forderung allein die Frage entscheidend, ob die Verpflichtung des Schuldners noch ungewiss ist (dann nur eingeschränkte Berücksichtigung im Verfahren mit Zurückbehaltung des Anteils gemäß § 191) oder die spätere Verpflichtung – sei es im Wege der Betagung oder Befristung – schon feststeht (dann sofortige Berücksichtigung gemäß § 41).[41] Daher **ist § 41 auf befristete Forderungen analog anzuwenden.**

III. Aus- und Absonderungsrechte

12   Die Vorschrift des § 41 ist auf **Aussonderungsrechte** i.S.v. § 47 nicht anwendbar.[42] Daher können die entsprechenden Gläubiger den von ihnen dem Schuldner überlassenen Gegenstand nicht vorzeitig aus der Masse herausverlangen. Sie können und sollten den Insolvenzverwalter allerdings auf ihr – zukünftig fälliges – Aussonderungsrecht hinweisen, um eine eventuelle Verwertung des massefremden Gegenstandes zu verhindern.

13   Umstritten ist hingegen immer noch die Anwendung des § 41 auf die **absonderungsberechtigten Gläubiger.**[43] Soweit jedenfalls früher in Rechtsprechung und Literatur die Frage diskutiert wurde, ob § 41 auf „absonderungsberechtigte Forderungen" anwendbar ist,[44] bedurfte – wie hier

---

[34] BGHZ 168, 276 = NJW-RR 2007, 50 = WM 2006, 1814 m. krit. Anm. *Bitter/Rauhut* WuB VI A. § 41 InsO 1.07; BGH ZIP 2010, 1453, 1455 (RdNr. 30).

[35] Wie hier jetzt auch *Breutigam* in Blersch/Goetsch/Haas § 41 RdNr. 6; HambKomm-*Lüdtke* § 38 RdNr. 32 und § 41 RdNr. 7; *Kübler/Prütting/Bork/Holzer* § 41 RdNr. 6 (anders aber wohl RdNr. 7); *Uhlenbruck/Knof* § 41 RdNr. 5; *v. Rom* (Fn. 19), S. 173; *Muthorst* ZIP 2009, 1794, 1796 mwN, auch zur Gegenansicht; aA zB *Jaeger/ Henckel* InsO § 41 RdNr. 5; *Braun/Bäuerle* § 41 RdNr. 3; offen *Andres/Leithaus* § 41 RdNr. 3.

[36] *Jaeger/Lent* KO § 65 Anm. 1; *Kuhn/Uhlenbruck* § 65 RdNr. 7.

[37] Motive II, S. 275 ff., zu § 58 KO (später § 65 KO), abgedruckt bei *Hahn* (Fn. 3), S. 256 ff.

[38] *Bitter/Rauhut* WuB VI A. § 41 InsO 1.07 unter Ziff. 3. b); zustimmend *Muthorst* ZIP 2009, 1794, 1796.

[39] Zustimmend *v. Rom* (Fn. 19), S. 173 mit Fn. 604 („Unterschied ... nur terminologisch").

[40] *Jaeger/Henckel* InsO § 41 RdNr. 5.

[41] Siehe eingehend zur Systematik der §§ 41 ff. *Bitter* NZI 2000, 399 ff.; zustimmend *Uhlenbruck/Knof* § 41 RdNr. 1 und 5.

[42] *Jaeger/Lent* KO § 65 Anm. 3; *Jaeger/Henckel* InsO § 41 RdNr. 6; *Uhlenbruck/Knof* § 41 RdNr. 7.

[43] Dazu ausführlich und rechtsvergleichend *Städtler*, Grundpfandrechte in der Insolvenz, 1998, § 6 (S. 169 ff.).

[44] Dagegen: RGZ 86, 247, 248 ff.; *Carstens* JW 1916, 824 ff.; *Werner* KTS 1969, 215, 219 ff.; im Geltungsbereich der InsO auch *Kübler/Prütting/Bork/Holzer* § 41 RdNr. 5; dafür: BGHZ 31, 337 ff. = NJW 1960, 675 = WM 1960, 229, 230 = MDR 1960, 301 = LM KO § 65 Nr. 1; dem folgend OLG Hamm BB 1995, 2083, 2084 = WM 1996, 1928; *Kilger/K. Schmidt* § 65 Anm. 3; im Geltungsbereich der InsO auch *Nerlich/Römermann/ Andres* § 41 RdNr. 7; *Hess* § 41 RdNr. 13 ff.; vom „absonderungsberechtigten Gläubiger" spricht *Braun/Bäuerle* § 41 RdNr. 5; noch präziser und richtiger die Wortwahl in RGZ 93, 209, 212 f. sowie bei Kuhn/*Uhlenbruck* § 65 RdNr. 5 (jeweils ablehnend) bzw. *Jaeger/Lent* KO § 65 Anm. 4, *Uhlenbruck/Knof* § 41 RdNr. 7 f.; *Leonhardt/Smid/*

schon in der 1. Aufl. aufgezeigt – schon diese Fragestellung einer Klarstellung.[45] Denn es geht nicht etwa um die Fälligkeit der dem Absonderungsrecht zugrundeliegenden persönlichen Forderung, sondern um die Fälligkeit des dinglichen Absonderungsrechtes selbst. Beide Fälligkeiten müssen nicht zusammenfallen.[46] Soweit die persönliche Forderung im Insolvenzverfahren verfolgt wird (vgl. § 52 Satz 1), ist § 41 auf sie anwendbar,[47] allerdings mit der Beschränkung des § 52 Satz 2. Verzichtet der Gläubiger zB nach § 52 Satz 2 auf sein Absonderungsrecht, so wird die persönliche Forderung als fällige im Verfahren berücksichtigt und ggf. nach § 41 Abs. 2 abgezinst.

Problematisch ist allein, ob die vorzeitige Fälligkeit darüber hinaus für das Absonderungsrecht selbst gilt. Auch hier ist im Ansatz eine oftmals nicht beachtete Differenzierung erforderlich. Hat der Gläubiger nur ein **isoliertes Absonderungsrecht,** weil der Schuldner für die Verbindlichkeit eines Dritten eine Sicherheit an einem Gegenstand der späteren Insolvenzmasse begründet hatte, dann gilt § 41 für ein derartiges Absonderungsrecht nicht.[48] Das insbesondere von *Hess*[49] ganz allgemein in die Diskussion gebrachte Argument, dass aus der im neuen Recht erfolgten Einbeziehung der absonderungsberechtigten Gläubiger in das Insolvenzverfahren (Verwertungsrecht des Insolvenzverwalters, Verfahrenskostenbeitrag, Teilnahmerecht der Absonderungsberechtigten in der Gläubigerversammlung etc.) und aus dem Fehlen einer dem § 4 KO entsprechenden Norm im Geltungsbereich der InsO auf eine Anwendbarkeit des § 41 bei absonderungsberechtigten Gläubigern geschlossen werden könne, überzeugt jedenfalls für diese Gruppe isolierter Absonderungsrechte nicht. Auch wenn nämlich die Absonderungsberechtigten im Grundsatz am Insolvenzverfahren teilnehmen (anders § 4 Abs. 2 KO) und ein Verwertungsrecht des Insolvenzverwalters besteht (§§ 165 ff.), fehlt doch der innere Grund, den Gläubiger zu einer vorzeitigen Verwertung des Sicherungsgutes zu berechtigen bzw. den Insolvenzverwalter hierzu zu verpflichten. Denn uU steht noch gar nicht fest, ob es überhaupt zum Sicherungsfall infolge Nichterfüllung der persönlichen Forderung durch den Dritten kommt.[50] In diesen Fällen wäre es auch nicht gerechtfertigt, dem Gläubiger bei nicht rechtzeitiger Verwertung gemäß § 169 Satz 1 Zinsen aus der Insolvenzmasse oder bei Weiterbenutzung der Sache gemäß § 172 Abs. 1 Satz 1 einen Ausgleich für den Wertverlust zuzusprechen, da er auf eine frühere Verwertung auch sonst keinen Anspruch gehabt und die Weiterbenutzung durch den Schuldner ebenso ohne Ausgleich hätte dulden müssen. Da zudem eine vorzeitige Fälligkeit der persönlichen Forderung gemäß § 41 gegenüber dem Dritten nicht eintreten kann, wäre die vorzeitige Verwertung auch deshalb wenig sachdienlich, weil die frühere Auszahlung an den Gläubiger nicht den Abzinsungsvorteil des § 41 Abs. 2 (s.u. RdNr. 21 ff.) mit sich bringen würde, es vielmehr bei der Regel des § 272 BGB verbliebe.

Eine Anwendbarkeit des § 41 auf das Absonderungsrecht kann daher ernsthaft nur insoweit in Betracht kommen, als der insolvente **Schuldner zugleich auch der Verpflichtete der persönlichen Forderung** ist. Der eingangs genannte, meist ohne jede Differenzierung geführte Streit bezieht sich daher in der Sache nur auf diese Konstellation. Und auch insoweit ist vorab anzumerken, dass der Streitpunkt in der Praxis nur dann relevant wird, wenn nicht ohnehin – wie weithin üblich – eine vertragliche Vereinbarung über ein sofortiges Verwertungsrecht des Gläubigers am Sicherungsgut für den Fall der Insolvenz des Schuldners besteht.[51] Soweit eine solche Vereinbarung fehlt, hatten das RG[52] und Teile der Literatur[53] nach altem Recht eine Anwendbarkeit des § 65 KO auf das Absonderungsrecht unter Hinweis auf § 4 Abs. 2 KO, auf die in der Tat recht eindeutigen Gesetzesmaterialien zur Konkursordnung[54] sowie auf die systematische Stellung der Norm verneint. Für den Anwendungsbereich der

---

Zeuner § 41 RdNr. 3 und FK-*Bornemann* § 41 RdNr. 2 (jeweils befürwortend), wo davon gesprochen wird, ob § 65 KO bzw. § 41 „für das Absonderungsrecht" gilt bzw. „der Konkursgläubiger sein Absonderungsrecht sofort geltend machen kann".

[45] Vgl. auch *Gundlach/Frenzel/Schmidt* DZWIR 2002, 367, 368; ferner BGH NJW-RR 2009, 340 = ZIP 2009, 228, 230 (RdNr. 20), wo die Formulierung aus BGHZ 31, 337 jetzt in Anführungszeichen gesetzt wird.

[46] Zutreffend *Jaeger/Lent* KO § 65 RdNr. 4; wie hier auch *Uhlenbruck/Knof* § 41 RdNr. 7.

[47] Zustimmend *Uhlenbruck/Knof* § 41 RdNr. 7; so wohl auch RGZ 3, 356, 357 unter Berufung auf § 27 des bad. Einführungsgesetzes zu den Reichsjustizgesetzen, obwohl das RG im Hinblick auf die Fälligkeit des dinglichen Absonderungsrechts ausdrücklich aA ist (vgl. Nachweise in Fn. 52).

[48] Wie hier unter ausdrücklicher Differenzierung auch BGH ZIP 2009, 228, 230 = NJW-RR 2009, 340 (RdNr. 20 f.) mwN; *Städtler* (Fn. 43), S. 169; HambKomm-*Lüdtke* § 41 RdNr. 11; zur alten Rechtslage nach der KO ferner *Jaeger/Lent* KO § 65 Anm. 4; *Kuhn/Uhlenbruck* § 65 RdNr. 5; *Kuhn* MDR 1960, 490 f.

[49] *Hess* § 41 RdNr. 14; ähnlich auch *Leonhardt/Smid/*Zeuner § 41 RdNr. 3.

[50] Zustimmend BGH NJW-RR 2009, 340 = ZIP 2009, 228, 230 (RdNr. 21); HambKomm-*Lüdtke* § 41 RdNr. 11; *Weiß* EWiR 2009, 387, 388.

[51] Vgl. dazu schon RGZ 86, 247, 250; *Carstens* JW 1916, 824, 826; ferner *Kuhn* WM 1960, 958, 965; *Kuhn* MDR 1960, 490, 491 aE; HK-*Eickmann* § 41 RdNr. 3; *Jaeger/Henckel* InsO § 41 RdNr. 10; *Städtler* (Fn. 43), S. 171.

[52] RGZ 86, 247, 248 ff.; vgl. auch RGZ 93, 209, 212 f.

[53] *Carstens* JW 1916, 824 ff.; *Kuhn* WM 1960, 958, 965; *Kuhn* MDR 1960, 490 f.; *Werner* KTS 1969, 215, 219 ff.

[54] Motive II, S. 276, zu § 58 KO (später § 65 KO), abgedruckt bei *Hahn* (Fn. 3), S. 257; darauf hinweisend neuerdings wieder *Gundlach/Frenzel/Schmidt*, DZWIR 2002, 367, 369.

InsO wird die entsprechende Ansicht nur selten vertreten.[55] Der BGH[56] hatte sich jedoch im Hinblick auf den offenen Wortlaut schon nach altem Recht durch die Gesetzesmaterialien nicht gehindert gesehen, mit einer in der Literatur[57] ebenfalls vertretenen Ansicht den damaligen § 65 KO auch auf das Absonderungsrecht anzuwenden. Maßgeblich waren für ihn dabei die auch von der Gegenansicht konzedierten negativen Folgen, die sich aus der fehlenden Fälligkeit des Absonderungsrechtes ergeben können. Nach der in der Konkursordnung getroffenen Regelung konnte nämlich eine Forderung, wenn deren Ausfall noch nicht feststand, zwar zur Tabelle angemeldet werden; es wurden dann bei Abschlagsverteilungen auch Beträge für glaubhaft gemachten mutmaßlichen Ausfall zurückbehalten (§§ 153 Abs. 2, 168 Nr. 3 KO). Bei der Schlussverteilung musste der Ausfall aber endgültig feststehen; anderenfalls wurde die Forderung nicht berücksichtigt (§ 153 Abs. 1). Hierdurch bestand die Gefahr, dass das Absonderungsrecht erst fällig wurde, nachdem der Konkurs schon abgewickelt war. Weil der Gläubiger seinen Ausfall dann nicht rechtzeitig nachweisen konnte, geriet er in die Zwangslage, entweder auf sein Absonderungsrecht verzichten zu müssen, um gemäß § 64 KO (jetzt § 52) am Konkurs teilnehmen zu können (s.o. RdNr. 13 aE), oder aber einen etwaigen Ausfall bei der späteren Verwertung seines Absonderungsrechtes in Kauf zu nehmen. Die zur Verhinderung dieser Zwangslage vom BGH befürwortete Anwendung des § 65 KO auf das Absonderungsrecht wird für den jetzigen § 41 von der ganz herrschenden Meinung vertreten.[58]

16   Zu dieser überwiegend unkritisch übernommenen Position der bisherigen Rechtsprechung sei bemerkt, dass sich die vom BGH angenommene Zwangslage des Gläubigers im Geltungsbereich der InsO ohnehin ganz erheblich entschärft hat:[59] Weil die InsO entgegen der bisherigen Rechtslage (Regelfall: § 127 Abs. 2 KO) die Verwertungsbefugnis auch für die Gegenstände mit bestehendem Absonderungsrecht in die Hand des Insolvenzverwalters gelegt hat (§§ 165 ff.), ist konsequent auch in der – die Problematik auslösenden – Verteilungsregelung (jetzt: § 190) ein neuer Abs. 3 angefügt worden. Durch dessen Satz 1 wird die bisherige Regelung (nunmehr: § 190 Abs. 1 und 2) für unanwendbar erklärt, wenn der Verwalter zur Verwertung des Gegenstandes berechtigt ist. Im Regelfall bestehen also keinerlei Probleme mehr für den absonderungsberechtigten Gläubiger, da der Insolvenzverwalter ohnehin rechtzeitig selbst zu verwerten hat. Nur in den Fällen des § 173 (Verwertung durch den Gläubiger), in denen der Insolvenzverwalter zudem keinen Antrag nach § 173 Abs. 2 stellt, kann daher die bisherige Problematik erneut auftreten.[60] Hier sollte in der Tat der bisherigen Rechtsprechung des BGH gefolgt werden,[61] die nunmehr auch eine interessenwidrige Ungleichbehandlung zwischen den selbst verwertenden Gläubigern und denjenigen Absonderungsberechtigten vermeiden hilft, deren Gegenstände durch den Insolvenzverwalter verwertet werden.[62] Die Lösung dürfte zudem auch dem Willen des jetzigen Gesetzgebers entsprechen, der bei der Neuregelung der Verwertung offenbar in Kenntnis der bisherigen BGH-Rechtsprechung geschaffen hat und Änderungen in Bezug auf das vorzeitige Verwertungsrecht nicht nur nicht vorgenommen,[63] sondern die sofortige Verwertung nun in § 190 Abs. 3 selbst für den Verwalter ohne Differenzierung zwischen fälligen und nicht fälligen Absonderungsrechten vorgesehen hat.[64]

D. Abzug des Zwischenzinses (Abs. 2)

I. Abzinsungsgrundsatz (Abs. 2 Satz 1)

17   Aus § 41 Abs. 2 Satz 1 ergibt sich der Grundsatz, dass **unverzinsliche Forderungen**[65] mit dem gesetzlichen Zinssatz[66] zu diskontieren sind. Die Bestimmung enthält eine – nur für den Anwen-

---

[55] KPB/*Holzer* § 41 RdNr. 5; *Gundlach/Frenzel/Schmidt* DZWIR 2002, 367, 368 f.
[56] BGHZ 31, 337, 340 ff. = NJW 1960, 675 = Fn. 44 unter II. der Gründe.
[57] Insbesondere *Jaeger/Lent* KO § 65 Anm. 4; ferner Kilger/*K. Schmidt* KO § 65 Anm. 3.
[58] OLGR Köln 2004, 200 f.; *Uhlenbruck/Knof* § 41 RdNr. 9; *Jaeger/Henckel* InsO § 41 RdNr. 12 aE; FK-Bornemann § 41 RdNr. 2; *Andres/Leithaus* § 41 RdNr. 4; *Nerlich/Römermann/Andres* § 41 RdNr. 7; *Leonhardt/Smid/Zeuner* § 41 RdNr. 3; *Hess* § 41 RdNr. 13 ff.; ausführlich Städtler (Fn. 43), S. 169 ff.
[59] Siehe dazu jetzt auch *Gundlach/Frenzel/Schmidt* DZWIR 2002, 367, 368 f.
[60] Ebenso jetzt auch *Jaeger/Henckel* InsO § 41 RdNr. 11; *Uhlenbruck/Knof* § 41 RdNr. 7 und 9; HambKomm-Lüdtke § 41 RdNr. 12; *Gundlach/Frenzel/Schmidt* DZWIR 2002, 367, 368 f.
[61] Zustimmend *Uhlenbruck/Knof* § 41 RdNr. 9; HambKomm-Lüdtke § 41 RdNr. 12; im Ergebnis ebenso *Jaeger/Henckel* InsO § 41 RdNr. 12; Städtler (Fn. 43), S. 172 f.
[62] Dies wird nicht berücksichtigt bei *Gundlach/Frenzel/Schmidt* DZWIR 2002, 367, 368 f.
[63] Vgl. zu diesem Aspekt auch *Nerlich/Römermann/Andres* § 41 RdNr. 7.
[64] AA *Gundlach/Frenzel/Schmidt* DZWIR 2002, 367, 368.
[65] Unverzinslichkeit wird vom OLG Köln, ZIP 1992, 1478, 1481 bei einem Lieferantenkredit verneint, wenn für diesen zwar keine Zinsen, aber ein Aufschlag auf die Preise als Gegenleistung vereinbart ist; vgl. auch *Jaeger/Henckel* InsO § 41 RdNr. 19.
[66] Dazu kritisch *v. Wilmowsky* WM 2008, 1189, 1193.

dungsbereich des Abs. 1 geltende – **Ausnahme von** dem in **§ 272 BGB** enthaltenen Verbot des Abzugs von Zwischenzinsen. Hierdurch soll eine Gleichstellung mit den Gläubigern verzinslicher Forderungen erreicht und im Ansatz verhindert werden, dass der Gläubiger mehr erhält als ihm nach dem Inhalt seiner Forderung zusteht. Dies würde nämlich geschehen, wenn die erst künftig fällige Forderung auf den Zeitpunkt der Eröffnung des Insolvenzverfahrens voll berücksichtigt und der Gläubiger sodann den Zinsvorteil bis zur Fälligkeit davontragen würde.[67] Durch die Abzinsung werden alle Forderungen auf denselben Zeitpunkt bewertet, wobei der Zinsanspruch einheitlich den nachrangigen Forderungen (§ 39 Abs. 1 Nr. 1) zuzurechnen ist (RdNr. 19). Die Abzinsung gilt grundsätzlich auch für betagte unverzinsliche Steuerforderungen; Säumniszuschläge sind den Zinsen nicht gleichzustellen.[68]

Ist die **Forderung verzinslich,** dann wird sie mit ihrem Kapitalbetrag angesetzt, auch wenn der Zinssatz niedriger als der gesetzliche liegt. Die letztgenannte Konsequenz ergibt sich aus dem Wortlaut der Norm, wenn sie auch sachlich nicht überzeugen kann.[69] Denn die angestrebte Gleichbehandlung der Gläubiger (RdNr. 17) wird nicht erreicht, wenn die Gläubiger einer unverzinslichen Forderung sich einen Abzug von 4 bzw. 5 % gefallen lassen muss (RdNr. 21 ff.), während bei einem Zinssatz von nur 1 % der volle Kapitalbetrag anzusetzen ist. Das hierfür vorgebrachte Argument der Leichtigkeit des Insolvenzverfahrens[70] vermag die Ungleichbehandlung kaum zu rechtfertigen, zumal die Berechnung mit den technischen Mitteln der heutigen Zeit noch einfacher als bei Einführung der KO wäre.[71] Da sich der Gesetzgeber der KO aber bewusst für diese Regelung entschieden hat[72] und in der InsO keine Änderungen erfolgten, ist an der sich aus dem Wortlaut ergebenden Konsequenz festzuhalten. In der Praxis dürfte der Fall ohnehin nicht gerade häufig vorkommen.[73] 18

Der ab dem Zeitpunkt der Verfahrenseröffnung sich ergebende **Zinsanspruch** ist als nachrangige Forderung (§ 39 Abs. 1 Nr. 1) nur nach vorheriger Aufforderung durch das Insolvenzgericht anzumelden (§ 174 Abs. 3), während die vor der Eröffnung angefallenen Zinsen als gewöhnliche Insolvenzforderung Berücksichtigung finden. Problematisch erscheint an der neuen Regelung der InsO, dass **für die unverzinslichen Forderungen** der durch die Abzinsung (RdNr. 21 ff.) in Abzug gebrachte Zinsanspruch nicht in gleicher Weise als nachrangige Forderung Berücksichtigung gefunden hat. Die in § 41 inhaltsgleich übernommene Regelung des § 65 KO war für das Konkursverfahren konsequent, da dort gemäß § 63 KO Nr. 1 die seit der Eröffnung des Verfahrens laufenden Zinsen überhaupt nicht berücksichtigt wurden. Können aber nun die Zinsen wenigstens nachrangig angemeldet werden, so ist es nur konsequent, auch den Gläubigern der abgezinsten Forderungen den gesetzlichen Zinssatz ab dem Zeitpunkt der Konkurseröffnung als nachrangige Forderung i.S.v. § 39 Abs. 1 Nr. 1 zuzusprechen.[74] Denn die einheitliche Bewertung auf den Eröffnungszeitpunkt (RdNr. 17) ist insoweit fiktiv, als eine Auszahlung (für alle Gläubiger) tatsächlich erst später erfolgt, der Zinsanspruch aus dem früher zugesprochenen Betrag also nicht sofort realisierbar ist. In der Praxis dürfte die Frage für das laufende Verfahren allerdings deshalb kaum relevant werden, weil gewöhnlich auf die nachrangigen Forderungen ohnehin keine Dividende zu erwarten ist. Sie kann aber für die Rechtsverfolgung nach Abschluss des Verfahrens Bedeutung gewinnen (dazu unten RdNr. 28 ff.). 19

Bei **Forderungen mit unbestimmter Fälligkeit** (s.o. RdNr. 8) kann § 41 Abs. 2 nicht direkt zur Anwendung gelangen, selbst wenn sie auf Geld gerichtet sind. Denn eine unmittelbare Abzinsung nach dieser Vorschrift ist wegen des nicht bekannten Zeitpunktes der Fälligkeit nicht möglich. Der Wert ist deshalb – wie bei Forderungen, die nicht auf Geld gerichtet sind oder deren Geldbetrag unbestimmt ist – nach § 45 zu schätzen (vgl. auch § 45 RdNr. 11).[75] Die Schätzung bezieht sich 20

---

[67] Motive II, S. 276, zu § 58 KO (später § 65 KO), abgedruckt bei *Hahn* (Fn. 3), S. 257; vgl. zu dem von § 41 Abs. 2 bezweckten Vorteilsausgleich auch OLG Köln ZIP 1992, 1478, 1481; *v. Wilmowsky* WM 2008, 1189, 1193.
[68] BFHE 115, 307, 310 = DB 1975, 2307 = KTS 1975, 300.
[69] Zustimmend *Uhlenbruck/Knof* § 41 RdNr. 12.
[70] Motive II, S. 278, zu § 58 KO (später § 65 KO), abgedruckt bei *Hahn* (Fn. 3), S. 258 f.; *Jaeger/Lent* KO § 65 Anm. 5; *Kübler/Prütting/Bork/Holzer* § 41 RdNr. 10.
[71] Die weitere Erwägung der Motive II, S. 278, zu § 58 KO (später § 65 KO), abgedruckt bei *Hahn* (Fn. 3), S. 258 f., dass der Gläubiger in den Fällen der Vereinbarung eines niedrigeren Zinssatzes nur äußerst selten in der Lage sein wird, den Betrag zu einem höheren Zinssatz anzulegen, überzeugt ebenfalls nicht, da sich ja auch der Gläubiger einer zinslosen Forderung den Abzug gefallen lassen muss, obwohl er den Betrag dann nicht entsprechend anlegen könnte.
[72] Motive II, S. 278, zu § 58 KO (später § 65 KO), abgedruckt bei *Hahn* (Fn. 3), S. 259 f.
[73] Vgl. aber OLG Köln ZIP 1992, 1478, 1481.
[74] Zustimmend *Jaeger/Henckel* InsO § 41 RdNr. 18.
[75] So bereits Motive II, S. 278, zu § 58 KO (später § 65 KO), abgedruckt bei *Hahn* (Fn. 3), S. 259, in Auseinandersetzung mit vorherigen, als unpraktisch empfundenen gesetzlichen Regelungen; BFHE 115, 307, 310 = DB 1975, 2307 = KTS 1975, 300; BGH WM 1960, 229, 231 unter III 2 b) der Gründe (insoweit in BGHZ 31, 337 = NJW 1960, 675 nicht abgedruckt); *Kuhn/Uhlenbruck* § 65 RdNr. 8; *Kilger/K. Schmidt* § 65 Anm. 5.

allerdings nur auf den Fälligkeitstermin, während die Abzinsung sodann wieder nach den Grundsätzen des Abs. 2 Satz 2 erfolgt (RdNr. 25).[76]

II. Berechnung der Forderung (Abs. 2 Satz 2)

21 Die in § 41 Abs. 2 Satz 2 enthaltene Regelung, nach der sich der Zinsabzug berechnet, findet sich auch in §§ 1133 Satz 3, 1217 Abs. 2 Satz 2 BGB und § 111 Satz 2 ZVG. Bereits der Gesetzgeber der KO hatte sich insoweit für die sog. **Hoffmann'sche Formel** entschieden, die denjenigen Betrag für maßgeblich erklärt, der bei Hinzurechnung der gesetzlichen Zinsen vom maßgeblichen Berechnungszeitpunkt (Eröffnung des Insolvenzverfahrens) bis zur Fälligkeit in der Summe den Forderungsnennbetrag ergibt.[77] Zinseszinsen werden dabei nicht berücksichtigt.[78]

22 Bezeichnet man den gegenwärtig zu berechnenden Wertbetrag mit X, den vollen Nennbetrag der Forderung mit F und die Zahl der Tage zwischen Eröffnung des Insolvenzverfahrens und Fälligkeit mit T, dann ergibt sich bei einem gesetzlichen Zinssatz von 4 % (§ 246 BGB) folgende Formel:

$$F = X + \frac{4 \times X \times T}{100 \times 365} \quad \text{oder} \quad X = \frac{36\,500 \times F}{36\,500 + (4 \times T)}$$

23 Beträgt der gesetzliche Zinssatz – wie bei beiderseitigen Handelsgeschäften – fünf statt vier Prozent (§ 352 HGB), dann ist in der Formel die Zahl 4 durch eine 5 zu ersetzen. Die Zahl der Tage bestimmt sich dabei in entsprechender Anwendung[79] der §§ 186 ff. BGB, sodass der Tag der Eröffnung des Insolvenzverfahrens gemäß § 187 Abs. 1 BGB nicht mitgerechnet wird,[80] der Tag der Fälligkeit hingegen Berücksichtigung findet (§ 188 Abs. 1 BGB).[81]

24 Danach wäre zB in einem am 1.5. eröffneten Insolvenzverfahren eine Forderung mit einem Nennbetrag (F) von 100 000 €, die am 1.9. desselben Jahres fällig wird (Anzahl der Tage [T] = 123), bei einem Zinssatz von 5 % wie folgt zu berechnen:

$$X = \frac{36\,500 \times 100\,000}{36\,500 + (5 \times 123)} = \frac{36\,500 \times 100\,000}{37\,115} = 98\,342{,}99 \; €$$

Würde nämlich dieser Berücksichtigungsbetrag von 98 342,99 € für 123 Tage bei einem Zinssatz von 5 % angelegt, so ergäbe sich unter Hinzurechnung des dann fälligen Zinsbetrags von 1657,01 € der Nennbetrag der Forderung von 100 000 €.

25 Die Anzahl der Tage (T) muss erst noch ermittelt werden, wenn es sich bei der **Forderung** um eine solche **mit unbestimmter Fälligkeit** handelt (s.o. RdNr. 8 und 20). Knüpft die Fälligkeit zB an den Tod einer Person an, so ist zunächst nach biometrischen Erfahrungswerten die durchschnittliche Lebenserwartung gemäß § 45 Abs. 1 zu schätzen und für den so ermittelten Zeitpunkt die Abzinsung der Forderung nach der vorgenannten Formel (RdNr. 22) vorzunehmen.[82]

E. Einzelfragen

I. Wirkung über das Insolvenzverfahren hinaus

26 Nach ganz hM wirkt § 41 in zeitlicher Hinsicht endgültig, d.h. auch über das Insolvenzverfahren hinaus. Die entsprechende Aussage findet sich allgemein bereits in zwei Entscheidungen des RG aus

---

[76] *Bitter* NZI 2000, 399, 401 mit Hinweis in Fn. 28; dem folgend *Uhlenbruck/Knof* § 41 RdNr. 15.
[77] Die Motive II, S. 277, zu § 58 KO (später § 65 KO), abgedruckt bei *Hahn* (Fn. 3), S. 257 f. haben sich damit gegen die sog. Carpzovsche und die Leibnitz'sche Methode entschieden; vgl. dazu ausführlich *Jaeger/Lent* KO § 65 Anm. 6; *Jaeger/Henckel* InsO § 41 RdNr. 21; zur Hoffmann'schen Methode aus dem Jahre 1731 siehe auch BGH NJW 1991, 3274, 3275.
[78] Insoweit anders die Leibnitz'sche Methode (vgl. die vorangehende Fn.).
[79] Zutreffend der Hinweis bei *Jaeger/Henckel* InsO § 41 RdNr. 23 in Fn. 68.
[80] AA ohne Begr. *Jaeger/Lent* KO § 65 Anm. 7.
[81] AA offenbar FK-*Bornemann* § 41 RdNr. 9, der für einen Zeitraum vom 10. 5. bis zum 1. 10. des gleichen Jahres nur 143 und nicht 144 Tage errechnet.
[82] *Bitter* NZI 2000, 399, 401 mit Hinweis in Fn. 28; dem folgend *Uhlenbruck/Knof* § 41 RdNr. 15.

den Jahren 1918[83] und 1926,[84] während sie in der Literatur – gestützt auf die erstgenannte Entscheidung des RG – gewöhnlich auf die nach § 41 Abs. 1 eintretende Fälligkeit beschränkt wird.[85] In der Tat sind hier zwei Aspekte zu unterscheiden.

1. Wirkung zugunsten des Gläubigers. Die erste Frage geht dahin, ob die nach § 41 Abs. 1 eingetretene Fälligkeit auch nach Abschluss des Insolvenzverfahrens *zugunsten* des Gläubigers erhalten bleibt, der Gläubiger also auch für den im Verfahren nicht befriedigten Restbetrag der Forderung sofort Zahlung verlangen kann, ohne den ursprünglichen Fälligkeitstermin abwarten zu müssen. Nicht anders als bei § 45 (s. dort ausführlich RdNr. 39 ff.) ist hier die Urteilskraft des Eintrags in die Insolvenztabelle (§§ 178 Abs. 3, 201 Abs. 2) entscheidend, in der die noch nicht fälligen Forderungen rechtskräftig als fällige festgestellt werden, soweit kein Widerspruch erhoben oder ein erhobener Widerspruch beseitigt wird (§§ 178 ff.).[86] Der in der Tabelle liegende Vollstreckungstitel ist insoweit Grundlage für die Endgültigkeit der Wirkung *für* den Gläubiger.

2. Wirkung zulasten des Gläubigers. Eine andere und in den Kommentaren zur KO und InsO idR nicht thematisierte Frage ist demgegenüber, ob die Wirkung des § 41 auch *zulasten* des Gläubigers wirkt. Dies ist im Hinblick auf die Gläubiger unverzinslicher Forderungen relevant, deren Forderung nur um den Zwischenzins reduziert zur Tabelle festgestellt wurde. Die vom RG in dem zweitgenannten Urteil so allgemein gefasste Aussage, dass der Gläubiger „seine angemeldete Forderung im Fall ihrer Feststellung später nur in der Gestalt geltend machen kann, die sie durch die Beteiligung am Verfahren gewonnen hat, also mit den auf Grund der §§ 65, 69 und 70 KO eingetretenen Änderungen",[87] würde vermuten lassen, dass solche Gläubiger auch nach Verfahrensbeendigung nicht mehr auf ihre volle ursprüngliche Forderung zurückgreifen könnten. Indes wäre eine derartige Beschränkung in ihrer Allgemeinheit verfehlt.

Die Wirkung der vorzeitigen Fälligkeit hat der Gläubiger sicher insoweit hinzunehmen, wie er **tatsächlich** eine **vorzeitige Zahlung** erhält. Ab diesem Zeitpunkt geht er des auf den erhaltenen Betrag entfallenden Zwischenzinses verlustig, auch wenn er den Betrag tatsächlich nicht zu dem entsprechenden Zinssatz anlegen kann. Denn insoweit hat er den auf einen früheren Zeitpunkt berechneten Wert seiner zukünftigen Forderung auch zu seinen Lasten hinzunehmen.[88] Wenn und soweit der Gläubiger die Forderung jedoch **tatsächlich nicht früher realisiert** hat, ist seine Beschränkung auf den abgezinsten Betrag zweifelhaft. Unabhängig von der allgemeinen Problematik einer Feststellungswirkung *gegen* den Gläubiger (vgl. § 45 RdNr. 36 ff.)[89] ist nämlich im Hinblick auf § 41 Abs. 2 zu beachten, dass auch die Gläubiger verzinslicher Forderungen ihren Zinsanspruch im Verfahren als nachrangige Gläubiger (§ 39 Abs. 1 Nr. 1) und nach Abschluss des Verfahrens insgesamt weiterverfolgen dürfen. Da die Gläubiger unverzinslicher Forderungen im Hinblick auf den in Abzug gebrachten Zwischenzins nicht schlechter gestellt werden dürfen, wurde in RdNr. 19 vorgeschlagen, dass der Zinsanspruch dieser Gläubiger ebenfalls als nachrangige Forderung i.S.v. § 39 Abs. 1 Nr. 1 Berücksichtigung zu finden hat, er also entsprechend den für sonstige Zinsforderungen geltenden Regeln verfolgt werden kann. Dies hat zur Folge, dass der Gläubiger die Forderung nach Verfahrensbeendigung im Falle der vorherigen Aufforderung zur Anmeldung (§ 174 Abs. 3 Satz 1) aus dem dann erlangten Titel (§ 201 Abs. 2) oder bei fehlender Anmeldung durch spätere Titulierung weiter verfolgen kann. Da die Tabelle als Titel generell keinen Anspruch aberkennen kann, der nicht geltend gemacht wurde und/oder geltend gemacht werden konnte,[90] kann der Zinsanspruch also von beiden Gläubigergruppen noch nachträglich verfolgt werden, ohne dass sich der vorherige Abzug der Zwischenzinsen nach § 41 Abs. 2 darauf auswirkt. Die Gläubiger der unverzinslichen Forderungen können daher zum ursprünglichen Fälligkeitstermin den sich aus der Abzinsung ergebenden Restbetrag nachfordern. Sie müssen sich darauf – wie gesagt – nur den gesetzlichen Zins auf solche Beträge und für diejenige Dauer anrechnen lassen, wie sie tatsächlich in den Genuss frühzeitiger Zahlungen gekommen sind.[91]

---

[83] RGZ 93, 209, 212 (zu § 65 KO).
[84] RGZ 112, 297, 300 (zu § 65 KO).
[85] *Nerlich/Römermann/Andres* § 41 RdNr. 2; *Kübler/Prütting/Bork/Holzer* § 41 RdNr. 9; zu § 65 KO vgl. Kilger/*K. Schmidt* § 65 RdNr. 4; *Kuhn/Uhlenbruck* § 65 RdNr. 2; *Hess* KO § 65 RdNr. 1; siehe auch *v. Wilmowsky* WM 2008, 1189, 1192 f.
[86] Auf die fehlende Fälligkeit kann der Schuldner seinen Widerspruch wegen § 41 Abs. 1 gerade nicht mit Erfolg stützen.
[87] So wörtlich RGZ 112, 297, 300.
[88] Vgl. dazu auch Motive II, S. 276, zu § 58 KO (später § 65 KO), abgedruckt bei *Hahn* (Fn. 3), S. 257, wo für den Fall der Reduktion der Forderung von einer Wirkung *gegen* den Gläubiger derselben gesprochen wird.
[89] Kritisch insbesondere *Fürst* ZZP 56 (1931), 381 ff.
[90] Zutreffend *Fürst* ZZP 56 (1931), 381, 383 f.
[91] Zustimmend *Jaeger/Henckel* InsO § 41 RdNr. 25.

30 Wurde also beispielsweise eine erst 10 Jahre nach Eröffnung des Insolvenzverfahrens fällige unverzinsliche Forderung von 30 000 € nach der oben RdNr. 22 genannten Formel bei einem Zinssatz von 5 % auf einen Betrag von 20 000 € abgezinst, und hat der Gläubiger weder im Insolvenzverfahren noch später eine Zahlung hierauf erhalten, dann könnte er sich nach Ablauf der 10 Jahre den Restbetrag von 10 000 € titulieren lassen und stünde nun so, wie er auch bei ursprünglicher Fälligkeit des Gesamtbetrags von 30 000 € zu diesem Zeitpunkt gestanden hätte. Hatte er aber zB zwei Jahre nach Eröffnung des Insolvenzverfahrens eine Dividende von 5000 € erhalten, so müsste er sich den daraus folgenden 8-jährigen Zinsvorteil bei einem Zinssatz von 5 % mit einem Betrag von 2000 € (5000 € × 5 % × 8) anrechnen lassen und könnte von dem Restbetrag folglich nur noch 8000 € beanspruchen.

31 **3. Ausnahmen von der fortdauernden Wirkung.** Da die Fortwirkung der vorzeitigen Fälligkeit über das Insolvenzverfahren hinaus auf der Rechtskraft des Tabelleneintrags beruht (RdNr. 27), tritt sie – wie bei §§ 45, 46 – nicht ein, wenn es zu einer rechtskräftigen Feststellung der Forderung nicht kommt.[92] Dies kann zum einen darauf beruhen, dass das Verfahren noch vor der Feststellung wieder eingestellt wird bzw. der Gläubiger seine Anmeldung vorher zurückzieht (§ 45 RdNr. 37) oder auch darauf, dass die Rechtskraft an einem nicht durch Feststellungsklage überwundenen Widerspruch gegen die Forderung scheitert (§ 45 RdNr. 38).[93]

II. Wirkung gegenüber Dritten

32 Nicht anders als bei § 45 (s. dort RdNr. 50) beschränkt sich die Wirkung des § 41 in personeller Hinsicht auf das Verhältnis zwischen Gläubiger und Schuldner und hat keinen Einfluss auf das Verhältnis gegenüber **mithaftenden Gesamtschuldnern oder Bürgen**.[94] Eine vorzeitige Fälligkeit des – ggf. abgezinsten – Betrags tritt daher auf Grund von § 41 weder zu ihren Lasten[95] noch zu ihren Gunsten[96] ein.

33 Allerdings kann sich eine vorzeitige Fälligkeit aus dem zugrundeliegenden Rechtsverhältnis ergeben, wie dies insbesondere bei den in der Bankenpraxis üblichen **Fälligkeitsvereinbarungen** für den Insolvenzfall gilt (s.o. RdNr. 7). Weil sich die vorzeitige Fälligkeit hier nicht aus § 41, sondern aus der vertraglichen Vereinbarung ergibt, wirkt sie auch zulasten und zugunsten des mithaftenden Dritten, insbesondere des Bürgen.[97] Hat der Gläubiger nach dem Vertrag nur die **Befugnis,** im Insolvenzfall des/eines Hauptschuldners **fristlos zu kündigen,** so kommt es für die Mithaftung Dritter auf die Ausübung dieser Befugnis an, die nicht schon in der Anmeldung der Forderung zur Tabelle liegt.[98]

34 Auch ohne vertragliche Vereinbarung ist allerdings dann von einer Wirkung der Fälligkeitsfiktion auch gegenüber Dritten auszugehen, wenn es sich hierbei um eine **(Haftpflicht-)Versicherung** handelt, die für die Verbindlichkeit des Schuldners einzutreten hat. Weil die Versicherungsgesellschaft den Schuldner – anders als der Bürge – von der Verpflichtung zu befreien hat, wie sie durch den Tabelleneintrag rechtskräftig festgestellt wird, ist sie auch gegenüber dem Gläubiger in gleicher Weise, d.h. sofort fällig, zur Zahlung verpflichtet.[99]

35 Anders als bei der Mithaftung von Bürgen oder Gesamtschuldnern (RdNr. 32) ist die Rechtslage auch für die akzessorische Gesellschafterhaftung der **persönlich haftenden Gesellschafter** einer OHG und der Komplementäre einer KG (§§ 128, 161 Abs. 2 HGB). Der gegenüber der Gesellschaft rechtskräftige Tabelleneintrag (§§ 178 Abs. 3, 201 Abs. 2) wirkt gemäß § 129 HGB auch gegenüber den Gesellschaftern (§ 45 RdNr. 57), sodass diese an die Feststellung der Forderung als fällig gebunden sind. Aber auch vor Feststellung der Forderung zur Tabelle sollte im Interesse einer zügigen Abwicklung der nunmehr vom Insolvenzverwalter zu verfolgenden Gesellschafterhaftung (§ 93) eine vorzeitige Fälligkeit gegenüber den Gesellschaftern befürwortet werden (vgl. auch § 45 RdNr. 59).

---

[92] Vgl. dazu auch *Glück* S. 13 ff.
[93] Zustimmend *Jaeger/Henckel* InsO § 41 RdNr. 24.
[94] BGH NJW 2000, 1408, 1409 m. zust. Anm. *Pfeiffer* WuB I E 1. – 2.00; *Jaeger/Henckel* InsO § 41 RdNr. 14; *Uhlenbruck/Knof* § 41 RdNr. 17; *Obermüller* NZI 2001, 225, 226; *v. Wilmowsky* WM 2008, 1189, 1193.
[95] Die Vorschrift des § 767 BGB steht dem nicht entgegen; vgl. RGZ 3, 356; RGZ 86, 247, 249; RGZ 88, 373, 375; BGH NJW 2000, 1408, 1409; *Jaeger/Lent* KO § 65 Anm. 4 mwN.
[96] RG LZ 1916 Sp. 242, 244; BGH NJW 2000, 1408, 1409; *Jaeger/Lent* KO § 65 Anm. 4.
[97] *Jaeger/Lent* KO § 65 Anm. 4a; *Jaeger/Henckel* InsO § 41 RdNr. 17; *v. Wilmowsky* WM 2008, 1189, 1193; zu Kontokorrentkrediten *Obermüller* NZI 2001, 225, 226.
[98] Siehe auch hierzu *Jaeger/Lent* KO § 65 Anm. 4a.
[99] Vgl. RGZ 93, 209 ff., insbes. 213 f. (bezüglich einer nach §§ 69, 70 KO kapitalisierten Haftpflichtrente); insoweit dem RG zustimmend auch *Fürst* ZZP 56 (1931), 381, 392.

Nicht fällige Forderungen 36–40 § 41

Im Übrigen erfasst § 41 nur **Forderungen gegen den Schuldner,** nicht aber umgekehrt Forderungen des Schuldners gegen Dritte (s.o. RdNr. 5). 36

III. Anwendung von § 41 in der Insolvenz persönlicher Sicherungsgeber

Insgesamt von dem Problembereich der Wirkung gegenüber Dritten (RdNr. 32 ff.) zu trennen ist die Frage, ob eine nicht fällige Forderung auch im Insolvenzverfahren über das Vermögen eines Bürgen, Garanten oder „Patrons" einer Patronatserklärung gemäß § 41 vorzeitig fällig wird, die Forderung dort also schon geltend gemacht werden kann, bevor der Hauptschuldner selbst zur Zahlung verpflichtet ist. Insoweit muss differenziert werden: 37

1. Insolvenz des Bürgen. Steht dem Bürgen die **Einrede der Vorausklage** (§ 771 BGB) zu, dann kann die Forderung nur als aufschiebend bedingte geltend gemacht werden (§ 43 RdNr. 11). Anderes gilt für den Bürgen, dem auf Grund **selbstschuldnerischer Verpflichtung** oder sonst gemäß §§ 773 BGB, 349 HGB die Einrede der Vorausklage nicht zusteht. Da seine Haftung zwar auch akzessorisch, die Subsidiarität aber aufgehoben ist,[100] liegt letztlich eine dem Gesamtschuldverhältnis angenäherte, nebeneinander bestehende Haftung vor (§ 43 RdNr. 11), sodass in dem Insolvenzverfahren des Bürgen die Vorschrift des § 41 Anwendung finden muss.[101] 38

2. Insolvenz des Garanten/„Patrons". Zweifelhaft und in der Literatur – soweit ersichtlich – bis zur 1. Aufl. noch nicht thematisiert ist die Anwendung des § 41 in der Insolvenz des Garanten bzw. „Patrons". Zwar hat die Rechtsprechung für den Fall der Insolvenz des Hauptschuldners von einer Gleichstufigkeit der Haftung gesprochen;[102] dies kann jedoch nicht im umgekehrten Fall der Insolvenz des Sicherungsgebers gelten (§ 43 RdNr. 12). Ist bei einer Insolvenz des Garanten oder „Patrons" der Sicherungsfall (Nichterfüllung durch den Hauptschuldner) noch nicht eingetreten, besteht noch keine Haftung des Garanten oder „Patrons", sodass die Forderung in seiner Insolvenz nur als aufschiebend bedingte, nicht aber als fällige i.S.v. § 41 geltend gemacht werden kann (vgl. auch § 43 RdNr. 12).[103] 39

IV. Aufrechnung

Im Gegensatz zur bisherigen Rechtslage nach § 54 Abs. 2 KO[104] ist § 41 bei der Aufrechnung nicht anwendbar.[105] Dies ergibt sich mit Deutlichkeit aus der neuen gesetzlichen Regelung in § 95 Abs. 1 Satz 2. Die Berücksichtigung der fiktiven Fälligkeit nach § 65 KO führte im Falle der Aufrechnung dazu, dass der Gläubiger auf Grund der Fiktion auch dann wirksam aufrechnen konnte, wenn der eigentliche Fälligkeitstermin seiner eigenen Forderung später lag als der entsprechende Termin für die Forderung des Schuldners. Dies hatte eine nicht gerechtfertigte Bevorzugung dieser Gläubiger zur Folge, die im Hinblick auf die spätere Fälligkeit ihrer eigenen Forderung nicht auf eine Aufrechnungsmöglichkeit vertrauen konnten.[106] Durch die Neuregelung in § 95 Abs. 1 wird demgegenüber klargestellt, dass der Gläubiger nur dann aufrechnen kann, wenn auch ohne Berücksichtigung des § 41 eine Aufrechnungslage bestanden hätte.[107] Ist dies nicht der Fall, muss er seine Verbindlichkeit zur Insolvenzmasse erfüllen und kann die Gegenforderung nur als Insolvenzforderung anmelden.[108] 40

---

[100] Vgl. dazu *Palandt/Sprau* § 773 RdNr. 2; *MünchKommBGB-Habersack* § 773 RdNr. 5 mwN.
[101] RGZ 152, 321, 322 f. = KuT 1937, 7, 8; *Jaeger/Lent* KO § 65 Anm. 4; *Jaeger/Henckel* InsO § 41 RdNr. 15; *Staudinger/Horn* (1997) vor §§ 765 ff. RdNr. 181. Der aus dem Forderungsübergang gemäß § 744 BGB resultierende und in die Masse fallende (vgl. *Jaeger/Lent* aaO) Rückgriffsanspruch ist dabei jedoch gegenüber dem Hauptschuldner nicht vorzeitig fällig, da hier wiederum der Grundsatz der fehlenden Drittwirkung aus RdNr. 32 eingreift. Auch eine sofortige Fälligkeit eigener vertraglicher Rückgriffsansprüche ist problematisch, da der Hauptschuldner vor dem Fälligkeitszeitpunkt nicht mit einer Inanspruchnahme rechnen musste und er durch die Anwendung des § 41 in der Bürgeninsolvenz nicht schlechter gestellt werden kann. Eine insoweit einschränkende vertragsergänzende Auslegung ist daher angebracht.
[102] BGHZ 117, 127, 132 = NJW 1992, 2093, 2095 = ZIP 1992, 338, 341 = WM 1992, 501 = BB 1992, 600 = MDR 1992, 367 = KTS 1992, 275 = Rpfleger 1992, 312.
[103] Wie hier jetzt auch *Jaeger/Henckel* InsO § 41 RdNr. 15.
[104] Vgl. dazu zB *Kuhn/Uhlenbruck* § 65 RdNr. 12.
[105] *Jaeger/Henckel* InsO § 41 RdNr. 9; *KPB/Holzer* § 41 RdNr. 13; *Uhlenbruck/Knof* § 41 RdNr. 18; vgl. auch die Begr. zu § 48 RegE, BT-Drucks. 12/2443, S. 124, abgedruckt bei *Kübler/Prütting* (Fn. 2), S. 211.
[106] Vgl. Begr. zu § 107 RegE (jetzt § 95), BT-Drucks. 12/2443, S. 140 f., abgedruckt bei *Kübler/Prütting* (Fn. 2), S. 276.
[107] Wie hier HK-*Eickmann* § 41 RdNr. 4: „Die Norm kann nicht eine sonst nicht bestehende Aufrechnungslage schaffen".
[108] Vgl. auch *Nerlich/Römermann/Andres* § 41 RdNr. 11.

§ 42 Auflösend bedingte Forderungen

Auflösend bedingte Forderungen werden, solange die Bedingung nicht eingetreten ist, im Insolvenzverfahren wie unbedingte Forderungen berücksichtigt.

Schrifttum: *Bitter,* Nicht fällige, bedingte und betragsmäßig unbestimmte Forderungen in der Insolvenz, NZI 2000, 399; *Schießer,* Bedingte und betagte Ansprüche nach altem und neuem Insolvenzrecht, 1998.

A. Normzweck

1 Anders als aufschiebend bedingte Forderungen (RdNr. 11) werden auflösend bedingte Forderungen gemäß § 42 bis zum Eintritt der Bedingung voll in das Verfahren einbezogen. Solange die Forderung tatsächlich besteht und der Eintritt der Bedingung noch ungewiss ist, kann sie nämlich im Verfahren nicht übergangen werden. Tritt die auflösende Bedingung später ein, so kann die Forderung ab diesem Zeitpunkt nicht mehr berücksichtigt werden.[1]

B. Entstehungsgeschichte

2 Die Vorschrift des § 42 (= § 49 RegE) übernimmt inhaltlich unverändert die Bestimmungen in § 66 KO und § 31 VglO und passt diese nur insoweit sprachlich an, als nunmehr ausdrücklich klargestellt wird, dass die volle Berücksichtigung der Forderung nur solange gelten kann, wie die Bedingung noch nicht eingetreten ist.

3 Nicht übernommen wurde hingegen die inhaltlich zu § 66 KO gehörende Bestimmung in § 168 Nr. 4 KO, wonach bei der Verteilung die Anteile für solche auflösend bedingten Forderungen zurückgehalten werden mussten, bei denen der Gläubiger zu einer **Sicherheitsleistung** verpflichtet ist und die Sicherheit nicht leistet.[2] Der Gesetzgeber hielt dies für einen „wenig praktischen Sonderfall" und hat deshalb zukünftig von einer gesetzlichen Regelung abgesehen.[3] Trotz dieser fehlenden Übernahme des § 168 Nr. 4 KO in die InsO darf der Insolvenzverwalter allerdings auch zukünftig die Dividende bei auflösend bedingten Forderungen zurückhalten, wenn ein sicherheitspflichtiger Gläubiger die Sicherheit nicht leistet.[4] Es besteht nämlich kein Grund, dem Gläubiger gegenüber dem Insolvenzverwalter weitergehende Rechte einzuräumen als er sie gegenüber dem Schuldner gehabt hätte.

C. Anwendungsbereich

4 § 42 betrifft – nicht anders als § 41 (s. dort RdNr. 4 f.) – nur gegen den Schuldner gerichtete Insolvenzforderungen.[5] Deren weiterer Bestand muss von einem zukünftigen *ungewissen* Ereignis abhängig sein. Die Vorschrift betrifft sowohl die von ihrem Wortlaut („auflösend bedingte Forderungen") unmittelbar erfassten **Einzelforderungen** als auch diejenigen Fälle, in denen das **gesamte Schuldverhältnis unter auflösender Bedingung** steht (unmittelbarer Regelungsgegenstand des § 158 Abs. 2 BGB). Unerheblich ist für die Anwendbarkeit auch, ob die auflösende Bedingung durch Rechtsgeschäft bestimmt wurde oder die Forderung einer gesetzlichen Bedingung unterliegt.[6] Auf auflösend *befristete* Forderungen ist § 42 entgegen teilweise vertretener Ansicht[7] nicht analog anwendbar, weil bei diesen der weitere Bestand gerade nicht ungewiss ist. Die Überlegungen zu den aufschiebend befristeten Forderungen (§ 41 RdNr. 10) lassen sich insoweit umkehren: Die Forderung ist gar nicht zu berücksichtigen, sondern allenfalls ein Zinsvorteil bis zum Fristende.

---

[1] Zur Berücksichtigung der auflösend bedingten Forderungen im Gesamtsystem der §§ 41 ff. vgl. *Bitter* NZI 2000, 399, 400 unter II.2.

[2] Vgl. hierzu eingehend *Jaeger/Lent* KO § 66 RdNr. 3.

[3] Begr. zu § 49 RegE, BT-Drucks. 12/2443, S. 124, abgedruckt bei *Kübler/Prütting,* Das neue Insolvenzrecht, Bd. I, 1994, S. 211.

[4] Zutreffend *Jaeger/Henckel* InsO § 42 RdNr. 6; aA noch die 2. Aufl. von *Lwowski/Bitter,* ferner *Uhlenbruck/ Knof* § 42 RdNr. 1 mwN; wohl auch *Schießer* S. 51; eine Korrektur de lege ferenda fordernd *Kübler/Prütting/ Bork/Holzer* § 42 RdNr. 5.

[5] BGH NJW 2012, 229 = ZIP 2011, 2364, 2365 (RdNr. 11); zur analogen Anwendung auf Ansprüche von Altmassegläubigern bei Masseunzulänglichkeit siehe *Walther,* Das Verfahren bei Masseunzulänglichkeit nach den §§ 208 ff. InsO, 2005, S. 107; *Adam* DZWIR 2011, 485, 486.

[6] Vgl. für aufschiebend bedingte Forderungen Kuhn/*Uhlenbruck* § 67 RdNr. 2 mwN; zu gesetzlichen Bedingungen bei tarifvertraglichen Sonderzahlungen siehe BSG, Urt. v. 1.12.1978, Az.: 12 RAr 9/78 und BSG, Urt. v. 10.9.1987, Az: 10 RAr 2/87.

[7] *Häsemeyer,* Insolvenzrecht, 4. Aufl. 2007, RdNr. 16.18; dem folgend *Muthorst* ZIP 2009, 1794, 1795.

Als Beispiel für auflösend bedingte Forderungen sei auf bestimmte **Steuerforderungen** hinge- 5
wiesen wie einbehaltene Lohnsteuer oder Vorauszahlungen auf die Einkommensteuer. Die Vorauszahlungen richten sich hier nach dem letzten Veranlagungszeitraum und die tatsächliche Jahressteuerschuld kann später geringer ausfallen. Das Finanzamt ist dann zur Rückerstattung der zu viel gezahlten Beträge verpflichtet.[8]

Ist das zukünftige ungewisse Ereignis schon eingetreten, aber noch nicht bekannt, so ist § 42 zwar 6
nicht unmittelbar anwendbar. Die tatsächliche Handhabung im Konkurs kann jedoch keine andere sein, weil es grundsätzlich Sache des Insolvenzverwalters ist, den Eintritt der auflösenden Bedingung einzuwenden und notfalls im Feststellungsstreit (s.u. RdNr. 8) zu beweisen.[9]

D. Berücksichtigung im Verfahren

Die auflösend bedingten Forderungen werden vom Insolvenzverwalter wie unbedingte in das 7
Gläubigerverzeichnis (§ 152) und die Insolvenzeröffnungsbilanz (§ 153) aufgenommen. Sie werden uneingeschränkt (nicht nur als bedingte) angemeldet (§ 174), in die Insolvenztabelle eingetragen (§ 175) und festgestellt (§ 178). Bei Abstimmungen sind sie in gleicher Weise zugelassen wie die unbedingten und nehmen an Abschlags-, Schluss- und Nachtragsverteilungen (§§ 187, 196, 203 ff.) teil, solange die Bedingung zu dem betreffenden Zeitpunkt noch nicht eingetreten ist. Weder erfolgt eine Zurückbehaltung von Beträgen wie bei aufschiebend bedingten Forderungen (RdNr. 11) noch wird die Auszahlung generell von Sicherheitsleistungen abhängig gemacht (zu Ausnahmen RdNr. 3).[10] Auflösend bedingte Forderungen können ferner wie unbedingte nach Maßgabe der §§ 94 ff. aufgerechnet werden.[11]

E. Rechtsfolgen bei Eintritt der Bedingung

I. Bedingungseintritt im Verfahren

Tritt die auflösende Bedingung während des laufenden Verfahrens ein, so ist eine nicht beste- 8
hende Forderung angemeldet. Bei einem Bedingungseintritt vor Feststellung der Forderung (§ 178) können daher der Insolvenzverwalter und/oder der Schuldner und andere Gläubiger diese **im Prüfungstermin** (§ 176) **bestreiten.** Ist die Forderung bereits zur Tabelle festgestellt, hat der Verwalter hiergegen **Vollstreckungsgegenklage** (§ 767 ZPO) zu erheben, weil der Eintrag auch ihm gegenüber[12] wie ein rechtskräftiges Urteil wirkt (§ 178 Abs. 3).[13] Er kann also, wenn der Bedingungseintritt vom Gläubiger bestritten wird, diesen nicht einfach im Verteilungsverzeichnis (§ 188) außer Acht lassen und den Gläubiger auf Einwendungen gegen das Verzeichnis (§ 194) verweisen. Die Vollstreckungsgegenklage kann allerdings nur dann erfolgreich sein, wenn die Bedingung tatsächlich erst nach der Feststellung eingetreten ist. Ansonsten ist die Einwendung gemäß § 767 Abs. 2 ZPO präkludiert, mag der Bedingungseintritt dem Verwalter auch erst später bekannt geworden sein.[14] Nach Aufhebung des Verfahrens steht die Klagemöglichkeit aus § 767 ZPO dem Schuldner zu,[15] weil die Eintragung in die Tabelle gemäß § 201 Abs. 2 nun auch als Zwangsvollstreckungstitel gegen den Schuldner wirkt, wenn dieser die Forderung nicht schon im Prüfungstermin bestritten hat. Hätte er diese Möglichkeit gehabt, weil die Bedingung schon vor der Feststellung eingetreten war, und hat er sie nicht genutzt, ist allerdings auch seine Klagemöglichkeit nach § 767 Abs. 2 ZPO präkludiert.[16]

---

[8] Siehe dazu Kuhn/*Uhlenbruck* § 68 RdNr. 3.
[9] *Jaeger/Lent* KO § 66 Anm. 4; *Jaeger/Henckel* InsO § 42 RdNr. 7.
[10] Eine Pflicht zur Sicherheitsleistung kann sich jedoch bei hoher Wahrscheinlichkeit des Bedingungseintritts und Vermögensverfall des Gläubigers ergeben; vgl. *Uhlenbruck/Knof* § 42 RdNr. 6 mit Hinweis auf OLG Stuttgart NZM 2009, 32 f.
[11] *Jaeger/Henckel* InsO § 42 RdNr. 3.
[12] Die Wirkung der Feststellung auch gegenüber dem Insolvenzverwalter wird in § 178 Abs. 3 im Gegensatz zu § 145 Abs. 2 KO besonders genannt, war aber bereits zuvor anerkannt; vgl. Begründung zu § 206 RegE, BT-Drucks. 12/2443, S. 185.
[13] Vgl. für den Fall nachträglicher Tilgung einer Forderung schon RGZ 21, 331, 336, unter Hinweis auf den damaligen § 65 KO (später § 72 KO; jetzt § 4), wonach die Vorschriften der ZPO entsprechend für das Insolvenzverfahren gelten; siehe generell zur Anwendbarkeit des § 767 ZPO bei nachträglich erloschenen Forderungen auch BGH NJW 1985, 271, 272 = WM 1984, 1547.
[14] Die Kenntnis der Partei ist für die Präklusion nicht maßgebend; vgl. *Stein/Jonas/Münzberg*, 22. Aufl. 2002, § 767 RdNr. 30.
[15] *Jaeger/Lent* KO § 65 Anm. 2; Kuhn/*Uhlenbruck* § 65 RdNr. 2; *Hess* § 42 RdNr. 8.
[16] AA offenbar *Jaeger/Lent* KO § 65 Anm. 2.

II. Rückgewähr gezahlter Dividenden

9 Waren zum Zeitpunkt des Bedingungseintritts bereits Beträge an den Gläubiger ausgezahlt worden, so ist dieser zur Rückerstattung verpflichtet. Zur Begründung dieses Anspruchs wird in der Literatur zT auf § 159 BGB,[17] zT auf § 812 BGB,[18] zT auf beide Vorschriften[19] verwiesen. Richtig ist, dass sich im Regelfall aus der Vereinbarung einer auflösenden Bedingung auch die stillschweigende Mitvereinbarung eines eigenständigen vertraglichen Rückgewähranspruchs ergibt.[20] Ist dies nicht der Fall, so folgt der Anspruch hilfsweise aus § 812 Abs. 1 Satz 2 BGB,[21] weil durch den Eintritt der auflösenden Bedingung der Rechtsgrund nachträglich weggefallen ist.[22] Die Vorschrift des § 42 hindert dabei die verschärfte Haftung des Empfängers aus § 820 Abs. 1 Satz 2 BGB nicht.[23] Dem Rückforderungsanspruch steht allerdings die Rechtskraft des Titels im gleichen Umfang entgegen, wie eine Vollstreckungsabwehrklage gemäß § 767 Abs. 2 ZPO präkludiert ist (dazu RdNr. 8).[24]

III. Bedingungseintritt nach Verfahrensende

10 Tritt die Bedingung erst nach der Schlussverteilung (§ 196) und Aufhebung des Verfahrens (§ 200) ein, so kann für den zurückfließenden Wert auf Antrag des Insolvenzverwalters oder eines Insolvenzgläubigers eine Nachtragsverteilung angeordnet werden (§ 203 Abs. 1 Nr. 2). Ist die Anordnung durch das Gericht erfolgt, geht die Zuständigkeit für die Verfolgung des Rückgewähranspruchs trotz vorheriger Aufhebung des Verfahrens wieder auf den Insolvenzverwalter über.[25] Die einzelnen Gläubiger sind für den Rückforderungsanspruch in keinem Fall aktivlegitimiert.[26]

F. Aufschiebend bedingte Forderungen

11 Bezüglich der aufschiebend bedingten Forderungen (zum Begriff siehe 2. Aufl., § 191 RdNr. 4 f.) enthielt die Konkursordnung in § 67 KO eine eigene Bestimmung, wonach diese Forderungen nur zu einer Sicherung berechtigen. Im neuen Recht ist eine derartige Bestimmung – wie schon in der Vergleichsordnung – nicht enthalten,[27] ohne dass dadurch eine materielle Änderung bezweckt wäre (vgl. auch 2. Aufl., § 191 RdNr. 1). Für aufschiebend bedingte Forderungen erfolgt die Festlegung des Stimmrechts gemäß § 77 Abs. 2 und 3 Nr. 1, wobei die Vorschrift im Insolvenzplanverfahren entsprechend gilt (§ 237 Abs. 1 Satz 1). Die Aufrechnung mit solchen Forderungen ist in § 95 Abs. 1 Satz 1 geregelt und bei Verteilungen sind die auf diese Forderungen entfallenden Beträge zurückzubehalten (§ 191).[28] Wegen der Einzelheiten wird auf die Kommentierung der betreffenden Vorschriften verwiesen.

§ 43 Haftung mehrerer Personen

Ein Gläubiger, dem mehrere Personen für dieselbe Leistung auf das Ganze haften, kann im Insolvenzverfahren gegen jeden Schuldner bis zu seiner vollen Befriedigung den ganzen Betrag geltend machen, den er zur Zeit der Eröffnung des Verfahrens zu fordern hatte.

Schrifttum: Bitter, Teilmithaftung in der Insolvenz – Forderungsanmeldung nach Leistung durch den Mithaftenden, ZInsO 2003, 490; *Blomeyer,* Die Teil-Mithaftung Dritter im Schuldnerkonkurs, BB 1971, 937; *Bork,* Der Mehrfach-Komplementär: Ein Beitrag zur Gläubiger- und Schuldnermehrheit in der Insolvenz, KTS 2008, 21;

---

[17] *Jaeger/Lent* KO § 66 Anm. 2; *Kuhn/Uhlenbruck* § 66 RdNr. 2; *Kilger/K. Schmidt* § 66 Anm. 2.
[18] *Hess* KO § 66 RdNr. 1; *Nerlich/Römermann/Andres* § 42 RdNr. 4; *Hess* § 42 RdNr. 9.
[19] HK-*Eickmann* § 42 RdNr. 4; vgl. auch *Bley/Mohrbutter* § 31 RdNr. 1 f., wo allerdings nicht deutlich wird, ob die Differenzierung zwischen dem Anspruch des Verwalters (RdNr. 1, dort Verweis auf § 159 BGB) und dem des Schuldners (RdNr. 2, dort Verweis auf § 812 Abs. 1 Satz 2 BGB) bewusst erfolgt ist.
[20] Zutreffend *Staudinger/Bork* (2003) § 159 RdNr. 9; vgl. im hiesigen Zusammenhang auch *Jaeger/Lent* KO § 65 Anm. 2; *Uhlenbruck/Knof* § 42 RdNr. 4.
[21] Siehe allgemein BGH LM § 159 Nr. 1; *Palandt/Ellenberger* § 159 RdNr. 1.
[22] *Bley/Mohrbutter* § 31 RdNr. 2; vgl. allgemein auch *Palandt/Sprau* § 812 RdNr. 25.
[23] Zutreffend *Bley/Mohrbutter* § 31 RdNr. 2.
[24] *Thomas/Putzo* § 767 RdNr. 7.
[25] *Jaeger/Lent* KO § 66 Anm. 2.
[26] *Jaeger/Lent* KO § 66 RdNr. 2; *Kilger/K. Schmidt* § 66 Anm. 2 aE.; *Hess* § 42 RdNr. 9.
[27] Kritisch dazu HK-*Eickmann* § 42 RdNr. 5.
[28] Vgl. auch BGH NJW 2005, 2231, 2232.

Dempewolf, Zur Anwendbarkeit der §§ 68 KO und 32 VerglO bei Teilbürgschaften, NJW 1961, 1341; *Goldschmidt*, Über den Einfluß von Theilzahlungen eines Solidarschuldners auf die Rechte des Gläubigers gegen andere Solidarschuldner, insbesondere nach eröffnetem Concurse . . ., ZHR 14 (1870), 397; *Hadding*, Zur Gläubigerstellung in der Insolvenz des Bürgen, FS Gero Fischer, 2008, S. 223; *Häsemeyer*, Gläubigerschutz und Gläubigergleichbehandlung bei Regreßverhältnissen, KTS 1993, 151; *Kirchhof*, Bürgschaften und Mithaftungserklärungen des (späteren) Gemeinschuldners in seinem Konkurs, FS Fuchs, 1996, S. 97; *Künne*, Über die Anwendbarkeit der §§ 68 KO und 32 VglO bei Teilbürgschaften und Teilgesamtschuldnerschaften, KTS 1957, 58; *Kuhn*, Zur Anwendbarkeit des § 68 KO bei Teilbürgschaften, KTS 1957, 68; *Noack/Bunke*, Zur Stellung gesamtschuldnerisch oder akzessorisch Mithaftender im Insolvenzverfahren, FS Uhlenbruck, 2000, S. 335; *Obermüller*, Verwertung von Drittsicherheiten im Insolvenzverfahren, NZI 2001, 225; *v. Olshausen*, Vom Verbot, eine eigene Forderung zum Nachteil eines konkurrierenden Gläubigers geltend zu machen (§ 774 I 2 BGB), und von der Befugnis eines Gläubigers, auch eine fremde Forderung im eigenen Interesse geltend zu machen (§ 43 InsO), KTS 2005, 403; *Karsten Schmidt/Bitter*, Doppelberücksichtigung, Ausfallprinzip und Gesellschafterhaftung in der Insolvenz, ZIP 2000, 1077; *Theißen*, Gesellschafterbürgschaften in der Insolvenz der OHG nach neuem Recht, ZIP 1998, 1625; *Wissmann*, Persönliche Mithaft in der Insolvenz, 2. Aufl. 1998.

Übersicht

	Rn.		Rn.
A. Normzweck	1, 2	3. Gesellschaft und Gesellschafter	23
B. Entstehungsgeschichte	3, 4	4. Nachträgliche Übertragung des Sicherungsgutes	24–26
C. Anwendungsbereich	5–32	a) Veräußerung an den Schuldner	25
I. Gesamtschuld und gesamtschuldähnliche Verhältnisse	5–17	b) Veräußerung durch den Schuldner	26
1. Allgemeine Anwendungsfälle	5	**III. Gesellschaftersicherheiten**	27
2. Gegensatz: Haftung im Stufenverhältnis	6	**IV. Teilmithaftung**	28–32
3. Personalsicherheiten	7–12	1. Die Position der hM	29
a) Insolvenz des Hauptschuldners	8–10	2. Kritik	30, 31
b) Insolvenz des Sicherungsgebers	11, 12	3. Abweichende AGB-Regelungen	32
4. Gesellschaft und Gesellschafter	13–16	**D. Rechtsfolgen**	33–42
a) Gesellschafter einer juristischen Person	14	I. Mehrere Insolvenzverfahren	34
b) Gesellschafter einer OHG oder KG	15, 16	II. Insolvenz eines Gesamtschuldners	35
5. Sonstige Einzelfälle	17	III. Vollbefriedigung des Gläubigers	36–38
II. Sachmithaftung	18–26	IV. Zahlungen vor Verfahrenseröffnung	39–42
1. Analoge Anwendung des § 43	19–21	**E. Ausnahmen von § 43**	43–45
2. Verwertung während des Verfahrens	22		

A. Normzweck

Die Vorschrift regelt den Fall, dass über das Vermögen mehrerer Gesamtschuldner oder jedenfalls eines 1 von ihnen das Insolvenzverfahren eröffnet wird und dem Gläubiger später eine Teilbefriedigung zufließt. § 43 gestattet dem Gläubiger, seine Forderung in der im Eröffnungszeitpunkt bestehenden Höhe bis zu seiner vollen Befriedigung im Verfahren jedes der mehreren Schuldner geltend zu machen, ohne dass die zwischenzeitlich erhaltene Teilbefriedigung darauf einen Einfluss hätte (**Grundsatz der Doppelberücksichtigung**). Ohne diese Regelung würde der Gläubiger von mehreren insolventen Gesamtschuldnern nach Ausschüttung der Quote in dem einen Verfahren in allen weiteren Verfahren nur noch mit dem danach verbleibenden Forderungsrestbetrag teilnehmen und auf diese Weise Gefahr laufen, mit einem Teil seiner Forderung auszufallen, obwohl vielleicht die Quote aller Verfahren zusammen zu seiner vollen Befriedigung geführt hätte (Beispiel unten RdNr. 34).[1] Die Vorschrift trägt insoweit dem Gedanken des § 421 BGB für die Besonderheiten des Insolvenzverfahrens Rechnung,[2] indem er eine Ausnahme von der Grundregel des § 422 Abs. 1 BGB bestimmt, wonach außerhalb des Insolvenzverfahrens die Erfüllung des einen Gesamtschuldners auch für die übrigen Schuldner gilt.[3] Dem Gläubiger soll für den

---

[1] So bereits Motive II, S. 285 f., zu § 61 KO (später § 68 KO), abgedruckt bei *Hahn*, Die gesamten Materialien zur Konkursordnung, 1881, S. 265; ferner BGH NJW 1969, 796 = WM 1969, 245 = KTS 1969, 234 = JZ 1969, 224; OLG Dresden ZIP 1996, 1190, 1192; ausführlich zur Funktion der Vorschrift mit Beispielen *Wissmann* RdNr. 12 ff.; zusammenfassend *K. Schmidt/Bitter* ZIP 2000, 1077, 1079 f.
[2] OLG Dresden ZIP 1996, 1190, 1192; *Jaeger/Henckel* InsO § 43 RdNr. 5; *Noack/Bunke*, FS Uhlenbruck, 2000, S. 335, 340; anders *Jaeger/Lent* KO § 68 Anm. 1, nach dessen Ansicht es sich um eine reine Billigkeitsregel handelt.
[3] Vgl. dazu ausführlich *Jaeger/Lent* KO § 68 Anm. 1; siehe auch *Jaeger/Henckel* InsO § 43 RdNr. 3; *Bitter* ZInsO 2003, 490, 496.

Insolvenzfall aus der Haftung mehrerer Personen eine möglichst hohe Befriedigung zufließen. Denn es wäre ungerechtfertigt, den Gläubiger bloß deshalb teilweise ausfallen zu lassen, weil die Insolvenzquoten nicht gleichzeitig, sondern nacheinander zur Auszahlung kommen.[4] Der Grundsatz der „Doppel"-Berücksichtigung gestattet die „Voll"-Berücksichtigung der Forderung bis zur gänzlichen Befriedigung des Gläubigers und kann dabei nicht nur „doppelt", sondern auch „dreifach", „vierfach" oder noch öfter zum Zuge kommen.[5]

2 Die in § 43 getroffene Regelung entspricht zudem einem **praktischen Bedürfnis** der Insolvenzabwicklung von Gesamtschuldverhältnissen. Gäbe es diese Vorschrift nicht, müsste der Gläubiger nach jeder in dem einen Verfahren erhaltenen Abschlags- oder Schlusszahlung seine Anmeldung in den jeweils anderen noch laufenden Verfahren entsprechend korrigieren, was zu laufenden Veränderungen der berücksichtigungsfähigen Forderungen führen würde. Die verschiedenen Insolvenzverwalter hätten zudem einen Anreiz, die Verteilung in ihrem eigenen Verfahren zu verzögern, da durch jede vorherige Teilzahlung in einem anderen Verfahren der von ihnen auszuschüttende Betrag gemindert würde.

B. Entstehungsgeschichte

3 Die Vorschrift des § 43 (= § 50 RegE) übernimmt inhaltlich unverändert die Regelungen in §§ 68 KO und 32 VglO.[6] Dabei wurden allerdings die bisher schon aus § 68 KO herausgelesenen Rechtsfolgen für den **Regress** eines in Anspruch genommenen Gesamtschuldners oder Bürgen – entsprechend § 33 VglO – **in einer eigenen Vorschrift verselbständigt** (§ 44; siehe dort RdNr. 1 ff.). Soweit daher zT unkritisch unter Berufung auf die Rechtsprechung zu § 68 KO[7] davon gesprochen wird, es handele sich bei § 43 um eine **Schutzvorschrift zugunsten des ursprünglichen Gläubigers,**[8] ist damit in Wirklichkeit die jetzt in § 44 gesondert bestimmte, aber bislang dem § 68 KO entnommene Regelung gemeint, wonach der in Anspruch genommene Gesamtschuldner oder Bürge seinen Regressanspruch im Insolvenzverfahren des Schuldners nicht neben dem Gläubiger geltend machen kann.[9] Der Gläubigerschutzaspekt beider Vorschriften (§§ 43 und 44) hängt allerdings insoweit eng zusammen, als die weitere Berücksichtigung des Gläubigers mit seiner zur Zeit der Eröffnung des Verfahrens bestehenden Forderung letztlich zu Lasten des regressberechtigten Mitschuldners geht, der gerade deshalb gemäß § 44 von einer Teilnahme ausgeschlossen wird.[10] Hierdurch soll einerseits die doppelte Berücksichtigung ein und derselben Verbindlichkeit im Insolvenzverfahren des (Haupt-)Schuldners verhindert werden (§ 44 RdNr. 1). Andererseits setzen die §§ 43, 44 InsO den materiellrechtlichen Grundsatz *nemo subrogat contra se* aus §§ 1225 Satz 2, 1143 Abs. 1 Satz 2, 774 Abs. 1 Satz 2, 426 Abs. 2 Satz 2 BGB[11] insolvenzrechtlich fort (§ 44 RdNr. 2).[12]

---

[4] Motive II, S. 287, zu § 61 KO (später § 68 KO), abgedruckt bei *Hahn* (Fn. 1), S. 266; *Kuhn* WM 1971, 1038, 1046.

[5] Vgl. *K. Schmidt/Bitter* ZIP 2000, 1077, 1079; *Bitter* ZInsO 2003, 490, 492.

[6] Begr. zu § 50 RegE, BT-Drucks. 12/2443, S. 124, abgedruckt bei *Kübler/Prütting*, Das neue Insolvenzrecht, Bd. I, 1994, S. 212.

[7] RGZ 14, 172, 176 f.; BGHZ 39, 319, 320 (5. Leitsatz) und 327 = NJW 1976, 1873, 1875 = WM 1963, 831, 832 = KTS 1964, 39 = JR 1964, 99 = LM Nr. 2–4 zu § 172 HGB *(Fischer)*; BGH WM 1984, 1630, 1631.

[8] Vgl. *Theißen* ZIP 1998, 1625, 1627; insbesondere *Nerlich/Römermann/Andres* § 43 RdNr. 1, der insoweit offenbar auch verkennt, dass sich die dort in RdNr. 11 dargelegten Regressgrundsätze nicht mehr aus § 43, sondern direkt aus § 44 ergeben.

[9] Deutlich wird dies bei *Kuhn* WM 1971, 1038, 1046, wo der Charakter des § 68 KO als „Schutzvorschrift" allein im Hinblick auf die Rückgriffsansprüche des Bürgen erörtert wird.

[10] Vgl. dazu auch *K. Schmidt/Bitter* ZIP 2000, 1077, 1080.

[11] Dazu ausführlich *Zeising* WM 2010, 2204 ff.; *Zeising* DZWIR 2010, 316 ff.

[12] Vgl. BGH NJW 1970, 44, 46 = WM 1969, 1346, 1347; ferner BGHZ 92, 374, 379 = NJW 1985, 614, 615 = WM 1984, 1630, 1631 = DB 1985, 274: „Im Konkurs des Hauptschuldners tritt § 68 KO an die Stelle des § 774 Abs. 1 Satz 2 BGB."; ausführlich *Jaeger/Henckel* InsO § 43 RdNr. 5; *Häsemeyer* KTS 1993, 151, 159 und 169 f.; zust. *Zeising* WM 2010, 2204, 2212; *Zeising* DZWIR 2010, 316, 322; siehe auch *Braun/Bäuerle* § 43 RdNr. 7; anders allerdings die in BGH NJW 1997, 1014 = Fn. 83 eingeführte „gespaltene Lösung", wonach sich die konkursrechtliche Sonderberechtigung des § 68 KO (heute § 43 InsO) nicht uneingeschränkt mit der materiellrechtlichen Lage decken soll (dazu kritisch *Bitter* ZInsO 2003, 490 ff., insbes. S. 495 f.); anders auch *v. Olshausen*, Gläubigerschutz und Schuldnerschutz bei Forderungsübergang und Regress, 1988, S. 241 ff. mit Hinweis u.a. auf die – hier abgelehnte (RdNr. 28 ff.) – Rspr. zur Teilmithaftung in der Insolvenz; sodann wieder *v. Olshausen*, KTS 2005, 403 ff., mit der Begründung, § 43 InsO habe einen partiell anderen Anwendungsbereich als der Grundsatz *nemo subrogat contra se* (vgl. auch *Uhlenbruck/Knof* § 42 RdNr. 2). Dies spricht jedoch nicht gegen die hier vertretene Ansicht, jedenfalls im Zusammenspiel der §§ 43 und 44 setze sich dieser Grundsatz fort.

Der Grundgedanke des § 43 reicht bis in die Zeit vor Einführung der Konkursordnung zurück.[13] **4** Auch für den Geltungsbereich der Gesamtvollstreckungsordnung wurde die Regelung trotz Fehlens einer entsprechenden Norm anerkannt.[14] Anders als § 68 KO nennt § 43 allerdings nicht mehr ausdrücklich die beiden in RdNr. 1 angeführten Fälle, dass über das Vermögen mehrerer oder einer von mehreren Personen das Insolvenzverfahren eröffnet wurde. Diese ausdrückliche Klarstellung in § 68 KO beruhte auf dem Umstand, dass sich die Vorschrift in ihrer Entwurfsfassung (§ 61 KO[15]) zunächst nur auf den Fall mehrerer Konkurse beschränkte und der zweite Fall erst im Laufe der Beratungen der Reichstagskommission hinzugefügt wurde.[16] Bereits in § 32 VglO wurde jedoch die heute in § 43 enthaltene Formulierung gewählt, die sich nach wie vor auf beide Fälle bezieht.[17]

C. Anwendungsbereich

I. Gesamtschuld und gesamtschuldähnliche Verhältnisse

1. Allgemeine Anwendungsfälle. Die Vorschrift des § 43 gilt – nicht anders als § 41 (s. dort **5** RdNr. 4 f.) – im Grundsatz nur für Insolvenzforderungen, im Sonderfall der Masseunzulänglichkeit (§§ 208 ff.) jedoch analog für die dann ebenfalls nur noch quotal zu bedienenden Ansprüche der Altmassegläubiger.[18] § 43 setzt voraus, dass mehrere Personen für dieselbe Leistung auf das Ganze haften. Eine solche Mithaftung ist bei einem **echten Gesamtschuldverhältnis** i.S.v. § 421 BGB gegeben.[19] Die Vorschrift gilt aber auch für die sog. **unechte Gesamtschuld** (zB im Verhältnis zwischen Schädiger und Versicherung),[20] weil die für die echte Gesamtschuld erforderliche Gleichstufigkeit[21] für § 43 nicht erforderlich ist.[22] Das Gesamtschuldverhältnis kann sich auf eine vertragliche oder gesetzliche Haftung gründen; es kann auf einer einheitlichen Rechtsgrundlage oder mehreren selbständigen Anspruchsgrundlagen beruhen.[23] Entscheidend ist nicht die innere Verbundenheit der Verpflichtungen, sondern allein die Frage, ob der Gläubiger die ihm gebührende Leistung von den Schuldnern gleichzeitig, aber insgesamt nur einmal fordern kann.[24] Die gemeinsame Verpflichtung kann daher beispielsweise auf einem gemeinsamen Schuldvertrag (§ 427 BGB) – auch einer späteren Schuldmitübernahme – oder gemeinschaftlicher unerlaubter Handlung (§§ 830, 840 BGB) beruhen. Zu denken ist ferner an die Haftung des Erwerbers bei **Firmenfortführung** (§ 25 HGB),[25] an die Haftung mehrerer **Wechselschuldner** gemäß Art. 47 WG[26] oder an die gesamtschuldnerische Haftung der an einer **Spaltung** nach §§ 123 ff. UmwG beteiligten Rechtsträger gemäß § 133 Abs. 1 Satz 1 UmwG.[27]

2. Gegensatz: Haftung im Stufenverhältnis. Anderes gilt hingegen für den Fall einer Hingabe **6** von Kundenwechseln auf (Kaufpreis-) Forderungen.[28] In diesem Fall erfolgt die Hingabe der Wechsel zahlungshalber, sodass ein Gesamtschuld- oder gesamtschuldähnliches Verhältnis zwischen dem Gläubiger einerseits und dem Kaufpreis- sowie dem Wechselschuldner andererseits nicht begründet

---

[13] Vgl. dazu Motive II, S. 286 f., zu § 61 KO (später § 68 KO), abgedruckt bei *Hahn* (Fn. 1), S. 265; RGZ 52, 168, 171; ferner RGZ 11, 18, 19, wo auf § 87 preuß. KO v. 8. Mai 1855 hingewiesen wird, der die Grundlage des § 61 KO (später § 68 KO) bildete.
[14] OLG Dresden ZIP 1996, 1190, 1192; LG Dresden, ZIP 1995, 491.
[15] Wortlaut bei *Hahn* (Fn. 1), S. 13; ausführlich dazu Motive II, S. 288 f., zu § 61 KO (später § 68 KO), abgedruckt bei *Hahn* (Fn. 1), S. 267.
[16] Vgl. Protokolle der Kommission, erste Lesung, abgedruckt bei *Hahn* (Fn. 1), S. 560, 622; vgl. dazu auch RGZ 14, 172, 1756; *Blomeyer* BB 1971, 937, 938; *Reinicke/Tiedke* DB 1985, 957, 959; *K. Schmidt/Bitter* ZIP 2000, 1077, 1079.
[17] Vgl. auch *Jaeger/Henckel* InsO § 43 RdNr. 3; *K. Schmidt/Bitter* ZIP 2000, 1077, 1079.
[18] *Walther*, Das Verfahren bei Masseunzulänglichkeit nach den §§ 208 ff. InsO, 2005, S. 108 f.; *Adam* DZWIR 2011, 485, 487.
[19] BGHZ 117, 127, 132 = NJW 1992, 2093, 2095 = Fn. 32; BGH NJW 1997, 1014 = KTS 1997, 255, 256 = Fn. 83.
[20] Vgl. dazu *Uhlenbruck/Knof* § 43 RdNr. 3; *Jaeger/Henckel* InsO § 43 RdNr. 9; *Kuhn/Uhlenbruck* § 68 RdNr. 2.
[21] Siehe dazu *Palandt/Grüneberg* § 421 RdNr. 7 ff.; *Jaeger/Henckel* KO § 3 RdNr. 55; gegen die Differenzierung zwischen echter und unechter Gesamtschuld *Staudinger/Noack* (2005) § 421 RdNr. 8 ff.
[22] *Jaeger/Henckel* InsO § 43 RdNr. 9; *Kilger/K. Schmidt* § 68 Anm. 2; *Jaeger/Lent* KO § 68 Anm. 2.
[23] Vgl. dazu schon Motive II, S. 288, zu § 61 KO (später § 68 KO), abgedruckt bei *Hahn* (Fn. 1), S. 267; ausführlich mit diversen Beispielen *Jaeger/Lent* KO § 68 Anm. 2; *Jaeger/Henckel* InsO § 43 RdNr. 8.
[24] BGHZ 117, 127, 132 = NJW 1992, 2093, 2095 = Fn. 32.
[25] RGZ 74, 231, 233 f.; *Kilger/K. Schmidt* § 68 Anm. 2; *Uhlenbruck/Knof* § 43 RdNr. 3.
[26] RGZ 11, 18 ff.
[27] *Jaeger/Henckel* InsO § 43 RdNr. 8; siehe zum alten Umwandlungsrecht auch LG Dresden, ZIP 1995, 491.
[28] RGZ 153, 179, 181 ff. = JW 1937, 1649; *Jaeger/Henckel* InsO § 43 RdNr. 10; *Künne* KTS 1957, 58.

wird. Es liegt vielmehr eine Haftung im Stufenverhältnis vor, bei dem sich der Gläubiger zunächst an den Wechselschuldner zu halten hat und nur in Höhe des Ausfalls den Kaufpreisschuldner in Anspruch nehmen kann. Dies bedeutet dann aber im Falle mehrerer Insolvenzverfahren, dass der Gläubiger zwar zunächst beide Forderungen anmelden kann (die Kaufpreisforderung als bedingte), er sich aber sodann die Quote aus dem Verfahren über das Vermögen des Wechselschuldners auf die Kaufpreisforderung anrechnen lassen muss und im dortigen Verfahren nur noch auf den so ermittelten Restbetrag eine Quote erhält.[29] Eine derartige Haftung im Stufenverhältnis ist stets auch beim Ausfallbürgen (RdNr. 9 und 11) sowie im Insolvenzverfahren über das Vermögen eines Bürgen mit Einrede der Vorausklage (RdNr. 11), eines Garanten oder „Patrons" einer Patronatserklärung (RdNr. 12) gegeben.

7   **3. Personalsicherheiten.** Im Grundsatz anwendbar ist § 43 auch auf die insbesondere im Kreditsicherungsgeschäft anzutreffende Mithaftung Dritter auf Grund von Personalsicherheiten (zur Sachmithaftung vgl. RdNr. 18 ff.). Dabei unterfällt der **Schuldbeitritt** unmittelbar der echten Gesamtschuld, weil hier zwei Personen für dieselbe – idR vertragliche – Leistung im gleichen Umfang einzustehen haben (s.o. RdNr. 5). Für den Grundsatz der Doppelberücksichtigung ist daher unerheblich, ob über das Vermögen des Beitretenden, des ursprünglich Haftenden oder beider das Insolvenzverfahren eröffnet wurde. Bei der **Bürgschaft** und **Garantie** ist hingegen zu differenzieren.

8   **a) Insolvenz des Hauptschuldners.** Befindet sich der Hauptschuldner in der Insolvenz, dann haften Hauptschuldner und Bürge bzw. Garant nebeneinander i.S.v. § 43, sodass der Grundsatz der Doppelberücksichtigung zur Anwendung kommt. Für die Bürgschaft folgt dies – auch wenn kein Verzicht auf die Einrede der Vorausklage (= Selbstschuldnerschaft) vorliegt – aus § 773 Abs. 1 Nr. 3 BGB,[30] für die Garantieerklärung aus den allgemeinen Grundsätzen des Schadensrechts, denen sie unterliegt: Die Pflicht, Schadensersatz zu leisten, bedeutet nach allgemeinen Regeln nicht nur eine Schadloshaltung für einen Ausfall nach anderen Schuldnern, sondern Ersatz des ganzen erlittenen Schadens, gegebenenfalls zusammen mit anderen Verpflichteten.[31] Eine parallele Verpflichtung besteht auch bei der **Patronatserklärung**.[32] In allen diesen Fällen liegt bei Insolvenz des Hauptschuldners eine Haftung im Stufenverhältnis (s.o. RdNr. 6) nicht vor. Der Gläubiger muss sich also Beträge, die er von den Bürgen, Garanten oder „Patron" erhält, nicht anrechnen lassen und erhält seine Quote im Insolvenzverfahren des Hauptschuldners weiter auf seinen vollen bei Eröffnung bestehenden Forderungsbetrag.[33] Gerade dies ist – im Vergleich zum eigentlichen Regelungsgegenstand der Gesamtschuld (RdNr. 5) – der praktisch häufigste und wichtigste Anwendungsfall des § 43.[34] Bei der – praktisch wohl selteneren – Doppelinsolvenz kann er seine Forderung in beiden Verfahren voll anmelden und erhält jeweils eine Quote auf die volle Forderung, unabhängig davon, welches Verfahren zuerst eröffnet worden ist.[35]

9   Keine Anwendung findet § 43 allerdings bei einer **Ausfallbürgschaft**.[36] Hat nämlich der Bürge – was ihm auch als Kaufmann offensteht – seine Haftung sogar für den Fall eines Insolvenzverfahrens über das Vermögen des Hauptschuldners durch vertragliche Abrede zu einer nur ergänzenden gemacht, dann liegt eine Haftung im Stufenverhältnis (RdNr. 6) vor. Da Eintritt und Umfang des Ausfalls zum anspruchsbegründenden Tatbestand im Verhältnis zum Ausfallbürgen gehören, kann der Gläubiger den Bürgen erst nach Beendigung des Insolvenzverfahrens und nur auf den tatsächlichen Ausfall in Anspruch nehmen.[37] Nach der Rechtsprechung des RG ist allerdings – soweit keine

---

[29] So ausdrücklich RGZ 153, 179, 182 = JW 1937, 1649 mit dem klarstellenden Hinweis, dass die Wechselinsolvenzquote nicht etwa auf die Insolvenz*quote* der Kaufpreisforderung anzurechnen ist.
[30] BGH NJW 1969, 796 = Fn. 1; BGH NJW 1985, 271, 272 = ZIP 1984, 1509 = WM 1984, 1547; BGHZ 117, 127, 133 = NJW 1992, 2093, 2095 = Fn. 32; BGH ZIP 2012, 1087, 1088 (RdNr. 13); *Jaeger/Henckel* InsO § 43 RdNr. 11 f.; *Uhlenbruck/Knof* § 43 RdNr. 4 f.; *Kuhn* WM 1971, 1038, 1045 f.; *Hadding*, FS G. Fischer, 2008, S. 223, 225; vgl. auch den allgemeinen Hinweis auf §§ 773 BGB, 249 HGB in der Begr. zu § 50 RegE, BT-Drucks. 12/2443, S. 124, abgedruckt bei *Kübler/Prütting* (Fn. 6), S. 212.
[31] BGHZ 117, 127, 133 = NJW 1992, 2093, 2095 = Fn. 32 mwN.
[32] BGHZ 117, 127, 132 ff. = NJW 1992, 2093, 2095 = ZIP 1992, 338, 341 = WM 1992, 501 = BB 1992, 600 = MDR 1992, 367 = KTS 1992, 275 = Rpfleger 1992, 312 = WuB I F 1 c. - 1.92 *(Obermüller)*; OLG Stuttgart WM 1985, 455 m. zust. Anm. *Schröter*, WuB I F 1 c. - 1.85; *Jaeger/Henckel* InsO § 43 RdNr. 20; *Kuhn/Uhlenbruck* § 68 RdNr. 5c; *Uhlenbruck/Knof* § 43 RdNr. 8; mit anderer Begründung auch *Maier-Reimer/Etzbach* NJW 2011, 1110, 1114.
[33] BGHZ 117, 127, 134 = NJW 1992, 2093, 2095 = Fn. 32 mwN.
[34] Vgl. dazu auch *Dempewolf* NJW 1961, 1341, 1342; *Wissmann* RdNr. 23.
[35] Zutreffend *Jaeger/Lent* KO § 68 Anm. 3.
[36] *Jaeger/Lent* KO § 68 Anm. 3; *Kilger/K. Schmidt* § 68 Anm. 3; *Uhlenbruck/Knof* § 43 RdNr. 6; mittelbar auch BGHZ 117, 127, 133 = NJW 1992, 2093, 2095 = Fn. 32.
[37] RG JW 1929, 1386 m. Anm. *Reichel*; *Jaeger/Henckel* InsO § 43 RdNr. 19; MünchKommBGB–*Habersack* § 765 RdNr. 107 mwN.

abweichende vertragliche Vereinbarung besteht[38] – der Gläubiger auch gegenüber einem Ausfallbürgen schon vorzeitig forderungsberechtigt, wenn ein Mindestbetrag des Ausfalls nachgewiesen werden kann.[39] Besteht insoweit aber eine parallele Haftung, dann muss konsequenterweise – auch wenn es auf den ersten Blick grotesk klingt – der Grundsatz der Doppelberücksichtigung im Rahmen dieses sicheren Ausfalls zur Anwendung kommen. Der so von dem Ausfallbürgen vorzeitig erlangte Betrag mindert also den Berücksichtigungsbetrag im Insolvenzverfahren des Hauptschuldners nicht.[40]

Ob und inwieweit die **Regressansprüche** des zahlenden Bürgen, Garanten oder Patrons gegenüber dem Hauptschuldner in dessen Insolvenzverfahren Berücksichtigung finden, ist nunmehr in § 44 gesondert geregelt (vgl. dazu RdNr. 3) und wird daher in der dortigen Kommentierung dargestellt. **10**

b) Insolvenz des Sicherungsgebers. Wird über das Vermögen des Bürgen das Insolvenzverfahren eröffnet, dann ist für die Anwendbarkeit des § 43 zu differenzieren.[41] Steht dem Bürgen die **Einrede der Vorausklage** (§ 771 BGB) zu oder ist er gar Ausfallbürge (RdNr. 9), dann haftet er nicht neben, sondern nach dem Hauptschuldner, sodass die oben RdNr. 6 genannten Grundsätze über die Haftung im Stufenverhältnis Anwendung finden. Die Forderung kann also in der Insolvenz des Bürgen nur als aufschiebend bedingte angemeldet werden und eine Quote wird nur auf den Ausfallbetrag berechnet.[42] Anderes gilt demgegenüber, wenn sich der Bürge als Selbstschuldner verbürgt hat oder sonst die Einrede der Vorausklage entfällt (§ 773 BGB, § 349 HGB).[43] Hier gilt trotz der Akzessorietät der Bürgschaft eine Haftung nebeneinander (Wegfall der Subsidiarität),[44] sodass der Grundsatz der Doppelberücksichtigung Anwendung findet.[45] Angemeldet werden können in der Bürgeninsolvenz freilich nur Forderungen auf Grund der Bürgschaft, soweit die Hauptschuld im Zeitpunkt der Insolvenzeröffnung bereits begründet war.[46] Eine noch nicht fällige Forderung wird dabei (auch) gegenüber dem Bürgen gemäß § 41 vorzeitig fällig gestellt (§ 41 RdNr. 38). **11**

Der in der insolvenzrechtlichen Literatur bis zum Erscheinen der 1. Aufl. – soweit ersichtlich – noch nicht angesprochene Fall der **Insolvenz des Garanten oder „Patrons"** kann demgegenüber nicht nach den Regeln über den selbstschuldnerischen Bürgen behandelt werden.[47] Zwar hat der BGH ausgesprochen, dass zwischen Hauptschuldner und Garant bzw. „Patron" eine gleichrangige Haftung vorliege. Entschieden wurde dies jedoch nur für den Fall der Insolvenz des Hauptschuldners (s.o. RdNr. 8). Zur Begründung wurde – insoweit mit Recht – angeführt, dass diejenige Person, die vereinbarungsgemäß für die Vertragserfüllung eines anderen zu sorgen habe, bei zu vertretender Nichterfüllung grundsätzlich neben diesem als Gesamtschuldner auf Schadensersatz hafte.[48] Diese Gleichstufigkeit gilt jedoch nicht in der Insolvenz des Garanten oder „Patrons", weil die Haftung an die „Nichterfüllung" des Hauptschuldners anknüpft und somit erst mit dem Garantiefall die Gleichstufigkeit einsetzt. In dieser Richtung ist daher von einem Stufenverhältnis auszugehen, was insbesondere auch dazu führt, dass im Insolvenzverfahren des Garanten oder „Patrons" – im Gegensatz zum selbstschuldnerischen Bürgen – die Forderung nicht gemäß § 41 vorzeitig fällig gestellt wird, sondern nur als durch den Garantiefall aufschiebend bedingte angemeldet werden kann (§ 41 RdNr. 39). Erhält der Gläubiger also zum vertraglich vorgesehenen Fälligkeitszeitpunkt eine Teilbefriedigung vom Hauptschuldner, so kann dieser Forderungsteil in der Insolvenz des Garanten keine Berücksichtigung finden, der Gläubiger dort also nur eine Quote auf den Restbetrag fordern. **12**

---

[38] Siehe dazu *Reichel* JW 1929, 1386.
[39] RGZ 75, 186, 188 = JW 1911, 181; RG JW 1929, 1386; zustimmend MünchKommBGB-*Pecher*, 2. Aufl., § 765 RdNr. 46; *Jaeger/Lent* KO § 68 Anm. 3 mwN; aA *Reichel* JW 1929, 1386.
[40] Zustimmend *Uhlenbruck/Knof* § 43 RdNr. 6; weitergehend *Jaeger/Henckel* InsO § 43 RdNr. 19, der – allerdings unter Berufung auf die hier vertretene Ansicht – auch auf eine „aus freien Stücken" bewirkte Teilleistung des Ausfallbürgen § 43 InsO anwenden will.
[41] Zutreffend *Wissmann*, RdNr. 24 ff.
[42] *Jaeger/Henckel* InsO § 43 RdNr. 13; *Uhlenbruck/Knof* § 43 RdNr. 4; *Jaeger/Lent* KO § 68 Anm. 3; *Kilger/K. Schmidt* § 68 Anm. 3; *Obermüller* NZI 2001, 225, 228; zum Ausfallbürgen vgl. auch *Reichel* JW 1929, 1386.
[43] Siehe dazu die Begr. zu § 50 RegE, BT-Drucks. 12/2443, S. 124, abgedruckt bei *Kübler/Prütting* (Fn. 6), S. 212.
[44] Vgl. dazu *Palandt/Sprau* § 773 RdNr. 2; MünchKommBGB-*Habersack* § 773 RdNr. 5.
[45] BGH NJW 2008, 3780 = ZIP 2008, 2183 = NZI 2008, 733 (RdNr. 16); *Jaeger/Henckel* InsO § 43 RdNr. 14; *Jaeger/Lent* KO § 68 Anm. 3; *Kuhn/Uhlenbruck* § 68 RdNr. 4c; *Uhlenbruck/Knof* § 43 RdNr. 4; *Hadding*, FS G. Fischer, 2008, S. 223, 225; vgl. auch die allgemeinen Formulierungen zum selbstschuldnerischen Bürgen in BGH NJW 1969, 796 = Fn. 1, wo es allerdings konkret nur um den Fall einer Insolvenz des Hauptschuldners ging (vgl. den entsprechenden Verweis auf die frühere Entscheidung in BGH NJW 1985, 271, 272); aA wohl *Obermüller* NZI 2001, 225, 228.
[46] Ausführlich *Kirchhof*, FS Fuchs, 1996, S. 97 ff.
[47] Der hier in der 1. Aufl. entwickelten Position zustimmend jetzt *Jaeger/Henckel* InsO § 43 RdNr. 21; *Uhlenbruck/Knof* § 43 RdNr. 9; HambKomm-*Lüdtke* § 43 RdNr. 11; aA wohl *Maier-Reimer/Etzbach* NJW 2011, 1110, 1114, jedoch unversichtlich.
[48] So BGHZ 117, 127, 133 = NJW 1992, 2093, 2095 = Fn. 32.

13 **4. Gesellschaft und Gesellschafter.** Anwendbar ist § 43 bei gleichzeitiger Verpflichtung von Gesellschaft und Gesellschafter, soweit die Haftung des Gesellschafters auf einem eigenständigen Verpflichtungsgrund beruht. Für die akzessorische Gesellschafterhaftung gemäß § 128 HGB (ggf. i. V. m. § 161 Abs. 2 HGB) ist hingegen zu differenzieren. Im Einzelnen gilt folgendes:[49]

14 **a) Gesellschafter einer juristischen Person.** Handelt es sich um den **Gesellschafter einer juristischen Person** (GmbH oder AG), kann sich die Verpflichtung des Gesellschafters von vornherein nicht aus einer akzessorischen Gesellschafterhaftung, sondern nur aus einer eigenständigen Verpflichtung ergeben. Da in Gestalt der GmbH bzw. AG ein eigener Rechtsträger (juristische Person) vorliegt, haften mehrere gleichzeitig für dieselbe Forderung, sodass § 43 unproblematisch eingreift.[50] Dies wird in der Praxis insbesondere relevant bei Bürgschaften und Schuldbeitrittserklärungen, aber auch bei Sachsicherheiten (s.u. RdNr. 18 ff., insbes. RdNr. 23) von GmbH-Gesellschaftern für Verbindlichkeiten der Gesellschaft. Hier kann der Gläubiger aus seiner Sicherheit gegen den Gesellschafter vorgehen und muss sich die von diesem erlangten Beträge auf seinen Berücksichtigungsbetrag im Insolvenzverfahren der GmbH nicht anrechnen lassen. Er erhält also – anders als bei einer von der Gesellschaft selbst gestellten Sicherheit, bei der das Ausfallprinzip des § 52 (früher § 64 KO) gilt – eine Quote auf die volle Forderung und nicht nur auf den Ausfallbetrag.[51]

15 **b) Gesellschafter einer OHG oder KG.** Beim **Gesellschafter einer OHG oder KG** liegen die Dinge etwas schwieriger. Soweit zT behauptet wird, zwischen Gesellschaft und Gesellschafter komme § 43 ganz generell zur Anwendung, weil eine Haftung nebeneinander vorliege,[52] ist dies unzutreffend. Zwar hat der BGH für das Verhältnis zwischen einer KG und einem ausgeschiedenen Kommanditisten von einer Anwendbarkeit des damaligen § 68 KO gesprochen.[53] Diese Aussage stand jedoch zum einen unter dem ausdrücklichen Vorbehalt des § 171 Abs. 2 HGB[54] und zum anderen ging es allein um die Anwendbarkeit des damals noch aus § 68 KO herausgelesenen Verbots der Doppelanmeldung, welches heute in § 44 verselbständigt ist (s.o. RdNr. 3). Man kann daher nach neuer Rechtslage nur davon sprechen, dass § 44 im Verhältnis zwischen Gesellschaft und Gesellschafter anwendbar ist (§ 44 RdNr. 33 ff.). Soweit es hingegen um die Anwendbarkeit des in § 43 geregelten Grundsatzes der Doppelberücksichtigung geht, muss im Hinblick auf § 171 Abs. 2 HGB und § 93 differenziert werden: Soweit die akzessorische Gesellschafterhaftung gemäß § 128 HGB (ggf. i. V. m. § 161 Abs. 2 HGB) in Rede steht, war unter der Geltung der KO im Fall der Doppelinsolvenz von Gesellschaft und persönlich haftendem Gesellschafter das Ausfallprinzip anwendbar: Gemäß § 212 KO konnten die Gesellschaftsgläubiger im Privatkonkurs des persönlich haftenden Gesellschafters nur für den Betrag verhältnismäßige Befriedigung verlangen, mit dem sie im Gesellschaftskonkurs ausgefallen waren (s.u. RdNr. 43). Durch § 93 wurde diese Rechtslage in Übereinstimmung mit der für die Kommanditistenhaftung geltenden Regelung in § 171 Abs. 2 HGB verändert.[55] Ist über das Gesellschaftsvermögen ein Insolvenzverfahren eröffnet, macht der Insolvenzverwalter der Gesellschaftsinsolvenz nun generell die unbeschränkte oder beschränkte Haftung der Gesellschafter geltend. Daraus folgt zunächst, dass § 43 anwendbar ist, wenn nur über das Vermögen des Gesellschafters ein Insolvenzverfahren eröffnet wird, weil dieser Fall von § 93 bzw. § 171 Abs. 2 HGB nicht erfasst wird. Der Gläubiger kann also in der Gesellschafterinsolvenz trotz nachfolgender Teilzahlungen der – nicht insolventen – Gesellschaft weiter eine Quote auf den vollen Berücksichtigungsbetrag fordern.[56] Ist hingegen ein Insolvenzverfahren über das Vermögen der Gesellschaft eröffnet, verliert der Gläubiger die Möglichkeit, den Gesellschafter auf Grund der **akzessorischen Gesellschafterhaftung** in Anspruch zu nehmen (sog. Sperrwirkung

---

[49] Vgl. dazu auch *K. Schmidt/Bitter* ZIP 2000, 1077, 1080 ff.
[50] RGZ 156, 271, 277, wo dies ausdrücklich auch für den Fall einer Einpersonen-GmbH ausgesprochen wird (betr. einen Fall der Sachhaftung, dazu unten RdNr. 18 ff., insbes. RdNr. 23); vgl. dazu auch *K. Schmidt/Bitter* ZIP 2000, 1077, 1080.
[51] Vgl. dazu ausführlich *K. Schmidt/Bitter* ZIP 2000, 1077 ff., insbes. 1080 f.
[52] So wohl *Leonhardt/Smid/Zeuner* § 43 RdNr. 14; *Hess* WuB VI A. § 43 InsO 1.09; für das Verhältnis zwischen einer KG und ihrem ausgeschiedenen Kommanditisten auch *Kuhn/Uhlenbruck* § 68 RdNr. 7.
[53] BGHZ 27, 51, 54, 58 f. = NJW 1958, 787 = WM 1958, 553 = JZ 1958, 439 = LM § 172 HGB Nr. 1; BGHZ 39, 319, 327 = NJW 1963, 1873, 1875 = WM 1963, 831 = KTS 1964, 39 = JR 1964, 99 = LM § 172 HGB Nr. 2–4 *(Fischer)*.
[54] Vgl. insbesondere BGHZ 27, 51, 53.
[55] Zu Hintergrund und Wirkung der Regelung siehe *Brinkmann*, Die Bedeutung der §§ 92, 93 InsO für den Umfang der Insolvenz- und Sanierungsmasse, Diss. Heidelberg 2000, S. 96 ff., hier insbes. S. 161 ff.; *Pelz*, Die Gesellschaft bürgerlichen Rechts in der Insolvenz, Diss. Bonn 1999, S. 79 ff.; *K. Schmidt/Bitter* ZIP 2000, 1077, 1081 ff.; *Fuchs* ZIP 2000, 1089 ff.; zum Verhältnis der beiden Normen vgl. *Kübler/Prütting/Bork/Lüke* § 93 RdNr. 43.
[56] *K. Schmidt/Bitter* ZIP 2000, 1077, 1081; zustimmend *Jaeger/Henckel* InsO § 43 RdNr. 25; *Uhlenbruck/Knof* § 43 RdNr. 19.

der §§ 171 Abs. 2 HGB und 93).[57] Kann er aber seine Forderung nur noch in der Gesellschaftsinsolvenz verfolgen und erhält er auch nur noch eine einheitliche Quote in diesem Verfahren, stellt sich die Frage einer Doppelanmeldung und damit der Anwendbarkeit von § 43 insoweit nicht mehr.[58]

Gänzlich anderes gilt hingegen, wenn die Gesellschafter der OHG oder KG für die Verbindlichkeit **16** der Gesellschaft aus einem **persönlichen Verpflichtungsgrund** (zusätzlich) mithaften (zB Bürgschaft, Schuldbeitritt).[59] Die in diesen Fällen hier allgemein befürwortete Anwendbarkeit des § 43 ist von der Rechtsprechung bislang nur für die Sachmithaftung anerkannt worden (s.u. RdNr. 23). Der dort zugrundeliegende Gedanke des RG,[60] dass zwar keine Gesellschaft mit eigener Rechtspersönlichkeit vorliegt, es sich aber doch bei dem Gesellschaftsvermögen um eine selbständige Vermögensmasse handelt, die von dem sonstigen Privatvermögen des Gesellschafters zu trennen ist, muss auf den Fall der persönlichen Mithaftung in gleicher Weise Anwendung finden. Für die **Mithaftung des Kommanditisten** dürfte dies wohl unstreitig und unmittelbar einsichtig sein, da dem Kommanditisten trotz technisch anderer Ausgestaltung seiner Haftung im Ergebnis doch ähnlich wie in der GmbH oder AG (s.o. RdNr. 14) eine Haftungsbeschränkung zugutekommt, die eine klare Unterscheidung zwischen der Gesellschaftsverbindlichkeit und der persönlichen Mithaftung (zB auf Grund einer Bürgschaft) ermöglicht. Der Gläubiger kann hier also die Forderung gegen die Gesellschaft und den Gesellschafter bis zu seiner vollen Befriedigung mit dem bei Insolvenzeröffnung bestehenden Berücksichtigungsbetrag verfolgen.[61] Aber auch bei **persönlich haftenden Gesellschaftern** muss § 43 zur Anwendung kommen, wenn sowohl über das Vermögen der OHG/KG als auch über das Vermögen des Gesellschafters das Insolvenzverfahren eröffnet ist.[62] Denn auch hier lässt sich zwischen der Verbindlichkeit der Gesellschaft, für die der Gesellschafter gemäß § 128 HGB persönlich haftet und einer eigenständigen persönlichen Verpflichtung unterscheiden. Die neue Regelung in § 93 steht dem nicht entgegen, weil sich die Norm – ebenso wie § 171 Abs. 2 HGB – nur auf die akzessorische Gesellschafterhaftung, nicht aber auf eine daneben begründete Mithaftung bezieht (§ 93 RdNr. 21).[63] Insoweit macht also für den Gläubiger die Mitverpflichtung auch eines (ohnehin) persönlich haftenden Gesellschafters im Wege der Bürgschaft oder Schuldmitübernahme für die Verbindlichkeiten der Gesellschaft zusätzlich[64] Sinn, weil sie in der Insolvenz zur Anwendung des § 43 führt und ihm dadurch weitere Befriedigungsmöglichkeiten verschafft (vgl. auch § 93 RdNr. 1, 21).[65] Zu einer – insolvenzrechtlich unzulässigen[66] – doppelten Anmeldung der wirtschaftlich identischen Forderung in der Privatinsolvenz kommt es dabei nicht, wenn man dem Insolvenzverwalter sein aus §§ 93, 171 Abs. 2 HGB resultierendes Einziehungsrecht neben der Anmeldung des Gläubigers analog § 44 versagt (dazu § 44 RdNr. 40; 2. Aufl., § 93 RdNr. 28).[67]

---

[57] Vgl. zu § 171 Abs. 2 HGB *K. Schmidt*, Einlage und Haftung des Kommanditisten, 1977, S. 126; MünchKommHGB-*K. Schmidt*, 3. Aufl. 2012, § 171 RdNr. 100 und 107 und *Wissmann*, RdNr. 452; zu § 93 vgl. *Kübler/Prütting/Bork/Lüke* § 93 RdNr. 14; *Theißen* ZIP 1998, 1625, 1626; *K. Schmidt/Bitter* ZIP 2000, 1077, 1081; für den ausgeschiedenen Gesellschafter *Gerhardt* ZIP 2000, 2181 ff.

[58] Zutreffend *Wissmann*, RdNr. 349; vgl. auch *K. Schmidt/Bitter* ZIP 2000, 1077, 1081; *Jaeger/Henckel* InsO § 43 RdNr. 25; ferner *Uhlenbruck/Knof* § 43 RdNr. 20, der aber von einer „mittelbaren" Rolle des § 43 spricht; dazu, dass § 93 in der Sache aber doch auf eine Doppelberücksichtigung unter Aufhebung des zuvor geltenden Ausfallprinzips (§ 212 KO) hinausläuft, vgl. *Wissmann*, RdNr. 447 f.; *Brinkmann* (Fn. 55), S. 162; *Theißen* ZIP 1998, 1625, 1628; *K. Schmidt/Bitter* ZIP 2000, 1077, 1082 f.; *Bitter* ZInsO 2002, 557, 561; *Klinck* NZI 2004, 651, 653 f.; aA *K. Schmidt/Bitter* ZIP 2000, 1077, 1085 ff.; § 93 RdNr. 24 ff. *(Brandes)*.

[59] Vgl. auch *Theißen* ZIP 1998, 1625, 1626.

[60] RGZ 91, 12, 13.

[61] *K. Schmidt/Bitter* ZIP 2000, 1077, 1080 f.

[62] So RGZ 91, 12, 13 (betr. Sachmithaftung); *K. Schmidt/Bitter* ZIP 2000, 1077, 1082; offen BFH NJW-RR 1997, 28, 30 = ZIP 1996, 1617, 1620 für das Verhältnis zwischen einer GbR und ihren Gesellschaftern.

[63] BFHE 197, 1 = ZIP 2002, 179 = WM 2002, 1361 = NZI 2002, 173 und BGH NJW 2002, 2718 = ZIP 2002, 1492 = WM 2002, 1770 m. zust. Anm. *Bitter* WuB VI C. § 93 InsO 1.02; KPB/*Lüke* § 93 RdNr. 18 ff.; HK-*Kayser* § 93 RdNr. 13 f.; *K. Schmidt* ZGR 1996, 209, 218; *Theißen* ZIP 1998, 1625, 1626; *K. Schmidt/Bitter* ZIP 2000, 1077, 1082; *Gerhardt* ZIP 2000, 2181, 2188; *Noack/Bunke*, FS Uhlenbruck, 2000, S. 335, 349 f.; *Bitter* ZInsO 2002, 557, 558 f.; *Bunke* NZI 2002, 591 ff.; aA *Pelz* (Fn. 55), S. 84 ff.; *Oepen*, Massefremde Masse, 1999, S. 147 ff.; *Brinkmann* (Fn. 55), S. 125 ff.; *Bork* NZI 2002, 362 ff.; *Brinkmann* ZGR 2003, 264, 275 f.; *Kesseler* ZIP 2002, 1974 ff.; *Klinck* NZI 2004, 651 ff.

[64] Die früher schon bestehende Praxis der Kreditbesicherung durch Gesellschafterbürgschaften von unbeschränkt haftenden Gesellschaftern beruhte bisher vor allem auf den §§ 193 Satz 2 KO, 82 VglO (jetzt § 254 Abs. 2 InsO); vgl. *K. Schmidt* ZGR 1996, 209, 219; Kilger/*K. Schmidt* § 193 Anm. 4.a); dazu auch *Noack/Bunke*, FS Uhlenbruck, 2000, S. 335, 352; *Theißen* ZIP 1998, 1625, 1629.

[65] Vgl. dazu *Theißen* ZIP 1998, 1625, 1629; *K. Schmidt/Bitter* ZIP 2000, 1077, 1082.

[66] Vgl. dazu allgemein *Jaeger/Lent* KO § 68 Anm. 2 (2. Absatz); *Jaeger/Henckel* InsO § 38 RdNr. 80.

[67] Ausführlich *K. Schmidt/Bitter* ZIP 2000, 1077, 1083 ff.; zustimmend *Kübler/Prütting/Bork/Lüke* § 93 RdNr. 18c; abzulehnen ist demgegenüber das von *K. Schmidt*, ebenda, S. 1085 ff. vertretene „Ausfallmodell", vgl. *Bitter* ZInsO 2002, 557, 561; ausführliche Darstellung beider Modelle bei *v. Olshausen* ZIP 2003, 1321 ff.; kritisch gegenüber beiden Modellen *Klinck* NZI 2004, 651, 653 ff.

17 **5. Sonstige Einzelfälle.** Von unterschiedlichen Vermögensmassen im vorgenannten Sinne und einer Anwendbarkeit des § 43 ist auch dann auszugehen, wenn eine **Erbengemeinschaft** und zusätzlich ein Mitglied dieser Gemeinschaft persönlich für dieselbe Verbindlichkeit haften, wie es zB bei einer vom Erblasser begründeten Verbindlichkeit der Fall sein kann, für die einer der Erben aus einer Geschäftsübernahme gemäß § 25 HGB mithaftet.[68] Anderes gilt hingegen, wenn von mehreren vormaligen Gesamtschuldnern der eine den anderen beerbt, da hier nur noch eine Vermögensmasse – wenn auch möglicherweise aus verschiedenen Rechtsgründen – für die Verbindlichkeit haftet. Der Gläubiger kann also in dem einen Insolvenzverfahren des Erben die Forderung nicht doppelt anmelden. Gleiches gilt, wenn vormals gesamtschuldnerisch verpflichtete Gesellschaften durch **Verschmelzung gemäß §§ 2 ff. UmwG** in einen Rechtsträger überführt werden. Auch hier kann die Forderung in der Insolvenz des übernehmenden (§ 2 Nr. 1 UmwG) bzw. neu gegründeten (§ 2 Nr. 2 UmwG) Rechtsträgers nur einmal berücksichtigt werden.[69] Anderes soll nach Ansicht von *Bork* allerdings für einen **Mehrfach-Komplementär** gelten, wenn sämtliche Gesellschaften, in denen er als Komplementär fungiert, für dieselbe Forderung als Gesamtschuldner haften. In der Insolvenz des Mehrfach-Komplementärs könne dann analog § 43 mehrfach eine Quote auf jene Forderung bezogen werden.[70]

II. Sachmithaftung

18 Nicht ausdrücklich geregelt ist in § 43 der Fall, dass ein Dritter für die Verbindlichkeit des Schuldners nicht persönlich, sondern dinglich mithaftet (sog. Sachmithaftung). Die insoweit unkritische Übernahme der Regelungen aus § 68 KO und § 32 VglO ist bedauerlich, zumal dem Gesetzgeber die langjährige Rechtsprechung und allgemeine Ansicht nicht verborgen geblieben sein kann, wonach jene Vorgängervorschriften des heutigen § 43 auch auf den Fall der Sachmithaftung angewendet wurden.[71]

19 **1. Analoge Anwendung des § 43.** Schon früh hatte das Reichsgericht festgestellt, dass jedenfalls dann von einer Anwendung des früheren § 68 KO (jetzt § 43) auszugehen ist, wenn der dinglich mithaftende Dritte auch persönlich verpflichtet ist.[72] Das Ausfallprinzip des § 52 (früher § 64 KO) gilt hier also nur im Insolvenzverfahren des Dritten, weil dieser zugleich dinglich und persönlich haftet, nicht aber außerhalb dieses Verfahrens.[73] Später wurde die Anwendung des § 68 KO (jetzt § 43) mit allgemeiner Zustimmung des Schrifttums auf Fälle reiner Sachmithaftung ausgedehnt.[74] Im letzteren Falle handelt es sich um eine analoge Anwendung der Norm,[75] für die eine Vergleichbarkeit der Interessenlage spricht. Es ist nämlich kein innerer Grund dafür ersichtlich, die vom Gesetz nicht geregelten Fälle der Sachmithaftung anders zu beurteilen als die persönliche Mithaftung.[76] In beiden Fällen haften zwei verschiedene Vermögensmassen für die Verbindlichkeit des Gläubigers.

20 Hat also beispielsweise ein Dritter für die Verbindlichkeit des Schuldners eine Hypothek oder Grundschuld an seinem Grundstück bestellt, so kann der Gläubiger in der Insolvenz des Schuldners

---

[68] RGZ 74, 231, 233 f.
[69] Im Grundsatz zustimmend *Bork* KTS 2008, 21, 36; anderes galt nach RGZ 154, 72 = JW 1937, 1645 im Hinblick auf den damaligen § 93b Abs. 3 GenG im Falle der Vollverschmelzung einer Genossenschaft mit einer anderen bis zur Vereinigung der beiden Vermögen; vgl. zu dieser Vorschrift auch *Krakenberger*, Genossenschaftsgesetz, 1932, § 93b Anm. 4a.
[70] *Bork* KTS 2008, 21 ff., insbes. 34 ff.
[71] Vgl. dazu auch *Kübler/Prütting/Bork/Holzer* § 43 RdNr. 7.
[72] RGZ 52, 169, 171; RGZ 74, 231, 234; dazu auch *Jaeger/Lent* KO § 68 Anm. 2a; bei *Nerlich/Römermann/Andres* § 43 RdNr. 5 bleibt demgegenüber unklar, ob er die Anwendbarkeit von § 43 auf den Fall „bloßer Sachmithaftung" beschränken will.
[73] So insbesondere RGZ 52, 169, 171; ferner RGZ 91, 12, 13; vgl. auch *Jaeger/Lent* KO § 68 Anm. 6; *Kuhn/Uhlenbruck* § 68 RdNr. 12; *K. Schmidt/Bitter* ZIP 2000, 1077, 1079.
[74] RGZ 156, 271, 278; BGH NJW 1960, 1295 = WM 1960, 720, 721 = MDR 1960, 649 = KTS 1960, 140 = BB 1960, 680; BGH ZIP 2011, 180 = WM 2011, 133 (RdNr. 7) m. zust. Anm. *Kesseler* EWiR 2011, 193 f.; auch BGH NJW 1970, 44, 46 = WM 1969, 1346, 1347; zustimmend *Kuhn* WM 1971, 1038, 1046; *Jaeger/Lent* KO § 67 Anm. 7 und § 68 Anm. 2a; *Kilger/K. Schmidt* § 68 Anm. 4; *Bley/Mohrbutter* § 32 RdNr. 2; für den Bereich der InsO auch *Jaeger/Henckel* InsO § 43 RdNr. 22; *Kübler/Prütting/Bork/Holzer* § 43 RdNr. 7; *Nerlich/Römermann/Andres* § 43 RdNr. 5; HK-*Eickmann* § 43 RdNr. 3; *Uhlenbruck/Knof* § 43 RdNr. 15; *Hess* § 43 RdNr. 4; HambKomm-*Lüdtke* § 43 RdNr. 12; *Gerhardt*, Grundpfandrechte im Insolvenzverfahren, 11. Aufl. 2005, RdNr. 187; *Eckardt*, Grundpfandrechte im Insolvenzverfahren, 13. Aufl. 2012, RdNr. 53; *K. Schmidt/Bitter* ZIP 2000, 1077, 1079 f.; aA wohl *Leonhardt/Smid/Zeuner* § 43 RdNr. 7.
[75] Zutreffend *Kilger/K. Schmidt* § 68 Anm. 4; *Jaeger/Lent* KO § 68 Anm. 2a; *Uhlenbruck/Knof* § 43 RdNr. 15; siehe auch BGH ZIP 2011, 180 = WM 2011, 133 (RdNr. 7): „entsprechend § 43 InsO".
[76] So insbesondere RGZ 156, 271, 278; *Kuhn* WM 1971, 1038, 1046; *Jaeger/Lent* KO § 68 Anm. 2a.

nicht nur seinen Ausfall geltend machen, wie es gemäß § 52 (früher § 64 KO) bei einer Besicherung durch den Schuldner selbst der Fall ist, sondern er kann im Insolvenzverfahren über das Vermögen des Schuldners auch dann weiterhin eine Quote auf die volle Forderung beanspruchen, wenn ihm aus der Verwertung des Drittgrundstücks eine Teilbefriedigung zufließt.[77] Gleiches gilt für den Fall der Verpfändung[78] sowie der Sicherungsübereignung oder -zession[79] durch einen vom Schuldner verschiedenen Dritten. Dem Gläubiger bleibt es in all diesen Fällen auch unbenommen, zunächst auf den vollen Betrag seiner Forderung die Insolvenzquote zu beziehen und erst anschließend für den dort entstandenen Ausfall die Sicherheit in Anspruch zu nehmen.[80]

Die Anwendbarkeit des § 43 kann allerdings trotz rechtlicher Verschiedenheit von persönlichem Schuldner und Sicherungsgeber dann ausgeschlossen sein, wenn der Sicherungsgeber das Sicherungsgut (zB das hypothekarisch belastete Grundstück) nur als **Treuhänder** für den Schuldner hält. Hier gehört der Vermögensgegenstand wirtschaftlich zum Vermögen des Schuldners selbst, sodass das Ausfallprinzip des § 52 zur Anwendung kommt (vgl. dazu auch § 47 RdNr. 371 und § 52 RdNr. 8).[81]

2. Verwertung während des Verfahrens. Von diesen schon in der reichsgerichtlichen Rechtsprechung anerkannten Grundsätzen ist der BGH allerdings in seinem Urteil vom 9. Mai 1960[82] und nachfolgend bestätigenden Entscheidungen[83] in der Sache abgerückt, ohne freilich die Abweichung kenntlich zu machen.[84] Denn er hat dort entschieden, dass der Gläubiger seine angemeldete Forderung reduzieren müsse, wenn das haftende Grundstück des Dritten während des laufenden Insolvenzverfahrens verwertet worden ist und die Mithaftung des Dritten dadurch beendet sei. Hier liege in Wirklichkeit nur eine **teilweise Mithaftung** (dazu unten RdNr. 28 ff.) vor, sodass die Anwendbarkeit von § 43 (früher § 68 KO) versage, wenn der teilweise Mithaftende seine geschuldete Leistung – hier in Form der Verwertung seines Grundstücks – voll erbracht habe. Würde man mit dieser Ansicht Ernst machen, dann müsste man **in allen Fällen der Sachmithaftung** von einer teilweisen Mithaftung ausgehen, da die Haftung stets auf den Wert der Sicherheit beschränkt ist. Der Gläubiger könnte also entgegen dem oben angeführten und vom BGH selbst an anderer Stelle[85] anerkannten Grundsatz eine Quote gerade nicht auf seine volle Forderung beanspruchen, nachdem er die Sicherheit verwertet hat. Die vom BGH selbst nicht erkannte Widersprüchlichkeit liegt in der generellen Behandlung der teilweisen Mithaftung begründet (s.u. RdNr. 28 ff.). Die seit dem Urteil vom 9. Mai 1960 vertretene Ansicht führt dazu, dass derjenige Gläubiger, der seine Drittsicherheit frühzeitig verwertet, in der Insolvenz des Schuldners seine Forderungsanmeldung zugunsten des Dritten reduzieren muss, während der Gläubiger dann eine volle Quote neben der Verwertungsmöglichkeit seiner Sicherheit erhält, wenn er zunächst das Insolvenzverfahren abwartet und erst dann für den dort erlittenen Ausfall die Drittsicherheit in Anspruch nimmt (dazu auch RdNr. 31). Da eine derartige Differenzierung völlig willkürlich und interessenwidrig ist, kann der durch das Urteil vom 9. Mai 1960 eingeleiteten Rechtsprechung nicht gefolgt werden. Erst diese Ablehnung der zur teilweisen Mithaftung vertretenen Position macht aber die hier dargelegten Grundsätze über die Sachmithaftung widerspruchsfrei. Im Ergebnis ist daher unabhängig vom Zeitpunkt der Verwertung der Sachsicherheit davon auszugehen, dass Beträge, die aus der Verwertung der vom Dritten zur Verfügung gestellten Sicherheit erlangt werden, den Berücksichtigungsbetrag des Gläubigers in der Insolvenz des Schuldners nicht mindern.[86]

---

[77] So ausdrücklich RGZ 156, 271, 278; für ein Pfandrecht auch BGH NJW 1970, 44, 46 = WM 1969, 1346, 1347; Kilger/*K. Schmidt* § 67 Anm. 1; *K. Schmidt/Bitter* ZIP 2000, 1077, 1080; deutlich zum Unterschied zwischen Grundpfandrechten an Grundstücken des Schuldners bzw. Dritten auch *Gerhardt* (Fn. 74), RdNr. 178 ff.
[78] BGH NJW 1970, 44, 46 = WM 1969, 1346, 1347.
[79] *Kuhn* WM 1971, 1038, 1046; *Uhlenbruck/Knof* § 43 RdNr. 15.
[80] Ausdrücklich RGZ 156, 271, 278 unter Berufung auf die früheren Entscheidungen RGZ 22, 325, 331 und RGZ 59, 367, 368; vgl. auch *K. Schmidt/Bitter* ZIP 2000, 1077, 1080.
[81] Zustimmend *Uhlenbruck/Knof* § 43 RdNr. 16; siehe bereits RGZ 91, 12, 14 f., wobei allerdings die dortige Begrenzung der Treuhand nach Maßgabe des Unmittelbarkeitsprinzips (S. 16) abzulehnen ist (vgl. *Bitter* WuB VI C. § 47 InsO 1.03 mwN; eingehend *Bitter*, Rechtsträgerschaft für fremde Rechnung, 2006, S. 51 ff.).
[82] BGH NJW 1960, 1295 = WM 1960, 720, 721 = Fn. 74.
[83] BGH NJW 1969, 796 f. = Fn. 1 und BGH WM 1984, 1630, 1631 (zur persönlichen Teilmithaftung); BGH = NJW 1997, 1014 = ZIP 1997, 372 = WM 1997, 341 = KTS 1997, 255, 256 = MDR 1997, 470 = DB 1997, 1560 = EWiR § 68 KO 1/97, 269 = WuB VI B. § 68 KO 1.97 unter III. 1. der Gründe (zur teilweisen Mithaftung durch Bürgschaft oder Grundschuld).
[84] Kritisch auch *Blomeyer* BB 1971, 937 mwN zur vorherigen Rspr. in Fn. 5; einen „scheinbaren Widerspruch" nimmt demgegenüber *Jaeger/Henckel* InsO § 43 RdNr. 16 ff. an.
[85] BGH NJW 1970, 44, 46 = WM 1969, 1346, 1347.
[86] Im Ergebnis wie hier Kilger/*K. Schmidt* § 67 Anm. 1, wo allerdings der Gegensatz zum Urteil vom 9.5.1960 nicht erkannt wird; aA *Uhlenbruck/Knof* § 43 RdNr. 15 aE.

23 **3. Gesellschaft und Gesellschafter.** Der Grundsatz der Doppelberücksichtigung findet generell auch dann Anwendung, wenn ein Gesellschafter eine Sicherheit für die Verbindlichkeit der Gesellschaft bestellt hat. Dies gilt unproblematisch, wenn es sich bei der Gesellschaft um eine juristische Person handelt (GmbH oder AG). Im Insolvenzverfahren dieser Gesellschaft findet das Ausfallprinzip des § 52 (früher § 64 KO) auch dann keine Anwendung, wenn es sich um den Fall einer Einpersonen-GmbH handelt, in der der einzige Gesellschafter auch Alleingeschäftsführer ist. Dieser Umstand erlaubt es nicht, im Rahmen des § 43 die Personenverschiedenheit zwischen Gesellschaft und Gesellschafter (vgl. RdNr. 14) im Wege eines „Durchgriffs"[87] in der einen oder anderen Richtung unberücksichtigt zu lassen.[88] Eine doppelte Berücksichtigung findet aber in gleicher Weise auch im Verhältnis zwischen der OHG oder KG und ihren persönlich haftenden Gesellschaftern statt, wenn der Gesellschafter an seinem persönlichen Vermögen eine Sicherheit (zB Grundschuld) für die Verbindlichkeit der Gesellschaft bestellt hat. Auch hier liegen zwei verschiedene Vermögensmassen vor, die für die Forderung des Gläubigers haften (vgl. bereits oben RdNr. 15).[89]

24 **4. Nachträgliche Übertragung des Sicherungsgutes.** Problematisch wird die Anwendbarkeit des § 43, wenn der Dritte das vormals in seinem Vermögen befindliche Sicherungsgut (zB das mit einer Grundschuld oder Hypothek belastete Grundstück) an den Schuldner übereignet oder umgekehrt der Schuldner das zunächst in seinem Eigentum stehende Sicherungsgut an einen Dritten veräußert (vgl. auch § 52 RdNr. 9 f.).

25 **a) Veräußerung an den Schuldner.** Der erstgenannte Fall einer Übertragung auf den Schuldner kann in der Praxis insbesondere durch Einbringung des zunächst privaten Gesellschaftervermögens in die Gesellschaft erfolgen. Vor der Übertragung kommt zugunsten des Gläubigers der in § 43 enthaltene Grundsatz der Doppelberücksichtigung zur Anwendung, während es sich nach der Eigentumsübertragung um Vermögen des Schuldners selbst (zB der Gesellschaft) handelt, womit nun das Ausfallprinzip des § 52 Anwendung finden müsste. Die Position des Gläubigers könnte also durch einen Vorgang, der sich seinem Einflussbereich völlig entzieht, verschlechtert werden. In der Rechtsprechung ist hierzu bislang nur entschieden, dass ein Insolvenzverwalter die Anwendbarkeit des § 43 nicht durch Erwerb der Pfandsache während des laufenden Insolvenzverfahrens vereiteln kann.[90] Aber was soll bei einem Erwerb durch den Schuldner vor Beginn des Insolvenzverfahrens gelten? Es erscheint auf der einen Seite unbillig, dem zur Zeit der Sicherheitenbestellung auf eine Doppelberücksichtigung vertrauenden Gläubiger diese Position nachträglich zu entziehen. Andererseits ist die Regelung in § 52 insoweit eindeutig, als sie einen Gläubiger, der eine Sicherung am Schuldnervermögen hat, vorrangig auf die Verwertung dieser Sicherheit verweist und ihm eine Quote nur auf den Ausfallbetrag zuspricht. Der Fall der Übertragung des Pfandes vom Dritten auf den Schuldner lässt im Grunde die Berechtigung des in § 52 enthaltenen Ausfallprinzips generell in Frage stellen, weil kaum einzusehen ist, dass die Anwendung des Grundsatzes der Doppelberücksichtigung einerseits und des Ausfallprinzips andererseits von der Frage abhängen soll, wer Eigentümer der verpfändeten Sache ist. Hält man aber am Ausfallprinzip des § 52 gemäß der überkommenen und vom historischen Gesetzgeber der KO bewusst fixierten[91] Vorstellung fest, dann lässt sich der durch die Übertragung eintretende **Rechtsverlust des Gläubigers** nicht vermeiden (vgl. auch § 52 RdNr. 10). Diesem kann daher nur angeraten werden, in seinem Sicherungsvertrag mit dem Dritten ein schuldrechtliches Verbot der Übertragung auf den Schuldner zu vereinbaren, wodurch ihm im Falle der Verletzung ein Schadensersatzanspruch gegen den Dritten erwächst.[92]

26 **b) Veräußerung durch den Schuldner.** Ebenso zweifelhaft ist die Rechtslage, wenn umgekehrt der Schuldner den zunächst in seinem Vermögen befindlichen, belasteten Gegenstand an einen Dritten veräußert. Während der Gläubiger vor der Übertragung in der Schuldnerinsolvenz nur den

---

[87] Siehe zu den Grundlagen des Durchgriffs und zur Differenzierung zwischen Haftungs- und Zurechnungsdurchgriff *Scholz/Bitter*, GmbHG, 11. Aufl., § 13 RdNr. 55 ff.; eingehend *Bitter*, Konzernrechtliche Durchgriffshaftung bei Personengesellschaften, Diss. Hamburg 2000, S. 82 ff.
[88] *K. Schmidt/Bitter* ZIP 2000, 1077, 1080 unter Hinweis auf RGZ 156, 271, 277, wo das RG dies selbst in einem Fall angenommen hat, in dem sich der Gesellschafter als Eigentümer des mit einer Grundschuld belasteten Grundstücks zu dessen Einbringung in die Gesellschaft verpflichtet, das Grundstück bereits aufgelassen und der Umschreibung zugestimmt hatte, die Eintragung der Gesellschaft im Grundbuch aber tatsächlich nicht geschehen war.
[89] RGZ 91, 12, 13; *K. Schmidt/Bitter* ZIP 2000, 1077, 1082; offen BFH NJW-RR 1997, 28, 30 = ZIP 1996, 1617, 1620 für das Verhältnis zwischen einer GbR und ihren Gesellschaftern.
[90] RGZ 59, 367, 368; *Jaeger/Henckel* InsO § 43 RdNr. 22 und § 52 RdNr. 10; *Uhlenbruck/Knof* § 43 RdNr. 17; wN in § 52 RdNr. 9; *Eckardt* (Fn. 74), RdNr. 56.
[91] Vgl. Motive II, S. 273 f., zu § 57 KO (später § 64 KO), abgedruckt bei *Hahn* (Fn. 1), S. 255.
[92] Zustimmend *Jaeger/Henckel* InsO § 52 RdNr. 9; *Uhlenbruck/Knof* § 43 RdNr. 17.

Ausfallbetrag hätte geltend machen können (§ 52), kommt im Hinblick auf die nun vorliegende Drittsicherheit der Grundsatz der Doppelberücksichtigung (§ 43) zur Anwendung (vgl. § 52 RdNr. 9).[93] Auf der Basis des derzeitigen Gesetzesrechts lässt sich die dadurch eintretende **Benachteiligung der Insolvenzmasse** nicht verhindern, soweit nicht ausnahmsweise die Möglichkeit der Insolvenzanfechtung (§§ 129 ff.) besteht.[94] Veräußert allerdings der Insolvenzverwalter den belasteten Gegenstand, bleibt es bei der Anwendung des § 52.[95]

III. Gesellschaftersicherheiten

Umstritten ist nach wie vor, ob § 43 bei einer – früher: eigenkapitalersetzenden – Gesellschaftersicherheit Anwendung findet.[96] Bis zum Erscheinen der 1. Aufl. dieses Kommentars hatten sich insoweit in der gesellschafts- bzw. insolvenzrechtlichen Literatur „Parallelwelten" entwickelt, in denen jeweils kaum aufeinander Bezug genommen wurde: Während die im GmbH-Recht früher hM die Anwendbarkeit des § 43 im Verhältnis zwischen der Haftung der (insolventen) GmbH und der Gesellschaftersicherheit verneinte,[97] wurde und wird sie in der insolvenzrechtlichen Literatur weithin bejaht.[98] In einem im Jahr 2000 erschienenen Aufsatz zum Grundsatz der Doppelberücksichtigung und zum Ausfallprinzip hat der *Verfasser* die Frage gemeinsam mit *Karsten Schmidt* aufgegriffen und dadurch das Meinungsbild in der Zwischenzeit verändert.[99] Da die zugrundeliegende Problematik jedoch inzwischen in § 44a gesetzlich verankert ist, soll sie zukünftig dort kommentiert werden (vgl. § 44a RdNr. 21 ff.). 27

IV. Teilmithaftung

Als problematisch erweist sich die Anwendung des § 43 dann, wenn ein Dritter nicht in voller Höhe für die Verbindlichkeit des insolventen Schuldners mithaftet, sondern sich seine Haftung auf einen Teil der Schuld beschränkt. Diese sog. Teilmithaftung kann entweder auf einer nur teilweisen **persönlichen Verpflichtung** (insbesondere Höchstbetragsbürgschaft) **oder** auf einer **Sachmithaftung** (dazu RdNr. 18 ff.) beruhen. Nach allgemeiner Ansicht kommt § 43 hier jedenfalls insoweit zur Anwendung, wie der Dritte seine Teilschuld noch nicht vollständig, sondern seinerseits nur teilweise erfüllt hat.[100] Umstritten ist demgegenüber die Anwendbarkeit der Norm, wenn der nur zum Teil mithaftende Dritte seinen Teil der Schuld in der vollen von ihm geschuldeten Höhe erfüllt hat.[101] 28

1. Die Position der hM. Nach der bereits in RdNr. 22 angesprochenen Rechtsprechung des BGH[102] und der heute hM[103] findet § 43 hier keine Anwendung mehr, weil die Norm voraussetze, 29

---

[93] *Jaeger/Henckel* InsO § 52 RdNr. 9.
[94] Zustimmend *Jaeger/Henckel* InsO § 52 RdNr. 9.
[95] *Uhlenbruck*, 12. Aufl., § 43 RdNr. 3; *Eckardt* (Fn. 74), RdNr. 55.
[96] Warum der Streit nach der Reform wegen § 39 Abs. 1 Nr. 5 „weithin seiner Dramatik beraubt" sein soll (so *Leonhardt/Smid/Zeuner* § 43 RdNr. 15; dem folgend *Uhlenbruck*, 12. Aufl., § 43 RdNr. 10), ist nicht einsichtig. Die dem Streit zugrundeliegende Frage, ob der Kreditgeber in der Insolvenz der Gesellschaft eine Quote auf den vollen Forderungsbetrag oder nur auf seinen Ausfall erhält, hat mit § 39 Abs. 1 Nr. 5 nichts zu tun (wie hier auch *Marx* ZInsO 2003, 262, 263).
[97] *Hueck/Fastrich* in Baumbach/Hueck, GmbHG § 32a RdNr. 68, die dies in der 17. Aufl. noch als „allgemeine Meinung" bezeichnen (anders sodann die 18. Aufl. in RdNr. 85 und jetzt die 20. Aufl., Anh. § 30 RdNr. 102); *Hachenburg/Ulmer*, GmbHG, Band I, 8. Aufl. 1992, § 32a,b RdNr. 148; *Lutter/Hommelhoff*, GmbHG, 16. Aufl. 2004, § 32 a/b RdNr. 124 f.; insbes. auch *Scholz/K. Schmidt*, GmbHG, 8. Aufl. 1993, §§ 32a, 32b RdNr. 137 sowie Kilger/*K. Schmidt* § 68 KO Anm. 3 (anders sodann aber *Scholz/K. Schmidt*, GmbHG, 10. Aufl. 2006, §§ 32a, 32b RdNr. 169 mwN); ausführlich *Noack/Bunke*, FS Uhlenbruck, 2000, S. 335, 345 ff.
[98] *Kuhn/Uhlenbruck* § 68 RdNr. 3b; HK-*Eickmann* § 43 RdNr. 6; *Jaeger/Henckel* InsO § 43 RdNr. 23; *Nerlich/Römermann/Andres* § 43 RdNr. 7; *Uhlenbruck/Knof* § 43 RdNr. 22; aA allerdings *Kübler/Prütting/Bork/Holzer* § 43 RdNr. 8a; *Gerhardt* (Fn. 74), RdNr. 192.
[99] Siehe *K. Schmidt/Bitter* ZIP 2000, 1077, 1087 f.; ferner *Scholz/K. Schmidt*, GmbHG, 10. Aufl. 2006, §§ 32a, 32b RdNr. 169 sowie die hiesige Kommentierung in der 1. Aufl., § 43 RdNr. 27; zur heute hM siehe die Nachweise in § 44a RdNr. 22.
[100] Ausdrücklich BGH NJW 1960, 1295 = WM 1960, 720, 721 = Fn. 74; mittelbar auch BGH NJW 1969, 796 f. = WM 1969, 245 = Fn. 1; BGH WM 1984, 1630, 1631; BGH NJW 1997, 1014 = KTS 1997, 255, 256 = Fn. 83, weil dort für die Unanwendbarkeit des § 68 (jetzt § 43) jeweils auf die „volle" Zahlung abgestellt wird; *Kuhn/Uhlenbruck* § 68 RdNr. 5a; Kilger/*K. Schmidt* § 68 Anm. 6; *Künne* KTS 1957, 58, 59; *Kuhn* KTS 1957, 68, 69; *Kühn* WM 1971, 1038, 1046.
[101] Ausführlich hierzu *Bitter* ZInsO 2003, 490 ff. und *Wissmann*, RdNr. 27 ff. m. zahlr. Nachw. zur neueren und älteren Rspr. und Literatur.
[102] BGH NJW 1960, 1295 = WM 1960, 720, 721 = Fn. 74; BGH NJW 1969, 796 f. = WM 1969, 245 = Fn. 1; BGH WM 1984, 1630, 1631; BGH NJW 1997, 1014 = KTS 1997, 255, 256 = Fn. 83 unter III. 1. der Gründe; vgl. auch OLG Köln JZ 1990, 343, 345.
[103] Zur alten Rechtslage nach § 68 KO bzw. § 32 VglO siehe *Bley/Mohrbutter* § 32 RdNr. 13; *Kuhn/Uhlenbruck* § 68 RdNr. 1a und 5; Kilger/*K. Schmidt* § 68 Anm. 6; *Kuhn* KTS 1957, 68 f.; *Kuhn* WM 1971, 1038, 1046;

dass mehrere Personen für „eine und dieselbe" Forderung auf das Ganze hafteten. Dies aber treffe nur für einen Teil der Forderung zu, wenn die Mithaftung nur für ihn und nicht für die ganze Forderung übernommen worden sei.[104] Nach hM muss daher der Gläubiger seine Anmeldung im Insolvenzverfahren über das Vermögen des Schuldners reduzieren, sobald er von dem Dritten in Höhe von dessen Teilschuld befriedigt worden ist, insbesondere eine vom Dritten als Sicherheit hingegebene Sache verwertet hat. Im Gegenzug kann sodann der Dritte mit seiner Regressforderung gegen den Schuldner an dessen Insolvenzverfahren teilnehmen, was ihm bei nur teilweiser Erfüllung seiner Schuld gemäß § 44 versagt ist (dazu § 44 RdNr. 23). Diese Grundsätze greifen nach einer Entscheidung des BGH aus dem Jahre 1996 auch dann ein, wenn sich ein Gläubiger mit einem Gesamtschuldner erst nachträglich dahin verglichen hat, dass dieser nur einen Teil der Schuld des in der Insolvenz befindlichen Schuldners zu bezahlen hat, wenn der Vergleich den Umfang der ursprünglichen Mitschuld auf einen Teil der Gesamtschuld begrenzt und dieser bezahlt wird.[105]

30   **2. Kritik.** Diese Behandlung der teilweisen Mithaftung durch die noch hM ist weder vom Wortlaut des § 43 vorgegeben, noch kann sie in der Sache überzeugen. Es ist vielmehr mit der Rechtsprechung des RG,[106] einiger Oberlandesgerichte[107] und einer in jüngerer Zeit zunehmend vertretenen Meinung in der Literatur[108] davon auszugehen, dass die Anwendbarkeit des § 43 erst dann endet, wenn der Gläubiger selbst vollständig befriedigt ist.[109] Die schon in der Konkursordnung von 1877 verwandte Formulierung („für dieselbe Leistung auf das Ganze haften") spricht nicht etwa von dem Fall, dass beide Schuldner in voller Höhe haften,[110] sondern war damals gewählt worden, um sowohl die Korreal- als auch die Solidarobligationen der verschiedenen Rechtsgebiete zu erfassen.[111] Sie stellt damit heute nichts anderes als einen Hinweis auf die Gesamtschuld und gesamtschuldähnliche Haftung dar, ohne die Frage zu beantworten, inwieweit § 43 bei einer Teilmithaftung zur Anwendung kommt.[112] Kann aus dieser Formulierung aber nichts für die hier relevante Streitfrage gewonnen werden, spricht der weitere Wortlaut der Norm eher gegen die Position der hM. Der Gläubiger kann nämlich den ganzen Betrag „bis zu seiner vollen Befriedigung" geltend machen.[113] Hier ist zu berücksichtigen, dass auch bei einer Teilmithaftung die Forderung gegenüber beiden Schuldnern eine einheitliche bleibt, welche jedoch gegenüber dem einen Gesamtschuldner oder Bürgen nur teilweise geltend gemacht werden kann. Eine „volle Befriedigung" der Forderung i.S.v. § 43 tritt dann aber erst ein, wenn der Gläubiger mit dieser einheitlichen Forderung vollständig befriedigt ist.[114] Auch der von Vertretern der hM zT vorgebrachte Hinweis darauf,

---

Gerhardt EWiR 1997, 269; zur Insolvenzordnung vgl. *Jaeger/Henckel* InsO § 43 RdNr. 9; *Kübler/Prütting/Bork/Holzer* § 43 RdNr. 4; *Nerlich/Römermann/Andres* § 43 RdNr. 9; HK-*Eickmann* § 43 RdNr. 7; FK-*Bornemann* § 43 RdNr. 7; *Noack/Bunke*, FS Uhlenbruck, 2000, S. 335, 343; *Obermüller* NZI 2001, 225, 227; weitere Nachweise bei *Wissmann*, RdNr. 29 in Fn. 18, der allerdings selbst aA ist.

[104] So insbesondere die grundlegende Entscheidung BGH NJW 1960, 1295 = WM 1960, 720, 721 = Fn. 74.

[105] BGH NJW 1997, 1014 f. = KTS 1997, 255, 256 = Fn. 83 (zustimmend *Gerhardt* EWiR 1997, 269; *Klein* WiB 1997, 591; kritisch *Soehring* WuB VI B. § 68 KO 1.97; *Bitter* ZInsO 2003, 490 ff.); rechtlich zu trennen ist hiervon der Fall, dass nach der *Vereinbarung* der Parteien dem Verzicht Gesamtwirkung für beide Gesamtschuldner zukommen soll (dazu OLG Dresden ZIP 1996, 1190, 1192).

[106] RGZ 8, 290 ff. (zur Bürgschaft); RGZ 156, 271, 278 mwN (zur Sachmithaftung); in der Rechtsprechung des BGH auch BGH NJW 1970, 44, 46 = WM 1969, 1346, 1347.

[107] KG OLGRspr. 25, 335; OLG Hamm SeuffArch. 73, 143, 144; OLG Karlsruhe MDR 1958, 345, 346.

[108] *Künne* KTS 1957, 58 ff.; *Dempewolf* NJW 1961, 1341 ff.; *Blomeyer* BB 1971, 937 ff.; vgl. bei der Sachmithaftung auch *Jaeger/Lent* KO § 67 Anm. 7; eingehend in diesem Sinne *Wissmann*, RdNr. 27 ff. mwN zur früher hL in RdNr. 29, Fn. 21; *v. Olshausen* KTS 2005, 403, 415 ff.; *Hadding*, FS G. Fischer, 2008, S. 223 ff.

[109] Ausführlich *Bitter* ZInsO 2003, 490 ff.; zustimmend *Hadding*, FS G. Fischer, 2008, S. 223, 232 f.; *Uhlenbruck*, 12. Aufl., § 44 RdNr. 3, ferner § 43 RdNr. 2, wo der hier vertretenen Ansicht „beachtliche Gründe" attestiert werden (zurückhaltender noch in *Uhlenbruck/Knof* § 43 RdNr. 14); zustimmend wohl auch *Schlosser* ZIP 2005, 781, 785. Einen nur „scheinbaren Widerspruch" zwischen der Rspr. des RG und des BGH nimmt demgegenüber *Jaeger/Henckel* InsO § 43 RdNr. 16 ff. an. Die dem zugrunde liegende Differenzierung zwischen einer Teilhaftung für die ganze Forderung und der Haftung für eine Teilforderung lässt sich der Rspr. jedoch nicht entnehmen; sie dürfte auch praktisch nicht feststellbar sein (kritisch gegenüber der Differenzierung auch *v. Olshausen* KTS 2005, 403, 415 in Fn. 59).

[110] So aber wohl BGH NJW 1960, 1295 = WM 1960, 720, 721 = Fn. 74 und insbesondere BGH NJW 1969, 796, 797 = WM 1969, 245, 246 = Fn. 1; jüngst wieder *Braun/Bäuerle* § 43 RdNr. 7.

[111] RGZ 8, 290, 292 unter zutreffendem Hinweis auf die Motive II, S. 285, zu § 61 KO (später § 68 KO), abgedruckt bei *Hahn* (Fn. 1), S. 264 f.; ebenso *Wissmann* RdNr. 32; *Hadding*, FS G. Fischer, 2008, S. 223, 232.

[112] So schon *Blomeyer* BB 1971, 937.

[113] Zustimmend *Hadding*, FS G. Fischer, 2008, S. 223, 232.

[114] So zutreffend schon RGZ 8, 290, 292 f.; OLG Karlsruhe MDR 1958, 345, 346; ferner *Wissmann* RdNr. 31 ff.; *Künne* KTS 1957, 58, 59, der ergänzend darauf hinweist, dass bei Schaffung der KO und VglO Teilbürgschaften und Teilgesamtschuldnerschaften durchaus gängige Begriffe waren, und man die Worte „bis zu *seiner* vollen Befriedigung" nicht auf die Erfüllung der Verpflichtung von Bürgen oder Gesamtschuldnern beziehen kann.

dass § 43 nach voller Befriedigung durch den Teilgesamtschuldner nicht mehr zur Anwendung kommen könne, weil ab diesem Zeitpunkt keine Gesamtschuld mehr bestehe,[115] kann nicht überzeugen. Er übersieht, dass § 43 ganz generell eine Ausnahme von § 422 Abs. 1 BGB regelt (RdNr. 1) und daher auch bei teilweiser Erfüllung trotz eigentlich – gemäß § 422 Abs. 1 BGB – nicht mehr bestehender Gesamtschuld diese für die Zwecke des Insolvenzverfahrens als fortbestehend berücksichtigt bzw. fingiert wird.[116] Das Argument ist also zirkulär und wendet sich gegen die Wertung des § 43 selbst.

Gegen die Lösung der hM spricht zudem, dass der mithaftende Dritte nach Befriedigung seines **31** Teils der Schuld mit seiner Regressforderung anstelle des Gläubigers am Insolvenzverfahren des Schuldners teilnehmen könnte (vgl. zur Vollbefriedigung § 44 RdNr. 21). Wie auch der BGH[117] an anderer Stelle und im Widerspruch zu der obigen Rechtsprechung erkannt hat, würde dies den Bestimmungen der §§ 1225 Satz 2, 1143 Abs. 1 Satz 2, 774 Abs. 1 Satz 2, 426 Abs. 2 Satz 2 BGB zuwiderlaufen, wonach der Forderungsübergang nicht zum Nachteil des Gläubigers geltend gemacht werden kann (vgl. dazu RdNr. 3 und § 44 RdNr. 2, 25).[118] Eben deshalb ist in § 44 davon die Rede, dass der mithaftende Gesamtschuldner oder Bürge seine Regressforderung nur dann geltend machen kann, wenn der Gläubiger „seine Forderung" nicht geltend macht. Auch mit dieser in § 44 genannten Forderung kann aus systematischen Gründen nur die in § 43 genannte Forderung, also diejenige einheitliche gemeint sein, die er „zur Zeit der Eröffnung des Verfahrens zu fordern hatte."[119] Weiterhin spricht gegen die Position der hM das schon in RdNr. 22 angeführte Argument, dass derjenige Gläubiger benachteiligt wäre, der die Mithaftung während des Verfahrens (zB durch Verwertung des Sicherungsgutes) geltend macht, während der Gläubiger neben der Mithaftung die volle Quote beanspruchen könnte, wenn er mit der Inanspruchnahme des Mithaftenden bis nach der Ausschüttung wartet. Die Unhaltbarkeit der hM zeigt sich insbesondere dann, wenn der Gläubiger den Mithaftenden, zB den Bürgen, nur zu einem geringen Teil noch nicht während des Verfahrens in Anspruch nimmt, also zB von einer Höchstbetragsbürgschaft über 50 000 € zunächst nur 49 000 € fordert oder einklagt. Da er hier noch nicht vollständig befriedigt ist (RdNr. 28), muss auch die hM seine weitere Teilnahme am Insolvenzverfahren des (Haupt-)Schuldners unter Ausschluss des Mithaftenden zulassen,[120] ohne dass sich ein sachlicher Grund für den erheblichen Unterschied zwischen vollständiger und fast vollständiger Befriedigung finden ließe.

3. Abweichende AGB-Regelungen. Im Übrigen sei angemerkt, dass sich die verfehlte Position **32** der hM in der Praxis ohnehin dadurch umgehen lässt, dass zwischen Gläubiger und Drittem in den Bürgschafts- oder Sicherungsvertrag eine Klausel aufgenommen wird, wonach die Rechte des Gläubigers erst nach dessen vollständiger Befriedigung auf den Sicherungsgeber übergehen und die Zahlungen bis dahin nur als Sicherheit gelten.[121] Denn dann tritt auch bei vollständiger Zahlung auf die Teilmithaftung (noch) keine (Teil-)Befriedigung des Gläubigers ein. In der Folge bleibt § 43 anwendbar und der Sicherungsgeber kann gemäß § 44 nicht anstelle des Gläubigers am Insolvenzverfahrens des (Haupt-)Schuldners teilnehmen (vgl. dazu auch § 44 RdNr. 22).[122] Zur Wirkung der Klausel auf Zahlungen vor Verfahrenseröffnung siehe RdNr. 41.

D. Rechtsfolgen

Nach § 43 kann der Gläubiger die Forderung im Insolvenzverfahren seines Schuldners bis zu **33** dessen Abschluss in der im Eröffnungszeitpunkt bestehenden Höhe geltend machen, auch wenn er

---

[115] *Kuhn/Uhlenbruck* § 68 RdNr. 1a; *FK-Bornemann* § 43 RdNr. 7; *Noack/Bunke*, FS Uhlenbruck, 2000, S. 335, 343; ebenso OLG Köln JZ 1990, 343, 345.
[116] Ebenso *Hadding*, FS G. Fischer, 2008, S. 223, 233.
[117] BGH NJW 1970, 44, 46 = WM 1969, 1346, 1347.
[118] Ebenso schon RGZ 8, 290, 293; *Goldschmidt* ZHR 14 (1870), 397, 410 und 421 zum gemeinen Recht und badischen Landesrecht; ferner *Wissmann* RdNr. 70 ff.; *Blomeyer* BB 1971, 937, 939; *Bitter* ZInsO 2003, 490, 494 f.; vgl. demgegenüber die widersprüchliche Darstellung in BGHZ 92, 374, 378 f. = WM 1984, 1630, 1631, wo zunächst festgestellt wird, dass § 744 Abs. 1 Satz 2 BGB zur Anwendung kommt, wenn sich der Bürge nur für einen Teilbetrag verbürgt hatte und er diesen „ganz oder teilweise" bezahlt hat, im Anschluss daran aber unter Verweis auf die zur Teilmithaftung zuvor ergangene Rechtsprechung (BGH NJW 1960, 1295 = WM 1960, 720, 721 = Fn. 74 und BGH NJW 1969, 796, 797 = WM 1969, 245, 246 = Fn. 1) ausgeführt wird, dass der „im Konkurs des Hauptschuldners . . . an die Stelle des § 774 Abs. 1 Satz 2 BGB [tretende § 68 KO]" (jetzt § 43) auf Fälle gänzlicher Zahlung einer Teilschuld nicht anwendbar sein soll.
[119] Zutreffend der Hinweis bei *Künne* KTS 1957, 58, 59 und *Dempewolf* NJW 1961, 1341, 1342 (zu § 33 VglO), dem allerdings *Wissmann* RdNr. 35 ff. kritisch gegenübersteht.
[120] Vgl. die Nachweise oben in Fn. 107.
[121] Eingehend dazu mit Wiedergabe des Wortlautes derartiger Klauseln *Wissmann* RdNr. 298 ff.
[122] BGHZ 92, 374, 380 ff. = NJW 1985, 614, 615 f. = WM 1984, 1630, 1631 f. = DB 1985, 274; *Eckardt* (Fn. 74), RdNr. 59; *Palandt/Sprau* 774 RdNr. 7; zur Wirksamkeit der Klausel auch BGH NJW 2001, 2327, 2330;

zwischenzeitlich freiwillige oder zwangsweise beigetriebene[123] Teilzahlungen eines Mitschuldners erhält (vgl. schon RdNr. 1). Dies gilt für die gesamte Berücksichtigung im Verfahren, d.h. für die Anmeldung der Forderung, deren Feststellung sowie für Abstimmung und Verteilung.[124] Ohne Bedeutung ist dabei die Frage, ob der andere Mitschuldner ebenfalls insolvent ist oder nicht. In beiden Fällen wird der sog. **Berücksichtigungsbetrag** des Gläubigers **auf den Zeitpunkt der Verfahrenseröffnung fixiert.**[125] Sollte es zwischen dem Gläubiger und dem regressberechtigten Bürgen oder Gesamtschuldner zum Streit darüber kommen, wer von beiden nach einer Teilzahlung zur Anmeldung der Forderung berechtigt ist, kann sich der Insolvenzverwalter aus diesem Streit heraushalten (vgl. § 44 RdNr. 20).

I. Mehrere Insolvenzverfahren

34   Für den Fall, dass Insolvenzverfahren über das Vermögen aller Gesamtschuldner eröffnet sind, wird dem Gläubiger die – jedenfalls theoretische – **Möglichkeit** gegeben, durch die Quoten aller Verfahren zusammengenommen **voll befriedigt zu werden,** während er ohne die Vorschrift des § 43 unabhängig von der Zahl seiner Gesamtschuldner immer einen Ausfall erleiden würde. Der Unterschied lässt sich am besten durch ein Beispiel herausstellen: Angenommen sei ein Gläubiger G, dem insgesamt drei Personen (A, B und C) gesamtschuldnerisch in Höhe von 100 000 € haften. In den drei Insolvenzverfahren werden Quoten von 50 % (A), 30 % (B) und 20 % (C) erreicht. Bei Anwendung des § 43 erhält der Gläubiger in jedem der drei Verfahren seine Quote auf den vollen Berücksichtigungsbetrag von 100 000 €. Er bezieht also im Verfahren des A 50 000 €, im Verfahren des B 30 000 € und im Verfahren des C 20 000 €. Damit wird er in voller Höhe seiner Forderung befriedigt, weil die Quoten zusammengenommen (50 % + 30 % + 20 %) insgesamt 100 % betragen.[126] Gäbe es die Norm nicht, so müsste sich G bei jeder späteren Ausschüttung den in einem anderen Verfahren schon erhaltenen Betrag anrechnen lassen. Würde zuerst im Verfahren des A verteilt, dann erhielte G dort wie gehabt 50 000 €. Im Verfahren des B bezöge er sodann aber die Quote von 30 % nur noch auf den Restbetrag von 50 000 €, erhielte dort also nur 15 000 €. Im Verfahren des C würde jetzt noch der Restbetrag von 35 000 € berücksichtigt, worauf G die Quote von 20 %, also 7000 € erhielte. Er würde also insgesamt nur in Höhe von 72 000 € befriedigt und fiele mit 28 000 € endgültig aus. Zugleich wird deutlich, dass der Gläubiger selbst dann einen Ausfall erleiden würde, wenn die Quoten der Verfahren zusammengenommen über 100 % betragen. Ergäben sich beispielsweise – wieder theoretisch – in allen drei Verfahren von A, B und C Quoten von 50 %, dann wäre G bei Anwendung des § 43 bereits nach Abschluss des zweiten Verfahrens befriedigt, während er ohne diese Regelung trotz einer Gesamtdeckung von 150 % immer noch mit 12 500 € ausfiele.[127]

II. Insolvenz eines Gesamtschuldners

35   Befindet sich nur einer der Gesamtschuldner in der Insolvenz, kann sich der Unterschied im Hinblick auf die vom Gläubiger zu beziehende Dividende noch erheblicher auswirken. Angenommen sei ein Gläubiger G, der eine Forderung von 100 000 € gegen den Schuldner S hat, für die sich B verbürgt hat. Zahlt der Bürge nun auf die Schuld 90 000 €, kann G bei Anwendung des § 43 im Insolvenzverfahren des S dennoch eine Quote auf den vollen Berücksichtigungsbetrag von 100 000 € verlangen, erhielte also zB bei einer Quote von 10 % die noch fehlenden 10 000 € und wäre voll befriedigt. Gäbe es die Vorschrift hingegen nicht, so könnte G nur mit seinem Ausfallbetrag von 10 000 € Berücksichtigung finden, erhielte also bei der genannten Quote von 10 % nur 1000 €. Er würde also als Dividende nur 1/10 desjenigen Betrages erhalten, der ihm bei Anwendung des § 43 zusteht. Dieser letztgenannte Fall, in dem nur einer der Gesamtschuldner insolvent ist,

---

OLG Celle ZIP 1980, 1077, 1079 mwN; OLG Köln WM 1989, 1883 = WuB I F 1 a. – 4.90 *(Bales)*; offen BGH NJW 2000, 1942, 1943; *v. Westphalen* WM 1984, 1589, 1594 f.; kritisch *Reinicke/Tiedke* DB 1985, 957, 959 ff.; *Tiedke* NJW 2003, 1359, 1366; *Wissmann* RdNr. 304 ff. mwN.
[123] Vgl. *Jaeger/Henckel* InsO § 43 RdNr. 29.
[124] *Jaeger/Lent* KO § 68 Anm. 8.
[125] BGH NJW 1969, 796 = Fn. 1; *Kuhn* WM 1971, 1038, 1046; vgl. auch RGZ 2, 178, 181; BGHZ 117, 127, 134 = NJW 1992, 2093, 2095 aE = Fn. 32; OLG Dresden ZIP 1996, 1190, 1192; *Noack/Bunke*, FS Uhlenbruck, 2000, S. 335, 342.
[126] Vgl. auch die Beispiele bei *Jaeger/Lent* KO § 68 Anm. 1 aE; *Jaeger/Henckel* InsO § 43 RdNr. 4.
[127] Nach Erhalt der ersten Quote von 50 000 € im Verfahren des A würden im Verfahren des B nur 50 % auf 50 000 €, also 25 000 € ausgeschüttet. Auf den dann verbleibenden Restbetrag von 25 000 € erhielte er im Verfahren des C wiederum nur 50 %, also 12 500 €, sodass ein ebenso hoher Ausfall bleibt. Selbst bei beliebig vielen weiteren Gesamtschuldnern verbliebe immer noch ein Ausfall, sodass G nie voll befriedigt würde.

macht zugleich deutlich, dass der Gläubiger durch die Vorschrift des § 43 im Hinblick auf die auszuschüttende Dividende unabhängig davon gleichbehandelt wird, ob er zuerst den Dritten oder den insolventen Mitschuldner in Anspruch nimmt. Gäbe es die Vorschrift nicht, wäre der Gläubiger geneigt, den Dritten immer erst nach Bezug seiner Dividende aus dem Insolvenzverfahren in Anspruch zu nehmen, weil er nur so eine Quote auf die volle Forderung beziehen könnte.

III. Vollbefriedigung des Gläubigers

Selbstverständlich ist der in § 43 ausgesprochene Grundsatz, dass der Gläubiger die Quote auf den Berücksichtigungsbetrag nur „bis zu seiner vollen Befriedigung" verlangen kann.[128] Ist nämlich der Gläubiger vollständig befriedigt, dann besteht im Hinblick auf die Erfüllung (§ 362 Abs. 1 BGB) keine Forderung mehr, auf die noch eine Dividende auszuschütten wäre. Steht also fest, dass die auf den Berücksichtigungsbetrag entfallende Dividende zusammen mit einer Leistung des Mitverpflichteten den Anspruch des Insolvenzgläubigers mit Haupt- und Nebenforderungen übersteigen wird, kann der Insolvenzverwalter die errechnete **Dividende**[129] **entsprechend kürzen,** um eine ungerechtfertigte Bereicherung des Gläubigers zu verhindern.[130] Erklärt sich der Gläubiger hiermit nicht freiwillig einverstanden, hat der Verwalter gegen die zur Tabelle festgestellte Forderung **Vollstreckungsgegenklage** (§ 767 ZPO) zu erheben.[131] Bereits erfolgte Überzahlungen kann er wegen ungerechtfertigter Bereicherung zurückfordern.[132]

Allerdings ist zu beachten, dass insoweit, wie der Gläubiger wegen Vollbefriedigung nicht mehr zum Bezug einer Dividende berechtigt ist, der **regressberechtigte Bürge oder Gesamtschuldner** in dessen Position eintreten kann und somit den nicht an den Gläubiger auszuschüttenden Restbetrag der Dividende ganz bzw. teilweise für sich beanspruchen kann (§ 44 RdNr. 21).[133] Ist zwischen Gläubiger und Mitverpflichtetem eine Vereinbarung dahingehend zustande gekommen, dass dessen Zahlungen zunächst nur als Sicherheit dienen (RdNr. 32), bleibt der Gläubiger allein forderungsberechtigt und erstattet nach dem Bezug der vollen Dividende dem Mitverpflichteten denjenigen Teil der Sicherheit zurück, der für eine Vollbefriedigung des Gläubigers nicht erforderlich ist (§ 44 RdNr. 22).

Nicht gestattet ist dem Gläubiger die Weiterverfolgung von Ansprüchen, die zwar „zur Zeit der Eröffnung des Insolvenzverfahrens begründet waren" (Gesetzeswortlaut), die aber durch einen ausdrücklich auch zugunsten des Schuldners wirkenden Vergleich mit dem mithaftenden Dritten oder auf sonstige Weise **nachträglich erlassen** wurden.[134]

IV. Zahlungen vor Verfahrenseröffnung

Von den vorgenannten Fällen einer Teilzahlung des Mitverpflichteten *nach* Eröffnung des Insolvenzverfahrens zu unterscheiden sind Zahlungen, die dieser bereits *vor* dem Eröffnungszeitpunkt

---

[128] BGH NJW 1969, 796 = Fn. 1; *Jaeger/Lent* KO § 68 Anm. 8.
[129] Missverständlich demgegenüber die Formulierung bei Kuhn/*Uhlenbruck* § 68 RdNr. 1 aE; *Nerlich/Römermann/Andres* § 43 RdNr. 3 aE, wonach die „Quote" gekürzt werden soll.
[130] Ausdrücklich BGH ZIP 2009, 243 = WM 2009, 275, 277 = NZI 2009, 167 (RdNr. 14) m. Anm. *Hess* WuB VI A. § 43 InsO 1.09; OLG Karlsruhe ZIP 1981, 1231 = ZIP 1982, 1108; ferner BGH NJW 1985, 271, 272 = WM 1984, 1547; BGHR KO § 68 Überschuss 1; BFH NJW-RR 1997, 28, 30 = ZIP 1996, 1617, 1620; *Gerhardt* (Fn. 74), RdNr. 203; *Noack/Bunke*, FS Uhlenbruck, 2000, S. 335, 344; *Obermüller* NZI 2001, 225, 226; ausführlich *Wissmann* RdNr. 241 ff.
[131] OLG Karlsruhe ZIP 1981, 1231 = ZIP 1982, 1108 (gegen LG Baden-Baden ZIP 1981, 472, das den Insolvenzverwalter auf die Bereicherungsklage verweisen wollte); *Jaeger/Henckel* InsO § 43 RdNr. 33; siehe auch BGH ZIP 2009, 243 = WM 2009, 275, 277 = NZI 2009, 167 (RdNr. 14); vgl. zur Vollstreckungsgegenklage gegen Tabelleneinträge allgemein auch § 42 RdNr. 8; aA *Wissmann* RdNr. 251, der auch ohne Vollstreckungsgegenklage eine Berechtigung des Verwalters annimmt, die Auszahlung zu verweigern.
[132] BGH NJW 1985, 271, 272 = WM 1984, 1547; BGH ZIP 2009, 243 = WM 2009, 275, 277 = NZI 2009, 167 (RdNr. 14); *Jaeger/Lent* KO § 68 Anm. 8; *Jaeger/Henckel* InsO § 43 RdNr. 33; auch *Uhlenbruck/Knof* § 43 RdNr. 24; vgl. allgemein zur Bereicherungsklage auch § 42 RdNr. 9; *Noack/Bunke*, FS Uhlenbruck, 2000, S. 335, 345 befürworten daneben (!) einen unmittelbaren Bereicherungsanspruch des mithaftenden Gesamtschuldners bzw. Bürgen (zustimmend *Braun/Bäuerle* § 43 RdNr. 15); insgesamt aA *Wissmann* RdNr. 247 ff. und 482: Ausgleich nur zwischen dem Mitverpflichteten und dem Gläubiger.
[133] BGHR KO § 68 Überschuss 1; bei entsprechender Anzeige und Nachweis der Rechtsnachfolge muss diese in der Tabelle vermerkt werden, womit der Verwalter dann unmittelbar berechtigt wird, den Mehrbetrag zurückzuhalten und gemäß dem Regressanspruch des Mithaftenden (§ 44 RdNr. 21) an diesen auszuzahlen; vgl. dazu auch HK-*Eickmann* § 43 RdNr. 11 mwN.
[134] OLG Dresden ZIP 1996, 1190.

geleistet hatte. Solche **Beträge sind** auf die Forderung **anzurechnen,**[135] weil hier zum Eröffnungszeitpunkt in Höhe der Tilgung bereits keine Gesamtschuld mehr bestand. Für den Fall, dass über das Vermögen mehrerer Gesamtschuldner das Insolvenzverfahren eröffnet wird, die jeweiligen Eröffnungszeitpunkte aber zeitlich auseinanderfallen, bedeutet dies zugleich, dass in dem später eröffneten Verfahren auch solche Beträge in Abzug zu bringen sind, die der Gläubiger vorher aus dem schon eröffneten Verfahren erhalten hat.[136] Der **Berücksichtigungsbetrag** ist also **für jedes Verfahren einzeln zu bestimmen.**

40 Erfolgt die Teilerfüllung des mithaftenden Dritten durch **Aufrechnung,** ist für die Frage, ob es sich um eine Zahlung vor oder nach Eröffnung des Insolvenzverfahrens handelt, auf § 389 BGB abzustellen. Nach dieser Vorschrift gelten nämlich die Forderungen als in dem Zeitpunkt erloschen, in welchem sie zur Aufrechnung geeignet einander gegenübergetreten sind. § 43 kommt also nur zur Anwendung, wenn dieser Zeitpunkt nach der Eröffnung lag.[137]

41 Insgesamt anders stellt sich die Rechtslage allerdings bei Verwendung der in der Praxis häufigen **AGB-Klausel** dar, wonach die Rechte des Gläubigers erst nach dessen vollständiger Befriedigung auf den Sicherungsgeber übergehen und die Zahlungen bis dahin nur als Sicherheit gelten (s.o. RdNr. 32). Eine derartige Klausel hat gerade auch in den hier interessierenden Fällen einer Zahlung von Mitverpflichteten vor Verfahrenseröffnung Bedeutung, weil sie die (Teil-)Befriedigung des Gläubigers hinausschiebt und so seine Berechtigung zur Anmeldung der ganzen Forderung in der Schuldnerinsolvenz zu Lasten des Regressanspruchs des Mitverpflichteten fortbestehen lässt.[138] Weil durch diesen Kunstgriff die vorherige Geldleistung rechtlich nicht als Zahlung gilt, lässt sich der sonst nur für Zahlungen nach Verfahrenseröffnung geltende Vorrang des Gläubigers vor dem Mitverpflichteten (RdNr. 3) auf solche vorherigen Zahlungen übertragen.

42 Nur, wenn nach den vorgenannten Grundsätzen eine echte Zahlung und (Teil-)Befriedigung vor Verfahrenseröffnung gegeben ist, kann der zahlende Gesamtschuldner oder Bürge im Gegenzug mit seiner aus der Zahlung resultierenden **Regressforderung** am Insolvenzverfahren des Schuldners teilnehmen (dazu § 44 RdNr. 26 ff.).

E. Ausnahmen von § 43

43 Bei **gleichzeitiger Erben- und Nachlassinsolvenz** findet für Nachlassgläubiger, denen gegenüber der Erbe unbeschränkt haftet, gemäß § 331 statt des Grundsatzes der Doppelberücksichtigung (§ 43) das Ausfallprinzip (§ 52) Anwendung.[139] Besonderheiten gelten zudem im Verhältnis zwischen einer Gesellschaft ohne Rechtspersönlichkeit oder KGaA und ihren persönlich haftenden Gesellschaftern.[140] Im Hinblick auf die **akzessorische Gesellschafterhaftung** aus § 128 HGB (ggf. i. V. m. § 161 Abs. 2 HGB) kam nach alter Rechtslage gemäß § 212 KO bei einer Doppelinsolvenz von Gesellschaft und Gesellschafter ebenfalls das Ausfallprinzip zur Anwendung, womit in der Gesellschafterinsolvenz anteilsmäßige Befriedigung nur für den Betrag verlangt werden konnte, mit dem der Gläubiger in der Insolvenz der Gesellschaft ausgefallen war. Dieses Verhältnis ist durch § 93 nun in Anlehnung an § 171 Abs. 2 HGB neu geregelt worden.[141] Ist über das Vermögen der Gesellschaft ohne Rechtspersönlichkeit oder KGaA das Insolvenzverfahren eröffnet, kann die akzessorische Gesellschafterhaftung nur noch vom Insolvenzverwalter geltend gemacht werden. Der Gläubiger verliert damit das Recht, seinerseits die Forderung gegen den Gesellschafter zu verfolgen, sodass sich die Frage einer Anwendbarkeit des § 43 nicht mehr stellt (vgl. dazu schon oben RdNr. 15).

44 Anderes gilt hingegen, soweit sich die **Mitverpflichtung** in den genannten Fällen **aus selbständigen Verpflichtungsgründen** ergibt. § 43 findet daher Anwendung, wenn ein Mitglied der

---

[135] So schon Motive II, S. 288, zu § 61 KO (später § 68 KO), abgedruckt bei *Hahn* (Fn. 1), S. 267; ferner RGZ 2, 178, 181; RGZ 83, 401, 403; OLG Köln JZ 1990, 343, 345; *Jaeger/Lent* KO § 68 Anm. 5; *Jaeger/Henckel* InsO § 38 RdNr. 118; § 43 RdNr. 7 und 30; *Noack/Bunke*, FS Uhlenbruck, 2000, S. 335, 340 f.; *Obermüller* NZI 2001, 225, 227; aA *Häsemeyer* KTS 1993, 151; 175 f.

[136] *Jaeger/Lent* KO § 68 Anm. 5; *Kuhn/Uhlenbruck* § 68 RdNr. 11.

[137] *Jaeger/Henckel* InsO § 43 RdNr. 29; *Jaeger/Lent* KO § 68 Anm. 5; *Kuhn/Uhlenbruck* § 68 RdNr. 11; *Uhlenbruck/Knof* § 43 RdNr. 25; ausführlich und zT differenzierend *Jaeger*, KuT 1930, 34 f.

[138] BGHZ 92, 374, 380 ff. = NJW 1985, 614, 615 = Fn. 122; vgl. auch OLG Köln JZ 1990, 343, 345 f. m. krit. Anm. *Reinicke/Tiedke* JZ 1990, 327, wonach allerdings die Klausel einem außerhalb des Insolvenzverfahrens (!) erfolgenden Rückgriff des Bürgen aus eigenem Recht nicht entgegensteht (Differenzierung verkannt bei *Palandt/Sprau* § 774 RdNr. 7).

[139] Siehe dazu *Jaeger/Henckel* InsO § 43 RdNr. 27.

[140] Dazu eingehend *Wissmann* RdNr. 315 ff.

[141] Vgl. dazu auch *Wissmann* RdNr. 342 f. (Insolvenz nur der Gesellschaft) und 446 ff. (Gleichzeitige Insolvenz von Gesellschaft und Gesellschafter) mit ausführlicher Darstellung der vorherigen Rechtslage in RdNr. 317 ff. bzw. 414 ff.

Erbengemeinschaft persönlich – zB aus § 25 HGB – für dieselbe Verbindlichkeit haftet (RdNr. 17) oder wenn sich der Gesellschafter – zB im Wege des Schuldbeitritts oder der Bürgschaft – mitverpflichtet hat (RdNr. 15 f.). Die Vorschrift gilt auch in der Insolvenz über das Eigenvermögen mehrerer Gesellschafter oder mehrerer unbeschränkt haftender Miterben sowie in der Nachlassinsolvenz, wenn der *nicht* in der Insolvenz befindliche Erbe Teilzahlungen bewirkt.[142]

Im Gegensatz zu Gesamtschuldnern werden **Gesamtgläubiger** nicht von § 43 erfasst.[143] Sind mehrere eine Leistung in der Weise zu fordern berechtigt, dass jeder die ganze Leistung fordern kann, der Schuldner aber die Leistung nur einmal zu bewirken verpflichtet ist (§ 428 BGB), setzt sich diese Regelung auch in der Insolvenz fort. Jeder einzelne Gesamtgläubiger kann daher selbständig Insolvenzantrag stellen (§ 13) und die Forderung anmelden (§ 174), wie er sie außerhalb des Verfahrens einklagen könnte. Jeder ist im Prüfungstermin (§ 176) selbständig zum Widerspruch gegenüber anderen Forderungsanmeldungen befugt. Allerdings ist das Stimmrecht der Gesamtgläubiger nur ein einfaches und einheitlich auszuüben und der Insolvenzverwalter hat nur einmal die volle Dividende zu entrichten. Diese kann er – soweit es bei dem abdingbaren Belieben des Schuldners aus § 428 BGB verbleibt – nach seiner Wahl an den einen oder anderen Gesamtgläubiger auszahlen.[144]

Zur Unanwendbarkeit des § 43 bei einer **Haftung im Stufenverhältnis** siehe RdNr. 6.

45

§ 44 Rechte der Gesamtschuldner und Bürgen

Der Gesamtschuldner und der Bürge können die Forderung, die sie durch eine Befriedigung des Gläubigers künftig gegen den Schuldner erwerben könnten, im Insolvenzverfahren nur dann geltend machen, wenn der Gläubiger seine Forderung nicht geltend macht.

Schrifttum: *Bitter,* Teilmithaftung in der Insolvenz – Forderungsanmeldung nach Leistung durch den Mithaftenden, ZInsO 2003, 490; *Habersack,* Rechtsfolgen des insolvenzbedingten Erlöschens des Kautionsversicherungsvertrags, BKR 2007, 77; *Häsemeyer,* Gläubigerschutz und Gläubigergleichbehandlung bei Regreßverhältnissen, KTS 1993, 151; *Hofmann,* Rückgriffsanspruch eines Bürgen im Konkurs des Hauptschuldners, BB 1964, 1398; *Noack/Bunke,* Zur Stellung gesamtschuldnerisch oder akzessorisch Mithaftender im Insolvenzverfahren, FS Uhlenbruck, 2000, S. 335; *v. Olshausen,* Vom Verbot, eine eigene Forderung zum Nachteil eines konkurrierenden Gläubigers geltend zu machen (§ 774 I 2 BGB), und von der Befugnis eines Gläubigers, auch eine fremde Forderung im eigenen Interesse geltend zu machen (§ 43 InsO), KTS 2005, 403; *Proske,* Die Kautionsversicherung in der Insolvenz des Unternehmers, ZIP 2006, 1035; *Karsten Schmidt/Bitter,* Doppelberücksichtigung, Ausfallprinzip und Gesellschafterhaftung in der Insolvenz, ZIP 2000, 1077; *Schumann,* Zur konkursrechtlichen Stellung des zahlenden und rückgriffsberechtigten Kommanditisten, JZ 1958, 427; *Wissmann,* Persönliche Mithaft in der Insolvenz, 2. Aufl. 1998; *Zeising,* Cessio legis und Gläubigerschutz bei Regress des Bürgen, WM 2010, 2204, 2208; *Zeising,* Benachteiligungsverbot und Befriedigungsvorrecht bei Legalzession im Gesamtschuldverhältnis, DZWIR 2010, 316, 322.

Übersicht

	Rn.		Rn.
A. Normzweck	1, 2	2. Verfahrensrechtliche Bedeutung des § 44	16, 17
B. Entstehungsgeschichte	3, 4	3. Insolvenzplan und Restschuldbefreiung	18, 19
C. Anwendungsbereich	5–11		
I. Gesamtschuld und gesamtschuldähnliche Verhältnisse	5–8	II. Leistungen nach Verfahrenseröffnung	20–25
II. Sachmithaftung	9–11	1. Vollbefriedigung des Gläubigers	21, 22
D. Die Rechtsstellung des Rückgriffsberechtigten	12–30	2. Teilbefriedigung des Gläubigers	23, 24
		3. Teilmithaftung	25
I. Allgemeine Rechtsstellung	12–19	III. Leistungen vor Verfahrenseröffnung	26–30
1. Verbot der Doppelanmeldung	12–15		

---

[142] *Jaeger/Lent* KO § 68 RdNr. 4; *Kilger/K. Schmidt* § 68 Anm. 5. Der bisher ebenfalls hier einzuordnende Fall einer Zahlung des *nicht* in der Insolvenz befindlichen persönlich haftenden Gesellschafters (aaO) dürfte im Hinblick auf § 93 nicht mehr anzutreffen sein. Sollte der Gesellschafter dennoch leisten, so würde der Betrag allerdings ebenfalls auf den Berücksichtigungsbetrag in der Gesellschaftsinsolvenz nicht angerechnet, zumal der Gesellschafter ohnehin wegen fehlender Forderungszuständigkeit des einzelnen Gläubigers zur Rückforderung berechtigt ist.

[143] Vgl. zum Ganzen auch *Jaeger/Lent* KO § 67 Anm. 8; *Kilger/K. Schmidt* § 67 Anm. 3; *Bork* KTS 2008, 21, 31 ff. mwN.

[144] Ebenso *Bork* KTS 2008, 21, 32 mwN.

§ 44 1, 2   2. Teil. 2. Abschnitt. Insolvenzmasse. Einteilung der Gläubiger

	Rn.		Rn.
E. Absonderungsberechtigte Rückgriffsgläubiger und Aufrechnungsbefugnis	31, 32	1. Leistung auf persönliche Verpflichtung oder Sachsicherheit	34
F. Verhältnis zwischen Gesellschaft und Gesellschafter	33–41	2. Leistung auf die akzessorische Gesellschafterhaftung	35–39
		a) Persönlich haftender Gesellschafter	36
		b) Kommanditist	37–39
I. Ausschluss des Gesellschafterregresses	33–39	II. Ausschluss der Verwalterrechte aus §§ 171 Abs. 2 HGB, 93 InsO	40, 41

A. Normzweck

1   Die Regelung des § 44 hängt inhaltlich eng mit derjenigen des § 43 zusammen (vgl. § 43 RdNr. 3). Während § 43 es dem Gläubiger im Fall einer Gesamtschuld oder eines gesamtschuldähnlichen Verhältnisses (§ 43 RdNr. 5 ff.) gestattet, seine zur Zeit der Eröffnung des Insolvenzverfahrens bestehende Forderung (sog. Berücksichtigungsbetrag) trotz zwischenzeitlicher Teilzahlungen des Mitschuldners bis zu seiner vollen Befriedigung weiter in ursprünglicher Höhe zu verfolgen, beschränkt § 44 im Gegenzug das Recht des mithaftenden Gesamtschuldners oder Bürgen, seine durch die Befriedigung des Gläubigers aufschiebend bedingte Regressforderung[1] gleichzeitig im Insolvenzverfahren geltend zu machen. Denn die Forderungen des Gläubigers gegen den Schuldner und die Rückgriffsforderung des Bürgen oder des Gesamtschuldners sind jedenfalls bei wirtschaftlicher Betrachtung identisch und dürfen daher im Verfahren nicht nebeneinander geltend gemacht werden (sog. **Verbot der Doppelanmeldung;** s.u. RdNr. 12).[2] Es ist daher sachlich unzutreffend, wenn § 44 zT als Spezialvorschrift zu § 43 bezeichnet wird.[3] Richtigerweise handelt es sich um eine konsequente Folge des § 43 bzw. um das Gegenstück zu dem dort niedergelegten Grundsatz der Doppelberücksichtigung.[4]

2   Hintergrund der zusammenhängenden Regelungen der §§ 43 f. ist letztlich die Überlegung, dass der Mitverpflichtete ohnehin für den Ausfall einzustehen hat. Der Bezug einer Dividende auf den Regressanspruch würde dem Mitverpflichteten bei einer Teilbefriedigung des Gläubigers im Ergebnis nichts nützen, weil der Gläubiger ihn wegen der Mithaftung ohnehin wieder auf entsprechende Zahlung in Anspruch nehmen könnte. In jedem Fall würde also der Mitverpflichtete den ganzen Ausfall zu tragen haben, welchen die Forderung erleidet.[5] Nur im Fall der Insolvenz des Mitverpflichteten würde sich ergeben, dass der Gläubiger dadurch, dass er nicht seine volle Forderung in der Insolvenz des Hauptschuldners geltend machen dürfte, geschädigt würde, weil der auf den Regressanspruch entfallende Teilbetrag in die Masse des Mitverpflichteten flösse und der Gläubiger in der dortigen Insolvenz nur eine Insolvenzforderung hätte. Dieses wenig interessengerechte Ergebnis wird durch §§ 43 f. verhindert[6] und damit zugleich der materiellrechtliche Grundsatz *nemo subrogat contra se* aus §§ 1225 Satz 2, 1143 Abs. 1 Satz 2, 774 Abs. 1 Satz 2, 426 Abs. 2 Satz 2 BGB[7] insolvenzrechtlich fortgesetzt.[8] Soweit der BGH diesen Gleichlauf zwischen der materiellrechtlichen Lage und der insolvenzrechtlichen Berechtigung i.S.v. §§ 43 f. InsO (früher § 68 KO) in einem Urteil

---

[1] Dazu eingehend *Jaeger/Henckel* InsO § 38 RdNr. 109 ff., nach dessen Ansicht allerdings vor der Leistung des Regressberechtigten nur ein Befreiungsanspruch besteht, der sich mit der Leistung in den Rückgriffsanspruch umwandelt.
[2] Begr. zu § 51 RegE, BT-Drucks. 12/2443, S. 124, abgedruckt bei *Kübler/Prütting*, Das neue Insolvenzrecht, Bd. I, 1994, S. 212; siehe zu § 61 KO (später § 68 KO) schon RGZ 8, 290, 293, RGZ 9, 75, 78 sowie ausführlich RGZ 14, 172, 175 ff.; siehe auch RG JW 1900, 184, 185; BGHZ 55, 117, 120 = NJW 1971, 382 = KTS 1971, 201, 202 = LM § 82 VglO Nr. 2; BGH NJW 1985, 1159, 1160 = ZIP 1984, 1506 = WM 1984, 1575 = MDR 1985, 405 = BB 1985, 362 = DB 1985, 804 = Rpfleger 1985, 122 = LM § 32 KO Nr. 13; *Jaeger/Henckel* InsO § 44 RdNr. 6; *Jaeger/Lent* KO § 67 Anm. 5; vgl. auch § 43 RdNr. 3; mit Recht weist *Habersack* BKR 2007, 77 darauf hin, dass die Forderungen im Anwendungsbereich der cessio legis sogar rechtlich identisch sind.
[3] So *Kübler/Prütting/Bork/Holzer* § 43 RdNr. 8 (wie hier jetzt aber § 44 RdNr. 2).
[4] Zustimmend *Uhlenbruck/Knof* § 44 RdNr. 1 („zwingende Konsequenz").
[5] So zutreffend schon RGZ 14, 172, 176.
[6] Vgl. auch dazu RGZ 14, 172, 176 f.
[7] Dazu ausführlich *Zeising* WM 2010, 2204 ff.; *Zeising* DZWIR 2010, 316 ff.
[8] Vgl. BGH NJW 1970, 44, 46 = WM 1969, 1346, 1347; ferner BGHZ 92, 374, 379 = NJW 1985, 614, 615 = WM 1984, 1630, 1631 = DB 1985, 274: „Im Konkurs des Hauptschuldners tritt § 68 KO an die Stelle des § 774 Abs. 1 Satz 2 BGB."; ausführlich *Jaeger/Henckel* InsO § 43 RdNr. 5; *Häsemeyer* KTS 1993, 151, 159 und 169 f.; zust. *Zeising* WM 2010, 2204, 2212; *Zeising* DZWIR 2010, 316, 322; siehe auch *Braun/Bäuerle* § 43 RdNr. 7; aA *v. Olshausen*, Gläubigerrecht und Schuldnerschutz bei Forderungsübergang und Regress, 1988, S. 241 ff. mit Hinweis u.a. auf die – hier abgelehnte (RdNr. 25) – Rspr. zur Teilmithaftung in der Insolvenz; sodann wieder *v. Olshausen* KTS 2005, 403 ff. (vgl. dazu oben § 43 RdNr. 3 in Fn. 12).

aus dem Jahr 1996 nicht mehr anerkennen will und stattdessen eine „gespaltene Lösung" befürwortet,[9] ist dem zu widersprechen. Aus praktischer Sicht lässt sich kein sinnvolles Argument dafür finden, den Parteien eine Verdoppelung von Prozessen aufzuwingen, indem sie zunächst um die Anmeldung und erst anschließend um die materielle Verteilung streiten müssen.[10]

B. Entstehungsgeschichte

Die Diskussion der in § 44 behandelten Frage, ob und inwieweit der mithaftende Gesamtschuldner oder Bürge mit seiner Regressforderung am Insolvenzverfahren des Schuldners teilnehmen kann, reicht bis in die Zeit vor Erlass der Konkursordnung vom 1. Feb. 1877 zurück.[11] Der Gesetzgeber der Konkursordnung entschied sich damals bewusst gegen die Übernahme der bereits in §§ 86 f. der preußischen KO enthaltenen und dem heutigen § 44 inhaltlich entsprechenden Regelung. In den Motiven zu § 60 KO (später § 67 KO) wurde hierzu ausgeführt, dass die Regressforderung als aufschiebend bedingte angemeldet werden könne und dass sodann in Fällen, in denen der Rückgriff des Mitverpflichteten auf einem Eintreten in die Rechte des Gläubigers beruhe, dessen Rückgriffsforderung durch die insolvenzmäßige Befriedigung des Hauptgläubigers konsumiert sei, dass aber in Fällen, wo dem Mitverpflichteten eine selbständige Regressforderung auf Grund eines Auftrags („Mandates") zustehe, er für diese Forderung *neben* dem Hauptschuldner Dividende beanspruchen könne.[12] 3

Mangels ausdrücklicher gesetzlicher Fixierung dieser Rechtsansicht hat sich allerdings die Rechtsprechung des RG nicht gehindert gesehen, entgegen diesen Motiven aus der in § 68 KO (jetzt § 43) enthaltenen Regelung zugleich den Grundsatz zu entnehmen, dass auch ein Mitverpflichteter, welcher einen selbständigen Regressanspruch geltend macht, nicht neben dem Gläubiger eine Dividende beziehen kann.[13] Dieser auch in der späteren Rechtsprechung des BGH[14] sowie in der Literatur zu § 68 KO[15] allgemein anerkannte Grundsatz wurde schon in § 33 VglO ausdrücklich gesetzlich normiert und nunmehr für das Insolvenzverfahren in § 44 übernommen.[16] 4

C. Anwendungsbereich

I. Gesamtschuld und gesamtschuldähnliche Verhältnisse

§ 44 knüpft an die von § 43 erfassten Gesamtschuld- und gesamtschuldähnlichen Verhältnisse an (siehe dort RdNr. 5 ff.), geht allerdings vom Anwendungsbereich darüber hinaus, weil auch die Regressansprüche der Ausfallbürgen erfasst werden (s.u. RdNr. 8).[17] Die Anwendbarkeit im Verhältnis zwischen Gesellschaft und Gesellschafter wird in RdNr. 33 ff. behandelt. 5

Der neben dem Insolvenzschuldner haftende **Gesamtschuldner** hat gegen diesen einen Anspruch auf Ausgleich gemäß § 426 BGB. Da diese Ausgleichspflicht als selbständige Verpflichtung bereits mit der Begründung der Gesamtschuld entsteht,[18] könnte der mithaftende Gesamtschuldner 6

---

[9] BGH NJW 1997, 1014, 1015 = ZIP 1997, 372 = WM 1997, 341 = KTS 1997, 255 = MDR 1997, 470 = DB 1997, 1560 = WuB VI B. § 68 KO 1.97: „§ 68 KO schafft eine konkursrechtliche Sonderberechtigung, die sich nicht uneingeschränkt mit der materiellrechtlichen Lage zu decken braucht."
[10] Ausführlich *Bitter* ZInsO 2003, 490 ff., gegen die „gespaltene Lösung" insbes. S. 495 f.
[11] Vgl. Motive II, S. 282 ff., zu § 60 KO (später § 67 KO), abgedruckt bei *Hahn*, Die gesamten Materialien zur Konkursordnung, 1881, S. 262 ff.; eingehend auch RGZ 14, 172 ff.
[12] Vgl. dazu die Nachweise in Fn. 11; ausführlich auch *Wissmann* RdNr. 184 ff.
[13] Vgl. insbesondere die Entscheidung der Vereinigten Zivilsenate in RGZ 14, 172 ff.; zuvor schon RGZ 8, 290 ff.; RGZ 9, 75 ff.; im Anschluss an RGZ 14, 172 auch RGZ 24, 45, 53 f.; RGZ 42, 35, 37; RG JW 1900, 184, 185; RG JW 1936, 3126; anders noch die Beurteilung in RGZ 7, 80; vgl. zum Ganzen auch *Wissmann* RdNr. 187.
[14] BGHZ 27, 51, 54 = NJW 1958, 787 = WM 1958, 553 = JZ 1958, 439 = LM § 172 HGB Nr. 1; BGHZ 39, 319, 327 = NJW 1963, 1873, 1875 = WM 1963, 831 = KTS 1964, 39 = JR 1964, 99 = LM § 172 HGB Nr. 2–4 *(Fischer);* BGH NJW 1969, 796, 797 = WM 1969, 245 = KTS 1969, 234 = JZ 1969, 224; BGHZ 55, 117, 120 = KTS 1971, 201, 202 = Fn. 2; BGH WM 1984, 1630, 1631; BGH NJW 1985, 1159, 1160 = Fn. 2.
[15] *Jaeger/Henckel* KO § 3 RdNr. 61; *Jaeger/Lent* KO § 67 Anm. 5 und § 68 Anm. 9; Kilger/*K. Schmidt* § 67 Anm. 1; Kuhn/*Uhlenbruck* § 68 RdNr. 13.
[16] Vgl. dazu auch die Begründung zu § 51 RegE, BT-Drucks. 12/2443, S. 124, abgedruckt bei *Kübler/Prütting* (Fn. 2), S. 212.
[17] *Bley/Mohrbutter* § 33 VglO RdNr. 2.
[18] BGHZ 114, 117, 122 = NJW 1991, 1733, 1734 = ZIP 1991, 524, 526 mwN; BGH NJW-RR 2006, 1718 = ZIP 2006, 1591, 1592 = WM 2006, 1637 (RdNr. 11); *Palandt/Grüneberg* § 426 RdNr. 4 mwN; *Noack/Bunke*, FS Uhlenbruck, 2000, S. 335, 354 f.; nach *Jaeger/Henckel* InsO § 38 RdNr. 109 zunächst nur als Befreiungsanspruch (vgl. Fn. 1).

den Regressanspruch normalerweise als – durch die spätere Zahlung an den Gläubiger – aufschiebend bedingte Forderung (§ 42 RdNr. 11)[19] in der Insolvenz des Schuldners anmelden. Gleiches gilt für die Rückgriffsforderung des **Bürgen** aus § 774 BGB.[20] Eben diese Möglichkeit wird dem mithaftenden Dritten aber durch § 44 verwehrt, wenn gleichzeitig auch der Gläubiger seine Forderung geltend macht. Der Sache nach handelt es sich daher bei der Regelung um eine Ausnahme vom Grundsatz der Anmeldbarkeit bedingter Ansprüche.[21]

7 Aus der oben RdNr. 3 f. dargelegten Entstehungsgeschichte der Norm ergibt sich dabei mit Deutlichkeit, dass der in § 44 enthaltene Ausschluss von der Teilnahme am Insolvenzverfahren nicht nur für die **Regressansprüche** des Mitschuldners oder Bürgen aus übergegangenem, sondern auch für solche **aus eigenem Recht** gilt.[22] Weiterhin gilt das Verbot der Doppelanmeldung auch für den auf die §§ 670, 257 BGB gestützten, gemäß § 775 Abs. 1 Nr. 1 BGB bereits zum Zeitpunkt der Verfahrenseröffnung entstehenden **Befreiungsanspruch** des vom Hauptschuldner beauftragten Bürgen[23] sowie für sonstige vertragliche Befreiungsansprüche.[24] Ist der Mitverpflichtete hiernach wegen der Teilnahme des Gläubigers am Insolvenzverfahren des Befreiungsschuldners mit seinem Befreiungsanspruch gegen letzteren ausgeschlossen, greift in der Insolvenz des Mitverpflichteten auch nicht der sonst von der Rechtsprechung anerkannte Grundsatz ein, dass sich ein in die Insolvenzmasse fallender Befreiungsanspruch mit Eröffnung des Insolvenzverfahrens in einen Zahlungsanspruch verwandelt.[25]

8 Im Gegensatz zu § 43, der auf den **Ausfallbürgen** keine Anwendung findet (§ 43 RdNr. 9), kommt § 44 im Grundsatz auch hier zum Tragen.[26] Weil es sich um eine Haftung im Stufenverhältnis handelt, muss sich der Gläubiger zunächst an den Hauptschuldner halten und den Ausgang des dortigen Insolvenzverfahrens abwarten (§ 43 RdNr. 6). Daher wird es während des laufenden Insolvenzverfahrens – von freiwilligen vorzeitigen Zahlungen abgesehen – nicht zu einer (Teil-)befriedigung des Gläubigers durch den Ausfallbürgen und damit zu einem Forderungsübergang auf diesen kommen. Dennoch steht auch dem Ausfallbürgen der aufschiebend bedingte Regressanspruch gegen den Hauptschuldner zu, der im Hinblick auf die spätere Inanspruchnahme des Ausfallbürgen für den im Insolvenzverfahren erlittenen Ausfall des Gläubigers relevant ist. Nach § 191 Abs. 1 InsO müsste hierfür bei der Verteilung ein Betrag zurückbehalten werden, was wiederum durch § 44 ausgeschlossen wird. Denn auch beim Ausfallbürgen käme es dann in der Insolvenz des Hauptschuldners zu einer doppelten Berücksichtigung der wirtschaftlich identischen Forderung i.S.v. RdNr. 1.

II. Sachmithaftung

9 Ebenso wie § 43 bei der Sachmithaftung analoge Anwendung findet (§ 43 RdNr. 18 ff.), greift auch § 44 gegenüber dem Rückgriffsanspruch desjenigen ein, der eine Sachsicherheit für den in der Insolvenz befindlichen Schuldner bestellt hat. Diese ebenfalls analoge Anwendung des § 44 rechtfertigt sich aus der Überlegung, dass auch bei Bestellung eines Pfandes oder einer Hypothek für die Verbindlichkeit des persönlichen Schuldners die Forderung des Gläubigers auf den sog. Realbürgen übergeht, soweit er den Gläubiger befriedigt (§§ 1143 Abs. 1, 1225 BGB).[27] Der Verpfänder oder Eigentümer des hypothekarisch belasteten Grundstücks kann daher nicht neben dem Gläubiger seinen Regressanspruch in der Insolvenz des Schuldners geltend machen.

10 Im Gegensatz zu den im BGB ausdrücklich geregelten Sicherheiten findet bei den erst später durch die Praxis eingeführten Sachsicherheiten wie **Sicherungsübereignung, Sicherungsgrundschuld** oder **Sicherungsabtretung** nach hM kein gesetzlicher Forderungsübergang bei Befriedigung des Gläubigers statt.[28] Ein selbständiger Regressanspruch kann sich hier aber aus einem der

---

[19] BGH NJW 1985, 1159, 1160 = Fn. 2.
[20] Ausführlich dazu *Wissmann* Rn. 97 ff.
[21] Vgl. *Bley/Mohrbutter* § 33 VglO RdNr. 1; FK-*Bornemann* § 44 RdNr. 1.
[22] *Häsemeyer* KTS 1993, 151, 155 bezeichnet dies als gesichert.
[23] BGH NJW 1985, 1159, 1160 = Fn. 2; BGHR KO § 68 Gesamtschuldner 2; HK-*Eickmann* § 44 RdNr. 2; *Jaeger/Henckel* InsO § 38 RdNr. 113; *Uhlenbruck/Knof* § 44 RdNr. 4; *Wissmann* RdNr. 238.
[24] BAGE 27, 127, 133 = WM 1975, 1190, 1191 unter II. 3. der Gründe; BGH NJW 2005, 3285, 3286 (kurzer Hinweis auf § 44 InsO); HK-*Eickmann* § 44 RdNr. 2; kritisch *Wissmann* RdNr. 225 ff.
[25] BGH NJW 1994, 49 = ZIP 1993, 1656, 1658 = KTS 1994, 102; OLG Hamburg ZIP 1994, 477.
[26] Zustimmend *Jaeger/Henckel* InsO § 44 RdNr. 6 aE; *Kübler/Prütting/Bork/Holzer* § 44 RdNr. 2; *Uhlenbruck/Knof* § 44 RdNr. 3; HambKomm-*Lüdtke* § 44 RdNr. 6.
[27] Vgl. *Bley/Mohrbutter* § 33 RdNr. 8; *Jaeger/Lent* KO § 67 Anm. 7; HK-*Eickmann* § 44 RdNr. 2; *Uhlenbruck/Knof* § 44 RdNr. 5.
[28] Vgl. *Lwowski* in Lwowski/Fischer/Langenbucher, Das Recht der Kreditsicherung, 9. Aufl. 2011, § 5 RdNr. 12 und 39 aE; siehe zur Grundschuld zB BGH NJW 1988, 2730 f. mwN; allgemein BGH NJW 1990, 903 (nur schuldrechtliche Pflicht zur Übertragung analog §§ 774, 412, 401 BGB); *Palandt/Bassenge* § 1143 RdNr. 7; aA MünchKommBGB-*Eickmann* § 1191 RdNr. 127 mwN.

Sicherheitenbestellung zugrundeliegenden Vertrag zwischen Sicherungsgeber und Schuldner (zB Auftrag oder Geschäftsbesorgung) oder hilfsweise aus Geschäftsführung ohne Auftrag oder Bereicherungsrecht ergeben.[29] Da § 44 in gleicher Weise auch auf diese selbständigen Regressansprüche Anwendung findet (RdNr. 7), kann der Sicherungsgeber auch hier seinen Anspruch nicht neben dem Gläubiger in der Insolvenz des Schuldners geltend machen.[30]

Kommt es zu einer **Verwertung** der von dem Dritten gestellten Sachsicherheit **während des laufenden Insolvenzverfahrens,** stellt sich die Frage, ob der Gläubiger nach der hierdurch bewirkten Teilbefriedigung seine Forderungsanmeldung entsprechend reduzieren muss und der Dritte insoweit mit seiner Regressforderung teilnehmen und hierauf eine Quote beziehen kann. Nach der hier generell zur Teilmithaftung vertretenen Position (vgl. bereits § 43 RdNr. 22 und 30 f.) ist die Frage zu verneinen.[31] Der Gläubiger kann auch bei zwischenzeitlicher Verwertung der Sachsicherheit bis zu seiner vollen Befriedigung den bei Verfahrenseröffnung bestehenden Forderungsbetrag allein geltend machen und muss die Konkurrenz des Dritten auch insoweit nicht dulden (RdNr. 25). 11

D. Die Rechtsstellung des Rückgriffsberechtigten

I. Allgemeine Rechtsstellung

1. Verbot der Doppelanmeldung. Da der Rückgriffsberechtigte seinen Regressanspruch im Insolvenzverfahren über das Vermögen des Schuldners nicht *neben* dem Gläubiger geltend machen kann (Verbot der Doppelanmeldung), ist seine **Teilnahmemöglichkeit vom Verhalten des Gläubigers abhängig.** Macht der Gläubiger seine Forderung nicht geltend, weil er zB auf die Zahlungsfähigkeit des Mitverpflichteten vertraut,[32] kann letzterer seinen Rückgriffsanspruch als aufschiebend bedingte Forderung anmelden und mit den für derartige Forderungen geltenden Beschränkungen am Verfahren teilnehmen (§ 42 RdNr. 11).[33] Meldet der Gläubiger seine Forderung aber an, ist der Rückgriffsberechtigte von einer eigenen Teilnahme ausgeschlossen, soweit sich die Forderungen decken.[34] Die Rückgriffsforderung kann dann weder angemeldet[35] noch bei Abstimmungen und der Berechnung der Mehrheiten berücksichtigt werden.[36] Bei Verteilungen findet eine Zurückhaltung von Beträgen (§ 191) nicht statt. 12

Ist also über das Vermögen mehrerer Gesamtschuldner oder sonst Mitverpflichteter das Insolvenzverfahren eröffnet worden, führt diese Beschränkung im Grundsatz dazu, dass der Insolvenzverwalter über das Vermögen des einen Gesamtschuldners die in seinem Verfahren an den Gläubiger gezahlte Dividende nicht in den jeweils anderen Insolvenzverfahren anmelden kann.[37] 13

Meldet der Gläubiger seine Forderung erst nach dem Rückgriffsberechtigten an, hat der Insolvenzverwalter den Regressanspruch im Prüfungstermin zu bestreiten[38] bzw. Vollstreckungsgegenklage (§ 767 ZPO) zu erheben, wenn der Regressanspruch bereits in einem früheren Termin zur Tabelle festgestellt worden war.[39] 14

Zweifelhaft ist die vom RG[40] ausdrücklich offen gelassene und bislang – soweit ersichtlich – noch nicht entschiedene Frage, wie sich die Ansprüche des Mithaftenden in der Insolvenz des Schuldners gestalten, wenn der **Gläubiger seine Forderung nur zum Teil anmeldet.** Der Wortlaut des § 44 spricht zunächst dafür, hier eine Forderungsanmeldung des Mithaftenden auszuschließen, da die Norm nur von der Forderung im Ganzen spricht und nicht etwa bestimmt, dass der 15

---

[29] Vgl. dazu zB OLG Köln JZ 1990, 343, 344.
[30] Zustimmend *Uhlenbruck/Knof* § 44 RdNr. 5.
[31] Ebenso *Jaeger/Lent* KO § 67 Anm. 7.
[32] Vgl. dazu *Jaeger/Lent* KO § 67 Anm. 5.
[33] Vgl. auch HK-*Eickmann* § 44 RdNr. 4; *Uhlenbruck/Knof* § 44 RdNr. 2; *Noack/Bunke*, FS Uhlenbruck, 2000, S. 335, 356 und 359.
[34] *Wissmann* RdNr. 190 weist darauf hin, dass § 44 nicht für solche ersatzpflichtigen Aufwendungen des Rückgriffsberechtigten gilt, die vom gesetzlichen Rückgriffsanspruch nicht erfasst werden; dem folgend *Zeising* WM 2010, 2204, 2208; *Zeising* DZWIR 2010, 316, 322.
[35] Für eine beschränkte Anmeldung im Konkursverfahren *Wissmann* RdNr. 191 ff., der diese Position unter Geltung des seiner Ansicht nach verfehlten § 44 aber nicht aufrechterhält (RdNr. 202 f.).
[36] *Bley/Mohrbutter* § 33 RdNr. 3.
[37] *Jaeger/Lent* KO § 68 Anm. 9; *Kilger/K. Schmidt* § 68 RdNr. 7.
[38] Nach HK-*Eickmann* § 44 RdNr. 3 erscheint es auch vertretbar, die Anmeldung bereits bei der gerichtlichen Vorprüfung zurückzuweisen; aA *Proske* ZIP 2006, 1035, 1040 in Fn. 71.
[39] HK-*Eickmann* § 44 RdNr. 5; FK-*Bornemann* § 44 RdNr. 4; *Proske* ZIP 2006, 1035, 1040 mit dem Hinweis, dass der Insolvenzverwalter zuvor formlos vom Regressberechtigten einen Verzicht verlangen sollte; vgl. allgemein zur Vollstreckungsgegenklage gegen den Tabelleneintrag (§ 178 Abs. 3) auch § 42 RdNr. 8.
[40] RGZ 9, 75, 79.

Mithaftende teilnehmen kann, „soweit" der Gläubiger seine Forderung nicht geltend macht. Da aber § 44 nur eine Doppelanmeldung der wirtschaftlich identischen Forderungen verhindern will (RdNr. 1), wird man die Norm dann einschränkend zu lesen haben, wenn der Gläubiger nur einen Teilbetrag anmeldet. In diesem Fall ist der Restbetrag für eine (teilweise) Anmeldung der Regressforderung des Mitverpflichteten frei.[41]

16 **2. Verfahrensrechtliche Bedeutung des § 44.** Unabhängig davon, ob es sich um einen ursprünglichen (RdNr. 12) oder erst nachträglichen (RdNr. 14) Ausschluss des Regressanspruchs von der Teilnahme am Verfahren handelt, **berührt § 44 den materiellrechtlichen Bestand des Anspruchs nicht** und nimmt der Forderung auch nicht die Eigenschaft als Insolvenzforderung.[42] Dies bringt der Wortlaut des § 44 nun deutlicher als die Bestimmung des § 33 VglO zum Ausdruck. Während sich in § 33 VglO das missverständliche Formulierung fand, dass die Mithaftenden „nur dann Vergleichsgläubiger [sind]", wenn der Gläubiger mit seiner Forderung am Verfahren nicht teilnimmt,[43] spricht § 44 richtigerweise davon, dass die Mithaftenden die Forderung nur in diesem Falle „geltend machen" können. Die Regressforderung ist also in jedem Fall Insolvenzforderung (nicht Masseschuld[44]) und § 44 hat allein verfahrensrechtliche Bedeutung im Hinblick auf die Teilnahme des Gesamtschuldners (oder Bürgen) im Verhältnis zum Gläubiger.[45]

17 Daraus ergeben sich Konsequenzen für das laufende Verfahren sowie für die Zeit nach Abschluss des Verfahrens. Weil der Anspruch materiellrechtlich nicht betroffen wird, geht er auch durch vorrangige Auszahlung der Quote an den Gläubiger nicht verloren. Der Regressberechtigte kann daher nach Beendigung des Verfahrens seinen Regressanspruch gemäß § 201 Abs. 1 weiterverfolgen,[46] wenn es nicht zur Aufstellung und Durchführung eines Insolvenzplans oder einer Restschuldbefreiung kommt (dazu sogleich RdNr. 18). Während des laufenden Verfahrens unterliegt der Rückgriffsberechtigte allerdings auch bei fehlender Teilnahmemöglichkeit allen Verfahrensschranken, d.h. insbesondere den allgemeinen **Vollstreckungsbeschränkungen** der §§ 21 Abs. 2 Nr. 3, 88 und 89.[47]

18 **3. Insolvenzplan und Restschuldbefreiung.** Gleiches gilt für den Insolvenzplan und die Restschuldbefreiung.[48] Obwohl die Regressberechtigten hier *neben* dem Gläubiger keine Quote beziehen können,[49] treten die Wirkungen des bestätigten Insolvenzplans gemäß § 254 Abs. 2 Satz 2 auch gegenüber dem Mitschuldner, Bürgen oder anderen Rückgriffsberechtigten ein, sodass der Schuldner ihnen gegenüber in gleicher Weise befreit wird wie gegenüber dem Gläubiger.[50] Ferner müssen die Rückgriffsberechtigten gemäß § 301 Abs. 2 Satz 2 die Wirkungen der Restschuldbefreiung gegen sich gelten lassen.[51] Dabei gilt die genannte Befreiungswirkung in beiden Fällen sowohl für die nach § 426 Abs. 2 oder § 774 BGB vom Gläubiger auf den Rückgriffsberechtigten übergegangene Forderung als auch für eine Regressforderung aus eigenem Recht.[52] Sie greift ferner gegenüber

---

[41] Wie hier *Noack/Bunke*, FS Uhlenbruck, 2000, S. 335, 359; *Zeising* WM 2010, 2204, 2208; *Zeising* DZWIR 2010, 316, 322; *Graf-Schlicker/Castrup* § 44 RdNr. 3; *Kübler/Prütting/Bork/Holzer* § 44 RdNr. 8; wohl auch *Jaeger/Lent* KO § 67 Anm. 5 und § 68 Anm. 9, der ebenfalls die Teilnahmemöglichkeit des Mitverpflichteten „insoweit" bejaht, wie der Hauptgläubiger „nicht für die ganze Forderung" am Verfahren teilnimmt.
[42] BGHZ 114, 117, 123 = NJW 1991, 1733, 1734 f. = ZIP 1991, 524, 527 (zu § 33 VglO); missverständlich demgegenüber BGH NJW 1985, 1159, 1160 = Fn. 2, wonach der Regressberechtigte „kein Konkursgläubiger" ist.
[43] Mit Recht kritisch *Bley/Mohrbutter* § 33 RdNr. 3; ebenso in der Formulierung aber BGH NJW 1985, 1159, 1160 = Fn. 2 für den Anwendungsbereich der KO.
[44] Zur Ausnahme eines Regressanspruchs nach Leistung auf eine Masseschuld siehe *Jaeger/Henckel* InsO § 44 RdNr. 5.
[45] BGHZ 114, 117, 123 = Fn. 42 (zu § 33 VglO); *Jaeger/Henckel* InsO § 44 RdNr. 5; *Uhlenbruck/Knof* § 44 RdNr. 2; *Habersack* BKR 2007, 77, 78; siehe auch BGH NJW-RR 2006, 1718 = ZIP 2006, 1591, 1592 = WM 2006, 1637 (RdNr. 10).
[46] *Jaeger/Lent* KO § 67 Anm. 5 (2. Absatz); *Hess* § 44 RdNr. 5.
[47] *Bley/Mohrbutter* § 33 RdNr. 3; *Kübler/Prütting/Bork/Holzer* § 44 RdNr. 10; *Nerlich/Römermann/Andres* § 44 RdNr. 3.
[48] Vgl. auch *Jaeger/Henckel* InsO § 44 RdNr. 6; *Noack/Bunke*, FS Uhlenbruck, 2000, S. 335, 360.
[49] Ausdrücklich RGZ 14, 172, 177 ff. (zum Zwangsvergleich alten Rechts).
[50] Vgl. zur früheren Vorschrift des § 82 Abs. 2 Satz 2 VglO auch BGHZ 114, 117, 123 = NJW 1991, 1733, 1735 = ZIP 1991, 524, 527 sowie zuvor schon BGHZ 55, 117, 119 = KTS 1971, 201, 202 = Fn. 2 unter I. 1.a) der Gründe; zum Zwangsvergleich alten Rechts (§ 193 KO) siehe LG Hagen NJW 1961, 1680; ausführlich *Wissmann* RdNr. 261 ff., zur Rechtslage nach der InsO insbes. RdNr. 269.
[51] Zutreffend *Leonhardt/Smid/Zeuner* § 44 RdNr. 2; *Kübler/Prütting/Bork/Holzer* § 44 RdNr. 10; *Uhlenbruck/Knof* § 44 RdNr. 14; unverständlich bleibt die gegenteilige Ansicht von *Hess* § 44 RdNr. 6, die dem klaren Gesetzeswortlaut des § 301 Abs. 2 Satz 2 widerspricht.
[52] *Kilger/K. Schmidt* § 82 VglO Anm. 5 (zur Vergleichswirkung des § 82 Abs. 2 Satz 2 VglO); LG Hagen NJW 1961, 1680 (zur Wirkung des Zwangsvergleichs gem. § 193 KO).

vertraglichen Freistellungsansprüchen der Mitverpflichteten ein.[53] Erfüllt der Schuldner also seine aus dem Insolvenzplan folgenden oder im Restschuldbefreiungsverfahren festgelegten „vergleichsweisen" Verpflichtungen[54] gegenüber dem Gläubiger, verliert der Mitverpflichtete seinen Regressanspruch endgültig; er hat im Endergebnis den Schaden zu tragen.[55]

Soweit *Smid/Leonhardt*[56] im Hinblick auf diese **Beeinträchtigung der Rechtsstellung von Mitverpflichteten** vorgeschlagen haben, § 44 verfassungskonform dahingehend auszulegen, dass die Vorschrift nur die Berücksichtigung des Mitverpflichteten bei der Quotenbildung hindere, ihm aber durch Verfahrensbeteiligung rechtliches Gehör zu gewähren sei,[57] erscheint dies problematisch.[58] Denn sollten *Smid/Leonhardt* damit zum Ausdruck bringen wollen, dass dem Mitverpflichteten *neben* dem Gläubiger ein Stimmrecht zu gewähren sei, dann würde gerade dies wieder zu einer doppelten Berücksichtigung der wirtschaftlich identischen Forderung (RdNr. 1) führen, was im Hinblick auf die Teilnahmerechte der anderen Gläubiger nicht gerechtfertigt erscheint.[59] Kann aber die Forderung – gerade im Verhältnis zu den anderen Gläubigern – nur einfach berücksichtigt werden, dann muss der Mithaftende es sich gefallen lassen, dass der Gläubiger die Forderung allein vertritt.[60] Der Mithaftende kann seine Interessen auf verschiedene Weise zur Geltung bringen: Entweder im Innenverhältnis zum Gläubiger, wozu eine ergänzende Vertragsauslegung des der Sicherheitenbestellung zugrundeliegenden Vertrags in Betracht kommt. Aus diesem Vertragsverhältnis kann der Gläubiger insbesondere dann gehalten sein, bei seinem Abstimmungsverhalten die Interessen des Mitverpflichteten zu berücksichtigen, wenn er durch die Haftung des Dritten und die zu erwartende Quote voraussichtlich vollständig befriedigt und daher durch das Insolvenzplanverfahren oder die Restschuldbefreiung letztlich nicht betroffen wird. Im Übrigen kann der Mitverpflichtete durch sofortige Befriedigung des Gläubigers in dessen Rechte eintreten (RdNr. 21) und so seine Interessen mit Stimmrecht wahrnehmen.[61] Schon vorher hat der Mitverpflichtete allerdings wegen seiner Eigenschaft als Insolvenzgläubiger (RdNr. 16) zumindest ein Recht zur Teilnahme an Gläubigerversammlungen (§ 74 Abs. 1 Satz 2 InsO).[62]

II. Leistungen nach Verfahrenseröffnung

Erbringt der mithaftende Gesamtschuldner oder Bürge Zahlungen nach der Verfahrenseröffnung, kann sich dadurch seine Rechtsstellung im Insolvenzverfahren des (Haupt-)Schuldners verändern. Dabei ist zwischen den Fällen der Vollbefriedigung (RdNr. 21) und denjenigen der Teilbefriedigung (RdNr. 23) des Gläubigers zu unterscheiden. Umstritten und problematisch ist die Einordnung einer vollständigen Zahlung auf eine Teilmithaftung (RdNr. 25). Sollte sich zwischen dem Gläubiger und dem Regressberechtigten ein Streit darüber entwickeln, wer nach erfolgter Zahlung zur Anmeldung des Anspruchs in der Insolvenz des (Haupt-)Schuldners berechtigt ist, **kann sich der Insolvenzverwalter aus dem Streit** ohne Schaden für die Insolvenzmasse **heraushalten**.[63] Denn der Verwalter kann die von mehreren Gläubigerprätendenten in Anspruch genommene Forderung für verschiedene Anmelder – mit dem Hinweis, dass dieselbe Forderung für verschiedene Anmelder in Anspruch genommen wird – in die Tabelle aufnehmen. Sodann darf er die Forderung im Prüfungsverfahren zwar nach ihrem Bestand und Gesamtbetrag anerkennen, die Rechtszuständigkeit der Anmeldenden aber mit der Beschränkung „bis zum Austrage des Streits unter ihnen" bestreiten. Quoten, die bei einer Auszahlung auf die angemeldete Forderung entfallen, kann der Verwalter unter den Voraussetzungen des § 372 Satz 2 BGB unter Benennung aller eingetragenen Gläubiger und zugunsten des

---

[53] BGHZ 55, 117 = Fn. 2 (zu § 82 Abs. 2 Satz 2 VglO).
[54] Vgl. zur sonst bestehenden Möglichkeit des Wiederauflebens der ursprünglichen Verpflichtungen § 255 (zum Insolvenzplan) sowie zur Versagung der Restschuldbefreiung § 300 Abs. 2 i. V. m. § 296 einschließlich Widerrufsmöglichkeit nach § 303.
[55] LG Hagen NJW 1961, 1680 und *Jaeger/Lent* KO § 67 Anm. 6 (jeweils zur Wirkung des Zwangsvergleichs gem. § 193 KO).
[56] *Leonhardt/Smid/Zeuner* § 44 RdNr. 2.
[57] Konsequenterweise müsste der von *Smid/Leonhardt*, aaO, im Hinblick auf die Restschuldbefreiung vorgebrachte Ansatz wegen § 254 Abs. 2 Satz 2 auch für das Insolvenzplanverfahren gelten.
[58] Vgl. auch BGH NJW 1985, 1159, 1160 = Fn. 2, wonach der Regressberechtigte ganz generell nicht als „Beteiligter" des Insolvenzverfahrens angesehen wird.
[59] Ebenso *Noack/Bunke*, FS Uhlenbruck, 2000, S. 335, 362.
[60] Vgl. dazu auch *Bley/Mohrbutter* § 32 RdNr. 8.
[61] So zutreffend schon RGZ 14, 172, 179; siehe auch *Braun/Bäuerle* § 44 RdNr. 4.
[62] *Noack/Bunke*, FS Uhlenbruck, 2000, S. 335, 362 f. mit weiteren Möglichkeiten der Einflussnahme.
[63] Vgl. dazu BGH NJW 1997, 1014, 1015 = ZIP 1997, 372 = WM 1997, 341 = KTS 1997, 255, 258 = MDR 1997, 470 = DB 1997, 1560 = WuB VI B. § 68 KO 1.97 unter III. 3. der Gründe (zustimmend *Braun/Bäuerle* § 43 RdNr. 14; *Gerhardt* EWiR 1997, 269, 270; *Klein* WiB 1997, 591; *Noack/Bunke*, FS Uhlenbruck, 2000, S. 335, 358).

Obsiegenden von ihnen befreiend hinterlegen. Es ist dann allein Sache der Gläubiger untereinander, nach allgemeinen Regeln ihre Berechtigung außerhalb des Insolvenzverfahrens zu klären.[64]

21 **1. Vollbefriedigung des Gläubigers.** Wird der Gläubiger während des laufenden Verfahrens vom Mitverpflichteten vollständig befriedigt, so scheidet der Gläubiger aus dem Verfahren aus und **der Regressberechtigte kann** an seiner Stelle **einrücken**.[65] Da die Forderung des Gläubigers auf den Rückgriffsberechtigten übergeht und somit vom Regressberechtigten dieselbe Forderung geltend gemacht wird, **bedarf es einer Neuanmeldung nicht**.[66] Die Rechtsnachfolge ist auf entsprechende Anzeige und Nachweis des Regressberechtigten in der Tabelle zu vermerken.[67] Allerdings kann dieser die Forderung nur insoweit geltend machen, wie er im Hinblick auf seine Mithaftung von dem Insolvenzschuldner Ausgleich verlangen kann.[68] Ein vollständiges Einrücken in die Position des Gläubigers findet daher nur bei denjenigen Mitverpflichteten statt, die beim Schuldner vollen Regress nehmen können. Dies ist im Regelfall beim Bürgen oder denjenigen Personen der Fall, die für die Verbindlichkeit des Hauptschuldners eine Sachsicherheit aus ihrem eigenen Vermögen (dazu RdNr. 9 ff.) gewährt haben. Bei Gesamtschuldnern – auch mehreren Mitbürgen (§ 769 BGB) – gilt hingegen gemäß § 426 BGB, dass sie im Verhältnis zueinander im Zweifel[69] zu gleichen Anteilen verpflichtet sind, sodass bei zwei gesamtschuldnerisch Verpflichteten **der zahlende Gesamtschuldner nur zur Hälfte in die Position des Gläubigers einrückt**.[70] Der mithaftende Gesamtschuldner erhält daher nach Vollbefriedigung des Gläubigers eine Quote auch nur auf den hälftigen Betrag seiner Ausgleichsforderung gegenüber dem Schuldner.[71]

22 Daraus folgt, dass die **Insolvenzmasse** mit der Forderung des Gläubigers **unterschiedlich stark belastet** wird, je nachdem, ob der Gesamtschuldner den Gläubiger während des laufenden Verfahrens voll befriedigt oder nicht.[72] Hat beispielsweise der Gläubiger G eine Forderung von 1 Mio. € gegen die Gesamtschuldner A und B und wird A insolvent, dann könnte G im dortigen Verfahren bei einer angenommenen Quote von 20 % insgesamt 200 000 € beziehen, wenn er B nur auf den Ausfall von 800 000 € in Anspruch nimmt. Würde B aber den G in Höhe von 1 Mio. € während des laufenden Verfahrens voll befriedigen, so könnte er selbst nur 20 % auf seine hälftige Ausgleichsforderung von 500 000 € beziehen, erhielte also eine Dividende von 100 000 €. Da der mithaftende B hier im Ergebnis eine Belastung von 900 000 € statt 800 000 € zu tragen hätte, entsteht für ihn ein wirtschaftlicher Anreiz, sich mit dem Gläubiger dahingehend zu einigen, dass dieser die volle Forderung gegen die Masse geltend macht und ihn persönlich nur für den Ausfall in Anspruch nimmt.[73] Der gleiche Effekt lässt sich mit einer Vereinbarung erreichen, wonach die Zahlungen des Mitschuldners nur als Sicherheit dienen (dazu allgemein schon § 43 RdNr. 32 und 37), weil hierdurch der Gläubiger auch weiterhin seine volle Forderung in der Schuldnerinsolvenz verfolgen kann. Kommt es dann zur Ausschüttung der Quote auf die volle Forderung, kann der Gläubiger den zu viel erhaltenen Betrag der Sicherheit an den Mitschuldner zurückzahlen und nur den Ausfallbetrag als endgültige Befriedigung behalten.[74] Ein unzulässiger Vertrag zu Lasten der Insolvenzmasse ist in einer solchen – im Grundsatz auch vom BGH[75] gebilligten – Abrede nicht zu sehen, da der Gläubiger auch dann in voller Höhe forderungs- und damit quotenberechtigt geblieben wäre, wenn der mithaftende Dritte eine typische Sicherheit (zB eine Bürgschaft seiner Haus-

---

[64] Für die Feststellung des Stimmrechts zwischen den Gläubigerprätendenten ist § 77 entsprechend anzuwenden (vgl. auch dazu BGH aaO).
[65] BGHR KO § 68 Überschuss 1; *Uhlenbruck/Knof* § 44 RdNr. 9; *Jaeger/Henckel* InsO § 38 RdNr. 117 und 121; *Jaeger/Lent* KO § 67 Anm. 5; *Kuhn/Uhlenbruck* § 68 RdNr. 4a; *Bley/Mohrbutter* § 33 RdNr. 6; *Zeising* WM 2010, 2204, 2208; *Zeising* DZWIR 2010, 316, 322 f.
[66] *Jaeger/Henckel* InsO § 38 RdNr. 121; *Zeising* WM 2010, 2204, 2208; *Zeising* DZWIR 2010, 316, 323.
[67] *Uhlenbruck/Knof* § 44 RdNr. 9; HK-*Eickmann* § 43 RdNr. 11 mwN. Aus einem möglichen Streit zwischen Gläubiger und Regressberechtigten über die Rechtsnachfolge kann sich der Insolvenzverwalter heraushalten (vgl. RdNr. 20).
[68] Zutreffend *Bley/Mohrbutter* § 33 RdNr. 6.
[69] Anderes gilt in vielen Fällen der Schuldmitübernahme für Bankkredite (zB für Verbindlichkeiten von Angehörigen oder von Gesellschaftern für die Verbindlichkeiten der Gesellschaft), bei denen im Innenverhältnis einer der Gesamtschuldner voll einstehen soll. Hier findet bei Zahlung durch den Schuldmitübernehmer ein Übergang der vollen Forderung statt.
[70] Zustimmend *Zeising* DZWIR 2010, 316, 323.
[71] Zur abweichenden Ansicht von *Jaeger/Henckel* InsO § 44 RdNr. 9 siehe sogleich Fn. 76.
[72] Zustimmend *Zeising* DZWIR 2010, 316, 323 mit eigenem Beispiel.
[73] Zustimmend *Zeising* DZWIR 2010, 316, 323.
[74] Vgl. dazu auch BGHZ 92, 374, 383 f. = NJW 1985, 614, 616 = WM 1984, 1630, 1632 = DB 1985, 274 = KTS 1985, 310; *Zeising* DZWIR 2010, 316, 323.
[75] BGHZ 92, 374, 381 ff. = NJW 1985, 614, 615 = WM 1984, 1630, 1631 f. = Fn. 74; offen BGH NJW 2000, 1942, 1943 für eine Höchstbetragsbürgschaft, die nur die Forderung aus einem bestimmten Kreditvertrag sichert.

bank oder eine Grundschuld) beigebracht und keine Zahlung „als Sicherheit" geleistet hätte. Allerdings müsste die – hier zum Vorteil des Mitschuldners gereichende – Vereinbarung über die Sicherheitsleistung in jedem Fall klar zum Ausdruck bringen, dass sie bis zum vollständigen Abschluss der Dividendenausschüttung an den Gläubiger Wirkung haben soll, da nur dann die zu einer höheren Dividende führende Forderungsberechtigung des Gläubigers erhalten bleibt. Nicht geholfen werden kann dem Mitschuldner allerdings auf dem hier vorgeschlagenen Weg, wenn er den Gläubiger gar nicht, also nicht einmal durch eine finanzielle Beteiligung an seinem Vorteil zu einer entsprechenden Vereinbarung bewegen kann.[76]

2. Teilbefriedigung des Gläubigers. Durch eine Teilbefriedigung des (Haupt-)Gläubigers während des laufenden Verfahrens ändert sich dessen Berücksichtigungsbetrag nicht (s.o. RdNr. 1 sowie § 43 RdNr. 1 und 3). Der Gläubiger kann also seine gesamte zur Zeit der Verfahrenseröffnung bestehende Forderung weiterverfolgen und **der Rückgriffsberechtigte ist** mit seinem Regressanspruch **an einer Teilnahme gehindert.**[77] Steht jedoch fest, dass die auf den Berücksichtigungsbetrag entfallende Dividende zusammen mit den während des Verfahrens erbrachten Teilzahlungen eines Mitverpflichteten den Anspruch des Insolvenzgläubigers mit Haupt- und Nebenforderungen übersteigen wird, dann ist die auf den Gläubiger entfallende Dividende entsprechend zu kürzen, um dessen ungerechtfertigte Bereicherung zu verhindern (§ 43 RdNr. 36). Der überschießende Betrag steht dann zur Verteilung an den oder die Regressberechtigten zur Verfügung.[78] Beläuft sich zB die in der Insolvenz angemeldete Forderung auf insgesamt 100 000 € und zahlt der Bürge während des laufenden Verfahrens 80 000 € an den Gläubiger, dann würde bei einer angenommenen Quote von 35 % die darauf entfallende Dividende von 35 000 € nur noch zu 20 000 € an den Gläubiger ausgezahlt, während der Bürge als Erwerber der Hauptforderung die restlichen 15 000 € erhielte. 23

Auch hier sind jedoch die oben RdNr. 22 dargelegten Grundsätze zu beachten. Der über die Vollbefriedigung des Gläubigers hinausgehende Dividendenüberschuss gebührt also nur dann in voller Höhe dem Regressberechtigten, wenn dieser – wie der Bürge – vom Insolvenzschuldner auch vollen Ausgleich verlangen kann. Der Inhaber eines nur anteiligen Ausgleichsanspruchs muss sich hingegen eine Kürzung gefallen lassen, wobei die anteilige Kürzung nur auf den Überschuss und nicht auf die gesamte Dividende zu berechnen ist.[79] Handelte es sich also in dem oben RdNr. 23 genannten Beispiel um einen zahlenden Gesamtschuldner, der nur zur Hälfte Ausgleich verlangen kann, so könnte an ihn auch nur noch eine Restdividende von 7500 € ausgezahlt werden. Dieses missliche Ergebnis lässt sich auch hier durch die in RdNr. 22 genannte Vereinbarung über eine Zahlung zur Sicherheit vermeiden, wodurch insgesamt die Dividendenkürzung zu Lasten des Gläubigers (RdNr. 23) verhindert wird. Der Gläubiger bezieht dann auch weiterhin trotz „Vollbefriedigung"[80] die ganze Dividende und gewährt seinerseits dem Mitverpflichteten einen Teil der Sicherheit zurück. 24

3. Teilmithaftung. Umstritten ist die Rechtslage bei einer Teilmithaftung, die entweder als teilweise persönliche Verpflichtung (insbesondere Höchstbetragsbürgschaft) oder als Sachmithaftung (RdNr. 9) in Betracht kommt (§ 43 RdNr. 28 ff.). Während die wohl noch hM, insbesondere die Rechtsprechung des BGH[81] bei voller Leistung des Mitverpflichteten auf seine Teilhaftung für diesen Forderungsteil die Grundsätze über die Vollbefriedigung (RdNr. 21) zur Anwendung bringt, den Gläubiger also zur Reduzierung seiner Forderung zugunsten des Regressberechtigten zwingt, ist der Fall richtigerweise und in Übereinstimmung mit der Rechtsprechung des RG und einer in jüngerer Zeit zunehmend vertretenen Ansicht in der Literatur[82] nach den soeben dargelegten Grundsätzen 25

---

[76] Zutreffend *Jaeger/Henckel* InsO § 44 RdNr. 8 f., der deshalb zur gänzlichen Vermeidung der vorstehend aufgeführten Problematik vorschlägt, das Teilnahmerecht des Gläubigers zu 100 % auf den Regressberechtigten übergehen zu lassen, wobei nur die Gesamtzahlung auf den anteiligen Betrag der Regressforderung beschränkt sei. Das aber bedeutete letztlich eine Berechnung der Quote auf eine dem Regressberechtigten gegenüber dem Insolvenzschuldner gar nicht zustehende Forderung.

[77] RGZ 8, 291, 292 f.; BGH NJW 1985, 1159, 1160 = Fn. 2; OLG Nürnberg BB 1964, 237 (jeweils zu § 68 KO); *Bley/Mohrbutter* § 33 RdNr. 7 (zu § 33 VglO) *Jaeger/Lent* KO § 68 Anm. 5 und *Hofmann*, BB 1964, 1398, 1399 (jeweils zu § 68 KO); *Jaeger/Henckel* InsO § 38 RdNr. 120; *Uhlenbruck/Knof* § 44 RdNr. 9; *Hess* § 44 RdNr. 17.

[78] *Jaeger/Henckel* InsO § 38 RdNr. 120; *Kübler/Prütting/Bork/Holzer* § 44 RdNr. 7; *Nerlich/Römermann/Andres* § 44 RdNr. 5; *Zeising* WM 2010, 2204, 2208; *Zeising* DZWIR 2010, 316, 323; ferner *Bley/Mohrbutter* § 33 RdNr. 1 und 7; *Kilger/K. Schmidt* § 67 Anm. 1. Aus einem möglichen Streit zwischen Gläubiger und Regressberechtigten über die Forderungsberechtigung kann sich der Insolvenzverwalter heraushalten (vgl. RdNr. 20).

[79] Zustimmend *Zeising* DZWIR 2010, 316, 323.

[80] Eine echte Vollbefriedigung liegt gerade nicht vor, da die Leistungen des Mitverpflichteten vereinbarungsgemäß nur als Sicherheit dienen (vgl. dazu auch BGHZ 92, 374, 381 = NJW 1985, 614, 615 = WM 1984, 1630, 1631 = Fn. 74).

[81] Vgl. die Nachweise in § 43 RdNr. 29.

[82] Vgl. die Nachweise in § 43 RdNr. 30.

über die Teilbefriedigung zu lösen (dazu § 43 RdNr. 30 f.).[83] **Der Gläubiger kann** also auch bei vollständiger Zahlung auf eine Teilmithaftung **mit dem ganzen Berücksichtigungsbetrag an der Insolvenz des Schuldners teilnehmen, bis er insgesamt voll befriedigt ist.** Gerade die in § 44 behandelte Frage der Konkurrenz zwischen Gläubiger und Mitverpflichteten zeigt, dass ein wesentliches Argument des BGH in der Diskussion um die Teilmithaftung an der Problemlage vorbeigeht. Das Gericht hatte nämlich in seinem Urteil vom 22.1.1969[84] in Auseinandersetzung mit der auch hier vertretenen Position darauf hingewiesen, dass eine weitere Anwendung des § 68 KO (jetzt § 43) zugunsten des Gläubigers nur auf Kosten der anderen Gläubiger erfolgen könne. Diese allgemeine Aussage ist deshalb fehlleitend, weil es nicht um eine Bevorzugung des Gläubigers vor beliebigen anderen Gläubigern geht, sondern im Zusammenhang der beiden Vorschriften (§ 43 und § 44) allein die Frage in Rede steht, ob der Gläubiger im Verhältnis zum mithaftenden Dritten ein Vorrecht auf die Dividende hat. Und diese Frage ist eindeutig im Sinne des Gläubigers zu entscheiden, wie sich aus den Bestimmungen der §§ 1225 Satz 2, 1143 Abs. 1 Satz 2, 774 Abs. 1 Satz 2, 426 Abs. 2 Satz 2 BGB ergibt.[85] Hiernach kann der Forderungsübergang nicht zum Nachteil des Gläubigers geltend gemacht werden (vgl. dazu auch § 43 RdNr. 31). Im Ergebnis entspricht es genau der Interessenlage der Beteiligten, dass immer der mithaftende Dritte und nicht der Gläubiger für den Ausfall aufzukommen hat (vgl. dazu RdNr. 2).[86] Kommt es zwischen dem Gläubiger und dem Regressberechtigten zu **Meinungsverschiedenheiten über die** hier dargelegte **Berechtigung der Anmeldung,** kann sich der Insolvenzverwalter aus diesem Streit nach den oben RdNr. 20 dargelegten Grundsätzen heraushalten.

III. Leistungen vor Verfahrenseröffnung

26 Grundsätzlich anders stellt sich die Rechtslage bei Zahlungen des Mitverpflichteten vor Eröffnung des Insolvenzverfahrens über das Vermögen des Schuldners dar. Wie sich dem Wortlaut des § 44 entnehmen lässt, betrifft der dort geregelte Ausschluss der Regressforderungen von der Teilnahme am Verfahren nicht solche Rückgriffsberechtigten, die den Gläubiger bereits vorher befriedigt haben. Denn der Ausschluss bezieht sich nur auf solche Forderungen, die der mithaftende Dritte „künftig", also durch nach Verfahrenseröffnung erfolgende Zahlungen erwerben kann.[87]

27 Daraus folgt, dass die Berechtigung zur Anmeldung der Forderung dem Mitverpflichteten immer insoweit zusteht, wie er den Gläubiger bereits vor dem Zeitpunkt der Verfahrenseröffnung befriedigt hat.[88] Bei einer **Vollbefriedigung** entspricht die Rechtslage damit derjenigen, wie sie auch bei einer Leistung nach Verfahrenseröffnung besteht (dazu oben RdNr. 21 f.). Der einzige Unterschied besteht darin, dass der Regressberechtigte nicht erst in die fremde Rechtsposition einrückt, sondern von Anfang an als Gläubiger am Verfahren teilnimmt.

28 Bei einer **Teilbefriedigung** ergibt sich hingegen eine unterschiedliche Rechtslage gegenüber derjenigen bei Zahlung nach Verfahrenseröffnung (dazu oben RdNr. 23 f.). Weil der Forderungsübergang auf den Mitverpflichteten hier bereits vor Verfahrenseröffnung stattgefunden hat, besteht zu diesem Zeitpunkt keine Forderung des Gläubigers in voller Höhe mehr. **Der Gläubiger kann** daher **nur den** zu diesem Zeitpunkt noch nicht befriedigten **Restbetrag seiner Forderung anmelden** (§ 43 RdNr. 39).[89] Die Regelung in §§ 426 Abs. 2 Satz 2, 774 Abs. 1 Satz 2 (ggf. i. V. m. § 1143 Abs. 1 Satz 2), 1225 Satz 2 BGB, wonach der Forderungsübergang nicht zum Nachteil des Hauptgläubigers geltend gemacht werden kann, bietet dem Hauptgläubiger hier – im Gegensatz zur Zahlung nach Verfahrenseröffnung (RdNr. 23) – keinen Schutz gegen den Wettbewerb des regressberechtigten Teileinlösers. Es würde dem Gläubiger mangels eigener Anmeldemöglichkeit auch wenig nützen, wenn man dem Teileinlöser im Hinblick auf den Grundsatz *nemo subrogat contra se* das Insolvenzgläubigerrecht absprechen wollte, weil dann dieser Teilbetrag in der Insolvenz gänzlich unberücksichtigt bliebe, und zwar nicht zum Vorteil des Hauptgläubigers allein, sondern (inso-

---

[83] Ausführlich *Bitter* ZInsO 2003, 490 ff.; zustimmend *Hadding*, FS G. Fischer, 2008, S. 223, 232 f.; *Uhlenbruck*, 12. Aufl., § 44 RdNr. 3; mit anderer Begründung auch *v. Olshausen*, KTS 2005, 403, 415 ff.

[84] BGH NJW 1969, 796, 797 = WM 1969, 245 = Fn. 14.

[85] So ausdrücklich auch BGH NJW 1970, 44, 46 = WM 1969, 1346, 1347; vgl. ferner *Wissmann* RdNr. 70 ff.; bereits zum gemeinen Recht und badischen Landesrecht *L. Goldschmidt* ZHR 14 (1870), 397, 410 und 421; zusammenfassend wiedergegeben bei *Wissmann* RdNr. 42 ff.

[86] Siehe auch *v. Olshausen* KTS 2005, 403, 418 f.

[87] Darauf weisen *Bley/Mohrbutter* § 33 RdNr. 3 für die frühere Vorschrift des § 33 VglO zutreffend hin; vgl. zur InsO auch FK-*Bornemann* § 43 RdNr. 8 und § 44 RdNr. 2.

[88] Vgl. auch *Uhlenbruck/Knof* § 43 RdNr. 25, § 44 RdNr. 3; *Jaeger/Henckel* InsO § 43 RdNr. 3; aA *Häsemeyer* KTS 1993, 151, 175 f.; dem unter Aufgabe seiner früheren Ansicht im Ergebnis folgend *v. Olshausen* KTS 2005, 403, 423 ff., insbes. S. 427 f. (vgl. unten Fn. 90).

[89] Vgl. dazu eingehend auch *Jaeger/Henckel* InsO § 38 RdNr. 118.

weit ungerechtfertigtermaßen) auch zum Vorteil aller übrigen Insolvenzgläubiger.[90] Der vor der Verfahrenseröffnung teilweise zahlende **Mitverpflichtete kann** daher **seinen Regressanspruch** als unbedingte Insolvenzforderung **anmelden** und hierauf die Insolvenzquote beziehen; ein Ausgleich zwischen Gläubiger und Mitverpflichteten findet innerhalb des Insolvenzverfahrens nicht statt.[91] Die zT in der früheren Literatur unternommenen Versuche, die Rechtslage bei Zahlungen vor Verfahrenseröffnung derjenigen bei Zahlungen nach diesem Zeitpunkt (s.o. RdNr. 23) anzupassen und insoweit ein Vorrecht des Hauptgläubigers vor dem Mitverpflichteten zu begründen,[92] haben sich zu Recht nicht durchgesetzt.[93]

Soweit dem Gläubiger auf der Basis der auch hier vertretenen Position zT das Recht zugesprochen wird, außerhalb des Insolvenzverfahrens vom Bürgen oder sonstigen Mitverpflichteten denjenigen Betrag herauszuverlangen, um den seine Insolvenzquote ohne die Teilnahme des Bürgen höher ausgefallen wäre,[94] hilft dies dem Gläubiger nur wenig. Denn dieser Quotenminderungsbetrag entspricht der Höhe nach nicht der vom Bürgen erlangten Dividende, sondern wird im Regelfall deutlich niedriger liegen. Dazu ein Beispiel: Angenommen sei eine Forderung des Gläubigers von 300 000 €, auf die der Bürge vor Verfahrenseröffnung 100 000 € leistet. Bei einem unterstellten Volumen anderweitiger Insolvenzforderungen von 1,8 Mio. € und einer Verteilungsmasse von 500 000 € erhielte der Gläubiger hier ohne die Bürgenteilnahme auf seine verbleibende Restforderung von 200 000 € eine Quote von 25 %, d.h. 50 000 €. Nimmt der Bürge hingegen ebenfalls teil, erhöht sich die Gesamtschuldenmasse von 2 Mio. € auf 2,1 Mio. €, wodurch sich die Quote proportional auf 23,81 % ermäßigt. Der Gläubiger erhielte deshalb nur 47 619 €, was einer Quotenschmälerung von 2381 € entspricht. Die vom Bürgen bezogene Dividende beläuft sich demgegenüber auf das Zehnfache dieses Betrags, nämlich 23 810 € (23,81 % auf 100 000 €).[95] 29

Günstiger erscheint deshalb die Möglichkeit des Gläubigers, auf Grund eines Titels gegen den Mitverpflichteten dessen **Regressforderung** gegen den (Haupt-)Schuldner zu **pfänden** und sich überweisen zu lassen, weil er auf diesem Umweg doch noch in den Genuss der vollen Dividende kommen kann.[96] Im Übrigen lässt sich die Konkurrenz des Bürgen oder sonstigen Mitverpflichteten durch Vereinbarungen in den Bürgschafts- oder sonstigen Sicherungsverträgen vermeiden, wonach die Rechte des Gläubigers erst nach dessen vollständiger Befriedigung auf den Sicherungsgeber übergehen und die Zahlungen bis dahin nur als Sicherheit gelten (dazu § 43 RdNr. 41).[97] 30

---

[90] So zutreffend RGZ 83, 401, 405; *Jaeger/Henckel* InsO § 38 RdNr. 118; zust. *Zeising* WM 2010, 2204, 2209; *Zeising* DZWIR 2010, 316, 324; siehe auch *v. Olshausen* KTS 2005, 403, 421, der allerdings über den „kargen" Wortlaut des § 774 Abs. 1 Satz 2 BGB hinaus nunmehr dem Hauptgläubiger gestatten will, die Quote auch auf den bereits dem Regressgläubiger zustehenden Forderungsteil zu erheben (S. 427 f.); dies ist mE ohne gesetzliche Anordnung unhaltbar.

[91] RGZ 83, 401, 403 ff.; dem folgend BGHZ 92, 374, 380 = NJW 1985, 614, 615 = WM 1984, 1630, 1631 = Fn. 74; *Jaeger/Henckel* InsO § 38 RdNr. 118; *Kuhn/Uhlenbruck* § 68 RdNr. 4; *Hofmann* BB 1964, 1398, 1399 mwN; ausführlich *Wissmann* RdNr. 208 ff.

[92] Vgl. hierzu die Darstellung in RGZ 83, 401, 403; ausführliche Nachweise bei *Wissmann* RdNr. 209 f.; siehe auch *Hofmann* BB 1964, 1398, 1399.

[93] Vgl. die Nachweise in Fn. 91.

[94] Vgl. zB *Palandt/Sprau* § 774 RdNr. 12 aE; RGRK-*Mormann* § 774 RdNr. 4; *Reinicke/Tiedke* DB 1985, 957, 958 mwN in Fn. 6; *Uhlenbruck*, 12. Aufl., § 43 RdNr. 19; *Noack/Bunke*, FS Uhlenbruck, 2000, S. 335, 358 mit Beispiel in Fn. 134, wo allerdings im Anschluss auch von einer Auskehrung der Quote selbst die Rede ist; RGZ 83, 401, 406; BGHZ 92, 374, 380 = NJW 1985, 614, 615 = WM 1984, 1630, 1631 = Fn. 74; BGH NJW 1997, 1014, 1015 = KTS 1997, 255, 258 = Fn. 63 jeweils mwN; ausführlich dazu *Wissmann* RdNr. 271 ff.; gänzlich anders demgegenüber HK-*Eickmann* § 43 RdNr. 10, nach dessen Ansicht die Quotendifferenz der Gläubigerquote bereits in der Verteilung zuzuschlagen ist; insgesamt gegen ein Vorrecht des Gläubigers und einen Anspruch auf teilweise Dividendenauskehrung *Zeising* WM 2010, 2204, 2209; *Zeising* DZWIR 2010, 316, 324.

[95] Siehe auch das noch krasser angelegte Beispiel bei *v. Olshausen* KTS 2005, 403, 422.

[96] BGH NJW 1997, 1014, 1015 = KTS 1997, 255, 258 = Fn. 63; *Jaeger/Lent* KO § 68 Anm. 12 unter I. 2; *Wissmann* RdNr. 273 mwN; *Zeising* WM 2010, 2204, 2209 f.; *Zeising* DZWIR 2010, 316, 325.

[97] Vgl. zum Ganzen auch *Jaeger/Henckel* InsO § 38 RdNr. 119, der eine isolierte Vereinbarung über den späteren Anspruchsübergang nicht für ausreichend hält. Der dafür vorgebrachte Grund, dass eine solche Vereinbarung den eigenen Erstattungsanspruch nicht betreffe, der dem Bürgen aus dem Innenverhältnis zum Schuldner und Bürgen erwächst (ebenso *Wissmann* RdNr. 300 mwN), ist allerdings nicht entscheidend. Denn der mithaftende Dritte kann in keinem Fall mit diesem Regressanspruch aus eigenem Recht neben einer fortbestehenden – wirtschaftlich identischen (RdNr. 1) – Forderung des Gläubigers am Verfahren teilnehmen (RdNr. 7; vgl. auch BGHZ 92, 374, 381 aE = NJW 1985, 614, 615 = WM 1984, 1630, 1631 = Fn. 74 [„unzulässige Doppelbelastung"]; OLG Köln JZ 1990, 343, 344 ff. betrifft nur die Geltendmachung des *eigenen* Rückgriffsanspruchs außerhalb des Insolvenzverfahrens). Entscheidend ist vielmehr, dass solch eine isolierte Vereinbarung die teilweise Tilgung der Forderung des Gläubigers vor Verfahrenseröffnung und damit eine Minderung des Berücksichtigungsbetrags nicht verhindert, was nur durch die Vereinbarung erreicht werden kann, dass die Zahlung zunächst als Sicherheit gilt (vgl. auch dazu BGHZ 92, 374, 381 = aaO).

E. Absonderungsberechtigte Rückgriffsgläubiger und Aufrechnungsbefugnis

31 Steht dem regressberechtigten Bürgen oder Gesamtschuldner zugleich ein **Recht auf abgesonderte Befriedigung** (§§ 50 f.) zu, weil der Rückgriffsanspruch durch ein dingliches Recht am Vermögen des Schuldners (zB Pfandrecht, Hypothek, Grundschuld, Sicherungsübereignung oder -abtretung) gesichert worden ist, findet § 44 auf dieses Absonderungsrecht keine Anwendung.[98] Der Mitverpflichtete kann also aus diesem Recht Befriedigung auch dann suchen, wenn der (Haupt-)Gläubiger noch nicht voll befriedigt ist und daher gemäß § 43 weiter mit dem vollen Berücksichtigungsbetrag am Verfahren teilnimmt. Die hierdurch eintretende stärkere Belastung der Masse im Vergleich zu denjenigen Fällen, in denen die teilnahmeberechtigte Insolvenzforderung und die zur Absonderung berechtigende Sicherungsrecht in einer Hand zusammenfallen (§ 52),[99] muss hingenommen werden, weil dem Regressberechtigten die durch das Absonderungsrecht vermittelte Sicherung, die gerade bei Zahlungsunfähigkeit des Schuldners ihre eigentliche Bedeutung erfüllen sollte, nicht abgesprochen werden kann.[100] Allerdings findet § 44 auf die Ausfallforderung Anwendung, die dem Regressberechtigten nach Verwertung der Sicherheit verbleibt (§ 52 Satz 2). Denn insoweit geht es wieder um eine insolvenzmäßige Befriedigung, für die das Verbot der Doppelanmeldung gilt.[101]

32 Für die **Aufrechnung** des Regressanspruchs gegen eine Forderung des Schuldners ist – anders als nach der alten Rechtslage gemäß Konkurs- und Vergleichsordnung – nunmehr zu differenzieren.[102] Soweit in den Kommentierungen zu § 44 zT unter Berufung auf ältere Rechtsprechung und Literatur behauptet wird, der Rückgriffsberechtigte könne auch dann gegen eine im Zeitpunkt der Verfahrenseröffnung bereits bestehende Forderung des Schuldners aufrechnen, wenn er selbst seine Regressforderung erst später durch Teilzahlung an den Gläubiger erworben habe,[103] ist dies unzutreffend.[104] Denn insoweit wird nicht berücksichtigt, dass der Gesetzgeber die dafür relevante Vorschrift des § 54 KO bewusst nicht in die InsO übernommen, die Aufrechnungsbefugnis in § 95 InsO vielmehr eingeschränkt hat.[105] Die Aufrechnung mit einer aufschiebend bedingten Forderung ist nach neuer Rechtslage gemäß § 95 Abs. 1 Satz 3 InsO nicht mehr möglich, wenn die Forderung des Schuldners unbedingt und fällig wird, bevor die Aufrechnung erfolgen kann. Für die Aufrechnungsmöglichkeit des Regressberechtigten bedeutet dies, dass seine Aufrechnung nur dann und insoweit durchgreift, wie er den Regressanspruch durch Befriedigung des Gläubigers vor unbedingter Fälligkeit des Schuldneranspruchs erwirbt.[106] Nur in diesem Fall hätte er auch außerhalb des Insolvenzverfahrens darauf vertrauen können, dass die Durchsetzung seiner Regressforderung mit Rücksicht auf das Entstehen einer Aufrechnungslage keine Schwierigkeiten bereiten wird.[107]

F. Verhältnis zwischen Gesellschaft und Gesellschafter

I. Ausschluss des Gesellschafterregresses

33 Das in § 44 geregelte Verbot der Doppelanmeldung findet auch im Verhältnis zwischen Gesellschaft und Gesellschafter Anwendung. Jedoch sind hier noch weitere Gesichtspunkte zu beachten, die unabhängig davon zu einem Regressverbot führen können.

---

[98] RGZ 85, 53, 57 f. (offen noch RGZ 9, 75, 79); *Bley/Mohrbutter* § 33 RdNr. 9; *Kübler/Prütting/Bork/Holzer* § 44 RdNr. 4; *Jaeger/Henckel* InsO § 44 RdNr. 10; *Uhlenbruck/Knof* § 44 RdNr. 12; *Habersack* BKR 2007, 77, 78; *Proske* ZIP 2006, 1035, 1040. Vgl. auch *Nerlich/Römermann/Andres* § 44 RdNr. 6, dessen weitere Darstellung in § 43 RdNr. 10 allerdings unzutreffend ist, wonach § 43 (!) in diesen Fällen keine Anwendung findet; denn soweit die dort zitierte Rechtsprechung von einer Unanwendbarkeit des § 68 KO spricht, meint sie nur den damals noch aus dieser Vorschrift herausgelesenen Gehalt des heutigen § 44 (vgl. dazu § 43 RdNr. 3 mit Hinweis in Fn. 8).

[99] Vgl. das Beispiel bei RGZ 85, 53, 57.

[100] RGZ 85, 53, 58 mit dem weiteren – selbstverständlichen – Hinweis, dass der Erlös aus dem Pfand nur insoweit in Anspruch genommen werden darf, wie ein Regressanspruch gegen den Schuldner besteht. Ein etwa darüber hinausgehender Erlös ist an die Masse zu erstatten; wie hier auch *Proske* ZIP 2006, 1035, 1040.

[101] RGZ 85, 53, 57; *Jaeger/Henckel* InsO § 44 RdNr. 10; *Uhlenbruck/Knof* § 44 RdNr. 12.

[102] RG JW 1936, 3126 m. Anm. *Titze*; BGH WM 1960, 720, 721 = NJW 1960, 1295 = KTS 1960, 140 = MDR 1960, 649 = BB 1960, 680; *Kilger/K. Schmidt* § 33 VglO Anm. 4 aE; *Bley/Mohrbutter* § 33 RdNr. 9 mwN.

[103] *Nerlich/Römermann/Andres* § 44 RdNr. 6; *KPB/Holzer* § 44 RdNr. 4; auch *Uhlenbruck*, 12. Aufl., § 44 RdNr. 7 (anders jetzt *Uhlenbruck/Knof* § 44 RdNr. 13).

[104] Wie hier *Wissmann* RdNr. 161 f.

[105] Siehe dazu auch Begr. zu § 107 RegE, BT-Drucks. 12/2443, S. 140 f.; abgedruckt bei *Kübler/Prütting* (Fn. 2), S. 276.

[106] Zustimmend *Uhlenbruck/Knof* § 44 RdNr. 13; vgl. auch *Wissmann* RdNr. 162.

[107] Vgl. dazu auch die Begr. zu § 107 RegE, BT-Drucks. 12/2443, S. 141; abgedruckt bei *Kübler/Prütting* (Fn. 2), S. 276.

1. Leistung auf persönliche Verpflichtung oder Sachsicherheit. Hat der Gesellschafter einer 34 GmbH oder AG oder ein Kommanditist einzelnen Gläubigern gegenüber für die Verbindlichkeiten der Gesellschaft eine persönliche Verpflichtung übernommen (zB Bürgschaft, Schuldbeitritt) oder eine Sachsicherheit gewährt, kann er seinen Regressanspruch nicht neben dem Gläubiger in der Gesellschaftsinsolvenz anmelden. Nichts anderes kann für den persönlich haftenden Gesellschafter einer OHG oder KG gelten, der sich in gleicher Weise gegenüber dem Gläubiger verpflichtet hat (zu dem Sinn einer solchen Verpflichtung § 43 RdNr. 16). Eine Teilnahme mit dem Regressanspruch ist für den Gesellschafter also nur dann möglich, wenn die Zahlung entweder vor Verfahrenseröffnung erfolgt ist (s.o. RdNr. 26 ff.) oder der Gläubiger nach Verfahrenseröffnung *vollständig* (s.o. RdNr. 21) befriedigt wurde (zu Einschränkungen beim Kommanditisten vgl. RdNr. 39).

2. Leistung auf die akzessorische Gesellschafterhaftung. Leistet der Gesellschafter auf seine 35 akzessorische Gesellschafterhaftung (beim Kommanditisten beschränkt auf die Haftsumme), dann ist zu unterscheiden:

a) Persönlich haftender Gesellschafter. Befriedigt der persönlich haftende Gesellschafter einen 36 Gesellschaftsgläubiger vor der Eröffnung des Insolvenzverfahrens (dazu allgemein oben RdNr. 26 ff.), kann er nach hM den sich aus § 110 HGB ergebenden Regressanspruch als Insolvenzforderung in der Gesellschaftsinsolvenz geltend machen.[108] Gleiches sollte unter der Geltung der KO bei einer Zahlung nach Verfahrenseröffnung gelten, wenn der Gesellschafter den Gläubiger vollständig (s.o. RdNr. 21) befriedigt hat; bei nur teilweiser Befriedigung (s.o. RdNr. 23) kam § 68 KO (insoweit jetzt § 44) zur Anwendung.[109] Nach heutiger Rechtslage ist vor der Frage der Anwendbarkeit von § 44 zu beachten, dass der Gläubiger nach Eröffnung des Insolvenzverfahrens über das Vermögen der Gesellschaft gar nicht mehr einzugsberechtigt ist (sog. Sperrwirkung des § 93)[110] und deshalb die Zahlung des Gesellschafters mangels Erfüllung auch keinen Regressanspruch auslösen kann, um dessen Zulassung es bei § 44 gehen könnte.[111] Der Gesellschafter hat vielmehr einen Bereicherungsanspruch gegen den Gläubiger, der seinerseits die Forderung in der Gesellschaftsinsolvenz anzumelden hat.[112]

b) Kommanditist. Komplizierter ist die Rechtslage beim Kommanditisten. Die Rechtsprechung 37 hat sich hier bislang nur zu **Zahlungen eines ausgeschiedenen Kommanditisten** geäußert, die dieser **nach Verfahrenseröffnung** an Gesellschaftsgläubiger erbracht hat. Der Kommanditist könne gemäß § 68 KO (insoweit jetzt § 44) seine Regressforderung[113] in der Gesellschaftsinsolvenz solange nicht anmelden, wie die Altgläubiger, für deren Verbindlichkeiten er hafte, nicht vollständig befriedigt seien.[114] Bei dieser dogmatischen Begründung über § 68 KO wird zum einen die Sperrwirkung des § 171 Abs. 2 HGB[115] nicht beachtet, die eine Befriedigung des Gläubigers durch den Kommanditisten nach Verfahrenseröffnung und damit den Erwerb eines Regressanspruchs ausschließt (vgl. RdNr. 36).[116] Darüber hinaus hat *Karsten Schmidt*[117] mit Recht darauf hingewiesen, dass der Ausschluss des Regressanspruchs ganz generell aus dem Zusammenwirken der §§ 171 Abs. 1 und 2 und 172 Abs. 4 HGB folgt, weil der Kommanditist ohnehin nur dann Regress nehmen kann, wenn die Kommanditistenhaftung durch eine Dividendenausschüttung auf den Regressanspruch nicht mehr

---

[108] *K. Schmidt*, Einlage und Haftung des Kommanditisten, 1977, S. 145 ff.; MünchKommHGB-*K. Schmidt*, 3. Aufl. 2011, § 128 RdNr. 92 mwN auch zur Gegenansicht; ausführlich *Wissmann* RdNr. 351 ff.
[109] *K. Schmidt* (Fn. 108), S. 148; *Schlegelberger/K. Schmidt* § 128 RdNr. 73 mwN auch zur Gegenansicht; vgl. dazu auch *Wissmann* RdNr. 364 ff.
[110] Vgl. dazu schon § 43 RdNr. 15 mwN.
[111] Vgl. zu der sich schon nach altem Recht bei § 171 Abs. 2 HGB stellenden Frage *K. Schmidt* (Fn. 108), S. 154 ff.
[112] MünchKommHGB-*K. Schmidt*, 3. Aufl. 2011, § 128 RdNr. 94; *K. Schmidt* (Fn. 108), S. 154 mwN; *Wissmann* RdNr. 464 f.; wie hier auch *Jaeger/Henckel* InsO § 44 RdNr. 11; *Uhlenbruck/Knof* § 44 RdNr. 6 aE; zT anders KPB/*Lüke* § 93 RdNr. 14 mwN, der den Bereicherungsanspruch dem Insolvenzverwalter zusprechen will.
[113] Zur Rechtsgrundlage der Regressforderung eines ausgeschiedenen Gesellschafters (§ 426 Abs. 2 BGB analog) siehe BGHZ 39, 319, 323 ff. = NJW 1963, 1873, 1874 f. = Fn. 14; *Wissmann* RdNr. 457.
[114] BGHZ 27, 51 = NJW 1958, 787 = Fn. 14 m. Anm. *Schumann* JZ 1958, 427 ff.; BGHZ 39, 319, 327 = NJW 1963, 1873, 1875 = Fn. 14.
[115] Dazu schon § 43 RdNr. 15 mwN.
[116] Zustimmend *Jaeger/Henckel* InsO § 44 RdNr. 11; *Uhlenbruck/Knof* § 44 RdNr. 7. Der Kommanditist kann hier einem erneuten Zahlungsverlangen des Insolvenzverwalters aus § 171 Abs. 2 HGB nur einredeweise entgegenhalten, dass dieser die Zahlung oder Aufrechnung gegenüber dem/den Gesellschaftsgläubiger(n) zu genehmigen habe, wenn der Kommanditist alle Gläubiger befriedigt hat, denen er haftet; vgl. MünchKommHGB-*K. Schmidt*, 3. Aufl. 2012, § 171 RdNr. 116; *K. Schmidt* (Fn. 108), S. 154 ff.; *Wissmann* RdNr. 465.
[117] *K. Schmidt* (Fn. 108), S. 149 ff.; *Kilger/K. Schmidt* § 68 Anm. 6; zustimmend *Uhlenbruck/Knof* § 44 RdNr. 7; zT anders *Wissmann* RdNr. 477 f.

mit der Folge des § 171 Abs. 2 aufleben kann. Und eben dies kommt praktisch nur für den ausgeschiedenen Kommanditisten in Betracht, der nur einem beschränkten Gläubigerkreis haftet.[118] Der **aktive Kommanditist** könnte zwar theoretisch nach Befriedigung *aller* Gläubiger Regress nehmen.[119] Aber gerade dies wird in der KG-Insolvenz praktisch nicht eintreten.[120]

38 Erkennt man aber, dass der Ausschluss des Regressanspruchs beim Kommanditisten in Wirklichkeit nicht auf § 44, sondern auf den Besonderheiten seiner Haftung beruht, dann ergibt sich von selbst, dass die gleichen Grundsätze über den Ausschluss des Regressanspruchs auch für **Zahlungen vor Verfahrenseröffnung** gelten, obwohl § 44 insoweit keine Anwendung findet (s.o. RdNr. 26 ff.). Auch hier ist der Regressanspruch solange ausgeschlossen, wie durch eine Dividendenausschüttung die beschränkte Kommanditistenhaftung wieder aufleben würde.[121]

39 Daraus folgt dann aber zugleich, dass auch der in RdNr. 34 genannte Regress nach einer Zahlung auf Grund persönlicher Mitverpflichtung oder Gewährung einer Sachsicherheit trotz fehlender Anwendbarkeit von § 44 immer dann ausgeschlossen ist, wenn durch die Ausschüttung einer Quote der Tatbestand des § 172 Abs. 4 verwirklicht würde. Und eben dies ist nur dann nicht der Fall, wenn der Kommanditist die entsprechende Zahlung auf Grund persönlicher Verpflichtung zusätzlich zu einer Erfüllung der aus § 171 HGB folgenden Verpflichtung geleistet hatte.

II. Ausschluss der Verwalterrechte aus §§ 171 Abs. 2 HGB, 93 InsO

40 Im Verhältnis zwischen Gesellschafts- und Gesellschafterhaftung stellt sich bei den Gesellschaften ohne Rechtspersönlichkeit ein weiteres, bis zur 1. Aufl. dieses Kommentars noch nicht erkanntes „Regressproblem" im Hinblick auf das Recht des Insolvenzverwalters, die akzessorische Gesellschafterhaftung gemäß §§ 171 Abs. 2 HGB bzw. 93 InsO gegenüber den Gesellschaftern zu verfolgen.[122] Haben sich die Gesellschafter persönlich (zB im Wege der Bürgschaft oder des Schuldbeitritts) für eine Verbindlichkeit der Gesellschaft gegenüber den Gläubigern verpflichtet, dann können die Gläubiger diesen Anspruch trotz Insolvenz der Gesellschaft unmittelbar gegenüber den Gesellschaftern verfolgen, weil eine eigenständige Verpflichtung von §§ 171 Abs. 2 HGB bzw. 93 InsO nicht erfasst wird (§ 43 RdNr. 16). Wird nun über das Vermögen des Gesellschafters ebenfalls das Insolvenzverfahren eröffnet, entsteht das Problem einer Doppelanmeldung einer wirtschaftlich identischen Gläubigerforderung in der Gesellschafterinsolvenz. Weil der Gläubiger eines persönlich haftenden Gesellschafters nach früherer Rechtslage auch die Haftung aus § 128 HGB direkt gegen den Gesellschafter verfolgen konnte, meldete er in dessen Insolvenzverfahren die Forderung trotz zusätzlicher persönlicher Mitverpflichtung selbstverständlich nur einmal an. Geht aber seit dem Inkrafttreten der InsO das Einziehungsrecht im Hinblick auf die akzessorische Gesellschafterhaftung gemäß § 93 auf den Insolvenzverwalter der Gesellschaftsinsolvenz über, dann sieht sich die Insolvenzmasse des Gesellschafters nun zwei Forderungsanmeldungen gegenüber, einmal der Anmeldung der persönlichen Forderung des Gläubigers aus Bürgschaft oder Schuldbeitritt und andererseits der Anmeldung des Insolvenzverwalters gemäß § 93. Da es gerade dem Sinn des § 44 entspricht, die doppelte Anmeldung zweier wirtschaftlich identischer Forderungen zu unterbinden (RdNr. 1), wird man das Problem durch **analoge Anwendung von § 44** auf die vom Insolvenzverwalter geltend gemachten Ansprüche zu lösen haben (vgl. auch § 93 RdNr. 28).[123] Da der Anspruch aus § 93 eine deutliche Ähnlichkeit mit dem Befreiungsanspruch eines Mitverpflichteten (dazu RdNr. 7) hat, ist dieser Anspruch nach dem Rechtsgedanken des § 44 nicht neben der Forderung des Gläubigers in der Insolvenz des Gesellschafters zuzulassen.[124] Dies hat dann freilich zur Folge, dass sich der Insolvenzverwalter vor einer Anmeldung der Gesellschaftsverbindlichkeiten exakt informieren muss, ob nicht die Gesellschaftsgläubiger ihrerseits schon die einzelnen Forderungen auf Grund persönlicher Mitverpflichtung des Gesellschafters in dessen Insolvenz angemeldet haben. Nur die dort nicht verfolgten Ansprüche kann er

---

[118] Zutreffend *K. Schmidt* (Fn. 108), S. 149; *Wissmann* RdNr. 461 ff.
[119] So *Uhlenbruck/Knof* § 44 RdNr. 7; auch hier ist allerdings zu beachten, dass ein Regressanspruch nur bei Zahlung auf die Haftsumme, nicht jedoch bei Zahlung auf eine noch nicht erbrachte Einlage möglich ist; vgl. *K. Schmidt* (Fn. 108), S. 144 und 152.
[120] Zutreffend *Wissmann* RdNr. 461.
[121] *K. Schmidt* (Fn. 108), S. 150 ff.; *Wissmann* RdNr. 469 ff. mwN.; zust. *Uhlenbruck/Knof* § 44 RdNr. 7.
[122] Dazu ausführlich *K. Schmidt/Bitter* ZIP 2000, 1077, 1083 ff.
[123] Ausführlich *K. Schmidt/Bitter* ZIP 2000, 1077, 1083 ff.; zustimmend *Kübler/Prütting/Bork/Lüke* § 93 RdNr. 18c; das demgegenüber von *K. Schmidt*, ebenda, S. 1085 ff. vertretene „Ausfallmodell" ist de lege lata nicht begründbar, vgl. *Bitter* ZInsO 2002, 557, 561; ferner *Klinck* NZI 2004, 651, 653 ff., der allerdings entgegen der hier vertretenen Ansicht keinen generellen Vorrang der Anmeldung des Gläubigers gegenüber dem Insolvenzverwalter anerkennen will; ausführliche Darstellung beider Modelle mit Rechenbeispielen bei *v. Olshausen* ZIP 2003, 1321 ff.
[124] Nach *Klinck* NZI 2004, 651, 655 kommt es demgegenüber auf die Priorität der Anmeldung an.

gemäß § 93 anmelden.[125] Dass hierdurch die Neuregelung des § 93 in weiten Teilen praktisch bedeutungslos werden wird, versteht sich von selbst, ist aber nach der geltenden Rechtslage nicht zu verhindern.[126]

Für die in § 171 Abs. 2 HGB enthaltene Parallelregelung wird das geschilderte Problem hingegen 41 deshalb nicht relevant, weil der Insolvenzverwalter hier nur eine einmalige Summe einfordert, die nicht auf bestimmte Forderungen der Gläubiger gestützt zu werden pflegt. Der Insolvenzverwalter benötigt daher nur mindestens eine Forderung in Höhe der Haftsumme, die nicht parallel vom Gläubiger in der Gesellschafterinsolvenz verfolgt wird.

§ 44a InsO Gesicherte Darlehen

In dem Insolvenzverfahren über das Vermögen einer Gesellschaft kann ein Gläubiger nach Maßgabe des § 39 Abs. 1 Nr. 5 für eine Forderung auf Rückgewähr eines Darlehens oder für eine gleichgestellte Forderung, für die ein Gesellschafter eine Sicherheit bestellt oder für die er sich verbürgt hat, nur anteilsmäßige Befriedigung aus der Insolvenzmasse verlangen, soweit er bei der Inanspruchnahme der Sicherheit oder des Bürgen ausgefallen ist.

Schrifttum: *Altmeppen*, Zur Insolvenzanfechtung einer Gesellschaftersicherheit bei Doppelsicherung, ZIP 2011, 741; *Bartsch/Weber*, Doppelbesicherung durch Gesellschafts- und Gesellschaftersicherheiten nach dem MoMiG: Hat der Gesellschaftsgläubiger weiterhin ein Wahlrecht?, DStR 2008, 1884; *Bork*, Doppelbesicherung eines Gesellschafterdarlehens durch Gesellschaft und Gesellschafter, FS Ganter, 2010, S. 135; *Gundlach/Frenzel/Strandmann*, Die Anwendung des § 44a InsO auf Doppelbesicherungen, DZWIR 2010, 232; *Lauster/Stiehler*, Doppelbesicherung und zeitliche Reichweite von Gesellschafterfinanzierungen – Rechtsunsicherheit durch die jüngste Rechtsprechung des BGH, BKR 2012, 106; *Löser*, Ankaufsverpflichtung für Sicherungsgut des Kreditgebers als Gesellschaftersicherheit i. S. d. § 135 Abs. 2 InsO nF, ZInsO 2010, 28; *Mikolajczak*, Die Haftung des Gesellschafters für doppelbesicherte Drittdarlehen – Was folgt aus dem Nachrang des Freistellungsanspruchs?, ZIP 2011, 1285; *Oepen*, Maßgabe im Übermaß – Korrekturbedarf im neuen § 44a InsO, NZI 2009, 300; *Karsten Schmidt*, Die Rechtsfolgen der „eigenkapitalersetzenden Sicherheiten", ZIP 1999, 1821; *Karsten Schmidt*, Gesellschafterbesicherte Drittkredite nach neuem Recht, BB 2008, 1966; *N. Schmidt*, Die analoge Anwendung des § 44a InsO im Falle der Besicherung eines Darlehens an die Gesellschaft durch Gesellschaft und Gesellschafter, ZInsO 2010, 70; *Spliedt*, MoMiG in der Insolvenz – ein Sanierungsversuch, ZIP 2009, 149, 154 ff.; *Thonfeld*, Eigenkapitalersetzende Gesellschaftersicherheiten und der Freistellungsanspruch der Gesellschaft, 2005.

Übersicht

	Rn.		Rn.
A. Normzweck	1–5	II. Begrenzter Regressanspruch des Gesellschafters	24–28
B. Entstehungsgeschichte	6, 7		
C. Anwendungsbereich	8–19	1. Verwertung der Sicherheit während des Verfahrens	26, 27
I. Insolvenz einer Gesellschaft mit Haftungsbeschränkung	9, 10	2. Verwertung der Sicherheit vor Verfahrenseröffnung	28
II. Kredit eines Dritten	11–14		
III. Besicherung durch einen Gesellschafter	15–19	III. Gesellschafterbesicherte Drittdarlehen im Überschuldungsstatus	29
D. Rechtsfolgen	20–32	IV. Doppelbesicherung	30–32
I. Verfahrensmäßige Beschränkung des Kreditgebers	20–23	E. Unabdingbarkeit	33, 34

A. Normzweck

Die mit dem Gesetz zur Modernisierung des GmbH-Rechts und zur Bekämpfung von Missbräu- 1 chen – MoMiG – vom 23.10.2008[1] neu in die Insolvenzordnung eingeführte Vorschrift des § 44a ist neben den §§ 39 Abs. 1 Nr. 5, IV, V, 135, 143 Abs. 3 Teil des Rechts der – früher eigenkapitalersetzenden – Gesellschafterdarlehen (näher RdNr. 6 f.). In § 44a InsO gehen die bisher in § 32a Abs. 2 und Abs. 3 S. 1 GmbHG enthaltenen Vorschriften betreffend die **gesellschafterbesicherten**

---

[125] Vgl. im Einzelnen K. Schmidt/*Bitter* ZIP 2000, 1077, 1083 ff.
[126] Ausführlich *Bitter* ZInsO 2002, 557 ff.
[1] BGBl. I 2008, S. 2026; Abdruck des Regierungsentwurfs mit Begründung in BT-Drucks. 16/6140, ferner in ZIP, Beilage zu Heft 23/2007.

Drittdarlehen auf. Geregelt wird also die Konstellation, in der ein Gesellschafter nicht selbst seine Gesellschaft mit Kreditmitteln finanziert – dann unterliegt die Darlehensrückforderung dem Nachrang des § 39 Abs. 1 Nr. 5 und Rückzahlungen sowie Sicherungen im Vorfeld der Insolvenz der Gesellschaft sind gemäß § 135 anfechtbar –, sondern ein Dritter das Darlehen gewährt und der Gesellschafter hierfür eine Sicherheit bestellt. § 44a will in diesem Fall der gesellschafterbesicherten Drittdarlehen sicherstellen, dass der Dritte immer zunächst die Gesellschaftersicherheit in Anspruch nimmt und er erst anschließend aufgrund seiner Darlehensrückzahlungsforderung auf die Insolvenzmasse zugreift. Da die Vorschrift somit die Teilnahme eines besicherten Gläubigers an der Verteilung der Insolvenzmasse regelt, ist sie in § 44a gesetzlich deplatziert und hätte richtigerweise zu § 43 gehört, sei es als § 43a oder sogleich als zusätzlicher Absatz des § 43.[2] Die Zugehörigkeit zu jener Regelung wird besonders deutlich, wenn man sich von dem fehlerhaften, an das Ausfallprinzip des § 52 erinnernden Wortlaut des § 44a nicht irreführen lässt, sondern richtigerweise erkennt, dass § 44a den Drittdarlehensgeber nur verfahrensmäßig zunächst auf die Gesellschaftersicherheit verweist, die anschließende Teilnahme an der Verteilung der Insolvenzmasse hingegen materiell nach dem Grundsatz der Doppelberücksichtigung aus § 43 erfolgt (dazu unten RdNr. 21 ff.).[3]

2   Als **Teil der Gesamtregelung der Gesellschafterdarlehen** in der InsO nimmt § 44a an dem allgemeinen Normzweck jener Regelung teil, der seit der Neuregelung durch das MoMiG allerdings höchst umstritten ist (dazu auch § 39 RdNr. 38).[4] Teilweise wird die These vertreten, der Normzweck des Rechts der Gesellschafterdarlehen sei im Grundsatz der gleiche wie nach dem alten Eigenkapitalersatzrecht; die Krise und die in der Krise getroffene Finanzierungsentscheidung würden allerdings jetzt vom Gesetz aus Vereinfachungsgründen unwiderleglich vermutet.[5] Die Inspiratoren der Neuregelung, *Huber* und *Habersack* (RdNr. 6)[6], sehen den insolvenzrechtlichen Nachrang und die darin zum Ausdruck kommende Einordnung der Gesellschafterdarlehen als Risikokapital hingegen als Gegenstück zur Haftungsbeschränkung, um eine missbräuchliche Ausnutzung des Haftungsprivilegs zu verhindern[7], während eine dritte These an die erhöhte Verantwortung der Gesellschafter anknüpft, die sich aus deren Insiderstellung ergebe.[8] Ein vierter Ansatz erklärt die Sonderregeln zu den Gesellschafterdarlehen mit einer Risikoübernahmeverantwortung, die sich aus der Beteiligung an unternehmerischen Chancen und Risiken bei gleichzeitigem Einfluss auf die Geschicke des Unternehmens ergebe (Kombination aus „Mitunternehmerrisiko" und „Mitunternehmerinitiative")[9], während andere schließlich resignativ den fehlenden Normzweck beklagen.[10]

---

[2] Ähnlich bereits 2. Aufl., § 44 RdNr. 46; ebenso *K. Schmidt* ZIP 2006, 1925, 1929; *Bork* ZGR 2007, 250, 261; HambKomm-*Lüdtke* § 44a RdNr. 5.

[3] Siehe dazu bereits die 2. Aufl., § 43 RdNr. 27, § 44 RdNr. 46.

[4] Überblick über die unterschiedlichen Ansätze bei *Kolmann* in Saenger/Inhester (Hrsg.), GmbHG, Handkommentar (HK-GmbHG), Anh. § 30 RdNr. 35 ff.

[5] *Bork* ZGR 2007, 250 ff.; *Haas* ZInsO 2007, 617, 621; *Altmeppen* NJW 2008, 3601 ff.; *Roth/Altmeppen*, GmbHG, 7. Aufl. 2012, Anh. §§ 32a, b RdNr. 9, 11 mwN; HK-*Marotzke* § 108 RdNr. 58; *Hölzle* ZInsO 2007, 421, 422; *Hölzle* GmbHR 2007, 729, 735; ausführlich *Hölzle* ZIP 2009, 1939 ff.; HambKomm-*Schröder* § 135 RdNr. 8a; dazu kritisch insbesondere *K. Schmidt* GmbHR 2009, 1009, 1012 f.; *Huber*, FS Priester, 2007, S. 259, 274; *Habersack* ZIP 2007, 2145, 2147; HK-GmbHG/*Kolmann* (Fn. 4), Anh. § 30 RdNr. 42; siehe auch *Kleindiek* in Lutter/Hommelhoff, GmbHG, 17. Aufl. 2009, Anh. § 64 RdNr. 116.

[6] Siehe die zwölf Thesen von *Huber/Habersack* BB 2006, 1 ff.; angedeutet auch schon bei *Röhricht* ZIP 2005, 505, 512 f.

[7] *Huber*, FS Priester, 2007, S. 259, 271 ff.; *Habersack* ZIP 2007, 2145, 2147; *Habersack* ZIP 2008, 2385, 2387 ff.; *Goette/Habersack*, Das MoMiG in Wissenschaft und Praxis, 2009, RdNr. 5.13; Ulmer/Winter/*Habersack*, GroßkommGmbHG, Ergänzungsband MoMiG, 2010, § 30 RdNr. 36 ff.; dem folgend *Gehrlein* BB 2008, 846, 849; präzisierend *Grigoleit/Rieder*, GmbH-Recht nach dem MoMiG, 2009, RdNr. 228, 239; kritisch Scholz/ *K. Schmidt*, GmbHG, Band 3, 10. Aufl. 2010, Nachtrag MoMiG §§ 32a/b aF RdNr. 8.

[8] In diesem Sinne *Servatius*, Gläubigereinfluss durch Covenants, 2008, S. 453 ff. (zum bisherigen Recht), 481 ff. (zum neuen Recht) mwN; *Schaumann*, Reform des Eigenkapitalersatzrechts im System der Gesellschafterhaftung, 2009, S. 247; *Noack* DB 2007, 1395, 1398; vgl. auch *Haas* ZInsO 2007, 617, 618; *Grigoleit/Rieder* (Fn. 7), RdNr. 228; *Mylich* ZGR 2009, 474, 476 f. und 488; mit Beschränkung auf die Insolvenzanfechtung ferner *Eidenmüller* ZGR 2007, 168, 192 f.; *Eidenmüller*, FS Canaris, Bd. II, 2007, S. 50, 61 ff.; *Seibert*, Gesetz zur Modernisierung des GmbH-Rechts und zur Bekämpfung von Missbräuchen – MoMiG, RWS-Dokumentation 23, 2008, S. 41 und 45; zur gedanklichen Trennung von Nachrang und Anfechtung auch *Töhle*, Gläubigerschutz durch Insolvenzrecht, 2010, S. 390 ff., *T. Bezzenberger*, FS G. Bezzenberger, 2000, S. 29, 43 und *Ulbrich*, Die Abschaffung des Eigenkapitalersatzrechts der GmbH, Diss. Köln 2011, S. 122 ff.; jüngst ebenso BGHZ 188, 363 = NJW 2011, 1503 = ZIP 2011, 576 (RdNr. 17); insgesamt kritisch hingegen *K. Schmidt* GmbHR 2009, 1016; *Krolop* GmbHR 2009, 397, 399 ff.

[9] So *Krolop* ZIP 2007, 1738 ff.; *Krolop* GmbHR 2009, 397 ff., insbes. S. 401 ff.; ähnlich schon *Tillmann* GmbHR 2006, 1289, 1290 f. („Mitunternehmerische Beteiligung als Gefahrtragungsmerkmal").

[10] In diesem Sinne *Scholz/K. Schmidt* (Fn. 7), Nachtrag MoMiG §§ 32a/b aF RdNr. 7 f.: Mehr als das „Näherdran-Argument" ist nicht geblieben.

Richtigerweise lässt sich der **Normzweck des Rechts der Gesellschafterdarlehen** und damit 3 auch der Normzweck des § 44a InsO nur bei einem tiefgehenderen Blick auf die ökonomische Rechtfertigung der Haftungsbeschränkung finden.[11] Der Grund, warum das Darlehen des Gesellschafters anders behandelt wird als das Darlehen eines „externen" Dritten, liegt in den nicht vergleichbaren Möglichkeiten des Gesellschafters, von den Chancen der Geschäftstätigkeit der Gesellschaft profitieren zu können. Gesellschafter erhalten den (variablen) Gewinn des Unternehmens und nicht nur einen festen Anspruch auf Zins. Damit schafft die Haftungsbeschränkung einen Anreiz, auf Kosten der Gläubiger in besonders risikoreiche Projekte zu investieren, deren Nutzen die Gesellschafter im Falle ihres Gelingens über ihren Gewinnanspruch abschöpfen, während der Schaden beim Scheitern des Unternehmens die Gläubiger trifft. Dieser Anreiz, „auf Kosten der Gläubiger zu spekulieren", wird durch eine angemessene Eigenkapitalbeteiligung der Gesellschafter ganz erheblich reduziert, weil dann jeder Verlust zunächst die Gesellschafter und erst dann die Gläubiger trifft.[12] Allein die Gesellschafter haben nun die Möglichkeit, Fremdkapital hinzugeben und sich dabei „formal" – wie eine Bank – mit einem festen Zinsanspruch zu begnügen, tatsächlich aber die Gewinnchancen auch aus solchermaßen (fremd-)finanzierten Projekten voll abzuschöpfen. Gerade wegen seiner parallelen Gesellschaftsbeteiligung ist nämlich der Gesellschafter in Bezug auf das Darlehen gar nicht auf die Vereinbarung eines – der Gesellschafterdividende entsprechenden – gewinnabhängigen Zinses angewiesen, sondern schöpft die sich aus Risikoerhöhungsstrategien ergebenden Renditen schlicht über seine zugleich bestehende Gesellschafterposition ab, ohne das Fremdkapital einer für Eigenkapital üblichen vollen Verlustandrohung auszusetzen. Nur der Gesellschafterdarlehensgeber kann also von den Gewinnen profitieren, als habe er insgesamt Eigenkapital hingegeben, müsste aber im Gegenzug mit dem Fremdkapitalanteil nicht vorrangig haften, wenn es den Nachrang des § 39 Abs. 1 Nr. 5 nicht gäbe.

Um das dadurch entstehende Ungleichgewicht zwischen einem stets auf den Festbetragsanspruch 4 beschränkten gewöhnlichen Gläubiger und dem nur scheinbar auf den Festbetragsanspruch beschränkten, in Wahrheit aber vollumfänglich variabel am Gewinn beteiligten Gesellschafter auszugleichen, ist es gerechtfertigt, die Darlehen derjenigen Personen, die zugleich Gesellschafter sind, im Rang hinter den Forderungen der gewöhnlichen Gläubiger gemäß § 39 Abs. 1 Nr. 5 InsO zurückzustufen. In der Sache geht es also darum, eine **nominelle Unterkapitalisierung der Gesellschaft** (= mangelnde Ausstattung mit Eigenkapital bei gleichzeitiger Auffüllung der Lücke durch Gesellschafter-Fremdkapital) zu sanktionieren.[13] Folge der insolvenzrechtlichen Regeln zu den Gesellschafterdarlehen ist daher eine grundsätzlich[14] ausreichende Beteiligung der Gesellschafter am Risiko der Geschäftstätigkeit der Gesellschaft: Schafft der Gesellschafter diese Beteiligung nicht selbst im Wege (ausreichender) Eigenkapitalausstattung, wird sie ihm durch den Nachrang seiner Ansprüche aus der Fremdkapitalfinanzierung per Gesetz aufgezwungen.[15] Dieser Nachrang besteht dabei nach der neuen gesetzlichen Regelung in § 39 I Nr. 5 unabhängig von dem konkreten Verhältnis zwischen Fremd- und Eigenkapital, sodass ein unangemessenes Verhältnis (= nominelle Unterkapitalisierung) bei der Hingabe von Darlehen durch Gesellschafter gleichsam **unwiderleglich vermutet wird**.

Diese Rechtsidee erweitert § 44a auf den Fall, dass der Gesellschafter nicht selbst das Darlehen 5 gewährt, sondern er die Kreditgewährung durch einen unabhängigen Dritten dadurch ermöglicht, dass er diesem dazu eine Sicherheit gewährt. Auch in diesem Fall könnte der Gesellschafter aufgrund seiner variablen Gewinnbeteiligung im Verhältnis zu normalen Fremdkapitalgebern davon profitieren, dass die vom Dritten finanzierte Gesellschaft Risikoerhöhungsstrategien verfolgt, müsste er in der Insolvenz der Gesellschaft nicht befürchten, dass der Dritte – wozu ihn aber § 44a zwingt – immer zunächst auf die vom Gesellschafter gewährte Sicherheit zurückgreift, ehe er an der Verteilung der Insolvenzmasse teilnimmt. Nicht anders als der Nachrang eines vom Gesellschafter selbst gewährten Darlehens ist folglich die vorrangige Inanspruchnahme der Gesellschaftersicherheit in der Insolvenz der Gesellschaft eine Sanktion für die vom Gesetz

---

[11] Eingehend zur Rechtfertigung der Haftungsbeschränkung *Scholz/Bitter*, GmbHG, Band 1, 11. Aufl., § 13 RdNr. 60 ff.; *Bitter*, Konzernrechtliche Durchgriffshaftung bei Personengesellschaften, Diss. Hamburg 2000, S. 150 ff.; zum Normzweck des Rechts der Gesellschafterdarlehen siehe bereits im nachfolgend beschriebenen Sinn *Bitter*, Gesellschaftsrecht, 2011, § 4 RdNr. 267.
[12] Dazu ausführlich und mit Modellrechnungen *Bitter* in Bachmann/Casper/Schäfer/Veil (Hrsg.), Steuerungsfunktionen des Haftungsrechts im Gesellschafts- und Kapitalmarktrecht, 2007, S. 57 ff.
[13] Angedeutet bei *Bitter* ZIP 2010, 1, 9 f.; zustimmend HK-GmbHG/*Kolmann* (Fn. 4), Anh. § 30 RdNr. 41 ff.
[14] Zu dem daneben aber denkbaren Problem der materiellen Unterkapitalisierung siehe *Bitter*, GesR (Fn. 11), § 4 RdNr. 254; *Scholz/Bitter* (Fn. 11), § 13 RdNr. 138 ff.
[15] Von einer Finanzierungsfreiheit der Gesellschafter lässt sich daher nur in begrenztem Umfang sprechen; vgl. *Bitter* ZIP 2010, 1, 9.

unwiderleglich vermutete (nominelle) Unterkapitalisierung der Gesellschaft. Die Vorschrift des § 44a wendet sich damit in ihrer Zielrichtung gegen den Gesellschafter, nicht gegen den Drittkreditgeber, auch wenn dieser, um das gesetzliche Ziel einer vorrangigen Belastung des Gesellschafters erreichen zu können, verfahrensmäßig in gewissem Umfang mit in die Pflicht genommen wird (vgl. unten RdNr. 20 ff.).[16]

B. Entstehungsgeschichte

6   Das früher insbesondere in §§ 32a, b GmbHG aF geregelte Eigenkapitalersatzrecht wurde mit dem MoMiG gänzlich in die Insolvenzordnung verlagert und dabei zugleich vom Tatbestand der „Krise der Gesellschaft" (vgl. § 32a Abs. 1 GmbHG aF) gelöst.[17] Die gesetzliche Neuregelung folgt damit in weiten Strecken den Vorschlägen, die *Huber* und *Habersack*[18] Anfang 2006 vorgelegt hatten. Die gesetzliche Regelung in §§ 32a, b GmbHG lautete früher:

§ 32a GmbHG – Rückgewähr eines Darlehns

(1) Hat ein Gesellschafter der Gesellschaft in einem Zeitpunkt, in dem ihr die Gesellschafter als ordentliche Kaufleute Eigenkapital zugeführt hätten (Krise der Gesellschaft), statt dessen ein Darlehn gewährt, so kann er den Anspruch auf Rückgewähr des Darlehns im Insolvenzverfahren über das Vermögen der Gesellschaft nur als nachrangiger Insolvenzgläubiger geltend machen.

(2) Hat ein Dritter der Gesellschaft in einem Zeitpunkt, in dem ihr die Gesellschafter als ordentliche Kaufleute Eigenkapital zugeführt hätten, statt dessen ein Darlehn gewährt und hat ihm ein Gesellschafter für die Rückgewähr des Darlehns eine Sicherung bestellt oder hat er sich dafür verbürgt, so kann der Dritte im Insolvenzverfahren über das Vermögen der Gesellschaft nur für den Betrag verhältnismäßige Befriedigung verlangen, mit dem er bei der Inanspruchnahme der Sicherung oder des Bürgen ausgefallen ist.

(3) ¹Diese Vorschriften gelten sinngemäß für andere Rechtshandlungen eines Gesellschafters oder eines Dritten, die der Darlehnsgewährung nach Absatz 1 oder 2 wirtschaftlich entsprechen. ²Die Regeln über den Eigenkapitalersatz gelten nicht für den nicht geschäftsführenden Gesellschafter, der mit zehn vom Hundert oder weniger am Stammkapital beteiligt ist. ³Erwirbt ein Darlehnsgeber in der Krise der Gesellschaft Geschäftsanteile zum Zweck der Überwindung der Krise, führt dies für seine bestehenden oder neugewährten Kredite nicht zur Anwendung der Regeln über den Eigenkapitalersatz.

§ 32b GmbHG – Erstattung eines zurückgezahlten Darlehns

¹Hat die Gesellschaft im Fall des § 32a Abs. 2, 3 das Darlehn im letzten Jahr vor dem Antrag auf Eröffnung des Insolvenzverfahrens oder nach diesem Antrag zurückgezahlt, so hat der Gesellschafter, der die Sicherung bestellt hatte oder als Bürge haftete, der Gesellschaft den zurückgezahlten Betrag zu erstatten; § 146 der Insolvenzordnung gilt entsprechend. ²Die Verpflichtung besteht nur bis zur Höhe des Betrags, mit dem der Gesellschafter als Bürge haftete oder der dem Wert der von ihm bestellten Sicherung im Zeitpunkt der Rückzahlung des Darlehns entspricht. ³Der Gesellschafter wird von der Verpflichtung frei, wenn er die Gegenstände, die dem Gläubiger als Sicherung gedient hatten, der Gesellschaft zu ihrer Befriedigung zur Verfügung stellt. ⁴Diese Vorschriften gelten sinngemäß für andere Rechtshandlungen, die der Darlehnsgewährung wirtschaftlich entsprechen.

7   Anders als dies noch im Referentenentwurf des MoMiG vom 29. Mai 2006[19] vorgesehen war, wurden die früheren Regelungen der §§ 32a und 32b GmbHG nicht komplett in § 44a InsO übernommen. Vielmehr ist – einem Vorschlag von *Karsten Schmidt* folgend[20] – der Anfechtungstatbestand des § 32b GmbHG abgetrennt und in § 135 Abs. 2 i. V. m. § 143 Abs. 3 InsO eingestellt worden. Demnach belässt die heutige Gesetzesfassung in § 44a InsO nur die Regelung über die Anmeldung von Forderungen aus gesellschafterbesicherten Darlehen.

---

[16] Ähnlich *K. Schmidt* BB 2008, 1966, 1968; *Mikolajczak* ZIP 2011, 1285, 1286.
[17] Überblick zum Referentenentwurf bei *Seibert* ZIP 2006, 1157, 1160 ff.; zum Regierungsentwurf *Seibert* BB Heft 23/2007, Die erste Seite.
[18] *Huber/Habersack* BB 2006, 1 ff.
[19] Abdruck in *Seibert,* MoMiG (Fn. 8), S. 303 ff.
[20] Siehe dazu *K. Schmidt* ZIP 2006, 1925, 1929.

C. Anwendungsbereich

Die Anwendbarkeit des § 44a setzt dreierlei voraus: Es muss (1) ein Insolvenzverfahren über das **8** Vermögen einer Gesellschaft i. S. d. § 39 Abs. 4 Satz 1 eröffnet sein, (2) ein außenstehender Dritter existieren, der jener Gesellschaft einen noch nicht zurückgezahlten Kredit gewährt hat und (3) zur Sicherung jenes Kredits eine Sicherheit durch einen Gesellschafter bestellt worden sein.

I. Insolvenz einer Gesellschaft mit Haftungsbeschränkung

Die Anwendung des § 44a setzt die Insolvenz der Gesellschaft voraus, kommt also in Fällen **9** masseloser Insolvenzen nicht in Betracht.[21] Durch den Verweis auf § 39 Abs. 1 Nr. 5 ist die früher in § 32a Abs. 2 GmbHG aF allein für die GmbH angeordnete Regelung rechtsformneutral ausgestaltet worden,[22] sodass sie in Zukunft für alle inländischen und ausländischen Gesellschaften i.S.v. § 39 Abs. 4 Satz 1 gilt, in denen keine natürliche Person unmittelbar oder mittelbar für die Gesellschaftsverbindlichkeiten persönlich haftet.[23] Der Anwendungsbereich deckt sich insoweit mit dem des § 39 Abs. 1 Nr. 5, weshalb hinsichtlich der Details auf die Kommentierung jener Vorschrift verwiesen werden kann (§ 39 RdNr. 36 ff.).

Für andere Gesellschaften – wie etwa die gesetzestypische KG oder OHG mit natürlicher Person **10** als Komplementär – gelten für gesellschafterbesicherte Drittkredite hingegen im Grundsatz die allgemeinen Regeln der §§ 43, 44.[24] Diese werden jedoch durch § 171 Abs. 2 HGB und § 93 nicht unerheblich überlagert (vgl. § 43 RdNr. 15 f., § 44 RdNr. 36 ff.).

II. Kredit eines Dritten

Der Kredit muss von einem außenstehenden Dritten gewährt worden sein, auch wenn diese **11** Voraussetzung – anders als früher in § 32a Abs. 2 GmbHG aF – im Wortlaut des § 44a nicht mehr so deutlich zum Ausdruck kommt, weil der Gesetzgeber den Zusatz „nach Maßgabe des § 39 Abs. 1 Nr. 5" unglücklich hinter dem Wort „Gläubiger" platziert hat.[25] Der Zusatz soll – wie soeben in RdNr. 9 dargelegt – nur auf die erfassten Gesellschaftsformen Bezug nehmen, nicht hingegen die Person des Gläubigers näher definieren oder gar dessen Kreditforderung für nachrangig erklären.[26] Der Darlehensgeber ist also im Rahmen des § 44a gerade kein dem § 39 Abs. 1 Nr. 5 unterfallender Gesellschafter oder eine diesem gleichgestellte Person, sondern ein mit der Gesellschaft nicht verbundener Dritter, in der Praxis also typischerweise ein die Gesellschaft finanzierendes Kreditinstitut.[27]

Drittkreditgeber i.S.v. § 44a kann allerdings im Einzelfall auch einmal ein Gesellschafter sein, **12** wenn dieser nach dem **Kleinbeteiligungsprivileg** des § 39 Abs. 4 Satz 2 oder dem **Sanierungsprivileg** des § 39 Abs. 5 nicht den Regeln über Gesellschafterdarlehen unterfällt.[28] Gewährt folglich ein derart privilegierter Gesellschafter der Gesellschaft ein Darlehen, unterliegt dieses nicht dem Nachrang des § 39 Abs. 1 Nr. 5 sowie der Anfechtung nach § 135, wohl aber muss dieser Gesellschafter gemäß § 44a vor einer Teilnahme an der quotalen Befriedigung aus der Insolvenzmasse der Gesellschaft vorrangig eine Sicherheit in Anspruch nehmen, die ihm ein nicht privilegierter Mitgesellschafter (dazu RdNr. 18) zur Sicherung der Darlehensrückzahlungsforderung gewährt hat.

Dem außenstehenden Dritten muss „eine Forderung auf Rückgewähr eines Darlehens oder ... eine **13** gleichgestellte Forderung" zustehen. Mit der zweiten Alternative ist der gleiche Tatbestand gemeint, den § 39 Abs. 1 Nr. 5 als „Forderungen aus Rechtshandlungen, die einem solchen Darlehen wirtschaftlich entsprechen" bezeichnet.[29] Da der Gesetzgeber des MoMiG entgegen dem Vorschlag von *Huber* und

---

[21] FK-*Bornemann* § 44a RdNr. 9.
[22] Siehe dazu die Begründung zu § 44a InsO idF des RegE-MoMiG, BT-Drucks. 16/6140, S. 57; abgedruckt auch in ZIP, Beilage zu Heft 23/2007, S. 33.
[23] Siehe auch HK-*Kleindiek* § 44a RdNr. 3.
[24] Darauf hinweisend HambKomm-*Lüdtke* § 44a RdNr. 6.
[25] Dazu kritisch auch *Graf-Schlicker/Neußner* § 44a RdNr. 4; HambKomm-*Lüdtke* § 44a RdNr. 7; *K. Schmidt* BB 2008, 1966, 1969; *Bork*, FS Ganter, 2010, S. 135, 137 f.; *Schönfelder* WM 2009, 1401, 1406; *Altmeppen* ZIP 2011, 741, 743.
[26] So aber *Gehrlein* BB 2008, 846, 852, der insoweit Opfer der missglückten Formulierung wird; vgl. dazu kritisch KPB/*Preuß* § 44a RdNr. 18; *Schönfelder* WM 2009, 1401, 1406 f.; *Altmeppen* ZIP 2011, 741, 743; ausführlich *Oepen* NZI 2009, 300 ff.; richtigstellend jetzt *Gehrlein/Ekkenga/Simon*, GmbHG, 2012, vor § 64 RdNr. 141.
[27] Zutreffend HambKomm-*Lüdtke* § 44a RdNr. 7; siehe auch *K. Schmidt* BB 2008, 1966, 1968.
[28] *Graf-Schlicker/Neußner* § 44a RdNr. 4; HambKomm-*Lüdtke* § 44a RdNr. 7.
[29] FK-*Bornemann* § 44a RdNr. 4; *Graf-Schlicker/Neußner* § 44a RdNr. 5; HambKomm-*Lüdtke* § 44a RdNr. 8.

Habersack[30] ganz bewusst nicht alle Arten von Forderungen erfassen wollte,[31] ist nicht nur im Rahmen der §§ 39 Abs. 1 Nr. 5, 135, sondern auch bei der Anwendung des § 44a darauf abzustellen, ob die Forderung **Kreditierungsfunktion** hat.[32] Diese kann – nicht anders als nach dem früheren Eigenkapitalersatzrecht[33] – beispielsweise bei einer nur kurzfristigen Mittelüberlassung fehlen[34], wobei in derartigen Fällen allerdings selten Gesellschaftersicherheiten bestellt sein dürften.

14 Ohne Bedeutung ist nach dem neuen Recht, ob der Kredit des außenstehenden Dritten in einer Krise der Gesellschaft gewährt worden ist,[35] weil das neue Recht der Gesellschafterdarlehen ganz allgemein vom Tatbestand der Krise gelöst wurde (RdNr. 6). Stattdessen baut es auf der unwiderleglichen Vermutung nomineller Unterkapitalisierung auf, die immer dann eingreift, wenn ein Gesellschafter seine Gesellschaft direkt oder mittelbar über die Bestellung von Sicherheiten für Drittkredite finanziert (RdNr. 3 ff.).

III. Besicherung durch einen Gesellschafter

15 Das Gesetz spricht von Forderungen, „für die ein Gesellschafter eine Sicherheit bestellt oder für die er sich verbürgt hat". Dem Normzweck des § 44a entsprechend sind damit sämtliche Arten von Gesellschaftersicherheiten gemeint, mit denen der Gesellschafter mittelbar das Ziel einer Finanzierung „seiner" Gesellschaft durch einen Drittkreditgeber erreichen kann. Nicht anders als die frühere Vorschrift des § 32 Abs. 2 GmbHG aF[36] ist folglich auch § 44a im Hinblick auf den Tatbestand der **Gesellschaftersicherheit im weitesten Sinne** des Wortes zu verstehen, erfasst folglich neben den in § 232 BGB angeführten auch alle sonstigen **Personal- und Realsicherheiten,** insbesondere auch die nicht akzessorischen Sicherheiten wie Sicherungsübereignung, Sicherungsabtretung und Sicherungsgrundschuld sowie den Schuldbeitritt, das Schuldversprechen und Garantieverträge.[37] Selbst in der vom Gesellschafter eingegangenen Verpflichtung, dem Kreditgeber zur Sicherheit übereignete Gegenstände zum Einkaufspreis anzukaufen (Ankaufsverpflichtung), kann eine Gesellschaftersicherheit liegen.[38]

16 Die Anwendung des § 44a ist auch bei **subsidiär ausgestalteten Gesellschaftersicherheiten** möglich. Dies ergibt sich für die im gesetzlichen Regelfall subsidiäre Bürgenhaftung bereits aus dem Gesetz, weil die Einrede der Vorausklage aus § 771 BGB gemäß § 773 Nr. 3 BGB in der Insolvenz der Gesellschaft entfällt, der Drittkreditgeber den Bürgen folglich unmittelbar in Anspruch nehmen kann.[39] Aber auch bei einer Ausfallbürgschaft oder sonstigen subsidiären Personal- oder Realsicherheit des Gesellschafters, deren Inanspruchnahme durch den Kreditgeber im Sicherungsvertrag mit dem Gesellschafter auf den Ausfall in der Insolvenz der Gesellschaft beschränkt wurde, ist § 44a anzuwenden.[40] Durch eine derartige subsidiäre Sicherheit hat der Gesellschafter den Drittkreditgeber

---

[30] Nach *Huber/Habersack* BB 2006, 1, 2 (These Nr. 2) wären nicht nur Darlehens-, sondern zB auch Kaufpreis-, Werklohn-, Mietzinsforderungen etc. nachrangig und ihre vorzeitige Befriedigung anfechtbar gewesen.

[31] Dazu *Seibert*, MoMiG (Fn. 8), S. 41; dies konzediert auch *Habersack* in Ulmer (Fn. 5), § 30 RdNr. 51.

[32] Dies sieht *Fastrich* in Baumbach/Hueck, 20. Aufl. 2013, Anh. § 30 RdNr. 50, wenn er statt der Finanzierungsfunktion nur noch auf die Doppelstellung als Gesellschafter und Darlehensgeber abstellen will. Ein Darlehen grenzt sich zu gewöhnlichen (Austausch-)Verträgen nun einmal durch seine Finanzierungsfunktion ab, wie *Fastrich* im Zusammenhang mit Fälligkeitsvereinbarungen auch selbst erkennt; dort wird auf eine „wirtschaftliche Nutzung des Kapitalwertes" abgestellt (RdNr. 52), womit exakt die Finanzierungsfunktion angesprochen ist; in Bezug auf ein sog. Stehenlassen wird sogar ausdrücklich auf die „Kreditierungsfunktion" abgestellt (RdNr. 53). Ähnliche Widersprüche finden sich bei Hk-GmbHG/*Kolmann* (Fn. 4), Anh. § 30 RdNr. 128 ff., wenn jegliche kurzfristigen Darlehen erfasst sein sollen (RdNr. 130), bei Fälligkeitsvereinbarungen aber – mit Hinweis auf § 142 InsO – ein Zeitraum von 2–4 Wochen nicht schaden soll (RdNr. 134).

[33] Andeutungsweise schon BGHZ 31, 258, 269 = WM 1960, 42, 44; klarer BGHZ 75, 334, 337 = NJW 1980, 592 = WM 1980, 78, 79 (Ziff. 2. der Gründe: „Darlehen zB zur kurzfristigen Deckung eines nur vorübergehenden Geldbedarfs oder als bloße Kapitalanlage"); sehr deutlich dann BGHZ 90, 381, 393 f. = NJW 1984, 1893, 1896 (Ziff. I. 8. der Gründe), siehe auch BGH WM 1989, 1166, 1168; jedenfalls in solchen Fällen, in denen der Überbrückungskredit nicht eindeutig konkursabwendend war, auch BGH ZIP 1990, 95, 97 (juris-RdNr. 17); BGHZ 133, 298, 304 = ZIP 1996, 1829, 1830 f. (juris-RdNr. 15); zusätzlich zur Nichtüberschreitung einer Drei-Wochen-Frist der Darlehensgewährung abstellend BGH ZIP 2006, 2130 (RdNr. 9).

[34] Siehe demnächst *Laspeyres*, Hybridkapital in Insolvenz und Liquidation der Kapitalgesellschaft, § 8 IV 1 a).

[35] Ebenso HambKomm-*Lüdtke* § 44a RdNr. 9; FK-*Bornemann* § 44a RdNr. 5.

[36] Dazu *Scholz/K. Schmidt*, GmbHG, Band 1, 10. Aufl. 2006, §§ 32a, 32b RdNr. 161.

[37] HK-*Kleindiek* § 44a RdNr. 4 ff.; *Kübler/Prütting/Bork/Preuß* § 44a RdNr. 11; *Graf-Schlicker/Neußner* § 44a RdNr. 7.

[38] HK-*Kleindiek* § 44a RdNr. 6; *Löser* ZInsO 2010, 28 ff.; ausführlich zum alten Recht *Thonfeld*, S. 41 ff.

[39] Dazu auch *K. Schmidt* ZIP 1999, 1821, 1828.

[40] HK-*Kleindiek* § 44a RdNr. 7; *Graf-Schlicker/Neußner* § 44a RdNr. 9; FK-*Bornemann* § 44a RdNr. 6; zutreffend bereits zum alten Recht *Scholz/K. Schmidt* (Fn. 36), §§ 32a, 32b RdNr. 161, 175 mwN; *K. Schmidt* ZIP 1999, 1821, 1828.

nämlich ebenfalls zur Hingabe der Darlehensmittel veranlassen und damit die Finanzierung „seiner" Gesellschaft sicherstellen können, sodass der Grundgedanke des Rechts der Gesellschafterdarlehen eingreift. Der Konflikt zwischen der Sicherungsabrede, die auf eine nur subsidiäre Inanspruchnahme des Gesellschafters abzielt, und dem Normzweck des § 44a ist zugunsten des letzteren aufzulösen: Die Gesellschaft kann den Drittkreditgeber folglich in Überwindung der zugunsten des Gesellschafters vereinbarten Sicherungsabrede vorrangig auf die Inanspruchnahme der Gesellschaftersicherheit verweisen (vgl. auch RdNr. 33).[41]

Die dem Drittkreditgeber gewährte Sicherheit des Gesellschafters muss **rechtswirksam bestellt** 17 sein, weil die Gesellschaft den Kreditgeber nicht vorrangig auf eine nicht existente Sicherheit verweisen kann.[42] Die Situation ist insoweit nicht vergleichbar mit einer Darlehenshingabe des Gesellschafters auf nichtiger Grundlage, bei der der Gesellschafter mit seinem Bereicherungsanspruch dem Recht der Gesellschafterdarlehen unterfallen kann, wenn er diese Forderung stehen lässt.[43]

Sicherungsgeber muss ein **Gesellschafter oder gleichgestellter Dritter**, etwa ein Strohmann 18 des Gesellschafters, sein, der – hätte er selbst ein gleiches Darlehen finanziert – der Bindung aus § 39 Abs. 1 Nr. 5 unterfallen wäre.[44] Für die Abgrenzung kann folglich auf die dortige Kommentierung verwiesen werden (§ 39 RdNr. 48 ff.). Ausgenommen sind danach insbesondere solche Gesellschafter, die dem **Sanierungsprivileg** des § 39 Abs. 4 Satz 2 (dazu § 39 RdNr. 55 f.) oder dem **Kleinbeteiligungsprivileg** des § 39 Abs. 5 (dazu § 39 RdNr. 57 ff.) unterfallen.[45] Wer nämlich bei eigener Kreditvergabe nicht dem Sonderrecht der Gesellschafterdarlehen unterliegt, auf den kann auch bei einer gesellschafterbesicherten Kreditvergabe durch einen Dritten § 44a keine Anwendung finden. Auf die Sicherheit eines derart privilegierten Gesellschafters finden folglich die allgemeinen Regeln der §§ 43, 44 Anwendung.[46]

Ebenso wie es unerheblich ist, ob der Kredit des außenstehenden Dritten in einer Krise der 19 Gesellschaft gewährt wurde (RdNr. 14), kommt es auch für die – ggf. zeitlich nachfolgende – Sicherheitenbestellung nicht auf eine Krisensituation an.[47] Das neue Recht knüpft nämlich insgesamt nicht mehr an die Krisenfinanzierung an (RdNr. 6). Entscheidend für die Anwendung des § 44a ist folglich allein, dass die in RdNr. 8 genannten Voraussetzungen im Zeitpunkt der Insolvenzeröffnung vorliegen.[48] Nicht anders als im Rahmen der §§ 39 Abs. 1 Nr. 5 und 135 ist freilich einer Umgehung des Gesellschafterdarlehensrechts durch **Übertragung der Gesellschafterstellung oder der (dinglichen) Sicherheit vor der Insolvenzeröffnung** Einhalt zu gebieten. Dies geschieht durch eine analoge Heranziehung des in § 135 Abs. 1 Nr. 2 enthaltenen Rechtsgedankens: Die eingetretene Bindung durch das Gesellschafterdarlehensrecht entfällt danach nur, wenn die Doppelstellung als Kreditgeber und Gesellschafter mehr als ein Jahr vor dem Eröffnungsantrag aufgelöst wurde (vgl. § 39 RdNr. 54).[49] Übertragen auf den Fall des § 44a bedeutet dies: Die Vorschrift bleibt anwendbar, wenn im letzten Jahr vor dem Eröffnungsantrag die gleiche Person Gesellschafter und Sicherungsgeber war.[50] Eine spätere Übertragung der Sicherheit oder der Gesellschafterstellung auf eine Vierten hindert es folglich nicht, den Drittkreditgeber auf die vorrangige Inanspruchnahme der ursprünglich vom Gesellschafter bestellten Sicherheit zu verweisen. Wird bei einer Übertragung

---

[41] Ähnlich bereits *Scholz/K. Schmidt* (Fn. 36), §§ 32a, 32b RdNr. 175; ausführlich *Thonfeld*, S. 104 ff.
[42] HambKomm-*Lüdtke* § 44a RdNr. 10; FK-*Bornemann* § 44a RdNr. 6; siehe zum alten Recht auch BGH ZIP 2008, 218 (RdNr. 4); *Scholz/K. Schmidt* (Fn. 36), §§ 32a, 32b RdNr. 162.
[43] Zutreffend *Scholz/K. Schmidt* (Fn. 36), §§ 32a, 32b RdNr. 162 zum alten Recht.
[44] *Kübler/Prütting/Bork/Preuß* § 44a RdNr. 10; HambKomm-*Lüdtke* § 44a RdNr. 11; HK-*Kleindiek* § 44a RdNr. 7.
[45] KPB/*Preuß* § 44a RdNr. 10; HK-*Kleindiek* § 44a RdNr. 3; HambKomm-*Lüdtke* § 44a RdNr. 12; *Graf-Schlicker/Neußner* § 44a RdNr. 6; FK-*Bornemann* § 44a RdNr. 2; *Freitag* WM 2007, 1681, 1684; *Gehrlein* BB 2008, 846, 852; *Oepen* NZI 2009, 300.
[46] HambKomm-*Lüdtke* § 44a RdNr. 12; *Graf-Schlicker/Neußner* § 44a RdNr. 6.
[47] HambKomm-*Lüdtke* § 44a RdNr. 13; HK-*Kleindiek* § 44a RdNr. 4.
[48] Ebenso HambKomm-*Lüdtke* § 44a RdNr. 13; aA FK-*Bornemann* § 44a RdNr. 1: Zeitpunkt der Darlehensgewährung.
[49] BGH NJW 2012, 682 = ZIP 2012, 86 = WM 2012, 78 (RdNr. 14 ff.) zum Ausscheiden des Gesellschafters; OLG Stuttgart ZIP 2012, 879 = GmbHR 2012, 577 zur Abtretung; ferner *Haas* ZInsO 2007, 617, 626; *Habersack* ZIP 2007, 2145, 2149; *Gehrlein* BB 2008, 846, 850; *Habersack*, in Ulmer (Fn. 5), § 30 RdNr. 46 mwN; *Thiessen*, in Bork/Schäfer, GmbHG, 1. Aufl. 2010, Anh. § 30 RdNr. 31 und 39; *Uhlenbruck/Hirte* § 39 RdNr. 46; HambKomm-*Schröder* § 135 RdNr. 15 f.; siehe auch *Kübler/Prütting/Bork/Preuß* § 39 RdNr. 54 (für Gesellschafterwechsel); zuvor schon der *Verfasser* auf dem 4. Deutschen Insolvenzrechtstag am 23.3.2007 (These 2); für frühere Enthaftung im Fall der Abtretung *Fastrich* in Baumbach/Hueck (Fn. 32), Anh. § 30 RdNr. 30; *Kübler/Prütting/Bork/Preuß* § 39 RdNr. 57.
[50] Ebenso Roth/*Altmeppen*, GmbHG, 7. Aufl. 2012, Anh. §§ 32a,b RdNr. 72; *Altmeppen* NJW 2008, 3601, 3606; für eine Beschränkung der Wirkung auf das Innenverhältnis zwischen Gesellschaft und Gesellschafter offenbar *Lauster/Stiehler* BKR 2012, 106, 109.

der dinglichen Sicherheit – etwa der Übereignung des mit einer Grundschuld zugunsten des Drittkreditgebers belasteten Grundstücks – nunmehr der Erwerber von den Folgen des § 44a getroffen, muss er sich im Innenverhältnis zum veräußernden Gesellschafter schadlos halten, nicht anders als dies gewesen wäre, wenn der Gesellschafter als unmittelbarer Darlehensgeber seinen Rückzahlungsanspruch im letzten Jahr vor dem Eröffnungsantrag an eine außenstehende Person abgetreten hätte und diese deshalb nach § 404 BGB dem Nachrang des § 39 Abs. 1 Nr. 5 unterfallen wäre.

D. Rechtsfolgen

I. Verfahrensmäßige Beschränkung des Kreditgebers

20 Die rechtliche Wirkung des § 44a zulasten des Kreditgebers war bereits unter dem alten Eigenkapitalersatzrecht umstritten und ist es bis heute geblieben (vgl. bereits § 43 RdNr. 27). Einigkeit dürfte allerdings heute insoweit bestehen, als **die Bestimmung sich nur auf das Verteilungsverfahren bezieht,** nicht auf die Anmeldung der Forderung.[51] Der Kreditgeber kann sich folglich mit seiner vom Gesellschafter besicherten Darlehensrückzahlungsforderung auch schon vor Inanspruchnahme dieser Sicherheit wie jeder andere Insolvenzgläubiger am Verfahren beteiligen.[52] Ausdrücklich nimmt nämlich der Wortlaut des § 44a nur auf die „Befriedigung aus der Insolvenzmasse" Bezug.

21 Höchst umstritten ist jedoch nach wie vor, nach welcher Regel jene Befriedigung zu erfolgen hat. Die Problematik ergab sich früher aus der Regelung in § 32a Abs. 2 GmbHG. Danach konnte ein Dritter für ein der GmbH gewährtes Darlehen, das durch die eigenkapitalersetzende Sicherheit oder Bürgschaft eines Gesellschafters besichert ist, „im Insolvenzverfahren über das Vermögen der Gesellschaft nur für den Betrag verhältnismäßige Befriedigung verlangen, mit dem er bei der Inanspruchnahme der Sicherung oder des Bürgen ausgefallen ist". Ähnlich formuliert nun § 44a, wenn er dem durch den Gesellschafter gesicherten Kreditgeber das Recht gibt, „nur anteilsmäßige Befriedigung aus der Insolvenzmasse [zu] verlangen, soweit er bei der Inanspruchnahme der Sicherheit oder des Bürgen ausgefallen ist". Das Gesetz nimmt damit den Kreditgeber, dem eine Gesellschaftersicherheit gewährt wurde, insoweit in die Pflicht, als er sich nicht mehr wahlweise an die Gesellschaft oder die Sicherheit halten kann, sondern zunächst beim Gesellschafter Befriedigung suchen muss (siehe schon RdNr. 5). Hat er dies getan und hierdurch nur eine Teilbefriedigung erlangt, stellt sich anschließend die Frage, ob er in der Insolvenz der Gesellschaft eine Quote auf den ursprünglichen Betrag seiner Forderung erhält (so bei Anwendung von § 43) oder die Quote dem Ausfallgrundsatz des § 52 folgend nur auf den Ausfallbetrag berechnet wird. Für die zweitgenannte Sicht spricht der Wortlaut des § 44a (früher: § 32a Abs. 2 GmbHG), weil diese Formulierung exakt dem heutigen § 52 entspricht, der ebenso wie früher § 64 KO das Ausfallprinzip statuiert.[53] Schon in § 64 KO wurde jene Formulierung („nur für den Betrag verhältnismäßige Befriedigung verlangen") exakt in dem Sinne verstanden, dass sich die Quote nur auf den Ausfallbetrag berechnet.[54] Es verwundert daher nicht, wenn die früher im GmbH-Recht hM den nunmehr durch § 44a abgelösten § 32a Abs. 2 GmbHG aF im gleichen Sinne verstanden hat (vgl. § 43 RdNr. 27).

22 Anders sah dies allerdings schon früher die im Insolvenzrecht hM, die mit Recht darauf hinwies, dass sich die Eigenkapitalersatzregeln im Grundsatz nur gegen den sicherungsgebenden Gesellschafter, nicht aber gegen den dritten Kreditgeber richteten (vgl. oben RdNr. 5).[55] Zwar ist dieser Grundsatz schon insoweit durchbrochen, als § 44a (und früher § 32a Abs. 2 GmbHG) den Dritten – wie gezeigt – jedenfalls verfahrensmäßig benachteiligt, indem er ihn zur vorrangigen Inanspruchnahme des Gesellschafters zwingt.[56] Es wäre aber in der Tat nicht einzusehen, den

---

[51] *K. Schmidt* ZIP 1999, 1821, 1826 f.; *Thonfeld*, S. 82 ff.; siehe auch HK-*Kleindiek* § 44a RdNr. 8; *Graf-Schlicker/Neußner* § 44a RdNr. 8.
[52] Siehe zum alten Recht *Scholz/K. Schmidt* (Fn. 36), §§ 32a, 32b RdNr. 169 mwN.
[53] Siehe dazu auch *Kübler/Prütting/Bork/Preuß* § 44a RdNr. 16; beiläufig auf das Ausfallprinzip des § 52 in Bezug auf § 44a hinweisend BGH ZIP 2012, 1869, 1870 (RdNr. 13); dazu *Spliedt*, EWiR 2012, 669, 670.
[54] RG DR 1940, 989, 990; *Jaeger/Lent* KO § 64 RdNr. 9, 13; vgl. auch die Motive II, S. 273 f., zu § 57 KO (später § 64 KO), abgedruckt bei *Hahn* (Fn. 1), S. 255; dazu *K. Schmidt/Bitter* ZIP 2000, 1077, 1078.
[55] So früh schon *Jaeger/Henckel* InsO § 43 RdNr. 23, § 44 RdNr. 13; *Kuhn/Uhlenbruck* § 68 RdNr. 3b; *Nerlich/Römermann/Andres* § 43 RdNr. 7; die Erwägung stammt in ihrer Allgemeinheit ursprünglich von *K. Schmidt* ZIP 1981, 689, 693, der sie aber früher auf den hiesigen Fall nicht übertragen hatte (*Scholz/K. Schmidt*, GmbHG, 8. Aufl. 1993, §§ 32a, 32b RdNr. 137 sowie *Kilger/K. Schmidt* § 68 Anm. 3; anders sodann aber *Scholz/K. Schmidt*, GmbHG, 10. Aufl. 2006, §§ 32a, 32b RdNr. 169 mwN); weitere Nachweise zur heute hM in Fn. 59.
[56] *K. Schmidt* BB 2008, 1966, 1968 spricht insoweit von einem „abwicklungstechnischen Beitrag" des Gläubigers; dem folgend *Kübler/Prütting/Bork/Preuß* § 44a RdNr. 5, 14; ähnlich schon *K. Schmidt* ZIP 1999, 1821, 1822: „Abwicklungsmodalität".

Dritten darüber hinaus auch materiell zu benachteiligen, indem man ihm eine **Quote auf den vollen Forderungsbetrag** versagt, die er erhalten hätte, wenn der Kredit nicht von einem Gesellschafter, sondern von einem Dritten besichert worden wäre (vgl. zur analogen Anwendung des § 43 auf Sachsicherheiten § 43 RdNr. 18 ff.). Weil der dem Gesellschafterdarlehensrecht zugrundeliegende Gedanke der angemessenen Risikobeteiligung des variabel am Gewinn beteiligten Gesellschafters (oben RdNr. 3 ff.)[57] auf den Dritten nicht zutrifft, darf er nicht gegenüber einem Kreditgeber benachteiligt werden, der eine sonstige, nicht aus dem Vermögen des Gesellschafters stammende Drittsicherheit erhalten hat.[58] Der Gesetzgeber hat also offenbar die Übernahme des Wortlautes aus § 64 KO aF in § 32a Abs. 2 GmbHG aF sowie des § 52 in § 44a nicht hinreichend bedacht. Richtigerweise kann dieser gesetzestechnische Fehler mit der **heute hM** nur dadurch korrigiert werden, dass § 44a – abweichend von der wortgleichen Vorschrift des § 52 – dahingehend interpretiert wird, dass sich der dritte Kreditgeber zwar vorrangig auf die Gesellschaftersicherheit verweisen lassen muss, die Quote aber dennoch auf seinen vollen Forderungsbetrag berechnet und nur bis maximal zur Höhe seines Ausfalls (§ 43 RdNr. 36) an ihn ausgezahlt wird.[59] Dies entspricht im Ergebnis einer **Anwendung des § 43 in materieller, nicht jedoch in verfahrensmäßiger Hinsicht**, weil sich der Dritte bei unmittelbarer Anwendung des § 43 nicht vorrangig auf die Sicherheit verweisen lassen müsste.[60]

Die nach wie vor vertretene Gegenansicht, welche den Drittkreditgeber – dem Wortlaut des § 44a folgend – nur in Höhe des Ausfallbetrags an der Verteilung teilnehmen lassen will[61], entlastet hingegen die Insolvenzmasse auf Kosten des Dritten. Für eine solche Belastung des Dritten, der nicht in die Verantwortung für die Gesellschaftsfinanzierung einbezogen ist, gibt es jedoch keine Rechtfertigung;[62] sie wäre vielmehr im Vergleich mit einem sonstigen besicherten Kreditgeber, auf den der Doppelberücksichtigungsgrundsatz des § 43 Anwendung findet, willkürlich (Art. 3 GG). Auch der Hinweis auf eine Bestätigung der angeblich „bislang vorherrschenden Sichtweise" durch den Gesetzgeber[63] verfängt nicht, weil es eine solche herrschende Sichtweise nicht gab; vielmehr existierten in der gesellschaftsrechtlichen und der insolvenzrechtlichen Literatur „Parallelwelten", in denen wechselseitig nicht aufeinander Bezug genommen wurde (dazu § 43 RdNr. 27).[64] Insoweit wäre völlig offen, welche der beiden Sichtweisen der Gesetzgeber angeblich hätte bestätigen wollen. Er hat sich in Wahrheit zu dieser Frage – wie schon damals bei Einführung des § 32a Abs. 2 GmbHG aF – keine ausreichenden Gedanken gemacht, weshalb der fehlerhaft gewählte Wortlaut nach dem allein gegen den Gesellschafter gerichteten Telos der Vorschrift korrigiert werden muss.

II. Begrenzter Regressanspruch des Gesellschafters

Obwohl sich § 44a von seinem Sinn und Zweck her, Fälle vermuteter (nomineller) Unterkapitalisierung zu sanktionieren, gegen den Gesellschafter richtet (RdNr. 5 aE), enthält die Vorschrift keine unmittelbar gegen jenen Gesellschafter gerichtete Sanktion. Der im Fokus der Regelung stehende Gesellschafter wird vielmehr nur mittelbar dadurch betroffen, dass sich der Drittkreditgeber verfah-

---

[57] Gleiches galt für den das frühere Eigenkapitalersatzrecht tragenden Gedanken der Finanzierungsverantwortung der Gesellschafter; vgl. dazu *Scholz/K. Schmidt*, GmbHG, 10. Aufl. 2006, §§ 32a, 32b RdNr. 4 mwN zur Rechtsprechung und Literatur.

[58] Dies ist der entscheidende Vergleich, nicht derjenige zwischen einem absonderungsberechtigten Insolvenzgläubiger (§ 52 InsO) und dem gemäß §§ 44a (früher § 32a Abs. 2 GmbHG) gesicherten Gesellschaftsgläubiger (so aber *Noack/Bunke*, FS Uhlenbruck, 2000, S. 335, 347; *Kübler/Prütting/Bork/Holzer* § 43 RdNr. 8a).

[59] Eingehend *K. Schmidt/Bitter* ZIP 2000, 1077, 1087 f.; dem folgend *Thonfeld*, S. 85 ff.; ebenso *Scholz/K. Schmidt* (Fn. 36), §§ 32a, 32b RdNr. 169; *Pentz* in Rowedder/Schmidt-Leithoff, GmbHG, 4. Aufl. 2002, § 32a RdNr. 172 (ebenso jetzt *Görner* in der 5. Aufl. 2013, Anh. § 30 RdNr. 142); *Gehrlein/Ekkenga/Simon* (Fn. 26), vor § 64 RdNr. 141; *Jaeger/Henckel* InsO § 43 RdNr. 23, § 44 RdNr. 13; *Kuhn/Uhlenbruck* § 68 RdNr. 3b; *Kübler/Prütting/Bork/Preuß* § 44a RdNr. 17; *Uhlenbruck*, 12. Aufl., § 43 RdNr. 10; *Nerlich/Römermann/Andres* § 43 RdNr. 7; *Andres/Leithaus* § 44a RdNr. 13; HK-*Eickmann* § 44 RdNr. 6; HambKomm-*Lüdtke* § 44a RdNr. 19; *Gehrlein* BB 2008, 846, 852; *Bartsch/Weber* DStR 2008, 1884; inzwischen auch *Hueck/Fastrich* in Baumbach/Hueck (Fn. 32), Anh. § 30 RdNr. 102; *Roth/Altmeppen*, GmbHG, 7. Aufl. 2012, § 32a aF RdNr. 125 f. und Anh. §§ 32a, b RdNr. 73; *Altmeppen* ZIP 2011, 741, 743 mwN; wohl auch *Uhlenbruck/Knof* § 43 RdNr. 22.

[60] Im Ergebnis ähnlich schon Kuhn/*Uhlenbruck* § 68 RdNr. 3b.

[61] *Uhlenbruck/Hirte* § 44a RdNr. 5; *Graf-Schlicker/Neußner* § 44a RdNr. 8; *Hirte* ZInsO 2008, 689, 696 = WM 2008, 1429, 1434; *Spliedt* ZIP 2009, 149, 155 f.; *Marx* ZInsO 2003, 262, 264; *Noack/Bunke*, FS Uhlenbruck, 2000, S. 335, 347 f.

[62] Zutreffend *Jaeger/Henckel* InsO § 43 RdNr. 23; ähnlich *Andres/Leithaus* § 44a RdNr. 13; *Altmeppen* ZIP 2011, 741, 743; siehe auch *Kübler/Prütting/Bork/Preuß* § 44a RdNr. 17.

[63] So *Uhlenbruck/Hirte* § 44a RdNr. 5; *Spliedt* ZIP 2009, 149, 155.

[64] Siehe die Nachweise bei *K. Schmidt/Bitter* ZIP 2000, 1077, 1087 in Fn. 80 bzw. 81.

rensmäßig immer zunächst an die Gesellschaftersicherheit halten muss, ehe er an der insolvenzmäßigen Verteilung der Masse teilnimmt.[65]

25 Eine aus dem Recht der Gesellschafterdarlehen folgende unmittelbare Sanktionierung des Gesellschafters wird nun allerdings verbreitet darin gesehen, dass der Gesellschafter seinen Regressanspruch – nicht anders als der darlehensgebende Gesellschafter seinen Rückzahlungsanspruch – nur nachrangig gemäß § 39 Abs. 1 Nr. 5 im Insolvenzverfahren der Gesellschaft verfolgen könne.[66] Dies ist zwar im Ansatz richtig, in dieser Allgemeinheit aber gleichwohl zu weitgehend formuliert, weil der Gesellschafter den Regressanspruch teilweise *gar nicht* verfolgen darf. Richtigerweise ist daher – wie allgemein im Rahmen der auch hier anwendbaren §§ 43,44[67] – zwischen den Fällen der Befriedigung des Gläubiges vor und während des Verfahrens zu unterscheiden:

26 **1. Verwertung der Sicherheit während des Verfahrens.** Erfolgt die vorrangige Verwertung der vom Gesellschafter gewährten Sicherheit und die dadurch eintretende **(Teil-)Befriedigung des Kreditgebers** während des laufenden Verfahrens und nimmt der Kreditgeber anschließend gemäß § 43 weiter im vollen Umfang an der Verteilung teil (RdNr. 22), ist der Regressanspruch des Gesellschafters gemäß § 44 InsO vollständig ausgeschlossen (vgl. allgemein § 44 RdNr. 1, 12, 23). Dass der Gesellschafter nicht gleichzeitig eine Quote auf seinen Regressanspruch beziehen kann und er damit schlechter steht als der selbst ein Darlehen gewährende Gesellschafter (vgl. § 39 Abs. 1 Nr. 5 InsO), spricht übrigens nicht gegen die hier in RdNr. 21 ff. vertretene Lösung,[68] sondern ist nur die gewöhnliche Konsequenz der §§ 43 f. InsO: Auch außerhalb des Gesellschafterdarlehensrechts kann ein Kreditgeber seine Forderung in der Insolvenz des Hauptschuldners anmelden, ein Sicherungsgeber daneben aber nicht. Im Übrigen gilt das Verbot der Doppelanmeldung aus § 44 natürlich auch auf der Basis der Gegenansicht, und zwar in Höhe des Ausfallbetrags.

27 Nur in Fällen einer **vollständigen Befriedigung des Drittkreditgebers** während des Verfahrens, in denen ein gewöhnlicher Sicherungsgeber mit seinem Regressanspruch an der Verteilung der Masse teilnehmen könnte (§ 44 RdNr. 21), wirkt sich § 39 Abs. 1 Nr. 5 InsO zulasten des Gesellschafters aus und er hat – nicht anders als ein selbst das Darlehen gewährender Gesellschafter – eine nachrangige Insolvenzforderung.

28 **2. Verwertung der Sicherheit vor Verfahrenseröffnung.** Wurde die vom Gesellschafter gewährte Sicherheit bereits vor der Verfahrenseröffnung vom Drittkreditgeber verwertet, handelt es sich um einen in § 44a überhaupt nicht geregelten Fall, in dem auch außerhalb des Gesellschafterdarlehensrechts die §§ 43, 44 nicht zur Anwendung kommen (§ 43 RdNr. 39 ff.; § 44 RdNr. 26 ff.). Ein normaler Sicherungsgeber könnte sowohl in Fällen der vorherigen Vollbefriedigung als auch bei vorheriger Teilbefriedigung des Kreditgebers mit seinem Regressanspruch an der Verteilung der Masse teilnehmen (§ 44 RdNr. 27 f.). Der Gesellschafter als Sicherheitengeber wird hingegen – nicht anders als bei einer eigenen Darlehensgewährung – in die Pflicht genommen, weshalb sein Regressanspruch dem Nachrang des § 39 Abs. 1 Nr. 5 InsO unterfällt. Dies gilt übrigens auch dann, wenn die Verwertung mehr als ein Jahr vor dem Eröffnungsantrag erfolgt sein sollte. Die Jahresfrist des § 135 Abs. 1 Nr. 2 InsO kann hier – anders als etwa bei einer Übertragung der Darlehensforderung oder der Gesellschafterstellung[69] – nicht analog angewendet werden, weil der Gesellschafter durch das Stehenlassen seines eigentlich sofort fälligen Regressanspruchs eine dem Darlehen i.S.v. § 39 Abs. 1 Nr. 5 InsO wirtschaftlich entsprechende Rechtshandlung vornimmt (§ 39 RdNr. 43)[70] und folglich der Nachrang jener Vorschrift unmittelbar zur Anwendung kommt.

III. Gesellschafterbesicherte Drittdarlehen im Überschuldungsstatus

29 Nicht unmittelbar aus § 44a, sondern stärker aus § 19 Abs. 1 Satz 2 (früher: Satz 3) ergibt sich, ob, in welchen Fällen und in welcher Art das gesellschafterbesicherte Drittdarlehen im Überschuldungsstatus angesetzt werden muss. Die Vorschrift lautet: „Forderungen auf Rückgewähr von Gesellschafterdarlehen oder aus Rechtshandlungen, die einem solchen Darlehen wirtschaftlich entsprechen, für die gemäß § 39 Abs. 2 zwischen Gläubiger und Schuldner der Nachrang im Insolvenz-

---

[65] HambKomm-*Lüdtke* § 44a RdNr. 14.
[66] So *Uhlenbruck/Hirte* § 44a RdNr. 1; HambKomm-*Lüdtke* § 44a RdNr. 20; *Kübler/Prütting/Bork/Preuß* § 44a RdNr. 6; *Gehrlein/Ekkenga/Simon* (Fn. 26), vor § 64 RdNr. 142; *K. Schmidt* ZIP 1999, 1821, 1824, 1828; *K. Schmidt* BB 2008, 1966, 1968; *Wälzholz* DStR 2007, 1914, 1919; *Mikolajczak* ZIP 2011, 1285, 1289.
[67] Dazu § 43 RdNr. 5 ff., 18 ff., 39 ff., insbes. § 44 RdNr. 20 ff. einerseits, RdNr. 26 ff. andererseits.
[68] So aber *Noack/Bunke*, FS Uhlenbruck 2000, S. 335, 348.
[69] Siehe die Nachweise oben RdNr. 19.
[70] Zur Anwendung des Gesellschafterdarlehensrechts auf Stundungen vgl. *Kübler/Prütting/Bork/Preuß* § 39 RdNr. 78; HambKomm-*Lüdtke* § 39 RdNr. 44; HambKomm-*Schröder* § 135 RdNr. 21; FK-*Bornemann* § 39 RdNr. 12; *Gehrlein* BB 2008, 846, 850 und 853.

verfahren hinter den in § 39 Abs. 1 Nr. 1 bis 5 bezeichneten Forderungen vereinbart worden ist, sind nicht bei den Verbindlichkeiten nach Satz 1 zu berücksichtigen." Für den Grundfall der Gesellschafterdarlehen, in dem der Gesellschafter selbst den Kredit gewährt, ergibt sich daraus recht einfach die Lösung: Der Gesellschafter muss für seine Darlehensrückzahlungsforderung den Rücktritt in den Rang des § 39 Abs. 2 erklären. Dann muss die Forderung im Überschuldungsstatus nicht angesetzt werden. Beim gesellschafterbesicherten Drittdarlehen ist die Rechtslage etwas komplizierter, weil die Darlehensrückzahlungsforderung des Drittkreditgebers, der sich gewöhnlich nicht auf einen Rangrücktritt einlassen wird, selbstverständlich zu passivieren ist.[71] Der Effekt einer die Überschuldung beseitigenden Gesellschafterfinanzierung kann folglich nur dadurch erreicht werden, dass auf der Aktivseite des Überschuldungsstatus ein Freistellungsanspruch gegen den das Darlehen sichernden Gesellschafter eingebucht wird. Um dieses Aktivum berücksichtigen zu dürfen, reicht die gesetzliche Regelung des § 44a nicht aus, nach der der Drittkreditgeber primär auf die Gesellschaftersicherheit zugreifen muss, ehe er an der Verteilung der Masse teilnehmen kann (oben RdNr. 21). Vielmehr zeigt der Gesetzgeber in § 19 Abs. 1 Satz 2 (früher Satz 3), dass hierfür eine ausdrückliche Abrede erforderlich ist.[72] Ein solcher (mittelbarer) Rangrücktritt bei gesellschafterbesicherten Drittdarlehen muss eine Freistellungsvereinbarung dahingehend enthalten, dass der Gesellschafter die Gesellschaft durch seine persönliche Haftung oder die dingliche Sicherheit von der gesicherten Verbindlichkeit freihalten, also in Vorlage treten wird, und dass er mit seinem Regressanspruch allenfalls[73] mit dem Rang des § 39 Abs. 2 an der Verteilung der Gesellschaftsmasse teilnehmen wird; die Höhe des im Überschuldungsstatus aktivierbaren Freistellungsanspruchs ist sodann durch dessen Wert (Zahlungsfähigkeit des Gesellschafters) bzw. durch den Wert der dinglichen Sicherheit begrenzt.[74]

IV. Doppelbesicherung

Besondere Schwierigkeiten bereiteten schon unter dem alten Eigenkapitalersatzrecht Konstellationen, in denen der Drittkreditgeber nicht nur – wie in § 44a vorausgesetzt – eine Sicherheit vom Gesellschafter, sondern zugleich auch eine Sicherheit von der Gesellschaft erhalten hatte.[75] Für derartige Fälle der Doppelbesicherung kommen im Grundsatz zwei Lösungen in Betracht:[76] Entweder man wendet § 44a (früher: § 32a Abs. 2 GmbHG aF) auf diesen Fall analog an, verweist den Drittkreditgeber also nicht nur gegenüber seinem schuldrechtlichen Rückzahlungsanspruch, sondern auch gegenüber der dinglichen Gesellschaftssicherheit verfahrensmäßig vorrangig auf die Gesellschaftersicherheit, oder man lässt den vorrangigen Zugriff des Drittkreditgebers auf die Gesellschaftssicherheit zu, gewährt dafür aber der Gesellschaft einen – gemäß § 80 Abs. 1 vom Insolvenzverwalter geltend zu machenden – Ausgleichsanspruch gegen den Gesellschafter, der durch die Verwertung der Gesellschaftssicherheit von einer Inanspruchnahme in die von ihm gestellten Gesellschaftersicherheit frei wird. Da sich der BGH bereits unter dem alten Eigenkapitalersatzrecht für die zweite Lösung entschieden hatte[77], verwundert es nicht, dass er diesen Weg – wenn auch durch den inzwischen zuständigen IX. Zivilsenat – mit Urteil vom 1.12.2011 nun auch für das neue Recht beschritten hat.[78] Die Begründung bereitet unter dem neuen Recht freilich größere Schwierigkeiten, weil der Ausgleichsanspruch der Gesellschaft gegen den Gesellschafter nicht mehr auf die sog. Rechtsprechungsregeln[79] gestützt, also mit einer Analogie zum Kapitalerhaltungsrecht begründet werden kann, weil jene Vorschriften seit dem MoMiG kraft ausdrücklicher gesetzlicher Anordnung auf Gesellschafterdarlehen keine Anwendung mehr finden (§ 30 Abs. 1 Satz 3, § 57 Abs. 1

---

[71] Zutreffend K. Schmidt BB 2008, 1966, 1971; zum alten Recht auch K. Schmidt ZIP 1999, 1821, 1825.
[72] Ebenso Wälzholz DStR 2007, 1914, 1919; K. Schmidt BB 2008, 1966, 1971; zust. Uhlenbruck/Hirte § 44a RdNr. 5; siehe für Rangrücktritte von Drittgläubigern auch Kammeter/Geißelmeier NZI 2007, 214, 219.
[73] Der von K. Schmidt BB 2008, 1966, 1971 abweichende Wortlaut „allenfalls" statt „nur" wurde gewählt, weil der Regressanspruch gemäß § 44 überhaupt nicht bedient wird, solange der Kreditgeber selbst nach Maßgabe des § 43 an der Verteilung teilnimmt (vgl. oben RdNr. 26).
[74] Zutreffend K. Schmidt BB 2008, 1966, 1971, jedoch mit der Modifikation aus der vorstehenden Fußnote.
[75] Dazu Scholz/K. Schmidt (Fn. 36), §§ 32a, 32b RdNr. 176 ff. mwN.
[76] Siehe dazu auch Uhlenbruck/Hirte § 44a RdNr. 7 f.; Altmeppen ZIP 2011, 741, 742 f. mN.
[77] BGH NJW 1985, 858 = ZIP 1985, 158 = WM 1985, 1115; BGH NJW 1992, 1166 = ZIP 1992, 108 = WM 1992, 223; dem folgend die hM, vgl. Uhlenbruck/Hirte § 44a RdNr. 7; HK-Kleindiek § 44a RdNr. 10; wN bei Mikolajczak ZIP 2011, 1285 f.; Bork, FS Ganter, 2010, S. 135, 136 in Fn. 7.
[78] BGHZ 192, 9 = NJW 2012, 156 = ZIP 2011, 2417 (RdNr. 11); dem folgend OLG Stuttgart ZIP 2012, 834 = GmbHR 2012, 573 = ZInsO 2012, 885; Ganter WuB VI A § 143 InsO 1.12; ebenso schon Spliedt ZIP 2009, 149, 154; Wälzholz DStR 2007, 1914, 1919; Bartsch/Weber DStR 2008, 1884 f.; Mikolajczak ZIP 2011, 1285, 1286; überzeugend Altmeppen ZIP 2011, 741, 742 (mwN in Fn. 12), 744 f.
[79] Zur analogen Anwendung der §§ 30, 31 GmbHG neben den 1980 eingeführten Novellenregeln der §§ 32a, 32b GmbHG aF siehe grundlegend BGHZ 90, 370, 376 ff. = NJW 1984, 1891, 1892 f. unter Ziff. III. 2. der Gründe; näher Scholz/K. Schmidt (Fn. 36), §§ 32a, 32b RdNr. 77 ff.

Satz 4).[80] Der BGH hat sich deshalb innerhalb einer bis zu jenem Urteil breit geführten Diskussion[81] für denjenigen Ansatz entschieden, der auf eine Analogie zu § 143 Abs. 3 zurückgreift[82], und zwar auch in Fällen, in denen – wie häufig – die Verwertung der Gesellschaftssicherheit erst nach Verfahrenseröffnung erfolgt.[83] Da sich mit dieser überzeugend begründeten Lösung des BGH die früheren, auf eine Analogie zu § 44a abstellenden Ansätze[84] für die Praxis erledigt haben,[85] soll die Frage der Doppelsicherung in diesem Kommentar nicht an dieser Stelle, sondern im Rahmen des nunmehr analog anzuwendenden § 143 Abs. 3 näher behandelt werden.

31 Der Tatbestand der **Doppelsicherung durch Gesellschaft und Gesellschafter** ändert im Übrigen nichts daran, dass § 44a selbstverständlich weiter in Bezug auf die Gesellschaftersicherheit anwendbar ist, diese also vom Drittkreditgeber in Anspruch genommen werden muss, ehe er an der quotalen Verteilung der Gesellschaftsmasse teilnehmen kann.[86] Ist der Kreditgeber also durch die Verwertung der Gesellschaftssicherheit noch nicht vollständig befriedigt, muss er sich sodann vorrangig an die Gesellschaftersicherheit halten und kann erst, wenn auch nach deren Verwertung immer noch eine Restforderung offen ist, eine Quote beziehen. Bezugspunkt der quotalen Befriedigung ist dabei der *nach* Verwertung der Gesellschaftssicherheit (vgl. § 52), aber *vor* Verwertung der Gesellschaftersicherheit (noch) bestehende Darlehensrückzahlungsanspruch, wobei die Quote freilich nur maximal bis zur vollständigen Befriedigung des Gläubigers an diesen ausgeschüttet wird (oben RdNr. 22; allgemein § 43 RdNr. 36).[87]

32 Anders stellt sich die Quotenberechnung allerdings dar, wenn neben dem Gesellschafter nicht die Gesellschaft, sondern ein unabhängiger Vierter die zweite Sicherheit für das vom Drittkreditgeber an die Gesellschaft ausgereichte Darlehen gewährt hat (**Doppelsicherung durch Gesellschafter und gesellschaftsfremde Person).** Auch auf diese zweite Sicherheit muss der Drittkreditgeber vorrangig zurückgreifen und muss § 44a nur hinsichtlich der Gesellschaftersicherheit beachten. Ist der Kreditgeber durch die Verwertung beider Sicherheiten während des eröffneten Verfahrens noch nicht voll befriedigt, berechnet sich die quotale Befriedigung aus der Gesellschaftsmasse jedoch auf den ursprünglich bei Verfahrenseröffnung bestehenden Kreditbetrag, also die Kreditforderung vor der Verwertung *beider* Sicherheiten. Das Ausfallprinzip des § 52 ist nämlich nur auf Gesellschaftssicherheiten anwendbar, während für – hier allein vorliegende – Drittsicherheiten der Grundsatz der Doppelberücksichtigung aus § 43 eingreift. Nach der in dieser Kommentierung allgemein zur Teilmithaftung vertretenen Ansicht gilt dies selbst dann, wenn der Gesellschafter und/oder der unabhängige Vierte von vornherein nur einen Teil der Darlehensforderung des Drittkreditgebers gesichert hat (vgl. § 43 RdNr. 28 ff., § 44 RdNr. 25).

E. Unabdingbarkeit

33 Die Vorschrift des § 44a enthält – nicht anders als früher § 32a Abs. 2 GmbHG aF[88] – zwingendes Recht,[89] weil die gläubigerschützende Regelung[90] nicht zur Disposition der Parteien des Kredit- und

---

[80] Dazu BGHZ 192, 9, 15 f. = NJW 2012, 156 = ZIP 2011, 2417 (RdNr. 17) in Abgrenzung zur früheren Rechtsprechung aus BGHZ 179, 249, 253 f. = NJW 2009, 1277 = ZIP 2009, 615 = WM 2009, 609 (RdNr. 10) mwN.; siehe auch *K. Schmidt* BB 2008, 1966, 1968 und 1970; *Dahl/Schmitz* NZG 2009, 325, 328; *Bork*, FS Ganter, 2010, S. 135, 138 f., 145; *Gundlach/Frenzel/Strandmann* DZWIR 2010, 232, 233; *Goette/Habersack*, Das MoMiG in Wissenschaft und Praxis, 2009, RdNr. 5.36; ausführlich *Mikolajczak* ZIP 2011, 1285, 1286 ff.; *Lauster/Stiehler* BKR 2012, 106, 107; für den korrespondierenden Befreiungsanspruch der Gesellschaft ferner *Altmeppen* NJW 2008, 3601, 3606; *Spliedt* ZIP 2009, 149, 156.

[81] Vgl. die Nachweise zu den verschiedenen Ansätzen in BGHZ 192, 9, 13 f. = NJW 2012, 156 = ZIP 2011, 2417 (RdNr. 11) sowie bei HK-*Kleindiek* § 44a RdNr. 11; *Mikolajczak* ZIP 2011, 1285, 1290 f.

[82] BGHZ 192, 9, 14 ff. = NJW 2012, 156 = ZIP 2011, 2417 (RdNr. 12 f.); Nachw. bei *Altmeppen* ZIP 2011, 741, 742 in Fn. 13; dem BGH zust. *Lauster/Stiehler* BKR 2012, 106, 107 f.; abl. hingegen *Lenger/Müller* NZI 2012, 80 f.

[83] BGHZ 192, 9, 16 f. = NJW 2012, 156 = ZIP 2011, 2417 (RdNr. 20); ebenso schon HK-*Kleindiek* § 44a RdNr. 12; *Graf-Schlicker/Neußner* § 44a RdNr. 10.

[84] So HambKomm-*Lüdtke* § 44a RdNr. 20 aE; *Scholz/K. Schmidt* (Fn. 36), §§ 32a, 32b RdNr. 178; *Scholz/K. Schmidt* (Fn. 7), Nachtrag MoMiG, §§ 32a, 32b RdNr. 54, 58; *Gundlach/Frenzel/Strandmann* DZWIR 2010, 232 ff.; *Bork*, FS Ganter, 2010, S. 135 ff., insbes. S. 144 f., 150 f.; *K. Schmidt* BB 2008, 1966, 1970; *M. Schmidt* ZInsO 2010, 70 ff.; wohl auch *Lenger* NZI 2011, 251, 253.

[85] Dazu auch *Lauster/Stiehler* BKR 2012, 106, die die eingetretene Rechtssicherheit begrüßen.

[86] BGHZ 192, 9, 12 f. = NJW 2012, 156 = ZIP 2011, 2417 (RdNr. 10); *Altmeppen* ZIP 2011, 741, 748.

[87] Siehe auch *Altmeppen* ZIP 2011, 741, 748 mit instruktivem Beispiel; ferner *Thonfeld*, S. 87 f.

[88] Dazu *Scholz/K. Schmidt* (Fn. 36), §§ 32a, 32b RdNr. 174 mwN.

[89] HK-*Kleindiek* § 44a RdNr. 9; FK-*Bornemann* § 44a RdNr. 1.

[90] Zutreffend *Mikolajczak* ZIP 2011, 1285, 1286.

Sicherungsvertrags stehen kann. Es kann folglich im Rahmen der Sicherheitenbestellung durch den Gesellschafter nicht vertraglich vereinbart werden, dass der Kreditgeber genau umgekehrt zu der in § 44a bestimmten Reihenfolge zunächst an der Verteilung der Insolvenzmasse der Gesellschaft teilnehmen und sodann erst die Gesellschaftersicherheit in Anspruch nehmen soll (siehe schon RdNr. 16). Entgegen einer teilweise vertretenen Ansicht[91] ist jedoch auch in Bezug auf einen **Verzicht des Drittkreditgebers auf die Sicherheit** keine Änderung gegenüber der bisherigen Rechtslage[92] anzuerkennen.[93] Vielmehr ist dem Drittkreditgeber – um auch insoweit Missbräuche zu vermeiden – in allen Fällen, in denen der Verzicht auf die Sicherheit im letzten Jahr vor dem Eröffnungsantrag erfolgte[94], die quotale Befriedigung aus der Insolvenzmasse nur in genau dem Umfang zu gewähren, in dem er auch bei einem fehlenden Verzicht auf die Sicherheit an der Verteilung hätte teilnehmen können. Da nach der hier vertretenen, inzwischen wohl hM im Rahmen des § 44a der Grundsatz der Doppelberücksichtigung zur Anwendung kommt (oben RdNr. 22), kann der Drittkreditgeber folglich eine Quote auf den vollen Kreditbetrag beziehen,[95] dies jedoch in der Höhe absolut begrenzt auf den hypothetischen Ausfallbetrag. Letzterer berechnet sich aus der Darlehensrückzahlungsforderung abzüglich des wirtschaftlichen Wertes der durch Verzicht verlorenen Sicherheit.[96] Damit wird zwar aus der eigentlich nur verfahrensmäßigen Regel des § 44a im Sonderfall des Verzichts auch eine materielle Beschränkung der Drittkreditgeberrechte.[97] Doch dürfte dies den Gläubiger in aller Regel nicht unangemessen belasten, da er auf die Sicherheit zumeist nur verzichten wird, wenn sie keinen oder geringen Wert hat[98] und folglich der genannte Abzug gering oder gleich Null ausfällt. Verzichtet der Gläubiger hingegen auf eine werthaltige Sicherheit des Gesellschafters, dürften dem oft missbräuchliche Abreden zum Schaden der sonstigen Gläubiger zugrunde liegen. Es ist dann nicht unbillig, wenn sich der Drittkreditgeber für den eingetretenen Ausfall beim Gesellschafter schadlos halten muss, mit dem in solchen Fällen wohl regelmäßig entsprechende Freihalteabreden bestehen dürften.

Lässt man den Drittkreditgeber entgegen der hier vertretenen Ansicht nach einem Verzicht auf **34** die Gesellschaftersicherheit ohne die Beschränkungen des § 44a an der Verteilung der Insolvenzmasse teilnehmen, muss der Gesellschaft jedenfalls ein Regressanspruch gegen den Gesellschafter zugesprochen werden, der durch den Verzicht aus der Haftung entlassen wurde.[99]

§ 45 Umrechnung von Forderungen

¹Forderungen, die nicht auf Geld gerichtet sind oder deren Geldbetrag unbestimmt ist, sind mit dem Wert geltend zu machen, der für die Zeit der Eröffnung des Insolvenzverfahrens geschätzt werden kann. ²Forderungen, die in ausländischer Währung oder in einer Rechnungseinheit ausgedrückt sind, sind nach dem Kurswert, der zur Zeit der Verfahrenseröffnung für den Zahlungsort maßgeblich ist, in inländische Währung umzurechnen.

Schrifttum: *Arend,* Die insolvenzrechtliche Behandlung des Zahlungsanspruchs in fremder Währung, ZIP 1988, 69; *Bitter,* Nicht fällige, bedingte und betragsmäßig unbestimmte Forderungen in der Insolvenz – Systematische Grundlagen der insolvenzmäßigen Berücksichtigung unverfallbarer Versorgungsanwartschaften, NZI 2000, 399; *Everhardt,* Nur Sicherstellung unverfallbarer Versorgungsanwartschaften nach § 67 KO im Konkurs des Arbeitgebers?, KTS 1992, 179; *Fürst,* Sind die Umrechnungen nach §§ 65, 69, 70 KO auch nach Beendigung des Konkurses wirksam?, ZZP 56 (1931), 381; *Glück,* Der Einfluß des Konkurses auf die von den §§ 65, 69, 70 betroffenen Forderungen, Diss. Heidelberg 1970; *Grothe,* Fremdwährungsverbindlichkeiten, 1999, § 19 (Insolvenzverfahren); *Grub,* Der Rückgriffsanspruch des Pensions-Sicherungs-Vereins gemäß § 9 Abs. 2 BetrAVG, ZIP 1992, 159; *Hanisch,* Umrechnung von Fremdwährungsforderungen in Vollstreckung und Insolvenz, ZIP 1988,

---

[91] *Uhlenbruck/Hirte* § 44a RdNr. 2; *Lauster/Stiehler* BKR 2012, 106, 108; zweifelnd auch *Spliedt* ZIP 2009, 149, 156.
[92] Dazu *Scholz/K. Schmidt* (Fn. 36), §§ 32a, 32b RdNr. 174 mwN; *K. Schmidt* ZIP 1999, 1821, 1827; ausführlich *Thonfeld,* S. 95 ff., der aber selbst aA ist.
[93] Wie hier OLG Stuttgart ZIP 2012, 834, 837 f. = GmbHR 2012, 573 = ZInsO 2012, 885 (juris-RdNr. 49 ff.); *Graf-Schlicker/Neußner* § 44a RdNr. 9; FK-*Bornemann* § 44a RdNr. 1; für einen Verzicht nach Insolvenzeröffnung auch HK-*Kleindiek* § 44a RdNr. 9; zum alten Recht *Thonfeld,* S. 93 f.
[94] Vgl. zur analogen Anwendung der Jahresfrist des § 135 Abs. 1 Nr. 2 oben RdNr. 19; siehe auch *Lauster/Stiehler* BKR 2012, 106, 108; OLG Stuttgart aaO.
[95] Zutreffend *Thonfeld,* S. 94; bei *Scholz/K. Schmidt* (Fn. 36), §§ 32a, 32b RdNr. 174 wird demgegenüber nicht klar, ob die Quote auf den vollen Kreditbetrag oder den Ausfallbetrag berechnet werden soll.
[96] *Thonfeld,* S. 94.
[97] Dazu kritisch *Lauster/Stiehler* BKR 2012, 106, 108; früher schon *Thonfeld,* S. 98 für Verzichte vor Insolvenzeröffnung.
[98] Insoweit wie hier auch *Lauster/Stiehler* BKR 2012, 106, 108.
[99] Vgl. dazu *Lauster/Stiehler* BKR 2012, 106, 108 f.

341; *Kuhn,* Die Pensionsberechtigung im Konkurse des Arbeitgebers, WM 1958, 834; *Müller,* Die Einwirkung des Konkurses der OHG auf die persönliche Haftung des Gesellschafters, NJW 1968, 225; *Pape,* Zur Konkurrenz der Vollstreckung aus einer Eintragung in die Konkurstabelle und einem vor Konkurseröffnung erwirkten Titel, KTS 1992, 185; *von Rom,* Insolvenzsicherung und Jahresabschlussgestaltung durch doppelseitige Treuhandkonstruktionen, 2010, S. 171 ff.; *Rüger,* Die Doppeltreuhand zur Insolvenzsicherung von Arbeitnehmeransprüchen, 2009, S. 72 ff.; *Karsten Schmidt,* Fremdwährungsforderungen im Konkurs, Bestandsaufnahmen und Thesen zu § 69 KO (§ 52 RegE InsO), FS Merz, 1992, S. 533; *Karsten Schmidt,* Vertragliche Unterlassungsansprüche und Ansprüche auf unvertretbare Handlungen als Massegläubigerforderungen und als Insolvenzforderungen? – Nachdenken über §§ 38, 45, 55 und 103 InsO, KTS 2004, 241; *Karsten Schmidt/Jungmann,* Anmeldung von Insolvenzforderungen mit Rechnungslegungslast des Schuldners, NZI 2002, 65.

Übersicht

	Rn.		Rn.
A. Normzweck	1	3. Rechtslage vor rechtskräftiger Feststellung	32–35
B. Entstehungsgeschichte	2, 3	IV. Wirkung über das Insolvenzverfahren hinaus	36–49
C. Anwendungsbereich	4–20	1. Rechtslage vor rechtskräftiger Feststellung	37, 38
I. Insolvenzforderungen	4, 5	2. Rechtslage nach rechtskräftiger Feststellung	39–46
II. Forderungen, die nicht auf Geld gerichtet sind (Satz 1, Alt. 1)	6–9	a) Der Streitstand	40, 41
III. Forderungen, deren Geldbetrag unbestimmt ist (Satz 1, Alt. 2)	10–16a	b) Stellungnahme	42–44
		c) Kollision mit älterem Vollstreckungstitel	45
IV. Fremdwährungsforderungen (Satz 2)	17–20	d) Teilweise Forderungsanmeldung/Feststellung zur Tabelle	46
1. Forderungen in ausländischer Währung	17	3. Umrechnungswirkung im Insolvenzplanverfahren	47–49
2. Forderungen in Rechnungseinheiten	18	E. Wirkung der Umrechnung gegenüber Dritten	50–59
3. Ort und Zeit der Umrechnung	19, 20		
D. Schätzung und Umrechnung	21–49	I. Haftung von Bürgen und Gesamtschuldnern	50–56
I. Schätzung durch den Gläubiger	21–23	1. Grundsatz der fehlenden Drittwirkung	50, 51
II. Art der Forderung	24–28	2. Folgen für die Haftung des Dritten	52–56
1. Fremdwährungsforderungen	24	a) Rentenansprüche	53, 54
2. Nicht auf Geld gerichtete Forderungen	25	b) Nicht auf Geld gerichtete Forderungen	55
3. Forderungen mit unbestimmtem Geldbetrag	26–28	c) Fremdwährungsforderungen	56
III. Berücksichtigung späterer Entwicklungen und Erkenntnisse	29–35	II. Haftung der Gesellschafter	57–59
1. Prognostizierte künftige Entwicklung	30	1. Haftung nach rechtskräftiger Feststellung	57, 58
2. Rechtslage nach rechtskräftiger Feststellung	31	2. Haftung vor rechtskräftiger Feststellung	59
		F. Aufrechnung	60, 61

A. Normzweck

1 Da das Insolvenzverfahren der gleichmäßigen Befriedigung aller Gläubiger durch Verteilung des gesamten vorhandenen Vermögens des Schuldners dient (§ 1), wird dieses Vermögen vom Insolvenzverwalter verwertet und zu Geld gemacht (§ 159). Um sodann die gleichmäßige Teilnahme der Gläubiger an der Verteilung des realisierten Vermögens (§§ 187 ff.) zu ermöglichen, müssen alle Forderungen, die nicht auf einen bestimmten inländischen Geldbetrag gerichtet sind, in einen solchen umgerechnet werden. Denn nur hierdurch wird eine **Vergleichbarkeit der Forderungen** und damit die quotale Befriedigung ermöglicht.[1] Außerdem dient die Umrechnung auch der **Mess-**

---

[1] Ausführlich bereits Motive II, S. 289 f., zu §§ 62, 63 KO (später §§ 69, 70 KO), abgedruckt bei *Hahn,* Die gesamten Materialien zur Konkursordnung, 1881, S. 268; siehe sodann auch Begründung zu §§ 52, 53 RegE, BT-Drucks. 12/2443, S. 124, abgedruckt bei *Kübler/Prütting,* Das neue Insolvenzrecht, Bd. I, 1994, S. 213; vgl. ferner RG JW 1936, 2139; BGH NJW 1978, 107; deutlich BGHZ 108, 123, 127 = NJW 1989, 3155, 3157 = ZIP 1989, 926 = WM 1989, 1186 = KTS 1989, 870 = EWiR 1989, 919 *(Hanisch)* = WuB VI B. § 69 KO 2.89 *(Sundermann); Jaeger/Henckel* InsO § 38 RdNr. 63; *Arend* ZIP 1988, 69 f.

barkeit der Mitwirkungsrechte im Verfahren (Stimmrechte gemäß §§ 76, 77, 237)[2] sowie als Grundlage für die Berechnung einer anteiligen Kürzung der Forderungen durch einen Insolvenzplan (§ 224). Durch § 45 wird – wie auch durch die Regelung in § 41 (siehe dort RdNr. 1) – eine klare Grundlage für die Stellung der Gläubiger im Verfahren geschaffen,[3] wobei die Geldbeträge jeweils auf den Zeitpunkt der Verfahrenseröffnung berechnet werden. Die zwingendes Recht enthaltene Norm[4] betrifft dabei nur gegen den Schuldner gerichtete Forderungen, nicht jedoch umgekehrt dessen Forderungen gegen Dritte.[5] Der Insolvenzverwalter kann also von den Dritten kein Geld anstelle der ursprünglich vereinbarten Leistung verlangen.[6]

B. Entstehungsgeschichte

Die Vorschriften der §§ 45, 46 entsprechen im Wesentlichen den §§ 69, 70 KO und §§ 34, 35 VglO[7] und decken sich mit deren Anwendungsbereich.[8] Der hierin enthaltene Grundsatz, dass alle Teilnahmerechte der Insolvenzgläubiger auf bestimmte Geldbeträge zu fixieren sind (RdNr. 1), reicht jedoch noch weiter bis in die Zeit vor Einführung der Konkursordnung vom 1. Feb. 1877 zurück.[9]

Im Gegensatz zu § 69 KO legt § 45 nun ausdrücklich fest, dass der **Zeitpunkt der Verfahrenseröffnung für die Umrechnung maßgeblich** ist, womit sich die daran anknüpfenden Streitfragen zum alten Recht erledigt haben (RdNr. 19). Auf Vorschlag des Rechtsausschusses wurde § 45 zudem in Abweichung von den Vorgängervorschriften der KO und VglO und dem darauf aufbauenden § 52 RegE präziser gefasst, indem die Umrechnung ausländischer Währungen nun in einem eigenen Satz 2 geregelt ist.[10] Auf Anregung des Bundesrates wurden neben den Fremdwährungsforderungen auch Forderungen, die „in einer Rechnungseinheit" ausgedrückt sind, in den Gesetzestext aufgenommen (dazu RdNr. 18).[11]

C. Anwendungsbereich

I. Insolvenzforderungen

Die Umrechnung nach § 45 gilt nur für Insolvenzforderungen (§ 38),[12] auch nachrangige (§ 39).[13] **Masseansprüche** (insbes. aus § 55) können also ebenso wie Ansprüche auf **Aussonderung** (§ 47) oder Ersatzaussonderung (§ 48) mit dem ursprünglich vereinbarten Inhalt und nicht nur als inländische Geldforderungen geltend gemacht werden.[14] Dies kann insbesondere bei gegenseitigen Verträgen relevant werden, wenn der Insolvenzverwalter gemäß § 103 die Erfüllung wählt. Er hat dann die ursprünglich geschuldete Leistung zu erbringen, insbesondere auch eine vertraglich geschuldete Fremdwährungsschuld als Masseschuld zu erfüllen.[15] Nur im Sonderfall der Masseunzulänglichkeit (§§ 208 ff.) findet § 45 wegen der dann nur noch quotalen Befriedigung analoge Anwendung auf die Ansprüche der Altmassegläubiger.[16]

Für **Absonderungsrechte** (§§ 50 f.) – beispielsweise Pfand- oder sonstige Sicherungsrechte für unverfallbare Versorgungsanwartschaften (insbes. Contractual Trust Arrangements[17]) – gelten

---

[2] Siehe dazu auch RGZ 87, 82, 85 (zum Stimmrecht aus § 95 KO); *Bley/Mohrbutter* § 34 RdNr. 1.
[3] Begründung zu §§ 52, 53 RegE, BT-Drucks. 12/2443, S. 124, abgedruckt bei *Kübler/Prütting* (Fn. 1), S. 213.
[4] RGZ 93, 209, 214; *Kilger/K. Schmidt* § 69 RdNr. 8 (jeweils zu § 69 KO).
[5] Dies wird offenbar übersehen in BGH ZIP 1993, 1656, 1658 unter IV. 2. b) der Gründe.
[6] Zur Möglichkeit, ausnahmsweise Minderung statt Nacherfüllung zu verlangen, siehe allerdings BGHZ 169, 43 = NJW 2006, 2919 = ZIP 2006, 1736.
[7] Siehe Begründung zu §§ 52, 53 RegE, BT-Drucks. 12/2443, S. 124, abgedruckt bei *Kübler/Prütting* (Fn. 1), S. 213.
[8] Vgl. dazu auch HK-*Eickmann* § 45 RdNr. 2.
[9] Siehe dazu eingehend Motive II, S. 289 ff., zu §§ 62, 63 KO (später §§ 69, 70 KO), abgedruckt bei *Hahn* (Fn. 1), S. 268 ff.
[10] Vgl. die Begr. des Rechtsausschusses, abgedruckt bei *Kübler/Prütting* (Fn. 1), S. 213.
[11] Vgl. die Stellungnahme des BR, abgedruckt bei *Kübler/Prütting* (Fn. 1), S. 213.
[12] RGZ 93, 209, 212 f.; *Uhlenbruck/Knof* § 45 RdNr. 2.
[13] *Jaeger/Henckel* InsO § 45 RdNr. 4.
[14] *Jaeger/Lent* KO § 69 Anm. 1; *Kuhn/Uhlenbruck* § 69 RdNr. 2; *v. Rom*, S. 174; zu Aussonderungsansprüchen vgl. auch RGZ 65, 132, 133.
[15] *Jaeger/Henckel* InsO § 45 RdNr. 4; vgl. dazu auch *K. Schmidt*, FS Merz, 1992, S. 533, 539.
[16] *Walther*, Das Verfahren bei Masseunzulänglichkeit nach den §§ 208 ff. InsO, 2005, S. 110 ff.; *Adam* DZWIR 2011, 485, 487.
[17] Siehe dazu – speziell in Bezug auf die §§ 41, 45 f. – *Birkel/Obenberger* BB 2011, 2051, 2056 ff.; *Krumm* ZIP 2010, 1782, 1783; *Rolfs/Schmidt* ZIP 2010, 701, 703 f.; *Rüger*, S. 72 ff.; *v. Rom*, S. 170 ff.; zur Insolvenzfestigkeit der dabei regelmäßig verwendeten doppelseitigen Treuhand *Bitter*, FS Ganter, 2010, S. 101 ff. mwN.

sinngemäß die schon zu § 41 angeführten Erwägungen (s. dort RdNr. 14 ff.).[18] Soweit also die zugrundeliegende persönliche Forderung ebenfalls gegen den Schuldner gerichtet ist, kann sie mit den Einschränkungen des § 52 verfolgt werden. Verzichtet der Gläubiger auf sein Absonderungsrecht, kann die Forderung nach den Grundsätzen des § 45 in voller Höhe angemeldet werden. Will der Gläubiger hingegen anteilsmäßige Befriedigung nur für seinen Ausfall verlangen, so ist zu diesem Zweck die persönliche Forderung ebenfalls nach § 45 umzurechnen, bei Rentenansprüchen also zB zu kapitalisieren (RdNr. 26), und der so ermittelte Betrag „als Ausfallforderung" anzumelden.[19] Auf den gemäß § 45 berechneten Betrag ist dem Gläubiger der aus der Verwertung des Absonderungsrechts durch den Insolvenzverwalter (§§ 165 ff.) resultierende Erlös auszuschütten und der Ausfallbetrag sodann bei der anteilsmäßigen Befriedigung zu berücksichtigen. Nichts anderes kann auch in den Fällen eines eigenen Verwertungsrechts des Gläubigers (§ 173) gelten.[20] Wollte man die Anwendbarkeit des § 45 auf die absonderungsberechtigte Forderung hier ausschließen, könnte ein zur anteilsmäßigen Befriedigung zuzulassender Ausfallbetrag (§ 52 Satz 2) überhaupt nicht ermittelt werden (vgl. auch § 41 RdNr. 16). Handelt es sich zusätzlich um eine **aufschiebend bedingte Forderung,** so werden weder der Verwertungserlös noch die auf den Ausfallbetrag entfallende Dividende ausgezahlt, beide Beträge vielmehr bis zum Eintritt der Bedingung zurückgehalten.[21]

II. Forderungen, die nicht auf Geld gerichtet sind (Satz 1, Alt. 1)

6 Als Forderungen, die nicht auf Geld gerichtet sind, kommen alle Arten von Ansprüchen in Betracht, deren Gegenstand in einer Leistung, Handlung, Verschaffung (Übereignung) von beweglichen[22] oder unbeweglichen Gegenständen oder der Bestellung von Rechten daran besteht.[23] Voraussetzung ist nur, dass sie auf eine Leistung gerichtet sind, die auch außerhalb der Insolvenz aus dem Vermögen des Schuldners beigetrieben werden kann.[24]

7 Im Einzelnen kommen in Betracht: **Gewährleistungsansprüche** auf Nacherfüllung durch Mängelbeseitigung bzw. Nachlieferung (§§ 439, 635 BGB),[25] Ansprüche auf Rückgewähr von Gegenständen infolge Rücktritts vom Vertrag (§§ 323 ff., 346 BGB);[26] Ansprüche auf **vertretbare Handlungen,**[27] wie zB auf Errichtung oder Niederreißung einer Mauer,[28] auf Rechnungserteilung,[29] auf Abfallentsorgung oder sonstige Beseitigung eines störenden Zustandes;[30] Ansprüche

---

[18] Allgemein ebenso HambKomm-*Lüdtke* § 45 RdNr. 3.
[19] Vgl. dazu schon RGZ 93, 209, 213.
[20] Für die Besicherung von Versorgungsansprüchen OLGR Köln 2004, 200 f.; *Birkel/Obenberger* BB 2011, 2051, 2056 f.; ferner *Krumm* ZIP 2010, 1782, 1783, dort allerdings unter Hinweis auf eine angebliche Umwandlung des Versorgungsanspruchs mit Feststellung zur Insolvenztabelle (dazu kritisch unten RdNr. 39 ff.).
[21] Vgl. für den Verwertungserlös BGHZ 136, 220, 227 = NJW 1998, 312, 314 = Fn. 89 unter II. 3. der Gründe, wo sich die weitergehende Frage bezüglich einer Ausfallforderung nicht gestellt hat, weil der Wert des Absonderungsrechts die Forderung überstieg; bestätigend BGH NJW 2005, 2231, 2233 = WM 2005, 937, 939 m. Anm. *Bitter* WuB VI A. § 50 InsO 1.05; siehe auch *Birkel/Obenberger* BB 2011, 2051, 2057; *Krumm* ZIP 2010, 1782, 1783.
[22] RGZ 94, 61, 64 (Anspruch auf Ausfertigung und Übereignung von Aktien); OLG München NJW-RR 1998, 992 (Anspruch auf Herausgabe einer Bürgschaftsurkunde).
[23] Motive II, S. 290, zu §§ 62, 63 KO (später §§ 69, 70 KO), abgedruckt bei *Hahn* (Fn. 1), S. 268; vgl. auch *Jaeger/Henckel* InsO § 38 RdNr. 63; rechtsvergleichend zum Anspruch auf Übereignung eines Grundstücks *Jungmann* RabelsZ 69 (2005) 487 ff., zu § 45 InsO insbes. S. 490.
[24] *Jaeger/Henckel* InsO § 38 RdNr. 63.
[25] BGH NJW-RR 2004, 1050, 1051 = ZIP 2003, 2379, 2381; BGHZ 169, 43, 49 = NJW 2006, 2919, 2921 = ZIP 2006, 1736, 1738 (RdNr. 13); LG Neuruppin BauR 2003, 1081; *Uhlenbruck/Knof* § 45 RdNr. 3; *Jaeger/Henckel* InsO § 45 RdNr. 6; *Becker* DZWIR 2003, 202, 203; im Grundsatz auch OLG Hamburg WM 1988, 1895, 1896 = MDR 1988, 861, 862, das eine Schätzung allerdings dann ablehnt, wenn jegliche Anhaltspunkte für Inhalt und Umfang eines Gewährleistungsanspruchs fehlen; zu Erfüllungsansprüchen im Werkrecht vgl. auch *Heidland* BauR 1981, 21, 22.
[26] *Uhlenbruck/Knof* § 45 RdNr. 5; *Jaeger/Henckel* InsO § 45 RdNr. 6; vgl. auch BGH NJW-RR 2004, 1050, 1051 = ZIP 2003, 2379, 2381, wonach allerdings umgekehrt der Anspruch auf Rückzahlung des Kaufpreises Zug-um-Zug gegen Rückgewähr des Kaufgegenstandes nicht im Insolvenzverfahren verfolgt werden kann; erforderlich ist insoweit die Anmeldung des Differenzschadens, der aus der fehlenden Möglichkeit der Rückabwicklung resultiert (so im Fall RGZ 126, 132 ff.).
[27] *Uhlenbruck/Knof* § 45 RdNr. 7.
[28] *Jaeger/Henckel* InsO § 38 RdNr. 65.
[29] OLG Köln NJW-RR 1993, 361, 363; vgl. aber auch BGH WM 2005, 1472, 1474 unter Hinweis auf *Jaeger/Henckel* InsO § 38 RdNr. 69.
[30] Dies gilt jedenfalls für privatrechtliche Räumungs- und Beseitigungsansprüche, die unstreitig Insolvenzforderungen darstellen (BGHZ 148, 252 = NJW 2001, 2966) und daher nach § 45 umzurechnen sind (BGHZ 150, 305, 308 f. und 312 f. = NJW-RR 2002, 1198 = WM 2002, 1195). Bei einer öffentlich-rechtlichen Pflicht zur

auf **Verschaffung von Grundschulden** einschließlich der Übergabe des Grundschuldbriefs[31] und auf **Bestellung eines Nießbrauchs oder Pfandrechts;**[32] Löschungsansprüche gemäß § 1179a Abs. 1 BGB, soweit sie nicht insolvenzfest sind;[33] Ansprüche auf **Übertragung von Gesellschaftsanteilen;**[34] schuldrechtliche Ansprüche auf **Wegnahme oder Trennung einer Sache,** wie sie trotz Vorliegens wesentlicher Bestandteile (§§ 946, 93 BGB) für den Mieter oder Pächter (§§ 539 Abs. 2, 581 Abs. 2 BGB),[35] Entleiher (§ 601 Abs. 2 Satz 2 BGB), Besitzer (§ 997 Abs. 1 Satz 1 BGB),[36] Nießbraucher (§ 1049 Abs. 2 BGB)[37] und Pfandgläubiger (§ 1216 Satz 2 BGB) bestehen;[38] mietvertragliche Ansprüche auf **Renovierung der Mieträume** nach Beendigung des Mietverhältnisses;[39] der Anspruch auf **Rückgabe aus einem Leihverhältnis,** wenn die Aussonderung an einer Verpfändung der Sache durch den Schuldner scheitert;[40] Forderungen auf **Naturalleistungen** wie Kost, Wohnung, Heizung, Kleidung.[41] Der Wert dieser Ansprüche ist jeweils zu schätzen (RdNr. 25).

Entgegen der hier in der 1. Aufl. noch vertretenen herrschenden Ansicht gilt anderes für Ansprüche auf Herausgabe von im Rahmen eines **Auftragsverhältnisses** für Rechnung des Auftraggebers erworbenen bestimmten Gegenständen (§ 667 BGB)[42] sowie für das Forderungsrecht des Bedachten aus einem **Vermächtnis** auf Übertragung des vermachten Gegenstandes (§ 2174 BGB).[43] Aufgrund der jeweils vorliegenden Rechtsträgerschaft für fremde Rechnung berechtigten diese Ansprüche richtigerweise zur Aussonderung (§ 47 InsO),[44] sodass eine Umrechnung nicht in Betracht kommt (RdNr. 4). Problematisch erscheint die Umrechnung gemäß § 45 InsO bei **öffentlich-rechtlichen Pflichten,** etwa zur Beseitigung von Altlasten oder zur Abgabe von Emissionsberechtigungen gemäß Treibhausgas-Emissionshandelsgesetz (TEHG). Hier ist jeweils vorrangig zu klären, ob es sich überhaupt um Insolvenzforderungen handelt.[45] 7a

§ 45 ist auch auf einen **Befreiungsanspruch** anwendbar.[46] Dieser geht seinem Inhalte nach dahin, dass der Schuldner als Befreiungsschuldner die gegen den Befreiungsgläubiger gerichtete Forderung eines Dritten durch Zahlung zum Erlöschen bringt. Richtigerweise ist daher der Befreiungsanspruch mit diesem Inhalt – Zahlung an den Dritten – in der Insolvenz des Schuldners anzumelden und die Quote sodann unmittelbar an den Dritten auszuzahlen.[47] Haftet allerdings auch der 8

Abfallentsorgung ist hingegen vorrangig die Frage zu beantworten, ob sie gar nicht als Insolvenzforderung einzuordnen ist (so VGH Mannheim NJW 1992, 64, 65; BVerwGE 108, 269 = NZI 1999, 246 = WM 1999, 818; kritisch BGHZ 148, 252, 260 = aaO; BGHZ 150, 305, 317 f. = aaO) und schon deshalb die Anwendbarkeit des § 45 entfällt (vgl. RdNr. 4; verkannt wird dies bei VG Frankfurt NZI 1999, 284, 286, wo die Unanwendbarkeit des früheren § 69 KO mit dem Fehlen eines Gläubigers bei öffentlich-rechtlichen Pflichten begründet wird). Einer ggf. anzunehmenden Masseschuld kann sich der Insolvenzverwalter allerdings nach der – nicht zweifelsfreien – hM durch Freigabe entziehen (BVerwGE 122, 75 = ZIP 2004, 2145 = WM 2005, 233; BGHZ 163, 32 = NJW 2005, 2015 = WM 2005, 1084).

[31] Vgl. RGZ 77, 106, 109 f., wonach auch nach erfolgter Eintragung des Gläubigers mangels Übergabe des Grundschuldbriefs (§§ 1117, 1192 BGB) nur eine nach § 45 (früher § 69 KO) zu berechnende Insolvenzforderung besteht; vgl. auch *Jaeger/Lent* KO § 69 Anm. 2; zum Anspruch auf Herausgabe einer Bürgschaftsurkunde siehe OLG München NJW-RR 1998, 992.

[32] *Jaeger/Henckel* InsO § 38 RdNr. 63; *Uhlenbruck/Knof* § 45 RdNr. 3.

[33] *Alff* ZInsO 2006, 838.

[34] *Schlosser* ZIP 2005, 781, 785.

[35] Zur Anwendbarkeit trotz § 93 BGB vgl. *Palandt/Weidenkaff* § 539 RdNr. 9.

[36] Zum schuldrechtlichen Charakter des Anspruchs vgl. *Palandt/Bassenge* § 997 RdNr. 4.

[37] Wegen § 95 liegt hier allerdings idR kein wesentlicher Bestandteil vor; vgl. *Palandt/Bassenge* § 1049 RdNr. 2.

[38] *Jaeger/Henckel* InsO § 45 RdNr. 6 mwN; vgl. dazu auch RGZ 63, 307, 308; für einen dinglichen Charakter der Wegnahmebefugnis aber BGHZ 81, 146, 150 f.; BGHZ 101, 37, 42; BGH NJW 1991, 3031.

[39] BGH NJW 1985, 271, 272.

[40] Vgl. RG JW 1898, 160 (Verpfändung der leihweise überlassenen Wertpapiere an die Bank des Schuldners); aA *Jaeger/Lent* KO § 69 Anm. 2.

[41] *Jaeger/Lent* KO § 69 Anm. 2.

[42] Für Anwendbarkeit des § 69 KO (heute § 45) insoweit RGZ 72, 192, 198.

[43] Für Anwendbarkeit des § 69 KO (heute § 45) insoweit *Jaeger/Lent* KO § 69 Anm. 2; *Jaeger/Henckel* InsO § 45 RdNr. 6.

[44] Ausführliche Begründung bei *Bitter,* Rechtsträgerschaft für fremde Rechnung, 2006, zum Auftrags-/Kommissionsrecht insbes. S. 189 ff., zum Vermächtnis S. 352 ff.; für Auftragsverhältnisse zust. *Uhlenbruck/Knof* § 45 RdNr. 4.

[45] Siehe bereits Fn. 30; zum TEHG *Köhn* ZIP 2006, 2015 ff.

[46] BGH NJW 2005, 3285, 3286; OLG Stuttgart ZIP 1988, 1344, 1345; *Hess* § 45 RdNr. 16; *Kilger/K. Schmidt* § 3 Anm. 2 d); *Uhlenbruck/Knof* § 45 RdNr. 7; *Wissmann,* Persönliche Mithaft in der Insolvenz, 2. Aufl. 1998, RdNr. 236; offen RG JW 1936, 2139.

[47] Ausführlich *Jaeger/Henckel* InsO § 38 RdNr. 66 ff.; *Wissmann* (Fn. 46) RdNr. 222 ff.; vgl. auch Kilger/ K. Schmidt § 3 Anm. 2 d); *Noack/Bunke,* FS Uhlenbruck, 2000, S. 335, 359; *Uhlenbruck/Knof* § 45 RdNr. 7; offen

Schuldner dem Dritten, etwa als Gesamtschuldner, so kann der Befreiungsanspruch nicht neben dem Anspruch des Dritten angemeldet werden, weil auf die wirtschaftlich identische Forderung nur eine Quote auszuschütten ist (vgl. § 44 RdNr. 7).[48] Eine Umrechnung nach § 45 findet bei einem nicht auf Geld gerichteten **Anfechtungsanspruch** aus §§ 129 ff. gegen den Schuldner nicht statt, seit die jüngere Rechtsprechung des BGH einem solchen Anspruch Aussonderungskraft zuspricht.[49] **Gestaltungsrechte** wie Anfechtung (§ 142 BGB), Kündigung oder Rücktritt (§ 346 BGB) begründen für sich keine Insolvenzforderung.[50] Sie können erst nach ihrer Ausübung zu einem nicht auf Geld gerichteten Anspruch führen, der dann ggf. nach § 45 umzurechnen ist.[51] Geklärt schien zum Zeitpunkt der 1. Aufl. die Rechtslage beim **Unterlassungsanspruch.**[52] Während die Motive zur Konkursordnung diesen noch als Anwendungsfall des damaligen § 62 KO (später § 69 KO) eingeordnet hatten,[53] ging die allgemeine Ansicht bis vor einigen Jahren davon aus, dass eine Umrechnung in eine Geldforderung gemäß § 45 nicht erfolgen kann.[54] Der entscheidende Grund wurde darin gesehen, dass Unterlassungsansprüche auch außerhalb des Insolvenzverfahrens nicht im Wege des Vermögenszugriffs (dazu RdNr. 1 und 6), sondern nur durch Zwang gegen die Person des Pflichtigen (§ 890 ZPO) erzwungen werden können.[55] Eine Teilnahme des Unterlassungsgläubigers an der Verteilung des Schuldnervermögens sei daher ebenfalls nicht zuzulassen. Diese auch hier in der 1. Aufl. vertretene Ansicht ist durch ein Urteil des BGH aus dem Jahr 2003 in Zweifel gezogen worden.[56] Zu beurteilen war die in einem Grundstückskaufvertrag übernommene Pflicht, auf dem erworbenen Grundstück keine Parkplätze zu vermieten. In der Tat lässt sich der Wert der vertraglichen Unterlassungspflicht in einem solchen Fall durchaus beziffern, weil die Beschränkung des Grundstückskäufers in die Preiskalkulation beim Grundstückskauf Eingang findet. Soweit auf diesem Weg eine Schätzung möglich ist, sollte auch bei Unterlassungsansprüchen eine insolvenzrechtliche Teilnahme des gemäß § 45 InsO umgerechneten Anspruchs zugelassen werden.[57]

8a Überprüfungsbedürftig erscheint aber die Position des BGH und des BAG, wonach ein „**Feststellungsanspruch**" (zB die Feststellung der Unwirksamkeit einer Kündigung im **Kündigungsschutzprozess**) mit dem gemäß § 45 geschätzten Wert angemeldet werden kann.[58] Denn die Feststellung (allein) lässt sich nicht durch Vermögenszugriff realisieren, sondern nur die der Feststellungsklage zugrunde liegenden Vermögensansprüche.[59] Es sind daher die fortbestehenden Lohnansprüche im Fall der Unwirksamkeit der Kündigung, die mit ihrem auf die Zeit der Verfahrenseröffnung zu berechnenden Schätzwert gemäß § 45 geltend gemacht werden können. Dabei ist allerdings trotz des unterschiedlichen Streitgegenstandes der Klage auf Feststellung des Bestehens eines Arbeitsverhältnisses und der Lohnforderungsklage[60] für den Gläubiger die Möglichkeit anzuerkennen, die Feststellung der vom Verwalter bestrittenen Lohnansprüche zur Tabelle gemäß § 180 Abs. 2 (auch) durch Aufnahme eines vor der Verfahrenseröffnung bereits laufenden Kündigungs-

---

insoweit BAGE 27, 127, 132 = WM 1975, 1190, 1191 unter II. 1. b) der Gründe, wo bei Fehlen eines auf Zahlung an den Dritten gerichteten Antrags nur von einem aufschiebend bedingten Anspruch ausgegangen wird (unter II. 2. der Gründe).

[48] Zustimmend *Uhlenbruck/Knof* § 45 RdNr. 7.
[49] BGHZ 156, 350, 359 ff. = NJW 2004, 214, 216 = WM 2003, 2479, 2482 unter Aufgabe der hier in der 1. Aufl. herangezogenen Rspr. aus NJW 1990, 990, 992; bestätigend BGH ZIP 2008, 2224, 2226 (RdNr. 15); BGH ZIP 2009, 1080, 1083 (RdNr. 43). Ob die neue Linie des BGH auch auf § 11 AnfG ausgedehnt wird (siehe dazu nach bisherigem Stand der Diskussion BGHZ 71, 296, 302 = NJW 1978, 1525, 1526; *Huber*, Anfechtungsgesetz, 10. Aufl. 2006, Einf. RdNr. 23 ff. und § 11 AnfG RdNr. 7) und deshalb folgerichtig auch insoweit die hier in der 1. Aufl. im Anschluss an Kuhn/*Uhlenbruck* § 69 RdNr. 2 und OLG Rostock JW 1931, 2172 befürwortete Anwendung des § 45 InsO in Zukunft auszuscheiden hat, liegt nahe, ist aber – soweit ersichtlich – vom BGH noch nicht entschieden.
[50] *Jaeger/Henckel* InsO § 38 RdNr. 64.
[51] *Uhlenbruck/Knof* § 45 RdNr. 5.
[52] Zweifelnd früher *Hess* KO § 69 RdNr. 2; anders jetzt *Hess* § 45 RdNr. 15.
[53] Motive II, S. 290, zu §§ 62, 63 KO (später §§ 69, 70 KO), abgedruckt bei *Hahn* (Fn. 1), S. 268.
[54] RGZ 134, 377, 379; FK-*Bornemann* § 45 RdNr. 3; *Jaeger/Lent* KO § 69 RdNr. 2; *Jaeger/Henckel* InsO § 38 RdNr. 78 und § 45 RdNr. 7; Kilger/*K. Schmidt* § 69 Anm. 2; HK-*Eickmann* § 45 RdNr. 3; *Nerlich/Römermann/Andres* § 45 RdNr. 2 aE; *Uhlenbruck*, 12. Aufl., § 45 RdNr. 3.
[55] *Jaeger/Henckel* KO § 3 RdNr. 27; siehe jetzt auch *Jaeger/Henckel* InsO § 38 RdNr. 78.
[56] BGHZ 155, 371, 378 = NJW 2003, 3060, 3062 = WM 2003, 1737, 1739; dazu *K. Schmidt* KTS 2004, 241 ff.
[57] Zutreffend *K. Schmidt* KTS 2004, 241, 250 und 256; vgl. auch *Uhlenbruck/Knof* § 45 RdNr. 6; KPB/*Holzer* § 45 RdNr. 2a; nach *Holzer* EWiR 2004, 27, 28 wird insoweit allerdings das vom Unterlassungsanspruch zu unterscheidende Nichterfüllungsinteresse angemeldet; ebenso wohl auch FK-*Bornemann* § 38 RdNr. 11.
[58] So BGH NJW 1995, 1750 f. unter I. 1. der Gründe; BAG ZIP 2007, 745, 747 f. (RdNr. 29 f.).
[59] Zustimmend *Jaeger/Henckel* InsO § 45 RdNr. 7; *Uhlenbruck/Knof* § 45 RdNr. 9.
[60] Vgl. dazu BGHZ 105, 34 = ZIP 1988, 979 = WM 1988, 1350= BB 1988, 1779.

schutzprozesses zu betreiben.[61] Bei Fortdauer des Arbeitsverhältnisses über die Verfahrenseröffnung hinaus sind **Urlaubsansprüche auf bezahlte Freizeit** nicht nach § 45 umzurechnen. Sie bilden nach § 108 Abs. 2 schon keine Insolvenzforderung, da sie – sofern nicht nach § 7 Abs. 1 BUrlG zeitlich festgelegt – keinem bestimmten Zeitpunkt im Kalenderjahr zugeordnet werden können und damit auch nicht „für die Zeit vor der Eröffnung des Insolvenzverfahrens" entstehen.[62] Anderes gilt demgegenüber für einen Anspruch auf Freistellung aus der Umwandlung von Vergütung in Freizeit oder zum Ausgleich von Überstunden (**Freizeitguthaben**); insoweit findet eine Umrechnung gemäß § 45 statt; eine Erfüllung durch Freistellung kann nicht mehr verlangt werden.[63]

Die Frage nach einer Umrechnung gemäß § 45 stellt sich nicht, wenn ohnehin schon vor Eröffnung des Insolvenzverfahrens eine **Umwandlung in eine Schadensersatzforderung** stattgefunden hat, wie es zB nach §§ 281 ff., 325 BGB der Fall sein kann. Keines Rückgriffs auf § 45 bedarf es auch in den Fällen der von § 104 erfassten Fix- und Finanztermingeschäfte, bei denen nach Verfahrenseröffnung nur noch eine Forderung wegen Nichterfüllung geltend gemacht werden kann.[64] Ähnliches gilt gemäß § 103, wenn der gegenseitige Vertrag zum Eröffnungszeitpunkt vom Schuldner und vom anderen Teil nicht oder nicht vollständig erfüllt war. Lehnt der Insolvenzverwalter hier die Erfüllung ab, tritt an die Stelle der gegenseitigen Ansprüche der einseitige Anspruch des Vertragspartners des Schuldners auf Schadensersatz wegen Nichterfüllung.[65] Hat allerdings der Gläubiger seinen Teil des Vertrags bereits voll erfüllt, zB der Besteller eines Werkes den Werklohn voll bezahlt und wird der Unternehmer anschließend insolvent, bevor er seine Leistung voll erbracht hat, behält der Besteller den Anspruch auf Erfüllung. Dieser ist dann gemäß § 45 umzurechnen.[66] Gleiches gilt bei der Vorleistung (Zahlung) auf einen Kaufvertrag (§ 433 BGB),[67] Dienstvertrag (§ 611 BGB) oder eine Geschäftsbesorgung (§ 675 BGB).

III. Forderungen, deren Geldbetrag unbestimmt ist (Satz 1, Alt. 2)

Mit den in § 45 Satz 1, Alt. 2 genannten Forderungen, deren Geldbetrag „unbestimmt" ist, sind dieselben früher in § 69 KO als „unbestimmt oder ungewiss" bezeichneten Forderungen gemeint.[68] Der Gesetzgeber der Konkursordnung hatte dabei zum einen die **Schadensersatzansprüche** im Auge. Da schon im Zivilprozess eine freiere Beurteilung bei der Abschätzung der Höhe eines Schadens und der Frage seines Entstehens zulässig ist (§ 287 ZPO), besteht erst recht im Insolvenzverfahren die Notwendigkeit, die einzelnen Streitigkeiten zu einem schnellen Abschluss zu bringen.[69]

Forderungen mit unbestimmtem Geldbetrag sind auch solche mit einem **unbestimmten Termin,** sei es dass der Anfangstermin, ab welchem, sei es dass der Endtermin, bis zu welchem die Leistung geschuldet wird, durch ein (nur) der Zeit nach ungewisses Ereignis bestimmt wird.[70] Dabei kommen zum einen **Forderungen auf eine einmalige Leistung** von bestimmter Höhe in Betracht, deren Fälligkeit zwar sicher eintritt, bei denen aber der Zeitpunkt der Fälligkeit unbestimmt ist.[71] Ist der Verfall einer Forderung zB an den Tod einer Person angeknüpft, dann ist ihr Wert im Zeitpunkt der Verfahrenseröffnung trotz eines konkreten Geldbetrags im Hinblick auf die Ungewissheit des Zahlungszeitpunktes unbestimmt i.S.v. § 45 (näher § 41 RdNr. 8, 20, 25). Zum

---

[61] So bereits RAG JW 1933, 1551 zu § 146 KO; BGHZ 105, 34 = ZIP 1988, 979 = Fn. 60 stellt demgegenüber nur klar, dass eine solche Aufnahme des durch die Verfahrenseröffnung unterbrochenen Feststellungsverfahrens nicht erfolgen *muss,* der Gläubiger also die Feststellung der Lohnforderung auch in einem neuen Verfahren betreiben *kann.*

[62] BAGE 108, 351, 355 = NJW 2004, 1972 = ZIP 2004, 1011; im Ergebnis ebenso schon zu § 69 KO RAG DR 1941, 1804, 1805 mwN; Kilger/*K. Schmidt* § 69 Anm. 7.

[63] LAG Hessen ZInsO 2009, 1069.

[64] Vgl. zu § 18 KO schon *Glück* S. 9 f.

[65] Vgl. BGHZ 68, 379, 380 = NJW 1977, 1345 mit zahlr. Nachw.; BGH NJW 1983, 1619 unter 2. der Gründe (jeweils zu § 17 KO); Smid/*Lieder* DZWIR 2005, 7, 11; zum Vorrang des § 17 KO (jetzt § 103) vor den Umrechnungsvorschriften der §§ 65 ff. KO (jetzt §§ 41 ff.) vgl. schon *Glück* S. 7 ff.; im Rahmen des § 103 mag man allerdings eine Schätzung analog § 45 vornehmen (*Schlosser* ZIP 2005, 781, 785).

[66] *Heidland* BauR 1981, 21, 22; für einen Anspruch auf Nacherfüllung – ohne Nennung des § 45 InsO – auch BGHZ 169, 43, 49 = NJW 2006, 2919, 2921 = ZIP 2006, 1736, 1738 (RdNr. 13).

[67] Die Anwendbarkeit des § 103 (früher § 17 KO) ist nach vollständiger Zahlung des Kaufpreises ausgeschlossen, obwohl noch die Abnahmepflicht aus § 433 Abs. 2 BGB aussteht (*Jaeger/Henckel* KO § 17 RdNr. 8 und 47; anders BGH NJW 1983, 1619 für den umgekehrten Fall der Käuferinsolvenz).

[68] KPB/*Holzer* § 45 RdNr. 4.

[69] Motive II, S. 290, zu §§ 62, 63 KO (später §§ 69, 70 KO), abgedruckt bei *Hahn* (Fn. 1), S. 269; vgl. dazu auch *Bitter* NZI 2000, 399, 401.

[70] Motive II, S. 290, zu §§ 62, 63 KO (später §§ 69, 70 KO), abgedruckt bei *Hahn* (Fn. 1), S. 269; unter Bezug darauf auch RGZ 68, 340, 342 f.

[71] *Jaeger/Henckel* InsO § 45 RdNr. 8; *Uhlenbruck/Knof* § 45 RdNr. 11; ausführlich *Bitter* NZI 2000, 399, 401.

anderen ist an **Forderungen auf wiederkehrende Leistungen** zu denken,[72] bei denen der Betrag und/oder die Dauer unbestimmt sind und die deshalb nicht der Regelung des § 46 Satz 1 unterfallen (vgl. § 46 RdNr. 4).[73] Hat der Gläubiger zB auf Grund eines Schadensereignisses eine Minderung der Erwerbsfähigkeit erfahren und steht ihm deshalb eine monatlich oder jährlich zu zahlende **Geldrente** zu (insbes. aus § 843 Abs. 1 BGB),[74] können im Zusammenspiel der §§ 41, 45 auch diese auf einem einheitlichen Schuldgrund beruhenden, aber erst zukünftig fälligen Ansprüche berücksichtigt werden.[75] § 41 Abs. 1 überwindet die fehlende Fälligkeit der künftigen Rentenzahlungen und § 45 ermöglicht die Schätzung des Zeitraums, für den die Rente zu zahlen gewesen wäre (s.u. RdNr. 26). In gleicher Weise können auch die zukünftigen Ansprüche aus einer vertraglichen **Leibrente** (§§ 759 ff. BGB) umgerechnet werden.[76] Auch sie sind auf die zu erwartende Lebensdauer der berechtigten Person zu kapitalisieren (RdNr. 26). Die durch § 45 ermöglichte Schätzung geht deshalb weiter als diejenige gemäß § 287 ZPO (RdNr. 10), weil in der Insolvenz gemäß § 41 auch die erst zukünftig eintretenden Nachteile aus einem Schadensereignis einbezogen werden können.

12 Die Frage der Anwendbarkeit des § 45 auf Ansprüche aus einer **betrieblichen Altersversorgung** ist in Teilbereichen nach wie vor umstritten.[77] Es geht dabei um Versorgungsleistungen, die vom Arbeitgeber für den Eintritt des Versorgungsfalles (Erreichen des Pensionsalters, Invalidität oder Tod) versprochen werden.

13 Eindeutig ist die Rechtslage nur für den Fall, dass zum Zeitpunkt der Verfahrenseröffnung der **Versorgungsfall bereits eingetreten** ist, also Personen vorhanden sind, die bereits eine laufende Alters- oder Invaliditätsrente beziehen. Unabhängig davon, ob die entsprechenden Rentenansprüche bei ihren Inhabern verbleiben oder gemäß § 9 Abs. 2 des Gesetzes zur Verbesserung der betrieblichen Altersversorgung (BetrAVG)[78] auf den Pensions-Sicherungs-Verein (PSV) als Träger der Insolvenzsicherung übergehen,[79] werden die Betriebsrenten – nicht anders als die in RdNr. 11 genannten Geldrenten – für die Zukunft kapitalisiert (RdNr. 26 f.) und mit dem so errechneten Betrag im Verfahren berücksichtigt.[80]

14 Ist der **Versorgungsfall noch nicht eingetreten,** so ist zu unterscheiden: Handelt es sich um eine **verfallbare Versorgungsanwartschaft,** also eine solche, die bei vorzeitigen Ausscheiden des Mitarbeiters aus dem Betrieb ohne Eintritt des Versorgungsfalles nicht aufrechterhalten wird,[81] dann hat der betreffende Arbeitnehmer nach insolvenzbedingter Beendigung seines Arbeitsverhältnisses wegen der Verfallbarkeit keinerlei Ansprüche, die angemeldet und zu diesem Zwecke kapitalisiert werden könnten.[82]

15 Liegt demgegenüber eine **unverfallbare Versorgungsanwartschaft** vor, so ist nach einer im Jahr 1999 erfolgten Gesetzesänderung im Ansatz zu differenzieren.[83] Durch Art. 91 Nr. 4 Buchst. b EGInsO wurde mWv. 1. Januar 1999 dem § 9 Abs. 2 BetrAVG ein neuer Satz 3 angefügt, wonach die mit der Eröffnung des Insolvenzverfahrens auf den PSV übergegangenen Anwartschaften als unbedingte Forderungen nach § 45 geltend gemacht werden können.[84] Für den Anwendungsbereich des BetrAVG (RdNr. 16) wurde damit Klarheit geschaffen. Außerhalb dieses Bereichs bleibt hingegen ein schon mehr als 10 Jahre andauernder Streit zwischen BAG und BGH bestehen.[85] Während

---

[72] Die Motive II, S. 290, zu §§ 62, 63 KO (später §§ 69, 70 KO), abgedruckt bei *Hahn* (Fn. 1), S. 269, sahen diese als „wichtigste Art" von Forderungen mit unbestimmtem Geldbetrag an; vgl. dazu auch RGZ 68, 340, 343.
[73] *Bitter* NZI 2000, 399, 401; vgl. auch *Jaeger/Lent* KO § 69 Anm. 3 zum Verhältnis der §§ 69 und 70 KO.
[74] Siehe dazu auch *Jaeger/Lent* KO § 69 Anm. 3.
[75] RGZ 87, 82, 84 f.; *Jaeger/Lent* KO § 69 Anm. 3; *Rüger*, S. 72 ff.; *v. Rom*, S. 172 ff.
[76] RGZ 68, 340, 342 f.
[77] Vgl. dazu eingehend *Bitter* NZI 2000, 399 ff.; *Rüger*, S. 72 ff.; *v. Rom*, S. 170 ff.
[78] Gesetz vom 19.12.1974 (BGBl. I S. 3610) mit nachfolgenden Änderungen; vgl. dazu die Kommentierungen von *Paulsdorff*, Kommentar zur Insolvenzsicherung der betrieblichen Altersversorgung, 2. Aufl. 1996; *Blomeyer/Rolfs/Otto*, BetrAVG, 5. Aufl. 2010; *Höfer*, BetrAVG, Loseblatt, Stand: Juni 2011.
[79] Zur Unterscheidung vgl. RdNr. 16.
[80] *Kuhn/Uhlenbruck* § 69 RdNr. 3c; *Uhlenbruck/Knof* § 45 RdNr. 13; *Blomeyer/Rolfs/Otto* (Fn. 78), vor § 7 BetrAVG RdNr. 24 ff. und § 9 BetrAVG RdNr. 51 mN zur Rspr. des BAG; *Höfer* (Fn. 78), § 9 BetrAVG RdNr. 4698; *Rüger*, S. 72 f.; siehe auch *v. Rom*, S. 174.
[81] Zur Unterscheidung von verfallbaren und unverfallbaren Versorgungsanwartschaften vgl. *Höfer/Kemper* BB 1973, 731, 732; *Blomeyer/Rolfs/Otto* (Fn. 78), vor § 7 BetrAVG RdNr. 27 f.: die Unverfallbarkeit kann auf Vertrag oder Gesetz (§ 1 BetrAVG) beruhen.
[82] *Uhlenbruck/Knof* § 45 RdNr. 13; *Rüger*, S. 75; ferner *Blomeyer/Rolfs/Otto* (Fn. 78), vor § 7 BetrAVG RdNr. 27, die allerdings darauf hinweisen, dass eine Unverfallbarkeit nach Verfahrenseröffnung eintreten kann, wenn der Insolvenzverwalter das Arbeitsverhältnis mit dem Arbeitnehmer fortführt.
[83] Vgl. *Bitter* NZI 2000, 399, 402 f.; zustimmend *Rüger*, S. 76 ff.; teilweise abweichend *v. Rom*, S. 175 ff.
[84] Siehe dazu auch *Bitter* NZI 2000, 399, 403.
[85] Vgl. dazu ausführlich *Bitter* NZI 2000, 399 ff., insbes. 402 ff.; warum der Streit durch die Einfügung des § 46 Satz 2 im Sinne einer Anwendung des § 45 entschieden sein soll (so *Nerlich/Römermann/Andres* § 45 RdNr. 3), ist

Umrechnung von Forderungen **16 § 45**

das BAG[86] in ständiger Rechtsprechung und in Übereinstimmung mit dem arbeitsrechtlichen Schrifttum[87] davon ausgeht, dass unverfallbare Versorgungsanwartschaften sofort mit einem gemäß § 45 zu berechnenden Kapitalbetrag in der Insolvenz des Arbeitgebers zu berücksichtigen sind,[88] hat sich der BGH[89] im Hinblick auf die Unsicherheit des Eintritts des Versorgungsfalles im Grundsatz für eine Anwendbarkeit der Regeln über aufschiebend bedingte Forderungen ausgesprochen, die im Insolvenzverfahren nur zu einer Sicherung berechtigen (dazu § 42 RdNr. 11).[90] In jüngerer Zeit hat der BGH dabei klargestellt, dass seine Rechtsprechung die Anwendbarkeit von § 45 nicht ausschließe, vielmehr bei unverfallbaren Anwartschaften beide Regelungsbereiche parallel zur Anwendung kämen. Der Wert der Anwartschaft werde zunächst nach § 45 berechnet (s.u. RdNr. 26 ff.), der daraus resultierende Kapitalbetrag allerdings nicht als unbedingte Forderung berücksichtigt (so das BAG), sondern bei der Verteilung zurückbehalten (jetzt § 191 Abs. 1 Satz 2 InsO).[91] Hierdurch wird eine Sicherung für den späteren Eintritt des Versorgungsfalles (Eintritt der aufschiebenden Bedingung[92]) geschaffen. Tritt der Sicherungsfall nicht ein, wird der Betrag zur Nachtragsverteilung für die Gläubiger frei.

Allerdings hat der BGH in derselben Entscheidung aus dem Jahre 1997[93] bereits im Vorgriff auf **16** die in RdNr. 15 angeführte Änderung des § 9 Abs. 2 Satz 3 BetrAVG entschieden, dass diese Grundsätze nur noch auf solche unverfallbaren Versorgungsanwartschaften zur Anwendung kommen sollen, die nicht dem **Anwendungsbereich des BetrAVG** unterfallen.[94] Damit berechtigt die Versorgungsanwartschaft nur zu einer Sicherung, wenn deren Inhaber weder Arbeitnehmer noch eine diesen gemäß § 17 Abs. 1 Satz 2 BetrAVG gleichgestellte Person ist. Es geht dabei um Personen, die nicht für ein fremdes Unternehmen und somit Unternehmer sind. Dies nimmt der BGH zB bei einer GmbH für einen **Gesellschafter-Geschäftsführer** an, der entweder allein oder zusammen mit einem weiteren Mitgeschäftsführer 50 % oder mehr der Anteile hält.[95] Auch wenn damit in Zukunft für die insolvenzrechtliche Behandlung nach der Art der zugrundeliegenden unverfallbaren Versorgungsanwartschaft sowie im Hinblick auf die Höchstgrenze des § 7 Abs. 3 BetrAVG[96] differenziert werden muss, ist der Rechtsprechung des BGH im Ansatz zuzustimmen, weil sie dem allgemeinen Grundsatz folgt, dass solche Forderungen im Insolvenzverfahren unberücksichtigt bleiben, bei denen nicht nur die Höhe, sondern insgesamt noch ungewiss ist, ob der Schuldner jemals zur Zahlung verpflichtet sein wird (dazu § 41 RdNr. 1 und 8).[97] Allerdings bleiben zwei weitere

in keiner Weise ersichtlich, weil § 46 Satz 2 nur den schon bisher anerkannten Regelungsgehalt des § 35 Satz 2 VglO übernimmt (dazu § 46 RdNr. 2 und 4).

[86] BAGE 24, 204, 211 = DB 1972, 2116 = BB 1972, 1504; BAG NJW 1978, 1343; BAGE 42, 188, 190 = NJW 1984, 998 = ZIP 1983, 1095, 1096 = WM 1983, 1141; BAGE 60, 32, 35 = ZIP 1989, 319, 320 = NZA 1989, 303 = DB 1989, 731 = BB 1989, 849; BAG ZIP 1990, 400, 401 = NZA 1990, 524 = BB 1990, 561 = DB 1990, 539; BAGE 63, 260, 267 = ZIP 1990, 534, 536 = WM 1990, 1466= DB 1990, 938.

[87] *Paulsdorff* (Fn. 78), § 9 BetrAVG RdNr. 29 ff.; *Blomeyer/Rolfs/Otto* (Fn. 78), vor § 7 BetrAVG RdNr. 30b; *Höfer* (Fn. 78), § 9 BetrAVG RdNr. 4712 f.

[88] Aus Gründen der Praktikabilität zustimmend *Grub* ZIP 1992, 159 ff. mwN.

[89] BGHZ 113, 207, 212 = NJW 1991, 1111, 1112 = ZIP 1991, 235 = WM 1991, 417, 418 = KTS 1991, 312 = EWiR 1991, 389 *(Molkenbur)*; BGH NJW 1992, 2091, 2092 = ZIP 1992, 342 = WM 1992, 619 = WuB IX B § 9 BetrAVG 1.92 unter II. 1. der Gründe; BGHZ 136, 220, 222 ff. = NJW 1998, 312, 313 f. = ZIP 1997, 1596 = WM 1997, 1720, 2713 = DB 1997, 2113 = BB 1997, 2656 = GmbHR 97, 936 = NZA 1997, 1113 = WuB VI B. § 69 KO 1.97 *(Hess)* = EWiR 1997, 999 *(Blomeyer)*; BGH NJW 2005, 2231, 2232 = WM 2005, 937, 938 = WuB VI A. § 50 InsO 1.05 *(Bitter)*.

[90] Der dogmatischen Begründung im Ansatz zustimmend, aber dennoch kritisch im Hinblick auf die Rechtssicherheit und den Vertrauensschutz *Molkenbur* EWiR 1991, 389, 390; insgesamt kritisch *Everhardt* KTS 1992, 179 ff. mwN zum Streitstand.

[91] BGHZ 136, 220, 223 = NJW 1998, 312, 313 = Fn. 89.

[92] Die dagegen gerichtete Kritik bei *Everhard* KTS 1992, 179, 183, wonach keine aufschiebende Bedingung, sondern eine Zeitbestimmung i.S.v. § 163 BGB vorliegen soll, überzeugt nicht; vgl. *Bitter* NZI 2000, 399, 403.

[93] BGHZ 136, 220, 224 f. = NJW 1998, 312 f. = Fn. 89.

[94] Kritisch zu dieser „gespaltenen Lösung" *Blomeyer* EWiR 1997, 999, 1000, der darauf hinweist, dass die vom BGH vorgegebene Spaltung dann auch im Hinblick auf die Höchstgrenze gem. § 7 Abs. 3 BetrAVG relevant wird.

[95] BGHZ 77, 233, 241 f. = WM 1980, 818; BGH NJW 1998, 312 f. = WM 1997, 1720, 1721 = Fn. 89 mwN (insoweit in BGHZ 136, 220 ff. nicht abgedruckt); zu einem Minderheitsgesellschafter siehe LG Frankfurt DB 1982, 2185 mwN.

[96] Vgl. dazu den Hinweis in Fn. 94.

[97] Ausführlich *Bitter* NZI 2000, 399 ff.; ebenso *Jaeger/Henckel* InsO § 45 RdNr. 10; *Uhlenbruck/Knof* § 45 RdNr. 15; nach der Zahl der Versorgungsanwartschaften differenzierend (und damit unpraktikabel) *v. Rom*, S. 176 f.; aA seinerzeit *Kuhn/Uhlenbruck* § 69 RdNr. 3c mwN; vgl. auch *Grub* ZIP 1992, 159, 161, der bei seinen Praktikabilitätserwägungen allerdings noch nicht die inzwischen erfolgte Einschränkung der BGH-Rechtsprechung für unter das BetrAVG fallende Versorgungsanwartschaften berücksichtigen konnte.

Gesichtspunkte zu beachten. Zum einen wirkt sich der unterschiedliche Ansatz folgerichtig auch auf den zu berücksichtigenden Wert der Anwartschaft aus, was vom BGH verkannt wird (RdNr. 28). Zum anderen können die Beteiligten im **Insolvenzplanverfahren** abweichende Vereinbarungen treffen und somit für alle Versorgungsanwartschaften ohne Differenzierung eine Berücksichtigung als sofort fälliger Kapitalanspruch vereinbaren.[98]

16a Unbestimmt i.S.v. § 45 Satz 1, Alt. 2 sind auch **Forderungen mit Rechnungslegungslast des Schuldners** wie etwa der Provisionsanspruch des Handelsvertreters in der Insolvenz des Unternehmers, der Abfindungsanspruch des vor Verfahrenseröffnung aus der Schuldnergesellschaft ausgeschiedenen Gesellschafters oder der Auseinandersetzungsanspruch des typischen stillen Gesellschafters. Ist dem Gläubiger vom Schuldner oder Insolvenzverwalter keine Abrechnung erteilt worden, muss er nicht zunächst einen Auskunftsanspruch gerichtlich verfolgen, sondern kann auch sogleich den Betrag selbst errechnen oder gemäß § 45 schätzen und in dieser Höhe zur Insolvenztabelle anmelden.[99]

IV. Fremdwährungsforderungen (Satz 2)

17 **1. Forderungen in ausländischer Währung.** Mit den nach § 45 Satz 2 umzurechnenden, in ausländischer Währung ausgedrückten Forderungen sind solche gemeint, die nicht auf Euro lauten.[100] Für § 45 ist es dabei unerheblich, ob es sich um eine – in der Praxis seltene – effektive (herkömmlich: „echte") Fremdwährungsschuld handelt, die auf unbedingte Zahlung in fremder Währung lautet, oder um eine einfache (herkömmlich: „unechte") Fremdwährungsforderung, bei der gemäß § 244 BGB auch eine Zahlung in inländischer Währung erfolgen kann.[101] Neben diesen effektiven und einfachen Geldforderungen werden aber auch solche Forderungen gemäß § 45 umgerechnet, die nicht auf Zahlung, sondern auf Sachleistung, d.h. Übereignung, gerichtet sind,[102] wie es bei einem Valutakauf (= Ankauf ausländischer Zahlungsmittel) der Fall ist.[103]

18 **2. Forderungen in Rechnungseinheiten.** Auf Anregung des Bundesrates sind neben den Forderungen in ausländischer Währung auch solche „in einer Rechnungseinheit" in § 45 Satz 2 aufgenommen worden (s.o. RdNr. 3). Der Bundesrat wollte damit dem Umstand Rechnung tragen, dass sich der internationale Wirtschaftsverkehr in zunehmendem Maße bestimmter Rechnungseinheiten zur Bestimmung von Geldforderungen bedient, wobei insbesondere auf das Sonderziehungsrecht des Internationalen Währungsfonds und die – inzwischen durch den Euro ersetzte[104] – ECU verwiesen wurde.[105] Derartige „Kunstwährungen", die sich aus einem Pool verschiedener realer Währungen zusammensetzen und deren Wert auf Grund der Kursentwicklungen der Poolwährungen entsprechenden Schwankungen unterliegen,[106] bedürften wie echte ausländische Währungen der Umrechnung zum Zwecke der Messbarkeit der Verfahrensrechte (dazu RdNr. 1).

19 **3. Ort und Zeit der Umrechnung.** Im Hinblick auf Ort und Zeit der Umrechnung ist § 45 Satz 2 präziser gefasst als dies für § 69 KO der Fall war. Im Gesetz wird nun ausdrücklich bestimmt, dass die Umrechnung nach dem **Kurswert** zu erfolgen hat, der **zur Zeit der Verfahrenseröffnung** für den Zahlungsort maßgeblich ist. Damit haben sich Versuche in der Literatur, entgegen der schon bisher hM[107] für die Umrechnung statt auf den Eröffnungszeitpunkt auf den Zeitpunkt der Feststellung zur Tabelle abzustellen,[108] für die Zukunft erledigt. Im Übrigen ist davon auszugehen, dass die

---

[98] BGH NJW 1992, 2091 = Fn. 89 (zum Zwangsvergleich alten Rechts).
[99] Ausführlich *K. Schmidt/Jungmann* NZI 2002, 65 ff.
[100] Ausführlich *Jaeger/Henckel* InsO § 45 RdNr. 3.
[101] *Grothe* S. 775; *Staudinger/K. Schmidt* (1997) § 244 RdNr. 117; *Jaeger/Henckel* InsO § 45 RdNr. 12; zur begrifflichen Unterscheidung vgl. *Palandt/Heinrichs* § 245 RdNr. 18 und 22; MünchKommBGB-*Grundmann* §§ 244, 245 RdNr. 93; *K. Schmidt,* FS Merz, 1992, S. 533, 538; *Maier-Reimer* NJW 1985, 2049; *Hanisch* ZIP 1988, 341.
[102] AA *Kübler/Prütting/Bork/Holzer* § 45 RdNr. 11 unter Verkennung der bei Kilger/*K. Schmidt* § 69 Anm. 4 dargelegten Position. *Jaeger/Henckel* InsO § 45 RdNr. 16 weist allerdings darauf hin, dass der Verwalter bei einem beiderseits nicht voll erfüllten Vertrag gemäß § 103 Abs. 1 InsO auch Erfüllung verlangen kann.
[103] Eingehend zu den unterschiedlichen Forderungsarten *K. Schmidt,* FS Merz, 1992, S. 533 ff., der dort auch der Auffassung (*Fülbier* NJW 1990, 2797 ff.) widerspricht, wonach auch die Geldschuld als Unterfall der Sachschuld zu qualifizieren ist.
[104] Vgl. *Jaeger/Henckel* InsO § 45 RdNr. 13.
[105] Vgl. die Stellungnahme des BR zu § 52 RegE, abgedruckt bei *Kübler/Prütting* (Fn. 1), S. 213.
[106] Vgl. *Kübler/Prütting/Bork/Holzer* § 45 RdNr. 12.
[107] BGHZ 108, 123, 128 = NJW 1989, 3155, 3157 = Fn. 1 mwN; OLG Köln RiW 1989, 312 f.; = WM 1988, 1648 = WuB VI B. § 69 KO 1.89; *Hanisch* EWiR 1989, 919; *Jaeger/Lent* KO § 69 Anm. 8; Kuhn/*Uhlenbruck* § 69 RdNr. 4 und 6; Nachweise zum bisherigen Streitstand auch bei *Grothe* S. 776.
[108] So namentlich *Arend* ZIP 1988, 69, 74 f.

gesetzgeberische Entscheidung für den Zeitpunkt der Verfahrenseröffnung zugleich auch die Aussage enthält, dass der so berechnete Wert für das gesamte Insolvenzverfahren Gültigkeit besitzen soll.[109]

Im Hinblick auf den **Kursort** ging die hM zu § 69 KO davon aus, dass der „für den Ort der Konkursverwaltung (Zahlungsort)" maßgebliche amtliche Kurs heranzuziehen sei,[110] wobei sich allerdings damals ein Hinweis auf den „Zahlungsort" als maßgeblichen Kursort noch nicht im Gesetzestext fand. Dieser auch in § 52 RegE noch nicht enthaltene Begriff wurde erst auf Grund der Beschlussempfehlung des Bundestags-Rechtsausschusses in den jetzigen § 45 eingefügt, wobei erklärtes Ziel die Synchronisation mit § 244 Abs. 2 BGB war.[111] Da dort jedoch von der hM der „Zahlungsort" nicht mit dem beim Schuldner liegenden Erfüllungsort, sondern mit dem beim Gläubiger liegenden **Zahlungserfolgsort** identifiziert wird,[112] sollte in Harmonisierung mit § 244 Abs. 2 BGB zukünftig auch im Rahmen des § 45 auf den Wechselkurs des Erfolgsortes abgestellt werden.[113] Ob die Rechtsprechung diesen Standpunkt allerdings teilen wird, ist derzeit noch nicht absehbar,[114] weil sie mit der hM schon bisher im Rahmen des § 69 KO vom „Zahlungsort" als maßgeblichem Kursort gesprochen, diesen jedoch fälschlich und in Abweichung zu den bei § 244 Abs. 2 BGB anerkannten Grundsätzen mit dem Ort der Insolvenzverwaltung identifiziert hat.[115] 20

D. Schätzung und Umrechnung

I. Schätzung durch den Gläubiger

Die nach § 45 erforderliche Umrechnung ist generell vom Gläubiger selbst vorzunehmen,[116] wobei für die Schätzung nach der Art der Forderung zu unterscheiden ist (RdNr. 24 ff.). Eine Anmeldung der nicht auf Geld gerichteten, betragsmäßig unbestimmten oder Fremdwährungsforderungen in ihrer ursprünglichen Gestalt ist nicht möglich. Derartige Forderungen können weder geprüft noch in die Tabelle eingetragen werden;[117] sie würden im Falle ihrer Anmeldung schlicht unberücksichtigt bleiben. Darauf ist der Gläubiger vom Insolvenzverwalter hinzuweisen.[118] 21

Eine erst **künftig eintretende Fälligkeit** der – gemäß § 41 Abs. 1 berücksichtigungsfähigen – Forderung ist bei der Schätzung zu berücksichtigen.[119] Dabei sollte die von § 45 geforderte Schätzung „für die Zeit der Eröffnung des Insolvenzverfahrens" zweckmäßigerweise so vorgenommen werden, dass zunächst der Wert auf den Zeitpunkt der Fälligkeit geschätzt und dieser Betrag sodann nach dem auch in § 46 Satz 1 i. V. m. § 41 Abs. 2 für maßgeblich erklärten gesetzlichen Zinssatz abgezinst wird (vgl. auch RdNr. 24 und 26). 22

Hat der Gläubiger den **Schätzbetrag** angemeldet und wird dieser **im Prüfungstermin bestritten,** so ist der Gläubiger auf die Feststellungsklage gegen den oder die Bestreitenden verwiesen (§§ 179 Abs. 1, 184 Abs. 1 Satz 1).[120] War zur Zeit der Verfahrenseröffnung schon ein Rechtsstreit gegen den Schuldner anhängig, ist die Feststellung durch Aufnahme des Rechtsstreits zu betreiben.[121] Sie kann im Fall eines Bestreitens durch den Insolvenzverwalter und/oder andere Gläubiger gemäß § 180 Abs. 2 erfolgen (2. Aufl., § 180 RdNr. 22)[122] und/oder bei Widerspruch des Schuldners gemäß § 184 Abs. 1 Satz 2 gegen diesen (2. Aufl., § 184 RdNr. 5). In jedem Fall ist der Antrag 23

---

[109] Nur im Ansatz aA *Grothe* S. 777 f., nach dessen Meinung die Frage der Fixierung für das Verfahren in § 45 Satz 2 „offen bleibt", aber aus verfahrensrechtlichen Notwendigkeiten folgt.
[110] BGHZ 108, 123, 128 f. = NJW 1989, 3155, 3157 = Fn. 1; Kuhn/*Uhlenbruck* § 69 RdNr. 4; *Jaeger/Lent* KO § 69 Anm. 5; zum neuen Recht auch *Hess* § 45 RdNr. 30; vgl. ferner *Staudinger*/K. *Schmidt* (1997) § 244 RdNr. 117.
[111] Vgl. dazu *Grothe* S. 775 mit zutreffendem Hinweis auf BT-Drucks. 12/7302, S. 160, abgedruckt bei *Kübler*/ *Prütting* (Fn. 1), S. 214.
[112] Vgl. nur MünchKommBGB-*v. Maydell*, 3. Aufl., § 244 RdNr. 48 mwN.
[113] Zutreffend *Grothe* S. 775; wie hier jetzt auch *Uhlenbruck/Knof* § 45 RdNr. 23; *Jaeger/Henckel* InsO § 45 RdNr. 14; *Kübler/Prütting/Bork/Holzer* § 45 RdNr. 15.
[114] So auch *Grothe* S. 775 f.
[115] Vgl. die Nachweise in Fn. 110.
[116] LG Mönchengladbach KTS 1976, 67; *Jaeger/Henckel* InsO § 45 RdNr. 11 und 15; *Jaeger/Lent* KO § 69 Anm. 5 und 7; Kilger/K. *Schmidt* § 69 Anm. 6; *Kübler/Prütting/Bork/Holzer* § 45 RdNr. 15; *Uhlenbruck/Knof* § 45 RdNr. 18; inzident auch BGHZ 108, 123 (Sachverhaltsdarstellung) und 127 = NJW 1989, 3155 = Fn. 1.
[117] *Jaeger/Lent* KO § 69 Anm. 5.
[118] *Jaeger/Henckel* InsO § 45 RdNr. 15; *Braun/Bäuerle* § 45 RdNr. 2.
[119] So schon Motive II, S. 290, zu §§ 62, 63 KO (später §§ 69, 70 KO), abgedruckt bei *Hahn* (Fn. 1), S. 268.
[120] RGZ 24, 60, 62; *Jaeger/Henckel* InsO § 45 RdNr. 11; *Uhlenbruck/Knof* § 45 RdNr. 18.
[121] RGZ 65, 132; BGH NJW 1995, 1750 f. = ZIP 1995, 643 = WM 1995, 838 = DB 1995, 1169 = BB 1995, 1102 = GmbHR 1995, 373; *Jaeger/Henckel* InsO § 45 RdNr. 11; Kuhn/*Uhlenbruck* § 69 RdNr. 5a.
[122] *Nerlich/Römermann/Becker* § 180 RdNr. 19.

in zweifacher Hinsicht umzustellen, nämlich einmal auf Feststellung statt auf Leistung (vgl. 2. Aufl., § 180 RdNr. 23; § 184 RdNr. 5)[123] und außerdem durch – auch noch im Revisionsverfahren mögliche[124] – Anpassung auf die gemäß § 45 erfolgende Umrechnung.[125]

II. Art der Forderung

24 **1. Fremdwährungsforderungen.** Bei Fremdwährungsforderungen (RdNr. 17 f.) ist die „Schätzung" am einfachsten. Schätzungswert ist bei ihnen der amtliche Wechselkurs.[126] Ist die Forderung erst zukünftig fällig und unverzinslich, muss der Betrag gemäß § 41 Abs. 2 abgezinst werden (RdNr. 22 und § 41 RdNr. 21 ff.). Darüber hinaus sollte trotz des auf den Zeitpunkt der Verfahrenseröffnung abstellenden Wortlauts von § 45 Satz 2 bei den erst künftig fälligen Forderungen eine bis zum Fälligkeitstermin zu erwartende Kursentwicklung berücksichtigt werden können.[127] Der Gesetzgeber hat bei der gesetzlichen Neuregelung des § 45 offenbar nur an fällige Fremdwährungsforderungen gedacht und für diese den Streit beenden wollen, ob allgemein der Zeitpunkt der Verfahrenseröffnung oder ein späterer Zeitpunkt für die Umrechnung der fälligen Forderungen maßgeblich sein soll (dazu RdNr. 19). Die Norm kann daher für nicht fällige Forderungen teleologisch reduziert werden, wobei allerdings wegen der generellen Maßgeblichkeit des Eröffnungszeitpunktes für die Schätzung (RdNr. 3 und 29 f.) erforderlich ist, dass die entsprechende Kursentwicklung schon zum Zeitpunkt der Verfahrenseröffnung abschätzbar war. Es kommt dann auch nur auf diese – in der Praxis sicher selten mögliche – ex-ante-Betrachtung, nicht aber auf die tatsächliche zukünftige Entwicklung an.[128]

25 **2. Nicht auf Geld gerichtete Forderungen.** Bei den nicht auf Geld gerichteten Forderungen (RdNr. 6 ff.) ist auf den gemeinen Wert der einzelnen Leistung, nicht auf einen besonderen Liebhaberwert aus Sicht des Gläubigers abzustellen.[129] Bei Verschaffungspflichten geht es also beispielsweise um den **gewöhnlichen Wert** des zu übereignenden Gegenstandes, bei Werk- oder Dienstleistungen um die **taxmäßige oder übliche Vergütung**.[130] Soweit keine Anhaltspunkte dafür bestehen, dass der gemeine Wert von der konkreten Vereinbarung abweicht oder sich eine Wertveränderung zwischen Vertragsschluss und Eröffnungszeitpunkt ergeben hat, kann bei gegenseitigen Verträgen auf das für die Leistung zwischen Gläubiger und Schuldner vereinbarte Entgelt abgestellt werden.[131] Bei Ansprüchen auf vertretbare Handlungen (zB Niederreißen einer Mauer) ist der Wert nach dem für die Vornahme, bei Nacherfüllungsansprüchen nach dem für die Nachlieferung bzw. Nachbesserung erforderlichen Aufwand zu berechnen. Der Anspruch auf Bestellung einer Grundschuld oder eines Pfandrechtes ist nach den Chancen zu bewerten, den Sicherungswert bei einer Verwertung auch tatsächlich realisieren zu können. Für die Schätzung lassen sich insgesamt keine allgemeingültigen Kriterien aufstellen, weil die Art der Ansprüche zu unterschiedlich ist. Im Streitfall muss ggf. ein Gutachten über den Wert eingeholt werden.[132]

26 **3. Forderungen mit unbestimmtem Geldbetrag.** Bei Forderungen mit unbestimmtem Geldbetrag ist für die Schätzung im Regelfall auf die Erkenntnisse der durch die **Versicherungsmathematik** geförderten Wahrscheinlichkeitsrechnung zurückzugreifen.[133] Dies gilt zum einen für **Forderungen mit unbestimmter Fälligkeit,** bei denen der Verfall an den Tod einer Person anknüpft (RdNr. 11). Hier ist der Fälligkeitszeitpunkt im Hinblick auf die durchschnittlich zu erwartende Lebensdauer nach biometrischen Erfahrungswerten zu schätzen und der geschuldete Betrag unter

---

[123] Siehe dazu auch *Nerlich/Römermann/Becker* § 180 RdNr. 20 und § 184 RdNr. 24.
[124] BGH LM § 146 KO Nr. 5 = DB 54, 173 = ZZP 67 (1954), 300; dem folgend BAGE 50, 62, 67 = ZIP 1986, 1001, 1003 = WM 1986, 1259, 1261; Kilger/*K. Schmidt* § 69 Anm. 9.
[125] RGZ 65, 132, 134; BGH NJW 1995, 1750 f. = Fn. 121; *Jaeger/Lent* KO § 69 Anm. 7; *Bley/Mohrbutter* § 34 RdNr. 3.
[126] BGHZ 108, 123, 127 = NJW 1989, 3155, 3157 = Fn. 1. Beim Fehlen eines solchen Kurses ist auf den gemeinen Wert abzustellen (*Jaeger/Lent* KO § 69 Anm. 7).
[127] Zustimmend *Uhlenbruck/Knof* § 45 RdNr. 23 aE; vgl. auch die – nur im Ansatz – ähnlichen Überlegungen bei *K. Schmidt,* FS Merz, 1992, S. 533, 541; Staudinger/*K. Schmidt* (1997) § 244 RdNr. 244; aA *Braun/Bäuerle* § 45 RdNr. 10; *Andres/Leithaus* § 45 RdNr. 4. Zur Berücksichtigung zukünftiger Entwicklungen von Rentenforderungen siehe auch RdNr. 27 sowie allgemein RdNr. 30.
[128] Im Ergebnis anders *K. Schmidt,* FS Merz, 1992, S. 533, 541, der auch eine nachträgliche Tabellenkorrektur auf Grund der *tatsächlichen* Entwicklung zulassen will.
[129] *Jaeger/Henckel* InsO § 45 RdNr. 11; Kilger/*K. Schmidt* § 69 RdNr. 6; *Uhlenbruck/Knof* § 45 RdNr. 20.
[130] Zustimmend FK-*Bornemann* § 45 RdNr. 7; *Uhlenbruck/Knof* § 45 RdNr. 20.
[131] Zustimmend *Uhlenbruck/Knof* § 45 RdNr. 20.
[132] Zustimmend *Uhlenbruck/Knof* § 45 RdNr. 20.
[133] BAGE 60, 32, 35 = ZIP 1989, 319, 320 = Fn. 86 und BAG ZIP 1990, 400, 401 = NZA 1990, 524 = Fn. 86 (bez. Versorgungsanwartschaft); *Jaeger/Lent* KO § 69 Anm. 3; *Rüger,* S. 74.

Berücksichtigung des so ermittelten Fälligkeitstermins nach § 41 Abs. 2 Satz 2 abzuzinsen (§ 41 RdNr. 20, 25). Handelt es sich um einen **Anspruch auf wiederkehrende Leistungen,** insbesondere um monatlich oder jährlich fällige Geldrenten (RdNr. 11), ist in gleicher Weise die durchschnittlich zu erwartende Lebensdauer der rentenberechtigten Person zu bestimmen. Die danach berücksichtigungsfähigen zukünftigen Rentenbeträge werden sodann unter Abzug des auch im Rahmen des § 46 für maßgeblich erklärten **Zwischenzinses aus § 41** zusammengerechnet und so der Abfindungsbetrag ermittelt, der den zukünftigen Renten im Zeitpunkt der Verfahrenseröffnung entspricht.[134] Der in der Praxis für **Ansprüche aus einer betrieblichen Altersversorgung** seit langem angewandte und von der hM gebilligte Abzug eines höheren Zinses als des gesetzlichen (5,5 % statt 4 oder 5 %)[135] ist abzulehnen,[136] weil er zu einer nicht gerechtfertigten Ungleichbehandlung gegenüber den nach § 46 zu kapitalisierenden wiederkehrenden Hebungen führen würde, für die das Gesetz ausdrücklich eine Abzinsung nach dem gesetzlichen Zinssatz vorsieht (vgl. auch § 46 RdNr. 5).[137] Eine Gleichbehandlung beider Berechnungsarten von Rentenansprüchen hat auch im Hinblick auf den Gesamtbetrag der Hebungen zu erfolgen, der – wie im Rahmen des § 46 – den zum gesetzlichen Zinssatz kapitalisierten Betrag der Rente nicht übersteigen darf (siehe § 46 RdNr. 8).[138] Die zur Zeit der Eröffnung des Verfahrens schon fälligen Rentenzahlungen werden dabei jeweils nicht in die Schätzung nach § 45 einbezogen. Sie sind zusätzlich und ohne Abzug von Zwischenzinsen anzumelden.[139]

Eine insgesamt andere Frage ist demgegenüber, ob für die zukünftigen, nach Schätzung der Lebensdauer zu berücksichtigenden Rentenansprüche auch eine am Preisindex für die Lebenshaltung orientierten Erhöhung der Renten zu berücksichtigen ist.[140] Insoweit ist der hM zu folgen, die eine derartige **Einbeziehung künftig zu erwartender Steigerungen** befürwortet.[141] Ist nämlich gemäß § 45 der Wert der künftig fälligen Rentenansprüche zu kapitalisieren, so können die schon im Zeitpunkt der Verfahrenseröffnung abschätzbaren Entwicklungen bei der Bemessung des Kapitalbetrags nicht außer Acht gelassen werden (vgl. auch RdNr. 30).

Bei der Schätzung des Wertes von **Versorgungsanwartschaften** ist zu berücksichtigen, ob diese als sofort fällige Kapitalansprüche oder nach den Regeln über aufschiebend bedingte Forderungen berücksichtigt werden (s.o. RdNr. 15 f.). Die in der Rechtsprechung des BGH anklingende Überlegung, dass der Kapitalbetrag in einem wie im anderen Falle denselben Wert habe und es nur um die Frage gehe, ob dieser Betrag sofort bei der Verteilung berücksichtigt oder gemäß § 191 Abs. 1 Satz 2 zurückbehalten wird,[142] ist unzutreffend.[143] Wenn der Kapitalbetrag als unbedingte Forderung berücksichtigt wird (BAG-Rechtsprechung), dann ist bei der Schätzung auch die Wahrscheinlichkeit einzubeziehen, inwieweit es überhaupt zukünftig zu einer Auszahlung von Ansprüchen aus der Altersversorgung kommen wird. Dies führt zu einer Reduzierung des jetzigen Kapitalbetrags. Bei

---

[134] *Jaeger/Henckel* InsO § 45 RdNr. 8; *Bley/Mohrbutter* § 35 RdNr. 1. Die Entscheidung RGZ 170, 276, 279 ff. = DR 1943, 712, in der ein Abzug des Zwischenzinses nach § 70 KO (jetzt § 46) abgelehnt wird (ebenso *Kuhn/Uhlenbruck* § 69 RdNr. 7, *Jaeger/Lent* KO § 69 Anm. 8) steht dem nicht entgegen, weil es dort allein um die Frage ging, ob die nach Verfahrenseröffnung nunmehr fällig gewordenen Renten unter Berücksichtigung der tatsächlichen Lebensdauer des Gläubigers nach § 70 KO (§ 46) statt nach § 69 KO (§ 45) zu berechnen seien, was das RG zutreffend abgelehnt hat (s.u. RdNr. 34).
[135] LAG Baden-Württemberg ZIP 1987, 1468, 1469 f.; LAG München ZIP 1987, 1466 f.; BAGE 60, 32, 35 ff. = ZIP 1989, 319, 320 = Fn. 86; dem folgend *Paulsdorff* (Fn. 78), § 9 BetrAVG RdNr. 35 f.; *Kuhn/Uhlenbruck* § 69 RdNr. 3c und 5a; ausführlich *Grub* ZIP 1992, 159, 160; *Grub* DZWIR 2000, 223, 224 f.; zum neuen Recht *Braun/Bäuerle* § 45 RdNr. 9; HK-*Eickmann* § 45 RdNr. 12; *Leonhardt/Smid/Zeuner* § 45 RdNr. 7; *Hess* § 45 RdNr. 26; siehe auch *Uhlenbruck*, 12. Aufl., § 45 RdNr. 4; für eine Abzinsung von 5 % OLGR Köln 2004, 200 f.; für eine Abzinsung analog § 253 Abs. 2 HGB *Blomeyer/Rolfs/Otto* (Fn. 78), vor § 7 BetrAVG RdNr. 9.
[136] Wie hier jetzt auch *Jaeger/Henckel* InsO § 45 RdNr. 8; *Uhlenbruck/Knof* § 45 RdNr. 22; zustimmend auch *Rüger*, S. 74.
[137] Dies wird übersehen in LAG Baden-Württemberg, ZIP 1987, 1468, 1469, wo zwar der Unterschied zu dem in § 46 Abs. 2 InsO (früher § 65 Abs. 2 KO) für maßgeblich erklärten gesetzlichen Zinssatz erkannt, aber auf das Fehlen eines Verweises in § 45 (früher § 69 KO) abgestellt wird; noch unverständlicher LAG München, ZIP 1987, 1466, 1467 (dem folgend *Paulsdorff*, Fn. 78, § 9 BetrAVG RdNr. 36), wo unter Berufung auf die vorgenannte Entscheidung der Zinssatz von 5,5 % gebilligt wird, obwohl die abweichende gesetzliche Regelung in § 46 (früher § 70 KO) erkannt wird; ebenso OLGR Köln 2004, 200 f.
[138] Vgl. dazu auch Motive II, S. 291, zu §§ 62, 63 KO (später §§ 69, 70 KO), abgedruckt bei *Hahn* (Fn. 1), S. 269.
[139] RGZ 170, 276, 279; *Bley/Mohrbutter* § 35 RdNr. 2.
[140] Zur Anpassung im Rahmen der betrieblichen Altersversorgung vgl. § 16 BetrAVG.
[141] LG Frankfurt DB 1982, 2185; *Jaeger/Henckel* InsO § 45 RdNr. 11; *Kuhn/Uhlenbruck* § 69 RdNr. 5 und 5a.
[142] BGHZ 136, 220, 225 f. = NJW 1998, 312, 313 f. = Fn. 89 unter II. 2. c) der Gründe.
[143] Vgl. dazu näher *Bitter* NZI 2000, 399, 404 f.; zustimmend *Uhlenbruck/Knof* § 45 RdNr. 21; *Birkel/Obenberger* BB 2011, 2051, 2058; *v. Rom*, S. 175.

einem aufschiebend bedingten Anspruch ist hingegen der 100 %ige Wert der auf den Zeitpunkt der Verfahrenseröffnung geschätzten zukünftigen Rente zu berücksichtigen, wobei der zurückgelegte Betrag dann allerdings auch nur bei Eintritt des Versorgungsfalles ausbezahlt wird.[144]

III. Berücksichtigung späterer Entwicklungen und Erkenntnisse

29 Im Gegensatz zum früheren § 69 KO bestimmt § 45 nunmehr eindeutig den Zeitpunkt der Verfahrenseröffnung als den für die Schätzung maßgeblichen Zeitpunkt (vgl. schon RdNr. 3 und 19). Zweifelhaft ist, ob und inwieweit hierbei zukünftige Entwicklungen und Erkenntnisse berücksichtigt werden können.

30 **1. Prognostizierte künftige Entwicklung.** Unstreitig dürfte sein, dass die Prognose über eine im Zeitpunkt der Verfahrenseröffnung bereits absehbare zukünftige Entwicklung in die Schätzung einzubeziehen ist (RdNr. 24 und 27). Denn dabei handelt es sich im Grunde gar nicht um die Berücksichtigung einer *tatsächlichen* späteren Entwicklung, sondern um eine Schätzung aus der ex-ante-Sicht.

31 **2. Rechtslage nach rechtskräftiger Feststellung.** Weiter unstreitig ist die Rechtslage, wenn es nach der Feststellung zur Tabelle zu einer von der Prognose abweichenden Entwicklung kommt, also beispielsweise ein zur Zeit der Verfahrenseröffnung Rentenberechtigter schon nach 1 oder 2 Jahren stirbt, obwohl seine weitere Lebensdauer nach biometrischen Erfahrungswerten (RdNr. 26) auf eine Länge Zeit geschätzt und der Kapitalbetrag entsprechend berechnet wurde (sog. **Sterblichkeitsgewinn**). Gleiches gilt für nachträglich zutage getretene neue Erkenntnisse über die ursprüngliche Prognosebasis, wenn also beispielsweise nachträglich, aber vor dem Tod des Rentners erkannt wird, dass dieser an einer Krankheit leidet, die ihn früher als erwartet versterben lassen wird. Da die Ungewissheit generell im Wesen der Schätzung begründet liegt, bleibt der einmal festgestellte Betrag für beide Seiten maßgeblich, d.h. auch dann, wenn der Rentner tatsächlich länger als ursprünglich angenommen lebt oder sich die Prognosebasis zu seinen Gunsten verändert (sog. **Langlebigkeitsrisiko**). Eine Abänderungsklage auf Grund einer anderen als der prognostizierten Entwicklung oder auf Grund neuer Erkenntnisse ist nicht möglich.[145]

32 **3. Rechtslage vor rechtskräftiger Feststellung.** Zweifelhaft ist die Lage bei von der Prognose abweichenden Entwicklungen oder neu erlangten Erkenntnissen vor Feststellung der Forderung zur Tabelle. Denkbar ist hier zum einen, dass sich neue Entwicklungen oder Erkenntnisse während der gewöhnlich zwischen Verfahrenseröffnung und Feststellung liegenden Zeit ergeben, also zB der Rentenberechtigte vor Eintragung seines Kapitalbetrags in die Tabelle stirbt. Insbesondere wird das Problem aber relevant, wenn es zu einem Feststellungsstreit über die Forderung kommt (§§ 179 ff.), weil die Forderung im Prüfungstermin bestritten und deshalb nicht sofort festgestellt wurde. Hier stellt sich die Frage, ob bei der späteren Entscheidung über die Feststellungsklage auch die bis dahin eingetretenen Entwicklungen und gewonnenen Erkenntnisse berücksichtigt werden können.

33 Der BGH hat in seinem Urteil vom 10.1.1991 entschieden, dass eine Schätzung nach § 45 nicht mehr in Betracht komme, wenn die **Forderung im Zeitpunkt der Eintragung in die Insolvenztabelle erloschen** ist oder nunmehr auf einen bestimmten Betrag lautet.[146] Ersteres sei insbesondere dann der Fall, wenn ein Rentenberechtigter vor rechtskräftiger Feststellung des Kapitalbetrags verstirbt. Der BGH geht damit über die bisherige Rechtsansicht des RG und der hM hinaus, die sich nur für die **Zulassung späterer *Erkenntnisse*** ausgesprochen hat. In einem Feststellungsstreit soll das Gericht danach berechtigt sein, nach Verfahrenseröffnung erlangte Erkenntnisse über die vermutliche Lebensdauer und Erwerbsfähigkeit des Rentenberechtigten, über die Entwicklung des durch einen Unfall entstandenen Leidens und über die wirtschaftliche Entwicklung im Wirtschaftsbereich des Berechtigten bei der Ermittlung des Schätzwertes zu verwerten. Dennoch bleibe aber die Frage zu

---

[144] *Bitter* NZI 2000, 399, 404.
[145] RGZ 170, 276, 280; *Jaeger/Henckel* InsO § 45 RdNr. 9; *Jaeger/Lent* KO § 69 Anm. 4, 6 und 8; *Jaeger/Weber* KO § 164 Anm. 10; *Kuhn/Uhlenbruck* § 69 RdNr. 5c und 7; *Kilger/K. Schmidt* § 69 Anm. 6; *Glück* S. 68 f.; vgl. dazu auch *Paulsdorff* (Fn. 78), § 9 BetrAVG RdNr. 39.
[146] BGHZ 113, 207, 214 ff. = NJW 1991, 1111, 1112 = WM 1991, 417, 419 = Fn. 89; vgl. auch die Vorinstanz OLG Stuttgart, ZIP 1990, 402; zustimmend *Kilger/K. Schmidt* § 69 Anm. 5; *Kübler/Prütting/Bork/Holzer* § 45 RdNr. 7; *Hess* § 45 RdNr. 12; entgegen der Darstellung bei *Hess* § 45 RdNr. 24 ist der Entscheidung BGHZ 136, 220, 222 ff. = NJW 1998, 312, 313 f. = Fn. 89 diesbezüglich keine Änderung zu entnehmen, weil in dem neuen Urteil nur die Berücksichtigung von unter das BetrAVG fallenden Versorgungsanwartschaften als fällige und nicht als aufschiebend bedingte Forderung anerkannt wird (RdNr. 16), darüber hinaus aber keine Aussage zu der Frage getroffen wird, ob die Umrechnung in einen fälligen Kapitalanspruch zu unterbleiben hat, wenn der Rentner im Zeitpunkt der Feststellung schon verstorben ist.

beantworten, wie hoch – bei Beachtung der inzwischen gewonnenen Erkenntnisse – zur Zeit der Verfahrenseröffnung der Wert der damals unbestimmten Ansprüche zu schätzen gewesen sei.[147]

Nur dem letztgenannten Ansatz ist zu folgen.[148] Die Rechtsprechung des BGH widerspricht **34** dem Grundanliegen der Norm, den Wert der Ansprüche auf den Zeitpunkt der Verfahrenseröffnung zu „fixieren",[149] weil der zu berücksichtigende Wert je nach der künftigen Entwicklung veränderlich wäre. Sie widerspricht auch dem Wortlaut des § 45, der eine Schätzung „für die Zeit der Eröffnung des Insolvenzverfahrens" fordert.[150] Insbesondere bei Rentenansprüchen würde die Rechtsprechung des BGH zu den vom RG[151] schon früh als wenig sachgerecht beurteilten Konsequenzen führen: Der Schätzungswert würde sich fortgesetzt mit der Dauer des Verfahrens oder der Dauer des Rechtsstreits über den angemeldeten Anspruch in der Weise verändern, dass jeweils mit dem Eintritt der Fälligkeit einer der wiederkehrenden Leistungen, für die der Abfindungsbetrag verlangt worden ist, ein entsprechender Betrag aus dem Abfindungskapital ausgeschieden und dafür ein nach §§ 46 und 41 berechneter Betrag eingesetzt würde. Zudem berücksichtigt der BGH nicht, dass der Wert der kapitalisierten Rente, der Anwartschaft oder des sonstigen unbestimmten Anspruchs danach unterschiedlich zu bemessen ist, ob und bis wann der Anspruch durch nachträgliche Entwicklungen noch hinfällig werden kann.[152] Der Insolvenzverwalter hätte dann aber durch gezieltes Bestreiten der Forderung die Möglichkeit, den Wert des Gläubigeranspruchs durch Hinauszögerung des Feststellungszeitpunktes zu entwerten, wogegen der Gläubiger auch durch § 60 (früher § 82 KO)[153] nicht hinreichend geschützt wird. **Spätere *Entwicklungen* sind daher außer Betracht zu lassen**.[154]

Bei der vom RG zugelassenen Berücksichtigung späterer Erkenntnisse über die schon bei Verfah- **35** renseröffnung vorliegenden Umstände ist diese Gefahr demgegenüber nicht gegeben, weil sich diese Erkenntnisse zum Positiven wie zum Negativen entwickeln können und der Insolvenzverwalter daher durch eine Verzögerungstaktik den Wert des Anspruchs nicht einseitig zu Lasten des Gläubigers beeinflussen kann.

IV. Wirkung über das Insolvenzverfahren hinaus

Umstritten ist die Wirkung der gemäß § 45 erfolgten Umrechnung einer Forderung über das **36** Insolvenzverfahren hinaus. Es geht dabei um die Frage, ob der Gläubiger nach Beendigung des Verfahrens die Forderung nur noch in ihrer gemäß § 45 umgerechneten Gestalt verfolgen, oder auch auf die ursprüngliche Forderung bzw. einen darüber zuvor ergangenen Titel zurückgreifen kann. Das Problem ergibt sich vorwiegend nur bei der Insolvenz natürlicher Personen, weil die juristische Person – von Fällen der Sanierung abgesehen – nach Abschluss des Verfahrens nicht fortbesteht.

1. Rechtslage vor rechtskräftiger Feststellung. Als inzwischen geklärt kann die Rechtslage **37** nur für den Fall einer **Verfahrensbeendigung vor rechtskräftiger Feststellung** der Forderung zur Tabelle gelten. Frühere Ansichten, die von einer Umwandlung[155] der Forderung bereits zum Zeitpunkt der Verfahrenseröffnung oder Anmeldung ausgingen,[156] haben sich mit Recht nicht durchgesetzt.[157] Würde nämlich das eben eröffnete Insolvenzverfahren mangels Masse noch vor dem Prüfungstermin eingestellt, lebte die Forderung anderenfalls als inländische, ggf. kapitalisierte Geldforderung fort, obwohl der Insolvenzzweck der gleichmäßigen Gläubigerbefriedigung (RdNr. 1) nicht erreicht würde.[158] Zudem ist zu berücksichtigen, dass der Gläubiger sich über-

---

[147] RGZ 170, 276, 281 = DR 1943, 712; Kilger/*K. Schmidt* § 69 Anm. 6; *Bley/Mohrbutter* § 34 RdNr. 6; *Uhlenbruck*, 12. Aufl., § 45 RdNr. 5; in der Sache anders aber schon BFHE 58, 190, 195, wo in Verkennung der Grundsätze aus RGZ 170, 276 die spätere *Entwicklung* berücksichtigt wird.
[148] Zustimmend *Jaeger/Henckel* InsO § 45 RdNr. 9.
[149] Motive II, S. 289, zu §§ 62, 63 KO (später §§ 69, 70 KO), abgedruckt bei *Hahn* (Fn. 1), S. 268.
[150] Wie hier auch *Grub* ZIP 1992, 159, 162; *Paulsdorff* (Fn. 78), § 9 BetrAVG RdNr. 38 f.
[151] RGZ 170, 276, 280.
[152] Vgl. dazu auch *Grub* ZIP 1992, 159, 161 f.; die in RdNr. 28 sowie bei *Bitter* NZI 2000, 399, 404 angestellten Erwägungen zur unterschiedlichen Bewertung bei sofort fälliger oder aufschiebend bedingter Berücksichtigung von Versorgungsanwartschaften gelten hier entsprechend.
[153] Vgl. den entsprechenden Verweis bei BGHZ 113, 207, 215 = NJW 1991, 1111, 1112 = WM 1991, 417, 419 = Fn. 89.
[154] Zustimmend *Rüger*, S. 73 f.
[155] Vgl. zur allgemeinen Kritik an der Umwandlungsthese RdNr. 42 ff.
[156] Vgl. dazu die Darstellung mit Nachweisen bei *Glück* S. 13 ff.; *Grothe* S. 782; *Arend* ZIP 1988, 69, 70 f.
[157] Vgl. die Nachweise in Fn. 158; Kilger/*K. Schmidt* § 69 Anm. 5; *Hanisch* ZIP 1988, 341, 348; vgl. früh schon RG JW 1936, 2139.
[158] BGH NJW 1976, 2264, 2265 = WM 1976, 510, 511; bestätigt in BGHZ 108, 123, 129 = NJW 1989, 3155, 3157 = Fn. 1; BGHZ 113, 207, 213 = NJW 1991, 1111, 1112 = WM 1991, 417, 419 = Fn. 89; BGH NJW 1992, 2091, 2092 = Fn. 89; *Jaeger/Henckel* InsO § 45 RdNr. 18; *Jaeger/Weber* KO § 164 Anm. 10; Kuhn/*Uhlenbruck* § 69 RdNr. 5 und 5b; Kübler/Prütting/Bork/*Holzer* § 45 RdNr. 8; *Grothe* S. 782; *Arend* ZIP 1988, 69,

38 Dies bleibt dem Gläubiger auch dann unbenommen, wenn eine gegen den Schuldner wirkende rechtskräftige Feststellung der Forderung zur Tabelle an einem nicht durch Feststellungsklage (§§ 179, 184) überwundenen **Widerspruch** eines anderen Insolvenzgläubigers, des Insolvenzverwalters oder des Schuldners scheitert (§ 201 Abs. 2 Satz 2).[161] Dem Gläubiger kann hier der Rückgriff auf die alte Forderung sowie einen darüber ggf. schon erwirkten Titel nicht versagt werden, weil er einen neuen rechtskräftigen Vollstreckungstitel nicht erlangt.[162]

39 **2. Rechtslage nach rechtskräftiger Feststellung.** Noch nicht abschließend geklärt ist hingegen die Rechtslage nach Feststellung der Forderung zur Tabelle.

a) Der Streitstand. Die Rechtsprechung und hM gehen davon aus, dass die Umrechnung der von § 45 erfassten Forderungen auch eine **Umwandlung im Zeitpunkt der Feststellung zur Tabelle** zur Folge hat.[163] Weil diese Umwandlung für und gegen den Gläubiger wirke, könne die Forderung auch nach Beendigung des Verfahrens nur noch in dieser umgewandelten Form vom Gläubiger verfolgt werden (sog. „Nachhaltigkeit der Umwandlung"); ein Rückgriff auf die ursprüngliche Forderung – auch auf einen darüber zuvor schon erwirkten Titel[164] – sei unzulässig.[165] Bedeutung hat diese Ansicht zB bei Fremdwährungsforderungen, deren Kurswert sich nach Verfahrenseröffnung erheblich verändert.[166] Der Gläubiger kann hier auch dann weiter den in der Tabelle eingetragenen Betrag in Deutscher Mark oder Euro verfolgen, wenn der Kurs der Fremdwährung zwischenzeitlich erheblich verfallen ist.[167] Umgekehrt kann er aber nicht auf die Fremdwährungsforderung zurückgreifen, wenn der Kurs der Fremdwährung zwischenzeitlich gestiegen ist.[168]

---

70 f.; ausführlich *Glück* S. 13 ff. und 53; entgegen der Darstellung bei *Hess* § 45 RdNr. 24 (ähnlich *Hess* WuB VI B. § 69 KO 1.91 unter 4.) ist auch der Entscheidung BGHZ 136, 220, 222 ff. = NJW 1998, 312, 313 f. = Fn. 89 sowie der dort zitierten BAG-Rechtsprechung keine Aussage über eine frühere Umwandlung zu entnehmen [ausdrücklich offen zB BAG ZIP 1990, 400, 401 = NZA 1990, 524 = Fn. 86 unter III. 2. der Gründe; dazu BGH NJW 1992, 2091, 2092 = Fn. 89 unter II. 2.a) der Gründe]. *Hess* vermengt drei streng zu trennende Fragen, ob nämlich a) bei Versorgungsanwartschaften überhaupt eine Umwandlung erfolgt oder stattdessen von einer aufschiebend bedingten Anspruch auszugehen ist (RdNr. 15 f.), ob b) spätere Entwicklungen bis zur Feststellung berücksichtigt werden können (RdNr. 32 ff.) und ob c) eine Umrechnung auch dann fortwirken soll, wenn es zur Feststellung nicht kommt. An dieser Stelle steht nur die letztgenannte Frage in Rede; insgesamt aA allerdings *Paulsdorff* (Fn. 78), § 9 BetrAVG RdNr. 27 f., der für Versorgungsansprüche eine Kapitalisierung analog § 45 (früher § 69 KO) auch dann annimmt, wenn der Insolvenzantrag mangels Masse abgewiesen wird.

[159] Dazu *Glück* S. 17 f.; *Fürst* ZZP 56 (1931), 381, 385 mwN.
[160] *Fürst* ZZP 56 (1931), 381, 385; *Arend* ZIP 1988, 69, 71.
[161] So schon Motive II, S. 292, zu §§ 62, 63 KO (später §§ 69, 70 KO), abgedruckt bei *Hahn* (Fn. 1), S. 270, wo darauf hingewiesen wird, dass zwischen dem Gemeinschuldner das ursprüngliche Verhältnis bestehen bleibe, soweit dieser sich nicht selbst an die im Verfahren erfolgte Feststellung gebunden habe; insoweit zutreffend auch *Fürst* ZZP 56 (1931), 381, 384; ferner *Pape* EWiR 1992, 383, 384; aA bei isoliertem Widerspruch des Schuldners wohl *Jaeger/Weber* KO § 164 Anm. 11 im Gegensatz zu Anm. 6.
[162] Zutreffend *Pape* ZGR 1992, 185, 188; früher schon *Fürst* ZZP 56 (1931), 381, 388, dessen weitergehende Schlussfolgerung einer stets bestehenden Rückgriffsmöglichkeit auf die ursprüngliche Forderung hier jedoch nicht geteilt wird (s.u. Fn. 193).
[163] RGZ 93, 209, 213; RGZ 112, 297, 299; RG JW 1936, 2139; BGHZ 108, 123, 127 = NJW 1989, 3155, 3157 = Fn. 1; BGH NJW 1992, 2091, 2092 = Fn. 89; LG Köln ZIP 1988, 112; *Kuhn/Uhlenbruck* § 69 RdNr. 5b; zur Vergleichsbestätigung auch *Bley/Mohrbutter* § 34 RdNr. 5; zum neuen Recht siehe *Hess* § 45 RdNr. 11 und 29; *Kübler/Prütting/Bork/Holzer* § 45 RdNr. 8; HK-*Eickmann* § 45 RdNr. 8; vgl. auch das im Ergebnis ähnliche Konzept bei *Glück* S. 23 ff., der zwar nicht von einer materiellen Umwandlung auf Grund der §§ 41, 45, 46 (früher §§ 65, 69, 70 KO) ausgehen will, dem Gläubiger aber eine materielle Ersetzungsbefugnis für die betreffenden Forderungen gewährt. Die Ausübung dieser Befugnis soll dabei nicht schon in der Anmeldung der umgerechneten Forderung liegen (aaO, S. 53 ff.), aber mit der Feststellung der Forderung zur Tabelle die Möglichkeit enden, die Anmeldung der umgerechneten Forderung noch zurückzunehmen (aaO, S. 79 f.). Von diesem Zeitpunkt an soll daher die unwiderrufliche und bindende Ausübung der Ersetzungsbefugnis Wirkung dahingehend entfalten, dass die Umrechnung endgültig für und gegen den Schuldner feststeht.
[164] Dazu RGZ 112, 297, 300 = JW 1926, 1818 m. zust. Anm. *Jaeger;* vgl. zum neuen Recht auch *Hess* § 45 RdNr. 33.
[165] Vgl. auch die zahlreichen Nachweise zum älteren Schrifttum bei *Glück* S. 69 in Fn. 3.
[166] Vgl. zB den Sachverhalt in BGHZ 108, 123, 124 f. = NJW 1989, 3155 = Fn. 1, wo der Kurs um mehr als ein Drittel verfallen war.
[167] BGHZ 108, 123, 127 ff. = NJW 1989, 3155, 3155 f. = Fn. 1.
[168] RGZ 112, 297 = JW 1926, 1818 m. zust. Anm. *Jaeger.*

Dem steht eine in jüngerer Zeit wiederholt vertretene Ansicht gegenüber, die der Eintragung in die **40** Insolvenztabelle die Wirkung einer Umwandlung der Forderung nicht beimessen will.[169] Die daraus gezogenen Schlussfolgerungen sind allerdings nicht identisch. Während *Arend*[170] die Weiterverfolgung der – kursmäßig höheren – Fremdwährungsforderung dennoch für ausgeschlossen hält, weil sich die Forderung zwar nicht materiell umgewandelt habe, der Tabelleneintrag auf Grund seiner materiellen Rechtskraft aber eine entgegenstehende neue Entscheidung und Titulierung hindere, geht eine andere Auffassung davon aus, dass auch eine Änderung des Titels möglich sei. Nach Ansicht von *K. Schmidt*[171] und *Grothe*[172] wird bei der Feststellung der Forderung zur Tabelle nur über Bestand und Höhe der umgerechneten Fremdwährungsforderung abschließend entschieden, nicht aber über die Schuldwährung selbst.[173] Der Einwand, bei der Forderung habe es sich nicht um eine solche in inländischer Währung gehandelt, sei nicht gemäß § 767 Abs. 2 ZPO präkludiert, weil dieser Einwand im Feststellungsverfahren nicht habe vorgebracht werden können.[174] Insoweit stehe daher die Rechtskraft des Tabelleneintrags einer Vollstreckungsgegenklage des Schuldners ebenso wenig entgegen wie der Erwirkung eines neuen Fremdwährungstitels durch den Gläubiger.[175]

Eine dritte Gruppe von Autoren will dem Gläubiger und/oder dem Schuldner bezüglich der Dauer- **41** haftigkeit der Umrechnung in verschiedener Weise ein Wahlrecht gewähren, wobei allerdings Unterschiede im Detail bestehen. Während teilweise dem Gläubiger ein einseitiges Recht gewährt wird, erst nach Verfahrensende darüber zu entscheiden, ob er gegenüber dem Schuldner entweder die in der Tabelle titulierte oder die ursprüngliche Forderung verfolgen will,[176] verlangen die meisten Autoren eine Festlegung im laufenden Verfahren. Diese bereits in der älteren Literatur in verschiedener Differenzierung vertretenen Ansichten[177] hat neuerdings vor allem *Häsemeyer*[178] zu einem Gesamtkonzept zusammengefasst: Danach wird dem Gläubiger die Möglichkeit eingeräumt, seine Forderung nur eingeschränkt auf deren Berücksichtigung im Insolvenzverfahren und unter Ausschluss der Nachhaftung anzumelden,[179] während umgekehrt der Schuldner die Befugnis erhält, einer uneingeschränkt angemeldeten Forderung auch nur mit dem Ziel zu widersprechen, die durch §§ 41, 45 und 46 für die Dauer des Insolvenzverfahrens bewirkte Inhaltsänderung für die Nachhaftung auszuschließen. Ist durch eine solche Beschränkung der Anmeldung bzw. des Widerspruchs der Haftungszugriff auf die Insolvenzmasse reduziert worden, soll auch ein vor Verfahrenseröffnung über die ursprüngliche Forderung erlangter Titel nach Verfahrensaufhebung weiterverfolgt werden können.[180]

b) Stellungnahme. Richtigerweise kann durch die Feststellung der Forderung zur Tabelle eine **42** materielle Änderung (Umwandlung) der Forderung nicht stattfinden.[181] Zwar weist die hM im

---

[169] *Arend* ZIP 1988, 69, 72; *K. Schmidt,* FS Merz, 1992, S. 533, 541 ff.; *Staudinger/K. Schmidt* (1997) § 244 RdNr. 117; unklar *Kilger/K. Schmidt* § 69 Anm. 5, wo einerseits mit der hM von „Umwandlung", für Fremdwährungsforderungen dann aber davon gesprochen wird, dass sie „materiellrechtlich unverändert" bleiben.
[170] *Arend* ZIP 1988, 69, 73.
[171] Ausführlich *K. Schmidt,* FS Merz, 1992, S. 533, 544 ff.; vgl. auch *Kilger/K. Schmidt* § 69 Anm. 5.
[172] *Grothe* S. 782 ff.
[173] Dem folgend auch HK-*Eickmann* § 45 RdNr. 9; *Jaeger/Henckel* InsO § 45 RdNr. 20.
[174] Vgl. dazu auch schon die ähnlichen Überlegungen bei *Glück* S. 72 f., der allerdings selbst auf Grund eines anderen Konzeptes zu gegenteiligen Ergebnissen gelangt (dazu Fn. 163); ferner *Spellenberg,* Zum Gegenstand des Konkursfeststellungsverfahrens (§§ 138 ff. KO), Diss. Göttingen 1973, S. 166, der den Gedanken allerdings nur andeutet, ohne ihn weiter zu verfolgen.
[175] Allerdings ist nach Ansicht von *K. Schmidt,* FS Merz, 1992, S. 533, 546 die Vollstreckungsgegenklage des Schuldners in aller Regel nach Treu und Glauben (§ 242) ausgeschlossen, wenn er sich im Verzug befand.
[176] So vor allem *Fürst* ZZP 56 (1931), 381 ff., insbes. 390; unklar bleibt, ob auch *Kuhn/Uhlenbruck* § 164 RdNr. 2 in diesem Sinne zu verstehen ist, weil die dort in Bezug genommene Ansicht von *Spellenberg* (Fn. 174), S. 161 ff., insbes. 167, davon ausgeht, dass der Gläubiger von vornherein – also nicht erst nach Verfahrensende – auf die Möglichkeit verzichten muss, seine Forderung auch gegen den Schuldner persönlich geltend zu machen. Die weiterhin von *Uhlenbruck* ganz generell in Bezug genommene Arbeit von *Glück* stützt seine Ansicht überhaupt nicht, verfolgt vielmehr ein der hM jedenfalls im Ergebnis ähnliches Konzept (dazu Fn. 163); zuletzt stehen die Ausführungen *Uhlenbrucks* unter § 164 RdNr. 2 in Widerspruch zu § 164 RdNr. 8, worauf *Arend* ZIP 1988, 69, 73 in Fn. 40 zutreffend hinweist; deutlich gegen ein Wahlrecht dann allerdings *Uhlenbruck,* 12. Aufl., § 45 RdNr. 7 aE und nunmehr *Uhlenbruck/Knof* § 45 RdNr. 26.
[177] Vgl. dazu die sehr differenzierten Nachweise bei *Glück* S. 76 in Fn. 2 bis 7, sowie auch *Spellenberg* (Fn. 174), S. 161 ff.
[178] *Häsemeyer,* Insolvenzrecht, 4. Aufl., 2007, RdNr. 25.11 ff.; dem folgend *Nerlich/Römermann/Westphal* §§ 201, 202 RdNr. 14.
[179] Dies soll nach *Häsemeyer* (Fn. 178), RdNr. 25.18 durch einen Tabellenvermerk mit dem Inhalt „Feststellung beschränkt auf die Haftung der Masse" erreicht werden.
[180] *Häsemeyer* (Fn. 178), RdNr. 25.26; *Nerlich/Römermann/Westphal* §§ 201, 202 RdNr. 16.
[181] Vgl. auch § 201 RdNr. 12; dem zustimmend *Uhlenbruck* NJW 2002, 2694, 2695; *Uhlenbruck/Knof* § 45 RdNr. 26; unklar hingegen *Uhlenbruck,* 12. Aufl., § 45 RdNr. 6 ff., wo einerseits der hier in der 1. Aufl. entwi-

Ausgangspunkt mit Recht auf die der Feststellung zur Tabelle beigelegten Urteilswirkungen hin (§§ 178 Abs. 3, 201 Abs. 2 InsO; früher §§ 145 Abs. 2, 164 Abs. 2 KO).[182] Doch gehört die sog. materielle Rechtskrafttheorie, der zufolge das Urteil das darin festgestellte Recht neu begründet, der Vergangenheit an.[183] Weder das Urteil noch die dem gleichstehende Eintragung zur Tabelle haben eine direkte Wirkung auf das materielle Recht; sie binden nur jedes neu angerufene Gericht und dies auch nur insoweit, wie die Rechtskraft reicht (sog. **prozessuale Rechtskrafttheorie**).[184] Die hM kann insbesondere die unterschiedliche Wirkung der Feststellung gegenüber dem Insolvenzverwalter und allen Insolvenzgläubigern (§ 178 Abs. 3) und die davon zu unterscheidende Wirkung gegenüber den Schuldner (§ 201 Abs. 2) nicht erklären. Nach hM müsste es hier zu einer materiellen Umwandlung der Forderung gegenüber der erstgenannten Gruppe ohne gleichzeitige Umwandlung gegen den Schuldner kommen können, wenn dieser der Forderung widerspricht und der Widerspruch nicht beseitigt wird. Auf der Basis eines prozessualen Verständnisses ist die Differenzierung hingegen leicht erklärbar, weil die Forderung gegenüber einzelnen Personen mit Rechtskraft als inländische Geldforderung festgestellt wird, diese Rechtskraft sich aber nicht gegenüber anderen – hier dem Schuldner – wirken muss. Mit dem Verständnis einer materiellen Umwandlung ist auch die auf die Mithaftung von Bürgen bezogene Position der hM nicht zu vereinbaren, wonach die Umwandlung diesen gegenüber nicht wirkt (RdNr. 50). Träte tatsächlich eine Umwandlung der Forderung in eine inländische Geldforderung ein, so müsste der Bürge gemäß § 767 BGB dafür haften.[185]

43 Trotz dieses zutreffenden Einwandes gegen die hM ist deren Ergebnis einer unveränderten **Maßgeblichkeit der einmal erfolgten Forderungsfeststellung** richtig. Zwar ist der Gegenansicht einzuräumen, dass die dauerhafte Umrechnung gegenüber dem Schuldner und dem Gläubiger in Einzelfällen für beide zu Unbilligkeiten führen kann. Sie entspricht aber offenbar der gesetzgeberischen Entscheidung. Das Konzept *Häsemeyers* ist schon deshalb nur de lege ferenda vertretbar, weil das derzeitige Insolvenzrecht weder eine auf die Verteilung der Insolvenzmasse beschränkte Anmeldung und Feststellung der Forderung, noch einen auf die Umrechnung beschränkten Widerspruch des Schuldners kennt.[186] Im Übrigen hätte die vollständige Beschränkung auf das Insolvenzverfahren zur Folge, dass nicht nur die Umrechnung, sondern die Forderung insgesamt trotz einer ggf. ausführlichen Behandlung im Verfahren nicht mehr gegenüber dem Schuldner rechtskräftig festgestellt würde, was dem Grundanliegen des § 201 Abs. 2 widerspricht. Diesen Einwand vermeidet das Konzept von *K. Schmidt* und *Grothe*, das dem Schuldner nach Verfahrensende nur diejenigen Einwände gestatten will, die er vorher nicht vorbringen konnte, womit er zB bei Fremdwährungsforderungen nicht mehr Grund und Betrag der Forderung, sondern nur noch die Währung bestreiten könnte. Dazu sei allerdings bemerkt, dass das Konzept entgegen dem eigenen Ausgangspunkt der Autoren[187] nicht nur für Fremdwährungsforderungen, sondern generell im Anwendungsbereich der §§ 41, 45 f. gelten müsste.[188] Sollten nämlich all diejenigen Einwände nicht gemäß § 767 Abs. 2 ZPO präkludiert sein, die der Schuldner gegen den Eintrag zur Tabelle nicht geltend machen konnte, müsste er beispielsweise auch nachträglich anführen können, dass die Forderung noch gar nicht fällig (§ 41), nicht auf Geld, sondern eine Sachleistung gerichtet (§ 45 Satz 1, Alt. 1) oder als monatliche/jährliche Rente und nicht in kapitalisierter Form (§ 45 Satz 1, Alt. 2) zu zahlen sei.[189] Denn mit all diesen Einwänden konnte er gegenüber der Feststellung ebenfalls nicht gehört werden, sodass ein darauf gestützter Widerspruch erfolglos gewesen wäre.

---

ckelten Ansicht in RdNr. 7 zugestimmt, sie andererseits in RdNr. 6 als gegenteilig zitiert wird; wieder anders *Uhlenbruck*, 12. Aufl., § 201 RdNr. 8, in der 13. Aufl. § 201 RdNr. 14 ff.

[182] Vgl. insbesondere BGHZ 108, 123, 129 = NJW 1989, 3155, 3157 = Fn. 1. Nicht nur § 178 Abs. 3 (früher § 145 Abs. 2 KO), sondern auch § 201 Abs. 2 (früher § 164 Abs. 2 KO) schafft trotz seines auf die Vollstreckungswirkung beschränkten Wortlautes materielle Rechtskraft gegenüber dem Schuldner; vgl. *Jaeger/Weber* KO § 164 Anm. 4 mwN.

[183] Zutreffend *Grothe* S. 783 mit Nachweisen zu diesem älteren Streitstand in Fn. 4894 f.; vgl. zuvor schon *Glück* S. 1 f. und 70 ff.; siehe auch *K. Schmidt*, FS Merz, 1992, S. 533, 544, der zutreffend darauf hinweist, dass die hM bislang eine Begründung für die Umwandlung der Forderung auf Grund der materiellen Rechtskraft schuldig geblieben ist.

[184] Zustimmend *Uhlenbruck/Knof* § 45 RdNr. 26; wie hier auch *Jaeger/Henckel* InsO § 45 RdNr. 18, der aber die hiesige Argumentation misszuverstehen scheint.

[185] *Arend* ZIP 1988, 69, 74; *Glück*, S. 17; insoweit zutreffend auch *Fürst* ZZP 56 (1931), 381, 391; *K. Schmidt*, FS Merz, 1992, S. 533, 542 f.

[186] Vgl. dazu *Glück* S. 77; insoweit zutreffend auch *Jaeger/Weber* KO § 164 Anm. 11 aE, nach dessen Ansicht der Widerspruch allerdings generell die „Umwandlung" nicht hindert (dagegen RdNr. 38).

[187] Vgl. insbesondere Kilger/*K. Schmidt* § 69 Anm. 5, der seine These ausdrücklich auf die Fremdwährungsforderungen beschränkt.

[188] So in der Tat *Rintelen* ZHR 61 (1908), 147, 175 ff., insbes. 179 aE.

[189] Vgl. dazu auch *Glück* S. 72 ff.

Der Gesetzgeber ging aber offenbar davon aus, dass die **Urteilswirkung des Tabelleneintrags** 44 dennoch **für alle festgestellten Forderungen** gilt,[190] weil er anderenfalls die nach §§ 41, 45 f. berechneten Forderungen von der Wirkung des § 201 Abs. 2 hätte ausnehmen können.[191] Würde man demgegenüber die Angreifbarkeit der Feststellung unter Hinweis auf eine fehlende Präklusion befürworten, hätte der im Tabelleneintrag liegende Vollstreckungstitel in den Fällen der §§ 41, 45 f. kaum noch einen praktischen Wert, womit der durch § 201 Abs. 2 verfolgte gesetzgeberische Zweck vereitelt würde.[192] Die einheitliche Maßgeblichkeit der festgestellten Forderung für das Weiterverfolgungsrecht des Gläubigers nach Verfahrensbeendigung (§ 201 Abs. 1) hat zudem für den Regelfall einer Bindung gegenüber dem Schuldner (§ 201 Abs. 2) auch den Vorteil der Praktikabilität. Ist nämlich die Forderung einmal zum Zwecke gleichmäßiger Befriedigung umgerechnet worden und hierauf in Form der Insolvenzdividende ein Abschlag gezahlt worden, entstehen bei einem späteren Rückgriff auf die nicht umgewandelte Forderung erhebliche Probleme, wie die erhaltene Dividende auf diese in ganz anderer Gestalt bestehende Forderung angerechnet werden soll.[193] Im Ergebnis sind deshalb im Rahmen des § 767 Abs. 2 ZPO auch diejenigen Einwendungen als präkludiert anzusehen, die wegen der Notwendigkeiten der insolvenzmäßigen Befriedigung (RdNr. 1) per Gesetz ausgeschlossen waren.[194] Anerkennt man aber eine solche Bindung zulasten des Schuldners, dann ist im Gegenzug auch **ein einseitiges Wahlrecht des Gläubigers auszuschließen**, weil dadurch dem Gläubiger die Möglichkeit gegeben würde, auf Kosten des Schuldners zu spekulieren und jeweils die ihm günstiger erscheinende Forderung geltend zu machen (dazu auch RdNr. 45).[195]

c) **Kollision mit älterem Vollstreckungstitel.** Die insolvenzrechtlichen Besonderheiten sind 45 auch zu berücksichtigen, wenn über die Forderung bereits vor dem Insolvenzverfahren ein rechtskräftiger Titel erlangt worden war. Entgegen der Auffassung von *Grothe*[196] können hier nicht die allgemeinen Grundsätze über die Kollision zweier rechtskräftiger Entscheidungen[197] zur Anwendung kommen, weil der Schuldner gar nicht die Möglichkeit hatte, sich gegenüber der zweiten Titulierung (Tabelleneintrag) mit dem Hinweis zu wehren, dass über den Anspruch bereits rechtskräftig entschieden sei.[198] Den insolvenzrechtlichen Besonderheiten wird nur die vom RG[199] bereits vorgezeichnete, allerdings auf der Basis der Umwandlungsthese (RdNr. 39) entwickelte Lösung gerecht, die in jedem Fall den früheren Titel als überholt und verbraucht ansieht und damit die **spätere Eintragung zur Tabelle als allein maßgeblichen Titel** anerkennt.[200] Denn anderenfalls könnte

---

[190] Der dagegen von der Gegenansicht (zB *Spellenberg* [Fn. 174] S. 164) zT vorgebrachte Hinweis auf die Motive II, S. 292, zu §§ 62, 63 KO (später §§ 69, 70 KO), abgedruckt bei *Hahn* (Fn. 1), S. 270 ist insoweit nicht durchgreifend, als danach das ursprüngliche Verhältnis gegenüber dem Schuldner gerade insoweit nicht bestehen bleiben soll, wie er sich an die im Verfahren erfolgte Feststellung selbst gebunden hat. Und gerade diesbezüglich wird in den Motiven u.a. auf § 152 KO (später § 164 KO) verwiesen, der dem heutigen § 201 entspricht.

[191] Vgl. zum alten Recht bereits Jaeger/*Weber* KO § 164 Anm. 10; insbesondere gilt dies aber für den Gesetzgeber der InsO, der an anderer Stelle durchaus Differenzierungen im Hinblick auf diese Forderungen vorgenommen (zB § 95), eine solche aber trotz des seit Einführung der KO bestehenden Streits bezüglich der nach §§ 65, 69, 70 KO umzurechnenden Forderungen in § 201 unterlassen hat.

[192] Zutreffend *Glück* S. 74 f.

[193] Zutreffend Jaeger/*Weber* KO § 164 Anm. 10; *Glück* S. 75 f.; vgl. dazu auch schon die bei *Fürst* ZZP 56 (1931), 381, 387 bei Fn. 8 wiedergegebene Diskussion in der älteren Literatur. Allerdings ist *Fürst* aaO, S. 388 zuzugeben, dass die genannten Schwierigkeiten auch sonst nicht vollständig vermieden werden, insbesondere dann nicht, wenn die Feststellungswirkung gegenüber dem Schuldner nicht wirkt (§ 201 Abs. 2 Satz 2) sowie im Verhältnis zu mithaftenden Dritten (RdNr. 52 ff.). Dies allein kann aber nicht dazu führen, im Gegenschluss generell die Maßgeblichkeit des im Tabelleneintrag liegenden Titels zu verneinen und dem Gläubiger auch bei fehlendem Widerspruch des Schuldners einen Rückgriff auf die ursprüngliche Forderung zu gestatten (so aber *Fürst* aaO, S. 388 ff.).

[194] Zustimmend *Uhlenbruck/Knof* § 45 RdNr. 26.

[195] Auch insoweit zustimmend *Uhlenbruck/Knof* § 45 RdNr. 26.

[196] *Grothe* S. 788; vgl. früher ähnlich schon *Fürst* ZZP 56 (1931), 381 ff.; vgl. auch den anders gelagerten Ansatz bei *Pape* KTS 1992, 185, 188 ff. (dazu Fn. 200).

[197] Siehe dazu MünchKommZPO-*Gottwald*, 3. Aufl. 2008, § 322 RdNr. 63; Stein/Jonas/*Leipold*, ZPO, 22. Aufl. 2008, § 322 RdNr. 215.

[198] In der fehlenden Beeinflussungsmöglichkeit durch den Schuldner liegt der entscheidende Unterschied zu den sonstigen Fällen einer Kollision zweier rechtskräftiger Titel.

[199] RGZ 112, 297 = JW 1926, 1818 m. zust. Anm. *Jaeger*; vgl. auch RGZ 132, 113, 115, wo allerdings für den Vergleich eines Rechts eine aA vertreten wird.

[200] Im Ergebnis auch Kuhn/*Uhlenbruck* § 69 RdNr. 5c; Kübler/Prütting/Bork/Holzer § 45 RdNr. 9; Uhlenbruck/ *Knof* § 45 RdNr. 26; *Uhlenbruck* § 201 RdNr. 17; *Hess* § 45 RdNr. 33; vgl. ferner die zahlr. Nachw. zu der allgemeinen, nicht auf die Umrechnungsfälle des § 45 (früher § 69 KO) beschränkten Diskussion bei *Pape* EWiR 1992, 383 f.; *Pape* KTS 1992, 185, 186 f.; soweit *Pape* der Begründung der hM kritisch gegenübersteht und eine Lösung über das fehlende Rechtsschutzbedürfnis bei Identität der titulierten Forderungen vorziehen will (aaO,

der Gläubiger nach Belieben und zu Lasten des Schuldners auf den jeweils für ihn günstiger erscheinenden Vollstreckungstitel zurückgreifen,[201] bei Fremdwährungsforderungen also beispielsweise immer denjenigen Titel verwenden, der nach der Kursentwicklung für den Gläubiger günstiger ist. Diese Schlechterstellung des Schuldners auf Grund des insolvenzrechtlich bedingten und durch Widerspruch nicht zu verhindernden Erwerbs zweier Vollstreckungstitel[202] muss durch **Aberkennung des ersten Titels** vermieden werden. Der richtige Rechtsbehelf gegen eine Vollstreckung aus dem ersten Titel dürfte dabei wohl die Erinnerung gemäß § 766 ZPO und nicht – wie vom RG[203] angenommen – die Vollstreckungsgegenklage des § 767 ZPO sein.[204]

46 **d) Teilweise Forderungsanmeldung/Feststellung zur Tabelle.** Eine Einschränkung der vorgenannten Grundsätze ist allerdings dann geboten, wenn der Gläubiger die Forderung nur zT angemeldet hatte, weil dann auch ein früherer Titel nur für den durch die Feststellung erneut titulierten Forderungsteil verbraucht sein kann.[205] Daher kann insbesondere ein zuvor titulierter und in der Insolvenz als nachrangige Forderung (§ 39 Abs. 1 Nr. 1) nicht anmeldbarer Zinsanspruch (Ausnahme: § 174 Abs. 3) nach Beendigung des Verfahrens aus dem alten Titel weiter verfolgt bzw. ein überhaupt noch nicht titulierter Forderungsteil nach Maßgabe der ursprünglichen Forderung nun erstmalig gerichtlich geltend gemacht werden. Gleiches gilt für einen Forderungsteil, der wegen eines nicht beseitigten Widerspruchs nicht rechtskräftig zur Tabelle festgestellt wurde (vgl. allgemein RdNr. 38).[206]

47 **3. Umrechnungswirkung im Insolvenzplanverfahren.** Auf der Basis der von der hM vertretenen Umwandlungsthese (RdNr. 39) hat der BGH[207] für den Zwangsvergleich alten Rechts entschieden, dass mit rechtskräftiger Bestätigung des Vergleichs nicht zwingend eine endgültige Umwandlung der von § 69 KO (jetzt § 45) betroffenen Forderungen eintrete, es vielmehr auf den konkreten Vergleichsinhalt ankomme. Eine Auslegung des Zwangsvergleichs im Sinne einer endgültigen Umwandlung liege allerdings nahe, wenn der Schuldner den Gläubigern eine anteilsmäßige Befriedigung ihrer Forderungen nach insolvenzrechtlichen Grundsätzen in Geld verspricht (entschieden für einen Liquidationszwangsvergleich). Die gleichen Grundsätze dürften daher von der Rechtsprechung auf das jetzige Insolvenzplanverfahren (§§ 217 ff.) übertragen werden, das mit umfangreichen Neuregelungen an die Stelle des früheren Zwangsvergleichs (§§ 173 ff. KO) getreten ist.

48 Erkennt man mit der hier vertretenen Position an, dass es gar nicht um eine Umwandlung der Forderungen, sondern nur um die Rechtskraftwirkung der durch das Insolvenzverfahren geschaffenen Vollstreckungstitel und die daraus resultierenden Folgen für eine Weiterverfolgung der ursprünglichen Forderungen geht (RdNr. 42 ff.), ist für die Wirkung des rechtskräftig bestätigten Plans entscheidend auf § 257 abzustellen. Nach dieser Vorschrift kann aus dem Plan „in Verbindung mit der Eintragung in die Tabelle" vollstreckt werden. Vollstreckungstitel ist also auch hier der Tabelleneintrag, wobei die Vollstreckungsmöglichkeit nur nach Maßgabe des Insolvenzplans eingeschränkt wird.[208] Daraus folgt, dass im Grundsatz die **Forderungen nur in der zur Tabelle festgestellten Form – nach Maßgabe des Plans – weiterverfolgt werden können** und wegen der Rechtskraft die Geltendmachung des ursprünglichen Anspruchs ebenso ausgeschlossen ist wie die Vollstreckung aus einem vor Verfahrenseröffnung ergangenen Titel (dazu RdNr. 45). Ein anderes kann sich nur dann ergeben, wenn in dem Plan ausdrücklich bestimmt worden ist, dass abweichend von dem Tabelleneintrag die Forderungen nicht in ihrer umgewandelten, sondern in ihrer ursprünglichen Form weiterverfolgt werden dürfen, was aber wohl nur bei einem Fortsetzungsvergleich in Betracht

---

S. 188 ff.), erscheint zweifelhaft, ob dieser Ansatz eine Vollstreckung aus dem ursprünglichen Titel auch in den hier interessierenden Fällen der Umrechnung nach § 45 zu verhindern geeignet ist, weil die titulierten Forderungen dort eben nicht „identisch" sind.

[201] So in der Tat *Fürst* ZZP 56 (1931), 381, 390.
[202] Vgl. dazu den Hinweis in Fn. 198.
[203] RGZ 112, 297, 301 = JW 1926, 1818 m. Anm. *Jaeger;* zum Vergleich alten Rechts auch RGZ 113, 114.
[204] Wie hier auch *K. Schmidt,* FS Merz, 1992, S. 533, 545; *Pape* KTS 1992, 185, 190; differenzierend Jaeger/ *Weber* KO § 164 Anm. 6, der allerdings zT auf der Basis der Umwandlungsthese (RdNr. 39) argumentiert; *Uhlenbruck* § 201 RdNr. 18 will §§ 766 und 767 ZPO anwenden.
[205] Zutreffend *Fürst* ZZP 56 (1931), 381, 383; vgl. auch die zahlr. allgemeinen Nachw. bei *Pape* KTS 1992, 185, 187 in Fn. 14.
[206] *Fürst* ZZP 56 (1931), 381, 384; vgl. allgemein auch Jaeger/*Weber* KO § 164 Anm. 6, der allerdings im Gegensatz dazu in Anm. 11 für den Widerspruch des Schuldners aA ist.
[207] BGHZ 108, 123, 128 = NJW 1989, 3155, 3157 = Fn. 1 m. zust. Anm. *Hanisch* EWiR 1989, 919, 920.
[208] Vgl. zu § 194 KO Kilger/*K. Schmidt* § 194 Anm. 1a); zum neuen Recht siehe *Uhlenbruck/Knof* § 45 RdNr. 29; *Nerlich/Römermann/Braun* § 257 RdNr. 2 mwN.

kommen dürfte.²⁰⁹ Für diese Forderungen wird dann der im Tabelleneintrag liegende Vollstreckungstitel (§ 201 Abs. 2) durch den Plan vollständig beseitigt, was den Gläubiger im Hinblick auf die fehlende Titulierung der ursprünglichen Forderung nötigt, hierüber einen neuen Vollstreckungstitel zu erwirken.²¹⁰

Eine andere Frage ist demgegenüber, ob nach der rechtskräftigen Bestätigung des Insolvenzplans **49** auch diejenigen Gläubiger ihre Forderungen nur noch nach Maßgabe des § 45 verfolgen können, die sich am Verfahren überhaupt nicht beteiligt haben bzw. die wegen eines nicht überwundenen Widerspruchs des Schuldners nicht aus dem Tabelleneintrag in Verbindung mit dem Plan vollstrecken können. Da die im gestaltenden Teil des Plans festgelegten Wirkungen nicht nur für und gegen alle Beteiligten eintreten (§ 254 Abs. 1), sondern auch gegenüber denjenigen Insolvenzgläubigern, die ihre Forderungen nicht angemeldet haben (§ 254b), können auch diese Gläubiger gegen den Schuldner nur noch eine inländische Geldforderung nach Maßgabe des § 45 verfolgen, wenn sich aus dem Plan nicht ausnahmsweise ergeben sollte, dass eine Weiterverfolgung der ursprünglichen Forderungen gewollt ist. Dies beruht allerdings wieder nicht auf einer Umwandlung der gar nicht angemeldeten oder nicht rechtskräftig gegenüber dem Schuldner festgestellten Forderungen, sondern auf der in § 254 Abs. 1 besonders bestimmten allgemeinen Wirkung des Insolvenzplans für die Gläubigerrechte. Sie hat zur Folge, dass auch diejenigen Gläubiger, die ansonsten auf die nicht umgewandelte Forderung zurückgreifen könnten (RdNr. 37 f. und 46), hieran gehindert werden.²¹¹

E. Wirkung der Umrechnung gegenüber Dritten

I. Haftung von Bürgen und Gesamtschuldnern

1. Grundsatz der fehlenden Drittwirkung. Nicht anders als bei § 41 (s. dort RdNr. 32) ist **50** die Wirkung der nach § 45 erfolgten Umrechnung nach allgemeiner Ansicht auf das Verhältnis zwischen Gläubiger und Schuldner beschränkt und hat keinen Einfluss gegenüber mithaftenden Gesamtschuldnern oder Bürgen.²¹² Dieses Ergebnis ist auf der Basis der hier vertretenen Ansicht, wonach § 45 keine Umwandlung der Forderungen im Laufe des Verfahrens bewirkt (RdNr. 42) unmittelbar einsichtig, weil die Rechtskraft des Tabelleneintrags (§§ 178 Abs. 3, 201 Abs. 2) nicht gegenüber dritten Personen wirkt. Auf der Basis der hM, die von einer materiellen Umwandlung der Forderung ausgeht (RdNr. 39), ist das allgemein anerkannte Ergebnis hingegen nicht erklärbar (RdNr. 42 aE).²¹³

Insgesamt anders ist die Frage der Drittwirkung der Umrechnung zu beurteilen, wenn es sich **51** bei dem Dritten um eine **(Haftpflicht-)Versicherung** handelt, die für die Verbindlichkeit des Schuldners einzutreten hat. Weil die Versicherungsgesellschaft den Gemeinschuldner – anders als der Bürge – von der Verpflichtung zu befreien hat, wie sie durch den Tabelleneintrag festgestellt wurde, ist sie auch gegenüber dem Gläubiger in gleicher Weise, d.h. in Gestalt der umgerechneten Geldforderung zur Zahlung verpflichtet. Für den Fall einer Schadensersatzrente folgt daraus, dass die Versicherung nach Feststellung der Forderung zur Tabelle auf den vollen Kapitalbetrag und nicht nur auf die monatlich oder jährlich zu zahlenden Renten haftet.²¹⁴

2. Folgen für die Haftung des Dritten. Die fehlende Maßgeblichkeit des Tabelleneintrags **52** gegenüber Bürgen und Gesamtschuldnern bringt Schwierigkeiten für deren Mithaftung mit sich, nachdem der Gläubiger in der Insolvenz des Schuldners eine Dividende auf die umgerechnete Forderung bezogen hat. Dieselben Schwierigkeiten ergeben sich auch für die Forthaftung des Schuldners nach Verfahrensbeendigung, wenn der Tabelleneintrag diesem gegenüber ausnahmsweise nicht rechtskräftig geworden ist und der Gläubiger deshalb auch hier (nur) auf die ursprüngliche Forderung zurückgreifen kann (s.o. RdNr. 38).²¹⁵

---

²⁰⁹ Vgl. auch *K. Schmidt*, FS Merz, 1992, S. 533, 550.
²¹⁰ Vgl. auch *Jaeger/Henckel* InsO § 45 RdNr. 22; *Uhlenbruck/Knof* § 45 RdNr. 29.
²¹¹ Vgl. auch *Jaeger/Henckel* InsO § 45 RdNr. 23.
²¹² *Uhlenbruck/Knof* § 45 RdNr. 27; HambKomm-*Lüdtke* § 45 RdNr. 30; ferner *Bley/Mohrbutter* § 34 RdNr. 4 zur Vergleichsbestätigung alten Rechts; implizit auch BGHZ 69, 369 = NJW 1978, 107.
²¹³ Zustimmend *Uhlenbruck/Knof* § 45 RdNr. 27.
²¹⁴ Vgl. RGZ 93, 209 ff., insbes. 213 f.; insoweit dem RG zustimmend auch *Fürst* ZZP 56 (1931), 381, 392; aA wohl *Uhlenbruck/Knof* § 45 RdNr. 27, der die hier vertretene Ansicht als „abw." bezeichnet.
²¹⁵ Insoweit aA *Glück* S. 82 ff., auf der Basis der von ihm vertretenen Theorie einer materiellen Ersetzungsbefugnis (dazu Fn. 163), zu der er sich allerdings selbst in Widerspruch setzt, wenn er in Übereinstimmung mit der hier vertretenen Ansicht eine Wirkung gegenüber Dritten nicht anerkennen will (vgl. S. 17 einerseits und S. 89 ff. andererseits).

53 **a) Rentenansprüche.** Wurde beispielsweise der Rentenanspruch eines Gläubigers kapitalisiert (RdNr. 26) und hat der Gläubiger auf diesen Kapitalbetrag eine Dividende bezogen, dann stellt sich die Frage, wie und in welcher Höhe der mithaftende Bürge oder Gesamtschuldner bzw. der für die ursprüngliche Forderung forthaftende Schuldner in Anspruch genommen werden kann. In der Literatur wurde hierzu zT vertreten, dass bei Rentenverbindlichkeiten die auf den Kapitalbetrag erhaltenen Beträge unter Berücksichtigung des § 46 (früher § 70 KO) mit den zu leistenden Zahlungen zu vergleichen und auf die zunächst fällig gewordenen oder fällig werdenden Raten aufzurechnen seien; erst anschließend könne der Gläubiger weitere Zahlungen verlangen (Gesamtanrechnung).[216] Der BGH[217] hat demgegenüber einen anderen, den Interessen der Beteiligten besser gerecht werdenden Standpunkt eingenommen, wonach nicht der erhaltene Kapitalbetrag in voller Höhe anzurechnen ist, sondern die künftig zu zahlenden Renten nur in Höhe der ausgeschütteten Quote als befriedigt gelten (**Quotenanrechnung**). Der Gläubiger kann dann ab sofort den fehlenden Teil der Rente nachfordern, womit er beispielsweise bei Ausschüttung einer Quote von 35 % auf den Kapitalbetrag berechtigt wäre, vom Bürgen zukünftig 65 % des monatlichen Rentenbetrags zu verlangen.[218]

54 Offengelassen hat der BGH dabei die Frage, ob die Rechtslage gemäß einer Entscheidung des AG Hannover[219] anders zu beurteilen sei, wenn dem Rentenberechtigten seine Rente in der vollen vertraglichen Höhe monatlich weiter ausbezahlt wird mit der Maßgabe, dass die Zahlungen nach Verbrauch der Quote enden sollen.[220] Eine Differenzierung zwischen den beiden Fällen erscheint indessen nicht angebracht.[221] Entscheidet man sich im Interesse des Gläubigers für die Quotenanrechnung anstelle der Gesamtanrechnung, um dem Gläubiger die Möglichkeit zu geben, den Kapitalbetrag zurückzulegen und tatsächlich nur einen der Quote entsprechenden Teil der monatlichen Rente aus diesem Kapital und den Rest aus der Bürgschaft oder Mithaftung zu beziehen, kann die Haftung des Dritten nicht anders ausfallen, wenn der Gläubiger sich für eine andere Art der – im Übrigen auch nicht kontrollierbaren – Entnahme entscheidet. Stellt man es aber ins Belieben des Gläubigers, wie er den Kapitalbetrag verwendet,[222] kann auch nichts anderes gelten, wenn von vornherein vereinbart war, die Rente bis zum Verbrauch der Quote in voller Höhe weiter auszuzahlen. Die höhere Entnahme zu früherer Zeit erkauft sich der Gläubiger um den Preis eines späteren Ausfalls, weil er den Bürgen bis zum Ablauf der prognostizierten Restlebensdauer auch dann nur noch auf die Restquote seiner Rente in Anspruch nehmen kann, wenn das Kapital durch höhere Entnahmen früher verbraucht ist. Lebt allerdings der Gläubiger tatsächlich länger als bei Berechnung des Kapitalbetrags geschätzt, kann er den mithaftenden Dritten ab diesem Zeitpunkt wieder voll für die Rente in Anspruch nehmen, wie auch der Dritte aus der Haftung entlassen wird, wenn der Rentner früher als angenommen stirbt.

55 **b) Nicht auf Geld gerichtete Forderungen.** Hat der Gläubiger auf eine Individualleistung, zB auf einen Anspruch auf Übereignung einer Sache, einen Dienst- oder Werkleistungsanspruch oder einen Gewährleistungsanspruch (s.o. RdNr. 6 ff.) nach Umrechnung in eine Geldforderung (RdNr. 25) eine Quote erhalten, kann er nicht neben dem anteiligen Geldbetrag noch die volle Individualleistung erhalten. Da der Gesamtschuldner bzw. der nach Verfahrensbeendigung ausnahmsweise auf die ursprüngliche Schuld forthaftende Schuldner (RdNr. 38) nicht auf den restlichen Geldbetrag der umgerechneten Forderung haftet, ist die interessengerechte Lösung darin zu suchen, dass die Individualleistung nur Zug um Zug gegen Erstattung der erhaltenen Dividende verlangt werden kann.[223] Da eine (Teil-)Erfüllung auch gegenüber dem Gesamtschuldner wirkt (§ 422 Abs. 1 BGB) und dieser daher im Grundsatz nur für den „Rest" der Schuld haftet, ist bei dessen Inanspruchnahme die Dividende diesem anzubieten, sie also nicht an die Masse zurückzuzahlen.

56 **c) Fremdwährungsforderungen.** Bei Fremdwährungsverbindlichkeiten sind die erhaltenen Zahlungen gemäß § 244 Abs. 2 BGB nach dem zur Zeit der Zahlung für den Zahlungsort (s.o. RdNr. 20) geltenden Kurs umzurechnen und so festzustellen.[224] Für den danach verbleibenden Restbetrag haftet der Bürge oder Gesamtschuldner bzw. der forthaftende Schuldner, demgegenüber der Tabelleneintrag nicht rechtskräftig geworden ist (RdNr. 38).

---

[216] So *Fürst* ZZP 56 (1931), 381, 391; im Ansatz auch *Bley/Mohrbutter* § 34 RdNr. 4.
[217] BGHZ 69, 369 = NJW 1978, 107 = KTS 1978, 98.
[218] Zustimmend *Uhlenbruck/Knof* § 45 RdNr. 27.
[219] AG Hannover MDR 1968, 850 = NdsRpfl. 1968, 133; zustimmend *Bley/Mohrbutter* § 34 RdNr. 4.
[220] Siehe dazu BGHZ 69, 369, 372 = NJW 1978, 107 = KTS 1978, 98.
[221] AA *Bley/Mohrbutter* § 34 RdNr. 4.
[222] So auch BGHZ 69, 369, 372 = NJW 1978, 107 = KTS 1978, 98 und – für den dortigen Standpunkt inkonsequent – *Bley/Mohrbutter* § 34 RdNr. 4.
[223] Vgl. dazu schon *Fürst* ZZP 56 (1931), 381, 391; zustimmend *Uhlenbruck/Knof* § 45 RdNr. 27.
[224] So schon *Fürst* ZZP 56 (1931), 381, 391.

II. Haftung der Gesellschafter

1. Haftung nach rechtskräftiger Feststellung. Anders als im Fall von Bürgen oder Gesamtschuldnern (RdNr. 50) wirkt die zur Tabelle festgestellte Umrechnung der Forderung auch gegenüber den (nicht in der Insolvenz befindlichen[225]) persönlich haftenden Gesellschaftern der OHG bzw. den Komplementären der KG. Der zT vertretenen gegenteiligen Auffassung[226] kann nicht zugestimmt werden.[227] Maßgeblich ist insoweit wieder die Rechtskraftwirkung des Tabelleneintrags, die – nicht anders als bei einem Urteil[228] – gemäß § 129 HGB auch gegen den persönlich haftenden Gesellschafter wirkt.[229] Ist aber auf Grund der Urteilswirkung der Tabelle gegenüber der Gesellschaft (§ 201 Abs. 2) deren Einwendung, es handele sich nicht um eine inländische, ggf. kapitalisierte Geldforderung, für die Zukunft präkludiert (RdNr. 44), so gilt gleiches auch für die entsprechende Einwendung des Gesellschafters.[230] Dieser haftet also im gleichen Umfang wie die Gesellschaft für die umgerechnete und zur Tabelle festgestellte Forderung.   57

Die weitere Frage, ob der Gesellschafter alternativ auf die ursprüngliche Forderung in Anspruch genommen werden kann,[231] wird sich nach neuer Rechtslage meist nur noch für die Zeit nach Beendigung des Insolvenzverfahrens über das Vermögen der Gesellschaft stellen. Denn während des laufenden Verfahrens macht der Insolvenzverwalter die akzessorische Gesellschafterhaftung geltend (§ 93) und dieser wird jedenfalls bei den nicht auf Geld gerichteten (RdNr. 6 ff.) oder unbestimmten (RdNr. 10 ff.) Forderungen eher an der umgerechneten Geldleistung interessiert sein. Bei Fremdwährungsverbindlichkeiten (RdNr. 17 ff.) kann dies jedoch je nach Kursentwicklung anders sein.[232] Für die Frage, ob ein Rückgriff auf die ursprüngliche Forderung möglich ist, müssen die schon für die Nachhaftung des Schuldners entwickelten Grundsätze (RdNr. 44 f.) herangezogen werden. Gilt die Rechtskraft der Tabelle auch gegenüber dem Gesellschafter, muss auch er davor geschützt werden, dass der Gläubiger/Insolvenzverwalter auf seine Kosten spekuliert und ihn je nach Lage der Dinge aus der einen oder anderen Forderung in Anspruch nimmt. Ein früher über die ursprüngliche Forderung *gegen die Gesellschaft* erwirkter Titel kann daher auch dem Gesellschafter im Rahmen des § 129 HGB nicht entgegengehalten werden, weil auch der Gesellschafter keine Möglichkeit hatte, durch seinen Einfluss in der Gesellschaft eine doppelte Titulierung gegenüber der Gesellschaft zu verhindern (dazu RdNr. 45). **Für die Inanspruchnahme des Gesellschafters ist** dann nur noch **der zweite Titel maßgebend.** Anderes soll nach einer verbreiteten – allerdings nicht für die Fälle des § 45 entwickelten – Ansicht für einen vor der Feststellung *gegen den Gesellschafter* ergangenen Titel gelten. Dieser werde wegen der Personenverschiedenheit der Schuldner nicht durch den rechtskräftigen Tabelleneintrag ersetzt, sodass der Gläubiger daraus nach Abschluss des Verfahrens weiter vollstrecken könne.[233] Dafür spricht zwar ein Interesse des Gläubigers, der durch den Tabelleneintrag nur einen neuen Titel gegen die Gesellschaft, nicht aber einen solchen gegen den Gesellschafter erlangt. Andererseits würde aber der sonst von der hM anerkannte Grundsatz durchbrochen, wonach der Gesellschafter nach rechtskräftiger Feststellung zur Tabelle nur noch auf die Forderung in ihrer gemäß § 45 berechneten Gestalt haftet.[234] Es erscheint daher vorzugswürdig, bei rechtskräftiger Feststellung einer dem § 45 unterliegenden Forderung auch die Möglichkeit der Vollstreckung aus einem   58

---

[225] Befindet sich der Gesellschafter ebenfalls in der Insolvenz, findet im dortigen Insolvenzverfahren ebenfalls eine Umrechnung nach § 45 statt, wobei maßgeblicher Zeitpunkt zunächst die Eröffnung des betreffenden Verfahrens ist. Kommt es später zur rechtskräftigen Feststellung in der Gesellschaftsinsolvenz, wird allerdings dieser Betrag auch für die Gesellschafterinsolvenz maßgeblich. Er ist dies sofort, wenn man der hier in RdNr. 59 vertretenen Position folgt.

[226] *Grothe* S. 790.

[227] Wie hier BAGE 63, 260, 267 = ZIP 1990, 534, 536 = Fn. 86; HK-*Eickmann* § 45 RdNr. 14; Kuhn/*Uhlenbruck* § 69 RdNr. 5c und § 212 RdNr. 1; Jaeger/*Weber* KO § 212 RdNr. 1 (2. Absatz); *Uhlenbruck/Knof* § 45 RdNr. 28; *Wissmann* (Fn. 46), RdNr. 382 mwN.

[228] Vgl. dazu MünchKommHGB-*K. Schmidt*, 3. Aufl. 2011, § 129 RdNr. 13 mN zur Rspr.; *Baumbach/Hopt*, HGB, 34. Aufl. 2010, § 129 RdNr. 7.

[229] Jaeger/*Weber* KO § 212 RdNr. 1 (2. Absatz); *Wissmann* (Fn. 46), RdNr. 382.

[230] Vgl. dazu MünchKommHGB-*K. Schmidt*, 3. Aufl. 2011, § 129 RdNr. 13.

[231] Vgl. dazu nach bisherigem Recht Jaeger/*Weber* KO § 212 RdNr. 1 (2. Absatz) mwN; Kuhn/*Uhlenbruck* § 69 RdNr. 5c.

[232] Dies wird übersehen bei *Wissmann* (Fn. 46) RdNr. 396.

[233] LG Hannover Rpfleger 1992, 127 = NdsRpfl. 1992, 27 m. zust. Anm. *Pape* EWiR 1992, 383; *Pape* ZGR 1992, 185, 188; Kilger/*K. Schmidt* § 164 Anm. 2.

[234] Vgl. dazu Kuhn/*Uhlenbruck* § 69 RdNr. 5c; Jaeger/*Weber* KO § 212 RdNr. 1 (2. Absatz) mwN; das von der Gegenansicht für eine Inanspruchnahme aus der ursprünglichen Forderung vorgebrachte Argument eines Vertrauensschutzes des Gläubigers in Bezug auf die neben der Gesellschaft bestehende Verpflichtung des Gesellschafters (*Müller*, NJW 1968, 225, 227) hat durch Einführung des § 93 seine Bedeutung verloren (vgl. *Wissmann*, Fn. 46, RdNr. 397).

alten Titel gegen den Gesellschafter auszuschließen und den Gläubiger auf eine neue Titulierung unter Hinweis auf den Tabelleneintrag und § 129 HGB zu verweisen.[235]

59 **2. Haftung vor rechtskräftiger Feststellung.** Schon zum früheren Recht war die Frage umstritten, ob der persönlich haftende Gesellschafter auch schon vor Feststellung zur Tabelle auf die umgerechnete Forderung in Anspruch genommen werden kann.[236] Im Interesse einer zügigen Abwicklung des Insolvenzverfahrens über das Vermögen der Gesellschaft wird man dies im Hinblick auf die nun auf den Insolvenzverwalter übertragene Befugnis zur Geltendmachung der akzessorischen Haftung (§ 93) befürworten müssen.[237] Anderenfalls müsste der Verwalter der Gesellschaftsinsolvenz bis zur Feststellung warten, um die nach § 45 umgerechneten Forderungen gegen den Gesellschafter verfolgen zu können. Sollte es allerdings noch vor Feststellung der Forderungen zu einer Aufhebung des Verfahrens kommen (dazu RdNr. 37), müssen die auf die umgerechneten Forderungen schon gezahlten Beträge zurückgewährt werden.

F. Aufrechnung

60 Während eine nicht auf Geld gerichtete Forderung nach altem Recht (§ 54 Abs. 4 KO) auch zum Zwecke der Aufrechnung nach den Vorschriften der §§ 69, 70 KO (jetzt §§ 45, 46) zu berechnen war und hierdurch überhaupt erst die erforderliche Gleichartigkeit hergestellt wurde, schließt § 95 Abs. 1 Satz 2 die Anwendbarkeit des § 45 zum Zwecke der Aufrechnung aus.[238] Der Gesetzgeber der Insolvenzordnung wollte durch die Neuregelung – wie auch bei § 41 (s. dort RdNr. 40) – systemwidrige Besserstellungen einzelner Gläubiger beseitigen, weil es zu einem Widerspruch führt, wenn dem Gläubiger einer Naturalleistung die Aufrechnung gegen eine Geldforderung ermöglicht wird, obwohl der Gläubiger einer Geldforderung, der seinerseits zur Naturalleistung verpflichtet ist, im Insolvenzverfahren weder aufrechnen noch das allgemeine Zurückbehaltungsrecht des § 273 BGB durchsetzen kann.[239]

61 An dieser Rechtslage ändert sich auch durch die Feststellung der Forderung zur Tabelle nichts. Soweit hier zT eine Aufrechnungsmöglichkeit unter Hinweis auf § 95 Abs. 1 Satz 3 befürwortet wird, wenn die Gegenforderung, mit der aufgerechnet werden soll, nicht schon vorher unbedingt und fällig geworden ist,[240] kann dem nicht gefolgt werden. Denn dies würde dem gesetzgeberischen Anliegen des § 95 widersprechen, die Aufrechnung nur in denjenigen Fällen zuzulassen, in denen auch ohne Berücksichtigung des § 45 eine Aufrechnungslage bestanden hätte.[241]

Grundsätzlich eingeschränkt wird das Aufrechnungsverbot allerdings für Fremdwährungsforderungen, die gemäß § 95 Abs. 2 bei freier Konvertibilität am Zahlungsort aufgerechnet werden können. Für die Einzelheiten der Aufrechnungsmöglichkeiten wird auf die Kommentierung zu § 95 verwiesen.

§ 46 Wiederkehrende Leistungen

¹Forderungen auf wiederkehrende Leistungen, deren Betrag und Dauer bestimmt sind, sind mit dem Betrag geltend zu machen, der sich ergibt, wenn die noch ausstehenden Leistungen unter Abzug des in § 41 bezeichneten Zwischenzinses zusammengerechnet werden. ²Ist die Dauer der Leistungen unbestimmt, so gilt § 45 Satz 1 entsprechend.

A. Normzweck

1 § 46 Satz 1 ist im Verhältnis zu § 45 eine Spezialregelung für solche Forderungen auf wiederkehrende Leistungen, deren Betrag und Dauer bestimmt ist, weil in diesem Falle eine Kapitalisierung auch ohne Schätzung erfolgen kann. Die künftigen Leistungen werden nach dem auch sonst für nicht fällige Forderungen in § 41 für maßgeblich erklärten Abzinsungsgrundsatz berechnet und

---

[235] Zustimmend *Uhlenbruck/Knof* § 45 RdNr. 28.
[236] Dafür *Müller* NJW 1968, 225, 226; dagegen die hM: *Kuhn/Uhlenbruck* § 69 RdNr. 5c. und § 212 RdNr. 1; *Jaeger/Weber* KO § 212 RdNr. 1 (2. Absatz); vgl. die weiteren Nachweise bei *Wissmann* (Fn. 46), RdNr. 383.
[237] Ebenso *Uhlenbruck/Knof* § 45 RdNr. 28; unklar *Wissmann* (Fn. 46) RdNr. 395 ff. und 412, der für das Konkursverfahren jedenfalls aA ist (RdNr. 385).
[238] Vgl. dazu auch *Uhlenbruck/Knof* § 45 RdNr. 30.
[239] Vgl. Begr. zu § 107 RegE, BT-Drucks. 12/2443, S. 140 f., abgedruckt bei *Kübler/Prütting* (Fn. 1), S. 276.
[240] So *Nerlich/Römermann/Andres* § 45 RdNr. 7; *Uhlenbruck/Knof* § 45 RdNr. 30.
[241] Vgl. dazu auch § 41 RdNr. 40 mwN.

sodann addiert. Insgesamt verfolgt die Regelung – wie auch §§ 41 und 45 – die Intention, den Wert aller Forderungen auf den Zeitpunkt der Verfahrenseröffnung zu fixieren, um hierdurch eine Messbarkeit der Verfahrensrechte und eine Vergleichbarkeit der Forderungen für die spätere Verteilung des Gesamtvermögens des Schuldners zu erreichen (vgl. § 41 RdNr. 1 und § 45 RdNr. 1). Die Vorschrift enthält zwingendes Recht.[1]

B. Entstehungsgeschichte

Die aus § 53 RegE hervorgegangene Regelung entspricht in der Sache den Bestimmungen der §§ 70 KO und 35 VglO, lehnt sich vom Wortlaut her jedoch stärker an letztere Bestimmung an. Der in § 70 Satz 2 KO zusätzlich enthaltene Grundsatz, wonach der errechnete Gesamtbetrag den zum gesetzlichen Zinssatz kapitalisierten Betrag der einzelnen Hebungen nicht übersteigen darf, gilt für § 46 auch ohne ausdrückliche gesetzliche Regelung fort (RdNr. 8).

C. Anwendungsbereich

Nicht anders als § 45 (dort RdNr. 4) gilt § 46 nur für **Insolvenzforderungen,** nicht jedoch für Masseansprüche und Aussonderungsrechte. Für Absonderungsrechte gilt § 45 RdNr. 5.

Die Regelung kommt allein zur Anwendung, wenn Betrag und Dauer der wiederkehrenden Leistungen bestimmt sind. Ist die **Dauer** der Leistungen **unbestimmt,** gilt gemäß § 46 Satz 2 die Vorschrift des § 45 Satz 1 entsprechend. Hierdurch wird klargestellt, dass die zukünftigen Leistungen sofort als Kapitalbetrag auf geschätzter Grundlage (§ 45 RdNr. 11 und 26) und nicht etwa nur als aufschiebend bedingte Forderungen (dazu § 42 RdNr. 11) im Verfahren berücksichtigt werden.[2] Da es einer Schätzung aber auch dann bedarf, wenn der **Betrag** der wiederkehrenden Leistungen **unbestimmt** ist, wurde schon bisher der wortgleiche § 35 Satz 2 VglO auch auf diese Fälle angewendet.[3] Im Grunde bedarf es hier aber keiner Analogie zu § 46 Satz 2, weil § 45 Satz 1 auf unbestimmte Beträge unmittelbar Anwendung findet.[4]

Die unmittelbare bzw. in § 46 Satz 2 angeordnete entsprechende Anwendung des § 45 Satz 1 darf dabei in beiden Fällen nicht im Sinne einer Ausschließlichkeit missverstanden werden. Vielmehr führt sie zu einer **Kombination beider Vorschriften.**[5] In einem ersten Schritt ist bei unbestimmter Dauer nach Wahrscheinlichkeitsgrundsätzen die durchschnittliche Dauer zu ermitteln, bei unbestimmtem Betrag ein Durchschnittsbetrag zu schätzen. Im zweiten Schritt werden die danach berücksichtigungsfähigen Beträge nach Maßgabe des § 46 Satz 1 unter Abzug des Zwischenzinses kapitalisiert (vgl. auch § 45 RdNr. 26).

Aus der Fassung des § 46 mit dem unterschiedslosen Abzug des Zwischenzinses, insbesondere aber aus der Gesetzesgeschichte der Vorgängervorschrift § 70 KO[6] ergibt sich, dass **Ansprüche auf Abzahlung eines Kapitals** (zB die Raten eines Ratenkredites) nicht unter § 70 fallen.[7] Auf sie ist allein § 41 anwendbar, womit der Kapitalrückzahlungsanspruch gemäß § 41 Abs. 1 als fällige Forderung anzumelden ist und der Zinsanspruch gemäß § 39 Abs. 1 Satz 1 nur als nachrangige Insolvenzforderung Berücksichtigung findet.

D. Berechnung des Kapitalbetrags

Die vom Gläubiger vorzunehmende Berechnung des auf den Zeitpunkt der Verfahrenseröffnung bezogenen Kapitalanspruchs erfolgt durch Addierung der einzelnen zukünftigen Beträge, die jeweils

---

[1] RGZ 93, 209, 214 (zu § 70 KO).
[2] *Jaeger/Lent* KO § 69 Anm. 4; *Nerlich/Römermann/Andres* § 46 RdNr. 3; vgl. eingehend *Bitter* NZI 2000, 399, 400 ff.
[3] *Bley/Mohrbutter* § 35 RdNr. 1.
[4] Zutreffend *HK-Eickmann* § 46 RdNr. 3; *Jaeger/Henckel* InsO § 46 RdNr. 7.
[5] Zutreffend *Bley/Mohrbutter* § 35 RdNr. 1; *Kübler/Prütting/Bork/Holzer* § 46 RdNr. 9; zT anders *Jaeger/Lent* KO § 70 Anm. 2, der eine Kombination beider Vorschriften nur für den Fall eines unbestimmten Betrags bei bestimmter Dauer, nicht aber bei unbestimmter Dauer befürwortet. Die von ihm in Bezug genommenen Motive II, S. 291, zu §§ 62, 63 KO (später §§ 69, 70 KO), abgedruckt bei *Hahn*, Die gesamten Materialien zur Konkursordnung, 1881, S. 269 werden aber offenbar missverstanden, wenn sie sich bei unbestimmter Zeitdauer gegen eine Kapitalisierung zu einem bestimmten Zinsfuß aussprechen. Der Gesetzgeber wollte hier allein verhindern, dass immer der in § 63 Satz 2 KO (später § 70 Satz 2 KO) bestimmte Höchstbetrag (§ 46 RdNr. 8) zugrunde gelegt wird, obwohl sich bei Berücksichtigung der wahrscheinlichen Restlebensdauer auch ein geringerer Betrag ergeben kann.
[6] Motive II, S. 289 ff., zu §§ 62, 63 KO (später §§ 69, 70 KO), abgedruckt bei *Hahn* (Fn. 5), S. 268 ff.
[7] Vgl. auch *Jaeger/Henckel* InsO § 46 RdNr. 3; *Jaeger/Lent* KO § 70 Anm. 1; *Uhlenbruck/Knof* § 46 RdNr. 2.

§ 47   2. Teil. 2. Abschnitt. Insolvenzmasse. Einteilung der Gläubiger

zuvor im Hinblick auf ihre Unverzinslichkeit nach der **Hoffmann'schen Formel** (§ 41 RdNr. 21 ff.) abgezinst werden. Die vor der Eröffnung bereits angefallenen und vom Schuldner noch nicht befriedigten Leistungen werden – da fällig – nicht abgezinst, sondern dem Kapitalbetrag hinzugerechnet.[8]

8   Die Regelung in § 70 Satz 2 KO, wonach der Gesamtbetrag den zum gesetzlichen Zinssatz kapitalisierten Betrag der einzelnen Leistung nicht übersteigen darf, ist zwar in § 46 nicht übernommen worden. Der **Höchstbetrag** war jedoch schon für die parallele Vorschrift des § 35 VglO anerkannt[9] und gilt daher auch im Rahmen des § 46 fort.[10] Er trägt dem Gedanken Rechnung, dass der Gläubiger bei Zugrundelegung des gesetzlichen Zinssatzes (§ 41 Abs. 2) zur Befriedigung seiner künftigen Ansprüche niemals mehr an Kapital benötigt als denjenigen Betrag, dessen Zinsertrag der wiederkehrenden Leistung entspricht. Hat der Gläubiger beispielsweise für 40 oder mehr Jahre Anspruch auf eine Jahresrente von 4000 €, so wird bei einem gesetzlichen Zinssatz von 4 % allenfalls ein Kapitalbetrag von 100 000 € berücksichtigt.[11] Denn auf diesen Betrag würde der Gläubiger bei einem Zinssatz von 4 % jährlich 4000 € an Zinsen und damit den Betrag der Rente erhalten. Allgemein beläuft sich der Höchstbetrag bei einem gesetzlichen Zinssatz von 4 % jeweils auf das 25-fache, bei einem Zinssatz von 5 % auf das 20-fache der jährlichen wiederkehrenden Leistung. Der Umstand, dass der Gläubiger den entsprechenden Kapitalbetrag tatsächlich nicht zum Zeitpunkt der Verfahrenseröffnung und auch nur in Höhe der Insolvenzquote ausgezahlt bekommt, ist Folge der insolvenzbedingten Kürzung aller Ansprüche und steht daher der Anwendung des früheren § 70 Satz 2 KO im Rahmen des § 46 nicht entgegen.

9   Wegen der Einzelheiten der Umrechnung kann auf die Kommentierung zu § 45 verwiesen werden, insbesondere zur Frage der Berücksichtigung späterer Entwicklungen (zB Tod des Anspruchsberechtigten) vor oder nach Feststellung des Kapitalbetrags zur Tabelle (§ 45 RdNr. 32 ff.), zur Wirkung der Umrechnung über das Insolvenzverfahren hinaus (§ 45 RdNr. 36 ff.), zur Wirkung der Umrechnung gegenüber Dritten (§ 45 RdNr. 50 ff.) sowie zur Aufrechnungsmöglichkeit mit Gegenforderungen des Schuldners (§ 45 RdNr. 61).

§ 47 Aussonderung

¹**Wer auf Grund eines dinglichen oder persönlichen Rechts geltend machen kann, daß ein Gegenstand nicht zur Insolvenzmasse gehört, ist kein Insolvenzgläubiger.** ²**Sein Anspruch auf Aussonderung des Gegenstands bestimmt sich nach den Gesetzen, die außerhalb des Insolvenzverfahrens gelten.**

   Schrifttum: *Achsnick,* Die doppelnützige Treuhand in der Sanierung, 2010; *Achsnick/Krüger,* Factoring in Krise und Insolvenz, 2008; *Adolphsen,* Die Rechtsstellung dinglich gesicherter Gläubiger in der Insolvenzordnung, in: Kölner Schrift zur Insolvenzordnung, 3. Aufl., 2009, Kap. 41; *Altmeppen,* Das neue Recht der Gesellschafterdarlehen in der Praxis, NJW 2008, 3601 ff.; *Andersen/Freihalter* (Hrsg.), Aus- und Absonderungsrechte in der Insolvenz, 1999; *Andres/Hees,* Weiterveräußerung von Vorbehaltsware im Insolvenzeröffnungsverfahren trotz Erlaubnis (§ 21 II 1 Nr. 5 InsO), NZI 2011, 881 ff.; *Barnert,* Insolvenzspezifische Pflichten des Insolvenzverwalters gegenüber Aussonderungsberechtigten, KTS 2005, 431 ff.; *Baumbach/Hopt,* Handelsgesetzbuch, 34. Aufl. 2010; *Beck,* Du musst fortführen – Darfst Du auch bezahlen?, FS für Runkel, 2009, Sonderdruck; *Berger,* Erweiterter Eigentumsvorbehalt und Freigabe von Sicherheiten, ZIP 2004, 1073 ff.; *ders.,* Zur Aussonderung aufgrund obligatorischer Herausgabeansprüche, in: Verschuldung – Haftung – Vollstreckung – Insolvenz, FS Gerhart Kreft, 2004, S. 191 ff.; *ders.,* Barkaution des Mieters in Zwangsverwaltung und Insolvenz, ZfIR 2010, 221 ff.; *Berges,* Erster Bericht der Kommission für Insolvenzrecht, BB 1986, 753 ff.; *Bien,* Die Insolvenzfestigkeit von Leasingverträgen nach § 108 Abs. 1 Satz 2 InsO, ZIP 1998, 1017 ff.; *Bitter,* Rechtsträgerschaft für fremde Rechnung, 2006; *ders.,* Die Nutzungsüberlassung in der Insolvenz nach dem MoMiG (§ 135 Abs. 3 MoMiG), ZIP 2010, 1 f.; *ders.,* Die Doppeltreuhand in der Insolvenz, FS Ganter, 2010, S. 101 ff.; *Bode/Bergt/Obenberger,* Doppelseitige Treuhand als Instrument der privatrechtlichen Insolvenzsicherung im Bereich der betrieblichen Altersversorgung, DB 2000, 1864 ff.; *Bohlen,* Der Sicherheitenpool, 1984; *Borchers,* Über die Behandlung der mit der Aussonderung im Konkursverfahren verbundenen Kosten und die Verpflichtung zu deren Zahlung, KTS 1972, 237 ff.; *Bork,* Die Doppeltreuhand in der Insolvenz, NZI 1999, 337 ff.; *Braun/Riggert,* Die doppelseitige Treuhand als Sanierungsinstrument, FS Görg, 2010, S. 95 ff.; *Brink,* Rechtsprobleme des Factors in der Insolvenz seines Kunden, ZIP 1987, 817 ff.; *Brox,* Die Folgen der Nichtigkeit des § 45 KO, FamRZ 1968, 406 ff.; *Bruns,* Die Dogmatik rechtsgeschäftlicher Abtretungsverbote im Lichte des § 354a HGB und der UNIDROIT Factoringkonvention, WM 2000, 505 ff.; *Budde,* Die doppelnützige Treuhand in der Restrukturierungspraxis, ZInsO 2011,

---

   [8] RGZ 170, 276, 279; *Bley/Mohrbutter* § 35 RdNr. 2; *Jaeger/Henckel* InsO § 46 RdNr. 3.
   [9] *Bley/Mohrbutter* § 35 RdNr. 2; *Kilger/K. Schmidt* § 35 VglO Anm. 1.
   [10] Ebenso HK-*Eickmann* § 46 RdNr. 5; *Uhlenbruck/Knof* § 46 RdNr. 9; *Hess* § 46 RdNr. 9; *Jaeger/Henckel* InsO § 46 RdNr. 6.
   [11] Vgl. auch die Beispiele bei *Jaeger/Lent* KO § 70 Anm. 2; *Kuhn/Uhlenbruck* § 70 RdNr. 1.

1369 ff.; *Budde/Förster,* D-Markbilanzgesetz, 1990; *Büchler,* Aussonderungsstopp im Insolvenzeröffnungsverfahren und insolvenzrechtliche Einordnung des laufenden Nutzungsentgelts, ZInsO 2008, 719 ff.; *ders.,* Künftige Aussonderungsrechte im Insolvenzeröffnungsverfahren, InsVZ 2010, 283 ff.; *Bülow,* Recht der Kreditsicherheiten 5. Aufl. 1999 (zit.: Kreditsicherheiten); *ders.,* Der erweiterte Eigentumsvorbehalt nach der Insolvenzrechtsreform, DB 1999, 2196 ff.; *ders.,* Der Eigentumsvorbehalt als Treuhandgeschäft, WM 2007, 429 ff.; *Bultmann,* Aussonderung von Daten in der Insolvenz, ZInsO 2011, 992 ff.; *Burgermeister,* Der Sicherheitenpool im Insolvenzrecht, 2. Aufl. 1996; *Canaris,* Bankvertragsrecht, 2. Aufl. 1981; *ders.,* Handelsrecht, 22. Aufl. 1995; *ders.,* Inhaberschaft und Verfügungsbefugnis bei Bankkonten, NJW 1973, 825 ff.; *ders.,* Die Verdinglichung obligatorischer Rechte, FS Flume, 1978, 371 ff.; *ders.,* Die Rechtsfolgen rechtsgeschäftlicher Abtretungsverbote, FS Serick, 1992, S. 9 ff.; *ders.,* Grundprobleme des Finanzierungsleasing im Lichte des Verbraucherkreditgesetzes, ZIP 1993, 401 ff.; *Claussen,* Bank- und Börsenrecht 3. Aufl. 2003; *Coing,* Die Treuhand kraft privaten Rechtsgeschäfts 1973; *Dahl,* Die Mietkaution in der Insolvenz, FS Görg, 2010, S. 119 ff.; *Drobnig,* Die Kreditsicherheiten im Vorschlag der Insolvenzrechtskommission, ZGR 1986, 252 ff.; *Eckardt,* Anfechtung und Aussonderung, KTS 2005, 15 ff.; *Eckert,* Miete, Pacht und Leasing im neuen Insolvenzrecht, ZIP 1996, 897 ff.; *Elz,* Verarbeitungsklauseln in der Insolvenz des Vorbehaltskäufers – Aussonderung oder Absonderung?, ZInsO 2000, 478 ff.; *Fehl,* Leasing und Konkurs, BB Sonderbeilage 1989/10; *ders.,* Leasing in der Insolvenz, DZWiR 1999, 89 ff.; *Fischer/Thoms-Meyer,* Privatrechtlicher Insolvenzschutz für Arbeitnehmeransprüche aus deferred compensation, DB 2000, 1861 ff.; *Fleckner,* Insolvenzrechtliche Risiken bei Asset Backed Securities, ZIP 2004, 585 ff.; *Flitsch,* Die Vereinbarungstreuhand in der Insolvenz des Treuhänders, FS Jobst Wellensiek, 2011, S. 383 ff.; *Flume,* Der verlängerte und erweiterte Eigentumsvorbehalt, NJW 1950, 841 ff.; *ders.,* Zur Problematik des verlängerten Eigentumsvorbehalts, NJW 1959, 913 ff.; *Franke,* Eigentumsvorbehalt und Ersatzaussonderung, KTS 1957, 139 ff.; *Fridgen,* Zum Aussonderungsrecht bei der fremdnützigen Verwaltungstreuhand, ZInsO 2004, 530 ff.; *Ganter,* Kreditsicherung – Allgemeines (§ 90), in: Schimansky/Bunte/Lwowski, Bankrechts-Handbuch, 4. Aufl. 2011 ff.; *ders.,* Die Rechtsprechung des Bundesgerichtshofs zu Treuhandkonten in der Insolvenz des Treuhänders, in: Verschuldung – Haftung – Vollstreckung – Insolvenz, FS Gerhart Kreft, 2004, S. 191 ff.; *ders.,* Sicherungsmaßnahmen gegenüber Aus- und Absonderungsberechtigten im Insolvenzeröffnungsverfahren, NZI 2007, 549 ff.; *ders.,* Die Verwertung von Gegenständen mit Absonderungsrechten im Lichte der Rechtsprechung des IX. Zivilsenats des BGH, ZInsO 2007, 841 ff.; *ders.,* Der Surrogationsgedanke bei der Aus- und Absonderung, NZI 2008, 583 ff.; *ders.,* Betriebsfortführung durch den vorläufigen Verwalter trotz Globalzession, NZI 2010, 551 ff.; *ders.,* Patentlizenzen in der Insolvenz des Lizenzgebers, NZI 2011, 833 ff.; *Gaul,* Verwertungsbefugnis des Insolvenzverwalters bei Mobilien trotz Sicherungsübereignung und Eigentumsvorbehalt, ZInsO 2000, 256 ff.; *Gehrlein,* Eigentumsrechte nach einer Geldvermengung, NJW 2010, 3543 ff.; *Gernhuber,* Die fiduziarische Treuhand, JuS 1988, 355 ff.; *ders.,* Oder-Konten von Ehegatten, WM 1997, 645 ff.; *Glomb,* Finanzierung durch Factoring, 1969; *Gottwald,* Die Rechtsstellung dinglich gesicherter Gläubiger, in: Leipold, Insolvenzrecht im Umbruch, 1991, 197 ff.; *ders.,* Der verlängerte Eigentumsvorbehalt in der Käuferinsolvenz, FS Gero Fischer, 2008, S. 183 ff.; *Gottwald/Adolphsen,* in: Gottwald, Insolvenzrechts-Handbuch 4. Aufl., 2010 §§ 39 bis 44; *Gravenhorst,* Eigentumsvorbehalt = Sicherungsübereignung?, JZ 1971, 494 ff.; *Gundlach,* Die Grenzen der Weiterveräußerungs- und der Einziehungsermächtigung, KTS 2000, 307 ff.; *ders.,* Die haftungsrechtliche Bedeutung der Versicherung für fremde Rechnung in der Insolvenz des Versicherungsnehmers, DZWIR 2000, 309 ff.; *Gundlach/Frenzel/Schmidt,* Die Anwendbarkeit des § 392 Abs. 2 HGB auf das aus dem Ausführungsgeschäft Erlangte in der Insolvenz des Kommissionärs, DZWIR 2000, 449 ff.; *dies.,* Die Vereinbarung eines Kostenbeitrags zugunsten der Masse zwischen Vorbehaltsverkäufer und Insolvenzverwalter, DZWIR 2001, 277 ff.; *dies.,* Die Zulässigkeit des Sicherheiten-Poolvertrags in der Insolvenzverfahren, NZI 2003, 142 ff.; *Haarmeyer,* Die vergütungsrechtliche Berücksichtigung von Ab- und Aussonderungsrechten nach der InsVV, ZInsO 1999, 488 ff.; *Hadding/van Look,* Vertraglicher Abtretungsausschluß, WM Sonderbeilage 1988/7; *Häde,* Die Behandlung von Geldzeichen in Zwangsvollstreckung und Konkurs, KTS 1991, 365 ff.; *Häsemeyer,* Das funktionelle Synallagma im Konkurs- und Vergleichsverfahren, KTS 1973, 2 ff.; *ders.,* Vorbehaltskauf und Finanzierungsleasing im geltenden und künftigen Insolvenzrecht, FS Serick, 1992, S. 153 ff.; *Hage/Lind,* Zur Qualifizierung der an den Aussonderungsberechtigten aufgewandten Ausbaukosten als Masseverbindlichkeit, ZInsO 2011, 2264 ff.; *Hagenmüller/Sommer/Brink,* Handbuch des nationalen und internationalen Factoring, 3. Aufl. 1997 (abgek.: Factoring-Handbuch); *Heeseler/Rossel,* Zentralregulierung in der Insolvenz, WM 2003, 2360 ff.; *Heidland,* Insolvenzrechtliche Probleme beim Factoring, KTS 1970, 165 ff.; *Heinsius,* Der Sicherheitstreuhänder im Konkurs, FS Henckel, 1995, 387 ff.; *Heinsius/Horn/Than,* Depotgesetz 1975; *Henckel,* Die letzten Vorrechte im Insolvenzverfahren, FS Uhlenbruck, 2000, S. 19 ff.; *ders.,* Pflichten des Konkursverwalters gegenüber Aus- und Absonderungsberechtigten, 1979; *ders.,* Aktuelle Probleme der Warenlieferanten beim Kundenkonkurs, 2. Aufl. 1984; *ders.,* Zur Dogmatik der besitzlosen Mobiliarsicherheiten, FS Zeuner, 1994, 193 ff.; *Henssler,* Treuhandgeschäft – Dogmatik und Wirklichkeit, AcP 196 (1996), 37 ff.; *Heublein,* Die Ausgleichsansprüche des Aussonderungsberechtigten bei Anordnung von Sicherungsmaßnahmen nach § 21 Abs. 2 Satz 1 Nr. 5 InsO, ZIP 2009, 11 ff.; *Hiecke/Vonverk,* Das eingeschränkt unwiderrufliche Bezugsrecht in der Insolvenz des Arbeitgebers, DZWIR 2005, 448 ff.; *Hilgers,* Besitzlose Mobiliarsicherheiten im Absonderungsverfahren unter besonderer Berücksichtigung der Verwertungsprobleme, 1994; *Hinkel/Flitsch,* Absonderungsrecht des Versicherten an dem Leistungsanspruch aus einer Lebensversicherung im Rahmen der Insolvenz des Arbeitgebers bei einem eingeschränkt unwiderruflichen Bezugsrecht? InVo 2005, 1 ff.; *Hinkel/Laskos,* Das eingeschränkt unwiderrufliche Bezugsrecht in der Insolvenz des Arbeitgebers, ZInsO 2006, 1253 ff.; *Hödl,* Der Lieferantenpool, 2010; *Huber,* Die Stellung des Abnehmers im Konkurs des Lieferanten beim Kauf unter Eigentumsvorbehalt, BB 1964, 731 ff.; *M. Huber,* Rücktrittsrecht des Vorbehaltsverkäufers in der Insolvenz des Vorbehaltskäufers, NZI 2004, 57 ff.; *ders.,* Insolvenz des Vorbehaltskäufers, FS Hans-Joachim Musielak, 2004, S. 267 ff.; *Jonek,* Der Lieferantenpool im Insolvenzverfahren, FS Jobst Wellensiek, 2011, S. 415 ff.; *Kalt,* Die Vorausabtretung von Leasingraten und die Verfügung über den Leasinggegenstand beim Mobilien-Leasing im Lichte der Insolvenzordnung, Beilage 8 zu BB 1996 Heft 18; *Kayser,* Die Lebensversicherung im Spannungsfeld der Interessen von Insolvenzmasse, Bezugsberechtigten und Sicherungsnehmer – eine Zwischenbilanz, in:

Verschuldung – Haftung – Vollstreckung – Insolvenz, FS Gerhart Kreft, 2004, S. 341 ff., Zweitveröffentlichung in ZInsO 2004, 1321 ff.; *ders.*, Die Lebensversicherung in der Insolvenz des Arbeitgebers, 2006 (zit.: Die Lebensversicherung); *Kießling*, Entgeltfinanzierte Direktversicherungen in der Insolvenz des Arbeitgebers, NZI 2008, 469 ff.; *Kirchhof*, Leitfaden zum Insolvenzrecht, 2. Aufl., 2000; *ders.*, Die mehrseitige Treuhand in der Insolvenz, in: Verschuldung – Haftung – Vollstreckung – Insolvenz, FS Gerhart Kreft, 2004, S. 359 ff.; *ders.*, Probleme bei der Einbeziehung von Aussonderungsrechten in das Insolvenzeröffnungsverfahren, ZInsO 2007, 227 ff.; *Klinck*, Refinanziertes Mobilienleasing in der Insolvenz des Leasinggebers, KTS 2007, 37 ff.; *Klose*, Der Eigentumsvorbehalt nach der Schuldrechtsmodernisierung, ZInsO 2009, 1792 ff.; *Kreft*, Treuhandkonto und Geschäftsfortführung bei Insolvenz, FS für Merz, 1992, S. 313 ff.; *ders.*, Die Wende in der Rechtsprechung zu § 17 KO, ZIP 1997, 865 ff.; *ders.*, Teilbare Leistungen nach § 105 InsO (unter besonderer Berücksichtigung des Bauvertragsrechts), FS Uhlenbruck 2000, S. 387 ff.; *Krull*, Globalzession, Erfüllungsverlangen und vorkonkursliche Teilleistung, InVo 1998, 180 ff.; *Kuhn*, Die Rechtsprechung des BGH zum Insolvenzrecht, WM 1964, 998 ff.; *ders.*, Der Eigentumsvorbehalt im Konkurs, WM 1972, 206 ff.; *Kümpel*, Einführung in das Effektengeschäft/Ausführung von Effektenorder (§ 104), in: Schimansky/Bunte/Lwowski, Bankrechts-Handbuch, 2. Aufl. 2001; *ders.*, in: Assmann/Schütze, Handbuch des Kapitalanlagerechts, 2. Aufl. 1997, § 13 – Abwicklung der Effektengeschäfte; *Kupka*, Die Behandlung von Vorbehaltskäufen nach der Insolvenzrechtsreform, InVo 2003, 213 ff.; *Graf Lambsdorff*, Der Eigentumsvorbehalt bei Kollision von Verkaufs- und Einkaufsbedingungen, ZIP 1987, 1370 ff.; *ders.*, Handbuch des Eigentumsvorbehalts im deutschen und ausländischen Recht, 1974; *Landfermann*, Die Rechtsstellung der dinglich gesicherten Gläubiger im künftigen Insolvenzverfahren, KTS 1987, 381 ff.; *ders.*, Sanierungsförderung und Gesamtvollstreckung, ZIP 1991, 826 ff.; *Lange*, Treuhandkonten in Zwangsvollstreckung und Insolvenz, NJW 2007, 2513 ff.; *Lehr*, Eigentumsvorbehalt als Sicherungsmittel im Exportgeschäft, RIW 2000, 747 ff.; *Lieb*, Das Leitbild des Finanzierungs-Leasing im Spannungsfeld von Vertragsfreiheit und Inhaltskontrolle, DB 1988, 946 ff.; *Liebich/Matheus*, Treuhand und Treuhänder in Recht und Wirtschaft, 2. Aufl. 1983; *Livonius*, § 108 Abs. 1 Satz 2 InsO und seine Anwendbarkeit bei Mietverträgen, ZInsO 1998, 111 ff.; *Lohmann*, Unbewegliche Gegenstände in der Insolvenz des Vermieters, FS Gero Fischer, 2008, S. 333 ff.; *de Lousanoff*, Die Wirksamkeit des Eigentumsvorbehaltes bei kollidierenden Allgemeinen Geschäftsbedingungen, NJW 1982, 1727 ff.; *Lunckenbein*, Rechtsprobleme des Factoring-Vertrages, Diss. München 1983; *Lwowski*, Das Recht der Kreditsicherung 8. Aufl. (7. Aufl. siehe *Scholz/Lwowski*; 9. Aufl. siehe *Lwowski/Fischer/Langenbucher*); *ders.*, Regreßloser Ankauf von Leasingforderungen durch Banken, ZIP 1983, 900 ff.; *Lwowski/Fischer/Langenbucher*, Das Recht der Kreditsicherung 9. Aufl.; *Lwowski/Tetzlaff*, Zivilrechtliche Umwelthaftung und Insolvenz, WM 1998, 1509 ff.; *dies.*, Umweltrisiken und Altlasten in der Insolvenz 2002; *dies.*, Umweltaltlasten in der Insolvenz und gesicherte Gläubiger, WM 2005, 921 ff.; *dies.*, Verwertung von Absonderungsgut im Besitz des Insolvenzverwalters, FS Gero Fischer, 2008, S. 365 ff.; *Marotzke*, Gegenseitige Verträge in neuen Insolvenzrecht, 2. Aufl. 1998; *ders.*, Der Einfluß des Konkurses auf vor Verfahrenseröffnung getätigte Vorauszessionen, KTS 1979, 40 ff.; *ders.*, Zur Behandlung der „schwebenden Rechtsgeschäfte", in: Leipold, Insolvenzrecht im Umbruch, 1991, S. 183 ff.; *ders.*, Der Eigentumsvorbehalt im neuen Insolvenzrecht, JZ 1995, 803 ff.; *ders.*, Die dinglichen Sicherheiten im neuen Insolvenzrecht, ZZP 109 (1996), 429 ff.; *ders.*, BGB und InsO: zwei neue Leistungsstörungsrechte im Widerstreit, KTS 2002, 1 ff.; *Martinek*, Poolverträge (§ 97), in: Schimansky/Bunte/Lwowski, Bankrechts-Handbuch, 4. Aufl. 2011; *dies.*, Das Leasinggeschäft (§ 101), ebenda; *dies.*, Das Factoringgeschäft (§ 102), ebenda; *Michalski/Ruess*, Rechtsfolgen der Insolvenz des Leasinggebers bei im Wege des Factoring veräußerten Leasingforderungen, NZI 2000, 250 ff.; *Mitlehner*, Mobiliarsicherheiten im Insolvenzverfahren, 3. Aufl. 2012; *Mohrbutter/Ringstmeier*, Handbuch der Insolvenzverwaltung, 8. Aufl. 2007; *Niesert*, Das Recht der Aus- und Absonderung nach der neuen Insolvenzordnung, InVo 1998, 85 ff., 141 ff.; *Niesert/Kairies*, Aus- und Absonderung von Internet-Domains in der Insolvenz, ZInsO 2002, 510 ff.; *Obermüller*, Bestellung von Kreditsicherheiten an einen Treuhänder, DB 1973, 1833 ff.; *ders.*, Insolvenzrecht in der Bankpraxis 8. Aufl. 2011; *ders.*, Der umgekehrte Konzernvorbehalt, FS Schimansky, 1999, S. 457 ff.; *ders.*, Insolvenzrechtliche Fragen bei der Verbriefung von Bankforderungen, in: Verschuldung – Haftung – Vollstreckung – Insolvenz, FS Gerhart Kreft, 2004, S. 427 ff.; *Obermüller/Livonius*, Auswirkungen der Insolvenzrechtsreform auf das Leasinggeschäft, DB 1995, 27 ff.; *von Olshausen*, Konkursrechtliche Probleme um den neuen § 354a HGB, ZIP 1995, 1950 ff.; *G. Pape*, Zweifelsfragen der Ausweitung von Sicherungsanordnungen nach § 21 Abs. 2 Nr. 5 InsO auf aussonderungsberechtigte Gläubiger, FS Gero Fischer, 2008, S. 427 ff.; *Peters*, Pool-Verträge in der Unternehmenskrise, ZIP 2000, 2238 ff.; *Peters/Schmidt-Burgk*, Das Leasinggeschäft, 3. Aufl. 2011 (Sonderdruck aus BuB); *Peters/Wiechmann*, Verlängerter Eigentumsvorbehalt und Abtretungsermächtigung beim echten Factoring, ZIP 1982, 1406 ff.; *Pottschmidt/Rohr*, Kreditsicherungsrecht, 4. Aufl. 1992; *Reinicke/Tiedtke*, Die Bedeutung von Poolvereinbarungen im Konkursverfahren, WM 1979, 186 ff.; *dies.*, Insolvenzrisiko im Finanzierungsleasing, DB 1986, 575 ff.; *dies.*, Kaufrecht 6. Aufl. 1997; *dies.*, Kreditsicherung, 4. Aufl. 2000; *Reuter*, Wie insolvenzfest sind Sicherheiten bei konsortialen (Projekt-)Finanzierungen und deren Refinanzierung?, NZI 2010, 167 ff.; *Riggert*, Der Lieferantenpool im neuen Insolvenzrecht, NZI 2000, 525 ff.; *von Rom*, Die Aussonderungs- und Drittwiderspruchsrechte der Treugeber bei der doppelseitigen Sicherheitentreuhand, WM 2008, 813 ff.; *Rümker*, Die kreditwirtschaftlichen Aspekte der neuen Insolvenzordnung, in: Kübler, Neuordnung des Insolvenzrechts S. 135 ff.; *Rugullis*, Der Zahlungsrückstand des Vorbehaltskäufers in der Insolvenz des Verkäufers, KTS 2005, 459 ff.; *Runkel*, Praktische und rechtliche Probleme der Eigentumsvorbehaltslieferanten in der Insolvenz, in: Insolvenzrecht im Wandel der Zeit, FS Hans-Peter Kirchhof, 2003, S. 455 ff.; *Sack/Kühn*, Aus- und Ersatzaussonderungsansprüche nach §§ 47, 48 InsO im Insolvenzfall HEROS, FS Görg, 2010, S. 413 ff.; *Schaarschmidt* (Hrsg.), Die Sparkassenkredite 8. Aufl. 1991; *Schlegelberger*/(Bearb.), Handelsgesetzbuch 5. Aufl. 1973 ff.; *Schmid-Burgk/Ditz*, Die Refinanzierung beim Leasing nach der Insolvenzrechtsreform, ZIP 1996, 1123 ff.; *K. Schmidt*, Unterlassungsanspruch, Unterlassungsklage und deliktischer Ersatzanspruch im Konkurs, ZZP 90 (1977), 38 ff.; *ders.*, Gutgläubiger Eigentumserwerb trotz Abtretungsverbots in AGB – Zur Bedeutung des § 354a HGB für die Praxis zu § 366 HGB, NJW 1999, 400 f.; *ders.*, Zur Rechtsfolgenseite des § 354a HGB, FS Herbert Schimansky, 1999, S. 503 ff.; *ders.*, Das Rätsel Treuhandkonto – Gedanken über „Unmittelbarkeit", „Mittelherkunft" und „Offenkundigkeit" als Kriterien der Verwaltungstreuhand, in: Norm

Aussonderung § 47

und Wirkung, FS Wolfgang Wiegand 2005 S. 933 ff.; *ders.*, Handelsrecht, 5. Aufl. 1999; *Scholz/Lwowski*, Das Recht der Kreditsicherung 7. Aufl. 1994; *Schröter/Graf von Westphalen*, Sicherheiten-Poolverträge der Banken und Warenlieferanten, 1986; *Schulz*, Das Konsignationslager in der Insolvenz – eine Alternative zum Eigentumsvorbehalt?, ZInsO 2003, 979 ff.; *Seifert*, Leasing in der neuen Insolvenzordnung, FLF 1995, 13 ff.; *Serick*, Verarbeitungsklauseln im Wirkungskreis des Konkursverfahrens, ZIP 1982, 507 ff.; *ders.*, Aussonderung, Absonderung und Sicherungstreuhand in einer – abgebrochenen – Bilanz, in: 50 Jahre Bundesgerichtshof, Festgabe aus der Wissenschaft, 2000, Bd. III S. 743 ff.; *ders.*, Bemerkungen zu formularmäßig verbundenen Verlängerungs- und Erweiterungsformen beim Eigentumsvorbehalt und der Sicherungsübertragung, BB 1971, 2 ff.; *ders.*, Erweiterter Eigentumsvorbehalt und Kontokorrentvorbehalt im Konkurs des Vorbehaltskäufers, BB 1978, 1477 ff.; *ders.*, Eigentumsvorbehalt und Sicherungsübertragung, Bd. I–VI, 1963–1986 (zit. *Serick* I, II usw.); *Sinz*, Leasing und Factoring im Insolvenzverfahren, in: Kölner Schrift zur Insolvenzordnung, 3. Aufl., 2009, 403 ff.; *Smid*, Probleme der Verwertungsbefugnis des Insolvenzverwalters am Absonderungsgut, WM 1999, 1141 ff.; *ders.*, Lieferantenpools im neuen Insolvenzrecht, NZI 2000, 505 ff.; *ders.*, Kreditsicherheiten in der Insolvenz, 2. Aufl. 2008 (zit.: Kreditsicherheiten); *ders.*, Behauptungs- und Beweislast im Prozess des Gläubigers auf abgesonderte Befriedigung gegen den Insolvenzverwalter, ZInsO 2010, 1829 ff.; *ders.*, Vom konkursprozessualen Prioritätsprozess zur Berücksichtigung von Absonderungsrechten im Insolvenzverfahren, FS Ganter, 2010, S. 361 ff.; *Steder*, Einzelzwangsvollstreckung im Konkurs, ZIP 1996, 1072 ff.; *Stockhausen/Janssen*, Die (doppelnützige) Treuhand als Instrument in der Krise, FS Görg, 2010, S. 491 ff.; *Stracke*, Das Aus- oder Absonderungsrecht des Vorbehaltseigentümers im Konkurs des Vorbehaltskäufers, KTS 1973, 102 ff.; *Stürner*, Aktuelle Probleme des Konkursrechts, ZZP 94 (1981), 263 ff.; *ders.*, Der vollstreckungs- und insolvenzrechtliche Schutz der Konsortialbank bei treuhänderisch gehaltenen Grundschulden des Konsortialführers, KTS 2004, 259 ff.; *Tetzlaff*, Verschiedene Möglichkeiten für die Auflösung einer Kollision zwischen Eigentumsvorbehalt und Globalzession, ZInsO 2009, 1092 ff.; *Thamm*, Der Eigentumsvorbehalt im deutschen Recht 4. Aufl. 1976; *Thürmann*, Direktversicherungsverträge im Rahmen der betrieblichen Altersversorgung und Konkurs des Arbeitgebers, BB 1985, 1269 ff.; *Tintelnot*, Die gegenseitigen Verträge im neuen Insolvenzverfahren, ZIP 1995, 616 ff.; *Uhlenbruck*, Das Verbot der Einzelzwangsvollstreckung im Insolvenzverfahren, InVo 1996, 85 ff.; *Uhlenbruck/Sinz*, Die Forfaitierung von Leasingforderungen im Konkurs des Leasinggebers, WM 1989, 1113 ff.; *Vallender*, Einzelzwangsvollstreckung im neuen Insolvenzrecht, ZIP 1997, 1993 ff.; *Wagner*, Materiell-rechtliche und prozessuale Probleme des § 354a HGB, WM Sonderbeilage Nr. 1/1996; *Walz*, Die Stellung des Leasingnehmers beim Finanzleasing beweglicher Anlagegüter in sachen-, vollstreckungs- und konkursrechtlicher Hinsicht, WM Sonderbeilage 1985/10; *Hj. Weber*, Kreditsicherheiten 4. Aufl. 1994; *Wellensiek*, Die Aufgaben des Insolvenzverwalters nach der Insolvenzordnung, in: Kölner Schrift zur InsO 3. Aufl., 2009, S. 208 ff.; *Graf von Westphalen*, Leasing und Konkurs, BB 1988, 218 ff.; *ders.*, Der Leasingvertrag, 3. Aufl. 1987; *Wolf/Eckert/Ball*, Handbuch des gewerblichen Miet-, Pacht- und Leasingrechts, 10. Aufl. 2009; *Zahn*, Der Leasingvertrag über Mobilien in der Insolvenz des Leasinggebers nach der Novellierung der InsO, DB 1996, 1393 ff.; *ders.*, Das Sicherungseigentum der Bank in der Insolvenz der Leasinggesellschaft, ZIP 2007, 365 ff.; *Zimmermann*, Probleme bei Direktversicherungen im Rahmen eines Gruppenversicherungsvertrages im Konkursverfahren, gerichtlichen Vergleichsverfahren und bei Betriebsübergang, VersR 1988, 885 ff.

Übersicht

	Rn.		Rn.
A. Einleitung	1–2a	2. Bestimmtheit	32, 33
B. Normzweck	3, 4	**II. Nichtzugehörigkeit zum Vermögen des Schuldners**	34
C. Begriff und Wesen der Aussonderung	5–14	**III. Zugehörigkeit zur Masse**	35–35a
I. Begriff	5–10	1. Veränderungen der Masse während des Verfahrens	35
II. Verhältnis der Aussonderung zur Absonderung	11–13	2. Massebefangenheit	35a
III. Zwingendes Recht	14	**E. Aussonderungsberechtigung**	36–436a
D. Der Gegenstand der Aussonderung	15–35a	I. Dingliche Aussonderungsberechtigung	37–339
I. Aussonderungsfähige Gegenstände	15–33	1. Eigentum an Sachen	37–53
1. Art der Gegenstände	16–31a	a) Alleineigentum	37–44
a) Bewegliche Sachen	17, 18	b) Miteigentum	45–50
b) Geld	19	c) Gesamthänderisch gebundenes Eigentum	51, 52
c) Unbewegliche Sachen	20	d) Sicherungseigentum	53
d) Wesentliche Bestandteile (§ 93 BGB)	21–25	2. Eigentumsvorbehalt	54–203a
		a) Einfacher Eigentumsvorbehalt	54–86
		b) Erweiterter Eigentumsvorbehalt	87–96
e) Scheinbestandteile	26, 27	c) Abgeleiteter Eigentumsvorbehalt	96a–96b
f) Zubehör	28, 29	d) Weitergeleiteter Eigentumsvorbehalt	97–100
g) Rechte	30		
h) Surrogate	31	e) Nachgeschalteter Eigentumsvorbehalt	101–104
i) Daten	31a		

		Rn.
f)	Verlängerter Eigentumsvorbehalt	105–169
g)	Sicherungskonflikte	170–188
h)	Beteiligung von Vorbehaltsverkäufern an Poolvereinbarungen	189–203a
3. Inhaberschaft an Forderungen		204–217
a)	Zession	205–215
b)	Vertrag zugunsten Dritter (§ 328 BGB)	216
c)	Sicherungszession	217
4. Finanzierungsleasing		218–256
a)	Begriff	218–221
b)	Finanzierungsleasing in der Insolvenzrechtsreform	222
c)	Insolvenz des Leasingnehmers	223–238
d)	Insolvenz des Leasinggebers	239–253
e)	Insolvenz des Lieferanten	254
f)	Wirksamkeit abweichender Vereinbarungen	255
g)	Anwendbarkeit des § 108 Abs. 1 Satz 2 auf Mietverträge	256
5. Factoring		257–285
a)	Begriff	257–259
b)	Verfahren	260
c)	Factoring in der Insolvenzrechtsreform	261
d)	Insolvenz des Klienten	262–273
e)	Insolvenz des Factors	274–283
f)	Sicherung gegen den Verlust der angekauften Forderungen	284, 285
6. Verträge für fremde Rechnung		286–322c
a)	Mittelbare Stellvertretung	286
b)	Kommissionsgeschäfte	287–299
c)	Transportgeschäfte	299a
d)	Effektengeschäfte	300–310
e)	Versicherung für fremde Rechnung	311–322c
7. Aneignungs- und Wegnahmerechte		323–325
8. Besitz		326–327a
9. Begrenzte dingliche Rechte		328–332
10. Vormerkungsgesicherte Ansprüche		333
11. Grundbuchberichtigungsanspruch		334
12. Erbschaftsanspruch		335, 336
13. Aussonderung durch den Erben in der Insolvenz des vorläufigen Erben und des Vorerben		337, 338
14. Gewerbliche Schutzrechte, Urheberrecht, Persönlichkeitsrechte		339
II. Schuldrechtliche Aussonderungsberechtigung		340–436a
1. Obligatorische Herausgabeansprüche		341–345
2. Anfechtungsrechtliche Rückgewähransprüche		346
3. Verschaffungsansprüche		347–351
a)	Positiverklärung	348
b)	Anhalterecht nach Art. 71 Abs. 2 CISG	349–351
4. Unterlassungsansprüche, Negativerklärungen und Beseitigungsansprüche		352–353b

		Rn.
5. Treuhandverhältnisse		354–390e
a)	Vielfältigkeit der Treuhandverhältnisse	354
b)	Rechtsbegriff der Treuhand	355–358a
c)	Uneigennützige Treuhand (Verwaltungstreuhand)	359–372
d)	Eigennützige Treuhand	373–385
e)	Doppel- und dreiseitige Treuhand	386–390b
f)	„Vereinbarungstreuhand"	390c–390d
g)	Treuhandgrundschulden	390e
6. Besondere Kontoformen		391–408
a)	Eigenkonten	391–391a
b)	Treuhandkonten	392–400
c)	Sonderkonten	401
d)	Sperrkonten	402, 403
e)	Konten zugunsten Dritter	404
f)	Gemeinschaftskonten	405–407
g)	Sammelkonten	408
7. Wertpapierverwahrung		409–424
a)	Verwahrung von Wertpapieren in verschlossener Form	410
b)	Offene Verwahrung unvertretbarer Wertpapiere	411
c)	Offene Verwahrung vertretbarer Wertpapiere	412–420a
d)	Aussonderung von Zins- und Dividendenansprüchen des Verwahrers	421
e)	Insolvenz eines Hinterlegers	422, 423
f)	Insolvenz einer Kapitalanlagegesellschaft	424
8. Versorgungsansprüche		425–428
a)	Bilanzrückstellungen	426
b)	Reservefonds mit eigener Rechtspersönlichkeit	427
c)	Reservefonds ohne eigene Rechtspersönlichkeit	428
9. Der Herausgabeanspruch aus § 25 Abs. 5 Satz 1 DMBilG		429–436
a)	Die Verpflichtung zur Herausgabe von Beteiligungen sowie von Grund und Boden	429–433
b)	Die Verpflichtung zur Herausgabe von aufstehenden Gebäuden und Anlagen	434, 435
c)	Rückübertragung von Grund und Boden bei bebauten Grundstücken	436
10. Rückübertragung nach dem Vermögensgesetz		436a
F. Einwendungen und Einreden gegenüber dem Aussonderungsbegehren		436b–436f
I. Einwendungen und Einreden des Schuldners		436b–436c
II. Einwendungen und Einreden des Insolvenzverwalters		436d–436f
G. Aussonderungsrecht des Ehegatten		437–445
I. Keine Solidarhaftung		437

Aussonderung 1-2a § 47

	Rn.		Rn.
II. Eigentumsvermutung für bewegliche Sachen	438–444	I. Durchsetzung der Aussonderung	472–493
III. Ehegüterrechtliche Besonderheiten	445	I. Auskunftsklage	472
H. Prüfungs-, Auskunfts- und Herausgabepflicht des Verwalters	446–471h	II. Aussonderungsrechtsstreit	473–493
I. Prüfungspflicht	446–457	1. Aussonderung im normalen Streitverfahren	473
1. Allgemeines	446–454	2. Rechtshängige Prozesse	474, 475
2. Anerkennung der Aussonderung	456	3. Gerichtsstand	476
3. Irrtum des Verwalters	457	4. Zuständigkeit der Kammern für Handelssachen	477
II. Pflicht zur Sicherung und Erhaltung des Aussonderungsguts	458, 459	5. Parteien	478
III. Auskunftspflicht des Verwalters	460–462	6. Klageart und Klageantrag	479–481
		7. Rechtsschutzbedürfnis	482
IV. Herausgabepflicht des Verwalters	463–466	8. Klageänderung	483–486
V. Kosten	467–471	9. Beweisfragen	487, 488
1. Verwaltungskosten	467, 468	10. Anerkenntnis im Prozess	489, 490
2. Auskunftskosten	469	11. Sicherung der Aussonderung durch einstweilige Verfügung	491
3. Aussonderungskosten	470	12. Vollstreckung	492, 493
4. Berücksichtigung von Aussonderungsrechten bei der Vergütung des Insolvenzverwalters	471	J. Aussonderungsberechtigte im Insolvenzplanverfahren	494–494a
VI. Pflichten des vorläufigen Verwalters	471a–471h	K. Verzicht auf das Aussonderungsrecht, Verwirkung	495

A. Einleitung

§ 47 entspricht wörtlich § 54 des Regierungsentwurfs, der wiederum im Grundsatz das frühere **1** Recht (§§ § 43 KO; § 26 Abs. 1 VerglO; § 12 Abs. 1 Satz 1 GesO) aufgenommen hat.

Die Insolvenzrechtsreform hat das Aussonderungsrecht kaum angetastet. Der Versuch, den **Vor- 2 behaltsverkäufer** als Aussonderungsberechtigten auszuschalten,[1] hatte keinen Erfolg (s.u. RdNr. 62). Allerdings wurde der **Konzernvorbehalt** zugunsten des Eigentumsvorbehaltsverkäufers für unwirksam erklärt (§ 449 Abs. 3 BGB i. V. m. Art. 33 Nr. 17 EGInsO)[2] und das im Ergebnis wie ein Eigentumsvorbehalt wirkende[3] **Verfolgungsrecht** des Versendungsverkäufers und des Einkaufskommissionärs (§ 44 KO) beseitigt.[4] Neu ist auch, dass der Insolvenzverwalter des Käufers nunmehr die Anfrage des Verkäufers, ob der Vertrag erfüllt werde (§ 103 Abs. 2 Satz 2), grundsätzlich erst unverzüglich nach dem Berichtstermin zu beantworten braucht (§ 107 Abs. 2 Satz 1). Damit wird verhindert, dass die unter Eigentumsvorbehalt angeschafften Warenvorräte dem Schuldnerunternehmen zu einem Zeitpunkt entzogen werden, in dem eine Sanierung noch möglich erscheint. Auf der anderen Seite wird dem **Anwartschaftsrecht des Vorbehaltskäufers** in der Insolvenz des Verkäufers ein bisher unbekannter,[5] an die Privilegierung vormerkungsbewehrter Ansprüche (§§ 106, 254 Abs. 2, 301 Abs. 2 Satz 1) erinnernder Insolvenzschutz zuteil, wenn dem Käufer vor der Eröffnung des Verfahrens der Besitz an der Kaufsache übertragen war (§ 107 Abs. 1).[6]

Mit der Systematik der InsO nicht vereinbar – und verfassungsrechtlich bedenklich – ist die durch **2a** das am 13.4.2007 verabschiedete **Gesetz zur Vereinfachung des Insolvenzverfahrens** in den § 21 Abs. 2 Satz 1 eingefügte Nr. 5. Danach kann das Insolvenzgericht u.a. anordnen, „dass Gegenstände, die im Falle der Eröffnung des Verfahrens von § 166 erfasst würden *oder deren Aussonderung*

---

[1] Leitsätze 1. 2. 10 Abs. 3, 2.4.4.1 und 3.3.1 Abs. 1 des Ersten Kommissionsberichts; §§ 55 Abs. 1 Nr. 1, 111 Abs. 3 RefE.
[2] Vgl. hierzu BT-Drucks. 12/3803 S. 77 f.
[3] Kilger/*K. Schmidt* § 44 KO Anm. 1.
[4] Kritisch hierzu *Häsemeyer*, Insolvenzrecht RdNr. 11.17.
[5] Vgl. BGHZ 98, 160, 168 f. = NJW 1986, 2948 ff. = EWiR 1986, 915 *(Marotzke);* ferner *Henckel* JZ 1987, 359, 360.
[6] Dazu *Marotzke* JZ 1995, 803, 805 ff., *ders.* EWiR 1996, 179 f.; *ders.* ZZP 107 (1996), 429, 432; kritisch *Häsemeyer* ZZP 108 (1995), 409, 410.

verlangt werden könnte, vom Gläubiger nicht verwertet oder eingezogen werden dürfen und dass solche Gegenstände zur Fortführung des Unternehmens des Schuldners eingesetzt werden können, soweit sie hierfür von erheblicher Bedeutung sind". Der Gesetzgeber hat sich offenbar nicht klar gemacht, dass Gegenstände, die nach Insolvenzeröffnung der Aussonderung unterliegen, von dem Insolvenzverfahren nicht berührt werden. Dann dürfen sie auch – und erst recht – im Eröffnungsverfahren nicht für Zwecke der künftigen Masse genutzt werden, sofern nicht ein ungekündigter Vertrag den Schuldner dazu berechtigt. Nach den Vorstellungen des Gesetzgebers soll die Nutzung – unabhängig von jedem Vertrag – drei Monate lang unentgeltlich möglich sein. Dass die Regelung nicht durchdacht ist, zeigt auch Folgendes: Die Pflicht, durch die Nutzung eintretende Wertverluste durch laufende Zahlungen auszugleichen, soll davon abhängen, ob durch die Wertverluste *die Sicherung des absonderungsberechtigten Gläubigers beeinträchtigt* wird. Was ist mit den Aussonderungsberechtigten? Diese werden durch § 21 Abs. 2 Satz 1 Nr. 5 sogar schlechter gestellt als solche Absonderungsberechtigte, die durch Grundpfandrechte gesichert sind.[7]

B. Normzweck

3   Nach § 35 gehört zur Insolvenzmasse („Sollmasse") nur das dem Schuldner gehörende Vermögen. Häufig werden sich aber in der vom Insolvenzverwalter in Besitz genommenen oder sonst für die Masse reklamierten „Istmasse" Gegenstände befinden, die einem Dritten zustehen. Die Aussonderung dient dazu, solche Gegenstände aus der „Istmasse" auszuscheiden, damit sie nicht mit dieser zugunsten der Insolvenzgläubiger verwertet werden. Das wäre mit dem Schutz, den das Eigentum nach Art. 14 GG genießt,[8] nicht zu vereinbaren.[9]

4   „Istmasse" und „Sollmasse" werden von der Insolvenzordnung nicht neu definiert. Allerdings versteht die Insolvenzordnung unter der Insolvenzmasse etwas anderes als die Konkursordnung unter der Konkursmasse.[10] In § 43 KO war von der Aussonderung „eines dem Gemeinschuldner nicht gehörigen Gegenstandes *aus* der Konkursmasse" die Rede. Die Konkursmasse bezeichnete hier also die „Istmasse".[11] Demgegenüber ist nach der Insolvenzordnung für die Aussonderung maßgeblich, „dass ein Gegenstand nicht *zur* Insolvenzmasse gehört". Mit der Insolvenzmasse ist somit die „Sollmasse" gemeint. Dass in § 86 Abs. 1 Nr. 1 doch von der Aussonderung eines Gegenstandes „aus der Insolvenzmasse" die Rede ist, beruht auf einem Redaktionsversehen.[12]

C. Begriff und Wesen der Aussonderung

I. Begriff

5   Aussonderung ist **Verteidigung eines massefremden Rechts** gegen den Zugriff des Insolvenzverwalters. Zwischen Aussonderungsfähigkeit (Aussonderungsrecht) und Aussonderungsanspruch sollte nicht differenziert werden (s.u. RdNr. 340).[13] Wenn ein Gegenstand aussonderungsfähig ist, hat der Berechtigte daran ein Aussonderungsrecht. Allenfalls kann man das Recht auf Aussonderung von der Aussonderung selbst – also dem Vorgang, mit dem das Recht verwirklicht wird – unterscheiden.[14] Wenn das Gesetz vom „Anspruch auf Aussonderung" spricht (vgl. § 47 Satz 2), gibt es dem Aussonderungsberechtigten keinen besonderen Aussonderungsanspruch, sondern verweist lediglich darauf, dass die Nichtzugehörigkeit des Gegenstandes zum Schuldnervermögen gegenüber dem Insolvenzverwalter geltend zu machen ist.[15] Die Geltendmachung der Aussonderung setzt keinen Herausgabeanspruch voraus. Auch wenn die Vindikation den Standardfall der Aussonderung bildet, geht es nicht um die körperliche Entfernung einer Sache aus dem Machtbereich des Schuldners, sondern um die Geltendmachung eines Rechts an der Sache. Die Klage gegen den Insolvenzverwal-

---

[7] Mit Recht kritisch hierzu *Kirchhof* ZInsO 2007, 227 ff.
[8] Dazu, dass der Eigentumsbegriff des Art. 14 Abs. 1 Satz 1 GG weiterreicht als der des bürgerlichen Rechts, vgl. BVerfGE 83, 201, 208 f.
[9] Vgl. *Stern*, Insolvenzrechtsreform und verfassungsrechtlicher Schutz der Mobiliarsicherungsgläubiger, FS Helmrich, 1994, S. 737, 740 f.
[10] Zutreffend *Niesert* InVo 1998, 85; *Smid* NZI 2000, 505, 510; *Gottwald/Adolphsen*, Insolvenzrechts-Handbuch, § 39 RdNr. 2; aA *Gaul* ZInsO 2000, 256, 257 Fn. 6.
[11] *Gundlach*, Die Ersatzabsonderung, KTS 1997, 553, 562 konnte deswegen feststellen, dass Aus- und Absonderung „beide auf einen Gegenstand der Ist-Konkursmasse gehen".
[12] *Jaeger/Henckel* § 47 RdNr. 9.
[13] *Uhlenbruck/Brinkmann* § 47 RdNr. 3; aA *Jaeger/Henckel* § 47 RdNr. 11 (vgl. auch *dies.* § 47 RdNr. 5).
[14] *Smid* § 47 RdNr. 2.
[15] Ebenso *Berger*, FS Kreft, S. 191, 192.

ter auf Feststellung des Eigentums ist Aussonderung (s.u. RdNr. 479), ebenso die einredeweise Verteidigung gegen ein Herausgabeverlangen des Insolvenzverwalters, falls der Aussonderungsberechtigte die Sache bereits im Besitz hat.[16]

Da das Insolvenzverfahren das schuldnerfremde Vermögen nicht erfasst (§ 35), bedarf es zur Aussonderung keiner rechtsgestaltenden Aufhebung einer **Pfandverstrickung**.[17] Vielmehr hat die Aussonderung außerhalb des Insolvenzverfahrens zu geschehen, und zwar in derselben Art und Weise, wie das materielle Recht zu verfolgen gewesen wäre, wenn die Insolvenz ausgeblieben wäre (zur Durchsetzung der Aussonderung s.u. RdNr. 472 ff.).

Von einer Aussonderung sollte man nicht sprechen, wenn der Insolvenzverwalter von Anfang an anerkennt, dass ein Gegenstand nicht zur Sollmasse gehört, und diesen deshalb freigibt.[18] Hier liegt eine **unechte Freigabe** und keine Aussonderung vor. Unecht ist die Freigabe deswegen, weil der Gegenstand nie zur Insolvenzmasse gehörte.[19]

Ebenso wenig geht es um eine Aussonderung, wenn **Massegläubiger** die Leistung eines bestimmten Gegenstandes aus dem Vermögen des Schuldners (der Masse) beanspruchen. Ein derartiger Anspruch kommt aber in seiner Wirksamkeit der Ersatzaussonderung (§ 48) recht nahe.[20]

Kennzeichnend für die Aussonderung ist, dass sich **ein Dritter** gegen die Inanspruchnahme eines Gegenstandes für die Insolvenzmasse wendet, weil dieser dem Schuldner nicht gehöre.[21] Der **Insolvenzschuldner** ist nicht aussonderungsberechtigt. Streitet er mit dem Insolvenzverwalter darüber, ob ein schuldnereigener Gegenstand im Hinblick auf § 36 Abs. 1 oder 3 zur Masse gehört, so geht es nicht um Aussonderung.[22] Denn der Schuldner beruft sich hier gerade nicht auf ein Recht (etwa sein Eigentum), das allgemein zur Aussonderung berechtigt.

Die oft gezogene **Parallele zwischen der Aussonderung und der Drittwiderspruchsklage** nach § 771 ZPO[23] stimmt insofern, als beide Male ein Dritter geltend macht, ein Gegenstand sei materiell ungerechtfertigt in Beschlag genommen worden. Ein Unterschied besteht aber insoweit, als die Drittwiderspruchsklage gegen den Vollstreckungsgläubiger zu richten ist, während der Aussonderungsrechtsstreit mit dem Insolvenzverwalter auszutragen ist. Gestört wird der Gleichlauf außerdem bei der Sicherungsübertragung. Diese rechtfertigt in der Einzelzwangsvollstreckung zwar die Drittwiderspruchsklage, nicht aber in der Insolvenz die Aussonderung (vgl. u. RdNr. 11 und § 51 RdNr. 4 ff.). Vollends versagt die Parallele dann, wenn eine Ersatzaussonderung in Betracht kommt.

II. Verhältnis der Aussonderung zur Absonderung

Traditionsgemäß stehen die Aussonderung und die Absonderung nebeneinander. So war es in der Konkursordnung (4. Titel – §§ 43 bis 46, 5. Titel – §§ 47 bis 51), und in der Insolvenzordnung ist der systematische Zusammenhang eher noch enger (§§ 47 bis 52). Auch der Sache nach scheinen Aussonderung und Absonderung vergleichbar, weil sie hauptsächlich dingliche Rechte Dritter an Gegenständen der „Istmasse" betreffen, wobei die Inhaber eines Vollrechts aussondern und die Inhaber eines beschränkten dinglichen Rechts abgesonderte Befriedigung verlangen können. Diese Unterscheidung ist jedoch – falls sie jemals berechtigt war – längst überholt. Es gibt persönliche Ansprüche, die zur Aussonderung berechtigen (zB der Rückgabeanspruch des Vermieters), und dingliche Vollrechte, die nur eine abgesonderte Befriedigung ermöglichen (zB das Sicherungseigentum).

In Wirklichkeit sind Aussonderung und Absonderung **nicht** miteinander **vergleichbar**.[24] Aussonderung bedeutet die haftungsrechtliche Trennung von der Insolvenzmasse, Absonderung die

---

[16] *K. Schmidt* ZZP 90 (1977), 38, 46 ff.; *Häsemeyer*, Insolvenzrecht RdNr. 11.01; ähnlich *Gottwald/Adolphsen*, Insolvenzrechts-Handbuch, § 40 RdNr. 2.
[17] *Gottwald/Adolphsen* aaO.
[18] Missverständlich insoweit *Benckendorff*, Kölner Schrift zur InsO, 3. Aufl. 2009, S. 1389 RdNr. 1.
[19] *Gottwald/Adolphsen*, Insolvenzrechts-Handbuch, § 40 RdNr. 3; *Gerhardt*, Grundbegriffe RdNr. 306.
[20] *Jaeger/Henckel* § 47 RdNr. 32.
[21] *Uhlenbruck/Brinkmann* § 47 RdNr. 3; *Baur/Stürner*, Insolvenzrecht RdNr. 14.2.
[22] Unzutreffend insoweit die Begr. zu § 54 RegE, BT-Drucks. 12/2443 S. 124; so mit Recht *Jauernig*, Zwangsvollstreckungs- und Insolvenzrecht § 73 I (S. 306); *Häsemeyer*, Insolvenzrecht RdNr. 11.07 Fn. 13; *Gottwald/Adolphsen*, Insolvenzrechts-Handbuch, § 40 RdNr. 4; HK-*Lohmann* § 47 RdNr. 2; Kübler/*Prütting*/Bork § 47 RdNr. 2; FK-*Imberger* § 47 RdNr. 3; aA *Jaeger/Henckel* § 47 RdNr. 8; *Braun/Bäuerle* § 47 RdNr. 3.
[23] Vgl. *Jaeger/Henckel* § 47 RdNr. 10; *Gottwald/Adolphsen*, Insolvenzrechts-Handbuch, § 39 RdNr. 2; *Baur/Stürner*, Insolvenzrecht RdNr. 14.3; *Jauernig*, Zwangsvollstreckungs- und Insolvenzrecht § 73 I (S. 306); *Gerhardt*, Grundbegriffe RdNr. 304; *Berger*, FS Kreft, S. 191, 193; Kübler/*Prütting*/Bork § 47 RdNr. 5; FK-*Imberger* § 47 RdNr. 2.
[24] *Häsemeyer*, Insolvenzrecht RdNr. 11.02.

Zuerkennung eines Vorzugsrechts trotz haftungsrechtlicher Zuordnung zur Masse.[25] Erbringt die Verwertung eines Gegenstandes, an dem einem Gläubiger nur ein Recht auf abgesonderte Befriedigung zusteht, einen Mehrerlös, so steht dieser der Masse zu. Hat der Gläubiger denselben Gegenstand indessen berechtigterweise ausgesondert, so steht ihm dieser unabhängig von seinem Wert voll und ganz zu. Wenn er ihn anschließend veräußert, kann der Insolvenzverwalter von dem Erlös nichts zur Masse ziehen. Die Insolvenzgläubiger sind von der Aussonderung nicht dem Schuldner gehörender Gegenstände nicht betroffen, weil solche Gegenstände ihnen nie gehaftet haben. Deshalb hat die Aussonderung mit dem Grundsatz der Gläubigergleichbehandlung nichts zu tun; sie vollzieht sich ausschließlich zwischen dem Berechtigten und dem Insolvenzverwalter. Durch die abgesonderte Befriedigung werden hingegen alle (Mit-)Gläubiger berührt, weil es um eine Ausnahme von dem Grundsatz der Gläubigergleichbehandlung geht.[26]

13 Aussonderung und Absonderung können in Ausnahmefällen nebeneinander hergehen. Wird ein die Absonderung begründendes Recht vom Insolvenzverwalter bestritten und die Masse zugeschrieben, muss der Kampf um das Bestehen des Absonderungsrechts zunächst in einem Aussonderungsrechtsstreit (s.u. RdNr. 473 ff.) geführt werden).[27] In diesem „verlangt" der Gläubiger das zur Absonderung berechtigende Recht „heraus". So verhält es sich, wenn der Verwalter behauptet, die von einem Gläubiger geltend gemachte Hypothek an einem Massegrundstück sei in Wahrheit Eigentümergrundschuld des Schuldners (s.u. RdNr. 40, 329, 334). Über die Rückgabe eines hinterlegten Betrages ist nach Eröffnung des Insolvenzverfahrens über das Vermögen des Hinterlegers zwischen dem begünstigten Pfandgläubiger und dem Insolvenzverwalter ebenfalls ein Aussonderungsrechtsstreit zu führen (s.u. § 50 RdNr. 107a). Entsprechendes gilt, wenn verbindlich festgestellt werden soll, dass die Abtretung von Rentenansprüchen nicht unter § 114 InsO fällt, sondern auch nach Ablauf von zwei Jahren ab Eröffnung des Insolvenzverfahrens rechtswirksam bleibt: hier ist eine Aussonderungsklage gegen den Treuhänder und/oder den Versorgungsträger zu erheben.[28] Der Streit um die Existenz eines Absonderungsrechts ist aber nicht stets ein Aussonderungsstreit.[29] Wenn ein Grundstückseigentümer geltend macht, eine zugunsten des Insolvenzschuldners eingetragene Grundschuld sei nicht wirksam entstanden, geht es weder um Aussonderung noch um Absonderung.[30]

III. Zwingendes Recht

14 Die Bestimmungen über das Aussonderungsrecht sind zwingend, weil sie die Insolvenzgläubiger in ihrer Gesamtheit schützen.[31] Dies ist kein Widerspruch zu der Feststellung, die Insolvenzgläubiger seien von der Aussonderung nicht dem Schuldner gehörender Gegenstände nicht betroffen (oben RdNr. 12). Diese Feststellung gilt nur, wenn die Gegenstände dem Schuldner wirklich nicht gehören. Werden indes – zu Unrecht – schuldnereigene Gegenstände ausgesondert, wird dadurch, zum Nachteil der Gläubiger, die Masse geschmälert. Die Beteiligten können deshalb, falls die gesetzlichen Voraussetzungen nicht vorliegen, kein Aussonderungsrecht vereinbaren, und der Insolvenzverwalter kann ein in Wirklichkeit nicht bestehendes Aussonderungsrecht nicht dadurch schaffen, dass er es „anerkennt".[32] Die Bindungswirkung eines vom Verwalter abgeschlossenen Vergleichs und die Rechtskraftwirkung eines Anerkenntnisurteils bleiben unberührt. Wird ein Recht, das eine Aussonderung erlaubt, irrtümlich als Insolvenzforderung angemeldet, wird es damit nicht zu einer solchen.[33]

D. Der Gegenstand der Aussonderung

I. Aussonderungsfähige Gegenstände

15 Aussonderungsfähig sind alle Vermögensbestandteile – Sachen wie Rechte –, die Gegenstand besonderer Rechte sein können. Die Aussonderung muss auf einen konkreten, individuell bestimmten Gegenstand gerichtet sein.

---

[25] Anderer Ansatz bei *Jaeger/Henckel* § 47 RdNr. 30: Absonderung bedeute, dass der Gegenstand vorrangig dem Absonderungsberechtigten haftungsrechtlich zugeordnet sei.
[26] Vgl. zum Ganzen *Jaeger/Henckel* § 47 RdNr. 31; *Häsemeyer*, Insolvenzrecht RdNr. 11.07.
[27] RGZ 60, 347, 251; 86, 235, 240; *Jaeger/Henckel* § 47 RdNr. 31.
[28] BGH WM 2011, 2188, 2190 RdNr. 15.
[29] Zu weitgehend *Gottwald/Adolphsen*, Insolvenzrechts-Handbuch, § 40 RdNr. 19; *Schaarschmidt/Herbst*, aaO RdNr. 3352; *Uhlenbruck/Brinkmann* § 47 RdNr. 66; *Gundlach*, Die Ersatzaussonderung, KTS 1997, 553, 554 f., 562; zutreffend *Häsemeyer*, Insolvenzrecht RdNr. 11.12 Fn. 30.
[30] Unzutreffend insofern *Häsemeyer*, Insolvenzrecht RdNr. 11.12.
[31] RGZ 41, 1 f.; BGH WM 1968, 242, 246; *Jaeger/Henckel* § 47 RdNr. 28.
[32] BGH WM 1968, 242, 246 f.
[33] *Jaeger/Henckel* § 47 RdNr. 29.

1. Art der Gegenstände. Die Unterscheidung von Sachen und Rechten, unbeweglichen und 16
beweglichen Sachen ist ohne Bedeutung für die Frage, *ob* ausgesondert werden kann; sie kann aber
für die weitere Frage, *wie* ausgesondert wird, maßgeblich sein. Die Abgrenzung von wesentlichen
Bestandteilen, Scheinbestandteilen und Zubehör entscheidet bereits über die Aussonderungsfähigkeit. Scheinbestandteile und Zubehör können – falls die übrigen Voraussetzungen gegeben sind –
ausgesondert werden, wesentliche Bestandteile nur, wenn auch die Hauptsache der Aussonderung
unterliegt.

a) Bewegliche Sachen. Sachen sind körperliche Gegenstände (§ 90 BGB). Beweglich sind alle 17
Sachen, die nicht Grundstück, den Grundstücken gleichgestellt oder Grundstücksbestandteile sind.
Schiffe und **Luftfahrzeuge** sind bewegliche Sachen, auch wenn sie teilweise ähnlich wie Grundstücke behandelt werden. Ob **Computersoftware** als Sache gelten kann, ist noch nicht abschließend
geklärt.[34] Für das Trägermaterial dürfte die Frage ohne weiteres zu bejahen sein; im Übrigen sind
Softwareprogramme regelmäßig urheberrechtlich geschützt.[35] Zur Aussonderungskraft des Urheberrechts s.u. RdNr. 339. **Tiere** werden nicht mehr als Sachen angesehen (§ 90a Satz 1 BGB). Soweit
eine Aussonderung in Betracht kommt, werden aber die für (bewegliche) Sachen geltenden Vorschriften entsprechend angewendet (§ 90a Satz 3 BGB).

Wie bewegliche Sachen werden behandelt **Miteigentumsanteile** an einer beweglichen Sache 18
(vgl. §§ 741, 747, 1008 BGB)[36] sowie **Inhaberpapiere** (zB Inhaberaktien, Schuldverschreibungen,
Zinsscheine, Rentenscheine, Dividendenscheine, Investmentzertifikate, Inhaberschecks). Hier ist das
verbriefte Recht durch die Art seiner Verbindung mit dem Papier gleichsam selbst zur Sache geworden.[37] **Orderpapiere** (zB Wechsel, Schecks, Namensaktien, Zwischenscheine, kaufmännische
Anweisungen) werden ebenfalls durch schlichte Übergabe ausgesondert. Eingelagerte oder mit
einem Schiff transportierte Waren werden in der Insolvenz des Einlagerers oder desjenigen, an den
die Güter abgeliefert werden sollen, ausgesondert, indem das **Traditionspapier** (Konnossement,
Lagerschein, Ladeschein) übergeben wird. Die Übergabe des Papiers hat dieselben Wirkungen wie
die Übergabe der Sachen (§§ 424, 450, 650 HGB; §§ 26, 72 BinnenschG). **Schuldscheine**, zum
Beispiel eine Bürgschaftsurkunde, sind nicht aussonderungsfähig. Sie können, weil sie unter § 952
BGB fallen, nicht Gegenstand besonderer Rechte sein.

b) Geld. Eine Geldsumme kann nicht ausgesondert werden,[38] wohl aber der Anspruch auf 19
Zahlung der Geldsumme.[39] Ausgesondert werden können auch konkrete Banknoten oder Münzen,
sofern sie sich individualisierbar, abgesondert vom eigenen Geld, im Besitz des Schuldners befinden.[40] Hat dieser fremdes mit eigenem Geld oder dem Geld Dritter untrennbar vermischt (gerät
ein 100 €-Schein in eine Kasse, die nachgewiesenermaßen als höchste Stückelung 50 €-Scheine
aufweist, kommt es nicht zu einer Vermengung[41]), so entsteht Miteigentum am Gesamtbestand
(§ 948 BGB), das zur Aussonderung berechtigt, sofern der eigene Anteil der Höhe nach bewiesen
werden kann (s.u. RdNr. 45).[42] Bei Bareinzahlungen in eine Kasse dürfte freilich § 948 Abs. 2 iVm
§ 947 Abs. 2 BGB eingreifen, sodass der Eigentümer der Kasse Alleineigentum am jeweiligen Kassenbestand erwirbt.[43] Wechselt der Schuldner fremdes Geldes um oder zahlt er es auf das eigene
Konto ein, kann derjenige, dem das Geld ursprünglich gehörte, nicht mehr aussondern.[44] Er hat
aber unter Umständen die Möglichkeit der Ersatzaussonderung (s.u. § 48 RdNr. 22, 58).

c) Unbewegliche Sachen. Unbewegliche Sachen sind Grundstücke und grundstücksgleiche 20
Rechte, insbesondere das Erbbaurecht und das Wohnungseigentum, sowie ihre wesentlichen
Bestandteile. Die Aussonderung im Grundbuch eingetragener Rechte an unbeweglichen Sachen,

---

[34] Vgl. BGHZ 102, 135 ff. = NJW 1988, 406; BGH NJW 1993, 2436 ff.; OLG Karlsruhe NJW 1996, 200, 201; vgl. auch die Literaturnachweise bei *Palandt/Ellenberger* § 90 BGB RdNr. 2.
[35] Vgl. *Andersen/Freihalter* aaO RdNr. 333 ff.
[36] Dazu unten RdNr. 45.
[37] *Zöllner*, Wertpapierrecht, 14. Aufl. 1987, § 2 II 1b (S. 10) und 3b (S. 13).
[38] BGHZ 58, 257, 258 = NJW 1972, 872; BGH NJW-RR 1989, 252; 2003, 1375; NZI 2003, 549, 550; Beschl. v. 8.2.2007 – IX ZR 218/04, RdNr. 2 n.v.; *Jaeger/Henckel* § 47 RdNr. 24 f.
[39] BGH ZIP 1989, 118, 119.
[40] OLG Köln ZInsO 2009, 390, 391; *Häde* KTS 1991, 365, 370; *Uhlenbruck/Brinkmann* § 47 RdNr. 6.
[41] *Gehrlein* NJW 2010, 3543, 3545.
[42] BGH KTS 1958, 142, 143; NZI 2010, 897, 898; *Gehrlein* NJW 2010, 3543; aA *Jaeger/Henckel* § 47 RdNr. 24; *Uhlenbruck/Brinkmann* § 47 RdNr. 6; *Mitlehner*, aaO RdNr. 209.
[43] *Gottwald/Adolphsen*, Insolvenzrechts-Handbuch § 41 RdNr. 28; *Uhlenbruck/Brinkmann* § 48 RdNr. 27.
[44] BGH NZI 2010, 897, 898 RdNr. 14; *Häde* KTS 1991, 365, 371 ff.; *Uhlenbruck/Brinkmann* § 47 RdNr. 6; *Gottwald/Adolphsen*, Insolvenzrechts-Handbuch, § 40 RdNr. 14; *HK-Lohmann* § 47 RdNr. 6; für den Geldwechsel unzutreffend *Gehrlein* NJW 2010, 3543, 3544, der mit einer „dinglichen Surrogation" helfen will. Zur „dinglichen Surrogation" s.u. § 48 RdNr. 10 und vor §§ 49–52 RdNr. 63 ff.

die der Insolvenzverwalter für die Masse in Anspruch nimmt, erfolgt durch Berichtigung gemäß § 894 BGB. Durch Widerspruch gemäß § 899 BGB kann sich der Aussonderungsberechtigte sichern. Zur Aussonderung von Grundstückseigentum s.u. RdNr. 40.

21   **d) Wesentliche Bestandteile (§ 93 BGB).** Sie können nicht Gegenstand besonderer Rechte sein. Kommt als Grundlage eines Aussonderungsrechts nur das Eigentum an einer Sache in Betracht, erlischt das Aussonderungsrecht, wenn die Sache wesentlicher Bestandteil einer anderen Sache wird, die dem Schuldner gehört und deshalb keinem Aussonderungsrecht unterliegt.

22   Wesentlich i.S.v. § 93 BGB sind nicht etwa die besonders wichtigen Bestandteile einer Sache, sondern solche, die voneinander nicht getrennt werden können, ohne dass der eine oder der andere zerstört oder in seinem Wesen verändert wird. Entscheidend ist nicht, was die Trennung für die Gesamtsache bedeutet, sondern ob die getrennten Bestandteile noch in ihrer bisherigen Art – sei es auch erst nach erneuter Verbindung mit einer anderen Sache – wirtschaftlich genutzt werden können. Kfz.-Motoren, die serienmäßig hergestellt sind, sind deshalb keine wesentlichen Bestandteile im Sinne von § 93 BGB,[45] wohl aber Aufzugsanlagen in einem Hotel, die dem Gebäude eigens angepasst wurden.[46]

23   Zum wesentlichen Bestandteil kann eine Sache durch Verbindung, Vermischung oder Verarbeitung werden. Im Falle der **Verbindung** einer beweglichen Sache mit einem Grundstück (§ 946 BGB) erstreckt sich das Eigentum an dem Grundstück auf die zum wesentlichen Bestandteil gewordene Sache. Werden bewegliche Sachen so miteinander verbunden, dass sie wesentliche Bestandteile einer einheitlichen Sache werden, so werden die bisherigen Eigentümer Miteigentümer der einheitlichen Sache (§ 947 Abs. 1 BGB). Falls eine der anderen Sachen nach der Verkehrsanschauung als Hauptsache anzusehen ist, erwirbt ihr Eigentümer sogar das Alleineigentum (§ 947 Abs. 2 BGB). Dasselbe gilt im Falle der **Vermischung** (§ 948 BGB). Wird eine bewegliche Sache einer **Verarbeitung** (§ 950 BGB) unterzogen, sodass eine neue Sache entsteht, erwirbt derjenige, der die Sache verarbeitet hat, das Eigentum an der neuen Sache, sofern nicht der Wert der Verarbeitung erheblich geringer ist als der Wert der ursprünglichen Sache. Verhalten sich der Materialwert und der Verarbeitungswert wie 100 : 60, ist § 950 BGB ausgeschlossen; dann gelten die §§ 947 bis 949 BGB. Ein Vertrag über die Herstellung beweglicher Sachen unterfällt nach neuem Schuldrecht den kaufvertraglichen Regeln (§ 651 Satz 1 BGB). Von wem das zu verarbeitende Material stammt, ist dabei unerheblich. Das ändert aber nichts daran, dass der Unternehmer eines Werklieferungsvertrages nicht als Hersteller iSv § 950 Abs. 1 Satz 1 BGB anzusehen ist.[47]

24   Wer gemäß § 950 BGB sein Eigentum – und damit sein Aussonderungsrecht – verliert, hat gemäß § 951 Abs. 1 Satz 1 i. V. m. § 812 BGB einen **Bereicherungsanspruch** gegen denjenigen, der das Eigentum an der Hauptsache bzw. der neuen Sache erwirbt (zum Wegnahmerecht s.u. RdNr. 325). Dieser Bereicherungsanspruch ist eine bloße Insolvenzforderung. In manchen Fällen – aber nicht immer – kommt eine **Ersatzaussonderung** in Betracht (s.u. § 48 RdNr. 25). Um sich weitergehend zu sichern, werden oft **Verbindungs-** oder **Verarbeitungsklauseln** (s.u. RdNr. 106, 118) vereinbart. Damit lässt sich der Eigentümer einer Nebensache für den Fall der Verbindung im Voraus das Alleineigentum oder einen Miteigentumsanteil an der verbundenen Sache übertragen. Für den Fall der Verarbeitung wird das Eigentum an der verarbeiteten Sache im Voraus übertragen. Stattdessen kann auch vereinbart werden, dass die Sache für den Eigentümer verarbeitet wird. Mit der **Vorausabtretungsklausel** (s.u. RdNr. 119) wird der künftige Anspruch auf den Veräußerungserlös der verbundenen, vermischten oder verarbeiteten Sache im Voraus an den Eigentümer abgetreten.

25   Für Grundstücke und Gebäude erweitert § 94 die aus § 93 BGB geläufige Begriffsbestimmung: Zu den **wesentlichen Bestandteilen** werden nun die mit dem Grund und Boden fest verbundenen Sachen, insbesondere Gebäude, sowie die Erzeugnisse des Grundstücks gerechnet, solange sie mit dem Boden zusammenhängen. Wesentliche Bestandteile eines Gebäudes sind die zu seiner Herstellung eingefügten Sachen. In den neuen Bundesländern gibt es – abweichend von § 94 BGB – **Sondereigentum an Gebäuden** (vgl. Art. 231 § 5 EGBGB).

26   **e) Scheinbestandteile.** Aussonderungsfähig sind – weil sie als selbständige bewegliche Sachen gelten – die Scheinbestandteile gemäß § 95 BGB.[48] Dazu gehören Sachen, die nur zu einem vorübergehenden Zweck mit dem Grund und Boden verbunden (§ 95 Abs. 1 Satz 1 BGB) oder nur zu einem vorübergehenden Zweck in ein Gebäude eingefügt sind (§ 95 Abs. 2 BGB). Gleich behandelt werden – obwohl die Verbindung hier durchaus dauerhaft angelegt sein kann – Gebäude (oder

---

[45] BGHZ 18, 226, 229 = NJW 1955, 1793; 61, 80, 81 = NJW 1973, 1454; vgl. aber BGH NJW 1958, 457: Serienmäßiger Schiffsmotor ist wesentlicher Bestandteil i.S.v. § 94 Abs. 2 BGB.
[46] RGZ 90, 198, 200.
[47] OLG Celle ZInsO 2009, 1348 m. zust. Anm. *Henkel* (str.).
[48] Näher hierzu *Ganter* WM 2002, 105 ff.

andere Werke), die in Ausübung eines Rechts an einem fremden Grundstück von dem Berechtigten mit dem Grundstück verbunden worden sind (§ 95 Abs. 1 Satz 2 BGB). Die Verbindung oder Einfügung geschieht zu einem vorübergehenden Zweck, wenn der spätere Wegfall von vornherein beabsichtigt ist oder aus der Natur der Sache folgt. Verbindet ein Mieter, Pächter oder in ähnlicher Weise schuldrechtlich Berechtigter ein Gebäude mit dem Grundstück, so spricht – falls er mit dem Grundeigentümer keine anderweitige Vereinbarung getroffen hat – regelmäßig eine tatsächliche Vermutung dafür, dass das Gebäude nur für die Dauer des Vertragsverhältnisses errichtet worden und somit Scheinbestandteil ist. Daran ändern die massive Bauart des Gebäudes und die lange Vertragsdauer nichts. Das Gebäude ist hingegen bereits mit seiner Errichtung wesentlicher Bestandteil des Grundstücks, wenn es nach Ablauf der vorgesehenen Vertragsdauer, sei es auch nur auf Wunsch des Grundstückseigentümers, in dessen Eigentum übergehen soll. Die Erwartung des Erbauers, er brauche das Gebäude nicht zu beseitigen, reicht nicht aus.[49] Da es auf den inneren Willen des Verbindenden zum Zeitpunkt der Verbindung ankommt, kann eine nachträgliche Willensänderung die Bestandteilseigenschaft weder begründen noch aufheben.[50] Aus der Natur der Sache ergibt sich zwar die beschränkte Nutzungsdauer einer jeden Sache. Indes geschieht eine Verbindung oder Einfügung, die so lange halten soll, wie die verbundene oder eingefügte Sache gebrauchsfähig ist, nicht mehr zu einem vorübergehenden Zweck.[51] Andernfalls wären so gut wie alle Bestandteile nur Scheinbestandteile. Gebäude, die auf Grund eines Erbbaurechts errichtet worden sind, gelten als wesentlicher Bestandteil des Erbbaurechts (§ 12 ErbbauVO). Anlagen, die auf Grund eines zeitlich befristeten „Mietkaufs" mit dem Grundstück des Erwerbers fest verbunden werden und in dessen Eigentum übergehen sollen, sobald er seine Verpflichtungen aus dem „Mietkauf" erfüllt hat, werden nicht nur zu einem vorübergehenden Zweck mit dem Grundstück verbunden.[52] Daran vermag eine Bestimmung in den Allgemeinen Mietbedingungen nichts zu ändern, mit der dem Mietkäufer aufgegeben wird, die Sache lediglich zu einem vorübergehenden Zweck mit dem Grundstück zu verbinden und sie bei vorzeitiger Beendigung des Mietverhältnisses wieder zu entfernen. Entscheidend ist nicht, welchen vertraglichen Regelungen sich der Verbindende unterworfen hat, sondern sein objektivierbarer, dem normalen Lauf der Dinge entsprechender innerer Wille.[53]

27 Dieselbe Problematik stellt sich auch bei den häufigen Fällen der **Betriebsaufspaltung:** Stellt eine Besitzgesellschaft der Betriebsgesellschaft ein unbebautes Grundstück zur Verfügung, ohne ihr – jetzt oder später – das Eigentum zu übertragen, damit sie auf dem Grundstück das Betriebsgebäude errichtet, ist dieses nur Scheinbestandteil. Obwohl sie im Rechtssinne bewegliche Sachen sind, sind Scheinbestandteile in der Regel nicht Zubehör.[54]

28 **f) Zubehör. Zubehör** ist aussonderungsfähig, weil es zwar einer Hauptsache zugeordnet ist, aber ohne diese übereignet und belastet werden kann. Deshalb können die Hauptsache und das Zubehör verschiedenen Eigentümern gehören. Im Zweifel soll das Zubehör aber doch das rechtliche Schicksal der Hauptsache teilen (vgl. §§ 311c, 926 Abs. 1, 1120 BGB; § 865 ZPO).

29 Begrifflich setzt die Zubehöreigenschaft voraus, dass die Sache auf Dauer (deshalb fallen Scheinbestandteile grundsätzlich nicht darunter!) dem wirtschaftlichen Zweck der Hauptsache zu dienen bestimmt ist und zu ihr in einem dieser Bestimmung gemäßen räumlichen Verhältnis steht (§ 97 BGB). Hauptsache können bewegliche und unbewegliche Sachen sein. Auch Sachbestandteile, zB Gebäude, kommen als Hauptsache in Betracht (vgl. § 98 Nr. 1 BGB); das Zubehör ist dann zugleich Zubehör des Grundstücks (vgl. § 94 BGB). Die Hauptsache muss einem bestimmten wirtschaftlichen Zweck gewidmet sein. Dazu ist erforderlich, dass sie nach ihrer objektiven Beschaffenheit für eine entsprechende Nutzung dauernd eingerichtet ist und dass der wirtschaftliche Schwerpunkt des Unternehmens bei der Hauptsache liegt. Es genügt, dass nur ein Teil der Hauptsache die Einrichtung aufweist. Die Sache muss dem Betrieb und nicht nur den persönlichen Bedürfnissen des Betriebsinhabers gewidmet sein. Das ist bei den einem Gewerbe dienenden Maschinen in der Regel nicht problematisch, umso mehr aber bei Kraftfahrzeugen. Kurzlebigkeit und Verbrauchbarkeit der Sache schließt die Zubehöreigenschaft nicht aus, wenn die Sache über ihre gesamte Lebensdauer

---

[49] BGHZ 8, 1, 5, 8 = NJW 1953, 137; 92, 70, 74 = NJW 1984, 2878; 104, 298, 301 = NJW 1988, 2789 = EWiR 1988, 1035 *(Vollkommer/Weinland);* BGH NJW 1996, 916, 917, insoweit in BGHZ 131, 368 ff. n.a.
[50] BGHZ 37, 353, 359 = NJW 1962, 1817. Zur nachträglichen Begründung der Eigenschaft als Scheinbestandteil vgl. die (problematischen) Entscheidungen BGHZ 165, 184, 187 ff. = NJW 2006, 990 und OLG Celle ZNotP 2007, 343 m. Anm. *Kesseler* ZNotP 2007, 330 ff.
[51] OLG Köln NJW 1961, 461, 462.
[52] OLG Düsseldorf ZIP 1998, 701, 702 und BGH ZIP 1999, 75 = EWiR 1999, 103 *(Eckardt).*
[53] BGH ZIP 1999, 75; kritisch gegenüber dieser Objektivierung des Bestandteilsbegriffs *Eckardt* EWiR 1999, 103.
[54] BGH NJW 1962, 1498.

dem wirtschaftlichen Zweck der Hauptsache dient bzw. für diese verbraucht wird.[55] Kein Zubehör des Betriebsgrundstücks sind die zum Verkauf bestimmten Vorräte an Waren und Erzeugnissen. **Grundstückszubehör** braucht sich nicht auf dem Grundstück zu befinden; es genügt eine Unterbringung in der Nachbarschaft, wenn nur die Benutzung für die Zwecke des Grundstücks möglich ist. Zur **Aufhebung der Zubehöreigenschaft** vgl. § 49 RdNr. 23 f.

30   g) **Rechte.** Ausgesondert werden können Rechte jeder Art, sofern sie selbständig verkehrsfähig sind. Dazu gehören zB **relative Rechte** (Forderungen), **absolute** (dingliche) **Rechte** und **Mitgliedschaftsrechte.** Eine Forderung kommt als Aussonderungsgegenstand nur dann in Betracht, wenn sie nach Auffassung des Insolvenzverwalters dem Schuldner zusteht, aber von einem Dritten für sich in Anspruch genommen wird. Ein bloßer Verschaffungsanspruch auf Abtretung der Forderung genügt nicht (vgl. RdNr. 347). Aussonderungsfähig sind auch bedingte und betagte Forderungen.

31   h) **Surrogate.** Gegenstände, die kraft gesetzlicher Anordnung (zum Beispiel nach §§ 588 Abs. 2 Satz 2, 1048 Abs. 1 Satz 2 HS 2, 1370, 1646, 2019, 2041, 2111 BGB) an die Stelle eines ursprünglichen Aussonderungsgegenstandes getreten sind, sind ihrerseits wieder aussonderungsfähig. Eine **dingliche Surrogation** als allgemeines Prinzip der Aussonderungskraft ist nicht anzuerkennen.[56] Erst recht gilt dies für **rechtsgeschäftliche Surrogate.** Die fehlende Aussonderungskraft rechtsgeschäftlicher Surrogate wird oft auch als „**Surrogationsverbot**" bezeichnet. Gegenstände, die jemand mit ihm treuhänderisch anvertrautem Geld im eigenen Namen erwirbt, sind selbst nicht Treugut.[57] Finanziert der Arbeitgeber eine für den Arbeitnehmer abgeschlossene Direktversicherung im Wege der Gehaltsumwandlung, so endet ein hinsichtlich der betreffenden Gehaltsanteile etwa bestehendes Treuhandverhältnis[58] mit deren Verwendung für die Versicherungsprämien; es setzt sich nicht im Wege der Surrogation an den Rechten aus dem Versicherungsvertrag fort.[59] Rechtsgeschäftliche Surrogate berechtigen, falls das Gesetz nichts Gegenteiliges anordnet (vgl. etwa § 2019 BGB), allenfalls zur Absonderung, und zwar allein wegen einer entsprechenden Vereinbarung und nicht als Ausfluss irgendeines Prinzips (s.u. RdNr. 93, 114, 149).[60]

31a i) **Daten. Datenträger,** auf denen ausschließlich Daten eines anderen als des Schuldners gespeichert sind, sind aussonderungsfähig. Im Schrifttum gibt es Stimmen, die die Aussonderungsfähigkeit von **Daten** auch unabhängig von ihrem Datenträger bejahen.[61] Die Rechtsprechung hat sich dazu, soweit ersichtlich, noch nicht geäußert. Personenbezogenen Daten kommt ein dinglicher, gegenüber jedermann wirkender Zuweisungsgehalt zu. Die Person, auf welche sich die Daten beziehen, kann aussondern (zur Art und Weise vgl. u. RdNr. 353b). Schwieriger zu beurteilen ist die Aussonderungsfähigkeit bei sachbezogenen, technischen Daten. Indes sind diese meist mit einem Recht – zB einem gewerblichen Schutzrecht – verbunden, das seinerseits aussonderungsfähig ist; dann bezieht sich das Aussonderungsrecht auch auf die dazugehörigen Daten.

32   2. **Bestimmtheit.** Ausgesondert werden können nur **individuell bestimmte oder bestimmbare Gegenstände.**[62] Eine Gesamtheit von Gegenständen (zum Beispiel ein Warenlager) ist als solche nicht aussonderungsfähig. Grundsätzlich müssen die einzelnen Stücke individuell angegeben werden. Werden sie in dem Aussonderungsbegehren unter einer **Sammelbezeichnung** erfasst, ist dies unbedenklich, wenn kein Zweifel möglich ist, um welche Gegenstände es geht. Das ist zum Beispiel der Fall, wenn der gesamte Bestand herausverlangt wird,[63] und zwar auch dann, wenn die einzelnen Stücke nicht räumlich zusammengefasst sind.[64] Auch andere Sammelbezeichnungen genügen, wenn sie geeignet sind, die Gegenstände, auf die sich das Aussonderungsbegehren bezieht, von anderen gleichartigen Gegenständen des Schuldners oder Dritter deutlich zu unterscheiden.

33   Bezüglich **vertretbarer Sachen** (§ 91 BGB) wird es regelmäßig an einer Aussonderungsberechtigung fehlen. Solche Sachen sind typischerweise Gegenstand eines Verschaffungsanspruchs (Gattungsschuld). Verschaffungsansprüche scheiden aber grundsätzlich als Grundlage einer Aussonderung aus

---

[55] BGHZ 58, 309, 312 = NJW 1972, 1187.
[56] *Ganter* NZI 2008, 583 ff.
[57] *Ganter,* unten bei § 48 RdNr. 11a; *ders.* NZI 2008, 583, 584, 587.
[58] In Wirklichkeit besteht keines, *Ganter* NZI 2008, 583, 586.
[59] BGH NJW 2002, 3253.
[60] *Ganter* NZI 2008, 583, 585.
[61] *Grützmacher* ITRB 2004, 282, 284; *Bultmann* ZInsO 2011, 992, 993.
[62] BGHZ 58, 257, 258 = NJW 1972, 872; *Jaeger/Henckel* § 47 RdNr. 24; *Uhlenbruck/Brinkmann* § 47 RdNr. 5.
[63] Vgl. zur sog. „All-Formel" BGHZ 28, 16, 20 = NJW 1958, 1133 (Sicherungsübereignung); BGHZ 130, 19, 21 f. = NJW 1995, 2553 (Sicherungsabtretung).
[64] BGH NJW 1994, 133, 134.

(s.u. RdNr. 347). Eine Aussonderung kommt erst nach vorheriger „Konkretisierung" auf bestimmte Stücke in Betracht.

II. Nichtzugehörigkeit zum Vermögen des Schuldners

Ausgesondert werden können nur Gegenstände, die dem Schuldner nicht gehören und deshalb aus der „Istmasse" auszuscheiden sind. Dies beurteilt sich nicht nach der formellen, sondern nach der **materiellen Rechtslage**. Deshalb gehört zum Beispiel eine Hypothek, die sich der Schuldner unter Missbrauch einer ihm erteilten Vollmacht auf dem Grundstück eines anderen hat eintragen lassen, nicht zur Insolvenzmasse; das Grundbuch kann im Wege der Aussonderung berichtigt werden.[65] Bei Treuhandverhältnissen ist die **wirtschaftliche Zuordnung** maßgeblich.   34

III. Zugehörigkeit zur Masse

1. Veränderungen der Masse während des Verfahrens. Ausgesondert werden kann nur ein Gegenstand, der zur Masse gehört. Deren Bestand kann sich während des Insolvenzverfahrens **verändern**. Durch Rechtshandlungen des Schuldners können Aussonderungsrechte nur noch ausnahmsweise entstehen, falls nach § 81 Abs. 1 Satz 2 das Vertrauen geschützt wird.[66] Veränderungen der Masse, die für eine Aussonderung erheblich sind, können sich auch ohne Rechtshandlungen des Schuldners oder durch Verwalterhandeln ergeben. So kann ein Käufer, dem der Schuldner unter Eigentumsvorbehalt eine Sache verkauft hat, nach Eröffnung des Insolvenzverfahrens Eigentümer der verkauften Sache – und somit aussonderungsberechtigt – werden, falls er den Kaufpreis an die Masse entrichtet.[67] Auch massebezogene Handlungen des Insolvenzverwalters können neue Aussonderungsrechte entstehen lassen, sei es dass er Massegegenstände rechtsgeschäftlich überträgt, sei es dass er eine Handlung vornimmt, die einen anderen kraft Gesetzes zum Eigentümer werden lässt.[68] Neue Aussonderungsrechte entstehen zB dadurch, dass der Insolvenzverwalter nach § 166 Gegenstände mit Absonderungsrechten verwertet. Es reicht jedoch nicht aus, dass er ein vermeintlich berechtigtes Aussonderungsbegehren erfüllen will (s.u. RdNr. 457). Aussonderungsrechte, die bei Insolvenzeröffnung bestanden, können erlöschen, wenn der Insolvenzverwalter den betreffenden Gegenstand für die Masse erwirbt.   35

2. Massebefangenheit. Dass ein Gegenstand „aus der Istmasse heraus" ausgesondert wird, bedeutet nicht, dass der Insolvenzverwalter ihn bereits in seinen Besitz genommen oder seiner Verwaltung unterstellt haben muss. Voraussetzung ist nur, dass er ihn – rechtlich oder tatsächlich – für die Masse beansprucht.[69] Ein Mietgrundstück ist massebefangen und somit aussonderungsfähig, wenn der Insolvenzverwalter zwar das Eigentum des Vermieters anerkennt, aber das Recht für sich in Anspruch nimmt, das Grundstück für die Masse zu nutzen und darüber zu entscheiden, wie, wann und in welcher Weise er es an den Vermieter zurückgibt.[70] Eine tatsächliche Inanspruchnahme, die für die Massebefangenheit genügt, liegt so lange vor, als auf dem Grundstück Gegenstände des Schuldners lagern, die der Verwaltungsbefugnis des Insolvenzverwalters unterliegen, sofern dieser davon tatsächlich Gebrauch machen will.[71] Begründet der Insolvenzverwalter nur fremdnützigen Mitbesitz zusammen mit dem Berechtigten, so hat er nicht als Insolvenzverwalter für die Masse Besitz ergriffen.[72] Gibt der Verwalter von Anfang an zu erkennen, dass er das gemietete Grundstück nicht in Besitz nehmen wolle und es ablehne, sich mit den darauf noch befindlichen Sachen des Mieters überhaupt zu befassen, dürfte es ebenfalls an einer Massebefangenheit fehlen.[73] Dann kann der Vermieter nicht aussondern, sondern die Kosten für die Beseitigung der Hinterlassenschaft des Mieters nur als Insolvenzforderung geltend machen. Vgl. auch RdNr. 465.   35a

E. Aussonderungsberechtigung

Die Aussonderungsberechtigung ergibt sich aus der Insolvenzordnung nicht. Insoweit verweist § 47 Satz 1 („Wer auf Grund ...") auf das sonstige Recht. Im Folgenden wird zwischen der dingli-   36

---

[65] Vgl. RGZ 44, 1 ff.
[66] *Jaeger/Henckel* § 47 RdNr. 33.
[67] *Jaeger/Henckel* § 47 RdNr. 34.
[68] *Jaeger/Henckel* § 47 RdNr. 34.
[69] BGHZ 127, 156, 161 = NJW 1994, 3232; BGH NZI 2008, 554; *Jaeger/Henckel* § 47 RdNr. 3; *Uhlenbruck/Brinkmann* § 47 RdNr. 8.
[70] BGHZ 127, 156, 161 = NJW 1994, 3232; BGH NZI 2008, 554, 555 RdNr. 14.
[71] BGHZ 127, 156, 162 = NJW 1994, 3232.
[72] BGHZ 30, 38 = NJW 1995, 2783, 2787.
[73] BGHZ 148, 252, 260 f.; vgl. ferner OLG Köln ZIP 2000, 1498, 1500 f.; *Berger*, FS Kreft, S. 191, 192 f.

chen und der schuldrechtlichen Grundlage unterschieden. Abgesehen davon, dass auch bei einer schuldrechtlichen Grundlage auf eine dingliche Komponente nicht verzichtet werden kann, ist bei manchen Rechtsinstituten eine trennscharfe Abgrenzung freilich nicht möglich. So beruht zum Beispiel das Aussonderungsrecht des echten Factors in der Insolvenz des Klienten (s.u. RdNr. 265) auf dinglicher, das Aussonderungsrecht des Klienten in der Insolvenz des unechten Factors (s.u. RdNr. 277 ff.) auf schuldrechtlicher Grundlage. Der Vermieter oder Leasinggeber kann, wenn er zugleich (wie meist) Eigentümer ist, wahlweise auf Grund seiner dinglichen oder schuldrechtlichen Berechtigung aussondern (s.u. RdNr. 341). In solchen Fällen wird das Rechtsinstitut zusammenhängend behandelt und die formale Anknüpfung nach der Art der Aussonderungsberechtigung hintangestellt. Für die systematische Einordnung dieser „gemischten" Typen ist maßgeblich, ob die Grundlage der Aussonderungsberechtigung dem Schwerpunkte nach dinglich oder schuldrechtlich ist.

I. Dingliche Aussonderungsberechtigung

37 **1. Eigentum an Sachen. a) Alleineigentum.** Das Eigentum berechtigt in der Insolvenz des Besitzers zur Aussonderung; das Herausgabeverlangen nach § 985 BGB ist deren „Urfall".[74] Ob der Schuldner Eigen- oder Fremdbesitzer ist, macht für die Aussonderungsberechtigung keinen Unterschied. Ist der Schuldner unmittelbarer Besitzer, kann der Eigentümer Herausgabe verlangen. Ist der Schuldner mittelbarer Besitzer, kommt es darauf an, ob er imstande ist, die Sache von dem unmittelbaren Besitzer zurückzuerlangen. Ist er dies nicht, und hat er sein Unvermögen zur Rückgabe gegenüber dem Eigentümer nicht nach §§ 989 ff. BGB zu vertreten, kann der Eigentümer den Schuldner nur auf Abtretung des Herausgabeanspruchs gegen den unmittelbaren Besitzer in Anspruch nehmen.[75]

38 Solange das Eigentum besteht, berechtigt es auch zur Aussonderung. Hat der Eigentümer das **Eigentum aufschiebend bedingt übertragen** – sei es an den Schuldner, sei es an einen Dritten –, kann er aussondern, solange die Bedingung noch nicht eingetreten ist (zur Aussonderung beim **Eigentumsvorbehalt** s.u. RdNr. 72 ff.). Zur Aussonderungsberechtigung bei **auflösend bedingtem Eigentum** vgl. § 50 RdNr. 107.

39 Der Eigentümer kann in der Insolvenz des Besitzers auch dann aussondern, wenn dieser sich bereits schuldrechtlich zu einer Verfügung über das Eigentum verpflichtet hat. Wird ein **Verkaufskommissionär** insolvent, der das (ihm nicht übereignete) Kommissionsgut weiterverkauft, dem Abkäufer aber noch nicht übereignet hat, kann der Kommittent Aussonderung verlangen.[76] Näheres zum Kommissionsgeschäft unten RdNr. 287 ff.

40 Will der Eigentümer eines **Grundstücks** der Inanspruchnahme des im Grundbuch unrichtigerweise zugunsten des Schuldners eingetragenen Eigentums oder eines begrenzten dinglichen Rechts für die Masse entgegentreten, kann er die Aussonderung im Wege einer **Grundbuchberichtigung** (Umschreibung oder Löschung) oder durch Eintragung eines **Widerspruchs** verfolgen (§§ 894, 899 BGB).[77] Aussonderungscharakter hat auch die berichtigende Löschung eines etwa bereits gemäß § 32 eingetragenen Insolvenzvermerks.[78] Mit dem Anspruch aus § 894 BGB kann ein **Herausgabeanspruch** gemäß § 985 BGB konkurrieren, falls sich die massefremde unbewegliche Sache im Besitz des Insolvenzverwalters oder -schuldners befindet. Zur Aussonderung von begrenzten dinglichen Rechten s.u. RdNr. 328 ff.

41 Die Geltendmachung des aus dem Eigentum fließenden **Abwehranspruchs** gemäß § 1004 BGB stellt sich als Aussonderung dar, wenn sie dazu dient, der Inanspruchnahme eines Eingriffsrechts für die Masse – zum Beispiel der Ausübung einer in Wahrheit nicht bestehenden Dienstbarkeit – entgegenzutreten.[79] Demgegenüber bildet der Anspruch auf Beseitigung einer Eigentumsstörung, die der Schuldner vor Insolvenzeröffnung begangen hat, nur eine Insolvenzforderung (s.u. RdNr. 353a).

42 Dem Eigentümer können gegen den Schuldner nach §§ 987 bis 993 BGB Ansprüche auf Herausgabe von **Gebrauchsvorteilen,** die auf die Erstattung des Wertes hinauslaufen, und auf **Schadensersatz** zustehen. Hierbei handelt es sich jedoch ebenfalls um bloße Insolvenzforderungen.[80] Unmittelbare **Früchte,** die erst getrennt wurden, nachdem der gute Glaube des Besitzers (= Insolvenzschuldners) an sein Besitzrecht entfallen (§ 990 Abs. 1 Satz 2 BGB) oder die Rechtshängigkeit einer Eigentumsherausga-

---

[74] *Jaeger/Henckel* § 47 RdNr. 23; *Häsemeyer,* Insolvenzrecht RdNr. 11.01.
[75] Vgl. BGHZ 53, 29, 33 = NJW 1970, 241.
[76] *Schlegelberger/Hefermehl* § 383 HGB RdNr. 77; *Baumbach/Hopt* § 383 HGB RdNr. 15.
[77] *K. Schmidt* ZZP 90 (1977), 38, 51; *Jaeger/Henckel* § 47 RdNr. 23; *Uhlenbruck/Brinkmann* § 47 RdNr. 9.
[78] *Häsemeyer,* Insolvenzrecht RdNr. 11.08.
[79] *K. Schmidt* ZZP 90 (1977), 38, 51.
[80] Vgl. aber *Häsemeyer,* Insolvenzrecht RdNr. 11.21, der uU eine Ersatzaussonderung befürwortet.

beklage eingetreten war, gehören dem Eigentümer der Sache (§§ 99 Abs. 1, 953 BGB). Soweit sie noch unverbraucht sind, können sie ausgesondert werden.[81] Mittelbare Früchte (§ 99 Abs. 3 BGB), die nur „vermöge eines Rechtsverhältnisses" – zum Beispiel durch Vermietung einer aussonderungsfähigen Sache – angefallen sind, gewähren lediglich eine Insolvenzforderung. Die **wesentlichen Bestandteile** einer Sache (s.o. RdNr. 21) werden ohne weiteres von der Aussonderung durch den Sacheigentümer miterfasst, nicht aber die **Scheinbestandteile** (s.o. RdNr. 26). Diese können vielmehr – gerade umgekehrt – von demjenigen ausgesondert werden, der sie zu nur vorübergehendem Gebrauch mit einem Grundstück oder Gebäude verbunden hat, wenn dessen Eigentümer insolvent wird. Bei **Zubehör** (s.o. RdNr. 28) ist jeweils zu prüfen, wer Eigentümer ist.

Das bürgerliche Recht zieht der Aussonderung kraft Eigentums manche Schranken. Bei beweglichen Sachen, die der Schuldner bei Eröffnung des Insolvenzverfahrens im **Besitz** hat, streitet zugunsten des Insolvenzverwalters eine doppelte **Vermutung:** Einmal wird gemäß § 1006 Abs. 1 BGB vermutet, dass Sachen, an denen der Schuldner Eigenbesitz hat, ihm gehören; weiterhin wird Eigenbesitz vermutet, wenn der Schuldner unmittelbarer Besitzer ist.[82] Derjenige, der die Aussonderung verlangt, muss diese Vermutungen widerlegen. Hat der Schuldner über die für ihn fremden Sachen verfügt, muss der Eigentümer **Rechtseinbußen zugunsten des redlichen rechtsgeschäftlichen Verkehrs** hinnehmen (§§ 892 ff., 932 ff. BGB). Der Bereicherungsanspruch nach § 816 BGB bildet lediglich eine Insolvenzforderung. Ohne Rücksicht auf den guten Glauben des Erwerbers kann ein Rechtsverlust eintreten durch **Verbindung, Vermischung und Verarbeitung** (§§ 946 bis 950 BGB; dazu o. RdNr. 24). Falls dadurch Miteigentum entsteht, kann allenfalls der Miteigentumsanteil ausgesondert werden (dazu RdNr. 45 ff.). 43

Hat der unmittelbare Besitzer dem Schuldner gegenüber kein **Recht zum Besitz,** kann der Eigentümer vom Schuldner Herausgabe verlangen. Ist der Schuldner dem Eigentümer gegenüber zum Besitz berechtigt, geht die Aussonderung auf Feststellung des Eigentums. Wird das Besitzrecht aus einem **Mietvertrag** abgeleitet, ist zu unterscheiden: Ist eine bewegliche Sache vermietet, kann der Vermieter den Insolvenzverwalter gemäß § 103 Abs. 2 Satz 2 dazu zwingen, sich unverzüglich zu erklären, ob er die Erfüllung verlangen will. Lehnt er dies ab, entfällt sein Besitzrecht. Ist eine unbewegliche Sache vermietet, ist § 103 nicht anwendbar; vielmehr dauert das Mietverhältnis fort (§ 108). Nach Stellung des Antrags auf Insolvenzeröffnung kann der Vermieter wegen eines vorher eingetretenen Verzugs oder wegen der Verschlechterung der Vermögensverhältnisse des Mieters auch nicht mehr kündigen (§ 112). Der Insolvenzverwalter behält also sein Besitzrecht, solange er den Verpflichtungen aus dem Mietvertrag nachkommt. 44

b) Miteigentum. Der Anteil eines Miteigentümers (§§ 1008 ff. BGB) unterliegt der Aussonderung.[83] In der Insolvenz eines Miteigentümers kann – sofern nicht der Insolvenzschuldner ein durch das Insolvenzverfahren unbeeinflusstes Recht zum Alleinbesitz hat – Einräumung des Mitbesitzes und Auseinandersetzung (§ 84 Abs. 1) verlangt werden.[84] Für eine Klage auf bloße Feststellung des Miteigentums dürfte deshalb das Rechtsschutzinteresse fehlen.[85] Der eigene Anteil muss auch der Höhe nach bewiesen werden.[86] Haben die Miteigentümer die Sache einem Dritten überlassen, so kann ein jeder von ihnen, falls der Besitzer insolvent wird, Herausgabe an alle Miteigentümer verlangen (§§ 1011, 432 BGB).[87] In diesem Falle muss der aussondernde Miteigentümer seinen Anteil nicht beziffern.[88] Allerdings muss auch hier der Beweis des Miteigentums geführt werden; insbesondere muss belegt werden, dass diejenigen, an die Herausgabe verlangt wird, die einzigen Miteigentümer sind. Daran scheitert die Aussonderung durch einen Miteigentümer häufig. Insbesondere in den Fällen der Geldvermengung lassen sich die Eigentumsverhältnisse oft nicht klären. Ausnahmsweise muss auch der Anteil des Miteigentümers beziffert werden, wenn dieser vom Insolvenzverwalter wegen Verletzung des Miteigentums Schadensersatz verlangt.[89] 45

Beim **Lagergeschäft** erwirbt der Lagerhalter durch die ihm erlaubte Vermischung nicht das Eigentum. Vielmehr entsteht Miteigentum der Einlagerer am Gesamtvorrat (§ 419 Abs. 2 HS 2 46

---

[81] *Uhlenbruck/Brinkmann* § 47 RdNr. 10.
[82] BGH ZIP 1996, 1181, 1182 = EWiR 1996, 753 *(Uhlenbruck); Jaeger/Henckel* § 47 RdNr. 20.
[83] BGH NZI 2010, 897, 898; *Gottwald/Adolphsen,* Insolvenzrechts-Hdb. § 40 RdNr. 9; HK-*Lohmann* § 47 RdNr. 9.
[84] BGH LM KO § 82 Nr. 1; *Jaeger/Henckel* § 47 RdNr. 88, 91; *Uhlenbruck/Brinkmann* § 47 RdNr. 11.
[85] *Niesert* InVo 1998, 85, 88.
[86] BGH NZI 2010, 897, 898; *Uhlenbruck/Brinkmann* § 47 RdNr. 11; *Gottwald/Adolphsen,* Insolvenzrechts-Handbuch, § 40 RdNr. 9.
[87] *Gottwald/Adolphsen,* Insolvenzrechts-Handbuch, § 40 RdNr. 9; *Jaeger/Henckel* § 47 RdNr. 90; *Uhlenbruck/Brinkmann* § 47 RdNr. 11.
[88] BGH NJW 1958, 1534 f. m. Anm. *Hoche; Jaeger/Henckel* § 47 RdNr. 90.
[89] BGH NJW 1958, 1534 f. m. Anm. *Hoche.*

HGB). Bei Mischlagerung gilt dies ab tatsächlicher Vermischung (§ 23 Abs. 2 OrderlagerscheinVO), bei vereinbarter **Sammellagerung** bereits ab Einlagerung (§ 30 Abs. 2, 3 OrderlagerscheinVO). Bei der **Sammelverwahrung** (§ 5 DepotG, s.u. RdNr. 420) erwirbt der Hinterleger Miteigentum an den zum Sammelbestand des Verwahrers gehörenden Wertpapieren derselben Art (§ 6 Abs. 1 Satz 1 DepotG). Demgemäß hat jeder Einlagerer bzw. Hinterleger ein **Anteilsaussonderungsrecht**.

47 Der Grundstückseigentümer, dem ein Teil einer Hypothek als Eigentümergrundschuld zusteht, hat keinen Anspruch auf Einräumung des Mitbesitzes an dem Hypothekenbrief. Er kann entweder Vorlegung des Briefes an das Grundbuchamt, damit das Grundbuch berichtigt wird (§ 896 BGB), oder Aufhebung der Gemeinschaft verlangen. Diese wird durch Herstellung eines **Teilhypothekenbriefs** vollzogen.[90]

48 Ein praktisch wichtiger Anwendungsfall der Miteigentümergemeinschaft ist der **Lieferantenpool**. Einzelheiten werden im Zusammenhang mit dem Eigentumsvorbehalt dargestellt (s.u. RdNr. 189 ff.).

49 Das bei einer **Kapitalanlagegesellschaft** angelegte Geld und die damit angeschafften Vermögensgegenstände stehen üblicherweise – anders bei der Wahl der Treuhandkonstruktion (siehe RdNr. 367) – im Miteigentum der Anteilinhaber (vgl. § 6 Abs. 1 Satz 2 KAGG). Auch wenn sie im Miteigentum der Anteilinhaber stehen, bilden sie ein Sondervermögen (§ 6 Abs. 1 Satz 1 KAGG). In der Insolvenz der Kapitalanlagegesellschaft sind zur Aussonderung nicht die Anteilinhaber berechtigt.[91] Vielmehr ist es die Depotbank, auf die das Verfügungsrecht über das Sondereigentum übergeht (§ 14 Abs. 1 KAGG). Die Depotbank hat das Sondervermögen abzuwickeln und an die Anteilinhaber zu verteilen (§ 14 Abs. 2 Satz 1 KAGG).

50 Neben der Möglichkeit der Aussonderung besteht noch ein **Absonderungsanspruch** des Miteigentümers aus **§ 84 Abs. 1 Satz 2**. Danach kann der Miteigentümer „für Ansprüche aus dem Rechtsverhältnis" gemäß § 756 BGB, zB Ansprüche auf Ausgleich, Verwendungsersatz, rückständiger Gewinnanteile, Ersatz von Auseinandersetzungskosten, abgesonderte Befriedigung verlangen. Voraussetzung ist, dass die Gemeinschaft zurzeit der Eröffnung des Insolvenzverfahrens noch besteht.[92] Die abgesonderte Befriedigung erfolgt aus dem im Wege der Auseinandersetzung ermittelten Anteil des Insolvenzschuldners, also aus dem Nettoanteil nach Begleichung aller gemeinschaftlichen Schulden.[93] Das Absonderungsrecht besteht auch beim Verkauf des Miteigentumsanteils des Schuldners durch den Insolvenzverwalter (vgl. Vor §§ 49–52 RdNr. 41).[94]

51 **c) Gesamthänderisch gebundenes Eigentum.** Es bestehen keine einheitlichen Regeln für die verschiedenen Formen der Gesamthand. Durch die Insolvenz eines **BGB-Gesellschafters** wird – vorbehaltlich anderweitiger Regelung im Gesellschaftsvertrag – die Gesellschaft aufgelöst. Es schließt sich eine Auseinandersetzung außerhalb des Insolvenzverfahrens an (§ 84). Aus dem dabei ermittelten Anteil des Schuldners kann – genauso wie bei einer Miteigentümergemeinschaft (s.o. RdNr. 45) – für Ansprüche aus dem Rechtsverhältnis abgesonderte Befriedigung verlangt werden (§ 84 Abs. 1 Satz 2).

52 Für die **Gütergemeinschaft** gilt § 37 (dazu gibt unten RdNr. 439 einen groben Überblick). Wird vor der Teilung des Nachlasses über das Vermögen eines **Miterben** das Insolvenzverfahren eröffnet, ohne dass ein Nachlassinsolvenzverfahren anhängig ist, so kann der Insolvenzverwalter anstelle des Schuldner-Miterben die Auseinandersetzung nach § 2042 BGB betreiben.[95]

53 **d) Sicherungseigentum. Sicherungseigentum** ist zwar nach außen vollwertiges Eigentum, nach innen – im Verhältnis zum Sicherungsgeber – aber fiduziarisch gebunden (zur eigennützigen Treuhand s.u. RdNr. 373). Es ist deshalb einem besitzlosen Pfandrecht gleichzuachten. In der – praktisch seltenen – Insolvenz des Sicherungsnehmers (Sicherungseigentümers) kann dem Sicherungsgeber ein Aussonderungsrecht zustehen. In dem – viel häufigeren – Fall einer Insolvenz des Sicherungsgebers hat der Sicherungseigentümer nur ein Absonderungsrecht. Einzelheiten werden bei der Kommentierung zu § 51 dargestellt.

54 **2. Eigentumsvorbehalt. a) Einfacher Eigentumsvorbehalt.** Der Eigentumsvorbehalt ist – auch gemeinschaftsrechtlich anerkannt[96] – das Hauptsicherungsmittel des vorleistenden Verkäufers

---

[90] *RGZ* 69, 36, 42.
[91] *Henckel*, FS Uhlenbruck, S. 19, 26.
[92] *Niesert* InVo 1998, 85, 89; *Mitlehner* aaO RdNr. 837.
[93] *Niesert* InVo 1998, 85, 89; *Uhlenbruck/Hirte* § 84 RdNr. 25.
[94] *Mitlehner*, aaO RdNr. 837.
[95] Zum Verhältnis der Erbeninsolvenz zur Nachlassinsolvenz vgl. *Arnold*, Insolvenzrechts-Handbuch, 1. Aufl., § 110; *Jaeger/Weber* KO § 235 RdNr. 4, 6.
[96] Vgl. die Verordnung (EG) Nr. 1346/2000 über Insolvenzverfahren und dazu *Kemper* ZIP 2001, 1609, 1617. Zum Eigentumsvorbehalt im Exportgeschäft vgl. *Lehr* RIW 2000, 747 ff.

einer beweglichen Sache.[97] Der Käufer kann Leistung der Kaufsache nur verlangen Zug um Zug gegen Zahlung des Kaufpreises. Vielfach kann er weder zahlen noch eine entsprechende Sicherheit leisten. Er will die Kaufpreisschuld in Raten oder mit dem Erlös aus einer Weiterveräußerung der Kaufsache tilgen. Behält sich der Verkäufer bis zur vollständigen Zahlung des Kaufpreises das Eigentum an der Kaufsache vor, so ist nach der Auslegungsregel des § 449 Abs. 1 BGB anzunehmen, dass die Übertragung des Eigentums unter der aufschiebenden Bedingung vollständiger Zahlung des Kaufpreises erfolgt und der Verkäufer zum Rücktritt vom Vertrage berechtigt ist, wenn der Käufer mit der Zahlung in Verzug kommt.

Der Eigentumsvorbehalt wird vielfach als **besitzloses Pfandrecht** verstanden. Dies ist unzutreffend. Der Verkäufer kann die Sache nicht, wie ein Pfandgläubiger, zur Befriedigung der Kaufpreisforderung verwenden. Vielmehr kann der Verkäufer, falls der Käufer nicht zahlt, nur vom Vertrag zurücktreten und die Sache wieder an sich nehmen. Der Eigentumsvorbehalt sichert somit nicht die Kaufpreisforderung, sondern den Herausgabeanspruch.[98] Wirtschaftlich übt der Verkäufer allerdings auf den Käufer, der die Kaufsache im Allgemeinen bekommen bzw. behalten will, Druck aus, damit dieser seiner Zahlungspflicht nachkommt[99]

Das Vorbehaltseigentum ist auch **kein Sicherungseigentum**,[100] wenngleich die Erweiterungs- und Verlängerungsformen sich dem annähern (vgl. u. RdNr. 87, 114). Beim Verkauf unter Eigentumsvorbehalt sichert sich der Verkäufer, indem er (vorerst) etwas behält, das der Käufer erwerben will; bei der Sicherungsübereignung sichert sich der Erwerber, indem er sich (vorübergehend) etwas übertragen lässt, das der Sicherungsgeber behalten will.

aa) Vereinbarung. Eine besondere Form ist für den Eigentumsvorbehalt nicht vorgeschrieben. Er kann auch mündlich oder stillschweigend vereinbart werden. Für Verträge mit Verbrauchern ist aber die Schriftform vorgeschrieben (§ 506 Abs. 3, Abs. 1 BGB iVm Art. 247 § 7 Nr. 2 EGBGB).[101] In der Regel wird der Eigentumsvorbehalt schriftlich im Kaufvertrag oder durch Bezugnahme auf Allgemeine Geschäftsbedingungen bei Vertragsabschluss vereinbart. Dies ist AGB-rechtlich unbedenklich. Im kaufmännischen Geschäftsverkehr reicht es regelmäßig aus, wenn der AGB-Verwender bei Vertragsschluss auf die Allgemeinen Geschäftsbedingungen hinweist und der Vertragspartner ihrer Verwendung nicht widerspricht.[102] Die Voraussetzungen, unter denen Allgemeine Geschäftsbedingungen im Geschäftsverkehr mit Nichtkaufleuten Vertragsbestandteil werden, ergeben sich aus § 305 Abs. 2 BGB. Nicht wirksam einbezogen ist eine Eigentumsvorbehaltsklausel zum Beispiel dann, wenn sie an versteckter Stelle oder in kleiner Schrift angebracht ist oder der Käufer auf Grund der bisherigen Geschäftsbeziehungen mit einem Eigentumsvorbehalt nicht zu rechnen brauchte.[103]

Scheitert ein formularmäßiger Eigentumsvorbehalt an einer Inhaltskontrolle nach § 9 AGBG, § 307 BGB, so liegt in der unter **Bezugnahme auf die unwirksame Klausel** erfolgenden Übergabe der Vorbehaltsware an den Käufer kein Angebot zur unbedingten Übereignung, wenn dem Käufer bekannt ist, dass der Verkäufer nur unter Eigentumsvorbehalt liefern will.[104]

Eine in den Einkaufsbedingungen des Käufers enthaltene **Abwehrklausel** kann allenfalls schuldrechtliche Wirkung entfalten, den Eigentumsvorbehalt aber sachenrechtlich nicht verhindern. Wird dieser durch Individualabrede vereinbart, ist die Abwehrklausel von vornherein wirkungslos (§ 4 AGBG, § 305b BGB). Ist der Eigentumsvorbehalt in den Allgemeinen Geschäftsbedingungen des Verkäufers enthalten, liegen sich widersprechende Einkaufs- und Verkaufsbedingungen vor. Dann ist der Kauf ohne Eigentumsvorbehalt vereinbart.[105] Kommt es später zur Lieferung, will der Verkäufer, entsprechend seinen Allgemeinen Geschäftsbedingungen, aber nur bedingt übereignen. Darüber ist sich der Käufer auch im Klaren. Um überhaupt Eigentümer zu werden, lässt er sich auf das Angebot bedingter Übereignung ein.[106]

---

[97] Über den Konsignationslagervertrag als Alternative zum Eigentumsvorbehalt verhält sich *Schulz* ZInsO 2003, 979 ff.
[98] BGHZ 54, 214, 219 = NJW 1970, 1733; *Jaeger/Henckel* § 47 RdNr. 43; *Henckel*, FS Zeuner, S. 193, 214; *Reinicke/Tiedtke*, Kreditsicherung S. 245; *Gaul* ZInsO 2000, 256, 258; aA *Bülow* WM 2007, 429, 432; *Mitlehner*, aaO RdNr. 45.
[99] *Jauernig*, Zwangsvollstreckungs- und Insolvenzrecht § 45 I 1a (S. 201); *Burgermeister* aaO S. 85; *Serick* V § 62 II 2a (S. 332); *Henckel*, Aktuelle Probleme der Warenlieferanten beim Kundenkonkurs S. 3; *Stracke*, aaO S. 114.
[100] So jedoch *Häsemeyer*, Insolvenzrecht Rn. 18.34, 18.36.
[101] *Kieninger* in Lwowski/Fischer/Langenbucher, Das Recht der Kreditsicherung § 21 RdNr. 7.
[102] BGHZ 117, 190, 194 = NJW 1992, 1232.
[103] BGH NJW 1979, 213, 214.
[104] BGHZ 104, 129, 136 f. = NJW 1988, 1774.
[105] Vgl. BGH NJW 1985, 1838, 1840; NJW-RR 2001, 484, 485; NJW 2002, 1651. Die Literatur kommt zum selben Ergebnis über das Postulat, bei sich widersprechenden AGB gelte das dispositive Gesetzesrecht, vgl. *Graf von Westphalen*, Kollision von Einkaufs- und Verkaufs-AGB – Ein Irrweg des BGH, FS Kreft, 2004, S. 97, 108. *Tetzlaff* ZInsO 2009, 1092, 1093, betont hingegen die Branchenüblichkeit des Eigentumsvorbehalts.
[106] BGH NJW 1982, 1751; NJW-RR 1986, 1378, 1379; *de Lousanoff* NJW 1982, 1727 ff.; *Tetzlaff* ZInsO 2009, 1092, 1093; ablehnend *Bunte* ZIP 1982, 449 ff.

59a Ein (einfacher) Eigentumsvorbehalt kann im Geschäftsverkehr zwischen Unternehmen ausnahmsweise auch ohne entsprechende Vereinbarung kraft **Handelsbrauchs** gelten.[107] Ein derartiger Handelsbrauch muss im Einzelfall besonders festgestellt werden. Gegebenenfalls gilt der Handelsbrauch normativ, d.h. ohne Rücksicht auf einen Unterwerfungswillen der betroffenen Vertragsparteien.[108]

60 Der Eigentumsvorbehalt kann auch nachträglich vereinbart werden, und zwar sogar dann, wenn der Käufer schon unbedingter Eigentümer der Kaufsache geworden war.[109] Umgekehrt können die Vertragsparteien die Bedingung – solange sie noch nicht eingetreten ist – aufheben oder ändern. Auch ist eine nachträgliche Ausdehnung des Eigentumsvorbehalts möglich.[110] Wird ein streitiger Eigentumsvorbehalt durch nachträglichen Feststellungs- oder Bestätigungsvertrag zwischen den Parteien bindend festgelegt, so wird durch ein derartiges „Anerkenntnis" die Eigentumslage nicht gegenüber jedermann verändert; es hat vielmehr nur eine streitausschließende Wirkung unter den Parteien.[111]

61 Erklärt der Verkäufer – ohne dass zuvor von einem Eigentumsvorbehalt die Rede gewesen war – bei der Übergabe, er übereigne die Kaufsache nur unter der aufschiebenden Bedingung vollständiger Zahlung, so ist dieser einseitige Versuch, den Eigentumsvorbehalt nachträglich zur Entstehung zu bringen, zum Scheitern verurteilt, wenn das Eigentum schon übergegangen war. Ein Vorbehalt auf der Rechnung ist deswegen regelmäßig wirkungslos[112] (nach Art. 4 des Entwurfs einer EG-Richtlinie zur Bekämpfung des Zahlungsverzugs im Handelsverkehr soll es ausreichen, dass der Verkäufer den Vorbehalt einseitig auf der Rechnung erklärt). Kommt der einseitige Vorbehalt noch rechtzeitig, hilft es dem Käufer wenig, wenn er darauf beharrt, er wolle – wie vertraglich vereinbart – das unbedingte Eigentum erlangen. Denn in diesem Fall erhält er überhaupt kein Eigentum und somit weniger, als der Verkäufer ihm anbietet. Man wird daher das Verhalten des Käufers, der die Entgegennahme der Sache nicht ablehnt, so auslegen müssen, dass er jedenfalls die bedingte Übereignungserklärung annimmt.[113]

62 **bb) Insolvenz des Käufers.** Aufgrund eines einfachen Eigentumsvorbehalts (zu den Sonderformen des Eigentumsvorbehalts in der Insolvenz s.u. RdNr. 87 ff., 97 ff., 101 ff., 105 ff.) kann der Vorbehaltsverkäufer grundsätzlich die Kaufsache **aussondern,** falls der Käufer insolvent wird, bevor er den Kaufpreis vollständig bezahlt hat.[114] Diese schon früher herrschende Auffassung[115] lässt sich jetzt wohl zusätzlich durch einen Umkehrschluss aus § 51 Nr. 1 belegen. Im Schrifttum war teilweise gefordert worden, den Vorbehaltsverkäufer aus dem Kreis der Aussonderungsberechtigten herauszunehmen und ihm nur noch ein Absonderungsrecht zu gewähren.[116] Dies ist im Zuge der Reformdiskussion in Erwägung gezogen,[117] letztlich aber verworfen worden.[118] Zur Neuordnung des Eigentumsvorbehalts durch die Insolvenzrechtsreform vgl. im Übrigen o. RdNr. 2.

62a Sobald über das Vermögen des Käufers das Insolvenzverfahren eröffnet ist, kann der Verkäufer kraft seines vorbehaltenen Eigentums die Sache aussondern. Er muss nicht *vorher* vom Kaufvertrag zurücktreten.[119] Allerdings ist eine Rücktrittserklärung – wie jetzt durch § 449 Abs. 2 BGB angeordnet ist – Voraussetzung des Herausgabeverlangens.[120] Dieses kann jedoch mit der Rücktrittserklärung verbunden werden, und regelmäßig ist dies auch der Fall.[121] Deshalb kann der Verkäufer sein Aussonderungsrecht zugleich auf eine schuldrechtliche Grundlage stellen.

63 Weitere Voraussetzung des Aussonderungsrechts ist, dass das Recht des Käufers zum Besitz (§ 986 BGB) erloschen und die Bedingung für den Eigentumserwerb des Käufers endgültig ausgefallen ist. Die erste Voraussetzung ist jedenfalls zunächst gegeben. Da mit der Eröffnung des Insolvenzverfah-

---

[107] *Kieninger* in Lwowski/Fischer/Langenbucher, Das Recht der Kreditsicherung § 21 RdNr. 7.
[108] BGH WM 2003, 2420, 2421 = EWiR 2004, 327 *(Theis).*
[109] *Gottwald/Adolphsen,* Insolvenzrechts-Handbuch, § 43 RdNr. 5.
[110] BGHZ 42, 53, 58 = NJW 1964, 1788.
[111] BGHZ 98, 160, 166 = NJW 1986, 2948.
[112] Zum Vorbehalt auf einem Lieferschein vgl. BGH NJW 1979, 213, 214.
[113] Zutreffend *Reinicke/Tiedtke,* Kreditsicherung S. 247.
[114] *Jaeger/Henckel* § 47 RdNr. 42; *Uhlenbruck/Brinkmann* § 47 RdNr. 13.
[115] BGHZ 10, 69, 72 = NJW 1953, 1099; 54, 214, 218 f. = NJW 1970, 1733; 100, 19, 24 = NJW 1987, 2433; BGH NJW 1996, 2233, 2235 = EWiR 1996, 753 *(Uhlenbruck);* NJW 1997, 3021, 3022.
[116] Vgl. zB *Hübner* NJW 1980, 729, 734; *Burgermeister,* aaO S. 97; *Häsemeyer,* Insolvenzrecht RdNr. 11.10.
[117] Leitsätze 1. 2. 10 Abs. 3, 2.4.4.1 und 3.3.1 Abs. 1 des 1. KommBer., vgl. dazu *Drobnig* ZGR 1986, 252, 260; *Landfermann* KTS 1987, 381, 396; *Kübler/Rümker,* Neuordnung des Insolvenzrechts S. 135, 137 einerseits und *Berges* BB 1986, 753 andererseits.
[118] Zu den Gründen vgl. *Leipold/Marotzke,* Insolvenzrecht im Umbruch, S. 183, 187 f.; *Hilgers* aaO S. 77 ff.
[119] *Braun/Kroth* § 107 RdNr. 12; aA *Huber* NZI 2004, 57, 59; *Klose* ZInsO 2009, 1792, 1799.
[120] Zu weitgehend *Jaeger/Henckel* § 47 RdNr. 43, der ganz auf einen Rücktritt verzichten will.
[121] *Huber* NZI 2004, 57, 62; *Mitlehner,* aaO RdNr. 165; wohl auch HK-*Marotzke* § 107 RdNr. 20; aA *Häsemeyer,* Insolvenzrecht RdNr. 18.35.

rens die Erfüllung des Kaufvertrages mit Wirkung für und gegen die Masse nicht mehr durchgesetzt werden kann, ist das Besitzrecht des Vorbehaltskäufers entfallen.[122] Der Insolvenzverwalter kann aber die Aussonderung vermeiden, indem er gemäß § 103 Abs. 1 vom Verkäufer Erfüllung verlangt und selbst den Vertrag erfüllt, das heißt den (Rest-)Kaufpreis zahlt. Dieses **Wahlrecht** steht ihm grundsätzlich (vgl. aber u. RdNr. 66) zu, weil der Kaufvertrag beiderseits noch nicht vollständig erfüllt ist, wenn der Verkäufer unter Eigentumsvorbehalt geliefert und der Käufer den Kaufpreis noch nicht vollständig entrichtet hat[123] (Näheres hierzu bei § 103).

Der Verkäufer kann den Verwalter durch eine entsprechende Aufforderung zur **Ausübung seines Wahlrechts** zwingen (§ 103 Abs. 2 Satz 2). Grundsätzlich hat der Verwalter unverzüglich, das heißt ohne schuldhaftes Zögern (§ 121 Abs. 1 Satz 1 BGB), zu erklären, ob er die Erfüllung verlangen will. Unterlässt er dies, so kann er „auf Erfüllung nicht bestehen" (§ 103 Abs. 2 Satz 3). Dem Aussonderungsbegehren des Verkäufers steht dann nichts mehr im Wege. Durch § 107 Abs. 2 ist sichergestellt, dass unter Eigentumsvorbehalt gelieferte Sachen nicht schon unmittelbar nach der Verfahrenseröffnung dem Unternehmen des Schuldners entzogen werden können. Dadurch wäre nämlich die Entscheidung über Liquidation oder Sanierung oft vorweggenommen. Der Verwalter kann – er muss es nicht, weshalb er auch schon vor dem Berichtstermin aufgefordert werden kann, sich zu entscheiden – die Ausübung seines Wahlrechts deshalb aufschieben, bis im Berichtstermin die Entscheidung gefallen ist. Vor dem Berichtstermin hat der Aussonderungsberechtigte auch keinen Anspruch auf Auskunft (vgl. RdNr. 460).[124] Der vorläufige Insolvenzverwalter muss überhaupt keine Erklärung über die Vertragserfüllung abgeben.[125] 64

Der Insolvenzverwalter darf – auch wenn er noch nicht erklärt hat, dass er die Erfüllung wähle – das Vorbehaltsgut **weiterbenutzen**. § 172 ist zwar nicht analog anwendbar, weil das vorbehaltene Eigentum nicht „zur Insolvenzmasse gehört".[126] Andererseits ist nicht zu verkennen, dass die Vertragsbeziehung zwischen Verkäufer und Käufer während des Schwebezustandes fortbesteht. Dieser kann nur durch die Ausübung des Wahlrechts oder die Untätigkeit des Verwalters (§ 103 Abs. 2 Satz 2) beendet werden. Auch wäre die Absicht des Gesetzgebers, die im Berichtstermin zu treffende (vgl. § 107 Abs. 2) Entscheidung über die Betriebsfortführung offenzuhalten, nur eingeschränkt erreichbar, wenn der Insolvenzverwalter Vorhaltsgut zwar nicht herausgeben müsste, aber nicht benutzen dürfte. Mehrheitlich wird deshalb ein Benutzungsrecht bejaht.[127] Eine Nutzungsentschädigung schuldet der Insolvenzverwalter nicht.[128] Er muss jedoch etwaige Wertverluste, die durch die Nutzung verursacht wurden, ersetzen.[129] 65

Das Recht zur Benutzung gibt jedoch kein Recht zum **Verbrauch.** Der Insolvenzverwalter darf deshalb, so lange er sich nicht für die Erfüllung des Kaufvertrages entschieden hat, die Kaufsache nicht verarbeiten oder mit anderen Sachen verbinden oder vermischen.[130] Denn dadurch würde der Insolvenzverwalter das Aussonderungsrecht gegenstandslos machen und den Vorbehaltseigentümer auf einen bloßen Wertersatzanspruch verweisen. Auch die **Weiterveräußerung** geschieht unbefugt, wenn lediglich ein einfacher Eigentumsvorbehalt vereinbart ist. Mit der Weiterveräußerung ist der Lieferant nur einverstanden, wenn ihm eine Ersatzsicherheit gestellt wird, nämlich die im Voraus zedierte Forderung aus der Weiterveräußerung. Diese Ersatzsicherheit verschafft nur der verlängerte Eigentumsvorbehalt (s.u. RdNr. 105 ff.). 65a

Die Möglichkeit der Erfüllungswahl hat der Insolvenzverwalter – der den Vertrag so hinnehmen muss, wie er bei Verfahrenseröffnung zwischen den Vertragsparteien bestand – nicht immer. War der Käufer schon vor Eröffnung des Insolvenzverfahrens in Zahlungsverzug und der Vorbehaltsverkäufer deswegen vom Kaufvertrag **zurückgetreten,** kann der Insolvenzverwalter nicht mehr Erfüllung wählen.[131] Nach Verfahrenseröffnung darf der Vorbehaltsverkäufer nicht mehr zurücktreten,[132] wenn der Verzug bereits vorher eingetreten war. Ein gleichwohl erklärter Rücktritt 66

---

[122] *Gottwald/Huber* Insolvenzrechts-Handbuch, § 36 RdNr. 21.
[123] BGHZ 48, 203, 206 = NJW 1967, 2203; BGH NJW 1954, 1325, 1326; 1962, 2296 f.; 1967, 2202, 2204, insofern in BGHZ 48, 203 ff. n.a.; *Thamm* aaO S. 85.
[124] *Runkel*, FS Kirchhof, S. 455, 464 f.
[125] *Niesert* InVo 1998, 85, 90; *Runkel*, FS Kirchhof, S. 455, 466.
[126] *Tintelnot* ZIP 1995, 616, 617; *Marotzke* ZZP 109 (1996), 429, 454; *Niesert* InVo 1998, 85, 90; *Huber* NZI 2004, 57, 61; aA *Wellensiek*, Kölner Schrift 3. Aufl., S. 208, 219 f. RdNr. 40 f.
[127] *Jaeger/Henckel* § 47 RdNr. 47; HambKomm-*Arendt* § 107 RdNr. 18; *Kupka* InVo 2003, 213, 219; *Wellensiek*, Kölner Schrift 3. Aufl., S. 208, 219 f. RdNr. 40 f.; *Runkel*, FS Kirchhof, S. 455, 460 f.: *Mitlehner*, aaO RdNr. 159; *Gottwald/Adolphsen* Insolvenzrechts-Handbuch § 43 RdNr. 16.
[128] *Kupka* InVo 2003, 213, 221.
[129] *Kupka* aaO.
[130] *Jaeger/Henckel* § 47 RdNr. 47; *Kupka* InVo 2003, 213, 219.
[131] *Henckel*, Aktuelle Probleme der Warenlieferanten beim Kundenkonkurs S. 25; *Huber* NZI 2004, 57, 60.
[132] HK-*Marotzke* § 107 RdNr. 32; *Runkel*, FS Kirchhof, S. 455, 460.

hindert die Erfüllungswahl des Verwalters nicht.[133] Unter der Geltung des § 17 KO wurde die Auffassung vertreten, die Ausübung eines vor Verfahrenseröffnung entstandenen Rücktrittsrechts werde durch das Wahlrecht des Verwalters nicht ausgeschlossen.[134] Ob das für § 103 ebenso gilt, mag offen bleiben. Jedenfalls für das Verhältnis zwischen dem Vorbehaltsverkäufer und dem insolventen Vorbehaltskäufer dürfen die Wertungen der §§ 107 Abs. 2, 112 Nr. 1 nicht außer Acht gelassen werden. Insbesondere erscheint eine analoge Anwendung des § 112 Nr. 1 vertretbar.[135] Diese Vorschrift beruht ebenso wie § 107 Abs. 2 auf dem Gedanken, „dass die wirtschaftliche Einheit im Besitz des Schuldners nicht zur Unzeit auseinandergerissen werden darf".[136] Eine „Rücktrittssperre" ist für den Vorbehaltsverkäufer zumutbar, weil sie ihm außer einer zeitlichen Verzögerung keine Nachteile bringt: Er kann aussondern, sobald sich der Verwalter für die Nichterfüllung entschieden hat;[137] hat dieser die Erfüllung gewählt, bekommt der Vorbehaltsverkäufer den (Rest-)Kaufpreis aus der Masse.

67 Hat der Insolvenzverwalter die Freiheit der Erfüllungswahl nach § 103, die er – wie bereits gesagt – erst unverzüglich nach dem Berichtstermin ausüben muss (§ 107 Abs. 2), gibt es folgende Möglichkeiten:

68 **(1) Insolvenzverwalter wählt Erfüllung.** Das Erfüllungsverlangen im Sinne des § 103 Abs. 1 ist eine einseitige, empfangsbedürftige Willenserklärung. Veräußert der Insolvenzverwalter den gesamten Warenbestand des Insolvenzschuldners in Kenntnis des Umstands, dass sich darunter auch Vorbehaltsware befindet, wählt er damit nicht ohne weiteres die Erfüllung des Kaufvertrages.[138] Im Allgemeinen handelt es sich dabei weder um eine Erklärung an die Adresse des Vorbehaltsverkäufers noch lässt dieses Verhalten inhaltlich darauf schließen, dass der Verwalter den Vorbehaltskauf erfüllen will.

69 Wählt der Insolvenzverwalter Erfüllung, wird der Kaufpreisanspruch zur Masseforderung (§ 55 Abs. 1 Nr. 2). Tritt mit der vollständigen Zahlung die Bedingung ein, erwirbt der Schuldner (= Käufer) das Eigentum an dem Vorbehaltsgut und entfällt das Aussonderungsrecht des Verkäufers. Diesem geschieht damit kein Unrecht, weil er den vollen Kaufpreis erhält. Gerät der Insolvenzverwalter nach der Erfüllungswahl in Zahlungsverzug, kann der Verkäufer nach Maßgabe der §§ 323 ff. BGB vom Vertrag zurücktreten und Aussonderung verlangen.[139]

70 Wirtschaftlich sinnvoll ist die Erfüllungswahl zum Beispiel dann, wenn der Wert der Kaufsache wesentlich höher ist als der Preis. Bei ausgewogenem Preis-/Leistungsverhältnis wird sich der Verwalter umgekehrt zur Erfüllungsablehnung entschließen, wenn die Zahlungen, die der Schuldner bisher geleistet hat, den möglichen Schadensersatzanspruch des Verkäufers wegen Wertminderung oder Beschädigung der Kaufsache übersteigen.

71 Sind die geschuldeten **Leistungen teilbar** und hatte der Verkäufer die ihm obliegende Lieferung zurzeit der Eröffnung des Insolvenzverfahrens bereits teilweise erbracht, so ist er gemäß § 105 Satz 1 mit dem der Teilleistung entsprechenden Betrag seiner Kaufpreisforderung Insolvenzgläubiger, auch wenn der Insolvenzverwalter des Käufers wegen des noch ausstehenden Teils der Lieferung Erfüllung verlangt.[140] Nach § 105 Satz 2 ist der Verkäufer nicht berechtigt, wegen der Nichterfüllung seiner Forderung die Rückgabe der vor Verfahrenseröffnung an den Schuldner gelieferten Sachen zu verlangen.

72 **(2) Insolvenzverwalter wählt Nichterfüllung.** Entscheidet sich der Insolvenzverwalter zur Ablehnung der Erfüllung, so kann der Verkäufer unmittelbar – ohne (weitere) Fristsetzung – vom

---

[133] *Jaeger/Henckel* § 47 RdNr. 43.
[134] RGZ 86, 247, 250 *Serick* I § 13 II 2a (S. 341); *Thamm*, aaO S. 85; *Jaeger/Henckel* § 17 KO RdNr. 28, 56; *Schlegelberger/Hefermehl* Anh. § 382 HGB RdNr. 143.
[135] AG Düsseldorf DZWIR 2000, 347, 348 mit zust. Anm. *Smid*; *Marotzke* JZ 1995, 803, 813; *ders.* KTS 2002, 1, 10 f.; HK-*Marotzke* § 107 RdNr. 31; *Gottwald/Adolphsen*, Insolvenzrechts-Handbuch § 43 RdNr. 16; *Tintelnot* in Kübler/Prütting/Bork § 112 RdNr. 5; HambKomm-*Arendt* § 107 RdNr. 12; *Breuer*, Das neue Insolvenzrecht, 1998, S. 62; *Schlegel*, Eigentumsvorbehalt und Sicherungsübereignung – unüberwindbare Hindernisse einer Betriebsfortführung durch den vorläufigen Insolvenzverwalter, DZWIR 2000, 94, 100. AA *Obermüller/Livonius* DB 1995, 27, 29; *Huber* NZI 2004, 57, 60; *ders.*, FS für Musielak S. 267, 277; *Nerlich/Römermann/Balthasar* § 112 RdNr. 16; *Schwörer*, Lösungsklauseln für den Insolvenzfall, 2000, RdNr. 476.
[136] Vgl. zu § 126 RegE BT-Drucks. 12/2443 S. 148.
[137] *Runkel*, FS Kirchhof, S. 455, 460.
[138] BGH WM 1998, 298, 299 = WuB VI B. § 17 KO 1.98 *(Henckel);* aA OLG Celle WM 1987, 1569, 1570 = EWiR 1986, 177 *(Graf Lambsdorff); Serick* V § 62 VIII 2a (S. 396), IX 19a (S. 406); *Uhlenbruck/Wegener* § 103 RdNr. 120.
[139] BGH WM 2008, 139; HK-*Lohmann* § 47 RdNr. 11; HK-*Marotzke* § 107 RdNr. 31; *Huber*, FS für Musielak, S. 267, 284.
[140] *Mitlehner*, aaO RdNr. 164; wohl auch *Tintelnot* in Kübler/Prütting/Bork § 105 RdNr. 7; aA HK-*Marotzke* § 105 RdNr. 15; FK-*Wegener* § 105 RdNr. 4; unklar ders. in *Uhlenbruck/Wegener* § 105 RdNr. 19.

Vertrag zurücktreten[141] und die Kaufsache **aussondern**.[142] Der Aussonderung steht § 105 Satz 2 InsO nicht entgegen, weil diese Vorschrift nur den Vollerwerb betrifft.[143] Im Gegenzug muss der Verkäufer die schon erhaltenen **Kaufpreisraten** nach den §§ 346 ff. BGB zurückerstatten.[144] Dafür gewährt ihm der BGH die Möglichkeit der Verrechnung mit seinen eigenen Nichterfüllungsschaden.[145] Allerdings werden beide Ansprüche im Abrechnungsverhältnis saldiert.[146] Der Verkäufer hat auch die gezogenen **Nutzungen** herauszugeben (§ 346 Abs. 1 BGB) und schuldet für nicht gezogene Wertersatz (§ 347 Abs. 1 BGB). **Verwendungen,** die er auf das der Aussonderung unterliegende Gut gemacht hat, sind Bestandteil seines Schadensersatzanspruchs, der sich nach der Differenzmethode berechnet.[147]

Die Anwartschaft des Schuldners als „Teilleistung" in der Insolvenzmasse zu belassen und dem Vorbehaltsverkäufer nur die Aussonderung des „Resteigentums" zu gestatten,[148] würde, wörtlich genommen, den „Status quo" zementieren. Damit wäre niemandem gedient. Das „Resteigentum" wäre für den Verkäufer wertlos, weil dem Schuldner das Besitzrecht verbliebe, obwohl nach erfolgter Aussonderung die im Vermögen des Schuldners verbliebene Anwartschaft nie mehr zum Vollrecht erstarken könnte. So ist die Aussonderung des „Resteigentums" aber offensichtlich nicht gemeint. Vielmehr soll der Verkäufer die Sache nur gegen Erstattung des Anwartschaftswertes in die Insolvenzmasse zurückerhalten. Im Ergebnis unterscheidet sich diese Ansicht also nicht wesentlich von der hier vertretenen. Sie verkompliziert die Dinge lediglich unnötig. Der Anwartschaftswert soll aus dem Verhältnis des Sachwertes zum Kaufpreis ermittelt werden. Demgegenüber erhält der Vorbehaltskäufer nach hiesiger Auffassung schlicht seine Anzahlungen zurück. **73**

Grundsätzlich kann das Aussonderungsrecht ausgeübt werden, solange das vorbehaltene Eigentum besteht und geltend gemacht werden kann[149] (s.u. RdNr. 81 ff.). Der Eigentumsvorbehalt kann gemäß § 216 Abs. 2 Satz 2 BGB auch noch nach Verjährung der Kaufpreisforderung geltend gemacht werden.[150] Tritt der Insolvenzverwalter hier gemäß § 103 Abs. 1 in den Vertrag ein, bedeutet dies nicht, dass er nunmehr die verjährte Kaufpreisforderung erfüllen will. Nur wenn er dies ausdrücklich erklärt, entfällt das Aussonderungsrecht. **74**

Hat ein GmbH-Gesellschafter Ware unter Eigentumsvorbehalt an seine Gesellschaft verkauft und den Kaufpreis in der Krise der Gesellschaft gestundet, ist er nach Insolvenzeröffnung gehindert, das vorbehaltene Eigentum auszusondern (§ 39 Abs. 1 Nr. 5 InsO).[151] **75**

cc) Insolvenz des Verkäufers. Der Käufer hat, weil er eben noch nicht Eigentümer ist, kein Aussonderungsrecht kraft Eigentums.[152] Freilich hat er, falls ihm die Kaufsache bereits aufschiebend bedingt übereignet wurde, ein Anwartschaftsrecht, und zwar so lange, als er selbst vertragstreu ist. Unter der Geltung der Konkursordnung war außerordentlich umstritten, ob dieses Anwartschaftsrecht konkursfest ist. Die Rechtsprechung hatte dies abgelehnt.[153] Danach konnte der Konkursverwalter durch die Wahl der Nichterfüllung gemäß § 17 KO das Anwartschaftsrecht zerstören.[154] Das Wahlrecht war lediglich im Einzelfall nach § 242 BGB eingeschränkt.[155] Nach neuem Recht hat der Insolvenzverwalter **kein Wahlrecht** mehr (§ 107 Abs. 1). Er hat nur die Rechte, die dem Schuldner aus dem Vertrag mit dem Käufer zustehen. Dessen Anwartschaft kann der Verwalter nur zerstören, wenn der Käufer seinerseits nicht vertragstreu ist.[156] Dieser bleibt gegenüber dem Insolvenzverwalter berechtigt, durch Zahlung des (Rest-)Kaufpreises den bereits **76**

---

[141] BGH WM 2008, 139; *Huber* NZI 2004, 57, 62; HK-*Lohmann* § 47 RdNr. 11. Der in der Vorauflage zugestimmten abweichenden Auffassung von *Marotzke,* Gegenseitige Verträge 2. Aufl., S. 261 ff.; *ders.* JZ 1995, 803, 811 Fn. 80, wonach es einer Rücktrittserklärung nicht bedarf, kann wegen § 449 Abs. 2 BGB nicht gefolgt werden.
[142] BGHZ 176, 86, 94 = NJW 2008, 1803 = NZI 2008, 357.
[143] *Huber* NZI 2004, 57, 62.
[144] BGHZ 68, 379, 381 = NJW 1977, 1345. Dass die Masse die „Anzahlung ... verliert", wie *Häsemeyer,* Insolvenzrecht RdNr. 18.35, meint, trifft deshalb nicht zu.
[145] BGH, Urt. v. 7.2.2013 - IX ZR 218/11, Rn. 12, zVb in BGHZ.
[146] *Huber* NZI 2004, 57, 62.
[147] *Uhlenbruck/Wegener* § 103 RdNr. 168.
[148] So *Häsemeyer,* FS Serick, S. 153, 158 f.; *ders.,* Insolvenzrecht RdNr. 11.10 und 18.30.
[149] *Gottwald/Adolphsen,* Insolvenzrechts-Handbuch, § 43 RdNr. 17.
[150] BGHZ 70, 96, 98 ff. = NJW 1978, 417, 418.
[151] Vgl. OLG Karlsruhe ZIP 1989, 588; LG Hamburg GmbHR 1991, 531, 532.
[152] BGH NJW 1996, 2233, 2235 = EWiR 1996, 753 *(Uhlenbruck).*
[153] BGHZ 10, 69, 72 = NJW 1953, 1099; 98, 160, 168 = NJW 1986, 2948 = EWiR 1986, 915 *(Marotzke);* BGH NJW 1996, 2233, 2235.
[154] Zustimmend *Häsemeyer,* FS Serick, S. 153, 159.
[155] BGH NJW 1962, 2296, 2297.
[156] *Marotzke* JZ 1995, 803, 807.

vor Verfahrenseröffnung eingeleiteten Eigentumserwerb gemäß § 158 Abs. 1 BGB zu vollenden.[157] Unter Insolvenzschutz gestellt ist nur die Anwartschaft, nicht aber der Kaufvertrag; hatte der Käufer im Zeitpunkt der Insolvenzeröffnung noch keine Anwartschaft (die eine dingliche Einigung voraussetzt) erlangt oder sind über den Eigentumsverschaffungsanspruch hinaus weitergehende Vereinbarungen getroffen worden, bleibt der Erfüllungsanspruch des Käufers also bloße Insolvenzforderung.[158] Daran ändert nichts, falls der Käufer vor Verfahrenseröffnung den Besitz an der Kaufsache erlangt hatte.

77 **(1) Käufer verlangt Erfüllung.** Verlangt der Käufer gemäß § 107 Abs. 1 die Erfüllung des Kaufvertrages und bezahlt er den (Rest-) Kaufpreis, muss der Insolvenzverwalter des Verkäufers diesen annehmen. Damit tritt die Bedingung für den Eigentumsübergang ein. § 91 steht nicht entgegen, weil der Erwerb des Käufers insolvenzrechtlich durch § 107 Abs. 1 legitimiert ist.[159] § 103 gibt dem Insolvenzverwalter keine Handhabe, den Bedingungseintritt zu verhindern. *Insofern* ist das Wahlrecht des Insolvenzverwalters eingeschränkt. Es ist aber nicht gegenstandslos.[160] Dies zeigt sich u.a. dann, wenn zwar nicht der Käufer, wohl aber der Insolvenzverwalter des Verkäufers auf die Erfüllung Wert legt.

78 **(2) Insolvenzverwalter wählt Erfüllung.** Ist der Käufer nicht vertragstreu, will aber der Insolvenzverwalter an dem Vertrag festhalten (§ 103 Abs. 1), kann sich der Käufer nicht aus seiner Bindung lösen. Die Insolvenz des Verkäufers lässt diese unberührt. Der Käufer muss den (Rest-)Kaufpreis bezahlen und erhält dafür das volle Eigentum an dem Vorbehaltsgut. § 105 passt nicht auf die Insolvenz des Verkäufers. Zahlt der Käufer, nachdem der Insolvenzverwalter des Verkäufers Erfüllung gewählt hat, nicht oder nicht vollständig, so kann der Insolvenzverwalter vom Vertrag zurücktreten oder die dem Verkäufer auch sonst zustehenden Rechte geltend machen.[161] Tritt der Insolvenzverwalter vom Vertrag zurück, hat der Käufer wegen seiner bereits geleisteten Zahlungen nur eine Insolvenzforderung.[162]

79 **(3) Insolvenzverwalter wählt Nichterfüllung.** Ist der Käufer nicht vertragstreu, wünscht der Insolvenzverwalter jedoch nicht die Erfüllung, kann dieser das Vorbehaltsgut kraft Eigentums des Schuldners herausverlangen. Ein Recht des Käufers zum Besitz besteht nicht mehr. Der Käufer kann die Zurückzahlung bereits geleisteter Kaufpreisraten und außerdem Schadensersatz wegen Nichterfüllung verlangen; unter beiderlei Gesichtspunkten steht dem Käufer nur eine Insolvenzforderung zu.[163]

80 **dd) Wirksamkeit abweichender Vereinbarungen.** Nach § 119 sind Vereinbarungen unwirksam, durch die im Voraus die Anwendung der §§ 103 bis 118 ausgeschlossen oder beschränkt wird. Die Kaufvertragsparteien können also nicht wirksam bestimmen, dass die vorstehend dargestellten Regeln über die Behandlung gegenseitiger Verträge *in* der Insolvenz nicht gelten sollen. **Lösungsklauseln,** die mittelbar das Wahlrecht des Insolvenzverwalters einschränken – zum Beispiel eine Vertragsauflösung bereits an den Eintritt der Insolvenzreife knüpfen –, sind damit noch nicht schlechthin unzulässig;[164] sie sind für solche Fälle als wirksam anzusehen, in denen einem Vertragspartner ohne die Lösungsmöglichkeit unzumutbare Nachteile entstehen.[165]

81 **ee) Erlöschen.** Der einfache Eigentumsvorbehalt erlischt mit **Bedingungseintritt.** Das ist gewöhnlich der Fall, wenn der Kaufpreis vollständig bezahlt wird (§§ 929, 158 Abs. 1 BGB). Ob der Käufer oder ein Dritter nach § 267 BGB zahlt, ist gleichgültig, es sei denn der Dritte tilgt – zum Beispiel als Mitschuldner oder Bürge – eine eigene Schuld. Dann geht die Forderung des Vorbehalts-

---

[157] *Marotzke* JZ 1995, 803, 807.
[158] *Mitlehner,* aaO RdNr. 124.
[159] *Uhlenbruck* § 91 RdNr. 27; *Rugullis,* KTS 2005, 459, 461.
[160] AA HK-*Lohmann* § 47 RdNr. 11.
[161] *Thamm* aaO S. 91; *Rugullis,* KTS 2005, 459, 461 f.; *Gottwald/Adolphsen,* Insolvenzrechts-Handbuch, § 43 RdNr. 10.
[162] Nach *Rugullis,* KTS 2005, 459, 467 f. kann der Käufer den bisher entrichteten Kaufpreisteil als Massegläubiger zurückfordern, weil die Rücktrittserklärung des Verwalters eine „Handlung" i.S.v. § 55 Abs. 1 Nr. 1 Fall 1 sei. Dadurch ergäbe sich jedoch ein Wertungswiderspruch zu dem Fall, dass der Insolvenzverwalter auf die Erfüllung keinen Wert legt (RdNr. 79).
[163] *Thamm* aaO S. 92.
[164] Vgl. Beschlussempfehlung und Bericht des Rechtsausschusses zur Abschaffung von § 137 Abs. 2 RegE, BT-Drucks. 12/7302, S. 170.
[165] *Gerhardt,* Insolvenzrecht und Bürgerliches Gesetzbuch, AcP 2000, 426, 437 ff.; vgl. ferner *Berger,* Zur Wirksamkeit von Lösungsklauseln für den Konkursfall, ZIP 1994, 173 ff.; *Treffer,* Insolvenzbedingte Lösungsklauseln – Zulässigkeit nach § 119 InsO, MDR 2000, 1178 f.; *Paulus,* Verbindungslinien zwischen Insolvenzrecht und Privatautonomie, FS Uhlenbruck 2000, S. 33 ff. – Der BGH hat die Frage noch nicht entschieden, vgl. BGH ZIP 1994, 40 ff., teilw. abgedr. in BGHZ 124, 76 ff.; NZI 2000, 308 f.

verkäufers nach § 426 Abs. 2 BGB bzw. § 774 BGB auf den Mitschuldner oder Bürgen über. Das Vorbehaltseigentum geht nicht mit der Forderung über, weil es kein Nebenrecht im Sinne des § 401 BGB ist.[166] Allerdings ist der Verkäufer regelmäßig schuldrechtlich verpflichtet, das Vorbehaltseigentum auf den Bürgen zu übertragen.[167]

Der Vorbehaltsverkäufer kann durch eine einseitige Erklärung auf den Eigentumsvorbehalt **verzichten**.[168] Ist ein Fahrzeug unter Eigentumsvorbehalt verkauft worden, kann ein derartiger Verzicht unter Umständen schon angenommen werden, wenn der Verkäufer dem Käufer den Kfz.-Brief übersendet. Etwas anderes gilt, wenn der Verkäufer den Brief an die Bank, die den Kauf finanziert, übersendet.[169] Pfändet der Vorbehaltsverkäufer die Kaufsache, ist dies nicht ohne weiteres als Verzicht auf den Eigentumsvorbehalt auszulegen;[170] die Vollstreckung in die Kaufsache konnte allerdings die Rücktrittsfiktion nach § 503 Abs. 2 Satz 4 BGB (gültig bis 10.6.2010) auslösen.[171] Dagegen ist ein Verzicht anzunehmen, wenn der Vorbehaltsverkäufer die Zwangsvollstreckung eines Dritten in die Kaufsache duldet, ohne etwas dagegen zu unternehmen.[172] Kein Verzicht liegt in der Anmeldung der Kaufpreisforderung zur Tabelle.[173] 82

Liefert der Verkäufer eine Sachgesamtheit unter Eigentumsvorbehalt und bezahlt der Käufer einen Teil der Kaufpreise, so kann der Käufer nicht ohne weiteres verlangen, dass der Verkäufer einen Teil der gelieferten Ware freigibt, dh. insoweit auf seinen Eigentumsvorbehalt verzichtet.[174] Der Verkäufer darf – so lange sein Kaufpreisanspruch nicht verjährt ist – das Eigentum jedenfalls an einem solchen Teil der Waren zurückbehalten, der wertmäßig dem Dreifachen des noch offenen Kaufpreises entspricht. 83

Der einfache Eigentumsvorbehalt erlischt durch **Verbindung, Vermischung** und **Verarbeitung**, wenn die Kaufsache dadurch zum wesentlichen Bestandteil einer anderen Sache wird (s.o. RdNr. 23). Dies gilt selbst dann, wenn der Verkäufer dem Käufer die Verbindung, Vermischung und Verarbeitung verboten hatte und der Käufer, obwohl er das Verbot kennt, sich nicht daran hält. Geschieht die Verbindung, Vermischung oder Verarbeitung vor Eröffnung des Insolvenzverfahrens über das Vermögen des Käufers, steht dem Verkäufer weder ein Ersatzaussonderungsrecht (§ 48) noch ein Bereicherungsanspruch gegen die Masse (§ 951 BGB; § 55 Abs. 1 Nr. 3) zu. Wird die Verbindung, Vermischung oder Verarbeitung rückgängig gemacht, lebt der Eigentumsvorbehalt nicht wieder auf.[175] 84

Bei der **erlaubten Weiterveräußerung** verliert der Vorbehaltsverkäufer sein Eigentum an den Abnehmer des Käufers (§ 185 Abs. 1 BGB). Voraussetzung ist allerdings, dass der Vorbehaltsverkäufer in eine unbedingte Übereignung eingewilligt hat. Dies ist nicht der Fall, wenn er lediglich mit einer Weiterleitung des Eigentumsvorbehalts (dazu u. RdNr. 97) einverstanden war. Die Einwilligung in eine unbedingte Übereignung verschafft dem Vorbehaltsverkäufer keinen Anspruch (§ 48) auf die Gegenleistung.[176] § 48 greift nur ein, wenn eine Aussonderung „vereitelt" worden ist; daran fehlt es bei erlaubter Weiterveräußerung. 85

Auch bei **unbefugter Weiterveräußerung** erlischt der Eigentumsvorbehalt, falls der Abnehmer im **guten Glauben** erwirbt (§§ 161 Abs. 3, 932 ff. BGB; § 366 HGB). Die Gefahr, dass der Vorbehaltsverkäufer sein Recht durch gutgläubigen Dritterwerb verliert, wird dadurch gemildert, dass bei Sachen, die häufig unter Eigentumsvorbehalt verkauft werden, hohe Anforderungen an den guten Glauben gestellt werden. Jeder, der solche Sachen erwerben will, muss prüfen, ob sie seinem Verkäufer unbedingt übereignet worden oder ob sie vollständig bezahlt sind. Unterlässt er solche Nachforschungen, handelt er grob fahrlässig und kann nicht im guten Glauben Eigentum erwerben.[177] Selbst eine schriftliche Erklärung des Verkäufers, die Ware sei vollständig bezahlt oder sie stehe in seinem unbeschränkten Eigentum, genügt im Allgemeinen nicht.[178] Bei Kraftfahrzeugen muss stets mit 86

---

[166] BGHZ 42, 53, 56 = NJW 1964, 1788.
[167] BGHZ 42, 53, 56 f. = NJW 1964, 1788.
[168] BGH NJW 1958, 1231 f.
[169] BGH MDR 1963, 405 m. Anm. *Rötelmann*.
[170] *Graf Lambsdorff*, Handbuch des Eigentumsvorbehalts RdNr. 174.
[171] MünchKommBGB-*Habersack* § 13 VerbrKrG RdNr. 54 ff.
[172] *Graf Lambsdorff*, Handbuch des Eigentumsvorbehalts RdNr. 177.
[173] RG Recht 1907 Nr. 1344; *Graf Lambsdorff*, Handbuch des Eigentumsvorbehalts RdNr. 177.
[174] *Schwab*, Die Auswirkungen des Freigabe-Beschlusses auf den einfachen Eigentumsvorbehalt an Sachgesamtheiten, ZIP 2000, 609 ff.
[175] OLG Stuttgart ZIP 1987, 1129, 1130, *Mitlehner*, aaO RdNr. 72.
[176] BGHZ 27, 306, 307 f. = NJW 1958, 1281; 30, 176, 181 = NJW 1959, 1681.
[177] BGHZ 10, 14, 17 = NJW 1953, 1139; BGH NJW 1958, 1485, 1486; 1964, 1788, 1790, insoweit in BGHZ 42, 53 ff. n.a.; ZIP 1980, 634, 636.
[178] BGH BB 1973, 401 f. mwN.

einem Eigentumsvorbehalt gerechnet werden.[179] Grundsätzlich muss sich der Kfz.-Käufer, wenn er ohne Sorgfaltsverstoß auf das Eigentum oder die Verfügungsbefugnis des Verkäufers vertrauen will, den Kfz.-Brief vorlegen lassen. Übereignet der Vorbehaltskäufer die Kaufsache zur Sicherheit gemäß § 930 BGB an einen Dritten, verliert der Vorbehaltsverkäufer dadurch noch nicht sein Eigentum (§ 933 BGB). Der Eigentumsvorbehalt kann aber verloren gehen, wenn der Dritte (= Sicherungsnehmer) seinerseits die Sache an einen gutgläubigen Vierten gemäß §§ 929, 931 BGB veräußert (§ 934 BGB).[180]

87 **b) Erweiterter Eigentumsvorbehalt.** Dabei handelt es sich um eine **Ausdehnung** des einfachen Eigentumsvorbehalts **in horizontaler Richtung:** Die Übereignung der Kaufsache wird nicht nur an die aufschiebende Bedingung der vollständigen Zahlung des Kaufpreises, sondern außerdem an weitere Bedingungen geknüpft. Meist geht es um die Bezahlung anderer Forderungen. Man unterscheidet den echten erweiterten Eigentumsvorbehalt vom unechten: Bei dem zuerst Genannten werden weitere Forderungen in das Synallagma des Kaufvertrages eingestellt, beim unechten erweiterten Eigentumsvorbehalt werden weitere nicht synallagmatische Forderungen gesichert.[181] Anders als beim einfachen Eigentumsvorbehalt (s.o. RdNr. 57) reicht eine einseitige Erklärung des Verkäufers niemals aus, um die Wirkungen eines erweiterten Eigentumsvorbehalts hervorzurufen. Es bedarf vielmehr stets einer Vereinbarung beider Vertragsteile. Ohne eine solche kann der Eigentumsvorbehalt nur als einfacher wirksam werden.[182] Bei einer endgültigen Übersicherung des Verkäufers hat der Käufer einen vertragsimmanenten Freigabeanspruch, weil der Sicherungsvertrag, der dem erweiterten Eigentumsvorbehalt zugrunde liegt, ebenso wie bei einer Sicherungsübereignung Treuhandcharakter hat (vgl. u. RdNr. 93).[183]

88 **aa) Kontokorrentvorbehalt.** Dieser bedeutet, dass das Eigentum nicht schon mit Zahlung des Kaufpreises, sondern erst dann übergeht, wenn sämtliche Forderungen aus der Geschäftsverbindung mit dem Verkäufer getilgt sind. Der Eigentumsvorbehalt verändert dadurch seinen Charakter in Richtung Sicherungseigentum. Man unterscheidet, ob der Vorbehaltsverkäufer mit dem Käufer in einem echten Kontokorrentverhältnis steht oder nicht.

89 Liegt ein **Kontokorrentverhältnis** im Sinne des § 355 HGB vor, hängt der Übergang des Eigentums schon dann, wenn nur ein **einfacher Eigentumsvorbehalt** vereinbart ist, nicht von der Tilgung der kontokorrentgebundenen Kaufpreisforderung, sondern der Saldoforderung ab. Ist diese höher als die Kaufpreisforderung, tritt die Bedingung schon mit Bezahlung eines entsprechenden Teilbetrages ein. Wird der Saldo auf neue Rechnung vorgetragen, kommt es auf die Saldoforderung der neuen Rechnungsperiode an. Hat ein niedrigerer Zwischensaldo bestanden, ist dieser maßgeblich. Die Höhe der ursprünglichen Kaufpreisforderung ist jeweils die Obergrenze. Bei mehreren Saldofeststellungen erlischt der Eigentumsvorbehalt nicht erst durch die Zahlung des Schlusssaldos nach Beendigung des Kontokorrentverhältnisses, sondern schon früher, wenn der Saldo bei Abschluss einer Rechnungsperiode ausgeglichen ist und kein Saldoguthaben zugunsten des Vorbehaltsverkäufers besteht.[184] Diesen einfachen Eigentumsvorbehalt können die Parteien in der Weise **erweitern,** dass der Vorbehaltsverkäufer Eigentümer der Ware bleibt, bis der Käufer alle Forderungen aus dem Kontokorrentverhältnis erfüllt hat. Gegebenenfalls ist ein niedrigerer Zwischensaldo nicht maßgeblich.[185]

90 Liegt **kein Kontokorrentverhältnis** im Sinne von § 355 HGB vor, kann sich dennoch der Verkäufer das Eigentum an allen dem Käufer gelieferten und künftig zu liefernden Waren so lange vorbehalten, bis der Käufer alle Forderungen aus der Geschäftsverbindung – den Schlusssaldo – bezahlt hat. Das vorbehaltene Eigentum „haftet" (s.o. RdNr. 55) für die gesamte Forderung aus der Geschäftsverbindung in ihrer jeweiligen Höhe; der Grundsatz der niedrigsten Saldohaftung (§ 356 HGB) gilt nicht.[186] Der Saldo darf nur nicht auf Null herabsinken. Mit jedem Kontoausgleich zwischen den Beteiligten erlischt der Eigentumsvorbehalt und lebt durch das spätere Entstehen weiterer Forderungen nicht wieder auf.[187]

---

[179] BGH NJW 1965, 687.
[180] BGHZ 50, 45, 47 = NJW 1968, 1382.
[181] *Mitlehner,* aaO RdNr. 35 f.
[182] BGHZ 125, 83, 89 f. = NJW 1994, 1154.
[183] *Bülow,* Treuhänderischer erweiterter Eigentumsvorbehalt, ZIP 2004, 2420 ff.; aA – Freigabeanspruch nur bei Rechtsmissbrauch – *Berger,* Erweiterter Eigentumsvorbehalt und Freigabe von Sicherheiten, ZIP 2004, 1073, 1079, 1080.
[184] *Schlegelberger/Hefermehl* § 382 Anh. RdNr. 114.
[185] *Schlegelberger/Hefermehl* aaO.
[186] *Schlegelberger/Hefermehl* § 382 Anh. RdNr. 115.
[187] BGH NJW 1978, 632, 633.

Eine **Individualvereinbarung** (praktisch selten)[188] eines derartigen Vorbehalts ist nach herrschender Meinung unbedenklich.[189] Entsprechende **AGB-Klauseln** sind im kaufmännischen Verkehr zulässig.[190] Zwar ist – um der Gefahr einer nachträglichen Übersicherung vorzubeugen – eine Freigabeklausel mit konkreter Deckungsgrenze gefordert worden.[191] Der Freigabeanspruch ist aber – ebenso wie beim verlängerten Eigentumsvorbehalt (s.u. RdNr. 140) – auch ohne klauselmäßige Festschreibung gegeben. Dann kann der erweiterte Eigentumsvorbehalt nicht wegen mangelnder Vorsorge für den Fall der Übersicherung unwirksam sein.[192] Sobald eine Übersicherung eingetreten ist, kann der Vorbehaltskäufer **Freigabe von Sicherheiten** verlangen. Der Eigentumsvorbehaltskäufer hat die **Wahl**, welche Sicherheit er freigeben will.[193] Er muss aber die Belange des Käufers angemessen berücksichtigen. Im nichtkaufmännischen Verkehr verstößt ein Kontokorrentvorbehalt grundsätzlich gegen § 307 Abs. 2 Nr. 2 BGB.[194] Ausnahmen können zugelassen werden, wenn die „mitgesicherten" Forderungen in enger Verbindung mit dem Vertragszweck stehen (zum Beispiel: Werklohnforderung für die Reparatur der Kaufsache). Höhlt der Kontokorrentvorbehalt das Wahlrecht des Insolvenzverwalters aus § 103 aus, kann er gemäß § 119 unwirksam sein.[195]

bb) Insolvenz des Käufers. (1) Vor Eintritt des Erweiterungsfalles. Ist die ursprüngliche Kaufpreisforderung – wenigstens zum Teil – noch offen, der Erweiterungsfall also noch nicht eingetreten, ist der Vorbehaltsverkäufer – nicht anders als beim einfachen Eigentumsvorbehalt (s.o. RdNr. 72) – berechtigt, vom Vertrag zurückzutreten und das vorbehaltene Eigentum **auszusondern**.[196] Der Insolvenzverwalter kann allerdings nach § 103 die Erfüllung des Kaufvertrages wählen und die Kaufpreisforderung bezahlen. Dann erlischt das Aussonderungsrecht. Der Erweiterungsfall tritt ein. Solange die anderen Forderungen des Vorbehaltsverkäufers noch offen sind, kann der Insolvenzverwalter den Eigentumsübergang nicht bewirken. Die Erfüllung auch der anderen Forderungen kann der Insolvenzverwalter nur wählen, sofern auch insoweit § 103 eingreift.[197] Von Seiten des Verkäufers sind jene Verträge in der Regel vollständig erfüllt; sonst bedürfte er bei dem unter erweitertem Eigentumsvorbehalt abgeschlossenen Kaufvertrag der Erweiterung nicht. Fallen – ausnahmsweise – auch die anderen Verträge unter § 103, kann der Insolvenzverwalter den Übergang des Eigentums an der Sache, die unter erweitertem Eigentumsvorbehalt veräußert wurde, auch dann erreichen, wenn er die Erfüllung der anderen Verträge ablehnt. In demselben Umfang, wie die aus jenen Verträgen abzuleitenden Erfüllungsansprüche entfallen, wird die Bedingung gegenstandslos, die der Verkäufer bei dem unter erweitertem Eigentumsvorbehalt geschlossenen Kaufvertrag gesetzt hatte.

(2) Nach Eintritt des Erweiterungsfalles. Ist der Erweiterungsfall eingetreten – sei es dass bei Eröffnung des Insolvenzverfahrens die ursprüngliche Kaufpreisforderung bereits getilgt war, sei es dass erst der Insolvenzverwalter diese getilgt hat –, steht also nur noch die Bezahlung anderer Forderungen aus, hat der Vorbehaltsverkäufer lediglich das Recht, sich aus der Kaufsache **abgesondert** zu befriedigen.[198] Nach Eintritt des Erweiterungsfalles hat der erweiterte Eigentumsvorbehalt dieselbe Funktion wie eine Sicherungsübereignung.[199] Auch der Sicherungseigentümer hat in der Insolvenz des Sicherungsgebers aber nur ein Absonderungsrecht (s.u. RdNr. § 51 RdNr. 4 ff. 48 ff.). Tritt der Erweiterungsfall nach Insolvenzeröffnung ein, steht § 91 diesem Absonderungsrecht nicht entgegen.[200] Die Kaufsache wird mit der Bezahlung des Kaufpreises zwar Massebestandteil; dieser ist aber mit dem Absonderungsrecht belastet.[201]

---

[188] Vgl. *Kieninger* in Lwowski/Fischer/Langenbucher, Das Recht der Kreditsicherung § 21 RdNr. 7.
[189] *Gottwald/Adolphsen*, Insolvenzrechts-Handbuch, § 43 RdNr. 26; aA *Reinicke/Tiedtke*, Kreditsicherung S. 268 f.
[190] BGHZ 94, 105, 111 = NJW 1985, 1836; 98, 303, 307 = NJW 1987, 487; BGH NJW 1991, 2285, 2287.
[191] BGHZ 125, 83, 87 ff. = NJW 1994, 1154.
[192] Vgl. die Entscheidung des Großen Senats für Zivilsachen BGHZ 137, 212 ff. = NJW 1998, 671 ff. = LM BGB § 138 [Bb] Nr. 86 *(Stürner)* = EWiR 1998, 155 *(Medicus)*.
[193] BGHZ 94, 105, 115 = NJW 1985, 1836.
[194] OLG Frankfurt NJW 1981, 130; OLG Koblenz NJW-RR 1989, 1459, 1460; *Gottwald/Adolphsen*, Insolvenzrechts-Handbuch, § 43 RdNr. 26; *Reinicke/Tiedtke*, Kaufrecht RdNr. 1173; aA *Hess* § 47 RdNr. 68.
[195] *Seger/Tetzlaff* ZInsO 2012, 427, 429.
[196] *Jaeger/Henckel* § 47 RdNr. 51.
[197] Vgl. *Gottwald/Adolphsen*, Insolvenzrechts-Handbuch, § 43 RdNr. 31.
[198] BGHZ 98, 160, 170 = NJW 1986, 2948, 2950 = WuB VI B. § 17 KO 4.86 *(Johlke)*; BGH NJW 1971, 799; 1978, 632, 633; *Hj. Weber*, Kreditsicherheiten S. 162; *Gottwald/Adolphsen*, Insolvenzrechts-Handbuch, § 43 RdNr. 32; *Kieninger* in Lwowski/Fischer/Langenbucher, Das Recht der Kreditsicherung § 21 RdNr. 16; *Jaeger/Henckel* § 51 RdNr. 28.
[199] OLG Köln EWiR 1999, 32, 33 *(Runkel)*; *Jaeger/Henckel* § 47 RdNr. 51; *Bülow* WM 2007, 429 ff.
[200] *Gottwald/Adolphsen*, Insolvenzrechts-Handbuch, § 43 RdNr. 32; aA *Jaeger/Henckel* § 51 RdNr. 29; *Henckel*, Aktuelle Probleme der Warenlieferanten beim Kundenkonkurs S. 13; *Schlegelberger/Hefermehl*, Anh. § 382 HGB RdNr. 177; *Serick* V § 68 III 2b (S. 694); *ders.* BB 1978, 1477, 1483.
[201] *Marotzke*, Gegenseitige Verträge 2. Aufl. S. 135; *Gottwald/Adolphsen*, Insolvenzrechts-Handbuch, § 43 RdNr. 32.

94 **cc) Insolvenz des Verkäufers.** Insofern bestehen keine Unterschiede zum einfachen Eigentumsvorbehalt (s.o. RdNr. 76 ff.). Der Käufer, dem der Schuldner eine bewegliche Sache unter erweitertem Eigentumsvorbehalt verkauft hat, kann – wenn ihm der Besitz (aller von dem erweiterten Eigentumsvorbehalt erfassten Kaufgegenstände) bei Eröffnung des Insolvenzverfahrens bereits übertragen war – von dem Insolvenzverwalter des Verkäufers Erfüllung des Kaufvertrages, das heißt Übertragung des Eigentums, verlangen, wenn er sämtliche Forderungen tilgt, deren Ausgleich zur Bedingung für den Eigentumsübergang gemacht worden war. Insofern ist § 107 Abs. 1 ebenfalls anzuwenden.[202] Will der Käufer dies nicht, kann er vom Insolvenzverwalter gemäß § 103 gezwungen werden, wenigstens die Kaufpreisforderung zur Masse zu erfüllen. Entscheiden sich sowohl der Käufer als auch der Insolvenzverwalter gegen die Erfüllung, ist der Kaufvertrag rückabzuwickeln.

95 **dd) Konzernvorbehalt.** Hier soll der Käufer das Eigentum an der Kaufsache erst erwerben, wenn er auch die Schulden getilgt hat, die aus Lieferungen anderer Verkäufer herrühren, die mit dem Vorbehaltsverkäufer konzernmäßig verbunden sind. Die Wirksamkeit des Konzernvorbehalts war vom Bundesgerichtshof offengelassen,[203] im Schrifttum aber weitgehend verneint worden.[204] Mit der Insolvenzrechtsreform ist klargestellt worden, dass ein Konzernvorbehalt generell – also auch im Rahmen einer Individualvereinbarung – **unzulässig** ist (nunmehr § 449 Abs. 3 BGB). Damit sind freilich die Rechtsfolgen dieser Bestimmung noch nicht zweifelsfrei geklärt. Der Gesetzgeber hat sich offenbar vorgestellt, die Nichtigkeit des Konzernvorbehalts führe dazu, dass der Vorbehaltskäufer Eigentümer werde, sobald er seine Schuld aus dem Vorbehaltskauf erfülle.[205] Dagegen könnte eingewandt werden, dem Verkäufer, der die nichtige Klausel in den Vertrag aufnehme, fehle der unbedingte Übereignungswillen. Das hätte zur Folge, dass der Verkäufer – der allerdings schuldrechtlich verpflichtet wäre, dem Käufer das Eigentum zu verschaffen – vorerst Eigentümer der Ware bliebe (vgl. o. RdNr. 58).[206] Der BGH hat jedoch entschieden, dass in dem Konzernvorbehalt ein einfacher Eigentumsvorbehalt enthalten ist, welcher wirksam bleibt.[207] Die Vereinbarung einer **Konzernverrechnungsklausel** (dadurch sichert der erweiterte Eigentumsvorbehalt mittelbar die Forderungen aller dem Verkäuferkonzern angehörigen Unternehmen, weil der Verkäufer die Zahlungseingänge zunächst mit den – möglicherweise ungesicherten – Forderungen der verbundenen Unternehmen verrechnen darf) läuft im wirtschaftlichen Ergebnis auf dasselbe hinaus wie der Konzernvorbehalt und ist deshalb ebenfalls zu missbilligen.[208]

96 Von einem **umgekehrten Konzernvorbehalt** spricht man, wenn das Eigentum erst dann auf den Käufer übergehen soll, nachdem dieser die Kaufpreisforderung vollständig bezahlt hat und darüber hinaus auch die zum Konzern des Käufers gehörenden Unternehmen ihre im Verhältnis zum Verkäufer bestehenden Verbindlichkeiten getilgt haben.[209] Teilweise wird ein solcher umgekehrter Konzernvorbehalt für wirksam erachtet.[210] Wegen der Gleichheit der Interessenlage ist das zu bezweifeln.[211]

96a **c) Abgeleiteter Eigentumsvorbehalt.** Kfz.-Hersteller beliefern ihre Vertragshändler ausnahmslos unter Eigentumsvorbehalt. Die Einkäufe der Händler werden nicht selten von einer dem Lieferanten konzernmäßig verbundenen Bank finanziert, d.h. die Bank bezahlt den Kaufpreis direkt an den Lieferanten und belastet damit das bei ihr geführte Konto des Händlers. In den zwischen dem Lieferanten und dem Händler vereinbarten Allgemeinen Geschäftsverbindungen findet sich manchmal ein Passus, wonach die Rechte des Lieferanten, insbesondere dessen Eigentumsvorbehalt, auf die Finanzierungsbank übergehen.

96b Dieser **abgeleitete Eigentumsvorbehalt** hat lediglich die Funktion einer Sicherungsübereignung. Es mag angehen, dass der Zahlung des Dritten – hier der Bank – mangels Drittleistungswil-

---

[202] *Mitlehner,* aaO RdNr. 126.
[203] BGHZ 104, 129, 132 = NJW 1988, 1774, 1775; BGHZ 125, 83, 87 = NJW 1994, 1154.
[204] ZB von *Graf Lambsdorff,* Handbuch des Eigentumsvorbehalts RdNr. 286; *Reinicke/Tiedtke,* Kreditsicherung S. 271 f.; *Hj. Weber,* Kreditsicherheiten S. 163.
[205] BT-Drucks. 12/3803, S. 78; ebenso *Mitlehner,* aaO RdNr. 51.
[206] So *Niesert* InVo 1998, 141; *Uhlenbruck/Brinkmann* § 47 RdNr. 24.
[207] BGHZ 176, 86, 89 RdNr. 8 = NJW 2008, 1803 = NZI 2008, 357; BGH BGH-Report 2005, 940; zustimmend HK-*Lohmann* § 47 RdNr. 12; *Kieninger* in Lwowski/Fischer/Langenbucher, Das Recht der Kreditsicherung § 21 RdNr. 17.
[208] *Mitlehner,* aaO RdNr. 53.
[209] Vgl. *Serick* BB 1971, 2, 4.
[210] *Schirmer,* Zur Zulässigkeit des umgekehrten Konzerneigentumsvorbehalts, ZInsO 1999, 379 ff.; *Bülow* DB 1999, 2196; mit Einschränkungen auch *Obermüller,* FS Schimansky, S. 457 ff.
[211] Vgl. *Leible/Sosnitza* JuS 2001, 556 f.; *Habersack/Schürnbrand,* Der Eigentumsvorbehalt nach der Schuldrechtsreform, JuS 2002, 833, 839; *Mitlehner,* aaO RdNr. 55; *Gottwald/Adolphsen,* Insolvenzrechts-Handbuch, § 43 RdNr. 320; *Uhlenbruck/Brinkmann* § 47 RdNr. 24a; aA *Bülow,* Kreditsicherheiten RdNr. 1244; *Obermüller,* FS Schimansky, S. 457, 471.

len[212] die Tilgungswirkung nach § 267 Abs. 1 BGB abgesprochen wird. Andernfalls könnte der Eigentumsvorbehalt schon deswegen nicht auf die Bank übergehen, weil die aufschiebende Bedingung für den Eigentumsübergang auf den Käufer eingetreten ist. Bei der Bank sichert das vom Lieferanten abgeleitete Eigentum jedoch nicht den Rückgabeanspruch des Verkäufers (vgl. o. RdNr. 55), also den Warenkredit, sondern ausschließlich den Geldkredit. Durch die Finanzierung des Erwerbs für den Händler wird die Bank nicht ihrerseits in den Warenkreislauf eingebunden (das ist beim Herstellerleasing anders, vgl. u. RdNr. 221, 230). Das Ergebnis ist dasselbe, wie wenn der Händler zur Besicherung des von der Bank erhaltenen Darlehens seine Anwartschaft auf Erwerb des Eigentums an die Bank abgetreten hätte. Dann hätte die Bank mit der Befriedigung des Lieferanten Sicherungseigentum erhalten. Der abgeleitete Eigentumsvorbehalt ist folglich überhaupt kein Eigentumsvorbehalt mehr. Er hat seinen Charakter geändert und ist dem Sicherungseigentum wesensverwandt. In der Insolvenz des Händlers verschafft er der Bank kein Aussonderungsrecht, sondern lediglich das Recht zur abgesonderten Befriedigung.[213]

d) Weitergeleiteter Eigentumsvorbehalt. Bei dieser Sonderform des Eigentumsvorbehalts gestattet der Verkäufer dem Käufer die Veräußerung der Kaufsache unter der Voraussetzung, dass der Dritterwerber (= Abnehmer des Käufers) nicht schon dann Eigentümer der Sache wird, wenn er seine Schuld gegenüber dem Käufer tilgt, sondern erst dann, wenn auch der Käufer den Verkäufer befriedigt.[214] Dem Käufer wird also angesonnen, gegenüber seinem Abnehmer die Verhältnisse offenzulegen, die zwischen Verkäufer und Käufer bestehen. Außerdem muss der Käufer seinem Abnehmer zumuten, auf den Erwerb des Eigentums solange zu warten, bis der Käufer seine Schulden beim Verkäufer (= Vorlieferanten) bezahlt. Darauf wird sich kaum ein Abnehmer einlassen, es sei denn dass ihm gestattet wird, direkt an den Verkäufer zu zahlen. In der Praxis kommt der weitergeleitete Eigentumsvorbehalt deshalb kaum vor. Ist er in Allgemeinen Geschäftsbedingungen des Verkäufers enthalten, dürfte dies im nichtkaufmännischen Verkehr gegen § 307 BGB verstoßen.[215] Unwirksam ist selbst unter Kaufleuten eine Klausel, nach der ein Käufer, der die Sache vor Zahlung des Kaufpreises soll weiterveräußern dürfen, einen Kontokorrentvorbehalt weiterleiten soll.[216] Denn in einem solchen Fall ist die Kaufsache bei realistischer Betrachtung unverkäuflich. Eine derartige Regelung dürfte selbst im Wege eines Individualvertrages unzulässig sein.[217]

aa) Insolvenz des Käufers. Hier kann der Verkäufer **aussondern,** falls der Insolvenzverwalter keine Erfüllung verlangt (s.o. RdNr. 72). Für den Abnehmer des Käufers ist dessen Insolvenz als Verkäuferinsolvenz zu behandeln. Fallen – wie meist – sowohl der Verkauf als auch der Weiterverkauf unter § 103 und wählt der Insolvenzverwalter hinsichtlich beider Verträge die Erfüllung, gibt es keine Probleme. Wählt er nur hinsichtlich des ersten Vertrages Erfüllung, kann gleichwohl der Abnehmer des Käufers den Verkäufer befriedigen (§ 268 BGB analog)[218] und so das Volleigentum erwerben. Ein Durchgangserwerb beim Vorbehaltskäufer findet nicht statt.[219] Wählt der Insolvenzverwalter nur hinsichtlich des zweiten Vertrages Erfüllung, ist er dazu unvermögend, weil er die Kaufsache an den Verkäufer zurückgeben muss (s.o. RdNr. 72).

bb) Insolvenz des Abnehmers. Ist der Abnehmer des Käufers insolvent, kann der Insolvenzverwalter vom Käufer Erfüllung verlangen. Der Abnehmer hat einen Anspruch darauf, dass der Käufer den Verkäufer befriedigt, damit das Eigentum auf den Abnehmer übergeht. Wiederum kann der Abnehmer den Verkäufer auch unmittelbar befriedigen (§ 268 BGB analog) mit der Folge, dass das Volleigentum „an der Masse vorbei" auf den Abnehmer übergeht. Aussondern kann der Verkäufer deshalb erst dann, wenn feststeht, dass er weder vom Käufer noch vom Abnehmer sein Geld bekommt, und der Verkäufer deswegen nach § 449 BGB zurückgetreten ist. Der Käufer kann Aussonderung nur verlangen, wenn der Insolvenzverwalter des Abnehmers Nichterfüllung gewählt hat

---

[212] Vgl. hierzu MünchKomm-BGB/*Krüger,* 4. Aufl. § 267 RdNr. 11.
[213] BGHZ 176, 86, 89 ff. = NJW 2008, 1803 = NZI 2008, 357; zustimmend *Bülow* WuB I F 6.-1.08; *Roth,* KTS 2008, 518; *Jacoby* JZ 2008, 1053 ff.; *Klose* ZInsO 2009, 1792, 1799; *Tintelnot* in Kübler/Prütting/Bork § 103 RdNr. 181; nur im Ergebnis ebenso *Smid* WM 2008, 2089 ff.; *Prütting,* FS Leipold, 2009, S. 427 ff.; kritisch *Mitlehner,* aaO RdNr. 130 ff.; *ders.* EWiR 2008, 439; *Jerger* NZI 2012, 695.
[214] *Serick* I § 5 I 3a (S. 79); *Graf Lambsdorff,* Handbuch des Eigentumsvorbehalts RdNr. 461; *Mitlehner,* aaO RdNr. 31.
[215] Weitergehend hält *Uhlenbruck/Brinkmann* § 47 RdNr. 25 die Klausel selbst im kaufmännischen Verkehr für unwirksam.
[216] BGH NJW 1991, 2285, 2287 = EWiR 1991, 733 f. *(Tiedtke).*
[217] *Tiedtke* aaO; *Reinicke/Tiedtke,* Kreditsicherung S. 274.
[218] Vgl. *Häsemeyer* KTS 1973, 2, 16; *Jaeger/Henckel* KO § 17 RdNr. 57.
[219] BGHZ 20, 88, 100 = NJW 1956, 665; *Kupisch,* Durchgangserwerb oder Direkterwerb?, JZ 1976, 417, 419 ff.; *Jaeger/Henckel* aaO.

oder sich zwar für die Erfüllung entschieden, hernach aber nicht erfüllt hat und der Käufer infolgedessen vom Vertrag zurückgetreten ist.[220]

100 **cc) Insolvenz des Verkäufers.** Wird bei der Weiterleitung des Eigentumsvorbehalts der Verkäufer insolvent, kann der Käufer Erfüllung verlangen (s.o. RdNr. 63 ff.). Dazu ist er seinem Abnehmer gegenüber verpflichtet, weil dieser sonst kein Eigentum erwerben kann.

101 **e) Nachgeschalteter Eigentumsvorbehalt.** Hier verkauft der Vorbehaltskäufer die Sache seinerseits unter Eigentumsvorbehalt an einen Dritten weiter. Ob er es aus eigenen Stücken tut oder weil er sich dem Vorbehaltsverkäufer gegenüber dazu verpflichtet hat, ist gleichgültig.[221] Beim nachgeschalteten Eigentumsvorbehalt braucht der Vorbehaltskäufer den im Verhältnis zum Vorbehaltsverkäufer bestehenden Vorbehalt nicht offenzulegen, und er sieht auch regelmäßig davon ab. Es liegen zwei hintereinander geschaltete aufschiebend bedingte Übereignungen vor. Bezahlt zuerst der erste Vorbehaltskäufer den Kaufpreis an den ersten Vorbehaltsverkäufer, wird der erste Vorbehaltskäufer Eigentümer, sein Abnehmer (= zweiter Vorbehaltskäufer) jedoch erst dann, wenn er seinerseits den Kaufpreis an den ersten Vorbehaltskäufer zahlt.[222] Bezahlt zuerst der zweite Vorbehaltskäufer den Kaufpreis an den ersten Vorbehaltskäufer, so erwirbt der zweite Vorbehaltskäufer gemäß §§ 185 Abs. 1, 158 Abs. 1 BGB das Eigentum,[223] weil der Vorbehaltsverkäufer in die bedingte Übereignung an den zweiten Käufer eingewilligt hat. Willigt der Vorbehaltsverkäufer in die bedingte Übereignung ein, sichert er sich meist dadurch, dass er sich die Forderung des ersten Vorbehaltskäufers aus dem Weiterverkauf an den zweiten Vorbehaltskäufer im Voraus abtreten lässt. Dann liegt eine **Kombination von nachgeschaltetem und verlängertem Eigentumsvorbehalt** vor. Eine Übersicherung des Vorbehaltskäufers ist damit nicht verbunden. Auch wenn ihm die Forderung und das vorbehaltene Eigentum gesichert werden, tritt wirtschaftlich keine Doppelsicherung ein.

102 **aa) Insolvenz des ersten Vorbehaltskäufers.** In der Insolvenz des ersten Vorbehaltskäufers kann der Vorbehaltsverkäufer nicht aussondern. Wird der erste Vorbehaltskäufer insolvent, nachdem der zweite Vorbehaltskäufer bereits das Eigentum erworben hat, wird dieses vom Insolvenzverfahren nicht berührt.[224] Ist das Eigentum bei Eröffnung des Insolvenzverfahrens noch nicht übergegangen, gelten die Grundsätze über die Verkäuferinsolvenz beim einfachen Eigentumsvorbehalt (s.o. RdNr. 76 ff.) entsprechend. Bezahlt also der zweite Vorbehaltskäufer erst nach Eröffnung des Insolvenzverfahrens über das Vermögen des ersten Vorbehaltskäufers an dessen Insolvenzverwalter, so erwirbt er dennoch – falls der Vorbehaltsverkäufer mit der Weiterveräußerung einverstanden war – das Eigentum nicht anders, als wenn es den ersten Eigentumsvorbehalt nicht gegeben hätte. War der Vorbehaltsverkäufer nicht einverstanden, der zweite Vorbehaltskäufer beim Erwerb des Anwartschaftsrechts aber gutgläubig, gilt dasselbe. In die Masse fällt das Eigentum nur dann, wenn weder eine Ermächtigung des Vorbehaltsverkäufers noch ein gutgläubiger Erwerb des zweiten Vorbehaltskäufers vorliegt.

103 **bb) Insolvenz des zweiten Vorbehaltskäufers.** Hierauf sind die Grundsätze der Käuferinsolvenz beim einfachen Eigentumsvorbehalt (s.o. RdNr. 62 ff.) entsprechend anzuwenden. Nur der erste Vorbehaltskäufer, nicht aber der Vorbehaltsverkäufer, kann Aussonderung verlangen.

103a **cc) Insolvenz sowohl des ersten als auch des zweiten Vorbehaltskäufers.** Erlangt der Insolvenzverwalter des Erstkäufers im Insolvenzverfahren des Zweitkäufers die Aussonderung, kann der Vorbehaltsverkäufer seinerseits beim Erstkäufer aussondern, wenn dessen Insolvenzverwalter die Herausgabe verweigert.[225]

104 **dd) Insolvenz des Verkäufers.** Dass der Vertrag von Seiten des Verkäufers vollständig erfüllt sei, kann nicht schon wegen der Weiterveräußerung durch den ersten Vorbehaltskäufer angenommen werden.[226] Deshalb greift § 107 Abs. 1 ein (vgl. dazu o. RdNr. 77).[227] Da der erste Vorbehaltskäufer seinerseits – wenn auch unter Eigentumsvorbehalt – über die Kaufsache verfügt hat, wird er idR Erfüllung vom Insolvenzverwalter verlangen. Hat er ausnahmsweise an der Erfüllung kein Interesse, steht dem Insolvenzverwalter ein Wahlrecht gemäß § 103 zu. Will auch der Insolvenzverwalter keine

---

[220] Vgl. *Mitlehner*, aaO RdNr. 135
[221] *Graf Lambsdorff*, Handbuch des Eigentumsvorbehalts RdNr. 462.
[222] BGHZ 56, 34, 36 = NJW 1971, 1038; *Schlegelberger/Hefermehl*, Anh. § 382 HGB RdNr. 124.
[223] BGHZ 56, 34, 36 = NJW 1971, 1038; *Serick* I § 15 IV 2b (S. 429 ff.); *Graf Lambsdorff*, Handbuch des Eigentumsvorbehalts RdNr. 462; *Schlegelberger/Hefermehl* aaO; *Uhlenbruck/Brinkmann* § 47 RdNr. 25; *Mitlehner*, aaO RdNr. 33.
[224] *Jaeger/Henckel* KO § 17 RdNr. 60.
[225] *Mitlehner*, aaO RdNr. 134.
[226] AA *Graf Lambsdorff*, Handbuch des Eigentumsvorbehalts RdNr. 573.
[227] *Uhlenbruck/Brinkmann* § 47 RdNr. 25.

Erfüllung, kann er den Zweitkäufer auf Herausgabe in Anspruch nehmen. Dieser hat zwar gegenüber dem Erstkäufer, nicht aber gegenüber dem Verkäufer ein Recht auf Besitz. Der Zweitkäufer kann jedoch den Kaufpreis in die Masse bezahlen und so den Bedingungseintritt herbeiführen.

f) Verlängerter Eigentumsvorbehalt. Derjenige, der Waren unter Eigentumsvorbehalt erwirbt, ist häufig darauf angewiesen, die Waren schon vor Eintritt der Bedingung zu verarbeiten und/oder weiterzuveräußern. In diesen Fällen büßt der einfache Eigentumsvorbehalt seine Sicherungskraft ein (s.o. RdNr. 81 ff.). Deswegen hat die Praxis Sicherungsformen entwickelt, die insbesondere darauf abzielen, die Sicherung auf die durch die Verarbeitung und/oder Weiterveräußerung erlangten **Surrogate** zu erstrecken. Solche Surrogate sind das aus der Verarbeitung der Vorbehaltsware entstandene **Erzeugnis** und die **Kundenforderung,** die sich aus der Weiterveräußerung der – unbearbeiteten oder be-/verarbeiteten – Vorbehaltsware ergibt. Der Erstreckung auf diese Surrogate dienen die Verarbeitungs- und die Vorausabtretungsklausel. Daneben ist die Verbindungsklausel bekannt, die einem Rechtsverlust infolge Verbindung, Vermischung und Vermengung vorbeugen soll. Mit Hilfe dieser Klauseln wird der einfache Eigentumsvorbehalt **in vertikaler Richtung ausgedehnt.** Wie beim erweiterten Eigentumsvorbehalt (s.o. RdNr. 87) reicht auch beim verlängerten Eigentumsvorbehalt eine einseitige Erklärung des Verkäufers nicht aus. Es bedarf vielmehr regelmäßig (vgl. RdNr. 59a) einer Vereinbarung beider Vertragsteile. Wie beim erweiterten Eigentumsvorbehalt sollte auch beim verlängerten eine Geltung kraft Handelsbrauchs nur zurückhaltend angenommen werden.[228] Nach Eintritt des Verlängerungsfalles ist § 107 Abs. 1 nicht mehr anwendbar.[229]

aa) Verarbeitungsklausel. Um den Verkäufer vor den Rechtsfolgen einer Verarbeitung (s.o. RdNr. 23, 81) zu schützen, können die Parteien die **Regelung des § 950 BGB** nicht **abbedingen.** Diese ist nicht dispositiv, weil sie dazu dient, eindeutige Zuordnungen des Eigentums zu schaffen.[230]

Die Kaufvertragsparteien können auch nicht vertraglich bestimmen, dass die **Verarbeitung für den Vorbehaltsverkäufer** erfolgen, dass dieser also „Hersteller" im Sinne des § 950 BGB sein soll.[231] Nach dieser Konstruktion wäre es folgerichtig, dem Vorbehaltseigentümer an dem nach § 950 BGB neu entstandenen Eigentum ein Aussonderungsrecht zuzugestehen.[232] Dies ist aber nicht wünschenswert, weil der Vorbehaltsverkäufer an der Verarbeitung durch den Käufer nicht verdienen soll. Außerdem erhielte der Vorbehaltsverkäufer originär Eigentum an der durch die Verarbeitung neu entstandenen Sache, das durch § 161 BGB nicht beschränkt wäre.[233] Auch dies ist nicht gewollt. Das Interesse des verarbeitenden Vorbehaltskäufers geht dahin, nach der Verarbeitung ein Anwartschaftsrecht auf Erwerb des Eigentums zu behalten. Dieses Interesse ist für den Verkäufer erkennbar.[234] Er selbst hat kein berechtigtes Interesse daran, nach der Verarbeitung der Kaufsache eine bessere Rechtsposition zu haben als vorher.

Als einziger gangbarer Weg verbleibt, dass der Vorbehaltskäufer das Ergebnis seiner Verarbeitung **im Voraus,** also im Wege eines antizipierten Besitzkonstituts, unter auflösender Bedingung an den Vorbehaltsverkäufer **übereignet.**[235] Dann verliert der Vorbehaltsverkäufer mit der Verarbeitung das Eigentum an der alten Sache und erwirbt er das Eigentum an der neuen. Ein Durchgangserwerb des Vorbehaltskäufers ist (anders als nach den unter RdNr. 106, 107 dargestellten Ansichten) unvermeidlich.[236] So, wie der Verkäufer das Vorbehaltseigentum an der alten Sache verliert und Siche-

---

[228] *Kieninger* in Lwowski/Fischer/Langenbucher, Das Recht der Kreditsicherung § 21 RdNr. 7. Großzügiger anscheinend *Tetzlaff* ZInsO 2009, 1092, 1093.
[229] *Mitlehner,* aaO RdNr. 127.
[230] BGH NJW 1989, 3213; *Mitlehner,* aaO RdNr. 79; *Wieling,* Sachenrecht § 11 II 4e (S. 135); *Wilhelm,* Sachenrecht 4. Aufl. RdNr. 1076; MünchKommBGB-*Füller,* 5. Aufl. § 950 BGB RdNr. 14; *Staudinger/Wiegand,* Neubearbeitung 2004 § 950 BGB RdNr. 20, 31; *Gottwald/Adolphsen,* Insolvenzrechts-Handbuch § 43 RdNr. 36; str.
[231] So jedoch BGHZ 14, 114 f.; 20, 159, 163 f. = NJW 1956, 788; *Serick* IV § 46 II 1b (S. 236); *Kieninger* in Lwowski/Fischer/Langenbucher § 21 RdNr. 22; FK-*Imberger,* § 51 RdNr. 24; HK-*Lohmann* § 51 RdNr. 37; *Jonek,* aaO S. 415, 420. Die von *Henkel* ZInsO 2008, 1349 für den Fall, dass der Unternehmer Stoffe, die ihm der Besteller zur Verfügung gestellt hat, nach dessen Weisung verarbeitet, in Betracht gezogene Ausnahme wird beim Vorbehaltskauf nicht praktisch.
[232] *Jauernig,* Zwangsvollstreckungs- und Insolvenzrecht § 45 I 1a (S. 202); *Baur/Stürner,* Insolvenzrecht RdNr. 14.9; *Baumann,* Konkurs und Vergleich S. 111; *Graf Lambsdorff,* Handbuch des Eigentumsvorbehalts RdNr. 546 ff.
[233] *Henckel,* Aktuelle Probleme der Warenlieferanten beim Kundenkonkurs S. 6.
[234] *Nierwetberg,* Die Rechtspositionen von Lieferant und Produzent nach Verarbeitung im verlängerten Eigentumsvorbehalt, NJW 1983, 2235, 2236; vgl. auch *Reinicke/Tiedtke,* Kreditsicherung S. 275.
[235] *Jauernig,* Zwangsvollstreckungs- und Insolvenzrecht § 45 I 1a (S. 202); *Häsemeyer,* Insolvenzrecht RdNr. 18.32; *Gottwald/Adolphsen,* aaO § 43 RdNr. 36; *Mitlehner,* aaO RdNr. 79; *Wieling,* Sachenrecht 5. Aufl. § 11 II 4 g; *Wilhelm,* Sachenrecht 4. Aufl. RdNr. 1076; *Staudinger/Wiegand,* Neubearbeitung 2004 § 950 BGB RdNr. 45 ff.; *Palandt/Bassenge* § 950 RdNr. 9, 11; *Schlegelberger/Hefermehl,* Anh. § 382 HGB RdNr. 74.
[236] *Serick* II § 20 II 5 (S. 133); *Schlegelberger/Hefermehl,* Anh. § 382 HGB RdNr. 74; *Elz* ZInsO 2000, 478, 479.

rungseigentum an der neuen erwirbt, verliert der Käufer das Anwartschaftsrecht an der alten Sache und erwirbt es an der neuen. § 91 steht nicht entgegen, weil der Rechtsgrund dieses Erwerbs vor Eröffnung des Insolvenzverfahrens gelegt worden ist. Hat der Vorbehaltskäufer das Ergebnis seiner Verarbeitung im Voraus nicht nur an den Vorbehaltsverkäufer, sondern auch an einen Geldkreditgeber übereignet, ist daran zu denken, dass beide Miteigentum erlangen. Denn beide Übereignungen werden zugleich wirksam. Entsprechend der Lösung des Konflikts zwischen Warenkreditgeber und Geldkreditgeber beim verlängerten Eigentumsvorbehalt und der Globalzession besteht jedoch auch hier ein rangähnliches Verhältnis mit der Folge, dass der Geldkreditgeber zurückstehen muss.[237] Soll die vorweggenommene Sicherungsübereignung zugunsten des Geldkreditgebers auch solche Sachen umfassen, die der Schuldner seinem Vorbehaltslieferanten mit einer Verarbeitungsklausel zuweisen muss, ist dies sittenwidrig. Zum Konflikt zwischen dem Sicherungsrecht des Vorbehaltsverkäufers und dem Werkunternehmerpfandrecht s.u. § 50 RdNr. 105.

109 Eine derartige Übereignung der Verarbeitungsergebnisse ist wohl noch nicht in der Klausel enthalten, dass die bearbeitete Ware als Vorbehaltsware „gilt". Als ausreichend erachtet werden kann aber die Klausel: „Bei Verarbeitung, Verbindung und Vermischung der Vorbehaltsware mit anderen Waren durch den Käufer steht uns (Verkäufer) das (Mit-)Eigentum an der neuen Sache zu".

110 Sowohl mit Hilfe der Verarbeitungsklausel als auch im Wege der Vorausübertragung des Arbeitsergebnisses eignet sich der Vorbehaltsverkäufer nicht nur den Stoffwert der neuen Sache an, sondern auch den Verarbeitungswert, der (weil § 950 BGB sonst gar nicht eingriffe) „nicht erheblich geringer ist als der Wert des Stoffes". Der Verkäufer ist also „tendenziell übersichert". Deshalb ist in den Allgemeinen Geschäftsbedingungen der Verkäufer häufig die – zulässige – Klausel enthalten, der Verkäufer werde nach der Verarbeitung nur **Miteigentümer der neuen Sache**; sein Anteil richte sich nach dem Verhältnis, in dem der Wert der ursprünglichen Kaufsache zu dem Wert des fertigen Erzeugnisses stehe.[238]

110a Die Verarbeitungsklausel ist unwirksam, wenn sie für den Fall, dass die Verarbeitung auch Vorbehaltsware anderer Lieferanten erfasst, keine Ausnahme vorsieht.[239]

111 **(1) Insolvenz des Vorbehaltskäufers.** Die **Gestattung zur Verarbeitung** erlischt mit Beginn der für den Käufer „kritischen Zeit" iS des § 130 Abs. 1 Nr. 1 InsO nicht etwa von selbst (siehe auch unten RdNr. 145).[240] Der Vorbehaltsverkäufer kann jedoch die durch die Verarbeitungsklausel erteilte Gestattung im Einzelfall widerrufen, wenn eine ordnungsgemäße Abwicklung des Vorbehaltskaufs durch den Käufer wegen dessen Vermögensverfalls ersichtlich nicht mehr gewährleistet ist.[241] Wird das **Insolvenzverfahren** über das Vermögen des **Käufers** eröffnet, erlischt die Gestattung zur Verarbeitung.[242] Eine Verarbeitungsbefugnis ergibt sich auch nicht aus § 172 Abs. 2, weil der Insolvenzverwalter Gegenstände, die der Aussonderung unterliegen, nicht verwerten darf. Die Verarbeitungsbefugnis entsteht jedoch neu, sobald der Insolvenzverwalter die Erfüllung des Vertrages wählt (gleiche Wertung wie bei der Veräußerungsbefugnis, s.u. RdNr. 145).

112 Verarbeitet der Insolvenzverwalter trotz **fehlender Gestattung** (siehe RdNr. 111) die Vorbehaltsware, kann das nicht als Erfüllungswahl i. S. d. § 103 Abs. 1 InsO gewertet werden (siehe RdNr. 146).[243] Da der Insolvenzverwalter durch die Verarbeitung das Aussonderungsrecht des Vorbehaltsverkäufers vereitelt, hat dieser bei schuldhaftem Verhalten des Verwalters einen Schadensersatzanspruch gemäß § 60 Abs. 1 Satz 1 InsO. Demgegenüber scheidet eine Ersatzaussonderung aus. Die Ersatzaussonderung des Verarbeitungsergebnisses (also der neuen Sache) kommt nicht in Betracht, weil die Verarbeitung keine „Veräußerung" i. S. d. § 48 InsO ist (siehe § 48 RdNr. 25), und die Ersatzaussonderung des Veräußerungserlöses deswegen, weil das Aussonderungsrecht bereits durch die Verarbeitung und nicht erst durch die Veräußerung vereitelt wurde.

113 **Bis zur Verarbeitung der gelieferten Sache** – später nicht mehr, weil der Verkäufer danach seine Pflicht zur Übertragung des Eigentums nicht mehr erfüllen kann[244] – hat der Insolvenzverwalter in der Käuferinsolvenz das **Wahlrecht gemäß § 103**. Wie beim einfachen Eigentumsvorbehalt wird er die **Nichterfüllung** wählen, wenn die bereits an den Verkäufer gezahlten Kaufpreisraten,

---

[237] Im Ergebnis ebenso *Jaeger/Henckel* § 51 RdNr. 37, 42.
[238] Vgl. BGHZ 46, 117, 120 = NJW 1967, 34; *Jonek*, aaO S. 421.
[239] FK-*Imberger* § 51 RdNr. 25; vgl. ferner BGH NJW 1999, 2588, 2589.
[240] *Serick* ZIP 1982, 507, 512; *Bork*, FS Gaul, S. 71, 90; *Elz* ZInsO 2000, 478, 481.
[241] *Serick* ZIP 1982, 507, 511; *Elz* ZInsO 2000, 478, 481.
[242] *Serick* ZIP 1982, 507, 514; *ders.* V § 63 III 7 (S. 441); *Elz* ZInsO 2000, 478, 481; *Gottwald/Adolphsen*, Insolvenzrechts-Handbuch, § 43 RdNr. 39; HK-*Lohmann* § 51 RdNr. 37; HambKomm-*Büchler* § 51 RdNr. 18; aA *Bork*, FS Gaul, S. 71, 90; *Jaeger/Henckel* § 48 RdNr. 49.
[243] Ebenso Lüke in Kübler/Prütting/*Bork* § 91 InsO RdNr. 33; HK-*Lohmann* § 51 RdNr. 37; *Gottwald/Adolphsen*, Insolvenzrechts-Handbuch, § 43 RdNr. 39; aA *Elz* ZInsO 2000, 478, 481.
[244] *Elz* ZInsO 2000, 478, 479.

die nunmehr zurückzuzahlen sind, den Schadensersatzanspruch des Verkäufers wegen Nichterfüllung übersteigen.[245] Dann kann der Vorbehaltsverkäufer die gelieferte Sache **aussondern** (s.o. RdNr. 72).[246] Wählt der Insolvenzverwalter die Erfüllung, gilt das zu RdNr. 69 Gesagte.

Das auf Grund der Verarbeitungsklausel neu entstandene Eigentum bzw. Miteigentum des Vorbehaltsverkäufers begründet in der **Insolvenz des Käufers** nur ein Recht auf abgesonderte Befriedigung. Wenn dem Verkäufer das Verarbeitungsergebnis im Wege eines antizipierten Besitzkonstituts übereignet wird (s.o. RdNr. 108), handelt es sich um eine typische Sicherungsübereignung, die nur ein Absonderungsrecht gewährt (s.u. § 51 RdNr. 4 ff.).[247] Obendrein ist das Absonderungsrecht im Umfang beschränkt auf den Wert der gelieferten Vorbehaltsware. Der Wert der vom Insolvenzverwalter zur Herstellung des Produkts eingesetzten Arbeitskräfte, Maschinen und massezugehörigen Materialien darf der Masse nicht ohne Ausgleich entzogen werden.[248]

Die Verlängerung des Eigentumsvorbehalts auf das durch einen einheitlichen Verarbeitungsvorgang hergestellte Erzeugnis wird nur wirksam, wenn dieser Vorgang abgeschlossen ist. Während der Herstellung gilt noch der einfache Eigentumsvorbehalt.[249] Wird der Verarbeitungsvorgang durch die Eröffnung des Insolvenzverfahrens unterbrochen, kann der Vorbehaltsverkäufer noch aussondern.[250] Verarbeitet der Insolvenzverwalter mit fortdauernder oder neu erteilter Erlaubnis des Vorbehaltsverkäufers eine an den Schuldner gelieferte Sache, erwirbt der Vorbehaltsverkäufer ebenfalls nur ein Absonderungsrecht.[251]

(2) Insolvenz des Vorbehaltsverkäufers. In der **Insolvenz des Verkäufers** ist für die Rechtslage bis zum Abschluss der Verarbeitung auf die RdNr. 76 ff. zu verweisen. Nach der Verarbeitung kann der Vorbehaltskäufer aussondern, falls er den Kaufpreis bezahlt. Bis dies geschieht, kann der Insolvenzverwalter die Freigabe der verarbeiteten Sache zurückhalten (s.u. RdNr. 375).

bb) Verarbeitungsverbot. Eine „negative Verarbeitungsklausel" – mit der dem Vorbehaltskäufer verboten wird, die Kaufsache zu verarbeiten – ist für den Vorbehaltsverkäufer (jedenfalls in dinglicher Hinsicht) nutzlos. Verarbeitet der Käufer dem Verbot zuwider die Kaufsache, erwirbt er originäres Eigentum nach § 950 BGB. Wird dies weiterveräußert, kommt eine Ersatzaussonderung oder Ersatzabsonderung nicht in Betracht.[252]

cc) Verbindungsklausel. Eine Verarbeitungsklausel ist nur geeignet, die Rechtsfolge des § 950 BGB abzuwenden. Sie versagt indes bei Verbindungs- und Vermischungsvorgängen, welche die Rechtsfolgen aus §§ 946 bis 948 BGB auslösen. Liefert der Vorbehaltsverkäufer eine bewegliche Sache, die durch Verbindung, Vermischung oder Vermengung mit einer anderen beweglichen Sache (§§ 947 Abs. 2, 948 BGB) zu einem wesentlichen Bestandteil derselben werden würde, kann er sich dagegen durch Vereinbarung einer Verbindungsklausel absichern. Hiermit lässt sich der Vorbehaltsverkäufer im Wege eines antizipierten Besitzkonstituts für den Fall der Verbindung usw. schon im Voraus einen Miteigentumsanteil an der neuen einheitlichen Sache übertragen.[253] Gegebenenfalls gelten die gleichen Grundsätze wie bei einer Verarbeitungsklausel.

dd) Vorausabtretungsklausel. Um dem Vorbehaltskäufer eine Weiterveräußerung der Kaufsache zu ermöglichen und zugleich dem Vorbehaltsverkäufer seine Sicherheit zu erhalten, wird vielfach eine Weiterveräußerungsermächtigung mit Vorausabtretungsklausel und Einziehungsermächtigung vereinbart: Der Vorbehaltsverkäufer willigt bereits beim Verkauf ein, dass der Käufer die Sache im ordentlichen Geschäftsbetrieb weiterverkauft oder einbaut; im Gegenzug tritt der Käufer die künftige Kaufpreis- oder Werklohnforderung gegen seinen Abnehmer an den Vorbehaltsverkäufer ab; dieser ist aber damit einverstanden, dass der Käufer die Forderung im eigenen Namen einzieht.

Diese Art des verlängerten Eigentumsvorbehalts ist das **typische Sicherungsmittel der Warenhersteller und Zwischenhändler,** deren Kunden die Waren – unverändert oder nach Bearbeitung – weiter veräußern. Sie findet auch im **Streckengeschäft** Anwendung. Bei einem derartigen

---

[245] *Adolphsen,* Kölner Schrift, 3. Aufl. Kap. 41 RdNr. 14.
[246] FK-*Imberger* § 47 KO RdNr. 19; *Elz* ZInsO 2000, 478, 480.
[247] Ebenso *Jauernig,* Zwangsvollstreckungs- und Insolvenzrecht § 45 I 1a (S. 202); *Schlegelberger/Hefermehl,* Anh. § 382 HGB RdNr. 74; *Gottwald/Adolphsen,* Insolvenzrechts-Handbuch, § 43 RdNr. 42; im Ergebnis übereinstimmend *Serick* V § 63 I 4 (S. 414 f.); *Henckel,* Aktuelle Probleme der Warenlieferanten beim Kundenkonkurs S. 6; *Jaeger/Henckel* § 47 RdNr. 50 und § 51 RdNr. 38; *Uhlenbruck/Brinkmann* § 47 RdNr. 26.
[248] *Jaeger/Henckel* § 51 RdNr. 44 ff.
[249] BGH BB 1972, 197; *Gottwald/Adolphsen,* Insolvenzrechts-Handbuch, § 43 RdNr. 37.
[250] *Gottwald/Adolphsen,* Insolvenzrechts-Handbuch, § 43 RdNr. 37 aE.
[251] *Henckel,* Aktuelle Probleme der Warenlieferanten beim Kundenkonkurs S. 56; *Gottwald/Adolphsen,* Insolvenzrechts-Handbuch, § 43 RdNr. 39.
[252] BGH NJW 1989, 3213.
[253] *Kieninger* in Lwowski/Fischer/Langenbucher, Das Recht der Kreditsicherung § 21 RdNr. 24.

Geschäft verkauft der Hersteller die Ware an A, A an B, B an C usw. Jeder Zwischenhändler gibt den Ort, an den die Ware gelangen soll, seinem Vormann bekannt. Auf diesem Wege gelangt die Nominierung letztlich zurück an den ersten Verkäufer (= Hersteller). Dieser sondert die Ware aus und gibt sie auf den Transport. Die Eigentumsübertragung vollzieht sich auf dem Weg über die einzelnen Glieder der Kette, und zwar in Gestalt eines „Geheißerwerbs". Jedes Glied der Kette tritt, um das Eigentum zu erwerben, die Forderung gegen den eigenen Abnehmer im Voraus ab an den Vormann.[254] Der Käufer, der sich von seinem Abnehmer durch **Wechsel** oder **Scheck** bezahlen lässt, erwirbt trotz des verlängerten Eigentumsvorbehalts Eigentum an dem Papier, das er von seinem Abnehmer erhält. Dies kann der Verkäufer vermeiden, indem er sich neben der Forderung aus dem Weiterverkauf auch die Wechsel- oder Scheckforderung abtreten lässt, wozu es nach der Rechtsprechung[255] noch der Übergabe des Papiers oder der Vereinbarung eines antizipierten Besitzkonstituts bedarf.

121 Die Weiterveräußerungsermächtigung, die Abrede über die Vorausabtretung (nicht die – dinglich wirkende – Abtretung selbst!) und die Einziehungsermächtigung bilden zusammen eine **Sicherungsvereinbarung.** Diese ist am Sicherungszweck ausgerichtet. Die Weiterveräußerung hat unter Umständen stattzufinden, die einen als Sicherheit tauglichen Erlös erwarten lässt (s.u. RdNr. 124). Die Abtretung der neu entstehenden Kaufpreisforderung ist eine Sicherungsabtretung.[256] Auch die Einziehung der abgetretenen Forderung hat das Sicherungsinteresse zu wahren (s.u. RdNr. 160).

122 Typischerweise findet sich der auf den Erlös aus dem Weiterverkauf verlängerte Eigentumsvorbehalt in **Allgemeinen Geschäftsbedingungen.** Die Vorausabtretungsklausel begegnet im kaufmännischen Verkehr keinen grundsätzlichen Bedenken.[257] Soweit im einzelnen Einschränkungen angebracht sind, wird darauf im Folgenden noch besonders eingegangen (s.u. RdNr. 136).

123 **(1) Weiterveräußerungsermächtigung.** Der in den Anspruch auf den Veräußerungserlös verlängerte Eigentumsvorbehalt setzt zunächst einmal voraus, dass der Vorbehaltskäufer die Vorbehaltsware weiterveräußern darf. Unter Veräußerung ist sowohl der Verkauf einer Sache als auch deren Einbau durch einen Bauhandwerker gemeint.[258] Ist dem Vorbehaltskäufer die Weiterveräußerung nicht gestattet, ist die Vorausabtretung eines Anspruchs auf den Veräußerungserlös nicht sinnvoll. Allerdings kann der Vorbehaltsverkäufer eine unerlaubte Veräußerung im Nachhinein – Zug um Zug gegen Abtretung der Kaufpreisforderung – genehmigen. Dann handelt es sich aber – obwohl das Ergebnis für den Verkäufer gleich ist – nicht um einen verlängerten Eigentumsvorbehalt. Scheitert die Vorausabtretung des Anspruchs auf den Veräußerungserlös an einem bestehenden Abtretungsverbot (vgl. u. RdNr. 205 ff.), ist der Käufer zur Weiterveräußerung nicht befugt.[259]

124 Der Vorbehaltsverkäufer beschränkt seine Einwilligung in die Veräußerung seiner Vorbehaltsware – entsprechend dem Sicherungszweck[260] – auf eine **Veräußerung im ordnungsgemäßen Geschäftsverkehr,** weil nur so zu erwarten ist, dass anstelle der Vorbehaltsware ein angemessener Gegenwert hereinkommt. Die Beschränkung auf den ordnungsgemäßen Geschäftsverkehr ist im Zweifel konkludent vereinbart. Ob sich eine Veräußerung in dem vorgegebenen Rahmen hält, ist eine Frage des Einzelfalles und wird allein durch das objektive, auch dem Drittnehmer erkennbare Verhalten bei der Vornahme des Geschäfts bestimmt.[261] Eine Verschleuderung der Ware - insbesondere eine Veräußerung unter dem Einstandspreis – wird von der Weiterveräußerungsermächtigung nicht gedeckt,[262] ebenso wenig ein Geschäft, bei der die Ware als neue Kreditunterlage verwendet wird, zum Beispiel die Verpfändung oder Sicherungsübereignung.[263] Unzulässig ist die Weiterveräußerung im Sale-and-lease-back-Verfahren[264] oder die Kombination von Verkauf und Rückkauf unter Eigentumsvorbehalt des Rückverkäufers („Nullgeschäft") zu Lasten des Erstverkäufers.[265] Eine Veräußerung gegen Verrechnung des Kaufpreises auf eine bereits bestehende Schuld hält sich nicht

---

[254] BGH NJW 1982, 2373 f.
[255] BGH NJW 1958, 302, 303; WM 1970, 245, 246.
[256] *Graf Lambsdorff,* Handbuch des Eigentumsvorbehalts RdNr. 549; *Kieninger* in Lwowski/Fischer/Langenbucher, Das Recht der Kreditsicherung § 21 RdNr. 26; *Hj. Weber,* Kreditsicherheiten S. 165; *Henckel,* Aktuelle Probleme der Warenlieferanten beim Kundenkonkurs S. 4; *Gottwald/Adolphsen,* Insolvenzrechts-Handbuch, § 43 RdNr. 44.
[257] BGHZ 94, 105, 112 = NJW 1985, 1836.
[258] BGHZ 26, 178, 181 = NJW 1958, 417; 30, 176, 180 = NJW 1959, 1681; 102, 293, 307 = NJW 1988, 1210.
[259] *Jonek,* aaO S. 422.
[260] BGHZ 68, 199, 202 = NJW 1977, 901; 102, 293, 308 = NJW 1988, 1210.
[261] BGHZ 68, 199, 202 = NJW 1977, 901.
[262] BGHZ 104, 129, 133 = NJW 1988, 1774.
[263] BGHZ 104, 129, 133 = NJW 1988, 1774; BGH WM 1966, 1327, 1328.
[264] BGHZ 104, 129, 132 ff. = NJW 1988, 1774.
[265] BGH NJW 1989, 895, 896 f.

mehr im Rahmen des ordnungsgemäßen Geschäftsverkehrs,[266] ebenso wenig eine Veräußerung, bei der eine Vorausabtretung des Anspruchs auf die Gegenleistung an einer Abwehrklausel[267] oder einem Abtretungsverbot oder einer Abtretungsbeschränkung scheitert.[268] Zum gutgläubigen Erwerb durch den Abnehmer des Vorbehaltskäufers s.u. RdNr. 178.

Eine Maßnahme, die sich nicht mehr als eine solche des ordnungsgemäßen Geschäftsverkehrs darstellt, wird regelmäßig schutzwürdige Sicherungsinteressen des Vorbehaltsverkäufers verletzen; umgekehrt kann aber nicht gesagt werden, dass immer dann, wenn schutzwürdige Sicherungsinteressen des Vorbehaltsverkäufers verletzt sind, von einem ordnungsgemäßen Geschäftsverkehr keine Rede mehr sein könne.[269] Eine Veräußerung ist auch dann zulässig, wenn Überweisung des Kaufpreises auf ein im Debet geführtes Bankkonto erbeten wird.[270] Ein Gleiches gilt, wenn der Vorbehaltskäufer mit seinem Abnehmer kontokorrentmäßig abrechnet.[271] Etwas Derartiges hält sich im Rahmen des ordnungsgemäßen Geschäftsverkehrs und ist deshalb von der Weiterveräußerungsermächtigung gedeckt, obwohl die Sicherungsinteressen des Vorbehaltsverkäufers verletzt sind. Der Auffassung, für die Geltung der Weiterveräußerungsermächtigung komme es nur darauf an, ob diese Sicherungsinteressen noch gewahrt seien,[272] kann nicht gefolgt werden, weil dies dem Schutz des Rechtsverkehrs (s.u. RdNr. 128) zuwiderliefe.

Veräußert der Käufer nach Zahlungseinstellung die Vorbehaltsware, so geschieht dies möglicherweise noch im ordnungsgemäßen Geschäftsverkehr.[273] Die Zahlungseinstellung ist kein objektives Merkmal, anhand dessen sich der ordnungsgemäße Geschäftsverkehr bestimmen lässt.[274] Zudem ist der genaue Zeitpunkt der Zahlungseinstellung oft für den Betroffenen selbst nicht eindeutig und für Außenstehende noch schwerer zu erkennen.[275] Entscheidend ist, ob der Vorbehaltskäufer noch normale Umsatzgeschäfte tätigt. Das Sicherungsbedürfnis des Vorbehaltsverkäufers ist gewahrt, weil an Stelle der veräußerten Vorbehaltsware eine Ersatzsicherheit, die abgetretene Forderung gegen den Abnehmer, erhält.[276] Zur Fortgeltung der Weiterveräußerungsermächtigung nach dem Insolvenzantrag vgl. RdNr. 145.

Handelt der Vorbehaltskäufer im Rahmen des ordnungsgemäßen Geschäftsverkehrs, verstößt er aber in anderer Weise gegen die Sicherungsabrede oder sind jedenfalls Anzeichen für eine bevorstehende Vertragsuntreue erkennbar, erlischt die Weiterveräußerungsermächtigung zwar nicht von selbst (RdNr. 126). Der Vorbehaltsverkäufer kann sie jedoch **widerrufen**. Wirkungen entfaltet ein Widerruf nur, wenn die Voraussetzungen dafür vorliegen, und nur solange, als der Abnehmer des Vorbehaltskäufers noch nicht Eigentümer geworden ist.

Erfolgt die Veräußerung im ordnungsgemäßen Geschäftsverkehr und ist die Ermächtigung zur Weiterveräußerung nicht (wirksam) widerrufen, erwirbt der Abnehmer – ohne dass es auf seinen guten Glauben ankäme – das Eigentum an der Sache gemäß § 185 Abs. 1 BGB. Ist die Veräußerung hingegen unerlaubt, kann der Abnehmer nur Eigentümer der Ware werden, wenn er – ohne grobe Fahrlässigkeit – an das Eigentum (§ 932 BGB) oder die Verfügungsbefugnis (§ 366 HGB) des Vorbehaltskäufers glaubt.

(2) Allgemeines zur Vorausabtretung. Dafür, dass der Vorbehaltsverkäufer das Eigentum an der Vorbehaltsware verliert, erwirbt er kraft der Vorausabtretung das Surrogat, nämlich die Kaufpreisforderung, die dem Vorbehaltskäufer aus der Weiterveräußerung erwächst.[277] Dies gilt in der Regel unabhängig davon, ob die Weiterveräußerung erlaubt oder unerlaubt ist.[278] Die Sicherungsabrede – und der dingliche Abtretungsvertrag – sind im Zweifel dahin auszulegen, dass die Vorausabtretung auch („erst recht") den Kaufpreisanspruch aus einer unerlaubten Weiterveräußerung erfassen soll. Denn in diesem Falle ist das Sicherungsbedürfnis des Vorbehaltsverkäufers noch höher als bei einer erlaubten Weiterveräußerung.

---

[266] BGH WM 1966, 924, 925; 1968, 1144, 1147.
[267] BGH ZIP 1986, 1052, 1054.
[268] BGHZ 27, 306, 309 = NJW 1958, 1281; 30, 176, 180 = NJW 1959, 1681; 40, 156, 162 = NJW 1964, 243; 51, 113, 116 = NJW 1969, 415; 73, 259, 264 = NJW 1979, 1206; 102, 293, 308 = NJW 1988, 1210. – Zur Anwendung des § 354a HGB *Gundlach* KTS 2000, 307, 314 f.
[269] Vgl. BGHZ 68, 199, 202 = NJW 1977, 901; *Merz* LM § 46 KO Nr. 11; *Gundlach* KTS 2000, 307, 311.
[270] BGH WM 1963, 1187.
[271] BGHZ 70, 86, 92 f. = NJW 1978, 538; 73, 259, 264 f. = NJW 1979, 1206; *Schlegelberger/Hefermehl*, Anh. § 382 HGB RdNr. 82; kritisch *Gundlach* KTS 2000, 307, 316 ff.
[272] *Gundlach* KTS 2000, 307, 312.
[273] Strenger *Franke* KTS 1957, 139, 141; *Gundlach* DZWIR 2000, 430, 432.
[274] *Gundlach* KTS 2000, 307, 324.
[275] BGHZ 144, 192, 198 = NJW 2000, 1950, 1952.
[276] *Gundlach* KTS 2000, 307, 324.
[277] BGH NJW 2008, 985 RdNr. 22.
[278] *Henckel*, Aktuelle Probleme der Warenlieferanten beim Kundenkonkurs S. 53.

130 Eine Vorausabtretung – das heißt die Abtretung einer erst in Zukunft entstehenden Forderung – zur Sicherung einer anderen Forderung ist **grundsätzlich möglich,** auch wenn das Verfügungsobjekt im Zeitpunkt der Verfügung noch gar nicht existiert (Einzelheiten s. Vorbemerkungen vor §§ 49–52 RdNr. 20 ff., § 51 RdNr. 164 ff.). Die Vorausabtretung ist regelmäßig eine **stille Abtretung** (s.u. § 51 RdNr. 180), weil der Vorbehaltskäufer gegenüber seinem Abnehmer nicht offenlegen will, dass er die ihm verkaufte Sache selbst noch nicht bezahlt hat.

130a Da der durch die Vorausabtretung der Forderung verlängerte Eigentumsvorbehalt nur eine Ersatzsicherheit gewährt, solange der Vorbehaltskäufer die Forderung nicht eingezogen hat, verliert der Vorbehaltsverkäufer insoweit seine Sicherheit, als die Drittschuldner in Unkenntnis der Abtretung (oder aufgrund von § 354a Satz 2 HGB) wirksam an den Vorbehaltskäufer zahlen.[279] Hat der Vorbehaltsverkäufer die Anschlusszession offengelegt, kann der Drittschuldner den geschuldeten Betrag unter Ausschluss der Rücknahme mit befreiender Wirkung beim Amtsgericht hinterlegen.[280]

131 **(3) Bestimmbarkeit der abgetretenen Forderung.** Für die Wirksamkeit einer Vorausabtretung ist Voraussetzung, dass die abgetretene Forderung hinreichend bestimmbar ist (s.u. § 51 RdNr. 152 ff.). Dies ist deswegen problematisch, weil im Zeitpunkt der Abtretung weder ihre Höhe noch die Person des Schuldners (= Abnehmers) bekannt ist.[281] Bestimmbar ist eine Forderung, wenn sie sich nach Gegenstand und Umfang feststellen lässt. Zum Gegenstand der Abtretung gehört außer den beteiligten Personen auch der Rechtsgrund der Forderung.[282] Es genügt, dass die Bestimmbarkeit in dem Zeitpunkt gegeben ist, in dem die Forderung entsteht. Dazu muss, wenn die Weiterveräußerung in der Form eines Gattungskaufs vorgenommen wird, erst eine Konkretisierung (§ 243 Abs. 2 BGB) erfolgen. Bis zu diesem Zeitpunkt steht die schon entstandene Forderung noch dem Vorbehaltskäufer zu.[283]

132 Bei der Beurteilung, was bestimmbar ist und was nicht, ist der BGH recht großzügig. Tritt der Kunde seine Forderungen gegenüber Dritten an die Lieferantin bis zur endgültigen Bezahlung von deren Forderungen ab, ist damit ausreichend bestimmt geregelt, dass die entstehenden Forderungen der Kunden vollen Umfangs abgetreten werden.[284] Wird die Vorbehaltsware **zusammen mit (Vorbehalts-)Waren anderer Lieferanten zu einem Gesamtpreis verkauft,** soll eine Vorausabtretung „in Höhe des Wertes der Vorbehaltsware"[285] bzw. „entsprechend dem Wert unserer Lieferung"[286] hinreichend bestimmt sein. Die Bezeichnung „Wert der Vorbehaltsware" bzw. „Wert der Lieferung" beziehen sich dabei auf den Rechnungswert des Erstverkaufs.[287] Nicht beanstandet wurde ferner die Klausel „der Gegenwert tritt … an die Stelle der gelieferten Ware".[288]

133 Differenziert zu beurteilen ist die Bestimmbarkeit bei der **Veräußerung verarbeiteter Ware.** Wird die Vorbehaltsware nach Verarbeitung durch den Vorbehaltskäufer **einzeln** weiterveräußert, ist die im Voraus abgetretene Forderung eindeutig bestimmt, wenn der Verkaufspreis der Weiterveräußerung (der allerdings auch den Wert der Verarbeitung umfasst) abgetreten wird.[289] Stattdessen kann sich der Vorbehaltsverkäufer den Rechnungswert des Erstverkaufs abtreten lassen. Dann ist wenigstens die Bestimmbarkeit gewahrt.[290] Wird die verarbeitete Vorbehaltsware indes **zusammen mit verarbeiteter Ware des Vorbehaltskäufers oder anderer Lieferanten veräußert,** ist die Bestimmbarkeit der abgetretenen Forderung problematisch. Die Abtretung der aus der Weiterveräußerung erwachsenden Forderung „in Höhe des Anteilswertes am Miteigentum" genügt den Anforderungen.[291] Dasselbe gilt, wenn die Forderung aus der Weiterveräußerung nur in Höhe des Fakturenwerts, den die Vorbehaltsware im Zeitpunkt der Verarbeitung hatte, abgetreten wird.[292] Tritt der

---

[279] *Gottwald,* FS Gero Fischer, S. 183, 185 f.
[280] *Gottwald,* FS Gero Fischer, S. 183, 186 f.
[281] BGHZ 7, 365, 367 f. = NJW 1953, 21; 26, 178, 183 = NJW 1958, 417; 53, 60, 63 = NJW 1970, 322; 75, 75, 78 = NJW 1979, 2036.
[282] *Graf Lambsdorff,* Handbuch des Eigentumsvorbehalts RdNr. 318 f.; *Schlegelberger/Hefermehl,* Anh. § 382 HGB RdNr. 83.
[283] *Serick* IV § 47 II 3a (S. 281); *Schlegelberger/Hefermehl,* Anh. § 382 HGB RdNr. 83.
[284] BGH NZI 2011, 366, 368 RdNr. 29.
[285] BGH NJW 1964, 149, 150.
[286] BGH NJW 1968, 1516, 1519; WM 2000, 1072, 1074.
[287] Zustimmend *Graf Lambsdorff,* Handbuch des Eigentumsvorbehalts RdNr. 376.
[288] BGHZ 56, 34 ff. = NJW 1971, 1038.
[289] BGH NZI 2011, 366, 368 RdNr. 29; *Flume* NJW 1959, 913, 9117.
[290] BGH NJW 1964, 149, 150; *Graf Lambsdorff,* Handbuch des Eigentumsvorbehalts RdNr. 329; *Bülow,* Kreditsicherheiten RdNr. 1462; *Smid* ZInsO 2009, 2217, 2222.
[291] BGHZ 64, 312 ff. = NJW 1975, 1226.
[292] vgl. BGHZ 98, 303, 312; 161, 337, 341 RdNr. 5; BGH NJW 1964, 149 f.; 2008, 985, 986 RdNr. 22; *Flume* NJW 1959, 913, 918; *Graf Lambsdorff,* Handbuch des Eigentumsvorbehalts RdNr. 332; *Uhlenbruck/Brinkmann* § 47 RdNr. 28; *Hess* § 47 RdNr. 65; ablehnend *Serick* V § 58 VIII (S. 187).

Vorbehaltskäufer „alle seine Ansprüche, die ihm aus Vertrag oder aus Gesetz nach §§ 812 ff. erwachsen", ab, soll dies allzu unbestimmt sein.[293] Dies ist zweifelhaft. Wenn wirklich „alles" abgetreten wurde, sind Bedenken allenfalls wegen einer möglichen Übersicherung, nicht aber wegen Unbestimmtheit angebracht.[294]

Wird die Vorbehaltsware **zusammen mit Sachen anderer Lieferanten zu einer neuen Sache verarbeitet,** erhalten alle Lieferanten Miteigentumsanteile. Diese bestimmen sich nach dem Verhältnis des Wertes, den die einzelnen Sachen vor der Verarbeitung hatten, zum Wert des Fertigfabrikats. Tritt der Vorbehaltskäufer einen so definierten Anteil des Anspruchs aus der Weiterveräußerung der fertigen Sache ab, ist das hinreichend bestimmt.[295] Stattdessen kann auch hier wieder eine Teilabtretung in Höhe des Fakturenwerts des Erstverkaufs vorgenommen werden.[296] Dieselben Grundsätze gelten im Falle einer **Verbindung** oder **Vermischung.** 134

Wird die so, wie unter RdNr. 134 beschrieben, hergestellte Fertigfabrikat oder die durch Verbindung oder Vermischung entstandene neue Sache nicht einzeln, sondern zusammen mit anderen Sachen zu einem Gesamtpreis verkauft, gelten die Ausführungen unter RdNr. 133 entsprechend. 135

Ist die Vorausabtretung einer künftig entstehenden Forderung – wie beim verlängerten Eigentumsvorbehalt zumeist – in **Allgemeinen Geschäftsbedingungen** vorgesehen, muss die Bestimmbarkeit nicht abstrakt für alle denkbaren Fälle vorliegen.[297] Es genügt, wenn die vom Zessionar (= Vorbehaltsverkäufer) konkret in Anspruch genommene Forderung bestimmt werden kann.[298] 136

(4) Wirksamkeit der Vorausabtretung. Die Vorausabtretung ist unwirksam, wenn die dem Vorbehaltskäufer auf Grund der Weiterveräußerung erwachsende Forderung **kontokorrentgebunden** ist und somit von vornherein als unabtretbare Forderung entsteht; das Gleiche gilt für die Saldoforderung, wenn sie auf neue Rechnung vorgetragen und selbst wieder in das Kontokorrent eingestellt wird.[299] Der Vorbehaltsverkäufer kann sich, um sich abzusichern, den nicht kontokorrentgebundenen Anspruch auf den Schlusssaldo (§ 355 Abs. 3 HGB) abtreten lassen.[300] 137

Die Vorausabtretung ist ferner unwirksam (§ 138 Abs. 1 BGB), wenn sie an die **Bedingung** geknüpft wird, dass der Vorbehaltskäufer seine **Zahlungen einstellt** oder dass ein **Insolvenzantrag** gestellt wird.[301] Ließe man eine solche Bedingung zu, könnte sich der Vorbehaltsverkäufer im Wege der Parteieinbarung ein dem § 48 – der eine unrechtmäßige Weiterveräußerung voraussetzt – widersprechendes Ersatzaussonderungsrecht verschaffen. 138

Die Vorausabtretung ist außerdem unwirksam, wenn sie zu einer **Knebelung des Vorbehaltskäufers** führt. Eine Knebelung (s. Vorbemerkungen vor §§ 49–52 RdNr. 80) liegt vor, wenn der verlängerte Eigentumsvorbehalt den Vorbehaltskäufer in seiner wirtschaftlichen Bewegungsfreiheit übermäßig einengt. Denkbar ist dies allenfalls durch die Verbindung eines verlängerten mit einem Kontokorrentvorbehalt.[302] Hier kann es dazu kommen, dass dem Vorbehaltskäufer die Einnahmen aus seiner Geschäftstätigkeit entzogen werden, bis er seine Schulden gegenüber dem Vorbehaltsverkäufer abgetragen hat. Wenn diese erheblichen Umfang haben, hört der Vorbehaltskäufer praktisch auf, als selbständiges Wirtschaftssubjekt zu existieren. 139

Nach der früheren Rechtsprechung des BGH scheiterte die Vorausabtretung häufig wegen einer **Übersicherung des Vorbehaltsverkäufers.** Danach war die formularmäßige Vorausabtretung von Kundenforderungen des Vorbehaltskäufers im Rahmen des verlängerten Eigentumsvorbehalts regelmäßig wegen unangemessener Benachteiligung des Vorbehaltskäufers nach § 307 Abs. 1/§ 9 Abs. 1 AGBG unwirksam, wenn dieser nicht bei Überschreiten einer konkret bestimmten Deckungsgrenze durch eine Freigabeverpflichtung des Vorbehaltsverkäufers vor einer unverhältnismäßigen **nachträglichen** Übersicherung geschützt war.[303] Diese Rechtsprechung ist im Zuge der Neuorientierung 140

---

[293] BGH WM 1975, 977, 978.
[294] Vgl. BGHZ 130, 19, 22 = NJW 1995, 2553.
[295] BGH NJW 1964, 149 f.
[296] BGHZ 98, 303, 312; 167, 337, 341; BGH NJW 2008, 985; *Graf Lambsdorff,* Handbuch des Eigentumsvorbehalts RdNr. 334.
[297] So noch RGZ 149, 96, 101; 155, 26, 28, wonach Unbestimmtheit in auch nur einem denkbaren Fall zur Unwirksamkeit führte, selbst wenn im konkreten Fall Bestimmbarkeit vorlag.
[298] BGHZ 7, 365, 369 ff. = NJW 1953, 21; 26, 185, 189 = NJW 1958, 457; *Graf Lambsdorff,* Handbuch des Eigentumsvorbehalts RdNr. 315 ff.; *Schlegelberger/Hefermehl,* Anh. § 382 HGB RdNr. 87; *MünchKommBGB-Roth* § 398 RdNr. 81; *Uhlenbruck/Brinkmann* § 47 RdNr. 28.
[299] BGHZ 70, 86, 92 f. = NJW 1978, 538; 73, 259, 264 = NJW 1979, 1206.
[300] *Schlegelberger/Hefermehl,* Anh. § 382 HGB RdNr. 95.
[301] BGHZ 26, 185, 193 = NJW 1958, 457; *Flume* NJW 1950, 841, 845; *Schlegelberger/Hefermehl,* Anh. § 382 HGB RdNr. 81.
[302] Vgl. BGHZ 98, 303, 307 = NJW 1987, 487.
[303] BGHZ 94, 105, 112, 113 ff. = NJW 1985, 1836; 98, 303, 310 ff. = NJW 1987, 487; 120, 300, 302 = NJW 1993, 533; WM 1990, 1389.

bei der Bewertung der Globalsicherheiten in die Kritik geraten[304] und nunmehr vom Großen Senat für Zivilsachen aufgegeben worden.[305] Da ein Freigabeanspruch auch ohne klauselmäßige Festlegung gegeben ist, kann deren Fehlen nicht zur Unwirksamkeit des verlängerten Eigentumsvorbehalts führen. Sobald eine Übersicherung eingetreten ist, kann der Vorbehaltskäufer **Freigabe von Sicherheiten** verlangen. Der Eigentumsvorbehaltskäufer hat die **Wahl**, welche Sicherheit er freigeben will.[306] Er muss aber die Belange des Käufers angemessen berücksichtigen. Eine **ursprüngliche** Übersicherung – wie sie bei sonstigen Globalsicherheiten durchaus vorkommt (s. Vorbemerkungen vor §§ 49–52 RdNr. 84); dann ist der Sicherstellungsvertrag unter Umständen unwirksam[307] – ist beim verlängerten Eigentumsvorbehalt nur vorstellbar, wenn er mit einem erweiterten kombiniert wird.

141 **(5) Wirkungen der Vorausabtretung.** Die Vorausabtretung der Forderung aus der Weiterveräußerung der Vorbehaltsware führt zu **keinem Durchgangserwerb** des Vorbehaltskäufers (s. § 51 RdNr. 166). Im Übrigen hat die Frage „Durchgangserwerb oder Direkterwerb?" kaum praktische Bedeutung.[308] Dies wird deutlich, wenn man betrachtet, welchen Einfluss die Vorausabtretung auf abweichende Zwischenverfügungen (s. § 51 RdNr. 167) hat:

142 Bei **mehrfacher Vorausabtretung** sind die zweite und alle nachfolgenden grundsätzlich unwirksam (wegen Einschränkungen des Prioritätsgrundsatzes s.u. RdNr. 210). Das Gleiche gilt für eine der Vorausabtretung nachfolgende **Pfändung** oder **Verpfändung** der künftigen Forderung.[309] Hierfür ist durchweg unerheblich, ob der Verkäufer die Forderung des Käufers gegen den Abnehmer unmittelbar (Direkterwerb) oder über den Käufer (Durchgangserwerb) erhält. Pfändet zum Beispiel ein Gläubiger des Käufers die im Voraus abgetretene Forderung, geht die Pfändung ins Leere, wenn der Verkäufer die Forderung, sobald sie entsteht, unmittelbar erwirbt. Im Falle des Durchgangserwerbs hat der Käufer die gepfändete Forderung zwar nach der Pfändung für eine „juristische Sekunde" erworben; die Abtretung geht der Pfändung aber nach § 185 Abs. 2 Satz 2 BGB vor.

143 Ist ein verlängerter Eigentumsvorbehalt wirksam vereinbart, geht eine zusätzliche Abtretung der Forderung aus der Weiterveräußerung ins Leere.[310] Die Zweitabtretung ist – mangels Gläubigerbenachteiligung – auch nicht anfechtbar.[311]

144 **(6) Die Vorausabtretung in der Insolvenz.** In der **Insolvenz des Vorbehaltskäufers** kann der Verkäufer die **noch nicht weiterveräußerte** Vorbehaltsware – ebenso wie beim einfachen Eigentumsvorbehalt – **aussondern,** falls der Insolvenzverwalter die Erfüllung ablehnt (§ 103).[312]

145 Fraglich ist die Fortgeltung der **Weiterveräußerungsermächtigung.** Diese entfällt – abgesehen vom Widerruf durch den Vorbehaltsverkäufer – spätestens dann, wenn über das Vermögen des Vorbehaltskäufers ein Insolvenzverfahren eröffnet wird.[313] Wählt der Insolvenzverwalter anschließend die Vertragserfüllung (§ 103), darf er auch wieder veräußern, sofern er den Kaufpreis als Masseschuld aus der Masse entrichten kann.[314] Ob die Weiterveräußerungsermächtigung für den vorläufigen Insolvenzverwalter im Sinne von § 22 Abs. 1 gilt,[315] beantwortet sich einerseits nach dem Zweck des Eröffnungsverfahrens, andererseits dem Sicherungszweck. Der Erste spricht für die Fortgeltung der Weiterveräußerungsermächtigung. In § 22 Abs. 1 Nr. 2 ist bestimmt, dass der vorläufige Insolvenzverwalter das Schuldner-Unternehmen bis zur Entscheidung über die Eröffnung des Verfahrens

---

[304] Vgl. die Vorlagebeschlüsse an den Großen Senat BGH NJW 1997, 1570, 1571; WM 1997, 1197.
[305] BGHZ 137, 212 ff. = NJW 1998, 671 ff. = LM BGB § 138 (Bb) Nr. 86 *(Stürner)* = EWiR 1998, 155 *(Medicus)*.
[306] BGHZ 94, 105, 115 = NJW 1985, 1836.
[307] BGH NJW 1998, 2047 = LM BGB § 138 (Bb) Nr. 87 *(Bülow)* = WuB I F 4.–1.98 *(Rimmelspacher)* = EWiR 1998, 627 *(Medicus)*.
[308] So auch *Reinicke/Tiedtke*, Kreditsicherung S. 277.
[309] BAG WM 1980, 661, 662.
[310] BGH WM 2000, 1072, 1073; NJW 2000, 3777, 3778.
[311] Unzutreffend deshalb LG Lübeck DZWIR 2000, 302 mit Anm. *Gundlach*.
[312] *Henckel*, Aktuelle Probleme der Warenlieferanten beim Kundenkonkurs S. 38; *Jaeger/Henckel* § 51 RdNr. 35; *Reinicke/Tiedtke*, Kreditsicherung S. 281.
[313] BGH NJW 1953, 217, 218 m. zust. Anm. *Raiser; Franke* KTS 1957, 139, 141; *Kuhn* WM 1972, 206, 209; *Mitlehner*, aaO RdNr. 128, 162; *Tintelnot* in Kübler/Prütting/Bork § 177 RdNr. 22; *HK-Lohmann* § 51 RdNr. 35; *HK-Marotzke* § 117 RdNr. 8; HambKomm-*Büchler* § 48 RdNr. 16; aA *Uhlenbruck/Brinkmann* § 47 RdNr. 30, § 48 RdNr. 17; einschränkend nunmehr auch *Gottwald/Adolphsen*, Insolvenzrechts-Handbuch § 41 RdNr. 18 (durch Insolvenzeröffnung entfällt Weiterveräußerungsermächtigung nur, wenn der Betrieb eingestellt und liquidiert wird).
[314] Vgl. *Henckel*, Aktuelle Probleme der Warenlieferanten beim Kundenkonkurs S. 51 f.; *Jaeger/Henckel* § 51 RdNr. 33; ferner *Gundlach* KTS 2000, 307, 327.
[315] Zum Sequester i.S.v. § 106 KO vgl. BGHZ 144, 192,198 = NJW 2000, 1950; *Kilger,* in: 100 Jahre KO, S. 189, 199.

fortzuführen hat. Eine Betriebsfortführung wäre aber nicht mehr möglich, wenn die unter verlängertem Eigentumsvorbehalt erworbenen Waren nicht mehr weiterveräußert werden dürften. Dann wäre auch der solange wie möglich offen zu haltenden Entscheidung über die Sanierung des Betriebes von vornherein der Boden entzogen. Weiter ist zu bedenken, dass der Insolvenzantrag unbegründet sein kann. Bedeutete er gleichwohl den „automatischen" Wegfall der Weiterveräußerungsermächtigung, hätte dies dann wirklich oft die Insolvenz des Vorbehaltskäufers zur Folge. Diese Argumente rechtfertigen eine Fortgeltung der Weiterveräußerungsermächtigung dann nicht, wenn der Sicherungszweck eindeutig dagegen spräche.[316] Eine Maßnahme, die für den Sicherungsnehmer offensichtlich den Verlust seiner Position bedeutet, wäre nach dem Parteiwillen sicherlich nicht durch die Ermächtigung gedeckt. Das wäre der Fall, wenn der vorläufige Verwalter den Veräußerungserlös mit dem Schuldnervermögen vermischen und zur Finanzierung der Betriebsfortführung verwenden würde. Dann würde der Sicherungsnehmer hierdurch entschädigungslos – weil weder ein Ersatzabsonderungs- noch ein Massebereicherungsanspruch bestünde – um sein Sicherungsrecht gebracht. Die Weiterveräußerungsermächtigung ist deshalb dahin auszulegen, dass der vorläufige Verwalter zwar veräußern, den Erlös jedoch nicht für den Schuldner vereinnahmen darf, sondern für den Sicherungsnehmer separieren muss (s.u. RdNr. 162).

Veräußert der Insolvenzverwalter – wie es im Rahmen einer einheitlichen Verwertung des gesamten Warenbestandes des Schuldners nicht selten vorkommen soll – bewusst auch Vorbehaltsware, kann darin nicht ohne weiteres die konkludente **Erklärung der Erfüllungswahl** gesehen werden.[317] Die gegenteilige Auffassung[318] beruht letztlich auf dem Gedanken, dass „nicht sein kann, was nicht sein darf". Veräußert der Insolvenzverwalter, obwohl er die Erfüllung ablehnt, so vereitelt er damit das durch die Erfüllungsablehnung entstandene – oder, falls er sich zur Erfüllungswahl bis dahin noch nicht erklärt hatte, latent vorhandene – Aussonderungsrecht des Vorbehaltsverkäufers. Damit ist dieser nicht im Voraus einverstanden.

Da bei einer Veräußerung durch den Insolvenzverwalter die abgetretene Forderung erst nach Eröffnung des Insolvenzverfahrens entsteht, könnte daran gedacht werden, dass der Vorbehaltsverkäufer wegen § 91 kein „insolvenzfestes" Aus- oder Absonderungsrecht erwerben kann.[319] § 91 ist indessen auf Verfügungen des Insolvenzverwalters nicht anwendbar.[320]

Anders ist die Rechtslage, wenn die Vorbehaltsware bei Insolvenzeröffnung vom Käufer bereits (berechtigterweise) **weiterveräußert** war. Im Einzelnen sind hier vier Fälle zu unterscheiden:

Erster Fall: Keiner der Verträge (Vorbehaltsverkäufer/Vorbehaltskäufer und Vorbehaltskäufer/Abnehmer) fällt unter § 103. Sobald der Abkäufer gemäß §§ 929, 185 BGB das Eigentum erwirbt, erlischt es in der Person des Vorbehaltsverkäufers. Dafür steht diesem jetzt die bereits vor der Eröffnung des Insolvenzverfahrens im Voraus abgetretene Forderung des Käufers gegen den Abkäufer zu. Die Insolvenz ändert daran nichts. Allerdings kann der Vorbehaltsverkäufer aus der Forderung nur **abgesonderte Befriedigung** verlangen.[321] Ein Aussonderungsrecht besteht – ebenso wenig wie bei Geltung einer Verarbeitungsklausel (s.o. RdNr. 114) – nicht,[322] weil beim verlängerten Eigentumsvorbehalt keine Voll-, sondern nur eine Sicherungsabtretung vorliegt.

Zweiter Fall: Der erste Vertrag fällt unter § 103, der zweite nicht. Dieser Fall kann eintreten, wenn der Weiterveräußerungsvertrag bei Insolvenzeröffnung zumindest von einer Seite bereits vollständig erfüllt ist. Wie im ersten Fall erlischt das vorbehaltene Eigentum in der Person des Vorbehaltsverkäufers, sobald der Abkäufer Eigentümer wird. Dafür steht dem Vorbehaltsverkäufer (zunächst einmal) die Kaufpreisforderung aus dem zweiten Vertrag zu. Die Erfüllungsansprüche aus dem ersten Vertrag sind nicht mehr durchsetzbar. Den ihm im Voraus abgetretenen Kaufpreisanspruch des Vorbehaltskäufers gegen den Abkäufer muss der Vorbehaltsverkäufer an den Käufer zurückabtreten. Dafür hat er als Insolvenzforderung einen Anspruch auf Ersatz des Wertes der Kauf-

---

[316] Nach *Gundlach* Anm. zu BGH NJW 2000, 1950, in DZWIR 2000, 430, 432 ist das der Fall. Ähnlich *Eckardt* EWiR 2000, 643, 644. Vgl. auch die Anmerkungen von *Lwowski* WuB I F 4.–3.00 und *Pape* LM KO § 46 Nr. 25.
[317] BGH WM 1998, 298, 299 = WuB VI B. § 17 KO 1.98 (*Henckel*) = EWiR 1998, 321 (*Undritz*); *Jaeger/Henckel* § 51 RdNr. 33.
[318] OLG Celle WM 1987, 1569, 1570.
[319] So *Gottwald*, FS G. Fischer, S. 183, 185.
[320] Vgl. *Henckel*, Aktuelle Probleme der Warenlieferanten beim Kundenkonkurs S. 49; *Jaeger/Henckel* § 51 RdNr. 34; *Uhlenbruck/Brinkmann* § 47 RdNr. 30; *HK-Kayser* § 91 RdNr. 5; *Marotzke* KTS 1979, 40, 48 f.; im Ergebnis ebenso *Serick* V § 62 VIII 2a (S. 394 f.).
[321] BGHZ 72, 308, 312 = NJW 1979, 365; BGH WM 1971, 71, 72; NJW 1978, 1632; 1986, 1174, 1175; NJW-RR 2004, 340; *Henckel*, Aktuelle Probleme der Warenlieferanten beim Kundenkonkurs S. 54; *Jaeger/Henckel* § 47 RdNr. 49; *Graf Lambsdorff*, Handbuch des Eigentumsvorbehalts RdNr. 549; *Reinicke/Tiedtke*, Kreditsicherung S. 281; *Hj. Weber*, Kreditsicherheiten S. 165; *Uhlenbruck/Brinkmann* § 47 RdNr. 26.
[322] AA *Baur/Stürner*, Insolvenzrecht RdNr. 14.9.

sache. Wählt der Insolvenzverwalter die Erfüllung des ersten Vertrages, bleibt es bei der Abtretung des Weiterveräußerungsanspruchs. Diese verschafft dem Vorbehaltsverkäufer aber wiederum nur ein Absonderungsrecht.

151 **Dritter Fall: Der zweite Vertrag fällt unter § 103, der Erste nicht.** Mit der Eröffnung des Insolvenzverfahrens wird der zweite Vertrag zwar nicht umgestaltet. Wählt der Insolvenzverwalter **Nichterfüllung,** geht die Vorausabtretung dennoch ins Leere. Mit der Eröffnung des Insolvenzverfahrens sind die Erfüllungsansprüche, soweit sie noch nicht erfüllt sind, nicht mehr durchsetzbar.[323] Das ist auch dann nicht anders, wenn der Weiterveräußerungsvertrag bereits teilweise erfüllt war. Wählt der Insolvenzverwalter die **Erfüllung** dieses Vertrages, ist zu unterscheiden, ob dieser bei Verfahrenseröffnung bereits teilweise erfüllt war oder nicht (§ 105).

152 War noch **nicht einmal teilweise erfüllt,** ist die Vorausabtretung gegenstandslos. Mit der Insolvenzeröffnung sind die beiderseitigen Erfüllungsansprüche nicht mehr durchsetzbar. Die Willenserklärung des Insolvenzverwalters nach § 103 Abs. 1, vor Verfahrenseröffnung geschlossene gegenseitige Verträge erfüllen oder, was dem gleichsteht, Erfüllung verlangen zu wollen, verschafft dem Anspruch des Vorbehaltskäufers gegen seinen Abnehmer und umgekehrt dessen Anspruch gegen den Insolvenzverwalter auf Leistung aus der Masse (§ 55 Abs. 1 Nr. 2) einen „Qualitätssprung".[324] An dem erst durch das Erfüllungsverlangen des Insolvenzverwalters, also nach Verfahrenseröffnung, wieder durchsetzbar gewordenen Anspruch gegen den Abnehmer kann der Vorbehaltsverkäufer nach § 91 Abs. 1 keine Rechte erwerben, die den Insolvenzgläubigern gegenüber wirksam sind.[325]

153 War der Weiterveräußerungsvertrag bei Verfahrenseröffnung bereits **teilweise erfüllt,** bleibt die Abtretung wirksam, soweit die Gegenleistung vom **Schuldner** (= Vorbehaltskäufer) bis dahin erbracht war und der abgetretene Vergütungsanspruch teilbar ist. Die **Teilbarkeit** ist großzügig zu beurteilen.[326] So wie zum Beispiel bei Bauwerken im Falle vorzeitiger Kündigung die erbrachten Teilleistungen abgerechnet werden können, muss dies auch möglich sein, wenn der Unternehmer vor Beendigung des Bauvorhabens insolvent wird.[327] Soweit der Schuldner bereits erfüllt hat, muss die Masse nichts mehr erbringen. Dann braucht sie vor einer Abtretung des Anspruchs, der den vom Schuldner erbrachten Teilleistungen entspricht, nicht geschützt zu werden.[328] Dieser Anspruch wird durch die Eröffnung des Insolvenzverfahrens nicht berührt.[329] Insofern hat der Vorbehaltsverkäufer somit ein Absonderungsrecht, im Übrigen aber nicht, weil die restliche Erfüllung mit Massemitteln erfolgen muss, weshalb auch die Gegenleistung der Masse zugutekommen muss.

154 Hatte der **Vertragspartner** des Schuldners (= Abnehmer des Vorbehaltskäufers) zu dem Zeitpunkt, als dieser insolvent wurde, bereits teilweise vorgeleistet, verschafft die Vorausabtretung dem Vorbehaltsverkäufer kein Absonderungsrecht. Denn hier geht die dem Vorbehaltskäufer obliegende Leistung voll zu Lasten der Masse; dann steht der Masse auch die Gegenleistung zu.[330]

155 Teilleistungen, die **zwischen der Eröffnung des Insolvenzverfahrens und dem Erfüllungsverlangen** erfolgt sind, sind von der Masse aufgebracht worden. Deshalb muss auch die Gegenleistung ungeschmälert in die Masse fließen.[331]

156 Ist der im Voraus abgetretene Vergütungsanspruch **unteilbar,** dürfte die Absonderung scheitern. Denn hier lässt sich der vom Vorbehaltskäufer erbrachten Teilleistung nichts zuordnen. Man könnte allenfalls daran denken, dass eine Forderungsgemeinschaft entsteht, deren Anteile sich danach bemessen, wie viel – gemessen an dem insgesamt geschuldeten – der Vorbehaltskäufer erbracht hat. Eine

---

[323] BGHZ 103, 250, 152 = NJW 1988, 1790; 106, 236, 242 = NJW 1989, 1282; 116, 156, 158 = NJW 1992, 507; 129, 336, 338 = NJW 1995, 1966.

[324] BGHZ 155, 87, 96.

[325] BGHZ 103, 250, 252 = NJW 1988, 1790; 106, 236, 242 = NJW 1989, 1282 = WuB VI B. § 15 KO 1.89 *(Sundermann)* = EWiR 1989, 283 *(Pape)*; 116, 156, 158 f. = NJW 1992, 507 = WuB VI B. § 17 KO 1.92 *(Smid)* = EWiR 1992, 71 *(Marotzke)* = LM KO § 17 Nr. 29 *(Stürner)*; 129, 336, 338 f. = NJW 1995, 1966 = WuB VI B. § 17 KO 2.95 *(Paulus)* = EWiR 1995, 691 *(Uhlenbruck)* = LM KO § 17 Nr. 31 *(Marotzke)*. AA *Gottwald,* FS G. Fischer, S. 183, 185.

[326] BGH 150, 353, 358 f.; *Kreft,* FS Uhlenbruck, S. 387 ff.; aA HK-*Marotzke* § 105 RdNr. 8.

[327] Vgl. *Schmitz,* Der Baukonkurs (RWS-Skript 304) RdNr. 138; *Kreft,* FS Uhlenbruck, S. 387 ff.; ferner *Krull* InVo 1998, 180, 181 ff.; *ders.,* Teilbarkeit der Leistung nach § 105, NZI 1998, 66 ff.; *ders.,* Zur Abwicklung schwebender Vertragsverhältnisse im künftigen Insolvenzverfahren, ZInsO 1998, 291, 293; *Huber,* Die Abwicklung gegenseitiger Verträge nach der Insolvenzordnung, NZI 1998, 97, 100; *Tintelnot* in Kübler/Prütting/Bork § 105 RdNr. 4, 8; restriktiv HK-*Marotzke* § 105 RdNr. 11.

[328] *Kreft* ZIP 1997, 865, 867.

[329] BGHZ 129, 336, 340 = NJW 1995, 1966 = WuB VI B. § 17 KO 2.95 *(Paulus)* = EWiR 1995, 691 *(Uhlenbruck)* = LM KO § 17 Nr. 31 *(Marotzke)*.

[330] BGHZ 135, 25, 27 = NJW 1997, 2184 = WuB VI G. § 9 GesO 2.97 *(Hess)* = EWiR 1997, 517 *(Huber)* = LM GesO Nr. 24 *(Marotzke)*.

[331] *Ganter* in Schimansky/Bunte/Lwowski, Bankrechts-Handbuch, § 90 RdNr. 422.

derartige Forderungsgemeinschaft hätte aber zur Voraussetzung, dass der Vorbehaltsverkäufer zur Aussonderung berechtigt ist. Ein bloßes Absonderungsrecht kann niemals zu diesem Ergebnis führen.

Vierter Fall: Beide Verträge fallen unter § 103. Von der Eröffnung des Insolvenzverfahrens werden beide Verträge betroffen. Der im Voraus abgetretene Kaufpreisanspruch des Vorbehaltskäufers gegen den Abkäufer ist nicht mehr durchsetzbar. **Wählt der Insolvenzverwalter die Erfüllung beider Verträge,** so gilt bezüglich des zweiten Vertrages das unter RdNr. 152 Gesagte: Die Vorauszession an den Vorbehaltsverkäufer bleibt zunächst unwirksam. Da der Insolvenzverwalter aber auch den ersten Vertrag erfüllen muss, hat er den Zahlungsanspruch des Schuldners (= Vorbehaltskäufers) gegen den Abkäufer neu an den Vorbehaltsverkäufer abzutreten. **Wählt der Insolvenzverwalter nur die Erfüllung des zweiten Vertrages,** ist er zur Leistung unvermögend, soweit der Vorbehaltsverkäufer noch beim Schuldner (= Vorbehaltskäufer) befindliche Ware aussondert. Hatte der Schuldner den Abkäufer bereits teilweise beliefert, kann der Abkäufer die Teilleistung – falls sie für ihn von Interesse ist – behalten und den sog. „kleinen Schadensersatz" verlangen. Dann muss der Insolvenzverwalter den Anspruch auf die entsprechend verminderte Gegenleistung an den Vorbehaltsverkäufer neu abtreten. Gibt der Abkäufer die bereits erhaltene Teilleistung zurück, weil er daran kein Interesse hat, und macht er den „großen Schadensersatz" geltend, erfasst das Aussonderungsrecht des Vorbehaltsverkäufers nicht die an den Schuldner zurückgegebene Teilleistung. Der Vorbehaltsverkäufer hatte sein Eigentum bereits verloren, und eine Rückübertragung ist nicht erfolgt. Da die Weiterveräußerung nicht unberechtigt war, scheidet auch eine Ersatzaussonderung aus. **Wählt der Insolvenzverwalter nur die Erfüllung des ersten Vertrages,** ist und bleibt der im Voraus abgetretene Kaufpreisanspruch als Erfüllungsanspruch wertlos.

Veräußert der Insolvenzverwalter das Vorbehaltsgut weiter, obwohl die dahin gehende Ermächtigung nicht mehr besteht, kann der Vorbehaltsverkäufer die Forderung aus dem Weiterverkauf aussondern, falls die Vorausabtretung auch für den Fall der unerlaubten Weiterveräußerung vereinbart war; andernfalls kann der Vorbehaltsverkäufer die Forderung nach § 48 ersatzaussondern.[332]

In der **Insolvenz des Vorbehaltsverkäufers** gehören die ihm im Voraus abgetretenen Forderungen nicht zur Insolvenzmasse, weil es sich um Treugut handelt.[333] Der Vorbehaltskäufer (= Treugeber, Zedent) kann die Forderungen aussondern, aber nur Zug um Zug gegen Tilgung der Forderung aus dem Vorbehaltskauf.[334]

(7) Einziehungsermächtigung. Wenn der Vorbehaltsverkäufer mit dem Vorbehaltskäufer nichts anderes vereinbart hat, darf er die Abtretung gegenüber dem Abnehmer des Vorbehaltskäufers nicht offenlegen, also die Forderung auch nicht einziehen. Das würde dem Zweck des Geschäfts, die Publizität zu vermeiden, zuwiderlaufen. Deshalb soll der Vorbehaltskäufer die Forderung einziehen. Eine – stillschweigend erteilte – Einziehungsermächtigung ist typischerweise mit der Vorausabtretung verknüpft.[335] Aus dem Sicherungsvertrag folgt eine entsprechende Verpflichtung.

Wie die Veräußerungsermächtigung (s.o. RdNr. 123) ist auch die Einziehungsermächtigung **sachlich beschränkt.** Vorgehensweisen, die das Sicherungsinteresse des Vorbehaltsverkäufers beeinträchtigen, werden dadurch nicht gedeckt.[336] Die Einziehungsermächtigung berechtigt den Vorbehaltskäufer, die abgetretene Forderung im eigenen Namen einzuziehen und gegebenenfalls einzuklagen. Über die Forderung verfügen darf der Vorbehaltskäufer nicht. Er darf sie zum Beispiel nicht – auch nicht zur Sicherheit – abtreten.[337] Dies gilt auch für eine Abtretung im Rahmen eines unechten Factoring-Geschäfts.[338] Demgegenüber ist ihm ein echtes Factoring-Geschäft regelmäßig erlaubt.[339] Ob der Vorbehaltskäufer einen Wechsel, den er vom Abnehmer erhält, diskontieren darf – wirtschaftlich ähnelt dieser Fall dem echten Factoring –, ist eine Frage der Auslegung der im Einzelfall erteilten Einziehungsermächtigung.[340] Zur Verrechnung des Kaufpreises ist der Vorbehaltskäufer nur ausnahmsweise berechtigt.[341] Er hält sich noch im Rahmen der ihm erteilten Einziehungsermächtigung, wenn er seinen Abnehmer den Kaufpreis auf sein Bankkonto überweisen lässt. Die Bank darf jedoch nur als Zahlstelle des Vorbehaltskäufers tätig werden. Weist das Bankkonto des Vorbehaltskäufers einen Passivsaldo auf, ändert dies nichts, solange nicht mit einer Kontensperrung

---

[332] *Jaeger/Henckel* § 51 RdNr. 35.
[333] *Gottwald/Adolphsen,* Insolvenzrechts-Handbuch, § 43 RdNr. 57.
[334] Vgl. *Serick* III § 35 II 2c (S. 297).
[335] BGHZ 69, 254, 259 = NJW 1977, 2207; BGH NJW 1979, 1704, 1705.
[336] BGHZ 82, 283, 290 f. = NJW 1982, 571.
[337] BGHZ 32, 357, 360 = NJW 1960, 1712; 82, 283, 290 = NJW 1982, 571.
[338] BGHZ 82, 50 ff. = NJW 1982, 164.
[339] BGHZ 69, 254 ff. = NJW 1977, 2207; 72, 15 ff. = NJW 1978, 1972.
[340] BGH NJW 1979, 1704, 1705.
[341] Vgl. BGH WM 1972, 996, 997; *Reinicke/Tiedtke,* Kreditsicherung S. 278 f.

zu rechnen ist und der Erlös aus dem Weiterverkauf nur deshalb auf das Konto geleitet wird, um die Bankschuld zu mindern.[342]

161 Wie bei jeder Sicherungsabtretung darf das Einziehungsrecht dessen, dem die Forderung rechtlich zugeordnet ist, nur vorübergehend beschränkt sein. Ist das Einziehungsrecht des Vorbehaltsverkäufers auf Dauer ausgeschlossen, liegt in Wahrheit keine Forderungsübertragung vor.

162 Die Einziehungsermächtigung des Vorbehaltskäufers ist **zeitlich beschränkt:** Sie entfällt, wenn über das Vermögen des Vorbehaltskäufers ein Insolvenzverfahren eröffnet wird. Dass ein Insolvenzantrag gestellt worden ist, genügt nicht (s.o. RdNr. 145 und § 51 RdNr. 181),[343] es sei denn zwischen den Parteien ist etwas anderes vereinbart.[344] Allerdings ist die Einziehungsermächtigung für den Fall, dass ein Insolvenzantrag gestellt ist, dahin auszulegen, dass der vorläufige Verwalter den eingezogenen Veräußerungserlös separieren muss, um vorrangig den Vorbehaltsverkäufer daraus zu befriedigen. Handelt er dem zuwider, haftet er dem Vorbehaltsverkäufer persönlich auf Schadenersatz. In jedem Falle kann der Vorbehaltsverkäufer den Insolvenzantrag – oder auch bereits die Zahlungseinstellung – zum Anlass nehmen, die Einziehungsermächtigung zu widerrufen.[345]

163 Macht der Vorbehaltskäufer von der Einziehungsermächtigung keinen Gebrauch, tilgt er vielmehr den Kaufpreis, den er dem Vorbehaltsverkäufer schuldet, mit anderen Mitteln, kann er, sofern die Vorausabtretung nicht auflösend bedingt war, Rückabtretung der Weiterverkaufsforderung verlangen.

164 **(8) Abtretungsverbote und -beschränkungen.** Häufig enthalten Einkaufsbedingungen des Vorbehaltskäufers ein Abtretungsverbot (§ 399 2. Alt. BGB; s. dazu auch u. RdNr. 205 f.). Dies ist im Allgemeinen nicht zu beanstanden, weil ein berechtigtes Interesse daran besteht, dass der Abrechnungs- und Zahlungsverkehr nicht durch Abtretungen erschwert wird.[346] Dieses Interesse überwiegt das Interesse des Vorbehaltskäufers, die Forderung als Kreditunterlage benutzen zu können.[347] Der BGH hat auch dem verlängerten Eigentumsvorbehalt eines Werkstofflieferanten, dessen – später insolvent gewordener – Abnehmer die Werkstoffe für einen Bau verwendete, die Absonderungskraft versagt, weil der zugrunde liegende Bauvertrag ein formularmäßig verwendetes Abtretungsverbot enthielt. Dieses verstieß nach Ansicht des BGH nicht gegen § 307 Abs. 1 Satz 1 BGB. Das Interesse des Werkstofflieferanten an der freien Abtretbarkeit der Ansprüche aus der Verarbeitung/dem Weiterverkauf überwiege, so der BGH, die entgegenstehenden Belange des Auftraggebers nicht schon deshalb, weil das Abtretungsverbot die Sicherung des Lieferanten vereitelte.[348] Eine Abtretung, die entgegen einem Verbot nach § 399 2. Alt. BGB erfolgt, ist absolut – gegenüber jedermann – unwirksam.

165 Besteht zwischen dem Vorbehaltskäufer und dem Abnehmer ein **Kontokorrentverhältnis,** liegt darin nicht zugleich die Vereinbarung eines Abtretungsverbots hinsichtlich der in das Kontokorrent gestellten Forderungen; vielmehr folgt die Unabtretbarkeit hier aus der Kontokorrentgebundenheit der Forderungen.[349]

166 Hat der Abnehmer die Abtretbarkeit der gegen sich gerichteten Forderung durch eine Abwehrklausel (§ 399 2. Alt. BGB) ausgeschlossen, so kann er sich dadurch „ins eigene Fleisch schneiden".[350] Er erwirbt nämlich kein Eigentum, weil die Weiterveräußerungsermächtigung für diesen Fall nicht gilt (s.o. RdNr. 124) und der Abnehmer dies weiß oder jedenfalls damit rechnen muss.[351] Deshalb kann der Vorbehaltsverkäufer sein fortbestehendes Eigentum in der Insolvenz des Abnehmers **aussondern.** Hat dieser das Vorbehaltsgut an einen gutgläubigen Vierten weiterveräußert, ist der Vorbehaltsverkäufer zur **Ersatzaussonderung** (§ 48) berechtigt. Wird der Vorbehaltsverkäufer insolvent, kann der Vorbehaltsverkäufer sogar die Forderung aus der Weiterveräußerung – obwohl die Abtretung unwirksam ist – im Wege der Ersatzaussonderung (§ 48) für sich in Anspruch nehmen.[352]

---

[342] BGH WM 1963, 1187, 1188.
[343] AA *Gundlach* KTS 2000, 307, 329.
[344] Vgl. BGH, Beschl. v. 8.6.2010 – IX ZR 201/09, n.v.
[345] BGH, Beschl. v. 8.6.2010 – IX ZR 201/09, n.v.
[346] BGHZ 51, 113, 117 = NJW 1969, 415; 56, 173, 175 = NJW 1971, 1311; 77, 274, 275 = NJW 1980, 2245; 110, 241, 245 = NJW 1990, 1601; BGH ZIP 1997, 1072, 1073.
[347] BGHZ 110, 241, 245 f. = NJW 1990, 1601.
[348] BGH NJW 2006, 3486 m. krit. Anm. *v. Westphalen* aaO S. 3487; *Schwenker* ZfIR 2007, 12 sowie *Moufang* EWiR 2006, 709.
[349] BGHZ 70, 86, 92 = NJW 1978, 538.
[350] *Reinicke/Tiedtke,* Kreditsicherung S. 283; *Gottwald/Adolphsen,* Insolvenzrechts-Handbuch § 43 RdNr. 48.
[351] BGHZ 77, 274, 278 = NJW 1980, 2245; *Kieninger* in Lwowski/Fischer/Langenbucher, Das Recht der Kreditsicherung § 21 RdNr. 27; *Gottwald/Adolphsen,* Insolvenzrechts-Handbuch, § 43 RdNr. 48: *Uhlenbruck/Brinkmann* § 47 RdNr. 29.
[352] BGH ZIP 1986, 1052, 1054 = EWiR 1986, 981 *(Henckel); Reinicke/Tiedtke,* Kreditsicherung S. 245; *Gottwald/Adolphsen,* Insolvenzrechts-Handbuch, § 43 RdNr. 48; anders wohl *Hj. Weber,* Kreditsicherheiten S. 166.

Einen Abtretungsausschluss in den Allgemeinen Geschäftsbedingungen des Abnehmers muss, falls **167** der Vorbehaltskäufer **insolvent** wird, dessen Insolvenzverwalter gegen sich gelten lassen.[353] Der Ausschluss erfasst, wenn der Insolvenzverwalter die Erfüllung ablehnt, auch einen Bereicherungsanspruch des Vorbehaltskäufers gegen den Abnehmer.[354]

Eine Vereinbarung, wonach die Abtretbarkeit nicht gänzlich ausgeschlossen, sondern von der **168** Zustimmung des Schuldners abhängig gemacht wird **(Zustimmungsvorbehalt),** ist ebenso wie ein Ausschluss der Abtretbarkeit nach § 399 2. Alt. BGB zu beurteilen (s.u. RdNr. 207).

Ist die Weiterveräußerung durch den Vorbehaltskäufer für ihn und seinen Abnehmer ein Handels- **169** geschäft oder ist der Abnehmer eine juristische Person des öffentlichen Rechts oder ein öffentlich-rechtliches Sondervermögen, begründet die Vorschrift des **§ 354a HGB** eine Ausnahme vom Abtretungsverbot nach § 399 2. Alt. BGB (s.u. RdNr. 208). Noch nicht abschließend geklärt erscheint, welchen Einfluss die Vorschrift des § 354a HGB auf den Gutglaubenserwerb durch den Abnehmer des Vorbehaltskäufers hat. Muss der Erwerber nach den Umständen mit einem verlängerten Eigentumsvorbehalt des Vorlieferanten seines Vertragspartners rechnen und schließt er gleichwohl die stille Zession des Kaufpreisanspruchs wirksam ab, so entzieht er selbst der vermeintlichen Verfügungsbefugnis seines Verkäufers (welche die Abtretung des Kaufpreisanspruchs voraussetzt) die Grundlage. In diesem Falle handelt der Erwerber jedenfalls dann, wenn § 354a HGB nicht anwendbar ist, grob fahrlässig, wenn er keine Erkundigungen über das Verfügungsrecht (§ 366 HGB) des Verkäufers einzieht.[355] Ob sich durch § 354a HGB daran etwas ändert, ist zweifelhaft. Denn nach § 354a Satz 2 HGB kann der Schuldner befreiend an den bisherigen Gläubiger (Vorbehaltskäufer) leisten. Dadurch könnte das Abtretungsverbot aus der Sicht des Vorbehaltsverkäufers eben doch die Abtretungswirkung beeinträchtigen. Dann wäre die Verfügungsermächtigung – und damit der gute Glaube des Erwerbers – wieder fraglich. Dem Schuldner die Leistung an den bisherigen Gläubiger als rechtsmissbräuchlich zu verbieten,[356] erscheint recht kühn.[357] Zur analogen Anwendung des § 354a HGB verhält sich die Rechtsprechung restriktiv.[358]

g) Sicherungskonflikte. aa) Kollision eines einfachen mit einem verlängerten Eigen- 170 tumsvorbehalt. Hat ein Teil der Verkäufer unter einfachem und ein anderer Teil unter verlängertem Eigentumsvorbehalt geliefert, so verlieren im Falle der Verarbeitung und Veräußerung die zuerst genannten ihr Eigentum und es entsteht Miteigentum derjenigen, die sich einen verlängerten Eigentumsvorbehalt ausbedungen haben.

bb) Kollision mehrerer verlängerter Eigentumsvorbehalte. (1) Kollision mehrerer Verar- 171 beitungsklauseln. Die unter RdNr. 110 erwähnte Klausel, der Verkäufer werde nach der Verarbeitung nur Miteigentümer der neuen Sache, sein Anteil richte sich nach dem Verhältnis, in dem der Wert der ursprünglichen Kaufsache zu dem Wert des fertigen Erzeugnisses stehe, ist sowohl dann anwendbar, wenn die neue Sache ausschließlich aus der von dem Vorbehaltsverkäufer gelieferten Sache hergestellt worden ist, als auch dann, wenn die Rohstoffe der neuen Sache von verschiedenen Verkäufern geliefert worden sind. Im zweiten Fall werden sämtliche Lieferanten – soweit sie sich durch eine Verarbeitungsklausel gesichert haben – und der Käufer Miteigentümer[359] Zahlt der Käufer den – auf den jeweiligen Verkäufer entfallenden – Kaufpreis, erwirbt er dessen Miteigentumsanteil.

Umstritten ist die Rechtslage, wenn der Vorbehaltskäufer die Lieferungen mehrerer Vorbehalts- **172** verkäufer verarbeitet, die sich mit Hilfe von Verarbeitungsklauseln das **Alleineigentum** an dem Ergebnis des Verarbeitungsprozesses haben verschaffen wollen.[360] Eine Verarbeitungsklausel, mit der ein Vorbehaltskäufer die Materialien anderer Lieferanten wertmäßig an sich zieht, verstößt gegen § 307 Abs. 1 BGB/§ 9 Abs. 1 AGBG[361] und ist sittenwidrig im Sinne von § 138 Abs. 1 BGB. Die Unwirksamkeit einer derartigen Klausel hat nach § 306 Abs. 2 BGB/§ 6 Abs. 2 AGBG in Verbindung mit den Grundsätzen ergänzender Vertragsauslegung (§§ 133, 157 BGB) zur Folge, dass die verschiedenen Lieferanten Miteigentum nach Maßgabe ihrer jeweiligen Beiträge zu dem fertigen

---

[353] BGHZ 56, 228, 229 = NJW 1971, 1750; BGH NJW 2006, 3486 m. krit. Anm. *v. Westphalen* aaO S. 3487; *Schwenker* ZfIR 2007, 12 sowie *Moufang* EWiR 2006, 709; *Graf Lambsdorff*, Handbuch des Eigentumsvorbehalts RdNr. 564.
[354] Vgl. BGH ZIP 1997, 1072, 1076.
[355] BGH NJW 1999, 425, 426 = EWiR 1999, 215 *(Medicus)*.
[356] So *K. Schmidt* NJW 1999, 400, 401.
[357] Kritisch auch *Wagner* WuB IV E. § 354a HGB 1.99.
[358] BGH NJW 2006, 3486 m. krit. Anm. *v. Westphalen* aaO S. 3487; *Schwenker* ZfIR 2007, 12 sowie *Moufang* EWiR 2006, 709.
[359] BGH NJW 1964, 149 f.
[360] Vgl. *Kieninger* in Lwowski/Fischer/Langenbucher, Das Recht der Kreditsicherung § 21 RdNr. 26.
[361] LG Bonn ZIP 1993, 692 f.

Produkt erwerben. Denn eine Sicherung in Gestalt eines Miteigentumsanteil ist ihnen immer noch lieber als gar keine.³⁶²

173 **(2) Kollision mehrerer Vorausabtretungsklauseln.** Haben sich mehrere Vorbehaltsverkäufer die gleiche Kaufpreisforderung im Voraus abtreten lassen, so ist unter Prioritätsgesichtspunkten nur die ältere Abtretung wirksam. Die prioritätsältere Abtretung kann aber wegen Verleitung des Vorbehaltskäufers zum **Vertragsbruch** sittenwidrig und deshalb unwirksam sein. Dies ist unter Umständen dann der Fall, wenn der erste Vorbehaltsverkäufer und der Käufer wissen, dass zur Fertigstellung der Sache, deren vollen Erlös jener sich im Voraus abtreten lässt, noch Materialien anderer Lieferanten hinzugekauft werden müssen, wobei dem Vorbehaltskäufer nichts anderes übrig bleibt, als auch diesen Lieferanten die Weiterverkaufsforderung abzutreten, die ihrerseits nur liefern, weil sie sich dadurch gesichert wähnen.³⁶³ Damit sich die verlängerten Eigentumsvorbehalte nicht gegenseitig blockieren, empfiehlt es sich für jeden Vorbehaltsverkäufer, sich die Weiterverkaufsforderung lediglich in Höhe des Fakturenwerts der eigenen Lieferung abtreten zu lassen. Notfalls sind die Vorausabtretungsklauseln entsprechend auszulegen.³⁶⁴

174 **(3) Kollision der Verarbeitungsklausel eines Warenlieferanten mit der Vorausabtretungsklausel eines anderen Lieferanten.** Hier setzt sich immer die Vorausabtretungsklausel durch. Diese Rechtslage gilt unabhängig davon, welcher Lieferant die zeitliche Priorität hat und wer Eigentümer der weiterveräußerten Sache gewesen ist. Zwar bewirkt die Verarbeitungsklausel, dass der betreffende Lieferant Eigentümer der durch die Verarbeitung neu entstandenen Sache wird. Sobald diese aber an einen gutgläubigen Abnehmer weiterveräußert wird, geht das Eigentum auf diesen über. Der Verwender der Verarbeitungsklausel kann seine Position nur verbessern, indem er zusätzlich eine Vorausabtretungsklausel vereinbart. Das geschieht auch in aller Regel. Dann ist die Rechtslage wie unter RdNr. 173 dargestellt zu beurteilen.

175 **cc) Eigentumsvorbehalt und Sicherungsübereignung.** Im Allgemeinen ist dem Vorbehaltskäufer nicht gestattet, die unter Eigentumsvorbehalt erworbene Sache einem Dritten zur Sicherheit zu übereignen (s.o. RdNr. 124). Er kann diesem nur ein Anwartschaftsrecht übertragen (§ 930 BGB). Der Eigentumsvorbehalt setzt sich regelmäßig gegenüber einer Sicherungsübereignung durch (vgl. ferner u. § 51 RdNr. 89);³⁶⁵ dies gilt auch im Verhältnis zu einer **antizipierten Raumsicherungsübereignung** (s.u. RdNr. 176).³⁶⁶ Verschweigt der Vorbehaltsverkäufer dem Dritten, dass noch ein Eigentumsvorbehalt besteht, kann der Dritte das Sicherungseigentum nur erwerben – und den Vorbehaltsverkäufer insoweit verdrängen –, wenn er gutgläubig ist. In dieser Hinsicht werden strenge Anforderungen gestellt (s. § 51 RdNr. 75 ff.). Im Übrigen ist zu unterscheiden, auf welche Weise das Sicherungseigentum übertragen wird:

176 Bei der **Sicherungsübereignung mittels Besitzkonstituts** (§ 930 BGB) hat der gutgläubige Erwerb vom Nichtberechtigten gem. § 933 BGB zur Voraussetzung, dass der Vorbehaltsverkäufer die Sache dem Sicherungsnehmer übergibt und dieser zu diesem Zeitpunkt gutgläubig ist. Vor allem die erste Voraussetzung wird nur in Ausnahmefällen erfüllt sein: Bei der Sicherungsübereignung gem. § 930 BGB findet nämlich zunächst keine Übergabe statt; erst wenn der Sicherungsfall eintritt und der Sicherungsgeber die Sache willentlich an den Sicherungsnehmer herausgibt, liegt eine Übergabe vor. Daran fehlt es, wenn der Sicherungsnehmer die Sache einfach abholen lässt, und zwar gleichgültig, ob das Wegnahmerecht im Sicherungsvertrag vereinbart ist.³⁶⁷ Kann (nach Eintritt des Sicherungsfalls) von einer Übergabe ausgegangen werden, wird meist die zweite Voraussetzung, der gute Glaube des Erwerbers im Zeitpunkt der Besitzerlangung, fehlen. Denn ist der Verwertungsfall erst einmal eingetreten, dürfte sich der Sicherungsgeber (= Vorbehaltskäufer) bereits in der wirtschaftlichen Krise befinden. In dieser beeilt sich erfahrungsgemäß jeder Gläubiger, sein Sicherungsrecht publik zu machen.³⁶⁸

177 Bei einer **Sicherungsübereignung gemäß § 929 BGB** ist gutgläubiger Erwerb nach § 932 BGB möglich. Eine bloß formale Übergabe – bei der die Sache dem Sicherungsnehmer körperlich ausgehändigt wird, der sie sogleich wieder an den Sicherungsgeber zur Verwahrung zurückgibt –

---

³⁶² Im Ergebnis ebenso *Flume* NJW 1950, 841, 844; *Graf Lambsdorff*, Handbuch des Eigentumsvorbehalts RdNr. 219; *Hj. Weber*, Kreditsicherheiten S. 152.
³⁶³ BGH NJW 1995, 1668, 1669 = WuB IV A. § 138 BGB 1.95 *(Wittig)* = EWiR 1995, 429 *(Gerhardt)* = LM BGB § 138 (Cb) Nr. 32 *(Pape)*; 1999, 2588, 2589 = EWiR 1999, 677 *(Medicus)*.
³⁶⁴ BGHZ 26, 178, 182 f. = NJW 1958, 417; 79, 16, 23 = NJW 1981, 816; *Häsemeyer*, Insolvenzrecht RdNr. 18.51; kritisch *Graf v. Westphalen*, Klauseln des verlängerten und erweiterten Eigentumsvorbehalts – § 9 AGBG: Inhalt und Grenzen, DB 1985, 425, 426.
³⁶⁵ *Uhlenbruck/Brinkmann* § 51 RdNr. 13.
³⁶⁶ *Smid* ZInsO 2009, 2217, 2220.
³⁶⁷ BGHZ 67, 207, 209 = NJW 1977, 42.
³⁶⁸ Zutreffend *Pottschmidt/Rohr*, Kreditsicherungsrecht RdNr. 540.

Aussonderung 178–183 § 47

reicht hierfür nicht aus. Wird mittels Traditionspapiers übereignet, kann ein Gutgläubiger das Sicherungseigentum erwerben, wenn der nichtberechtigte Veräußerer (= Vorbehaltskäufer) den Dritten (zB den Lagerhalter) anweist, die Sache an den Sicherungsnehmer herauszugeben oder künftig nur noch für diesen zu besitzen, und der Dritte sich an die Weisung hält.

Bei der **Sicherungsübereignung mittels Abtretung eines Herausgabeanspruchs** (§ 931 178 BGB) ist zu unterscheiden: Ist der Vorbehaltskäufer mittelbarer Besitzer der (bei einem Dritten befindlichen) Sache, so erhält der gutgläubige Erwerber das Sicherungseigentum mit der Abtretung des Herausgabeanspruchs (§ 934 1. Fall BGB); ist der Vorbehaltskäufer hingegen nicht mittelbarer Besitzer, tritt er also nur einen vermeintlichen Anspruch ab, so wird der gutgläubige Erwerber (erst) Sicherungseigentümer, sobald er von dem Dritten den Besitz der Sache erhält (§ 934 2. Fall BGB). Der Erhalt mittelbaren Besitzes genügt.[369]

dd) Eigentumsvorbehalt und rechtsgeschäftliches Pfandrecht. Bestellt der Vorbehaltskäufer 179 einem Dritten ein Pfandrecht, kann auch dieses allenfalls gutgläubig erworben werden (§ 1207 in Verbindung mit § 932 BGB). Verpfändet ein Kaufmann im Betrieb seines Handelsgewerbes eine unter Eigentumsvorbehalt erworbene bewegliche Sache, so kann das Pfandrecht gutgläubig schon dann erworben werden, wenn der gute Glaube des Erwerbers nur die Verfügungsbefugnis des Verpfänders betrifft (§ 366 Abs. 1 HGB).

ee) Eigentumsvorbehalt und gesetzliches Pfandrecht. Ein gutgläubiger Erwerb gesetzlicher 180 Pfandrechte des BGB – etwa des Vermieters (§ 562 BGB) oder Werkunternehmers (§ 647 BGB) ist ausgeschlossen, weil der eng dem Wortlaut gemäß auszulegende § 1257 BGB einer entsprechenden Anwendung des § 1207 BGB entgegensteht.[370] Zum gutgläubigen Erwerb des gesetzlichen Pfandrechts des Kommissionärs, des Spediteurs, des Lagerhalters und des Frachtführers vgl. § 366 Abs. 3 HGB.

ff) Kollision eines verlängerten Eigentumsvorbehalts mit einer Globalzession zugunsten 181 **eines Geldkreditgebers.** Die Globalzession der Forderungen, die aus den Geschäften des Kreditschuldners mit seinen Kunden entstehen, ist ein verbreitetes Mittel zur Sicherung von Geldkrediten. Meist werden dadurch langfristige Kredite oder laufende Überziehungskredite gesichert. Demgegenüber wird der verlängerte Eigentumsvorbehalt eher kurzfristig abgewickelt. Regelmäßig hat deshalb die Globalzession die zeitliche Priorität. Gäbe dies den Ausschlag, ginge die Sicherung des Lieferanten, der durch seine Leistung die Sicherung der Bank erst möglich macht, regelmäßig ins Leere. Zudem würde eine Bank, die mit ihrem Kunden eine Globalzession vereinbart und dabei weiß oder wissen muss, dass er seine Waren unter verlängertem Eigentumsvorbehalt einkauft, den Kunden **zum Vertragsbruch** gegenüber seinem Lieferanten **verleiten.** Damit verstieße die Globalzession gegen die guten Sitten und wäre **nichtig** (§ 138 Abs. 1 BGB).[371]

Die Banken haben versucht, dem durch die Verwendung **schuldrechtlicher (Teil-)Verzichts-** 182 **klauseln** vorzubeugen. Solche Klauseln haben zum Inhalt die Verpflichtung, entsprechend dem Umfang des verlängerten Eigentumsvorbehalts entweder die Forderung an den Lieferanten abzutreten oder ihn aus dem auf Grund der Globalzession eingezogenen Erlös zu befriedigen. Das genügt jedoch nicht, weil ein schuldrechtlicher Anspruch dem Lieferanten, falls die Bank insolvent wird, kein Vorzugsrecht gewährt, wie es ihm in der Insolvenz seines Kunden auf Grund des verlängerten Eigentumsvorbehalts zustünde.[372]

Die Praxis trägt dem durch die Verwendung **dinglicher Verzichtsklauseln** Rechnung. Verbrei- 183 tet ist zB ein eingeschränkter Verzicht, mit dem die Globalzession auch die Forderung aus dem Weiterverkauf erfasst, jedoch aufschiebend bedingt durch das Erlöschen des Eigentumsvorbehalts. Dadurch gibt die Bank die Forderung für den Lieferanten, nicht aber für andere Kreditgläubiger frei. Derartige Klauseln sind rechtlich nicht zu beanstanden.[373] Ohne eine dingliche Teilverzichtsklausel ist eine Globalzession grundsätzlich sittenwidrig.[374] Das ist ausnahmsweise anders, wenn es

---

[369] BGH NJW 1978, 696, 697.
[370] BGHZ 87, 274, 280 = NJW 1983, 2140; *Palandt/Sprau* § 647 BGB RdNr. 3.
[371] Zum Schuldnerschutz vgl. *Hoffmann*, Abtretungsrechtlicher Schuldnerschutz bei nichtiger Globalzession und bei nichtiger Teilverzichtsklausel, WM 2011, 433 ff.
[372] BGHZ 30, 149, 152 ff. = NJW 1959, 1533; 72, 308, 311 f. = NJW 1979, 365; 98, 303, 314 = NJW 1987, 487; BGH NJW 1995, 1668, 1669; *Graf Lambsdorff*, Handbuch des Eigentumsvorbehalts RdNr. 390 ff.; *Schlegelberger/Hefermehl*, Anh. § 382 HGB RdNr. 100 ff.; *Kieninger* in Lwowski/Fischer/Langenbucher, Das Recht der Kreditsicherung § 21 RdNr. 29.
[373] BGH NJW 1974, 942, 943; 1991, 2144, 2147 = EWiR 1991, 597 *(Gerhardt)*; NJW 1999, 940 = EWiR 1999, 299 *(Medicus)*.
[374] BGH NJW 1999, 940 = EWiR 1999, 299 *(Medicus)* = WuB I F 4.-1.99 *(Schanbacher)*; 1999, 2588, 2589 = EWiR 1999, 677 *(Medicus)*; *Kieninger* in Lwowski/Fischer/Langenbucher, Das Recht der Kreditsicherung § 21 RdNr. 29.

auf Grund besonderer Umstände in Ausnahmefällen an einer verwerflichen Gesinnung des Zessionars fehlt. Ein solcher Fall kann gegeben sein, wenn der Zessionar nach den Umständen des Einzelfalls – insbesondere wegen Unüblichkeit des verlängerten Eigentumsvorbehalts in der betreffenden Wirtschaftsbranche – eine Kollision der Sicherungsrechte für ausgeschlossen halten durfte.[375] Allein der Umstand, dass die Vermögenslage des Zedenten im Zeitpunkt der Abtretung günstig war und er damals seine Wareneinkäufe bar bezahlte, dürfte nicht genügen, weil sonst die Lieferanten gerade dann, wenn sie besonders schutzbedürftig sind – nämlich in den Fällen der längst vor Eintritt der Krise vorgenommenen Globalzessionen zugunsten eines Geldkreditgebers – nicht geschützt wären.

183a   Kreditinstitute können den Sicherungsgeber verpflichten, von der Sicherungsabtretung erfasste Forderungen ausschließlich auf solche Konten einzuziehen, die bei dem fraglichen Kreditinstitut geführt werden (**Zahlstellenklausel**). Sie bezwecken damit eine Sicherung durch das Pfandrecht nach Nr. 14 AGB-Banken, Nr. 21 AGB-Sparkassen. Auf eine Offenlegung der Globalzession ist das Kreditinstitut dann nicht mehr angewiesen. Damit wäre eine Umgehung des Vorrangs des Eigentumsvorbehalts möglich. Dem der BGH jedoch einen Riegel vorgeschoben.[376]

183b   Gelingt es dem Insolvenzverwalter, den verlängerten Eigentumsvorbehalt eines Warenkreditgebers auszuschalten, etwa durch Hinweis auf eine Abwehrklausel in den Einkaufsbedingungen des Insolvenzschuldners, dürfte davon nicht die Insolvenzmasse profitieren, sondern ein Globalzessionar. Dieser wird geltend machen, er habe lediglich im Verhältnis zum Warenkreditgeber auf Rechte an den zedierten Forderungen verzichtet, nicht aber zugunsten der Gläubigergesamtheit; gibt es keinen Warenkreditgeber, kann die Vertragsbruchs-Rechtsprechung nicht eingreifen.[377]

184   Wendet der vom Globalzessionar in Anspruch genommene Schuldner ein, die Forderung stehe nicht dem Anspruchsteller zu, sondern einem Lieferanten auf Grund seines verlängerten Eigentumsvorbehalts, trifft den Globalzessionar die **Beweislast**. Das Erlöschen des Eigentumsvorbehalts ist hier anspruchsbegründende Tatsache. Allerdings reicht es nicht aus, dass der Schuldner pauschal behauptet, es bestehe noch ein verlängerter Eigentumsvorbehalt. Andernfalls könnte der Schuldner die dingliche Teilverzichtsklausel als Schlupfloch benutzen, um überhaupt nicht – weder an den Lieferanten noch an den Globalzessionar – zu zahlen. Hat der Schuldner zum verlängerten Eigentumsvorbehalt substantiiert vorgetragen, muss der Globalzessionar aber darlegen, dass der Gegenstand, aus dessen Veräußerung die abgetretene Forderung herrührt, nicht unter verlängertem Eigentumsvorbehalt gekauft oder dass der Kaufpreis bereits an den Lieferanten bezahlt ist. Dass die hierzu erforderliche Einsicht in die Geschäftsunterlagen des Zedenten mit einer gewissen Mühe verbunden sein mag, ist noch kein Grund, dem Globalzessionar Beweiserleichterungen zuzubilligen.

184a   Die **Beweislast** trifft den Globalzessionar auch dann, wenn er geltend macht, an den vom Insolvenzverwalter eingezogenen Forderungen stehe ihm ein Absonderungsrecht zu, weil es keinen Warenkreditgeber gebe, zu dessen Gunsten sein Verzicht wirken könne.[378]

185   Eine Kollision zwischen dem Waren- und dem Geldkreditgeber wird von vornherein auch dann vermieden, wenn ein **Bassinvertrag** abgeschlossen wird (s.u. RdNr. 192). Im Nachhinein kann ein Kollision ausgeräumt werden, indem sich der Geldkreditgeber mit dem Warenkreditgeber über einen **Abkauf** der durch Eigentumsvorbehalt gesicherten Kaufpreisforderungen einigt.

186   **gg) Kollision eines verlängerten Eigentumsvorbehalts mit einer nachfolgenden Sicherungszession.** Eine Sicherungsabtretung der bereits dem Vorbehaltsverkäufer abgetretenen Forderung aus der Weiterveräußerung der Vorbehaltsware an einen Geldkreditgeber ist dem Vorbehaltskäufer untersagt (s.o. RdNr. 160). Schon durch die erste Abtretung hat dieser die Gläubigereigenschaft verloren. Da es keinen gutgläubigen Erwerb von Forderungen gibt, kann der Geldkreditgeber die Forderung nicht erwerben.[379]

187   **hh) Kollision eines verlängerten Eigentumsvorbehalts mit einer Factoring-Globalzession. (1) Echtes Factoring.** Hier trägt der Factor, der die Forderung gekauft hat, das Risiko der Uneinbringlichkeit (**Delkredere**). Aus der Sicht des Lieferanten steht die Geldleistung des Factors

---

[375] BGH NJW 1991, 2144, 2147; 1995, 1668 = WuB IV A. § 138 BGB 1.95 *(Wittig)* = EWiR 1995, 429 *(Gerhardt)* = LM BGB § 138 (Cb) Nr. 32 *(Pape)*; NJW 1999, 940 = EWiR 1999, 299 *(Medicus)*; NJW 1999, 2588 = EWiR 1999, 677 *(Medicus)*.

[376] BGHZ 72, 316 = NJW 1979, 371; vgl. ferner OLG Frankfurt a. M. ZIP 1981, 492, 494; *Mitlehner*, aaO RdNr. 340; *Lwowski*, Neuere Rechtsprechung des Bundesgerichtshofs zur Sicherungsabtretung, ZIP 1981, 453, 458 f.; *ders.* in Lwowski/Fischer/Langenbucher, Recht der Kreditsicherung, § 13 RdNr. 87.

[377] *Tetzlaff* ZInsO 2009, 1092, 1094; *Smid* ZInsO 2009, 2217, 2222; aA *Graf Lambsdorff* ZIP 1987, 1370, 1372.

[378] *Tetzlaff* ZInsO 2009, 1092, 1094.

[379] Das übersehen *Keller* NJW 1957, 1787, 1788; *Graf Lambsdorff*, Handbuch des Eigentumsvorbehalts RdNr. 409.

der Zahlung durch den Drittschuldner gleich (sog. „Barkauftheorie" des BGH).[380] Voraussetzung ist, dass es dem Kunden möglich ist, mit dem vom Factor zur Verfügung gestellten Erlös aus dem Forderungskauf seine Lieferanten zu bezahlen.[381] Ggf. verstößt die Globalzession im Falle echten Factorings nicht gegen die guten Sitten und ist immer – ungeachtet der zeitlichen Abfolge – wirksam: Die zeitlich frühere Factoring-Globalzession hat Priorität gegenüber dem verlängerten Eigentumsvorbehalt;[382] ist umgekehrt dieser zuerst vereinbart worden, wird die nachfolgende Factoring-Globalzession im Zweifel von der Einziehungsermächtigung gedeckt, die der Vorbehaltsverkäufer erteilt hat.[383] Dadurch entsteht für die Vorbehaltsverkäufer ein Risiko, das sie jedoch durch die Vereinbarung einer „Factoring-Klausel" (wonach der Käufer seine gegenwärtigen und künftigen Ansprüche gegen den Factor aus dem Ankauf und der Einziehung von Weiterveräußerungsforderungen, soweit sie die vom Verkäufer gelieferten Waren betreffen, an den Verkäufer abtritt) minimieren können.[384] Soweit Kundenforderungen nicht vom Factor gekauft, sondern lediglich sicherungshalber an ihn abgetreten worden sind, gelten die allgemeinen Grundsätze für die Kollision des verlängerten Eigentumsvorbehalts mit einer Globalzession (vgl. o. RdNr. 181 ff.).[385]

(2) Unechtes Factoring. Von einem unechten Factoring spricht man, wenn der Factor das Risiko der Uneinbringlichkeit nicht übernimmt. Das unechte Factoring ist ein Kreditgeschäft und **vergleichbar der Sicherungsglobalzession.**[386] Wie diese muss die prioritätsältere Globalzession beim unechten Factoring alle einem verlängerten Eigentumsvorbehalt unterfallenden Forderungen durch eine dingliche (Teil-)Verzichtsklausel ausnehmen, um nicht gegen die guten Sitten zu verstoßen. Eine zeitlich nachrangige Globalzession zugunsten eines unechten Factors geht ins Leere.[387]

h) Beteiligung von Vorbehaltsverkäufern an Poolvereinbarungen. aa) Allgemeines. Schließen sich die Gläubiger bewusst für den Fall der Schuldnerinsolvenz zusammen, um ihre konkurrierenden Kreditsicherungsinteressen bestmöglich zur Geltung zu bringen, bilden sie einen Sicherheitenpool. Eine Umgehung „konkursspezifischer Regelungen" liegt darin nicht,[388] wenn man den Grundsatz beherzigt, dass der Pool nicht mehr Rechte haben kann, als die Mitglieder in ihn eingebracht haben (s.u. RdNr. 194). Der Poolvertrag kann schon vor der Krise, nach dem Eintritt oder auch erst nach Eröffnung des Insolvenzverfahrens abgeschlossen werden.[389] Letzteres wird neuerdings unter Hinweis darauf bestritten, die Poolbildung setze die Änderung der Rechtszuständigkeit für die dinglichen Rechte voraus, die von den Berechtigten in den Pool eingebracht würden, das Sicherungseigentum sowie die unter verlängertem und erweitertem Eigentumsvorbehalt stehenden beweglichen Sachen gehörten zu der allein vom Insolvenzverwalter zu verwertenden Masse, darüber könnten die Absonderungsberechtigten wegen § 91 nicht verfügen.[390] Dieser Ansicht ist nicht zu folgen.[391] § 91 schließt nur die Begründung neuer Rechte an der Masse aus, nicht aber die Übertragung bereits bestehender (dazu, dass bei der Poolbildung oft keine Übertragung mehr

---

[380] BGHZ 69, 254, 258 = NJW 1977, 2207; 72, 15, 20 = NJW 1978, 1972; 100, 353, 358 = NJW 1987, 1878; dazu *Canaris*, Verlängerter Eigentumsvorbehalt und Forderungseinzug durch Banken, NJW 1981, 249 ff.; *Serick*, „Befremdliches" zur Behandlung der Barvorschusstheorie beim Factoring-Geschäft?, NJW 1981, 794 ff.; *Martinek* in *Schimansky/Bunte/Lwowski,* Bankrechts-Handbuch, § 102 RdNr. 52 ff. Kritisch zur „Barkauftheorie" *Beck* KTS 2008, 121, 126 („Fehleinschätzung des BGH").

[381] *Beck* KTS 2008, 121, 124.

[382] BGHZ 82, 50, 61 = NJW 1982, 164; *Reinicke/Tiedtke,* Kreditsicherung S. 288; *Kieninger* in Lwowski/Fischer/Langenbucher, Das Recht der Kreditsicherung § 21 RdNr. 31; *Gottwald/Adolphsen,* Insolvenzrechts-Handbuch, § 43 RdNr. 95.

[383] BGHZ 72, 15, 21 = NJW 1978, 1972; *Kieninger* in Lwowski/Fischer/Langenbucher, Das Recht der Kreditsicherung § 21 RdNr. 26; *Gottwald/Adolphsen,* Insolvenzrechts-Handbuch, § 43 RdNr. 98. Nach *Häsemeyer,* Insolvenzrecht RdNr. 18.56, steht der Vorbehaltsverkäufer beim echten Factoring nicht günstiger als beim unechten. Ähnlich *Mitlehner,* aaO RdNr. 979 ff.: Das echte wie das unechte Factoring seien als ein durch die Forderungen gesichertes Kreditgeschäft zu qualifizieren, die Konkurrenz mit anderen Sicherungszessionen also wie im Falle mehrfacher Sicherungszession zu lösen.

[384] *Beck* KTS 2008, 121, 137 f.

[385] *Beck* KTS 2008, 121, 127.

[386] BGHZ 58, 364, 367 = NJW 1972, 1715; 69, 254, 257 = NJW 1977, 2207; 82, 50, 61 = NJW 1982, 164; 100, 353, 358 = NJW 1987, 1878; *Beck* KTS 2008, 121, 124 f.; *Serick* IV § 52 IV 5 (S. 579); *Martinek* in *Schimansky/Bunte/Lwowski,* Bankrechts-Handbuch, § 102 RdNr. 69 ff., 77.

[387] BGHZ 82, 50, 61 = NJW 1982, 164; *Gottwald/Adolphsen,* Insolvenzrechts-Handbuch, § 43 RdNr. 100; aA *Reinicke/Tiedtke,* Kreditsicherung S. 290.

[388] BGH NJW 1989, 895, 896 = EWiR 1989, 153 *(Tiedtke).*

[389] *Gottwald/Adolphsen,* Insolvenzrechts-Handbuch, § 44 RdNr. 13; *Uhlenbruck/Brinkmann* § 51 RdNr. 49, 58; *Burgermeister* aaO S. 172 ff.

[390] *Smid* WM 1999, 1141, 1148 f.; *ders.* NZI 2000, 505 ff.

[391] *Jaeger/Henckel* § 47 RdNr. 90; *Riggert* NZI 2000, 525, 526 f.; *Peters* ZIP 2000, 2238, 2241; *Gundlach/Frenzel/Schmidt* NZI 2003, 142 ff.; *Jonek,* aaO S. 415, 416.

stattfindet, vgl. RdNr. 193). Durch einen Wechsel der Rechtsinhaberschaft werden weder die Masse noch das Verwertungsrecht des Insolvenzverwalters beeinträchtigt. Im Übrigen kann das Sicherungseigentum auch dann übertragen werden, wenn ein Herausgabeanspruch gegen den Insolvenzverwalter nicht besteht; es ist dann der Weg über § 929 Satz 1 oder § 930 BGB zu gehen.

190 Beim reinen **Lieferantenpool** wird die entsprechende Vereinbarung nur zwischen Warenlieferanten geschlossen, die Rechte aus den verschiedenen Sonderformen des Eigentumsvorbehalts herleiten (zum einfachen Eigentumsvorbehalt s.u. RdNr. 195). Beim reinen **Bankenpool** schließen sich Geldkreditgeber zusammen, die durch Sicherungsübertragungen gesichert sind.[392] Vergibt ein Bankenkonsortium – von denen ein Mitglied an dem Schuldner-Unternehmen beteiligt ist, die anderen nicht – einen Kredit, schließt der Umstand, dass sich Fremdgläubiger an der Kreditvergabe beteiligen, deren Behandlung als **Gesellschafterdarlehen** (§ 39 Abs. 1 Nr. 5) im Allgemeinen aus.[393] Etwas anderes gilt im Verwertungsfall. Der auf den Gesellschafter entfallende Anteil am Verwertungserlös darf wegen der Nachrangigkeit seiner Forderungen nicht an ihn ausgekehrt werden; er steht vielmehr den Gläubigern der Gesellschaft als haftendes Kapital zur Verfügung.[394] In der Praxis überwiegen „gemischte" **Sicherheiten-Poolverträge**.[395] Hieran sind sowohl die Waren- als auch die Geldkreditgeber beteiligt. Zur Vermeidung von Sicherungsausfällen werden die Rechte aus Eigentumsvorbehalten und Sicherungsübertragungen gepoolt. Intern verständigt man sich auf bestimmte Anteile am Vermögen bzw. am Verwertungsergebnis. Letzteres haben sie mit bloßen **Sicherheitenabgrenzungsverträgen** gemeinsam, die nur Wirkung zwischen den Beteiligten haben.[396]

191 Der **Rechtsnatur** nach handelt es sich bei dem Sicherheiten-Poolvertrag herkömmlich um eine **BGB-Gesellschaft** nach §§ 705 ff. BGB. Der gemeinsam verfolgte Zweck besteht in der Durchsetzung und – soweit rechtlich möglich – Verwertung der vom Schuldner eingeräumten Sicherheiten.[397] Mit der Verteilung des aus der Verwertung geschöpften Poolvermögens wird der Zweck erreicht; damit endet der Pool. Häufig liegt eine reine Innengesellschaft vor. Dann tritt ein Treuhänder, auf den die Gläubiger ihre Rechte übertragen haben, als formaler Rechtsinhaber auf. Seltener bildet der Pool eine Außengesellschaft. Gegebenenfalls handeln die Gläubiger im Rechtsverkehr gemeinsam, wobei sie meist durch ein geschäftsführungs- und vertretungsberechtigtes Poolmitglied (den „Poolführer") vertreten werden.

192 Seiner **Vermögensstruktur** nach kann der als **Außengesellschaft** in Erscheinung tretende Sicherheitenpool eine Gesamthand oder eine Gemeinschaft sein. Bei den „gemischten" Pools – also solchen mit Bankenbeteiligung – überwiegt die Gesamthand. Bei reinen Lieferantenpools sind die Gläubiger oft schon vorher infolge Verbindung, Vermischung, Vermengung oder Verarbeitung gelieferter Sachen kraft Gesetzes zu Bruchteilsgemeinschaften verbunden (s.o. RdNr. 171); nicht selten verbleibt es dann bei einer Berechtigung der BGB-Gesellschafter nach Bruchteilen. Bleibt der Pool eine bloße **Innengesellschaft,** wird weder ein gesamthänderisches noch ein gemeinschaftliches Gesellschaftsvermögen gebildet; die Rechte werden treuhänderisch an den Poolführer abgetreten.[398] Der sogenannte **Bassinvertrag** unterscheidet sich davon lediglich dadurch, dass sich hier die Gläubiger die Sicherheiten von vornherein nicht für sich selbst, sondern sogleich für den Treuhänder bestellen lassen.[399] Für den Fall, dass der Bassinvertrag erst wegen der schon zu erwartenden Krise des Schuldners geschlossen wurde, wird auf das Risiko der Anfechtung aufmerksam gemacht.[400] Dem Bassinvertrag verwandt ist der insbesondere bei Einkaufsverbänden und anderen Verbundgruppen anzutreffende **Zentralregulierungsvertrag** mit Delkredereprovision (ZR+D-Vertrag).[401] Hier wird regelmäßig vereinbart, dass die vom Vertragslieferanten vorbehaltenen Eigentumsrechte bei Absendung der Ware zum Mitglieds-

---

[392] *Uhlenbruck/Brinkmann* § 51 RdNr. 62.
[393] *Obermüller,* Insolvenzrecht RdNr. 6.257 f.
[394] *Obermüller,* Insolvenzrecht RdNr. 6.259.
[395] *Uhlenbruck/Brinkmann* § 51 RdNr. 49.
[396] Vgl. *Peters* ZIP 2000, 2238 ff.; *Uhlenbruck/Brinkmann* § 51 RdNr. 66; *Obermüller,* Insolvenzrecht RdNr. 6.260 ff.
[397] BGH NJW 1989, 895, 896 = EWiR 1989, 153 *(Tiedtke);* 1992, 1501 = EWiR 1992, 449 *(Wiedemann); Burgermeister,* aaO S. 14; *Uhlenbruck/Brinkmann* § 51 RdNr. 47; *Gottwald/Adolphsen,* Insolvenzrechts-Handbuch, § 44 RdNr. 5; *Martinek* in *Schimansky/Bunte/Lwowski,* Bankrechts-Handbuch, § 97 RdNr. 17; *Obermüller,* Insolvenzrecht RdNr. 6.191.
[398] *Martinek* in Schimansky/Bunte/Lwowski, Bankrechts-Handbuch, § 97 RdNr. 19 f.
[399] *Stürner* ZZP 94 (1981), 263, 279 f.; *Henckel,* Aktuelle Probleme der Warenlieferanten beim Kundenkonkurs, S. 96; *Uhlenbruck/Brinkmann* § 51 RdNr. 63; *Martinek* in Schimansky/Bunte/Lwowski, Bankrechts-Handbuch, § 97 RdNr. 22.
[400] *Henckel,* Aktuelle Probleme der Warenlieferanten beim Kundenkonkurs, S. 96.
[401] Dazu *Heeseler/Rossel* WM 2003, 2360 ff.; *Emde* ZIP 2005, 1579 ff.

unternehmen auf die Verbundgruppe übergehen, die eine Delkrederehaftung übernimmt. Das Mitgliedsunternehmen erhält lediglich eine Anwartschaft. Wird dieses insolvent, kann die Verbundgruppe aussondern.[402]

In der Praxis wird heute mehr und mehr statt des gesellschaftsrechtlichen ein anderes Modell bevorzugt: Die Sicherungsrechte werden nicht mehr in eine BGB-Gesellschaft eingebracht, sondern es wird einem Verwalter **rechtsgeschäftlich Vollmacht** zu ihrer Realisierung und zur Verhandlung mit dem (vorläufigen) Insolvenzverwalter und den anderen Verfahrensbeteiligten erteilt.[403]

Der Pool kann nicht mehr Rechte erwerben, als den daran beteiligten Gläubigern zustanden.[404] Mit Hilfe des Poolvertrages lassen sich deshalb nur Schwierigkeiten der Beweisbarkeit überwinden;[405] Sicherungsrechte, die materiell – zum Beispiel mangels Bestimmbarkeit – nicht bestehen, werden auch durch die Einbringung in einen Pool nicht durchsetzbar.[406] Unwirksam ist ein Poolvertrag, den Lieferanten mit dem Schuldner vor Eröffnung des Insolvenzverfahrens über dessen Vermögen zu dem Zweck schließen, dass Rohmaterial verarbeitet und der Produktionsgewinn an die Poolmitglieder abgeführt wird.[407] Soweit Gläubigerrechte tatsächlich bestehen, müssen sie, um sie auf den Pool zu übertragen, individualisiert werden können.

bb) Gläubiger mit einfachem Eigentumsvorbehalt im Sicherheitenpool. Solche Gläubiger, die auf Grund eines **einfachen Eigentumsvorbehalts** geliefert haben, können ihre Ware, falls diese noch unvermengt und unverarbeitet beim Schuldner vorhanden ist und ohne weiteres als ihr Eigentum identifiziert werden kann, problemlos **aussondern.** Ihnen bringt ein Pool kaum Vorteile. Sie können ihre Rechte einzeln verfolgen, weil es keinen Zwang zu einem Poolbeitritt gibt.[408] Meist enthalten Poolverträge, die das gesellschaftsrechtliche Modell verwirklichen, sogar eine Ausschlussklausel, wonach die Rechte aus einfachem Eigentumsvorbehalt nicht in das Poolvermögen eingebracht werden.[409] Lieferantenpool- oder Sicherheitenabgrenzungsverträge können sich dennoch – zulässigerweise – auch mit dem einfachen Eigentumsvorbehalt befassen, weil die Erweiterungsformen sich als solcher darstellen, bevor die gelieferte Sache in den Wirtschaftskreislauf einbezogen wird.[410]

Oft sind die unter einfachem Eigentumsvorbehalt gelieferten Sachen untrennbar mit anderen, ebenfalls unter einfachem Eigentumsvorbehalt gelieferten Sachen vermischt oder vermengt. Dann sind die Vorbehaltsverkäufer – bisher jeweils Alleineigentümer ihrer Waren – Miteigentümer der vermischten oder vermengten Sachen nach dem Verhältnis des Wertes geworden, den die Sachen zurzeit der Vermischung oder Vermengung hatten (§§ 947 Abs. 1 HS 2, 948 BGB). Jeder der Vorbehaltsverkäufer, der seinen Miteigentumsanteil exakt zu quantifizieren vermag, kann ihn auch außerhalb eines Pools selbst geltend machen.[411] Der Beitritt zu einem Pool ist aber zulässig und häufig zu empfehlen, weil er die Abwicklung vereinfacht.

Wenn die einzelnen Wertanteile nicht feststellbar sind, weil man nicht mehr weiß, wem welche Waren im Zeitpunkt der Vermischung oder Vermengung gehört haben, kann der einzelne Miteigentümer nicht aussondern. Durch die Poolbildung aller Miteigentümer werden diese Abgrenzungsschwierigkeiten überwunden.[412] Es können die Miteigentümer gemeinsam oder einer an alle Aussonderung verlangen (§§ 1011, 432 BGB). Steht fest, dass die vermischte oder vermengte Sache nur ihnen gehören kann, schadet es nicht, dass die Anteile der Miteigentümer ihrem Umfang nach nicht

---

[402] *Heeseler/Rossel* WM 2003, 2360, 2363.
[403] *Riggert* NZI 2000, 525, 526; *Jonek,* aaO S. 423 f.
[404] BGHZ 138, 291, 304 = NJW 1998, 2592 = LM GesO Nr. 35–38 *(Huber);* BGH NJW 1989, 895, 896 = EWiR 1989, 153 *(Tiedtke);* Stürner ZZP 94 (1981), 263, 277; *Henckel,* Aktuelle Probleme der Warenlieferanten beim Kundenkonkurs, S. 78; *Burgermeister,* aaO S. 88; *Häsemeyer,* Insolvenzrecht RdNr. 18.66; *Uhlenbruck/Brinkmann* § 51 RdNr. 68.
[405] *Uhlenbruck/Brinkmann* § 51 RdNr. 50; *Mohrbutter/Ringstmeier,* Handbuch Insolvenzverwaltung § 41 RdNr. 29; *Häsemeyer,* Insolvenzrecht RdNr. 18.66 ist selbst insoweit skeptisch; vgl. dazu auch *Burgermeister,* aaO S. 90 ff.
[406] BGH NJW 1982, 1455; *Gottwald/Adolphsen,* Insolvenzrechts-Handbuch, § 44 RdNr. 19; *Uhlenbruck/Brinkmann* § 51 RdNr. 70; *Martinek* in Schimansky/Bunte/Lwowski, Bankrechts-Handbuch, § 97 RdNr. 24; *Peters* ZIP 2000, 2238, 2240.
[407] *Gottwald/Adolphsen,* Insolvenzrechts-Handbuch § 44 RdNr. 31.
[408] *Gottwald/Adolphsen,* Insolvenzrechts-Handbuch § 44 RdNr. 11; *Jonek,* aaO S. 415, 419.
[409] Vgl. *Burgermeister,* aaO S. 82; *Bohlen,* aaO S. 136; *Peters* ZIP 2000, 2238, 2242.
[410] *Gottwald/Adolphsen,* Insolvenzrechts-Handbuch § 44 RdNr. 10; *Peters* ZIP 2000, 2238, 2242; *Jonek,* aaO S. 415, 419 f.
[411] *Henckel,* Aktuelle Probleme der Warenlieferanten beim Kundenkonkurs, S. 81; *Martinek* in Schimansky/Bunte/Lwowski, Bankrechts-Handbuch, § 97 RdNr. 24.
[412] *Jaeger/Henckel* § 47 RdNr. 90; *Martinek* in Schimansky/Bunte/Lwowski, Bankrechts-Handbuch, § 97 RdNr. 33; *Jonek,* aaO S. 415, 416.

feststellbar sind.[413] Weiterhin schadet es nicht, wenn zwar alle möglichen Lieferanten der gleichartigen vermischten Waren Herausgabe verlangen, sich aber nicht klären lässt, ob die Lieferungen aller Verkäufer in die vermischte Menge eingegangen sind. Hier genügt es, dass Herausgabe an alle verlangt wird, die überhaupt Miteigentümer sein können. Wer von den Anspruchstellern nun wirklich Miteigentümer ist und wie groß die einzelnen Anteile sind, braucht erst geklärt zu werden, wenn sich die Miteigentümer auseinandersetzen wollen.[414] Die Aussonderung kann nur dann scheitern, wenn nicht ausgeschlossen werden kann, dass es außer denjenigen, an die Herausgabe verlangt wird, noch andere Miteigentümer gibt.[415] Dann hilft auch die „Poolung" der Miteigentumsanteile nichts; bleibt ungeklärt, ob die Anteile aller Miteigentümer auf den Pool übertragen worden sind oder ob noch Außenstehende Anteile am Miteigentum haben, kann der Pool mit einer Aussonderungsklage nicht obsiegen.

198 Manchmal ist der **Schuldner** als Miteigentümer **an der Gemeinschaft beteiligt,** weil er eigene Waren mitverbunden, mitvermengt oder mitvermischt hat. Dazu kann es kommen, wenn der Schuldner einen Teil der bezogenen und noch bei ihm befindlichen Waren ohne Eigentumsvorbehalt gekauft oder wenn er unter Eigentumsvorbehalt eingekaufte Waren eines einzelnen Lieferanten vollständig bezahlt hat[416] oder wenn der Insolvenzverwalter gemäß § 103 InsO in den Vertrag eines der beteiligten Zulieferer eintritt. In einem solchen Fall werden die Abgrenzungsschwierigkeiten durch eine Poolbildung der Gläubiger nicht völlig überwunden. Die übrigen Miteigentümer können von dem Insolvenzverwalter nicht Herausgabe, sondern nur Aufhebung der Gemeinschaft (§ 749 BGB) und Einräumung des Mitbesitzes verlangen, falls der Schuldner nicht ein massezugehöriges und insolvenzfestes Recht zum Besitz hat.[417] Die Auseinandersetzung erfolgt außerhalb des Insolvenzverfahrens nach den Regeln der §§ 749 ff. BGB (§ 84 Abs. 1 Satz 1). Der Insolvenzverwalter darf die gemeinschaftliche Ware nicht ohne Zustimmung der übrigen Miteigentümer – deren Anteile nicht zur Masse gehören – verwerten. Tut er dies gleichwohl, macht er sich schadensersatzpflichtig. Außerdem ist in einem solchen Falle eine Ersatzaussonderung (§ 48) möglich. Für den einzelnen Miteigentümer ist Voraussetzung, dass er die Höhe seines Anteils nachweisen kann.[418] Vorstellbar ist hier auch ein „Pool im Pool", wenn die übrigen Miteigentümer gemeinsam gegen den Insolvenzverwalter vorgehen. Dann muss zumindest – als negative Abgrenzung – der Schuldneranteil feststehen. Wenn der Insolvenzverwalter durch Bezahlung einer Teilrechnung oder Vermischung bzw. Vermengung die Beweisbarkeit für die Poolgläubiger unmöglich macht (**„Sprengung des Pools"**), führt dies noch nicht zu einer Beweislastumkehr wegen Beweisvereitelung. Die vertragsgemäße Erfüllung eines Vertrages, die durch Bedingungseintritt dem Schuldner das Eigentum an der Kaufsache verschafft, kann nicht – auch nicht mit Rücksicht auf gleichartige, unerfüllt gebliebene andere Verträge – als treuwidrig angesehen werden.[419] Das Gleiche gilt für eine Vermischung oder Vermengung, die nach Wahl der Erfüllung im Rahmen des normalen Geschäftsgangs geschieht. An eine Beweisvereitelung ist lediglich zu denken, wenn der Insolvenzverwalter sich gegen die Erfüllung entscheidet und das betreffende Vorbehaltsgut gleichwohl vermischt oder vermengt.

199 Ähnlich ist die Rechtslage in den Fällen, in denen der Schuldner zwar keine eigenen Sachen – wohl aber solche, an denen er noch ein Anwartschaftsrecht hat, weil die Vorbehaltsverkäufer von ihren Kaufverträgen bislang nicht zurückgetreten sind – mitverbunden, -vermischt oder -vermengt hat. Dieses Anwartschaftsrecht setzt sich nach der Verbindung, Vermischung oder Vermengung an dem entsprechenden Miteigentumsanteil fort. Erfüllt der Schuldner die betreffende Kaufpreisforderung, erstarkt das Anwartschaftsrecht zum Miteigentumsanteil.[420] Verträge, die den Schuldner ver-

---

[413] BGH NJW 1958, 1534, 1535 m. Anm. *Hoche; Jaeger/Henckel* § 47 RdNr. 90; *Gottwald/Adolphsen,* Insolvenzrechts-Handbuch, § 44 RdNr. 21; *Uhlenbruck/Brinkmann* § 51 RdNr. 70; *Martinek* in Schimansky/Bunte/Lwowski, Bankrechts-Handbuch, § 97 RdNr. 31; *Bülow,* Kreditsicherheiten RdNr. 1264; aA *Hess* § 47 RdNr. 173.
[414] *Henckel,* Aktuelle Probleme der Warenlieferanten beim Kundenkonkurs S. 82; *Jaeger/Henckel* § 47 RdNr. 92; *Gottwald/Adolphsen,* Insolvenzrechts-Handbuch, § 44 RdNr. 20.
[415] *Jaeger/Henckel* § 47 RdNr. 90; aA wohl *Jonek,* aaO S. 415, 416.
[416] *Smid* ZInsO 2009, 2217, 2220; *Obermüller,* Insolvenzrecht RdNr. 6.218.
[417] BGH LM § 82 KO Nr. 1; FK-*Imberger* § 47 RdNr. 13, 18; *Jaeger/Henckel* § 47 RdNr. 91; *Jonek,* aaO S. 415, 416.; *Smid,* ZInsO 2009, 2217, 2220; aA *Reinicke/Tiedtke* WM 1979, 186, 189: Der Verwalter braucht – auch wenn er kein Alleinbesitzrecht hat – den Miteigentümern keinen Mitbesitz einzuräumen.
[418] BGH NJW 1958, 1534, 1535 m. Anm. *Hoche; Gottwald/Adolphsen,* Insolvenzrechts-Handbuch, § 44 RdNr. 17.
[419] *Martinek* in Schimansky/Bunte/Lwowski, Bankrechts-Handbuch, § 97 RdNr. 34, 37 f.; *Mitlehner,* aaO RdNr. 914.
[420] *Reinicke/Tiedtke* WM 1979, 186, 189; *Martinek* in Schimansky/Bunte/Lwowski, Bankrechts-Handbuch, § 97 RdNr. 36.

pflichten, seine Eigentums- oder Anwartschaftsrechte in den Pool der Lieferanten einzubringen, sind nach § 131 anfechtbar.[421]

cc) Gläubiger mit erweitertem Eigentumsvorbehalt im Sicherheitenpool. Poolvereinbarungen des Schuldners mit seinen Gläubigern, wonach die in den Pool eingebrachten Sicherheiten die Forderungen sämtlicher Poolmitglieder sichern sollen, sind als nach § 449 Abs. 3 BGB verbotene **Konzernvorbehaltsklausel** zu werten und demgemäß unwirksam.[422] 199a

dd) Gläubiger mit Verarbeitungs- und Verbindungsklauseln im Sicherheitenpool. Werden Waren verschiedener Lieferanten, die sich jeweils durch Verarbeitungsklauseln gesichert haben, vom Schuldner zu einem neuen Produkt verarbeitet, findet ein anteiliger Eigentumserwerb der Lieferanten statt (s.o. RdNr. 171). Alle Miteigentümer oder einer für alle können Aussonderung verlangen (§§ 1011, 432 BGB).[423] Falls die Werte der verarbeiteten Sachen im Einzelnen nicht mehr festgestellt werden können, schadet dies ebenso wenig wie beim einfachen Eigentumsvorbehalt.[424] Wegen der Schwierigkeiten, wenn Waren des Schuldners mitverarbeitet worden sind, vgl. RdNr. 198. 200

Haben sich Lieferanten, deren Waren durch Verbindung zu wesentlichen Bestandteilen einer von einem anderen gelieferten Hauptsache zu werden drohten, durch Verbindungsklauseln (s.o. RdNr. 118) gesichert, gelten für ihre Miteigentumsanteilen die Ausführungen unter RdNr. 200 entsprechend. 201

ee) Gläubiger mit Vorausabtretungsklauseln im Sicherheitenpool. Liefern mehrere Gläubiger unter Eigentumsvorbehalt und gegen Vorausabtretung eines dem Wert der jeweiligen Lieferung entsprechenden Teils der künftigen Forderungen aus der Weiterveräußerung ihre Waren an den Schuldner, der die Lieferungen zuerst verbindet, vermischt oder vermengt und dann mit dem Einverständnis der Lieferanten im ordnungsgemäßen Geschäftsverkehr weiterveräußert, können sie als Zessionare ihre Forderungen individuell nicht durchsetzen, wenn der Wert ihrer Ware nach Verbindung, Vermischung oder Vermengung nicht mehr bewiesen werden kann. Dass der Schuldner es unterlassen hat, die Vorausabtretungen durch zuverlässige Aufzeichnung der Geschäftsvorfälle zu schützen, führt nicht zur Umkehr der Beweislast.[425] Insoweit kann die Rechtsstellung der Lieferanten durch die Einbringung der Teilforderungen in einen Pool unter Umständen (dazu RdNr. 202a) entscheidend verbessert werden, falls *alle* in Betracht kommenden Sicherungszessionare dem Pool angehören.[426] Dann entfällt der Einzelnachweis, und der Pool kann abgesonderte Befriedigung für alle im Pool zusammengefassten Lieferantenforderungen verlangen.[427] 202

Ist ein an dem Sicherheitenpoolvertrag beteiligter Gläubiger (Global-)Sicherungszessionar, können sich die anderen Poolmitglieder nicht blindlings auf die Vertragsbestimmung verlassen, dass die einbezogenen Sicherheiten jeweils auch für die anderen am Pool beteiligten Gläubiger gehalten werden.[428] Verrechnet einer dieser Gläubiger – eine Bank, bei welcher der Schuldner ein debitorisches Konto unterhält – die von dem Drittschuldner auf die sicherungszedierte Forderung eingehende Zahlung, kann in der Insolvenz des Schuldners der Insolvenzverwalter die Verrechnung als kongruente Deckung anfechten (§ 130 Abs. 1 Satz 1 Nr. 2). Die Zahlung des Drittschuldners hat nicht nur einen bloßen Austausch von Sicherheiten (ggf. würde es an einer Gläubigerbenachteiligung fehlen) bewirkt. Die sicherungshalber abgetretene Forderung des Schuldners gegen den Drittschuldner ist mit der Zahlung auf das Konto bei der Bank erloschen. An ihre Stelle ist der Anspruch aus § 667 BGB auf Erteilung der Gutschrift getreten. Zwar hat die Bank gemäß Nr. 14 Abs. 1 Satz 2 AGB-Banken ein Pfandrecht an allen Ansprüchen des Schuldners gegen sie aus der bankmäßigen Geschäftsverbindung erworben. Indes unterliegt auch dieses Pfandrecht der Anfechtung gemäß § 130 Abs. 1 Satz 1 Nr. 2, weil die Bank es erst nach dem (ihr bekannten) Insolvenzantrag erworben hat.[429] Etwas anderes würde nur dann gelten, wenn die kontoführende Bank zugleich Inhaberin der zur 202a

---

[421] *Gottwald/Adolphsen*, Insolvenzrechts-Handbuch, § 44 RdNr. 32; *Burgermeister*, aaO S. 199 f.
[422] *Gottwald/Adolphsen*, Insolvenzrechts-Handbuch, § 44 RdNr. 30; *Jonek*, aaO S. 415, 420.
[423] *Gottwald/Adolphsen*, Insolvenzrechts-Handbuch, § 44 RdNr. 6.
[424] *Gottwald/Adolphsen*, Insolvenzrechts-Handbuch, § 44 RdNr. 6; *Martinek* in Schimansky/Bunte/Lwowski, Bankrechts-Handbuch, § 97 RdNr. 40.
[425] BGH NJW 1978, 1632; *Henckel*, Aktuelle Probleme der Warenlieferanten beim Kundenkonkurs S. 94; *Smid* NZI 2000, 505, 508.
[426] *Stürner* ZZP 94 (1981), 263, 278; *Henckel*, Aktuelle Probleme der Warenlieferanten beim Kundenkonkurs S. 95; *Gottwald/Adolphsen*, Insolvenzrechts-Handbuch, § 44 RdNr. 23; *Uhlenbruck/Brinkmann* § 51 RdNr. 68; *Martinek* in Schimansky/Bunte/Lwowski, Bankrechts-Handbuch, § 97 RdNr. 42; aA *Mitlehner*, aaO RdNr. 919.
[427] *Beck* KTS 2008, 121, 128.
[428] BGH NZI 2005, 622.
[429] BGHZ 150, 122, 126 = NJW 2002, 1722.

Sicherheit abgetretenen Forderung gewesen wäre.[430] Daran fehlt es jedoch, wenn der Sicherungszessionar die Sicherheit lediglich treuhänderisch für die anderen Poolmitglieder hält, ohne dass eine dingliche Rechtsänderung stattgefunden hat. Die schuldrechtliche Verpflichtung aus dem Poolvertrag, Sicherheiten zugleich treuhänderisch für die anderen Poolmitglieder zu halten, begründet für diese kein eigenes Recht auf abgesonderte Befriedigung.[431] Das AGB-Pfandrecht ist auch kein Treugut, wenn das Konto, auf welches der Drittschuldner gezahlt hat, kein Treuhandkonto ist. Demgegenüber scheitert die Deckungsanfechtung, wenn der Sicherungszweck rechtzeitig auf die Forderungen der anderen Sicherungszessionare erweitert worden war.[432] Näheres hierzu u. RdNr. 390a.

203 ff) Verwertungsgemeinschaft der Vorbehaltseigentümer mit dem Insolvenzverwalter. Eine Verwertungsgemeinschaft – mit anderen Worten: ein Pool – des Insolvenzverwalters mit den absonderungsberechtigten Vorbehaltseigentümern war früher notwendig, um eine zeitraubende und kostspielige reale Trennung des Warenbestandes des Schuldners zu vermeiden und alles gemeinsam veräußern zu können.[433] Obwohl das Selbstverwertungsrecht des Absonderungsberechtigten entfallen ist (§ 166 Abs. 1), ist eine Poolbildung auch jetzt noch möglich (s.o. RdNr. 189) und sinnvoll.[434] Sie liegt sogar im Interesse des mit der Verwertungsbefugnis ausgestatteten Verwalters, weil ein wesentliches Element der Poolbildung das Offenhalten der Kreditlinien ist.[435] Denkbar ist ferner, dass aussonderungsberechtigte Vorbehaltseigentümer auf eine Aussonderung verzichten, wenn ihnen der Insolvenzverwalter dafür die Auskehr des Veräußerungserlöses verspricht. Dies kann für beide Seiten interessant sein.

203a gg) Sicherheitenpool im Insolvenzplan. Im gestaltenden Teil eines Insolvenzplans können die bisherigen Lieferanten in einen Pool eingebracht werden. Damit können sie als wesentliche Gläubigergruppe sinnvoll eingebunden werden.[436] § 226 Abs. 3 steht nicht entgegen.[437]

204 3. Inhaberschaft an Forderungen. Forderungen, die der Insolvenzverwalter unberechtigterweise als Forderungen des Schuldners betrachtet und demgemäß für die Masse beansprucht, können von dem wahren Forderungsinhaber ausgesondert werden.[438] Ob die Forderungen bedingt oder betagt sind, ist grundsätzlich unerheblich. Wer der wahre Forderungsinhaber ist, lässt sich insbesondere in Zessionsfällen vielfach nur schwierig feststellen.

205 a) Zession. aa) Abtretungsverbot. Mit einem Abtretungsverbot (§ 399 2. Alt. BGB; siehe dazu auch o. RdNr. 164 ff.) soll das Interesse des Schuldners an klarer und übersichtlicher Vertragsabwicklung geschützt werden. Das Verbot kann auch in Allgemeinen Geschäftsbedingungen wirksam vereinbart werden.[439] Eine verbotswidrige Abtretung ist **absolut** – gegenüber jedermann – **unwirksam**.[440] Die abgetretene Forderung gehört dann weiterhin zum Vermögen des Zedenten. Das gilt im Falle einer Vorausabtretung auch dann, wenn die Abtretung vor dem Abtretungsverbot, dieses aber vor Entstehung der Forderung vereinbart worden ist.[441] Ein Abtretungsverbot kann sogar noch bei der Begründung der sonst von einer Vorausabtretung erfassten Forde-

---

[430] BGHZ 147, 233, 239 f. = NZI 2001, 357; BGH NJW 2003, 360.
[431] BGH WM 2005, 1790 = NZI 2005, 622.
[432] BGH WM 2008, 602 = NZI 2008, 304.
[433] *Stürner* ZZP 94 (1981), 263, 280; *Gottwald/Adolphsen*, Insolvenzrechts-Handbuch, § 44 RdNr. 40.
[434] Zweifelnd *Gottwald/Adolphsen*, Insolvenzrechts-Handbuch, § 44 RdNr. 22, wie hier aber RdNr. 40. Zur Abrechnung eines „Verwalterpools" bei Betriebsfortführung mit Verarbeitung von unspezifizierter Vorbehaltsware vgl. *Förster* ZInsO 1998, 402 ff.
[435] *Peters* ZIP 2000, 2238, 2242; *Jonek*, aaO S. 415, 417.
[436] *Jonek*, aaO S. 415, 416.
[437] *Gottwald/Adolphsen*, Insolvenzrechts-Handbuch § 44 RdNr. 41; *Jonek*, aaO S. 415, 416.
[438] BGH NJW-RR 1989, 252; NJW 1998, 2213; BAG NJW 1991, 717; *Häsemeyer*, Insolvenzrecht RdNr. 11.13.
[439] BGH NJW 1997, 3434, 3435; 2006, 3486, 3487.
[440] BGHZ 40, 156, 160 = NJW 1964, 243; 56, 228, 233 = NJW 1971, 1750; 70, 299, 303 = NJW 1978, 813; 108, 172, 176 = NJW 1990, 109 = EWiR 1989, 861 *(Bülow)*; BGH NJW 1997, 3434, 3435 = LM BGB § 399 Nr. 36 *(Wolf)*; *Reinicke/Tiedtke*, Kreditsicherung S. 230; *Hj. Weber*, Kreditsicherung S. 166; *Häsemeyer*, Insolvenzrecht RdNr. 18.61; *Schlegelberger/Hefermehl*, Anh. § 382 HGB RdNr. 104; aA *Denck*, Die Relativität im Privatrecht, JuS 1981, 9, 12; *Wagner*, Zur Kollision von verlängertem Eigentumsvorbehalt und eingeschränktem Abtretungsverbot, JZ 1988, 698, 704 ff.; *Canaris*, FS Serick, S. 9, 13 ff.; *Lwowski* in Lwowski/Fischer/Langenbucher, Das Recht der Kreditsicherung, § 13 RdNr. 41; unentschieden *Hadding/van Look* WM Sonderbeilage 1988/7 S. 13 ff.
[441] BGHZ 27, 306, 307 = NJW 1958, 1281; 51, 113, 118 = NJW 1969, 415; 77, 274, 276 = NJW 1980, 2245; *Schlegelberger/Hefermehl*, Anh. § 382 HGB RdNr. 104.

rung vereinbart werden.[442] Dass dem Zedenten für die Vereinbarung des Abtretungsverbots die Verfügungsmacht fehle,[443] trifft nicht zu. Der Zedent handelt damit im Verhältnis zu dem Zessionar lediglich vertragswidrig. Besteht ein Abtretungsverbot, kann eine Zession also nur dann Erfolg haben, wenn Zedent und Drittschuldner dieses Verbot vertraglich aufheben. Nach Eröffnung eines Insolvenzverfahrens über sein Vermögen – ebenso, wenn im Antragsverfahren ein allgemeines Verfügungsverbot angeordnet worden ist – kann der Zedent einen solchen Vertrag nicht mehr schließen (§§ 21 Abs. 2 Nr. 2, 80 Abs. 1).

Genehmigt der Schuldner einer kraft Vereinbarung unabtretbar entstandenen Forderung nachträglich eine abredewidrig vom Forderungsberechtigten vorgenommene Abtretung, so wirkt das nicht auf den Zeitpunkt der Abtretung zurück, weil dem Schuldner die Verfügungsbefugnis über die abgetretene Forderung fehlt.[444] Mit der Genehmigung einer ersten Abtretung ist das Abtretungsverbot für künftige Abtretungen nicht obsolet.[445] **206**

bb) Zustimmungsvorbehalt. Eine Vereinbarung, wonach die Abtretbarkeit nicht gänzlich ausgeschlossen, sondern von der Zustimmung des Schuldners abhängig gemacht wird, ist ebenso wie ein Ausschluss der Abtretbarkeit nach § 399 2. Alt. BGB zu beurteilen.[446] Ein derartiger Zustimmungsvorbehalt ist grundsätzlich auch in Allgemeinen Geschäftsbedingungen zulässig.[447] Er hat zur Folge, dass die Forderung von vornherein als unveräußerliches Recht entsteht und nur mit Zustimmung des Schuldners abgetreten werden kann.[448] Ohne eine solche Zustimmung ist die Abtretung ebenfalls nicht nur relativ, das heißt dem Abnehmer gegenüber, sondern absolut, also auch jedem Dritten gegenüber, unwirksam.[449] Wird die Zustimmung erteilt, wird grundsätzlich nur für die konkrete Abtretung das Einverständnis, dass der Abtretungsausschluss aufgehoben wird, oder der Verzicht auf die Einrede aus § 399 BGB erklärt. Weitere Abtretungen bleiben verboten.[450] Im Übrigen lässt eine nachträgliche Genehmigung die Abtretung ex nunc, nicht ex tunc, wirksam werden.[451] Hat der Käufer die Forderung mehrfach abgetreten, steht es dem Abnehmer frei, ob und gegebenenfalls welcher Abtretung er zustimmt.[452] **207**

cc) Kaufmännischer Verkehr. Nach § 354a Satz 1 HGB ist die Abtretung einer Geldforderung trotz eines vereinbarten Abtretungsausschlusses wirksam, wenn das Rechtsgeschäft, das die abgetretene Forderung begründet hat, für beide Teile ein Handelsgeschäft[453] oder der Schuldner eine juristische Person des öffentlichen Rechts oder ein öffentlich-rechtliches Sondervermögen ist. Mit dieser durch Gesetz vom 25. Juli 1994 in das HGB eingefügten Vorschrift sollte die Finanzierung für kleinere und mittlere Unternehmen erleichtert werden.[454] Diese können als Kreditsicherheit oft nur ihre Außenstände anbieten. § 354a HGB gilt nicht für rechtsgeschäftliche Abtretungsverbote, die vor Inkrafttreten der Vorschrift (30. Juli 1994) vereinbart worden sind, wenn die abgetretene Forderung vor diesem Zeitpunkt entstanden ist.[455] Ob die Vorschrift anwendbar ist, wenn das Abtretungsverbot **208**

---

[442] BGHZ 30, 176, 179 = NJW 1959, 1681; BGH LM BGB § 399 Nr. 8; *Häsemeyer,* Insolvenzrecht RdNr. 18.59.
[443] So *Serick* IV § 51 III 2 (S. 507).
[444] BGHZ 70, 299, 303 = NJW 1978, 813; 108, 172, 176 = NJW 1990, 109; BGH NJW 1988, 1210, 1211; *Reinicke/Tiedtke,* Kreditsicherung S. 230; aA *Serick* V § 66 IV 4 (S. 573 f.); *Hess* § 46 KO RdNr. 24.
[445] BGH NJW 1997, 3434, 3435 = LM BGB § 399 Nr. 36 *(Wolf).*
[446] BGHZ 40, 156, 161 = NJW 1964, 243; 110, 241, 242 = NJW 1990, 1601; 178, 315, 317 f. = NJW 2009, 438; BGH ZIP 1997, 1072, 1073; NJW-RR 2005, 624 = WM 2005, 429 = WuB IV E. § 354a HGB 1.05 *(Wagner).*
[447] BGHZ 102, 293, 300 = NJW 1988, 1210; 110, 241, 242 = NJW 1990, 1601.
[448] BGHZ 40, 156, 161 f. = NJW 1964, 243; 110, 241, 242 = NJW 1990, 1601; BGH NJW 1988, 1210, 1211; NJW-RR 2005, 624 = WM 2005, 429 = WuB IV E. § 354a HGB 1.05 *(Wagner).*
[449] BGHZ 40, 156, 160 = NJW 1964, 243; 56, 173, 176 = NJW 1971, 1311; 56, 228, 230 = NJW 1971, 1750; 70, 299, 301 = NJW 1978, 813; 108, 172, 176 = NJW 1990, 109; 110, 241, 243 = NJW 1990, 1601; BGH NJW 1988, 1210, 1211; ZIP 1997, 1072, 1073.
[450] BGH ZIP 1997, 1072, 1073.
[451] BGHZ 108, 172, 176 = NJW 1990, 109; *Reinicke/Tiedtke,* Kreditsicherung S. 230.
[452] BGHZ 55, 34, 37 = NJW 1971, 372; OLG Koblenz WM 1992, 73, 74.
[453] Auf Rechtsgeschäfte, die nicht für beide Vertragspartner ein Handelsgeschäft darstellen, ist die Vorschrift nicht analog anwendbar, BGH NJW 2006, 3486, 3487.
[454] Dazu *Bette,* Vertraglicher Abtretungsausschluss im deutschen und grenzüberschreitenden Geschäftsverkehr, WM 1994, 1909, 1915 ff.; *Grub,* Der neue § 354a HGB – ein Vorgriff auf die Insolvenzrechtsreform, ZIP 1994, 1649 ff.; *Wagner,* Neue Rechtslage bei vertraglichen Abtretungsverboten im kaufmännischen Geschäftsverkehr, WM 1994, 2093, 2097; *ders.* WM Sonderbeilage Nr. 1/1996; *von Olshausen* ZIP 1995, 1950 ff.
[455] BGH WM 2001, 687. Wie für den Fall des nachträglichen Entstehens zu entscheiden ist, hat der BGH offengelassen. Vgl. dazu OLG Braunschweig WM 1997, 1214; OLG Köln WM 1998, 859, 860 = WuB IV E. § 354a HGB 1.98 *(Wagner); K. Schmidt* NJW 1999, 400.

vor ihrem Inkrafttreten vereinbart worden, die abgetretene Forderung hingegen erst danach entstanden ist, ist höchstrichterlich noch nicht geklärt.[456] Die Anwendung des § 354a HGB bewirkt, dass die verbotswidrig abgetretene und noch nicht erfüllte Forderung in der Insolvenz des Zedenten nicht zur Masse gehört und vom Zessionar ausgesondert werden kann. Leistet der Schuldner an den Insolvenzverwalter, steht dem Zessionar an dem zu Unrecht eingezogenen, noch unterscheidbar in der Masse vorhandenen Betrag ein Ersatzaussonderungsrecht gemäß § 48 zu. Der Schuldner kann mit befreiender Wirkung an den bisherigen Gläubiger leisten (§ 354a Satz 2 HGB) und sich auch durch Aufrechnung von seiner Schuld befreien.[457] Die Aufrechnung kann der Schuldner nicht nur dem bisherigen, sondern auch dem neuen Gläubiger gegenüber erklären. Auf die Kenntnis des Schuldners von der Abtretung kommt es nicht an.[458] Im Falle der Aufrechnung versagt das Ersatzaussonderungsrecht. Ob der Schuldner auch nach Offenlegung einer Vorausabtretung im Rahmen eines verlängerten Eigentumsvorbehalts befreiend an den Zedenten leisten kann, ist umstritten.[459] Im Falle rechtsmissbräuchlichen Verhaltens wird der Schuldner nicht befreit.[460] Ein solcher Rechtsmissbrauch liegt beispielsweise vor, wenn der Schuldner kein berechtigtes Interesse mehr daran hat, nur an den Zedenten zu leisten. Schon vor Insolvenzeröffnung muss der Zessionar das Risiko tragen, dass der Zedent den vom Schuldner erhaltenen Betrag nicht an ihn weiterleitet.[461] Die Befugnis des Schuldners, der die Abtretung kennt, mit dem Zedenten einen Vergleich zu schließen, nach dem die Forderung ganz oder teilweise nicht mehr geltend gemacht werden kann, hat der BGH verneint.[462] Zur Anwendung des § 354a HGB bei der Sicherungsabtretung vgl. § 51 RdNr. 150a.

209 Im Anwendungsbereich des § 354a HGB ist eine Abtretung, die nicht schlechthin verboten, sondern lediglich an die **Zustimmung des Drittschuldners** geknüpft ist, ebenfalls von vornherein wirksam.[463] Es schadet also nicht, falls vor Erteilung der – rechtlich unerheblichen – Zustimmung des Drittschuldners über das Vermögen des Zedenten ein Insolvenzverfahren eröffnet wird, wenn nur die Abtretung vor Insolvenzeröffnung und vor Anordnung eines allgemeinen Verfügungsverbots vereinbart wurde.[464]

210 dd) **Prioritätsgrundsatz.** Eine Forderung, die mehrfach abgetreten wurde, steht dem ersten Zessionar zu[465] Der Grundsatz der zeitlichen Priorität ist auch dann maßgeblich, wenn die erste Abtretung eine Vorausabtretung ist und die im Voraus abgetretene Forderung vor der zweiten Abtretung entsteht. Mit Entstehung der Forderung ist die Rechtsänderung eingetreten und die erste Abtretung wirksam geworden.[466] Der Prioritätsgrundsatz gilt schließlich auch bei der Kollision mehrerer Vorausabtretungen.[467] Wegen weiterer Kollisionsfälle s.o. RdNr. 181.

211 ee) **Insolvenz des Zedenten.** Hat der Schuldner mit dem Gläubiger vereinbart, dass die Forderung ohne Zustimmung des Schuldners nicht abgetreten werden darf, so gilt diese Vereinbarung – selbst wenn sie in Allgemeinen Geschäftsbedingungen enthalten ist – auch für den Fall, dass über das Vermögen des Gläubigers ein Insolvenzverfahren eröffnet wird.[468] Ist nach Stellung eines Antrags auf Eröffnung des Insolvenzverfahrens über das Vermögen des Zedenten ein allgemeines Verfügungsverbot angeordnet oder bereits das Insolvenzverfahren eröffnet worden, kann der Schuldner einer zuvor erfolgten verbotswidrigen Abtretung zwar noch zustimmen. Die Zustimmung wirkt aber nicht auf den Zeitpunkt der Abtretung zurück (vgl. o. RdNr. 206). Deshalb verhindern das allgemeine Verfügungsverbot bzw. die Insolvenzeröffnung, dass der Zessionar die abgetretene Forderung erwirbt.[469]

212 Leistet der Schuldner an den Zedenten oder dessen Insolvenzverwalter, so steht dem Zessionar ein Ersatzaussonderungsrecht (§ 48) an dem zu Unrecht eingezogenen, noch unterscheidbar in der

---

[456] Befürwortend: OLG Köln WM 1998, 859, 861; ablehnend: OLG Hamm NJW-RR 1998, 1248.
[457] BGH NJW-RR 2005, 624 = WM 2005, 429 = WuB IV E. § 354a HGB 1.05 (*Wagner*).
[458] BGH NJW-RR 2005, 624 = WM 2005, 429 = WuB IV E. § 354a HGB 1.05 (*Wagner*).
[459] Bejahend LG Hamburg WM 1999, 428, 431 m. zust. Anm. *Wagner* WuB IV E. § 354a HGB 1.99; verneinend *K. Schmidt* NJW 1999, 400, 401.
[460] LG Hamburg WM 1999, 428, 431; *Wagner* WM-Beilage 1/96 S. 12; *Saar,* Zur Rechtsstellung des Schuldners nach § 354a HGB, ZIP 1999, 988, 994.
[461] *Wagner* WM-Beilage 1/96 S. 24.
[462] BGHZ 178, 315, 318 ff. = NJW 2009, 438; aA *Wagner,* Verkehrsfähigkeit contra Schuldnerschutz im kaufmännischen Geschäftsverkehr mit Geldforderungen, WM 2010, 202 ff.
[463] BGHZ 178, 315, 317 f. = NJW 2009, 438; OLG Köln WM 1998, 859, 860 = WuB IV E. § 354a HGB 1.98 (*Wagner*).
[464] *Obermüller,* Insolvenzrecht RdNr. 6.415.
[465] BGHZ 30, 149, 151; 32, 367, 369.
[466] *Serick* IV § 47 II 3a (S. 281).
[467] *Uhlenbruck/Brinkmann* § 51 RdNr. 33; aA *Mitlehner,* aaO RdNr. 972.
[468] BGH NJW 1997, 3434, 3435 = LM BGB § 399 Nr. 36 (*Wolf*).
[469] *Obermüller,* Insolvenzrecht RdNr. 6.415.

Masse vorhandenen Betrag zu. Im Falle einer **Sicherungszession** kann der Zessionar aber nur abgesonderte Befriedigung verlangen (§ 51 Nr. 1) bzw. ein Ersatzabsonderungsrecht geltend machen (s. Vor §§ 49–52 RdNr. 167).

Trotz Vereinbarung eines Abtretungsverbots kann der Zessionar die Forderung unter den Voraussetzungen des § 354a HGB aussondern.[470] Macht er von diesem Recht Gebrauch, steht dem Verwalter ein Einziehungsrecht so wenig zu wie dem Zedenten. Freilich kann der Schuldner gemäß § 354a Satz 2 HGB mit befreiender Wirkung an den Verwalter **leisten**. Ggf. hat dieser den Betrag für Rechnung des Zessionars entgegenzunehmen und ihn nach § 816 Abs. 2 BGB an diesen herauszugeben (Masseverbindlichkeit gemäß § 55 Abs. 1 Nr. 3).[471] Nimmt der Verwalter die Leistung für die Masse (und nicht für den Zessionar) entgegen, kann dem Zessionar ein Ersatzaussonderungsrecht zustehen.[472] Hatte der Schuldner schon vor Verfahrenseröffnung an den Zedenten gezahlt, hat der Zessionar – falls nicht die Voraussetzungen einer Ersatzaussonderung vorliegen – nur eine Insolvenzforderung.[473] Die Aussonderung scheitert auch dann, wenn der Schuldner sich durch **Aufrechnung** mit einer Insolvenzforderung gegen den Zedenten befreit. Auch hierzu berechtigt ihn § 354a Satz 2 HGB – abweichend von §§ 406, 407 BGB – unabhängig von einer Kenntnis der Abtretung. Wenn die Aufrechnungslage vor Ausbruch der Krise hergestellt worden ist, muss der Schuldner eine Anfechtung nicht fürchten.

Eine Vorausabtretung ist nur eingeschränkt insolvenzfest. Der Zessionar kann dann aussondern, wenn die abgetretene Forderung vor Eröffnung des Insolvenzverfahrens entstanden ist. In diesem Falle entsteht die im Voraus abgetretene Forderung unmittelbar in der Person des Zessionars. Entsteht die Forderung dagegen erst nach der Verfahrenseröffnung, fällt die Forderung in die Sollmasse (Ausnahme: § 114 Abs. 1 InsO). Näheres hierzu Vor §§ 49 bis 52 RdNr. 23. Zu den Auswirkungen des § 103 vgl. dort sowie o. RdNr. 148 ff. Beim verlängerten Eigentumsvorbehalt unterliegt die Vorausabtretung künftiger Forderungen, die sich auf das mit dem Vorbehaltseigentum Erlangte beschränkt, selbst dann nicht der Insolvenzanfechtung, wenn die Forderungen erst in der kritischen Phase entstanden sind.[474]

ff) Insolvenz des Zessionars. Im Falle einer verbotswidrigen und damit unwirksamen Zession kann der Zedent die abgetretene Forderung aussondern. War dem Zedenten die Abtretung erlaubt oder ein etwa vereinbartes Abtretungsverbot gemäß § 354a HGB unwirksam, gehört die Forderung in die Masse. Liegt ein Fall des § 354a HGB vor, ist der (Dritt-) Schuldner berechtigt, auch nach Eröffnung des Insolvenzverfahrens an den Zedenten zu leisten oder mit einer eigenen Forderung aufzurechnen und damit die Schuld mit Wirkung gegenüber den Insolvenzgläubigern zu tilgen.[475] Will der Insolvenzverwalter die Forderung einziehen, kann sich der (Dritt-)Schuldner auf dieses Recht berufen.[476] Der Insolvenzverwalter kann das an den Zedenten Geleistete bei diesem gemäß § 816 Abs. 2 BGB kondizieren.

b) Vertrag zugunsten Dritter (§ 328 BGB). Forderungen aus solchen Verträgen kann der Dritte aussondern (zu Versicherungsverträgen in Erfüllung einer Versorgungszusage s.u. RdNr. 425 ff., zu Verträgen für fremde Rechnung s.u. RdNr. 286 ff.). Hat der spätere Schuldner Forderungen abgetreten (§ 398 BGB) oder ist eine Forderung gepfändet und dem Pfändungspfandgläubiger an Zahlungs statt überwiesen worden (§ 835 Abs. 1 2. Alt. ZPO), so kann der Erwerber aussondern. Das Aussonderungsrecht besteht allerdings nur bei einer Vollabtretung (zum Factoring s.u. RdNr. 266 ff.).

c) Sicherungszession. Für die Sicherungszession gilt Entsprechendes wie für die Sicherungsübereignung (s.o. RdNr. 53). Auch die Sicherungsabtretung berechtigt den Zessionar lediglich zur abgesonderten Befriedigung. Vgl. § 51 RdNr. 4 ff., 136 ff.

4. Finanzierungsleasing. a) Begriff. Leasing ist eine eigenständige Investitions- und Finanzierungsmethode, die auf die Verschaffung der Nutzungsmöglichkeit von Gütern gegen Entgelt gerichtet ist.[477] Sie wird mehr oder weniger nach mietvertraglichen Regeln abgewickelt.[478] Treuhandcharakter hat sie nicht.[479] Im Einzelnen unterscheidet man folgende Unterarten:

---

[470] *Bruns* WM 2000, 505, 512.
[471] *K. Schmidt*, FS Schimansky, S. 503, 517.
[472] Vgl. *von Olshausen* ZIP 1995, 1950, 1952 ff.; *Bruns* WM 2000, 505, 512; *Häsemeyer*, Insolvenzrecht RdNr. 18.63.
[473] *v. Olshausen* ZIP 1995, 1950, 1961; *K. Schmidt*, FS Schimansky, S. 503, 517.
[474] BGHZ 64, 312, 314 = WM 1975, 534.
[475] *Wagner* WM-Beilage 1/96 S. 25; *K. Schmidt*, FS Schimansky, S. 503, 517 f.; *Bruns* WM 2000, 505, 512.
[476] *Wagner* WM-Sonderbeilage Nr. 1/1996 S. 25.
[477] Vgl. *Martinek* in Schimansky/Bunte/Lwowski, Bankrechts-Handbuch, § 101 RdNr. 1.
[478] Vgl. BGH NZI 2007, 335.
[479] *Jaeger/Henckel* § 47 RdNr. 67.

219 Bei einem – in der Regel auf eine kurze Laufzeit angelegten – **Operating-Leasing** von Investitionsgütern handelt es sich um einen normalen Miet- bzw. Pachtvertrag über bewegliche Sachen.[480] Vergütet wird nur die zeitlich begrenzte Gebrauchsüberlassung, nicht der Substanzwert der überlassenen Sachen. Deshalb kann der Leasinggeber kraft seines Eigentums (sowie auf Grund seines Herausgabeanspruchs aus dem Leasingvertrag, vgl. u. RdNr. 223) im Insolvenzverfahren des Leasingnehmers das Leasinggut **aussondern**.[481]

220 Schwieriger sind die Verhältnisse – und davon wird im Folgenden unter b) bis g) die Rede sein – beim **Finanzierungs-Leasing**. Dieses ersetzt – wirtschaftlich gesehen – den Kauf des genutzten Gutes. Ein langfristiges Investitionsgut wird für eine feste Grundmietzeit überlassen. Die Grundmietzeit ist etwas kürzer als die gewöhnliche Nutzungsdauer des Leasinggutes. Der vom Leasinggeber aufzubringende Anschaffungspreis zuzüglich Verzinsung und Gewinn wird entweder durch die während der Grundmietzeit zu zahlenden Leasingraten abgedeckt **(Vollamortisationsvertrag)** oder durch die Raten zuzüglich gewisser bei Vertragsbeendigung zu leistender Zahlungen **(Teilamortisationsvertrag)**. Typisch für das Finanzierungsleasing ist ein Dreiecksverhältnis: Der Leasingnehmer bestellt das Leasinggut in der Regel direkt beim Lieferanten. Dieser schließt einen Kaufvertrag mit dem Leasinggeber, dass das Leasinggut als Eigentümer erwirbt und es sodann dem Leasingnehmer gegen Zahlung der Leasingraten zur Verfügung stellt. Das Finanzierungsleasing stellt eine Form des Geldkredits dar. Dem entsprechend ist die rechtliche Einordnung umstritten: Manche sehen darin einen gemischten Vertrag mit Elementen aus Geschäftsbesorgung und Darlehen.[482] Die Rechtsprechung wendet in gefestigter Praxis in der Regel Mietrecht an.[483] Richtig erscheint, das Leasing als finanzierten Gebrauchsüberlassungsvertrag eigener Art zu begreifen,[484] der allerdings weitgehend mietrechtlichen Regeln folgt (davon ist auch der Gesetzgeber der InsO ausgegangen, s.u. RdNr. 222). Es ist kein reiner Gebrauchsüberlassungsvertrag, weil der Leasingnehmer nicht nur die Gebrauchsüberlassung zu bezahlen hat, sondern zusätzlich auch noch für die Teil- oder Vollamortisation des vom Leasinggeber eingesetzten Kapitals einstehen muss. Es ist aber auch kein kaufähnlicher Vertrag, weil der Leasingnehmer keinen Anspruch auf das Leasinggut erwirbt, sondern allenfalls ein Optionsrecht hat. Sind allerdings die Leasingraten so ausgestaltet, dass der Leasingnehmer – wenn er wirtschaftlich vernünftig denkt – am Ende der Laufzeit des Vertrages keine andere Wahl hat, als von seinem Optionsrecht Gebrauch zu machen (also die Sache käuflich zu erwerben), liegt ein als Umsatzgeschäft zu beurteilender **Mietkauf** vor. Dasselbe ergibt sich, wenn das für die Ausübung der Kaufoption vorgesehene Entgelt (unter Berücksichtigung des Vollamortisationserlasses vom 19.4.1971, s. dazu u. RdNr. 221) so niedrig angesetzt ist, dass der Leasingnehmer bei vernünftiger wirtschaftlicher Überlegung selbstverständlich von der Option Gebrauch macht.[485] Für den Fall, dass das Entgelt „höchstens 10 % des Gesamtmietwerts" beträgt, hat der BGH diese Voraussetzung freilich verneint.[486] Ein Unterfall des Finanzierungsleasing ist das **Sale-and-lease-back-Geschäft**.[487]

221 Im betrieblichen Bereich geht das steuerliche Interesse der Beteiligten regelmäßig dahin, dass der Leasinggeber wirtschaftlich Eigentümer (§ 39 Abs. 2 Nr. 1 AO) des Leasinggutes bleibt, damit die Leasingraten beim Leasingnehmer als laufende Betriebsausgaben anerkannt werden **(Investitionsgüter-Leasing)**. Die Vertragsgestaltung richtet sich deshalb grundsätzlich nach den Leasingerlassen der Finanzverwaltung.[488] Das Finanzierungsleasing ist nicht nur im Investitions-, sondern mehr und mehr auch im Konsumgüterbereich verbreitet. Für den Privatmann stellt sich das **Konsumgüter-Leasing** als Finanzierungsalternative zum finanzierten Abzahlungskauf dar. Als weitere Sonderform des Finanzierungsleasings ist das **Händler- bzw. Herstellerleasing** hervorzuheben. Hier über-

---

[480] *Martinek* in Schimansky/Bunte/Lwowski, Bankrechts-Handbuch, § 101 RdNr. 32; *Gottwald/Adolphsen,* Insolvenzrechts-Handbuch, § 43 RdNr. 59.

[481] *Häsemeyer,* Insolvenzrecht RdNr. 11.11: *Uhlenbruck/Brinkmann* § 47 RdNr. 90.

[482] So zB *Canaris,* Finanzierungsleasing und Wandelung, NJW 1982, 305 ff.; *ders.* ZIP 1993, 401, 404 ff.

[483] BGHZ 68, 118, 123 = NJW 1977, 848; 81, 298, 310 = NJW 1982, 105; 96, 103, 106 = NJW 1986, 179; 106, 304, 309 = NJW 1989, 1279; 109, 368, 370 = NJW 1990, 1113; BGH NJW 1995, 1541, 1543; ebenso *Fehl* DZWiR 1999, 89; *Wolf/Eckert/Ball,* Handbuch des gewerblichen Miet-, Pacht- und Leasingrechts RdNr. 1749.

[484] ZB *Lwowski,* Erwerbsersatz durch Nutzungsverträge, 1967, S. 98 f.; *Lieb* DB 1988, 946, 949; *Peters/Schmid-Burgk,* aaO RdNr. 20; *Martinek* in Schimansky/Bunte/Lwowski, Bankrechts-Handbuch, § 101 RdNr. 31; *Häsemeyer,* Insolvenzrecht RdNr. 11.11.

[485] Vgl. *Peters/Schmid-Burgk,* aaO RdNr. 22.

[486] BGHZ 71, 189, 194 = NJW 1978, 1383; vgl. auch *Jaeger/Henckel* KO § 19 RdNr. 17.

[487] BGHZ 109, 250, 256 f. = NJW 1990, 829; *Adolphsen,* Kölner Schrift, S. 1326, 1354 RdNr. 95.

[488] Zum Immobilienleasing vgl. Erlass des BMF v. 21.3.1972, BB 1972, 433, zum Mobilienleasing die Erlasse des BMF v. 19.4.1971, BB 1971, 506 (betr. Vollamortisationsverträge) und v. 22.12.1975, BB 1976, 72 (Betr. Teilamortisationsverträge).

b) Finanzierungsleasing in der Insolvenzrechtsreform. Nach den Reformvorschlägen der Kommission für Insolvenzrecht sollten die Rechte der Leasinggeber gravierende Eingriffe erfahren. Der Insolvenzverwalter sollte berechtigt sein, das Leasinggut gegen Zahlung von 75 % der für die Grundmietzeit noch ausstehenden, abgezinsten Beträge bzw. von 75 % des bei Wahrnehmung einer Kaufoption zu zahlenden Kaufpreises für die Masse zu erwerben.[489] Außerdem sollte das Kündigungsrecht des Leasinggebers beschränkt werden.[490] Das Erwerbsrecht des Verwalters wurde nicht in die Insolvenzordnung übernommen, wohl aber die Beschränkung des Kündigungsrechts. Nachträglich wurde dem § 108 Abs. 1 noch ein Satz 2 hinzugefügt, um die Interessen der Refinanzierungsbanken zu schützen (s.u. RdNr. 248). Wie aus der Amtlichen Begründung zu § 126 RegE hervorgeht[491] ist der Gesetzgeber davon ausgegangen, dass auf einen Leasingvertrag die Bestimmungen über den Mietvertrag anzuwenden seien.[492]

c) Insolvenz des Leasingnehmers. aa) Kündigung des Leasingvertrages. (1) Kündigung durch Leasinggeber. War der Leasingnehmer im Zeitpunkt des Insolvenzantrags bereits in Verzug und hatte der Leasinggeber deswegen **gekündigt,** bleibt die Kündigung wirksam. Der Leasinggeber kann von dem Leasingnehmer die Herausgabe des Leasingguts verlangen. Dies gilt selbst dann, wenn gemäß § 21 Abs. 2 ein vorläufiger Insolvenzverwalter bestellt und ein allgemeines Verfügungsverbot angeordnet ist.[493] Nach Eröffnung des Verfahrens kann der Leasinggeber kraft seines Volleigentums[494] **aussondern.**[495] Nach Vertragsbeendigung hat auch der schuldrechtliche Rückgabeanspruch Aussonderungskraft,[496] und darauf ist der Leasinggeber zB dann angewiesen, wenn er das Leasinggut unter Eigentumsvorbehalt erworben hat. Der kraft seines Eigentums aussondernde Leasinggeber kann sofort Herausgabe verlangen und ist nicht vorläufig darauf beschränkt, um die Anerkennung seines Eigentumsrechts nachzusuchen.[497] Falls dem Leasingnehmer ein (noch nicht ausgeübtes) Optionsrecht zustand, ist dieses nämlich infolge der Kündigung entfallen. Hat das Finanzierungsleasing die Funktion von **Eigenkapitalersatz,** so gehört der wirtschaftliche Wert des Leasingguts zum haftenden Vermögen der insolventen Gesellschaft, sodass dem Insolvenzverwalter die Einrede des § 39 Abs. 1 Nr. 5 (früher: § 32a GmbHG) zusteht.[498]

War der Leasingnehmer im Zeitpunkt des Insolvenzantrags bereits in Verzug, hatte der Leasinggeber aber **noch nicht gekündigt,** greift die Kündigungssperre des § 112 ein. Die vertraglichen und gesetzlichen Kündigungsrechte werden in zweifacher Hinsicht eingeschränkt: Es kann nicht gekündigt werden wegen des in der Zeit vor dem Eröffnungsantrag eingetretenen Verzuges (Nr. 1) und ebenso wenig wegen der Verschlechterung der Vermögensverhältnisse des Schuldners (Nr. 2). Die Vorschrift ist wegen ihres Schutzzwecks zwingend (§ 119). Es ist zu erwarten, dass Leasinggeber, die der Kündigungssperre entgehen wollen, auf Zahlungsschwierigkeiten des Leasingnehmers schneller reagieren als früher. Die Kündigungsrechte wegen sonstiger Vertragsverletzungen des Leasingnehmers bleiben unberührt.[499]

Die Kündigungssperre, die für das Leasing beweglicher und unbeweglicher Sachen gleichermaßen gilt, hat zur Folge, dass die wirtschaftliche Einheit in der Hand des Schuldners einstweilen erhalten bleibt. Die Herausgabe bzw. die Aussonderung bleibt aufgeschoben, bis sich der Insolvenzverwalter über die Erfüllungswahl erklärt hat. Geleaste Gegenstände können für eine Fortführung des Schuldner-Unternehmens ebenso bedeutsam sein wie Sachen, die unter Eigentumsvorbehalt geliefert oder mit Absonderungsrechten belastet sind.[500] Vor dem Hintergrund dieser Begründung erscheint als zu weitgehend, dass das Gesetz nach seinem Wortlaut auch den Fall der Insolvenzeröffnung vor Überlassung des Leasingguts erfasst. Ein Leasinggut, das dem Leasingnehmer noch gar nicht überlassen ist, gehört nicht zur eingangs beschriebenen wirtschaftlichen Einheit.

---

[489] 1. KommBer. 3. 3. 11.
[490] 1. KommBer. 2.4.1.8.
[491] BT-Drucks. 12/2443 S. 148.
[492] So zur KO schon BGH NJW 1991, 221, 223; 1994, 516, 517.
[493] *Obermüller/Livonius,* DB 1995, 27; *Obermüller,* Insolvenzrecht RdNr. 7.9; *Uhlenbruck/Sinz,* § 108 RdNr. 70.
[494] BGHZ 94, 44, 49 = NJW 1985, 1535; *Jaeger/Henckel* § 47 RdNr. 67.
[495] *Lieb* DB 1988, 946, 950; *Peters/Schmid-Burgk,* aaO RdNr. 121; *Sinz,* Kölner Schrift, S. 403, 406 f. RdNr. 5; *Canaris,* Bankvertragsrecht RdNr. 1782; *Uhlenbruck/Brinkmann* § 47 RdNr. 90; HK-*Lohmann* § 47 RdNr. 17; für das Finanzierungs-Leasing aA – nur Absonderungsrecht – *Häsemeyer,* Insolvenzrecht RdNr. 11.11.
[496] *Jaeger/Henckel* § 47 RdNr. 122.
[497] AA *Sinz,* Kölner Schrift, S. 403, 406 RdNr. 5.
[498] Vgl. *Jaeger/Henckel* § 47 RdNr. 13.
[499] *Obermüller/Livonius* DB 1995, 27; *Obermüller,* Insolvenzrecht RdNr. 7.8; *Uhlenbruck/Sinz* § 108 RdNr. 69.
[500] BT-Drucks. 12/2443 S. 148.

226 Tritt der Verzug zwischen dem Antrag und der Entscheidung über die Eröffnung des Verfahrens ein, unterliegt das Kündigungsrecht keiner Beschränkung.[501] Der Schuldner oder der vorläufige Insolvenzverwalter muss deshalb, falls er das Leasinggut behalten will, jedenfalls die ab Antragstellung laufenden Leasingraten bezahlen. Soweit der Leasinggeber vom Schuldner Zahlungen entgegennimmt, riskiert er allerdings die Anfechtung.[502] Der Leasinggeber, der den Insolvenzantrag oder die Zahlungsunfähigkeit kennt, muss deshalb ihm angebotene Zahlungen zurückweisen, um wenigstens kündigen zu können. Zu Masseschulden werden die im Eröffnungsverfahren anfallenden Raten erst dann, wenn der (starke) vorläufige Insolvenzverwalter das Leasinggut tatsächlich nutzt (§§ 25 Abs. 2 Satz 2, 55 Abs. 2 Satz 2); andernfalls handelt es sich lediglich um Insolvenzforderungen. Das ändert sich mit der Verfahrenseröffnung. Ab jetzt sind die Leasingraten – unabhängig von der Nutzung des Leasingguts – Masseschulden (§ 55 Abs. 1 Nr. 2), solange der Vertrag nicht beendet ist.

227 **(2) Kündigung durch Leasingnehmer.** Die Zahlungseinstellung oder der Insolvenzantrag geben weder dem Leasingnehmer noch dem vorläufigen Verwalter ein Kündigungsrecht. Das Wahlrecht aus § 103, die weitere Erfüllung gegenseitiger Verträge abzulehnen, hat erst der Insolvenzverwalter nach Verfahrenseröffnung. Der vorläufige Verwalter kann den Leasingvertrag nur beenden, indem er die Raten nicht mehr bezahlt und damit eine Kündigung durch den Leasinggeber provoziert. Gegebenenfalls darf der vorläufige Verwalter die geleaste Sache nicht mehr benutzen.[503]

228 **bb) Leasing beweglicher Sachen.** Während die Konkursordnung den (ungekündigten) Leasingvertrag nicht dem Wahlrecht des Konkursverwalters nach § 17 KO unterwarf und für die Vertragsbeendigung danach unterschied, ob das Leasinggut bei Konkurseröffnung dem Leasingnehmer bereits überlassen war oder nicht, gilt nach der Insolvenzordnung, sobald das Insolvenzverfahren eröffnet ist, das **Wahlrecht des Verwalters** (§ 103) für Leasingverträge über bewegliche Sachen, unabhängig davon, ob das Leasinggut bei Insolvenzeröffnung dem Leasingnehmer bereits überlassen war oder nicht.[504] Die Insolvenzordnung rückt damit den Leasingvertrag in die Nähe eines Kaufvertrags.

229 **(1) Insolvenzverwalter wählt Erfüllung.** In diesem Falle erfahren die beiderseitigen Forderungen einen „Qualitätssprung". Die nach Verfahrenseröffnung fällig werdenden Leasingraten sind Masseschuld (§ 55 Abs. 1 Nr. 2). Rückstände des Leasingnehmers aus der Zeit davor begründen i. A. nur eine Insolvenzforderung (§§ 105 Satz 1, 108 Abs. 2);[505] § 55 Abs. 2 Satz 2 ist jedoch zu beachten.[506] Solange der Insolvenzverwalter den Vertrag ab Verfahrenseröffnung ordnungsgemäß erfüllt, ist der Leasinggeber daran gebunden. Er kann den Leasingvertrag kündigen, ohne dass § 112 entgegenstünde, sobald der Insolvenzverwalter mit der Zahlung der Leasingraten in Verzug gerät.[507]

230 **(2) Insolvenzverwalter wählt Nichterfüllung.** Lehnt der Verwalter die Erfüllung ab, kann der Leasinggeber das Leasinggut auf Grund seines Eigentums wie auch auf Grund seines bei Vertragsbeendigung entstehenden schuldrechtlichen Rückgabeanspruchs **aussondern**.[508] Der Leasingnehmer hat kein Recht zum Besitz mehr, weil er keinen durchsetzbaren Anspruch auf die vertragsmäßige Leistung mehr hat.[509] Er kann auch ein etwaiges Kaufoptionsrecht nicht mehr ausüben.[510] Dem

---

[501] BT-Drucks. 12/2443 S. 148. Vgl. BGH NZI 2002, 543, 547; 2005, 450.
[502] Zu Zahlungen eines vorläufigen Verwalters im Sinne von § 22 Abs. 2 s. *Obermüller*, Insolvenzrecht RdNr. 7.12.
[503] *Obermüller*, Insolvenzrecht RdNr. 7.13.
[504] *Uhlenbruck/Sinz* § 108 RdNr. 80.
[505] *Uhlenbruck/Sinz* § 108 RdNr. 88; *Tintelnot* in Kübler/Prütting/Bork § 105 RdNr. 10; *Pape*, Kölner Schrift Kap. 13 RdNr. 39; aA *Obermüller*, Insolvenzrecht RdNr. 7.17 („Masseforderung").
[506] *Uhlenbruck/Sinz* § 108 RdNr. 88; *Tintelnot* in Kübler/Prütting/Bork § 105 RdNr. 10.
[507] *Uhlenbruck/Sinz* § 108 RdNr. 87.
[508] *Seifert* FLF 1995, 13; *Walz* WM 1985, 2, 14; *Fehl* BB 1989 Beil. 10 S. 28; *ders.* DZWIR 1999, 89, 93; *Klinck* KTS 2007, 37, 38; *Graf von Westphalen*, Der Leasingvertrag RdNr. 590; *Baur/Stürner*, Insolvenzrecht RdNr. 9.65; *Gottwald/Adolphsen*, Insolvenzrechts-Handbuch, § 43 RdNr. 63; *Schimansky/Bunte/Lwowski/Martinek*, Bankrechts-Handbuch § 101 RdNr. 137; *Mohrbutter/Ringstmeier/Vortmann*, Handbuch der Insolvenzverwaltung, § 8 RdNr. 65; *Obermüller*, Insolvenzrecht RdNr. 7.18; *Uhlenbruck/Brinkmann* § 47 RdNr. 91; FK-*Imberger* § 47 RdNr. 33; aA *Häsemeyer*, Insolvenzrecht RdNr. 11.11, der das Leasinggut haftungsrechtlich der Insolvenzmasse zurechnet, entweder in Höhe der Teilamortisation als Teilleistung oder insgesamt mit Absonderungsberechtigung des Leasinggebers.
[509] BGH NZI 2007, 335; *Jaeger/Henckel* § 47 RdNr. 67. Nicht nachvollziehbar ist die Ansicht von *Klinck* KTS 2007, 37, 45, der Leasingnehmer laufe „nicht Gefahr, nach negativer Erfüllungswahl des Insolvenzverwalters das ... Leasinggut herausgeben zu müssen".
[510] *Uhlenbruck/Sinz* § 108 RdNr. 89. Anders *Klinck* KTS 2007, 37, 59 (der Leasingnehmer könne die Kaufoption noch ausüben, der Insolvenzverwalter könne aber gem. § 103 entscheiden, ob der Kaufvertrag erfüllt werden solle oder nicht).

Kreditgeber, dem das Leasinggut vom Leasinggeber sicherungsübereignet worden ist, steht – wie auch sonst – kein Aussonderungsrecht zu.[511]

Die **Kosten,** die dem Leasinggeber durch das Abholen des Leasinggutes entstehen, begründen nur eine Insolvenzforderung.[512] Eine bloße Insolvenzforderung ist auch der **Schadensersatzanspruch des Leasinggebers wegen Nichterfüllung** (§ 103 Abs. 2 Satz 1). Soweit in den Leasing-AGB Regelungen über die Berechnung des Schadensersatzanspruches enthalten sind, sind diese grundsätzlich auch in der Insolvenz beachtlich.[513] Fehlt eine vertragliche Regelung oder hält sie einer Inhaltskontrolle nicht stand, richtet sich der Schadensersatzanspruch nach der Vollamortisationspflicht des Leasingnehmers.[514] Bei der Berechnung dieses Anspruchs sind die ausstehenden Leasingraten angemessen abzuzinsen und vom Leasinggeber ersparte laufzeitabhängige Aufwendungen abzusetzen.[515] Ferner ist der Leasinggeber verpflichtet, die zurückgegebene Leasingsache bestmöglich zu verwerten und den Verwertungserlös regelmäßig in Höhe von bis zu 90 % auf seine Schadensersatzforderung anzurechnen.[516]

(3) Insolvenzverwalter verzögert die Wahl. Fordert der Leasinggeber den Insolvenzverwalter zur Ausübung seines Wahlrechts auf, so hat der Verwalter „unverzüglich" zu erklären, ob er die Erfüllung verlangen will (§ 103 Abs. 2 Satz 2). Unterlässt er dies, so „kann er auf Erfüllung nicht bestehen" (§ 103 Abs. 2 Satz 3). Für den Kauf beweglicher Sachen unter Eigentumsvorbehalt bestimmt § 107 Abs. 2, dass der Verwalter sich regelmäßig erst nach der ersten Gläubigerversammlung – die spätestens nach drei Monaten stattzufinden hat – zu entscheiden braucht. Weil eine gleichartige Bestimmung für Leasingverträge fehlt, wird teilweise angenommen,[517] dass hier eine vergleichbar lange Überlegungsfrist nicht zuzubilligen sei. Dieser Umkehrschluss ist nicht zwingend. Eine analoge Anwendung des § 107 Abs. 2 ist zu erwägen.[518] Selbst wenn man eine derartige Analogie nicht befürwortet, ist folgendes zu bedenken: Gemäß § 103 Abs. 2 Satz 2 hat der Verwalter sich „unverzüglich" zu erklären, also ohne schuldhaftes Zögern. Bei der Beantwortung der Frage, wann ein Zögern des Verwalters als schuldhaft anzusehen ist, wird man je nach den Umständen des Einzelfalles die Interessen beider Vertragsteile zu gewichten und abzuwägen haben. Insbesondere wird man die Schwierigkeiten der Entscheidung berücksichtigen müssen, ob der Betrieb des Schuldners fortzuführen und ob die weitere Nutzung des Leasingguts dafür erforderlich ist.

Falls der Verwalter während der Überlegungszeit das Leasinggut weiter nutzt, muss er die dafür anfallenden Leasingraten fraglos dann bezahlen, wenn er anschließend die Erfüllung wählt. In diesem Falle entstehen die Forderungen beider Vertragsteile neu und erfassen die Zeit ab Insolvenzeröffnung. Wenn der Verwalter die Erfüllung ablehnt, bleibt es dabei, dass die beiderseitigen Erfüllungsansprüche nicht mehr durchsetzbar sind. Dann kann die entgangene Nutzung in die Schadensersatzforderung nach § 103 Abs. 2 Satz 1 einfließen. Dabei handelt es sich aber nur um eine Insolvenzforderung.[519] Der Leasinggeber kann stattdessen eine Nutzungsentschädigung nach den Vorschriften über die ungerechtfertigte Bereicherung der Masse verlangen. Insofern steht ihm dann eine Masseforderung (§ 55 Abs. 1 Nr. 3) zu.[520] Dass Miet- und Leasingverhältnisse über bewegliche Sachen den §§ 103, 105 zugeordnet sind, steht nicht entgegen, und es ist auch nicht zu befürchten, dass die Gewährung der Nutzungsentschädigung nicht auf Miet- und Leasingverhältnisse beschränkt werden könnte.[521] Entscheidend ist, dass der Massevorteil, der sich aus der Nutzung bis zur Verwalterentscheidung ergibt, für diesen Zeitraum genau der Leistung entspricht, die der Vermieter oder Leasinggeber im Falle der Vertragserfüllung erbringt. Die Höhe der Nutzungsentschädigung wird man grundsätzlich nach den ursprünglichen Leasingraten bemessen können.[522] Wenn diese marktüblich sind, hätte sich die Masse die Nutzungsmöglichkeit nämlich auch anderswo nur zu diesem Preis verschaffen können. Nach Erreichen der Vollamortisation kann sich die Nutzungsentschädigung nur noch nach den niedrigeren Anschlussleasingraten richten.[523]

---

[511] Anders *Fehl* DZWIR 1999, 89, 93.
[512] BGHZ 72, 263, 266 = NJW 1979, 310.
[513] *Obermüller/Livonius* DB 1995, 27, 28.
[514] *Sinz,* Kölner Schrift, S. 403, 412 RdNr. 23.
[515] BGHZ 111, 237, 242 f. = NJW 1990, 2377; BGH NJW 1991, 221, 222; 1995, 1886, 1888.
[516] BGHZ 95, 39, 56 f. = NJW 1985, 2253; BGH NJW 1987, 842; 1991, 221, 222, 224; 1995, 1886, 1888.
[517] *Obermüller/Livonius* DB 1995, 27, 28; *Obermüller,* Insolvenzrecht RdNr. 7.19.
[518] *Marotzke* JZ 1995, 813, 814; vgl. auch *Tintelnot* ZIP 1995, 616, 617; FK-*Imberger* § 47 RdNr. 33; im Ergebnis auch OLG Köln NZI 2003, 149, 150.
[519] Vgl. BGH NJW 1994, 516 f. = EWiR 1994, 77 *(Eckert)* = WuB I J 2.–1.93 *(Martinek); Obermüller,* Insolvenzrecht RdNr. 7.21.
[520] *Obermüller,* Insolvenzrecht RdNr. 7.21.
[521] So aber *Tintelnot* ZIP 1995, 616, 620.
[522] So für die nach früherem Recht aus § 557 BGB zu leistende Nutzungsentschädigung BGHZ 107, 123, 126 ff. = NJW 1989, 1730 = EWiR 1989, 549 *(Graf v. Westphalen).*
[523] LG Hamburg NJW-RR 1986, 473, 474; *Sinz,* Kölner Schrift, S. 403, 419 RdNr. 42.

234 **cc) Immobilienleasing.** Für das Leasing von Immobilien – dabei kann es sich um Grundstücke, Räume, Schiffe, Flugzeuge handeln – übernimmt § 109 weitgehend die bisherige Regelung der §§ 19, 20 KO. Es ist zu unterscheiden, ob das Leasinggut im Zeitpunkt der Insolvenzeröffnung dem Leasingnehmer bereits überlassen war oder ob es sich noch im Besitz des Leasinggebers befand.

235 **(1) Leasinggut ist bei Insolvenzeröffnung dem Leasingnehmer noch nicht überlassen.** War die Immobilie dem Leasingnehmer im Zeitpunkt der Insolvenzeröffnung noch nicht überlassen, kann sowohl der Verwalter als auch der Leasinggeber vom Vertrag zurücktreten (§ 109 Abs. 2 Satz 1). Ist sie dem Leasingnehmer danach überlassen worden – zum Beispiel weil die Insolvenzeröffnung nicht bekannt war –, oder verlangt der Verwalter nunmehr Lieferung des Leasinggutes, kann der Leasinggeber den Rücktritt erklären und die Leasingsache aussondern. Tritt der Verwalter zurück, kann der Leasinggeber als Insolvenzgläubiger Schadensersatz wegen Nichterfüllung verlangen (§ 109 Abs. 2 Satz 2).

236 **(2) Leasinggut ist bei Insolvenzeröffnung dem Leasingnehmer bereits überlassen.** Hier gilt der Leasingvertrag als Dauerschuldverhältnis im Sinne von § 108 Abs. 1 fort. Im Übrigen übernimmt § 109 Abs. 1 für den **Insolvenzverwalter** im Wesentlichen die bisherige **Kündigungsmöglichkeit** nach § 19 KO. Der Verwalter kann ohne Rücksicht auf die vertraglichen Fristen mit gesetzlicher Kündigungsfrist (§ 573c BGB) kündigen. Kündigt er, kann der Leasinggeber die Leasingsache **aussondern** (vgl. o. RdNr. 211, 218). Handelt es sich um ein Grundstück oder um Räume, fallen die **Kosten für die Räumung** von etwa dort lagernden Gegenständen der Masse zur Last.[524] Die Ansprüche des Leasinggebers für die Zeit zwischen Insolvenzeröffnung und Verfahrensbeendigung sind Masseforderungen (§ 55 Abs. 1 Nr. 2). Ansprüche für die Zeit zwischen Insolvenzantrag und -eröffnung kann der Leasinggeber nur als Insolvenzforderungen geltend machen (§ 108 Abs. 2). Der Leasinggeber hat wegen der **Nachteile**, die er **durch die vorzeitige Vertragsbeendigung** erleidet, eine einfache Insolvenzforderung (§ 109 Abs. 1 Satz 3).[525]

237 Dem **Leasinggeber** steht demgegenüber, solange der Verwalter die Pflichten aus dem Leasingvertrag erfüllt, **kein Kündigungsrecht** mehr zu. Insofern hat sich seine Rechtsstellung gegenüber § 19 KO verschlechtert. Das entspricht der Absicht des Gesetzgebers, das Schuldner-Unternehmen solange wie möglich zusammenzuhalten.[526] Die vor der Insolvenzeröffnung entstandenen Forderungen des Leasinggebers sind einfache Insolvenzforderungen (§ 108 Abs. 3); ob die nach Insolvenzeröffnung bis zur Beendigung des Vertrages entstehenden **Masseforderungen** (§ 55 Abs. 1 Nr. 2) sind, ist umstritten.[527]

238 **(3) Immobilienleasing als Kauf.** Ausnahmsweise ist die Vorschrift des § 103 auf Verträge über Immobilienleasing dann anzuwenden, wenn (vor Verfahrenseröffnung) durch Wahrnehmung einer **Kaufoption** oder (vor oder nach Verfahrenseröffnung) durch Ausübung eines **Andienungsrechts** ein Kaufvertrag zwischen den Parteien des Leasingvertrages zustande gekommen ist.[528] Dann gelten dieselben Grundsätze wie beim Leasing beweglicher Sachen (s.o. RdNr. 228 ff.).

239 **d) Insolvenz des Leasinggebers. aa) Auswirkungen eines allgemeinen Verfügungsverbots.** Die Anordnung eines allgemeinen Verfügungsverbots nach § 21 Abs. 2 Nr. 2 berührt den Bestand des Leasingvertrags nicht. Damit ist aber noch nichts dazu gesagt, ob die Abtretung der nach Erlass des Verfügungsverbots zu zahlenden Leasingraten wirksam ist. Mietzinsforderungen aus einem gewöhnlichen Mietvertrag sind befristet; sie entstehen nicht zum Anfangstermin des jeweiligen Nutzungszeitraums.[529] Ob bei Forderungen aus Finanzierungsleasingverträgen differenziert werden muss, ist umstritten:

240 **(1) Leasingraten für Grundmietzeit.** Diese sind betagte Forderungen und somit insolvenzfest.[530] Der darauf gerichtete Anspruch ist bereits mit Vertragsschluss in vollem Umfang entstanden und geht mit der Abtretung auf den Zessionar über. Dass sie erst nach Anordnung eines Verfügungsverbots fällig werden, ist unerheblich.

241 **(2) Leasingraten für Verlängerungszeitraum.** Diese stehen der Bank ebenfalls auf Grund der Vorausabtretung – somit insolvenzfest – zu, wenn schon in dem ursprünglichen Leasingvertrag vorgesehen war, dass er sich verlängert, falls er nicht vom Leasingnehmer gekündigt wird.[531] Im

---

[524] BGHZ 104, 304, 306 = NJW 1988, 3264 = EWiR 1988, 701 *(Eickmann);* ZIP 1994, 1700, 1703 = EWiR 1994, 1117 *(Eckert).*
[525] Wegen der Berechnung vgl. BGH NJW-RR 1991, 1011 ff.
[526] *Tintelnot* ZIP 1995, 616, 620.
[527] Vgl. OLG Hamm ZIP 1992, 1563; OLG Düsseldorf ZIP 2010, 2212; *Schmid-Burgk* ZIP 1998, 1022 f.; *Obermüller,* Insolvenzrecht RdNr. 7.25; *Eckert* ZIP 1997, 2077 ff.; *ders.* EWiR 2010, 721.
[528] Vgl. *Obermüller,* Insolvenzrecht RdNr. 7.29.
[529] BGH WM 1997, 545, 546 = WuB VI G. § 10 GesO 4.97 *(Mankowski).*
[530] *Peters* in Lwowski/Fischer/Langenbucher, aaO § 14 RdNr. 73.
[531] BGHZ 109, 368, 372 ff. = NJW 1990, 1113 = EWiR 1990, 173 *(Ackmann); Peters* in Lwowski/Fischer/Langenbucher, aaO § 14 RdNr. 73.

Falle der Ausübung einer Verlängerungsoption durch den Leasingnehmer gilt dasselbe.[532] Denn hier hängt die Verlängerung nur von einer rechtsgestaltenden Erklärung ab, die als aufschiebende Bedingung anzusehen ist.[533] Vermögensgegenstände, die vor der Insolvenzeröffnung – wenngleich aufschiebend bedingt – aus dem Schuldnervermögen ausgeschieden sind, unterliegen der Aussonderung (zu der vergleichbaren Problematik bei der Absonderung vgl. vor §§ 49 bis 52 RdNr. 29).

(3) **Restwert.** In der Vorauflage ist die Ansicht vertreten worden, der beim Vollamortisationsvertrag gegebene Anspruch auf Zahlung des sog. Restwertes im Falle der Ausübung einer **Kaufoption** durch den Leasingnehmer könne nicht insolvenzfest abgetreten werden. Mit der Ausübung der Option ende das „Mietverhältnis" zwischen Leasingnehmer und Leasinggeber. Die weitere Vertragsabwicklung erfolge nach kaufrechtlichen Regeln. Dies führe insoweit zur Anwendung des § 103.[534] Richtiger erscheint die Annahme, dass auch der Anspruch auf die Restwertzahlung zumindest dann insolvenzfest abgetreten werden kann, wenn schon mit dem Leasingvertrag der Kaufvertrag unter der aufschiebenden Bedingung der Ausübung der Kaufoption durch den Leasingnehmer abgeschlossen worden ist.[535] War dem Leasingnehmer hingegen lediglich eine bindende Offerte zum Erwerb eingeräumt, scheitert die Abtretung an § 91 Abs. 1. Entsprechendes gilt für die Vorausabtretung des Anspruchs aus einem Kaufvertrag, der durch Ausübung eines vereinbarten **Andienungsrechts** durch den Leasinggeber entsteht.[536] Nach einer weiter gehenden Auffassung handelt es sich bei der Kaufoption um ein Gestaltungsrecht, mit dessen Ausübung der Leasingnehmer den Kaufvertrag durch einseitige, in seinem Belieben stehende Erklärung zustande bringe.[537]

(4) **Abschlusszahlung.** Mit dem Anspruch auf die sog. Abschlusszahlung, die beim Teilamortisationsvertrag für den Fall vereinbart wird, dass der Leasingnehmer die Leasingsache nicht bis zur Vollamortisation behält,[538] verhält es sich ebenso wie mit dem Restwert (s.o. RdNr. 242).[539]

bb) Auswirkungen der Verfahrenseröffnung auf das Mobilienleasing. Solche Verträge unterliegen für die Zeit nach Insolvenzeröffnung grundsätzlich, wie unter RdNr. 228 ff. ausgeführt, dem Wahlrecht des Insolvenzverwalters nach § 103. Eine Ausnahme gilt für Verträge, die ein Dritter refinanziert hat (s.u. RdNr. 248 ff.).[540]

(1) **Insolvenzverwalter wählt Erfüllung.** Erklärt der Insolvenzverwalter, er halte am Vertrag fest, werden die mit Insolvenzeröffnung undurchsetzbar gewordenen gegenseitigen Erfüllungsansprüche wieder durchsetzbar. War der Anspruch auf die Leasingraten im Voraus an einen Dritten abgetreten (ohne dass die Voraussetzungen des § 108 Abs. 1 Satz 2 vorliegen), ist diese Abtretung wegen § 91 unwirksam („Qualitätssprung"). Die Leasingraten gebühren der Masse und nicht dem Zessionar.[541] Dieser verliert seine Sicherheit (wegen der vergleichbaren Problematik beim verlängerten Eigentumsvorbehalt s.o. RdNr. 144 ff.).

Diese Rechtslage unterscheidet sich erheblich von der früheren. Danach war eine Vorausabtretung von Leasingraten (jedenfalls für bewegliche Sachen) konkursfest. Wegen des besonderen Finanzierungszwecks des Leasingvertrages hatte der Bundesgerichtshof angenommen, dass die Leasingraten während der Grundmietzeit und eines etwaigen Verlängerungszeitraums nicht erst künftig, sondern schon mit dem Vertragsschluss entstehen und dass lediglich die Fälligkeit – zeitlich gestaffelt – später eintritt.[542]

Fraglich ist, ob in der Ausübung eines **Andienungsrechts** (danach hat der Leasinggeber die Rechtsmacht, durch einseitige Erklärung einen Kaufvertrag mit dem Leasingnehmer über das Leasinggut zustande zu bringen;[543] nach aA bedeutet es nur die Verpflichtung des Leasingnehmers, das

---

[532] *Klinck* KTS 2007, 37, 59 f., 62; anders noch die Vorauflage.
[533] *Obermüller,* Insolvenzrecht RdNr. 7.36.
[534] So zur KO BGHZ 109, 368, 372 ff. = NJW 1990, 1113 = EWiR 1990, 173 *(Ackmann); Jaeger/Henckel* KO § 21 RdNr. 43. Zur InsO ebenso noch *Graf von Westphalen/Koch,* Der Leasingvertrag, S. 694.
[535] *Klinck* KTS 2007, 37, 61 f.; *Uhlenbruck/Sinz* § 108 RdNr. 140; *Obermüller,* Insolvenzrecht RdNr. 7.37; vgl. auch BGH NJW 2006, 2843.
[536] *Uhlenbruck/Sinz* § 108 RdNr. 140. Insofern zustimmend *Peters* in Lwowski/Fischer/Langenbucher, aaO § 14 RdNr. 54.
[537] *Peters* in Lwowski/Fischer/Langenbucher, aaO § 14 RdNr. 75 ff.; ähnlich bereits in ZIP 2000, 1759, 1766 f.
[538] Vgl. *Martinek* in Schimansky/Bunte/Lwowski, Bankrechts-Handbuch, § 101 RdNr. 112 ff.
[539] *Klinck* KTS 2007, 37, 60 f.; *Obermüller,* Insolvenzrecht RdNr. 7.39.
[540] Für weitergehende Ausnahmen – unter analoger Anwendung des § 107 Abs. 1 – *Marotzke* JZ 1995, 803.
[541] *Sinz,* Kölner Schrift, S. 403, 427 RdNr. 72; *Obermüller,* Insolvenzrecht RdNr. 7.44 f.
[542] BGHZ 109, 368, 372 ff. = NJW 1990, 1113 = EWiR 1990, 173 *(Ackmann);* 111, 84, 94 = NJW 1990, 1785 = EWiR 1990, 559 *(Eckert)* = WuB I J 2.–10.90 *(Ullrich/Irmen);* 118, 282, 290 f. = NJW 1992, 2150 = EWiR 1992, 759 *(Graf von Westphalen)* = WuB IV A. § 419 BGB 2.93 *(Emmerich);* ebenso *Uhlenbruck/Sinz* WM 1989, 1113, 1118; *Gerhardt,* FS Schwab, S. 139, 146; *Sinz,* Kölner Schrift, S. 403, 426 f. RdNr. 69.
[543] *Klinck* KTS 2007, 37, 58.

Leasinggut auf ein entsprechendes Angebot des Leasinggebers nach Beendigung der Grundleasingzeit zu kaufen[544]) eine positive Erfüllungswahl nach § 103 zu sehen ist.[545] In jedem Falle muss der Insolvenzverwalter, der dem Leasingnehmer das Leasinggut zum Kauf andient, den Kaufvertrag erfüllen, § 55 Abs. 1 Nr. 1.[546]

247 **(2) Insolvenzverwalter wählt Nichterfüllung.** In diesem Falle muss der Leasingnehmer das Leasinggut zurückgeben. Die Pflicht des Leasingnehmers zur Zahlung der Leasingraten ist und bleibt undurchsetzbar; war der Anspruch im Voraus an einen Dritten (insbesondere eine refinanzierende Bank) abgetreten, hat dieser seine Sicherheit verloren.[547] Weil er nicht mehr auf Erfüllung bestehen kann, hat der Leasingnehmer einen Anspruch auf Schadensersatz als Insolvenzforderung.

248 **cc) Auswirkungen der Insolvenz auf die Rechtsstellung einer Refinanzierungsbank.** Der Gesetzgeber hatte das unter RdNr. 229 ff. dargestellte Ergebnis zunächst offensichtlich nicht bedacht. Um die langjährige Praxis, Leasingverträge durch eine „**Forfaitierung**" der Leasingforderungen unter gleichzeitiger Sicherungsübereignung des Leasinggutes zu refinanzieren,[548] auch künftig insolvenzfest zu gestalten,[549] wurde die Insolvenzordnung mit Gesetz vom 19. Juli 1996[550] „nachgebessert".[551] Dem § 108 Abs. 1 wurde ein Satz 2 hinzugefügt. Danach bestehen Miet- oder Pachtverhältnisse, die der Schuldner als Vermieter oder Verpächter eingegangen war, unter folgenden Voraussetzungen fort (insofern besteht also kein Wahlrecht gemäß § 103): Der Vertrag muss „sonstige Gegenstände" – also nicht Grundstücke und Räume – betreffen; ihre Anschaffung oder Herstellung muss von einem Dritten finanziert worden sein; zwischen dem Fremdkapitalzufluss und der Anschaffung oder Herstellung des Leasingguts muss also ein sachlicher und zeitlicher Zusammenhang bestehen;[552] und der Vertragsgegenstand muss diesem Dritten rechtswirksam zur Sicherheit übertragen worden sein (die Abtretung der Leasingraten allein reicht also nicht aus).[553] Der Vertragsgegenstand muss im Zuge der Finanzierung zur Sicherheit übertragen worden sein; eine nachträgliche Sicherheitsübertragung reicht nicht aus.[554]

249 Die durch die Novelle vom 19. Juli 1996 hergestellte Insolvenzfestigkeit von Leasingverträgen beschwört die Gefahr herauf, dass es zu Masseverkürzungen kommt. In bestimmten Sparten des Leasinggeschäfts treffen den Leasinggeber nämlich **Nebenleistungsverpflichtungen** (zB Wartung beim Kfz.-Leasing, Einweisung und Aktualisierung beim EDV-Leasing). Müsste die Masse, weil der Vertrag fortbesteht, diese Nebenleistungen erbringen, obwohl die Leasingraten einem Zessionar zufließen, wäre dies für die Masse sehr ungünstig. Der Gesetzgeber hat diese Gefahr gesehen. Nach seiner Auffassung soll eine Masseverkürzung in diesen Fällen durch eine Aufteilung der abgetretenen Leasingforderungen vermieden werden.[555] Ob diese überhaupt teilbar sind, erscheint fraglich.[556] Wie diesen Bedenken Rechnung zu tragen ist, wird kontrovers diskutiert. Soweit den abgetretenen Ansprüchen noch Nebenleistungen, die aus der Masse zu erbringen sind, gegenüberstehen, sollen nach der einen Ansicht die Ansprüche weiterhin unter das Wahlrecht des Verwalters (§ 103) fallen; insofern wären Leasingverträge also teilweise nicht insolvenzfest.[557] Überwiegend wird davon ausgegangen, dass der Leasingvertrag auch in Bezug auf die Nebenleistungspflichten insolvenzfest ist.[558] Belastet wird dadurch die Masse, welche bis zur Unzulänglichkeitsanzeige die Nebenleistungen

---

[544] *Peters/Schmid-Burgk*, aaO RdNr. 47.
[545] So *Casper*, Der Optionsvertrag, 2005, S. 207.
[546] *Klinck* KTS 2007, 37, 58.
[547] *Obermüller*, Insolvenzrecht RdNr. 7.42.
[548] Dazu *Lwowski* ZIP 1983, 900 ff.; *Bien* ZIP 1998, 1017; *Obermüller*, Insolvenzrecht RdNr. 7.120 ff.
[549] Nach *Klinck* KTS 2007, 37, 44 hatte die Refinanzierungsbranche bei entsprechender Anpassung der Sicherungsabreden aus der mangelnden Insolvenzfestigkeit der Mobilienleasingverträge keine größeren Nachteile zu erwarten, als der Kreditbranche allgemein aus der Neugestaltung des Rechts der abgesonderten Befriedigung drohten.
[550] BGBl. I S. 1013.
[551] Da nur die frühere Rechtslage wiederhergestellt wurde, erscheint die scharfe Kritik von *Häsemeyer*, Insolvenzrecht RdNr. 18.38 Fn. 116 („… frappierende Bevorzugung eines Wirtschaftszweiges") und – wenngleich in abgeschwächter Form – HK-*Marotzke* § 108 RdNr. 24 („rechtspolitisch fragwürdig") nicht als berechtigt.
[552] *Klinck* KTS 2007, 37, 53.
[553] Zur Sicherungsübereignung von Computer-Software s.o. RdNr. 17 und *Schmid-Burgk/Ditz* ZIP 1996, 1123, 1125; *Sinz*, Kölner Schrift, S. 403, 428 RdNr. 73.
[554] *Schmid-Burgk/Ditz* ZIP 1996, 1123, 1125; *Peters* in Lwowski/Fischer/Langenbucher, aaO § 14 RdNr. 62; *Uhlenbruck/Sinz* § 108 RdNr. 136, 138; FK-*Wegener* § 108 RdNr. 21; aA *Klinck* KTS 2007, 37, 55 f.
[555] BT-Drucks. 13/4699, S. 6.
[556] Bedenken erheben insoweit *Zahn* DB 1995, 1597, 1598 ff.; *Bien* ZIP 1998, 1017, 1019 ff.; *Klinck* KTS 2007, 37, 56 ff.
[557] *Zahn* DB 1996, 1393, 1397; vgl. aber *ders.* DB 2003, 2371, 2372 f.
[558] *Bien* ZIP 1998, 1017, 1021; *Klinck* KTS 2007, 37, 57; *Uhlenbruck/Sinz* § 108 RdNr. 139.

erbringen muss, ohne die Gegenleistung zu erlangen. Ob zur Korrektur dieses wenig sachgerechten Ergebnisses der Masse ein Bereicherungsanspruch gegen den Kreditgeber eingeräumt werden kann, ist umstritten.[559] Dass der Leasingnehmer dem abgetretenen Zahlungsanspruch die Einrede des § 320 BGB entgegenhält, kann der Kreditgeber im Falle der Masseunzulänglichkeit nur verhindern, wenn im Leasingvertrag sichergestellt ist, dass solche Nebenleistungen im Insolvenzfall auch von einem Dritten erbracht werden können.[560] Diesen müsste freilich der Kreditgeber bezahlen, der seinen Regressanspruch lediglich zur Tabelle anmelden könnte.

Da die Refinanzierungsbank – neben den ihr übertragenen Forderungen aus dem Leasingvertrag – das Sicherungseigentum an dem Leasinggegenstand erhalten hat, ist sie zur **abgesonderten Befriedigung** berechtigt.[561] Der Ansicht, die Rechtsprechung des BGH zur selbständigen Anfechtbarkeit des Werthaltigmachens von Forderungen sei auf das Werthaltigmachen von Leasingzahlungen durch die fortwährende Gebrauchsüberlassung nach Eröffnung des Insolvenzverfahrens zu übertragen und hieraus folge, dass die Forderungen des Refinanzierers – trotz doppelter Absicherung durch Forderungsabtretung und Sicherungsübereignung – mit Eröffnung des Insolvenzverfahrens unbesichert seien,[562] ist nicht zu folgen (vgl. Vor §§ 49–52 RdNr. 24).[563] 250

Liegen die Voraussetzungen des § 108 Abs. 1 Satz 2 nicht vor, sodass dem Verwalter ein Wahlrecht zusteht, gilt folgendes: Wählt der Insolvenzverwalter des Leasinggebers die **Nichterfüllung** des Leasingvertrags (§ 103), hat der Leasingnehmer kein Besitzrecht mehr. Er hat den Leasinggegenstand an den Verwertungsberechtigten herauszugeben. Als Verwertungsberechtigten wird man den Insolvenzverwalter anzusehen haben (str.). Der BGH hat bei sicherungsübereigneten Gegenständen, die der Schuldner gewerblich vermietet oder einem Dritten überlassen hat, damit dieser die Gegenstände im Namen des Schuldners weiter vermiete, den mittelbaren Besitz des Schuldners für das Verwertungsrecht des Insolvenzverwalters ausreichen lassen, weil die Gegenstände sowohl für die Unternehmensfortführung als auch für die geordnete Abwicklung der Insolvenz benötigt würden.[564] Dies hat auch Auswirkungen für die Refinanzierung von Leasinggesellschaften durch Kreditinstitute. Diese müssen nunmehr bei der Hereinnahme von Sicherungsübereignungen berücksichtigen, dass das Verwertungsrecht für die Leasinggegenstände bei dem Insolvenzverwalter der Leasinggesellschaft liegt.[565] Entscheidet sich der Insolvenzverwalter für die **Erfüllung** des Leasingvertrages, bleibt der Leasingnehmer zum Besitz berechtigt. Die Leasingnehmer hat weiter die Leasingraten an die Insolvenzmasse zu leisten. Die Vorauszession zugunsten der Refinanzierungsbank geht ins Leere. An dem durch die Erfüllungswahl des Verwalters wieder durchsetzbar gewordenen Anspruch auf Zahlung der Leasingraten kann die Bank als Zessionarin keine Rechte gegenüber den anderen Gläubigern geltend machen (s.u. Vorbemerkungen vor §§ 49–52 RdNr. 25). Die (fortgesetzte) Gebrauchsüberlassung des Leasinggegenstandes wird in rechtlicher Hinsicht aus der Masse erbracht; dann muss ihr auch die Gegenleistung zukommen.[566] Allerdings hat die Bank bei der Forfaitierung die Leasingforderungen insgesamt, einschließlich der erst nach der Verfahrenseröffnung fällig werdenden Leasingraten, gekauft und den entsprechenden Kaufpreis an den Leasinggeber bezahlt. Die Masse ist also ungerechtfertigt bereichert, weil sie das Entgelt für die Gebrauchsüberlassung nach Verfahrenseröffnung zweimal kassiert: einmal durch den bereits erhaltenen Kaufpreis für den Verkauf der gesamten Forderung und ein zweites Mal durch den Erhalt der laufenden Leasingraten.[567] Man wird der Bank deshalb einen Bereicherungsanspruch auf Rückzahlung eines Teils des Kaufpreises zugestehen müssen. Dieser Anspruch ist jedoch nur eine Insolvenzforderung. 251

dd) Auswirkungen der Verfahrenseröffnung auf das Immobilienleasing. Der Leasingvertrag über unbewegliche Gegenstände (das sind nicht nur Grundstücke, sondern auch Schiffe, Schiffsbauwerke und Flugzeuge)[568] bleibt in der Insolvenz des Leasinggebers wirksam, § 108 Abs. 1 Satz 2 analog. Nach der Rechtsprechung des BGH ist allerdings Voraussetzung, dass der Leasingge- 252

---

[559] Befürwortend *Bien* ZIP 1998, 1017, 1021; *Braun/Kroth* § 108 RdNr. 26 und *Uhlenbruck/Sinz* § 108 RdNr. 139; ablehnend *Klinck* KTS 2007, 37, 57.
[560] *Zahn* DB 1996, 1393, 1397; *Fehl* DZWIR 1999, 89, 92; *Klinck* KTS 2007, 37, 57.
[561] *Michalski/Ruess* NZI 2000, 250, 252; *Klinck* KTS 2007, 37, 39 ff.
[562] *Hölzle/Geßner* ZIP 2009, 1641, 1643 ff.
[563] BGH NZI 2012, 17, 18 RdNr. 12.
[564] BGHZ 166, 215 = NZI 2006, 342 RdNr. 24; NZI 2007, 95.
[565] *Ganter* ZInsO 2007, 841, 846; *Klinck* KTS 2007, 37, 39; HK-*Landfermann* § 166 RdNr. 17; aA *Kalt* aaO S. 12; *Lwowski/Tetzlaff*, FS G. Fischer, S. 365, 377 f.; *Uhlenbruck/Sinz* § 108 RdNr. 142; FK-*Wegener* § 166 RdNr. 4.
[566] Zweifelnd *Kalt* aaO S. 13.
[567] Zutreffend *Kalt* aaO S. 13.
[568] *Obermüller*, Insolvenzrecht RdNr. 7.61; *Braun/Kroth* § 108 RdNr. 9.

genstand dem Leasingnehmer zum Zeitpunkt der Verfahrenseröffnung bereits überlassen worden war.[569] War dies nicht der Fall, unterfällt der Leasingvertrag dem Wahlrecht des Insolvenzverwalters gemäß § 103.[570] Keiner der Vertragspartner hat ein besonderes Kündigungsrecht (vgl. aber § 111). Vielmehr verbleibt es bei den allgemeinen vertraglichen und gesetzlichen Kündigungsmöglichkeiten. Teilweise wird die Ansicht vertreten, für ein **Aussonderungsrecht** des Leasingnehmers sei kein Raum, weil der Leasinggeber weiterhin Volleigentümer sei. Dabei wird aber außer Acht gelassen, dass der Leasingnehmer – wenn der Leasingvertrag mangels Kündigung fortgesetzt wird – ein Recht zum Besitz hat. Dieses kann er, falls der Insolvenzverwalter es ihm streitig macht, aussondern.[571]

253 § 110 beschränkt die Wirkung von Vorausverfügungen des Leasinggebers in zeitlicher Hinsicht. Damit ist zugleich die **Insolvenzbeständigkeit von Vorausabtretungen** beim Immobilienleasing eingeschränkt.[572]

254 **e) Insolvenz des Lieferanten.** Diese berührt den rechtlichen Bestand des Leasingvertrages zunächst nicht. Mittelbar können sich aus der Lieferanteninsolvenz jedoch Auswirkungen ergeben. Wenn der Insolvenzverwalter des Lieferanten die Erfüllung des Liefervertrages ablehnt (§ 103), braucht er das Leasinggut nicht mehr zu liefern (der Leasinggeber braucht dann zwar keinen anderen Leasinggegenstand zu beschaffen; er haftet jedoch dem Leasingnehmer gemäß § 281 Abs. 1 BGB[573]). War es bereits geliefert, jedoch fehlerhaft, und scheitert die Durchsetzung des mängelbedingten Rücktritts wegen der Insolvenz des Lieferanten, muss der Leasinggeber dafür einstehen.[574] Insolvenzrisikoklauseln, mit denen sich der Leasinggeber im Falle der Lieferanteninsolvenz von jeder Haftung für die Nichtlieferung freizuzeichnen versucht, sind unwirksam.[575]

255 **f) Wirksamkeit abweichender Vereinbarungen.** Nach § 119 sind solche Vereinbarungen grundsätzlich unwirksam, die *unmittelbar* auf die Änderung der Regeln abzielen, welche für die Behandlung gegenseitiger Verträge in der Insolvenz gelten. Seit Inkrafttreten des § 112 sind zum Beispiel die früher für grundsätzlich zulässig gehaltenen, auf den Insolvenzfall bezogenen **Kündigungsklauseln**[576] unwirksam, weil durch sie die Kündigungssperre unterlaufen werden könnte.[577] Ob die Vereinbarung individueller Natur oder als AGB konzipiert ist, ist unerheblich.[578]

256 **g) Anwendbarkeit des § 108 Abs. 1 Satz 2 auf Mietverträge.** Nach der Gesetzgebungsgeschichte (vgl. o. RdNr. 248) ist die Vorschrift auf refinanzierte Mobilien-Finanzierungsleasingverträge zugeschnitten.[579] Dafür spricht auch die Gesetzesbegründung.[580] In der Vorauflage ist deshalb die Ansicht vertreten worden, die Vorschrift sei auf „echte" Mietverträge nicht anwendbar.[581] Allerdings ist der Wortlaut der Vorschrift weit gefasst. Falls diese deshalb auch für „echte" Mietverträge gelten sollte,[582] ist die praktische Bedeutung dieser Ausdehnung gering.

---

[569] BGH NZI 2007, 713, 714; vgl. dazu *Lohmann*, FS G. Fischer, S. 333, 337 ff.; *Obermüller*, Insolvenzrecht RdNr. 7.60. Abl. *Dahl/Schmitz* NZI 2007, 716 f.; *Uhlenbruck/Sinz* § 108 RdNr. 147; kritisch auch *Peters* in Lwowski/Fischer/Langenbucher, aaO § 14 RdNr. 72.
[570] *Uhlenbruck/Sinz* § 108 RdNr. 147.
[571] *Canaris*, Bankvertragsrecht RdNr. 1786; *Michalski/Ruess* NZI 2000, 250, 252; aA *Baur/Stürner*, Insolvenzrecht RdNr. 9.69; Kübler/*Prütting*/Bork § 47 RdNr. 53.
[572] Näheres bei *Obermüller*, Insolvenzrecht RdNr. 7.63 ff.
[573] BGH NJW 1988, 198, 199.
[574] *Uhlenbruck/Sinz* § 108 RdNr. 157, 159; zweifelnd nunmehr *Martinek* in Schimansky/Bunte/Lwowski, Bankrechts-Handbuch § 101 RdNr. 68.
[575] Vgl. BGHZ 96, 103, 109 = NJW 1986, 179 = EWiR 1985, 923 *(Graf von Westphalen)*; BGH NJW 1991, 1746, 1749; *Reinicke/Tiedtke*, Insolvenzrisiko im Finanzierungsleasing, DB 1986, 575 ff.; *Martinek* in Schimansky/Bunte/Lwowski, Bankrechts-Handbuch § 101 RdNr. 84; vgl. auch *Uhlenbruck/Sinz* § 108 RdNr. 161 einerseits und RdNr. 169 andererseits.
[576] Vgl. BGH ZIP 1984, 1114, 1115; aber auch BGHZ 112, 279, 283 ff. = NJW 1991, 102 = EWiR 1990, 1149 *(Graf von Westphalen)*.
[577] Vgl. LG Stendal ZInsO 2001, 524.
[578] *Fehl* DZWIR 1999, 295, 296.
[579] *Zahn* DB 1996, 1393, 1395; *Klinck* KTS 2007, 37, 44; *Gottwald/Huber*, Insolvenzrechts-Handbuch § 37 RdNr. 23; *HK-Marotzke* § 108 RdNr. 23.
[580] BT-Drucks. 13/4699 zu Art. 2.
[581] So auch *Zahn* DB 1996, 1393, 1394; *Bien* ZIP 1998, 1017 f.; wohl auch *Lohmann*, FS G. Fischer, S. 333, 343; HambKomm-*Arendt* § 108 RdNr. 5; *Braun/Kroth* § 108 RdNr. 3.
[582] So *Livonius* § 108 Abs. 1 Satz 2 und seine Anwendbarkeit bei Mietverträgen, ZInsO 1998, 111 ff.; *Tintelnot* in Kübler/Prütting/Bork § 108 RdNr. 21; *Nerlich/Römermann/Balthasar* § 108 RdNr. 11; FK-*Wegener* § 108 RdNr. 20; wohl auch *Pape*, Kölner Schrift Kap. 13 RdNr. 74; *Peters/Schmid-Burgk*, aaO RdNr. 97; *Gottwald/Adolphsen*, Insolvenzrechts-Handbuch § 43 RdNr. 71; *Graf-Schlicker/Breitenbücher* § 108 RdNr. 6 („insbesondere").

5. Factoring. a) Begriff. Der Factoringvertrag ist ein gemischttypischer Vertrag mit starken 257
Elementen einer Geschäftsbesorgung.[583] Gegenstand des Factoringgeschäfts ist der gewerbsmäßige
Ankauf und die Geltendmachung der Forderungen, die einem Gläubiger (Klient) aus Warenlieferungen oder Dienstleistungen gegen seine Debitoren zustehen, durch ein Finanzierungsinstitut (Factor),
das zugleich die Debitorenbuchhaltung für die von ihm bevorschussten und ihm abgetretenen Forderungen des Gläubigers übernimmt.[584]

Beim **echten Factoring** übernimmt der Factor für den Klienten regelmäßig drei Funktionen: 258
die Finanzierungsfunktion, Delkrederefunktion und Dienstleistungsfunktion. Die **Finanzierungsfunktion** besteht darin, dass der Factor dem Klienten durch die Bevorschussung der vor Fälligkeit
angekauften Außenstände Liquidität verschafft. Die **Delkrederefunktion** äußert sich darin, dass der
Factor das Risiko der Bonität der von ihm angekauften und ihm abgetretenen Forderungen übernimmt. Er verzichtet darauf, beim Klienten Regress zu nehmen, falls die Forderungen wegen Zahlungsunfähigkeit oder -unwilligkeit der Debitoren uneinbringlich sind. Der Klient haftet nur für die
Verität, das heißt den rechtlichen Bestand der Forderungen (§ 453 Abs. 1, 435 BGB). Der Factor
kann allerdings die Übernahme einer Forderung ablehnen, falls ihm das Bonitätsrisiko unvertretbar
hoch erscheint. Die Delkrederefunktion ist eine andere als bei den §§ 86b, 394 HGB. Dort verpflichtet sich derjenige, der die Delkrederehaftung übernimmt, für die Erfüllung der Verbindlichkeit aus
dem fremden Geschäft einzustehen; hier trägt der Factor nur das Ausfallrisiko. Der **Dienstleistungsfunktion** wird der Factor dadurch gerecht, dass er für den Klienten die Debitorenbuchhaltung
übernimmt, und zwar von der Rechnungserstellung über das Mahnwesen bis zur Forderungsbeitreibung.

Das **unechte Factoring** unterscheidet sich vom echten dadurch, dass die Delkrederefunktion 259
entfällt. Es wird deshalb seinem Wesen nach als Kreditgeschäft behandelt, das echte Factoring hingegen als Forderungskauf.[585] Beim unechten Factoring darf der Factor die vorfinanzierte Forderung
dem Klienten zurückbelasten, wenn der Debitor nicht zahlt; beim echten Factoring darf der Klient
die Gutschrift behalten.

b) Verfahren. Die Abwicklung richtet sich beim echten Factoring üblicherweise[586] nach dem 260
Vorschussverfahren; beim unechten Factoring ist es überhaupt die einzige Verfahrensart. Danach
muss der Factor den Kaufpreis erst am Fälligkeitstag entrichten; jedoch leistet er einen Vorschuss,
sobald die Verität der Forderung feststeht und die Bonität überprüft ist. Als Vorschuss schreibt der
Factor dem Klienten den vertraglich festgelegten Gegenwert der angekauften Forderung gut. Beim
echten Factoring ist in der Praxis zudem die sogenannte **Bedingungsvariante** verbreitet. Danach
stellt sich das Verhältnis zwischen Forderungskauf und Abtretung so dar, dass die Forderungsabtretung aufschiebend bedingt ist durch den Kaufvertragsabschluss. Dieser kommt zustande durch den
Kaufantrag des Klienten und dessen Annahme durch den Factor.[587] Im Regelfall fällt der Ankauf
der angedienten Forderung zeitlich mit der Gutschrift des Forderungsgegenwertes auf dem Abrechnungskonto zusammen.[588]

c) Factoring in der Insolvenzrechtsreform. Die Insolvenzordnung enthält keine speziellen 261
Regelungen zum Factoring. Die bisher maßgeblichen Bestimmungen sind inhaltlich übernommen
worden (§ 47 – Aussonderung, § 103 – Wahlrecht des Insolvenzverwalters, § 116 – Erlöschen von
Geschäftsbesorgungsverträgen), sodass sich die Rechtslage nach der Reform nicht wesentlich anders
darstellt als vorher.[589]

d) Insolvenz des Klienten. aa) Auswirkungen auf den Factoringvertrag (Rahmenver- 262
trag). Für den Fall, dass der Klient insolvent wird, sieht der Factoringvertrag meist ein Recht zur
fristlosen Kündigung des Factoringvertrages vor. Unabhängig davon erlischt der Factoringvertrag

---

[583] *Heidland* KTS 1970, 165, 166; *Brink* ZIP 1987, 817, 819; *Sinz*, Kölner Schrift, S. 403, 436 RdNr. 101;
Martinek in Schimansky/Bunte/Lwowski, Bankrechts-Handbuch, § 102 RdNr. 137; *Gottwald/Huber*, Insolvenzrechts-Handbuch, § 36 RdNr. 45; *Canaris*, Bankvertragsrecht RdNr. 1656, 1675; FK-*Wegener* § 116 RdNr. 10;
Jaeger/Henckel KO § 17 RdNr. 17.
[584] *Martinek* in Schimansky/Bunte/Lwowski, Bankrechts-Handbuch, § 102 RdNr. 1.
[585] BGHZ 69, 254, 257 = NJW 1977, 2207; *Esser/Weyers*, Schuldrecht II, 8. Aufl. 1997, § 4 IV 4 (S. 29);
Achsnick/Krüger, aaO RdNr. 326 f.; MünchKommBGB-*Roth* § 398 RdNr. 164; nach anderer Ansicht sind echtes
und unechtes Factoring typologisch gleich zu qualifizieren, nämlich als Kauf, so zB *Canaris* NJW 1981, 249, 250,
oder als Kreditgeschäft, so zB *Mitlehner*, aaO RdNr. 983, 985.
[586] Zu den anderen Verfahrensarten vgl. *Martinek* in Schimansky/Bunte/Lwowski, Bankrechts-Handbuch,
§ 102 RdNr. 22 f.
[587] *Martinek* in Schimansky/Bunte/Lwowski, Bankrechts-Handbuch, § 102 RdNr. 24.
[588] *Sinz*, Kölner Schrift, S. 403, 455 RdNr. 169.
[589] *Sinz*, Kölner Schrift, S. 403, 436 RdNr. 99.

gemäß § 116 Satz 1.[590] Damit entfällt die Verpflichtung des Klienten zur Andienung und die des Factors zum Ankauf weiterer Forderungen. Falls der Factor aus bereits angekauften nach Eröffnung des Insolvenzverfahrens einen Ausfall erleidet, muss er ihn selbst tragen. Steht für die bis zur Insolvenzeröffnung erbrachten Leistungen die Factoringgebühr noch aus, hat der Factor nur eine Insolvenzforderung. Soweit die Factoringgebühr bereits für künftige Tätigkeiten kassiert worden ist, die nun nicht mehr erbracht werden, hat der Factor sie zu erstatten. Setzt er seine Tätigkeit in Unkenntnis der Verfahrenseröffnung fort, erwächst ihm daraus nur eine Insolvenzforderung (§ 116 Satz 2 i. V. m. § 115 Abs. 3 Satz 2). Einen Schadensersatzanspruch wegen vorzeitiger Vertragsbeendigung hat der Factor nicht.[591] Häufig ist der Insolvenzverwalter an einer Fortsetzung des Factoringvertrages interessiert; dann muss er sich mit dem Factor auf einen Neuabschluss verständigen.

263   bb) **Auswirkungen auf die einzelnen Factoringgeschäfte.** (1) **Voll abgewickelte Geschäfte.** Vor Eröffnung der Klienteninsolvenz abgeschlossene und – einschließlich der Forderungseinziehung – voll abgewickelte Geschäfte werden, ähnlich wie Barverkäufe des Schuldners, von der Insolvenz nicht berührt.[592]

264   (2) **Noch nicht voll abgewickelte Geschäfte.** Fehlt es im Zeitpunkt der Verfahrenseröffnung noch an der Einziehung der dem Factor abgetretenen und von ihm bezahlten Forderungen, unterliegt das betreffende Geschäft – sowohl beim echten als auch beim unechten Factoring – nicht dem **Wahlrecht des Insolvenzverwalters** nach § 103. Zumindest der Factor hat durch die Gutschrift des Gegenwerts für die Forderung das der Factoring-Zession zugrundeliegende Kausalgeschäft bereits vollständig erfüllt.[593]

265   Falls der Insolvenzverwalter auf die vom Factor noch nicht eingezogene Forderung zugreifen will, kann ihm der Factor beim echten Factoring ein **Aussonderungsrecht** entgegenhalten.[594] Dies ist gerechtfertigt, weil die Forderung hier endgültig (Delkrederefunktion!) dem Vermögen des Factors zuzurechnen ist. Der Insolvenzverwalter hat alles zu unterlassen, was den Forderungseinzug durch den Factor behindern könnte.[595]

266   Beim unechten Factoring kann der Factor unter denselben Voraussetzungen nur **Absonderung** geltend machen.[596] Wegen der Rückbelastungsmöglichkeit des Factors im Falle der Uneinbringlichkeit wird der Abtretung hier nur Sicherungscharakter beigemessen.[597] Eine abweichende Meinung[598] gesteht dem Factor auch beim unechten Factoring ein Aussonderungsrecht zu. Sie verweist darauf, dass die Rückübertragung hier nicht auf dem Wegfall eines Sicherungszwecks, sondern auf dem Fehlschlagen des mit der Forderungsabtretung vorrangig verfolgten Erfüllungszwecks beruhe. Dies ist zwar richtig, ändert indes nichts daran, dass die abgetretene Forderung beim unechten Factoring nicht ohne weiteres zum Vermögen des Factors gehört. Solange die Forderung nicht beigetrieben ist, besteht die Möglichkeit, dass der Factor sie zurücküberträgt. In dieser Lage ähnelt er einem Treuhänder.

267   Ist sowohl der Klient als auch der Debitor zahlungsunfähig, kann der (unechte) Factor gemäß § 52 seine Rückgriffsforderung gegen den Klienten in dessen Insolvenzverfahren zwar in voller Höhe anmelden, aber nur für den Betrag verhältnismäßige Befriedigung verlangen, mit welchem er beim Debitor ausgefallen ist.[599]

---

[590] *Heidland* KTS 1970, 165, 172; *Brink* ZIP 1987, 817, 819; *Sinz*, Kölner Schrift, S.403, 436 RdNr. 102; *Martinek* in Schimansky/Bunte/Lwowski, Bankrechts-Handbuch, § 102 RdNr. 137; *Canaris*, Bankvertragsrecht RdNr. 1675; *Obermüller*, Insolvenzrecht RdNr. 7.90 f.; *Tintelnot* in KPB §§ 115, 116 RdNr. 28; *Jaeger/Henckel* § 17 KO RdNr. 17; aA *Staudinger/Hopt/Mülbert*, Vor §§ 607 ff. BGB RdNr. 772.

[591] *Martinek* in Schimansky/Bunte/Lwowski, Bankrechts-Handbuch, § 102 RdNr. 139.

[592] *Martinek* in Schimansky/Bunte/Lwowski, Bankrechts-Handbuch, § 102 RdNr. 138.

[593] *Sinz*, Kölner Schrift, S. 403, 437 RdNr. 106; differenzierend *Canaris*, Bankvertragsrecht RdNr. 1676, 1677.

[594] BGH NZI 2010, 138 RdNr. 13; *Brink* ZIP 1987, 817, 819; *Lammel* ZMR 46 (1993), 542 f.; *Canaris*, Bankvertragsrecht RdNr. 1676; *Sinz*, Kölner Schrift, S. 403, 437 RdNr. 107; *ders.* in *Uhlenbruck/Sinz* §§ 115, 116 RdNr. 43; *Achsnick/Krüger*, aaO RdNr. 190; *Jaeger/Henckel* § 47 RdNr. 127; HK-*Lohmann* § 47 RdNr. 15; FK-*Imberger* § 47 RdNr. 35; *Kübler/Prütting*/Bork § 47 RdNr. 57; *Graf-Schlicker/Fuchs* § 47 RdNr. 35; aA – nur abgesonderte Befriedigung – *Häsemeyer*, Insolvenzrecht RdNr. 18.50.

[595] *Achsnick/Krüger*, aaO RdNr. 192.

[596] BGH, Beschl. v. 20.12.2007 – IX ZR 105/07, zit. nach juris.

[597] *Baur/Stürner*, Insolvenzrecht RdNr. 14.11; *Canaris*, Bankvertragsrecht RdNr. 1677; *Gottwald/Adolphsen*, Insolvenzrechts-Handbuch, § 43 RdNr. 100; *Jaeger/Henckel* § 47 RdNr. 127; *Uhlenbruck/Brinkmann* § 47 RdNr. 94; HK-*Lohmann* § 47 RdNr. 15; FK-*Imberger* § 47 RdNr. 36; *Kübler/Prütting*/Bork § 47 RdNr. 58; *Graf-Schlicker/Fuchs* § 47 RdNr. 36; *Martinek* in Schimansky/Bunte/Lwowski, Bankrechts-Handbuch, § 102 RdNr. 142; *Michalski/Ruess* NZI 2000, 250, 251.

[598] *Sinz*, Kölner Schrift, S. 403, 438 RdNr. 108; *Uhlenbruck/Sinz* §§ 115, 116 RdNr. 44; *Obermüller*, Insolvenzrecht RdNr. 7.98; siehe auch *Serick* IV § 52 II 2e (S. 550).

[599] *Jaeger/Henckel* § 47 RdNr. 127.

Ist die vom Factor **angekaufte Forderung noch nicht werthaltig,** kommt es für die Insolvenz- 268
festigkeit des Forderungserwerbs darauf an, wann die Werthaltigkeit eintritt. Die Factoringzession
ist insolvenzfest, wenn und soweit das zugrundeliegende Deckungsgeschäft von dem Klienten im
Zeitpunkt der Insolvenzeröffnung erfüllt ist. Im Übrigen sind die Erfüllungsansprüche aus dem
Deckungsgeschäft, auch der an den Factor abgetretene, gehemmt. Wählt der Insolvenzverwalter
gemäß § 103 die Erfüllung des Deckungsgeschäfts, fällt ein erst nach Insolvenzeröffnung werthaltig
gewordener Anspruch in die Masse; sind die Leistungen teilbar und ist der Anspruch bezüglich eines
Teils erst nach Insolvenzeröffnung werthaltig geworden, kommt dieser Teil der Masse zugute (s.o.
RdNr. 152, 153).

Angediente, aber noch nicht gutgeschriebene Forderungen kann der Factor nach Eröffnung des 269
Insolvenzverfahrens über das Vermögen des Klienten nicht mehr mit Wirkung gegen die Insolvenz-
masse erwerben (§ 91 Abs. 1), falls der Insolvenzverwalter nicht mitwirkt.[600] Noch nicht angediente
Forderungen kann der Schuldner (= Klient) nach Insolvenzeröffnung nicht mehr wirksam andienen
(§ 81 Abs. 1 Satz 1).[601] Entsteht die Forderung gar erst nach Verfahrenseröffnung, scheitert der
Erwerb durch den Factor selbst im Falle einer unbedingten Vorausabtretung an § 91 Abs. 1.

Der Anspruch des Factors wegen mangelnder Verität der abgetretenen Forderung (beim echten 270
Factoring) bzw. mangelnder Bonität des Debitors (beim unechten Factoring) ist eine einfache Insol-
venzforderung.[602] Dies gilt auch dann, wenn der den Rückgriffsanspruch des Factors auslösende
Umstand erst nach Verfahrenseröffnung eintritt.[603]

cc) **Debitorenzahlungen an Klienten.** Hat der Debitor **vor Verfahrenseröffnung** mit befrei- 271
ender Wirkung (nach § 407 Abs. 1 BGB oder auf Grund einer Einziehungsermächtigung) an den
Klienten gezahlt, hat der Factor als Insolvenzgläubiger einen Anspruch auf Weiterleitung der Zahlung.[604] Das Gleiche gilt, wenn der Debitor in Unkenntnis der Abtretung den Forderungsbetrag auf
ein Girokonto des Klienten überwiesen hat. Eine Klausel im Factoringvertrag, wonach sicherungshalber „alle Ansprüche in Höhe des vom Debitor gezahlten Betrages gegen die jeweilige Bank an
den Factor abgetreten sind", verschafft dem Factor an dem Anspruch aus der Gutschrift kein Aus-
oder Absonderungsrecht, weil die Girokonten regelmäßig im Kontokorrent geführt werden und
kontokorrentgebundene Einzelforderungen nicht abtretbar sind.[605] Der Klient ist auch nicht Treuhänder des Factors. Eine gegenteilige Bestimmung im Factoringvertrag ist unbeachtlich.[606] Eine
wirksame Vorausabtretung kann nur bezüglich der mit Beendigung des Kontokorrentverhältnisses
entstehenden Schlusssaldoforderung entstehen. Gegebenenfalls steht dem Factor hieran ein **Absonderungsrecht** zu.[607] Eine weitergehende Sicherung – nämlich ein **Aussonderungsrecht** – erwirbt
der Factor, wenn er selbst das Konto eröffnet, das der Klient als Zahlstelle seinen Debitoren benennt.
Die Kontenguthaben stehen dann dem Factor zu, auch wenn das Konto den Debitoren gegenüber
als Konto des Klienten bezeichnet wurde.[608] Hat der Debitor Wechsel oder Schecks gegeben, die
noch nicht eingelöst sind, ist ebenfalls eine Aussonderung möglich, wenn man – wie oft – die
Abtretung dahin auslegen kann, dass damit zugleich das Eigentum an den Wechseln oder Schecks
im Voraus übertragen worden ist.[609] Nach Einlösung durch den Insolvenzverwalter ist eine Ersatzaussonderung zulässig.

Hat der Debitor **nach Verfahrenseröffnung** an den Verwalter gezahlt, ist der Factor zur Ersatz- 272
aussonderung (§ 48) berechtigt, soweit der gezahlte Betrag sich unterscheidbar in der Masse befindet.
Ist dies nicht (mehr) der Fall, hat der Factor eine Forderung wegen Massebereicherung (§ 55 Abs. 1
Nr. 3). Hat der Debitor an den Schuldner (= Klient) gezahlt, ist der Factor nur Insolvenzgläubiger.
Hat der Klient das Erhaltene an die Masse abgeführt, greift wieder § 55 Abs. 1 Nr. 3 ein.

dd) **Kollision zwischen Factoring und verlängertem Eigentumsvorbehalt.** Dazu wurde im 273
Zusammenhang mit dem verlängerten Eigentumsvorbehalt Stellung genommen (s.o. RdNr. 187 ff.).
Hierauf wird verwiesen.

---

[600] *Jaeger/Windel* § 91 RdNr. 57; im Ergebnis ebenso *Sinz*, Kölner Schrift, S. 403, 441 RdNr. 123; *Tintelnot* in KPB § 115, 116 RdNr. 29.
[601] *Brink* ZIP 1987, 817, 820; *Sinz*, Kölner Schrift S. 403, 442 RdNr. 125.
[602] OLG Koblenz WM 1988, 1355, 1357.
[603] Vgl. BGHZ 72, 263, 265 = NJW 1979, 310.
[604] BGHZ 23, 307, 317 f. = NJW 1957, 750; *Sinz*, Kölner Schrift S. 403, 443 RdNr. 129; vgl. auch *Gottwald/Adolphsen*, Insolvenzrechts-Handbuch, § 41 RdNr. 4.
[605] BGHZ 70, 86, 92 = NJW 1978, 538.
[606] *Jaeger/Henckel* § 47 RdNr. 66; *Achsnick/Krüger*, aaO RdNr. 197.
[607] *Sinz*, Kölner Schrift S. 403, 443 RdNr. 129.
[608] *Sinz*, Kölner Schrift S. 403, 443 RdNr. 129; *Achsnick/Krüger*, aaO RdNr. 48.
[609] *Brink* ZIP 1987, 817, 822; *Gottwald/Adolphsen*, Insolvenzrechts-Handbuch, § 40 RdNr. 26; *Achsnick/Krüger*, aaO RdNr. 236.

274 **e) Insolvenz des Factors. aa) Auswirkungen auf den Factoringvertrag (Rahmenvertrag).** Anders als bei der Klienteninsolvenz erlischt der Factoringvertrag bei der Factorinsolvenz nicht. Die §§ 115, 116 betreffen nur die Insolvenz desjenigen, der einen Auftrag erteilt hat bzw. für den ein Geschäft besorgt wird. Deshalb hat der Verwalter in der Insolvenz des Factors das Wahlrecht gemäß § 103.[610] Wählt der Verwalter die Erfüllung, kann der Klient dennoch aus wichtigem Grund kündigen.[611] Lehnt der Verwalter die Erfüllung ab, ist der Schadenersatzanspruch des Klienten eine einfache Insolvenzforderung.

275 **bb) Auswirkungen auf die einzelnen Factoringgeschäfte. (1) Voll abgewickelte Geschäfte.** Beim echten Factoring werden solche Geschäfte von der Insolvenz des Factors nicht berührt. Anders beim unechten Factoring. Hier kann der Klient die dem Factor abgetretenen Forderungen in der Factorinsolvenz aussondern, wenn er im Gegenzug den für die Forderung erhaltenen Vorschuss an die Insolvenzmasse zurückzahlt.[612]

276 **(2) Noch nicht voll abgewickelte Geschäfte.** Beim echten Factoring kann der Insolvenzverwalter eine Forderung, die im Zeitpunkt der Insolvenzeröffnung an den Factor abgetreten und von ihm bezahlt, aber noch nicht eingezogen war, zur Masse beitreiben, sofern bezüglich dieser Forderung der Kaufvertrag mit dem Klienten abgeschlossen und der Barvorschuss geleistet war. Damit ist das Kausalgeschäft der Forderungsabtretung zumindest seitens des Factors vollständig erfüllt; § 103 ist insofern nicht anwendbar. Das ist auch dann nicht anders, wenn die angekaufte und abgetretene Forderung noch nicht werthaltig war. Diese Frage berührt nur das Deckungsverhältnis zwischen Klient und Debitor (s.o. RdNr. 268). Der Klient ist **nicht aussonderungsberechtigt**.[613]

277 Demgegenüber kann der Klient beim unechten Factoring den Insolvenzverwalter mit der **Aussonderung** an der Einziehung hindern. Hat der Verwalter nach Verfahrenseröffnung die Forderung eingezogen, kann der Klient mit der Ersatzaussonderung nach § 48 auf den Erlös zugreifen. Soweit deswegen die Meinung vertreten worden ist, beim unechten Factoring stelle sich der Klient besser als beim echten,[614] wird übersehen, dass dem Klienten in der Regel mehr daran liegt, den darlehenshalber kassierten „Vorschuss" zu behalten, als die Forderung selbst einzuziehen.[615]

278 War zum Zeitpunkt der Insolvenzeröffnung dem Factor eine Forderung angedient, hatte der Factor den Gegenwert aber noch nicht gutgeschrieben, kann der Verwalter den endgültigen Forderungserwerb herbeiführen, indem er den Barvorschuss leistet, damit den Antrag auf Abschluss des Kaufvertrages annimmt und zugleich den Eintritt der Bedingung für die Abtretung bewirkt. Lehnt der Verwalter das Vertragsangebot ab, fällt die Bedingung für die Abtretung aus. Macht der Verwalter gleichwohl Anstalten, die Forderung einzuziehen, kann der Klient sie **aussondern**.[616] Der Verwalter darf – normales Bonitätsrisiko vorausgesetzt – das Vertragsangebot nicht ablehnen, wenn er die Erfüllung des Factoringvertrages (Rahmenvertrages) gewählt hat. Umgekehrt kann er ein wirksames Vertragsangebot sogar dann annehmen, wenn er den Factoringvertrag nicht erfüllen will. Meist wird das Angebot indes an die Bedingung geknüpft sein, dass das Factoringverhältnis fortgesetzt wird.

279 Dient der Klient nach Eröffnung des Insolvenzverfahrens dem Insolvenzverwalter Forderungen zum Erwerb an, trifft den Verwalter eine Ankaufspflicht wiederum nur dann, wenn er die Erfüllung des Factoringvertrages gewählt hat und die Voraussetzungen für eine Vorfinanzierung gegeben sind. Nimmt der Verwalter das Kaufangebot nicht an und reklamiert er die Forderung gleichwohl für die Masse, kann der Klient die Forderung **aussondern**.[617] Dasselbe gilt, wenn der Verwalter den Factoringvertrag nicht erfüllen will, aber das Kaufangebot annimmt, obwohl dieses nur für den Fall der Erfüllung des Rahmenvertrages gedacht war.

280 **cc) Auswirkungen auf die vom Factor geführten Konten.** Der Factor behält zur Minderung seines Risikos 10 bis 20 % des Forderungswerts ein. Dieser Sicherheitseinbehalt wird auf einen besonderen Sperrkonto verbucht. Der Restbetrag – abzüglich Kosten und Gebühren – wird dem

---

[610] *Heidland* KTS 1970, 165, 171; *Sinz*, Kölner Schrift, S. 403, 454 RdNr. 165; *Canaris*, Bankvertragsrecht RdNr. 1680; *Martinek* in Schimansky/Bunte/Lwowski, Bankrechts-Handbuch, § 102 RdNr. 144.

[611] *Canaris*, Bankvertragsrecht RdNr. 1680; zurückhaltend *Martinek* in Schimansky/Bunte/Lwowski, Bankrechts-Handbuch, § 102 RdNr. 144.

[612] *Heidland* KTS 1970, 165, 171; *Martinek* in Schimansky/Bunte/Lwowski, Bankrechts-Handbuch, § 102 RdNr. 147.

[613] *Martinek* in Schimansky/Bunte/Lwowski, Bankrechts-Handbuch, § 102 RdNr. 145; *HK-Lohmann* § 47 RdNr. 15. – *Häsemeyer*, Insolvenzrecht RdNr. 18.50, lässt hier in Konsequenz seines anderen Ansatzes die Aussonderung zu.

[614] *Lunckenbein*, aaO S. 172 f.

[615] Zutreffend *Martinek* in Schimansky/Bunte/Lwowski, Bankrechts-Handbuch, § 102 RdNr. 147.

[616] *Sinz*, Kölner Schrift, S. 403, 455 RdNr. 169; *Martinek* in Schimansky/Bunte/Lwowski, Bankrechts-Handbuch, § 102 RdNr. 145.

[617] *Sinz*, Kölner Schrift, S. 403, 456 RdNr. 170.

Klienten gleich auf seinem Abrechnungskonto gutgeschrieben. Der Sperrbetrag wird dem Klienten auf dem Abrechnungskonto erst gutgebracht, wenn keine Gewährleistungsansprüche des Debitors mehr zu gewärtigen sind.[618] Betreibt der Factor neben dem Factoring auch noch ein Inkassogeschäft, wird dessen Ergebnis auf einem Treuhandkonto verbucht.

(1) Abrechnungskonto. Das Abrechnungskonto wird vom Factor in der Regel kontokorrentmäßig geführt. Mit Insolvenzeröffnung endet das Kontokorrentverhältnis.[619] Es ist ein außerordentlicher Saldenabschluss durchzuführen. Der Klient ist bezüglich eines für ihn ausgewiesenen Guthabens Insolvenzgläubiger.[620] 281

(2) Sperrkonto. Vgl. RdNr. 402 f. Auch bezüglich eines auf dem Sperrkonto angesammelten Guthabens ist der Klient lediglich Insolvenzgläubiger.[621] Ein Treuhandverhältnis besteht insoweit nicht, weil die Sperrbeträge vom Factor beim Forderungseinzug einbehalten worden sind, nicht unmittelbar aus dem Vermögen des Klienten stammen[622] und das Sperrkonto auch nicht „offenkundig" zur Aufbewahrung fremder Gelder dient. 282

(3) Treuhandkonto. Vgl. RdNr. 392 ff. Zahlungen, die der Factor auf Grund einer Inkassobefugnis – also ohne Forderungskauf – auf ein Treuhandkonto vereinnahmt hat, kann der Klient **aussondern**.[623] Sind sie auf dem Treuhandkonto nicht mehr unterscheidbar vorhanden, ist der Klient zur Ersatzaussonderung berechtigt. Hat der Factor die Forderung abredewidrig nicht auf sein Treuhandkonto eingezogen, steht dem Klienten nur eine Insolvenzforderung zu.[624] Dasselbe gilt, soweit Debitoren von Inkassoforderungen nach Verfahrenseröffnung auf andere als Treuhandkonten gezahlt haben.[625] 283

f) Sicherung gegen den Verlust der angekauften Forderungen. Ein Factor, der Forderungen aus einem **Immobilienleasing** ankauft, kann sich gegen das Risiko absichern, dass die angekauften Leasingforderungen wegen **Insolvenz des Leasinggebers** wertlos werden. Als Sicherheit bietet sich an, auf dem verleasten Grundstück ein Grundpfandrecht einzutragen. Wird der Leasinggeber insolvent, kann der Factor aus dem Grundpfandrecht abgesonderte Befriedigung, das heißt Zwangsversteigerung oder Zwangsverwaltung, verlangen (§ 49). Sind sowohl der Factor als auch der Leasingnehmer an einer Fortsetzung des Leasingvertrages interessiert, wird sich der Factor für die Zwangsverwaltung entscheiden. Dann kann der Insolvenzverwalter dem Leasingnehmer die Nutzungsmöglichkeit nicht entziehen, und der Factor kann mit dem Leasingnehmer einen neuen Vertrag schließen.[626] 284

Eine derartige Besicherung ist nicht als Umgehung des § 110 Abs. 1 aufzufassen. Diese Vorschrift soll nur davor schützen, dass der Grundstückswert durch Vorausverfügungen ausgehöhlt wird, die aus dem Grundbuch nicht zu ersehen sind. Über den Schutz, den Hypothekengläubiger nach § 1124 BGB genießen, wollte der Gesetzgeber nicht hinausgehen.[627] Ein Hypothekengläubiger wäre vor den Wirkungen einer vorrangigen Grundschuld nicht geschützt. 285

6. Verträge für fremde Rechnung. a) Mittelbare Stellvertretung. Mittelbare (indirekte, verdeckte, stille, unechte) Stellvertretung liegt vor, wenn jemand ein Rechtsgeschäft im eigenen Namen, aber im Interesse und für Rechnung eines anderen, des Geschäftsherrn, vornimmt.[628] Sie ist im BGB nicht geregelt. Eine Sonderform ist das im HGB behandelte Kommissionsgeschäft (§§ 383 ff. HGB). Vgl. dazu u. RdNr. 287 ff. Ein Gegenstand, den der mittelbare Stellvertreter in Durchführung seines Auftrags erwirbt, gehört ihm. Der Geschäftsherr hat lediglich einen schuldrechtlichen Anspruch auf Übertragung. In der Insolvenz des mittelbaren Stellvertreters begründet dieser nur eine Insolvenzforderung. **§ 392 Abs. 2 HGB,** der für das Kommissionsgeschäft eine gewisse „Verdinglichung" schafft, ist auf andere Fälle der mittelbaren Stellvertretung im bürgerlichen 286

---

[618] *Martinek* in Schimansky/Bunte/Lwowski, Bankrechts-Handbuch, § 102 RdNr. 15.
[619] BGHZ 58, 108, 111 = NJW 1972, 633; 70, 86, 93 = NJW 1978, 538.
[620] *Sinz*, Kölner Schrift, S. 403, 456 RdNr. 173.
[621] *Heidland* KTS 1970, 165, 171 f.; *Sinz*, Kölner Schrift, S. 403, 457 RdNr. 174; *Canaris*, Bankvertragsrecht RdNr. 1681; *Martinek* in Schimansky/Bunte/Lwowski, Bankrechts-Handbuch, § 102 RdNr. 146; *Gottwald/Adolphsen*, Insolvenzrechts-Handbuch, § 40 RdNr. 61.
[622] Zum Unmittelbarkeitsprinzip s.u. RdNr. 357.
[623] *Glomb*, Finanzierung durch Factoring, S. 88; *Lunckenbein*, Rechtsprobleme des Factoring-Vertrages, S. 169; *Sinz*, Kölner Schrift, S. 403, 457 RdNr. 175; *Martinek* in Schimansky/Bunte/Lwowski, Bankrechts-Handbuch, § 102 RdNr. 146.
[624] *Sinz* aaO.
[625] Insofern aA *Sinz* aaO.
[626] *Obermüller/Livonius* DB 1995, 27, 32.
[627] Ebenso *Obermüller/Livonius* DB 1995, 27, 32; *Sinz*, Kölner Schrift, S. 403, 434 RdNr. 93; vgl. zu § 21 Abs. 2 KO BT-Drucks. Nr. 100, 9. Legislaturperiode 5. Session S. 30; RGZ 127, 116, 118.
[628] *Palandt/Ellenberger*, Vor § 164 BGB RdNr. 6.

Recht nicht entsprechend anwendbar.⁶²⁹ Es handelt sich um eine Ausnahmevorschrift. Dass der Gesetzgeber insofern einem „Motivirrtum" unterlegen sein mag (weil die 2. BGB-Kommission die Wertungsgrundlagen des Art. 368 Abs. 2 ADHGB möglicherweise fehlerhaft interpretiert hat), ändert daran nichts.⁶³⁰ Ähnliche Regelungen finden sich nur beim Frachtgeschäft unter Vereinbarung einer Nachnahme (§ 422 Abs. 2 HGB) und beim Speditionsgeschäft (§ 457 Satz 2 HGB).⁶³¹ Obwohl **§ 25 Abs. 1 Satz 2 HGB** einen ähnlichen Wortlaut hat wie § 392 Abs. 2 HGB, ändert diese Schuldnerschutzvorschrift die haftungsrechtliche Zuordnung der Geschäftsforderungen nicht; der Geschäftserwerber hat somit kein Aussonderungsrecht.⁶³²

287 **b) Kommissionsgeschäfte.** Sie sind ein Sonderfall der mittelbaren Stellvertretung. Nach § 383 HGB ist Kommissionär, wer es gewerbsmäßig übernimmt, Waren oder Wertpapiere für Rechnung eines anderen (des Kommittenten = Geschäftsherrn) in eigenem Namen zu kaufen oder zu verkaufen.

288 **aa) Allgemeines.** Forderungen aus einem Geschäft, das ein Kommissionär (oder ein kaufmännischer Gelegenheitskommissionär, vgl. § 406 Abs. 1 Satz 2 HGB) abgeschlossen hat (Ausführungsgeschäft), gelten nach § 392 Abs. 2 HGB im Verhältnis zwischen Kommittent und Kommissionär oder dessen Gläubigern auch ohne Abtretung als Forderungen des Kommittenten. Dadurch wird die Rechtsstellung des Kommittenten in der Insolvenz des Kommissionärs wesentlich verbessert. Der schuldrechtliche Anspruch des Kommittenten auf Herausgabe desjenigen, was der Kommissionär aus der Geschäftsbesorgung erlangt hat (§ 384 Abs. 2 HGB), hat nämlich **Aussonderungskraft**.⁶³³ Die Vorschrift des § 392 Abs. 2 HGB beruht auf der Erwägung, dass der Kommittent besonders schutzwürdig ist, weil der Kommissionär die Ansprüche aus dem Ausführungsgeschäft im Interesse und auf Kosten des Kommittenten erwirbt; insofern liegt der Vorschrift der Treuhandgedanke zugrunde.⁶³⁴ Umgekehrt sind jedenfalls die Partner, die sich auf Geschäfte mit einem gewerbsmäßig handelnden Kommissionär einlassen, nicht schutzwürdig, weil sie damit rechnen müssen, dass ihr Geschäftspartner fremde Interessen vertritt. Gegenüber dem Schuldner des Kommissionärs kann der Kommittent die Forderungen aus dem Ausführungsgeschäft erst nach der Abtretung geltend machen (§ 392 Abs. 1 HGB). Ist die Abtretung erfolgt, kann der Schuldner nicht einwenden, der Kommissionär habe dieselbe Forderung zuvor bereits an einen seiner Gläubiger abgetreten.⁶³⁵ Die erste Abtretung ist nach § 392 Abs. 2 HGB gegenüber dem Kommittenten (also relativ) unwirksam. Deshalb ist die spätere Abtretung an den Kommittenten wirksam, und zwar gegenüber jedermann.

289 § 392 Abs. 2 HGB schützt zunächst die Forderungen aus dem Ausführungsgeschäft, also den Vergütungsanspruch (sowie die Ansprüche aus erfüllungshalber gegebenen Wechseln und Schecks)⁶³⁶ bei der Verkaufskommission und den Lieferungsanspruch bei der Einkaufskommission (zum Schutz des Anspruchs aus einer vom Kommissionär auf Rechnung des Kommittenten genommenen Sachversicherung s.u. RdNr. 311). Geschützt wird aber auch die **Gegenleistung**. Hat der später insolvent gewordene Verkaufskommissionär die Forderung eingezogen oder der Einkaufskommissionär die Ware entgegengenommen, ohne das Erlangte dem Kommittenten zu übertragen, kann dieser das Erlangte (das „Surrogat") aussondern.⁶³⁷ Dies folgt seit der Neuregelung des Transportrechts im Jahre 1998 auch aus den Vorschriften der § 422 Abs. 2, § 457 Satz 2 HGB (dazu unten RdNr. 299a, 299b). Der Absender und der Versender, die auch das „Surrogat" aussondern können, sollten nicht besser gestellt werden als der Kommittent. Voraussetzung für die Aussonderung ist – wie stets –, dass der Erlös unterscheidbar im Vermögen des Kommissionärs vorhanden ist.⁶³⁸ Teilweise wird geltend

---

⁶²⁹ RGZ 84, 214. 216; *Jaeger/Henckel* § 47 RdNr. 156; *Uhlenbruck/Brinkmann* § 47 RdNr. 77.
⁶³⁰ AA *Bitter*, Rechtsträgerschaft S. 198 ff.
⁶³¹ Dazu u. RdNr. 299a.
⁶³² *Jaeger/Henckel* § 47 RdNr. 154.
⁶³³ BGHZ 104, 123, 127 f. = NJW 1988, 3203; BGHZ 188, 317 = NZI 2011, 371, 374 RdNr. 28; BGH BB 1959, 975; *Jaeger/Henckel* § 47 RdNr. 146.
⁶³⁴ *K. Schmidt* Handelsrecht § 31 V 4 (S. 898); *Bitter* WuB IV E. § 392 HGB 1.05.
⁶³⁵ BGHZ 104, 123 ff. = NJW 1988, 3203.
⁶³⁶ RGZ 41, 1, 4 f.; OLG Hamburg SeuffA 50 Nr. 71.
⁶³⁷ So *Canaris*, FS Flume, 371, 410, 424; *K. Schmidt*, Handelsrecht § 31 V 4c (S. 905); *Gottwald/Adolphsen*, Insolvenzrechts-Handbuch § 40 RdNr. 86; *Baumbach/Hopt* § 392 HGB RdNr. 7; *Braun/Bäuerle*, InsO § 47 RdNr. 83; *Häsemeyer*, Insolvenzrecht RdNr. 11.08; *Bitter*, Rechtsträgerschaft S. 192 ff.; *ders.* WuB IV E. § 392 HGB 1.05. Sympathie für diesen Standpunkt lässt auch *Uhlenbruck/Brinkmann* § 47 RdNr. 78 erkennen. Für einfache Insolvenzforderung des Kommittenten hingegen BGHZ 79, 89, 84 = NJW 1981, 918, 919; BGH NJW 1974, 456, 457; NJW 2010, 3578 = NZI 2010, 897 RdNr. 15; OLG Hamm WM 2004, 1252; *Kübler/Prütting/Bork*, § 47 RdNr. 66; HK-*Lohmann* § 47 RdNr. 17; *Nerlich/Römermann/Andres*, § 47 RdNr. 54; MünchKomm-HGB/*Häuser*, 2. Aufl., § 392 RdNr. 43; *Fridgen* ZInsO 2004, 530, 533.
⁶³⁸ BGH NZI 2003, 549, 550; OLG Hamm WM 2004, 1252; OLG Köln NZI 2005, 37, 38.

gemacht, dass es an einer Rechtsschutzlücke fehle; im Falle des Kommittenten sei nämlich eine Ersatzaussonderung gemäß § 48 möglich.[639] Diese Ansicht ist unzutreffend. Zwar wird nunmehr die Möglichkeit der Ersatzaussonderung auf Gegenleistungen erstreckt, die der Schuldner vor Verfahrenseröffnung eingezogen hat. Indes scheitert die Ersatzaussonderung daran, dass der Schuldner berechtigterweise eingezogen hat. Er war Forderungsinhaber und vor der Insolvenzeröffnung in seiner Verfügungsmacht grundsätzlich nicht beschränkt. Die Einziehung gehörte sogar zu seinen Aufgaben, war sie doch Teil der Abwicklung des Geschäfts. Selbst dann, wenn sich im Zeitpunkt der Einziehung die Krise des Kommissionärs bereits abzeichnete, kann nicht allgemein gesagt werden, die Einziehung habe offensichtlich – also auch für den leistenden Dritten erkennbar – gegen die Interessen des Kommittenten verstoßen.[640] Das wäre nur dann der Fall, wenn bereits objektiv klar gewesen wäre, dass der Kommissionär die eingezogene Gegenleistung nicht mehr an den Kommittenten abführen wird.

Eine Ersatzaussonderung ist unter Umständen selbst dann nicht möglich – und gegebenenfalls besteht auch hier Bedarf für die Anwendung des § 392 Abs. 2 HGB auf die Gegenleistung –, wenn der Insolvenzverwalter des Kommissionärs die Forderung aus dem Kommissionsgeschäft einzieht.[641] Hat er die Erfüllung des Kommissionsvertrages gewählt, ist er zur Veräußerung (und Einziehung der Gegenleistung) berechtigt (vgl. RdNr. 294). Anders verhält es sich nur in dem Fall, dass er zwar die Erfüllung des Kaufvertrages wählt, nicht aber die des Kommissionsvertrages. Dazu kann es kommen, wenn er der (irrigen) Auffassung ist, das Kommissionsgut gehöre dem Schuldner.

Die Vorschrift des § 392 Abs. 2 HGB ist auch dann anwendbar, wenn in dem Ausführungsgeschäft die Abtretbarkeit der Forderung ausgeschlossen worden ist (§ 399 2. Alt. BGB), der geschuldete Gegenstand aber der Pfändung unterworfen ist (§ 851 Abs. 2 ZPO).[642]

bb) Insolvenz des Kommittenten. (1) Vor Ausführung der Kommission. Der **Kommissionsvertrag** ist ein Geschäftsbesorgungsvertrag im Sinne des § 116. Er **erlischt**, wenn über das Vermögen des Kommittenten das Insolvenzverfahren eröffnet wird (§ 116 Satz 1 i. V. m. § 115 Abs. 1). Ob es sich um einen Fall der Verkaufs- oder der Einkaufskommission handelt, ist gleichgültig. Zugunsten des Kommissionärs gilt der Kommissionsvertrag als fortbestehend, solange er die Verfahrenseröffnung schuldlos nicht kennt (§ 115 Abs. 3 Satz 1) oder mit dem Aufschub des Geschäfts Gefahr verbunden wäre (§ 115 Abs. 2 Satz 2). Falls diese Voraussetzungen nicht gegeben sind, kann der Kommissionär aus einer Fortsetzung seiner Geschäftstätigkeit nach Verfahrenseröffnung keine Rechte gegen die Masse erlangen. Er erwirbt insbesondere kein Absonderungsrecht (vgl. § 397 HGB) am Kommissionsgut.[643]

(2) Nach Ausführung der Kommission. Wird der Kommittent insolvent, nachdem der Kommissionär das Geschäft ausgeführt hat, sind die §§ 115, 116 nicht anwendbar.[644] Der Insolvenzverwalter hat nur ausnahmsweise das Wahlrecht nach § 103. Dies ist hauptsächlich dann der Fall, wenn der Kommittent vor Verfahrenseröffnung auf Grund der §§ 384 Abs. 3, 400 HGB das Recht erworben hat, den Kommissionär auf Erfüllung des Geschäfts in Anspruch zu nehmen, und das Geschäft noch nicht beiderseits erfüllt ist.[645] Ansonsten hat der Insolvenzverwalter nur noch für die restliche Abwicklung des Ausführungsgeschäfts zu sorgen. Insbesondere ist es an ihm, den Herausgabeanspruch aus § 384 Abs. 2 HGB geltend zu machen. Der Kommissionär hat wegen seiner Ansprüche aus § 397 HGB das Recht, sich aus dem Kommissionsgut **abgesondert zu befriedigen.**

cc) Insolvenz des Verkaufskommissionärs. (1) Vor Ausführung der Kommission. Der Insolvenzverwalter hat das Wahlrecht gemäß § 103. Wählt er die Erfüllung und veräußert er das Kommissionsgut, gilt für die Forderung des Kommissionärs aus der Veräußerung § 392 Abs. 2 HGB. Deswegen hat der schuldrechtliche Anspruch des Kommittenten auf Abtretung dieser Forderung (§ 384 Abs. 2 HGB) **Aussonderungskraft.**[646] Zieht der Insolvenzverwalter die Forderung ein, rechtfertigt dies die Aussonderung des Kaufpreises (s.o. RdNr. 289). Tritt der Insolvenzverwalter nicht in den Kommissionsvertrag ein, kann der Kommittent als Eigentümer das Kommissionsgut **aussondern.**[647] Im Ergebnis gilt das Gleiche, wenn der Kommittent das Kommissionsgut ausnahms-

---

[639] *Jaeger/Henckel* § 47 RdNr. 147, 149 und § 48 RdNr. 36; *Gundlach/Frenzel/Schmidt* DZWIR 2000, 449, 451 ff.; *dies.* EWiR 2004, 75, 76. Vgl. auch *Gottwald/Adolphsen,* Insolvenzrechts-Handbuch, § 40 RdNr. 87
[640] *Gundlach/Frenzel/Schmidt* DZWIR 2000, 449, 452.
[641] AA *Gundlach/Frenzel/Schmidt* DZWIR 2000, 449, 452.
[642] *Gottwald/Adolphsen,* Insolvenzrechts-Handbuch, § 40 RdNr. 84.
[643] *Baumbach/Hopt* § 383 HGB RdNr. 14.
[644] Vgl. *Baumbach/Hopt* § 383 HGB RdNr. 14.
[645] *Schlegelberger/Hefermehl* § 383 HGB RdNr. 68; *Jaeger/Henckel* § 17 KO RdNr. 24.
[646] *Gottwald/Adolphsen,* Insolvenzrechts-Handbuch, § 40 RdNr. 82.
[647] *Baumbach/Hopt* § 383 HGB RdNr. 15.

weise zur Weiterveräußerung an den Kommissionär übereignet hat. Dann handelt es sich nämlich um Treugut. Einen durch die Erfüllungsablehnung des Verwalters verursachten Schaden kann der Kommittent – unbeschadet des Aussonderungsrechts an dem noch nicht veräußerten Kommissionsgut – als Insolvenzgläubiger verfolgen.

295 **(2) Nach Ausführung der Kommission.** Wird das Insolvenzverfahren erst eröffnet, nachdem der Kommissionär das Kommissionsgut verkauft, aber **noch nicht übereignet** hat, und wählt der Insolvenzverwalter sowohl die Erfüllung des Kommissionsvertrages als auch des Kaufvertrages, gilt nichts besonderes (vgl. RdNr. 294). Lehnt der Insolvenzverwalter die Erfüllung beider Verträge ab, kann der Kommittent das Kommissionsgut **aussondern**.[648] Zum Fall, dass der Verwalter nur die Erfüllung des Kaufvertrages wählt, vgl. RdNr. 290.

296 Sobald der Kommissionär das Kommissionsgut dem Käufer **übereignet** hat, kann es nicht mehr ausgesondert werden. Der Kommittent behält aber das Aussonderungsrecht an der noch offenen Kaufpreisforderung. Aussonderungsfähig ist ferner das Surrogat der Forderung, falls der Kommissionär den Kaufpreis eingezogen hat (s.o. RdNr. 289).

297 Das Aussonderungsrecht bezüglich des Kommissionsguts ist auch dann erloschen, wenn der Kommissionär von dem **gesetzlichen Recht auf Selbsteintritt** (§ 400 HGB) Gebrauch gemacht hat. In diesem Fall hat der Kommissionär das Gut, welches er verkaufen sollte, selbst als Käufer übernommen. Er hat das Eigentum im Wege eines erlaubten In-sich-Geschäfts auf sich selbst übertragen. Anders verhält es sich, wenn die gesetzlichen Voraussetzungen für den Selbsteintritt nicht vorlagen, der **Kommissionsvertrag** aber dem Kommissionär die Übernahme des Kommissionsguts erlaubte.[649] Hier hing die Übernahme von einer Verfügungsermächtigung nach § 185 Abs. 1 BGB ab. Für den Fall des Selbsteintritts ist diese Ermächtigung im Zweifel aufschiebend bedingt durch die Zahlung des Kaufpreises.[650] Hat der Kommissionär den Kaufpreis noch vor Eintritt der Insolvenz entrichtet, scheidet eine Aussonderung aus. Steht aber der Kaufpreis noch aus und lehnt der Insolvenzverwalter die Übernahme ab, kann der Kommittent sein Eigentum ungeachtet des vom Kommissionär erklärten Selbsteintritts aussondern.

298 **dd) Insolvenz des Einkaufskommissionärs. (1) Vor Ausführung der Kommission** ist regelmäßig § 103 anwendbar, weil es kaum vorkommen dürfte, dass der Kommittent nicht nur den Kaufpreis vorschießt, sondern auch die Provision im Voraus entrichtet. Lehnt der Insolvenzverwalter die Erfüllung des Kommissionsvertrages ab oder kündigt der Kommittent, ist dieser mit seinem Anspruch auf Rückzahlung von Vorschüssen Insolvenzgläubiger.[651] Wählt umgekehrt der Insolvenzverwalter Erfüllung des Kommissionsvertrages und sieht der Kommittent von einer Kündigung ab, sind die Verpflichtungen des Kommissionärs aus dem Kommissionsgeschäft Masseschulden (§ 55 Abs. 1 Nr. 2).[652] Dass der Insolvenzverwalter Erfüllung des Kommissionsvertrages und Nichterfüllung des Ausführungsgeschäfts wählt, kommt praktisch nicht vor, weil der Insolvenzverwalter sich hier gegenüber dem Kommittenten mutwillig schadensersatzpflichtig machen würde.

299 **(2) Nach Ausführung der Kommission.** Ist die eingekaufte Ware noch nicht geliefert und entscheidet sich der Insolvenzverwalter für die Nichterfüllung des Ausführungsgeschäfts, gibt es keinen Lieferungsanspruch, den der Kommittent **aussondern** könnte. Wählt der Verwalter die Erfüllung des Ausführungsgeschäfts, spielt es keine Rolle, ob auch der Kommissionsvertrag dem § 103 unterworfen ist und wie der Verwalter sich insoweit entschieden hat. In jedem Falle ist der Anspruch auf Übereignung des Kommissionsguts an den Kommittenten aussonderungsfähig (s.o. RdNr. 289). Dazu muss der Insolvenzverwalter den Lieferungsanspruch an den Kommittenten abtreten.[653] Schadensersatzansprüche wegen Verzuges oder Unmöglichkeit der Leistung können ebenfalls ausgesondert werden.[654] § 392 Abs. 2 HGB greift auch dann ein, wenn der Insolvenzverwalter hinsichtlich des Kommissionsvertrags die Nichterfüllung wählt, weil der Kommissionsvertrag – ungeachtet der Undurchsetzbarkeit der Erfüllungsansprüche – fortbesteht. War die Ware im Zeitpunkt der Insolvenzeröffnung bereits an den Kommissionär geliefert (sodass § 103 auf das Ausführungsgeschäft nicht anwendbar ist), von diesem aber noch nicht an den Kommittenten weitergeleitet, kann dieser die Ware aussondern (s.o. RdNr. 289). Grundsätzlich erwirbt ein Einkaufskommissionär das Eigentum an den gekauften Sachen zunächst selbst. Er muss es anschließend durch besonderes Rechtsgeschäft auf den Kommittenten übertragen. Ausnahmsweise kann der Kommittent schon

---

[648] *Baumbach/Hopt* § 383 HGB RdNr. 15.
[649] Vgl. dazu *Baumbach/Hopt* § 400 HGB RdNr. 2.
[650] *Canaris*, Bankvertragsrecht RdNr. 2072; *Gottwald/Adolphsen*, Insolvenzrechts-Handbuch, 3. Aufl., § 40 RdNr. 89.
[651] *Jaeger/Henckel* § 47 RdNr. 146; *Baumbach/Hopt* § 383 HGB RdNr. 15.
[652] *Baumbach/Hopt* § 383 HGB RdNr. 15.
[653] *K. Schmidt*, Handelsrecht § 31 V 4b (S. 899 ff.); *Uhlenbruck/Brinkmann* § 47 RdNr. 79.
[654] *Jaeger/Henckel* § 47 RdNr. 150.

vorher durch vorgezogene Einigung und antizipiertes Besitzkonstitut das Eigentum erwerben. Dann kann er kraft seines Eigentums aussondern.[655] Die geleisteten Gegenstände als Treugut zu behandeln und deshalb immer ein Aussonderungsrecht zu gewähren,[656] ist kaum möglich, weil sie nicht – geschweige denn unmittelbar – von dem Kommittenten an den Kommissionär gelangt sind und auch nur selten „offenkundig" sein wird, dass es sich um Treugut handelt.

c) Transportgeschäfte. Liefert der **Frachtführer** vereinbarungsgemäß das Gut gegen Einziehung einer **Nachnahme** an den Empfänger aus, gilt das auf Grund der Einziehung Erlangte im Verhältnis zu den Gläubigern des Frachtführers als auf den Absender übertragen (§ 422 Abs. 2 HGB). Dieser hat in der Insolvenz des Frachtführers ein Aussonderungsrecht.[657] Wenn der **Spediteur** Verträge für Rechnung des Versenders, aber im eigenen Namen abgeschlossen hat, kann der Versender Forderungen hieraus erst nach der Abtretung geltend machen (§ 457 Satz 1 HGB); diese Forderungen sowie das in Erfüllung der Forderungen Erlangte gelten jedoch im Verhältnis zu den Gläubigern des Spediteurs als auf den Versender übertragen (§ 457 Satz 2 HGB). In der Insolvenz des Spediteurs hat der Versender ein Aussonderungsrecht.[658]

299a

d) Effektengeschäfte. Das Kreditwesengesetz versteht unter dem Effektengeschäft die Anschaffung und Veräußerung von Wertpapieren für andere (§ 1 Abs. 1 Nr. 4 KWG). Soweit den Kreditinstituten ein entsprechender **Kommissionsauftrag** erteilt worden ist, schließen sie in den Kapitalmärkten Ausführungsgeschäfte ab, die sich als Kauf oder Verkauf darstellen. Ein solches Ausführungsgeschäft unterbleibt, wenn das Kreditinstitut die Wertpapiere selbst als Käufer übernimmt oder als Verkäufer liefert. In diesen Fällen tätigen das Kreditinstitut und der Kunde sogenannte **Festpreisgeschäfte** (vgl. u. RdNr. 310).

300

aa) Einkaufskommission von Wertpapieren. Wird der Einkaufskommissionär **vor Ausführung der Kommission** insolvent, bestimmt sich die Lage nach RdNr. 292. **Nach Ausführung der Kommission** interessiert vor allem die Frage, wann der Kommittent das Eigentum an den eingekauften Wertpapieren erlangt und diese somit **aussondern** kann.[659]

301

Gemäß § 18 Abs. 1 Satz 1 DepotG hat ein Kommissionär, der einen Auftrag zum Einkauf von Wertpapieren ausführt, dem Kommittenten unverzüglich, spätestens binnen einer Woche, ein Verzeichnis der gekauften **Stücke** zu übersenden. Nach § 18 Abs. 3 DepotG geht mit der Absendung des Stückeverzeichnisses das Eigentum an den darin bezeichneten Wertpapieren auf den Kommittenten über, soweit der Kommissionär berechtigt ist, über die Stücke zu verfügen. Soweit innerhalb der für die Übersendung des Stückeverzeichnisses bestimmten Frist die Wertpapiere dem Kommittenten ausgeliefert sind (oder ein Auftrag des Kommittenten zur Wiederveräußerung ausgeführt ist), erübrigt sich die Übersendung des Stückeverzeichnisses (§ 23 DepotG). Dann ist der Zeitpunkt, in dem der Kommittent die Wertpapiere erhielt, für den Eigentumsübergang maßgeblich. Statt des Eigentums an den einzelnen Stücken kann der Kommissionär dem Kommittenten auch **Miteigentum am Sammelbestand** eines Sammelverwahrers, etwa einer Wertpapiersammelbank (§ 1 Abs. 3 DepotG), verschaffen. Das Miteigentum erwirbt der Kommittent mit der Eintragung des Übertragungsvermerks im Verwahrungsbuch des Kommissionärs (§ 24 Abs. 2 DepotG). In der Insolvenz des Sammelverwahrers ist der Kommittent ebenfalls durch sein Aussonderungsrecht gesichert.

302

Unberührt bleiben Bestimmungen des bürgerlichen Rechts, nach denen das Eigentum schon früher übergeht (§ 18 Abs. 3, § 24 Abs. 2 Satz 1 DepotG). Das Kreditinstitut kann, indem es als offener Stellvertreter auftritt, unmittelbar für den Kunden Eigentum erwerben. Möglich ist auch, dass das Kreditinstitut im Wege der vorweggenommenen Einigung und eines antizipierten Besitzkonstituts das Eigentum auf den Kunden überträgt.

303

Hat der Kommissionär die Wertpapiere zwar gekauft, sein Vertragspartner diese vor Eintritt der Insolvenz aber noch nicht geliefert, kann der Kommittent nach § 392 Abs. 2 HGB den **Lieferungsanspruch aussondern.**[660] Ist der Kommittent noch nicht Eigentümer, besteht aber auch kein aussonderungsfähiger Lieferungsanspruch, hat der Kommittent das **Insolvenzvorrecht** aus § 32 DepotG. Falls er seine Vertragspflichten erfüllt hat (oder einen noch unerfüllten kleinen Teil seiner Vertragspflichten noch prompt erfüllt, vgl. Abs. 1 Nr. 3, Abs. 2), hat er nach Abs. 3 und 4 ein Recht auf Vorzugsbefriedigung aus einer Sondermasse, die aus den in der Masse befindlichen Wertpapieren gleicher Art und den zur Masse gehörenden Ansprüchen auf Lieferung solcher Papiere gebildet wird. Dabei handelt es sich weder um eine Aussonderung noch um eine Absonderung (vgl. vor

304

---

[655] *Jaeger/Henckel* § 47 RdNr. 150; *Uhlenbruck/Brinkmann* § 47 RdNr. 79.
[656] So *Canaris*, FS Flume, S. 371, 410, 424; *K. Schmidt*, Handelsrecht § 31 V 4c bb (S. 905 f.).
[657] *Baumbach/Merkt* § 422 HGB RdNr. 2; aA – nur Absonderungsrecht – *Fridgen* ZInsO 2004, 530, 53.
[658] *Baumbach/Merkt* § 457 HGB RdNr. 2; aA – nur Absonderungsrecht – *Fridgen* ZInsO 2004, 530, 53.
[659] *Heinsius/Horn/Than* § 32 DepotG RdNr. 33.
[660] *Heinsius/Horn/Than* § 32 DepotG RdNr. 35.

§§ 49–52 RdNr. 4). Wertpapiere, die das Kreditinstitut als Treuhänder hält, fallen nicht in die Masse, folglich auch nicht in die Sondermasse.

305 Hat der Kommissionär die Wertpapiere, die für den Kommittenten bestimmt waren, einem Dritten übereignet, so kann der Dritte aussondern.[661] Der Kommittent hat – als Insolvenzforderung – lediglich einen Schadensersatzanspruch. Unter Umständen kommt eine Strafbarkeit des Kommissionärs nach § 37 DepotG in Betracht.[662]

306 Einem Depotkunden, dem vereinbarungsgemäß **im Ausland angeschaffte und dort aufbewahrte Wertpapiere** in Wertpapierrechnung gutgeschrieben worden sind, ist in der Insolvenz der inländischen Depotbank hinsichtlich der Wertpapiere ein Aussonderungsrecht zuzubilligen. Seine dahingehende Berechtigung hat allerdings nur eine schuldrechtliche Grundlage. Die Depotbank hält das Eigentum in **offener Treuhand** für den Kunden.[663]

307 **bb) Verkaufskommission von Wertpapieren.** Hier kann der Kommittent seine Effekten aussondern, solange das Kreditinstitut diese noch nicht weiterveräußert hat. Nach der Veräußerung kann der Kommittent den Kaufpreisanspruch gegen den Erwerber gemäß § 392 Abs. 2 HGB aussondern. Darüber hinaus ist der Kommittent beim Wertpapierverkauf nicht geschützt. § 32 DepotG ist hier nicht anwendbar.[664]

308 **cc) Insolvenz des Marktkontrahenten.** Nach allgemeinen kommissionsrechtlichen Grundsätzen trägt der Kommittent das Insolvenzrisiko des Vertragspartners des Kommissionärs. Dies ist bei der Wertpapierkommission anders. Bei der Neugestaltung der AGB-Wertpapiergeschäfte ist bestimmt worden, dass die Bank (= Kommissionär) für die ordnungsgemäße Erfüllung des Ausführungsgeschäfts durch ihren Vertragspartner oder den Vertragspartner ihres Zwischenkommissionärs haftet (Nr. 9 Satz 1 AGB-Wertpapiergeschäfte).[665]

309 **dd) Effektenkommission mit Selbsteintritt.** Bei der Kommission zum Verkauf von Wertpapieren, bei denen ein Börsen- oder Marktpreis amtlich festgestellt wird, ist der Kommittent nicht geschützt, wenn die Bank nach dem ihr durch § 400 Abs. 1 HGB gestatteten Selbsteintritt insolvent wird. Beruht das Selbsteintrittsrecht auf einer nach § 185 Abs. 1 BGB erteilten Verfügungsermächtigung, ist dies anders.[666] Hier ist das Selbsteintrittsrecht im Zweifel aufschiebend bedingt durch die Gutschrift des Erlöses. Hat die Bank die Papiere auf sich selbst übertragen, ohne die Gegenleistung zu erbringen, und wird sie anschließend insolvent, kann der Kommittent die Papiere aussondern.

310 Von der Kommission mit Selbsteintritt zu unterscheiden sind die **Festpreisgeschäfte** der Bank. Hier wird kein kommissionsrechtlicher Kauf- oder Verkaufsauftrag erteilt, vielmehr kommt zwischen dem Kunden und der Bank sogleich ein Kaufvertrag über die Lieferung oder Abnahme von Wertpapieren zustande.[667]

311 **e) Versicherung für fremde Rechnung. aa) Allgemeines.** Für diese Art der Versicherung ist kennzeichnend, dass die Versicherung von dem Versicherungsnehmer im eigenen Namen für einen anderen genommen wird. Ob die Person des Versicherten benannt wird, ist gleichgültig (§ 43 Abs. 1 VVG). Es muss sich allerdings aus den Umständen ergeben, dass die Versicherung für einen anderen genommen werden soll (§ 43 Abs. 3 VVG). Praktisch bedeutsame Versicherungen für fremde Rechnung sind die Speditionsversicherung, die Schadensversicherung sicherungsübereigneter Sachen, die Versicherung von Angestellten gegen Haftpflicht (§ 102 Abs. 1 VVG) oder Unfall (§ 179 Abs. 1 Satz 1 VVG), die Direktversicherung im Rahmen einer betrieblichen Altersversorgung (dazu u. RdNr. 315 ff.) und die Vertrauensschadensversicherung für Notare.[668]

312 Bei der Versicherung für fremde Rechnung stehen – abgesehen vom Versicherungsschein (§ 3 Abs. 1VVG) – die Rechte aus dem Versicherungsvertrag, insbesondere der Anspruch auf die Versicherungsleistungen, dem Versicherten zu (§ 44 Abs. 1 Satz 1 VVG). In der Insolvenz des Versicherungsnehmers kann der Versicherte deswegen grundsätzlich den Versicherungsanspruch **aussondern**.[669] Eine Ausnahme gilt für die Versicherung von Sicherungseigentum: Da der Versicherte

---

[661] *Heinsius/Horn/Than* § 32 DepotG RdNr. 32; *Henckel*, FS Uhlenbruck, S. 19, 24.
[662] Vgl. *Heinsius/Horn/Than* § 37 DepotG RdNr. 12.
[663] *Heinsius/Horn/Than* § 22 DepotG RdNr. 44, § 32 DepotG RdNr. 47.
[664] *Heinsius/Horn/Than* § 32 DepotG RdNr. 7; aA *Canaris*, Bankvertragsrecht RdNr. 2072.
[665] Vgl. *Seiler/Kniehase* in Schimansky/Bunte/Lwowski, Bankrechts-Handbuch, § 104 RdNr. 114.
[666] *Canaris*, Bankvertragsrecht RdNr. 2000; *Jaeger/Henckel* § 47 RdNr. 153; aA *Heinsius/Horn/Than* § 32 DepotG RdNr. 7.
[667] *Seiler/Kniehase* in Schimansky/Bunte/Lwowski, Bankrechts-Handbuch, § 104 RdNr. 186 ff.; *Hannöver* ebenda § 110 RdNr. 66.
[668] BGHZ 113, 151, 152 = NJW 1991, 1055; BGHZ 139, 52 ff. = NJW 1998, 2537.
[669] *Jaeger/Henckel* § 47 RdNr. 157; *Uhlenbruck/Brinkmann* § 47 RdNr. 83; *Gottwald/Adolphsen*, Insolvenzrechts-Handbuch, § 40 RdNr. 93.

hinsichtlich der versicherten Sache nur abgesonderte Befriedigung verlangen könnte (s.u. § 51 RdNr. 4 ff.), kann er sich auch aus dem Versicherungsanspruch nur abgesondert befriedigen.[670] Versichert ein Kommissionär im eigenen Namen das Kommissionsgut für Rechnung des Kommittenten, handelt es sich, wenn es an der in § 43 Abs. 3 VVG geforderten Erkennbarkeit fehlt, nicht um eine Versicherung für fremde Rechnung. Gleichwohl kann der Kommittent den Versicherungsanspruch aussondern, weil er unter § 392 Abs. 2 HGB fällt.[671]

Eigentümer des Versicherungsscheins ist nach § 952 Abs. 1 BGB der Gläubiger der Forderung, also **313** der Versicherungsnehmer. Herausgabe des **Versicherungsscheins,** ohne den der Versicherte über seine Rechte nicht verfügen kann (§ 44 Abs. 2 VVG),[672] kann der Versicherte oder – falls der Versicherte inzwischen insolvent geworden ist – dessen Insolvenzverwalter nach § 46 Satz 1 VVG nur verlangen, wenn er den Versicherungsnehmer wegen der im Innenverhältnis bestehenden Gegenansprüche (dazu gehört vornehmlich der Anspruch auf Erstattung der verauslagten Prämie) befriedigt.[673] Insofern hat der Versicherungsnehmer ein insolvenzfestes Zurückbehaltungsrecht (s. § 51 RdNr. 232 ff.).

Solange der Versicherungsnehmer den Versicherungsschein im Besitz hat, kann er über die **314** Rechte des Versicherten aus dem Versicherungsvertrag im eigenen Namen verfügen (§ 45 Abs. 1 VVG). Dieses Verfügungsrecht geht in der **Insolvenz des Versicherungsnehmers** auf dessen Insolvenzverwalter über. Zieht dieser die Entschädigung ein, hat der Versicherte, solange die Entschädigung unterscheidbar in der Masse vorhanden ist, ein **Ersatzaussonderungsrecht** (§ 48 Satz 2).[674] Der Insolvenzverwalter handelt „unberechtigt" im Sinne von § 48, weil die auf ihn übergegangene Verfügungsbefugnis gemäß § 45 VVG ihm nur die Berechtigung verleiht, wegen etwaiger dem Versicherungsnehmer gegen den Versicherten zustehender Ansprüche Befriedigung zu verlangen (insofern hat er auch ein Zurückbehaltungsrecht gemäß § 46 Satz 1 VVG, s.u. § 51 RdNr. 233), nicht aber das Aussonderungsrecht des Versicherten zu vereiteln.[675] Bezog sich die Versicherung auf Sicherungsgut, besteht nur ein Ersatzabsonderungsrecht (s.o. RdNr. 312).[676] Ist die Entschädigung ununterscheidbar in die Masse aufgegangen, ist der Versicherte Massegläubiger gemäß § 55 Abs. 1 Nr. 3. Hatte der Versicherungsnehmer die Entschädigung noch vor Eröffnung des Insolvenzverfahrens eingezogen und ist der Betrag in der Masse noch unterscheidbar vorhanden, besteht ebenfalls ein Ersatzaussonderungs- bzw. Ersatzabsonderungsrecht (vgl. § 48 RdNr. 2). Ist der Betrag nicht mehr bzw. nicht mehr unterscheidbar vorhanden, ist der Versicherte mit seinem schuldrechtlichen Anspruch auf Auskehr der Versicherungssumme nur Insolvenzgläubiger. Zu den Rechten des Versicherungsnehmers in der **Insolvenz des Versicherten** s. Vorbemerkungen vor §§ 49–52 RdNr. 4.

bb) Die Direktversicherung im Rahmen einer betrieblichen Altersversorgung. Hat ein **315** später insolvent gewordener Arbeitgeber zur Erfüllung einer Versorgungszusage[677] einen Versicherungsvertrag zugunsten eines Arbeitnehmers[678] geschlossen, steht dem Insolvenzverwalter regelmäßig[679] gemäß § 103 das Recht zu, sich für die Erfüllung oder Nichterfüllung des Vertrages zu entscheiden. Typischerweise hat der Schuldner (Arbeitgeber) vor Eröffnung des Insolvenzverfahrens teilweise geleistet, nämlich die bis dahin angefallenen Versicherungsprämien, der Versicherer indes nichts geleistet. Dann bewirkt die Wahl der Erfüllung eine Vertragsspaltung.[680] Darüber, ob der Leistungsanspruch des Arbeitnehmers in der Insolvenz des Arbeitgebers **ausgesondert** werden kann oder in die Masse fällt, entscheidet die Ausgestaltung des Versicherungsvertrages:[681]

(1) Widerrufliche Bezugsberechtigung. Nach § 159 Abs. 1 VVG hat der Versicherungsneh- **316** mer (= Arbeitgeber) im Zweifel die Befugnis, an die Stelle des bezugsberechtigten Dritten einen anderen zu setzen. Bezugsberechtigungen sind also grundsätzlich widerruflich. Bei einer widerruflichen Bezeichnung des Bezugsberechtigten erlangt der Begünstigte zunächst weder einen Rechtsanspruch noch eine sonstige gesicherte Rechtsposition, sondern nur eine tatsächliche Aussicht auf den

---

[670] *Uhlenbruck/Brinkmann* § 47 RdNr. 83; *Gottwald/Adolphsen,* Insolvenzrechts-Handbuch, § 40 RdNr. 93.
[671] *Jaeger/Henckel* § 47 RdNr. 157.
[672] BGH VersR 2006, 394.
[673] *Jaeger/Henckel* § 47 RdNr. 157; *Uhlenbruck/Brinkmann* § 47 RdNr. 83.
[674] Vgl. BGHZ 10, 376, 384 = NJW 1953, 1825; *Jaeger/Henckel* § 47 RdNr. 157; *Uhlenbruck/Brinkmann* § 47 RdNr. 83.
[675] Vgl. *Gundlach* DZWIR 2000, 309, 312.
[676] *Jaeger/Henckel* § 47 RdNr. 157; *Uhlenbruck/Brinkmann* § 47 RdNr. 83.
[677] Die Garantieerklärung einer Muttergesellschaft im Rahmen eines konzernweiten „Cashclearing-Verfahrens" ist zur Insolvenzsicherung kaum geeignet, vgl. LAG Düsseldorf ZIP 2005, 999, 1002.
[678] Zur Arbeitnehmereigenschaft des GmbH-Geschäftsführers vgl. BGH NZI 2003, 199, 200; *Kayser,* FS für Kirchhof, 2003, S. 259 ff.
[679] Ausnahme: Beitragsfrei gestellte Lebensversicherung, vgl. *Kayser* ZInsO 2004, 1321, 1324.
[680] Näher hierzu *Kayser* ZInsO 2004, 1321, 1322 f.; *ders.,* Die Lebensversicherung, S. 52, 62.
[681] BAGE 134, 372 = NZI 2011, 30 RdNr. 18.

Erwerb eines zukünftigen Anspruchs.[682] Der Begünstigte erwirbt, sofern der Versicherungsnehmer nichts Abweichendes bestimmt hat, das Recht auf die Versicherungsleistungen erst mit dem Eintritt des Versicherungsfalles (§ 159 Abs. 2 VVG). Wird der Versicherungsnehmer vorher insolvent, ist der Versicherte (= Arbeitnehmer) **nicht zur Aussonderung berechtigt.**[683] Der Insolvenzverwalter kann gegenüber dem Versicherer den Widerruf erklären,[684] die Versicherung kündigen und den Rückkaufwert zur Masse ziehen.[685] Selbst wenn der Insolvenzverwalter die Nichterfüllung wählt, kann weder auf die Kündigung noch den Widerruf verzichtet werden.[686] Da der Versicherungsvertrag durch die Insolvenzeröffnung materiellrechtlich nicht umgestaltet wird, stünde ohne den Widerruf die Versicherungsleistung bei Eintritt des Versicherungsfalls dem widerruflich Begünstigten, und nicht dem Insolvenzverwalter, zu (Direkterwerb).[687]

317 Die **Widerruflichkeit** der Bezugsberechtigung bestimmt sich allein nach dem Versicherungsverhältnis, nicht nach dem Beschäftigungsverhältnis zwischen Arbeitnehmer und Arbeitgeber.[688] Ist nach diesem der Arbeitgeber verpflichtet, eine Direktversicherung mit unwiderruflicher Bezugsberechtigung abzuschließen, vereinbart er aber dann mit dem Versicherer eine widerrufliche, ist er zwar gegenüber dem Arbeitnehmer schadensersatzpflichtig; maßgeblich – auch und gerade in der Insolvenz des Arbeitgebers – ist jedoch das abweichend gestaltete Versicherungsverhältnis.[689]

317a Der versorgungsberechtigte Arbeitnehmer kann jedoch geschützt werden, indem der Arbeitgeber die Versicherungsansprüche an ihn **verpfändet.** Dann steht diesem ein Recht auf **abgesonderte Befriedigung** zu (§ 50 Abs. 1). Solange die Pfandreife noch nicht eingetreten ist, darf zwar der Insolvenzverwalter die Lebensversicherung kündigen und den Rückkaufwert einziehen. Er muss ihn jedoch zugunsten des Arbeitnehmers hinterlegen, bis die zu sichernde Forderung aus der Versorgungsanwartschaft fällig wird.[690]

317b Während die Widerruflichkeit der Bezugsberechtigung nur das Versicherungsverhältnis (Deckungsverhältnis) betrifft, ist im arbeits-/dienstvertraglichen Valutaverhältnis zusätzlich zu berücksichtigen, ob die **Versorgungsanwartschaft** bereits unverfallbar geworden ist oder nicht. Dies bestimmt sich nach § 1b Abs. 1 BetrAVG. War im Zeitpunkt der Insolvenzeröffnung die Versorgungsanwartschaft noch **verfallbar,** kann der Arbeitnehmer keinen Versorgungsanspruch zur Insolvenztabelle anmelden.[691]

318 War bei sonst gleichen Voraussetzungen die **Versorgungsanwartschaft unverfallbar,** ist zu differenzieren je nachdem, ob eine Insolvenzsicherung durch den Pensionssicherungsverein (PSV) besteht oder nicht. Ggf. hat der Arbeitnehmer einen Versorgungsanspruch gegen den PSV (§ 7 BetrAVG). Die Versorgungsanwartschaft geht auf den PSV über (§ 9 Abs. 2 Satz 1 BetrAVG). Dieser kann den Versorgungsanspruch als unbedingte Forderung nach § 45 anmelden (§ 9 Abs. 2 Satz 3 BetrAVG). Besteht keine Insolvenzsicherung durch den PSV (vgl. RdNr. 322a) besteht zwischen dem BAG und dem BGH Uneinigkeit über die Rechtsfolgen:[692] Das BAG will den Versorgungsanspruch als unbedingte Forderung nach § 45 behandeln.[693] Der BGH berücksichtigt ihn lediglich als bedingte Forderung mit der Folge, dass der Insolvenzverwalter den Kapitalbetrag gemäß § 191 Abs. 1 Satz 2 bis zum Eintritt des Versorgungsfalls zurückbehalten muss.[694] Tritt der Versorgungsfall nicht ein, ist eine Nachtragsverteilung gemäß § 203 Abs. 1 Nr. 1 durchzuführen.

---

[682] BGH, Urt. v. 26.1.2012 – IX ZR 99/11 RdNr. 8.
[683] BGH ZIP 1993, 600, 601 = EWiR 1993, 473 *(Blomeyer)*; NJW 2002, 3253; BAG NZA 1991, 845; OLG Hamm ZIP 1990, 1603, 1604 = EWiR 1991, 77 *(Griebeling)*; *Kayser* ZInsO 2004, 1321, 1322; *ders.,* Die Lebensversicherung, S. 48; *Thürmann* BB 1985, 1269, 1272 f.; *Jaeger/Henckel* § 47 RdNr. 157; *Uhlenbruck/Brinkmann* § 47 RdNr. 88; *Gottwald/Adolphsen,* Insolvenzrechts-Handbuch, § 40 RdNr. 70; aA *Kießling* NZI 2008, 469; *Paulsdorff,* Kommentar zur Insolvenzsicherung der betrieblichen Altersversorgung, 3. Aufl., § 7 BetrAVG RdNr. 324a; *ders.* in *Heubeck/Höhne/Paulsdorff/Weinert* BetrAVG I, 2. Aufl. 1982, § 7 RdNr. 66.
[684] War der begünstigte Arbeitnehmer im Besitz des Versicherungsscheins, muss er diesen nach dem ordnungsgemäß erklärten Widerruf des Bezugsrechts herausgeben, ein insolvenzfestes Zurückbehaltungsrecht steht ihm nicht zu, LAG Köln EWiR 2003, 675 *(Reichold)*.
[685] LAG München ZIP 1988, 1070, 1071; *Gottwald/Adolphsen,* Insolvenzrechts-Handbuch, § 40 RdNr. 70.
[686] *Kayser,* Die Lebensversicherung, S. 51; anders noch *ders.* ZInsO 2004, 1321, 1322, 1324.
[687] BGHZ 45, 162, 165 = NJW 1966, 1071.
[688] BGH NJW 2002, 3253, 3254 = WuB VI C. § 47 InsO 3.02 *(Cartano)* = DZWIR 2002, 477 *(Gundlach/Frenzel)*; NZI 2005, 555, 556; 2006, 527, 528; *Kayser* ZInsO 2004, 1321, 1323; *Gottwald/Adolphsen,* Insolvenzrechts-Handbuch, § 40 RdNr. 68; *Uhlenbruck/Brinkmann* § 47 RdNr. 88; FK-*Imberger* § 47 RdNr. 40.
[689] BGH ZIP 1993, 600, 601 = EWiR 1993, 473 *(Blomeyer)*; BGH NJW 2002, 3253, 3254; BAG BB 1994, 73; LAG Köln EWiR 2003, 675 *(Reichold)*.
[690] BGH NJW 2005, 2231, 2232.
[691] A. A. *Griebeling* EWiR 1991, 77, 78; *Hinkel/Flitsch* InVo 2005, 1.
[692] Vgl. hierzu *Bitter* NZI 2000, 399, 402 ff.
[693] BAGE 24, 204 = NJW 1973, 167.
[694] BGHZ 136, 220, 226 = NJW 1978, 312, 314.

Die Streitfrage, ob bei sogenannten **Gehaltsumwandlungsverträgen**, bei denen die Prämien 319
vom Lohn des Arbeitnehmers finanziert werden, ein Treuhandverhältnis zwischen Arbeitgeber und
Arbeitnehmer besteht, das den Arbeitnehmer berechtigt, in der Insolvenz des Arbeitgebers (= Treuhänders) die Versicherungsansprüche auszusondern,[695] hat der BGH verneint.[696] Er hat zur Begründung darauf hingewiesen, die Rechte aus dem Versicherungsvertrag hätten – selbst dann, wenn der dem Arbeitgeber überlassene Lohnanteil wirtschaftlich zum Vermögen des Arbeitnehmers gehört haben sollte (zum Bestehen eines Treuhandkontos vgl. RdNr. 392), und ungeachtet einer etwa bestehenden Verpflichtung des Arbeitgebers, dem Arbeitnehmer ein unentziehbares Bezugsrecht zu verschaffen – immer zum Vermögen des Arbeitgebers gehört. Ein Treuhandverhältnis bezüglich des Lohnanteils habe mit dessen Verwendung für die Versicherungsprämien geendet; es habe sich nicht im Wege der Surrogation an den Rechten aus dem Versicherungsvertrag fortgesetzt. Der Verschaffungsanspruch des Arbeitnehmers berechtige nicht zur Aussonderung. Die Rechtsstellung des Arbeitnehmers richte sich allein nach dem Versicherungsvertrag, und wenn darin nur ein widerrufliches Bezugsrecht eingeräumt sei, hätte sich der Arbeitnehmer arbeitsrechtlich dagegen zur Wehr setzen können. Wenn er dies unterlassen habe, gehe das in der Insolvenz des Arbeitgebers mit ihm heim.

Diese Lösung erscheint dogmatisch einwandfrei.[697] Nicht einmal die für die Versicherungsprä- 319a
mien eingesetzten Lohnanteile sind treuhänderisch gebunden.[698] Für die dafür erforderliche „Verdinglichung" (s.u. RdNr. 356a) reicht es nicht aus, dass die Lohnanteile in der Lohnbuchhaltung des Arbeitgebers entsprechend deklariert werden. Selbst wenn man unterstellt, dass der Arbeitgeber bezüglich der Lohnanteile Treuhänder ist, wäre das rechtsgeschäftliche Surrogat der Lohnanteile, nämlich die damit erworbenen Versicherungsansprüche, nicht selbst wieder als Treugut anzusehen (vgl. oben RdNr. 31).[699] Ein gewisser Schutz der Versorgungsberechtigten wird dadurch bewirkt, dass bei der arbeitnehmerfinanzierten Direktversicherung die sofortige Unverfallbarkeit (mit den o. RdNr. 318 beschriebenen Folgen) eintritt. Ein besserer Schutz der Versorgungsberechtigten wäre gleichwohl wünschenswert.[700] Der Arbeitnehmer, der für seine Altersversorgung Lohnanteile opfert, vertraut im Allgemeinen darauf, auch im Insolvenzfall gesichert zu sein. Mit dem Argument, er habe erkennen können, dass ihm nur eine widerrufliche Bezugsberechtigung eingeräumt worden sei, und sich, falls die Verschaffung einer unwiderruflichen vereinbart gewesen sei, dagegen zur Wehr setzen können, wird bei dem Arbeitnehmer ein Problembewusstsein vorausgesetzt, das im Allgemeinen nicht vorhanden ist, und außerdem die Fähigkeit zur zutreffenden Beurteilung der Rechtslage. Dazu ist er – ganz abgesehen davon, dass die Rechtslage sogar unter Juristen nicht ganz unumstritten ist – vielfach nicht in der Lage.

Als Konsequenz aus der inzwischen übereinstimmenden Haltung von BGH und BAG zu den 319b
Gehaltsumwandlungsverträgen kann den Arbeitnehmern nur empfohlen werden, entweder auf der Einräumung unwiderruflicher Bezugsberechtigungen zu bestehen oder sich an den Versicherungsansprüchen ein Pfandrecht bestellen zu lassen, das in der Insolvenz immerhin das Recht zur abgesonderten Befriedigung verschafft.

(2) Unwiderrufliche Bezugsberechtigung. Hat der Arbeitgeber (= Versicherungsnehmer) 320
dem Arbeitnehmer (= Versicherten), seinen Angehörigen und Erben ein unwiderrufliches Bezugsrecht auf die Versicherungsleistungen eingeräumt (gemäß § 13 Abs. 2 ALB 1986 muss der Versicherer dies schriftlich bestätigen), gehört der dahingehende Anspruch in der Insolvenz des Arbeitgebers nicht zur Masse und kann **ausgesondert** werden.[701] Denn mit der Einräumung des unwiderruflichen Bezugsrechts hat der Begünstigte den Anspruch auf die Versicherungsleistungen sofort erwor-

---

[695] Bejahend noch die 1. Auflage; außerdem OLG Düsseldorf NJW-RR 1992, 798, 799 = EWiR 1992, 899 (*Reichold*); *Gottwald* EWiR 1988, 1011; *Gottwald/Adolphsen*, Insolvenzrechts-Handbuch, § 40 RdNr. 73 ff.; *Bayer*, Vertrag zugunsten Dritter 1995, S. 266; *Smid* § 47 RdNr. 34; verneinend: BAGE 92, 1, 9 f.: BAG ZIP 1988, 1072; 1991, 1295, 1297; 1996, 965, 966; 1999, 1638; OLG Düsseldorf VersR 1998, 1405; *Eckert* DStR 1997, 1464; *Blomeyer* EWiR 1996, 627; *ders.*, EWiR 2000, 111; *Kayser* ZInsO 2004, 1321, 1323; *Jaeger/Henckel* § 47 RdNr. 157; *Uhlenbruck/Brinkmann* § 47 RdNr. 88; FK-*Imberger* § 47 RdNr. 40; *Braun/Bäuerle* § 35 RdNr. 33.
[696] BGH NJW 2002, 3253, 3254 = WuB VI C. § 47 InsO 3.02 (*Cartano*) = DZWIR 2002, 477 (*Gundlach/Frenzel*); ebenso OLG Karlsruhe ZIP 2007, 286, 289.
[697] *Eckardt* KTS 2005, 15, 27 bezeichnet sie als „unerbittlich".
[698] *Ganter* NZI 2008, 583, 586; aA *Braun/Bäuerle* § 35 RdNr. 33.
[699] *Ganter* NZI 2008, 583, 586; *Uhlenbruck/Brinkmann* § 47 RdNr. 88; aA *Kießling* NZI 2008, 469, 471 f.
[700] Vgl. dazu auch BGH ZIP 2005, 1373, 1374: „Ein Vorbehalt, der einen Widerruf des Bezugsrechtes bei Insolvenz des Arbeitgebers zuließe, würde das mit dem Abschluss der Direktversicherung angestrebte Ziel einer betrieblichen Altersversorgung unterlaufen".
[701] BAG NJW 1991, 717 = EWiR 1991, 1163 (*Otto*); *Thürmann* BB 1985, 1269, 1272; *Zimmermann* VersR 1988, 885, 886; *Hinkel/Flitsch* InVO 2005, 1; *Gottwald/Adolphsen*, Insolvenzrechts-Handbuch, § 40 RdNr. 68; *Uhlenbruck/Brinkmann* § 47 RdNr. 89; *Kayser*, Die Lebensversicherung, S. 58.

ben (§ 159 Abs. 3 VVG).[702] Er behält das unwiderrufliche – und uneingeschränkte – Bezugsrecht mit der Folge, dass er zum vertraglich vorgesehenen Fälligkeitstermin die Versicherungssumme für sich beanspruchen kann. Den Anspruch auf den Rückkaufswert löst allerdings erst die Kündigung des Versicherungsvertrages aus (§ 169 Abs. 1 VVG). Das Kündigungsrecht behält auch bei der unwiderruflichen Bezugsberechtigung eines Dritten der Versicherungsnehmer.[703] Ist eine Übertragung dieses Kündigungsrechts nicht feststellbar, ist es weiterhin der Vertragspartei zugewiesen.[704] Dem steht nicht entgegen, dass die Versicherung wegen sich abzeichnender wirtschaftlicher Schwierigkeiten des Versicherungsnehmers beitragsfrei gestellt worden ist.

321 **(3) Eingeschränkt unwiderrufliche Bezugsberechtigung.** Die unwiderrufliche Bezugsberechtigung kann – und dies ist bei Direktversicherungen zur betrieblichen Altersversorgung üblich – durch **Vorbehalte** eingeschränkt werden. Arbeitsrechtliche Abreden gewinnen nur Bedeutung, wenn sie sich in dem Versicherungsvertrag wieder finden.[705] Nach den Musterbedingungen für die Großlebensversicherung (ALB) pflegt sich der Arbeitgeber vorzubehalten, die Versicherungsleistungen selbst in Anspruch zu nehmen, wenn der Arbeitnehmer vor Eintritt des Versicherungsfalles mit einer noch nicht unverfallbaren Versorgungsanwartschaft aus dem Arbeitsverhältnis ausscheidet. Außerdem behält sich der Arbeitgeber vor, während der Dauer des Arbeitsverhältnisses mit Zustimmung des Versicherers die Versicherungsleistungen in Anspruch zu nehmen gegen das Versprechen, den Arbeitnehmer im Versicherungsfall so zu stellen, als ob die Vorauszahlung nicht erfolgt wäre. Sind die Voraussetzungen für die Vorbehalte erfüllt, kann die Bezugsberechtigung widerrufen werden; dann fällt die Versicherungsleistung in die Insolvenzmasse.[706] Sind die Voraussetzungen nicht erfüllt, verschafft die eingeschränkt unwiderrufliche Bezugsberechtigung in der Insolvenz des Arbeitgebers dieselbe Rechtsstellung wie eine uneingeschränkt unwiderrufliche Bezugsberechtigung. Das Bezugsrecht gehört dann zum Vermögen des Begünstigten und kann in der Insolvenz des Arbeitgebers **ausgesondert** werden.[707] Die Eröffnung des Insolvenzverfahrens führt noch nicht zur Umwandlung eines eingeschränkt unwiderruflichen Bezugsrechts in ein strikt unwiderrufliches.[708] Etwas Derartiges kann auch nicht wirksam vereinbart werden, weil es sich um eine Bedingung für den Insolvenzfall handelte.[709] Stellt der Insolvenzverwalter den Betrieb der Insolvenzschuldnerin ein und endet dadurch das Arbeitsverhältnis zur Insolvenzschuldnerin vor Eintritt des Versicherungsfalls und der Unverfallbarkeit, soll der Vorbehalt der „Beendigung des Arbeitsverhältnisses vor Eintritt des Versicherungsfalls" nicht greifen, wenn sich dem Versicherungsvertrag im Wege der Auslegung entnehmen lässt, dass jener nicht für den Fall der insolvenzbedingten Beendigung des Arbeitsverhältnisses gelten soll.[710] Ob dies nicht auch eine Bedingung für den Insolvenzfall darstellt, erscheint zweifelhaft (das gilt nicht, wenn das Arbeitsverhältnis allgemein aus Gründen beendet wird, die nicht in der Person des Arbeitnehmers liegen).[711] Fraglich ist ferner, ob die Veräußerung eines Teilbetriebes durch den Insolvenzverwalter und die damit verbundene Beendigung eines Arbeitsverhältnisses mit der Insolvenzschuldnerin den Vorbehalt erfüllt.[712] Das BAG hat im Falle der Veräußerung des Betriebes (Betriebsübergang gemäß § 613a BGB) eine Beendigung des Arbeitsverhältnisses im betriebsrentenrechtlichen Sinne verneint.[713] Wie das BAG im Falle betriebsbedingter Kündigung wegen Betriebsstilllegung entscheiden wird, ist noch offen. Die dem Arbeitgeber vom Arbeitnehmer

---

[702] BGHZ 45, 162, 165 = NJW 1966, 1071; BGH NJW 2003, 2679; Urt. v. 26.1.2012 – IX ZR 99/11 RdNr. 7.
[703] BGHZ 45, 162, 167; 118, 242, 247 f.; BGH NJW-RR 2010, 544 RdNr. 14; *Kollhosser* in Prölss/Martin, VVG 27. Aufl. § 166 RdNr. 7; § 165 RdNr. 1; *Römer* in Römer/Langheid, VVG 2. Aufl. § 165 RdNr. 5, 10.
[704] BGH NJW 1985, 2640 unter II 2b bb; BGH NJW-RR 2010, 544 RdNr. 14.
[705] BAGE 134, 372 = NZI 2011, 30 RdNr. 28; *Kayser* ZInsO 2004, 1321, 1323; *ders.*, Die Lebensversicherung, S. 31.
[706] OLG Frankfurt ZIP 2005, 1036, 1037; OLG München ZIP 2008, 1738, 1739; *Hinkel/Flitsch* InVO 2005, 1, 2.
[707] BAG NJW 1991, 717, 718 = EWiR 1991, 1163 *(Otto)*; BGH ZIP 1996, 1356, 1357 = EWiR 1996, 775 *(Griebeling);* 2005, 1373, 1374; NZI 2006, 527, 528; *Zimmermann* VersR 1988, 885, 886; *Kayser* ZInsO 2004, 1321, 1323; *Jaeger/Henckel* § 47 RdNr. 157; *Uhlenbruck/Brinkmann* § 47 RdNr. 89a.
[708] *Hinkel/Flitsch*, InVO 2005, 1, 2.
[709] BAGE 134, 372 = NZI 2011, 30 RdNr. 33; *Häsemeyer*, Insolvenzrecht RdNr. 10.23; *Nerlich/Römermann/Wittkowski* § 91 RdNr. 14.
[710] BGH ZIP 2005, 1373, 1374; 2005, 1836; NZI 2006, 527, 528; OLG Karlsruhe VersR 2001, 1501; OLG Düsseldorf VersR 2002, 86; OLG Koblenz VersR 2007, 1068 f.; LAG Hamm ZIP 2007, 291, 294; *Kollhosser* in Prölss/Martin, VVG 27. Aufl. § 165 RdNr. 6a; abl. *Hinkel/Flitsch* ZInsO 2005, 796, 797; *Hinkel/Laskos* ZInsO 2006, 1253, 1255; *Kayser*, Die Lebensversicherung, S. 32, 54 ff.
[711] Kritisch auch *Hiecke/Vorwerk* DZWIR 2005, 448, 450.
[712] So jedoch OLG Frankfurt ZIP 2005, 1036, 1037.
[713] BAGE 134, 372 = NZI 2011, 30 RdNr. 29 m. Anm. *Klasen* EWiR 2010, 767.

Aussonderung 322–322c § 47

eingeräumte Ermächtigung zur Entgegennahme von Vorauszahlungen des Versicherers auf die Versicherungsleistungen fällt nicht in die Masse. Sie erlischt spätestens mit der Eröffnung des Insolvenzverfahrens, weil der Versicherungsnehmer nicht mehr in der Lage ist, die mit der Ermächtigung verbundene Verpflichtung zu erfüllen, den Arbeitnehmer im Versicherungsfalle so zu stellen, als ob die Vorauszahlung nicht erfolgt wäre (vgl. o. RdNr. 162 und § 51 RdNr. 181).

cc) Rückdeckungsversicherung des Arbeitgebers. Hat der Arbeitgeber zur Erfüllung seiner Versorgungszusagen eine Rückdeckungsversicherung auf eigene Rechnung abgeschlossen, ist das Betriebsrentengesetz nicht anwendbar (§ 1a Abs. 1, § 1b Abs. 2, § 2 Abs. 2, § 7 Abs. 2 BetrAVG). Eine Aussonderung durch den Arbeitnehmer scheidet aus.[714] Hier dient die Versicherung der Sicherung des Arbeitgebers und nicht der Arbeitnehmer. Unerheblich ist, ob die Rückdeckungsversicherung auf den Namen des Arbeitnehmers abgeschlossen worden ist und dieser bei Beendigung des Arbeitsverhältnisses einen Anspruch auf Aushändigung des Versicherungsscheins hat.[715] Absonderungsberechtigt ist der Arbeitnehmer allerdings dann, wenn ihm die Rückdeckungsversicherung sicherungshalber abgetreten oder verpfändet wird.[716] Ist im Zeitpunkt der Insolvenzeröffnung bereits Pfandreife eingetreten, ist der Pfandgläubiger zur Einziehung berechtigt; der Insolvenzverwalter kann dieses Recht auf sich überleiten (§ 50 Abs. 1, § 173 Abs. 2). Fehlt es an der Pfandreife, kann der Pfandgläubiger lediglich Sicherstellung seines Versorgungsanspruchs aus dem Erlös beanspruchen.[717] Eine Abtretung der Rechte aus der Rückdeckungsversicherung an den Arbeitnehmer unter der aufschiebenden Bedingung, dass eine Gefährdung seines Pensionsanspruchs eintritt, ist – falls sie nicht gegen §§ 134, 138 BGB verstößt[718] – anfechtbar gemäß § 133.[719] Ist der Arbeitnehmer seinerseits insolvent, unterliegt sein Pfandrecht dem Insolvenzbeschlag.[720] 322

dd) Pensionszusagen zur Altersversorgung von Führungskräften. Gesellschafter oder Gesellschafter/Geschäftsführer, deren Pensionszusagen durch eine vom Unternehmensträger abgeschlossene Lebensversicherung gedeckt werden sollen, werden von § 17 Abs. 1 Satz 2 BetrAVG nicht erfasst, und ihnen kommt der Insolvenzschutz des § 7 BetrAVG nicht zugute.[721] Eine bilanzielle Pensionsrückstellung (§ 249 Abs. 1 HGB) ist ebenso wenig insolvenzfest wie die Begründung von Ansprüchen gegen einen unselbstständigen Betriebsfonds (s.u. RdNr. 426).[722] Hat die GmbH ihrem Geschäftsführer in der zu seinen Gunsten abgeschlossenen Direktversicherung nur ein widerrufliches Bezugsrecht eingeräumt, hat er vor Eintritt des Versicherungsfalls in der Insolvenz der Gesellschaft kein Aussonderungsrecht.[723] Die Rechtsstellung der Betroffenen kann entweder durch die Einrichtung von rechtlich selbstständigen Pensions- oder Unterstützungskassen (s.u. RdNr. 427) oder durch eine Rückdeckungsversicherung (RdNr. 322) verbessert werden. Im ersten Fall sind die Pensionäre nicht einmal auf eine Aussonderung angewiesen, weil das Vermögen der Kassen nicht zur „Ist-Masse" gehört.[724] Im zweiten Fall kommt es wieder – falls die Rückdeckungsversicherung nicht an den Pensionär verpfändet ist – entscheidend auf die Ausgestaltung des Bezugsrechts an (vgl. RdNr. 316 bis 321). 322a

Die Auszahlung des Rückkaufswertes einer an den Mehrheitsgesellschafter verpfändeten Kapitallebensversicherung, die zur Sicherung einer erteilten Pensionszusage abgeschlossen worden war, stellt im Insolvenzfall keine **verbotene Gewinnauszahlung** im Sinne der §§ 30, 31 GmbHG dar.[725] 322b

ee) Kreditlebensversicherung. Ein Versicherungsvertrag für Ratenkredite (Kreditlebensversicherung), für den in den AGB bestimmt ist, dass die Rückvergütung im Falle der Kündigung „dem versicherten Kreditkonto gutgeschrieben" wird, sichert nicht das Ausfallrisiko des Darlehensgebers. Es handelt sich lediglich um eine widerrufliche Zahlungsanweisung des Versicherungsnehmers (= Darlehensnehmers) an den Versicherer. In der Insolvenz des Versicherungsnehmers (= Darlehensnehmers) gehört der Rückkaufswert zur Insolvenzmasse. Der Darlehensgeber kann weder aus- noch absondern.[726] 322c

---

[714] LAG Saarbrücken DB 1970, 2447; *Gottwald/Adolphsen*, Insolvenzrechts-Handbuch, § 40 RdNr. 75; *Uhlenbruck/Brinkmann* § 47 RdNr. 89a.
[715] Vgl. BAGE 20, 11, 15 ff.; BAG DB 1978, 1843, 1844.
[716] BGH NJW 2005, 2231, 2232 m. Anm. *Armbrüster* DZWIR 2005, 385; *Gottwald/Adolphsen*, Insolvenzrechts-Handbuch, § 40 RdNr. 75.
[717] BGHZ 136, 220, 223 = NJW 1998, 312; BGH NJW 2005, 2231, 2232.
[718] Vgl. BGHZ 26, 185, 193 = NJW 1958, 457.
[719] BAG DB 1978, 1843 f.; vgl. auch BGH NJW 1993, 1640, 1641 = EWiR 1993, 389 *(Paulus)*.
[720] BGH, Beschl. v. 9.10.2008 – IX ZA 26/08, zit. nach juris.
[721] *Armbrüster* DZWIR 2005, 385.
[722] *Uhlenbruck/Brinkmann* § 47 RdNr. 85.
[723] OLG Hamm NZI 2006, 406, 407.
[724] *Uhlenbruck/Brinkmann* § 47 RdNr. 85; *Gottwald/Adolphsen*, Insolvenzrecht-Handbuch, § 40 RdNr. 66.
[725] *Stahlschmidt* NZI 2006, 375, 379; vgl. aber auch *Molitor* ZInsO 2005, 856 ff.
[726] AG Düsseldorf ZInsO 2008, 1146, 1147.

323 **7. Aneignungs- und Wegnahmerechte.** Die Befugnis einer Grundstückseigentümers, Wurzeln eines Baumes oder Strauches, die von einem Nachbargrundstück eingedrungen sind, oder herüberragende Zweige abzuschneiden und zu behalten (**Überhang,** § 910 BGB), fließt wie der allgemeine Abwehranspruch gemäß § 1004 BGB aus dem Eigentum. Sie setzt sich – anders als dieser (s.o. RdNr. 41) – stets auch in der Insolvenz des Nachbarn durch, ohne dass es darauf ankäme, ob die Beeinträchtigung des Eigentums erst nach Eröffnung des Insolvenzverfahrens geschehen ist.[727] Das Gleiche gilt für das Recht, Früchte, die von einem auf einem Nachbargrundstück stehenden Baume oder Strauche auf das eigene Grundstück fallen, sich anzueignen (**Überfall,** § 911 i. V. m. §§ 953 ff. BGB).[728]

324 Die ausschließliche Befugnis zur Aneignung herrenloser beweglicher Sachen, die in **Abbau-, Jagd-** und **Fischereirechten** enthalten ist, wirkt auch in der Insolvenz der betroffenen Grundstückseigentümer. Da deren Eigentum die Gegenstände dieser Aneignungsrechte nicht erfasst, gehören diese Gegenstände nicht zur Sollmasse. Bestreitet der Insolvenzverwalter das Aneignungsrecht, ist dessen Geltendmachung eine Aussonderung.[729]

325 Die Befugnis desjenigen, der mit einer nun zur Insolvenzmasse gehörenden Sache eine eigene Sache verbunden hat, diese **wegzunehmen** (§§ 547a, 581, 601 Abs. 2 Satz 2, 997, 1049 Abs. 2, 1216 Satz 2, 2125 Abs. 2 BGB), hat zwar dinglichen Charakter,[730] als solche aber keine Aussonderungskraft.[731] Der Anspruch auf Gestattung der Wegnahme (§ 258 Satz 2 BGB) ist eine Insolvenzforderung. Anders verhält es sich aber dann, wenn die Verbindung lediglich zu einem Scheinbestandteil geführt hat (s.o. RdNr. 26). Dann kann dieser Scheinbestandteil kraft des fortbestehenden Eigentums ausgesondert werden.[732]

326 **8. Besitz.** Aussonderungskraft hat auch der Besitz als Recht (nicht als Tatsache). Derjenige, dem der Besitz durch verbotene Eigenmacht des nachmaligen Schuldners oder des Insolvenzverwalters entzogen worden ist (§ 861 BGB), kann von dem zuletzt Genannten im Wege der Aussonderung Wiedereinräumung des Besitzes verlangen.[733] Wird der Besitzer durch verbotene Eigenmacht des Schuldners im Besitze gestört (§ 862 BGB), begründet dies ebenfalls die Aussonderung, falls der Insolvenzverwalter den störenden Zustand zum Nutzen der Masse aufrechterhält (vgl. u. RdNr. 352); Entsprechendes gilt, wenn erst der Insolvenzverwalter die Störung bewirkt. In beiden Fällen ist die Aussonderung auf die Beseitigung der Störung gerichtet. Die Aussonderungskraft des Besitzes entfällt nicht dadurch, dass der Verwalter ein besseres Recht, insbesondere das Eigentum, des Schuldners nachweist.[734] Der frühere Besitzer (§ 1007 BGB) kann nur aussondern, falls der Insolvenzverwalter nicht das Eigentum des Schuldners nachweisen kann.[735]

327 Ein Recht zum Besitz, das aus einem gegenseitigen, beiderseits noch nicht vollständig erfüllten Vertrag hergeleitet wird, kann, nachdem der Schuldner insolvent geworden ist, den Insolvenzverwalter nicht an der Wahl der Nichterfüllung (§ 103) hindern.[736] Derjenige, auf dessen Kosten der nachmalige Schuldner den Besitz (aber nicht das Eigentum) an einer Sache ohne rechtlichen Grund erlangt hat, hat als Insolvenzgläubiger einen Bereicherungsanspruch auf Rückgewähr des Besitzes (§ 812 Abs. 1 Satz 1 BGB); ist erst die Masse durch den Besitzerwerb bereichert worden, steht der Bereicherungsanspruch dem früheren Besitzer als Masseanspruch zu (§ 55 Abs. 1 Nr. 3). Ein Aussonderungsrecht besteht in keinem Falle.

327a Der **Mitbesitz** wird grundsätzlich dem Alleinbesitz gleichgestellt.[737] Hat der Schuldner verbotene Eigenmacht gegen einen der Mitbesitzer ausgeübt oder den Besitz aller Mitbesitzer beeinträchtigt, kann jeder betroffene Mitbesitzer die Aussonderung geltend machen. Ist der Schuldner selbst Mitbesitzer und hat er einen anderen oder alle anderen Mitbesitzer vom Besitz ausgeschlossen, kann dieser/können diese im Wege der Aussonderung Wiedereinräumung des Mitbesitzes verlangen.

328 **9. Begrenzte dingliche Rechte.** Diese begründen, wenn der Verwalter sie für die Masse in Anspruch nimmt oder ihren Bestand leugnet, für ihren Inhaber ein Aussonderungsrecht.[738] Ausge-

---

[727] *Jaeger/Henckel* § 47 RdNr. 104.
[728] *Jaeger/Henckel* § 47 RdNr. 104.
[729] *Jaeger/Henckel* § 47 RdNr. 104.
[730] BGHZ 81, 146, 150 = NJW 1981, 2564.
[731] RGZ 63, 307, 308.
[732] *Jaeger/Henckel* § 47 RdNr. 105.
[733] *Jaeger/Henckel* § 47 RdNr. 117; *Uhlenbruck/Brinkmann* § 47 RdNr. 65.
[734] *Jaeger/Henckel* § 47 RdNr. 117; ebenso nunmehr *Uhlenbruck/Brinkmann* § 47 RdNr. 65.
[735] *Jaeger/Henckel* § 47 RdNr. 119.
[736] RGZ 116, 363, 366; *Jaeger/Henckel* § 47 RdNr. 120.
[737] *Erman/Westermann,* 13. Aufl. § 866 RdNr. 3.
[738] *Jauernig,* Zwangsvollstreckungs- und Insolvenzrecht § 45 I 1b (S. 202); *Jaeger/Henckel* § 47 RdNr. 110 ff.; *Uhlenbruck/Brinkmann* § 47 RdNr. 66.

sondert wird dann das begrenzte dingliche Recht selbst und nicht der Gegenstand, an dem es besteht;[739] die Herausgabe eines Gegenstandes ist für eine Aussonderung nicht wesentlich. Sämtliche begrenzt dinglichen Rechte sind aussonderungsfähig, also das Erbbaurecht (§§ 1012 ff. BGB; ErbbRVO), die Grunddienstbarkeit (§§ 1018 ff. BGB), der Nießbrauch (§§ 1030 ff. BGB), die beschränkten persönlichen Dienstbarkeiten (§§ 1090 ff. BGB), das Wohnungsrecht (§ 1093 BGB), das dingliche Vorkaufsrecht (§ 1094 ff. BGB, § 14 RSiedlG), das dingliche Wiederkaufsrecht (§§ 20, 21 RSiedlG), die Grundpfandrechte (§§ 1105 ff., 1113 ff., 1191 ff., 1199 ff. BGB), das Pfandrecht an beweglichen Sachen und Rechten (§§ 1204 ff. BGB).

Bei den **Pfandrechten** ist zu unterscheiden: Wenn aus einem Pfandrecht an einem Massegegenstand Befriedigung gesucht wird, wird ein Absonderungsrecht (§§ 49, 50) geltend gemacht. Dasselbe gilt, wenn das Bestehen des Pfandrechts gegenüber dem leugnenden Insolvenzverwalter festgestellt werden soll. Nimmt der Insolvenzverwalter das Pfandrecht für die Masse selbst in Anspruch (zum Beispiel eine Hypothek als Eigentümergrundschuld), handelt es sich hingegen um einen Aussonderungsstreit (s.o. RdNr. 13). Gegenstand der Aussonderung ist das Pfandrecht, nicht die verpfändete Sache; diese gehört zur Insolvenzmasse.[740] Ist durch teilweise Tilgung einer Fremdhypothek eine Eigentümergrundschuld entstanden (§ 1163 Abs. 1 Satz 2, 1177 Abs. 1 BGB), kann der Eigentümer in der Insolvenz des Hypothekengläubigers – wie auch sonst – keine Herausgabe des Briefes (auch nicht zu Mitbesitz), sondern nur Quittierung auf dem Brief sowie Vorlage beim Grundbuchamt verlangen, damit das Grundbuch berichtigt (bei einer Buchgrundschuld) oder ein Teilbrief gebildet (bei einer Briefgrundschuld) wird.[741]

Ein **dingliches Vorkaufsrecht** kann der Vorkaufsberechtigte in der Insolvenz des Grundstückseigentümers aussondern, wenn der Insolvenzverwalter das Recht bestreitet. Das dingliche Vorkaufsrecht kann auch dann ausgeübt werden, wenn das Grundstück von dem Insolvenzverwalter aus freier Hand veräußert wird (§ 1098 Abs. 1 Satz 2 BGB).[742] Die Aussonderungsbefugnis folgt aus der Vormerkungswirkung des § 1098 Abs. 2 BGB. Ist das Grundstück bereits übereignet und der Erwerber insolvent, geht die Aussonderung auf Bewilligung der Umschreibung.[743] Sind Vorkaufsverpflichteter und Grundstückseigentümer personenverschieden (dazu kann es zB dann kommen, wenn das Vorkaufsrecht beim ersten Verkaufsfall nicht ausgeübt worden ist) und ist der Erste insolvent, kann der Vorkaufsberechtigte nicht aussondern. Dem Vorkaufsverpflichteten gegenüber wirkt das Vorkaufsrecht nur schuldrechtlich.[744]

Aussonderungskraft haben auch die **Vorrechte des gemeinnützigen Siedlungsunternehmens** gemäß §§ 11, 14 RSiedlG und des **Erbbauberechtigten** auf Erneuerung des Erbbaurechts gemäß § 31 ErbbVO. Das Gleiche gilt auch für den **Heimfallanspruch** des **Grundstückseigentümers** gemäß § 32 ErbbauRG (früher als ErbbVO bezeichnet).[745] Bestimmt ein Erbbaurechtsvertrag den **Heimfall des Erbbaurechts** für den Fall, dass der Erbbauberechtigte zahlungsunfähig geworden ist, kann auch der Grundstückseigentümer das Erbbaurecht in der Insolvenz des Erbbauberechtigten aussondern, wenn der Heimfallanspruch – und sei es auch nur durch Bezugnahme auf die Eintragungsbewilligung – grundbuchlich vermerkt ist.[746]

Das **persönliche Vorkaufsrecht** (§§ 504 ff. BGB) begründet kein Aussonderungsrecht. Das Gleiche gilt für das **gesetzliche Vorkaufsrecht des Miterben** (§§ 2034 ff. BGB). Macht der Miterbe davon Gebrauch, hat dies keinen unmittelbaren Rechtsübergang zur Folge. Vielmehr entsteht ein gesetzliches Schuldverhältnis. Der Käufer ist verpflichtet, den erworbenen Erbanteil auf die Miterben zu übertragen. Ist der Käufer oder – falls er den Anteil inzwischen weiterveräußert hat (vgl. § 2037 BGB) – dessen Abkäufer insolvent, haben die Miterben nur eine Insolvenzforderung.[747] Wird der Erbteil vom Insolvenzverwalter verkauft, ist das gesetzliche Vorkaufsrecht des Miterben ausgeschlossen (§ 471 BGB).

---

[739] RGZ 98, 143, 145; *Gottwald/Adolphsen*, Insolvenzrechts-Handbuch, § 40 RdNr. 17; *Uhlenbruck/Brinkmann* § 47 RdNr. 66.
[740] *Jaeger/Henckel* § 47 RdNr. 112; *Uhlenbruck/Brinkmann* § 47 RdNr. 66.
[741] *Gottwald/Adolphsen*, Insolvenzrechts-Handbuch, § 40 RdNr. 19.
[742] *HK-Lohmann* § 47 RdNr. 13.
[743] *Gottwald/Adolphsen*, Insolvenzrechts-Handbuch, § 40 RdNr. 18; *Jaeger/Henckel* § 47 RdNr. 113; *Uhlenbruck/Brinkmann* § 47 RdNr. 66.
[744] *Jaeger/Henckel* § 47 RdNr. 113.
[745] BGH NJW 2007, 2325 = NZI 2007, 462, 463.
Für dinglichen Anspruch MünchKomm-BGB/*v. Oefele*, 5. Aufl. § 2 ErbbauRG RdNr. 25; *Erman/Grziwotz*, BGB 13. Aufl. § 2 ErbbauRG RdNr. 6. Demgegenüber nimmt OLG Karlsruhe ZInsO 2001, 714, 715 einen lediglich schuldrechtlichen Anspruch an, der jedoch ebenfalls Aussonderungskraft haben soll.
[746] LG Freiburg DZWIR 1999, 167, 171 m. Anm. *Mohrbutter/Mohrbutter*.
[747] *Jaeger/Henckel* § 47 RdNr. 114.

333   **10. Vormerkungsgesicherte Ansprüche.** Die Sicherung eines Anspruchs durch eine Vormerkung hat zumindest ähnliche Wirkungen wie die Aussonderungskraft.[748] Insolvenzfest ist die Vormerkung deshalb, weil der Vormerkungsbegünstigte vom Insolvenzverwalter des Verpflichteten verlangen kann, dass sein Anspruch so befriedigt wird, wie wenn der Verpflichtete nicht insolvent geworden wäre (vgl. §§ 106, 254 Abs. 2, 301 Abs. 2 Satz 1). Dies scheint zunächst nicht zu der Definition der Aussonderung (vgl. o. RdNr. 5) zu passen. Bei Lichte besehen, handelt es sich aber wohl doch um die Verstärkung eines schuldrechtlichen Anspruchs, um eine Sache aus der Ist-Masse als nicht zur Soll-Masse gehörend herauszulösen, also um eine Aussonderung.[749] Insolvenzfest ist auch ein künftiger Auflassungsanspruch, der durch eine vor Eröffnung des Insolvenzverfahrens eingetragene Vormerkung gesichert wird.[750]

334   **11. Grundbuchberichtigungsanspruch.** Der Grundbuchberichtigungsanspruch (§ 894 BGB) setzt den Berechtigten instand, der Inanspruchnahme eines unrichtigerweise zugunsten des Schuldners verbuchten Rechts entgegenzutreten; insofern ist er mit Aussonderungskraft ausgestattet (s.o. RdNr. 40).[751]

335   **12. Erbschaftsanspruch.** Wird derjenige, der sich ein in Wahrheit nicht bestehendes Erbrecht anmaßt (Erbschaftsbesitzer), insolvent, kann der wirkliche Erbe die Nachlassgegenstände, die ihm **als Eigentümer** bzw. **Forderungsinhaber** gehören, schon wegen dieser sachenrechtlichen Zuordnung aussondern. **Als Erbe** hat er indes ein noch weitergehendes Aussonderungsrecht. Er kann – selbst wenn er nicht Eigentümer oder Inhaber ist – alles aussondern, was der Erbschaftsbesitzer aus der Erbschaft erlangt hat (§ 2018 BGB). Als aus der Erbschaft erlangt gilt auch, was der Erbschaftsbesitzer durch Rechtsgeschäft mit Mitteln der Erbschaft erwirbt (**Surrogation**, § 2019 Abs. 1 BGB). Ein insolvenzfester Zwischenerwerb des Erbschaftsbesitzers wird also grundsätzlich vermieden.[752] Surrogation tritt nicht ein, wenn der Erbschaftsbesitzer eigene Schulden mit Erbschaftsmitteln bezahlt oder mit einer Nachlassforderung gegen eine Eigenschuld aufrechnet.[753] Hier hat der Erbschaftsbesitzer Wertersatz nach Bereicherungsgrundsätzen zu leisten (§ 2021 BGB); der Erbe hat nur eine Insolvenzforderung.

335a Ist dem insolventen Erbschaftsbesitzer ein unrichtiger **Erbschein** erteilt, kann der Erbe dessen Herausgabe an das Nachlassgericht verlangen (§ 2362 BGB). Wegen der Parallele zum Grundbuchberichtigungsanspruch (s. RdNr. 334) hat dieser Anspruch Aussonderungskraft.[754]

336   Der Erbschaftsbesitzer hat dem Erben die gezogenen **Nutzungen** (Früchte und Gebrauchsvorteile, § 100 BGB) herauszugeben (§ 2020 BGB). Die Früchte unterliegen, soweit sie noch vorhanden sind, der **Aussonderung**, gleichviel ob der Erbschaftsbesitzer an ihnen Eigentum erworben hat (§ 955 BGB) oder nicht. Sind sie in das Eigentum des Erben gefallen, folgt die Aussonderungsberechtigung aus dessen Eigentum. Sind sie in das Eigentum des Erbschaftsbesitzers übergegangen, hat der Erbe einen mit Aussonderungskraft ausgestatteten schuldrechtlichen Anspruch;[755] weil das Fruchtziehungsrecht haftungsrechtlich dem Erben zugeordnet ist. Nur Insolvenzforderungen sind die Ansprüche auf Herausgabe der Gebrauchsvorteile, auf **Wertersatz** (§ 2021 BGB) und auf **Schadensersatz** (§§ 2023 ff. BGB). Ist dem Erbschaftsbesitzer ein **unrichtiger Erbschein** ausgestellt worden, kann der Erbe Herausgabe an das Nachlassgericht verlangen (§ 2362 BGB). Die Insolvenz des Erbschaftsbesitzers ändert daran nichts.

337   **13. Aussonderung durch den Erben in der Insolvenz des vorläufigen Erben und des Vorerben.** Der vorläufige Erbe wird zwar nach der Ausschlagung so behandelt, als sei er nie Erbe geworden (§ 1953 Abs. 1 BGB). Er ist aber nicht dem Erbschaftsanspruch (§ 2018 BGB) ausgesetzt; vielmehr ist seine Herausgabepflicht durch die Verweisung auf die Geschäftsführung ohne Auftrag abschließend bestimmt (§ 1959 Abs. 1 BGB). Der nach der Ausschlagung durch den vorläufigen

---

[748] *Marotzke* ZZP 109 (1996), 429, 431, 439 Fn. 47, meint, der vormerkungsbewehrte Anspruch stehe einem Aussonderungsrecht „wesentlich näher als einem Absonderungsrecht"; für Aussonderungsrecht auch *Jaeger/Henckel* § 47 RdNr. 55.
[749] Vgl. BGHZ 149, 1, 5 = NJW 2002, 213 = BGH-Report 2001, 988 *(Hagen)*, wo es heißt, die von dem gesicherten Anspruch betroffene Vermögensposition habe von Anfang an nicht zu den Bestandteilen der Masse gezählt. Vgl. ferner *Fritsche* DZWIR 2002, 92 ff.
[750] BGHZ 149, 1, 5 ff. = NJW 2002, 213 = BGH-Report 2001, 988 *(Hagen)*.
[751] *Smid* § 47 RdNr. 11; *Braun/Bäuerle* § 47 RdNr. 9.
[752] *Olzen*, Der Erbschaftsanspruch, JuS 1989, 374, 377; *Palandt/Edenhofer* § 2019 BGB RdNr. 4.
[753] *Staudinger/Gursky* Neubearbeitung 2010 § 2019 BGB RdNr. 4; *Palandt/Weidlich* § 2019 BGB RdNr. 3.
[754] *Jaeger/Henckel* § 47 RdNr. 86; *Uhlenbruck/Brinkmann* § 47 RdNr. 74.
[755] *Kübler/Prütting/Bork* § 47 RdNr. 69; aA – nur Insolvenzforderung – *Jaeger/Henckel* § 47 RdNr. 86; *Uhlenbruck/Brinkmann* § 47 RdNr. 74; *Braun/Bäuerle* § 47 RdNr. 44; *Andersen/Freihalter*, aaO RdNr. 300; *Gottwald/Adolphsen*, Insolvenzrechts-Handbuch § 40 RdNr. 16.

Erben berufene Erbe kann Nachlassgegenstände aussondern, die der Verwalter in der **Insolvenz des vorläufigen Erben** zur Masse gezogen hat.[756]

Der **Nacherbe** kann in der **Insolvenz des Vorerben** die Erbschaftsgegenstände und deren Surrogate (§ 2111 BGB) aussondern, sobald der Nacherbfall eingetreten ist (§§ 2130, 2139).[757] Dies gilt auch bei einer Nacherbeneinsetzung auf den Überrest (§ 2137 BGB). Der Anspruch auf Sicherheitsleistung (§ 2128 BGB) ist nach Eröffnung des Insolvenzverfahrens über das Vermögen des Vorerben nicht mehr durchsetzbar (§ 83 Abs. 2).[758] Vor Eintritt des Nacherbfalles hat der Nacherbe kein Aussonderungsrecht.[759] Dritte können Aussonderungsrechte, die gegenüber dem Nacherben wirksam sind, auch in der Vorerbeninsolvenz geltend machen. Gegenüber dem Nacherben sind Aussonderungsrechte dann wirksam, wenn sie zugunsten von Nachlassgläubigern bestehen[760] oder sich auf einen Nachlassgegenstand beziehen, über den der Vorerbe wirksam verfügen kann (§ 2115 Satz 2 BGB).[761]

338

339

14. Gewerbliche Schutzrechte, Urheberrecht, Persönlichkeitsrechte. Wird der nichtberechtigte Anmelder eines **Patents** insolvent, kann der Erfinder den Anspruch auf Abtretung des Rechts auf Erteilung des Patents, auf Übertragung eines etwa bereits erteilten Patents sowie auf Übertragung bereits erteilter Lizenzen aussondern (§ 8 Satz 1, § 9 Satz 2, § 15 Abs. 2 PatG).[762] **Patentlizenz** und **Know-how-Lizenz** berechtigen, falls sie (positiv[763] und) exklusiv sind, in der Insolvenz des Lizenzgebers[764] zur Aussonderung; sind sie nicht exklusiv, begründen sie – falls der Insolvenzverwalter nicht die Erfüllung wählt[765] – nur eine Insolvenzforderung.[766] Wiederholte gesetzgeberische Anläufe, zur besseren Absicherung der Lizenznehmer einen neuen § 108a in die InsO einzufügen, sind bislang gescheitert.[767] Der Aussonderung dient auch der Unterlassungsanspruch aus § 47 Abs. 1 PatG.[768] Aussonderungsberechtigt sind ferner die Inhaber eines Gebrauchsmusters (§ 11 GebrMG), eines Geschmacksmusters (§ 1 GeschmMG),[769] eines Markenrechts (§§ 14 Abs. 1 15 Abs. 1 MarkenG), eines Warenzeichens (§ 15 WZG), des Urheberpersönlichkeitsrechts und der Urheberverwertungsrechte (§§ 12, 14 UrhG)[770] sowie des Rechts am eigenen Bild (§ 22 KunstUrhG).[771] Aussonderungskraft hat auch der Abwehranspruch gegen die Inanspruchnahme einer fremden, marken- oder namensrechtlich geschützten Internet-Domain.[772] Ein Autor kann aus dem insolvent gewordenen Verleger überlassene Manuskript aussondern, wenn er vom Verlagsvertrag zurücktritt oder der Insolvenzverwalter dessen Nichterfüllung wählt.[773] Von dem Insolvenzschuldner lediglich gemietete **Softwareprogramme** kann der Urheber (Entwickler) aussondern, falls sich der Insolvenzverwalter für die Nichterfüllung entscheidet (§ 103).[774] Wählt er die Erfüllung, kann er die Nutzungsrechte nur mit Zustimmung des Urhebers verwerten (§ 34 UrhG), es sei denn er veräußert sie als Teil des Geschäftsbetriebes (§ 34 Abs. 2 UrhG).[775] Weiter zu Softwarelizenzen u. RdNr. 387. Schadensersatzansprüche aus der Verletzung eines gewerblichen Schutzrechts vor Insolvenzeröffnung sind bloße Insolvenzforderungen; entsprechende Handlungen des Insolvenzverwalters begründen Masseschuldansprüche aus § 55 Abs. 1 Nr. 1.

---

[756] *Uhlenbruck* § 47 RdNr. 74.
[757] *Jaeger/Henckel* § 47 RdNr. 87; *Uhlenbruck/Brinkmann* § 47 RdNr. 74; *Braun/Bäuerle* § 47 RdNr. 45; *Andersen/Freihalter*, aaO RdNr. 303.
[758] *Uhlenbruck/Brinkmann* § 47 RdNr. 74.
[759] *Uhlenbruck/Brinkmann* § 47 RdNr. 74; *Braun/Bäuerle* § 47 RdNr. 45.
[760] Vgl. OLG Jena HRR 1933 Nr. 830; *Rahn* BWNotZ 1961, 246, 248 f.; *Palandt/Weidlich* § 2115 BGB RdNr. 5.
[761] Vgl. *Kretschmar* LZ 1914, 556, 559.
[762] *Gottwald*, Insolvenzrechts-Handbuch, 3. Aufl., § 40 RdNr. 20; *Jaeger/Henckel* § 47 RdNr. 107; *Uhlenbruck* § 47 RdNr. 67.
[763] Negative Lizenzen begründen lediglich einen schuldrechtlichen Duldungsanspruch ohne Aussonderungskraft, *Ganter* NZI 2011, 833, 840.
[764] In der Insolvenz des Lizenznehmers ist dieser nicht mehr zur Nutzung der Lizenz berechtigt, *Weber/Hötzel* NZI 2011, 432, 434.
[765] Lizenzverträge fallen regelmäßig unter § 103, *Pahlow*, Lizenz und Lizenzvertrag im Recht des Geistigen Eigentums, 2006, S. 256 f.; *Ganter* NZI 2011, 833, 838.
[766] Umfassend hierzu *Ganter* NZI 2011, 833 ff.; ebenso *Uhlenbruck/Brinkmann* § 47 RdNr. 67; *Gottwald/Adolphsen*, Insolvenzrechts-Handbuch § 40 RdNr. 20; weitergehend *HK-Lohmann* § 47 RdNr. 14 (keine Aussonderung, unabhängig davon, ob es sich um exklusive oder nicht exklusive Lizenzen handelt).
[767] Vgl. zuletzt Reg.-Entwurf v. 23.1.2012.
[768] *K. Schmidt* ZZP 90 (1977), 38, 49 ff.
[769] Vgl. BGH WM 1998, 1037 ff.
[770] Vgl. *Stickelbrock* WM 2004, 549, 560.
[771] *Gottwald/Adolphsen*, Insolvenzrechts-Handbuch, § 40 RdNr. 20.
[772] *Niesert/Kairies* ZInsO 2002, 510 ff.; *Jaeger/Henckel* § 47 RdNr. 107.
[773] Einzelheiten bei *Jaeger/Henckel* § 47 RdNr. 109.
[774] *Uhlenbruck/Brinkmann* § 47 RdNr. 71.
[775] *Andersen/Freihalter* aaO RdNr. 336.

II. Schuldrechtliche Aussonderungsberechtigung

340   Auch schuldrechtliche Ansprüche können ein Aussonderungsrecht begründen.[776] Dies ergibt sich aus dem unmissverständlichen Wortlaut des § 47 Satz: Aussonderungsberechtigt ist auch, wer „auf Grund eines ... persönlichen Rechts" geltend machen kann, dass ein Gegenstand nicht zur Insolvenzmasse gehört. Wenn man dies anerkennt, erübrigt sich die gekünstelt anmutende Unterscheidung zwischen dem Aussonderungsanspruch (besser: Aussonderungsrecht) und der Aussonderungsfähigkeit eines Gegenstands (s.o. RdNr. 5). Freilich berechtigen – und deshalb besteht im Ergebnis zwischen den Auffassungen kein Unterschied – schuldrechtliche Ansprüche nur dann zur Aussonderung, wenn eine dingliche Komponente hinzukommt, der schuldrechtliche Anspruch nämlich zum Ausdruck bringt, dass der Gegenstand, auf den sich der Anspruch bezieht, haftungsrechtlich dem Vermögen des Gläubigers zuzuordnen ist.[777] Solche schuldrechtlich begründeten Aussonderungsrechte können nicht vertraglich geschaffen werden. Ihr Kreis ist gesetzlich festgelegt. Auf eine **vertragliche Abmachung,** dass ein bestimmter Gegenstand in der – künftigen oder bereits eingetretenen – Insolvenz solle ausgesondert werden dürfen, kann sich der dadurch Begünstigte also nicht berufen.[778] Zur sog. „Vereinbarungstreuhand" vgl. u. RdNr. 390d.

341   **1. Obligatorische Herausgabeansprüche.** Damit sind Fälle gemeint, in denen ein schuldrechtlicher Anspruch auf Herausgabe eines bestimmten, nicht zur Insolvenzmasse (Sollmasse) gehörenden Gegenstandes besteht.[779] Schuldrechtliche Herausgabeansprüche mit Aussonderungskraft sind zum Beispiel die des **Vermieters** (§ 546 BGB) oder **Verpächters** (§§ 581 Abs. 2 BGB) auf Rückgabe des Miet- oder Pachtgegenstandes (vgl. aber RdNr. 342 und zum Inhalt des Aussonderungsrechts RdNr. 465). Dabei kommt es grundsätzlich nicht darauf an, ob das Mietverhältnis vor oder nach Insolvenzeröffnung beendet worden ist.[780] Während eines bestehenden Miet- oder Pachtverhältnisses hat auch der Mieter oder Pächter ein aussonderungsfähiges Recht zum Besitz. Wegen der Aussonderung und Rückzahlung der Mietkaution vgl. u. RdNr. 374, 380, 401. Aussonderungskraft hat weiterhin der Rückgabeanspruch des **Verleihers** (§ 604 BGB) auf Herausgabe der geliehenen, des **Hinterlegers** (§ 695 BGB, § 422 HGB) auf Herausgabe der in Verwahrung gegebenen Sache (Näheres zur Verwahrung von Wertpapieren s.u. RdNr. 409 ff.), des **Sicherungsgebers** auf Rückgabe der Sicherheit.[781] In der Insolvenz des Grundschuldgläubigers kann der Grundstückseigentümer seinen Anspruch auf Rückgewähr der Grundschuld aussondern.[782] Bei einem fehlgeschlagenen Sicherheitentausch gemäß § 17 VOB/B besitzt der Anspruch auf Rückgabe der als Austauschsicherheit gestellten Gewährleistungsbürgschaft (genauer: der hierüber ausgestellten Urkunde) in der Insolvenz des Auftraggebers Aussonderungskraft. Nachdem der sicherungshalber einbehaltene Betrag nicht ausbezahlt worden ist, steht der Geltendmachung der Bürgschaft eine „dauernde Einrede" entgegen (genauer: es handelt sich um die Einwendung, die Bürgschaft bestehe nicht). Dies rechtfertigt es, die Bürgschaftsurkunde haftungsrechtlich dem Vermögen des Sicherungsgebers (= Unternehmers) zuzuordnen.[783] Aussonderungskraft hat ferner der Anspruch des **Geschäftsherrn** gegen den Geschäftsbesorger auf Herausgabe von Sachen, die der Geschäftsherr dem Geschäftsbesorger zur Ausführung des zu besorgenden Geschäfts übergeben hatte (§§ 667 1. Alt., 675 BGB). Demgegenüber kann der Geschäftsherr solche Sachen, die der Geschäftsbesorger in Ausführung des Vertrages selbst erworben und nun dem Geschäftsherrn zu übereignen hat (§§ 667 2. Alt., 675 BGB), in der Insolvenz des Geschäftsbesorgers nicht aussondern. Insofern hat der Geschäftsherr einen bloßen Verschaffungsanspruch (s.u. RdNr. 347).[784] Die Sondervorschrift des § 392 Abs. 2 HGB ist auf diesen Fall nicht anzuwenden.[785] Leistungen an ein Kreditinstitut im Rahmen von **Einlagengeschäften** erfolgen kreditorisch und haben keine Aussonderungskraft.[786]

---

[776] AA *Jaeger/Henckel* § 47 RdNr. 122.
[777] *Eckardt* KTS 2005, 15, 22; *Flitsch,* FS Wellensiek, S. 386; vgl. ferner *Berger,* FS Kreft, S. 191, 198.
[778] *Gottwald/Adolphsen,* Insolvenzrechts-Handbuch, § 40 RdNr. 29.
[779] *Häsemeyer,* Insolvenzrecht RdNr. 11.14.
[780] BGHZ 127, 157, 160 = NJW 1994, 3232; BGH NZI 2008, 554, 555 RdNr. 14.
[781] *Jaeger/Henckel* § 47 RdNr. 58.
[782] HK-*Lohmann* § 47 RdNr. 17.
[783] BGH NJW 2011, 1282. Die Begründung des BGH mit dem Treuhandgedanken ist freilich verfehlt, vgl. *Ganter* WuB VI A.-1.11.
[784] BGHZ 111, 14, 18; BGH NJW-RR 1993, 301; *Uhlenbruck/Brinkmann* § 47 RdNr. 75b; FK-*Imberger* § 47 RdNr. 69; HambKomm-*Büchler* § 47 RdNr. 29; *Sack/Kühn,* FS Görg, S. 413, 428. AA „jedenfalls in Fällen der Auftragsdatenverarbeitung" *Bultmann* ZInsO 2011, 992, 994.
[785] *Jaeger/Henckel* § 47 RdNr. 156.
[786] BGH, Beschl. v. 8.2.2007 – IX ZR 218/04, n.v.

Ist die Miet- oder Pachtsache von einem Gesellschafter der Gesellschaft als Anlagevermögen zur Verfügung gestellt worden, kann es sich um eine **kapitalersetzende Leistung** handeln (§ 32a Abs. 1 und 3 GmbHG aF; s.u. RdNr. 436e ff.). 342

Die Aussonderungskraft schuldrechtlicher Ansprüche ist nicht nur dann von Bedeutung, wenn der Gläubiger auf diese persönliche Forderung beschränkt ist – das ist zum Beispiel dann der Fall, wenn er eine fremde (etwa sicherungsübereignete) Sache vermietet, verliehen oder hinterlegt hat –, sondern auch dann, wenn er die Sache zugleich auf Grund eines dinglichen Rechts, insbesondere als Eigentümer, herausverlangen kann. Besteht eine Aussonderungsberechtigung sowohl auf dinglicher als auch auf schuldrechtlicher Grundlage, hat der Berechtigte die Wahl. 343

Hat der Schuldner, gegen den sich der schuldrechtliche Herausgabeanspruch richtet, die Sache einem Dritten als Besitzmittler überlassen, kann der Insolvenzverwalter die Aussonderung nicht unter Hinweis darauf abwehren, dass der **Schuldner nur mittelbarer Besitzer** ist. Zwar kann mit einer auf eine schuldrechtliche Grundlage gestützten Aussonderung nicht die Abtretung des dem Schuldner gegen seinen Besitzmittler zustehenden Herausgabeanspruchs verlangt werden.[787] Es kann nur die Verurteilung des Verwalters zur Herausgabe erreicht werden. Aber auch so kommt der Aussonderungsberechtigte zu seinem Ziel. Denn bei der Zwangsvollstreckung kann ihm der Anspruch des Schuldners gegen den Besitzmittler überwiesen werden (§ 886 ZPO). Der zur Einziehung überwiesene Anspruch kann allerdings – ebenso wie der abgetretene – dem Besitzmittler gegenüber nur so geltend gemacht werden, wie er dem Schuldner zusteht. Hat der Besitzmittler ein Zurückbehaltungsrecht (§ 273 BGB) – zum Beispiel wegen Verwendungen auf die Sache (§ 670 BGB) oder Verwahrungskosten (§ 689 BGB) –, kann nur gegen Erstattung dieser Kosten ausgesondert werden. Soweit die Forderung des Besitzmittlers bei dessen Befriedigung nicht schon nach §§ 268, 1249 BGB übergeht, kann der Aussonderungsberechtigte sie sich abtreten lassen.[788] Sie ist nur in den Fällen des § 55 eine Masseforderung. 344

In bestimmten Fällen gibt das Gesetz einen **schuldrechtlichen Herausgabeanspruch auch gegen den Besitzmittler des Schuldners.** So kann der Vermieter oder Verleiher nach Ablauf des Vertrages die Sache von einem Dritten, dem der Mieter oder Entleiher den Gebrauch der Sache überlassen hat, herausverlangen (§§ 546 Abs. 2, 604 Abs. 4 BGB). Dementsprechend kann der Vermieter oder Verleiher in der Insolvenz des Dritten aussondern.[789] Eine analoge Anwendung dieser Vorschriften auf den Fall der Drittverwahrung ist gerechtfertigt (s.u. RdNr. 418). 345

2. Anfechtungsrechtliche Rückgewähransprüche. Die Aussonderungskraft der Ansprüche aus § 11 AnfG, §§ 29 ff. KO, § 143 war lange umstritten. Zu § 7 AnfG aF, § 37 KO war die schuldrechtliche Theorie vorherrschend. Danach handelte es sich bei dem Rückgewähranspruch um einen schuldrechtlichen Verschaffungsanspruch, der in der Insolvenz des Anfechtungsschuldners kein Aussonderungsrecht, sondern lediglich eine Insolvenzforderung begründete.[790] Demgegenüber gewährten die dingliche Theorie[791] und die haftungsrechtliche Theorie[792] dem Anfechtungsgläubiger bzw. dem Konkursverwalter ein Aussonderungsrecht. Zu § 143 Abs. 1 Satz 1 hat der BGH die Aussonderungskraft des anfechtungsrechtlichen Rückgewähranspruchs anerkannt.[793] Dies erscheint zutreffend, obwohl durch die InsO die schuldrechtliche Ausgestaltung der Anfechtung verstärkt worden ist (s.u. Vor §§ 129 ff. RdNr. 35).[794] Nach dem Sinn und Zweck der Anfechtungsvorschriften soll der Bestand des in anfechtbarer Weise geschmälerten Schuldnervermögens wieder hergestellt werden. Soweit der Erwerb des Anfechtungsgegners gegenüber den Gläubigern des Schuldners keinen Bestand hat, kann – falls der Anfechtungsgegner seinerseits insolvent wird – die Gesamtheit seiner Gläubiger nicht besser stehen als der Anfechtungsschuldner. Begründen lässt sich die Insolvenzfestigkeit des Rückgewähranspruchs mit einer weiten Auslegung des § 145 Abs. 1. Danach kann der Anfechtungsanspruch auch gegenüber einem Gesamtrechtsnachfolger des Anfechtungsgegners geltend gemacht werden. Als „Gesamtrechtsnachfolger" im haftungsrechtlichen Sinne kann auch die Gesamtheit der Gläubiger des Anfechtungsgegners angesehen werden. Nicht zur Aussonderung 346

---

[787] *Jaeger/Henckel* § 47 RdNr. 124.
[788] *Jaeger/Henckel* § 47 RdNr. 124.
[789] *Jaeger/Henckel* § 47 RdNr. 124.
[790] BGHZ 71, 296, 302 = NJW 1978, 1525; BGH NJW 1990, 990, 992; *Gottwald/Huber*, Insolvenzrechts-Handbuch 3. Aufl., § 52 RdNr. 3; *Kuhn/Uhlenbruck* § 37 KO RdNr. 9.
[791] *Marotzke* KTS 1987, 1, 3, 5, 21.
[792] *Gerhardt*, Die systematische Einordnung der Gläubigeranfechtung 1969 S. 34 ff., 334 ff.; *Jaeger/Henckel* KO § 37 RdNr. 24; *Kilger/K. Schmidt* KO § 37 Anm. 1a, KO § 43 Anm. 7.
[793] BGHZ 156, 350, 358 = NJW 2004, 214 m. Anm. *Gerhardt* LMK 2004, 34; *Haas* EWiR 2004, 347; *Hess* WuB VI C. § 134 InsO 1.04; *Huber* NZI 2004, 81; *Schuschke* BGH-Report 2004, 198.
[794] Ebenso *Kreft* ZInsO 1999, 370, 372; *HK-Lohmann* § 47 RdNr. 18; *FK-Imberger* § 47 RdNr. 65; *Haas/Müller* ZIP 2003, 49, 57 ff.; aA *Hess* WuB VI C. § 134 InsO 1.04; *Eckardt* KTS 2005, 15, 27 ff.

berechtigt der Wertersatzanspruch aus § 143 Abs. 1 Satz 2. Dieser Anspruch ist eine gewöhnliche Geldforderung, die sich gegen das gesamte Vermögen des Anfechtungsgegners richtet.[795]

347 **3. Verschaffungsansprüche.** Diese berechtigen nicht zur Aussonderung. Darunter fallen Ansprüche, die nicht auf der Massefremdheit des Leistungsgegenstandes beruhen. Typisch für Verschaffungsansprüche ist, dass gerade umgekehrt eine Leistung *aus der Masse* begehrt wird.[796] Zu den Verschaffungsansprüchen gehören die Ansprüche auf Erfüllung schuldrechtlicher Verträge – zum Beispiel auf Lieferung der Kaufsache oder auf Bestellung einer Sicherheit (vgl. hierzu u. RdNr. 379 f.) –, **Bereicherungsansprüche**,[797] **Rückgewähransprüche** auf Grund eines Rücktritts.[798] Die Anfechtung von Rechtsgeschäften wegen Irrtums (§§ 119 ff. BGB) und die Unwirksamkeit wegen Gesetzes- oder Sittenverstoßes (§§ 134, 138 BGB) haben ein Aussonderungsrecht nur dann zur Folge, wenn die Anfechtung bzw. die Unwirksamkeit auch das dingliche Geschäft erfassen.[799] Erbrechtliche Ansprüche aufgrund von **Pflichtteilsrechten, Vermächtnissen und Auflagen** sind ebenfalls auf Verschaffung gerichtet, in der Insolvenz des Verpflichteten (Beschwerten) somit bloße Insolvenzforderungen; im Nachlassinsolvenzverfahren sind sie nachrangig (§ 327).[800]

348 **a) Positiverklärung.** Ein bloßer Verschaffungsanspruch wird durch eine Positiverklärung begründet (zu Negativerklärungen vgl. RdNr. 353). Positiverklärungen sind, wenn sie von einem Kreditnehmer gegenüber einem Kreditgeber abgegeben und von diesem angenommen werden, als Sicherungsvorvertrag zu qualifizieren. Darin wird im Voraus bindend festgelegt, dass die Parteien beim Abschluss eines Sicherungsvertrages mitwirken werden. Positiverklärungen sind ebenfalls nicht insolvenzfest.

349 **b) Anhalterecht nach Art. 71 Abs. 2 CISG.** Auch nach Beseitigung des Verfolgungsrechts aus § 44 KO besteht das Anhalterecht beim internationalen Warenkauf gemäß Art. 71 Abs. 2 des Wiener UN-Kaufrechts-Übereinkommens 1980 (CISG)[801] – für Deutschland in Kraft getreten am 1.1.1991[802] – fort. Der Verkäufer, der seine Ware abgesandt hat, kann der Aushändigung an den Käufer widersprechen, wenn sich dessen wirtschaftliche Lage nach der Absendung so verschlechtert hat, dass zu befürchten ist, er werde den Kaufpreis im Wesentlichen nicht bezahlen können. Dieses Anhalterecht begründet einen Anspruch auf Wiederverschaffung des Besitzes, der ausnahmsweise **Aussonderungskraft** hat. Macht der Verkäufer von seinem Anhalterecht Gebrauch, darf sich der Käufer die Ware nicht vom Beförderer aushändigen lassen.[803] Das Anhalten der Ware ist auch gegenüber den anderen Gläubigern des Käufers gerechtfertigt. Ist der insolvente Käufer allerdings bereits Eigentümer der Kaufsache geworden, kann der Insolvenzverwalter dem Aussonderungsbegehren das bessere Recht des Insolvenzschuldners entgegenhalten (s.u. RdNr. 436b).[804]

350 Der Anspruch richtet sich gegen den Käufer, nicht gegen den Beförderer. Hat der Verkäufer noch das frachtrechtliche Weisungsrecht, kann er den Beförderer anweisen, die Ware nicht oder nur gegen Barzahlung auszuliefern oder an den Verkäufer zurückzutransportieren. Gegebenenfalls liegt darin zugleich die Ausübung des Anhalterechts. Besitzt der Verkäufer das frachtrechtliche Weisungsrecht nicht mehr, darf der Beförderer der Bitte des Verkäufers trotzdem nachkommen. Um den Beförderer vor Schadensersatzansprüchen des Käufers zu bewahren, kann ihm der Verkäufer seinen Anspruch abtreten.[805]

351 Das Anhalterecht endet, wenn die Ware dem Käufer oder auf seine Weisung einem Dritten ausgehändigt wird. Dritter in diesem Sinne ist nicht der Empfangsspediteur des Käufers. Ob der Käufer bereits Traditions- oder Auslieferungspapiere in Händen hat, ist gleichgültig.[806] Das Anhalte-

---

[795] BGHZ 155, 199, 203 = NJW 2003, 3345; 174, 228, 242 RdNr. 44 = NJW 2008, 655 = NZI 2008, 163.
[796] BGH NJW-RR 1993, 301; *Jaeger/Henckel* § 47 RdNr. 16; HK-*Lohmann* § 47 RdNr. 17.
[797] *Jaeger/Henckel* § 47 RdNr. 125; HK-*Lohmann* § 47 RdNr. 17; Kübler/*Prütting*/Bork § 47 RdNr. 48; FK-*Imberger* § 47 RdNr. 69. Die von *Uhlenbruck/Brinkmann* § 47 RdNr. 75a angeführte Ausnahme („... wenn er mit Dritteigentum verbunden ist") verleitet zu Missverständnissen, weil hier auf Grund des Eigentums, und nicht des Bereicherungsanspruchs, ausgesondert wird.
[798] *Uhlenbruck/Brinkmann* § 47 RdNr. 75b; FK-*Imberger* § 47 RdNr. 69.
[799] RGZ 70, 55, 57; *Uhlenbruck/Brinkmann* § 47 RdNr. 75b.
[800] *Jaeger/Henckel* § 47 RdNr. 125.
[801] BGBl. 1989 II S. 588.
[802] Für internationale Kaufverträge, die vor Inkrafttreten des CISG abgeschlossen wurden, gilt das im Wesentlichen gleiche Anhalterecht nach Art. 73 EKG.
[803] *Gottwald/Adolphsen*, Insolvenzrechts-Handbuch, § 40 RdNr. 95.
[804] Im Ergebnis ebenso *Jaeger/Henckel* § 47 RdNr. 170.
[805] *Gottwald/Adolphsen*, Insolvenzrechts-Handbuch, § 40 RdNr. 97, plädiert für die Abtretung des Schadensersatzanspruchs wegen der unberechtigten Auslieferung. Diese soll aber gerade verhindert werden.
[806] MünchKommHGB-*Mankowski* Art. 71 CISG RdNr. 38.

recht erlischt, wenn der Käufer für die Erfüllung des Kaufpreisanspruchs ausreichende Sicherheit leistet (Art. 71 Abs. 3 HS 2 CISG), ebenso wenn Dritte Rechte an der Ware erwerben.

4. Unterlassungsansprüche, Negativerklärungen und Beseitigungsansprüche. Unterlassungsansprüche gewähren ein Aussonderungsrecht, sofern sie dazu dienen, ein absolutes Recht gegen die Inanspruchnahme für die Masse zu verteidigen. Dies ist bei solchen Störungen der Fall, die aussonderungsfähige Rechtspositionen (Beispiele: Benutzung fremder Patente oder Internet-Domains,[807] Lagerung von Sachen auf schuldnerfremdem Grundstück, Produktion unter kostensparender Lärmemission) betreffen.[808] Unterlassungsansprüche auf bloß schuldrechtlicher Grundlage begründen grundsätzlich kein Aussonderungsrecht. Beispielsweise ist der Anspruch auf Beseitigung einer Störung, die vor der Eröffnung entstanden ist, nur eine Insolvenzforderung,[809] es sei denn der Insolvenzverwalter setzt die Störung zum Nutzen für die Masse fort (vgl. o. RdNr. 326, 353a).[810] Ein nachbarrechtlicher Unterlassungsanspruch, der darauf gerichtet ist, dass der spätere Insolvenzschuldner im Falle der Vermietung seines Grundstücks die zu dem Objekt gehörenden Parkplätze nicht mitververmietet, ist nicht auf eine Aussonderung gerichtet. Er hat nicht die Feststellung zum Ziel, dass das Grundstück als solches ganz oder teilweise nicht zur Masse gehört. Es wird auch nicht geltend gemacht, der Verwalter maße sich eine Nutzung an, die allein dem Gläubiger zustehe. Vielmehr richtet sich der Anspruch gegen die uneingeschränkte Ausübung des an sich aus dem Eigentum folgenden Nutzungsrechts. Weder fällt dies unter § 47 InsO noch bindet eine derartige Vereinbarung, falls sie nicht dinglich abgesichert ist, die Masse.[811]

Entsprechendes gilt für **Negativerklärungen** (zu Positiverklärungen vgl. RdNr. 348). Eine Negativerklärung liegt zum Beispiel dann vor, wenn sich ein Kreditnehmer gegenüber seinem Kreditgeber verpflichtet, ohne dessen Zustimmung anderen Kreditgebern keine Sicherheiten für bereits aufgenommene oder noch aufzunehmende Kredite zu gewähren. Verbreitet ist auch die Verpflichtung des Kreditnehmers, bis zur Rückzahlung des Kredits seinen Grundbesitz nicht zu veräußern oder in eine juristische Person einzubringen. In der Praxis gibt es mannigfaltige Varianten.[812] Mit Hilfe von Negativklauseln soll vermieden werden, dass das Entgegenkommen eines Gläubigers, der selbst auf die Bestellung von Sicherheiten verzichtet, zum Vorteil anderer Gläubiger ausschlägt. Schuldrechtlich sind solche Klauseln im Allgemeinen wirksam (§ 137 Satz 2 BGB; vgl. aber § 1136 BGB). Sie können indes nicht zur Eintragung einer Vormerkung führen[813] und sind nicht insolvenzfest.

Beseitigungsansprüche, die sich auf eine nach Insolvenzeröffnung eingetretene Störung beziehen, haben Aussonderungskraft.[814] Ist die Störung bereits vor Insolvenzeröffnung eingetreten und besteht der störende Zustand danach nicht mehr fort, sind etwaige Ansprüche (insofern kommen allerdings nur noch Unterlassungs- und Schadenersatzforderungen in Betracht) bloße Insolvenzforderungen (o. RdNr. 352). Umstritten ist die Qualität von Beseitigungsansprüchen, wenn die Störungshandlung bereits vor Insolvenzeröffnung abgeschlossen war, der störende Zustand aber darüber hinaus fortdauert, ohne dass der Insolvenzverwalter dazu etwas beigetragen hat. Hier dürfte eine Aussonderung ausgeschlossen sein.[815]

Die Aussonderung von **Datenträgern** (vgl. o. RdNr. 31a) geschieht durch deren Herausgabe oder Löschung der Daten auf dem Datenträger. Sind **Daten** nicht in einem Datenträger verkörpert, sind eine „Herausgabe"[816] wie auch eine Löschung schwer vorstellbar. Die Aussonderung hat sich in diesem Fall deshalb darauf zu beziehen, dass der Schuldner von den Daten keinen Gebrauch mehr machen darf, also auf eine Unterlassung. Nur ausnahmsweise – wenn der Berechtigte zwar die Existenz dieser ihn betreffenden Daten bei dem Schuldner kennt, nicht aber deren Inhalt – ist die

---

[807] Dazu *Niesert/Kairies* ZInsO 2002, 510 ff.
[808] *Stürner*, FS Merz, 1992, 563, 570; *K. Schmidt* ZZP 90 (1977), 46 ff.; *Gottwald*, Insolvenzrechts-Handbuch, 3. Aufl., § 40 RdNr. 7; *Jaeger/Henckel* § 47 RdNr. 14.
[809] *HK-Lohmann* § 47 RdNr. 19.
[810] *Jaeger/Henckel* § 47 RdNr. 100; *HK-Lohmann* § 47 RdNr. 19; *Berger*, FS Kreft, S. 191, 203; aA *Scherer* DZWIR 2002, 184, 187.
[811] BGHZ 155, 371, 374 = NJW 2003, 3060 m. Anm. *Gundlach* NZI 2003, 541; *Ringstmeier* BGH-Report 2003, 1171; vgl. ferner *K. Schmidt* KTS 2004, 241 ff.
[812] Dazu näher *Merkel*, Die Negativklausel, 1985; *U. H. Schneider*, FS Stimpel, 1985, 887 ff. Zur negative-pledge-Klausel im Kapitalmarktrecht vgl. *Bliesener* in Lwowski/Fischer/Langenbucher, Das Recht der Kreditsicherung § 17 RdNr. 3.
[813] *Harries*, Die Negativklausel, WM 1978, 1146, 1149.
[814] *Jaeger/Henckel* § 47 RdNr. 14, 100.
[815] *G. Pape* ZInsO 1998, 154, 155; *Scherer* DZWIR 2002, 184, 187; *Uhlenbruck/Brinkmann* § 47 RdNr. 73; aA *Berger*, FS Kreft, S. 191, 203; *Jaeger/Henckel* § 47 RdNr. 100.
[816] Dafür plädiert *Bultmann* ZInsO 2011, 992, 994.

Aussonderung (neben der Unterlassung des Gebrauchs für eigene Zwecke) auf „Herausgabe" dieser Kenntnis gerichtet. Um eine „Verschaffung" im Rechtssinne handelt es sich hierbei nicht.

354 **5. Treuhandverhältnisse. a) Vielfältigkeit der Treuhandverhältnisse.** Die Rechtsverhältnisse, die als „Treuhand" bezeichnet werden, sind vielgestaltig. Man kann nach der Rechtsstellung des Treuhänders danach unterscheiden, ob der Treugeber Vollrechtsinhaber bleibt (so bei der **Ermächtigungs-** und der **Vollmachtstreuhand**) oder ob die Vollrechtszuständigkeit und die wirtschaftliche Zuordnung auseinanderfallen (so bei der **fiduziarischen Treuhand**). Die erste Variante wird als **unechte**, die zweite als **echte Treuhand** bezeichnet.[817] Nach dem Interesse an der Treuhand kann man weiter die **uneigennützige** (oder **Verwaltungs-**)Treuhand von der **eigennützigen Treuhand** unterscheiden. Hauptfall der eigennützigen ist die **Sicherungstreuhand**. Die uneigennützige Treuhand kann als echte oder unechte Treuhand vorkommen. Die Sicherungstreuhand ist immer eine echte Treuhand; andere Fälle der eigennützigen Treuhand mögen theoretisch als unechte Treuhand vorstellbar sein, spielen in der Praxis aber keine Rolle. Eine weitere wichtige Unterscheidung richtet sich danach, ob der Vermögenswert, welcher der treuhänderischen Bindung unterliegen soll, rechtsgeschäftlich übertragen wird oder nicht. Überträgt der Treugeber den Vermögenswert (unter gleichzeitiger Beschränkung der sich daraus nach außen ergebenden Rechtsmacht im Innenverhältnis nach Maßgabe der schuldrechtlichen Treuhandvereinbarung) auf den Treuhänder, spricht man von einer **Übertragungstreuhand**. Hier erwirbt der Treuhänder vom Treugeber. Erwirbt der Treuhänder den Vermögenswert „für den Treugeber" von einem Dritten, liegt eine sog. **Erwerbstreuhand** vor. Ein Unterfall der Erwerbstreuhand ist das **Treuhandkonto** (dazu näher RdNr. 392 ff.). Bei der sog. **Vereinbarungstreuhand** findet keine dingliche Rechtsänderung statt; hier vereinbaren der Treugeber und der Treuhänder, dass der Treuhänder, der vorher wie nachher Vollrechtsinhaber ist, das Wirtschaftsgut fortan für den Treugeber „hält". Soweit dieser Rechtsfigur überhaupt Treuhandcharakter beigemessen wird (dazu u. RdNr. 390b),[818] wird sie als Fall der echten Treuhand verstanden.

355 **b) Rechtsbegriff der Treuhand. aa) Allgemeines.** Einen allgemein anerkannten Rechtsbegriff der Treuhand gibt es nicht.[819] Soweit neuerdings konstatiert wird, treuhänderische Rechtsinhaberschaft sei zuallererst nicht Aktion, sondern Zustand, nicht Rechtserwerb, sondern Rechtsverhältnis,[820] ist zu bezweifeln, ob dieser „Befreiungsschlag" gelingen kann. Jedes Rechtsverhältnis muss irgendwann einmal begründet werden. Deshalb setzt der Zustand die Aktion voraus. Gemeinsames Merkmal aller Treuhandverhältnisse ist, dass der Treugeber dem Treuhänder Vermögensrechte überträgt oder Verfügungsmacht einräumt, wovon der Treuhänder nur nach Maßgabe einer schuldrechtlichen **Treuhandvereinbarung** Gebrauch machen soll.[821] Die Kündigung der Treuhandvereinbarung beendet die treuhänderische Bindung nicht sofort, sondern erst mit der vollständigen Abwicklung des Verhältnisses.[822] In der Regel beruhen die Rechtsverhältnisse zwischen einem Treuhänder und einem Treugeber auf einem **Auftrag** oder einem **Geschäftsbesorgungsvertrag**.[823] Zwischen dem Auftraggeber und dem Beauftragten besteht ein persönliches Vertrauensverhältnis (deshalb ist der Auftrag im Zweifel unübertragbar, § 664 Abs. 1 Satz 1 BGB); der Beauftragte hat das Interesse des Auftraggebers wahrzunehmen.[824] Der Auftrag begründet aber für sich allein noch kein Treuhandverhältnis. Für einen Geschäftsbesorgungsvertrag gilt Entsprechendes. Hat der Beauftragte/Geschäftsbesorger einen Gegenstand für den Auftraggeber/Geschäftsherrn erworben, ist er gemäß § 667 Alt. 2, § 675 BGB zur Herausgabe verpflichtet. Treuhänder ist er deswegen noch nicht.[825] Hat der Beauftragte/Geschäftsbesorger sich in Ausführung des Auftrags/Geschäftsbesorgungsvertrags von Dritten Geldbeträge, die letztlich dem Auftraggeber/Geschäftsherrn zustehen, auf sein Bankkonto überweisen lassen, so steht die Forderung aus der Gutschrift deswegen rechtlich und wirtschaftlich allein dem Beauftragten/Geschäftsbesorger zu. Der Auftraggeber/Geschäftsherr kann lediglich verlangen, dass der Beauftragte/Geschäftsbesorger ihm einen Geldbetrag in der Höhe zahlt,

---

[817] Der Sprachgebrauch ist uneinheitlich, wie hier *Jaeger/Henckel* § 47 RdNr. 61; *Gottwald/Adolphsen*, Insolvenzrechts-Handbuch § 40 RdNr. 32; *Flitsch*, FS Wellensiek, S. 384; vgl. jedoch *Uhlenbruck/Brinkmann* § 47 RdNr. 31, 32, 35: Gleichsetzung der echten mit der eigennützigen Treuhand und der unechten mit der uneigennützigen.

[818] Nach *K. Schmidt*, FS Wiegand, 933, 938, 940, 958, ist die Vereinbarungstreuhand für das Verständnis der Treuhand, zumindest des Treuhandkontos, im Gegenteil modellbildend.

[819] BGH WM 1969, 935; *Gernhuber* JuS 1988, 355; *Palandt/Ellenberger* Überblick vor § 104 RdNr. 25.

[820] *K. Schmidt*, FS Wiegand, 933, 938 f.

[821] *Heinsius*, FS Henckel, S. 387, 388; *Palandt/Ellenberger* Überblick vor § 104 RdNr. 25.

[822] BGH ZInsO 2005, 879, 881.

[823] BGHZ 32, 67, 70.

[824] *Palandt/Sprau* § 662 RdNr. 9.

[825] BGH WM 1962, 180, 181; *Gottwald/Adolphsen*, Insolvenzrechts-Handbuch,§ 40 RdNr. 45.

in der er seinerseits Geld für den Auftraggeber/Geschäftsherrn erhalten hat. Dieser rein schuldrechtliche Verschaffungsanspruch begründet für sich kein Treuhandverhältnis[826] (zum Sonderfall der Kommission s.o. RdNr. 287 ff.). Hat der Auftraggeber/Geschäftsherr hingegen dem Beauftragten/Geschäftsbesorger zur Ausführung des Auftrags/Geschäftsbesorgungsvertrags Sachen überlassen oder ihm ein Konto eingerichtet, hat der Herausgabeanspruch des Auftraggebers/Geschäftsherrn aus § 667 Alt. 1, 675 BGB Treuhandcharakter.

bb) Eingrenzung des Treuhandbegriffs. (1) Dingliche oder schuldrechtliche Natur der Treuhand. Im Schrifttum wird die Ansicht vertreten, die Treuhand beruhe letztlich auf den schuldrechtlichen Beziehungen zwischen den Beteiligten.[827] Wie die zu RdNr. 355 aufgeführten Beispiele deutlich machen, ist es schwierig zu beschreiben, was eine schuldrechtliche, im weitesten Sinne eine Interessenwahrnehmung für andere betreffende Vereinbarung eigentlich zur Treuhandabrede macht. 356

In seiner Habilitationsschrift hat *Bitter* auf der Suche nach einem allgemeingültigen Zuordnungskonzept die Vorschrift des § 392 Abs. 2 HGB in den Blick genommen. Er hat aus dieser Vorschrift abgeleitet, kennzeichnend für die Treuhand sei einerseits der schuldrechtliche Anspruch auf Übertragung eines Rechts und andererseits die Trennung von Rechtsträgerschaft und Gefahrtragung.[828] Daran ist bedenklich, dass aus einer Ausnahmevorschrift Analogien abgeleitet werden (vgl. RdNr. 286). Kühn erscheint außerdem, die (zur Aussonderung berechtigenden) Herausgabeansprüche von den (nicht zur Aussonderung berechtigenden) Verschaffungsansprüchen danach abgrenzen zu wollen, ob der Gläubiger die Gefahr des zufälligen Untergangs trägt. Beim Versendungskauf trägt der Käufer diese Gefahr, sobald der Verkäufer die Sache zur Ausführung der Versendung bestimmten Person oder Anstalt ausgeliefert hat (§ 447 Abs. 1 BGB).[829] Gleichwohl wird diese Person oder Anstalt dadurch noch nicht zum Treuhänder des Käufers (sondern allenfalls des Verkäufers, der den Drittschaden liquidieren kann). 356a

Es ist deshalb daran festzuhalten, dass es einen typischen Treuhandvertrag nicht gibt.[830] Der Bundesgerichtshof hat „rein schuldrechtliche Ansprüche" seit je her für ein Treuhandverhältnis nicht ausreichen lassen.[831] Vielmehr ist er in früheren Jahren davon ausgegangen, dass die dingliche Zuordnung des Treuguts[832] für die Annahme einer Treuhand maßgeblich sei. In einer seiner jüngsten Entscheidungen hat er seine Sicht wie folgt präzisiert: „Für die echte Treuhand typisch ist daher, dass sie neben der schuldrechtlichen eine dingliche Komponente aufweist, indem die Rechte an einem Gegenstand auf den Treuhänder verlagert und ihm zugleich in der Weise anvertraut werden, dass er seine Befugnisse nur in einer inhaltlich mit dem Treugeber abgestimmten Art und Weise ausüben darf."[833] 356b

Dass die Treuhand ausschließlich schuldrechtlichen Charakter habe, erscheint in der Tat als unzutreffend. Kennzeichnend für die echte Treuhand ist, dass der Treugeber dem Treuhänder eine Rechtsmacht über einen Vermögensgegenstand einräumt, ihn aber in der Ausübung der sich daraus im Außenverhältnis zu Dritten ergebenden Befugnisse im Innenverhältnis nach Maßgabe der schuldrechtlichen Treuhandabrede beschränkt.[834] Damit hat die Treuhand, wie es der Bundesgerichtshof ausgedrückt hat,[835] zwei Komponenten: eine schuldrechtliche und eine „quasi-dingliche". Beide rechtlichen Elemente gehören zusammen.[836] Für die schuldrechtliche Seite steht die Treuhandabrede. Eine solche wird man annehmen müssen, wenn die Beteiligten sich darüber einig sind, dass ein bestimmter Vermögenswert, der rechtlich dem Treuhänder gehören soll, wirtschaftlich dem Vermögen des Treugebers zuzuordnen ist und dass der Treuhänder mit seiner auf diesen Vermögenswert bezogenen Rechtsmacht so umgehen soll, wie es seine objektbezogene Verantwortlichkeit gegenüber dem Treugeber gebietet. Eine schuldrechtliche Vereinbarung allein könnte diese Zuordnung noch nicht bewirken. Sie muss auch äußerlich umgesetzt, das Treugut muss, damit es nicht auch wirtschaftlich in dem Vermögen des Treuhänders aufgeht, von dessen Vermögen gesondert werden. Damit reicht die Treuhandbeziehung in den dinglich-sachenrechtlichen Bereich hinein. 356c

---

[826] BGH NJW 1971, 559, 560; 2002, 3253.
[827] So zB *Bitter* WuB VI C. § 47 InsO 1.03; *ders.*, Rechtsträgerschaft S. 115, 283 ff.
[828] *Bitter*, Rechtsträgerschaft S. 189 ff., 264 ff.
[829] Dazu *Bitter*, Rechtsträgerschaft S. 331.
[830] BGH WM 1969, 935.
[831] Vgl. zB BGH NJW 1971, 559, 560 unter 2b aE.
[832] So noch BGH WM 1993, 83, 84 = EWiR 1993, 163 *(Paulus)* = WuB VI B. § 43 KO 1.93 *(Obermüller)*.
[833] BGHZ 155, 227, 232 ff. = NJW 2003, 3414, 3415 = WuB VI C. § 47 InsO 1.03 *(Bitter)*.
[834] Vgl. *Palandt/Ellenberger* Überbl. vor § 104 RdNr. 25; *Palandt/Bassenge* § 903 RdNr. 33.
[835] BGHZ 155, 227, 232 = NJW 2003, 3414, 3415 unter 2b; BGH NJW 2008, 1152 RdNr. 6 = NZI 2008, 235.
[836] So auch HK-*Lohmann* § 47 RdNr. 23; *Graf-Schlicker/Fuchs* § 47 RdNr. 17; *Gottwald/Adolphsen*, Insolvenzrechts-Handbuch § 40 RdNr. 37; kritisch hierzu *Bitter*, Rechtsträgerschaft S. 79.

Wenn die Treuhand ausschließlich schuldrechtlichen Charakter hätte, wäre die – mit Recht – für erforderlich gehaltene Abgrenzung kaum zu bewältigen. Beispielsweise zwischen „Herausgabeansprüchen" (denen treuhänderischen Charakter beigemessen wird) und „Verschaffungsansprüchen" (denen diese Eigenschaft fehlen soll) zu unterscheiden, wäre ein hoffnungsloses Unterfangen. Die Probleme, die aus einem uneinheitlichen Sprachgebrauch resultieren – so wird teilweise auch der Anspruch des Treuhänders als Verschaffungsanspruch bezeichnet[837] –, stehen dabei gewiss nicht im Vordergrund. Erhebliche Schwierigkeiten ergäben sich insbesondere in der Insolvenz des Treuhänders (dazu RdNr. 369 ff., 375 ff.).

357 **(2) Unmittelbarkeitsprinzip.** Die Befürchtung, dass andernfalls der Treuhandbegriff „ins Unbestimmte zerfließen würde", hat das Reichsgericht veranlasst, als Treugut nur solche Güter anzusehen, die unmittelbar aus dem Vermögen des Treugebers in dasjenige des Treuhänders übertragen worden sind.[838] Der Bundesgerichtshof – der ebenfalls betont, das Rechtsinstitut der Treuhand dürfe nicht „die aus Gründen der Rechtssicherheit unbedingt gebotenen klaren Konturen" verlieren[839] – hat sich dem im Grundsatz angeschlossen.[840] Bis heute hat er das Unmittelbarkeitsprinzip nicht ausdrücklich aufgegeben.[841] Beispielsweise hat er seine Ansicht, dass die Verpflichtung des Arbeitgebers, den durch Abzug vom Lohn des Arbeitnehmers einbehaltenen Sozialversicherungsbeitrag (§ 28g SGB IV) an den Sozialversicherungsträger abzuführen (§ 253 SGB V), ein Treuhandverhältnis weder zu den Arbeitnehmern noch zu dem Sozialversicherungsträger begründe, mit dem Hinweis darauf gerechtfertigt, dass der Arbeitgeber den gesamten Sozialversicherungsbeitrag – auch den Eigenanteil des Arbeitnehmers – aus seinem eigenen Vermögen bezahle (vgl. dazu auch u. RdNr. 359a).[842] In einer neueren Entscheidung hat er offengelassen, inwieweit das Unmittelbarkeitsprinzip ein allgemein taugliches Abgrenzungsmerkmal darstellt.[843] Die Arbeitsgerichte halten noch uneingeschränkt daran fest.[844] Das Unmittelbarkeitsprinzip sollte nicht weiterverfolgt werden.[845] Da es bei den Treuhandkonten versagt (s.u. RdNr. 392a), sollte es generell aufgegeben werden.[846] Ein starres Festhalten am Unmittelbarkeitsgrundsatz hätte auch nur zur Folge, dass die Beratungspraxis weiterhin in Hilfskonstruktionen flüchtet. Dies geschieht beispielsweise in der Form, dass der zunächst von dritter Seite erwerbende Treuhänder das Eigentum durch Insichgeschäft nach §§ 181, 930 BGB auf den Treugeber überträgt, um es von diesem sogleich gemäß § 929 Satz 2 BGB zurückübereignet zu bekommen.[847] Ein derartiges Hin- und Herschieben ist der Rechtsklarheit abträglich.[848] Wird das Unmittelbarkeitsprinzip aufgegeben, kommt deswegen das **Surrogationsverbot** (vgl. dazu o. RdNr. 31) nicht in Wegfall.[849] Dieses folgt nicht aus dem Unmittelbarkeitsprinzip, sondern daraus, dass rechtsgeschäftliche Surrogate der „quasi-dinglichen Komponente" entbehren (vgl. RdNr. 356a).

357a **(3) Herkunftsprinzip.**[850] Die Rechtsprechung geht teilweise davon aus, es komme nicht auf die Unmittelbarkeit des Rechtserwerbs an, sondern auf die Herkunft der in Rede stehenden Gegenstände. So wurde bei einem Kontoguthaben für maßgeblich erachtet, ob es auf der Erfüllung von Forderungen beruht, die nicht in der Person des Treuhänders, sondern als Forderungen des Treugebers entstanden sind.[851] Dieser Gedanke hat zumindest indizielle Bedeutung. Ob er allein ausreicht,

---

[837] *Häsemeyer*, Insolvenzrecht 3. Aufl. RdNr. 11.06, 11.15.
[838] RGZ 84, 214, 216; 91, 12, 14; 127, 340, 344; 133, 84, 87.
[839] BGH NJW 2002, 3253, 3254.
[840] BGH NJW 1959, 1223, 1224 f.
[841] Vgl. BGH ZInsO 2005, 879, 880 f.; BGHZ 188, 317 = NZI 2011, 371, 374 RdNr. 24, 26.
[842] BGHZ 149, 100, 105 = NJW 2002, 512 = WuB VI G. § 10 GesO 3.02 *(Mankowski)* = DZWIR 2002, 89 *(Gundlach)*.
[843] BGHZ 155, 227, 231 = NJW 2003, 3413, 3414 = WuB VI C. § 47 InsO 1.03 *(Bitter)*.
[844] Vgl. BAG ZIP 1999, 1638 = EWiR 2000, 111 *(Blomeyer)*; ZInsO 2003, 104, 106 = EWiR 2004, 391 *(Bezani/Richter)*; DZWIR 2004, 287, 290 sowie (die Vorinstanz) LAG Niedersachsen ZIP 2003, 448, 450 (betr. Wertguthaben aus einem Arbeitszeitflexibilisierungsmodell).
[845] Vgl. statt vieler: *K. Schmidt*, FS Wiegand, S. 933, 947; *Bitter*, Rechtsträgerschaft S. 106 f.; anders aber *Flitsch*, FS Wellensiek, S. 392.
[846] Der Gesetzgeber hat sich schon mehrfach über das Unmittelbarkeitsprinzip hinweggesetzt, so etwa bei § 6 Abs. 1 KAAG, vgl. dazu *Jaeger/Henckel* § 47 RdNr. 75; *Fridgen* ZInsO 2004, 530, 534. Bei den gesetzgeberischen Überlegungen zur Verbesserung von Finanzierungsmöglichkeiten spielt das Unmittelbarkeitsprinzip ebenfalls keine Rolle mehr, vgl. *Fleckner* WM 2004, 2051, 2057.
[847] Vgl. *Palandt/Bassenge* § 903 BGB RdNr. 37.
[848] Daraus folgt jedoch – entgegen *Bitter*, Rechtsträgerschaft S. 79 – kein Argument für die Anerkennung der Vereinbarungstreuhand. Deren Ablehnung wurde nicht auf das Unmittelbarkeitsprinzip gestützt.
[849] Anders wohl *Bitter*, Rechtsträgerschaft S. 66; *Flitsch*, FS Wellensiek, S. 389.
[850] Die von *K. Schmidt*, FS Wiegand, S. 933, 948 verwendete Bezeichnung „Surrogationsprinzip" ist missverständlich.
[851] OLG Naumburg WM 2003, 1668 = WuB VI C. § 47 InsO 3.03 *(Bitter)*. Vgl. ferner BGH NJW 1959, 1223, 1225; WM 1993, 83, 84 = WuB VI B. § 43 KO 1.93 *(Obermüller)*; ZInsO 2005, 879, 880.

Aussonderung　　　　　　　　　　　　　　　　　　　　　　　　　　　357b–358a　§ 47

um die Treuhand von bloßen Auftragsverhältnissen abzugrenzen, erscheint zweifelhaft.[852] Wenn der Gläubiger einen anderen beauftragt, die Forderung für ihn einzuziehen, besteht ein Anspruch aus § 667 BGB auf Herausgabe des eingezogenen Betrages. Obwohl die Forderung dem Vermögen des Auftraggebers zuzuordnen war, ist der Beauftragte deswegen noch nicht Treuhänder (s.o. RdNr. 355).

(4) Offenkundigkeitsprinzip. In solchen Fällen, in denen der Bundesgerichtshof die Unmittelbarkeit der Vermögensverschiebung nicht gefordert hat, wurde teilweise darauf hingewiesen, der Treuhandcharakter sei offenkundig.[853] In anderen Entscheidungen hat er jedoch betont, die Offenkundigkeit sei nicht Voraussetzung eines Treuhandverhältnisses.[854] In einer neueren Entscheidung hat er offengelassen, inwieweit das Offenkundigkeitsprinzip ein allgemein taugliches Abgrenzungsmerkmal darstellt.[855] Das Offenkundigkeitsprinzip leistet nicht das, was man sich von ihm erhofft hat.[856] Auch insoweit ist die Betrachtung des Treuhandkontos aufschlussreich (s.u. RdNr. 392a). 357b

(5) Vermögenstrennungsprinzip. Insbesondere in der Kombination mit dem Bestimmtheitsprinzip (RdNr. 358a) erscheint der Gesichtspunkt der Vermögenstrennung tragfähig.[857] Er veranschaulicht am besten die „quasi-dingliche" Komponente der Treuhand. Wer einen Gegenstand, der aus einem anderen Vermögen stammt, von seinem sonstigen Vermögen getrennt hält, zeigt damit, dass er ihn nicht seinem Vermögen, sondern dem Vermögen eines anderen, des Treugebers, zurechnet (s.u. RdNr. 359c; zu gemischten Treuhandkonten und gemischten Eigen-/Treuhandkonten s.u. RdNr. 358a, 392b). Dass die Vermögenstrennung die Qualität der schuldrechtlichen Beziehungen zwischen Auftraggeber und Auftragnehmer nicht ändere, trifft nicht den Kern der Sache. Man wird wohl umgekehrt argumentieren müssen: Wenn die schuldrechtlichen Beziehungen so sind, dass derjenige, der formell Vollrechtsinhaber ist, den Vermögensgegenstand im Interesse eines wirtschaftliche Berechtigten „separieren" muss, spricht dies für eine Treuhand. Wird die Vermögenstrennung vom Treuhänder durch eine eigenmächtige Verfügung über das Treugut abredewidrig beendet, entfällt dessen Zuordnung zum Vermögen des Treugebers, und zwar auch bezüglich der von der abredewidrigen Verfügung nicht betroffenen Teile des Treugutes.[858] Der BGH ist sogar noch einen Schritt weiter gegangen: Die Treuhandbindung bestehe jedenfalls dann nicht mehr fort, wenn dem Treuhänder in Wirklichkeit der Wille fehle, das Treugut für den Treugeber zu verwalten, und er es stattdessen als eigenes Vermögen behandele (vgl. u. RdNr. 394a).[859] 358

(6) Bestimmtheitsprinzip. Neuerdings hat der Bundesgerichtshof zur Rechtfertigung des Vermögenstrennungsprinzips (RdNr. 358) ein spezifisch insolvenzrechtliches Argument hinzugefügt: Eine Aussonderung setzt voraus, dass die auszusondernden Gegenstände bestimmt oder bestimmbar sind. Eine Aussonderung wegen eines bloßen Geldsummenanspruchs kennt die Rechtsordnung nicht. Aus dem Bestimmtheitserfordernis folgt, dass Treugut, soweit es sich um vertretbare Gegenstände handelt, vom eigenen Vermögen des Treuhänders getrennt gehalten werden muss.[860] Sobald vertretbare Gegenstände mit anderem Vermögen des Treuhänders vermischt werden, lässt sich nicht mehr mit Bestimmtheit sagen, was Treugut ist. Dies gilt entsprechend, wenn Forderungen eingezogen und die Beträge auf einem auch als Eigenkonto genutzten Girokonto des Treuhänders gutgeschrieben werden.[861] Da von einer „Separierung" ernsthaft nur die Rede sein kann, wenn der von dem eigenen Vermögen getrennte Gegenstand bestimmt werden kann, hat die Bestimmtheit zumindest indizielle Bedeutung.[862] Dagegen kann nicht eingewandt werden, wenn die vom Bundesgerichtshof geforderte Bestimmtheit vorliege, falls die Gelder eines Treugebers mit Geldern anderer Treugeber vermischt würden, müsse ein Gleiches gelten, falls sie mit Eigengeld des Treuhänders 358a

---

[852] *K. Schmidt*, FS Wiegand, S. 933, 950; *Bitter*, Rechtsträgerschaft S. 80.
[853] BGH 1959, 1223, 1224.
[854] BGH NJW 1993, 2622 = EWiR 1993, 1139 *(Lüke)* = WuB I C 3.–1.94 *(Canaris)*; 1996, 1543 = WuB VII A. § 771 ZPO 1.96 *(Batereau)*; ZInsO 2005, 879, 880; BGHZ 188, 317 = BGH NZI 2011, 371, 373 RdNr. 20. Vgl. auch BGHZ 61, 72, 79 = NJW 1973, 1754 und OLG Naumburg WM 2003, 1668, 1669 = WuB VI C. § 47 InsO 3.03 *(Bitter)*. Im Grundstücksrecht gewährt der BGH ein Aussonderungsrecht nur noch im Fall der Publizität der Treuhandabrede durch Eintragung einer Vormerkung für den Rückübertragungsanspruch des Treugebers, BGHZ 155, 227 = NJW 2003, 3414 = WuB VI C. § 47 InsO 1.03 *(Bitter)*.
[855] BGHZ 155, 227, 231 = NJW 2003, 3413, 3414 = WuB VI C. § 47 InsO 1.03 *(Bitter)*.
[856] *Bitter*, Rechtsträgerschaft S. 141 ff.; vorsichtig davon abrückend auch *K. Schmidt*, FS Wiegand, S. 933, 955.
[857] AA *Bitter*, Rechtsträgerschaft S. 97 f.
[858] *Holzer* ZIP 2009, 234.
[859] BGHZ 188, 317 = BGH NZI 2011, 371, 372 f. RdNr. 14, 16 f.; BGH NJW 1959, 1223, 1225; KG NZI 2010, 775.
[860] Ähnlich *Bitter* WuB VI E. § 829 ZPO 2.04.
[861] BGH NJW 2004, 954 = WM 2003, 1641 = WuB VI C. § 47 InsO 2.03 *(Bitter)*.
[862] *Jaeger/Henckel* § 47 RdNr. 72; Sympathie äußert insofern auch *Stürner* KTS 2004, 259, 261.

vermischt würden.[863] Diese Sachverhalte sind nicht zu vergleichen. In dem ersten Fall steht fest, dass das gesamte Guthaben auf dem Konto Fremdgeld ist, im zweiten Fall nicht.

359 **c) Uneigennützige Treuhand (Verwaltungstreuhand). aa) Unechte Verwaltungstreuhand.** In diesem Falle überlässt der Treugeber dem Treuhänder Gegenstände lediglich zur Verwaltung; die Rechtszuständigkeit ändert sich nicht. Hauptfall ist das Inkassomandat, eine bloße Einziehungsermächtigung nach § 185 BGB (zu unterscheiden von der Inkassozession, s.u. RdNr. 361). Wird der Treuhänder insolvent, kann der Treugeber die Gegenstände kraft seines fortbestehenden Eigentums – also auf dinglicher Grundlage – **aussondern.**[864] Hat der Treuhänder allerdings mit Vollmacht zugunsten eines Dritten verfügt, ist der Gegenstand für den Treugeber verloren, selbst wenn die Verfügung im Innenverhältnis zum Treugeber pflichtwidrig war. Wird der Dritte insolvent, hat der Treugeber kein Aussonderungsrecht.[865] In der Insolvenz des Treugebers gehört das Treugut zur Insolvenzmasse.[866]

359a Die Verpflichtung des Arbeitgebers, den durch Abzug vom Lohn des Arbeitnehmers einbehaltenen **Sozialversicherungsbeitrag** (§ 28g SGB IV) an den Sozialversicherungsträger abzuführen (§ 253 SGB V), begründet ein Treuhandverhältnis weder zu den Arbeitnehmern noch zu dem Sozialversicherungsträger. Der Arbeitgeber zahlt den gesamten Sozialversicherungsbeitrag – auch den Eigenanteil des Arbeitnehmers – aus seinem eigenen Vermögen. Die zum 1. Januar 2008 „handstreichartig" neu eingeführte Vorschrift des § 28e Abs. 1 Satz 2 SGB IV, nach welcher die Zahlung des vom Arbeitnehmer zu tragenden Teils des Gesamtsozialversicherungsbeitrags als aus dem Vermögen des Arbeitnehmers erbracht gelten soll,[867] läuft auf **fingiertes Treuhandverhältnis** hinaus. Der BGH hat dem zu Recht die Gefolgschaft versagt,[868] und die hM im Schrifttum hat dem beigepflichtet.[869] Entgegen ursprünglicher Ankündigungen ist die Vorschrift im Zuge der Verabschiedung des ESUG nicht beseitigt worden.

359b Die Strafvorschrift des **§ 266a StGB** schafft keine unmittelbare Berechtigung an den für den Arbeitnehmer zu entrichtenden Beiträgen.[870] Ebenso wenig kann in Bezug auf die Pflicht des Arbeitgebers zur Zahlung der **Lohnsteuer** ein Treuhandverhältnis angenommen werden. Diese Steuer hat der Arbeitgeber für Rechnung des Arbeitnehmers bei jeder Lohnzahlung einzubehalten (§ 38 Abs. 3 Satz 1 EStG) und an das Finanzamt weiterzuleiten (§ 41a Abs. 1 Satz 1 Nr. 2 EStG). Schuldner der Steuer ist allein der Arbeitnehmer (§ 38 Abs. 2 Satz 1 EStG). Die Lohnsteuer leistet der Arbeitgeber – nicht anders als den Lohn – jedoch aus seinem Vermögen. Der Arbeitnehmer hat nur einen schuldrechtlichen Anspruch gegen den Arbeitgeber, dass dieser den Nettolohn an ihn und die Lohnsteuer an das Finanzamt zahlt. Dieser Anspruch hat keinen Treuhandcharakter.[871] Dieses Manko kann nicht durch die Fiktion eines „gesetzlichen Treuhandverhältnisses" überspielt werden.[872]

359c Der BGH hat die noch am 22.6.2010 offengelassene[873] Frage, ob der Kunde, dessen Gelder von einem **Wertpapierdienstleistungsunternehmen** auf einem Sammeltreuhandkonto verwahrt wurden, im Insolvenzfall durch ein eigenes Aussonderungsrecht geschützt wird, inzwischen für den Fall bejaht, dass die Kriterien des **§ 34a WpHG** eingehalten werden.[874] Danach[875] hat ein Wertpapierdienstleistungsunternehmen, das über keine Erlaubnis für das Einlagengeschäft im Sinne des § 1 Abs. 1 Satz 2 Nr. 1 des Kreditwesengesetzes verfügt, Kundengelder, die es im Zusammenhang mit einer Wertpapierdienstleistung oder einer Wertpapiernebendienstleistung entgegennimmt, unverzüglich getrennt von den Geldern des Unternehmens und von anderen Kundengeldern auf Treu-

---

[863] *K. Schmidt*, FS Wiegand, S. 933, 960 f.; kritisch auch *Bitter*, Rechtsträgerschaft S. 181 f.
[864] BGH NJW-RR 1993, 301; *Jaeger/Henckel* § 47 RdNr. 61; *Uhlenbruck/Brinkmann* § 47 RdNr. 33.
[865] *Kuhn* WM 1964, 998, 1006; *Gottwald/Adolphsen*, Insolvenzrechts-Handbuch, § 40 RdNr. 34.
[866] *Jaeger/Henckel* § 47 RdNr. 61.
[867] BGBl. 2009 I, S. 3710.
[868] BGHZ 183, 86, 89 ff. = NJW 2010, 870 = NZI 2009, 886; vgl. dazu *Lohmann* InVZ 2010, 1 f. Fortsetzung durch BGH ZIP 2010, 2209; NZI 2011, 456; NZS 2011, 547.
[869] Zustimmend HK-*Lohmann* § 47 RdNr. 25; FK-*Imberger* § 47 RdNr. 53; *Bräuer*, ZInsO 2009, 2286 f.; *Henkel* EWiR 2010, 67 f.; *Meier* ZInsO 2010, 1121 ff.; *Nassall* WuB VI A § 129 InsO 2.10; *Stiller*, NZI 2010, 250 ff.; *Weiland* DZWIR 2011, 224, 227. Eher kritisch *Gundlach/Frenzel* NJW 2010, 872; *Piekenbrock/Fuchs* LMK 2010, 297262.
[870] BGHZ 149, 100, 105 = NJW 2002, 512 = WuB VI G. § 10 GesO 3.02 *(Mankowski)* = DZWIR 2002, 89 *(Gundlach)*; BGH NZI 2006, 159, 160 f. m. Anm. *Huber.*
[871] BGHZ 157, 350, 358 = NZI 2004, 206.
[872] *Kayser* ZIP 2007, 49, 52; aA *Sauer* ZInsO 2006, 1200, 1202.
[873] BGHZ 186, 58 = NJW 2010, 3651.
[874] BGHZ 188, 317 = NZI 2011, 371, 374 RdNr. 27. Vgl. auch *Gottwald/Adolphsen*, Insolvenzrechts-Handbuch § 40 RdNr. 35.
[875] Fassung vom 16.7.2007.

handkonten bei solchen Kreditinstituten, Unternehmen im Sinne des § 53b Abs. 1 Satz 1 des Kreditwesengesetzes oder vergleichbaren Instituten mit Sitz in einem Drittstaat, welche zum Betreiben des Einlagengeschäftes befugt sind, einer Zentralbank oder einem qualifizierten Geldmarktfonds zu verwahren, bis die Gelder zum vereinbarten Zweck verwendet werden.

Die in § 1 des Gesetzes über die Sicherung der Bauforderungen (BauFordSiG) für den Empfänger von **Baugeld** normierte Verpflichtung, dieses zur Befriedigung von Baugläubigern zu verwenden, begründet kein Treuhandverhältnis zugunsten dieser Gläubiger, weshalb diese Gelder nicht ausgesondert werden können.[876] **359d**

bb) Echte Verwaltungstreuhand. Bei der echten Verwaltungstreuhand überträgt der Treugeber Vermögenswerte auf den Treuhänder. Im Regelfall geschieht dies mit der Maßgabe dass dieser sie nach den Weisungen des Treugebers verwalte. Es gibt aber auch Fälle, in denen das Weisungsrecht des Treugebers ausgeschlossen ist **360**

(1) Einzelfälle. Eine echte Verwaltungstreuhand liegt vor bei der **Inkassozession**.[877] Hier übernimmt der Zessionar die Einziehung der Forderung im eigenen Namen für den Zedenten. Der Zessionar führt das eingetriebene Geld abzüglich seiner Provision an den Zedenten ab. Kausalgeschäft der Abtretung ist eine Geschäftsbesorgung (§ 675 BGB) des Zessionars, der als uneigennütziger Treuhänder für den Zedenten tätig wird.[878] **361**

Schließen sich mehrere Sicherungsnehmer unter Übertragung ihres jeweiligen Sicherungseigentums auf einen außenstehenden Treuhänder zu einem **Sicherheitenpool** zusammen (dann ersetzt die Treuhandkonstruktion die sonst übliche BGB-Gesellschaft), liegen zwei fremdnützige Treuhandverhältnisse vor: Sowohl zwischen den Sicherungsnehmern und dem Treuhänder als auch zwischen diesem und dem Sicherungsgeber ist jeweils eine Verwaltungstreuhand gegeben (s.o. RdNr. 359 und u. RdNr. 388d). **362**

Ob von einer Verwaltungstreuhand auch dann gesprochen werden kann, wenn sich die Gläubiger („Sicherungsnehmer") die Sicherheiten von vornherein für den „Treuhänder" bestellen lassen **(Bassinvertrag)**, hängt von der Gestaltung im Einzelfall ab. In der Literatur wird zum Teil die Ansicht vertreten, in der Insolvenz des „Treuhänders" seien die Sicherheiten nicht als Treugut zu behandeln und somit für die Gläubiger nicht aussonderungsfähig.[879] Andere wollen die Ausnahme vom Unmittelbarkeitsprinzip, die für Anderkonten zugelassen worden ist, auf diesen Fall ausdehnen.[880] Der Schutz der Gläubiger in der Insolvenz des „Treuhänders" entspricht in der Tat einem dringenden praktischen Bedürfnis.[881] Ihm kann Rechnung getragen werden, indem kein Gläubiger, sondern ein Außenstehender als Treuhänder (Sicherungsnehmer) auftritt und das Treuhandverhältnis als offenes gestaltet wird. Dann wird man in der Insolvenz des Treuhänders davon ausgehen können, dass es sich bei den von ihm gehaltenen Sicherheiten „offenkundig" um Treugut handelt. Ist als Treuhänder aber einer der Gläubiger (Poolführer, Konsortialführer), der selbst ein Sicherungsbedürfnis hatte, ausgesucht worden, ist das Vorliegen einer Verwaltungstreuhand zweifelhaft, weil nicht ohne weiteres klar ist, welche der Sicherheiten er im eigenen und welche er im fremden Interesse hält. Entsprechendes muss im Falle eines **Emissionskonsortiums** und eines **Schuldscheindarlehens** gelten.[882] **363**

Im Rahmen von Sanierungsbemühungen kann es erforderlich werden, einen noch unbekannten Geldgeber grundbuchmäßig abzusichern. Um diesem eine Rangstelle freizuhalten, kann einem Treuhänder eine Rangwahrungsgrundschuld bestellt werden mit der Maßgabe, sie zu gegebener Zeit als Kreditsicherungsmittel einzusetzen. Wird der Grundstückseigentümer insolvent, ehe es dazu kommt, erlischt der Auftrag des Treuhänders (§§ 115 Abs. 1, 116). Die Grundschuld ist nicht an den Eigentümer (= Schuldner) zurückzugewähren – dadurch würde eine Eigentümergrundschuld entstehen, die nur den einfachen Insolvenzgläubigern zugutekäme –, sondern vom Treuhänder zu löschen, damit die nachrangigen dinglich Berechtigten im Range aufrücken.[883] **364**

Auch **Gesellschaftsanteile** könne treuhänderisch gehalten werden.[884] Im Rahmen von Restrukturierungen werden gerne die Anteile an dem Unternehmen für die Dauer der Restrukturierung **365**

---

[876] OLG Hamm ZInsO 2007, 331 = EWiR 2007, 441 *(v. Gleichenstein)*; FK-*Imberger* § 47 RdNr. 54.
[877] Vgl. aber *Gernhuber* JuS 1988, 355, 356.
[878] *Bülow*, Recht der Kreditsicherheiten RdNr. 1247.
[879] *Uhlenbruck* (12. Aufl.) § 47 RdNr. 42. In der 13. Aufl. äußert sich *Brinkmann* nicht dazu.
[880] *Obermüller* DB 1973, 1833, 1835; *Heinsius*, FS Henckel, S. 387, 397, 398.
[881] Vgl. *Stürner* ZZP 94 (1981) 263, 279; *Burgmeister* aaO S. 15; *De Meo*, Bankenkonsortien, 1994, Erstes Kapitel RdNr. 32, Zweites Kapitel RdNr. 339; *Martinek* in Schimansky/Bunte/Lwowski, Bankrechts-Handbuch, § 97 RdNr. 22.
[882] Auch *Heinsius*, FS Henckel, S. 387, 394, geht – jedenfalls bei einem Emissionskonsortium – davon aus, dass die Sicherungstreuhand hier „teilweise eigennützig" ist.
[883] *Eickmann* NJW 1981, 545, 549.
[884] Vgl. *Braun/Riggert*, FS Görg, S. 109.

auf einen Treuhänder übertragen, um Störpotenziale der Altgesellschafter auszuschalten.[885] Dabei wird sinnvollerweise das sonst gegebene Weisungsrecht der Treugeber ausgeschlossen.[886] Typischerweise ist hier eine Doppeltreuhand gegeben (**Sanierungs- bzw. Restrukturierungstreuhand**, vgl. u. RdNr. 368, 386 ff.).

366 Umgekehrt kann auch eine **Gesellschaft als Treuhänder** auftreten. Zu den Veränderungen durch das **MoMiG** vgl. u. RdNr. 370b.

367 **Kapitalanlagegesellschaften und Hypothekenbanken** nehmen auch **treuhänderische Einlagen** entgegen. Das bei einer Kapitalanlagegesellschaft (Kreditinstitut i.S.v. § 1 KWG) eingelegte Geld und die damit angeschafften Vermögensgegenstände bilden ein Sondervermögen (§ 6 Abs. 1 Satz 1 KAGG), das von dem eigenen Vermögen der Gesellschaft getrennt zu halten ist. Legt die Gesellschaft das bei ihr eingezahlte Geld in Grundstücken an, muss sie zwingend (anstelle der sonst üblichen Miteigentumskonstruktion, siehe hierzu RdNr. 49) Eigentümerin der Grundstücke sein (§ 30 KAGG). Das Sondervermögen ist der Kapitalanlagegesellschaft als uneigennütziger Treuhänderin zugeordnet. Zur Insolvenz der Kapitalanlagegesellschaft vgl. RdNr. 369b, der Hypothekenbank RdNr. 369c.

368 Es gibt auch eine **Treuhand zugunsten Dritter. Wertpapierdepots** – ähnliches gilt für Spargutthaben, Ansprüche aus Lebensversicherungen usw. – können durch Vertrag zwischen Depotbank und Depotinhaber auf dessen Ableben (oder zu einem künftigen Zeitpunkt) einem Dritten zugewendet werden. Zu diesem Zweck überträgt der Depotinhaber das treuhänderische Eigentum an den Papieren auf die Bank. Mit dem Tode des Treugebers (oder dem Erreichen des künftigen Zeitpunkts) erwirbt der Dritte gegen die Bank einen schuldrechtlichen Anspruch auf Übertragung der Papiere.[887] Zu Konten mit Drittbegünstigungsklausel vgl. u. RdNr. 404. Bei einer **Sanierungs- bzw. Restrukturierungstreuhand** (vgl. RdNr. 365, 388a) wird der Kapitalgeber oft nicht Partei des Treuhandvertrages, aber im Wege eines Vertrages zugunsten Dritter unmittelbar daraus berechtigt.[888] Bei einer Treuhand zugunsten Dritter haben die begünstigten Dritten das Aussonderungsrecht.[889]

369 **(2) Insolvenz des echten Verwaltungstreuhänders.** Im Schrifttum wird dafür plädiert, dem Treugeber bei der fremdnützigen Treuhand grundsätzlich kein Aussonderungsrecht zuzubilligen.[890] Andernfalls drohe das gesetzlich nicht geregelte Institut der Treuhand den Zweck eines Insolvenzverfahrens – die gleichmäßige Gläubigerbefriedigung – zu vereiteln. Auch sei der Treugeber nicht schutzbedürftig, weil er sich (bei der Übertragungstreuhand) freiwillig seiner starken dinglichen Position entledigt habe, um sich auf den vergleichsweise schwächeren schuldrechtlichen Rückgabeanspruch zu verlassen. In der Insolvenz des Treuhänders verwirkliche sich lediglich das Risiko des Treugebers, der seinen Vermögensgegenstand ohne Sicherheit und nur im Vertrauen auf die Seriosität und Bonität des Treuhänders aus der Hand gegeben habe. Es bestehe außerdem kein systematischer Unterschied zwischen der Hingabe von Treugut und der Vermögensübertragung im Rahmen eines bloßen Auftrags, wenn man davon absehe, dass das Treugut nicht in eine etwaige Insolvenzmasse fallen solle. Eine derartige Abrede sei jedoch wegen ihrer Insolvenzzweckwidrigkeit unwirksam. Ausnahmsweise sei eine Aussonderung zuzulassen, wenn die Treuhandvereinbarung notariell beurkundet worden sei (oder Treuhänder ein unter staatlicher Aufsicht stehendes Unternehmen sei und das Treugut in einem laufend fortgeführten Verzeichnis dokumentiert werde) und das Treugut als Sondervermögen von einer dritten Person verwahrt werde. Diese Ansicht vermag deswegen nicht zu überzeugen, weil von ihrem Ansatz her die Ausnahme nicht zu rechtfertigen wäre. Offenbar besteht aber eben doch ein Bedürfnis danach, den Treugeber in der Insolvenz des Treuhänders zu schützen. Das – begrüßenswerte – Bestreben, Missbräuche zu verhindern, nötigt nicht dazu, schon dem Grundsatz nach ein Aussonderungsrecht abzulehnen.

369a Wird über das Vermögen des echten Verwaltungstreuhänders ein Insolvenzverfahren eröffnet, hat der Insolvenzverwalter nach § 103 InsO das **Wahlrecht,** ob er die Treuhandvereinbarung erfüllen will oder nicht.[891] Wählt er die Nichterfüllung, kann der Treugeber das Treugut **aussondern.**[892]

---

[885] Vgl. dazu Budde ZInsO 2011, 1369 ff.
[886] *Budde* ZInsO 2011, 1369, 1375 Fn. 62.
[887] BGHZ 41, 95, 96 = NJW 1964, 1124; 66, 8, 13 = NJW 1976, 749; *Liebich/Mathews*, aaO, S. 190 f.
[888] *Stadler* NZI 2009, 878, 879; vgl. ferner *Braun/Riggert*, FS Görg, S. 99, 110.
[889] *Liebich/Mathews*, aaO, S. 156.
[890] *Fridgen* ZInsO 2004, 530, 536 ff.
[891] *v. Rom* WM 2008, 813, 819; *Budde* ZInsO 2011, 1369, 1376; *Obermüller*, Insolvenzrecht, RdNr. 5.819.
[892] BGHZ 188, 317 RdNr. 13, 16 = NZI 2011, 371; BGH NJW 1959, 1223, 1224; WM 1964, 179; 1969, 475, 476; ZIP 1993, 213, 214 = EWiR 1993, 163 *(Paulus)* = WuB VI B. § 43 KO 1.93 *(Obermüller)*; ZInsO 2005, 879, 880; BGH ZIP 2012, 1517 RdNr. 12; *v. Rom* WM 2008, 813, 815; *Bitter*, FS Ganter, S. 101, 110; *Budde* ZInsO 2011, 1369, 1376; *Liebich/Mathews*, aaO, S. 156; *Baur/Stürner*, Insolvenzrecht RdNr. 14.21; *Gottwald/Adolphsen*, Insolvenzrechts-Handbuch, § 40 RdNr. 39; *Häsemeyer*, Insolvenzrecht RdNr. 11.15; *Jaeger/Henckel* § 47 RdNr. 68; *Uhlenbruck/Brinkmann* § 47 RdNr. 33; *HK-Lohmann* § 47 RdNr. 22; *Kübler/Prütting*/Bork § 47 RdNr. 26.

Nachdem erkannt worden ist, dass die Treuhand zwei Komponenten hat – nämlich eine schuldrechtliche und eine dingliche (s.o. RdNr. 356 ff.) –, ist nunmehr die Frage zu beantworten, ob die Aussonderungsberechtigung des Treugebers letztlich auf der dinglichen Zuordnung des Treuguts oder auf den schuldrechtlichen Beziehungen zwischen den Beteiligten beruht. Richtiger Ansicht nach müssen wiederum beide Komponenten zusammentreffen. Das Aussonderungsrecht rechtfertigt sich aus dem Scheitern der schuldrechtlichen Treuhandabrede und daraus, dass dieser Abrede entsprechende Maßnahmen (insbesondere die Vermögenstrennung) hernach auch durchgeführt worden sind. Wollte man den „treuhänderischen" Anspruch, der zur Aussonderung berechtigt, unter Verwendung ausschließlich schuldrechtlicher Kategorien so definieren, dass hier – im Unterschied zum bloßen Verschaffungsanspruch, der nicht zu Aussonderung berechtigt – der Gläubiger Treugeber ist, bestünde die Gefahr eines Zirkelschlusses: Einen Herausgabeanspruch hat, wer Treugeber ist, und Treugeber ist, wer einen Herausgabeanspruch hat. Um den aussonderungsrelevanten Unterschied zwischen „Herausgabeansprüchen" und „Verschaffungsansprüchen" herauszuarbeiten, muss der Blick über die rein schuldrechtliche Dimension hinausreichen. Wer in der Insolvenz des Schuldners einen Herausgabeanspruch darauf stützen kann, der herauszugebende Gegenstand gehöre nicht zur Sollmasse (diese Anbindung an eine Vermögensmasse ist für die Aussonderungsberechtigung entscheidend), verweist auf eine quasi-dingliche Zuordnung. Dieses Element fehlt, wenn lediglich ein aus der Sollmasse zu befriedigender Verschaffungsanspruch erhoben wird. Bestätigt wird diese Sicht der Dinge durch einen Blick auf andere obligatorische Herausgabeansprüche, die, ohne Treuhandcharakter zu haben, ebenfalls zur Aussonderung berechtigen (s.o. RdNr. 341). In der Praxis müsste die rein schuldrechtliche Abgrenzung vollends scheitern. Vor allem im Insolvenzfall wäre die Gefahr des Missbrauchs kaum beherrschbar. Aussonderung ist Verteidigung eines immerso massefremden Rechts gegen den Zugriff des Insolvenzverwalters (s.o. RdNr. 5). Wäre als „massefremd" all das anzusehen, was die Beteiligten in einer internen Vereinbarung (den dazu vorgelegten Schriftstücken ist vielfach nicht einmal anzusehen, ob sie nicht rückdatiert wurden) als massefremd „deklariert" haben, müssten die Insolvenzverwalter vor dem Problem der Aussonderung noch häufiger kapitulieren, als es bereits jetzt der Fall ist. Eine Nichteröffnung des Insolvenzverfahrens mangels Masse (§ 26 Abs. 1 Satz 1 InsO) würde dann vielleicht die Regel.

Die von einer **Kapitalanlagegesellschaft** als uneigennützige Treuhänderin entgegengenommenen Einlagen haften nicht für die Verbindlichkeiten der Gesellschaft (§ 10 Abs. 2 Satz 1 KAGG), und in deren Insolvenz gehören sie nicht zur Masse (§ 13 Abs. 3 Satz 2 KAGG).[893] Aussonderungsberechtigt sind aber nicht die Anteilinhaber (Anleger); vielmehr ist es die Depotbank, auf die das Sondervermögen gemäß § 14 Abs. 1 KAGG übergeht. Die Depotbank hat das Sondervermögen abzuwickeln und an die Anteilinhaber zu verteilen (§ 14 Abs. 2 Satz 1 KAGG). 369b

Ist über das Vermögen einer **Hypothekenbank** das Insolvenzverfahren eröffnet, so fallen die im Hypothekenregister (§ 22 HypBankG) eingetragenen Werte nicht in die Insolvenzmasse (§ 35 Abs. 1 Satz 1 HypBankG). Danach könnten sie ebenfalls ein aussonderungsfähiges Sondervermögen darstellen. In Wirklichkeit stehen die Befugnisse der Pfandbriefgläubiger jedoch denen eines bloß Absonderungsberechtigten näher.[894] Denn der Insolvenzverwalter kann die betreffenden Werte zur Masse ziehen, soweit sie nicht zur Befriedigung der Pfandbriefgläubiger notwendig sind (§ 35 Abs. 1 Satz 2 HypBankG). 369c

Ist der insolvente **Treuhänder als Strohmann des Treugebers** anzusehen, kann dieser das Treugut nicht aussondern. In diesem Falle hat der Treugeber den Strohmann bewusst mit dem Treugut ausgestattet, damit dieses im Wirtschaftsverkehr als Eigengut des Strohmannes erscheint. Es wäre deshalb widersprüchlich, wenn der Treugeber das Treugut den Gläubigern des Strohmannes vorenthalten dürfte.[895] 370

Wird jemand insolvent, der treuhänderisch einen Anteil an einer Offenen Handelsgesellschaft hält, kann die **Gesellschafterstellung** selbst nicht ausgesondert werden. Daran hat das Handelsrechtsreformgesetzes vom 22. Juni 1998[896] nichts geändert. Nach früherem Recht wurde die Gesellschaft aufgelöst, wenn über das Vermögen eines Gesellschafters ein Konkursverfahren eröffnet wurde (§ 131 Nr. 5 HGB aF). Nach dem nunmehr geltenden Recht scheidet der insolvente Gesellschafter aus der Gesellschaft aus (§ 131 Abs. 3 Nr. 2 HGB). Entsprechendes gilt in der Insolvenz eines Komplementärs oder Kommanditisten (§ 161 Abs. 2 HGB). In jedem Falle gibt es keine Gesellschafterstellung mehr, die ausgesondert werden könnte. Ausgesondert werden kann nur das Auseinanderset- 370a

---

[893] *Fridgen* ZInsO 2004, 530, 534.
[894] *Fridgen* ZInsO 2004, 530, 534 f.
[895] BGH WM 1964, 179; Kuhn WM 1964, 998, 1006; *Häsemeyer,* Insolvenzrecht RdNr. 11.14; *Gottwald/Adolphsen,* Insolvenzrechts-Handbuch, § 40 RdNr. 49; *Uhlenbruck/Brinkmann* § 47 RdNr. 38; HK-*Lohmann* § 47 RdNr. 22; vgl. ferner BGHZ 31, 258, 264 = NJW 1960, 285.
[896] BGBl. I S. 1474.

zungsguthaben des Treuhänder-Gesellschafters.[897] Hält jemand treuhänderisch einen GmbH-Anteil für einen anderen, ist der Treugeber in der Insolvenz des Treuhänders jedenfalls dann gesichert, wenn der Treuhänder den von ihm erworbenen oder gehaltenen Geschäftsanteil zunächst an den Treugeber abgetreten und dieser sodann den Anteil unter Vereinbarung des Treuhandverhältnisses an den Treuhänder zurückabgetreten hat.[898]

370b Wollte der Gesellschafter einen Gegenstand aus dem Vermögen der insolventen Gesellschaft aussondern, der nach dem früheren Recht (vor Inkrafttreten des **MoMiG**) als **kapitalersetzend** galt, konnte der Insolvenzverwalter ihm entgegenhalten, dass ihm ein zeitweiliges unentgeltliches Nutzungsrecht zustehe.[899] Wurde etwa in kapitalsetzender Weise die Nutzung eines Grundstücks überlassen, fiel das Nutzungsrecht mit Verfahrenseröffnung in die Masse; der Insolvenzverwalter konnte es – beispielsweise durch Verpachtung des Grundstücks – verwerten.[900] Daran änderte nichts, wenn der Gesellschafter den Gegenstand der Gesellschaft als Treuhänderin gegeben hatte. Die Begründung von Treuhandverhältnissen durfte nicht zur Umgehung der Vorschriften über die Kapitalaufbringung und -erhaltung dienen.[901] Nach Inkrafttreten des MoMiG kann man vom Eigenkapitalersatzrecht nicht mehr sprechen. Es gibt auch keine gesellschaftertypische Aussonderungssperre mehr. Die Vorschrift des § 135 Abs. 3 InsO stellt auf die Betriebsnotwendigkeit des überlassenen Gegenstandes ab.[902] Der Geschäftsführer darf also unabhängig vom Bestehen einer Krise Leistungen an den Gesellschafter erbringen.[903] Ob die Nutzungsüberlassung nicht doch als eine dem Darlehen wirtschaftlich entsprechende Leistung angesehen werden kann, ist freilich umstritten.[904]

371 **(3) Insolvenz des echten Verwaltungstreugebers.** Nach ganz herrschender Meinung kann hier der Treuhänder nicht aussondern.[905] Vielmehr gehört das Treugut zur Masse. Begründet wird dies entweder damit, dass der Treugeber „materiell" Eigentümer bzw. Gläubiger geblieben ist[906] oder dass das Treugut für die Verbindlichkeiten des Treugebers haftet.[907] Nach hiesiger Auffassung kann der Insolvenzverwalter das Treugut zur Masse ziehen, weil der Treuhandauftrag gemäß §§ 115, 116 erloschen ist,[908] zumindest vom Insolvenzverwalter gekündigt werden kann. Gewiss kann dieser schuldrechtliche Anspruch allein die Massezugehörigkeit des Treuguts nicht begründen;[909] in Verbindung mit der – unverzichtbaren (s.o. RdNr. 356 ff.) – dinglichen Komponente kann er es aber sehr wohl. Dies gilt auch bei einer Treuhand zugunsten Dritter (vgl. RdNr. 404).[910] Unter Umständen hat der Treuhänder ein Absonderungsrecht gemäß § 51 Nr. 2, 3.[911]

372 **(4) Insolvenz sowohl des Treuhänders als auch des Treugebers bei der echten Verwaltungstreuhand.** Hat der solvente Treuhänder in der Insolvenz des Treugebers kein Aussonderungsrecht, ändert sich daran nichts, wenn nun auch der Treuhänder insolvent wird. Im Ergebnis setzt sich also das Aussonderungsrecht des Treugebers durch.

373 **d) Eigennützige Treuhand.** Hier ist das Treuhandverhältnis im Interesse des Treuhänders begründet worden. Hauptfälle sind die Sicherungsübereignung und die Sicherungsabtretung (dazu näher § 51 RdNr. 48 ff., 136 ff.). In diesen Fällen spricht man von **Sicherungstreuhand**. Die Sicherungstreuhand ist stets eine echte Treuhand. Die Sicherungsübertragung an den Treuhänder ist entweder auflösend bedingt durch die Tilgung der gesicherten Forderung (s.u. § 51 RdNr. 16) oder – dies entspricht der Regel – der Treugeber hat in diesem Falle einen schuldrechtlichen Anspruch auf Rückübertragung der Sicherheit (s.u. § 51 RdNr. 41).

374 Ein eigennütziges Treuhandverhältnis besteht auch zwischen Vermieter und Mieter hinsichtlich der von diesem gestellten **Mietkaution**.[912] Nach § 551 Abs. 3 Satz 3 BGB hat der Vermieter die

---

[897] *Beuthien*, Treuhand an Gesellschaftsanteilen, ZGR 1974, 26, 66 ff.; *Gottwald/Adolphsen*, Insolvenzrechts-Handbuch, § 40 RdNr. 38; *Jaeger/Henckel* § 47 RdNr. 68; vgl. auch *Gernhuber* JuS 1988, 355, 356 Fn. 9.
[898] *Schmitz* ZNotP 1998, 11 ff.
[899] BGH ZIP 1993, 1072,1074.
[900] *Uhlenbruck* (12. Aufl.) § 47 RdNr. 63.
[901] *Fridgen* ZInsO 2004, 530, 539.
[902] Vgl. dazu *Bitter* ZIP 2010, 1, 7; *Uhlenbruck/Brinkmann* § 47 RdNr. 63.
[903] Wegen der verbreiteten Kritik an dieser Regelung vgl. nur *Altmeppen* NJW 2008, 3601, 3606.
[904] Gegen Vergleichbarkeit *Blöse* GmbHRundschau Sonderheft Okt. 2008 S. 71, 74; *Altmeppen* NJW 2008, 3601, 3604; *Bitter* ZIP 2010, 1, 7; dafür *Haas*, FS Ganter, 2010, S. 189, 192 ff.
[905] BGH ZIP 2012, 1517 RdNr. 12; HK-*Lohmann* § 47 Rn. 22; aA *Kirchhof*, FS Kreft, S. 359.
[906] *Baur/Stürner*, Insolvenzrecht RdNr. 14.22.
[907] *Jaeger/Henckel* § 47 RdNr. 61; *Uhlenbruck/Brinkmann* § 47 RdNr. 34.
[908] So auch BGH NJW 1962, 1200, 1201; DB 1975, 300; *Henssler* AcP 196 (1996), 37, 50; *Liebich/Mathews*, aaO, S. 156; *Häsemeyer*, Insolvenzrecht RdNr. 11.15; kritisch insoweit *Gernhuber* JuS 1988, 355, 359 Fn. 42.
[909] *Jaeger/Henckel* § 47 RdNr. 69.
[910] *Gottwald/Adolphsen*, Insolvenzrechts-Handbuch, § 40 RdNr. 45.
[911] *Liebich/Mathews*, aaO, S. 159.
[912] *Jaeger/Henckel* § 47 RdNr. 60.

aa) Insolvenz des Treuhänders (= Sicherungsnehmers, Sicherungseigentümers, Gläubigers). Der Treugeber (= Sicherungsgeber) hat ein Aussonderungsrecht. Allerdings kann er dies bei der Sicherungstreuhand mit Aussicht auf Erfolg grundsätzlich nur geltend machen, wenn der Sicherungszweck entfallen ist oder der Treugeber die gesicherte Forderung erfüllt. Bis dies geschieht, kann der Insolvenzverwalter die Freigabe der Sicherheit zurückhalten.[913] Nach anderer Ansicht[914] entsteht das Aussonderungsrecht erst mit Eintreten der genannten Voraussetzungen. Mit der Tilgung der gesicherten Forderung entfällt der Sicherungszweck. War die Sicherungsübertragung auflösend bedingt, ist der Treugeber nun wieder – auch formal – Eigentümer bzw. Gläubiger. Er hat dann ein **dingliches Aussonderungsrecht**. Löste die Tilgung der gesicherten Forderung nach dem Sicherungsvertrag nur einen Rückübertragungsanspruch aus, genügt diese **schuldrechtliche** Grundlage in Verbindung mit der haftungsrechtlichen Zuordnung für die Aussonderung.[915] Erfüllt der Sicherungsgeber die Schuld nicht und tritt deswegen der Sicherungsfall ein, kann der Insolvenzverwalter das Sicherungsmittel (Treugut) verwerten. 375

Die Insolvenz des Sicherungsnehmers gibt dem Sicherungsgeber **kein Recht auf vorzeitige Tilgung**. Er soll durch die Insolvenz seines Vertragspartners nicht besser stehen als ohne sie. Die gesicherte Forderung ist deshalb erst erfüllbar, wenn der Insolvenzverwalter in die vorzeitige Erfüllung einwilligt.[916] In der Praxis erklären die Insolvenzverwalter aber regelmäßig ihr Einverständnis mit der sofortigen Zahlung, weil der Insolvenzmasse auf diese Weise flüssige Mittel zugeführt werden. 376

Fraglich ist, wie sich die Aussonderung bei der **Sicherungsabtretung** einer Forderung darstellt, nachdem der Zedent die gesicherte Forderung getilgt hat. Man wird hier danach differenzieren müssen, ob die Sicherungsabtretung auflösend bedingt ist oder nicht. Im ersten Fall kann der Sicherungsgeber verlangen, dass der Insolvenzverwalter von seinem bisher bestehenden Einziehungsrecht (§ 166 Abs. 2) keinen Gebrauch mehr macht. Der Zedent kann also wieder Leistung an sich allein verlangen. Im zweiten Fall, der in der Praxis üblich ist, kann (und muss) der Zedent Rückabtretung verlangen.[917] 377

Bei der **Sicherungsübereignung** ist die Aussonderung auf Rückübertragung gerichtet.[918] Es ist keine Voraussetzung des Aussonderungsrechts, dass der Treuhänder (Sicherungsnehmer) **unmittelbarer Besitzer des Treuguts** (Sicherungsguts) ist.[919] Wenn der Treuhänder das Treugut vom Treugeber herausverlangt, kann dieser ihm die Aussonderung einredeweise entgegenhalten (s.o. RdNr. 5). 378

Bei der Sicherungsabtretung ist eine „**einstweilige Aussonderung**" bis zum Eintritt der Verwertungsreife nicht möglich.[920] Dies ist bei der Sicherungsübereignung anders. Hatte der Treugeber die nach § 930 oder § 931 BGB sicherungsübereignete Sache dem Treuhänder gerade zur Reparatur überlassen, als über dessen Vermögen das Insolvenzverfahren eröffnet wurde, kann er das Sicherungsgut auch dann aussondern, wenn zwar nicht die gesicherte Forderung, wohl aber der Werklohn bezahlt ist.[921] Der Treugeber kann verlangen, dass der nach dem Sicherungsvertrag geschuldete Zustand wiederhergestellt wird. Dies beruht nicht etwa auf einer „quasidinglichen Wirkung" des Sicherungsvertrages.[922] Der dadurch begründete Anspruch auf Bestellung einer Sicherheit hat bloß schuldrechtlichen Charakter (o. RdNr. 347). Ist die Sicherheit aber – als treuhänderische – bestellt worden, überlagert das Treuhandverhältnis den Sicherungsvertrag. Die Treuhandabrede, die ihrerseits 379

---

[913] *Serick* KTS 1970, 89, 91 ff.; *ders.* III § 35 II 2c (S. 297); *Uhlenbruck/Brinkmann* § 47 RdNr. 36; *Gottwald/Adolphsen*, Insolvenzrechts-Handbuch, § 40 RdNr. 53; *Pottschmidt/Rohr*, Kreditsicherungsrecht RdNr. 620; BuB-*Herget* aaO RdNr. 4/671; wohl auch *Liebich/Mathews*, aaO, S. 159.

[914] *Gernhuber* JuS 1988, 355, 359 Fn. 41; *Baur/Stürner*, Insolvenzrecht RdNr. 14.24; *Häsemeyer*, Insolvenzrecht RdNr. 11.16; *Hadding/Häuser* in Schimansky/Bunte/Lwowski, Bankrechts-Handbuch, § 37 RdNr. 70; BuB-*Cartano* aaO RdNr. 4/523.

[915] *Baur/Stürner*, Insolvenzrecht RdNr. 14.24; *Jaeger/Henckel* § 47 RdNr. 58.

[916] *Gottwald/Adolphsen*, Insolvenzrechts-Handbuch, § 43 RdNr. 82; *Uhlenbruck/Brinkmann* § 47 InsO RdNr. 55; aA *Baur/Stürner*, Insolvenzrecht RdNr. 14.24.

[917] *Gottwald/Adolphsen*, Insolvenzrechts-Handbuch, § 40 RdNr. 53; *Uhlenbruck/Brinkmann* § 47 InsO RdNr. 36. Vgl. ferner *Zeiss* in Hadding/Schneider, Die Forderungsabtretung, insbesondere zur Kreditsicherung, 1986, S. 49, 68; *Serick*, Festgabe 50 Jahre Bundesgerichtshof, S. 743, 758.

[918] *Uhlenbruck/Brinkmann* § 47 RdNr. 36.

[919] Vgl. *Gottwald/Adolphsen*, Insolvenzrechts-Handbuch, § 43 RdNr. 81.

[920] *Gottwald/Adolphsen*, Insolvenzrechts-Handbuch, § 43 RdNr. 82.

[921] So *Gottwald*, Insolvenzrechts-Handbuch, 3. Aufl., § 43 RdNr. 52; *Uhlenbruck*, 12. Aufl., § 47 RdNr. 55. In den jeweiligen Neuauflagen fehlt eine Stellungnahme.

[922] So jedoch *Gottwald/Adolphsen*, Insolvenzrechts-Handbuch, § 43 RdNr. 80.

auf eine dingliche Komponente nicht verzichten kann (o. RdNr. 356 ff.), verschafft dem Rückgabeanspruch des Sicherungsgebers die „quasidingliche Wirkung". Dieser Rückgabeanspruch besteht nicht erst dann, wenn der Sicherungsfall dauerhaft ausgeblieben ist, sondern schon dann, wenn der Sicherungsfall noch nicht eingetreten ist. Solange dieser Zustand anhält, gibt die Treuhandabrede dem Sicherungsgeber das Recht zum Besitz. Von einer „einstweiligen Aussonderung" sollte man allerdings nicht sprechen.

380 Hat der Vermieter die vom Mieter geleistete **Mietkaution** auf einem entsprechend gekennzeichneten Sonderkonto angelegt, kann der Mieter in der Insolvenz des Vermieters aussondern.[923] Dies gilt selbst dann, wenn der Vermieter die Kaution zunächst in sein Vermögen überführt und erst später zugunsten des Mieters ein Treuhandkonto errichtet hat.[924] Ein Vermieter, der mehrere Objekte vermietet hat, kann die Kautionen seiner sämtlichen Mieter auf einem einzigen Treuhandkonto sammeln.[925] Hat der Vermieter die Kaution(en) entgegen seiner Verpflichtung aus § 551 Abs. 3 Satz 3 BGB nicht von seinem Eigenvermögen getrennt, besteht keine Aussonderungsbefugnis.[926] Der Ansicht, die Kautionsabrede bestehe wie das gesamte Mietverhältnis gemäß § 108 fort und der Mieter könne ungeachtet der Eröffnung des Insolvenzverfahrens über das Vermögen des Vermieters weiterhin seinen Anspruch aus § 551 Abs. 3 Satz 3 BGB auf getrennte und damit insolvenzfeste Anlage der Kaution geltend machen,[927] ist nicht zu folgen.[928] Grundlage des Kautionsrückzahlungsanspruchs ist nicht das Mietverhältnis, sondern die gesonderte Sicherungsabrede. Für den Anspruch des Mieters aus § 551 Abs. 3 Satz 3 BGB kann nichts anderes gelten als für jeden anderen Anspruch auf Einräumung einer Sicherheit. Ist der Anspruch bis zur Verfahrenseröffnung nicht erfüllt worden, so ist der Insolvenzverwalter nicht dazu verpflichtet (o. RdNr. 347).[929] Der Mieter kann deshalb Mietzahlungen auch nicht zurückhalten oder aufrechnen. Zur Möglichkeit einer Ersatzaussonderung, wenn die Zahlung auf dem Überweisungsträger als „Kaution" gekennzeichnet wurde, s. § 48 RdNr. 50. Zur Lage, wenn der Vermieter die auf ein eigenes Sparkonto eingezahlte Kaution zugunsten des Mieters „gesperrt" hat, vgl. RdNr. 402 f.

380a Besondere Probleme ergeben sich, wenn das vermietete Objekt der **Zwangsverwaltung** unterliegt und der Vermieter **insolvent** ist. War die **Kaution** gesondert angelegt worden, kann der Zwangsverwalter sie, sofern nicht der Mieter aussondert, vom Insolvenzverwalter herausverlangen (Ausnahme: Anfechtbarkeit der Anlage).[930] War die Kaution nicht gesondert angelegt, kann der Zwangsverwalter sie vom Insolvenzverwalter nicht herausverlangen. Der VIII. Zivilsenat des BGH meint, der Zwangsverwalter sei gemäß § 152 Abs. 2 ZVG an die Pflicht zur Anlage der Kaution aus § 551 Abs. 3 BGB gebunden, selbst wenn der Vermieter nicht erhalten habe, und daran ändere die Eröffnung des Insolvenzverfahrens nichts.[931] Folgt man dem, müsste der Zwangsverwalter die Kaution aus den Nutzungen aufbringen. Dagegen bestehen Bedenken. Hält man den Zwangsverwalter für verpflichtet, einen der Barkaution entsprechenden Betrag gesondert anzulegen, wird dem Mieter auf diesem Weg ein ihm nicht zustehendes (s.o. RdNr. 380) Aussonderungsrecht verschafft.[932]

381 **bb) Insolvenz des Treugebers (= Sicherungsgebers).** Obwohl der Sicherungstreuhänder formell Eigentümer oder Gläubiger ist, hat er in der Insolvenz des Treugebers lediglich ein Absonderungsrecht. Dies war schon früher anerkannt (s.u. § 51 RdNr. 4 ff.) und ergibt sich jetzt ausdrücklich aus § 51 Nr. 1. Nach dem Sicherungsvertrag kann der Sicherungstreuhänder den Wert des Treuguts nur insoweit in Anspruch nehmen, als es erforderlich ist, um sich wegen der gesicherten Forderung zu befriedigen. Dieser Zweck wird durch die Absonderung erreicht.

382 **cc) Insolvenz sowohl des Treugebers als auch des Treuhänders.** Hier konkurrieren das Aussonderungsrecht des Treugebers und das Absonderungsrecht des Treuhänders. Da der Insolvenzverwalter des Treugebers nur aussondern kann, wenn der Sicherungszweck entfallen oder die gesi-

---

[923] BGH NZI 2008, 235; BayObLG NJW 1988, 1796, 1797 = EWiR 1988, 703 (*Eckert*) = WuB VI B. § 43 KO 1.89 (*Johlke*).
[924] BayObLG NJW 1988, 1796, 1797 = EWiR 1988, 703 (*Eckert*) = WuB VI B. § 43 KO 1.89 (*Johlke*); *Derleder*, Die Sicherung der Kaution des Wohnraummieters gegenüber den Gläubigern des Vermieters, NJW 1988, 2988; *Baur/Stürner*, Insolvenzrecht RdNr. 14.24.
[925] *Derleder* aaO.
[926] BGH NZI 2008, 235; OLG Schleswig ZIP 1989, 252 = EWiR 1989, 185 (*Eckert*); *Schaarschmidt/Herbst*, aaO RdNr. 3354; *Gundlach/Frenzel/Strandmann* DZWIR 2008, 189 ff.
[927] So *Derleder* NZM 2004, 568, 577 f.
[928] Zutreffend *Dahl*, FS Görg, S. 120.
[929] *Zipperer* ZfIR 2007, 388, 390 f.; *Dahl*, FS Görg, S. 121
[930] *Berger* ZfIR 2010, 221, 228.
[931] BGH ZfIR 2009, 880 m. abl. Anm. *Depré* = NJW 2009, 3505.
[932] Zutreffend *Wedekind/Wedekind* ZfIR 2009, 315, 317; *Berger* ZfIR 2010, 221, 227.

cherte Forderung getilgt ist, andererseits mit der Insolvenz des Treugebers (= Sicherungsgebers) der Sicherungsfall eingetreten ist, kann der Insolvenzverwalter des Treuhänders abgesonderte Befriedigung, aber umgekehrt der Insolvenzverwalter des Treugebers (falls er nicht die Erfüllung der gesicherten Forderung anbietet) nicht Aussonderung verlangen.[933] Im Ergebnis setzt sich also – im Unterschied zur Doppelinsolvenz bei der uneigennützigen Treuhand (s.o. RdNr. 372) – das Absonderungsrecht des Treuhänders durch.

dd) Insolvenz des mit dem Treugeber nicht identischen Schuldners. Sind Sicherungsgeber (= Treugeber) und Schuldner personenverschieden und ist lediglich der Schuldner insolvent, so können persönliche Forderung und Sicherheit grundsätzlich unabhängig voneinander bis zur vollen Befriedigung des Sicherungsnehmers (= Treuhänders) verfolgt werden.[934]

ee) Insolvenz des mit dem Schuldner nicht identischen Treugebers. Ist umgekehrt nur der Sicherungsgeber insolvent, kann der Sicherungsnehmer zunächst abgesonderte Befriedigung verlangen und sich wegen eines etwaigen Ausfalls außerhalb des Insolvenzverfahrens an den Schuldner halten.[935]

ff) Insolvenz des Treugebers und des Schuldners. Ist sowohl der Schuldner der gesicherten Forderung als auch der mit dem Schuldner nicht identische Sicherungsgeber insolvent, kann der Treuhänder in der Insolvenz des Sicherungsgebers sein Absonderungsrecht und in der Insolvenz des Schuldners die gesicherte Forderung geltend machen.

e) Doppel- und dreiseitige Treuhand. Wenn der Treuhänder nach zwei Richtungen treuhänderische Funktionen ausübt, spricht man von einer **doppelseitigen Treuhand** (oder kurz: **Doppeltreuhand**). Der Treuhandvertrag kann hier ein drei- (oder mehr-) seitiger Vertrag sein oder ein zweiseitiger Vertrag, der teilweise einen Vertrag zugunsten Dritter (§ 328 BGB) darstellt. Zur Charakterisierung der mehreren Treuhandverhältnisse vgl. u. RdNr. 388e, zur Doppeltreuhand beim Treuhandkonto u. RdNr. 394.

Eine doppelseitige Treuhand kommt vor bei der **Übertragung dinglicher Nutzungsrechte,** etwa einer Filmproduktionsgesellschaft, auf einen Treuhänder, der sie fortan sowohl für die Produktionsgesellschaft als auch für die Vertriebsgesellschaft hält,[936] bei dem **Software-Escrow** (hier wird der Datenträger mit dem Quellcode an eine Hinterlegungsstelle übereignet, welche der Datenträger im Interesse von Lizenzgeber und Lizenznehmer verwahrt)[937] und in der Form einer Zentralregulierung durch **Einkaufsverbände**.[938] Sie findet sich ferner bei **True-sale-Transaktionen,** falls durch Buchgrundschulden gesicherte Forderungen übertragen werden.[939] Vgl. hierzu auch u. RdNr. 390e.

Wertguthaben aus **Arbeitszeitflexibilisierungsmodellen** sind gemäß §§ 7d, 7e SGB IV für den Insolvenzfall des Arbeitgebers zu schützen. Dafür kommt insbesondere in Betracht, dass der Arbeitgeber (Treugeber) einem professionellen Vermögensverwalter (Treuhänder) Vermögenswerte in Höhe der von den Arbeitnehmern zwar erarbeiteten, aber noch nicht an sie ausgezahlten Vergütungsbestandteile überträgt („deferred compensation").[940] Ggf. liegt eine in jeder Hinsicht uneigennützige doppelseitige Treuhand vor. Der verpflichtet sich der Treuhänder gegenüber dem Treugeber, die Vermögenswerte sicher und gewinnbringend anzulegen, ordnungsgemäß zu verwalten und dem Treugeber, falls dieser später die restlichen Vergütungsbestandteile an die Arbeitnehmer auszahlt, den Gegenwert zu erstatten. Insofern handelt es sich um eine Verwaltungstreuhand. Zugleich vereinbaren Arbeitgeber und Treuhänder, dass die auf den Treuhänder übertragenen Vermögensbestandteile nur in dem festgelegten Rahmen zugunsten der Arbeitnehmer verwandt und von diesen im Falle der Säumnis des Arbeitgebers – insbesondere in dessen Insolvenz – auch direkt abgefordert werden dürfen. Dieser Teil der Vereinbarung begründet eine Sicherungstreuhand im Interesse der begünstigten Arbeitnehmer. Vergleichbar sind die **„Contractual Trust Arrangements"** zur Insolvenzsicherung der Arbeitnehmeransprüche aus der betrieblichen Altersversor-

---

[933] *Jaeger/Henckel* § 47 RdNr. 59.
[934] *Scholz/Lwowski,* Das Recht der Kreditsicherung 7. Aufl., RdNr. 933.
[935] *Scholz/Lwowski,* Das Recht der Kreditsicherung 7. Aufl., RdNr. 932.
[936] Vgl. hierzu *Bork* NZI 1999, 337 ff.
[937] Vgl. *Grützmacher* CR 2006, 289, 294 ff.
[938] Dazu *Heeseler/Rossel* WM 2003, 2360, 2369.
[939] *Pannen/Wolff* ZIP 2006, 52, 54; *Epp* in Schimansky/Bunte/Lwowski, Bankrechts-Handbuch, § 94 RdNr. 160 f.; *Jahn,* ebenda, § 114a RdNr. 32.
[940] Vgl. hierzu *Fischer/Thoms-Meyer* DB 2000, 1861 ff.; *Bode/Bergt/Obenberger* DB 2000, 1864 ff.; *Hanau/Veit* NJW 2009, 182 ff.; *Gottwald/Adolphsen,* Insolvenzrechts-Handbuch, § 40 RdNr. 76; HK-*Lohmann* § 47 RdNr. 25.

gung.⁹⁴¹ In der Insolvenz des Arbeitgebers steht dem Treuhänder ein Recht zur abgesonderten Befriedigung (kein Aussonderungsrecht) zu.⁹⁴²

388a Werden im Zuge der **Restrukturierung eines Unternehmens** die Gesellschaftsanteile für die Dauer der Restrukturierung auf einen Treuhänder übertragen (vgl. o. RdNr. 365, 368) ist dieser Treuhänder sowohl im Verhältnis zu den Gesellschaftern als auch im Verhältnis zu dem Kapitalgeber, dem ein Pfandrecht an den Gesellschaftsanteilen eingeräumt wird.⁹⁴³ Werden börsennotierte Aktien auf einen Treuhänder übertragen, stellen sich kapitalmarktrechtliche Probleme, insbesondere wenn der Treuhänder Vollrechtsinhaber der Aktien wird.⁹⁴⁴ Durch die Übertragung von Gesellschafter- und Geschäftsführungskompetenzen können den Treuhänder Haftungsrisiken treffen; auch können die Treuhandaufgaben als rechtsbesorgende Tätigkeit erscheinen, wodurch das Rechtsdienstleistungsgesetz anwendbar wird; übernimmt ein Rechtsanwalt die Funktion als Treuhänder, können berufsrechtliche Probleme entstehen.⁹⁴⁵

388b Eine Doppeltreuhand ist auch im Falle eines **Sicherheitenpools** gegeben, wie er insbesondere bei **Konsortialfinanzierungen** vorkommt. Der Kreditnehmer gewährt nur einer Bank, meist der Poolführerin, dingliche Sicherheiten. Diese sollen aber nicht nur den eigenen Kredit der Sicherungsnehmerin, sondern auch die Kredite der anderen an dem Pool beteiligten Banken besichern. Soweit es um den eigenen Kredit geht, handelt die Sicherungsnehmerin also eigennützig, im Übrigen fremdnützig. Wenn ein Außenstehender als Treuhänder eingeschaltet wird **(Bassinvertrag),** ist der Sicherungsnehmer ein durchweg uneigennütziger Treuhänder.⁹⁴⁶ Zur weiteren Charakterisierung der einzelnen Treuhandverhältnisse vgl. u. RdNr. 388e, 390a.

388c Soll ein insolventes Unternehmen später ganz oder teilweise im Wege einer **übertragenden Sanierung** veräußert werden, kann der überlebensfähige Betrieb oder Betriebsteil vorläufig im Interesse der Geschäftspartner bei einem unabhängigen Treuhänder „geparkt" werden.⁹⁴⁷ Es wird eine neue Gesellschaft gegründet, deren Anteile der Treuhänder hält und an die Geldgeber der Neugesellschaft verpfändet. Der Insolvenzverwalter überträgt die Assets des Betriebs auf die Neugesellschaft. Die daran bestehenden Anteile verkauft der Treuhänder, sobald sich Interessenten gefunden haben. In der Zwischenzeit bestehen Treuhandverhältnisse zwischen dem Insolvenzverwalter und dem Treuhänder und zwischen diesem und den Geldgebern der Neugesellschaft.

388d Ein zweiseitiges Treuhandverhältnis wurde ferner beim **außergerichtlichen Treuhandliquidationsvergleich** begründet.⁹⁴⁸ Hier wurde das gesamte Vermögen des Schuldners als Treugut einem Treuhänder, der vom Schuldner bestellt wurde (Vertrag zugunsten der Gläubiger, § 328 BGB) unter der auflösenden Bedingung der Eröffnung eines Insolvenzverfahrens⁹⁴⁹ übereignet. Der Treuhänder verwertet das Treugut und schüttete den Erlös an die Gläubiger aus. Praktische Bedeutung kann diese Rechtsfigur allenfalls noch in Gestalt eines „Treuhandliquidationsinsolvenzplans" erhalten.⁹⁵⁰ Ein Doppel-Treuhandkonto wird nicht selten im **„Eröffnungsverfahren"** eingerichtet, um Lieferungen und Leistungen, die für die Betriebsfortführung benötigt werden, anfechtungsfest begleichen zu können. Treuhänder ist hier entweder der vorläufige Insolvenzverwalter oder ein außenstehender Dritter.⁹⁵¹

388e Bei der Doppeltreuhand bestehen, soweit ein außenstehender Dritter zum Treuhänder bestellt wird **(Bassinvertrag),** jeweils **atypische Verwaltungstreuhandverhältnisse** zwischen Sicherungsgeber und Treuhänder sowie zwischen Treuhänder und Drittbegünstigtem. Eine Sicherungs-

---

⁹⁴¹ *Bitter,* FS Ganter, S. 101, 105 f.; *Braun/Riggert,* FS Görg, S. 98. Umfassend zu dieser Konstruktion *Rüger,* Die Doppeltreuhand zur Insolvenzsicherung von Arbeitnehmeransprüchen, Diss. 2009; *v. Rom,* Insolvenzsicherung und Jahresabschlussgestaltung durch doppelseitige Treuhandkonstellationen – Rechtsprobleme sogenannter Contractual Trust Arrangements, Diss. 2010.
⁹⁴² *Rüger* NZI 2012, 488, 492 gg. LAG Berlin/Brandenburg NZI 2012, 282, 284.
⁹⁴³ *Stadler* NZI 2009, 878, 879; *Bitter,* FS Ganter, S. 101, 103; *Budde* ZInsO 2011, 1369, 1375; *Undritz* ZIP 2012, 1153 ff.
⁹⁴⁴ Hierzu näher *Stadler* NZI 2009, 878 ff.
⁹⁴⁵ Vgl. *Römermann/Funke Gavilá* NZI 2012, 481 ff.
⁹⁴⁶ *Bitter,* FS Ganter, S. 101, 104; speziell zu Konsortialfinanzierungen *Picherer,* Sicherungsinstrumente bei Konsortialfinanzierungen von Hypothekenbanken, 2002. Im Verhältnis zwischen Sicherungsnehmer und den (anderen) Poolbanken nimmt *Reuter* NZI 2010, 167 eine „uneigennützige Sicherungstreuhand" an; dazu mit Recht kritisch *Bitter,* aaO S. 109.
⁹⁴⁷ Zu diesem Treuhandmodell *Laier* GWR 2010, 184 ff.; *Bitter,* FS Ganter, S. 101, 106 f.
⁹⁴⁸ Dazu *Uhlenbruck/Brinkmann* § 47 RdNr. 39.
⁹⁴⁹ Kritisch insoweit *Jaeger/Henckel* § 47 RdNr. 77.
⁹⁵⁰ *Jaeger/Henckel* § 47 RdNr. 64.
⁹⁵¹ Vgl. hierzu *Kreft,* FS für Merz, S. 313 ff.; *Kirchhof,* FS für Gerhart Kreft, S. 359 ff.; *Bork* NZI 2005, 530 ff.; *Marotzke* ZInsO 2005, 561 ff.; *Frind* ZInsO 2005, 1296 ff.; *Windel* ZIP 2009, 101 ff.; *Beck,* FS für Runkel, Sonderdruck S. 1 ff.; *Braun/Riggert,* FS für Görg, S. 95, 98; *Stapper/Schädlich* ZInsO 2011, 249 ff.

Aussonderung 389–390a § 47

treuhand scheidet aus, weil der Treuhänder sowohl gegenüber dem Sicherungsgeber als auch gegenüber dem Drittbegünstigten fremdnützig handelt. Allerdings vermittelt er **außerdem eine Sicherungstreuhand** zwischen Sicherungsgeber und Drittbegünstigtem. Dieser ist – anders als bei der gewöhnlichen Sicherungstreuhand – zwar nicht „formeller", wohl aber „materieller" Inhaber des Sicherungsrechts.[952]

Wird der **Treugeber insolvent,** ist fraglich, ob der außenstehende doppelseitige Treuhänder 389 aussondern[953] oder (nur) absondern kann.[954] Im ersten Fall müsste der Treuhänder, im zweiten Fall der Insolvenzverwalter das Treugut – das der Treuhänder ihm zuvor überlassen müsste – für den gesicherten Dritten verwerten. Richtig erscheint, dass der Treuhänder bloß absonderungsberechtigt ist und somit das Treugut an den Insolvenzverwalter herausgeben muss, damit dieser daraus die Ansprüche des Dritten befriedigt (vgl. aber RdNr. 390c). Durch die Insolvenz des Treugebers ist die Verwaltungstreuhand im Verhältnis zwischen Treugeber und Treuhänder entfallen. Denn das zwischen diesen beiden vereinbarte Auftrags- bzw. Geschäftsbesorgungsverhältnis ist durch die Insolvenz des Treugebers erloschen. Das wäre nur dann anders, wenn sich der Auftrag bzw. Geschäftsbesorgungsvertrag nicht auf das zur Insolvenzmasse gehörende Vermögen bezöge (§§ 115, 116 InsO). Wegen der gleichzeitig vereinbarten atypischen Verwaltungstreuhand im Verhältnis des Treuhänders zu dem Drittbegünstigten ist das Sicherungsgut aber noch nicht aus der Insolvenzmasse ausgegliedert. Nicht erloschen ist die Sicherungstreuhand im Verhältnis zwischen Treugeber und dem Drittbegünstigten und die Verwaltungstreuhand zwischen diesem und dem Treuhänder.[955] Seine Pflichten gegenüber dem Dritten erfüllt der Treuhänder dadurch, dass er das Treugut dem Insolvenzverwalter überlässt, damit dieser daraus den Dritten befriedige. Neben dem Treuhänder kann auch der Dritte ein Absonderungsrecht haben.[956]

Wird der außenstehende **doppelseitige Treuhänder insolvent,** kann der echte Verwaltungs- 390 treugeber – anders als in RdNr. 369 beschrieben – grundsätzlich auch dann, wenn der Insolvenzverwalter die Erfüllung der Treuhandvereinbarung abgelehnt hat, nicht Herausgabe an sich selbst verlangen.[957] Das liefe der gleichzeitig vereinbarten Sicherungstreuhand zwischen dem Treugeber und dem Dritten zuwider. Andererseits darf der Insolvenzverwalter das Treugut natürlich nicht für die Masse verwerten. Da ein insolventer Treuhänder für seine Aufgabe nicht mehr geeignet ist, hat der Treugeber gegen ihn einen mit Aussonderungskraft ausgestatteten (s.o. RdNr. 341) Anspruch auf Herausgabe an einen von ihm selbst und dem Drittbegünstigten einvernehmlich bestimmten neuen Treuhänder.[958]

In den Fällen des **Sicherheitenpools,** in denen der Treuhänder (Poolführer) teilweise eigennützig 390a (nämlich soweit der eigene Kredit gesichert werden soll) und im Übrigen fremdnützig (nämlich soweit die von den anderen Poolbanken ausgereichten Kredite gesichert werden sollen) handelt **(Konsortialkredit),** ist die Rechtslage komplizierter. Soweit der Poolführer eigennützig handelt, ist er im Verhältnis zu den anderen Poolmitgliedern Verwaltungstreuhänder und im Verhältnis zum Treugeber Sicherungstreuhänder. Soweit er uneigennützig tätig ist, ist die Rechtslage so, wie bei RdNr. 388e beschrieben. Wie die „dingliche Komponente" der Verwaltungstreuhand zwischen Konsortialführer und Konsorten dargestellt werden kann, ist noch nicht abschließend geklärt.[959] Vgl. dazu RdNr. 390, 390d. Die Rechtsprechung hat geschwankt: In einem Urteil aus 2005 hat der BGH judiziert, dadurch, dass die Poolführerin ihre Sicherheiten zugleich treuhänderisch für die anderen Poolbanken gehalten habe, sei zwar der Sicherungszweck erweitert,[960] den anderen Poolbanken aber keine dingliche Mitberechtigung eingeräumt worden; die schuldrechtliche Verpflichtung aus dem Poolvertrag, die Sicherheiten zugleich treuhänderisch für die anderen Poolmitglieder zu halten (die sog. „Vereinbarungstreuhand"), begründe für diese kein eigenes Recht zur abgesonderten Befriedigung.[961] In einem weiteren Urteil aus 2008 hat der BGH auf die Erweiterung der

---
[952] *Bitter,* FS Ganter, S. 101, 116 f.
[953] Zur Ablehnung eines Aussonderungsrechts bei der Treuhand zugunsten eines Dritten s.o. RdNr. 368, 371.
[954] Für bloßes Absonderungsrecht *Jaeger/Henckel* § 47 RdNr. 85; *Achsnick* aaO RdNr. 282; *Bode/Bergt/Obenberger* DB 2000, 1864, 1866; *Budde* ZInsO 2011, 1369, 1375; offen gelassen von BGHZ 109, 47, 53 f. = EWiR 1989, 1235 *(Canaris).*
[955] Vgl. *Bitter,* FS Ganter, S. 101, 127.
[956] *Budde* ZInsO 2011, 1369, 1375.
[957] Vgl. *v. Rom* WM 2008, 813, 815; *Cranshaw* WM 2009, 1682, 1689; *Reuter* NZI 2010, 167, 173. Für Aussonderungsrecht dagegen *Obermüller,* Insolvenzrecht in der Bankpraxis, RdNr. 5.826; *Budde* ZInsO 2011, 1369, 1376 f.
[958] Vgl. *Stürner* KTS 2004, 259, 265 f.; *Bitter,* FS Ganter, S. 101, 132.
[959] *Jaeger/Henckel* § 47 RdNr. 73, 84.
[960] Vgl. hierzu BGH WM 1998, 968, 973 f.
[961] BGH WM 2005, 1790 m. Anm. *Tetzlaff* WuB VI A.-1.05. Vgl. dazu auch *Kreft,* FS N. Horn, 2006, S. 761 ff.

Sicherungszweckerklärung abgestellt. Die Aufnahme von Ansprüchen Dritter in den Sicherungszweck sei rechtlich möglich und setze auch nicht voraus, dass zwischen dem Sicherungsnehmer und dem Drittbegünstigten ein wirksamer Treuhandvertrag geschlossen werde.[962] Danach ist der Drittbegünstigte in der Insolvenz des Treugebers (=Sicherungsgebers) geschützt. Ein Absonderungsrecht besteht nicht nur in Höhe der Forderung des Sicherungsnehmers, sondern auch in Höhe der mitgesicherten Forderung des Drittbegünstigten.[963]

390b Der BGH hat es sogar schon mit **dreiseitigen Treuhandverhältnissen** zu tun gehabt.[964] Es ging jeweils um die **Abwicklung von Bauvorhaben**. Weil die Hauptunternehmer zahlungsunfähig wurden, die Subunternehmer deshalb nicht weiterarbeiteten und die Bauherren die Werklohnraten nicht mehr entrichteten, gerieten die Arbeiten ins Stocken. Der vorläufige Vergleichsverwalter bzw. Sequester (i.F. nur noch: Verwalter) schloss daraufhin eine mehrseitige Treuhandabrede, wonach die Bauherren auf ein von dem Verwalter eingerichtetes Sonderkonto zahlten und der Verwalter davon die Subunternehmer bediente. Der BGH hat angenommen, der Verwalter sei Verwaltungstreuhänder für den Bauunternehmer (Schuldner) und Sicherungstreuhänder im Drittinteresse, nämlich zugunsten der Subunternehmer und der Bauherren, gewesen; der Masse habe nur ein nach Bezahlung der Subunternehmer etwa verbleibender Überschuss gebührt.[965] Diese Rechtsprechung ist nur insoweit zu korrigieren, als der Verwalter nach allen Richtungen lediglich Verwaltungstreuhänder war (vgl. o. RdNr. 388d). Im Übrigen kann sie auch für die Besicherung von Neugläubigern im Stadium zwischen Insolvenzantrag und Insolvenzeröffnung (dem sog. vorläufigen Insolvenzverfahren) fruchtbar gemacht werden.[966] Eine derartige Treuhandabrede ist regelmäßig nicht anfechtbar, weil die Masse aus der Beendigung des Bauvorhabens Gewinn zieht, sodass die Abrede nicht gläubigerbenachteiligend ist.[967] Es gibt aber Ausnahmen. Über eine solche – es ging wiederum um ein dreiwenn nicht gar um ein vierseitiges Treuhandverhältnis – hat der BGH am 24.5.2007 entschieden.[968] Zwei Unternehmen stritten darüber, wem der Erlös aus einer Pfändung zustehe, welche die eine Unternehmen gegen das andere ausgebracht hatte. Zur Erledigung des Streits schlossen die Parteien eine Treuhandvereinbarung, wonach eine Tochtergesellschaft der einen Seite eine ihr gegen einen Dritten zustehenden Anspruch an die andere Seite verpfänden sollte. Der Drittschuldner, dem die Verpfändung nicht angezeigt werden sollte (vgl. § 1280 BGB), zahlte demgemäß auf das Anderkonto des als Treuhänder vorgesehenen Anwalts der Muttergesellschaft. Das Pfändungspfandrecht war inkongruent erlangt. Dann galt dies auch für die darauf fußende Treuhandvereinbarung. Da durch das Pfändungspfandrecht und die Treuhandvereinbarung andere Gläubiger benachteiligt wurden, konnte die Anfechtung durchgreifen. Der Abschluss der Treuhandvereinbarung gilt dann als in dem Zeitpunkt vorgenommen (§ 140), in dem das Treugut entstanden ist.

390c f) „**Vereinbarungstreuhand**". Mit einer „Vereinbarungstreuhand" ist der Fall gemeint, dass der bisherige Vollrechtsinhaber schuldrechtlich mit einem anderen vereinbart, sein Recht nunmehr als „Treuhänder" im Interesse des anderen („Treugebers") zu verwalten. Diesen Fall hat der BGH in dem Sinne entschieden, dass der „Treugeber" in der Insolvenz des „Treuhänders" kein Aussonderungsrecht erwirbt.[969] Gerechtfertigt hat er dieses Ergebnis mit folgenden Überlegungen: Anders als bei der Übertragungs- und der Erwerbstreuhand, wo der Treuhänder den Vermögensgegenstand von vornherein eingeschränkt erworben hat, ist dieser bei der „Vereinbarungstreuhand" (jedenfalls zunächst) voll in sein Vermögen integriert. Es widerspricht dem anerkannten System des Gläubigerschutzes in der Insolvenz des Schuldners, der Masse solche Gegenstände zu entziehen, die dem Schuldner gehören, hinsichtlich derer er jedoch irgendwann einmal in eine schuldrechtliche Beschränkung seiner Befugnisse als Vollrechtsinhaber eingewilligt hat. Wer seine Rechte an solchen Gegenständen sichern und verhindern will, dass Gläubiger des Schuldners darauf zugreifen, kann sich ausreichend dadurch schützen, dass er sicherungshalber die Abtretung von Rechten oder die Übereignung von Sachen vereinbart. Kann er damit schon die Stellung eines zur Absonderung berechtigten Gläubigers nicht ohne dinglichen Übertragungsakts erlangen, so darf es ihm erst recht nicht möglich sein, ein Aussonderungsrecht allein dadurch zu erlangen, dass die Befugnisse des

---

[962] BGH WM 2008, 602 = NZI 2008, 304 mit Anm. von *Servatius* WuB VI A. § 91 InsO 1.08; *Krüger/Achsnick* EWiR 2008, 475.
[963] Zutreffend die Analyse von *Bitter*, FS Ganter, S. 101, 118 ff.
[964] Dazu *Kirchhof*, FS Kreft, S. 359 ff.
[965] BGHZ 109, 47, 53 f. = EWiR 1989, 1235 (*Canaris*).
[966] *Braun/Riggert*, FS Görg, S. 98.
[967] BGH NZI 2002, 257, 258 f.
[968] BGH NZI 2007, 452 m. Anm. *Bernsau*; zustimmend auch *Kreft* WuB VI A § 140 InsO 2.08.
[969] BGHZ 155, 227, 231 ff. = NJW 2003, 3414, 3415; zustimmend *Gottwald/Adolphsen*, Insolvenzrechts-Handbuch § 40 RdNr. 37; *Graf-Schlicker/Fuchs* § 47 RdNr. 17; *Flitsch*, FS Wellensiek, S. 392 ff.; kritisch hierzu *Bitter*, Rechtsträgerschaft S. 61, 79, 338; *ders.* WuB VI C. § 47 InsO 1.03.

Schuldners schuldrechtlich eingeschränkt werden.[970] Dies ist ferner aus Gründen der Rechtsklarheit und Rechtssicherheit geboten. Die Anerkennung einer „Vereinbarungstreuhand" ließe erhebliche Abgrenzungsschwierigkeiten entstehen. Der Inhalt schuldrechtlicher Vereinbarungen ist unübersehbar, und allgemein ließe sich nur schwer bestimmen, wie viel an Rechtsmacht der Schuldner abgetreten haben muss, damit die ihm gehörende Sache seinem Vermögen nicht mehr zugerechnet werden kann. Aussonderungsrechte kraft schuldrechtlicher „Treuhandvereinbarungen" würden zudem für den Schuldner einen beträchtlichen Anreiz liefern, im Zusammenwirken mit einem „Treugeber" die Masse aushöhlende Vermögensverschiebungen vorzunehmen.[971]

Im Bereich des Grundstücksrechts können schuldrechtliche Ansprüche die dingliche und haftungsrechtliche Zuordnung ohnehin nur berühren, soweit sie mit dem Mittel der Vormerkung – also durch Grundbucheintragung – nach außen kenntlich gemacht sind und auch insolvenzrechtlichen Schutz (§ 106) genießen.[972]

g) Treuhandgrundschulden. Werden grundpfandrechtlich besicherte Forderungen verkauft, ist die treuhänderische Haltung der Grundschulden durch den Verkäufer problematisch. Deshalb hat der Gesetzgeber das **Refinanzierungsregister** eingeführt (§§ 22a ff. KWG). Gegenstände des Refinanzierungsunternehmens, die ordnungsgemäß im Refinanzierungsregister eingetragen sind, das bei einem Kreditinstitut geführt und von einem durch die BaFin bestellten Verwalter beaufsichtigt wird, können im Fall der Insolvenz des Refinanzierungsunternehmens von dem Übertragungsberechtigten ausgesondert werden (**§ 22j Abs. 1 KWG**). Das Gleiche gilt für Gegenstände, die an die Stelle der ordnungsgemäß im Refinanzierungsregister eingetragenen Gegenstände treten.[973]

6. Besondere Kontoformen. a) Eigenkonten. Zieht der Schuldner fremde – zum Beispiel an einen Vorbehaltsverkäufer abgetretene – Forderungen auf ein Eigenkonto ein, ohne die Erlöse an den Zessionar abzuführen, kann dieser zwar die Einziehungsermächtigung widerrufen. Das nützt ihm aber wenig, wenn die Drittkunden weiterhin auf das Konto des Schuldners zahlen und dieser darüber verfügt. Die Zahlstellenfunktion der kontoführenden Bank kann der Zessionar nicht kontrollieren.[974] In der Insolvenz des Kontoinhabers kann der Zessionar unter Umständen ein **Ersatzaussonderungsrecht** geltend machen (vgl. § 48 RdNr. 60 ff.). Eine Aussonderung ist bei einem Eigenkonto ausgeschlossen;[975] denn die Forderungen gegen die Bank stehen nur dem Kontoinhaber zu. Dient das Eigenkonto nur als „Zwischenstation", überweist der Kontoinhaber den Erlös weiter auf ein offenes Treuhandkonto ausgewiesenes Sonderkonto, steht einer Aussonderung nichts im Wege (vgl. u. RdNr. 393).[976]

Leistungen an ein Kreditinstitut im Rahmen von **Einlagengeschäften** erfolgen kreditorisch; wickelt das Kreditinstitut die Einzahlung auf einem allgemeinen Geschäftskonto bei einer anderen Bank ab, hat der Rückzahlungsanspruch in der **Insolvenz des Kreditinstituts** keine Aussonderungskraft.[977]

b) Treuhandkonten. aa) Allgemeines. Vgl. zunächst RdNr. 354 ff. Das Treuhandkonto ist eine Schöpfung der Bankpraxis. Unter einem Treuhandkonto versteht man ein bei einem Kreditinstitut eingerichtetes Konto, das dazu bestimmt ist, dass darauf Geldbeträge gutgeschrieben werden, die dem Kontoinhaber von Dritten treuhänderisch anvertraut werden. Bei einem Treuhandkonto muss man sich Klarheit darüber verschaffen, welches der Vermögensgegenstand ist, auf den sich die treuhänderische Bindung bezieht. Gibt der Treugeber dem Treuhänder Geld, damit dieser es auf seinem Treuhandkonto anlege, sind zunächst die übergebenen Geldscheine Treugut (Fall der Übertragungstreuhand). Zahlt der Treuhänder das Geld bei seiner Bank ein, geht das Treugut unter. Stattdessen entsteht ein Anspruch auf Gutschrift und später ein Anspruch aus der Gutschrift. Diese Ansprüche wurzeln in der Kontobeziehung, die allein zwischen dem Kontoinhaber und der Bank besteht. Kontoinhaber ist regelmäßig allein der Treuhänder.[978] Gegebenenfalls hat der Treugeber weder formell noch materiell Rechte aus dem Girovertrag.

---

[970] Zur treuhänderischen Verwaltung von Grundschulden im Rahmen von ABS-Transaktionen vgl. *Fleckner* ZIP 2004, 385, 388 f. sowie *Flitsch*, FS Wellensiek, S. 395 f.; zur Treuhand im Rahmen von Bankenkonsortien *Stürner* KTS 2004, 259 ff. sowie *Flitsch*, FS Wellensiek, S. 395.
[971] Zustimmend *Flitsch*, FS Wellensiek, S. 392.
[972] Zustimmend *Gundlach/Frenzel* EWiR 2003, 1191; *Henssler/Rubner* LMK 2003, 238, 239; *Kesseler* ZNotP 2003, 368, 370; kritisch *Stürner* KTS 2004, 259, 261 f.
[973] Vgl hierzu *Smola* DZWIR 2012, 281 ff., 318 ff.
[974] Vgl. OLG Brandenburg ZIP 1998, 952 = EWiR 1998, 689 *(Martinek)*.
[975] BGHZ 188, 317 = NZI 2011, 371, 373 RdNr. 21.
[976] Zutreffend *Jakobs* ZIP 1999, 733, 737 Fn. 16.
[977] BGH, Beschl. v. 8.2.2007 – IX ZR 218/04, n.v.
[978] Dieser Umstand spricht deshalb entgegen BAG DZWIR 2004, 287 noch nicht gegen das Bestehen einer Treuhand. Soll der Treugeber Mitinhaber sein, muss dies banktechnisch zum Ausdruck gebracht werden, vgl. BGH NJW 1971, 1754.

Insofern kann er nichts an den Treuhänder „übertragen". Seine Rechte an dem eingezahlten Betrag setzen sich nicht im Wege der Surrogation an Ansprüchen gegen die Bank aus dem Girovertrag fort.[979] Dennoch sind auch diese treuhänderisch gebunden. Denn für das Bestehen eines Treuhandverhältnis kann es keinen Unterschied machen, ob der Treuhänder das als Treugut empfangene Geld bei sich zu Hause oder bei einer Bank verwahrt. Dies gilt jedenfalls dann, wenn die Einrichtung und Unterhaltung eines Treuhandkontos – wie meist – Inhalt der Treuhandabrede ist. Der Treuhänder erwirbt dann die Ansprüche gegen die Bank „für" seinen Treugeber. Das Treuhandkonto ist folglich ein Fall der Erwerbstreuhand. Dies gilt „erst recht" dann, wenn andere als der Treugeber etwas auf das Konto einzahlen, um eine Forderung des Treugebers zu erfüllen (zur Abgrenzung von der „Vereinbarungstreuhand" vgl. RdNr. 390c).

392a In solchen Fällen, in denen von dritter Seite Geld auf ein Konto eingezahlt oder überwiesen wurde, das offenkundig dazu bestimmt war, fremde Gelder zu verwalten, und die Zahlung auf eine Forderung erfolgte, die nicht dem Kontoinhaber, sondern dem Treugeber zustand, hat der BGH vom Unmittelbarkeitsprinzip eine Ausnahme gemacht.[980] Er hat es ferner gebilligt, dass ein Konto, auf dem eine GmbH einbehaltene Bezüge ihres Geschäftsführers sammelte, um damit eine zu seinen Gunsten abgeschlossene Direktversicherung zu finanzieren (vgl. zu derartigen Gehaltsumwandlungsverträgen RdNr. 319), ein Treuhandkonto darstelle.[981] Das **Unmittelbarkeitsprinzip** sollte generell nicht weiterverfolgt werden.[982] Als Treugut kommt bei einem Treuhandkonto nämlich nur die Forderung des Treuhänders gegen die Bank in Betracht. Diese Forderung ist praktisch niemals unmittelbar vom Treugeber auf den Treuhänder übertragen worden. Zahlt der Treugeber Geld auf ein Konto des Treuhänders ein, entsteht die Forderung gegen die Bank originär in der Person des Treuhänders. Auch das **Offenkundigkeitsprinzip** ist hier wenig hilfreich. Denn die treuhänderische Zweckbestimmung des Kontos muss nicht unbedingt offengelegt werden.[983] Zwar kann es für die eindeutige Identifizierbarkeit eines Kontos als Treuhandkonto hilfreich sein, wenn es ausdrücklich als „Treuhandkonto" geführt wird. Daraus ist aber nicht abzuleiten, dass nur das offene Treuhandkonto, nicht das verdeckte, als treuhänderisch anerkannt werden kann. Bei dem verdeckten Treuhandkonto muss der Treuhandcharakter eben aus anderen Umständen hergeleitet werden. „Offenkundig" in der Diktion des Bundesgerichtshofs kann der Treuhandcharakter auch dann sein, wenn sich objektiv feststellen lässt, dass das Konto tatsächlich für Fremdgelder eingerichtet und benutzt worden ist. Im Übrigen kann ein Treuhandkonto auch abgelehnt werden, wenn es zwar als solches bezeichnet ist, es sich jedoch herausstellt, dass das Konto tatsächlich kein Treuhandkonto ist. Das **Vermögenstrennungsprinzip** ist leistungsfähiger. Ein Konto kann für mehrere Treugeber geführt werden; wichtig ist nur, dass es als Ganzes von der Treuhandbindung erfasst ist.[984] Hinsichtlich solcher Konten, auf denen teilweise Treuhandgelder verwahrt werden, die daneben aber auch als Eigenkonten genutzt werden, ist die Rechtsprechung restriktiv.[985] Ist ein Konto nicht ausschließlich für Geldbeträge bestimmt, die dem Kontoinhaber treuhänderisch anvertraut werden, kann die gelegentliche Abwicklung eines Treuhandauftrages über ein derartiges Konto nicht zur Entstehung von Treugut führen.[986] Allerdings hat der Bundesgerichtshof den Bestand eines von einem Rechtsanwalt unterhaltenen Treuhandkontos nicht deshalb in Frage gestellt, weil der Treugeber dem Rechtsanwalt im Einzelfall gestattet hatte, auf dem Konto eingegangene Gelder in Höhe ihm zustehender Honorarforderungen zur Tilgung eigener Schulden zu verwenden.[987] Geldbeträge, die irrtümlich noch nach der Kündigung des Treuhandverhältnisses, aber vor der Abrechnung, auf ein Treuhandkonto geleistet worden sind, sind Treugut und können in der Insolvenz des Kontoinhabers ausgesondert werden.[988]

---

[979] Vgl. zur Verwendung von Lohnanteilen für Versicherungsprämien BGH NJW 2002, 3253 und dazu *Westhelle/Micksch* ZIP 2003, 2054 ff.

[980] BGH NJW 1954, 190, 191, insofern in BGHZ 11, 37 n.a.; 1959, 1223, 1224; NJW 1996, 1543; ebenso BGHZ 109, 47, 51 = NJW 1990, 45 = EWiR 1989, 1235 (*Canaris*) = WuB VI A. § 42 VerglO 1.90 (*Sundermann*).

[981] BGH NJW 2002, 3253, 3254.

[982] *Bitter*, Rechtsträgerschaft S. 87; *ders.* WuB VI C. § 47 InsO 2.03 u. 3.03; *ders.*, FS Ganter, S. 101, 113 ff.

[983] BGH NJW 1993, 2622 = EWiR 1993, 1139 (*Lüke*) = WuB I C 3.–1.94 (*Canaris*); OLG Hamm WM 1999, 1111 = WuB I C 3.–1.00 (*Aepfelbach*) = EWiR 1999, 803 (*Smid*).

[984] BGH NJW 1993, 2436; WM 2003, 1641 = WuB VI C. § 47 InsO 2.03 (*Bitter*).

[985] BGH NJW 2004, 954 = WuB VI C. § 47 InsO 2.03 (*Bitter*). Die hieran geübte Kritik von *K. Schmidt*, FS Wiegand, 933, 961 f., überzeugt nicht. Wenn der Kontoinhaber das Konto für sich und zugleich für einen Dritten verwaltet, ist es für das Bestehen einer Treuhand unerheblich, ob er und der Dritte durch eine gemeinsame Interessenlage verbunden sind.

[986] BGHZ 61, 72, 78 = NJW 1973, 1754; BGH NJW 1971, 559, 560; 1988, 709, 710; *Uhlenbruck/Brinkmann* § 47 RdNr. 40; aA *Canaris*, Bankvertragsrecht 4. Aufl. RdNr. 280; *Hadding/Häuser* in Schimansky/Bunte/Lwowski, Bankrechts-Handbuch, § 37 RdNr. 2, falls sich Treugut und Eigengut eindeutig unterscheiden lassen.

[987] BGH NJW 1996, 1543, 1544 = WuB VII A. § 771 ZPO 1.96 (*Batereau*); enger: OLG Brandenburg WM 1999, 267, 269 = WuB I F 4.–3.99 (*Lwowski/Peters*) = EWiR 1998, 689 (*Martinek*).

[988] BGH NZI 2005, 625; zustimmend *Spliedt* DZWIR 2005, 473 f. Kritisch – aber die Nachwirkung der Treuhandabrede verkennend – *Gundlach/Frenzel* EWiR 2005, 863 f.

Bei einem Treuhandkonto liegt im Zweifel eine fiduziarische Vollrechtsinhaberschaft des Konto- **393** inhabers (echte Treuhand) und nicht nur eine ermächtigende (unechte) Treuhand vor.[989] Treuhandkonten können eigennützig oder fremdnützig ausgerichtet sein. Die fremdnützige Verwaltungstreuhand steht im Vordergrund; gegebenenfalls hat der Treugeber in der **Insolvenz des Treuhänders** (Kontoinhabers) ein **Aussonderungsrecht** (s.o. RdNr. 369).[990] Dieses richtet sich nicht gegen die kontoführende Bank, sondern gegen den Kontoinhaber.[991] Wird der **Treugeber insolvent,** hat der Treuhänder kein Aussonderungsrecht. Der Treuhänder kann weiter über das Treugut verfügen;[992] der Insolvenzverwalter über das Vermögen des Treugebers kann vom Treuhänder „Herausgabe" des Treuguts nur nach Maßgabe der schuldrechtlichen Treuhandabrede verlangen.[993] In der **Insolvenz der Bank** begründet das Guthaben auf einem Treuhandkonto nur eine Insolvenzforderung.[994]

Es kann auch Treuhandkonten geben, die im Interesse – insbesondere im Sicherungsinteresse – **393a** des Treuhänders eingerichtet wurden. In die zuletzt genannte Kategorie fällt das heute unübliche **Bardepot** auf den Namen des Sicherungsnehmers.[995] In einem solchen Fall unterliegt das Treuhandkonto den für die Sicherungstreuhand entwickelten Grundsätzen.

Größere praktische Bedeutung hat das Treuhandkonto als Gegenstand eines **mehrseitigen Treu-** **394** **handverhältnisses** (dazu o. RdNr. 386 ff.). Hier trifft der Treuhänder als Kontoinhaber sowohl mit den Personen, die auf das Konto überweisen, als auch mit demjenigen, der aus dem Konto begünstigt sein soll, Abreden über die bestimmungsgemäße Verwendung der angesammelten Guthaben. Ein derartiges mehrseitiges Treuhandverhältnis liegt vor, wenn ein Sanierer als Treuhänder mit Zustimmung des Schuldners dessen Geschäfte fortführt und gleichzeitig mit dessen Abnehmern und Lieferanten vereinbart, dass die Zahlungen der Abnehmer auf ein Treuhandkonto des Sanierers erfolgen, der daraus die neuen Lieferungen bezahlt.[996] Das erste Treuhandverhältnis besteht zwischen Treuhänder und Schuldner und ist eine reine Verwaltungstreuhand; das zweite Treuhandverhältnis besteht zwischen Treuhänder und Lieferanten und wird vielfach als Sicherungstreuhand qualifiziert.[997] Dies ist nur insoweit zutreffend, als das Treuhandkonto der Sicherung der Lieferantenforderungen dient. Auch im Verhältnis zu den Lieferanten handelt der Treuhänder aber uneigennützig. Man kann deshalb allenfalls von einer „Sicherungstreuhand im Interesse eines Dritten" sprechen.[998] Insolvenzrechtlich hat diese besondere Kategorie aber keine Bedeutung. Wenn man das Treuhandverhältnis zwischen Treuhänder und Lieferanten an den normalen Maßstäben der uneigennützigen Treuhand misst, führt dies ebenfalls zu sachgerechten Ergebnissen. In der Insolvenz des Treuhänders haben die Lieferanten eine schuldrechtliche Aussonderungsbefugnis. In der Insolvenz eines Lieferanten kann der Insolvenzverwalter Befriedigung aus dem Konto verlangen.

Selbst wenn zunächst ein Treuhandkonto vorgelegen haben mag, scheitert ein Aussonderungs- **394a** recht dann, wenn der Treuhänder sich nicht an die vertraglichen Absprachen gehalten, sondern die **Gelder vertragswidrig zu eigenen Zwecken verwandt** und mit eigenem Geld vermischt hat. Ob jegliches Fehlverhalten des Treuhänders die zur Aussonderung berechtigende Zuordnung des Treuguts zum Vermögen des Treugebers zerstört oder welche Anforderungen im Einzelfall zu stellen sind, hat die Rechtsprechung bislang noch nicht entschieden. Die Treuhandbindung besteht jedenfalls dann nicht mehr fort, wenn dem Treuhänder in Wirklichkeit der Wille fehlt, das Treugut für den Treugeber zu verwalten, und er es stattdessen als eigenes Vermögen behandelt.[999]

bb) Anderkonten. Das Anderkonto ist ein offenes Treuhandkonto für bestimmte Berufsgrup- **395** pen, nämlich Rechtsanwälte, Patentanwälte, Notare und Angehörige der öffentlich bestellten wirt-

---

[989] *Obermüller,* Insolvenzrecht RdNr. 2.143.
[990] BGH NJW 1954, 190, 191, insoweit in BGHZ 11, 37 n.a.; 1959, 1223, 1225; *Canaris* NJW 1973, 825, 831; *Lange* NJW 2007, 2513, 2514; *Obermüller,* Insolvenzrecht RdNr. 2.37, 144.
[991] *Obermüller,* Insolvenzrecht RdNr. 2.145.
[992] *Obermüller,* Insolvenzrecht RdNr. 2.148.
[993] *Lange* NJW 2007, 2513, 2514.
[994] *Obermüller,* Insolvenzrecht RdNr. 2.149.
[995] *Hadding/Häuser* in Schimansky/Bunte/Lwowski, Bankrechts-Handbuch, § 37 RdNr. 14.
[996] Vgl. BGHZ 109, 47 ff. = NJW 1990, 45 = EWiR 1989, 1235 *(Canaris)* = WuB VI A. § 42 VerglO 1.90 *(Sundermann).*
[997] *Canaris* EWiR 1989, 1235; *Sundermann* WuB VI A. § 42 VerglO 1.90; *Kreft,* Treuhandkonto und Geschäftsfortführung bei Insolvenz, FS Merz, 1992, S. 313, 317.
[998] *Hadding/Häuser* in Schimansky/Bunte/Lwowski, Bankrechts-Handbuch, § 37 RdNr. 77.
[999] Im „Phoenix-Fall" BGHZ 188, 317 = NZI 2011, 371 hatte die Schuldnerin alsbald den Willen aufgegeben, die Treuhandabreden jedenfalls im Wesentlichen einzuhalten. Sie hatte vorhandenes Guthaben nach eigenem Gutdünken verwandt. Zum einen hatte sie im Widerspruch zu der Treuhandabrede Geld von Einzahlungskonten auf ihre Geschäftskonten überwiesen. Sie hatte in großem Umfang Provisionen auf Gewinne berechnet, die sie nicht erzielt, sondern nur vorgetäuscht hatte, und diese "Scheinprovisionen" im wirtschaftlichen Eigeninteresse auf ihre Geschäftskonten überwiesen. Zum anderen hatte die Schuldnerin tatsächlich nicht erzielte "Scheingewinne" an Kunden ausgezahlt, um den Anschein hoher Renditen aufrecht zu erhalten und potentielle Neuanleger nicht abzuschrecken.

schaftsprüfenden und wirtschafts- und steuerberatenden Berufe.[1000] Ein Insolvenzverwalter, der nicht einem derartigen Beruf angehört, kann kein Anderkonto, sondern nur ein Sonderkonto (s.u. RdNr. 401) eröffnen. Auch soweit er Berufsangehöriger ist, wird von der Wahl eines Anderkontos abgeraten.[1001] Für Anderkonten haben die Kreditinstitute eigene Geschäftsbedingungen entwickelt.[1002] Danach begründet ein Anderkonto eine echte (Vollrechts-)Treuhand und nicht eine unechte (Ermächtigungs-)Treuhand.

396 Anderkonten dienen ausschließlich der Aufnahme fremder Gelder, die vom Vermögen des Treuhänders getrennt werden sollen. Der Treuhänder darf nicht eigene Gelder einem Anderkonto zuführen oder darauf belassen. Als Durchlaufkonto kann ein Sammelanderkonto eingerichtet werden. Ansonsten ist der Treuhänder nicht befugt, die Gelder mehrerer Treugeber auf einem Anderkonto zusammenzufassen; vielmehr muss er getrennt für jeden Treugeber ein Anderkonto eröffnen.[1003] Soweit Anderkonten ihrem Zweck entsprechend fremde Gelder enthalten, sind diese Treugut.[1004] Dies gilt – unter Durchbrechung des Unmittelbarkeitsprinzips (s.o. RdNr. 357) – sogar dann, wenn die Gelder vom Kontoinhaber bei Dritten kassiert und auf das Anderkonto eingezahlt oder von Dritten auf das Anderkonto überwiesen worden sind. Voraussetzung wird nur, dass die Forderungen, auf die gezahlt worden ist, unmittelbar in der Person des Treugebers entstanden sind.[1005] Ein Guthaben auf einem vom vorläufigen Insolvenzverwalter eingerichteten Anderkonto, das nach Insolvenzeröffnung als Hinterlegungskonto aufrechterhalten wird, verbleibt im Treuhandvermögen des Verwalters persönlich und wird nicht Teil der Masse.[1006] Zahlungen, die auf einem vom Insolvenzverwalter oder Treuhänder eingerichtetes Anderkonto eingehen, fallen weder in das Schuldnervermögen noch in die Masse, sondern stehen ausschließlich dem Kontoinhaber persönlich zu.[1007]

397 **(1) Insolvenz des Treuhänders.** Wird über das Vermögen des Treuhänders (Kontoinhabers) das Insolvenzverfahren eröffnet, kann der Treugeber das Guthaben auf dem Anderkonto aussondern.[1008] Der Aussonderungsanspruch richtet sich nicht gegen die kontoführende Bank, sondern gegen den Kontoinhaber.[1009] Da das Treuhandverhältnis durch die Insolvenz des Treuhänders (Beauftragten i.S.v. § 115 Abs. 1) nicht erlischt,[1010] war früher in den Anderkontenbedingungen vorgesehen, dass die Bank „den Kontoinhaber nur mit Zustimmung des Konkursverwalters und den Konkursverwalter nur mit Zustimmung des Kontoinhabers über die Anderkonten verfügen" lässt. Seit 2002 ist bestimmt, dass das Guthaben auf einen von der zuständigen Kammer bestellten Sonderrechtsnachfolger übergeht. Diese Bestimmung soll dem Verwaltungs- und Verfügungsrecht des Verwalters (§ 80 Abs. 1) und dem Ausschluss anderweitigen Rechtserwerbs (§ 90) vorgehen,[1011] was wegen des Vorrangs des Gesetzes nicht sein kann.[1012]

398 **(2) Insolvenz des Treugebers.** Hier erlischt das Treuhandverhältnis (§§ 115 Abs. 1, 116). Nach Wahl des Insolvenzverwalters hat der Treuhänder das Anderkonto aufzulösen und das Guthaben an den Insolvenzverwalter auszuzahlen oder er hat das Kreditinstitut zu veranlassen, dass es das Anderkonto als Eigenkonto des Treugebers fortführt.

399 **(3) Insolvenz der Bank.** Wird über das Vermögen der kontoführenden Bank das Insolvenzverfahren eröffnet, sind sowohl die Forderung des Treuhänders (= Kontoinhabers) auf das Guthaben als auch die Ansprüche des Treugebers bloße Insolvenzforderungen. Ein Aussonderungsrecht hat weder der Treuhänder noch der Treugeber.[1013] Damit nicht zu verwechseln ist die Situation, dass die Bank selbst Treuhänder bezüglich der ihr anvertrauten Gelder ist. Ggf. hätte der Treugeber

---

[1000] *Obermüller*, Insolvenzrecht RdNr. 2.150; *Uhlenbruck/Brinkmann* § 47 RdNr. 42.
[1001] Zu den Gründen vgl. *Ringstmeier*, FS Runkel, 2009, S. 187; *Obermüller*, Insolvenzrecht RdNr. 2.101, 2.245 ff.
[1002] ZB die Geschäftsbedingungen für Anderkonten und Anderdepots von Rechtsanwälten und Gesellschaften von Rechtsanwälten, Fassung 2002, abgedr. bei *Gößmann* BuB RdNr. 2/339.
[1003] *Hadding/Häuser* in *Schimansky/Bunte/Lwowski*, Bankrechts-Handbuch, § 38 RdNr. 3.
[1004] BGH NJW 1954, 190, 192; 1959, 1223, 1225.
[1005] BGH NJW 1959, 1223, 1225; *Liebich/Mathews*, aaO, S. 172; *Obermüller*, Insolvenzrecht RdNr. 2.85.
[1006] BGH NZI 2008, 39. Vgl dazu auch *Rendels* INDAT-Report 2008, 36 ff.
[1007] BGH NZI 2009, 245, 246.
[1008] *Uhlenbruck/Brinkmann* § 47 RdNr. 42; *Gottwald/Adolphsen*, Insolvenzrechts-Handbuch § 40 RdNr. 41; *Hadding/Häuser* in Schimansky/Bunte/Lwowski, Bankrechts-Handbuch, § 38 RdNr. 8.
[1009] *Obermüller*, Insolvenzrecht RdNr. 2.154; *Uhlenbruck/Brinkmann* § 47 RdNr. 42.
[1010] Ebenso nunmehr *Hadding/Häuser* in Schimansky/Bunte/Lwowski, Bankrechts-Handbuch, § 38 RdNr. 8.
[1011] OLG Köln ZIP 2009, 2395; LG Aachen ZInsO 2009, 875.
[1012] Kritisch auch *Obermüller*, Insolvenzrecht RdNr. 2.152. *Hadding/Häuser* in Schimansky/Bunte/Lwowski, Bankrechts-Handbuch, § 38 RdNr. 8 halten die Regelung hingegen für unproblematisch.
[1013] LG Berlin EWiR 2004, 979 *(Pannen)*; *Gottwald/Adolphsen*, Insolvenzrechts-Handbuch § 40 RdNr. 41; Näheres bei *Stoll* SchlHAnz 1974, 107 f.

ein Aussonderungsrecht. Indes ist dieser Fall vom Einlagengeschäft des Bankkunden abzugrenzen. Ansonsten wäre die Einrichtung der Einlagensicherung überflüssig. Hat etwa die Bank einen bei ihr eingezahlten oder ihr überwiesenen Betrag lediglich als Spareinlage zu behandeln oder als Geschäftsbesorger weiterzuleiten, trägt der Kunde das Insolvenzrisiko der Bank.[1014] Überweist ein Dritter einen Betrag auf ein Konto des Empfängers bei der – hernach in die Insolvenz geratenen – Bank mit der (nicht mehr zur Ausführung gelangten) Zweckbestimmung, dass diese ihn zugunsten des Empfängers als Festgeld anlegen möge, so steht dem Überweisenden kein Aussonderungsanspruch zu.[1015]

cc) Tankstellen- und Agenturkonten. Über ein Tankstellenkonto werden die Erlöse eines **400** Tankstelleninhabers aus dem Verkauf von Benzin, Schmierstoffen u. dgl. gebucht.[1016] Die Agenturkonten von Reisebüros und Versicherungsagenturen weisen die gezahlten Reisekosten bzw. Versicherungsprämien aus. Im Regelfall vereinnahmen der Tankstelleninhaber, das Reisebüro und die Versicherungsagentur die angeführten Gelder als Treuhänder. Der jeweilige Treugeber kann deshalb in der Insolvenz des Treuhänders die Kontenguthaben aussondern.[1017]

c) Sonderkonten. Sonderkonten werden zu bestimmten Zwecken eingerichtet. Sie können, **401** müssen aber nicht Treuhandkonten sein. In der Insolvenz ist im Einzelfall zu prüfen, ob es sich um ein Eigen-, Fremd- oder Treuhandkonto handelt.[1018] Als Eigenkonto fallen sie ohne weiteres in die Insolvenzmasse.[1019] Ebenso eindeutig begründet ein Sonderkonto, das offen als Treuhandkonto ausgewiesen ist, in der Insolvenz des Treuhänders die Aussonderung.[1020] Für das verdeckte Treuhandkonto gehen die Ansichten auseinander: In der Literatur wird die Auffassung vertreten, ein derartiges Sonderkonto sei wie ein Eigenkonto zu behandeln.[1021] Die Rechtsprechung gibt auch bei dem verdeckten Treuhandkonto dem Treugeber ein Aussonderungsrecht, wenn die Gelder unmittelbar von dem Treugeber an den Treuhänder gelangt sind.[1022] Das im Rahmen eines Verwaltungstreuhandverhältnisses von einem Grundstücksverwalter eingerichtete Miet-Sonderkonto, auf das bestimmungsgemäß Gelder von den Mietern, also Dritten, eingezahlt werden, berechtigt demgegenüber den Grundstückseigentümer in der Insolvenz des Verwalters nicht zur Aussonderung, falls das Konto nicht ausdrücklich als Treuhandkonto geführt wird.[1023] Demgegenüber haben die Wohnungseigentümer in der Insolvenz ihres Verwalters ein Aussonderungsrecht an dem Wohngeldkonto, auf dem ausschließlich die von den Wohnungseigentümern eingezahlten Wohngelder gesammelt werden. Der Umstand, dass von dem Konto im Einverständnis mit den Wohnungseigentümern auch das Verwalterentgelt beglichen wird, ändert an dem Treuhandcharakter nichts, weil dieses Entgelt aus der Sicht der Wohnungseigentümer ebenfalls unter die (mit den Wohngeldern abzudeckenden) Kosten fällt.[1024] Eröffnet jemand, der Waren unter verlängertem Eigentumsvorbehalt gekauft hat, ein Girokonto, auf dem die Zahlungen seiner Abkäufer gutgeschrieben werden, so handelt es sich regelmäßig nicht um ein Sonderkonto, sondern um ein Eigenkonto des Vorbehaltskäufers. Eine Klausel in den Lieferungs- und Zahlungsbedingungen des Vorbehaltsverkäufers, wonach er bei Zahlungseinstellung des Vorbehaltskäufers ermächtigt sein sollte, die Zahlstellenfunktion der Bank zu widerrufen, berechtigt ihn gegenüber der Bank nicht dazu, diese zur Verbuchung eingehender Kundenzahlungen auf einem Sicherheitenerlöskonto anzuhalten.[1025]

[1014] Vgl. KG Urt. v. 26.10.2004 – 7 U 81/04; der BGH hat die Revision nicht zugelassen vgl. Beschl. v. 8.2.2007 – IX ZR 218/04.
[1015] OLG Dresden ZIP 2009, 678 ff. m. Anm. *Binder* EWiR 2009, 345.
[1016] Im Fall BGH NZI 2010, 897 RdNr. 14 lag kein Tankstellen-, sondern ein Eigenkonto des Tankstellenbetreibers vor.
[1017] *Obermüller,* Insolvenzrecht RdNr. 2.39, 2.157; *Gottwald/Adolphsen,* Insolvenzrechts-Handbuch § 40 RdNr. 41; *Uhlenbruck/Brinkmann,* § 47 RdNr. 45.
[1018] Vgl. *Canaris,* Bankvertragsrecht RdNr. 243; *Obermüller,* Insolvenzrecht RdNr. 2.158.
[1019] *Uhlenbruck/Brinkmann* § 47 RdNr. 43; aA *Jaeger/Henckel* § 47 RdNr. 63.
[1020] BGH NJW 1996, 1543 = WuB VII A. § 771 ZPO 1.96 *(Batereau);* NJW 1998, 2213; NZI 2005, 625, 626; OLG Dresden ZIP 2009, 678, 679; *Canaris,* Bankvertragsrecht RdNr. 239; *Uhlenbruck/Brinkmann* § 47 RdNr. 43.
[1021] *Uhlenbruck/Brinkmann* § 47 RdNr. 43; *Obermüller,* Insolvenzrecht RdNr. 2.158; vgl. auch *Canaris,* Bankvertragsrecht RdNr. 239, 246.
[1022] BGH NJW 1993, 2622 = EWiR 1993, 1139 *(Lüke)* = WuB I C 3.–1.94 *(Canaris);* NZI 2005, 625, 626; ebenso *Canaris,* FS Flume, S. 371, 417 ff.; *ders.,* Bankvertragsrecht RdNr. 280 aE.
[1023] BGH ZIP 1993, 213, 214 = EWiR 1993, 163 *(Paulus)* = WuB VI B. § 43 KO 1.93 *(Obermüller).*
[1024] OLG Hamm ZIP 1999, 765; ein Bundesschatzbrief, den der Verwalter mit Hilfe der Wohngelder angeschafft hatte, ist allerdings – entgegen der Ansicht des OLG – nicht aussonderungsfähig, weil es sich um ein rechtsgeschäftliches Surrogat handelt.
[1025] OLG Brandenburg WM 1999, 267, 269 = WuB I F 4.–3.99 *(Lwowski/Peters)* = EWiR 1998, 689 *(Martinek).*

402 **d) Sperrkonten.** In der Bankpraxis bezeichnet man als Sperrkonto ein Konto, für das der Kontoinhaber in seiner Verfügungsmacht eingeschränkt ist.[1026] Im Insolvenzverfahren über das Vermögen des Kontoinhabers muss sich der Insolvenzverwalter die Sperrvereinbarung auf Einrede der Bank entgegen halten lassen. Ein Sperrvermerk – der von der Bank als interne organisatorische Maßnahme angebracht wird, weil der Kunde den Verlust eines Sparbuchs angezeigt hat – ist etwas anderes und begründet kein Sperrkonto.[1027]

403 Wird der Inhaber eines Sperrkontos insolvent, fällt das Kontoguthaben in die Masse. Der durch die Sperrvereinbarung Begünstigte hat als solcher kein Aussonderungsrecht.[1028] Wird zwischen dem Kontoinhaber und der Bank vereinbart, dass ein Dritter ein eigenes einklagbares Recht auf Auszahlung der auf dem Sperrkonto einzuzahlenden Gelder haben soll, werden, folgt jedoch unter Umständen ein Aussonderungsrecht daraus, dass ein „Konto zugunsten Dritter" eingerichtet worden ist (s.u. RdNr. 404). Absonderung kann nur verlangt werden, wenn sich die Sperrvereinbarung als Verpfändung oder Sicherungsabtretung auslegen lässt oder eine derartige Sicherung neben der Sperrvereinbarung abgesprochen ist (dazu § 50 RdNr. 52).[1029]

404 **e) Konten zugunsten Dritter.** Wird ein Konto mit einer Drittbegünstigungsklausel eröffnet, soll der Dritte üblicherweise den Anspruch auf das Guthaben zu einem späteren Zeitpunkt – zum Beispiel beim Ableben des Kontoinhabers – erwerben. Bis dahin soll der Kontoinhaber ohne Zustimmung des Begünstigten über das Konto verfügen können. Wird der Kontoinhaber vor dem fraglichen Zeitpunkt insolvent, ist die Drittbegünstigung gegenstandslos. Der Dritte kann den Anspruch wegen § 91 Abs. 1 nicht mehr mit Wirkung gegen die Masse erwerben.[1030] Hatte umgekehrt der Dritte den Anspruch auf das Guthaben bereits erworben, als das Insolvenzverfahren eröffnet wurde, fällt dieser Anspruch nicht in die Masse.[1031] Der Dritte kann ihn aussondern, wenn der Verwalter Anstalten macht, das Konto abzuräumen.

405 **f) Gemeinschaftskonten.** Solche Konten[1032] äußern in der Insolvenz eines Kontoinhabers unterschiedliche Wirkungen je nachdem, ob es sich um ein Gemeinschaftskonto mit Einzelverfügungsbefugnis oder mit gemeinschaftlicher Verfügungsbefugnis handelt.

406 **aa) Einzelverfügungsbefugnis (Oder-Konto).** Beim Oder-Konto haben die mehreren Inhaber eine Stellung, die derjenigen von Gesamtgläubigern zumindest angenähert ist.[1033] Abweichend von § 428 BGB darf die Bank nicht nach ihrem Belieben an jeden Kontoinhaber leisten; sie hat das Kontoguthaben vielmehr an denjenigen Inhaber auszuzahlen, der dies zuerst von ihr verlangt. Wird über das Vermögen eines der Kontoinhaber das Insolvenzverfahren eröffnet, kann der andere dennoch Zahlung an sich verlangen.[1034] Der nicht insolvente Kontoinhaber kann also den Zugriff des Insolvenzverwalters auf das Guthaben zunächst einmal – der Insolvenzmasse verbleiben Ausgleichsansprüche aus dem Innenverhältnis[1035] – verhindern, indem er entweder das Guthaben abhebt oder die Einzelverfügungsbefugnis widerruft. Umgekehrt kann der Insolvenzverwalter auf dieselbe Weise verhindern, dass die Bank an den anderen Kontoinhaber leistet.[1036] Ein Aussonderungsrecht steht dem anderen Kontoinhaber nicht zu, selbst wenn ihm das Guthaben im Innenverhältnis zu dem insolventen Kontoinhaber allein zusteht.

407 **bb) Gemeinschaftliche Verfügungsbefugnis (Und-Konto).** Haben die Kontoinhaber ein Gemeinschaftskonto mit gemeinschaftlicher Verfügungsbefugnis eröffnet, können nur sämtliche Kontoinhaber gemeinsam Leistung verlangen und kann die Bank mit befreiender Wirkung nur an

---

[1026] *Uhlenbruck/Brinkmann* § 47 RdNr. 46; *Canaris*, Bankvertragsrecht RdNr. 250; *Obermüller*, Insolvenzrecht RdNr. 2.159; *Hadding/Häuser* in Schimansky/Bunte/Lwowski, Bankrechts-Handbuch, § 36 RdNr. 1, 4 ff.
[1027] *Hadding/Häuser* in Schimansky/Bunte/Lwowski, Bankrechts-Handbuch, § 36 RdNr. 3.
[1028] LAG Niedersachsen ZIP 2003, 448, 450; *Uhlenbruck/Brinkmann* § 47 RdNr. 46.
[1029] *Uhlenbruck/Brinkmann* § 47 RdNr. 46.
[1030] *Uhlenbruck/Brinkmann* § 47 RdNr. 49; *Gottwald/Adolphsen*, Insolvenzrechts-Handbuch, § 40 RdNr. 43; differenzierend *Obermüller*, Insolvenzrecht RdNr. 2.167 (wenn der Insolvenzverwalter das Guthaben nicht abhebt und dadurch die Drittbegünstigung gegenstandslos macht, erwirbt es der Dritte mit Eintritt des betreffenden Ereignisses).
[1031] *Uhlenbruck/Brinkmann* § 47 RdNr. 49; *Gottwald/Adolphsen*, Insolvenzrechts-Handbuch, § 40 RdNr. 43.
[1032] Zur Abgrenzung von Treuhandkonten vgl. BGH WM 1973, 894, 895; vgl. ferner *Uhlenbruck/Brinkmann* § 47 RdNr. 50.
[1033] BGH WM 1990, 239, 240 = WuB I C 3.–3.90 *(Christoffel)*; *Gernhuber* WM 1997, 645; *Obermüller*, Insolvenzrecht RdNr. 2.128; *Hadding/Häuser* in Schimansky/Bunte/Lwowski, Bankrechts-Handbuch, § 35 RdNr. 7.
[1034] *Jaeger/Henckel* § 47 RdNr. 126; *Uhlenbruck/Brinkmann* § 47 RdNr. 50; *Obermüller*, Insolvenzrecht RdNr. 2.130; offengelassen von BGH WM 1985, 344, 345.
[1035] *Gernhuber* WM 1997, 645, 450; *Obermüller*, Insolvenzrecht RdNr. 2.130.
[1036] *Obermüller*, Insolvenzrecht RdNr. 2.74.

alle gemeinsam leisten.[1037] Der Insolvenzverwalter eines der Kontoinhaber kann also nur zusammen mit dem anderen Kontoinhaber über das Konto verfügen. Verlangt er Auszahlung des Guthabens zur Masse, ist diese „Verfügung" schwebend unwirksam. Erfolgt dennoch eine Kontobelastung, kann der andere Kontoinhaber **aussondern,** das heißt geltend machen, dass das Guthaben nicht der Masse, sondern den Kontoinhabern – entweder als nicht rechtsfähige Gesamthand oder als Gemeinschaft nach Bruchteilen[1038] – zusteht.[1039]

g) Sammelkonten. Bankinterne Sammelkonten **(Konten pro Diverse, Asservatenkonten),** auf denen Geschäftsvorgänge verschiedener Art für eine Vielzahl von Kunden, die kein eigenes Konto bei der Bank unterhalten, abgewickelt werden, berechtigen den einzelnen Kunden nicht zur Aussonderung. Sein Anspruch auf Auskehr einer für ihn bestimmten Gutschrift ist eine Insolvenzforderung.[1040]

7. Wertpapierverwahrung. Auf diesem Gebiet haben sich mannigfache Formen der Verwahrung herausgebildet, deren Aussonderungskraft verschieden ist.

a) Verwahrung von Wertpapieren in verschlossener Form. In diesem Falle besteht eine gewöhnliche Verwahrung im Sinne der §§ 688 ff. BGB. Der Hinterleger hat, wenn der Verwahrer insolvent wird, kraft seines Eigentums und seines persönlichen Herausgabeanspruchs aus dem Verwahrungsvertrag ein **Aussonderungsrecht.**[1041]

b) Offene Verwahrung unvertretbarer Wertpapiere. Solche Wertpapiere sind Namenspapiere, Konnossemente, Lagerscheine, Ladescheine, kaufmännische Anweisungen und Verpflichtungsscheine, Wechsel, Schecks, Hypotheken-, Grundschuld- und Rentenschuldbriefe, Sparkassenbücher, Versicherungsscheine. Auch hier kann – nicht anders als bei der Übergabe von Wertpapieren in verschlossener Form (s.o. RdNr. 410) – an der Zuordnung des verwahrten Gegenstandes kein Zweifel bestehen, sodass in der Insolvenz des Verwahrers **ausgesondert** werden kann.

c) Offene Verwahrung vertretbarer Wertpapiere. Solche Papiere sind insbesondere Aktien, Kuxe, Zwischenscheine, Zins-, Gewinnanteil- und Erneuerungsscheine sowie auf den Inhaber lautende oder durch Indossament übertragbare Schuldverschreibungen. Die offene Verwahrung dieser Papiere ist im **Depotgesetz** (idF v. 11.1.1995) besonders geregelt. Im Einzelnen unterscheidet man:

aa) Die Sonderverwahrung. Nach dem Leitbild des Depotgesetzes war die Sonderverwahrung früher die Regelverwahrung. In Sonderverwahrung sind Wertpapiere zu nehmen, die nicht zur Sammelverwahrung (dazu s. RdNr. 420) durch eine Wertpapiersammelbank zugelassen sind oder deren gesonderte Verwahrung vom Hinterleger verlangt wird. Bei der Sonderverwahrung ist der Verwahrer verpflichtet, die Wertpapiere unter äußerlich erkennbarer Bezeichnung jedes Hinterlegers gesondert von seinen eigenen Beständen und von denen Dritter aufzubewahren (§ 2 Satz 1 DepotG). Die Sonderung geschieht dadurch, dass die Papiere in Streifbändern (daher auch: **Streifbandverwahrung**) oder anderen geeigneten Hüllen aufbewahrt werden. Dadurch soll einem Verlust des Alleineigentums des Hinterlegers durch Vermischung vorgebeugt werden. Bei der Streifbandverwahrung bleibt deshalb der Wertpapierinhaber Alleineigentümer der speziellen von ihm erworbenen Papiere.[1042] In der **Insolvenz des Verwahrers** kann er kraft seines Eigentums und seines persönlichen Herausgabeanspruchs aus dem Verwahrungsvertrag **aussondern.**[1043] Ist das Recht des Hinterlegers, jederzeit die Rückgabe der Papiere verlangen zu dürfen (§ 695 BGB), vertraglich ausgeschlossen, kann der Kunde grundsätzlich den Verwahrungsvertrag kündigen, wenn über das Vermögen der Bank ein Insolvenzverfahren eröffnet wird.[1044] Hat der Verwahrer die hinterlegten Stücke vor Insolvenzeröffnung entgeltlich veräußert, kann der Hinterleger die Abtretung des Rechts auf die noch ausstehende Gegenleistung verlangen (**Ersatzaussonderung,** § 48 Satz 1). Hat der Verwahrer die Gegenleistung eingezogen und ist diese noch unterscheidbar in der Masse vorhanden, geht die Ersatzaussonderung auf Herausgabe der Gegenleistung (§ 48 Satz 2). Ist die Gegenleistung nicht

---

[1037] *Uhlenbruck/Brinkmann* § 47 RdNr. 50; *Obermüller,* Insolvenzrecht RdNr. 2.132.
[1038] Vgl. zum Meinungsstand *Obermüller,* Insolvenzrecht RdNr. 2.132; *Hadding/Häuser* in Schimansky/Bunte/Lwowski, Bankrechts-Handbuch, § 35 RdNr. 17.
[1039] *Jaeger/Henckel* § 47 RdNr. 126.
[1040] *Uhlenbruck/Brinkmann* § 47 RdNr. 48; *Andersen/Freihalter,* aaO RdNr. 372; *Sack/Kühn,* FS Görg, S. 413, 417.
[1041] *Jaeger/Henckel* § 47 RdNr. 129.
[1042] *Klanten* in Schimansky/Bunte/Lwowski, Bankrechts-Handbuch, § 72 RdNr. 122; aA *Obermüller,* Insolvenzrecht RdNr. 2.224 und ihm folgend *Uhlenbruck/Brinkmann* § 47 RdNr. 52.
[1043] *Canaris,* Bankvertragsrecht RdNr. 2208; *Heinsius/Horn/Than* § 2 DepotG RdNr. 8; *Jaeger/Henckel* § 47 RdNr. 133; *Gottwald/Adolphsen,* Insolvenzrechts-Handbuch, § 40 RdNr. 11.
[1044] *Canaris,* Bankvertragsrecht RdNr. 2206; *Jaeger/Henckel* § 47 RdNr. 133.

mehr unterscheidbar in der Masse vorhanden, so hat der Hinterleger lediglich eine Insolvenzforderung. Hat erst der Verwalter die Gegenleistung eingezogen und ununterscheidbar mit der Masse vermischt, hat der Hinterleger einen Masseanspruch gemäß § 55 Abs. 1 Nr. 1 oder 3.

414 **bb) Die Tauschverwahrung.** Bei dieser ist der Verwahrer vom Hinterleger ermächtigt, an Stelle der ihm zur Verwahrung anvertrauten Wertpapiere andere derselben Art und Menge zurückzugewähren (§ 10 Abs. 1 Satz 1 DepotG). Falls dies nicht ausdrücklich ausgeschlossen wird, ist der Verwahrer berechtigt, die Wertpapiere schon vor der Rückgewähr auszutauschen (§ 11 Satz 1 DepotG). Die entsprechende Ermächtigung bedeutet nicht, dass schon durch die Entgegennahme der Wertpapiere das Eigentum auf den Verwahrer übergehen soll (§ 11 Satz 2 DepotG). Dies geschieht vielmehr erst beim Tausch.[1045] Dabei macht der Verwahrer von dem Recht Gebrauch, sich die hinterlegten Papiere anzueignen. Dieses Recht besteht jedoch nur, wenn der Verwahrer zugleich das Eigentum an anderen Papieren derselben Art auf den Hinterleger überträgt. Der Hinterleger ist bei der Tauschverwahrung auf alle Fälle zur **Aussonderung** berechtigt. Entweder kann er die ursprünglich hinterlegten Papiere oder die im Austausch dafür in Verwahrung genommenen aussondern.[1046] Der Insolvenzverwalter des Verwahrers darf den Tausch noch vornehmen, wenn der Hinterleger die Aussonderung verlangt. Die im Austausch für die ursprünglich hinterlegten Papiere in Verwahrung genommenen Ersatzpapiere kann der Hinterleger sogar dann aussondern, wenn der Verwahrer nicht oder nicht in der gesetzlich vorgeschriebenen Form (vgl. § 10 Abs. 1 DepotG) zum Austausch ermächtigt war. Denn hier hat der Hinterleger gemäß §§ 930, 181 BGB das Eigentum erworben. Falls die hinterlegten Papiere nicht ausgetauscht, sondern entgeltlich veräußert wurden, gilt das unter RdNr. 413 Gesagte.

415 **cc) Die unregelmäßige Verwahrung.** Vereinbart der Hinterleger mit dem Verwahrer, dass die übergebenen Papiere sofort in das Eigentum des Verwahrers übergehen sollen und dass dieser nur verpflichtet sein soll, Papiere derselben Art und Menge zurückzugewähren, liegt eine unregelmäßige Verwahrung vor (§ 15 Abs. 1 DepotG). Hier hat der Hinterleger **kein Aussonderungsrecht,** sondern nur einen Verschaffungsanspruch, der eine einfache Insolvenzforderung ist.[1047]

416 **dd) Die Verwahrung mit Verfügungsermächtigung.** Ermächtigt der Hinterleger den Verwahrer, sich die anvertrauten Wertpapiere anzueignen oder das Eigentum an ihnen auf einen Dritten zu übertragen, und ist der Verwahrer alsdann nur verpflichtet, Wertpapiere derselben Art und Menge zurückzugewähren (§ 13 Abs. 1 DepotG), besteht, falls der Verwahrer von der Ermächtigung Gebrauch macht, für den Hinterleger – wie bei der unregelmäßigen Verwahrung (s.o. RdNr. 415) – **kein Aussonderungsrecht** mehr.[1048] Auch eine Ersatzaussonderung der noch ausstehenden Gegenleistung ist nicht möglich, weil der Verwahrer nicht unberechtigt verfügt hat.[1049] Der Insolvenzverwalter kann die Gegenleistung zur Masse ziehen. Hat der Verwahrer bis zur Insolvenzeröffnung nicht in der beschriebenen Weise über die Papiere verfügt, ist der Insolvenzverwalter dazu nicht berechtigt. Die hinterlegten Papiere gehören nicht zur Insolvenzmasse, sondern können ausgesondert werden.[1050] Eine Verfügung des Insolvenzverwalters ist unbefugt; der Verwahrer kann deshalb Abtretung des Anspruchs auf die Gegenleistung verlangen (§ 48 Satz 1). Hat der Verwalter die Gegenleistung eingezogen, gilt § 48 Satz 2 bzw. § 55 Abs. 1 Nr. 1, 3.

417 **ee) Die Drittverwahrung.** Gemäß § 3 Abs. 1 Satz 1 DepotG ist der Verwahrer, abweichend von § 691 BGB, berechtigt, die hinterlegten Papiere unter seinem Namen einem anderen Verwahrer, dem sogenannten Drittverwahrer, zur Verwahrung anzuvertrauen. Der Verwahrer wird dadurch Zwischenverwahrer. Eine Form der Drittverwahrung ist die Verwahrung bei einer Wertpapiersammelbank (s.u. RdNr. 420).

418 Der gutgläubige Eigentumserwerb des Drittverwahrers ist durch § 4 DepotG ausgeschlossen. In der Insolvenz des Drittverwahrers kann der Hinterleger deshalb **aussondern.**[1051] Ist der Hinterleger Eigentümer der hinterlegten Papiere, hat er eine dingliche Aussonderungsberechtigung. Daneben hat er – obwohl vertragliche Beziehungen nur zwischen dem Hinterleger und dem Zwischenverwahrer sowie zwischen diesem und dem Drittverwahrer bestehen – den schuldrechtlichen Herausgabeanspruch analog § 546 Abs. 2, 604 Abs. 4 BGB; nur auf diese schuldrechtliche Grundlage kann

---

[1045] *Klanten* in Schimansky/Bunte/Lwowski, Bankrechts-Handbuch, § 72 RdNr. 131.
[1046] *Jaeger/Henckel* § 47 RdNr. 134; *Gottwald/Adolphsen,* Insolvenzrechts-Handbuch, § 40 RdNr. 11.
[1047] *Canaris,* Bankvertragsrecht RdNr. 2139, 2209; *Heinsius/Horn/Than* § 15 DepotG RdNr. 5; *Baumbach/Hopt* § 15 DepotG RdNr. 1; *Jaeger/Henckel* § 47 RdNr. 130; *Uhlenbruck/Brinkmann* § 47 RdNr. 52.
[1048] *Jaeger/Henckel* § 47 RdNr. 131; *Heinsius/Horn/Than* § 13 DepotG RdNr. 27.
[1049] *Jaeger/Henckel* § 47 RdNr. 131.
[1050] *Jaeger/Henckel* § 47 RdNr. 131.
[1051] Vgl. *Klanten* in Schimansky/Bunte/Lwowski, Bankrechts-Handbuch, § 72 RdNr. 14.

sich der Depotkunde stützen, wenn er nicht Eigentümer der von ihm eingelieferten Wertpapiere ist.[1052] Außerdem hat er einen Schadensersatzanspruch gegen den Zwischenverwahrer.

Wird der Zwischenverwahrer insolvent, ist der Hinterleger ebenfalls zur Aussonderung berechtigt. Hier geht die Aussonderung auf Abtretung des Anspruchs des Zwischenverwahrers gegen den Drittverwahrer.[1053]

ff) Die Sammelverwahrung. Die Sammelverwahrung ist inzwischen als Regelverwahrung anzusehen. Der Verwahrer ist berechtigt, die ihm anvertrauten Papiere an eine Wertpapiersammelbank weiterzugeben, falls der Hinterleger nicht die gesonderte Aufbewahrung verlangt (§ 5 Abs. 1 Satz 1 DepotG). Der Hinterleger kann den Verwahrer ermächtigen, dass dieser vertretbare Wertpapiere derselben Art selbst und ungetrennt von seinen eigenen Beständen aufbewahrt oder einem Dritten (keiner Wertpapiersammelbank) zur Sammelverwahrung übergibt (§ 5 Abs. 1 Satz 2 DepotG). Wegen der mit der Sammelverwahrung verbundenen Vermischung erlischt das Sondereigentum an den ursprünglich in Verwahrung gegebenen Papieren; es entsteht Miteigentum nach Bruchteilen (§§ 1008, 741 BGB) am gesamten Sammelbestand der Papiere gleicher Art (§ 6 Abs. 1 Satz 1 DepotG).[1054] Das Miteigentumsrecht besteht an jedem einzelnen Wertpapier des Sammelbestandes.[1055] Der Sammelverwahrer kann von der Aufnahme der ihm anvertrauten Papiere in den Sammelbestand absehen, wenn er dem Hinterleger stattdessen einen entsprechenden dinglichen Sammelbestandsanteil überträgt (§ 5 Abs. 2 DepotG). In dem zuletzt genannten Fall geht das Eigentum an den eingelieferten Stücken auf den Sammelverwahrer über.[1056] Wird der **Sammelverwahrer insolvent,** kann der Hinterleger – kraft seiner dinglichen Berechtigung, aber auch kraft des schuldrechtlichen Anspruchs aus dem Verwahrungsvertrag – das Miteigentum oder den Sammelbestandsanteil **aussondern.**[1057] Reicht der Sammelbestand nicht für alle Aussonderungsberechtigten aus – entsteht also ein Ausfall –, haftet zwar der Sammelverwahrer, wenn er den Ausfall zu vertreten hat; der entsprechende Schadensersatzanspruch ist aber eine bloße Insolvenzforderung.

gg) Der Vorrang nach § 32 Abs. 1 Nr. 2, § 33 Abs. 1 DepotG. Ebenso wie bei der Effektenkommission (s.o. RdNr. 304) besteht auch beim Verwahrungsgeschäft nach **§ 32 Abs. 1 Nr. 2 DepotG** ein Vorrecht, vor den Forderungen aller anderen Insolvenzgläubiger aus einer Sondermasse befriedigt zu werden. Voraussetzung ist, dass das (Mit-)Eigentum an Wertpapieren durch eine rechtswidrige Verfügung des Verwahrers oder seiner Leute verletzt worden ist und der Hinterleger bei Eröffnung des Insolvenzverfahrens seine Verpflichtungen gegenüber dem Verwahrer vollständig oder fast vollständig (§ 32 Abs. 1 Nr. 3 DepotG) erfüllt hat. Die Sondermasse besteht aus den in der Insolvenzmasse vorhandenen Wertpapieren derselben Art und aus den Ansprüchen auf Lieferung solcher Wertpapiere. Ein ähnliches Vorrecht verschafft **§ 33 Abs. 1 DepotG** dem Hinterleger, der den Verwahrer zur Verpfändung (§ 12 DepotG) ermächtigt hat.[1058]

d) Aussonderung von Zins- und Dividendenansprüchen des Verwahrers. Zinsen und Dividende, welche die Bank auf von ihr verwahrte Wertpapiere eingezogen hat, bevor sie insolvent wurde, kann der Klient nicht aussondern. Aussonderungsfähig sind nur die noch nicht eingezogenen Zins- und Dividendenansprüche. Hat die Bank eingezogene Zinsen und Dividenden dem Kunden vor der Verfahrenseröffnung bereits gutgeschrieben, ist der Anspruch *aus* der Gutschrift nur eine einfache Insolvenzforderung gegen die Bank.[1059] Dies muss erst recht für den Anspruch *auf* die Gutschrift gelten.[1060] Nach Insolvenzeröffnung ist der Verwalter nicht mehr berechtigt, Zins- oder Dividendenansprüche einzuziehen. Geschieht dies dennoch, hat der Klient ein Ersatzaussonderungsrecht, zumindest einen Masseanspruch aus § 816 Abs. 2 BGB.[1061]

e) Insolvenz eines Hinterlegers. Für die Insolvenz des Hinterlegers ist umstritten, ob die Verwahrerpflichten dem Wahlrecht des Insolvenzverwalters nach § 103 unterliegen.[1062]

[1052] *Jaeger/Henckel* § 47 RdNr. 135.
[1053] *Jaeger/Henckel* § 47 RdNr. 135.
[1054] *Jaeger/Henckel* § 47 RdNr. 137; *Klanten* in Schimansky/Bunte/Lwowski, Bankrechts-Handbuch, § 72 RdNr. 79.
[1055] *Klanten* in Schimansky/Bunte/Lwowski, Bankrechts-Handbuch, § 72 RdNr. 83.
[1056] *Canaris,* Bankvertragsrecht RdNr. 2109 f.
[1057] *Jaeger/Henckel* § 47 RdNr. 138; *Uhlenbruck/Brinkmann* § 47 RdNr. 51.
[1058] Einzelheiten bei *Canaris,* Bankvertragsrecht RdNr. 2212 ff.
[1059] *Canaris,* Bankvertragsrecht RdNr. 2216; *Uhlenbruck/Brinkmann* § 47 RdNr. 51; *Gottwald/Adolphsen,* Insolvenzrechts-Handbuch, 3. Aufl., § 40 RdNr. 46.
[1060] *Gottwald/Adolphsen,* Insolvenzrechts-Handbuch, 3. Aufl., § 40 RdNr. 46; aA *Canaris,* Bankvertragsrecht RdNr. 2217; *ders.,* FS 100 Jahre Konkursordnung, S. 73, 105 f.
[1061] *Canaris,* Bankvertragsrecht RdNr. 2219.
[1062] Zum Meinungsstand vgl. *Obermüller,* Insolvenzrecht RdNr. 2.216 f.

422a **aa) Beim Einzeldepot.** Für die Eigentumslage depotverwahrter Wertpapiere stellt § 1006 Abs. 3 BGB eine Vermutung zugunsten des Hinterlegers auf. Beim Einzeldepot fällt, wenn der Hinterleger insolvent wird, der Depotinhalt demgemäß in die Masse; der Verwahrer, also die Depotbank, kann nur noch an den Verwalter leisten.[1063]

423 **bb) Beim Gemeinschaftsdepot.** Die Anwendung der Eigentumsvermutung auf die Inhaber eines Gemeinschaftsdepots ist zweifelhaft.[1064] Jedenfalls verschafft die Umwandlung eines Einzeldepots in ein Gemeinschaftsdepot allein dem oder den neuen Depotmitinhabern kein Eigentum an den bereits in dem Depot verbuchten oder für dieses hinzuerworbenen Wertpapieren, sofern hierüber zwischen den Depotinhabern keine besonderen Vereinbarungen getroffen werden.[1065] Bei einem **Gemeinschaftsdepot mit gemeinschaftlicher Verfügungsbefugnis** kann der Insolvenzverwalter nur mit den anderen Berechtigten zusammen über die Wertpapiere verfügen.[1066] Bei einem **Gemeinschaftsdepot mit Einzelverfügungsbefugnis** ist die Bank berechtigt, an denjenigen, der zuerst die Herausgabe der hinterlegten Papiere verlangt, mit befreiender Wirkung zu leisten. Ist einer der Hinterleger insolvent, kann sein Verwalter allein Herausgabe der Papiere verlangen.[1067] Die Depotbank wird aber auch frei, wenn sie in Unkenntnis der Insolvenz die Papiere an den Schuldner herausgibt (§ 82). Nach Herausgabe an den Insolvenzverwalter hat der andere Mitberechtigte kein Aussonderungsrecht.

424 **f) Insolvenz einer Kapitalanlagegesellschaft.** Nach § 12 Abs. 1 KAGG ist das Sondervermögen einer Kapitalanlagegesellschaft von einer Depotbank zu verwahren. Das Sondervermögen – bestehend aus dem eingelegten Geld, den damit angeschafften Vermögensgegenständen und den Surrogaten (§ 6 Abs. 1 Satz 1, Abs. 2 KAGG) – steht entweder im Miteigentum der Anteilseigner oder im Eigentum der Kapitalanlagegesellschaft als uneigennütziger Treuhänderin (§ 6 Abs. 1 Satz 2 KAGG). So oder so gehört es nicht zur Masse (§ 13 Abs. 3 Satz 2 KAGG). Es ist deshalb **auszusondern**.[1068] Dafür ist aber nur die Depotbank – unter Ausschluss der Anteilseigner – zuständig (§ 14 Abs. 1 KAGG). Bei der Treuhandlösung geht das Eigentum am Sondervermögen auf die Depotbank über; bei der Miteigentumslösung erhält jene das Verfügungsrecht. Die Depotbank hat das Sondervermögen abzuwickeln und an die Anteilseigner zu verteilen (§ 14 Abs. 2 Satz 1 KAGG); stattdessen kann sie auch einer anderen Kapitalanlagegesellschaft die Verwaltung des Sondervermögens übertragen (§ 14 Abs. 2 Satz 2 KAGG).[1069] Entsprechendes gilt für die Insolvenz einer **offenen Immobilienfonds-Gesellschaft**.

425 **8. Versorgungsansprüche.** Der Fall, dass ein Unternehmer seinen Arbeitnehmern über einen Versicherungsvertrag mit einer außerbetrieblichen Versicherungsgesellschaft eine Altersversorgung gewährt, ist bereits im Zusammenhang mit Versicherungen für fremde Rechnung (s.o. RdNr. 315 ff.) behandelt worden. Die Garantieerklärung einer Muttergesellschaft im Rahmen eines konzernweiten „Cashclearing-Verfahrens" ist zur Insolvenzsicherung kaum geeignet.[1070] Der Unternehmer kann die Altersversorgung aber anders sicherstellen:

426 **a) Bilanzrückstellungen. Bilanzrückstellungen,** die ein Arbeitgeber gemacht hat, um den Arbeitnehmern zugesagte Unterstützungen oder Pensionen zu erfüllen, begründen in der Insolvenz des Arbeitgebers für die Empfänger der Zusage **kein Aussonderungsrecht**.[1071] Nichts anderes gilt, wenn der Arbeitgeber insoweit einen unselbständigen Betriebs-„fonds" gegründet hat.[1072] Der Versuch, wenigstens ein Absonderungsrecht zu schaffen, indem ein Dritter für die Pensionsverpflichtungen verbürgt, die im Hinblick auf diese Verpflichtungen zurückgestellten Gelder auf eine GmbH übertragen werden und dem Dritten an diesen Geldern ein Pfandrecht bestellt wird, kann schwerlich gelingen. Wenn die GmbH eine Tochtergesellschaft ist, können die Kapitalerhaltungsgrundsätze eingreifen. Außerdem gehen gemäß § 9 Abs. 2 BetrAVG die Ansprüche auf den Pensionssicherungsverein über, wenn der Bürge sie nicht bedient.[1073]

[1063] *Uhlenbruck/Brinkmann* § 47 RdNr. 51.
[1064] Vgl. BGH NJW 1997, 1434, 1435 = EWiR 1998, 111 *(Rehbein).*
[1065] BGH NJW 1997, 1434, 1435 = EWiR 1998, 111 *(Rehbein).*
[1066] *Obermüller,* Insolvenzrecht RdNr. 2.226; *Uhlenbruck/Brinkmann* § 47 RdNr. 51.
[1067] *Obermüller,* Insolvenzrecht RdNr. 2.222, 2.224; *Uhlenbruck/Brinkmann* § 47 RdNr. 51.
[1068] *Uhlenbruck/Brinkmann* § 47 RdNr. 53.
[1069] Näheres bei *Baur,* Investmentgesetze, 1970; *Canaris,* Bankvertragsrecht RdNr. 2414, 2456, 2476 ff.
[1070] LAG Düsseldorf ZIP 2005, 999, 1002.
[1071] BAG DB 1972, 2116, 2117; *Gottwald/Adolphsen,* Insolvenzrechts-Handbuch, § 40 RdNr. 66; *Uhlenbruck/Brinkmann* § 47 RdNr. 85.
[1072] *Gottwald/Adolphsen,* Insolvenzrechts-Handbuch, § 40 RdNr. 66.
[1073] Vgl. BGHZ 27, 51, 54 = NJW 1958, 787.

b) Reservefonds mit eigener Rechtspersönlichkeit. Werden die Versorgungsleistungen von einer rechtlich selbständigen Pensions- oder Unterstützungskasse geleistet, bleiben sie von der Insolvenz des Betriebsinhabers unberührt. Versucht der Insolvenzverwalter gleichwohl, das Vermögen der Kasse zur Masse zu ziehen, können die Leistungsberechtigten **aussondern**.[1074] Es muss eine echte und nicht nur treuhänderische Vermögenssonderung vorliegen. 427

c) Reservefonds ohne eigene Rechtspersönlichkeit. Aussonderungsfähig ist auch das Vermögen eines Reservefonds ohne eigene Rechtspersönlichkeit, wenn es ein selbständig verwaltetes Sondervermögen darstellt, das den Leistungsberechtigten als Mitgliedern eines nicht rechtsfähigen Vereins zur gesamten Hand gehört.[1075] 428

9. Der Herausgabeanspruch aus § 25 Abs. 5 Satz 1 DMBilG. a) Die Verpflichtung zur Herausgabe von Beteiligungen sowie von Grund und Boden. Mit der Umwandlung in Kapitalgesellschaften sind die ehemals volkseigenen Betriebe in der früheren DDR nach § 11 Abs. 2 Satz 2 TreuhG Eigentümer des vormals volkseigenen Grundbesitzes geworden. Nach § 12 Abs. 1 TreuhG sind die aus den Kombinaten entstandenen Aktiengesellschaften Inhaber der Geschäftsanteile der Gesellschaften mit beschränkter Haftung geworden, die den Kombinaten vor dem 1. Juli 1990 unterstellt waren. § 25 Abs. 5 Satz 1 DMBilG gibt der Bundesanstalt für vereinigungsbedingte Sonderaufgaben (früher: Treuhandanstalt) einen schuldrechtlichen Anspruch auf Rückübertragung des kraft Gesetzes – unentgeltlich – übergegangenen Eigentums an Grund und Boden und der Beteiligungen, sofern sich die Zahlungsunfähigkeit oder die Überschuldung des Unternehmens ergibt oder wenn die Auflösung des Unternehmens beschlossen wird. 429

In der Insolvenz des Unternehmens hat dieser schuldrechtliche Anspruch **Aussonderungskraft**.[1076] Mit § 25 Abs. 5 Satz 1 DMBilG wollte der Gesetzgeber das Ziel, bislang volkseigenes Vermögen vorrangig zur Sanierung der Wirtschaft einzusetzen, unterstützen. Die auf die Unternehmen übertragenen Vermögenswerte sollten den Unternehmen deshalb wieder entzogen werden können, sofern sich diese als nicht sanierungsfähig erwiesen.[1077] Die Absicht, sanierungsfähige zu Lasten nicht sanierungsfähiger Unternehmen zu fördern, konnte der Gesetzgeber nur verwirklichen, indem er den Herausgabeanspruch insolvenzfest gestaltete. Andernfalls wäre der Anspruch in dem Hauptanwendungsfall des § 25 Abs. 5 Satz 1 DMBilG, dass über das Vermögen des nicht sanierungsfähigen Unternehmens das Insolvenzverfahren eröffnet wird, nichts wert gewesen. 430

Dem gegen die Ausgestaltung des Herausgabeanspruchs als Aussonderungsrecht zunächst erhobenen Bedenken, er nehme Neugläubigern nachträglich die Kreditgrundlage,[1078] hat der Gesetzgeber mit der durch das Hemmnisbeseitigungsgesetz vom 22. März 1991 eingeführten Verpflichtung zum Ausgleich von Benachteiligungen der Gläubiger, deren Ansprüche nach dem 1. Juli 1990 entstanden sind, Rechnung getragen (§ 25 Abs. 5 Satz 2 DMBilG). Damit hat der Gesetzgeber zugleich bestätigt, dass der Herausgabeanspruch nach § 25 Abs. 5 Satz 1 DMBilG insolvenzfest ist. Denn die Pflicht, die Neugläubiger bis zur Höhe des Verkehrswertes der zurückzuübertragenden Vermögenswerte schadlos zu stellen, setzt voraus, dass jene Werte der Treuhandanstalt auch tatsächlich zufließen.[1079] 431

Entgegen dem Wortlaut des § 25 Abs. 5 Satz 1 DMBilG besteht der mit Aussonderungskraft ausgestattete Herausgabeanspruch nicht, wenn die Treuhandanstalt das Unternehmen erfolgreich privatisiert hat und dieses erst unter dem neuen Rechtsträger insolvent wird.[1080] Indem der Gesetzgeber auf eine „in der Eröffnungsbilanz festgestellte Überschuldung" bzw. die innerhalb der Feststellungsfrist des § 35 Abs. 1 Satz 3 HS 2 DMBilG eingetretene Überschuldung, Zahlungsunfähigkeit oder Auflösung der Gesellschaft abgestellt hat, hat er deutlich gemacht, dass nur solche Fälle erfasst 432

[1074] *Gottwald/Adolphsen*, Insolvenzrechts-Handbuch, § 40 RdNr. 67; *Uhlenbruck/Brinkmann* § 47 RdNr. 86.
[1075] *Gottwald/Adolphsen*, Insolvenzrechts-Handbuch§ 40 RdNr. 67; *Uhlenbruck/Brinkmann* § 47 RdNr. 86.
[1076] OLG Dresden VIZ 1996, 605 – die gegen dieses Urteil eingelegte Revision hat der BGH nicht angenommen, WM 1997, 892; *Biener*, Das D-Markbilanzgesetz 1990, DB DDR-Report 1990, 3142, 3145; *Sonnemann/Lohse* BB 1991 Supplement Deutsche Einigung – Rechtsentwicklungen Folge 20 S. 14, 19; *Landfermann* ZIP 1991, 826, 832; *Bühring/Rolfs* § 25 V und VI DMBilG als Mittel zur beschleunigten Abwicklung von Liquidationen, VIZ 1995, 568, 569; *Horn*, Das Zivil- und Wirtschaftsrecht im neuen Bundesgebiet 2. Aufl. Kap. 4 § 18 RdNr. 180; *Gottwald*, Nachtrag GesO zum Insolvenzrechts-Handbuch 1990 Kap. III A 6 RdNr. 50; *Hess/Binz/Wienberg* § 12 GesO RdNr. 125l; wohl auch *Budde/Förster/Müller* § 25 DMBilG RdNr. 8; aA *Zeuner*, Gesamtvollstreckungsordnung in den neuen Bundesländern S. 161 f.; *Smid* § 12 GesO RdNr. 165; *Haarmeyer/Wutzke/Förster* § 12 GesO RdNr. 148.
[1077] Vgl. Erläuterungen der Bundesregierung zum Einigungsvertrag BT-Drucks. 11/7817, S. 86 sowie Begr. zum Entwurf des Hemmnisbeseitigungsgesetzes BT-Drucks. 12/103, S. 49.
[1078] Vgl. *Budde/Förster/Müller* § 25 DMBilG RdNr. 29.
[1079] Zutreffend *Landfermann* ZIP 1991, 826, 832.
[1080] Ebenso *Jaeger/Henckel* § 47 RdNr. 145.

werden sollten, in denen sich das Unternehmen als von Anfang an sanierungsunfähig erwies. Jedenfalls ergibt sich dieses Ergebnis aus Sinn und Zweck der Vorschrift (daran haben die Änderungen des Gesetzes in den Jahren 1991 und 1994 nichts geändert). Es geht nicht an, dass einem privatisierten Unternehmen zB das Betriebsgrundstück entzogen wird, nachdem es sich jahrelang erfolgreich auf dem Markt behauptet hat und später aus Gründen insolvent wird, die mit seiner Eigenschaft als früherer VEB nichts mehr zu tun haben. Außerdem ist die Treuhandanstalt nach der Privatisierung des Unternehmens nicht mehr schutzwürdig. Sie hatte es in der Hand, im Zuge der Übertragung der Geschäftsanteile entweder auch den Wert des (bisher der Herausgabe gemäß § 25 Abs. 5 Satz 1 DMBilG unterliegenden) Grundstücks in die Bemessung des Preises für die veräußerten Geschäftsanteile einfließen oder sich daran ein insolvenzfestes Recht bestellen zu lassen. § 25 Abs. 5 Satz 1 DMBilG ist keine Auffangvorschrift für Privatisierungen, bei denen die Treuhandanstalt die insolvenzfeste Ausgliederung von Betriebsgrundstücken versäumt hat.

433 § 25 Abs. 5 Satz 1 DMBilG ist **verfassungsgemäß.** Etwaige Grundrechte der Gläubiger, deren Ansprüche vor dem 1. Juli 1990 entstanden sind (Altgläubiger), werden nicht verletzt, weil Grund und Boden diesen Gläubigern unter der Geltung des Rechts der ehemaligen DDR nicht als Haftungsmasse zur Verfügung standen. Falls die betroffenen Treuhandunternehmen überhaupt Grundrechtsschutz genießen – das ist zweifelhaft, solange sie wirtschaftlich im Eigentum des Bundes stehen –, werden auch deren Grundrechte nicht verletzt. Soweit sich § 25 Abs. 5 Satz 1 DMBilG in der Fassung des Gesetzes vom 25. Juli 1994 echte Rückwirkung beimisst, ist ein etwaiges Vertrauen des Treuhandunternehmens auf den Fortbestand der Regelung in § 25 Abs. 5 Satz 1 DMBilG 1991 nicht schutzwürdig. Solange es sich nicht als sanierungsfähig erwiesen hatte, musste es damit rechnen, dass die Treuhandanstalt es, entsprechend ihrem gesetzlichen Auftrag (§ 8 Abs. 1 TreuhG), stilllegte und sein Vermögen verwertete.

434 **b) Die Verpflichtung zur Herausgabe von aufstehenden Gebäuden und Anlagen.** Die Verpflichtung zur Herausgabe von Grund und Boden nach § 25 Abs. 1 Satz 1 DMBilG erfasst allerdings nicht aufstehende Gebäude und Anlagen.[1081] Der Begriff des Grund und Bodens kann in § 25 Abs. 5 DMBilG schwerlich anders verstanden werden als in dessen Abs. 1. Dort ist die Bildung einer Ausgleichsverbindlichkeit, in der Regel zugunsten der Treuhandanstalt, für den Fall vorgesehen, dass sich bei der Aufstellung der Eröffnungsbilanz ein Eigenkapital ergibt, das den Wert des Sachanlagevermögens vermindert um den für den zum 1. Juli 1990 übergegangenen Grund und Boden auszuweisenden Betrag übersteigt. Hiermit kann nur der nach § 9 DMBilG zu ermittelnde Verkehrswert des Grund und Bodens ohne den Gebäudewert, zu dem sich § 110 DMBilG verhält, gemeint sein. Wie sich aus § 11 Abs. 2 Satz 2 TreuhG ergibt, war sich der Gesetzgeber der Unterscheidung zwischen dem Übergang des Vermögens aus der Fondsinhaberschaft und des in Rechtsträgerschaft befindlichen Grund und Bodens bewusst.[1082]

435 Den Unternehmen sollten ohne Rücksicht auf ihre Überlebensfähigkeit die Vermögensgegenstände verbleiben, die auch schon die Grundlage ihrer wirtschaftlichen Betätigung als volkseigene Betriebe gewesen waren. Die Bodenflächen hatten unter der Geltung des DDR-Rechts keine betriebswirtschaftliche Bedeutung, weil ihre Nutzung und Übertragung unentgeltlich waren. Demgegenüber gehörten Gebäude und bauliche Anlagen zu dem den volkseigenen Wirtschaftseinheiten als Inhaber zugewiesenen Fondsvermögen.[1083] Die Fondsinhaber waren befugt, über Gegenstände des Fondsvermögens, insbesondere über Gebäude und bauliche Anlagen (vgl. § 1 Abs. 3 UbGrMVO), entgeltlich zu verfügen (§ 19 Abs. 1 ZGB). Aufgrund dieser als „operative Verwaltung" bezeichneten Rechtsmacht war die Rechtsstellung der Fondsinhaber einem subjektiven Eigentumsrecht zumindest angenähert.[1084] Das Fondsvermögen war die Grundlage der wirtschaftlichen Betätigung der volkseigenen Betriebe. In der Regel hatten sie zur Fondsbewirtschaftung Grund- und Umlaufmittelkredite aufgenommen. Mit diesen Altkrediten blieben sie auch nach der Privatisierung belastet. Um ihnen überhaupt ein wirtschaftliches Überleben zu ermöglichen, war es notwendig, ihnen zumindest diejenigen Vermögenswerte zu belassen, die ihnen auch schon unter den Bedingungen des Wirtschaftssystems der früheren DDR zur Verfügung gestanden hatten.

436 **c) Rückübertragung von Grund und Boden bei bebauten Grundstücken.** Eine Rückübertragung des Grund und Bodens nach § 25 Abs. 5 Satz 1 DMBilG stößt bei bebauten Grundstücken deshalb auf rechtliche Schwierigkeiten, weil die aufstehenden Gebäude spätestens zum

---

[1081] OLG Dresden VIZ 1996, 605 i. V. m. Nichtannahmebeschl. des BGH v. 14. Mai 1998 – IX ZR 40/96.
[1082] Vgl. außerdem die Erläuterungen der Bundesregierung zum Einigungsvertrag BT-Drucks. 11/7817, S. 86 zu § 25 DMBilG.
[1083] Vgl. BVerwGE 97, 31, 35 = VIZ 1995, 99; *Eickmann,* Grundstücksrecht in den neuen Bundesländern 3. Aufl. RdNr. 4a.
[1084] Vgl. *Horn,* Das Zivil- und Wirtschaftsrecht im neuen Bundesgebiet 2. Aufl. Kap. 4 § 18 RdNr. 11.

3. Oktober 1990 wesentliche Bestandteile der Grundstücke geworden sind (Art. 233 § 2 Abs. 1 EGBGB i. V. m. § 94 Abs. 1 Satz 1 BGB) und deshalb nicht Gegenstand besonderer Rechte sein können (§ 93 BGB). Die Rückübertragung des Grundbesitzes ist wohl nur gegen einen Wertausgleich für die aufstehenden Gebäude möglich.

10. Rückübertragung nach dem Vermögensgesetz. Wird über das Vermögen des Verfügungsberechtigten ein Insolvenzverfahren eröffnet, ist der Berechtigte mit seinem öffentlich-rechtlichen Anspruch auf Rückübertragung (§ 3 Abs. 1 Satz 2 VermG) nicht Insolvenzgläubiger. Wird dem Antrag auf Rückübertragung von der zuständigen Behörde bestandskräftig stattgegeben, erwirbt der Berechtigte das Eigentum bzw. die Inhaberschaft an den betreffenden Gegenständen. Er kann **aussondern**, falls inzwischen über das Vermögen des Verfügungsberechtigten das Insolvenzverfahren eröffnet worden ist.[1085] Die Rückgabe eines Unternehmens ist allerdings ausgeschlossen (§ 4 Abs. 1 Satz 2 VermG), wenn über das Vermögen eines Unternehmensträgers ein Insolvenzverfahren eröffnet, der Geschäftsbetrieb eingestellt worden und nach vernünftiger kaufmännischer Beurteilung die Wiederaufnahme nicht zu erwarten ist. Nach entsprechender Ergänzung des § 3b Abs. 1 Satz 2 VermG hat das BVerwG seine frühere Rechtsprechung aufgegeben, dass Ansprüche nach § 6 Abs. 6a VermG in der Insolvenz des Verfügungsberechtigten ausgeschlossen seien. Der Inhaber eines Unternehmens, der durch die Behörden der früheren DDR enteignet worden ist, kann deshalb Wiedereinräumung der entzogenen Anteile und Rückgabe der verbliebenen Unternehmensreste an den dadurch wiederauflebenden Unternehmensträger verlangen.[1086]

436a

F. Einwendungen und Einreden gegenüber dem Aussonderungsbegehren

I. Einwendungen und Einreden des Schuldners

Der Insolvenzverwalter kann sich gegen ein Aussonderungsbegehren mit allen Einwendungen verteidigen, die dem Schuldner zugestanden hätten, wenn es nicht zu dem Insolvenzverfahren gekommen wäre.[1087] Stützt der Kläger die Aussonderung auf einen vor Verfahrenseröffnung vollzogenen Rechtserwerb vom Schuldner, kann der Verwalter zum Beispiel einwenden, die Veräußerung sei als **Scheingeschäft**[1088] oder wegen **Verstoßes gegen ein gesetzliches Verbot** oder **die guten Sitten** nichtig oder wegen Irrtums oder Drohung wirksam angefochten. Wird auf Grund Eigentums ausgesondert, kann dagegen eingewandt werden, dass die Sache wesentlicher Bestandteil einer dem Schuldner gehörenden Sache geworden sei oder auf Grund einer Veräußerung nicht mehr vorhanden sei. Die Herausgabe einer vom Schuldner vor der kritischen Zeit veräußerten Sache an den Erwerber kann nicht deswegen abgelehnt werden, weil sie als Zubehör einem Hypothekengläubiger gemäß § 1121 BGB noch verhaftet ist. Gegen das Aussonderungsrecht des nur obligatorisch Berechtigten kann der Insolvenzverwalter unter Umständen einwenden, die Sache gehöre zur Masse, weil der Insolvenzschuldner – insbesondere als Eigentümer – ein **besseres Recht** habe.[1089] Solche Fälle sind aber praktisch selten. Beispielsweise setzt sich das bessere Recht des Insolvenzschuldners durch, wenn im internationalen Warenverkehr der Verkäufer von seinem Anhalterecht (right of stoppage in transitu) Gebrauch macht, der Käufer (= Insolvenzschuldner) aber bereits Eigentümer ist (s.o. RdNr. 349). Anderes Beispiel: Der Insolvenzschuldner verkauft einen Pkw unter Eigentumsvorbehalt und der Käufer vermietet ihm das Fahrzeug zurück.

436b

Auf Gegenansprüche des Schuldners kann der Insolvenzverwalter ein **Zurückbehaltungsrecht** stützen. Praktisch bedeutsam sind insbesondere gegenüber dem dinglichen Herausgabeanspruch (§ 985 BGB) das Recht zum Besitz (§ 986 BGB), sofern es über die Verfahrenseröffnung hinaus besteht, sowie die Gegenrechte aus §§ 994 bis 1003 BGB. Verlangt der Sicherungsgeber eine sicherungsübereignete oder verpfändete Sache heraus, kann der Insolvenzverwalter die Herausgabe verweigern, bis die gesicherte Forderung erfüllt wird. Die Ausübung des Zurückbehaltungsrechts hat zur Folge, dass nur eine Verurteilung zur Erfüllung Zug um Zug ergeht (§ 274 BGB).

436c

II. Einwendungen und Einreden des Insolvenzverwalters

Außerdem ist die Aussonderung solchen Einwendungen ausgesetzt, die nur dem Insolvenzverwalter zustehen können. Er kann dem Aussonderungsbegehren insbesondere entgegenhalten, der

436d

[1085] Jaeger/Henckel § 47 RdNr. 143.
[1086] BVerwG VIZ 2001, 96 = EWiR 2001, 399 (Nolting).
[1087] Häsemeyer, Insolvenzrecht RdNr. 11.27; Jaeger/Henckel § 47 RdNr. 13.
[1088] RG JW 1897, 386; 1914, 830.
[1089] Berger, FS Kreft, S. 191, 195.

Erwerb unterliege der Insolvenzanfechtung (§§ 129 ff.)[1090] – bezieht sich die Anfechtung allerdings nicht auf den Erwerb des Aussonderungsguts, sondern auf einen anderen Massegegenstand, besteht kein Zurückbehaltungsrecht nach § 273 BGB[1091] – oder er sei, weil er erst nach Erlass eines allgemeinen Verfügungsverbots (§ 21 Abs. 2 Nr. 2) oder gar erst nach Insolvenzeröffnung stattgefunden habe, überhaupt unwirksam (§§ 24 Abs. 1, 81 Abs. 1 Satz 1). Zur **Aussonderungssperre** im Eröffnungsverfahren s.u. RdNr. 471c ff.

436e Hat ein Gesellschafter (oder eine ihm nach § 32a Abs. 3 GmbHG gleichgestellte Person) der GmbH (oder einer Handelsgesellschaft, in der die persönlich haftenden Gesellschafter keine natürlichen Personen sind) **eigenkapitalersetzend** Gegenstände zur **Nutzung** überlassen, war er bisher zwar aussonderungsberechtigt, weil der überlassene Gegenstand nicht zur Masse gehörte; dem Aussonderungsrecht stand jedoch das (zeitlich begrenzte) Nutzungsrecht der Masse entgegen: Der Gesellschafter hatte dem Insolvenzverwalter die Nutzung für die vereinbarte bzw. – bei Vereinbarung einer nicht hinnehmbar kurzen Kündigungsfrist – die übliche Zeit unentgeltlich zu überlassen.[1092] Nunmehr bestimmt die mit dem **MoMIG** neu geschaffene Vorschrift des § 135 Abs. 3 Satz 1 InsO, dass der Gesellschafter, der der Gesellschaft einen Gegenstand zum Gebrauch oder zur Ausübung überlassen hat, einer vorübergehenden **Aussonderungssperre** unterliegt. Er kann seinen Aussonderungsanspruch nach Eröffnung des Insolvenzverfahrens über das Vermögen der Gesellschaft für die Dauer von höchstens einem Jahr nicht geltend machen kann, wenn der Gegenstand für die Fortführung des Unternehmens der Gesellschaft von erheblicher Bedeutung ist.[1093] Anders als nach früherem Recht erhält der Gesellschafter aber nunmehr einen Ausgleich gemäß § 135 Abs. 3 Satz 2 InsO.

436f Nach dem Wortlaut des § 135 Abs. 3 InsO sind Normadressaten die Gesellschafter. Die Vorschrift ist jedoch **analogie**fähig. Einzelne Gläubiger haben – auch wenn sie nicht Gesellschafter sind – ihr Eigeninteresse gegenüber dem Gesamtinteresse aller Gläubiger zurückzustellen, wenn sie dem Schuldner einen betriebsnotwendigen Gegenstand überlassen haben und der sofortige Abzug die Aussichten einer Betriebsfortführung verschlechtern würde. Jeder beliebige Dritte wird im Allgemeininteresse der temporären **Aussonderungssperre** unterworfen, erhält dafür aber einen angemessenen Ausgleich. Ein überhöhtes vertragliches Entgelt ist auf das marktübliche Maß zu kürzen.[1094] Die Regelung des § 135 Abs. 3 InsO beruht insoweit – ebenso wie § 21 Abs. 2 Satz 1 Nr. 5 InsO – auf dem Gedanken der **Aufopferung**.[1095] Über die Dauer des Nutzungsrechts hinaus darf der Insolvenzverwalter die Herausgabe solcher Gegenstände verweigern, die er für die Abwicklung dringend benötigt. Klassisches Beispiel ist die EDV-Anlage, auf der die die Geschäftsvorgänge gespeichert sind.[1096] Eine Betriebsfortführung durch den Insolvenzverwalter ist nicht Voraussetzung; § 135 Abs. 3 InsO gilt auch bei der übertragenden Sanierung.[1097]

G. Aussonderungsrecht des Ehegatten

I. Keine Solidarhaftung

437 Der Ehegatte des Schuldners konnte früher nach § 45 KO während der Ehe erworbene Gegenstände lediglich dann aussondern, wenn er beweisen konnte, dass sie nicht mit Mitteln des Schuldners erworben waren. Die Vorschrift des § 45 KO ist durch Beschluss des Bundesverfassungsgerichts vom 24. Juli 1968[1098] für nichtig erklärt worden, weil sie mit Art. 6 Abs. 1 GG nicht vereinbar war. Seither ist der Ehegatte des Schuldners hinsichtlich der Aussonderungsberechtigung **jedem anderen Aussonderungsberechtigten gleichgestellt.** Jeder Ehegatte haftet allein für seine Schulden. Wird über das Vermögen eines Ehegatten ein Insolvenzverfahren eröffnet, gehört nur sein Vermögen zur Insolvenzmasse.[1099]

[1090] *Häsemeyer,* Insolvenzrecht RdNr. 11.27.
[1091] BGH NJW 2000, 3777, 3781.
[1092] BGHZ 127, 1, 10 f., 13 = NJW 1994, 2349; 127, 17, 23 = NJW 1994, 2760; *Bitter* ZIP 2010, 1, 2; *Jaeger/Henckel* § 47 RdNr. 13; *Uhlenbruck* (12. Aufl.) § 49 RdNr. 56.
[1093] Damit hat der Gesetzgeber an die Terminologie des § 21 Abs. 2 Satz 1 Nr. 5 InsO angeknüpft, vgl. *Bitter* ZIP 2010, 1, 4.
[1094] *Bitter,* ZIP 2010, 1, 11.
[1095] *Bitter,* ZIP 2010, 1, 7.
[1096] *Jaeger/Henckel* § 47 RdNr. 13.
[1097] *Bitter,* ZIP 2010, 1, 12 f.
[1098] BVerfGE 24, 104 ff. = NJW 1968, 1771.
[1099] *Baur/Stürner,* Insolvenzrecht RdNr. 14.36; *Mohrbutter/Ringstmeier/Vortmann,* Handbuch der Insolvenzverwaltung § 8 RdNr. 5; *Gottwald/Adolphsen,* Insolvenzrechts-Handbuch, § 40 RdNr. 101; *Jaeger/Henckel* § 47 RdNr. 93; *Uhlenbruck/Brinkmann* § 47 RdNr. 7.

II. Eigentumsvermutung für bewegliche Sachen

Gemäß § 1362 Abs. 1 Satz 1 BGB wird *zugunsten* der Gläubiger eines in ehelicher Gemeinschaft **438** lebenden (vgl. § 1362 Abs. 1 Satz 2 BGB) Ehegatten widerlegbar **vermutet,** dass die im Besitz eines oder beider Ehegatten befindlichen beweglichen Sachen – dasselbe gilt für Inhaberpapiere oder blanko indossierte Orderpapiere (§ 1362 Abs. 1 Satz 3 BGB) – **Eigentum des Schuldners** sind (vgl. auch § 37 RdNr. 8). Mittelbarer Besitz reicht aus. Sogar dann, wenn eine bewegliche Sache aus dem Besitz eines Ehegatten in den Besitz eines Dritten gelangt, der zwar Fremdbesitzer ist, aber keinem der Ehegatten den Besitz mittelt, greift die Vermutung ein.[1100] Diese Vermutung ist mit Art. 6 Abs. 1 GG vereinbar.[1101] Auf die Partner nichtehelicher Lebensgemeinschaften kann sie nach Ansicht des BGH nicht ausgedehnt werden. Eine Analogie scheidet mangels einer planwidrigen Regelungslücke aus, und von Verfassungs wegen ist die Ausdehnung nicht geboten.[1102]

Die Vermutung des § 1362 Abs. 1 Satz 1 BGB gilt **bei allen Güterständen.** Bei Gütergemein- **439** schaft ist sie aber nur anwendbar auf Sachen, die nicht zum Gesamtgut gehören (vgl. o. RdNr. 52; Näheres bei § 37 RdNr. 17).

Sie gilt auch **in der Insolvenz.**[1103] Dies hat dies zur Folge, dass der Insolvenzverwalter, der eine **440** Sache zur Masse ziehen will, nur den Besitz eines oder beider Ehegatten nachweisen muss. Will der Ehegatte des Schuldners die Sache aussondern, muss er die Vermutung widerlegen. Dies ist sicher der Fall, wenn er nachweist, dass er Eigentümer ist. Dabei kann er sich nicht auf die Vermutung des § 1006 Abs. 1 BGB (s.o. RdNr. 43) stützen. Andernfalls wäre dem Verwalter in der Insolvenz eines Ehegatten die Sammlung der Masse sehr erschwert. Denn bei gemeinsamem Haushalt haben Ehegatten zumeist Mitbesitz; das würde gemäß § 1006 Abs. 1 BGB auf Miteigentum hindeuten und den Ehegatten des Schuldners zur Aussonderung berechtigen. Die Eigentumslage ist hier für Außenstehende umso weniger durchschaubar, als zur Übereignung unter mitbesitzenden Ehegatten die bloße Einigung gemäß §§ 930, 868 BGB genügt.[1104] Die Vermutung des § 1362 Abs. 1 Satz 1 BGB ist aber auch dann widerlegt, wenn der Ehegatte nachweist, schon vor der Gründung des gemeinsamen Haushalts Besitzer der Sache gewesen zu sein. Dieser Besitz begründet dann gemäß § 1006 BGB die Vermutung für Erwerb und Fortbestand des Eigentums.[1105] Dasselbe muss gelten, wenn die Vermutung des § 1006 BGB zunächst für einen Dritten eingreift und einer der Ehegatten dessen Erbe wird. Mit dem Erbfall geht gemäß § 857 BGB der Besitz auf den Erben über, sodass nunmehr für ihn die Eigentumsvermutung gilt.[1106]

Auf § 1362 Abs. 1 Satz 1 BGB kann sich der Insolvenzverwalter auch dann berufen, wenn er vom **441** anderen Ehegatten wegen Schenkungsanfechtung (§ 134) Rückgewähr verlangt. Mit Hilfe dieser Vermutung kann er dartun, dass der Schenkungsgegenstand zuvor Eigentum des Schuldners war.[1107]

Kann der die Aussonderung begehrende Ehegatte sein Eigentum nicht nachweisen, hilft ihm die **442** **Eigentumsvermutung des § 1362 Abs. 2 BGB,** falls er den Nachweis führen kann, dass die Sache zu seinem persönlichen Gebrauch bestimmt ist. Diese Eigentumsvermutung gilt auch nach Auflösung der Ehe bis zur Beendigung der Auseinandersetzung.[1108] Die Vermutung des § 1362 Abs. 2 BGB kann wiederum der Insolvenzverwalter widerlegen, indem er das Eigentum des Schuldners beweist.[1109]

Die Vermutung des § 1362 Abs. 2 BGB kann umgekehrt auch dem Insolvenzverwalter zustatten **443** kommen, wenn die des § 1362 Abs. 1 Satz 1 BGB nicht eingreift, wenn also keiner der Ehegatten Besitzer der Sache ist oder die Ehegatten getrennt leben und die Sache sich im Besitz des Ehegatten befindet, der nicht Schuldner ist.[1110]

Sind beide Ehegatten insolvent, heben sich die Vermutungen des § 1362 Abs. 1 Satz 1 BGB **444** wechselseitig auf. Der Prioritätsgrundsatz, der den Vermutungskonflikt in der Einzelzwangsvollstreckung lösen hilft,[1111] gilt in der Insolvenz nicht. Als Ausweg bietet es sich an, auf § 1006 BGB zurückzugreifen.[1112]

[1100] BGH NJW 1993, 935, 936.
[1101] BVerfGE 24, 104, 111 = NJW 1968, 1771; BVerfG ZIP 1991, 736, 737; *Brandner,* FS Merz, 1992, S. 3, 10; *Palandt/Brudermüller* § 1362 BGB RdNr. 1; aA Brox FamRZ 1981, 1125 ff.; *Jaeger/Henckel* § 47 RdNr. 93.
[1102] BGHZ 170, 187, 191 = NJW 2007, 992 = EWiR 2007, 171 *(Ahrens).*
[1103] BGH NJW 1955, 20; *Baur/Stürner,* Insolvenzrecht RdNr. 14.37; *Jaeger/Henckel* § 47 RdNr. 93.
[1104] BGHZ 73, 253 = NJW 1979, 976; BGH NJW 1992, 1162, 1163.
[1105] Vgl. BGH NJW 1992, 1162, 1163; 1993, 935, 936; MünchKommBGB-*Wacke* § 1362 RdNr. 24.
[1106] BGH NJW 1993, 935, 936; MünchKommBGB-*Bund* Neubearbeitung 2007 § 857 RdNr. 11.
[1107] *Gottwald/Adolphsen,* Insolvenzrechts-Handbuch, § 40 RdNr. 103.
[1108] BGHZ 2, 82, 85 = NJW 1951, 839.
[1109] *Jaeger/Henckel* § 47 RdNr. 93.
[1110] *Brox* FamRZ 1968, 406, 407.
[1111] *Brox* FamRZ 1968, 406, 408.
[1112] *Brox* FamRZ 1968, 406, 408; *Gottwald/Adolphsen,* Insolvenzrechts-Handbuch, § 40 RdNr. 104; *Jaeger/Henckel* § 47 RdNr. 93.

III. Ehegüterrechtliche Besonderheiten

445 Bei **Zugewinngemeinschaft** und bei **Gütertrennung** kann jeder Ehegatte sein Vermögen in der Insolvenz des anderen Ehegatten aussondern. Bei der **Gütergemeinschaft** ist die Rechtslage komplizierter. Wird der Ehegatte insolvent, der das Gesamtgut allein verwaltet, gehört dieses zur Insolvenzmasse (§ 37 Abs. 1 Satz 1); der andere kann keine Aussonderung verlangen.[1113] Von der Insolvenz des nichtverwaltenden Ehegatten wird das Gesamtgut nicht berührt (§ 37 Abs. 1 Satz 3); der alleinverwaltende Ehegatte kann die zum Gesamtgut gehörenden Gegenstände aussondern.[1114] Wird das Gesamtgut von beiden Ehegatten gemeinschaftlich verwaltet, kann jeder Ehegatte in der Insolvenz des anderen das Gesamtgut aussondern (§ 37 Abs. 2), solange nicht über das Gesamtgut ein Sonderinsolvenzverfahren nach § 333 eröffnet wird.[1115] Immer ausgesondert werden können das Sondergut und das Vorbehaltsgut.[1116]

H. Prüfungs-, Auskunfts- und Herausgabepflicht des Verwalters

I. Prüfungspflicht

446 **1. Allgemeines.** Der Insolvenzverwalter hat nach der Eröffnung des Insolvenzverfahrens das gesamte zur Insolvenzmasse gehörende Vermögen „in Besitz und Verwaltung" zu nehmen (§ 148 Abs. 1); außerdem hat er nach § 151 ein Verzeichnis der einzelnen Gegenstände der Insolvenzmasse aufzustellen. Deshalb muss der Insolvenzverwalter von sich aus prüfen, was zur Insolvenzmasse gehört und was nicht. Falls der Schuldner vor Insolvenzeröffnung eine Wegnahme gestattet hatte, ist der Insolvenzverwalter nicht daran gebunden.[1117] Gegenstände, die er unzweifelhaft als fremdes Gut erkennt, darf der Insolvenzverwalter nicht zur Masse ziehen.[1118] Dies gilt sogar dann, wenn er den rückgabepflichtigen Schuldner für unzuverlässig hält und die Sache deshalb selbst in die Hand nehmen möchte.[1119] Sachen, die klar ersichtlich unter Eigentumsvorbehalt an den Schuldner geliefert worden sind, darf der Verwalter jedoch in Besitz nehmen, um sich die Optionen aus § 107 zu erhalten. Hat der Verwalter, was die Fremdheit des Gutes angeht, Zweifel, so ist er berechtigt und verpflichtet, es in Besitz zu nehmen; jedoch hat er im Inventar zu vermerken, dass das Gut möglicherweise ausgesondert werden kann.[1120] Die Überprüfungspflicht des Insolvenzverwalters geht nicht so weit, dass er sämtliche Gegenstände, die bei dem Schuldner vorhanden sind, oder auch nur die in den letzten Monaten vor der Insolvenzeröffnung angeschafften darauf untersuchen muss, ob an ihnen eventuell Rechte Dritter bestehen.[1121] Er hat nur solche Drittrechte zu beachten, für die zumindest konkrete Anhaltspunkte bestehen. Solche konkreten Anhaltspunkte ergeben sich nicht schon daraus, dass bei einer größeren Maschinenfabrik zum Betriebsvermögen neuere und ältere Maschinen gehören und es im Geschäftsleben üblich ist, Waren, die nicht sogleich bezahlt werden, unter Eigentumsvorbehalt zu beziehen.[1122] Etwas anderes gilt, wenn der Insolvenzverwalter unbezahlte Rechnungen für Waren auffindet, die üblicherweise unter Eigentumsvorbehalt geliefert werden.

447 Erkennt der Insolvenzverwalter nach der Inbesitznahme der „Istmasse", aber noch bevor eine Aussonderung begehrt wird, dass eine von ihm in Besitz genommene Sache dem Schuldner nicht gehört, hat der Insolvenzverwalter sie grundsätzlich an den Schuldner zurückzugeben. Mit dessen Einverständnis kann er sie auch an den Berechtigten weitergeben. Ist dessen Herausgabeklage rechtshängig, wird der Insolvenzverwalter nur durch Herausgabe an den Berechtigten befreit. Es gehört

---

[1113] *Jaeger/Henckel* § 47 RdNr. 94.
[1114] BGH NZI 2006, 402.
[1115] Dazu *Schuler* NJW 1958, 1609 f.; *Dieckmann* in Leipold, Insolvenzrecht im Umbruch, S. 127, 136 f.
[1116] *Baur/Stürner*, Insolvenzrecht RdNr. 14.36.
[1117] *Häsemeyer*, Insolvenzrecht RdNr. 11.27; *Gottwald/Adolphsen*, Insolvenzrechts-Handbuch, § 40 RdNr. 107.
[1118] *Braun/Dithmar* § 148 RdNr. 3; HK-*Depré* § 148 RdNr. 1; HambKomm-*Jarchow* § 148 RdNr. 4. FK-*Wegener* § 148 RdNr. 4 verneint nur die Pflicht zur Inbesitznahme; *Gundlach/Frenzel/Jahn* DZWIR 2007, 320 ff., halten den Insolvenzverwalter sowohl für berechtigt als auch für verpflichtet, Aussonderungsgut, auch wenn es eindeutig als solches erkennbar sei, in Besitz zu nehmen. Unklar *Holzer* in Kübler/Prütting/Bork § 148 RdNr. 3, 6.
[1119] BGHZ 127, 156, 161 = NJW 1994, 3232. Anders *Uhlenbruck* § 148 RdNr. 2 wegen des hier bestehenden Sicherungsbedürfnisses.
[1120] *Uhlenbruck/Brinkmann* § 47 RdNr. 98, 103; *Henckel*, Aktuelle Probleme der Warenlieferanten beim Kundenkonkurs S. 24; *Barnert*, KTS 2005, 431, 436.
[1121] BGH NJW 1996, 2233, 2235; OLG Karlsruhe NZI 1999, 231, 232; *Barnert*, KTS 2005, 431, 436.
[1122] OLG Düsseldorf ZIP 1988, 450, 452; OLG Karlsruhe NZI 1999, 231, 232.

nicht zu den Aufgaben des Verwalters, bei Streitigkeiten unter Prätendenten den wahren Berechtigten herauszufinden und dessen Belange wahrzunehmen.[1123]

Hat der Insolvenzverwalter keine hinreichenden Anhaltspunkte für eine Aussonderung gesehen und hat er den fraglichen Gegenstand deshalb zur Masse gezogen, so muss er, wenn nunmehr die Aussonderung geltend gemacht wird, diese (erneut) prüfen. Denjenigen, der die Aussonderung begehrt, trifft aber zunächst einmal die **Darlegungslast.** Er muss den auszusondernden Gegenstand näher bezeichnen und die Umstände konkret darstellen, auf die er sein Aussonderungsrecht stützt. Ohne solche Angaben kann von dem Insolvenzverwalter nicht erwartet werden, dass er aufs Geradewohl nachforscht, ob an dem Begehren „etwas dran" sein könnte. Die entsprechenden Angaben müssen dem Insolvenzverwalter binnen angemessener Frist unterbreitet werden. Es ist ihm nicht zuzumuten, die Verwertung eines dem Anschein nach (wegen der entsprechenden Vermutung s.o. RdNr. 43) zur Insolvenzmasse gehörenden Gegenstandes auf unabsehbare Zeit auszusetzen.[1124] **448**

Für die Prüfung ist dem Insolvenzverwalter ein angemessener Prüfungszeitraum zuzubilligen, während dessen er nicht in Verzug (vgl. dazu u. RdNr. 466) geraten kann. Der Zeitraum hängt vom Umfang der Masse und insbesondere der in Betracht kommenden Aussonderungsobjekte ab.[1125] Der Insolvenzverwalter muss die geltend gemachten Aussonderungsrechte **selbst prüfen.** Es ist unzulässig, sie zum Beispiel durch Mitglieder des Gläubigerausschusses prüfen zu lassen.[1126] Wegen einer **Genehmigung des Gläubigerausschusses** oder der Gläubigerversammlung s.u. RdNr. 456. **449**

Kann auf Grund der Angaben desjenigen, der eine Aussonderung geltend macht, oder auf Grund von Informationen, die dem Insolvenzverwalter anderweitig bekannt geworden sind, ein Aussonderungsrecht bestehen, muss sich der Insolvenzverwalter auf dieses einrichten, selbst wenn er es bestreiten will.[1127] **450**

Im Interesse der Masseerhaltung ist der Verwalter verpflichtet, gegenüber demjenigen, der ein Recht zur Aussonderung behauptet, alle Rechte und Pflichten des Schuldners wahrzunehmen. Einwendungen und Gegenrechte, die dem Schuldner zustehen, hat der Verwalter geltend zu machen.[1128] Zu Einwendungen und Einreden im Aussonderungsrechtsstreit s.u. RdNr. 436b ff. **451**

Ein Insolvenzverwalter, der ein Aussonderungsrecht verletzt, zum Beispiel unberechtigt fremdes Eigentum zur Masse zieht, handelt **fahrlässig,** wenn er die Sachlage unzureichend aufklärt oder eine klare Rechtslage falsch beurteilt.[1129] Darf er indessen der Meinung sein, ein an ihn herangetragenes Aussonderungsbegehren sei unschlüssig, muss er, wenn er den fraglichen Gegenstand für die Masse versilbert, bei dem Erwerber keine Zweifel wecken, um einen Eigentumsverlust des die Aussonderung Begehrenden infolge gutgläubigen Erwerbs zu verhindern.[1130] **452**

Im Falle der Verletzung eines Aussonderungsrechts wird der Gläubiger umfassend geschützt. Er kann Ersatzaussonderung geltend machen (§ 48) oder eine rechtlose Massebereicherung herausverlangen (§ 55 Abs. 1 Nr. 3).[1131] Die **schuldhafte** Verletzung eines Aussonderungsrechts führt zu einem Anspruch gegen die Masse aus § 55 Abs. 1 Nr. 1;[1132] obendrein macht sie den Insolvenzverwalter **schadensersatzpflichtig** nach § 60 (vgl. §§ 60, 61 RdNr. 54 ff.).[1133] Hat der Berechtigte es versäumt, zur Schadensabwendung die Aussonderungsklage zu erheben, kann sein Schadensersatzanspruch durch **Mitverschulden** gemindert oder ganz ausgeschlossen sein. Dies gilt jedenfalls dann, wenn der Rechtsweg für die Durchsetzung des Aussonderungsrechts kein anderer und längerer gewesen wäre und die Erfolgsaussichten nicht schlechter gewesen wären als bei der später erhobenen Schadensersatzklage.[1134] **453**

[RdNr. 454, 455 entfallen; vgl. nunmehr RdNrn. 471a ff.] **454**

[1123] Vgl. BGH NZI 2006, 178, 179.
[1124] BGH NJW 1996, 2233, 2235 = EWiR 1996, 753 (Uhlenbruck); OLG Düsseldorf ZIP 1988, 450, 452 = EWiR 1988, 391 (Haug).
[1125] FK-*Imberger* § 47 RdNr. 73. *Uhlenbruck/Brinkmann* § 47 RdNr. 99 und *Mohrbutter/Ringstmeier/Vortmann*, aaO § 8 RdNr. 18 sprechen sich „im Rahmen eines mittleren Firmeninsolvenzverfahrens" für einen Prüfungszeitraum von zwei Monaten aus.
[1126] *Uhlenbruck/Brinkmann* § 47 RdNr. 99.
[1127] BGH NJW 1996, 2233, 2235 = EWiR 1996, 753 (Uhlenbruck); vgl. auch *Uhlenbruck/Brinkmann* § 47 RdNr. 99.
[1128] *Häsemeyer,* Insolvenzrecht RdNr. 11.27 und dort Fn. 76.
[1129] BGH NJW 1996, 2233, 2234 f. = EWiR 1996, 753 (Uhlenbruck); 1998, 2213, 2215; OLG Hamm NJW 1985, 865, 867; OLG Köln NJW 1991, 2570, 2571.
[1130] BGH NJW 1996, 2233, 2235 = EWiR 1996, 753 (Uhlenbruck).
[1131] BGH NJW 1995, 2783, 2788, insofern in BGHZ 130, 38 n.a.; NJW 1998, 992, 993.
[1132] BGH NJW 1998, 992, 993.
[1133] BGH WM 1986, 749, 751 = EWiR 1986, 603 (Reimer); KTS 1996, 429, 430; NJW 1998, 992, 993; 1998, 2213, 2215; OLG Hamm ZInsO 2001, 178.
[1134] BGH NJW 1993, 522, 524.

456 **2. Anerkennung der Aussonderung.** Der Insolvenzverwalter kann grundsätzlich ein Aussonderungsverlangen anerkennen, ohne zuvor die Genehmigung des Gläubigerausschusses einholen zu müssen. Die anderslautende Regelung des § 133 Nr. 2 KO ist weggefallen. Dem Schuldner braucht auch keine Gelegenheit zur Äußerung mehr gegeben zu werden (vgl. § 135 Abs. 1 KO). Handelt es sich bei dem auszusondernden Gegenstand allerdings um einen für das Insolvenzverfahren besonders bedeutsamen Wert, ist die Zustimmung des Gläubigerausschusses oder, falls ein solcher nicht bestellt ist, der Gläubigerversammlung einzuholen (§ 160 Abs. 1).[1135] In diesem Falle hat der Insolvenzverwalter vor der Beschlussfassung des Gläubigerausschusses oder der Gläubigerversammlung auch den Schuldner zu unterrichten, wenn dies ohne nachteilige Verzögerung möglich ist (§ 161 Satz 1).[1136] Lässt der Insolvenzverwalter diese Vorschriften außer Acht, wird die Wirksamkeit der Anerkennung dadurch nicht berührt (§ 164).

457 **3. Irrtum des Verwalters.** Gibt der Insolvenzverwalter in der irrtümlichen Meinung, ein Aussonderungsbegehren sei berechtigt, die betreffende Sache heraus, so verliert der Schuldner dadurch nicht das Eigentum. In der Herausgabe liegt keine Veräußerung.[1137] Der Insolvenzverwalter kann die Sache zurückfordern, ohne dass es einer Anfechtung wegen Irrtums bedarf.[1138] Hat der Aussondernde die Sache für sich selbst in Anspruch genommen, gehört sie aber in Wahrheit einem Dritten, so verliert dieser dadurch, dass der Verwalter den Aussonderungsanspruch zu erfüllen glaubt, nicht sein Eigentum; der Dritte kann deshalb den Aussondernden auf Herausgabe in Anspruch nehmen. Gibt der Insolvenzverwalter jedoch eine vom Schuldner vor Insolvenzeröffnung gemäß § 930 BGB veräußerte Sache, die dem Schuldner nicht gehörte, an einen gutgläubigen Dritten heraus, so wird dieser auch dann Eigentümer, wenn der Verwalter lediglich einen vermeintlichen Aussonderungsanspruch erfüllen wollte.[1139] § 91 ist auf Verfügungen des Insolvenzverwalters nicht anwendbar. Zur Anerkennung im Aussonderungsprozess vgl. RdNr. 489. Durch die Anerkennung eines unbegründeten Aussonderungsbegehrens kann sich der Verwalter **schadensersatzpflichtig** machen (§ 60), wenn sie schuldhaft (s.o. RdNr. 452) erfolgt.

II. Pflicht zur Sicherung und Erhaltung des Aussonderungsguts

458 Der Insolvenzverwalter hat die in der „Istmasse" vorgefundenen fremden Sachen – nicht anders als der Schuldner – sorgfältig zu behandeln und zu verwahren, sie gegen Verlust zu schützen und die verbotene Eigenmacht Dritter abzuwehren.[1140] Er darf sie auch nicht einfach dem Insolvenzschuldner überlassen, wenn zu befürchten ist, dass dieser sie nicht an den Berechtigten weiterleiten wird.[1141] Eine Pflicht zur Versicherung des Aussonderungsguts trifft den Verwalter im Allgemeinen nicht.[1142] Die Sicherungs- und Erhaltungspflicht des vorläufigen Insolvenzverwalters entspricht derjenigen des Verwalters nach Verfahrenseröffnung.

459 Hat der Insolvenzverwalter *nach* durchgeführter Prüfung (vgl. RdNr. 446 ff.) keine konkreten Anhaltspunkte für das Bestehen von Aussonderungsrechten, kann er solche aber auch nicht mit Sicherheit ausschließen (und dazu dürfte er selten in der Lage sein), und hat er die bekannten Gläubiger von der Insolvenzeröffnung benachrichtigt, genügt er seiner Pflicht zur Rücksichtnahme, wenn er eine angemessene Zeit mit der Verwertung zuwartet. Angemessen ist eine Zeitspanne, die ein Aussonderungsberechtigter unter den gegebenen Umständen benötigt, um von der Benachrichtigung Kenntnis zu nehmen, die Geschäftsbeziehungen mit dem Insolvenzschuldner auf das Bestehen von Aussonderungsrechten zu überprüfen und diese beim Insolvenzverwalter anzumelden. Bei überschaubaren inländischen Geschäftsbeziehungen dürften zwei bis drei Wochen ausreichen.[1143] Sind innerhalb dieser Frist keine Aussonderungsrechte geltend gemacht worden, kann der Insolvenzverwalter davon ausgehen, dass solche nicht bestehen oder jedenfalls nicht ernsthaft verfolgt werden sollen.[1144]

[1135] *Gottwald/Adolphsen*, Insolvenzrechts-Handbuch, § 40 RdNr. 110; *Uhlenbruck/Brinkmann* § 47 RdNr. 100; *Onusseit* in § 160 RdNr. 20; FK-*Imberger* § 47 RdNr. 75.
[1136] *Häsemeyer*, Insolvenzrecht RdNr. 11.27; *Uhlenbruck/Brinkmann* § 47 RdNr. 100.
[1137] RGZ 81, 141, 143 f.
[1138] BGHZ 144, 192, 194 = NJW 2000, 1950; *Gottwald/Adolphsen*, Insolvenzrechts-Handbuch, § 40 RdNr. 110; *Uhlenbruck/Brinkmann* § 47 RdNr. 100; *Hess* § 43 RdNr. 362.
[1139] BGH NJW 1959, 2206; *Uhlenbruck/Brinkmann* § 47 RdNr. 100.
[1140] OLG Köln ZIP 1987, 653, 654 = EWiR 1987, 701 *(Lenzen)* = WuB VI B. § 43 KO 1.87 *(Uhlenbruck)*; *Häsemeyer*, Insolvenzrecht RdNr. 11.27; *Gottwald/Adolphsen*, Insolvenzrechts-Handbuch, § 40 RdNr. 120; *Uhlenbruck/Brinkmann* § 47 RdNr. 99.
[1141] *Häsemeyer*, Insolvenzrecht RdNr. 11.27.
[1142] *Barnert* KTS 2005, 431, 439.
[1143] Offen gelassen von OLG Karlsruhe NZI 1999, 231, 232.
[1144] OLG Karlsruhe NZI 1999, 231, 232; *Barnert* KTS 2005, 431, 440.

III. Auskunftspflicht des Verwalters

Der Insolvenzverwalter ist dem Aussonderungsberechtigten gegenüber zur Auskunft verpflichtet, **460** wenn dieser entschuldbar über das Bestehen und den Umfang des Rechts im Ungewissen ist, die Auskunft benötigt wird, um das Aussonderungsrecht geltend zu machen, und der Insolvenzverwalter unschwer Auskunft erteilen kann.[1145] Der Anspruch richtet sich auch dann gegen den Insolvenzverwalter, wenn es um Vorgänge vor Verfahrenseröffnung geht, über die der Verwalter aus eigener Kenntnis nichts wissen kann.[1146] Entsprechendes gilt, wenn sich die Vorgänge, über die der Insolvenzverwalter Auskunft erteilen soll, unter seinem Amtsvorgänger zugetragen haben.[1147] Dann kann und muss er sich die fehlenden Informationen vom Schuldner bzw. seinem Amtsvorgänger verschaffen, die ihrerseits zur Auskunft verpflichtet sind (zum Schuldner vgl. §§ 97, 98).[1148] Nach Aufhebung des Insolvenzverfahrens dürfte eine Auskunftspflicht des Verwalters nicht mehr bestehen, weil Informationen nunmehr wieder beim Schuldner eingeholt werden können. Dem entsprechend wird ein Aussonderungsberechtigter auch einen ehemaligen vorläufigen Insolvenzverwalter nicht mehr auf Auskunft in Anspruch nehmen können, nachdem das Antragsverfahren mit einer Ablehnung der Insolvenzeröffnung mangels Masse geendet hat.[1149]

Da der Auskunftsanspruch letztlich aus § 242 BGB herzuleiten ist, schuldet der Insolvenzverwalter **461** keine Auskunft über Tatsachen, die der Anspruchsteller selbst kennt oder kennen muss. Ein Vorbehaltsverkäufer kann deshalb nicht Auskunft darüber verlangen, welche Waren er unter Eigentumsvorbehalt an den Schuldner geliefert hat,[1150] wohl aber, welche von den unter Eigentumsvorbehalt gelieferten Waren noch vorhanden sind.[1151] Solange der Insolvenzverwalter nach § 107 Abs. 2 nicht erklären muss, ob er Erfüllung verlangt, soll er auch nicht zur Auskunft verpflichtet sein.[1152] Im Übrigen bemisst sich der **Umfang der Auskunftspflicht** nach der **Zumutbarkeit**.[1153] Es muss eine sinnvolle Relation zwischen Arbeits- und Zeitaufwand auf Seiten des Insolvenzverwalters und dem schutzwürdigen Interesse auf Seiten des Anspruchstellers bestehen. Zugunsten des Insolvenzverwalters muss berücksichtigt werden, dass er im Interesse aller Insolvenzbeteiligten auf eine zügige Verfahrensabwicklung bedacht sein muss.[1154]

Einen Anspruch auf **Einsicht in die Geschäftsunterlagen** hat der Aussonderungsberechtigte **462** nicht.[1155] Der Insolvenzverwalter kann aber, anstatt die Auskunft zu erteilen, den Aussonderungsberechtigten ausnahmsweise darauf verweisen, durch Einsicht in die Geschäftsunterlagen die gewünschten Informationen selbst zu ermitteln.[1156] Eine derartige Einschränkung der Auskunftspflicht ist dann gerechtfertigt, wenn die geforderte Auskunft mit vertretbarem Zeit- und Arbeitsaufwand nicht möglich ist. Die Voraussetzungen für diese Einschränkung muss der Verwalter im Einzelnen und in Bezug auf die jeweiligen Tatsachen, deren Mitteilung der Aussonderungsberechtigte verlangt, darlegen. Dazu genügt es zB nicht, auf den desolaten Zustand der Buchführung des Schuldners zu verweisen.[1157] Kann der Verwalter den Aussonderungsberechtigten ausnahmsweise darauf verweisen, sich die erforderlichen Informationen durch Einsichtnahme in die Geschäftsunterlagen selbst zu beschaffen, kann der Aussonderungsberechtigte die Einsichtnahme grundsätzlich auch durch einen zur Verschwiegenheit verpflichteten Sachverständigen vornehmen. Auf der anderen Seite kann der Verwalter im Regelfall nicht darauf bestehen, der Aussonderungsberechtigte dürfe nur durch einen solchen Sachverständigen Einsicht nehmen.[1158]

IV. Herausgabepflicht des Verwalters

Fremde Sachen, die der Aussonderung unterliegen, hat der Insolvenzverwalter an den Berech- **463** tigten herauszugeben, falls der Schuldner kein Recht zum Besitz hat. Der Verwalter muss das

---

[1145] BGH NJW 2000, 3777, 3779; *Jaeger/Henckel* § 47 RdNr. 160; *Uhlenbruck/Brinkmann* § 47 RdNr. 103.
[1146] Vgl. BGHZ 49, 11, 16 = NJW 1968, 300.
[1147] Vgl. BGH NZI 2004, 209, 210 m. Anm. *Uhlenbruck* (betr. einem Vermieterpfandrecht unterliegende Sachen).
[1148] *Häsemeyer,* Insolvenzrecht RdNr. 11.27.
[1149] LG Bielefeld InVo 1996, 265; einschränkend *Jaeger/Henckel* § 47 RdNr. 160.
[1150] OLG Köln ZIP 1982, 1107.
[1151] BGH NJW 2000, 3777, 3779.
[1152] So AG Düsseldorf DZWIR 2000, 347; *Jaeger/Henckel* § 47 RdNr. 160 – zweifelhaft.
[1153] *Jaeger/Henckel* § 47 RdNr. 160; *Uhlenbruck/Brinkmann* § 47 RdNr. 104; HK-*Lohmann* § 47 RdNr. 29.
[1154] Vgl. BGHZ 70, 86, 91 = NJW 1978, 538; BGH NJW 2000, 3777, 3779; LG Baden-Baden ZIP 1989, 1003, 1004; *Hess* § 47 RdNr. 287.
[1155] *Jaeger/Henckel* § 47 RdNr. 160; HK-*Lohmann* § 47 RdNr. 29.
[1156] LG Baden-Baden ZIP 1989, 1003, 1004; *Henckel,* Aktuelle Probleme der Warenlieferanten beim Kundenkonkurs, S. 18; *Gottwald/Adolphsen,* Insolvenzrechts-Handbuch, § 40 RdNr. 124.
[1157] BGH NJW 2000, 3777, 3780.
[1158] BGH NJW 2000, 3777, 3780.

Aussonderungsgut derart bereitstellen, dass der Berechtigte es am Ort der Verwahrung ohne weiteres in Besitz nehmen kann.[1159] Ist das Aussonderungsgut innerhalb eines größeren Bestandes vermischt oder verbaut, ohne dass das Aussonderungsrecht dadurch beeinträchtigt wurde, muss der Verwalter es zum Zwecke der Bereitstellung heraussuchen bzw. ausbauen lassen (wegen der Kosten vgl. u. RdNr. 470).[1160] Befindet sich das Aussonderungsgut auf mehrere Orte verteilt, muss der Verwalter es nicht für eine zentrale Aussonderung zusammenführen.[1161] Der Berechtigte muss die Sache beim Schuldner **abholen.** Der Insolvenzverwalter ist nicht verpflichtet, sie dem Berechtigten zuzuschicken.[1162] Befindet sich das Aussonderungsgut im Gewahrsam eines Dritten, hat der Verwalter diesen anzuweisen, die Abholung durch den Berechtigten zu ermöglichen.[1163]

464 Geht es um bewegliche Sachen, die aus einer größeren Menge vergleichbarer Gegenstände herauszusuchen und bereitzustellen sind, gehören das Aussortieren und Bereitstellen zur Aussonderung.[1164] Der Aussonderungsberechtigte ist nicht befugt, ohne Erlaubnis des Insolvenzverwalters die Räume des Schuldners zu betreten, um das Aussonderungsgut auszusuchen und herauszunehmen.[1165]

465 Der **Herausgabeanspruch** des Vermieters begründet ein Aussonderungsrecht nur in demselben Umfang wie derjenige des Eigentümers aus § 985 BGB.[1166] Die Verstärkung des vertraglichen Anspruchs des Vermieters soll nur verhindern, dass der Vermieter, der nicht selbst Eigentümer ist, schlechter gestellt wird als der vermietende Eigentümer. Keinesfalls soll er aber besser gestellt werden als dieser. Da sich die Herausgabepflicht des rechtsgrundlosen Besitzers nur auf die Verschaffung des unmittelbaren Besitzes, jedoch nicht auf die Wegnahme von Einrichtungen oder die Beseitigung von Veränderungen erstreckt, beschränkt sich auch der mietvertragliche Herausgabeanspruch auf die Verschaffung des unmittelbaren Besitzes. Der **Räumungsanspruch** des Vermieters aus § 546 Abs. 1 BGB (§ 556 Abs. 1 aF) reicht zwar weiter: Er hat grundsätzlich zum Inhalt, dass der Mieter bei Vertragsende die Mietsache im vertragsmäßig geschuldeten Zustand zurückgeben, ihn also notfalls herstellen muss. Mit diesem Inhalt begründet der Räumungsanspruch aber lediglich eine Insolvenzforderung.[1167] Der Insolvenzverwalter kann also das Grundstück an den Vermieter so herausgeben, wie er es bei Übernahme seines Amtes vorgefunden hat.[1168] Eine Ausnahme gilt dann, wenn der Insolvenzverwalter persönlich oder durch ihm selbst zuzurechnende Handlungen (vgl. § 55 Abs. 1 Nr. 1 InsO) den vertragswidrigen Zustand verursacht hat. Keinesfalls haftet die Insolvenzmasse für den nachteiligen Zustand der Mietsache, wenn der Schuldner diesen vor Verfahrenseröffnung herbeigeführt hatte und der Mietvertrag vor Verfahrenseröffnung beendet wurde.[1169] Zu beachten ist schließlich, dass ein Aussonderungsrecht vorn vornherein nicht besteht, wenn der Verwalter die gemietete Immobilie nicht für die Masse in Anspruch nimmt (vgl. RdNr. 35).[1170]

466 Es liegt nicht in der Kompetenz des Insolvenzgerichts, im Aufsichtswege den Verwalter zur Erfüllung einer von ihm bestrittenen oder vernachlässigten Herausgabepflicht anzuhalten.[1171] Vielmehr ist der Aussonderungsberechtigte auf den Rechtsweg verwiesen (dazu u. RdNr. 473 ff.). Gerät der Insolvenzverwalter mit der Erfüllung der ihm im Zusammenhang mit der Aussonderung obliegenden Pflichten in **Verzug** – Voraussetzung ist grundsätzlich eine Mahnung (§ 286 Abs. 1 Satz 1 BGB) –, kann dem Aussonderungsberechtigten gemäß §§ 280

[1159] BGHZ 104, 304, 308 = NJW 1988, 3264 = WuB VI B. § 43 KO 1.88 *(Uhlenbruck)* = EWiR 1988, 701 *(Eickmann);* LG Bonn NZI 2007, 728; *Uhlenbruck/Brinkmann* § 47 RdNr. 101.
[1160] LG Bonn NZI 2007, 728; FK-*Imberger* § 47 RdNr. 77.
[1161] FK-*Imberger* § 47 RdNr. 76.
[1162] *Uhlenbruck/Brinkmann* § 47 RdNr. 101.
[1163] FK-*Imberger* § 47 RdNr. 76.
[1164] BGHZ 104, 304, 308 = NJW 1988, 3264 = WuB VI B. § 43 KO 1.88 *(Uhlenbruck)* = EWiR 1988, 701 *(Eickmann); Gerhardt* ZZP 108 (1995), 390, 394.
[1165] OLG Köln ZIP 1987, 653, 654 = EWiR 1987, 701 *(Lenzen)* = WuB VI B. § 43 KO 1.87 *(Uhlenbruck);* LG Düsseldorf KTS 1964, 246, 247; *Baur/Stürner,* Insolvenzrecht RdNr. 14.29; *Uhlenbruck/Brinkmann* § 47 RdNr. 101.
[1166] BGHZ 148, 252, 255 ff. = WuB VI C. § 47 InsO 1.02 *(Wenzel);* BGH NZI 2010, 901 RdNr. 8; OLG Saarbrücken ZInsO 2006, 779.
[1167] BGHZ 148, 252, 256; BGH GuT 2009, 209 RdNr. 37; NZI 2010, 901 RdNr. 10.
[1168] *Berger,* FS Kreft, S. 191.
[1169] Die gegenteilige Ansicht des BVerwG WM 1999, 8181, 819 f. bezieht sich nach BGHZ 148, 252, 259 auf die öffentlich-rechtliche Ordnungspflicht und nicht auf die insolvenzrechtliche Einordnung als Masseverbindlichkeit.
[1170] Vgl. BGHZ 148, 252, 261; OLG Köln WM 2001, 1924, 1925 = WuB VI B. § 43 KO 1.02 *(H. Mohrbutter).*
[1171] RG JW 1893, 123; *Jaeger/Henckel* § 47 RdNr. 100.

Abs. 2, 286 Abs. 1 BGB ein Schadensersatzanspruch zustehen. Dieser begründet eine Masseverbindlichkeit (§ 55 Abs. 1 Nr. 1). Dem Insolvenzverwalter bleibt es unbenommen, den Entlastungsbeweis zu führen (§ 286 Abs. 4 BGB). Dies kann ihm gelingen, wenn die Zeit noch nicht verstrichen ist, die er benötigt, um sich den Überblick über die Vermögensverhältnisse des Insolvenzschuldners zu verschaffen.

V. Kosten

1. Verwaltungskosten. Die Inbesitznahme, Verwahrung und Inventarisierung der „Istmasse", 467 desgleichen die Prüfung von Aussonderungsrechten, die gesonderte Aufzeichnung von Aussonderungsgut und – soweit erforderlich – dessen räumliche Sonderung sind gesetzliche Aufgaben des Insolvenzverwalters. Sofern dafür besondere Kosten anfallen, sind sie von der Masse zu tragen. Ein Anspruch auf Aufwendungsersatz besteht nicht, weil der Verwalter mit den beschriebenen Tätigkeiten ein Geschäft der Masse und nicht des Aussonderungsberechtigten führt.[1172] Für den vorläufigen Insolvenzverwalter gilt dasselbe.[1173] Dies entspricht der bisherigen Rechtslage. Die Insolvenzordnung hat daran nichts geändert. Sie hat nur für die Absonderungsberechtigten, nicht aber für die Aussonderungsberechtigten, eine Kostenbeteiligung eingeführt (§ 171).

Ebenso wie bisher ist es nicht schlechthin unzulässig, wenn der Insolvenzverwalter mit einem 468 Aussonderungsberechtigten vereinbart, dass **besondere Aufwendungen,** die über die gesetzlich geschuldeten (RdNr. 467) hinausgehen, vergütet werden.[1174] Eine von dem Insolvenzverwalter versprochene „bevorzugte Abwicklung" wird aber oft mit seinen gesetzlichen Pflichten in Widerstreit geraten. Dies sollte ein Insolvenzverwalter gründlich bedenken, ehe er sich auf solche Vereinbarungen einlässt. Bietet er zum Beispiel unter Hinweis darauf, dass das Aussonderungsrecht sonst „in der zeitlichen Reihenfolge des normalen betrieblichen Ablaufs" befriedigt werde, eine **bevorzugte zeitliche Aussonderung** gegen Erstattung der damit verbundenen Kosten an, so bedeutet dies, dass andere Aussonderungsberechtigte, die an den normalen betrieblichen Ablauf gebunden bleiben, zurückgesetzt werden.[1175] Dies ist pflichtwidrig.[1176]

2. Auskunftskosten. Kann die erbetene Auskunft ohne Mühe aus den vom Insolvenzverwalter 469 ohnehin erstellten Aufzeichnungen erteilt werden, scheidet eine Kostenerstattung aus. Wird eine weitergehende Auskunft verlangt, so gilt dasselbe, wenn dadurch kein erheblicher Kostenaufwand zu Lasten der Masse entsteht. Entsteht ein derartiger, ohne Kostenerstattung unzumutbarer Aufwand, kann der Insolvenzverwalter die Auskunft von einem Kostenvorschuss oder einer Kostenübernahmeerklärung abhängig machen. Denn anders als die unter RdNr. 458 f. behandelte Pflicht zur Verwaltung des Aussonderungsguts besteht die Pflicht zur Erteilung von Auskünften nur in den Grenzen von Treu und Glauben (s.o. RdNr. 461). Da die Kosten übermäßiger Auskünfte an Aussonderungsberechtigte die Quote der Insolvenzgläubiger schmälern, entspricht es der Billigkeit, solche Auskünfte nicht kostenlos zu gewähren.[1177]

3. Aussonderungskosten. Der Berechtigte muss den auszusondernden Gegenstand auf seine 470 Kosten abholen.[1178] Die durch den eigentlichen Aussonderungsvorgang, zum Beispiel durch das Heraussuchen der auszusondernden Waren aus einem größeren Bestand und deren Bereitstellung

---

[1172] BGHZ 104, 304, 308 = NJW 1988, 3264 = WuB VI B. § 43 KO 1.88 *(Uhlenbruck)* = EWiR 1988, 701 *(Eickmann)*; OLG Köln ZIP 1987, 653, 654 = EWiR 1987, 701 *(Lenzen)* = WuB VI B. § 43 KO 1.87 *(Uhlenbruck)*; Barnert KTS 2005, 431, 439; *Gottwald/Adolphsen,* aaO § 40 RdNr. 121; *Jaeger/Henckel* § 47 RdNr. 160; *Uhlenbruck/Brinkmann* § 47 RdNr. 106; FK-*Imberger* § 47 RdNr. 84 f.; *Nerlich/Römermann/Andres* § 47 RdNr. 60; *Mitlehner,* aaO RdNr. 170; aA *Borchers* KTS 1972, 237, 238; *Häsemeyer,* Insolvenzrecht RdNr. 11.27 (Kostenanspruch als Insolvenzforderung); *Hess* § 47 RdNr. 296.

[1173] Vgl. OLG Stuttgart ZIP 1981, 252, 253, das zu Unrecht eine Ausnahme für den – konkurstypischen – Fall in Betracht gezogen hat, dass ohne Einschaltung des vorläufigen Verwalters eine „ungeordnete Selbstbefriedigung auch an den den Aussonderungsberechtigten zustehenden Werten" drohte.

[1174] OLG Köln ZIP 1987, 653, 654 = EWiR 1987, 701 *(Lenzen)* = WuB VI B. § 43 KO 1.87 *(Uhlenbruck)*; LG Osnabrück ZIP 1985, 1514 f. = EWiR 1986, 93 *(Grub)*; LG Köln ZIP 1988, 1272; *Lüke,* Die Konkursverwaltervergütung bei der Verwaltung von Mobiliarsicherheiten, KTS 1988, 421, 430; *Gottwald/Adolphsen* § 40 RdNr. 121; *Baur/Stürner,* Insolvenzrecht RdNr. 14.30; *Jaeger/Henckel* § 47 RdNr. 160; *Uhlenbruck/Brinkmann* § 47 RdNr. 106.

[1175] So lag der Fall LG Osnabrück ZIP 1985, 1514 f.; vgl. auch LG Braunschweig EWiR 2001, 279 *(Rendels)*.

[1176] Ebenso *Mitlehner,* aaO RdNr. 170.

[1177] *Henckel,* Aktuelle Probleme der Warenlieferanten beim Kundenkonkurs S. 21 ff.; *Uhlenbruck/Brinkmann* § 47 RdNr. 103 f.; *Nerlich/Römermann/Andres* § 47 RdNr. 69; *Gottwald/Adolphsen,* Insolvenzrechts-Handbuch § 40 RdNr. 124; wohl auch HK-*Lohmann* § 47 RdNr. 29 f.; vgl. aber *Jaeger/Henckel* § 47 RdNr. 160.

[1178] BGH ZIP 2012, 1566 RdNr. 19, zVb in BGHZ.

zur Abholung, entstehenden Kosten fallen dem gegenüber der Masse zur Last.[1179] Das gilt auch für den etwa erforderlichen Ausbau der auszusondernden Sache.[1180] Der Insolvenzverwalter erfüllt seine Bereitstellungspflicht (vgl. o. RdNr. 463) nicht schon dadurch, dass er den Zugriff des Berechtigten duldet.[1181] Ist die Masse unzureichend, wird der Berechtigte allerdings nicht umhin können, das Aussonderungsgut auf eigene Kosten ausbauen zu lassen.[1182] Der Verwalter darf die Herausgabe von Vorbehaltsware nicht von der Zahlung eines „Feststellungskostenbeitrags" abhängig machen.[1183] § 171 Abs. 1 ist auf Aussonderungsberechtigte nicht anwendbar. Übernimmt es der Insolvenzverwalter auf Grund einer besonderen Vereinbarung mit dem Aussonderungsberechtigten, das Aussonderungsgut an einen anderen Ort (zum Beispiel den Wohnort des Berechtigten) zu schicken oder zu bringen, kann er für die dadurch entstehenden Kosten Ersatz verlangen. War über die Leistung von Zahlungen an den Insolvenzverwalter vorher keine Vereinbarung getroffen, wird man eine solche auch nicht daraus entnehmen können, dass der Aussonderungsberechtigte aufforderungsgemäß Zahlungen an den Insolvenzverwalter leistet.[1184] Vielfach wird nämlich dem Aussonderungsberechtigten das Erklärungsbewusstsein fehlen.

471   **4. Berücksichtigung von Aussonderungsrechten bei der Vergütung des Insolvenzverwalters.** Die Bearbeitung von Aussonderungsrechten ist durch Gewährung eines Zuschlags zum Regelsatz besonders zu vergüten, wenn sie einen erheblichen Teil der Tätigkeit des (endgültigen) Insolvenzverwalters ausgemacht hat (§ 3 Abs. 1 Buchst. a InsVV). Hat sich schon der vorläufige Insolvenzverwalter in erheblichem Umfang mit Aussonderungsrechten befassen müssen, sind die damit belasteten Gegenstände im Rahmen der Berechnungsgrundlage zu berücksichtigen; eine Berücksichtigung erfolgt nicht, sofern der Schuldner die Gegenstände lediglich auf Grund eines Gebrauchsüberlassungsvertrages in Besitz hat (§§ 10, 11 Abs. 1 InsVV idF v. 21.12.2006).[1185]

VI. Pflichten des vorläufigen Verwalters

471a   Ob und in welchem Umfang ein **vorläufiger Insolvenzverwalter** Aussonderungsbegehren erfüllen darf, ist noch nicht abschließend geklärt. Teilweise wird die Ansicht vertreten, der vorläufige Verwalter dürfe Aussonderungsbegehren grundsätzlich nicht nachgeben;[1186] andere meinen, der vorläufige Verwalter dürfe Aussonderungsgut herausgeben, soweit nicht gerichtliche Anordnungen entgegenstünden,[1187] wieder andere, dass das Insolvenzgericht in seinen Beschluss nach § 21 Abs. 2 Nr. 3 InsO klarstellend aufnehmen solle, Aussonderungsberechtigte seien von dem Vollstreckungsverbot nicht betroffen.[1188] Vom dogmatischen Ansatz ist der ersten Meinung zuzustimmen.[1189] Ein Aussonderungsrecht entsteht erst mit Eröffnung des Insolvenzverfahrens. Die Schmälerung der „Ist-Masse" durch Herausgabe von Gegenständen an Aussonderungsberechtigte würde zudem den gesetzlichen Aufgaben aus § 22 Abs. 1 Satz 2 zuwiderlaufen.[1190] Dazu gehört die Sicherung und Erhaltung des Schuldnervermögens. Damit ist die „Ist-Masse", nicht die „Soll-Masse" gemeint.[1191] Gleichwohl darf es dem vorläufigen Verwalter nicht schlechthin verwehrt sein, Ansprüche, die nach Insolvenzeröffnung Aussonderungskraft haben, zu erfüllen. Verlangen Dritte von ihm die Herausgabe von Sachen, die unzweifelhaft ihnen und nicht dem Schuldner gehören, die auch nicht zur

---

[1179] BGHZ 104, 304, 308 = NJW 1988, 3264 = WuB VI B. § 43 KO 1.88 *(Uhlenbruck)* = EWiR 1988, 701 *(Eickmann)*; OLG Köln ZIP 1987, 653, 654 = EWiR 1987, 701 *(Lenzen)* = WuB VI B. § 43 KO 1.87 *(Uhlenbruck)*; *Gottwald/Adolphsen*, Insolvenzrechts-Handbuch § 40 RdNr. 121; *Uhlenbruck/Brinkmann* § 47 RdNr. 106; HK-*Lohmann* § 47 RdNr. 30; *Nerlich/Römermann/Andres* § 47 RdNr. 60; *Mitlehner*, aaO RdNr. 170; aA *Borchers* KTS 1972, 237, 238; *Berger*, FS Kreft, S. 191, 201; *Häsemeyer*, Insolvenzrecht RdNr. 11.27; *Hess* § 47 RdNr. 296.
[1180] LG Köln NZI 2007, 728; FK-*Imberger* § 47 RdNr. 77; aA *Hage/Lind* ZInsO 2011, 2264 ff.
[1181] Der Gedanke von *Hage/Lind* ZInsO 2011, 2264, 2268, die Kosten der Trennung demjenigen aufzuerlegen, der die Verbindung der Sachen veranlasst hat, mag für die On-Board-Units eine Qualifizierung der Ausbaukosten als Insolvenzforderung nahelegen, nicht aber für Masse der übrigen Fälle.
[1182] FK-*Imberger* § 47 RdNr. 77.
[1183] LG Braunschweig DZWIR 2001, 303; aA *Rendels* EWiR 2001, 279; *Gundlach/Frenzel/Schmidt* DZWIR 2001, 277.
[1184] AA LG Köln ZIP 1988, 1272; Kübler/*Prütting* § 47 RdNr. 85; *Hess* § 47 RdNr. 296, 298 (unzutreffend der Umkehrschluss aus § 171). Zurückhaltender jetzt FK-*Imberger* § 47 RdNr. 86 (kein Rückzahlungsanspruch).
[1185] Die Verfassungsmäßigkeit dieser Vorschriften wird bezweifelt von *Raebel*, FS G. Fischer, 2008, S. 459 ff.
[1186] *Nerlich/Römermann/Mönning* § 47 InsO RdNr. 49; *Runkel*, FS Kirchhof, S. 455, 457; wohl auch *Uhlenbruck*, Kölner Schrift Kap. 6 RdNr. 30.
[1187] HKInsO-*Kirchhof* § 22 InsO RdNr. 17.
[1188] *Vallender* ZIP 1997, 1993, 1997; *Gerhardt*, in Kölner Schrift, S. 193, 203 RdNr. 20.
[1189] BGHZ 146, 165, 173 = NJW 2000, 1950, 1952; vgl. zum Sequester BGHZ 86, 190, 196; 105, 230, 239; 118, 374, 398 f.
[1190] AG Mühldorf a. Inn ZInsO 1999, 481; Nerlich/Römermann/*Mönning* § 22 RdNr. 45.
[1191] OLG Hamm NZI 2000, 477, 478; Nerlich/Römermann/*Mönning* § 22 RdNr. 44.

Aufrechterhaltung des Schuldner-Betriebes notwendig sind und bezüglich derer der Schuldner kein Zurückbehaltungsrecht hat, gebieten es die dem vorläufigen Verwalter obliegenden Aufgaben nicht, sie dem Berechtigten vorläufig vorzuenthalten. Ist beispielsweise der Mietvertrag über das Betriebsgrundstück abgelaufen und hat der vorläufige Verwalter mit Genehmigung des Gerichts den Betrieb stillgelegt (§ 22 Abs. 1 Satz 2 Nr. 2 InsO), darf der vorläufige Verwalter das Grundstück gemäß § 546 Abs. 1 BGB zurückgeben. Sobald jedoch Zweifel möglich sind, ob das herausverlangte Gut der Aus- oder doch nur der Absonderung unterliegt oder sogar keinem von beiden, darf der vorläufige Verwalter nichts herausgeben; vielmehr hat er den Dritten darauf zu verweisen, sich mit dem endgültigen Verwalter auseinanderzusetzen. Das Gleiche gilt, wenn die Rückgabe – insbesondere des Betriebsgrundstücks – ohne gleichzeitige Verwertung des dem Schuldner gehörenden Inventars sinnvoll nicht bewerkstelligt werden kann. Denn die Verwertung darf der vorläufige Verwalter im Regelfall nicht vornehmen.[1192]

Ein Aussonderungsbegehren, dem der vorläufige Verwalter nicht entsprechen will, darf andererseits von ihm auch nicht ignoriert werden. Das materielle Recht, das dem Aussonderungsrecht zugrunde liegt (zum Beispiel der Herausgabeanspruch aus § 985 BGB), wird regelmäßig schon vor Eröffnung des Insolvenzverfahrens bestehen. Die Eigenschaft von Bestandteilen der „Ist-Masse" als Aussonderungsgut ist schon im Eröffnungsverfahren von Bedeutung. Sie wird insbesondere erheblich bei der Beurteilung der Eröffnungsvoraussetzung nach § 26 Abs. 1.[1193] Außerdem dienen die Pflichten gemäß § 22 Abs. 1 Satz 2 auch dem Schutz derer, die Rechte an Gegenständen der „Ist-Masse" haben. Da der vorläufige Insolvenzverwalter die „Ist-Masse" – also auch Gegenstände, die nach Verfahrenseröffnung ausgesondert werden können – sichern und erhalten muss, haftet er – wenn aussonderungsfähige Gegenstände später nicht oder nur beschädigt herausgegeben werden können, weil er seine Pflichten vernachlässigt hat – in gleicher Weise wie ein Insolvenzverwalter.[1194]

471b

Durch das Gesetz zur Vereinfachung des Insolvenzverfahrens v. 13.4.2007 ist – einer Forderung aus Insolvenzverwalterkreisen Rechnung tragend[1195] – die Vorschrift des § 21 Abs. 2 Satz 1 Nr. 5 neu in die InsO eingeführt worden. Danach kann das Insolvenzgericht anordnen, dass Gegenstände, die im Falle der Eröffnung des Verfahrens ausgesondert werden könnten (es ist eine individualisierende Anordnung erforderlich),[1196] vom Gläubiger nicht verwertet oder eingezogen werden dürfen **(Verwertungstopp)** und dass solche Gegenstände zur Fortführung des Unternehmens des Schuldners eingesetzt werden können, soweit sie hierfür von erheblicher Bedeutung sind **(Nutzungsbefugnis)**. Dadurch werden Wirkungen des eröffneten Verfahrens in das Eröffnungsverfahren vorverlagert. Die Sicherung der Masse vor Herausgabeverlangen und Verwertungshandlungen dinglich gesicherter Gläubiger soll die Fortführung und spätere Veräußerung des weitgehend intakten schuldnerischen Betriebs ermöglichen. Indem die Regelung auch generell auf aussonderungsfähige Gegenstände erstreckt wurde, ist der Gesetzgeber jedoch über das Ziel hinausgeschossen.[1197]

471c

Man wird aus der – obgleich missglückten – Verweisung auf § 169 Satz 2 und 3 InsO in Verbindung mit den Gesetzesmaterialien entnehmen können, dass als Ausgleich für die Einräumung der **Nutzungsbefugnis** ein laufendes Nutzungsentgelt – etwa in Form einer Miete oder Leasingrate – zu entrichten ist.[1198] Diese Pflicht beginnt – wie bei Gegenständen mit Absonderungsrechten – erst drei Monate nach der gerichtlichen Anordnung.[1199] Eine Vorverlegung im Wege gerichtlicher Anordnung, wie sie vereinzelt befürwortet wurde,[1200] hat der BGH abgelehnt.[1201] Die weiter vorgesehene Verpflichtung zu Aus-

471d

[1192] BGHZ 144, 192, 199 = NJW 2000, 1950, 1952.
[1193] *Smid* EWiR 1999, 803, 804.
[1194] BGHZ 105, 230, 235 = NJW 1989, 1034; BGH NJW 1998, 2213, 2215 = WuB VI G. § 8 GesO 1.99 (*Pape*).
[1195] Vgl. die Vorschläge des Arbeitskreises der Insolvenzverwalter Deutschland e.V. zur Änderung des Unternehmensinsolvenzrechts, NZI 2002, 3, 4 f.
[1196] BGHZ 183, 269, 273 f. = NJW-RR 2010, 1283 = NZI 2010, 95.
[1197] Eingehend *Ganter* NZI 2007, 549, 552 f.; *Kirchhof* ZInsO 2007, 227; *G. Pape*, FS G. Fischer, S. 427, 434; ders. in Kübler/Prütting/Bork § 21 RdNr. 40c f.
[1198] KG NZI 2009, 114, 115; HambKomm-*Schröder* § 21 RdNr. 69e; aA *Heublein* ZIP 2009, 11, 13, 15: Verkehrswert der Gebrauchsvorteile.
[1199] OLG Braunschweig ZIP 2011, 1275. Die noch in NZI 2007, 549, 553 anklingenden verfassungsrechtlichen Bedenken des *Verfassers* (ebenso G. *Pape* NZI 2007, 425, 430; ders. in KPB § 21 RdNr. 40h; ders., FS G. Fischer, S. 427, 435, 441) hat BGHZ 183, 269, 278 = NJW-RR 2010, 1283 = NZI 2010, 95 nicht geteilt; zustimmend *Heublein* ZIP 2009, 11, 15 f.; *Uhlenbruck/Vallender* § 21 RdNr. 38h; HambKomm-*Schröder* § 21 RdNr. 69a. Das BVerfG (NZI 2012, 617 RdNr. 19 ff) hat die Verfassungsbeschwerde nicht zur Entscheidung angenommen.
[1200] LG Berlin ZInsO 2008, 629; *G. Pape*, FS G. Fischer, S. 427, 441.
[1201] BGHZ 183, 269, 277 = NJW-RR 2010, 1283 = NZI 2010, 95; ebenso bereits *Büchler* ZInsO 2008, 719, 721.

gleichzahlungen wegen des durch die Nutzung entstehenden Wertverlusts besteht nur, soweit dieser "die Sicherung des absonderungsberechtigten Gläubigers beeinträchtigt". Hier hat man die Aussonderungsberechtigten glatt vergessen, obwohl die fortdauernde Nutzung der auszusondernden Sachen zweifellos ebenfalls zu einem Wertverlust führen kann. Man wird von einer ungewollten Gesetzeslücke ausgehen müssen und deshalb die Regelung für die Absonderungsberechtigten analog auf die Aussonderungsberechtigten anwenden können.[1202] Die Ansprüche auf Nutzungsentgelt und Wertersatz sind Masseforderungen i.S.v. § 55 InsO, auch wenn nur eine schwache vorläufige Insolvenzverwaltung angeordnet war.[1203] Die bloße Anordnung eines **Verwertungsstopps** hat keine „Zins"-Zahlungspflicht zur Folge. Die Vorschrift des § 169 Satz 3 InsO, auf die in der neuen Regelung ebenfalls verwiesen wird, hat für Aussonderungsberechtigte keinen Anwendungsbereich.[1204] Die Zinszahlungspflicht soll nämlich dann nicht gelten, „soweit nach der Höhe der Forderung sowie dem Wert und der sonstigen Belastung des Gegenstands nicht mit einer Befriedigung des Gläubigers aus dem Verwertungserlös zu rechnen ist". Das bezieht sich eindeutig nur auf absonderungsberechtigte Sicherungsnehmer. Der Aussonderungsberechtigte hat gegen die Anordnung des Insolvenzgerichts kein Beschwerderecht.[1205] Das erscheint zumindest in Bezug auf solche Aussonderungsberechtigte als bedenklich, deren Gegenstand ohne ihr Zutun der Schuldner sich angemaßt hat.

471e   Der vorläufige Insolvenzverwalter darf eine Maschine, die der Schuldner unter **Eigentumsvorbehalt** gekauft hat, weiter benutzen, wenn er sie für die Fortführung des Betriebes benötigt. Unter Eigentumsvorbehalt bezogene Rohstoffe oder Fertigware dürfen in dem Betrieb „verbraucht" (also mit oder ohne Verarbeitung veräußert) werden, wenn dem Vorbehaltsverkäufer ein adäquater Gegenwert zufließt.[1206] Das ist praktisch nur im Rahmen eines verlängerten Eigentumsvorbehalts der Fall.[1207] Zwar kann der Schuldner, dem ein allgemeines Verfügungsverbot auferlegt worden ist oder der nur noch mit Zustimmung des vorläufigen Verwalters verfügen kann, die neu entstehenden Forderungen nicht mehr wirksam abtreten (§ 21 Abs. 2 Nr. 2, § 24 Abs. 1, §§ 81, 82); der vorläufige Verwalter wird aber seine Mitwirkung nicht versagen, wenn ihm an der einstweiligen Fortführung des Betriebs gelegen ist.[1208] Der Abverkauf von Vorbehaltsware und der Einsatz der dadurch erlangten Liquidität für betriebliche Zwecke ist von der Ermächtigung nach § 21 Abs. 2 Satz 1 Nr. 5 nicht gedeckt. Ggf. ist die Veräußerung unberechtigt iS von § 48. Insofern können sich der vorläufige Verwalter und der Vorbehaltslieferant aber um eine einvernehmliche Lösung bemühen[1209] (zum vergleichbaren Problem bei bestehender **Globalzession** vgl. vor §§ 49–52 RdNr. 109b ff.). In dem Umfang, in dem auch der Verbrauch einer zum Umlaufvermögen zu zählenden Sache als „Nutzung" gilt, gibt es kein Nutzungsentgelt. Denn dem Eigentümer fließt der Substanzwert auf andere Weise wieder zu. Er erhält die Forderung aus der Veräußerung der Vorbehaltsware. Erleidet die zum Anlagevermögen gehörende Maschine durch die fortdauernde Nutzung einen Wertverlust, so ist dieser durch laufende Zahlungen an den Gläubiger auszugleichen, falls nicht bereits das Nutzungsentgelt einen entsprechenden Abnutzungsverlust ausgleicht. Letzteres wird bei normaler Abnutzung stets der Fall sein. Ein gesonderter Ausgleich wird deshalb nur zu zahlen sein, wenn der Wertverlust auf eine ungewöhnliche Abnutzung zurückzuführen ist. Zu denken ist insbesondere daran, dass die Maschine durch die Weiterbenutzung beschädigt oder gar zerstört wird. Dann sind „laufende Zahlungen" aber nicht sinnvoll. Stattdessen wird Schadensersatz geschuldet. Bei dem Umlaufvermögen wird ein Wertverlust durch Nutzung praktisch nur eintreten, wenn sich die „Nutzung" als Verbrauch darstellt. Da dem Eigentümer der Substanzwert auf andere Weise wieder zufließt – andernfalls ist der Verbrauch gar nicht zulässig –, ist hier auch kein Wertverlust auszugleichen.

471f   Es ist kaum ein Fall vorstellbar, in dem eine **fremde Forderung** zur Fortführung des Unternehmens des Schuldners von erheblicher Bedeutung ist. Ordnet das Gericht gleichwohl gemäß § 21 Abs. 2 Satz 1 Nr. 5 InsO an, dass die Forderung vom Gläubiger nicht eingezogen werden darf, gilt auf Grund der Verweisung § 169 Satz 2 InsO. Es gibt jedoch keine „geschuldeten Zinsen". Der Satz 3 ist – wie allgemein bei Aussonderungsberechtigten – auch hier gegenstandslos. Wird dem

---

[1202] *Ganter* NZI 2007, 549, 553 *G. Pape*, FS *G. Fischer*, S. 427, 442 f.
[1203] KG NZI 2009, 114; OLG Braunschweig ZIP 2011, 1275; *Ganter* NZI 2007, 549, 551; *G. Pape*, FS *G. Fischer*, S. 427, 444; HambKomm-*Schröder* § 21 RdNr. 69e; HambKomm-*Kirchhof* § 21 RdNr. 31; *Graf-Schlicker/Voß* § 21 RdNr. 25.
[1204] Die Amtl. Begründung (BT-Drucks. 16/3227, S. 16) geht freilich vom Gegenteil aus.
[1205] Kritisch insoweit auch *Kirchhof* ZInsO 2007, 227, 231.
[1206] *Ganter* NZI 2007, 549, 551, 554; *Smid/Thiemann* § 21 RdNr. 84. Ablehnend HambKomm-*Schröder* § 21 RdNr. 69d; *Graf-Schlicker/Voß* § 21 RdNr. 25.
[1207] *Uhlenbruck/Vallender* § 21 RdNr. 38j raten dem vorläufigen Insolvenzverwalter, „bereits aus Haftungsgründen solche Maßnahmen nicht ohne Absprache mit dem Betroffenen" vorzunehmen.
[1208] Damit ist die Kritik von *Beck* KTS 2008, 121, 131, entkräftet.
[1209] *Andres/Hees* NZI 2011, 881, 883.

vorläufigen Insolvenzverwalter erlaubt, die Forderung einzuziehen, ist dieser dem aussonderungsberechtigten Gläubiger dafür verantwortlich, dass der eingezogene Betrag von dem Schuldnervermögen getrennt und dem Gläubiger ausgefolgt wird. Hat der vorläufige Insolvenzverwalter Zinsen gezogen, könnte § 55 Abs. 1 Nr. 3 InsO eingreifen. Hat er keine Zinsen gezogen, kann der Gläubiger keinen Schadensersatz verlangen, weil der vorläufige Verwalter auf Grund der gerichtlichen Anordnung und somit rechtmäßig gehandelt hat.[1210]

Besonders misslich kann die Einbeziehung der Aussonderungsrechte für die **Vermieter von Grundstücken** sein.[1211] Sie kann verhindern, dass der Vermieter trotz wirksam gekündigtem Mietverhältnis die Herausgabe erlangt.[1212] Der Vermieter musste durch die Kündigungssperre des § 112 InsO bereits einen Mietausfall von zwei Monaten hinnehmen (§ 543 Abs. 2 Nr. 3 BGB); nunmehr kommen auf Grund der Verweisung auf § 169 Satz 2 InsO nochmals drei Monate nach der Anordnung nach § 21 Abs. 2 Satz 1 Nr. 5 InsO hinzu.[1213]

Entgegen der amtlichen Begründung[1214] kann die Vorschrift auch bei einem noch nicht voll abgewickelten (echten) **Factoringgeschäft** einschlägig sein.[1215] Wie sich aus der Amtlichen Begründung ergibt,[1216] wird von der Vorschrift auch der Leasinggeber erfasst. Wirtschaftlich kann sich die Einbeziehung von **Leasingverträgen** für die Leasingunternehmen sehr nachteilig auswirken, weil sie nach der gerichtlichen Anordnung noch drei Monate auf das Nutzungsentgelt warten müssen.[1217] Dieses wird sich der Höhe nach an den Leasingraten orientieren.

I. Durchsetzung der Aussonderung

I. Auskunftsklage

Wird die vom Insolvenzverwalter geschuldete Auskunft (s.o. RdNr. 460) nicht freiwillig erteilt, kann der Anspruchsteller Klage erheben. Ein entsprechendes **Rechtsschutzinteresse** besteht schon dann, wenn der Anspruchsteller Aussonderungsrechte behauptet und nicht ausgeschlossen erscheint, dass solche vorliegen.[1218] Das Auskunftsbegehren kann mit der eigentlichen Aussonderung im Wege einer **Stufenklage** verbunden werden (§ 254 ZPO), wenn sich die Aussonderung als Leistung (zB Herausgabe, Grundbuchberichtigung) darstellt. Die Verbindung einer Auskunfts- mit einer Feststellungsklage ist nicht möglich.

II. Aussonderungsrechtsstreit

1. Aussonderung im normalen Streitverfahren. Nach § 47 Satz 2 bestimmt sich der „Anspruch auf Aussonderung" nach den Gesetzen, die außerhalb des Insolvenzverfahrens gelten. Dies bedeutet, dass die Durchsetzung der Aussonderung im streitigen Verfahren **vor dem Prozessgericht** (der ordentlichen Gerichtsbarkeit, der Arbeitsgerichtsbarkeit) und nicht vor dem Insolvenzgericht erfolgt. Die Aussonderung kann im Wege des Angriffs, das heißt **durch Klage,** oder im Wege der Verteidigung, also **einredeweise,** geltend gemacht werden. Ein Recht auf eigenmächtige Wegnahme („Selbsthilfe") besteht nach Insolvenzeröffnung so wenig wie zuvor.[1219] Ordnet das Insolvenzgericht gemäß § 21 Abs. 2 Satz 1 Nr. 5 die Sicherstellung einer Sache an, an der ein Dritter ein Aussonderungsrecht geltend macht, steht diesem eine Beschwerdemöglichkeit nicht zur Verfügung (s.o. RdNr. 471d).[1220]

2. Rechtshängige Prozesse. Ist bei Eröffnung des Insolvenzverfahrens bereits ein Prozess über einen Gegenstand rechtshängig, hinsichtlich dessen geltend gemacht wird, er stehe nicht dem verklagten Schuldner, sondern dem Kläger zu, wird der Prozess gemäß § 240 ZPO unterbrochen. Entsprechendes gilt, wenn die Verwaltungs- und Verfügungsbefugnis über das Vermögen des Schuldners auf den vorläufigen Insolvenzverwalter übergeht. Der Prozess kann gemäß § 86 Abs. 1 Nr. 1 sowohl

---

[1210] Kirchhof ZInsO 2007, 227, 229.
[1211] Dazu eingehend Kirchhof ZInsO 2007, 227, 230; Pape NZI 2007, 425, 430.
[1212] Uhlenbruck/Vallender § 21 RdNr. 38.
[1213] Ganter NZI 2007, 549, 551, 555.
[1214] Amtl. Begründung BT-Drucks. 16/3227, S. 16.
[1215] Ganter NZI 2007, 549, 551, 554; Kirchhof ZInsO 2007, 227, 228; Achsnick/Krüger, aaO RdNr. 149; zweifelnd Uhlenbruck/Vallender § 21 RdNr. 38g; ablehnend Beck KTS 2008, 121, 132.
[1216] Amtl. Begründung BT-Drucks. 16/3227, S. 16.
[1217] Kirchhof ZInsO 2007, 227, 231.
[1218] Hess § 47 RdNr. 286.
[1219] Gottwald/Adolphsen, Insolvenzrechts-Handbuch, § 40 RdNr. 107; Uhlenbruck/Brinkmann § 47 RdNr. 98.
[1220] So schon zur Rechtslage vor Einfügung des § 21 Abs. 2 Satz 1 Nr. 5 LG Göttingen NZI 2004, 502, 503

vom Insolvenzverwalter als auch vom Gegner aufgenommen werden. Sieht der Insolvenzverwalter den streitbefangenen Gegenstand nicht als Teil der Insolvenzmasse an und gibt er ihn zugunsten des Schuldners frei, können dieser und sein Gegner den Prozess aufnehmen.[1221] Es handelt sich dann aber um keinen Aussonderungsrechtsstreit.

475 Wird das Insolvenzverfahren eröffnet, ehe die Klage dem Schuldner zugestellt worden ist, so wird die Sache nicht rechtshängig, wenn die Zustellung der gegen den Schuldner gerichteten Klageschrift an den Insolvenzverwalter erfolgt.[1222] Eine solche – bloß anhängige – Klage kann, entgegen dem Wortlaut des § 86 Abs. 1, weder vom Insolvenzverwalter noch vom Gegner aufgenommen werden. Dies kann erst geschehen, nachdem die Klage dem Schuldner zugestellt worden ist, was trotz des eröffneten Insolvenzverfahrens möglich ist.[1223]

476 **3. Gerichtsstand.** Einen ausschließlichen Gerichtsstand für Aussonderungsklagen gibt es – anders als bei § 771 ZPO – nicht.[1224] Über den **allgemeinen Gerichtsstand** der §§ 13 bis 16 ZPO herrschte ein heftiger Meinungsstreit.[1225] Die einen hielten den Wohnsitz des Insolvenzverwalters für maßgeblich, andere den Wohnsitz oder die Niederlassung des Schuldners. Diesen Meinungsstreit hat die Insolvenzordnung dahin geregelt, dass für alle Klagen, die sich auf die Insolvenzmasse beziehen, der Sitz des Insolvenzgerichts maßgebend ist (§ 19a ZPO in der Fassung von Art. 18 Nr. 1 EGInsO). Dies gilt freilich nur für Aktivprozesse der Insolvenzberechtigten.[1226] Eine negative Feststellungsklage gegen denjenigen, der sich eines Aussonderungsrechts berühmt, muss der Insolvenzverwalter am Gerichtsstand seines Gegners erheben, falls nicht ein Sondergerichtsstand gegeben ist.[1227] Unter den **besonderen Gerichtsständen** kommt derjenige der belegenen Sache (§ 24 ZPO),[1228] der Erbschaft (§ 27 ZPO) und der Vertragserfüllung (§ 29 ZPO)[1229] in Betracht. Der zuletzt Genannte wird in erster Linie bei der Aussonderung auf schuldrechtlicher Grundlage praktisch (s.o. RdNr. 340 ff.). **Gerichtsstandsvereinbarungen** zwischen dem Aussonderungsberechtigten und dem Insolvenzverwalter sind zulässig und verbindlich.[1230]

477 **4. Zuständigkeit der Kammern für Handelssachen.** Die Aussonderungsklage kann eine Handelssache sein.[1231] Dies ist zum Beispiel dann der Fall, wenn gegen einen Kaufmann im Sinne des Handelsgesetzbuches aus einem Geschäft, das für beide Teile ein Handelsgeschäft ist, eine Aussonderung geltend gemacht wird (§ 95 Abs. 1 Nr. 1 GVG).

478 **5. Parteien.** Der Aussonderungsberechtigte kann Kläger oder Beklagter sein. Meist wird er sich in der Rolle des Angreifers befinden und einen Herausgabeanspruch klageweise verfolgen. Dann ist die **Klage gegen den Insolvenzverwalter** als Partei kraft Amtes zu richten, weil dieser – der allein über die Insolvenzmasse verfügen kann – die herausverlangte Sache für die Masse beansprucht.[1232] Sieht der Insolvenzverwalter die Sache nicht als Teil der Insolvenzmasse an, behauptet aber der Schuldner, sie gehöre zu seinem massefreien Vermögen, so muss der Schuldner verklagt werden. Dann handelt es sich aber nicht um einen Aussonderungsstreit.[1233] Der Aussonderungsberechtigte übernimmt die Rolle des Beklagten, wenn der Insolvenzverwalter eine Sache zur Masse ziehen will, demgemäß Herausgabe verlangt, und der Beklagte einwendet, dass die Sache ihm gehöre. In einem derartigen Fall kann der Beklagte **Zwischenfeststellungswiderklage** (§ 256 Abs. 2 ZPO) erheben, zum Beispiel um sein Eigentum klarzustellen.

479 **6. Klageart und Klageantrag.** Soll die Aussonderung im Klageweg verfolgt werden, kann eine **Leistungs-** oder **Feststellungsklage**[1234] erhoben werden. Will der Insolvenzverwalter klären, ob

---

[1221] *Jaeger/Henckel* § 47 RdNr. 164.
[1222] BGH 127, 156, 166 = NJW 1994, 3232 = EWiR 1994, 1117 *(Eckert);* vgl. aber auch *K. Schmidt* NJW 1995, 911, 915.
[1223] KG Rpfleger 1990, 310; nunmehr auch (entgegen der Vorauflage) *Wieczorek/Gerken* § 240 ZPO RdNr. 5.
[1224] BayObLG NZI 2003, 230, 231.
[1225] Vgl. die Nachweise in der 1. Aufl. Fn. 842, 843.
[1226] BayObLG NZI 2003, 230, 231; OLG Schleswig DZWIR 2001, 435; OLG Bremen ZInsO 2002, 189, 190; *Uhlenbruck/Brinkmann* § 47 RdNr. 108.
[1227] *Hess/Obermüller,* die Rechtsstellung der Verfahrensbeteiligten S. RdNr. 1211.
[1228] So auch *Gottwald/Adolphsen,* Insolvenzrechts-Handbuch, § 40 RdNr. 90.
[1229] LG Köln ZIP 1985, 496 f.
[1230] RG JW 1894, 181; *Gottwald/Adolphsen,* Insolvenzrechts-Handbuch, § 40 RdNr. 113; *Jaeger/Henckel* § 47 RdNr. 162; *Uhlenbruck/Brinkmann* § 47 RdNr. 108.
[1231] *Gottwald/Adolphsen,* Insolvenzrechts-Handbuch, § 40 RdNr. 116; *Jaeger/Henckel* § 47 RdNr. 163; *Uhlenbruck/Brinkmann* § 47 RdNr. 108.
[1232] *Gottwald/Adolphsen,* Insolvenzrechts-Handbuch, § 40 RdNr. 108; *Jaeger/Henckel* § 47 RdNr. 164; HK-*Lohmann* § 47 RdNr. 32.
[1233] *Gottwald/Adolphsen,* Insolvenzrechts-Handbuch, § 40 RdNr. 109.
[1234] *Berger,* FS Kreft, S. 191, 193; HK-*Lohmann* § 47 RdNr. 31.

die Rechte aus dem vom insolventen Arbeitgeber finanzierten Teil der bei der Pensionskasse abgeschlossenen Versicherung der Masse oder dem Arbeitnehmer zustehen, scheidet eine Leistungsklage gegen die Pensionskasse aus; mit einer negativen Feststellungsklage kann das Nichtbestehen eines Aussonderungsrechts geltend gemacht werden.[1235] Betreibt der Insolvenzverwalter im Wege der Zwangsvollstreckung die Verwertung der auszusondernden Sache, kann die Aussonderung auch durch Erhebung der Drittwiderspruchsklage (§ 771 ZPO) geltend gemacht werden,[1236] bei der es sich um eine **prozessuale Gestaltungsklage** handelt.[1237] Eine Aussonderung kann nicht im **Urkundenprozess** (§ 592 ZPO) geltend gemacht werden. Gegenstand des Urkundenprozesses kann neben Zahlungsansprüchen nur ein Anspruch auf Leistung vertretbarer Sachen oder Wertpapiere sein. Das Recht auf Aussonderung ist dagegen auf bestimmte Gegenstände gerichtet.[1238]

Der Klageantrag richtet sich nach Lage des einzelnen Falles. Wer eine bewegliche Sache, die der Insolvenzverwalter – ohne dazu berechtigt zu sein – in Besitz hat, als sein Eigentum in Anspruch nimmt, muss auf **Herausgabe** klagen. Dies ist der „klassische" Fall der Aussonderungsklage.[1239] Ist der Insolvenzverwalter mittelbarer Besitzer, kann Abtretung des Herausgabeanspruchs gegen den unmittelbaren Besitzer[1240] oder unmittelbar Herausgabe der Sache verlangt werden, letzteres allerdings nur dann, wenn auch der Schuldner berechtigt ist, die Sache vom unmittelbaren Besitzer herauszuverlangen. Ist der Aussonderungsberechtigte Miteigentümer, so ist Herausgabe an alle Miteigentümer zu verlangen. Gehört der Schuldner selbst zu den Miteigentümern, geht die Aussonderung auf **Feststellung** des Miteigentumsanteils und Einräumung des Mitbesitzes; daneben kann Auseinandersetzung der Gemeinschaft nach § 84 verlangt werden.[1241] Falls der Insolvenzverwalter berechtigt ist, die Sache auf bestimmte Zeit (zB für die Dauer eines Mietverhältnisses) oder zu einem bestimmten Zweck (zB zur Ausübung eines Nießbrauchs) zu behalten, muss der Antrag auf Feststellung des Eigentums lauten.[1242] Wer geltend machen will, dass eine vom Insolvenzverwalter für die Masse in Anspruch genommene Forderung ihm zustehe, klagt auf Feststellung seines Gläubigerrechts.[1243] Falls über die Forderung ein Schuldschein (§ 952 Abs. 1 BGB) ausgestellt worden ist, sollte die Feststellung zweckmäßigerweise mit dem Antrag auf Herausgabe verbunden werden. Sondert der Kommittent in der Insolvenz des Einkaufskommissionärs den Erfüllungsanspruch aus, muss der Insolvenzverwalter diesen an den Kommittenten abtreten.[1244] Bei der Aussonderung eines an einen Treuhänder überlassenen Rechts ist **Rückübertragung** zu beantragen.[1245] Wird die Aussonderung eines Grundstücks verlangt, ist wahlweise die Feststellung des Eigentums oder die **Berichtigung des Grundbuchs** zu beantragen.[1246] Beansprucht der Insolvenzverwalter ein angeblich der Masse zustehendes Eingriffsrecht, zum Beispiel eine Dienstbarkeit, geht das Aussonderungsbegehren auf **Unterlassung.**[1247]

Ein Antrag auf „**Freigabe aus der Insolvenzmasse**" ist verfehlt, weil damit etwas anderes als die Aussonderung bezeichnet wird. Die **echte Freigabe** bedeutet, dass der betreffende Gegenstand in die Verfügungsbefugnis des Schuldners zurückfällt. Der Verzicht auf die Massezugehörigkeit ist konstitutiv; demgegenüber wird bei der Aussonderung geltend gemacht, dass der Gegenstand nie zur Masse gehört habe. Bei der **fiduziarischen** oder **modifizierten Freigabe** wird – wirtschaftlich gesehen – nichts freigegeben; es wird lediglich eine Forderung dem Schuldner überlassen, damit er sie einzieht und den Erlös an die Masse abführt.[1248] Wegen dieser grundlegenden Unterschiede sollte die Aussonderung nicht – wie es oft geschieht[1249] – als „**unechte Freigabe**" bezeichnet werden.[1250]

[1235] BAG ZInsO 2011, 1604.
[1236] *Gottwald/Adolphsen,* Insolvenzrechts-Handbuch, § 40 RdNr. 106; *Jaeger/Henckel* § 47 RdNr. 164; *Hess* § 47 RdNr. 308.
[1237] BGHZ 58, 207, 212 f., 214 = NJW 1972, 1048; HKZPO/*Kindl* § 771 ZPO RdNr. 1.
[1238] OLG Düsseldorf ZIP 2003, 542, 543 = EWiR 2003, 665 *(Stickelbrock); Jaeger/Henckel* § 47 RdNr. 165; *Uhlenbruck/Brinkmann* § 47 RdNr. 111; FK-*Imberger* § 47 RdNr. 90.
[1239] *Uhlenbruck/Brinkmann* § 47 RdNr. 111.
[1240] RG LZ 1909, 863.
[1241] BGH LM § 82 KO Nr. 1; FK-*Imberger* § 47 RdNr. 13.
[1242] RG JW 1906, 436.
[1243] BAG NJW 1991, 717.
[1244] *K. Schmidt,* Handelsrecht § 31 V 4b (S. 899 ff.).
[1245] RGZ 31, 392; 45, 80, 82.
[1246] *Jaeger/Henckel* § 47 RdNr. 165.
[1247] *K. Schmidt* ZZP 90 (1977), 38 ff.; *Gottwald/Adolphsen,* Insolvenzrechts-Handbuch, § 40 RdNr. 106; *Uhlenbruck/Brinkmann* § 47 RdNr. 111.
[1248] BGHZ 35, 180 = NJW 1961, 1528.
[1249] *Benckendorff,* Freigabe von Kreditsicherheiten in der Insolvenz, Kölner Schrift, Kap. 43 RdNr. 1; *Baur/Stürner,* Insolvenzrecht RdNr. 12.2.
[1250] Vgl. *Häsemeyer,* Insolvenzrecht RdNr. 11.26; *Uhlenbruck/Brinkmann* § 47 RdNr. 111.

482 **7. Rechtsschutzbedürfnis.** Dieses ist bei Leistungsklagen und der Klage aus § 771 ZPO im Allgemeinen unproblematisch. Bei Feststellungsklagen folgt das Rechtsschutzbedürfnis daraus, dass der Insolvenzverwalter das festzustellende Recht bestreitet und die Gefahr besteht, dass er wirksam darüber verfügt.[1251] Bei unrichtig im Grundbuch eingetragenen Rechten begründet § 22 Abs. 1 GBO ein Feststellungsinteresse.[1252]

483 **8. Klageänderung.** War die Aussonderungsklage zunächst auf ein dingliches Recht – zum Beispiel das Eigentum – gestützt und wird es später, unter Aufrechterhaltung des Klageantrags, auf ein persönliches Recht gegründet oder umgekehrt, so liegt keine Klageänderung vor, wenn beide Grundlagen einem und demselben Lebenssachverhalt zuzurechnen sind.[1253]

484–486 entfällt

487 **9. Beweisfragen.** Derjenige, der Aussonderung geltend macht, muss die Voraussetzungen des Rechts, auf das er die Aussonderung stützt, darlegen und beweisen. Wer behauptet, Eigentümer einer im Besitz des Insolvenzverwalters befindlichen Sache zu sein, hat eine doppelte Vermutung gegen sich: Nach § 1006 Abs. 1 BGB wird vermutet, dass Sachen, an denen der Schuldner Eigenbesitz hat, ihm gehören, und Eigenbesitz wird vermutet, wenn der Schuldner unmittelbarer Besitzer ist. Es ist Sache des Aussonderungsberechtigten, diese Vermutungen zu widerlegen.[1254] Gemäß § 1006 Abs. 2 BGB gelten diese Vermutungen auch zugunsten eines früheren Besitzers für die Dauer seines Besitzes. Hat der Insolvenzverwalter die fragliche Sache inzwischen weiterveräußert, muss ein Dritter, der Ersatzaussonderung des Erlöses verlangt, deshalb beweisen, dass der Schuldner nicht Eigenbesitzer, jedenfalls aber nicht Eigentümer war.[1255] Bei einer Aussonderung auf schuldrechtlicher Grundlage (s.o. RdNr. 340 ff.) muss der Aussondernde nicht nur den Tatbestand beweisen, der den Herausgabeanspruch rechtfertigt, sondern daneben auch, dass der herausverlangte Gegenstand nicht zur Insolvenzmasse gehört.[1256] Beruft sich der die Aussonderung Begehrende auf das Miteigentum an einer massezugehörigen Sache, muss er den quotenmäßigen Miteigentumsanteil beweisen.[1257]

488 Macht ein **Ehegatte** in der Insolvenz des anderen Ehegatten Aussonderungsrechte geltend, wird gemäß § 1362 Abs. 1 BGB vermutet, dass alle Gegenstände, die sich im Besitz eines oder beider Ehegatten befinden, zur Insolvenzmasse gehören (dazu ausführlich o. RdNr. 438 ff.). Der Ehegatte, der sein Eigentum aussondern will, muss dieses deshalb voll beweisen. Er kann sich nicht auf die Vermutung des § 1006 BGB berufen, es sei denn er ist schon vor der Begründung der gemeinsamen Besitzes der Sache gewesen. Verteidigt sich der Insolvenzverwalter gegen den aussondernden Ehegatten mit dem Einwand der Schenkungsanfechtung, kommt ihm die Vermutung des § 1362 Abs. 1 BGB ebenfalls zustatten (s.o. RdNr. 441). Umgekehrt hilft dem die Aussonderung begehrenden Ehegatten die Eigentumsvermutung des § 1362 Abs. 2 BGB, falls die Sache zu seinem persönlichen Gebrauch bestimmt ist (s.o. RdNr. 442).

489 **10. Anerkenntnis im Prozess.** Es gilt zunächst das, was zur Anerkennung der Aussonderungsberechtigung außerhalb eines Prozesses gesagt wurde (s.o. RdNr. 456 f.). Hat der Insolvenzverwalter irrtümlich anerkannt, steht die Rechtskraft des **Anerkenntnisurteils**[1258] jedoch einem Rückforderungsverlangen entgegen. Da die Rechtskraft nur zwischen den Prozessparteien wirkt, kann der obsiegende Aussonderungskläger von einem Dritten, der behauptet, der wahre Eigentümer zu sein, auf Herausgabe der vom Insolvenzverwalter erstrittenen Sache in Anspruch genommen werden. Schließt der Insolvenzverwalter einen **Prozessvergleich,** in dem er das Aussonderungsrecht anerkennt, gilt im Ergebnis dasselbe. Nur in seltenen Ausnahmefällen ist ein solcher Vergleich nach § 138 BGB nichtig oder nach § 123 BGB anfechtbar.[1259]

490 Die **Kostentragungspflicht bei sofortigem Anerkenntnis** richtet sich nach § 93 ZPO. Der Insolvenzverwalter gibt nur dann Anlass zur Klage, wenn er den auszusondernden Gegenstand dem Kläger nicht überlässt, nachdem dieser ihn dazu aufgefordert, die eine Aussonderung rechtfertigenden Umstände dargelegt und eine angemessene Prüfungsfrist eingeräumt hat.[1260] Die zur Drittwi-

---

[1251] RGZ 98, 143, 145; *Jaeger/Henckel* § 47 RdNr. 165.
[1252] *Jaeger/Henckel* § 47 RdNr. 165.
[1253] BGHZ 117, 1, 5 = NJW 1992, 1172 = LM ZPO § 322 Nr. 133 (*Grunsky*); *Jaeger/Henckel* § 47 RdNr. 165.
[1254] BGH NJW 1996, 2233, 2235 = EWiR 1996, 753 (*Uhlenbruck*); OLG Celle KTS 1977, 175, 176; OLG Hamburg ZIP 1984, 348, 349 f.; *Smid* ZInsO 2010, 1829, 1833.
[1255] OLG Celle KTS 1977, 175, 176.
[1256] *Jaeger/Henckel* § 47 RdNr. 21.
[1257] *Smid* ZInsO 2010, 1829, 1833.
[1258] HK-ZPO/*Saenger* § 322 ZPO RdNr. 6.
[1259] *Lent* KTS 1957, 27 ff.
[1260] OLG Bamberg NJW 1953, 109; *Gottwald/Adolphsen,* Insolvenzrechts-Handbuch, § 40 RdNr. 118; *Uhlenbruck/Brinkmann* § 47 RdNr. 112; *Hess* § 47 RdNr. 381.

derspruchsklage (§ 771 ZPO) entwickelten Grundsätze[1261] können hierher übertragen werden.[1262] Der Gegner kann den Kostenerstattungsanspruch nur als Insolvenzforderung geltend machen.[1263]

11. Sicherung der Aussonderung durch einstweilige Verfügung. Um sein Aussonderungsrecht zu sichern, kann der Aussonderungsberechtigte eine einstweilige Verfügung gemäß § 935 ZPO beantragen.[1264] Auf diesem Wege kann dem Insolvenzverwalter verboten werden, über den Gegenstand zu verfügen,[1265] also eine Sache zu veräußern und eine Forderung einzuziehen. Eine Leistungsverfügung, die den Aussondernden vorläufig befriedigt, ist nicht zulässig.[1266] Verwertet der Insolvenzverwalter das Aussonderungsgut im Wege der Zwangsvollstreckung, so kann der Aussonderungsberechtigte – damit seine Widerspruchsklage aus § 771 ZPO nicht an vollendeten Tatsachen scheitert – die einstweilige Einstellung der Zwangsvollstreckung beantragen (§§ 769, 771 Abs. 3 ZPO).[1267]

12. Vollstreckung. Aus einem gegen den Insolvenzverwalter erstrittenen Herausgabetitel kann ein Aussonderungsberechtigter auch während der Dauer des Insolvenzverfahrens vollstrecken. Das Vollstreckungsverbot des § 89 betrifft ihn nicht.[1268] Hat ein Aussonderungsberechtigter vor Verfahrenseröffnung einen Titel gegen den Schuldner erwirkt, kann eine vollstreckbare Ausfertigung gegen den Insolvenzverwalter erteilt werden (§ 727 ZPO).[1269] Der Titel kann auch schon auf den vorläufigen Insolvenzverwalter mit Verwaltungs- und Verfügungsbefugnis (§ 22 Abs. 1) umgeschrieben werden.[1270] Der umgeschriebene Titel ist dem (vorläufigen oder endgültigen) Verwalter zuzustellen (§ 750 Abs. 2 ZPO).

Umstritten ist seit langem, ob die Anordnung eines allgemeinen Vollstreckungsverbots (§ 21 Abs. 2 Nr. 3), in dem Aussonderungsberechtigte nicht ausdrücklich ausgenommen werden, sich auch auf solche erstreckt.[1271] In der Vorauflage wurde die Frage verneint.[1272] Wenn das Insolvenzgericht nach Verfahrenseröffnung nicht befugt ist, dem Aussonderungsberechtigten Vollstreckungsmaßnahmen zu verbieten (vgl. § 47 Satz 2), sollte man annehmen, dass es vorher keine weitergehenden Rechte haben kann. Nach der Einfügung des § 21 Abs. 2 Nr. 5 InsO kann jedoch an dieser Auffassung nicht festgehalten werden. Die dieser Vorschrift gemäße Anordnung kann als „flankierende Maßnahme" ein Vollstreckungsverbot voraussetzen, das auch gegenüber Aussonderungsberechtigten wirksam ist.[1273]

J. Aussonderungsberechtigte im Insolvenzplanverfahren

Durch den Insolvenzplan kann nicht in Aussonderungsrechte eingegriffen werden.[1274] Kraft Gesetzes sind Aussonderungsberechtigte am Insolvenzplanverfahren nicht beteiligt. Sie werden deshalb in § 217 nicht genannt. Da sie dennoch – zum Beispiel als Vorbehaltsverkäufer – an dem wirtschaftlichen Schicksal des Schuldners ein Interesse haben können, wird teilweise befürwortet, dass sie auf freiwilliger Basis dem Planverfahren beitreten können.[1275] Dies ist jedoch nicht zulässig.[1276] Durch den Beitritt würde sich die rechtliche Stellung der anderen Planbeteiligten verändern; das bedürfte einer gesetzlichen Grundlage. Davon abgesehen können die Aussonderungsberechtigten auch außerhalb des Planverfahrens mit dem Verwalter Vereinbarungen treffen, sich zum Beispiel gegen Verzicht auf Aussonderungsrechte eine bevorzugte Lieferantenstellung einräumen lassen.[1277]

[1261] Vgl. HK-ZPO/*Saenger* § 771 ZPO RdNr. 23.
[1262] *Jaeger/Henckel* § 47 RdNr. 168.
[1263] HK-*Lohmann* § 47 RdNr. 32.
[1264] BGH NJW 1993, 522, 524.
[1265] RG Gruchot 46, 679; *Gottwald/Adolphsen,* Insolvenzrechts-Handbuch, § 40 RdNr. 119; *Jaeger/Henckel* § 47 RdNr. 167; *Uhlenbruck/Brinkmann* § 47 RdNr. 113; *Achsnick/Opp* in Enders/Börstinghaus, Einstweiliger Rechtsschutz 2. Aufl. RdNr. 1528.
[1266] Vgl. LG Köln ZIP 1985, 496, 497; *Hess* § 47 RdNr. 305.
[1267] *Jaeger/Henckel* § 47 RdNr. 167.
[1268] *Uhlenbruck* InVo 1996, 85, 90; *Jaeger/Henckel* § 47 RdNr. 169.
[1269] *Steder* ZIP 1996, 1072, 1079; *Häsemeyer,* Insolvenzrecht RdNr. 11.28.
[1270] *Vallender* ZIP 1997, 1993, 1997.
[1271] Bejahend *Uhlenbruck* InVo 1996, 85, 89 Fn. 31; *Vallender* ZIP 1997, 1993, 1997.
[1272] Ebenso *Lohkemper,* Die Zwangsvollstreckung während der Sequestration und in einem vorläufigen Insolvenzverfahren, ZIP 1995, 1641, 1650; *Jaeger/Henckel* § 47 RdNr. 169; aA *Uhlenbruck/Vallender* § 21 RdNr. 28; G. Pape in Kübler/Prütting/Bork § 21 RdNr. 29; HambKomm-InsO/*Schröder* § 21 RdNr. 58, 69c; *Büchler* InsVZ 2010, 283, 285.
[1273] *Gundlach/Schirrmeister* NZI 2010, 176, 177.
[1274] *Smid/Rattunde,* aaO RdNr. 6.35; *Mitlehner,* aaO RdNr. 214; HK-*Lohmann* § 47 RdNr. 4.
[1275] *Hess/Obermüller,* Die Rechtsstellung der Verfahrensbeteiligten nach der InsO RdNr. 1209.
[1276] Ebenso *Jaeger/Henckel* § 47 RdNr. 29.
[1277] *Niesert* InVo 1998, 141, 142; *Smid/Rattunde,* aaO RdNr. 6.44.

494a Zu der Frage, ob die Kaufpreisforderung des Vorbehaltsverkäufers unter den Wert der verkauften Sache herabgesetzt werden kann, vgl. u. § 217 RdNr. 87.

K. Verzicht auf das Aussonderungsrecht, Verwirkung

495 Mit dem Aussonderungsrecht ist keine Aussonderungspflicht verbunden. Der Aussonderungsberechtigte kann, wenn er an dem auszusondernden Gegenstand kein Interesse hat, auf sein Aussonderungsrecht **verzichten**. Das ändert grundsätzlich nichts an der materiellen Rechtslage. So bleibt etwa dem Eigentümer, der auf Aussonderung verzichtet, sein Eigentum erhalten. Der Verzicht auf das Aussonderungsrecht bedeutet auch nicht notwendig zugleich einen Verzicht auf die Ersatzaussonderung (dies wäre durch Auslegung der Verzichtserklärung zu ermitteln). Verwertet der Insolvenzverwalter den Gegenstand, kann der Aussonderungsberechtigte dennoch nicht Herausgabe des Erlöses verlangen. Wenn auf das Aussonderungsrecht verzichtet worden ist, kann der Insolvenzverwalter dieses durch die Veräußerung nicht vereitelt haben. Der Verzicht eröffnet also kein Wahlrecht zwischen Aussonderung und Ersatzaussonderung. Sind die Verwertungskosten höher als der Erlös oder sind gar Altlasten mit hohen Kosten zu beseitigen – das macht den Verzicht auf die Aussonderung verständlich –, stellt sich die Frage, ob der Insolvenzverwalter den Aussonderungsberechtigten trotz dessen Verzichts damit belasten kann. Dem wird sich der Aussonderungsberechtigte jedenfalls durch Aufgabe seines materiellen Rechts – etwa durch Dereliktion nach § 959 BGB – entziehen können.[1278] Das Aussonderungsrecht kann nach den allgemeinen Grundsätzen **verwirkt** werden, wenn das Zeit- und das Umstandsmoment erfüllt sind.

§ 48 Ersatzaussonderung

[1]Ist ein Gegenstand, dessen Aussonderung hätte verlangt werden können, vor der Eröffnung des Insolvenzverfahrens vom Schuldner oder nach der Eröffnung vom Insolvenzverwalter unberechtigt veräußert worden, so kann der Aussonderungsberechtigte die Abtretung des Rechts auf die Gegenleistung verlangen, soweit diese noch aussteht. [2]Er kann die Gegenleistung aus der Insolvenzmasse verlangen, soweit sie in der Masse unterscheidbar vorhanden ist.

Schrifttum: Literaturangaben zu § 47; ferner: *Behr,* Wertverfolgung, 1986; *Dieckmann,* Zur Reform des Ersatzaussonderungsrechts, FS Wolfram Henckel, 1995, S. 95 ff.; *Franke,* Eigentumsvorbehalt und Ersatzaussonderung, KTS 1957, 139 ff.; *Ganter,* Zweifelsfragen bei der Ersatzaussonderung und Ersatzabsonderung, NZI 2005, 1 ff.; *Ganter/Bitter,* Rechtsfolgen berechtigter und unberechtigter Verwertung von Gegenständen mit Absonderungsrechten durch den Insolvenzverwalter, ZIP 2005, 93 ff.; *Gerhardt,* Der Surrogationsgedanke im Konkursrecht – dargestellt an der Ersatzaussonderung, KTS 1990, 1 ff., *ders.,* Zur Verwertung von Sicherungsgut im Insolvenzverfahren, Gedächtnisschrift für Peter Arens, 1993, 127 ff.; *ders.,* Der Ersatzaussonderungsberechtigte, 1994; *ders.,* Zur Gegenleistung im Sinne des § 46 KO, ZIP 1995, 1789 ff.; *ders.,* Die „Veräußerung" im Sinne des § 46 KO, KTS 1996, 505 ff.; *ders.,* Der maßgebliche Zeitpunkt für die Aussonderungsfähigkeit des veräußerten Gegenstands bei der Ersatzaussonderung, KTS 1997, 55 ff.; *ders.,* Notwendigkeit einer wirksamen Veräußerung für die Ersatzaussonderung, KTS 1997, 211 ff.; *ders.,* Die sogenannte „Zweite Ersatzaussonderung", KTS 1997, 453 ff.; *ders.,* Die „Unterscheidbarkeit" im Aussonderungsrecht, DZWiR 1998, 12 ff.; *ders.,* Das Ersatzaussonderungsrecht im Bereich der Gesamtvollstreckungsordnung, KTS 1999, 175 ff.; *Gundlach/Frenzel/Schirrmeister,* Nochmals – die sogenannte zweite Ersatzaussonderung, KTS 2003, 69 ff.; *Gundlach/Frenzel/Schmidt,* Die Rechtsstellung des obligatorisch Aussonderungsberechtigten, DZWIR 2001, 95 ff.; *dies.,* Die Anwendbarkeit des § 48 InsO auf Veräußerungen durch den Insolvenzschuldner, DZWIR 2001, 441 ff.; *dies.,* Der Umfang der Ersatzaussonderung, InVo 2002, 81 ff.; *Harder,* Ersatzabsonderung und dingliche Surrogation, KTS 2001, 97 ff.; *ders.,* Insolvenzrechtliche Surrogation, 2002; *Hellwig,* Erweiterung des Eigentumsschutzes durch persönliche Ansprüche, mit besonderer Beziehung auf § 38 (jetzt § 46) KO, AcP 68 (1895), 217 ff.; *Henckel,* Grenzen der Vermögenshaftung, JuS 1985, 836 ff.; *Hochmuth,* Die Ersatzaussonderung, 1931; *Kilger,* Probleme der Sequestration im Konkurseröffnungsverfahren, FS Einhundert Jahre Konkursordnung, 1977, S. 189 ff.; *Krull,* Ersatzaussonderung und Kontokorrent, ZInsO 2000, 304 ff.; *Liesecke,* Das Bankguthaben in Gesetzgebung und Rechtsprechung, WM 1975, 214 ff.; *Lukosch,* Ansprüche der Bank aus verlängerter Sicherungsübereignung im Konkurs ihres Kreditnehmers trotz Abtretungsverbots?, ZIP 1985, 84 ff.; *Marotzke,* Die dinglichen Sicherheiten im neuen Insolvenzrecht, ZZP 109 (1996), 429; *ders.,* Insolvenzrechtliche Probleme bei Untermietverträgen über Immobilien, ZInsO 2007, 1 ff.; *Meyer-Giesow,* Zur Frage der Unterscheidbarkeit bei der Anwendung des § 46 Abs. 2 KO, KTS 1967, 29 ff.; *Moritz,* Die Rechte des Vorbehaltsverkäufers nach § 46 KO im Konkurs des Käufers, Diss. Tübingen 1970;

[1278] FK-*Imberger* § 47 RdNr. 88. – Zu der Frage, ob umgekehrt der Insolvenzverwalter mit Altlasten behaftete Massegegenstände freigeben kann, vgl. BVerwGE 122, 75 = NZI 2005, 51; OVG Lüneburg NJW 2010, 1546 = NZI 2010, 235 RdNr. 12; *v. Wilmowsky,* Altlasten in der Insolvenz: Verwaltungsakt – Vollstreckung – Freigabe, ZIP 1997, 389 ff.; *Lwowski/Tetzlaff* WM 1998, 1509, 1512 ff.; *Purps/Schumann* NJW 1999, 2476 ff.

v. Olshausen, Konkursrechtliche Probleme um den neuen § 354a HGB, ZIP 1995, 1950 ff.; *Ries,* Der Wunsch des Absonderungsgläubigers nach Eigenverwertung, ZInsO 2007, 62 ff.; *Scherer,* Zulässigkeit einer „zweiten Ersatzaussonderung"?, KTS 2002, 197 ff.; *Serick,* Die Profilierung der Mobiliarsicherheiten von heute im Konkursrecht von gestern, FS Einhundert Jahre Konkursordnung, 1977, S. 271 ff.

Übersicht

	Rn.
A. Einleitung	1, 2
B. Normzweck	3, 4
C. Rechtsnatur der Ersatzaussonderung	5–11b
I. Allgemeines	5–9
II. Abgrenzung zur dinglichen Surrogation	10, 11
III. Abgrenzung zur rechtsgeschäftlichen Surrogation	11a
IV. Abgrenzung zu den Masseforderungen	11b
D. Die Tatbestände des § 48	12–14
I. Die gesetzlichen Tatbestände	12
II. Analoge Anwendung des § 48	13, 14
E. Voraussetzungen der Ersatzaussonderung	15–43a
I. Aussonderungsgegenstand	15, 16
II. Veräußerung	17–43a
1. Begriff	17
2. Einzelfälle	18–26
a) Rechtsgeschäftliche Übertragung	18
b) Gebrauchsüberlassung	19
c) Einziehung einer fremden Forderung	20, 21
d) Einzahlung fremden Geldes auf eigenes Bankkonto	22
e) Zwangsmaßnahmen	23
f) Werklieferungsvertrag	24
g) Tatsächliche Verhaltensweisen	25, 26
3. Ohne Berechtigung	27–30
4. Entgeltlichkeit	31–42
a) Begriff der Gegenleistung	32
b) Einzelfälle	33–42
5. Wirksamkeit	43–43a
F. Inhalt des Ersatzaussonderungsrechts	44–66
I. Abtretung des Anspruchs auf die noch ausstehende Gegenleistung	45–53
1. Allgemeines	45
2. Ausstehen der Gegenleistung	46–49
a) Einzahlung und Überweisung auf ein Konto	47, 48

	Rn.
b) Leistungen an Erfüllungs statt	49
3. Abtretungsverbot	50–52
4. Verfahrensrecht	53
II. Herausgabe der erbrachten Gegenleistung	54–66
1. Massezugehörigkeit der Gegenleistung	54
2. Unterscheidbarkeit der Gegenleistung	55–65a
a) Teil einer größeren Geldmenge	55a
b) Teil eines Gesamtpreises	56
c) Vermischung der Gegenleistung mit dem Bestand einer Kasse	57
d) Einzahlung oder Überweisung der Gegenleistung auf ein Bankkonto	58–63
e) Pflicht des Verwalters zur unterscheidbaren Anlage	64
f) Vertretbare Sachen	65
g) Pflicht des Verwalters, eine massezugehörige Gegenleistung vom Schuldner herauszuverlangen	65a
3. Aufrechnung des Drittschuldners mit einer gegen den Zedenten gerichteten Gegenforderung	66
G. Umfang der Ersatzaussonderung	67–72
I. Volle Gegenleistung	67–68a
II. Teil eines Gesamtpreises	69, 70
III. Teil eines Kontoguthabens	71–71a
IV. Verpflichtung zum Ersatz ersparter Aufwendungen	72
H. Prozessuales	73–73b
I. Gerichtsstand	73
II. Geltendmachung	73a
III. Beweislast	73b
I. Zweitersatzaussonderung	74–77
I. Veräußerung der Gegenleistung durch den Insolvenzverwalter	74–75b
II. Veräußerung der Gegenleistung durch den vorläufigen Insolvenzverwalter	75c
III. Veräußerung der Gegenleistung durch den Insolvenzschuldner	76, 77

A. Einleitung

Nach § 55 RegE sollte die Ersatzaussonderung im Vergleich zum bisherigen Recht (§ 46 KO; **1** § 26 Abs. 1 VerglO)[1] wesentlich **eingeschränkt** werden. Der Fall, dass der auszusondernde Gegen-

---

[1] Zur Ersatzaussonderung nach der GesO vgl. BGHZ 139, 319 ff. = WM 1998, 2160 f.; *Gundlach* KTS 1999, 175 ff.

stand schon vor der Verfahrenseröffnung vom Schuldner veräußert worden ist, sollte nicht mehr erfasst werden. Zur Begründung war darauf hingewiesen worden, dass der Gläubiger „seinen zur Aussonderung berechtigenden Anspruch" (vgl. § 47 RdNr. 5) schon vor der Eröffnung des Verfahrens verloren habe; ihm stünden nur noch allgemeine Delikts- und Bereicherungsansprüche zu. Unter diesen Umständen sei kein einleuchtender Grund dafür ersichtlich, den Gläubiger im Insolvenzverfahren besser zu stellen als andere Gläubiger mit derartigen Ansprüchen.[2]

2   Auf Vorschlag des Rechtsausschusses[3] ist der Gesetzgeber dem jedoch nicht gefolgt.[4] Er hat es vielmehr inhaltlich bei der früheren Regelung des § 46 Satz 1 KO bewenden lassen, wonach eine Ersatzaussonderung auch dann möglich ist, wenn der betreffende Gegenstand schon vor der Verfahrenseröffnung vom Schuldner veräußert worden ist. Hinsichtlich des Satzes 2 hat der Gesetzgeber die Fassung des Regierungsentwurfs aber nicht verändert. Dies hat zu einer **Erweiterung** des Ersatzaussonderungsrechts geführt: Der Berechtigte kann nunmehr die Gegenleistung aus der Insolvenzmasse verlangen, soweit sie in dieser unterscheidbar vorhanden ist, auch wenn die Gegenleistung schon vor Eröffnung des Verfahrens vom Schuldner eingezogen worden ist. Der Regierungsentwurf brauchte in dieser Hinsicht nichts vorzusehen, weil es nach seiner Lösung den Fall, dass die Gegenleistung vor Verfahrenseröffnung eingezogen wurde, im Rahmen der Ersatzaussonderung überhaupt nicht mehr gegeben hätte. Nachdem der Rechtsausschuss dieser Vorgabe nicht gefolgt ist, hätte er also, wenn er es insgesamt beim bisherigen Rechtszustand hätte belassen wollen, auch den Satz 2 entsprechend anpassen müssen. Dies hat er – nicht etwa versehentlich, sondern in voller Kenntnis der Tragweite – nicht getan. Ihm erschien die Ersatzaussonderung „vom Surrogationsgedanken her"[5] auch dann gerechtfertigt, wenn der Schuldner schon vor Verfahrenseröffnung die Gegenleistung eingezogen hatte, diese aber in der Masse noch unterscheidbar vorhanden ist.[6] Mit dem Reformziel einer Masseanreicherung (vgl. § 1 RdNr. 28 ff.) ist diese Ausweitung der Ersatzaussonderung nicht zu vereinbaren.[7] Die bisher ungeschriebenen Merkmale „unberechtigt" bei der Veräußerung und „in der Masse unterscheidbar vorhanden" bei der zur Masse gezogenen Gegenleistung hat die Insolvenzordnung, insoweit dem Regierungsentwurf folgend, aufgenommen.

B. Normzweck

3   Verfügt der Schuldner vor Insolvenzeröffnung über den Gegenstand eines Aussonderungsrechts, so geht dieses unter, sobald sich der Gegenstand nicht mehr im Vermögen des Schuldners befindet. Ohne die Regelung des § 48 wäre der ursprünglich Aussonderungsberechtigte auf die Insolvenzquote eines Bereicherungs- oder Schadensersatzanspruchs verwiesen. Dadurch würden die Insolvenzgläubiger aus unberechtigten Verfügungen des Schuldners Nutzen ziehen. Dafür ist eine Rechtfertigung nicht ersichtlich.[8] Bei unberechtigten Verfügungen des Insolvenzverwalters hätte der Berechtigte zwar einen Masseanspruch nach § 55 Abs. 1 Nr. 3. Dieser brächte aber unter Umständen, weil er auf die Bereicherung der Masse begrenzt ist, ebenfalls keinen vollen Ausgleich. Um dem bisher Aussonderungsberechtigten einen möglichst vollwertigen Ersatz für sein vereiteltes Recht zu verschaffen,[9] versieht das Gesetz regelwidrig aus **Billigkeitsgründen** einen schuldrechtlichen (dazu s.u. RdNr. 6) Erstattungsanspruch mit Aussonderungskraft.[10] Entsprechendes gilt für den Gedanken, die Forderung auf die Gegenleistung und diese selbst gehörten nicht zum haftenden Vermögen des Schuldners.[11] Mit dieser „haftungsrechtlichen Zuordnung" wird nur das gewünschte Ergebnis beschrieben, dieses aber nicht begründet.

4   Wie bereits ausgeführt (o. RdNr. 2) hat der Rechtsausschuss des Deutschen Bundestages die Vorschrift über die Ersatzaussonderung mit dem **Surrogationsprinzip** gerechtfertigt: Rechte, die

---

[2] Begr. zu § 55 RegE, BT-Drucks. 12/2443 S. 125.
[3] BT-Drucks. 12/7302 S. 160.
[4] Nach *Dieckmann*, FS Henckel, S. 95, 100, hätte die Insolvenzmasse wegen der verbreiteten Vorausabtretungen nicht viel gewonnen, wenn der Regierungsentwurf Gesetz geworden wäre.
[5] Insofern hat der Rechtsausschuss eine Forderung von *Gerhardt* KTS 1990, 1, 10 ff. aufgegriffen.
[6] Begr. zu § 55 RegE, BT-Drucks. 12/2443 S. 125.
[7] Zutreffend *Dieckmann*, FS Henckel, S. 95, 114; *Marotzke* ZZP 109 (1996) S. 436 f.; Kübler/*Prütting*/Bork § 48 RdNr. 1; vgl. auch *Krull* ZInsO 2000, 304, 306.
[8] *Mitlehner*, aaO Fn. 339, meint, es bedürfe keiner Rechtfertigung.
[9] Zu den Motiven der KO vgl. *Hahn*, Die gesamten Materialien zu den Reichs-Justizgesetzen, Bd. 4, 1898 – Nachdruck S. 182: „Abrundung des Eigentumsschutzes".
[10] Vgl. ferner RGZ 115, 262, 264; BGH NJW 1995, 2783, 2787, insofern in BGHZ 130, 38 ff. n.a.; *Krull* ZInsO 2000, 304, 305; *Gundlach/Frenzel/Schmidt* DZWIR 2001, 442, 444. Ebenso noch *Jaeger/Lent* § 46 KO RdNr. 1; vgl. ferner *Jaeger/Henckel* § 48 RdNr. 5, 8.
[11] *Jaeger/Henckel* § 48 RdNr. 5, 10.

man dem Schuldner nicht anvertraut hat, setzen sich in den daraus erzielten Vermögenswerten fort.[12] Da der Anspruch auf die Gegenleistung bis zur Insolvenzeröffnung der Privatautonomie des Schuldners unterstellt und auch Gläubigerzugriffen ausgesetzt war, leistet der Surrogationsgedanke insofern aber nicht das, was der Rechtsausschuss sich von ihm versprochen hat.[13] Die Surrogation, um die es hier geht, ist keine dingliche (Näheres zur Abgrenzung der Ersatzaussonderung und der dinglichen Surrogation u. bei RdNr. 10), sondern eine haftungsrechtliche:[14] Ein Gegenstand, der nicht für die Verbindlichkeiten des Insolvenzschuldners haften soll, darf im Falle einer unberechtigten Veräußerung auch nicht indirekt eine Anreicherung der Insolvenzmasse bewirken. Dogmatisch zwingend ist dies nicht.[15] Letztlich ist der Gedanke der **haftungsrechtlichen Surrogation** nichts anderes als eine Umschreibung des Billigkeitsgedankens, der dem § 48 InsO zugrunde liegt.

C. Rechtsnatur der Ersatzaussonderung

I. Allgemeines

Die Ersatzaussonderung ist eine **echte Aussonderung** und kein Aussonderungsersatz.[16] So wenig der **Schuldner** aussonderungsberechtigt ist (s.o. § 47 RdNr. 9), so wenig ist er ersatzaussonderungsberechtigt.[17] Da das vereitelte Aussonderungsrecht immer auf einen konkreten, **individuell bestimmten Gegenstand** bezogen sein muss, kann für das Ersatzaussonderungsrecht am (haftungsrechtlichen) Surrogat grundsätzlich nichts anderes gelten.[18] Eine an die Stelle der Gegenleistung tretende Erstattung des Wertes ist mit dem Wesen der Ersatzaussonderung nicht vereinbar.[19] Wenn eine echte Aussonderung vorliegt, so drängt sich die Frage auf, warum es dann noch einer besonderen Vorschrift – eben des § 48 – bedurfte. Die vom Gesetzgeber gewünschten Ergebnisse können jedoch nicht schon mit Hilfe des § 47 herbeigeführt werden. Dies zeigt folgendes Beispiel: Veräußert der Besitzer einer fremden Sache diese unberechtigt an einen Dritten und vereinnahmt er den Erlös, bevor über sein Vermögen das Insolvenzverfahren eröffnet wird, kann der ursprüngliche Eigentümer hinsichtlich des Erlöses allenfalls einen schuldrechtlichen Anspruch geltend machen, der nicht nach § 47 zur Aussonderung berechtigt.

Obgleich die Ersatzaussonderung kein Aussonderungsersatz ist, ist in den Fällen des § 48 das ursprüngliche Aussonderungsrecht erloschen. An seine Stelle ist ein **Ersatzanspruch** getreten, der aber für den Bereich der Insolvenz wiederum mit Aussonderungskraft geltend gemacht werden kann. Der Anspruch ist – unabhängig davon, ob er auf die Abtretung des Anspruchs auf die Gegenleistung oder auf die bereits in die Masse gelangte Gegenleistung gerichtet ist – **schuldrechtlicher** Art. Insofern wich schon die Konkursordnung von dem preußischen Recht ab, wonach der Anspruch auf die Abtretung der Gegenleistung dinglicher Natur war.[20] Die Erkenntnis, dass der an die Stelle des ursprünglichen Aussonderungsrechts tretende Ersatzanspruch ein schuldrechtlicher ist, muss deutlich unterschieden werden von der Frage, ob schuldrechtliche Ansprüche im Falle ihrer Vereitelung eine Ersatzaussonderung begründen können (dazu u. RdNr. 8).

§ 48 schafft **keinen neuen Anspruch,** sondern verstärkt einen bereits bestehenden, indem er diesem unter bestimmten Voraussetzungen Aussonderungskraft verleiht.[21] Der Anspruch wird haftungsrechtlich aus der Insolvenzmasse ausgegliedert.[22] Zugleich wird er in seinen Rechtsfolgen umgeformt (s.u. RdNr. 69). Die – in Ermangelung einer dinglichen Surrogation (dazu RdNr. 10) notwendige – Verstärkung des schuldrechtlichen Ersatzanspruchs wird teilweise als konstruktiv regel-

---

[12] *Gerhardt* KTS 1990, 1, 3, 10 ff.; *Behr*, Wertverfolgung S. 605 f.
[13] *Dieckmann*, FS Henckel, S. 95, 101 ff.; *Häsemeyer*, Insolvenzrecht RdNr. 11.19; aA außer *Gerhardt* aaO auch *Gundlach*, Der Ersatzaussonderungsberechtigte S. 122 f., 137 f.; *ders.* ZIP 1995, 1789.
[14] *Gerhardt* KTS 1990, 1, 3, 10 ff.; *Behr*, Wertverfolgung S. 605 f.; vgl. ferner *Gundlach/Frenzel/Schmidt* DZWIR 2001, 95, 97; *dies.* DZWIR 2001, 442, 445; *Uhlenbruck/Brinkmann* § 48 InsO RdNr. 1; *Kübler/Prütting/Bork* § 48 RdNr. 4.
[15] *Jaeger/Henckel* § 48 RdNr. 8.
[16] BGHZ 58, 257, 261 = NJW 1972, 873; *Gundlach*, Der Ersatzaussonderungsberechtigte S. 16 ff.; *ders.* KTS 1997, 453, 457.
[17] AA *Jaeger/Henckel* § 48 RdNr. 16.
[18] Vgl. *Baur/Stürner*, Zwangsvollstreckungs-, Konkurs- und Vergleichsrecht, Fälle und Lösungen 6. Aufl. S. 119; *Krull* ZInsO 2000, 304.
[19] BGHZ 58, 257, 261 = NJW 1972, 873; *Gerhardt* KTS 1990, 1, 2; *Krull* ZInsO 2000, 304.
[20] Vgl. *Hahn*, aaO S. 183.
[21] RGZ 115, 262, 264; 138, 89, 92; *Gundlach*, Der Ersatzaussonderungsberechtigte S. 41; *Gundlach/Frenzel/Schmidt* DZWIR 2001, 441, 444; *Berger*, FS Kreft, S. 191, 204; *Ganter* NZI 2005, 1, 2 f.; *Uhlenbruck/Brinkmann* § 48 RdNr. 1.
[22] *Henckel* JuS 1985, 836, 841.

widrig gerügt.²³ Jedenfalls für Verfügungen des Schuldners vor Insolvenzeröffnung könne sie nicht gelten.²⁴ Der Anspruch auf die Gegenleistung sowie diese selbst seien bis zur Verfahrenseröffnung der Privatautonomie des Schuldners unterstellt und auch Gläubigerzugriffen ausgesetzt. Insofern führe die insolvenzrechtliche Verstärkung schuldrechtlicher Ersatzansprüche nur zu willkürlichen Bevorzugungen einzelner Insolvenzgläubiger.²⁵ Dies sind gewichtige Argumente. Der Gesetzgeber hat sie jedoch offensichtlich nicht gelten lassen wollen (vgl. RdNr. 3).

7a Die Verstärkung des schuldrechtlichen Ersatzanspruchs gilt nur für die Insolvenz. Vorher und nachher kann er nur mit der ihm sonst zukommenden Wirksamkeit verfolgt werden.²⁶ Wird vor Eröffnung des Insolvenzverfahrens die noch ausstehende Forderung auf die Gegenleistung gepfändet (vgl. aber auch § 88!), kann der Berechtigte deshalb keine Drittwiderspruchsklage erheben.²⁷

8 Welche Ansprüche durch § 48 verstärkt (RdNr. 7) werden können, ist noch nicht abschließend geklärt. Insbesondere ist umstritten, ob **schuldrechtliche Ansprüche** im Falle ihrer Vereitelung auch eine Ersatzaussonderung begründen können.²⁸ Diese Frage ist zu bejahen.²⁹ Soweit sie verneint wird, begründet man dies zunächst mit dem angeblichen Unterschied zwischen Aussonderungsrecht und Aussonderungsanspruch.³⁰ Unter dem Aussonderungsrecht sei das Recht zu verstehen, das die haftungsrechtliche Zugehörigkeit eines Gegenstands zur Masse ausschließe; auf Grund des Aussonderungsanspruchs könne von dem Insolvenzverwalter ein Tun (etwa die Herausgabe der aussonderungsfähigen Sache) oder ein Unterlassen (etwa der Verwertung) verlangt werden (§ 194 BGB).³¹ Der Aussonderungsanspruch auf Grund eines persönlichen Rechts beruhe nicht darauf, dass der auszusondernde Gegenstand dem Aussondernden zugeordnet sei, sondern auf dessen Befugnis, den nicht zur Masse gehörenden Gegenstand vor dem Zugriff zugunsten der Insolvenzgläubiger zu schützen.³² Der Anspruch auf die Gegenleistung und diese selbst könnten nur Surrogat des Aussonderungsrechts, nicht aber des Aussonderungsanspruchs sein. Zu der Frage, ob die allgemeine Differenzierung zwischen Aussonderungsrecht und Aussonderungsanspruch gerechtfertigt ist, s.o. § 47 RdNr. 5. Das Gesetz unterscheidet nicht zwischen „starken" und „schwachen" Aussonderungsrechten(-ansprüchen?) je nachdem, ob sich das dingliche Recht und der Aussonderungsanspruch in ein und derselben Person vereinen. In § 47 wird schlicht daran angeknüpft, ob jemand „auf Grund eines dinglichen oder persönlichen Rechts geltend machen kann, dass ein Gegenstand nicht zur Insolvenzmasse gehört". Beide Fälle werden gleich behandelt. Wenn die Ersatzaussonderung eine echte Aussonderung ist (s.o. RdNr. 5), sollte bei jener keine Differenzierung eingeführt werden, die bei der Aussonderung unbekannt ist. Nicht gerechtfertigt ist es, die Ersatzaussonderung auf Grund eines schuldrechtlichen, zur Aussonderung berechtigenden Anspruchs dahin einzuschränken, dass der Anspruch gerade auf die Gegenleistung gerichtet sein müsse.³³ Hat der Schuldner oder Insolvenzverwalter einen aussonderungsfähigen Gegenstand rechtsgrundlos veräußert, kann auch der dem Schuldner oder Insolvenzverwalter zustehende Bereicherungsanspruch ersatzausgesondert werden. Der Berechtigte kann nicht deswegen schlechter stehen, weil die Veräußerung durch den Schuldner oder Insolvenzverwalter ohne Rechtsgrund geschehen ist.

8a **Bereicherungsansprüche** (§§ 812 ff. BGB) berechtigen an sich nicht zur Aussonderung (§ 47 RdNr. 347). Im Rahmen des § 48 sind sie jedoch eine anerkannte **Anspruchsgrundlage**.³⁴ Die Ersatzaussonderung findet unter Voraussetzungen statt, die sich weitgehend mit denen eines Anspruchs aus § 816 BGB decken.³⁵ Es ist aber weder erforderlich noch genügend, dass die Voraussetzungen eines Anspruchs aus § 816 BGB gegen den Insolvenzschuldner bzw. die Insolvenzmasse vorliegen. Soweit zugleich die Voraussetzungen einer Ersatzaussonderung und eines Anspruchs aus § 816 BGB erfüllt sind, sind die Rechtsfolgen unterschiedlich. Nach § 816 BGB hat der Nichtberechtigte stets das durch die Verfügung Erlangte herauszugeben oder, falls dies nicht mehr möglich ist, den Wert zu ersetzen (§ 818 Abs. 2 BGB). Demgegenüber versagt § 48 eine Ersatzaussonderung,

---

²³ *Gottwald/Adolphsen*, Insolvenzrechts-Hdb., § 41 RdNr. 2.
²⁴ *Häsemeyer*, Insolvenzrecht RdNr. 11.19.
²⁵ Ebenso schon *Dieckmann*, FS Henckel, S. 95 ff., 101.
²⁶ *Ganter* NZI 2005, 1, 3.
²⁷ *Dieckmann*, FS Henckel, S. 95, 117.
²⁸ Bejahend *Uhlenbruck/Brinkmann* § 48 RdNr. 8; *HK-Lohmann* § 48 RdNr. 5; *Gottwald/Adolphsen*, Insolvenzrechts-Hdb., § 41 RdNr. 9; verneinend *Jaeger/Henckel* § 48 RdNr. 12 ff.; *Gundlach*, Der Ersatzaussonderungsberechtigte S. 50 ff.; *Gundlach/Frenzel/Schmidt* DZWIR 2001, 95, 98; *Berger*, FS Kreft, S. 191, 205.
²⁹ Eingehend hierzu *Ganter* NZI 2005, 1, 3 f.
³⁰ *Jaeger/Henckel* § 48 RdNr. 15.
³¹ *Jaeger/Henckel* § 47 RdNr. 5, 11.
³² *Jaeger/Henckel* § 47 RdNr. 15.
³³ *Ganter* NZI 2005, 1, 4; aA *Gundlach/Frenzel/Schmidt* DZWIR 2001, 441, 445.
³⁴ *Ganter* NZI 2005, 1, 4 f.
³⁵ *Henckel* JuS 1985, 836, 840; *Gerhardt* KTS 1990, 1, 3.

wenn das durch die Verfügung Erlangte in der Masse nicht mehr unterscheidbar vorhanden ist. Deswegen lässt sich nicht einfach sagen, dass der schuldrechtliche Verschaffungsanspruch aus § 816 BGB durch § 48 Aussonderungskraft erhält.[36] Außerdem ist § 818 Abs. 3 BGB auf den Ersatzaussonderungsanspruch nicht anwendbar. Zwar könnte der Wortlaut des Satzes 2 „... soweit sie (die Gegenleistung) in der Masse ... vorhanden ist" dem nunmehr entgegenstehen. Das Ersatzaussonderungsrecht unter den Vorbehalt eines Wegfalls der Bereicherung zu stellen, wäre aber mit dem Zweck des § 48, den Eigentumsschutz abzurunden (s.o. RdNr. 3), nicht vereinbar. Etwas Derartiges hat der Gesetzgeber auch nicht beabsichtigt. Aus der Begründung des Regierungsentwurfs, der noch eine Einschränkung des Ersatzaussonderungsrechts vorsah, lässt sich nicht entnehmen, dass man eine Anwendung des § 818 Abs. 3 BGB, die bisher allgemein abgelehnt worden war,[37] ermöglichen wollte. Nachdem die Insolvenzordnung das Ersatzaussonderungsrecht sogar ausgedehnt hat, liegt dies noch ferner.

Ob der Ersatzanspruch aus § 285 BGB im Wege einer Ersatzaussonderung geltend gemacht werden kann, ist umstritten.[38] Falls er nicht zur Ersatzaussonderung taugen würde, könnte er nur als Insolvenzforderung, ausnahmsweise auch als Masseforderung (§ 55 Abs. 1 Nr. 2), geltend gemacht werden, wenn die Leistung unmöglich wird, nachdem der Insolvenzverwalter nach § 103 Abs. 1 die Erfüllung des Vertragsverhältnisses gewählt hat. Da auch solche schuldrechtlichen Ansprüche, die an sich nicht zur Aussonderung berechtigen, mit Aussonderungskraft ausgestattet werden können (RdNr. 8 am Anfang) und die unberechtigte Veräußerung sicherlich als „Umstand" gilt, auf Grund dessen der Schuldner die Leistung nach § 275 Abs. 1 BGB nicht zu erbringen braucht, spricht mehr dafür, die eingangs gestellte Frage zu bejahen.[39] Als Anspruchsgrundlage kommen schließlich auch die §§ 677 ff., 823 ff. BGB in Betracht. **8b**

Obwohl der anfechtungsrechtliche **Rückgewähranspruch aus § 143** Aussonderungskraft hat (o. § 47 RdNr. 346), begründet die Veräußerung des anfechtbar erlangten Gegenstands durch den später selbst in die Insolvenz geratenen Anfechtungsgegner keine Ersatzaussonderung, weil man die Veräußerung als materiell berechtigt ansehen muss (s.u. RdNr. 27).[40] **8c**

Da es sich bei der Ersatzaussonderung um eine echte Aussonderung handelt, kann eine Verfügung des Insolvenzverwalters über den Gegenstand der Ersatzaussonderung eine sogenannte „zweite Ersatzaussonderung" auslösen (Näheres hierzu u. RdNr. 74 ff.). **9**

II. Abgrenzung zur dinglichen Surrogation

Wenn infolge **dinglicher Surrogation** (vgl. zB §§ 1048 Abs. 1 Satz 2, 1247 Satz 2, 1287, 1370, 1473, 1646, 2019, 2041, 2111 BGB; § 92 Abs. 1 ZVG) an die Stelle des ursprünglichen Aussonderungsgegenstands ein anderer tritt, findet keine Ersatzaussonderung, sondern eine Aussonderung gemäß § 47 statt.[41] Der **Unterschied** besteht in folgendem: In den Fällen des § 48 ist der ursprüngliche Aussonderungsanspruch erloschen. An seine Stelle ist ein Ersatzanspruch getreten, der lediglich für die Dauer des Insolvenzverfahrens verstärkt und mit Aussonderungskraft versehen ist. Demgegenüber tritt in den Fällen der dinglichen Surrogation der Ersatz rechtlich unmittelbar und mit dinglicher Wirkung an die Stelle des ursprünglichen Aussonderungsgegenstands. So wird zum Beispiel der Eigentümer eines Pfandes mit dessen Verwertung Eigentümer des Erlöses, soweit dieser nicht dem Pfandgläubiger zu seiner Befriedigung gebührt (§ 1247 Satz 2 BGB). In der Insolvenz des Pfandgläubigers kann der Resterlös ausgesondert werden. Oder: Die Forderung auf den Kaufpreis eines vom Erbschaftsbesitzer veräußerten Nachlassgegenstands wird nach § 2019 BGB unmittelbar Bestandteil der Erbschaft. In der Insolvenz kann sie ausgesondert werden. Ebenfalls keine Ersatzaussonderung, sondern eine Aussonderung nach § 47 ist gegeben, wenn der Kommittent auf Grund von § 392 Abs. 2 HGB die Abtretung der Forderung des Kommissionärs aus dem Ausführungsgeschäft verlangt (s.o. § 47 RdNr. 294).[42] **10**

---

[36] Henckel JuS 1985, 836, 840.
[37] Vgl. Jaeger/Lent KO § 46 RdNr. 2.
[38] Verneinend Scherer KTS 2002, 197, 204; Gottwald/Adolphsen, Insolvenzrechts-Hdb., § 41 RdNr. 3; Jaeger/Henckel § 48 RdNr. 31; FK-Imberger § 48 RdNr. 5; bejahend Gundlach/Frenzel/Schirrmeister KTS 2003, 69, 73. Ebenso nunmehr Uhlenbruck/Brinkmann § 48 RdNr. 11, 21, für den Fall, dass der unmöglich gewordene Anspruch Aussonderungskraft hatte.
[39] Ganter NZI 2005, 1, 5 f.
[40] Uhlenbruck/Brinkmann § 48 RdNr. 8a.
[41] RGZ 94, 20, 22; Dieckmann, FS Henckel, S. 95, 100 Fn. 20; Gundlach/Frenzel/Schmidt DZWIR 2001, 441, 445; Ganter NZI 2005, 1, 2; ders. NZI 2008, 583, 586 f.; Gottwald/Adolphsen, Insolvenzrechts-Hdb., § 41 RdNr. 8; Uhlenbruck/Brinkmann § 48 RdNr. 6, 21; Kübler/Prütting/Bork § 48 RdNr. 5, 17; FK-Imberger § 48 RdNr. 5. Unzutreffend Ries ZInsO 2007, 62, 64.
[42] Gerhardt KTS 1990, 1, 4; Uhlenbruck/Brinkmann § 48 RdNr. 21.

11 Dass die Ersatzaussonderung mit einer dinglichen Surrogation nichts zu tun hat, ist für den ersten Tatbestand des § 48 InsO besonders augenfällig. Veräußert der Schuldner vor Insolvenzeröffnung unberechtigt einen Gegenstand, der nach Insolvenzeröffnung aussonderungsfähig gewesen wäre, ist der Anspruch auf die Gegenleistung oder diese selbst keineswegs rechtlich unmittelbar und mit dinglicher Wirkung an die Stelle des ursprünglichen Aussonderungsgegenstands getreten; der Anspruch auf die Gegenleistung oder diese selbst ist vielmehr bis zur Insolvenzeröffnung der Privatautonomie des Schuldners unterstellt und auch Gläubigerzugriffen ausgesetzt.[43] Etwas diffiziler verhält es sich mit dem zweiten Tatbestand. Wird der Gegenstand nach Insolvenzeröffnung vom Insolvenzverwalter unberechtigt veräußert, setzt sich das Recht des Aussonderungsberechtigten an dem Anspruch auf die Gegenleistung fort. Eine Zugriffsmöglichkeit für einzelne Gläubiger besteht nicht. Es handelt sich jedoch wiederum nicht um eine dingliche, vielmehr um eine schuldrechtliche Surrogation. Eine solche ist im Allgemeinen nicht insolvenzfest. Deshalb hat der Gesetzgeber, um den Berechtigten zu schützen, den Ersatzanspruch – allerdings lediglich für die Dauer des Insolvenzverfahrens – verstärkt und mit Aussonderungskraft versehen. Dessen hätte es nicht bedurft, wenn – wie in den Fällen der gesetzlich angeordneten dinglichen Surrogation – der Ersatz rechtlich unmittelbar und mit dinglicher Wirkung an die Stelle des ursprünglichen Aussonderungsgegenstands getreten wäre. Der zweite Tatbestand des § 48 InsO erklärt sich also – nicht anders als der erste – als ein Fall gesetzlich angeordneter haftungsrechtlicher Surrogation und somit als Ausdruck eines Billigkeitsgedankens (s.o. RdNr. 4). Der BGH hat den Surrogationsgedanken im Zusammenhang mit der Ersatzaussonderung denn auch nicht als übergeordnetes Prinzip (bezüglich dessen man eine ausdehnende Anwendung allenfalls diskutieren könnte)[44], sondern eher zur Eingrenzung der Ersatzaussonderung herangezogen. So hat er daran erinnert, dass das Gesetz (sic!) „die Ersatzaussonderung nur für ein wirkliches Surrogat des veräußerten Gegenstands zulässt".[45] Deshalb versagt § 48 InsO eine Ersatzaussonderung, wenn das durch die Verfügung Erlangte in der Masse nicht mehr unterscheidbar vorhanden ist. Der Erwerb, den der Treuhänder (= Insolvenzschuldner/Insolvenzverwalter) mittels des ihm anvertrauten Geldes getätigt hat, ist nicht als schuldnerfremd anzusehen, unterliegt also nicht der Ersatzaussonderung. Eine „rechtsgeschäftliche Surrogation" wird vom Bundesgerichtshof nicht anerkannt.[46] Deshalb hat ein Bankkunde, der seiner (später insolvent gewordenen) Bank Geldbeträge zwecks Anlage anvertraut hat, kein Ersatzaussonderungsrecht bezüglich solcher Forderungen, die durch Einzahlungen der Bank auf deren allgemeines Geschäftskonto bei einer Drittbank entstanden sind.[47]

III. Abgrenzung zur rechtsgeschäftlichen Surrogation

11a Die haftungsrechtliche Surrogation (s.o. RdNr. 4, 7) hat ihre Grenzen. Wenn der Gesetzgeber unter dem Gesichtspunkt des Aussonderungsrechts die Gegenleistung (so lange sie nicht untrennbar mit dem Schuldnervermögen/der Masse vermischt ist) für einen schuldnerfremden, aber vom Schuldner oder Insolvenzverwalter unberechtigt veräußerten Gegenstand ebenfalls als schuldnerfremd betrachtet, so folgt daraus nicht, dass etwa auch Sachen oder Rechte, die der Schuldner/Insolvenzverwalter mit ihm treuhänderisch anvertrauten – also der Aussonderung unterliegenden – Geldern für sich selbst erwirbt, der (Ersatz-)Aussonderung unterliegen. Hier geht es jeweils um rechtsgeschäftliche Surrogate; der Erwerb, den der Treuhänder (= Insolvenzschuldner) mittels des ihm anvertrauten Geldes getätigt hat, ist nicht als schuldnerfremd anzusehen.

IV. Abgrenzung zu den Masseforderungen

11b Der Ersatzaussonderungsanspruch ist keine Masseforderung. Der Anspruch auf Abtretung des Anspruchs auf die Gegenleistung (§ 48 Satz 1) ist zwar ein schuldrechtlicher Anspruch, der aus der Masse zu befriedigen ist; er ist jedoch nur auf Abtretung dieses Anspruchs gerichtet, nicht auf Leistung seines Wertes aus der Masse.[48] Zielt der Ersatzaussonderungsanspruch auf die (in der Masse noch vorhandene) Gegenleistung selbst (§ 48 Satz 2), gehört diese zwar zur Masse; sie haftet aber ebenfalls nicht für die Masseverbindlichkeiten, steht vielmehr allein dem Ersatzaussonderungsberech-

---

[43] *Dieckmann*, FS Henckel, S. 95, 101 ff.; *Häsemeyer*, Insolvenzrecht RdNr. 11.19; aA außer *Gerhardt* aaO auch *Gundlach*, Der Ersatzaussonderungsberechtigte S. 122 f., 137 f.; *ders.* ZIP 1995, 1789.
[44] Dazu *Ganter* NZI 2008, 583 ff.
[45] BGHZ 141, 116, 119 = NZI 1999, 265.
[46] BGH NJW 2002, 3283.
[47] BGH, Beschl. v. 8.2.2007 – IX ZR 218/04, zit. nach juris.
[48] *Jaeger/Henckel* § 48 RdNr. 69; aA *Mitlehner*, aaO RdNr. 202.

D. Die Tatbestände des § 48

I. Die gesetzlichen Tatbestände

Die Vorschrift erfasst unmittelbar nur zwei Tatbestände:[51] Der Erste betrifft den Fall, dass ein Gegenstand, dessen Aussonderung hätte verlangt werden können, **vor der Eröffnung des Insolvenzverfahrens vom Schuldner** veräußert wird. Hierdurch wird das Entstehen des Aussonderungsrechts verhindert. Beim zweiten Tatbestand wird der aussonderungsfähige Gegenstand **nach Eröffnung des Verfahrens durch den Insolvenzverwalter** veräußert. Hierdurch wird ein bereits entstandenes Aussonderungsrecht zum Erlöschen gebracht. 12

II. Analoge Anwendung des § 48

Verfügungen **des Schuldners** über aussonderungsfähige Gegenstände **nach Verfahrenseröffnung** führten früher zu einer Ersatzhaftung allein des konkursfreien Vermögens.[52] Nunmehr lässt jedoch § 42 den Neuerwerb des Schuldners in die Masse fallen. Begründeten Verfügungen des Schuldners nach Verfahrenseröffnung kein Ersatzaussonderungsrecht, würden also die Insolvenzgläubiger davon profitieren, dass der Schuldner das Aussonderungsrecht vereitelt hat. Dies wäre unerträglich. Es erscheint deshalb geboten, § 48 auf diesen Fall analog anzuwenden.[53] Ein dahingehendes Bedürfnis kann auch nicht mit Hinweis darauf geleugnet werden, die Verfügung des Schuldners sei, falls der Verwalter sie nicht genehmige, unwirksam (zum Erfordernis der Wirksamkeit s.u. RdNr. 43), der Gegenstand befinde sich also noch immer in der Masse und könne ausgesondert werden. Da ein aussonderungsfähiger Gegenstand nicht zur „Sollmasse" gehört, unterliegt er nicht der Verfügungssperre des § 80; verfügt der Schuldner nach Verfahrenseröffnung über einen massefremden Gegenstand, ist die Verfügung also wirksam.[54] 13

Veräußert der **vorläufige Insolvenzverwalter mit Verfügungsbefugnis** (§ 22 Abs. 1 Satz 1) oder spezieller **Ermächtigung** (§ 22 Abs. 2) im Insolvenzeröffnungsverfahren aussonderungsfähige Gegenstände, begründet dies nach Insolvenzeröffnung die Ersatzaussonderung, sofern die Gegenleistung unterscheidbar in der Masse vorhanden ist. Insofern hat sich die Stellung des Aussonderungsberechtigten verbessert: Verfügungen des **Sequesters** (§ 106 KO, § 2 Abs. 3 GesO) oder des **vorläufigen Vergleichsverwalters** (§ 11 VerglO) rechtfertigten keine Ersatzaussonderung.[55] Nachdem aber nunmehr sogar Verfügungen des Schuldners die Ersatzaussonderung begründen, sofern die Gegenleistung in die Masse gelangt und in dieser unterscheidbar vorhanden ist (s.o. RdNr. 2), kann dies bei Verfügungen des vorläufigen Insolvenzverwalters, auf den die Verfügungsbefugnis des Schuldners generell oder partiell übergegangen ist, nicht anders sein.[56] Ist die vom vorläufigen Insolvenzverwalter erlöste Gegenleistung ununterscheidbar in die Masse aufgegangen, scheidet eine Ersatzaussonderung aus, weil dies auch bei einem (endgültigen) Insolvenzverwalter nicht anders wäre. Verfügungen eines **nicht verfügungsbefugten vorläufigen Insolvenzverwalters** sind regelmäßig unwirksam und begründen schon deshalb keine Ersatzaussonderung.[57] Sind sie ausnahmsweise wirksam – etwa deshalb, weil die Verfügungsadressaten gutgläubig waren – und kommt es später zur Insolvenzeröffnung, haben die Berechtigten ein Ersatzaussonderungsrecht. Bleibt die Insolvenzeröffnung aus, besteht ein unmittelbarer Anspruch gegen den vorläufigen Insolvenzverwalter aus § 816 Abs. 2 BGB.[58] 14

---

[49] *Jaeger/Henckel* § 48 RdNr. 80.
[50] HK-*Lohmann* § 48 RdNr. 3.
[51] Anders: FK-*Imberger* § 48 RdNr. 3: nur ein Tatbestand mit zwei unterschiedlichen Rechtsfolgen.
[52] *Jaeger/Lent* KO § 46 RdNr. 11 (vgl. aber *dies.* KO § 46 RdNr. 17); *Häsemeyer*, Insolvenzrecht RdNr. 11.20 Fn. 59.
[53] Im Ergebnis zustimmend *Jaeger/Henckel* § 48 RdNr. 39.
[54] Vgl. zum Ganzen *Dieckmann*, FS Henckel, S. 95, 117 Fn. 83.
[55] BGH NJW 1995, 2783, 2787, insoweit in BGHZ 130, 38 n.a.; 1998, 2213, 2214 = EWiR 1998, 695 (*Undritz*); LG Bremen ZIP 1982, 201 m. Anm. *Voigt; Kilger*, FS 100 Jahre KO, S. 200; *Henckel*, Pflichten des Konkursverwalters gegenüber Aus- und Absonderungsberechtigten, S. 11 ff.
[56] *Niesert* InVo 1998, 141, 142; *Häsemeyer*, Insolvenzrecht RdNr. 11.25 Fn. 67; *Gottwald/Adolphsen*, Insolvenzhandbuch, § 41 RdNr. 6; Kübler/*Prütting*/Bork § 48 RdNr. 28; FK-*Imberger* § 48 RdNr. 24.
[57] Zutreffend *Jaeger/Henckel* § 48 RdNr. 23.
[58] BGH NZI 2007, 338, 339 m. Anm. *Gundlach/Frenzel*.

E. Voraussetzungen der Ersatzaussonderung

I. Aussonderungsgegenstand

15 Eine Ersatzaussonderung kommt nur in Betracht, falls der Gegenstand, über den der Schuldner oder Insolvenzverwalter verfügt hat, ohne die Verfügung hätte ausgesondert werden können (vgl. o. RdNr. 5). Die Ersatzaussonderung muss sich auf ein gegenständlich fassbares Objekt beziehen. Das bedeutet jedoch nicht, dass dieses als solches in der Istmasse bereits vorhanden sein muss, wenn das Ersatzaussonderungsverlangen gestellt wird. Es genügt, dass der Gegenstand der Ersatzaussonderung bestimmbar ist und erst nach der Trennung von der Istmasse als selbständige Einheit in Erscheinung tritt. Das ist insbesondere für das Merkmal der Unterscheidbarkeit von Bedeutung (s.u. RdNr. 55 ff.).

16 Der betroffene Gegenstand muss **im Zeitpunkt der Veräußerung** aussonderungsfähig gewesen sein.[59] Die früher weit verbreitete, heute kaum noch vertretene Meinung, es sei auf den Zeitpunkt der gerichtlichen Geltendmachung der Ersatzaussonderung abzustellen, weil das Aussonderungsrecht ohne die Veräußerung durch Ersitzung oder infolge unverschuldeter Unmöglichkeit der Herausgabe hätte untergehen können, ist abzulehnen. Zum einen ist es unangemessen, den für die Beurteilung der Aussonderungsfähigkeit maßgeblichen Zeitpunkt allgemein nach seltenen Ausnahmefällen – die obendrein hypothetisch sind – auszurichten. Zum andern haben die Insolvenzgläubiger kein schutzwürdiges Interesse daran, dass diese hypothetischen Ausnahmefälle berücksichtigt werden.[60]

II. Veräußerung

17 **1. Begriff.** Dieser ist weit zu verstehen. Hierunter fallen alle dinglichen Rechtsänderungen, mit denen der Schuldner/Insolvenzverwalter den Vermögenswert (Substanzwert) des aussonderungsfähigen Gegenstands realisiert.[61] Um eine rechtsgeschäftliche Verfügung muss es sich nicht handeln.[62] Es genügt, dass der Gegenstand durch zwangsweise ersetztes Rechtsgeschäft einem Dritten überlassen worden ist oder dass dieser ihn als Leistung des Schuldners kraft Gesetzes erworben hat.[63]

18 **2. Einzelfälle. a) Rechtsgeschäftliche Übertragung.** Die rechtsgeschäftliche Übertragung des Aussonderungsgegenstands ist der Hauptfall der Veräußerung.[64] Wird fremdes, der Aussonderung unterliegendes Geld als **Darlehen** gegeben, ist auch dies eine Veräußerung.[65] Die Veräußerung braucht keine Vollübertragung zu sein; sie kann auch in einer **Belastung** – zum Beispiel in der Bestellung eines Pfandrechts – bestehen[66] (zur Frage, worin hier die herauszugebende Gegenleistung besteht, s.u. RdNr. 38 ff.). Nur vollzogene Übertragungen begründen eine Ersatzaussonderung.[67] Die Begründung einer schuldrechtlichen Verpflichtung zur Übertragung – zum Beispiel durch Abschluss eines Kaufvertrages – reicht nicht aus, weil sie die Aussonderung durch den Berechtigten nicht hindert.[68]

19 **b) Gebrauchsüberlassung.** Schuldrechtliche Verträge mit derartigem Inhalt begründen keine Ersatzaussonderung.[69] Mit ihnen wird nicht der Substanzwert der fremden Sache realisiert. Miet- oder Pachtzinsen, die der Schuldner vor Verfahrenseröffnung eingezogen hat, kann der Berechtigte unter den Voraussetzungen der §§ 987 ff. BGB als Insolvenzforderung geltend machen. Hat nach Verfahrenseröffnung der Insolvenzverwalter die Zinsen kassiert, steht dem Berechtigten ein Masseanspruch zu (§ 55 Abs. 1 Nr. 1, 3).[70]

---

[59] *Gundlach* KTS 1997, 55 ff.; *Moritz*, aaO S. 11 ff.; *Jaeger/Henckel* § 48 RdNr. 21; *Uhlenbruck/Brinkmann* § 48 RdNr. 12; *Kübler/Prütting*/Bork § 48 RdNr. 9.

[60] *Gundlach* KTS 1997, 55, 59.

[61] BGHZ 23, 307, 316 = NJW 1957, 750; OLG Düsseldorf NZI 2003, 379, 381 = EWiR 2003, 645 (Mitlehner); *Häsemeyer*, Insolvenzrecht RdNr. 11.20.

[62] AA die ältere Literatur, vgl. *Hellwig* AcP 68 (1895), 217, 223; *Hochmuth*, aaO S. 12 f.; *Moritz*, aaO S. 15; *Jaeger/Lent* KO § 46 RdNr. 8, 10.

[63] *Jaeger/Henckel* § 48 RdNr. 9, 31; *Uhlenbruck/Brinkmann* § 48 RdNr. 9; *Kübler/Prütting*/Bork § 48 RdNr. 8.

[64] *Jaeger/Henckel* § 48 RdNr. 24; *Uhlenbruck/Brinkmann* § 48 RdNr. 9.

[65] *Gundlach* ZIP 1995, 1789, 1790; *Jaeger/Henckel* § 48 RdNr. 27; *Uhlenbruck/Brinkmann* § 48 RdNr. 9; *Kübler/Prütting* § 48 RdNr. 7.

[66] *Gundlach* ZIP 1995, 1789, 1792 Fn. 35; *Jaeger/Henckel* § 48 RdNr. 24.

[67] *Jaeger/Henckel* § 48 RdNr. 26; *Kübler/Prütting*/Bork § 48 RdNr. 7.

[68] *Gundlach* KTS 1996, 505, 506 Fn. 9.

[69] BGH NZI 2006, 587 = WuB VI A. § 55 InsO 1.07 (Richrath); *Gundlach* KTS 1996, 505, 506 Fn. 9; *Jaeger/Henckel* § 48 RdNr. 27; *Uhlenbruck/Brinkmann* § 48 RdNr. 9.

[70] Vgl. BGH NJW 2005, 2552, 2554; HK-*Marotzke* § 112 RdNr. 28; *Marotzke* ZInsO 2007, 1, 12 f.

c) **Einziehung einer fremden Forderung.** Diese stellt ebenfalls eine Veräußerung im Sinne 20
von § 48 dar.[71] Die Einziehung führt dazu, dass die Forderung – und mit ihr das daran bestehende
Aussonderungsrecht – erlischt. Dies beeinträchtigt den Berechtigten ebenso, wie wenn der Schuldner die Forderung verkauft und abgetreten hätte. Wird ein Gegenstand, dessen Aussonderung hätte
verlangt werden können, veräußert und die Gegenleistung zur Masse eingezogen, begründet die
Einziehung eine „zweite Ersatzaussonderung" (s.u. RdNr. 75).

Der Einziehung einer fremden Forderung steht gleich, wenn der Drittschuldner zur Tilgung der 21
gegen ihn gerichteten Forderung, deren Abtretung ihm nicht bekannt ist, dem Zedenten (Insolvenzschuldner) einen **Scheck** übergibt, der dem Zedenten nach Eröffnung des Insolvenzverfahrens über
sein Vermögen gutgeschrieben wird.[72] Der Zeitpunkt der „Veräußerung" im Sinne von § 48 Satz 1
ist in diesem Falle vorverlagert. Obwohl die der Scheckhingabe zugrundeliegende Schuld erst mit
der Befriedigung aus dem Scheck endgültig erlischt, muss der Zessionar den erfüllungshalber dem
Zedenten übergebenen Scheck als Leistung im Sinne des § 407 Abs. 1 BGB gelten lassen, wenn der
Scheck später eingelöst wird. Die Erfüllung hindert den Zessionar, den Drittschuldner nochmals in
Anspruch zu nehmen. Das gilt selbst dann, wenn der Drittschuldner nach der Übergabe des Schecks
an den Zedenten, aber noch vor der Einlösung, von der Abtretung erfährt. Entscheidend dafür, dass
die Forderung des Zessionars gegen den Drittschuldner nicht durchgesetzt werden kann, ist mithin
nicht der Eintritt der endgültigen Erfüllungswirkung, sondern der Zeitpunkt der Übergabe des
Schecks an den Gläubiger, der daran Eigentum – und damit die selbständige Forderung gegen den
Drittschuldner aus § 40 ScheckG – erwirbt.

d) **Einzahlung fremden Geldes auf eigenes Bankkonto.** Wenn der spätere Insolvenzschuld- 22
ner unbefugt fremdes Geld auf sein eigenes Bankkonto einzahlt und damit Bargeld in Buchgeld
verwandelt, liegt eine Veräußerung im Sinne von § 48 vor, weil der Insolvenzschuldner den Vermögenswert eines aussonderungsfähigen Gutes realisiert.[73]

e) **Zwangsmaßnahmen.** Um eine Veräußerung im Sinne des § 48 handelt es sich auch, wenn 23
der Rechtsübergang sich im Wege öffentlicher Versteigerung, der Enteignung oder der Zwangsvollstreckung gemäß §§ 894, 897, 898 ZPO vollzieht.[74] Ob auch eine Übertragung, die auf einer
Zwangsvollstreckung wegen Geldforderungen beruht, unter den Begriff der Veräußerung im
Sinne von § 48 fällt,[75] ist zweifelhaft und wohl eher abzulehnen. Zwar ist ein Berechtigter, der von
der Zwangsvollstreckung keine Kenntnis hatte und deswegen nichts dagegen unternehmen konnte,
genauso schutzwürdig, wie wenn er sein Aussonderungsrecht durch rechtsgeschäftliche Verfügung
des Schuldners verloren hätte. Dieser Schutz ist jedoch auch ohne Ersatzaussonderung gewährleistet.
Der Anspruch auf den Erlös und dieser selbst gehören ohne Rücksicht auf das Insolvenzverfahren
des Vollstreckungsschuldners dem Berechtigten. Hat der Vollstreckungsgläubiger den Erlös bereits
erhalten, schuldet er dem Berechtigten Herausgabe wegen ungerechtfertigter Bereicherung.[76] Auch
fehlt es hier an einer rechtsgeschäftlichen Beziehung zwischen Veräußerer und Erwerber.[77]

f) **Werklieferungsvertrag.** Unter § 48 fällt auch, wenn ein Bauhandwerker auf Grund eines 24
Werkvertrages unter Eigentumsvorbehalt gelieferte Sachen als wesentliche Bestandteile eines fremden Grundstücks **einbaut**.[78] Je nach der konkreten Fallgestaltung erwirbt der Auftraggeber und
Grundstückseigentümer das Eigentum an den eingebauten Sachen entweder originär nach § 946
BGB durch den Einbau oder durch eine vorangegangene rechtsgeschäftliche Übereignung. In jedem
Falle handelt es sich um eine rechtsgeschäftliche Leistung und nicht um eine bloß tatsächliche
Verhaltensweise (zu diesen s. RdNr. 25). Wegen dieser Leistung entsteht ein Anspruch des Handwer-

---

[71] RGZ 98, 143, 148; 141, 89, 92; BGHZ 23, 307, 310 f. = NJW 1957, 750; BGH ZIP 1989, 785, 786 = EWiR 1989, 795 *(Stürner/Münch);* NJW 1991, 427, 428 = EWiR 1991, 79 *(Johlke)* = WuB VI B. § 46 KO 1.91 *(Uhlenbruck);* BGH NZI 2006, 700, 702 = WuB VI A. § 131 InsO 5.06 *(Kreft).* OLG Köln ZIP 2002, 947, 949 = EWiR 2002, 633 *(Gundlach/Frenzel);* OLG Dresden WM 2010, 212, 214; *Hellwig* AcP 68 (1895), 217, 224; *Moritz* aaO S. 21; *Gundlach* ZIP 1995, 1789, 1790; ders. KTS 1996, 505, 508; *Häsemeyer,* Insolvenzrecht RdNr. 11.20; *Uhlenbruck/Brinkmann* § 48 RdNr. 9; HK-*Lohmann* § 48 RdNr. 6; Kübler/*Prütting*/Bork § 48 RdNr. 7.
[72] Vgl. BGH NJW 1991, 427, 428 = EWiR 1991, 79 *(Johlke)* = WuB VI B. § 46 KO 1.91 *(Uhlenbruck).*
[73] Vgl. *Sack/Kühn,* FS Görg, S. 413, 422.
[74] *Gundlach* KTS 1996, 505, 510; *Jaeger/Henckel* § 48 RdNr. 25; *Uhlenbruck/Brinkmann* § 48 RdNr. 10; HK-*Lohmann* § 48 RdNr. 6.
[75] Bejahend *Gundlach* KTS 1996, 505, 510.
[76] *Jaeger/Henckel* § 48 RdNr. 25.
[77] Dies anerkennt auch *Gundlach* KTS 1996, 505, 512.
[78] BGHZ 30, 176, 180 = NJW 1959, 1681; *Moritz,* aaO S. 16 ff.; *Gottwald/Adolphsen,* Insolvenzrechts-Hdb., § 41 RdNr. 12; *Jaeger/Henckel* § 48 RdNr. 9; *Uhlenbruck/Brinkmann* § 48 RdNr. 10; HK-*Lohmann* § 48 RdNr. 6.

§ 48 25–28   2. Teil. 2. Abschnitt. Insolvenzmasse. Einteilung der Gläubiger

kers (= Schuldners) gegen den Auftraggeber. Auf diesen Anspruch bezieht sich nunmehr das Ersatzaussonderungsrecht.

25 **g) Tatsächliche Verhaltensweisen.** Haben solche einen Eigentumsverlust des Berechtigten zur Folge (zB Verbindung, Vermischung, Verarbeitung), stellen sie dennoch keine Veräußerung dar, weil der Eigentumsübergang hier nicht auf einer rechtsgeschäftlichen Beziehung zwischen dem Aussonderungsberechtigten und dem Schuldner beruht.[79] Hat erst der Insolvenzverwalter die Verbindung usw. vorgenommen, wird man darin häufig die Erklärung der Erfüllungswahl nach § 103 Abs. 1 sehen können.[80] Dann ist die Verpflichtung zur Abführung des Erlöses Masseschuld nach § 55 Abs. 1 Nr. 1, 3. Obendrein kann sich der Verwalter wegen Vereitelung des Aussonderungsrechts schadensersatzpflichtig machen (§ 60).

26 Die **Beschädigung oder Zerstörung** eines aussonderungsfähigen Gutes berechtigt nicht zur Ersatzaussonderung.[81] Die aus solchen Verhaltensweisen entstehenden Schadensersatzansprüche stehen ohnehin regelmäßig dem wahren Berechtigten unmittelbar zu. Ist dies ausnahmsweise nicht der Fall, weil Rechte verletzt werden, die der Schuldner treuhänderisch hält, oder weil sich Ersatzansprüche nur aus einem vom Schuldner geschlossenen Vertrag entnehmen lassen, besteht allerdings eine Rechtsschutzlücke.[82]

27 **3. Ohne Berechtigung.** Die Veräußerung muss – wie nunmehr in § 48 Satz 1 klargestellt ist[83] – unberechtigt geschehen sein. Ein Aussonderungsberechtigter, der damit einverstanden ist, dass über sein Recht verfügt wird, bedarf keines besonderen insolvenzrechtlichen Schutzes. Dies gilt sowohl im Falle der anfänglichen Gestattung als auch bei nachträglicher Genehmigung. Ein Ersatzaussonderungsrecht an einem Kontoguthaben besteht folglich nicht, wenn der Gläubiger einverstanden war, dass der spätere Insolvenzschuldner die aus dem Vermögen des Gläubigers stammenden Gelder auf ein Eigenkonto einzahlt.[84] Entsprechendes gilt, wenn ein Vorbehaltsverkäufer das dem Käufer eingeräumte Recht zur Weiterveräußerung nicht widerruft. Ein etwa von einem Geldkreditgeber ausgesprochener Widerruf wirkt nicht zugunsten des Vorbehaltsverkäufers.[85] Berechtigt ist auch die Veräußerung des anfechtbar erhaltenen Gegenstandes durch den Anfechtungsgegner (vgl. o. RdNr. 8c).

28 Unberechtigt ist eine Veräußerung außerhalb des gewöhnlichen Geschäftsbetriebes, insbesondere im Falle eines Sonderverkaufs zu Schleuderpreisen[86] oder eines Insichgeschäfts (auch in Form eines Sale-and-lease-back-Geschäfts).[87] Der Vorbehaltsverkäufer, der Waren unter **einfachem Eigentumsvorbehalt** verkauft und den Käufer zur Weiterveräußerung im ordnungsgemäßen Geschäftsverkehr ermächtigt (praktisch wird das kaum vorkommen, weil das Eigentumsvorbehalt dann nur geringen Sicherungswert hat), kann nicht im Wege der Ersatzaussonderung auf den Erlös aus dem Weiterverkauf zugreifen, wenn sich der Schuldner an die Beschränkung auf den ordnungsgemäßen Geschäftsverkehr gehalten hat.[88] Das gilt auch dann, wenn ein **verlängerter Eigentumsvorbehalt** – hier ermächtigt der Vorbehaltsverkäufer den Käufer gegen Abtretung des Erlöses zum Weiterveräußerung im ordnungsgemäßen Geschäftsverkehr (dazu § 47 RdNr. 124) – an einer Abwehrklausel scheitert (vgl. § 47 RdNr. 59). Ist der verlängerte Eigentumsvorbehalt wirksam, hat der Vorbehaltsverkäufer wiederum kein Ersatzaussonderungsrecht (sondern nur ein Absonderungsrecht) am Erlös, falls sich der Käufer an die Beschränkung auf den ordnungsgemäßen Geschäftsverkehr gehalten hat.[89] Andernfalls greift § 48 ein.

---

[79] BGHZ 30, 176, 180 = NJW 1959, 1681; BGH NJW 1989, 3213 f. = EWiR 1989, 1017 *(Graf Lambsdorff);* OLG Düsseldorf NZI 2003, 379, 381 f. = EWiR 2003, 645 *(Mitlehner); Moritz,* aaO S. 16; *Gerhardt* KTS 1990, 1, 4 ff.; *Gottwald,* Insolvenzrechts-Hdb., 3. Aufl., § 41 RdNr. 12; *Uhlenbruck/Brinkmann* § 48 RdNr. 11; HK-*Lohmann* § 48 RdNr. 6.

[80] *Uhlenbruck/Brinkmann* § 48 RdNr. 11; aA *Mitlehner,* aaO RdNr. 190.

[81] *Häsemeyer,* Insolvenzrecht RdNr. 11.21; *Jaeger/Henckel* § 48 RdNr. 31; *Uhlenbruck/Brinkmann* § 48 RdNr. 11.

[82] Entgegen *Häsemeyer,* Insolvenzrecht RdNr. 11.21, und *Uhlenbruck/Brinkmann* § 48 RdNr. 11, scheidet eine Ersatzaussonderung „wegen Ersatzansprüchen des Berechtigten aus Drittschadensliquidation" aus, weil allenfalls der Schuldner den Drittschaden liquidieren könnte.

[83] Vgl. zu § 46 KO nur BGHZ 58, 257, 259 = NJW 1972, 872; 68, 199, 201 = NJW 1977, 901; BGHZ 144, 192 = NJW 2000, 1950, 1951.

[84] BGH NJW 2010, 3578 = NZI 2010, 897 RdNr. 17; OLG Köln ZVI 2009, 300, 301 f.

[85] *Smid* ZInsO 2009, 2217.

[86] BGH ZIP 1989, 12, 13 = EWiR 1989, 123 *(Köndgen).*

[87] *Kübler/Prütting*/Bork § 48 RdNr. 15; *Mitlehner,* aaO RdNr. 193.

[88] BGHZ 27, 306, 307 = NJW 1958, 1281; 68, 199 = NJW 1977, 901; BGH NJW 1988, 1210, 1213; *Jaeger/Henckel* § 48 RdNr. 45.

[89] *Jaeger/Henckel* § 48 RdNr. 50 ff.

Als Nichtberechtigter verfügt der Schuldner auch dann, wenn er nach außen die Verfügungsbefugnis hat, im Innenverhältnis aber **„quasidinglichen" Einschränkungen** unterliegt. So verhält es sich zum Beispiel bei manchen **Treuhandverhältnissen**[90] (Näheres hierzu s. § 47 RdNr. 354 ff.). Als uneigennütziger Treuhänder ist der Schuldner im Allgemeinen nicht berechtigt, eine fremde Forderung auf ein Eigenkonto einzuziehen[91] oder Treugut zu veräußern.[92] Bei der **Versicherung für fremde Rechnung** (§ 76 VVG), einem gesetzlichen Treuhandverhältnis, ist der Versicherungsnehmer gegenüber dem Versicherten nicht zu Einziehung ermächtigt (vgl. § 77 VVG). In der Insolvenz des Versicherungsnehmers kann der Versicherte deshalb die Forderung auf die Versicherungsleistung und diese selbst, falls sie unterscheidbar in der Masse vorhanden ist, ersatzaussondern.[93] Zur Berechtigung des **Kommissionärs,** Forderungen aus dem Kommissionsgeschäft einzuziehen, vgl. § 47 RdNr. 289. 29

Der bloße Verstoß gegen **schuldrechtliche Bindungen** macht den Schuldner noch nicht zu einem Nichtberechtigten.[94] Deshalb entfällt ein Ersatzaussonderungsrecht des Vorbehaltsverkäufers, wenn er dem Schuldner lediglich die Verpflichtung auferlegt hat, ihm den Anspruch aus dem Weiterverkauf abzutreten (dann handelt es sich freilich nicht um einen verlängerten Eigentumsvorbehalt), und der Schuldner dieser Verpflichtung zuwiderhandelt.[95] 29a

Der **Insolvenzverwalter** ist zur Veräußerung massefremder Rechte nur befugt, wenn der Rechtsinhaber ihn dazu ermächtigt oder bevollmächtigt. Verfügungs- oder Verarbeitungsermächtigungen oder Vollmachten, die dem Insolvenzschuldner erteilt waren, sind mit der Verfahrenseröffnung erloschen (vgl. § 47 RdNr. 111, 145).[96] Fehlt dem Insolvenzverwalter (etwa wegen § 173) das Recht, mit Absonderungsrechten belastete Gegenstände zu verwerten, und tut er dies dennoch, so stellt dies eine unberechtigte Veräußerung analog § 48 Satz 1 InsO dar.[97] Ein kraft Gesetzes zur Verwertung befugter Verwalter verwertet nicht deshalb unberechtigt, weil er Verfahrensvorschriften verletzt, etwa die nach § 168 Abs. 1 vorgeschriebene Mitteilung an den absonderungsberechtigten Gläubiger unterlässt oder den Erlös mit der Masse vermischt oder diesen an einen nur vermeintlich Absonderungsberechtigten herausgibt.[98] Die unberechtigte Veräußerung kann auch Ansprüche aus § 55 Abs. 1 Nr. 1 iVm §§ 990, 989 BGB,[99] aus § 55 Abs. 1 Nr. 3 iVm §§ 812 BGB oder – bei Verschulden des Insolvenzverwalters – aus § 823 Abs. 1 BGB[100] und § 60[101] auslösen. 30

4. Entgeltlichkeit. § 48 setzt in beiden Sätzen voraus, dass die Veräußerung nicht unentgeltlich, sondern um eine Gegenleistung erfolgt.[102] Verfügt der Schuldner vor der Insolvenzeröffnung unentgeltlich über einen aussonderungsfähigen Gegenstand, schuldet der Empfänger dem Berechtigten gemäß §§ 816 Abs. 1 Satz 2, 818 BGB Herausgabe des Erlangten oder Wertersatz. Ist dieser Anspruch nicht durchsetzbar, kann der Berechtigte einen Schadensersatzanspruch als Insolvenzforderung geltend machen. Eine unentgeltliche Verfügung, die der Insolvenzverwalter nach Verfahrenseröffnung vornimmt (praktisch wird dies kaum vorkommen), ist mit seinen Aufgaben nicht zu vereinbaren. Sie ist deswegen der Masse gegenüber unwirksam und kann die persönliche Haftung gemäß § 60 begründen. Bei einer gemischten Schenkung – sowohl des Insolvenzschuldners als auch des Verwalters – greift § 48 hinsichtlich des entgeltlichen Teils ein.[103] 31

---

[90] *Häsemeyer,* Insolvenzrecht RdNr. 11.23.
[91] *Jaeger/Henckel* § 48 RdNr. 57. Die Bareinzahlung der von HEROS eingesammelten Kundengelder auf HEROS-Eigenkonten bei der Deutschen Bundesbank war deshalb unberechtigt, *Sack/Kühn,* FS Görg, S. 413, 422.
[92] *Jaeger/Henckel* § 48 RdNr. 58
[93] *Jaeger/Henckel* § 48 RdNr. 35.
[94] BGHZ 184, 101, 108 = NZI 2010, 339 RdNr. 23 f.: BGH NZI 2006, 700, 702; *HK-Lohmann* § 48 RdNr. 8.
[95] RGZ 138, 89, 92.
[96] Vgl. auch BGH NJW 1953, 217; *Häsemeyer,* Insolvenzrecht RdNr. 11.25. Entgegen *Jaeger/Henckel* § 48 RdNr. 45 Fn. 105 geht Verf. aaO nicht davon aus, dass die Ermächtigung mit der Eröffnung des Insolvenzverfahrens wieder auflebt; dies ist erst der Fall, wenn der Insolvenzverwalter die Erfüllung des Vertrages wählt. Dazu *Jaeger/Henckel* § 48 RdNr. 46 aE.
[97] Zur Ersatzabsonderung analog § 48 InsO s. vor §§ 49 bis 52 RdNr. 167 ff.; ferner *Kübler/Prütting/*Bork § 48 RdNr. 26 f.; *HK-Lohmann* § 48 RdNr. 17 ff.; eingehend *Gundlach,* KTS 1997, 553 ff.
[98] *Ganter/Bitter* ZIP 2005, 93, 101 ff.; *HK-Lohmann* § 48 RdNr. 8.
[99] BGH ZIP 1998, 298, 300.
[100] BGH ZIP 1987, 1398,1400.
[101] BGH ZIP 2006, 194, 195.
[102] BGHZ 174, 228, 242 = NZI 2008, 163; *Jaeger/Henckel* § 48 RdNr. 28; *Uhlenbruck/Brinkmann* § 48 RdNr. 13; *HK-Lohmann* § 48 RdNr. 9; *Kübler/Prütting/*Bork § 48 RdNr. 10.
[103] *Gottwald/Adolphsen,* Insolvenzrechts-Hdb, § 41 RdNr. 15; *Jaeger/Henckel* § 48 RdNr. 29; *Uhlenbruck/Brinkmann* § 48 RdNr. 13; *Hess* § 48 RdNr. 49.

32 **a) Begriff der Gegenleistung.** Unter „Gegenleistung" im Sinne von § 48 ist nicht die rechtsgeschäftliche Gegenleistung zu verstehen. Der Begriff der „Gegenleistung" ist vielmehr haftungsrechtlich zu definieren. Darunter fällt jede **Mehrung des Aktivvermögens** der Insolvenzmasse, die auf die Veräußerung eines aussonderungsfähigen Gegenstands zurückzuführen ist.[104] Die Ersatzaussonderung der Gegenleistung setzt voraus, dass diese gegenständlich herausgegeben werden kann. Bei einer gegenständlich nicht fassbaren bloßen Erhöhung des Wertes des Schuldnervermögens kommt eine Ersatzaussonderung nicht in Betracht.[105] Ebenso scheidet eine **Minderung des Passivvermögens** als Gegenleistung aus. Deshalb gibt es keine Ersatzaussonderung, wenn die Veräußerung des Aussonderungsgegenstands den Schuldner lediglich von einer Schuld befreit hat.

33 **b) Einzelfälle. aa) Verkauf und Tausch.** Bei der Veräußerung eines Gegenstandes auf Grund Verkaufs ist „Gegenleistung" der Anspruch auf den Kaufpreis oder das auf diesen Anspruch Geleistete. Das Entgelt, das der Schuldner für die Abtretung des Rechts auf die ausstehende Gegenleistung (§ 48 Satz 1) erhält, fällt – für die „Ersterstatzaussonderung" – nicht mehr unter den Begriff der Gegenleistung.[106] Es ist aber im Rahmen der „Zweiterstatzaussonderung" (s.u. RdNr. 74 ff.) zu beachten. Beim Tausch ist „Gegenleistung" der Anspruch auf das Tauschobjekt bzw. – nach Erfüllung dieses Anspruchs – das Tauschobjekt selbst.

34 **bb) Einziehung einer fremden Forderung.** In einer Bareinzahlung oder Überweisung eines Guthabens auf das Konto des Schuldners oder Einreichung eines Schecks, die zur Tilgung der Schuld vorgenommen und akzeptiert wird, liegt die Gegenleistung für die gleichzeitig gewährte Schuldbefreiung.[107] Die Gutschrift, die auf eine derartige Bareinzahlung oder Überweisung oder Scheckeinreichung zurückgeht, unterliegt somit uU der Ersatzaussonderung. Hat sich der Schuldner durch die Einziehung der ihm nicht zustehenden Forderung lediglich von einer Schuld befreit (Beispiel: er zieht die Forderung auf sein debitorisches Konto ein), fehlt es jedoch an einer gegenständlich fassbaren Gegenleistung.[108] Führt die Einziehung der Forderung dazu, dass ein bisher im Debet geführtes Konto nunmehr ein Guthaben aufweist, so beschränkt sich die Ersatzaussonderungsmöglichkeit auf dieses Guthaben.[109]

35 **cc) Einzahlung fremdes Geldes auf eigenes Konto; Darlehensgewährung.** Dass der Insolvenzverwalter fremde Gelder oder sonstige vertretbare Sachen, die bis dahin unterscheidbar in der „Istmasse" vorhanden waren, als Darlehen vergibt, dürfte kaum vorkommen. Schon eher vorstellbar ist, dass der Schuldner vor Verfahrenseröffnung mit Hilfe fremder Gelder oder anderer vertretbarer Sachen eine Darlehensforderung erworben oder fremdes Geld auf sein eigenes Konto eingezahlt hat. Praktische Relevanz hat auch der Fall, dass der Insolvenzverwalter fremdes Geld, das er bei dem Insolvenzschuldner vorfindet, in Besitz nimmt und auf sein (positives) Verwalterkonto einzahlt. In diesen Fällen soll der Berechtigte, der sein Geld verloren hat, vollwertigen Ersatz erhalten. Im Sinne von § 48 muss deshalb als Gegenleistung für die Darlehensgewährung nicht etwa nur der Zinsanspruch, sondern auch der Anspruch auf Rückerstattung des Darlehens angesehen werden.[110] Gegenleistung für das auf das eigene Konto (Verwalterkonto) eingezahlte Fremdgeld ist die Forderung gegen die Bank aus der Gutschrift.

36 **dd) Schuldentilgung.** Sind vom Schuldner fremde Geldscheine oder -stücke, die bis zu diesem Zeitpunkt vom Schuldnervermögen unterschieden werden konnten, zum Zwecke der Erfüllung einer Geldschuld oder sind fremde Sachen anderer Art an Erfüllungs statt übereignet worden, gibt es keine Gegenleistung, auf die im Wege der Ersatzaussonderung zugegriffen werden könnte.[111]

---

[104] Vgl. *Gundlach* ZIP 1995, 1789, 1790; *Gundlach/Schmidt* EWiR 2008, 469, 470; *Jaeger/Henckel* § 48 RdNr. 68; *Uhlenbruck/Brinkmann* § 48 RdNr. 22; Kübler/Prütting/Bork § 48 RdNr. 18; enger – wegen des abweichenden Verständnisses von der „Veräußerung" – *Moritz*, aaO S. 47.

[105] BGHZ 58, 257, 261 = NJW 1972, 873; *Gerhardt* KTS 1990, 1, 5, 7; *Behr*, aaO S. 554, 555 f., 579, 580, 615; *Obermüller*, Insolvenzrecht RdNr. 7.101; *Uhlenbruck/Brinkmann* § 48 RdNr. 6.

[106] *Dieckmann*, FS Henckel, 95, 119.

[107] RGZ 98, 143, 148 f.; BGHZ 23, 307, 317 = NJW 1957, 750; BGHZ 144, 192 = NJW 2000, 1950; BGH NJW 1991, 427; 1998, 2213, 2214; 1999, 2592, 2596, insofern in BGHZ 138, 291 n.a.; NZI 2006, 700, 702; OLG Köln ZIP 2002, 947, 949 = EWiR 2002, 633 *(Gundlach/Frenzel)*; *Gundlach* ZIP 1995, 1789, 1790; ders., DZWIR 2000, 430, 431; *Jaeger/Henckel* § 48 RdNr. 68.

[108] BGH NZI 2006, 700, 701 f. m. Anm. *Kreft* WuB VI A. § 131 InsO 5.06; *Gundlach* DZWir 1998, 12, 18; *Gundlach/Frenzel/Schmidt* InVo 2002, 81, 85; *Uhlenbruck/Brinkmann* § 48 RdNr. 28.

[109] OLG Köln ZIP 2002, 947, 950 = EWiR 2002, 633 *(Gundlach/Frenzel)*; *Gundlach/Frenzel/Schmidt* InVo 2002, 81, 85.

[110] Vgl. *Hellwig* AcP 68 (1895), 217, 225; *Hochmuth* aaO S. 41; *Gundlach* ZIP 1995, 1789, 1790 f.; *Jaeger/Henckel* § 48 RdNr. 68.

[111] *Hellwig* AcP 68 (1895), 217, 225, 226; *Hochmuth* aaO S. 40; *Moritz* aaO S. 47 Fn. 1; *Gundlach* ZIP 1995, 1789, 1791; *Jaeger/Henckel* § 48 RdNr. 68.

Die Vorschrift des § 48 soll zwar verhindern, dass Werte unter den Insolvenzgläubigern verteilt werden, die ihnen nicht zustehen. Diese Werte müssen aber gegenständlich fassbar sein. Die Aussonderung – auch die Ersatzaussonderung – dient nicht dazu, eine Bereicherung der Masse abzuschöpfen. Nichts anderes als eine derartige Massebereicherung hat die Schuldtilgung zur Folge.

Das Gleiche gilt, wenn der Schuldner eine fremde Forderung auf sein debitorisches Konto einzieht, falls dieses auch danach noch debitorisch oder allenfalls ausgeglichen ist.[112] Ist das Konto, auf das der Schuldner die ihm nicht zustehende Forderung eingezogen hat, nur deshalb im Haben, weil er zuvor eine andere, ihm nicht zustehende Forderung eingezogen hatte, ist die Situation dieselbe wie bei der Einziehung auf ein debitorisches Konto. Denn die vom Schuldner zuerst eingezogene Forderung, derentwegen der wahre Gläubiger von seinem Recht zur Ersatzaussonderung Gebrauch machen kann, stand dem Schuldner nicht zu. Mit ihrer Einziehung konnte sich der Schuldner gegenüber der Bank also nicht von seiner Schuld befreien.

ee) Verpfändung. (1) Das Pfandrecht zur Sicherung einer bestehenden Schuld. Die Forderung auf Pfandrückgabe nach Schuldtilgung (§ 1223 BGB) ist keine „Gegenleistung" und kann deshalb nicht ersatzweise ausgesondert werden.[113] Im Übrigen verhält es sich ähnlich wie bei der Tilgung einer Schuld mit aussonderungsfähigen Zahlungsmitteln (s.o. RdNr. 36). Hat der Schuldner einen schuldnerfremden Gegenstand zur Sicherung einer bereits bestehenden Schuld verpfändet, so ist die Aktivmasse dadurch nicht erweitert worden. Ist das Pfandrecht gutgläubig erworben worden (§§ 1207, 892 BGB), kann der Berechtigte den Gegenstand, aber nur mit der Belastung durch das Pfandrecht, aussondern. Die Belastung kann der Berechtigte ablösen, indem er die Schuld begleicht. Unterlässt er dies, kann der Pfandgläubiger das Pfand verwerten. Auch die Stundung, die der Schuldner durch die Verpfändung eines aussonderungsfähigen Gegenstands erreicht hat, ist keine Gegenleistung, die der Ersatzaussonderung unterliegt.[114]

Hat sich bei der Pfandverwertung ein **Erlösüberschuss** ergeben, ist dieser, falls er in die Insolvenzmasse geflossen ist – andernfalls kann ihn der Berechtigte unmittelbar vom Pfandgläubiger herausverlangen (§ 1247 Satz 2 BGB) –, als „Gegenleistung" einer Ersatzaussonderung fähig.[115]

(2) Das Pfandrecht zur Sicherung einer neu begründeten Schuld. Hat vor Insolvenzeröffnung der Schuldner oder danach der Verwalter ein Darlehen aufgenommen und durch Verpfändung eines fremden, aussonderungsfähigen Gegenstandes besichert, ist der Anspruch auf die Darlehensvaluta und diese selbst ebenfalls keine „Gegenleistung" im Sinne von § 48.[116] Zwar ist die Aktivmasse durch den Anspruch auf das Darlehen und – nach dessen Erfüllung – den Darlehensbetrag erweitert worden. Es kann auch unterstellt werden, dass das Darlehen ohne Besicherung nicht gewährt worden wäre. Da aber – synallagmatisch gesehen – Gegenleistung für die Darlehensgewährung nicht die Hingabe des Sicherungsgegenstands, sondern die Verpflichtung zur Darlehensrückgewähr ist, kann umgekehrt der Anspruch auf das Darlehen nicht als Gegenleistung für den Sicherungsgegenstand angesehen werden. Wenn man sich über dieses mehr konstruktive Bedenken hinwegsetzen wollte, bliebe immer noch die Schwierigkeit, dass die Masse für die Darlehensverbindlichkeit des Schuldners weiter haftet, wenn die Darlehensvaluta an den Ersatzaussonderungsberechtigten herausgegeben wird. Das ist für die Gläubiger nicht akzeptabel. Auch nach der Gegenmeinung soll der Ersatzaussonderungsberechtigte deshalb die Herausgabe der Darlehensvaluta nur dann verlangen können, wenn er im Gegenzug den Schuldner von dem Darlehensrückzahlungsanspruch befreit.[117] Auf welcher Grundlage den Ersatzaussonderungsberechtigten eine derartige Verpflichtung treffen soll, bleibt aber unklar. Selbst wenn eine derartige Verpflichtung bestehen sollte, müssten die Gläubiger immer noch das Risiko einer Insolvenz des Ersatzaussonderungsberechtigten tragen, falls der Darlehensgeber sich nicht auf eine befreiende Schuldübernahme einlässt.

(3) Sicherungsübereignung. Das zu (1) und (2) Gesagte gilt entsprechend, wenn der Aussonderungsgegenstand nicht verpfändet, sondern sicherungsübereignet wird.[118]

ff) Zwangsversteigerung. Bei einer Zwangsversteigerung ist „Gegenleistung" der Versteigerungserlös.

---

[112] Vgl. *Gottwald/Adolphsen*, Insolvenzrechts-Handbuch, § 41 RdNr. 32.
[113] *Moritz*, aaO S. 48; *Gundlach* ZIP 1995, 1789, 1791; *Jaeger/Henckel* § 48 RdNr. 68.
[114] *Jaeger/Henckel* § 48 RdNr. 68.
[115] RG LZ 1911, 300; 1912, 237; OLG Braunschweig SeuffArch 49 Nr. 226; *Gundlach* ZIP 1995, 1789, 1792 f.; aA – nur Masseforderung – *Jaeger/Henckel* § 48 RdNr. 68.
[116] *Moritz*, aaO S. 48; aA *Hochmuth* aaO S. 44; *Gundlach* ZIP 1995, 1789, 1793; *Jaeger/Henckel* § 48 RdNr. 68.
[117] *Hochmuth* aaO S. 45; *Gundlach* ZIP 1995, 1789, 1793; *Jaeger/Henckel* § 48 RdNr. 68.
[118] *Moritz* aaO S. 47.

43 **5. Wirksamkeit.** Umstritten ist, ob die Ersatzaussonderung eine wirksame Verfügung voraussetzt.[119] Dies ist zu bejahen, weil bei einer unwirksamen Veräußerung kein Aussonderungsrecht „vereitelt" wird. Will der Insolvenzverwalter die Ersatzaussonderung mit der Begründung abwehren, die Veräußerung sei unwirksam, trägt er die Beweislast.[120] Gelingt ihm der Beweis, ist es nicht unbillig, dass er den Berechtigten an den Dritten verweisen kann. Wenn der Berechtigte diesen Weg scheut, mag er die Veräußerung genehmigen und ihr somit zur Wirksamkeit verhelfen. Dann steht die Ersatzaussonderung dem Berechtigten offen. Grundsätzlich ist die Genehmigung zulässig, und sie verstößt insbesondere nicht gegen § 91, weil der unwirksam veräußerte Gegenstand nicht zur Masse gehörte.[121] In der Genehmigung liegt auch kein Verzicht auf das Ersatzaussonderungsrecht.[122] Im Zweifel wird man in einem Ersatzaussonderungsbegehren sogar eine derartige Genehmigung sehen dürfen.[123] Freilich ist auch die Möglichkeit zur Genehmigung umstritten.[124] In der Regel wird die Masse dadurch keine Nachteile haben. Anders kann es sein, wenn der Kaufpreis bereits in die Masse geflossen und der Schadensersatzanspruch des Dritten nicht voll werthaltig war. Gegebenenfalls ist die Genehmigung nach § 91 InsO unwirksam.[125]

43a § 48 ist nicht anwendbar, wenn eine an den Schuldner erbrachte Leistung dem Aussonderungsberechtigten gegenüber unwirksam, der Drittschuldner also nicht befreit worden ist.[126] Die Insolvenzordnung schafft keine Ansprüche, die der Gläubiger außerhalb der Insolvenz nicht hätte, und nicht bestehende Ansprüche können durch § 48 nicht „verstärkt" werden.

F. Inhalt des Ersatzaussonderungsrechts

44 Das Ersatzaussonderungsrecht hat einen unterschiedlichen Inhalt je nachdem, ob die „Gegenleistung" (dazu s.o. RdNr. 32 ff.) noch aussteht oder bereits eingezogen ist. Im ersten Fall kann der Berechtigte Abtretung des Anspruchs auf die Gegenleistung verlangen, im zweiten Fall Herausgabe der erbrachten Gegenleistung.

I. Abtretung des Anspruchs auf die noch ausstehende Gegenleistung

45 **1. Allgemeines.** Der Berechtigte kann den Anspruch gegen den Forderungsschuldner auf die noch ausstehende Gegenleistung erst nach erfolgter Abtretung geltend machen.[127] Er kann vom Insolvenzschuldner/-verwalter Abtretung der Forderung mitsamt den Nebenrechten, insbesondere den akzessorischen Sicherheiten (§ 401 BGB), verlangen.[128] Die Pflicht zur Erteilung von Auskünften und Auslieferung von Schuldurkunden richtet sich nach § 402 BGB. Einwendungen des Forderungsschuldners muss sich der Ersatzaussonderungsberechtigte entgegenhalten lassen (§ 404 BGB). Für den Bestand oder die Beitreibbarkeit der Forderung hat die Masse nicht Gewähr zu leisten.[129] Ist die Forderung wirksam belastet worden, kann ihre Abtretung nur mit dieser Belastung verlangt werden.[130]

46 **2. Ausstehen der Gegenleistung.** Ob die Gegenleistung noch aussteht oder ob der dahingehende Anspruch bereits erfüllt ist, richtet sich nach den allgemeinen Grundsätzen.[131] Danach steht die Gegenleistung nicht mehr aus, wenn der mit ihr bezweckte Leistungserfolg eingetreten ist. Dabei

---

[119] Dafür zB *Jaeger/Henckel* § 48 RdNr. 40 ff.; *HK-Lohmann* § 48 RdNr. 7; *Häsemeyer* Insolvenzrecht 3. Aufl. RdNr. 11.22; *Gundlach* KTS 1997, 211; *Mitlehner*, aaO RdNr. 194; *Hess* § 48 RdNr. 53; dagegen *Gottwald/Adolphsen*, Insolvenzrechts-Hdb, § 41 RdNr. 16; *Kübler/Prütting/Bork* § 48 InsO RdNr. 12; *Nerlich/Römermann/Andres* § 48 InsO 8; *Smid* § 48 InsO RdNr. 7; *Braun/Bäuerle* § 48 InsO RdNr. 12; offen gelassen von *Uhlenbruck/Brinkmann* § 48 RdNr. 14; *FK-Imberger* § 48 InsO RdNr. 10.
[120] *Jaeger/Henckel* § 48 RdNr. 41.
[121] *Gundlach* KTS 1997, 211, 216; *Uhlenbruck/Brinkmann* § 48 RdNr. 14; *HK-Lohmann* § 48 RdNr. 7; aA *Mitlehner*, aaO RdNr. 196.
[122] *Gundlach* KTS 1997, 211, 216 f.
[123] *Gerhardt*, Gedächtnisschrift für Arens, S. 127, 136; *Gundlach* KTS 1997, 211, 217 f.
[124] Dagegen zB *Häsemeyer* Insolvenzrecht RdNr. 11.22; *Mitlehner*, aaO RdNr. 195; *Smid* § 48 InsO RdNr. 7. Befürwortend demgegenüber *Jaeger/Henckel* § 48 RdNr. 42 f.; *Gottwald/Adolphsen*, Insolvenzrechts-Hdb, § 41 RdNr. 17; *Kübler/Prütting/Bork* § 48 InsO RdNr. 13.
[125] *Jaeger/Henckel* § 48 RdNr. 42 f.
[126] *Jaeger/Henckel* § 48 RdNr. 37; aA RGZ 98, 143, 148 f.
[127] *Jaeger/Henckel* § 48 RdNr. 69.
[128] *Jaeger/Henckel* § 48 RdNr. 69
[129] *Jaeger/Henckel* § 48 RdNr. 72.
[130] *Jaeger/Henckel* § 48 RdNr. 72.
[131] *Moritz* aaO S. 57; *Jaeger/Henckel* § 48 RdNr. 72; *Uhlenbruck/Brinkmann* § 48 RdNr. 25; *Kübler/Prütting/Bork* § 48 RdNr. 19.

sind auch Erfüllungssurrogate (§§ 378, 389, 397 BGB) zu beachten.[132] Zu Leistungen an Erfüllungs statt (§ 364 Abs. 1 BGB) vgl. RdNr. 49. Ist an die Stelle des Anspruchs auf die Gegenleistung ein Schadensersatzanspruch (§ 281 BGB) oder ein Bereicherungsanspruch (§ 818 Abs. 2 BGB) getreten, steht die Gegenleistung noch aus.[133]

a) Einzahlung und Überweisung auf ein Konto. Zahlt der Drittschuldner den von ihm zu fordernden Betrag auf ein Konto des Schuldners ein oder überweist er ihn auf dieses Konto, so ist die Gegenleistung mit der Gutschrift erfolgt (§ 407 Abs. 1 BGB). Der Schuldner hat nunmehr in seinem Vermögen einen Anspruch gegen das kontoführende Institut aus der Gutschrift. Dies ist aber ein anderer Anspruch als derjenige, der auf die Gegenleistung im Sinne des § 48 gerichtet war. Eine Ersatzaussonderung gemäß Satz 1 dieser Vorschrift ist nicht mehr möglich.[134] Darauf, dass das Konto im Kontokorrent geführt wurde (§§ 355 ff. HGB), kommt es nicht an (s.u. RdNr. 63). Zur Ersatzaussonderung gemäß Satz 2 s.u. RdNr. 54 ff.

Anders verhält es sich, wenn der nachmalige Insolvenzschuldner unbefugt fremdes Geld auf sein eigenes Bankkonto einzahlt und damit Bargeld in Buchgeld verwandelt. Gegenleistung ist die Forderung auf Gutschrift. Sobald diese erfolgt ist, steht die Gegenleistung nicht mehr aus. Es kommt nur noch eine Ersatzaussonderung nach Satz 2 in Betracht.

b) Leistungen an Erfüllungs statt. Durch Annahme einer anderen als der geschuldeten Leistung erlischt das Schuldverhältnis (§ 364 Abs. 1 BGB). Ein abtretbarer Anspruch besteht nicht mehr. Etwas anderes gilt, wenn der Drittschuldner, um seinen Gläubiger (den späteren Insolvenzschuldner) zu befriedigen, diesem gegenüber eine neue Verbindlichkeit übernommen, zum Beispiel einen Wechsel akzeptiert hat. Dies ist im Zweifel nicht an Erfüllungsstatt geschehen (§ 364 Abs. 2 BGB). Die Gegenleistung steht also noch aus. Etwas anderes gilt, wenn der Wechsel diskontiert worden ist.[135] Ist die neue Verbindlichkeit ausnahmsweise doch an Erfüllungsstatt eingegangen worden, kann sich eine „zweite Ersatzaussonderung" (s.u. RdNr. 74 ff.) anschließen, weil die erste Ersatzaussonderung durch die Annahme an Erfüllungsstatt vereitelt worden ist.[136]

3. Abtretungsverbot. Der Anspruch auf Abtretung des Anspruchs auf die Gegenleistung setzt grundsätzlich voraus, dass der zuletzt genannte Anspruch übertragbar ist. Unterliegt die Forderung aus der unberechtigten Weiterveräußerung einem Abtretungsverbot (§ 399 BGB; vgl. aber § 554a HGB und dazu § 47 RdNr. 208), gilt dieses auch gegenüber der Insolvenzmasse.[137] Da das Abtretungsverbot absolut, also gegenüber jedermann, wirkt (s. § 47 RdNr. 205), fällt es nicht unter § 80 Abs. 2. Eine Ersatzaussonderung gemäß § 48 Satz 1 kommt also jedenfalls dann nicht in Betracht, wenn der Drittschuldner die Abtretung nicht genehmigt.

Genehmigt der Drittschuldner die verbotswidrige Abtretung, so ist streitig, ob die Genehmigung auf den Zeitpunkt der Abtretung zurückwirkt. In der Literatur wird dies teilweise bejaht.[138] Wäre dem zu folgen, stünde auch § 91 dem Forderungsübergang auf den Ersatzaussonderungsberechtigten nicht entgegen.[139] Indessen kann der Genehmigung durch den Drittschuldner keine rückwirkende Kraft beigemessen werden (vgl. § 47 RdNr. 206 und die dortigen Nachweise).

Dadurch ist indessen eine Ersatzaussonderung nicht schlechthin ausgeschlossen. Dass der Gegenwert aus der unberechtigten Veräußerung den Insolvenzgläubigern nicht gebührt, lässt sich nicht leugnen. Deshalb hat der Insolvenzverwalter die Gegenleistung in Empfang zu nehmen und unterscheidbar zu verwahren, damit der Ersatzaussonderungsberechtigte wenigstens Herausgabe nach § 48 Satz 2 geltend machen kann (s.u. RdNr. 64).

4. Verfahrensrecht. Wenn der Insolvenzverwalter die Abtretungserklärung nicht freiwillig abgibt, muss der Ersatzaussonderungsberechtigte ihn auf Abgabe der Erklärung verklagen. Mit der rechtskräftigen Verurteilung gilt die Erklärung als abgegeben (§ 894 Abs. 1 ZPO). War im Zeitpunkt der Insolvenzeröffnung bereits eine Klage gegen den Schuldner auf Abtretung erhoben, kann sowohl der Berechtigte als auch der Insolvenzverwalter den Prozess aufnehmen (§ 86 Abs. 1 Nr. 1).

---

[132] *Jaeger/Henckel* § 48 RdNr. 71.
[133] *Jaeger/Henckel* § 48 RdNr. 71.
[134] BGHZ 23, 307, 317 = NJW 1957, 750; BGH ZIP 1989, 785, 786 = EWiR 1989, 795 *(Stürner/Münch)*; NJW 1998, 2213, 2214; 1998, 2592, 2596, insofern in BGHZ 138, 291 n.a.; *Gerhardt* KTS 1990, 1, 6 f.
[135] OLG Düsseldorf WM 1993, 2183, 2184 = WuB VI B. § 46 KO 1.94 *(Bülow)*.
[136] *Jaeger/Lent* § 46 KO RdNr. 15; vgl. auch *Uhlenbruck* WuB VI B. § 46 KO 1.91.
[137] BGHZ 56, 228, 233 ff. = NJW 1971, 1750.
[138] *Uhlenbruck/Brinkmann* § 48 RdNr. 19a; *Hess* § 48 RdNr. 54.
[139] *Jaeger/Henckel* § 15 KO RdNr. 47; *Uhlenbruck/Brinkmann* § 48 RdNr. 19a.

II. Herausgabe der erbrachten Gegenleistung

54   1. Massezugehörigkeit der Gegenleistung. Ist die Abtretung des Anspruchs auf die Gegenleistung – zum Beispiel wegen eines vereinbarten Abtretungsverbots (s.o. RdNr. 50 f.) – nicht möglich oder ist die Gegenleistung – vor oder nach Insolvenzeröffnung – bereits erbracht, so kann nur sie selbst ersatzausgesondert werden, sofern sie sich unterscheidbar **in der Masse** befindet. Hat der Schuldner (vor oder nach Insolvenzeröffnung) über einen der Ersatzaussonderung unterliegenden Gegenstand verfügt und ist die Gegenleistung nicht in die Masse gelangt, ist der Berechtigte entweder Insolvenzgläubiger (bei Veräußerung vor Insolvenzeröffnung) oder Neugläubiger (bei Veräußerung nach Insolvenzeröffnung), der nicht am Insolvenzverfahren teilnimmt. Im ersten Fall scheidet eine Ersatzaussonderung aus,[140] im zweiten Fall kommt sie erst dann in Betracht, wenn der Insolvenzverwalter den Neuerwerb zur Masse gezogen hat (vgl. RdNr. 13, 65). Ist die Gegenleistung untergegangen oder ununterscheidbar mit anderen Massegegenständen vermengt worden, ist eine Ersatzaussonderung nicht mehr möglich; der Berechtigte kann nur noch einen Masseanspruch haben (§ 55 Abs. 1 Nr. 1, 3).[141] Hat der Insolvenzverwalter die Gegenleistung wiederum veräußert, kommt eine „Zweitersatzaussonderung" in Betracht (s.u. RdNr. 74 ff.).

55   2. Unterscheidbarkeit der Gegenleistung. Da die Ersatzaussonderung der Gegenleistung voraussetzt, dass diese gegenständlich herausgegeben werden kann, wird zum Teil gefordert, dass auch die Unterscheidbarkeit gegenständlich verstanden werden müsse. Dem kann nur mit der Einschränkung zugestimmt werden, dass der Gegenstand der Ersatzaussonderung nicht bereits gesondert vorhanden sein muss; es genügt, dass er im Zuge der Ersatzaussonderung individualisiert und isoliert werden kann.[142]

55a   a) Teil einer größeren Geldmenge. Sind der Aussonderung unterliegende Gelder verschiedener Einlieferer untrennbar miteinander vermengt worden, so ist dadurch eine ideelle Bruchteilsgemeinschaft im Sinne der §§ 1008 ff. BGB entstanden. Jeder Geldeigentümer ist gemäß §§ 948, 947 Abs. 1 BGB Miteigentümer des vermengten Geldes im Verhältnis derjenigen Geldmenge, die jeder selbst eingebracht hat (§ 47 RdNr. 19). Jeder Miteigentümer kann den Anspruch auf Herausgabe gemäß §§ 1011, 432 BGB nur an alle Berechtigten gemeinschaftlich geltend machen. Zu den Ansprüchen nach Einzahlung auf ein Bankkonto vgl. RdNr. 71a.

56   b) Teil eines Gesamtpreises. Wird der der Aussonderung unterliegende Gegenstand zusammen mit anderen Gegenständen zu einem Gesamtpreis veräußert, stellt sich zunächst die Frage der Unterscheidbarkeit der Gegenleistung. Diese ist zu bejahen, weil der Gesamtpreis im Verhältnis des Werts der einzelnen Gegenstände aufgeteilt werden kann.[143] Wegen der weiteren Frage, wie der Ersatzaussonderungsanspruch in einem solchen Fall zu berechnen ist, vgl. u. RdNr. 69.

57   c) Vermischung der Gegenleistung mit dem Bestand einer Kasse. Wird ein bar einbezahlter Betrag mit dem Bestand einer Kasse vermischt, soll er nach einer verbreiteten Meinung nicht mehr unterscheidbar in der Masse vorhanden sein.[144] Indessen kann der Eigentümer des bar einbezahlten Betrages u.U. Miteigentum am neuen Kassenbestand erlangen (o. § 47 RdNr. 19); eine Aussonderung ist dann solange möglich, als der Miteigentumsanteil des Berechtigten bestimmbar ist[145] und die Kasse einen „Bodensatz" aufweist (vgl. u. RdNr. 62).[146]

58   d) Einzahlung oder Überweisung der Gegenleistung auf ein Bankkonto. Werden Geldbeträge auf ein Bankkonto (das nicht im Debet geführt wird, vgl. RdNr. 34) eingezahlt oder überwiesen, so ist die Unterscheidbarkeit gewährleistet, solange die durch Buchungen belegten Eingänge als solche noch unterscheidbar vorhanden sind. Im Einzelnen gilt Folgendes:

---

[140] BGH NZI 2008, 39 = WuB VI A. § 140 InsO 1.08 *(G. Pape)*; Dieckmann, FS Henckel, S. 95, 122; *Gottwald/Klopp/Kluth*, Insolvenzrechts-Hdb., § 56 RdNr. 39; *Jaeger/Henckel* § 48 RdNr. 80.

[141] BGHZ 23, 307, 316 = NJW 1957, 750; BGH NJW 1982, 1751; ZIP 1989, 118, 120; *Jaeger/Henckel* § 48 RdNr. 80; *Uhlenbruck/Brinkmann* § 48 RdNr. 27.

[142] *Gundlach* DZWIR 1998, 12 f.; *Gundlach/Frenzel/Schmidt* InVo 2002, 81, 82.

[143] BGHZ 141, 116, 117 f. = NJW 1999, 1709 = LM KO § 46 Nr. 23 *(Gerhardt)* = EWiR 1999, 707 *(Canaris)*; *Gundlach* DZWIR 1998, 12, 18; *ders.* DZWIR 1999, 84, 86; *Gundlach/Frenzel/Schmidt* InVo 2002, 81, 82; *Jaeger/Henckel* § 48 RdNr. 82; *Nerlich/Römermann/Andres* § 48 RdNr. 16; zweifelnd *Krull* ZInsO 2000, 304, 306.

[144] *Nerlich/Römermann/Andres* § 48 RdNr. 11; *Gottwald/Adolphsen*, Insolvenzrechts-Hdb., § 41 RdNr. 28; *Mitlehner*, aaO RdNr. 209; vgl. auch *Franke* KTS 1957, 139, 140.

[145] Skeptisch insofern *Jaeger/Henckel* § 48 RdNr. 81.

[146] *Moritz* aaO S. 74; *Gundlach* DZWir 1998, 12, 13, 16; *Uhlenbruck/Brinkmann* § 48 RdNr. 27.

aa) Sonderkonto. Die Unterscheidbarkeit ist ohne weiteres gewährleistet bei Einzahlungen auf 59 ein Sonderkonto mit Treuhandcharakter (vgl. § 47 RdNr. 401),[147] und zwar auch dann, wenn mehrere aussonderungsfähige Geldbeträge auf nur ein Sonderkonto einbezahlt werden.

bb) Geschäftskonto. Bei Einzahlungen auf ein Geschäftskonto gilt grundsätzlich dasselbe. Es 60 reicht aus, dass die Gutschrift durch Belege feststellbar ist. Dann lässt sich die für die Ersatzaussonderung maßgebliche Forderung aus der Gutschrift hinreichend individualisieren.[148] Wenn eine Zahlung auf dem Überweisungsträger als „Mietkaution" gekennzeichnet ist, ist deshalb eine Unterscheidbarkeit gegeben.[149] Weitergehend wird neuerdings die Meinung vertreten, es reiche aus, wenn die ersatzauszusondernde Forderung durch Aufteilung einer Gesamtsumme bestimmbar gemacht werden könne.[150] Wie das ohne Berücksichtigung der Buchungen und der dazu gehörenden Belege gelingen soll, erscheint fraglich.

Lediglich vereinzelt wird noch die Auffassung vertreten, die Unterscheidbarkeit sei nur so lange 61 gegeben, als keine **Abbuchungen** erfolgt seien. Sei eine solche Abbuchung – gleichgültig in welcher Höhe – erfolgt, lasse sich nicht feststellen, in welchen Umfang die auf dem Konto verbuchte Gegenleistung von der Abbuchung betroffen sei.[151] Dem liegt eine verfehlte Vorstellung von „Buchgeld" zugrunde. Die Abbuchung betrifft das Gesamtguthaben und ist nicht einzelnen Gutschriften, mit denen das Guthaben aufgebaut worden ist, zuzuordnen (vgl. auch u. RdNr. 71).[152]

Meist wird verlangt, dass auch nach den Abbuchungen mindestens ein Betrag der „Gegenleis- 62 tung" erreichender **„Bodensatz"** auf dem Konto verblieben ist.[153] Dies ist jedoch nicht erforderlich. Sinkt durch eine nachträgliche Abbuchung das Kontoguthaben unter den Betrag der „Gegenleistung", ist dies nur für die Höhe des Ersatzaussonderungsanspruchs von Bedeutung (s.u. RdNr. 71). Ist das Kontoguthaben mit Ersatzaussonderungsansprüchen mehrerer Berechtigter belastet, für die es nicht ausreicht, werden die Ansprüche anteilig gekürzt (s.u. RdNr. 71a).[154] Dann braucht auch kein für den Anspruch eines einzigen Ersatzaussonderungsberechtigten ausreichender Bodensatz vorhanden zu sein; der Anspruch beschränkt sich dann eben auf den vorhandenen Betrag. Ist allerdings wegen einer nachträglichen Abbuchung von der Gegenleistung überhaupt nichts mehr vorhanden, gibt es auch nichts mehr ersatzweise auszusondern.[155] Zur Verbuchung der Gegenleistung auf einem debitorischen Konto s.o. RdNr. 34.

cc) Kontokorrent. Bei der Einzahlung (Überweisung) auf ein Konto entfällt nach einer früher 63 ganz herrschenden Meinung die Unterscheidbarkeit, wenn das Konto im Kontokorrent geführt wird und inzwischen Saldenanerkenntnisse stattgefunden haben. Die Saldenanerkenntnisse hätten „novierende" Wirkung; das habe zur Folge, dass der Anspruch aus der Gutschrift als selbstständige Einzelforderung weggefallen sei.[156] Auch solche Autoren, welche die Novationstheorie ablehnen und die Auffassung vertreten, die Einzelansprüche bestünden neben dem Saldoanspruch bis zu dessen Tilgung fort, lehnen hier eine Ersatzaussonderung ab.[157] Der bisherigen Mindermeinung[158] hat sich der BGH angeschlossen.[159] Er hat dies mit der Erwägung begründet, die Denkmodelle der

---

[147] BGHZ 10, 376, 384 = NJW 1953, 1825; 30, 176, 185 f. = NJW 1959, 1681; 139, 319, 324 = NJW-RR 1999, 271; 141, 116, 118 = NJW 1999, 1709; OLG Köln ZIP 1980, 855, 857; *Meyer-Giesow* KTS 1967, 29, 30; *Uhlenbruck/Brinkmann* § 48 RdNr. 28.
[148] BGH WM 1971, 71, 74; ZIP 1989, 118, 119; BGHZ 141, 116, 118 ff. = NJW 1999, 1709 f. = LM KO § 46 Nr. 23 *(Gerhardt)* = EWiR 1999, 707 *(Canaris)*; OLG Stuttgart ZIP 2001, 2183, 2185; *R. Raiser*, Probleme des Versicherungs- und Konkursrechts zur Feuerversicherung sicherungsübereigneter Sachen, VersR 1954, 201, 203 f.; *Lukosch* ZIP 1985, 84, 85 f.; *Bülow* WuB VI B. § 46 KO 1.94; *Krull* ZInsO 2000, 304, 306; *Uhlenbruck/Brinkmann* § 48 RdNr. 28; HK-*Lohmann* § 48 RdNr. 11.
[149] Das wurde von OLG Schleswig ZIP 1989, 252 = EWiR 1989, 185 *(Eckert)* offenbar nicht in Betracht gezogen.
[150] *Gundlach* DZWIR 1999, 335, 337.
[151] *Gerhardt* EWiR 1989, 285, 286; *ders.* KTS 1990, 1, 8 ff.; *ders.* LM KO § 46 Nr. 23.
[152] Im Erg. ebenso OLG Köln ZIP 2002, 947, 949 = EWiR 2002, 633 *(Gundlach/Frenzel)*; *Gundlach* DZWir 1998, 12, 18; *ders.* DZWIR 1999, 84, 86; *Canaris* EWiR 1999, 707, 708.
[153] So BGHZ 150, 326, 328 = NZI 2002, 485; BGH NZI 2006, 700, 701; *Moritz*, aaO S. 72, 76; HK-*Lohmann* § 48 RdNr. 11; *Uhlenbruck/Brinkmann* § 48 RdNr. 28.
[154] OLG Köln ZIP 2002, 947, 949 = EWiR 2002, 633 *(Gundlach/Frenzel)*; HK-*Lohmann* § 48 RdNr. 11.
[155] *Gottwald/Adolphsen*, Insolvenzrechts-Handbuch, § 41 RdNr. 33; FK-*Imberger* § 48 RdNr. 19.
[156] BGHZ 58, 257, 260 = NJW 1972, 872; 73, 259, 263 = NJW 1979, 1206; *Liesecke* WM 1975, 214, 217; *Kuhn/Uhlenbruck* § 46 RdNr. 12a, 14; *Kübler/Prütting*/Bork § 48 RdNr. 22; *Koller/Roth/Morck*, HGB 1996, § 355 RdNr. 17; wohl auch Kilger/*K. Schmidt* § 46 KO Anm. 5.
[157] *Baumbach/Hopt* § 355 HGB RdNr. 7.
[158] *Gundlach* DZWir 1998, 12, 17 f.; *Canaris*, Bankvertragsrecht RdNr. 507.
[159] BGHZ 141, 116, 120 ff. = NJW 1999, 1709, 1710 = LM KO § 46 Nr. 23 *(Gerhardt)* = EWiR 1999, 707 *(Canaris)* = DZWIR 1999, 332 *(Gundlach)*.

Novation und der verhältnismäßigen Gesamtaufrechnung seien nur für das Verhältnis zwischen der Bank und ihrem Kunden entwickelt worden; für die Frage der Ersatzaussonderung sei kein wirtschaftlich vernünftiger Grund ersichtlich, das auf das Kontokorrentkonto gelangte Geld, solange ein entsprechend hohes Guthaben vorhanden sei (zur „Bodensatztheorie" vgl. o. RdNr. 62), dem Aussonderungsberechtigten vorzuenthalten.[160]

64 **e) Pflicht des Verwalters zur unterscheidbaren Anlage.** Vereitelt der Insolvenzverwalter eine Ersatzaussonderung, indem er eine fremde Forderung – oder die Forderung, die gemäß § 48 der Ersatzaussonderung unterliegt – einzieht oder Gelder auf ein Verwalterkonto einzahlt, ohne für eine dauerhafte Unterscheidbarkeit zu sorgen, so löst er eine **Masseverbindlichkeit** aus (§ 55 Abs. 1 Nr. 1, 3).[161] Das Gleiche gilt bei entsprechendem Verhalten eines **vorläufigen Insolvenzverwalters**, auf den die Verfügungsbefugnis über das Vermögen des Schuldners übergegangen ist (§ 55 Abs. 2 Satz 1). Insofern unterscheidet sich die Rechtslage von der früher für den Sequester nach § 2 KO, § 2 Abs. 3 GesO geltenden Regelung.[162] Da Masseverbindlichkeiten nach § 55 Abs. 1 Nr. 1, 3 bei Masseunzulänglichkeit gemäß § 209 Abs. 1 Nr. 3 erst im dritten Rang befriedigt werden, trifft den Verwalter zur Vermeidung eigener Haftung (vgl. § 60 Abs. 1) die Pflicht, eingezogene oder beim Insolvenzschuldner vorgefundene Gelder, von denen er sich nicht sicher ist, ob sie wirklich diesem zustehen, unterscheidbar anzulegen, damit wenigstens eine Ersatzaussonderung möglich bleibt.[163]

65 **f) Vertretbare Sachen.** Nicht gerade häufig, aber immerhin denkbar ist der Fall, dass die Gegenleistung in einer vertretbaren Sache besteht. Ist sie noch individualisierbar vorhanden, gibt es keine Probleme. Anders ist dies, wenn der Schuldner/Verwalter sie mit gleichartigen Sachen in seinem Vermögen/der Masse vermischt oder vermengt hat. Insofern gelten die Ausführungen zu RdNr. 57 entsprechend.[164]

65a **g) Pflicht des Verwalters, eine massezugehörige Gegenleistung vom Schuldner herauszuverlangen.** Hat der Insolvenzschuldner einen der Ersatzaussonderung unterliegenden Gegenstand nach Verfahrenseröffnung wirksam weiterveräußert und ist die Gegenleistung nicht in die Masse gelangt, ist der Berechtigte Neugläubiger (vgl. RdNr. 54). Er nimmt am Insolvenzverfahren nicht teil. Allerdings gehört die Gegenleistung als Neuerwerb zur Masse. Der Insolvenzverwalter muss sie vom Insolvenzschuldner herausverlangen.[165] Diesen Anspruch kann der Berechtigte ersatzweise aussondern. Sobald der Insolvenzschuldner die Gegenleistung an den Insolvenzverwalter herausgegeben hat, unterliegt sie selbst der Ersatzaussonderung.

66 **3. Aufrechnung des Drittschuldners mit einer gegen den Zedenten gerichteten Gegenforderung.** Hat der Insolvenzschuldner eine ihm zustehende Forderung abgetreten, kann sich der Drittschuldner von seiner Verbindlichkeit befreien, indem er gegen sie mit einer ihm gegen den Zedenten zustehenden (Insolvenz-)Forderung aufrechnet (§§ 406, 407 BGB). Trotz Eröffnung des Insolvenzverfahrens über das Vermögen des Zedenten bleibt die Aufrechnungslage erhalten (§ 94). Unter den Voraussetzungen des § 354a HGB schadet auch ein vereinbartes Aufrechnungsverbot nicht. Eine Ersatzaussonderung der in die Masse gelangten „Gegenleistung" – dies ist die Befreiung von der Gegenforderung des Drittschuldners – scheitert daran, dass der Masse kein individuell bestimmter, unterscheidbarer Gegenstand zugeflossen ist.[166] Der um seine Forderung gebrachte Zessionar hat gegen den Schuldner eine Forderung aus § 816 Abs. 2 i. V. m. § 818 Abs. 2 BGB.[167] Diese ist aber nur eine Insolvenzforderung, und zwar auch dann, wenn die Aufrechnung erst nach Insolvenzeröffnung erklärt worden ist.[168]

---

[160] Zustimmend OLG Köln ZIP 2002, 947, 949 = EWiR 2002, 633 *(Gundlach/Frenzel); Canaris* EWiR 1999, 707; *Bitter* WuB VI B. § 46 KO 1.00; *Gundlach* DZWIR 1999, 335; *Gundlach/Frenzel/Schmidt* InVo 2002, 81, 83 ff.; *K. Schmidt* JuS 1999, 1022; *Jaeger/Henckel* § 48 RdNr. 81; *Uhlenbruck/Brinkmann* § 48 RdNr. 28; HK-*Lohmann* § 48 RdNr. 11; FK-*Imberger* § 48 RdNr. 18; unklar *Nerlich/Römermann/Andres* § 48 RdNr. 12; kritisch *Gerhardt* LM KO § 46 Nr. 23; *Krull* ZInsO 2000, 304, 306 ff.
[161] BGH WM 1971, 71, 74; BGHZ 141, 116, 119 = NJW 1999, 1709 = LM KO § 46 Nr. 23 *(Gerhardt)* = EWiR 1999, 707 *(Canaris).*
[162] Vgl. hierzu BGHZ 130, 38, 41 ff. = NJW 1995, 2783 = EWiR 1995, 795 *(Gerhardt);* BGH NJW 1997, 3028, 3029; 1998, 2213, 2215.
[163] Ebenso FK-*Imberger* § 48 RdNr. 19.
[164] Ähnlich *Gundlach/Frenzel/Schmidt* InVo 2002, 81, 82.
[165] *Jaeger/Henckel* § 48 RdNr. 80; *Ganter* NZI 2005, 1, 6.
[166] *v. Olshausen* ZIP 1995, 1950, 1951.
[167] *Palandt/Grüneberg* § 407 BGB RdNr. 3.
[168] *v. Olshausen* ZIP 1995, 1950, 1952.

G. Umfang der Ersatzaussonderung

I. Volle Gegenleistung

Die Ersatzaussonderung erfasst den Anspruch auf die ausstehende Gegenleistung und, sobald diese eingezogen ist, die Gegenleistung selbst in vollem Umfang. Ob die Gegenleistung mehr oder weniger wert ist als der Gegenstand der vereitelten Aussonderung oder ob der beiderseitige Wert wenigstens in einem angemessenen Verhältnis steht, ist unbeachtlich. § 48 soll nicht einen Wertausgleich ermöglichen, sondern den Eigentumsschutz abrunden. Deshalb darf der Masse nicht einmal der Teil des Erlöses verbleiben, der über den Wert des unberechtigt veräußerten Gegenstandes hinausgeht und auf die Geschäftstüchtigkeit des Insolvenzschuldners oder des Verwalters zurückzuführen ist. Mit fremder Leute Gut sollen – ohne deren Einverständnis – eben keine Geschäfte gemacht werden dürfen.[169]

Dieses Ergebnis gilt auch für den Fall des **einfachen Eigentumsvorbehalts**.[170] Wenn man dem Vorbehaltsverkäufer in der Insolvenz des Käufers ein Aussonderungsrecht – und nicht lediglich ein Absonderungsrecht – zubilligt (s.o. § 47 RdNr. 62), kann man dies nicht bei der Ersatzaussonderung dahingehend einschränken, eigentlich habe das Vorbehaltseigentum doch nur die Funktion eines Pfandrechts, weshalb das Sicherungsbedürfnis den Anspruch nach oben begrenze.[171]

Unterliegt die unberechtigte Veräußerung einer fremden Sache der **Umsatzsteuer**, ist danach zu differenzieren, ob die Gegenleistung für die unberechtigte Veräußerung noch aussteht (§ 48 Satz 1) oder bereits erbracht ist (§ 48 Satz 2). Im ersten Fall kann der Ersatzaussonderungsberechtigte die Abtretung des Anspruchs auf den Bruttokaufpreis verlangen. Im zweiten Fall ist wiederum zu unterscheiden, ob der Verwalter die Umsatzsteuer bereits an das Finanzamt abgeführt hat, dann kann der Ersatzaussonderungsberechtigte nur den Nettokaufpreis herausverlangen,[172] oder ob die Zahlung der Umsatzsteuer bisher unterblieben ist, dann muss der Verwalter den Bruttokaufpreis auskehren. Handelte es sich bei dem unberechtigt veräußerten Gut um Vorbehaltsware, ist die durch die Veräußerung anfallende Umsatzsteuer eine Masseschuld, ohne dass die Masse zum Vorsteuerabzug berechtigt ist. Hier ist der Vorbehaltsverkäufer zur Abführung der Umsatzsteuer für die Vorbehaltsware verpflichtet, sodass diese uU zweimal bezahlt wird.[173]

II. Teil eines Gesamtpreises

Sind der Aussonderung unterliegende Gegenstände zusammen mit anderen, die nicht aussonderungsfähig waren, zu einem Gesamtpreis veräußert worden, so ist der Ersatzaussonderungsanspruch nur hinsichtlich des Teilbetrages gerechtfertigt, der auf den Aussonderungsgegenstand entfällt.[174] Ist der Preis nicht näher aufgeschlüsselt, weil die Parteien daran kein Interesse hatten, darf dies die Rechtsstellung des an dem Veräußerungsgeschäft nicht beteiligten Aussonderungsberechtigten nicht schmälern; ausgesondert werden kann in einem solchen Fall der Teil des Erlöses, der dem Verhältnis des Werts der massefremden zum Gesamtwert der veräußerten Gegenstände entspricht.[175]

Entsprechendes gilt, wenn ein Bauhandwerker Fremdmaterial zu einem Preis einbaut, der sowohl die Materialkosten als auch den Wert der Arbeitsleistung abdeckt. Hier ist die Forderung auf den Gesamtpreis und dieser selbst in entsprechender Anwendung des § 467 BGB aufzuteilen.[176]

---

[169] RGZ 115, 262, 265; *Gundlach* ZIP 1995, 1789, 1994; *Gundlach/Frenzel/Schmidt* InVo 2002, 81; *Gottwald/Adolphsen*, Insolvenzrechts-Hdb., § 41 RdNr. 30; *Jaeger/Henckel* § 48 RdNr. 75; *Uhlenbruck/Brinkmann* § 48 RdNr. 23; *Kübler/Prütting/Bork* § 48 RdNr. 25; FK-*Imberger* § 48 RdNr. 21; HK-*Lohmann* § 48 RdNr. 10; *Nerlich/Römermann/Andres* § 48 RdNr. 15; aA *Hess* § 48 RdNr. 63; für das Vorbehaltseigentum einschränkend auch *Mitlehner*, aaO RdNr. 199.

[170] *Jaeger/Henckel* § 48 RdNr. 76; *Uhlenbruck* § 48 RdNr. 23; aA *Serick* I § 13 II 4 (S. 348 ff.), V § 66 IV 3 (S. 573); *ders.*, FS Einhundert Jahre KO, S. 271, 291.

[171] *Gundlach* ZIP 1995, 1789, 1996 f.; *Jaeger/Henckel* § 48 RdNr. 76.

[172] BGH NZI 2008, 426 m. Anm. *de Weerth*; FK-*Imberger* § 48 RdNr. 21. Nur im Ergebnis zustimmend *Gundlach/Schmidt* EWiR 2008, 469.

[173] *de Weerth*, NZI 2008, 427.

[174] *Gottwald/Adolphsen*, Insolvenzrechts-Hdb., § 41 RdNr. 35; *Jaeger/Henckel* § 48 RdNr. 77; *Uhlenbruck/Brinkmann* § 48 RdNr. 26; *Mitlehner*, aaO Fn. 399.

[175] BGHZ 141, 116, 118 = NJW 1999, 1709 = LM KO § 46 Nr. 23 (*Gerhardt*) = EWiR 1999, 707 (*Canaris*).

[176] BGHZ 30, 176, 184, 185 = NJW 1959, 1681; BGH WM 1971, 71, 74; NJW 1988, 1210, 1213; *Jaeger/Henckel* § 48 RdNr. 77; *Uhlenbruck/Brinkmann* § 48 RdNr. 26.

III. Teil eines Kontoguthabens

71 Der Ersatzaussonderungsanspruch entfällt, *soweit* der positive Kontensaldo durch Abbuchungen unter den Betrag der beanspruchten Gegenleistung sinkt (o. RdNr. 62).[177] Die spätere Auffüllung des Kontos durch neue Gutschriften lässt den Anspruch also nicht wieder aufleben.[178] Dabei ist nicht lediglich auf die Salden an den Rechnungsabschlussstichtagen abzustellen; auch ein zwischenzeitlich niedrigerer Tagessaldo ist von Bedeutung. So wenig wie die periodische Saldierung die Ersatzaussonderung hindert, so wenig darf der Aussonderungsberechtigte davon profitieren.

71a Ist ein Kontoguthaben ausschließlich aus der Einzahlung oder Überweisung von Beträgen angesammelt worden, die zuvor der Aussonderung unterlagen, kann jeder einzelne Ersatzaussonderungsberechtigte nur Abtretung der Forderung gegen die Bank an die Gesamtheit der Berechtigten fordern. Einen Anspruch auf Abtretung in Höhe seines Anteils hat er nicht. Deshalb wird die Abwicklung erleichtert, wenn sich die Berechtigten zu einem **Pool** zusammenschließen.[179] Streitigkeiten über die interne Verteilung können innerhalb des Pools geklärt werden. Ist das Kontoguthaben ausschließlich aus der Einzahlung oder Überweisung von Beträgen angesammelt worden, die zuvor der Aussonderung unterlagen, und ist das Kontoguthaben inzwischen infolge von Abbuchungen geringer als die Summe der Beträge, die der Ersatzaussonderung unterliegen, sind die einzelnen Ersatzaussonderungsrechte anteilig zu kürzen.[180] Ist in das Kontoguthaben – neben aussonderungsfähigen Beträgen – auch ein nicht der Aussonderung unterliegender Betrag eingegangen, so wird dieser – falls der Gesamtbetrag infolge von Abbuchungen unter die Summe der Ersatzaussonderungsrechte sinkt – voll zugunsten der Aussonderungsberechtigten berücksichtigt.[181]

IV. Verpflichtung zum Ersatz ersparter Aufwendungen

72 Der Ersatzaussonderungsberechtigte muss der Insolvenzmasse Aufwendungen ersetzen (§ 683 BGB), die ihm zur Last gefallen wären, wenn er sein ursprüngliches Aussonderungsrecht hätte durchsetzen können, und die nun statt seiner die Masse getragen hat. Soweit der Ersatzaussonderungsanspruch auf Geld gerichtet ist, kann eine Verrechnung erfolgen. Allerdings ist sorgfältig zu prüfen, welche Kosten der Aussonderungsberechtigte hätte tragen müssen, wenn sein Aussonderungsrecht nicht vereitelt worden wäre (dazu s.o. § 47 RdNr. 467 ff.). Dazu gehören zum Beispiel die Kosten, die angefallen sind, um die betreffende Sache zum – auch vom Berechtigten beabsichtigten – Wiederverkauf herzurichten, nicht aber die Kosten der Abholung und Wiedereingliederung in das eigene Lager.[182] Die zuletzt genannten Kosten wären nur beim Aussonderungsberechtigten angefallen. Eine Anrechnung wäre deshalb nur im Wege der Vorteilsausgleichung möglich. Eine solche scheidet aus, weil der Ersatzaussonderungsanspruch kein Schadensersatzanspruch ist.[183]

H. Prozessuales

I. Gerichtsstand

73 Der für die Aussonderung begründete Gerichtsstand (vgl. § 47 RdNr. 476) bleibt auch für die Ersatzaussonderung maßgebend.[184]

II. Geltendmachung

73a Je nachdem, ob die Gegenleistung bereits zur Masse eingezogen ist oder nicht, kann der Berechtigte vom Insolvenzverwalter Abtretung des Anspruchs auf die Gegenleistung (s.o. RdNr. 53) oder

---

[177] Gundlach DZWir 1998, 12, 18 Fn. 79.
[178] BGHZ 141, 116, 123 = NJW 1999, 1709 = LM KO § 46 Nr. 23 *(Gerhardt)* = EWiR 1999, 707 *(Canaris)* = DZWiR 1999, 332 *(Gundlach)*; zustimmend OLG Köln ZIP 2002, 947, 949 = EWiR 2002, 633 *(Gundlach/Frenzel)*; *Gundlach/Frenzel/Schmidt* InVo 2002, 81, 856; Staub/*Canaris* HGB 5. Aufl. § 355 RdNr. 249 f.; aA *Krull* ZInsO 2000, 304, 307; *Bitter* WuB VI B. § 46 KO 1.00.
[179] Zur Ersatzaussonderung durch die Miteigentümergemeinschaften in der HEROS-Insolvenz vgl. *Sack/Kühn*, FS Görg, S. 413, 426.
[180] OLG Köln ZIP 2002, 947, 949 = EWiR 2002, 633 *(Gundlach/Frenzel)*; *Gundlach* DZWiR 1999, 335, 337; *Gundlach/Frenzel/Schmidt* InVo 2002, 81, 87.
[181] *Gundlach* DZWiR 1998, 12, 18.
[182] *Gundlach/Frenzel/Schmidt* InVo 2002, 81, 87.
[183] *Gottwald/Adolphsen*, Insolvenzrechts-Handbuch, § 41 RdNr. 36; *Uhlenbruck/Brinkmann* § 48 RdNr. 24; FK-*Imberger* § 48 RdNr. 23; zu weitgehend LG Hamburg ZIP 1981, 1238, 1240; *Jaeger/Henckel* § 48 RdNr. 75; *Hess* § 48 RdNr. 69.
[184] *Jaeger/Henckel* § 48 RdNr. 84.

Herausgabe derselben verlangen. Dazu kann er immer noch übergehen, wenn er zunächst versehentlich seinen Anspruch als bloße Insolvenzforderung angemeldet hat. Dies ist auch noch nach Feststellung des Anspruchs zur Tabelle möglich.[185] Hatte der Berechtigte bereits vor Eröffnung des Insolvenzverfahrens gegen den (nachmaligen) Insolvenzschuldner Klage auf Abtretung des Anspruchs auf die Gegenleistung für einen aussonderungsfähigen Gegenstand oder auf Herausgabe der bereits erlangten Gegenleistung erhoben, so gilt § 86 Abs. 1 Nr. 1.[186]

III. Beweislast

73b Derjenige, der ein Ersatzaussonderungsrecht geltend macht, muss die Voraussetzungen seines Rechts beweisen. Dazu gehören auch die Umstände, aus denen sich ergibt, dass der Drittwerber wirksam erworben hat. Den Berechtigten trifft ferner die Beweislast dafür, dass die zur Masse gezogene Leistung des Dritten gerade die Gegenleistung für den Gegenstand der vereitelten Aussonderung war. Ist aussonderungsfähiges Gut zusammen mit anderen Gegenständen zu einem Gesamtpreis veräußert worden, muss der Ersatzaussonderungsberechtigte beweisen, welcher Anteil des Gesamtpreises auf den Aussonderungsgegenstand entfällt.[187] Allerdings ist es zunächst Sache des verklagten Insolvenzverwalters, die Forderung des Insolvenzschuldners aufzuschlüsseln.[188] Entsprechendes gilt, wenn die Forderung Fremdmaterial und Arbeitsleistung des Schuldners zugleich betrifft.

I. Zweitersatzaussonderung

I. Veräußerung der Gegenleistung durch den Insolvenzverwalter

74 Schon unter dem Recht der Konkursordnung war seit längerem anerkannt, dass eine „zweite Ersatzaussonderung" möglich ist, wenn der Konkursverwalter die der Ersatzaussonderung unterliegende Gegenleistung wiederum veräußert.[189]

75 Daran ist für § 48 festzuhalten.[190] Schon der eindeutige Gesetzeswortlaut spricht für die Zulässigkeit der zweiten Ersatzaussonderung. Betrachtet man das Verhältnis der beiden Sätze des § 48 zueinander, so regelt der Satz 1 eine erste und der Satz 2 eine zweite Ersatzaussonderung. Erstweise aussondern kann der Berechtigte – falls der Erwerber die Gegenleistung noch nicht erbracht hat – schon das „Recht auf die Gegenleistung". Indem der Insolvenzverwalter die Gegenleistung einzieht, verfügt er über dieses Recht. Der Anspruch auf die Gegenleistung erlischt durch Erfüllung (§ 362 Abs. 1 BGB). Stattdessen hat der Insolvenzverwalter nunmehr die Gegenleistung in der Masse. Wenn der Berechtigte diese Gegenleistung herausverlangt, ist dies also eine zweite Ersatzaussonderung. Durch die Einziehung der Gegenleistung aus der ersten Veräußerung vereitelt der Insolvenzverwalter die Möglichkeit der ersten Ersatzaussonderung. Da die Ersatzaussonderung eine echte Aussonderung ist (s.o. RdNr. 5), wird die Zweitersatzaussonderung vom Wortlaut des § 48 erfasst. Sinn und Zweck der Vorschrift sprechen ebenfalls für die Zulassung einer Zweitersatzaussonderung. Da die Gegenleistung (die materiellrechtlich allerdings meist in das Vermögen des Schuldners gefallen sein dürfte) haftungsrechtlich dem Berechtigten zugeordnet ist, wäre die mit § 48 bezweckte „Abrundung des Eigentumsschutzes" unvollständig, wenn der Verwalter die Ersatzaussonderung der Gegenleistung vereiteln und die „Gegenleistung der Gegenleistung" dem Berechtigten vorenthalten könnte.

75a Schwierigkeiten bereitet allerdings die Suche nach dem schuldrechtlichen Anspruch, der durch die Zweitersatzaussonderung verstärkt wird (vgl. RdNr. 6 f.). Der Verwalter, der die Gegenleistung veräußert, verfügt über Eigentum des Insolvenzschuldners. Ein Anspruch aus § 816 Abs. 1 BGB auf die „zweite Gegenleistung" scheidet damit aus. Da das Eigentum des Insolvenzschuldners zur Masse gehört, die der Verwalter zu verwerten hat, scheidet auch ein Anspruch wegen Geschäftsanmaßung nach §§ 687 Abs. 2, 667 BGB aus. Indes kann auf § 285 BGB zurückgegriffen werden

---

[185] *Jaeger/Henckel* § 48 RdNr. 87.
[186] *Jaeger/Henckel* § 48 RdNr. 84.
[187] *Jaeger/Henckel* § 48 RdNr. 77.
[188] BGH NJW 1988, 1210, 1214.
[189] *Gundlach*, Der Ersatzaussonderungsberechtigte S. 111 f.; *ders.* KTS 1997, 55, 58; *ders.* KTS 1997, 453, 456; *Henckel* JuS 1985, 836, 841; *Dieckmann*, FS Henckel, S. 95, 117.
[190] *Jaeger/Henckel* § 48 RdNr. 10; *Uhlenbruck/Brinkmann* § 48 RdNr. 29; *Gottwald/Adolphsen*, Insolvenzrechts-Handbuch § 41 RdNr. 37; näher hierzu *Ganter* NZI 2005, 1, 6 f.

(vgl. RdNr. 8a). Er verleiht der „haftungsrechtlichen Zuordnung" der zweiten Gegenleistung angemessen Ausdruck.[191]

75b Neben der zweiten Ersatzaussonderung kommt wiederum eine Haftung der Masse (§ 55 Abs. 1 Nr. 1, 3) in Betracht. Der Verwalter kann außerdem persönlich in die Haftung geraten (§ 60), wenn er die Gegenleistung veräußert und dabei schuldhaft das Ersatzaussonderungsrecht außer Acht lässt.

II. Veräußerung der Gegenleistung durch den vorläufigen Insolvenzverwalter

75c Nach einhelliger Auffassung im Schrifttum findet eine Ersatzaussonderung auch dann statt, wenn der „starke" – also verfügungsbefugte – vorläufige Insolvenzverwalter (§ 21 Abs. 2 Nr. 2 Alt. 1, § 22 Abs. 1 InsO) unberechtigt einen aussonderungsfähigen Gegenstand veräußert. Von lediglich akademischem Interesse ist die Frage, ob § 48 InsO auf diesen Sachverhalt analog[192] oder sogar direkt[193] anwendbar ist. Veräußerungen durch einen „schwachen" vorläufigen Insolvenzverwalter, der keine Verwaltungs- und Verfügungsbefugnis hat, können eine Ersatzaussonderung nicht begründen, weil sie unwirksam sind und der gute Glaube an die Verfügungsbefugnis nicht geschützt wird.[194]

III. Veräußerung der Gegenleistung durch den Insolvenzschuldner

76 In diesem Falle war nach der Konkursordnung keine Zweitersatzaussonderung möglich, und zwar schon deshalb, weil dort die Ersatzaussonderung überhaupt ausgeschlossen war, wenn der Schuldner vor Verfahrenseröffnung die Gegenleistung eingezogen hatte.[195] Die Veräußerung steht der Einziehung gleich.

77 Fraglich ist, ob § 48 den Anwendungsbereich der Zweitersatzaussonderung insofern erweitert hat.[196] Nach seinem Wortlaut wird die Veräußerung durch den Schuldner und die Veräußerung durch den Insolvenzverwalter nunmehr gleich behandelt; unterschiedliche Rechtsfolgen werden nur noch daran geknüpft, ob die Gegenleistung noch aussteht oder bereits eingezogen ist und ob sie, wenn sie schon eingezogen ist, in der Masse noch unterscheidbar vorhanden ist oder nicht. Gegen eine Ausdehnung der zweiten Ersatzaussonderung auf die Veräußerung der Gegenleistung durch den Insolvenzschuldner wird eingewandt, über die Gegenleistung habe der Schuldner – weil noch kein Insolvenzverfahren anhängig gewesen sei – als Berechtigter verfügt, sie sei ihm maW haftungsrechtlich zugeordnet gewesen.[197] Diese Auffassung überzeugt nicht. § 48 stellt nicht auf die formale Berechtigung ab. Wenn der Schuldner vor Insolvenzeröffnung einen aussonderungsfähigen Gegenstand veräußert, ist er ohne Zweifel Inhaber des Anspruchs gegen den Erwerber auf die Gegenleistung. Dennoch wird dieser – falls der Anspruch bei Insolvenzeröffnung noch offen ist – haftungsrechtlich dem Aussonderungsberechtigten zugeordnet (§ 48 Satz 1). Ist der Anspruch erfüllt worden und die vom Schuldner vereinnahmte Gegenleistung in seinem Vermögen auch noch im Zeitpunkt der Insolvenzeröffnung unterscheidbar vorhanden, kann der Berechtigte diese Gegenleistung nach § 48 Satz 2 herausverlangen. Schon dies ist ein Fall der „zweiten Ersatzaussonderung" (oben RdNr. 75). Unerheblich ist, dass der Schuldner hinsichtlich der Gegenleistung dinglich Berechtigter ist und dass bis zur Insolvenzeröffnung jeder Gläubiger im Wege der Vollstreckung auf die Gegenleistung zugreifen konnte. Ist dies aber so, macht es keinen qualitativen Unterschied, wenn der Schuldner vor der Insolvenzeröffnung auch die Gegenleistung veräußert und nunmehr die dafür erhaltene „zweite Gegenleistung" unterscheidbar in seinem Vermögen hat. Der Schuldner sollte nicht die Möglichkeit haben, die „erste Gegenleistung" zu „waschen", indem er sie ebenfalls veräußert und somit gegen eine „zweite Gegenleistung eintauscht". Die Schwierigkeiten, hier den Anspruch auszumachen, der durch § 48 verstärkt wird, sind nicht größer als bei einer Veräußerung durch den Insolvenzverwalter (vgl. RdNr. 75a).[198]

---

[191] Im Ergebnis übereinstimmen *Jaeger/Henckel* § 48 RdNr. 10 Fn. 25.
[192] So etwa *Häsemeyer*, Insolvenzrecht 3. Aufl. RdNr. 11.25 Fn. 79; Kübler/*Prütting*/Bork § 48 InsO RdNr. 28; FK-*Imberger* § 48 InsO RdNr. 21; *Nerlich/Römermann/Andres* § 48 InsO RdNr. 19.
[193] So *Uhlbruck/Brinkmann* § 48 InsO RdNr. 29; wohl auch *Jaeger/Henckel* § 48 InsO RdNr. 23.
[194] *Jaeger/Henckel* § 48 InsO RdNr. 23.
[195] BGH NJW 1989, 3213.
[196] Vgl. *Ganter* NZI 2005, 1, 7.
[197] *Dieckmann*, FS Henckel, S. 95, 116 f.; *Scherer* KTS 2002, 197, 202 f.; *Jaeger/Henckel* § 48 RdNr. 10; *Uhlenbruck/Brinkmann* § 48 RdNr. 29a; *Mitlehner*, aaO RdNr. 183, 990.
[198] Wie hier *Gerhardt* KTS 1990, 1, 3; *Gundlach/Frenzel/Schirrmeister* KTS 2003, 96, 73; *Gottwald/Adolphsen*, Insolvenzrechts-Handbuch § 41 RdNr. 37.

Vorbemerkungen vor §§ 49 bis 52

Schrifttum: Literaturangaben zu §§ 47, 48; ferner: *Adams,* Ökonomische Analyse der Sicherungsrechte, 1980; *Adolphsen,* Die Rechtsstellung dinglich gesicherter Gläubiger in der Insolvenzordnung, in Kölner Schrift, 3. Aufl. 2009, S. 1326 ff.; *Becker,* Fremde Forderungen und Sicherungsgut in der Gesamtvollstreckung, ZIP 1991, 783 ff.; *Becker-Eberhard,* Die Forderungsgebundenheit der Sicherungsrechte, 1993; *Bette,* Vertraglicher Abtretungsausschluß im deutschen und grenzüberschreitenden Geschäftsverkehr, WM 1994, 1909 ff.; *Benckendorff,* Freigabe von Kreditsicherheiten in der Insolvenz, in Kölner Schrift, 3. Aufl. 2009, S. 1389 ff.; *Blaurock,* Aktuelle Probleme aus dem Kreditsicherungsrecht, 3. Aufl. 1990; *Böttcher,* Löschungsanspruch nachrangiger Grundpfandrechtsgläubiger gem. § 1179a BGB in Zwangsversteigerungs- und Insolvenzverfahren, ZNotP 2012, 282 ff.; *Bork,* Die Veräußerung von Sicherungsgut durch den Insolvenzverwalter, FS Leipold, 2009, S. 361 ff.; *Bornhorst,* Die einstweilige Verfügung zur Sicherung von Herausgabeansprüchen, WM 1998, 1668 ff.; *Bruns,* Grundpfandrechte im Insolvenzplanverfahren – das Ende deutscher Immobiliarsicherheiten? KTS 2004, 1 ff.; *Bülow,* Anwendbarkeit von Pfandrechtsbestimmungen auf die Sicherungstreuhand, WM 1985, 373 ff., 405 ff.; *ders.,* Mehrfachübertragung von Kreditsicherheiten – Konvaleszenz und Insolvenz, WM 1998, 845 ff.; *Dorndorf/Frank,* Reform des Rechts der Mobiliarsicherheiten – unter besonderer Berücksichtigung der ökonomischen Analyse der Sicherungsrechte, ZIP 1985, 65 ff.; *Drobnig,* Empfehlen sich gesetzliche Maßnahmen zur Reform der Mobiliarsicherheiten? Gutachten F zum 51. Deutschen Juristentag, 1976; *Drukarczyk,* Mobiliargesicherte Gläubiger, Verfahrensbeitrag im Insolvenzverfahren und Kreditkonditionen, WM 1992, 1136 ff.; *Drukarczyk/Duttle/Rieger,* Mobiliarsicherheiten, 1985; *Eckardt,* Vorausverfügung und Sequestration, ZIP 1997, 957 ff.; *Eickmann,* Absonderungsrecht der Bundesanstalt für Arbeit im Konkurs, ZIP 1980, 1063 ff.; *Ganter,* Die nachträgliche Übersicherung eines Kredites, ZIP 1994, 257 ff.; *ders.,* Aktuelle Probleme der Kreditsicherheiten in der Rechtsprechung des Bundesgerichtshofes, WM 1996, 1705 ff.; *ders.,* Rechtsprechung des BGH zum Kreditsicherungsrecht, WM 1998, 2045 ff., 2081 ff.; *ders.,* Die ursprüngliche Übersicherung, WM 2001, 1 ff.; *Gaul,* Lex Commissoria und Sicherungsübereignung, AcP 168 (1968), 351 ff.; *Gerhardt,* Die Wirkung der Anrechnungsvereinbarung bei Sicherungsgrundschulden im Konkurs, ZIP 1980, 165 ff.; *ders.,* Die Verfahrenseröffnung nach der Insolvenzordnung und ihre Wirkung, ZZP 109 (1996), 415 ff.; *ders.,* Grundpfandrechte im Insolvenzverfahren, 7. Aufl. 1996; *ders.,* Verfügungsbeschränkungen in der Eröffnungsphase und nach Verfahrenseröffnung, in: Kölner Schrift zur Insolvenzordnung, 2. Aufl. 2000, S. 193; *Gerhardt/Kreft,* Aktuelle Probleme der Insolvenzanfechtung, 9. Aufl. 2005; *Göbel,* Übersicherung und Freigabeklauseln in vorformulierten Kreditsicherungsverträgen, 1993; *Grub,* Der neue § 354a HGB – ein Vorgriff auf die Insolvenzrechtsreform, ZIP 1994, 1649 ff.; *Grunsky,* Sicherungsübereignung, Sicherungsabtretung und Eigentumsvorbehalt in der Zwangsvollstreckung und im Konkurs des Schuldners, JuS 1984, 497 ff.; *Gundlach,* Die Ersatzabsonderung, KTS 1997, 553 ff.; *Gundlach/Frenzel/Schmidt,* Die Fälligkeit von Absonderungsrechten mit Insolvenzeröffnung, DZWIR 2002, 367 ff.; *Häcker,* Abgesonderte Befriedigung aus Rechten, Beiträge zum Insolvenzrecht, Band 23, 2000; *Hadding,* Vorüberlegungen zu einem Allgemeinen Teil des Rechts der Kreditsicherheiten, FS Frotz, 1993, S. 495 ff.; *Hadding/Häuser/Welter,* Bürgschaft und Garantie, Gutachten und Vorschläge zur Überarbeitung des Schuldrechts, Bd. III, 1983, S. 571 ff.; *Häsemeyer,* Die Gleichbehandlung der Konkursgläubiger, KTS 1982, 507 ff.; *Hanisch,* Zur Reformbedürftigkeit des Konkurs- und Vergleichsrechts, ZZP 90 (1977), 1 ff.; *Henckel,* Die letzten Vorrechte im Insolvenzverfahren, FS Uhlenbruck, 2000, S. 19 ff.; *Holzer,* Unwirksamkeit der Zwangssicherungshypothek durch Gesamtvollstreckungseröffnung, ZIP 1996, 180 ff.; *Jaeger,* Aus der Praxis des Konkurs- und Vergleichsverfahrens, KuT 1933, 161 f.; *Jauernig,* Zur Akzessorietät bei der Sicherungsübertragung, NJW 1982, 268 ff.; *Johlke/Jensen,* Die Globalzession im Lichte der vorläufigen Insolvenzverwaltung, FS Jobst Wellensiek, 2011, S. 563 ff.; *Junker,* Die Entwicklung des Computerrechts in den Jahren 1991 und 1992, NJW 1993, 824 ff.; *Kilger,* Der Konkurs des Konkurses, KTS 1975, 142 ff.; *ders.,* Probleme der Sequestration im Konkurseröffnungsverfahren, in: FS Einhundert Jahre Konkursordnung 1877–1977, S. 189 ff.; *Kirchhof,* Das Verbraucherinsolvenzverfahren aus Gläubigersicht, ZInsO 1998, 54 ff.; *Knobbe-Keuk,* Konkurs und Umsatzsteuer, BB 1977, 757 ff.; *Koller,* Sittenwidrigkeit der Gläubigergefährdung und Gläubigerbenachteiligung, JZ 1985, 1013 ff.; *Kuhn,* Die Rechtsprechung des BGH zum Insolvenzrecht, WM 1976, 230 ff.; *Landfermann,* Elemente der Insolvenzrechtsreform in der Gesamtvollstreckungsordnung, FS Merz, 1992, S. 367 ff.; *Lauer,* Kreditsicherheiten im Insolvenzverfahren, 2. Aufl., 1991; *ders.,* Scheinbestandteile als Kreditsicherheit, MDR 1986, 889 ff.; *Lwowski/Groeschke,* Die Konzernhaftung der §§ 302, 303 AktG als atypische Sicherheit, WM 1994, 613 ff.; *Lwowski/Heyn,* Die Rechtsstellung der Bank im Konkurs des Kreditnehmers bei der Import- und Exportfinanzierung, WM 1998, 473 ff.; *Marotzke,* Unabhängiger Insolvenzverwalter, Gläubigerautonomie, Großgläubigerhypertrophie, ZIP 2001, 173 f.; *Medicus,* Kreditsicherung durch Verfügung über künftiges Recht, JuS 1967, 385 ff.; *Meyer-Cording,* Umdenken nötig bei den Mobiliarsicherheiten!, NJW 1979, 2126 ff.; *Mitlehner,* Verwertungsvereinbarungen im Insolvenzverfahren, ZIP 2012, 649 ff.; *Müller-Hengstenberg,* Computersoftware ist keine Sache, NJW 1994, 3128 ff.; *Nielsen,* Die Stellung der Bank im Konkurs des Kreditnehmers bei der Import- und Exportfinanzierung, WM 1989, 13 ff.; *ders.,* Dokumentäre Sicherungsübereignung bei Im- und Exportfinanzierung, WM 1986, Sonderbeilage Nr. 9; *ders.,* Sicherungsverträge der Import- und Exportfinanzierung im Lichte der aktuellen Rechtsprechung zur Deckungsgrenze und zur Sicherheitenfreigabe, WM 94, 2221 ff., 2261 ff.; *Obermüller,* Bestellung von Kreditsicherheiten an einem Treuhänder, DB 1973, 1833 ff.; *ders.,* Auswirkungen der Insolvenzrechtsreform auf Kreditgeschäft und Kreditsicherheiten, WM 1994, 1829 ff., 1869 ff.; *ders.,* Eingriffe in die Kreditsicherheiten durch Insolvenzplan und Verbraucherinsolvenzverfahren, WM 1998, 483 ff.; *Reich,* Die Sicherungsübereignung, 1970; *Reinhardt/Erlinghagen,* Die rechtsgeschäftliche Treuhand – ein Problem der Rechtsfortbildung, JuS 1962, 41 ff.; *Reinicke/Tiedtke,* Geheißerwerb von Briefgrundschulden, NJW 1994, 345 ff.; *Rellermeyer,* Objektive Bezugsgrößen für die Bewertung von Kreditsicherheiten, WM 1994, 1009 ff., 1053 ff.; *Riggert,* Die Raumsicherungsüber-

Vor §§ 49 bis 52   2. Teil. 2. Abschnitt. Insolvenzmasse. Einteilung der Gläubiger

eignung: Bestellung und Realisierung unter den Bedingungen der Insolvenzordnung, NZI 2000, 241 ff.; *Rimmelspacher*, Kreditsicherungsrecht, 2. Aufl., 1987; *Rutenfranz*, Die Befriedigung absonderungsberechtigter Gläubiger durch den Konkursverwalter, KTS 1966, 165 ff.; *K. Schmidt*, Zur Akzessorietätsdiskussion bei Sicherungsübereignung und Sicherungsabtretung, FS Serick, 1992, S. 329 ff.; *Schreiber*, Das Sicherungseigentum und seine Verwertung, JR 1984, 485 ff.; *Serick*, Aktuelle insolvenzrechtliche Fragen bei Mobiliarsicherheiten, 1978, RWS-Skript Nr. 4; *ders.*, Der erweiterte Eigentumsvorbehalt in Formularverträgen ohne zureichende Freigabeklausel bei unverhältnismäßigen Übersicherungen und § 9 AGBG, JZ 1994, 714 ff.; *Smid*, Thesen zu Kreditsicherheiten in Insolvenz, übertragender Sanierung und Reorganisation, WM 2002, 1033 ff.; *ders.*, Sicherungseigentum und publizitätslose Pfandrechte an Forderungen aufgrund Sicherungsabtretung als sachenrechtliche Typen, ZInsO 2009, 1721 ff.; *ders.*, Kreditsicherheiten in der Insolvenz, 2. Aufl. 2010; *ders.*, Vom konkursprozessualen Prioritätsprozess zur Berücksichtigung von Absonderungsrechten im Insolvenzverfahren, FS Ganter, 2010, S. 361 ff.; *Stern*, Insolvenzrechtsreform und verfassungsrechtlicher Schutz der Mobiliarsicherungsgläubiger, FS Helmrich, 1994, S. 737 ff.; *Stürner*, Die Rechtsnatur des „Vorzugsrechts" der Pfandbriefgläubiger im Konkurs der Hypothekenbank, FS H. F. Gaul, 1997, 739 ff.; *Trinkner*, Verwertung sicherungsübereigneter Gegenstände, BB 1962, 80 f.; *Uhlenbruck*, Zur Krise des Insolvenzrechts, NJW 1975, 897 ff.; *A. Weber*, Insolvenzrechtsreform und Mobiliarsicherheiten, WM 1992, 1133 ff.; *Wittig*, Insolvenzordnung und Konsumentenkredit, WM 1998, 169 ff., 209 ff.; *Wolf*, Inhaltskontrolle von Sicherungsgeschäften, FS Baur, 1981, S. 147 ff.; *Zenker*, Der Zeitpunkt der Vornahme einer Sicherheitenbestellung an künftigen Gegenständen und für künftige Forderungen, ZVI 2006, 327 ff.

Übersicht

	Rn.
I. Begriff und Wesen der Absonderung	1–5a
1. Begriff	1, 2
2. Verhältnis der Absonderung zur Aussonderung	3
3. Verhältnis der Absonderung zu gegenständlich begrenzten Vorrechten	4–5a
II. Die Reformdiskussion über die Absonderungsrechte	6–8
III. Grundzüge der gesetzlichen Regelung	9–15
1. Institutionelle Garantie der Absonderungsrechte	9–12
2. Keine abschließende Regelung der Absonderungsrechte	13
3. Zwingendes Recht	14, 15
IV. Der Kreis der Absonderungsrechte	16–49a
1. Gegenständliche Begrenzung	16–16a
2. Zeitliche Begrenzung	17–49a
a) Der Sicherungsgegenstand entsteht erst nach Insolvenzeröffnung	21–29a
b) Der Sicherungsgegenstand entsteht zwar vor Insolvenzeröffnung, aber nach Anordnung von Sicherungsmaßnahmen nach § 22 Abs. 2 Nr. 1, 2	30, 31
c) Die zur Sicherheit abgetretene oder verpfändete Forderung ist noch nicht fällig	32–34a
d) Die gesicherte Forderung entsteht erst nach Insolvenzeröffnung	35–39
e) Sonderfälle	40–49a
V. Haftung des Schuldners	50–58
1. Persönliche und dingliche Haftung	51–53
2. Nur dingliche Haftung	54–57
3. Nur persönliche Haftung	58
VI. Umfang der Haftung	59–72
1. Gesicherte Forderungen	59–62a
2. Der haftende Gegenstand	63–72
a) Dingliche Surrogation	63–67a
b) Rechtsgeschäftliche Surrogation	68–71
c) Verzugsschaden bei einer zur Sicherheit abgetretenen oder verpfändeten Forderung	72
VII. Rang der Absonderungsrechte	73–78b
1. Prioritätsprinzip	73–75
2. Gesetzliche Durchbrechungen des Prioritätsprinzips	76–76b
3. Durch die Rechtsprechung begründete Durchbrechungen des Prioritätsprinzips	77–78b
VIII. Wirksamkeitsrisiken bei Absonderungsrechten	79–98c
1. Knebelung	80, 81
2. Übersicherung	82–88
a) Ursprüngliche Übersicherung	84
b) Nachträgliche Übersicherung	85–88
3. Kredittäuschung	89
4. Insolvenzverschleppung	90
5. Verleitung zum Vertragsbruch	91
6. Unter-Deckung-Nehmen von Ansprüchen Dritter	92
7. Gesellschaftssicherheit	93–96a
a) Gesellschaft besichert die Forderung eines Dritten gegen ihren Gesellschafter	93, 94
b) Gesellschaft besichert „kapitalersetzendes" Darlehen ihres Gesellschafters	95, 96
c) Konzernmäßige Besicherung einer Gesellschafterschuld	96a
8. Gesellschaftersicherheit	97–98c
a) Früheres Recht	97a–98
b) Die Rechtslage nach dem MoMiG	98a–98c

	Rn.
IX. Besondere Abreden über das Absonderungsrecht	99–102e
1. Verwertungsabreden	99–101
a) Vereinbarungen beim freihändigen Verkauf von unbeweglichen Massegegenständen	99a–99f
b) Vereinbarungen über die Durchführung einer „kalten Zwangsverwaltung"	100–100d
c) Vereinbarungen über das Einziehungsrecht des Verwalters	101
2. Pfandverwirkungs-/Verfallabreden	102–102d
3. Poolvereinbarungen	102e
X. Wechsel des Absonderungsberechtigten	103–109a
1. Absonderungsrecht aus akzessorischen Kreditsicherheiten	104, 105
2. Absonderungsrecht aus nicht-akzessorischen Kreditsicherheiten	106–109a
XI. Beachtung künftiger Absonderungsrechte durch den vorläufigen Insolvenzverwalter	109b–109h
XII. Abwendung der abgesonderten Befriedigung durch Sicherheitsleistung	110
XIII. Ablösungsrecht des Verwalters?	111
XIV. Erlöschen des Absonderungsrechts	112–128a
1. Leistung auf das zur Absonderung berechtigende Sicherungsrecht	112, 113
2. Tilgung der gesicherten Forderung	114–116
a) Akzessorische Sicherheiten	115
b) Nicht-akzessorische Sicherheiten	116
3. Untergang des Sicherungsmittels	117, 118
4. Veräußerung des Sicherungsmittels	119
5. Verzicht, Verwirkung	120–128
6. Kein Erlöschen durch Restschuldbefreiung	128a
XV. Geltendmachung des Absonderungsrechts	128b
XVI. Prüfungs-, Auskunfts- und Herausgabepflicht des Verwalters	129–136

	Rn.
XVII. Absonderungsstreit	137–149
1. Allgemeines	137–141
2. Klageart und Klageantrag	142, 143
3. Beweislast	144
4. Aufnahme eines durch die Insolvenzeröffnung unterbrochenen Rechtsstreits über eine Pfandklage	145
5. Zustimmung des Gläubigerausschusses, der Gläubigerversammlung	145a
6. Streitwert	146
7. Titelumschreibung	147
8. Schiedsabrede	148
9. Sicherung der Absonderung durch einstweilige Verfügung	149
XVIII. Die Stellung der Absonderungsberechtigten im Insolvenzverfahren	150
XIX. Eingriffe in Absonderungsrechte durch Insolvenzplan und Verbraucherinsolvenzverfahren	151–162
1. Insolvenzplan	152–156
2. Verbraucherinsolvenz- und Restschuldbefreiungsverfahren	157–162
a) Eingriffe in Absonderungsrechte durch einen außergerichtlichen Schuldenbereinigungsplan	158
b) Auswirkungen eines gerichtlichen Schuldenbereinigungsverfahrens	159, 160
c) Absonderungsrechte im vereinfachten Insolvenzverfahren	161
d) Absonderungsrechte im Restschuldbefreiungsverfahren	162
XX. Zwangsvollstreckung durch den Absonderungsberechtigten	163–166b
1. Herausgabevollstreckung und Vollstreckung wegen eines Geldanspruchs in bewegliche Sachen	163–165a
2. Zwangsvollstreckung in Grundstücke	166
3. Beitreibung von Forderungen	166a–166b
XXI. Ersatzabsonderung	167–178

I. Begriff und Wesen der Absonderung

1. Begriff. „Absonderung" ist der abgekürzte, gleichwohl geläufige Ausdruck für abgesonderte Befriedigung.[1] Darunter versteht man die bevorzugte Befriedigung aus einem Massegegenstand.[2] Der Vorzug, den der Absonderungsberechtigte genießt, ist ein doppelter: Zum einen muss der Gläubiger seine Forderung nicht als Insolvenzforderung anmelden und feststellen lassen. Zum anderen erhält er darauf nicht bloß die Insolvenzquote. Vielmehr steht ihm der Erlös aus der Verwertung des Gegenstands der abgesonderten Befriedigung bis zur vollen Höhe seines Anspruchs zu. Reicht der Erlös nicht aus, kann er, falls der Gläubiger zugleich Insolvenzgläubiger ist, für den nicht befriedigten Teil seiner Forderung am Insolvenzverfahren teilnehmen und darauf die Quote beanspruchen (§ 52 Satz 2). Ergibt die abgesonderte Befriedigung einen Überschuss, so gebührt dieser der Masse. 1

---

[1] Zur geschichtlichen Entwicklung vgl. *Smid,* FS Ganter, 2010, S. 361 ff.
[2] *Häsemeyer,* Insolvenzrecht RdNr. 18.01.

2 Das Absonderungsrecht in der Insolvenz entspricht der **Klage auf vorzugsweise Befriedigung** in der Einzelzwangsvollstreckung (§ 805 ZPO).[3] Diese ist allerdings gegen den Vollstreckungsgläubiger zu richten, während der Absonderungsstreit mit dem Insolvenzverwalter auszutragen ist. Ein weiterer Unterschied besteht darin, dass es etwas der Ersatzabsonderung (s.u. RdNr. 167 ff.) Entsprechendes in der Einzelzwangsvollstreckung nicht gibt.

3 **2. Verhältnis der Absonderung zur Aussonderung.** Dazu wurde unter § 47 RdNr. 11 ff. ausführlich Stellung genommen. Zusammenfassend ist hier nur noch einmal zu wiederholen, dass Aussonderung die haftungsrechtliche Trennung eines Gegenstandes von der Insolvenzmasse bedeutet, Absonderung die Zuerkennung eines Vorzugsrechts trotz haftungsrechtlicher Zuordnung zur Masse. Ein aussonderungsfähiger Gegenstand gebührt dem Aussonderungsberechtigten „der Substanz nach". Demgegenüber kann ein Absonderungsberechtigter nur den Wert beanspruchen. Erbringt die Verwertung des betreffenden Gegenstandes einen Mehrerlös, so steht dieser der Masse zu.

4 **3. Verhältnis der Absonderung zu gegenständlich begrenzten Vorrechten.** Gemäß §§ 32, 33 DepotG haben Kommittenten, Hinterleger und Verpfänder von Wertpapieren in der Insolvenz von Kommissionär, Eigenhändler, Verwahrer und Pfandgläubiger ein gegenständlich beschränktes Vorrecht (vgl. hierzu § 47 RdNr. 304), falls das Eigentum des Kommittenten, Hinterlegers usw. durch eine rechtswidrige Verfügung des Kommissionärs, Verwahrers usw. verletzt worden ist. Diese Gläubiger werden aus einer „Sondermasse" befriedigt, die aus den in der Insolvenzmasse vorhandenen Wertpapieren derselben Art und aus den Ansprüchen auf Lieferung solcher Wertpapiere gebildet wird.[4] Ein gegenständlich beschränktes Vorrecht genießen schließlich Versicherungsnehmer in der Insolvenz eines Lebens-, Kranken- und Unfallversicherers gemäß §§ 77 Abs. 4 und 5, 79 VAG. Auch diese bevorrechtigten Gläubiger werden aus einer „Sondermasse" vor allen anderen Gläubigern befriedigt. Sie haben weder ein Aussonderungs- noch ein Absonderungsrecht.[5]

5 Die §§ 35, 41 HypothekenbankG[6] begründeten im Konkurs der Hypothekenbank für Pfandbrief- und Schuldverschreibungsgläubiger ein entsprechendes Vorrecht.[7] Vergleichbare Regelungen enthielten § 6 des Gesetzes über die Pfandbriefe und verwandten Schuldverschreibungen öffentlich-rechtlicher Kreditanstalten vom 21.12.1927, § 36 des Schiffsbankgesetzes v. 8.4.1943, § 15 des Gesetzes über die Landwirtschaftliche Rentenbank vom 11.5.1949, § 1 des Gesetzes betreffend die Industriekreditbank AG vom 15.7.1951 und § 11 Abs. 2 des Gesetzes zur Umwandlung der Deutschen Genossenschaftsbank in die DG-Bank Aktiengesellschaft vom 13.8.1998. Alle diese Vorschriften sollten nach den Vorstellungen des Gesetzgebers der InsO inhaltlich unverändert fortgelten (vgl. Art. 54, 81, 82, 84, 85, 86 EGInsO). Für die Hypothekenbanken, die öffentlich-rechtlichen Kreditanstalten und die Schiffshypothekenbanken sind diese Vorschriften jedoch schon vor ihrem Inkrafttreten durch Art. 24 Nr. 2, 4 und 5 des Dritten Finanzmarktförderungsgesetzes vom 24.3.1998 gestrichen worden. Das Gesetz über die Deutsche Genossenschaftsbank ist durch das Gesetz zur Änderung der EGInsO vom 19.12.1998 aufgehoben worden. Danach ist ein dem § 35 Hypothekenbank entsprechender Vorrang nur in § 15 des Gesetzes über die Landwirtschaftliche Rentenbank (Art. 82 EGInsO) und in § 1 des Gesetzes betreffend die Industriekreditbank AG (Art. 84 EGInsO) erhalten geblieben.[8] Für die Insolvenz einer Hypothekenbank ist nunmehr ein Sonderinsolvenzverfahren vorgesehen.[9]

5a Der in Ausführung einer EG-Richtlinie eingefügte § 77a VAG sieht in der Insolvenz eines Versicherungsunternehmens die **Sicherstellung von Versicherungsforderungen** durch den bevorrechtigten Zugriff auf das Sicherungsvermögen (§ 66 VAG) vor. Dadurch wird das Sicherungsvermögen als Teil der Insolvenzmasse des Versicherungsunternehmens der Befriedigung insbesondere der Versicherten und der Versicherungsnehmer (vgl. § 77a Abs. 1 Satz 1 Nr. 1 VAG) vorbehalten. § 77a VAG statuiert ebenfalls ein absolutes Vorrecht der privilegierten im Verhältnis zu den anderen Insolvenzforderungen.[10]

---

[3] *Gerhardt*, Grundbegriffe RdNr. 305.
[4] *Henckel*, FS Uhlenbruck, S. 19, 24 f.
[5] *Gottwald/Adolphsen*, Insolvenzrechts-Hdb., § 42 RdNr. 73 f.; anders *Stürner*, FS H. f. Gaul, S. 739, 742, 744 ff.: „Absonderungsrecht eigener Art". Für analoge Anwendung einzelner Absonderungsregeln *Henckel*, FS Uhlenbruck, S. 19, 23; *Jaeger/Henckel* Vor §§ 49–52 RdNr. 15.
[6] BGBl. 1963 I 81 ff.
[7] Näher dazu *Stürner*, FS H. f. Gaul, S. 739 ff.; *Henckel*, FS Uhlenbruck, S. 19, 21 ff.
[8] Vgl. zum Ganzen *Henckel*, FS Uhlenbruck, S. 19, 21 f.
[9] *Henckel*, FS Uhlenbruck, S. 19, 27 ff.
[10] BGH NZI 2011, 682 mwN.

II. Die Reformdiskussion über die Absonderungsrechte

Die Absonderungsrechte – und unter ihnen insbesondere die besitzlosen Mobiliarsicherheiten – bildeten einen Schwerpunkt der Reformdiskussion. Man machte sie für die schleichende Aushöhlung der Masse verantwortlich, die ihrerseits in vielen Fällen den masselosen Konkurs zur Folge habe.[11] Außerdem verstießen die Absonderungsrechte – zumindest in den genannten Fällen – gegen den Gedanken der Gläubigergleichbehandlung.[12] Die Absonderungsrechte schlössen den haftungsrechtlichen Ausgleich mit anderen Gläubigern aus. Im Übrigen hätten einzelne Gläubigergruppen – beispielsweise Banken und Lieferanten – bessere Möglichkeiten, ihre Forderungen zu sichern, als andere. Um diese unerwünschten Wirkungen zu beseitigen oder einzuschränken, wurden verschiedene Wege diskutiert:[13]

Teilweise wurden **Änderungen im materiellen Recht** befürwortet. Die besitzlosen Mobiliarsicherheiten seien generell abzuschaffen[14] oder auf ein sozialverträgliches Maß „zurückzuschneiden".[15] Die Kritik richtete sich dabei insbesondere gegen die Verlängerungs- und Erweiterungsformen des Eigentumsvorbehalts (s. § 47 RdNr. 87 ff., 105 ff.) und der Sicherungsübertragung (s. § 51 RdNr. 94, 109, 120, 172).

Als weitere Möglichkeit, den Einfluss der besitzlosen Mobiliarsicherheiten im Konkurs einzudämmen, wurden **insolvenzrechtliche Maßnahmen** in Betracht gezogen.[16] Im Ersten Bericht der Kommission für Insolvenzrecht von 1985 wurde dem Rechnung getragen. Bewegliche Sachen, an denen ein besitzloses Sicherungsrecht bestand, sollten zur Masse gehören (Leitsatz 1.1.4 Ib, e). Die Gläubiger besitzloser Sicherheiten wurden als Insolvenzgläubiger eingestuft (Leitsatz 1.1.5 II). In den Fällen der Reorganisation oder eines Zwangsvergleichs sollten derartige Sicherheiten um bis zu 50 % gekürzt werden können (Leitsatz 1. 1. 15 II). Im Liquidationsfall sollten diese Sicherungsnehmer vom Verwertungserlös einen Beitrag von 25 % abzuführen haben (Leitsätze 3.3.2, 3.3.3 II). Sicherungsübereignung und Sicherungszession sollten im Insolvenzverfahren nur anerkannt werden, wenn sie schriftlich vereinbart waren; auch für die Verlängerungs- bzw. Erweiterungsformen des Eigentumsvorbehalts wurde die schriftliche Vereinbarung oder die schriftliche Bestätigung einer mündlichen Vereinbarung gefordert (Leitsätze 3.2.1 bis 3.2.3).

III. Grundzüge der gesetzlichen Regelung

1. Institutionelle Garantie der Absonderungsrechte. Der in der Reformdiskussion erhobenen Forderung nach Abschaffung oder wesentlicher Beschränkung der Absonderungsrechte hat der Gesetzgeber nicht nachgegeben. Vielmehr hat er im Großen und Ganzen die bisherige gesetzliche Regelung aufgenommen und abgerundet.[17] Die Absonderung ist nunmehr in den §§ 49–52 geregelt. In § 49 wird die abgesonderte Befriedigung aus unbeweglichen Gegenständen, in den §§ 50, 51 die aus beweglichen Sachen oder Rechten behandelt. § 52 regelt den Ausfall der Absonderungsberechtigten, die zugleich Insolvenzgläubiger sind.

Die Vermögensumverteilung ist kein legitimes Ziel des neu konzipierten Insolvenzverfahrens. Schon in der Begründung zum Regierungsentwurf hieß es, ein marktkonformes Verfahren müsse darauf verzichten, den Beteiligten Vermögensopfer abzunötigen. Dies gelte auch im Verhältnis der Gläubigergruppen – der gesicherten, ungesicherten und nachrangigen Gläubiger – zueinander. Die zivilrechtliche Haftungsordnung müsse nicht nur dann maßgeblich sein, wenn das Schuldnervermögen zwangsverwertet werde; auch dann, wenn es im Rahmen einer Fortführung oder Sanierung investiert bleibe, hätten sämtliche Beteiligte – auch die absonderungsberechtigten Gläubiger – ein Anrecht darauf, ihrem Rang gemäß an einem Fortführungserfolg teilzuhaben.[18]

Demgemäß ist das **materielle Recht der Mobiliarsicherheiten** fast nicht geändert worden. Erwähnenswert ist zunächst das Verbot des Konzernvorbehalts beim erweiterten Eigentumsvorbehalt.[19] Die Abtretung, Verpfändung und Pfändung von **Arbeitsentgelt** des Insolvenzschuldners wird eingeschränkt (§§ 89 Abs. 2, 91 Abs. 1, in § 114 allerdings wieder erweitert),

---

[11] Kilger KTS 1975, 142 ff.; Uhlenbruck NJW 1975, 897 ff.
[12] Häsemeyer KTS 1982, 507, 531, 542.
[13] Vgl. zum folgenden Hilgers, aaO S. 32 f.; Adolphsen, Kölner Schrift, S. 1326, 1327 RdNr. 1 ff.; Baur/Stürner, Insolvenzrecht RdNr. 4.6 ff.
[14] ZB Adams aaO S. 286 ff.; Meyer-Cording NJW 1979, 2126 ff.
[15] Dorndorf/Frank ZIP 1985, 65 ff.; Leipold/Gottwald, Insolvenzrecht im Umbruch, S. 197, 207.
[16] ZB Hanisch ZZP 90 (1977), 1, 11 f.; Häsemeyer KTS 1982, 507, 570 ff.
[17] Häsemeyer, Insolvenzrecht RdNr. 18.07.
[18] BT-Drucks. 12/2443 S. 78 f.; dagegen kritisch Häsemeyer, Insolvenzrecht RdNr. 18.07: „Das Zerrbild eines ‚Privilegierteninsolvenzverfahrens' ist … geradezu kodifiziert worden.".
[19] § 455 Abs. 2 idF des Art. 33 Nr. 17 EGInsO, vgl. dazu § 47 RdNr. 92 f.

damit es für die Restschuldbefreiung zur Verfügung steht (vgl. §§ 287 Abs. 2 und 3, 292 Abs. 1, 294 Abs. 3).[20] Zusätzliche Anforderungen an die allgemeinen Geschäftsbedingungen werden nicht gestellt.[21]

12 Auch die **insolvenzrechtlichen Neuerungen** lassen den Wert der Kreditsicherheiten in der Insolvenz grundsätzlich unangetastet. Ihnen wird nunmehr in § 51 Nr. 1 sogar ausdrücklich die Qualität als Absonderungsrecht zugestanden. Dies gilt, weil das Gesetz hier nicht weiter differenziert, auch für die besitzlosen Mobiliarsicherheiten. Änderungen hat es allerdings insoweit gegeben, als eine im letzten Monat vor dem Antrag auf Eröffnung des Insolvenzverfahrens oder danach durch Zwangsvollstreckung erlangte Sicherung mit der Verfahrenseröffnung unwirksam wird (sog. **Rückschlagsperre**, § 88). Durch einen **Insolvenzplan** (s.u. RdNr. 152 ff.) oder einen **gerichtlichen Schuldenbereinigungsplan** (s.u. RdNr. 159 f.) kann auch in die Rechte der absonderungsberechtigten Gläubiger eingegriffen werden. Von einer im Verfahren nach §§ 286 ff. InsO erteilten, also nicht auf einem Insolvenzplan beruhenden Restschuldbefreiung bleiben Absonderungsrechte unberührt (s.u. RdNr. 162). Größere Änderungen hat es im Recht der **Sicherheitenverwertung** gegeben, insbesondere den Übergang des Verwertungsrechts auf den Insolvenzverwalter und die Kostenbeteiligung der absonderungsberechtigten Gläubiger. Diese Neuerungen werden unter §§ 165 ff. erläutert.

13 **2. Keine abschließende Regelung der Absonderungsrechte.** Vergleicht man die Bestimmungen der Insolvenzordnung über die Absonderung – vor allem den Katalog des § 51 – mit denen über die Aussonderung (§§ 47, 48), könnte man auf den Gedanken kommen, dass die Insolvenzordnung den Kreis der Absonderungsrechte abschließend bestimmt. Dem ist nicht so. Schon die Konkursordnung enthielt keine abschließende Regelung. Zwar hatte ihr Gesetzgeber etwas anderes beabsichtigt (vgl. den Wortlaut des § 4 Abs. 1 KO). Den später außerhalb der Konkursordnung geschaffenen Absonderungsrechten (vgl. zB § 888 HGB, §§ 77, 157 VVG) war indes die rechtliche Anerkennung nicht zu versagen, weil der Gesetzgeber sich nicht durch einfaches Gesetz binden konnte. Allerdings können Absonderungsrechte **nur durch Gesetz** (oder Gewohnheitsrecht) geschaffen werden.[22] Ob die Anerkennung besitzloser Mobiliarsicherheiten als Absonderungsrechte zunächst auf Gewohnheitsrecht beruhte, ist umstritten.[23] Zumindest jetzt sind sie in § 51 Nr. 1 kodifiziert.

14 **3. Zwingendes Recht.** Vertraglich kann der Kreis der Absonderungsrechte nicht erweitert werden.[24] Auch durch ein Anerkenntnis des Verwalters ist dies nicht möglich.[25] Insofern sind die Bestimmungen über die Absonderung zwingend. Niemand kann vor Insolvenzeröffnung vertraglich vereinbaren, dass in seiner künftigen Insolvenz ein Recht, das nicht zum gesetzlich festgelegten Kreis der Absonderungsrechte gehört, zur abgesonderten Befriedigung berechtigen soll; aber selbstverständlich kann man ein Recht, welches kraft Gesetzes in einer späteren Insolvenz zur Absonderung berechtigt, vertraglich anerkennen. Selbst der Insolvenzverwalter kann, falls die gesetzlichen Voraussetzungen für ein Absonderungsrecht nicht vorliegen, einem außergerichtlichen Absonderungsbegehren nicht durch sein „Anerkenntnis" Wirkung gegenüber der Masse verschaffen.[26] Dies gilt sogar dann, wenn der Insolvenzverwalter zuvor die Zustimmung der Gläubigerversammlung und des Gläubigerausschusses eingeholt hat.[27] Die Bindungswirkung eines vom Verwalter abgeschlossenen Vergleichs und die Rechtskraftwirkung eines Anerkenntnisurteils bleiben unberührt (vgl. § 47 RdNr. 489).

15 Nicht notwendig zwingend sind Vorschriften, die ein Absonderungsrecht begründen. Da ein bereits entstandenes Absonderungsrecht aufgegeben werden kann (s.u. RdNr. 120 ff.), kann auch im Voraus – jedenfalls im Wege einer Individualabrede – zwischen demjenigen, dem ein bestimmtes Recht eingeräumt wird, und dem Verpflichteten vereinbart werden, dass das Recht in der Insolvenz nicht zur abgesonderten Befriedigung berechtigen soll. So kann zum Beispiel bei der Schadensversicherung für fremde Rechnung der Versicherungsnehmer mit dem Versicherten vereinbaren, dass jenem in der Insolvenz des Versicherten kein Zurückbehaltungs- und Befriedigungsrecht gemäß § 77 VVG zustehen soll (vgl. § 51 RdNr. 233).

---

[20] Dazu *Wittig* WM 1998, 209, 219 ff.
[21] *Adolphsen*, Kölner Schrift, S. 1326, 1328 RdNr. 6.
[22] *Jaeger/Henckel* Vor §§ 49–52 RdNr. 7.
[23] Bejahend *Serick* BB 1998, 801 f.
[24] RGZ 137, 109, 110; *Gottwald/Adolphsen*, Insolvenzrechts-Hdb., § 42 RdNr. 2; *Jaeger/Henckel* Vor §§ 449–52 RdNr. 14; *Uhlenbruck/Brinkmann* § 49 RdNr. 1.
[25] BGH KTS 1968, 91, 99; *Jaeger/Henckel* Vor §§ 449–52 RdNr. 14; *Uhlenbruck/Brinkmann* § 49 RdNr. 1.
[26] *Gottwald/Adolphsen*, Insolvenzrechts-Hdb., § 42 RdNr. 2; *Hess* § 49 RdNr. 12.
[27] BGH WM 1968, 242, 247.

IV. Der Kreis der Absonderungsrechte

1. Gegenständliche Begrenzung. Zur abgesonderten Befriedigung berechtigen nach derzeitiger Rechtslage – der Gesetzgeber kann jederzeit neue Absonderungsrechte schaffen – folgende Rechte:
- die Mobiliarpfandrechte (§ 50),
- die Pfandrechte an unbeweglichen Gegenständen (§ 49),
- die gesetzlichen Pfandrechte und die Pfändungspfandrechte (§ 50),
- das Recht auf Befriedigung aus dem Anteil des Schuldners an einer Gesellschaft oder Gemeinschaft wegen der Ansprüche aus diesem Rechtsverhältnis (§ 84 Abs. 1 Satz 2; vgl. dazu § 47 RdNr. 50, § 50 RdNr. 116a),
- das Recht auf Befriedigung aus einem Grundstück nach Erwirkung der Anordnung der Zwangsversteigerung oder Zwangsverwaltung (§§ 10 Abs. 1 Nr. 5, 11 Abs. 2 ZVG),
- das Sicherungseigentum und die durch Sicherungsabtretung begründete Inhaberschaft an Rechten (§ 51 Nr. 1, vgl. dazu vorab § 47 RdNr. 381),
- der erweiterte Eigentumsvorbehalt nach Eintritt des Erweiterungsfalls (§ 51 Nr. 1, vgl. dazu § 47 RdNr. 93),
- der verlängerte Eigentumsvorbehalt bezüglich des von der Verlängerungsklausel erfassten Surrogats (§ 51 Nr. 1, vgl. dazu § 47 RdNr. 149),
- die Zurückbehaltungsrechte wegen Verwendungen auf eine massezugehörige Sache (§ 51 Nr. 2) oder nach dem Handelsgesetzbuch (§ 51 Nr. 3),
- die fiskalischen Sicherheiten an zoll- und steuerpflichtigen Sachen (§ 51 Nr. 4; § 76 Abs. 2 AO 1977; vgl. dazu § 51 RdNr. 243 ff.),
- die Ansprüche aus einer Versicherung für fremde Rechnung bei der Schadensversicherung (§ 77 VVG), Seeversicherung (§ 888 HGB) und Haftpflichtversicherung (§ 110 VVG), vgl. dazu § 50 RdNr. 115, § 51 RdNr. 232 ff.
- das Befriedigungsrecht des Kommissionärs (§ 398 HGB; vgl. dazu § 47 RdNr. 293).

Obwohl die **Befugnis zur Aufrechnung** in der Insolvenz im wirtschaftlichen Ergebnis einem Pfandrecht oder einer Sicherungsabtretung und dem hierdurch vermittelten Recht zur abgesonderten Befriedigung ähnelt,[28] können die genannten Rechtsinstitute in der Insolvenz nicht vollständig gleich behandelt werden. Pfandrecht und Sicherungsabtretung räumen dem Gläubiger des Schuldners Sicherungsrechte für eigene Forderungen ein; demgegenüber eröffnet die Aufrechnungsbefugnis die Möglichkeit, die Forderungen des Insolvenzschuldners nicht ausgleichen zu müssen. Zudem regelt die Insolvenzordnung das Recht zur Aufrechnung sowie die Sicherungsrechte und deren Verwertung streng getrennt voneinander an ganz unterschiedlichen Stellen und in konstruktiv verschiedener Weise. Es spricht nichts dafür, diese systematische Differenzierung zu überspielen.[29]

2. Zeitliche Begrenzung. An den Gegenständen der Insolvenzmasse können **nach Eröffnung des Insolvenzverfahrens** – unter Umständen schon vorher (s.u. RdNr. 29; vgl. auch die Rückschlagsperre des § 88)[30] – grundsätzlich (vgl. aber die Sonderfälle RdNr. 40 ff.) keine Absonderungsrechte wirksam erworben werden (vgl. § 91 und die Erläuterungen dazu). Der Entstehungstatbestand muss vor Insolvenzeröffnung vollständig erfüllt sein. Ein zuvor eingeleiteter, aber erst danach vollendeter Erwerbsakt begründet kein Absonderungsrecht. Auch der Gesetzgeber kann nicht rückwirkend die Voraussetzungen für ein Absonderungsrecht schaffen. Dadurch würde den übrigen Gläubigern das durch den Insolvenzbeschlag begründete Befriedigungsrecht nachträglich entzogen oder doch eingeschränkt. Das wäre sowohl unter dem Gesichtspunkt des Eigentumsschutzes nach Art. 14 GG als auch im Hinblick auf das Rechtsstaatsprinzip (Art. 20 Abs. 3 GG) bedenklich.[31]

Ein wirksames Absonderungsrecht liegt deshalb nicht vor, wenn die notwendige Anzeige einer Verpfändung erst nach Insolvenzeröffnung erstattet wird,[32] wenn die erforderliche Übergabe des Grundpfandbriefes (§ 1117 BGB) erst danach erfolgt,[33] wenn bei der Blankettabtretung einer Grundschuld das Blankett erst nach der Insolvenzeröffnung ausgefüllt wird[34] oder wenn das – nur ex nunc wirkende (vgl. § 47 RdNr. 207) – Einverständnis des Drittschuldners mit der Sicherungszes-

---

[28] BGH WM 1960, 720, 721; 1994, 1045, 1046.
[29] BGHZ 160, 107, 111 f.; BGH NZI 2007, 718.
[30] Vgl. BGH DZWiR 1999, 159 m. Anm. *Eckardt*.
[31] BGH NJW 1999, 1479, 1480 = EWiR 1999, 907 *(Eckert)*.
[32] *Gottwald/Adolphsen*, Insolvenzrechts-Handbuch § 42 RdNr. 34.
[33] *Jaeger/Henckel* Vor §§ 49–52 RdNr. 16.
[34] BGH WM 1977, 453, 457.

sion einer gemäß § 399 BGB unabtretbaren Forderung erst nach Eröffnung des Insolvenzverfahrens über das Vermögen des Zedenten erklärt wird.

19 Die Ermächtigung gemäß § 16 Nr. 6 VOB/B (danach ist der Auftraggeber bei Zahlungsverzug des Auftragnehmers zum Beispiel berechtigt, die von ihm geschuldeten Werklohnzahlungen unmittelbar an einen Subunternehmer zu leisten) ist einer Vorausverfügung nicht gleichzustellen. Weder erfüllt die Ermächtigung die Merkmale des Verfügungstatbestandes noch begibt sich der Auftragnehmer dadurch der Verfügungsmacht über die Werklohnforderung. In der Insolvenz des Auftragnehmers hat die Ermächtigung somit keine Wirkung. Ab Erlass eines allgemeinen Veräußerungsverbots gilt das Gleiche.[35]

19a Absonderungsrechte können eine eigene **Fälligkeit** haben. Dahingehende Regelungen sind insbesondere in Sicherungsabreden enthalten. Von § 41 werden sie nicht erfasst.[36]

20 Die Frage, wann der Entstehungstatbestand eines zur Absonderung berechtigenden Sicherungsrechts erfüllt ist, bedarf einer näheren Prüfung, wenn der **Sicherungsgegenstand** erst **entsteht** oder **fällig wird,** nachdem über das Vermögen des Sicherungsgebers ein Insolvenzverfahren eröffnet worden ist. Es kommt auch vor, dass die **gesicherte Forderung** erst nach diesem Zeitpunkt entsteht. Im Einzelnen gilt folgendes:

21 a) **Der Sicherungsgegenstand entsteht erst nach Insolvenzeröffnung. aa) Sicherungsübertragung oder Verpfändung einer künftigen Sache oder einer künftigen Forderung.** In den Fällen einer vorweggenommenen Sicherungsübereignung oder Verpfändung von **Sachen** scheidet ein Absonderungsrecht aus, falls die Sicherheit erst nach Insolvenzeröffnung entsteht.[37] Die Sicherheit entsteht, wenn der Sicherungsgeber die Sache als bestehende erwirbt, die Übergabe erfolgt (oder ein Übergabesurrogat vereinbart wird) und die antizipierte Einigung über die Bestellung der Sicherheit zu diesem Zeitpunkt noch andauert.[38] Entsteht die Sache erst nach Insolvenzeröffnung, verhindert § 91 einen wirksamen Rechtserwerb. Eine Verpfändung oder eine Sicherungsabtretung ist insolvenzfest nur dann, wenn der Pfandrechtsgläubiger oder Sicherungszessionar bereits vor der Eröffnung des Insolvenzverfahrens eine **gesicherte Rechtsposition** hinsichtlich der verpfändeten Forderung erlangt hat.[39] Dies ist der Fall, wenn die verpfändete/abgetretene Forderung ohne weiteres Zutun der Parteien entsteht, also nicht, wenn die Entstehung des verpfändeten/abgetretenen Anspruchs von rechtsgeschäftlichen Erklärungen der Beteiligten abhängt[40] oder der Schuldner über das zugrundeliegende Vertragsverhältnis noch verfügen kann.[41] Insoweit können die Grundsätze zu § 95[42] auf § 91 übertragen werden. Hat der Gläubiger eine gesicherte Rechtsposition, muss er ebenso wie bei der Aufrechnungsmöglichkeit gemäß § 95 geschützt sein. Der Gläubiger, der vor Eröffnung des Insolvenzverfahrens darauf vertrauen durfte, dass seine Forderungen gegen den Schuldner durch ein Absonderungsrecht in Form einer Sicherungszession oder eines vertraglichen Pfandrechts gesichert sein würden, ist in gleicher Weise schutzwürdig wie ein Gläubiger, der darauf vertrauen durfte, dass er sich durch Aufrechnung würde befriedigen können.[43] Verpfändet ein Gesellschafter monatlich entstehende Gewinnforderungen aus einer Beteiligung an einer Gesellschaft bürgerlichen Rechts, erwirbt der Pfandgläubiger an den nach Insolvenzeröffnung entstehenden Forderungen wegen § 91 Abs. 1 auch dann kein Pfandrecht, wenn außerdem der Gesellschaftsanteil selbst verpfändet wurde. Eine Abtretung oder Verpfändung des Anspruchs auf periodisch entstehende Gewinnbezugsrechte wird erst mit ihrem Entstehen wirksam.[44] Die Sicherungsabtretung des Anspruchs auf Rückgewähr einer Grundschuld kann ein Recht auf abgesonderte Befriedigung im Insolvenzverfahren über das Vermögen des Abtretenden nur dann begründen, wenn eine Revalutierung der Grundschuld ohne Zustimmung des Abtretungsempfängers nicht oder nicht mehr in Betracht kommt.[45]

22 Etwas anderes gilt, wenn das **Anwartschaftsrecht** auf Erwerb des Eigentums an einer bereits existierenden beweglichen Sache Sicherungsmittel sein soll. Hier entsteht eine insolvenzfeste Sicherheit bereits mit Erwerb des Anwartschaftsrechts, und zwar selbst dann, wenn die Anwartschaft erst nach Eröffnung des Insolvenzverfahrens über das Vermögen des Veräußerers zum Vollrecht erstarkt.[46]

---

[35] BGHZ 142, 72, 75 = NJW 1999, 2969.
[36] *Gundlach/Frenzel/Schmidt* DZWIR 2002, 367 ff.
[37] *Kuhn* WM 1976, 230, 233.
[38] So für die Verpfändung *Staudinger/Wiegand* § 1204 RdNr. 43; *Palandt/Bassenge* § 1204 BGB RdNr. 8.
[39] So zuletzt BGH, Urt. v. 26.1.2012 – IX ZR 191/10, z.V.b.
[40] BGH NJW-RR 2009, 755 (Erweiterung von BGHZ 160, 1 ff.).
[41] BGH NZI 2012, 17.
[42] BGHZ 160, 1, 6.
[43] BGHZ 167, 363, 365; BGH NJW-RR 2009, 755 RdNr. 28 f.
[44] BGH NZI 2010, 220.
[45] BGH NZI 2012, 17.
[46] BGHZ 27, 360, 367 = NJW 1958, 1286.

Wird ein künftig entstehendes **Recht gepfändet,** entsteht die zur Absonderung berechtigende 23
Rechtsposition nicht mit Zustellung des Pfändungs- und Überweisungsbeschlusses, sondern erst mit Entstehung des künftigen Rechts.[47] Wird ein künftig entstehendes Recht **zur Sicherheit abgetreten** oder **verpfändet,** so gehört die Entstehung des Rechts zwar nicht zum Verfügungstatbestand.[48] Deshalb braucht – anders als bei der Verfügung über eine Sache – die Einigkeit über die Bestellung der Sicherheit im Zeitpunkt der Entstehung des als Sicherheit dienenden Rechts nicht mehr fortzubestehen.[49] Gleichwohl entsteht auch hier die Sicherheit erst, wenn das den Gegenstand der Sicherung bildende Recht existent geworden ist und auch alle weiteren Entstehungsvoraussetzungen der Sicherheit, so bei der Verpfändung insbesondere die Anzeige an den Drittschuldner (vgl. § 1280 BGB), erfüllt sind.[50] Entsteht das verpfändete oder zur Sicherheit abgetretene Recht erst, nachdem über das Vermögen des Verpfänders oder Sicherungszedenten das Insolvenzverfahren eröffnet worden ist, hat der Pfandgläubiger bzw. Zessionar wegen § 91 kein Absonderungsrecht erworben.[51] Die Auffassung, dass der Verlust der Verfügungsmacht vor Entstehung der abgetretenen Forderung niemals mehr schaden könne,[52] ist nicht haltbar. Sie geht von der Prämisse aus, dass der Vorauszedent mit Abschluss des Verfügungstatbestandes seine Verfügungsmacht verloren und der Zessionar sie erworben hat. Wer als Nichtberechtigter verfügt, kann aber dadurch die Verfügungsmacht nicht verlieren, weil er sie nie besessen hat.[53] Nicht insolvenzfest ist deshalb die Rechtsstellung eines Zweiterwerbers, der die ihm übertragene Kreditsicherheit durch Konvaleszenz (§ 185 Abs. 2 Satz 1 Alt. 2 BGB) erst erwirbt, wenn ein Ersterwerber befriedigt wird.[54] Nur wenn der Pfandgläubiger bzw. Zessionar schon vor Insolvenzeröffnung eine gesicherte Rechtsposition hinsichtlich der verpfändeten bzw. abgetretenen Forderung erlangt hatte, bleibt die Vorausverfügung insolvenzfest.[55] Deshalb kann eine Genossenschaft am Anspruch eines Genossen auf Auszahlung des künftigen Auseinandersetzungsguthabens nach Eröffnung des Insolvenzverfahrens über dessen Vermögen kein (in der Satzung vorgesehenes) Pfandrecht mehr erwerben, wenn die Entstehung des verpfändeten Anspruchs von rechtsgeschäftlichen Erklärungen der Beteiligten abhängt.[56]

Bei **Dauerschuldverhältnissen** ist zu differenzieren. Ist das Recht auf die Leistung bereits mit 24
Abschluss des Vertrages „betagt" entstanden, greift § 91 nicht ein.[57] Ist es „bedingt" oder „befristet", soll nach einer verbreiteten Ansicht in der Literatur gemäß §§ 163, 158 Abs. 1 BGB dasselbe gelten.[58] Davon hat sich der BGH allmählich gelöst.[59] Voraussetzung für die Insolvenzfestigkeit ist, dass der anspruchsbegründende Tatbestand bereits vollständig vor Insolvenzeröffnung verwirklicht worden ist und es zum Wirksamwerden nur noch des Bedingungseintritts oder Fristablaufs bedarf. Nicht insolvenzfest ist daher die Verfügung über einen bedingten oder befristeten Anspruch, wenn der Schuldner die Möglichkeit hat, den Anspruch aufgrund alleiniger Entscheidung wieder zu erlangen[60] oder wenn der Anspruch erst mit der Inanspruchnahme der Gegenleistung entsteht. So verhält es sich nach überwiegender Ansicht mit dem Anspruch auf Zahlung der **Miete.** Dieser Anspruch entsteht nicht vor dem Beginn des jeweiligen Nutzungszeitraums.[61] Ebenso verhält es sich mit gesellschaftsrechtlichen Gewinnbezugsrechten, die an

---

[47] BGHZ 157, 350, 354; 167, 363, 365; 170, 196, 201 RdNr. 14; 182, 264, 267 RdNr. 9; BGH ZIP 2003, 808, 809 = EWiR 2003, 533 *(Hölzle);* NZI 2008, 563, 564; OLG Frankfurt EWiR 2003, 647 *(Höpfner).*

[48] BGHZ 135, 140, 144 = NJW 1997, 1857, 1858 = WuB VI B. § 37 KO 1.97 *(Bode)* = EWiR 1997, 943 *(Henckel)* = LM KO § 106 Nr. 16 *(Stürner/Bormann).*

[49] BGH NJW-RR 2010, 192; *Palandt/Grüneberg* § 398 BGB RdNr. 11.

[50] BGHZ 30, 238, 240 = NJW 1959, 1539; 64, 312, 313 = NJW 1975, 1226; 88, 205, 206 f. = NJW 1984, 492; BGH ZIP 1997, 513, 514; OLG Köln NJW-RR 1988, 239; KG ZInsO 2004, 979, 980; *Gottwald/Adolphsen,* Insolvenzrechts-Hdb., § 42 RdNr. 34; *Palandt/Bassenge* § 1273 BGB RdNr. 1; *Zenker* ZVI 2006, 327.

[51] BGHZ 135, 140, 145; 162, 187, 190; 167, 363, 365; BGH NJW-RR 2009, 755; *Uhlenbruck* § 91 RdNr. 17; HK-*Kayser* § 91 RdNr. 9.

[52] *Serick* IV § 49 I 1b (S. 387 ff., 390 ff.).

[53] Zutreffend *Eckardt* ZIP 1997, 957, 961; *Häsemeyer* ZZP 111 (1998), 84, 85 – Allerdings scheint der Gesetzgeber davon ausgegangen zu sein, dass Vorausverfügungen über Mietzins und Arbeitsentgelt ohne die „Einschränkungen" in §§ 110, 114 wirksam gewesen wären, vgl. Begr. zu § 132 RegE, BT-Drucks. 12/2443 S. 151.

[54] *Bülow* WM 1998, 845, 848.

[55] BGH ZIP 1997, 513, 514 = WuB VI G. § 10 GesO 4.97 *(Mankowski);* MünchKommBGB-*Roth* § 398 RdNr. 85.

[56] BGH NJW-RR 2009, 755 (Erweiterung von BGHZ 160, 1).

[57] BGH NZI 2012, 17, 18 RdNr. 12.

[58] *Uhlenbruck* § 91 RdNr. 25; *Lüke* in Kübler/Prütting/Bork § 91 RdNr. 23; *Kuleisa* in HambKomm § 91 RdNr. 9.

[59] BGHZ 166, 319, 326 = NZI 2006, 395 RdNr. 20; BGH NZI 2012, 17, 18 RdNr. 11 f.; ebenso *Jaeger/Windel* § 91 RdNr. 58.

[60] BGHZ 155, 87, 93 = NZI 2003, 491 m. Anm. *Gundlach/Schmidt* EWiR 2003, 819; *Uhlenbruck* § 91 RdNr. 25; HK-*Kayser* § 91 RdNr. 9.

[61] BGHZ 111, 84, 93 f.; 170, 196, 200 = ZIP 2007, 191 = NZI 2007, 158; 182, 264, 267 = NZI 2010, 58 RdNr. 10; BGH ZIP 1997, 513, 514 = WuB VI G. § 10 GesO 4.97 *(Mankowski);* NZI 2006, 457, 458; *Ehricke* ZInsO 2008, 1058; HK-*Lohmann* § 51 RdNr. 309; aA *Uhlenbruck* § 91 RdNr. 29.

die Erzielung von Mieteinkünften gekoppelt sind[62] (vgl. hierzu auch RdNr. 24b). Anders wurde für ein befristetes Mietverhältnis über bewegliche Sachen, bei welchem der Vermieter die wesentlichen Gegenleistungspflichten für die monatlich fällig werdenden Mieten bereits zu Beginn des Mietvertrages erbracht hatte,[63] und das **Leasing** beweglicher Sachen entschieden: Die Forderungen auf die Leasingraten in der festgelegten Grundmietzeit sind regelmäßig „betagt".[64] Auch entsteht der gesamte **Rentenanspruch** bereits mit dem Eintritt des Berechtigten in das Rentenalter.[65]

24a Entsprechend der Rechtslage für Vorausabtretungen von Mietforderungen verhält es sich auch mit Vorausabtretungen der Bezüge aus einem **Dienstverhältnis**.[66] Tritt jemand Vergütungsansprüche für erst nach Insolvenzeröffnung zu erbringende Leistungen sicherungshalber ab, ist die Zession deshalb unwirksam. Auch der Anspruch auf Vergütung kassenärztlicher Leistungen entsteht nicht vor deren Erbringung.[67] Für Ansprüche auf die Vergütung von Dienstleistungen ist allerdings die Vorschrift des § 114 Abs. 1 InsO zu beachten, die im Rahmen ihres Anwendungsbereichs den § 91 Abs. 1 InsO verdrängt, also die Wirkungen der Vorausabtretung erweitert.[68] Die Vorschrift des § 114 Abs. 1 beschränkt sich auf Vorausabtretungen von Bezügen unselbstständiger Arbeitnehmer; Entgeltansprüche Selbstständiger werden nicht erfasst.[69] Die Vergütungsansprüche eines Kassenarztes gegen die kassenärztliche Vereinigung sind deshalb keine Forderungen im Sinne des § 114 Abs. 1 InsO.[70] Insoweit besteht kein Unterschied zu Ansprüchen aus privatärztlichen Behandlungsverträgen.[71]

24b Werden fortlaufende Bezüge des Schuldners vor Eröffnung des Verfahrens gepfändet, ist das Pfändungspfandrecht danach nur so weit und so lange unwirksam, als die Zwecke des Insolvenzverfahrens und der möglichen Restschuldbefreiung dies rechtfertigen.[72]

24c Bei dem **Anspruch des Gesellschafters** auf die **Abfindung** oder auf das **Auseinandersetzungsguthaben** handelt es sich nicht um einen betagten – also bereits bestehenden, nur noch nicht fälligen –, sondern um einen künftigen Anspruch, der erst mit dem Ausscheiden des Gesellschafters oder der Auflösung der Gesellschaft entsteht. Ebenso verhält es sich mit dem Anspruch auf periodisch entstehende **Gewinnbezugsrechte**.[73] Eine Abtretung oder Verpfändung dieser Rechte wird daher erst mit ihrem Entstehen wirksam.

25 Ist der **Vertrag**, aus dem ein sicherheitshalber abgetretener Anspruch erwächst, bei Verfahrenseröffnung **beiderseitig noch nicht erfüllt,** nützt es dem Zessionar nichts, wenn der Anspruch bereits vor der Eröffnung entstanden war. Mit der Eröffnung sind die beiderseitigen Erfüllungsansprüche – auch der an den Zessionar abgetretene – materiellrechtlich zwar nicht erloschen.[74] Sie haben lediglich (soweit sie nicht auf die anteilige Gegenleistung für vor Verfahrenseröffnung erbrachte Teilleistungen gerichtet sind) ihre Durchsetzbarkeit verloren.[75] Wählt der Verwalter gemäß § 103 die Erfüllung, so erhalten die zunächst nicht durchsetzbaren Erfüllungsansprüche die Rechtsqualität von originären Forderungen für und gegen die Masse. Es tritt somit ein „Qualitätssprung" ein, der in seinen Wirkungen der früher vertretenen „Novation" gleich kommt.[76] Dadurch wird die Masse begünstigt und werden die Kreditgeber des Insolvenzschuldners, die ihre Absonderungsrechte verlieren (§ 91), benachteiligt. Wenn der Verwalter nicht die Erfüllung des Vertrages wählt, also entweder ablehnt oder sich trotz Aufforderung des anderen Teils nicht erklärt, bleibt es bei der Undurchsetzbarkeit der Erfüllungsansprüche. Der Vertragspartner kann dann – er muss es nicht – eine Forderung wegen Nichterfüllung zur Insolvenztabelle anmelden.

---

[62] BGH NZI 2010, 220.
[63] BGH NZI 2010, 320 RdNr. 21.
[64] BGHZ 109, 368, 372 f. = NJW 1990, 1113 = WuB VI B. § 21 KO 1.90 *(Ullrich/Irmen)* = EWiR 1990,373 *(Ackmann)*; 111, 84, 94 f. = NJW 1990, 1785 = WuB I J 2.-10.90 *(Ullrich/Irmen)* = EWiR 1990, 559 *(Eckert)*; 118, 282, 290 = NJW 1992, 2150 = WuB IV A. § 4 BGB 2.93 *(Emmerich)* = EWiR 1992, 759 *(v. Westphalen)*; NZI 2012, 17, 18; *Ehricke* ZInsO 2008, 1058, 1060.
[65] BGH WM 2009, 1475, 1477 f. RdNr. 24.
[66] BGHZ 167, 363, 366 = NZI 2006, 457, 458 m. Anm. *Gundlach/Frenzel*; 182, 264, 267 RdNr. 10; BGH NZI 2008, 563, 564 RdNr. 13.
[67] BGHZ 167, 363, 366 RdNr. 7 = NZI 2006, 457, 458 m. Anm. *Gundlach/Frenzel*.
[68] BGHZ 167, 363, 367 f. RdNr. 10 ff. = NZI 2006, 457, 458 m. Anm. *Gundlach/Frenzel*; BGH NJW 2007, 81 = NZI 2007, 39; NZI 2010, 564 RdNr. 15; 2011, 365, 366 RdNr. 11.
[69] BGHZ 167, 363, 369 f. RdNr. 16: kritisch hierzu *Löwisch/Caspers*, FS Gero Fischer, S. 347 ff.
[70] BGHZ 167, 363, 367 f. RdNr. 10 ff. = NZI 2006, 457, 458 f. m. Anm. *Gundlach/Frenzel*.
[71] Vgl. hierzu BGHZ 162, 187, 190.
[72] BGH NZI 2011, 365, 366 RdNr. 14.
[73] BGH; NZI 2010, 220.
[74] Anders noch die früher vom BGH vertretene „Erlöschenstheorie", BGHZ 103, 250, 252, 254 = NJW 1988, 1790; 106, 236, 241 f. = NJW 1989, 1282 = WuB VI B. § 15 KO 1.89 *(Sundermann)* = EWiR 1989, 283 *(Pape)*; 116, 156, 158 = NJW 1992, 507 = LM KO § 127 Nr. 29 *(Stürner)* = WuB VI B. § 17 KO 1.92 *(Smid)* = EWiR 1992, 71 *(Marotzke)*; BGH NJW 1991, 2897.
[75] BGHZ 150, 353, 359 = NJW 2002, 2783 = NZI 2002, 375; BGH NJW 2003, 2744 m. Anm. *Huber*.
[76] Dazu u. § 103 RdNr. 13.

Anders ist die Rechtslage in Bezug auf **Teilleistungen,** die vor der Insolvenzeröffnung erbracht 26
worden sind. Hat der Schuldner vor diesem Zeitpunkt bereits einen Teil der ihm obliegenden –
teilbaren – Leistung erbracht (zur Teilbarkeit der Leistung vgl. § 47 RdNr. 153), wird der dieser
Teilleistung entsprechende Anspruch auf die Gegenleistung, der bereits an einen **Zessionar** abgetreten war, durch die Insolvenzeröffnung nicht berührt; insofern bleibt der Zessionar zur Absonderung
berechtigt. Das Erfüllungsverlangen des Verwalters ist dafür ohne Bedeutung. Ein Interesse des Verwalters, den abgetretenen Anspruch zur Masse zu ziehen, ist nur insoweit anzuerkennen, als mit
Mitteln der Masse die noch ausstehende Gegenleistung erbracht wird.[77] Daraus wird man für den
Fall einer Teilleistung des Insolvenzschuldners schließen müssen, dass eine Abtretung des Erfüllungsanspruchs auch nach der Insolvenzeröffnung und einem Erfüllungsverlangen des Insolvenzverwalters
in dem Umfang wirksam bleibt, in dem sie durch die Leistung des Insolvenzschuldners vor Verfahrenseröffnung werthaltig wurde.[78] Umgekehrt bleibt der Vertragspartner des Schuldners mit dem
seiner Teilleistung entsprechenden Anspruch auf die Gegenleistung ungeachtet der Erfüllungswahl
des Verwalters Insolvenzgläubiger (§ 105).[79]

bb) Sicherungsübertragung oder Verpfändung des aufschiebend bedingten Eigentums 27
an einer Sache oder einer aufschiebend bedingten Forderung. Aus § 161 Abs. 1 Satz 1 BGB
folgt, dass der Vorbehaltskäufer, dem der Schuldner die Sache aufschiebend bedingt übereignet hatte,
ehe über sein Vermögen das Insolvenzverfahren eröffnet wurde, das Eigentum erwirbt, wenn er den
(Rest-)Kaufpreis an den Insolvenzverwalter zahlt.[80] Überträgt der Vorbehaltskäufer sein Anwartschaftsrecht sicherungshalber oder verpfändet er es, so erlangt der Sicherungsnehmer/Pfandgläubiger
mit Bedingungseintritt ein Absonderungsrecht auch dann, wenn inzwischen das Insolvenzverfahren
über das Vermögen des Vorbehaltskäufers eröffnet worden ist.[81]

Gerät der Käufer, der unter **verlängertem Eigentumsvorbehalt** Waren erworben hat, nach 28
Lieferung, aber vor Weiterveräußerung in die Insolvenz und wählt der Insolvenzverwalter danach
die Erfüllung des Kaufvertrages, kann der Vorbehaltsverkäufer aus dem „novierten" Vertrag nochmals die Abtretung der Forderung aus dem Weiterverkauf verlangen. Notfalls wird er durch einen
Anspruch auf Ersatzabsonderung (s.u. RdNr. 167) geschützt. Lückenlos ist der Schutz des Vorbehaltsverkäufers indessen nicht. Er versagt zum Beispiel dann, wenn der Käufer erst nach der –
ihrerseits ohne Vorbehalt des Eigentums erfolgten – Weiterveräußerung insolvent wird und nur die
Weiterveräußerung unter § 103 fällt.

Wird eine **aufschiebend bedingte Forderung verpfändet, gepfändet** oder sicherungshalber 29
abgetreten, hat nach hergebrachter Auffassung der Gläubiger ein Absonderungsrecht auch dann,
wenn die Bedingung erst nach Eröffnung des Insolvenzverfahrens eingetreten ist.[82] Ein vor Insolvenzeröffnung begründetes Absonderungsrecht an dem Anspruch auf Rückgewähr einer fiduziarischen Sicherheit wird also nicht dadurch berührt, dass die Voraussetzungen für seine Geltendmachung erst nach der Eröffnung eintreten. Das Gleiche gilt, wenn die Bedingung zwar noch nicht
eingetreten ist, aber – ungeachtet der Insolvenzeröffnung – noch eintreten kann. Dazu ist – entsprechend den Ausführungen zu RdNr. 21 – klarzustellen: Ein insolvenzfestes Absonderungsrecht
besteht nur dann, wenn der Zessionar oder Pfandrechtsgläubiger bereits vor der Eröffnung des
Insolvenzverfahrens eine gesicherte Rechtsposition hinsichtlich der abgetretenen oder ver-/gepfändeten Forderung erlangt hat.[83]

Ein Absonderungsrecht hat auch der Zessionar einer Forderung auf Rückzahlung einer vertragli- 29a
chen Vorleistung, die an die aufschiebende Bedingung geknüpft worden ist, dass der Vertrag nicht
durchgeführt wird. Hier liegt weder eine insolvenzabhängige Lösungsklausel vor (dazu u.
RdNr. 255), noch stellt der Rückzahlungsanspruch eine originäre Masseforderung dar, noch beeinflusst die Abtretung des Anspruchs das Wahlrecht des Verwalters in unzulässiger Weise.[84]

---

[77] Vgl. BGHZ 129, 336, 339 f. = NJW 1995, 1966 = EWiR 1995, 691 *(Uhlenbruck)* = WuB VI B § 17 KO 2.95 *(Paulus)* = LM KO § 17 Nr. 31 *(Marotzke).*
[78] *Kreft* ZIP 1997, 865, 870; *Krull* InVo 1998, 180, 181.
[79] Vgl. BGH ZIP 1997, 688, 690, z.V.b. in BGHZ 135, 25 = EWiR 1997, 517 *(Huber)* = WuB VI G. § 9 GesO 2.97 *(Hess)* = LM GesO Nr. 24 *(Marotzke).*
[80] BGHZ 27, 360, 367 = NJW 1958, 1286; BGH NJW 1977, 247; *Jaeger/Henckel* § 15 KO RdNr. 61; *Uhlenbruck* § 91 RdNr. 19; *HK-Lohmann* § 51 RdNr. 31.
[81] BGH WM 1959, 52; *Jaeger/Henckel* § 15 KO RdNr. 62; *HK-Lohmann* § 51 RdNr. 13; vgl. ferner BGHZ 155, 87, 92 = NJW 2003, 2744. Ablehnend *Mitlehner,* aaO RdNr. 424.
[82] BGHZ 123, 183, 190 = NJW 1993, 2876 = EWiR 1993, 1141 *(Gerhardt);* 182, 264, 267 RdNr. 9; *Jaeger/Henckel* § 15 KO RdNr. 60.
[83] BGH NZI 2012, 319 Rn. 31; WM 2012, 2144 Rn. 17 f. m. Anm. *Ganter* in WuB.
[84] BGHZ 155, 87 = NJW 2003, 2744 = NZI 2003, 491 m. Anm. *Gundlach* EWiR 2003, 819; *Huber* NZI 2003, 494; *Smid* WuB VI G. § 9 GesO 1.03.

30 **b) Der Sicherungsgegenstand entsteht zwar vor Insolvenzeröffnung, aber nach Anordnung von Sicherungsmaßnahmen nach § 22 Abs. 2 Nr. 1, 2.** Für die Pfändung von künftigen Ansprüchen, die erst nach Anordnung der Sequestration und Verhängung eines allgemeinen Verfügungsverbots gemäß § 106 Abs. 1 KO entstanden, hat der BGH die Ansicht vertreten, die Pfändung sei konkursfest.[85] Die Pfändung könne nicht anders behandelt werden als eine Vorausabtretung. Diese bleibe aber trotz der zwischenzeitlichen Anordnung einer Sequestration und eines Verfügungsverbots wirksam. Denn die Entstehung der abgetretenen Forderung gehöre nicht zum Übertragungstatbestand. Die später – nach Vollendung des Abschlusstatbestands der Vorausverfügung – eingetretene Verfügungsbeschränkung könne den Erwerb durch den Pfändungspfandgläubiger oder den Zessionar nicht mehr hindern. Gemäß § 21 Abs. 2 KO blieben Vorausverfügungen über Miet- und Pachtzinsen in gewissem Umfang sogar vom Konkursbeschlag unberührt. Dann bedeute es einen Wertungswiderspruch, wenn man annehmen wollte, Vorausverfügungen würden schon durch einen Sequestrationsbeschluss außer Kraft gesetzt.[86] An dieser Rechtsprechung hat der BGH auch für die Insolvenzordnung festgehalten.[87] Bei der Verfügung über künftige Forderungen genügt als Tatbestand der Verfügung wie bei der Abtretung bestehender Forderungen die Einigung der Beteiligten. Der Übergang des Rechts vollzieht sich jedoch erst, wenn die Forderung entsteht. Verfügungstatbestand und Verfügungserfolg fallen daher ausnahmsweise auseinander. Der Bezug der Verfügungsbefugnis auf den Verfügungstatbestand führt hier zu dem Ergebnis, dass Beschränkungen dieser Befugnis nach bereits erfolgter Einigung über die Abtretung unschädlich sind. Hält man eine Vorauszession für zulässig (das Gesetz geht hiervon aus, wie beispielsweise § 566b BGB zeigt), muss man in Kauf nehmen, dass sich sowohl die Einigung als auch die Verfügungsmacht auf ein künftiges, gegenwärtig noch nicht bestehendes Recht beziehen. Gleichwohl ist anerkannt, dass die Einigkeit über den Rechtsübergang nicht bis zum Entstehen der Forderung fortbestehen muss. Entsprechendes hat für die Verfügungsmacht zu gelten. Der Regelungszusammenhang der Insolvenzordnung rechtfertigt keine andere Beurteilung als diejenige der Konkursordnung. Das Insolvenzgericht kann dem Schuldner im Eröffnungsverfahren ein allgemeines Verfügungsverbot auferlegen oder anordnen, dass Verfügungen des Schuldners nur mit Zustimmung des vorläufigen Insolvenzverwalters wirksam sind (§ 21 Abs. 2 Satz 1 Nr. 2 InsO). Für den Fall, dass der Schuldner gegen eine solche Verfügungsbeschränkung verstößt, verweist § 24 Abs. 1 InsO auf § 81 InsO. Verfügungen nach Anordnung der Verfügungsbeschränkung sind danach unwirksam. Hätte das Entstehen der Forderung und damit der Zeitpunkt des Rechtserwerbs maßgeblich sein sollen, hätte es näher gelegen, in § 24 Abs. 1 InsO auf § 91 InsO zu verweisen.

31 Entsteht die übereignete Sache oder die abgetretene Forderung zwar vor Insolvenzeröffnung, aber nach Bestellung eines vorläufigen Insolvenzverwalters und Anordnung eines allgemeinen Verfügungsverbots, kann nicht dasselbe gelten wie im Falle der Insolvenzeröffnung (oben RdNr. 21 ff.).[88] Allerdings hat die Anordnung eines allgemeinen Verfügungsverbots, wie sich aus § 24 in Verbindung mit §§ 81, 82 ergibt, die Wirkung einer absoluten Verfügungsbeschränkung. Sie soll – genauso wie der „Konkursbeschlag" durch die Insolvenzeröffnung – kraft Gesetzes in bestehende Rechtsverhältnisse eingreifen.[89] Außerdem werden Verfügungen eines Nichtberechtigten durch den nachfolgenden Erwerb im Allgemeinen dann nicht wirksam, wenn dem Verfügenden mit dem Erwerb nicht zugleich die entsprechende Verfügungsmacht zuwächst.[90] Das sind gewichtige Argumente dafür, dass die Anordnung des allgemeinen Verfügungsverbots die Konvaleszenz hindert.[91] Auf der anderen Seite könnte die Fortdauer der Einziehungsbefugnis im Falle einer stillen Sicherungszession (s.o. § 47 RdNr. 162) und der Weiterveräußerungsermächtigung bei einem verlängerten Eigentumsvorbehalt (s.o. § 47 RdNr. 145) nicht gerechtfertigt werden, wenn dem Zessionar bzw. Vorbehaltsverkäufer nicht als Ausgleich ein insolvenzfestes Recht an der eingezogenen Forderung bzw. dem Veräußerungserlös zuwachsen würde. Deshalb ist im Ergebnis daran festzuhalten, dass Vorausverfügungen des Schuldners durch die Anordnung eines allgemeinen Verfügungsverbots im Insolvenzeröffnungsverfahren nicht wirkungslos werden.

---

[85] BGHZ 135, 140, 144 = NJW 1997, 1857, 1858 = WuB VI B. § 37 KO 1.97 *(Bode)* = EWiR 1997, 943 *(Henckel)* = LM KO § 106 Nr. 16 *(Stürner/Bormann).*
[86] BGHZ 135, 140, 146; zustimmend *Bode, Stürner/Bormann,* jeweils aaO, ebenso *Marotzke* JR 1998, 31, zurückhaltender *Henckel* aaO.
[87] BGH NZI 2009, 888.
[88] BGH NZI 2009, 888, 889; zustimmend *Wilkens/Siepmann* EWiR 2010, 121; *Kuleisa* InsVZ 2010, 203 ff.; vgl. auch *Riggert* NZI 2000, 241, 244.
[89] *Gerhardt* ZZP 109 (1996), 415, 418 f.; *ders.,* in Kölner Schrift, 2. Aufl., S. 193, 195 RdNr. 5, S. 196 RdNr. 9; *Uhlenbruck* KTS 1994, 169, 179.
[90] BGHZ 36, 329, 334.
[91] So *Häsemeyer* ZZP 111 (1998), 83, 84; *Eckardt* ZIP 1997, 957, 963.

c) **Die zur Sicherheit abgetretene oder verpfändete Forderung ist noch nicht fällig.** Vor Inkrafttreten der InsO war die Meinung herrschend, dass § 65 Abs. 1 KO analog auf Rechte anzuwenden sei, die zur abgesonderten Befriedigung berechtigten.[92] Zur Rechtfertigung dieser Ansicht wurde darauf hingewiesen, dass absonderungsberechtigte Gläubiger einen Ausfall bis zur Schlussverteilung nachweisen müssten, wenn sie damit Berücksichtigung finden wollten (s. § 52 RdNr. 22), dass sie den Ausfall aber nur nachweisen könnten, wenn der Gegenstand der abgesonderten Befriedigung verwertet sei. Das setze Verwertungsreife voraus, und diese sei im Allgemeinen nicht gegeben, so lange das zur abgesonderten Befriedigung berechtigende Recht noch nicht fällig sei. Um zu verhindern, dass die Absonderungsberechtigten entweder auf die Insolvenzquote für den Ausfall oder auf ihr Absonderungsrecht verzichten müssten, sei § 65 Abs. 1 KO auch auf das Absonderungsrecht anzuwenden. Die Gegner[93] dieser Ansicht meinten, das sei vom Gesetzgeber gewollt, und machten anderweitige Bedenken geltend: Das Absonderungsrecht könne eine andere Fälligkeit haben als die gesicherte Forderung; die Vorverlegung des Verwertungsrechts sei ein einschneidender Eingriff in die Stellung des Sicherungsgebers; außerdem fehle ein Grund dafür, warum auch solche Absonderungsberechtigte, die aller Wahrscheinlichkeit nach keinen Ausfall erlitten, ihr Pfand ohne Rücksicht auf die vereinbarte Fälligkeit schon nach Insolvenzeröffnung sollten verwerten dürfen; schließlich sei § 65 KO auch nicht anwendbar, wenn das vom späteren Insolvenzschuldner bestellte Sicherungsrecht die Forderung gegen einen Dritten sichere, und ebenso wenig im Verhältnis zu einem mithaftenden Gesamtschuldner oder Bürgen.

Unter der Geltung der InsO hat dieser Streit – der, bei Lichte betrachtet, nur den Fall betraf, dass der insolvente Schuldner zugleich der Verpflichtete der persönlichen Forderung war (vgl. u. RdNr. 34a) – wesentlich an Bedeutung verloren. Dass es zur Schlussverteilung kommt, ohne dass Gegenstände, die der abgesonderten Befriedigung unterliegen, verwertet worden sind – sodass der Ausfall des Absonderungsberechtigten noch nicht feststeht –, ist nämlich jetzt ganz unwahrscheinlich. Während es in § 4 Abs. 2 KO noch hieß, die abgesonderte Befriedigung erfolge unabhängig vom Konkursverfahren, ist die Befriedigung der Absonderungsberechtigten weitgehend in das Insolvenzverfahren integriert. Ganz überwiegend hat der Insolvenzverwalter die Verwertungsbefugnis (§§ 165, 166). Soweit er sie nicht hat, kann er doch darauf hinwirken, dass das Insolvenzgericht dem absonderungsberechtigten Gläubiger eine Frist zur Verwertung bestimmt; nach deren Ablauf ist der Insolvenzverwalter zur Verwertung berechtigt (§ 173 Abs. 2). Selbst wenn der Absonderungsberechtigte nicht verwerten kann, weil sein Absonderungsrecht noch nicht fällig ist, kann – und muss – der Verwalter versilbern. Er braucht, weil er nicht auf Grund des Absonderungsrechts verwertet, auf dessen Fälligkeit keine Rücksicht zu nehmen.

Ein praktisches Bedürfnis danach, die Vorschrift des § 41 im Wege einer Analogie auf Absonderungsrechte zu erstrecken,[94] kann sich deshalb nur ergeben, soweit es um die Frage geht, ob der Absonderungsberechtigte vor Eintritt der Fälligkeit auf den Verwertungserlös Anspruch erheben kann.[95] Diese Frage wird man nicht verneinen können. Die Vorschrift des § 173 Abs. 2 macht deutlich, dass das Insolvenzverfahren, mehr noch als der Konkurs, auf eine beschleunigte Abwicklung – auch in Bezug auf Massegegenstände, an denen Absonderungsrechte bestehen – angelegt ist. Als Alternative wäre in Betracht zu ziehen, dass der Verwalter den Erlös, soweit er zur Deckung der gesicherten Forderung benötigt wird, hinterlegt und das Insolvenzgericht zugunsten des Absonderungsberechtigten eine Nachtragsverteilung anordnet (§ 203 Abs. 1 Nr. 1), sobald das Absonderungsrecht fällig geworden ist. Das würde jedenfalls dem Geiste der InsO kaum entsprechen.[96]

Stand dem Sicherungsnehmer im Konkurs des Sicherungsgebers nur ein Absonderungsrecht zu, ohne dass der Sicherungsnehmer zugleich Konkursgläubiger war, sollte § 65 Abs. 1 KO nach einhelliger Meinung im Schrifttum nicht analog angewendet werden können.[97] Das ist nunmehr auch für § 41 unumstritten.[98]

---

[92] BGHZ 31, 337, 340 = NJW 1960, 675 = LM KO § 65 Nr. 1 *(Rietschel); Serick* III § 35 I 3d (S. 280 f.); *Häsemeyer*, Insolvenzrecht RdNr. 16.18, 18.79; *Jaeger/Lent* § 65 KO RdNr. 4; *Kilger/K. Schmidt* KO § 65 Anm. 3; *Hess* KO § 65 RdNr. 3.

[93] *Kuhn* WM 1960, 958, 965; *ders.* MDR 1960, 490 f.; *Kuhn/Uhlenbruck* § 65 RdNr. 5, im Anschluss an RGZ 86, 247, 249 f.; 93, 209, 212 f.

[94] Dafür *Uhlenbruck/Brinkmann* § 52 RdNr. 11; *Uhlenbruck/Knof* § 41 RdNr. 9; HambKomm-*Lüdtke* § 41 RdNr. 11; HK-*Eickmann* § 41 RdNr. 3; FK-*Schumacher* § 41 RdNr. 2; *Nerlich/Römermann/Andres* § 41 RdNr. 7; *Hess* § 41 RdNr. 20; wohl auch *Smid* § 41 RdNr. 2; dagegen *Jaeger/Henckel* § 41 RdNr. 10; *Holzer* in Kübler/Prütting/Bork § 41 RdNr. 5.

[95] Vom Standpunkt der früher hM ausgehend haben das *Hochmuth*, aaO S. 95, und *Jaeger/Lent* KO § 65 RdNr. 4, bejaht.

[96] Vgl. auch BFH ZIP 1998, 214, 215.

[97] *Jaeger/Lent* § 65 Anm. 4; *Kuhn/Uhlenbruck* § 65 RdNr. 5; *Kuhn* MDR 1960, 490 f.; *Serick* III § 35 I 3 b.

[98] BGH NZI 2009, 165; *Jaeger/Henckel* § 41 RdNr. 13; HambKomm-*Lüdtke* § 41 RdNr. 11; *Braun/Bäuerle* § 41 RdNr. 5; FK-*Schumacher* § 41 RdNr. 2

35 **d) Die gesicherte Forderung entsteht erst nach Insolvenzeröffnung. aa) Akzessorische Sicherheiten.** Streng genommen kann, solange die gesicherte Forderung noch nicht vorhanden ist, auch noch keine akzessorische Sicherheit (zB ein Pfandrecht) bestehen. Nach Ansicht von Rechtsprechung und – freilich sehr umstrittener – herrschender Lehre hat indes der Gesetzgeber die Akzessorietät bei Mobiliarpfandrecht und Hypothek für eine künftige Forderung gelockert. Bei diesen Rechten gehört das Entstehen der gesicherten Forderung nicht zum Verfügungstatbestand.[99] Die Gegenmeinung, der zufolge vor Entstehen der gesicherten Forderung lediglich ein Besitzrecht an der Sache mit Aussicht auf Pfandrechtserwerb besteht,[100] ist mit § 1204 Abs. 2 BGB schwerlich zu vereinbaren. Nach einer Mittelmeinung soll das Pfandrecht bereits mit seiner Bestellung entstehen; dem Pfandgläubiger soll aber ein Absonderungsrecht versagt werden, falls er die zu sichernde Forderung nicht vor Insolvenzeröffnung erwirbt.[101] Das folge etwa für das **Vermieterpfandrecht** aus § 50 Abs. 2.[102] Der Gesetzeszweck gebietet jedoch, dass der Gläubiger – unabhängig vom Entstehen oder Unbedingtwerden der gesicherten Forderung – schon mit der Pfandrechtsbestellung oder der Verwirklichung des Entstehungstatbestands eines gesetzlichen Pfandrechts (etwa dem Einbringen iSv § 562 BGB) eine **insolvenzfeste** Stellung erwirbt.[103] Eine Verwertung des Pfandes für eine künftige Forderung ist allerdings erst mit dem Entstehen und der Fälligkeit der Forderung möglich. Das Pfandrecht erlischt außerdem wieder, wenn feststeht, dass die Forderung nicht entstehen kann.[104]

35a Damit ist freilich noch nicht gesagt, dass die Stellung des Pfandgläubigers auch **anfechtungsfest** ist. Zwar hat der BGH mit dem Urteil vom 14.12.2006[105] seine bisherige Rechtsprechung[106] zur Unanfechtbarkeit eines vor Beginn der kritischen Zeit begründeten, jedoch erst im Eröffnungsstadium valutierten **Vermieterpfandrechts** im Ergebnis bestätigt. Da die Mietzinsforderungen nicht betagt, sondern befristet sind, gilt § 140 Abs. 3 InsO. Nach dieser Vorschrift bleibt bei einer bedingten oder befristeten Rechtshandlung der Eintritt der Bedingung oder des Termins außer Betracht. Maßgebend ist dann der Zeitpunkt des Abschlusses des Mietvertrages. Zwar betrifft § 140 Abs. 3 InsO nur Rechtsgeschäfte. Das zur Entstehung des Vermieterpfandrechts führende Einbringen von Gegenständen kann nicht bedingt oder befristet sein. Indes kann das der Sicherung des Mietzinsanspruchs dienende Vermieterpfandrecht nicht in weiterem Umfang der Anfechtung unterliegen als die Erfüllung der Mietzinsforderungen durch den Mieter. Damit ist jedoch noch nicht entschieden, ob auch für solche Fälle, die dem § 140 Abs. 1 InsO unterliegen, daran festzuhalten ist, dass die anfechtbare Rechtshandlung mit dem Entstehen des Pfandrechts vorgenommen ist, unabhängig davon, ob künftige Forderungen gesichert werden. Bei einer wirtschaftlichen Betrachtungsweise, auf die der BGH in jüngerer Zeit verstärkt abgestellt hat, bewirkt die Begründung eines – rechtsgeschäftlichen oder gesetzlichen – Pfandrechts zur Sicherung künftiger Forderungen erst in deren Entstehungszeitpunkt die Schmälerung des Schuldnervermögens und somit die Gläubigerbenachteiligung. Begründen ließe sich diese Ansicht wie folgt: Der spätere Insolvenzschuldner hat gegen das nicht valutierte Pfandrecht eine Einrede, die mit Verfahrenseröffnung der Masse zusteht. Entsteht die Forderung in der kritischen Zeit, wird dem Schuldner zum Nachteil seiner Gläubiger die Einrede entzogen, weshalb anfechtungsrechtlich auf diesen Zeitpunkt abgestellt werden könnte.[107]

36 Als **Sonderregelungen** sind Nr. 14 Abs. 2 Satz 2 AGB-Banken und Nr. 21 Abs. 3 Satz 3 AGB-Sparkassen zu beachten. Nach der zuerst genannten Bestimmung steht einer Bank, die durch die Bürgschaft eines Kunden A für einen anderen Kunden B gesichert wird, ihr AGB-Pfandrecht für die Bürgenschuld des A erst ab Fälligkeit derselben zu. Alles andere widerspräche dem Leitbild

---

[99] Vgl. zum Pfandrecht: BGHZ 93, 71, 76 = NJW 1985, 863; BGH NJW 1983, 1120, 1123, insofern in BGHZ 86, 349 n.a. = LM KO § 30 Nr. 41 *(Merz)*; 1983, 1619, 1620; zur Hypothek: BGHZ 36, 84, 89 f. = NJW 1962, 295; zum Pfändungspfandrecht: BGHZ 135, 140, 144 = NJW 1997, 1857; zum Vermieterpfandrecht: BGHZ 170, 196, 200 = NJW 2007, 1588; BGH NJW 1986, 2426, 2427.

[100] *Rüll,* Das Pfandrecht an Fahrnis für künftige oder bedingte Forderungen gemäß § 1204 Abs. 2 BGB, Diss. München 1986; *Brünink* in Lwowski/Fischer/Langenbucher, Das Recht der Kreditsicherung § 10 RdNr. 57; MünchKommBGB-*Damrau* § 1204 RdNr. 22.

[101] So *Jaeger/Henckel* KO § 15 RdNr. 21.

[102] *Rendels* INDAT-Report 2007, 36, 41.

[103] Wie die Rechtsprechung auch *Becker-Eberhard,* aaO S. 268 ff., 305 ff.; *Staudinger/Wiegand* § 1204 RdNr. 26 f.; *Erman/Michalski* § 1204 RdNr. 11; *Palandt/Bassenge* § 1204 RdNr. 8; *Jaeger/Henckel* § 50 RdNr. 12; *Uhlenbruck* § 91 RdNr. 11; *Obermüller/Kuder,* FS Gero Fischer, S. 385 ff.; aA *Jaeger/Windel* § 91 RdNr. 31; *Uhlenbruck/Brinkmann* § 50 RdNr. 29; *Kübler/Prütting/Bork* § 50 RdNr. 8; *Zenker* ZVI 2006, 327, 328; *Mitlehner,* aaO RdNr. 750.

[104] *Brünink* in Lwowski/Fischer/Langenbucher, Das Recht der Kreditsicherung § 10 RdNr. 60.

[105] BGHZ 170, 196, 199 = NZI 2007, 158 m. abl. Anm. *Gundlach/Frenzel* EWiR 2007, 185.

[106] BGHZ 86, 340.

[107] So *Jaeger/Henckel* § 30 KO RdNr. 79 f.

der Bürgschaft und § 9 AGBG.[108] Wird über das Vermögen des A ein Insolvenzverfahren eröffnet, ehe die Bürgschaft fällig wird, ist die Bank nicht gesichert.[109] Die Regelung in Nr. 21 Abs. 3 Satz 3 AGB-Sparkassen ist ihrem Wortlaut nach noch weitergehend: Danach werden Ansprüche gegen Kunden aus übernommenen Bürgschaften erst ab deren Fälligkeit gesichert. „Ansprüche gegen Kunden aus übernommenen Bürgschaften" sind auch der nach § 774 Satz 1 BGB auf eine Sparkasse, die für einen Kunden gebürgt und die Bürgschuld erfüllt hat, übergegangene Anspruch des Gläubigers gegen den Hauptschuldner und der Anspruch aus dem Innenverhältnis zwischen Bürge und Hauptschuldner aus §§ 670, 683 BGB. Wird die Sparkasse aus der Bürgschaft in Anspruch genommen, nachdem über das Vermögen des Schuldners ein Insolvenzverfahren eröffnet worden ist, kann sich die Sparkasse also wegen ihres Regressanspruchs nicht auf ihr AGB-Pfandrecht berufen. Falls die Entstehungsgeschichte und die ähnliche Regelung in Nr. 14 Abs. 2 Satz 2 AGB-Banken Auslegungszweifel begründen, gehen diese gemäß § 5 ABGB zu Lasten der Sparkasse.[110]

bb) Nicht-akzessorische Sicherheiten. Bei solchen Sicherheiten (zB dem Sicherungseigentum oder der durch eine Sicherungszession begründeten Gläubigerstellung) steht außer Frage, dass sie schon mit Abschluss des Sicherstellungsvertrages erworben werden, auch wenn die gesicherte Forderung noch nicht besteht. Deshalb können durch eine Sicherungszession auch solche Rückgriffsansprüche der Kautionsversicherers insolvenzfest gesichert werden, die erst nach Eröffnung des Insolvenzverfahrens auf ihn übergehen.[111] Steht fest, dass die Forderung auch künftig nicht entstehen wird, kommen zwei Möglichkeiten in Betracht: 37

(1) Übertragung unter auflösender Bedingung. Wurde die Sicherheit unter der auflösenden Bedingung übertragen, dass sich der Sicherungszweck erledigt, fällt die Sicherheit mit Bedingungseintritt von selbst an den Sicherungsgeber zurück (§ 158 Abs. 2 BGB). In der Bankpraxis ist die Vereinbarung einer derartigen Bedingung nicht üblich. Wenn sich aus dem Sicherstellungsvertrag nichts für eine auflösende Bedingung ergibt, ist stillschweigend eine unbedingte Sicherung vereinbart.[112] 38

(2) Schuldrechtlicher Rückübertragungsanspruch. Ist eine unbedingte Sicherung vereinbart, so steht dem Sicherungsgeber beim Ausbleiben der zu sichernden Verbindlichkeit nur ein schuldrechtlicher Rückübertragungsanspruch zu (anders, wenn die Sicherheit nach dem Willen der Parteien auch andere, möglicherweise erst in Zukunft entstehende Schulden sichern soll). Die Parteien können zwar jederzeit übereinkommen, dass die Sicherheit doch noch **valutiert** wird. Die Möglichkeit der Valutierung entfällt aber mit Eröffnung des Insolvenzverfahrens über das Vermögen des Sicherungsgebers. Der für die Masse entstandene Rückgewähranspruch wird durch eine Kreditgewährung an den Insolvenzschuldner nicht berührt. Ist ein Sicherungsgeber, der eine fremde Schuld gesichert hat, in der Insolvenz, wirkt die Auszahlung des Darlehens an den Schuldner nicht gegen die Masse, es sei denn die Verfahrenseröffnung war dem Darlehensgeber bei Auszahlung unbekannt.[113] 39

e) Sonderfälle. Ausnahmen von der Regel des § 91 Abs. 1 gelten insbesondere für kraft Gesetzes (§§ 946, 948, 950 BGB) eintretende Erweiterungen des Absonderungsrechts und rechtserhaltende Maßnahmen; weitere Ausnahmen ergeben sich aus § 157 VVG sowie § 91 Abs. 2 in Verbindung mit den dort genannten Vorschriften: 40

aa) Verfügungen des Insolvenzverwalters, Verwirklichung von Masseansprüchen und Übertragung von Absonderungsrechten. Selbstverständlich ist – und deshalb wurde eine zunächst vorgesehene klarstellende Bestimmung (vgl. § 102 Abs. 2 RegE) auf Vorschlag des Rechtsausschusses gestrichen –, dass nach Verfahrenseröffnung der **Insolvenzverwalter** Pfandrechte an Massegegenständen wirksam begründen kann (§ 80 Abs. 1). Beispielsweise entsteht ein Recht auf abgesonderte Befriedigung an Zubehörstücken des belasteten Grundstücks, die bisher einem Vorbehaltsverkäufer gehörten und deshalb nicht unter die Pfandhaftung fielen, sobald sie vom Insolvenzverwalter bezahlt werden.[114] Unbestritten ist ferner, dass **Massegläubiger** durch Zwangsvollstre- 41

---

[108] BGHZ 92, 295, 300; BGH WM 1989, 129, 130 f.; WM 1990, 1910, 1911 = EWiR 1990, 1197 *(Brink)*.
[109] *Brünink* in Lwowski/Fischer/Langenbucher, Das Recht der Kreditsicherung § 10 RdNr. 59; *Bunte* in Schimansky/Bunte/Lwowski, Bankrechts-Handbuch, § 19 RdNr. 41; aA *Ott* WuB I F 1 a.–18.89; *ders.* WuB I F 1 a.–6.91.
[110] BGH WM 1998, 2463 = WuB I A 3 Nr. 21 AGB-Sparkassen 1993 1.99 *(Becker-Eberhard)*.
[111] BGH NZI 2008, 371, 372 RdNr. 12 m. Anm. *Bartels* WuB VI A. § 51 InsO 1.09.
[112] BGH NJW 1984, 1184, 1186.
[113] *Scholz/Lwowski*, Das Recht der Kreditsicherung, 7. Aufl., RdNr. 203.
[114] *Jaeger/Henckel* Vor §§ 49–52 RdNr. 17.

ckung oder Arrestvollziehung Pfandrechte neu erwerben (vgl. §§ 89 Abs. 1, 90 Abs. 1)[115] und dass Absonderungsrechte von dem Berechtigten auch noch nach Verfahrenseröffnung übertragen werden können (zum **Inhaberwechsel** s.u. RdNr. 103 ff.).

42 **bb) Erweiterungen des Absonderungsrechts kraft Gesetzes.** Der **Umfang** bestehender, weil bereits vor Insolvenzeröffnung wirksam bestellter, Absonderungsrechte kann sich nach Verfahrenseröffnung noch **verändern**. Wird der belastete Gegenstand verarbeitet oder mit anderen verbunden oder vermischt (§§ 946 ff. BGB), ist – je nach Lage des Falles – sowohl eine Schmälerung (bis hin zum gänzlichen Wegfall) als auch eine Erweiterung des Absonderungsrechts möglich.[116] So entfällt es zum Beispiel, wenn die belastete Sache zu einer völlig neuen verarbeitet wird. Es wird gegenständlich erweitert, wenn eine fremde Sache hinzuverbunden wird und die belastete Sache als Hauptsache anzusehen ist (§ 947 Abs. 2 BGB). Der Insolvenzverwalter kann Zubehör einem Grundstück zuordnen. Dann erstreckt sich ein Grundpfandrecht auch auf das Zubehör (§ 1120 BGB). Das Absonderungsrecht des Grundpfandgläubigers wird erweitert.[117] Dies gilt freilich nur, wenn das Zubehör dem Insolvenzschuldner gehört. Steht es im Sicherungseigentum eines Dritten – der seinerseits ein Absonderungsrecht hat –, erstreckt sich die Hypothekenhaftung nicht auf das Zubehör.

43 **cc) Rechtserhaltende und rechtsbestätigende Maßnahmen.** § 91 Abs. 1 verhindert nicht Maßnahmen, die der Erhaltung eines vor Insolvenzeröffnung erworbenen und seither fortbestehenden Absonderungsrechts dienen. Wirksam sind deshalb zum Beispiel Handlungen zur Wiedererlangung unfreiwillig verlorenen Pfandbesitzes (§§ 1227, 1253 BGB) oder zur Zurückschaffung der ohne Wissen oder gegen den Widerspruch des Vermieters weggeschafften Sachen des Mieters (§ 562b BGB), das Wiederanbringen der durch Zufall oder durch Unbefugte entfernten Pfandmarken, die Eintragung eines bereits vor Insolvenzeröffnung voll erworbenen Grundpfandrechts (zB einer nach § 1287 Satz 2 BGB, § 844 Abs. 2 ZPO ohne Eintragung entstandenen Sicherungshypothek) oder die Eintragung eines Widerspruchs gegen dessen irrtümliche Löschung (§§ 894, 899 BGB)[118] Auch ein Amtswiderspruch und eine Amtslöschung nach §§ 53, 71 Abs. 2 GBO sind möglich.[119] Die Beschlagnahme von Gegenständen, die neben dem Grundstück für die Hypothek haften (§§ 1120 ff. BGB), ist als rechtserhaltende Maßnahme ebenfalls zulässig.[120]

44 Ein Hypothekengläubiger, der vor Insolvenzeröffnung vom Schuldner die Hypothek durch schriftliche Abtretungserklärung und Briefübergabe erworben hat, kann nach Insolvenzeröffnung den Schuldner gemäß § 1154 Abs. 1 Satz 2 BGB auf Abgabe der öffentlich beglaubigten Abtretungserklärung in Anspruch nehmen.[121] Ebenso kann ein Sicherungszessionar vom Schuldner noch nach Eröffnung des Insolvenzverfahrens über dessen Vermögen verlangen, dass er die Auskünfte erteilt, die zur Geltendmachung der Forderung nötig sind, und die zum Beweise der Forderung dienenden Urkunden ausliefert (§ 402 BGB); auch kann noch die Ausstellung einer öffentlich beglaubigten Urkunde über die Abtretung verlangt werden (§ 403 BGB).[122]

45 **dd) Erwerb vormerkungsgesicherter Absonderungsrechte.** Ist zur Sicherung des Anspruchs auf Einräumung eines Pfandrechts an einem Grundstück des nachmaligen Insolvenzschuldners oder an einem für ihn eingetragenen Grundstücksrecht eine **Vormerkung** im Grundbuch eingetragen, kann das Pfandrecht auch noch nach der Insolvenzeröffnung wirksam erworben werden (§ 106 Abs. 1). Entsprechendes gilt für eine Vormerkung, die im Schiffsregister, Schiffsbauregister oder Register für Pfandrechte an Luftfahrzeugen eingetragen ist (§ 106 Abs. 2). Zum mit Vormerkungswirkung ausgestatteten gesetzlichen Löschungsanspruch aus § 1179a Abs. 1 Satz 3 BGB vgl. § 49 RdNr. 75c.

46 **ee) Rechtserwerb im Interesse des Allgemeinwohls.** Nach § 76 AO haften verbrauchssteuer- und zollpflichtige Waren auch dann, wenn der haftungsbegründende Tatbestand vor Insolvenzeröffnung vom Schuldner gesetzt wurde, sich aber erst danach vollendet hat. Solange die Steuer nicht bezahlt ist, kann die Finanzbehörde die Waren – ungeachtet der Insolvenz des Schuldners – gemäß § 76 Abs. 3 AO beschlagnahmen (vgl. § 51 RdNr. 243 ff.).[123]

---

[115] *Gottwald/Adolphsen*, Insolvenzrechts-Hdb., § 42 RdNr. 3; *Jaeger/Henckel* Vor §§ 49–52 RdNr. 16; *Uhlenbruck/Brinkmann* § 49 RdNr. 6.
[116] *Jaeger/Henckel* Vor §§ 49–52 RdNr. 17.
[117] Vgl. RGZ 53, 350, 353; *Schoppmeyer* in Lwowski/Fischer/Langenbucher, Das Recht der Kreditsicherung, § 15 RdNr. 32.
[118] RGZ 73, 173, 174; 82, 20, 22.
[119] *Jaeger/Henckel* KO § 15 RdNr. 51.
[120] *Jaeger/Henckel* KO § 15 RdNr. 53.
[121] *Jaeger/Henckel* KO § 15 RdNr. 52.
[122] *Jaeger/Henckel* KO § 15 RdNr. 52.
[123] *Jaeger/Henckel* KO § 15 RdNr. 92.

ff) Der Sonderfall des § 110 VVG. In der Insolvenz des Haftpflichtversicherungsnehmers kann 47 der verletzte Dritte wegen des ihm gegen den Versicherungsnehmer zustehenden Schadensersatzanspruchs abgesonderte Befriedigung aus der Entschädigungsforderung verlangen, die dem Versicherungsnehmer gegen den Haftpflichtversicherer zusteht. Unerheblich ist, ob der Versicherungsfall erst während des Insolvenzverfahrens eingetreten ist.[124] Näheres zu § 110 VVG bei § 50 RdNr. 115 und § 51 RdNr. 234 ff.

gg) Die Ausnahmen des § 91 Abs. 2. Praktisch bedeutsam ist zunächst die Vorschrift des § 878 48 BGB. Hat der nachmalige Insolvenzschuldner ein Grundpfandrecht bestellt und der Grundpfandgläubiger den Eintragungsantrag beim Grundbuchamt gestellt, steht dem Erwerb des Grundpfandrechts nicht entgegen, dass über das Vermögen des Verfügenden hernach ein Insolvenzverfahren eröffnet wird. Anders ist es, wenn den Eintragungsantrag allein der Schuldner selbst gestellt hat; dann kann dieser – oder sein Insolvenzverwalter[125] – den Antrag noch rechtswirksam zurücknehmen, solange die Eintragung nicht vollendet ist.[126] Das Grundpfandrecht muss auf Grund des vor Insolvenzeröffnung gestellten Eintragungsantrags tatsächlich eingetragen werden. Wird der Antrag zu Unrecht zurückgewiesen und diese Zurückweisung später auf Erinnerung oder Beschwerde ohne Berücksichtigung neuer Tatsachen aufgehoben und das Grundpfandrecht eingetragen, geschieht die Eintragung auf Grund des urspünglichen Antrags. Dies hat zur Folge, dass das Recht nach § 878 BGB auch dann wirksam entsteht, wenn zwischen der Zurückweisung des Eintragungsantrags und der Aufhebung der Zurückweisung über das Vermögen des Sicherungsgebers das Insolvenzverfahren eröffnet worden war. Gleiches gilt für den Fall, dass ein Eintragungshindernis in Erfüllung einer Zwischenverfügung nach Eintritt der Insolvenz behoben wird; denn auch hier wird das Grundpfandrecht auf Grund des ursprünglichen Antrags eingetragen. § 878 BGB ist hingegen unanwendbar, wenn der Antrag zurückgenommen oder rechtsfehlerfrei zurückgewiesen wird. Im zuletzt genannten Fall tritt ein wirksamer Rechtserwerb selbst dann nicht ein, wenn im Erinnerungs- oder Beschwerdeverfahren neue Tatsachen vorgetragen werden, die letztlich doch noch zur Eintragung des Rechts führen. Denn hier enthält der Rechtsbehelf einen neuen Antrag.[127]

Unberührt bleiben schließlich die Vorschriften über den öffentlichen Glauben des Grundbuchs 49 (§§ 892, 893 BGB) und der Register für Rechte an Schiffen (§ 3 Abs. 3, 16, 17 SchiffsRG) und Luftfahrzeugen (§§ 5 Abs. 3, 16, 17 LuftfzRG) sowie die besonderen Bestimmungen der Seerechtlichen Verteilungsordnung (ebenda § 20 Abs. 3). Absonderungsrechte an beweglichen Sachen können aus der Hand des Schuldners nicht **gutgläubig** – in Unkenntnis der Insolvenzeröffnung – **erworben** werden. Wird indes eine bewegliche Sache von einem nichtberechtigten Dritten an einen Gutgläubigen verpfändet (oder zur Sicherheit übereignet), genießt der Sicherungsnehmer Vertrauensschutz nach §§ 1207, 1208, 1244 BGB, obgleich über das Vermögen des wirklichen Berechtigten, von dessen Recht er nichts weiß oder wissen muss, das Insolvenzverfahren eröffnet ist.[128] Deshalb ist auch der gutgläubige Erwerb eines Absonderungsrechts von einem Nachmann des Schuldners möglich.[129] Hat der Schuldner vor Verfahrenseröffnung über einen ihm nicht gehörenden Gegenstand verfügt, der nach Verfahrenseröffnung für die Masse erworben wird, so kann nach § 185 Abs. 2 Satz 1 Alt. 2 BGB die Verfügung erst in dem Zeitpunkt wirksam werden, in dem das Recht, über das verfügt wurde, in die Insolvenzmasse gelangt **(Konvaleszenz)**. Dem steht aber jetzt § 91 Abs. 1 entgegen.[130]

hh) Erlöschen der gesicherten Forderung mit Insolvenzeröffnung. Einem Kautionsversi- 49a cherer, der sich zur Sicherung seiner künftigen Prämienforderungen eine Forderung des Versicherungsnehmers gegen einen Dritten sicherungshalber hatte abtreten lassen, hat der BGH in der Insolvenz des Versicherungsnehmers ein Absonderungsrecht versagt.[131] Der **Kautionsversicherungsvertrag** ist ein Geschäftsbesorgungsvertrag. Dieser erlischt insgesamt mit der Eröffnung des Insolvenzverfahrens gemäß § 116 Satz 1, § 115 Abs. 1 InsO. Fortan ist der Kautionsversicherer nicht mehr verpflichtet, das bereitgestellte Limit offenzuhalten, und der Versicherungsnehmer braucht keine Prämien mehr zu bezahlen. Die Prämienforderungen, derentwegen der Kautionsversicherer

---

[124] *Jaeger/Henckel* KO § 15 RdNr. 67.
[125] *Raebel* ZInsO 2002, 954, 955.
[126] BGH WM 1997, 436, 437 = EWiR 1997, 1133 *(Eckardt)* = WuB VI G. § 10 GesO 3.97 *(Mohrbutter)* = LM GesO Nr. 23 *(Becker-Eberhard)*; NZI 2008, 177, 178 m. Anm. *Graeber*; HK-*Lohmann* § 49 RdNr. 4.
[127] BGH NJW 1997, 2751 f. = EWiR 1997, 887 f. *(Stürner/Bormann)* = WuB IV A. § 878 BGB 1.97 *(Rimmelspacher)*.
[128] *Jaeger/Henckel* KO § 15 RdNr. 86; *Uhlenbruck* § 91 RdNr. 44; *Lüke* in *KPB* § 91 RdNr. 55.
[129] RGZ 87, 420, 423.
[130] BGH NZI 2004, 29, 30; *Jaeger/Windel* § 91 RdNr. 104; *Uhlenbruck* § 91 RdNr. 44.
[131] BGH NZI 2006, 637 = WuB VI A. § 41 InsO 1.07 *(Bitter/Rauhut)*.

sich abgesondert befriedigen wollte, waren vor Insolvenzeröffnung noch nicht entstanden. Inzwischen hat der BGH diese Rechtsprechung auch auf die GesO erstreckt.[132] Diese enthält zwar keine den §§ 115 f. InsO entsprechende Regelung. Diese Regelungslücke hat der BGH durch Anwendung der mit den §§ 115 f. InsO sachlich übereinstimmenden Vorgängerbestimmung in § 23 Abs. 1 Satz 1 KO geschlossen.

V. Haftung des Schuldners

50   Soweit die Absonderungsrechte auf Sicherungsrechten beruhen, gibt es drei verschiedene Möglichkeiten, wie sich das Absonderungsrecht und die Inhaberschaft an der gesicherten Forderung zueinander verhalten:

51   **1. Persönliche und dingliche Haftung.** Im Regelfall wird der Schuldner die gegen ihn gerichtete Forderung selbst besichert haben. Dann hat der Absonderungsberechtigte ein Befriedigungsrecht an einem Gegenstand der Masse und eine Forderung gegen den Insolvenzschuldner. Dieser haftet persönlich und dinglich.

52   Handelt es sich bei der Forderung, für die der Schuldner persönlich einzustehen hat, um eine **Insolvenzforderung,** ist der Gläubiger Insolvenzgläubiger im Umfang seiner gesamten Forderung;[133] er kann anteilsmäßige Befriedigung aus der Masse aber nur verlangen, soweit er auf eine abgesonderte Befriedigung verzichtet oder bei ihr ausgefallen ist (§ 52). Zahlungen des Insolvenzverwalters an einen Grundschuldgläubiger werden stets auf die Grundschuld und nicht auf die gesicherte Forderung geleistet, weil der Verwalter nur das mit der Grundschuld verbundene Absonderungsrecht zu berücksichtigen hat.[134] Haben der Absonderungsberechtigte und der Schuldner vereinbart, dass Zahlungen grundsätzlich auf die persönliche Forderung und nicht auf das dingliche Recht geleistet werden, ist eine solche Anrechnungsvereinbarung für den Insolvenzverwalter nicht bindend.[135] Irrtümliche Zahlung auf die gesicherte Forderung kann nach § 812 Abs. 1 Satz 1 BGB herausverlangt werden.

53   Die Forderung kann auch eine **Masseforderung** sein. Wird zum Beispiel ein Wohnungsmietverhältnis fortgesetzt, nachdem der Mieter insolvent geworden ist (zum Kündigungsrecht des Verwalters vgl. § 109), hat der Vermieter hinsichtlich der Mietzinsen für die Zeit nach Insolvenzeröffnung einen Masseanspruch (§ 55 Abs. 1 Nr. 2) und auf Grund seines Vermieterpfandrechts (§ 562 BGB) ein Absonderungsrecht. Ein Absonderungsrecht für Masseansprüche kann auch noch während des Insolvenzverfahrens begründet werden, so zum Beispiel rechtsgeschäftlich durch den Insolvenzverwalter oder gesetzlich (vgl. § 647 BGB) oder im Wege der Zwangsvollstreckung.[136] Der absonderungsberechtigte Massegläubiger unterliegt nicht der Beschränkung des § 52.[137]

54   **2. Nur dingliche Haftung.** Der Gläubiger ist auf sein Absonderungsrecht beschränkt – er hat also nicht zugleich eine Insolvenz- oder Masseforderung gegen den Insolvenzschuldner –, wenn dieser nur dinglich, nicht aber persönlich haftet. Ein derartiger Fall liegt vor, wenn der Insolvenzschuldner mit einem Gegenstand der Masse für eine fremde Schuld haftet. Hier kann ein etwaiger Ausfall nicht zur Befriedigung aus der Insolvenzmasse angemeldet, sondern nur gegenüber dem persönlichen Schuldner geltend gemacht werden.[138]

55   Derjenige, der unter Einsatz eigener Mittel die Besicherung von Verbindlichkeiten eines anderen ermöglicht, ist **Interzedent,** wenn er nach außen als Sicherungsgeber auftritt. Stellt er sein Vermögen dem Schuldner der zu besichernden Forderung zur Verfügung und tritt dieser selbst als Sicherungsgeber in Erscheinung, handelt es sich nicht um eine Interzession, sondern um eine **Kredithilfe.** Eine Unterart ist die **Gebrauchsleihe.** Hier ermächtigt der Kredithelfer den Forderungsschuldner, über bestimmte Gegenstände aus seinem Vermögen zu Sicherungszwecken zu verfügen (§ 185 BGB). Wird über das Vermögen des Interzedenten oder des Kredithelfers ein Insolvenzverfahren eröffnet, kann der Sicherungsnehmer aus dem Sicherungsgegenstand abgesonderte Befriedigung verlangen.

56   Hat der Kredithelfer auf Grund einer Treuhandabrede – die den Forderungsschuldner nach Erledigung des Kredits zur Rückgewähr des übertragenen Gegenstandes an den Kredithelfer verpflich-

---

[132] BGH NZI 2007, 234.
[133] RGZ 155, 95, 99, 101.
[134] BGH NJW 1994, 2692; zur Frage, ob ein Insolvenzverwalter im Wege einer ausdrücklichen Tilgungsbestimmung davon abweichen kann, vgl. *Gerhardt* ZIP 1980, 165, 167.
[135] BGH NJW 1994, 2692; *Gottwald/Adolphsen,* Insolvenzrechts-Hdb., § 42 RdNr. 26.
[136] *Jaeger/Henckel* Vor §§ 49–52 RdNr. 16.
[137] *Jaeger/Henckel* § 49 RdNr. 7.
[138] *Gottwald/Adolphsen,* Insolvenzrechts-Hdb., § 42 RdNr. 77; *Uhlenbruck/Brinkmann* § 52 RdNr. 2.

tet – den Sicherungsgegenstand voll auf den Forderungsschuldner übertragen, so hat der Sicherungsnehmer, wenn über das Vermögen des Kredithelfers ein Insolvenzverfahren eröffnet wird, gegen diesen zunächst weder einen dinglichen noch einen persönlichen Anspruch. Macht allerdings der Insolvenzverwalter Anstalten, das Treugut (= Sicherungsgegenstand) zur Masse zu ziehen (vgl. § 47 RdNr. 371), kann der Sicherungsnehmer Absonderung geltend machen. Der Treuhänder kann den Gegenstand nur mit der bestehenden Belastung, die auch gegen die Masse wirkt, auf den Treugeber (= Kredithelfer) zurückübertragen. Sobald der Verwalter für den Insolvenzschuldner den Gegenstand wieder erlangt, muss dieser zugunsten des Sicherungsnehmers verwertet werden.

Dass der Insolvenzschuldner nur dinglich und nicht auch persönlich haftet, ist theoretisch auch **57** dann vorstellbar, wenn das die abgesonderte Befriedigung begründende Recht unabhängig von einer persönlichen Schuld entstanden ist. Praktisch wird ein solcher Fall aber kaum vorkommen. Selbst bei nicht-akzessorischen Sicherheiten darf der Sicherungsnehmer auf Grund der Sicherungsabrede die Sicherheit nicht verwerten, wenn die zu sichernde Forderung nicht entstanden oder vollständig getilgt ist. Der Insolvenzverwalter kann einem gleichwohl gestellten Absonderungsbegehren einredeweise den Rückgewähranspruch entgegenhalten (§ 242 BGB).

3. Nur persönliche Haftung. Der Insolvenzschuldner haftet persönlich, nicht dinglich, wenn **58** die gegen ihn gerichtete Forderung durch einen Dritten mit seinem Vermögen (das nicht zur Insolvenzmasse gehört!) besichert worden ist. Dann ist der Berechtigte nur Insolvenz- oder Massegläubiger; er hat aber kein Absonderungsrecht.[139] Erlangt er von dem Dritten aus der Sicherheit teilweise Befriedigung, unterliegt der Berechtigte mit einer Insolvenzforderung (erst recht mit einer Masseforderung) nicht der Beschränkung des § 52; der Berechtigte kann also mit dem vollen Betrag seiner Forderung verhältnismäßige Befriedigung aus der Insolvenzmasse verlangen, solange noch ein Ausfall besteht. Der Insolvenzschuldner und der Dritte haften aber nach § 43. Dies gilt sowohl dann, wenn der Dritte zugleich persönlicher Schuldner ist,[140] als auch – freilich nur entsprechend – dann, wenn der Dritte lediglich dinglich haftet (vgl. § 43 RdNr. 18 ff.).[141]

VI. Umfang der Haftung

1. Gesicherte Forderungen. Kreditsicherheiten sollen regelmäßig alle Forderungen aus dem **59** zugrundeliegenden Kreditgeschäft abdecken.[142] Demgemäß steht der Verwertungserlös des Gegenstands der abgesonderten Befriedigung dem absonderungsberechtigten Gläubiger bis zur vollen Höhe seines Anspruchs zu, gleichgültig ob er selbst oder der Insolvenzverwalter den mit dem Absonderungsrecht belasteten Gegenstand verwertet.[143] Das Absonderungsrecht deckt die Hauptforderung, Zinsen und Kosten der Rechtsverfolgung. Es erstreckt sich auch auf die **Zinsansprüche, die nach Eröffnung des Insolvenzverfahrens** bis zur Verwertung entstanden sind. Das war schon unter der Geltung der Konkursordnung anerkannt[144] (vgl. Vorauflage vor §§ 49–52 RdNr. 60) und gilt auch nach neuem Recht.[145] Denn § 39 Abs. 1 Nr. 1 gestattet nunmehr – abweichend von § 63 Nr. 1 KO –, die nach Insolvenzeröffnung anfallenden Zinsen im Verfahren zu berücksichtigen. Obgleich sie lediglich eine nachrangige Insolvenzforderung begründen, sind sie doch – verglichen mit dem völligen Ausschluss gemäß § 63 Nr. 1 KO – „aufgewertet" worden. Damit vertrüge es sich kaum, wenn man sie im Rahmen der Absonderung wieder schlechter behandelte. Im Übrigen sind Absonderungsrechte für Schulden Dritter (s.o. RdNr. 54) in voller Höhe zu berücksichtigen, obwohl hier überhaupt keine Insolvenzforderung besteht. Dann kann das Absonderungsrecht keinen geringeren Umfang haben, wenn es mit einer nachrangigen Insolvenzforderung verknüpft ist. Nur für die nachrangige Insolvenzforderung nach § 39 Abs. 1 Nr. 5 kann das Absonderungsrecht nicht geltend gemacht werden (s.u. § 52 RdNr. 43a). Einer vorherigen Anzeige im Sinne des § 1289 Satz 2

---

[139] RGZ 22, 325, 331; 59, 367, 368.
[140] RGZ 91, 12; 92, 192.
[141] RGZ 156, 278.
[142] BGHZ 134, 195, 196 = NJW 1997, 522, 523 = EWiR 1997, 227 *(Henckel)* = WuB VI B. § 63 KO 1.97 *(Uhlenbruck)* = LM KO § 4 Nr. 5 *(Stürner)*.
[143] *Häsemeyer,* Insolvenzrecht RdNr. 18.01.
[144] BGHZ 134, 195, 197 = NJW 1997, 522, 523 = EWiR 1997, 227 *(Henckel)* = WuB VI B. § 63 KO 1.97 *(Uhlenbruck)* = LM § 4 KO Nr. 5 *(Stürner)*.
[145] BGH NZI 2008, 542 f. = NJW 2008, 3064 = WuB VI A. § 39 InsO 1.09 *(Siegmann)* = EWiR 2009, 89 *(Gundlach/Frenzel);* ebenso schon die Vorinstanz OLG Köln NZI 2007, 528, 529 = EWiR 2007, 569 *(Mitlehner);* BGH ZIP 2008, 2276; KG ZIP 2009, 2256, 2258; OLG Frankfurt a. M. ZIP 2010, 2256 RdNr. 38; *Gerhardt,* Grundpfandrechte im Insolvenzverfahren RdNr. 177; *Jaeger/Henckel* § 39 RdNr. 13, § 52 RdNr. 23; aA *Mitlehner* EWiR 2009, 649, 650.

BGB, dass der absonderungsberechtigte Gläubiger von seinem Einziehungsrecht Gebrauch mache, bedarf es nicht.[146]

59a In welcher Reihenfolge die Ansprüche des absonderungsberechtigten Gläubigers zu befriedigen sind, ist außerordentlich umstritten. Teilweise wird aus dem Wortlaut des § 50 Abs. 1 („für **Hauptforderung, Zinsen** und **Kosten**") gefolgert, diese Reihenfolge sei nunmehr – im Unterschied zur Rechtslage unter der Konkursordnung[147] – für die Befriedigung maßgeblich.[148] Andere richten sich auch jetzt noch nach der Reihenfolge der § 367 Abs. 1 BGB **(Kosten, Zinsen, Hauptleistung)**.[149] Sie können sich auf die Materialien berufen. Es sollte zunächst in § 57 Abs. 1 Satz 2 RegE klargestellt werden, dass § 367 Abs. 1 BGB gelte. Auf Empfehlung des Rechtsausschusses wurde diese Bestimmung gestrichen, weil sich die Tilgungsreihenfolge auch ohne ausdrückliche Wiederholung von selbst verstehe.[150]

59b In der ersten Auflage ist die Maßgeblichkeit des § 367 Abs. 1 BGB befürwortet worden. Daran ist in der zweiten Auflage für die **nachrangigen Zinsen und Kosten** nicht festgehalten worden. Inzwischen hat sich der BGH, der die Frage im Jahr 2008 noch offen lassen konnte,[151] doch für die Maßgeblichkeit des § 367 Abs. 1 BGB ausgesprochen.[152] Die Aufzählung "Hauptforderung, Zinsen und Kosten" in § 50 Abs. 1 könne kaum als Anordnung einer Rangfolge verstanden werden, sondern bringe wohl eher zum Ausdruck, dass die abgesonderte Befriedigung aus dem Pfandrecht nicht nur wegen der Hauptforderung, sondern auch wegen der Zinsen und Kosten stattfinde. Die Gesetzgebungsgeschichte ergebe nichts für die Anordnung einer von den allgemeinen Bestimmungen abweichenden Tilgungsreihenfolge. Nach § 39 Abs. 1 Nr. 1 und 2 stellten die seit der Eröffnung des Insolvenzverfahrens laufenden Zinsen zwar nachrangige Forderungen dar, die erst nach den übrigen Forderungen der Insolvenzgläubiger berichtigt würden. Die Vorschriften der §§ 49 bis 52, insbesondere diejenige des § 50 Abs. 1, regelten jedoch nicht die Befriedigung der Insolvenzgläubiger, sondern die Befriedigung der Absonderungsgläubiger aus dem Absonderungsgut. Zwar wirke sich die Anwendung des § 367 Abs. 1 BGB zum Nachteil derjenigen aus, die „bloß" Insolvenzgläubiger sind, wenn der aus der abgesonderten Befriedigung erzielte Erlös nicht zur vollständigen Befriedigung des Absonderungsberechtigten ausreiche. Denn der Absonderungsberechtigte könne dann mit der restlichen Hauptforderung an der Verteilung gemäß §§ 38, 187 ff. teilnehmen, was ihm hinsichtlich der Forderung auf nach der Eröffnung angefallene Zinsen durch § 39 Abs. 1 Nr. 1 verwehrt wäre. Darin liege jedoch kein Wertungswiderspruch. Es entspreche gerade dem wirtschaftlichen Sinn des Absonderungsrechts, den Ausfall möglichst gering zu halten.

59c Überzeugend ist dies nicht. Wäre der Absonderungsberechtigte lediglich Insolvenzgläubiger, würde er wegen seiner nachrangigen Forderungen erst nach seinen nicht nachrangigen Forderungen befriedigt. Wenn er abgesonderte Befriedigung verlangen kann, bedeutet dies nur, dass er gegenüber anderen einfachen Insolvenzgläubigern den Vorrang hat, und zwar sowohl wegen seiner nicht nachrangigen als auch seiner nachrangigen Forderungen;[153] insofern – also in Bezug auf Dritte, nämlich die einfachen Insolvenzgläubiger – wird § 39 durch die §§ 49 ff. derogiert.[154] An der soeben beschriebenen internen Tilgungsreihenfolge ändert sich jedoch nichts. Der Absonderungsberechtigte wird deshalb zunächst wegen seiner nicht nachrangigen Forderungen und erst danach wegen seiner nachrangigen Forderungen abgesondert befriedigt. Wieso § 39 durch die §§ 49 ff. auch insofern derogiert wird, als es um die interne Befriedigungsreihenfolge geht, hat der BGH nicht erklären können. Die Vorschrift des § 367 Abs. 1 BGB passt nicht, weil sie die insolvenztypische Unterscheidung zwischen nicht nachrangigen und nachrangigen Forderungen nicht kennt. Wenn der BGH

---

[146] KG ZIP 2009, 2256, 2258.
[147] *Jaeger* KuT 1933, 161; ebenso *Jaeger/Lent* KO § 48 RdNr. 8, 9a; *Kuhn/Uhlenbruck* KO § 48 RdNr. 25.
[148] *Uhlenbruck/Brinkmann* § 52 RdNr. 8, 10; *Smid* § 52 RdNr. 3; FK-*Imberger* § 52 RdNr. 20; *Häsemeyer*, Insolvenzrecht RdNr. 18.78; *Gottwald/Adolphsen*, Insolvenzrechts-Handbuch § 42 RdNr. 83; *Görg* KTS 2006, 151 ff.; *Dahl* NJW 2008, 3066, 3067; wohl auch MünchKomm-InsO/*Ehricke* § 39 RdNr. 15 f.
[149] *Jaeger/Henckel* § 50 RdNr. 16, 52 RdNr. 23; *Kübler/Prütting/Bork* § 50 RdNr. 18; FK-*Imberger* § 52 RdNr. 15; HK-*Lohmann* § 52 RdNr. 7; HambKomm-*Büchler* § 52 RdNr. 6; *Nerlich/Römermann/Andres* § 39 RdNr. 6 und § 50 RdNr. 28; *Braun/Bäuerle* § 39 RdNr. 6; *Graf-Schlicker/Fuchs* § 52 RdNr. 9; in der Tendenz ebenso *Siegmann* WuB VI A.-1.09.
[150] BT-Drucks. 12/7302, S. 160.
[151] BGH NZI 2008, 542 f. = NJW 2008, 3064 = WuB VI A. - 1.09 *(Siegmann)* = EWiR 2009, 89 *(Gundlach/Frenzel)*.
[152] BGH NZI 2011, 247 RdNr. 9 ff. Zustimmend *Obermüller*, NZI 2011, 663. Vgl. ferner *Gundlach/Müller* DZWIR 2011, 285; *Flitsch* EWiR 2011, 321.; ablehnend *Ganter* WuB VI A. § 39 InsO 1.12 und im Erg. auch *Mitlehner*, aaO RdNr. 699 f.
[153] *Häsemeyer*, Insolvenzrecht RdNr. 18.01; *Uhlenbruck/Brinkmann* § 52 RdNr. 10; *Gottwald/Adolphsen*, Insolvenzrechts-Handbuch, § 42 RdNr. 83.
[154] BGH NZI 2008, 542,543 RdNr. 15; *Uhlenbruck/Brinkmann* § 49 RdNr. 6.

meint, es entspreche dem wirtschaftlichen Sinn des Absonderungsrechts, den Ausfall möglichst gering zu halten, verkennt er, dass der Ausfall – also die nach abgesonderter Befriedigung verbleibenden Restforderungen – so oder so gleich groß ist. Unterschiede bestehen nur insoweit, als die Forderungen, mit denen der Absonderungsberechtigte ausgefallen ist, verschieden sind. Das wirkt sich nicht mehr bei der abgesonderten Befriedigung aus (diese ist abgeschlossen), sondern nur noch bei der Verteilung gemäß §§ 38, 187 ff., hat also mit dem Absonderungsrecht und seinem „wirtschaftlichen Sinn" nichts mehr zu tun.

Deswegen wäre es richtiger, wenn das Absonderungsrecht zunächst für die bis zur Insolvenzeröffnung angefallenen Kosten, sodann für die bis dahin angefallenen Zinsen, sodann die Hauptforderung, dann für die Zinsen nach Insolvenzeröffnung und schlussendlich für die Kosten der Teilnahme am Insolvenzverfahren in Anspruch genommen werden müsste. Dass der BGH seine Auffassung nochmals überdenkt, ist aber – jedenfalls für die nahe Zukunft – nicht zu erwarten. **60**

Wegen der **nach** Verwertung des Gegenstands der abgesonderten Befriedigung noch auflaufenden Zinsen kann keine abgesonderte Befriedigung verlangt werden. Mit der Verwertung ist der Gegenstand des Absonderungsrechts – und damit dieses selbst – weggefallen. Hat der Verwertungserlös nicht zur Befriedigung des Gläubigers ausgereicht, können die danach auflaufenden Zinsen auch nicht als Insolvenzforderung geltend gemacht werden. Gemäß § 52 Satz 2 ist der Gläubiger zur anteilsmäßigen Befriedigung aus der Insolvenzmasse nur berechtigt, soweit er „bei" der abgesonderten Befriedigung (nicht danach) ausgefallen ist (vgl. § 52 RdNr. 29). **61**

Wegen eines **Nebenanspruchs** kann abgesonderte Befriedigung nur verlangt werden, wenn der – an sich zur Absonderung berechtigende – Hauptanspruch entstanden ist. Erwirbt derjenige, der als Gläubiger eingetragen ist, eine Hypothek deshalb nicht, weil seine Forderung nicht entstanden, zum Beispiel das Darlehen nicht ausbezahlt worden ist, so kann er wegen des Anspruchs auf Ersatz der Kosten für die Errichtung der Schuldurkunde abgesonderte Befriedigung nicht beanspruchen.[155] **62**

Bei Einstellung der gesicherten Forderung in ein kaufmännisches **Kontokorrent** hat der Gläubiger nach der Saldofeststellung zwar nicht mehr die eingestellte Forderung; er kann jedoch aus der Sicherheit insoweit abgesonderte Befriedigung verlangen, als sein Guthaben aus der laufenden Rechnung und die Forderung sich decken (§ 356 Abs. 1 HGB). **62a**

2. Der haftende Gegenstand. a) Dingliche Surrogation. Bei der (Ver-)Pfändung einer **Anwartschaft** setzt sich das (Pfändungs-)Pfandrecht nach Bedingungseintritt an dem Vollrecht fort (vgl. § 50 RdNr. 15). Ist der Anspruch auf Übereignung eines Grundstücks verpfändet, erwirbt der Pfandgläubiger mit der Leistung des Schuldners eine Sicherungshypothek (§ 1287 BGB); das Pfandrecht an einer Forderung auf Lieferung einer beweglichen Sache verwandelt sich mit der Erfüllung dieses Anspruchs in ein Pfandrecht an der Sache (vgl. § 50 RdNr. 16). Es handelt sich jeweils um Fälle **rechtsgeschäftlicher,** nicht **dinglicher Surrogation.** **63**

Nach hM handelt es sich bei der Verwertung eines Gegenstands der abgesonderten Befriedigung um einen Fall der **dinglichen Surrogation.**[156] Der **Erlös** aus einer verpfändeten beweglichen Sache tritt an die Stelle des Pfandes (§ 1247 Satz 2 BGB). Übersteigt der Erlös die Forderung des erstrangig gesicherten Pfandgläubigers nicht, so wird dieser Alleineigentümer des Erlöses. Ist dieser höher, setzt sich ein gemäß § 1242 Abs. 2 BGB erloschenes Pfandrecht am Erlös fort. Diese Grundsätze gelten entsprechend für die Verwertungserlöse einer sicherungsübereigneten Sache und einer sicherungszedierten, vom Insolvenzverwalter eingezogenen Forderung (§ 170 Abs. 1 Satz 2). Auch die durch den Zuschlag in der Zwangsversteigerung erlöschenden Rechte an einem Grundstück setzen sich an dem Erlös fort.[157] Entsprechendes müsste für das gesetzliche Vermieterpfandrecht gelten, wenn der Insolvenzverwalter eine belastete Sache verwertet; hier ist die Rechtsprechung jedoch uneinheitlich (s.u. § 50 RdNr. 100).[158] Leistet der Schuldner einer verpfändeten Forderung gemäß §§ 1281, 1282 BGB, so erwirbt der Gläubiger den geleisteten Gegenstand und der Pfandgläubiger ein Pfandrecht an diesem (§ 1287 Abs. 1 BGB). Entsprechendes gilt, wenn sich durch Leistung des Schuldners der Pfandgegenstand in eine Forderung verwandelt.[159] Nach der höchstrichterlichen Rechtsprechung setzt sich das Pfandrecht an einem GmbH-Anteil fort am Anspruch auf Liquidati- **64**

---

[155] OLG Zweibrücken OLGE 10 (1905), 200.
[156] Vgl. etwa BGHZ 170, 196, 205 = NJW 2007, 1588 = NZI 2007, 158; BGH NZI 2011, 366, z.V.b. in BGHZ 189, 1 ff.: *Harder,* Insolvenzrechtliche Surrogation, 2002, S. 77; *Jaeger/Henckel* Vor §§ 49–52 RdNr. 55 und § 50 RdNr. 7; *Uhlenbruck/Brinkmann* § 170 RdNr. 9; HK-*Lohmann* § 51 RdNr. 12; HK-*Landfermann* § 170 RdNr. 9.
[157] BGHZ 108, 237, 239 = NJW 1989, 2536; 130, 314, 325 = NJW 1995, 2846; BGH NJW 2012, 2274 RdNr. 11; *Böttcher* ZNotP 2012, 282, 283.
[158] BGH NJW 1995, 2783, 2787, insofern in BGHZ 130, 38 ff. n.a.
[159] *Staudinger/Wiegand,* 13. Aufl., 1997, § 1287 RdNr. 20.

onserlös, Abfindung oder Einziehungsentgelt,[160] das Pfandrecht an den in das Eigentum eines Miterben fallenden Gegenständen am späteren Teilungserlös gegen die Hinterlegungsstelle[161] und das Pfandrecht an einer Inhaberschuldverschreibung an dem nach Fälligkeit erzielten Einlösungsbetrag.[162]

65 Soweit in den genannten Fällen der Erlös bzw. die Gegenleistung von dem Absonderungsrecht erfasst wird, hat der Berechtigte auch Anspruch auf die entsprechende Gewinnmarge.[163]

66 Veräußert der Insolvenzverwalter ein Grundstück, das mit einer Auflassungsvormerkung und nachrangigem Zwangsversteigerungsvermerk belastet ist, an den Vormerkungsberechtigten, so setzt sich das Absonderungsrecht des aus dem Zwangsversteigerungsvermerk Berechtigten nicht am Erlös fort, weil jener weiterhin Befriedigung aus dem Grundstück verlangen kann.[164] Entsprechendes gilt, wenn ein Grundstück, auf dem eine Grundsteuerforderung als öffentliche Last ruht (§ 12 GrStG), vom Insolvenzverwalter freihändig veräußert wird. Der Fiskus kann keine abgesonderte Befriedigung aus dem Veräußerungserlös verlangen. Darauf ist er auch nicht angewiesen, weil das Grundstück auch nach der Veräußerung dem Fiskus für die Steuerforderung verhaftet bleibt. Würde sich das Absonderungsrecht an dem Veräußerungserlös fortsetzen, wäre der Absonderungsberechtigte doppelt gesichert.[165]

66a Problematisch ist der Fall, dass der **vorläufige Insolvenzverwalter** auf Grund ihm vom Insolvenzgericht verliehener Verfügungsbefugnis (§ 22 Abs. 1) oder einer speziellen Ermächtigung des Insolvenzgerichts (§ 21 Abs. 2 Satz 1 Nr. 5 oder, vor dessen Einführung, § 21 Abs. 1, § 22 Abs. 2) Forderungen des Schuldners – auch solche, die dieser sicherungshalber abgetreten hat – einzieht. Ein Ersatzabsonderungsrecht am Erlös analog § 48 scheidet aus, weil die Einziehung durch den Verwalter nicht „unberechtigt" erfolgt. Der BGH hat im Wege richterlicher Rechtsfortbildung (analoge Anwendung von § 170 Abs. 1 Satz 2) dem Zedenten einen Anspruch auf abgesonderte Befriedigung aus den eingezogenen Erlösen zugesprochen und damit die Rechtsstellung der Absonderungsberechtigten gestärkt (Näheres u. RdNr. 109b ff.).[166]

67 Wird der einer Absonderung unterliegende Gegenstand vernichtet, geht auch das Absonderungsrecht unter. Eine dingliche Surrogation findet insoweit grundsätzlich nicht statt, dh. das Absonderungsrecht setzt sich nicht an etwaigen Ersatz- oder Versicherungsansprüchen fort, die dem Sicherungsgeber wegen der Zerstörung des Sicherungsmittels zustehen. Eine Ausnahme gilt für die Hypothekenhaftung (§ 1127 BGB), vgl. § 49 RdNr. 34 ff. Wenn der Sicherungsgeber das Sicherungsmittel abredewidrig – aber wirksam – an einen Dritten veräußert, steht die Kaufpreisforderung nicht dem absonderungsberechtigten Sicherungsnehmer zu. Er kann nur nach § 816 Abs. 1 Satz 1 BGB Abtretung verlangen. Im Falle der Beschädigung der als Sicherungsmittel dienenden Sache erwächst dem Sicherungsnehmer meist ein eigener Schadensersatzanspruch gegen den (mit dem Sicherungsgeber nicht identischen) Schädiger oder ein eigener Versicherungsanspruch.

67a Die Anwendung des Surrogationsgedankens auf die Verwertungsfälle begegnet **Bedenken.**[167] Denn er müsste dann auch die Zwischenschritte bei der Verwertung beherrschen. Der Anspruch auf den noch ausstehenden Verwertungserlös wäre ebenfalls Surrogat. Damit wäre etwa der vormalige Sicherungseigentümer Sicherungsgläubiger des Anspruchs auf die Gegenleistung sowie nach Einzug der Forderung auf ein Sonderkonto des Insolvenzverwalters u. U. partieller Inhaber der Forderung gegen die Bank aus der Girobeziehung. Das Recht des Absonderungsberechtigten würde sich auch außerhalb der Insolvenz durchsetzen. Dies spricht dafür, dass bei einer Verwertung nach den §§ 165 ff. allein der schuldrechtliche Ersatzanspruch des Absonderungsberechtigten, der sich aus den Vorschriften außerhalb der Insolvenzordnung ergibt (§ 667, § 681 Satz 2 BGB), insolvenzrechtlich durch ein Absonderungsrecht verstärkt wird. So gesehen wäre § 170 Abs. 1 Satz 2 lediglich ein Spezialfall der Ersatzabsonderung (s.u. RdNr. 167 ff.).[168]

68 **b) Rechtsgeschäftliche Surrogation.** Häufig werden Surrogate durch entsprechende Abrede in den Sicherstellungsvertrag miteinbezogen, zB durch die Verbindungsklausel, die Verarbeitungs-

---

[160] RGZ 142, 373, 378 f.
[161] BGHZ 52, 99, 107 = NJW 1969, 1347.
[162] BGH NJW 1997, 2110, 2112 = EWiR 1998, 25 (*Hager*) = LM BGB § 1287 Nr. 2 (*Wilhelm*).
[163] OLG Hamm ZIP 1985, 298, 300.
[164] OLG Frankfurt ZIP 1981, 639, 640.
[165] BGH NZI 2010, 482.
[166] BGHZ 184, 101 = NZI 2010, 339. Zustimmend *Knof* EWiR 2010, 395; wohl auch *Flöther/Wehner* NZI 2010, 554 ff.; kritisch hingegen *Smid* DZWIR 2010, 309 ff.; *Gundlach/Frenzel/Jahn* NZI 2010, 336 ff.; *Mitlehner* ZIP 2010, 1934 ff.
[167] Im Ergebnis ähnlich *Mitlehner*, aaO RdNr. 603.
[168] *Ganter/Bitter* ZIP 2005, 93, 98; *Ganter* NZI 2008, 583, 587; *Ries* ZInsO 2007, 62, 64. Dem nähert sich auch *Flöther* in KPB, § 170 RdNr. 13 an, indem er (abweichend von *Kemper* in früherer Bearbeitung) lediglich noch von einer „schuldrechtlichen Surrogation" spricht.

klausel und die Vorausabtretungsklausel. In solchen Fällen erstreckt sich das Absonderungsrecht auf das Surrogat.

aa) Verbindungsklausel. Droht dem Sicherungsnehmer durch Verbindung oder Vermischung der sicherungsübereigneten Sache der Verlust seines Sicherungsrechts und ist er mit dem ersatzweise erlangten Bereicherungsanspruch gegen denjenigen, der das (unbelastete) Eigentum erwirbt (§ 951 Abs. 1 Satz 1 i. V. m. § 812 BGB), nicht zufrieden, kann er sich im Voraus das Alleineigentum oder einen Miteigentumsanteil an der verbundenen Sache übertragen lassen (vgl. § 47 RdNr. 118). Unter denselben Voraussetzungen kann sich ein Pfandgläubiger im Voraus ein Pfandrecht an der verbundenen Sache bestellen lassen. **69**

bb) Verarbeitungsklausel. Für den Fall der Verarbeitung kann das Eigentum an der verarbeiteten Sache oder ein Pfandrecht daran im Voraus – also im Wege eines antizipierten Besitzkonstituts – übertragen werden (vgl. § 47 RdNr. 108). Stattdessen wird auch eine Verarbeitungsklausel des Inhalts vorgeschlagen, dass der verarbeitende Sicherungsgeber die Sache für den Sicherungsnehmer verarbeitet. Dieser soll dadurch zum Hersteller im Sinne des § 950 BGB werden. Das hätte den wünschenswerten Effekt, dass der Sicherungseigentümer das Sicherungseigentum an der neuen Sache unmittelbar, also ohne Durchgangserwerb des Sicherungsgebers, erwerben könnte. Dieser Weg erscheint aber hier so wenig gangbar wie im Bereich des Vorbehaltseigentums (vgl. § 47 RdNr. 106 f.). Denn der Sicherungsnehmer erhielte originär – ohne die Beschränkungen durch die Sicherungsabrede – volles Eigentum an der durch die Verarbeitung neu entstandenen Sache. **70**

cc) Vorausabtretungsklausel. Mit dieser Klausel (vgl. § 47 RdNr. 119 ff.) wird der künftige Anspruch auf den Veräußerungserlös der sicherungsübereigneten Sache im Voraus an den Sicherungsnehmer abgetreten. Kombiniert mit einer Weiterveräußerungs- und Einziehungsermächtigung findet diese Klausel besonders häufig Verwendung bei der Sicherungsübereignung eines Warenlagers mit wechselndem Bestand. Der Sicherungseigentümer willigt ein, dass der Sicherungsgeber die Sache im ordentlichen Geschäftsgang weiterverkauft oder einbaut. Im Gegenzug tritt der Sicherungsgeber die künftige Kaufpreis- oder Werklohnforderung gegen seinen Abnehmer an den Sicherungseigentümer ab. Dieser ist aber damit einverstanden, dass der Käufer die Forderung im eigenen Namen einzieht. **71**

c) Verzugsschaden bei einer zur Sicherheit abgetretenen oder verpfändeten Forderung. Wenn der Schuldner der als Sicherheit dienenden Forderung nach der Abtretung in Verzug kommt, kann der Zessionar aus dem Schadensersatzanspruch abgesonderte Befriedigung verlangen. Fraglich ist, ob für den nach § 286 Abs. 1 BGB zu ersetzenden Verzugsschaden auf die Person des Zessionars oder des Zedenten abzustellen ist. Diese Frage hat der BGH für die Sicherungsabtretung[169] – unter Anwendung der für die Drittschadensliquidation entwickelten Grundsätze – im zuletzt genannten Sinne entschieden.[170] Für die Verpfändung kann nichts anderes gelten. **72**

VII. Rang der Absonderungsrechte

1. Prioritätsprinzip. Bestehen an demselben Gegenstand mehrere Absonderungsrechte, so stehen sie in einem Konkurrenzverhältnis, auch wenn die Rechte, welche die Absonderungsberechtigung begründen, ganz verschiedenartig sind.[171] Der Rang der Absonderungsrechte ist maßgeblich für die Reihenfolge, in der die Absonderungsberechtigten Befriedigung aus dem Gegenstand verlangen können.[172] Hat ein Gläubiger den Vorrang, wird er vor dem nachfolgenden Gläubiger voll befriedigt. Bei Gleichrang wird der Erlös im Verhältnis der einzelnen Forderungen verteilt. **73**

Grundsätzlich gilt das **Prioritätsprinzip.** Die früher bestellte Sicherheit geht der später bestellten vor. Gleichzeitig entstandene Sicherheiten haben grundsätzlich gleichen Rang. Wird zB eine **Raumsicherungsübereignung** vereinbart, unterfallen die Sachen, die später in den Sicherungsraum gelangen, zeitgleich der Hypothekenhaftung, falls das Grundstück, auf dem sich der Sicherungsraum befindet, mit einem Grundpfandrecht belastet ist. **Grundpfandrecht** und **Sicherungseigentum** haben dann gleichen Rang[173] (mit den in RdNr. 73 aE beschriebenen Folgen). **74**

---

[169] Anders für die normale Abtretung, vgl. BGH WM 1991, 2036 = EWiR 1992, 1173 *(Ackmann)* = WuB IV A. § 286 BGB 1.92 *(Hoffmann).*
[170] BGHZ 128, 371, 376 ff. = NJW 1995, 1282 = WuB IV A. § 398 BGB 1.96 *(Rommel);* BGH WM 1997, 2171, 2172 = WuB IV A. § 398 BGB 1.98 *(Heinrich).*
[171] BGH KTS 1981, 193, 195.
[172] BGHZ 60, 267, 269 = NJW 1973, 997; BGH KTS 1981, 193, 195.
[173] *Riggert* NZI 2000, 241, 242; HK-*Lohmann* § 51 RdNr. 18; aA – in Anlehnung an die Entscheidung zum Konkurrenzverhältnis von Sicherungsübereignung und Vermieterpfandrecht – *Uhlenbruck/Brinkmann* § 51 RdNr. 16 (Vorrang der Grundpfandhaftung).

Vor §§ 49 bis 52

75 Dieser Grundsatz erleidet zahlreiche Durchbrechungen. Diese beruhen auf einer Abwägung der Interessen, also Wertungen, mit denen das formale Kriterium der Priorität überspielt wird.[174] Soweit es sich um Kollisionen gleichartiger Absonderungsrechte handelt, werden diese jeweils dort dargestellt (§ 49 RdNr. 46 ff., § 50 RdNr. 53 ff., 81, 119 f., § 51 RdNr. 128 ff.). Haben die mehreren Absonderungsrechte ihre Grundlage in ungleichartigen Rechten, sind die Durchbrechungen häufiger und „dramatischer".

76 **2. Gesetzliche Durchbrechungen des Prioritätsprinzips.** Teilweise hat die Durchbrechungen schon der Gesetzgeber vorgenommen. Die wohl wichtigste enthält § 1208 BGB: Trifft ein Vertragspfandrecht mit anderen – gleichartigen oder ungleichartigen – Absonderungsrechten zusammen, kann es kraft **gutgläubigen Erwerbs** den Vorrang erhalten. Gutgläubig erworbene Vertragspfandrechte haben also den Vorrang vor früher erworbenen Pfändungspfandrechten. Umgekehrt ist aber der gutgläubige Erwerb des Vorrangs eines Pfändungspfandrechts ausgeschlossen (s.u. § 50 RdNr. 78). Weitere Beispiele: Belastet der nachmalige Insolvenzschuldner sein Grundstück mit einer Hypothek und verpfändet er danach eine Pachtzinsforderung an einen Dritten, so geht – soweit die Verpfändung dem Hypothekengläubiger gegenüber wirksam ist – der **Forderungspfandgläubiger** dem **Hypothekengläubiger** im Range vor (§ 1124 Abs. 1 Satz 2 BGB). Mit seinem Absonderungsrecht an zoll- und steuerpflichtigen Sachen (§ 51 Nr. 4) hat der **Fiskus** den Vorrang vor sonstigen Absonderungsrechten an denselben Sachen. Dies ergibt sich aus § 76 Abs. 1 AO („... ohne Rücksicht auf Rechte Dritter"). Der Wegfall der dieses Ergebnis nur noch einmal aussprechenden Regelung des § 49 Abs. 2 HS 1 KO hat sachlich keine Bedeutung.[175] Der Vorrang des Fiskus gilt nicht im Verhältnis zu Schiffsgläubigern (§ 761 Satz 2 HGB idF von Art. 40 Nr. 21 EGInsO). Das Absonderungsrecht wegen nützlicher Verwendungen (§ 51 Nr. 2, vgl. dazu § 51 RdNr. 217 ff.) geht wegen des negativen Charakters des Zurückbehaltungsrechts etwaigen positiven Rechten an der Sache vor.[176] Das kaufmännische Zurückbehaltungsrecht versagt jedoch gegenüber späteren gesetzlichen Pfand- und Zurückbehaltungsrechten (§ 369 Abs. 2 HGB).[177]

76a Mit Urteil vom 12.10.2006 hat sich der BGH zu dem insolvenzrechtlich überlagerten Verhältnis eines **Pfändungspfandgläubigers** und eines **Sicherungszessionars** geäußert, die jeweils Rechte an dem Arbeitseinkommen des Schuldners geltend machten. Das Pfändungspfandrecht war lange vor der Sicherungsabtretung entstanden, wurde jedoch gemäß § 114 Abs. 3 Satz 1 InsO mit Ablauf des Monats der Insolvenzeröffnung unwirksam. Demgegenüber blieb die Sicherungsabtretung gemäß § 114 Abs. 1 InsO zwei Jahre länger wirksam. Die insolvenzbedingte vorzeitige Unwirksamkeit des Pfändungspfandrechts verschuf dem Sicherungszessionar einen Vorrang, den er ohne die Insolvenz nicht gehabt hätte. Die Vorschrift des § 114 Abs. 1 InsO soll die Sicherheit privilegieren, die durch die Abtretung von Arbeitseinkommen geschaffen wird. Diesem Zweck würde es zuwiderlaufen, die Privilegierung dann nicht anzuwenden, wenn die Abtretung zunächst gegenüber dem Pfändungspfandgläubiger relativ unwirksam ist. Dessen Rechte erlöschen gemäß § 114 Abs. 3 InsO unabhängig davon, ob zwischenzeitlich eine Abtretung erfolgt ist.[178]

76b Ob und in welchem Umfang nachrangige Sicherungsnehmer, die auf gleicher Stufe stehen, befriedigt werden, kann von dem Vorgehen des Insolvenzverwalters abhängen. Dieser ist nicht verpflichtet, bei den Verwertungsmaßnahmen zugunsten des erstrangigen Sicherungsnehmers zugleich in den Blick zu nehmen, wie die Interessen der nachrangigen Sicherungsnehmer optimal zur Geltung kommen können.[179]

77 **3. Durch die Rechtsprechung begründete Durchbrechungen des Prioritätsprinzips.** Weitere, von dem Gesichtspunkt der Priorität – jedenfalls teilweise – absehende Wertungen hat die Rechtsprechung hinzugefügt: Tritt das **gesetzliche Vermieterpfandrecht** zu einem **Pfändungspfandrecht** in Konkurrenz, so beschränkt eine spätere Insolvenz des Mieters nicht die Rechte des Vermieters, falls deren Geltendmachung nicht durch § 562d BGB ausgeschlossen ist und die Befriedigung des Vermieters nur die Rechte des Pfändungspfandgläubigers und nicht die Masse beeinträchtigt.[180] Zum Verhältnis von **Vermieterpfandrecht** und **Sicherungseigentum** s.u. § 50 RdNr. 89. Das **gesetzliche Verpächterpfandrecht** (vgl. § 50 RdNr. 84 ff.) entsteht zwar, was die unmittelbaren Früchte des Pachtguts angeht, erst mit der Trennung vom Grundstück. Gleichwohl hat es, wenn ein Gläubiger vor der Ernte pfändet, den Vorrang vor dem **Pfändungspfandrecht**.[181]

---

[174] *Henckel*, FS Zeuner, S. 193, 203.
[175] Vgl. Begr. zu § 59 RegE, BT-Drucks. 12/2443 S. 125.
[176] *Jaeger/Henckel* § 51 RdNr. 68.
[177] RGZ 8, 81; *Baumbach/Hopt* § 369 HGB RdNr. 12.
[178] BGH NZI 2007, 39 = NJW 2007, 81; aA *Mitlehner*, aaO RdNr. 989.
[179] Vgl. die Erläuterungen von *Ganter* NZI 2011, 209, 215 zu BGH ZInsO 2010, 2234.
[180] BGH NJW 1959, 2251; *Kuhn* MDR 1960, 221.
[181] RG KuT 1933, 107.

Trifft das vertragliche (**AGB-**)**Pfandrecht der Bank** an der eigenen Schuld (vgl. § 50 **78**
RdNr. 43 ff.) mit anderen Pfandrechten, insbesondere **Pfändungspfandrechten** gemäß § 804
ZPO, zusammen, hätte die Bank, wenn es nur auf die zeitliche Priorität ankäme, regelmäßig den
Vorrang. Denn bestellt wurde ihr das Pfandrecht, als bei Abschluss des Kreditvertrages ihre AGB
einbezogen wurden. Insofern befürwortet die Literatur[182] mit Recht eine Einschränkung des Prioritätsprinzips. Für Forderungen (gemeint sind die gesicherten, nicht die ge- oder verpfändeten) aus
Neugeschäften der Bank, die nach der Pfändung durch den Dritten abgeschlossen wurden, muss das
Pfändungspfandrecht den Vorrang haben. Andenfalls könnte jede Bank als Drittschuldnerin auf der
Grundlage ihrer eigenen AGB dem Pfändungspfandgläubiger mittelbar Schuldposten in Rechnung
stellen, die erst nach der Pfändung durch neue Geschäfte entstehen. Ein solches Ergebnis widerspräche § 357 Satz 1 HGB. Bankkonten wären dann der Beschlagnahmewirkung des § 829 Abs. 1 Satz 1
ZPO weitgehend entzogen. Der BGH hatte die Frage zunächst offen gelassen;[183] inzwischen hat er
sich dem Schrifttum angeschlossen.[184]

Ist ein künftiger **Mietanspruch** bereits vor Begründung des Grundpfandrechts, aus dem ein **78a**
Gläubiger die Beschlagnahme erwirkt hat, sicherungshalber abgetreten worden, fällt er gleichwohl
in den Haftungsverband des Grundpfandrechts, und zwar selbst dann, wenn dem Sicherungszessionar
ein bevorrechtigtes Grundpfandrecht zugestanden hätte (vgl. § 49 RdNr. 29). Nimmt der konkurrierende Grundpfandrechtsgläubiger durch Pfändung auf Grund dinglichen Rechts die Mietforderung in Beschlag, setzt sich diese Beschlagnahme gegenüber der Vorausabtretung durch (§ 1124
Abs. 2 BGB). Dem Sicherungszessionar verbleibt lediglich die Möglichkeit, die fremde Beschlagnahme durch eine nachfolgende eigene Beschlagnahme für die Zukunft zu entkräften.[185]

Die Kollision von **Grundpfandrechten** und **kapitalersetzenden Nutzungsüberlassungen** **78b**
(vgl. dazu § 47 RdNr. 436 e) hatte der BGH zum früheren Recht im Wesentlichen zugunsten der
zuerst Genannten entschieden.[186] Zum neuen Recht wird die Wertung nicht anders ausfallen können,[187] weil die Wirkung der kapitalersetzenden Nutzungsüberlassung durch § 135 Abs. 3 eher abgeschwächt wurde. Zur Kollision von **Vermieterpfandrecht** und **kapitalersetzenden Nutzungsüberlassungen** vgl. § 50 RdNr. 84.

VIII. Wirksamkeitsrisiken bei Absonderungsrechten

Die praktisch bedeutsamsten Absonderungsrechte sind Sicherungsrechte. Sie unterliegen, was **79**
ihre Wirksamkeit angeht, spezifischen Risiken. Die rechtsgeschäftliche Sicherstellung kann wegen
Verstoßes gegen die guten Sitten (§ 138 Abs. 1 BGB), gesetzliche Verbote (§ 134 BGB) oder – bei
Formularverträgen – wegen unangemessener Benachteiligung des Geschäftspartners (§§ 6 Abs. 3, 9
AGBG) unwirksam sein.

1. Knebelung. Sie liegt vor, wenn der Sicherungsnehmer den Sicherungsgeber durch die Inan- **80**
spruchnahme der Sicherheiten in seiner **wirtschaftlichen Bewegungsfreiheit** übermäßig einengt.[188] Zwar muss sich der Sicherungsgeber sinnvolle Kontrollmaßnahmen – man denke etwa an
die Überprüfung des Bestandes eines sicherungsübereigneten Warenlagers – gefallen lassen. Es geht
indessen zu weit, wenn ihm die Möglichkeit zu wirtschaftlich selbständigem Handeln genommen
wird und ihm keine freien Mittel zur eigenen Verfügung mehr verbleiben.[189] Etwas anderes kann
gelten, wenn der Sicherungsnehmer sich das Recht, in die Unternehmensführung des Sicherungsgebers einzugreifen, nur für den Fall vorbehält, dass der gesicherte Kredit notleidend wird.[190] Führt
die völlige wirtschaftliche Abhängigkeit des Sicherungsgebers dazu, dass der Geschäftsertrag vollständig und dauernd an den Sicherungsnehmer abgeführt werden muss – dazu kann es insbesondere bei
der verlängerten Sicherungsformen kommen –, spricht man von „**Aussaugung**".[191]

---

[182] *Canaris*, Bankvertragsrecht RdNr. 2676; *Bunte* in Schimansky/Bunte/Lwowski, Bankrechts-Handbuch,
§ 19 RdNr. 31; *Baumbach/Hopt* § 357 HGB RdNr. 4.
[183] BGHZ 93, 71, 81 = NJW 1985, 863.
[184] BGH NJW 1997, 2322, 2323 = WuB I C 1.–1.97 *(Burghardt)* = EWiR 1997, 799 *(v. Stebut)* = LM HGB
§ 357 Nr. 6 *(Walker)*.
[185] *Gratias* BGH-Report 2005, 1231, 1232.
[186] BGH NJW 1999, 577; ZIP 2000, 455 ff.; ebenso *Smid/Depré* § 49 RdNr. 117; *Jungmann* ZIP 1999, 601 ff.;
Obermüller InVo 1999, 225 ff.; *Michalski/Barth* NZG 1999, 277 ff.
[187] Ebenso HK-*Kleindiek* § 135 RdNr. 34.
[188] BGHZ 19, 12, 18 = NJW 1956, 337; 44, 158, 161 = NJW 1965, 2147; 83, 313, 316 = NJW 1982, 1692;
BGH NJW 1993, 1587, 1588.
[189] BGHZ 19, 12, 18 = WM 1956, 283, 284.
[190] BGH NJW 1962, 102 f.
[191] Vgl. *Staudinger/Wiegand* Neubearbeitung 2011 Anh. zu §§ 929 ff. RdNr. 153.

81 Bei der Sicherungsabtretung von künftigen Lohn- und Gehaltsansprüchen hat der BGH eine Knebelung für den Fall bejaht, dass für die **Verwertung** Nr. 20 AGB-Banken aF gilt;[192] auf andere Sicherstellungsverträge ist diese Rechtsprechung nicht ohne weiteres übertragbar.[193] Dass der Sicherungsgeber seine **letzten freien Vermögensstücke** zur Sicherung überträgt oder belastet, ist für sich allein noch keine Knebelung;[194] übersteigt der Wert dieser Sicherheiten aber die Höhe des gewährten Kredits und hat der Sicherungsgeber mangels freier Sicherheiten keine Möglichkeit zu anderweitiger Kreditaufnahme mehr, kann ein Sittenverstoß vorliegen. Dies gilt insbesondere dann, wenn gegenwärtige oder künftige Gläubiger über die Kreditwürdigkeit des Schuldners getäuscht werden und beide Vertragspartner bei dieser Täuschung zusammengewirkt haben.[195] Insoweit treffen Elemente der Knebelung, der Übersicherung und der Kredittäuschung zusammen. Auch die **Pfandverwirkungsabrede** (s.u. RdNr. 102) eröffnet einen Weg zur Knebelung des unvorsichtigen oder in einer Notlage befindlichen Schuldners.[196] Eine Knebelung kann schließlich auch vorliegen, wenn eine Sicherungsübertragung mit weiter Zweckerklärung kombiniert wird mit einer **Konzernverrechnungsklausel**.[197]

82 **2. Übersicherung.** Eine Übersicherung ist dann gegeben, wenn der Wert der Sicherheit das gesicherte Risiko deutlich übersteigt.[198] Um eine Übersicherung **feststellen** zu können, muss zunächst das gesicherte Risiko bewertet werden. Dafür gibt die gesicherte Forderung in ihrer jeweiligen Höhe einen Anhaltspunkt. Mit dem gesicherten Risiko ist der realisierbare Wert des Sicherungsmittels im Zeitpunkt des Sicherungsfalls zu vergleichen. Etwas anderes soll nur gelten, wenn eine Veräußerung des Sicherungsmittels mit anderen zusammen als betriebliche Einheit möglich erscheint. Damit etwa verbleibende Unsicherheiten nicht einseitig zu Lasten des Sicherungsnehmers ausschlagen, wird ihm zugebilligt, dass der Wert der Sicherheit das gesicherte Risiko um einen bestimmten Prozentsatz, die **Marge**, übersteigt. Jenseits dieser **Deckungsgrenze** sind Sicherheiten freizugeben. Geschieht dies nicht, liegt Übersicherung vor.

83 Obwohl – wie oben schon erwähnt – Knebelung und Übersicherung oft zusammentreffen werden, sind die beiden Fälle deutlich zu unterscheiden. Das kommt in der Rechtsprechung nicht immer zum Ausdruck. So wie eine Knebelung ohne Übersicherung vorliegen kann, gilt umgekehrt dasselbe. Es ist deshalb zumindest missverständlich, wenn gelegentlich gesagt wird, die Übersicherung trete typischerweise als Knebelung in Erscheinung. Eine Übersicherung kann auch dann vorliegen, wenn der Sicherungsgeber mit den sicherungshalber übertragenen Gegenständen im Rahmen einer ordnungsgemäßen Wirtschaft nach Belieben verfahren oder wenn er außerdem noch genügend freie Mittel als Kreditunterlage einsetzen kann.

84 **a) Ursprüngliche Übersicherung.** Eine solche liegt vor, wenn bereits bei Vertragsschluss feststeht, dass im noch ungewissen Verwertungsfall zwischen dem realisierbaren Wert der Sicherheit und der gesicherten Forderung ein auffälliges Missverhältnis bestehen wird.[199] In diesem Fall kann das Sicherstellungsgeschäft sittenwidrig (§ 138 Abs. 1 BGB) sein.[200] Der BGH (IX. ZS.) hat auch zuletzt eine restriktive Tendenz erkennen lassen.[201] Um das kritische Missverhältnis näher zu definieren, kann auf die 150 %-Grenze, derer sich der Große Senat im Zusammenhang mit der nachträglichen Übersicherung (s.u. RdNr. 87) bedient hat,[202] nicht ohne weiteres zurückgegriffen werden.[203] Dazu sind die Rechtsfolgen der nachträglichen und der ursprünglichen Übersicherung zu unterschiedlich. Bei der zuletzt Genannten geht es nicht um die Freigabe eines Teil der Sicherheit, sondern um Wirksamkeit oder Unwirksamkeit, um „Sein oder Nichtsein" des Sicherungsgeschäfts insgesamt. Bei der ursprünglichen Übersicherung muss die Deckungsgrenze deshalb erheblich höher liegen als bei der nachträglichen. Diskussionswürdig ist der Gedanke, die 150 %-Grenze durch einen

---

[192] BGH NJW 1992, 2626 f.; 1994, 2754 f.
[193] OLG Stuttgart WM 1994, 626, 630 f.
[194] BGHZ 20, 43, 49 = NJW 1956, 706.
[195] BGH NJW 1995, 1668 = EWiR 1995, 429 *(Gerhardt)* = WuB IV A. § 138 BGB 1.95 *(Wittig)*.
[196] BGHZ 130, 101, 104 = NJW 1995, 2635.
[197] *Mitlehner,* aaO RdNr. 296.
[198] BGH WM 1966, 13, 15.
[199] Dazu *Verf.* WM 1998, 2045, 2047 f.; WM 2001, 1 ff.
[200] BGH NJW 1994, 1796, 1798; *Brünink* in Lwowski/Fischer/Langenbucher, Das Recht der Kreditsicherung § 3 RdNr. 63, 68.
[201] BGH NJW 1998, 2047 = WuB IF 4.–1.98 *(Rimmelspacher)* = EWiR 1998, 627 *(Medicus)* = LM BGB § 138 (Bb) Nr. 87 *(Bülow)* = BB 1998, 1498 *(Terlau)*.
[202] BGHZ 137, 212 ff. = NJW 1998, 671 ff. = WuB I F 4.–2.98 *(Eckert)* = EWiR 1998, 155 *(Medicus)* = LM BGB § 138 (Bb) Nr. 86 *(Stürner)* = JZ 1998, 462 *(Roth)*.
[203] *Ganter* WM 2001, 1, 3 ff.; *Jaeger/Henckel* § 51 RdNr. 24 kritisch hierzu *Nobbe,* FS Schimansky, 1999, S. 433, 455.

weiteren prozentualen Aufschlag zu erhöhen.[204] Es muss des Weiteren klar sein, dass eine ursprüngliche Übersicherung für sich allein das Geschäft noch nicht als sittenwidrig erscheinen lässt. Das ist nur dann der Fall, wenn es im Zeitpunkt seines Abschlusses nach seinem Gesamtcharakter mit den guten Sitten nicht vereinbar ist. Der Gesamtcharakter wird durch Inhalt, Beweggrund und Zweck geprägt. Die Übersicherung muss insbesondere auf einer verwerflichen Gesinnung des Sicherungsnehmers beruhen.[205] Davon kann ausgegangen werden, wenn der Sicherungsnehmer aus eigensüchtigen Gründen eine Rücksichtslosigkeit gegenüber den berechtigten Belangen des Sicherungsgebers an den Tag legt, die nach sittlichen Maßstäben unerträglich ist.[206] Das gilt aber zB dann nicht, wenn der Sicherungsgeber in Kenntnis des Missverhältnisses einen höherwertigen Gegenstand als Sicherheit anbietet (etwa deshalb, weil er über einen solchen, der der Höhe der zu sichernden Forderung angemessener wäre, gerade nicht verfügt).[207]

b) Nachträgliche Übersicherung. Die Übersicherung kann auch nachträglich – im Laufe der Geschäftsbeziehung – eintreten. Die nachträgliche Übersicherung beruht entweder auf einer Verminderung der gesicherten Forderung oder einem Anwachsen der Sicherheiten. Dass **Sicherheiten** im Laufe der Geschäftsbeziehung **anwachsen,** kommt besonders häufig[208] bei den revolvierenden (Global-)Sicherheiten in Betracht (Sicherungsübereignung eines Warenlagers mit wechselndem Bestand, Globalzession, auch in der Form des verlängerten Eigentumsvorbehalts oder der verlängerten Sicherungsübereignung, Abtretung künftiger Lohnansprüche). Hier entspricht es der „gewählten Sicherungsautomatik", dass dem Sicherungsnehmer nachträglich Sicherheiten zuwachsen – zumindest zuwachsen können –, die zahlreicher und/oder wertvoller sind, als zunächst veranschlagt worden und zur Kreditsicherung erforderlich ist. Demgegenüber kann es bei der Sicherungsgrundschuld, der Sicherungsübertragung von einzelnen Gegenständen oder feststehenden Sach- oder Rechtsgesamtheiten zu einer Übersicherung in aller Regel nur deshalb kommen, weil die gesicherte **Forderung abnimmt.** Eine Ausnahme ist wohl nur für den Fall zuzugestehen, dass langlebige Wirtschaftsgüter mit einem Börsen- oder Marktpreis übertragen werden, wobei es auch zu Kursschwankungen nach oben kommen kann. Im Übrigen wird der Wert des Sicherungsguts bestenfalls konstant bleiben; meist wird er sogar während der Laufzeit des Sicherstellungsvertrages geringer werden. 85

Nachdem der BGH, beginnend mit dem Jahr 1989, bei den revolvierenden Kreditsicherheiten zur Verhinderung nachträglicher Übersicherung qualifizierte Freigabeklauseln gefordert hatte,[209] scheiterten viele Absonderungsrechte an dieser Hürde, weil dem Erfordernis, schon die Übertragungsklausel so zu fassen, dass es das Entstehen von Übersicherungen möglichst vermied, nicht genügt war. Es musste eine zahlenmäßig bestimmte, auf die Kredithöhe bezogene Deckungsgrenze angegeben und eine effektive Freigabeklausel vereinbart sein. Bei der formularmäßigen Sicherungsübereignung eines Warenlagers mit wechselndem Bestand musste die Klausel zusätzlich eine Bezugsgröße für die Berechnung der Waren enthalten, die es ermöglichte, unschwer festzustellen, ob die Deckungsgrenze überschritten war. Eine Klausel, die ohne Anknüpfung an eine objektive Deckungsgrenze allein auf das billige Ermessen des Sicherungsnehmers abstellte, genügte nicht. 86

Die dadurch ausgelöste umfangreiche Diskussion[210] in Rechtsprechung und Schrifttum hat der Große Senat des BGH mit seiner Entscheidung vom 27. November 1997[211] beendet. Danach gilt folgendes: Der formularmäßige Sicherstellungsvertrag muss keine ausdrückliche Freigabeklausel, keine zahlenmäßig bestimmte Deckungsgrenze und keine Bestimmung über die Bewertung der Sicherungsgegenstände enthalten. Aus der Treuhandnatur des Sicherungsvertrages und der Interessenlage der Vertragspartner[212] ergibt sich ohne weiteres ein ermessensunabhängiger **Freigabean-** 87

---

[204] *Rimmelspacher* WuB I F 4.–1.98; dagegen *Terlau* BB 1998, 1498.
[205] BGH WM 1966, 13, 15.
[206] BGH NJW 1998, 2047; ZIP 1998, 830, 834.
[207] Anders wohl *Mitlehner,* aaO RdNr. 280.
[208] Eine nachträgliche Übersicherung kann es auch bei akzessorischen Sicherheiten geben, vgl. *Ganter* WM 1999, 1741, 1742.
[209] BGHZ 109, 240, 245 ff. = NJW 1990, 716; 117, 374, 377 = NJW 1992, 1626; 120, 300, 302 = NJW 1993, 533; 124, 371, 376 f. = NJW 1994, 861; 124, 380, 386 f. = NJW 1994, 864; 125, 83, 89 = NJW 1994, 1154.
[210] Vgl. die Nachweise in den Vorlagebeschlüssen BGH NJW 1997, 1570 ff.; WM 1997, 1197 ff.
[211] BGHZ 137, 212 ff. = NJW 1998, 671 ff. = WuB I F 4.–2.98 *(Eckert)* = EWiR 1998, 155 *(Medicus)* = LM BGB § 138 (Bb) Nr. 86 *(Stürner)* = JZ 1998, 462 *(Roth);* vgl. dazu ferner *Serick,* Der Beschluss des Großen Senats vom 27.11.1997 am Pranger höchstrichterlicher Rechtsfortbildungsblockade, BB 1998, 801 ff.; *ders.,* Festgabe 50 Jahre Bundesgerichtshof, S. 743, 756 ff.
[212] *Serick,* Festgabe 50 Jahre Bundesgerichtshof, S. 743, 757 f., entnimmt dem einerseits die Ablehnung einer gewohnheitsrechtlichen Geltung der Sicherungstreuhand und andererseits den Wegfall der einzig tragfähigen Begründung für ein Aussonderungsrecht des Sicherungsgebers in der Insolvenz des Sicherungsnehmers. In beiden

spruch für den Fall, dass der Gesamtwert der Sicherheiten die Deckungsgrenze nicht nur vorübergehend übersteigt. Ist keine oder eine inhaltlich unangemessene **Deckungsgrenze** festgelegt, beträgt sie – bezogen auf den realisierbaren Wert der Sicherungsgegenstände – 110 % der gesicherten Forderungen. Damit sind die Kosten für die Feststellung des Absonderungsrecht, die Verwertungs- und Rechtsverfolgungskosten mitabgegolten. Mit Rechtsverfolgungskosten sind solche gemeint, die bei der Zwangsverwertung der Sicherheit anfallen, nicht Rechtsverfolgungskosten bei der Titulierung der gesicherten Forderungen. Diese rechtfertigen keinen weiteren Aufschlag. Ein Aufschlag zur Abdeckung von Unsicherheiten bei der Bewertung der Sicherungsgegenstände wird ebenso wenig anerkannt. Deshalb ist die Deckungsgrenze von 110 % nur dann praktisch bedeutsam, wenn ein ins Gewicht fallendes Verwertungsrisiko nicht besteht.[213] Die Ersetzung der Deckungsgrenze von 110 % durch eine Klausel, welche die Freigabe in das Ermessen des Sicherungsgebers stellt, ist nach § 307 BGB unwirksam. Dies hat aber wiederum keine Gesamtnichtigkeit zur Folge; vielmehr tritt an die Stelle der unwirksamen Klausel die Deckungsgrenze von 110 %, also der Rechtszustand, der ohne die unwirksame Klausel bestünde. Ist – wie meist – die Bewertung des Sicherungsguts fraglich, wird die 110 %-Grenze durch eine 150 %-Grenze ersetzt. Damit der Freigabeanspruch rasch durchgesetzt werden kann, wird aus §§ 232 ff. BGB die widerlegliche Vermutung abgeleitet, dass dem Sicherungsinteresse des Gläubigers durch einen Abschlag von einem Drittel vom Wert abgetretener Forderungen oder sicherungsübereigneter Waren ausreichend Rechnung getragen ist. Bei Globalabtretungen ist vom Nennwert der abgetretenen Forderungen im Zeitpunkt der Entscheidung über das Freigabeverlangen auszugehen. Nicht zu berücksichtigen sind Forderungen, die der Sicherungsnehmer wegen eines Abtretungsverbots oder eines branchenüblichen verlängerten Eigentumsvorbehalts nicht erworben hat oder die einredebehaftet sind. Bei der Sicherungsübereignung ist am Schätzwert im Zeitpunkt der Entscheidung über das Freigabeverlangen anzuknüpfen. Der Schätzwert ist der Marktpreis oder – falls kein solcher besteht – der Einkaufs- oder Herstellungspreis. Sicherungsgut ist nur insoweit zu berücksichtigen, als Dritte daran kein vorrangiges Sicherungsrecht, zum Beispiel einen Eigentumsvorbehalt oder ein Pfandrecht, haben. Ist dies der Fall, so mindert sich der Wert des Sicherungsguts in Höhe der gesicherten Ansprüche des Dritten. Der Bewertungsabschlag von einem Drittel führt dazu, dass ein Freigabeanspruch regelmäßig erst besteht, wenn der Nennwert der abgetretenen Forderungen oder der Schätzwert der sicherungsübereigneten Waren mindestens 150 % der gesicherten Forderungen ausmacht. In dem 50 %-igen Zuschlag ist der Anteil von 10 % für Feststellungs-, Verwertungs- und Rechtsverfolgungskosten enthalten, nicht aber die Umsatzsteuer. Derjenige, der behauptet, eine Freigabegrenze von 150 % – bezogen auf den Nenn- oder Schätzwert – sei im Streitfall unangemessen, muss dies substantiiert darlegen und beweisen. Wenn die Parteien den Abschlag formularvertraglich anders festgelegt haben, kommt es darauf an, ob der Sicherungswert mit Bezug auf die besonderen Verhältnisse der konkret abzugrenzenden Wirtschaftsbranche angemessen vorausbestimmt ist. Gegebenenfalls ist eine derartige Bestimmung wirksam. Andernfalls muss der Sicherungsnehmer darlegen und beweisen, dass die 150 %-Grenze im konkreten Fall unangemessen wäre.

88   Das Verhältnis der 110 %- zur 150 %-Grenze erschließt sich nicht leicht dem Verständnis. Man kann nicht sagen, der zuerst genannte Wert betreffe die Deckungsgrenze, der andere hingegen die Bewertung der Sicherungsgegenstände. Das letzte trifft schon deshalb nicht zu, weil die 150 %-Grenze unmittelbar nicht auf einen irgendwie gearteten Wert des Sicherungsgegenstandes, sondern auf die gesicherten Forderungen bezogen ist. Es handelt sich um eine zweite Deckungsgrenze, die allerdings den unterschiedlichen Sicherungswert der Sicherungsgegenstände berücksichtigt und dabei an gewisse feste Parameter (Marktpreis, Nennwert) anknüpft. Die 110 %-Grenze greift dann ein, wenn der realisierbare Wert der Sicherungsgegenstände ohne Schwierigkeiten feststellbar ist, die 150 %-Grenze hingegen dann, wenn dies nicht der Fall ist. Nach Eintritt des Sicherungsfalls – also insbesondere in der Insolvenz – sind die tatsächlich erzielten Verwertungserlöse anzusetzen.

89   **3. Kredittäuschung.** Die mangelnde Publizität der Sicherungsübereignung und Sicherungszession kann dazu missbraucht werden, dass Dritte – insbesondere andere Gläubiger – einen falschen Eindruck von der Vermögenslage des Sicherungsgebers bekommen. Sollen andere dadurch, dass dem Sicherungsgeber der unmittelbare Besitz an den sicherungsübereigneten Sachen verbleibt, oder durch den verdeckten Abschluss eines Zessionsvertrages über die Kreditwürdigkeit des Sicherungsge-

---

Punkten kann ihm nicht gefolgt werden. Die Sicherungstreuhand mag durchaus gewohnheitsrechtliche Geltung haben. Nur ergibt sich aus dem Gewohnheitsrecht nichts für die Voraussetzungen des Freigabeanspruchs im konkreten Fall; dafür muss die Sicherungsabrede ausgelegt werden. Für die Aussonderung kann wieder auf das Gewohnheitsrecht zurückgegriffen werden. Im Übrigen hätte auch der schuldrechtliche Herausgabeanspruch des Sicherungsgebers hier Aussonderungskraft.
[213] BGH NJW 1998, 671, 677.

bers getäuscht und zur Vergabe weiterer Kredite verleitet werden, wird man eine sittenwidrige **Gläubigergefährdung** annehmen müssen.²¹⁴ Bei Rechtshandlungen, deren Inhalt und Zweck im Wesentlichen nur darin besteht, die Gläubiger zu benachteiligen, regeln die Sondervorschriften der Insolvenzanfechtung grundsätzlich abschließend, unter welchen Voraussetzungen die Gläubiger geschützt werden. Die allgemeine Vorschrift des § 138 Abs. 1 BGB kommt daneben nur zur Anwendung, wenn das Rechtsgeschäft besondere, über die Gläubigerbenachteiligung hinausgehende Umstände aufweist.²¹⁵

4. Insolvenzverschleppung. Eine Sicherstellung kann wegen Insolvenzverschleppung sittenwidrig sein, wenn der Sicherungsnehmer den Sicherungsgeber durch die Gewährung eines für seine Sanierung unzulänglichen und den „Todeskampf" nur verlängernden neuen Kredits von dem nach Sachlage gebotenen alsbaldigen Insolvenzantrag zum Nachteil anderer Gläubiger abhält.²¹⁶ Zwar handelt der Sicherungsnehmer noch nicht anstößig, wenn er die Krise nach den gegebenen Umständen als überwindbar und entsprechende Bemühungen als lohnend ansehen darf.²¹⁷ Anders ist es aber dann, wenn an dem Gelingen des Sanierungsversuchs ernsthafte Zweifel bestehen und das Handeln des Sicherungsnehmers auf eigensüchtigen Beweggründen beruht. Der Sittenverstoß liegt besonders nahe, wenn der die Agonie verlängernde Kredit durch Übereignung der Letzten freien Mittel oder gar unpfändbarer Habe gesichert werden soll. Die Gläubigergefährdung, die damit verbunden ist, ist von anderer Art als bei der oben behandelten Kredittäuschung: Während bei dieser einzelne, bestimmte Gläubiger gefährdet werden, trifft es bei der Insolvenzverschleppung die Gesamtheit der Gläubiger. Außerdem ist die Art des Nachteils verschieden: Bei der Kredittäuschung erhält der getäuschte Gläubiger im Zweifel nur die Insolvenzquote, wird also um die Differenz zu seiner Kreditforderung geschädigt; bei der Insolvenzverschleppung mindert sich nur die Quote. Diese Unterschiede rechtfertigen es, der Insolvenzverschleppung eine eigene Qualität zuzuerkennen.

5. Verleitung zum Vertragsbruch. Die Globalzession von Forderungen, die aus Geschäften des Kreditschuldners mit seinen Kunden entstehen, ist ein verbreitetes Mittel zur Sicherung von Geldkrediten. Die Waren, die der Kreditschuldner veräußert, hat er aber üblicherweise unter Eigentumsvorbehalt erworben. Den Vorbehaltsverkäufern werden die Forderungen aus dem Weiterverkauf der Vorbehaltsware im Voraus als Ersatz dafür abgetreten, dass sie im Zuge der dem Vorbehaltskäufer erlaubten Weiterveräußerung ihr Vorbehaltseigentum verlieren (**verlängerter Eigentumsvorbehalt**). Die Forderungen aus der Weiterveräußerung sind dann Gegenstand zweier Abtretungen, nämlich einmal an den Warenkreditgeber und zum zweiten an den Geldkreditgeber (hierzu ausführlich § 47 RdNr. 181 ff.). Gäbe hier die zeitliche Priorität den Ausschlag, ginge die Sicherung des Lieferanten, der durch seine Leistung die Sicherung des Geldkreditgebers erst möglich macht, regelmäßig ins Leere. Zudem würde der Geldkreditgeber, der mit seinem Kunden eine Globalzession vereinbart und dabei weiß oder wissen muss, dass dieser seine Waren unter verlängertem Eigentumsvorbehalt einkauft, den Kunden zum Vertragsbruch gegenüber dem Lieferanten verleiten. Damit verstieße die Globalzession gegen die guten Sitten und wäre nichtig (§ 138 BGB). Um diese Folge zu vermeiden, muss der Globalzessionsvertrag eine **dingliche Verzichtsklausel** enthalten. Danach erfasst die Globalzession zwar auch die Forderungen aus dem Weiterverkauf von Vorbehaltsware, jedoch aufschiebend bedingt durch das Erlöschen des Eigentumsvorbehalts. Die Grundsätze zur Unwirksamkeit einer Globalzession bei fehlender dinglicher Teilverzichtsklausel sind nicht nur auf Kreditinstitute, sondern auch auf andere Vertragspartner wie Warenlieferanten anwendbar.²¹⁸

6. Unter-Deckung-Nehmen von Ansprüchen Dritter. Erwirbt eine Bank die ungesicherte Forderung eines Dritten gegen einen ihrer Kunden, um dem Dritten Deckung aus einer von ihr nicht voll benötigten Sicherheit zu verschaffen, ist ein derartiges Geschäft nicht banküblich und gemäß § 138 BGB unwirksam.²¹⁹ Das gilt gleichermaßen für die Abtretung von Forderungen²²⁰ wie für Wechseldiskontgeschäfte.

---

²¹⁴ BGH NJW 1984, 728 f.; 1995, 1668; *Baur/Stürner*, Sachenrecht § 57 V 5 (S. 628); kritisch: *Koller* JZ 1985, 1013, 1020.
²¹⁵ BGH NJW 1993, 2041.
²¹⁶ BGHZ 10, 228, 233 = NJW 1953, 1665; BGH NJW 1970, 657, 658; *Staudinger/Wiegand* Neubearbeitung 2011 Anh. zu §§ 929 ff. RdNr. 163.
²¹⁷ BGHZ 75, 96, 114 = NJW 1979, 1823; 108, 134, 142 = NJW 1989, 3277.
²¹⁸ BGH NJW 1974, 942; ZIP 1995, 630, 632; 1999, 997.
²¹⁹ BGH NJW 1983, 1735 f.; 1991, 1946, 1947 = EWiR 1991, 539 *(Rehbein)*; unzutreffend *Schaarsmidt/Herbst*, aaO RdNr. 3356, der einen solchen Vorgang nur unter dem Aspekt des § 15 Satz 1 KO (§ 91 Abs. 1) für problematisch hält.
²²⁰ Vgl. auch BGH NJW 1991, 1060 f. zur wechselseitigen Abtretung der Außenstände durch Schwesterunternehmen.

93 **7. Gesellschaftssicherheit. a) Gesellschaft besichert die Forderung eines Dritten gegen ihren Gesellschafter**[221]. Eine nach § 57 AktG verbotene verdeckte Kapitalrückzahlung liegt vor, wenn die Aktiengesellschaft einen Kredit besichert, den ein Dritter ihrem Aktionär gewährt. Auf die Frage der Grundkapitalminderung kommt es nicht an. Das Verpflichtungsgeschäft ist gemäß § 134 BGB nichtig.[222] Für die dennoch erfolgte Leistung fehlt der Rechtsgrund. Die an sich einschlägigen §§ 812 ff. BGB werden durch § 62 AktG verdrängt: Der Aktionär ist danach verpflichtet, die Gesellschaft freizustellen. Ist die Sicherheit verwertet worden, muss der Aktionär das Empfangene zurückgewähren.

94 Während im Aktienrecht das gesamte Vermögen der AG mit Ausnahme des ordnungsgemäß festgestellten Bilanzgewinns gesichert wird, sind im **GmbH-Recht** Ausschüttungen bis zur Grenze des § 30 Abs. 1 GmbHG erlaubt. Diese Vorschrift verbietet es dem Geschäftsführer, Aktivvermögen der Gesellschaft an Gesellschafter wegzugeben, wenn und soweit dadurch eine Unterdeckung herbeigeführt oder vertieft wird. Gewährt eine GmbH dennoch unter Inanspruchnahme des das Stammkapital deckenden Vermögens dem Gläubiger eines Gesellschafters eine Sicherheit, muss der Gesellschafter die Gesellschaft freistellen und, falls sie aus der Sicherheit in Anspruch genommen worden ist, ihr das Geleistete erstatten (§ 31 Abs. 1 GmbHG). Der Anspruch, der durch die Anfechtungsmöglichkeit des § 135 InsO nicht verdrängt wird, besteht in der Höhe, in der die Zahlung gegen § 30 GmbHG verstößt, und ist auf den Nennbetrag der Stammeinlage begrenzt.[223] Die Kapitalschutzvorschriften des GmbH-Rechts richten sich nur an die Gesellschafter und die Geschäftsführung der GmbH sowie an Personen und Unternehmen, die der Gesellschaft oder einem Gesellschafter nahe stehen.[224] Zu diesem Personenkreis gehört der Sicherungsnehmer im Allgemeinen nicht. Ausnahmsweise kommt eine Haftung (§ 826 BGB) des Sicherungsnehmers gegenüber anderen Gläubigern der Gesellschaft in Betracht, wenn der Sicherungsnehmer mit dem Gesellschafter bewusst zum Nachteil der Gesellschaft oder der Gläubiger zusammenwirkt.[225] § 30 Abs. 1 GmbHG ist kein Verbotsgesetz im Sinne von § 134 BGB.[226]

95 **b) Gesellschaft besichert „kapitalersetzendes" Darlehen ihres Gesellschafters.** Nach früherem Recht begründete eine solche Sicherheit in der Insolvenz der Gesellschaft kein Recht auf abgesonderte Befriedigung.[227] Für akzessorische Sicherheiten folgte dies aus § 32a Abs. 1 GmbHG. Danach konnte der Darlehensrückzahlungsanspruch in der Insolvenz des Darlehensnehmers nicht geltend gemacht werden. Für nicht-akzessorische Sicherheiten ergab sich die Unverwertbarkeit aus dem Zweck der Kapitalersatzregelungen.[228] Nach § 32a Abs. 3 GmbHG galt Entsprechendes, wenn die kapitalersetzende Leistung nicht in einer Darlehensgewährung bestand, einer solchen aber wirtschaftlich gleichkam. Stundete der Gesellschafter der GmbH in der Krise Forderungen aus Warenlieferungen und ließ er sich dafür Anlagevermögen und Warenvorräte zur Sicherheit übereignen, konnte er aus diesen Sicherheiten keine abgesonderte Befriedigung verlangen.[229]

96 In Fällen, in denen das Insolvenzverfahren am 1.11.2008 oder danach eröffnet wurde, gilt nunmehr die Rechtslage nach dem **MoMiG**. Danach kann man von einem „Eigenkapitalersatzrecht" nicht mehr sprechen. Durch die Einfügung des Satzes 3 in § 30 Abs. 1 GmbHG wurden die Rechtsprechungsregeln aufgegeben. Die Novellenregeln wurden in die InsO übertragen (§§ 44a, 135, 143). Die neuen Regelungen gelten rechtsformneutral für alle Kapitalgesellschaften und diesen gleichgestellten Personengesellschaften. Gesellschafterdarlehen und diesen gleichgestellte Leistungen – also insbesondere Gesellschaftersicherheiten – sind im Insolvenzfall nunmehr nachrangig (§ 39 Abs. 1 Nr. 5). Auf die Qualifizierung als „eigenkapitalersetzend" und das Merkmal der „Krise" kommt es nicht mehr an. Dass der Darlehensrückzahlungsanspruch des Gesellschafters durch das MoMiG „aufgewertet" worden ist – früher konnte der Anspruch auf die nach Insolvenzeröffnung auflaufenden Zinsen in der Insolvenz der Gesellschaft überhaupt nicht geltend gemacht werden (§ 63 Nr. 1

---

[221] Näher hierzu *Ganter* in Schimansky/Bunte/Lwowski, Bankrechts-Handbuch, § 90 RdNr. 376a ff.
[222] Vgl. die Nachweise bei KölnKommAktG-*Drygala* 3. Aufl. § 57 AktG RdNr. 132. Die neuere Auffassung – vgl. hierzu ebenfalls *Drygala* aaO RdNr. 135 – lehnt die Nichtigkeitsfolge ab, kommt über die direkte Anwendung von § 62 AktG aber zu denselben Ergebnissen.
[223] BGHZ 95, 188, 193 = NJW 1985, 2947.
[224] BGHZ 81, 365, 368 = NJW 1982, 386; BGHZ 138, 291, 298 = NJW 1998, 2592 = WuB I F 4.-4.98 (*Wittig*) = EWiR 1998, 699 (*Eckardt*) = LM GesO Nr. 36/37/38 (*Huber*); BGH WM 1982, 1402.
[225] BGHZ 138, 291, 299 = NJW 1998, 2592; *Peltzer* GmbHR 1995, 15, 21; *Sonnenhol/Groß* ZHR 1995, 388, 413 f.; KölnKomm-*Drygala* 3. Aufl. § 62 AktG RdNr. 38.
[226] BGHZ 136, 125, 129 f. = NJW 1997, 2599, 2600.
[227] BGH NZI 2009, 171, 175 RdNr. 36.
[228] BGHZ 133, 298, 305 = NJW 1996, 3203 = LM GmbHG § 32a Nr. 26 (*Roth*); 173, 129, 142 = NZI 2007, 650; BGH VIZ 1998, 170, 173 = EWiR 1998, 219 (*Henckel*) = WuB VI G. § 10 GesO 4.98 (*Smid*).
[229] BGHZ 81, 252, 262 = NJW 1981, 2570, 2573.

KO); nunmehr begründet er immerhin eine nachrangige Insolvenzforderung (§ 39 Abs. 1 Nr. 1 InsO) –, ändert wohl nichts daran, dass der Gesellschafter in der Insolvenz „seiner" Gesellschaft aufgrund der ihm gewährten Sicherheit kein Absonderungsrecht hat (RdNr. 95). Zumindest ist die Gewährung der Sicherheit unter den Voraussetzungen des § 135 Abs. 1 Nr. 1 anfechtbar.[230]

c) Konzernmäßige Besicherung einer Gesellschafterschuld. Besteht ein **Beherrschungs-** oder **Gewinnabführungsvertrag** zwischen **konzern**mäßig verbundenen Gesellschaften, so hat grundsätzlich die herrschende Gesellschaft jeden während der Vertragsdauer sonst entstehenden Jahresfehlbetrag auszugleichen (§ 302 Abs. 1, § 303 Abs. 1 AktG). Da für das GmbH-Recht ähnliche Schutzvorschriften fehlen, entwickelte der BGH die inzwischen überholte Rechtsprechung zum **qualifizierten faktischen Konzern** sowie – später – zur **Ausfallhaftung wegen existenzvernichtenden Eingriffs.** Inzwischen hat der BGH seine Rechtsprechung abermals modifiziert.[231] Er hat zwar an dem Erfordernis einer als Existenzvernichtungshaftung bezeichneten Haftung des Gesellschafters für missbräuchliche, zur Insolvenz der GmbH führende oder diese vertiefende kompensationslose Eingriffe in das der Zweckbindung zur vorrangigen Befriedigung der Gesellschaftsgläubiger dienende Gesellschaftsvermögen festgehalten. Aufgegeben hat er jedoch das bisherige Konzept einer eigenständigen Haftungsfigur, die an den Missbrauch der Rechtsform anknüpfte und als Durchgriffsaußenhaftung des Gesellschafters gegenüber den Gesellschaftsgläubigern ausgestaltet, aber mit einer Subsidiaritätsklausel im Verhältnis zu den §§ 30, 31 GmbHG versehen war. Stattdessen knüpft er nunmehr die Existenzvernichtungshaftung des Gesellschafters an die missbräuchliche Schädigung des im Gläubigerinteresse zweckgebundenen Gesellschaftsvermögens an und ordnet sie – in Gestalt einer schadensersatzrechtlichen Innenhaftung gegenüber der Gesellschaft – allein in § 826 BGB als eine besondere Fallgruppe der sittenwidrigen vorsätzlichen Schädigung ein.[232]

96a

8. Gesellschaftersicherheit. Von der **Gesellschaftssicherheit** zu unterscheiden ist die **Gesellschaftersicherheit.**[233] Das **Eigenkapitalersatzrecht** in Gestalt der **Novellenregeln** (§§ 32b, 32a Abs. 2, 3 GmbHG aF) und der **Rechtsprechungsregeln** (§§ 30, 31 GmbHG aF analog) ist in Altfällen, in denen das Insolvenzverfahren vor dem Inkrafttreten des Gesetzes zur Modernisierung des GmbH-Rechts und zur Bekämpfung von Missbräuchen **(MoMiG)** am 1.11.2008 eröffnet wurde, weiter anwendbar.

97

a) Früheres Recht. Bei der isolierten **Gesellschaftersicherheit** geht es nicht um Absonderung. Hat ein Dritter einer **GmbH** zu einem Zeitpunkt, in dem ihr die Gesellschafter als ordentliche Kaufleute Eigenkapital zugeführt hätten, stattdessen einen Kredit gewährt oder einen solchen stehengelassen,[234] nachdem der Eigenkapitalbedarf entstanden ist, und hat ein Gesellschafter dem Dritten dafür eine Sicherheit bestellt, so kann der Dritte in der Insolvenz der GmbH nur insoweit Befriedigung verlangen, als er bei der Inanspruchnahme des Sicherungsgebers ausgefallen ist (§ 32a Abs. 2 GmbHG). Der Dritte kann – und muss – somit zunächst die Sicherheit des Gesellschafters in Anspruch nehmen und hat nur in Höhe seines Ausfalls eine Insolvenzforderung.[235]

97a

Hat sich ein Gesellschafter eigenkapitalersetzend für eine Gesellschaftsschuld verbürgt oder hat er eine Realsicherheit bestellt und verfügt der Gläubiger außerdem über eine dingliche Sicherheit am Gesellschaftsvermögen **(Doppelbesicherung),** kann der Gläubiger **abgesonderte Befriedigung** aus der Gesellschaftssicherheit verlangen, ohne zuvor die Gesellschaftersicherheit in Anspruch nehmen zu müssen; der Insolvenzverwalter kann aber gegen den Gesellschafter im Umfang der von diesem bestellten Sicherung einen Freistellungs- bzw. Erstattungsanspruch geltend machen.[236]

98

b) Die Rechtslage nach dem MoMiG. In Fällen, in denen das Insolvenzverfahren am 1.11.2008 oder danach eröffnet wurde, gilt die Rechtslage nach dem **MoMiG.**[237] Vgl. hierzu zunächst RdNr. 96.

98a

---

[230] Vgl. Epp in Schimansky/Bunte/Lwowski, Bankrechts-Handbuch, § 94 RdNr. 505a.
[231] BGHZ 173, 246 = NJW 2007, 2689 = WM 2007, 1572 = NZI 2007, 603.(„Trihotel") Vgl. auch *Gehrlein* WM 2008, 761.
[232] Vgl. ferner BGHZ 176, 204 = NJW 2008, 2437 („Gamma"); BGHZ 179, 344 = NJW 2009, 2127 („Sanitary").
[233] Näher dazu *Ganter* in Schimansky/Bunte/Lwowski, Bankrechts-Handbuch, § 90 RdNr. 472 ff.
[234] Dazu BGHZ 121, 31, 35 f. = NJW 1993, 392; BGH NJW 1995, 658; 1996, 722.
[235] *Uhlenbruck/Brinkmann* § 52 RdNr. 12a.
[236] BGH NJW 1985, 858 f. = WuB II C. § 32a GmbHG 1.85 (*Obermüller*) = EWiR 1985, 105 (*Kübler*); 1986, 429, 430 = WuB IV A. § 208 BGB 1.86 (*Deuchler*) = EWiR 1986, 67 (*K. Schmidt*); WM 1992, 223 = WuB II C. § 43 GmbHG 1.92 (*Rümker*) = EWiR 1992, 277 (*Hunecke*) = LM GmbHG § 30 Nr. 34 (*Roth*); *Jaeger/Henckel* § 32a KO RdNr. 91.
[237] BGHZ 179, 249, 256 = NJW 2009, 1277 = WM 2009, 609 = NZI 2009, 336.

98b Gesellschafterdarlehen und diesen gleichgestellte Leistungen – also insbesondere **Gesellschaftersicherheiten** – sind im Insolvenzfall nunmehr **nachrangig** (§ 39 Abs. 1 Nr. 5). Auf die Qualifizierung als „eigenkapitalersetzend" und das Merkmal der „Krise" kommt es nicht mehr an. Das neue Recht kennt keine Rückzahlungssperre mehr. Der Geschäftsführer darf also unabhängig vom Bestehen einer Krise Leistungen an den Gesellschafter erbringen.[238] Die Nutzungsüberlassung kann nicht als eine dem Darlehen wirtschaftlich entsprechende Leistung angesehen werden.[239] Der Nachrang gilt für Gesellschaften, die weder eine natürliche Person noch eine Gesellschaft, bei der ein persönliche haftender Gesellschafter eine natürliche Person ist, als persönlich haftenden Gesellschafter haben (§ 39 Abs. 4 Satz 1). Die bisherigen Regelungen zum **Kleinbeteiligungsprivileg** und zum **Sanierungsprivileg** (§ 32a Abs. 3 Satz 2 und 3 GmbHG) bleiben im Grundsatz erhalten (§ 39 Abs. 4 Satz 2, Abs. 5). Der neu in die InsO eingefügte § 44a ersetzt den bisherigen § 32a Abs. 2 GmbHG. Ebenso wie früher muss ein Dritter, welcher der Gesellschaft ein Darlehen gegeben hat, erst die von einem Gesellschafter gestellte **Sicherheit** in Anspruch nehmen, bevor er wegen seines Ausfalls aus der Masse befriedigt werden kann. Die **Anfechtbarkeit** der Befreiung des Gesellschafters in seiner Eigenschaft als Sicherungsgeber – früher § 32b GmbHG – ist nunmehr in § 135 Abs. 2, § 143 Abs. 3 bzw. § 6a, § 11 Abs. 3 AnfG geregelt.

98c Bezogen auf die **Verwertung** von Gesellschaftersicherheiten, lassen sich die genannten Regelungen wie folgt zusammenfassen: Ist die Sicherheit vor der Eröffnung des Insolvenzverfahrens verwertet worden, ist die Regressforderung des Gesellschafters nachrangig (§ 39 Abs. 1 Nr. 5). Hat der Gesellschafter im letzten Jahr vor der Eröffnung nach Verwertung seiner Sicherheit Regress genommen, ist die Leistung der Gesellschaft nach § 135 Abs. 1 Nr. 2 anfechtbar. Ist die gesicherte Forderung noch offen, kann der Drittgläubiger quotale Befriedigung nur in Höhe des Ausfalls nach Verwertung der Gesellschaftersicherheit verlangen (§ 44a). Alles dies gilt unabhängig davon, ob nur der Gesellschafter eine Sicherheit gestellt hatte oder zusätzlich eine Sicherheit der Gesellschaft bestand. Die Gesellschaftersicherheit muss im wirtschaftlichen Ergebnis vorrangig verwertet werden. Wird die gegen die Gesellschaft gerichtete, am Gesellschaftsvermögen und am Vermögen eines Gesellschafters gesicherte Forderung eines Darlehensgläubigers nach der Eröffnung des Insolvenzverfahrens über das Vermögen der Gesellschaft durch Verwertung der Gesellschaftssicherheit befriedigt, ist der Gesellschafter zur Erstattung des an den Gläubiger ausgekehrten Betrages zur Insolvenzmasse verpflichtet. Allerdings regelt das Gesetz diesen Fall nicht. Nach § 135 Abs. 2 ist eine Rechtshandlung anfechtbar, mit der eine Gesellschaft einem Dritten für eine Forderung auf Rückgewähr eines Darlehens im letzten Jahr *vor* dem Antrag auf Eröffnung des Insolvenzverfahrens Befriedigung gewährt hat, wenn ein Gesellschafter für die Forderung eine Sicherheit bestellt hatte. Die Vorschrift des § 135 Abs. 2 kann nicht dahingehend ausgelegt werden, dass sie auch Rechtshandlungen *nach* der Eröffnung des Insolvenzverfahrens erfasst. Insofern besteht eine Regelungslücke, weil im Gesetzgebungsverfahren nicht bedacht worden ist, wie sich der Fall der Doppelsicherung im Insolvenzverfahren auswirkt. Diese Lücke ist – weil eine Einschränkung des Wahlrechts des doppelt gesicherten Gläubigers entsprechend § 44a nach geltendem Recht nicht in Betracht kommt – durch die analoge Anwendung des § 143 Abs. 3 Satz 1 zu schließen. Bei wertender Betrachtung besteht kein Unterschied zwischen der Rückzahlung eines gesellschaftergesicherten Darlehens innerhalb der Fristen des § 135 Abs. 1 Nr. 2 und derjenigen nach der Eröffnung des Insolvenzverfahrens.[240]

IX. Besondere Abreden über das Absonderungsrecht

99 **1. Verwertungsabreden.** Streitet der Insolvenzverwalter mit einem Gläubiger über das Bestehen eines Absonderungsrechts an einer im Besitz des Schuldners befindlichen Sache, kann es sinnvoll sein, eine Vereinbarung dahin zu treffen, dass der Verwalter die Sache veräußert und den Erlös bis zur Klärung der rechtlichen Situation treuhänderisch verwahrt. Grundlage für den Anspruch des Berechtigten auf Auskehrung des Erlöses ist dann der Vertrag. In diesem sollte auch geregelt werden, ob und in welchem Umfang der Verwalter vom Erlös Feststellungs- und Verwertungskosten abziehen darf.[241] Fehlt es an einer vertraglichen Regelung, kann auf die §§ 170 ff. zurückgegriffen werden. Wird die Verwertungsvereinbarung während eines Absonderungsrechtsstreits getroffen, so stellt die dadurch veranlasste Umstellung des Klageantrags keine Klageänderung dar (§ 264 Nr. 3 ZPO). Eine vor Eröffnung des Insolvenzverfahrens zwischen dem Schuldner und einem Grundpfandgläubiger getroffene vollstreckungsbeschränkende Vereinbarung bindet den Insolvenzverwalter auch dann

---

[238] Wegen der verbreiteten Kritik an dieser Regelung vgl. nur *Altmeppen* NJW 2008, 3601, 3606.
[239] *Blöse*, GmbHRundschau Sonderheft Okt. 2008 S. 71, 74; *Altmeppen* NJW 2008, 3601, 3604; *Bitter* ZIP 2010, 1, 14.
[240] BGH NJW 2012, 156 = NZI 2012, 19.
[241] OLG Koblenz NZI 2004, 498.

nicht, wenn das Grundstück zugunsten dieses Gläubigers wertausschöpfend belastet ist. Der Insolvenzverwalter kann also ein Grundstück des Schuldners auch dann verwerten, wenn das Insolvenzverfahren auf Antrag des Grundpfandgläubigers eröffnet worden ist, der sich dem Schuldner gegenüber verpflichtet hatte, nicht zu vollstrecken.[242] Eine Verwertungsabrede, die der dinglich gesicherte Gläubiger bereits vor Insolvenzeröffnung mit dem Schuldner getroffen hat – etwa die Vereinbarung der Befugnis zur freihändigen Veräußerung –, hat, ihre Wirksamkeit im Übrigen vorausgesetzt, nur schuldrechtliche Wirkung. Sie ist deshalb im Allgemeinen nicht insolvenzfest. Ob sie durch eine Vormerkung gesichert werden kann,[243] erscheint zweifelhaft.

a) Vereinbarungen beim freihändigen Verkauf von unbeweglichen Massegegenständen. 99a
Eine Verwertung durch freihändigen Verkauf ist im Gesetz nur für bewegliche Sachen vorgesehen (§ 166 Abs. 1 InsO). Der Insolvenzverwalter kann aber auch unbewegliche Gegenstände der Masse durch freihändigen Verkauf veräußern, und zwar selbst dann, wenn sie mit Grundpfandrechten oder sonstigen Rechten belastet sind, die zur abgesonderten Befriedigung berechtigen; er muss nicht nach §§ 49, 165 InsO die Zwangsversteigerung oder Zwangsverwaltung betreiben.[244]

Die vielfach (so auch in der Vorauflage) anzutreffende Aussage,[245] das Recht zur abgesonderten 99b Befriedigung sei nicht davon abhängig, ob es zu einer Verwertung im Wege der Zwangsversteigerung oder Zwangsverwaltung oder der freihändigen Veräußerung komme, muss relativiert werden. Grundpfandrechte und öffentliche Lasten des Grundstücks werden bei einer Zwangsversteigerung und Zwangsverwaltung im Rahmen der Vorschriften „bedient"; bei einer freihändigen Veräußerung bleiben sie demgegenüber bestehen, sodass künftig gegen den neuen Eigentümer vollstreckt werden kann und muss (vgl. etwa § 49 RdNr. 53a f.). Gerade weil die Veräußerung nicht zwangsläufig zur Verwertung der Grundpfandrechte und zur Ablösung der öffentlichen Lasten führt, besteht aber die Gefahr, dass die gesicherten Gläubiger die Geduld verlieren und den Verkauf aus freier Hand hintertreiben. Deshalb liegt es nahe, dass sich der Verwalter mit den Gläubigern ins Benehmen setzt. Zudem wird der Verwalter einen Käufer nur dann finden, wenn er lastenfrei veräußern kann. Jedenfalls deshalb muss der Verwalter mit den gesicherten Gläubigern eine Verwertungsvereinbarung schließen. Diese hat insbesondere zum Inhalt, dass die Grundpfandgläubiger eine Löschungsbewilligung erteilen und der Verwalter ihnen im Gegenzug eine Beteiligung an dem Verkaufserlös zusagt, mit welcher die durch das Absonderungsrecht gesicherten Forderungen getilgt werden. Ein Absonderungsrecht an dem Verkaufserlös haben die Grundpfandgläubiger nicht.[246] Die vereinbarte Zahlung dient gerade dazu, die Ausübung des Absonderungsrechts an der Immobilie abzuwenden. Sie beruht allein auf der schuldrechtlichen Vereinbarung zwischen dem Insolvenzverwalter und dem Grundpfandgläubiger, die eine Masseverbindlichkeit gemäß § 55 Abs. 1 Nr. 1 begründet.[247]

Bei mehreren Absonderungsberechtigten – auch solchen aus verschiedenen Rangklassen – kann 99c in der Vereinbarung vorgesehen werden, dass sich die **Verteilung des Erlöses** nach den §§ 10 ff. ZVG richtet; der Insolvenzverwalter kann mit den Beteiligten aber auch abweichende Vereinbarungen treffen.[248] Das ist insbesondere dann erforderlich, wenn der Veräußerungserlös nicht ausreicht, um auch die vorrangigen Rechte, die nicht bestehen bleiben sollen, zu befriedigen.[249]

Ob die **Kostenpauschalen** nach § 170 InsO anfallen, ist umstritten. Unmittelbar betrifft § 170 99d InsO nur die Verwertung von beweglichen Sachen oder Forderungen. Manche halten die Vorschrift jedoch für entsprechend anwendbar.[250] Dem ist schon deshalb nicht zu folgen, weil bei der freihändigen Veräußerung überhaupt keine die abgesonderte Befriedigung auslösende Verwertung stattfindet (vgl. o. RdNr. 99b).[251] Es empfiehlt sich, bei Abschluss der Vereinbarung mit dem Grundpfandgläubiger eine – den Ablösungsbetrag für den Grundpfandgläubiger schmälernde – Kostenbeteiligung zugunsten der Masse vorzusehen. Dies ist üblich und unbedenklich, werden doch

---

[242] BGH NZI 2011, 138.
[243] So *Jaeger/Henckel* Vor §§ 49–52 RdNr. 33.
[244] Eine vor Insolvenzeröffnung zwischen dem Schuldner und dem Grundpfandgläubiger getroffene Vereinbarung über die freihändige Verwertung bindet den Insolvenzverwalter nicht, vgl. *Smid*, Kreditsicherheiten, § 23 RdNr. 22.
[245] BGHZ 47, 181, 183 = NJW 1967, 1370; BGH NJW 1977, 247, 248; KTS 1981, 193, 195; WM 1987, 853, 856; 1998, 304, 305 = EWiR 1998, 315 *(Pape); Jaeger/Henckel* Vor §§ 49–52 RdNr. 27 und § 49 RdNr. 33.
[246] BGH NZI 2010, 399; zustimmend *Tetzlaff*, WuB VI A § 165 InsO 1.10; *Suppliet*, NotBZ 2010, 308 f.; aA *Hawelka*, aaO S. 666.
[247] So zutreffend *Mitlehner* ZIP 2012, 649, 652 mit Fußn. 37.
[248] HambKomm-*Büchler* § 165 RdNr. 12.
[249] *Elsner* in Mohrbutter/Ringstmeier, Handbuch der Insolvenzverwaltung § 24 RdNr. 16.
[250] *d'Avoine* NZI 2008, 17, 18.
[251] OLG Köln ZIP 1987, 563; *Gerhardt*, Grundpfandrechte im Insolvenzverfahren 11. Aufl. RdNr. 149; *Elsner*, aaO RdNr. 17; *Hawelka*, aaO S. 667.

sowohl die Masse als auch der Grundpfandgläubiger dadurch lediglich ebenso gestellt wie bei einer Verwalterversteigerung.[252]

99e Will der Insolvenzverwalter ein Grundstück der Masse freihändig verwerten, ist er auch bezüglich der nachrangigen und deshalb wertlosen Grundpfandrechte auf den Erhalt einer Löschungsbewilligung angewiesen. Ihre Buchposition haben sich die betreffenden Gläubiger bisher gerne abkaufen lassen. Es geht hier nicht um die Erstattung der Löschungskosten, sondern um die Bezahlung einer sog. **Lästigkeitsprämie.** Die Insolvenzverwalter haben diese nolens volens bezahlt. Der BGH hat darauf hingewiesen, dass diese Geschäfte dem Insolvenzzweck der gleichmäßigen Gläubigerbefriedigung offenkundig zuwiderlaufen. Dies ist dem Grundpfandgläubiger auch jedenfalls dann bekannt, wenn der Insolvenzverwalter auf die Insolvenzzweckwidrigkeit hinweist und sich bei der Bezahlung die Rückforderung vorbehält. Dann kann der Insolvenzverwalter den Betrag nach Bereicherungsrecht (§ 812 Abs. 1 Satz 1 Alt. 1 BGB) zurückverlangen.[253] Im Schrifttum hat man dem teilweise zugestimmt,[254] teilweise hat es auch Widerspruch gegeben.[255] Die Kritiker bezweifeln die offenkundige Insolvenzzweckwidrigkeit der Zahlung von Lästigkeitsprämien. Sie verweisen darauf, dass die Lästigkeitsprämie aus dem Erlös für die vorrangigen Gläubiger bezahlt werde (in dem BGH-Fall wurde sie aus der Masse entnommen!), und halten sie jedenfalls dann für insolvenzfest, wenn die Insolvenzmasse vom freihändigen Verkauf profitiere. Folgt man dem BGH, kann der Rückforderungsanspruch unter dem Aspekt des § 814 BGB auf Probleme stoßen.[256] Danach kann das zum Zwecke der Erfüllung einer Verbindlichkeit Geleistete nicht zurückgefordert werden, wenn der Leistende die Nichtschuld kannte. § 814 BGB greift aber dann nicht ein, wenn die Leistung ausdrücklich unter Vorbehalt erbracht und angenommen wurde. Verlangt der Grundpfandgläubiger zwar die Lästigkeitsprämie, nimmt er sie aber nur an, wenn sie vorbehaltlos gezahlt wird, drängt sich die Parallele zu der Anfechtung von Leistungen auf, die der vorläufige Insolvenzverwalter in der Eröffnungsphase erbracht hat, um den Betrieb des Unternehmens fortführen zu können. Dort genügt bereits, dass der vorläufige Insolvenzverwalter zu irgendeinem Zeitpunkt hat erkennen lassen, dass er sich nur rechtswidrigem Druck beuge. Ist das der Fall, kann für die Gegenseite kein schützenswerter Vertrauenstatbestand entstehen.[257]

99f Der freihändige Verkauf ist nicht ohne **Risiken.** Diesen kann teilweise durch Abschluss von Vereinbarungen vorgebeugt werden. Eine Rückabwicklung im Falle von Mängeln ist für die Masse höchst problematisch. Denn der Verwalter hat den Erlös – abzüglich des an die Masse geflossenen relativ kleinen Anteils – ja bereits an den Grundpfandgläubiger ausgekehrt. Deshalb muss der Verwalter bestrebt sein, die **Gewährleistung** auszuschließen. Gelingt dies nicht, kann der Verwalter den Grundpfandgläubiger veranlassen, eine Freistellungserklärung abzugeben. Scheitert auch dies, sollte der Verwalter von einem freihändigen Verkauf Abstand nehmen oder das Grundstück aus der Masse freigeben.[258] Letzteres ist insbesondere dann zu erwägen, wenn Umweltlasten bestehen können.

100 **b) Vereinbarungen über die Durchführung einer „kalten Zwangsverwaltung".** Der Insolvenzverwalter darf mit einem absonderungsberechtigten Gläubiger auch eine **„kalte Zwangsverwaltung"** vereinbaren. Auf Grund einer solchen Vereinbarung erübrigt sich ein gerichtliches Zwangsverwaltungsverfahren.[259] Bei einer „kalten Zwangsverwaltung" bewirtschaftet der Insolvenzverwalter auf Grund einer Vereinbarung mit einem Grundpfandgläubiger für diesen wie ein gerichtlich bestellter Zwangsverwalter die vermieteten oder verpachteten Immobilien. Er zieht insbesondere für den Grundpfandgläubiger die Miete bzw. Pacht ein. Der BGH hat solche Vereinbarungen, bei denen es sich um **Geschäftsbesorgungsverträge** handelt,[260] nicht beanstandet.[261]

100a Ob der **Erlös** der sonstigen Insolvenzmasse zu separieren ist, dürfte davon abhängen, zwischen wem der Geschäftsbesorgungsvertrag zustande kommt. Wird er zwischen der Masse (genauer: dem durch den Insolvenzverwalter vertretenen Schuldner) einerseits und dem Grundpfandgläubiger andererseits geschlossen, besteht für eine derartige Separierung kein Anlass. Die **Bewirtschaftungs-**

---

[252] BGH NZI 2011, 138, 139. Die Bedenken von *Mitlehner* ZIP 2012, 649, 652, dürften so zu verstehen sein, dass der Verwalter keine Vergütung für sich persönlich vereinbaren darf.
[253] BGH NZI 2008, 365.
[254] *Rein* NZI 2008, 365 f.; *Cartano*, WuB VI A. § 87 InsO 1.08; *Tetzlaff* ZInsO 2012, 726.
[255] *Smid* DZWIR 2008, 501, 503; *Schulz* EWiR 2008, 471; *Hawelka*, aaO S. 667; HambKomm-*Büchler*, aaO § 165 RdNr. 13a; ähnlich *Frege/Keller*, NZI 2009, 11 ff., die die Entscheidungsfreiheit des Insolvenzverwalters schützen wollen.
[256] Zutreffend *Rein* aaO.
[257] Vgl. BGHZ 165, 283, 288 = NZI 2006, 227 m. Anm. *Leithaus*.
[258] *Hawelka*, aaO S. 668.
[259] OLG München ZIP 1993, 135, 136.
[260] *Knees* ZIP 2001, 1568, 1575; *Hawelka*, aaO S. 672
[261] BGH NZI 2007, 98.

kosten sind dann normale Masseverbindlichkeiten,[262] und die Einkünfte sind Masseeinnahmen; die – nach Abzug der Aufwendungen erfolgende – Erlösauskehr an den Grundpfandgläubiger stellt eine Zahlung auf das Absonderungsrecht dar. Zu der Frage, ob der Geschäftsbesorgungsvertrag auch zwischen dem Insolvenzverwalter persönlich und dem Grundpfandgläubiger abgeschlossen werden kann (nur dann besteht wirklich Grund zu einer Separierung der Geschäfte), vgl. u. RdNr. 100d. Es kann auch vereinbart werden, dass der Insolvenzverwalter einen externen Verwalter mit der Verwaltung der Immobilie beauftragt. Dann spricht man von einer **„kalten Institutszwangsverwaltung".**[263]

Für die Masse ist die Vereinbarung einer „kalten Zwangsverwaltung" attraktiv, weil nur eine ordentlich verwaltete, nutzbare Immobilie zu einem vernünftigen Preis veräußert werden kann und die Immobilie über die „kalte Zwangsverwaltung" in der Hand des Insolvenzverwalters bleibt. Etwaige Reibungsverluste zwischen dem Insolvenzverwalter und dem gerichtlich bestellten Zwangsverwalter werden dadurch vermieden.[264] Das mag zunächst nur ein psychologischer, aber kein wirtschaftlicher Vorteil sein. Das ändert sich, wenn die Masse – wie meist – an dem Erlös beteiligt wird. Außerdem wird die Zwangsverwaltervergütung eingespart. 100b

Weniger attraktiv ist die Vereinbarung **für den Insolvenzverwalter.** Zwar wird er, der für die Masse faktisch die Aufgaben des Zwangsverwalters übernommen hat, durch die Anreicherung der Masse (Erlösbeteiligung!) eine – geringfügig – höhere Vergütung erlangen (§ 2 Abs. 1 InsVV); auch dürfte er wohl einen Zuschlag zur Insolvenzverwaltervergütung verdienen (§ 3 Abs. 1 InsVV).[265] Beides zusammen wird aber den für ihn entstehenden Aufwand nicht angemessen kompensieren. Gleichwohl lassen sich Insolvenzverwalter nicht selten auf eine „kalte Zwangsverwaltung" ein. Sie eröffnet ihnen, wenn sie Bestandteil eines Gesamtarrangements ist, freiere Gestaltungsmöglichkeiten. So kann die „kalte Zwangsverwaltung" etwa kombiniert werden mit der Verteilung des Erlöses aus einem freihändigen Verkauf. 100c

Die „kalte Zwangsverwaltung" birgt **Risiken.** Wird der Geschäftsbesorgungsvertrag zwischen der „Masse" (dem durch den Insolvenzverwalter vertretenen Schuldner) und dem Grundpfandgläubiger geschlossen, sind die Erlöse – nicht anders als andere Umsätze, welche für die Masse getätigt werden – der **Umsatzsteuer** unterworfen. Auch **ertragssteuerlich** kann die „kalte Zwangsverwaltung" nachteilig sein. Bei einer gerichtlichen Zwangsverwaltung treffen die ertragssteuerlichen Verpflichtungen allein den Schuldner, der hierfür mit seinem ausnahmsweise insolvenzfreien Vermögen haftet. Bei einer „kalten Zwangsverwaltung" erzielt die Masse steuerbare Einkünfte. Die Steuerbelastungen können im Einzelfall höher sein als die Beträge, die der Masse über die „kalte Zwangsverwaltung" zufließen (im Regelfall wird das freilich durch Verlustvorträge aus der Vergangenheit verhindert). Dass sich der Grundpfandgläubiger im Rahmen der Vereinbarung über eine „kalte Zwangsverwaltung" bereit finden wird, das ertragssteuerliche Risiko zu übernehmen, kann der Insolvenzverwalter nicht erwarten.[266] Dieses ertragssteuerliche Risiko könnte vermieden werden, wenn der Insolvenzverwalter für sich selbst den Geschäftsbesorgungsvertrag mit dem Grundpfandgläubiger schließen dürfte.[267] Zuvor müssten aber die Miet- und Pachtzinsen aus der Masse freigegeben werden. Übernähme der Insolvenzverwalter persönlich die „kalte Zwangsverwaltung", wäre dies für ihn auch vergütungsrechtlich attraktiv. Es muss indes bezweifelt werden, ob eine derartige Gestaltung die Billigung der Rechtsprechung finden wird. Falls befürchtet werden muss, dass die Steuerbelastungen höher sein werden als die Beträge, die der Masse über die „kalte Zwangsverwaltung" zufließen, muss eben von einer solchen abgesehen werden. 100d

c) Vereinbarungen über das Einziehungsrecht des Verwalters. Das **Einziehungsrecht** des Insolvenzverwalters aus § 166 Abs. 2 steht nicht zur Disposition von Sicherungsgläubiger und Drittschuldner.[268] 101

2. Pfandverwirkungs-/Verfallabreden. Eine **Verfallabrede** ist bei der **Hypothek** und dem **Mobiliarpfandrecht** kraft Gesetzes (§§ 1149, 1229 BGB) grundsätzlich unzulässig (vgl. aber u. RdNr. 102d), wenn sie vor Eintritt der Verkaufsberechtigung (Pfandreife, § 1228 Abs. 2 BGB) getroffen wird. Das Kapital muss also dem Eigentümer gegenüber fällig geworden sein. Bei **Grundschulden** gilt das entsprechende (§ 1192 BGB). Im Übrigen scheitert die vor Pfandreife vereinbarte 102

---

[262] Im Fall BGH NZI 2010, 188 hat der BGH zwar die Eigenschaft von Verfahrenskosten im Sinne von § 54 verneint; damit ist aber die Anwendung des § 55 Abs. 1 Nr. 1 nicht ausgeschlossen.
[263] *Knees* ZIP 2001, 1568, 1575.
[264] *Tetzlaff* ZfIR 2005, 179, 180; *Hawelka*, aaO S. 671.
[265] BGH NZI 2008, 239.
[266] *Hawelka*, aaO S. 672.
[267] *Hawelka*, aaO S. 672 hält dies für zulässig.
[268] BGH WM 2009, 814.

Verfallklausel bei Grundpfandrechten auch an § 925 Abs. 2 BGB (Bedingungsfeindlichkeit der dinglichen Einigung). Auf Verfallklauseln bei der **Sicherungsübereignung** und **Sicherungsabtretung** sind die §§ 1149, 1229 BGB analog anwendbar.

102a **Umgehungen** des Verbots sind unstatthaft. Das gilt zB für eine Vereinbarung, die den Eigentümer verpflichtet, das Grundstück „zum Zwecke der Befriedigung" dem Pfandgläubiger oder einem von ihm benannten Dritten zu übereignen. Dabei ist es unerheblich, ob dem Gläubiger nur das Recht eingeräumt wird, das Grundstück in Zahlung zu nehmen, oder ob er berechtigt sein soll, es zu einem bestimmten Preis zu übernehmen und den etwaigen Überschuss herauszuzahlen.[269] Unzulässige Verfallklauseln entgehen der Unwirksamkeit selbst dann nicht, wenn der Verfall als Vertragsstrafe ausgewiesen wird.[270] § 343 BGB bietet keinen ausreichenden Schutz. Unabhängig von §§ 1149, 1229 BGB können Verfallklauseln nach § 138 Abs. 1 BGB nichtig sein, wenn im Zeitpunkt der Vereinbarung zwischen dem Darlehensbetrag und dem Grundstückswert ein besonders grobes Missverhältnis besteht.[271]

102b Ist eine Verfallklausel zugunsten eines Grundpfandgläubigers wirksam, weil sie nach Eintritt der Pfandreife vereinbart worden ist, muss die **Form** des § 311b BGB eingehalten werden. Insolvenzfest ist eine zulässige Verfallklausel ist nur, wenn eine Vormerkung eingetragen wird (§ 883 BGB; § 106 InsO).

102c Da das Verbot der Verfallabrede ein sachenrechtliches Instrument zur Regelung der Art der Realisierung eines Pfandrechts ist,[272] fallen **Vereinbarungen mit dinglich nicht gesicherten Gläubigern** nicht darunter. Das gilt zB für Vereinbarungen zwischen Hauptschuldner und Bürgen oder zwischen einem Darlehensnehmer und einem Darlehensgeber, selbst wenn dieser zur Aufbringung des Darlehensbetrages seinerseits ein Darlehen aufgenommen hat und zugunsten seines Kreditgebers eine Grundschuld an dem verfallsbedrohten Grundstück bestellt wurde. Denn der Eigentumsübertragungsanspruch entsteht hier unabhängig von dem Schicksal der Grundschuld.

102d Nach der im Zuge der Umsetzung der Finanzsicherheitenrichtlinie neu geschaffenen Vorschrift des § 1259 BGB können Eigentümer und Pfandgläubiger, sofern es sich um Unternehmer, juristische Personen des öffentlichen Rechts oder öffentlich-rechtliche Sondervermögen handelt, ausnahmsweise schon bei der Verpfändung vereinbaren, dass dem Pfandgläubiger das Eigentum an der Sache bei Fälligkeit der Forderung zufallen soll. Die gesicherte Forderung gilt beim Verfall des Pfandes in Höhe des am Tage der Fälligkeit geltenden Börsen- oder Marktpreises als berichtigt.[273]

102e **3. Poolvereinbarungen.** Poolvereinbarungen sind nicht nur im Verhältnis mehrerer Aussonderungsberechtigter zur Masse bedeutsam (vgl. hierzu § 47 RdNr. 189 ff.). Eine eher noch größere Rolle spielen sie im Absonderungsrecht. Auch darauf ist bereits bei § 47 RdNr. 362, 388b, 388d, 390a eingegangen worden. Hierauf wird verwiesen.

X. Wechsel des Absonderungsberechtigten

103 Der Inhaber des Absonderungsrechts kann – vor und nach Insolvenzeröffnung – wechseln. Bei Sicherungsrechten ist zu unterscheiden, ob das Absonderungsrecht anknüpft an ein forderungsabhängiges (akzessorisches) Sicherungsrecht (vgl. zB § 50) oder an ein forderungsunabhängiges Sicherungsrecht (vgl. zB § 51 Nr. 1).

104 **1. Absonderungsrecht aus akzessorischen Kreditsicherheiten.** In diesem Fall geht – falls die dem Absonderungsrecht zugrundeliegende Forderung durch Abtretung oder kraft Gesetzes übergeht – regelmäßig auch das zur Absonderung berechtigende Sicherungsrecht auf den neuen Gläubiger über (vgl. §§ 401, 1153, 1250 BGB; § 51 SchiffsG; § 98 LRG). Überträgt ein Hypothekengläubiger die gesicherte Forderung, geht die Hypothek auf den neuen Gläubiger über (§ 1153 Abs. 1 BGB). Die Hypothek kann nicht ohne die Forderung und die Forderung nicht ohne die Hypothek übertragen werden (§ 1153 Abs. 2 BGB). Für ein Pfandrecht gilt dasselbe (§ 1250 Abs. 1 BGB), falls nicht dessen Übergang bei der Übertragung der Forderung ausgeschlossen wird. Ist dies der Fall, erlischt das Pfandrecht (§ 1250 Abs. 2 BGB). Bei den gebuchten Rechten ist die ganze Abtretung unwirksam (§ 1153 Abs. 2 BGB). Ist die Forderung nur zum Teil gesichert, kann die Abtretung auf den ungesicherten Teil beschränkt werden.[274] Im Falle einer Globalsicherung kann eine einzelne Forderung abgetreten werden, falls das Sicherungsrecht für alle anderen weiterhaftet.

---

[269] BGHZ 130, 101, 104 = NJW 1995, 2635.
[270] BGH NJW-RR 1993, 243, 246; NJW 2003, 1041, 1042.
[271] BGH NJW 2003, 1041, 1042.
[272] BGHZ 130, 101, 106 = NJW 1995, 2635; BGH NJW 2003, 1041, 1042.
[273] *Merkel* in Schimansky/Bunte/Lwowski, Bankrechts-Handbuch, § 93 RdNr. 265.
[274] *Brünink* in Lwowski/Fischer/Langenbucher, Das Recht der Kreditsicherung, § 3 RdNr. 54.

Ist der Sicherungsgeber nicht zugleich Schuldner der gesicherten Forderung, ist im Zweifel anzunehmen, dass er auf den Anspruch aus der Sicherheit – und nicht auf die gesicherte Forderung – zahlt. Bei einer derartigen **Ablösung der Sicherheit** geht in Höhe des Ablösungsbetrages die gesicherte Forderung auf den Zahlenden über (§§ 1143, 1225 BGB; §§ 44, 50 SchiffsG; §§ 44, 50 LRG). Mit der Forderung geht auch die Sicherheit, falls sie nicht erlischt (vgl. §§ 1178, 1181, 1256 BGB), auf den Sicherungsgeber über (§§ 401, 412, 1153 Abs. 1, 1250 Abs. 1 BGB). 105

2. Absonderungsrecht aus nicht-akzessorischen Kreditsicherheiten. Hier erlangt der Zessionar mit der gesicherten Forderung nicht zugleich das zur Absonderung berechtigende Sicherungsrecht. Dieses muss ihm besonders übertragen werden. Darauf hat der neue Gläubiger einen Anspruch.[275] Denkbar ist, dass der Sicherungsnehmer die gesicherte Forderung abtritt, ohne das Sicherungsrecht (von dem der Zessionar vielleicht nichts weiß) mitzuübertragen, oder das Sicherungsrecht veräußert, die gesicherte Forderung aber behält. Er kann auch beides auf verschiedene Personen übertragen. Der Kreditschuldner, der zugleich Sicherungsgeber ist, läuft gleichwohl nicht Gefahr, doppelt leisten zu müssen. Die gesicherte Forderung muss er nur Zug um Zug gegen Rückübertragung des Sicherungsrechts erfüllen. Insofern steht ihm die Einrede des Zurückbehaltungsrechts zu (§ 404 BGB). Dem Sicherungsnehmer, der das Sicherungsrecht verwerten will, kann er entgegenhalten, dass der gesicherten Forderung eine Einrede entgegensteht. Gefährlich kann es nur werden, wenn Kreditschuldner und Sicherungsgeber personenverschieden sind, beide getrennt in Anspruch genommen werden und die Kommunikation nicht funktioniert. 106

Aus § 166 Abs. 2 ergibt sich nach Insolvenzeröffnung kein **Abtretungsverbot** für den Sicherungszessionar hinsichtlich der an ihn abgetretenen Forderungen. Allerdings verliert der Sicherungszessionar sein Einziehungsrecht. Dieses geht mit der Eröffnung des Insolvenzverfahrens umfassend auf den Verwalter über. Der Sicherungszessionar kann deshalb das ihm entzogene Einziehungsrecht nicht auf einen Dritten übertragen. Übertragen kann er jedoch sein – durch das Einziehungsrecht des Verwalters beschränktes – Sicherungsrecht an der Forderung. 106a

Die schuldrechtliche Verpflichtung des bisherigen Gläubigers, das Sicherungsrecht ebenfalls auf den neuen Gläubiger zu übertragen, kann zu Problemen führen, wenn der Gläubiger als Sicherungsnehmer mit dem Sicherungsgeber vereinbart hat, über die Sicherheit nicht weiterzuverfügen. In einem derartigen Fall sollte der Gläubiger, der die Kreditforderung abtreten will, deshalb die Verpflichtung zur Übertragung der Sicherheit dem Zessionar gegenüber ausdrücklich ausschließen (dieser wird sich darauf aber schwerlich einlassen, weil die Durchsetzung der Forderung ohne das Sicherungsrecht an der Einrede des Zurückbehaltungsrechts scheitert) oder mit diesem vereinbaren, dass er für ihn die Sicherheit treuhänderisch hält. Andernfalls manövriert er sich in eine Lage, in der er – wie auch immer er sich entscheidet – **vertragsbrüchig** werden muss. Als Lösung wird überwiegend vorgeschlagen, die Verpflichtung des Sicherungsnehmers, das Sicherungsrecht auf den Zessionar zu übertragen, erst für den Sicherungsfall anzunehmen und an die Verwertungsmodalitäten zu binden.[276] 107

Leistet ein Dritter auf die gesicherte Forderung (§ 267 BGB), findet kein gesetzlicher Forderungsübergang statt. Der Rückgriff des Dritten bestimmt sich nach seinem Rechtsverhältnis zum Schuldner. Falls eine Regressforderung besteht (zum Beispiel aus Auftrag oder Geschäftsführung ohne Auftrag), kann der Dritte dafür grundsätzlich nicht die Sicherheit in Anspruch nehmen, die für die gesicherte Forderung bestand. Er kommt somit nicht in den Genuss der Absonderung. Anders verhält es sich, wenn der Dritte dem Gläubiger die Kreditforderung abkauft und sie sich gegen Zahlung des Kaufpreises abtreten lässt. Dann kann der Dritte auch die Übertragung der Kreditsicherheit verlangen. 108

Wenn der Sicherungsgeber für fremde Schuld (Interzedent) oder ein Dritter, der entweder die Anwartschaft des Sicherungsgebers (bei auflösend bedingter Sicherungsübertragung) oder seinen Rückübertragungsanspruch (bei unbedingter Sicherungsübertragung) erworben hat, den Sicherungsnehmer zwecks **Ablösung** einer nicht-akzessorischen Sicherheit (§ 268 BGB) befriedigt, geht diese – und mit ihr das Absonderungsrecht – auf den Ablösenden über. Außerdem erwirbt er einen schuldrechtlichen Anspruch gegen den befriedigten Gläubiger auf Abtretung der gesicherten Forderung.[277] 109

Aus § 166 Abs. 2 InsO ergibt sich nach Insolvenzeröffnung kein Abtretungsverbot für den Sicherungszessionar hinsichtlich der an ihn abgetretenen Forderungen. Allerdings verliert nach § 166 109a

---

[275] BGHZ 92, 374, 378 = NJW 1985, 614; 110, 41, 43 = NJW 1990, 903; vgl. ferner *Brünink* in Lwowski/Fischer/Langenbucher, Das Recht der Kreditsicherung, § 3 RdNr. 55; *Uhlenbruck/Brinkmann* § 49 RdNr. 7.
[276] *Serick* II § 26 V 2 (S. 374); *Pottschmidt/Rohr*, Kreditsicherungsrecht RdNr. 575.
[277] BGHZ 92, 374, 378 = NJW 1985, 614; *Becker-Eberhard* aaO S. 525 ff.

Abs. 2 der Sicherungszessionar sein Einziehungsrecht.[278] Dieses geht mit der Eröffnung des Insolvenzverfahrens umfassend auf den Verwalter über. Der Sicherungszessionar kann deshalb das ihm entzogene Einziehungsrecht nicht auf einen Dritten übertragen. **Übertragen** kann er jedoch sein – durch das Einziehungsrecht des Verwalters beschränktes – **Sicherungsrecht an der Forderung.** Damit kann er dem Erwerber allerdings nur die Rechtsposition verschaffen, die er zuvor (nach Eröffnung des Insolvenzverfahrens) innehatte, also die Stellung eines Sicherungszessionars ohne Einziehungsrecht. Überträgt er die Forderung auf den Forderungsschuldner, sodass sich Forderung und Schuld in einer Person vereinigen, erlischt das Schuldverhältnis nicht. Es ist anerkannt, dass keine **Konfusion** stattfindet, wenn das mit Rücksicht auf Dritte geboten ist. Überträgt der absonderungsberechtigte Sicherungszessionar die ihm abgetretene Forderung auf einen Dritten, wäre das Erlöschen der Forderung mit § 166 Abs. 2 InsO unvereinbar.[279]

XI. Beachtung künftiger Absonderungsrechte durch den vorläufigen Insolvenzverwalter

109b Wird der vorläufige schwache Insolvenzverwalter gemäß **§ 22 Abs. 2** zum Forderungseinzug ermächtigt, hat der Singularsicherungszessionar analog §§ 51, 170 ein Absonderungsrecht an dem Erlös, soweit dieser noch unterscheidbar vorhanden ist (wofür der vorläufige Verwalter sorgen muss).[280] Den Erlös unterscheidbar zu verwahren hat auch der „starke" vorläufige Verwalter **(§ 21 Abs. 2 Nr. 2 Alt. 1).** Er muss in der Lage sein und bleiben, das Geld an den Sicherungsnehmer auszukehren (vgl. o. § 48 RdNr. 64). Zu den in § 21 Abs. 1 Satz 1 genannten „Gläubigern", deren Interessen der vorläufige Verwalter wahrzunehmen hat, gehören nicht nur die (späteren) Insolvenzgläubiger, sondern auch die (späteren) Aus- und Absonderungsberechtigten. Die dem vorläufigen Insolvenzverwalter vom Insolvenzgericht verliehene Befugnis, Forderungen des Schuldners einzuziehen, dient dazu, eine Einziehung der Forderungen durch den Schuldner zu verhindern und einem Wertverlust der Forderungen dadurch, dass ihre Einziehung nicht betrieben wird, zu verhindern. Die Einziehungsbefugnis soll aber nicht den Verlust der Rechte des Sicherungsnehmers bewirken.[281] Zieht der Schuldner mit Zustimmung des vorläufigen Verwalters **(§ 21 Abs. 2 Nr. 2 Alt. 2)** die sicherungszedierte Forderung ununterscheidbar auf sein Geschäftskonto ein, kommt ein Anspruch aus § 55 Abs. 2 Satz 1 in Betracht.[282]

109c Gemäß **§ 21 Abs. 2 Nr. 5** in der seit 1.7.2007 geltenden Fassung kann das Insolvenzgericht anordnen, dass Gegenstände, die im Falle der Eröffnung des Verfahrens von § 166 erfasst würden (also mit einem Absonderungsrecht belastet sind),[283] vom Gläubiger nicht verwertet oder eingezogen werden dürfen und dass solche Gegenstände zur Fortführung des Unternehmens des Schuldners eingesetzt werden können, soweit sie hierfür von erheblicher Bedeutung sind.[284] Erforderlich ist eine individualisierende Anordnung; unzulässig und unwirksam sind formularmäßige Pauschalermächtigungen, die auf die erforderliche Prüfung der gesetzlichen Voraussetzungen verzichten.[285] Es würde aber zu weit führen zu verlangen, dass etwa die für die Betriebsfortführung benötigten sicherungsübereigneten Maschinen einzeln benannt werden. Eine zusammenfassende Bezeichnung genügt. Erleidet der betreffende Gegenstand durch die Weiterbenutzung einen Wertverlust, ist dieser auszugleichen, und zwar sofort nach Erlass der Anordnung. Die Zahlung einer Nutzungsentschädigung kommt hingegen nur für einen Zeitraum in Betracht, der drei Monate nach der Anordnung liegt.[286] Eine Beschwerdemöglichkeit gegen die Anordnung gibt es nicht. Die Nutzung des Umlaufvermögens kann auch in deren Veräußerung bestehen, sofern das Sicherungsrecht in den Veräußerungserlös verlängert wird.[287]

109d Ordnet das Insolvenzgericht nach § 21 Abs. 2 Satz 1 Nr. 5 an, dass schon der vorläufige Insolvenzverwalter (mit oder ohne Verfügungsbefugnis über das Vermögen des Schuldners) zur Sicherheit abgetretene Forderungen auch gegen den Widerspruch des Sicherungsnehmers einziehen darf, gilt § 170 Abs. 1 Satz 2 entsprechend. Trifft das Insolvenzgericht eine solche Anordnung unabhängig von den Voraussetzungen des § 21 Abs. 2 Satz 1 Nr. 5 (etwa vor dessen Inkrafttreten), muss zur

---

[278] BGH NZI 2009, 425 m. Anm. *Jahn.*
[279] BGH NZI 2009, 428.
[280] BGHZ 184, 101, 111 ff. = NZI 2010, 339.
[281] BGH NZI 2007, 338.
[282] *Johlke/Jensen,* aaO S. 563, 570.
[283] Zur Situation bei Aussonderungsgut vgl. oben § 47 RdNr. 471a ff.
[284] Näher dazu *Ganter* NZI 2007, 549 ff.
[285] BGHZ 183, 269, 273 f. = NZI 2010, 95 = WuB VI A. § 21 InsO 2.10 *(Tetzlaff);* vgl. dazu auch *Gundlach/Schirrmeister,* NZI 2010, 176 ff.
[286] Kritisch insoweit *Tetzlaff* (aaO), der von einer „kalten Enteignung" spricht.
[287] *Ganter* NZI 2007, 549, 551 f.; *Mitlehner,* aaO RdNr. 585.

Vermeidung eines Wertungswiderspruchs dasselbe gelten (s.o. RdNr. 109b). Der Erlös, den bereits der vorläufige Insolvenzverwalter eingenommen und verwahrt und den der Insolvenzverwalter mit der Eröffnung des Insolvenzverfahrens übernommen hat, ist ebenso zu behandeln wie der Erlös, den der Verwalter selbst aus der Verwertung von sicherungsabgetretenen Forderungen erzielt hat. Andernfalls müsste der Gläubiger auf eine Anordnung nach §§ 21, 22 hin so schnell wie möglich alle Ermächtigungen widerrufen, um seine Rechte zu wahren, nämlich wenigstens in den Anwendungsbereich des § 48 zu gelangen. Damit würde das Ziel des Gesetzgebers (das auch der Einfügung des § 21 Abs. 2 Satz 1 Nr. 5 zugrunde liegt), das dem unternehmerischen Zweck gewidmete materielle Substrat zusammen zu halten, in sein Gegenteil verkehrt.[288]

Ermittelt der vorläufige Insolvenzverwalter nach seiner Bestellung eine insolvenzfeste **Globalzession,** muss er die Hoffnung auf eine erfolgreiche **Betriebsfortführung** nicht schon deswegen fahren lassen. Er kann vielmehr mit dem Globalzessionar vereinbaren, dass im Zuge der Betriebsfortführung neu entstehende Forderungen dem Globalzessionar in dem Umfang zustehen sollen, in dem der vorläufige Insolvenzverwalter Altforderungen einziehen und zur Finanzierung der Betriebsfortführung verwenden darf. Dann sind weder die neu entstandenen Forderungen noch die Vereinbarung anfechtbar.[289] Zur Betriebsfortführung bei Bestehen **verlängerter Eigentumsvorbehalte** vgl. § 47 RdNr. 471e. **109e**

Aus einer Anordnung nach § 21 II 1 Nr. 5 kann der dadurch betroffene Rechteinhaber die dort zuerkannten **Ausgleichsansprüche** geltend machen, auch wenn die Anordnung wegen Unbestimmtheit unwirksam ist. Durch den gerichtlichen Beschluss wurde ein Rechtsschein zum Nachteil des Berechtigten begründet, den dieser nicht beseitigen konnte, weil ihm von der Insolvenzordnung ein Rechtsmittel gegen den Beschluss nicht eingeräumt ist. Die Unwirksamkeit des Beschlusses hätte er deshalb nur im Rahmen einer streitigen Herausgabeklage geltend machen können. Da der Berechtigte sich gegen den Beschluss des Insolvenzgerichts nicht unmittelbar wehren konnte, darf er sich auf diesen Beschluss insoweit stützen, als sich daraus für ihn Ausgleichsansprüche ergeben. Er kann insoweit auf die Wirksamkeit der im Beschluss angeordneten oder aus ihm folgenden Ausgleichsansprüche vertrauen. **109f**

Hat der vorläufige Insolvenzverwalter **unberechtigt** Forderungen des Schuldners eingezogen, steht dem Berechtigten nach Insolvenzeröffnung ein Ersatzabsonderungsrecht zu. Kommt es nicht zur Insolvenzeröffnung, tritt an die Stelle des Ersatzabsonderungsrechts (falls der Drittschuldner auf Grund guten Glaubens frei geworden ist, § 407 Abs. 1 BGB) ein unmittelbarer Anspruch des Berechtigten gegen den vorläufigen Verwalter aus § 816 Abs. 2 BGB.[290] **109g**

Ist bei einer **freihändigen Veräußerung** von Ware, an denen nach Insolvenzeröffnung ein Absonderungsrecht besteht, ein höherer Erlös als bei einer Versteigerung zu erwarten, trifft den vorläufigen mitbestimmenden Insolvenzverwalter gegenüber dem künftigen Absonderungsberechtigten die Verpflichtung, dieser Art des Verkaufs zuzustimmen. Durch die Verweigerung seiner Zustimmung in den freihändigen Verkauf der Ware begeht er eine zum Schadensersatz führende Pflichtwidrigkeit im Sinne von § 60 Abs. 1, § 21 Abs. 2 Satz 1 Nr. 1. Wäre im Falle der Erteilung einer Zustimmung des nur mitbestimmenden vorläufigen Insolvenzverwalters und der Belehrung über das notwendige Einverständnis auch des Schuldners ein freihändiger Verkauf gescheitert, weil der Schuldner seine Zustimmung verweigert hätte, kann den vorläufigen Verwalter die Verpflichtung treffen, den Verkauf mit Hilfe einer bei dem Insolvenzgericht zu erwirkenden Einzelanordnung durchzusetzen, wenn es sich bei dem freihändigen Verkauf um eine besonders günstige, sich nach Verfahrenseröffnung voraussichtlich nicht mehr bietende Veräußerungsgelegenheit handelt.[291] **109h**

XII. Abwendung der abgesonderten Befriedigung durch Sicherheitsleistung

Ist außerhalb eines Insolvenzverfahrens der Schuldner befugt, die Ausübung eines Pfand- oder Zurückbehaltungsrechts durch Sicherheitsleistung (§§ 232 ff. BGB) abzuwenden, so kann nach Eröff- **110**

---

[288] BGHZ 184, 101, 111 ff. = NJW 2010, 2585 = NZI 2010, 339 ff. Zustimmend *Knof* EWiR 2010, 395; *Johlke/Jensen,* aaO S. 563, 569; wohl auch *Flöther/Wehner* NZI 2010, 554 ff.; kritisch hingegen *Smid* DZWIR 2010, 309 ff.; *Gundlach/Frenzel/Jahn* NZI 2010, 336 ff.; *Mitlehner,* aaO RdNr. 583; *ders.* ZIP 2010, 1934 ff.
[289] *Ganter* NZI 2010, 551, 552 ff.; vgl. ferner *Flöther/Wehner* NZI 2010, 554 ff.; *Tetzlaff,* jurisPR-InsR 9/2010 Anm. 3; *Uhlenbruck/Vallender* § 21 RdNr. 38e; HambKomm-*Schröder* § 21 RdNr. 69j; *Braun/Kind* § 21 RdNr. 36. Zurückhaltender noch *Ries* ZInsO 2007, 62, 65. Entgegen *Johlke/Jensen,* aaO S. 563, 570, 572 kann auf die Vereinbarung mit dem Globalzessionar nicht verzichtet werden, weil die Vereinbarung des Erlöses für die Betriebsfortführung sonst anfechtbar wäre. Der für revolvierende Sicherheiten typische „Austausch des Sicherungsgutes" ändert an der Gläubigerbenachteiligung nichts, BGHZ 174, 297, 300 RdNr. 13. Zu weitgehend AG Hamburg ZIP 2011, 1279 f.
[290] BGH NZI 2007, 338.
[291] BGH NZI 2011, 602.

nung eines Insolvenzverfahrens der Verwalter die abgesonderte Befriedigung durch Sicherheitsleistung abwenden. Eine derartige Abwendungsbefugnis besteht insbesondere in den Fällen der §§ 562c, 592, 704 BGB, § 369 Abs. 4 HGB. Die Sicherheit ist in Höhe der zu sichernden Forderung zu stellen. Ist der Wert der zurückbehaltenen Sachen geringer, so kommt es auf ihn an.[292] An der hinterlegten Sicherheit erwirbt der Gläubiger ein Pfandrecht (§ 233 BGB) mit Absonderungskraft (§ 50 Abs. 1).[293]

XIII. Ablösungsrecht des Verwalters?

111 Gemäß § 12 Abs. 1 GesO stand dem Verwalter das Wahlrecht zu, ob er sicherungsübereignete oder verpfändete Gegenstände an den Berechtigten herausgab oder dessen Absonderungsrecht durch Zahlung ablöste. Dieses Wahlrecht war nicht dadurch ausgeschlossen, dass im formularmäßigen Sicherungsübereignungs-/Verpfändungsvertrag ein Herausgabe- und Verwertungsrecht des Sicherungseigentümers/Pfandgläubigers vorgesehen war.[294] Ein vergleichbares Wahlrecht kannte weder die Konkursordnung noch kennt es die InsO.

XIV. Erlöschen des Absonderungsrechts

112 **1. Leistung auf das zur Absonderung berechtigende Sicherungsrecht.** Bei Grundpfandrechten, Mobiliarpfandrechten und Rechten aus Sicherungsübertragung können Zahlungen entweder auf die gesicherte Forderung oder auf das Sicherungsrecht geleistet werden, unter Umständen auch auf beide. Wird auf das Sicherungsrecht gezahlt, sodass dieses erlischt, erlischt auch das Absonderungsrecht. Zur Rechtslage bei der Sicherungsabtretung vgl. auch § 51 RdNr. 216b.

113 Ob auf das Sicherungsrecht oder auf die persönliche Schuld gezahlt wird, richtet sich nach der Leistungsbestimmung des Zahlenden. Trifft der Zahlende keine Leistungsbestimmung, gilt eine zwischen Sicherungsnehmer und Sicherungsgeber getroffene Anrechnungsvereinbarung. Banken pflegen bei der Hereinnahme von Grundschulden üblicherweise zu vereinbaren, dass Zahlungen auf die durch die Grundschuld gesicherten Forderungen verrechnet werden, soweit nicht im Einzelfall berechtigterweise auf die Grundschuld selbst geleistet wird.[295] Fehlt es auch an einer Anrechnungsvereinbarung, müssen die Umstände des Einzelfalls, insbesondere die Interessenlage, entscheiden.[296] Im Zweifel leistet der persönliche Schuldner auf die gesicherte Forderung und der von dem Schuldner verschiedene Sicherungsgeber auf die dingliche Sicherheit. Zahlt ein sonstiger Dritter, entscheidet die Sicht des Leistungsempfängers.[297] Leistet der Grundstückseigentümer, der zugleich persönlicher Schuldner ist, laufende Teilzahlungen, so erfolgen diese im Zweifel auf die persönliche Schuld.[298] Ist der Ersteher eines Grundstücks zugleich Gläubiger einer bestehen bleibenden Hypothek und der dadurch gesicherten Forderung, so erlischt diese regelmäßig nach § 53 Abs. 1 ZVG in Höhe der Hypothek.[299] Der Insolvenzverwalter leistet grundsätzlich auf die Grundschuld; an eine abweichende Tilgungsvereinbarung ist er nicht gebunden.[300]

114 **2. Tilgung der gesicherten Forderung.** Auch die Tilgung der gesicherten Forderung kann zum Erlöschen der Sicherheit – und damit des Absonderungsrechts – führen. Dieselbe Wirkung können auch Erlass, Aufrechnung und Schuldumschaffung haben. Schuldet der Kreditnehmer sowohl einen gesicherten als auch einen ungesicherten Kreditbetrag und reichen seine Zahlungen zur Tilgung sämtlicher Schulden nicht aus, stellt sich die Frage der **Verrechnung**. Diese ist leicht zu beantworten, wenn im Voraus eine Absprache getroffen wurde, etwa durch Beschränkung der Sicherheit auf den „letztrangigen" Teil der Forderung; dann sind Teilzahlungen zunächst auf den ungesicherten Kredit zu verrechnen. Ebenso ist im Falle einer limitierten Sicherheit mit Teilzahlungen des Schuldners zu verfahren, dem der Gläubiger über das Limit hinaus Kredit gewährt hat. Ist nichts vereinbart, kann der Schuldner bei der Zahlung bestimmen, auf welchen Teil der Forderung er leistet. Fehlt auch eine derartige Bestimmung – die stillschweigend getroffen werden kann[301] –,

---

[292] RGZ 137, 324, 355; *Baumbach/Hopt* § 369 HGB RdNr. 14.
[293] *Jaeger/Henckel* § 50 RdNr. 30.
[294] LG Berlin ZIP 1996, 1478, 1479.
[295] Dazu *Epp* in Schimansky/Bunte/Lwowski, Bankrechts-Hdb., § 94 RdNr. 438.
[296] BGH NJW 1987, 838, 839.
[297] BGH NJW 1986, 251; WM 1998, 443, 445.
[298] BGH NJW-RR 1993, 386, 389.
[299] BGHZ 133, 51 ff. = NJW 1996, 2310.
[300] BGH NJW 1994, 2692 = WuB I F 3.-5.95 (*Benckendorff*) = EWiR 1994, 895 (*Gerhardt*); *Gerhardt* ZIP 1980, 165, 167; *Gottwald/Adolphsen*, Insolvenzrechts-Hdb., § 42 RdNr. 26; *Uhlenbruck/Brinkmann* § 49 RdNr. 47.
[301] BGH NJW 1969, 1846, 1847.

richtet sich die Reihenfolge der Tilgung nach den §§ 366, 367 BGB.[302] Je nachdem, ob es sich um eine akzessorische oder eine nicht-akzessorische Sicherheit handelt, kann die Tilgung (usw.) unmittelbar oder mittelbar das Erlöschen bewirken. In Fällen der Verwertung einer sicherungshalber abgetretenen Forderung steht dem Schuldner ein Tilgungsbestimmungsrecht nach § 366 Abs. 1 BGB nicht zu.[303] Die Frage, ob dem Insolvenzverwalter ein solches zusteht, wenn er den Erlös aus der Verwertung von Gegenständen, die mit einem Absonderungsrecht belastet sind, auskehrt, ist noch nicht geklärt.[304]

a) Akzessorische Sicherheiten. Befriedigt der Verpfänder, der zugleich persönlicher Schuldner ist, den Pfandgläubiger, erlischt das Pfandrecht, falls dieses nicht auch zukünftige Forderungen sichert. In diesem Falle erlischt es erst, wenn mit dem Entstehen künftiger Forderungen nicht mehr zu rechnen ist. Ist der Verpfänder nicht zugleich persönlicher Schuldner, geht die Forderung nach § 1225 BGB und das Pfandrecht nach §§ 401, 1250 BGB auf den zahlenden Verpfänder über. Ist dieser zugleich Eigentümer, geht das Pfandrecht nach § 1256 BGB unter.

b) Nicht-akzessorische Sicherheiten. Bei nicht-akzessorischen Sicherheiten, insbesondere den durch eine Sicherungsübertragung begründeten, hat die Tilgung der gesicherten Forderung – ausnahmsweise – das Erlöschen der Sicherheit, folglich auch des Absonderungsrechts, dann zur Folge, wenn die Sicherungsübertragung auflösend bedingt war. In den anderen Fällen hat der Sicherungsgeber, solange er vertragstreu ist, lediglich einen durch die Tilgung der Schuld aufschiebend bedingten Anspruch auf Rückübertragung des Sicherungsgegenstandes.[305] Der Anspruch steht – auch im Falle einer Interzession – stets dem Sicherungsgeber zu, nicht dem Schuldner und nicht einem Dritten, der für den Schuldner gezahlt hat (§ 267 BGB).

3. Untergang des Sicherungsmittels. Dienen bewegliche Sachen als Sicherungsmittel – so bei der Verpfändung und der Sicherungsübereignung –, geht das Absonderungsrecht verloren, wenn das Sicherungsmittel untergeht. Dieses geht unter, wenn es mit einem Grundstück dergestalt verbunden wird, dass es **wesentlicher Bestandteil** des Grundstücks wird (§ 946 BGB). Das Gleiche gilt, wenn das Sicherungsmittel durch Verbindung, Vermischung oder Vermengung mit einer anderen beweglichen Sache, die als die Hauptsache anzusehen ist, wesentlicher Bestandteil einer einheitlichen Sache wird (§§ 947 Abs. 2, 948 BGB). Schließlich geht das Sicherungsmittel auch dann unter, wenn daraus durch Verarbeitung oder Umbildung eine **neue bewegliche Sache** hergestellt wird, sofern nicht der Wert der Verarbeitung oder der Umbildung erheblich geringer ist als der Wert des Stoffes und die Herstellung oder Umbildung nicht für den Sicherungsnehmer erfolgt (§ 950 BGB).

Dem tatsächlichen steht der rechtliche Untergang des Sicherungsmittels gleich. So verhält es sich, wenn die Parteien eines Vorbehaltskaufs die Aufhebung des mit einem Pfandrecht belasteten Anwartschaftsrechts des Vorbehaltskäufers vereinbaren.[306] Es ist allerdings sehr fraglich, ob die Aufhebung ohne die Zustimmung des Pfandgläubigers vereinbart werden kann.[307]

4. Veräußerung des Sicherungsmittels. Die Sicherheit kann auch durch die Veräußerung der verpfändeten, einem gesetzlichen Pfandrecht unterliegenden oder sicherungsübereigneten Sache erlöschen. Dies ist zum Beispiel der Fall, wenn der Insolvenzverwalter Ware, die mit einem Vermieterpfandrecht belastet ist, im Rahmen der Fortführung des Schuldnerbetriebes und somit entsprechend den „gewöhnlichen Lebensverhältnissen" (§ 562a Satz 2 BGB) veräußert (vgl. § 50 RdNr. 96).[308] Ein Gleiches gilt, wenn der Sicherungsgeber das Sicherungsgut vertragsgemäß, nämlich auf Grund einer ihm eingeräumten Verfügungsbefugnis, veräußert. Selbst wenn der Sicherungsgeber das Sicherungsgut vertragswidrig veräußert, erlischt die Sicherheit, falls der Erwerber gutgläubig ist (s.o. RdNr. 76). Sie erlischt schließlich auch dann, wenn der Sicherungsnehmer das Volleigentum an einen Gutgläubigen veräußert.

5. Verzicht, Verwirkung. Im Allgemeinen wird ein Verzicht auf ein Absonderungsrecht nur in Betracht kommen, wenn die Verwertung aussichtslos oder schwierig ist oder wenn der Absonderungsberechtigte mit seinem Recht wegen vorrangiger wertausschöpfender Belastungen mit Sicherheit ausfallen wird. Auch im Hinblick auf eine voraussichtlich erfolgreiche Anfechtung kann ein Verzicht tunlich erscheinen.

---

[302] BGH NJW 1991, 1286, 1287; 1997, 2514, 2516.
[303] BGH NJW 2008, 2842 RdNr. 22; NZI 2011, 247, 249 RdNr. 15.
[304] Vgl. OLG Dresden NZI 2011, 995 ff. (nicht rkr.).
[305] BGH WM 1957, 1458, 1461; *Serick* III § 37 II 1a (S. 403 f.).
[306] BGHZ 92, 280 ff. = NJW 1985, 376.
[307] Ablehnend zB *Tiedtke*, Die Aufhebung des belasteten Anwartschaftsrechts ohne Zustimmung des Pfandgläubigers, NJW 1985, 1305 ff.
[308] LG Mannheim ZIP 2003, 237 = EWiR 2003, 1257 *(Schmidt)*.

121 Auf das Absonderungsrecht wird verzichtet, indem **das die Absonderung begründende Recht** endgültig und vorbehaltlos aufgegeben wird (vgl. zB § 50 RdNr. 65). Der Verzicht bleibt auch nach Beendigung des Insolvenzverfahrens verbindlich.[309] Verspricht zum Beispiel ein Pfandgläubiger, das Absonderungsrecht (nur) im Insolvenzverfahren nicht geltend zu machen, ist das kein Verzicht. Andernfalls könnte der Pfandgläubiger auf seine Forderung die Insolvenzquote erlangen (§ 52 Satz 2) und nach Verfahrensbeendigung zusätzlich aus seinem Pfandrecht vorgehen. Auf diese Weise könnte er mehr erlangen als andere Pfandgläubiger, die nicht verzichtet haben. Die Abrede, das Absonderungsrecht nicht geltend zu machen, wird aber oft mit einem – außerhalb der Abrede zu suchenden – Verzicht verbunden sein.

122 Mittelbar verwertbare Sicherheiten[310] – das sind insbesondere die Mobiliarpfandrechte und die Hypothek – gibt der Sicherungsnehmer auf, indem er auf sie verzichtet (vgl. §§ 1168, 1255 BGB). Auch auf eine Sicherungsgrundschuld, die eine unmittelbar verwertbare Sicherheit darstellt, kann verzichtet werden. Verfügt ein Insolvenzgläubiger zur Sicherung seiner Forderung über eine Gesamtgrundschuld, für die massefremde Grundstücke mithaften und die zugleich auch Forderungen gegen Dritte sichert, so genügt für einen Verzicht auf das Absonderungsrecht, dass er im Umfang der Anmeldung als Insolvenzforderung auf den schuldrechtlichen Sicherungsanspruch aus einer Zweckvereinbarung mit den Sicherungsgebern verzichtet.[311] Das Sicherungseigentum sowie die Rechtsstellung des Sicherungszessionars können nur in der Form aufgegeben werden, dass der Sicherungsnehmer sie auf den Sicherungsgeber oder einen von diesem bestimmten Dritten (zurück-)überträgt.

123 Der Verzicht braucht grundsätzlich nicht ausdrücklich erklärt zu werden. Falls für den Verzicht keine bestimmte Form vorgeschrieben ist (dazu u. RdNr. 125), reicht **schlüssiges Verhalten** aus.[312] Als solches genügt ein Verhalten, das nach Treu und Glauben als Aufgabe des das Absonderungsrecht begründenden Rechts aufgefasst werden kann. Das Verhalten muss allerdings unzweideutig sein[313] (zum Verzicht in der Bankpraxis s. § 50 RdNr. 65). Als Verzicht auf das Absonderungsrecht für eine Insolvenzforderung genügt jede Erklärung, die verhindert, dass das Absonderungsgut verwertet und die gesicherte Insolvenzforderung trotzdem in voller Höhe bei der Verteilung der Masse berücksichtigt wird.[314] Ein Verzicht ist anzunehmen, wenn ein Gläubiger, dessen Absonderungsrecht bestritten war und der nichts zu dessen Anerkennung veranlasst hat, es zulässt, dass auf seine volle Forderung eine Quote ausgeschüttet wird.[315] Wenn der Gläubiger unter Verschweigung seines Absonderungsrechts bei den Insolvenzgläubigern mitstimmt, ist dies kein Verzicht, weil dieses Verhalten nicht eindeutig erkennen lässt, dass von dem Absonderungsrecht kein Gebrauch gemacht werden soll.[316] Die vorbehaltlose Geltendmachung der ganzen Forderung im Insolvenzverfahren wird auch sonst nicht als Verzicht auf das Absonderungsrecht gewertet[317] (vgl. auch u. § 52 RdNr. 39). Von einem Verzicht kann schließlich auch nicht schon deswegen ausgegangen werden, weil der Absonderungsberechtigte während des Insolvenzverfahrens von seinem Recht keinen Gebrauch gemacht hat.[318]

124 Ein wirksamer Verzicht setzt keinen **Verzichtswillen** voraus;[319] es genügt – wie auch sonst[320] –, dass der Absonderungsberechtigte bei Anwendung der im Verkehr erforderlichen Sorgfalt hätte erkennen und vermeiden können, dass seine Äußerung nach Treu und Glauben und der Verkehrssitte als entsprechende Willenserklärung verstanden werden durfte und sie auch tatsächlich so verstanden worden ist. Die strengere Auffassung des RG[321] ist überholt. Der Betreffende muss sich nicht einmal seines Absonderungsrechts bewusst gewesen sein.[322]

---

[309] *Jaeger/Henckel* § 52 RdNr. 31.
[310] Zur Abgrenzung von den unmittelbar verwertbaren vgl. *Ganter* in Schimansky/Bunte/Lwowski, Bankrechts-Handbuch, § 90 RdNr. 38 ff.
[311] BGH ZIP 2011, 180 RdNr. 8.
[312] *Jaeger/Henckel* § 52 RdNr. 28; *Uhlenbruck/Brinkmann* § 52 RdNr. 16; *Kübler/Prütting*/Bork § 52 RdNr. 6.
[313] BGH NJW 1994, 379, 380 = EWiR 1994, 25 *(Wenzel)*; 1997, 2110, 2111 = EWiR 1998, 25 *(Hager)* = LM BGB § 1287 Nr. 2 *(Wilhelm)*.
[314] BGH ZIP 2011, 180 RdNr. 9.
[315] Vgl. RGZ 77, 403, 406; ähnlich *Gottwald/Adolphsen*, Insolvenzrechts-Handbuch, § 42 RdNr. 86; aA *Uhlenbruck/Brinkmann* § 52 RdNr. 16.
[316] *Uhlenbruck/Brinkmann* § 52 RdNr. 16; weniger streng *Jaeger/Henckel* § 52 RdNr. 28.
[317] RGZ 16, 32, 36; 16, 68, 70; OLG Hamm ZIP 1994, 1373, 1375; OLG Nürnberg ZIP 2007, 642, 643; *Gottwald/Adolphsen*, Insolvenzrechts-Hdb., § 42 RdNr. 86; *Jaeger/Henckel* § 52 RdNr. 28; HK-*Lohmann* § 52 RdNr. 9; FK-*Imberger* § 52 RdNr. 8.
[318] *Jaeger/Henckel* § 52 RdNr. 27; HK-*Lohmann* § 52 RdNr. 9.
[319] AA *Uhlenbruck* § 52 RdNr. 17.
[320] BGHZ 109, 171, 177 = NJW 1990, 454; BGH NJW 1995, 953.
[321] Vgl. RG JW 1908, 205 Nr. 27.
[322] AA RG Recht 1914 Nr. 2009.

Die Verzichtserklärung kann bereits vor Verfahrenseröffnung gegenüber dem Schuldner oder einem vorläufigen Insolvenzverwalter mit Verfügungsbefugnis erklärt werden.[323] Nach Insolvenzeröffnung hat er **gegenüber dem Insolvenzverwalter** zu erfolgen. Sie bedarf – sofern nichts Abweichendes bestimmt ist – keiner **Form**.[324] Zwar ist zum Verzicht auf ein Recht an einem Grundstück zumeist die Erklärung gegenüber dem Begünstigten oder dem Grundbuchamt und die Eintragung im Grundbuch erforderlich (§ 875 Abs. 2, § 1168 Abs. 2, § 1175[325] BGB). Wird zum Zwecke des Verzichts über ein zur abgesonderten Befriedigung berechtigendes Grundpfandrecht verfügt, bedarf die Erklärung des Insolvenzgläubigers der grundbuchmäßigen Form.[326] Der wirksam gewordene Verzicht ist unwiderruflich.[327]

Steht einem Sicherungsrecht eine **rechtszerstörende Einrede** (etwa auf Grund der §§ 821, 853 BGB) entgegen, hat der Eigentümer einen **Anspruch** darauf, dass der Gläubiger darauf verzichtet (vgl. §§ 1169, 1254 Satz 2 BGB).[328] Beim Mobiliarpfandrecht ist auch der Verpfänder anspruchsberechtigt (§ 1254 Satz 1 BGB). Die Verjährung hindert den Sicherungsnehmer nicht an der Verwertung der Sicherheit (§ 223 BGB).

Der Verzicht auf das die Absonderung begründende Recht oder dessen Übertragung auf den Sicherungsnehmer hat die **Wirkung,** dass der Gegenstand der Absonderung für die Masse frei wird.[329] Der Verzicht kann für die Forderung insgesamt oder auch nur für einen Teil erklärt werden.[330] Der Verzicht auf eine Hypothek hat kein Aufrücken der nachrangigen Gläubiger zur Folge, und eine rechtsgeschäftliche Aufhebung mit diesem Ziel kann der Insolvenzverwalter verhindern (§ 1168 Abs. 1, § 1183 Satz 1 BGB, § 80).[331]

Vielfach wird in solchen Fällen, in denen ein Verzicht in Betracht kommt, stattdessen eine **Verwirkung** angenommen.[332] Das ist insofern unbedenklich, als das Recht auf abgesonderte Befriedigung grundsätzlich verwirkt werden kann.[333] Indes ist die Verwirkung erst dann zu prüfen, wenn kein Aufgabewille festgestellt werden kann.

6. Kein Erlöschen durch Restschuldbefreiung. Wie sich aus § 301 Abs. 2 Satz 1 InsO ergibt, lässt die Restschuldbefreiung solche Rechte unberührt, die im Insolvenzverfahren zur abgesonderten Befriedigung berechtigen. Dass sich die zugrunde liegende – während des Insolvenzverfahrens noch nicht vollständig erfüllte (andernfalls gilt das zu RdNr. 114 Ausgeführte) – Forderung in eine Naturalobligation verwandelt hat, ist unerheblich.

XV. Geltendmachung des Absonderungsrechts

Nach § 28 Abs. 2 Satz 1 sind im Eröffnungsbeschluss die Gläubiger aufzufordern, dem Verwalter unverzüglich mitzuteilen, welche Sicherungsrechte sie an beweglichen Sachen oder an Rechten des Schuldners in Anspruch nehmen. Wer die Mitteilung schuldhaft unterlässt oder verzögert, verliert zwar nicht sein Absonderungsrecht; er haftet jedoch für den daraus entstehenden Schaden (§ 28 Abs. 2 Satz 3).[334]

XVI. Prüfungs-, Auskunfts- und Herausgabepflicht des Verwalters

Der Insolvenzverwalter hat die Pflicht, von sich aus die Insolvenzmasse in großen Zügen auf das Vorhandensein von Gegenständen zu **überprüfen,** an denen Absonderungsrechte bestehen.[335] Werden ihm solche Rechte bekannt, hat er sie von Amts wegen jedenfalls insofern zu berücksichtigen, als er den Erlös vorläufig nicht ausschüttet.[336] Werden Absonderungsrechte konkret geltend gemacht, muss der Verwalter eingehender prüfen.[337]

---

[323] *Jaeger/Henckel* § 52 RdNr. 32.
[324] *Jaeger/Henckel* § 52 RdNr. 28; *Uhlenbruck/Brinkmann* § 52 RdNr. 16.
[325] Vgl. *Palandt/Bassenge* § 1175 RdNr. 3.
[326] BGH ZIP 2011, 180 RdNr. 10.
[327] RGZ 64, 425, 428; *Jaeger/Henckel* § 52 RdNr. 31; *Uhlenbruck/Brinkmann* § 52 RdNr. 17.
[328] BGH LM LASG § 3a Nr. 2.
[329] *Jaeger/Henckel* § 52 RdNr. 24.
[330] RGZ 64, 425, 427; *Jaeger/Henckel* § 52 RdNr. 25, 31; *Uhlenbruck/Brinkmann* § 52 RdNr. 15.
[331] *Jaeger/Henckel* § 52 RdNr. 29.
[332] Vgl. OLG München NJW 1959, 1542, 1543; KG JR 1961, 142.
[333] So auch *Uhlenbruck/Brinkmann* § 52 RdNr. 19.
[334] Vgl. §§ 27 bis 29 RdNr. 54 ff. und *Zimmer* ZVI 2004, 269, 273; *Smid,* Kreditsicherheiten, § 14 RdNr. 1 ff.
[335] AA OLG Köln ZIP 1982, 1107; *Jaeger/Henckel* Vor §§ 49–52 RdNr. 54: Keine Pflicht, Sicherungsrechte zu ermitteln.
[336] *Rutenfranz* KTS 1966, 165; *Hess* § 49 RdNr. 35; missverständlich insoweit OLG Düsseldorf NJW-RR 1998, 559, 560.
[337] *Ehlers* ZInsO 1998, 356, 359.

130 Weiterhin hat der Verwalter die Pflicht, Gläubigern mit Absonderungsrechten die für deren Geltendmachung erforderlichen **Auskünfte** zu erteilen (vgl. § 167). In beiderlei Hinsicht kann zunächst auf die Ausführungen zu den Prüfungs- und Auskunftspflichten gegenüber Aussonderungsberechtigten verwiesen werden (§ 47 RdNr. 446 ff., 460 ff.). Macht ein Lieferant des Insolvenzschuldners geltend, ihm stehe auf Grund eines verlängerten Eigentumsvorbehalts ein Absonderungs- bzw. Ersatzabsonderungsrecht zu, hat der Insolvenzverwalter ihm auf Verlangen grundsätzlich Auskunft darüber zu erteilen, welche Teile der Lieferung noch vorhanden sind und welche weiterveräußert wurden, wer der Abnehmer war, welche Forderungen aus der Weiterveräußerung entstanden sind und welche bereits eingezogen wurden. Allerdings ist insbesondere in einem solchen Falle darauf zu achten, dass die Auskunftspflicht nicht unzumutbar ausgedehnt wird. Uneingeschränkt auskunftspflichtig ist der Insolvenzverwalter nur in Bezug auf solche Veräußerungen, die er selbst vorgenommen hat, oder in Bezug auf solche Forderungen, die er selbst eingezogen hat. Soweit es um Handlungen des Insolvenzschuldners vor Verfahrenseröffnung geht, darf der Verwalter ausnahmsweise – falls die von ihm, unabhängig von der Berücksichtigung etwaiger Absonderungsrechte, ohnedies vorzunehmende Erfassung und Sicherung des Massebestandes ihm insofern keine Klarheit verschafft hat und der für die Auskunftserteilung noch erforderliche Aufwand Ausmaße annehmen würde, die dem Verwalter für seine sonstigen Aufgaben nur noch wenig Zeit ließe – den Absonderungsberechtigten darauf verweisen, sich die gewünschten Informationen durch Einsichtnahme in die Geschäftsunterlagen des Insolvenzschuldners selbst zu verschaffen.[338] Macht der Verwalter von dieser „Ersetzungsbefugnis" Gebrauch, kann der Absonderungsberechtigte die Einsichtnahme grundsätzlich auch durch eine zur Verschwiegenheit verpflichtete Vertrauensperson – zB einen Wirtschafts- oder Buchprüfer – ausüben lassen. Zum Auskunftsanspruch auf Grund des Vermieterpfandrechts vgl. § 50 RdNr. 102a.

131 Es können keine Auskünfte verlangt werden, die nicht im Zusammenhang mit dem Absonderungsrecht stehen, sondern auf die Ermittlung von etwaigen Pflichtverletzungen des Insolvenzverwalters bei der bevorzugten Berücksichtigung konkurrierender Sicherungsrechte zielen (vgl. o. RdNr. 76b).[339] Auch ist der ursprüngliche Gläubiger einer zur Sicherheit abgetretenen Forderung grundsätzlich nicht verpflichtet, den Zessionar im Voraus darüber zu informieren, welche Einwendungen der Schuldner gegen die abgetretene Forderung erhoben hat.[340] Erst wenn der Schuldner Einwendungen erhebt, die der Zessionar aus eigenem Wissen nicht entkräften kann, hat der Zedent ihm auf gezielte Anfrage Auskunft darüber zu erteilen, was er zur Entgegnung auf diese Einwendungen beitragen kann.

132 Wird der Verwalter im Prüfungstermin von dem Berechtigten gefragt, ob er das Absonderungsrecht **anerkenne,** sollte er sich dazu äußern. Andernfalls riskiert er, auf die Feststellung des Absonderungsrechts verklagt zu werden (s.u. RdNr. 137). Selbst wenn er dann im ersten Termin anerkennt, hat er die Verfahrenskosten zu tragen, weil er zur Klageerhebung Anlass gegeben hat (§ 93 ZPO). Ob das Recht vom Verwalter anerkannt oder bestritten ist, braucht nicht in die Tabelle eingetragen zu werden. Eine etwaige Eintragung ist nicht der Rechtskraft fähig. Wegen der Wirkungen einer Anerkennung vgl. zunächst § 47 RdNr. 456. Anerkennt der Verwalter ein in Wahrheit nicht bestehendes Absonderungsrecht, kann dies **insolvenzzweckwidrig** und damit unwirksam sein.[341]

133 An die Stelle der gegenüber Aussonderungsberechtigten bestehenden **Herausgabepflicht** tritt die Pflicht, nach der Verwertung des Gegenstandes der abgesonderten Befriedigung den **Erlös** bis zur Höhe des Betrages an den Absonderungsberechtigten **auszukehren,** für den der betreffende Gegenstand gehaftet hat (s.o. RdNr. 1) und für den nunmehr der Erlös haftet (§ 170 Abs. 1 Satz 2; vgl. dazu RdNr. 63, 67a). Gibt der Insolvenzverwalter die mit dem Absonderungsrecht belastete Sache an den Berechtigten heraus, verliert er das Verwertungsrecht nach § 166 Abs. 1. Um dem Insolvenzverwalter dieses Recht zu erhalten, darf auch schon der vorläufige Verwalter einem Herausgabeverlangen des Absonderungsberechtigten nicht nachgeben.[342]

134 Begehrt der Insolvenzverwalter unter Berufung auf die Vorschriften der Insolvenzanfechtung die Rückgewähr (§ 143 Abs. 1 Satz 1) eines Gegenstands, an dem der Anfechtungsgegner ein Absonderungsrecht zu besitzen glaubt, kann dieser das Absonderungsrecht, das gegebenenfalls den Erfolg der

---

[338] Vgl. BGH NZI 2000, 422; LG Baden-Baden ZIP 1989, 1003, 1004 = EWiR 1990, 75 *(Hess); Jaeger/Henckel* Vor §§ 49–52 RdNr. 54; *Uhlenbruck* § 80 RdNr. 191; zu weitgehend OLG Düsseldorf NZI 2000, 82, 83: Der Verwalter könne den Auskunftsanspruch *regelmäßig* durch das Angebot zur Einsicht in die Geschäftsunterlagen abwehren.

[339] Vgl. BGH ZInsO 2010, 2234.

[340] BGH NJW 2000, 3777, 3786.

[341] Vgl. OLG Dresden DZWIR 2004, 246; ferner § 129 RdNr. 45.

[342] Vgl. *Kilger,* 100 Jahre KO, S. 189, 199.

Anfechtung verhindert,[343] einredeweise entgegenhalten (**Zurückbehaltungsrecht**). Beziehen sich das Absonderungsrecht und der Rückgewähranspruch auf verschiedene Gegenstände, kann kein Zurückbehaltungsrecht geltend gemacht werden. Die beiderseitigen Ansprüche stehen hier nicht in dem rechtlich engen Verhältnis zueinander, das § 273 BGB voraussetzt.

Wegen der **Kosten**, die durch die Prüfung von Absonderungsrechten und die Verwertung entstehen, wird auf § 171 und die dortige Kommentierung verwiesen. Hinsichtlich der durch die Erteilung von Auskünften und die Herausgabe von Gegenständen der abgesonderten Befriedigung verursachten Kosten gelten die Ausführungen unter § 47 RdNr. 467 ff. entsprechend. Kann der Insolvenzverwalter den Auskunftsberechtigten ausnahmsweise darauf verweisen, sich die erforderlichen Informationen durch Einsichtnahme in die Geschäftsunterlagen des Schuldners selbst zu beschaffen, hat die dadurch entstehenden Kosten der Auskunftsberechtigte zu tragen. Er kann dafür Deckung aus den Sicherungsgegenständen verlangen. **135**

An die Stelle des Absonderungsrechts tritt ein **Ersatzabsonderungsrecht** (s.u. RdNr. 167 ff.), wenn der Insolvenzverwalter ein **Absonderungsrecht vereitelt,** indem er ohne Berechtigung (vgl. § 166) den Gegenstand der abgesonderten Befriedigung verwertet. Ggf. hat der Verwalter den Verwertungserlös an den Absonderungsberechtigten auszukehren. Hat der Insolvenzverwalter schuldhaft gehandelt (vgl. dazu § 47 RdNr. 452 f.), ist er überdies dem Absonderungsberechtigten gemäß § 60 Abs. 1 zum **Schadensersatz** verpflichtet.[344] Schuldhaft ist es zum Beispiel, wenn der Insolvenzverwalter den Vorrang des Vermieterpfandrechts vor dem Sicherungseigentum verkennt.[345] Der Verwalter soll auch dann haften, wenn die Gläubigerversammlung das Geschäft, mit dem das Absonderungsrecht vereitelt wird, unter Mitwirkung des absonderungsberechtigten Gläubigers genehmigt.[346] Dem wird man aber nur zustimmen können, wenn sich die Genehmigung nicht auf das konkrete Rechtsgeschäft bezieht.[347] Unterlässt der Absonderungsberechtigte jegliche Bemühungen zur Durchsetzung seines – ihm bekannten – Rechts, kann dies ein Mitverschulden begründen (vgl. dazu § 47 RdNr. 453).[348] Verhindert der Verwalter, der selbst zur Verwertung berechtigt ist, eine Absonderung des Verwertungserlöses dadurch, dass er diesen untrennbar mit anderen Geldern vermischt, scheidet eine Ersatzabsonderung aus; hier kommt nur ein Anspruch gegen die Masse auf Auskehrung oder eine Schadensersatzpflicht des Verwalters in Betracht (vgl. u. RdNr. 175).[349] Eine Schadensersatzpflicht kann sich auch daraus ergeben, dass er entgegen § 168 Abs. 1 InsO dem Absonderungsberechtigten seine Veräußerungsabsicht nicht anzeigt und ihm somit keine Gelegenheit gibt, auf eine günstigere Verwertungsmöglichkeit hinzuweisen oder den Gegenstand selbst zu übernehmen. Schadensersatzpflichtig kann sich der Verwalter auch dadurch machen, dass er eine Verwertung entgegen § 169 InsO unnötig hinauszögert oder dass er einer freihändigen Veräußerung nicht zustimmt, obwohl bei einer solchen ein höherer Erlös als bei einer Versteigerung zu erwarten wäre,[350] oder dass er dem Absonderungsberechtigten nicht den Betrag auszahlt, den jener nach § 170 Abs. 1 Satz 2 InsO verlangen kann.[351] **136**

XVII. Absonderungsstreit

1. Allgemeines. Wird dem Absonderungsberechtigten sein Recht zur abgesonderten Befriedigung, die (allerdings nur noch eingeschränkt bestehende, vgl. §§ 165, 166) eigene Verwertungsbefugnis oder das Recht am Erlös bestritten, ist es Sache des Absonderungsberechtigten, den Anspruch auf abgesonderte Befriedigung durchzusetzen. Der Absonderungsstreit richtet sich grundsätzlich nach denselben Regeln wie der Aussonderungsstreit (s. dazu § 47 RdNr. 473 ff.). **137**

Im Absonderungsstreit muss der Berechtigte **den Insolvenzverwalter** in Anspruch nehmen.[352] Gegen den Schuldner persönlich richtet sich der Anspruch nur dann, wenn der Verwalter den Gegenstand wegen der darauf ruhenden Belastungen freigegeben hat.[353] Zur Rechtslage, wenn der Verwalter die Freigabe erst während des Prozesses erklärt, s.u. RdNr. 141. **138**

---
[343] BGH NJW 1992, 624, 626; 1995, 1668, 1670.
[344] Vgl. OLG Stuttgart ZIP 1990, 1091; OLG Düsseldorf NJW-RR 1998, 559; *Jaeger/Henckel* Vor §§ 49–52 RdNr. 54.
[345] OLG Düsseldorf NJW-RR 1998, 559, 560.
[346] OLG Hamm DZWIR 1999, 338 (*Mohrbutter/Mohrbutter*) = EWiR 1999, 849 (*Lüke*).
[347] Ähnlich *Lüke* aaO.
[348] OLG Düsseldorf NJW-RR 1998, 559, 561.
[349] BGH NJW 1994, 511.
[350] BGH NZI 2011, 602.
[351] BGH NJW 1994, 511.
[352] *Uhlenbruck/Brinkmann* § 49 RdNr. 58.
[353] *Jaeger/Henckel* Vor §§ 49–52 RdNr. 24; HK-*Lohmann* § 49 RdNr. 22; *Schaarschmidt/Herbst* aaO RdNr. 3366.

Vor §§ 49 bis 52

139 Trotz der „Allseitigkeit" der Absonderungsregelung[354] steht den Insolvenzgläubigern kein Widerspruchsrecht (vgl. § 178) gegen behauptete Absonderungsrechte zu.[355] Für diese gibt es kein förmliches Anmeldungs- und Feststellungsverfahren.

140 Können sich die Beteiligten außergerichtlich nicht verständigen, ist die Streitigkeit **im Prozesswege** (außerhalb des Insolvenzverfahrens)[356] auszutragen. Die örtliche und die sachliche Zuständigkeit richtet sich dabei nach den außerhalb der Insolvenz geltenden Vorschriften. Wird zum Beispiel um ein Grundpfandrecht gestritten, ist § 24 ZPO maßgeblich. Geht es um ein kaufmännisches Zurückbehaltungsrecht, ist § 371 Abs. 4 HGB anwendbar. Bestreitet der Verwalter sowohl das Absonderungsrecht als auch die gesicherte Forderung, gilt § 180 Abs. 1 Satz 2 und 3 nicht für den Absonderungsstreit.[357] Haben der Schuldner und der Berechtigte vor Insolvenzeröffnung eine **Gerichtsstandsvereinbarung** für den Streit über das die Absonderung begründende Recht getroffen, soll diese Vereinbarung nicht für einen erst nach Verfahrenseröffnung zu beginnenden Prozess binden.[358] Dieses Ergebnis erscheint zweifelhaft, weil es merkwürdig kontrastiert zur Rechtslage bei „vorkonkurslichen" Schiedsvereinbarungen (s.u. RdNr. 148).[359] Nimmt der Verwalter das Absonderungsrecht für die Masse in Anspruch, handelt es sich in Wahrheit um einen Aussonderungs- und nicht um einen Absonderungsstreit (vgl. § 47 RdNr. 13).

141 Erklärt der Insolvenzverwalter die **Freigabe** erst **während des Rechtsstreits,** ist umstritten, ob jener im Prozess verbleibt (§ 265 ZPO) und diesen nunmehr in gesetzlicher Prozessstandschaft für den Insolvenzschuldner weiterführt oder ob dieser in den Prozess eintritt. Die Frage dürfte im zuletzt genannten Sinne zu beantworten sein, weil die Freigabe für den Prozess dieselbe Wirkung hat wie eine Beendigung des Insolvenzverfahrens.[360]

142 **2. Klageart und Klageantrag.** Soweit der Gegenstand, auf den sich das Absonderungsrecht bezieht, durch den Verwalter verwertet wird – dies ist nunmehr insbesondere der Fall bei beweglichen Sachen, die sich im Besitz des Verwalters befinden (§ 166 Abs. 1), und bei sicherungshalber abgetretenen Forderungen (§ 166 Abs. 2) –, ist eine **Klage auf Feststellung** des bestrittenen Absonderungsrechts (§ 256 ZPO) erforderlich und ausreichend. Kann der Absonderungsberechtigte selbst verwerten – dies ist möglich bei unbeweglichen Sachen (§ 165), bei beweglichen Sachen, die der Absonderungsberechtigte im Besitz hat, und bei verpfändeten Forderungen – und will er von diesem Recht Gebrauch machen, bedarf er, falls der Verwalter sein Recht bestreitet, gegen diesen gerichteten Titels auf Duldung der Zwangsvollstreckung. Die Verwertung des kaufmännischen Zurückbehaltungsrechts (§ 51 Nr. 3) ist, obwohl sie nicht im Wege der Zwangsvollstreckung zu geschehen braucht, nach § 371 Abs. 3 HGB ebenfalls erst zulässig, nachdem ein vollstreckbarer Titel vorliegt. Bei Grundpfandrechten kann sich der Absonderungsberechtigte häufig auf eine **vollstreckbare Urkunde** stützen (§§ 794 Nr. 5, 800 ZPO). Verfügt er nicht über eine solche, muss der Absonderungsberechtigte eine **Pfandklage** erheben. Diese kann im ordentlichen Verfahren, desgleichen im Urkundenprozess und im Mahnverfahren durchgeführt werden. Versteht man – wie bisher die herrschende Meinung – den Insolvenzverwalter als Partei kraft Amtes (dazu näher die Erläuterungen zu § 56), ist die Klage **gegen den Insolvenzverwalter,** nicht den Schuldner, zu richten.[361] Der Antrag hat dahin zu lauten, dass die Zwangsvollstreckung in den Gegenstand, auf den sich das Absonderungsrecht bezieht, zu dulden ist.[362]

143 Will der Insolvenzverwalter einen Gegenstand, an dem ein nicht anerkanntes Absonderungsrecht geltend gemacht wird, verwerten, kann er, um die Rechtslage zu klären, seinerseits eine **negative Feststellungsklage** (mit dem Antrag festzustellen, dass das geltend gemachte Absonderungsrecht nicht besteht) erheben.[363] Diese Klage ist gegen den Prätendenten zu richten.

144 **3. Beweislast.** Entsprechend den allgemeinen Grundsätzen muss der Absonderungsberechtigte, der auf Feststellung des bestrittenen Absonderungsrechts oder Duldung der Zwangsvollstreckung klagt (vgl. o. RdNr. 142), die tatsächlichen Voraussetzungen seines Absonderungsrechts darlegen und beweisen. Dies gilt auch hinsichtlich der Behauptung, der Gegenstand, in den vollstreckt werden

---

[354] Vgl. *Häsemeyer,* Insolvenzrecht RdNr. 18.03.
[355] *Häsemeyer,* Insolvenzrecht RdNr. 18.73.
[356] *Häsemeyer,* Insolvenzrecht RdNr. 18.73.
[357] *Jaeger/Henckel* Vor §§ 49–52 RdNr. 24.
[358] LG Kleve MDR 2001, 291; *Jaeger/Henckel* Vor §§ 49–52 RdNr. 24.
[359] Zweifelnd auch *Treffer* MDR 2001, 291, 292.
[360] BGHZ 46, 249 ff. = NJW 1967, 781; offen gelassen in BGHZ 127, 156, 167 = NJW 1994, 3232.
[361] Ebenso *Uhlenbruck/Brinkmann* § 49 RdNr. 58; *Kübler/Prütting/Bork* § 49 RdNr. 28; HK-*Lohmann* § 49 RdNr. 22; *Nerlich/Römermann/Andres* § 49 RdNr. 36; *Smid/Depré* § 49 RdNr. 27.
[362] *Hess* § 49 RdNr. 40.
[363] RG JW 1915, 1033 ff.

soll, diene zur Sicherung der Forderung, derentwegen die Duldung der Zwangsvollstreckung begehrt werde.[364] Macht der Insolvenzverwalter im Wege einer negativen Feststellungsklage das Gegenteil geltend, ändert sich die Beweislast nicht.[365] Macht eine Bank Sicherungseigentum an den vom Schuldner erworbenen Waren geltend, muss sie die Eigentumsvermutung (§ 1006 Abs. 2 BGB) entkräften, die zugunsten des Eigentumsvorbehaltslieferanten spricht.[366] Wendet der Absonderungsberechtigte als Beklagter in einem Anfechtungsstreit ein, die Rechtshandlung, auf die der Anfechtungsanspruch gestützt werde, habe die Gläubiger nicht benachteiligt, weil ihm – Beklagten – bereits auf Grund eines früheren „konkursfesten" Erwerbs ein Absonderungsrecht an dem Gegenstand der angefochtenen Rechtshandlung zugestanden habe, muss der Insolvenzverwalter diese Behauptung ausräumen. Denn für die Voraussetzungen einer Gläubigerbenachteiligung ist er darlegungs- und beweispflichtig.[367] Allerdings muss der Anfechtungsgegner zunächst einmal die Voraussetzungen des von ihm reklamierten Absonderungsrechts substantiiert darlegen.[368] Es kommt zB nicht selten vor, dass sich der Verkäufer, der eine Sache unter verlängertem Eigentumsvorbehalt veräußert hat, den Anspruch des Käufers aus der Weiterveräußerung nochmals abtreten lässt. Ficht der Insolvenzverwalter die zweite Abtretung an, muss er, wenn der Zessionar (Vorbehaltsverkäufer) unter Vorlage des Bestellscheins und seiner Allgemeinen Lieferbedingungen geltend macht, die abgetretene Forderung habe auf Grund des darin enthaltenen, unanfechtbar begründeten verlängerten Eigentumsvorbehalts ohnehin ihm zugestanden, diese Behauptung widerlegen.

4. Aufnahme eines durch die Insolvenzeröffnung unterbrochenen Rechtsstreits über eine Pfandklage. Ein solcher Rechtsstreit kann sowohl vom Insolvenzverwalter als auch vom Gegner aufgenommen werden (§ 240 ZPO; § 86 Abs. 1 Nr. 2). Dies ist auch dann noch möglich, wenn die Unterbrechung erst im Revisionsverfahren eintritt. War bei Insolvenzeröffnung nur eine Schuldklage rechtshängig, verhindert § 87 deren Fortsetzung.

5. Zustimmung des Gläubigerausschusses, der Gläubigerversammlung. Hat der Absonderungsgegenstand einen erheblichen Wert, bedarf der Insolvenzverwalter für besonders wichtige Prozesshandlungen – etwa die Klageerhebung, die Aufnahme des Prozesses oder deren Ablehnung, einen Vergleichsschluss – der Zustimmung des Gläubigerausschusses oder, wenn ein solcher nicht besteht, der Gläubigerversammlung (§ 160 Abs. 2 Nr. 3).

6. Streitwert. Der Streitwert des Rechtsstreits über das Absonderungsrecht bestimmt sich nach § 6 ZPO. Auf die zu erwartende Insolvenzquote oder etwa vorgehende Rechte Dritter kommt es nicht an.

7. Titelumschreibung. Liegt bei Insolvenzeröffnung schon ein dinglicher Titel vor, ist die Beschlagnahme aber noch nicht bewirkt, so kann – und muss – der Titel gegen den Verwalter umgeschrieben werden (vgl. u. RdNr. 165). Wenn der Verwalter das Absonderungsrecht leugnet, kann er unter den Voraussetzungen des § 767 ZPO Vollstreckungsabwehrklage erheben.

8. Schiedsabrede. Hatte der Schuldner vor Insolvenzeröffnung mit dem Gläubiger vereinbart, dass Streitigkeiten über ein Recht, das nach dem Gesetz zur abgesonderten Befriedigung berechtigt, von einem **Schiedsgericht** zu entscheiden seien, so bindet diese Vereinbarung auch den Insolvenzverwalter.[369] Etwas anderes gilt, wenn der Verwalter im Wege der Insolvenzanfechtung die Rückgewähr des Rechts begehrt, das zur abgesonderten Befriedigung berechtigen würde; denn das durch die Insolvenz ausgelöste und nur dem Verwalter zustehende Anfechtungsrecht ist nicht der Schiedsabrede unterstellt.[370]

9. Sicherung der Absonderung durch einstweilige Verfügung. Ist zur Sicherung des Rechts auf abgesonderte Befriedigung eine einstweilige Verfügung erforderlich, so darf eine solche ergehen (s. § 47 RdNr. 491). Insbesondere die **Auskunftspflichten** gemäß § 167 (Näheres siehe dort) können im Wege einer einstweiligen Verfügung durchgesetzt werden, wenn andernfalls eine Beeinträchtigung der Interessen des Absonderungsberechtigten droht.[371] Unter Umständen – wenn zum Beispiel die völlige Entwertung des Sicherungsguts droht – kann auch der mit Eintritt des Sicherungsfalles fällig gewordene **Herausgabeanspruch** des Sicherungsnehmers im Wege einer

---

[364] Vgl. BGH WM 1959, 29, 31.
[365] BGH NJW 1992, 1101, 1103.
[366] *Smid* ZInsO 2010, 1829, 1834.
[367] BGHZ 77, 250, 254 = NJW 1980, 1962; NJW 1992, 624, 626; 1995, 1093, 1095.
[368] BGH NJW 1992, 624, 626.
[369] RGZ 137, 109, 111; BGHZ 24, 15, 18 = NJW 1957, 791; *Jaeger/Henckel* Vor §§ 49–52 RdNr. 26; *Uhlenbruck/Brinkmann* § 49 RdNr. 58.
[370] BGH NJW 1956, 1920, 1921; *Uhlenbruck/Brinkmann* § 49 RdNr. 58.
[371] Vgl. OLG Rostock WM 1998, 1530.

einstweiligen Verfügung gesichert werden.[372] Nach Insolvenzeröffnung – und schon vorher nach Bestellung eines vorläufigen Insolvenzverwalters im Eröffnungsverfahren – ist das nicht mehr möglich.[373]

XVIII. Die Stellung der Absonderungsberechtigten im Insolvenzverfahren

150 Wer im eröffneten Verfahren derart absonderungsberechtigt ist, dass seine Sicherung den schuldrechtlichen Anspruch zweifelsfrei voll abdeckt, hat kein rechtlich geschütztes Interesse an der Stellung des **Insolvenzantrags**.[374] Die Absonderungsberechtigten sind am **eröffneten Verfahren** beteiligt, gleichviel ob sie selbst (§ 173) oder der Verwalter (§§ 165, 166) zur Verwertung befugt sind. Sie sind berechtigt, an der Gläubigerversammlung teilzunehmen (§ 74 Abs. 1 Satz 2). Mindestens fünf absonderungsberechtigte Gläubiger, deren Absonderungsrechte nach der Schätzung des Insolvenzgerichts zusammen ein Fünftel der Summe erreichen, die sich aus dem Wert aller Absonderungsrechte und den Forderungsbeträgen aller nicht nachrangigen Insolvenzgläubiger ergibt, können die Einberufung der Gläubigerversammlung veranlassen (§ 75 Abs. 1 Nr. 3). Ein Absonderungsberechtigter allein kann dasselbe bewirken, wenn sein Absonderungsrecht zwei Fünftel dieser Summe erreicht (§ 75 Abs. 1 Nr. 4). Die absonderungsberechtigten Gläubiger sind in der Gläubigerversammlung stimmberechtigt (§ 76 Abs. 2), und zwar unter Umständen sogar dann, wenn das Absonderungsrecht bestritten ist (§ 77 Abs. 3 Nr. 2 i. V. m. Abs. 2).[375] Nach § 76 Abs. 2 HS 2 tritt bei absonderungsberechtigten Gläubigern, denen der Schuldner nicht persönlich haftet, der Wert des Absonderungsrechts (das ist der Betrag, der dem Gläubiger aus der Verwertung voraussichtlich zufließen wird) an die Stelle des Forderungsbetrags. Daraus ergibt sich im Umkehrschluss, dass absonderungsberechtigte Gläubiger, denen der Schuldner auch persönlich haftet, mit der vollen Höhe ihrer Insolvenzforderung abstimmungsberechtigt sind. In dieser Hinsicht werden die absonderungsberechtigten Gläubiger wesentlich besser behandelt als nach der Konkursordnung.[376] Ihre Möglichkeiten, den vom Gericht bestellten Verwalter abzuwählen (§ 57 Satz 1), sind durch den mit dem **InsOÄndG 2001** neu eingefügten § 57 Satz 2 beschnitten worden.[377] Im Gläubigerausschuss sollen sie vertreten sein (§ 67 Abs. 2). Über die Annahme und Bestätigung eines **Insolvenzplans** können sie abstimmen, wenn der Plan in ihre Rechte eingreift (s.u. RdNr. 153 ff.). Sie bilden dann eine eigene Abstimmungsgruppe (§ 222 Abs. 1 Satz 2 Nr. 1). Als Absonderungsberechtigte sind sie nur mit dem gesicherten Teil ihrer Forderung stimmberechtigt; soweit sie auf ihr Absonderungsrecht verzichten oder damit ausfallen (vgl. § 52), stimmen sie als Insolvenzgläubiger ab, wenn der Insolvenzschuldner ihnen auch persönlich haftet. Geht es um die Ersetzung der Zustimmung zu einem vom Schuldner vorgelegten **Schuldenbereinigungsplan** (§ 309), wird die Forderung des widersprechenden Gläubigers, dessen Absonderungsrecht anerkannt und in seiner Durchsetzbarkeit nicht angetastet wird, bei der Abstimmung nur in Höhe des voraussichtlichen Ausfalls berücksichtigt.[378]

XIX. Eingriffe in Absonderungsrechte durch Insolvenzplan und Verbraucherinsolvenzverfahren

151 Das Schicksal der Absonderungsrechte im Insolvenzplan- und Verbraucherinsolvenzverfahren wird bei den Erläuterungen zu §§ 217 ff. und §§ 304 ff. im Einzelnen behandelt. An dieser Stelle soll deshalb nur ein Überblick geboten werden.

152 **1. Insolvenzplan.** Die Vorlage eines Insolvenzplans dient meist der vollständigen oder teilweisen Fortführung des Unternehmens. Damit der Betrieb nicht durch Verwertungsmaßnahmen zum Erliegen kommt, kann das Gericht die **Aussetzung der Verwertung** anordnen (§ 233 Satz 1). Schon dies bedeutet einen Eingriff in die Rechtsstellung der Absonderungsberechtigten.

153 Darüber hinaus können durch den Plan die Rechte der Absonderungsberechtigten auch **inhaltlich angetastet** werden (§§ 217, 222 Abs. 1 Nr. 1, 223, 228, 235 Abs. 3, 238, 254).[379] Der Plan kann beispielsweise vorsehen, dass Sicherheiten ganz oder teilweise aufgegeben oder gegen andere

---
[372] *Bornhorst* WM 1998, 1668 ff.; aA OLG Dresden WM 1998, 1678, 1679.
[373] OLG Celle ZInsO 2004, 42; *Hess* WuB VI C. § 158 InsO 1.02 gegen LG Stralsund WM 2002, 1504.
[374] BGH NZI 2008, 182 RdNr. 12.
[375] Vgl. hierzu *Smid*, Kreditsicherheiten, § 15 RdNr. 4 ff.
[376] *Kübler/Prütting/Bork* § 76 RdNr. 19. Mit Recht kritisch zu der Bevorzugung der Absonderungsberechtigten *Marotzke* ZIP 2001, 173 f.
[377] Dazu *Marotzke* ZIP 2001, 173.
[378] BGH NZI 2008, 316 RdNr. 14.
[379] *Smid*, FS Walter Gerhardt, 2004, S. 931, 939 f.; *Bruns* KTS 2004, 1, 2; *Windel*, FS Ulrich Spellenberg, 2010 S. 131, 147; *Mitlehner*, aaO RdNr. 721 ff.

Sicherheiten ausgetauscht werden oder dass die Absonderungsberechtigten auf die seit dem Berichtstermin aus der Masse geschuldeten Zinsen (§ 169) oder auf den Ausgleichsanspruch wegen eines Wertverlusts des Sicherungsguts (§ 172) verzichten.[380] Ggf. ist im gestaltenden Teil des Insolvenzplans anzugeben, um welchen Bruchteil die Rechte gekürzt, für welchen Zeitraum sie gestundet oder welchen sonstigen Regelungen sie unterworfen werden sollen (§ 223 Abs. 2).

Derartige inhaltliche Veränderungen sind nur zulässig, wenn eine qualifizierte Mehrheit der Absonderungsberechtigten zustimmt.[381] Bei der Festlegung der Rechte der Beteiligten im Insolvenzplan bilden die Absonderungsberechtigten eine eigene Gruppe, falls durch den Plan in ihre Rechte eingegriffen wird (§ 222 Abs. 1 Nr. 1). Sie können auch mehreren Untergruppen zugeordnet werden, weil unter den Absonderungsberechtigten unterschiedliche Interessenlagen bestehen können.[382] Ob „Ein-Pfandrecht-Gruppen" zulässig sind, ist umstritten.[383] Absonderungsberechtigte mit werthaltigen und solche mit nicht werthaltigen Sicherungsrechten dürfen nicht in einer Gruppe zusammengefasst werden; andernfalls käme es zur Bildung von unzulässigen **Mischgruppen**.[384] Wird durch den Plan in die Rechte von Absonderungsberechtigten eingegriffen, ist Art und Umfang des Eingriffs im gestaltenden Teil des Plans deutlich zu machen (§ 223 Abs. 2). Zu dem Termin, in dem der Plan erörtert werden soll, sind die Absonderungsberechtigten besonders zu laden (§ 235 Abs. 3 Satz 1). Sie haben ein Stimmrecht nach Maßgabe des § 238. **154**

Soweit dingliche Rechte geändert, übertragen, aufgehoben oder begründet oder Geschäftsanteile einer GmbH abgetreten werden sollen, ersetzt der rechtskräftig bestätigte Plan nur die dazu erforderlichen Willenserklärungen (§ 254 Abs. 1 Satz 2). Sonstige Wirksamkeitserfordernisse, wie zum Beispiel die Besitzübertragung oder die Eintragung in öffentlichen Registern, müssen noch hinzukommen. Falls das **Sicherungseigentum** an Sachen, die sich noch im Besitz des Schuldners befinden, aufgegeben werden soll, fällt es also mit der Rechtskraft des Plans – ohne weitere Übertragungshandlungen – an den Schuldner zurück. War der Besitz bereits auf den Sicherungseigentümer übergegangen, muss er zurückübertragen werden oder es muss ein Besitzmittlungsverhältnis begründet werden. Dasselbe gilt, wenn ein **Sachpfandgläubiger** auf ein Pfandrecht verzichten soll. Soll ein **Sicherungszessionar** oder eine **Forderungspfandgläubiger** seine Rechtsstellung aufgeben, gelten die entsprechenden Erklärungen mit der Rechtskraft des Plans als abgegeben. Für die Aufgabe oder Herabsetzung einer Grundschuld ist außer dem rechtskräftig bestätigten Plan noch die Eintragung im Grundbuch erforderlich. Die Eintragungsbewilligung kann, um das Eintragungsverfahren zu beschleunigen, schon in den Plan aufgenommen werden. **155**

Regelungsgegenstand eines Insolvenzplans können auch die Verlängerungs- und Erweiterungsformen des **Eigentumsvorbehalts** sein.[385] Zum einfachen Eigentumsvorbehalt vgl. § 47 RdNr. 494. **155a**

Falls der Schuldner seine Verpflichtungen aus dem rechtskräftig bestätigten Plan nicht erfüllt, droht einem Absonderungsberechtigten, der auf sein Absonderungsrecht verzichtet hat, dass er schlechter steht als ein ungesicherter Gläubiger, der dem Schuldner eine Forderung erlassen hat. Dessen Forderung lebt wieder auf (§ 255 Abs. 1 Satz 1). Demgegenüber ist das **Wiederaufleben einer dinglichen Sicherheit** nicht vorgesehen.[386] **156**

2. Verbraucherinsolvenz- und Restschuldbefreiungsverfahren. Sachsicherheiten werden durch eine Verbraucherinsolvenz weniger gefährdet als durch ein normales Insolvenzverfahren, weil es nur in diesem Verfahren die Möglichkeit eines Insolvenzplans gibt. Der absonderungsberechtigte Gläubiger braucht also keine weitergehenden Zugeständnisse zu machen als im normalen Insolvenzverfahren.[387] Für die einzelnen Verfahrensabschnitte gilt folgendes: **157**

a) Eingriffe in Absonderungsrechte durch einen außergerichtlichen Schuldenbereinigungsplan. Der Versuch einer außergerichtlichen Schuldenbereinigung hindert die Gläubiger nicht, eine begonnene Sicherheitenverwertung fortzusetzen oder damit anzufangen; § 233 ist nicht analog anwendbar.[388] Der außergerichtliche Schuldenbereinigungsplan kann Eingriffe in Absonderungsrechte vorsehen. Gegen den Willen eines Absonderungsberechtigten sind solche Eingriffe aber **158**

---

[380] *Obermüller* WM 1998, 483, 486.
[381] Zur Anwendung des Obstruktionsverbots des § 245 auf Absonderungsberechtigte vgl. *Smid* WM 2002, 1033, 1035 ff.
[382] So plädiert zB *Bruns* KTS 2004, 1, 11 dafür, Grundpfandgläubiger nicht mit anderen absonderungsberechtigten Gläubigern zusammenzufassen.
[383] Vgl. *Bruns* KTS 2004, 1, 11 f. einerseits und *Smid/Rattunde* § 222 RdNr. 18 andererseits.
[384] BGHZ 163, 344, 348 f. = NZI 2005, 619; *Mitlehner*, aaO RdNr. 722
[385] *Mitlehner*, aaO RdNr. 220.
[386] *Obermüller* WM 1998, 483, 490.
[387] *Kirchhof* ZInsO 1998, 54, 57.
[388] *Obermüller* WM 1998, 483, 490.

nicht möglich. Er braucht sich auch keinen Mehrheitsentscheidungen zu beugen.[389] Lässt sich ein Gläubiger allerdings auf Beschränkungen seiner Forderungen ein, führt dies regelmäßig dazu, dass die dafür bestellten, zur Absonderung berechtigenden Sicherheiten ebenfalls nur in der verringerten Höhe geltend gemacht werden können. Das gilt für akzessorische Sicherheiten wie das Pfandrecht und die Hypothek ohne weiteres, bei abstrakten Sicherheiten wie der Grundschuld und dem Sicherungseigentum wegen des schuldrechtlichen Rückgewähranspruchs des Sicherungsgebers. Der Gläubiger (= Sicherungsnehmer) kann die Zustimmung zu einem Schuldenbereinigungsplan, der die Beschränkung seiner Forderung vorsieht, davon abhängig machen, dass der Sicherungsgeber – sei es der Insolvenzschuldner oder ein von diesem verschiedener Drittsicherungsgeber – auf diesen schuldrechtlichen Rückgewähranspruch verzichtet, also dinglich über die obligatorische Schuld hinaus haftet.[390]

159 b) **Auswirkungen eines gerichtlichen Schuldenbereinigungsverfahrens.** Die Einleitung des gerichtlichen Schuldenbereinigungsverfahrens hindert die Gläubiger grundsätzlich nicht an der Verwertung ihrer Sicherheiten. Das Gericht kann jedoch im Wege einer einstweiligen Anordnung ein allgemeines Verfügungsverbot an den Schuldner erlassen oder Maßnahmen der Zwangsvollstreckung gegen den Schuldner untersagen oder einstweilen einstellen (§ 306 Abs. 2 i. V. m. § 21). Dadurch werden auch Absonderungsberechtigte betroffen.[391]

160 Durch den dem Gericht vorzulegenden Schuldenbereinigungsplan können – ähnlich wie bei einem Insolvenzplan – „Pfandrechte und andere Sicherheiten ... berührt" werden (§ 305 Abs. 1 Nr. 4). Falls eine qualifizierte Mehrheit der benannten Gläubiger dem Plan zugestimmt hat, kann das Insolvenzgericht „die Einwendungen" – richtiger: die fehlende Zustimmung – eines einzelnen Gläubigers ersetzen (§ 309). Diese Regelung braucht ein absonderungsberechtigter Gläubiger allerdings nicht zu fürchten. Denn die fehlende Zustimmung kann vom Gericht nur ersetzt werden, wenn der Gläubiger durch den Schuldenbereinigungsplan wirtschaftlich nicht schlechter gestellt wird, als dies bei der Durchführung eines Insolvenzverfahrens mit anschließendem Verfahren zur Restschuldbefreiung der Fall wäre (§ 309 Abs. 1 Nr. 2). Die Ablehnung eines gesicherten Gläubigers kann demnach nicht durch Gerichtsbeschluss überwunden werden, wenn der Gläubiger auf Grund des Schuldenbereinigungsplans nicht mindestens in dem Maße befriedigt wird, wie es bei einer Sicherheitenverwertung der Fall wäre.[392] Hat ein gesicherter Gläubiger dem Plan nicht erfolgreich wegen Beeinträchtigung seiner Rechte widersprochen, so werden die ihm bestellten Sicherheiten jedoch in dem Umfang frei, wie sie nicht den bestehen bleibenden Teil der Forderung sichern.[393]

161 c) **Absonderungsrechte im vereinfachten Insolvenzverfahren.** Ist der Versuch einer gerichtlichen Schuldenbereinigung nicht erfolgreich, wird das Verfahren als vereinfachtes Insolvenzverfahren fortgeführt (§ 311). Für die Sicherheitenverwertung durch absonderungsberechtigte Gläubiger gilt das zu RdNr. 98 Gesagte. Inhaltliche Eingriffe in Absonderungsrechte sind gegen den Willen des Gläubigers im vereinfachten Insolvenzverfahren – abweichend vom Insolvenzplan- und gerichtlichen Schuldenbereinigungsverfahren – nicht zulässig.[394]

162 d) **Absonderungsrechte im Restschuldbefreiungsverfahren.** Wenn nach Abschluss der Verfahrensabschnitte, die dem Restschuldbefreiungsverfahren notwendig vorausgehen müssen, Sicherheiten noch nicht (vollständig) verwertet sind, kann der gesicherte Gläubiger die Verwertung während des Restschuldbefreiungsverfahrens (weiter) betreiben. Eingriffe in noch verbliebene Sicherheiten sind im Restschuldbefreiungsverfahren nicht statthaft (§ 301 Abs. 2 Satz 1).[395]

XX. Zwangsvollstreckung durch den Absonderungsberechtigten

163 1. **Herausgabevollstreckung und Vollstreckung wegen eines Geldanspruchs in bewegliche Sachen.** Solange das Insolvenzverfahren nicht eröffnet ist, kann ein Absonderungsberechtigter, der einen titulierten Herausgabeanspruch hat, im Wege der Einzelzwangsvollstreckung die **Herausgabe** betreiben. Kann der Berechtigte den Gegenstand, der dem Absonderungsrecht unterliegt, an sich ziehen, bevor das Insolvenzverfahren eröffnet wird, verbessert dies seine Position erheblich. Bezüglich einer beweglichen Sache, die sich im Zeitpunkt der Insolvenzeröffnung im Besitz des

---

[389] *Wittig* WM 1998, 209, 217; *Obermüller* WM 1998, 483, 490.
[390] *Kirchhof* ZInsO 1998, 54, 57.
[391] Einzelheiten bei *Obermüller* WM 1998, 483, 491 f.
[392] *Wittig* WM 1998, 209, 218; *Obermüller* WM 1998, 483, 493.
[393] *Kirchhof* ZInsO 1998, 54, 59.
[394] *Obermüller* WM 1998, 483, 493.
[395] *Wittig* WM 1998, 209, 219; *Lwowski/Heyn* WM 1998, 473, 482; *Obermüller* WM 1998, 483, 494; *Mitlehner*, aaO RdNr. 718.

Schuldners befindet, hat allein der Insolvenzverwalter die Verwertungsbefugnis (§ 166 Abs. 1). Ein Absonderungsberechtigter, der in dem fraglichen Zeitpunkt den Gegenstand bereits in Besitz genommen hatte, kann jenen behalten und selbst verwerten.

Um ein vorzeitiges Auseinanderreißen der einzelnen Vermögensgegenstände des Schuldners zu verhindern, kann eine bereits anhängige Zwangsvollstreckungsmaßnahme des Absonderungsberechtigten gemäß § 21 Abs. 2 Nr. 3 einstweilen eingestellt werden.[396] Nimmt der nach § 21 Abs. 2 Nr. 1 bestellte vorläufige Insolvenzverwalter den Gegenstand der abgesonderten Befriedigung anschließend in Besitz, ist eine Selbstverwertung durch den Absonderungsberechtigten nicht mehr möglich. Dieser ist nach Maßgabe der §§ 169 Satz 2, 172 zu entschädigen.[397] **164**

Der Absonderungsberechtigte kann auch in den betreffenden Gegenstand vollstrecken, d.h. diesen **pfänden**. Die Rückschlagsperre des § 88 gilt insoweit nicht.[398] Wegen der Pfändung mithaftender Miet- oder Pachtforderungen durch den Grundpfandgläubiger s. § 49 RdNr. 86. **164a**

Nach Eröffnung des Insolvenzverfahrens ist eine Herausgabevollstreckung (für eine Vollstreckung in den betreffenden Gegenstand durch Pfändung gilt dasselbe) des Absonderungsberechtigten nicht mehr zulässig, soweit das Verwertungsrecht des Verwalters reicht. Dies ergibt sich zwar nicht aus § 89, der nur für Insolvenzgläubiger gilt, wohl aber im Umkehrschluss aus § 173 Abs. 1.[399] Eine Beschlagnahme kann der absonderungsberechtigte Gläubiger dann nicht mehr bewirken. Hat der Absonderungsberechtigte das Verwertungsrecht, betrifft ihn das **Vollstreckungsverbot** aus § 89 nicht. Das Vollstreckungsverfahren ist dann gegen den Insolvenzverwalter zu richten, weil auf diesen die Verfügungsbefugnis übergegangen ist (§ 80 Abs. 1). Auf den Insolvenzverwalter ist der Titel umzuschreiben; ihm ist nach § 750 Abs. 1 ZPO zuzustellen. Hatte das Vollstreckungsverfahren bereits vor Insolvenzeröffnung begonnen, braucht der Titel nicht umgeschrieben zu werden.[400] Wechselt während des Insolvenzverfahrens der Insolvenzverwalter, bedarf es keiner erneuten Umschreibung der Vollstreckungsklausel, weil der neue Verwalter das Amt des bisherigen fortsetzt. Die Umschreibung kann aber zur Klarstellung nützlich sein. Ein gegen den Insolvenzverwalter erwirkter oder auf diesen umgeschriebener Titel muss nach Beendigung des Insolvenzverfahrens auf den Schuldner umgeschrieben werden.[401] **165**

In gleicher Weise wie nach Insolvenzeröffnung gegen den Insolvenzverwalter hat vor Insolvenzeröffnung gegen den „starken" vorläufigen Insolvenzverwalter eine Klauselumschreibung zu erfolgen (vgl. § 47 RdNr. 492). Die Zwangsvollstreckung richtet sich gegen den „starken" vorläufigen Insolvenzverwalter, weil dieser (allein) verfügungsbefugt und somit vollstreckungsrechtlich als Rechtsnachfolger des Schuldners anzusehen ist.[402] **165a**

2. Zwangsvollstreckung in Grundstücke. Wegen der Zwangsvollstreckung durch **Zwangsversteigerung** und **Zwangsverwaltung** siehe § 49 RdNr. 84 ff. **166**

3. Beitreibung von Forderungen. Forderungen, die der nachmalige Insolvenzschuldner an einen Gläubiger sicherungshalber abgetreten hat, darf dieser solange einziehen, als das Insolvenzverfahren noch nicht eröffnet ist.[403] Er kann auch aus einem gegen den Drittschuldner erwirkten Titel vollstrecken. Insofern ist ein vom Insolvenzgericht gemäß § 21 Abs. 2 Nr. 3 ausgesprochenes Vollstreckungsverbot wirksam, jedoch nicht gerechtfertigt.[404] Forderungen sind hier nicht mit beweglichen Sachen vergleichbar. Für jene ist der Gesichtspunkt, dass ein Auseinanderreißen der betrieblichen Einheit des Schuldnerunternehmens verhindert werden soll, nicht tragfähig. **166a**

Sobald das Insolvenzverfahren eröffnet ist, geht das Verwertungsrecht auf den Insolvenzverwalter über. Der absonderungsberechtigte Gläubiger darf nicht mehr gegen den Drittschuldner vollstrecken. Eine rechtmäßig erlassene Arrestanordnung des Finanzamts ist nicht gemäß § 325 AO 1977 wegen Eröffnung des Insolvenzverfahrens über das Vermögen des Steuerschuldners aufzuheben, **166b**

---

[396] *Vallender* ZIP 1997, 1993, 1997.
[397] *Vallender* ZIP 1997, 1993, 1997.
[398] BGH, Beschl. v. 25.10.2001 – IX ZR 239/01, n.v.; OLG Dresden WM 1996, 1276; ZfIR 2001, 409; OLG Jena WM 1996, 1277.
[399] Vgl. Begr. zu § 191 RegE, BT-Drucks. 12/2443 S. 179; ferner *Uhlenbruck* § 89 InsO RdNr. 20; *Gottwald/Gerhardt* Insolvenzrechts-Hdb., § 33 RdNr. 11; *Nerlich/Römermann/Wittkowski* § 89 InsO RdNr. 19. *Lüke* in Kübler/Prütting/Bork § 89 RdNr. 5 will den verwertungsberechtigten Insolvenzverwalter auf eine Vollstreckungsgegenklage verweisen.
[400] BGH WM 2005, 1324 = WuB VI A. § 80 InsO 1.05 *(Ganter)*.
[401] LAG Düsseldorf ZIP 2005, 2176.
[402] Wie hier LG Cottbus ZInsO 2000, 414; WM 2001, 535; *Hintzen* Rpfleger 1999, 258; *ders.* EWiR 2001, 1151; MünchKomm-ZPO/*Wolfsteiner* § 727 RdNr. 1; aA LG Halle EWiR 2001, 1151; *Lwowski/Tetzlaff* WuB VI C. § 22 InsO 1.01.
[403] BGHZ 154, 72, 81; BGH NJW-RR 2004, 340; vgl. auch BayObLG ZInsO 2001, 754, 755.
[404] Offen gelassen von BGHZ 154, 72, 82 f.

wenn das Finanzamt die Arrestanordnung bereits zuvor vollzogen und dadurch ein Absonderungsrecht nach § 50 erlangt hat.[405]

XXI. Ersatzabsonderung

167 Für den Fall, dass der Gemeinschuldner vor oder der Verwalter nach Verfahrenseröffnung Sicherungsrechte, die im Konkurs ein Absonderungsrecht begründet hätten, vereitelte – d.h. darüber verfügte, ohne dazu berechtigt zu sein –, gewährte die herrschende Meinung[406] ein Ersatzabsonderungsrecht, sei es in unmittelbarer Anwendung des § 46 KO,[407] sei es auf Grund einer Analogie.[408] Teilweise wurde auch einfach von „Ersatzaussonderung" gesprochen, wenn nur ein Absonderungsrecht vereitelt worden war.[409] § 127 Abs. 1 Satz 2 KO regelte keinen Fall der Ersatzabsonderung, weil der Konkursverwalter hier zur Veräußerung berechtigt ist.

168 In § 60 RegE war eine ausdrückliche Regelung der Ersatzabsonderung vorgesehen. Der Rechtsausschuss hat aus Gründen der „redaktionellen Straffung" darauf verzichtet. Zugleich wurde betont, man wolle die Möglichkeit der Ersatzaussonderung nicht ausschließen. Auch in der Konkursordnung habe diese keine ausdrückliche Regelung gefunden und sei gleichwohl anerkannt. Deshalb erscheine für die Insolvenzordnung die analoge Anwendung der Vorschriften über die Ersatzaussonderung ebenfalls als ein praktikabler Lösungsweg.[410]

169 Nach ganz herrschender Meinung ist eine analoge Anwendung des § 48 zulässig und geboten.[411] Nur vereinzelt wird die Auffassung vertreten,[412] das Absonderungsrecht gehe, wenn der Insolvenzverwalter unberechtigt über einen absonderungsfähigen Gegenstand verfüge, kraft dinglicher Surrogation auf die Gegenleistung über. Diese dingliche Surrogation schließe die Ersatzabsonderung aus. Verfüge der Schuldner vor Insolvenzeröffnung über einen absonderungsfähigen Gegenstand, gebe es zwar keine dingliche Surrogation. Eine Ersatzabsonderung scheide gleichwohl aus, weil sonst andere, die Bereicherungs- oder Deliktsansprüche gegen den Schuldner hätten, ungerechtfertigt benachteiligt würden. Dieser Auffassung ist nicht zu folgen. Grundsätzlich findet eine dingliche Surrogation bei der Absonderung so wenig statt wie bei der Aussonderung (vgl. dazu § 48 RdNr. 10). Wollte man für die Absonderung anders entscheiden, wäre der Berechtigte stärker geschützt als der Eigentümer. Dies kann nicht sein.[413] Umgekehrt ist es trotz der Unterschiede zwischen Aus- und Absonderung (s.o. RdNr. 3) nicht gerechtfertigt, den Gläubiger bei der Vereitelung eines Pfand- oder ähnlichen Sicherungsrechts grundsätzlich schlechter zu stellen als bei der Vereitelung des Eigentums oder eines anderen aussonderungsfähigen Rechts.[414] Denn in beiderlei Hinsicht soll die haftende Masse nicht durch unerlaubte Handlungen des Schuldners oder gar des Insolvenzverwalters erweitert werden können. Dafür lässt sich außerdem die Vorschrift des § 170 Abs. 1 Satz 2 anführen:[415] Da der Verwertungserlös (soweit er nicht über die gesicherte Forderung hinausgeht) dem früheren Absonderungsberechtigten zusteht, wenn der Verwalter den belasteten Gegenstand befugtermaßen verwertet hat, kann im Falle einer unbefugten Verwertung nichts anderes gelten.[416] Direkt ist § 48 nur anwendbar, wenn ein Absonderungsrecht vom Insolvenzverwalter bestritten wird (vgl. § 47 RdNr. 13). Dies

---

[405] BFH ZIP 2004, 1020, 1021 = EWiR 2004, 395 *(Eckert).*
[406] Anders noch RGZ 28, 146, 149, 150; OLG Frankfurt KTS 1969, 57, 58; *Schreiter* BB 1958, 1227, 1229.
[407] *Hochmuth* aaO S. 93; *Jaeger/Lent* § 46 KO RdNr. 5.
[408] BGHZ 47, 181, 183 = NJW 1967, 1370; BGH WM 1971, 71, 73; NJW 1982, 1751; *Serick* V § 62 II 4a (S. 348); *Gerhardt,* Grundbegriffe RdNr. 327; *Baur/Stürner,* Insolvenzrecht RdNr. 14.32, 15.6; *Häsemeyer,* Insolvenzrecht 1. Aufl. S. 370; *Gottwald,* Insolvenzrechts-Hdb., 3. Aufl., § 42 RdNr. 170; Kuhn/*Uhlenbruck* KO § 46 RdNr. 4; Kilger/*K. Schmidt* KO § 46 RdNr. 9; *Hess* KO § 46 RdNr. 8.
[409] Vgl. BGHZ 10, 377, 384; BGH LM BGB § 157 (Ga) Nr. 18.
[410] BT-Drucks. 12/7302 S. 160; zu dieser Art des Gesetzgebungsverfahrens mit Recht kritisch *Dieckmann,* FS Henckel, S. 95, 120; *Häsemeyer,* Insolvenzrecht RdNr. 18.68.
[411] BGH NZI 2006, 403; 2006, 587, 588; 2006, 700, 702 = WuB VI A. § 131 InsO 5.06 *(Kreft);* ebenso OLG Stuttgart ZIP 2001, 2183, 2184 (die dagegen eingelegte Revision wurde vom BGH nicht angenommen); OLG Dresden WM 2010, 212, 214; *Gundlach/Frenzel/Schmidt* DZWIR 2001, 441, 445; *Häsemeyer,* Insolvenzrecht RdNr. 18.68; *Jaeger/Henckel* § 48 RdNr. 61; *Uhlenbruck/Brinkmann* § 48 RdNr. 30; Kübler/*Prütting*/Bork § 48 RdNr. 27; FK-*Imberger* § 48 RdNr. 26; *Nerlich/Römermann/Andres* § 48 RdNr. 17; HK-*Lohmann* § 48 RdNr. 17.
[412] *Harder* KTS 2001, 97 f.
[413] *Gundlach/Frenzel/Schmidt* DZWIR 2001, 441, 445.
[414] *Gundlach* KTS 1997, 553, 558.
[415] § 170 Abs. 1 Satz 2 InsO ist im Sinne eines gesetzlichen Spezialfalls des Ersatzabsonderungsrechts zu interpretieren. Dies bedeutet: Auch bei einer Verwertung nach Maßgabe der §§ 165 ff. InsO wird allein der schuldrechtliche Ersatzanspruch des Absonderungsberechtigten, der sich aus den Vorschriften außerhalb der Insolvenzordnung ergibt, insolvenzrechtlich durch ein Absonderungsrecht verstärkt. Näheres hierzu o. RdNr. 67a.
[416] Zutreffend *Häsemeyer,* Insolvenzrecht RdNr. 18.69.

ist zum Beispiel anzunehmen, wenn der Insolvenzverwalter ein Pfandrecht als zur Masse gehörig veräußert. Davon ist aber die Veräußerung des Gegenstandes, an dem das Pfandrecht besteht, zu unterscheiden.[417]

Ob eine Ersatzaussonderung oder eine Ersatzabsonderung in Betracht kommt, hängt also davon ab, ob von der Veräußerung ein Aussonderungs- oder ein Absonderungsrecht betroffen wird. Beim verlängerten Eigentumsvorbehalt ist folglich darauf abzustellen, ob der Käufer das ursprünglich vorbehaltene Eigentum des Lieferanten unberechtigt weiterveräußert hat – dann Ersatzaussonderung (vgl. § 47 RdNr. 144) – oder ob beim Käufer bereits eine „verlängerte" Sicherungsform vorlag, die den Lieferanten in der Käuferinsolvenz nur noch zur abgesonderten Befriedigung berechtigte (vgl. § 47 RdNr. 148). Veräußert ein Insolvenzschuldner Ware, die ihm unter verlängertem Eigentumsvorbehalt geliefert worden war, unter wirksamer Vereinbarung eines Abtretungsverbots (§ 399 BGB; vgl. aber § 354a HGB) weiter,[418] so vereitelt er damit kein Absonderungsrecht;[419] er verhindert schon dessen Entstehung. Da die Weiterveräußerung unter den konkreten Umständen unberechtigt war, ist der Vorbehaltsverkäufer in direkter Anwendung des § 48 zur Ersatzaussonderung berechtigt (vgl. § 48 RdNr. 28). **170**

Eine Ersatzabsonderung kommt nur in Betracht, wenn ein **Absonderungsrecht** vereitelt wurde. Verstöße gegen rein schuldrechtliche Verwendungsabreden begründen kein Ersatzabsonderungsrecht (vgl. § 48 RdNr. 29a). Die Vereinbarung zwischen einer Bank, ihrem Kunden und einem Bürgen, dass die Bank eingehende Zahlungen nur zur Verringerung des verbürgten Sollsaldos verrechnen wird, begründet deshalb kein Ersatzabsonderungsrecht des Bürgen an den eingehenden Zahlungen.[420] Anders verhält es sich bei Verstößen gegen „quasidingliche" Einschränkungen (vgl. § 48 RdNr. 29). Zieht der Sicherungszedent die Forderung abredewidrig nicht auf das Zielkonto bei der Sicherungszessionarin (= Bank) ein, hat der Sicherungszessionar ein Ersatzabsonderungsrecht. Die Einziehung geschieht hier durch einen Nichtberechtigten. Das gleiche gilt, wenn eine unter verlängertem Eigentumsvorbehalt erworbene Sache gegen Barzahlung weiterveräußert wird.[421] Eine Vertragsklausel, wonach der Sicherungszedent durch Anweisung an den Drittschuldner die Zahlung an den Sicherungszessionar sicherzustellen und etwa dennoch an den Sicherungszedenten gelangte Beträge an den Sicherungszessionar auszukehren hat, verschafft dem Sicherungszedenten keine Einziehungsermächtigung. Der zweite Teil dieser Klausel soll lediglich die Rechte des Sicherungszessionars wahren, falls der Sicherungszedent die abgetretene Forderung unberechtigt einzieht.[422] **171**

Eine Vereitelung eines Absonderungsrechts kann aus Verfügungen über das Absonderungsrecht selbst oder über den belasteten Gegenstand resultieren.[423] Der erste Fall ist zum Beispiel gegeben, wenn eine unrichtigerweise auf den Namen des Schuldners eingetragene, in Wirklichkeit einem anderen zustehende Hypothek an einem fremden Grundstück an einen Gutgläubigen übertragen wird. Beispiele für den zweiten Fall: Der Schuldner übereignet eine von ihm sicherungsübereignete, in seinem unmittelbaren Besitz verbliebene Sache wirksam an einen gutgläubigen Dritten. Oder: Der Schuldner überträgt ein ihm gehörendes Grundstück, an dem ein Dritter außerhalb des Grundbuchs eine Hypothek erworben hat, auf einen gutgläubigen Vierten. Oder: Der Schuldner veräußert Zubehörstücke, die der Hypothekenhaftung (§§ 1120 ff. BGB) unterliegen.[424] Oder: Der Sicherungszedent zieht, ohne dazu ermächtigt zu sein, die abgetretene Forderung von dem gutgläubigen Drittschuldner ein.[425] Für Schadensersatzansprüche wegen Zerstörung der belasteten Sache gibt es keine Ersatzabsonderung (vgl. § 48 RdNr. 25).[426] **172**

Besteht das Absonderungsrecht trotz der unberechtigten Veräußerung fort, gibt es keine Ersatzabsonderung. In den Fällen, in denen ausnahmsweise eine dingliche Surrogation stattfindet (vgl. oben RdNr. 169 und § 48 RdNr. 10), ist deshalb eine Ersatzabsonderung ausgeschlossen.[427] Wenn ein mit Auflassungsvormerkung und nachrangiger Grundschuld belastetes Grundstück an den Vormerkungsberechtigten aufgelassen wird, der daraufhin die Löschung der Grundschuld betreibt (§ 888 BGB), so beruht die Löschung nicht auf der Auflassung, sondern allein auf der durch die Vormerkung geschwächten Stellung des Grundschuldgläubigers.[428] Ferner scheidet ein Ersatzabsonderungs- **173**

---

[417] *Gundlach*, Der Ersatzaussonderungsberechtigte S. 108; *ders.* KTS 1997, 553, 554.
[418] Vgl. BGH NJW 2006, 3486.
[419] Unzutreffend *Nerlich/Römermann/Andres* § 48 RdNr. 18.
[420] BGH NJW 1999, 1544, 1546.
[421] *Jaeger/Henckel* § 48 RdNr. 51.
[422] BGH NZI 2006, 700, 702.
[423] *Häsemeyer*, Insolvenzrecht RdNr. 18.70.
[424] *Gerhardt*, Grundbegriffe RdNr. 327.
[425] BGH NZI 2006, 700, 701 m. Anm. *Kreft* WuB VI A. § 131 InsO 5.06.
[426] Zu weitgehend *Häsemeyer*, Insolvenzrecht RdNr. 18.69.
[427] *Gundlach/Frenzel/Schmidt* DZWIR 2001, 441, 445.
[428] BGHZ 47, 181, 183 = NJW 1967, 1370 = LM KO § 47 Nr. 2 *(Grell)*; OLG Frankfurt ZIP 1981, 639, 640.

recht aus, wenn das Absonderungsrecht bei der Verwertung des Pfandgegenstandes in ein Recht auf Vorzugsbefriedigung aus dem Erlös übergeht (§ 165 i. V. m. § 91 ZVG, § 170 Abs. 1 Satz 2).[429] Gibt der Gläubiger ein Absonderungsrecht durch Vereinbarung mit dem Insolvenzverwalter auf, hat er ebenfalls kein Ersatzabsonderungsrecht.[430]

173a Wie die Ersatzaussonderung (vgl. § 48 RdNr. 27 ff.) setzt auch die Ersatzabsonderung eine **unberechtigte Verfügung** voraus (vgl. dazu bereits RdNr. 171). Wird dem Schuldner im Falle einer stillen Globalabtretung gestattet, die abgetretenen Forderungen im Rahmen eines ordnungsgemäßen Geschäftsbetriebes einzuziehen, muss der Schuldner die vereinnahmten Beträge nicht separieren, sondern er kann sie im Geschäftsbetrieb „verbrauchen". Durch die Zahlungen der Drittschuldner erlöschen die Forderungen mit Wirkung auch gegenüber dem Sicherungszessionar (§ 362 Abs. 1, § 407 Abs. 1 BGB) und mit ihnen die daran bestehenden Absonderungsrechte. Ersatzabsonderungsrechte entstehen insoweit nicht, weil die Einziehung berechtigt war.[431] Erfüllt eine als „Pfandgläubigerin an eigener Schuld" zur Absonderung berechtigte Bank nach eigener Prüfung und Teilverwertung im Wege der Verrechnung auf Aufforderung durch den Insolvenzverwalter die verbleibende Forderung gegenüber der Masse, soll dies kein unberechtigter Forderungseinzug sein;[432] richtigerweise wird man hier ein Einziehungsrecht des Insolvenzverwalters verneinen müssen.[433]

174 Ist der Insolvenzschuldner zugleich Sicherungsgeber und Schuldner der gesicherten Forderung, kann der ersatzabsonderungsberechtigte Sicherungsnehmer die Ansprüche aus § 48 sofort geltend machen, auch wenn das vereitelte Absonderungsrecht, falls es noch bestünde, noch nicht **fällig** wäre (s.o. RdNr. 32 ff.).

175 So wie der Ersatzabsonderungsberechtigte vor der Vereitelung seines Rechts nur einen Anspruch auf Duldung der Zwangsvollstreckung in den Gegenstand der Absonderung hatte, kann der Ersatzabsonderungsberechtigte auch nur Duldung der Zwangsvollstreckung in den Anspruch auf die noch ausstehende Gegenleistung oder, falls diese zur Masse eingezogen worden und in dieser noch **unterscheidbar** vorhanden ist, in diese selbst verlangen.[434] Wurde der Gegenstand der Absonderung gegen Zahlung eines – noch unterscheidbar vorhandenen – Geldbetrages veräußert, kann der Ersatzabsonderungsberechtigte aber ausnahmsweise Zahlung verlangen. Ist die Veräußerung des Gegenstands der Absonderung anfechtbar, kann der Ersatzabsonderungsberechtigte den Insolvenzverwalter nicht an der Anfechtung hindern. Er hat nach erfolgreicher Anfechtung und Rückerstattung des Absonderungsgegenstandes zur Masse sein Absonderungsbegehren an den Insolvenzverwalter zu richten.

176 Ist ein Absonderungsrecht vereitelt worden und befindet sich die Gegenleistung **nicht mehr unterscheidbar** in der Masse, scheidet grundsätzlich eine Ersatzabsonderung aus.[435] Es kommt dann nur ein Anspruch auf Auskehr der Gegenleistung gegen die Masse gemäß § 55 oder ein Schadensersatzanspruch gemäß § 60 gegen den Verwalter in Betracht. Ist die Gegenleistung allerdings deshalb nicht mehr vorhanden, weil auch darüber verfügt worden ist, ist aber eine „Gegenleistung der Gegenleistung" in die Masse gelangt, kommt (analog zur Zweitersatzaussonderung, vgl. § 48 RdNr. 74 ff.) eine **„zweite Ersatzabsonderung"** in Betracht.[436]

177 Wenn der starke **vorläufige Insolvenzverwalter** oder ein schwacher mit gerichtlicher Einziehungsermächtigung oder der Schuldner mit Zustimmung des mit einem Zustimmungsvorbehalt ausgestatteten vorläufigen Insolvenzverwalters über einen Gegenstand verfügt, der nach Insolvenzeröffnung einem Absonderungsrecht unterläge, sind die Regeln über die Ersatzabsonderung entsprechend anzuwenden.[437]

178 Der Ersatzabsonderungsanspruch ist – ebenso wenig wie der Ersatzaussonderungsanspruch (vgl. § 48 RdNr. 66a) – **kein Masseanspruch.** Hat der vorläufige Insolvenzverwalter jedoch den Erlös pflichtwidrig nicht separiert, löst dies eine Masseverbindlichkeit aus (§ 55 Abs. 1 Nr. 1, § 209

---

[429] *Hochmuth*, aaO S. 94.
[430] OLG Köln ZIP 1989, 523, 524; *Gottwald/Adolphsen*, Insolvenzrechts-Hdb., § 42 RdNr. 217.
[431] BGH NZI 2006, 403.
[432] OLG Dresden WM 2010, 212, 214. Ob etwas anderes gelten muss, wenn der Insolvenzverwalter vor der Zahlung einen Irrtum der Bank über das Bestehen des Pfandrechts aktiv heraufbeschworen oder einen solchen Irrtum erkannt und missbräuchlich ausgenutzt hat, blieb offen.
[433] Zutreffend *Nobbe* WuB I F 2 Pfandrechte 1.11.
[434] *Häcker* aaO RdNr. 167.
[435] Beispiel (BGH NZI 2006, 700, 701 f.): Hat der Sicherungszedent die Zahlung des Drittschuldners auf einem zur Zeit der Gutschrift im Soll geführten Konto vereinnahmt, so versagt die Ersatzabsonderung, weil eine gegenständlich fassbare Gegenleistung nicht vorhanden ist.
[436] Dazu *Ganter* NZI 2005, 1, 8 f.
[437] *Uhlenbruck/Vallender* § 22 RdNr. 41; *Ehricke*, FS Gerhardt, S. 191, 208 f.

Abs. 1 Nr. 3). Kommt es nicht zur Eröffnung des Insolvenzverfahrens, tritt an die Stelle des Ersatzabsonderungsrechts ein Anspruch gegen den vormaligen vorläufigen Verwalter aus § 816 Abs. 2 BGB.[438]

§ 49 Abgesonderte Befriedigung aus unbeweglichen Gegenständen

Gläubiger, denen ein Recht auf Befriedigung aus Gegenständen zusteht, die der Zwangsvollstreckung in das unbewegliche Vermögen unterliegen (unbewegliche Gegenstände), sind nach Maßgabe des Gesetzes über die Zwangsversteigerung und die Zwangsverwaltung zur abgesonderten Befriedigung berechtigt.

Schrifttum: *Bernsen,* Grundstückszubehör als Kreditsicherheit und sein Schicksal im Konkursverfahren, GuG 1992, 156 ff.; *Eickmann,* Probleme des Zusammentreffens von Konkurs und Zwangsverwaltung, ZIP 1986, 1517 ff.; *Hintzen,* Zwangsvollstreckung in den Grundbesitz im Insolvenzeröffnungsverfahren, ZInsO 1998, 318 ff.; *Kalter,* Die Hypothekenverbandshaftung im Konkurs, KTS 1962, 142 ff.; *Kollhosser,* Der Kampf ums Zubehör, JA 1984, 196; *Kolbenschlag,* Die Grundschuld im Konkursverfahren über das Vermögen des Kreditnehmers, Betrieb 1960, 1120 ff.; *Lorenz,* Weitere Fragen zur konkursrechtlichen Problematik der Eigentümergrundschuld, KTS 1962, 28; *Lwowski/Tetzlaff,* Verwertung unbeweglicher Gegenstände im Insolvenzverfahren – Ausgewählte Rechtsfragen zur Verwertung von Grundpfandrechten und Zubehör in der Insolvenz, WM 1999, 2336 ff.; *Mohrbutter,* Treuhänderische Nutzung eines Schiffes in der Zwangsversteigerung, KTS 1963, 31 f.; *Muth,* Die Zwangsversteigerung auf Antrag des Insolvenzverwalters, ZIP 1999, 945 ff.; *Plander,* Die Erstreckung der Hypothekenhaftung auf bewegliche Sachen, JuS 1975, 345 ff.; *B. Schmidt,* Das (neue) Spannungsverhältnis zwischen Insolvenzverwalter und Grundpfandgläubiger, InVo 1999, 73 ff.; *Sinz/Hiebert,* § 10 Abs. 1 Nr. 2 ZVG – Absonderungsrecht der Wohnungseigentümergemeinschaft ohne Beschlagnahme?. ZInsO 2012, 205 ff.; *Stöber,* Insolvenzverfahren und Vollstreckungs-Zwangsversteigerung, NZI 1998, 105 ff.; *Tetzlaff,* Probleme bei der Verwertung von Grundpfandrechten und Grundstücken im Insolvenzverfahren, ZInsO 2004, 521 ff.; *Vallender,* Verwertungsrecht des Treuhänders an mit Absonderungsrechten belasteten Immobilien?, NZI 2000, 148 ff.; *ders.,* Zwangsversteigerung und Zwangsverwaltung im Licht des neuen Insolvenzrechts, Rpfleger 1997, 353 ff.; *Wenzel,* Die Rechtsstellung des Grundpfandrechtsgläubigers im Insolvenzverfahren, NZI 1999, 101 ff.

Übersicht

	Rn.		Rn.
A. Einleitung	1, 2	5. Versicherungsforderungen	32–37
B. Normzweck	3, 4	6. Bestandserweiterung	38, 39
C. Gegenstände der abgesonderten Befriedigung aus dem unbeweglichen Vermögen	5–44	7. Gesamthypothek	40, 41
		VII. Der Umfang der Haftung	42–44
I. Grundstücke und grundstücksgleiche Rechte	5, 6	1. Nebenforderungen	42, 43
1. Grundstück	5	2. Erweiterung der Haftung für Zinsen	44
2. Grundstücksgleiche Rechte	6	**D. Die absonderungsberechtigten Gläubiger und ihre Rangfolge**	45–83
II. Eingetragene Schiffe und Schiffsbauwerke	7	**I. Die Rangordnung bei Grundstücken**	46–81
III. Hochseekabel	8	1. Allgemeine Verfahrenskosten	46
IV. Luftfahrzeuge	9	2. Rangklasse 1	47, 48
V. Bruchteile	10, 11	3. Rangklasse 1a	49, 50
VI. Gegenstände, auf die sich das Pfandrecht erstreckt	12–41	4. Rangklasse 2	51–51b
		5. Rangklasse 2/3	52
1. Allgemeines	12	6. Rangklasse 3	53–53b
2. Bestandteile und Zubehör	13–25	7. Rangklasse 3/4	54
a) Erzeugnisse und sonstige Bestandteile	13	8. Rangklasse 4	55–75d
		a) Allgemeines	55
b) Zubehör	14	b) Entstehung der Grundpfandrechte	56–71
c) Enthaftung	15–25	c) Wiederkehrende Leistungen	72–74
3. Miet- und Pachtforderungen	26–30	d) Nicht auf Zahlung eines Kapitals gerichtete Rechte	75
4. Wiederkehrende Leistungen	31	e) Der Rückgewähranspruch des Grundstückseigentümers	75a–75b

---

[438] BGH NZI 2007, 338 RdNr. 14.

	Rn.		Rn.
f) Der gesetzliche Löschungsanspruch des nachrangigen Grundschuldgläubigers nach § 1179a Abs. 1 Satz 3 BGB	75c	II. Die Rangordnung bei anderen unbeweglichen Sachen	82, 83
		1. Eingetragene Schiffe, Schiffsbauwerke und Luftfahrzeuge	82
g) Absprachen über die Abgabe einer Löschungsbewilligung	75d	2. Bahneinheiten	83
		E. Durchsetzung der abgesonderten Befriedigung	84–91
9. Rangklasse 5	76, 77	I. Die bei Eröffnung des Insolvenzverfahrens bereits anhängige Zwangsvollstreckung	87, 88
10. Rangklasse 6	78		
11. Rangklasse 7	79	II. Die bei Eröffnung des Insolvenzverfahrens noch nicht anhängige Zwangsvollstreckung	89–89b
12. Rangklasse 8	80		
13. Nicht aus dem Grundbuch ersichtliche und nicht angemeldete Rechte	81	III. Einstellung des Verfahrens	90, 91

A. Einleitung

1   Die Vorschrift ist aus § 56 RegE hervorgegangen. Dort war noch auf die im Regierungsentwurf enthaltenen Regeln zur einstweiligen Einstellung der Zwangsversteigerung und Zwangsverwaltung (§§ 187–190 RegE) Bezug genommen. Diese sind auf Vorschlag des Rechtsausschusses in die Zuständigkeit des Vollstreckungsgerichts zurückverlagert und in das Gesetz über die Zwangsversteigerung und die Zwangsverwaltung (ZVG) eingestellt worden (Art. 20 Nr. 4 und 9 EGInsO). Die Verweisung in § 49 ist entsprechend angepasst worden.

2   § 49 belässt es bei dem aus § 47 KO, § 27 Abs. 1 VerglO bekannten Grundsatz, dass Gläubiger, denen Rechte an Grundstücken oder anderen unbeweglichen Gegenständen zustehen, auch nach der Eröffnung des Insolvenzverfahrens zur Befriedigung im Wege der Zwangsversteigerung oder Zwangsverwaltung berechtigt sind.

B. Normzweck

3   Gläubiger, denen bei der Zwangsvollstreckung in das unbewegliche Vermögen ein Recht auf Befriedigung zusteht, sollen in der Insolvenz des Vermögensträgers abgesondert befriedigt werden.[1] § 49 enthält – wie bereits § 47 KO – eine doppelte **Verweisung**. Zum einen wird auf die Rechtssätze verwiesen, die bestimmen, welche Gegenstände bei der Zwangsvollstreckung wegen Geldforderungen zum „unbeweglichen Vermögen" gehören (§§ 864, 865 ZPO). Zum andern wird wegen der Frage, wer bei der Zwangsvollstreckung wegen Geldforderungen in das unbewegliche Vermögen „ein Recht auf Befriedigung" hat, auf die §§ 10 ff. ZVG verwiesen.[2]

4   Die durch diese Verweisungen bestimmten Gläubiger sind in der Regel auch dann absonderungsberechtigt, wenn es nicht zu einer Verwertung des haftenden Gegenstands im Wege der Zwangsvollstreckung kommt (vgl. Vorbemerkungen vor §§ 49–52 RdNr. 99 ff.). Zwar dürfen die Absonderungsberechtigten Immobilien nicht im Wege der freihändigen Veräußerung verwerten (s.u. RdNr. 85); der Insolvenzverwalter darf dies sehr wohl (vgl. § 160 Abs. 2 Nr. 1).[3] Gegebenenfalls tritt, soweit auf die „Beschlagnahme" (§ 13 ZVG) oder die „Anordnung der Zwangsversteigerung oder Zwangsverwaltung" (§ 173 ZVG) abgestellt wird, an deren Stelle bei der freiwilligen Veräußerung der Abschluss des Kaufvertrages.[4]

C. Gegenstände der abgesonderten Befriedigung aus dem unbeweglichen Vermögen

I. Grundstücke und grundstücksgleiche Rechte

5   **1. Grundstück.** Darunter versteht man – im Rechtssinne – einen von einer Grenzlinie markierten Abschnitt der Erdoberfläche,[5] der im Grundbuch (Ausnahme: § 3 Abs. 2 GBO) als rechtliche

---

[1] Vgl. *Jaeger/Henckel* § 49 RdNr. 2.
[2] BGH NZI 2009, 382, 383 RdNr. 5.
[3] *Jaeger/Henckel* § 49 RdNr. 33; *Uhlenbruck/Brinkmann* § 49 RdNr. 1c; vgl. auch BGH NZI 2008, 182, 183 RdNr. 13; 2010, 482, 483 RdNr. 10.
[4] *Jaeger/Henckel* § 49 RdNr. 1, 33.
[5] RGZ 68, 24, 25.

Einheit auf einem besonderen Grundbuchblatt allein (§ 3 Abs. 1 Satz 1 GBO) oder auf einem gemeinschaftlichen Grundbuchblatt (§ 4 Abs. 1 GBO) im Bestandsverzeichnis unter einer besonderen Nummer eingetragen ist. Miterfasst werden der Raum über der Oberfläche und der Erdkörper darunter (§ 905 Satz 1 BGB). Ob das Grundstück katastermäßig eine oder mehrere Flurstücknummern hat, ist unerheblich. **Wohnungs- und Teileigentum** (§ 1 WEG) ist echtes Eigentum und unterliegt wie ein Grundstück der Zwangsvollstreckung in das unbewegliche Vermögen. **Gebäudeeigentum** besteht im Beitrittsgebiet fort (Art. 231 § 5 EGBGB, Art. 233 §§ 2b, 4,[6] 8 EGBGB) und unterliegt der Zwangsvollstreckung in das unbewegliche Vermögen.[7]

2. Grundstücksgleiche Rechte. Dies sind das **Erbbaurecht** (§ 1 ErbbVO; für vor dem 22.1.1919 begründete Erbbaurechte gelten die §§ 1012 ff. BGB fort), Wohnungserbbaurecht (§ 30 WEG), **Bergwerkseigentum** (§§ 9 Abs. 1, 149 Abs. 1 Nr. 1 und 5, 151, 156 BBergG v. 13.8.1980, BGBl. I 1310), landesrechtliche Kohlenabbaugerechtigkeiten (Art. 67 EGBGB) und sonstige Mineralgewinnungsrechte (Art. 68 EGBGB), landesrechtliche Fischereirechte (Art. 69 EGBGB) und Realgemeinderechte (Art. 164 EGBGB). Bahneinheiten (vgl. Pr. Gesetz über die Bahneinheiten idF v. 8.7.1902)[8] zählen zu den grundstücksgleichen Rechten und können mit „Bahnpfandschulden" belastet werden (§ 14). Für die Zwangsvollstreckung in Bahneinheiten gelten Besonderheiten (§§ 21–39). **Keine** grundstücksgleichen Rechte sind das Dauerwohn- und Dauernutzungsrecht (§ 31 WEG), das landesrechtliche Erbpachtrecht (Art. 63 EGBGB; KontrollratsG Nr. 45) sowie vertraglich begründete Nutzungsrechte nach § 312 ZGB-DDR. Für das Eigentum an Gebäuden, die in Ausübung derartiger Nutzungsrechte errichtet wurden, gelten die Bestimmungen über das Eigentum an beweglichen Sachen (§ 296 Abs. 1 Satz 2 ZGB-DDR i. V. m. Art. 232 § 4 EGBGB).

II. Eingetragene Schiffe und Schiffsbauwerke

Im Schiffsregister eingetragene Schiffe und Schiffsbauwerke, die im Schiffsbauregister eingetragen sind oder eingetragen werden können (§ 864 Abs. 1 ZPO), sowie Schwimmdocks (vgl. Art. 1–3 des Ges. v. 4.12.1968, BGBl. I 1295) unterliegen ebenfalls der Zwangsvollstreckung in das unbewegliche Vermögen. Zulässig ist allerdings nur die Zwangsversteigerung, nicht die Zwangsverwaltung. **Schiff** ist jedes schwimmfähige, mit Hohlraum versehene Fahrzeug von nicht ganz unbedeutender Größe, dessen Zweckbestimmung es mit sich bringt, dass es sich auf dem Wasser bewegt.[9] Darunter fallen zum Beispiel auch Schwimmbagger und Schwimmkräne. **Schiffsbauwerke** sind noch im Bau befindliche Schiffe, bei denen zwar schon der Kiel gelegt und das Bauwerk – zum Beispiel durch Name oder Nummer – gekennzeichnet ist, die aber noch nicht vom Stapel gelaufen sind.[10] **Schwimmdocks** sind schwimmende Behälter, in denen Schiffe trockengestellt werden; sie werden wie Schiffsbauwerke behandelt.[11] Ausländische Schiffe werden erfasst, wenn sie als deutsche Schiffe im Schiffsregister eingetragen sein müssten. Nichteingetragene – wenngleich eintragungsfähige – deutsche Schiffe zählen zum beweglichen Vermögen. Für sie gelten die §§ 1204 ff. BGB und § 50.

III. Hochseekabel

Die im Kabelbuch eingetragenen Hochseekabel nebst dem mithaftenden Zubehör unterlagen nach dem Kabelpfandgesetz wie Grundstücke der Zwangsversteigerung und Zwangsverwaltung (§§ 24 ff., 31 KabelpfandG v. 31.3.1925). Das Gesetz ist mit Wirkung ab 1. Januar 1995 außer Kraft getreten.[12]

IV. Luftfahrzeuge

Luftfahrzeuge können Gegenstand der Zwangsversteigerung sein. Darunter fallen (vgl. § 1 Nr. 2 LuftverkG v. 10.1.1959, BGBl. I 9) alle für die Luft- und Raumfahrt bestimmten Geräte wie Flugzeuge, Hubschrauber, Luftschiffe, Segelflugzeuge, Motorsegler, Frei- und Fesselballone, Raketen, Raumfahrzeuge. Die Vorschriften über die Immobiliarvollstreckung gelten für Luftfahrzeuge, die in die Luftfahrzeugrolle eingetragen sind (§ 171a Satz 1 ZVG; § 88 Abs. 1 LuftfahrzRG), für Luftfahr-

---

[6] I.V.m. ZGB-DDR 288 Abs. 4 und 292 Abs. 3.
[7] *Zöller/Stöber* § 864 ZPO RdNr. 9; für Einordnung als grundstücksgleiches Recht *Stein/Jonas/Münzberg* § 864 ZPO RdNr. 5, 11.
[8] Zur Fortgeltung in einzelnen Bundesländern vgl. *Palandt/Bassenge*, 52. Aufl., Art. 112 EGBGB RdNr. 2.
[9] BGH LM BinnSchG § 4 Nr. 3.
[10] *Stöber* ZVG § 162 Anm. 3.3.
[11] *Stöber* ZVG § 162 Anm. 3.1.
[12] BGBl. 1994 I 2325, 2396.

zeuge, die in der Luftfahrzeugrolle gelöscht, aber im Register für Pfandrechte an Luftfahrzeugen eingetragen sind (§ 171a Satz 2 ZVG)[13] und sinngemäß für ausländische Luftfahrzeuge, soweit die anzuwendenden Vorschriften nicht die Eintragung in die Luftfahrzeugrolle oder in das Luftfahrzeugpfandregister voraussetzen.

V. Bruchteile

10 Der Bruchteil eines Grundstücks, grundstücksgleichen Rechtes, Schiffes, Schiffsbauwerks, Schwimmdocks und Luftfahrzeugs unterliegt nach § 864 Abs. 2 ZPO, Art. 3 des Gesetzes v. 4.12.1968 (BGBl. I 1295), § 99 Abs. 1 LuftfahrzRG der Immobiliarvollstreckung, wenn er entweder in dem **ideellen Anteil eines Miteigentümers** besteht (§§ 741 ff., 1008 BGB) oder der dingliche Anspruch des Gläubigers auf einem **Recht** gründet, **mit dem der Bruchteil als solcher belastet ist.**[14] Vollstreckung in einen Miteigentümerbruchteil kann auch erfolgen, wenn er erst nach Gesamtbelastung des Grundstücks usw. entstanden ist.[15] Handelt es sich um eine Gemeinschaft zur gesamten Hand – Gesellschaft (§ 719 BGB; §§ 736, 859 Abs. 1 ZPO), Gütergemeinschaft (§§ 1416, 1419, 1485 BGB; §§ 740, 743–745, 860 ZPO), Erbengemeinschaft (§§ 2032, 2040 BGB; §§ 747, 859 Abs. 2 ZPO) – ist die Vollstreckung in den Miteigentumsanteil des einzelnen entweder ganz ausgeschlossen oder nur als Pfändung des Anteils an der gesamten Vermögensmasse zulässig (§§ 859, 860 ZPO).[16]

11 In einen **realen Grundstücksteil** – also eine Teilfläche – kann grundsätzlich nicht selbstständig vollstreckt werden (vgl. § 7 GBO). Eine Ausnahme gilt nach Vereinigung und Zuschreibung (§ 890 BGB) selbständig belasteter Grundstücke (s.u. RdNr. 38).

VI. Gegenstände, auf die sich das Pfandrecht erstreckt

12 **1. Allgemeines.** Der Immobiliarvollstreckung unterliegen diejenigen beweglichen Sachen und Rechte, die nach bürgerlichem Recht von einer Hypothek mitbelastet werden (§§ 865 ZPO i. V. m. 1120–1130, 1265 BGB; § 55 Abs. 1 ZVG; §§ 31, 81a SchiffsG; §§ 1 ff., 31 – vgl. aber auch § 100 – LuftfahrzRG; §§ 9, 10 KabelPfG). Außerdem erfasst die Immobiliarvollstreckung unter den Voraussetzungen der §§ 1131, 1132 BGB auch unbelastete, aber zugeschriebene oder selbständige, aber belastete Grundstücke. Die Wirkung der Beschlagnahme, durch die der Gläubiger seine besondere Befriedigung sucht, bestimmt sich nach den §§ 20 Abs. 2, 21, 148, 152 ZVG.

13 **2. Bestandteile und Zubehör. a) Erzeugnisse und sonstige Bestandteile.** Gemäß § 1120 BGB erstreckt sich die Hypothek auf die von dem Grundstück getrennten Erzeugnisse und sonstigen Bestandteile, soweit sie nicht mit der Trennung nach den §§ 954 bis 957 BGB in das Eigentum eines anderen als des Eigentümers oder Eigenbesitzers des Grundstücks gelangt sind. Bestandteile sind die wesentlichen Bestandteile einschließlich der Erzeugnisse (§§ 93, 94 BGB; vgl. dazu § 47 RdNr. 21 ff.) sowie die nicht wesentlichen Bestandteile, nicht aber die Scheinbestandteile (§ 95 BGB; vgl. dazu § 47 RdNr. 26 ff.). Ungetrennte Bestandteile haften immer, es sei denn, es handelt sich um unwesentliche Bestandteile, die im Eigentum Dritter stehen. Die Haftung ungetrennter Bestandteile ist unabhängig davon, ob sie vor oder nach der Hypothekenbestellung entstanden sind. Getrennte Bestandteile haften nicht, wenn die Trennung vor der Hypothekenbestellung erfolgt. Werden die Bestandteile erst danach getrennt, besteht die Haftung jedenfalls zunächst (vgl. §§ 949 Satz 1, 950 Abs. 2, 1121, 1122 BGB) fort, wenn der Eigentümer (§ 953 BGB) oder Eigenbesitzer (§ 955 Abs. 1 BGB) des Grundstücks das Eigentum an den getrennten Bestandteilen erwirbt. Trennt der Pächter die Früchte vom Grundstück, erwirbt er das Eigentum (§ 956 BGB); damit werden die Früchte von der Hypothekenhaftung frei.

14 **b) Zubehör.** Die Hypothek erstreckt sich auf das **eigene** Zubehör (zum Begriff vgl. § 47 RdNr. 28 f.) des Grundstückseigentümers (§§ 1120, 97 BGB). Der Wert des Zubehörs trägt ganz erheblich zur Deckung der Absonderungsrechte bei.[17] Die Grundpfandhaftung des Zubehörs gilt auch zugunsten des späteren Erwerbers einer Eigentümergrundschuld.[18] Ob die Sachen vor oder nach der Bestellung des Grundpfandrechts Zubehör geworden sind, ist gleichgültig. Verlieren die Sachen die Zubehöreigenschaft vor der Bestellung, entfällt die Haftung. Nach diesem Zeitpunkt führt der Verlust zur Anwendung der §§ 1121, 1122 BGB. **Fremdes** Zubehör – zum Beispiel

---

[13] Vgl. ferner Verordnung des Bundesministeriums der Justiz über die Einrichtung und Führung des Registers für Pfandrechte an Luftfahrzeugen – LuftRegV, BR-Drucks. 995/98.
[14] Dazu *Stein/Jonas/Münzberg* § 864 ZPO RdNr. 17.
[15] *Stöber* ZPO § 864 RdNr. 6.
[16] *Stein/Jonas/Münzberg* ZPO § 864 RdNr. 16; MünchKommZPO-*Eickmann* § 864 RdNr. 29.
[17] Vgl. 1. KommBer. S. 336; *Bernsen* GuG 1992, 156.
[18] BGH NJW 1979, 2514 f.; LG Freiburg ZIP 1982, 1368 f.

das dem Pächter gehörende Inventar – haftet grundsätzlich nicht. Hat der Grundstückseigentümer Zubehör unter Eigentumsvorbehalt angeschafft, erstreckt sich die Hypothekenhaftung auf das Anwartschaftsrecht und erfasst das Zubehör, sobald sich die Anwartschaft durch Bedingungseintritt zum Vollrecht entwickelt hat.[19] Den Bedingungseintritt kann der Hypothekar auch selbst durch Zahlung des Restkaufpreises herbeiführen.[20] Wird die Sache für den Vorbehaltsverkäufer verwertet, setzt sich das Hypothekenrecht am Übererlös fort.[21] Nach Ansicht des BGH kann der Vorbehaltskäufer sein Anwartschaftsrecht durch Vereinbarung mit dem Vorbehaltsverkäufer aufheben und damit das Grundpfandrecht insoweit gegenstandslos machen, als es sich auf das Vorbehaltsgut erstreckte.[22] Die analoge Anwendung des § 1276 Abs. 1 BGB hat der BGH abgelehnt, weil der Sach-Pfandgläubiger allgemein einen schwächeren Schutz genieße als der Rechts-Pfandgläubiger und weil der Fortbestand der Grundpfandhaftung von Grundstückszubehörstücken dem Willen und der Einflussmöglichkeit des Grundpfandgläubigers weitgehend entzogen sei.[23]

c) Enthaftung. aa) Veräußerung und Entfernung von dem Grundstück. Die nach § 1120 **15** BGB mithaftenden Gegenstände werden durch Veräußerung und Entfernung von dem Grundstück frei, wenn beides geschehen ist, bevor zugunsten des Grundpfandgläubigers die Beschlagnahme erfolgt ist (§ 1121 Abs. 1 BGB). **Veräußerung** ist Übereignung der beweglichen Sache ohne das Grundstück.[24] Durch das Erfordernis der **Entfernung** von dem Grundstück scheidet eine Veräußerung nach § 930 BGB aus.[25] Die Entfernung muss mit der Veräußerung im Zusammenhang stehen[26] und auf dauernde Lösung vom Grundstück gerichtet sein. Die Entfernung zu Sicherungszwecken reicht nicht aus, wohl aber die Entfernung im Zuge der Verwertung.[27] Auf die Reihenfolge von Veräußerung und Entfernung kommt es nicht an.[28] Die Entfernung kann durch den Veräußerer, den Erwerber oder einen Dritten geschehen. Unter **Beschlagnahme** ist die Anordnung der Zwangsversteigerung oder Zwangsverwaltung bezüglich des Grundstücks und die Zulassung des Beitritts (§§ 20, 22, 27, 146 ZVG) zu verstehen, ebenso die Pfändung im Wege der Fahrnisvollstreckung, sofern sie wegen des dinglichen Anspruchs (§ 1147 BGB) erfolgt.[29]

(1) Veräußerung durch den Schuldner vor Insolvenzeröffnung. Hat der Schuldner mithaf- **16** tende Gegenstände nach Maßgabe der §§ 1121 ff. BGB aus dem Haftungsverbund gelöst, bevor das Insolvenzverfahren eröffnet oder ein allgemeines Verfügungsverbot nach § 21 Abs. 2 Nr. 2 ausgesprochen wurde, so fallen diese Gegenstände nicht in die Masse und können von den jeweiligen Erwerbern ausgesondert werden. Die von den Erwerbern entrichteten Kaufpreise unterliegen – falls die Voraussetzungen des § 48 analog gegeben sind – der Ersatzabsonderung (s.o. Vorbemerkungen vor §§ 49–52 RdNr. 167 ff.). Schadensersatz- (s.u. RdNr. 19) und Bereicherungsansprüche wegen rechtswidriger bzw. rechtsgrundloser Enthaftung sind bloße Insolvenzforderungen.[30] Maßnahmen des Schuldners, die zur Enthaftung mithaftender Gegenstände führen, können anfechtungsrechtliche Rückgewähransprüche (§ 3 AnfG) auslösen. Diese gehen ins Leere unter, weil das Grundpfandrecht durch den Zuschlag in der Zwangsversteigerung erlischt (§ 91 Abs. 1 ZVG).[31]

Veräußert der Schuldner, bevor das Insolvenzverfahren eröffnet und ein allgemeines Verfügungs- **17** verbot erlassen wird, haftende bewegliche Sachen, ohne dass diese von dem Grundstück entfernt werden, so verbleibt es bei deren Haftung, obwohl sie nicht mehr dem Schuldner gehören. Das

---

[19] BGHZ 35, 85, 93 = NJW 1961, 1349; BGH NJW 1965, 1475; *Epp* in Schimansky/Bunte/Lwowski, Bankrechts-Handbuch, § 94 RdNr. 68.
[20] BGHZ 35, 85, 94 = NJW 1961, 1349.
[21] *Palandt/Bassenge* § 1120 BGB RdNr. 8; aA OLG Bamberg JZ 1964, 518 m. abl. Anm. *Grunsky*.
[22] BGHZ 92, 280, 288 ff. = NJW 1985, 376.
[23] BGHZ 92, 280, 290 = NJW 1985, 376; zumindest im Ergebnis zustimmend *Wilhelm* NJW 1987, 1785 ff.; *Ludwig* NJW 1989, 1458 ff.; *Scholz* MDR 1990, 679 f.; aA *Kollhosser* JZ 1985, 370 ff.; *Tiedtke* NJW 1985, 1305 ff.; *Marotzke* AcP 186 (1986), 490 ff.; *Reinicke* JuS 1986, 957 ff.; *Bayer* WM 1987, 1541 ff.; *Bülow*, Kreditsicherheiten RdNr. 102 f.; *Gottwald/Adolphsen*, Insolvenzrechts-Hdb., § 42 RdNr. 10; *Uhlenbruck/Brinkmann* § 49 RdNr. 16; MünchKommBGB-*Eickmann* § 1120 RdNr. 39; *Palandt/Bassenge* § 1276 RdNr. 5.
[24] RGZ 143, 241, 246.
[25] BGH NJW 1979, 2514.
[26] BGHZ 60, 267, 268 = NJW 1973, 997; *Schoppmeyer* in Lwowski/Fischer/Langenbucher, Das Recht der Kreditsicherung, § 15 RdNr. 38.
[27] *Palandt/Bassenge* § 1121 RdNr. 3; *Schoppmeyer* in Lwowski/Fischer/Langenbucher, Das Recht der Kreditsicherung, § 15 RdNr. 38.
[28] MünchKommBGB-*Eickmann* § 1121 RdNr. 21, 28; *Epp* in Schimansky/Bunte/Lwowski, Bankrechts-Handbuch, § 94 RdNr. 71.
[29] RGZ 81, 146, 148; 103, 137, 138; MünchKommBGB-*Eickmann* § 1121 RdNr. 9.
[30] *Jaeger/Henckel* § 49 RdNr. 56.
[31] *Jaeger/Henckel* § 49 RdNr. 57.

Gleiche gilt, wenn der Vorbehaltskäufer unter Vereinbarung eines Besitzkonstituts das Anwartschaftsrecht sicherungshalber auf einen andern überträgt.[32]

18 Bei der Enthaftung nach § 1121 Abs. 1 BGB ist – anders als bei § 1122 Abs. 2 BGB – nicht Voraussetzung, dass sich Veräußerung und Entfernung innerhalb der Grenzen einer ordnungsgemäßen Wirtschaft halten.[33] Die Erwerber sollen nicht mit dem für sie schwer zu beurteilenden Risiko belastet sein, ob im Einzelfall die Veräußerung diesem Erfordernis gerecht wird oder nicht. Gleichwohl ist diese Frage auch für eine Veräußerung nach § 1121 Abs. 1 BGB nicht bedeutungslos. Der Grundstückseigentümer ist dem Grundpfandgläubiger gegenüber nicht berechtigt, Zubehör außerhalb der Grenzen einer ordnungsgemäßen Wirtschaft vom Grundstück zu entfernen und dadurch die Sicherheit des Grundpfandrechts zu gefährden. Tut er dies dennoch, handelt er dem Grundpfandgläubiger gegenüber rechtswidrig und kann diesem gegenüber nach §§ 1135, 823 BGB schadensersatzpflichtig sein.

19 **(2) Veräußerung durch den Insolvenzverwalter.** Werden Zubehörstücke oder sonstige mithaftende Gegenstände vom Insolvenzverwalter veräußert und vom Grundstück entfernt, bevor die Beschlagnahme erfolgt ist, so werden jene von der Haftung für Grundpfandrechte frei. Unter den Voraussetzungen des § 48 analog unterliegt der Anspruch auf die Gegenleistung bzw. der eingezogene Erlös der Ersatzabsonderung (s.o. Vorbemerkungen vor §§ 49–52 RdNr. 167 ff.).[34] Die Enthaftung von Gegenständen stellt einen rechtsgrundlosen Eingriff in das Grundpfandrecht dar. Um einen etwaigen Erlös ist die Masse ungerechtfertigt bereichert (§ 55 Abs. 1 Nr. 3).[35] Falls der Insolvenzverwalter durch die Veräußerung schuldhaft in das Recht des Grundpfandgläubigers eingegriffen hat, steht diesem auch ein Schadensersatzanspruch gegen die Masse (§ 55 Abs. 1 Nr. 1) und gegen den Insolvenzverwalter persönlich (§ 60) zu.[36] Hatte schon der Schuldner die Sache wirksam veräußert, befindet sie sich aber im Zeitpunkt der Insolvenzeröffnung noch auf dem Grundstück, ist der Verwalter nicht verpflichtet, die Sache – die nicht mehr zur Masse gehört – dem Erwerber vorzuenthalten. Dass er damit die Enthaftung verhindern könnte, ändert daran nichts. Lässt er die Entfernung geschehen, begründet dies also weder eine Schadensersatzpflicht der Masse noch des Verwalters.[37]

20 **bb) Veräußerung und/oder Entfernung nach Beschlagnahme.** § 23 Abs. 1 Satz 2 ZVG, der dem Schuldner Verfügungen über einzelne mitbeschlagnahmte bewegliche Sachen innerhalb der Grenzen einer ordnungsgemäßen Wirtschaft mit Wirksamkeit gegenüber dem Gläubiger gestattet und dem Schuldner auch den Erlös aus solchen Geschäften belässt,[38] gilt nicht gegenüber solchen Gläubigern, denen ein Absonderungsrecht an den Sachen zusteht.

21 Nach der Beschlagnahme ist eine Enthaftung im Wege der Veräußerung nur bei **Gutgläubigkeit** des Erwerbers gem. §§ 135 Abs. 2, 136 BGB möglich.[39] Entfernt dieser das ihm übereignete Zubehör erst nach der Beschlagnahme von dem Grundstück, kommt es darauf an, ob er bezüglich der Beschlagnahme gutgläubig ist (§ 1121 Abs. 2 Satz 2 BGB). Das gilt erst recht, wenn auch die Veräußerung nach der Beschlagnahme erfolgt. Der gute Glaube ist im Allgemeinen schwer nachzuweisen, weil die Beschlagnahme als bekannt gilt bei Kenntnis des Antrags auf Zwangsversteigerung oder Zwangsverwaltung (§§ 23 Abs. 2 Satz 1, 146 ZVG) und bei Eintragung des Zwangsversteigerungs- oder Zwangsverwaltungsvermerks im Grundbuch (§§ 23 Abs. 2 Satz 2, 146 ZVG). Der Grundbuchvermerk hindert allerdings nur den gutgläubigen Erwerb vom Grundstückseigentümer, nicht von einem Zwischenerwerber, falls dieser das Zubehör von dem Grundstück entfernt hatte.[40] Nicht geschützt wird der gute Glaube daran, dass es sich bei der veräußerten Sache nicht um Zubehör des Grundstücks handelt.[41]

22 **cc) Enthaftung ohne Veräußerung.** Nach § 1122 Abs. 1 BGB werden **Erzeugnisse** oder **Bestandteile** auch ohne Veräußerung von der Haftung frei, wenn sie innerhalb der Grenzen einer ordnungsgemäßen Wirtschaft und nicht nur zu einem vorübergehenden Zweck von dem Grundstück getrennt werden, bevor die Beschlagnahme erfolgt. Die Grenzen einer ordnungsgemäßen

---

[32] *Gottwald/Adolphsen,* Insolvenzrechts-Hdb., § 42 RdNr. 10; vgl. dazu auch *Ganter* in Schimansky/Bunte/Lwowski, Bankrechts-Handbuch, § 95 RdNr. 71.
[33] BGHZ 60, 267, 272 f. = NJW 1973, 997; *Schoppmeyer* in Lwowski/Fischer/Langenbucher, Das Recht der Kreditsicherung, § 15 RdNr. 38; *Uhlenbruck/Brinkmann* § 49 RdNr. 14.
[34] *Häsemeyer,* Insolvenzrecht RdNr. 18.10.
[35] *Jaeger/Henckel* § 49 RdNr. 45.
[36] *Jaeger/Henckel* § 49 RdNr. 48; *Uhlenbruck/Brinkmann* § 49 RdNr. 15.
[37] *Jaeger/Henckel* § 49 RdNr. 56.
[38] *Stöber* ZVG § 23 Anm. 3.4.
[39] *Schoppmeyer* in Lwowski/Fischer/Langenbucher, Das Recht der Kreditsicherung, § 15 RdNr. 39.
[40] RG Gruch 55 (1911), 974, 976 f.; *Jaeckel/Güthe* ZVG 7. Aufl. § 23 RdNr. 5 und § 55 RdNr. 2.
[41] *Schoppmeyer* in Lwowski/Fischer/Langenbucher, Das Recht der Kreditsicherung, § 15 RdNr. 41; MünchKommBGB-*Eickmann* § 1121 RdNr. 33; aA *Palandt/Bassenge* § 1121 RdNr. 6.

Wirtschaft sind nur bei der Trennung von dem Grundstück, nicht auch bei der dauernden Entfernung einzuhalten.[42]

Nach § 1122 Abs. 2 BGB werden **Zubehörstücke** ohne Veräußerung von der Haftung frei, wenn die Zubehöreigenschaft innerhalb der Grenzen einer ordnungsgemäßen Wirtschaft vor der Beschlagnahme aufgehoben wird. Die Zubehöreigenschaft wird aufgehoben, wenn die Widmung der Sache, den Zwecken des Grundstücks oder des darauf betriebenen Unternehmens zu dienen, entfällt. Dies ist zum Beispiel der Fall, wenn eine Maschine, die durch eine neue ersetzt werden soll, „ausgemustert" und zum Abtransport bereitgestellt wird. Die Zubehöreigenschaft endet auch durch die dauernde Entfernung der Sache von dem Grundstück. Eine gelegentliche vorübergehende Entfernung – etwa zur Reparatur – hebt die Zubehöreigenschaft nicht auf. Andererseits ist es zur Aufhebung der Zubehöreigenschaft nicht erforderlich, dass die Sache vom Grundstück entfernt wird.[43] Einerseits nicht erforderlich und andererseits nicht genügend ist auch die bloße Veräußerung.[44]

Die Zubehöreigenschaft kann ferner aufgehoben werden, indem die Zweckbestimmung des Grundstücks geändert wird.[45] Falls die endgültige Stilllegung des auf einem Fabrikgrundstück eingerichteten Betriebes zur Aufhebung der Zubehöreigenschaft führt,[46] geht dies über die Grenzen einer ordnungsgemäßen Wirtschaft hinaus und führt deshalb nicht zu einer Haftungsfreistellung der bisherigen Zubehörgegenstände.[47] Dabei ist gleichgültig, ob die Stilllegung bereits durch den Schuldner oder erst durch den Insolvenzverwalter erfolgt ist.

Zur Enthaftung von Zubehör wird oft zwischen dem Grundpfandgläubiger und dem Grundstückseigentümer eine **Freigabe** vereinbart, damit das Zubehör als Kreditsicherheit für einen Dritten zur Verfügung steht. Solche Vereinbarungen sind aber nur schuldrechtlich wirksam. Ein Zessionar des Grundpfandrechts muss sich die vorangegangene Freigabeerklärung des Zedenten nicht ohne weiteres entgegenhalten lassen.[48] Deshalb vereinbaren der Grundstückseigentümer und der Grundpfandgläubiger häufig, dass dieser die Verpflichtung aus der Freigabeerklärung an einen Erwerber des Grundpfandrechts weitergeben muss. Gegebenenfalls macht sich der Erwerber durch Nichtbeachtung der Freigabe schadensersatzpflichtig.[49]

3. Miet- und Pachtforderungen. Ist das Grundstück vermietet oder verpachtet, so erstreckt sich das Grundpfandrecht auf die Miet- oder Pachtforderung (§ 1123 Abs. 1 BGB), und zwar sowohl wegen der Überlassung des Grundstücks als auch des Zubehörs.[50] Bei gemischten Verträgen (Hotelaufnahmevertrag) werden die anteilig für die Raumnutzung zu entrichtenden Beträge erfasst.[51] Der Grundpfandhaftung unterliegt sowohl die rückständige als auch die künftig fällig werdende Forderung. Der Vermieter oder Verpächter muss nicht Eigentümer, er kann auch Eigenbesitzer oder – nachrangiger (der rangbessere Nießbraucher geht dem Grundpfandrecht vor) – Nießbraucher sein.[52] Der Anspruch des Mieters aus einer Untervermietung unterliegt nicht der Grundpfandhaftung.[53] Ob die Nutzungsentschädigung wegen rechtsgrundlosen Besitzes unter § 1123 Abs. 1 BGB fällt, ist zweifelhaft.[54]

Ob der Miet- oder Pachtvertrag vor oder nach der Bestellung des Grundpfandrechts abgeschlossen wurde, ist unerheblich. Bei früherem Abschluss haftet auch die Forderung für die Grundstücksnutzung vor der Pfandrechtsbestellung. Im Übrigen unterscheidet § 1123 Abs. 2 BGB zur Bestimmung des Haftungsumfanges in zeitlicher Hinsicht nach der Fälligkeit der Forderungen. Nach § 587 Abs. 1 BGB ist die Pacht **nachträglich** zu entrichten. Die Forderung wird mit Ablauf eines Jahres nach dem Eintritt der Fälligkeit von der Haftung frei, wenn nicht vorher die Beschlagnahme zugunsten des Grundpfandgläubigers erfolgt (§ 1123 Abs. 2 Satz 1 BGB). Die Beschlagnahme erfasst also

---

[42] RGZ 143, 241, 249; MünchKommBGB-*Eickmann* § 1122 RdNr. 11.
[43] *Stein/Jonas/Münzberg* ZPO § 865 RdNr. 12.
[44] BGH NJW 1979, 2514.
[45] *Epp* in Schimansky/Bunte/Lwowski, Bankrechts-Handbuch, § 94 RdNr. 80; *Schoppmeyer* in Lwowski/Fischer/Langenbucher, Das Recht der Kreditsicherung, § 15 RdNr. 42.
[46] Offen gelassen von BGH NJW 1996, 835, 836.
[47] BGHZ 56, 298, 299 f. = NJW 1971, 1701; 60, 267, 269 f. = NJW 1973, 997; BGH NJW 1996, 835, 836; *Gottwald/Adolphsen*, Insolvenzrecht-Hdb., § 42 RdNr. 12; *Schoppmeyer* in Lwowski/Fischer/Langenbucher, Das Recht der Kreditsicherung, § 15 RdNr. 43; *Jaeger/Henckel* § 49 RdNr. 47; *Uhlenbruck/Brinkmann* § 49 RdNr. 16.
[48] *Epp* in Schimansky/Bunte/Lwowski, Bankrechts-Handbuch, § 94 RdNr. 81.
[49] *Epp* aaO.
[50] RGZ 136, 407, 410.
[51] MünchKommZPO-*Eickmann* § 865 RdNr. 29.
[52] Vgl. RGZ 68, 10, 13; 81, 146, 149.
[53] LG Bonn ZIP 1981, 730.
[54] Vgl. *Stein/Jonas/Münzberg* § 865 ZPO RdNr. 13.

nur die längstens ein Jahr fälligen Rückstände. Ältere können befreiend an den Vermieter/Verpächter gezahlt werden. Gemäß § 556b Abs. 1 BGB ist die Miete **im Voraus** zu entrichten. Erfolgt die Beschlagnahme später als ein Jahr nach Fälligkeit, so gilt die Haftungsbefreiung allenfalls noch für den auf die Beschlagnahme folgenden Kalendermonat (§ 1123 Abs. 2 Satz 2 BGB).

28 Umstritten ist, ob die Grundpfandhaftung der Miet- und Pachtforderungen eine **Beschlagnahme** voraussetzt oder nicht. Die Rechtsprechung des BGH ist schwankend. Früher hatte er gesagt, dass sich die zunächst nur potentielle Haftung erst mit der Beschlagnahme „verwirkliche".[55] Danach hatte er sich auf dem Standpunkt gestellt, dass die Beschlagnahme des Grundstücks aufgrund des dinglichen Anspruchs nicht Voraussetzung für das Entstehen des Absonderungsrechts sei.[56] Sie leite lediglich die Befriedigung aus dem belasteten Gegenstand ein. Dagegen kann man einwenden, dass der Eigentümer oder auch ein Gläubiger, der in dessen Vermögen vollstreckt, nach Insolvenzeröffnung auch der Verwalter, nach § 1123 Abs. 2, § 1124 BGB, § 110 InsO bis zur Beschlagnahme über die Mietforderungen (mit der Folge von deren Enthaftung) verfügen kann. Der Grundpfandgläubiger hat also insoweit noch keine gesicherte Rechtsstellung. Es bedeutet auch einen Wertungswiderspruch, dass dem Grundpfandgläubiger kein Ersatzabsonderungsrecht zusteht, wenn der Grundstückseigentümer vor der Beschlagnahme die Mieten in bar einzieht, denn wegen § 1124 Abs. 1 Satz 1 BGB ist die Einziehung rechtmäßig. Inzwischen ist der BGH wieder zu seiner ursprünglichen Haltung zurückgekehrt: § 1124 Abs. 2 BGB setze eine Beschlagnahme der Mietforderungen zugunsten des Hypothekengläubigers voraus; vorher sei die Haftung nur eine „vorläufige".[57] Die Beschlagnahme der Mietforderungen kann durch deren Pfändung bewirkt werden; sie muss nicht durch Anordnung der Zwangsverwaltung erfolgen.[58] Grundlage der Pfändung muss dann jedoch der dingliche Anspruch sein. Der Inhaber einer Zwangshypothek, der sich durch Pfändung von Mieten aus dem Grundstück befriedigen will, benötigt einen dinglichen Titel.[59] Nach Verfahrenseröffnung kann der Zugriff der Grundpfandgläubiger auf die mithaftenden Mieten nur im Wege der Zwangsverwaltung geschehen (s.u. RdNr. 86).[60]

29 Rechtsgeschäftliche **Vorausverfügungen** über Miete oder Pacht sind den Grundpfandgläubigern gegenüber jedenfalls insoweit unwirksam, als sie sich auf eine spätere Zeit als den auf die Beschlagnahme folgenden Kalendermonat beziehen (§ 1124 Abs. 2 BGB; vgl. auch § 110 Abs. 1). Ob die Vorausverfügung vor oder nach der Grundpfandrechtsbestellung erfolgt, ist unerheblich.[61] Abtretung und Verpfändung von Miet- und Pachtforderungen haben deshalb sogar bei unbelastetem Grundstück nur eine begrenzte Wirksamkeit. Selbst Vorausverfügungen zugunsten eines Grundpfandgläubigers werden – falls sie sich (etwa bei Abtretung, Verpfändung, Pfändung wegen der persönlichen Forderung) nicht zugleich als Beschlagnahme zugunsten dieses Gläubigers darstellen – nach § 1124 Abs. 2 BGB unwirksam, wenn die Beschlagnahme zugunsten eines anderen (vor- oder nachrangigen) Grundpfandgläubigers erfolgt.[62] Die Vorschrift des § 1124 Abs. 2 BGB bezweckt den Schutz des Grundpfandgläubigers vor einer Aushöhlung des Wertes seiner Sicherheit durch die isolierte Abtretung der Mietforderungen oder gleichstehenden Verfügungen des Eigentümers. Dem Grundpfandgläubiger soll die laufende Miete oder Pacht als Haftungsobjekt dienen. Deshalb schränkt § 1124 Abs. 2 BGB das Prioritätsprinzip ein.[63] Die isolierte Pfändung der Mietforderungen aufgrund eines persönlichen Titels verdient keinen besonderen Schutz, sei es vor oder nach der Erwirkung einer Zwangshypothek.

30 Gegen die beschlagnahmte Forderung kann der Mieter/Pächter nicht **aufrechnen**, wenn er seine Gegenforderung nach der Beschlagnahme erworben hat oder wenn seine Forderung erst nach der Beschlagnahme und später als die Miet-/Pachtforderung fällig geworden ist (§ 392 BGB). Eine weitere Einschränkung der Aufrechnung enthält § 1125 BGB: Gegenüber den Miet- oder Pachtforderungen ist die Aufrechnung durch den Mieter/Pächter ausgeschlossen, soweit eine Vorausverfügung durch den Vermieter/Verpächter gemäß § 1124 Abs. 2 BGB unwirksam wäre.

31 **4. Wiederkehrende Leistungen.** Aus subjektiv-dinglichen Rechten fließende Ansprüche auf wiederkehrende Leistungen (zB Erbbauzinsen, Ansprüche aus Reallasten, Überbau- und Notweg-

---

[55] BGH NJW-RR 1989, 200.
[56] BGH NZI 2007, 98, 99. Zust. *Neußner* EWiR 2007, 83, 84; *Preuß* LMK 2007, 210351; abl. *Mitlehner* ZIP 2007, 804 ff.; *Rendels* INDAT-Report 2007, 36 ff.; *Cranshaw* jurisPR-InsR 1/2007 Anm. 1.
[57] BGHZ 182, 264, 270 f. = NJW 2010, 444 = NZI 2010, 58; BGH NJW 2008, 1599 RdNr. 9.
[58] So bereits BGHZ 163, 201, 208 m. Anm. *Clemente* ZfIR 2005, 657; *Weber/Madaus* EWiR 2005, 879; aA *Mitlehner*, aaO RdNr. 987, der jedoch aus BGHZ 168, 339 ff. falsche Schlüsse zieht.
[59] BGH NJW 2008, 1599 RdNr. 9.
[60] BGHZ 168, 339 ff. = NZI 2006, 577 m. Anm. *Stapper/Schädlich* aaO sowie *Freudenberg* EWiR 2007, 281; *Epp* in Schimansky/Bunte/Lwowski, Bankrechts-Handbuch, § 94 RdNr. 86.
[61] BGHZ 163, 201, 207 m. Anm. *Clemente* ZfIR 2005, 657; *Weber/Madaus* EWiR 2005, 879.
[62] BGHZ 163, 201, 204 ff. m. Anm. *Clemente* ZfIR 2005, 657; *Palandt/Bassenge* § 1124 RdNr. 4.
[63] BGHZ 163, 201, 207 f.; BGH NJW 2008, 1599, 1600 RdNr. 19.

renten) unterliegen ähnlich wie Miet- und Pachtforderungen der Grundpfandhaftung. Deshalb wird in § 1126 BGB auf die §§ 1123–1125 BGB verwiesen. Vorausverfügungen sind aber nur wirksam, soweit sie der Fälligkeit um weniger als drei Monate vorgreifen (§ 1126 Satz 3 BGB). Das Stammrecht fällt als Bestandteil (§ 96 BGB) unter § 1120 BGB.[64] Nicht erfasst von § 1126 BGB wird der Anspruch auf Schadensersatz für schuldhaft nicht gezogene Nutzungen.[65]

5. Versicherungsforderungen. Sind Gegenstände, die mit dem Grundstück haften, für den Eigentümer oder Eigenbesitzer des Grundstücks versichert, erstreckt § 1127 BGB die Grundpfandhaftung auf die Forderung gegen den Versicherer. Die Vorschrift enthält, um einem praktischen Bedürfnis abzuhelfen, eine Ausnahmeregelung und ist nicht aus einem allgemein geltenden Prinzip der dinglichen Surrogation herzuleiten.[66] Sie lässt sich deshalb nicht entsprechend auf Schadensersatzansprüche des Eigentümers wegen einer Beschädigung des Grundstücks anwenden.[67] Soweit Bestandteile und Zubehör im Zeitpunkt des Versicherungsfalles nicht mehr haften (§§ 1121, 1122 BGB), haftet auch die Versicherungsforderung nicht. Umgekehrt gilt aber nicht das Gleiche (s.u. RdNr. 37). Bei mehreren Grundpfandgläubigern setzt sich das Rangverhältnis der jeweiligen Rechte am Versicherungsanspruch fort. **32**

Voraussetzung für die Haftung der Versicherungsforderung ist, dass bei Eintritt des Versicherungsfalls das Grundpfandrecht – oder wenigstens eine dessen Erwerb sichernde Vormerkung[68] – und ein wirksamer Versicherungsvertrag bestanden haben. Sind die Haftungsvoraussetzungen gegeben, haftet die gesamte Versicherungsforderung (auch bei der Neuwertversicherung). Der Höhe nach ist die Haftung beschränkt auf den Betrag, mit dem das Grundpfandrecht im Zeitpunkt des Versicherungsfalls valutiert. **33**

Hinsichtlich der **Haftungsverwirklichung** wird nach dem versicherten Gegenstand differenziert: Ist ein **Gebäude** versichert, erwirbt der Grundpfandgläubiger mit Erwerb des Grundpfandrechts – also schon vor Eintritt des Versicherungsfalls[69] – an der (zunächst künftigen) Versicherungsforderung ein Pfandrecht (§ 1128 Abs. 3, §§ 1279 ff. BGB). Es bedarf keiner Beschlagnahme.[70] Soweit eine Leistung vor Fälligkeit in Betracht kommt, hat diese an den Grundpfandgläubiger und den Versicherungsnehmer gemeinsam zu erfolgen (§ 1281 BGB). Nach Fälligkeit ist allein der Grundpfandgläubiger zum Einzug berechtigt (§ 1282 Abs. 1 Satz 1 BGB). Eine befreiende Zahlung an den Versicherten ist unter den Voraussetzungen des § 1128 Abs. 1, 2 BGB möglich. **34**

Für die **Gebäude-Feuer-Versicherung** werden die Bestimmungen des BGB durch §§ 142 ff. VVG (in Kraft getreten am 1.1.2008) ergänzt. Bei einem gestörten Versicherungsverhältnis kann der Versicherer nicht nur gegenüber dem Versicherungsnehmer, sondern auch gegenüber dem Grundpfandrechts- und dem Beschlagnahmegläubiger frei werden.[71] **34a**

Ist ein **anderer Gegenstand** als ein Gebäude versichert, so bestimmt sich die Haftung der Forderung gegen den Versicherer nach den Regeln über die Miet- und Pachtforderung (§ 1129 i. V. m. §§ 1123 Abs. 2 Satz 1, 1124 Abs. 1, 3 BGB). Hier kann der Versicherungsnehmer bis zu einer Beschlagnahme zum Nachteil des Grundpfandgläubigers über die Versicherungsforderung verfügen. Dass die versicherten Gegenstände im Zeitpunkt des Versicherungsfalles gehaftet haben, bedeutet also nicht, dass die Versicherungssumme in jedem Falle dem Grundpfandgläubiger gebührt. Die Einziehung der Versicherungsforderung für mithaftendes Zubehör vor der Beschlagnahme ist nicht rechtswidrig, auch wenn eine im selben Zeitpunkt vorgenommene Veräußerung des Zubehörs zu keiner Enthaftung geführt hätte.[72] **35**

Bei der Gebäudefeuerversicherung ist die **Wiederherstellungsklausel** (§ 1130 BGB) üblich. Nach den Versicherungsbedingungen dient die Versicherungssumme nur zur Wiederherstellung des versicherten Gegenstandes. Der Versicherungsnehmer kann keine Zahlung verlangen, solange die bestimmungsgemäße Verwendung der Versicherungssumme nicht gewährleistet ist (§ 93 Satz 1 VVG). Ist dies aber der Fall, ist die Zahlung an den Versicherten auch dem Grundpfandgläubiger gegenüber wirksam. Eine Zahlung, die ohne die Sicherung der Wiederherstellung oder Wiederbeschaffung geleistet wurde, ist dem Grundpfandgläubiger gegenüber nur wirksam, wenn ihm der **36**

---

[64] MünchKommZPO-*Eickmann* § 865 RdNr. 37.
[65] BGH NJW-RR 2007, 265.
[66] AA *Uhlenbruck/Brinkmann* § 49 RdNr. 16.
[67] BGHZ 107, 255, 256 = NJW 1989, 2123, 2124 = EWiR 1989, 775 *(Gaberdiel)*.
[68] RGZ 151, 389, 391.
[69] *Staudinger/Wolfsteiner* § 1128 RdNr. 6; *Palandt/Bassenge* § 1128 RdNr. 2; *Uhlenbruck/Brinkmann* § 49 RdNr. 16.
[70] RGZ 122, 131, 133; *Erman/Wenzel* § 1128 RdNr. 8.
[71] *Erman/Wenzel* § 1128 RdNr. 11b; *Epp* in Schimansky/Bunte/Lwowski, Bankrechts-Handbuch, § 94 RdNr. 93.
[72] *Jaeger/Henckel* § 49 RdNr. 54.

Versicherer oder der Versicherungsnehmer mitgeteilt hat, dass ohne die Sicherung geleistet werden soll und seit dem Zugang der Mitteilung mindestens ein Monat verstrichen ist (§ 94 Abs. 1 VVG). Ist der versicherte Gegenstand wiederhergestellt oder Ersatz für ihn beschafft worden, besteht die Haftung der Versicherungsforderung nicht mehr (§ 1127 Abs. 2 BGB).[73]

37 Wird ein brandgeschädigtes Hausgrundstück **zwangsversteigert** und fällt das Grundpfandrecht hierbei in das geringste Gebot, unterliegt die Versicherungsforderung weiter der Grundpfandhaftung. Fällt das Grundpfandrecht nicht in das geringste Gebot, erlischt es zwar, sodass es erlischt, setzt sich der Versicherungsanspruch am Versteigerungserlös fort, sofern berücksichtigt worden ist, dass der Ersteher mit dem Zuschlag auch die Forderung gegen den Versicherer erwirbt.[74]

38 **6. Bestandserweiterung.** Wird ein Grundstück nach § 890 Abs. 2 BGB einem anderen Grundstück (dem Hauptgrundstück) im Grundbuch zugeschrieben, so erstrecken sich die an diesem Grundstück bestehenden Grundpfandrechte auch auf das zugeschriebene Grundstück (§ 1131 Satz 1 BGB). Sie gehen allerdings Grundpfandrechten, mit denen das zugeschriebene Grundstück belastet war, im Range nach (§ 1131 Satz 2 BGB). Eine Erweiterung der Grundstückshaftung kann auch durch eine tatsächliche Grundstücksvergrößerung (zB natürliche Anlandungen) eintreten.[75]

39 War nur das zugeschriebene Grundstück mit Grundpfandrechten belastet, erstrecken sich diese nicht auf das Hauptgrundstück.[76] Auch bei einer Grundstücksvereinigung (§ 890 Abs. 1 BGB) weiten sich die bestehenden Belastungen nicht aus, sodass jeder reale Grundstücksteil nur für die an ihm ursprünglich begründeten Rechte haftet.[77]

40 **7. Gesamthypothek.** Besteht für eine Forderung eine Hypothek an mehreren Grundstücken (Gesamthypothek), so haftet jedes Grundstück für die ganze Forderung (§ 1132 Abs. 1 Satz 1 BGB). Für die Grund- und Rentenschuld gilt Entsprechendes. Das Gesamtgrundpfandrecht kann an den verschiedenen Grundstücken eine unterschiedliche Rangstelle haben. Der Gläubiger hat die freie Wahl, ob er seine Befriedigung aus allen Grundstücken oder nur aus einzelnen von ihnen sucht und gegebenenfalls aus welchem (§ 1132 Abs. 1 Satz 1 BGB). Abreden der verschiedenen Eigentümer, wonach sich einer den anderen gegenüber allein zur Befriedigung des Gläubigers verpflichtet, binden diesen nicht. Gebunden ist der Gläubiger jedoch an Vereinbarungen, die er selbst mit den Eigentümern getroffen hat.[78] Der Gläubiger kann einzelne Grundstücke – sei es durch Verzicht auf die Hypothek (§ 1175 Abs. 1 Satz 2 BGB), sei es durch deren Aufhebung (§ 1183 BGB) – aus der Mithaft entlassen oder den Rang des Gesamtgrundpfandrechts an einzelnen Grundstücken ändern.[79]

41 Wird über das Vermögen eines der **Grundstückseigentümer** das Insolvenzverfahren eröffnet, ist der Gläubiger, falls er keine gegenteiligen Abmachungen getroffen hat, wegen seiner vollen Forderung absonderungsberechtigt. Da das Grundstück des Schuldners von Anfang an für den vollen Betrag haftet, fällt die Ausübung des Rechts aus § 1132 Abs. 1 Satz 2 BGB nicht unter § 91. Im Insolvenzverfahren des **Gläubigers** steht das Recht der Masse zu und wird vom Verwalter ausgeübt.

VII. Der Umfang der Haftung

42 **1. Nebenforderungen.** Nach § 1118 BGB haftet das Grundstück (zu Grundstücken in der ehemaligen DDR s.u. RdNr. 43) auch für die **gesetzlichen Zinsen** der Forderung sowie für die **Kosten der Kündigung** und der die Befriedigung aus dem Grundstück bezweckenden **Rechtsverfolgung**. Über die Höhe der dinglichen Zinsen, die gemäß § 197 BGB in vier Jahren verjähren,[80] wird meist bei der Bestellung des Grundpfandrechts durch Einigung und Eintragung im Grundbuch (§§ 873, 1115, 1192 Abs. 1 BGB) eine ausdrückliche Regelung getroffen. Bei der Bestellung von Grundschulden wird häufig bestimmt (§ 1193 Abs. 2 BGB), dass die Grundschuld sofort fällig ist. Dann fallen keine besonderen Kosten für die Kündigung der Grundschuld an. Das ist bei der Hypothek (§ 1141 BGB) und der Rentenschuld (§ 1202 BGB) anders. Kosten für eine dingliche Zahlungsklage fallen nicht an, wenn das Grundpfandrecht – wie bei der Grundschuld regelmäßig – vollstreckbar und mit einer entsprechenden Kostentragungsklausel bestellt wird. Kosten der Rechtsverfolgung entstehen dann nur durch die Zwangsvollstreckung. Die Rechtsverfolgung muss die Befriedigung bezwecken.[81] Unerheblich ist, ob dieses Ziel erreicht wird. Im Übrigen muss die Rechtsverfolgung –

---

[73] BGH NJW-RR 1994, 343, 344.
[74] *Epp* in Schimansky/Bunte/Lwowski, Bankrechts-Handbuch, § 94 RdNr. 105.
[75] MünchKommBGB-*Eickmann* § 1120 RdNr. 9.
[76] MünchKommZPO-*Eickmann* § 864 RdNr. 39.
[77] BGH NJW 1978, 320.
[78] MünchKommBGB-*Eickmann* § 1132 RdNr. 33.
[79] MünchKommBGB-*Eickmann* § 1132 RdNr. 36.
[80] Vgl. BGH WM 1999, 382; 1999, 1165 f.
[81] MünchKommBGB-*Eickmann* § 1118 RdNr. 15.

entsprechend §§ 91 Abs. 1 Satz 1, 788 Abs. 1 Satz 1 ZPO – zweckentsprechend sein. § 1118 BGB deckt auch die Kosten einer Zwangsvollstreckung gegen einen eingetragenen Nichteigentümer.[82] Das Grundstück haftet nicht für Rechtsverfolgungskosten, wenn der Gläubiger die Rechtsverfolgung ohne triftigen Grund abbricht.[83] Genießt der absonderungsberechtigte Gläubiger, der den Antrag auf Zwangsversteigerung zurückgenommen hat, Kostenfreiheit (etwa weil es sich um eine Gemeinde handelt), scheidet eine Zweitschuldnerhaftung des Schuldners aus § 29 Nr. 4 GKG aus. Denn damit würde die Haftung unzulässigerweise auf die gesamte Insolvenzmasse ausgedehnt. Der betreibende Gläubiger muss deshalb ungeachtet seiner sonstigen Kostenfreiheit für die Kosten einstehen.[84]

Grundstücke in der ehemaligen DDR haften aus sogenannten **Aufbaugrundschulden** nicht für rückständige Zinsen, die während der staatlichen Verwaltung aufgelaufen sind. Es entspricht dem Anliegen des Vermögensgesetzes, Teilungsunrecht zu beseitigen, dass der Berechtigte nur beschränkt auf eine bei der Restitution vorhandene Bereicherung haftet. Hinsichtlich rückständiger Zinsen fehlt es an einer Bereicherung.[85]

2. Erweiterung der Haftung für Zinsen. Ist die Forderung unverzinslich oder ist der Zinssatz niedriger als 5 %, so gestatten §§ 1119 Abs. 1, 1192 Abs. 1, 1200 Abs. 1 BGB dem Eigentümer und dem Grundpfandgläubiger die Vereinbarung von dinglichen Zinsen bis 5 %, ohne dass gleich- und nachrangige Berechtigte zustimmen müssen (Ausnahme von § 877 BGB!). Dies gilt auch für eine rückwirkende Zinserhöhung.[86]

D. Die absonderungsberechtigten Gläubiger und ihre Rangfolge

Wer ein Befriedigungsrecht aus unbeweglichen Gegenständen hat, bestimmt sich nach den §§ 10–14 ZVG. Diese Vorschriften regeln zugleich, welchen Inhalt das Absonderungsrecht hat und **in welcher Rangfolge** mehrere Berechtigte zu befriedigen sind. Nach Deckung der allgemeinen Verfahrenskosten (s.u. RdNr. 46) kommen in der Zwangsversteigerung und der Zwangsverwaltung (§ 146 Abs. 1 ZVG)[87] die Absonderungsberechtigten in „**acht Klassen**" zum Zuge. Wenn man die verschiedenen „Zwischenklassen" und die unter § 37 Nr. 4 ZVG fallenden Rechte mitzählt, kommt man sogar zu zwölf Klassen. Die Ansprüche der vorhergehenden Klasse müssen immer vollständig gedeckt sein, ehe Ansprüche der folgenden Klasse berücksichtigt werden dürfen. Verschiedene Ansprüche aus demselben Recht kommen zuerst mit den Sonderkosten (i.S.v. § 10 Abs. 2 ZVG), dann mit den Nebenleistungen, zuletzt mit dem Hauptanspruch in Ansatz (§ 12 ZVG). Für die Rangordnung verschiedener Rechte innerhalb der Klassen 4, 6 oder 8 bestimmt § 11 Abs. 1 ZVG, dass die Rangordnung der anspruchsbegründenden Rechte maßgeblich ist. In der Rangklasse 5 geht unter mehreren Ansprüchen derjenige vor, für welchen die Beschlagnahme früher erfolgt ist (§ 11 Abs. 2 ZVG). Ansprüche aus Grundpfandrechten werden somit in der durch §§ 879–881 BGB vorgegebenen Reihenfolge befriedigt. Die Rangordnung des § 10 ZVG ist zwingend; eine abweichende Vereinbarung hat nur außerhalb des gerichtlichen Verfahrens Gültigkeit.[88] Wird auf Absonderungsrechte der Klassen 2 oder 3 verzichtet, rücken die nachfolgenden Absonderungsberechtigten auf; es wird also keine Rangstelle zugunsten der Insolvenzmasse frei.[89]

I. Die Rangordnung bei Grundstücken

1. Allgemeine Verfahrenskosten. Diese sind, weil sie zum gemeinsamen Nutzen aufgewendet werden, **vorweg** zu berichten (§§ 44 Abs. 1, 49 Abs. 1, 109 Abs. 1, 155 Abs. 1 ZVG). Darunter fallen in der Zwangsversteigerung: die Zwangsversteigerungsverfahrensgebühr, die Versteigerungsterminsgebühr, die Verteilungsverfahrensgebühr, dazu die gerichtlichen Auslagen, die in Rechnung gestellt werden dürfen und müssen.[90] Nicht vorweg aus der Masse zu entnehmen sind die Sonderkosten.[91] Diese sind vom Gläubiger zu tragen und mit seinem Hauptanspruch zu berichten (§§ 10 Abs. 2, 12 ZVG).[92]

---

[82] KG JW 1937, 3159.
[83] RG JW 1933, 708 f.
[84] OLG Zweibrücken ZIP 2009, 1239 m. zust. Anm. *Keller* EWiR 2009, 483.
[85] BGHZ 139, 357, 362 = NJW 1999, 494, 495 = EWiR 1999, 137 *(Kohler)*.
[86] MünchKommBGB-*Eickmann* § 1119 RdNr. 9; *Palandt/Bassenge* § 1119 RdNr. 1.
[87] *Stöber* ZVG § 146 Anm. 4.1.
[88] BGH NJW 1992, 2629, 2630 = EWiR 1992, 867 *(Muth)*; *Stöber* ZVG § 10 Anm. 1.5.
[89] *Jaeger/Henckel* § 49 RdNr. 9.
[90] *Stöber* ZVG § 109 Anm. 2.2.
[91] Dazu *Stöber* ZVG § 109 Anm. 2.3.
[92] Zu den allgemeinen Verfahrenskosten in der Zwangsverwaltung vgl. *Stöber* ZVG § 155 Anm. 5.

47 **2. Rangklasse 1.** In dieser Rangklasse werden befriedigt die Ansprüche eines die **Zwangsverwaltung** betreibenden Gläubigers auf Ersatz seiner Ausgaben zur Erhaltung oder nötigen Verbesserung des Grundstücks. Voraussetzung ist, dass die Verwaltung bis zum Zuschlag in der Zwangsversteigerung fortgedauert hat und die Ausgaben nicht aus den Nutzungen des Grundstücks erstattet werden können. Ob die Ausgaben aus freien Stücken oder auf Veranlassung des Gerichts (vgl. § 161 Abs. 3 ZVG) getätigt wurden, ist gleichgültig. Die Ausgaben müssen objektiv dazu bestimmt und auch tatsächlich verwendet worden sein, das Grundstück zu erhalten oder notwendige Verbesserungen zu bewirken. Ausgaben für die Zwangsverwaltung eines Wohnungseigentums genießen den Vorrang nur dann, wenn sich die Tätigkeit des Zwangsverwalters gerade auf das Sondereigentum und nicht auf das Gemeinschaftseigentum bezog. Nach Auffassung des BGH ist stets weiter Voraussetzung, dass der objekterhaltende oder -verbessernde Erfolg auch erreicht worden ist.[93] Ein Gläubiger, der vor Anordnung der Zwangsverwaltung Aufwendungen gemacht hat, fällt nicht in diese Rangklasse.[94] Dasselbe gilt für einen Gläubiger, der Sicherungsmaßnahmen nach § 25 ZVG veranlasst hat. Die Insolvenzverwaltung als solche (§ 148 Abs. 1) ist keine Zwangsverwaltung im Sinne des § 10 Abs. 1 Nr. 1 ZVG. Hat aber der **Insolvenzverwalter** nach § 165 in Verbindung mit § 172 ZVG die Zwangsverwaltung betrieben und dabei mit Massemitteln Aufwendungen im Sinne von § 10 Abs. 1 Nr. 1 ZVG gemacht, so fällt er mit seinem Ersatzanspruch in die Klasse 1.[95]

48 Hat der Zwangsverwalter oder, wenn der Schuldner zum Verwalter bestellt ist (§ 150b ZVG), der Schuldner mit Zustimmung der Aufsichtsperson (§ 150c ZVG) **Düngemittel, Saatgut** oder **Futtermittel** angeschafft, die zur ordnungsmäßigen Aufrechterhaltung des Betriebes benötigt werden, so haben Ansprüche aus diesen Lieferungen ebenfalls den in § 10 Abs. 1 Nr. 1 ZVG bezeichneten Rang (§ 155 Abs. 4 Satz 1 ZVG). Das Gleiche gilt von Krediten für die Bezahlung solcher Lieferungen (§ 155 Abs. 4 Satz 2 ZVG). Neben diesem Vorrecht kann auch ein Pfandrecht nach § 1 des **Gesetzes zur Sicherung der Düngemittel- und Saatgutversorgung** (DüngMSaatG) vom 19.1.1949[96] bestehen (vgl. dazu u. RdNr. 54).

49 **3. Rangklasse 1a.** Diese Rangklasse ist im Zuge der Insolvenzrechtsreform neu eingeführt worden, um die Chancen für eine erfolgreiche Zwangsversteigerung durch den Insolvenzverwalter zu erhöhen.[97] Wird das Grundstück eines Schuldners zwangsversteigert, über dessen Vermögen ein Insolvenzverfahren eröffnet ist, gehören in diese Klasse die Ansprüche auf Ersatz der **Kosten der Feststellung** der beweglichen Gegenstände, auf die sich die Versteigerung erstreckt (s.o. RdNr. 12 ff.). Diese Kosten fallen aber nur an, wenn von der Versteigerung im konkreten Fall außer dem Grundstück mindestens ein mithaftender beweglicher Gegenstand erfasst wird.[98] Sie sind außerdem nur zu erheben, wenn ein Insolvenzverwalter bestellt ist, und pauschal mit 4 % des Wertes anzusetzen, der nach § 74a Abs. 5 Satz 2 ZVG festgesetzt worden ist.[99] Das bedeutet eine kostenmäßige Privilegierung des Grundstückszubehörs gegenüber selbständigen beweglichen Sachen. Diese unterliegen einer Kostenbelastung für Feststellung und Verwertung in Höhe von 9 % (§ 171 Abs. 1 und 2), gegebenenfalls zuzüglich anfallender Umsatzsteuer (§ 171 Abs. 2 Satz 2). Aufgrund der unterschiedlichen Kostenbeiträge kann es zu Abgrenzungsschwierigkeiten kommen, wenn sich ein Gläubiger wegen der oft nicht einfachen Unterscheidung von Grundstückszubehör und selbständigen Sachen neben der Bestellung eines Grundpfandrechts diese Gegenstände auch noch zur Sicherung übereignen lässt.[100] Im Falle einer derartigen Doppelsicherung kann der Insolvenzverwalter das Zubehör vor der Versteigerung des Grundstücks freihändig verwerten und gegenüber dem Gläubiger nach §§ 166 ff. abrechnen. Unabhängig davon, dass die freihändige Verwertung des Zubehörs dem Insolvenzverwalter höhere Kostenbeiträge verschafft und eine Belastung der Insolvenzmasse mit Umsatzsteuer vermeidet, wird diese Art der Verwertung des Zubehörs auch deshalb vorgezogen, weil sie regelmäßig höhere Erlöse bringt als die Zwangsversteigerung mit dem Grundstück.

50 Nach dem ebenfalls neu geschaffenen § 174a ZVG kann der Insolvenzverwalter bis zum Schluss der Verhandlung im Versteigerungstermin verlangen, dass bei der Feststellung des geringsten Gebots nur die den Ansprüchen aus § 10 Abs. 1 Nr. 1a ZVG vorgehenden Rechte berücksichtigt werden; in diesem Fall ist das Grundstück auch mit der verlangten Abweichung auszubieten. Eine derartige Vorgehensweise, durch die der Verwalter quasi zum bestrangig betreibenden Gläubiger wird,[101] wird

---

[93] BGHZ 154, 387, 389 = NJW 2003, 2162, 2163.
[94] RGZ 145, 195.
[95] *Jaeger/Henckel* § 49 RdNr. 5.
[96] BGBl. III 403.
[97] Begr. zu Art. 20 RegE-EGInsO, BT-Drucks. 12/3803 S. 69.
[98] *Lwowski/Tetzlaff* WM 1999, 2336, 2342; *Jaeger/Henckel* § 49 RdNr. 6.
[99] Zum Verfahren der wertmäßigen Festsetzung vgl. *B. Schmidt* InVo 1999, 73, 74.
[100] *Wenzel* NZI 1999, 101, 104; *Tetzlaff* ZInsO 2004, 521, 522 f.
[101] *B. Schmidt* InVo 1999, 73, 74; *Muth* ZIP 1999, 945, 946.

vor allem dann in Betracht kommen, wenn wegen der Höhe der Belastungen kein ausreichendes Gebot abgegeben wird. Die durch ein Ausgebot entsprechend § 174a ZVG beeinträchtigten Gläubiger – deren Rechte zu erlöschen drohen – können dem vorbeugen, indem sie die Ansprüche aus § 10 Abs. 1 Nr. 1a ZVG befriedigen (wozu sie gemäß § 268 BGB berechtigt sind).[102] Die Ansprüche gehen dann auf die Gläubiger über. Sie erlöschen trotz Ablösung, wenn das Grundstück freihändig an einen Dritten veräußert wird oder wenn das Insolvenzverfahren endet.[103] Freihändig veräußern kann der Insolvenzverwalter das Grundstück auch noch nach der Ablösung des Anspruchs aus § 10 Abs. 1 Nr. 1a ZVG.[104] Ein Gläubiger, dessen Grundschuld zu erlöschen droht, wird sich deshalb zur Ablösung der Feststellungskosten nicht leichtfertig entschließen dürfen.[105] Dem Insolvenzverwalter ist sogar das Recht zuzubilligen, aus der Rangklasse des § 10 Abs. 1 Nr. 1a ZVG die Zwangsversteigerung des Grundstücks selbst zu betreiben.[106]

4. Rangklasse 2. Die vor dem 1.7.2007 von den sog. **„Litlohnansprüchen"** (auch „Lidlohn": **51** von „Liten" = Hörige)[107] der in Land- und Forstwirtschaft bei der Grundstücksbewirtschaftung eingesetzten Personen belegte Rangklasse Nr. 2 des § 10 Abs. 1 ZVG wurde im Rahmen der Reform des Wohnungseigentumsrechts an die Wohngeldansprüche der Eigentümergemeinschaft vergeben (dazu nachfolgend RdNr. 51a). Nach altem Recht stehen in dieser Rangklasse die Litlohnansprüche wegen der laufenden und der aus dem letzten Jahr rückständigen Beträge. Ältere Rückstände können nur durch Beitritt in der Rangklasse 5 durchgesetzt werden.[108] Bei einer schon beendeten Beschäftigung ist deren Fortdauer bis zur Beschlagnahme zu unterstellen und so die Frist zu berechnen. Es muss ein Abhängigkeitsverhältnis (Arbeits- oder Dienstleistungsverhältnis) zum Schuldner (Grundstückseigentümer) bestehen oder bestanden haben. Die dem elterlichen Hausstand angehörenden und deshalb zur Dienstleistung in Haushalt und Geschäft verpflichteten (§ 1619 BGB) Kinder des Schuldners fallen nur in diese Rangklasse, falls – mindestens stillschweigend – ein Dienstleistungsvertrag abgeschlossen ist.[109] Freiberufler wie Tierärzte und Steuerberater stehen zu dem Schuldner im Allgemeinen nicht in dem erforderlichen Abhängigkeitsverhältnis.[110] Zu dem in dieser Rangklasse zu befriedigenden Lohnanspruch gehört neben der abzuführenden Lohnsteuer auch der Arbeitnehmeranteil (nicht der Arbeitgeberanteil) an den Sozialversicherungsbeiträgen. Die durch § 10 Abs. 1 Nr. 2 ZVG geschützten Personen können neben dem Absonderungsrecht auf Befriedigung aus dem Grundstück auch einen Anspruch auf **Insolvenzgeld** haben (§ 183 Abs. 1 SGB III). Sie werden durch § 52 nicht eingeschränkt. Beantragen sie das Insolvenzgeld, geht der Anspruch auf Arbeitsentgelt – und mit ihm das Absonderungsrecht (§§ 412, 401 BGB) – auf die Bundesanstalt für Arbeit über (§ 187 SGB III).[111]

Seit der Neufassung des § 10 Abs. 1 Nr. 2 ZVG[112] sind Ansprüche auf **Hausgeld** nach § 16 **51a** Abs. 2, § 28 Abs. 2 und 5 WEG bei der Vollstreckung in ein Wohneigentum nicht mehr der fünften (vgl. u. RdNr. 76), sondern der zweiten Rangklasse zugewiesen. Die neue Rechtslage gilt jedoch nur für Zwangsversteigerungs- und Zwangsverwaltungsverfahren, die ab Inkrafttreten der Neuregelung am 1. Juli 2007 anhängig werden (§ 62 Abs. 1 WEG). Rückstände von Ansprüchen der zweiten Rangklasse können nach § 10 Abs. 1 Nr. 2 Satz 2 ZVG in gewissem Umfang (aus dem Jahr der Beschlagnahme und den letzten zwei Jahren davor) in einem Zwangsversteigerungsverfahren, gemäß § 155 Abs. 2 Satz 2 ZVG aber nicht im Zwangsverwaltungsverfahren geltend gemacht werden.[113] Das Jahr der Beschlagnahme bestimmt sich außerhalb der Insolvenz nach § 22 Abs. 1 ZVG; § 167 ZPO ist nicht entsprechend anwendbar.[114]

Für solche Ansprüche besteht nunmehr ein Recht auf Befriedigung aus dem Grundstück, das **51b** **im Insolvenzfall** im Wege der abgesonderten Befriedigung verfolgt werden kann, ohne dass eine Beschlagnahme des Wohnungseigentums vor Insolvenzeröffnung vorausgesetzt wäre.[115] Dies betrifft

---

[102] *Vallender* Rpfleger 1997, 353, 354; *Wenzel* NZI 1999, 101, 104; *Lwowski/Tetzlaff* WM 1999, 2336, 2342 f.
[103] *Vallender* Rpfleger 1997, 353, 354.
[104] Begr. zu Art. 20 RegE-EGInsO, BT-Drucks. 12/3803 S. 70.
[105] *Wenzel* NZI 1999, 101, 104.
[106] *Tetzlaff* ZInsO 2004, 521, 523.
[107] *Stöber* ZVG § 10 Anm. 4.13.
[108] *Uhlenbruck* (12. Aufl.) § 49 RdNr. 45.
[109] BGH WM 1973, 563 f.
[110] Vgl. BGH NJW 1955, 1147 f.
[111] *Jaeger/Henckel* § 49 RdNr. 7.
[112] Artikel 2 des Gesetzes zur Änderung des Wohnungseigentumsgesetzes und anderer Gesetze vom 26. März 2007 (BGBl. I S. 370).
[113] BGH NZI 2009, 382, 383 RdNr. 7.
[114] BGH NZI 2010, 831, 832 RdNr. 7; *Stöber* § 10 Anm. 4.5.
[115] BGH NZI 2009, 382, 383 RdNr. 7; 2011, 731, 734 RdNr. 19, 34 m. Anm. *Drasdo*; *Sinz/Hiebert* ZInsO 2012, 205.

allerdings nur die Rückstände; die nach der Insolvenzeröffnung fällig werdenden Hausgeldansprüche sind Masseschulden gem. § 55 Abs. 1 Nr. 1 Fall 2.[116] § 49 gilt nicht für Masse-, sondern nur für Insolvenzgläubiger. Für den Insolvenzfall ist unter der Beschlagnahme im Sinne von § 10 Abs. 1 Nr. 2 Satz 2, § 13 Abs. 1 ZVG die Insolvenzeröffnung zu verstehen, sofern die Eigentumswohnung nicht schon vorher nach §§ 20, 22 ZVG beschlagnahmt worden ist. Mit einer solchen Auslegung des § 10 Abs. 1 Nr. 2 Satz 2 ZVG wird der gesetzgeberische Wille am besten umgesetzt, die Hausgeldansprüche der Wohnungseigentümergemeinschaft gegen säumige Wohnungseigentümer besonders zu schützen.[117] Die vom Gesetzgeber in § 10 Abs. 3 Satz 2 ZVG vorgesehene Zahlungsklage ist nach Insolvenzeröffnung nicht mehr zulässig. Sofern die Wohnungseigentümergemeinschaft gegen den säumigen Wohnungseigentümer vor der Insolvenzeröffnung keinen Zahlungstitel erlangt hat, kann sie den das Absonderungsrecht bestreitenden Insolvenzverwalter mit der Pfandklage auf Duldung der Zwangsversteigerung in die Eigentumswohnung in Anspruch nehmen. Allerdings muss das auf Duldung der Zwangsversteigerung lautende Urteil den Besonderheiten des § 10 Abs. 1 Nr. 2 ZVG Rechnung tragen.[118]

52   **5. Rangklasse 2/3.** Diese Zwischenklasse für **bergrechtliche Ansprüche** in **Bayern** (vgl. Bayer. ZVG-AusfG Art. 39) hat nur noch für eine Übergangszeit Bedeutung.[119]

53   **6. Rangklasse 3.** Hierunter fallen die Ansprüche auf Entrichtung der **öffentlichen Grundstückslasten.** Der Rechtsbegriff der öffentlichen Last ist gesetzlich nicht bestimmt. Er wird nach allgemeiner Ansicht dahin verstanden, dass es sich um eine Abgabenverpflichtung handeln muss, welche auf öffentlichem Recht beruht, durch wiederkehrende oder einmalige Geldleistung zu erfüllen ist und nicht nur die persönliche Haftung des Schuldners, sondern auch die dingliche Haftung des Grundstücks voraussetzt.[120] Unter die Rangklasse 3 fallen auch öffentliche Lasten, die erst während des Insolvenzverfahrens entstanden sind.[121] Einmalige Leistungen – zum Beispiel Erschließungsbeiträge gemäß §§ 127 ff. BauGB – werden mit den aus den letzten vier Jahren rückständigen Beträgen erfasst.[122] Wiederkehrende Leistungen – zum Beispiel Grundsteuer,[123] Gebühren für Müllabfuhr, Straßenreinigung, Schornsteinfeger – genießen das Vorrecht nur für die laufenden Beträge und für die Rückstände aus den letzten zwei Jahren. Ist eine Abgabenforderung als Grundstückslast vorrangig zu befriedigen, gilt dies auch für einen darauf entfallenden Säumniszuschlag.[124] Alle öffentlichen Grundstückslasten haben gleichen Rang (§ 10 Abs. 1 Nr. 3 Satz 2 ZVG); Nachrang hatte lediglich die Hypothekengewinnabgabe, die heute keine Rolle mehr spielt.[125] Öffentliche Grundstückslasten müssen, weil sie nicht aus dem Grundbuch ersichtlich sind, angemeldet werden (§§ 37 Nr. 4, 45 Abs. 1, 114 Abs. 1 ZVG). Durchgesetzt werden kann das Absonderungsrecht wegen öffentlicher Grundstückslasten durch Erlass eines Duldungsbescheides gegen den Insolvenzverwalter.[126] Keine öffentlichen Grundstückslasten sind die Grunderwerbsteuer und die persönlichen Steuern des Eigentümers (zB Einkommen-, Umsatz-, Vermögens-, Körperschaftsteuer), selbst wenn sie aus Anlass der Tätigkeit des Zwangsverwalters zu zahlen sind oder die Steuerpflicht sich auf den Betrieb eines auf dem Grundstück geführten Unternehmens gründet.[127] Unter die öffentlichen Grundstückslasten fallen auch nicht die Entgelte, die kommunalen Versorgungsunternehmen auf privatrechtlicher Grundlage gezahlt werden.[128]

53a   Kommt es nicht zur Zwangsversteigerung oder Zwangsverwaltung, sondern veräußert der Insolvenzverwalter das belastete Grundstück freihändig, bleibt die öffentliche Grundstückslast bestehen.[129] Sie erlischt erst, wenn der Verwalter (der dem Erwerber gegenüber gemäß § 436 Abs. 1 BGB verpflichtet ist, Erschließungsbeiträge und sonstige Anliegerbeiträge zu tragen) sie mit Hilfe des Veräußerungserlöses oder anderer Massemittel ablöst. Geschieht dies nicht, kann der Absonderungsberechtigte gegen den neuen Eigentümer, der kein lastenfreies Eigentum erworben hat, die Zwangs-

---

[116] BGH NZI 2011, 731, 732 RdNr. 8 m. Anm. *Drasdo.*
[117] BGH NZI 2011, 731, 735 RdNr. 34 m. Anm. *Drasdo.*
[118] BGH NZI 2011, 731, 734 RdNr. 25 m. Anm. *Drasdo.*
[119] Vgl. hierzu *Stöber* ZVG § 10 Anm. 5.
[120] BGH ZIP 1981, 777, 778; WM 1988, 1574.
[121] *Jaeger/Henckel* § 49 RdNr. 8.
[122] BGH NVwZ-RR 2010, 372.
[123] Vgl. hierzu BGH NZI 2010, 482; 2011, 939, 940 RdNr. 18.
[124] BGH NJW-RR 2010, 671.
[125] *Stöber,* ZVG Einleitung Anm. 51.2.
[126] OVG Sachsen-Anhalt WM 2007, 1622.
[127] *Stöber* ZVG § 10 Anm. 6.25; zur Einordnung des Geldbetrages zur Ablösung der Herstellungspflicht für Kraftfahrzeugstellplätze vgl. LG Aachen NJW-RR 1993, 1488 f.
[128] *Uhlenbruck/Brinkmann* § 49 RdNr. 45.
[129] *Ernst* in Ernst/Zinkahn/Bielenberg, BauGB § 134 RdNr. 15, 21.

versteigerung oder Zwangsverwaltung beantragen. Ein Ersatzabsonderungsrecht an dem Veräußerungserlös kommt nicht in Betracht, weil dafür der Untergang des Absonderungsrechts Voraussetzung wäre (s.o. vor §§ 49 bis 52 RdNr. 99a).[130] Insoweit ist die Auffassung, dass die abgesonderte Befriedigung nicht von der Art und Weise der Verwertung des Grundstücks abhängig sein könne, zu relativieren (s.o. Vor §§ 49–52 RdNr. 99b und u. § 51 RdNr. 262).[131]

§ 6 Abs. 5 KAG-NW begründet nach dem Willen des Landesgesetzgebers von Nordrhein-Westfalen eine auf dem einzelnen Wohnungseigentum ruhende öffentliche Last in Höhe der für das gesamte Grundstück entstandenen Benutzungsgebühren, soweit diese nach der kommunalen Satzung grundstücksbezogen ausgestaltet sind und hiernach alle Inhaber von Miteigentumsanteilen an dem Grundstück gesamtschuldnerisch haften.[132]   **53b**

7. Rangklasse 3/4. Wegen der Ansprüche aus der Lieferung von **Düngemitteln** und anerkanntem   **54**
Saatgut oder von zugelassenem Handelssaatgut – mit Ausnahme von Zuckerrübensamen –, die von dem Eigentümer, Eigenbesitzer, Nutznießer oder Pächter landwirtschaftlicher Grundstücke im Rahmen einer ordnungsmäßigen Wirtschaftsweise in der für derartige Geschäfte üblichen Art nach dem 31. Juli zur Steigerung des Ertrags der nächsten Ernte beschafft und verwendet worden sind, hat der Gläubiger ein **gesetzliches Pfandrecht**[133] an den in dieser Ernte anfallenden Früchten der zum Betrieb gehörigen Grundstücke, auch wenn die Früchte noch nicht vom Grundstück getrennt worden sind; dies gilt auch für Ansprüche aus Darlehen, die von dem Eigentümer, Eigenbesitzer, Nutznießer oder Pächter zur Bezahlung dieser Lieferung in der für derartige Geschäfte üblichen Art aufgenommen werden; das Pfandrecht erstreckt sich nicht auf die der Pfändung nicht unterworfenen Früchte (§ 1 des Gesetzes zur Sicherung der Düngemittel- und Saatgutversorgung – **DüngMSaatG** – vom 19.1.1949).[134] Dieses Pfandrecht ist zwischen den Klassen 3 und 4 einzuordnen.[135] Das Pfandrecht des Gläubigers erlischt mit der Entfernung der ihm unterliegenden Früchte von dem Grundstück, es sei denn, dass die Entfernung ohne Wissen oder unter Widerspruch des Gläubigers erfolgt. Der Gläubiger kann der Entfernung nicht widersprechen, wenn sie im Rahmen einer ordnungsmäßigen Wirtschaftsweise erfolgt[136] oder wenn die zurückbleibenden, dem Pfandrecht unterliegenden Früchte zur Sicherung des Gläubigers offenbar ausreichen (§ 2 Abs. 1 DüngMSaatG). Sind die dem Pfandrecht unterliegenden Früchte ohne Wissen oder unter Widerspruch des Gläubigers entfernt worden, so kann er die Herausgabe zum Zwecke der Zurückschaffung in das Grundstück verlangen; das Pfandrecht erlischt mit dem Ablauf eines Monats, nachdem der Gläubiger von der Entfernung Kenntnis erlangt hat, wenn er nicht seinen Anspruch vorher gerichtlich geltend gemacht hat (§ 2 Abs. 2 DüngMSaatG). Die Vorschriften des § 2 Abs. 1 und 2 DüngMSaatG gelten nicht in der Insolvenz des Schuldners.[137] Vgl. auch § 50 RdNr. 114.

8. Rangklasse 4. a) Allgemeines. In diese Rangklasse gehören alle dinglichen Rechte an dem   **55**
Grundstück, soweit sie nicht infolge der Beschlagnahme dem Gläubiger gegenüber unwirksam sind und deshalb „zurückgestuft" werden (in die Rangklasse 6; s.u. RdNr. 78). In die Rangklasse 4 fallen insbesondere Hypotheken (§ 1113 BGB) – auch Zwangshypotheken (§ 867 ZPO) –, Grundschulden (§ 1191 BGB), Rentenschulden (§ 1199 BGB), Reallasten (§ 1105 BGB) und die Rechte, auf welche die Vorschriften über Reallasten Anwendung finden (Ansprüche auf Überbaurente – §§ 912–914 BGB, Notwegrente – § 917 BGB, Unterhalt einer Anlage zur Ausübung einer Grunddienstbarkeit – §§ 1021, 1022 BGB). In den **neuen Bundesländern** gehören hierher auch das Vorkaufsrecht nach ZGB-DDR § 306, das Nutzungsrecht an einem Grundstück nach ZGB-DDR §§ 288 Abs. 4, 292 Abs. 3, das Mitbenutzungsrecht nach ZGB-DDR § 286 Abs. 3 mit §§ 231, 322, die Hypotheken nach ZGB-DDR §§ 452, 454a, 456 und die Zwangshypothek nach Grundstücksvollstreckungsordnung §§ 4, 5.[138] Zur Kollision von **Grundpfandrechten** und **kapitalersetzenden Nutzungsüberlassungen** vgl. vor §§ 49–52 RdNr. 79c.

b) Entstehung der Grundpfandrechte. Zur abgesonderten Befriedigung berechtigen nur   **56**
wirksam entstandene Grundpfandrechte. Da zur Bestellung von Grundpfandrechten mehrere Rechtsakte erforderlich sind, treten Probleme dann auf, wenn der Besteller vor Vollziehung des letzten Teilakts in die Krise gerät.

---

[130] BGH NZI 2010, 482, 483 RdNr. 11.
[131] Zustimmend nun auch FK-*Imberger* § 49 RdNr. 36.
[132] BGH WM 2010, 1715 RdNr. 6, 10.
[133] BGH NZI 2001, 548, 549; OLG Karlsruhe AgrarR 1993, 61; Brandenburg. OLG RdL 2010, 100. Einzelheiten bei *Stöber* ZVG § 155 Anm. 7.2 ff.
[134] BGBl. III 403.
[135] *Stöber* ZVG § 10 Anm. 7.1.
[136] BGHZ 120, 368, 370 = NJW 1993, 1791.
[137] BGH NZI 2001, 548.
[138] *Stöber* ZVG § 10 Anm. 8.1.

57 **aa) Rechtsgeschäftlich begründete Grundpfandrechte. (1) Briefgrundpfandrechte.** Erforderlich sind zunächst nach § 873 BGB die **Einigung** des Eigentümers – oder eines von ihm gemäß § 185 Abs. 1 BGB ermächtigten Dritten[139] – und des zukünftigen Grundpfandgläubigers über die Belastung und die **Eintragung** im Grundbuch (§ 1115, 1192 Abs. 1 BGB). Hinzukommen muss außerdem die **Übergabe des** über das Grundpfandrecht errichteten **Briefes** vom Grundstückseigentümer an den Gläubiger (§§ 1117 Abs. 1, 1192 Abs. 1 BGB). Die Übergabe des Briefes kann ersetzt werden (§ 1117 Abs. 1 Satz 2 BGB) durch die Einigung nach § 929 Satz 2 BGB, wenn der Gläubiger den Brief bereits auf andere Weise erlangt hat, durch die Vereinbarung eines Besitzmittlungsverhältnisses (§ 930 BGB) oder durch die Abtretung des Herausgabeanspruchs (§ 931 BGB) gegen den Besitzer des Briefes. Trifft der Gläubiger mit dem Grundstückseigentümer eine Aushändigungsabrede (§ 1117 Abs. 2 BGB), erwirbt er das Grundpfandrecht bereits vor Übergabe des Briefes.

58 Wird vor der Eintragung des Grundpfandrechts gegen den Eigentümer ein **Insolvenzantrag** gestellt und ein **allgemeines Verfügungsverbot** erlassen (§ 21 Abs. 2 Nr. 2), kann das Grundpfandrecht regelmäßig nicht mehr erworben werden. Das Verfügungsverbot steht allerdings dann nicht entgegen, wenn die Einigung über die Bestellung des Grundpfandrechts notariell beurkundet oder vor dem Grundbuchamt abgegeben oder bei diesem eingereicht ist oder wenn der Eigentümer dem Gläubiger eine den Vorschriften der Grundbuchordnung entsprechende Eintragungsbewilligung ausgehändigt hat und der Antrag auf Eintragung bei dem Grundbuchamt noch vor Erlass des Verfügungsverbots gestellt worden ist (§§ 24 Abs. 1, 91 Abs. 2; 878, 873 BGB). Der Antrag auf Eintragung der Rechtsänderung muss vom Grundschuldgläubiger gestellt sein.[140] Sind diese Voraussetzungen nicht erfüllt, kann das Grundpfandrecht nur auf Grund guten Glaubens (§ 892 BGB) erworben werden (s.u. RdNr. 67). Ein wirksamer Erwerb kann freilich immer noch vom Insolvenzverwalter angefochten werden.

59 Wird das Grundpfandrecht erst **nach Insolvenzeröffnung** eingetragen, verhindert grundsätzlich § 91 Abs. 1 einen wirksamen Erwerb. Auch hier gilt eine Ausnahme dann, wenn die Einigung über die Bestellung des Grundpfandrechts notariell beurkundet oder vor dem Grundbuchamt abgegeben oder bei diesem eingereicht ist oder wenn der Eigentümer dem Gläubiger eine den Vorschriften der Grundbuchordnung entsprechende Eintragungsbewilligung ausgehändigt hat und der Antrag auf Eintragung bei dem Grundbuchamt noch vor Insolvenzeröffnung gestellt worden ist (§ 91 Abs. 2; 878, 873 BGB). Eine weitere Ausnahme ist dann anzuerkennen, wenn vor Eröffnung eine Vormerkung zur Sicherung des Anspruchs auf Einräumung des Grundpfandrechts eingetragen worden ist (§ 106).[141] Sind diese Voraussetzungen nicht erfüllt, kann das Grundpfandrecht nur auf Grund guten Glaubens (§ 91 Abs. 2; § 892 BGB) erworben werden (s.u. RdNr. 67). Die Anfechtung des Rechtserwerbs ist dem Insolvenzverwalter unbenommen.

60 **(2) Brieflose Grundpfandrechte.** Bei der Buchhypothek und der Buchgrundschuld entsteht das Grundpfandrecht bereits mit der **Einigung** und der **Eintragung**; eine Briefübergabe oder Aushändigungsabrede ist nicht erforderlich. Allerdings muss zu der Einigung über die Bestellung des Grundpfandrechts noch die Einigung über den Ausschluss der Brieferteilung hinzutreten; obendrein ist dieser Ausschluss im Grundbuch einzutragen (§§ 1116 Abs. 2 Satz 3, 1192 Abs. 1 BGB). Wird vor dem letzten Teilakt über das Vermögen des Eigentümers ein Insolvenzantrag gestellt, gelten die Ausführungen bei RdNr. 58 f. entsprechend.

61 **(3) Hypothek, Sicherungsgrundschuld.** Eine Hypothek – sei es eine Brief- oder eine Buchhypothek – erwirbt der Gläubiger erst, wenn die gesicherte Forderung entstanden ist. Solange es daran fehlt, steht die Hypothek als vorläufige Eigentümergrundschuld dem Grundstückseigentümer zu (§§ 1163 Abs. 1 Satz 1, 1177 Abs. 1 BGB). Der Berechtigte einer Sicherungsgrundschuld kann sich so weit abgesondert befriedigen, wie die in der Zweckerklärung genannte Forderung besteht.[142] Dass die Forderung nicht besteht oder abgesonderte Befriedigung wegen einer Forderung verlangt wird, die durch die Grundschuld nicht gesichert ist, hat der Insolvenzverwalter zu beweisen.[143] Der Zessionar einer Sicherungsgrundschuld kann aus der Unterwerfungserklärung nur vorgehen, wenn er in den Sicherungsvertrag eintritt.[144]

62 **(4) Gesamtgrundpfandrecht.** In Ermangelung einer anderweitigen Vereinbarung ist eine Gesamthypothek oder Gesamtgrundschuld erst dann wirksam entstanden, wenn das Grundpfandrecht auf allen Grundstücken eingetragen ist, für die es bestellt wurde.[145] Wird das Grundpfandrecht

---

[139] BGHZ 106, 1, 4 = NJW 1989, 521.
[140] BGH NZI 2008, 177 RdNr. 10; HK-*Lohmann* § 49 RdNr. 4; *Raebel* ZInsO 2002, 954, 955.
[141] HK-*Lohmann* § 49 RdNr. 4.
[142] *Jaeger/Henckel* § 49 RdNr. 10.
[143] BGH NJW 2000, 1108.
[144] BGHZ 185, 133, 141 f. = NJW 2010, 2041 RdNr. 24.
[145] OLG München DNotZ 1966, 371; OLG Düsseldorf DNotZ 1973, 613.

auch nur auf einem der zu belastenden Grundstücke erst nach Anordnung eines allgemeinen Verfügungsverbots nach § 21 Abs. Nr. 2 oder nach Eröffnung des Insolvenzverfahrens eingetragen, ist der Erwerb insgesamt unwirksam, es sei denn, dass die Voraussetzungen der §§ 878, 892 BGB erfüllt sind. Diese Gefahr ist ausgeräumt, wenn von Anfang an vereinbart wird, dass das Gesamtgrundpfandrecht zunächst als Einzelgrundpfandrecht an dem zuerst belasteten Grundstück entsteht und sodann mit der Belastung der weiteren Grundstücke als Gesamtgrundpfandrecht ausgedehnt wird.[146]

(5) Eigentümergrundschuld. Besteht im Zeitpunkt der Pfandverwertung (§ 165) zugunsten **63** des Schuldners an einem massezugehörigen Grundstück eine Eigentümergrundschuld, so schließt § 1197 Abs. 1 BGB nicht aus, dass der Insolvenzverwalter die Zwangsvollstreckung betreibt. Er vollstreckt nicht auf Grund der Grundschuld, sondern in Wahrnehmung seiner Aufgabe, die Masse zu verwerten.[147] Bildet die Eigentümergrundschuld die Einzige oder letztrangige Belastung, so kann der Insolvenzverwalter sie löschen lassen. Gibt es eine gleich- oder nachrangige Belastung, konnte der auf die Rangstelle des Eigentümergrundpfandrechts entfallende Teil des Erlöses oder Ertrags früher häufig für die Insolvenzmasse in Anspruch genommen werden.[148] Das hat sich mit Einführung des § 1179a BGB geändert: Nunmehr kann der bisher benachteiligte Gläubiger gemäß Abs. 1 Satz 1 dieser Vorschrift von dem Insolvenzverwalter verlangen, dass die Eigentümergrundschuld gelöscht wird. Der Löschungsanspruch ist in gleicher Weise gesichert, als wenn mit dem begünstigten Grundpfandrecht eine Vormerkung in das Grundbuch eingetragen worden wäre (§ 1179a Abs. 1 Satz 3 BGB). Der Löschungsanspruch führt nicht unmittelbar zum Wegfall des betroffenen Rechts; es bedarf vielmehr einer Aufhebung gemäß § 875 BGB.

Ein **Eigentümergrundpfandrecht** für die Masse kann bestehen, weil schon der Insolvenz- **64** schuldner es vor Eintritt in die Krise für sich bestellt hatte. In einem solchen Fall tritt an die Stelle der Einigung nach § 873 Abs. 1 BGB die Erklärung des Eigentümers an das Grundbuchamt, dass das Pfandrecht für ihn eingetragen werden soll (§ 1196 Abs. 2 BGB). Das Eigentümergrundpfandrecht kann ferner entstehen, wenn die zu sichernde Forderung nicht begründet wird (§ 1163 Abs. 1 BGB). Es kann auch erst nach Insolvenzeröffnung entstehen. Ist der Insolvenzschuldner Eigentümer, aber nicht persönlicher Schuldner der hypothekarisch gesicherten Forderung, so geht, falls der Verwalter den Gläubiger befriedigt, dessen Forderung – und mit ihr die Hypothek als Eigentümerhypothek – auf die Masse über (§ 1143 i. V. m. §§ 401 Abs. 1, 412, 889, 1153, 1177 Abs. 2 BGB). Ist der Insolvenzschuldner Eigentümer und zugleich persönlicher Schuldner, erwirbt die Masse, falls der Verwalter die Hypothek tilgt (auf die Forderung darf er nicht zahlen, vgl. Vorbemerkungen vor §§ 49–52 RdNr. 52), diese als Eigentümergrundschuld ohne Forderung.[149] Wird der Gläubiger nur teilweise befriedigt, gelangt die Hypothek nur in diesem Umfang als Eigentümergrundschuld in die Masse; im Übrigen bleibt sie als Fremdrecht erhalten. Im Verteilungsverfahren darf der Insolvenzverwalter das Teilpfandrecht der Masse nicht zum Nachteil des noch nicht vollständig befriedigten Hypothekengläubigers geltend machen (§ 1176 i. V. m. §§ 1143 Abs. 1 Satz 2, 774 Abs. 1 Satz 2, § 1163 BGB).[150] Zur Insolvenzfestigkeit des gesetzlichen Löschungsanspruchs aus § 1179a Abs. 1 Satz 3 BGB vgl. u. RdNr. 75c.

Bei einer Höchstbetragshypothek gehört der nicht genutzte Teil der Belastung als Eigentümer- **65** grundschuld zur Insolvenzmasse (vgl. aber § 1179 BGB), wenn feststeht, dass eine unter die Deckung fallende Forderung nicht mehr erwachsen, der überschießende Teil der Belastung nicht mehr zur Fremdhypothek ausreifen wird.[151] Dies ist nicht schon wegen der Insolvenzeröffnung ausgeschlossen (vgl. Vorbemerkungen vor §§ 49–52 RdNr. 35).

Kein Eigentümergrundpfandrecht, sondern ein **Grundpfandrecht an einem massefremden** **66** **Grundstück** erwirbt die Masse dann, wenn der Insolvenzschuldner persönlicher Schuldner der hypothekarisch gesicherten Forderung, aber nicht Eigentümer ist, der Verwalter den Gläubiger befriedigt und der Eigentümer dem Insolvenzschuldner Ersatz schuldet. Ist der Insolvenzschuldner weder Forderungsschuldner noch Eigentümer, aber ein zur Ablösung befugter Dritter, führt die Befriedigung des Gläubigers zum gleichen Ergebnis.

(6) Gutgläubiger Erwerb bei der Bestellung eines Grundpfandrechts. Bestellt ein Nichtbe- **67** rechtigter ein Grundpfandrecht, so ist die Verfügung wirksam, wenn der Berechtigte eingewilligt hat (§ 185 Abs. 1 BGB); sie wird wirksam, wenn der Berechtigte sie genehmigt (§ 185 Abs. 2 Satz 1 BGB). Unabhängig von der Zustimmung des Berechtigten erwirbt der Gläubiger das Grundpfandrecht, wenn der Nichtberechtigte im Grundbuch als Eigentümer eingetragen war, sofern der Gläubi-

---

[146] *Obermüller*, Insolvenzrecht RdNr. 6.180, 6.181a; vgl. dazu BGH DNotZ 1975, 152.
[147] *Lorenz* KTS 1962, 28 f.; *Büchler* ZInsO 2011, 802, 803 Fn. 8; *Jaeger/Henckel* § 49 RdNr. 24.
[148] *Jaeger/Lent* § 47 KO RdNr. 4.
[149] *Gerhardt* ZIP 1980, 165, 168; *Gottwald*, Insolvenzrechts-Hdb., 3. Aufl., § 42 RdNr. 23.
[150] *Jaeger/Henckel* § 49 RdNr. 30.
[151] RGZ 125, 133, 136; *Jaeger/Henckel* § 49 RdNr. 30.

ger von der Unrichtigkeit des Grundbuchs keine Kenntnis hatte und kein Widerspruch eingetragen war (§ 892 Abs. 1 Satz 1 BGB). Der für die Kenntnis von der Unrichtigkeit des Grundbuchs maßgebliche Zeitpunkt ist vorverlegt auf den Zeitpunkt der Stellung des Eintragungsantrags (§ 892 Abs. 2 Fall 1 BGB). Diese Vorverlegung findet allerdings nur statt, wenn alle sonstigen Erwerbsvoraussetzungen vorliegen. Fehlt es daran, ist der Zeitpunkt des Eintritts des letzten notwendigen Erfordernisses maßgebend.[152]

68 War der Eingetragene zwar Eigentümer, aber wegen **Eröffnung des Insolvenzverfahrens** über sein Vermögen (vgl. §§ 80 Abs. 1, 81 Abs. 1 Satz 1) oder wegen eines im Insolvenzantragsverfahren erlassenen **allgemeinen Verfügungsverbots** (§ 21 Abs. 2 Nr. 2) in der Verfügungsbefugnis beschränkt, so kann ein Grundpfandrecht ebenfalls gutgläubig erworben werden (§ 892 Abs. 1 Satz 2 BGB). Guter Glaube setzt hier voraus, dass die Insolvenzeröffnung oder der Erlass des Verfügungsverbots dem Gläubiger nicht bekannt und auch kein entsprechender Vermerk (§§ 32, 33) im Grundbuch eingetragen ist. Maßgebend ist wiederum der Zeitpunkt der Antragstellung (§ 892 Abs. 2 BGB). Das Grundbuchamt darf von der Eintragung des Grundpfandrechts nicht deswegen absehen, weil ihm die Insolvenzeröffnung bekannt ist.[153]

69 bb) **Zwangshypothek.** Vollstreckt ein Gläubiger wegen einer titulierten Geldforderung in ein Grundstück des Schuldners, kann er die Eintragung einer Sicherungshypothek verlangen (§ 866 Abs. 1 und 2 ZPO). Mit der Eintragung entsteht die Hypothek (§ 867 Abs. 1 Satz 2 ZPO). Will der Gläubiger dann als Hypothekengläubiger seinen dinglichen Anspruch auf Zahlung aus dem Grundstück (§§ 1113 Abs. 1, 1147 BGB) im Wege der Zwangsversteigerung oder Zwangsverwaltung verfolgen, benötigt er einen dinglichen Titel. Schon bevor dieser vorliegt, hat der Insolvenzverwalter die Zwangshypothek – als Grundlage für eine abgesonderte Befriedigung – zu respektieren.

70 Zwangshypotheken können auch noch **im Insolvenzantragsverfahren** wirksam erworben werden. Nach § 21 Abs. 2 Nr. 3 kann das Gericht Maßnahmen der Zwangsvollstreckung in das unbewegliche Vermögen nicht untersagen. Das Vollstreckungsverbot des § 89 kann nicht vorverlegt werden.[154] Allerdings setzt insoweit § 88 dem Absonderungsrecht zeitliche Schranken. Eine Zwangshypothek, die später als einen Monat vor dem Antrag auf Eröffnung des Insolvenzverfahrens eingetragen worden ist, wird mit der Eröffnung unwirksam.[155] Die Neufassung des § 867 Abs. 3 ZPO, die das Erfordernis eines besonderen Duldungstitels hat entfallen lassen, sollte den persönlichen Gläubigern insofern keine weitergehenden Rechte verschaffen. Von der Rückschlagsperre erfasst wird insbesondere die durch einstweilige Verfügung zwangsweise erlangte Vormerkung zur Sicherung des Anspruchs auf Eintragung einer Sicherungshypothek (siehe § 50 RdNr. 106).

71 Nach Eröffnung des Insolvenzverfahrens ist die Eintragung von Zwangshypotheken grundsätzlich nicht mehr zulässig (§ 89). Ein Gutglaubensschutz zugunsten der vollstreckenden Gläubiger findet nicht statt.[156] Ausnahmsweise können auf Ersuchen des Versteigerungsgerichts Sicherungshypotheken auch noch eingetragen werden, wenn über das Vermögen des Erstehers ein Insolvenzverfahren eröffnet ist (§§ 128, 130 ZVG).[157]

72 c) **Wiederkehrende Leistungen.** Diese werden in der Rangklasse 4 nur mit den laufenden Beträgen und den Rückständen aus den letzten zwei Jahren berücksichtigt. Ansprüche auf Beträge, die zur allmählichen Tilgung einer Schuld als Zuschlag zu den Zinsen zu entrichten sind, zählen hier aber – im Gegensatz zur Rangklasse 3, wo sie zu den wiederkehrenden Leistungen gerechnet werden – zu den Hauptansprüchen und werden ohne zeitliche Beschränkung berücksichtigt.

73 aa) **Tilgungshypothek.** Bei dieser zahlt der Schuldner bis zur vollständigen Tilgung eine gleich bleibende Jahresleistung, die sogenannte Annuität; innerhalb jeder Jahresleistung verschiebt sich von Jahr zu Jahr das Verhältnis von Zins und Tilgung.[158] In der **Zwangsversteigerung** sind die einzelnen Annuitäten in Zins- und Kapitalanteil zu zerlegen. Der Zinsanteil ist mit dem laufenden Betrag (§ 13 Abs. 1 ZVG) und dem zweijährigen Rückstand zu berücksichtigen, der Kapitalanteil ohne

---

[152] *Erman/Lorenz* § 892 RdNr. 34.
[153] *Raebel* in Lambert-Lang/Tropf/Frenz, Handbuch der Grundstückspraxis, 2. Aufl., Teil 5 RdNr. 301; *Gottwald/Eickmann*, Insolvenzrechts-Hdb. § 31 RdNr. 87; *Jaeger/Windel* § 81 RdNr. 19; *Uhlenbruck* § 81 RdNr. 15; HK-*Kayser* § 81 RdNr. 40; aA OLG Düsseldorf MittRhNotK 1975, 6, 8; OLG Karlsruhe NJW-RR 1998, 446.
[154] *Hintzen* ZInsO 1998, 318, 319; *Obermüller*, Insolvenzrecht RdNr. 6.322.
[155] Vgl. zu § 7 Abs. 3 GesO BGHZ 130, 347, 350 = NJW 1995, 2715 = EWiR 1995, 881 *(Walker)*; Mitlehner ZIP 1995, 1428 f.; Holzer ZIP 1996, 780 ff.
[156] *Gottwald/Gerhardt*, Insolvenzrechts-Hdb., § 33 RdNr. 3; *Obermüller*, Insolvenzrecht RdNr. 6.328.
[157] OLG Düsseldorf KTS 1989, 717, 718; *Obermüller*, Insolvenzrecht RdNr. 6.328.
[158] *Erman/Wenzel* Vor §§ 1113 ff. RdNr. 16; *Bruchner/Krepold* in Schimansky/Bunte/Lwowski, Bankrechts-Handbuch, § 78 RdNr. 96; *Schoppmeyer* in Lwowski/Fischer/Langenbucher, Das Recht der Kreditsicherung, § 15 RdNr. 325.

diese zeitliche Beschränkung.[159] In der **Zwangsverwaltung** werden die Annuitäten insgesamt als wiederkehrende Leistungen behandelt; berücksichtigungsfähig sind nur die laufenden Beträge (§ 155 Abs. 2 Satz 1 i. V. m. § 13 Abs. 1 ZVG). In der Insolvenz des Schuldners wird mit dem Kapitalanteil nur die Hypothek getilgt; an eine abweichende Tilgungsvereinbarung zwischen Schuldner und Gläubiger, wonach Zahlungen auf die persönliche Forderung geleistet würden, ist der Insolvenzverwalter nicht gebunden (vor §§ 49–52 RdNr. 113).

bb) Abzahlungshypothek. Hier werden jährlich (oder sonst in gleichen Zeiträumen) im Voraus **74** bestimmte, gleich hohe Teile des Kapitals (Tilgungsraten) fällig und daneben noch die Zinsen des jeweiligen Restkapitals.[160] In der **Zwangsversteigerung** werden die Tilgungsraten als Hauptsachebeträge befriedigt, die Zinsen – wie bei der Tilgungshypothek – als wiederkehrende Leistungen wiederum nur mit der entsprechenden zeitlichen Beschränkung. In der **Zwangsverwaltung** gilt hinsichtlich der Zinsen das Gleiche; die Tilgungsraten können erst berücksichtigt werden, wenn aus ihnen das Verfahren gemäß § 158 ZVG betrieben wird.[161]

d) Nicht auf Zahlung eines Kapitals gerichtete Rechte. In die Rangklasse 4 fallen ferner **75** die nicht auf Zahlung eines Kapitals gerichteten Ansprüche auf Unterhalt einer Anlage zur Ausübung einer Grunddienstbarkeit (§§ 1021, 1022 BGB), die Rechte des Nießbrauchs (§ 1030 BGB), das Erbbaurecht (§ 1 ErbbVO), das dingliche Vorkaufsrecht (§ 1094 BGB) sowie das durch eine Vormerkung gesicherte Wiederkaufsrecht gemäß § 497 BGB und das im Grundbuch eingetragene siedlungsrechtliche Wiederkaufsrecht gemäß § 20 RSG.[162] Diese Rechte erlöschen durch den Zuschlag in der Zwangsversteigerung; an ihre Stelle tritt der Anspruch auf Ersatz des Wertes aus dem Versteigerungserlös (§ 92 Abs. 1 ZVG). Soweit der Versteigerungserlös nicht ausreicht, fallen derartige Rechte endgültig aus.[163] Zum Anspruch des Grundstücksbesitzers wegen des Ersatzes von Verwendungen, die er vor der Zwangsversteigerung auf das Grundstück gemacht hat, vgl. RdNr. 76. Die beschränkte persönliche Dienstbarkeit (§ 1090 BGB) unterliegt der Zwangsvollstreckung in das bewegliche Vermögen und fällt deswegen nicht in die Rangklasse 4.[164]

e) Der Rückgewähranspruch des Grundstückseigentümers. Bereits mit Abschluss des **75a** Sicherungsvertrages entsteht ein **Rückgewähranspruch** des Eigentümers. Er ist idR durch die Tilgung der gesicherten Forderung aufschiebend bedingt.[165] Der Eigentümer kann diesen Rückgewähranspruch abtreten und ihn so weiteren Gläubigern als Sicherheit anbieten. Der aufschiebend bedingte Rechtserwerb kann sich auch noch nach Insolvenzeröffnung vollenden, ohne dass § 91 entgegensteht.[166] Falls – etwa auf Grund einer entsprechenden Vereinbarung – der Grundschuldgläubiger der Abtretung zustimmen muss, muss diese Zustimmung allerdings bereits vor Insolvenzeröffnung vorliegen. Trotz der Insolvenzfestigkeit der Abtretung hat diese nur einen geringen Sicherungswert. Der Zessionar ist nicht einmal vor dem vollständigen Verlust des Rückgewähranspruchs geschützt. Dieser tritt zB ein, wenn auf die Grundschuld geleistet wird und dadurch eine Eigentümergrundschuld entsteht[167] oder wenn der Grundschuldgläubiger – woran ihn die Abtretung nicht hindert – auf die Grundschuld gem. § 1192 Abs. 1, § 1168 Abs. 1, 2 BGB verzichtet.[168] Der Zessionar wird durch die Abtretung nicht zu einem nachrangigen Grundschuldgläubiger.[169]

Wird das Grundstück zwangsversteigert, verwandelt sich der Rückgewähranspruch in einen **75b** Anspruch auf einen entsprechenden Teil des Versteigerungserlöses, falls die Versteigerung zum Erlöschen der Grundschuld führt.[170] Dasselbe gilt, wenn eine freiwillige, vereinbarte Veräußerung erfolgt, ohne dass der Erwerber die Grundschuld übernimmt.[171] Wird das Grundstück mit der Belastung veräußert, bleibt auch der Rückgewähranspruch bestehen. Ein Ersatzabsonderungsrecht steht dem Gläubiger dieses Anspruchs nicht zu.[172] Gläubiger bleibt der Sicherungsgeber, sofern dieser den Rückgewähranspruch nicht an den Erwerber abtritt.

---

[159] *Stöber* ZVG § 10 Anm. 8.7.
[160] *Erman/Wenzel* Vor §§ 1113 ff. RdNr. 16.
[161] *Stöber* ZVG § 10 Anm. 8.8 ZVG § 155 Anm. 6.7 unter c.
[162] Vgl. hierzu BGHZ 57, 356 ff. = NJW 1972, 537.
[163] BGH NJW 1977, 247; WM 1985, 12, 13.
[164] *Jaeger/Henckel* § 49 RdNr. 35; HK-ZPO/*Kemper* § 857 RdNr. 2.
[165] BGH NJW 1977, 247; WM 1985, 12, 13.
[166] BGH NJW 1977, 247.
[167] BGHZ 110, 241, 246.
[168] BGHZ 108, 237, 246.
[169] BGH NJW 1992, 110, 111.
[170] BGH NJW 1975, 980; 1977, 247.
[171] BGHZ 47, 181, 182 = NJW 1967, 1370; BGH NJW 1977, 247.
[172] BGHZ 47, 181, 182 = NJW 1967, 1370.

75c **f) Der gesetzliche Löschungsanspruch des nachrangigen Grundschuldgläubigers nach § 1179a Abs. 1 Satz 3 BGB.** Entgegen seiner früheren Ansicht[173] hält der BGH nunmehr den gesetzlichen Löschungsanspruch nach § 1179a Abs. 1 Satz 3 BGB für insolvenzfest.[174] Er meint, es sei ohne Belang, dass die Voraussetzungen für den Anspruch aus § 1179a Abs. 1 S. 1 BGB erst nach Insolvenzeröffnung entstanden seien. Dieser Vorschrift komme die gleiche Funktion zu, wie sie im Falle des § 1179 BGB a.F. die Eintragung einer Vormerkung gehabt habe. Der durch eine Vormerkung gesicherte Löschungsanspruch sei gem. § 24 KO (jetzt § 106 InsO) konkursfest gewesen, und zwar gleichgültig ob die Eigentümergrundschuld vor oder nach Konkurseröffnung entstanden sei. Soweit darauf abgestellt worden sei, ob der für die Vormerkungsfähigkeit des Anspruchs erforderliche sichere Rechtsboden so weit vorbereitet gewesen sei, dass die Entstehung des Anspruchs nur noch vom Willen der Begünstigten abhängig gewesen sei, sei es um die Insolvenzfestigkeit eines vormerkungsgesicherten künftigen Anspruchs i.S.v. § 883 Abs. 1 S. 2 BGB gegangen. Demgegenüber komme es für den Löschungsanspruch gem. § 1179a Abs. 1 S. 1 BGB nicht darauf an, ob die Entstehung des Anspruchs nur noch vom Willen der Begünstigten abhänge. Der Anspruch gewähre seinem Inhaber ein Befriedigungsrecht gem. § 106 InsO, ohne dass im Zeitpunkt der Insolvenzeröffnung zusätzliche Voraussetzungen erfüllt sein müssten. Dies folge aus der Funktion des seiner Sicherung dienenden gesetzlichen Vormerkungsschutzes nach § 1179a Abs. 1 S. 3 BGB, durch den die Eintragung einer ihrerseits insolvenzfesten Löschungsvormerkung habe entbehrlich gemacht werden sollen. – Diese Kehrtwende der Rechtsprechung ist nicht überzeugend. Ist die Vormerkung eines künftigen oder bedingten Anspruchs i.S.v. § 883 Abs. 1 S. 2 BGB lediglich dann isolvenzfest (§ 91 Abs. 1 InsO), wenn die Entstehung des Anspruchs oder der Eintritt der Bedingung nur noch vom Willen des Begünstigten abhängt, gilt Entsprechendes für den gesetzlichen Löschungsanspruch nach § 1179a Abs. 1 S. 3 BGB, der den Vormerkungsschutz nur „entbehrlich" macht, aber keinen weitergehenden Schutz bewirkt.[175]

75d **g) Absprachen über die Abgabe einer Löschungsbewilligung.** Nachrangige Grundpfandrechte sind häufig wertlos. Gleichwohl benötigt der Insolvenzverwalter, der ein Grundstück der Masse freihändig verwerten will, auch diesbezüglich eine **Löschungsbewilligung.** Ihre Buchposition haben sich die betreffenden Gläubiger bisher gerne abkaufen lassen. Es geht hier nicht um die Erstattung der Löschungskosten, sondern um die Bezahlung einer sog. **Lästigkeitsprämie.** Die Insolvenzverwalter haben diese nolens volens bezahlt. Solche Geschäfte laufen dem Insolvenzzweck der gleichmäßigen Gläubigerbefriedigung offenkundig zuwider. Näheres hierzu o. vor §§ 49–52 RdNr. 75d.

76 **9. Rangklasse 5.** Wird auf Antrag eines **persönlichen** Gläubigers die Zwangsversteigerung (§ 15 ZVG) oder die Zulassung des Beitritts zu einem bereits laufenden Verfahren (§ 27 ZVG) oder die Zwangsverwaltung angeordnet, gilt dies als Beschlagnahme des Grundstücks (§ 20 Abs. 1, § 146 Abs. 1 ZVG). Falls die Beschlagnahme vor der Insolvenzeröffnung wirksam geworden ist, verschafft sie dem Gläubiger für sein Befriedigungsrecht in der Rangklasse 5 ein Absonderungsrecht.[176] Unter mehreren Ansprüchen der Rangklasse 5 entscheidet gemäß § 11 Abs. 2 ZVG die Chronologie der Beschlagnahmen über den Rang. Grundsätzlich wird die Beschlagnahme mit der Zustellung des Anordnungsbeschlusses an den Schuldner wirksam (§ 22 Abs. 1 Satz 1 ZVG). Persönliche Gläubiger können durch die Beschlagnahme eines Grundstücks (§ 20 ZVG) ein Absonderungsrecht nur bis spätestens einen Monat vor der Eröffnung des Insolvenzverfahrens erwerben (§§ 88, 89 Abs. 1, 91 Abs. 1). Soweit der Gläubiger die Zwangsverwaltung betreibt, werden seine Ansprüche auch mit ihren Kapitalbeträgen in der Rangklasse 5 berücksichtigt.[177] Der Besitzer eines Grundstücks hat wegen ihm zu ersetzender Verwendungen kein Recht an dem Grundstück. Er kann lediglich in der Rangklasse 5 – also auf Grund einer wenigstens einen Monat vor Insolvenzeröffnung erwirkten Beschlagnahme – vollstrecken.[178] Verwendungen, die er nach dem Zuschlag auf das versteigerte Grundstück gemacht hat, begründen kein Recht auf abgesonderte Befriedigung.[179] In die Rangklasse 5 fielen bis zum 50. Juni 2007 auch die rückständigen, vor Eröffnung des Insolvenzverfahrens fällig gewordenen **Hausgeldansprüche** (§ 16 Abs. 2, § 28 Abs. 2 und 5 WEG) einer Wohnungseigentümergemeinschaft.[180] Wegen des aktuellen Rechtszustands vgl. o. RdNr. 51a.

---

[173] BGHZ 166, 319, 323 = NZI 2006, 395.
[174] BGH NJW 2012, 2274 RdNr. 12 ff.; ebenso schon zuvor *Jaeger/Windel* § 91 RdNr. 70. Zustimmend *Böttcher* ZNotP 2012, 282, 285.
[175] Ähnlich *Kesseler* NJW 2012, 2240.
[176] BGH NZI 2009, 382, 383 RdNr. 6.
[177] *Jaeger/Henckel* § 49 RdNr. 12.
[178] RGZ 71, 424, 431; *Jaeger/Henckel* § 49 RdNr. 31.
[179] BGH NZI 2003, 605, 606; *Uhlenbruck/Brinkmann* § 49 RdNr. 47.
[180] BGH NZI 2009, 382, 383 RdNr. 7.

Massegläubiger (§§ 53, 55) können sich naturgemäß nicht auf eine vor Insolvenzeröffnung wirksam gewordene Beschlagnahme berufen. Gleichwohl dürfen sie die Zwangsversteigerung oder Zwangsverwaltung gegen den Insolvenzverwalter betreiben.[181] Dafür müssen sie zunächst einen gegen diesen gerichteten Titel erwirken. Außerdem haben sie das beschränkte Vollstreckungsverbot nach § 90 zu beachten. 76a

Grundpfandgläubiger können das Verfahren als dingliche Gläubiger in der Rangklasse 4 und – alternativ oder kumulativ, letzteres aber nur, soweit sie nicht bereits in der Rangklasse 4 zu befriedigen sind – als persönliche Gläubiger in der Rangklasse 5 betreiben. Betreibt ein Grundpfandgläubiger das Verfahren nur als **dinglicher** Gläubiger, ist er in der Rangklasse 4 zu befriedigen. Betreibt er das Verfahren lediglich als persönlicher Gläubiger, kann er Befriedigung nur in der Rangklasse 5 erwarten; sein dingliches Recht bleibt aber gemäß § 44 Abs. 1 ZVG im geringsten Gebot bestehen.[182] 77

10. Rangklasse 6. Hierunter fallen die Ansprüche der Klasse 4, soweit sie dem Gläubiger gegenüber, der durch einen Anordnungs- oder Beitrittsbeschluss die Beschlagnahme erwirkt hat, unwirksam sind (§ 23 Abs. 1 Satz 1 ZVG). 78

11. Rangklasse 7. In dieser Rangklasse werden befriedigt die Ansprüche der Rangklasse 3 wegen der mehr als zwei bzw. vier Jahre rückständigen Beträge. Wird das Verfahren aus ihnen betrieben, rücken sie in die Rangklasse 5 auf. Andernfalls sind sie anzumelden (§§ 37 Nr. 4, 45, 114 ZVG). 79

12. Rangklasse 8. In dieser Klasse stehen die älteren Rückstände der wiederkehrenden Leistungen der Rangklasse 4. Hauptsachebeträge bleiben immer in Rangklasse 4. 80

13. Nicht aus dem Grundbuch ersichtliche und nicht angemeldete Rechte. Nach § 37 Nr. 4 ZVG werden solche Rechte, die bei Eintragung des Versteigerungsvermerks aus dem Grundbuch nicht ersichtlich waren und nicht spätestens im Versteigerungstermin vor der Aufforderung zur Abgabe von Geboten angemeldet worden sind, bei der Feststellung des geringsten Gebots nicht berücksichtigt. Außerdem werden sie bei der Verteilung des Versteigerungserlöses „den übrigen Rechten nachgesetzt". Sie stehen also noch hinter der Rangklasse 8. 81

II. Die Rangordnung bei anderen unbeweglichen Sachen

1. Eingetragene Schiffe, Schiffsbauwerke und Luftfahrzeuge. Für die Befriedigung aus diesen Sachen (s.o. RdNr. 7, 9) gelten grundsätzlich die §§ 10 ff. ZVG entsprechend (§§ 162, 171a ZVG).[183] Es gibt jedoch nur die Zwangsversteigerung, keine Zwangsverwaltung. An deren Stelle kann im Einvernehmen mit dem betreibenden Gläubiger eine treuhänderische Nutzung angeordnet werden (§§ 165 Abs. 2 Satz 3, 170a Abs. 2, 171 Abs. 5, 171c Abs. 3 Satz 3 ZVG).[184] Weitere Besonderheiten ergeben sich aus dem Schiffsrechtegesetz, den §§ 754 ff. HGB für Seeschiffe und den §§ 102 ff. BinnenSchG für Binnenschiffe.[185] 82

2. Bahneinheiten. Die Befriedigung der Bahnpfandgläubiger (§ 14 BahnEinhG) erfolgt, falls die Genehmigung für das Bahnunternehmen noch nicht erloschen ist, im Wege der Zwangsversteigerung oder Zwangsverwaltung (§ 23 BahnEinhG). Nach dem Erlöschen der Genehmigung findet eine Zwangsabwicklung statt (§§ 40–53 BahnEinhG). 83

E. Durchsetzung der abgesonderten Befriedigung

Benötigt der Absonderungsberechtigte noch einen Vollstreckungstitel, muss er eine sogenannte **Pfandklage** erheben (vgl. dazu Vorbemerkungen vor §§ 49–52 RdNr. 142). Realisiert wird das Absonderungsrecht an unbeweglichen Gegenständen durch **Zwangsversteigerung** und/oder **Zwangsverwaltung.** Diese erfolgen außerhalb des Insolvenzverfahrens. Zwar überträgt § 165 dem Insolvenzverwalter das Verwertungsrecht an unbeweglichen Gegenständen. Das gilt auch dann, wenn ein Gläubiger bezüglich dieses Gegenstands absonderungsberechtigt ist. Das Recht des Gläubigers, die Verwertung im Wege der Zwangsversteigerung und/oder Zwangsverwaltung zu betreiben, bleibt 84

---
[181] *Uhlenbruck/Brinkmann* § 49 RdNr. 29; *Flöther* in KPB § 165 RdNr. 22.
[182] RGZ 76, 116, 120; *Stöber* ZVG § 44 Anm. 4.5.
[183] Hierzu ausführlich *Jaeger/Henckel* § 49 RdNr. 13 ff.; *Uhlenbruck/Brinkmann* § 49 RdNr. 50 ff.
[184] Zur Zubilligung der Rangklasse 1 für Ersatzansprüche wegen Aufwendungen des betreibenden Gläubigers vgl. *Mohrbutter* KTS 1963, 21, 31 f.; *Uhlenbruck/Brinkmann* § 49 RdNr. 51.
[185] Näheres bei *Stöber* ZVG § 162 Anm. 7.

jedoch unberührt.[186] Zu einer freihändigen Veräußerung ist er nicht befugt. Er kann jedoch mit dem Insolvenzverwalter Vereinbarungen treffen, die auf eine **„kalte Zwangsverwaltung"** hinauslaufen (vor §§ 49–52 RdNr. 100). Der Insolvenzverwalter kann die Verwaltervollstreckung nach § 165 neben dem Absonderungsberechtigten betreiben. Im Folgenden werden nur Grundzüge dargestellt. Über Einzelheiten des Verfahrens siehe § 165 RdNr. 42 ff.

85 Die Rechte der Gläubiger mit Absonderungsrechten an Immobilien werden durch § 313 Abs. 3 nicht erweitert. Auch im vereinfachten Insolvenzverfahren gilt § 49 insoweit, als die Gläubiger grundsätzlich nur die Zwangsversteigerung oder Zwangsverwaltung des Grundstücks betreiben können; zur freihändigen Veräußerung sind sie – anders als der Insolvenzverwalter (s.o. RdNr. 4) – nicht befugt.[187]

86 Dem dinglichen Recht des Grundschuld- oder Hypothekengläubigers unterliegen auch **Mietforderungen** des Schuldners aus dem belasteten Grundstück (§§ 1191, 1192 Abs. 1, 1123 Abs. 1 BGB). Der dingliche Titel gewährt dem Grundpfandgläubiger das Recht auf Zwangsversteigerung oder Zwangsverwaltung. Ob er auch im Wege der **Forderungspfändung** (§§ 829, 835 ZPO) die Beschlagnahme der Mietforderungen erwirken kann, war lange umstritten.[188] Richtiger Ansicht nach ist **nach Eröffnung des Insolvenzverfahrens** über das Vermögen des Schuldners die Pfändung mithaftender Mieten oder Pachten durch absonderungsberechtigte Grundpfandgläubiger nicht mehr zulässig (§ 89 InsO).[189] Schon der Wortlaut des § 49 InsO spricht dagegen („… nach Maßgabe des Gesetzes über die Zwangsversteigerung und Zwangsverwaltung zur abgesonderten Befriedigung berechtigt"). Damit im Einklang stehen der Vorrang der Zwangsverwaltung gegenüber der Forderungspfändung, der sich aus § 865 Abs. 2 Satz 2 ZPO ergibt, und die Wertung des § 110 Abs. 1 und 2 InsO, wonach eine Vorauspfändung von Mieten spätestens nach Ablauf des nächsten auf die Eröffnung folgenden Kalendermonats kein Absonderungsrecht mehr begründet. Dieses Ergebnis ist auch interessengerecht. Die Durchsetzung des Absonderungsrechts von Grundpfandgläubigern in die nach §§ 1123, 1124 BGB mithaftenden Mieten oder Pachten im Wege der Forderungspfändung würde dazu führen, dass der Insolvenzverwalter die öffentlichen Lasten des Grundeigentums und die laufenden Kosten der Gebäudeinstandhaltung und Gebäudeversicherung als Masseverbindlichkeiten berichtigen müsste. Deckung für diese Ausgaben könnte er aus den Nutzungen des Absonderungsgutes nicht erlangen.

I. Die bei Eröffnung des Insolvenzverfahrens bereits anhängige Zwangsvollstreckung

87 Gläubiger, denen ein Recht auf abgesonderte Befriedigung aus einem unbeweglichen Gegenstand der Insolvenzmasse zusteht, können ein bei Eröffnung des Insolvenzverfahrens bereits eingeleitetes Zwangsversteigerungs- oder Zwangsverwaltungsverfahren weiter betreiben. Dieses wird durch die Insolvenzeröffnung nicht unterbrochen. An die Stelle des Schuldners als Beteiligter (§ 9 ZVG) tritt lediglich der Insolvenzverwalter, auf den das Verwaltungs- und Verfügungsrecht übergegangen ist (§ 80 Abs. 1).[190] Dieser kann dem Verfahren des betreibenden Gläubigers beitreten, weil er „Herr des Verfahrens" geworden ist (§ 174a ZVG).[191] Der Vollstreckungstitel muss nicht auf den Verwalter umgeschrieben werden, wenn die Vollstreckung bereits vor Eröffnung des Insolvenzverfahrens eingeleitet worden ist.[192] Zur Klauselumschreibung, wenn vor Insolvenzeröffnung gegen den „starken" vorläufigen Insolvenzverwalter vollstreckt werden soll, vgl. vor §§ 49 bis 52 RdNr. 165a.

88 Unterliegt der unbewegliche Gegenstand im Zeitpunkt der Eröffnung des Insolvenzverfahrens bereits der Zwangsverwaltung (§§ 146 ff. ZVG), bleiben die Massen der beiden Verfahren getrennt.[193] Über die Sondermasse der Zwangsverwaltung hat der Insolvenzverwalter keine Verfü-

---

[186] Amtl. Begr. zu § 186 RegE, BT-Drucks. 12/2443 S. 176.

[187] *Vallender* NZI 2000, 148, 150 Fn. 16; *Lwowski/Tetzlaff* WuB VI C. § 313 InsO 1.00; *Uhlenbruck/Brinkmann* § 49 RdNr. 1c; unzutreffend LG Hamburg WM 2000, 1026 f.

[188] Bejahend LG Traunstein NZI 2000, 438; LG Chemnitz Rpfleger 2004, 234; LG Stendal ZIP 2005, 1800; *Staudinger/Wolfsteiner*, BGB Neubearbeitung 2009 § 1123 RdNr. 20; *Palandt/Bassenge* § 1123 RdNr. 3; verneinend AG Hamburg ZIP 2005, 1801; *Tetzlaff* ZInsO 2004, 521, 527 f.

[189] BGHZ 168, 339, 342 = NZI 2006, 577.

[190] BGHZ 172, 16, 18 RdNr. 7 f. = NJW 2007, 3132 = NZI 2007, 543; BGH NZI 2008, 198.

[191] *Uhlenbruck/Brinkmann* § 49 RdNr. 26; *Flöther* in Kübler/Prütting/Bork § 165 RdNr. 24; *Gottwald/Adolphsen*, Insolvenzrechts-Handbuch, § 42 RdNr. 97; aA FK-*Wegener* § 165 RdNr. 8; HambKomm-*Büchler* § 165 RdNr. 20; *Stöber* ZVG § 172 Anm. 7.1.

[192] BGH WM 2005, 1324 m. Anm. *Ganter* WuB VI A. § 80 InsO 1.05; *Gottwald/Adolphsen*, Insolvenzrechts-Handbuch, § 42 RdNr. 93; *Uhlenbruck/Brinkmann* § 49 RdNr. 26; *Kübler/Prütting*/Bork § 49 RdNr. 29.

[193] Zum Zusammentreffen von Zwangsverwaltung und Insolvenzverfahren vgl. die ausführlichen Darstellungen bei *Mohrbutter/Ringstmeier/Elsner*, aaO § 24 RdNr. 46 ff.; *Smid/Depré* § 49 RdNr. 84 ff.

Abgesonderte Befriedigung aus unbeweglichen Gegenständen

gungsbefugnis.[194] Er erlangt daran – abweichend von § 148 Abs. 1 – auch keinen Besitz (§ 150 Abs. 2 ZVG).[195] Alle anfallenden Grundstückslasten gehen zu Lasten der Zwangsverwaltungsmasse, nicht der Insolvenzmasse.[196]

II. Die bei Eröffnung des Insolvenzverfahrens noch nicht anhängige Zwangsvollstreckung

Die Anordnung der Zwangsversteigerung (§ 15 ZVG) oder Zwangsverwaltung (§ 151 ZVG) oder die Zulassung des Beitritts zur Zwangsversteigerung (§ 27 ZVG) können für einen absonderungsberechtigten Gläubiger (§ 10 Abs. 1 Nr. 4 ZVG) auch erst nach Eröffnung des Insolvenzverfahrens erfolgen. Das Vollstreckungsverfahren ist dann gegen den Insolvenzverwalter zu richten (§ 80 Abs. 1). Der Gläubiger benötigt dafür einen Vollstreckungstitel gegen den Insolvenzverwalter.[197] Dem entsprechend ist der Titel gegen diesen umzuschreiben.[198] Diesem müssen der Vollstreckungstitel (§ 750 Abs. 1 ZPO), die umgeschriebene Vollstreckungsklausel und – sofern die Vollstreckungsklausel auf Grund öffentlich oder öffentlich beglaubigter Urkunden erteilt ist – auch eine Abschrift dieser Urkunden (§ 750 Abs. 2 ZPO) zugestellt werden. Zum Wechsel des Insolvenzverwalters während des Insolvenzverfahrens vgl. vor §§ 49 bis 52 RdNr. 165. 89

Hatte der spätere Insolvenzschuldner eine Grundschuld bestellt und daneben ein abstraktes Schuldanerkenntnis abgegeben sowie in beiderlei Hinsicht sich der sofortigen Zwangsvollstreckung unterworfen, ist die Umschreibung der Vollstreckungsklausel gegen den Insolvenzverwalter (im Verbraucherinsolvenzverfahren gegen den Treuhänder) nur hinsichtlich des dinglichen Anspruchs zulässig und geboten.[199] Hinsichtlich der Forderung aus dem abstrakten Schuldversprechen ist dies nicht der Fall. Allerdings wurde zur Konkursordnung die Auffassung vertreten, das Vollstreckungsverbot sei im Klauselerteilungs- und Klauselumschreibungsverfahren nicht zu beachten.[200] Dem kann nicht gefolgt werden. Unabhängig davon, ob man dieses Verfahren zur Zwangsvollstreckung rechnet oder nicht, fehlt für eine Klauselerteilung oder Klauselumschreibung, die zu keiner zulässigen Vollstreckung führen kann, bereits das Rechtsschutzinteresse.[201] Der Notar darf die Klausel schon nicht mehr umschreiben, nachdem die persönliche Forderung zur Tabelle angemeldet worden ist.[202] Denn die Feststellung zur Tabelle wirkt wie ein vollstreckbares Urteil (§ 201 Abs. 2 InsO), und für die Vollstreckung hieraus hat das Insolvenzgericht – nicht der Notar – die Vollstreckungsklausel zu erteilen (§ 724 ZPO; § 202 InsO). 89a

Ist nach Eröffnung des Insolvenzverfahrens die Versteigerung eines zur Masse gehörenden Grundstücks angeordnet, der Titel gegen den Insolvenzverwalter umgeschrieben und ihm zugestellt worden, so bedarf es keiner erneuten Umschreibung auf den Schuldner und keiner Zustellung an ihn, wenn der Insolvenzverwalter das Grundstück aus der Masse freigibt.[203] 89b

III. Einstellung des Verfahrens

Die Verwertung von **Immobilien** kann – unabhängig davon, ob sie vor oder nach Eröffnung des Insolvenzverfahrens eingeleitet worden ist – auf Antrag des Verwalters unter den Voraussetzungen des § 30d Abs. 1 Nr. 1 bis 4 ZVG einstweilen eingestellt werden. Auf Antrag des Insolvenzschuldners ist ein Gleiches möglich unter den Voraussetzungen des § 30 Abs. 3 ZVG. Die einstweilige Einstellung kann auf Antrag des vorläufigen Verwalters auch bereits vor Eröffnung des Verfahrens erfolgen (§ 30 Abs. 4 ZVG). Einstweilen eingestellt werden kann auf Antrag des vorläufigen Verwalters nicht nur die Zwangsversteigerung, sondern auch die Zwangsverwaltung.[204] Für die Zeit nach dem Berichtstermin – falls auf Antrag des vorläufigen Verwalters eingestellt wurde: spätestens von dem Zeitpunkt an, der drei Monate nach der Einstellung liegt – sind laufend die geschuldeten Zinsen aus der Insolvenzmasse an den betreibenden Gläubiger zu zahlen (§ 30e Abs. 1 ZVG). Dabei sind 90

---

[194] *Eickmann* ZIP 1986, 1517.
[195] *Eickmann* ZIP 1986, 1517, 1521; *Stöber* ZVG § 146 RdNr. 4.4i.
[196] *Stöber* ZVG § 172 RdNr. 8.5.
[197] OLG Hamm Rpfleger 1985, 218; *Stöber* NZI 1998, 105, 107; *Hintzen* ZInsO 1998, 318, 319.
[198] BGH WM 2005, 1324 m. Anm. *Ganter* WuB VI A. § 80 InsO 1.05; *Gottwald/Adolphsen*, Insolvenzrechts-Handbuch, § 42 RdNr. 94; *Uhlenbruck/Brinkmann* § 49 RdNr. 26.
[199] *Uhlenbruck/Brinkmann* § 49 RdNr. 26.
[200] *Kilger/K. Schmidt* KO § 14 Anm. 2.
[201] *Zöller/Stöber*, ZPO 25. Aufl. 2005 § 727 RdNr. 18. Vgl. ferner *Scheel* NotBZ 2001, 286, 293.
[202] *Scheel* NotBZ 2001, 286, 294 f.
[203] BGH WM 2005, 1324 m. Anm. *Ganter* WuB VI A. § 80 InsO 1.05.
[204] *Uhlenbruck/Brinkmann* § 49 RdNr. 40; *Gottwald/Adolphsen*, Insolvenzrechts-Handbuch, 42 RdNr. 107; *Klein* ZInsO 2002, 1065 ff.; *Tetzlaff* ZInsO 2004, 521, 527.

§ 50

die schuldrechtlichen Zinsen gemeint.[205] Wird das Grundstück vom Insolvenzverwalter weiter genutzt, muss er einen etwaigen Wertverlust ausgleichen (§ 30e Abs. 2 ZVG). Gemäß § 30 f. ZVG kann der das Verfahren betreibende Gläubiger die Aufhebung der einstweiligen Einstellung erwirken. Zuständig für die Einstellung und deren Aufhebung ist das Vollstreckungs-, nicht das Insolvenzgericht.[206]

91 Einen Aufschub der Verwertung von **beweglichen Sachen** und **Rechten** sieht das Gesetz nicht vor. Für den Insolvenzverwalter besteht kein entsprechendes Bedürfnis, weil er die Verwertung ohnehin in der Hand hat. Der Absonderungsberechtigte wird vor den wirtschaftlichen Folgen eines Aufschubs durch die §§ 169, 172 geschützt.

§ 50 Abgesonderte Befriedigung der Pfandgläubiger

(1) Gläubiger, die an einem Gegenstand der Insolvenzmasse ein rechtsgeschäftliches Pfandrecht, ein durch Pfändung erlangtes Pfandrecht oder ein gesetzliches Pfandrecht haben, sind nach Maßgabe der §§ 166 bis 173 für Hauptforderung, Zinsen und Kosten zur abgesonderten Befriedigung aus dem Pfandgegenstand berechtigt.

(2) ¹Das gesetzliche Pfandrecht des Vermieters oder Verpächters kann im Insolvenzverfahren wegen der Miete oder Pacht für eine frühere Zeit als die letzten zwölf Monate vor der Eröffnung des Verfahrens sowie wegen der Entschädigung, die infolge einer Kündigung des Insolvenzverwalters zu zahlen ist, nicht geltend gemacht werden. ²Das Pfandrecht des Verpächters eines landwirtschaftlichen Grundstücks unterliegt wegen der Pacht nicht dieser Beschränkung.

Schrifttum: Literaturangaben zu §§ 47–49; ferner: *Eckert*, Das Vermieterpfandrecht im Konkurs des Mieters, ZIP 1984, 663 ff.; *Ehricke*, Das Erlöschen des Vermieterpfandrechts bei Gewerberaummietverhältnissen im Eröffnungsverfahren, insbesondere durch einen Räumungsverkauf, KTS 2004, 321 ff.; *ders.*, Zum Entstehen eines Vermieterpfandrechts in der Insolvenz des Mieters, in FS Walter Gerhardt 2004 S. 191 ff.; *Giesen*, Das Vermieterpfandrecht in der Insolvenz des Mieters, KTS 1995, 579 ff.; *Noack*, Die Pfändung von Früchten auf Grundstücken, Rpfleger 1969, 113 ff.; *Pape*, Ablehnung und Erfüllung schwebender Rechtsgeschäfte durch den Insolvenzverwalter, in Kölner Schrift zur Insolvenzordnung, 3. Aufl. 2009, S. 353 ff.; *Reinicke/Tiedtke*, Der gutgläubige Erwerb eines Pfandrechts an beweglichen Sachen, JA 1984, 202 ff.; *Vortmann*, Raumsicherungsübereignung und Vermieterpfandrecht, ZIP 1988, 626 ff.; *Wagner*, Neue Argumente zur Pfändbarkeit des Kontokorrentkredits, WM 1998, 1657 ff.

Übersicht

	Rn.		Rn.
A. Einleitung	1, 2	c) Gutgläubiger Erwerb	34
B. Normzweck	3	3. Verpfändung von Rechten	35–42
C. Vertragspfandrecht	4–65	a) Dingliche Einigung	36
I. Allgemeines	4, 5	b) Anzeige der Verpfändung an den Schuldner	37
II. Gegenstand	6–26a	c) Eintragung im Grundbuch	38
1. Bewegliche Sachen	7–13	d) Übergabe einer Sache	39, 40
2. Rechte	14–26a	e) Zustimmung Dritter	41
a) Allgemeines	14, 15	f) Zeitpunkt des Erwerbs bei der Verpfändung künftiger Rechte	41a
b) Forderungen	16–18	g) Gutgläubiger Erwerb	42
c) Wertpapiere	19–21	4. Sonderfälle	43–52a
d) Gesellschaftsanteile	22–24	a) AGB-Pfandrecht der Banken und Sparkassen	43–47
e) Gewerbliche Schutzrechte	25	b) Inventarpfandrecht	48
f) Erbrechtliche Positionen	26	c) Pfandrechte nach §§ 448, 449 ZGB	49, 50
g) Versicherungsforderungen	26a	d) Sperrkonto	51–52a
III. Umfang der Pfandhaftung	26b	V. Rangordnung	53–57
IV. Pfandrechtsbestellung	27–52a	VI. Pfandrechtsübergang durch Übertragung der gesicherten Forderung	58
1. Rechtliche Grundlagen	27		
2. Verpfändung beweglicher Sachen	28–34		
a) Dingliche Einigung	28–29a		
b) Besitzerlangung	30–33		

---

[205] *Tetzlaff* ZInsO 2004, 521, 522 mwN.
[206] *Uhlenbruck/Brinkmann* § 49 RdNr. 34.

	Rn.		Rn.
VII. Erlöschen und gesetzlicher Übergang des Pfandrechts	59–65	b) Absonderungsberechtigter	85
1. Wegfall der gesicherten Forderung	59–61	c) Voraussetzungen des Vermieter-/Verpächterpfandrechts	86–89
2. Untergang des Pfandgegenstandes	62	d) Gesicherte Forderungen	90–94
3. Rückgabe der Pfandsache	63	e) Erlöschen des Absonderungsrechts	95–102a
4. Konsolidation	64	f) Auskunftsanspruch	102b
5. Verzicht auf das Pfandrecht	65	2. Inventarpächter	103
D. Pfändungspfandrecht	66–83a	3. Gastwirt	104
I. Allgemeines	66–66b	4. Werkunternehmer	105, 106
II. Gegenstand	67–75	5. Begünstigter bei der Hinterlegung	107–107b
1. Körperliche Sachen	67	6. Kommissionär	108, 109
2. Forderungen und Rechte	68–75	7. Spediteur	110
III. Entstehen	76–78	8. Lagerhalter	111
1. Allgemeines	76, 77	9. Frachtführer	112–112c
2. Gutgläubiger Erwerb	78	10. Schiffseigner, Seeverfrachter, Schiffsgläubiger, Vergütungsberechtigte aus großer Haverei, Berger, Hilfeleister	113
IV. Umfang	79, 80		
V. Rangordnung	81	11. Lieferer von Düngemitteln und Saatgut	114
VI. Erlöschen	82–83a	12. Haftpflichtgläubiger	115
E. Gesetzliches Pfandrecht	84–121	13. Rückversicherungsgläubiger	116
I. Die gesetzlichen Pfandgläubiger	84–116a	14. Aufhebung einer Gemeinschaft	116a
1. Vermieter und Verpächter	84–102b	**II. Gutgläubiger Erwerb**	117, 118
a) Allgemeines	84	**III. Rangordnung**	119–121

A. Einleitung

§ 50 fasst §§ 48, 49 Nr. 2 KO, § 52 Abs. 2 VerglO in einer Vorschrift zusammen. Er übernimmt **1** damit in gekürzter Fassung § 57 des Regierungsentwurfs. Dort war allerdings in Abs. 1 Satz 2 die Tilgungsreihenfolge „zunächst die Kosten, dann die Zinsen, zuletzt das Kapital" wie in § 48 KO ausdrücklich vorgesehen gewesen. Im Hinblick auf § 367 Abs. 1 BGB und § 11 Abs. 3 VerbrKrG (vgl. auch § 12 ZVG) erschien eine derartige Wiederholung entbehrlich. Sie wurde deshalb auf Vorschlag des Rechtsausschusses gestrichen; Satz 1 wurde entsprechend angepasst.[1] In Abs. 2 wurde die Formulierung „das letzte Jahr vor" ersetzt durch „die letzten zwölf Monate vor". Damit wurde klargestellt, dass der maßgebliche Zeitraum für die Geltendmachung des gesetzlichen Pfandrechts des Vermieters oder Verpächters nicht das Kalenderjahr ist.[2]

Das neue Insolvenzrecht ändert am Schutz der zur Absonderung berechtigenden Pfandrechte **2** nichts Wesentliches. Die Möglichkeit, **Arbeitsentgelt** zu verpfänden oder zu pfänden, wurde eingeschränkt (§§ 35, 89 Abs. 2, 287 Abs. 2 und 3, 292 Abs. 1, 294 Abs. 3).[3] Durch § 114 wurde die Einschränkung lediglich abgemildert. Die **Rückschlagsperre** (§ 88) bringt eine Verschlechterung für die Pfändungspfandgläubiger mit sich.

B. Normzweck

Die Sicherungskraft der Pfandrechte muss sich auch und insbesondere in der Insolvenz des **3** Schuldners bewähren. § 50 stellt sicher, dass der Inhaber eines Pfandrechts an einem Massegegenstand – soweit das Pfandrecht rechtlichen Bestand hat und der Pfandgegenstand werthaltig ist – in diesem praktisch besonders wichtigen Sicherungsfall keine Einbußen erleidet. Für ein Pfandrecht an einem nicht zur Masse gehörenden Gegenstand kann der Gläubiger kein Absonderungsrecht in Anspruch nehmen. Er ist darauf auch nicht angewiesen, weil er aus dem Pfand Befriedigung suchen kann.

---

[1] BT-Drucks. 12/7302 S. 160.
[2] BT-Drucks. 12/7302 S. 160.
[3] Vgl. Begr. zum RegE, BT-Drucks. 12/2443 S. 100 f.

C. Vertragspfandrecht

I. Allgemeines

4   Die wirtschaftliche Bedeutung des Vertragspfandrechts für Kreditsicherungszwecke ist gering. Da das Gesetz nur das Besitzpfandrecht kennt, versagt dieses Rechtsinstitut, wenn der Sicherungsgeber als Sicherungsgegenstand lediglich Sachen anbieten kann, deren Besitz – man denke an Betriebseinrichtungen, Warenvorräte und dergleichen – er nicht entbehren kann, wenn er wirtschaftlich weiter tätig sein will. Bei der Verpfändung von Forderungen erweist sich als nachteilig, dass die Verpfändung – um wirksam zu sein – beim Drittschuldner angezeigt werden muss. Dadurch muss der Sicherungsgeber eine Einbuße an geschäftlicher Reputation befürchten. Auch die Verwertung des Sicherungsgegenstandes gestaltet sich umständlicher, wenn dabei die Pfandverwertungsvorschriften des BGB beachtet werden müssen, als bei abstrakten Sicherheiten. In der Insolvenz des Sicherungsgebers kann der Pfandgläubiger den Pfandgegenstand – Pfandreife vorausgesetzt – zwar selbst verwerten.[4] Dies kann aber auch eine Last sein. Insbesondere für die Kreditinstitute ist die Pfandverwahrung und -verwertung eine geschäftsfremde Tätigkeit. Hinzu kommt, dass dem Pfandgläubiger bei der Verwertung zeitliche Schranken gesetzt werden können (§ 173 Abs. 2). Im Hinblick auf die mit der Insolvenzrechtsreform eingeführte Kostenbelastung bei der Verwertung von besitzlosen Sicherheiten (§ 171) ist eine Diskussion in Gang gekommen, ob es für Kreditgeber ratsam sei, statt der besitzlosen Sicherheiten auf Pfandrechte umzustellen. Für diese Unsicherheit gibt es keinen Anlass, weil die Kostenbelastung an den Sicherungsgeber weitergegeben werden kann (s. Vorbemerkungen vor §§ 49–52 RdNr. 59, § 52 RdNr. 31). Zwar sind Fälle denkbar, in denen der Sicherungsgeber nicht genügend Sicherheiten anbieten kann, um auch die an ihn weitergegebene Kostenbelastung abzudecken. Insofern mag eine Sicherungsübereignung oder eine Sicherungszession gelegentlich zu einer „Sicherungslücke" führen, die im Falle einer Verpfändung nicht vorhanden ist. Dieser Vorteil kann die sonstigen Nachteile der Verpfändung aber kaum aufwiegen.

5   Größere wirtschaftliche Bedeutung hat zum einen die Verpfändung von Wechseln, Schatzanweisungen und Schuldverschreibungen beim **Lombardkredit** der Deutschen Bundesbank gemäß § 19 Abs. 1 Nr. 3 BBankG und zum andern das **AGB-Pfandrecht** nach Nr. 14 AGB-Banken und Nr. 21 AGB-Sparkassen (s.u. RdNr. 43 ff.).

II. Gegenstand

6   Gegenstand eines vertraglichen Pfandrechts können sein: bewegliche Sachen (§ 1204 BGB), Forderungen (§ 1279 BGB) und sonstige übertragbare Vermögensrechte (§ 1273 BGB). Nicht übertragbare Rechte sind von der Verpfändung ausgeschlossen (§ 1274 Abs. 2 BGB). Hingegen können bewegliche Sachen, selbst wenn sie gemäß § 811 ZPO **unpfändbar** sind, doch verpfändet werden.[5] Unpfändbare Forderungen können verpfändet werden, wenn der Begünstigte dem Verpfänder eine Leistung erbringt, die derjenigen entspricht, auf welche die unpfändbare Forderung gerichtet war, und die Belange wahrt, derentwegen die Forderung unpfändbar sein sollte.[6] Ein Absonderungsrecht verschafft die Verpfändung eines unpfändbaren Gegenstandes gleichwohl nicht, weil dieser nicht zur Masse gehört (§ 36 Satz 1).[7] Ist ein nicht übertragbares Recht ausnahmsweise pfändbar (§§ 851 Abs. 2, 857 Abs. 3 ZPO), ist deswegen nicht auch die Verpfändung zugelassen.[8] Ein **bereits verpfändeter Gegenstand** kann nochmals verpfändet werden. Das **Nachpfandrecht** hat aber nur insoweit einen Sicherungswert, als dieser nicht bereits durch das vorrangige Pfandrecht ausgeschöpft wird. Von **mehreren Pfandgegenständen** haftet jeder für die gesamte Forderung (§§ 1222, 1230 BGB).

7   **1. Bewegliche Sachen.** Vgl. zunächst § 47 RdNr. 17 f. Das vertragliche Pfandrecht erstreckt sich auf die ungetrennten und die getrennten (§ 1212 BGB) **Erzeugnisse** einer beweglichen Sache sowie auf ihre sonstigen – wesentlichen und unwesentlichen – **Bestandteile**. Es erstreckt sich nicht auf die Scheinbestandteile (§ 95 BGB), nicht auf **Erträge**, die eine Sache „vermöge eines Rechtsverhältnisses" (zB durch Vermietung eines verpfändeten Kraftfahrzeugs) abwirft (§ 99 Abs. 3 BGB), und

---

[4] Deshalb rechnet *Häsemeyer*, Insolvenzrecht RdNr. 18.15, künftig mit wachsender praktischer Bedeutung des Vertragspfandrechts.
[5] *Erman/Michalski* § 1204 RdNr. 2; *Jaeger/Henckel* § 50 RdNr. 4.
[6] BGHZ 4, 153, 156; 21, 112, 120; 59, 109, 115.
[7] *HK-Lohmann* § 50 RdNr. 4.
[8] *Jaeger/Henckel* § 50 RdNr. 4.

nicht auf **Zubehör** (§ 97 BGB), das nicht mitverpfändet ist.[9] Da sich eine Verpflichtung zur Verpfändung im Zweifel auch auf das Zubehör bezieht (§ 311c BGB), kann sich der Verpfänder dem Gläubiger gegenüber schadensersatzpflichtig machen, wenn er bei der Verpfändung das Zubehör auslässt. Ob sich aus § 311c BGB darüber hinaus ableiten lässt, im Zweifel sei Zubehör mit der Hauptsache verpfändet,[10] erscheint fraglich. Ist ein **Nutzungspfand** vereinbart (§ 1213 BGB), so erlangt der Pfandgläubiger das Eigentum – kein Pfandrecht – an den Früchten. Den Wert der Früchte und den Reinertrag der sonstigen Nutzungen muss er sich auf die gesicherte Forderung anrechnen lassen (§ 1214 Abs. 2 BGB). Eine **dingliche Surrogation** findet nur in bestimmten Ausnahmefällen statt (vgl. Vorbemerkungen vor §§ 49–52 RdNr. 63 ff.).[11] Wird die Pfandsache durch einen Dritten beschädigt oder zerstört, erstreckt sich das Pfandrecht nicht auf etwaige Schadensersatz- oder Versicherungsansprüche, die dem Verpfänder zustehen. Meist erwächst dem Pfandgläubiger – etwa wegen Verletzung seines Besitzrechts – aber ein eigener Schadensersatzanspruch.

Auch **künftig entstehende Sachen** – etwa künftige Erzeugnisse und Sachbestandteile – können **8** verpfändet werden (Einzelheiten bei Vorbemerkungen vor §§ 49–62 RdNr. 21).

Soll das **Anwartschaftsrecht** auf Erwerb des Eigentums an einer beweglichen Sache verpfändet **9** werden, entsteht die Sicherheit bereits mit Erwerb des Anwartschaftsrechts (Vorbemerkungen vor §§ 49–62 RdNr. 22). Dieses hat allerdings nur dann einen Sicherungswert, wenn abzusehen ist, dass das Anwartschaftsrecht zum Vollrecht erstarken wird. Üblicherweise werden Anwartschaftsrechte nicht verpfändet, sondern es findet eine fiduziarische Vollrechtsübertragung statt (s.u. § 51 RdNr. 4).

Nicht selbständig verpfändet werden können **wesentliche Bestandteile** einer Sache (§§ 93, 94 **10** BGB). Das Gleiche gilt für ungetrennte Bodenerzeugnisse, zum Beispiel Früchte auf dem Halm, Holz auf dem Stamm (vgl. aber § 810 ZPO).[12] Demgegenüber können unwesentliche und Scheinbestandteile verpfändet werden. Zubehör kann zwar verpfändet werden, doch geht, falls die Verpfändung nicht zu einer Enthaftung führt (vgl. § 49 RdNr. 15 ff.), die Grundpfandhaftung dem Mobiliarpfandrecht im Range vor.

Sachgesamtheiten – zum Beispiel Warenlager – können als solche wegen des sachenrechtlichen **11** Spezialitätsprinzips (s.u. RdNr. 29) nicht Gegenstand eines Pfandrechts sein.

Wie bewegliche Sachen werden **Orderpapiere**[13] und **Inhaberpapiere**[14] (zB Inhaberaktie, **12** Schuldverschreibung, Zinsschein, Rentenschein, Dividendenschein, Investmentzertifikat, Inhaberscheck) behandelt. Bei diesen ist das verbriefte Recht durch die Art seiner Verbindung mit dem Papier gleichsam selbst zur Sache geworden; es wird deshalb wie eine Sache übertragen und verpfändet (§ 1293 BGB). Das Gleiche gilt für **Miteigentumsanteile** an einer beweglichen Sache (vgl. §§ 741, 747, 1008, 1258 BGB).[15] **Traditionspapiere** ersetzen nur die Übergabe der Sache (vgl. u. RdNr. 31).

Schuldscheine (§ 852 BGB) können nicht verpfändet werden. Wird ein solches Papier zu Sicherungszwecken übergeben, so begründet dies allenfalls ein Zurückbehaltungsrecht gemäß § 273 BGB. **13** Ein Absonderungsrecht kann daraus nicht hergeleitet werden (s. § 51 RdNr. 241).[16] Zu Legitimationspapieren vgl. RdNr. 21.

2. Rechte. a) Allgemeines. Als Pfand kommen Rechte jeder Art in Betracht, sofern sie selb- **14** ständig verkehrsfähig[17] und verwertbar sind. Dazu gehören zB **relative Rechte** (Forderungen),[18] **absolute** (dingliche) **Rechte** (zum Anwartschaftsrecht vgl. oben RdNr. 9, zum Miteigentumsrecht RdNr. 12, zu den gewerblichen Schutzrechten RdNr. 25 f.) und **Mitgliedschaftsrechte**.[19] Das Pfandrecht nach den Allgemeinen Geschäftsbedingungen der Kreditinstitute (Nr. 14 AGB-Banken; Nr. 21 AGB-Sparkassen)[20] betrifft hauptsächlich die Einlagen des Kunden bei dem Kreditinstitut; gegebenenfalls ergibt sich daraus ein sogenanntes Pfandrecht an eigener Schuld (s.u. RdNr. 16).

Grundsätzlich sind auch **künftig entstehende Rechte** verpfändbar (vgl. Vorbemerkungen vor **15** §§ 49–52 RdNr. 21 ff.). Das Pfandrecht entsteht erst, wenn das verpfändete Recht entsteht.

---

[9] *Jaeger/Henckel* § 50 RdNr. 5; *Uhlenbruck/Brinkmann* § 50 RdNr. 3.
[10] So *Gottwald/Adolphsen*, Insolvenzrechts-Handbuch, § 42 RdNr. 33; *Nerlich/Römermann/Andres* § 50 RdNr. 4.
[11] RGZ 94, 22, 23.
[12] *Jaeger/Henckel* § 50 RdNr. 4.
[13] *Jaeger/Henckel* § 50 RdNr. 4.
[14] *Merkel* in Schimansky/Bunte/Lwowski, Bankrechts-Handbuch, § 93 RdNr. 87.
[15] Dazu *Schaarschmidt/Sühr*, aaO RdNr. 2374.
[16] *Schaarschmidt/Sühr*, aaO RdNr. 2372.
[17] Näher hierzu *Häcker* RdNr. 27 ff.
[18] Zur Pfändung einer Internet-Domain vgl. BGH NJW 2005, 3353.
[19] Zur Teilverpfändung von GmbH-Anteilen vgl. *Leuschner* WM 2005, 2161 ff.
[20] Dazu eingehend *Bunte* in Schimansky/Bunte/Lwowski, Bankrechts-Handbuch, § 19.

Geschieht dies erst, nachdem über das Vermögen des Verpfänders das Insolvenzverfahren eröffnet worden ist, ist die Verpfändung unwirksam. Ausnahmsweise ist die Verpfändung von Steuererstattungsansprüchen erst nach Entstehung der Ansprüche zulässig (vgl. § 51 RdNr. 201). Bei der Verpfändung einer Anwartschaft setzt sich das Pfandrecht nach Bedingungseintritt an dem Vollrecht fort. Das gilt für die Verpfändung des Anwartschaftsrechts des Vorbehaltskäufers[21] ebenso wie für die Verpfändung der Anwartschaft aus der Verpfändung eines Patents.[22]

16 **b) Forderungen.** Handelt es sich bei dem Pfandgegenstand um eine **Forderung,** ist diese von der gesicherten Forderung sorgfältig zu unterscheiden. Meist sind drei Personen an dem Pfandrechtsverhältnis beteiligt: der Verpfänder, der Pfandgläubiger und der Drittschuldner. Pfandgläubiger und Drittschuldner können aber auch identisch sein. Der Verpfänder kann einen Anspruch gegen den Pfandgläubiger verpfänden, zum Beispiel ein Bankkunde der Bank seinen Anspruch auf Auszahlung des Kontoguthabens. Man spricht in solchen Fällen von einem **Pfandrecht an eigener Schuld.**[23] Ist der Anspruch auf Übereignung eines Grundstücks verpfändet, erwirbt der Pfandgläubiger mit der Leistung des Schuldners eine Sicherungshypothek (§ 1287 BGB). Das Pfandrecht an einer Forderung auf Lieferung einer beweglichen Sache verwandelt sich mit der Erfüllung dieses Anspruchs in ein Pfandrecht an der Sache.[24]

17 Eine Forderung kann auch nur **zum Teil verpfändet** werden.[25] Dass die gesicherte Forderung niedriger ist als diejenige, die zum Gegenstand der Verpfändung gemacht wurde, rechtfertigt aber nicht den Schluss, dass diese nur zu einem der gesicherten Forderung entsprechenden Teil verpfändet ist.

18 Das Pfandrecht an Forderungen erstreckt sich auch auf die **Zinsen** (§ 1289 BGB), sofern der Pfandgläubiger dem Schuldner anzeigt, dass er vom Einziehungsrecht Gebrauch mache. Der Anzeige bedarf es auch bei ausdrücklicher Mitverpfändung der Zinsen.[26] Erfasst werden die künftig anfallenden Zinsen sowie die bereits angefallenen, zurückbezogen bis auf ein Jahr vor der Anzeige.[27] Erfolgt diese Anzeige erst nach Eröffnung des Insolvenzverfahrens über das Vermögen des Schuldners, entsteht das Pfandrecht am Zins nicht.[28] Die Erstreckung des Pfandrechts auf die Zinsen kann vertraglich – auch mit dinglicher Wirkung[29] – ausgeschlossen werden. Ist § 1289 BGB anwendbar (nicht beim Nutzungspfand, § 1213 BGB), so wird die Haftungserstreckung auf die Zinsen erst wirksam mit der Anzeige des Pfandgläubigers an den Schuldner, dass er vom Einziehungsrecht nach §§ 1281, 1282 BGB Gebrauch mache. Es haften die nach der Pfandrechtsbestellung verfallenen und noch nicht eingezogenen Zinsen, von den rückständigen allerdings nur diejenigen aus dem letzten Jahr vor der Anzeige. Wegen Verfügungen des Gläubigers über den Zinsanspruch nach Pfandrechtsbestellung vgl. §§ 1124, 1125 BGB. Ist § 1289 BGB nicht anwendbar, erstreckt sich das Pfandrecht auf die Zinsen nur dann, wenn ein Nutzungspfandrecht vereinbart ist.[30]

19 **c) Wertpapiere.** Bei Wertpapieren aller Art erstreckt sich das Pfandrecht auf die dazugehörigen **Zins-, Renten- und Dividendenscheine** nur dann, wenn sie dem Pfandgläubiger übergeben sind (§ 1296 Satz 1 BGB).[31] Trotz Übergabe kann der Verpfänder Scheine, die vor Pfandreife fällig werden, von dem Pfandgläubiger herausverlangen (§ 1296 Satz 2 BGB). Diese Vorschrift ist nicht zwingend. Sie wird in Nr. 14 Abs. 4 AGB-Banken abbedungen. Die Scheine können auch selbständig verpfändet werden.

20 **Eigene Aktien** – und ebenso Aktien, die einem abhängigen Unternehmen gehören – können von einer Aktiengesellschaft zwar verpfändet werden (§ 71 AktG). Im Insolvenzfall ist das Pfand aber nichts wert. Der Aktionär als solcher ist Insolvenzgläubiger nur insoweit, als sich aus dem Mitgliedschaftsrecht Ansprüche entwickelt haben. Gemäß § 71b AktG (in der Fassung des Gesetzes vom 13.12.1978)[32] stehen aber der Gesellschaft keine Ansprüche aus eigenen Aktien zu.[33]

---

[21] Dazu BGH WM 1959, 52; *Jaeger/Henckel* § 15 KO RdNr. 62.
[22] BGHZ 125, 334, 229 = NJW 1994, 3099 = LM PatG 1981 § 15 Nr. 3 *(Moufang)*; *Berger* JZ 1994, 1015 ff.
[23] BGH WM 1998, 968, 972, insofern in BGHZ 138, 291 n.a.; *Merkel* in Schimansky/Bunte/Lwowski, Bankrechts-Handbuch, § 93 RdNr. 74.; *Schaarschmidt/Sühr* aaO RdNr. 2524.
[24] *Jaeger/Henckel* § 50 RdNr. 8.
[25] *Schaarschmidt/Sühr* aaO RdNr. 2493.
[26] *Erman/Michalski* § 1289 RdNr. 1.
[27] *Erman/Michalski* § 1289 RdNr. 1; *Brünink* in Lwowski/Fischer/Langenbucher, Das Recht der Kreditsicherung, § 12 RdNr. 25.
[28] *Mitlehner,* aaO RdNr. 748.
[29] KG OLG 12 (1906), 286, 287.
[30] BGHZ 84, 345, 348 = NJW 1982, 2186; BGH NJW 1984, 1749, 1750.
[31] *Brünink* in Lwowski/Fischer/Langenbucher, Das Recht der Kreditsicherung, § 12 RdNr. 90.
[32] BGBl. I S. 1959.
[33] *Schaarschmidt/Sühr* aaO RdNr. 2466.

Rekta- oder **Namenspapiere** (zB der Hypothekenbrief) sowie **Legitimationspapiere** (zB das 21 Sparbuch) können nicht selbständig verpfändet werden.[34] Verpfändet werden muss vielmehr das verbriefte Recht; sodann gilt § 952 BGB.[35] Auch **Erneuerungsscheine** sind einer selbständigen Verpfändung nicht zugänglich; indes geht der Parteiwille regelmäßig dahin, dass sie mitverpfändet sein sollen.[36] Als mitverpfändet anzusehen sind auch **Zusatzaktien**[37] und **Gratisaktien**[38] sowie **Optionsscheine**[39] **Bezugsrechte** sind nicht mitverpfändet, es sei denn, das gesamte Depot ist verpfändet und die aus der Ausübung des Bezugsrechts erlösten Aktien werden im Depot eingebucht.[40]

d) **Gesellschaftsanteile. aa) Geschäftsanteile einer GmbH.** Der GmbH-Anteil ist siche- 22 rungshalber übertragbar (s.u. § 51 RdNr. 209d) und verpfändbar (§ 15 Abs. 1 GmbHG). Die Verpfändbarkeit kann im Gesellschaftsvertrag ausgeschlossen werden. Sie ist ferner ausgeschlossen, falls dort die Übertragbarkeit ausgeschlossen wird und man dies mit der hM für zulässig hält.[41] Wird ein GmbH-Anteil verpfändet,[42] so erfasst das Pfandrecht nicht den selbständigen Anspruch auf den Gewinnanteil nach § 29 GmbHG (§ 1273 Abs. 2 i. V. m. § 1213 Abs. 2 BGB). Dieser kann aber zusätzlich zum Geschäftsanteil verpfändet werden.[43] Das Pfandrecht erstreckt sich im Zweifel auch nicht auf das Stimmrecht[44] und auf eine Kapitalerhöhung, die nach der Verpfändung durch Zuführung neuer Mittel durchgeführt wurde; etwas anderes gilt bei einer Kapitalerhöhung aus Gesellschaftsmitteln.[45]

bb) **Anteile an Personengesellschaften.** Die Verpfändung des Anteils an einer Personengesell- 23 schaft ist nur wirksam, wenn sie im Gesellschaftsvertrag zugelassen ist oder die anderen Gesellschafter ad hoc zugestimmt haben. Ohne Zustimmung verpfändbar sind die Gewinn- und Auseinandersetzungsansprüche (§ 717 Satz 2 BGB).[46] Unter Umständen kann eine unwirksame Anteilsverpfändung in diesem Umfang aufrechterhalten bleiben. Die Mitgliedschaft in einer stillen Gesellschaft kann nicht verpfändet werden. Die Verpfändung kann aber umgedeutet werden in ein solche der einzelnen übertragbaren Vermögensrechte.[47] Für die Wirksamkeit der Verpfändung des Anteils an einer BGB-Gesellschaft bedarf es (da es sich nicht um die Verpfändung einer Forderung handelt) keiner Pfändungsanzeige nach § 1280 BGB.[48] Die Verpfändung des Gesellschaftsanteils erfasst zunächst nicht das mit diesem verbundene Gewinnbezugsrecht; dessen Verpfändung setzt vielmehr ein eigenes Rechtsgeschäft voraus (da es hier um eine Forderung geht, ist auch § 1280 BGB zu beachten). Erst die Vollstreckung aus dem Pfandrecht an dem Gesellschaftsanteil (§ 1277 BGB) erstreckt sich auch auf die danach entstandenen Gewinnanteile sowie auf ein Auseinandersetzungsguthaben. Die Verpfändung der monatlich entstehenden Gewinnforderungen verschafft dem Pfandgläubiger kein Pfandrecht an den nach Insolvenzeröffnung entstehenden Forderungen (§ 91), selbst wenn außerdem auch der Gesellschaftsanteil verpfändet wurde.

cc) **Anteile an Genossenschaften.** Die Mitgliedschaft als solche ist nicht verpfändbar, wohl 24 aber das Geschäftsguthaben und der Auseinandersetzungsanspruch (vgl. § 73 GenG).[49] Der Anspruch auf das Auseinandersetzungsguthaben entsteht mit dem Beitritt zu der Genossenschaft aufschiebend bedingt.[50]

e) **Gewerbliche Schutzrechte.** Das Recht auf das **Patent,** des Anspruchs auf Erteilung des 25 Patents, des Rechts aus dem Patent können gemäß § 15 PatG verpfändet werden.[51] **Gebrauchs-**

---

[34] Unrichtig KG OLG 26 (1913), 207, 208.
[35] *Schaarschmidt/Sühr* aaO RdNr. 2487; *Palandt/Bassenge* § 1274 RdNr. 8.
[36] RGZ 58, 162, 165; *Merkel* in Schimansky/Bunte/Lwowski, Bankrechts-Handbuch, § 93 RdNr. 103.
[37] *Merkel* in Schimansky/Bunte/Lwowski, Bankrechts-Handbuch, § 93 RdNr. 104.
[38] *Merkel* in Schimansky/Bunte/Lwowski, Bankrechts-Handbuch, § 93 RdNr. 104.
[39] *Merkel* in Schimansky/Bunte/Lwowski, Bankrechts-Handbuch, § 93 RdNr. 107.
[40] *Merkel* in Schimansky/Bunte/Lwowski, Bankrechts-Handbuch, § 93 RdNr. 105.
[41] Vgl. *MünchKommBGB-Damrau* § 1274 RdNr. 51.
[42] Dazu *Mertens,* Typische Probleme bei der Verpfändung von GmbH-Anteilen, ZIP 1998, 1787 ff.; *Staudinger/Wiegand* Neubearbeitung 2009 § 1274 RdNr. 55 ff.
[43] *Merkel* in Schimansky/Bunte/Lwowski, Bankrechts-Handbuch, § 93 RdNr. 150.
[44] *Merkel* in Schimansky/Bunte/Lwowski, Bankrechts-Handbuch, § 93 RdNr. 152.
[45] *Hachenburg/Ulmer,* GmbHG 8. Aufl. § 57b Anh. § 13 KapErhG RdNr. 26; *Rohwedder/Bergmann,* GmbHG 4. Aufl. § 15 RdNr. 92; kritisch *Kerbusch* GmbHR 1990, 156 ff.
[46] Vgl. BGH WM 1981, 648, 649.
[47] *Merkel* in Schimansky/Bunte/Lwowski, Bankrechts-Handbuch, § 93 RdNr. 163
[48] RGZ 57, 414, 415; BGH NZI 2010, 220.
[49] *Merkel* in Schimansky/Bunte/Lwowski, Bankrechts-Handbuch, § 93 RdNr. 162.
[50] OLG Braunschweig WM 1997, 487 = WuB VI G. § 12 GesO 1.97 *(Mankowski).*
[51] *MünchKommBGB-Damrau* § 1274 RdNr. 80.

und **Geschmacksmuster** sind gemäß § 22 GebrMG, § 3 GeschmMG verpfändbar.[52] Das **Urheberrecht** an Werken der Wissenschaft, Literatur und Kunst ist als solches unübertragbar (§ 29 Satz 2 UrhG) und infolgedessen auch nicht verpfändbar; anders verhält es sich mit einzelnen Nutzungsrechten nach §§ 31 ff. UrhG.[53] Die **Marke** ist ohne Bindung an den Geschäftsbetrieb übertragbar und verpfändbar (§ 27 Abs. 1, § 29 Abs. 1 Nr. 1 MarkenG),[54] ebenso der durch Registeranmeldung entstehende Anspruch auf Eintragung (Markenanwartschaftsrecht, vgl. § 31 MarkenG). Bei **Lizenzen** ist zu differenzieren: Handelt es sich um eine einfache (bloß schuldrechtliche) Lizenz, kommt die Verpfändung der Forderung des Lizenznehmers nach §§ 1279 ff. BGB in Betracht. Demgegenüber teilen dingliche Lizenzen die Rechtsnatur des lizensierten Rechts und sind daher – Übertragbarkeit vorausgesetzt – wie dieses verpfändbar.[55]

26 **f) Erbrechtliche Positionen.** Im Gegensatz zum Erbrecht als solchem sind übertragbar und verpfändbar der Anteil eines Erben an einer Erbengemeinschaft (§§ 2032, 2033 Abs. 1 BGB) – nicht dagegen der Anteil eines Miterben an den einzelnen Nachlassgegenständen (§ 2033 Abs. 2 BGB) –, die zwischen Erbfall und Nacherbfall bestehende Anwartschaft des Nacherben,[56] die Ansprüche des Vermächtnisnehmers (§ 2174 BGB) und des Pflichtteilsberechtigten (§ 2317 BGB).

26a **g) Versicherungsforderungen.** Solche sind verpfändbar, soweit sie abtretbar sind (s.u. § 51 RdNr. 190 ff.). Nach § 17 VVG kann allerdings eine Forderung aus der Versicherung auf unpfändbare Sachen nur auf solche Gläubiger des Versicherungsnehmers übertragen, somit auch nur an solche verpfändet werden, die diesem Ersatz für die zerstörte oder beschädigte Sache geliefert haben. Der Versicherungsschein ist lediglich ein qualifiziertes Legitimationspapier, seine Übergabe zur Wirksamkeit der Verpfändung deshalb nicht erforderlich.[57] Die Verpfändung von Versicherungsforderungen hat neben deren Sicherungsabtretung geringere Bedeutung.

III. Umfang der Pfandhaftung

26b Vgl. dazu zunächst vor §§ 49–52 RdNr. 59 ff. Das Pfandrecht des BGB ist akzessorisch, d.h. der jeweilige Bestand der gesicherten Forderung bestimmt den Umfang der Haftung (§ 1210 Abs. 1 Satz 1 BGB). Das Pfand haftet auch für Zinsen und Vertragsstrafen, Ansprüche des Pfandgläubigers auf Ersatz von Verwendungen (§ 1216 BGB), für die Kosten der Kündigung und Rechtsverfolgung und des Pfandverkaufs (§ 1210 Abs. 2 BGB).

IV. Pfandrechtsbestellung

27 **1. Rechtliche Grundlagen.** Die Verpfändung kann ein „**Haustürgeschäft**" sein und auch dem Recht des **Verbraucherkredits** unterliegen.[58] Das Pfandrecht ist eine **akzessorische,** keine abstrakte **Sicherheit.** Es ist nur wirksam, wenn die Belastung „zur Sicherung einer Forderung" erfolgt ist (§ 1204 Abs. 1 BGB). Gläubiger und Sicherungsnehmer (= Pfandgläubiger) müssen identisch sein. Eine **Verpfändung zugunsten Dritter** (eines anderen als des Gläubigers der zu sichernden Forderung) ist nicht möglich.[59] Eine **bedingte** oder auf einen späteren Zeitpunkt bezogene **Verpfändung** ist denkbar, aber – jedenfalls im bankmäßigen Verkehr – ohne praktische Bedeutung.[60]

28 **2. Verpfändung beweglicher Sachen. a) Dingliche Einigung.** Die Verpfändung einer beweglichen Sache setzt nach § 1205 Abs. 1 BGB zum einen voraus die Einigung zwischen dem Verpfänder und dem Gläubiger über die Bestellung eines Pfandrechts für den Gläubiger an einer

---

[52] MünchKommBGB-*Damrau* § 1274 RdNr. 81.
[53] MünchKommBGB-*Damrau* § 1274 RdNr. 87; *Merkel* in Schimansky/Bunte/Lwowski, Bankrechts-Handbuch, § 93 RdNr. 202.
[54] *Merkel* in Schimansky/Bunte/Lwowski, Bankrechts-Handbuch, § 93 RdNr. 199. Vor der Gefahr der Entwertung bereits bestellter Mobiliarsicherheiten durch die spätere Verpfändung des Markenrechts warnt Marotzke ZIP 2001, 173, 174.
[55] MünchKommBGB-*Damrau* § 1274 RdNr. 85; *Erman/Michalski* § 1274 RdNr. 4c; *Häcker* RdNr. 43 ff.
[56] *Staudinger/Avenarius* Neubearbeitung 2003 § 2100 RdNr. 79 ff.
[57] *Brünink* in Lwowski/Fischer/Langenbucher, Das Recht der Kreditsicherung, § 12 RdNr. 32.
[58] BGHZ 165, 363, 367; Streitig, anders noch die Vorauflage, vgl. ferner *Ganter* in Schimansky/Bunte/Lwowski, Bankrechts-Handbuch, § 90 RdNr. 397a ff.; *Bülow* NJW 1996, 2889, 2990 f.; *Graf v. Westphalen* MDR 1997, 307 ff.; *Schmid/Burgk* Betrieb 1997, 513 f.
[59] BGHZ 41, 95 f. = NJW 1964, 1124; BGH NJW 1993, 2617, insofern in BGHZ 123, 178 n.a.
[60] *Schaarsmidt/Sühr,* aaO RdNr. 2366; *Merkel* in Schimansky/Bunte/Lwowski, Bankrechts-Handbuch, § 93 RdNr. 28.

bestimmten Sache zur Sicherung einer bestimmten Forderung.[61] Die Einigung ist ein abstraktes dingliches Rechtsgeschäft. Sie ist – auch bei der Verpfändung für fremde Schuld – **formfrei**.[62] In der Bankpraxis ist die formularmäßige Verpfändung üblich. Für das AGB-Pfandrecht genügt die Bezugnahme auf Nr. 14 Abs. 1 AGB-Banken, Nr. 21 Abs. 1 AGB-Sparkassen.[63]

Damit die Verpfändung sachenrechtlichen Grundsätzen entspricht, muss sich die Einigung auf **bestimmte einzelne Sachen** beziehen;[64] an einer **Sachgesamtheit** als solcher kann kein Pfandrecht erworben werden. Allerdings können mehrere Sachen unter einer Sammelbezeichnung verpfändet werden, die keinen Zweifel daran zulässt, welche Sachen gemeint sind. Die Verpfändung eines Warenlagers mit wechselndem Bestand ist möglich; üblich ist hier aber eine Sicherungsübereignung (s.u. § 51 RdNr. 94 ff.). **29**

Die Verpfändung eines **Anwartschaftsrechts** erfolgt nach den Vorschriften über die Verpfändung des Vollrechts, also des Eigentums.[65] Auf das Pfandrecht an Sachen ist § 1276 Abs. 2 BGB nicht anwendbar. Deshalb ist die nachträgliche Ausweitung der Voraussetzungen zum Vollrechtserwerb, etwa durch Vereinbarung eines erweiterten Eigentumsvorbehalts, ebenso zulässig wie die Aufhebung des Anwartschaftsrechts durch Einigung zwischen dem Vorbehaltsverkäufer und dem Vorbehaltskäufer.[66] **29a**

b) Besitzerlangung. Der Eigentümer muss die Sache dem Gläubiger übergeben (§ 1205 Abs. 1 Satz 1 BGB). Er muss den unmittelbaren Besitz vollständig aufgeben. Besitzdiener darf er bleiben. Der Pfandgläubiger muss den Besitz erwerben. Entweder muss er unmittelbarer Besitzer werden (§ 854 Abs. 1 oder 2 BGB) – wobei Übergabe an einen Besitzdiener des Pfandgläubigers[67] oder die Einräumung qualifizierten Mitbesitzes (§ 1206 1. Fall BGB)[68] genügen – oder mittelbarer Besitzer.[69] Letzteres kann auf dreierlei Weise erfolgen. Entweder übergibt der Verpfänder die Sache an einen Besitzmittler des Gläubigers oder er überträgt – falls er selbst nur mittelbarer Besitzer ist – den mittelbaren Besitz auf den Gläubiger und zeigt dem unmittelbaren Besitzer die Verpfändung an (§ 1205 Abs. 2 BGB) oder der unmittelbare Besitzer wird vom Eigentümer angewiesen, nur an ihn und den Gläubiger gemeinsam herauszugeben (§ 1206 2. Fall BGB).[70] Für eine Übergabe reicht es nicht aus, wenn die Sache dem Gläubiger nur übergeben wird, damit dieser sie „postwendend" dem Eigentümer zurückgibt, der hinfort Besitzmittler für den Pfandgläubiger sein soll. Es genügt ebenso wenig, wenn der Gläubiger nur Besitzdiener wird.[71] **30**

Eine weitere Auflockerung des Faustpfandprinzips bedeutet die Möglichkeit der Übergabe **handelsrechtlicher Traditionspapiere** anstelle der Ware (§§ 448, 475g, 650 HGB). **31**

Ist der Gläubiger schon Besitzer – es genügen mittelbarer Besitz, falls nicht gerade der Eigentümer Besitzmittler ist,[72] und Mitbesitz im Sinne von § 1206 BGB –, entfällt das Erfordernis der Übergabe. Dann reicht die bloße Einigung über die Entstehung des Pfandrechts aus (§ 1205 Abs. 1 Satz 2 BGB). **32**

Der Eigentümer muss den **Besitzerwerb** durch den Gläubiger **wollen**.[73] Keine Übergabe liegt vor, wenn der Gläubiger ohne oder sogar gegen den Willen des Eigentümers die Pfandsache an sich nimmt. In der Einigung über die Bestellung des Pfandrechts liegt nicht schon die Zustimmung des Eigentümers in die Besitzergreifung durch den Gläubiger.[74] Da die Übergabe noch zum Entstehungstatbestand des Pfandrechts gehört, muss auch die Einigung über die Bestellung des Pfandrechts im Zeitpunkt der Übergabe noch bestehen.[75] **33**

c) Gutgläubiger Erwerb. An der im Zuge der Verpfändung übergebenen, massezugehörigen Sache kann der Gläubiger das Pfandrecht, und damit das Absonderungsrecht, gutgläubig erwerben **34**

---

[61] RGZ 136, 422; 424.
[62] *Erman/Michalski* § 1205 RdNr. 3.
[63] BGHZ 128, 295, 298 f. = NJW 1995, 1085 = EWiR 1995, 313 *(Gerhardt)*.
[64] RGZ 53, 218; 220.
[65] *Brünink* in Lwowski/Fischer/Langenbucher, Kreditsicherung § 10 RdNr. 14; *Reinicke/Tiedtke*, Kreditsicherung RdNr. 709.
[66] So BGHZ 92, 280, 290 = NJW 1985, 376; *Wilhelm* NJW 1987, 1785, 1788; aA MünchKomm-BGB/ *Damrau* § 1204 RdNr. 12; *Palandt/Bassenge* § 1276 RdNr. 5; *Reinicke/Tiedtke*, Kreditsicherung RdNr. 717, 932; *Mitlehner*, aaO RdNr. 741.
[67] RGZ 77, 208, 209.
[68] RGZ 85, 431, 439.
[69] RGZ 118, 250, 253.
[70] Zur Pfandhalterschaft vgl. auch RGZ 87, 36, 41 f.
[71] RGZ 92, 265, 267.
[72] RGZ 118, 250, 253.
[73] RG Warn 1912, Nr. 433.
[74] RG JW 1908, 681.
[75] *Staudinger/Wiegand* Neubearbeitung 2009 § 1205 RdNr. 18; *Palandt/Bassenge* § 1205 RdNr. 5.

(§ 1207 i. V. m. §§ 932, 934, 935 BGB).[76] Guter Glaube liegt vor, wenn der Gläubiger weder weiß noch infolge grober Fahrlässigkeit nicht weiß, dass der Verpfänder kein Eigentümer ist. Dabei ist auf den Zeitpunkt abzustellen, in dem das Pfandrecht entstanden wäre, wenn der Eigentümer selbst verpfändet hätte.[77] Tritt als Verpfänder ein Kaufmann auf, genügt der gute Glaube an dessen Verfügungsbefugnis (§ 366 HGB). Ist die Pfandsache mit einem Drittrecht belastet, kann gemäß § 1208 BGB gutgläubig der Vorrang erworben werden. Ein Vertragspfandrecht kann gutgläubig auch dann erworben werden, wenn ohne die Verpfändung ein Unternehmerpfandrecht in Betracht gekommen wäre,[78] bei dem ein gutgläubiger Erwerb nicht zugelassen wird (s.u. RdNr. 117). An abhandengekommenen Pfandsachen ist gutgläubiger Erwerb allenfalls dann möglich, wenn es sich um Geld oder Inhaberpapiere handelt (§ 935 Abs. 2 BGB); von Kaufleuten können nicht einmal Inhaberpapiere, wenn sie abhanden gekommen sind, gutgläubig erworben werden (§ 367 HGB). Verpfändet der Insolvenzschuldner eine fremde Sache, erwirbt der gutgläubige Gläubiger zwar das Pfandrecht; in der Insolvenz des Verpfänders hat er jedoch kein Absonderungsrecht (dieses setzt die Massezugehörigkeit der Pfandsache voraus), sondern nur eine Insolvenzforderung.[79]

35 **3. Verpfändung von Rechten.** Gemäß § 1274 Abs. Satz 1 BGB erfolgt die Bestellung des Pfandrechts an einem Recht nach den für die Übertragung des Rechts geltenden Vorschriften. Unverzichtbar ist dabei die dingliche Einigung. Je nach der Art des zu verpfändenden Rechts kommen dann noch weitere Erfordernisse hinzu. Die Verpfändung einer Forderung erfasst gemäß **§ 401 BGB** akzessorische und andere unselbständige Sicherungsrechte, außerdem Hilfsrechte, die zur Durchsetzung der Forderung benötigt werden; bei der Verpfändung eines Spargutthabens gilt dies aber nicht für das Insolvenz des kontoführenden Kreditinstituts entstehenden Entschädigungsanspruch gemäß §§ 3, 4 des **Einlagensicherungs- und Anlegerentschädigungsgesetzes** (ESAEG).[80]

36 **a) Dingliche Einigung.** Wie bei der Verpfändung einer Sache müssen sich auch bei der Verpfändung eines Rechts die Beteiligten über die Pfandrechtsbestellung einig sein (§ 1273 Abs. 2 i. V. m. § 1205 Abs. 1 BGB). Die Ausführungen oben RdNr. 28 gelten hier entsprechend. Die Einigung bedarf der für die Rechtsübertragung erforderlichen **Form** (zB der Schriftform nach § 792 Abs. 1 Satz 2 BGB, der notariellen Beurkundung nach § 2033 Abs. 1 Satz 2 BGB, § 15 Abs. 3 GmbHG).

37 **b) Anzeige der Verpfändung an den Schuldner.** Die Verpfändung von **Forderungen** muss, um wirksam zu sein, dem „Schuldner" (= Drittschuldner) angezeigt werden, wenn zur Übertragung der Forderungen der Abtretungsvertrag genügt (§ 1280 BGB). Ist die Anzeige im Zeitpunkt der Insolvenzeröffnung noch nicht erfolgt, besteht kein Absonderungsrecht.[81] Die Anzeige muss der „Gläubiger" (= Verpfänder) vornehmen. Eine Anzeige durch den Pfandgläubiger genügt nur, wenn er vom Verpfänder entsprechend bevollmächtigt wurde und diese Vollmacht gegenüber dem Drittschuldner offenlegt. Die Einigung über die Verpfändung enthält diese Bevollmächtigung nicht ohne weiteres.[82] Die Übergabe eines Schuldscheins an den Pfandgläubiger ist weder erforderlich noch kann sie die Verpfändungsanzeige an den Drittschuldner ersetzen.[83] Die Anzeige ist aber dann **entbehrlich,** wenn zur Rechtsübertragung weitere Erfordernisse wie zum Beispiel die Eintragung ins Grundbuch oder die Übergabe einer Sache hinzukommen müssen. Bei der Bestellung eines Pfandrechts an eigener Schuld (s.o. RdNr. 16) ist die Anzeige ebenfalls überflüssig, weil der Drittschuldner zugleich Pfandgläubiger ist.[84]

38 **c) Eintragung im Grundbuch.** Diese ist zum Beispiel erforderlich bei der Verpfändung einer Buchhypothek oder Buchgrundschuld (vgl. aber § 1159 BGB), nicht aber eines Auflassungsanspruchs.[85] Ist eine Auflassungsvormerkung eingetragen worden, kann die Verpfändung im Grundbuch vermerkt werden.[86]

39 **d) Übergabe einer Sache.** In vielen Fällen ist zur Übertragung eines Rechts die Übergabe einer Sache unerlässlich. Dann gilt für die Verpfändung das Gleiche. Soll zum Beispiel eine Briefhy-

---
[76] Dazu *Reinicke/Tiedtke* JA 1984, 202, 204 ff.; *Mauch* BWNotZ 1994, 139 ff.
[77] BGHZ 86, 300, 310 = NJW 1983, 1114.
[78] BGHZ 68, 323 = NJW 1977, 1240; BGH NJW 1981, 226, 228; DB 1983, 2081, 2082; aA *Picker* NJW 1978, 1417 f.
[79] RGZ 59, 367 ff.; *Jaeger/Henckel* § 50 RdNr. 29.
[80] BGHZ 176, 67, 69 RdNr. 13 ff. = NJW 2008, 1732.
[81] *Jaeger/Windel* § 91 RdNr. 32; *Mitlehner,* aaO RdNr. 748.
[82] OLG Köln NJW-RR 1990, 485, 486.
[83] RGZ 79, 306, 307; *Jaeger/Henckel* § 50 RdNr. 26.
[84] BGHZ 93, 71, 76 = NJW 1985, 863.
[85] *Palandt/Bassenge* § 925 RdNr. 27.
[86] *Erman/Michalski* § 1274 RdNr. 3.

pothek oder Briefgrundschuld verpfändet werden, muss der Brief, der ein **Rekta-** oder **Namenspapier** darstellt, übergeben werden. Für die Übergabe gelten die §§ 1205, 1206 (nicht: §§ 1207, 1208) BGB. **Orderpapiere** (zB Wechsel, Scheck, Namensaktie, Zwischenschein, kaufmännische Anweisung) können ebenfalls durch Einigung und Verschaffung des Besitzes an dem – nicht indossierten – Papier zustande kommen. Üblich ist allerdings die Indossierung, wobei bevorzugt ein Blankoindossament hereingenommen wird, um das Pfand leichter verwerten zu können.[87] Eingelagerte oder mit einem Schiff transportierte Waren können unter Übergabe eines **Traditionspapiers** (Konnossement, Lagerschein, Ladeschein) verpfändet werden. Die Übergabe des Papiers hat dieselbe Wirkungen wie die Übergabe der Sache (§§ 424, 450, 650 HGB; §§ 26, 72 BinnenschG). Zur Verpfändung von **Inhaberpapieren** vgl. oben RdNr. 12.

Demgegenüber erfordert die Verpfändung eines Sparguthabens nicht die Übergabe des Sparbuchs,[88] einer Versicherungsforderung nicht die Übergabe des Versicherungsscheins (s.o. RdNr. 26a), eines Anspruchs gegen eine Pfandleihanstalt nicht die Übergabe des Pfandscheins. Derartige **Legitimationspapiere** fallen unter § 952 BGB (s.o. RdNr. 21). 40

e) **Zustimmung Dritter.** Für die Verpfändung vinkulierter Namensaktien kann in der Satzung die Zustimmung der Gesellschaft verlangt werden (§ 68 Abs. 2 AktG). Für die Verpfändung des Geschäftsanteils an einer GmbH kann Entsprechendes im Gesellschaftsvertrag vereinbart werden (§ 15 Abs. 5 GmbHG). Die Zustimmung des Schuldners einer verpfändeten Forderung ist erforderlich, wenn die Abtretung durch Vereinbarung mit dem Schuldner ganz oder jedenfalls ohne dessen Zustimmung ausgeschlossen ist (§ 399 BGB; s.o. § 47 RdNr. 206 f.). 41

f) **Zeitpunkt des Erwerbs bei der Verpfändung künftiger Rechte.** Ein Pfandrecht an einem künftigen Recht, insbesondere einer künftigen Forderung, entsteht erst mit dessen Entstehung. Deshalb muss das Recht bereits entstanden sei, bevor das Insolvenzverfahren eröffnet wird; andernfalls ist ein Absonderungsrecht ausgeschlossen (vor §§ 49–52 RdNr. 21 ff.). 41a

g) **Gutgläubiger Erwerb.** Ein Pfandrecht an einem Recht kann von einem Nichtberechtigten gutgläubig nur erworben werden, wenn das verpfändete Recht selbst gutgläubig erworben werden kann, etwa nach §§ 892, 1138, 1155, 2366 BGB oder wertpapierrechtlichen Grundsätzen.[89] Bei Orderpapieren ist der gutgläubige Erwerb des Vorrangs nach §§ 1273 Abs. 2, 1208 BGB ausgeschlossen. 42

4. **Sonderfälle. a) AGB-Pfandrecht der Banken und Sparkassen.** Nach Nr. 14 Abs. 1 AGB-Banken (vgl. auch Nr. 21 Abs. 1 AGB-Sparkassen) sind sich der Kunde und die Bank darüber einig, dass die Bank ein Pfandrecht an den Wertpapieren und Sachen erwirbt, an denen eine inländische Geschäftsstelle im bankmäßigen Geschäftsverkehr Besitz erlangt hat oder noch erlangen wird, außerdem an den Ansprüchen, die dem Kunden gegen die Bank aus der bankmäßigen Geschäftsverbindung zustehen oder künftig zustehen werden (sog. Pfandrecht an eigener Schuld).[90] Zur Rangordnung beim Zusammentreffen des vertraglichen Pfandrechts der Bank an der eigenen Schuld mit anderen Pfandrechten, insbesondere Pfändungspfandrechten, vgl. Vorbemerkungen vor §§ 49–52 RdNr. 78. 43

Diese Klausel enthält bereits die **dingliche Einigung** der Parteien über die Entstehung eines Pfandrechts, sodass keine weiteren Willenserklärungen erforderlich sind als die bei Vertragsschluss zustande kommende Geltungsvereinbarung über die AGB.[91] Hinsichtlich der später in den Besitz der Bank gelangenden Gegenstände handelt es sich um eine vorweggenommene Einigung. Diese kann vom Kunden jederzeit einseitig widerrufen werden.[92] Erklärt der Kunde bei Aushändigung etwa eines Wertpapiers an die Bank, er wolle daran kein Pfandrecht begründen, entsteht kein AGB-Pfandrecht.[93] An den weiteren Erfordernissen des Pfandrechtserwerbs (s.o. RdNr. 30, 37 ff.) ändert sich durch die AGB-mäßige Vereinbarung nichts.[94] 44

Danach hat die Bank ein Pfandrecht zum Beispiel an Wertpapieren, die sie in einem Depot für den Kunden verwahrt,[95] aber auch an solchen, die in einer Sammelstelle verwahrt werden, weil 45

---

[87] *Merkel* in Schimansky/Bunte/Lwowski, Bankrechts-Handbuch, § 93 RdNr. 88.
[88] RGZ 124, 217, 221.
[89] *Staudinger/Wiegand* Neubearbeitung 2009 § 1274 RdNr. 11.
[90] Zur Zulässigkeit vgl. BGHZ 93, 71, 76 = NJW 1985, 863; 128, 295, 299 f. = NJW 1995, 1085; BGH NJW 1983, 2701, 2702; 1988, 3260, 3262; WM 1998, 968, 972, insofern in BGHZ 138, 291 ff. n.a.
[91] *Bunte* in Schimansky/Bunte/Lwowski, Bankrechts-Handbuch, § 19 RdNr. 1, 13.
[92] BGH NJW 1988, 263, 265.
[93] *Jaeger/Henckel* § 50 RdNr. 28.
[94] *Bunte* in Schimansky/Bunte/Lwowski, Bankrechts-Handbuch, § 19 RdNr. 25.
[95] Zum AGB-Pfandrecht an Aktiendepots vgl. *Smid*, Kreditsicherheiten § 2 RdNr. 31a. Zu deren Sicherungsübereignung s.u. § 51 RdNr. 119b.

dann die Bank mittelbare Besitzerin ist.[96] An dem Inhalt eines Bankschließfachs hat die Bank kein AGB-Pfandrecht, weil sie nicht Besitzerin ist.[97] Sie kann aber ein Vermieterpfandrecht haben (vgl. RdNr. 85). Auch die zur Diskontierung an die Bank übergebenen Wechsel und Schecks unterfallen nicht dem AGB-Pfandrecht.[98] Werden derartige Papiere zur Einziehung eingereicht, gilt nunmehr[99] mit Nr. 15 AGB-Banken eine Sonderregelung, welche eine Sicherungsübereignung vorsieht.

45a Ein Pfandrecht hat die Bank insbesondere an Kontoguthaben des Kunden. Indem die Bank Barabhebungen oder Überweisungen gestattet, gibt sie die entsprechenden Beträge aus der Pfandhaftung frei. Dies wird sie solange tun, als sie hoffen kann, dass das Konto wieder aufgefüllt, ihr Pfandrecht also wieder werthaltig wird. Wenn sie diese Hoffnung nicht mehr hat, kann sie zur Sicherung ihres Pfandrechts weitere Verfügungen untersagen, also das Konto sperren. Diese **Kontosperre** ist bereits vor Pfandreife zulässig.[100] Insolvenzfest ist sie freilich nur, wenn auch das Pfandrecht, das dadurch gesichert werden soll, insolvenzfest ist.

45b In der Insolvenz des Kunden versagt des AGB-Pfandrecht häufig, falls es innerhalb des letzten Monats vor dem Antrag auf Eröffnung des Insolvenzverfahrens entstanden ist. Das Pfandrecht an der Forderung des Kunden gegen seine Bank entsteht spätestens mit Entstehung des Anspruchs aus der Gutschrift.[101] Fällt dieser Entstehungszeitpunkt in die Monatsfrist des § 131 Abs. 1 Nr. 1, ist das Pfandrecht inkongruent und damit ohne weiteres anfechtbar.[102]

46 Das Pfandrecht sichert nicht nur die Forderungen, die bei der Zweigstelle entstanden sind, die das Pfandrecht erworben hat, sondern die Ansprüche sämtlicher Zweigstellen im In- und Ausland (**Filialklausel**, Nr. 14 Abs. 2 Satz 1 AGB-Banken). In Nr. 14 Abs. 3 AGB-Banken sind Vermögenswerte mit besonderer Zweckbestimmung, etwa Guthaben auf offenen Treuhandkonten, und eigene Aktien der Bank vom Pfandrecht ausgenommen. Zum Zusammentreffen eines AGB-Pfandrechts mit einem Individualpfandrecht s.u. RdNr. 53.

47 Bei einem **offenen Treuhandkonto** ist das Pfandrecht nach Nr. 14 Abs. 1 AGB-Banken, Nr. 21 Abs. 1 AGB-Sparkassen stillschweigend abbedungen.[103] Bei einem **verdeckten Treuhandkonto** darf das Kreditinstitut von einem normalen Eigenkonto ausgehen, solange ihm der besondere Errichtungszweck nicht mitgeteilt wird.[104] Werden einem Kreditinstitut Werte mit einer besonderen **Zweckbestimmung** zugeleitet und lehnt das Kreditinstitut diesen Auftrag ab, unterliegen sie nicht dem AGB-Pfandrecht.[105] Dasselbe gilt, wenn die Pfandklausel durch Einzelabmachung abbedungen worden ist.[106] Bei der Feststellung einer derartigen Abmachung ist Zurückhaltung am Platze.[107] „Baugeld" im Sinne von § 1 Abs. 3 GSB unterliegt nicht dem Pfandrecht der Kreditinstitute nach Nr. 14 Abs. 1 der AGB-Banken oder Nr. 21 Abs. 1 der AGB-Sparkassen, wenn und soweit dem Kreditinstitut die Baugeldeigenschaft bekannt ist.[108] Zum Ausschluss des Pfändungspfandrechts in einem derartigen Fall s.u. RdNr. 73.

48 **b) Inventarpfandrecht.** Hierfür gelten besondere Regelungen. Der Pächter eines landwirtschaftlichen Grundstücks, der ein ihm gewährtes Darlehen zu besichern hat, kann an dem ihm gehörenden Inventar einem zugelassenen Kreditinstitut ein **besitzloses Pfandrecht** bestellen. Für die Entstehung des Pfandrechts sind erforderlich die Einigung darüber, dass dem Gläubiger das Pfandrecht zustehen soll, und die Niederlegung des Verpfändungsvertrages bei dem Amtsgericht, in dessen Bezirk der Betrieb seinen Sitz hat (§§ 1, 2 PachtkreditG v. 5.8.1951).[109] Das Pfandrecht erfasst das gesamte dem Pächter im Zeitpunkt der Niederlegung des Vertrages gehörende Inventar und solche Inventarstücke, die er danach erwirbt und seinem Inventarbestand einverleibt (§ 3 PachtkreditG), desgleichen die Eigentumsanwartschaften des Pächters an unter Eigentumsvorbehalt erworbenen Inventarstücken.[110] Dem Pfandrecht unterliegen ferner die landwirtschaftlichen Erzeugnisse, die

---

[96] *Gottwald*, Insolvenzrechts-Handbuch, § 42 RdNr. 39.
[97] *Obermüller*, Insolvenzrecht RdNr. 2.208; *Bunte* in Schimansky/Bunte/Lwowski, Bankrechts-Handbuch, § 19 RdNr. 23.
[98] BGH WM 1990, 6, 7.
[99] Zu den AGB-Banken aF vgl. BGHZ 118, 171, 178 = NJW 1992, 1960.
[100] BGH DZWIR 2004, 378; vgl. dazu auch *R. Fischer/Dissen* DZWIR 2004, 368 ff.
[101] BGHZ 135, 140, 148; MDR 1997, 153; NJW 2003, 2171; BGH-Report 2004, 771, 773.
[102] BGHZ 150, 122, 125.
[103] BGHZ 61, 72, 77 = NJW 1973, 1754; BGH NJW 1988, 262, 265; WM 1990, 1954, 1955.
[104] BGH NJW 1991, 101, 102; WM 1993, 83, 84.
[105] BGH NJW 1988, 263, 265.
[106] OLG Düsseldorf ZIP 1983, 668, 669.
[107] BGH WM 1985, 688, 689; *Hadding/Häuser* in Schimansky/Bunte/Lwowski, Bankrechts-Handbuch, § 37 RdNr. 46; vgl. aber auch BGHZ 74, 129, 132 = NJW 1979, 1461; BGH WM 1958, 1480; 1990, 1954, 1955.
[108] BGH NJW 1988, 263, 265.
[109] BGBl. I S. 494.
[110] BGHZ 54, 319, 331 = NJW 1970, 2212.

zur Fortführung der Wirtschaft erforderlich sind (§ 98 Nr. 2 BGB).[111] An Inventarstücken, die dem Pächter **nicht gehören** und bei Niederlegung des Verpfändungsvertrages bereits vorhanden sind,[112] erwirbt der Gläubiger das Pfandrecht, wenn er in Bezug auf das Eigentum gutgläubig war (§ 4 PachtkreditG).[113] Zur Rangordnung vgl. RdNr. 120, 121.

c) Pfandrechte nach §§ 448, 449 ZGB. Sicherheiten, die nach dem Recht der früheren DDR 49 wirksam bestellt worden sind, gelten fort.[114] Nach § 14 Abs. 4 Satz 2 der Kreditverordnung vom 28.1.1982[115] war als Sicherheit bei kurz- und mittelfristigen Krediten das **besitzlose Pfandrecht** vorgesehen. Nach § 448 Abs. 1 ZGB hatte dieses der Sicherung von Krediten zu dienen, die dem Schuldner gewährt wurden, damit er Güter zur eigenen Nutzung anschaffen konnte. Die Vorschrift war also auf die Absicherung von Konsumentenkrediten zugeschnitten.[116] Als Globalsicherheit war das besitzlose Pfandrecht nicht geeignet. Denn Gläubiger und Schuldner hatten nur die Wahl, ob das Pfandrecht durch die Veräußerung des Pfandes an einen Dritten erlöschen oder gegenüber dem Erwerber fortbestehen sollte.[117] Auch nach dem Inkrafttreten der Vierten Kreditverordnung vom 2.3.1990 (GBl. DDR I S. 114) konnte hinsichtlich der Bestimmtheit der Pfandsachen nicht hinter den Anforderungen zurückgeblieben werden, die unter der Geltung des BGB zur Sicherungsübereignung entwickelt worden sind.[118]

Sofern das besitzlose Pfandrecht an Sachen nicht ausreichte, konnte nach § 14 Abs. 4 Satz 3 der 50 Kreditverordnung die Verpfändung von Forderungen verlangt werden. Gemäß § 449 Abs. 1 Satz 4 ZGB war die Verpfändung nur wirksam, wenn dem Drittschuldner die Verpfändung schriftlich angezeigt wurde. Gemäß Satz 5 musste die Höhe der verpfändeten Geldforderung im Vertrag genannt werden. Das zuletzt genannte Erfordernis konnten die Vertragsparteien nicht mit dem bloßen Hinweis auf § 45 Abs. 3 ZGB abbedingen.[119] Eine Verpfändung künftiger Forderungen war nicht möglich.[120]

d) Sperrkonto. Einzahlungen auf ein Sperrkonto begründen ein Absonderungsrecht nur dann, 51 wenn die Kontosperre mit einer Verpfändung oder Sicherungszession des Guthabens einhergeht.[121] Von einer Verpfändung kann ausgegangen werden, wenn der Mieter ein von ihm errichtetes Sparkonto zugunsten des Vermieters sperren lässt, anschließend das Sparbuch an den Vermieter übergibt und den Vorgang dem kontoführenden Kreditinstitut anzeigt (§ 1280 BGB). Das ist aber nicht der typische Inhalt der Abrede über die Errichtung eines Sperrkontos. Meist handelt es sich um einen schuldrechtlichen Vertrag[122] zwischen dem Kontoinhaber und der Bank,[123] und zwar entweder einen solchen zugunsten eines Dritten[124] oder um einen Selbstbindungsvertrag. Dann lässt sich in beiden Alternativen kein Absonderungsrecht begründen.[125] Im Falle der ersten Alternative – Vertrag zugunsten des Begünstigten – kann dieser bei einer abredewidrigen Auszahlung des Kontoguthabens an jemand anderen ein Schadensersatzanspruch gegen die Bank zustehen.[126] Zur Begründung eines Treuhandverhältnisses durch ein Sperrkonto s. § 47 RdNr. 402.

In der Insolvenz des Kontoinhabers muss sich der Insolvenzverwalter im Verhältnis zur Bank 52 deren **Einrede der Sperrvereinbarung** entgegenhalten lassen. Im Verhältnis zu dem Sperrbegüns-

---

[111] RGZ 142, 201, 202.
[112] Zu den erst danach erworbenen vgl. BGHZ 35, 53 ff. = NJW 1961, 1259.
[113] Dazu *Schaarschmidt/Engelken* aaO RdNr. 2697.
[114] BGHZ 137, 267, 271 = ZIP 1998, 257 = EWiR 1998, 219 *(Henckel)*; BGH ZIP 1998, 171.
[115] GBl. DDR I S. 126.
[116] Kommentar zum ZGB der DDR, hrsg. v. Minist. der Justiz 2. Aufl. § 448 Anm. 1.
[117] Kommentar zum ZGB der DDR, § 448 Anm. 3.1.
[118] BGHZ 137, 267, 276 = ZIP 1998, 257 = EWiR 1998, 219 *(Henckel)*; BGH ZIP 1998, 171; vgl. auch LG Hamburg VIZ 1996, 671, 673.
[119] BGHZ 137, 267, 278 = ZIP 1998, 257 = EWiR 1998, 219 *(Henckel)*; BGH ZIP 1998, 171, 172.
[120] BGHZ 137, 267, 278 f. = ZIP 1998, 257 = EWiR 1998, 219 *(Henckel)*; BGH NJW 1999, 1479, 1480 = EWiR 1999, 907 *(Eckert)*.
[121] Vgl. BGH NJW 1984, 1749, 1750; OLG Nürnberg WM 1998, 1968, 1969 = WuB I C 2.–2.98 *(Heemann)*; *Canaris* NJW 1973, 825, 829; *ders.*, Bankvertragsrecht RdNr. 258; *Bork* NJW 1981, 905, 906; *Hadding/Häuser* in Schimansky/Bunte/Lwowski, Bankrechts-Handbuch, § 36 RdNr. 17; *Uhlenbruck/Brinkmann* § 50 RdNr. 9; *Mitlehner*, aaO RdNr. 739.
[122] *Lwowski* in Lwowski/Fischer/Langenbucher, Recht der Kreditsicherung, § 1 RdNr. 31; *Hadding/Häuser* in Schimansky/Bunte/Lwowski, Bankrechts-Handbuch, § 36 RdNr. 5; *Uhlenbruck/Brinkmann* § 50 RdNr. 9.
[123] Zu Sperrvereinbarungen zwischen dem Kontoinhaber und dem Dritten vgl. *Hadding/Häuser* in Schimansky/Bunte/Lwowski, Bankrechts-Handbuch, § 36 RdNr. 5.
[124] BGHZ 21, 148, 150 = NJW 1956, 1593; 46, 198, 199 = NJW 1967, 101.
[125] BGH WM 1986, 749, 750 = WuB I C 3.–2.86 *(Obermüller)* = EWiR 1986, 603 *(Reimer)*; Merkel in Schimansky/Bunte/Lwowski, Bankrechts-Handbuch, § 93 RdNr. 17; *Schaarschmidt/Herbst*, aaO RdNr. 3357.
[126] Vgl. OLG München WM 1999, 317, 320 = WuB I C 3.–2.99 *(Werner)*.

tigten ist zu klären, ob dieser ein insolvenzfestes Absonderungsrecht oder lediglich einen schuldrechtlichen Anspruch hat.[127]

52a Von einer Sperrvereinbarung in dem bisher erörterten Sinne zu unterscheiden ist eine **Kontosperre**, mit der die kontoführende Bank einseitig weitere Verfügungen des Kontoinhabers verhindert. Dazu kann die Bank auf Grund des ihr zustehenden AGB-Pfandrechts berechtigt sein,[128] und zwar bereits vor Fälligkeit der gesicherten Forderungen (vgl. RdNr. 45a).[129]

V. Rangordnung

53 Vgl. zunächst Vor §§ 49–52 RdNr. 73 ff. Der Rang des Pfandrechts bestimmt sich nach dem Zeitpunkt der Bestellung (**Prioritätsgrundsatz**, § 1209 BGB). Bei einem mehraktigen Entstehungstatbestand – zum Beispiel § 1205 Abs. 1 Satz 1 BGB: Einigung **und** Übergabe – ist entscheidend, wann das letzte Wirksamkeitserfordernis erfüllt worden ist. Wird ein **künftig entstehender Gegenstand** verpfändet, kommt es auf den Zeitpunkt seines Entstehens an (s. Vorbemerkungen vor §§ 49–52 RdNr. 21). Lässt zum Beispiel der Gläubiger des Gesellschafters einer GmbH dessen Geschäftsanteil pfänden, nachdem der Gesellschafter den Anspruch auf die Abfindung oder das Auseinandersetzungsguthaben an einen Dritten verpfändet hat, und ziehen nunmehr die Gesellschafter den Geschäftsanteil des Vollstreckungsschuldners ein, erwirbt der Dritte das Pfandrecht an dem Abfindungsanspruch, der an die Stelle des Anteils getreten ist, belastet mit dem Pfändungspfandrecht. Im Zeitpunkt der Verpfändung handelte es sich bei dem Abfindungsanspruch um einen künftigen Anspruch; als dieser entstand, hatte der Dritte bereits sein Pfändung ausgebracht.[130]

54 Demgegenüber ist unerheblich, wann die **gesicherte Forderung** entsteht. Der Zeitpunkt der Pfandrechtsbestellung ist also auch dann maßgeblich, wenn das Pfandrecht für eine künftige oder bedingte Forderung bestellt wird (s. Vorbemerkungen vor §§ 49–52 RdNr. 35 f.).

55 Mit anderen Auswirkungen gilt der Prioritätsgrundsatz auch für die Verpfändung eines **bedingten Rechts** (vgl. Vorbemerkungen vor §§ 49–52 RdNr. 27 f.). Hier bestimmt sich der Rang des Pfandrechts – wegen § 161 Abs. 1 BGB – nach dem Zeitpunkt der Bestellung und nicht nach dem des Bedingungseintritts.

56 Entstehen Pfandrechte, weil sie gleichzeitig bestellt wurden, mit gleichem Rang, haben die Pfandgläubiger ein Recht auf gleichmäßige Befriedigung. Sind die Pfandrechte zwar nicht gleichzeitig bestellt worden, ist die Bestellung aber infolge Konvaleszenz gleichzeitig wirksam geworden, haben die Pfandgläubiger ebenfalls gleichen Rang.[131]

57 Bei Sachen sieht § 1208 BGB eine Ausnahme vom Prioritätsgrundsatz vor: Ist die Sache mit dem Recht eines Dritten belastet, kann der vertragliche Pfandgläubiger **gutgläubig den Vorrang** vor früher entstandenen Vertragspfandrechten, gesetzlichen Pfandrechten und Pfändungspfandrechten **erwerben**.

VI. Pfandrechtsübergang durch Übertragung der gesicherten Forderung

58 Aufgrund seiner Akzessorietät geht das Pfandrecht bei Abtretung der gesicherten Forderung auf den neuen Gläubiger über (§§ 401, 412, 1250 Abs. 1 Satz 1 BGB). Das Pfandrecht kann nicht ohne die Forderung und die Forderung nicht ohne das Pfandrecht übertragen werden, falls nicht dessen Übergang bei der Übertragung der Forderung ausgeschlossen wird. Ist dies der Fall, erlischt das Pfandrecht (§ 1250 Abs. 2 BGB). Besteht das Pfandrecht an einer Sache, erlangt der neue Gläubiger einen Herausgabeanspruch gegen den bisherigen Pfandgläubiger (§ 1251 Abs. 1 BGB). Besteht das Pfandrecht und/oder die gesicherte Forderung nicht, kann bei deren Übertragung das Pfandrecht nicht gutgläubig erworben werden.[132] Der neue Forderungsgläubiger erwirbt das Pfandrecht, das nur kraft guten Glaubens des Pfandgläubigers entstanden war, aber selbst dann, wenn er weiß, dass der Verpfänder nicht Eigentümer war.[133] Wird die gesicherte Forderung nur zum Teil oder nur eine von mehreren gesicherten Forderungen abgetreten, haben der bisherige und der neue Gläubiger gleichrangige Pfandrechte.[134]

---

[127] *Obermüller*, Insolvenzrecht RdNr. 2.161; vgl. ferner *Mitlehner*, aaO RdNr. 739.
[128] Vgl. jedoch BGH WM 2004, 371, 372.
[129] BGH WM 2004, 666.
[130] Vgl. BGHZ 104, 351 ff. = NJW 1989, 458; OLG Köln NJW-RR 1994, 1517, 1518; *Münzberg* JZ 1989, 253 ff.
[131] *Bülow* WM 1998, 845, 846.
[132] *Palandt/Bassenge* § 1250 RdNr. 1.
[133] *Erman/Michalski* § 1250 RdNr. 1.
[134] *Staudinger/Wiegand* Neubearbeitung 2009 § 1250 RdNr. 5; aA *Erman/Michalski* § 1250 RdNr. 1 (kein Übergang des Pfandrechts).

VII. Erlöschen und gesetzlicher Übergang des Pfandrechts

1. Wegfall der gesicherten Forderung. Gemäß § 1252 BGB erlischt das Pfandrecht mit der Forderung, für die es besteht. Es besteht aber dann fort, wenn an die Stelle des erloschenen Anspruchs ein Schadensersatzanspruch getreten ist, der kraft ausdrücklicher oder stillschweigender Parteiabrede ebenfalls durch das Pfandrecht gedeckt sein soll.[135] Ferner bleibt das Pfandrecht dann bestehen, wenn auch künftige Forderungen gesichert sein sollen, außer wenn feststeht, dass keine Forderungen mehr entstehen werden.[136] Die Aufnahme der gesicherten Forderung in ein Kontokorrent und Anerkennung des Saldoabschlusses führen nicht zum Erlöschen des Pfandrechts (§ 356 Abs. 1 HGB).

Die **Erfüllung der gesicherten Forderung** hat für das Pfandrecht unterschiedliche Wirkungen je nachdem, wer den Gläubiger befriedigt. Das Pfandrecht erlischt nicht dadurch, dass der **Verpfänder**, der nicht der persönliche Schuldner ist, den Pfandgläubiger befriedigt. Vielmehr gehen die Forderung (§ 1225 BGB) und mit dieser das Pfandrecht (§§ 401, 1250 BGB) auf den Verpfänder über. Hatte der Verpfänder als Nichtberechtigter verfügt und der Pfandgläubiger das Pfandrecht nur kraft guten Glaubens erworben, erlischt die Forderung; der Verpfänder kann die Pfandsache herausverlangen, muss sie aber an den Eigentümer herausgeben.[137] Ferner erwirbt der Verpfänder das Pfandrecht dann nicht, wenn er zugleich Eigentümer ist. In diesem Falle geht das Pfandrecht grundsätzlich durch **Konsolidation** nach § 1256 Abs. 1 BGB unter (s.u. RdNr. 64). Befriedigt der **persönliche Schuldner** – ob er zugleich Verpfänder und/oder Eigentümer ist, ist unerheblich – den Pfandgläubiger, so erlöschen Forderung und Pfandrecht. Wird der Pfandgläubiger durch den **Eigentümer** befriedigt, so erwirbt er – falls er nicht zugleich persönlicher Schuldner ist – die Forderung, hinsichtlich des Pfandrechts gilt in jedem Falle § 1256 BGB. Befriedigt ein **ablösungsberechtigter Dritter** den Pfandgläubiger, erwirbt er Forderung und Pfandrecht.

Nach dem Erlöschen des Pfandrechts ist der Pfandgläubiger verpflichtet, das Pfand dem Verpfänder zurückzugeben (§ 1223 Abs. 1 BGB). Das teilweise Erlöschen der gesicherten Forderung begründet grundsätzlich keinen Rückgabeanspruch; anders kann es sich verhalten, wenn für die Forderung mehrere Pfänder gegeben worden waren.[138] Hat eine Anfechtung zum rückwirkenden Wiederaufleben einer bereits erloschenen Forderung geführt, lebt auch das Pfandrecht wieder auf, es sei denn, die Pfandsache ist bereits zurückgegeben worden.

2. Untergang des Pfandgegenstandes. Das Pfandrecht an einer Sache erlischt (§ 949 Satz 1 BGB), wenn diese durch Verbindung wesentlicher Bestandteil einer anderen Sache oder mit dieser untrennbar vermischt oder vermengt wird (§§ 946, 947, 948 BGB) oder wenn infolge Verarbeitung (§ 950 BGB) eine neue Sache entsteht. Verliert der Sicherungsnehmer auf diese Weise sein Sicherungsrecht, hat er gemäß § 951 Abs. 1 Satz 1 i. V. m. § 812 BGB einen **Bereicherungsanspruch** gegen denjenigen, der das (unbelastete) Eigentum an der Hauptsache bzw. der neuen Sache erwirbt.

3. Rückgabe der Pfandsache. Das Pfandrecht erlischt insbesondere durch Rückgabe des Pfandes an den Verpfänder oder Eigentümer (§ 1253 Abs. 1 BGB), nicht bei Rückgabe an den persönlichen Schuldner. Rückgabe an den Insolvenzverwalter des Eigentümers oder Verpfänders[139] oder an deren Geheißperson genügt. Eine Rückgabe liegt nur vor, wenn wenigstens ein natürlicher Rückgabewille vorhanden ist. Der Pfandgläubiger muss bei der Rückgabe gewusst haben, dass es sich bei dem Empfänger um den Verpfänder oder Eigentümer des Pfandes handelte. Auf den Willen, das Pfandrecht aufzuheben, kommt es nicht an.[140] Auch Geschäftsfähigkeit ist nicht erforderlich.[141] Irrtümliche Vorstellungen über die Rechtsfolgen der Rückgabe berechtigen nicht zur Anfechtung. Unter Umständen besteht aber ein Anspruch auf Neubestellung oder Ersatzleistung.[142] Eine ganz kurzfristige Aushändigung soll nicht als Rückgabe gelten.[143] Diese Auffassung ist aber zumindest wegen der Vermutung nach § 1253 Abs. 2 BGB risikoreich.[144]

4. Konsolidation. Treffen das Eigentum und das Pfandrecht an einer beweglichen Sache in einer Person zusammen, kann es zu einer Konsolidation kommen, dh. das Pfandrecht erlischt und

---

[135] *Palandt/Bassenge* § 1210 RdNr. 1.
[136] BGH NJW 1983, 1120, 1123, insofern in BGHZ 86, 349 n.a. = LM KO § 30 Nr. 42 *(Merz)*.
[137] *Palandt/Bassenge* § 1225 RdNr. 1; *Erman/Michalski* § 1225 RdNr. 1.
[138] Vgl. *Palandt/Bassenge* § 1252 RdNr. 2.
[139] RG Recht 1912, Nr. 1481; *Palandt/Bassenge* § 1253 RdNr. 3.
[140] RGSt 48, 244, 245.
[141] MünchKommBGB-*Damrau* § 1253 RdNr. 4; *Palandt/Bassenge* § 1253 RdNr. 4.
[142] RG JW 1912, 459, 460; 1929, 2514, 2515 m. Anm. *Stoll; Palandt/Bassenge* § 1253 RdNr. 4.
[143] RG SeuffA 42 (1907) Nr. 57; *Schaarschmidt/Sühr* aaO RdNr. 2439.
[144] *Palandt/Bassenge* § 1253 RdNr. 4.

das Eigentum „erstarkt" zu einem unbelasteten (§ 1256 Abs. 1 Satz 1 BGB). Das ist der Fall, wenn sich das Eigentum an einer beweglichen Sache und ein an derselben Sache bestehendes Pfandrecht in einer Person vereinigen. Kann der Schuldner bei Fälligkeit der Forderung nicht zahlen, ist ein Dritter, der seine Sache für die Forderung verpfändet hat, zur Befriedigung des Pfandgläubigers berechtigt (§ 1223 Abs. 2 BGB). Mit der Zahlung geht die Forderung auf den Verpfänder über (§ 1225 Satz 1 BGB) und mit der Forderung das Pfandrecht (§§ 412, 401, 1250 Abs. 1 Satz 1 BGB). Sobald dieses mit dem Eigentum zusammentrifft, erlischt es. Ausnahmsweise bleibt bei einer **Nachverpfändung** das Pfandrecht wegen der ersten Forderung erhalten, wenn der Verpfänder diese tilgt (§ 1256 Abs. 2 BGB);[145] der Verpfänder kann nunmehr als Inhaber des erstrangigen Pfandrechts den nachrangigen Pfandgläubiger vom Verwertungserlös verdrängen. Beim Zusammentreffen des Eigentums an Grundstücken mit Grundpfandrechten bleiben diese immer bestehen (§ 889 BGB) und hindern nachrangig Berechtigte am Aufrücken (§§ 1142, 1143 Abs. 1 Satz 1, 1153 Abs. 1, 1177 Abs. 2 BGB).

65 **5. Verzicht auf das Pfandrecht.** Vgl. zunächst Vorbemerkungen vor §§ 49–52 RdNr. 120 ff. Nach § 1255 BGB erlischt ein Pfandrecht ferner durch einseitige Erklärung des Pfandgläubigers dem Verpfänder oder Eigentümer gegenüber, dass er das Pfandrecht aufgebe. Diese Erklärung kann auch stillschweigend erfolgen.[146] Bei Banken, deren Interessen regelmäßig auf eine umfassende Sicherung gerichtet sind, sind an die Auslegung von Erklärungen oder Verhaltensweisen als Verzicht strenge Anforderungen zu stellen.[147] Die Vergabe eines **„Blankokredits"** deutet nur darauf hin, dass dem Kunden die Bestellung besonderer Sicherheiten erlassen werden soll, lässt aber nicht darauf schließen, dass die Bank auf ihr AGB-Pfandrecht hat verzichten wollen.[148] Das Gleiche gilt, wenn eine Bank, die bereits durch ihr AGB-Pfandrecht gesichert ist, sich zusätzlich noch ein besonderes Pfandrecht bestellen lässt.[149] Die Aufgabe des Pfandrechts aus der separaten Verpfändung erstreckt sich nicht ohne weiteres auf das AGB-Pfandrecht.[150]

D. Pfändungspfandrecht

I. Allgemeines

66 Ein durch amtliche (§§ 720a,[151] 804 Abs. 1, 930 Abs. 1 Satz 2 ZPO; § 459 StPO; § 6 Abs. 1 Nr. 1 JBeitrO; § 324 Abs. 1 Satz 1 AO 1977) oder – praktisch nahezu bedeutungslos – private (Art. 89 EGBGB) Pfändung entstandenes Pfändungspfandrecht berechtigt grundsätzlich zur Absonderung. Voraussetzung ist allerdings, dass die zeitliche Schranke des § 88 **(Rückschlagsperre)** beachtet wird: Ein Absonderungsrecht, das ein Insolvenzgläubiger im letzten Monat vor dem Antrag auf Insolvenzeröffnung oder danach durch Zwangsvollstreckung erlangt hat, wird mit der Eröffnung des Verfahrens unwirksam. Im vereinfachten Insolvenzverfahren gilt eine Frist von drei Monaten (§ 312 Abs. 3 Satz 3). Die Rückschlagsperre gilt nicht, wenn das Absonderungsrecht bereits vorher entstanden war und der Absonderungsberechtigte innerhalb der Monatsfrist vollstreckt (vgl. vor §§ 49 bis 52 RdNr. 164a und unten RdNr. 77, 83).

66a Eine **Arrestpfändung** (§ 930 Abs. 1 Satz 1 ZPO) hat die Wirkung einer Beschlagnahme.[152] Sie verschafft dem Gläubiger ein Pfändungspfandrecht mit den in § 804 ZPO bestimmten Wirkungen. Dies gilt selbst dann, wenn die innerhalb einer Woche nach der Pfändung nachzuholende Zustellung des Arrestbefehls erst nach Eröffnung des Insolvenzverfahrens erfolgt (§ 929 Abs. 3 ZPO).[153] Dieses Pfändungspfandrecht berechtigt zwar noch nicht zur abgesonderten Befriedigung. Es hat zunächst nur eine Sicherungsfunktion. Ein Vollstreckungspfandrecht erwirbt der Gläubiger erst, wenn er einen vollstreckbaren Titel zur Hauptsache erhält.[154] Sobald der gesicherte Anspruch durch Feststellung zur Insolvenztabelle Vollstreckbarkeit erlangt hat, kann der Gläubiger das Absonderungsrecht

---

[145] *Schaarschmidt/Sühr* aaO RdNr. 2444.
[146] *Palandt/Bassenge* § 1255 RdNr. 1.
[147] BGHZ 61, 72, 77 f. = NJW 1973, 1754; BGH WM 1974, 155, 157; WM 1985, 688, 689; *Bunte* in Schimansky/Bunte/Lwowski, Bankrechts-Handbuch, § 19 RdNr. 33.
[148] *Bunte* in Schimansky/Bunte/Lwowski, Bankrechts-Handbuch, § 19 RdNr. 32.
[149] BGH NJW 1983, 2701, 2702; *Bunte* in Schimansky/Bunte/Lwowski, Bankrechts-Handbuch, § 19 RdNr. 32.
[150] *Merkel* in Schimansky/Bunte/Lwowski, Bankrechts-Handbuch, § 93 RdNr. 215.
[151] Vgl. hierzu LG Berlin NZI 2008, 108, 109; LG Halle (Saale), Urt. v. 17.10.2008 – 5 O 267/07, RdNr. 36, zit. nach juris.
[152] BGHZ 87, 166 = NJW 1983, 1738, 1739.
[153] *Nerlich/Römermann/Andres* § 50 RdNr. 14.
[154] BGHZ 68, 289, 292 = NJW 1977, 1199; 89, 82, 86 = NJW 1984, 1759.

mit dem durch das Arrestpfandrecht erlangten Rang geltend machen. § 91 steht nicht entgegen.[155] Eine Arrestpfändung kann auch gemäß **§ 111d StPO** ausgebracht werden.[156] Die Beschlagnahme eines Gegenstands gemäß **§ 111c Abs. 3 Satz 1 StPO** führt hingegen nicht zu einem Pfändungspfandrecht;[157] das dadurch bewirkte Veräußerungsverbot (§ 111g Abs. 5 StPO) wird mit der Eröffnung des Insolvenzverfahrens wirkungslos (§ 80 Abs. 2 Satz 1).[158] Eine **Vorpfändung** gemäß § 845 ZPO hat nach nahezu einhelliger Meinung keine Absonderungskraft; diese wird erst durch die (innerhalb eines Monats ab Zustellung der Vorpfändung zu bewirkende) Hauptpfändung begründet.[159] Dieses Ergebnis könnte auf den ersten Blick befremden, hat doch die Vorpfändung die Wirkungen einer Arrestpfändung, sofern die Hauptpfändung innerhalb eines Monats bewirkt wird (§ 845 Abs. 2 Satz 1 i. V. m. § 930 ZPO). Wenn die Arrestpfändung dem Gläubiger noch ein Absonderungsrecht nach Insolvenzeröffnung verschaffen kann, obwohl der Gläubiger zu diesem Zeitpunkt noch nicht einmal einen vollstreckbaren Titel hat, könnte man meinen, dass eine ebenfalls mit den Wirkungen der Arrestpfändung ausgestattete und noch dazu auf Grund eines vollstreckbaren Titels ergehende Vorpfändung dies ebenfalls sollte bewirken können. Dies wäre jedoch ein Fehlschluss. Die Vorpfändung stellt eine private Vollstreckungsmaßnahme dar, die der nachträglichen hoheitlichen Legitimation durch die Hauptpfändung bedarf, um Grundlage staatlicher Zwangsmaßnahmen sein zu können. Zu einer wirksamen Hauptpfändung kann es nicht mehr kommen, wenn die Monatsfrist des § 88 begonnen hat und erst recht nicht mehr nach Insolvenzeröffnung (§ 91). Eine **Hilfsvollstreckung** – etwa die Wegnahme des Hypothekenbriefs nach § 830 Abs. 1 Satz 2 ZPO, die Hilfspfändung eines Legitimationspapiers (zB eines Sparbuchs) – begründet ebenfalls kein zur Absonderung berechtigendes Pfändungspfandrecht.[160] Schließlich gewähren auch Maßnahmen der Zwangsvollstreckung in den **Nachlass**, die nach dem Eintritt des Erbfalls erfolgt sind, im Nachlassinsolvenzverfahren kein Recht zur abgesonderten Befriedigung (§ 321).

Über die **Akzessorietät** des Pfändungspfandrechts herrscht Streit. Nach der herrschenden **66b** gemischt privatrechtlich-öffentlich-rechtlichen Theorie setzt das Pfändungspfandrecht die Verstrickung des fraglichen Gegenstands durch Inbesitznahme (§ 808 ZPO) oder Pfändungsbeschluss (§ 829 ZPO) voraus und außerdem die Berechtigung des Schuldners am Vollstreckungsobjekt sowie das Bestehen der Forderung, derentwegen die Vollstreckung betrieben wird.[161] Die öffentlich-rechtliche Theorie leugnet die Akzessorietät.[162] Dieser Theorienstreit muss für die abgesonderte Befriedigung nicht entschieden werden. Ist eine Forderung tituliert, kann der Gläubiger – solange der Titel nicht aus der Welt geschafft ist – abgesonderte Befriedigung selbst dann verlangen, wenn die Forderung materiellrechtlich nicht besteht. Ist die titulierte Forderung erloschen, darf der Gläubiger sich deswegen nicht mehr abgesondert befriedigen, obwohl die öffentlich-rechtliche Verstrickung (und damit möglicherweise auch das Pfändungspfandrecht) fortbesteht. Beharrt der Gläubiger gleichwohl auf dem vermeintlichen Absonderungsrecht, kann sich der Insolvenzverwalter mit einer negativen Feststellungsklage dagegen wehren. Gegen eine etwaige Fortsetzung der Zwangsvollstreckung kann er gemäß § 767 ZPO klagen.

II. Gegenstand

1. Körperliche Sachen. Ein Pfändungspfandrecht im Sinne des § 50 Abs. 1 Satz 1 kann entstehen **67** an beweglichen Sachen (§§ 808 ff. ZPO). Der Grundsatz, wonach bewegliche Sachen pfändbar sind, gilt nicht ausnahmslos. Noch nicht getrennte **Früchte eines Grundstücks** sind keine beweglichen Sachen und dennoch pfändbar (§ 810 ZPO),[163] solange sie noch nicht im Wege der Zwangsvollstreckung in das unbewegliche Vermögen beschlagnahmt worden sind (näher hierzu u. RdNr. 79). Ist das Grundstück im Besitz eines Pächters, können die Früchte nur für dessen Gläubiger gepfändet werden. Grundstückszubehör zählt zwar zu den beweglichen Sachen, unterliegt aber, soweit es zum Haftungsverband der Hypothek gehört (§ 865 Abs. 1 ZPO), nicht der Pfändung,

---

[155] Vgl. RG JW 1900, 182 f.; *Jaeger/Henckel* 9. Aufl. § 14 KO RdNr. 26.
[156] KG NZI 2008, 691.
[157] BGH NJW 2007, 3350 RdNr. 11 ff. = NZI 2007, 450 (Aufgabe von BGHZ 144, 185, 188).
[158] Vgl. *Vorwerk*, FS Kreft, 2004, S. 581 ff.
[159] BGHZ 167, 11 RdNr. 13 = NZI 2006, 397; *Häsemeyer*, Insolvenzrecht RdNr. 18.19; *Gottwald/Adolphsen*, Insolvenzrechts-Handbuch § 42 RdNr. 57; *Jaeger/Henckel* § 50 RdNr. 80; *Uhlenbruck/Brinkmann* § 50 RdNr. 42; *Nerlich/Römermann/Andres* § 50 RdNr. 14; HK-*Lohmann* § 50 RdNr. 14; *Braun/Bäuerle* § 50 RdNr. 17. AA *Meyer-Reim* NJW 1993, 3041 f. Vgl. auch zur KO/VerglO: RGZ 83, 332, 334 f.; 151, 265, 270.
[160] *Jaeger/Henckel* § 50 RdNr. 80.
[161] Grundlegend RGZ 156, 395, 398; vgl. ferner *Rosenberg/Gaul/Schilken*, Zwangsvollstreckungsrecht 11. Aufl. § 50 III 3 a.
[162] *Stein/Jonas/Münzberg*, ZPO 22. Aufl. § 804 RdNr. 8.
[163] Dazu *Noack* Rpfleger 1969, 113.

sondern der Immobiliarvollstreckung (§ 865 Abs. 2 ZPO). Schlechthin unpfändbar sind Sachen, die dem persönlichen Gebrauch oder dem Haushalt des Schuldners dienen oder die als Nahrungsmittel für den Schuldner, seine Familie und sein Gesinde auf vier Wochen erforderlich sind (§ 811 Nr. 1 und 2 ZPO; wegen weiterer Beispiele vgl. dort Nr. 3 bis 13, §§ 811c, 812 ZPO).

68 **2. Forderungen und Rechte.** Ein Pfändungspfandrecht kann außerdem bestehen an Geldforderungen (§§ 829 ff. ZPO), an Ansprüchen auf Herausgabe oder Leistung körperlicher Sachen (§§ 846 ff. ZPO) sowie an allen übrigen Vermögensrechten (§§ 857 ff. ZPO).

69 Eine Pfändung ist auch in **Girokonten** möglich. Allerdings können einzelne Kontoeingänge nicht gepfändet werden. Die Pfändung beim Kontokorrent kann lediglich Saldoforderungen erfassen. Bei der Pfändung des gegenwärtigen Kontokorrentguthabens gemäß § 357 HGB wird nur der Zustellungssaldo zum Zeitpunkt der Wirksamkeit der Pfändung erfasst.[164] Über den Zustellungssaldo hinaus werden von den Vollstreckungsgläubigern regelmäßig auch die „zukünftig fällig werdenden Guthaben aus dem Kontokorrentvertrag" – das sind die Abschlusssalden zum Ende der jeweiligen Kontokorrentperiode – gepfändet.[165] Bei der Kontenpfändung ist der Anspruch des Kontoinhabers auf Erteilung von Kontoauszügen und Rechnungsabschlüssen nicht mitgepfändet.[166]

70 Die Pfändbarkeit des **Dispositionskredits** hat der BGH bejaht,[167] wobei die Pfändung wirksam wird, wenn und soweit der Schuldner das Darlehen abruft, was nur vor Eröffnung des Insolvenzverfahrens möglich ist. Wegen der Besonderheiten beim **Kontokorrent** vgl. § 51 RdNr. 87 f. Die Pfändbarkeit des **Überziehungskredits** hat der BGH verneint.[168] Sie ist jedenfalls solange zu verneinen, als der Kontoinhaber über den ihm zur Verfügung gestellten Kreditrahmen noch nicht verfügt hat. Was vor Abruf durch den Kontoinhaber gilt, ist streitig und höchstrichterlich noch nicht entschieden.[169]

71 Beim **Arbeitseinkommen** und bei **Sozialleistungen** bestehen auf Grund der §§ 850 ff. ZPO vielfältige Pfändungsbeschränkungen.[170] Im Übrigen erstreckt sich bei **Miet- und Lohnpfändungen** das Pfändungspfandrecht zwar auch auf die nach der Pfändung fällig werdenden Beträge (§ 832 ZPO). Einschränkungen ergeben sich jedoch im Falle der Eröffnung eines Insolvenzverfahrens: Wird vorher im Wege der Zwangsvollstreckung darüber verfügt, ist diese Verfügung nur wirksam, soweit sie sich auf die Mietforderungen oder Bezüge für den zur Zeit der Verfahrenseröffnung laufenden Kalendermonat bezieht; erfolgt die Eröffnung nach dem 15. Tag des Monats, ist die Vollstreckung auch für die Mietforderungen und Bezüge des folgenden Kalendermonats wirksam (§§ 110, 114 Abs. 3). Allerdings ist die Unwirksamkeit weitergehender Verfügungen keine endgültige; das Pfändungspfandrecht ist nur so weit und so lange unwirksam, als die Zwecke des Insolvenzverfahrens und der möglichen Restschuldbefreiung dies rechtfertigen.[171]

72 Weitere Pfändungsbeschränkungen hängen mit der Übertragbarkeit des zu pfändenden Rechts zusammen: **Nicht übertragbare Forderungen** sind unpfändbar (§ 851 ZPO). Die Unübertragbarkeit von Forderungen ergibt sich zum Teil aus ausdrücklichen Vorschriften des materiellen Rechts (vgl. zB §§ 613 Satz 2, 664 Abs. 2, 1300 Abs. 2 BGB). Unübertragbar und infolgedessen auch unpfändbar sind Forderungen ferner dann, wenn die Leistung an einen anderen als den ursprünglichen Gläubiger nicht ohne Veränderung ihres Inhalts erfolgen kann (§ 399 1. Alt. BGB). Pfändet der Gläubiger eine Forderung, die auf Grund eines Vertrages des Schuldners mit dem Drittschuldner – eine einseitige Zweckbestimmung genügt nicht – einer **treuhänderischen Zweckbindung** unterliegt, ist fraglich, ob die Forderung pfändbar ist.[172] Jedenfalls kann der Drittschuldner die Zweckbindung dem Pfändungspfandgläubiger als Einwendung entgegenhalten.[173] Der Anspruch des Verkäufers gegen den Notar auf Auszahlung des auf dessen Anderkonto eingezahlten Kaufpreises

---

[164] *Bitter* in Schimansky/Bunte/Lwowski, Bankrechts-Handbuch, § 33 RdNr. 44.
[165] *Bitter* in Schimansky/Bunte/Lwowski, Bankrechts-Handbuch, § 33 RdNr. 48.
[166] BGH WM 2005, 2375.
[167] BGHZ 147, 193 ff. = WM 2001, 898; 157, 350, 353 = NJW 2004, 1444 = NZI 2004, 206; NZI 2005, 690, 691; vgl. dazu *Bitter* WM 2001, 889 ff.
[168] BGHZ 93, 315, 324 ff. = NJW 1985, 1218 = EWiR 1985, 119 *(Merz)* = WuB VI E. § 829 ZPO 2.85 *(Bruchner);* BGH WM 2001, 898, 901.
[169] Vgl. hierzu *Wagner* WM 1998, 1657 ff.; *Bitter* in Schimansky/Bunte/Lwowski, Bankrechts-Handbuch, § 33 RdNr. 76 ff.
[170] Hierzu näher *Baur/Stürner*, Einzelvollstreckungsrecht RdNr. 24.3 ff. und 24.47 ff.; zur Pfändung von künftigen Rentenansprüchen vgl. *U. Gottwald* ZAP 1997, 469 ff.
[171] BGH NZI 2011, 365 RdNr. 10 ff.
[172] Verneint von BGHZ 94, 316, 322 = NJW 1985, 2263; BGH WM 1978, 553 f.; *Baur/Stürner*, Einzelvollstreckungsrecht RdNr. 25.6; *Stein/Jonas/Brehm*, ZPO 21. Aufl. § 851 RdNr. 19; offen gelassen von BGH NJW 1998, 746 = WuB IV A. § 135 BGB 1.98 *(Jedzig)* = LM BGB § 135 Nr. 7 *(Walker)* = EWiR 1998, 143 *(Hintzen)*.
[173] BGH NJW 1985, 1155, 1157; 1998, 746 f.

kann, falls die Einzahlung auf das Anderkonto noch nicht zum Erlöschen des Kaufpreisanspruchs geführt hat,[174] nur zusammen mit diesem gepfändet werden.[175] Eine gesonderte Pfändung ist nicht erforderlich; der Auszahlungsanspruch gegen den Notar wird von der Pfändung des Kaufpreisanspruchs entsprechend § 401 Abs. 1 BGB miterfasst.

Haben Schuldner und Drittschuldner die Übertragbarkeit vertraglich ausgeschlossen (§ 399 2. Alt. BGB), ist die Forderung gleichwohl insoweit pfändbar, als der geschuldete Gegenstand der Pfändung unterworfen ist (§ 851 Abs. 2 ZPO). Diese Vorschrift soll vermeiden, dass der Schuldner seine Forderungen dem Zugriff der Gläubiger entzieht, indem er mit dem Drittschuldner den Ausschluss der Übertragbarkeit verabredet.[176] Unpfändbar sind auch **unveräußerliche Rechte** (§ 857 Abs. 1 i. V. m. § 851 Abs. 2 ZPO). Darunter fallen zum Beispiel das Vorkaufsrecht (§ 514 BGB), die subjektiv dinglichen Rechte (§§ 1018, 1059, 1092, 1110 BGB), der Rangvorbehalt.[177] Wenn nichts Abweichendes bestimmt ist, kann ein unveräußerliches Recht insoweit gepfändet werden, als die Ausübung einem anderen überlassen werden kann (§ 857 Abs. 3 ZPO). Bei den **Gesamthandsgemeinschaften** ist der Anteil an den einzelnen Gegenständen des Gesamthandsvermögens unpfändbar (§§ 859 Abs. 1 Satz 2, Abs. 2, 860 Abs. 1 ZPO). Der Anteil im Ganzen ist pfändbar (§§ 859 Abs. 1 Satz 1, Abs. 2, 860 Abs. 2 ZPO). 73

Honorarforderungen von Rechtsanwälten und **Steuerberatern** sind zwar nur eingeschränkt übertragbar (vgl. § 49b BRAO; § 64 Abs. 2 Satz 2 StBerG). Sie sind gleichwohl pfändbar.[178] Ein Pfändungsverbot würde unbeteiligten Gläubigern die Möglichkeit des Zugriffs auf die Forderungen zur Haftungsverwirklichung entziehen. Das Grundrecht von Mandanten auf informationelle Selbstbestimmung rechtfertigt eine so weitgehende Einschränkung des Befriedigungsrechts der Gläubiger nicht. 74

Obwohl übertragbar sind gewisse Forderungen und Rechte unpfändbar: so zum Beispiel der Anspruch des Schenkers auf Rückerstattung des Geschenks wegen eigener Bedürftigkeit (§ 528 BGB i. V. m. § 852 Abs. 2 ZPO) und der Anspruch eines Ehegatten auf Zugewinnausgleich (§ 1378 BGB). Der **Pflichtteilsanspruch** ist pfändbar, wenn er durch Vertrag anerkannt oder rechtshängig geworden ist (§ 852 Abs. 1 ZPO). Wird er vorher gepfändet, entsteht das Pfandrecht bereits mit der Pfändung; die Verwertungsmöglichkeit ist indessen aufgeschoben gemäß § 852 Abs. 1 ZPO.[179] Ob die auf Grund einer **Kontovollmacht** bestehende Berechtigung, über ein Konto zu verfügen, gepfändet werden kann, ist umstritten.[180] 75

III. Entstehen

1. Allgemeines. Vgl. zunächst RdNr. 66a. Das Pfändungspfandrecht entsteht – falls seine sonstigen Voraussetzungen erfüllt sind – mit wirksamer Pfändung.[181] Bei Unwirksamkeit der Pfändung ist auch das Pfändungspfandrecht unwirksam.[182] Ist die Pfändung lediglich fehlerhaft und somit anfechtbar, ändert dies am Entstehen des Pfändungspfandrechts nichts.[183] Eine Pfändung ohne Vollstreckungstitel ist nichtig.[184] Pfändungsbeschlüsse, die gegen die §§ 850 ff., 851, 852 ZPO verstoßen, sind ebenfalls nichtig und führen nicht zur Entstehung eines Pfändungspfandrechts.[185] In einem derartigen Fall kann der Pfändungsgläubiger – selbst wenn eine wirksame Verstrickung bestehen sollte – kein Absonderungsrecht geltend machen. Eine unter Verletzung des § 750 ZPO, also vor Zustellung des Vollstreckungstitels erfolgte Pfändung kann nach Insolvenzeröffnung nicht mehr wirksam werden.[186] Andererseits entsteht ein anfechtungsfestes Pfändungspfandrecht, obwohl der 76

---

[174] Vgl. dazu BGHZ 87, 156, 162 ff. = NJW 1983, 1605; BGH NJW 1994, 1403, 1404.
[175] BGHZ 105, 60, 64 = NJW 1989, 230; 138, 179, 183 = NJW 1998, 2134, 2135 = WuB VI G. § 9 GesO 1.99 *(Henckel)* = LM BGB § 398 Nr. 99 *(Reithmann)*.
[176] BGHZ 95, 99, 102 = NJW 1985, 2827.
[177] BGHZ 12, 238, 241 = NJW 1954, 954.
[178] BGH NJW 1999, 1544, 1546 = LM StBerG Nr. 67 *(Berger)* = WuB VI C. § 36 1.99 *(Paulus)*.
[179] BGHZ 123, 183, 186 = NJW 1993, 2876; vgl. dazu *Kuchinke* NJW 1994, 1769 ff.
[180] Für Pfändbarkeit: Hess. FG WM 1998, 2430, 2432 = WuB I B 2.-1.99 *(Cartano)*; *Stein/Jonas/Brehm*, ZPO, 21. Aufl., § 857 RdNr. 3; dagegen *Baumbach/Lauterbach/Albers/Hartmann*, Grundz. § 704 ZPO RdNr. 113.
[181] Zum Entstehen des Pfändungspfandrechts bei Pfändung eines Anspruchs auf Abtretung einer Forderung vgl. BGH NJW 1998, 2969, 2970 = EWiR 1998, 815 *(Schuschke)*.
[182] *Stein/Jonas/Münzberg* 22. Aufl. § 804 ZPO RdNr. 7.
[183] *Zöller/Stöber* § 804 ZPO RdNr. 3.
[184] BGHZ 121, 98, 101 = NJW 1993, 735; BGH NZI 2008, 363 RdNr. 8; zu weiteren Nichtigkeitsgründen vgl. *Baur/Stürner*, Einzelvollstreckungsrecht RdNr. 27.11.
[185] BAG NJW 1989, 2148, 2149 = EWiR 1989, 621 *(E. Schneider)*; *Baur/Stürner*, Einzelvollstreckungsrecht RdNr. 24.34, 24.47, 25.19; *Stein/Jonas/Münzberg* § 850 ZPO RdNr. 19; aA *Jauernig/Berger*, Zwangsvollstreckungs- und Insolvenzrecht, 23. Aufl., § 32 RdNr. 44.
[186] KG JW 1934, 3146, 3147.

vor der "kritischen" Zeit wirksam gewordene Pfändungs- und Überweisungsbeschluss auf der Grundlage einer notariellen Zwangsvollstreckungsunterwerfung (§ 794 Abs. 1 Nr. 5 ZPO) erlassen worden ist und der mitbeurkundete Vertrag an Wirksamkeitsmängeln leidet. Die Verbundenheit, die durch die Niederlegung in derselben notariellen Urkunde belegt wird, reicht nicht aus, damit sich die Nichtigkeit des Vertrages auf die Unterwerfungserklärung erstreckt.[187]

77 Absonderungskraft hat das Pfändungspfandrecht nur, wenn es vor Eröffnung des Insolvenzverfahrens und – falls gegen den Schuldner Maßnahmen nach § 21 Abs. 2 Nr. 2 und 3 verhängt wurden – vor Anordnung dieser Maßnahmen entstanden ist.[188] Ein danach entstandenes Pfändungspfandrecht wird insolvenzrechtlich auch dann nicht wirksam, wenn der Drittschuldner vor Eröffnung des Insolvenzverfahrens an den Pfändungsgläubiger leistet.[189] Wird vor Erlass eines allgemeinen Veräußerungsverbots eine künftige Forderung gepfändet, die erst danach entsteht, hat der Pfändungspfandgläubiger ebenfalls kein Absonderungsrecht.[190] Zu beachten sind außerdem die **Rückschlagsperren (§ 88):** Die vor Eröffnung des Insolvenzverfahrens eingeleitete Zwangsvollstreckung ist unwirksam, wenn das dadurch bewirkte Pfändungspfandrecht nicht mehr als einen Monat vor dem Antrag auf Eröffnung wirksam begründet worden ist (s.o. RdNr. 66).[191] Nach Insolvenzeröffnung sind Zwangsvollstreckungsmaßnahmen unstatthaft (§ 89). Eine Ausnahme gilt für die Zwangsvollstreckung wegen **Masseverbindlichkeiten** (§ 55). Indes gibt es Ausnahmen von der Ausnahme: Wegen des Vollstreckungsverbots bei oktroyierten Masseverbindlichkeiten vgl. § 90; ein Vollstreckungsverbot besteht auch für nachrangige Masseverbindlichkeiten nach Anzeige der Masseunzulänglichkeit (§§ 210, 209 Abs. 1 Nr. 3).

Beim **Arrest** ist die Vollziehung vor Zustellung des Arrestbefehls zulässig; die Zustellung muss jedoch innerhalb einer Woche nach der Vollziehung und vor Ablauf der für diese bestimmten Frist nachgeholt werden (§ 929 Abs. 3 ZPO). Ist dies der Fall, so schadet es nicht, wenn inzwischen das Insolvenzverfahren eröffnet worden ist. Die Eröffnung des Insolvenzverfahrens über das Vermögen des Arrestschuldners lässt einen rechtmäßig erlassenen Arrest unberührt, wenn dieser bereits vorher vollzogen wurde und der Gläubiger dadurch bereits ein Absonderungsrecht erlangt hat. In einem solchen Fall reicht die Verfahrenseröffnung allein nicht aus, um den Arrest wegen veränderter Umstände aufzuheben (§ 927 ZPO). Beispielsweise erlangt das Finanzamt durch den Vollzug einer Arrestanordnung gemäß § 324 Abs. 1 Satz 1 AO 1977 ein Pfandrecht an der gepfändeten Forderung, das sich als Absonderungsrecht gegenüber einem späteren Insolvenzbeschlag durchsetzt.[192]

78 **2. Gutgläubiger Erwerb.** Ein Pfändungspfandrecht entsteht allein an Gegenständen, die dem Pfändungsschuldner gehören; ein gutgläubiger Erwerb ist ausgeschlossen.[193] Wird eine schuldnerfremde Sache gepfändet, so entsteht ein „materielles" Pfändungspfandrecht nur – und lediglich mit Wirkung ex nunc –, wenn der Schuldner nachträglich das Eigentum erwirbt.[194] Insoweit wird der Rechtsgedanke des § 185 Abs. 2 BGB **(Konsolidation)** fruchtbar gemacht. Absonderungskraft hat dieses Pfändungspfandrecht, falls der Erwerb noch vor Insolvenzeröffnung stattfindet, sonst nicht.[195] Für die Pfändung einer Forderung, die dem Vollstreckungsschuldner im Zeitpunkt der Pfändung nicht (mehr) gehörte, die er aber danach (zurück-)erwarb, lehnt die herrschende Meinung die analoge Anwendung des § 185 Abs. 2 BGB ab.[196]

IV. Umfang

79 Das Pfändungspfandrecht erstreckt sich auf den **gepfändeten Gegenstand** und die von ihm nach der Pfändung getrennten **Erzeugnisse.** Bodenerzeugnisse (zB Getreide auf dem Halm, Obst am Stamm, Kartoffeln in der Erde) können schon vor der Trennung, aber frühestens einen Monat

---

[187] BGH NZI 2008, 363 RdNr. 9 m. Anm. *Gundlach/Frenzel.*
[188] BGH NZI 2008, 363 RdNr. 8.
[189] Vgl. OLG Hamm ZIP 1998, 341, 342.
[190] Insofern hat sich die Rechtsstellung des Pfändungspfandgläubigers gegenüber der KO verschlechtert, vgl. BGHZ 135, 140, 142 = NJW 1997, 1857, 1858 = EWiR 1997, 943 *(Henckel).*
[191] Das gilt auch im Anwendungsbereich des § 110, vgl. *Uhlenbruck* § 88 RdNr. 33; HK-*Kayser* § 88 RdNr. 9; *Mitlehner,* aaO RdNr. 826; aA *Jaeger/Eckardt* § 88 RdNr. 75.
[192] BFH ZIP 2004, 1020, 1022 = EWiR 2004, 395 *(Eckert).*
[193] BGHZ 119, 75, 87 = NJW 1992, 2570 = EWiR 1993, 207 *(Brehm); Reinicke/Tiedtke* JA 1984, 202, 215; *Rosenberg/Gaul/Schilken* § 50 III 3b cc; *Gerhardt,* Vollstreckungsrecht § 7 II 2 (S. 73) und § 8 II 3c (S. 106 f.); *Zöller/Stöber* § 804 ZPO RdNr. 3; *Jaeger/Henckel* § 50 RdNr. 29; *Uhlenbruck/Brinkmann* § RdNr. 44.
[194] BGHZ 20, 88, 101 = NJW 1956, 665; *K. Schmidt* ZZP 87 (1974), 316, 322 ff.
[195] BGH NZI 2008, 363 RdNr. 8; *Häsemeyer* KTS 1982, 307, 309; HK-*Lohmann* § 50 RdNr. 15.
[196] BGHZ 56, 339, 350 f. = NJW 1971, 1938; *Gottwald/Adolphsen,* Insolvenzrechts-Handbuch, § 42 RdNr. 58; nunmehr auch *Uhlenbruck/Brinkmann* § 50 RdNr. 44; aA *K. Schmidt* JZ 1987, 889, 894.

vor der nach der Lebenserfahrung zu erwartenden Reifezeit,[197] wie Fahrnis gepfändet werden, solange sie nicht von einer Beschlagnahme des Grundstücks miterfasst sind (§ 810 ZPO).[198] Das Pfändungspfandrecht entsteht hier zwar erst mit der Trennung (vgl. § 93 BGB), jedoch verschafft bereits die Pfändung eine insolvenzrechtlich geschützte Rechtsposition, die sich mit der Aberntung – ohne dass § 91 entgegenstünde – in ein Pfändungspfandrecht verwandelt.[199] Nach der Versteigerung oder dem freihändigen Verkauf erfasst das Pfändungspfandrecht den **Erlös**. Ist gepfändetes Geld (§§ 720, 815 Abs. 2 Satz 1, 930 Abs. 2 ZPO) oder der Erlös gepfändeter Gegenstände (§§ 805 Abs. 4, 827 Abs. 2, 854 Abs. 2, 930 Abs. 2 ZPO) durch den Gerichtsvollzieher hinterlegt worden, so steht dem Gläubiger am Gegenstand der Hinterlegung ein Absonderungsrecht zu. Insofern gilt die Wegnahme des Geldes durch den Gerichtsvollzieher nicht als Zahlung von Seiten des Vollstreckungsschuldners (§ 815 Abs. 3 ZPO).

Der Pfandgegenstand haftet dem Gläubiger in Höhe der titulierten Forderung, derentwegen **80** vollstreckt wird, einschließlich der laufenden Zinsen bis zum Zeitpunkt der Befriedigung und der Kosten der Zwangsvollstreckung. Verwendungen kann der Gläubiger als Zwangsvollstreckungskosten nach § 788 ZPO erstattet verlangen.[200]

V. Rangordnung

Siehe zunächst Vorbemerkungen vor §§ 49–52 RdNr. 73 ff. Zur Konkurrenz zwischen dem **81** **AGB-Pfandrecht** einer Bank und einem **Pfändungspfandrecht** vgl. dort RdNr. 78.

Für das Rangverhältnis zwischen mehreren Pfändungspfandrechten, ebenso zwischen Pfändungspfandrecht und Vertragspfandrecht sowie zwischen Pfändungspfandrecht und gesetzlichem Pfandrecht, ist grundsätzlich die zeitliche **Priorität** der Entstehung maßgebend.[201] Das Pfändungspfandrecht kann neben ein bereits bestehendes Vertragspfandrecht treten, wenn zum Beispiel der Gläubiger die schon zu seinen Gunsten belastete Sache auch noch pfänden lässt.[202] Der Prioritätsgrundsatz wird vielfach zu Lasten des Pfändungspfandrechts durchbrochen. So haben **gutgläubig** erworbene Vertragspfandrechte nach § 1208 BGB den Vorrang vor früher erworbenen Pfändungspfandrechten. Umgekehrt ist der gutgläubige Erwerb des Vorrangs eines Pfändungspfandrechts ausgeschlossen. Das **gesetzliche Verpächterpfandrecht** (s.u. RdNr. 84 ff.) entsteht zwar, was die unmittelbaren Früchte des Pachtguts angeht, erst mit der Trennung vom Grundstück. Gleichwohl hat es, wenn ein Gläubiger vor der Ernte pfändet, den Vorrang vor dem Pfändungspfandrecht.[203] Tritt das **gesetzliche Vermieterpfandrecht** zu einem Pfändungspfandrecht in Konkurrenz, so beschränkt eine spätere Insolvenz des Mieters nicht die Rechte des Vermieters, falls deren Geltendmachung nicht durch § 563 BGB ausgeschlossen ist und die Befriedigung des Vermieters nur die Rechte des Pfändungspfandgläubigers und nicht die Masse beeinträchtigt.[204] Vgl. ferner RdNr. 99. Lässt das Gericht gemäß § 111g Abs. 2 StPO die Zwangsvollstreckung in einen Vermögensgegenstand des Straftäters zugunsten eines Geschädigten zu, so gilt die in § 111g Abs. 3 Satz 1 StPO angeordnete Rückwirkung nicht für das im Wege der Zwangsvollstreckung erlangte Pfändungspfandrecht (vgl. o. RdNr. 66a).[205]

VI. Erlöschen

Das Pfändungspfandrecht erlischt, wenn der Gläubiger oder der Gerichtsvollzieher den Pfandge- **82** genstand freigibt.[206] Wird die Pfandmarke unbefugt entfernt, fällt sie von selbst ab oder wird sie unkenntlich, erlischt das Pfandrecht nur dann, wenn ein Dritter im guten Glauben an die Pfandfreiheit das Eigentum an der Sache erwirbt.[207] Das Pfandrecht erlischt ferner dann, wenn die Pfändung

---

[197] RGZ 42, 382, 384.
[198] *Noack* Rpfleger 1969, 113.
[199] *Jaeger/Henckel* § 50 RdNr. 81.
[200] *Zöller/Stöber* ZPO § 804 RdNr. 8.
[201] BGHZ 52, 99, 107 f. = NJW 1969, 1347; 93, 71, 76 = NJW 1985, 86; 123, 183, 190 = NJW 1993, 2876 = WuB VI E. § 852 ZPO 1.94 *(Harder)* = EWiR 1993, 1141 *(Gerhardt)* = LM ZPO § 852 Nr. 1 *(Wax)*.
[202] *Zöller/Stöber* ZPO § 804 RdNr. 3.
[203] RG KuT 1933, 107.
[204] BGH NJW 1959, 2251 f.; *Kuhn* MDR 1960, 221.
[205] BGH NZI 2007, 450 f. RdNr. 8 ff.
[206] BGH WM 1959, 906, 908; *Uhlenbruck/Brinkmann* § 50 RdNr. 45; *HK-Lohmann* § 50 RdNr. 19; aA *Mitlehner*, aaO RdNr. 818 (Erlöschen erst mit der Entstrickung).
[207] *Gottwald/Adolphsen*, Insolvenzrechts-Handbuch, § 42 RdNr. 59; *Jaeger/Henckel* § 50 RdNr. 82; *Uhlenbruck/Brinkmann* § 50 RdNr. 45.

auf eine Vollstreckungserinnerung (§ 766 ZPO) hin für unzulässig erklärt oder aufgehoben wird.[208] Die Aussetzung der Vollziehung hat auf den Bestand des Pfandrechts keinen Einfluss;[209] allerdings entfällt das Verfügungsverbot für den Vollstreckungsschuldner und das Zahlungsverbot für den Drittschuldner.[210] Zum Verzicht vgl. vor §§ 49–52 RdNr. 120 ff.

83 Die **Rückschlagsperre** (vgl. o. RdNr. 66) darf den herkömmlichen Erlöschensgründen nicht zur Seite gestellt werden. Sie führt nur zu einer „insolvenzrechtlichen Unwirksamkeit", d.h. die Unwirksamkeit, die allerdings eine absolute ist,[211] darf nicht über die Zwecke der Gesamtvollstreckung hinaus ausgedehnt werden. Sie ist also durch die Dauer und die Zwecke des Insolvenzverfahrens begrenzt.[212]

83a Ein vor der Anzeige der Masseunzulänglichkeit wirksam erlangtes Pfändungspfandrecht wird von dem **Vollstreckungsverbot** des § 210 nicht erfasst.[213]

E. Gesetzliches Pfandrecht

I. Die gesetzlichen Pfandgläubiger

84 **1. Vermieter und Verpächter. a) Allgemeines.** Die Vermieter und Verpächter haben ein **besitzloses** gesetzliches Pfandrecht an den vom Mieter/Pächter eingebrachten und diesem gehörenden, pfändbaren Sachen (§§ 562, 581 Abs. 2, 592 BGB). Voraussetzung ist das Bestehen eines wirksamen Miet- oder Untermietvertrages. Wird der Abschluss des Vertrages vom Insolvenzverwalter des Mieters nach §§ 129 ff. angefochten, kann er auch die Freigabe der von dem Mieter eingebrachten Sachen verlangen.[214] Zur Anfechtbarkeit des Einbringens s.u. RdNr. 86. Nach früherem Recht konnte sich der Vermieter/Verpächter in der Insolvenz des Mieters/Pächters nicht auf ein Vermieter-/Verpächterpfandrecht berufen, wenn die Überlassung des fraglichen Gegenstandes und das Stehenlassen der Miet-/Pachtzinsen eigenkapitalersetzenden Charakter hatten.[215] Nach neuem Recht wird man das nicht anders sehen können (vgl. die Wertung bei der Kollision von eigenkapitalersetzender Nutzungsüberlassung und Grundpfandrechten Dritter, o. vor §§ 49–52 RdNr. 78b).

85 **b) Absonderungsberechtigter.** Das Absonderungsrecht haben der Vermieter/Verpächter von **Grundstücken** und (Wohn- und anderen) **Räumen** in der Insolvenz des Mieters/Pächters und der Untervermieter/-verpächter in der Insolvenz des Untermieters/-pächters. Ob die Untervermietung dem Mieter gestattet war, ist unerheblich. Der Vermieter/Verpächter hat kein gesetzliches Pfandrecht an den eingebrachten Sachen des Untermieters/-pächters (Pfandgläubiger ist dafür der Mieter/Pächter).[216] Als Raum gilt auch das Bankschließfach,[217] nicht aber ein Schiff.[218] Wird die pfandgesicherte Forderung abgetreten, geht auch das Absonderungsrecht auf den Erwerber über (§ 1257 BGB i. V. m. §§ 1250, 401 BGB). Bei der Veräußerung der Miet- oder Pachträume an einen Dritten behält der bisherige Vermieter/Verpächter seine zuvor entstandenen Ansprüche aus dem Miet-/Pachtverhältnis und somit auch das gesetzliche Pfandrecht (s.u. RdNr. 91a). Zum Wechsel des Mieters/Pächters s.u. RdNr. 91.

86 **c) Voraussetzungen des Vermieter-/Verpächterpfandrechts. aa) Einbringen.** Das Pfandrecht an eingebrachten Sachen des Mieters/Pächters entsteht mit der Einbringung, auch soweit es erst künftig entstehende Forderungen aus dem Miet-/Pachtverhältnis sichert (s.o. vor §§ 49–52 RdNr. 35). Eingebracht sind Sachen, die während der Mietzeit *wissentlich* und *willentlich* in die Miet-/Pachträume verbracht wurden.[219] Auf die Entstehung des Pfandrechts brauchte sich der Wille

---

[208] *Gottwald/Adolphsen*, Insolvenzrechts-Handbuch, § 42 RdNr. 59; *Jaeger/Henckel* § 50 RdNr. 82; *Uhlenbruck/Brinkmann* § 50 RdNr. 45.
[209] BGHZ 162, 143, 156 = NJW 2005, 1121 = NZI 2005, 215 = EWiR 2005, 607 *(Eckardt)*.
[210] BGH NZI 2009, 105 f. RdNr. 10 = WuB VI A. § 129 InsO 1.09 *(Smid)* = EWiR 2009, 449 *(Schröder/Jensen)*.
[211] BGHZ 166, 74, 77 f. = NJW 2006, 1286 = NZI 2006, 224; HK-*Kayser* § 88 RdNr. 3.
[212] BGHZ 166, 74, 82 = NJW 2006, 1286 = NZI 2006, 224; *Kreft*, FS G. Fischer, 2008, S. 297, 304; HK-*Kayser* § 88 RdNr. 3 f.
[213] LG Berlin NZI 2008, 108, 109.
[214] *Jaeger/Henckel* § 50 RdNr. 36.
[215] KG ZInsO 2006, 1268.
[216] *Uhlenbruck/Brinkmann* § 50 RdNr. 13.
[217] *Obermüller*, Insolvenzrecht RdNr. 2.208; *Jaeger/Henckel* § 50 RdNr. 34; aA *Palandt/Weidenkaff* vor 535 BGB RdNr. 95.
[218] BGH WM 1986, 26.
[219] *Eckert* ZIP 1984, 663. Vgl. auch *Jaeger/Henckel* § 50 RdNr. 41: „Nicht eingebracht sind ...Sachen, die in der Absicht alsbaldiger Wiederentfernung und nicht zur Ausnutzung des Raumes im Zusammenhang mit dem Mietverhältnis darin eingestellt sind."

nicht zu richten. Willensmängel sind deshalb unbeachtlich. Das Einbringen von Sachen kann aber eine anfechtbare Rechtshandlung iS der §§ 129 ff. darstellen (s.u. § 129 RdNr. 22).[220] Eingebracht sind auch Sachen, die in den gemieteten/gepachteten Räumen erzeugt wurden,[221] sowie solche Sachen, die der Mieter/Pächter bei Beginn seines Miet-/Pachtverhältnisses von seinem Vorgänger käuflich übernommen hat. Bei Sachen, die nur vorübergehend, in der Absicht alsbaldiger Wiederentfernung, eingestellt sind, muss unterschieden werden. Entspricht der nur vorübergehende Verbleib der Zweckbestimmung, die der Mieter/Pächter dem Raum gegeben hat, liegt ein Einbringen vor. Dies gilt zum Beispiel für Warenvorräte in gemieteten Läden,[222] nicht für die Tageseinnahmen, die täglich der Kasse entnommen und zur Bank geschafft werden.[223] Hat der vorübergehende Verbleib mit der bestimmungsgemäßen Ausnutzung des Raums nichts zu tun, ist die Sache nicht eingebracht. Ein Kraftfahrzeug, das außerhalb der Benutzungszeiten auf dem vermieteten Grundstück geparkt wird, ist eingebracht. Denn hier stellt die regelmäßige vorübergehende Einstellung der Gegenstände gerade den bestimmungsgemäßen Gebrauch der Mietsache dar.[224] Wird das Fahrzeug jedoch normalerweise auf der Straße geparkt und ein einziges Mal, weil auf der Straße nichts mehr frei ist, auf dem vermieteten Grundstück abgestellt, unterliegt es nicht dem Vermieterpfandrecht.[225] Auch genügt es nicht, dass das Fahrzeug auf einer von einem Dritten angemieteten Fläche im Zusammenhang mit dem vertragsgemäßen Gebrauch des Grundstücks abgestellt wird (dann hat der Dritte das Vermieterpfandrecht).[226]

bb) Zeitpunkt des Einbringens. (1) Eröffnungsverfahren. Ist ein **starker vorläufiger** 86a **Insolvenzverwalter** bestellt worden, so kann nur er, nicht der Schuldner, eine Sache im Sinne des § 562 BGB einbringen und dadurch ein Pfandrecht zur Entstehung bringen.[227] Hat ein **schwacher vorläufiger Insolvenzverwalter mit Zustimmungsvorbehalt** zugestimmt, dass der Schuldner eine Sache einbringt, entsteht ein Vermieterpfandrecht.[228] Ohne diese Zustimmung ist das nicht der Fall. Ist der schwache vorläufige Insolvenzverwalter nicht mit einem Zustimmungsvorbehalt ausgestattet, ist ein Einbringen durch den Schuldner ohne weiteres möglich.

(2) Eröffnetes Insolvenzverfahren. Sachen, die der **Insolvenzschuldner** als Mieter oder 86b Pächter nach Insolvenzeröffnung einbringt (Neuerwerb fällt in die Masse[229]), sind dem gesetzlichen Pfandrecht nicht unterworfen (vgl. § 91).[230] Dies gilt auch im Falle der Eigenverwaltung.[231] Dass hier die Verwaltungs- und Verfügungsbefugnis über das Schuldnervermögen nicht dem Treuhänder übertragen ist, setzt den § 91 nicht außer Kraft. Wenn der **Insolvenzverwalter,** der das Miet- oder Pachtverhältnis fortsetzt, also von seinem Kündigungsrecht nach § 109 Abs. 1 keinen Gebrauch macht, Sachen **einbringt,** steht § 91 nicht entgegen, weil diese Vorschrift auf Verfügungen des Insolvenzverwalters nicht anwendbar ist.[232] Dass auch der Insolvenzverwalter Sachen im Sinne von § 562 BGB einbringen kann, führt allerdings nur zur Sicherung von Masseschulden des Mieters aus dem nach Insolvenzeröffnung fortbestehenden (§§ 108, 109) Mietverhältnis.[233] Die eingebrachten Sachen haften also nicht für Forderungen aus der Zeit vor Insolvenzeröffnung, die einfache Insolvenzforderungen sind. Die Fortsetzung des Miet- oder Pachtverhältnisses wird meist mit der Fortführung eines Geschäftsbetriebes zusammenhängen. Dann besteht wieder ein „üblicher Geschäftsverkehr" im Sinne des § 562a Satz 2 BGB. Zum Einbringen von Sachen, die schon vorher mit dem Insolvenzbeschlag belegt waren, s.u. RdNr. 88a.

cc) Sachen. Es muss eine körperliche Sache eingebracht worden sein. Darunter sind auch Geld, 87 Inhaberpapiere und indossable Papiere zu verstehen, nicht Namenspapiere und bloße Legitimations-

---

[220] Ebenso *Jaeger/Henckel* § 50 RdNr. 36.
[221] RGZ 132, 116, 119; *Staudinger/Emmerich* Neubearbeitung 2011 § 562 RdNr. 12.
[222] *Palandt/Weidenkaff* § 562 RdNr. 6; *Jaeger/Henckel* § 50 RdNr. 46.
[223] OLG Braunschweig OLGZ 1980, 239, 240; *Eckert* ZIP 1984, 663, 664; *Ehricke,* FS Gerhardt, S. 191, 200; *Staudinger/Emmerich* Neubearbeitung 2011 § 562 RdNr. 12; *Palandt/Weidenkaff* § 562 RdNr. 6; *Mitlehner,* aaO RdNr. 764.
[224] OLG Frankfurt a. M. ZMR 2006, 609 RdNr. 24; *Palandt/Weidenkaff* § 562 RdNr. 6.
[225] *Mitlehner,* aaO RdNr. 764.
[226] *Staudinger/Emmerich* Neubearbeitung 2011 § 562 RdNr. 13.
[227] *Ehricke,* FS Gerhardt, S. 191, 195; *Uhlenbruck/Brinkmann* § 50 RdNr. 19.
[228] BGHZ 170, 196, 205 = NJW 2007, 1588; *Ehricke,* FS Gerhardt, S. 191, 195; *Uhlenbruck/Brinkmann* § 50 RdNr. 19.
[229] HK-*Eickmann* § 35 RdNr. 33.
[230] *Eckert* ZIP 1984, 663, 665; *Ehricke,* FS Gerhardt, S. 191, 195; *Jaeger/Henckel* § 50 RdNr. 39, 43; *Uhlenbruck/Brinkmann* § 50 RdNr. 18.
[231] Anders nunmehr *Uhlenbruck/Brinkmann* § 50 RdNr. 18.
[232] *Eckert* ZIP 1984, 663, 665; *Ehricke,* FS Gerhardt, S. 191, 197; *Jaeger/Henckel* § 50 RdNr. 39; *Uhlenbruck/Brinkmann* § 50 RdNr. 18.
[233] *Jaeger/Henckel* § 50 RdNr. 39; *Uhlenbruck/Brinkmann* § 50 RdNr. 18; HK-*Lohmann* § 50 RdNr. 24.

papiere (vgl. o. RdNr. 21). Zins-, Renten- und Dividendenscheine unterliegen dem Vermieterpfandrecht nur, wenn sie selbst eingebracht sind (vgl. o. RdNr. 19).[234] Auf Sachen ohne Vermögenswert – zum Beispiel Briefe, Familienfotos – erstreckt sich das Vermieterpfandrecht nicht.

88   **Unpfändbare Sachen** werden vom Vermieterpfandrecht nicht erfasst (§ 562 Abs. 1 Satz 2 BGB). Unpfändbar in diesem Sinne sind die unter §§ 811, 812 ZPO fallenden Sachen (vgl. RdNr. 67).[235] Werden die Sachen erst nach Insolvenzeröffnung pfändbar, fallen sie zwar als Neuerwerb in die Masse, begründen jedoch wegen § 91 kein Vermieterpfandrecht und folglich auch kein Absonderungsrecht.[236] Die Umstände, welche die Unpfändbarkeit begründen, hat der Insolvenzverwalter darzulegen und zu beweisen. Ausnahmsweise besteht das **Landverpächterpfandrecht** (§ 592 BGB) auch an den nach § 811 Abs. 1 Nr. 4 ZPO unpfändbaren Sachen, die nach § 36 Abs. 2 Nr. 2 zur Masse gehören.[237] **Ersatzansprüche** wegen der Beschädigung oder Zerstörung eingebrachter Sachen unterliegen dem Pfandrecht ebenso wenig wie daraus resultierende **Versicherungsansprüche**.[238]

88a   An Sachen, die bereits dem **Insolvenzbeschlag** unterliegen und vom Insolvenzverwalter in die Miträume eingebracht werden, kann ebenfalls ein Vermieterpfandrecht entstehen. § 91 hindert nicht die Sicherung von Massegläubigern, insbesondere nicht die Entstehung von Sicherungsrechten für Masseschuldansprüche des Vermieters aus dem nach Verfahrenseröffnung fortbestehenden Mietverhältnis.[239]

89   dd) **Eigentum des Mieters/Pächters.** Dem Pfandrecht unterliegen nur Sachen, die dem Mieter/Pächter gehören. Haben **mehrere** (zB Eheleute) als **Mieter/Pächter** den Vertrag geschlossen, so erstreckt sich das Pfandrecht auf das Eigentum sämtlicher Vertragspartner. Wird später nur über das Vermögen eines Partners das Insolvenzverfahren eröffnet, kann der Vermieter/Verpächter aber an dem Eigentum des anderen kein Absonderungsrecht geltend machen. Das Pfandrecht erstreckt sich nur auf den Anteil des **Miteigentümers**.[240] **Gesamthandseigentum** unterliegt dem Pfandrecht, sofern alle Gesamthänder Mieter/Pächter sind. Hat eine Handelsgesellschaft Lagerräume gemietet, so besteht in der Gesellschaftsinsolvenz ein Absonderungsrecht nur an eingebrachten Sachen der Gesellschaft. Sachen eines Gesellschafters unterliegen nicht der Pfandhaftung, selbst wenn er persönlich für die Mietschuld mithaftet.[241] Das ist nur dann anders, wenn der Gesellschafter den Mietvertrag mit abgeschlossen hat. Erwirbt der Mieter/Pächter das Eigentum erst nach dem Einbringen der Sache, fällt diese mit dem Eigentumserwerb unter das gesetzliche Pfandrecht.[242] Hat der Mieter/Pächter an der eingebrachten Sache ein **Anwartschaftsrecht**, so erstreckt sich das Pfandrecht hierauf. Mit dem Eintritt der Bedingung unterliegt die Sache selbst dem Pfandrecht.[243] Zu beachten sind allerdings Besonderheiten, falls dem Anwartschaftsrecht ein beiderseits noch nicht vollständig erfüllter schuldrechtlicher Vertrag zugrunde liegt. So verhält es sich beispielsweise beim **Vorbehaltskauf** (s.u. § 103 RdNr. 73). Hier kann das Anwartschaftsrecht nur dann zum Vollrecht erstarken, wenn der Insolvenzverwalter von seinem Wahlrecht (§ 103) Gebrauch macht und Erfüllung wählt (und anschließend die dadurch entstandene Masseschuld auch erfüllt). Mit der Erfüllungswahl erfahren die beiderseitigen Forderungen einen „Qualitätssprung" (s.u. § 103 RdNr. 13). Dies hat zur Folge, dass das dadurch entscheidend aufgewertete Vermieterpfandrecht an § 91 scheitert.[244] Fällt – mit oder ohne Erfüllungswahl – die Bedingung aus, geht das Vermieterpfandrecht ins Leere.[245] Wird eine **sicherungsübereignete** Sache eingebracht, erwirbt der Vermieter/Verpächter kein Pfandrecht.[246] Eine nach dem Einbringen vorgenommene Sicherungsübereignung lässt das bereits ent-

---

[234] *Jaeger/Henckel* § 50 RdNr. 42.
[235] Vgl. *Haase,* Die „der Pfändung nicht unterworfenen Sachen" im Sinne des § 559 Satz 3 BGB, JR 1971, 323 ff.; *Eckert* ZIP 1984, 663, 664.
[236] *Eckert* ZIP 1984, 663, 665; *Jaeger/Henckel* § 50 RdNr. 43.
[237] *Jaeger/Henckel* § 50 RdNr. 63.
[238] *Jaeger/Henckel* § 50 RdNr. 63.
[239] *Jaeger/Henckel* § 50 RdNr. 39; *Uhlenbruck/Brinkmann* § 50 RdNr. 18; HK-*Lohmann* § 50 RdNr. 24; *Mitlehner,* aaO RdNr. 440.
[240] RGZ 146, 335, 336; *Ehricke,* FS Gerhardt, S. 191, 202; *Palandt/Weidenkaff* § 562 RdNr. 7; *Uhlenbruck/Brinkmann* § 50 RdNr. 15.
[241] *Jaeger/Henckel* § 50 RdNr. 59.
[242] RGZ 60, 70, 73; *Jaeger/Henckel* § 50 RdNr. 57.
[243] BGHZ 35, 85, 87 = NJW 1961, 1349; 117, 200, 205 = NJW 1992, 1156 = LM BGB § 559 Nr. 8 (Schmidt-Lademann) = EWiR 1992, 443 (*Köndgen); Ehricke,* FS Gerhardt, S. 191, 206.
[244] So – allerdings noch von der „Erlöschenstheorie" ausgehend – *Foltis* ZInsO 2002, 361, 363 gegen OLG Frankfurt ZInsO 2002, 377, 379.
[245] Vgl. BGH 87, 274, 280 = NJW 1983, 2140.
[246] *Staudinger/Emmerich* Neubearbeitung 2011 § 562 RdNr. 15; *Palandt/Weidenkaff* § 562 RdNr. 10; *Uhlenbruck/Brinkmann* § 50 RdNr. 14; HK-*Lohmann* § 51 RdNr. 18; *Ehricke,* FS Gerhardt, S. 191, 205; *Mitlehner,* aaO RdNr. 954; aA *Jaeger/Henckel* § 51 RdNr. 69 (es entstehe ein Vermieterpfandrecht im Range nach dem Sicherungseigentum).

standene Pfandrecht unberührt. Ein gutgläubiger lastenfreier Erwerb des Sicherungseigentums ist ausgeschlossen, weil der Sicherungsnehmer als bösgläubig angesehen werden muss.[247] Wird ein in gemietete Räume eingebrachtes Warenlager mit wechselndem Bestand sicherungsübereignet (meist in der Form einer Raumsicherungsübereignung), ist die Rechtslage in Bezug auf Waren, die erst nach der Sicherungsübereignung dem Warenlager zugeführt werden, umstritten. Nach dem Grundsatz der zeitlichen Priorität entstünden Vermieterpfandrecht und Sicherungseigentum gleichzeitig und mit gleichem Rang; der BGH hat dem Vermieterpfandrecht den Vorrang zugebilligt, weil die Sachgesamtheit rechtlich einheitlich behandelt und eine wirtschaftliche Aushöhlung des Vermieterpfandrechts verhindert werden müsse.[248]

d) Gesicherte Forderungen. aa) Miete/Pacht. Gesichert werden auch **künftige** (d.h. nach **90** dem Einbringen entstehende[249]) **Mietforderungen** (s.o. RdNr. 86). Auch für die erst nach Stellung des Insolvenzantrags über das Vermögen des Mieters/Pächters fällig werdenden Miet-/Pachtforderungen entsteht das Pfandrecht bereits mit dem Einbringen.[250] Das Pfandrecht sichert allerdings nur Forderungen aus dem aktuellen, nicht etwa aus früheren Miet- oder Pachtverhältnissen (§§ 562 Abs. 1, 581 Abs. 2, 592 BGB).[251] Das Pfandrecht des **Verpächters eines landwirtschaftlichen Grundstücks** kann für die gesamte rückständige und künftige Pacht aus dem aktuellen Pachtverhältnis geltend gemacht werden (§ 592 BGB; § 50 Abs. 2 Satz 2).[252] Von dieser Ausnahme abgesehen unterliegt das gesetzliche Pfandrecht für die Miete oder Pacht **Einschränkungen:** Zum einen kann es für eine spätere Zeit als das laufende und das folgende Mietjahr – das nicht mit dem Kalenderjahr übereinstimmen muss (s.o. RdNr. 1) – nicht geltend gemacht werden (§ 562 Abs. 2 BGB). Zum anderen ist die Absonderungskraft des Pfandrechts durch § 50 Abs. 2 Satz 1 beschränkt auf Rückstände für das letzte Jahr vor Insolvenzeröffnung. Im Allgemeinen kann also bestenfalls für den Zins von drei Jahren abgesonderte Befriedigung verlangt werden. Die Forderung für die Zeit nach Insolvenzeröffnung ist zugleich Masseschuld nach § 55 Abs. 1 Nr. 2. Der Ausschluss der Absonderung für ältere Rückstände bedeutet nicht, dass insofern das Pfandrecht erlischt. Der Vermieter/Verpächter, der hohe Zinsrückstände auflaufen lässt, wird lediglich gegenüber den Insolvenzgläubigern nicht geschützt. Die entsprechende Beschränkung des Absonderungsrechts gilt deshalb nicht, wenn die Masse nicht beeinträchtigt wird,[253] insbesondere wenn sie nur einem anderen Absonderungsberechtigten zugute käme.[254] Die Beschränkung gilt ferner nicht, soweit es um das Pfandrecht des Verpächters eines landwirtschaftlichen Grundstücks und um die Pacht geht (§ 50 Abs. 2 Satz 2).

Wird der **Mieter/Pächter** in der Weise **ausgewechselt,** dass er aus dem Vertrag entlassen wird, **91** bleibt er aber Eigentümer der eingebrachten Sachen, erstreckt sich das Vermieter-/Verpächterpfandrecht nicht auf künftig entstehende vertragliche Forderungen.[255] Dies ist dann anders, wenn der neue Mieter/Pächter mit seinem Eintritt in den Vertrag auch die von seinem Vorgänger eingebrachten Sachen zu Eigentum übernimmt. Dann gelten die Sachen als von ihm eingebracht (s.o. RdNr. 86). Hatte allerdings der Vorgänger die Sachen zur Sicherheit an einen Dritten übereignet, hat der Vermieter/Verpächter wegen der künftigen Ansprüche aus dem Vertrag wiederum kein Pfandrecht. Dem lässt sich nur abhelfen, indem der neue Mieter/Pächter durch dreiseitige Vereinbarung unter Wahrung der Identität des Vertragsverhältnisses als weiterer Mieter/Pächter in dieses eintritt mit der Folge, dass beide als Gesamtschuldner für künftige Forderungen haften.[256]

---

[247] *Vortmann* ZIP 1988, 626, 627; *Uhlenbruck/Brinkmann* § 51 RdNr. 14; *Staudinger/Wiegand* Neubearbeitung 2011 § 936 RdNr. 9; *Mitlehner,* aaO RdNr. 953; aA *Baur/Stürner,* Sachenrecht § 52 RdNr. 52.

[248] BGHZ 117, 200, 207 = NJW 1992, 1156 = LM BGB § 559 Nr. 8 *(Schmidt-Lademann)* = EWiR 1992, 443 *(Köndgen);* BGH NZI 2004, 209 *(Uhlenbruck)* = EWiR 2004, 349 *(G. Pape)* = WuB VI C. § 50 InsO 1.04 *(Tetzlaff);* zustimmend OLG Karlsruhe Urt. v. 27.5.2010 – 8 U 86/09 RdNr. 19; *Jaeger/Henckel* § 50 RdNr. 58 und § 51 RdNr. 70; vgl. ferner *Ehricke,* FS Gerhardt, S. 191, 205; *Fischer* JuS 1993, 542; *Gerhardt,* FS G. Fischer, S. 149, 151 f.; *Gnamm* NJW 1992, 2806 f.; *Henrichs* Betrieb 1993, 1707 ff.; *Nicolai* JZ 1996, 219 ff.; *Riggert* NZI 2000, 241, 242; *Uhlenbruck* § 50 RdNr. 18; *HK-Lohmann* § 50 RdNr. 28 und § 51 RdNr. 18; *Vortmann,* ZIP 1988, 626 ff.; kritisch *Bub/Treier/v. Martius,* Handbuch der Wohnraummiete, 3. Aufl., RdNr. III 857; *Mitlehner,* aaO RdNr. 959; *Weber/Rauscher* NJW 1988, 1571 ff.

[249] Abweichender Ansatz bei *HK-Lohmann* § 50 RdNr. 26 (nach dem erstmaligen Geltendmachen entstehende Forderungen).

[250] BGHZ 170, 196, 200 RdNr. 11 = NZI 2007, 98, vgl. hierzu *Rendels* INDAT-Report 2007, 39 ff.; BGH WM 1986, 720, 721.

[251] BGHZ 150, 326, 331 = NZI 2002, 485, 86.

[252] Näher zum Landverpächterpfandrecht *Jaeger/Henckel* § 50 RdNr. 63.

[253] BGH NJW 1959, 2251.

[254] *Kuhn* MDR 1960, 221, 222; *Häsemeyer,* Insolvenzrecht RdNr. 18.18; *Smid,* Kreditsicherheiten, § 2 RdNr. 26; *Uhlenbruck/Brinkmann* § 50 RdNr. 21.

[255] BGH NJW 1995, 1350, 1351.

[256] BGH NJW 1995, 1350, 1351.

91a Wechselt der **Vermieter/Verpächter,** geht sein Absonderungsrecht auf den Nachfolger über (§ 1257 i. V. m. §§ 1250, 401 BGB). Veräußert der Eigentümer das vermietete Grundstück an einen Dritten und tritt er seine pfandgesicherten Forderungen aus dem Mietverhältnis an den Erwerber ab, hat dieser das Absonderungsrecht auch wegen der Rückstände. Behält der Veräußerer die vor dem Eigentumswechsel entstandenen Ansprüche aus dem Mietverhältnis, konkurrieren die Vermieterpfandrechte des früheren und des neuen Vermieters an den Sachen, die bis zu dem Eigentümerwechsel eingebracht waren. Beide haben gleichen Rang, weil sie jeweils mit der Einbringung der Sachen entstanden sind.[257] An den nach dem Eigentümerwechsel eingebrachten Sachen hat nur der neue Vermieter ein Pfandrecht.

92 **bb) Andere Forderungen aus dem Miet- oder Pachtverhältnis.** Das gesetzliche Pfandrecht besteht außerdem für alle Forderungen, die aus dem Miet- oder Pachtverhältnis herrühren oder mit ihm in Zusammenhang stehen. Dazu gehören insbesondere Ansprüche wegen Verzugs mit den Mietzahlungen, wegen unselbständiger Nebenleistungen wie der Lieferung von Gas, Strom, Wasser, Heizwärme usw., ferner Ansprüche wegen vertragswidrigen Gebrauchs der Sache, wegen Nichterfüllung der Pflicht zur Mängelanzeige nach § 536c BGB oder der Rückgabepflicht nach § 546 BGB. Gesichert ist auch der Anspruch auf Zahlung der Nutzungsentschädigung nach § 546a BGB,[258] allerdings nicht als künftiger Anspruch. Gesichert sind ferner die Ansprüche des Verpächters, falls der Pächter die Pflicht zur Erhaltung und Rückgabe des Inventars verletzt (§ 582 Abs. 1 und Abs. 2 Satz 2, § 582a BGB). Die eingebrachten Sachen haften endlich auch für die Kosten der Kündigung, der Rechtsverfolgung und der Pfandverwertung.

93 Das Pfandrecht deckt kein Vorgehen aus einem abstrakten Schuldanerkenntnis, das keinen rechtlichen Bezug auf eine bestimmte Forderung aus dem Miet-/Pachtverhältnis erkennen lässt.[259] Es kann auch nicht geltend gemacht werden für Forderungen aus neben dem Miet- oder Pachtvertrag geschlossenen **selbständigen Verträgen.** Dies gilt sogar dann, wenn die Eingehung der Miete oder Pacht Beweggrund für den Abschluss jenes weiteren Vertrages war.[260] Deshalb kann wegen der Forderungen aus einem mit der Verpachtung einer Gastwirtschaft verbundenen Bierlieferungsvertrag[261] oder aus einem vom Pächter hingegebenen Darlehen[262] keine Absonderung verlangt werden.

94 Eine Pfandhaftung besteht auch nicht für künftige Entschädigungsforderungen (§ 562 Abs. 2 BGB).[263] Darunter fallen solche Ersatzansprüche, die bei der erstmaligen Geltendmachung des Pfandrechts noch nicht fällig sind.[264] Außerdem kann keine abgesonderte Befriedigung verlangt werden für die Entschädigung, die infolge einer Kündigung des Miet- oder Pachtverhältnisses durch den Insolvenzverwalter zu zahlen ist (§ 109 Abs. 1 Satz 2). Nicht von dem Absonderungsrecht gedeckt wird eine als Schadensersatz für den Fall vorzeitiger Vertragsbeendigung ausbedungene **Vertragsstrafe.**[265] Das ist sinnvoll, weil es sonst leicht zu Umgehungen kommen könnte.

95 **e) Erlöschen des Absonderungsrechts. aa) Allgemeine Erlöschensgründe.** Das Absonderungsrecht erlischt mit dem Pfandrecht, sobald die gesicherte Forderung getilgt wird (§§ 1252, 1257 BGB) und feststeht, dass dem Vermieter auch künftig keine Forderungen aus dem Mietverhältnis mehr entstehen können, außerdem durch Verzicht,[266] Konvaleszenz (§§ 1256, 1257 BGB), Aufhebung (§§ 1255, 1257 BGB) und **gutgläubig** lastenfreien Erwerb (§ 936 BGB). Voraussetzung hierfür ist, dass die Entfernung im Zuge einer Übereignung mit Übergabe nach § 929 BGB geschieht. Die Verpfändung an einen redlichen Dritten führt zwar nicht zum Erlöschen des gesetzlichen Pfandrechts, wohl aber zu einem Rangverlust (§ 1208 BGB).[267] Der Erwerber ist nicht gutgläubig, wenn er beim Besitzerwerb grobfahrlässig verkennt, dass es sich um die eingebrachte Sache eines Mieters oder Pächters handelt. Grob fahrlässig handelt er schon dann, wenn er weiß, dass die fraglichen Sachen in gemieteten Räumen stehen und sich nicht nach dem Vermieterpfandrecht erkundigt.[268] Das Pfandrecht erlischt ferner durch die rechtmäßige Veräußerung des Pfandes (§ 1242, 1257

---

[257] RG JW 1906, 8; *Jaeger/Henckel* § 50 RdNr. 37.
[258] BGH MDR 1972, 598.
[259] BGHZ 118, 201, 208 = NJW 1992, 2014 = EWiR 1992, 977 *(Grunsky).*
[260] *Uhlenbruck/Brinkmann* § 50 RdNr. 20.
[261] RG JW 1905, 19.
[262] RGZ 37, 88, 90.
[263] OLG Hamm NJW-RR 1994, 655, 656.
[264] *Jaeger/Henckel* § 50 RdNr. 61.
[265] *Jaeger/Henckel* § 50 RdNr. 61; zweifelnd *Uhlenbruck/Brinkmann* § 50 RdNr. 20.
[266] Der Verzicht auf das Vermieterpfandrecht an den in den Geschäftsräumen lagernden Gegenständen erstreckt sich nicht ohne weiteres auf deren Zubehör, OLG Düsseldorf InVo 2006, 429, 430.
[267] *Jaeger/Henckel* § 50 RdNr. 55.
[268] BGH, Beschl. v. 3.2.2011 – IX ZR 132/10, n.v.

BGB).²⁶⁹ Die Beendigung des Mietverhältnisses als solches führt nicht zum Erlöschen des Pfandrechts.²⁷⁰

bb) Entfernung vom Grundstück. (1) Vor Insolvenzeröffnung. Werden dem gesetzlichen 95a Pfandrecht unterliegende Sachen von dem Grundstück **entfernt,** so hat dies grundsätzlich das Erlöschen des Pfandrechts zur Folge (§ 562a BGB). Das Entfernen muss – ebenso wie das Einbringen (contrarius actus), vgl. o. RdNr. 86 – *wissentlich* und *willentlich* geschehen (wenn gesagt wird, ein „bloßer Realakt" genüge, kann das deshalb missverständlich sein),²⁷¹ was auch bei der Mitnahme durch einen Dieb zutrifft. Denn auf das Erlöschen des Pfandrechts muss der Wille nicht gerichtet sein. Kein Entfernen liegt vor, wenn die eingebrachte Sache zwar aus dem für sie angemieteten Raum, aber nicht aus dem Machtbereich des Vermieters ausscheidet.²⁷² So wie ein vorübergehendes Hineinschaffen unter Umständen für ein Einbringen genügt (s.o. RdNr. 86), reicht auch ein vorübergehendes Herausschaffen für ein Entfernen. Deshalb erlischt das Pfandrecht des Vermieters eines Fabrikgrundstücks an den Firmenfahrzeugen des Mieters jedes Mal, wenn diese im Rahmen des ordnungsgemäßen Geschäftsbetriebs das Mietgrundstück verlassen. Kehren sie zurück, entsteht das Pfandrecht neu.²⁷³ Während der Abwesenheit der Fahrzeuge kann an ihnen zugunsten eines Dritten unbelastetes Sicherungseigentum begründet werden. Dieses verhindert dann die Entstehung eines neuen Vermieterpfandrechts.²⁷⁴

Trotz Entfernung erlischt das Pfandrecht an der Sache nicht, wenn jene ohne Wissen oder unter 96 Widerspruch des Vermieters/Verpächters erfolgt (§ 562a Satz 1 BGB). Der Entfernung kann nicht widersprochen werden, wenn sie den gewöhnlichen Lebensverhältnissen entspricht oder wenn die zurückbleibenden Sachen zur Sicherung des Vermieters/Verpächters offenbar ausreichen (§ 562a Satz 2 BGB).²⁷⁵ Besteht die Duldungspflicht nach § 562a Satz 2 BGB, ist es sogar unerheblich, ob der Vermieter von der Entfernung Kenntnis hatte oder nicht.²⁷⁶ Durch das Abstellen auf die „gewöhnlichen Lebensverhältnisse" soll verhindert werden, dass der Mieter durch das Vermieterpfandrecht in seiner für den normalen Geschäftsbetrieb notwendigen Bewegungsfreiheit eingeengt wird. Die Enthaftung ist nicht schon deshalb ausgeschlossen, weil die Mieträume wegen Geschäftsaufgabe geräumt werden; dann kann der Vermieter aber der Entfernung widersprechen, und der Widerspruch verhindert eine Enthaftung.²⁷⁷

Ist die Sache ohne Wissen des Vermieters/Verpächters entfernt worden oder hat dieser, falls ein 97 Widerspruch möglich war, der Entfernung widersprochen, so erlischt dennoch das Pfandrecht, wenn nicht binnen eines Monats nach Kenntniserlangung von der Entfernung der Herausgabeanspruch nach § 562b Abs. 2 Satz 1 BGB gerichtlich geltend gemacht wird (§ 562b Abs. 2 Satz 2 BGB). Zur Rechtslage, wenn diese **Verfolgungsfrist** im Zeitpunkt der Verfahrenseröffnung noch läuft, s.u. RdNr. 102a.

Auch wenn die Sache ohne Wissen des Vermieters/Verpächters entfernt wird, kann das Pfand- 98 recht nach § 936 BGB durch **gutgläubigen lastenfreien Erwerb der Sache** erlöschen (dazu o. RdNr. 95).

Die Vorschrift des § 562b BGB ist nicht anwendbar, wenn der Gerichtsvollzieher eine einge- 99 brachte Sache im Wege der **Pfändung** (§ 808 Abs. 1 ZPO) wegnimmt. Hier bleibt das gesetzliche Pfandrecht des Vermieters/Verpächters bestehen; es setzt sich, falls die gepfändete Sache versteigert wird, an dem Erlös fort. Wird der Versteigerungserlös an den Pfändungspfandgläubiger ausgekehrt, kann dieser vom Vermieter/Verpächter auf Herausgabe einer ungerechtfertigten Bereicherung in Anspruch genommen werden. Gelangt der Erlös zu den Insolvenzverwalter, weil dieser die Pfändung angefochten hat, ist die Masse ungerechtfertigt bereichert (§ 55 Abs. 1 Nr. 3).²⁷⁸ § 562b BGB ist ferner dann nicht anwendbar, wenn sich der vorläufige Insolvenzverwalter mit dem Vermieter dahin einigt, dass die eingebrachten Sachen zu dessen Gunsten verwertet werden. Auch in diesem Falle setzt sich das Vermieterpfandrecht am Erlös fort.²⁷⁹

---

²⁶⁹ *Ehricke* KTS 2004, 321, 323.
²⁷⁰ *Ehricke* KTS 2004, 321, 322.
²⁷¹ *Ehricke* KTS 2004, 321, 324; *Staudinger/Emmerich* Neubearbeitung 2011 § 562a RdNr. 3; *Jaeger/Henckel* § 50 RdNr. 46; *Palandt/Weidenkaff* § 562a BGB RdNr. 4.
²⁷² *Jaeger/Henckel* § 50 RdNr. 45.
²⁷³ *Jaeger/Henckel* § 50 RdNr. 46.
²⁷⁴ OLG Hamm ZIP 1981, 165, 166.
²⁷⁵ *Jaeger/Henckel* § 50 RdNr. 44.
²⁷⁶ *Ehricke* KTS 2004, 321, 327 mwN.
²⁷⁷ BGH NJW 1963, 147; *Jaeger/Henckel* § 50 RdNr. 41; vgl. auch BGH NZI 2004, 209, 211 m. Anm. *Uhlenbruck*.
²⁷⁸ *Jaeger/Henckel* § 50 RdNr. 54.
²⁷⁹ BGH NZI 2004, 209, 211 (m. Anm. *Uhlenbruck*, aaO S. 212) = EWiR 2004, 349 *(G. Pape)* = WuB VI C. § 50 InsO 1.04 *(Tetzlaff)*.

99a Auch **im Eröffnungsverfahren** erlischt das Vermieterpfandrecht nach § 562a Satz 2 BGB, wenn die Sache im gewöhnlichen Geschäftsverkehr aus den Miträumen entfernt wird. Nach Erlass eines allgemeinen Veräußerungsverbots entsprechen Veräußerungen im Allgemeinen nicht mehr den gewöhnlichen Lebensverhältnissen im Sinne von § 562a BGB.[280] Dies kann dann anders sein, wenn der „starke" vorläufige Insolvenzverwalter[281] Sachen im üblichen Geschäftsgang veräußert. Ist jedoch eine alsbaldige Stilllegung des Betriebes in dem Mietobjekt zu erwarten, ist für diese Ausnahme kein Raum.[282] Nicht zum üblichen Geschäftsablauf zählen deshalb Total- oder Räumungsverkäufe.[283] Dies ist auch dann nicht anders, wenn der Räumungsverkauf zur Schließung der in dem Mietobjekt unterhaltenen Filiale durchgeführt wird und notwendig erscheint, um das Gesamtunternehmen zu sanieren.[284] Das Sanierungsinteresse verdrängt das Einzelinteresse des pfandgesicherten Vermieters schon deshalb nicht, weil die Schließung auch unter dessen Schonung erfolgen kann (s.o. RdNr. 99 aE). Einigt sich der Vermieter der Geschäftsräume des Schuldners mit dem vorläufigen Verwalter über eine Fortsetzung des Nutzungsverhältnisses gegen Zahlung einer Nutzungsentschädigung in Höhe des bisherigen Mietzinses, nachdem jener mitgeteilt hatte, die dazu erforderlichen Mittel aus der Fortführung des Warenverkaufs erwirtschaften zu wollen, so billigt er damit die Veräußerung der seinem Vermieterpfandrecht unterliegenden Waren, selbst wenn er zunächst der Veräußerung gemäß § 562a Satz 1 BGB widersprochen hatte.[285]

100 **(2) Nach Insolvenzeröffnung.** Ist der Mieter/Pächter (= Insolvenzschuldner) noch im Besitz der Sache, kann der Vermieter/Verpächter weder einer Entfernung durch den Insolvenzverwalter, die zum Zwecke der Verwertung (§ 166 Abs. 1) erfolgt, widersprechen noch den Herausgabeanspruch nach § 562b Abs. 2 Satz 1 BGB geltend machen. Der Verwertungserlös gebührt dem Vermieter/Verpächter, soweit dessen Forderung reicht, es sei denn, die zurückbleibenden Sachen reichen offenbar zur Befriedigung des Vermieters/Verpächters aus.[286] Nach herrschender Auffassung setzen sich die Rechte des gesetzlichen Pfandgläubigers am Verwertungserlös fort;[287] nach hiesiger Auffassung (vgl. vor §§ 49–52 RdNr. 67a) hat mehr für sich die Meinung, es entstehe, ziehe der Insolvenzverwalter den Erlös zur Masse ziehe, ein Ersatzabsonderungsrecht analog § 48 Satz 2[288] und, falls der Erlös in der Masse nicht mehr unterscheidbar vorhanden sei, eine Masseforderung gemäß § 55 Abs. 1 Nr. 1 und 3. Bei einer Verwertung nach § 166 darf der Insolvenzverwalter die Kostenbeiträge einbehalten (§§ 170, 171).

101 Veräußert der Insolvenzverwalter eingebrachte Sachen im regelmäßigen Betriebe des von ihm **fortgeführten** Geschäfts des Mieters oder Pächters, so kann das gesetzliche Pfandrecht gemäß § 562a Satz 2 BGB erlöschen. Der Abverkauf von eingebrachten Waren im Rahmen eines fortgeführten Betriebes führt regelmäßig zur Enthaftung.[289] Der Veräußerungserlös kommt unbelastet der Masse zugute.[290] Bei einer Veräußerung in Bausch und Bogen oder einem Ausverkauf ist dies jedoch nicht der Fall. Hier entsteht ein Anspruch auf abgesonderte Befriedigung aus dem Erlös auch dann, wenn die Veräußerung – etwa im Falle einer übertragenden Sanierung – ohne Entfernung vom Grundstück erfolgt.[291]

102 Ist der Vermieter/Verpächter im Zeitpunkt der Insolvenzeröffnung im Besitz der Sache – sei es, dass sie ihm freiwillig überlassen wurde, sei es, dass er ihre Herausgabe erzwungen hat (§§ 562b, 1257 i. V. m. § 1231 BGB) –, darf er sich daraus befriedigen.[292] Der Insolvenzverwalter kann beim Insolvenzgericht beantragen, dass dem Vermieter/Verpächter eine Frist gesetzt wird, innerhalb derer er die Pfandsache zu verwerten hat (§ 173 Abs. 2 Satz 2); nach Ablauf der Frist ist der Verwalter zur Verwertung berechtigt (§ 173 Abs. 2 Satz 2).

102a Ist im Zeitpunkt der Verfahrenseröffnung die **Verfolgungsfrist** des § 562b Abs. 2 Satz 2 BGB noch nicht abgelaufen, so unterliegen die Sachen – obwohl bereits entfernt – noch der Pfandhaftung.

---

[280] OLG Köln ZIP 1984, 89, 90; OLG Düsseldorf NZI 2000, 82, 83; aA LG Mannheim ZIP 2003, 2374 m. – zu Recht – kritischer Anm. *A. Schmidt* EWiR 2003, 1257.
[281] Zu der Frage, ob das Entfernen vom Zustimmungsvorbehalt eines „halbstarken" vorläufigen Insolvenzverwalters erfasst wird, vgl. *Ehricke* KTS 2004, 321, 325 f.
[282] Vgl. BGH NJW 1963, 147, 148.
[283] *Ehricke* KTS 2004, 321, 328, 333.
[284] AA *Ehricke* KTS 2004, 321, 333 ff.
[285] OLG Düsseldorf NZI 2000, 82, 83.
[286] *Jaeger/Henckel* § 50 RdNr. 44.
[287] BGH WM 2001, 1628, 1629; *Gottwald/Adolphsen*, Insolvenzrechts-Handbuch, § 42 RdNr. 56; *G. Pape*, Kölner Schrift, Kap. 13 RdNr. 67; *Jaeger/Henckel* § 50 RdNr. 50; *Uhlenbruck/Brinkmann* § 50 RdNr. 23.
[288] BGH NJW 1995, 2783, 2788, insoweit in BGHZ 130, 38 ff. n.a. = EWiR 1995, 795 (*Gerhardt*).
[289] *Jaeger/Henckel* § 50 RdNr. 47.
[290] *Jaeger/Henckel* § 50 RdNr. 52.
[291] *Jaeger/Henckel* § 50 RdNr. 47.
[292] *Gottwald/Adolphsen*, Insolvenzrechts-Handbuch, § 42 RdNr. 56; *Jaeger/Henckel* § 50 RdNr. 49.

Der Vermieter/Verpächter kann (und muss es auch, will er sein Pfandrecht nicht jetzt noch verlieren) seine Ansprüche aus § 562b Abs. 2 Satz 1 BGB immer noch gerichtlich geltend machen, ohne dass ihn die §§ 89, 91 daran hindern.[293] Befinden sich die Sachen nunmehr im Besitz des Insolvenzverwalters, ist der **Verfolgungsanspruch** nur in der Weise zu wahren, dass auf Feststellung des Pfandrechts oder Herausgabe des der Vermieter/Verpächter gebührenden Erlöses geklagt wird; die Überlassung des Besitzes kann nicht verlangt werden, weil der Verwalter zur Verwertung berechtigt ist.

f) Auskunftsanspruch. Der Insolvenzverwalter hat dem sich auf sein Pfandrecht berufenden Vermieter insoweit Auskunft zu erteilen, wie es nötig ist, damit dieser den Umfang seines Pfandrechts bestimmen und die sich daraus ergebenden Rechte geltend machen kann.[294] Sind Sachen, die dem Vermieterpfandrecht unterlagen, aus den gemieteten Räumen entfernt worden, wird der Vermieter oft im Unklaren sein, wo sie sich befinden, wie er sich zur Wahrung seiner Rechte zu verhalten hat. Vor allem muss er sich Klarheit darüber verschaffen, was weggekommen ist, zu welchem Zweck dies geschehen ist, und ob die zurückgebliebenen Sachen zur Deckung seiner Forderungen ausreichen. Insofern ist der vorläufige wie auch der endgültige Verwalter ihm zur umfassenden Auskunft verpflichtet. Im Fall eines Verwalterwechsels kann der neue Verwalter sich nicht darauf zurückziehen, die maßgeblichen Vorgänge hätten sich in der „Amtszeit" seines Vorgängers zugetragen und er könne aus eigener Kenntnis nichts dazu sagen. Er kann seinerseits seinen Vorgänger um „Amtshilfe" ersuchen, auch bei dem Schuldner Auskünfte einholen und – falls er das Wegschaffen der Sachen für rechtswidrig hält – den neuen Besitzer auf Herausgabe in Anspruch nehmen.[295]

2. Inventarpächter. Der **Pächter** eines Grundstücks hat für die Forderungen aus dem (aktuellen) Pachtvertrag gegen den Verpächter, die sich auf das mitgepachtete Inventar beziehen, ein Pfandrecht an den in seinen Besitz gelangten Inventarstücken (§ 583 BGB). Die Vorschrift ist auf alle verpachteten Grundstücke anwendbar, insbesondere die gewerblichen einschließlich der landwirtschaftlich genutzten. Unter Inventar versteht man bewegliche Sachen, die dem wirtschaftlichen Zweck des Grundstücks gewidmet sind. Das Inventar muss mitgepachtet und in den Besitz des Pächters gelangt sein. Ob es dem Verpächter oder einem Dritten gehört, ist unerheblich. Zu den Forderungen, die sich auf das Inventar beziehen, gehören der Anspruch auf Ersatzbeschaffung (§ 582 Abs. 2 Satz 1 BGB), auf Ausgleich des Unterschiedes zwischen dem Gesamtschätzwert des übernommenen und dem des zurückzugewährenden Inventars (§ 582a Abs. 3 Satz 3 BGB), auf Rückgabe einer für das Inventar gestellten Kaution.[296] Das Pächterpfandrecht erlischt durch Rückgabe des Inventars (§ 1253 BGB), nicht durch unfreiwilligen Besitzverlust. Ferner erlischt es durch Verzicht (s. Vor §§ 49–52 RdNr. 120 ff.). Der **Nießbraucher** eines Grundstücks hat kein Inventarpfandrecht.[297]

3. Gastwirt. Dieser hat ein Pfandrecht an den eingebrachten Sachen des Gastes (§ 704 BGB). Berechtigt ist nur der Beherbergungsgastwirt, nicht der Schank- und Speisewirt,[298] nicht der Zimmervermieter und nicht der Wirt, der lediglich Tagungs- oder Besprechungsräume zur Verfügung stellt.[299] Erfasst werden nur pfändbare Sachen, die dem Gast gehören. Das Pfandrecht sichert Forderungen, die dem Gastwirt für die Beherbergung und andere dem Gaste zur Befriedigung seiner Bedürfnisse gewährte Leistungen zustehen, also auch für die Verabreichung von Speisen und Getränken und zusätzliche Dienstleistungen. Gesichert werden nur Forderungen aus dem aktuellen, nicht aus früheren Beherbergungsverträgen. Das Pfand haftet auch für Auslagen des Gastwirts, zum Beispiel Telefongebühren, und Ersatzansprüche wegen der Beschädigung der Räumlichkeiten des Gastwirts oder ihm gehörender beweglicher Sachen.[300] Nichtzahlende Familienangehörige oder Begleiter des Gastes unterliegen mit ihren eingebrachten Sachen dem Pfandrecht des Gastwirts, wenn dieser ausnahmsweise eine Forderung auch gegen sie hat, zum Beispiel wegen Beschädigung des vermieteten Raumes.

4. Werkunternehmer. Der Unternehmer hat für seine Forderungen aus dem Vertrag ein Pfandrecht an den von ihm hergestellten oder ausgebesserten **beweglichen Sachen** des Bestellers, wenn sie bei der Herstellung oder zum Zwecke der Ausbesserung in seinen Besitz gelangt sind (§ 647 BGB). Gesichert werden nur Forderungen aus dem aktuellen Vertrag, nicht solche aus früheren

---

[293] *Jaeger/Henckel* § 50 RdNr. 53.
[294] OLG Dresden NZI 2011, 995, 999.
[295] BGH NZI 2004, 209 (m. Anm. *Uhlenbruck*, aaO S. 212) = EWiR 2004, 349 *(G. Pape)* = WuB VI C. § 50 InsO 1.04 *(Tetzlaff)*.
[296] *Staudinger/Emmerich/Veit* Neubearbeitung 2005 § 583 RdNr. 4; *Jaeger/Henckel* § 50 RdNr. 65; *Uhlenbruck/Brinkmann* § 50 RdNr. 32.
[297] *Jaeger/Henckel* § 50 RdNr. 66.
[298] Vgl. BGH NJW 1980, 1096.
[299] Vgl. *Liecke*, Die Haftung bei Tagungen in Beherbergungsbetrieben, NJW 1982, 1800 f.
[300] *Jaeger/Henckel* § 50 RdNr. 68.

Verträgen.³⁰¹ Auf den Werklieferungsvertrag (§ 651 BGB) ist § 647 BGB nicht anwendbar. Auch der Subunternehmer erwirbt kein Werkunternehmerpfandrecht. Dieses besteht für alle Ansprüche, die ihre Rechtsgrundlage im Werkvertrag haben. Gesichert wird in erster Linie der Vergütungsanspruch (§ 631 Abs. 1 BGB), aber auch der Entschädigungsanspruch aus § 642 BGB, der Aufwendungsersatzanspruch aus § 645 Abs. 1 BGB und der Schadensersatzanspruch aus § 645 Abs. 2 BGB wegen Verschuldens. Nicht gesichert sind Ansprüche aus Geschäftsführung ohne Auftrag, Bereicherung und Delikt.³⁰² Der Unternehmer muss mindestens den mittelbaren Besitz erlangt haben.³⁰³ Das Pfandrecht erlischt mit der Ablieferung des Werks beim Besteller (§ 1253 BGB) und lebt auch nicht wieder auf, wenn der Unternehmer auf Grund eines weiteren Auftrags erneut in den Besitz der Sache kommt.³⁰⁴ Zum gutgläubigen Erwerb des Pfandrechts siehe unten RdNr. 117. Neben dem gesetzlichen könne die Parteien – auch durch AGB – ein vertragliches Pfandrecht des Unternehmers begründen.³⁰⁵ Einen zusätzlichen Schutz verschafft dem Werkunternehmer das **Zurückbehaltungsrecht** nach § 1000 BGB, falls der Werkunternehmer unrechtmäßiger Besitzer ist.³⁰⁶ Dazu kann es etwa dann kommen, wenn der Besteller Vorbehaltskäufer ist und sein Besitzrecht gegenüber dem Eigentümer und Vorbehaltsverkäufer durch dessen Rücktritt endet (§ 449 Abs. 2 BGB). Im **Konflikt zwischen dem durch eine Verarbeitungsklausel gesicherten Vorbehaltsverkäufer** (s.o. § 47 RdNr. 108) **und dem Werkunternehmer** gebührt dem letzteren der Vorrang: Verarbeitet der Werkunternehmer das vom Besteller unter Eigentumsvorbehalt bezogene und an den Werkunternehmer weitergegebene Material, wird zunächst der Besteller Eigentümer, erwirbt der Werkunternehmer also sein gesetzliches Pfandrecht; erst danach erwirbt der Vorbehaltsverkäufer kraft vorweggenommener Sicherungsübereignung das mit dem Pfandrecht des Werkunternehmers belastete Eigentum.³⁰⁷

106 Auf **unbewegliche Sachen** bezieht sich das Unternehmerpfandrecht nicht. Jedoch gewährt § 648 BGB dem Bauunternehmer einen schuldrechtlichen Anspruch auf Bestellung einer Sicherungshypothek an dem Baugrundstück. Der Anspruch entsteht mit Abschluss des Bauvertrages, wird aber erst nach Baubeginn fällig. Sicherung kann nur im Umfang der geleisteten Arbeit verlangt werden. Erwirkt der Gläubiger eine Vormerkung auf Eintragung einer Bauhandwerkersicherungshypothek durch einstweilige Verfügung, ist das letztlich erworbene Pfandrecht dennoch ein rechtsgeschäftliches.³⁰⁸ Allerdings ist die Eintragung der Vormerkung zur Sicherung des Anspruchs auf die Hypothek durch einstweilige Verfügung eine Vollstreckungsmaßnahme im Sinne von § 88.³⁰⁹ Die Vormerkung hat mithin in der Insolvenz keinen Bestand.³¹⁰ Insolvenzfest ist erst die eingetragene Bauhandwerkersicherungshypothek. Ausgeschlossen ist der Anspruch aus § 648 BGB, wenn und soweit der Unternehmer anderweitig Sicherheit nach § 648a Abs. 1 oder 2 BGB erlangt hat (§ 648a Abs. 4 BGB), wenn der Vergütungsanspruch erloschen ist oder ihm eine dauernde Einrede entgegensteht oder wenn der Besteller den Werklohn zur Abwendung der Zwangsvollstreckung bezahlt hat.³¹¹ Das Gesetz zur Sicherung von Bauforderungen vom 1. Juni 1909 (RGBl. 449) ist neben § 648 BGB anwendbar, aber praktisch bedeutungslos.

107 **5. Begünstigter bei der Hinterlegung.** Mit der Hinterlegung zum Zwecke der **Sicherheitsleistung** (§ 232 Abs. 1 1. Alt. BGB) erwirbt der Berechtigte ein Pfandrecht an dem hinterlegten Geld oder an den hinterlegten Wertpapieren und, wenn das Geld (vgl. § 7 HinterlO) oder die Wertpapiere in das Eigentum des Fiskus oder der Hinterlegungsstelle übergehen, ein Pfandrecht an der Forderung auf Rückerstattung (§ 233 BGB). Die Hinterlegungen nach § 108 Abs. 1 Satz 2 ZPO,³¹² nach § 923 ZPO³¹³ und §§ 709 ff. ZPO haben dieselbe Wirkung. In dem zuletzt genannten Falle gilt aber eine Ausnahme, wenn der Streitgegenstand selbst hinterlegt wird (§§ 711 Satz 1, 712

---

³⁰¹ BGHZ 87, 274, 280 = NJW 1983, 2140; BGHZ 150, 326, 331 = NZI 2002, 485, 486.
³⁰² *Uhlenbruck/Brinkmann* § 50 RdNr. 34.
³⁰³ *Kartzke*, Unternehmerpfandrecht des Bauunternehmers nach § 647 BGB an beweglichen Sachen des Bestellers, ZfBR 1993, 205; *Palandt/Sprau* § 647 RdNr. 3.
³⁰⁴ BGHZ 87, 274, 279 = NJW 1983, 2140.
³⁰⁵ Vgl. BGHZ 86, 300, 302 = NJW 1983, 1114; BGH BB 1977, 1417; *Festge/Seibert* BB 1983, 1819 ff.
³⁰⁶ BGHZ 34, 153, 158 = NJW 1961, 502; *Jaeger/Henckel* § 50 RdNr. 67; zweifelnd nunmehr *Uhlenbruck/Brinkmann* § 50 RdNr. 34.
³⁰⁷ *Jaeger/Henckel* § 51 RdNr. 41.
³⁰⁸ OLG Dresden ZIP 1998, 215, 216; *Holzer* ZIP 1996, 780; *Pape* KTS 1996, 231, 240; zweifelnd *Mohrbutter* WuB VI G. § 7 GesO 296.
³⁰⁹ BGHZ 142, 208, 209 ff. = NJW 1999, 3122, 3123 = WuB VI G. § 7 GesO 3.99 (*Uhlenbruck*) = EWiR 2000, 81 (*Gerhardt*); OLG Dresden ZIP 1998, 215, 216.
³¹⁰ BGHZ 144, 181, 183 = NJW 2000, 2427 = WuB VI G. § 7 GesO 1.00 (*Smid*).
³¹¹ OLG Hamburg NJW-RR 1986, 1467.
³¹² RG JW 1914, 466 f.; *Jaeger/Henckel* § 50 RdNr. 31; *Uhlenbruck/Brinkmann* § 50 RdNr. 35.
³¹³ RGZ 39, 399, 400; *Jaeger/Henckel* § 50 RdNr. 31; *Uhlenbruck/Brinkmann* § 50 RdNr. 35.

Abs. 1 Satz 1 ZPO). Andernfalls entstünde, wenn über einen Eigentumsherausgabeanspruch gestritten worden ist und der verurteilte Besitzer die Sache hinterlegt, ein Pfandrecht an eigener Sache. Hier ist die Hinterlegung als Erfüllung unter der auflösenden Bedingung rechtskräftiger Aufhebung des vorläufig vollstreckbaren Urteils zu verstehen; kraft seines auflösend bedingten Eigentums kann der Gläubiger in der Insolvenz des Schuldners aussondern.[314] Auch die Hinterlegung der streitbefangenen Sache durch den Verfügungsbeklagten bei einem Sequester (§ 938 Abs. 2 ZPO) lässt kein Pfandrecht des Gläubigers entstehen.

Leistet der Antragsteller im **Klageerzwingungsverfahren** (§ 176 StPO) oder der **Privatkläger** (§ 379 StPO) Prozesskostensicherheit durch Hinterlegung, erwirbt der Beschuldigte ein gesetzliches Pfandrecht gemäß § 233 ZPO. Leistet hingegen der Beschuldigte und für ihn ein anderer Sicherheit zur Aussetzung des Vollzugs eines **Haftbefehls** (§ 116 Abs. 1 Nr. 4, § 116a StPO), wird der Staat im Wege eines Verfalls (§ 124 StPO) Eigentümer des hinterlegten Wertes, erlangt also ein Aussonderungsrecht. **107a**

Ein Streit um die Rückgabe des hinterlegten Betrages ist nach Eröffnung des Insolvenzverfahrens über das Vermögen des Hinterlegers zwischen dem begünstigten Gläubiger und dem Insolvenzverwalter auszutragen. Insoweit ist ein **Aussonderungsrechtsstreit** zu führen (vgl. o. § 47 RdNr. 13). Soweit dem Gläubiger ein Pfandrecht zusteht, gebührt der hinterlegte Betrag der Insolvenzmasse. Er stellt kein insolvenzfreies Vermögen des Schuldners dar. Dies gilt ungeachtet der Frage, ob der Gläubiger selbst nach § 173 InsO zur Verwertung des Pfandes berechtigt ist, oder ob die Einziehung nach § 166 Abs. 2 InsO dem Insolvenzverwalter obliegt.[315] **107b**

6. Kommissionär. Dieser hat an dem Kommissionsgut, sofern er es im (unmittelbaren oder mittelbaren) Besitz hat, insbesondere mittels Konnossement, Lade- oder Lagerschein darüber verfügen kann, ein – in der Insolvenz des Kommittenten zur Absonderung berechtigendes – (Besitz-)Pfandrecht wegen der auf das Gut verwendeten Kosten, Provision, der auf das Gut gegebenen Vorschüsse und Darlehen, der mit Rücksicht auf das Gut eingegangenen Verbindlichkeiten sowie wegen aller Forderungen aus laufender Rechnung in Kommissionsgeschäften (§ 397 HGB). Gesichert sind somit auch Forderungen aus anderen Kommissionsgeschäften (inkonnexe Forderungen), nicht nur aus dem aktuellen (konnexe Forderungen).[316] Der Einkaufskommissionär, der das Kommissionsgut dem Kommittenten noch nicht übereignet hat, also Eigentümer ist (vgl. § 1256 BGB), hat ein dem Pfandrecht ähnliches Recht (§ 398 HGB), das ebenfalls zur abgesonderten Befriedigung berechtigt. Die Forderungen aus dem Ausführungsgeschäft sind nicht „Kommissionsgut" und fallen somit weder unter § 397 noch § 398 HGB. § 399 HGB gibt, unter Einschränkung des § 392 Abs. 2 HGB, dem Kommissionär an diesen Forderungen ein Vorzugsrecht. Der Kommissionär kann die Forderungen einziehen, und zwar ganz, nicht bloß bis zur Höhe seiner eigenen Ansprüche,[317] und sich aus dem so Erlangten befriedigen. Dieses Befriedigungsrecht hat in der Insolvenz des Kommittenten Absonderungskraft. Nur gegenüber den Gläubigern des Kommissionärs und in seiner Insolvenz greift § 392 Abs. 2 HGB ein. **108**

Die Insolvenz des Kommittenten beendet einen die Masse betreffenden Kommissionsauftrag (§ 115 Abs. 1). Hat der Kommissionär im Zeitpunkt der Insolvenzeröffnung noch keinen Besitz an dem Kommissionsgut und keine Verfügungsbefugnis kraft Warenpapiers, steht ihm kein Pfandrecht zu. Geht der Verwalter zur Abwicklung der unerledigten Kommission eine neue Geschäftsverbindung ein, entsteht wegen der Forderungen des Kommissionärs aus der neuen Geschäftsverbindung ein Pfandrecht an dem nach Insolvenzeröffnung in den Besitz des Kommissionärs gelangten Kommissionsgut. Die „laufende Rechnung in Kommissionsgeschäften" im Sinne des § 397 HGB beginnt also neu mit Aufnahme der Geschäftsverbindung durch den Verwalter.[318] Freiwilliger Besitzverlust beendet das Pfandrecht, unfreiwilliger nicht.[319] Ein einmal erloschenes Pfandrecht lebt durch spätere Wiedererlangung des Besitzes nicht mehr auf.[320] **109**

7. Spediteur. Der Spediteur hat wegen aller durch den Speditionsvertrag begründeten Forderungen sowie wegen unbestrittener Forderungen aus anderen mit dem Versender geschlossenen Speditions-, Fracht- und Lagerverträgen ein (Besitz-) Pfandrecht an dem Gut (§ 464 i. V. m. § 441 Abs. 2 HGB). Anders als früher[321] werden also nicht nur die mit dem konkreten Speditionsgeschäft zusam- **110**

---

[314] Jaeger/Henckel § 50 RdNr. 32; ebenso nunmehr auch Uhlenbruck/Brinkmann § 50 RdNr. 35.
[315] BGH, Beschl. v. 1.7.2010 – IX ZR 200/09, zit. nach juris.
[316] BGHZ 150, 326, 331 = NZI 2002, 485, 486; Baumbach/Hopt § 397 HGB RdNr. 6.
[317] Baumbach/Hopt § 399 HGB RdNr. 3.
[318] Jaeger/Henckel § 50 RdNr. 69.
[319] Sehr str., wie hier Baumbach/Hopt § 397 HGB RdNr. 8; Lenz in Röhricht/Graf von Westphalen, HGB, 3. Aufl. 2008, § 397 RdNr. 4; Staub/Koller § 397 HGB RdNr. 16.
[320] RGZ 44, 116, 120 (für Spedition).
[321] Neufassung durch TRG v. 25.6.1998, BGBl. I S. 1588.

menhängenden (konnexen) Forderungen, sondern auch die inkonnexen Forderungen gesichert. Auf Grund der Verweisung in § 464 Satz 2, § 465 Abs. 1 HGB gelten weitgehend die Vorschriften für das Frachtführerpfandrecht (dazu u. RdNr. 112 ff.) entsprechend. Wie dort beendet auch hier unfreiwilliger Besitzverlust das Pfandrecht nicht (vgl. RdNr. 109, 112). Zum gutgläubigen Erwerb des Pfandrechts s.u. RdNr. 118.

111   **8. Lagerhalter.** Der Lagerhalter hat ein (Besitz-)Pfandrecht wegen aller durch den Lagervertrag begründeten Forderungen sowie wegen unbestrittener Forderungen aus anderen mit dem Einlagerer abgeschlossenen Lager-, Fracht- und Speditionsverträgen an dem Lagergut (§ 475b Abs. 1 Satz 1 HGB). Das Pfandrecht erstreckt sich auch auf die Forderung aus einer Versicherung sowie auf die Begleitpapiere (§ 475b Abs. 1 Satz 2 HGB). Es erfasst auch unpfändbare Sachen; § 562 Abs. 1 Satz 2 BGB ist nicht entsprechend anwendbar. Ist das Lagergut verderblich, gilt § 1218 BGB analog. Wegen eines gutgläubigen Erwerbs des Pfandrechts s.u. RdNr. 118. Unfreiwilliger Besitzverlust lässt das Pfandrecht nicht entfallen (vgl. RdNr. 109, 110, 112).

112   **9. Frachtführer.** Nach § 441 Abs. 1 HGB hat der Frachtführer wegen aller durch den Frachtvertrag begründeten, somit konnexen Forderungen (insbesondere der Fracht- und Liegegelder, der Zollgelder und anderer Auslagen – dazu können auch vom Frachtführer verauslagte Straßenbenutzungsgebühren gehören[322] – sowie wegen der auf das Frachtgut geleisteten Vorschüsse) und wegen unbestrittener Forderungen aus anderen mit dem Absender geschlossenen Fracht-, Speditions- und Lagerverträgen (inkonnexe Forderungen) ein (Besitz-)Pfandrecht an dem gesamten Frachtgut (nicht nur an einem ausreichend sichernden Teil) und an den Begleitpapieren.[323] Das Frachtführerpfandrecht sichert auch die Forderungen, die dem Frachtführer wegen Verwendungen für das Gut und wegen der Kosten der Pfandverwertung zustehen.[324] Der Absender braucht nicht Eigentümer des Frachtguts zu sein; es genügt, dass der Eigentümer mit dem Transport einverstanden ist, was auch konkludent geschehen kann.[325] Gehört das beförderte Gut einem Dritten, kann das Pfandrecht jedoch nur wegen konnexer Forderungen erworben werden.[326] Das Pfandrecht kann gutgläubig erworben werden (s.u. RdNr. 118), jedoch muss sich der gute Glaube im Falle der Sicherung einer inkonnexen Forderung auf das Eigentum des Absenders erstrecken; der gute Glaube an eine Ermächtigung des Absenders durch den Eigentümer genügt nicht. Wird der Frachtführer von einem Spediteur oder einem anderen Frachtführer beauftragt, muss er in der Regel davon ausgehen, dass diese nicht Eigentümer sind, sodass ein gutgläubiger Erwerb des Frachtführerpfandrechts ausscheidet.[327] Ist dieses wirksam erworben, bleibt es bestehen, solange der Frachtführer das Frachtgut in (unmittelbarem oder mittelbarem) Besitz hat oder durch Traditionspapier darüber verfügen kann (§ 441 Abs. 2 HGB). Das Pfandrecht erlischt – abgesehen von § 441 Abs. 3 HGB und der Überlassung an einen nachfolgenden Frachtführer (§ 442 HGB) – durch freiwilligen Besitzverlust (§§ 1257, 1253 BGB), nicht bei unfreiwilligem.[328] Es besteht auch nach Ablieferung fort, wenn der Frachtführer es innerhalb von drei Tagen nach der Ablieferung gerichtlich geltend macht und das Gut noch im Besitz des Empfängers ist (**Verfolgungsrecht**, § 441 Abs. 3 HGB, vgl. hierzu auch RdNr. 112b). In einem merkwürdigen Widerspruch hierzu steht die Vorschrift des § 421 Abs. 1 Satz 1 HGB. Danach ist nach Ankunft des Frachtgutes an der Ablieferungsstelle der Empfänger berechtigt, vom Frachtführer zu verlangen, dass ihm das Gut gegen Erfüllung „der Verpflichtungen aus dem Frachtvertrag" abgeliefert wird. Wie sich aus § 421 Abs. 2 und 3 HGB ergibt, geht es hier nur um die Erfüllung der konnexen Forderungen, also nicht der noch offenen aus früheren Verträgen des Frachtführers mit dem Absender. Bei der Ausweitung des Frachtführerpfandrechts auf die inkonnexen Forderungen[329] scheint nicht bedacht worden zu sein, dass dieser Schritt leer läuft, wenn der Frachtführer ohne Bezahlung der rückständigen Forderungen verpflichtet bleibt, das Frachtgut beim Empfänger abzuliefern, insofern also sein Pfandrecht aufzugeben. Es kann nicht die Absicht des Gesetzgebers gewesen sein, einerseits in § 441 Abs. 1 Satz 1 HGB ein Pfandrecht für inkonnexe Forderungen einzuführen und es andererseits durch § 421 Abs. 1 Satz 1 HGB zu entwerten. Auch macht es keinen Sinn, dass der Frachtführer zur Ablieferung an den Empfänger verpflichtet wird und wegen der inkonnexen, aber pfandgesicherten Forderungen binnen dreier Tage wieder Heraus-

---

[322] BGH NJW-RR 1987, 1518, 1519.
[323] BGHZ 150, 326, 329 ff. = NZI 2002, 485, 486; BGH WM 2005, 1033, 1034.
[324] BGH NJW-RR 2010, 1546 RdNr. 26.
[325] BGH NJW-RR 2010, 1546 RdNr. 26; *Baumbach/Hopt/Merkt* § 441 HGB RdNr. 1.
[326] BGH NJW-RR 2010, 1546 RdNr. 48.
[327] BGH NJW-RR 2010, 1546 RdNr. 50.
[328] Sehr str. – wie hier *Jaeger/Henckel* § 50 RdNr. 70; MünchKommHGB-*Schmidt* § 441 RdNr. 26; *Baumbach/Hopt/Merkt* § 441 HGB RdNr. 7; aA Großkomm. HGB/*Helm* § 410 RdNr. 11.
[329] Neufassung durch TRG v. 25.6.1998, BGBl. I S. 1588.

gabe soll verlangen können.³³⁰ Anfechtungsrechtlich gilt der Erwerb des Frachtführerpfandrechts auch für offene unbestrittene Altforderungen aus früheren Transportgeschäften als kongruent.³³¹

Das Frachtführerpfandrecht bezieht sich auf das beförderte Gut, nicht auf den Kaufpreis oder den Werklohn, den der Absender dafür von dem Empfänger zu verlangen hat. Eine **dingliche Surrogation** findet insoweit nicht statt (vgl. vor §§ 49–52 RdNr. 63 ff.). Das Pfandrecht erstreckt sich jedoch auf das **rechtsgeschäftliche Surrogat**, falls eine entsprechende Abrede besteht (vor §§ 49–52 RdNr. 68). Der Frachtführer kann mit dem Absender, der die noch offenen Forderungen (die alten wie die neue) nicht bezahlen kann, vereinbaren, dass der Transport ausgeführt wird und der Frachtführer im Gegenzug auf den vom Empfänger zu zahlenden Kaufpreis oder Werklohn zugreifen darf.³³² Stattdessen kann auch vereinbart werden, dass der Absender das Pfandrecht ablöst, indem er einen anderen Vermögensgegenstand auf den Frachtführer überträgt. Zu diesem Zweck kann der Anspruch auf den Kaufpreis oder Werklohn an den Frachtführer abgetreten oder vereinbart werden, dass sich das Frachtführerpfandrecht an diesem Anspruch fortsetzen soll.³³³ Gegebenenfalls (§ 1280 BGB ist zu beachten) unterliegt dieser Anspruch der abgesonderten Befriedigung des Frachtführers. Eine derartige Ablösungsvereinbarung kann allerdings nach §§ 129 ff. anfechtbar sein.³³⁴

112a

Falls das Pfandrecht auf Grund fristgerechter Ausübung des **Verfolgungsrechts** gemäß § 441 Abs. 3 HGB fortbesteht und der Absender noch Eigentümer ist, hat in dessen Insolvenzverfahren der absonderungsberechtigte Frachtführer das Verwertungsrecht. Ist der Empfänger Eigentümer geworden, kann der Frachtführer in dessen Insolvenz abgesonderte Befriedigung verlangen; das Verwertungsrecht hat jedoch ausschließlich der Insolvenzverwalter, falls der Empfänger noch Besitzer des Gutes ist. Wegen des dem Insolvenzverwalter zustehenden Verwertungsrechts kann der Frachtführer in einem etwa anhängigen Rechtsstreit über das Verfolgungsrecht nicht mehr Herausgabe verlangen;³³⁵ er muss den Antrag auf Feststellung des Pfandrechts umstellen.

112b

Beim **kombinierten (multimodalen) Transport** erlischt das Pfandrecht nicht dadurch, dass der Frachtführer das Gut einem nachfolgenden Frachtführer überlässt. Das Pfandrecht jedes vorhergehenden Frachtführers bleibt so lange bestehen, wie das Pfandrecht des letzten Frachtführers (§ 442 Abs. 1 Satz 2 HGB). Wird ein vorhergehender Frachtführer von einem nachfolgenden befriedigt, so gehen Forderung und Pfandrecht des ersteren auf den letzteren über (§ 442 Abs. 2 HGB). All dies gilt auch für die Forderungen und Rechte eines Spediteurs, der an der Beförderung mitgewirkt hat (§ 542 Abs. 3 HGB). Er muss nicht der Letzte in der Beförderungskette sein.

112c

10. Schiffseigner, Seefrachter, Schiffsgläubiger, Vergütungsberechtigte aus großer Haverei, Berger, Hilfeleister. Vergleichbare gesetzliche Pfandrechte haben der **Schiffseigner** (§ 77 Abs. 2 BinnenschG), der **Seefrachter** (§§ 623, 627, 674 HGB), dessen Pfandrecht gegenüber dem Empfänger noch 30 Tage nach Ablieferung fortbesteht (§ 623 Abs. 2 HGB), und der **Schiffsgläubiger** an der Fracht (§§ 756, 758, 771 ff. HGB, §§ 104 ff., 112 BinnenschG). Der Schiffsgläubiger hat auch ein gesetzliches Pfandrecht am Schiff nebst Zubehör (§ 755 HGB, § 103 BinnenschG); insofern besteht aber ein Absonderungsrecht nach § 49, weil eingetragene Schiffe zum unbeweglichen Vermögen gehören (s.o. § 49 RdNr. 7). Wegen der Pfandrechte der **Vergütungsberechtigten aus großer Haverei**, der **Berger** und **Hilfeleister** vgl. §§ 725, 731 Abs. 3, 751, 777 HGB, §§ 89, 97 BinnenschG, §§ 20, 21 Strandungsordnung in der Fassung der Bekanntmachung vom 21. März 1973 (BGBl. I. S. 266).

113

11. Lieferer von Düngemitteln und Saatgut. Da bereits die ungetrennten Früchte dem Pfandrecht (vgl. § 49 RdNr. 54) unterliegen und ungetrennte Früchte eines Grundstücks diesem als wesentliche Bestandteile zuzuordnen sind,³³⁶ unterliegen sie zunächst der Zwangsvollstreckung in das unbewegliche Vermögen. Sie können aber auch bereits gepfändet werden, solange nicht ihre Beschlagnahme im Wege der Zwangsvollstreckung in das unbewegliche Vermögen erfolgt ist (§ 810 ZPO). Nach der Trennung werden die Früchte bewegliche Sachen. Sie werden nunmehr von dem gesetzlichen Früchtepfandrecht und somit von § 50 erfasst.³³⁷

114

---

³³⁰ BGH WM 2005, 1033, 1034 f. hat das Problem aufgezeigt, konnte die Lösung jedoch offen lassen, weil das Frachtgut noch nicht beim Empfänger angelangt war.
³³¹ BGHZ 150, 326, 329 ff. = NZI 2002, 485.
³³² *Didier* NZI 2003, 513, 521.
³³³ BGH WM 2005, 1033, 1035.
³³⁴ BGH WM 2005, 1033, 1035 f.
³³⁵ *Jaeger/Henckel* § 50 RdNr. 70.
³³⁶ MünchKommBGB-*Holch* § 99 RdNr. 2.
³³⁷ *Uhlenbruck/Brinkmann* § 50 RdNr. 41 wendet § 50 schon vor der Trennung der Früchte an; nach *Stöber* ZVG § 10 Anm. 7.3 unterliegen die Früchte nach der Ernte gerade umgekehrt nur der Zwangsversteigerung, wobei sie dem Früchtepfandrecht nicht unterworfen seien.

115 **12. Haftpflichtgläubiger.** Wer gegen einen Versicherungsnehmer in der **Haftpflichtversicherung** – zum Beispiel einen Kraftfahrzeughalter, Tierhalter, Hauseigentümer, Beamten, Rechtsanwalt, Notar – auf Grund eines schädigenden Ereignisses einen Anspruch hat, kann, falls über das Vermögen des Versicherungsnehmers ein Insolvenzverfahren eröffnet ist, abgesonderte Befriedigung aus der Entschädigungsforderung des Versicherungsnehmers verlangen (§ 110 VVG). Bei einer Fremdversicherung besteht das Absonderungsrecht in der Insolvenz des Versicherten, nicht des Versicherungsnehmers, weil der Anspruch nicht zu dessen Vermögen gehört (§ 44 Abs. 2 VVG).[338] Nach Ansicht der insolvenzrechtlichen Literatur hat der Haftpflichtgläubiger kein **gesetzliches Pfandrecht**, sondern nur ein gesetzliches Absonderungsrecht „wie ein Pfandgläubiger".[339] Der BGH und die versicherungsrechtliche Literatur billigen dem geschädigten Dritten demgegenüber ein gesetzliches Pfandrecht zu, das auch nach Beendigung des Insolvenzverfahrens wirksam bleibt.[340] Wegen des Zusammenhangs mit den handels- und versicherungsrechtlichen Zurückbehaltungsrechten wird es bei § 51 behandelt (s. dort RdNr. 234 ff.), ebenso das Zurückbehaltungsrecht nach § 46 VVG (s. § 51 RdNr. 233).

116 **13. Rückversicherungsgläubiger.** Ist der Erstversicherer insolvent, hat der Versicherungsnehmer kein Absonderungsrecht am Anspruch gegen den Rückversicherer. Die Rückversicherung ist keine Haftpflichtversicherung, und das VVG ist auf die Rückversicherung nicht anwendbar (§ 209 VVG).[341]

116a **14. Aufhebung einer Gemeinschaft.** Bei Aufhebung einer Gemeinschaft steht denjenigen, die neben dem Schuldner daran beteiligt sind, an dem im Rahmen der Auseinandersetzung ermittelten Anteil des Schuldners für ihre Ansprüche aus § 756 BGB ein Absonderungsrecht zu (§ 84 Abs. 1 Satz 2). Voraussetzung ist, dass im Zeitpunkt der Insolvenzeröffnung die Beteiligung des Schuldners an dem Bruchteils- oder Gesamthandsvermögen noch besteht.[342] Deshalb hat die Vorschrift wegen des Vorrangs der innergesellschaftlichen Abrechnung für Gesellschaften praktisch keine Bedeutung.[343] Anders verhält es sich bei Bruchteilsgemeinschaften (§ 741 BGB), etwa dem Miteigentum (§§ 1008 ff. BGB). Vgl. dazu § 47 RdNr. 50.

II. Gutgläubiger Erwerb

117 Die gesetzlichen Pfandrechte des bürgerlichen Rechts können grundsätzlich nicht gutgläubig erworben werden (§ 1257 BGB).[344] Dies gilt auch für das **Unternehmerpfandrecht** nach § 647 BGB.[345] Das Pfandrecht entsteht selbst dann nicht, wenn der Eigentümer dem Reparaturauftrag des Bestellers zustimmt.[346] Hat der Besteller (zB als Vorbehaltskäufer) ein Anwartschaftsrecht, erwirbt der Werkunternehmer ein Pfandrecht an dem Anwartschaftsrecht.[347] Enthalten Allgemeine Geschäftsbedingungen des Unternehmers ein Vertragspfandrecht, kann das Problem auf diesem Wege gelöst werden. Möglich ist gutgläubiger Erwerb eines gesetzlichen Pfandrechts bei der **Hinterlegung**. Wird inländisches Geld (vgl. § 7 Abs. 1 HinterlO) von einem Nichtberechtigten hinterlegt, so erwirbt der durch die Hinterlegung Begünstigte das Pfandrecht gemäß § 233 BGB auf jeden Fall.[348] Bei ausländischem Geld und Wertpapieren ist guter Glaube des Hinterlegungsbegünstigten erforderlich.[349]

118 Die gesetzlichen Pfandrechte des **Kommissionärs, Spediteurs,**[350] **Lagerhalters, Frachtführers** und **Verfrachters** können gutgläubig erworben werden (§ 366 Abs. 3, § 623 Abs. 3 HGB). Es genügt grundsätzlich der gute Glaube an die Verfügungsbefugnis des Auftraggebers (§ 366 Abs. 3

---

[338] *Prölss/Klimke* in Prölss/Martin § 44 RdNr. 6; *Jaeger/Henckel* Vor §§ 49–52 RdNr. 20.
[339] *Jaeger/Henckel* Vor §§ 49–52 RdNr. 20; *Gottwald/Adolphsen,* Insolvenzrechts-Handbuch, § 42 RdNr. 67; ebenso OLG Brandenburg ZInsO 2003, 183, 184.
[340] BGH VersR 1956, 625, 626; NJW 1996, 2035, 2036 = LM KO § 12 Nr. 3 *(Walker).*
[341] *Jaeger/Henckel* Vor §§ 49–52 RdNr. 23.
[342] BGH BB 1955, 331; *Uhlenbruck/Hirte* § 84 RdNr. 20; *Braun/Kroth* § 84 RdNr. 7; *Mitlehner,* aaO RdNr. 837.
[343] BGHZ 170, 206, 214 RdNr. 20 = NJW 2007, 1067 = NZI 2007, 222; HK-*Kayser* § 84 RdNr. 21.
[344] *Jaeger/Henckel* § 50 RdNr. 29.
[345] BGHZ 34, 122, 124 = NJW 1961, 499; 34, 153 ff. = NJW 1961, 502; BGH NJW 1987, 274; *Reinicke/Tiedtke* JA 1984, 202, 213 ff.; *Mitlehner,* aaO RdNr. 781; aA *Jaeger/Henckel* § 50 RdNr. 29.
[346] *Mitlehner,* aaO RdNr. 782 (str.).
[347] BGH NJW 1965, 1475 f.
[348] *Darkow,* Der Erwerb des Pfandrechts gemäß § 233 BGB, JR 1956, 337 f.
[349] *Staudinger/Repgen* Neubearbeitung 2009 § 233 RdNr. 6; *Palandt/Ellenberger* § 233 RdNr. 1; str.
[350] Zu § 410 HGB aF vgl. BGHZ 17, 2, 6 = NJW 1955, 1145; zu § 50a Satz 2 ADSp BGHZ 86, 300, 306 = NJW 1983, 1114; OLG Köln NJW-RR 1986, 1228, 1229.

HS 1 i. V. m. Abs. 1 HGB). Soweit das Pfandrecht des Frachtführers, Spediteurs und des Lagerhalters inkonnexe Forderungen sichern soll, muss sich der gute Glaube jedoch auf das Eigentum des Vertragspartners beziehen (§ 366 Abs. 3 HS 2 HGB). Für das Pfandrecht des Kommissionärs gilt dies entsprechend.[351]

III. Rangordnung

Siehe zunächst Vorbemerkungen vor §§ 49–52 RdNr. 73 ff. Vorbehaltlich besonderer Bestimmungen gilt für die Konkurrenz gesetzlicher Pfandrechte untereinander ebenfalls das Prioritätsprinzip. Zu den Ausnahmen gehört auch hier wieder der gutgläubige Erwerbs des Vorrangs (§ 1208 BGB). Weitere Sondervorschriften für das Rangverhältnis gesetzlicher Pfandrechte enthalten die §§ 443, 771 Abs. 2, 776, 777 HGB, §§ 104, 106 ff., 116 BinnenschG. **119**

Das gesetzliche Landverpächterpfandrecht (§ 592 BGB) geht einem Pfändungspfandrecht an Früchten vor.[352] Es ist jedoch nachrangig dem gesetzlichen Pfandrecht an den pfändbaren Früchten wegen der Ansprüche aus Lieferung von Düngemitteln und Saatgut. Dieses hat auch vor allen anderen Pfandrechten an den Früchten den Vorrang. Unter den gesetzlichen Früchtepfandgläubigern besteht Ranggleichheit, gleichgültig wann der Anspruch begründet wurde. Da das gesetzliche Früchtepfandrecht nur an den Verkaufsfrüchten besteht, das rechtsgeschäftliche Inventarpfandrecht des Pachtkreditgesetzes (s.o. RdNr. 48) jedoch nur an den zur Fortsetzung der Wirtschaft erforderlichen Früchten, können diese beiden Rechte nicht miteinander kollidieren.[353] **120**

Das gesetzliche Verpächterpfandrecht und das rechtsgeschäftliche Inventarpfandrecht eines Kreditinstituts (s.o. RdNr. 48) haben gleichen Rang.[354] Treffen beide zusammen, wird der Erlös geteilt (§ 11 Abs. 1 Satz 3 des Pachtkreditgesetzes v. 5. August 1951). **121**

§ 51 Sonstige Absonderungsberechtigte

Den in § 50 genannten Gläubigern stehen gleich:
1. **Gläubiger, denen der Schuldner zur Sicherung eines Anspruchs eine bewegliche Sache übereignet oder ein Recht übertragen hat;**
2. **Gläubiger, denen ein Zurückbehaltungsrecht an einer Sache zusteht, weil sie etwas zum Nutzen der Sache verwendet haben, soweit ihre Forderung aus der Verwendung den noch vorhandenen Vorteil nicht übersteigt;**
3. **Gläubiger, denen nach dem Handelsgesetzbuch ein Zurückbehaltungsrecht zusteht;**
4. **Bund, Länder, Gemeinden und Gemeindeverbände, soweit ihnen zoll- und steuerpflichtige Sachen nach gesetzlichen Vorschriften als Sicherheit für öffentliche Abgaben dienen.**

Schrifttum: Literaturangaben zu §§ 47, 48, Vorbemerkungen vor §§ 49–52, §§ 49, 50; ferner: *Adolphsen,* Die Rechtsstellung dinglich gesicherter Gläubiger in der Insolvenzordnung, in: Kölner Schrift zur Insolvenzordnung, 3. Aufl. 2009, Kap. 41; *Armbrüster,* Abtretung künftiger gesellschaftsrechtlicher Vermögensansprüche bei anschließendem Verlust der Gesellschafterstellung, NJW 1991, 606 ff.; *Assfalg,* Die Behandlung von Treugut im Konkurs des Treuhänders, 1960; *Bähr,* Akzessorietätsersatz bei der Sicherungszession, NJW 1983, 1473 ff.; *Bähr/Smid,* Das Absonderungsrecht gem. § 76 AO im neuen Insolvenzverfahren, InVo 2000, 401 ff.; *Barbier,* Konkurrierende vorweggenommene Sicherungsübereignungen: Bewältigung einer unbefriedigten Rechtslage, ZIP 1985, 520 ff.; *Bayer,* Die Sicherungszession der Rechte aus einer Lebensversicherung und ihre Auswirkungen auf die Bezugsberechtigung, VersR 1989, 17 ff.; *Becker,* Fremde Forderungen und Sicherungsgut in der Gesamtvollstreckung, ZIP 1991, 783 ff.; *Becker-Eberhard,* Die Forderungsgebundenheit der Sicherungsrechte, 1993; *Bette,* Vertraglicher Abtretungsausschluß im deutschen und grenzüberschreitenden Geschäftsverkehr, WM 1994, 1909 ff.; *Beuthien,* Verlängerter Eigentumsvorbehalt und Globalabtretung, BB 1971, 375 ff.; *Brehm,* Die Klage des Zedenten nach der Sicherungsabtretung, KTS 46 (1985), 1 ff.; *Blaurock,* Aktuelle Probleme aus dem Kreditsicherungsrecht, 3. Aufl. 1990; *Bötticher,* Die Intervention des Sicherungseigentümers: § 771 oder § 805 ZPO?, MDR 1950, 705 ff.; *Bülow,* Prätendentenstreit bei mehrfacher antizipierter Forderungsabtretung, NJW 1982, 1630 f.; *ders.,* Anwendbarkeit von Pfandrechtsbestimmungen auf die Sicherungstreuhand, WM 1985, 373 ff., 405 ff.; *ders.,* Übereignung beweglicher Sachen zur Sicherheit, Jura 1987, 509 ff.; *ders.,* Recht der Kreditsicherheiten, 8. Aufl. 2012; *Canaris,* Verlängerter Eigentumsvorbehalt und Forderungseinzug durch Banken, NJW 1981, 249 ff.; *ders.,* Befremdliches zur Barvorschußtheorie beim Factoring, NJW 1981, 1347 ff.; *ders.,* Die Rechtsfolgen rechtsgeschäftlicher Abtretungsverbote, FS Serick, 1992, S. 9 ff.; *Clemente,* Sicherungsabreden im Spiegel der neuen

---
[351] *Baumbach/Hopt* § 366 HGB RdNr. 11.
[352] RG KuT 1933, 107.
[353] *Jaeger/Henckel* § 50 RdNr. 75.
[354] *Jaeger/Henckel* § 50 RdNr. 63.

Rechtsprechung, ZIP 1985, 193 ff.; *Derleder,* Teilzession und Schuldnerrechte, AcP 169 (1969), 99 ff.; *Drobnig,* Empfehlen sich gesetzliche Maßnahmen zur Reform der Mobiliarsicherheiten? Gutachten F zum 51. Deutschen Juristentag, 1976; *Drukarczyk,* Mobiliargesicherte Gläubiger, Verfahrensbeitrag im Insolvenzverfahren und Kreditkonditionen, WM 1992, 1136 ff.; *Drukarczyk/Duttle/Rieger,* Mobiliarsicherheiten, 1985; *Esser,* § 138 BGB und die Bankpraxis der Globalzession, ZHR 135 (1971), 320 ff.; *Finger,* Verlängerter Eigentumsvorbehalt und Globalzession, JZ 1970, 642 ff.; *Funk,* Die Sicherungsübereignung in Einzelzwangsvollstreckung und Insolvenz 1996; *Ganter,* Aktuelle BGH-Rechtsprechung zum Kreditsicherungsrecht, WM 1999, 1741 ff.; *ders.,* „Sicherungsübereignung" (§ 95) und „Sicherungsabtretung" (§ 96), in: *Schimansky/Bunte/Lwowski,* Bankrechts-Handbuch, 4. Aufl. 2011; *Gaul,* Lex Commissoria und Sicherungsübereignung, AcP 168 (1968), 351 ff.; *ders.,* Neuere „Verdinglichungstendenzen" zur Rechtsstellung des Sicherungsgebers, FS Serick, 1992, S. 105 ff.; *Gehrlein,* Die Wirksamkeit einer Sicherungsübereignung, MDR 2008, 1069 ff.; *Geißler,* Einzelprobleme und Kollisionslagen bei der Verwertung von Sicherungseigentum, KTS 50 (1989), 787 ff.; *Gerhardt,* Der Raumsicherungsvertrag, FS Gero Fischer, 2010, S. 149 ff.; *Goebel,* Übersicherung und Freigabeklauseln in vorformulierten Kreditsicherungsverträgen, 1993; *Grub,* Der neue § 354a HGB – ein Vorgriff auf die Insolvenzrechtsreform, ZIP 1994, 1649 ff.; *Grunsky,* Sicherungsübereignung, Sicherungsabtretung und Eigentumsvorbehalt in der Zwangsvollstreckung und im Konkurs des Schuldners, JuS 1984, 497 ff.; *Hadding/Schneider* (Hrsg.), Die Forderungsabtretung, insbesondere zur Kreditsicherung in der Bundesrepublik Deutschland und in ausländischen Rechtsordnungen, 1986; *Halaczinsky,* Abtretung, Verpfändung und Pfändung von Steuererstattungs- und Steuervergütungsansprüchen, FS Serick, 1992, 1442 ff.; *Henckel,* Zur Dogmatik der besitzlosen Mobiliarsicherheiten, FS Zeuner, 1994, S. 193 ff.; *ders.,* Konkursrecht und allgemeines Zivilrecht, in: Lüke, Grundfragen des Privatrechts 1989 S. 1 ff.; *Hennrichs,* Kollisionsprobleme bei der (Voraus-)Abtretung zukünftiger Forderungen, JZ 1993, 225 ff.; *Hinkel/Flitsch,* Absonderungsrecht des Versicherten an dem Leistungsanspruch aus einer Lebensversicherung im Rahmen der Insolvenz des Arbeitgebers bei einem eingeschränkt unwiderruflichen Bezugsrecht? InVo 2005, 1 ff.; *Hromadka,* Sicherungsübereignung und Publizität, JuS 1980, 89 ff.; *Huhn/Bayer,* Bedingung auf den Insolvenzfall – Möglichkeit der Kreditsicherung oder Anfechtungsgefahr, ZIP 2003, 1965 ff.; *Jauernig,* Zur Akzessorietät bei der Sicherungsübertragung, NJW 1982, 268 ff.; *Klatt,* Zur Vorfinanzierung von Lohnsteuererstattungsansprüchen durch Kreditinstitute, DB 1986, 143 ff.; *Kohte,* Die vorformulierte Abtretung von Arbeitsentgelt und Sozialleistungen, ZIP 1988, 1225 ff.; *ders.,* Die vorformulierte Abtretung von Arbeitsentgelt und Sozialleistungen, BB 1989, 2257 ff.; *Koller,* Sittenwidrigkeit der Gläubigergefährdung und Gläubigerbenachteiligung, JZ 1985, 1013 ff.; *Kuder,* Das kaufmännische Kontokorrent – eine Gefahr für Kreditsicherheiten?, in FS Jobst Wellensiek, 2011, S. 577 ff.; *Kuhn,* Die Rechtsprechung des BGH zum Insolvenzrecht, WM 1976, 230 ff.; *Graf v. Lambsdorff,* Unechtes Factoring – Globalzession. Viele Fragen sind noch offen, BB 1982, 336 ff.; *Lauer,* Kreditsicherheiten im Insolvenzverfahren, 2. Aufl. 1991; *ders.,* Scheinbestandteile als Kreditsicherheit, MDR 1986, 889 ff.; *Lwowski,* Neuere Rechtsprechung des Bundesgerichtshofs zur Sicherungsabtretung, ZIP 1981, 453 ff.; *Marotzke,* Der Einfluß des Konkurses auf vor Verfahrenseröffnung getätigte Vorauszessionen, KTS 40 (1979), 40 ff.; *ders.,* Zwangsvollstreckung in Gesellschaftsanteile nach Abspaltung der Vermögensansprüche, ZIP 1988, 1509 ff.; *ders.,* Das Zurückbehaltungsrecht im Konkurs des Gegners, JA 1988, 117 ff.; *Medicus,* Kreditsicherung durch Verfügung über künftige Rechte, JuS 1967, 385 ff.; *Menke,* Mehrfache Sicherungsübereignung eines Warenlagers mit wechselndem Bestand, WM 1997, 405 ff.; *Mitlehner,* Haftpflichtanspruch und Absonderungsrecht nach § 110 VVG, ZIP 2012, 2003 ff. *Mösbauer,* Zur Sachhaftung verbrauchsteuer- und zollpflichtiger Waren (§ 76 AO), DStR 1987, 397 ff.; *Müller-Hengstenberg,* Computersoftware ist keine Sache, NJW 1994, 3128 ff.; *Münzberg,* Vollstreckungsstandschaft und Einziehungsermächtigung, NJW 1992, 1867 ff.; *Nielsen,* Die Stellung der Bank im Konkurs des Kreditnehmers bei der Import- und Exportfinanzierung, ZIP 1983, 13 ff.; *ders.,* Dokumentäre Sicherungsübereignung bei Im- und Exportfinanzierung, WM 1986, Sonderbeilage Nr. 9; *ders.,* Sicherungsverträge der Import- und Exportfinanzierung im Lichte der aktuellen Rechtsprechung zur Deckungsgrenze und zur Sicherheitenfreigabe, WM 94, 2221 ff., 2261 ff.; *Nobbe,* Aktuelle Entwicklungen der Sicherungsübereignung und der Globalzession im Lichte des AGB-Gesetzes, ZIP 1996, 657 ff.; *Obermüller,* Auswirkungen der Insolvenzrechtsreform auf Kreditgeschäft und Kreditsicherheiten, WM 1994, 1829 ff., 1869 ff.; *Paulus,* Die Behelfe des Sicherungseigentümers gegen den Vollstreckungszugriff, ZZP 64 (1951), 169 ff.; *ders.,* Auswirkungen der Insolvenzrechtsreform auf Kreditgeschäft und Kreditsicherheiten, WM 1994, 1829 ff., 1869 ff.; *Pletzsch,* Die Erfüllungsweigerung des Konkursverwalters Diss. Frankfurt 1973; *Pump,* Prüfungspflicht des Finanzamtes bei Abtretung von Steuererstattungsansprüchen, DStZ 1987, 277 ff.; *Reich,* Die Sicherungsübereignung, 1970; *Riggert,* Die Raumsicherungsübereignung: Bestellung und Realisierung unter den Bedingungen der Insolvenzordnung, NZI 2000, 241 ff.; *Rohnke,* Warenzeichen als Kreditsicherheit, NJW 1993, 561 ff.; *Roth/Fitz,* Stille Zession, Inkassozession, Einziehungsermächtigung, JuS 1985, 188 ff.; *Rümker,* Kreditsicherung durch Sicherungsabtretung oder Verpfändung von Kommanditanteilen, WM 1973, 626 ff.; *K. Schmidt,* Zur Akzessorietätsdiskussion bei Sicherungsübereignung und Sicherungsabtretung, FS Serick, 1992, S. 329 ff.; *F. J. Scholz,* Die Lohnabtretung als Sicherungsmittel im Konsumentenkredit, MDR 1990, 193 ff.; *Schreiber,* Das Sicherungseigentum und seine Verwertung, JR 1984, 485 ff.; *Serick,* Zur sicherungsrechtlichen Vorausabtretung der Schlußsaldoforderung – eine grundsätzliche und überfällige konkursrechtliche Erörterung, BB 1978, 873 ff.; *ders.,* „Befremdliches" zur Behandlung der Barvorschußtheorie beim Factoring-Geschäft? NJW 1981, 794 ff.; *ders.,* Nochmals: Befremdliches zur Barvorschußtheorie beim Factoring, NJW 1981, 1715 f.; *ders.,* Verarbeitungsklauseln im Wirkungskreis des Konkursverfahrens, ZIP 1982, 507 ff.; *ders.,* Deutsche Mobiliarsicherheiten – Aufriß und Grundgedanken, 1988; *Steppeler,* Die neuen Rechtsprechungsgrundsätze zur Lohnabtretung, WM 1989, 1913 ff.; *Stiller,* Durchsetzung von Haftpflichtansprüchen in der Insolvenz des Versicherungsnehmers, ZInsO 2003, 207 ff.; *Thole,* Zivilprozessuale Probleme des Absonderungsrechts aus § 110 VVG nF in der Insolvenz des Versicherungsnehmers, NZI 2011, 41 ff.; *Tiedtke,* Erwerb und Verlust des Sicherungseigentums an eingelagerter Ware, WM 1978, 446 ff.; *ders.,* Sicherungsabtretung beim Fehlen des zu sichernden Anspruchs, DB 1982,

Sonstige Absonderungsberechtigte **§ 51**

1709 ff.; *Trinkner,* Verwertung sicherungsübereigneter Gegenstände, BB 1962, 80 f.; *Vortmann,* Raumsicherungsübereignung und Vermieterpfandrecht, ZIP 1988, 626 ff.; *A. Weber,* Insolvenzrechtsreform und Mobiliarsicherheiten, WM 1992, 1133 ff.; *Graf v. Westphalen,* Kollision zwischen verlängertem Eigentumsvorbehalt und Bankenglobalzession, DB 1978, 68 ff.; *Wolf,* Inhaltskontrolle von Sicherungsgeschäften, FS Baur, 1981, S. 141 ff.; *Wolf/ Haas,* Das Prioritätsprinzip im Konflikt zwischen Waren- und Geldkreditgebern, ZHR 1990, 64 ff.

Übersicht

	Rn.		Rn.
A. Einleitung	1–3	b) Unwirksamkeit des Kreditvertrags	40
B. Normzweck	4–12	3. Wegfall der gesicherten Forderung	41–43
I. Die Absonderungskraft der Sicherungsübertragung (§ 51 Nr. 1)	4–9a	4. Auswechslung und Änderung der gesicherten Forderung	44, 45
II. Die Absonderungskraft des Zurückbehaltungsrechts auf Grund nützlicher Verwendungen (§ 51 Nr. 2)	10	5. Mehrheit der gesicherten Forderungen	46
III. Die Absonderungskraft des Zurückbehaltungsrechts nach dem Handelsgesetzbuch (§ 51 Nr. 3)	11	6. Wechsel des Schuldners und des Gläubigers	47
IV. Das Abgabenabsonderungsrecht (§ 51 Nr. 4)	12	**D. Sicherungsübereignung**	48–135a
C. Grundlagen der Sicherungsübertragung	13–47	I. Allgemeines	48–55
I. Sicherstellungsvertrag	13–21	1. Begriff	48
1. Abgrenzung zum Sicherungsvertrag	13	2. Gegenstand	49
2. Bedingte oder unbedingte Sicherungsübertragung	14–19	3. Wirtschaftliche Funktion	50
a) Aufschiebende Bedingungen	14–15a	4. Sicherungsübereignung nach dem Recht der DDR	51–55
b) Auflösende Bedingungen	16–19	II. Begründung des Sicherungseigentums	56–74
3. Änderung oder Ergänzung des Sicherstellungsvertrages	20, 21	1. Dingliche Einigung	56–64a
a) Austausch des Sicherungsmittels	20	a) Einigung unter Bedingungen	57
b) Austausch des Sicherungsgebers	21	b) Einigung bei Erweiterung, Verlängerung	58–60
II. Die beteiligten Personen	22–25	c) Bestimmtheitsgrundsatz	61–64a
1. Vertrag Sicherungsgeber/Sicherungsnehmer	22	2. Besitzerlangung	65–74
2. Sicherungsübertragung an Treuhänder	23	a) Übereignung nach § 930 BGB	66–69
3. Sicherungsübetragungen zugunsten Dritter	24	b) Übereignung nach § 929 BGB	70, 71
4. Sicherheitenpool	25	c) Übereignung nach § 931 BGB	72–74
III. Das Sicherungsmittel	26–32	III. Gutgläubiger Erwerb des Sicherungseigentums	75–78
1. Allgemeines	26	1. Übereignung gem. § 930 BGB	76
2. Bedingte und künftige Rechte	27	2. Übereignung gem. § 929 BGB	77
3. Mehrheit von Sicherungsmitteln und Sicherheiten	28–32	3. Übereignung gem. § 931 BGB	78
a) Sicherungsrecht an Inbegriffen von Gegenständen	28	IV. Besondere Erscheinungsformen der Sicherungsübereignung	79–127
b) Kombination von Sicherheiten	29	1. Sicherungsübereignung von Vorbehaltsware	79
c) Kumulation von Sicherheiten	30	2. Sicherungsübereignung beim erweiterten Eigentumsvorbehalt	80
d) Nachrangige und „angehängte" Sicherheiten	31, 32	3. Sicherungsübereignung von Anwartschaften	81–89
IV. Die gesicherte Forderung	33–47	a) Anwartschaftsberechtigte	81, 82
1. Zweckbestimmungserklärung	33–37	b) Übertragung des Anwartschaftsrechts	83, 84
2. Fehlen der gesicherten Forderung	38–40	c) Verfügung über ein bestehendes Anwartschaftsrecht	85, 86
a) Nichtgewährung des Kredits	38, 39	d) Verfügung über ein nicht bestehendes Anwartschaftsrecht	87
		e) Durchgangs- oder Direkterwerb	88, 89
		4. Sicherungsübereignung von Zubehör und Scheinbestandteilen	90–93

Ganter 1481

5. Sicherungsübereignung von Warenlagern mit wechselndem Bestand ...	Rn. 94–107a
a) Verfügungsbefugnis des Sicherungsgebers	94–98
b) Vorweggenommene Sicherungsübereignung	99–107a
6. Sicherungsübereignung von verbrauchbaren Sachen	108
7. Sicherungsübereignung von zur Verarbeitung bestimmten Sachen ...	109–113
8. Sicherungsübereignung von zur Verbindung, Vermischung oder Vermengung bestimmten Sachen	114, 115
9. Sicherungsübereignung von Wertpapieren	116–119d
10. Verlängerte Sicherungsübereignung	120–124
11. Sicherungsübereignung durch Insich-Geschäft (§ 181 BGB)	125
12. Mantelsicherungsübereignung	126
13. Übertragung von Miteigentum ...	127
V. Rangordnung bei mehrfacher Sicherungsübereignung derselben Sache	128–135a
1. Mehrfachübereignung gem. § 930 BGB	129–132
a) Mehrfache Sicherungsübereignung einer Sache	129
b) Mehrfache Sicherungsübereignung eines Warenlagers mit wechselndem Bestand	130–132
2. Mehrfachabtretung gem. § 931 BGB	133, 134
3. Mischfälle	135
4. Mehrfachübereignung künftig entstehender Sachen	135a
E. Sicherungsabtretung	136–216b
I. Allgemeines	136–140
1. Begriff	136, 137
2. Gegenstand	138
3. Wirtschaftliche Funktion	139
4. Sicherungszession nach dem Recht der DDR	140
II. Bestellung der Sicherheit	141–162
1. Dingliche Einigung über die Abtretung	141–159
a) Allgemeines	141–144
b) Einigung unter Bedingungen ...	145
c) Verfügungsobjekt	146–151
d) Bestimmtheitsgrundsatz	152–159
2. Zusätzlicher Rechtsakt	160–162
a) In Urkunden verbriefte Rechte .	161
b) Gebuchte Rechte	162
III. Sicherungsabtretung fremder Rechte	163
IV. Besondere Erscheinungsformen der Sicherungsabtretung	164–209p
1. Vorausabtretung	164–170
a) Entstehen der Forderung als Wirksamkeitserfordernis	165

	Rn.
b) Wirkungen der Vorausabtretung	166, 167
c) Vorausabtretung und Insolvenz des Zedenten	168–170
2. Sicherungsabtretung beim verlängerten Eigentumsvorbehalt	171
3. Globalzession	172–174b
4. Mantelzession	175–177
5. Teilabtretung	178, 179
6. Offene/stille Sicherungszession ...	180–183
7. Sicherungsabtretung von Kontokorrentforderungen	184–187b
8. Sicherungsabtretung bei Einzugspapieren	188, 189
9. Sicherungsabtretung von Forderungen aus Lebensversicherungen	190–194a
10. Sicherungsabtretung von Miet- oder Pachtforderungen	195–198
a) Miet- oder Pachtverträge über unbewegliche Gegenstände und Räume	195–197
b) Miet- oder Pachtverträge über bewegliche Gegenstände	198
11. Sicherungsabtretung von Leasingansprüchen	199
12. Sicherungsabtretung von Steuererstattungsansprüchen	200–204
13. Sicherungsabtretung von Arbeitsentgelt und Sozialleistungen	205–209a
14. Sicherungsabtretung von Einkünften aus selbstständiger Tätigkeit ...	209b
15. Sicherungsabtretung von Gesellschaftsanteilen	209c–209o
a) Wertpapierrechtlich verbriefte Gesellschaftsanteile (Aktien, Investmentzertifikate)	209c
b) Wertpapierrechtlich nicht verbriefte Gesellschaftsanteile (GmbH-Geschäftsanteile, Anteile an Personengesellschaften)	209d–209o
16. Sicherungsabtretung des Anspruchs auf Rückgewähr einer Grundschuld	209p
V. Rangordnung bei mehrfacher Sicherungszession derselben Forderung	210–216
1. Kollision mehrerer Singularzessionen	210–213
2. Kollision einer Singular- mit einer Globalzession	214
3. Kollision mehrerer Globalzessionen	215
4. Kollision einer Sicherungsglobalzession mit einer Factoringglobalzession	216
VI. Sukzessivabtretung	216a
VII. Erlöschen des Sicherungsrechts	216b
F. Zurückbehaltungsrechte	217–242d

Sonstige Absonderungsberechtigte   1–4 **§ 51**

	Rn.		Rn.
I. Zurückbehaltungsrecht wegen nützlicher Verwendungen (§ 51 Nr. 2)	217–222	**G. Sicherheiten für Zölle und Steuern (§ 51 Nr. 4)**	243–263
1. Verwendungen auf bewegliche Sachen	217–220	I. Allgemeines	243
2. Verwendungen auf unbewegliche Sachen	221	II. Die Sachhaftung nach § 76 AO	244–260
3. Aufwendungen des Erben	222	1. Zweck und Bedeutung der Vorschrift	244
II. Handelsrechtliche Zurückbehaltungsrechte (§ 51 Nr. 3)	223–242c	2. Begriff der Sachhaftung (Abs. 1)	245
1. Kaufmännisches Zurückbehaltungsrecht (§ 369 HGB)	223–231	3. Der Sachhaftung unterworfene Waren	246, 247
a) Voraussetzungen	224–229	a) Verbrauchsteuerpflichtige Waren	246
b) Wirkungen	230, 231	b) Zollpflichtige Waren	247
2. Versicherungsrechtliche Zurückbehaltungsrechte	232–240	4. Entstehen der Sachhaftung (Abs. 2)	248–251
		5. Beschlagnahme (Abs. 3)	252–256
		6. Geltendmachung der Sachhaftung	257, 258
a) Versicherung für fremde Rechnung	232, 233	7. Absehen von der Geltendmachung (Abs. 5)	259
b) Haftpflichtversicherung	234–240	8. Erlöschen der Sachhaftung (Abs. 4) und Übergang des Absonderungsrechts	260
3. Bereicherungsrechtliches Zurückbehaltungsrecht (§ 821 BGB)	241		
III Zurückbehaltungsrecht nach § 273 BGB	242–242c	**III. Andere Absonderungsrechte an öffentlich verfangenen Sachen**	261–263
IV. Vereinbarte Zurückbehaltungsrechte	242d	**H. Veräußerungsverbote**	264–270
		I. Rangordnung	265–270

A. Einleitung

Für das Konkursrecht war anerkannt gewesen, dass Gläubiger, denen zur Sicherung eines **1** Anspruchs eine bewegliche Sache übereignet oder ein Recht abgetreten worden war, zur Absonderung berechtigt sind.[1] Dies war in der Vergleichsordnung auch im Gesetzeswortlaut zum Ausdruck gekommen (§ 27 Abs. 2 VerglO). In § 58 RegE griff der Gesetzgeber dies auf. Er erteilte damit Stimmen, die während der Reformdiskussion gefordert hatten, die Absonderungskraft der besitzlosen Mobiliarsicherheiten abzuschaffen, eine Absage (vgl. Vorbemerkungen vor §§ 49–52 RdNr. 6 ff.).

In § 59 RegE orientierte sich der RegE nach dem Vorbild des § 49 Abs. 1 Nr. 1, 3 und 4 KO. **2** Danach waren der Fiskus an zoll- und steuerpflichtigen Sachen sowie Gläubiger mit bestimmten Zurückbehaltungsrechten ebenfalls zur Absonderung berechtigt. Diese Regelungen waren in der Reformdiskussion nicht umstritten gewesen.

Nachdem bereits der Bundesrat in seiner Gegenäußerung eine sprachliche Vereinfachung des § 58 **3** angeraten[2] und die Bundesregierung dies aufgegriffen hatte,[3] ging der Rechtsausschuss noch einen Schritt weiter. Auf seine Empfehlung hin[4] wurden die §§ 58 und 59 des RegE ohne inhaltliche Änderung zu einem neuen § 58 zusammengefasst. Dabei gingen die bisherigen Nrn. 1 und 2 des § 58 in eine neue Nr. 1 ein, die Nrn. 2 und 3 des § 59 behielten im neuen § 58 ihre Ziffern, während § 59 Nr. 1 die neue Nr. 4 des 58 wurde. In dieser Gestalt ist der § 58 als § 51 Gesetz geworden.

B. Normzweck

I. Die Absonderungskraft der Sicherungsübertragung (§ 51 Nr. 1)

Sicherungsübereignung (dazu RdNr. 48 ff.) und Sicherungsabtretung (dazu RdNr. 136 ff.) sind **4** Unterfälle der Sicherungsübertragung. Wird über das Vermögen des Sicherungsnehmers ein Insol-

---

[1] RGZ 157, 40, 45; BGHZ 72, 141, 146 f. = NJW 1978, 1859 = LM ZPO § 771 Nr. 13a *(Brunotte)*; 95, 149, 152 = NJW 1985, 2649; 134, 195, 197 = NJW 1997, 522; BGH ZIP 1986, 720, 722; WM 1987, 74, 76; NJW 1997, 3021, 3022; *Serick* III § 35 I (S. 266 ff.); *Häsemeyer*, Insolvenzrecht RdNr. 11.09; *Baur/Stürner*, Insolvenzrecht 14.25; *Jaeger/Lent* KO § 48 RdNr. 13; *Kuhn/Uhlenbruck* KO § 43 RdNr. 10 f.; *Kilger/K. Schmidt* KO § 43 Anm. 9, KO § 48 Anm. 5a.
[2] BT-Drucks. 12/2443, S. 250.
[3] BT-Drucks. 12/2443, S. 262.
[4] BT-Drucks. 12/7302, S. 160.

venzverfahren eröffnet, kann der Sicherungsgeber – obwohl er nur noch den schuldrechtlichen Anspruch auf Rückgewähr des Sicherungsgegenstandes hat – diesen **aussondern,** wenn er die gesicherte Forderung erfüllt (vgl. § 47 RdNr. 375 f.).[5] In der Insolvenz eines Dritten, bei dem sich der Sicherungsgegenstand befindet, können sowohl der Sicherungsnehmer, der dinglich Vollrechtsinhaber ist,[6] als auch der Sicherungsgeber – falls er, wie meist, einen schuldrechtlichen Herausgabeanspruch gegen den Dritten hat (vgl. § 47 RdNr. 341) – aussondern. Dass der Sicherungsnehmer in der Insolvenz des Sicherungsgebers den Sicherungsgegenstand nicht aussondern kann, sondern nur ein Recht auf **abgesonderte Befriedigung** hat (vgl. § 47 RdNr. 381), berührt deshalb merkwürdig. Ein wirklicher oder scheinbarer Widerspruch besteht auch insoweit, als der Sicherungsnehmer außerhalb der Insolvenz sein Recht mit der Drittwiderspruchsklage (§ 771 ZPO) schützen kann.[7]

5   Dass dem Sicherungsnehmer in der Insolvenz des Sicherungsgebers nur ein Absonderungs-, kein Aussonderungsrecht zustehe, begründete die Rechtsprechung anfangs[8] mit der Erwägung, dass der Konkurs das die Sicherungsübertragung rechtfertigende obligatorische Rechtsverhältnis beende und der Sicherungsnehmer nicht gleichzeitig den Sicherungsgegenstand aussondern und für seine ganze Forderung Befriedigung aus der Masse fordern könne; außerhalb des Konkurses könne er aber sein Recht unbeschränkt geltend machen und daher bei der Einzelvollstreckung nicht auf § 805 ZPO verwiesen werden. Dass der Konkurs das die Sicherungsübertragung rechtfertigende obligatorische Rechtsverhältnis beende, trifft indes nur ausnahmsweise zu. Der Sicherungsvertrag ist regelmäßig ein einseitig verpflichtender Vertrag.[9] So wenig er unter § 17 KO fiel, wird er jetzt von § 103 erfasst.

6   Im Schrifttum wird die Ansicht vertreten, der Sicherungsnehmer sei gegenüber jedermann Eigentümer, nur nicht gegenüber dem Sicherungsgeber. Im Innenverhältnis stehe diesem das Eigentum zu.[10] Diese **Lehre vom geteilten Eigentum** hat zu Recht kaum Gefolgschaft gefunden,[11] weil ein relativ unwirksamer Rechtserwerb mit den §§ 135 ff. BGB nicht zu vereinbar ist. Eine Abwandlung dieser Lehre versteht das Sicherungseigentum als „Eigentum mit geminderter Zuordnung", bei dem gewisse „Segmente" dem Sicherungsgeber verblieben seien.[12] Da das – nur um die betreffenden „Segmente" verminderte – Vollrecht dem Sicherungsnehmer zustehen soll, vermag auch diese Ansicht nicht befriedigend zu erklären, weshalb dem Sicherungsnehmer in der Insolvenz des Sicherungsgebers die Aussonderung versagt wird. Begründen lässt sich das nämlich nur durch eine entsprechende inhaltliche Ausfüllung der „Segmente". Dies läuft auf einen Zirkelschluss hinaus.

7   Vom „Eigentum mit geminderter Zuordnung" ist es kein allzu großer Schritt zur Anerkennung eines **besitzlosen Pfandrechts.** Manche Autoren behandeln den Sicherungsgeber als Eigentümer und den Sicherungsnehmer als bloßen Pfandgläubiger.[13] Diese Lehre vom besitzlosen Pfandrecht ist mit dem Grundsatz vom Numerus clausus der Sachenrechte nicht zu vereinbaren. Im Übrigen ist auch sie nicht frei von inneren Widersprüchen, weil das Sicherungseigentum als besitzloses Pfandrecht in der Einzelzwangsvollstreckung zur Drittwiderspruchsklage berechtigen soll.[14]

8   Die Anhänger des sogenannten **Umwandlungsprinzips**[15] erklären die unterschiedliche Behandlung des Sicherungsnehmers wie folgt: Die Insolvenz des Sicherungsgebers verändere die Stellung des Sicherungsnehmers in eine bloß noch pfandrechtsartige Berechtigung mit insolvenzrechtlicher Absonderungskraft an der früheren Realsicherheit. Diese werde ohne weiteres wieder Eigentum des Sicherungsgebers und gehöre damit zur Insolvenzmasse. Das Umwandlungsprinzip ist abzulehnen.[16]

---

[5] Zur Drittwiderspruchsklage des Sicherungsgebers in der Einzelzwangsvollstreckung gegen des Sicherungsnehmer vgl. BGHZ 11, 37, 41 = NJW 1954, 190; 72, 141, 146 = NJW 1978, 1859 = LM ZPO § 771 Nr. 13a *(Brunotte).*

[6] Str., aA insbesondere *Smid,* Kreditsicherheiten in der Insolvenz RdNr. 4.7 ff.; *ders.,* FS Ganter, S. 361, 362 Fn. 4.

[7] RGZ 124, 73 ff.; BGHZ 12, 232, 234 = NJW 1954, 673; 80, 296, 299 = NJW 1981, 1835; *Bötticher* MDR 1950, 705 ff.; ebenso *Paulus* ZZP 64 (1951), 169, 186 ff., solange sich andere Vollstreckungsgläubiger aus dem beim Schuldner verbliebenen Vermögen voll befriedigen können.

[8] RGZ 124, 73, 75; BGHZ 72, 141, 146 = NJW 1978, 1859 = LM ZPO § 771 Nr. 13a *(Brunotte);* ebenso *Rosenberg* noch in der 7. Aufl. seines Lehrbuchs des deutschen Zivilprozessrechts § 185 III 2b (S. 932).

[9] *Ganter* in Schimansky/Bunte/Lwowski, Bankrechts-Handbuch, § 90 RdNr. 179; zu den Ausnahmen vgl. auch *Jaeger/Henckel* KO § 17 RdNr. 12.

[10] *Wolff/Raiser* § 88 IV (S. 355).

[11] Ablehnend zB *Funk,* aaO S. 131.

[12] *Gernhuber* JuS 1988, 355, 359; *Assfalg,* aaO S. 162 ff.

[13] So jetzt insbesondere *Henckel,* FS Zeuner, S. 193, 213 f., nachdem *Gaul,* FS Serick, S. 105, 151 diesen Standpunkt bereits als „längst überwunden" ansah.

[14] *Henckel,* FS Zeuner, S. 193, 211 f.

[15] Namentlich *Serick* II § 19 I 2 aE (S. 77), III § 35 I 1a (S. 268 f.); *ders.,* Mobiliarsicherheiten S. 130 ff.

[16] Ebenso *Gaul,* FS Serick, S. 105, 123 ff.; *Henckel,* FS Zeuner, S. 193, 195, 213; *ders.* in Lüke, Grundfragen des Privatrechts. S. 10 ff.; *Funk* aaO S. 140 f.; *Jaeger/Henckel* § 51 RdNr. 3.

Es vermag nicht zu erklären, weshalb ein Gesamtvollstreckungsverfahren die im vorstehenden beschriebene Umwandlung zur Folge haben soll, eine Einzelvollstreckung aber nicht. Im Übrigen lässt die Insolvenz – wie früher schon der Konkurs – die haftungsrechtliche Zuordnung unberührt.[17] Die Umwandlung würde dazu führen, dass die Masse mehr hätte als der Schuldner vor der Insolvenzeröffnung. Das ist durch nichts gerechtfertigt.

Der Grund, weshalb der Sicherungsnehmer in der Insolvenz des Sicherungsgebers nur ein Recht auf abgesonderte Befriedigung hat, liegt darin, dass die Sicherungsübertragung bei **wirtschaftlicher Betrachtungsweise** der Verpfändung näher steht als der Übereignung.[18] Nach dem Sicherungsvertrag, der die dingliche Zuordnung überlagert, soll der Sicherungsgegenstand – ähnlich wie die Pfandsache dem Pfandgläubiger – dem Sicherungseigentümer bzw. Sicherungszessionar nicht endgültig gehören. Er soll insbesondere nicht den Gläubigern des Sicherungsnehmers als Haftungsobjekt dienen.[19] Da der Sicherungsfall spätestens durch die Insolvenzeröffnung ausgelöst werden dürfte, ist der Sicherungsvertrag in der Insolvenz abzuwickeln. Dabei kann nicht unberücksichtigt bleiben, dass das Sicherungsrecht nur eine tatsächlich bestehende Forderung sichern soll. Ein Verwertungsüberschuss muss der Masse zugute kommen. Dies ist nur dann gewährleistet, wenn der Sicherungsgegenstand während des Insolvenzverfahrens verwertet wird. Um das Dispositionsrecht des Sicherungsnehmers über den Verwertungszeitpunkt einzuschränken, blieb nur die Möglichkeit, ihm die Rechtsstellung eines „bloß Absonderungsberechtigten" zu geben.[20] Diese Zwänge sind in der Einzelzwangsvollstreckung nicht gegeben. Dort gilt es nur die Vollstreckung eines Dritten in den Sicherungsgegenstand abzuwehren, diesen aber bis zu einer späteren Abwicklung des Sicherungsverhältnisses zu erhalten.[21]

Auf ein Sicherungsrecht, welches mit einer dauernden **Einrede** behaftet ist und deshalb außerhalb der Insolvenz nicht erfolgreich geltend gemacht werden könnte, kann ein Absonderungsrecht nicht gestützt werden.[22]

II. Die Absonderungskraft des Zurückbehaltungsrechts auf Grund nützlicher Verwendungen (§ 51 Nr. 2)

Das Zurückbehaltungsrecht auf Grund nützlicher Verwendungen (Näheres hierzu RdNr. 217 ff.) hat deswegen Absonderungskraft, weil die Werterhöhung, die der Zurückhaltungsberechtigte mit eigenen Mitteln veranlasst hat, nicht den Insolvenzgläubigern zugute kommen soll. Die nützliche Verwendung auf die zurückbehaltene Sache begründet zu dieser eine quasidingliche Beziehung, die das Gesetz, was die Absonderungsberechtigung angeht, einem Pfandrecht gleichachtet.[23]

III. Die Absonderungskraft des Zurückbehaltungsrechts nach dem Handelsgesetzbuch (§ 51 Nr. 3)

Das kaufmännische Zurückbehaltungsrecht (§§ 369–372 HGB; Näheres hierzu RdNr. 223 ff.) begründet in der Insolvenz des Forderungsschuldners ein Absonderungsrecht, um dem gesteigerten Sicherungsbedürfnis des Handelsverkehrs Rechnung zu tragen. Dieses Sicherungsbedürfnis wird durch die gesetzlichen Pfandrechte des Handelsgesetzbuchs, die auf bestimmte Vertragstypen beschränkt sind und (mit Ausnahme des § 397 HGB) nur konnexe Forderungen sichern, nicht ausreichend erfüllt. Die Vereinbarung von Pfandrechten oder Sicherungseigentum ist oft unerwünscht oder zu umständlich.[24]

IV. Das Abgabenabsonderungsrecht (§ 51 Nr. 4)

Um die auf einzelnen Sachen der Masse ruhenden Zölle und Verbrauchssteuern durchzusetzen, dienen die belasteten Sachen wie ein Pfand als Sicherheit (Näheres hierzu RdNr. 244 ff.). Das

---

[17] Vgl. dazu Amtl. Begr. zum RegE-InsO BT-Drucks. 12/2443 S. 77 f., 86.
[18] Begr. zu § 58 RegE, BT-Drucks. 12/2443 S. 125; *Gerhardt*, Gedächtnisschrift für Arens, S. 127, 129; *Gottwald/Adolphsen*, Kölner Schrift, Kap. 41 RdNr. 37; auf derselben Linie *Henckel*, FS Zeuner, S. 193, 196; *Jaeger/Henckel* § 51 RdNr. 7; ähnlich *Häsemeyer*, Insolvenzrecht RdNr. 18.28, der eine „haftungsrechtliche" Betrachtungsweise vorzieht.
[19] *Gottwald/Adolphsen*, Kölner Schrift, Kap. 41 RdNr. 36.
[20] *Henckel*, FS Zeuner, S. 193, 210 f.; *Jaeger/Henckel* § 51 RdNr. 18; vgl. auch *Gottwald/Adolphsen*, Insolvenzrechts-Handbuch § 43 RdNr. 83; *Baur/Stürner*, Insolvenzrecht RdNr. 14.25.
[21] *Henckel*, FS Zeuner, S. 193, 211 ff.; *Jaeger/Henckel* § 51 RdNr. 18; *Gottwald/Adolphsen*, Insolvenzrechts-Handbuch, § 43 RdNr. 83.
[22] BGH, NJW 2002, 1578, 1579 = NZI 2002, 276.
[23] Vgl. 1. KommBer. Leitsatz 3.4.6, S. 330.
[24] Vgl. auch 1. KommBer. Leits. 3.4.6, S. 330.

Absonderungsrecht soll deutlich machen, dass die von diesen Abgaben betroffenen Sachen nur mit entsprechend vermindertem Wert in den Rechtsverkehr gelangen.[25] Deshalb soll der Fiskus mit seinem Absonderungsrecht nicht nur den Insolvenzgläubigern, sondern grundsätzlich auch den anderen Absonderungsberechtigten vorgehen (s.u. RdNr. 265).

C. Grundlagen der Sicherungsübertragung

I. Sicherstellungsvertrag

13 **1. Abgrenzung zum Sicherungsvertrag.** Sicherungseigentümer oder Sicherungsgläubiger wird man durch eine Sicherungsübereignung oder Sicherungsabtretung. Beide sind abstrakte Verfügungsgeschäfte. Dazu gehört der Abschluss eines Sicherstellungsvertrages: Die Parteien müssen sich über die dingliche Rechtsänderung einig sein. Bei der Sicherungsübereignung muss die Rechtsänderung darüber hinaus durch einen Realakt, die Übergabe, verlautbart werden. Der Sicherstellungsvertrag ist nicht zu verwechseln mit dem schuldrechtlichen Sicherungsvertrag. Dieser begründet die Pflicht zur Sicherheitenbestellung. Für die Sicherungsübereignung und die Sicherungsabtretung bildet er den „äußeren Rechtsgrund".[26] Ist vor Eröffnung des Insolvenzverfahrens über das Vermögen des Sicherungsgebers lediglich der Sicherungsvertrag abgeschlossen worden, der Sicherstellungsvertrag aber noch nicht, hat der Sicherungsnehmer kein Absonderungsrecht.

14 **2. Bedingte oder unbedingte Sicherungsübertragung. a) Aufschiebende Bedingungen.** Die Sicherungsübertragung ist grundsätzlich nicht bedingungsfeindlich. Sie kann unter der aufschiebenden Bedingung bestellt werden, dass die zu sichernde Forderung entsteht. Auf diese Weise kann eine Art „Akzessorietätsersatz" geschaffen werden.[27] Als aufschiebende Bedingung kommt ferner in Betracht, dass der Sicherungsnehmer einen Ausfall erleidet oder der Schuldner das vereinbarte Kreditlimit überzieht.[28]

15 Nicht selten äußert der Sicherungsgeber den Wunsch, die Sicherheit so zu bestellen, dass sie nur **im Insolvenzfall** gelten soll. Dies bringt erhebliche Risiken mit sich. Zwar ist das **dingliche Sicherstellungsgeschäft** wohl **wirksam**.[29] Rechtsträgerschaft und Verfügungsbefugnis fallen zusammen, sodass kein Verstoß gegen § 137 Satz 1 BGB vorliegt.[30] Die Anwendung von § 138 BGB wird durch die Anfechtungsvorschriften ausgeschlossen; ein Rechtsgeschäft, das einen Anfechtungstatbestand erfüllen kann, ist gemäß § 138 BGB nur nichtig, wenn – über den Tatbestand der Anfechtungsnorm hinaus – zusätzliche Umstände von Gewicht vorliegen, die das Rechtsgeschäft insgesamt als sittenwidrig erscheinen lassen.[31] Daran wird es hier regelmäßig fehlen. Das Sicherstellungsgeschäft unterliegt jedoch – zumindest bei Abschluss innerhalb von 10 Jahren vor Insolvenzeröffnung (die Anwendbarkeit von § 140 Abs. 3 InsO ist umstritten[32]) – der **Anfechtung** gemäß § 133 Abs. 1 InsO. Anfechtbar dürfte auch eine Vereinbarung sein, wonach dem Sicherungsgeber das Verfügungsrecht „bis auf jederzeit zulässigen Widerruf" belassen wird, weil der Widerruf doch nur für den Fall der Insolvenz vorbehalten wird.[33]

15a **Auf den Insolvenzfall bedingte schuldrechtliche Sicherungsvereinbarungen** sind anfechtungsrechtlich wie bedingte Verfügungen auf den Insolvenzfall zu behandeln.[34] Dasselbe gilt, wenn sich der Sicherungsgeber vorerst nur verpflichtet, dem Sicherungsnehmer im Falle der Krise eine Sicherheit zu bestellen. Wird die Sicherheit mit der Maßgabe bestellt, dass der Sicherungsnehmer erst im Insolvenzfall zur Verwertung berechtigt sein soll, ist dies rechtlich unbedenklich. Es handelt sich hierbei lediglich um eine – dem Sicherungsgeber günstige – Modifikation einer Sicherungsabrede. Der Insolvenzfall stellt immer einen Verwertungsfall dar. Nicht ohne weiteres anfechtbar ist

---

[25] Vgl. 1. KommBer. Leitsatz 3.4.5, S. 329.
[26] Serick II § 18 I 1 (S. 44 ff.); Baur/Stürner, Sachenrecht § 45 RdNr. 10.
[27] Vgl. Becker-Eberhard, aaO S. 327 ff.; offen gelassen von BGH NJW 1991, 353, 354 = EWiR 1991, 147 (Serick).
[28] RGZ 134, 221, 223.
[29] Huhn/Bayer ZIP 2003, 1965 ff.; aA Tintelnot, Vereinbarungen für den Konkursfall, 1991, S. 99 ff., 106 ff., 123 ff.; Häsemeyer, Insolvenzrecht RdNr. 10.23.
[30] AA noch die 2. Auflage. Vgl BGH NJW 93, 1640, 1641.
[31] BGHZ 130, 314, 331 = NJW 95, 2846; 138, 291, 299 f. = NJW 98, 2592; BGH NJW 93, 2041 f.
[32] Dafür Huhn/Bayer ZIP 2003, 1965, 1967 ff.; Obermüller, Insolvenzrecht, RdNr. 6.225;; HambKomm-Rogge § 140 RdNr. 34; dagegen BAG NZI 2007. 58, 61 Tz 36; MünchKomm-InsO/Kirchhof § 140 RdNr. 52; HK-Kreft § 140 RdNr. 14; Uhlenbruck/Hirte § 140 RdNr. 17B; Gottwald/Huber, Insolvenzrechts-Handbuch § 46 RdNr. 22.
[33] S. u. § 95 RdNr. 90.
[34] Huhn/Bayer ZIP 2003, 1965, 1971.

auch die Sicherstellung verbunden mit der schuldrechtlichen Verpflichtung, von ihr erst „im Sicherungsfall" nach außen hin Gebrauch zu machen.[35]

b) Auflösende Bedingungen. Praktische Bedeutung hat die Sicherungsübertragung unter der **auflösenden Bedingung,** dass die **gesicherte Forderung getilgt** wird. Ohne derartige Bedingung hat der Sicherungsgeber nur einen **schuldrechtlichen Anspruch auf Rückübertragung** des Sicherungsmittels (anders, wenn die Sicherheit nach dem Willen der Parteien noch andere, möglicherweise erst in Zukunft entstehende Schulden sichern soll). Dieser Anspruch ist aufschiebend bedingt durch die Tilgung der gesicherten Forderung. Er muss notfalls, wenn der Sicherungsnehmer ihn nicht freiwillig erfüllt, zwangsweise durchgesetzt werden. Ist hingegen eine auflösende Bedingung vereinbart, fällt mit ihrem Eintritt die sicherungsübereignete Sache oder die abgetretene Forderung „automatisch" und ohne Zutun des Sicherungsnehmers an den Sicherungsgeber zurück (§ 158 Abs. 2 BGB). Wenn sich aus dem Sicherstellungsvertrag nichts für eine auflösende Bedingung ergibt, ist stillschweigend eine unbedingte Sicherung vereinbart.[36] Einen allgemeinen Rechtsgrundsatz, dass Sicherungsübertragungen stets durch den Sicherungszweck bedingt sind, gibt es nicht.[37] „Im Zweifel" eine bedingte Einigung anzunehmen, unterstellt den Parteien einen Willen, den sie vielfach nicht haben.

Für das Absonderungsrecht des Sicherungsnehmers in der Insolvenz des Sicherungsgebers hat 17 diese Streitfrage im Übrigen keine Bedeutung: Abgesonderte Befriedigung kann sowohl verlangt werden, wenn – im Falle einer auflösend bedingten Sicherungsübertragung – die auflösende Bedingung noch nicht eingetreten ist (§ 42 analog), als auch dann, wenn – bei einer unbedingten Sicherungsübertragung – kein Rückgewähranspruch besteht. Umgekehrt scheidet ein Absonderungsrecht aus, wenn die auflösende Bedingung eingetreten ist, aber auch dann, wenn der Verwalter dem Sicherungsnehmer „nur" den Rückgewähranspruch entgegenhalten kann.[38]

Von der Frage, ob die Sicherungsübertragung auflösend bedingt ist oder nicht, hängt nicht einmal 18 ab, ob eine Zweitverfügung über die Anwartschaft insolvenzfest ist. Tritt der Sicherungsgeber im Falle auflösend bedingter Sicherungsübertragung die daraus sich ergebende Anwartschaft zur Besicherung eines anderen Kredits an den betreffenden Kreditgeber ab, so erwirbt dieser die Sicherheit auch dann, wenn die Bedingung erst nach Eröffnung eines Insolvenzverfahrens über das Vermögen des Sicherungsgebers eintritt. Das ist aber auch dann nicht anders, wenn im Falle unbedingter Sicherungsübertragung der Sicherungsgeber den obligatorischen Rückgabeanspruch an den weiteren Kreditgeber abtritt. Dieser Anspruch ist aufschiebend bedingt durch den Wegfall des Sicherungszwecks, insbesondere die Tilgung der gesicherten Forderung. Wird der Anspruch vor Verfahrenseröffnung abgetreten, erlangt der Zessionar eine Anwartschaft, die auch noch nach Verfahrenseröffnung zum Vollrecht erstarken kann.[39] Nur im Falle einer Konvaleszenz ist der Erwerb des zweiten Zessionars nicht insolvenzfest.[40]

Ein Sonderfall auflösend bedingter Sicherungsübertragung ist die **dingliche Freigabeklausel.** 19 Hier wird bei Absinken der gesicherten Forderung ein Teil der Sicherheiten an den Sicherungsgeber zurückgeführt. Die Klausel vermeidet eine – im Hinblick auf § 138 BGB, § 9 AGBG bedenkliche – Übersicherung (vgl. Vorbemerkungen vor §§ 49–52 RdNr. 82), bereitet aber unter dem Gesichtspunkt der Bestimmtheit (s.u. RdNr. 61 ff., 152 ff.) erhebliche Schwierigkeiten.

3. Änderung oder Ergänzung des Sicherstellungsvertrages. a) Austausch des Siche- 20 **rungsmittels.** Ist dessen Verderb oder eine wesentliche Wertminderung zu besorgen, können beide Seiten, solange das Insolvenzverfahren über das Vermögen des Sicherungsgebers noch nicht eröffnet ist, die Rückgabe des Sicherungsmittels gegen anderweitige Sicherheitsleistung verlangen (vgl. § 1218 Abs. 1 BGB). Treu und Glauben können einen Austausch der Sicherheit auch dann gebieten, wenn der gesicherte Kredit zu einem großen Teil getilgt und infolgedessen eine Übersicherung eingetreten ist, die durch eine Teilfreigabe nicht beseitigt werden kann, und der Sicherungsgeber eine geringerwertige Sicherheit anbietet, die das Sicherungsbedürfnis des Sicherungsnehmers gleichwohl voll abdeckt.

b) Austausch des Sicherungsgebers. Bittet der bisherige Sicherungsgeber um Freigabe der 21 von ihm gestellten Sicherheit, falls ein Dritter seinerseits eine Sicherheit bestellt, braucht sich der

---

[35] BGH NJW 84, 1184, 1185; *Huhn/Bayer* ZIP 2003, 1965, 1971.
[36] BGH NJW 1984, 1184, 1186.
[37] BGHZ 124, 380, 384 = NJW 1994, 864 = EWiR 1994, 209 *(Serick)*; BGH NJW 1984, 1184, 1185; 1991, 353, 354 = EWiR 1991, 147 *(Serick); Mitlehner,* aaO RdNr. 323; aA *Reinicke/Tiedtke,* Kreditsicherung RdNr. 632; *Becker-Eberhard* aaO S. 615 ff.
[38] Im Ergebnis ebenso *Jaeger/Henckel* § 51 RdNr. 8.
[39] *Bülow* WM 1998, 845, 848.
[40] *Bülow* WM 1998, 845, 848.

Sicherungsnehmer im Allgemeinen nicht darauf einzulassen. Ist dies aber geschehen, hat der Sicherungsnehmer ein Absonderungsrecht nur dann, wenn der neue Sicherungsgeber insolvent wird.

II. Die beteiligten Personen

22   **1. Vertrag Sicherungsgeber/Sicherungsnehmer.** An der Sicherungsübertragung sind normalerweise beteiligt der **Sicherungsgeber,** der die Sicherheit bestellt, und der **Sicherungsnehmer,** dem sie bestellt wird. In der Regel sind die Parteien des Sicherstellungsvertrages und diejenigen des Sicherungsvertrages identisch, das heißt der Sicherungsgeber ist gleichzeitig Schuldner (Kreditnehmer), der Sicherungsnehmer gleichzeitig Gläubiger (Kreditgeber) der gesicherten Forderung. Notwendig ist dies nicht. Bei den Sachsicherheiten sind Eigentümer und Sicherungsgeber meist identisch; zwingend erforderlich ist auch dies nicht.

23   **2. Sicherungsübertragung an Treuhänder.** Anstelle des Kreditgläubigers kann auch ein Treuhänder als Sicherungsnehmer auftreten, der die Sicherheit zwar im eigenen Namen, aber im Interesse des Gläubigers hält und verwertet. Davon machen die Kreditinstitute gerne Gebrauch, weil die Bestellung, Überwachung und Verwertung des Sicherungsguts einen nicht unerheblichen Aufwand verursachen kann. Die Einschaltung eines Treuhänders kommt auch dem Sicherungsgeber entgegen: Er fühlt sich gegenüber der wirtschaftlichen Übermacht des Kreditgebers in guten Händen, wenn eine überparteiliche Person, die nicht einseitig Gläubigerinteressen vertritt, die Sicherheiten verwaltet.[41] Bestellt ein Kreditnehmer seinen Kreditgebern keine Einzelsicherheiten, überträgt er vielmehr die verfügbaren Sicherheiten von vornherein auf einen Treuhänder, spricht man von einem **Bassinvertrag.**[42] Schließt der Schuldner als Sicherungsgeber den Vertrag mit dem Treuhänder als Sicherungsnehmer zugunsten des Gläubigers (der Gläubiger), so liegt eine **doppelseitige Treuhand** vor (s. dazu § 47 RdNr. 386 ff.). Die Gestaltungsmöglichkeiten sind vielfältig und rechtlich zum Teil noch ungeklärt. Eine hervorgehobene Bedeutung haben der Poolvertrag und der Bassinvertrag gewonnen. In der **Insolvenz** des Zedenten hat der vom Gläubiger eingeschaltete Treuhänder das Absonderungsrecht.

24   **3. Sicherungsübertragungen zugunsten Dritter.** Sicherungsübertragungen zugunsten Dritter (§ 328 BGB) sind ausgeschlossen.[43] Besteht zwischen Sicherungsgeber und Schuldner, Sicherungsnehmer und Gläubiger keine Personenidentität, gilt das unter Vorbemerkungen vor §§ 49–52 RdNr. 50 ff. Gesagte.

25   **4. Sicherheitenpool.** Zum Sicherheitenpool, an dem Warenkreditgläubiger beteiligt sind, wurde bei § 47 RdNr. 189 ausführlich Stellung genommen. Hierauf wird verwiesen. Liegt ein reiner Bankenpool[44] vor, handelt es sich in der Regel um eine Verwertungsgemeinschaft der Sicherungsgläubiger.

III. Das Sicherungsmittel

26   **1. Allgemeines.** Sicherungsmittel ist der Gegenstand (die Sache oder das Recht), an dem der Sicherungsnehmer das Sicherungsrecht erwirbt. Dieses erstreckt sich im Zweifel auf die **unmittelbaren Sach- und Rechtsfrüchte** (§ 99 Abs. 1 und 2 BGB), zB die Ernte des belasteten Grundstücks, die Zinsen einer verzinslichen Forderung, nicht jedoch auf die mittelbaren Sach- und Rechtsfrüchte (§ 99 Abs. 3 BGB), die nur „vermöge eines Rechtsverhältnisses" (zB durch Vermietung des Sicherungsübereigneten Pkw) anfallen. Wegen der Haftung der **Surrogate** vgl. Vorbemerkungen vor §§ 49–52 RdNr. 63 ff.

27   **2. Bedingte und künftige Rechte.** Die Abtretung von Steuererstattungsansprüchen ist erst nach Entstehung der Ansprüche zulässig (vgl. RdNr. 201). Von solchen Ausnahmen abgesehen können auch bedingte und künftige Rechte zur Sicherheit übertragen werden (dazu und insbesondere zu den Auswirkungen in der Insolvenz s. Vorbemerkungen vor §§ 49–52 RdNr. 21 ff., 27 ff.). So kann der – durch die Tilgung des gesicherten Kredites aufschiebend bedingte – Rückgewähranspruch des Sicherungsgebers im Wege einer Anschlusszession als Sicherungsmittel eingesetzt werden. Der Zessionar erwirbt die Sicherheit bereits mit der Anschlusszession, kann hieraus allerdings erst nach Bedingungseintritt Rechte herleiten. Die Sicherungsübertragung bedingter Rechte ist nicht zu verwechseln mit der bedingten Sicherungsübertragung (s.o. RdNr. 14 ff.). Wird die Sicherheit

---

[41] *Liebich/Mathews,* aaO S. 304.
[42] *Serick* II § 21 IV 3 (S. 186 f.); *Stürner* ZZP 94 (1981), 263, 279; *Gottwald/Adolphsen,* Insolvenzrechts-Handbuch, § 44 RdNr. 4.
[43] BGHZ 41, 95, 96 = NJW 1964, 1124; BGH WM 1965, 464, 466; 1986, 749, 750; NJW 1993, 2617, insoweit in BGHZ 123, 178 n.a.; vgl. ferner *Palandt/Grüneberg,* Einführung vor § 328 BGB RdNr. 9.
[44] Siehe das Vertragsmuster bei *Obermüller,* Insolvenzrecht RdNr. 6.192.

an einem künftigen Recht bestellt, so entsteht sie erst, wenn der Sicherungsgeber das Recht als gegenwärtiges erwirbt.

3. Mehrheit von Sicherungsmitteln und Sicherheiten. a) Sicherungsrecht an Inbegriffen von Gegenständen. Wird ein Warenlager oder eine Briefmarkensammlung sicherungsübereignet oder werden die gesamten Außenstände eines Wirtschaftsunternehmens abgetreten, entsteht das Sicherungsrecht nicht an dem Inbegriff der Sachen oder Rechte, auch wenn dieser mit einer **Sammelbezeichnung** benannt wird. Es entstehen vielmehr Sicherungsrechte an einem jeden einzelnen Stück und jeder einzelnen Forderung.[45]

b) Kombination von Sicherheiten. Um „Sicherheitslücken" zu vermeiden, können verschiedene Sicherheiten miteinander kombiniert werden. So kann zum Beispiel die Sicherungsübereignung eines Warenlagers, bei welcher der Sicherungsgeber zur Veräußerung einzelner Stücke ermächtigt wird, mit der Sicherungszession der Forderungen aus dem Weiterverkauf verknüpft werden. Eine Kombination von Grundpfandrecht und Sicherungsübereignung liegt vor, wenn der Grundpfandgläubiger – um der Gefahr vorzubeugen, dass wertvolles Zubehör durch Entfernung vom Grundstück enthaftet wird (vgl. § 1121 BGB) – sich das Zubehör vorsichtshalber auch noch zur Sicherheit übereignen lässt. Derartige Kombinationen sind im Allgemeinen unproblematisch, wenn die Zahl oder der Wert der Sicherungsmittel konstant bleibt. Andernfalls besteht die Gefahr der **Übersicherung** (Vorbemerkungen vor §§ 49 bis 52 RdNr. 82 ff.).

c) Kumulation von Sicherheiten. Eine Kumulation (Häufung) von Sicherheiten liegt vor, wenn sich der Sicherungsnehmer mehrere – gleichartige oder verschiedene – Sicherheiten geben lässt, die alle zusammen den Kredit sichern sollen. Lässt sich zB der Sicherungsnehmer, dem ein Warenlager mit wechselndem Bestand zur Sicherheit übereignet worden ist, zum Ausgleich von Abgängen die Ansprüche aus der Weiterveräußerung abtreten, und verpflichtet er durch eine **Nachschubklausel** den Sicherungsgeber zusätzlich, das Warenlager laufend aufzufüllen, geht dies über eine bloße Kombination von Sicherheiten hinaus und es liegt eine Kumulation vor. Hier besteht die Gefahr der **Übersicherung** in besonderem Maße (Vorbemerkungen vor §§ 49 bis 52 RdNr. 82 ff.).

d) Nachrangige und „angehängte" Sicherheiten. Bestehen an demselben Gegenstand mehrere Sicherungsrechte, so stehen sie in einem **Konkurrenzverhältnis,** auch wenn die Rechte ganz verschiedenartig sind. Ihr **Rang** ist insbesondere in der Insolvenz maßgeblich für die Reihenfolge, in der die Berechtigten Befriedigung aus dem Gegenstand verlangen können.[46] Hat ein Gläubiger den Vorrang, wird er vor dem nachfolgenden Gläubiger voll befriedigt. Bei Gleichrang wird der Erlös im Verhältnis der einzelnen Forderungen verteilt. Grundsätzlich gilt das **Prioritätsprinzip** (vgl. vor §§ 49–52 RdNr. 73 ff.). Die früher bestellte Sicherheit geht der später bestellten vor. Gleichzeitig entstandene Sicherheiten haben grundsätzlich gleichen Rang.

Sicherungsmittel, die bereits einem Gläubiger als Deckung dienen, können unter Umständen noch zugunsten weiterer Gläubiger belastet werden, falls diese mit der nachrangigen Sicherheit zufrieden sind. Eine nachrangige **Sicherungsabtretung** ist begrifflich nicht möglich. Eine bereits abgetretene Forderung kann deshalb als Kreditunterlage nur noch eingeschränkt benutzt werden. Entweder muss die erneute Abtretung unter dem Vorbehalt erfolgen, dass sie erst mit Rückerhalt der Forderung von dem Erstzessionar wirksam wird,[47] oder dieser muss die zweite Abtretung genehmigen (§ 185 Abs. 2 Satz 1 Alt. 1 BGB). Geschieht beides nicht, bleibt u.a. noch die Möglichkeit des § 185 Abs. 2 Satz 1 Alt. 2 BGB.[48]

Bei nicht auflösend bedingten fiduziarischen Sicherungsrechten kann der durch die Tilgung der gesicherten Forderung aufschiebend bedingte Rückgewähranspruch zur Sicherung an einen anderen Kreditgeber abgetreten werden. Hier wird der ersten Sicherstellung eine zweite **„angehängt".** Wurde der Sicherungsgegenstand ausnahmsweise unter der auflösenden Bedingung der Tilgung der gesicherten Forderung übertragen, kann der Sicherungsgeber seine Anwartschaft auf Rückerwerb des Sicherungsgegenstandes zur Sicherheit übertragen.

IV. Die gesicherte Forderung

1. Zweckbestimmungserklärung. Nach dem Sicherungszweck darf das Sicherungseigentum dem Sicherungsnehmer nicht endgültig gehören und seinen Gläubigern nicht als Haftungsobjekt

---

[45] BGH NJW 1968, 392, 393.
[46] BGHZ 60, 267, 269 = NJW 1973, 997; BGH KTS 1981, 193, 195. Zum Rang der Sicherungsrechte, die in der Insolvenz zur abgesonderten Befriedigung berechtigen, s.o. §§ 49 bis 52 RdNr. 73 ff.
[47] Vgl. BGH WM 1978, 1406, 1407.
[48] Dazu *Bülow* WM 1998, 845 ff.

dienen; es hat vielmehr nur eine oder mehrere bestimmte Forderungen zu sichern. Erst durch die zweckbestimmte Verknüpfung des Sicherungsrechts mit der gesicherten Forderung entsteht die Sicherheit. Die zu sichernde Forderung muss deshalb genau von den nicht unter die Sicherheit fallenden Forderungen abgegrenzt werden. Das geschieht durch die Zweckbestimmungserklärung. Die Zweckbestimmungserklärung kann nachträglich verändert, auch – durch Einbeziehung weiterer Forderungen – erweitert werden.[49] In der Bankpraxis ist die formularmäßige **weite Zweckbestimmungserklärung** üblich. Damit werden über die Forderung hinaus, die Anlass des Sicherstellungsvertrages war, alle bestehenden und künftigen – auch bedingten und befristeten – Ansprüche, die der Bank aus der Geschäftsverbindung (insbesondere aus laufender Rechnung und aus der Gewährung von Krediten jeder Art) zustehen, der Sicherheit unterstellt. Bei der **engen Zweckbestimmungserklärung** wird nur der Kredit gesichert, dessen Vergabe Anlass des Sicherungsgeschäfts war.

34   Diese weite Fassung ist nur bei **akzessorischen Sicherheiten** bedenklich, weil sie das Risiko zum Nachteil des Sicherungsgebers zu weit ausdehnt.[50] Die Sicherungsübertragung ist **nicht-akzessorisch**.[51] Bei solchen Sicherheiten reicht es im Allgemeinen zum Schutz des Sicherungsgebers aus, dass er, falls er mit der Entwicklung der Geschäftsbeziehung nicht einverstanden ist, diese durch Kündigung beenden kann.[52]

35   Eine Einschränkung ist für den Fall der **Sicherung einer fremden Schuld** (Interzession) angebracht. Auch bei den nicht-akzessorischen Sicherheiten ist – wenn der Sicherungsgeber nicht Kaufmann ist – die Ausdehnung des Haftungsumfangs für „alle bestehenden und künftigen Verbindlichkeiten" des Dritten grundsätzlich insoweit **überraschend** (§ 305c Abs. 1 BGB), als sie über den Anlass des Sicherstellungsvertrages hinausgeht.[53] Im Einzelfall kann die weite Zweckbestimmungserklärung auch hier unbedenklich sein, wenn unter den gegebenen Umständen klar ist, dass nicht ein Einzelkredit, sondern die gesamte Geschäftsverbindung abgesichert sein soll. Dabei kann von Bedeutung sein, ob zwischen der Darlehensgewährung und der Sicherheitenbestellung ein unmittelbarer zeitlicher und sachlicher Zusammenhang besteht.[54] Bringt die Sicherungszweckerklärung nicht eindeutig zum Ausdruck, ob die Sicherheit nur Ansprüche gegen den Sicherungsgeber und seinen damaligen Lebensgefährten als Gesamtschuldner oder auch allein gegen den mithaftenden Lebenspartner gerichtete Ansprüche abdeckt, gehen die Zweifel zu Lasten des Sicherungsnehmers; die Mithaftungserklärung ist dann unwirksam (**Unklarheitenregel,** § 305c Abs. 2 BGB).[55]

36   Demgegenüber scheidet bei der Erstreckung der fiduziarischen Sicherheiten des Sicherungseigentümers und -zessionars auf alle bestehenden und zukünftigen Verbindlichkeiten eines Dritten ein Verstoß gegen § 307 BGB aus, weil Inhalt und Umfang der schuldrechtlichen Zweckbindung einer derartigen Sicherheit nicht gesetzlich festgelegt sind, sondern – in den Grenzen der §§ 134, 138 BGB – freier Vereinbarung unterliegen.[56] Deswegen kann eine Globalzession auch der Bank abgetretene Ansprüche aus Leasingverträgen sichern.[57]

37   Neben der weiten Zweckbestimmungserklärung sind noch andere Klauseln anzutreffen, die sämtlich eine mehr oder weniger weitgehende Ausdehnung der Haftung bezwecken: Die **Kontokorrentklausel** erstreckt die Sicherheit auf einen laufenden Kredit, sodass Zwischenzahlungen die Sicherheit unberührt lassen. Mit der **Filialklausel** werden nicht nur die Forderungen einer einzigen Geschäftsstelle, sondern auch aller anderen Geschäftsstellen einer Bank der Sicherheit unterstellt. Damit wird dem Umstand Rechnung getragen, dass die Geschäftsstellen, die neben der Hauptniederlassung keine eigene Rechtspersönlichkeit haben, eine gewisse Selbständigkeit besitzen. Die **Konzernklausel** sichert die Forderungen aller Gläubiger des Schuldners, die demselben „Konzern" (vgl. § 15 AktG) wie der Sicherungsnehmer angehören (s. dazu § 47 RdNr. 95).

---

[49] BGH NZI 2008, 304 RdNr. 15; *Brünink* in Lwowski/Fischer/Langenbucher, Das Recht der Kreditsicherung, § 3 RdNr. 34.
[50] BGHZ 130, 19, 24 = NJW 1995, 2553; *Brünink* in Lwowski/Fischer/Langenbucher, Das Recht der Kreditsicherung, § 3 RdNr. 26.
[51] BGHZ 137, 212, 218 = NJW 1998, 671.
[52] *Brünink* in Lwowski/Fischer/Langenbucher, Das Recht der Kreditsicherung, § 3 RdNr. 30.
[53] BGHZ 106, 19, 24 = NJW 1989, 831; 109, 197, 201 = NJW 1990, 576; 126, 174, 177 = NJW 1994, 2145; *Brünink* in Lwowski/Fischer/Langenbucher, Das Recht der Kreditsicherung, § 3 RdNr. 31.
[54] BGH WM 1995, 790, 791 f.
[55] BGH NZI 2009, 609, 611 = NJW 2009, 2671.
[56] So zur Grundschuld: BGHZ 100, 82, 84 = NJW 1987, 1885; 177, 345, 354 RdNr. 32 = NJW 2008, 3208; BGH WM 1995, 790, 791 f.; 1996, 2233, 2234 = WuB I F 3.-3.97 (*Vortmann*); 1997, 1280, 1282; NJW 1997, 2677 = EWiR 1997, 1105 (*Hadding*); WM 2001, 623, 625; NJW 2002, 2710; *Brünink* in Lwowski/Fischer/Langenbucher, Das Recht der Kreditsicherung, § 3 RdNr. 32.
[57] BGH WM 2009, 66 = WuB I F 4.-1.09 (*Assies*).

Die **Konsortialklausel** findet Anwendung, wenn ein Darlehen von mehreren Geldkreditgebern (Konsorten) gemeinsam gegeben, die Sicherheit aber nur einem der Konsorten übertragen wird, der sie treuhänderisch für alle hält. Im Unterschied zur Konzernklausel soll das Sicherungsmittel hier von vornherein für mehrere Forderungen verschiedener Rechtssubjekte gleichzeitig haften.

2. Fehlen der gesicherten Forderung. a) Nichtgewährung des Kredits. Da das Recht des Sicherungseigentümers oder Sicherungsgläubigers nicht akzessorisch ist (s.o. RdNr. 34), erwirbt der Sicherungsnehmer die entsprechende Stellung schon mit Abschluss des Sicherstellungsvertrags, auch wenn die gesicherte Forderung nicht oder noch nicht besteht. Sobald sich aber ergibt, dass die Forderung auch künftig nicht entstehen wird, hat sich der Sicherungszweck erledigt. Dann fällt die Sicherheit, falls sie unter **auflösender Bedingung** bestellt ist, an den Sicherungsgeber zurück; ist die Sicherheit unbedingt bestellt, hat der Sicherungsgeber den **Rückgewähranspruch** (vgl. o. RdNr. 16 f.). Mit dieser dauernden **Einrede** kann der Insolvenzverwalter das Absonderungsrecht des Sicherungsnehmers bekämpfen. 38

Solange der Rückgewähranspruch noch nicht unbedingt geworden ist, können die Parteien jederzeit übereinkommen, dass die Sicherheit doch noch **valutiert** wird (vgl. aber RdNr. 44). Daran sind sie auch nicht durch eine zwischenzeitliche Pfändung des Rückgewähranspruchs gehindert. Die Möglichkeit der Valutierung entfällt mit Eröffnung des Insolvenzverfahrens über das Vermögen des Sicherungsgebers. Der für die Masse entstandene Rückgewähranspruch wird durch eine nach Insolvenzeröffnung erfolgende Kreditgewährung an den Schuldner nicht berührt. Wird über das Vermögen des Sicherungsgebers, der eine fremde Schuld gesichert hat, ein Insolvenzverfahren geführt, wirkt die Auszahlung des Darlehens an den Schuldner nicht gegen die Masse, es sei denn die Insolvenzeröffnung war dem Darlehensgeber bei Auszahlung unbekannt. 39

b) Unwirksamkeit des Kreditvertrags. Ist der Kreditvertrag von vornherein (etwa nach § 138 BGB) oder auf Grund einer nachträglichen Anfechtung (§§ 119 ff. BGB) unwirksam, steht dem Gläubiger, der den Kredit tatsächlich ausbezahlt hat, ein Bereicherungsanspruch (§ 812 BGB) zu. Dieser wird aber nur gesichert, wenn eine entsprechende Vereinbarung (die auch formularmäßig getroffen werden kann) vorliegt. Die Nichtigkeit des Kreditvertrags erfasst den Sicherungsvertrag grundsätzlich nicht.[58] Eine Ausnahme ist nur für den Fall des **Wuchers** (§ 138 Abs. 2 BGB) angebracht.[59] Bleibt der Sicherstellungsvertrag wirksam, fehlt es aber an einer zu sichernden Forderung, ist die Sicherheit zurückzugewähren, und zwar auch dann, wenn die Unwirksamkeit des Kreditvertrages auf einem **beiderseitigen Sittenverstoß** beruht. § 817 Satz 2 BGB ist auf Leistungen, die nur sicherungshalber bewirkt werden, nicht anzuwenden.[60] 40

3. Wegfall der gesicherten Forderung. Fällt die gesicherte Forderung weg, ist zu unterscheiden: Ist die Sicherungsübertragung für diesen Fall auflösend bedingt, gelangt der Sicherungsgegenstand mit Eintritt der Bedingung „automatisch" an den Sicherungsgeber zurück. Ist – wie regelmäßig – die Sicherungsübertragung nicht auflösend bedingt, hat der Sicherungsgeber, solange er vertragstreu ist, einen durch die Tilgung der Schuld aufschiebend bedingten Anspruch auf Rückübertragung des Sicherungsgegenstandes (Vorbemerkungen vor §§ 49–52 RdNr. 116). 41

Nachträglich entfallen – dh. erlöschen – wird die gesicherte Forderung meist durch **Tilgung** (dazu näher Vorbemerkungen vor §§ 49–52 RdNr. 114 ff.). In Betracht kommen außerdem zum Beispiel **Erlass, Aufrechnung, Schuldumschaffung**. Hat der Schuldner nicht in Person zu leisten – das wird bei Kreditverbindlichkeiten nur bei entsprechender Vereinbarung der Fall sein –, kann auch ein **Dritter** die Leistung bewirken (§ 267 BGB). Falls eine Regressforderung besteht (zB aus Auftrag oder Geschäftsführung ohne Auftrag), kann der Dritte dafür grundsätzlich nicht die Sicherheit in Anspruch nehmen, die für die erloschene Forderung bestand (vgl. Vorbemerkungen vor §§ 49–52 RdNr. 115 f.). 42

Wird die gesicherte Forderung **in ein Kontokorrent eingestellt,** bleiben die Sicherheiten in Kraft.[61] Wer der kontokorrentmäßigen Saldenfeststellung die Wirkung einer Schuldumschaffung (Novation) beimisst,[62] muss das **Bestehenbleiben der Sicherheiten** dem § 356 HGB entnehmen.[63] Lehnt man die Novationswirkung des abstrakten Saldoanerkenntnisses ab, folgt das Fortbestehen der Sicherheit ohne weiteres aus dem Fortbestehen der Einzelforderungen.[64] Ist die Saldoforderung 43

---

[58] BGH NJW 1994, 2885.
[59] BGH WM 1966, 399, 401.
[60] BGHZ 19, 205, 206 = NJW 1956, 177.
[61] *Brünink* in Lwowski/Fischer/Langenbucher, Das Recht der Kreditsicherung, § 3 RdNr. 44; Einzelheiten bei *Ganter* in Schimansky/Bunte/Lwowski, Bankrechts-Handbuch, § 90 RdNr. 132 ff.
[62] BGHZ 93, 307, 313 = NJW 1985, 1706.
[63] *Wagner* in Röhricht/Graf vom Westphalen, HGB, 3. Aufl. 2008, § 356 RdNr. 8.
[64] *Schlegelberger/Hefermehl* § 356 HGB RdNr. 2; *Heymann*, HGB, 2. Aufl., § 356 RdNr. 2.

höher als die gesicherte Einzelforderung, besteht nur in Höhe der zuletzt genannten eine Haftung; ist umgekehrt die gesicherte Einzelforderung höher, haftet die Sicherheit höchstens in Höhe des Saldos. Folgen im Laufe der Zeit mehrere Saldierungen mit entsprechenden Anerkenntnissen aufeinander, haftet die Sicherheit bis zur Höhe des niedrigsten Saldos.[65] Ist ein Saldo ausgeglichen oder ergibt sich für den Schuldner sogar ein Guthaben, ist eine Sicherheit, der eine enge Zweckerklärung (s.o. RdNr. 33) zugrunde liegt, erloschen. Schwankungen des Kontostands innerhalb einer Rechnungsperiode sind demgegenüber unbeachtlich.[66]

44   **4. Auswechslung und Änderung der gesicherten Forderung.** Bei der Sicherungsübertragung können die Parteien den Kreis der gesicherten Forderungen jederzeit erweitern. Auch sind sie, falls sich der Sicherungszweck erledigt hat, bis zur Insolvenzeröffnung nicht gehindert, Forderungen aus einer neuen Kreditgewährung „unterzuschieben" (**Revalutierung der Sicherheit**). Eine solche Vereinbarung wirkt freilich nicht gegenüber jemandem, der den unbedingten Anspruch des Sicherungsgebers auf Rückgewähr der Sicherheit schon zuvor erworben oder gepfändet hatte. Sicherungsgeber bei einer Revalutierung kann auch ein Dritter sein, der dem Sicherungsnehmer etwas schuldet und vom ursprünglichen Sicherungsgeber ermächtigt worden ist, sich des Sicherungsgegenstandes zur Besicherung der eigenen Schuld zu bedienen.[67] Zu diesem Zweck kann der ursprüngliche Sicherungsnehmer seinen Rückgewähranspruch an den Dritten abtreten. Übernimmt etwa ein Grundstückskäufer in Anrechnung auf den Kaufpreis eine auf dem Kaufgrundstück eingetragene Grundschuld, wird im Zweifel der **Rückübertragungsanspruch stillschweigend abgetreten** (andernfalls liefe der Erwerber Gefahr, zweimal – aus der übernommenen Schuld und der Grundschuld – in Anspruch genommen zu werden).[68] Dies gilt nicht, wenn der Veräußerer persönlich zur Tilgung der Schuld verpflichtet bleibt,[69] etwa weil der Gläubiger (Sicherungsnehmer) die Schuldübernahme nicht genehmigt. Hat allerdings der Käufer aus eigenen Mitteln die Schuld des Veräußerers getilgt (wozu er auf Grund einer intern vereinbarten Erfüllungsübernahme verpflichtet sein kann), muss man wieder von einer stillschweigenden Abtretung des Rückgewähranspruchs ausgehen. Andernfalls müsste der Erwerber, falls er aus der Grundschuld in Anspruch genommen wird, auch hier doppelt zahlen. Das Recht des Dritten zur Revalutierung kann sich (arg. a maiore ad minus) auch aus einer dem Käufer erteilten Ermächtigung oder Bevollmächtigung ergeben, das Grundstück (über das ohnehin bereits vorhandene Grundpfandrecht hinaus) weiter zu belasten.

45   Durch hoheitliche Maßnahmen oder gemäß § 242 BGB eintretende inhaltliche Änderungen der gesicherten Forderung, die – wie zB eine Stundung – durch den Vermögensverfall des Schuldners (also die Situation, für die die Sicherheit gerade gedacht ist!) veranlasst sind, schlagen grundsätzlich nicht auf die Sicherheit „durch"; demgegenüber kommen von der Leistungsfähigkeit des Schuldners unabhängige Änderungen auch dem Sicherungsgeber zugute.

46   **5. Mehrheit der gesicherten Forderungen.** Leistet ein Schuldner einem Gläubiger Sicherheit, der mehrere Forderungen gegen ihn hat, oder wird eine Sicherheit für mehrere Forderungen desselben Gläubigers gegen verschiedene Schuldner gegeben, kann der Gläubiger in der Insolvenz des Sicherungsgebers abgesonderte Befriedigung wegen jeder Forderung verlangen. Reicht der Verwertungserlös nicht zur Deckung sämtlicher Forderungen aus, liegt es nahe, den Erlös im Verhältnis der einzelnen Forderungen aufzuteilen, falls die Sicherstellung – wie meist – im Auftrag aller Schuldner vorgenommen worden ist.

47   **6. Wechsel des Schuldners und des Gläubigers.** Auf die Sicherheit – und damit auf das Absonderungsrecht – kann sich auch auswirken, wenn nachträglich der Schuldner oder der Gläubiger der gesicherten Forderung wechseln.[70] Bei der **Gesamtnachfolge** bleibt es bei der Haftung der Sicherheit für die bisher entstandenen Forderungen. Werden durch einen neuen Schuldner oder zugunsten eines neuen Gläubigers weitere Forderungen begründet, kann im Zweifel die bisherige Sicherheit dafür nicht herangezogen werden. Zu den Auswirkungen einer **Sondernachfolge** bei der gesicherten Forderung auf die Sicherheit und das Absonderungsrecht vgl. Vorbemerkungen vor §§ 49–52 RdNr. 103 ff.

---

[65] BGHZ 26, 142, 150 = NJW 1958, 217; 50, 277, 283 = NJW 1968, 2100.
[66] BGHZ 50, 277, 283 = NJW 1968, 2100.
[67] BGH WM 89, 210, 211; 91, 723, 724; 96, 133, 134; *Staudinger/Wolfsteiner* Bearbeitung 2009 Vor §§ 1191 ff. RdNr. 25.
[68] BGH WM 83, 953, 954; 91, 723, 735; *Staudinger/Wolfsteiner* Bearbeitung 2009 Vor §§ 1191 ff. RdNr. 247.
[69] *MünchKommBGB-Eickmann* § 1191 RdNr. 143; wohl auch *Staudinger/Wolfsteiner* Bearbeitung 2009 Vor §§ 1191 ff. RdNr. 144.
[70] Einzelheiten bei *Ganter* in Schimansky/Bunte/Lwowski, Bankrechts-Handbuch, § 90 RdNr. 141 ff.

D. Sicherungsübereignung

I. Allgemeines

1. Begriff. Unter einer Sicherungsübereignung versteht man die als vorübergehend gedachte Übereignung einer Sache durch den Sicherungsgeber (Veräußerer) an den Sicherungsnehmer (Erwerber) zur Sicherung von Forderungen.[71]

2. Gegenstand. Sicherungseigentum kann begrifflich an **beweglichen Sachen** (einschließlich Tieren, § 90a BGB),[72] an **Anwartschaftsrechten auf bewegliche Sachen** und an **Grundstücken** begründet werden. Bei den beweglichen Sachen scheiden solche aus, die wesentlicher Bestandteil einer anderen Sache sind. **Zubehör** kann zur Sicherheit übereignet werden; allerdings wird das Sicherungseigentum möglicherweise durch die gesetzliche Zubehörhaftung entwertet (vgl. § 49 RdNr. 14 ff.). Werden **Sachgesamtheiten**, zB ein Warenlager, unter einem Sammelbegriff sicherungsübereignet, handelt es sich rechtlich um mehrere Eigentumsübertragungen an jeder einzelnen Sache. Die Sicherungsübereignung von **Grundstücken** kommt praktisch nicht vor, weil sie der notariellen Beurkundung bedürfte (§ 313 BGB), im Grundbuch eingetragen werden müsste (umständliches Verfahren! Kosten!) und die Grunderwerbsteuerpflicht auslöste (§ 1 GrEStG). Die Sicherungsübereignung von **Gebäuden** ist nur möglich, wenn es sich um einen Scheinbestandteil des Grundstücks handelt, der nicht im Eigentum des Grundstückseigentümers steht. Auch **unpfändbare** bewegliche Sachen können – vorbehaltlich etwaiger Verstöße gegen die guten Sitten – zur Sicherheit übereignet werden.[73]

3. Wirtschaftliche Funktion. Als Kreditunterlage stehen vielfach nur bewegliche Sachen – Lagerbestände an Handelsware, Rohmaterialien oder Fertigprodukten, Maschinen, Kraftfahrzeuge, private Wohnungseinrichtungen – zur Verfügung, auf deren Nutzung der Kreditschuldner nicht verzichten kann. Andererseits liegt dem Kreditgläubiger nur daran, die Sachen des Schuldners im Bedarfsfall **verwerten** (oder zumindest den Verwertungserlös vereinnahmen) zu dürfen; sie zu lagern, zu erhalten oder gar mit ihnen zu wirtschaften, ist er nicht interessiert. Deshalb wird das „klassische" Sicherungsrecht an beweglichen Sachen, das Pfandrecht, bei dem ohne eine Übertragung des unmittelbaren Besitzes nicht auszukommen ist (§§ 1205, 1206 BGB), den beiderseitigen Interessen nicht gerecht. Die Sicherungsübereignung erfüllt demgegenüber die Funktion eines **„besitzlosen Pfandrechts"**. Der Kreditnehmer kann das Eigentum auf den Kreditgeber übertragen, um dessen Kredit zu sichern, und dennoch die übereignete Sache weiterbenutzen, indem er lediglich den mittelbaren Besitz auf den Sicherungsnehmer überträgt (§ 930 BGB). Damit ist der Weg frei, das bewegliche Vermögen zur Kreditaufnahme einzusetzen. Umgekehrt belastet sich der Kreditgeber nicht mit der Lagerung und Beaufsichtigung des Sicherungsguts. Von einer **„Renaissance der Pfandrechte"** durch die Insolvenzrechtsreform kann keine Rede sein. Die Verpfändung von Gegenständen gewinnt dadurch, dass der Pfandgläubiger die Sicherheit in dem Regelinsolvenzverfahren des Verpfänders selbst verwerten darf (§§ 173, 166 Abs. 2), sodass die Kostenpauschalen gemäß §§ 170, 171 nicht anfallen, nicht sonderlich an Attraktivität. Denn bei der Sicherungsübertragung kann der Sicherungsnehmer die Belastung durch die Kostenpauschalen (und die Mehrwertsteuer) auf den Sicherungsgeber abwälzen, indem er sich höhere Sicherheiten bestellen lässt, ohne eine Übersicherung fürchten zu müssen.[74] Der Übergang des Verwertungsrechts auf den Insolvenzverwalter bedeutet für den Sicherungsnehmer auch die Befreiung von der Verwertungslast. Auch erzielt der Insolvenzverwalter, der die wirtschaftliche Einheit des Schuldnervermögens ganz oder in größeren Einheiten verwerten kann, oft einen besseren Erlös, was sich auch zu Gunsten des Sicherungsnehmers auswirken kann.

4. Sicherungsübereignung nach dem Recht der DDR. Nach dem Recht der früheren DDR konnten zwischen dem Inkrafttreten des Zivilgesetzbuches und dem 1. Juli 1990 Sicherungsübereignungen nicht wirksam vereinbart werden.

---

[71] Vgl. *Lwowski/Fischer/Langenbucher*, Recht der Kreditsicherung, § 11 RdNr. 1.
[72] Zur Sicherungsübereignung von Computerprogrammen vgl. BGHZ 102, 135 ff. = NJW 88, 406; BGH NJW 93, 2436 ff.; OLG Karlsruhe NJW 96, 200, 201; *Schmid-Burgk/Ditz* ZIP 96, 1123, 1125; *Sinz* Kölner Schrift zur InsO, 2. Aufl. 2000, S. 593, 614 RdNr. 52, von Internet-Domains *Niesert/Kairies* ZInsO 2002, 510, 515. Zur Sicherungsübereignung von Flugzeugen *Schölermann/Schmid-Burgk* WM 1990, 1137, 1146, von (nicht eingetragenen) Schiffen *Bülow*, Kreditsicherheiten RdNr. 495 f., *Soergel-Henssler* § 930 Anh. RdNr. 12; *Zimmermann* BuB 4/1754 ff. Zu Wertpapieren s.u. RdNr. 114 ff.
[73] BGH WM 1961, 243, 244; *Soergel-Henssler* § 930 Anh. RdNr. 18; *Lwowski/Fischer/Langenbucher*, Recht der Kreditsicherung, § 2 RdNr. 6; kritisch *Serick* II § 17 II 4 S. 15; *Erman/Michalski*, Anh. §§ 929–931 RdNr. 2.
[74] BGHZ 137, 212, 228, 235.

52 Das Zivilgesetzbuch schloss eine Sicherungsübereignung generell aus. Nach § 442 Abs. 1 Satz 1 ZGB bestand ein Numerus clausus der Kreditsicherheiten. Für alle Arten der zivilrechtlichen Sicherungsrechte galt der Grundsatz der Akzessorietät.[75] Die nichtakzessorische Sicherungsübereignung war nicht zugelassen. Man nahm an, sie verstoße „gegen Inhalt und Zweck" des Zivilgesetzbuches.[76] Soweit vor dem Inkrafttreten des Zivilgesetzbuches Sicherungsübereignungen stattgefunden hatten, bestimmte § 7 EGZGB, dass sie als Pfandrechte ohne Übergabe der Sache (§ 448 ZGB) gelten sollten.

53 An dieser Rechtslage hat sich durch den Erlass der – ihrerseits bereits wieder am 28. Juni 1990 aufgehobenen – 4. Kreditverordnung vom 2. März 1990[77] nichts geändert. Nach § 14 Abs. 4 Satz 1 der Kreditverordnung vom 28. Januar 1982[78] in der Fassung der 4. Kreditverordnung konnten zur Sicherung der Kredite im Kreditvertrag Sicherheiten vereinbart werden. Nach Satz 2 dieser Vorschrift waren als Sicherheiten nur vorgesehen das Pfandrecht ohne Übergabe der Sache bei kurz- und mittelfristigen Krediten, die Hypothek oder die Gesamthypothek bei langfristigen Krediten und die Aufbauhypothek bei der Gewährung von Krediten für Baumaßnahmen. Sofern solche Sicherheiten nicht ausreichten, konnten nach Satz 3 „zusätzliche Sicherheiten, *wie* die Verpfändung von Forderungen und die Bürgschaft", beansprucht werden. Daraus ergibt sich nicht, dass – sei es als zusätzliche, sei es als einzige Sicherheit – eine Sicherungsübereignung zulässig gewesen wäre. Zwar könnte das Wort „wie" darauf hindeuten, dass die Verpfändung von Forderungen und die Bürgschaft nur beispielhaft genannt waren. Es kann aber nicht davon ausgegangen werden, dass nach Satz 3 jegliche Art von Sicherheit vereinbart werden konnte. Andernfalls wäre die Beschränkung auf drei bestimmte Typen in Satz 2 sinnlos gewesen.

54 Wenn der Gesetzgeber der DDR mit der 4. Kreditverordnung Sicherungsübereignungen hätte zulassen wollen,[79] hätte es nahegelegen, das Zivilgesetzbuch so zu ändern, dass Sicherungsübereignungen nicht mehr gegen dessen „Inhalt und Zweck" verstießen. Als die 4. Kreditverordnung verabschiedet wurde, blieb das Zivilgesetzbuch aber unverändert. Es hatte insbesondere bei dem Numerus clausus der Kreditsicherheiten sein Bewenden.

55 Ab 1. Juli 1990 änderte sich die Verfassungslage. Das Vertragsgesetz, das auf die planwirtschaftliche Kooperation der Unternehmen zugeschnitten war, wurde entsprechend den Vorgaben des Staatsvertrages über die Schaffung einer Währungs-, Wirtschafts- und Sozialunion vom 18. Mai 1990[80] aufgehoben. Stattdessen wurde der Anwendungsbereich des Gesetzes über internationale Wirtschaftsverträge (GIW) vom 5. Februar 1976[81] auf alle Verträge zwischen Unternehmen, auch soweit sie nur den Binnenmarkt betrafen, ausgedehnt.[82] Dieses Gesetz, das fortan Gesetz über Wirtschaftsverträge (GW) hieß, war marktwirtschaftlich ausgerichtet und gewährte Vertragsfreiheit (§ 4 GW). Nunmehr konnten Sicherungsübereignungen vereinbart werden.[83] In § 331 Abs. 2 GW war bestimmt, dass jeder Partner eines vor dem 1. Juli 1990 geschlossenen und noch nicht erfüllten Vertrages innerhalb von drei Monaten nach Inkrafttreten des Gesetzes berechtigt sei, von dem anderen Partner zu fordern, auf den Vertrag für die Zukunft dieses Gesetz anzuwenden.

II. Begründung des Sicherungseigentums

56 **1. Dingliche Einigung.** Die Einigung über die Bestellung von Sicherungseigentum weist gegenüber der Einigung bei sonstigen Eigentumsübertragungen keine Besonderheiten auf. Hier wie dort ist grundsätzlich keine bestimmte **Form** einzuhalten. Ausnahmsweise muss bei der Sicherungsübereignung eines im Binnenschiffsregister eingetragenen Schiffes oder Schiffsbauwerkes die Erklärung des Veräußerers entweder notariell oder gerichtlich beurkundet oder notariell oder gerichtlich beglaubigt werden (§ 37 SchiffsRegO). Bildet die Sicherungsübereignung eine rechtliche Einheit mit einem Grundstückskauf, ist § 313 BGB zu beachten.[84] In der Praxis ist es üblich, dass sich die eine oder andere Seite – meist wird es der Sicherungsnehmer sein – eines **Formulars** bedient. In diesem Falle resultieren aus der Anwendbarkeit des AGB-Gesetzes spezifische Schwierigkeiten.

---

[75] *Posch,* Allgemeines Vertragsrecht 1977 S. 113; *Göhring/Posch,* Zivilrecht. Lehrbuch Teil 1, 1981, S. 249.
[76] *Posch,* Allgemeines Vertragsrecht 1977 S. 113; *Göhring/Posch,* Zivilrecht. Lehrbuch Teil 1, 1981, S. 248.
[77] GBl. DDR I S. 114.
[78] GBl. DDR I S. 126.
[79] So OLG Köln ZIP 1994, 76, 78; aA *Gößmann* WM Sonderbeilage Nr. 4/1990 S. 24 f., 28.
[80] Verfassungsgesetz der DDR vom 21. Juni 1990, HBl. DDR I S. 331.
[81] GBl. DDR I. S. 61.
[82] § 3 ÄndAufhG vom 28. Juni 1990, GBl. DDR I S. 483.
[83] *Horn,* Das Zivil- und Wirtschaftsrecht im neuen Bundesgebiet, 2. Aufl. Kap. 2 § 10 RdNr. 27.
[84] BGH NJW 1994, 2885.

a) Einigung unter Bedingungen. Der Sicherungszweck kann nicht unmittelbar zum Inhalt 57
der Einigung gemacht werden; das widerspräche dem Typenzwang der dinglichen Rechtsgeschäfte.
Die Parteien haben es aber in der Hand, die Einigung unter Bedingungen zu erklären (s.o.
RdNr. 14 ff.).

b) Einigung bei Erweiterung, Verlängerung. Das Sicherungseigentum kann in horizontaler 58
Richtung erweitert und in vertikaler Richtung verlängert werden (vgl. zu ähnlichen Konstellationen
beim Eigentumsvorbehalt § 47 RdNr. 87 ff., 105 ff.).

Erweitert wird das Sicherungseigentum durch Ersatz- und Nachschubklauseln. **Ersatzklauseln** 59
kommen insbesondere bei der Sicherungsübereignung von abnutzbaren und verbrauchbaren Gütern
vor, die der Sicherungsgeber weiter benutzen darf (Näheres s.u. RdNr. 108). **Nachschubklauseln**
sind praktisch häufig bei der Sicherungsübereignung von Waren, über die der Sicherungsgeber durch
Veräußerung oder Verarbeitung verfügen darf (s.u. RdNr. 109 sowie § 47 RdNr. 106 ff.). Sowohl
Ersatz- als auch Nachschubklauseln haben eine schuldrechtliche und eine dingliche Seite. Ersatzklauseln verpflichten schuldrechtlich den Sicherungsgeber, für verbrauchtes oder zerstörtes Sicherungsgut
Ersatz zu beschaffen. Nachschubklauseln verpflichten den Sicherungsgeber, für solche Sachen, die
infolge einer erlaubten Veräußerung oder Verarbeitung aus dem Sicherheitenbestand ausscheiden
(die Erlaubnis hierzu folgt meist aus einer **Entnahmeklausel,** vgl. u. RdNr. 94), neue Sicherheiten
„nachzuschieben". Dinglich einigen sich die Beteiligten bei allen diesen Klauseln vorweg über die
Übertragung des Sicherungseigentums an den ersatzweise anzuschaffenden oder nachzuschiebenden
Sachen. Da diese im Zeitpunkt der Einigung noch gar nicht vorhanden sind, handelt es sich um
eine **antizipierte Einigung.**

Verlängert wird das Sicherungseigentum in solchen Fällen, in denen der Sicherungsgeber über 60
das Sicherungsgut verfügen darf, durch **Erlösklauseln.** Aus der Veräußerung von Sicherungsgut
erlöstes Bargeld kann durch vorweggenommene Sicherungsübereignung auf den Sicherungsgeber
übertragen werden. Forderungen auf den Erlös werden vorweg an den Sicherungsnehmer abgetreten
(Näheres s.u. RdNr. 171). Zur Gefahr der Übersicherung bei einer Kumulation von Nachschub-
und Erlösklauseln s.o. RdNr. 30.

c) Bestimmtheitsgrundsatz. Damit die Sicherungsübereignung sachenrechtlichen Grundsätzen 61
entspricht, muss sich die Einigung auf **bestimmte einzelne Sachen** beziehen; an einer **Sachgesamtheit** als solcher kann kein Sicherungseigentum erworben werden. Allerdings kann die in einem
Warenlager zusammengefasste Menge bestimmter einzelner Sachen unter einer Sammelbezeichnung
übereignet werden, die keinen Zweifel daran zulässt, welche Sachen übereignet werden sollen. Das ist
unproblematisch, wenn – zum Beispiel mit Hilfe der sog. **Allformel**[85] – der gesamte Bestand
übertragen werden soll. Das Sicherungsgut muss nicht räumlich zusammengefasst sein.[86] Es muss
aber so genau bezeichnet sein, dass jeder, der den Inhalt des Vertrages kennt, es von allen anderen
gleichartigen Sachen des Sicherungsgebers deutlich unterscheiden kann.[87] Hier reichen wert- oder
mengenmäßige Umschreibungen nicht aus (zB: „75 Mastferkel aus meinem Bestand").[88] Dasselbe
gilt für Formeln, die es Außenstehenden nicht oder nur unter Berücksichtigung von außerhalb
der Einigung liegenden Umständen ermöglichen, die übereigneten von den anderen Waren zu
unterscheiden.[89] Zu unbestimmt ist zB die Umschreibung „Die gesamten Waren, ausgenommen
solche, die unter Eigentumsvorbehalt stehen".[90] Die Vermutung nach § 1006 BGB hilft hier nicht,
weil sie eine ganz andere Zielrichtung hat. Nicht hinreichend bestimmt ist weiter die Sicherungsübereignung aufgelisteter Einrichtungsgegenstände, „soweit sie nicht unpfändbar sind".[91] Eine
Warenliste, auf die in dem Vertrag Bezug genommen wird, genügt. Die Bezugnahme auf ein
Inventarverzeichnis ist zur Konkretisierung der betroffenen Gegenstände ebenfalls ausreichend.
Die Warenliste oder das Inventarverzeichnis brauchen mit der sonstigen Vertragsurkunde nicht körperlich verbunden zu werden; es genügt, wenn die Parteien – die sich darüber einig sind, dass die
aufgeführten Sachen zur Sicherung übereignet sind – darauf Bezug nehmen.[92] Begehrt allerdings
der Sicherungsnehmer im Wege der Teilklage von dem Insolvenzverwalter Auskehr des bei der
Versteigerung des Sicherungsguts erzielten Verwertungserlöses, hat er zur Substantiierung der Klage-

---

[85] Vgl. BGHZ 28, 16, 20 = NJW 1958, 1133; BGH NJW 1986, 1985, 1986; 1994, 133, 134.
[86] BGH NJW 1994, 133, 134.
[87] BGHZ 73, 253, 254 = NJW 1979, 976; BGH NJW 1991, 2144, 2146; 1992, 1161; ZIP 1995, 1978, 1081.
[88] BGH NJW 1984, 803, 804.
[89] *Gehrlein* MDR 2008, 1069, 1070.
[90] BGH NJW 1986, 1985, 1986 = EWiR 1986, 457 *(Graf Lambsdorff); Gehrlein* MDR 2008, 1069, 1073.
[91] BGH WM 1988, 346, 347.
[92] BGH NZI 2008, 558 = WuB I F 5. Sicherungsübereignung 1.09 *(Tetzlaff);* vgl. dazu auch *Riggert* NZI 2009, 137, 138 f.

forderung die im Einzelnen veräußerten Gegenstände und den darauf jeweils entfallenden Verwertungserlös zu bezeichnen.[93] Sollen von den aufgelisteten Sachen nur solche sicherungsübereignet werden, die der Sicherungsgeber zu einem bestimmten Zeitpunkt (noch) im Besitz hat, ist dies unschädlich.[94] Anders ist es, wenn die Parteien auf eine erst noch zu errichtende Aufstellung Bezug nehmen, deren Inhalt durch außervertragliche Erkenntnisse ausgefüllt werden muss. In einem solchen Fall dürfte eine wirksame Sicherungsübereignung erst vorliegen, wenn die Liste erstellt ist und die Parteien auch jetzt noch einig sind.[95]

62 Sollen nur **Teilmengen** eines größeren Bestandes sicherungsübereignet werden, muss eine Sonderung erfolgen. Diese kann sich nach bestimmten **Merkmalen** – etwa Warengattungen („alle im Lager befindlichen Walzbleche") oder Fabrikationsnummern – richten. Werden die sicherungsübereigneten Sachen mit diesen Merkmalen in einer Liste erfasst, die einen Bestandteil des Vertrages bildet, spricht man von einem **Listenvertrag**. Die Kennzeichnung durch den rein funktionalen Begriff „Handbibliothek Kunst" macht für einen Dritten nicht deutlich, welche Bücher übereignet werden sollen.[96] Auch der Begriff „Vorräte" ist, wenn er zur Sicherungsübereignung seitens eines Maschinenbauunternehmens verwendet wird, nicht aussagekräftig.[97] Beim **Markierungsvertrag** vereinbaren Sicherungsgeber und Sicherungsnehmer, dass jedes einzelne Stück des Sicherungsguts mit einem bestimmten Kennzeichen versehen werden soll. Beim **Raumsicherungsvertrag** wird die erforderliche Individualisierung durch eine räumliche Absonderung des Sicherungsguts und Übereignung **sämtlicher** so abgesonderter Sachen erreicht. Im Vertrag ist der Lagerort, erforderlichenfalls unter Beifügung einer Lagerskizze, genau zu bezeichnen. Befinden sich in dem Sicherungsraum auch Gegenstände, die nicht als Sicherungsgut dienen sollen, werden neben einer Gattungsbezeichnung auch individualisierende Listen verwendet; man spricht hier von einer **kombinierten Raumsicherungsvereinbarung**.[98]

62a Für die Frage der Bestimmtheit des Gegenstandes der Sicherungsübereignung ist der **Zeitpunkt** des Vertragsschlusses maßgeblich.[99] Deshalb muss die Warenliste oder das Inventarverzeichnis, auf die in dem Vertrag Bezug genommen wird, in diesem Zeitpunkt existieren. Nehmen die Parteien auf eine erst noch zu errichtende Aufstellung Bezug, deren Inhalt durch außervertragliche Erkenntnisse ausgefüllt werden muss, dürfte eine wirksame Sicherungsübereignung erst dann vorliegen, wenn die Liste erstellt ist und die Parteien auch jetzt noch einig sind.[100] Umgekehrt können spätere Ereignisse, die außerhalb des Vertrages liegen, diesem nicht nachträglich seine Bestimmtheit nehmen.[101] Die **nachträgliche Entfernung** von Sicherungsgut aus dem Sicherungsraum **oder** die **Vermischung** von Waren aus verschiedenen Sicherungsräumen berühret deshalb nicht die Wirksamkeit der Sicherungsübereignung(en) nicht.[102] Das Gleiche gilt, wenn eine zunächst angebrachte **Markierung** verloren geht.[103] Dennoch ist das Sicherungsgut für den (jeweiligen) Sicherungsnehmer verloren, wenn er die entfernten oder nicht mehr markierten Stücke nicht mehr identifizieren und das daran bestehende Eigentum deshalb nicht beweisen kann.

63 Bei der Sicherungsübereignung eines **Warenlagers mit wechselndem Bestand** (s.u. RdNr. 94 ff.) ist das Bestimmtheitserfordernis in Bezug auf die Warenzugänge gewahrt, wenn anhand ein einfachen, nach außen erkennbaren Geschehens für jeden, der die Parteiabreden kennt, ohne weiteres ersichtlich ist, welche Sachen übereignet sind.[104] Dafür reicht es aus, dass die Warenzugänge in den Sicherungsraum verbracht oder markiert werden. Die zu übereignenden Sachen müssen also im Zeitpunkt der Einigung lediglich **bestimmbar** sein; indem sie später markiert werden oder in den Sicherungsraum gelangen, werden sie bestimmt.[105] Zur Bestimmbarkeit bei der mehrfachen Sicherungsübereignung eines Warenlagers mit wechselndem Bestand s.u. RdNr. 130 ff.

64 Ist das Bestimmtheitserfordernis nicht in vollem Umfang gewahrt, lässt sich aber feststellen, dass einzelne Sachen mit Sicherheit von der Sicherungsübereignung erfasst werden, kann diese insoweit

---

[93] BGH NZI 2008, 558 = WuB I F 5. Sicherungsübereignung 1.09 *(Tetzlaff)*; vgl. dazu auch *Riggert* NZI 2009, 137, 138 f.
[94] BGHZ 73, 253, 254 = NJW 1979, 976.
[95] BGH ZIP 1995, 1078, 1081; *Gehrlein* MDR 2008, 1069, 1072.
[96] BGH NJW 92, 1161.
[97] BGH NZI 2008, 551, 553; vgl. dazu *Riggert* NZI 2009, 137 f.
[98] *Cartano* BuB 4/377; *Riggert* NZI 2009, 137.
[99] BGHZ 73, 253, 254 f. = NJW 79, 976; *Gehrlein* MDR 2008, 1069, 1070.
[100] BGH ZIP 95, 1078, 1081.
[101] BGHZ 73, 253, 254 f. = NJW 79, 976.
[102] BGH NJW 1958, 945.
[103] *Gehrlein* MDR 2008, 1069, 1071; *Lwowski*/Fischer/Langenbucher, Recht der Kreditsicherung, § 11 RdNr. 27; *Soergel-Henssler* § 930 Anh. RdNr. 31.
[104] BGH NJW 1958, 945; 1986, 1985, 1986; 1991, 2144, 2146.
[105] *Bülow*, Kreditsicherheiten RdNr. 1292.

nach dem Rechtsgedanken des § 139 BGB aufrechterhalten werden. Es entspricht dem mutmaßlichen Interesse des Sicherungsnehmers, besser eine geringere Sicherheit zu haben als gar keine; der Sicherungsgeber muss sich redlicherweise darauf einlassen.

Bei allen **revolvierenden Sicherheiten** – solche sind insbesondere Raumsicherungsübereignungen und die Sicherungsübereignung von Warenlagern mit wechselndem Bestand –, besteht, soweit es um erst nachträglich erfassten Bestand geht, das erhöhte Risiko der **Insolvenzanfechtung** (§ 130).[106] **64a**

2. Besitzerlangung. Für eine Sicherungsübereignung können grundsätzlich alle Übereignungsformen, die das BGB zur Verfügung stellt, verwendet werden. Sie unterscheiden sich allein in der Ausgestaltung des die Einigung ergänzenden und die Übereignung nach außen hin erkennbar machenden Rechtsakts. Bei Besitzerlangung muss die Einigung noch andauern. **65**

a) Übereignung nach § 930 BGB. Von überragender praktischer Bedeutung ist die Übereignung unter Vereinbarung eines **Besitzmittlungsverhältnisses** gem. § 930 BGB. Sie setzt voraus, dass der Sicherungsgeber Besitzer der Sache ist, und belässt ihm diesen Besitz, sodass er die Sache auch nach der Sicherungsübereignung weiter nutzen kann.[107] Durch die mit dem Sicherungsgeber regelmäßig vereinbarten Obhuts- und Informationspflichten sowie durch die Möglichkeit, die Herausgabe der Sachen zu verlangen, falls der Sicherungsgeber seine Pflichten verletzt, ist der Sicherungsnehmer in aller Regel ausreichend geschützt.[108] **66**

Auch das Besitzkonstitut muss – den Anforderungen des Sachenrechts entsprechend – hinreichend bestimmt sein. Das ist der Fall, wenn die Parteien eines der **konkreten Besitzmittlungsverhältnisse** vereinbaren, die in § 868 BGB aufgezählt sind. Fraglich ist, ob dann, wenn ein konkretes Besitzmittlungsverhältnis vereinbart ist, ohne weiteres festzustellen ist, auf den **Sicherungsvertrag** zurückgegriffen werden kann. Die überwiegende Auffassung im Schrifttum bejaht dies.[109] Der BGH lässt den bloßen Abschluss eines Sicherungsvertrages für ein konkretes Besitzkonstitut mit Recht nicht genügen; andernfalls würde das Erfordernis der Besitzerlangung preisgegeben.[110] Nach Ansicht des BGH kann sich aber aus den Umständen ergeben, dass ein Besitzkonstitut – sei es mit dem Sicherungsvertrag, sei es mit der dinglichen Einigung – stillschweigend vereinbart ist.[111] Das ist in der Regel schon dann der Fall, wenn die Parteien sich einig sind, dass die eine Seite als Sicherungsgeber die Sache für die andere Seite als Sicherungsnehmer verwahren soll. **67**

Zur Verdeutlichung des Besitzmittlungsverhältnisses ist keine **Ausführungshandlung** erforderlich.[112] Die ältere Rechtsprechung,[113] die eine solche verlangt hatte, stand im Widerspruch zu dem Zweck des Gesetzes, Übereignungen unter Verzicht auf Publizität zu ermöglichen. **68**

Es kann sogar ein **antizipiertes Besitzkonstitut** vereinbart werden. Davon wird gerne Gebrauch gemacht, wenn das Sicherungsgut beim Sicherungsgeber noch gar nicht vorhanden ist (Beispiel: Zugänge bei der Warenlager-Sicherungsübereignung, s.o. RdNr. 59 und u. RdNr. 99). Dann wird das Besitzmittlungsverhältnis unter der aufschiebenden Bedingung vereinbart, dass der künftige Besitzmittler die Sache erwirbt. **69**

b) Übereignung nach § 929 BGB. Ist der Sicherungsgeber nicht auf den unmittelbaren Besitz des Sicherungsguts angewiesen und der Sicherungsnehmer bereit und in der Lage, es in Verwahrung zu nehmen, steht es den Parteien frei, zum Zwecke der Sicherung das Eigentum durch Einigung und **Übergabe** gem. § 929 BGB auf den Sicherungsnehmer zu übertragen. Der Verschaffung des unmittelbaren Besitzes gleich steht die Übertragung des mittelbaren Besitzes durch Übergabe eines **Traditionspapieres** (zB Orderlagerschein, Konnossement oder Ladeschein) an den papiermäßig Legitimierten.[114] **70**

Für eine Übereignung nach § 929 BGB bieten sich in erster Linie Wertpapiere an. Hierher gehört der in Nr. 14 Abs. 1 AGB-Banken und Nr. 21 Abs. 1 AGB-Sparkassen vereinbarte Erwerb des Sicherungseigentums an den von den Kunden zum Einzug eingereichten Wechseln und Schecks.[115] **71**

---

[106] *Riggert* NZI 2009, 137, 139 f.
[107] *Mitlehner*, aaO RdNr. 329.
[108] BGHZ 111, 142, 146 = NJW 1990, 1914 = EWiR 1990, 777 *(K. Müller)*.
[109] *Baur/Stürner*, Sachenrecht § 57 RdNr. 9; *Soergel/Henssler* BGB § 930 Anhang RdNr. 44.
[110] Das Besitzmittlungsverhältnis durch den Sicherungsvertrag zu „ersetzen", ist i.Ü. riskant, weil dann die Nichtigkeit des Sicherungsvertrages unmittelbar die Nichtigkeit der Übereignung – die ohne wirksames Besitzmittlungsverhältnis nicht denkbar ist – nach sich zieht, so mit Recht *Pottschmidt/Rohr*, Kreditsicherungsrecht RdNr. 508. Zurückhaltend auch *Serick* II § 20 I 4b (S. 121 ff.).
[111] BGH NJW 1979, 2308, 2309; *Lwowski/Fischer/Langenbucher*, Recht der Kreditsicherung, § 11 RdNr. 13.
[112] *Serick* II § 20 II 2b (S. 129).
[113] RGZ 73, 415, 418.
[114] *Palandt/Bassenge* § 929 RdNr. 21.
[115] Vgl. hierzu BGHZ 118, 171, 178 = NJW 1992, 1960 = EWiR 1992, 683 *(Canaris)*.

72 **c) Übereignung nach § 931 BGB.** Befindet sich das Sicherungsgut im unmittelbaren Besitz eines Dritten, wird die Übereignung normalerweise im Wege der Einigung und Abtretung des Herausgabeanspruchs erfolgen. Mit den abzutretenden Herausgabeansprüchen sind in erster Linie schuldrechtliche gemeint (zB des Käufers, Vermieters, Werkunternehmers). Ob der Eigentumsübergang gem. § 931 BGB dadurch vollzogen werden kann, dass der Sicherungsgeber seinen dinglichen Herausgabeanspruch als Eigentümer (§ 985 BGB) an den Sicherungsnehmer abtritt, ist umstritten.[116]

73 Gem. § 931 BGB kann nur vorgegangen werden, wenn der Herausgabeanspruch **abtretbar** ist. Daran fehlt es zB, wenn der Sicherungsgeber mit seinem Schuldner ein Abtretungsverbot (§ 399 BGB) vereinbart hat. Dies kann stillschweigend geschehen sein. Wenn der Sicherungsgeber seinerseits Sicherungsnehmer im Verhältnis zu einem Dritten ist und die Sache durch Abtretung seines gegen den Dritten gerichteten Herausgabeanspruchs weiterübertragen will, dürfte dies dem Zweck des mit dem Dritten abgeschlossenen Sicherungsvertrages zuwiderlaufen.

74 Der Eigentumswechsel nach § 931 BGB tritt unabhängig davon ein, ob der unmittelbare Besitzer, gegen den sich der abgetretene Herausgabeanspruch richtet, die Abtretung kennt. Er braucht demgemäß auch die Richtung seiner Besitzmittlung nicht zu ändern.[117] Aus der Unkenntnis der Abtretung kann ihm kein Nachteil entstehen, weil er dem Sicherungseigentümer die Einwendungen entgegenhalten kann, die ihm gegen den abgetretenen Herausgabeanspruch zustanden (§§ 404, 986 Abs. 2 BGB).

III. Gutgläubiger Erwerb des Sicherungseigentums

75 Überträgt jemand sicherungshalber das Eigentum an einer Sache, die ihm gar nicht gehört oder die er bereits sicherungsübereignet hat, oder überträgt ein mangels wirksamer Sicherungsübereignung nichtberechtigter Sicherungsnehmer das Sicherungseigentum weiter auf einen Dritten, kommt nur ein gutgläubiger Erwerb vom Nichtberechtigten in Frage. Ist in dem zuletzt genannten Fall der Veräußerer wirklich Sicherungseigentümer, verstößt er durch die Weiterübertragung zwar gegen die Sicherungsabrede; der Erwerber erwirbt indes vom Berechtigten. Stets ist zu prüfen, ob der Verfügende wirklich als Nichtberechtigter über das (Sicherungs-)Eigentum oder als Berechtigter über die Anwartschaft auf dessen Erwerb verfügen will (s.u. RdNr. 83). Der Erwerb des Sicherungseigentums vom Nichtberechtigten richtet sich – nicht anders als der Erwerb des Eigentums – nach den §§ 932 f. BGB, § 366 HGB. Zum gutgläubigen Erwerb des Sicherungseigentums an einer unter Eigentumsvorbehalt verkauften Sache vgl. § 47 RdNr. 175 ff., zum gutgläubigen Erwerb der **Anwartschaft** s.u. RdNr. 87.

76 **1. Übereignung gem. § 930 BGB.** Bei der Sicherungsübereignung mittels Besitzkonstituts hat der gutgläubige Erwerb vom Nichtberechtigten gem. § 933 BGB zur Voraussetzung, dass der Sicherungsgeber die Sache dem Sicherungsnehmer übergibt und dieser zu diesem Zeitpunkt gutgläubig ist. Vor allem die erste Voraussetzung wird nur in Ausnahmefällen erfüllt sein: Bei der Sicherungsübereignung gem. § 930 BGB findet ja zunächst keine Übergabe statt; erst wenn der Sicherungsfall eintritt und der Sicherungsgeber die Sache **willentlich** an den Sicherungsnehmer herausgibt, liegt eine Übergabe vor. Daran fehlt es, wenn der Sicherungsnehmer die Sache einfach abholen lässt, und zwar gleichgültig, ob das Wegnahmerecht im Sicherungsvertrag vereinbart ist.[118] Kann (nach Eintritt des Sicherungsfalls) von einer Übergabe ausgegangen werden, wird meist die zweite Voraussetzung, der gute Glaube des Erwerbers im Zeitpunkt der Besitzerlangung, fehlen. Denn ist der Verwertungsfall erst einmal eingetreten, dürfte sich der Sicherungsgeber bereits in der wirtschaftlichen Krise befinden. Dann beeilt sich erfahrungsgemäß jeder Gläubiger, sein Sicherungsrecht offen zu legen. Ist dennoch von einem gutgläubigen Erwerb auszugehen, ist dieser meist anfechtbar. Ein gutgläubiger Erwerb nach Eröffnung des Insolvenzverfahrens über das Vermögen des Sicherungsgebers ist möglich, wenn der Sicherungsgegenstand nicht zur Masse gehört. Andernfalls steht § 81 Abs. 1 entgegen.

77 **2. Übereignung gem. § 929 BGB.** Gutgläubiger Erwerb ist nach § 932 BGB möglich, wenn die Sicherungsübereignung durch Einigung und Übergabe erfolgt. Für den guten Glauben kommt es auf den Zeitpunkt an, in dem der Erwerber (oder sein Besitzmittler oder Besitzdiener) den unmittelbaren Besitz am Sicherungsgut erlangt. Bei der Sicherungsübereignung mittels **Traditionspapiers** kann ein Gutgläubiger das Sicherungseigentum erwerben, wenn der nichtberechtigte Veräußerer den Dritten (zB den Lagerhalter) anweist, die Sache an den Sicherungsnehmer herauszugeben oder künftig nur noch für diesen zu besitzen, und der Dritte sich an die Weisung hält. Führt die

---

[116] Vgl. BGH WM 1964, 426, 427; *Bülow*, Kreditsicherheiten RdNr. 1341.
[117] *Tiedtke* WM 1978, 446, 447; *Pottschmidt/Rohr*, Kreditsicherungsrecht RdNr. 504.
[118] BGHZ 67, 207, 209 = NJW 1977, 42; BGH WM 1970, 251, 252.

Übergabe der Sache trotz guten Glaubens nicht zum Eigentumserwerb – weil die Sache **abhanden** gekommen war (vgl. § 935 Abs. 1 BGB) –, kann auch nicht mittels Traditionspapiers Eigentum erworben werden.[119]

3. Übereignung gem. § 931 BGB. Bei der Sicherungsübereignung mittels Abtretung eines **78** Herausgabeanspruchs ist zu unterscheiden: Ist der Sicherungsgeber mittelbarer Besitzer der (bei einem Dritten befindlichen) fremden Sache, so erhält der gutgläubige Erwerber das Eigentum mit der Abtretung des Herausgabeanspruchs (§ 934 1. Fall BGB); ist der Sicherungsgeber hingegen nicht mittelbarer Besitzer, tritt er also nur einen **vermeintlichen** Anspruch ab, so wird der gutgläubige Erwerber (erst) Eigentümer, sobald er von dem Dritten den Besitz der Sache erhält (§ 934 2. Fall BGB). Der Erhalt mittelbaren Besitzes genügt.[120] Für den Fall, dass der Sicherungsgeber sich zu diesem Zeitpunkt bereits in der Krise befindet, gilt das zu RdNr. 76 Gesagte entsprechend.

IV. Besondere Erscheinungsformen der Sicherungsübereignung

1. Sicherungsübereignung von Vorbehaltsware. Vorab ist zu unterscheiden, ob der Verkäufer **79** oder der Käufer die unter Eigentumsvorbehalt verkaufte und dem Käufer gelieferte Sache zur Sicherheit übereignet. Ist Sicherungsgeber der **Verkäufer,** erwirbt der Sicherungsnehmer das Eigentum zwar vom Berechtigten; der Sicherungswert des Eigentums ist aber sehr gering zu veranschlagen, weil dieses ohne weiteres auf den Käufer übergeht, wenn er die unter Eigentumsvorbehalt gelieferte Sache bezahlt (§ 161 i. V. m. § 455 BGB). Der Sicherungsnehmer wird sich also besser die Forderung aus solchen Warengeschäften abtreten oder verpfänden und das vorbehaltene Eigentum – das nicht gemäß § 401 BGB mitübergeht – mitübertragen lassen.[121] Zur Lage in der Insolvenz des Sicherungsgebers vgl. § 47 RdNr. 76 ff. Ist Sicherungsgeber der **Käufer,** kann der Sicherungsnehmer das Sicherungseigentum nur gutgläubig vom Nichtberechtigten erwerben (s. dazu o. RdNr. 75 ff.), weil der Sicherungsgeber vor Bedingungseintritt noch nicht Eigentümer und grundsätzlich auch nicht befugt ist, über die Vorbehaltsware zu Sicherungszwecken zu verfügen. Es ist stets zu prüfen, ob der Sicherungsgeber nicht in Wahrheit sein Anwartschaftsrecht zur Sicherheit übereignen will (dazu u. RdNr. 81 ff.).

2. Sicherungsübereignung beim erweiterten Eigentumsvorbehalt. Ist der Erweiterungsfall **80** eingetreten – steht also nur noch die Bezahlung anderer Forderungen aus –, hat der erweiterte Eigentumsvorbehalt in der Insolvenz des Käufers dieselbe Funktion wie eine Sicherungsübereignung. Der Vorbehaltskäufer hat demgemäß nur das Recht der abgesonderten Befriedigung (Einzelheiten bei § 47 RdNr. 93).

3. Sicherungsübereignung von Anwartschaften. a) Anwartschaftsberechtigte. Beim Ver- **81** kauf von Sachen unter **Eigentumsvorbehalt** wird die Rechtsstellung des Käufers als Anwartschaft bezeichnet, weil der Vorbehaltsverkäufer in der Regel die Vollendung des Eigentumserwerbs des Käufers nicht mehr einseitig verhindern kann. Das Anwartschaftsrecht hat einen wirtschaftlichen Wert, der dem Verkehrswert der Kaufsache abzüglich des noch zu zahlenden Restkaufpreises entspricht. Im selben Maße, wie der Käufer die Kaufpreisforderung tilgt, nimmt der Wert des Anwartschaftsrechts zu. Der Anwartschaftsberechtigte hat deshalb ein Interesse daran, das Anwartschaftsrecht als Kreditunterlage einzusetzen. Auch die Gläubiger des Vorbehaltskäufers sind an dem Anwartschaftsrecht als Sicherungsmittel interessiert, weil die Sicherungsübereignung der Anwartschaft den zukünftigen Erwerb des Volleigentums gegenüber Zugriffen Dritter rechtlich absichert. Zur Insolvenz des Vorbehaltskäufers s.u. RdNr. 89.

Der Verkäufer, der Rohstoffe oder sonstige Waren unter dem durch eine Verarbeitungsklausel **81a** **verlängerten Eigentumsvorbehalt** veräußert, genießt im Konflikt mit der vom Käufer mit einem Dritten vereinbarten **antizipierten Sicherungsübereignung** (vgl. hierzu u. RdNr. 99) den Vorrang.[122] Da der Käufer noch kein Eigentum erworben hat, konnte er solches auch nicht sicherungshalber übertragen. Gutgläubiger Erwerb des Dritten scheidet aus, solange diesem der Besitz nicht übertragen wurde. Wird die Vorbehaltsware verarbeitet, vermengt oder vermischt, treten die in §§ 946 ff. BGB vorgesehenen Folgen ein. Nach Vermengung und Vermischung setzt sich das Eigentum des Vorbehaltsverkäufers in dem Miteigentumsanteil fort. Dem entsprechend werden mehrere Vorbehaltsverkäufer Miteigentümer. Befriedigt der Käufer einen von ihnen, erwirbt die Bank anteili-

---

[119] *Schlegelberger/Hefermehl* § 366 HGB RdNr. 55 ff.; *Heymann*, HGB, 2. Aufl., § 366 RdNr. 25; *Bülow*, Kreditsicherheiten RdNr. 1365.
[120] BGH WM 1969, 242, 244; NJW 1978, 696, 697.
[121] BuB-*Cartano* RdNr. 4/41o.
[122] Vgl *Geibel* WM 2005, 962 ff.; *Smid* ZInsO 2009, 2217 ff.

ges Sicherungseigentum.[123] Ist der Eigentumsvorbehalt durch die Vorausabtretung der Verkaufserlöse verlängert, kann es zu einer Kollision kommen, wenn auch die Sicherungsübereignung entsprechend verlängert ist (vgl. dazu RdNr. 120). Auch in diesem Fall haben die Warenlieferanten den Vorrang.

82 Auch bei der **Sicherungsübereignung unter auflösender Bedingung** (s.o. RdNr. 16, 57) entspricht die Rechtsstellung des Sicherungsgebers vor Bedingungseintritt derjenigen eines Anwartschaftsberechtigten. Der erste Sicherungsnehmer kann nicht verhindern, dass das Sicherungseigentum an den Sicherungsgeber zurückfällt, wenn dieser – oder der zweite Sicherungsnehmer, dem der Sicherungsgeber seine Anwartschaft zur Sicherheit übertragen hat – die gesicherte Forderung tilgt. Damit erstarkt das Anwartschaftsrecht des Sicherungsgebers wieder zum vollen Eigentum. Hatte der Sicherungsgeber das Anwartschaftsrecht an einen zweiten Sicherungsnehmer übertragen, erwirbt dieser nunmehr das Sicherungseigentum. Die zwischenzeitliche Eröffnung des Insolvenzverfahrens über das Vermögen des Sicherungsgebers ändert daran nichts.

83 b) **Übertragung des Anwartschaftsrechts.** Diese muss **nicht ausdrücklich** vereinbart werden. Wird zB ein Warenlager, das Vorbehaltsware enthält, gem. § 930 BGB sicherungsübereignet, so kann die missglückte Sicherungsübereignung im Wege der Auslegung als eine Übertragung des Anwartschaftsrechts angesehen werden.[124] Umgekehrt kann die Übertragung des Anwartschaftsrechts als Übereignung der Sache ausgelegt werden, wenn dem Sicherungsgeber bereits das Vollrecht zusteht.[125] Wenn sämtliche Sachen eines Warenlagers sicherungsübereignet werden sollen und feststeht, dass der Sicherungsgeber entweder Eigentümer oder (als Vorbehaltskäufer) Anwartschaftsberechtigter ist, braucht die Vorbehaltsware nicht ausgesondert zu werden. Vielmehr kann eine kombinierte Übertragung von Eigentum und Anwartschaftsrechten erfolgen, indem in erster Linie das Anwartschaftsrecht, hilfsweise das Eigentum an den Sachen, die dem Sicherungsgeber schon gehören, übertragen wird.[126]

84 Die Übertragung des Anwartschaftsrechts richtet sich nach denselben Regeln, wie wenn das Eigentum an der Sache veräußert wird. Anzuwenden sind also die §§ 929 ff. und nicht etwa die §§ 398 ff. BGB.[127] Insbesondere das absolut wirkende Verfügungsverbot gem. § 399 BGB gilt nicht. Hat zB der Vorbehaltsverkäufer mit dem Käufer vereinbart, dass dieser über seine Anwartschaft nicht verfügen darf, lässt das also die Wirksamkeit einer gleichwohl erfolgten Verfügung im Verhältnis zu Dritten unberührt. Die Aufgabe des unmittelbaren Besitzes könnte allerdings eine zum Schadensersatz verpflichtende Vertragsverletzung darstellen. Dieses Risiko kann der Käufer aber leicht umgehen, indem er das Anwartschaftsrecht ohne Verschaffung des unmittelbaren Besitzes durch Übergabesurrogat gem. § 930 oder § 931 BGB überträgt. Beispielsweise kann der Vorbehaltskäufer mit dem Erwerber der Anwartschaft vereinbaren, dass er die Vorbehaltsware nunmehr für diesen verwahrt.

85 c) **Verfügung über ein bestehendes Anwartschaftsrecht.** Wird über ein bestehendes Anwartschaftsrecht verfügt, erwirbt der Empfänger **vom Berechtigten** (zur Verfügung über ein nicht bestehendes Anwartschaftsrecht s.u. RdNr. 87). Es bedarf weder der Zustimmung des Vorbehaltsverkäufers[128] oder (bei der auflösend bedingten Sicherungsübereignung) des Sicherungsnehmers noch kommt es auf den guten Glauben des Erwerbers an.

86 Hat der spätere Insolvenzschuldner (Vorbehaltskäufer) sein Anwartschaftsrecht vor Verfahrenseröffnung sicherungshalber an einen Dritten übertragen, so gehört es im Insolvenzverfahren noch zur Masse, allerdings belastet mit dem Absonderungsrecht des Dritten. Dieser kann – zum Beispiel dadurch, dass er durch Restzahlung an den Vorbehaltsverkäufer den Bedingungseintritt bewirkt – eine Gefährdung seines Anwartschaftsrechts verhindern, die sich daraus ergeben könnte, dass der Insolvenzverwalter Nichterfüllung wählt (§ 103). Dann erwirbt der Dritte, ohne dass § 91 entgegensteht, ein Absonderungsrecht am nunmehr massezugehörigen Eigentum des Insolvenzschuldners.[129] Im Verhältnis zwischen dem Vorbehaltskäufer und dem Dritten ist § 103 nicht anwendbar. Denn das Absonderungsrecht an der Anwartschaft ist bereits vor Insolvenzeröffnung aus der Masse ausgeschieden.[130]

87 d) **Verfügung über ein nicht bestehendes Anwartschaftsrecht.** Ein Anwartschaftsrecht auf Eigentumserwerb kann unter den gleichen Voraussetzungen gutgläubig erworben werden wie das

---

[123] *Smid* ZInsO 2009, 2217, 2218 f.
[124] BGHZ 20, 88, 101 = NJW 1956, 665; BGH WM 1966, 94, 96; NJW 1991, 353.
[125] *Serick* I § 11 III 1 (S. 257).
[126] BGHZ 28, 16, 21 f. = NJW 1958, 1163; 117, 200, 204 ff. = NJW 1992, 1156 = EWiR 1992, 443 (*Köndgen*); *Serick* II § 21 IV 2c (S. 183); *Bülow*, Kreditsicherheiten RdNr. 1289.
[127] BGHZ 28, 16, 21 f. = NJW 1958, 1163; *Serick* I § 11 III 1 (S. 256).
[128] BGHZ 20, 88, 96 ff. = NJW 1956, 665.
[129] *Jaeger/Henckel* § 17 KO RdNr. 58.
[130] *Jaeger/Henckel* § 17 KO RdNr. 59.

Eigentum selbst. Spiegelt der Sicherungsgeber vor, er habe Waren unter Eigentumsvorbehalt gekauft, sei also Anwartschaftsberechtigter, und veräußert er das angebliche Anwartschaftsrecht an einen gutgläubigen Sicherungsnehmer, so erwirbt dieser – falls im Übrigen die Voraussetzungen gutgläubigen Erwerbs nach den §§ 932 ff. BGB vorliegen – gutgläubig das Anwartschaftsrecht, wenn es sich tatsächlich um Vorbehaltsware (nur eben nicht um vom Sicherungsgeber gekaufte) handelt.[131] Redlicher Erwerb des Anwartschaftsrechts ist hingegen ausgeschlossen, wenn niemandem ein Anwartschaftsrecht an den Waren zusteht.[132]

e) Durchgangs- oder Direkterwerb. Da das Anwartschaftsrecht eine „Vorstufe des Eigentums" ist, die mit Bedingungseintritt ohne weiteres zum Vollrecht erstarkt, wird – wenn die Bedingung eintritt – Eigentümer nicht der Anwartschaftsberechtigte, der sein Recht weiter übertragen hat; vielmehr erwirbt der Erwerber der Anwartschaft das Eigentum unmittelbar vom bisherigen Eigentümer (Vorbehaltsverkäufer bzw. Sicherungsnehmer). Es findet maW kein Durchgangs-, sondern **Direkterwerb** statt.[133] Auch hierin gibt es zwischen den Anwartschaftsrechten des Vorbehaltskäufers und des Sicherungsgebers keinen Unterschied: Mit dem Eintritt der auflösenden Bedingung, also mit der Tilgung der gesicherten Forderung, erwirbt der Anwartschaftserwerber das Eigentum an der Sache direkt vom Sicherungsnehmer.

Die Frage „Durchgangs- oder Direkterwerb" ist – auch wenn die Unterschiede bei der Sicherungsübereignung einer Anwartschaft nicht so deutlich zu Tage treten – insbesondere in der **Insolvenz des Vorbehaltskäufers** bedeutsam: In diesem Falle kann der Insolvenzverwalter des Sicherungsgebers durch Zahlung des Restkaufpreises das Vollrecht für die Masse erwerben (s. § 47 RdNr. 69). Derjenige, dem das Anwartschaftsrecht sicherungsübereignet worden ist, hat es selbst in der Hand, den Bedingungseintritt – und damit den Direkterwerb des Vollrechts – herbeizuführen (§ 267 BGB). Er kann – wenn der Käufer die letzten Raten nicht mehr aufbringt – selbst einspringen und den restlichen Kaufpreis leisten. Er erlangt dann unmittelbar (ohne Durchgangserwerb des Käufers) das Eigentum. War das Anwartschaftsrecht, bevor es sicherungsübereignet worden war, verpfändet worden, erhält der Erwerber (vorbehaltlich der Möglichkeit gutgläubigen Erwerbs) trotz Direkterwerbs der Anwartschaft – und bei Bedingungseintritt das Eigentum – nur mit der Belastung durch das Pfandrecht.[134] Dogmatisch wäre es zwar konsequent, dem Erwerber ein von Pfandrechten freies Volleigentum zu gewähren. Das würde aber zu dem merkwürdigen Ergebnis führen, dass derjenige, der das Eigentum durch Erstarken eines ihm übertragenen Anwartschaftsrechts erwirbt, besser stünde als derjenige, dem der Sicherungsgeber von vornherein das volle Eigentum übertragen konnte.

4. Sicherungsübereignung von Zubehör und Scheinbestandteilen. Zubehör ist zwar einer Hauptsache zugeordnet, kann aber ohne diese – auch zur Sicherheit – übereignet werden. Als Hindernis kann sich dabei erweisen, wenn das Zubehör zum Haftungsverband eines Grundpfandrechts gehört (§§ 1120 ff. BGB). Dann erwirbt der Sicherungsnehmer das Sicherungseigentum nur belastet mit dem Pfandrecht zugunsten des Grundpfandgläubigers. Zu den Möglichkeiten einer Enthaftung s. § 49 RdNr. 15 ff. Wenn sich Grundpfandgläubiger, denen das Zubehör sowieso haftet, dieses außerdem noch zur Sicherheit übereignen lassen, wollen sie sicherstellen, dass die betreffenden Sachen – bei denen möglicherweise fraglich ist, ob es sich um Zubehör oder um selbständige Sachen handelt – ihnen auf alle Fälle haften.

Ist eine Sache, bevor sie Zubehör wird, bereits einem Dritten zur Sicherheit übereignet worden, unterliegt sie nicht der Grundpfandhaftung. Diese erstreckt sich aber, falls die Sicherungsübereignung unter auflösender Bedingung vorgenommen worden ist, auf das Anwartschaftsrecht des Sicherungsgebers.[135]

Zwar kann die Zubehöreigenschaft durch Änderung der Zweckbestimmung des Grundstücks aufgehoben werden. Dies ist zum Beispiel dann der Fall, wenn der Betrieb, dem das Zubehör dient, dauernd eingestellt wird.[136] Davon kann noch nicht ausgegangen werden, wenn über das Vermögen des betreffenden Unternehmens das Insolvenzverfahren eröffnet wird.[137] War im Zeitpunkt der

---

[131] *Palandt-Bassenge* § 929 RdNr. 46; *Baur/Stürner*, Sachenrecht § 59 RdNr. 39; str.
[132] BGHZ 75, 221, 225 = NJW 1980, 175; *Baur/Stürner*, Sachenrecht § 59 RdNr. 40; *Bülow*, Kreditsicherheiten RdNr. 796.
[133] BGHZ 20, 88, 93 ff. = NJW 1956, 665; 28, 16, 22 = NJW 1958, 1163; 117, 200, 205 = NJW 1992, 1156 = EWiR 1992, 443 *(Köndgen);* Lwowski/Fischer/Langenbucher, Recht der Kreditsicherung, § 11 RdNr. 50
[134] BGHZ 117, 200, 207 = NJW 1992, 1156 = EWiR 1992, 443 *(Köndgen); Bülow,* Kreditsicherheiten RdNr. 789.
[135] Vgl. *Bülow,* Kreditsicherheiten RdNr. 1636; *Uhlenbruck/Brinkmann* § 51 RdNr. 16.
[136] BGH NJW 1996, 835, 836.
[137] Vgl. aber BFH ZIP 1997, 1199 f.: Die Eröffnung der Insolvenz über das Vermögen einer Betriebsgesellschaft führe regelmäßig zur Betriebsaufgabe des Besitzunternehmens.

Veräußerung eines (früheren) Zubehörstückes der Betrieb bereits endgültig stillgelegt oder führt spätestens die Veräußerung zu einer dauernden Betriebsstilllegung, hat dies für sich allein noch nicht die Enthaftung der Sache gemäß § 1122 Abs. 2 BGB zur Folge. Denn die endgültige Stilllegung des Betriebs und die damit verbundene Aufhebung der Zubehöreigenschaft der Betriebseinrichtung gehen über die Grenzen einer ordnungsgemäßen Wirtschaft hinaus.[138]

93 **Scheinbestandteile** i.S.v. § 95 BGB (dazu näher § 47 RdNr. 26 f.) haben mit dem Zubehör gemeinsam, dass das Eigentum an ihnen nicht dem Eigentümer der Hauptsache zustehen muss. Auch Scheinbestandteile können also sicherungsübereignet werden. Während aber die Zubehöreigenschaft voraussetzt, dass die Sache auf Dauer dem wirtschaftlichen Zweck der Hauptsache zu dienen bestimmt ist, dienen Scheinbestandteile diesem Zweck nur vorübergehend. Anlagen, die auf Grund eines zeitlich befristeten „Mietkaufs" mit dem Grundstück des Erwerbers fest verbunden werden und in dessen Eigentum übergehen sollen, sobald er seine Verpflichtungen aus dem „Mietkauf" erfüllt hat, sind keine Scheinbestandteile, weil sie nicht nur zu einem vorübergehenden Zweck mit dem Grundstück verbunden werden.[139] Sie sind dessen wesentlicher Bestandteil und können also nicht Gegenstand einer Sicherungsübereignung sein. Scheinbestandteile unterliegen nicht der Grundpfandhaftung; werden sie sicherungsübereignet, braucht der absonderungsberechtigte Sicherungsnehmer die Konkurrenz eines Grundpfandgläubigers also nicht zu fürchten.

94 **5. Sicherungsübereignung von Warenlagern mit wechselndem Bestand. a) Verfügungsbefugnis des Sicherungsgebers.** Bei der Sicherungsübereignung von Warenlagern mit wechselndem Bestand handelt es sich um einen Unterfall der **Raumsicherungsübereignung** (s. dazu o. RdNr. 62).[140] Die Sachen, die sich von Anfang an im Warenlager befinden, werden durch Besitzkonstitut gemäß § 930 BGB übereignet, die später hinzukommenden Sachen durch antezipiertes Besitzkonstitut. Der Sicherungsnehmer ermächtigt (§ 185 BGB) im Wege einer **Entnahmeklausel** den Sicherungsgeber dazu, über das Sicherungsgut zu verfügen. Enthält das sicherungsübereignete Warenlager Sachen, die wirtschaftlich dazu bestimmt sind, veräußert oder verarbeitet zu werden, wird eine solche Ermächtigung vermutet.[141] Einen Veräußerungserlös darf der Sicherungsnehmer behalten, solange dem Warenlager als Ersatz für die Abgänge ständig neue Waren zugeführt werden.[142] Etwas anderes gilt bei Vereinbarung einer **Erlösklausel** (s.o. RdNr. 60).

95 Die Ermächtigung ist – abgesehen von der Insolvenz des Sicherungsgebers (dazu u. RdNr. 97) – zweifach eingeschränkt: Zum einen darf der Sicherungsgeber über das Sicherungsgut nur verfügen, sofern dadurch keine **Unterdeckung** eintritt. Wird die vereinbarte Deckungsgrenze unterschritten, hat der Sicherungsgeber den Kredit entsprechend zurückzuführen oder die Sicherungsübereignung zu verlängern oder andere Sicherheiten nachzuschieben. Bei der **verlängerten Sicherungsübereignung** tritt der Sicherungsgeber seine Forderungen aus der Veräußerung des Sicherungsguts im Voraus an den Sicherungsnehmer ab (vgl. u. RdNr. 120 ff.).[143] Demgegenüber dient die sog. **Nachschubklausel** (s.o. RdNr. 59) der Wiederauffüllung des Warenlagers (vgl. u. RdNr. 99). Eine Kombination der verlängerten Sicherungsübereignung mit einer Nachschubklausel ist zu vermeiden, weil sie ansonsten zu einer Übersicherung führt. Zum andern muss sich die Verfügung im Rahmen des **ordnungsgemäßen Geschäftsgangs** halten. Nicht mehr zum ordnungsgemäßen Geschäftsgang gehört ein Ausverkauf zu Schleuderpreisen (Ausnahme: Saisonware),[144] die Sicherungsübereignung der Waren an einen anderen Gläubiger[145] oder die Veräußerung im „Sale-and-lease-back-Verfahren".[146]

96 Häufig vereinbaren die Parteien, dass der Sicherungsgeber „kommissionsweise" zur Veräußerung befugt sein soll. Das dürfte sich mit der Natur des Sicherungsvertrages nicht vereinbaren lassen.[147] Im Übrigen besteht für die Anerkennung derartiger **Kommissionsklauseln** auch kein praktisches Bedürfnis, weil sich dasselbe wirtschaftliche Ergebnis mit Vorausabtretung der Forderung aus der Veräußerung des Sicherungsguts (s.u. RdNr. 164 ff., 171) erreichen lässt.

97 Die Weiterveräußerungsbefugnis erlischt grundsätzlich mit der **Eröffnung des Insolvenzverfahrens** über das Vermögen des Sicherungsgebers (vgl. § 47 RdNr. 145). Etwas anderes gilt jedoch

---

[138] BGH NJW 1996, 835, 836.
[139] OLG Düsseldorf ZIP 1998, 701, 702.
[140] *Gerhardt*, FS Gero Fischer, S. 149, 150.
[141] BGHZ 104, 129, 133 f. = NJW 1988, 1774.
[142] BGHZ 138, 291, 303 = WM 1998, 968, 971 f.; *Bülow*, Kreditsicherheiten RdNr. 1167.
[143] *Soergel-Henssler* § 930 Anh. RdNr. 59.
[144] BGH ZIP 1988, 1534, 1535.
[145] BGHZ 104, 129, 132 = NJW 1988, 1774.
[146] BGHZ 104, 129, 132 = NJW 1988, 1774.
[147] *Hoeniger* JW 1928, 52, 54; *Serick* IV § 55 II 3 (S. 719 ff.); *Bülow*, Kreditsicherheiten RdNr. 1746; aA RGZ 118, 361, 364.

dann, wenn die Sicherungsübereignung revolvierend und in den jeweiligen Veräußerungserlös „verlängert" ist (s.o. § 47 RdNr. 471e, und u. RdNr. 120). Dann hat der Sicherungsnehmer durch die Veräußerung des Sicherungsguts keine Nachteile.

Das Recht des Sicherungsnehmers zum **Widerruf** der Verfügungsermächtigung kann in Allgemeinen Geschäftsbedingungen nur dann wirksam vereinbart werden, wenn es an angemessene sachliche Voraussetzungen (zB Zahlungsverzug, erhebliche Vermögensverschlechterung) anknüpft.[148] **98**

b) Vorweggenommene Sicherungsübereignung. Wenn laufend durch Veräußerung Waren aus dem Sicherungseigentum ausscheiden, müssen sie durch Übereignung anderer Waren ersetzt werden. Erreicht wird dies durch eine vorweggenommene Sicherungsübereignung der zugehenden Waren (**Nachschubklausel,** vgl. RdNr. 59). Dadurch wird die Sicherungsübereignung eines Warenlagers mit wechselndem Bestand zu einem „globalen" Sicherungsmittel. **99**

An Sachen, die bei dem Sicherungsgeber noch gar nicht vorhanden sind, ist eine Eigentumsübertragung gem. § 929 BGB nicht möglich. Deshalb behilft man sich mit einem **antizipierten Besitzkonstitut.** Dabei einigen sich die Parteien des Sicherungsvertrags darüber, dass das Eigentum (oder das Anwartschaftsrecht) an Sachen, die der Sicherungsgeber in Zukunft in sein Lager einbringen wird, auf den Sicherungsnehmer übergehen soll. Zugleich vereinbaren sie schon jetzt – als Ersatz für die Übergabe – ein Besitzmittlungsverhältnis. **100**

Sowohl Sachen, die noch gar nicht existieren, als auch solche, die zwar existieren, dem Sicherungsgeber bei Vertragsschluss aber noch nicht gehören und an denen er noch nicht einmal ein Anwartschaftsrecht hat, können Gegenstand einer vorweggenommenen Sicherungsübereignung sein.[149] Übereignet der Sicherungsgeber eine bereits existierende Sache, die ihm nicht gehört, gibt es meist nur den Weg des **Durchgangserwerbs** (Ausnahme: offene Stellvertretung gem. § 164 Abs. 1 BGB).[150] Bei Sachen, die noch gar nicht existieren, sondern erst hergestellt werden sollen, ist ein **Direkterwerb** des Sicherungsnehmers denkbar, wenn der Hersteller – sei es ein Dritter, dem das Sicherungsverhältnis bekannt ist, sei es der Sicherungsgeber selbst – für den Sicherungsnehmer herstellen will (s.u. RdNr. 110). Insofern unterscheidet sich die Rechtslage von derjenigen bei einem durch eine Verarbeitungsklausel verlängerten Eigentumsvorbehalt (s. § 47 RdNr. 106 ff.). Zu den Folgen des Durchgangserwerbs in der Insolvenz des Sicherungsgebers s.u. RdNr. 105. **101**

Bis zum Zeitpunkt des geplanten Eigentumswechsels (oder der Entstehung der Sache) müssen der **Besitzmittlungs-** und der **Eigentumsverschaffungswille** der Parteien fortbestehen, wenn die Sicherungsübereignung gelingen soll (Vor §§ 49–52 RdNr. 21).[151] Das Fortbestehen wird vermutet.[152] Gibt der Sicherungsgeber jedoch eine Willensänderung kund – etwa durch Vereinbarung eines Besitzkonstituts mit einem anderen (zur mehrfachen Sicherungsübereignung s.u. RdNr. 128 ff.) –, erwirbt der erste Sicherungsnehmer an den Warenzugängen kein Sicherungseigentum.[153] **102**

Bei der vorweggenommenen Sicherungsübereignung ist der **Bestimmtheitsgrundsatz** gewahrt, wenn **sämtliche** in das Warenlager gelangende Sachen übertragen werden sollen.[154] Ob die Sachen in dem Zeitpunkt, in dem sie in das Warenlager gelangen, dem Sicherungsgeber gehören oder nicht, ist für die Bestimmtheit der Übereignung unerheblich. Handelt es sich um Vorbehaltsware, braucht diese nicht gesondert erfasst zu werden, weil die Übertragung des Anwartschaftsrechts denselben Regeln unterliegt wie die Übereignung beweglicher Sachen (s.o. RdNr. 63). **103**

Je nachdem, ob das „Warenlager" durch den Raum, in dem sich die Waren befinden **(Raumsicherungsvertrag),** oder durch eine bestimmte Art der Kennzeichnung **(Markierungsvertrag)** bestimmt wird, müssen sich Sicherungsgeber und Sicherungsnehmer darüber einigen, dass das Eigentum oder das Anwartschaftsrecht an solchen Sachen, die der Sicherungsgeber in den Sicherungsraum verbringen oder vereinbarungsgemäß kennzeichnen wird, auf den Sicherungsnehmer übergehen soll. Ohne eine derartige **Ausführungshandlung** – Hineinschaffen der Waren in den Sicherungsraum oder Kennzeichnung – ist eine vorweggenommene Sicherungsübereignung von Warenzugängen nicht wirksam, weil unbestimmt.[155] Zur **Kollision** einer vorweggenommenen Sicherungsübereignung mit einem **verlängerten Eigentumsvorbehalt** vgl. o. RdNr. 81a, zur Kollision mit einem **Vermieterpfandrecht** vgl. § 50 RdNr. 89, zur Kollision mit **Grundpfandrech-** **104**

---

[148] *Pottschmidt/Rohr,* Kreditsicherungsrecht RdNr. 570.
[149] BGH WM 1963, 504, 505.
[150] *Bülow,* Kreditsicherheiten RdNr. 1304 f.; *Pottschmidt/Rohr,* Kreditsicherungsrecht RdNr. 551 Fn. 81.
[151] BGHZ 7, 111, 115 = NJW 1952, 1169; HK-*Lohmann* § 51 RdNr. 19.
[152] BGH WM 1965, 1248, 1249.
[153] BGH WM 1960, 1223, 1227; BB 1969, 384 f.
[154] BGHZ 21, 52, 56 = NJW 1956, 1315.
[155] BGH NJW 1991, 2144, 2146 = EWiR 1991, 597 *(Gerhardt).*

ten § 49 RdNr. 17.[156] Hier ist die Frage nach der Priorität schwierig zu beantworten. Die Rechtsprechung des BGH zum Vorrang des Vermieterpfandrechts ist hierauf nicht ohne weiteres zu übertragen. Die Sachen, die in den Sicherungsraum gelangen und damit von der Sicherungsübereignung erfasst werden, unterfallen zeitgleich der Hypothekenhaftung, falls das Grundstück mit einem Grundpfandrecht belastet ist. Grundpfandrecht und Sicherungseigentum haben dann gleichen Rang.[157]

105 Stellt der Sicherungsgeber die antizipiert übertragene Sache erst her, nachdem ein **Insolvenzverfahren** über sein Vermögen eröffnet worden ist, kann der Sicherungsnehmer – mag die Sicherungsübereignung auch vor Verfahrenseröffnung vereinbart worden sein – auf Grund von § 91 Abs. 1 kein Absonderungsrecht mehr erwerben.[158] Dass der Sicherungsgeber die Sache für den Sicherungsnehmer herstellt, wäre nur denkbar, wenn der – verfügungsbefugte – Insolvenzverwalter einen derartigen Willen hätte. Davon wird nur in Ausnahmefällen ausgegangen werden können.

106 Wird die antizipiert übertragene Sache von einem Dritten hergestellt, der das Sicherungsverhältnis kennt und für den Sicherungsnehmer herstellen will, erwirbt dieser das Sicherungseigentum auch dann, wenn über das Vermögen des Sicherungsgebers inzwischen ein Insolvenzverfahren eröffnet worden ist. § 91 Abs. 1 greift hier nicht ein, weil die Sache nur mit der Belastung durch das Absonderungsrecht des Sicherungseigentümers in die Masse fällt.

107 Existierte der Gegenstand bei Verfahrenseröffnung bereits, gehörte er aber noch nicht dem Sicherungsgeber – sodass der Sicherungsnehmer nur über den Sicherungsgeber erwerben kann (Durchgangserwerb, s.o. RdNr. 101) –, fällt er, sobald der Sicherungsgeber ihn „für eine logische Sekunde" erwirbt, in die Masse. Auch hier scheitert die Entstehung von Sicherungseigentum.[159]

107a Auf Grund eines **Raumsicherungsvertrages** kann Sicherungseigentum nicht mehr erworben werden, nachdem über das Vermögen des Sicherungsgebers ein Insolvenzverfahren eröffnet worden ist (§ 91 Abs. 1). Etwas anderes gilt, wenn der fragliche Gegenstand **im Eröffnungsverfahren** in den Sicherungsraum gelangt ist. Auch nach Anordnung eines allgemeinen Verfügungsverbots (§ 21 Abs. 2 Nr. 2) kann der Sicherungsnehmer auf Grund der vorweggenommenen Einigung und des antizipierten Besitzkonstituts noch Sicherungseigentum erwerben (vgl. Vor §§ 49–52 RdNr. 31).[160]

108 **6. Sicherungsübereignung von verbrauchbaren Sachen.** Werden Maschinen oder Einrichtungsgegenstände, die im Geschäftsbetrieb des Sicherungsgebers eingesetzt werden, zur Sicherheit übereignet, kann es betriebsbedingt notwendig werden, solche Gegenstände zu ersetzen, weil sie unbrauchbar geworden oder veraltet sind. Das wird dem Sicherungsgeber mit einer **Austausch- oder Ersatzklausel** (s.o. RdNr. 59) gestattet, wobei die Ersatzstücke wiederum mit Hilfe einer antizipierten Sicherungsübereignung in das Sicherungseigentum des Sicherungsnehmers übergehen. Zur Anschaffung von Ersatzstücken kann es auch noch nach Eröffnung eines Insolvenzverfahrens über das Vermögen des Sicherungsgebers kommen, falls der Insolvenzverwalter dessen Betrieb fortführt. Dann gelten die Ausführungen zu RdNr. 105 entsprechend.

109 **7. Sicherungsübereignung von zur Verarbeitung bestimmten Sachen.** Sollen sicherungshalber Sachen übereignet werden, die bestimmungsgemäß im Betrieb des Sicherungsgebers so verarbeitet oder umgebildet werden, dass neue bewegliche Sachen entstehen, riskiert der Sicherungsnehmer den Verlust seiner Sicherheit, es sei denn der Wert der Verarbeitung ist erheblich geringer als der Wert des Materials (§ 950 BGB).[161]

110 Um sich dagegen zu schützen, wird für den Sicherungsnehmer – falls er daran interessiert ist, dass sich das Sicherungseigentum auch auf die neue Sache erstreckt (fehlt dieses Interesse, wird er eine Anschlusszession bevorzugen; s.u. RdNr. 171) – auch hier eine **Verarbeitungsklausel** vorgeschlagen. Inhalt der Verarbeitungsklausel ist die Vereinbarung, dass eine Verarbeitung für den Sicherungseigentümer erfolgen muss. Dieser wird damit nach hM zum **Hersteller** i. S. d. § 950 BGB.[162] Er erwirbt das Sicherungseigentum an der neuen Sache unmittelbar, also ohne Durchgangserwerb des Sicherungsgebers.[163] Indessen sind gegen eine derartige Handhabung dieselben Bedenken anzumelden wie beim verlängerten Eigentumsvorbehalt (vgl. § 47 RdNr. 107).

---

[156] Hierzu näher *Ganter* in Schimansky/Bunte/Lwowski, Bankrechts-Handbuch, § 95 RdNr. 147 ff.
[157] *Riggert* NZI 2000, 241, 242.
[158] BGHZ 30, 238 = NJW 1959, 1539; BGH NJW 1955, 544; *Bülow*, Kreditsicherheiten RdNr. 1249.
[159] *Bülow*, Kreditsicherheiten RdNr. 1303.
[160] Str.; vgl. herzu *Riggert* NZI 2000, 241, 244; *Jaeger/Gerhardt*, § 24 RdNr. 6.
[161] Vgl. *Meyer/Bundschuh* WM 2003, 960, 962 ff.
[162] BGHZ 20, 259, 163 f. = NJW 1956, 788; *Serick* IV § 46 II 1b (S. 236); *Baur/Stürner*, Sachenrecht § 53 RdNr. 22.
[163] *Serick* II § 19 III 1a (S. 89); BuB-*Cartano*, RdNr. 4/342.

Statt einer derartigen Verarbeitungsklausel sollte vereinbart werden, dass der Sicherungsgeber das **111** Ergebnis seiner Verarbeitung im Voraus – also im Wege eines **antizipierten Besitzkonstituts** – an den Sicherungsnehmer übereignet (vgl. § 47 RdNr. 108).[164] Dann ist ein Durchgangserwerb des Sicherungsgebers allerdings unvermeidlich.[165]

Werden verschiedene Materialien, die jeweils mit Verarbeitungsklauseln an verschiedene Siche- **112** rungsnehmer übereignet sind, zu einem Produkt verarbeitet **(Zusammentreffen mehrerer Verarbeitungsklauseln),** werden die verschiedenen Eigentümer der verarbeiteten Stoffe grundsätzlich Miteigentümer des Verarbeitungsergebnisses.[166] Ihre Beteiligung bemisst sich nach dem Wertverhältnis der einzelnen Rohstoffe.

Eine Verarbeitungsbefugnis, die der Sicherungsnehmer dem Schuldner erteilt hatte, erlischt mit **113** der Eröffnung des **Insolvenzverfahrens** über dessen Vermögen (s.o. § 47 RdNr. 111). Denn eine Verarbeitungsklausel ist für den Insolvenzverwalter nicht verbindlich, weil sie den Wert der Arbeit den Insolvenzgläubigern entziehen würde. Die statt einer Verarbeitungsklausel gewählte Variante der antizipierten Sicherungsübereignung (RdNr. 111) vermag, wegen des Durchgangserwerbs, ebenfalls kein Absonderungsrecht an dem Arbeitsergebnis zu begründen. Verarbeitet der Insolvenzverwalter dennoch das Sicherungsgut, begründet dies allerdings einen Schadensersatzanspruch des Sicherungsnehmers als Masseforderung (§ 55 Abs. 1 Nr. 1).

8. Sicherungsübereignung von zur Verbindung, Vermischung oder Vermengung 114 bestimmten Sachen. Bewegliche Sachen, die dazu bestimmt sind, **mit einem Grundstück** so verbunden zu werden, dass sie dessen wesentlicher Bestandteil werden – etwa Baumaterial –, taugen kaum für eine Sicherungsübereignung, weil das Sicherungseigentum durch die Verbindung untergeht (§ 946 BGB). Auf die Verbindung, Vermischung oder Vermengung **mit beweglichen Sachen,** die gleichzeitig eine Verarbeitung darstellt, kann eine Verarbeitungsklausel angewendet werden, falls der Schwerpunkt auf dem Verarbeitungswert liegt. Andernfalls gelten die §§ 947, 948 BGB: Der Sicherungsnehmer erlangt Miteigentum an der einheitlichen Sache (§ 947 Abs. 1 BGB). Dabei muss aber jeder Miteigentümer seinen Anteil beweisen. Ist eine der verbundenen, vermischten oder vermengten Sachen als Hauptsache anzusehen, erlangt deren Eigentümer das Alleineigentum (§ 947 Abs. 2 BGB); die übrigen müssen sich mit dem Ausgleichsanspruch aus § 951 BGB zufrieden geben. Deshalb sind die Verbindung, Vermischung und Vermengung für jeden Sicherungsnehmer riskant.

Gegen die Rechtsfolgen des § 947 Abs. 1 BGB kann sich der Sicherungsnehmer durch Vereinba- **115** rung einer **Verbindungsklausel** absichern. Hierbei lässt er sich im Wege eines antizipierten Besitzkonstituts für den Fall der Verbindung usw. schon im Voraus einen Miteigentumsanteil an der verbundenen Sache übereignen. Die Rechtsfolgen des § 947 Abs. 2 BGB sind rechtsgeschäftlich nicht abänderbar. In der **Insolvenz** des Sicherungsgebers gilt das unter RdNr. 113 Gesagte entsprechend.

9. Sicherungsübereignung von Wertpapieren. Wertpapiere bzw. die verbrieften Rechte kön- **116** nen als Kreditsicherheit dienen. Für den Sicherstellungsvertrag stehen dabei alternativ zwei Wege zur Verfügung: Entweder die **Übertragung des Wertpapiers** und damit der darin verkörperten Forderung durch Einigung und Übergabe der Wertpapierurkunde nach § 929 BGB – wovon im Folgenden die Rede sein soll – oder aber durch **Abtretung der verbrieften Forderung** nach § 398 BGB und Übergabe der Urkunde (vgl. dazu u. RdNr. 209c).[167]

Nach Nr. 15 Abs. 1 Satz 1 AGB-Banken, Nr. 25 Abs. 1 Satz 1 AGB-Sparkassen erwirbt ein Kre- **116a** ditinstitut an den ihm zum Einzug eingereichten **Schecks** und **Wechseln** im Zeitpunkt der Einreichung Sicherungseigentum.[168] In der Vereinbarung der AGB liegt eine antizipierte Einigung.[169] Mit der Einreichung erlangt das Kreditinstitut den Besitz im Sinne von § 929 Satz 1 BGB.[170] Zum Erwerb des Sicherungseigentums an Orderschecks ist darüber hinaus das Indossament erforderlich.[171] Das Sicherungseigentum sichert nur Forderungen, die dem Kreditinstitut gegen den Kunden bei der Einreichung der Einzugspapiere aus seinen Kontokorrentkonten zustehen oder die infolge der

---

[164] *Lwowski*/Fischer/Langenbucher, Recht der Kreditsicherung, § 11 RdNr. 13.
[165] *Serick* II § 20 II 5 (S. 133).
[166] *Serick* IV § 46 II 1b (S. 236); *Baur/Stürner*, Sachenrecht § 53 RdNr. 22; vgl. auch *Hennrichs* JZ 1993, 225 ff.
[167] *Staudinger/Marburger* Bearbeitung 2009 Vor §§ 793–808 RdNr. 7 f.; vgl. ferner BGH WM 2009, 259, 260 Tz 15.
[168] Vgl. BGHZ 5, 285, 293 = NJW 1952, 819; 95, 149, 155 = NJW 1985, 2649 (vgl. dazu auch *Menkhaus* ZIP 1985, 1309); 118, 171, 178 = NJW 1992, 1960 = EWiR 1992, 683 *(Canaris)* = WuB VI B § 30 Nr. 1 KO 1.92 *(Uhlenbruck).*
[169] BGH NJW 1983, 2701, 2702; Schimansky/*Bunte*/Lwowski, Bankrechts-Handbuch, § 19 RdNr. 13.
[170] Schimansky/*Bunte*/Lwowski, Bankrechts-Handbuch, § 20 RdNr. 13.
[171] Schimansky/*Bunte*/Lwowski, Bankrechts-Handbuch, § 20 RdNr. 13.

Rückbelastung nicht eingelöster Einzugspapiere oder diskontierter Wechsel entstehen (Nr. 15 Abs. 4 Satz 1 AGB-Banken; Nr. 25 Abs. 1 Satz 1 AGB-Banken).

117 Beim Ankauf von Wechseln im Rahmen des Diskontgeschäfts erwirbt eine Bank zunächst uneingeschränktes Eigentum (Nr. 15 Abs. 1 Satz 2 HS 1 AGB-Banken). Belastet sie einen diskontierten Wechsel – nach Rücktritt vom Kaufvertrag wegen Nichteinlösung des Wechsels – dem Konto zurück, verbleibt der Bank das Sicherungseigentum an dem Wechsel (Nr. 15 Abs. 1 Satz 2 HS 2 AGB-Banken).

118 Werden der Bank Einzugspapiere mit der Maßgabe eingereicht, dass ihr Gegenwert nur für einen bestimmten Zweck verwendet werden darf, erlangt die Bank kein Sicherungseigentum (Nr. 15 Abs. 3 AGB-Banken; vgl. auch Nr. 21 Abs. 2 AGB-Sparkassen). Das ist zum Beispiel dann der Fall, wenn einer Bank ein Scheck zum Einzug und zur Gutschrift des Erlöses auf dem Konto eines Dritten eingereicht wird.[172]

119 Mit dem Erwerb des (Sicherungs-)Eigentums an Schecks und Wechseln gehen auch die zugrundeliegenden Forderungen auf das Kreditinstitut über; ein Forderungsübergang findet ferner statt, wenn andere Papiere (zum Beispiel Lastschriften, kaufmännische Handelspapiere) zum Einzug eingereicht werden (Nr. 15 Abs. 2 AGB-Banken; Nr. 25 Abs. 1 Satz 2, Abs. 2 AGB-Sparkassen). Näheres dazu u. RdNr. 188. Eine antizipierte Sicherungsübereignung von Schecks und Wechseln kommt als „flankierende Maßnahme" einer Forderungsabtretung vor.[173]

119a Bei den **Inhaberpapieren** (zB Inhaberaktie, Inhaberschuldverschreibung, Zinsschein, Rentenschein, Dividendenschein, Investmentzertifikat, Inhaberscheck) ist das verbriefte Recht durch die Art seiner Verbindung mit dem Papier gleichsam selbst zur Sache geworden; es wird deshalb üblicherweise wie eine Sache übertragen (§ 1293 BGB analog, §§ 929 ff. BGB). Erforderlich ist deshalb die Einigung über die Übereignung und die Übergabe oder ein Übergabeersatz.[174]

119b In der Kreditsicherungspraxis spielen **Aktiendepots** eine große Rolle (zu deren Verpfändung s.o. § 50 RdNr. 45).[175] Der wirtschaftliche Wert, um den es bei der Sicherungsübertragung von Aktien geht, kommt zum Ausdruck im Anspruch auf Dividende, in Bezugsrechten auf neue Aktien bzw. Wandel- und Gewinnschuldverschreibungen (§§ 186, 221 Abs. 2 AktG), im Recht auf Gratisaktien und zu guter Letzt in dem Anspruch auf Teilhabe am Liquidationserlös. Die Mitgliedschaftsrechte der Aktionäre können in einer einzigen Urkunde, einer Globalurkunde, zusammengefasst sein. Diese steht im Miteigentum aller Aktionäre. Sicherungsgegenstand ist nicht die Globalurkunde, sondern der Miteigentumsanteil des Aktionärs an der Urkunde. Miteigentum kann Sicherungsgegenstand sein, vgl. § 1258 BGB. Da die Globalurkunde bei der Wertpapiersammelbank verwahrt wird, kommt eine Sicherungsübertragung durch Einigung und Übertragung des mittelbaren Besitzes in Betracht. Das setzt voraus, dass der Sicherungsgeber mittelbarer Besitzer der Dauerglobalurkunde ist. Das ist i. A. kein Problem. Bei der Verwahrung einer Sammelurkunde durch die Wertpapiersammelbank sind die Aktionäre nach § 9a Abs. 2, § 6 Abs. 1 DepotG Miteigentümer der Globalurkunde. Der BGH hat die Übereignung von in Sammelverwahrung befindlichen Aktien für möglich gehalten.[176] Er hat insbesondere klargestellt, dass dann, wenn die Ausgabe einzelner Wertpapiere gem. § 9a Abs. 3 Satz 2 DepotG ausgeschlossen ist, der auf die Verschaffung des mittelbaren Mitbesitzes an der Sammelurkunde gerichtete Herausgabeanspruch durch Umbuchung bei der die Sammelurkunde verwahrenden Wertpapiersammelbank erfüllt werden kann.

119c Bei den **Orderpapieren** (zB Wechsel, Scheck, Namensaktie, Zwischenschein, kaufmännische Anweisung) kann der Sicherstellungsvertrag ebenfalls durch Einigung und Verschaffung des Besitzes (Übergabe oder Übergabesurrogat) an dem - indossierten (Orderpapiere ohne Indossament werden wie Rektapapiere übertragen, s.u. RdNr. 161) – Papier zustande kommen.[177] Wertpapiere, die aus einem größeren Bestand heraus zur Sicherheit übereignet werden, müssen genau bezeichnet oder in ein besonderes Streifbanddepot gelegt werden. Auf diesen Besonderheiten bei den verbrieften Rechten beruht auch die Pfandklausel in Nr. 14 Abs. 1 AGB-Banken, Nr. 21 Abs. 1 AGB-Sparkassen Bei vinkulierten Namensaktien, bei denen die Übertragung an die Zustimmung der Gesellschaft gebunden ist (§ 68 Abs. 2 AktG), ist außerdem die Eintragung des Rechtsübergangs im Aktienbuch erforderlich. Bei Namensaktien kann der Sicherungsnehmer Rechte erst nach der Umschreibung in dem gem. § 67 AktG zu führenden Verzeichnis geltend machen.

119d Aktienbanken dürfen eigene Aktien zu Sicherungszwecken nur bis zum Gesamtnennbetrag von 10 % des Grundkapitals entgegennehmen (§§ 71 Abs. 1 Nr. 1 und Abs. 2 AktG). Eine Sicherungs-

---

[172] BGH NJW-RR 1990, 366.
[173] Vgl hierzu *Ganter* in Schimansky/Bunte/Lwowski, Bankrechts-Handbuch, § 96 RdNr. 59a.
[174] *Nobbe* in Schimansky/Bunte/Lwowski, Bankrechts-Handbuch, § 62 RdNr. 15.
[175] Vgl. *Berger*, WM 2009, 577 ff.
[176] BGHZ 160, 121, 124 = WM 2004, 1747; BGH WM 2005, 272.
[177] *Nobbe* in Schimansky/Bunte/Lwowski, Bankrechts-Handbuch, § 62 RdNr. 16.

übertragung, die hiergegen verstößt, ist unwirksam, wenn die Aktien noch nicht voll eingezahlt sind. Rechte aus eigenen Aktien kann die Bank dann nicht ausüben (§ 71b AktG).

10. Verlängerte Sicherungsübereignung. Der Sicherungsnehmer kann die Entnahme von 120 Sicherungsgut durch den Sicherungsgeber gestatten und sich als Ersatz die Forderungen aus der Weiterveräußerung im Voraus abtreten lassen. Dabei wird das Sicherungseigentum durch eine **Anschlusszession** „verlängert": Die abgetretene Forderung tritt an die Stelle des ursprünglichen Sicherungseigentums. Das ist aus der Sicht des Sicherungsnehmers einer **vorweggenommenen Sicherungsübereignung** neu zugehender Waren vorzuziehen, wenn zu befürchten ist, dass der Sicherungsgeber sein Lager – aus welchen Gründen auch immer – nicht wieder auffüllt.

Falls Sicherungsgut zusammen mit „freier" Ware veräußert wird und keine getrennten Rechnun- 121 gen erstellt werden, droht die Vorauszession an der mangelnden Bestimmbarkeit der im Voraus abgetretenen Forderung zu scheitern. Hat der Sicherungsnehmer vorsichtshalber – für den Fall, dass der Sicherungsgeber der ihm auferlegten Verpflichtung, getrennte Rechnungen zu erstellen, nicht nachkommt – die Abtretung der ganzen Kaufpreisforderung vereinbart, dürfte dagegen auch unter dem Gesichtspunkt der Übersicherung nichts einzuwenden sein. Denn diese kann der Sicherungsgeber ja leicht vermeiden, indem er, wenn er schon keine getrennten Rechnungen stellt, die Rechnung zumindest aufschlüsselt.

Ist über das Vermögen des Sicherungsgebers ein **Insolvenzverfahren** eröffnet worden, nachdem 122 das Sicherungsgut weiterveräußert worden, also die antizipiert zur Sicherheit abgetretene Forderung entstanden war, kann der Sicherungsnehmer aus dieser Forderung abgesonderte Befriedigung jedenfalls dann verlangen, wenn auf die Weiterveräußerung § 103 nicht anwendbar ist. Ist diese Vorschrift anwendbar, hat der Verwalter also die Wahl, ob er Erfüllung verlangen will oder nicht, gilt folgendes (zur vergleichbaren Rechtslage beim verlängerten Eigentumsvorbehalt s. § 47 RdNr. 148 ff.): Wählt er Erfüllung, scheitert das Absonderungsrecht, soweit die gesicherte Forderung erst nach Verfahrenseröffnung mit Massemitteln erfüllt worden ist.[178] Dabei ist davon auszugehen, dass die aufgrund gegenseitiger Verträge geschuldeten Leistungen regelmäßig teilbar sind.[179] Wählt der Verwalter Nichterfüllung, bleibt die Forderung aus der Weiterveräußerung undurchsetzbar, weil der Vertragspartner die Einrede des nicht erfüllten Vertrages erheben kann (§ 320 BGB). Die Zession geht ins Leere. U.U. steht dem Sicherungsgeber aber das ursprüngliche Sicherungsgut als Objekt der abgesonderten Befriedigung zur Verfügung.

Hat der Sicherungsgeber das Sicherungsgut im Zeitpunkt der Verfahrenseröffnung noch nicht 123 veräußert und veräußert auch der Verwalter nicht, hat der Sicherungsnehmer ein Absonderungsrecht wie bei der „einfachen" Sicherungsübereignung. Veräußert der Verwalter das Sicherungsgut, wozu er ohne (neue) Ermächtigung des Sicherungsgebers nicht berechtigt ist, unterliegt der Veräußerungserlös dem Absonderungsrecht des Sicherungsgebers. § 91 ist auf diesen Fall nicht anwendbar.[180]

Haben der Sicherungsgeber und der Erwerber des Sicherungsguts (zum Beispiel durch die Verein- 124 barung von dessen Einkaufsbedingungen) die **Abtretung der Forderung** auf den Erlös entweder generell **ausgeschlossen** oder von der – nicht erteilten – Zustimmung des Erwerbers abhängig gemacht und zahlt der Erwerber infolgedessen an den Insolvenzverwalter des Sicherungsgebers, hat der Sicherungsnehmer unter den Voraussetzungen des § 48 ein Ersatzabsonderungsrecht.[181] In einem derartigen Fall ist die Weiterveräußerung durch den Sicherungsgeber unberechtigt; dieser ist dem Sicherungsnehmer gegenüber verpflichtet, sich nicht auf das in den Einkaufsbedingungen enthaltene Abtretungsverbot einzulassen. Ob der Erwerber gutgläubig das Eigentum an dem Sicherungsgut erwirbt,[182] ist eine Frage des Einzelfalls.

11. Sicherungsübereignung durch In-sich-Geschäft (§ 181 BGB). Anstelle einer vorwegge- 125 nommenen oder verlängerten Sicherungsübereignung können Sicherungsgeber und Sicherungsnehmer auch vereinbaren, dass sich der Sicherungsgeber – sobald er neue Sachen erwirbt – als Vertreter des Sicherungsnehmers mit sich selbst über den Eigentumsübergang und das Besitzkonstitut einigt. Beim In-sich-Geschäft bedarf der Eigentumsübergang einer **Ausführungshandlung** (gesonderte Lagerung oder Markierung), um zu dokumentieren, dass der Sicherungsgeber – der ja zunächst Eigenbesitz erwirbt – fortan nicht für sich selbst, sondern für einen andern besitzen will.[183] Einen

---

[178] Uhlenbruck/Brinkmann § 51 RdNr. 17.
[179] BGHZ 150, 353 = NJW 2002, 2783 = NZI 2002, 375.
[180] Jaeger/Henckel § 15 KO RdNr. 47; Marotzke KTS 1979, 40, 48 f.; im Ergebnis ebenso Serick V § 62 VIII 2a (S. 394 f.).
[181] Lukosch ZIP 1985, 84, 85.
[182] Vgl. hierzu BGHZ 77, 274, 276 ff. = NJW 1980, 2245; BGH ZIP 1986, 1052, 1054; Mitlehner, aaO RdNr. 84; Lukosch ZIP 1985, 84, 87.
[183] Serick II § 20 II 4 (S. 131 f.); Baur/Stürner, Sachenrecht § 51 RdNr. 30; Bülow, Kreditsicherheiten RdNr. 1311.

anderen Weg als den des **Durchgangserwerbs** gibt es nicht. Nach Eröffnung eines Insolvenzverfahrens über das Vermögen des Sicherungsgebers scheitert die Sicherungsübereignung durch In-sich-Geschäft an § 81 Abs. 1 Satz 1. Für den Insolvenzverwalter ist die Vereinbarung nicht bindend.

126 **12. Mantelsicherungsübereignung.** Auch hier erfolgt keine vorweggenommene Eigentumsübertragung. Vielmehr wird lediglich **schuldrechtlich** vereinbart, dass und auf welche Weise in Zukunft als Ersatz für abgängige Waren neue sicherungsübereignet werden.[184] Indem der Sicherungsgeber dem Sicherungsnehmer von Zeit zu Zeit Listen über die ersatzweise angeschafften Waren zukommen lässt, bietet er ihm an, daran das Sicherungseigentum zu erwerben. Dieses Angebot kann stillschweigend (§ 151 BGB) angenommen werden. Damit ist die dingliche Einigung vollzogen. Die Mantelsicherungsübereignung, die immer nur vorhandene Waren erfasst, vermeidet Schwierigkeiten mit dem Bestimmtheitsgebot. Sie hat aber den Nachteil, dass die Ersatzwaren bis zur Übersendung und Entgegennahme der Warenliste im Eigentum des Sicherungsgebers bleiben und dem Zugriff seiner Gläubiger unterliegen. Außerdem läuft der Sicherungsnehmer Gefahr, dass der Sicherungsgeber die Listen zu spät oder gar nicht übersendet oder unzureichende Warenmengen aufführt. Listet er Waren auf, die überhaupt nicht existieren, so ist das Geschäft gegenstandslos, weil man an einer Sache, die es nicht gibt, kein Eigentum erwerben kann. Für den Fall, dass der Sicherungsgeber insolvent wird, ist die Vereinbarung einer Mantelsicherungsübereignung für den Sicherungsnehmer wertlos, weil der Insolvenzverwalter nicht daran gebunden ist.

127 **13. Übertragung von Miteigentum.** Der Sicherungsgeber kann nur Miteigentum (nicht Alleineigentum) übertragen, wenn die in Frage kommenden Sachen so mit fremden verbunden, vermischt oder vermengt worden sind, dass der Sicherungsgeber gemäß §§ 947, 948 BGB Miteigentümer der neuen einheitlichen Sachen geworden ist. Mehr als bloßes Miteigentum kann der Sicherungsgeber ferner dann nicht anbieten, wenn seine Sachen mit solchen Dritter – die sich durch eine Verarbeitungsklausel gegen den Verlust ihres Eigentums geschützt haben – zusammen zu einer neuen Sache i.S.v. § 950 BGB verarbeitet, bearbeitet oder umgebildet worden sind. Der Miteigentumsanteil wird nach denselben Regeln übertragen wie das Alleineigentum. Da der Sicherungsnehmer als Bruchteilseigentümer den **Beschränkungen** der §§ 1008 ff., 741 ff. BGB unterliegt, wird er sich in erster Linie ein etwa bestehendes Anwartschaftsrecht auf Erwerb des Alleineigentums und erst in zweiter Linie das Bruchteilseigentum übertragen lassen.[185]

V. Rangordnung bei mehrfacher Sicherungsübereignung derselben Sache

128 Vgl. zunächst vor §§ 49 bis 52 RdNr. 73 ff. Übereignet der Sicherungsgeber die Sache, nachdem er diese bereits auf einen ersten Sicherungsnehmer übertragen hat, noch an einen zweiten Sicherungsnehmer, so verfügt er, obwohl der Sicherungsgegenstand ihm wirtschaftlich (aber eben nicht rechtlich) noch gehört, als **Nichtberechtigter**. Eine vertraglich eingeräumte Verfügungsbefugnis (§ 185 BGB) erstreckt sich nie auf weitere Sicherungsübereignungen, macht ihn insoweit also nicht zum Berechtigten. Der Sicherungsgeber kann dem zweiten Sicherungsnehmer aus eigener Macht nur eine „**angehängte Sicherheit**" verschaffen, indem er seinen schuldrechtlichen Anspruch auf Rückübereignung, der gegen den ersten Sicherungsnehmer gerichtet ist, an den zweiten Sicherungsnehmer abtritt. Dieser sollte darauf achten, dass dem ersten Sicherungsnehmer die „Anschlusssicherungsübereignung" mitgeteilt wird. Solange der Erste von der Abtretung nichts weiß, muss es der zweite Sicherungsnehmer hinnehmen, dass der Erste das Sicherungsgut bei Beendigung des Sicherungsverhältnisses an den Sicherungsgeber zurückgibt (§ 407 BGB). War die Abtretung des Rückgewähranspruches dem ersten Sicherungsnehmer jedoch angezeigt, kann dieser sich dem zweiten Sicherungsnehmer gegenüber schadensersatzpflichtig machen, wenn er die Abtretung nicht beachtet.[186]

129 **1. Mehrfachübereignung gem. § 930 BGB. a) Mehrfache Sicherungsübereignung einer Sache.** Übereignet der Sicherungsgeber das Sicherungsgut nacheinander an zwei verschiedene Sicherungsnehmer jeweils gem. § 930 BGB, so wird ein gutgläubiger Erwerb des zweiten Sicherungsnehmers in der Regel an den fehlenden Voraussetzungen des § 933 BGB scheitern. Hier entscheidet also grundsätzlich die **Priorität** des ersten Sicherungsnehmers. Gibt der Sicherungsgeber das Sicherungsgut bei Eintritt des Sicherungsfalles allerdings an den zweiten Sicherungsnehmer zur freihändigen Verwertung heraus, kann dieser, wenn er zu diesem Zeitpunkt noch im guten Glauben ist, nunmehr das Sicherungseigentum erwerben.[187]

---

[184] *Bülow*, Kreditsicherheiten RdNr. 1302; *Pottschmidt/Rohr*, Kreditsicherungsrecht RdNr. 531.
[185] Serick II § 21 IV 5a (S. 190 ff.).
[186] BuB-*Cartano* RdNr. 4/466.
[187] *Menke* WM 1997, 405, 407.

b) Mehrfache Sicherungsübereignung eines Warenlagers mit wechselndem Bestand. 130
Übereignet der Eigentümer eines Warenlagers mit wechselndem Bestand dieses zur Sicherheit nacheinander an zwei verschiedene Sicherungsnehmer, kommt es zu einer Aufspaltung des Sicherungseigentums. Die Waren, die sich im Zeitpunkt der zweiten Sicherungsübereignung im Lager befinden (Altbestand), bleiben im Sicherungseigentum des ersten Sicherungsnehmers. Insofern gilt das zu RdNr. 129 Gesagte. An den Waren, die danach in das Warenlager gelangen (Neubestand), erwirbt der zweite Sicherungsnehmer das Sicherungseigentum. Dabei kommt es nicht einmal auf seinen guten Glauben an. Die durch die erste Sicherungsübereignung begründete Vermutung, dass der Übereignungs- und Besitzmittlungswille des Sicherungsgebers bis zur Erlangung des Besitzes an den Sachen, über deren Übereignung man sich vorweg geeinigt hat, fortdauert,[188] kann nämlich durch eine nach außen erkennbare Willensänderung entkräftet werden.[189] Durch eine mit einer früheren in Widerspruch stehenden neue Sicherungsübereignung gibt der Sicherungsgeber in der Regel seinen Willen kund, nicht mehr für den ersten Sicherungsnehmer besitzen zu wollen.[190] Dann erwirbt der zweite Sicherungsnehmer vom Sicherungsgeber als Berechtigten (wenngleich gegenüber dem ersten Sicherungsnehmer Vertragsbrüchigen).

Der wirksame Erwerb des Neubestands durch den zweiten Sicherungsnehmer scheitert auch 131
nicht am **Bestimmtheitsgrundsatz.** Allerdings könnte man im Falle eines Raumsicherungsvertrages daran zweifeln, wenn sich der Neubestand von dem Augenblick an, in dem er in den Sicherungsraum gelangt, nicht mehr vom Altbestand unterscheiden lässt. Im Allgemeinen werden die zu übereignenden Sachen beim Raumsicherungsvertrag durch das Verbringen in den Sicherungsraum bestimmt. Im Beispielsfall ist das Verbringen in den Sicherungsraum gerade umgekehrt eine Maßnahme, durch die Unklarheit entsteht. Was ist Altbestand und gehört folglich dem ersten Sicherungsnehmer, was ist Neubestand und somit Sicherungseigentum des zweiten Sicherungsnehmers? Diese Unklarheit ist indes nur eine rein tatsächliche. Der Sicherungsgeber will ja den ganzen Bestand dem zweiten Sicherungsnehmer zur Sicherheit übereignen, und dieser will dem entsprechend auch alles erwerben. Dann macht es für die Bestimmtheit des Verfügungsobjekts keinen Unterschied, wie weit die Verfügungsmacht des Sicherungsgebers reicht.[191] Für beide Sicherungsnehmer kann sich ein Problem lediglich daraus ergeben, dass im Sicherungsfall keiner beweisen kann, was ihm gehört. Insofern blockieren sich die beiden Sicherungsnehmer gegenseitig. Diese Blockade können sie nur durch Abschluss eines Sicherheitenpoolvertrages auflösen.

Nicht um eine Sicherungsübereignung eines Warenlagers mit wechselndem Bestand handelt es 132
sich, wenn der Sicherungsgeber dem zweiten Sicherungsnehmer nur den Neubestand sicherungsübereignen will. Wenn die neu zugehenden Waren nicht besonders markiert werden, ist die Sicherungsübereignung mangels Bestimmtheit des Sicherungsguts unwirksam. Die Rechtslage ist dann dieselbe, wie wenn der Sicherungsgeber die gesamte Ware, ausgenommen solche, die jemandem anderen gehört, sicherungsübereignet hätte.[192]

2. Mehrfachabtretung gem. § 931 BGB. Auch bei mehrfacher Sicherungsübereignung gem. 133
§ 931 BGB gilt zunächst das **Prioritätsprinzip:** Tritt der Sicherungsgeber seinen Herausgabeanspruch an einen ersten Sicherungsnehmer ab, ist hinfort nicht mehr der Zedent (Sicherungsgeber), sondern der Zessionar (Sicherungsnehmer) Gläubiger. Schließt nun der Sicherungsgeber später mit einem zweiten Sicherungsnehmer noch einen Abtretungsvertrag ab, könnte der zweite Sicherungsnehmer den Anspruch allenfalls vom Nichtberechtigten erwerben. Der gutgläubige Erwerb einer Forderung ist dem geltenden Recht – von gewissen Ausnahmen (vgl. § 405 BGB, Art. 16 Abs. 2 WG, 19 ScheckG) abgesehen – aber unbekannt.

Indessen kann ein vertragsuntreuer Sicherungsgeber dem prioritätsjüngeren zweiten Siche- 134
rungsnehmer auch hier den Vorrang verschaffen. Zum einen kann er sich von dem unmittelbaren Besitzer – der von der Abtretung des Herausgabeanspruchs nichts erfahren haben muss – den unmittelbaren Besitz „zurückholen" und seinerseits mit dem zweiten Sicherungsnehmer ein neues Besitzmittlungsverhältnis vereinbaren.[193] Zum andern kann er dem unmittelbaren Besitzer nur die zweite Abtretung anzeigen – die Erste also verschweigen – und so dazu beitragen, dass der unmittelbare Besitzer dem zweiten Sicherungsnehmer den Besitz mittelt.[194]

---

[188] BGH WM 1960, 1223, 1227; 1965, 1248, 1289; *Lwowski*/Fischer/Langenbucher, Recht der Kreditsicherung, § 11 RdNr. 14.
[189] *Serick* II § 20 II 2a (S. 127).
[190] BGH WM 1960, 1223, 1227; 1965, 1248, 1289; *Barbier* ZIP 1985, 520, 521; *Menke* WM 1997, 405, 406; *Lwowski*/Fischer/Langenbucher, Recht der Kreditsicherung, § 11 RdNr. 14.
[191] *Menke* WM 1997, 405, 407.
[192] Dazu siehe BGH NJW 1986, 1985, 1986 = EWiR 1986, 457 *(Graf Lambsdorff)*.
[193] *Bülow*, Kreditsicherheiten RdNr. 1342.
[194] *Bülow*, Kreditsicherheiten RdNr. 1364.

Beide Male entzieht der Sicherungsgeber dem ersten Sicherungsnehmer das zuvor wirksam erworbene Sicherungseigentum.

135 **3. Mischfälle.** Übereignet der Sicherungsgeber an den ersten Sicherungsnehmer gem. § 930 BGB und an den zweiten gem. § 929 BGB, verliert der Erste sein Sicherungseigentum an den zweiten, falls dieser gutgläubig ist (§ 932 BGB). Wird zunächst gem. § 930 BGB übereignet und begründet der Sicherungsgeber danach ein Besitzmittlungsverhältnis mit einem Dritten, so kann er den – tatsächlich ja bestehenden – Herausgabeanspruch gegen den Dritten an einen zweiten Sicherungsnehmer gem. § 931 BGB abtreten. Dieser erwirbt – guter Glaube vorausgesetzt (§ 934 1. Fall BGB) – das Sicherungseigentum. Übereignet der Sicherungsgeber zunächst gem. § 929 BGB an einen ersten Sicherungsnehmer und später unter Abtretung seines angeblichen Herausgabeanspruchs gem. § 931 BGB an einen zweiten, so ist der Erste geschützt, falls er das Sicherungsgut nicht an den zweiten herausgibt.

135a **4. Mehrfachübereignung künftig entstehender Sachen.** Bei mehrfachen antizipierten Sicherungsübereignungen von Sachen, die es entweder noch gar nicht gibt oder die dem Sicherungsgeber noch nicht gehören, scheint das Prioritätsprinzip zu versagen, entstehen die Sicherungsrechte doch erst dann, wenn der Sicherungsgeber den Sicherungsgegenstand erwirbt, also zur gleichen Zeit. Da der Übereignungs- und Besitzmittlungswille bis zum Zeitpunkt des geplanten Eigentumswechsel fortbestehen muss (s.o. RdNr. 102), könnte die prioritätsältere Sicherungsübereignung daran scheitern, dass die Vornahme der zweiten Sicherungsübereignung als Kundgabe einer Willensänderung verstanden wird.[195] Kommt man auf diesem Weg nicht weiter, weil der erste Sicherungsnehmer von dieser Willensänderung nichts erfahren hat, vermag zur Lösung des Problems der Gedanke beitragen, der Sicherungsgeber müsse erklären, ob er den Übereignungs- und Besitzmittlungswillen für den ersten oder den zweiten Sicherungsnehmer oder für keinen der beiden ausüben wolle.[196] Zur Mehrfachabtretung künftig entstehender Rechte s.u. RdNr. 212.

E. Sicherungsabtretung

I. Allgemeines

136 **1. Begriff.** Unter einer Sicherungsabtretung (oder Sicherungs**zession** – von lat. cedere = übertragen) versteht man die als **vorübergehend** gedachte Abtretung einer Forderung gegen einen Dritten oder eines sonstigen Rechts durch den Sicherungsgeber (Zedent) an den Sicherungsnehmer (Zessionar) zur Sicherung von Forderungen.[197]

137 Bei der Sicherungsabtretung darf der Zessionar nur in zweiter Linie auf die Forderung bzw. deren Erlös zur Deckung seiner Ansprüche zurückgreifen; **in erster Linie** ist eine **Tilgung durch seinen Schuldner** (Sicherungsgeber, Zedenten) vorgesehen. Dadurch unterscheidet sie sich von ähnlichen Rechtsinstituten (Kombinationen – wie zB mit einer Einziehungsermächtigung – sind möglich): Bei einer Abtretung **an Erfüllungs statt** erlischt mit deren Annahme das Schuldverhältnis. Demgegenüber bleibt bei der Sicherungsabtretung die ursprüngliche Forderung bestehen; die Erfüllungswirkung tritt zu einem späteren Zeitpunkt ein. Wird eine Forderung **erfüllungshalber** abgetreten, soll sich der Zessionar in erster Linie aus der abgetretenen Forderung befriedigen; die Zahlungen des Schuldners sollen ihm zur Tilgung seiner Forderung gegen den Zedenten unmittelbar zufließen.[198] Mit einer Leistung erfüllungshalber ist regelmäßig eine Stundung der ursprünglichen Forderung verbunden.[199] Eine Forderung kann (etwa beim **unechten Factoring,** vgl. dazu § 47 RdNr. 188) zugleich sicherungs- und erfüllungshalber abgetreten werden.[200] Eine **Inkassozession** dient nur ausnahmsweise Sicherungszwecken.[201] In der Regel handelt es sich um eine uneigennützige Treuhandschaft: Der Zessionar zieht die Forderung aus eigenem Recht und im eigenen Namen für Rechnung des Zedenten ein und liefert den erhaltenen Betrag bei diesem ab. Demgegenüber ist die Sicherungsabtretung ein Fall der eigennützigen Treuhandschaft. Durch eine **Einziehungsermächtigung** wird nichts abgetreten, sondern in die Verfügung über ein fremdes, dem Ermächtigenden gehörendes Recht eingewilligt (§ 185 BGB). Bei einer stillen Sicherungszession (s.u. RdNr. 180)

---
[195] So wohl MünchKommBGB-*Oechsler* Anh. §§ 929–936 RdNr. 19.
[196] *Mitlehner*, aaO RdNr. 950.
[197] *Lwowski* in Lwowski/Fischer/Langenbucher, Recht der Kreditsicherung, § 13 RdNr. 1; *Baur/Stürner*, Sachenrecht § 58 RdNr. 1.
[198] BGHZ 19, 12, 15 = NJW 1956, 337; BGHZ 116, 278, 282; vgl. aber auch BGH WM 1992, 159, 160.
[199] BGHZ 116, 278, 282.
[200] BGHZ 58, 364 = NJW 72, 1715; BGH NZI 2007, 718, 719 = NJW-RR 2008, 434.
[201] BGH WM 1956, 946, 947; MünchKommBGB-*Roth* § 398 RdNr. 41.

ist der Zedent regelmäßig befugt, die abgetretene Forderung einzuziehen und Zahlung an sich zu verlangen. Hier wird die Abtretung also durch eine Einziehungsermächtigung ergänzt. Endlich ist die Sicherungszession auch von einem **Forderungskauf** zu unterscheiden: Wird im Zusammenhang damit die gekaufte Forderung abgetreten – wie bei dem echten **Factoring-Geschäft** üblich –, geschieht dies nicht zur Sicherung, sondern zur Erfüllung der kaufvertraglichen Verpflichtung.

2. Gegenstand. Als Sicherungsmittel kommen grundsätzlich alle Forderungen und sonstigen **138** Rechte in Betracht, die nach den §§ 398, 413 BGB abtretbar sind. Wirtschaftlich steht die Abtretung von **Forderungen** im Vordergrund. Diese können auf Zahlung von Geld oder eine andere Leistung gerichtet sein.[202] Es kann sich um gegenwärtige oder künftige (s. RdNr. 164 ff.), bedingte und befristete Forderungen handeln. Als Gegenstand der Abtretung finden sich **Einzelforderungen** ebenso wie die sog. **revolvierenden Forderungen.** Das sind solche, die im Geschäftsverkehr des Sicherungsgebers mit seinen Kunden laufend erlöschen und durch neue Forderungen aus gleichartigen Geschäftsvorfällen ersetzt werden. Revolvierende Forderungen werden gewöhnlich im Wege der Mantelzession (s.u. RdNr. 175) oder Globalzession (s.u. RdNr. 172) abgetreten. Eine Sonderform der Forderungsabtretung ist die sicherungshalber vorgenommene Indossierung eines Wechsels. Wegen der Haftung des Schadensersatzanspruchs im Falle des Schuldnerverzugs vgl. Vorbemerkungen vor §§ 49–52 RdNr. 72. **Rechte** sind als Sicherungsmittel von minderer Bedeutung, weil sie in vielen Fällen nicht „still" abgetreten werden und bei der Verwertung Schwierigkeiten bereiten können.[203]

3. Wirtschaftliche Funktion. Die Sicherungsabtretung dient in weitem Umfang sowohl der **139** Sicherung von Geld- als auch von Warenkrediten und hat das Pfandrecht an Forderungen nahezu verdrängt.[204] Banken sichern ihre Kredite bevorzugt durch **Globalzession** gegenwärtiger und künftiger Forderungen aus Warenlieferungen und Leistungen. Beim Konsumentenkredit tritt an die Stelle der Globalzession die **Abtretung von Lohn- und Gehaltsansprüchen.** Waren werden heute durchweg unter Eigentumsvorbehalt geliefert. Aus kaufmännischen Gründen gestatten die Lieferanten ihren Abnehmern, die Vorbehaltsware weiterzuveräußern. Als Ersatz für das aufgegebene Vorbehaltseigentum lassen sie sich die Forderungen aus den Weiterverkäufen abtreten (**verlängerter Eigentumsvorbehalt**, s. dazu § 47 RdNr. 105 ff.). Beim **verlängerten Sicherungseigentum** (s.o. RdNr. 120) tritt die abgetretene Forderung aus dem Weiterverkauf von Sicherungsgut an dessen Stelle. Bei der Sicherung von Geldkrediten ist die Sicherungsabtretung ein **selbständiges,** bei der Sicherung von Warenkrediten ein **unselbständiges Sicherungsgeschäft**. Bei der zuletzt genannten Art ist sie mit einem anderen Sicherungsgeschäft (Eigentumsvorbehalt, Sicherungsübereignung) verbunden und soll dessen Sicherungswirkung verstärken.

4. Sicherungszession nach dem Recht der DDR. Im Recht der Bundesrepublik Deutschland **140** war die Zulässigkeit einer Sicherungszession schon lange gewohnheitsrechtlich anerkannt; inzwischen ist sie in § 51 kodifiziert. Auf dem Gebiet der früheren DDR konnte sie erst seit dem 1. Juli 1990 vereinbart werden (s.o. RdNr. 51 ff.).

II. Bestellung der Sicherheit

1. Dingliche Einigung über die Abtretung. a) Allgemeines. Gemäß § 398 Satz 1 BGB ist **141** die Abtretung ein Vertrag, der unmittelbar darauf gerichtet ist, dass eine Forderung oder ein sonstiges Recht von ihrem bisherigen Gläubiger bzw. seinem bisherigen Inhaber (Zedent) auf einen anderen, neuen Gläubiger (Zessionar) übertragen wird. Mit dem Abschluss des Vertrages (falls nicht ausnahmsweise ein zusätzlicher Rechtsakt erforderlich ist, s.u. RdNr. 160 ff.) tritt der Zessionar an die Stelle des Zedenten. Die Abtretung bewirkt somit eine unmittelbare Rechtsänderung. Sie ist – ebenso wie bei der Sicherungsübereignung die Einigung gem. § 929 BGB – ein **Verfügungsvertrag**. Die Abtretung bedarf zwar, um wirksam zu sein, eines Verfügungsobjekts (vgl. u. RdNr. 146): bei einer Vorausabtretung muss (anders als bei einer vorweggenommenen Sicherungsübereignung, vgl. o. RdNr. 102) die Einigkeit aber nicht bis zu dessen Entstehung andauern.[205]

Dem Zedenten kann die – widerrufliche – Befugnis vorbehalten werden, die Forderung für **142** Rechnung des Zessionars einzuziehen (s.u. RdNr. 180 ff.). Die Wirkungen der Abtretung können

---
[202] *Baur/Stürner,* Sachenrecht § 58 RdNr. 10.
[203] Vgl. BGH WM 1998, 1037 ff. (Sicherungszession von Geschmacksmusterrechten); *Berger,* FS Kirchhof, 2003 S. 1 ff.
[204] *Lwowski*/Fischer/Langenbucher, Recht der Kreditsicherung, § 13 RdNr. 1; MünchKommBGB-*Roth* § 398 RdNr. 105.
[205] Vgl. BGHZ 135, 140, 144; BGH WM 2010, 368, 371; *Staudinger/Busche* Neubearbeitung 2005 § 398 RdNr. 71; *Palandt/Grüneberg* § 398 RdNr. 11.

aber vertraglich nicht derart eingeschränkt werden, dass dem Zedenten das Recht verbleiben soll, über die Forderung im eigenen Interesse und nach freiem Belieben zu verfügen,[206] oder der Zessionar dauernd gehindert sein soll, die Forderung einzuziehen.[207]

143 Wie jeder Vertrag bedarf auch die Abtretung der Abgabe eines **Vertragsangebots** und seiner **Annahme**. Die bloße Übergabe eines Sparbuches begründet im Allgemeinen kein Recht auf das Spargutbaben. Doch kann darin uU das Angebot auf Abschluss eines Abtretungsvertrages gesehen werden.[208] Soll eine Forderung an einen Gläubiger sicherungshalber abgetreten werden, ist die ausdrückliche Annahme des Abtretungsangebots nach der Verkehrssitte nicht erforderlich (§ 151 Satz 1 BGB).[209]

144 Die Abtretung ist grundsätzlich **form**frei. Aus Beweisgründen ist freilich die Einhaltung der Schriftform empfehlenswert. Ausnahmsweise gilt bei Briefhypothek und Briefgrundschuld für die Abtretungserklärung – nicht für die Annahme – Schriftform (s.u. RdNr. 162). Eine besondere Form ist auch vorgeschrieben für die Übertragung von Namensaktien (§ 68 AktG) und GmbH-Anteilen (§ 15 GmbHG). Die Abtretung eines Erbteils bedarf der notariellen Beurkundung (§ 2033 Abs. 1 Satz 2).

145 b) **Einigung unter Bedingungen.** Auch die Sicherungsabtretung gilt im Zweifel – namentlich dann, wenn der Sicherungsvertrag hierzu schweigt – **nicht** als **auflösend bedingt vereinbart** (s.o. RdNr. 16). Die Formularpraxis der Banken – die keine auflösende Bedingung, sondern einen schuldrechtlichen Rückübertragungsanspruch vorsieht – ist insoweit nicht zu beanstanden. An die Annahme einer Rückübertragung sind uU nur geringe Anforderungen zu richten; es kann genügen, dass sich die Beteiligten im Zusammenhang mit Abmachungen, welche die ursprüngliche Abtretung gegenstandslos werden lassen, stillschweigend über die Rückabtretung einigen.

146 c) **Verfügungsobjekt.** Die Abtretung bedarf, um wirksam zu sein, eines Verfügungsobjekts. Eine **nicht bestehende Forderung** kann man nicht – auch nicht gutgläubig – erwerben (zur Vorausabtretung künftiger Forderungen s.u. RdNr. 164 ff.). Die Abtretung ist auch dann unwirksam, wenn der Zedent zwar Inhaber der abgetretenen Forderung ist, dieser aber die **Verkehrsfähigkeit** fehlt. Das ist der Fall, wenn sich der Inhalt der Leistung durch die Abtretung ändern würde (§ 399 1. Alt. BGB), wenn die Forderung der Pfändung nicht unterworfen ist (§ 400 BGB) oder wenn ein rechtsgeschäftliches Abtretungsverbot vorliegt (§ 399 2. Alt. BGB).

147 aa) **Abtretungsverbot.** Wenn – außerhalb des Handelsverkehrs (vgl. RdNr. 150) – ein dinglich wirkendes Abtretungsverbot vereinbart ist, ist eine gleichwohl erfolgte Abtretung unwirksam (s. § 47 RdNr. 205 f.). Das gilt nicht bei zwei für Sicherungsabtretungen typischen Fallgruppen:[210]

148 Übernimmt ein Gläubiger gegenüber dem Schuldner die bloß schuldrechtliche Verpflichtung, die Forderung nicht abzutreten, so ist eine spätere (Sicherungs-)Zession gleichwohl wirksam. Der Gläubiger ist dem Schuldner gegenüber allerdings zum Schadensersatz verpflichtet.[211]

149 Verpflichtet sich ein Schuldner gegenüber seinem Gläubiger, er werde ihm gegen Drittschuldner zustehende Forderungen nicht (anderweitig) abtreten, so liegt, weil die Drittschuldner nicht mitgewirkt haben, kein Abtretungsverbot vor, sondern eine – schuldrechtlich wirksame – **Negativerklärung**.

150 Aufgrund des mit Wirkung vom 30. Juli 1994 in das Handelsgesetzbuch eingefügten § 354a sind Sicherungszessionen trotz eines dinglich wirkenden Abtretungsverbots gültig, wenn das Rechtsgeschäft, aus dem die abgetretene Forderung herrührt, für beide Teile ein **Handelsgeschäft** oder der Schuldner eine juristische Person des öffentlichen Rechts ist (s. dazu § 47 RdNr. 208).

150a Wird über das Vermögen des **Sicherungszedenten** ein **Insolvenzverfahren** eröffnet, wirkt sich das „Wahlrecht" des Schuldners aus § 354a Abs. 1 Satz 2 HGB nicht aus, falls die Abtretung vor Insolvenzeröffnung und vor Anordnung eines allgemeinen Verfügungsverbots vereinbart wurde. Der Schuldner muss dann an den zur Einziehung befugten (§ 166 Abs. 2) Verwalter leisten. Dieser muss den Zessionar unter Abzug der Kosten (§ 170) befriedigen. Weigert sich der Verwalter – zum Beispiel deshalb, weil er die Sicherungszession (zu Unrecht) für unwirksam hält –, wird der Zessionar durch ein Ersatzabsonderungsrecht geschützt.[212] Hatte der Schuldner schon vor der Verfahrenseröffnung an den Zedenten gezahlt, steht dem Zessionar nur ausnahmsweise unter den Voraussetzungen des § 48 ein Ersatzabsonderungsrecht zu; meist wird ihm nur eine Insolvenzforderung verbleiben.[213]

---

[206] BGH LM BGB § 398 Nr. 9a.
[207] RGZ 133, 234, 242.
[208] BGH WM 1962, 487.
[209] BGH NJW 2000, 276, 277; *Erman/Armbrüster* § 151 RdNr. 5.
[210] Vgl. dazu *Häsemeyer*, Insolvenzrecht RdNr. 18.58.
[211] BGH NJW 1982, 2768, 2769.
[212] Von *Olshausen* ZIP 1995, 1950, 1952 ff.; *Häsemeyer*, Insolvenzrecht, RdNr. 18.63.
[213] *K. Schmidt*, FS Schimansky, S. 503. 517.

Etwas Besonderes gilt, wenn der Schuldner durch Aufrechnung leistet. Bestand die Aufrechnungslage bereits im Zeitpunkt der Insolvenzeröffnung, so wird sie – vorbehaltlich einer Anfechtung (§ 96 Abs. 1 Nr. 3) – geschützt (§ 94). In diesem Falle erhält der Schuldner also für seine Gegenforderung vom insolventen Zedenten volle Befriedigung. Bei **Insolvenz** des **Sicherungszessionars** kann der Schuldner das Einziehungsrecht des Verwalters unterlaufen, indem er gemäß § 354a Abs. 1 Satz 2 HGB an den Zedenten zahlt. Der Verwalter hat dann einen Anspruch aus § 816 Abs. 2 BGB. Ist im Verhältnis zwischen Zedent und Zessionar der Sicherungsfall noch nicht eingetreten, kann der Zedent den Anspruch aus § 816 Abs. 2 BGB abwehren, indem er die gesicherte Forderung tilgt.

Auf Grund des im Jahre 2008[214] eingefügten Abs. 2 ist die Vorschrift ferner nicht auf eine Forderung aus einem Darlehensvertrag anzuwenden, deren Gläubiger ein Kreditinstitut ist. **150b**

bb) Zustimmungsvorbehalt. Ist die Sicherungszession nicht schlechthin verboten, sondern **151** lediglich an die Zustimmung des Schuldners geknüpft (vgl. allgemein § 47 RdNr. 207), gilt das zu RdNr. 147 ff. Gesagte entsprechend.

d) Bestimmtheitsgrundsatz. Die Abtretung ist hinreichend bestimmt, wenn sich die abgetrete- **152** nen Forderungen von allen anderen gleichartigen Forderungen des Verfügenden unterscheiden lassen.[215] Dazu müssen Zedent, Drittschuldner, Gegenstand (Rechtsgrund) und Umfang der Forderungen angegeben werden. Das Fehlen eines **Individualisierungsmerkmals** – bei der Zession künftiger Rechte sind häufig weder Drittschuldner noch Rechtsgrund bekannt – schadet dann nicht, wenn die übrigen die abgetretenen Forderungen zweifelsfrei kenntlich machen. Die Bezugnahme auf eine dem Zessionar zu übergebende Urkunde reicht aus.[216] Wertmäßige Umschreibungen (wie sie oft bei Teilabtretungen anzutreffen sind) oder Formeln, die nur mit Hilfe außervertraglicher Erkenntnisquellen geeignet sind, die abgetretenen Forderungen von anderen zu unterscheiden, sind ungeeignet. Es genügt nicht, dass der Umfang der Abtretung im Verhältnis zwischen Zedent und Zessionar ermittelt werden kann. Richtiger Ansicht nach muss sich auch der Schuldner in zumutbarer Weise Gewissheit darüber verschaffen können, an wen er zu leisten hat.[217]

Hinreichend bestimmt ist zB die Abtretung „aller künftigen, in einem bestimmten Geschäfts- **153** betrieb entstehenden Forderungen",[218] „der Mietforderung aus der künftigen Vermietung einer Wohnung",[219] „künftiger Lohnforderungen (auch) aus noch nicht bestehenden Arbeitsverhältnissen".[220]

Zu wenig bestimmt soll demgegenüber die Abtretung „sämtlicher Ansprüche aus jedem **154** irgendwie gearteten Rechtsgrund" sein.[221] Insofern dürfte es allerdings nicht um ein Problem der Bestimmtheit gehen. Wenn schlechthin alles von der Abtretung erfasst sein soll, ist das an Klarheit kaum zu übertreffen (vgl. zur „Allformel" bei der Sicherungsübereignung o. RdNr. 61). Unter Umständen kann einer derart umfassenden Abtretung aber wegen Unangemessenheit (§§ 307, 138 BGB; siehe dazu Vorbemerkungen vor §§ 49–52 RdNr. 82 ff.) die Anerkennung versagt werden. Der Zedent ist sich hier möglicherweise nicht bewusst, worauf er sich einlässt, und gerät dadurch in die Gefahr, überfordert zu werden.[222]

Die Abtretung einer **Mehrheit von Forderungen** ist unproblematisch, wenn sie alle Forderun- **155** gen gegen einen oder mehrere Drittschuldner oder alle Forderungen aus bestimmten Geschäftsvorfällen betrifft. Bei der **Teilabtretung** von Forderungen (s.u. RdNr. 178 f.) muss der Teil, der abgetreten sein soll, bestimmt oder wenigstens bestimmbar sein. Möglich ist zB die Abtretung des „pfändbaren Teils des Arbeitslohnes".[223] Dies unterscheidet sich auffällig von der Behandlung der Sicherungsübereignung von pfändbaren Sachen (vgl. o. RdNr. 61), erklärt sich jedoch im Hinblick auf die detaillierte Regelung in den Pfändungsschutzvorschriften der §§ 850a bis 850i ZPO. Dadurch ist der Umfang der Sicherungsabtretung bestimmt oder zumindest bestimmbar. Dagegen mangelt die Abtretung „von Kundenforderungen in Höhe von 125 000 DM" der erforderlichen Bestimmt-

---

[214] Art. 10 des Gesetzes vom 12.8.2008, BGBl. I S. 1666.
[215] BGHZ 7, 365; 174, 297, 305; MünchKommBGB-*Roth* § 398 RdNr. 67; *Palandt/Grüneberg* § 398 RdNr. 14.
[216] *Lwowski*/Fischer/Langenbucher, Recht der Kreditsicherung, § 13 RdNr. 29.
[217] BGH NJW 2000, 276, 278.
[218] RG JW 1932, 3761. Nach BGH WM 2008, 65 erstreckt sich die formularmäßige Vorausabtretung der „gegenwärtigen und künftigen Ansprüche aus dem Geschäftsverkehr" des Zedenten nicht auf die von seinem Gesamtrechtsnachfolger nach einer Verschmelzung in dessen Geschäftsbetrieb begründeten Forderungen.
[219] RGZ 135, 139, 141.
[220] BAG WM 1968, 1047, 1048.
[221] BGHZ 13, 42 ff. = NJW 1954, 881.
[222] BGHZ 130, 19, 22 = NJW 1995, 2553 = LM BGB § 765 Nr. 101 *(Pfeiffer)* = EWiR 1995, 971 *(Tiedtke)* = WuB I F 1 a.–13.95 *(Schröter)*.
[223] BGH WM 1976, 151; 1995, 1345.

heit, wenn nicht erkennbar ist, aus welchen Forderungen oder Teilen von Forderungen sich dieser Betrag zusammensetzt.[224] Nicht genügend bestimmt ist auch die Abtretung von Ansprüchen „in Höhe des jeweiligen Schuldsaldos".[225] Dasselbe gilt für eine Globalzession aller künftigen Forderungen aus dem Geschäftsbetrieb „bis zur Höhe der zu sichernden Forderung", und zwar selbst dann, wenn monatlich sog. OPOS-Listen übergeben werden, die den Sicherungsgeber über die aktuell von der Zession erfassten Forderungen informieren sollen.[226] Tritt der Schuldner im Rahmen einer verlängerten Sicherungsübereignung die aus einem Verkauf des Sicherungsguts entstehenden Forderungen an seinen Darlehensgeber ab und veräußert er sodann seinen gesamten Geschäftsbetrieb einschließlich des Sicherungsguts für einen Einheitspreis an einen Dritten, geht die eine solche Forderung nicht erfassende Vorausabtretung mangels Individualisierbarkeit der auf das Sicherungsgut entfallenden Forderungsteile ins Leere.[227] Schwierigkeiten bereitet das Bestimmtheitserfordernis bei der Vorausabtretung von Teilforderungen aus der künftigen Veräußerung einer Sache, zB eines vom Zedenten zu parzellierenden und an verschiedene Käufer zu verkaufenden Grundstücks, oder von Gütern, auf die sich ein verlängerter Eigentumsvorbehalt erstreckt. Hier ist genügend abgegrenzt eine Teilabtretung[228] „in Höhe des Wertes der Vorbehaltsware"[229] oder „entsprechend dem Wert unserer Lieferung"[230] oder „bis zur Höhe unserer Kaufpreisansprüche (für das verwendete Material)".[231] Soll eine **Briefgrundschuld** teilweise abgetreten, aber (zB aus Kostengründen) kein Teilgrundschuldbrief gebildet werden, ist es kein gangbarer Weg, dass der Zedent den ungeteilten Grundschuldbrief zugleich als Eigenbesitzer für sich selbst und als Fremdbesitzer für den Zessionar besitzt.[232] Stattdessen empfiehlt sich die Aushändigung des Briefes an einen als Treuhänder auftretenden Dritten. Dieser wird unmittelbarer Fremdbesitzer; Zedent und Zessionar werden mittelbare Eigenbesitzer.

156 Es entspricht regelmäßig Sinn und Zweck einer Sicherungsabtretung von Mietzinsen an eine Bank, dass auch vertragliche Ansprüche auf Nutzungsentgelt aus § 557 Abs. 1 Satz 1 BGB von der Abtretung miterfasst werden. Das Gleiche gilt hinsichtlich etwaiger Ansprüche aus dem Eigentümer-Besitzer-Verhältnis (§§ 987, 990 BGB). Die auf den eigentlichen Mietzinsanspruch beschränkte Abtretung entspräche nicht dem Willen der Vertragspartner. Dadurch würde nämlich eine Gesamtgläubigerschaft entstehen. Diese würde den Schuldner berechtigen, befreiend auch an den Zedenten zu leisten. Das liefe dem Zweck einer Sicherungsabtretung offensichtlich zuwider.[233]

157 Andererseits soll die Abtretung des Anspruchs auf den Erlös aus einem beabsichtigten Grundstücksverkauf nicht den Erlös aus der Zwangsversteigerung umfassen.[234] Wird der Auszahlungsanspruch eines Grundstücksverkäufers gegen den Notar, der den Grundstückskaufvertrag beurkundet hat und als Treuhänder (§§ 23, 24 BNotO) beauftragt worden ist, das Kaufgeld in Empfang zu nehmen und zu verwahren, abgetreten, so ist diese Abtretung nur zulässig in Verbindung mit der Abtretung der – durch Einzahlung auf einem Konto des Notars noch nicht erloschenen – Kaufpreisforderung.[235] Diese zweite Abtretung muss zusätzlich vereinbart werden.

158 Die Abtretung von Forderungen umfasst nicht zugleich die Forderungen des Zedenten, die dem Zedenten gegen seine Bank zustehen, wenn die Schuldner des Zedenten befreiend auf dessen Konto zahlen.[236] Die abgetretenen Forderungen erlöschen mit der Zahlung (§ 362 Abs. 1 BGB); zugleich erlischt das durch die Sicherungsabtretung begründete Sicherungsrecht. Durch die Zahlung entstehen zwar neue Ansprüche des Zedenten gegen sein Bank; diese müssen aber gesondert abgetreten werden.

159 **Maßgeblicher Zeitpunkt** der Bestimmtheit ist der Zeitpunkt des Forderungsübergangs. Bezieht sich die Abtretung auf schon entstandene Forderungen, kommt es auf den Zeitpunkt an, zu dem der Abtretungsvertrag abgeschlossen wird. Bei Vorausabtretungen ist der Zeitpunkt maßgeblich,

---

[224] BGH BB 1968, 810, 811.
[225] BGH WM 1965, 1049.
[226] OLG Hamm ZIP 2008, 1110, 1111.
[227] BGH NZI 2009, 379.
[228] In BGHZ 189, 1 = NZI 2011, 366 hat der BGH auch eine Vollabtretung unbeanstandet gelassen.
[229] BGH NJW 1964, 149 ff.
[230] BGH NJW 1968, 1516, 1519.
[231] BGH WM 1971, 71, 73; NJW 1981, 816, 818.
[232] BGH NJW 1983, 41, 42.
[233] BGH WM 1999, 219 = WuB I F 4.–2.99 *(Meder)* = EWiR 1999, 343 *(Kohte)* = BB 1999, 386 *(Edelmann)* = DStR 1999, 290 *(Goette)*.
[234] OLG Nürnberg EWiR 1998, 585 *(Muth)*.
[235] BGH WM 1998, 921 = WuB VI G. § 9 GesO 1.99 *(Henckel)* = LM BGB § 398 Nr. 99 *(Reithmann)* = ZInsO 1998, 89 *(Haarmeyer)*.
[236] BGHZ 138, 291, 304 = NJW 1998, 2592 = WuB I F 4.–4.98 *(Wittig)* = EWiR 1998, 699 *(Eckardt)* = LM GesO Nr. 36/37/38 *(Huber)* = ZInsO 1998, 89 *(Obermüller)*; ZIP 1999, 621, 623.

zu dem die Forderung entsteht; bei Abschluss des Abtretungsvertrages genügt, dass die Forderung bestimmbar ist.[237]

2. Zusätzlicher Rechtsakt. Grundsätzlich reicht bei der Sicherungsabtretung die Einigung der Parteien aus, um den Sicherungsnehmer zum Inhaber des abgetretenen Rechts zu machen. Ausnahmsweise ist jedoch noch ein zusätzlicher Rechtsakt erforderlich oder zumindest zweckmäßig. 160

a) In Urkunden verbriefte Rechte. Im Gegensatz zu den Inhaber- und indossierten Orderpapieren, die nach den §§ 929 ff. BGB übertragen werden, weil das verbriefte Recht gleichsam selbst zur Sache geworden ist (s.o. RdNr. 119a, 119c),[238] werden die nicht indossierten Orderpapiere[239] sowie die in **Namens-(Rekta-)papieren** verkörperten Rechte gem. § 398 BGB abgetreten.[240] Die Übergabe ist zur Wirksamkeit der Abtretung nicht erforderlich. Es ist allerdings zweckmäßig, dass sich der Sicherungsnehmer außerdem die Urkunde verschafft, weil die Geltendmachung des Rechts an deren Besitz gebunden ist. Bei der Übertragung von Rechten, die in **„hinkenden Inhaberpapieren"** iS von § 808 BGB (zB Sparbuch) verbrieft sind oder für die ein **Schuldschein** ausgestellt ist, verhält es sich ähnlich. 161

b) Gebuchte Rechte. Deren Abtretung setzt neben der Einigung die **Eintragung** der Abtretung in das betreffende Buch voraus. Ist über das abzutretende Recht ein Brief ausgestellt, kann die Eintragung ersetzt werden durch die Erteilung einer schriftlichen Abtretungserklärung und Übergabe des Briefes (vgl. §§ 1154 Abs. 1, 1117 BGB). Die Sicherungsabtretung einer **Eigentümerbriefgrundschuld** verschafft dem Zessionar die gleichen Rechte wie dem Gläubiger einer zu Sicherungszwecken bestellten Grundschuld (Von einer „Sicherungsgrundschuld" spricht man aber nur im zweiten Fall). Ob es sich um eine vorläufige Eigentümerbriefgrundschuld handelt oder ob sie aus einer Fremdhypothek hervorgegangen ist, bleibt sich gleich. Bis der Zedent dem Zessionar eine formgerechte Eintragungsbewilligung aushändigt, kann jede Partei – auch wenn die Abtretung „unwiderruflich" erklärt ist – diese einseitig widerrufen (vgl. § 873 Abs. 2 BGB). Will der Zessionar eine gesicherte Rechtsposition erlangen, muss er nach Erhalt der Eintragungsbewilligung selbst den Eintragungsantrag stellen. Zur Teilabtretung s.o. RdNr. 155. 162

III. Sicherungsabtretung fremder Rechte

Hier offenbart sich ein wesentlicher Unterschied zwischen Sicherungsübereignung (s.o. RdNr. 75 ff.) und Sicherungsabtretung. **Vom Nichtberechtigten** kann der Sicherungsnehmer zwar Sachen, aber – von § 405 BGB und der Veräußerung wertpapierrechtlich verbriefter Forderungen (vgl. Art 16 Abs. 2 WG, 19 ScheckG) abgesehen – keine Rechte erwerben. Belastete Rechte erwirbt er nur beschwert mit der Belastung. Guter Glaube nützt ihm nichts. 163

IV. Besondere Erscheinungsformen der Sicherungsabtretung

1. Vorausabtretung. Die Vorausabtretung künftiger Forderungen ist grundsätzlich (vgl. aber die Ausnahme bei Steuererstattungsansprüchen, u. RdNr. 201) anerkannt[241] – obwohl es sich um eine Verfügung über ein bereits vorhandenes Objekt handelt – und im Rahmen des verlängerten Eigentumsvorbehalts (s. § 47 RdNr. 105 ff.), der verlängerten Sicherungsübereignung (s.o. RdNr. 120 ff.) und der Globalzession (s.u. RdNr. 172 ff.) weit verbreitet. 164

a) Entstehen der Forderung als Wirksamkeitserfordernis. Tatbestandlich vollendet ist die Vorausabtretung mit Abgabe der Abtretungserklärung und deren Annahme. Damit wird die dingliche Zuordnung des erst in Zukunft entstehenden Rechts vorweggenommen (**Antizipation**, von lat.: anticipare = vorwegnehmen). Wirksam wird die durch den Abtretungsvertrag gewollte Rechtsänderung jedoch nicht schon mit Vertragsschluss, sondern erst mit Entstehen des Verfügungsobjekts, also der Forderung.[242] Im Gegensatz zur antizipierten Sicherungsübereignung (vgl. RdNr. 102) muss 165

---
[237] BGH NJW 1995, 1668, 1669; ZIP 1999, 2058, 2059.
[238] Eine Abtretung, die auch Ansprüche aus Schecks und Wechseln umfasst, ist in diesem Umfang unwirksam, wenn es an der Übergabe der Urkunden wie auch einem Übergabeersatz fehlt, BGHZ 181, 132, 142 = NZI 2009, 471.
[239] Nach *Staudinger/Busche* Einl. zu §§ 398 ff. RdNr. 39 können auch nicht indossierte Orderpapiere übereignet werden.
[240] *Staudinger/Busche* Einl. zu §§ 398 ff. RdNr. 40; MünchKommBGB-*Roth* § 398 RdNr. 38; *Erman/Westermann* § 398 RdNr. 9.
[241] BGHZ 7, 365, 367 f. = NJW 1953, 21; 108, 98, 104 = NJW 1989, 2383.
[242] BGHZ 30, 238, 240 = NJW 1959, 1539; 64, 312, 313 = NJW 1975, 1226; BGH ZIP 2003, 808, 809 = EWiR 2003, 533 *(Hölzle)*.

bei der Vorausabtretung die Einigkeit nicht so lange vorhalten (vgl. o. RdNr. 141).[243] Wenn dem Zedenten die im Voraus abgetretene Forderung zu keinem Zeitpunkt zusteht, ist eine Übertragung der Gläubigerstellung (§ 398 Satz 2 BGB) sachlogisch ausgeschlossen. Deshalb wird die Abtretung gegenstandslos, wenn die Forderung überhaupt nicht oder nicht in der Person des Zedenten entsteht. Das ist zB der Fall, wenn die künftige Forderung noch vor ihrer Entstehung erlassen oder das ihr zugrundeliegende Rechtsverhältnis aufgehoben oder übertragen wird. Deshalb wird – so der BGH in ständiger Rechtsprechung[244] – die Vorausabtretung des künftigen Auseinandersetzungsanspruchs eines Gesellschafters hinfällig, wenn dieser seine Beteiligung später auf einen Dritten überträgt. Dasselbe gilt nach hM,[245] wenn der Zedent nach der Vorausabtretung mit dem Drittschuldner einen Abtretungsausschluss nach § 399 BGB vereinbart.

166 **b) Wirkungen der Vorausabtretung.** Anders als bei der vorweggenommenen Sicherungsübereignung (s.o. RdNr. 94) findet nach hM bei der Vorausabtretung einer Forderung ein **Direkterwerb** des Zessionars statt, falls der Grund der Forderung schon gelegt war (etwa bei der Abtretung künftiger Forderungen aus einem bestehenden Miet- oder Dienstvertrag), also keine Rechtshandlungen des Zedenten mehr erforderlich sind. Demgegenüber soll ein Durchgangserwerb stattfinden, wenn Forderungen abgetreten werden, für die die Grundlage erst noch geschaffen werden muss (zB Ansprüche aus noch abzuschließenden Kaufverträgen).[246] Die Frage „Durchgangserwerb oder Direkterwerb?" hat indes kaum praktische Bedeutung.[247] Dies wird deutlich, wenn man betrachtet, welchen Einfluss die Vorausabtretung auf **abweichende Zwischenverfügungen** hat:

167 Bei **mehrfacher Vorausabtretung** sind die zweite und alle nachfolgenden grundsätzlich unwirksam (Näher hierzu u. RdNr. 212). Das Gleiche gilt für eine der Vorausabtretung nachfolgende **Pfändung** oder **Verpfändung** der künftigen Forderung.[248] Hierfür ist durchweg unerheblich, ob der Zessionar die Forderung unmittelbar (Direkterwerb) oder über den Zedenten (Durchgangserwerb) erhält. Pfändet zum Beispiel ein Gläubiger des Zedenten die im Voraus abgetretene Forderung, geht die Pfändung ins Leere, wenn der Zessionar die Forderung, sobald sie entsteht, unmittelbar erwirbt. Im Falle des Durchgangserwerbs hat der Zedent die gepfändete Forderung zwar nach der Pfändung für eine „juristische Sekunde" erworben; die Abtretung geht der Pfändung aber nach § 185 Abs. 2 Satz 2 BGB vor.

168 **c) Vorausabtretung und Insolvenz des Zedenten.** Da der Zedent mit der Vorausabtretung die (noch gar nicht bestehende) dingliche Beziehung zu dem erst in Zukunft entstehenden Recht im Voraus aufgegeben hat (o. RdNr. 166), könnte man meinen, dass ein im Voraus abgetretener Anspruch, der erst entsteht, nachdem über das Vermögen des Zedenten ein Insolvenzverfahren eröffnet worden ist, nicht vom Insolvenzbeschlag erfasst wird. Das ist indessen nicht richtig. Da die Sicherungszession in der Insolvenz des Zedenten nur ein **Absonderungsrecht** gewährt, gehört der abgetretene Anspruch zur Insolvenzmasse.

169 Wenn der Anspruch nach Insolvenzeröffnung entsteht, erwirbt der Zessionar kein Absonderungsrecht (vor §§ 49 bis 52 RdNr. 17 f.). Entsteht der Anspruch nach Erlass eines Verfügungsverbots und vor Insolvenzeröffnung, hat der Zessionar ein Absonderungsrecht (vor §§ 49 bis 52 RdNr. 31). Dessen Erwerb kann aber anfechtbar sein. Wird der Zedent nach Entstehung des abgetretenen Anspruchs, aber vor vollständiger Erfüllung des zweiseitigen Vertrags, aus dem der Anspruch stammt, insolvent, gilt Folgendes: Mit der Insolvenzeröffnung erlischt der abgetretene Anspruch nicht, er verliert nur seine Durchsetzbarkeit. Wählt der Insolvenzverwalter anschließend gemäß § 103 die **Nichterfüllung,** bleibt es dabei. Wählt der Insolvenzverwalter die **Erfüllung,** erfährt der Anspruch, weil er nun wieder durchsetzbar wird, einen „Qualitätssprung", dessen Folgen dieselben sind, wie wenn der Anspruch neu entstünde (s.u. § 103 RdNr. 39 f.). Im ersten Fall geht die Abtretung ins Leere, im zweiten ist sie grundsätzlich gemäß § 91 Abs. 1 unwirksam (vor §§ 49 bis 52 RdNr. 25, wegen des Anspruchs auf die Vergütung von Teilleistungen siehe dort RdNr. 26).

170 Für **Bürgschaften, Pfandrechte** und **nicht akzessorische Sicherheiten,** die zur Absicherung des sicherungshalber im Voraus abgetretenen künftigen Anspruchs bestellt worden sind, ist mit Insolvenzeröffnung noch nicht der Sicherungsfall eingetreten, weil die gesicherte Forderung noch nicht

---

[243] BGHZ 135, 140, 144 = NJW 1997, 1857; BGH WM 2010, 368, 371.
[244] BGHZ 88, 205, 208 = NJW 1984, 492; 104, 351, 353 = NJW 1989, 458; BGH NJW 1997, 3370, 3371; aA *Marotzke* ZIP 1988, 1509, 1514.
[245] BGHZ 27, 306, 307 f. = NJW 1958, 1281; BGH NJW 1980, 2245, 2246; aA *Hennrichs* JZ 1993, 225, 230; *Serick* IV § 51 III 2 (S. 507).
[246] BGH NJW-RR 2003, 1690; *Staudinger/Busche* § 398 RdNr. 73ff, 75; *Nörr/Scheyhing/Pöggeler*, Sukzessionen § 9 II.
[247] So auch MünchKommBGB-*Roth* § 398 RdNr. 84.
[248] BAG WM 1980, 661, 662.

besteht. Entsteht später der sicherungszedierte Anspruch, handelt es sich um eine bloße Insolvenzforderung, die durch die dafür bestellten, auch erst nach Insolvenzeröffnung aktivierten Sicherheiten nicht mit Wirkung gegen die Masse gesichert sind. Auf die Frage, wie der Insolvenzverwalter die **Erfüllungswahl** trifft, kommt es nicht an.

2. Sicherungsabtretung beim verlängerten Eigentumsvorbehalt. Zum verlängerten Eigentumsvorbehalt wurde bei § 47 RdNr. 105 ff. ausführlich Stellung genommen. Ein Absonderungsrecht – und kein Aussonderungsrecht – hat der Vorbehaltsverkäufer an dem auf Grund der Verarbeitungs- oder Verbindungsklausel neu entstandenen Eigentum (§ 47 RdNr. 114, 118) bzw. an der mit der Vorausabtretungsklausel im Voraus zedierten Kaufpreisforderung aus dem Weiterverkauf der Vorbehaltsware (§ 47 RdNr. 149). In sämtlichen Fällen entspricht die Interessenlage des Vorbehaltsverkäufers derjenigen eines Sicherungszessionars.

3. Globalzession. Die Globalzession – die als **revolvierende Sicherheit** der Sicherungsübereignung eines Warenlagers mit wechselndem Bestand (s.o. RdNr. 94 ff.) entspricht – ist eine besondere Form der Vorausabtretung. Sie ist dadurch gekennzeichnet, dass die gegenwärtigen und künftigen Forderungen des Sicherungsgebers durch ein umfassend (global) angelegtes Verfügungsgeschäft auf den Sicherungsnehmer übertragen werden.[249] Die gegenwärtigen Forderungen gehen mit Abschluss des Zessionsvertrages, die künftigen Forderungen in dem Zeitpunkt auf den Zessionar über, in dem sie entstehen. Die Hereingabe von Bestandsmeldungen hat nur deklaratorische Bedeutung.[250]

Der Sicherungsmechanismus der Globalzession bringt es mit sich, dass massenhaft Rechte einbezogen werden, die im Zeitpunkt der Vereinbarung noch nicht zum Vermögen des Sicherungsgebers gehörten. Deshalb besteht die Gefahr, dass durch ein Anwachsen der Sicherheiten eine **Übersicherung** eintritt (dazu s. Vorbemerkungen vor §§ 49–52 RdNr. 82 ff.). Eine stille Globalzession gibt insoweit weniger zu Bedenken Anlass. Die Vereinbarung, die Sicherungsabtretung als stille zu behandeln, ist nämlich im Allgemeinen dahin auszulegen, dass der Zessionar den Zedenten zur Einziehung der Forderung ermächtigt (s.u. RdNr. 180). Solange das Sicherungsverhältnis ungestört verläuft, darf der Zedent den eingezogenen Forderungsbetrag behalten. Er braucht ihn nicht an den Zessionar abzuführen, weil ständig neue Forderungen von der Globalzession erfasst werden.[251] Die (offene) Globalzession kann auch eine **Knebelung** des Zedenten zur Folge haben (Vorbemerkungen vor §§ 49–52 RdNr. 80 f.). Wird ein Recht von der Vorausabtretung erfasst, steht es nämlich als Sicherheit zugunsten neuer Kreditgeber selbst dann nicht zur Verfügung, wenn der bisherige Kreditgeber (Sicherungsnehmer) es im Zeitpunkt des Erwerbs durch den Sicherungsgeber als Sicherheit nicht mehr benötigt. Daraus folgt für den Sicherungsgeber eine starke Einschränkung seiner wirtschaftlichen Bewegungsfreiheit. Eine **Gläubigergefährdung** kann ebenfalls gegeben sein (Vorbemerkungen vor §§ 49–52 RdNr. 89). Schließlich kann eine Globalzession **mit einem verlängerten Eigentumsvorbehalt kollidieren.** Um den Warenkreditgebern ihren Vorrang zu erhalten (andernfalls kann die Globalzession wegen Verleitung zum Vertragsbruch unwirksam sein, vgl. Vorbemerkungen vor §§ 49–52 RdNr. 91), ist eine **dingliche Freigabeklausel** erforderlich (s. § 47 RdNr. 181 ff.).

Wegen der weitreichenden Folgen einer Globalzession kann diese in **allgemeinen Geschäftsbedingungen** wirksam nur vereinbart werden, wenn zugleich die Voraussetzungen bestimmt werden, unter denen der Verwender von der Zession Gebrauch machen darf. Eine Klausel, wonach der Zessionar berechtigt ist, jederzeit dem Drittschuldner die Abtretung anzuzeigen, sich die Abtretung bestätigen zu lassen und zu verlangen, dass die Forderungsbeträge ausschließlich an den Zessionar zu überweisen sind, ist nicht als interessengerechte Verwertungsregelung angesehen worden. Darüber hinaus ist die formularmäßige Globalzession der Ansprüche aus einem Arbeitsverhältnis für unwirksam erklärt worden, wenn – entsprechend Nr. 20 AGB-Banken aF – die vorherige Androhung der Verwertung entbehrlich sein sollte.[252] Bei sonstigen Globalabtretungen führt die Unwirksamkeit der Verwertungsregelung nicht zugleich zur Unwirksamkeit der Abtretung.[253] Zur Globalabtretung in der Insolvenz s.o. RdNr. 168.

Bezüglich der Forderungen aus gegenseitigen Verträgen, die – weil von beiden Seiten noch nicht vollständig erfüllt – unter **§ 103** fallen, scheitert die Globalzession im Falle der Erfüllungswahl, soweit

---

[249] BuB-*Herget* RdNr. 4/692.
[250] *Eichhorn* Betrieb 1954, 532; BuB-*Herget* RdNr. 4/692.
[251] BGHZ 138, 291, 303 = NJW 1998, 2592 = WuB I F 4.–4.98 (*Wittig*) = EWiR 1998, 699 (*Eckardt*) = LM GesO Nr. 36/37/38 (*Huber*) = ZInsO 1998, 89 (*Obermüller*); *Bülow*, Kreditsicherheiten RdNr. 1107.
[252] BGH NJW 1992, 2626, 2627 = WuB I F 4.–10.92 (*Pfeiffer*) = EWiR 1992, 835 (*Kohte*); 1994, 2754 f. = EWiR 1995, 25 (*Häuser*).
[253] Vgl. BGHZ 130, 115, 121 = WM 1995, 1264 = WuB I F 4.–6.95 (*Richrath*) = EWiR 1995, 767 (*Tiedtke*) = LM AGBG § 9 (Cg) Nr. 28 (*Schmidt-Lademann*).

die abgetretenen Forderungen mit Massemitteln erfüllt werden müssen.[254] Wählt der Insolvenzverwalter die Nichterfüllung, geht die Zession bezüglich der konkreten Forderung ins Leere. Die Rechtslage ist insgesamt vergleichbar derjenigen bei dem verlängerten Eigentumsvorbehalt (vgl. o. § 47 RdNr. 148 ff.) und der verlängerten Sicherungsübereignung (vgl. o. RdNr. 122).

174b Zur **Anfechtbarkeit** von Globalzessionen hat sich der BGH neu positioniert:[255] Globalzessionsverträge sind auch hinsichtlich der zukünftig entstehenden Forderungen grundsätzlich nur als kongruente Deckungen anfechtbar.[256] Das Werthaltigmachen zukünftiger, von der Globalzession erfasster Forderungen ist zwar als selbstständige Rechtshandlung anfechtbar, wenn es dem Vertragsschluss zeitlich nachfolgt; insoweit handelt es sich aber ebenfalls um eine kongruente Deckung, wenn dies für das Entstehen der Forderung zutrifft. Ist die Globalzession nach § 130 InsO anfechtbar, scheitert die Anfechtbarkeit auch nicht am Vorliegen eines Bargeschäfts.

175 **4. Mantelzession.** Bei der – analog der Mantelsicherungsübereignung (s.o. RdNr. 126) zu behandelnden – Mantelzession verpflichtet sich der Kreditnehmer in einem **Mantelvertrag,** an die Bank zur Kreditsicherung laufend Forderungen abzutreten, wobei deren Gesamtwert zu jeder Zeit einen vereinbarten Mindestbetrag (die sog. Deckungsgrenze) erreichen soll. Soweit es um die Abtretung künftiger Forderungen geht, erfolgt diese nicht schon bei Vertragsschluss. Insofern ist der Mantelvertrag rein **schuldrechtlicher** Art.[257] Der Verfügungsvertrag (die Abtretung) wird erst nach Entstehen der Forderung geschlossen, indem der Sicherungsgeber der Bank in regelmäßigen Abständen Listen mit den abzutretenden Forderungen oder Rechnungsdurchschriften übersendet und die Bank diese entgegennimmt.

176 Die **Sicherungskraft** der Mantelabtretung stark von der Vertragstreue des Sicherungsgebers abhängig. Es bleibt ihm überlassen, den Rahmen, innerhalb dessen er sich schuldrechtlich zur Abtretung verpflichtet hat, rechtzeitig „aufzufüllen". Die Mantelabtretung hindert ihn insbesondere nicht, bis zur Übersendung der jeweiligen Zessionsliste über die abzutretenden Forderungen anderweitig zu verfügen, und gestattet den anderen Gläubigern bis dahin den Vollstreckungszugriff.

177 In der **Insolvenz** des Zedenten hat der Zessionar ein Absonderungsrecht nur, wenn der Verfügungsvertrag (auf den Abschluss des Mantelvertrags kommt es nicht an) vor Verfahrenseröffnung und vor Erlass eines allgemeinen Verfügungsverbots (§ 21 Abs. 2 Nr. 2) zustande gekommen ist.[258] Ob der Insolvenzverwalter derartige Verfügungsverträge schließt, bleibt seinem Gutdünken überlassen. Der Mantelvertrag ist für ihn nicht verbindlich.

178 **5. Teilabtretung.** Teilabtretungen sind möglich, sofern der Leistungsgegenstand **teilbar** und die einzelnen Teile **bestimmbar** (s.o. RdNr. 152 ff.) sind. Obwohl sie sich für den Drittschuldner belastend auswirken, weil sich die Zahl seiner Gläubiger vergrößert, hat er dies grundsätzlich hinzunehmen. Er kann allerdings ein Abtretungsverbot vereinbaren und so auch eine Teilabtretung verhindern.

179 Die durch eine Teilabtretung entstehenden Forderungsteile haben untereinander grundsätzlich gleichen **Rang;** Zahlungen des Drittschuldners stehen somit den Teilgläubigern im Verhältnis ihrer Forderungsteile zu.[259] Zedent und Zessionar können eine andere Rangfolge festlegen, also bestimmen, in welcher Weise die eingehenden Zahlungen zu verrechnen sind.[260] Der Drittschuldner kann aber seinerseits angeben, welche Teilforderung er befriedigen will (§ 366 Abs. 1 BGB), und somit jegliche Rangvereinbarung zwischen Zedent und Zessionar unterlaufen.[261] Rangvereinbarungen haben Auswirkungen auf Einreden und Einwendungen des Drittschuldners, nicht aber auf dessen Gegenansprüche, weil ihm kein anderer Schuldner aufgezwungen werden kann.[262] Mit dieser Maßgabe kann der Zessionar wegen des ihm abgetretenen Forderungsteils in der **Insolvenz** des Zedenten abgesonderte Befriedigung verlangen.

180 **6. Offene/stille Sicherungszession.** Eine offene Zession liegt vor, wenn die Abtretung von Anfang an dem Drittschuldner angezeigt wird. Die Anzeige soll verhindern, dass der Drittschuldner

---

[254] BGH NZI 2006, 350 RdNr. 12; *Uhlenbruck/Brinkmann* § 51 RdNr. 21.
[255] BGHZ 174, 297 = NJW 2008, 430 = WM 2008, 204 = NZI 2008, 89; BGH WM 2008, 363; DZWIR 2008, 253. Vgl. auch *Psaroudakis* ZInsO 2009, 1039 ff.
[256] Die Anwendung der bisherigen Abgrenzungsformel (BGHZ 150, 122, 126; OLG Karlsruhe WM 2005, 1762) hätte zur Inkongruenz geführt!
[257] *Bülow,* Kreditsicherheiten RdNr. 1396.
[258] *Uhlenbruck/Brinkmann* § 51 RdNr. 23.
[259] *Palandt/Grüneberg* § 398 RdNr. 10; *Gottwald,* FS G. Fischer, S. 183, 185.
[260] BGHZ 46, 242, 244 = NJW 1967, 388; BGH NJW 1983, 1902, 1903; 1991, 2629, 2630; *Lwowski/Fischer/Langenbucher,* Recht der Kreditsicherung, § 13 RdNr. 35.
[261] *Derleder* AcP 169 (1969), 99, 105 ff.; *Pottschmidt/Rohr,* Kreditsicherungsrecht RdNr. 647 Fn. 20.
[262] *Derleder* AcP 169 (1969), 99, 117 ff.; *Pottschmidt/Rohr,* Kreditsicherungsrecht RdNr. 647 Fn. 19.

an den Zedenten mit befreiender Wirkung leistet (§ 407 Abs. 1 BGB). Eine stille Zession ist dadurch gekennzeichnet, dass die Abtretung dem Drittschuldner nicht angezeigt wird.[263] Sie ist in der Praxis vorherrschend, weil der Zedent häufig die Offenlegung der Zession als seinem Ruf abträglich empfindet. Ist die Zession als stille vereinbart, ist im Allgemeinen davon auszugehen, dass der Zedent zur Einziehung der abgetretenen Forderung ermächtigt ist.[264] Gegebenenfalls ist der Zedent auch ohne Offenlegung der Zession berechtigt, mit verjährungsunterbrechender Wirkung Zahlung an sich selbst zu verlangen.[265]

So lange eine solche Einziehungsbefugnis besteht, hat der Sicherungszessionar kein Absonderungsrecht. Nach einer verbreiteten Ansicht entfällt die Einziehungsbefugnis, wenn der gesicherte Kredit notleidend wird, insbesondere wenn der Zedent die Zahlungen einstellt oder gegen ihn Insolvenzantrag gestellt wird.[266] Dieser Ansicht kann jedoch nicht gefolgt werden.[267] Der Insolvenzantrag kann unbegründet sein. Bedeutete er gleichwohl den „automatischen" Wegfall der Einziehungsermächtigung, hätte dies dann wirklich oft die Insolvenz des Zedenten zur Folge. Ist der Insolvenzantrag begründet – wird also später das Insolvenzverfahren tatsächlich eröffnet –, hätte die eingangs beschriebene Ansicht ebenfalls unerwünschte Folgen. Das Insolvenzverfahren hat nicht mehr – wie vielleicht noch das Konkursverfahren – ausschließlich die Zerschlagung und Versilberung des Schuldner-Unternehmens zum Ziel. Vielmehr soll eine Sanierung versucht werden. Deshalb ist in § 22 Abs. 1 Nr. 2 bestimmt, dass der vorläufige Insolvenzverwalter das Schuldner-Unternehmen bis zur Entscheidung über die Eröffnung des Verfahrens fortzuführen hat. Eine Betriebsfortführung wäre aber nicht mehr möglich, wenn die zur Sicherheit „still" abgetretenen Außenstände als Betriebsmittel nicht mehr zur Verfügung stünden. Dann wäre auch der so lange wie möglich offen zu haltenden Entscheidung über die Sanierung von vornherein der Boden entzogen.[268] Allerdings wäre eine Maßnahme, die für den Sicherungsnehmer offensichtlich den Verlust seiner Position bedeutet, nach dem Parteiwillen nicht durch die Einziehungsermächtigung gedeckt. Das wäre der Fall, wenn der vorläufige Verwalter den Veräußerungserlös mit dem Schuldnervermögen vermischen und vollständig zur Finanzierung der Betriebsfortführung verwenden würde. Dann würde der Sicherungsnehmer hierdurch entschädigungslos – weil weder ein Ersatzabsonderungs- noch ein Massebereicherungsanspruch bestünde – um sein Sicherungsrecht gebracht. Die Einziehungsermächtigung ist dann dahin auszulegen, dass der vorläufige Verwalter den Erlös für den Sicherungsnehmer separieren muss, soweit dessen Forderung reicht. Die Einziehungsermächtigung entfällt, wenn über das Vermögen des Zedenten ein Insolvenzverfahren eröffnet wird[269] oder wenn der Zessionar durch Offenlegung der Zession die Ermächtigung widerruft. Das kann dieser allerdings schon dann tun, wenn der gesicherte Kredit notleidend wird.[270] Das wird er sich aber gut überlegen müssen, weil er damit meist den endgültigen wirtschaftlichen Zusammenbruch des Zedenten auslöst und sich somit der Chance begibt, dass der notleidende Kredit wieder gesundet. Erklärt eine Bank die fristlose Kündigung der Geschäftsbeziehung, liegt darin regelmäßig auch der Widerruf der Einziehungsermächtigung.

181

Nach Ansicht des BGH darf bei einer stillen Zession der Drittschuldner, falls er Abschlagszahlungen leistet, nachträglich bestimmen, auf welchen abgetretenen Forderungsteil seine Zahlung anzurechnen sei.[271] Damit ist aber noch nicht entschieden, dass der Drittschuldner noch nach Insolvenzeröffnung ein zunächst bestehendes Absonderungsrecht durch nachträgliche Tilgungsbestimmung vernichten kann.[272]

181a

Mit der Eröffnung des Insolvenzverfahrens greift § 166 Abs. 2 ein: Trotz der Sicherungszession gehört die Forderung insolvenzrechtlich zum Vermögen des Zedenten (= Insolvenzschuldners); der Insolvenzverwalter kann (und muss) die Forderung einziehen, auch wenn der Zessionar sein

182

---

[263] BGHZ 26, 178, 191 = NJW 1958, 457; *Lwowski*/Fischer/Langenbucher, Recht der Kreditsicherung, § 13 RdNr. 69.
[264] BGHZ 120, 387, 395 = NJW 1993, 1396 = EWiR 1993, 623 *(Deppe-Hilgenberg)*; BGH NJW 1995, 1282 = LM BGB § 398 Nr. 85 *(Pfeiffer)*; 1999, 2110 = WuB IV A. § 209 BGB 2.99 *(Ring)* = EWiR 1999, 679 *(Muth)* = LM BGB § 209 Nr. 90 *(Berger)*.
[265] BGH ZIP 1999, 927, 928.
[266] BGHZ 53, 217, 218; *Serick* V § 64 II 1 a.
[267] BGHZ 144, 192, 198 = NZI 2000, 306; MünchKommBGB-*Roth* § 398 RdNr. 54; anders noch BGHZ 53, 217, 218; *Serick* V § 64 II 1 a.
[268] Vgl. auch BGHZ 68, 199, 203.
[269] BGHZ 144, 192, 198 = NZI 2000, 306; BGH NZI 2006, 403; OLG Frankfurt a. M. WM 2007, 1178 = WuB VI A. § 21 InsO 6.07 *(Cartano)*.
[270] *Reinicke/Tiedtke*, Kreditsicherung S. 239.
[271] BGH NJW 2006, 2845, 2846 f.
[272] Mit Recht skeptisch *Gottwald*, FS G. Fischer, S. 183, 186.

§ 51   183–187   2. Teil. 2. Abschnitt. Insolvenzmasse. Einteilung der Gläubiger

Absonderungsrecht geltend macht. Dieses Verwertungsrecht des Verwalters ist (anders als noch in § 191 Abs. 2 Satz 2 RegE vorgesehen) unabhängig davon, ob die Zession offengelegt ist.[273]

183   Vor Eröffnung des Insolvenzverfahrens kann der vorläufige Insolvenzverwalter nach § 21 Abs. 2 Satz 1 Nr. 5 zur Einziehung der Forderung ermächtigt werden (vgl. vor §§ 49 bis 52 RdNr. 109c ff.).

184   **7. Sicherungsabtretung von Kontokorrentforderungen.** Beim gesetzlich vorgesehenen **Periodenkontokorrent** (§ 355 HGB) ist nur der für das Ende der Rechnungsperiode ermittelte Überschuss – auch als künftiger Anspruch – abtretbar;[274] die kontokorrentgebundenen Einzelforderungen, die lediglich unselbständige Rechnungsposten darstellen, sind es nicht.[275] Dieses Abtretungsverbot wird von § 354a HGB nicht erfasst.[276] Ist indessen vereinbart, dass die sich periodisch ergebenden Salden jeweils als neuer Posten der neuen Rechnungsperiode vorgetragen werden sollen, werden auch sie zu unabtretbaren Einzelforderungen. In einem solchen Fall ist nur der bei Beendigung der Geschäftsbeziehung sich ergebende Schlusssaldo abtretbar.[277]

185   Beim **Staffelkontokorrent** entfällt der sonst bis zum Ende der Rechnungsperiode geltende Aufschub der Saldofeststellung. Jede gebuchte Zahlung wird sofort mit dem bisherigen Saldo verrechnet und zu einem neuen Saldo fortgeschrieben.[278] Einzelansprüche gibt es nicht.[279]

186   Beim **Bankkontokorrent** wird zwar auf den Tagesauszügen ein Saldo ausgewiesen. Dieser sog. Tagessaldo ist aber lediglich ein rechnerisch ermittelter Postensaldo und nicht auf die Herbeiführung eines Saldoanerkenntnisses gerichtet.[280] Insofern entspricht das Bankkontokorrent dem gesetzlich vorgesehenen Periodenkontokorrent.[281] Indessen hat der Kunde aus dem Girovertrag einen Anspruch auf Auszahlung der sich zwischen den Rechnungsabschlüssen ergebenden Tagesguthaben. Dieser Anspruch ist nicht kontokorrentgebunden und somit frei abtretbar.[282]

187   Wird über das Vermögen des Sicherungsgebers (Zedent) ein **Insolvenzverfahren** eröffnet, endet das Kontokorrent.[283] Entgegen früherer Rechtsprechung[284] versagt die Vorausabtretung kontokorrentgebundener Forderungen und des kausalen Schlusssaldos aus der **Kontokorrentbeziehung eines Bankkunden mit einem Dritten** in der Insolvenz des Zedenten.[285] Der Schuldner selbst ist nach Insolvenzeröffnung und zuvor schon nach Anordnung des allgemeinen Verfügungsverbotes gemäß § 21 Abs. 2 Satz 1 Nr. 2, §§ 24, 81 nicht mehr im Stande, einen schuldumschaffenden Rechnungsabschluss des Abtretungsempfängers anzuerkennen und damit eine neue Saldoforderung zu begründen. Die in das Kontokorrent eingestellten Einzelforderungen, die durch das Saldoanerkenntnis untergegangen wären, waren grundsätzlich nicht selbständig abtretbar, solange die Kontokorrentbindung zwischen den Beteiligten bestand. Das gilt auch für die kausale Forderung auf den Schlusssaldo aus dem Kontokorrent. Die Kontokorrentabrede zwischen dem Schuldner und dem Abtretungsempfänger erlosch zwar mit der Eröffnung des Insolvenzverfahrens. Gleichzeitig wirkte jedoch bereits die Beschränkung des § 91, nach welcher an den Gegenständen der Insolvenzmasse – hier den bisher kontokorrentgebundenen Einzelforderungen und dem kausalen Schlusssaldo – Rechte nicht wirksam erworben werden können. Dass der kausale Schlusssaldo „mindestens dem Grunde nach schon mit Abschluss des Verrechnungsvertrages entstanden" sei,[286] ist unerheblich, weil der Zessionar vor Anordnung des allgemeinen Verfügungsverbotes gegenüber dem Schuldner über keine gesicherte Rechtsposition verfügte. Solange die Verrechnungsabrede praktiziert wurde, konnten der Schuldner und der Drittschuldner, welche die laufende Rechnung fortgeführt hatten, durch Verfügungen bzw. Zwangsvollstreckungen die Kontokorrentforderung beseitigen. Die Zessionarin hatte also vor der Saldierung keine gesicherte Rechtsposition.[287] Auch der starke vorläufige

---

[273] KG NZI 1999, 500.
[274] BGHZ 70, 86, 93 = NJW 1978, 538; 84, 325, 330 = NJW 1982, 2192; 84, 371, 376 = NJW 1982, 2193; *Serick* BB 1978, 873, 875.
[275] BGHZ 50, 277, 279 = NJW 1968, 2100; 73, 259, 263 = NJW 1979, 1206; *Serick* BB 1978, 873, 875.
[276] BGH NJW 2002, 2865, 2866.
[277] BGHZ 70, 86, 93 = NJW 1978, 538; *Serick* BB 1978, 873, 875.
[278] BGH WM 1972, 283, 284.
[279] *Wagner* in Röhricht/Graf von Westphalen, HGB, 3. Aufl. 2008 § 355 RdNr. 14; *Baumbach/Hopt* HGB § 355 RdNr. 8.
[280] BGH NJW 1985, 3010, 3011.
[281] BGHZ 50, 277, 280 = NJW 1968, 2100.
[282] BGHZ 84, 325, 330 = NJW 1982, 2192; 84, 371, 376 = NJW 1982, 2193.
[283] BGHZ 70, 86, 93 = NJW 1978, 538; 74, 253, 254 = NJW 1979, 1658; *Obermüller*, Insolvenzrecht RdNr. 6.208a.
[284] BGHZ 70, 86, 94 f. = NJW 1978, 538.
[285] BGHZ 181, 262, 265 = NJW 2009, 2677 = NZI 2009, 599 m. Anm. *de Bra/Ganninger* = WuB VI A.§ 91 InsO 1.10 (*Servatius*).
[286] So *Obermüller* ZInsO 2009, 1527, 1528; *ders.*, Insolvenzrecht RdNr. 6.384.
[287] Vgl. aber auch *Kuder*, FS Wellensiek, S. 577, 582 f.

Insolvenzverwalter konnte dies noch, wenn er das Kontokorrent fortführte. Damit ist die Sicherungsabtretung von Kontokorrentforderungen als Kreditsicherheit stark entwertet.

Fraglich ist, ob diese zum Kontokorrent zwischen dem Bankkunden und einem Dritten (kaufmännisches Kontokorrent) ergangene Rechtsprechung auf das **Bankkontokorrent** übertragen werden kann. Manche meinen, die Bank habe an jedem neu entstehenden (kontokorrentgebundenen) Anspruch aus Gutschrift ein Pfandrecht – und damit eine gesicherte Rechtsposition – erworben, noch ehe es zur Saldierung gekommen sei.[288] Wenn aber die Einzelforderungen nicht übertragen werden können (o. RdNr. 184), kann an ihnen auch kein Pfandrecht entstehen. Indes wird das Kontokorrentverhältnis zwischen Bank und Kunden durch den Girovertrag überlagert. Die Forderung des Bankkunden aus dem Girovertrag auf Auszahlung des Tagessaldos ist als selbstständiger Anspruch pfändbar und damit auch abtretbar.[289] Deshalb ist die neue Rechtsprechung des BGH zum kaufmännischen Kontokorrent nicht auf das Bankkontokorrent übertragbar.[290] 187a

Die Vorausabtretung des Schlusssaldos im kaufmännischen Kontokorrent scheitert dann nicht an § 91, wenn die Kontokorrentbindung vor Eröffnung des Insolvenzverfahrens beendet wird. Wird allerdings das Kontokorrent innerhalb der letzten drei Monate vor Stellung des Insolvenzantrags gekündigt, kann dies **anfechtbar** sein. Dies zeigt, dass die Sicherungsabtretung von Kontokorrentforderungen mangels Insolvenzfestigkeit als Kreditsicherheit weitgehend wertlos ist. 187b

8. Sicherungsabtretung bei Einzugspapieren. Neben das Sicherungseigentum an Wechseln und Schecks, die zum Einzug eingereicht werden, und diskontierten Wechseln nach Rückbelastung (Nr. 15 Abs. 1 AGB-Banken, Nr. 25 Abs. 1 Satz 1 AGB-Sparkassen) – vgl. o. RdNr. 116 – tritt als weitere Sicherheit die Sicherungszession der Kausalforderungen (Nr. 15 Abs. 2 AGB-Banken; Nr. 25 Abs. 1 Satz 2, Abs. 2 AGB-Sparkassen). Damit können vom Pfandrecht nicht mehr erfasste Ansprüche des Kunden gegen Dritte als Sicherheit verwendet werden und die wertpapierrechtlichen Ansprüche verstärken.[291] Nach § 401 BGB gehen auch die für die Kausalforderung bestellten akzessorischen Sicherheiten (zB Pfandrechte) auf das Kreditinstitut über. 188

Ein Forderungsübergang findet ferner statt, wenn andere Papiere als Wechsel und Schecks zum Einzug eingereicht werden. Nr. 15 Abs. 2 HS 2 AGB-Banken, Nr. 25 Abs. 2 AGB-Sparkassen nennen beispielhaft Lastschriften und kaufmännische Handelspapiere. Der vor Eröffnung des Insolvenzverfahrens mit der Einziehung eines Akkreditiverlöses unter Übergabe der Akkreditivdokumente beauftragten Bank, die weder Akkreditivbank noch Zahlstelle der Akkreditivbank ist, steht deshalb ein Absonderungsrecht an dem nach Insolvenzeröffnung eingehenden Akkreditiverlös zu.[292] 189

9. Sicherungsabtretung von Forderungen aus Lebensversicherungen. Ansprüche aus Lebensversicherungsverträgen sind grundsätzlich **abtretbar** (auch schon vor Abschluss des Versicherungsvertrages), sofern die Abtretung nicht vertraglich ausgeschlossen oder von der (nicht erteilten) Zustimmung des Versicherers abhängig ist (s.o. RdNr. 147 ff.). Unpfändbar und deshalb nicht abtretbar (§ 400 BGB) sind Ansprüche aus Kleinlebensversicherungen, die nur auf den Todesfall des Versicherungsnehmers abgeschlossen sind und bei der die Versicherungssumme 3579 Euro nicht übersteigt (§ 850b Abs. 1 Nr. 4 ZPO). Ansprüche aus einer nur **auf den Todesfall** abgeschlossenen Lebensversicherung (vgl. u. RdNr. 190a) sind, auch wenn die Versicherungssumme 3.579 € übersteigt, insoweit unpfändbar, als sie sich auf der Grundlage einer diesen Betrag nicht übersteigenden Versicherungssumme ergeben.[293] Enthält ein Darlehensvertrag unter der Überschrift „Sicherheiten" die Bestimmung, der Darlehensgeber erhalte eine näher beschriebene Versicherungspolice als Pfand und bei Rückzahlung sei diese zurückzugeben, kann darin der Abschluss eines auf eine Sicherungsabtretung gerichteten Sicherungsvertrages gesehen werden.[294] Ist der betreffende Anspruch abtretbar, muss zur Wirksamkeit der Abtretung hinzukommen, dass der bisherige Verfügungsberechtigte sie dem Versicherer schriftlich **anzeigt** (§ 13 Abs. 3 ALB 1986).[295] Die Abtretungsanzeige an den Versicherer kann der Abtretung auch nachfolgen. Wirksam wird die Abtretung in jedem Falle erst in dem Zeitpunkt, in dem beide Wirksamkeitsvoraussetzungen vorliegen.[296] Die **Fristsetzung** gemäß § 12 Abs. 3 VVG hat der Versicherer an den Zessionar zu richten.[297] 190

---

[288] AaO.
[289] BGHZ 84, 325 ff. = NJW 82, 2192 f.; 84, 371, 377 = NJW 82, 2193, 2194 f.
[290] So auch *Kuder*, FS Wellensiek, S. 577, 588.
[291] Schimansky/*Bunte*/Lwowski, Bankrechts-Handbuch, § 20 RdNr. 3.
[292] OLG Köln WM 1994, 1877, 1878.
[293] BGH NJW-RR 2008, 412 = WM 2008, 450.
[294] *Ganter* WuB I F 7.-1.99 gegen OLG Koblenz WM 99, 2111.
[295] Vgl. BGHZ 112, 387, 389 = NJW 1991, 559. AA nunmehr LAG Nürnberg, Urt. v. 19.11.2009 – 7 Sa 74/08, Revision dagegen anhängig beim BAG unter 3 AZR 10/10.
[296] BGH NJW-RR 2001, 1105.
[297] BGHZ 98, 295 = NJW 1987, 255, 258; OLG Köln VersR 2005, 345, 346.

190a Werden in einer Kapitallebensversicherung **alle gegenwärtigen und zukünftigen Ansprüche des Schuldners gegen den Versicherer** sicherungshalber abgetreten, so erfasst die Abtretung das Recht auf die Hauptleistung des Versicherers in jeder Erscheinungsform, d.h. auf Ablaufleistung, Rückkaufwert und Überschussbeteiligung, ohne dass es auf den Eintritt des Versicherungsfalles und die Fälligkeit der Forderung ankommt.[298] Ein Versicherungsnehmer kann jedoch über die Einzelansprüche aus dem Versicherungsvertrag unterschiedlich verfügen.[299] Werden nur die **Ansprüche auf den Todesfall** sicherungshalber abgetreten, kann dies dafür sprechen, dass der Sicherungszessionar nur für den Todesfall des Zedenten abgesichert werden sollte. Umstritten ist, ob eine unbedingte Übertragung eines aufschiebend bedingten Rechts oder eine aufschiebend bedingte Abtretung vorliegt.[300] Generell lässt sich die Frage, ob damit zugleich der Anspruch auf den Rückkaufwert abgetreten ist,[301] nicht beantworten. Im Einzelfall ist die Auslegung der bei der Sicherungsabtretung abgegebenen Erklärungen maßgeblich.[302] Dabei ist auf die Parteiinteressen und den Zweck des Rechtsgeschäfts Rücksicht zu nehmen. Haben die Beteiligten mit der Beschränkung der Sicherungsabtretung das Ziel verfolgt, dem Sicherungsgeber mit Blick auf das Steueränderungsgesetz 1992 steuerliche Vorteile zu erhalten, ist im Regelfall der Anspruch auf den Rückkaufwert nicht mit übertragen.[303] Bleibt das Kündigungsrecht beim Versicherungsnehmer (= Sicherungsgeber), so spricht auch dies dafür, dass der Anspruch auf den Rückkaufwert dem Versicherungsnehmer zustehen soll.[304]

190b Werden im Rahmen eines einheitlichen Vertrages eine Kapitallebensversicherung und eine **Berufsunfähigkeitszusatzversicherung** abgeschlossen, können allein die Ansprüche aus der Lebensversicherung und das darauf bezogene Kündigungsrecht abgetreten werden.[305]

191 Sollen Ansprüche aus einer Lebensversicherung als Kreditsicherheit abgetreten werden, muss der Versicherungsnehmer, der **einen Dritten als Bezugsberechtigten bezeichnet** hat, diese Erklärung widerrufen. Bis zum Eintritt des Versicherungsfalles ist ihm dies ohne weiteres möglich.[306] In der Abtretung liegt nicht bereits ein konkludenter Widerruf.[307] Wird die Bezugsberechtigung vollständig widerrufen, hat der Versicherer die Versicherungsleistung in voller Höhe an den Zessionar auszuzahlen. Dieser muss, falls nichts anderes vereinbart ist, den Übererlös nach den allgemeinen Regeln für die Rückgewähr nicht benötigter Kreditsicherheiten an den Zedenten bzw. dessen Erben weiterleiten. Bei einer Sicherungsabtretung ist aber im Allgemeinen nicht anzunehmen, dass der Versicherungsnehmer etwaige Bezugsrechte auch insoweit widerrufen will, als es zur Abdeckung der gesicherten Forderung nicht erforderlich ist. Es reicht völlig aus, wenn die Rechte der Bezugsberechtigten **im Range** hinter den Zessionar **zurückversetzt** werden. Der eingeschränkte Widerruf der Bezugsrechte hat zur Folge, dass ein **über die gesicherte Forderung hinausgehender Rest** der Versicherungssumme ohne weitere Rechtshandlung des Versicherungsnehmers (Zedenten) dem ursprünglichen Bezugsberechtigten zusteht.[308] Im Grundsatz gilt dies nicht nur bei der Besicherung einer eigenen, sondern auch einer fremden Kontokorrentverbindlichkeit. Hier ist bei interessengerechter Auslegung regelmäßig davon auszugehen, dass der vereinbarte Sicherungszweck sich nicht mit dem Tod des Versicherungsnehmers erledigt haben soll. Deshalb behält der Gläubiger der Drittschuld auch danach noch die Todesfallleistung als Sicherheit. Erst wenn die Sicherheit – etwa nach vollständiger Tilgung der gesicherten Forderung – frei wird oder die Sicherheit verwertet wird und ein Verwertungsüberschuss verbleibt, steht die restliche Todesfallleistung dem Bezugsberechtigten zu.[309]

191a Der Versicherungsnehmer kann das Bezugsrecht des Dritten nicht nur nachträglich, sondern schon bei Abschluss des Versicherungsvertrages so ausgestalten, dass es von vornherein gegenüber

---

[298] So zu einer Pfändung OLG Celle NZI 2009, 389, 391 (rkr.).
[299] BGH NZI 2012, 319 RdNr. 11.
[300] Vgl *Janca* ZInsO 2003, 449, 451 f.
[301] So OLG Celle ZInsO 2005, 890; aA OLG Brandenburg DZWIR 2005, 390.
[302] BGH NZI 2012, 319 RdNr. 9 ff.; OLG Hamburg ZIP 2008, 33, 34 (rkr.) m. Anm. *G. Fischer* WuB VIA. § 50 InsO 1.08.
[303] BGH NZI 2007, 447 = NJW 2007, 2320 = WM 2007, 1510 = WuB I F 4.-1.08 *(Wagner)*. Vgl. dazu auch OLG Hamburg ZIP 2008, 33, 34 (rkr.) m. Anm. *G. Fischer* WuB VIA. § 50 InsO 1.08; *Janca* ZInsO 2003, 449 ff.; *ders.* ZInsO 2009, 161 ff.
[304] BGH NZI 2012, 319 RdNr. 13.
[305] BGH NJW 2010, 374 = WM 2010, 163; vgl. dazu *Gutzeit* NJW 2010, 1644 ff.
[306] *Bayer* VersR 1989, 17 f.
[307] BGHZ 109, 67, 69 = NJW 1990, 256 = EWiR 1990, 303 *(Klingmüller)*.
[308] BGHZ 109, 67, 71 = NJW 1990, 256 = EWiR 1990, 303 *(Klingmüller)*; 187, 220, 222 = NJW 2011, 307; BGH NJW 1996, 2230, 2231; NJW-RR 2001, 1105. – Zur Wahrung der Ausschlussfrist gem. § 12 Abs. 3 VVG durch den nachrangig Bezugsberechtigten vgl. BGH NJW-RR 1993, 669, 670.
[309] BGHZ 187, 220, 223 f. = NJW 2011, 307.

einer bereits erfolgten oder noch vorzunehmenden Sicherungsabtretung nachrangig ist.[310] Gegebenenfalls bedarf es bei einer nachfolgenden Sicherungsabtretung zur Begründung des Vorrangs des Sicherungsnehmers keines Widerrufs des Bezugsrechts mehr.

Ist zugunsten eines Dritten ein **unwiderrufliches Bezugsrecht** vereinbart, muss unterschieden werden, ob diese Vereinbarung nur das Verhältnis zwischen dem Versicherungsnehmer und dem Bezugsberechtigten (Valutaverhältnis) oder auch das Verhältnis zwischen dem Versicherungsnehmer und Versicherer (Deckungsverhältnis) betrifft. Im ersten Fall ist das Bezugsrecht schuldrechtlicher, im zweiten Fall dinglicher Natur. Bei einem dinglichen Bezugsrecht ist allein der Bezugsberechtigte verfügungsbefugt. Der Versicherungsnehmer, der den Anspruch aus der Versicherung ohne Zustimmung des Bezugsberechtigten sicherungshalber abtritt, kann dem Sicherungsnehmer die Sicherheit nicht verschaffen. Eine Beleihung der Lebensversicherung durch den Versicherer bedarf, um wirksam zu sein, ebenfalls der Zustimmung des Bezugsberechtigten. Fehlt diese, leistet der Versicherer, der die Darlehenssumme an den Versicherungsnehmer auszahlt, nicht mit befreiender Wirkung gegenüber dem Bezugsberechtigten. Hat der Versicherungsnehmer ein unwiderrufliches Bezugsrecht dahin eingeschränkt, dass er sich die Beleihung der Versicherung mit Zustimmung des Bezugsberechtigten vorbehalten hat, steht dieses **eingeschränkt unwiderrufliche Bezugsrecht** einem uneingeschränkten rechtlich gleich, solange die Voraussetzungen des Vorbehalts nicht erfüllt sind.[311] **192**

Wird über das Vermögen des Versicherungsnehmers, der seine Ansprüche aus einem noch laufenden Versicherungsvertrag zur Sicherheit abgetreten hat, ein **Insolvenzverfahren** eröffnet, hat der Insolvenzverwalter ein Wahlrecht gemäß § 103 Abs. 1. Wählt der Verwalter die **Nichterfüllung,** verbleibt es bei dem durch die Verfahrenseröffnung geschaffenen Zustand, dass die Erfüllungsansprüche – soweit noch nicht erfüllt – nicht mehr durchsetzbar sind. Der Versicherer schuldet im Falle der Kündigung nur den Rückkaufwert (§ 169 VVG). Dieser steht dem Zessionar zu,[312] wenn die entsprechende Forderung – aufschiebend bedingt, und zwar so, dass der Zedent darauf keinen Einfluss mehr nehmen kann (vgl. o. vor §§ 49–52 RdNr. 21, 29) – bereits vor Verfahrenseröffnung (und vor Anordnung eines allgemeinen Verfügungsverbots) entstanden ist. Ggf. ist sie auch bereits vorher durch die Prämienzahlungen des Schuldners (= Zedent) werthaltig geworden.[313] Nur ein etwaiger Überschuss gelangt an den Insolvenzverwalter. Wählt dieser die **Erfüllung** des Versicherungsvertrages – und macht der Versicherer von dem außerordentlichen Kündigungsrecht nach § 14 VVG keinen Gebrauch –, lässt sich der Anspruch auf den Rückkaufwert im Verhältnis der vor und nach Insolvenzeröffnung gezahlten Prämien aufspalten. Die Grundsätze der BGH-Rechtsprechung zu den Auswirkungen der Erfüllungswahl auf die Gegenleistung für vor Insolvenzeröffnung erbrachte Teilleistungen (s. Vorbemerkungen vor §§ 49–52 RdNr. 25) sind somit nicht anwendbar. Dennoch darf nicht außer Acht gelassen werden, dass der Lebensversicherungsvertrag durch Leistungen des Schuldners vor Insolvenzeröffnung „angespart" worden ist. In aller Regel werden diese Leistungen für den Wert des Anspruchs auf die Versicherungssumme sogar maßgeblich sein; denn der Insolvenzverwalter – der darauf bedacht sein muss, das Verfahren in einem überschaubaren Zeitraum abzuschließen – wird die Erfüllung des Versicherungsvertrages nur dann wählen, wenn nur noch wenige Versicherungsraten ausstehen und aus der Masse aufgebracht werden müssen. Es wäre deshalb nicht zu rechtfertigen, wenn der durch die Erfüllungswahl wieder durchsetzbar gewordene Anspruch auf die Versicherungssumme voll der Masse zugute käme. Der, wie auch immer zu berechnende, „Gegenwert" für die vor Insolvenzeröffnung erbrachten Prämienzahlungen des Schuldners gebührt dem Zessionar. Die dogmatische Begründung macht Schwierigkeiten. Ausgehend von dem Gedanken, dass der Verwalter die Erfüllung des Versicherungsvertrages nur wählen wird, wenn er sich davon für die Masse mehr versprechen darf als von der Nichterfüllung, wird man vielleicht sagen können, dass sich die Masse im Verhältnis zu dem Zessionar nach Treu und Glauben so behandeln lassen muss, wie wenn die beiderseitigen Erfüllungspflichten aus dem Versicherungsvertrag erloschen wären. Der Zessionar hat deshalb – gegen die Masse, nicht gegen den Versicherer! – Anspruch auf den Rückkaufswert der Lebensversicherung im Zeitpunkt der Verfahrenseröffnung.[314] **193**

Wenn über das Vermögen des Versicherungsnehmers nach der Sicherungsabtretung ein Insolvenzverfahren eröffnet wird, ist – wie bei jeder Sicherungsabtretung – das **Verwertungsrecht des Insolvenzverwalters** (§ 166 Abs. 2 InsO) und der Anfall der **Feststellungskostenpauschale** **193a**

---

[310] BGH NJW-RR 2001, 1105.
[311] BGH NJW 1996, 2731, 2732.
[312] BGH NZI 2012, 319; *Kayser* ZInsO 2004, 1321, 1325; *Obermüller,* Insolvenzrecht RdNr. 6.373.
[313] *Obermüller,* Insolvenzrecht RdNr. 6.374; vgl. auch OLG Hamm BB 1995, 2083 für den Fall der Verpfändung des Anspruchs auf den Rückkaufwert.
[314] *Kayser* ZInsO 2004, 1321, 1326; *Obermüller,* Insolvenzrecht RdNr. 6.378.

(§§ 170, 171 InsO) zu beachten.³¹⁵ Deswegen ist die Sicherungsabtretung der Forderungen aus einer Lebensversicherung – verglichen mit einer Verpfändung – aber kaum weniger **attraktiv**. Der Pfandgläubiger kann vor Pfandreife die Leistung nur an sich und den Versicherungsnehmer gemeinsam verlangen; nach Pfandreife hat er ein Einziehungsrecht nur insoweit, als die Einziehung zu seiner Befriedigung erforderlich ist. Der Versicherer muss sich, will er nicht in die Gefahr der Doppelzahlung kommen, vom Pfandgläubiger sowohl die Fälligkeit als auch die Höhe der Forderung nachweisen lassen. Das führt zu einem erhöhten Verwaltungsaufwand des Pfandgläubigers und zu einer Verzögerung der Auszahlung.³¹⁶

194 Bei der Sicherungszession ist dann, wenn nur in der Person des Sicherungsgebers ein Verzugsschaden vorhanden ist, nach den Grundsätzen der Drittschadensliquidation der „Zedentenschaden" zu ersetzen.³¹⁷ Zahlt der Versicherer die Versicherungssumme verspätet aus und muss der Zedent deswegen länger Darlehenszinsen zahlen, entsteht dem Zessionar kein Schaden, wohl aber dem Zedenten. Dies ist der typische Fall einer die Drittschadensliquidation rechtfertigenden Schadensverlagerung.

194a Anstelle einer Sicherungsabtretung von Rechten aus dem Versicherungsvertrag kann sich der Versicherungsnehmer auch für die **Einräumung eines unwiderruflichen Bezugsrechtes** entscheiden. Dadurch erwirbt der Begünstigte ein sofort wirksames Recht darauf, bei Eintritt des Versicherungsfalles die Leistungen aus dem Versicherungsvertrag zu erhalten.³¹⁸ Dies ist allerdings kein typisches Sicherungsmittel. Während der Zessionar durch die Abtretung die Gläubigerstellung des Versicherungsnehmers einschließlich der Vertragsrechte erhält und daraus bei Eintritt des Sicherungsfalls Befriedigung suchen kann, also nicht auf den Eintritt des Versicherungsfalls warten muss, ist der lediglich Bezugsberechtigte darauf verwiesen, dass der Versicherungsnehmer im Sicherungsfall durch Kündigung des Versicherungsvertrags eine vorzeitige Fälligkeit der Versicherungsleistung herbeiführt. Die bloße Weisung, die Versicherungssumme bzw. den Rückkaufwert an eine bestimmte Person auszuzahlen, hat keinen Sicherungswert.³¹⁹

195 **10. Sicherungsabtretung von Miet- oder Pachtforderungen. a) Miet- oder Pachtverträge über unbewegliche Gegenstände und Räume.** Solche Verträge bleiben in der Insolvenz des Vermieters bestehen (§ 108 Abs. 1 Satz 1). Ob die Sache dem Mieter bei Insolvenzeröffnung bereits übergeben war, ist unerheblich.

196 Die Sicherungsabtretung der Ansprüche aus einem Mietverhältnis (für Pachtverhältnisse gilt dasselbe, weshalb diese im Folgenden nicht mehr gesondert erwähnt werden) umfasst – entsprechend dem typischen Willen der Vertragspartner – nicht nur die Rechte auf Mietzahlungen während des Bestands des Mietverhältnisses, sondern auch die Rechte, die in der Abwicklungsphase zwischen Kündigung und Räumung aus § 557 Abs. 1 Satz 1 BGB entstehen und an die Stelle der vertraglich vereinbarten Miete treten (s.o. RdNr. 156). Hinsichtlich der Wirksamkeit von Vorauszessionen unterscheidet sich die Regelung in § 110 Abs. 1 nicht von der früheren des § 21 Abs. 2 KO: Vorauszessionen sind nur wirksam, soweit sie sich auf die Miete oder Pacht für den zurzeit der Verfahrenseröffnung laufenden Kalendermonat beziehen; ist die Eröffnung nach dem fünfzehnten Tag des Monats erfolgt, so ist die Verfügung auch für den folgenden Kalendermonat wirksam. Die Vorschrift schränkt mithin die §§ 88, 91 ein.

197 Ist der vermietete oder verpachtete Gegenstand mit einem **Grundpfandrecht** belastet, unterliegt auch die Miet-/Pachtforderung der Pfandhaftung (§§ 1123 Abs. 1, 1192 BGB).³²⁰ Die Haftung besteht bereits mit Eintragung des Grundpfandrechts im Grundbuch,³²¹ jedoch nur vorläufig. Die Forderung haftet nicht, wenn die Verwertung des Grundpfandrechts durch Beschlagnahme erst mehr als ein Jahr nach der Fälligkeit der Mietforderung erfolgt (§ 1123 Abs. 2 BGB), wenn die Mietforderung durch Zahlung an den Vermieter untergeht (§ 362 BGB) oder wenn über die Mietforderung in anderer Weise verfügt wird (§ 1124 Abs. 1 BGB). Die Verfügung ist dem Grundpfandgläubiger gegenüber unwirksam, wenn sie sich auf die Mietforderung für eine spätere Zeit als den zur Zeit der Beschlagnahme laufenden Kalendermonat oder, falls die Beschlagnahme erst nach dem 15. des Monats erfolgt, auf den Folgemonat bezieht (§ 1124 Abs. 2 BGB). Dies gilt auch dann, wenn die Mietforderung vor der Eintragung des Grundpfandrechts im Grundbuch abgetreten worden ist.³²² Die Beschlagnahme der Mietforderungen

---

³¹⁵ BGH NJW 2002, 3475 = EWiR 2002, 921 (*Gundlach*); Gundlach/Frenzel/Schmidt ZInsO 2002, 352 ff.; aA OLG Hamm ZInsO 2001, 1162 f. (aufgehoben durch BGH NJW 2002, 3475); *Weis* ZInsO 2002, 170.
³¹⁶ *Stegmann* VersR 2000, 1467 ff.
³¹⁷ BGH WM 1997, 2171, 2172 = WuB IV A. § 398 BGB 1.98 (*Heinrich*).
³¹⁸ BGHZ 45, 162, 165; *Reiff/Schneider* in Prölss/Martin § 13 ALB 86 RdNr. 21.
³¹⁹ AG Düsseldorf ZInsO 2008, 1146; *Obermüller*, Insolvenzrecht RdNr. 6.372.
³²⁰ Zum Folgenden vgl. *Mitlehner* ZIP 2007, 804.
³²¹ BGH NZI 2007, 98 = NJW-RR 2007, 626.
³²² BGHZ 163, 201 = WM 2005, 1371 = NJW-RR 2005, 1466.

kann durch deren Pfändung bewirkt werden; sie muss nicht durch Anordnung der Zwangsverwaltung erfolgen.[323] Grundlage der Pfändung muss dann jedoch der dingliche Anspruch sein. Der Inhaber einer Zwangshypothek, der sich durch Pfändung von Mieten aus dem Grundstück befriedigen will, benötigt einen dinglichen Titel.[324] Abgesonderte Befriedigung aus den Mietforderungen kann der Grundpfandgläubiger jedoch nur im Wege der Zwangsverwaltung suchen. Erst durch deren Anordnung erstarkt die zuvor bestehende "potentielle Haftung" zu einer voll wirksamen (vgl. § 146 Abs. 1, § 20 Abs. 1, 2, § 148 Abs. 1 Satz 1 ZVG, § 49 InsO), was bewirkt, dass die erfassten Mietforderungen für die Insolvenzgläubiger als Zugriffsobjekt nunmehr endgültig ausscheiden. Die Rechtsstellung des Grundpfandgläubigers ist in Bezug auf künftige Mietansprüche also nicht sicherer als die eines Mobiliarpfandgläubigers.[325] Die Abtretung der künftigen Mietansprüche an den Grundpfandgläubiger kann für diesen – als zusätzliche Sicherheit – wegen des kleinen zeitlichen Vorteils interessant sein, den die Abtretung beim Zugriff auf die Miet-/Pachtforderung bietet.[326]

b) Miet- oder Pachtverträge über bewegliche Gegenstände. Solche Verträge, die früher **198** unter § 19 KO fielen, sind nunmehr dem Wahlrecht des Verwalters aus § 103 unterworfen. Entscheidet er sich gegen die Erfüllung, geht die Sicherungsabtretung der nach Verfahrenseröffnung fällig werdenden Ansprüche ins Leere; wählt er Erfüllung, ist die Abtretung wegen § 91 unwirksam.[327]

11. Sicherungsabtretung von Leasingansprüchen. Leasinggeber pflegen ihre Geschäfte häu- **199** fig zu refinanzieren, indem sie unter Sicherungsabtretung der Ansprüche gegen den Leasingnehmer Kredit aufnehmen. Wird über das Vermögen des Leasinggebers ein Insolvenzverfahren eröffnet oder bereits im Insolvenzantragsverfahren ein allgemeines Veräußerungsverbot (§ 21 Abs. 2 Nr. 2) angeordnet, hat dies auf die Rechtsstellung des Sicherungszessionars Auswirkungen, derentwegen auf § 47 RdNr. 239 ff. verwiesen wird.

12. Sicherungsabtretung von Steuererstattungsansprüchen. Gemäß § 46 Abs. 1 AO kön- **200** nen Zahlungsansprüche auf Erstattung von Steuern (zB §§ 36 Abs. 4 Satz 2, 42 ff. EStG; § 18 GewStG), Haftungsbeträgen (§§ 69–77, 191, 192 AO), steuerlichen Nebenleistungen (§ 3 Abs. 3 AO) und Steuervergütungen (zB § 16 Abs. 2 UStG) abgetreten werden. Gemäß § 46 Abs. 4 Satz 2 AO ist der geschäftsmäßige Erwerb von Steuererstattungsansprüchen jedoch nur im Wege der Sicherungsabtretung zulässig.[328] Bei der Abtretung ist also zu prüfen, ob diese wirklich zu Sicherungszwecken oder aber erfüllungshalber erfolgt.[329]

Die Abtretung, für die keine bestimmte Form vorgeschrieben ist, kann rechtswirksam erst **nach** **201** **Entstehung des Steuererstattungsanspruchs** vorgenommen werden.[330] Eine Vorausabtretung zur Vorfinanzierung von Steuererstattungsansprüchen ist mithin nicht erlaubt.[331]

Die Abtretung wird nur und erst dann wirksam, wenn sie dem Finanzamt nach Entstehen des **202** Anspruchs **angezeigt** wird (§ 46 Abs. 2 AO). Die Zession kann also nicht still erfolgen. Das kommt dem Interesse des Finanzamts an klaren Verhältnissen entgegen. Ist die Anzeige wirksam, braucht das Finanzamt nicht zu prüfen, ob ihr eine wirksame Abtretung zugrunde liegt (§ 46 Abs. 5 AO). Die Anzeige muss gegenüber dem zuständigen Finanzamt und unter Verwendung des amtlich vorgeschriebenen Vordrucks erfolgen (§ 46 Abs. 3 AO).[332] Die Anzeige muss von Zedent – bei Gesamtgläubigern müssen alle mitwirken – und Zessionar eigenhändig unterschrieben werden. Ist die Anzeige unvollständig oder fehlt sie ganz, ist die Abtretung nicht bloß gegenüber dem Steuerfiskus, sondern gegenüber jedermann unwirksam.[333]

Entsprechend den allgemeinen Grundsätzen (vgl. Vorbemerkungen vor §§ 49–52 RdNr. 17) **203** erwirbt der Sicherungszessionar den Steuererstattungsanspruch nicht, wenn im Zeitpunkt der Abtretung oder im Zeitpunkt der Anzeige an die Finanzbehörde über das Vermögen des Sicherungszedenten ein Insolvenzverfahren eröffnet oder ein allgemeines Verfügungsverbot (§ 21 Abs. 2 Nr. 2) angeordnet war.[334]

---

[323] So bereits BGHZ 163, 201, 208 = WM 2005, 1371 = NJW-RR 2005, 1466.
[324] BGH NJW 2008, 1599 = WM 2008, 801.
[325] BGH NZI 2010, 58, 60 f. – Anders noch BGHZ 163, 201, 208 = NJW-RR 2005, 1466 = WM 2005, 1371; NJW 2008, 1599, 1600 = WM 2008, 801.
[326] *Johlke* EWiR 1996, 579, 580.
[327] *Obermüller*, Insolvenzrecht RdNr. 6.398.
[328] *Lwowski*/Fischer/Langenbucher, Recht der Kreditsicherung, § 13 RdNr. 25.
[329] Vgl. hierzu FG Berlin WM 1998, 1017 = WuB I E 1.–6.98 *(Drescher)*.
[330] BFH BStBl. II 1996, 557.
[331] BFH BStBl. II 1984, 411; 1986, 124; BFH BFH/NV 1989, 555.
[332] Zur Verfassungsmäßigkeit des Vordruckzwangs vgl. BVerfG BB 1983, 1179.
[333] *Kühn/v. Wedelstädt/Blesinger*, AO 18. Aufl. 2004 § 46 RdNr. 4.
[334] BFH BStBl. II 1996, 557.

204 Das Finanzamt soll eine zu Unrecht geleistete Zahlung auch unabhängig vom Bestand und Inhalt der Sicherungsabrede vom Leistungsempfänger zurückfordern können.[335] Wer als Leistungsempfänger anzusehen ist, der Zedent oder der Zessionar, ist umstritten.[336] Wegen der fiskusfreundlichen Ausrichtung der Abgabenordnung scheint es vertretbar, bei der Anwendung des § 37 Abs. 2 Satz 3 AO idF des Jahressteuergesetzes 1996 auf die Sicht des zahlenden Finanzamts abzustellen.[337] Wird in der Abtretungsanzeige ein Eigenkonto des Zessionars als Zahlstelle angegeben, so ist dieser als Leistungsempfänger anzusehen. Steht nach der Abtretungsanzeige dem Zedenten das Einziehungsrecht zu und überweist das Finanzamt demgemäß an diesen, so ist er Leistungsempfänger.[338]

205 **13. Sicherungsabtretung von Arbeitsentgelt und Sozialleistungen.** Die Abtretung des **pfändbaren Teils** von Lohn-, Gehalts-, Provisions- und Sozialleistungsansprüchen (vgl. §§ 53, 54 SGB I) ist grundsätzlich zulässig. Praktisch wird es sich immer um eine Vorausabtretung handeln. Der Begriff der "Bezüge aus einem Dienstverhältnis" umfasst auch eine anlässlich der Beendigung eines Arbeitsvertrages gezahlte Abfindung.[339] Umstritten ist, ob im Falle der Abtretung mehrerer Arbeitseinkommen – oder der Abtretung von Arbeitseinkommen und laufenden Geldleistungen nach dem Sozialgesetzbuch – eine Zusammenrechnung analog § 850e Nr. 2, 2a ZPO zulässig ist (vgl. § 4 RdNr. 36).[340] Gegebenenfalls stellt sich der Zessionar besser, als wenn die Zusammenrechnung unterbleibt.

206 Falls die Abtretung in Allgemeinen Geschäftsbedingungen vereinbart ist, kommt dem Erfordernis, die Rechte und Pflichten der Vertragspartner klar, bestimmt und für den Kunden durchschaubar zu beschreiben **(Transparenzgebot)**, besondere Bedeutung zu, weil die Abtretung von Ansprüchen auf Arbeitsentgelt usw. für den Betroffenen von existentieller Tragweite ist. Die Transparenz liegt auch im Interesse konkurrierender Gläubiger. Lohnabtretungsklauseln müssen deshalb Zweck und Umfang der Abtretung sowie die Voraussetzungen der Verwertungsbefugnis eindeutig bezeichnen.[341]

207 Die formularmäßige Vorausabtretung von Lohnansprüchen muss außerdem zu einem vernünftigen, die schutzwürdigen Belange beider Vertragspartner angemessen berücksichtigenden **Interessenausgleich** führen. Dabei ist das Interesse des Sicherungsnehmers, dem als Kreditsicherungsmittel häufig nur die Lohnabtretung zur Verfügung steht, gegen das Interesse des Sicherungsgebers an der Erhaltung seiner wirtschaftlichen Bewegungsfreiheit abzuwägen. Hier ist die Besicherung eines einzigen Ratenkredits, nach dessen Abwicklung die Geschäftsverbindung beendet ist, von den Fällen umfassender Geschäftsverbindung (zB einem Kontokorrent-Ratenkredit) zu unterscheiden. Erfasst im zuerst genannten Fall die Vorausabtretung die gesamten pfändbaren Lohnansprüche ohne zeitliche und betragsmäßige Begrenzung, ist die **Übersicherung** schon im Ansatz vorprogrammiert. Verhindert wird dies durch eine **betragsmäßige Begrenzung** der Zession. Gegebenenfalls folgt daraus mittelbar – eine ungestörte Entwicklung des Arbeitsverhältnisses vorausgesetzt – auch eine zeitliche Begrenzung. Jedenfalls bei Aufnahme einer derartigen Begrenzung bedarf es keiner zusätzlichen **Freigabeklausel**. Ob eine Freigabeklausel für den Fall erforderlich ist, dass sich die Zession nicht von vornherein eindeutig begrenzen lässt,[342] erscheint – zumal nach der Entscheidung des Großen Senats zu den revolvierenden Kreditsicherheiten[343] – sehr zweifelhaft.

208 Dient die Lohnabtretung als Sicherheit für eine umfassend angelegte Geschäftsverbindung, ist eine Begrenzung der Zession weder erforderlich noch sinnvoll.[344] Eine Freigabeklausel zeitigt nur dann Wirkungen, wenn der Gesamtumfang der gesicherten Forderungen nachhaltig unter den Wert der Sicherheit absinkt. Von einem nachhaltigen Absinken wird man aber nicht sprechen können, so lange die Geschäftsverbindung ungekündigt fortbesteht. Indessen besteht gegen den Einsatz der Lohnabtretung bei derartigen Kontokorrent-Ratenkrediten ein anderes Bedenken: Hier kann es zu einer **überlangen** und damit **unverhältnismäßigen Bindung** des Verbrauchers an einen einzigen Gläubiger kommen.[345]

---

[335] BFH BStBl. II 1995, 846.
[336] Vgl. dazu *Verf.* WM 1998, 2081, 2090; *ders.* WM 1999, 1741, 1750 f. – Der BFH gewährt stets einen Anspruch gegen des Zessionar, BFH ZIP 1990, 109; BFHE 173, 1 = BStBl. II 1995, 846; 180, 1 = BStBl. II 1996, 846; BFH/NV 1998, 143; ZIP 2007, 1698, 1699.
[337] So auch *Lwowski*/Fischer/Langenbucher, Recht der Kreditsicherung, § 13 RdNr. 25. Zur Rechtslage außerhalb des Steuerrechts vgl. *Ganter* in Schimansky/Bunte/Lwowski, Bankrechts-Handbuch, 2. Aufl., § 96 RdNr. 60.
[338] Im Ergebnis ebenso *Seer/Drüen* NJW 1999, 265, 267; vgl. ferner *Tiedtke* WM 1999, 517 ff.
[339] BGH NZI 2010, 564.
[340] Vgl. dazu BGH NJW 1997, 2823 f. = EWiR 1998, 287 *(Wolf)* = WuB VI E § 850e ZPO 1.97 *(Hintzen)*.
[341] BGHZ 108, 98, 104 f. = NJW 1989, 2383; BGH NJW 1992, 2626, 2627; 1994, 2754 f.; ZVI 2005, 414, 416.
[342] So BGHZ 108, 98, 108 = NJW 1989, 2383.
[343] BGHZ 137, 212 ff. = NJW 1998, 671.
[344] Vgl. OLG Oldenburg WM 1997, 1383 f.
[345] *Kohte* BB 1989, 2257, 2260.

209 In der **Insolvenz** des Zedenten entfalten Lohnzessionen nur eine beschränkte Wirkung, weil sein Arbeitseinkommen für die Zwecke der Restschuldbefreiung zur Verfügung stehen muss. Hat der Schuldner vor der Eröffnung des Insolvenzverfahrens einen Lohnanspruch für die spätere Zeit abgetreten, wird die Wirksamkeit der Abtretung begrenzt auf einen Zeitraum von zwei Jahren; gerechnet wird die Frist von dem Ende des zurzeit der Verfahrenseröffnung laufenden Kalendermonats (§ 114 Abs. 1). Diese Vorschrift schränkt § 91 Abs. 1 ein.[346] Nach Eröffnung des Insolvenzverfahrens kann der Schuldner neue Lohnabtretungen nicht einmal für die Zeit nach Beendigung des Insolvenzverfahrens vornehmen (§ 81 Abs. 2 Satz 1).

209a Wenn abzusehen ist, dass die Sicherungszession des Arbeitsentgelts nicht ausreichen wird, um innerhalb von zwei Jahren die gesicherte Forderung zu decken, wird der Sicherungszessionar daran interessiert sein, mit seinem **Ausfall** an der Insolvenzquote teilzuhaben. Der Ausfall ist gemäß § 190 Abs. 1 nachzuweisen, und zwar innerhalb der in § 189 Abs. 1 – dort für die Berücksichtigung bestrittener Forderungen – vorgesehenen Ausschlussfrist, also innerhalb von zwei Wochen nach der öffentlichen Bekanntmachung des Schlussverzeichnisses. Wird das Schlussverzeichnis vom Insolvenzverwalter vor Ablauf der Zwei-Jahres-Frist des § 114 Abs. 1 vorgelegt, bringt dies den Sicherungszessionar in Schwierigkeiten. Denn zu diesem Zeitpunkt steht – falls das Absonderungsrecht weiter bedient wird – der Ausfall noch nicht endgültig fest. Nach Meinung des BGH hat dies aber nicht zur Folge, dass der Sicherungszessionar überhaupt keine Erklärung gemäß § 190 Abs. 1 abgeben muss. Damit der Treuhänder das Schlussverzeichnis erstellen kann, muss ihm zumindest – und zwar rechtzeitig – die zu schätzende Größenordnung des Ausfalls mitgeteilt werden. Die Ausschlusswirkung besteht gerade auch im Verbraucherinsolvenzverfahren und im Restschuldbefreiungsverfahren, also nach Eintritt in die Wohlverhaltensphase.[347]

14. Sicherungsabtretung von Einkünften aus selbstständiger Tätigkeit. Nach der ab **209b** 1.7.2007 in Kraft befindlichen Neuregelung in § 35 Abs. 2 InsO hat der Insolvenzverwalter dem selbstständig tätigen Schuldner gegenüber zu erklären, ob das aus der selbstständigen Tätigkeit erwirtschaftete Vermögen zur Insolvenzmasse gehört und ob Ansprüche aus dieser Tätigkeit im Insolvenzverfahren geltend gemacht werden können. Ggf. fallen die unverkürzten Einnahmen in die Masse, und die Verbindlichkeiten werden Masseschulden. Daran ändert es nichts, wenn der Schuldner die Einnahmen im Voraus an einen Gläubiger sicherungshalber abgetreten hat. So ist die Vorausabtretung von Forderungen eines später insolvent gewordenen Kassenarztes auf Vergütung gegen die kassenärztliche Vereinigung unwirksam, soweit sie sich auf Ansprüche bezieht, die auf nach Insolvenzeröffnung erbrachten ärztlichen Leistungen beruht.[348] Zwar sind die Ansprüche eines Kassenarztes gegen die kassenärztliche Vereinigung Arbeitseinkommen. § 114 Abs. 1 ist gleichwohl nicht anwendbar. Dem liegt der Gedanke zugrunde, dass der Ertrag aus der Betriebsfortführung nicht einem absonderungsberechtigten Gläubiger zufließen darf, wenn die Aufwendungen für die Betriebsfortführung von der Masse getragen werden. Dem kann man nicht entgegenhalten, es stehe doch dem Insolvenzverwalter frei, sich mit dem Zessionar dahin zu verständigen, dass die Kosten der selbstständigen Tätigkeit des Schuldners aus den Zessionserlösen getragen werden. Auf den ersten Blick wirkt dieser Gedanke zwar bestechend. Tatsächlich hatte sich die Insolvenzpraxis vor der Neuregelung des § 35 Abs. 2 InsO nicht selten damit beholfen, dass nur der Überschuss der Einnahmen über die Ausgaben als Neuerwerb zur Masse vereinnahmt wurde. Mit den insolvenzrechtlichen Regeln war das aber nicht vereinbar.[349] Zur Insolvenzmasse gehören die Einkünfte in ihrem vollen Umfange und nicht etwa nur der sich aus der Verminderung der Einnahmen um die betrieblich veranlassten Ausgaben ergebende Gewinn. Im Übrigen bezweckt die Neuregelung des § 35 Abs. 2 InsO nicht den Schutz von Zessionaren, denen Forderungen des Schuldners aus der Zeit nach Verfahrenseröffnung im Voraus abgetreten sind. Vielmehr soll dadurch dem Insolvenzverwalter die Möglichkeit eröffnet werden, eine für die Masse verlustbringende Betriebsfortführung an den Schuldner freizugeben. Verspricht die Betriebsfortführung nach Abzug der dadurch entstehenden Verbindlichkeiten hingegen einen Ertrag, soll der Insolvenzverwalter den Betrieb zugunsten der Masse selbst fortführen.[350] Er hat dann keinen Anlass, sich mit dem Zessionar in der beschriebenen Weise zu verständigen. Die Masse hätte dadurch keinen Vorteil. Sie verlöre im Gegenteil den Überschuss. Privatärztliche Honoraransprüche sind keine fortlaufenden Bezüge aus einem Dienstverhältnis; auch insoweit ist § 114 Abs. 1 somit nicht abdingbar.

---

[346] BGHZ 167, 363, 367 RdNr. 9 = NJW 2006, 2485 = NZI 2006, 457.
[347] BGH NZI 2009, 565 = WM 2009, 1578.
[348] BGHZ 167, 363 ff. = NJW 2006, 2485 = NZI 2006, 457 m. Anm. *Gundlach/Frenzel*.
[349] BGH NZI 2003, 389, 392.
[350] BGH NZI 2010, 343 = WM 2010, 567.

209c **15. Sicherungsabtretung von Gesellschaftsanteilen. a) Wertpapierrechtlich verbriefte Gesellschaftsanteile (Aktien, Investmentzertifikate).** Hier kann die Sicherungsübertragung der in der Urkunde verbrieften Rechte – anstelle einer Sicherungsübereignung des Papiers (vgl. dazu o. RdNr. 116 ff.) – auch durch Abtretung erfolgen. Dazu bedarf es einer Übergabe der Urkunde oder eines Übergabesurrogats. Nach einer Mindermeinung kann das verbriefte Recht auch durch schlichten Abtretungsvertrag übertragen werden, wobei der Zessionar dann das Eigentum an der Urkunde kraft Gesetzes gem. § 952 Abs. 2 BGB erwirbt.[351]

209d **b) Wertpapierrechtlich nicht verbriefte Gesellschaftsanteile (GmbH-Geschäftsanteile, Anteile an Personengesellschaften).** Die Sicherungsabtretung des Geschäftsanteils eines **GmbH-Gesellschafters** wie auch das zugrundeliegende Verpflichtungsgeschäft bedürfen der notariellen Beurkundung (§ 15 Abs. 3 GmbHG). Der Formmangel des Verpflichtungsgeschäfts wird durch eine formgültige Abtretung geheilt (§ 15 Abs. 4 GmbHG). Grundsätzlich bedarf die Abtretung nicht der Zustimmung der Gesellschaft. Der Gesellschaftsvertrag kann jedoch etwas anderes vorsehen (§ 15 Abs. 5 GmbHG). Gegenüber der Gesellschaft ist die Abtretung nur wirksam, wenn sie ihr angezeigt worden ist (§ 16 GmbHG).

209e Der Sicherungsnehmer wird Mitglied der GmbH mit allen sich daraus ergebenden Rechten und Pflichten. Er erhält insbesondere das **Stimmrecht**. Bei dessen Ausübung hat er einerseits die Belange des bisherigen Gesellschafters und andererseits den Sicherungszweck zu wahren. Ob er dem Sicherungsgeber das Stimmrecht überlassen darf, ist umstritten.[352]

209f Einzelne aus der Mitgliedschaft fließende **Rechte**, die nicht notwendig mit dem Geschäftsanteil verbunden sind, können von der Sicherungsübertragung ausgenommen werden, so zB das Gewinnbezugsrecht und das Recht auf den Liquidationserlös.[353] Umgekehrt kann die Sicherungsabtretung sich auf diese Rechte beschränken. Die Gesellschafterstellung des Zedenten wird dadurch nicht berührt.

209g Die Sicherungsabtretung kann sich umgekehrt auch auf einzelne aus der Mitgliedschaft fließende Rechte beziehen. An künftig entstehenden **Gewinnbezugsrechten** erwirbt der Zessionar jedoch grundsätzlich keine gesicherte Rechtsposition. Denn bei einer Veräußerung des Gesellschaftsanteils gelangt der Anspruch in der Person des Zessionars oder Pfandgläubigers nicht zum Entstehen. Eine Abtretung oder Verpfändung dieser Teilrechte wird darum erst mit ihrem Entstehen wirksam. Das gilt selbst dann, wenn der Zedent nicht nur den Gewinnanspruch abgetreten, sondern auch seinen Gesellschaftsanteil an den Zessionar verpfändet hat und die vollstreckungsrechtliche Verwertung auch Gewinnbezugsrechte erfasst. Die Verpfändung des Gesellschaftsanteils vermittelt keine gesicherte Rechtsposition an den Gewinnbezugsrechten.[354]

209h Auch bei dem Anspruch des Gesellschafters auf die **Abfindung** oder auf das **Auseinandersetzungsguthaben** handelt es sich nicht um einen bereits bestehenden, nur noch nicht fälligen, also betagten, sondern um einen künftigen Anspruch, der erst mit dem Ausscheiden des Gesellschafters oder der Auflösung der Gesellschaft entsteht. Die Vorausabtretung dieser Ansprüche geht deshalb ins Leere, wenn vor deren Entstehung der Gesellschafter seinen Geschäftsanteil an einen Dritten abtritt[355] oder der Geschäftsanteil gepfändet und verwertet wird.[356]

209i Wird der GmbH-Anteil im Ganzen abgetreten, **haftet** der Sicherungsnehmer für rückständige Leistungen, Fehlbeträge und unzulässige Auszahlungen (§§ 16 Abs. 3, 23, 24, 26, 30, 31 GmbHG). Deswegen werden GmbH-Anteile als Kreditsicherungsmittel weniger geschätzt. Hinzu kommt, dass die Abtretung **nicht still** vollzogen werden kann (vgl. § 40 GmbHG) und dass, weil es keinen Markt und somit auch keinen Marktpreis für Geschäftsanteile gibt, die **Bewertung** und **Verwertung** auf **Schwierigkeiten** stößt. Oft genug ist der Sicherungsnehmer deshalb gezwungen, zur Rettung der Kreditforderung den Geschäftsanteil selbst zu übernehmen. Zur Rechtslage, wenn die Sicherungsabtretung der Geschäftsanteile zur Besicherung eines Gesellschafterdarlehens dient, vgl. vor §§ 49–52 RdNr. 95 f.

209j Muss die GmbH selbst einen Kredit besichern, kann sie sicherungshalber ihre Ansprüche auf Einzahlung der Stammeinlage (§ 19 GmbHG) abtreten, falls ihr dafür ein vollwertiges Entgelt zufließt. Von diesem Erfordernis kann abgesehen werden, wenn die Erhaltung der Kapitalgrundlage nicht mehr erforderlich ist, weil zum Beispiel die Gesellschaft ihren Geschäftsbetrieb eingestellt hat, außer der abgetretenen Forderung kein Vermögen mehr besitzt und der Zessionar der einzige Gläubiger ist.[357]

---

[351] Umstritten, vgl. *Staudinger/Marburger* Neubearbeitung 2009 Vor §§ 793–808 RdNr. 7.
[352] Gegen eine Stimmrechtsabspaltung wegen des Grundsatzes der Einheitlichkeit der Mitgliedschaft BGHZ 43, 261, 267.
[353] Roth/*Altmeppen* GmbHG 7. Aufl. § 15 RdNr. 22 iVm § 14 RdNr. 13.
[354] BGH NZI 2010, 220 = WM 2010, 368.
[355] BGHZ 88, 205, 207 = NJW 1984, 492.
[356] BGHZ 104, 351, 353 = NJW 1989, 458.
[357] BGH LM GmbHG § 19 Nr. 4.

Die Sicherungsabtretung von Anteilen an **Personengesellschaften** (OHG, KG, BGB-Gesellschaft) ist – trotz § 719 BGB, § 105 Abs. 2 HGB – zulässig.[358] Sie ist **formlos** möglich;[359] das gilt auch für das zugrundeliegende Verpflichtungsgeschäft. Die Übertragung kann nur mit **Zustimmung** aller anderen Gesellschafter wirksam werden. Diese kann im konkreten Übertragungsfall oder schon im Gesellschaftsvertrag erteilt werden.

Die Sicherungsabtretung hat zur Folge, dass der Sicherungsnehmer in die Gesellschafterstellung des Sicherungsgebers einrückt und Mitglied der Personengesellschaft wird, aus der der Sicherungsgeber ausscheidet. Leidet der Gesellschafterwechsel an einem Rechtsmangel, so ist er in der Regel gleichwohl wirksam, wenn er vollzogen worden ist.[360] Der Sicherungsnehmer kann dadurch leicht in die **Haftung** geraten. Beim Erwerb des Anteiles an einer BGB-Gesellschaft kann dieses Risiko in Grenzen gehalten werden.[361] Das ist beim Erwerb eines OHG-Anteils anders (vgl. §§ 130, 128 HGB, § 421 BGB). Als Kommanditist haftet der Sicherungsnehmer den Gläubigern bis zur Höhe der Kommanditeinlage, soweit diese noch nicht geleistet ist (§§ 171, 173 HGB).

Neben diesen Haftungsrisiken tragen die bei den Handelsgesellschaften unvermeidliche **Publizitätswirkung** (vgl. §§ 107, 143 Abs. 2, 161, 162 HGB) sowie die auch und gerade bei Anteilen an Personengesellschaften vorhandenen **Schwierigkeiten der Verwertung** dazu bei, dass solche Anteile selten als Sicherungsmittel akzeptiert werden.

Anteile an **geschlossenen Immobilienfonds** – die meist als KG oder BGB-Gesellschaft organisiert sind – werden von den Kreditinstituten ebenfalls nur mit Zurückhaltung akzeptiert. Bei Bruchteilseigentumsfonds darf namentlich die Grunderwerbsteuerbelastung nicht übersehen werden.

Wie bei einer GmbH können vermögensrechtliche **Einzelansprüche**, über die ein Gesellschafter nach § 717 Satz 2 BGB, §§ 105 Abs. 2, 161 Abs. 2 HGB gesondert verfügen kann, auch hier sicherungshalber abgetreten werden. Die Abtretung hängt, falls der Gesellschaftsvertrag nichts Abweichendes bestimmt, nicht von der Zustimmung der anderen Gesellschafter ab und begründet auch keine Haftung des Erwerbers (Sicherungsnehmers) für die Verbindlichkeiten der Gesellschaft. Die Sicherungsabtretung von künftigen Auseinandersetzungsansprüchen ist – aus denselben Gründen wie bei der GmbH (s.o. RdNr. 121) – als Kreditsicherheit wenig geeignet. Die Einlageforderung der Gesellschaft kann sicherungshalber abgetreten werden, wenn und soweit der Gegenwert in das Vermögen der Gesellschaft geflossen ist.[362]

16. Sicherungsabtretung des Anspruchs auf Rückgewähr einer Grundschuld. Die Sicherungsabtretung des Anspruchs auf Rückgewähr einer Grundschuld kann nur dann ein Recht auf abgesonderte Befriedigung im Insolvenzverfahren über das Vermögen des Abtretenden begründen, wenn eine Revalutierung der Grundschuld ohne Zustimmung des Abtretungsempfängers nicht oder nicht mehr in Betracht kommt (vgl. Vor §§ 49–52 RdNr. 24). Bei einer engen Zweckerklärung ist eine Revalutierung nur noch mit Zustimmung des Sicherungszessionars der Rückgewähransprüche möglich. Auch der Freigabeanspruch bei nachträglicher „endgültiger" Übersicherung führt zu einem insolvenzfesten Rückgewähranspruch. Bei einem weiten Sicherungszweck verhält es sich anders. Der Sicherungswert einer bestellten Grundschuld ist trotz Abtretung des Rückgewähranspruchs aus dem Vermögen und der Insolvenzmasse des Sicherungsgebers nicht endgültig ausgeschieden, solange der Sicherungsnehmer allein oder im Einvernehmen mit dem Sicherungsgeber selbst oder dem Insolvenzverwalter über dessen Vermögen, etwa zur Besicherung eines Massekredits, die Grundschuld revalutieren kann, ohne dadurch den Inhalt des Rückgewähranspruchs zu verändern. Dieser Sicherungswert kann der Masse gemäß § 91 Abs. 1 nicht nach Eröffnung des Insolvenzverfahrens durch Begründung eines Absonderungsrechts mit Vollendung des Rechtserwerbs an dem abgetretenen Rückgewähranspruch entzogen werden.[363]

V. Rangordnung bei mehrfacher Sicherungszession derselben Forderung

1. Kollision mehrerer Singularzessionen. Überträgt ein Gläubiger eine Forderung nacheinander auf verschiedene Zessionare, gilt das **Prioritätsprinzip:** Durch die erste Abtretung hat der Gläubiger seine Gläubigereigenschaft verloren. Schon die zweite hat er als Nichtberechtigter vorgenommen. Sie (und alle späteren) geht mithin ins Leere.[364]

---

[358] BGHZ 44, 229, 231; 81, 82, 84 = NJW 1981, 2747; aA *Baur/Stürner*, Sachenrecht, 18. Aufl., § 58 RdNr. 10.
[359] BGHZ 86, 367, 370 ff. = NJW 1983, 1110.
[360] BGH NJW 1988, 1324.
[361] Vgl. BGH NJW 1985, 619; 1987, 3124, 3125.
[362] BGH NJW 1982, 35; 1984, 874.
[363] BGH NZI 2012, 17, 18.
[364] BGHZ 30, 149, 151 = NJW 1959, 1533 m. Anm. *Dempewolf*; 32, 367, 369 = NJW 1960, 1715; *Gottwald/Adolphsen*, Insolvenzrechts-Handbuch, § 43 RdNr. 105; *Staudinger/Busche* Einl. zu §§ 398 ff. RdNr. 106.

211 Der Grundsatz der zeitlichen Priorität ist auch dann maßgeblich, wenn die erste Abtretung eine **Vorausabtretung** ist und die im Voraus abgetretene Forderung vor der zweiten Abtretung entsteht. Mit Entstehung der Forderung ist die Rechtsänderung eingetreten und die erste Abtretung wirksam geworden; deshalb hat diese vor der zweiten Abtretung die Priorität.[365]

212 Was gilt, wenn der Zedent dieselbe Forderung mehrfach im Voraus abtritt **(Kollision mehrerer Vorausabtretungen)**, ist umstritten. Die hM[366] geht auch hier vom Prioritätsprinzip aus. Grundsätzlich werde nur die zuerst vereinbarte Abtretung wirksam. Nach anderer Auffassung[367] sind sämtliche sich widersprechenden Verfügungen nichtig. Eine dritte Meinung will – genauso wie bei mehrfachen antizipierten Sicherungsübereignungen (s.o. RdNr. 135a) – darauf abstellen, welchen Vertrag der Sicherungsgeber bei Erwerb der zedierten Forderung erkennbar erfüllen will, welchem der Zessionare gegenüber er also den Willen zur Abtretung der Forderung aufrechterhält.[368] Wieder anderer Meinung sind die Anhänger der sog. Teilungslehre:[369] Die Sicherheit müsse unter den mehreren Zessionaren im Verhältnis der gesicherten Forderungen aufgeteilt werden. Die Auffassung, die zur Nichtigkeit aller konkurrierenden Vorausabtretungen gelangt, kann zwar für sich in Anspruch nehmen, dass sämtliche Verfügungen gleichzeitig – nämlich mit Entstehen der Forderung – wirksam werden. So betrachtet hat wirklich keine den Vorrang vor der anderen. Indessen sollte bei Prüfung der Priorität nicht auf das Wirksamwerden der Abtretung, sondern auf deren tatbestandliche Vornahme abgestellt werden. Die Auffassung, wonach der Wille des zu der Kollision zu befragenden Zedenten ausschlaggebend sein soll, übersieht, dass die Vorausabtretung mit der Abgabe der entsprechenden Erklärungen tatbestandlich vollendet ist; die Einigung muss nicht – wie bei der antizipierten Sicherungsübertragung – andauern. Die Teilungslehre mag zu erwünschten Ergebnissen führen; sie hat indessen keine Grundlage im Gesetz. Zwar kann man nicht sagen, der im Voraus Abtretende habe nach Abschluss des Verfügungstatbestandes seine Verfügungsmacht verloren.[370] Wer eine ihm noch gar nicht zustehende Forderung abtritt, verfügt als Nichtberechtigter (vgl. § 185 Abs. 2 Satz 1 2. Alt. BGB). Eine Verfügungsmacht, die man noch gar nicht hat, kann man schwerlich verlieren. Indessen setzt sich die Verfügung eines „Noch-nicht-Berechtigten" gegen andere kollidierende Verfügungen nach Maßgabe der Priorität durch (§ 185 Abs. 2 Satz 2 BGB).[371] Der hM ist daher zu folgen.

213 Im Einzelfall kann die Feststellung der zeitlichen Priorität Schwierigkeiten bereiten, weil Forderungsabtretungen formlos gültig sind. Obendrein kann der Sicherungsgeber durch betrügerische Umdatierungen das Sicherungsrecht beeinträchtigen.

214 **2. Kollision einer Singular- mit einer Globalzession.** Hat der Kreditschuldner eine Forderung zuerst einzeln abgetreten und wird dieselbe Forderung später von einer Globalzession erfasst oder verhält es sich genau umgekehrt, ist nur die zeitlich vorangehende Zession wirksam.

215 **3. Kollision mehrerer Globalzessionen.** Das **Prioritätsprinzip** gilt ebenso, wenn der Kreditschuldner seine Außenstände nacheinander an verschiedene Sicherungsnehmer global abtritt.[372] Da Globalzessionen (auch in der Form des verlängerten Eigentumsvorbehalts von Warenlieferanten, dazu s. § 47 RdNr. 181 ff., der verlängerten Sicherungsübereignung, vgl. o. RdNr. 120, und der Factoringglobalzession, dazu u. RdNr. 216) häufig miteinander kollidieren, ist die Globalzession wenig konkursfest. Ein Sonderproblem stellt sich, falls, wie es nicht selten der Fall sein wird, zu dem verlängerten Eigentumsvorbehalt des Warenlieferanten und der Globalzession noch eine **Raumsicherungsübereignung** zugunsten eines Dritten hinzukommt. Gerät der Sicherungsgeber in die Insolvenz, wird der Insolvenzverwalter bevorzugt die Außenstände einziehen (§ 166 Abs. 2 Satz 1), weil das die einfachste Art der Verwertung darstellt. Davon profitiert der Warenlieferant und nicht der Globalzessionar. Dieser hat auch im Verhältnis zum Sicherungseigentümer das Nachsehen. Führt der Insolvenzverwalter den Betrieb des Schuldners nicht fort, wird er das von der Raumsicherungsübereignung erfasste Warenlager verwerten. Der Erlös wird von der Globalzession nicht erfasst (§ 91). Absonderungsberechtigt ist allein der Sicherungseigentümer. Der Globalzessionar kann vom

---

[365] *Serick* IV § 47 II 3a (S. 281); *Gottwald/Adolphsen*, Insolvenzrechts-Handbuch, § 43 RdNr. 105.
[366] BGHZ 30, 149, 151 = NJW 1959, 1533 m. Anm. *Dempewolf;* 32, 367, 369 = NJW 1960, 1715; 104, 123, 128 = NJW 1988, 3203; *Serick* IV § 49 I 2 (S. 387 ff.); *Uhlenbruck/Brinkmann* § 51 RdNr. 24; HK-*Lohmann* § 51 RdNr. 32.
[367] *Esser* ZHR 135 (1971), 320, 323.
[368] *Mitlehner,* aaO RdNr. 972.
[369] Vgl. zB *Finger* JZ 1970, 642, 644 f.; *Beuthien* BB 1971, 375, 377 ff.; *Bähr* DB 1981, 1759, 1766 f.
[370] So aber *Serick* IV § 49 I 2b (S. 390); *Bülow*, Kreditsicherheiten RdNr. 1651.
[371] Zutreffend *Häsemeyer* ZZP 111 (1998), 84, 85; *Eckardt* ZIP 1997, 957, 961; anderer Ansatz – analoge Anwendung des § 161 Abs. 1 BGB – bei *Hennrichs* JZ 1993, 225, 228.
[372] BGH NJW 2005, 1192 (betr. Kollision zwischen Globalzessionen zugunsten einer Bank und eines Vermieters von Baumaschinen); *Serick* IV § 50 IV 3 (S. 466 ff.); HK-*Lohmann* § 51 RdNr. 32.

Insolvenzverwalter nicht verlangen, die Verwertung so zu steuern, dass alle Sicherungsnehmer in gleicher Weise etwas davon haben (möglich wäre dies, indem zuerst das Warenlager verwertet und mit dem Erlös der Vorbehaltsverkäufer befriedigt wird).

4. Kollision einer Sicherungsglobalzession mit einer Factoringglobalzession. Handelt es sich um ein **unechtes Factoring,** kollidieren – richtig verstanden – zwei Sicherungsglobalzessionen miteinander. Dann gilt fraglos das Prioritätsprinzip (s.o. RdNr. 210). Liegt ein **echtes Factoring** vor, ist die Situation weniger eindeutig. Nach Meinung des BGH[373] berechtigt die Einziehungsbefugnis, die von dem durch eine zeitlich vorrangige Sicherungsglobalzession gesicherten Kreditgeber eingeräumt worden ist, den Kreditnehmer nicht dazu, die Forderung im Rahmen echten Factorings zu verkaufen, weil er dafür nicht den ungeschmälerten Gegenwert der Forderung erhält. Damit stellt sich der Geldkreditgeber besser als der Warenkreditgeber. Da umgekehrt auch eine zeitlich frühere Factoringzession nicht hinter eine spätere Sicherungszession zurücktritt, sind danach derartige Kollisionen immer nach dem **Prioritätsprinzip** zu lösen.[374] 216

VI. Sukzessivabtretung

Der Sicherungszessionar kann selbstverständlich die ihm abgetretene Forderung weiter abtreten, allerdings nicht sicherungshalber.[375] Tritt er die Forderung an den Drittschuldner ab, so kommt es nicht zum Erlöschen der Forderung infolge **Konfusion,** wenn die Abtretung nach Eröffnung des Insolvenzverfahrens über das Vermögen des Zedenten erfolgt. Hier kann der Zessionar nur eine Forderung ohne Einziehungsrecht (dieses hat gemäß § 166 Abs. 2 der Insolvenzverwalter) übertragen. Das Erlöschen der Forderung wäre mit § 166 Abs. 2 unvereinbar. Weiß der Drittschuldner um die Insolvenzeröffnung sowie um die Tatsache, dass der Zessionar nur Sicherungszessionar ist, kann er nicht mehr mit befreiender Wirkung an den Zessionar leisten. Dann kann er seine Lage auch nicht dadurch verbessern, dass er selbst die Rechtsstellung des Zessionars erwirbt.[376] 216a

VII. Erlöschen des Sicherungsrechts

Vgl. zunächst vor §§ 49–52 RdNr. 112. Der Drittschuldner kann nicht mehr mit befreiender Wirkung an den Sicherungszessionar leisten, wenn ihm die Eröffnung des Insolvenzverfahrens über das Vermögen seines ursprünglichen Gläubigers bekannt ist und er weiß, dass die Abtretung lediglich zu Sicherungszwecken erfolgt ist. § 166 Abs. 2 lässt bei offener Sicherungsabtretung keinen Raum für eine Vereinbarung zwischen Zessionar und Schuldner, nach welcher der Schuldner trotz Eröffnung des Insolvenzverfahrens über das Vermögen des Zedenten und beabsichtigter Verwertung der Forderung durch den Insolvenzverwalter befreiend nur an den Zessionar leisten könne. Nach dem eindeutigen Inhalt von § 166 Abs. 2 steht das Einziehungsrecht des Insolvenzverwalters nicht zur Disposition von Sicherungsgläubiger und Schuldner.[377] 216b

F. Zurückbehaltungsrechte

I. Zurückbehaltungsrecht wegen nützlicher Verwendungen (§ 51 Nr. 2)

1. Verwendungen auf bewegliche Sachen. Ein außerhalb der Insolvenzordnung begründetes Zurückbehaltungsrecht wegen eines Anspruchs auf Ersatz nützlicher Verwendungen auf bewegliche Sachen verleiht ein Absonderungsrecht. Anwendungsfälle sind die §§ 102, 292 Abs. 2, 304, 347 Abs. 2, 459, 536a Abs. 2, 539, 590b, 591, 601 Abs. 2, 670, 675, 683, 693, 850, 972, 994 ff., 1049, 1216, 2022 i. V. m. 273 Abs. 2, 1000 Satz 1 BGB. Der Besitz an der beweglichen Sache muss vor Insolvenzeröffnung erlangt sein und bei Geltendmachung des Zurückbehaltungsrechts noch bestehen.[378] 217

Auch die **Verwendung** muss vor Insolvenzeröffnung erfolgt sein.[379] Versuche, den Begriff der Verwendung[380] von dem der Aufwendung zu unterscheiden, sind wenig fruchtbar. Eine Verwen- 218

---

[373] BGHZ 75, 391, 394 f. = NJW 1980, 772; 82, 283, 289 ff. = NJW 1982, 571.
[374] *Serick* IV § 52 V 4 (S. 591); im Ergebnis ebenso *Achsnick/Krüger,* aaO RdNr. 339; aA *Häsemeyer,* Insolvenzrecht RdNr. 18.54.
[375] *Ganter* in Schimansky/Bunte/Lwowski, aaO § 90 RdNr. 401b.
[376] BGH NZI 2009, 428 = WM 2009, 1048.
[377] BGH NZI 2009, 425 m. Anm. *Jahn*.
[378] RG LZ 1924, 639; *Gottwald/Adolphsen,* Insolvenzrechts-Handbuch, § 42 RdNr. 60; *Jaeger/Henckel* § 51 RdNr. 48; HK-*Lohmann* § 51 RdNr. 47.
[379] *Gottwald/Eickmann,* Insolvenzrechts-Handbuch, § 31 RdNr. 67.
[380] Dazu BGHZ 109, 179, 182 f. = NJW 1990, 446 f.; *Palandt/Bassenge* § 994 RdNr. 2.

dung ist eine freiwillige Vermögensaufwendung des Besitzers, die nach seinem Willen der Sache unmittelbar zugute kommen soll. Sie soll damit der Erhaltung, Wiederherstellung oder Verbesserung der Sache dienen.[381] Keine Verwendungen sind Aufwendungen, die lediglich der Ermöglichung des weiteren Gebrauchs dienen, sowie die Auslagen für den Erwerb oder Rückerwerb der Sache.[382]

219 Abgesonderte Befriedigung kann nur verlangt werden, wenn und soweit der Wert der Sache infolge der Verwendungen nicht nur im **Zeitpunkt** der Insolvenzeröffnung, sondern auch noch in dem Zeitpunkt erhöht ist, in dem das Absonderungsrecht geltend gemacht wird. § 51 Nr. 2 spricht von dem „noch vorhandenen Vorteil", und ein bis zur Geltendmachung des Absonderungsrechts bereits wieder verloren gegangener Vorteil begründet keinen Verwendungsersatzanspruch mehr.[383] Ist der Vorteil im Zeitpunkt der Geltendmachung des Absonderungsrechts höher als bei Insolvenzeröffnung, ist der spätere Zeitpunkt maßgeblich.[384]

219a Tritt der Zurückbehaltungsberechtigte den Verwendungsersatzanspruch nach Eröffnung des Insolvenzverfahrens an einen Dritten ab, geht das Zurückbehaltungsrecht – und damit das Absonderungsrecht – mit über.[385]

220 Hinsichtlich der **Verwertungsbefugnis** ist zu differenzieren. Ein eigenes Verwertungsrecht hat der Besitzer wegen seiner nicht genehmigten Verwendungen nach §§ 1000, 1003 Abs. 1 Satz 2, Abs. 2 BGB (ebenso nach § 292 Abs. 2, §§ 2022, 2023 BGB, die auf die §§ 1000, 1003 BGB verweisen).[386] Insofern gilt § 173. Genehmigt der dazu aufgeforderte Insolvenzverwalter die Verwendungen, entfällt damit zwar nicht das Recht zur abgesonderten Befriedigung, wohl aber das Selbstverwertungsrecht des Absonderungsberechtigten.[387] In den anderen Fällen des Zurückbehaltungsrechts wegen nützlicher Verwendungen fehlt es daran von vornherein. Der Zurückbehaltungsberechtigte kann nur einen Anspruch auf Vorzugsbefriedigung aus dem Erlös der vom Verwalter zu verwertenden Sache geltend machen. Wenn der Insolvenzverwalter verwertet, wird dem Zurückbehaltungsberechtigten kein Kostenbeitrag auferlegt.[388]

221 2. **Verwendungen auf unbewegliche Sachen.** Diese sind in § 51 Nr. 2 nicht erfasst.[389] Die abgesonderte Befriedigung aus unbeweglichen Sachen ist ausschließlich in § 49 geregelt. Danach hat der Besitzer eines im Wege der Zwangsvollstreckung verwerteten Grundstücks wegen seiner Verwendungen keinen Anspruch auf abgesonderte Befriedigung. Dies ergibt sich für Zurückbehaltungsrechte mit Verwertungsrecht im Umkehrschluss aus § 10 ZVG.[390] Der Gläubiger des Verwendungsersatzanspruchs hat kein Recht auf Befriedigung aus dem Grundstück. Im Übrigen besteht in Bezug auf unbewegliche Sachen meist schon kein Verwendungsersatzanspruch (§ 93 Abs. 2 ZVG). Zurückbehaltungsberechtigte ohne Verwertungsrecht können nicht besser stehen.[391]

222 3. **Aufwendungen des Erben.** Im Nachlasskonkurs steht dem Erben wegen der ihm nach den §§ 1978, 1979 BGB aus dem Nachlass zu ersetzenden Aufwendungen kein Zurückbehaltungsrecht zu (§ 323, s. dort). Für den Erbschaftsbesitzer nach § 2022 BGB gelten die Vorschriften der §§ 1000 bis 1003 BGB entsprechend (§ 2022 Abs. 1 Satz 2 BGB).

II. Handelsrechtliche Zurückbehaltungsrechte (§ 51 Nr. 3)

223 1. **Kaufmännisches Zurückbehaltungsrecht (§ 369 HGB).** Dieses ist – obwohl persönliches Recht[392] – einem Pfandrecht angenähert,[393] weil es unter den besonderen Voraussetzungen der §§ 371, 372 HGB eine Befriedigung des Kaufmanns aus den Sachen ermöglicht, deren Herausgabe er schuldet. Deshalb gibt es in der Insolvenz des Herausgabegläubigers ein Absonderungsrecht. Wegen § 91 kann ein kaufmännisches Zurückbehaltungsrecht nach Insolvenzeröffnung nicht mehr

---

[381] *Staudinger/Gursky* Neubearbeitung 2005 vor § 994 RdNr. 5.
[382] MünchKommBGB-*Baldus* § 994 RdNr. 14
[383] *Häsemeyer*, Insolvenzrecht RdNr. 18.20; *Jaeger/Henckel* § 51 RdNr. 48; *Uhlenbruck/Brinkmann* § 51 RdNr. 35; *Smid* § 51 RdNr. 27; *Nerlich/Römermann/Andres* § 51 RdNr. 13.
[384] *Jaeger/Henckel* § 51 RdNr. 48.
[385] *Mitlehner*, aaO RdNr. 866.
[386] *Gottwald/Adolphsen*, Insolvenzrechts-Handbuch, § 42 RdNr. 61 f.; *Marotzke*, Gegenseitige Verträge 3. Aufl. RdNr. 2.48; *Jaeger/Henckel* § 51 RdNr. 50; *Uhlenbruck/Brinkmann* § 51 RdNr. 36.
[387] *Jaeger/Henckel* Vor §§ 49–52 RdNr. 41 und § 51 RdNr. 50.
[388] *Jaeger/Henckel* Vor §§ 49–52 RdNr. 47;aA *Mitlehner*, aaO RdNr. 869.
[389] BGHZ 150, 138, 145 = NJW 2002, 2313; BGH NZI 2003, 605, 606 = EWiR 2004, 351 (*Beutler*); *Jaeger/Henckel* § 51 RdNr. 56; *Uhlenbruck/Brinkmann* § 51 RdNr. 33.
[390] *Jaeger/Henckel* § 51 RdNr. 56.
[391] *Jaeger/Henckel* § 51 RdNr. 56.
[392] RGZ 69, 13, 16; 98, 69, 70; *Baumbach/Hopt* § 371 HGB RdNr. 1.
[393] *Häsemeyer*, Insolvenzrecht RdNr. 18.21; *Baumbach/Hopt* § 371 HGB RdNr. 1.

mit Wirkung gegen die Insolvenzgläubiger erworben werden; sämtliche Entstehungsvoraussetzungen müssen deshalb bis zu diesem Zeitpunkt gegeben sein oder zumindest mit diesem eintreten.[394]

a) Voraussetzungen. aa) Forderungen aus einem Handelsgeschäft. Das kaufmännische Zurückbehaltungsrecht besteht nur für Forderungen eines **Kaufmanns** (§§ 1–6 HGB) gegen einen Kaufmann (§§ 1–6 HGB). Der nicht eingetragene Scheinkaufmann kann sich als Gläubiger nicht auf ein kaufmännisches Zurückbehaltungsrecht berufen, weil sich niemand durch eine bloße Behauptung eine Rechtsstellung verschaffen kann.[395] Als Schuldner der zu sichernden Forderung muss er aber ein Zurückbehaltungsrecht eines Kaufmanns gegen sich gelten lassen. Der Gegner hat in diesem Falle das Recht auf abgesonderte Befriedigung.[396] Dass Dritte dadurch beeinträchtigt werden, ist unerheblich. Man kann die Wirkungen des kaufmännischen Zurückbehaltungsrechts nicht vom Entstehungsgrund abhängig machen. **224**

Beide Seiten müssen im **Zeitpunkt** der Entstehung der gesicherten Forderung und des Zurückbehaltungsrechts Kaufmann sein. Das einmal entstandene Zurückbehaltungsrecht bleibt bestehen, auch wenn eine Seite (oder beide) die Kaufmannseigenschaft verliert.[397] Fällt die Kaufmannseigenschaft beim Insolvenzschuldner nach Verfahrenseröffnung fort, entfällt deswegen das Absonderungsrecht nicht.[398] **225**

Das Geschäft, aus dem die gesicherte Forderung herrührt, muss für beide Seiten ein **Handelsgeschäft** sein. Es muss zwischen den Parteien geschlossen sein, zwischen denen das Zurückbehaltungsrecht geltend gemacht wird.[399] Dieses Unmittelbarkeitserfordernis gilt nicht bei Forderungen, die in Inhaber- oder Orderpapieren verbrieft sind.[400] Ein einmal entstandenes kaufmännisches Zurückbehaltungsrecht bleibt auch dann bestehen, wenn das Handelsgeschäft, auf dem es beruht, wegen arglistiger Täuschung angefochten worden ist.[401] **226**

Bei der gesicherten Forderung muss es sich nicht um eine Geldforderung oder um eine solche handeln, die in eine Geldforderung übergehen kann (das ist allerdings Voraussetzung, wenn das Zurückbehaltungsrecht gemäß § 371 HGB zu einer Befriedigung führen soll). Die gesicherte Forderung muss im Zeitpunkt der Geltendmachung des Zurückbehaltungsrechts **fällig** sein. Das frühere Notzurückbehaltungsrecht wegen Forderungen, die erst nach Insolvenzeröffnung fällig wurden (§ 370 Abs. 1 Nr. 1 HGB), ist durch Art. 40 Nr. 18 EGInsO beseitigt worden. Konnexität ist nicht erforderlich; die gesicherte Forderung braucht also nicht aus dem gleichen wirtschaftlichen Lebensverhältnis zu stammen wie der Herausgabeanspruch des Schuldners. **227**

Sämtliche vorgenannten Voraussetzungen können vertraglich abbedungen werden.[402] Behandeln beide Parteien die jeweils andere so, als ob sie Kaufmann wäre, kann eine konkludente Vereinbarung über die Geltung eines kaufmännischen Zurückbehaltungsrechts zustande kommen.[403] In der Insolvenz ist ein solches jedoch wirkungslos (s.u. RdNr. 242d). **227a**

bb) Gegenstand des Zurückbehaltungsrechts. § 369 HGB erfasst nur selbständig verwertbare Gegenstände im Sinne des § 371 HGB, also Sachen und Wertpapiere im engeren Sinne. Nicht erfasst werden demgemäß Sparbücher, Hypotheken- oder Grundschuldbriefe (sofern sie nicht auf den Inhaber lauten) und Kraftfahrzeugbriefe,[404] Der Zurückhaltungsberechtigte muss Besitzer der zurückzubehaltenden Sache sein. Mittelbarer Besitz reicht aus, sofern nicht der Schuldner, sondern ein Dritter unmittelbarer Besitzer ist.[405] Die Bank hat kein kaufmännisches Zurückbehaltungsrecht am Schrankfachinhalt, weil sie nicht Besitzerin ist.[406] Der Gegenstand des Zurückbehaltungsrechts muss grundsätzlich im Eigentum, wenigstens im Miteigentum des Schuldners stehen; zum Zurückbehaltungsrecht an gläubigereigenen Gegenständen s. § 369 Abs. 1 Satz 2 HGB. **228**

---

[394] OLG Köln ZIP 1993, 1249 = EWiR 1993, 907 *(Smid)*; *Häsemeyer,* Insolvenzrecht RdNr. 18.21; *Jaeger/Henckel* § 51 RdNr. 57; *Uhlenbruck* § 51 RdNr. 38; *Staub/Canaris* §§ 369–372 HGB RdNr. 59; *Schlegelberger/Hefermehl* § 369 HGB RdNr. 65.

[395] *Wagner* in Röhricht/Graf von Westphalen § 369 RdNr. 3.

[396] *Staub/Canaris* §§ 369–372 RdNr. 9; *Schlegelberger/Hefermehl* § 369 HGB RdNr. 13; MünchKommHGB-*Welter* § 369 RdNr.16; *Wagner* in Röhricht/Graf von Westphalen § 369 RdNr. 3; *Heymann* § 369 RdNr. 7; aA *Baumbach/Hopt* § 369 Rdn.3; *Ebenroth/Boujong/Joost/Stadler* § 369 Rdn.4.

[397] *Baumbach/Hopt* § 369 HGB RdNr. 3.

[398] OLG Hamburg OLGZ 11 (1905), 359, 360 f.; *Jaeger/Henckel* § 51 RdNr. 57.

[399] *Baumbach/Hopt* § 369 HGB RdNr. 6.

[400] So schon RGZ 9, 44, 45.

[401] BGH KTS 1957, 10.

[402] MünchKommHGB-*Welter* § 369 RdNr. 8.

[403] MünchKommHGB-*Welter* § 369 RdNr. 17.

[404] *Uhlenbruck/Brinkmann* § 51 RdNr. 37.

[405] *Schlegelberger/Hefermehl* § 369 HGB RdNr. 35.

[406] *Klanten* in Schimansky/Bunte/Lwowski, Bankrechts-Handbuch, § 73 RdNr. 20.

229   cc) **Weisungswidrige Zurückbehaltung.** Nach § 369 Abs. 3 HGB ist das Zurückbehaltungsrecht im Allgemeinen ausgeschlossen, wenn die Zurückbehaltung einer von dem Schuldner vor oder bei der Übergabe erteilten Anweisung oder einer von dem Gläubiger übernommenen Verpflichtung, in einer bestimmten Weise mit dem Gegenstand zu verfahren, widerstreitet. Früher entfiel dieses Hindernis, wenn über das Vermögen des Schuldners das Insolvenzverfahren eröffnet war oder wenn er seine Zahlungen eingestellt hatte und diese Umstände erst nach der Übergabe des Gegenstandes oder nach der Übernahme der Verpflichtung dem Gläubiger bekannt wurden. Dieses kaufmännische Notzurückbehaltungsrecht nach § 370 Abs. 2 HGB ist wegen Unvereinbarkeit mit den Grundsätzen der Insolvenzordnung ersatzlos aufgehoben worden.[407]

230   **b) Wirkungen.** Das kaufmännische Zurückbehaltungsrecht gewährt zum einen ein **Zurückbehaltungsrecht.** Der Gläubiger kann die Herausgabe der Sache gegenüber dem Insolvenzverwalter verweigern. Er muss sie nur Zug um Zug gegen Befriedigung der gesicherten Forderung herausgeben.[408]

231   Zum andern hat der Gläubiger an den Gegenständen, die er zurückbehalten darf, ein **Verwertungsrecht** (§ 371 Abs. 1 Satz 1 HGB).[409] Ist über das Vermögen des Schuldners das Insolvenzverfahren eröffnet, darf der Gläubiger selbst verwerten.[410] Es steht ihm entweder der Weg der **Vollstreckungsbefriedigung** (§ 371 Abs. 3 Satz 1 HGB) nach den allgemeinen Vorschriften oder der der **Verkaufsbefriedigung** (§ 371 Abs. 2 bis 4 HGB) zur Verfügung. In beiden Fällen bedarf der Gläubiger eines Titels. Hatte der Gläubiger bereits vor Insolvenzeröffnung einen Titel gegen den Schuldner erwirkt, so muss er jenen nunmehr gegen den Insolvenzverwalter umschreiben lassen (§ 727 ZPO).[411] Hat der Gläubiger noch keinen Titel, so kann er sich diesen auch noch nach Eröffnung des Insolvenzverfahrens über das Vermögen des Schuldners beschaffen.[412] Zuständig ist das Prozessgericht, nicht das Insolvenzgericht. Entscheidet sich der Gläubiger für den Weg der Vollstreckungsbefriedigung, muss er die Forderung, die durch das Zurückbehaltungsrecht gesichert ist (und fällig sein muss), einklagen; auf Grund des dadurch erlangten (persönlichen) Titels kann er vollstrecken. Bevorzugt der Gläubiger die Verkaufsbefriedigung, muss er auf Grund des Zurückbehaltungsrechts vorgehen; auf Grund des dadurch erlangten (dinglichen) Titels kann er gemäß § 1233 BGB wählen, ob die Verwertung nach den Vorschriften des BGB über den Pfandverkauf oder nach denen der ZPO über die Verwertung einer gepfändeten Sache erfolgen soll. Ist bei einer freihändigen Veräußerung ein höherer Erlös als bei einer Versteigerung zu erwarten, trifft den vorläufigen mitbestimmenden Insolvenzverwalter die Verpflichtung, gegenüber dem Absonderungsberechtigten dieser Art des Verkaufs zuzustimmen.[413] Wenn der Gläubiger den Titel innerhalb der in § 189 Abs. 1 vorgesehenen Ausschlussfrist nicht zu erlangen vermag, ist das Selbstverwertungsrecht nicht viel wert. Notfalls kann der Gläubiger immer noch auf sein Absonderungsrecht verzichten, um wenigstens als Insolvenzgläubiger berücksichtigt zu werden (§ 52).

232   **2. Versicherungsrechtliche Zurückbehaltungsrechte. a) Versicherung für fremde Rechnung. aa) Seeversicherung.** Gemäß §§ 888, 889 HGB aF hatte der Versicherungsnehmer am Versicherungsschein (der Police) ein insolvenzfestes Zurückbehaltungsrecht. Wegen der dadurch geschützten Ansprüche – insbesondere des Anspruchs auf Erstattung der verauslagten Prämien – hatte der Versicherungsnehmer überdies ein positives Recht auf Vorzugsbefriedigung. Dieses begründete in der Insolvenz des Versicherten ein Absonderungsrecht. Diese Vorschriften sind mit Wirkung vom 1.1.2008 ersatzlos gestrichen worden.[414]

233   **bb) Sonstige Versicherung für fremde Rechnung.** Nach dem Vorbild der §§ 888, 889 HGB aF gewährt auch bei sonstiger Versicherung für fremde Rechnung die – allerdings dispositive[415] – Vorschrift des § 46 Satz 1 VVG dem Versicherungsnehmer gegenüber dem Versicherten oder – falls über dessen Vermögen ein Insolvenzverfahren eröffnet ist – dem Insolvenzverwalter ein Zurückbehaltungs- und Befriedigungsrecht. Diese Regelung rechtfertigt sich aus der Überlegung, dass die Versicherung nicht aus Mitteln des insolventen Versicherten, sondern aus denen des Versicherungsnehmers genommen

---

[407] *Baumbach/Hopt* § 370 HGB RdNr. 1.
[408] OLG Köln EWiR 1999, 31 *(Runkel); Staub/Canaris* §§ 369–372 HGB RdNr. 59; *Schlegelberger/Hefermehl* § 369 HGB RdNr. 64.
[409] OLG Köln EWiR 1999, 31 *(Runkel).*
[410] BGH NZI 2011, 602, 605 RdNr. 31; *Gottwald/Adolphsen,* Insolvenzrechts-Handbuch, § 42 RdNr. 64; *Jaeger/Henckel* § 51 RdNr. 57 f.; *Uhlenbruck/Brinkmann* § 51 RdNr. 37.
[411] *Schlegelberger/Hefermehl* § 369 HGB RdNr. 64.
[412] *Jaeger/Henckel* § 51 RdNr. 57; *HK-Lohmann* § 51 RdNr. 50.
[413] BGH NZI 2011, 602, 605 RdNr. 32.
[414] BGBl. 2007 I 2631.
[415] *Prölss/Klimke* in Prölss/Martin, § 44 VVG RdNr. 16.

worden ist.[416] Gesichert werden die dem Versicherungsnehmer „in Bezug auf die versicherte Sache zustehenden Ansprüche". Ob der Versicherungsnehmer Ansprüche hat, richtet sich nach dem Innenverhältnis zwischen ihm und dem Versicherten.[417] Im Wesentlichen wird es um Ansprüche auf Erstattung der verauslagten Prämie oder Provisionsansprüche gehen. Der Versicherungsnehmer darf den Versicherungsschein zurückbehalten, bis er wegen dieser Ansprüche befriedigt ist (§ 46 Satz 1 VVG). Außerdem darf er sich aus dem Anspruch auf die Versicherungssumme abgesondert befriedigen (§ 46 Satz 2 VVG).[418] Er kann mit Hilfe des zurückgehaltenen Versicherungsscheins die entsprechende Forderung einziehen, ohne dass es der Zustimmung des Versicherten bedarf. Daran ändert sich, wie sich aus dem Wortlaut des § 46 VVG ergibt, auch nichts in der Insolvenz des Versicherten.[419] Den Betrag, der die Ansprüche des Versicherungsnehmers übersteigt, hat er an den Versicherten bzw. an die Insolvenzmasse abzuführen. Hat der Versicherungsnehmer die Versicherungspolice an den Insolvenzverwalter herausgegeben und dieser daraufhin die Forderung gegen den Versicherer eingezogen, steht dem Versicherungsnehmer ein Anspruch aus § 55 Abs. 1 Nr. 3 gegen die Masse zu. Ist die Entschädigung bereits vor Insolvenzeröffnung an den Versicherten bezahlt worden, hat der Versicherungsnehmer unter den Voraussetzungen des § 48 Satz 2 analog ein Ersatzabsonderungsrecht.

b) Haftpflichtversicherung. Vgl. zunächst § 50 RdNr. 115. In der Insolvenz des haftpflichtversicherten Versicherungsnehmers kann der geschädigte Dritte (= Haftpflichtgläubiger) wegen des ihm gegen den Versicherungsnehmer zustehenden Schadensersatzanspruchs abgesonderte Befriedigung aus dem Freistellungsanspruch des Versicherungsnehmers verlangen (§ 110 VVG).[420] Die Versicherungsleistung soll demjenigen zugute kommen, der durch den Versicherungsfall einen Schaden erlitten hat; dagegen sollen dessen sonstige Gläubiger nicht aus dem Haftpflichtfall profitieren.[421] In der Insolvenz des Erstversicherers hat der Versicherte kein Absonderungsrecht am Anspruch gegen den Rückversicherer, weil die **Rückversicherung** keine Haftpflichtversicherung ist (vgl. außerdem § 209 VVG).[422]

aa) Versicherungsfall vor der Eröffnung des Insolvenzverfahrens. Weil die Versicherungsleistung dem Geschädigten und nicht den Gläubigern des Schädigers (= Versicherungsnehmers) zugute kommen soll, kann der Versicherer schon **vor Insolvenzeröffnung** die Versicherungsleistung nicht mit befreiender Wirkung an den Versicherungsnehmer erbringen (vgl. § 108 VVG).

Die Forderung des Versicherungsnehmers gegen den Versicherer ist zunächst auf Befreiung von dem Schadensersatzanspruch des Dritten gerichtet (als Befreiungsanspruch ist die Forderung nur an den Haftpflichtgläubiger abtretbar!); sie wandelt sich aber mit Insolvenzeröffnung in einen Zahlungsanspruch um. Umgewandelt wird die Forderung in voller Höhe, nicht bloß in Höhe der auf den Schadensersatzanspruch entfallenden Insolvenzquote.[423] Entsprechend § 1282 BGB erwirbt der Dritte, ohne dass es einer Pfändung bedarf,[424] ein Einziehungsrecht unmittelbar gegen den Versicherer, sobald der versicherungsrechtliche Deckungsanspruch fällig geworden ist.[425] Die Fälligkeit des Deckungsanspruchs setzt voraus, dass der Haftpflichtanspruch festgestellt ist.[426] Steht die Feststellung bei Eröffnung des Insolvenzverfahrens über das Vermögen des Versicherungsnehmers noch aus, ergibt sie sich aus einem Anerkenntnis der Schadensersatzforderung durch den Insolvenzverwalter oder der widerspruchslosen Feststellung zur Tabelle.[427] Widerspricht der Verwalter der Feststellung, muss der Dritte gegen den Verwalter – oder bei Freigabe: gegen den Versicherten (= Schuldner) – klagen. Ein im Zeitpunkt der Insolvenzeröffnung bereits anhängiger Haftpflichtprozess wird unterbrochen (§ 240 Satz 1). Gemäß § 86 Abs. 1 Nr. 2 kann

---

[416] *Häsemeyer* Insolvenzrecht RdNr. 18.22.
[417] *Prölss/Klimke* in Prölss/Martin, § 44 VVG RdNr. 12.
[418] *Jaeger/Henckel* § 51 RdNr. 59.
[419] AA MünchKommVVG-*Dageförde* § 44 RdNr. 3.
[420] Wegen der Änderung der Terminologie gegenüber der Vorgängervorschrift des § 157 VVG aF vgl. *Gottwald/Adolphsen*, Insolvenzrechts-Handbuch, § 42 Fn. 180.
[421] Vgl. hierzu die beachtliche Kritik von *Häsemeyer* KTS 1982, 507, 535, sowie Insolvenzrecht RdNr. 18.22: Die Entschädigungsforderung müsste eigentlich der Gläubigergesamtheit zugutekommen, weil freiwillig begründete Haftpflichtversicherungen ohne sozialschützenden Charakter, anders als Pflichtversicherungen, dem Geschädigten keine Schadensdeckung garantieren; außerdem stammen die Prämienzahlungen aus dem Vermögen des Insolvenzschuldners.
[422] *Gottwald/Adolphsen*, Insolvenzrechts-Handbuch, § 42 RdNr. 69; *Uhlenbruck/Brinkmann* § 51 RdNr. 42.
[423] RGZ 81, 250, 251 f.; 93, 209, 211; 135, 295, 297; *Jaeger/Henckel* Vor §§ 49–52 RdNr. 21.
[424] BGH NJW-RR 1993, 1306; *Thole* NZI 2011, 41, 44; *Gottwald/Adolphsen*, Insolvenzrechts-Handbuch, § 42 RdNr. 67; *Jaeger/Henckel* Vor §§ 49–52 RdNr. 22.
[425] BGH VersR 1987, 655; 1991, 414, 415.
[426] BGH VersR 1991, 414; vgl. auch BGH VersR 1954, 578, 579.
[427] *Thole* NZI 2011, 41 f.

der Prozess sowohl vom Insolvenzverwalter als auch vom Kläger aufgenommen werden.[428] Der Kläger muss seinen Antrag auf Zahlung, beschränkt auf Leistung aus der Versicherungsforderung (also nicht aus dem gesamten massezugehörigen Vermögen!),[429] oder auf Feststellung, dass er zur abgesonderten Befriedigung berechtigt ist, umstellen.[430] Obsiegt der Kläger, ist seine Forderung damit aber noch nicht rechtskräftig festgestellt im Sinne des § 178 Abs. 3; am Verteilungsverfahren (§ 52) nimmt der Haftpflichtgläubiger also nur teil, wenn seine Forderung auch im Anmeldeverfahren geprüft worden ist. Der Insolvenzverwalter muss den Anspruch auf Verlangen des Versicherers bestreiten; andernfalls geht der Versicherungsschutz verloren.

236a Besteht die Gefahr, dass dem Haftpflichtgläubiger der Deckungsanspruch als Haftungsobjekt verloren geht, weil dieser Anspruch weder vom Versicherungsnehmer noch vom Insolvenzverwalter gegen den Versicherer geltend gemacht wird, kann der Haftpflichtgläubiger ausnahmsweise eine Feststellungsklage gegen den Versicherer erheben.[431]

237 bb) **Versicherungsfall nach Insolvenzeröffnung.** Das Absonderungsrecht entsteht auch dann, wenn der Versicherungsfall erst nach Insolvenzeröffnung eintritt. Da der Versicherungsanspruch der Masse mit der Belastung durch das Absonderungsrecht des Haftpflichtgläubigers anfällt, steht § 91 nicht entgegen.[432]

238 cc) **Geltendmachung des Absonderungsrechts. (1) Während des Insolvenzverfahrens.** Das Recht auf abgesonderte Befriedigung aus der Entschädigungsforderung des insolventen Versicherungsnehmers gegen den Versicherer kann der Haftpflichtgläubiger auf zwei verschiedenen Wegen geltend machen. Er kann den Entschädigungsanspruch, sofern dieser festgestellt ist (vgl. o. RdNr. 236) selbst gemäß § 1282 BGB (direkt oder jedenfalls analog) in Verbindung mit § 173[433] beim Versicherer einziehen.[434] Stattdessen kann der Haftpflichtgläubiger auch durch unmittelbare Klage auf Zahlung nur den Insolvenzverwalter in Anspruch nehmen, freilich beschränkt auf Leistung aus der Entschädigungsforderung gegen den Versicherer.[435] Erwirkt der geschädigte Dritte im Haftpflichtprozess einen rechtskräftigen Titel gegen den Insolvenzverwalter, so wirkt dieser Titel auch gegen den Haftpflichtversicherer (§ 100 VVG); zugleich löst er die Fälligkeit des Deckungsanspruchs aus (§ 106 Satz 1 VVG). Ob ein gegen den insolventen Versicherungsnehmer persönlich geführter Haftpflichtprozess ebenfalls die Fälligkeit des Deckungsanspruchs bewirkt, erscheint zweifelhaft.[436] Eine Klage gegen den Insolvenzverwalter auf Abtretung der Ansprüche aus dem Versicherungsvertrag ist möglich,[437] aber unzweckmäßig, weil sie nicht die Fälligkeit des versicherungsrechtlichen Deckungsanspruchs herbeiführt und nicht die versicherungsrechtliche Bindungswirkung auslöst.[438]

238a Wenn und soweit die Versicherungsleistung den Schadensersatzanspruch des Haftpflichtgläubigers nicht deckt, kann dieser, sofern der Anspruch auch zur Tabelle festgestellt ist, nach § 52 Satz 2 anteilige Befriedigung aus der Masse verlangen. Die Masse haftet dem absonderungsberechtigten Gläubiger, der auf sein Recht nicht verzichtet hat, auch dann nur in Höhe des bei der abgesonderten Befriedigung erlittenen Ausfalls, wenn der Insolvenzverwalter den Deckungsanspruch aus der Masse freigegeben hat.[439]

239 (2) **Nach Beendigung des Insolvenzverfahrens** kann der Haftpflichtgläubiger – vorbehaltlich einer Restschuldbefreiung – die volle Befriedigung seiner Schadensersatzforderung aus dem Versicherungsanspruch verlangen. Das zur Absonderung berechtigende Befriedigungsrecht überdauert die Insolvenz;[440] allerdings kann es – wie jedes Absonderungsrecht – durch einen Insolvenzplan

---

[428] *Thole* NZI 2011, 41, 42; aA *Mitlehner* ZIP 2012, 2003.
[429] BGH VersR 1989, 730, 731.
[430] *Thole* NZI 2011, 41, 43.
[431] *Thole* NZI 2011, 41, 42.
[432] *Gottwald/Adolphsen*, Insolvenzrechts-Handbuch, § 42 RdNr. 68; *Jaeger/Henckel* Vor §§ 49–52 RdNr. 23; *Uhlenbruck/Brinkmann* § 51 RdNr. 41.
[433] *Thole* NZI 2011, 41, 44.
[434] So auch *Mitlehner*, aaO RdNr. 717; *ders.* ZIP 2012, 2003, 2004.
[435] BGH VersR 1956, 625, 626; 1964, 906; NJW-RR 1989, 918; OLG Hamburg VersR 2010, 1620, 1624; *Thole* NZI 2011, 41, 42 f.; *Römer/Langheid*, VVG, 3. Aufl. 2012, § 110 RdNr. 5; *Uhlenbruck/Brinkmann* § 51 RdNr. 42; FKInsO/*Imberger* § 51 RdNr. 92; aA *Mitlehner* aaO RdNr. 213, 717; *ders.* ZIP 2012, 2003, 2005. Der Ansicht Mitlehners, der Geltendmachung des Haftungsspruchs gegen den Insolvenzverwalter stehe § 87 InsO entgegen, ist der BGH (NZI 2009, 380, 381) nicht gefolgt, weil er den Insolvenzverwalter nach Freigabe des Deckungsanspruchs aus der Masse lediglich als „nicht mehr passiv legitimiert" angesehen hat.
[436] BGH NJW 1996, 2035, 2036; *Stiller* ZInsO 2003, 207, 209.
[437] OLG Brandenburg ZInsO 2003, 183 ff.
[438] *Stiller* ZInsO 2003, 207, 209.
[439] BGH NZI 2009, 380.
[440] BGH VersR 1956, 625, 626; NJW 1996, 2035, 2036 = LM KO § 12 Nr. 3 *(Walker)*.

Einbußen erleiden.[441] Aus dem Absonderungsrecht kann der Haftpflichtgläubiger auf Leistung gegen den Versicherer klagen. Ein gegen den Insolvenzverwalter des Versicherungsnehmers oder ein gegen diesen persönlich erwirktes Urteil hat keine Rechtskraft gegenüber dem Versicherer. Falls ein **Rentenanspruch** (843 BGB) entsprechend §§ 41, 45, 46 in eine fällige Kapitalforderung umgewandelt und – sei es im Prüfungsverfahren nach §§ 174 ff., sei es auf Grund einer Feststellungsklage nach §§ 180 ff. – als solche festgestellt worden ist, kann der Haftpflichtgläubiger die Zahlung des Kapitals einfordern.[442]

dd) Verfügung über den Versicherungsanspruch. Das Absonderungsrecht kann nicht dadurch vereitelt werden, dass vor Insolvenzeröffnung der Versicherungsnehmer seinen Anspruch gegen den Versicherer an einen Dritten abtritt oder verpfändet oder jener Dritte den Anspruch pfändet.[443] Eines Rückgriffs auf den Rechtsgedanken des § 399 1. Alt. BGB bedarf es nicht. Denn ein Zessionar kann den Versicherungsanspruch nur belastet mit dem gesetzlichen Pfandrecht des Haftpflichtgläubigers erwerben, und dieses geht auch dem Pfandrecht des Dritten vor.

3. Bereicherungsrechtliches Zurückbehaltungsrecht (§ 821 BGB). Die Bereicherungseinrede ist – im Gegensatz zum Zurückbehaltungsrecht nach § 273 BGB (dazu s. RdNr. 242) – insolvenzfest, weil sie kein Zwangsmittel zur Durchsetzung einer eigenen Forderung darstellt, sondern der Abwehr einer ohne Rechtsgrund erhobenen Forderung dient.[444] Auf den Wert der Insolvenzmasse wirkt sich die Bereicherungseinrede nicht aus. Die Forderung, der eine dauernde Einrede entgegensteht, ist von vornherein wertlos und insofern einer nicht oder nicht mehr bestehenden Forderung gleichzusetzen. Da ein Zahlungsanspruch des Insolvenzverwalters mit der Bereicherungseinrede abgewehrt werden kann, wirkt sie wie ein Absonderungsrecht.

III. Zurückbehaltungsrecht nach § 273 BGB. Das Zurückbehaltungsrecht nach § 273 BGB ist – ebenso wie das kaufmännische Zurückbehaltungsrecht – ein persönliches Recht, das – anders als das kaufmännische Zurückbehaltungsrecht – nicht zur Befriedigung berechtigt. Da es sich lediglich als Zwangsmittel zur Durchsetzung einer eigenen Forderung darstellt, das in der Insolvenz grundsätzlich nicht zugelassen werden kann, weil es im Widerspruch zu dem Prinzip der gleichmäßigen Befriedigung aller Gläubiger steht, hat es in der Insolvenz des Herausgabegläubigers keinen Bestand.[445] Folglich muss eine Leistung in die Insolvenzmasse erbracht werden, auch wenn der Leistungspflichtige auf einen eigenen konnexen Gegenanspruch nur die Insolvenzquote erhält.[446]

Demgegenüber will *Marotzke* differenzieren: Zwar könne ein Insolvenzgläubiger an Massegegenständen kein Zurückbehaltungsrecht aus § 273 BGB ausüben, jedoch sei das Zurückbehaltungsrecht an nicht zur Masse gehörenden Gegenständen insolvenzfest. Ein Insolvenzgläubiger könne also ein Zurückbehaltungsrecht geltend machen, wenn der Insolvenzmasse ein Anspruch auf Übereignung zustehe.[447] Zur Begründung wird angeführt, der Eigentümer könne nicht schlechter stehen als ein Pfandgläubiger.[448] Dieser Vergleich hinkt, wenn der Eigentümer sein dingliches Recht an die Masse herausgeben muss, der Pfandgläubiger aber nicht. Hier hat der Pfandgläubiger zwar sachenrechtlich die schwächere, schuldrechtlich jedoch die stärkere Stellung, sodass der Schluss *a maiore ad minus* nicht zulässig ist.[449]

Ein insolvenzfestes Recht, die eigene Leistung zurückzubehalten, besteht nur im Rahmen eines beiderseits noch nicht (vollständig) erfüllten gegenseitigen Vertrages. Hier braucht der Schuldner des Insolvenzschuldners nur zu leisten, wenn der Insolvenzverwalter nach § 103 Erfüllung wählt.[450] Entsprechendes gilt, wenn Leistung und Gegenleistung nach den Grundsätzen der **Saldotheorie**

---

[441] *Uhlenbruck/Brinkmann* § 51 RdNr. 41.
[442] RGZ 93, 209, 213; *Uhlenbruck/Brinkmann* § 51 RdNr. 42.
[443] *Uhlenbruck/Brinkmann* § 51 RdNr. 41; *Gottwald/Adolphsen*, Insolvenzrechts-Handbuch, § 42 RdNr. 68.
[444] BGH NJW 1995, 1484, 1485 = WuB IV A. § 813 BGB 1.95 *(Hess)* = EWiR 1995, 465 *(Uhlenbruck)*; ZIP 2003, 2021, 2022 = EWiR 2003, 817 *(Haertlein/Schmidt)*.
[445] BGHZ 150, 138, 145 = NJW 2002, 2113; 161, 241, 252; BGH WM 1965, 408, 409; NJW 1995, 1484, 1485 = WuB IV A. § 813 BGB 1.95 *(Hess)* = EWiR 1995, 465 *(Uhlenbruck)*; NZI 2003, 605, 606 = EWiR 2004, 351 *(Beutler)*; WM 2007, 558, 561; 2009, 471 f.; BAGE 92, 1, 10; *Huber* BB 1964, 731, 733; *Henckel* ZZP 99 (1986), 419, 421 ff.; *Pletzsch*, Die Erfüllungsweigerung des Konkursverwalters, Diss. Frankfurt 1973, S. 50; *Häsemeyer*, Insolvenzrecht RdNr. 18.21; *Gottwald/Adolphsen*, Insolvenzrechts-Handbuch, § 42 RdNr. 63; *Jaeger/Henckel* § 51 RdNr. 52; *Uhlenbruck/Brinkmann* § 51 RdNr. 33; *Kübler/Prütting/Bork* § 51 RdNr. 18.
[446] *Jaeger/Henckel* § 51 RdNr. 53.
[447] *Marotzke*, Gegenseitige Verträge RdNr. 2.50, 2.69 f.; HKInsO/*Marotzke* § 103 RdNr. 53.
[448] *Marotzke*, Gegenseitige Verträge RdNr. 2.63.
[449] *Jaeger/Henckel* § 51 RdNr. 53.
[450] *Jaeger/Henckel* § 51 RdNr. 54.

synallagmatisch miteinander verknüpft sind (s.u. § 103 RdNr. 86).[451] Hatte der Vertragspartner des Insolvenzschuldners jedoch bereits vor Insolvenzeröffnung seine Leistung teilweise erbracht, so hat er – wenn der Insolvenzverwalter nunmehr restliche Erfüllung wählt – keinen Anspruch darauf, dass er die volle Gegenleistung aus der Masse erhält (vgl. u. § 105 RdNr. 28 f.).[452] Ebenfalls nicht insolvenzfest ist das Zurückbehaltungsrecht des Rechtsanwalts wegen noch offener Gebühren und Auslagen gemäß § 50 Abs. 3 BRAO, falls das Mandat massebezogen ist.[453]

242c   Ein **Massegläubiger** kann – ohne Absonderungsberechtigter zu sein – wegen Masseschuldansprüchen (§ 55 Abs. 1 und 2) Zurückbehaltungsrechte geltend machen, es sei denn, die Masse reicht zur vollen Befriedigung seiner oder einer vorgehenden Rangklasse nicht aus.[454]

IV. Vereinbarte Zurückbehaltungsrechte

242d   Auch vertraglich vereinbarte Zurückbehaltungsrechte sind nicht insolvenzfest.[455] Das gilt insbesondere für dasjenige aus Nr. 21 Abs. 5 AGB-Sparkassen und ebenso für ein vereinbartes „kaufmännisches" Zurückbehaltungsrecht (s.o. RdNr. 227a).

G. Sicherheiten für Zölle und Steuern (§ 51 Nr. 4)

I. Allgemeines

243   Wie bisher hat der Fiskus (Bund, Länder, Gemeinden und Gemeindeverbände) ein Absonderungsrecht an zoll- und steuerpflichtigen Waren. Es ist von seinen früheren Voraussetzungen der Zurücknahme oder Beschlagnahme der Sache gelöst worden und richtet sich nunmehr ausschließlich nach den entsprechenden zoll- und steuerrechtlichen Vorschriften, auf die **verwiesen** wird („soweit … nach gesetzlichen Vorschriften"). Maßgeblich ist insbesondere § 76 AO.

II. Die Sachhaftung nach § 76 AO

244   **1. Zweck und Bedeutung der Vorschrift.** Durch die Sachhaftung wird ein öffentlich-rechtliches Rechtsverhältnis begründet.[456] Die Sachhaftung verschafft dem Fiskus ein dem Pfandrecht an Sachen vergleichbares **dingliches Recht**, das den öffentlich-rechtlichen Steueranspruch für zoll- und verbrauchssteuerpflichtige Waren sichern soll. Bereits dieses durch die Sachhaftung begründete Recht gewährt ein **Absonderungsrecht**. Es ist nicht mehr Voraussetzung, dass sich die Waren in der Verfügungsgewalt der Finanzbehörde befinden. Das war früher wegen des Wortlauts des § 49 Abs. 1 Nr. 1 KO („in Ansehung der zurückgehaltenen … Sachen") anders beurteilt worden.[457] Auch ist keine **Beschlagnahme** nach § 76 Abs. 3 AO erforderlich; diese bedeutet nur, dass das Absonderungsrecht geltend gemacht und vor einer Beeinträchtigung gesichert wird (s.u. RdNr. 252 f.).[458] Steuerforderungen, die nicht auf einem bestimmten Gegenstand lasten, können nach Eröffnung des Insolvenzverfahrens über das Vermögen des Schuldners wegen § 89 nicht mehr vollstreckt werden.

245   **2. Begriff der Sachhaftung (Abs. 1).** Verbrauchsteuer- und zollpflichtige Waren dienen als Sicherheit für die darauf ruhenden Steuern. Steuern im Sinne der Abgabenordnung sind auch Zölle (§ 3 Abs. 1 Satz 2 AO). Die Sachhaftung besteht ohne Rücksicht darauf, wer Schuldner der Steuerforderung, wer Eigentümer der Waren und wer sonst an ihnen berechtigt ist.[459] Eine analoge Anwendung der Vorschrift auf die Umsatzsteuer/Mehrwertsteuer kommt nicht in Betracht.[460]

---

[451] *Jaeger/Henckel* § 51 RdNr. 54; *Marotzke*, Gegenseitige Verträge RdNr. 4.114.
[452] *Uhlenbruck/Wegener* § 103 RdNr. 172; *Tintelnot* in Kübler/Prütting/Bork § 105 RdNr. 16; aA *Marotzke*, Gegenseitige Verträge RdNr. 4.161.
[453] Vgl. hierzu *Jaeger/Henckel* § 51 RdNr. 52; *Uhlenbruck/Brinkmann* § 51 RdNr. 34.
[454] *Jaeger/Henckel* § 51 RdNr. 55.
[455] RGZ 77, 436, 438; *Gottwald/Adolphsen*, Insolvenzrechts-Handbuch, § 42 RdNr. 63; *Uhlenbruck/Brinkmann* § 51 RdNr. 34.
[456] *Mösbauer* DStR 1987, 397, 398; *Loose* in Tipke/Kruse AO § 76 RdNr. 2; *Boeker* in Hübschmann/Hepp/Spitaler § 76 AO RdNr. 5 f.
[457] Vgl. *Gottwald*, Insolvenzrechts-Handbuch, 3. Aufl., § 42 RdNr. 59; *Kuhn/Uhlenbruck* § 49 KO RdNr. 2; *Kilger/K. Schmidt* KO § 49 Anm. 2.
[458] *Jaeger/Henckel* § 51 RdNr. 59; *HK-Lohmann* § 51 RdNr. 52; *FK-Imberger* § 51 RdNr. 89.
[459] BFH BStBl. II 1980, 592; *Loose* in Tipke/Kruse AO § 76 RdNr. 3.
[460] *Loose* in Tipke/Kruse AO § 76 RdNr. 1.

3. Der Sachhaftung unterworfene Waren. a) Verbrauchsteuerpflichtige Waren. Verbrauchsteuerpflichtig sind Waren, die einer Verbrauchsteuer unterliegen. Welche Steuern dies sind, ergibt sich aus der Aufzählung des Verbrauchsteuer-Binnenmarktgesetzes vom 21. Dezember 1992.[461] Danach sind Verbrauchsteuern die Tabaksteuer, die Biersteuer, die Branntweinsteuer, die Schaumweinsteuer, die Mineralöl- und Erdgassteuer sowie die Kaffeesteuer. Hinzugekommen ist später noch die Stromsteuer.[462] Nach § 21 Abs. 1 UStG ist auch die Einfuhrumsatzsteuer eine Verbrauchsteuer im Sinne der Abgabenordnung. In Betracht kommen schließlich noch Verbrauchsteuern der Bundesländer.

b) Zollpflichtige Waren. Zollpflichtig sind Waren, für die im Zolltarif ein Zoll vorgesehen ist und die nicht außertariflich zollfrei sind.[463] Zur Zollguteigenschaft vgl. § 5 ZG und § 6 AZG; ab 1994 richtet sich die Zollpflicht nach dem Zollkodex (ZK) der Europäischen Gemeinschaft.

4. Entstehen der Sachhaftung (Abs. 2). Für das Entstehen der Sachhaftung ist unerheblich, wann der Steuertatbestand verwirklicht wird[464] und ob eine Beschlagnahme erfolgt (s.o. RdNr. 244 und u. RdNr. 253). Das dingliche Verwertungsrecht entsteht jedoch erst mit der Festsetzung der Steuer oder des Zolls.[465]

Bei verbrauchsteuerpflichtigen Waren entsteht die Sachhaftung mit dem Verbringen in den Geltungsbereich der Abgabenordnung. Dies gilt nach dem Verbrauchsteuer-Binnenmarktgesetz vom 21. Dezember 1992[466] auch dann, wenn die Waren aus einem anderen Mitgliedstaat der Europäischen Gemeinschaften eingeführt werden. Werden verbrauchsteuerpflichtige Waren im Inland produziert, entsteht die Sachhaftung mit dem Beginn des Produktionsvorgangs.[467]

Bei zollpflichtigen Waren entsteht die Sachhaftung mit dem Verbringen in das Bundesgebiet.[468] Die Einfuhrabgabenschuld entsteht im Regelfall erst später, nämlich dann, wenn die Ware in den freien Verkehr oder das Verfahren zur vorübergehenden Verwendung überführt worden ist (Art. 201 ZK), es sei denn, sie wurde vorschriftswidrig ins Zollgebiet verbracht (Art. 202 ZK).[469]

Ist die Sachhaftung erst im letzten Monat vor Stellung des Insolvenzantrags entstanden, greift die Rückschlagsperre des § 88 nicht ein. Denn die gesetzliche Wirkung des § 76 Abs. 2 AO knüpft an einen tatsächlichen Vorgang an und steht einer Maßnahme der Zwangsvollstreckung nicht gleich.[470] Dazu, ob die Beschlagnahme unter § 88 fällt, vgl. RdNr. 254.

5. Beschlagnahme (Abs. 3). Solange die Steuer nicht entrichtet ist, kann die Finanzbehörde nach ihrem Ermessen die Waren mit Beschlag belegen. Die Beschlagnahme ist für das Entstehen der Sachhaftung unwesentlich, soll vielmehr lediglich die Sachhaftung sicherstellen und vor einer Beeinträchtigung schützen.[471] Die Beschlagnahme ist statthaft, sobald und solange die Sachhaftung besteht.[472] Die Steuerschuld braucht noch nicht entstanden zu sein.[473]

Die Beschlagnahme ist keine Maßnahme der Zwangsvollstreckung, sondern der Bewahrung eines bestehenden Absonderungsrechts.[474] Dem Verbrauchsteuer- bzw. Zollpflichtigen wird die weitere Verarbeitung und der Handel mit der betreffenden Ware verboten.[475] Die Beschlagnahme soll also den Druck auf den Schuldner erhöhen, damit er seine Steuerschuld bezahlt, und, falls der Schuldner nicht nachgibt, die Verwertung der Waren sicherstellen.[476] Die Beschlagnahme wird bewirkt, indem sich die Finanzbehörde den Gewahrsam (falls sie ihn nicht schon hat) über die Waren verschafft, zum Beispiel durch Wegnahme, Einschließung oder Anbringung von Pfandsiegeln. Stattdessen kann an den Gewahrsamsinhaber auch ein Verfügungsverbot ergehen (Abs. 3 Satz 2).

---

[461] BGBl. I 1992, 2150.
[462] Stromsteuergesetz v. 24.3.1999, BGBl. I S. 378.
[463] *Boeker* in Hübschmann/Hepp/Spitaler AO § 76 RdNr. 18.
[464] *Mösbauer* DStR 1987, 397, 399; *Boeker* in Hübschmann/Hepp/Spitaler AO § 76 RdNr. 27, 32.
[465] *Boeker* in Hübschmann/Hepp/Spitaler AO § 76 RdNr. 32; *Kühn/v. Wedelstädt/Blesinger* AO § 76 RdNr. 3.
[466] BGBl. I 1992, 2150.
[467] *Boeker* in Hübschmann/Hepp/Spitaler AO § 76 RdNr. 25.
[468] *Boeker* in Hübschmann/Hepp/Spitaler AO § 76 RdNr. 28.
[469] *Loose* in Tipke/Kruse AO § 76 RdNr. 6.
[470] *Bähr/Smid* InVo 2000, 401, 403; *Jaeger/Henckel* § 51 RdNr. 62.
[471] *Loose* in Tipke/Kruse AO § 76 RdNr. 8.
[472] *Boeker* in Hübschmann/Hepp/Spitaler AO § 76 RdNr. 33.
[473] *Boeker* in Hübschmann/Hepp/Spitaler AO § 76 RdNr. 33.
[474] *Jaeger/Henckel* § 51 RdNr. 62.
[475] *Tipke/Kruse* § 76 AO RdNr. 2.
[476] *Boeker* in Hübschmann/Hepp/Spitaler AO § 76 RdNr. 34.

254 Eine Beschlagnahme, die binnen eines Monats vor Stellung des Insolvenzantrags erfolgt, unterliegt nicht der Rückschlagsperre des § 88.[477] Zum einen ist die Beschlagnahme kein Akt der Zwangsvollstreckung (s.o. RdNr. 251, 253); zum anderen fallen Zwangsvollstreckungsmaßnahmen von Absonderungsberechtigten nicht unter § 88.

255 Die **Beschlagnahme** kann auch noch erfolgen, **nachdem** über das Vermögen des Schuldners ein **Insolvenzverfahren eröffnet** worden ist.[478] Da das Absonderungsrecht an die Sachhaftung anknüpft und die Sachhaftung nicht von einer Beschlagnahme abhängt, stehen §§ 89, 91 nicht entgegen. Wenn die Beschlagnahme – durch Übernahme des Gewahrsams – allerdings lediglich den Zweck hat, das Verwertungsrecht des Insolvenzverwalters nach § 166 Abs. 1 zu beseitigen, sind jedoch Bedenken anzumelden.[479] Denn die Beschlagnahme soll nicht dazu dienen, der Finanzbehörde in der Insolvenz des Schuldners das Selbstverwertungsrecht zu verschaffen. Soweit die Beschlagnahme nach Eröffnung des Insolvenzverfahrens nicht mehr zugelassen wird, hat die Finanzbehörde daraus keine ins Gewicht fallenden Nachteile. Denn auf Grund der Verantwortlichkeit des Insolvenzverwalters braucht sie um ihre abgesonderte Befriedigung nicht zu fürchten.

256 Mit der Beschlagnahme nach § 76 Abs. 3 AO nicht zu verwechseln sind die Sicherstellung im Aufsichtsweg (§ 215 AO), die zollamtliche Sicherstellung nach § 20 ZG und die Beschlagnahme im Steuerstrafverfahren nach § 399 Abs. 2 Satz 2 AO in Verbindung mit §§ 98 Abs. 1, 105 Abs. 1 StPO.[480]

257 **6. Geltendmachung der Sachhaftung.** Außerhalb eines Insolvenzverfahrens kann sich die Finanzbehörde aus den der Sachhaftung unterliegenden Waren befriedigen, indem sie sie verwertet (§ 327 Satz 1 AO). Voraussetzung ist, dass der Steueranspruch bei Fälligkeit nicht erfüllt worden ist und dass die Sachhaftung (noch) besteht. Eine Beschlagnahme vor der Verwertung ist nicht erforderlich.[481] Das ist nur dann anders, wenn die Finanzbehörde die Waren, die sie verwerten will, nicht im Gewahrsam hat oder wenn sie verhindern will, dass die Waren ihrem Zugriff entzogen werden.[482] Die Verwertung erfolgt durch öff. Versteigerung (§ 327 Satz 2 i.V. mit § 296 Abs. 1). Die Versteigerung darf jedoch erst stattfinden, wenn dem Vollstreckungsschuldner die Verwertungsabsicht bekannt gegeben und seit der Bekanntgabe mindestens 1 Woche verstrichen ist (§ 327 Satz 3). Mittelbar wird dadurch auch der Eigentümer der haftenden Sache geschützt.[483]

258 Ist über das Vermögen des Schuldners ein Insolvenzverfahren eröffnet, hat die Finanzbehörde das Selbstverwertungsrecht nur dann, wenn sie im Zeitpunkt der Insolvenzeröffnung den Gewahrsam an den Waren hat (§ 166 Abs. 1). Soweit die Waren dem Verwertungsrecht des Insolvenzverwalters unterliegen, hat der Fiskus die Verfahrenskostenbeiträge gemäß §§ 170, 171 zu leisten.[484]

259 **7. Absehen von der Geltendmachung (Abs. 5).** Von der Geltendmachung der Sachhaftung wird abgesehen, wenn die Waren dem Verfügungsberechtigten abhanden gekommen sind und die verbrauchsteuerpflichtigen Waren in einen Herstellungsbetrieb aufgenommen oder die zollpflichtigen Waren einer Zollbehandlung zugeführt wurden. In den aufgeführten Fällen führt die Sachhaftung zu unbilligen Ergebnissen.

260 **8. Erlöschen der Sachhaftung (Abs. 4) und Übergang des Absonderungsrechts.** Die Sachhaftung erlischt mit der Steuerschuld, ferner mit Aufhebung der Beschlagnahme oder dadurch, dass die Waren mit Zustimmung der Finanzbehörde in einen steuerlich nicht beschränkten Verkehr übergehen (§ 76 Abs. 4 AO). Wird der Fiskus wegen der Steuer- oder Abgabenforderung von einem Dritten befriedigt, geht das Absonderungsrecht auf diesen über.[485]

III. Andere Absonderungsrechte an öffentlich verfangenen Sachen

261 Wird der auf eine Steuerforderung geschuldete Betrag nach §§ 241, 242 AO **hinterlegt,** erwirbt die Finanzbehörde ein Pfandrecht an der Forderung auf Rückerstattung des hinterlegten Betrages.

---

[477] *HK-Lohmann* § 51 RdNr. 52; *FK-Imberger* § 51 RdNr. 85; aA *Bähr/Smid* InVo 2000, 401, 403 f. und möglicherweise auch *Uhlenbruck/Brinkmann* § 51 RdNr. 38.
[478] *Gottwald/Adolphsen*, Insolvenzrechts-Handbuch, § 42 RdNr. 72; *Jaeger/Henckel* § 51 RdNr. 62; *Uhlenbruck/Brinkmann* § 51 RdNr. 38; *Nerlich/Römermann/Andres* § 51 RdNr. 15; *HK-Lohmann* § 51 RdNr. 52; aA *Smid* § 51 RdNr. 29; *Bähr/Smid* InVo 2000, 401, 405.
[479] Ebenso FK-*Imberger* § 51 RdNr. 89.
[480] *Boeker* in Hübschmann/Hepp/Spitaler AO § 76 RdNr. 38.
[481] *Gottwald/Adolphsen*, Insolvenzrechts-Handbuch, § 42 RdNr. 72.
[482] *Boeker* in Hübschmann/Hepp/Spitaler AO § 76 RdNr. 46.
[483] BGH NJW 2005, 1865, 1866.
[484] *Bähr/Smid* InVo 2000, 401, 408 f.
[485] BGH KTS 1964, 268; *Uhlenbruck/Brinkmann* § 51 RdNr. 38.

Zu den **öffentlichen Grundstückslasten** siehe zunächst § 49 RdNr. 53. Ein Absonderungsrecht 262
wegen öffentlicher Grundstückslasten wird nur dann im Rang von § 10 Abs. 1 Nr. 3 ZVG bedient,
wenn es nach Eröffnung des Insolvenzverfahrens zu einer Zwangsversteigerung kommt.[486] Veräußert
der Insolvenzverwalter das Grundstück freihändig, bleibt die Last bestehen (s.o. § 49 RdNr. 53b), falls
sie vom Verwalter nicht abgelöst wird, was dieser meist tun wird, weil der Erwerber die Übertragung
lastenfreien Eigentums erwarten darf.

Die wegen Steuerhinterziehung eingezogenen Sachen (§ 375 Abs. 2 AO) unterliegen nicht der 263
Absonderung, sondern können sogar ausgesondert werden.[487]

H. Veräußerungsverbote

Relative – also nur den Schutz bestimmter Personen bezweckende – **Veräußerungsverbote** 264
(§§ 135, 136 BGB) verschaffen kein Absonderungsrecht (§ 80 Abs. 2 Satz 1). Gleichgültig ist, ob es
sich um gesetzliche, gerichtliche oder behördliche Veräußerungsverbote handelt. Damit soll der
Grundsatz der Gläubigergleichbehandlung verwirklicht werden. Die Personen, welche das Veräußerungsverbot schützen soll, müssen also hinnehmen, dass der Insolvenzverwalter anderweitig über den
Gegenstand verfügt (Näheres hierzu bei § 80). Dass die Vorschrift mit den (ein Absonderungsrecht
gewährenden) Sicherungs- und Vorzugsrechte nicht richtig abgestimmt sei,[488] erscheint unzutreffend. Absonderungsrechte, die durch eine Pfändung oder Beschlagnahme erworben wurden, bleiben
unberührt (§ 80 Abs. 2 Satz 2). Die relativen Veräußerungsverbote sollen persönlichen Gläubigern
Priorität verschaffen; die Insolvenz verdrängt jedoch das Prioritätsprinzip.

I. Rangordnung

Siehe zunächst Vorbemerkungen vor §§ 49–52 RdNr. 73 ff. Die Reihenfolge des § 51 Nr. 1 bis 265
4 ist keine Rangfolge. Wenn verschiedene der hier aufgeführten Absonderungsrechte miteinander
konkurrieren, gilt folgendes:

Das **Abgabenabsonderungsrecht** nach § 51 Nr. 4 geht allen anderen Absonderungsrechten 266
nach § 51 – und auch denen nach § 50 – vor. Das war früher in § 49 Abs. 2 KO zum Ausdruck
gebracht worden. Jetzt ergibt es sich aus der Bezugnahme auf die „gesetzlichen Vorschriften" in
Verbindung mit § 76 Abs. 1 AO („ohne Rücksicht auf Rechte Dritter").[489] Der Vorrang des Fiskus
gilt nicht im Verhältnis zu Schiffsgläubigern (§ 761 HGB in der durch Art. 40 Nr. 21 EGInsO
geänderten Fassung). Ob es sich um eingetragene oder nicht eingetragene Schiffe handelt, ist gleichgültig.

Das **Absonderungsrecht wegen nützlicher Verwendungen** auf eine Sache (§ 51 Nr. 2) geht 267
etwaigen positiven Rechten an der Sache vor.[490] Hat zum Beispiel der Sicherungsgeber eine Sache
zuerst sicherungsübereignet und sodann ein Dritter als Verwahrer darauf Verwendungen gemacht
(§ 693 BGB), so kann sich, wenn über das Vermögen des Sicherungsgebers ein Insolvenzverfahren
eröffnet wird, der Verwahrer vor dem Sicherungseigentümer aus der Sache befriedigen. Das ist
deshalb gerechtfertigt, weil andernfalls der Sicherungseigentümer aus dem Vermögensopfer desjenigen, der die Verwendungen gemacht hat, einen unverdienten Vorteil zöge.

Das **kaufmännische Zurückbehaltungsrecht** (§ 51 Nr. 3) wirkt nach § 369 Abs. 2 HGB 268
gegenüber Dritten, die zu einem Zeitpunkt, als das Zurückbehaltungsrecht bereits begründet war,
durch Abtretung des Herausgabeanspruchs das Sicherungseigentum oder ein Pfandrecht (§§ 1205
Abs. 2, 1206 BGB) erworben haben. Späteren Pfändungspfandrechten geht das Zurückbehaltungsrecht ebenfalls vor (arg. e contrario § 804 Abs. 2 HS 2 ZPO i. V. m. §§ 50, 51 Nr. 3).[491] Dieses
versagt aber entsprechend dem Rechtsgedanken des § 443 HGB gegenüber späteren gesetzlichen
Pfandrechten.[492]

Für das **versicherungsrechtliche Absonderungsrecht** (s.o. RdNr. 232 ff.) gilt Entsprechendes. 269
Es geht insbesondere einem späteren Pfändungspfandrecht vor.

Zur Kollision von **Sicherungseigentum** und Vermieterpfandrecht s. § 50 RdNr. 89. 270

---

[486] OLG Hamm NJW-RR 1994, 469; *Uhlenbruck/Brinkmann* § 51 RdNr. 38; HambKomm-*Büchler* § 165 RdNr. 13; nunmehr auch FK-*Imberger* § 49 RdNr. 36; aALG Erfurt KKZ 2009, 17; *Hornung* KKZ 1995, 67, 69; *Jaeger/Henckel* § 49 RdNr. 33.
[487] *Jaeger/Henckel* § 51 RdNr. 63.
[488] So *Häsemeyer*, Insolvenzrecht RdNr. 18.24.
[489] Begr. zu § 59 RegE, BT-Drucks. 12/2443 S. 125.
[490] *Jaeger/Henckel* § 51 RdNr. 68.
[491] *Wagner* in Röhricht/Graf von Westphalen § 369 HGB RdNr. 27.
[492] *Baumbach/Hopt* § 369 HGB RdNr. 12; *Wagner* in Röhricht/Graf von Westphalen § 369 HGB RdNr. 25.

§ 52 Ausfall der Absonderungsberechtigten

¹Gläubiger, die abgesonderte Befriedigung beanspruchen können, sind Insolvenzgläubiger, soweit ihnen der Schuldner auch persönlich haftet. ²Sie sind zur anteilsmäßigen Befriedigung aus der Insolvenzmasse jedoch nur berechtigt, soweit sie auf eine abgesonderte Befriedigung verzichten oder bei ihr ausgefallen sind.

Schrifttum: Literaturangaben zu §§ 47–51; ferner: *Jaeger*, Haftung des Pfandes für Zinsen der Forderung, LZ 1916, 1414 ff.; *ders.*, Aus der Praxis des Konkursrechts, KTS 1928, 145 ff.; *Klasmeyer/Elsner*, Zur Behandlung von Ausfallforderungen im Konkurs, FS Merz, 1992, S. 303 ff.; *Mandlik*, Feststellungsvermerk bei Ausfallforderungen im Konkurs, Rpfleger 1980, 143; *K. Schmidt/Bitter*, Doppelberücksichtigung, Ausfallprinzip und Gesellschafterhaftung in der Insolvenz, ZIP 2000, 1077 ff.

Übersicht

	Rn.		Rn.
I. Allgemeines	1	3. Berechtigter macht zugleich das Absonderungsrecht und die persönliche Forderung geltend	17–27
II. Normzweck	2–4a	a) Anmeldung	17, 18
III. Voraussetzungen	5–13a	b) Feststellung	19
1. Persönliche Haftung des Insolvenzschuldners	5	c) Geltendmachung des Ausfalls bei der Verteilung	20–25
2. Massezugehörigkeit des Haftungsgegenstandes	6–13a	d) Geltendmachung der vollen Forderung bei der Verteilung	26
a) Objektive Rechtslage	7	e) Rückforderungsanspruch gegen den Absonderungsberechtigten	27
b) Treugut	8	V. Der Ausfall	28–37
c) Maßgebender Zeitpunkt	9, 10	1. Berechnung	28–33
d) Haftung mehrerer Personen	11, 12	2. Vorteilsausgleichung	34
e) Gemeinsame Rechtszuständigkeit des Schuldners und Dritter in Bezug auf den Haftungsgegenstand	13–13a	3. Nachweis	35–37
IV. Wahlrecht des Absonderungsberechtigten	14–27	VI. Der Verzicht	38–42
		VII. Sonderfälle	43–45
1. Berechtigter macht nur die persönliche Forderung geltend	15	1. Nachrangige Insolvenzforderungen	43–43a
2. Berechtigter macht nur das Absonderungsrecht geltend	16	2. Betagte, bedingte und unbestimmte Forderungen	44
		3. Zusammentreffen von Erben- und Nachlassinsolvenz	45

I. Allgemeines

1 Die Vorschrift entspricht § 64 KO und § 27 Abs. 1 Satz 1 VerglO. Die neue Fassung des Gesetzes fand sich bereits in § 61 RegE. Sie war im Gesetzgebungsverfahren nicht umstritten.[1]

II. Normzweck

2 § 52 regelt den Fall, dass der Insolvenzschuldner auch persönlicher Schuldner eines Absonderungsberechtigten ist. Hier haftet außer dem Gegenstand, auf den sich das Absonderungsrecht bezieht, auch das übrige Vermögen des Insolvenzschuldners. Schon außerhalb der Insolvenz darf der Vollstreckungsschuldner den Gläubiger auf ein ihn ausreichend deckendes Pfand- oder Zurückbehaltungsrecht verweisen (§ 777 ZPO). In der Insolvenz wird der solchermaßen gesicherte und somit absonderungsberechtigte Gläubiger durch § 52 weiter in seinen Rechten begrenzt. Gäbe es den § 52 nicht, könnte der absonderungsberechtigte Gläubiger zum einen die ihm verhaftete Sache verwerten und zum andern, falls die Verwertung noch nicht zu seiner vollständigen Befriedigung führt, mit dem vollen Betrag seiner Forderung am Insolvenzverfahren teilnehmen. Er hätte dann für ein und dieselbe Forderung zwei Befriedigungschancen und so bessere Aussichten, insgesamt „auf 100 %" zu kommen. Die Masse würde „doppelt" belastet, wenn der Absonderungsberechtigte für seine volle Forderung den Absonderungsgegenstand und daneben die restliche Masse in Anspruch nehmen

---

[1] Problematisch ist nach *Jaeger/Henckel* § 52 RdNr. 1, dass bei Beschlüssen der Gläubigerversammlung die Stimme jedes absonderungsberechtigten Gläubigers das Gewicht seiner vollen angemeldeten Forderung hat, gleichgültig in welchem Umfang diese durch die Verwertung des Absonderungsgegenstands gedeckt werden wird.

dürfte.[2] Dem beugt der in § 52 verankerte **Ausfallgrundsatz** vor. Der Zugriff des Absonderungsberechtigten auf das sonstige Vermögen des Insolvenzschuldners wird insoweit eingeschränkt, als der Absonderungsberechtigte die Insolvenzquote nur für den Betrag erhält, in dessen Höhe er auf abgesonderte Befriedigung verzichtet hat oder mit dem er bei der abgesonderten Befriedigung ausgefallen ist. Hinsichtlich dieses Betrages spricht man – da der Verzicht auf abgesonderte Befriedigung nur selten vorkommt – auch von einer Ausfallforderung.[3] § 52 hat mithin einen doppelten Regelungsgehalt: Zum einen enthält die Norm – insofern, als der Gläubiger primär auf die Verwertung seiner Sicherheit verwiesen wird und sich erst anschließend an die Masse halten kann – eine verfahrensrechtliche Regelung; zum anderen regelt sie – durch die Anordnung, dass die Quote des Absonderungsberechtigten nur auf den Ausfallbetrag berechnet wird – materiellrechtlich die Verteilung der Masse.[4]

Der Ausfallgrundsatz dient dem Interesse der nichtabsonderungsberechtigten Gläubiger.[5] Die Regelung ist deshalb **zwingend**.[6] Eine Vereinbarung, der zufolge der Absonderungsberechtigte zunächst die Quote aus seiner Gesamtforderung verlangen und den Erlös aus der abgesonderten Befriedigung auf die Restforderung verrechnen darf, ist nur wirksam, wenn der Insolvenzschuldner nicht zugleich persönlicher Schuldner des Absonderungsberechtigten – und § 52 somit unanwendbar (s.o. RdNr. 2) – ist.[7]

Nach dem Sinn und Zweck der Regelung ist diese auf die Inhaber eines **gegenständlich beschränkten Vorrechts** (vgl. Vorbemerkungen vor §§ 49–52 RdNr. 4) entsprechend anzuwenden. Diese würden – ebenso wie ein Absonderungsberechtigter – gegenüber den einfachen Insolvenzgläubigern ungerechtfertigt bevorzugt, wenn sie sowohl aus der Sondermasse als auch aus der Insolvenzmasse Befriedigung suchen dürften.[8]

§ 52 dürfte auch auf die Deckung, die ein Insolvenzgläubiger durch eine insolvenzfeste **Aufrechnung** erhält, entsprechend anwendbar sein.[9] Seine Lage ähnelt derjenigen eines Absonderungsberechtigten.[10] Auch besteht für ihn, falls seine Forderung höher ist als die Gegenforderung, die Gefahr eines Ausfalls in gleicher Weise, wie wenn er für seine Forderung eine zur Absonderung berechtigende Sicherheit hätte. Seine Sicherheit ist somit nicht stärker als die eines Absonderungsberechtigten. Er würde aber besser gestellt als dieser, könnte er für die volle Forderung zunächst die Insolvenzquote verlangen und sodann mit dem ungetilgten Rest aufrechnen.

III. Voraussetzungen

1. Persönliche Haftung des Insolvenzschuldners. § 52 setzt voraus, dass der Insolvenzschuldner persönlich dem Absonderungsberechtigten „haftet". Dies ist so zu verstehen, dass der Insolvenzschuldner der persönliche Schuldner des Absonderungsberechtigten sein muss.[11] Ist der Absonderungsberechtigte Gläubiger einer isolierten Grundschuld oder hat der Insolvenzschuldner mit einem eigenen Vermögensgegenstand eine fremde Schuld besichert (vgl. dazu vor §§ 49–52 RdNr. 54 ff.), ist § 52 nicht anwendbar. Die persönliche Schuld muss darüber hinaus eine Insolvenzforderung sein. Als solche kann sie auch nachrangig sein.[12] Handelt es sich um eine **Masseforderung**, ist § 52 wiederum unanwendbar.[13]

2. Massezugehörigkeit des Haftungsgegenstandes. § 52 ist nicht anwendbar, wenn der Gegenstand, der einem Insolvenzgläubiger dinglich haftet, nicht zur Insolvenzmasse gehört, der Insolvenzgläubiger folglich nicht absonderungsberechtigt ist (s.o. vor §§ 49–52 RdNr. 58).[14] Nach dem Grundgedanken der Vorschrift sollen nämlich nur solche Insolvenzgläubiger in ihren Rechten beschränkt werden, die der Masse selbst Vermögensgegenstände entziehen. Deshalb ist § 52 in der Gesellschaftsinsolvenz nur anwendbar, wenn der fragliche Gegenstand zum Gesellschaftsvermögen

---

[2] *Jaeger/Henckel* § 52 RdNr. 2; anderer Ansatz bei *Häsemeyer*, Insolvenzrecht RdNr. 18.75.
[3] *Klasmeyer/Elsner*, FS Merz, S. 303.
[4] *K. Schmidt/Bitter* ZIP 2000, 1077, 1078.
[5] RGZ 155, 95, 102; *Jaeger* KTS 1928, 145, 146; *Häsemeyer*, Insolvenzrecht RdNr. 18.75.
[6] *Häsemeyer*, Insolvenzrecht RdNr. 18.76; *Jaeger/Henckel* § 52 RdNr. 3; *FK-Imberger* § 52 RdNr. 2.
[7] *BuB/Cartano*, aaO RdNr. 4/522.
[8] *Jaeger/Henckel* § 52 RdNr. 4 aE; *Uhlenbruck/Brinkmann* § 52 RdNr. 5; *Smid* § 52 RdNr. 1.
[9] AA *Jaeger/Henckel* § 52 RdNr. 15.
[10] BGHZ 160, 107 = NJW 2004, 3185, 3186; *Paulus*, 50 Jahre BGH – Festgabe aus der Wissenschaft, S. 765, 781.
[11] *Jaeger/Henckel* § 52 RdNr. 4.
[12] *Jaeger/Henckel* § 52 RdNr. 5.
[13] *Jaeger/Henckel* Vor §§ 49–52 RdNr. 57; *FK-Imberger* § 52 RdNr. 9; *Nerlich/Römermann/Andres* § 52 RdNr. 2; *HK-Lohmann* § 52 RdNr. 2.
[14] *Baur/Stürner*, Insolvenzrecht RdNr. 15.18; *Häsemeyer*, Insolvenzrecht RdNr. 18.76; *Jaeger/Henckel* § 52 RdNr. 8; *Uhlenbruck/Brinkmann* § 52 RdNr. 3; *FK-Imberger* § 52 RdNr. 7; vgl. auch *Mitlehner*, aaO Fn. 937.

gehört. Eine Gesellschaftsverbindlichkeit, die ein Gesellschafter mit eigenem Vermögen besichert hat, muss in der Gesellschaftsinsolvenz voll berücksichtigt werden.[15] In der Nachlassinsolvenz setzt die Anwendung des § 52 voraus, dass der Gegenstand zum Nachlass gehört.[16] § 52 ist anwendbar, wenn ein Massegegenstand von einem Nichtberechtigten wirksam belastet worden ist.[17] Falls persönlicher Schuldner und Sicherungsgeber nicht identisch sind, ist nicht das Ausfallprinzip des § 52, sondern das **Kumulationsprinzip (Grundsatz der Doppelberücksichtigung)** des § 43 anzuwenden: Danach ist der Gläubiger berechtigt, neben seiner persönlichen Forderung auch das Recht aus der dinglichen Sicherheit (Entsprechendes gilt für die Bürgschaft eines Dritten[18]) jeweils in voller Höhe bis zu seiner vollständigen Befriedigung geltend zu machen.[19] Zur Haftung des Sicherungsgebers als Mitschuldner neben dem Insolvenzschuldner s.u. RdNr. 11.

7 a) **Objektive Rechtslage.** Im Rahmen des § 52 ist entscheidend die objektive Zugehörigkeit des Haftungsgegenstandes zur Insolvenzmasse.[20] Auf die Vermutung des § 891 BGB oder den öffentlichen Glauben des Grundbuchs nach § 892 BGB kann nicht abgestellt werden.[21]

8 b) **Treugut.** Sicherungsgut wird in der Insolvenz des Sicherungsgebers im Sinne von § 52 zur Insolvenzmasse gerechnet.[22] Das ist gerechtfertigt, weil das Sicherungseigentum nicht zur Aussonderung, sondern nur zur Absonderung berechtigt. Zur Rechtslage in der Insolvenz des Treugebers bei einer uneigennützigen Treuhand vgl. § 47 RdNr. 371. Massezugehörig ist auch Sicherungsgut, das der Sicherungsgeber nur als Treuhänder für den Schuldner hält.

9 c) **Maßgebender Zeitpunkt.** Ob der Haftungsgegenstand zur Insolvenzmasse gehört, entscheidet sich nach dem Zeitpunkt der Insolvenzeröffnung.[23] Ist ein zugunsten eines Insolvenzgläubigers belasteter Gegenstand schon vorher untergegangen (zum Untergang nach Insolvenzeröffnung s.u. RdNr. 32), scheidet die Anwendung des § 52 aus. Das Gleiche gilt, wenn der Gegenstand schon vor Insolvenzeröffnung vom Insolvenzschuldner an einen Dritten veräußert worden ist.[24] Dadurch werden die Insolvenzgläubiger benachteiligt, weil dem Sicherungsnehmer nunmehr die Doppelberücksichtigung gemäß § 43 zustatten kommt, die ihm ohne die Veräußerung nach § 52 versagt geblieben wäre. Beispielsweise haftet ihm neben dem Vermögen des persönlich haftenden Insolvenzschuldners weiter das mit einer Grundschuld zu seinen Gunsten belastete, nunmehr einem Dritten gehörende Grundstück. Wegen dieser Gläubigerbenachteiligung kann eine Insolvenzanfechtung (§§ 129 ff.) aussichtsreich sein.[25] § 52 ist schließlich auch dann unanwendbar, wenn der Haftungsgegenstand erst nach Insolvenzeröffnung durch den Insolvenzverwalter für die Masse erworben worden ist.[26] Das Gleiche gilt, wenn der Schuldner nach Insolvenzeröffnung den Gegenstand erworben hat und dieser als Neuerwerb in die Masse fällt.

10 Demgegenüber ist § 52 anwendbar, wenn der spätere Insolvenzschuldner den Gegenstand vor Insolvenzeröffnung bereits belastet erworben hat.[27] Dadurch verliert der Gläubiger den Vorteil der Doppelberücksichtigung (§ 43). Davor kann sich der Gläubiger nur schützen, indem er in dem Sicherungsvertrag den Sicherungsgeber verpflichtet, den Sicherungsgegenstand nicht zu veräußern.[28] Ebenfalls anwendbar ist die Vorschrift dann, wenn der Insolvenzverwalter einen Absonderungsgegenstand, der bei Insolvenzeröffnung zur Masse gehört hatte, freigegeben hat.[29] Der Zweck dieser Bestimmung – einen Gläubiger, der sich aus einem Massegegenstand bevorzugt befriedigen darf, nicht auch noch mit dem befriedigten Teil seiner Forderung am Insolvenzverfahren teilnehmen

---

[15] *Uhlenbruck/Brinkmann* § 52 RdNr. 3.
[16] *Jaeger/Henckel* § 52 RdNr. 14; *Uhlenbruck/Brinkmann* § 52 RdNr. 3.
[17] RG JW 1901, 82; *Jaeger/Henckel* § 52 RdNr. 8.
[18] BGH NZI 2006, 32; *Gottwald/Adolphsen*, Insolvenzrechts-Handbuch, § 42 RdNr. 91.
[19] *Uhlenbruck/Brinkmann* § 52 RdNr. 3a.
[20] *Uhlenbruck/Brinkmann* § 52 RdNr. 3.
[21] RGZ 91, 12, 15.
[22] RGZ 91, 12, 15; *Jaeger/Henckel* § 52 RdNr. 16; *Uhlenbruck/Brinkmann* § 52 RdNr. 3; *Gottwald/Adolphsen*, Insolvenzrechts-Handbuch, § 42 RdNr. 77.
[23] *Uhlenbruck/Brinkmann* § 52 RdNr. 4.
[24] RG LZ 1912, 693; WarnRspr. 1932 Nr. 175; *Jaeger/Henckel* § 52 RdNr. 9; *Uhlenbruck/Brinkmann* § 52 RdNr. 4.
[25] *Jaeger/Henckel* § 52 RdNr. 9.
[26] RGZ 59, 368, 369; *Jaeger/Henckel* § 52 RdNr. 10; *Uhlenbruck/Brinkmann* § 52 RdNr. 4.
[27] *Jaeger/Henckel* § 52 RdNr. 9.
[28] *Jaeger/Henckel* § 52 RdNr. 9.
[29] BGH NZI 2009, 380, 381; OLG Kiel JW 1935, 721; *Jaeger/Henckel* § 52 RdNr. 9; *Uhlenbruck/Brinkmann* § 52 RdNr. 4; FK-*Imberger* § 52 RdNr. 8; *Gottwald/Adolphsen*, Insolvenzrechts-Handbuch, § 42 RdNr. 82; *Mitlehner*, aaO RdNr. 703.

zu lassen – rechtfertigt eine Beschränkung auf den Ausfall auch dann, wenn der Gegenstand nachträglich aus der Masse ausgeschieden ist. Denn das Ergebnis ist für die Insolvenzgläubiger dasselbe.

d) Haftung mehrerer Personen. Gehört der Haftungsgegenstand einem anderen als dem Insolvenzschuldner und haften beide persönlich – zum Beispiel als Gesamtschuldner oder als selbstschuldnerischer Bürge und Hauptschuldner – nebeneinander auf das Ganze, ist nicht § 52, sondern § 43 anzuwenden.[30] Der Gläubiger kann seinen Anspruch in der Insolvenz eines oder jedes Schuldners zum vollen Betrag anmelden, der zurzeit der Insolvenzeröffnung noch besteht. Hat er bereits vor Insolvenzeröffnung eine Teilbefriedigung erlangt, muss er diese durch Minderung des angemeldeten Betrages berücksichtigen.[31]

Haftet der Dritte nicht persönlich, sondern nur dinglich mit dem ihm gehörenden Gegenstand für die fremde Schuld, ist § 43 zwar nicht unmittelbar, wohl aber analog anwendbar.[32] Den Gläubiger hier der Beschränkung aus § 52 zu unterwerfen, ist nicht gerechtfertigt, weil er die Masse nicht doppelt belastet (s.o. RdNr. 2).

e) Gemeinsame Rechtszuständigkeit des Schuldners und Dritter in Bezug auf den Haftungsgegenstand. Gehört der Haftungsgegenstand dem Insolvenzschuldner nicht allein, sondern ihm und einem Dritten als **Miteigentümer**, macht der Gläubiger aber von seinem Absonderungsrecht in vollem Umfang Gebrauch, so muss er sich bei der Berechnung der Ausfallforderung nur den Teil des Verwertungserlöses anrechnen lassen, der auf den Anteil des Insolvenzschuldners an dem gemeinschaftlichen Haftungsgegenstand entfällt.[33] Ist der Insolvenzschuldner Miteigentümer zur Hälfte, muss sich der Gläubiger also nur den halben Erlös anrechnen lassen.

Zählt der Haftungsgegenstand zum **Gesamtgut** einer ehelichen Gütergemeinschaft, ist § 52 nicht anwendbar, wenn die Ehegatten das Gesamtgut gemeinsam verwalten und das Insolvenzverfahren nur über das Vermögen eines Ehegatten eröffnet wird. Verwaltet der insolvente Ehegatte das Gesamtgut allein, greift § 37 Abs. 1 Satz 1 ein und folglich auch § 52. Im Falle einer Gesamtgutsinsolvenz (§ 333) ist § 52 ebenfalls anwendbar.[34]

IV. Wahlrecht des Absonderungsberechtigten

Haftet der Insolvenzschuldner dem Absonderungsberechtigten zugleich persönlich, kann dieser unter mehreren Möglichkeiten wählen:[35]

1. Berechtigter macht nur die persönliche Forderung geltend. Der Absonderungsberechtigte meldet die Forderung in voller Höhe zur Tabelle an. Er erhält die volle Insolvenzquote aber nur dann, wenn er zugleich auf das Absonderungsrecht verzichtet (dazu u. RdNr. 38 ff.). Im Allgemeinen wird auf Absonderung nur dann verzichtet werden, wenn mit Sicherheit zu erwarten ist, dass das Absonderungsrecht bei einer Verwertung des Pfandobjekts ausfallen wird.[36]

2. Berechtigter macht nur das Absonderungsrecht geltend. Der Absonderungsberechtigte kann die Anmeldung der persönlichen Forderung unterlassen.[37] Dann nimmt er mit dieser nicht am Insolvenzverfahren teil.[38] Er wird nur aus dem Absonderungsgegenstand befriedigt. Ein Gläubiger, der erklärt, seine Forderung sei durch den Absonderungsgegenstand gedeckt, kann keine Ausfallhaftung geltend machen. Er gilt auch nach Abschluss des Insolvenzverfahrens als befriedigt. Für eine Naturalobligation ist deshalb kein Raum.[39]

3. Berechtigter macht zugleich das Absonderungsrecht und die persönliche Forderung geltend. a) Anmeldung. Auch hier darf der absonderungsberechtigte Gläubiger seine Forderung in voller Höhe zur Tabelle anmelden.[40] Ein Hinweis auf das Absonderungsrecht ist nicht erforder-

---

[30] *Jaeger/Henckel* § 52 RdNr. 11; *Uhlenbruck/Uhlenbruck* § 52 RdNr. 3a.
[31] BGHZ 92, 374, 379 f. = NJW 1985, 614 = EWiR 1985, 85 *(Horn)*; *Häsemeyer*, Insolvenzrecht RdNr. 18.74.
[32] RGZ 156, 271, 278; *Jaeger/Henckel* § 52 RdNr. 11.
[33] *Jaeger/Henckel* § 52 RdNr. 12.
[34] Vgl. zum Ganzen *Jaeger/Henckel* § 52 RdNr. 13.
[35] *Gottwald/Adolphsen*, Insolvenzrechts-Handbuch, § 42 RdNr. 78.
[36] *Baur/Stürner*, Insolvenzrecht RdNr. 15.17.
[37] *Baur/Stürner*, Insolvenzrecht RdNr. 15.16; *Uhlenbruck/Brinkmann* § 52 RdNr. 2.
[38] BGH WM 2012, 2161 RdNr. 10.
[39] OLG München HRR 1938, Nr. 1231.
[40] RGZ 78, 71, 75; 139, 83, 85; 155, 95, 101; *Klasmeyer/Elsner*, FS Merz, S. 303; *Eckardt*, Kölner Schrift Kap. 17 RdNr. 42; *Baur/Stürner*, Insolvenzrecht RdNr. 15.15; *Häsemeyer*, Insolvenzrecht RdNr. 18.76; *Jaeger/Henckel* § 52 RdNr. 2, 21; *Uhlenbruck/Brinkmann* § 52 RdNr. 2, 7; FK-*Imberger* § 52 RdNr. 10.

lich,⁴¹ jedoch sachdienlich.⁴² Das Absonderungsrecht kann dann in der Bemerkungsspalte der Tabelle festgehalten werden. So werden Irrtümer vermieden, falls sich der Insolvenzverwalter bei der Aufstellung des Gläubigerverzeichnisses an den Eintragungen in der Tabelle orientiert.

18 Der Gläubiger kann auch nur den erwarteten Ausfall anmelden. Das ist aus seiner Sicht aber nicht zu empfehlen. Die Anmeldung nur des erwarteten Ausfalls entbindet den Gläubiger nicht von der Obliegenheit, die Höhe seines Ausfalls vor der Schlussverteilung nachzuweisen (§ 190 Abs. 1 Satz 1, s.u. RdNr. 23). Hat der Gläubiger nur den mutmaßlichen Ausfall angemeldet, kann er, falls der Insolvenzverwalter widerspricht, auch im Feststellungsverfahren vor dem ordentlichen Gericht (§§ 180 ff.) nur die Ausfallforderung feststellen lassen.⁴³ Hat sich der Gläubiger bei der Anmeldung verschätzt, weil der Ausfall tatsächlich höher ist als erwartet, oder verzichtet der Gläubiger später auf sein Absonderungsrecht oder stellt sich heraus, dass ein solches gar nicht besteht, muss der zunächst nicht angemeldete Teil der Forderung nachträglich angemeldet werden.⁴⁴ Andernfalls kann der nicht angemeldete Teil als Insolvenzforderung nicht berücksichtigt werden. Nach Beendigung des Insolvenzverfahrens kann der nicht angemeldete Teil der Forderung zwar unbeschränkt geltend gemacht werden (§ 201 Abs. 1). Da dieser nicht in die Tabelle eingetragen worden ist, muss aber ein besonderer Schuldtitel erwirkt werden.⁴⁵

19 **b) Feststellung.** Hat der Gläubiger die ganze Forderung angemeldet, so wird, auch wenn bei der Anmeldung darauf hingewiesen worden ist, dass außerdem von dem Absonderungsrecht Gebrauch gemacht werde, die ganze Forderung **geprüft** und, sofern sie nicht bestritten wird oder ein Widerspruch für unbegründet erklärt ist, **festgestellt**.⁴⁶ Weder darf der Insolvenzverwalter die Forderung mit Rücksicht auf das Absonderungsrecht bestreiten⁴⁷ noch das Insolvenzgericht sie lediglich „in Höhe des Ausfalls" feststellen. Allerdings ist ein derartiger Prüfungsvermerk in der Praxis weitgehend üblich.⁴⁸ Dann ist er aber nicht so zu verstehen, als enthalte die Feststellung schon eine Beschränkung auf einen künftigen Ausfall.⁴⁹ Zum einen gilt die durch § 52 vorgeschriebene Beschränkung auf den Ausfall nur für die Befriedigung innerhalb des Insolvenzverfahrens, wohingegen die Feststellung für die Forderung Rechtskraft auch außerhalb des Insolvenzverfahrens schafft (§ 201 Abs. 2). Zum andern könnte der Gläubiger ja auch noch innerhalb des Insolvenzverfahrens auf die abgesonderte Befriedigung verzichten. Und schließlich könnte sich während des Insolvenzverfahrens herausstellen, dass überhaupt kein Absonderungsrecht besteht.

20 **c) Geltendmachung des Ausfalls bei der Verteilung.** Die Ausfallhaftung gemäß § 52 wirkt sich erst bei der Verteilung der Masse an die Insolvenzgläubiger aus.⁵⁰ In das Teilungsverzeichnis (§ 188) darf der Verwalter die Forderung eines absonderungsberechtigten Gläubigers, der auf das Absonderungsrecht nicht verzichtet hat, nur in Höhe des Ausfalls aufnehmen. Der Gläubiger muss also Befriedigung zunächst aus dem Absonderungsgegenstand suchen.⁵¹ Es ist unzulässig, dass er sich zunächst für seine ganze Forderung die Insolvenzquote zahlen lässt und hernach wegen seiner Restforderung die abgesonderte Befriedigung sucht.⁵² Im Übrigen ist das Verfahren unterschiedlich je nachdem, ob der Absonderungsberechtigte selbst oder der Insolvenzverwalter den Absonderungsgegenstand verwertet.

21 **aa) Geltendmachung bei Selbstverwertung.** Ein Gläubiger, der zur abgesonderten Befriedigung berechtigt ist, hat spätestens innerhalb einer Ausschlussfrist von zwei Wochen nach der öffentlichen Bekanntmachung der bei der Verteilung zu berücksichtigenden Forderungen und des Massebestandes (§ 189 Abs. 1 i. V. m. § 188) dem Insolvenzverwalter nachzuweisen (vgl. dazu RdNr. 35 ff.),

---

⁴¹ AA *Schaarschmidt/Herbst*, aaO RdNr. 3368, der zu Unrecht befürchtet, ein Stillschweigen könne als Verzicht auf das Absonderungsrecht gedeutet werden.
⁴² *Mohrbutter/Ringstmeier/Ernestus*, Handbuch der Insolvenzverwaltung, § 11 RdNr. 17; *Uhlenbruck/Brinkmann* § 52 RdNr. 7.
⁴³ LG Bonn ZIP 1996, 1672 f.
⁴⁴ RGZ 139, 83, 86; *Jaeger/Henckel* § 52 RdNr. 20, 22.
⁴⁵ *Schaarschmidt/Herbst* aaO RdNr. 3369.
⁴⁶ *Mandlik* Rpfleger 1980, 143; *Gottwald/Adolphsen*, Insolvenzrechts-Handbuch, § 42 RdNr. 78 f.; *Häsemeyer*, Insolvenzrecht RdNr. 18.76; *Jaeger/Henckel* § 52 RdNr. 21 f.; *Uhlenbruck/Brinkmann* § 52 RdNr. 7.
⁴⁷ *Mandlik* Rpfleger 1980, 143, 144.
⁴⁸ *Mandlik* Rpfleger 1980, 143; *Gottwald/Adolphsen*, Insolvenzrechts-Handbuch RdNr. 79.
⁴⁹ BGH WM 1961, 427, 429; *Klasmeyer/Elsner*, FS Merz, S. 303, 304; *Baur/Stürner*, Insolvenzrecht RdNr. 15.15; *Häsemeyer*, Insolvenzrecht RdNr. 18.76; *Jaeger/Henckel* § 52 RdNr. 20; *Uhlenbruck/Brinkmann* § 52 RdNr. 7.
⁵⁰ *Uhlenbruck/Brinkmann* § 52 RdNr. 2, 7.
⁵¹ OLG Hamm ZIP 1994, 1373, 1374 = EWiR 1994, 901 *(Johlke)*.
⁵² *Uhlenbruck/Brinkmann* § 52 RdNr. 5.

dass und für welchen Betrag er auf abgesonderte Befriedigung verzichtet hat oder bei ihr ausgefallen ist (§ 190 Abs. 1 Satz 1). Wird der Nachweis nicht rechtzeitig geführt, so wird die Forderung bei der Verteilung nicht berücksichtigt (§ 190 Abs. 1 Satz 2). Ein absonderungsberechtigter Gläubiger kann also nicht deswegen davon absehen, seinen Ausfall nachzuweisen, weil seine Forderung ohne Einschränkung festgestellt wurde.[53]

Zur Feststellung des **Stimmrechts** bei der Abstimmung über einen Insolvenzplan (§ 237) und zur Berücksichtigung bei einer **Abschlagsverteilung** genügt es, wenn der Gläubiger innerhalb der Ausschlussfrist dem Verwalter nachweist, dass die Verwertung des Gegenstands betrieben wird, an dem das Absonderungsrecht besteht, und den Betrag des mutmaßlichen Ausfalls glaubhaft macht (§ 190 Abs. 2 Satz 1). In diesem Fall wird der auf die Forderung entfallende Anteil schon bei der Abschlagsverteilung zurückbehalten (§ 190 Abs. 2 Satz 2). Zur **Schlussverteilung** ist dann – wiederum innerhalb der Ausschlussfrist des § 189 Abs. 1 – der Verzicht auf das Absonderungsrecht oder der wirkliche Ausfall nachzuweisen. Ist der Nachweis nicht erbracht, so wird der bei der Abschlagsverteilung zurückbehaltene Anteil für die Schlussverteilung frei (§ 190 Abs. 2 Satz 3). 22

Vor der Schlussverteilung kann der Gläubiger seinen Ausfall nur nachweisen, wenn es ihm gelingt, bis dahin die Verwertung abzuschließen. Misslingt ihm dies, bleibt dem absonderungsberechtigten Gläubiger, der bei der Schlussverteilung berücksichtigt werden will, nichts anderes übrig, als seinen Ausfall zu schätzen und in Höhe des geschätzten Ausfalls auf abgesonderte Befriedigung zu verzichten.[54] Hat er sich bei der Schätzung vertan, geht das zu seinen Lasten.[55] Ist der Ausfall tatsächlich höher als geschätzt, bleibt der Gläubiger „darauf sitzen", weil es insoweit an den Voraussetzungen des § 190 Abs. 1 Satz 1 fehlt. Stellt sich später heraus, dass für den Absonderungsgegenstand ein höherer Erlös zu erzielen war, kommt der Mehrwert allein der Masse zugute, weil der Gläubiger insoweit auf sein Absonderungsrecht verzichtet hat.[56] 23

Der Insolvenzverwalter ist jedenfalls einem geschäftserfahrenen Gläubiger gegenüber nicht verpflichtet, ihn darauf hinzuweisen, dass er seinen Ausfall bisher nicht nachgewiesen habe.[57] 24

bb) Geltendmachung bei Verwertung durch den Verwalter. Hier ist § 190 Abs. 1 und 2 nicht anzuwenden (§ 190 Abs. 3 Satz 1). Bei einer Abschlagsverteilung hat der Verwalter, wenn er den Gegenstand noch nicht verwertet hat, den Ausfall des Gläubigers zu schätzen und den auf die Forderung entfallenden Teil zurückzubehalten (§ 190 Abs. 3 Satz 2). Die Schlussverteilung darf er erst nach vollständiger Verwertung der Masse, also auch des Absonderungsgegenstandes, vornehmen. Zu diesem Zeitpunkt steht der Ausfall fest. 25

d) Geltendmachung der vollen Forderung bei der Verteilung. Hat der Gläubiger seine Forderung – mit oder ohne Hinweis auf die beabsichtigte Absonderung – insgesamt angemeldet und ist sie demgemäß entsprechend festgestellt worden, stellt sich jedoch im Nachhinein heraus, dass überhaupt kein Absonderungsrecht besteht, so kann der Insolvenzgläubiger nunmehr die volle Forderung geltend machen, ohne sie nochmals anmelden zu müssen. Die Feststellung „als Ausfallforderung" ändert daran nichts (s.o. RdNr. 19). 26

e) Rückforderungsanspruch gegen den Absonderungsberechtigten. Das Ausfallprinzip begründet einen Rückforderungsanspruch gegen den absonderungsberechtigten Gläubiger, der die Quote auf seine ganze Insolvenzforderung erhalten hat, obwohl er für einen Teil abgesondert befriedigt worden ist.[58] 27

V. Der Ausfall

1. Berechnung. Für die Ermittlung der Ausfallforderung ist die Tilgungsreihenfolge maßgeblich. An der unter der Geltung der Konkursordnung durch § 367 Abs. 1 BGB festgelegten Reihenfolge kann nicht uneingeschränkt festgehalten werden (s.o. vor §§ 49–52 RdNr. 59a ff.). Die nachrangigen Insolvenzforderungen (§ 39 Abs. 1 Nr. 1, 2) werden als Ausfallforderungen erst nach den vollrangigen Insolvenzforderungen berücksichtigt. 28

Bei der Berechnung der Ausfallforderung sind Kosten, die durch die Rechtsverfolgung vor Insolvenzeröffnung angefallen sind, und bis dahin entstandene **Zinsen** vor der Hauptforderung zu berücksichtigen. Zinsen, die nach Insolvenzeröffnung entstanden sind (§ 39 Abs. 1 Nr. 1), und die 29

---

[53] *Klasmeyer/Elsner*, FS Merz, S. 303, 306.
[54] *Klasmeyer/Elsner*, FS Merz, S. 303, 307.
[55] *Jaeger/Henckel* § 52 RdNr. 26.
[56] *Klasmeyer/Elsner*, FS Merz, S. 303, 307.
[57] OLG Hamm ZIP 1994, 1373, 1374 = EWiR 1994, 901 *(Johlke); Jaeger/Henckel* § 52 RdNr. 23 aE; nach *Johlke*, aaO, ist der Verwalter zu einem derartigen Hinweis nicht einmal berechtigt.
[58] *Häsemeyer*, Insolvenzrecht RdNr. 18.76.

Kosten der Teilnahme am Verfahren (§ 39 Abs. 1 Nr. 2) sind für die Höhe des Ausfalls nicht beachtlich. Ihretwegen darf der Erlös auch nicht zurückgehalten und der ganze Kapitalanspruch als Ausfall geltend gemacht werden.

30 Betragen zum Beispiel die pfandgesicherte Hauptforderung 12 000 €, der Pfanderlös 10 000 €, die „vorkonkurslichen" Kosten 50 € und die bis zum Tage der Insolvenzeröffnung aufgelaufenen Zinsen 950 €, so sind mit einem Pfanderlös von 10 000 € zu decken zunächst die 50 € Kosten, dann die 950 € Zinsen und zuletzt 9000 € Hauptforderung; der Ausfall beträgt also 3000 €.[59] Wird an die Insolvenzgläubiger eine Quote von 5 % ausgeschüttet, erhält der pfandgesicherte Gläubiger auf seinen Ausfall (5 % von 3000 =) 150 €. Nach Insolvenzeröffnung angefallene Zinsen und Kosten beeinflussen die Höhe des Ausfalls nicht. Mit diesen Forderungen wird der Gläubiger erst berücksichtigt, wenn im Rahmen der Verteilung die Insolvenzgläubiger nach § 38 volle Befriedigung erhalten haben. Bei einem höheren Pfanderlös darf sich der Gläubiger allerdings auch ihretwegen abgesondert befriedigen. Beträgt – bei sonst gleichen Zahlen – der Pfanderlös 13 500 €, und sind zwischen Insolvenzeröffnung und Verwertung Zinsen von 450 € sowie Kosten von 50 € entstanden, darf der Gläubiger den gesamten Erlös vereinnahmen.

31 Die Ausfallforderung erhöht sich um die **Feststellungs- und Verwertungskosten** nach § 171 Abs. 1 und Abs. 2 Satz 1 sowie um eine etwaige **Umsatzsteuerbelastung** nach § 171 Abs. 2 Satz 3, weil dadurch die Werthaltigkeit des Absonderungsrechts negativ beeinflusst wird.[60]

32 Der zufällige **Untergang** des Haftungsgegenstandes oder sein unaufklärbares Abhandenkommen nach Insolvenzeröffnung (zum Untergang vor Insolvenzeröffnung s.o. RdNr. 9) ist zwar kein Ausfall, steht aber einem solchen gleich.[61] Fortan wird der Gläubiger, der allerdings den Untergang nachweisen muss (§ 190 Abs. 1 Satz 1), nur noch als Insolvenzgläubiger behandelt.

33 Erleidet der Absonderungsberechtigte einen Ausfall bei einer Verwertung, die er selbst unter Verstoß gegen ein Verwertungsrecht des Insolvenzverwalters vorgenommen hat, so ist dieser Ausfall berücksichtigungsfähig nur dann, wenn der Absonderungsberechtigte dartut, dass auch der Verwalter den fraglichen Gegenstand nicht günstiger hätte verwerten können.[62]

34 **2. Vorteilsausgleichung.** Erwirbt der Absonderungsberechtigte bei der Verwertung des Absonderungsgegenstandes diesen selbst zu einem Preis, der unter dem Verkehrswert liegt, so braucht er sich diesen Vorteil bei der Berechnung seines Ausfalls grundsätzlich nicht anrechnen zu lassen.[63] Das Gleiche gilt hinsichtlich eines durch die Weiterveräußerung erzielten Mehrerlöses.[64] Eine Ausnahme gilt nach § 114a ZVG für die **Zwangsversteigerung eines Grundstücks:** Ist der Zuschlag einem zur Befriedigung aus dem Grundstück Berechtigten zu einem Gebot erteilt, das hinter $^{7}/_{10}$ des Grundstückswerts zurückbleibt, so gilt der Ersteher auch hinsichtlich der Differenz als befriedigt.[65] Für Binnenschiffe enthält § 14 des Gesetzes vom 24. Mai 1933 (RGBl. I, 289) eine ähnliche Bestimmung.

35 **3. Nachweis.** Der Nachweis des Ausfalls kann nur durch die reale Verwertung des Haftungsgegenstandes oder durch deren erfolglosen Versuch geführt werden.[66] Dass der Verkehrswert des Gegenstandes hinter der gesicherten Forderung zurückbleibt, genügt nicht.[67]

36 Der Nachweis ist gegenüber dem Insolvenzverwalter zu erbringen.[68] Er ist gemäß § 190 Abs. 1 Satz 1 innerhalb der in § 189 Abs. 1 – dort für die Berücksichtigung bestrittener Forderungen – vorgesehenen Ausschlussfrist zu führen, also innerhalb von zwei Wochen nach der öffentlichen Bekanntmachung des Schlussverzeichnisses.[69] Allerdings kann der Ausfall zu diesem Zeitpunkt noch nicht endgültig feststehen, etwa bei der Sicherungsabtretung von laufenden Bezügen aus einem Dienstverhältnis, falls die Zwei-Jahres-Frist des § 114 Abs. 1 InsO noch offen ist, das Absonderungsrecht also weiter bedient wird. "Für welchen Betrag" er bei der abgesonderten Befriedigung ausfallen wird, kann der Absonderungsberechtigte dann nicht sicher beurteilen. Dies hat aber nicht zur Folge, dass der Absonderungsberechtigte überhaupt keine Erklärung gemäß § 190 Abs. 1 InsO abgeben muss. Damit der Verwalter das Schlussverzeichnis erstellen kann, muss der

---

[59] Beispiel von *Jaeger* LZ 1916, 1414, 1415.
[60] *Jaeger/Henckel* § 52 RdNr. 17.
[61] *Gottwald/Adolphsen*, Insolvenzrechts-Handbuch, § 42 RdNr. 89; *Jaeger/Henckel* § 52 RdNr. 19.
[62] *Smid* § 52 RdNr. 5.
[63] *Gottwald/Adolphsen*, Insolvenzrechts-Handbuch, § 42 RdNr. 90; *Jaeger/Henckel* § 52 RdNr. 17; *Uhlenbruck/Brinkmann* § 52 RdNr. 6; FK-*Imberger* § 52 RdNr. 21; *Hess* § 52 RdNr. 19.
[64] BGHZ 165, 28, 31 = NJW 2006, 228 = NZI 2006, 32.
[65] Einzelheiten bei *Hintzen* in Dassler/Schiffhauer und *Stöber*, jeweils zu § 114a ZVG.
[66] *Gottwald/Adolphsen*, Insolvenzrechts-Handbuch, § 42 RdNr. 89; *Uhlenbruck/Brinkmann* § 52 RdNr. 18.
[67] RGZ 64, 425, 427; 92, 181, 191; *Uhlenbruck/Brinkmann* § 52 RdNr. 18.
[68] OLG Hamm ZIP 1994, 1373, 1375 = EWiR 1994, 901 *(Johlke)*; *Jaeger/Henckel* § 52 RdNr. 23.
[69] BGH NZI 2009, 565.

Absonderungsberechtigte ihm zumindest – rechtzeitig – die Informationen liefern, die der Verwalter zur wenigstens vorläufigen Bemessung der Quote benötigt. Die Ausschlusswirkung besteht auch im Verbraucherinsolvenzverfahren und im Restschuldbefreiungsverfahren, also nach Eintritt in die Wohlverhaltensphase. Der fristgebundene Nachweis nach den §§ 189, 190 kann durch eine Einwendung nach § 194 Abs. 1 oder § 197 Abs. 1 Nr. 2 nicht nachgeholt werden, weil andernfalls die Ausschlussfrist des § 189 unterlaufen, jedenfalls verlängert würde.[70] Die Glaubhaftmachung des Ausfalls genügt, wenn über die Restschuldbefreiung – weil die Laufzeit der Abtretungserklärung beendet ist – bereits vor Aufhebung des Insolvenzverfahrens zu entscheiden ist und ein absonderungsberechtigter Gläubiger, dessen Forderung für den Ausfall zur Tabelle festgestellt ist, einen Versagungsantrag stellen will.[71]

Sind dem Insolvenzverwalter die maßgeblichen Zahlen bekannt – etwa deshalb, weil dieser die Verwertung selbst durchgeführt hat –, erübrigt sich eine weitergehende Tätigkeit des Absonderungsberechtigten, sofern dieser die Forderung zur Tabelle angemeldet hat.[72] **36a**

Soweit nicht ausnahmsweise die **Glaubhaftmachung** (§ 4 i. V. m. § 294 ZPO) des mutmaßlichen Ausfalls genügt (s.o. RdNr. 22), ist der Ausfallnachweis mit den **Beweismitteln** der Zivilprozessordnung zu führen (§ 4 i. V. m. §§ 355 ff. ZPO). In der Praxis werden am ehesten Urkunden in Betracht kommen. Der absonderungsberechtigte Gläubiger muss dem Insolvenzverwalter mindestens beglaubigte Kopien von Urkunden (Kaufverträge, Zwangsversteigerungsprotokolle usw.) vorlegen, welche die Höhe des Erlöses aus der abgesonderten Befriedigung belegen.[73] **37**

VI. Der Verzicht

Der Absonderungsberechtigte nimmt mit seiner persönlichen Forderung am Insolvenzverfahren **38** teil, wenn und soweit er auf sein Absonderungsrecht verzichtet. Ein Verzicht kann nicht in Betracht gezogen werden, sofern der Absonderungsberechtigte überhaupt keine Möglichkeit hatte, sein Recht auszuüben. Hat eine Gesellschaft ein ihr gewährtes kapitalersetzendes Darlehen ihres Gesellschafters besichert, so kann im vor Inkrafttreten des MoMiG eröffneten Insolvenzverfahren gegen die Gesellschaft weder die Forderung noch die Sicherheit geltend gemacht werden (vgl. Vorbemerkungen vor §§ 49–52 RdNr. 97) Dann kann sich der absonderungsberechtigte Gesellschafter nicht durch einen Verzicht auf das Absonderungsrecht die Möglichkeit verschaffen, wenigstens die persönliche Forderung zur Tabelle anzumelden.

Zum Verzicht vgl. zunächst Vorbemerkungen vor §§ 49–52 RdNr. 120 ff. Der Verzicht kann, **39** sofern eine bestimmte Form nicht zu wahren ist, durch schlüssiges Verhalten erklärt werden. Kein Verzicht ist die vorbehaltlose Anmeldung der gesamten Forderung[74] oder die Beteiligung an einer Abstimmung mit der gesamten Forderung[75] oder das bloße Unterlassen der Ausübung des Absonderungsrechts.[76] Die bloße Abrede, das Absonderungsrecht nicht geltend zu machen, ist ebenfalls kein Verzicht, weil sie nur auf das konkrete Verfahren bezogen ist; ein Verzicht muss aber auch darüber hinausreichen.[77] Es genügt jedoch für einen Verzicht auf das Absonderungsrecht, dass der Gläubiger im Umfang der Anmeldung als Insolvenzforderung auf den schuldrechtlichen Sicherungsanspruch aus einer Zweckvereinbarung mit den Sicherungsgebern verzichtet oder eine sonstige Erklärung abgibt, die verhindert, dass das Absonderungsgut verwertet und die gesicherte Insolvenzforderung trotzdem in voller Höhe bei der Verteilung der Masse berücksichtigt wird.[78]

Der Verzicht auf abgesonderte Befriedigung kann vor oder während des Insolvenzverfahrens, für **40** den Gesamtbetrag oder einen bestimmten Teilbetrag der Insolvenzforderung erfolgen.[79] Entlässt der Gläubiger nur einzelne Gegenstände, zum Beispiel eine von mehreren Pfandsachen, aus der Haftung, handelt es sich nicht um einen teilweisen Verzicht im Sinne von § 52.

---

[70] BGH ZInsO 2009, 2243.
[71] BGH WM 2012, 2161 RdNr 14.
[72] Missverständlich insofern OLG Hamm ZIP 1994, 1373, 1375 = EWiR 1994, 901 *(Johlke)*.
[73] *Klasmeyer/Elsner*, FS Merz, S. 303, 308.
[74] RGZ 16, 32, 36; 16, 68, 70; OLG Hamm ZIP 1994, 1373, 1375; OLG Nürnberg ZIP 2007, 642, 643; *Gottwald/Adolphsen*, Insolvenzrechts-Handbuch, § 42 RdNr. 86; *Jaeger/Henckel* § 52 RdNr. 28; *Uhlenbruck/Brinkmann* § 52 RdNr. 16; FK-*Imberger* § 52 RdNr. 28; HK-*Lohmann* § 52 RdNr. 9.
[75] Str., vgl. *Uhlenbruck/Brinkmann* § 52 RdNr. 16.
[76] *Jaeger/Henckel* § 52 RdNr. 27.
[77] *Prütting* in Kübler/Prütting/Bork § 52 RdNr. 5; HK-*Lohmann* § 52 RdNr. 9; *Nerlich/Römermann/Andres* § 52 RdNr. 8; aA *Smid* § 52 RdNr. 3.
[78] BGH ZIP 2011, 180; HK-*Lohmann* § 52 RdNr. 9
[79] *Gottwald/Adolphsen*, Insolvenzrechts-Handbuch, § 42 RdNr. 85; *Jaeger/Henckel* § 52 RdNr. 24; *Uhlenbruck/Brinkmann* § 52 RdNr. 15.

§ 53   2. Teil. 2. Abschnitt. Insolvenzmasse. Einteilung der Gläubiger

41   Der Verzicht muss bindend sein und dazu führen, dass der Absonderungsgegenstand endgültig für die Masse frei wird.[80] Ein Verzicht unter dem Vorbehalt, dass eine bestimmte Insolvenzquote erreicht wird, ist unwirksam. Entsprechendes gilt, wenn der Gläubiger teilweise verzichtet unter der Voraussetzung, dass die Verwertung des restlichen Teils einen bestimmten Mindesterlös ergibt.

42   Obwohl der Verzicht nach dem Gesetzeszweck der Masse zugutekommen soll, ist es für seine Wirksamkeit nicht erforderlich, dass die Masse daraus wirklich Vorteile hat. Die **Aufgabe wertloser**, weil aller Voraussicht nach nicht zum Zuge gelangender **Absonderungsrechte**, ist sogar der Hauptanwendungsfall des Verzichts.[81]

VII. Sonderfälle

43   **1. Nachrangige Insolvenzforderungen.** Vgl. zunächst RdNr. 28 ff. Die nachrangigen Insolvenzforderungen nach § 39 Abs. 1 Nr. 1 und 2 (Zinsen, Kosten), Nr. 3 und 4 (Geldstrafen, Forderungen auf unentgeltliche Leistungen des Schuldners) werden, soweit sie durch ein Absonderungsrecht gesichert sind, aus dem Erlös der abgesonderten Befriedigung vorrangig bedient; soweit sie nicht gesichert sind, begründen sie auch keine Ausfallforderung. Vielmehr kommen sie erst nach den vollrangigen Insolvenzforderungen zum Zuge. Unter ihnen gilt die gesetzliche Rangordnung des § 39. Die Zinsen der Forderungen nachrangiger Insolvenzgläubiger und die Kosten, die diesen Gläubigern durch ihre Teilnahme am Verfahren entstehen, haben den gleichen Rang wie die Forderungen dieser Gläubiger (§ 39 Abs. 3).

43a   Etwas Besonderes gilt für die nachrangigen Forderungen nach § 39 Abs. 1 Nr. 5 (Forderungen auf Rückgewähr einer – nach früherem Recht **kapitalersetzenden** – **Leistungen eines Gesellschafters**). Aus Sicherheiten, die eine Gesellschaft einem Gesellschafter für dessen Forderung auf Rückgewähr kapitalersetzender Darlehen oder sonstiger Leistungen gewährt hatte, konnte vor Inkrafttreten des MoMiG keine abgesonderte Befriedigung verlangt werden, weil dies dem Zweck der Kapitalersatzregelungen widersprochen hätte.[82] Nunmehr kann der Gesellschafter als nachrangiger Insolvenzgläubiger Befriedigung erwarten, also erst dann, wenn sämtliche normalen Insolvenzgläubiger befriedigt sind. Dieser praktisch undurchsetzbare Anspruch ist jedoch durch die Gesellschaft besichert, falls nicht die Anfechtung nach § 135 durchgreift (vgl. vor §§ 49–52 RdNr. 96). Zu Gesellschaftersicherheiten vgl. vor §§ 49–52 RdNr. 95 f. Hier geht es nicht um Absonderung.

44   **2. Betagte, bedingte und unbestimmte Forderungen.** Die Vorschriften der §§ 41, 42, 45 gelten auch für Forderungen, die durch Absonderungsrechte gesichert sind, und für die Absonderungsrechte selbst (vgl. Vorbemerkungen vor §§ 49–52 RdNr. 34).

45   **3. Zusammentreffen von Erben- und Nachlassinsolvenz.** Einen Sonderfall der Ausfallhaftung regelt § 331. Obwohl in beiden Insolvenzverfahren der Erbe Schuldner und Träger der Masse ist, werden sie getrennt abgewickelt. Die Eigengläubiger des Erben sind nicht Insolvenzgläubiger des Nachlassinsolvenzverfahrens. Die Nachlassgläubiger können den Ausfall, der ihnen im Nachlassinsolvenzverfahren verbleibt, im Insolvenzverfahren des Erben nur geltend machen, wenn dieser ihnen unbeschränkt haftet.[83] Einzelheiten siehe bei § 331.

§ 53 Massegläubiger

Aus der Insolvenzmasse sind die Kosten des Insolvenzverfahrens und die sonstigen Masseverbindlichkeiten vorweg zu berichtigen.

Schrifttum: *Bauer*, Ungleichbehandlung der Gläubiger im geltenden Insolvenzrecht, DZWIR 2007, 188; *Büchler*, Haftungsrisiken bei „faktischer Masseunzulänglichkeit", ZInsO 2011, 1240; *Frind*, Die Begründung von Masseverbindlichkeiten im Eigenverwaltungseröffnungsverfahren, ZInsO 2012, 1099; *Henckel*, Die Behandlung der Neumasseschulden bei Massearmut, ZIP 1993, 1277; *ders.*, Masselosigkeit und Masseschulden, FS „Einhundert Jahre Konkursordnung", 1977, S. 169; *Kahlert*, „Wiedereinführung" des Fiskusvorrechts im Insolvenzverfahren? – Die Fiskusvorrechte sind schon lange da!, ZIP 2010, 1274; *Pape*, Keine Verschärfung der Haftung aus § 61 InsO bei fehlerhafter Verteilung der Masse durch den Insolvenzverwalter, ZInsO 2004, 605; *ders.*, Das Risiko der persönlichen Haftung des Insolvenzverwalters aus § 61 InsO, ZInsO 2003, 1013; *Undritz*, Betriebsfortführung im Eröffnungsverfahren – Die Quadratur des Kreises?, NZI 2007, 65; *Windel*, Die Nachhaftung für Masseverbindlichkeiten, KTS 2011, 25.

---

[80] *Gottwald/Adolphsen*, Insolvenzrechts-Handbuch, § 42 RdNr. 58; *Jaeger/Henckel* § 52 RdNr. 31.
[81] *Jaeger/Henckel* § 52 RdNr. 24.
[82] *Jaeger/Henckel* § 52 RdNr. 5; HK-*Lohmann* § 52 RdNr. 2.
[83] *Baur/Stürner*, Insolvenzrecht RdNr. 32.14.

§ 53

Übersicht

	Rn.		Rn.
A. Normzweck	1	c) Unterbrechung anhängiger Prozesse	35
B. Entstehungsgeschichte	2–4	d) Restschuldbefreiung	36
C. Massegläubiger	5–29e	**II. Haftung der Gesellschafter für Masseverbindlichkeiten in der Insolvenz der Personengesellschaft**	37–45
I. Kennzeichnung der Massegläubiger	5–11	1. Geltendmachung der persönlichen Haftung	38
1. Vorrang der Verfahrenskosten	6	2. Reichweite der Gesellschafterhaftung	39–44a
2. „Gewillkürte" und „aufgezwungene" Masseverbindlichkeiten	7, 8	a) Altverbindlichkeiten	39
3. Echte und unechte Masseverbindlichkeiten	9, 10	b) Neuverbindlichkeiten	40–42
4. Rangordnung	11	c) Doppelinsolvenz von Gesellschaft und Gesellschafter	43–44a
II. Vorwegbefriedigung	12–18	3. Insolvenzplan	45
1. Regelungsinhalt	12	**E. Die Rechtsstellung der Massegläubiger**	46–83
2. Aussonderung	13	**I. Rechtsverfolgung der Masseverbindlichkeiten**	46–64
3. Absonderung und Aufrechnung	14–17	1. Geltendmachung der Masseverbindlichkeiten	46, 47
a) Abgesonderte Befriedigung	14	2. Irrtümliche Geltendmachung	48, 49
b) Absonderungsrechte für Masseverbindlichkeiten	15	a) Als Insolvenzforderung	48–48a
c) Aufrechnung	16	b) Als Masseverbindlichkeit	49
d) Nebenintervention	17	3. Befriedigung	50, 51
4. Abgrenzung Insolvenzgläubiger	18	4. Aufrechnung des Massegläubigers	52
III. Arten der Masseverbindlichkeiten	19–29e	5. Gerichtliche Geltendmachung	53–57
1. Kosten des Insolvenzverfahrens	20, 21	a) Anhängiger Rechtsstreit	54
2. Sonstige Masseverbindlichkeiten	22–25c	b) Kostentragung, sofortiges Anerkenntnis	55, 56
a) Verwaltungsausgaben	22a	c) Steuern und Abgabenforderungen	57
b) Masseverbindlichkeiten aus gegenseitigen Verträgen	23–23b	6. Vollstreckung	58–62
c) Masseverbindlichkeiten aus ungerechtfertigter Bereicherung	24	a) Das Vollstreckungsverbot bei aufgezwungenen Masseverbindlichkeiten	59, 60
d) Masseverbindlichkeiten aus dem Eröffnungsverfahren	25–25a	b) Vollstreckungsverbot für Sozialplanansprüche	61
e) Masseverbindlichkeiten im „Schutzschirmverfahren"	25b–25c	c) Abgabe der eidesstattlichen Versicherung	62
3. Unterhaltsansprüche	26	7. Massegläubiger im Insolvenzplanverfahren	63
4. Sozialplanansprüche	27	8. Ausschluss von Massegläubigern	64
5. Nachlassinsolvenzverfahren, fortgesetzte Gütergemeinschaft	28	**II. Geltendmachung und Befriedigung der Massegläubiger im massearmen Insolvenzverfahren**	65–83
6. Masseverbindlichkeiten in sonstigen Fällen	29–29e	1. Massekostendeckung	66
a) Erlöschen von Aufträgen	29	2. Rangordnung der Massegläubiger	67–76
b) Auflösung einer Gesellschaft	29a	a) Masselosigkeit	68, 69
c) Betriebsveräußerung	29b	b) Einstellung wegen Masseunzulänglichkeit	70–76
d) Ausgleichsansprüche für Aus- und Absonderungsberechtigte	29c–29d	3. Massearmut im gerichtlichen Verfahren	77–80
e) Feststellungsstreit	29e	a) Masselosigkeit	78
D. Die Ansprüche der Massegläubiger gegen den Schuldner	30–45	b) Masseunzulänglichkeit	79, 80
I. Der Schuldner als Rechtsträger	30–36	4. Vollstreckungsverbot	81, 82
1. Inanspruchnahme während des Insolvenzverfahrens	31		
2. Inanspruchnahme nach Beendigung des Insolvenzverfahrens	32–36		
a) Nachhaftung	33		
b) Haftungsumfang	34–34a		

	Rn.		Rn.
5. Bereicherungsausgleich	83	2. Begründung von Masseverbindlichkeiten	85–88
F. Haftung des Insolvenzverwalters gegenüber Massegläubigern	84–92	3. Verteilungsfehler	89
1. Haftung wegen Nichterfüllung von Masseverbindlichkeiten	84	4. Feststellung von Masseansprüchen	90
		5. Anzeige der Masseunzulänglichkeit	91, 92

A. Normzweck

1   Die Vorschrift regelt das für die Befriedigung von Masseverbindlichkeiten grundlegende Prinzip der **Vorwegbefriedigung** der Gläubiger aus der Insolvenzmasse. Die Durchführung eines Insolvenzverfahrens ist ohne den Einsatz finanzieller Mittel nicht denkbar.[1] Die Verwaltung und Verwertung der Masse verlangt den Abschluss von Rechtsgeschäften. Die sich hieraus ergebenden Verbindlichkeiten müssen vom Verwalter voll – und nicht nur anteilsmäßig wie Insolvenzforderungen – aus der Insolvenzmasse befriedigt werden können, andernfalls sich niemand finden wird, der mit ihm Geschäfte eingeht und dabei Leistungen für die Masse erbringt. Aus der Verwaltung entstehen Kosten zB des Gerichtes oder des Verwalters. Zur Übernahme des Amts als Insolvenzverwalter wird nur jemand bereit sein, der über einen gesicherten Vergütungsanspruch verfügt.[2] Die gesetzliche **Privilegierung der Masseverbindlichkeiten** dient damit der ordnungsgemäßen Abwicklung eines Insolvenzverfahrens mit dem Ziel der gemeinschaftlichen Befriedigung der Insolvenzgläubiger gem. § 1. Solange eine ausreichende Masse zur vollständigen Vorwegbefriedigung aller Massegläubiger zur Verfügung steht, erübrigt sich eine Rangordnung der Masseverbindlichkeiten. Erst bei Masseunzulänglichkeit hat der Insolvenzverwalter zur Sicherung eines geordneten Verfahrens die in § 209 Abs. 1 zwingend vorgegebene Befriedigungsreihenfolge einzuhalten.

B. Entstehungsgeschichte

2   Die Insolvenzordnung hat die Masseverbindlichkeiten in den §§ 53 bis 55 weitgehend in Anlehnung an die Vorschriften der KO geregelt. Jedoch wurde die bisherige Aufteilung der Masseverbindlichkeiten in Massekosten und Masseschulden nicht übernommen. Massekosten waren nach § 58 KO die gerichtlichen Kosten für das gemeinschaftliche Verfahren sowie die Ausgaben für die Verwaltung, Verwertung und Verteilung der Masse. Zu den Massekosten wurden auch die Steuern und Abgaben gezählt.[3] Der Umfang der Masseverbindlichkeiten wurde über die ursprüngliche Konzeption der Konkursordnung hinaus im Laufe der Zeit durch Gesetzgebung und Rechtsprechung erheblich ausgeweitet. So waren rückständige Lohnansprüche aus den letzten sechs Monaten vor Eröffnung des Verfahrens nach § 59 Abs. 1 Nr. 3 KO als Masseschulden vom Konkursverwalter voll zu erfüllen. Maßgebend für diesen Systembruch waren sozialstaatliche Erwägungen. Um diesen Rückständen eine erhöhte Befriedigungschance zu geben, wurden sie als Masseverbindlichkeiten fingiert, obgleich sie in der Zeit vor Verfahrenseröffnung begründet waren. Die Aushöhlung der Insolvenzmasse war oftmals die Folge. Die Konkursgläubiger besaßen keine realistische Chance mehr auf eine angemessene quotenmäßige Befriedigung ihrer Forderung.

3   Zu den Zielen der Insolvenzrechtsreform gehörte deshalb die **Erhöhung der Verteilungsgerechtigkeit** im Insolvenzverfahren durch Abbau der früheren Konkursprivilegien.[4] Zu diesem Zweck hat der Gesetzgeber der InsO die Regelung des § 59 Abs. 1 Nr. 3 KO über die sog. unechten Masseverbindlichkeiten zugunsten des Grundsatzes der Gleichbehandlung aller Gläubiger gestrichen.[5] Die **rückständigen Ansprüche der Arbeitnehmer** und Sozialkassen aus der Zeit vor Verfahrenseröffnung sind nunmehr gem. § 38 Insolvenzforderungen. Der Schutz der Arbeitnehmer wird durch den Wegfall ihrer bevorzugten Stellung als Massegläubiger nicht wesentlich beeinträchtigt. Ihre Ansprüche aus dem in der Praxis relevanten Zeitraum der letzten 3 Monate vor Insolvenzeröffnung bleiben über das durch die Sozialversicherungsbeiträge aller Gläubiger finanzierte Insolvenzgeld abgesichert, vgl. §§ 183 ff. SGB III.[6] Zu den weiteren gesetzgeberischen Maßnahmen zur Rückführung der Masseverbindlichkeiten auf ihre eigentliche Zweckbestimmung gehört auch die

---

[1] *Henckel*, FS Einhundert Jahre Konkursordnung, S. 169, 171 ff.
[2] *Häsemeyer*, RdNr. 14.02.
[3] *Uhlenbruck/Sinz* § 54 RdNr. 1.
[4] Vgl. BT-Drucks. 12/2443, S. 71 ff.; *Uhlenbruck*, Das neue Insolvenzrecht, 1994, S. 237 f.
[5] Zur Unterscheidung zwischen echten u. unechten Masseschulden s. *Häsemeyer* RdNr. 14.03; *Voigt-Salus* in Mohrbutter/Ringstmeier § 32 RdNr. 30; *Bauer* DZWIR 2007, 188, 190.
[6] Gesetz zur Reform der Arbeitsförderung (AFRG) vom 24.3.1997, BGBl. I S. 395 ff.

Festlegung einer maximalen Kündigungsfrist von drei Monaten gem. § 113 Satz 2 für Dienst- oder Arbeitsverhältnisse. Hierdurch wird im Interesse der Insolvenzmasse eine allzu lange Bindung an nicht mehr sinnvolle Arbeitsverhältnisse verhindert, wobei die nach Insolvenzeröffnung fällig werdenden Vergütungsansprüche noch bis zum Kündigungstermin als Masseverbindlichkeit (§ 55 Abs. 1 Nr. 2 Alt. 2) zu erfüllen sind.

Neu geregelt hat die Insolvenzordnung die von einem vorläufigen Insolvenzverwalter eingegangenen Verbindlichkeiten. Nach ständiger Rechtsprechung konnte der im **Eröffnungsverfahren** zur Sicherung und Verwaltung des schuldnerischen Vermögens eingesetzte Sequester keine Massverbindlichkeiten zu Lasten der späteren Insolvenzmasse begründen.[7] Die vom Sequester eingegangenen Verbindlichkeiten stellten deshalb, wenn sie bis zur Verfahrenseröffnung nicht befriedigt worden waren, Konkursforderungen dar. Nach § 55 Abs. 2 gelten nunmehr die von einem vorläufigen Insolvenzverwalter begründeten Verbindlichkeiten als Masseverbindlichkeiten. Voraussetzung für die Umqualifizierung als Masseverbindlichkeit ist allerdings, dass es sich um einen starken vorläufigen Insolvenzverwalter i. S. d. § 22 Abs. 1 handelt, auf den die Verfügungsbefugnis über das Vermögen des Schuldners übergegangen ist. Obgleich die Verbindlichkeiten aus der Zeit vor Verfahrenseröffnung herrühren, ist ihre Einordnung als Masseverbindlichkeiten im Grundsatz berechtigt. Sie dienen wie auch die sonstigen Masseverbindlichkeiten nach § 55 Abs. 1 der ordnungsgemäßen Verfahrensabwicklung.[8] In der bisherigen Praxis werden freilich in aller Regel schwache vorläufige Insolvenzverwalter mit Zustimmungsvorbehalt eingesetzt, die keine Masseverbindlichkeiten begründen können. Zugunsten des Fiskus regelt nunmehr **§ 55 Abs. 4**, dass in den ab 2011 beantragten Insolvenzverfahren alle Steuerschulden aus Geschäften des vorläufigen Insolvenzverwalters zu Masseverbindlichkeiten umqualifiziert werden. Der neu geschaffene **Vorrang der Steuerverwaltung** gegenüber anderen Gläubigern ist systemwidrig, weil er das der Insolvenzrechtsreform zugrunde gelegte Prinzip der Gläubigergleichbehandlung verletzt. Eine Schmälerung der Insolvenzmasse durch zusätzliche Masseverbindlichkeiten widerspricht auch der Zielsetzung des am 1.3.2012 in Kraft getretenen ESUG, die Fortführung von Unternehmen im Eröffnungsverfahren als Voraussetzung für deren Sanierung zu erleichtern.[9]

C. Massegläubiger

I. Kennzeichnung der Massegläubiger

Das Gesetz regelt in § 53 die insolvenzrechtliche Behandlung der Ansprüche der Massegläubiger. In erster Linie erwachsen Masseansprüche aus Geschäften und Handlungen, die vom Verwalter im Interesse der Masse und damit zum Vorteil der Insolvenzgläubiger vorgenommen werden. Darin liegt die Rechtfertigung für die Begünstigung der Massegläubiger gegenüber den Insolvenzgläubigern. Die Masseverbindlichkeiten stellen deshalb der Masse innewohnende Belastungen dar. Erst nach ihrer Vorabbefriedigung ergibt sich die „bereinigte" Insolvenzmasse, die den Gläubigern zur gemeinschaftlichen Befriedigung überlassen ist. Der Kreis der in den §§ 54, 55 **abschließend definierten** Masseverbindlichkeiten ist in einzelnen Sondervorschriften erweitert worden (dazu RdNr. 22 f.). Die Eigenschaft als Masseschuld kommt nur solchen Ansprüchen des Gläubigers zu, die die gesetzlichen Tatbestandsvoraussetzungen erfüllen. Bedenklich sind daher Versuche der Rspr., durch Rechtsfortbildung oder im Wege extensiver Auslegung der die Masseverbindlichkeiten regelnden Vorschriften Forderungen aus der Zeit vor Insolvenzeröffnung zu Masseverbindlichkeiten hochzustufen, weil damit entgegen dem insolvenzrechtlichen Postulat der Gleichbehandlung aller Gläubiger weitere zweifelhafte Vorrechte zugunsten einzelner Gläubiger entstehen.[10]

1. Vorrang der Verfahrenskosten. Die Kosten des Insolvenzverfahrens entstehen zwangsläufig mit der Eröffnung und Abwicklung des gemeinschaftlichen Verfahrens. Der Gesetzgeber hat die reinen Verfahrenskosten gegenüber den anderen Ansprüchen der Massegläubiger als **erstrangig** angesehen, wie die Rangordnung des § 209 für die Abwicklung eines massearmen Verfahrens belegt. Der absolute Vorrang der Kosten schafft die Voraussetzung für die rechtsstaatlich einwandfreie Durchführung von Insolvenzverfahren. Stellt sich daher nach Insolvenzeröffnung heraus, dass die

---

[7] BGHZ 130, 38, 41 f. = NJW 1995, 2783; NJW 1997, 3028.
[8] *Häsemeyer* RdNr. 14.03.
[9] Zur Kritik an der „Wiedereinführung" des Fiskusprivilegs im Eröffnungsverfahren vgl. *Kahlert* ZIP 2011, 401 ff.; 2010, 1887 ff. und 1274 ff.; *Kübler/Prütting/Bork/Pape/Schaltke* § 53 RdNr. 3. Dazu auch RdNr. 25a u. 25b.
[10] Vgl. *Kübler/Prütting/Bork/Pape/Schaltke* § 53 RdNr. 1 u. 19. Zu den Einwänden insbesondere gegen die durch die Finanz-Rspr. zusätzlich geschaffenen Fiskusvorrechte vgl. *Kahlert* ZIP 2010, 1274 ff.

Masse zur Deckung der Verfahrenskosten nicht ausreicht, muss das Verfahren nach § 207 mangels Masse sofort eingestellt werden.

7   **2. „Gewillkürte" und „aufgezwungene" Masseverbindlichkeiten.** Der Regelung der sonstigen Masseverbindlichkeiten in § 55 liegt als tragender Grundgedanke die Unterscheidung zwischen „gewillkürten" und „aufgezwungenen" Masseverbindlichkeiten zugrunde. Aus der erforderlichen Verwaltung, Verwertung und Verteilung der Masse erwachsen die Masseverbindlichkeiten nach § 55 Abs. 1 Nr. 1. Sie beruhen auf Geschäften und **Handlungen,** die der Insolvenzverwalter **im Interesse der Masse** und damit zum Vorteil der Insolvenzgläubiger **willentlich** vornimmt. Aufgrund dieser Zweckbestimmung mindern vom Insolvenzverwalter selbst veranlasste Masseschulden prinzipiell die Masse nicht, solange er pflichtgemäß handelt.[11] Er erfüllt ausschließlich seine Aufgabe, durch Erhaltung und Vermehrung der Masse das Verfahrensziel der bestmöglichen Befriedigung der Gesamtheit der Insolvenzgläubiger zu verwirklichen. Mit der Sicherung, Aufbewahrung oder Verwertung von Vermögensgegenständen sind zwangsläufig Kosten verbunden, die jedoch latent die Masse bereits bei Verfahrenseröffnung belasten und nicht „zusätzlich" nachfolgend entstehen. Ob ein gegenseitiger, bei Verfahrenseröffnung beiderseits nicht erfüllter Vertrag aus der Masse zu erfüllen ist, hängt davon ab, ob die Erfüllungswahl für die Insolvenzmasse wirtschaftlich vorteilhafter ist als die Erfüllungsablehnung. Ohne das Recht der Massegläubiger auf Vorwegbefriedigung könnte der Insolvenzverwalter im Interesse der Masse nicht tätig sein.

8   Nach § 55 Abs. 1 Nr. 2 entstehen aus vor Verfahrenseröffnung abgeschlossenen **Dauerschuldverhältnissen** für die Zeit nach der Eröffnung des Insolvenzverfahrens kraft Gesetzes sonstige Masseverbindlichkeiten. Der Insolvenzverwalter kann anders als bei Austauschverträgen über die Entstehung dieser Masseverbindlichkeiten nicht entscheiden oder sie beeinflussen.[12] Die Verbindlichkeiten werden der Insolvenzmasse „aufgezwungen". Der Umfang gerade dieser **aufoktroyierten** Masseverbindlichkeiten ist in Unternehmen mit zahlreichen Arbeitnehmern groß; er kann vom Insolvenzverwalter nur durch sofortige Kündigung, Freistellung oder Überleitung der Arbeitsverhältnisse auf Beschäftigungsgesellschaften begrenzt werden.[13] Um die Masse zumindest in der Anfangsphase vor einer Aushöhlung durch die Geltendmachung aufgezwungener Masseschulden zu bewahren, gilt für diese nach § 90 eine sechsmonatige Vollstreckungssperre ab Verfahrenseröffnung (s.u. RdNr. 59).

9   **3. Echte und unechte Masseverbindlichkeiten.** Masseverbindlichkeiten knüpfen an die Eröffnung und Durchführung des Verfahrens an. Sie sind dadurch gekennzeichnet, dass sie **nach** Insolvenzeröffnung begründet werden.[14]

10 Gegenüber diesen „echten" Masseschulden kannte die Konkursordnung die vor Verfahrenseröffnung nach § 59 Abs. 1 Nr. 3 KO begründeten „unechten" Masseschulden.[15] Die Insolvenzordnung hat im Wesentlichen die „unechten" Masseverbindlichkeiten nicht übernommen. Einzige Ausnahme bilden die Masseverbindlichkeiten aus nach Verfahrenseröffnung abgeschlossenen Sozialplänen, § 123 Abs. 2 Satz 1 (s.u. RdNr. 27).[16] Die **Sozialplanansprüche** gründen auf Arbeitsverhältnissen, die vor Eröffnung des Verfahrens zwischen dem Schuldner und den einzelnen Arbeitnehmern abgeschlossen waren.[17] Sie sind deshalb – ungeachtet ihrer gesetzlichen Qualifikation als Masseverbindlichkeiten – im Grunde nur einfache Insolvenzforderungen i. S. d. § 38.

11 **4. Rangordnung.** Die Ansprüche der Massegläubiger sind im Verhältnis untereinander grundsätzlich **gleichrangig** und daher vom Insolvenzverwalter auch gleichmäßig zu befriedigen.[18] Die Unterscheidung zwischen „Kosten des Insolvenzverfahrens" und „sonstige Masseverbindlichkeiten" erlangt erst Bedeutung, wenn die Insolvenzmasse nicht mehr ausreichend ist, um sämtliche Masseverbindlichkeiten voll zu erfüllen. Die Befriedigung der Masseverbindlichkeiten hat bei eingetretener Masseunzulänglichkeit gemäß der Rangordnung des § 209 zu erfolgen. Diese ist zwingend auch

---

[11] *Henckel,* Einhundert Jahre Konkursordnung, S. 169.
[12] *Häsemeyer* RdNr. 14.04.
[13] Zur Verteilungsrangfolge der Verbindlichkeiten aus einem Dauerschuldverhältnis bei Massearmut (§ 209) s. RdNr. 75.
[14] *Häsemeyer* RdNr. 14.03
[15] Zur Unterscheidung s. *Häsemeyer* RdNr. 14.03; *Voigt-Salus* in Mohrbutter/Ringstmeier § 32 RdNr. 30.
[16] Entspr. Konkursvorrechte nach altem Recht (s. § 61 KO) sind abgeschafft. Vgl. hierzu auch *Jaeger/Windel* § 207 RdNr. 5 u. § 209 RdNr. 42.
[17] Vgl. *Häsemeyer* RdNr. 14.03 u. 14.21; *Pape* NJW 1994, 1391.
[18] BGHZ 159, 104 = NJW 2004, 3334; OLG Düsseldorf NZI 2012, 675, 677 = ZIP 2012, 2115.

dann einzuhalten, wenn der Insolvenzverwalter die rechtzeitige Anzeige der Masseunzulänglichkeit nach § 208 versäumt hat.[19]

II. Vorwegbefriedigung

1. Regelungsinhalt. Masseverbindlichkeiten sind nach der gesetzgeberischen Konzeption vermögensrechtliche Ansprüche, die im Grundsatz nach Verfahrenseröffnung entstehen. Sie sind „vorweg" und damit **vor den Insolvenzgläubigern** (§ 38) aus der Insolvenzmasse zu befriedigen.[20] Massegläubiger sind keine „bevorrechtigten" Insolvenzgläubiger; sie sind Gläubiger eigener Art. Aus dem Gebot der Vorwegbefriedigung folgt, dass die Befriedigung der Masseverbindlichkeiten unabhängig vom Stand des Verteilungsverfahrens, der Zustimmung des Insolvenzgerichtes oder der Verwertung der Insolvenzmasse erfolgt. Die Rechte der **Aussonderungs-** und **Absonderungsberechtigten** sowie von Aufrechnungsgläubigern werden ebenfalls gesondert von denen der Insolvenzgläubiger bedient, und zwar **vorrangig** auch gegenüber den Massegläubigern, da die Befriedigung der Masseschulden aus der verbleibenden Insolvenzmasse vorzunehmen ist.[21] Die Rechte künftiger Aussonderungs- u. Absonderungsgläubiger können aber bei Betriebsfortführungen im Eröffnungsverfahren durch gerichtliche Anordnung von vorläufigen Verwertungs- u. Einziehungsverboten eingeschränkt werden, vgl. § 21 Abs. 2 Satz 1 Nr. 5.[22]

2. Aussonderung. Der Aussonderung unterliegende Gegenstände sind kein Bestandteil der Insolvenzmasse (§ 35).[23] Der Anspruch auf Aussonderung ist deshalb darauf gerichtet, dass ein nicht zur Soll-Insolvenzmasse gehörender Gegenstand aus der Ist-Masse herauszulösen und an den Berechtigten **herauszugeben** ist, § 47. Kann zB ein Vermieter als Aussonderungsgläubiger die Rückgabe der vom insolventen Mieter genutzten Wohnung verlangen (§ 546 Abs. 1 BGB), wird diese Mietwohnung haftungsrechtlich von der Insolvenzmasse getrennt. Aussonderungsrechte gehen somit den Masseansprüchen vor, da diese „aus der Insolvenzmasse" zu erfüllen sind.[24]

3. Absonderung und Aufrechnung. a) Abgesonderte Befriedigung. Absonderungsgläubiger haben Anspruch auf **bevorzugte Befriedigung** aus der Verwertung eines zur Insolvenzmasse gehörenden Rechts oder Gegenstandes. Ihnen steht der Erlös aus der Verwertung des Sicherungsgutes bis zur vollen Höhe ihres Anspruchs zu, wodurch die Insolvenzmasse entspr. geschmälert wird. Die der Absonderung unterliegenden Vermögenswerte können wegen der Vorzugsrechte der Absonderungsberechtigten nicht zur Erfüllung von Masseverbindlichkeiten eingesetzt werden. Führt die Verwertung eines sicherungsübereigneten Gegenstandes nach § 166 durch den Insolvenzverwalter freilich zu einem Übererlös, der in die Insolvenzmasse fällt, so können daraus – wie auch aus den Kostenbeiträgen nach § 171 – Massegläubiger befriedigt werden.

b) Absonderungsrechte für Masseverbindlichkeiten. Absonderungsrechte nach §§ 49 f. dienen dazu, Forderungen des Gläubigers für den Insolvenzfall abzusichern. Sie können zur Absicherung von Insolvenzforderungen bestehen;[25] der Absonderungsberechtigte kann aber auch Massegläubiger sein. Dies ist zB der Fall, wenn der Insolvenzverwalter zur Besicherung eines bei einem Kreditinstitut aufgenommenen Darlehens an dem Grundstück der Schuldnerin eine Grundschuld bestellt. Das Kreditinstitut hat als Massegläubiger einen Anspruch auf Rückzahlung des Darlehens nach § 55 Abs. 1 Nr. 1 und ist zugleich zur abgesonderten Befriedigung aus der Grundschuld berechtigt. Die Begründung eines Absonderungsrechts zur Besicherung einer Masseschuld ist wirtschaftlich sinnvoll und notwendig, sobald der Eintritt der Masseunzulänglichkeit zu befürchten ist. Der absonderungsberechtigte (Alt-) Massegläubiger kann trotz **Massearmut** volle Befriedigung bis zur Höhe seiner gesicherten Forderung verlangen, ist also nicht auf eine bloß anteilige Erfüllung im Nachrang gem. § 209 Abs. 1 Nr. 3 beschränkt.[26] Tritt der Sicherungsfall ein, richtet sich die Verwertung nach den §§ 49 ff. i. V. m. §§ 165 ff. Liegt das Verwertungsrecht beim Verwalter, stehen der Masse auch die Kostenbeiträge nach §§ 170, 171 zu. Das Ausfallprinzip des § 52 ist dagegen auf gesicherte Masseforderungen nicht anwendbar, da dieses nur für Insolvenzgläubiger gilt.

---

[19] BGH NJW-RR 2010, 927. Dazu weiter RdNr. 70.
[20] *Jaeger/Henckel* § 53 RdNr. 3.
[21] BGH NZI 2004, 435, 437; *Jaeger/Henckel* § 53 RdNr. 30; *Uhlenbruck/Sinz* § 53 RdNr. 3.
[22] Dazu auch RdNr. 29d und § 55 RdNr. 223.
[23] BGHZ 183, 269 = NJW-RR 2010, 1283; NJW-RR 2008, 1274.
[24] Zur Abgrenzung auch *Kübler/Prütting/Bork/Pape/Schaltke* § 53 RdNr. 22 und 27.
[25] Am Insolvenzverfahren nimmt der Absonderungsberechtigte nur teil, wenn er seine persönliche Forderung zumindest in Höhe des Ausfalls zur Tabelle angemeldet hat, vgl. BGH NJW-RR 2005, 1363.
[26] Vgl. BGH NJW 2010, 2585 (Rz. 38).

16 **c) Aufrechnung.** Eine schon im Zeitpunkt der Eröffnung des Insolvenzverfahrens **bestehende Befugnis** zur Aufrechnung für einen **Insolvenzgläubiger** wird durch das Insolvenzverfahren nicht berührt, § 94.[27] Der Aufrechnungsgläubiger kann also auf die Insolvenzfestigkeit einer vor Insolvenzeröffnung erworbenen Aufrechnungslage vertrauen. Er ist damit gegenüber allen anderen Insolvenzgläubigern privilegiert, obwohl er bei Kenntnis seiner Aufrechnungsmöglichkeit schon vor Verfahrenseröffnung hätte aufrechnen können. Das Recht zur Aufrechnung gegen einen Anspruch der Masse bleibt auch dann erhalten, wenn die aufgerechnete Gegenforderung nach einem rechtskräftig bestätigten Insolvenzplan als erlassen gilt (§ 254 Abs. 1).[28] Die **Insolvenzaufrechnung** kommt in ihrer Wirkung einem Absonderungsrecht gleich, da der zur Aufrechnung befugte Gläubiger statt einer bloßen Insolvenzquote volle Befriedigung in Höhe der gegen ihn gerichteten Hauptforderung erlangt.[29] Der Vollzug der Aufrechnung hat deshalb gleichfalls Vorrang vor der Befriedigung der Massegläubiger.

17 **d) Nebenintervention.** Die Befriedigung der Massegläubiger erfolgt aus der nach Erfüllung der Aus- und Absonderungsrechte verbleibenden Insolvenzmasse. Massegläubiger haben deshalb ein rechtliches Interesse daran, dass Ansprüche von Aus- oder Absonderungsberechtigten vom Verwalter, soweit sie unberechtigt sind, zurückgewiesen werden.[30] In einem Rechtsstreit kann deshalb der Massegläubiger dem Insolvenzverwalter als **einfacher Nebenintervenient** beitreten, § 66 ZPO, um die Zurückweisung der Ansprüche zu unterstützen.

18 **4. Abgrenzung Insolvenzgläubiger.** Die Insolvenzgläubiger sind von den Massegläubigern grundsätzlich zu unterscheiden. Das Charakteristische der Massegläubiger liegt darin, dass sie mit ihren Forderungen nach § 53 vorweg aus der Insolvenzmasse in voller Höhe zu befriedigen sind und sie deshalb im eigentlichen Sinn am Insolvenzverfahren nicht teilnehmen. Demgegenüber haben Insolvenzgläubiger, § 38, ihre Forderungen nach Maßgabe der §§ 174 f. gegenüber dem Insolvenzverwalter zur Insolvenztabelle anzumelden, um am **insolvenzrechtlichen Verteilungsverfahren** nach §§ 187 f. teilnehmen zu können.[31] Erst nach der Vorabbefriedigung der Masseverbindlichkeiten ergibt sich die Teilungsmasse, die den Insolvenzgläubigern zur gemeinschaftlichen Befriedigung verbleibt. Insolvenzgläubiger können vom Schuldner keine Leistung verlangen. Die Gläubigerbefriedigung vollzieht sich durch Verteilung des haftenden Vermögens; das Recht der Insolvenzgläubiger ist ein Haftungsrecht. Sie haben deshalb nur Anspruch auf eine quotenmäßige Befriedigung ihrer zur Insolvenztabelle festgestellten Forderungen.[32] Eine individuelle Rechtsverfolgung ist ihnen nach Insolvenzeröffnung – im Gegensatz zu Massegläubigern – untersagt. Der Schuldner darf während des Insolvenzverfahrens aber Forderungen einzelner Insolvenzgläubiger aus seinem **insolvenzfreien** Vermögen tilgen. Denn freiwillige Zahlungen mit Mitteln, die – wie vom Verwalter aus dem Insolvenzbeschlag freigegebene oder unpfändbare Gegenstände – nicht zur Insolvenzmasse i. S. d. §§ 35, 36 gehören, kollidieren nicht mit dem Grundsatz der Gläubigergleichbehandlung und sind daher zulässig.[33]

III. Arten der Masseverbindlichkeiten

19 Masseansprüche entstehen im Rahmen der Verwaltung und Verwertung der Insolvenzmasse im Laufe des Insolvenzverfahrens. Ihre Struktur ist nicht einheitlich, weshalb das Gesetz zwischen **verschiedenen Arten** von Masseverbindlichkeiten unterscheidet.

20 **1. Kosten des Insolvenzverfahrens. Massekosten** sind nach § 54 die Gerichtskosten für das Insolvenzverfahren sowie die Vergütung und die Auslagen des vorläufigen Insolvenzverwalters, des Insolvenzverwalters und der Mitglieder des Gläubigerausschusses. Sie umfassen den aus der Verfahrenseröffnung und der Durchführung des Insolvenzverfahrens entstehenden Kostenaufwand.[34] Die Verwaltungs- und Verwertungskosten werden nicht mehr den Massekosten zugerechnet.

21 Diese **Reduzierung** der Massekosten auf die Gerichts- und Verwalterkosten dient vor allem dem Ziel der Insolvenzrechtsreform, die Hürden für die Verfahrenseröffnung herabzusenken, um die Zahl

---

[27] Zur Aufrechnung einer Insolvenzforderung bei Fortführung von Dauerschuldverhältnissen durch den Insolvenzverwalter vgl. BGH NJW-RR 2012, 182.
[28] BGH NJW-RR 2011, 1142.
[29] BGH NJW 2012, 1958 (Rz. 14) u. 1995, 1966; BFH ZIP 2010, 2359, 2361. Auch Massegläubiger können grundsätzlich mit ihren Forderungen gegen Ansprüche der Masse aufrechnen, vgl. RdNr. 52.
[30] *Jaeger/Henckel* § 53 RdNr. 32.
[31] BGH NZI 2005, 108; BAG NZI 2007, 300, 302.
[32] Bei einem „Verteilungsfehler" des Insolvenzverwalters steht der Masse ein Bereicherungsanspruch gegen den Zahlungsempfänger aus § 812 Abs. 1 Satz 1 Alt. 1 BGB zu, vgl. *Uhlenbruck* § 187 RdNr. 12 f.
[33] BGH NZI 2010, 223.
[34] *Kübler/Prütting/Pape* § 54 RdNr. 2.

der eröffneten Insolvenzverfahren zu erhöhen. Für die Verfahrenseröffnung reicht es gem. § 26 aus, wenn voraussichtlich die Kosten des Verfahrens i. S. d. § 54 gedeckt sind.[35] Können nicht einmal die Verfahrenskosten aufgebracht werden, kann ein Insolvenzverfahren nicht stattfinden. Um allerdings zu verhindern, dass masseschwache Verfahren eröffnet werden, die anschließend sogleich wieder wegen Masseunzulänglichkeit eingestellt werden müssen, wird vereinzelt befürwortet, die in § 54 genannten Kosten um die für die Verwaltung zwingend notwendigen Kosten zu erweitern; dies liefe jedoch den Intentionen des Gesetzgebers zuwider, vgl. näher § 54 RdNr. 33.[36]

2. Sonstige Masseverbindlichkeiten. Die sonstigen Masseverbindlichkeiten werden in § 55 abschließend definiert, aber nicht erschöpfend geregelt. Daneben gibt es kraft **gesetzlicher Anordnung** weitere Ansprüche im Rang von Masseverbindlichkeiten (s. RdNr. 26 bis 29e). Das Gesetz fasst sie in unterschiedliche Gruppen zusammen. **22**

a) Verwaltungsausgaben. Die sonstigen Masseverbindlichkeiten nach § 55 Abs. 1 Nr. 1 umfassen die Ansprüche, die der Insolvenzverwalter innerhalb seines gesetzlichen Wirkungskreises zu Lasten der Insolvenzmasse begründet hat. Hierunter fallen Verbindlichkeiten zB aus Rechtsgeschäften, die der Insolvenzverwalter **neu abgeschlossen** hat oder aus Prozesshandlungen. Die aus der Verwaltung, Verwertung und Verteilung der Masse herrührenden Ausgaben sind gleichfalls den sonstigen Masseverbindlichkeiten zugeordnet. Dazu gehören zB die nach Insolvenzeröffnung entstehenden Kosten für die Inventarisierung und Bewertung der Vermögensgegenstände, anfallende Versicherungsprämien, auf den Massegegenständen ruhende öffentliche Abgaben oder auch die aus der Abwicklungstätigkeit resultierenden Steuerverbindlichkeiten. **22a**

b) Masseverbindlichkeiten aus gegenseitigen Verträgen. Masseverbindlichkeiten aus gegenseitigen Verträgen entstehen nach § 55 Abs. 1 Nr. 2 entweder, wenn der Verwalter ihre **Erfüllung** zur Insolvenzmasse verlangt, oder wenn sie für die Zeit nach Eröffnung des Insolvenzverfahrens erfüllt werden müssen. **23**

aa) Erfüllungsverlangen des Insolvenzverwalters. Die erste Alternative des § 55 Abs. 1 Nr. 2 ist in Zusammenhang mit § 103 zu sehen. Ist ein gegenseitiger Vertrag im Zeitpunkt der Insolvenzeröffnung beiderseits nicht vollständig erfüllt, so können die noch ausstehenden Erfüllungsansprüche mit der Verfahrenseröffnung nicht mehr durchgesetzt werden.[37] Der Vertragspartner ist mit seinem gegen die Masse gerichteten Anspruch gem. § 38 Insolvenzgläubiger. Der Insolvenzverwalter hat gem. § 103 Abs. 1 das Recht, die Erfüllung des Vertrages zu verlangen. Entscheidet er sich für die Vertragserfüllung, bestimmt § 55 Abs. 1 Nr. 2, 1. Alt., dass die Gegenforderung des Vertragspartners Masseverbindlichkeit wird. Mit der **Erfüllungswahl** führt der Verwalter den Vertrag mit dem Gläubiger fort; dessen zunächst undurchsetzbarer vertraglicher Erfüllungsanspruch wird zu einer Masseverbindlichkeit aufgewertet.[38] Die Vertragserfüllung ist im Interesse der Gesamtgläubigerschaft nur dann gerechtfertigt, wenn sie für die Masse – auch unter Berücksichtigung der noch zu erbringenden Leistungen – vorteilhafter ist als die Vertragsablehnung. Die Qualifizierung des Anspruchs des Vertragspartners als Masseschuld rechtfertigt sich aus der Überlegung, dass die Masse nur dann die volle Leistung beanspruchen kann, wenn sie die **vertragsgemäße Gegenleistung** erbringt. Die Insolvenzmasse wird dadurch per Saldo nicht geschmälert. Die zur vertragsgemäßen Erfüllung erforderlichen Ausgaben werden durch den in die Masse fließenden Gegenwert mindestens ausgeglichen. **23a**

bb) Masseverbindlichkeiten aus fortbestehenden Dauerschuldverhältnissen. Masseansprüche sind nach **§ 55 Abs. 1 Nr. 2, Fall 2** – jedenfalls zunächst (§§ 109 bis 113) – die Ansprüche aus zweiseitigen Verträgen, deren Erfüllung für die Zeit nach Eröffnung des Insolvenzverfahrens erfolgen muss. In der Zeit ab Verfahrenseröffnung bis zur Beendigung des Vertragsverhältnisses oder bis zu einer Enthaftungserklärung des Verwalters nach § 109 Abs. 1 Satz 2 (bei Wohnraummiete) entstehen Masseverbindlichkeiten. Sie beruhen nicht auf dem Willen oder der Entscheidung des Insolvenzverwalters, der sie auch nicht durch Ablehnung der Erfüllung verhindern kann. Sie werden deshalb als „aufgezwungene" oder „**oktroyierte**" Masseschulden bezeichnet.[39] Insbesondere Miet- und Pachtverhältnisse des Schuldners über unbewegliche Gegenstände oder Räume sowie Dienst- und **23b**

---

[35] Allg. Begr. RegE BT-Drucks. 12/2473, S. 72 bis 108. Zur Berechnung vgl. BGH ZIP 2003, 2171.
[36] Zur Problematik vgl. *Kaufmann* ZInsO 2006, 961; *Pape* in Mohrbutter/Ringstmeier § 5 RdNr. 13 f.; *Gottwald/Uhlenbruck/Gundlach* § 15 RdNr. 10; *Jaeger/Windel* § 207 RdNr. 35 f.
[37] Grundlegend BGHZ 150, 353, 359, dazu *Tintelnot* EWiR 2003, 125; NJW-RR 2010, 773. Die Eröffnung des Insolvenzverfahrens bewirkt also kein Erlöschen der Hauptleistungspflichten.
[38] BGH NZI 2006, 575; NJW 2003, 2744. Zur Einschränkung des Wahlrechts nach Treu und Glauben *Häsemeyer* RdNr. 14.09 u. 20.20.
[39] *Häsemeyer* RdNr. 14.04. Dazu auch RdNr. 7.

Arbeitsverhältnisse gehören gem. § 108 Abs. 1 Satz 1 zu den fortbestehenden Dauerschuldverhältnissen, die für die Zeit nach Insolvenzeröffnung aus der Masse erfüllt werden müssen.

24 **c) Masseverbindlichkeiten aus ungerechtfertigter Bereicherung.** Des Weiteren stellen Ansprüche aus einer rechtsgrundlosen Bereicherung der Insolvenzmasse Masseverbindlichkeiten nach § 55 Abs. 1 Nr. 3 dar.[40] Die **nach** Insolvenzeröffnung eingetretene ungerechtfertigte Bereicherung der Masse kann nicht den Insolvenzgläubigern als haftendes Vermögen zugewiesen werden kann.

25 **d) Masseverbindlichkeiten aus dem Eröffnungsverfahren.** Masseverbindlichkeiten können nach § 55 Abs. 2 vor Verfahrenseröffnung von einem vorläufigen Insolvenzverwalter begründet werden, wenn gem. § 22 Abs. 1 die **Verfügungsbefugnis** über das Vermögen des Schuldners auf ihn übergegangen ist.[41] Die Wirkungen der Verfahrenseröffnung werden damit vorverlegt. Dadurch sollen Geschäftspartner geschützt werden, auf deren Mitwirkung der vorläufige Insolvenzverwalter insbesondere bei einer Betriebsfortführung angewiesen ist. Tatsächlich werden in der insolvenzrechtlichen Praxis aber zur Sicherung der künftigen Masse regelmäßig sog. „schwache" – nur mit einem Zustimmungsvorbehalt ausgestattete (§ 21 Abs. 2 Nr. 1) – vorläufige Insolvenzverwalter eingesetzt.[42] Diese sind ohne gerichtliche Einzelermächtigungen nicht befugt, Verpflichtungen zu Lasten der späteren Insolvenzmasse einzugehen.[43] Folglich stellen die im Eröffnungsstadium mit Zustimmung des vorläufigen Verwalters begründeten Verbindlichkeiten meist bloße Insolvenzforderungen dar.

25a Die in der Praxis übliche Anordnung einer schwachen vorläufigen Insolvenzverwaltung war mit ein Grund für die seit Anfang 2011 geltende Neuregelung des **§ 55 Abs. 4**.[44] Danach „gelten" die vom schwachen vorläufigen Verwalter oder mit seiner Zustimmung vom Schuldner begründeten **Steuerschulden** („Verbindlichkeiten aus dem Steuerschuldverhältnis") nach Verfahrenseröffnung als sonstige Masseverbindlichkeiten, die gem. § 53 vorrangig aus der Masse zu erfüllen sind.[45] Mit Hilfe dieser Umqualifizierung von bloßen Insolvenzforderungen zu Masseverbindlichkeiten sollen vor allem künftige Umsatzsteuerausfälle der Finanzverwaltung während schwacher vorläufiger Verwaltung vermieden werden.[46] Auch als Massegläubiger muss der Fiskus freilich damit rechnen, dass die Insolvenzmasse iSd § 208 Abs. 1 unzulänglich wird und Steuerforderungen dann nur quotenmäßig befriedigt werden. Die Einführung eines weiteren Fiskusvorrechts wird als Verstoß gegen den Grundsatz der Gläubigergleichbehandlung vielfach abgelehnt.[47]

25b **e) Masseverbindlichkeiten im „Schutzschirmverfahren".** Nach den durch das „ESUG" zum 1.3.2012 eingeführten §§ 270a, 270b kann ein noch zahlungsfähiger, sanierungswilliger **Schuldner** sein Unternehmen im neuen **Schutzschirmverfahren** unter Aufsicht eines vorläufigen Sachwalters in vorläufiger Eigenverwaltung weiterführen.[48] Auf Antrag hat ihm das Gericht gem. § 270b Abs. 3 auch die **Ermächtigung** zu erteilen, selbst Masseverbindlichkeiten für das nachfolgende Insolvenzverfahren entspr. § 55 Abs. 2 zu begründen.[49] Mit dieser nach außen nicht unbeschränkten **Kompetenz** zur **Masseschuldbegründung** erhält der eigenverwaltende Schuldner für die Dauer des angeordneten Schutzschirmverfahrens praktisch die Rechtsstellung eines starken vorläufigen Insolvenzverwalters.[50] Seine weitere Geschäftsführung wird vom vorläufigen Sachwalter

---

[40] Vor Verfahrenseröffnung gegen den Schuldner entstandene Ansprüche aus ungerechtfertigter Bereicherung sind dagegen Insolvenzforderungen, vgl. BGH NZI 2009, 475; ZIP 2007, 2279.

[41] Kommt es nicht zur Insolvenzeröffnung, hat der „starke" vorläufige Insolvenzverwalter die entstandenen Kosten u. die von ihm begründeten Verbindlichkeiten vorweg aus dem von ihm verwalteten Vermögen zu erfüllen, § 25 Abs. 2.

[42] Zur Reichweite der Kompetenzen eines schwachen vorläufigen Verwalters vgl. ausführlich *Hölzle* ZIP 2010, 1889.

[43] BGH NZI 2009, 475. Zur gerichtlichen Ermächtigung eines sog. „halbstarken" vorläufigen Verwalters, im Voraus genau festgelegte Einzelmaßnahmen auszuführen, vgl. BGHZ 189, 299 = NZI 2011, 602; 151, 353 = NJW 2002, 3326; *Laroche* NZI 2010, 965. Dazu näher § 55 RdNr. 226.

[44] Vgl. *Andres/Leithaus* § 55 RdNr. 18; FK-*Bornemann* § 55 RdNr. 47.

[45] Grundlegend und kritisch zu den Voraussetzungen u. Rechtsfolgen der fiktiven Masseverbindlichkeiten nach § 55 Abs. 4 *Kahlert* ZIP 2011, 401 ff.

[46] BT-Drucks. 17/3030 v. 27.9.2010, S. 42.

[47] Vgl. etwa *Pape* ZInsO 2010, 2155; FK-*Bornemann* § 55 RdNr. 48.

[48] Das Eigenverwaltungseröffnungs- u. Schutzschirmverfahren tritt als Sonderverfahren an die Stelle des gewöhnlichen Eröffnungsverfahrens. Zu den Voraussetzungen nach § 270b Abs. 1 Satz 1 vgl. A/G/R-Ringstmeier § 270b Rn. 6 f.; Flöther ZIP 2012, 1833, 1837, 1841.

[49] Zu Einzelheiten insbesondere Frind ZInsO 2012, 1099, 1104 f.; A/G/R-Ringstmeier § 270b Rn. 30; ferner § 55 RdNr. 227.

[50] Vgl. *Hölzle* ZIP 2012, 158, 162 f.; *Schelo* ZIP 2012, 712, 713; FK-*Foltis* § 207b RdNr. 42 hält die Neuregelung schon wegen der Rechtsmacht des Schuldners in der Eigenverwaltung für überflüssig.

unter Mitwirkung des nach § 22a eingesetzten vorläufigen Gläubigerausschusses überwacht, §§ 270a Abs. 1 Satz 2, 275.[51]

Der **Schuldner** muss auch im neuen **Eröffnungsverfahren mit Eigenverwaltung** nach § 270a 25c ohne gleichzeitigen Schutzschirm die Möglichkeit haben, unter Aufsicht eines vorläufigen Sachwalters Masseverbindlichkeiten i.S.d. § 55 Abs. 2 zum Zwecke der Betriebsfortführung einzugehen. Zwar fehlt eine dem § 270b Abs. 3 entsprechende Regelung. Die Kompetenz des Schuldners zur Begründung von Masseverbindlichkeiten auch im Verfahren der vorläufigen Eigenverwaltung kann sich aber nach zutr. hM aufgrund einer gerichtlichen Einzelermächtigung gem. §§ 21 Abs. 1, 22 ergeben.[52] Nach aA soll im Verfahren nach § 270a nicht der Schuldner, sondern der vorläufige Sachwalter ermächtigt werden.[53] Dem Sachwalter (auch dem endgültigen) kommt im Rahmen der Eigenverwaltung aber grundsätzlich nur die Aufgabe zu, die Geschäftsführung des Schuldners zu überwachen.

3. Unterhaltsansprüche. Masseverbindlichkeiten i. S. d. § 55 bilden auch die von der Gläubiger- 26 versammlung beschlossenen Unterhaltsansprüche zugunsten des Schuldners, seiner Familie oder der vertretungsberechtigten persönlich haftenden Gesellschafter, §§ 100 Abs. 1, 101 Abs. 1 Satz 3. Dies ergibt sich aus § 209 Abs. 1 Nr. 3, der den **bewilligten Unterhalt** im Fall der Masseunzulänglichkeit den übrigen Masseverbindlichkeiten (im letzten Rang) zurechnet.[54] In diesem Fall kann also auch der **Insolvenzschuldner** selbst Massegläubiger sein.[55] Soweit eine Entscheidung durch die Gläubigerversammlung noch nicht erfolgt ist, hat die Berechnung und Gewährung des notwendigen Unterhaltes für den Schuldner durch den Insolvenzverwalter, § 100 Abs. 2, bzw. im Verbraucherinsolvenzverfahren durch den Treuhänder, § 313 Abs. 1, zu erfolgen.[56]

4. Sozialplanansprüche. Nach § 123 Abs. 2 Satz 1 sind die Verbindlichkeiten aus einem nach 27 Eröffnung des Insolvenzverfahrens aufgestellten Sozialplan Masseverbindlichkeiten.[57] Jedoch darf zu ihrer Befriedigung nicht mehr als ein Drittel der Masse verwendet werden, die ohne den Sozialplan für die Verteilung an die Insolvenzgläubiger zur Verfügung stehen würde, § 123 Abs. 2 Satz 2. Aufgrund dieser **Sonderregelung** erhalten die Sozialplangläubiger nichts, wenn im Falle der Masseunzulänglichkeit eine Teilungsmasse nicht vorhanden ist.[58] Die Einordnung der Sozialplanansprüche als Masseverbindlichkeiten bezweckt, die Rechtsstellung der betroffenen Arbeitnehmer zu verbessern. Dies ist allerdings systemwidrig, da die Abfindungsansprüche auf dem vom Schuldner vor Verfahrenseröffnung begründeten Arbeitsverhältnis beruhen.[59] Im Hinblick auf das im Interesse der sonstigen Gläubiger beschränkte Ausschüttungsvolumen ist eine effektive Begünstigung der Empfänger von Sozialplanleistungen freilich stark begrenzt. Die Höherstufung der Sozialplanforderungen zu einer Masseverbindlichkeit hat die Rechtsstellung der Sozialplangläubiger letztlich nur „formell" verbessert.[60]

5. Nachlassinsolvenzverfahren, fortgesetzte Gütergemeinschaft. Der Kreis der Masseverbindlichkeiten wird in § 324 Abs. 1 Nr. 1 bis 6 für das Nachlassinsolvenzverfahren **erweitert**.[61] 28 Begünstigt werden sollen damit in erster Linie Aufwendungen, die typischerweise nach Eintritt des Erbfalls im Rahmen einer ordnungsgemäßen Verwaltung der Erbschaft erfolgt sind. Zusätzliche Masseforderungen sind etwa die Ansprüche eines Nachlassverwalters auf Vergütung und Aufwendungsersatz (Nr. 4) oder aus Geschäftsführung (Nr. 6). Im Sonderinsolvenzverfahren über das Gesamtgut einer fortgesetzten Gütergemeinschaft gelten nach § 332 Abs. 1 die Vorschriften über das Nachlassinsolvenzverfahren entsprechend.

6. Masseverbindlichkeiten in sonstigen Fällen. a) Erlöschen von Aufträgen. Aufträge und 29 Geschäftsbesorgungsverträge erlöschen mit Verfahrenseröffnung, §§ 115, 116. In **Notfällen,** wenn der Masse mit dem Aufschub Gefahren drohen, wird das Fortbestehen des Auftrags fingiert mit der

---

[51] Zur Überwachungsaufgabe des vorläufigen Gläubigerausschusses vgl. Frind ZIP 2012, 1380, 1383 f.
[52] AG Köln NZI 2012, 375 m. zust. Anm. M. Hofmann EWiR 2012, 359; AG Duisburg NZI 2013, 91 m. zust. Anm. Andres; Undritz BB 2012, 1551; Ganter NZI 2012, 433, 439. Auch FK-*Foltis* § 279a RdNr. 27; Oppermann/Sinz ZInsO 2012, 862, 865 und Frind ZInsO 2012, 1099, 1101 f., allerdings unter Hinweis auf § 275 Abs. 1 Satz 1 i.V.m. § 270a Abs. 1 Satz 2. Die Ablehnung einer Ermächtigung ist nicht anfechtbar, vgl. BGH ZIP 2013, 525.
[53] Vgl. AG Hamburg ZIP 2012, 787.
[54] *Häsemeyer* RdNr. 14.20.
[55] Zu weiteren gegen die Masse als Sondervermögen gerichteten Masseschuldansprüchen des Schuldners vgl. *Jaeger/Henckel* § 53 RdNr. 5.
[56] Uhlenbruck § 100 RdNr. 14.
[57] *Häsemeyer* RdNr. 23.16.
[58] BAG NZI 2010, 317.
[59] *Häsemeyer* RdNr. 23.16; *J. Bauer* DZWIR 2007, 188, 190.
[60] BAG NZI 2010, 317 m. zust. Anm. *Windel* in AP InsO § 123 Nr. 4.
[61] HambKomm-*Böhm* § 324 RdNr. 1

Folge, dass die dem Beauftragten (Geschäftsbesorger) aus der Weiterführung des Auftrags zustehenden Ersatzansprüche als Masseverbindlichkeiten angesehen werden, §§ 115 Abs. 2 Satz 3, 116. Ansprüche aus der Tätigkeit vor Insolvenzeröffnung bleiben aber weiterhin Insolvenzforderungen.[62]

29a **b) Auflösung einer Gesellschaft.** Wird eine Personengesellschaft durch die Eröffnung des Insolvenzverfahrens über das Vermögen eines Gesellschafters aufgelöst, so sind nach § 118 Satz 1 die Ansprüche des **geschäftsführenden Gesellschafters,** die ihm aus der einstweiligen Fortführung eilbedürftiger Geschäfte zustehen, Masseverbindlichkeiten in der Insolvenz des Mitgesellschafters.

29b **c) Betriebsveräußerung.** Eine Betriebsveräußerung **unter Wert** kann nach § 163 Abs. 1 Satz 1 auf Antrag vom Insolvenzgericht davon abhängig gemacht werden, dass die Gläubigerversammlung zustimmt. Der Antragsteller muss glaubhaft machen, dass eine anderweitige Veräußerung für die Insolvenzmasse wirtschaftlich vorteilhafter ist. Bei erfolgreichem Antrag kann er gem. § 163 Abs. 2 die ihm **durch den Antrag** entstandenen notwendigen **Kosten** aus der Insolvenzmasse erstattet verlangen.

29c **d) Ausgleichsansprüche für Aus- und Absonderungsberechtigte.** Werden vom Insolvenzverwalter mit **Absonderungsrechten** belastete Gegenstände, zu deren Verwertung er nach § 166 berechtigt ist, nicht bis zum Berichtstermin verwertet, sind dem gesicherten Gläubiger regelmäßig von da an als Ausgleich für aus **Verzögerungen** bei der **Verwertung** resultierende Nachteile laufend die geschuldeten **Zinsen** aus der Masse zu zahlen, § 169 Satz 1.[63] Dem absonderungsberechtigten Gläubiger wird damit zugemutet, Verzögerungen bei der Verwertung des Gegenstandes bis zu drei Monate (vgl. § 29 Abs. 1 Nr. 1) entschädigungslos hinzunehmen. Die anschließende Verzinsungspflicht als Masseverbindlichkeit nach § 55 Abs. 1 Nr. 1 endet nicht schon mit der Verwertung (Geldeingang beim Verwalter), sondern erst mit der Auskehrung des Erlöses an den Absonderungsberechtigten.[64] Zusätzlich hat der Insolvenzverwalter aus der Insolvenzmasse einen aus der Nutzung derartiger Vermögensgegenstände entstehenden **Wertverlust** auszugleichen, § 172 Abs. 1 Satz 1.

29d Schon während des **Eröffnungsverfahrens** kann das Insolvenzgericht nach **§ 21 Abs. 2 Satz 1 Nr. 5** einen **Verwertungs- und Rückgabestopp** für Gegenstände anordnen, an denen im eröffneten Verfahren Aus- oder Absonderungsrechte bestehen.[65] Für die Beschränkung ihrer Rechte stehen den von der Sicherungsmaßnahme betroffenen Gläubigern entspr. § 169 Satz 2 grundsätzlich Ausgleichsansprüche in Form der geschuldeten „Zinsen" bzw. eines **Nutzungsentgelts** zu.[66] Die Verpflichtung zur Zahlung einer Nutzungsausfallentschädigung (§ 21 Abs. 2 Satz 1 Nr. 5 Satz 1 HS 2 i. V. m. § 169) beginnt jedoch – wie bei der verzögerten Verwertung gem. § 269 Satz 1 – erst drei Monate nach der Sicherungsanordnung.[67] Für den **Dreimonatszeitraum** ohne Ausgleichszahlung der Masse bleibt der Anspruch der aus- und absonderungsberechtigten Gläubiger auf eine vereinbarte Miete oder ein Entgelt für die vertragsgemäße Abnutzung der Sache eine bloße Insolvenzforderung.[68] Erst wenn die Nutzung auch nach Verfahrenseröffnung zugunsten der Insolvenzmasse fortgesetzt wird, ist ein Entgelt als sonstige Masseverbindlichkeit gem. § 55 Abs. 2 Satz 2 geschuldet. Daneben sind etwaige bei der Weiternutzung der Absonderungs- oder Aussonderungsgegenstände eingetretene Wertverluste durch laufende Zahlungen aus der Masse an die Berechtigten auszugleichen; auch dieser in § 21 Abs. 2 Satz 1 Nr. 5 Satz 1 Teilsatz 3 gesetzlich angeordnete **Wertersatzanspruch** gilt nach Verfahrenseröffnung als Masseforderung i. S. d. § 55 Abs. 2.[69]

29e **e) Feststellungsstreit.** Wird von einzelnen Gläubigern ein Rechtsstreit über die Feststellung einer Insolvenzforderung zur Tabelle erfolgreich geführt, so können sie die Erstattung ihrer **Kosten** – außer vom unterlegenen Anmelder, § 91 ZPO – auch aus der Insolvenzmasse insoweit verlangen, als der Masse durch die Entscheidung ein Vorteil entstanden ist, § 183 Abs. 3. Bei dem Anspruch auf Herausgabe der aus der Prozessführung des Gläubigers eingetretenen Massebereicherung handelt es sich um eine sonstige Masseverbindlichkeit gem. § 55 Abs. 1 Nr. 3.[70]

---

[62] BGH NJW-RR 2007, 50; *Uhlenbruck/Sinz* §§ 115, 116 RdNr. 13.
[63] Vgl. BGH NJW-RR 2011, 688.
[64] BGHZ 154, 72 = NJW 2003, 2240.
[65] Zu den Anordnungsvoraussetzungen vgl. BGHZ 183, 269 = NJW-RR 2010, 1283, dazu *Voß* EWiR 2010, 155; LG Erfurt ZIP 2013, 281; s. auch § 55 RdNr. 223.
[66] BGHZ 183, 269; *Andres/Leithaus-Leithaus* § 21 RdNr. 9a.
[67] BGH NJW-RR 2010, 1283; bestätigt in NZI 2012, 369.
[68] IdR entfällt damit überhaupt jede Zahlung aus der Masse, da die meisten Eröffnungsverfahren nicht länger als drei Monate dauern.
[69] BGH NZI 2012, 369 = ZIP 2012, 779, 782; OLG Braunschweig ZIP 2011, 1275, 1278; KG ZIP 2009, 137; *Uhlenbruck/Vallender* § 21 RdNr. 38k; *Uhlenbruck/Brinkmann* § 172 RdNr. 5.
[70] *Graf-Schlicker* § 183 RdNr. 12; FK-*Kießner* § 183 RdNr. 8.

D. Die Ansprüche der Massegläubiger gegen den Schuldner

I. Der Schuldner als Rechtsträger

Die Ansprüche der Massegläubiger sind nach § 53 aus der Insolvenzmasse vorweg zu befriedigen. **30** Schuldner ist jedoch nicht die Insolvenzmasse, da sie als solche kein selbständiges Rechtssubjekt darstellt. Als Schuldner der Masseverbindlichkeiten muss deshalb der **Insolvenzschuldner** angesehen werden.[71] Er verliert mit der Insolvenzeröffnung nicht seine Rechts- und Geschäftsfähigkeit.[72] Vielmehr bleibt er Rechtsträger des zur Insolvenzmasse gehörenden Vermögens, mithin der sie bildenden Rechte wie auch Verbindlichkeiten. Begründet der Insolvenzverwalter im Rahmen seines Pflichtenkreises Masseverbindlichkeiten, so wird daraus der Schuldner verpflichtet.[73] Für die Erfüllung dieser Masseverbindlichkeit haftet primär die Masse. Ob auch der Insolvenzschuldner außerhalb des Insolvenzverfahrens persönlich vom Massegläubiger in Anspruch genommen werden kann, ist eine davon zu unterscheidende Frage.

1. Inanspruchnahme während des Insolvenzverfahrens. Die Massegläubiger unterliegen, **31** da sie keine Insolvenzgläubiger sind, nicht deren Beschränkungen in der Geltendmachung ihrer Forderungen, vgl. §§ 38, 87. Daher ist schon während des laufenden Insolvenzverfahrens auch eine Verfolgung von Masseansprüchen gegen den Schuldner mit Zugriff auf dessen insolvenzfreies Vermögen möglich.[74] Der Insolvenzverwalter kann den Insolvenzschuldner persönlich aber grundsätzlich nur in Ansehung der Insolvenzmasse verpflichten, weil sein Verfügungsrecht nach § 80 Abs. 1 auf die Gegenstände der Masse beschränkt ist.[75] Für Masseverbindlichkeiten, die erst während des Verfahrens vom Insolvenzverwalter neu begründet werden, haftet der Insolvenzschuldner deshalb gegenständlich beschränkt auf das **insolvenzbefangene Vermögen**. Ausnahmsweise haftet der Schuldner auch mit seinem beschlagsfreien Vermögen, soweit der Rechtsgrund für die spätere Masseschuld bereits vor Verfahrenseröffnung bzw. vor Einsetzung eines vorläufigen „starken" Insolvenzverwalters von ihm selbst geschaffen worden ist, also in seiner Person bereits eine Schuld entstanden war.[76] Die Einzelzwangsvollstreckung ist allerdings nach § 89 Abs. 2 Satz 1 unzulässig in künftige Bezüge aus einem Dienstverhältnis des Schuldners.[77] Das gesetzliche Vollstreckungsverbot ist im Umkehrschluss eine Bestätigung dafür, dass im Übrigen die Zwangsvollstreckung in das **insolvenzfreie Vermögen** des Schuldners durch Massegläubiger zulässig ist.[78] Dieser Zugriffsmöglichkeit kommt indes keine praktische Relevanz mehr zu. Die Insolvenzmasse umfasst nach § 35 Abs. 1 nämlich auch das Vermögen, das der Schuldner während des Verfahrens erlangt. Ein vom Insolvenzbeschlag nicht erfasstes freies Vermögen ist damit von Gesetzes wegen im Wesentlichen ausgeschlossen. In Betracht kommen als Zugriffsobjekte uU noch einzelne vom Verwalter zu Gunsten des Schuldners aus dem Insolvenzbeschlag freigegebene Vermögensgegenstände.[79] Wenn der Insolvenzverwalter durch eine Erklärung nach § 35 Abs. 2 Satz 1 Vermögen aus einer selbständigen Tätigkeit des Schuldners freigibt, stehen die aus einer fortgesetzten Tätigkeit erzielten Einkünfte des Schuldners allein seinen **Neu**-Gläubigern als Haftungsmasse zur Verfügung, die erst nach der Freigabeerklärung Forderungen gegen ihn erworben haben.[80]

2. Inanspruchnahme nach Beendigung des Insolvenzverfahrens. Die Ansprüche der Massegläubiger können während des Insolvenzverfahrens zB wegen eingetretener Massearmut nur teilweise befriedigt werden oder ganz ausfallen, vgl. §§ 207, 211. Zur dann wichtigen Frage einer Nachhaftung des Insolvenzschuldners hinsichtlich der **unbefriedigt** gebliebenen Masseverbindlichkeiten gilt: **32**

a) Nachhaftung. Nach Aufhebung oder Einstellung des Insolvenzverfahrens hat der vormalige **33** Insolvenzschuldner für die nach Insolvenzeröffnung begründeten noch offenen Masseverbindlichkei-

---

[71] RGZ 52, 330; *Jaeger/Henckel* § 53 RdNr. 10; *Uhlenbruck/Sinz* § 53 RdNr. 10; *HK-Lohmann* § 53 RdNr. 9.
[72] Auch die Organe einer juristischen Person bleiben bestehen, BGH ZInsO 2006, 260.
[73] BGH NJW 2010, 69; *Uhlenbruck/Sinz* § 53 RdNr. 10.
[74] K/P/B/Pape/Schaltke § 53 RdNr. 39; dazu auch BGH NZI 2007, 670.
[75] BGH NJW 2010, 69; *Uhlenbruck/Sinz* § 53 RdNr. 10.
[76] A/G/R-Homann § 53 RdNr. 9.
[77] Das Verbot soll es dem Schuldner ermöglichen, den pfändbaren Anteil seiner Bezüge für die Restschuldbefreiung an den Treuhänder abzutreten, vgl. BGH NJW-RR 2008, 294.
[78] Abl. *Windel* KTS 2011, 25, 36.
[79] *Uhlenbruck/Sinz* § 53 RdNr. 10; *Kübler/Prütting/Bork/Pape/Schaltke* § 53 RdNr. 40. Nach Windel KTS 2011, 25, 32, 37 können Massegläubiger während des Verfahrens nur auf freigegebene Massebestandteile zugreifen.
[80] BGH ZIP 2012, 533, 535; NJW-RR 2011, 1615.

ten grundsätzlich einzustehen. Er ist der Träger der Insolvenzmasse. Eine Haftung des Schuldners ist deshalb auch für Masseansprüche zu bejahen, die in Pflichtverletzungen des Insolvenzverwalters ihren Ursprung haben. Voraussetzung ist, dass der Insolvenzverwalter in **Ausübung seines Amtes** gehandelt hat, da andernfalls sein vertragswidriges oder deliktsrechtliches Handeln der Masse nicht zugerechnet werden kann.[81]

34   **b) Haftungsumfang.** Beruht der Anspruch des Massegläubigers auf einem Rechtsgrund, der noch vom Schuldner vor Verfahrenseröffnung gesetzt wurde, so haftet er für diese Masseverbindlichkeit nach Beendigung des Verfahrens – weiter – **unbeschränkt**.[82] Wie bereits vor Verfahrenseröffnung muss der Schuldner mit seinem gesamten Vermögen zB für (spätere) Masseverbindlichkeiten i.S. des § 55 Abs. 1 Nr. 2 Alt. 1 einstehen, die aus einem von ihm selbst abgeschlossenen gegenseitigen Vertrag herrühren, dessen Erfüllung vom Insolvenzverwalter nach § 103 verlangt wurde.[83] Ebenso haftet er unbeschränkt für (oktroyierte) Verbindlichkeiten aus einem von ihm eingegangenen Mietverhältnis, jedenfalls für die Zeit bis zum ersten Termin, zu dem der Insolvenzverwalter dieses fristgemäß hätte kündigen können. Diese Verbindlichkeiten waren vom Schuldner begründet worden. Dass sie infolge des Insolvenzverfahrens bzw. der Erfüllungswahl durch den Verwalter sich in Masseverbindlichkeiten wandelten, kann die uneingeschränkte persönliche Haftung des Schuldners nach Aufhebung des Verfahrens nicht entfallen lassen.[84]

34a   Hat dagegen der Insolvenzverwalter erst **im Laufe des Verfahrens** die Masseverbindlichkeiten selbst begründet, haftet der Schuldner zwar für diese, jedoch nach zutr. hM gegenständlich **beschränkt** auf die Insolvenzmasse, d.h. auf die Vermögensgegenstände, über die er nach Aufhebung bzw. Einstellung des Verfahrens, vgl. § 215 Abs. 2 Satz 1, die Verwaltungs- und Verfügungsbefugnis zurückerhält. Der Grund hierfür ist, dass der Insolvenzverwalter Masseverbindlichkeiten nur im Hinblick auf die von ihm zu verwaltende und zu verwertende Insolvenzmasse begründen kann (§ 80 Abs. 1) und dass der Schuldner seinerseits im eröffneten Verfahren keine Möglichkeit mehr hat, auf die Entstehung von Masseverbindlichkeiten aus der Tätigkeit des Insolvenzverwalters einzuwirken. Eine persönliche Nachhaftung des Schuldners, die über die aus der Masse wieder in seine freie Verfügung gelangten Vermögenswerte hinausgeht, kommt deshalb regelmäßig nicht in Betracht.[85] Die **Haftungsbeschränkung** gilt ebenso für Masseverbindlichkeiten aus einem bei Verfahrenseröffnung bestehenden Miet- oder Arbeitsverhältnis für die Zeit nach dem ersten Termin, zu dem dieses hätte wirksam vom Verwalter gekündigt werden können (vgl. §§ 109, 113).[86] Denn ein solches vom Insolvenzverwalter trotz Kündigungsmöglichkeit bewusst fortgeführtes Miet- oder Dienstverhältnis entspricht, was die Haftung des Schuldners für die nachfolgenden Verbindlichkeiten betrifft, einem vom Verwalter neu begründeten **Dauerschuldverhältnis**.[87] Auch für die **Verfahrenskosten** (§ 54) – also für Gerichtskosten und während des Insolvenzverfahrens nicht befriedigte Vergütungsansprüche des Verwalters – haftet der Schuldner gegenständlich beschränkt auf die ihm überlassenen Vermögenswerte aus der Insolvenzmasse. Zwar hat der Schuldner die Einleitung des Insolvenzverfahrens und die bei dessen Abwicklung anfallenden Kosten selbst veranlasst. Zur Deckung der Verfahrenskosten kann aber, wie die §§ 26, 207 zeigen, allein die Insolvenzmasse herangezogen werden, auf welche die Verwaltungs- u. Verfügungsbefugnis des Verwalters begrenzt ist.[88] Masseverbindlichkeiten, die im Eröffnungsverfahren von einem „starken" vorläufigen Insolvenzverwalter nach § 55 Abs. 2 Satz 1 begründet wurden, unterliegen gleichfalls der gegenständlichen Haftungsbeschränkung, da sie – wie bei Handlungen des endgültigen Verwalters – eigenverantwortlich ohne Einflussnahme des Schuldners begründet wurden.[89] Die Haftungsbeschränkung wird vom Schuldner durch Erhebung der Drittwiderspruchsklage nach § 771 ZPO geltend gemacht.

---

[81] BGH NZI 2006, 592; differenzierend zwischen Vertragsverletzungen und unerlaubter Handlung BGH NJW 1958, 670.
[82] BGH NJW 1955, 339; *Häsemeyer* RdNr. 25.29.
[83] *Uhlenbruck/Sinz* § 53 RdNr. 11; aA *Jaeger/Henckel* § 53 RdNr. 17; K/P/B/Schaltke/Pape § 53 RdNr. 45.
[84] Ebenso HambKomm-*Jarchow* § 53 RdNr. 27; A/G/R-Homann § 53 RdNr. 10; HK-Lohmann § 53 RdNr. 10.
[85] BGH NJW 2010, 69 f.; *Uhlenbruck/Sinz* § 53 RdNr. 10; HK-*Lohmann* § 53 RdNr. 9; A/G/R-Homann § 53 RdNr. 10; *Mohrbutter* in Mohrbutter/Ringstmeier § 6 RdNr. 266; für unbeschränkte Haftung dagegen *Häsemeyer* RdNr. 25.30; *Windel* KTS 2011, 25, 29 ff.; *Runkel/Schnurbusch* NZI 2000, 56, da nach Verfahrenseinstellung die zurückgegebene Masse vom sonstigen Vermögen des Schuldners nicht getrennt bleibt, sondern vermischt wird.
[86] OLG Stuttgart ZIP 2007, 1616, 1617; *Nerlich/Römermann/Andres* § 53 RdNr. 6; HambKomm-*Jarchow* § 53 RdNr. 27; aA A/G/R-Homann § 53 RdNr. 10.
[87] Zur Gleichbehandlung des ungekündigten mit einem vom Verwalter neu begründeten Dauerschuldverhältnis s. auch *Windel* KTS 2011, 25, 33.
[88] BGH NJW 2010, 69 mit zust. Anm. Gundlach/Frenzel S. 73; K/P/B/Schaltke/Pape § 53 RdNr. 45 (unbeschränkte Haftung aber für Gerichtskosten); aA Windel KTS 2011, 25, 29.
[89] *Jaeger/Henckel* § 53 RdNr. 16; K/P/B/Schaltke/Pape § 53 RdNr. 45.

Massegläubiger

c) Unterbrechung anhängiger Prozesse. Die Beendigung des Insolvenzverfahrens wirkt sich 35 prozessual auf die Rechtsstreitigkeiten aus, die vom oder gegenüber dem Insolvenzverwalter über das Bestehen einer Masseverbindlichkeit geführt werden. Ein solcher noch anhängiger **Rechtsstreit** wird in analoger Anwendung der §§ 239, 240, 242 ZPO **unterbrochen**.[90] Mit dem Übergang der Rest-Insolvenzmasse auf den bisherigen Insolvenzschuldner ist ein Wechsel der Interessenlage verbunden, der die Unterbrechung des Prozesses rechtfertigt und zu einem Parteiwechsel führt.[91] Der Schuldner ist wieder prozessführungsbefugt, da er die Verwaltungs- und Verfügungsbefugnis über die noch vorhandenen Vermögenswerte aus der Masse zurückerhält. Er kann deshalb auch darüber entscheiden, ob der Rechtsstreit weitergeführt wird.[92] Nimmt er den Prozess auf, so haftet er für die sich daraus ergebenden Ansprüche wie zB auf Erstattung der Prozesskosten unbeschränkt mit seinem Gesamtvermögen.

d) Restschuldbefreiung. Die Erlangung der Restschuldbefreiung für den redlichen Schuldner 36 nach den §§ 286 ff. setzt nicht voraus, dass sämtliche Masseverbindlichkeiten erfüllt sind. Vielmehr kann auch im Falle der Einstellung des Insolvenzverfahrens wegen Masseunzulänglichkeit nach § 211 Restschuldbefreiung erteilt werden, § 289 Abs. 3. Die dem Schuldner erteilte Restschuldbefreiung wirkt nach dem eindeutigen Wortlaut des § 301 Abs. 1 nur gegen alle Insolvenzgläubiger i.S.v. § 38.[93] Das hat zur Folge, dass der Schuldner für offen gebliebene Masseverbindlichkeiten trotz des Restschuldbefreiungsverfahrens weiterhin haften kann, zB für nach Insolvenzeröffnung jedenfalls bis zur Kündigung entstehende Ansprüche aus einem Mietverhältnis (s.o. RdNr. 34). Allerdings sind (auch) die im eingestellten Insolvenzverfahren noch nicht getilgten Masseverbindlichkeiten vom Treuhänder in der „Wohlverhaltensphase" mit Vorrang gegenüber den Insolvenzgläubigern zu erfüllen, § 292 Abs. 1 Satz 2.[94]

II. Haftung der Gesellschafter für Masseverbindlichkeiten in der Insolvenz der Personengesellschaft

Die Eröffnung des Insolvenzverfahrens über das Vermögen einer **Gesellschaft ohne Rechtsper-** 37 **sönlichkeit,** wie oHG, KG, GbR oder auch GmbH & Co. KG, ist nach § 11 Abs. 2 Nr. 1 zulässig. Die Insolvenzeröffnung führt zu einer Beschlagnahme des Vermögens der Gesellschaft, das den Gesellschaftsgläubigern haftungsrechtlich zugewiesen wird. Bei der Frage, inwieweit daneben auch die Gesellschafter mit ihrem Privatvermögen für Masseschulden (§ 55) aus der Gesellschaftsinsolvenz haften,[95] ist zwischen sog. Alt- und Neuverbindlichkeiten der Gesellschaft zu unterscheiden.[96] Die **persönliche Haftung** ist nach zutr. hM im Interesse der Gesellschafter und deren Privatgläubiger auf die Altverbindlichkeiten **beschränkt,** deren Rechtsgrund aus der Zeit vor Eröffnung der Gesellschaftsinsolvenz stammt und dessen Entstehung sie noch beeinflussen konnten.[97]

1. Geltendmachung der persönlichen Haftung. Nach § 93 kann die persönliche (akzessori- 38 sche) Haftung eines Gesellschafters für die Verbindlichkeiten der insolventen Personengesellschaft zB aus §§ 128, 161 Abs. 2, 176 HGB während der Dauer des Insolvenzverfahrens **nur** vom **Insolvenzverwalter** geltend gemacht werden.[98] Dem Insolvenzverwalter wird im Interesse gleichmäßiger Befriedigung aller Gesellschaftsgläubiger die **ausschließliche Befugnis** eingeräumt, deren Haftungsansprüche gegen die Gesellschafter zur Masse einzuziehen und prozessual geltend zu machen.[99]

---

[90] OLG Köln ZIP 1987, 1004; dazu *Grunsky* EWiR 1987, 829; *Uhlenbruck/Sinz* § 53 RdNr. 12. Die Verfahrensunterbrechung tritt aber nicht ein, wenn der Insolvenzverwalter sich durch einen Rechtsanwalt im Prozess hat vertreten lassen, da die Prozessvollmacht bis zum Widerruf durch den Schuldner fortdauert.
[91] Eine Klage ist daher auf den Schuldner als den neuen Beklagten umzustellen.
[92] OLG Karlsruhe ZInsO 2005, 823.
[93] *Uhlenbruck/Vallender* § 301 RdNr. 2a; *Jaeger/Henckel* § 53 RdNr. 15. Für eine Erstreckung der Restschuldbefreiung auf Masseforderungen aber Windel KTS 2011, 25, 37; K/P/B/Schaltke/Pape § 53 RdNr. 47; HambKomm-*Streck* § 301 RdNr. 3; offengelassen von BGH NZI 2007, 670.
[94] BGH NZI 2005, 399 = ZInsO 2005, 597 m. Anm. *Pape* S. 599; HK-Landfermann § 289 RdNr. 12. Der Massegläubiger kann seine Forderung ggf. in der Wohlverhaltensperiode gegen den Schuldner einklagen, um einen Vollstreckungstitel zu erlangen, vgl. BGH NZI 2007, 670.
[95] Zur Haftung der Gesellschafter einer GbR analog § 128 HGB vgl. etwa BGH NZI 2011, 864.
[96] Zu den Verfahrenskosten i.S.d. § 54 s.u. RdNr. 42.
[97] HambKomm-Pohlmann § 93 RdNr. 16; A/G/R-Pickenbrock § 93 RdNr. 8; dagegen für unbeschränkte (Nach-)Haftung bei allen Arten von Masseverbindlichkeiten zuletzt Windel KTS 2011, 25, 38 ff.
[98] Der Verwalter ist bei der gerichtlichen Geltendmachung gesetzlicher Prozessstandschafter der jeweiligen Gläubiger, vgl. BGH ZIP 2012, 1683; BAG NJW 2008, 1903; FK-App § 93 RdNr. 1.
[99] Das gilt jedenfalls für die Insolvenzforderungen. Masseverbindlichkeiten werden von § 93 nach hM nur bei angezeigter Masseunzulänglichkeit (§ 208) erfasst, vgl. etwa HambKomm-Pohlmann § 93 RdNr. 41; aA Windel KTS 2011, 25, wonach der Verwalter bei Masseschulden kein Einziehungsrecht gem. § 93 besitzt.

Aufgrund dieser „Sperrwirkung" des § 93 sind Haftungsklagen, die Gesellschaftsgläubiger nach Verfahrenseröffnung gegen einen Gesellschafter erheben, als unzulässig abzuweisen.[100] Da die Gläubiger der Gesellschaft wegen der beim Verwalter gebündelten Einziehungsbefugnis nicht mehr gegen den persönlich haftenden Gesellschafter vorgehen können, wird ein „Gläubigerwettlauf" verhindert, bei dem sich einzelne von ihnen durch schnelleren Zugriff auf noch vorhandenes Privatvermögen der Gesellschafter Sondervorteile verschaffen. Auch wenn die Eröffnung des Insolvenzverfahrens über das Vermögen von Gesellschaften mit persönlich haftenden Gesellschaftern idR zugleich die Privatinsolvenz der Gesellschafter auslöst, ist dies jedoch nicht zwangsläufig der Fall.[101] Zwischen der Gesellschafts- und der Gesellschafterinsolvenz muss scharf unterschieden werden. Über das Vermögen jedes einzelnen Gesellschafters ist ein eigenes, von dem Insolvenzverfahren hinsichtlich der Gesellschaft getrenntes Verfahren zu eröffnen, sofern die Voraussetzungen hierfür vorliegen.[102]

39 **2. Reichweite der Gesellschafterhaftung. a) Altverbindlichkeiten.** Der Gesellschafter haftet grundsätzlich für Verbindlichkeiten, die im Zeitpunkt der Insolvenzeröffnung über das Vermögen der Gesellschaft bereits begründet waren, unverändert weiter. Diese persönliche Haftung für sog. Altverbindlichkeiten der Gesellschaft umfasst zunächst alle **Insolvenzforderungen.**[103] Dazu gehört der Nichterfüllungsanspruch nach § 103 Abs. 2 Satz 1, wenn der Insolvenzverwalter die Erfüllung eines gegenseitigen, beiderseits vor Insolvenzeröffnung noch nicht erfüllten Vertrages ablehnt.[104] Auch für **Masseschulden,** die aus vor Verfahrenseröffnung vom Schuldner abgeschlossenen gegenseitigen Verträgen i. S. d. § 55 Abs. 1 Nr. 2 stammen, ist eine persönliche Haftung des Gesellschafters zu bejahen. Verlangt der Insolvenzverwalter gem. § 103 Abs. 1 Erfüllung, wird für den Erfüllungsanspruch einschließlich der Sekundäransprüche bei Nicht- oder Schlechterfüllung gehaftet. Denn der Rechtsgrund für diese Ansprüche wurde mit dem Vertragsabschluss vor Eröffnung geschaffen, auf den der Gesellschafter maßgeblichen Einfluss nehmen konnte (vgl. § 709 Abs. 1 BGB, § 114 HGB), sodass er auch die Folgen der Vertragsabwicklung zu verantworten hat.[105] Deshalb ist die persönliche Gesellschafterhaftung grundsätzlich auch bei Masseschulden i.S.v. § 55 Abs. 2 Satz 2 gerechtfertigt, die aus vor Verfahrenseröffnung begründeten Dauerschuldverhältnissen (§ 108) resultieren.[106] Schließlich handelt es sich bei den mit Zustimmung eines schwachen vorläufigen Insolvenzverwalters im Eröffnungsverfahren begründeten Steuerverbindlichkeiten der Gesellschaft um „Altverbindlichkeiten", auch wenn sie gem. § 55 Abs. 4 nach Verfahrenseröffnung als Masseschulden gelten.[107]

40 **b) Neuverbindlichkeiten.** Werden im Laufe des Insolvenzverfahrens vom Verwalter (Masse-)Verbindlichkeiten **neu begründet,** so ist eine persönliche Haftung der Gesellschafter hierfür abzulehnen.[108] Nach Eröffnung des Insolvenzverfahrens hat nur noch der Insolvenzverwalter die Verfügungsmacht über die Insolvenzmasse, §§ 80, 81. Aus seiner auf die Gegenstände der Masse begrenzten Befugnis folgt aber, dass er den Schuldner nicht persönlich mit seinem insolvenzfreien Vermögen verpflichten kann. Wegen dieser dem Insolvenzrecht immanenten **Haftungsbeschränkung** können daher Neuverbindlichkeiten, die aus dem Verwalterhandeln resultieren (§ 55 Abs. 1 Nr. 1), nicht zugleich eine persönliche Haftung der Gesellschafter mit ihrem privaten (Eigen-)Vermögen begründen. Diese besitzen selbst keine Rechtsmacht, die Begründung von Masseverbindlichkeiten zu verhindern oder zu beeinflussen. Die innere Berechtigung für die persönliche Haftung der Gesellschafter ist dadurch weggefallen.[109] Sie müssen auch nicht für Masseverbindlichkeiten i.S. des § 55 Abs. 1 Nr. 3 einstehen, weil die ungerechtfertigte Bereicherung der Masse außerhalb ihres Einflussbereichs eintritt.[110]

---

[100] Das gilt aber nach hM nicht für konkurrierende selbständige Ansprüche zB aus einer Gesellschafterbürgschaft, vgl. BGHZ 151, 245 = NJW 2002, 2718.
[101] In der Praxis zeigt die Gesellschaftsinsolvenz regelmäßig an, dass auch der persönlich haftende Gesellschafter zahlungsunfähig ist, vgl. Reiswich ZInsO 2010, 1809; *Andres/Leithaus* § 93 RdNr. 3 u. 4.
[102] Mit der Insolvenzeröffnung über das Vermögen der Gesellschaft ist der von Altgläubigern gegen einzelne Gesellschafter geführte (Haftungs-)Prozess entsprechend § 17 Abs. 1 Satz 1 AnfG unterbrochen – BGH NJW 2003, 590.
[103] HambKomm-*Pohlmann* § 93 RdNr. 13.
[104] BGHZ 48, 203, 206 = NJW 1967, 2203; *Uhlenbruck/Hirte* § 93 RdNr. 36.
[105] Vgl. HambKomm-*Pohlmann* § 93 RdNr. 16; HKInsO-*Kayser* § 93 RdNr. 22; *Ringstmeier* in: Mohrbutter/Ringstmeier § 6 RdNr. 506.
[106] HambKomm-*Pohlmann* § 93 RdNr. 15. Zu Sozialplanansprüchen der Arbeitnehmer s.u. RdNr. 44a.
[107] Zimmer ZInsO 2011, 1081, 1086 f.; HambKomm-*Pohlmann* § 93 RdNr. 16.
[108] BGH NJW 2010, 69 m. Anm. *Gundlach/Frenzel* (S. 73); *Häsemeyer* RdNr. 31.16; *Uhlenbruck/Hirte* § 93 RdNr. 37.
[109] Vgl. auch HambKomm-*Pohlmann* § 93 RdNr. 12 u. 15.
[110] Uhlenbruck/Hirte § 93 RdNr. 37; Zimmer ZInsO 2011, 1081, 1086 f.

Ebenso beschränkt sich die Gesellschafterhaftung für Masseverbindlichkeiten, die von einem "starken" **vorläufigen Insolvenzverwalter** nach § 55 Abs. 2 Satz 1 begründet wurden, auf das Gesellschaftsvermögen, also auf die Insolvenzmasse der Gesellschaft. Im Hinblick auf die Betriebsfortführungspflicht werden die Wirkungen der Insolvenzeröffnung vorverlegt, weshalb die Gesellschafter haftungsrechtlich auf Grund der angeordneten Fremdverwaltung nicht mehr verpflichtet werden können.[111] 41

Auch für die in der Gesellschaftsinsolvenz entstehenden **Kosten des Verfahrens** nach § 54 können die Gesellschafter – wie bei Neuverbindlichkeiten – persönlich nicht haftbar gemacht werden. Die Verfahrenskosten sind darauf angelegt, allein aus der Masse der insolventen Gesellschaft beglichen zu werden.[112] Das Eigenvermögen der Gesellschafter darf also nicht über die Altschulden hinaus belastet werden, indem der Insolvenzverwalter von ihnen über § 93 zusätzlich auch die Verfahrenskosten der Gesellschaftsinsolvenz einzieht. Kann das Gesellschaftsvermögen – d.h. die künftige Masse – die Kosten des Verfahrens gem. § 26 Abs. 1 voraussichtlich nicht decken, muss dies allerdings nicht zwangsläufig zur Abweisung mangels Masse führen. Denn bei der Kostenprognose sind nach zutr. hM auch die vom Verwalter für die Insolvenz- u. Altmassegläubiger nach § 93 einzuziehenden Mittel zu berücksichtigen. Zwar dienen diese zur Befriedigung der Haftungsgläubiger und bilden insoweit eine **Sondermasse.** Dieser Zweck schließt eine Verwendung auch zur Deckung der Verfahrenskosten der Gesellschaft nicht aus, um hierdurch eine Insolvenzeröffnung zu erreichen und um eine einseitige Bevorzugung der „Sondermassegläubiger" durch die Forderungseinziehung zu vermeiden.[113] 42

c) **Doppelinsolvenz von Gesellschaft und Gesellschafter.** Im Falle einer **Doppelinsolvenz,** bei der ein Insolvenzverfahren auch noch über das Vermögen des persönlich haftenden Gesellschafters eröffnet ist, sind die parallelen Insolvenzverfahren rechtlich **eigenständig** u. daher unabhängig voneinander zu führen (dazu auch § 55 RdNr. 196). Soweit der Gesellschafter für Verbindlichkeiten der Gesellschaft persönlich mit seinem Eigenvermögen haftet, meldet der nach § 93 allein einziehungsbefugte Insolvenzverwalter der Gesellschaft die Haftungsansprüche der Gläubiger zur Insolvenztabelle des Gesellschafters an.[114] 43

Handelt es sich in der Gesellschaftsinsolvenz um eine **Masseverbindlichkeit,** so hat diese in der eigenen Insolvenz des Gesellschafters grundsätzlich nicht ebenfalls die Eigenschaft als Masseforderung.[115] Auch wenn beide Verfahren zugleich eröffnet und von demselben Insolvenzverwalter geführt werden, führt dies nicht zu einer Verdopplung von Masseschulden.[116] Aufgrund der strikten **Trennung** der Insolvenzen muss in jedem Verfahren selbständig geprüft werden, ob die Verbindlichkeit insolvenzrechtlich eine Masseschuld darstellt.[117] Entsteht eine Masseschuld zB durch die Erfüllungswahl des Insolvenzverwalters in der Gesellschaftsinsolvenz nach § 55 Abs. 1 Nr. 2, so stellt diese in einem nachfolgend eröffneten Insolvenzverfahren über das Vermögen des Gesellschafters nur eine Insolvenzforderung dar. Auch soweit in der Gesellschaftsinsolvenz Masseansprüche aus fortbestehenden **Dauerschuldverhältnissen** nach §§ 55 Abs. 1 Nr. 2, 108 erwachsen, sind sie in der Gesellschafterinsolvenz grundsätzlich als Insolvenzforderungen abzuwickeln, § 108 Abs. 2. Lohnforderungen aus einem in der Gesellschaftsinsolvenz fortbestehenden **Arbeitsverhältnis** können in einem parallel hierzu eröffneten Gesellschafterinsolvenzverfahren für die Zeit ab Verfahrenseröffnung nach § 55 Abs. 1 Nr. 2 nur dann als Masseverbindlichkeiten einzustufen sein, falls (auch) der persönlich haftende Gesellschafter selber **als Arbeitgeber** anzusehen ist.[118] Ohne die gesonderte Feststellung der Masseschuldqualität in der Insolvenz des Gesellschafters wäre das (neben den Gesellschaftsgläubigern) gleichberechtigte Befriedigungsinteresse der Eigengläubiger nicht gewährleistet.[119] 44

---

[111] HambKomm-*Pohlmann* § 93 RdNr. 15; *Uhlenbruck-Hirte* § 93 RdNr. 37.
[112] BGH NJW 2010, 69; *Häsemeyer* RdNr. 31.16; HambKomm-*Pohlmann* § 93 RdNr. 18; *Marotzke* ZInsO 2008, 57, 60.
[113] AG Hamburg ZInsO 2007, 1283 m. zust. Anm. *Pohlmann* ZInsO 2008, 21; ausführlich *Schaltke* ZInsO 2010, 1249 bis 1256; aA *Ries* NZI 2009, 844. Der BGH (NJW 2010, 69) hat die Frage der Mittelverwendung offen gelassen.
[114] Zur Berechtigung des Gesellschafter-Insolvenzverwalters zur Insolvenzanfechtung vgl. BGH NJW 2009, 225.
[115] HambKomm-Jarchow § 53 RdNr. 7: Kein „Durchschlagen" des Masseschuldcharakters; *Häsemeyer* RdNr. 31.16.
[116] *Jaeger/Henckel* § 53 RdNr. 9; dazu auch *Kübler/Prütting/Bork/Pape/Schaltke* § 53 RdNr. 51.
[117] Vgl. *Uhlenbruck/Sinz* § 53 RdNr. 2; *Uhlenbruck-Hirte* § 93 RdNr. 38 aE; HambKomm-*Jarchow* § 53 RdNr. 7; K/P/B/*Pape/Schaltke* § 53 RdNr. 50.
[118] Vgl. *Uhlenbruck/Sinz* § 53 RdNr. 2; aA *Jaeger/Henckel* § 53 RdNr. 9; HambKomm-*Jarchow* § 53 RdNr. 7.
[119] Vgl. HWF/Ries/Rook § 93 RdNr. 21, wonach die unterschiedlichen Gläubigergruppen beider Verfahren eine Rangübertragung ausschließen.

44a Verbindlichkeiten, die aus einem nach Verfahrenseröffnung vom Verwalter in der Gesellschaftsinsolvenz aufgestellten **Sozialplan** nach § 123 resultieren, sind systemwidrig aus rechtspolitischen Gründen als Masseverbindlichkeiten normiert. Tatsächlich wurzeln sie jedoch in den vor Verfahrenseröffnung begründeten Arbeitsverhältnissen und stellen ihrem Wesen nach Insolvenzforderungen dar (s.o. RdNr. 27). Für derartige **Altverbindlichkeiten** ist die persönliche Haftung der Gesellschafter zu bejahen.[120] In der Gesellschafterinsolvenz sind sie Insolvenzforderungen. Die Haftung für Verbindlichkeiten aus einem Sozialplan auf das Gesellschaftsvermögen zu beschränken, weil dieser formal nach Verfahrenseröffnung abgeschlossen wurde, würde die Sozialplangläubiger ungerechtfertigt benachteiligen.

45 **3. Insolvenzplan.** Wird im Insolvenzverfahren über das Vermögen einer Personengesellschaft ein Insolvenzplan rechtskräftig bestätigt, so wirken die im gestaltenden Teil vorgesehenen Regelungen auch zugunsten der persönlich haftenden Gesellschafter, § 227 Abs. 2. Soweit deshalb die Gesellschaft nach dem Inhalt des Insolvenzplans von ihren restlichen Schulden gegenüber den Insolvenzgläubigern befreit wird, führt diese **Haftungsbefreiung** (§ 227 Abs. 1) zu einer entsprechenden **Enthaftung** der Gesellschafter. Mit Hilfe des Insolvenzplans kann damit die persönliche akzessorische Haftung der Gesellschafter begrenzt werden.[121]

E. Die Rechtsstellung der Massegläubiger

I. Rechtsverfolgung der Masseverbindlichkeiten

46 **1. Geltendmachung der Masseverbindlichkeiten.** Der Massegläubiger hat seinen Anspruch unmittelbar gegenüber dem Insolvenzverwalter geltend zu machen.[122] Die an keine Form gebundene Geltendmachung erfolgt unabhängig vom Verfahrensstand. Die Massegläubiger stehen **„außerhalb" des Insolvenzverfahrens.** Sie besitzen grundsätzlich alle Rechte eines Gläubigers, die diesem gegen einen sich nicht im Insolvenzverfahren befindenden Schuldner zustehen. Masseverbindlichkeiten bilden den Gegensatz zu Insolvenzforderungen. Für ihre Geltendmachung, Durchsetzung und Befriedigung finden die Vorschriften über Insolvenzforderungen daher keine Anwendung, vgl. §§ 28, 38, 87, 89, 174 f., 187. Die Berechtigung der geltend gemachten Masseansprüche ist vom Insolvenzverwalter zu prüfen.[123] Um eine Masseverbindlichkeit anzuerkennen, bedarf er nicht zuvor der Zustimmung des Gläubigerausschusses oder der Gläubigerversammlung; ein Zustimmungserfordernis besteht nur, wenn es sich bei dem Anerkenntnis um eine besonders bedeutsame Rechtshandlung i. S. d. § 160 Abs. 1 handelt.

47 Die Masseansprüche sind nicht auf Geldforderungen beschränkt.[124] Auf Masseverbindlichkeiten ist § 45 grundsätzlich nicht anwendbar.[125] Der Insolvenzverwalter ist verpflichtet, die nach dem Inhalt des Rechtsgeschäftes **geschuldete Leistung** zu erbringen. Diese kann zB in der Eigentumsübertragung, in der Einräumung eines Nutzungsrechtes oder der Bestellung eines Pfandrechts bestehen. Die Massegläubiger haben nach Eintritt der Fälligkeit oder des Verzuges auch Anspruch auf Zinsen.[126] Werden vom Insolvenzverwalter Masseverbindlichkeiten nicht, schlecht oder nicht rechtzeitig während seiner Amtstätigkeit erfüllt, so stellen sich die daraus sich ergebenden Schadenersatzansprüche gleichfalls Masseschulden nach § 55 Abs. 1 Nr. 1 dar.[127] Inhalt des Masseanspruchs kann eine Unterlassungsverpflichtung sein, zB das Unterlassen einer unzulässigen Marken- oder Firmennutzung durch den Insolvenzverwalter im Rahmen einer Betriebsfortführung. Derartige Masseansprüche auf Unterlassung, Erteilung einer Auskunft oder auf Vornahme sonstiger nicht vertretbarer Handlungen sind gegen den Insolvenzverwalter persönlich gerichtet.

48 **2. Irrtümliche Geltendmachung. a) Als Insolvenzforderung.** Der Massegläubiger kann den Masseschuldcharakter seiner Forderung verkennen und diese **irrtümlich** als Insolvenzforderung nach § 174 Abs. 1 beim Insolvenzverwalter zur Insolvenztabelle **anmelden.** Er verliert dadurch aber nach ganz hM nicht seine bevorzugte Rechtsposition als Massegläubiger.[128] Dies gilt auch, wenn

---

[120] BAG NJW 1987, 92; HambKomm-*Pohlmann* § 93 RdNr. 17, 42; HKInsO-*Kayser* § 93 RdNr. 21.
[121] Von den Gesellschaftern gewährte Sicherungsrechte bestehen fort, § 254 Abs. 2 Satz 1.
[122] BGH WM 1958, 903.
[123] BGH NJW 1996, 3008; s.u. RdNr. 90.
[124] *Häsemeyer* RdNr. 14.25.
[125] Nach eingetretener Masseunzulänglichkeit (§§ 208, 209 Abs. 1) sind aber nicht auf Geld gerichtete Masseansprüche zur Verteilung einer Quote entspr. § 45 umzurechnen, vgl. § 209 RdNr. 14.
[126] *Kübler/Prütting/Bork/Pape/Schaltke* § 53 RdNr. 30.
[127] BAG NZI 2007, 124.
[128] BGHZ 168, 112, 117 = NJW 2006, 3068; BAG NZI 2004, 102; HK-*Lohmann* § 53 RdNr. 4.

die angemeldete Masseforderung als festgestellt in die **Insolvenztabelle eingetragen** wurde, § 178 Abs. 3.[129] Schließlich ist ein Massegläubiger sogar durch die **rechtskräftige Feststellung** seines Anspruchs als Insolvenzforderung im Feststellungsverfahren, §§ 179 ff., nicht gehindert, denselben Anspruch gleichwohl später im Wege der Leistungsklage gegen die Masse einzuklagen. Dessen Geltendmachung als Masseverbindlichkeit steht die Rechtskraftwirkung des Feststellungsurteils im Vorprozess (§ 183 Abs. 1) nicht entgegen, weil Streitgegenstand der Insolvenzfeststellungsklage nach § 179 nicht die Klärung der insolvenzrechtlichen Einordnung der angemeldeten Forderung ist.[130] Umgekehrt kann der Insolvenzverwalter den nunmehr als Masseforderung geltend gemachten Anspruch trotz der rechtskräftigen Feststellungsentscheidung und der nachfolgenden Tabelleneintragung nach Grund und Höhe bestreiten sowie die Erfüllung solange verweigern, bis der Massegläubiger die Löschung der Forderung aus der Tabelle bewilligt.[131]

Auch liegt in der bloßen Entgegennahme der Insolvenzquote idR noch **kein Verzicht** des Berechtigten auf seine Rechtsstellung als Massegläubiger.[132] Die rechtliche Eigenschaft als Masseverbindlichkeit geht nicht verloren. Die irrtümliche Anmeldung einer Masseschuld zur Tabelle und deren Anerkennung als Insolvenzforderung im Prüfungstermin durch den Insolvenzverwalter führt freilich nicht zur Hemmung der **Verjährung**, § 204 Abs. 1 Nr. 10 BGB, oder zu deren Neubeginn.[133] Der Insolvenzverwalter, der erkennt, dass die Masseverbindlichkeit unzutreffend als Insolvenzforderung zur Tabelle angemeldet wird, ist verpflichtet, die Feststellung zu **bestreiten.** Er darf also nicht rügelos etwa auf eine Verjährung der angemeldeten Forderung reflektieren. Auf Nachfrage zur insolvenzrechtlichen Einordnung einer Forderung hat er dem Gläubiger darüber Auskunft zu geben, dass es sich nach seiner Beurteilung bei der angemeldeten Forderung um einen nach § 53 vorweg zu befriedigenden Masseanspruch handelt. Ob er auch ohne ein solches Auskunftsersuchen gehalten ist, den Massegläubiger über die **unzutreffende Geltendmachung** als Insolvenzforderung aktiv zu **informieren,** ist dagegen zweifelhaft. Der Insolvenzverwalter darf seine verfahrensrechtlich neutrale Position (§ 56 Abs. 1) nicht zu Lasten anderer Gläubiger dadurch gefährden, dass er einzelnen Massegläubigern die Anspruchsdurchsetzung abnimmt.[134] Er kann nicht deren Rechtsberater sein. 48a

b) Als Masseverbindlichkeit. Auch umgekehrt gilt: Erfüllt der Insolvenzverwalter **irrtümlich** 49 eine Verbindlichkeit als **Masseschuld,** da er deren Eigenschaft als Insolvenzforderung übersieht, bleibt diese dennoch eine Insolvenzforderung. Die Frage ist, ob der Insolvenzverwalter einen Rückzahlungsanspruch zumindest in Höhe des die Insolvenzquote übersteigenden Betrages besitzt. Die Auszahlung erfolgt auf eine tatsächlich bestehende Verbindlichkeit und insoweit nicht ohne rechtlichen Grund. Der Schein-Massegläubiger hat auf Grund der Vorwegbefriedigung im Verhältnis zu den übrigen Insolvenzgläubigern aber nach Maßgabe der insolvenzrechtlichen Verteilungsgrundsätze zu viel erhalten. Er hat gegenüber der Insolvenzmasse nur Anspruch, entsprechend der Insolvenzquote befriedigt zu werden. Insoweit fehlt es am rechtlichen Grund. Der in der vollen Befriedigung des Insolvenzgläubigers liegende Verstoß gegen den unter den Insolvenzgläubigern geltenden Gleichbehandlungsgrundsatz begründet einen **Rückforderungsanspruch** des Insolvenzverwalters aus **ungerechtfertigter Bereicherung** nach § 812 Abs. 1 Satz 1 BGB gegenüber dem Begünstigten, um den Verteilungsfehler zum Ausgleich zu bringen.[135]

3. Befriedigung. Die Befriedigung der Massegläubiger erfolgt **außerhalb des Insolvenzverfah-** 50 **rens.** Sie stehen also in keiner Konkurrenzsituation mit den Insolvenzgläubigern. Der Insolvenzverwalter

---

[129] Die Rechtskraftwirkung zur Tabelle festgestellter Forderungen erfasst nur Insolvenzforderungen, BGH NJW 2006, 3068; *Uhlenbruck/Sinz* § 53 RdNr. 5. Für die Masseforderung ist die Eintragung in die Tabelle also ohne rechtliche Wirkung.
[130] Vgl. BGH NJW 2006, 3068 m. zust. Anm. *M. Köster/Willmer* EWiR 2006, 627; *Jaeger/Henckel* § 53 RdNr. 28; *Uhlenbruck/Sinz* § 178 RdNr. 35.
[131] BGH NJW 2006, 3068 = DZWIR 2006, 510 m. krit. Anm. *Gruber* und *Smid* in DZWIR 2007, 45, 56 f.
[132] BGHZ 106, 134 f. = NJW 1989, 303; *Kübler/Prütting/Bork/Pape/Schaltke* § 53 RdNr. 23; *Jaeger/Henckel* § 53 RdNr. 28.
[133] LAG Hamburg ZIP 1988, 1270; LAG Düsseldorf ZIP 1984, 858. Vgl. auch LG Wuppertal ZInsO 2010, 1281: Keine Verjährungshemmung, wenn eine Insolvenzforderung irrtümlich als Masseforderung geltend gemacht wird.
[134] So auch Wenner/Jauch ZIP 2009, 1894, 1898. Nach *Jaeger/Henckel* § 53 RdNr. 28 besteht eine Belehrungspflicht allenfalls gegenüber erkennbar geschäftsunerfahrenen Personen. Vgl. auch OLG Stuttgart ZIP 2008, 1781. Weitergehend OLG München ZIP 1981, 887: Zur Vermeidung der persönlichen Haftung hat der Verwalter den Insolvenzgläubiger über den Charakter der angemeldeten Forderung als Masseanspruch aufzuklären; HambKomm-*Jarchow* § 53 RdNr. 12; *Kübler/Prütting/Bork/Pape/Schaltke* § 53 RdNr. 24; *Uhlenbruck/Sinz* § 53 RdNr. 5; *Gruber* DZWIR 2006, 515.
[135] OLG Brandenburg NZI 2002, 107 = WM 2002, 974 m. Anm. *P. Mohrbutter* in WuB VI B.§ 57 KO 1.02; *Uhlenbruck/Sinz* § 53 RdNr. 5; *Mohrbutter* in Mohrbutter/Ringstmeier § 6 RdNr. 303; *Jaeger/Henckel* § 53 RdNr. 28; aA LG Stuttgart ZIP 1985, 1518.

ist von Amts wegen verpflichtet, die ihm bekannt gewordenen Masseverbindlichkeiten vorweg und in voller Höhe aus der Insolvenzmasse zu bezahlen.[136] Bei zweifelhaften Ansprüchen hat er die zur Erfüllung erforderlichen Beträge zurückzuhalten und sicherzustellen.[137] Der Insolvenzverwalter ist verpflichtet, vor **Begründung von Masseverbindlichkeiten** zu prüfen, ob zur Befriedigung ausreichende Massemittel zur Verfügung stehen. Kommt er dieser Verpflichtung pflichtwidrig nicht nach, so macht er sich persönlich nach § 61 Satz 1 schadenersatzpflichtig.[138] Sobald das Verfahren tatsächlich masseunzulänglich wird oder eine Masseunzulänglichkeit i.S.v. § 208 Abs. 1 ernsthaft droht, hat der Insolvenzverwalter die offenen Masseverbindlichkeiten in der Rangordnung des § 209 auszugleichen.[139] Mehrere fällige Masseschulden sind daher ggf. anteilig zu befriedigen; einzelne gleichrangige Massegläubiger dürfen bei der Verteilung nicht unter Zurücksetzung anderer bevorzugt werden. Schuldhafte **Verteilungsfehler** können zur Schadenersatzverpflichtung des Insolvenzverwalters nach § 60 Abs. 1 führen.[140] Der Insolvenzverwalter hat vor jeder Verteilung der Masse an Insolvenzgläubiger oder einzelne Massegläubiger zu kontrollieren, ob die verbleibende Masse überhaupt ausreicht, um alle Masseverbindlichkeiten vollständig begleichen zu können. Eine Verletzung des Rechts auf Vorwegbefriedigung kann den Insolvenzverwalter schadenersatzpflichtig machen in Höhe des den Massegläubigern entstehenden Ausfalls. Ist der Insolvenzverwalter selbst Massegläubiger, wie zB im Hinblick auf festgesetzte Vergütungsansprüche, so ist er berechtigt, diese aus der Masse zu begleichen.[141]

51 Der Insolvenzverwalter hat die Masseverbindlichkeiten zu begleichen, sobald **Fälligkeit** eingetreten ist.[142] Das Bestehen von Masseverbindlichkeiten kann dem Insolvenzverwalter allerdings auch verborgen bleiben, zB Masseverbindlichkeiten aus nach Insolvenzeröffnung fortbestehenden Dauerschuldverhältnissen, deren Existenz nicht ersichtlich war. Die Haftung der Masse für derartige Ansprüche wird gem. § 206 eingeschränkt. Massegläubiger, deren Ansprüche dem Insolvenzverwalter erst nach einer Abschlags-, Schluss- oder Nachtragsverteilung bekannt geworden sind, können nur noch Befriedigung aus dem vorhandenen Massebestand verlangen.[143] Die **Präklusion** der Massegläubiger wirkt ausschließlich zugunsten der Insolvenzmasse und der Insolvenzgläubiger.

52 **4. Aufrechnung des Massegläubigers.** Der Massegläubiger hat auf Grund seiner Rechtsstellung nach § 53 einen wirtschaftlich vollwertigen Anspruch gegen die Insolvenzmasse. Er kann gegenüber den Ansprüchen des Insolvenzverwalters mit seinem **Masseanspruch** zum Zwecke der Erfüllung aufrechnen, soweit die sonstigen Aufrechnungsvoraussetzungen nach den §§ 387 ff. BGB gegeben sind. Die Einschränkung der Aufrechnungsmöglichkeit nach §§ 95, 96 in der Insolvenz des Aufrechnungsgegners betrifft ausschließlich Insolvenzgläubiger;[144] auf Massegläubiger sind die Vorschriften – solange keine Masseunzulänglichkeit vorliegt – nicht anwendbar.

53 **5. Gerichtliche Geltendmachung.** Die Massegläubiger sind berechtigt, ihre Ansprüche gerichtlich durch Leistungs- oder Feststellungsklage geltend zu machen.[145] Die Klage richtet sich gegen den Insolvenzverwalter, der als **Partei kraft Amtes** passiv legitimiert ist.[146] Der Verwalter vertritt dabei nicht den Schuldner, sondern hat in Bezug auf die Insolvenzmasse ein privates Amt inne, kraft dessen er im eigenen Namen, aber mit unmittelbarer Wirkung für die Insolvenzmasse agiert. Wird eine Klage irrtümlich noch gegen den Schuldner selbst erhoben, obwohl sich die Insolvenzeröffnung und Verwalterbestellung aus der Klageschrift ergeben, ist die zwar falsche, jedoch auslegungsfähige Parteibezeichnung von Amts wegen zu berichtigen. Bestreitet der Verwalter lediglich die Eigenschaft des streitgegenständlichen Anspruchs als Masseanspruch, kann der Gläubiger nicht auch **hilfsweise** die Feststellung der Forderung zur Insolvenztabelle beantragen.[147] Vorausset-

---

[136] *Mohrbutter* in Mohrbutter/Ringstmeier § 6 RdNr. 299.
[137] BGH NJW 1958, 1351; HambKomm-*Jarchow* § 53 RdNr. 15.
[138] BGHZ 159, 104 = NJW 2004, 3334.
[139] BGH ZIP 2010, 2356, 2357 und NJW-RR 2010, 927; OLG Düsseldorf ZIP 2012, 2115, 2117.
[140] BGHZ 159, 104, 114 = ZIP 2004, 1107; HK-Lohmann § 60 RdNr. 21; s.u. RdNr. 89.
[141] War der Insolvenzverwalter als Rechtsanwalt für die Masse in einem Rechtsstreit tätig, so kann er die Honoraransprüche als Massegläubiger nach § 55 Abs. 1 Nr. 1 ohne vorherige Genehmigung des Insolvenzgerichts entnehmen, vgl. § 5 Abs. 1 InsVV.
[142] BGHZ 159,104 = NJW 2004, 3334, 3336; OLG Düsseldorf ZIP 2012, 2115, 2117.
[143] A/G/R-Wagner § 206 RdNr. 1; ferner RdNr. 64.
[144] *Uhlenbruck/Sinz* § 94 RdNr. 71; BGH NJW-RR 2004, 50. Zur Einschränkung der Aufrechnungsbefugnis nach Anzeige der Masseunzulänglichkeit, vgl. BFH ZIP 2008, 886; i.e. § 208 RdNr. 70.
[145] BGH KTS 1963, 176; BAG NZI 2006, 716; NJW 2002, 3045: Klage auf Feststellung einer titulierten Forderung als Masseforderung.
[146] So nach der Amtstheorie ständige Rechtsprechung, vgl. BGH NJW 1997, 1445; BGHZ 100, 346, 351 = NJW 1987, 3133; dazu auch § 55 RdNr. 25. Zu den verschiedenen Theorien vgl. Darstellung bei *Häsemeyer* RdNr. 15.02 ff.
[147] BGH NJW 2004, 1960; BAG NJW 2004, 3588; aA *Kübler/Prütting/Bork/Pape/Schaltke* § 53 RdNr. 31.

zung für einen solchen Feststellungsprozess wäre, dass die Insolvenzforderung zur Tabelle angemeldet und bestritten wurde, vgl. § 179 Abs. 1.[148] Zu einer – hilfsweisen – Anmeldung als Insolvenzforderung wird sich der Gläubiger aber idR nicht entschließen, zumal in einem solchen Fall der Insolvenzverwalter keinen Grund hätte, die angemeldete Insolvenzforderung zu bestreiten.

a) Anhängiger Rechtsstreit. Ist zurzeit der Eröffnung des Insolvenzverfahrens ausnahmsweise schon ein Rechtsstreit über eine Masseverbindlichkeit gegen den Schuldner anhängig, so tritt nach § 240 ZPO automatisch eine **Unterbrechung** ein.[149] Diese dauert an, bis das Verfahren nach den für das Insolvenzverfahren geltenden Vorschriften aufgenommen oder das Insolvenzverfahren beendet wird. Der Rechtsstreit kann nach § 86 Abs. 1 Nr. 3 sowohl vom Insolvenzverwalter als auch vom Massegläubiger **aufgenommen** werden. Handelt es sich bei der Klagforderung um einen Anspruch aus einem gegenseitigen Vertrag, der als Insolvenzforderung geltend gemacht wurde, so kann sich dieser bei Erfüllungswahl des Verwalters (§ 103 Abs. 1) nach § 55 Abs. 1 Nr. 2 Alt. 1 zu einem Masseanspruch wandeln.[150] In der weiteren Geltendmachung der Forderung als Masseanspruch liegt wegen des gleichen zugrundeliegenden Vertragsverhältnisses keine Klagänderung, sondern nur eine Erweiterung des Klagantrags i. S. d. § 264 Nr. 2 ZPO. 54

b) Kostentragung, sofortiges Anerkenntnis. Wird über den nach § 86 Abs.1 aufgenommenen Rechtsstreit auf Grund streitiger Verhandlung vom Prozessgericht entschieden, so richtet sich die Kostenverteilung nach §§ 91 ff. ZPO. Im Falle des Unterliegens der Masse besteht ein Kostenerstattungsanspruch des Prozessgegners. Dieser ist grundsätzlich wegen des Prinzips der **einheitlichen Kostenentscheidung** insgesamt – also auch hinsichtlich der vor Unterbrechung entstandenen Kosten – eine Masseverbindlichkeit nach § 55 Abs. 1 Nr. 1. Jedenfalls sind die **innerhalb einer Instanz** angefallenen Prozesskosten nach zutreffender hM nicht danach aufzuteilen, ob sie vor oder nach der Eröffnung des Insolvenzverfahrens entstanden sind.[151] Einer solchen Aufspaltung der Kostenschuld **nach Zeitabschnitten** steht die gebührenrechtliche Systematik entgegen, wonach durch die Verfahrensgebühren nicht nur die bis zur Insolvenzeröffnung erbrachten, sondern alle gleichartigen Tätigkeiten und Prozesshandlungen im laufenden Rechtszug abgegolten werden, und die Gebühren insgesamt für jede Instanz nur einmal verlangt werden können. Insoweit übernimmt der Verwalter mit der Prozessfortführung auch das einheitliche Kostenrisiko für die gesamte Instanz zu Lasten der Masse.[152] Wird also ein während der ersten Instanz unterbrochener Passivprozess als Feststellungsrechtsstreit nach § 180 fortgesetzt, sind die dem unterlegenen Insolvenzverwalter auferlegten Kosten einheitlich – auch soweit eine Verfahrensgebühr des Prozessgegners vor der Unterbrechung entstanden war – aus der Insolvenzmasse zu begleichen. Tritt die Unterbrechungswirkung erst in einem späteren Rechtszug ein, so hat die Masse die Verfahrenskosten derjenigen Instanz insgesamt zu tragen, in welcher der unterlegene Insolvenzverwalter die Parteirolle des Schuldners übernommen hat. Die Streitfrage, ob auch die in den **Vorinstanzen** entstandenen Kostenforderungen als Masseverbindlichkeiten oder nur als Insolvenzforderungen zu behandeln sind,[153] ist vom BGH bisher nicht abschließend entschieden worden. Wenn ein Rechtsstreit erst in höherer Instanz oder nach Zurückverweisung der Sache an die Vorinstanz unterbrochen und aufgenommen wurde, ergeben sich für die jeweils abgeschlossenen Instanzen klar trennbare Gebührentatbestände, die auch eine unterschiedliche Forderungsqualifizierung rechtfertigen. Soweit der Kostenerstattungsanspruch Gebühren aus Instanzen vor Insolvenzeröffnung betrifft, ist der letztlich obsiegende Kostengläubiger daher nur Insolvenzgläubiger (§ 38). Durch diese Einstu- 55

---

[148] Die auf Zahlung aus der Masse gerichtete Klage ist zwar zulässig, aber unbegründet, wenn in Wahrheit eine Insolvenzforderung vorliegt, vgl. BAG ZIP 2008, 374.
[149] Ein anhängiger Zivilprozess wird auch unterbrochen, wenn vor Eröffnung des Insolvenzverfahrens die Verwaltungs- und Verfügungsbefugnis über das Vermögen des Schuldners auf einen vorläufigen Insolvenzverwalter übergegangen ist, § 240 Satz 2 ZPO. Die Bestellung eines „schwachen" vorläufigen Verwalters führt dagegen nicht zu einer Unterbrechung, vgl. BGH NJW 1999, 2822.
[150] *Uhlenbruck* § 86 RdNr. 13.
[151] BGH NZI 2007, 104; NZI 2006, 295 (bei sofortigem Anerkenntnis gem. § 93 ZPO); Beschl. v. 2.3.2011 – IV ZR 18/10; Beschl. v. 20.3.2008 – IX ZB 68/06; OLG Bremen ZInsO 2005, 1219; BFH ZIP 2011, 1066; BAG NJW 2010, 2154 (Rz. 23); ZIP 2006, 144; HK-*Lohmann* § 55 RdNr. 5; *Jaeger/Henckel* § 55 RdNr. 21; Jaeger/Windel § 85 RdNr. 139; FK-*Bornemann* § 55 RdNr. 8; A/G/R-Piekenbrock § 85 RdNr. 42; Adam DZWIR 2010, 187, 189; anders jedoch HambKomm-*Kuleisa* § 85 RdNr. 14; *Kübler/Prütting/Lüke* § 85 RdNr. 58 unter Hinweis auf OLG Hamm ZIP 1994, 1547*Uhlenbruck/Sinz* § 38 RdNr. 52, § 55 RdNr. 18 u. ausführlich § 180 RdNr. 44; Lüke, FS Ganter, 2010, S. 269, 276.
[152] BGH NZI 2007, 104 (Rz. 14); BAG ZIP 2006, 144; HK-Kayser § 85 RdNr. 59.
[153] Die Entscheidung, ob die zu erstattenden Verfahrenskosten als Masse- oder Insolvenzforderungen einzuordnen sind, ist schon in der Kostengrundentscheidung mit Bindung für das Kostenfestsetzungsverfahren zu treffen, vgl. BAG ZIP 2007, 2141; OLG Stuttgart ZInsO 2007, 43.

fung wird eine Privilegierung des Kostengläubigers und ein Wertungswiderspruch zur Regelung in § 105 vermieden.[154]

56 Erkennt der Insolvenzverwalter den Kiaganspruch nach Aufnahme des Rechtsstreits an, hat der Prozessgegner die Kosten zu tragen, wenn die Voraussetzungen des § 93 ZPO vorliegen. Das Anerkenntnis muss **sofort** nach Aufnahme des Rechtsstreits abgegeben werden, auf Grund des Verfahrensstandes noch zulässig sein und der Schuldner darf zuvor keinen Anlass zur Klagerhebung gegeben haben. Eine Kostenbelastung der Masse wird damit vermieden; zudem entsteht zugunsten der Masse ein Anspruch auf Erstattung der Kosten des Rechtsstreits gegen den Prozessgegner. Kann vom Insolvenzverwalter kein Anerkenntnis i. S. d. § 93 ZPO mehr abgegeben werden, weil bereits der Schuldner dieses Kostenprivileg verloren hatte, so trifft die Kostenlast die Masse. Dieser Kostentragungspflicht kann der Insolvenzverwalter wegen seiner Bindung an die vorherige Prozessführung des Schuldners zwar nicht entgehen.[155] Nach der **Sonderregelung** in § 86 Abs. 2 kann der Kostenerstattungsanspruch vom Prozessgegner aber **nur als Insolvenzgläubiger** geltend gemacht werden, wenn der Verwalter den Anspruch sofort anerkannt hat. Dem Massegläubiger wird zugemutet, für eine gewisse Zeit von der weiteren gerichtlichen Durchsetzung abzusehen, sofern die Masseverbindlichkeit als solche unstreitig ist und der Verwalter sie allein aus Liquiditätsgründen noch nicht beglichen kann.[156] Wenn der Gläubiger sich hierauf nicht einlassen will, ist es gerechtfertigt, seinen Anspruch auf Erstattung der Kosten eines Rechtsstreites, der im Prinzip überflüssig ist, im Interesse der Schonung der Massemittel bei einem sofortigen Anerkenntnis als Insolvenzforderung herunterzustufen. Die Kosten waren im Wesentlichen vor Verfahrenseröffnung entstanden und sind deshalb dem Bereich der Insolvenzforderungen zuzuordnen.

57 **c) Steuern und Abgabenforderungen.** Öffentliche Körperschaften und Behörden dürfen ihre Masseforderungen i.S.v. §§ 53, 55 durch selbst titulierten Beitrags- oder Leistungsbescheid gegenüber dem Insolvenzverwalter geltend machen.[157] Die Finanzämter haben die Steueransprüche, soweit es sich um Masseverbindlichkeiten handelt, gegen den Insolvenzverwalter als Adressaten durch **Steuerbescheid** festzusetzen.[158] Das gilt auch für vom Schuldner mit Zustimmung eines vorläufigen Insolvenzverwalters begründete Verbindlichkeiten aus dem Steuerschuldverhältnis, die nach Insolvenzeröffnung gem. § 55 Abs. 4 als Masseverbindlichkeiten gelten.[159] Sobald der Insolvenzverwalter Massezulänglichkeit nach § 208 angezeigt hat, dürfen allerdings (Steuer-)Altmasseschulden i.S.v. § 209 Abs. 1 Nr. 3 nicht mehr vollstreckt werden, § 210 (s. RdNr. 81). Nach der Rspr. des BFH bleibt das Finanzamt aber weiterhin befugt, die Altmasseverbindlichkeit durch einen Steuerbescheid festzusetzen.[160]

58 **6. Vollstreckung.** Die Massegläubiger können aus titulierten Ansprüchen die Zwangsvollstreckung in die Insolvenzmasse betreiben, soweit nicht das zeitlich beschränkte Verbot in § 90 Abs. 1 entgegensteht. Vom allgemeinen Vollstreckungsverbot des § 89 sind nur Insolvenzgläubiger (§ 38) betroffen.[161] Für die Zwangsvollstreckung gelten die Vorschriften der §§ 704 ff. ZPO. Aus einem vor Verfahrenseröffnung **gegen den Schuldner** erwirkten Titel kann aber nicht in die Masse oder das sonstige Vermögen, vgl. § 89, vollstreckt werden, und zwar auch dann nicht, wenn es sich nach Auffassung des Gläubigers um einen Masseanspruch handelt.[162] Die Eigenschaft als Masseverbindlichkeit ergibt sich nicht aus dem Titel. Der Gläubiger ist im Streitfall zur Klärung des **Charakters als Masseverbindlichkeit** zu einer neuen Klagerhebung gezwungen.[163] Das von § 256 ZPO geforderte Feststellungsinteresse ergibt sich daraus, dass mit der Feststellung einer bereits titulierten Forderung als Masseverbindlichkeit Klarheit für eine Zwangsvollstreckung in die Masse geschaffen wird. Soweit die Massegläubiger im Rahmen der Zwangsvollstreckung aus ihren Forderungen **Pfändungspfandrechte** erlangen, können sie aus dem Verwertungserlös befriedigt werden. Im Falle der Masseunzulänglichkeit gilt auf Grund der Stellung als Absonderungsberechtigte (§ 50 Abs. 1) die

---

[154] Vgl. OLG Rostock ZIP 2001, 2145; HK-Kayser § 85 RdNr. 60; A/G/R-Piekenbrock § 85 RdNr. 42; dazu noch § 55 RdNr. 45.
[155] Vgl. BGH NJW-RR 2007, 397 (zur Aufnahme nach § 180 Abs. 2).
[156] Hierzu auch *Kübler/Prütting/Bork/Pape/Schaltke* § 53 RdNr. 35.
[157] Öffentlich-rechtliche Insolvenzforderungen (§ 38) müssen dagegen – auch wenn schon ein Leistungsbescheid vorliegt – gem. § 174 Abs. 1 zur Insolvenztabelle angemeldet werden, vgl. BVerwG NJW 2010, 2152.
[158] BFH NJW 2011, 1998; ZIP 2011, 2421. Zu (Steuer-)Insolvenzforderungen dürfen keine Steuerbescheide mehr ergehen, BFH ZIP 2009, 1631. Dazu auch § 55 RdNr. 80.
[159] *Kahlert* ZIP 2011, 401, 404.
[160] BFH NZI 2008, 120; dagegen aber *Uhlenbruck/Berscheid* § 210 RdNr. 4; *Kahlert* ZIP 2011, 401, 405.
[161] Zum Vollstreckungsverbot gem. § 210 nach angezeigter Masseunzulänglichkeit vgl. RdNr. 81.
[162] Für einen Antrag des Gläubigers auf Titelumschreibung gegen den Insolvenzverwalter nach § 727 ZPO fehlt daher das Rechtsschutzbedürfnis, s. *Uhlenbruck* § 89 RdNr. 16.
[163] K/P//B/Pape/Schaltke § 53 RdNr. 41.

Rangfolge des § 209 nicht. Das Verwertungsrecht steht unter den Voraussetzungen des § 166 dem Insolvenzverwalter zu. Das Ausfallprinzip des § 52 findet gegenüber absonderungsberechtigten Massegläubigern keine Anwendung.[164]

a) Das Vollstreckungsverbot bei aufgezwungenen Masseverbindlichkeiten. Die uneingeschränkte Vollstreckung gesteht die InsO allerdings nur denjenigen Massegläubigern zu, deren Ansprüche auf Geschäfte oder Handlungen des Insolvenzverwalters nach § 55 Abs. 1 Nr. 1 zurückgehen. Da ihr Umfang vom Insolvenzverwalter mit Blick auf die Liquiditätslage gesteuert werden kann, besteht kein Bedürfnis für einen Schutz der Massemittel. Anders stellt sich jedoch die Interessenlage in Bezug auf die sog. aufgezwungenen Masseverbindlichkeiten dar, die nach Insolvenzeröffnung vor allem aus fortbestehenden Dauerschuldverhältnissen i.S.d. § 55 Abs. 1 Nr. 2 Alt. 2 entstehen, ohne dass hierauf der Insolvenzverwalter Einfluss nehmen kann.[165] Hierunter fallen die Ansprüche aus Arbeits- und Mietverhältnissen, die bei Unternehmensinsolvenzen meist zu den umfangreichen Masseverbindlichkeiten zählen. Zu Beginn des Verfahrens ist der Insolvenzverwalter idR liquiditätsmäßig nicht in der Lage, diese entsprechend den Fälligkeiten auszugleichen. Die Entscheidung über den Verfahrensgang wird von der Gläubigerversammlung frühestens nach 6 Wochen im Berichtstermin, § 157, getroffen. Bis dahin besteht für den Insolvenzverwalter grundsätzlich ein Verwertungsstopp, § 159, was die Liquiditätslage zusätzlich belasten kann. Zum **Schutze der Insolvenzmasse** zu Beginn des Verfahrens sieht § 90 Abs. 1 deshalb ein Vollstreckungsverbot für titulierte Masseverbindlichkeiten vor, die nicht aus einer Rechtshandlung des Insolvenzverwalters stammen. Die betroffenen Massegläubiger sind für die Dauer dieses Verbots daran gehindert, ihr Recht auf Vorwegbefriedigung auszuüben. Dem Insolvenzverwalter wird in der schwierigen Anfangsphase des Verfahrens faktisch ein **6-monatiger Zahlungsaufschub** eingeräumt, um in dieser Zeit massefördernde Maßnahmen zur (Wieder-)Herstellung der Liquidität zu ergreifen.

Die Vollstreckungssperre besteht nach § 90 Abs. 2 nicht für solche Masseverbindlichkeiten aus gegenseitigen Verträgen gem. § 55 Abs. 1 Nr. 2, die der Gesetzgeber als vom Insolvenzverwalter begründet ansieht. Dazu zählen die Masseverbindlichkeiten aufgrund der Erfüllungswahl des Verwalters. Ferner werden solche Masseverbindlichkeiten als nicht aufgezwungen eingestuft, die aus Dauerschuldverhältnissen entstehen, wenn der Insolvenzverwalter die Gegenleistung in Anspruch nimmt oder für die Zeit nach dem ersten zulässigen Kündigungstermin.[166] Um in masseschwachen Insolvenzverfahren das **Vollstreckungsrisiko für die Masse** aus titulierten Masseforderungen zu mindern, muss der Insolvenzverwalter sich also möglichst früh darüber klar werden, inwieweit Arbeitnehmer wegen fehlender liquider Mittel freigestellt oder angemietete Räumlichkeiten an den Vermieter zurückgegeben werden müssen, da sonst bereits während der Sperrfrist aus titulierten Ansprüchen in die Insolvenzmasse vollstreckt werden kann.

b) Vollstreckungsverbot für Sozialplanansprüche. Verbindlichkeiten aus einem nach Verfahrenseröffnung abgeschlossenen Sozialplan gelten nach § 123 Abs. 2 Satz 1 zwar als Masseverbindlichkeiten. Auch beruhen sie auf einer Rechtshandlung des Insolvenzverwalters. Die Zwangsvollstreckung in die Masse wegen einer Sozialplanforderung ist dennoch **unzulässig**, § 123 Abs. 3 Satz 2. Deswegen fehlt einer Klage auf Zahlung der Abfindung aus einem Sozialplan das erforderliche Rechtsschutzbedürfnis. Eine Leistungsklage ist auch dann unzulässig, wenn der Verwalter den Insolvenzsozialplan erst nach Anzeige der Masseunzulänglichkeit vereinbart hat.[167] Das Vollstreckungsverbot ist im Hinblick auf das nur begrenzte Volumen für die Erfüllung von Sozialplanansprüchen auf ein Drittel der Masse notwendig.[168]

c) Abgabe der eidesstattlichen Versicherung. Im Grundsatz ist der Insolvenzverwalter im Rahmen der Zwangsvollstreckung wegen eines Masseanspruchs verpflichtet, die eidesstattliche (Offenbarungs-)Versicherung abzugeben, §§ 807, 883 Abs. 2 ZPO. Der Insolvenzverwalter hat den Massebestand offenzulegen sowie dessen Vollständigkeit und Richtigkeit eidesstattlich zu versichern. Die eidesstattliche Versicherung wird vom Insolvenzverwalter als Partei kraft Amtes für die Insolvenzmasse abgegeben.[169] In dem Schuldnerverzeichnis nach § 915 ZPO darf nicht der Name des Verwalters aufgenommen werden, sondern nur die Angabe, dass „der Verwalter über das Vermögen der Insolvenzmasse" diese abgegeben

---

[164] *Jaeger/Henckel* § 53 RdNr. 26; HambKomm-*Büchler* § 52 RdNr. 2.
[165] A/G/R-*Piekenbrock* § 90 RdNr. 7, 11; *Häsemeyer* RdNr. 14.26; s.o. RdNr. 23b.
[166] Auch die vom vorläufigen Verwalter im Eröffnungsverfahren nach § 55 Abs. 2 u. 4 begründeten Masseverbindlichkeiten, die sich der Insolvenzverwalter zurechnen lassen muss, werden vom Vollstreckungsmoratorium nicht erfasst, vgl. FK-*App* § 90 RdNr. 4; *Uhlenbruck* § 90 RdNr. 16.
[167] § 209 Abs. 1 Nr. 2 hat für Sozialplanansprüche keine Bedeutung, vgl. BAG NZI 2010, 317.
[168] Zu der in § 123 Abs. 2 Satz 2 festgelegten relativen Obergrenze s.o. RdNr. 27.
[169] *Jaeger/Henckel* § 53 RdNr. 25.

hat.[170] Die Verpflichtung des Verwalters zur Abgabe der eidesstattlichen Versicherung, der oft andere Vollstreckungsmaßnahmen vorausgegangen sind, hat für die **Praxis kaum Bedeutung.** Sobald sich Masseunzulänglichkeit herausstellt, wird der Insolvenzverwalter diese nach § 208 Abs. 1 dem Insolvenzgericht anzeigen, sodass Vollstreckungen wegen einer Altmasseverbindlichkeit i. S. d. § 209 Abs. 1 Nr. 3 von vornherein wegen § 210 unzulässig sind.[171] Unabhängig davon fehlt einem Antrag auf Abgabe der eidesstattlichen Versicherung idR das **Rechtsschutzbedürfnis.**[172] Der Verwalter ist während des Insolvenzverfahrens umfassend zur Rechnungslegung verpflichtet. Die Massegläubiger werden idR über alle Informationen verfügen oder sich diese beschaffen können, die sie für die Beurteilung der Vermögenssituation der Insolvenzmasse benötigen. Für einen weiteren Anspruch auf Abgabe der eidesstattlichen Versicherung durch den Insolvenzverwalter fehlt ein erkennbares Informationsbedürfnis für den Massegläubiger, insbesondere wenn der Verwalter bereits die Masseunzulänglichkeit gegenüber dem Insolvenzgericht nach § 208 angezeigt hat.

63 **7. Massegläubiger im Insolvenzplanverfahren.** In einem Insolvenzplan kann die Befriedigung (nur) der Absonderungsberechtigten und der Insolvenzgläubiger nach § 217 abweichend von den gesetzlichen Vorschriften geregelt werden. Dagegen sind die Massegläubiger (vor Anzeige der Masselosigkeit) am Insolvenzplanverfahren **nicht beteiligt.**[173] In ihre Rechtsstellung kann durch einen Insolvenzplan deshalb grundsätzlich auch nicht eingegriffen werden. Die Massegläubiger müssen vom Verwalter weiterhin gem. § 53 vorweg befriedigt werden. Nach rechtskräftiger Bestätigung des Insolvenzplans kann das Insolvenzverfahren nicht automatisch aufgehoben werden. Der Insolvenzverwalter hat zuvor die unstreitigen fälligen Masseansprüche zu berichtigen und für die streitigen oder nicht fälligen Sicherheit zu leisten, § 258 Abs. 2 nF.[174] Erst danach kann die Aufhebung des Insolvenzverfahrens erfolgen. Wird erst nach Anzeige der **Masseunzulänglichkeit** ein Insolvenzplan aufgestellt, ist die Befriedigung nachrangiger Massegläubiger (§ 209 Abs. 1 Nr. 3) nicht mehr gewährleistet; insoweit kann ein nach **§ 210a** zulässiger Insolvenzplan in die Rechte dieser Massegläubiger eingreifen.

64 **8. Ausschluss von Massegläubigern.** Der Insolvenzverwalter hat die ihm bekannt gewordenen Masseverbindlichkeiten vorweg zu befriedigen. Unbekannt gebliebene Massegläubiger können nicht berücksichtigt werden. Da die Befriedigung von Massegläubigern unabhängig von der Verteilung der Masse an die Insolvenzgläubiger erfolgt, können sie ihre Ansprüche während des Verfahrens und auch noch nach Durchführung der Schlussverteilung geltend machen. Wenn freilich Masseverbindlichkeiten dem Insolvenzverwalter **„verspätet"** bekannt werden, so besteht, wenn bereits Verteilungen an die Insolvenzgläubiger stattgefunden haben, nur ein eingeschränkter Anspruch auf Befriedigung.[175] Die Massegläubiger können nur Befriedigung wegen ihrer Ansprüche aus den Mitteln verlangen, die nach der Abschlags-, Schluss- oder Nachtragsverteilung gem. § 206 verbleiben. Erleiden sie einen Ausfall, werden durch die **Präklusionswirkung** des § 206 Bereicherungsansprüche gegen jeden, voll befriedigte Insolvenzgläubiger und nachrangige Massegläubiger ausgeschlossen.[176] Der Ausschluss wirkt allein zugunsten der Insolvenzmasse und der Insolvenzgläubiger. Gegen den Schuldner kann der Massegläubiger seinen Anspruch weiterverfolgen (s.o. RdNr. 32 bis 34). Der Insolvenzverwalter haftet ggf. weiterhin auf **Schadensersatz** nach § 60, wenn er seine Kenntnisnahme schuldhaft vereitelt hat und der Massegläubiger durch den Ausschluss nach § 206 einen Forderungsverlust erleidet. Hat der Massegläubiger allerdings die Unkenntnis des Verwalters von der verspätet bekannt gewordenen Masseverbindlichkeit selbst (mit-)zu-verantworten, so kann dies den Schadensersatzanspruch ausschließen oder gem. § 254 BGB herabsetzen.[177] Werden Massegläubiger nicht befriedigt, da der Verwalter deren Ansprüche zB für unbegründet ansieht, so unterliegen sie bei späterer gerichtlicher Feststellung nicht der Präklusion nach § 206. Sind Masseansprüche str., hat der Insolvenzverwalter den geschuldeten Betrag sicherzustellen bzw. nicht zur Verteilung zu bringen, um auf diese Weise eine spätere persönliche Inanspruchnahme zu vermeiden.[178]

---

[170] HambKomm-*Jarchow* § 53 RdNr. 19.
[171] *Kübler/Prütting/Bork/Pape/Schaltke* § 53 RdNr. 37. Die Unzulässigkeit der Zwangsvollstreckung kann mit der Erinnerung, § 766 ZPO, geltend gemacht werden.
[172] LG Bremen ZIP 1984, 1259; *Uhlenbruck/Sinz* § 53 RdNr. 8.
[173] *Andres/Leithaus* § 217 RdNr. 2 und 9. Zum Insolvenzplanverfahren bei Masseunzulänglichkeit vgl. § 210a nF.
[174] Verfahrenskosten können nach Verabschiedung eines Insolvenzplans nicht (mehr) gestundet werden, vgl. BGH NZI 2011, 683.
[175] Der Insolvenzverwalter hat Kenntnis, wenn ihm der Anspruchsgrund der Masseverbindlichkeit bekannt ist. Auf ein „Kennenmüssen" kommt es nicht an, BGH ZIP 1985, 359.
[176] *Uhlenbruck* § 206 RdNr. 1 und 4; *Kübler/Prütting/Bork/Pape/Schaltke* § 53 RdNr. 21.
[177] OLG München ZIP 1981, 888; HambKomm-*Jarchow* § 53 RdNr. 16.
[178] BGH ZIP 1996, 1437; *Kübler/Prütting/Bork/Pape/Schaltke* § 53 RdNr. 21.

II. Geltendmachung und Befriedigung der Massegläubiger im massearmen Insolvenzverfahren

Die Massegläubiger verlieren die Möglichkeit, ihre Masseansprüche zu realisieren, wenn während des Verfahrens die Insolvenzmasse zur vollständigen Befriedigung nicht ausreicht. Ab diesem Zeitpunkt kann das Verfahrensziel der gemeinschaftlichen Befriedigung der Insolvenzgläubiger nicht mehr erreicht werden. Das Insolvenzverfahren muss „abgebrochen" werden. Die sich daraus ergebenden vielfältigen Probleme sind in der Insolvenzordnung mit den §§ 207 ff. erstmals – wenn auch nur bruchstückhaft – geregelt worden.[179] Die gesetzgeberische **Neukonzeption** der Abwicklung **massearmer Insolvenzverfahren** steht im Kontext mit dem gesetzgeberischen Ziel, die Eröffnungen von Insolvenzverfahren zu erleichtern. Obgleich eine gemeinschaftliche Befriedigung der Insolvenzgläubiger nicht mehr möglich ist, soll ein Insolvenzverfahren mit dem Ziel durchgeführt werden, die vorhandene, wenn auch unzureichende Masse nach § 209 unter den Massegläubigern zu verteilen.[180]

1. Massekostendeckung. Voraussetzung für die Eröffnung und Durchführung des Insolvenzverfahrens ist nach § 26 Abs. 1 Satz 1, § 207 Abs. 1, dass eine die **Verfahrenskosten** deckende verfügbare Masse vorhanden ist.[181] Was zum Vermögen des Schuldners, also zur späteren Insolvenzmasse gehört, bestimmt sich nach den §§ 35 bis 37. Die Kosten des Insolvenzverfahrens beschränken sich nach § 54 auf die Gerichtskosten sowie die Vergütung und Auslagen des vorläufigen Insolvenzverwalters, des Insolvenzverwalters sowie der Mitglieder des Gläubigerausschusses. In ausdrücklicher Abkehr zur Konkursordnung ist Eröffnungsvoraussetzung nicht mehr, dass zusätzlich auch die sonstigen Ausgaben für die Verwaltung, Verwertung und Verteilung der Masse – zB für die Erfüllung öffentlich-rechtlicher Verpflichtungen zur Abgabe von Steuern oder Altlastenbeseitigung – gedeckt sind. Der **enge Kostenbegriff** hat dazu geführt, dass Verfahren häufiger eingeleitet und auch fortgeführt werden können. Ob unter bestimmten Voraussetzungen auch sog. „unausweichliche Verwaltungskosten", die der Verwalter bei Abwicklung des Verfahrens – etwa zum Erhalt der Masse – nicht vermeiden kann, als erstrangig zu befriedigende Verfahrenskosten anzuerkennen sind, hat der BGH bislang offen gelassen.[182]

In Insolvenzverfahren über das Vermögen einer natürlichen Person ist die Verfahrenseröffnung von besonderer Bedeutung, da es sonst nicht zu einer Restschuldbefreiung kommen kann. Gerade in Verbraucherinsolvenzverfahren fehlen jedoch den Schuldnern oftmals schon die zur Deckung der Verfahrenskosten notwendigen finanziellen Mittel. Um für diesen besonders bedürftigen Schuldnerkreis die Restschuldbefreiung nicht von vornherein zu blockieren, können die Kosten des Insolvenzverfahrens unter bestimmten Voraussetzungen **gestundet** werden, §§ 4a bis d.[183]

2. Rangordnung der Massegläubiger. Der Insolvenzverwalter ist während des Verfahrensgangs verpflichtet, die Vermögenssituation des Schuldners auch mit Blick auf die vorweg zu berichtigenden Ansprüche der Massegläubiger zu beobachten und zu kontrollieren. Zur **Anzeige der Masseunzulänglichkeit** ist er nach § 208 verpflichtet, sobald die Insolvenzmasse – voraussichtlich – nicht ausreicht, um die fälligen bzw. fällig werdenden Masseverbindlichkeiten zu bezahlen. Eine gerichtliche Überprüfung der Masseunzulänglichkeitsanzeige findet im Interesse der Beschleunigung und zur Vereinfachung der Abwicklung der noch vorhandenen Insolvenzmasse nicht statt. Die Anzeige ist auch für ein später mit der Frage der Masseunzulänglichkeit befasstes Prozessgericht grundsätzlich **bindend**.[184]

Nach dem Gesetz muss unterschieden werden zwischen der Einstellung mangels Masse und auf Grund Masseunzulänglichkeit.

a) Masselosigkeit. Die Deckung der Verfahrenskosten ist Eröffnungsvoraussetzung, § 26 Satz 2. Stellt sich erst im Laufe des Verfahrens heraus, dass die Prognose unzutreffend war, ist das Verfahren

---

[179] BGHZ 154, 358, 368 f. = NJW 2003, 2454.
[180] *Smid*, Die Abwicklung masseunzulänglicher Insolvenzverfahren nach neuem Recht, WM 1998, 1313 ff.; skeptisch dagegen *Häsemeyer* RdNr. 7.27, der zwar vermehrte, jedoch „kostenzehrende und für die Insolvenzgläubiger nutzlose" Verfahrenseröffnungen befürchtet.
[181] Die Insolvenzgerichte entscheiden hierüber im Eröffnungsverfahren idR nach Einholung eines Sachverständigengutachtens. Zu den Schwierigkeiten der Feststellung der Massekostendeckung vgl. BGH NZI 2004, 30 = ZIP 2003, 2171; *Pape* in Mohrbutter/Ringstmeier § 5 RdNr. 7 f.; auch § 26 RdNr. 14 f.
[182] BGH NZI 2011, 60, dazu *Ries* EWiR 2011, 59. Gegen Aufweichungen des Kostenbegriffs zB *Kaufmann* ZInsO 2006, 961; *Huep/Webel* NZI 2011, 389, 391; *Jaeger/Windel* § 207 RdNr. 33 ff.; FKInsO-*Schmerbach* § 26 RdNr. 10 bis 12; § 22 RdNr. 145 ff.; ferner § 54 RdNr. 33 und § 207 RdNr. 27 bis 29.
[183] Seit Einführung des „Stundungsmodells" aufgrund des InsOÄndG 2001 haben die Insolvenzanträge privater Schuldner kontinuierlich zugenommen.
[184] BGHZ 154, 358 = NJW 2003, 2454; NJW-RR 2010, 927; dazu § 208 RdNr. 35.

§ 53   69–72   2. Teil. 2. Abschnitt. Insolvenzmasse. Einteilung der Gläubiger

mangels Masse von Amts wegen nach § 207 Abs. 1 alsbald einzustellen, sofern nicht ein ausreichender **Verfahrenskostenvorschuss** erbracht wird oder die Kosten gem. § 4a gestundet worden sind. Vor der Einstellung hat der Insolvenzverwalter mit den in der Masse vorhandenen Barmitteln die Kosten des Verfahrens – soweit möglich – zu begleichen, und zwar in der von § 207 Abs. 3 vorgegebenen Rangfolge: Erstrangig sind die Auslagen, sodann die übrigen Kosten des Verfahrens zu berichtigen; sind die Barmittel nicht ausreichend, hat ein anteiliger Ausgleich zu erfolgen.

69   Zur **Verwertung** von Massegegenständen, auch zur Erzielung weiterer Einnahmen – etwa mit Hilfe von Anfechtungsklagen – ist der Insolvenzverwalter bei Einstellungsreife mangels Masse nicht mehr verpflichtet, § 207 Abs. 3 Satz 2, da seine Vergütung für weitere Tätigkeiten nicht gesichert ist.[185] Gesetzgeberisches Ziel ist es, das keinem Beteiligten mehr Nutzen bringende Verfahren schnellstmöglich zur Einstellung zu bringen, um zusätzliche Kostenbelastungen der Masse zu vermeiden. Soweit Massegläubiger versuchen, ihre (streitigen) Masseansprüche gerichtlich durchzusetzen, muss prozessual der Eintritt der Masselosigkeit beachtet werden (s. RdNr. 78). **Zwangsvollstreckungsmaßnahmen** in noch vorhandene Barmittel sind unzulässig, da diese nach § 207 Abs. 3 zur Deckung der Verfahrenskosten bestimmt sind. Das Vollstreckungsverbot des § 210 ist gemäß seinem Grundgedanken entsprechend anwendbar.[186]

70   **b) Einstellung wegen Masseunzulänglichkeit.** Nach § 208 tritt Masseunzulänglichkeit ein, wenn die Ausgaben für die Kosten des Verfahrens aus der Insolvenzmasse bestritten werden können, jedoch hinsichtlich der sonstigen Masseverbindlichkeiten eine Unterdeckung besteht oder voraussichtlich eintreten wird. Mit der Anzeige der Masseunzulänglichkeit kann der Insolvenzverwalter Rechtsklarheit über den Zeitpunkt ihres Eintritts schaffen. Das Gesetz sieht nach Anzeige der Masseunzulänglichkeit die Einstellung des Insolvenzverfahrens vor, § 211, jedoch hat der Insolvenzverwalter das Verfahren bis zur endgültigen Verwertung der vorhandenen Restmasse noch abzuwickeln, § 208 Abs. 3.[187] Diese **Abwicklungspflicht** ist zumutbar, da wegen der Massekostendeckung die Erfüllung der Vergütungsansprüche abgesichert ist. Bei eingetretener oder voraussichtlicher Masseunzulänglichkeit hat der Insolvenzverwalter die Kosten des Verfahrens und sonstigen Masseverbindlichkeiten in der nach § 209 Abs. 1 Nr. 1 bis 3 vorgeschriebenen Reihenfolge zu befriedigen. Die gesetzliche Tilgungsreihenfolge ist bei bestehender Masseunzulänglichkeit **zwingend** zu beachten; der Insolvenzverwalter kann ihr also nicht dadurch ausweichen, dass er eine schon eingetretene oder ernsthaft drohende Masseunzulänglichkeit dem Insolvenzgericht nicht oder verspätet anzeigt.[188] Die **Befriedigungsreihenfolge** ist auch dann einzuhalten, wenn dem Schuldner die Verfahrenskosten gestundet wurden.[189] Die gestundeten Kosten sind vorrangig also erst aus der freien Masse zu entnehmen, bevor die Landeskasse insoweit in Vorlage treten muss.[190] Wenn der Insolvenzverwalter das gesetzliche Rangprinzip bei der Befriedigung von Massegläubigern verletzt, ist sein im Falle der Kostenstundung bestehender Vergütungsanspruch gegen die Landeskasse (§ 63 Abs. 2) entspr. zu kürzen.[191] Innerhalb des gleichen Rangs sind die Massegläubiger verhältnismäßig, also quotal, zu befriedigen. Die **Rangordnung** des § 209 Abs. 1 gliedert sich wie folgt:

71   **aa) Kosten des Verfahrens.** Die Kosten des Verfahrens, § 54, sind erstrangig zu befriedigen. Sie genießen unabhängig von ihrem Entstehungszeitpunkt **absoluten Vorrang** vor dem Ausgleich aller sonstigen Masseverbindlichkeiten (§ 55) und zwar auch im Falle der Kostenstundung.[192] Auch wenn der Insolvenzverwalter zunächst nach § 208 Masseunzulänglichkeit angezeigt hat, kann sich im Rahmen der Restabwicklung ergeben, dass die ursprünglich prognostizierte Kostendeckung weggefallen ist. Es muss dann trotz zuvor angezeigter Masseunzulänglichkeit zu einer Verfahrenseinstellung mangels Masse nach § 207 kommen, sofern nicht die Verfahrenskosten gestundet sind.[193]

72   **bb) Neumassegläubiger.** Die Unzulänglichkeit der Masse führt zu einer Aufspaltung der sonstigen Masseverbindlichkeiten, und zwar in solche, die vor und die nach **Eintritt** der Masseunzuläng-

---

[185] Vgl. BGH NJW-RR 2009, 1346.
[186] BGH NJW 2006, 2997 = NZI 2006, 392; *Jaeger/Windel* § 207 RdNr. 100.
[187] Zweck der weiterbestehenden Verwertungspflicht ist es, die Befriedigung der Massegläubiger soweit wie möglich zu gewährleisten u. daher zB Anfechtungsansprüche durchzusetzen.
[188] BGH NJW-RR 2010, 927 m. zust. Anm. *Weitzmann* EWiR 2010, 127; ZIP 2013, 226 (Rz. 14); OLG Düsseldorf NZI 2012, 675, 677; *Klaas/Zimmer* ZInsO 2011, 666, 670 f.
[189] BGH ZIP 2013, 631 u. 634; NJW-RR 2010, 927; NZI 2011, 60; *Uhlenbruck/Berscheid/Ries* § 209 RdNr. 2; dazu auch § 209 RdNr. 17; aA FK-*Kießner* § 209 RdNr. 9.
[190] *Kübler/Prütting/Bork/Pape* § 209 RdNr. 5a.
[191] BGH NZI 2011, 60; NJW-RR 2010, 927.
[192] BGH NJW-RR 2010, 927; NJW 2006, 2997; ablehnend *Häsemeyer* RdNr. 14.02, da die Verfahrenskosten durch rechtzeitige Einstellung begrenzt werden können.
[193] Vgl. BGH NJW-RR 2009, 1346.

lichkeit begründet wurden. Die materielle Anwendung der Rangordnung des § 209 Abs. 1 und damit auch die **Abgrenzung** zwischen Alt- und Neumasseverbindlichkeiten richtet sich nach dem tatsächlichen Eintritt der Masseunzulänglichkeit und nicht ohne weiteres nach dem Zeitpunkt, an dem sie der Verwalter – uU verspätet – dem Insolvenzgericht nach § 208 anzeigt.[194] Die Neumasseverbindlichkeiten stehen im **zweiten Rang;** sie sind nach den Verfahrenskosten zu begleichen, § 209 Abs. 1 Nr. 2. Wegen der trotz Eintritts der Masseunzulänglichkeit fortbestehenden Verpflichtung zur Verwaltung und Masseverwertung, § 208 Abs. 3, ist der Verwalter idR gezwungen, neue Masseverbindlichkeiten zu begründen. Angesichts der Haftungsandrohung des § 61 ist dem Verwalter dies nur zumutbar, wenn die nach Anzeige der Masseunzulänglichkeit begründeten Neumasseverbindlichkeiten bevorzugt aus der Masse bedient werden können. Der Tilgungsvorrang der nach Anzeige begründeten Masseverbindlichkeiten gibt dem Insolvenzverwalter die zur Fortsetzung seiner Verwertungstätigkeit **erforderliche Handlungsfreiheit.**

Für die Einordnung als Neumasseschuld ist der Zeitpunkt ihrer „**Begründung**" entscheidend. **73** Auch wenn sie erst nach Eintritt der Masseunzulänglichkeit fällig wird, handelt es sich um eine Altmasseverbindlichkeit, wenn sie zuvor begründet worden war. Wann eine Masseverbindlichkeit begründet war, richtet sich nach den Kriterien, die für die Begründung der Insolvenzgläubigerstellung nach § 38 maßgebend sind. Entscheidend ist, ob bereits vor Eintritt der Masseunzulänglichkeit die Grundlagen des Schuldverhältnisses bestanden haben, aus denen sich der Masseanspruch ergibt.[195]

Für die aus gegenseitigen Verträgen oder Dauerschuldverhältnissen herrührenden Masseverbind- **74** lichkeiten enthält § 209 Abs. 2 eine (erweiternde) Sonderregelung. Die in den Nr. 1 bis 3 geregelten Fälle von Neumasseverbindlichkeiten knüpfen zusätzlich an ein selbst bestimmtes Verhalten des Insolvenzverwalters nach Anzeige der Masseunzulänglichkeit an. Verlangt der Verwalter nach der Anzeige die Erfüllung eines beiderseitig nicht vollständig erfüllten gegenseitigen Vertrags i. S. d. § 103, bei dem das **Wahlrecht** zuvor noch nicht ausgeübt war, gelten die hieraus resultierenden Ansprüche des Vertragspartners als nach der Anzeige begründet und sind damit als Neumasseverbindlichkeiten zu befriedigen, § 209 Abs. 2 Nr. 1. Das Erfüllungswahlrecht besteht nicht nur bei solchen gegenseitigen Verträgen, die noch vor Eröffnung des Verfahrens vom Schuldner abgeschlossen waren, sondern gemäß der für die Abwicklungsregelung des § 209 maßgebenden Grundgedanken einer „**Insolvenz in der Insolvenz**" auch für solche, die der Insolvenzverwalter selbst während des Verfahrens bis zur Anzeige der Masseunzulänglichkeit abgeschlossen oder dessen Erfüllung er gewählt hatte.[196] Lehnt der Insolvenzverwalter die Erfüllung eines von ihm vor der Anzeige abgeschlossenen gegenseitigen Vertrages gem. § 103 ab, so sind die Ansprüche des Vertragspartners als Altmasseverbindlichkeiten i. S. d. § 209 Abs. 1 Nr. 3 anzusehen.

Ferner gelten Ansprüche des Vertragspartners aus einem **Dauerschuldverhältnis** für die Zeit **75** nach dem Termin, zu dem der Insolvenzverwalter dieses nach angezeigter Masseunzulänglichkeit frühestens hätte kündigen können, als Neumasseverbindlichkeiten nach § 209 Abs. 1 Nr. 2 i. V. m. Abs. 2 Nr. 2. Der Verwalter soll dadurch veranlasst werden, Dauerschuldverhältnisse im Interesse der Erhaltung der Masse möglichst frühzeitig zu beenden, wenn er Vertragsverpflichtungen daraus nicht weiter in Anspruch nehmen will. Spricht der Insolvenzverwalter die Kündigung eines Arbeitsverhältnisses unter Einhaltung der maßgebenden insolvenzrechtlichen, § 113, oder vertraglichen Kündigungsfrist zum frühest möglichen Zeitpunkt nach der Anzeige aus, sind sämtliche Ansprüche des Arbeitnehmers aus dem Vertragsverhältnis Altmasseverbindlichkeiten. Versäumt er die Vertragsbeendigung zum **ersten Kündigungszeitpunkt,** sind nur die Ansprüche nach diesem Termin Neumasseverbindlichkeiten, da der Verwalter deren Entstehung durch (rechtzeitige) Kündigung des Vertragsverhältnisses hätte verhindern können. Sie sind also so zu behandeln, als wären sie nach der angezeigten Masseunzulänglichkeit vom Insolvenzverwalter neu begründet worden. Soweit die Ansprüche aus den Dauerschuldverhältnissen danach Altmasseverbindlichkeiten sind, gelten sie dennoch als Neumasseschulden, wenn der Insolvenzverwalter nach Anzeige der Masseunzulänglichkeit die Gegenleistung für die Masse in Anspruch genommen hat, § 209 Abs. 2 Nr. 3, zB die Mitarbeiter im Unternehmen beschäftigte.[197] Die Lohn- und Gehaltsansprüche der nach Anzeige vom Insolvenzverwalter freigestellten Arbeitnehmer müssen dagegen nur nachrangig als Altmasseverbindlichkeiten beglichen werden.

cc) Altmasseverbindlichkeiten. Die sonstigen Masseverbindlichkeiten, die nicht unter § 209 **76** Abs. 1 Nr. 1 oder 2 fallen, sind **nachrangig** als Altmasseverbindlichkeiten zu begleichen und deshalb

---

[194] BGH NJW-RR 2010, 927; ZIP 2010, 2356.
[195] BGH NZI 2012, 177 u. st. Rspr. des BGH.
[196] HK-*Landfermann* § 209 RdNr. 12; dazu auch § 209 RdNr. 25.
[197] Zum Begriff „Inanspruchnahme" der Gegenleistung aus einem Dauerschuldverhältnis s. BGHZ 154, 358 = NJW 2003, 2454.

im Wert gemindert.[198] Hierunter fallen insbesondere diejenigen Masseansprüche, die der Verwalter schon **vor Eintritt** der Masseunzulänglichkeit **begründet** hatte. Aufgrund eingetretener Masseunzulänglichkeit ist die volle Befriedigung ausgeschlossen. Die Ansprüche der Altmassegläubiger, die ihr Recht auf Vorwegbefriedigung im Interesse einer möglichst günstigen Masseverwertung verlieren, sind daher im Rahmen des § 209 Abs. 1 Nr. 3 „nach dem Verhältnis ihrer Beträge" zu befriedigen.[199] Innerhalb dieser Rangklasse sind die Unterhaltsansprüche des Schuldners und seiner Familienangehörigen bzw. der organschaftlichen Vertreter **letztrangig** zu befriedigen, §§ 100, 101 Abs. 1 Satz 3.

77 **3. Massearmut im gerichtlichen Verfahren.** Die Auswirkungen der Masselosigkeit bzw. Masseunzulänglichkeit auf Rechtsstreitigkeiten sind gesetzlich nicht geregelt. Die Massegläubiger sind grundsätzlich nicht gehindert, ihre Ansprüche gerichtlich zu verfolgen.

78 **a) Masselosigkeit.** Der Eintritt der Massekostenarmut iS des § 207 schließt eine uneingeschränkte Verurteilung des Insolvenzverwalters zur Leistung aus.[200] Da feststeht, dass die gerichtlich geltend gemachte Masseverbindlichkeit auch nicht teilweise aus der freien Masse befriedigt werden kann, besteht **kein Rechtsschutzbedürfnis** für die Erlangung eines **Leistungstitels.** Der Massegläubiger hat deshalb seine Leistungsklage auf eine Feststellungsklage umzustellen. Eine neue Klage ist nur noch als Feststellungsklage zulässig. Die Darlegungs- und Beweislast für den Eintritt der – nachträglichen – Masselosigkeit trägt der Insolvenzverwalter.

79 **b) Masseunzulänglichkeit.** Nach Anzeige der Masseunzulänglichkeit gem. § 208 Abs. 1 durch den Insolvenzverwalter besteht für **Altmassegläubiger** i. S. d. § 209 Abs. 1 Nr. 3 **kein Rechtsschutzbedürfnis** mehr an der Erhebung bzw. Weiterverfolgung einer bereits anhängigen **Leistungsklage,** da ihnen eine Zwangsvollstreckung in die Masse nach § 210 endgültig verboten ist.[201] Sie haben nach der Konzeption der „Insolvenz in der Insolvenz" aber ein Recht auf eine quotenmäßige Befriedigung aus der Masse. Die exakte Quote lässt sich idR erst nach Abschluss der Verwertung bzw. bei Einstellung des Verfahrens ermitteln. Zumindest solange diese nicht feststeht, ist eine Zahlungsklage gegen den Insolvenzverwalter unzulässig. Der Massegläubiger kann bei bestrittener Forderung jedoch **Feststellungsklage** nach § 256 Abs. 1 ZPO erheben oder in einem anhängigen Rechtsstreit auf einen Feststellungsantrag übergehen. Seinem Rechtsschutzinteresse wird damit ausreichend Rechnung getragen, da der Insolvenzverwalter bereits zur Vermeidung eigener persönlicher Haftung verpflichtet ist, ihm bekannte Masseverbindlichkeiten gemäß der Rangordnung des § 209 zu befriedigen.[202]

79a **Neumassegläubiger** können ihre Forderungen nach Anzeige der Masseunzulänglichkeit grundsätzlich weiterhin mit der Leistungsklage verfolgen. Wendet der Insolvenzverwalter allerdings im Laufe des Verfahrens ein, dass die vorhandene Insolvenzmasse nicht ausreicht, um die Verfahrenskosten oder wenigstens alle Gläubiger von Neumasseverbindlichkeiten vollständig zu befriedigen, ist auch für diese Gläubiger – jedenfalls wenn eine auf sie entfallende Quote noch nicht feststeht – nur noch eine **Feststellungsklage** zulässig, mit der sie die Einordnung ihrer Ansprüche als Masseverbindlichkeiten im Rang des § 209 Abs. 1 Nr. 2 verfolgen können.[203] Die Voraussetzungen der nochmaligen Einrede der Masseunzulänglichkeit sind vom Verwalter im Einzelnen darzulegen und erforderlichenfalls nachzuweisen.

80 Ob tatsächlich Masseinsuffizienz eingetreten ist, kann wegen der Schwierigkeiten bei der Feststellung der erforderlichen Massekostendeckung streitig sein. Die Feststellung der eingetretenen oder drohenden Masseunzulänglichkeit obliegt nach § 208 dem Insolvenzverwalter. Eine Überprüfung der Anzeige der Masseunzulänglichkeit dahin, ob sie richtig oder rechtzeitig erfolgte, sieht das Gesetz ausdrücklich nicht vor (RdNr. 67).[204] Die Anzeige der Masseunzulänglichkeit kann von den Beteiligten und insbesondere den Altmassegläubigern nicht mit Rechtsmitteln angefochten werden, was

---

[198] Dazu gehören auch Ansprüche aus ungerechtfertigter Bereicherung vor Anzeige der Masseunzulänglichkeit, BGH NJW 2006, 2997 = NZI 2006, 392; HK-*Landfermann* § 209 RdNr. 18; ablehnend *Häsemeyer* RdNr. 14.24.
[199] Sozialplangläubiger haben auch als Massegläubiger bei Masseunzulänglichkeit keinen Anspruch auf Befriedigung, da es an einer ausschüttungsfähigen Teilungsmasse fehlt, vgl. BAG NZI 2010, 413.
[200] BGHZ 167, 178 = NJW 2006, 2997; dazu näher § 207 RdNr. 65, 66; aA *Jaeger/Windel* § 207 RdNr. 102.
[201] BGHZ 154, 358, 360 f. = NJW 2003, 2454; BGH ZIP 2012, 784, 787; BAG ZInsO 2012, 1265; aA *Häsemeyer* RdNr. 14.26; *Jaeger/Windel* § 208 RdNr. 57; s. auch § 210 RdNr. 18.
[202] BGH NJW 2003, 2454; BAG NZI 2003, 273; *Kübler/Prütting/Pape* § 210 RdNr. 7/8.
[203] BGH ZIP 2012, 533, 534; BGHZ 167, 178 = NJW 2006, 2997; BGHZ 154, 358 = NJW 2003, 2454; BAG ZIP 2004, 1323; OLG Stuttgart ZIP 2011, 2077; aA *Jaeger/Windel* § 208 RdNr. 60.
[204] Der Reform-Gesetzgeber hat Vorschläge, eine gerichtliche Nachprüfung der Anzeige nach § 208 Abs. 1 auf Antrag eines Massegläubigers zuzulassen, nicht aufgegriffen.

zeigt, dass die mit der Anzeige verbundene **Herbeiführung der Verfahrenszäsur** nach dem Gesetzeszweck ausschließlich dem Verantwortungsbereich des Insolvenzverwalters zugeordnet ist.[205] Sie ist eine insolvenzspezifische Verwalterpflicht. Nach den Vorstellungen des Gesetzgebers werden die (Alt-)Massegläubiger gegen eine mutwillige Handhabung der Anzeigepflicht durch die gegenüber der KO verschärfte persönliche Haftung des Insolvenzverwalters für nicht erfüllbare Masseverbindlichkeiten, § 61, bzw. § 60, ausreichend geschützt.[206]

4. Vollstreckungsverbot. Massegläubiger können während des Insolvenzverfahrens die Einzelzwangsvollstreckung in die Insolvenzmasse zur Befriedigung ihrer Forderungen betreiben. Sobald der Insolvenzverwalter aber dem Gericht nach § 208 Abs. 1 die Masseunzulänglichkeit **anzeigt,** ist zwischen Neumasse- und Altmasseschulden zu unterscheiden. Für die **Altmassegläubiger** i. S. d. § 209 Abs. 1 Nr. 3 greift das gesetzliche Vollstreckungsverbot des § 210 ein.[207] Dieses ist notwendig, um die vorrangige Befriedigung der Neumasseverbindlichkeiten, § 209 Abs. 1 Nr. 2, verfahrensrechtlich zu gewährleisten. Altmassegläubiger werden daran gehindert, sich entgegen der Rangordnung des § 209 Abs. 1 einen ihnen nicht gebührenden Vorteil zu verschaffen. Der Eintritt der Masseunzulänglichkeit entfaltet auf die Altmassegläubiger eine vergleichbare Wirkung wie die Eröffnung des Insolvenzverfahrens auf die Insolvenzgläubiger (vgl. § 89). Zwangsvollstreckungsmaßnahmen entgegen § 210 verstoßen gegen ein gesetzliches Vollstreckungsverbot. Die Unzulässigkeit des angegriffenen Vollstreckungsaktes ist vom Insolvenzverwalter mit der **Vollstreckungserinnerung** nach § 766 ZPO geltend zu machen.[208]

Die Vollstreckungsbefugnis der **Neumassegläubiger** entfällt nicht, da deren Befriedigungschancen nach Anzeige der Masseunzulänglichkeit nicht gemindert werden sollen. Jedoch kann auch für Neumassegläubiger die Insolvenzmasse wiederum nicht ausreichend sein, um sie (nach Deckung der Verfahrenskosten) voll zu befriedigen. Eine entsprechende Anwendung des § 210 in Fällen **weiterer Masseunzulänglichkeit** scheitert an dessen entgegenstehendem Wortlaut und Normzweck.[209] Der Insolvenzverwalter ist aber berechtigt, den Einwand der Unzulässigkeit der Zwangsvollstreckung nach erneuter Anzeige der Masseunzulänglichkeit im Wege der Vollstreckungsgegenklage nach § 767 ZPO geltend zu machen.[210] Solange ungewiss ist, ob im Laufe der Abwicklung des massearmen Verfahrens der titulierte Anspruch des Neumassegläubigers nicht doch noch anteilig oder voll befriedigt werden kann, kommt eine Aussetzung der Vollstreckungsgegenklage nach § 148 ZPO in Betracht.[211] Dieser Weg ist für den Massegläubiger vorteilhafter, da ihm die Möglichkeit offengehalten wird, aus dem Titel gegen die Insolvenzmasse vorzugehen, sobald die Quote feststeht oder sich berechnen lässt. Die Darlegungs- und Beweislast für die Tatsachen, aus denen sich die Masseunzulänglichkeit auch gegenüber den Neumassegläubigern ergibt, trägt der Insolvenzverwalter.[212] Gegenüber einer vom Finanzamt als Massegläubigerin betriebenen Zwangsvollstreckung ist die Einrede der Unzulässigkeit der Zwangsvollstreckung im Wege der Anfechtungsklage zu erheben.[213]

5. Bereicherungsausgleich. Zwischen den Massegläubigern besteht keine Rang- oder Verteilungsordnung. Dies ist erst nach Anzeige der Masseunzulänglichkeit gem. § 209 der Fall. Solange deshalb die Masseunzulänglichkeit nicht vom Insolvenzverwalter angezeigt ist, haben die Massegläubiger die Leistungen aus der Insolvenzmasse im Verhältnis zu den übrigen Massegläubigern nicht ohne rechtlichen Grund erhalten;[214] eine Herausgabe des mit Rechtsgrund Erlangten kann also nicht verlangt werden. Auch Altmassegläubiger, die vor der angezeigten Masseunzulänglichkeit schon mehr als die ihnen nach § 209 zustehende Quote erhalten haben, müssen diese Überzahlungen nicht herausgeben. Hat der Massegläubiger aber nach angezeigter Masseunzulänglichkeit entgegen der verbindlichen Rangordnung des § 209 mehr aus der Insolvenzmasse erhalten, als er zu beanspruchen hatte, so ist er nach § 812 Abs. 1 Satz 1 BGB zur Herausgabe des Zuvielempfangs an die Insolvenzmasse verpflichtet.[215] Ebenso kann unter dem Gesichtspunkt der **rangwidrigen Bevorzu-**

---

[205] Amtl. Begr. RegE BT-Drucks. 12/ 2443, S. 179; *Nerlich/Römermann/Andres* § 53 RdNr. 22.
[206] BGHZ 154, 358, 360 f.; HK-*Landferman* § 208 RdNr. 8.
[207] Das Vollstreckungsverbot des § 210 gilt entspr. bei eingetretener Masselosigkeit i. S. d. § 207, vgl. BGH NJW-RR 2007, 119; auch § 210 RdNr. 27.
[208] BGH NJW-RR 2007, 119; s. § 210 RdNr. 15.
[209] BGHZ 154, 358 = NJW 2003, 358; BGH NJW-RR 2009, 59; *Uhlenbruck/Berscheid* § 210 RdNr. 9.
[210] BGH NZI 2007, 721 (Kostenfestsetzungsverfahren); NZI 2005, 680; dazu auch § 210 RdNr. 21.
[211] BAG ZIP 1986, 1338; BayObLG NZI 2000, 366.
[212] BGHZ 154, 358 = NJW 2003, 2454; BGH ZInsO 2004, 674.
[213] BFH ZIP 1996, 1838.
[214] RGZ 61, 262; *Häsemeyer* RdNr. 14.23; *Uhlenbruck/Berscheid/Ries* § 209 RdNr. 33. Vgl. auch § 208 RdNr. 15, 63.
[215] BAG NJW 1980, 1441; *Jaeger/Henckel* § 53 RdNr. 22; *Jaeger/Windel* § 209 RdNr. 24; § 209 RdNr. 63.

gung ein unmittelbarer Ausgleichsanspruch des einen Massegläubigers gegen den bevorzugten anderen Massegläubiger zu bejahen sein.[216]

F. Haftung des Insolvenzverwalters gegenüber Massegläubigern

84 **1. Haftung wegen Nichterfüllung von Masseverbindlichkeiten.** Der Insolvenzverwalter ist allen Beteiligten – darunter den Massegläubigern – nach § 60 zum Schadenersatz verpflichtet, wenn er schuldhaft seine sich aus der Insolvenzordnung ergebenden Amtspflichten verletzt. Masseverbindlichkeiten sind von ihm gem. § 53 vorweg aus der Insolvenzmasse zu erfüllen. Kommt er dieser **insolvenzspezifischen Verpflichtung** nicht nach, werden zB von ihm bei bestehender Massezulänglichkeit die Altmassegläubiger i. S. d. § 209 Abs. 1 Nr. 3 gegenüber den Neumassegläubigern bevorzugt, so haftet er diesen gegenüber für einen derartigen Verteilungsfehler persönlich nach § 60 (s. RdNr. 89). Werden dagegen vom Insolvenzverwalter zB im Rahmen einer **Betriebsfortführung** Masseverbindlichkeiten rechtsgeschäftlich begründet, obwohl diese – für ihn erkennbar – bei Fälligkeit aus dem vorhandenen Massebestand nicht voll befriedigt werden können, so trifft ihn die **besondere Verwalterhaftung** nach § 61 Satz 1. Sie wurde vom InsO-Gesetzgeber geschaffen, um das Vertrauen des Rechtsverkehrs in Vertragsabschlüsse mit dem Insolvenzverwalter zu stärken und damit Unternehmensfortführungen zu erleichtern. Sie dient damit dem Schutz solcher Vertragsgläubiger, die im Zusammenhang mit der Begründung ihres Masseanspruchs eine Gegenleistung erbringen und der Masse dadurch einen wirtschaftlichen Vorteil verschaffen.[217] Sobald der Verwalter zu erkennen vermag, dass die Insolvenzmasse nicht mehr ausreichen könnte, darf er keine neuen Masseverbindlichkeiten mehr begründen. Macht er es dennoch, haftet er nach § 61 persönlich für einen dadurch beim Massegläubiger auftretenden Ausfallschaden; zu ersetzen ist (nur) das negative Interesse.[218] Die Verletzung der Pflicht zur Aufklärung über das Risiko des Eintritts der Masseinsuffizienz ist damit der tragende Haftungsgrund. Eine Haftung des Verwalters nach § 61 scheidet deshalb aus, wenn sich ein Vertragsgläubiger in voller Kenntnis aller Umstände und (Zahlungs-)Risiken für einen Geschäftsabschluss – zB für einen Abfindungsvergleich – mit dem Insolvenzverwalter entscheidet. Soweit der Massegläubiger im Hinblick auf eine fehlende Zahlungsfähigkeit bewusst auf eigenes Risiko handelt, wird kein schutzwürdiges Vertrauen vom Verwalter in Anspruch genommen u. daher auch nicht verletzt.[219] Als **lex spezialis** verdrängt § 61 die allgemeine Haftung des Insolvenzverwalters nach § 60, soweit es um die **pflichtwidrige Begründung** von Masseverbindlichkeiten geht. Kommt es dagegen erst wegen nachfolgender insolvenzspezifischer Sorgfaltspflichtverletzungen des Verwalters im Verlauf der Vertragsabwicklung zu einer Verkürzung der Insolvenzmasse und zum (teilweisen) Ausfall von Massegläubigern greift allein die Haftungsnorm des § 60 ein.[220] Der Ersatzanspruch gegen den Verwalter persönlich steht gleichrangig neben einem Anspruch gegen die Masse, § 421 BGB.[221]

85 **2. Begründung von Masseverbindlichkeiten.** Der Insolvenzverwalter darf Masseverbindlichkeiten nur begründen, wenn er sie aus der Insolvenzmasse gesichert erfüllen kann.[222] Zweck des § 61 ist es, Massegläubiger vor Schäden aus mit dem Insolvenzverwalter abgeschlossenen Rechtsgeschäften zu schützen und deren Bereitschaft zur Kreditgewährung an die Masse durch die persönliche Haftung des Verwalters zu erhöhen.[223] Die Haftung nach § 61 Satz 1 erfasst die vom Insolvenzverwalter durch **Rechtshandlungen** i. S. d. § 55 Abs. 1 Nr. 1 begründeten Masseverbindlichkeiten. Der Insolvenzverwalter muss deshalb zur Vermeidung der persönlichen Inanspruchnahme sorgfältig prüfen und sich vergewissern, dass die von ihm ausgelösten Masseverbindlichkeiten bei normalem Geschäftsablauf rechtzeitig und in vollem Umfang auch aus der Masse befriedigt werden können.[224] Diese besondere Pflicht zur Erfüllbarkeitsprüfung bezieht sich grundsätzlich nur auf primäre Erfüllungsansprüche u. nicht auf sog. Sekundäransprüche.[225] Die Massezulänglichkeit ist insbesondere zu Beginn eines Insolvenzverfahrens

---

[216] Vgl. *Jaeger/Henckel* § 53 RdNr. 22.
[217] BGH NZI 2011, 60; NJW 2010, 690; BGHZ 161, 236, 240 = NJW 2005, 901; OLG Hamm ZIP 2006, 1911; HK-Lohmann § 61 RdNr. 4; dazu auch § 61 RdNr. 10.
[218] Zum Umfang des Vertrauensschadens s. BGH NJW-RR 2006, 694; BAG NJW 2011, 3739 u. NZI 2007, 535.
[219] Vgl. BAG NJW 2011, 3739; dazu krit. § 61 RdNr. 50.
[220] Grundlegend BGHZ 159, 104 = NJW 2004, 3334; BGH ZIP 2010, 2356 (Rz. 6); OLG Düsseldorf ZIP 2012, 2115, 2116; BAG ZIP 2006, 1830; dazu ausführlich § 60 RdNr. 44a, 45 f., § 61 RdNr. 20.
[221] BGH NJW-RR 2006, 694.
[222] Nach BGH NJW 2005, 901 dient die Pflicht des Verwalters, keine unerfüllbaren Masseverbindlichkeiten zu begründen, nicht auch dem Schutz eines evtl. Prozessgegners.
[223] BGHZ 148, 175 = NJW 2001, 3187; BGH NJW 2010, 680 (Rz. 7).
[224] BGHZ 159, 104, 110.
[225] BGH NZI 2008, 735; NJW 2010, 680 (Rz. 7); HK-Lohmann § 61 RdNr. 4; dazu kritisch *Hees* ZIP 2011, 502 bis 505; *Huep/Webel* NZI 2011, 389, 394.

oftmals unklar und nur unzureichend zu erfassen. Im Rahmen der Weiterführung des Geschäftsbetriebes entstehen aber zwangsläufig Verwaltungskosten zB für die Bewirtschaftung der Räumlichkeiten, Beibehaltung des Versicherungsschutzes oder für Wareneinkäufe zur Aufrechterhaltung der Produktion, was den Insolvenzverwalter einem kaum kalkulierbaren Risiko aussetzt.

Als Begründung einer neuen Masseverbindlichkeit ist neben dem Vertragsschluss auch die **Erfüllungswahl** nach § 103 Abs. 1 durch den Insolvenzverwalter anzusehen, § 55 Abs. 1 Nr. 2. Gleichgestellt mit der willentlichen Begründung einer Masseverbindlichkeit durch Erfüllungswahl wird die Nichtausübung eines Sonderkündigungsrechts zum Zweck der Beendigung eines Dauerschuldverhältnisses, das nach Insolvenzeröffnung fortbesteht, §§ 55 Abs. 1 Nr. 2 i. V. m. 109, 113. Die sich aus dem **Dauerschuldverhältnis** ergebenden Masseverbindlichkeiten beruhen ab Verfahrenseröffnung bis zum ersten Termin der zulässigen Kündigung auf dem Gesetz, § 108 Abs. 1 Satz 1; während dieser Zeit handelt es sich um „aufgezwungene" Masseverbindlichkeiten. Die Nichterfüllung dieser ohne seine Beteiligung entstandenen Masseforderungen kann keine persönliche Haftung des Insolvenzverwalters auslösen, weil er auf deren Begründung keinen Einfluss hatte.[226] Dagegen kommt bei **versäumter Kündigung** eine persönliche Ersatzpflicht des Verwalters nach § 61 Satz 1 für diejenigen Masseverbindlichkeiten in Betracht, die nach dem Zeitpunkt entstehen, zu dem bei einer frühestmöglichen Kündigungserklärung der Vertrag geendet hätte.[227] 86

Eine Haftung gem. § 61 kann nach hM auch für von ihm im **Eröffnungsverfahren** begründete Masseverbindlichkeiten bestehen.[228] Auf den **vorläufigen Insolvenzverwalter** ist, wie sich aus § 21 Abs. 2 Satz 1 Nr. 1 ergibt, § 61 entsprechend anzuwenden. Voraussetzung ist, dass auf den vorläufigen Insolvenzverwalter gem. §§ 21 Abs. 2 Nr. 2, 22 Abs. 1 die Verfügungsbefugnis über das Vermögen des Schuldners übergegangen ist. Nur dieser „**starke**" vorläufige Insolvenzverwalter ist nach § 55 Abs. 2 in der Lage, im Rahmen der einstweiligen Betriebsfortführung Verbindlichkeiten zu begründen, die im eröffneten Verfahren als Masseschulden gelten. Zwar sind nach § 55 Abs. 4 auch die von einem „**schwachen**" (nur mitbestimmenden) vorläufigen Insolvenzverwalter begründeten Verbindlichkeiten aus dem Steuerschuldverhältnis nach Verfahrenseröffnung als Masseverbindlichkeiten (§ 55 Abs. 1 Nr. 1) gegenüber dem Fiskus anzusehen (s.o. RdNr. 25a). Den Verwalter, für den schon bei Geschäftsabschluss absehbar ist, dass die daraus resultierende Steuerschuld wegen Massearmut nicht beglichen werden kann, trifft aber keine Ersatzpflicht aus § 61. Denn der Fiskus als Steuergläubiger hat im Zusammenhang mit der Masseforderung keine Gegenleistung zu Gunsten der Masse erbracht; zudem werden gesetzliche Einstandspflichten der Masse, die nur mittelbar auf einer Rechtshandlung des Verwalters beruhen, von § 61 nicht erfasst.[229] Soweit allerdings ein sog. „**halbstarker**" vorläufiger Insolvenzverwalter auf Grund einer gerichtlichen Einzelermächtigung bestimmte Masseverbindlichkeiten rechtswirksam begründet hat, trifft auch ihn bei Nichterfüllung ausnahmsweise die persönliche Haftung gem. § 61 Satz 1.[230] Da „schwache" vorläufige Insolvenzverwalter grundsätzlich nicht in der Lage sind, Masseverbindlichkeiten zu begründen, machen Neugläubiger ihre Lieferungen und Leistungen häufig von **Befriedigungszusagen** des Verwalters abhängig. Gibt dieser im Zusammenhang mit seiner Zustimmung zum Geschäftsabschluss des Schuldners entsprechende Erklärungen ab, beziehen sich diese im Zweifel aber nur auf die Insolvenzmasse und besagen, dass die Masse nach seiner Einschätzung über ausreichende Mittel zur Bezahlung der neuen Verbindlichkeiten verfügt.[231] Sie lösen also – solange eine Täuschung ausscheidet – grundsätzlich noch keine persönliche Verwalterhaftung aus Garantie oder Verschulden bei Vertragsschluss aus. Soll der schwache vorläufige Verwalter für die Erfüllung der Neuverbindlichkeiten ausnahmsweise auch mit seinem eigenen Vermögen persönlich einstehen, muss dieser Wille zur persönlichen Schuldübernahme klar zum Ausdruck gebracht werden.[232] 87

Wenn eine vom Insolvenzverwalter begründete Masseverbindlichkeit bei Fälligkeit nicht voll erfüllt wurde, kann er die persönliche Haftung nur vermeiden, wenn ihm der **Exkulpationsnachweis** nach 88

---

[226] BAG NZI 2007, 124; OLG Hamm ZInsO 2009, 1457; *Uhlenbruck/Sinz* § 61 RdNr. 6; Pape ZInsO 2003, 1016.
[227] BGH ZIP 2012, 533, 537; BGHZ 154, 358, 364 = NJW 2003, 2454; BAG NZI 2013, 284 (RdNr. 33); HambKomm-*Weitzmann* § 61 RdNr. 6, 7; A/G/R-*Lind* § 61 RdNr. 6.
[228] *Uhlenbruck/Sinz* § 61 RdNr. 32; Graeber InsBüro 2010, 327 f.; *Undritz* NZI 2007, 65, 70 f.; näher § 22 RdNr. 121 f. und § 61 RdNr.34 f.
[229] BGH NJW 2010, 680; NZI 2011, 60 – dazu *Kahlert* ZIP 2011, 401, 406; *Huep/Webel* NZI 2011, 389, 393.
[230] Vgl. dazu BGH NJW 2002, 3326; *Pape,* ZInsO 2003, 1061, 1069; *Deimel,* ZInsO 2004, 783, 785; HK-*Lohmann* § 61 RdNr. 2; auch § 22 RdNr. 121.
[231] Vgl. BGH NZI 2004, 435, 439 = WM 2004, 1191 m. Anm. *Lüke/Stengel* WuB VI A. § 61 InsO.
[232] BAG DZWIR 2010, 28. Weitergehend OLG Celle, NZI 2004, 89 u. OLG Schleswig NZI 2004, 92 mit abl. Anm. *Undritz* EWIR 2004, 445 u. *Nöll* ZInsO 2004, 1058, 1061 f.

§ 61 Satz 2 gelingt, d.h. er hat darzulegen und zu beweisen, dass er **bei Eingehung** der Verbindlichkeit den späteren Eintritt der Masseunzulänglichkeit nicht hat erkennen können.[233] Der Entlastungsbeweis bezieht sich damit auf die Prognose hinsichtlich des Umfangs der Aktivmasse. Der BGH hat sich schon unter der Geltung der KO mehrfach mit der Frage befasst, welche **Sorgfalts- und Überwachungspflichten** vom Insolvenzverwalter vor allem bei der Fortführung des Geschäftsbetriebes des Schuldners eingehalten werden müssen.[234] An diese Rechtsprechung knüpft § 61 ersichtlich an. Die Haftung wird aber durch die sich aus § 61 Satz 2 ergebende **Beweislastumkehr** erheblich verschärft. Ohne Erstellung zeitnaher Finanzpläne und Wirtschaftlichkeitsberechnungen, die im Streitfall vorzulegen sind, wird dem Insolvenzverwalter der Exkulpationsnachweis kaum gelingen. Der Verwalter wird sich im Allgemeinen nur entlasten können, wenn er zum Zeitpunkt der Begründung der Masseverbindlichkeit einen – aus damaliger Sicht – auf zutreffenden Anknüpfungstatsachen beruhenden und sorgfältig erstellten **Liquiditätsplan** vorweisen kann, der eine Erfüllung der Verbindlichkeit bei Fälligkeit erwarten ließ.[235] Erweist sich die Erfüllungsprognose hinsichtlich des Umfangs der Aktivmasse im Nachhinein als falsch, ist es allerdings Sache des Gläubigers nachzuweisen, dass für den Verwalter schon die von der Prognose abweichende tatsächliche Entwicklung vorsehbar war und daher bei der ursprünglichen Liquiditätsprognose hätte mit berücksichtigt werden müssen.[236]

89 **3. Verteilungsfehler.** Ein Verteilungs- bzw. Regulierungsfehler kann dadurch entstehen, dass der Insolvenzverwalter ihm bekannte Masseverbindlichkeiten nicht mehr befriedigen kann, da er – entgegen § 53 – Insolvenzforderungen pflichtwidrig vorab aus der Insolvenzmasse erfüllt hat. Der Insolvenzverwalter ist grundsätzlich verpflichtet, vor jeder Abschlagszahlung oder Verteilung an die Insolvenzgläubiger zu prüfen, ob die verbleibende Insolvenzmasse noch ausreichend ist, die bestehenden oder künftig zu erwartenden Masseverbindlichkeiten voll befriedigen zu können. Wegen des **Gleichrangs der Massegläubiger** darf er mehrere fällige Masseschulden auch nur anteilig befriedigen, sofern die vorhandene Masse zur vollständigen Bezahlung nicht ausreicht.[237] Hat der Verwalter den Vorrang der Masseforderungen nicht beachtet oder ist ihm im Zusammenhang mit der späteren Befriedigung von Massegläubigern ein sonstiger **Regulierungsfehler** unterlaufen, haftet er nach der allgemeinen Vorschrift des § 60 – also bei nachgewiesenem Verschulden – für einen Verteilungsschaden, der den benachteiligten Massegläubigern aus einer Verkürzung der Masse entsteht.[238] Auf die Haftung hat es keinen Einfluss, aus welchem Grund die Masseverbindlichkeit aus der Insolvenzmasse nicht bezahlt wurde. Keine Rolle spielt deshalb, ob die Masseunzulänglichkeit durch Ausschüttungen an die Insolvenzgläubiger oder durch Begründung weiterer Masseschulden verursacht wurde.

90 **4. Feststellung von Masseansprüchen.** Der Insolvenzverwalter ist für die rechtzeitige Befriedigung oder Sicherstellung der ihm bekannten Ansprüche von Massegläubigern verantwortlich. Werden Masseansprüche ihm gegenüber geltend gemacht, so hat er innerhalb einer angemessenen Prüfungszeit zu klären, ob diese zu Recht bestehen.[239] Ist außergerichtlich das Bestehen oder die Höhe der geltend gemachten Masseverbindlichkeit nicht zu klären, ist der Insolvenzverwalter berechtigt, gegenüber dem Massegläubiger **negative Feststellungsklage** zu erheben.[240] Er hat bereits im Hinblick auf seine persönliche Haftung nach § 61 ein rechtliches Interesse daran, feststellen zu lassen, ob ein geltend gemachter Masseanspruch aus der Insolvenzmasse zu befriedigen ist.

91 **5. Anzeige der Masseunzulänglichkeit.** Der Insolvenzverwalter hat die ausreichende Massekostendeckung ständig im Auge zu behalten. Nach § 208 ist er zur Anzeige der Masseunzulänglichkeit verpflichtet, sobald Masseunzulänglichkeit eingetreten ist oder voraussichtlich zu erwarten ist. Mit der Verpflichtung zur Anzeige ist bezweckt, die Gleichbehandlung der bis zu diesem Zeitpunkt begründeten Ansprüche nach § 209 Abs. 1 Nr. 3 zu gewährleisten. Das Prinzip der Gleichbehandlung der Massegläubiger nach eingetretener Masseunzulänglichkeit kann verletzt werden, wenn der Insolvenzverwalter der Anzeigepflicht **verspätet** nachkommt. Den Verwalter trifft allerdings keine insolvenzspezifische Pflicht, die Masseunzulänglichkeit allein zu dem Zweck rechtzeitig anzuzeigen, dass nachfolgende Forderungen aus Dauerschuldverhältnissen bevorzugt als Neumasseschuld – also mit dem Rang aus § 209 Abs. 1 Nr. 2 – befriedigt werden müssen; denn dieser müsste dann jedenfalls

---

[233] BGHZ 151, 353 = NJW 2002, 3326; § 61 RdNr. 22.
[234] BGH WM 1987, 695; ZIP 1980, 851.
[235] Zu den Anforderungen im Einzelnen vgl. BGH ZIP 2005, 311, dazu *Pape* EWiR 2005, 679; ZIP 2004, 1107; LAG Rostock NZI 2011, 360, dazu Weitzmann EWiR 2011, 675; OLG Hamm ZInsO 2009, 1457.
[236] BGH NZI 2005, 222 m. Anm. *van Zwoll*.
[237] BGH ZIP 2010, 2356; BAG NJW 2011, 3539.
[238] Der Schadenersatzanspruch aus § 60 ist – wie der nach § 61 Satz 1 – regelmäßig auf den Ersatz des Vertrauensschadens gerichtet, § 249 Abs. 1 BGB, s. BGH ZInsO 2007, 264.
[239] BGH NJW-RR 1998, 1487.
[240] OLG Düsseldorf ZIP 1998, 1077; HambKomm-Jarchow § 53 RdNr. 15.

mittelbar doch für die Erfüllbarkeit von Dauerschuldverhältnissen persönlich haften, die ohne seine Beteiligung der Masse aufgezwungen wurden.[241] Befriedigt aber der Insolvenzverwalter einen Altmassegläubiger entgegen der Rangfolge des § 209 Abs. 1 noch in vollem Umfang, obgleich er wegen eingetretener oder erkennbar drohender Masseunzulänglichkeit alle faktischen Altmasseverbindlichkeiten hätte gleichbehandeln müssen, so kann daraus für die nach verspäteter Anzeige nur noch anteilig zu befriedigenden Altmassegläubiger ein entsprechender Schaden entstehen.[242] Für diesen ist der Verwalter nach § 60 haftbar, wenn er den **Verteilungsfehler** durch verspätete Feststellung der Masseunzulänglichkeit nach § 208 schuldhaft herbeigeführt hat.

Die Anforderungen an den Insolvenzverwalter zur rechtzeitigen Anzeige der Masseunzulänglichkeit dürfen nicht überspannt werden. Die Beurteilung der ausreichenden Deckung von vorhandenen, künftigen wie aber auch zweifelhaften oder str. Masseansprüchen ist insbesondere bei Unternehmensinsolvenzen von zahlreichen Prognosen und Unwägbarkeiten abhängig, die eine exakte Festlegung des „richtigen" Zeitpunkts des Eintritts bzw. bevorstehenden Masseunzulänglichkeit in praxi nahezu ausschließen. Nicht jede Beurteilung der künftigen Entwicklung der Massesituation durch den Insolvenzverwalter, die sich nachträglich als fehlerhaft darstellt, kann ihm als eine schuldhafte Pflichtwidrigkeit angelastet werden. Die an den Insolvenzverwalter zu stellenden Sorgfaltsanforderungen müssen in einem angemessenen Verhältnis zu Art, Größe und Umfang des Verfahrens stehen.[243] Den Insolvenzverwalter in einer solch **schwierigen Prognoseentscheidung** mit einem kaum überschaubaren Haftungsrisiko zu belasten, würde die Gefahr mit sich bringen, dass zur Vermeidung einer persönlichen Inanspruchnahme „verfrüht" Masseunzulänglichkeit angezeigt wird und damit uU noch bestehende Chancen für eine erfolgreiche Unternehmensfortführung verloren gehen. Werden zB vom Insolvenzverwalter Masseansprüche aus einem von ihm bereits gekündigten Arbeitsverhältnis bestritten, so wäre es widersinnig, wenn er aus Vorsichtsgründen wegen dieser potentiellen Masseverbindlichkeiten dennoch die Masseunzulänglichkeit nach § 208 anzeigen müsste. Das mit der Anzeigepflicht des Insolvenzverwalters verfolgte gesetzgeberische Ziel war es nicht, ein Insolvenzverfahren vorzeitig oder gar vorsorglich in eine Abwicklung nach den §§ 209 ff. überzuleiten. Da es sich auch um eine unternehmensbezogene Entscheidung handelt, muss dem Insolvenzverwalter ein entsprechender unternehmerischer **Beurteilungsspielraum** eingeräumt werden. Werden von ihm zB Masseverbindlichkeiten nachvollziehbar bestritten, so müssen diese bei der Prüfung der Frage, ob die Aktivmasse die entstandenen und noch entstehenden Masseverbindlichkeiten voraussichtlich decken wird, in die Passiva nicht eingestellt werden; erst wenn deren Berechtigung zB durch Gerichtsurteil festgestellt würde, löste dies die Pflicht zur umgehenden Anzeige der Masseunzulänglichkeit aus.[244] Eine andere Frage ist demgegenüber, ob sich der Verwalter durch eine „**verfrühte**" Anzeige der Masseunzulänglichkeit gegenüber den Altmassegläubigern, die in den dritten Rang zurückgesetzt werden, haftbar machen kann.[245]

§ 54 Kosten des Insolvenzverfahrens

Kosten des Insolvenzverfahrens sind:
1. die Gerichtskosten für das Insolvenzverfahren;
2. die Vergütungen und die Auslagen des vorläufigen Insolvenzverwalters, des Insolvenzverwalters und der Mitglieder des Gläubigerausschusses.

Schrifttum: *Gerke/Sietz,* Reichweite des Auslagenbegriffs gem. § 54 InsO und steuerrechtliche Pflichten des Verwalters in masseärmen Verfahren, NZI 2005, 373; *Huep/Webel,* Zur Kostenrisikoverteilung in masseärmen Verfahren bei Kostenstundung, NZI 2011, 389; *Kaufmann,* Die Unzulässigkeit der Berücksichtigung sonstiger Masseverbindlichkeiten bei der Verfahrenskostendeckungsprüfung, ZInsO 2006, 961; *Pape,* Aufhebung der Stundung der Verfahrenskosten im eröffneten Verfahren, ZInsO 2008, 143; *ders.,* Erstattungsfähigkeit der Steuerberatungskosten bei Unverständnis der Finanzverwaltung, ZInsO 2004, 1049; *Wienberg/Voigt,* Aufwendungen für Steuerberaterkosten bei masseunzulänglichen Insolvenzverfahren als Auslagen des Verwalters gem. § 54 Nr. 2 InsO, ZIP 1999, 1662.

---

[241] BGH ZIP 2010, 2356; dazu krit. Gundlach/Frenzel/Jahn DZWIR 2011, 177 f. BAG NZI 2013, 284 (Rz. 64) m. zust. Anm. Jansen.
[242] BGH ZIP 2010, 2356, 2357; NZI 2004, 535, 537; Büchler ZInsO 2011, 1240, 1241; auch § 60 RdNr. 45a.
[243] Kübler/Prütting/Pape § 208 RdNr. 15.
[244] OLG Karlsruhe ZIP 1989, 1070. Bei schwer einzuschätzenden Risiken muss allerdings aus Vorsichtsgründen in Höhe einer wahrscheinlichen Inanspruchnahme eine Rückstellung gebildet werden.
[245] Vgl. dazu BGH ZIP 2010, 2356 (Rz. 12); *Mohrbutter* in Mohrbutter/Ringstmeier § 33 RdNr. 127; auch § 60 RdNr. 46.

Übersicht

	Rn.		Rn.
A. Normzweck	1, 2	III. Sonstige Regelungen	30–34
B. Entstehungsgeschichte	3–5	1. Massekostenvorschuss	30–32
C. Gerichtskosten für das Insolvenzverfahren (Nr. 1)	6–34	2. Keine Erweiterung des Begriffs der Kosten des Insolvenzverfahrens	33
I. Regelungsinhalt	6, 7	3. Kosten anwaltlicher Beratung	34
1. Gerichtskosten	6	D. Vergütungen und Auslagen (Nr. 2)	35–51
2. Kostentragung des Insolvenzverwalters	7	I. Insolvenzverwalter	36–41
		1. Rechtliche Grundlagen	37
II. Gerichtsgebühren und Auslagen	8–29	2. Festsetzung von Vergütung und Auslagen, Vorschuss	38–41
1. Eröffnungsverfahren	9–16	II. Vorläufiger Insolvenzverwalter, Sachwalter und Treuhänder	42–48a
a) Gebühren- u. Auslagentatbestand	9, 10	1. Vorläufiger Insolvenzverwalter	42–47
b) Kostenhaftung	11–16	a) Festsetzung	43
2. Durchführung des Insolvenzverfahrens	17–22	b) Erstattungsanspruch	44–46
a) Gebührenhöhe	18, 19	c) Vergütung als Gutachter	47
b) Sonstige Gebührentatbestände	20–22	2. Sachwalter und Treuhänder	48–48a
3. Beschwerdeverfahren	23–28	III. Mitglieder des Gläubigerausschusses	49–51
a) Entscheidung über den Antrag auf Eröffnung	24	1. Rechtliche Grundlagen	49
b) Beschwerde in sonstigen Fällen	25, 26	2. Bemessung der Vergütung	50
c) Wertberechnung	27, 28	3. Auslagen	51
4. Gebührenfreie Geschäfte	29		

A. Normzweck

1 Zu den in § 53 genannten „Kosten des Insolvenzverfahrens" zählen nach § 54 die Gerichtskosten für das Insolvenzverfahren (Nr. 1) sowie die Vergütungen und Auslagen des vorläufigen Insolvenzverwalters, des Insolvenzverwalters und der Mitglieder des Gläubigerausschusses (Nr. 2). Sie erfassen damit den sich aus der Eröffnung und Durchführung des gemeinschaftlichen Verfahrens ergebenden Kostenaufwand. Die InsO hat die Verfahrenskosten, die nicht mit den „Massekosten" nach § 58 KO identisch sind, **neu strukturiert** und von den Masseverbindlichkeiten nach § 55 abgegrenzt. Wegen der systematisch klaren Unterscheidung zwischen Kosten des Verfahrens und Masseverbindlichkeiten stellt sich die frühere Streitfrage, ob Verbindlichkeiten gleichzeitig zu den Masseschulden u. den Massekosten zählen können, nicht mehr.[1] Im Unterschied zum alten Recht im Geltungsbereich der KO werden die Kosten des Insolvenzverfahrens auf die tatsächlichen Verfahrenskosten beschränkt, um die **Zahl der eröffneten Insolvenzverfahren zu erhöhen**.[2] Dieses Ziel kann nur erreicht werden, wenn die Hürden für die Eröffnung eines Insolvenzverfahrens möglichst niedrig angesetzt werden. Die Vorschrift des § 54 ist in Zusammenhang mit § 26 Abs. 1 zu sehen. Voraussetzung für die Eröffnung des Insolvenzverfahrens ist, dass das Vermögen des Schuldners voraussichtlich ausreichen wird, um die Kosten des Verfahrens i. S. d. § 54 zu decken. Zu der für die Verfahrenseröffnung notwendigen Massekostendeckung gehört nicht mehr, dass die Insolvenzmasse – entsprechend § 58 Nr. 2 KO – zum Bestreiten der mit der Verwaltung, Verwertung und Verteilung verbundenen Kosten in der Lage ist.

2 Die Abgrenzung der Kosten des Verfahrens von den sonstigen Masseverbindlichkeiten ist von Bedeutung im Falle des Eintritts der **Masseunzulänglichkeit**. Nach der Rangbestimmung des § 209 Abs. 1 Nr. 1 sind die Kosten des Insolvenzverfahrens gegenüber den Masseverbindlichkeiten mit **absolutem Vorrang** zu befriedigen.[3] Zu den Kosten des Insolvenzverfahrens zählt nach § 54 Nr. 2 ausdrücklich auch der Vergütungsanspruch des vorläufigen Insolvenzverwalters. Mit der Regelung wird sichergestellt, dass nach Eröffnung des Insolvenzverfahrens der vorläufige Insolvenzverwalter seine Vergütung und Auslagen aus der Insolvenzmasse als Massegläubiger nach § 53 vorweg erhalten kann.[4]

---
[1] Vgl. *Jaeger/Henckel* § 55 RdNr. 1 f.; *Kübler/Prütting/Bork/Pape/Schaltke* § 54 RdNr. 2.
[2] Amtl. Begr. BT-Drucks. 12/2443, S. 126.
[3] BGH NZI 2011, 60; NJW-RR 2010, 927; NJW 2006, 2997.
[4] Wird das Verfahren nicht eröffnet, ist § 54 Nr. 2 nicht anwendbar. Dazu RdNr. 44.

B. Entstehungsgeschichte

Der Funktionsverlust des Konkursrechts ist daran sichtbar geworden, dass über 75 % der Konkursanträge mangels Masse abgewiesen wurden. Die für die Eröffnung nach § 107 KO erforderliche Kostendeckung war überwiegend nicht vorhanden.[5] Erst die Eröffnung des Insolvenzverfahrens ermöglicht ein nach bestimmten rechtlichen Vorschriften ablaufende **effektive** und **marktkonforme Gläubigerbefriedigung**. Das Prinzip der Kostendeckung musste deshalb neu definiert werden, damit auch die zahlreichen Verfahren eröffnet werden können, in denen die Masse von vornherein unzulänglich ist.[6]

Nach § 58 Nr. 2 KO gehörten zu den **Massekosten** auch die weiteren Ausgaben für die Verwaltung, Verwertung und Verteilung der Masse.[7] Demgegenüber nimmt die InsO diese Ausgaben aus dem Bereich der Massekosten heraus und ordnet sie in § 55 den Masseverbindlichkeiten zu. Damit soll sichergestellt werden, dass nur Insolvenzverfahren eröffnet werden, wenn zumindest eine die Kosten des Verfahrens nach § 54 vorhandene Deckung voraussichtlich gegeben ist.[8] Nach § 58 Nr. 3 KO gehörte zu den Massekosten auch die Unterstützung, die dem bedürftigen Gemeinschuldner und seiner Familie gewährt wird. Die Unterhaltsansprüche des Insolvenzschuldners und seiner Familienangehörigen stellen dagegen nach der InsO keine Massekosten mehr dar. Soweit die Gläubigerversammlung die Unterhaltsgewährung beschließt, ist der Anspruch hierauf, wie § 209 Abs. 3 zeigt, eine nachrangige Masseverbindlichkeit. Durch diese Regelung in §§ 110, 111 wird klargestellt, dass die Gewährung von Unterhalt nicht zu Lasten der Befriedigung anderer Massegläubiger erfolgen darf.[9]

Das nachträglich mit dem Gesetz zur Änderung der InsO vom 26.10.2001 (BGBl. I S. 2710) eingeführte sog. **Stundungsmodell** gem. §§ 4a ff. hat die Zahl der massearmen (Verbraucher-)Insolvenzverfahren stark ansteigen lassen. Im Falle der Stundung kann weder ein Eröffnungsantrag mangels Masse abgewiesen (§ 26 Abs. 1 Satz 2) noch ein bereits eröffnetes Verfahren wegen Massekostenarmut eingestellt werden (§ 207 Abs. 1 Satz 2). Die Bewilligung einer Kostenstundung ermöglicht damit auch völlig mittellosen Schuldnern, nach Durchführung eines massearmen Insolvenzverfahrens gem. §§ 287 ff. Restschuldbefreiung zu erlangen. Mit der Stundung werden die Verfahrenskosten nicht endgültig von der Staatskasse übernommen, sondern die Fälligkeit der Kostenansprüche wird nur hinausgeschoben. Bevor die Staatskasse in Vorlage tritt, sind die gestundeten Beträge weiterhin primär aus der Masse zu entnehmen, sofern diese ganz oder teilweise ausreicht, um die Verfahrenskosten des § 54 zu decken.[10] Wird die Masse nach Gewährung der Stundung unzulänglich (§ 208), ist der Verwalter weiterhin verpflichtet, die in § 209 Abs. 1 vorgeschriebene Rangfolge bei der Befriedigung der Massegläubiger einzuhalten.[11] Er hat deshalb die gestundeten Verfahrenskosten an erster Stelle zu begleichen, solange (Rest-)Masse vorhanden ist. Das wird allerdings regelmäßig zur Folge haben, dass zur Abdeckung aller sonstigen Masseverbindlichkeiten nach § 55 keine ausreichende Haftungsmasse mehr vorhanden ist. Im Schrifttum wird daher vereinzelt vertreten, zumindest einzelne für eine Insolvenzverwaltung unbedingt notwendige („unausweichliche") Aufwendungen als Verfahrenskosten i. S. d. § 54 anzuerkennen (s.u. RdNr. 33).

C. Gerichtskosten für das Insolvenzverfahren (Nr. 1)

I. Regelungsinhalt

1. Gerichtskosten. Die im Insolvenzverfahren entstehenden Gerichtskosten werden nach dem Kostenverzeichnis (KV) der Anlage 1 zum GKG erhoben, § 3 Abs. 2 GKG. Sie sind Kosten des

---

[5] Amtl. Begr. BT-Drucks. 12/2443, S. 180; zum Reformanlass ferner *Pape* in: Mohrbutter/Ringstmeier § 12 RdNr. 1–4.
[6] Kritisch *Häsemeyer* RdNr. 7.27, weil Verfahrenseröffnung auf reiner Kostenbasis nur diese Kosten ohne jeden praktischen Nutzen verschlingen; ferner *Jaeger/Henckel* Einl. RdNr. 84.
[7] Dem Begriff der Massekosten unterfiel etwa eine Sondervergütung, die einem Konkursverwalter mit zusätzlicher Befähigung für die Erledigung besonderer Aufgaben zustand. Zur Einordnung dieser in § 5 InsVV geregelten Ansprüche s. RdNr. 38a.
[8] Am Prinzip, dass Insolvenzverfahren mangels Masse nicht eröffnet bzw. eingestellt werden müssen, wenn die Masse für eine Weiterführung nicht ausreicht, hat das Gesetz ausdrücklich festgehalten.
[9] *Kübler/Prütting/Bork/Pape/Schaltke* § 54 RdNr. 1.
[10] *Jaeger/Eckardt* § 4a RdNr. 60; auch § 4a RdNr. 26. Zur Ausfallhaftung der Staatskasse für die Verwaltervergütung gem. § 63 Abs. 2 s.u. RdNr. 37.
[11] BGH ZIP 2013, 634; NZI 2011, 60; *Hueb/Webel* NZI 2011, 389 ff.; auch § 4a RdNr. 26; aA FK-*Kießner* § 209 RdNr. 7c, wonach die gestundeten Verfahrenskosten erst letztrangig zu berücksichtigen sind.

Insolvenzverfahrens gem. § 54 Nr. 1, wenn es zur Insolvenzeröffnung kommt. Unter Kosten sind nach § 1 GKG die **Gebühren und Auslagen** zu verstehen. Das GKG regelt das Verhältnis zwischen der Staatskasse und dem Kostenschuldner. Die Beziehung des Kostenschuldners zu einem Dritten, insbesondere also die Frage der Kostenerstattung, ist von der Frage der Kostentragungspflicht gegenüber der Gerichtskasse klar zu unterscheiden. Wer Kostenschuldner im Verhältnis zur Gerichtskasse ist, richtet sich im Insolvenzverfahren nach § 23 GKG. Die Kosten fallen nach § 23 Abs. 1 GKG grundsätzlich dem Antragsteller zur Last, wenn der Insolvenzantrag abgewiesen oder zurückgenommen wird. Werden nach § 4a dem Schuldner die Kosten des Insolvenzverfahrens gestundet, so besitzt u.a. der vorläufige Insolvenzverwalter nach dem neu geschaffenen Auslagentatbestand Nr. 9017 KV einen Vergütungsanspruch gegenüber der Staatskasse, soweit die Befriedigung aus dem schuldnerischen Vermögen nicht möglich ist, vgl. § 63 Abs. 2. In § 23 Abs. 1 Satz 3 GKG wird insoweit klargestellt, dass ein Gläubiger, der Insolvenzantrag gestellt hatte, bezüglich dieser Auslagen der Staatskasse nicht in Anspruch genommen werden kann. Im Falle der Verfahrenseröffnung ist nach § 23 Abs. 3 GKG allein der Insolvenzschuldner der Kostenschuldner.

7   **2. Kostentragung des Insolvenzverwalters.** Die Verpflichtung des Schuldners, die im Verfahren entstandenen Gebühren und Auslagen zu bezahlen, begründet **keine persönliche Kostenschuld** des Insolvenzverwalters gegenüber der Gerichtskasse. Wird der Insolvenzverwalter von der Gerichtskasse wegen Kosten in Anspruch genommen, haftet er ausschließlich beschränkt mit der Insolvenzmasse. Der Insolvenzverwalter ist persönlich nicht Kostenschuldner. Eine persönliche Inanspruchnahme auf Schadenersatz nach § 60 kommt nur dann ausnahmsweise in Betracht, wenn die Nichtbegleichung begründeter Ansprüche der Gerichtskasse nach § 54 Nr. 1 eine schuldhafte Pflichtverletzung darstellt. Wegen einer nach §§ 54 Nr. 1, 53 begründeten Verpflichtung zur Zahlung der Kosten für das Insolvenzverfahren kann die Justizkasse – wie jeder andere Massegläubiger – den Insolvenzverwalter in Anspruch nehmen.[12] Im Streitfall mit der Gerichtskasse kann der Insolvenzverwalter gegen den Kostenansatz gem. § 66 GKG **Erinnerung** einlegen. Sind die angeforderten Kosten nach Ansicht des Insolvenzverwalters keine Verfahrenskosten, ist auch ein Streit hierüber im Erinnerungsverfahren auszutragen.[13] Die der Kostenrechnung zugrunde liegende Kostengrundentscheidung, die verbindlich den Kostenschuldner bestimmt, kann aber nicht mit der Erinnerung angefochten werden.[14]

II. Gerichtsgebühren und Auslagen

8   Kosten des Insolvenzverfahrens sind nur solche Gebühren und Auslagen des Gerichts, die den Schuldner als Träger der Insolvenzmasse treffen.[15] Kosten, die vom Schuldner persönlich oder von einem Gläubiger zu tragen sind, gehören nicht dazu.[16] Die **Gebührentatbestände** des Insolvenzverfahrens sind im Einzelnen im Kostenverzeichnis (KV) in der Fassung ab dem 1.1.2005, Anlage 1 zu § 3 Abs. 2 GKG, Teil 2 Nr. 2310 bis 2364 enthalten. Die im Insolvenzverfahren entstehenden Auslagen werden nach den Nr. 9000 ff. KV berechnet.

9   **1. Eröffnungsverfahren. a) Gebühren- u. Auslagentatbestand.** Für den Eröffnungsantrag des Schuldners oder eines Gläubigers fällt eine halbe Gebühr an (Nr. 2310 bis 2311 KV). Sie erfasst das Eröffnungsverfahren ab Antragstellung bis zur Entscheidung über den Eröffnungsantrag bzw. Rücknahme des Antrags. Die Ermittlungstätigkeit des Insolvenzgerichtes sowie die Anordnung bzw. Aufhebung von Sicherungsmaßnahmen nach §§ 20 ff. werden von der Gebühr mit abgegolten. Die Kosten für eine Tätigkeit des Gerichtsvollziehers, zB zum Zwecke der Inventaraufnahme, werden gesondert nach dem GvKostG erhoben und sind gem. § 54 Nr. 1 aus der Masse zu erstatten.[17] Zu den gerichtlichen **Auslagen** gehören u.a. die Zusatzvergütung gem. § 9 Abs. 2 JVEG i. V. m. § 11 Abs. 4 InsVV (Nr. 9005 KV) des nach § 22 Abs. 1 Nr. 3 zugleich als Sachverständiger eingesetzten vorläufigen Insolvenzverwalters (s.u. RdNr. 47), die Veröffentlichungs- sowie Zustellungskosten (Nr. 9002, 9004 KV), nicht jedoch die Vergütung und Auslagen eines vorläufigen Insolvenzverwalters (vgl. dazu RdNr. 14).[18]

10   Die Gebühren für den Antrag auf Eröffnung und für die Durchführung des Insolvenzverfahrens berechnen sich gem. § 58 Abs. 1 Satz 1 GKG beim Eigenantrag des **Schuldners** nach dem Wert

---

[12] *Kübler/Prütting/Bork/Pape/Schaltke* § 54 RdNr. 6.
[13] *Uhlenbruck/Sinz* § 54 RdNr. 14.
[14] BGH JurBüro 2008, 43; NJW-RR 1998, 503; LG Göttingen NZI 2008, 34.
[15] *Uhlenbruck/Sinz* § 54 RdNr. 2.
[16] *Jaeger/Henckel* § 54 RdNr. 5.
[17] *Jaeger/Henckel* § 54 RdNr. 8.
[18] Der Gläubiger kann sich jedoch freiwillig zur Übernahme der Kosten einer vorläufigen Insolvenzverwaltung verpflichten.

der Insolvenzmasse zur Zeit der Beendigung des Verfahrens, also unter Einbeziehung des Neuerwerbs (§ 35). Bei vorzeitiger Verfahrensbeendigung ist der Wert der Insolvenzmasse zu schätzen. Die Schätzung ist gem. § 287 ZPO auf der Grundlage der bisherigen Ermittlungsergebnisse vorzunehmen.[19] Gegenstände, die zur abgesonderten Befriedigung dienen, werden nur in Höhe des für diese nicht erforderlichen Betrages angesetzt, § 58 Abs. 1 Satz 2 GKG. Massekosten und Masseschulden werden nicht mehr abgesetzt. Die Eröffnungsgebühr wird gem. § 6 GKG fällig mit dem Eingang des Antrags auf Eröffnung des Insolvenzverfahrens beim Insolvenzgericht. Wegen des frühen Fälligkeitszeitpunkts ist eine zunächst vorläufige Berechnung der anfallenden Gebühr erforderlich. Eine spätere Nachberechnung ist zulässig, zumal eine zutreffende Einschätzung des Werts der Insolvenzmasse gerade bei größeren Insolvenzen zu Verfahrensbeginn so gut wie ausgeschlossen ist. Freilich darf das Insolvenzgericht im Eröffnungsverfahren seine Tätigkeit nicht von der vorherigen Zahlung der Gerichtsgebühren abhängig machen. Nur zur Deckung der gerichtlichen Auslagen kann gem. § 17 Abs. 3 GKG ein Vorschuss eingefordert werden, der aber erst mit der gerichtlichen Anordnung fällig wird.[20] Wird der eingeforderte Vorschuss vom Schuldner selbst geleistet, gehört dieser im Falle der Insolvenzeröffnung zur Insolvenzmasse[21]. Stellt ein **Gläubiger** Insolvenzantrag, berechnet sich die Eröffnungsgebühr (nicht die Durchführungsgebühr) grundsätzlich nach dem Nennbetrag seiner Forderung; ist der Wert der Insolvenzmasse jedoch geringer als der Betrag der Gläubigerforderung, richtet sich die Höhe der angefallenen Gebühr nach dem Wert der Masse, § 58 Abs. 2 GKG. Für die Festsetzung des Gegenstandswerts ist daher grundsätzlich auch der Wert der aktiven Masse vergleichend heranzuziehen.[22] Die Mindestgebühr für den Antrag eines Gläubigers wurde gem. Nr. 2311 KV auf € 150,00 angehoben. Mit der Gebührenerhöhung soll vermieden werden, dass Kleingläubiger ein Insolvenzverfahren einleiten, das mit einem erheblichen Aufwand für die Insolvenzgerichte verbunden und kostenintensiv ist.

b) Kostenhaftung. Die Verpflichtung zur Kostentragung gegenüber der Staatskasse richtet sich nach § 23 GKG. Kostenschuldner für das Eröffnungsverfahren ist nach § 23 Abs. 1 GKG immer der Antragsteller, also entweder der Gläubiger oder der Schuldner, da sie gem. § 13 Abs. 1 Satz 2 antragsberechtigt sind. Neben dieser **gesetzlichen Kostenhaftung** ist eine – abweichende – Kostenverteilung im Verhältnis zwischen den Parteien des Eröffnungsverfahrens auf Grund gerichtlicher Entscheidungen nach § 29 Nr. 1 GKG möglich.[23] Die Kostenschuld nach dem GKG ist also zu trennen von dem prozessualen Kostenerstattungsanspruch (s. RdNr. 15a). Mehrere Kostenschuldner haften nach § 31 Abs. 1 GKG als Gesamtschuldner,[24] wobei die Reihenfolge der Inanspruchnahme der Gesamtschuldner sich nach § 31 Abs. 2 GKG richtet: Der **Entscheidungsschuldner** nach § 29 Nr. 1 GKG haftet vorrangig vor dem gesetzlichen Kostenschuldner nach § 23 Abs. 1 GKG.

aa) Gläubigerantrag. Wird auf Grund eines erfolgreichen Gläubigerantrags das Insolvenzverfahren eröffnet, gehört die **Antragsgebühr** nach Nr. 2311 KV zu den Kosten des Insolvenzverfahrens nach § 54 Nr. 1. Der Insolvenzschuldner ist im Falle der **Verfahrenseröffnung** – neben dem Gläubiger als Antragsteller nach § 23 Abs. 1 Satz 1 GKG – Schuldner der Eröffnungsgebühr und der Auslagen nach § 23 Abs. 3 GKG. Seine Auslagenschuld gehört ebenso zu den Kosten des Insolvenzverfahrens nach § 54 Nr. 1. Zu den von der Insolvenzmasse zu tragenden Auslagen gem. Nr. 9005 KV zählen insbesondere Gutachterkosten, die im Rahmen der Schlussrechnungsprüfung anfallen.[25] Wenn der Gläubiger bereits die Antragsgebühr bezahlt und insoweit die Masse entlastet hat, kann er diese Gebühr im Wege des Rückgriffs als Masseforderung nach § 54 Nr. 1 erstattet verlangen.[26] Sollte nach Verfahrenseröffnung auf Grund Massearmut nach § 207 die Eröffnungsgebühr nicht oder nur teilweise aus der Masse befriedigt werden können, haftet der antragstellende Gläubiger gegenüber der Gerichtskasse für den Ausfall als Zweitschuldner[27] nach §§ 23 Abs. 1 Satz 1, 31 Abs. 2 GKG.

---

[19] BGH ZIP 2005, 1281. Bei frühzeitiger Antragsrücknahme ist ggf. die Mindestgebühr nach Nr. 2311 KV von € 150,00 zu erheben, vgl. LG Frankenthal NZI 2009, 576.
[20] *Kübler/Prütting/Bork/Pape/Schaltke* § 54 RdNr. 4.
[21] Der von der Gerichtskasse eingeforderte Auslagenvorschuss ist zu unterscheiden vom Massekostenvorschuss nach § 26, der bei festgestellter Massearmut die Eröffnung des Insolvenzverfahrens ermöglichen soll.
[22] LG Frankenthal NZI 2009, 576.
[23] *Gottwald/Uhlenbruck/Gundlach* § 16 RdNr. 18.
[24] Der Kostenbeamte bestimmt nach pflichtgemäßem Ermessen, von wem er die Kosten anfordert, § 8 Abs. 3 KostVfg.
[25] OLG Stuttgart ZIP 2010, 491.
[26] OLG Hamburg KTS 1968, 54; *Jaeger/Henckel* § 54 RdNr. 9; *Uhlenbruck/Sinz* § 54 RdNr. 5.
[27] Der Gläubiger hat nach Beendigung des Verfahrens ggf. einen Erstattungsanspruch gegen den Schuldner, s. § 53 RdNr. 32 f.

13 Wird der Antrag eines Gläubigers auf Verfahrenseröffnung **abgewiesen** oder **zurückgenommen**, so ist er zur Kostentragung gegenüber der Staatskasse nach § 23 Abs. 1 Satz 2 GKG verpflichtet. Der Gläubiger schuldet dann neben den Gerichtsgebühren auch die Erstattung der im Verfahren entstandenen **Auslagen**.[28] Hatte das Gericht zB zur Kontrolle der vom vorläufigen Insolvenzverwalter vorgelegten Buchhaltung oder Abrechnung einen Sachverständigen eingesetzt, so handelt es sich bei diesen Prüfkosten um Auslagen, die vom Gläubiger nach § 23 Abs. 1 Satz 2 GKG als Antragsteller zu tragen sind. Dies gilt ebenso für die Kosten eines vom Gericht nach § 22 Abs. 1 Satz 2 Nr. 3 bestellten Gutachters, dessen Vergütung nach §§ 8 ff. JVEG zunächst von der Staatskasse gezahlt wird.[29] Diese kann daher vom Gläubiger die Erstattung als Auslagen verlangen, § 23 Abs. 1 Satz 2 GKG. In gleicher Weise haftet der antragstellende Gläubiger als Zweitschuldner gem. § 31 Abs. 2 Satz 1 GKG für die insolvenzgerichtlichen Auslagen, wenn es auf Grund **Abweisung mangels Masse** nach § 26 nicht zur Eröffnung des Insolvenzverfahrens kommt und dem Schuldner die Kosten auferlegt wurden; denn für die Fälle einer Antragsabweisung sieht § 23 Abs. 1 Satz 2 GKG ausdrücklich und ausnahmslos eine solche Auslagenhaftung des Gläubigers vor.[30] Die potentielle Kostenbelastung für einen antragstellenden Gläubiger ist erheblich. Allerdings schließt die zum 1.1.2011 eingeführte Neuregelung in § 23 Abs. 1 Satz 3 GKG eine Zweitschuldnerhaftung aus, wenn der Gläubiger den Eröffnungsantrag trotz **Erfüllung** seiner **Forderung** nach Antragstellung **aufrechterhält** und das Gericht den Antrag als „unbegründet" (mangels eines Insolvenzgrundes) mit der in § 14 Abs. 3 dann zwingend vorgeschriebenen Kostenpflicht des Schuldners abgewiesen hat.[31] Anders als bei der Abweisung oder Rücknahme seines Antrags entfällt also eine Haftung des Gläubigers für Gebühren und Auslagen des Eröffnungsverfahrens, sobald der Schuldner die Verfahrenskosten nach § 14 Abs. 3 tragen muss.

13a Auch wenn der Gläubiger nach Forderungstilgung seinen Antrag für erledigt erklärt und dem Schuldner nach übereinstimmender oder einseitig gebliebener **Erledigungserklärung** die Kosten auferlegt werden, haftet der Gläubiger nach zutreffender hM nicht als Zweitschuldner für die gerichtlichen Auslagen (zB Sachverständigenkosten); denn die bewusste Beschränkung auf die (Ausnahme-)Fälle der Abweisung und Antragsrücknahme in § 23 Abs. 1 Satz 2 GKG verbietet es, diese Vorschrift über ihren klaren Wortlaut hinaus zugunsten der Staatskasse auf den Fall der Erledigung der Hauptsache auszudehnen.[32] Der Gläubiger hat danach als Antragsteller gem. § 23 Abs. 1 Satz 1 GKG nur für die Verfahrenskosten gegenüber der Staatskasse aufzukommen.

14 **bb) Kosten der Insolvenzverwaltung.** Die **Vergütung** eines nach § 21 Abs. 2 Nr. 1 vom Gericht eingesetzten **vorläufigen Insolvenzverwalters** fällt nicht unter den Begriff der „Auslagen" nach dem GKG.[33] Der Auslagentatbestand in Nr. 9017 KV kommt nur bei gestundeten Verfahrenskosten zur Anwendung.[34] Wenn nach Abweisung oder Rücknahme des Eröffnungsantrags der Gläubiger als Antragsteller nach § 23 Abs. 1 Satz 2 GKG die im Verfahren entstandenen Auslagen zu tragen hat, führt dies also nicht zu seiner Haftung für die Vergütung und Auslagen des vorläufigen Insolvenzverwalters. Diese wurden ausdrücklich nicht in das Kostenverzeichnis (Teil 9) aufgenommen. Da sie nicht zu den erstattungsfähigen Auslagen zählen, haftet hierfür die **antragstellende Gläubiger** gegenüber der Staatskasse nicht, auch wenn ihm die Kosten des Insolvenzverfahrens auferlegt worden sind.[35] Die Insolvenzantragstellung würde für den Gläubiger zu einem unkalkulierbaren Risiko, wenn er auch mit den Kosten einer vorläufigen Insolvenzverwaltung belastet werden könnte. Das Gericht ordnet zudem die vorläufige Insolvenzverwaltung nach pflichtgemäßem Ermessen gem. § 21 Abs. 1 an, ohne dass der Gläubiger hierauf Einfluss nehmen kann. Bei erkennbarer Masseunzulänglichkeit ist das Insolvenzgericht gehalten, von der Anordnung der vorläufigen Insolvenzverwaltung von vornherein abzusehen und stattdessen nur Gutachtenaufträge zu erteilen.[36] Das

---

[28] Der Gläubiger ist Kostenschuldner auch dann, wenn er den Eröffnungsantrag nach Befriedigung seiner Forderung durch den Schuldner zurücknimmt, s. Jaeger/*Gerhardt* § 13 RdNr. 67.
[29] OLG Düsseldorf ZIP 2009, 1172; *Uhlenbruck/Sinz* § 54 RdNr. 6.
[30] OLG Köln NJW-RR 2010, 929; LG Göttingen NZI 2009, 729; *Uhlenbruck/Sinz* § 54 RdNr. 6; aA AG Göttingen ZInsO 2009, 981.
[31] Zur Kostenlast nach der Neuregelung in § 14 und § 23 GKG vgl. *Frind* ZInsO 2011, 412, 416 f.; *Pape* ZInsO 2011, 2154, 2164.
[32] OLG Köln NZI 2005, 683; OLG Düsseldorf NZI 2006, 708; OLG Koblenz NZI 2007, 743; OLG Dresden ZVI 2010, 205; LG Göttingen NZI 2004, 501; *Uhlenbruck/Sinz* § 54 RdNr. 7; *Kübler/Prütting/Bork/Pape/Schaltke* § 54 RdNr. 15; HKInsO-*Lohmann* § 54 RdNr. 4; HKInsO-*Kirchhof* § 14 RdNr. 59; aA HambKomm-*Wehr* § 13 RdNr. 88.
[33] BGH NZI 2006, 239; NJW 2004, 1957.
[34] Dazu näher RdNr. 14a u. 45a.
[35] BGHZ 175, 48 = NJW 2008, 583; NJW 2010, 1882. K/P/B/*Pape*/Schaltke § 54 RdNr. 7; HKInsO-*Kirchhof* § 14 RdNr. 60.
[36] BGH NJW 2004, 1957; *Uhlenbruck/Vallender* § 21 RdNr. 12a.

Gericht kann den vorläufigen Verwalter auch zusätzlich als Sachverständigen bestellen (s.o. RdNr. 13).[37] Eine subsidiäre Haftung der Staatskasse kommt im Hinblick auf den erklärten gegenteiligen Willen des Gesetzgebers nicht in Betracht.[38] Indes hat der Schuldner durch sein die Insolvenzantragstellung auslösendes Verhalten Anlass gegeben, dass das Gericht nach Zulassung des Antrags und pflichtgemäßer Prüfung die vorläufige Insolvenzverwaltung gem. § 21 Abs. 2 Nr. 1 angeordnet hat. Kommt es zur Eröffnung des Insolvenzverfahrens, so stellen die Vergütung und Auslagen des vorläufigen Insolvenzverwalters nach § 54 Nr. 2 aus der Insolvenzmasse vorab zu befriedigende Massekosten dar. Folgerichtig sind auch die Kosten der vorläufigen Insolvenzverwaltung stets vom **Schuldner** zu tragen,[39] wenn es mangels Masse oder auf Grund Rücknahme bzw. Erledigung des Antrags nicht zur Insolvenzeröffnung kommt.

Im Falle nicht ausreichender Massekostendeckung trägt der vorläufige Insolvenzverwalter das **14a** Risiko des Verlustes seiner Vergütungs- und Auslagenansprüche. Allerdings steht dem vorläufigen Insolvenzverwalter für seine Vergütung u. seine Auslagen ausnahmsweise ein (subsidiärer) Erstattungsanspruch gegen die Staatskasse zu, soweit ihm die **Verfahrenskosten** nach § 4a **gestundet** werden und die Masse zur Deckung dieser Kosten nicht ausreicht, § 63 Abs. 2 i. V. m. § 21 Abs. 2 Nr. 1. Mit Nr. 9017 KV wurde hierzu ein spezieller Auslagentatbestand eingeführt. Für diese Auslagen haftet nach Ablauf der Stundung gem. § 23 Abs. 1 Satz 3 GKG allein der Schuldner, sodass eine Inanspruchnahme des Gläubigers ausscheidet.[40]

cc) Schuldnerantrag. Wird der Eigenantrag des Schuldners auf Verfahrenseröffnung zurück- **15** gewiesen oder zurückgenommen, so hat er als Antragsteller nach § 23 Abs. 1 Satz 1 GKG die **halbe Eröffnungsgebühr** nach Nr. 2310 KV zu tragen. Sie kann gegenüber dem Schuldner persönlich festgesetzt werden, soweit er sie bei Antragstellung nicht geleistet hat. Daneben trägt der Schuldner auch die Auslagen nach § 23 Abs. 1 Satz 2 GKG. Wird das Verfahren auf Antrag des Schuldners eröffnet, schuldet dieser nach § 23 Abs. 3 GKG die gerichtlichen Gebühren und Auslagen. Die von ihm bei Antragstellung eingezahlte halbe Gebühr hat zur folge, dass sich die spätere Durchführungsgebühr auf 2 1/2 Gebühren ermäßigt, Nr. 2320 KV (s. auch RdNr. 18).

dd) Kostenverteilung. Mit der Haftung des Insolvenzantragstellers für die Antragsgebühr sowie **15a** Auslagen gegenüber der Staatskasse nach § 23 Abs. 1 GKG ist aber keine Entscheidung über die Frage verbunden, wer bei einem Gläubigerantrag im **Innenverhältnis** zum Schuldner zur Kostentragung verpflichtet ist. Maßgebend sind die über § 4 heranzuziehenden zivilprozessualen Regelungen über eine Kostentragung[41] nach §§ 91 ff. ZPO. Hat danach der Gläubiger den von ihm gestellten Insolvenzantrag zurückgenommen, so hat er gem. § 269 Abs. 3 ZPO die Verfahrenskosten zu tragen. Ebenso ist der Gläubiger alleiniger Kostenschuldner, wenn sein Insolvenzantrag als unzulässig oder unbegründet zurückgewiesen wurde. In diesen Fällen können dem Schuldner auch nicht durch gerichtlichen Beschluss nach § 29 Nr. 1 GKG die Kosten auferlegt werden. Str. ist, wer die Kosten des Eröffnungsverfahrens zu tragen hat, wenn der Insolvenzantrag des Gläubigers nur **mangels Masse** nach § 26 Abs. 1 Satz 1 **abgewiesen** wird. Nach einer Mindermeinung sollen auch dann dem antragstellenden Gläubiger als der formell unterlegenen Partei entsprechend § 91 Abs. 1 ZPO die Gerichtskosten wie auch die notwendigen außergerichtlichen Kosten der Verfahrensbeteiligten auferlegt werden.[42] Diese Auffassung berücksichtigt jedoch nicht die insolvenzspezifische Besonderheit, dass der Gläubigerantrag in der Sache zulässig und begründet war, die Insolvenzeröffnung allein an dem Verfahrenshindernis der unzureichenden Masse scheiterte. Gerade für die fehlende Kostendeckung trägt nicht der Gläubiger, sondern der Schuldner die Verantwortung. In seiner Entscheidung über die Kostenverteilung hat das Gericht dem Umstand Rechnung zu tragen, dass tatsächlich der Schuldner in einem solchen Fall der Unterlegene ist. Deshalb ist es gerechtfertigt, dem Schuldner die gerichtlichen wie auch die außergerichtlichen Kosten aufzuerlegen.[43] Er haftet dann als primärer Entscheidungsschuldner nach § 54 Abs. 1 GKG. Die daneben weiter bestehende subsidiäre Haftung des antragstellenden Gläubigers gegenüber der Gerichtskasse als Zweitschuldner nach

---

[37] Da der vorläufige Verwalter in diesem Fall eine gesonderte Vergütung erhält (§ 11 Abs. 4 InsVV), wird sein Ausfallrisiko bei Massearmut verringert. Zur Vergütung als Sachverständigen auch RdNr. 47.
[38] BGH NJW 2006, 3001; vgl. weiter RdNr. 45.
[39] BGHZ 175, 48 = NJW 2008, 583, 585. Hierzu s.u. RdNr. 44.
[40] BGH NJW 2004, 1957.
[41] OLG Köln NZI 2000, 374; Pape in Mohrbutter/Ringstmeier § 5 RdNr. 26; Jaeger/Schilken § 26 RdNr. 72.
[42] LG Münster NZI 2000, 383; Jaeger/Schilken § 26 RdNr. 72; nach OLG Köln NZI 2000, 374, ist die Auffassung nicht „greifbar gesetzeswidrig".
[43] AG Köln NZI 2012, 194; LG Koblenz NZI 2001, 44; AG Göttingen ZInsO 2003, 1156; Uhlenbruck § 26 RdNr. 38; Pape in: Mohrbutter/Ringstmeier § 5 RdNr. 26; Graf-Schlicker/Voß § 26 RdNr. 18; s. auch § 26 RdNr. 33; aA A/G/R-Sander § 26 RdNr. 27, da Gläubiger ihren Antrag für erledigt erklären müssen.

§§ 23 Abs. 1, 31 Abs. 2 GKG bleibt bedeutsam, da das schuldnerische Vermögen regelmäßig zur Kostentragung außerstande sein wird (s.o. RdNr. 13). Der Gläubiger muss aber nicht noch mit Kostenerstattungsansprüchen seines Schuldners rechnen. Die Kostenentscheidung des Insolvenzgerichtes zu Lasten des Schuldners ist in entsprechender Anwendung des § 99 Abs. 1 ZPO isoliert nicht anfechtbar.[44]

15b Hat der Schuldner nach Stellung eines Insolvenzantrags durch den Gläubiger dessen Forderung befriedigt, so kann dieser zur Vermeidung einer ungünstigen Kostenentscheidung den Antrag bis zur Eröffnung in der **Hauptsache** für **erledigt** erklären.[45] Entsprechend §§ 91, 91a ZPO sind die Kosten des Verfahrens dem Schuldner aufzuerlegen, wenn der Antrag des Gläubigers bis zur Begleichung der Forderung ursprünglich zulässig und begründet war.[46] Gegen die Kostenentscheidung bei übereinstimmender Erledigungserklärung ist nach § 91a Abs. 2 ZPO die sofortige Beschwerde zulässig. Stellt das Insolvenzgericht nach einseitig gebliebener Erledigungserklärung die Erledigung fest, kann der mit den Verfahrenskosten belastete Schuldner den Beschluss gem. §§ 6, 34 Abs. 2 mit der sofortigen Beschwerde anfechten.[47]

16 **ee) Mehrere Eröffnungsanträge.** Werden von verschiedenen Gläubigern und/oder dem Schuldner Eröffnungsanträge gestellt, so löst **jeder Antrag** für sich die **Eröffnungsgebühr**[48] nach Nr. 2310 bzw. 2311 KV aus. Die Wertberechnung hat gesondert für jeden Antrag gem. § 58 Abs. 2 GKG zu erfolgen. Kommt es zur Eröffnung des Insolvenzverfahrens, so kann allein derjenige Gläubiger die von ihm bezahlte Eröffnungsgebühr als Massekostenanspruch nach § 54 Nr. 1 geltend machen, auf dessen Antrag hin die Verfahrenseröffnung erfolgte. Mit darüber hinausgehenden **Erstattungsansprüchen** darf die Insolvenzmasse nicht belastet werden, da die Kosten des Insolvenzverfahrens nach dem GKG Nr. 2330 KV auf 3,0 Gebühren begrenzt sind. Die übrigen Gläubiger können ihren Rückgriffsanspruch wegen der Kostenbelastung aus der Antragstellung nur als Insolvenzforderung im eröffneten Verfahren geltend machen.[49]

17 **2. Durchführung des Insolvenzverfahrens.** Die **Gebühren** für die Durchführung des Insolvenzverfahrens auf Antrag des Schuldners wie auch auf Antrag eines Gläubigers sind in den Nr. 2320 bis 2322 und 2330 bis 2332 KV geregelt. Mit der Verfahrensgebühr nach den Nr. 2320/2330 KV wird die **gesamte weitere Tätigkeit** des Insolvenzgerichtes bis zur Beendigung des Verfahrens abgedeckt.[50] Kostenschuldner ist die Insolvenzmasse, § 23 Abs. 3 GKG. Es handelt sich bei den Kosten des Insolvenzverfahrens nach § 54 Nr. 1, wobei die Verfahrensgebühr mit der Eröffnung des Verfahrens fällig wird, § 6 GKG. Maßgebend für die Berechnung ist der Wert der Insolvenzmasse zum Zeitpunkt der Beendigung des Verfahrens, § 58 Abs. 1 GKG. Bei der Festsetzung des kostenrechtlichen **Gegenstandswerts** muss im Falle einer **Betriebsfortführung** durch den Verwalter auch der Wert des fortgeführten Unternehmens berücksichtigt werden. Dabei ist – wie bei der Berechnung der Verwaltervergütung (vgl. § 1 Abs. 2 Nr. 4 lit. b InsVV) – nicht der gesamte bis zum Ende des Insolvenzverfahrens erzielte Umsatzerlös, sondern nur der nach Abzug der produktionsbedingten Ausgaben verbleibende Einnahmeüberschuss (Reinerlös) anzusetzen.[51] Die endgültige Höhe der Durchführungsgebühr kann erst zum Schluss des Insolvenzverfahrens festgestellt werden. Stellt sich nachträglich eine Überzahlung heraus, so ist der Mehrbetrag von der Gerichtskasse der Insolvenzschuldnerin zu erstatten.[52] Die Durchführungsgebühr **entfällt**, wenn der Eröffnungsbeschluss auf Beschwerde hin aufgehoben und damit das Insolvenzverfahren beendet wird (Nr. 2320 bzw. 2330 KV).

18 **a) Gebührenhöhe.** Die Höhe der Gebühr ist unterschiedlich, je nach dem ob die Verfahrenseröffnung auf Grund eines Schuldner- oder Gläubigerantrags erfolgt.

aa) Schuldnerantrag. Für die Durchführung des Insolvenzverfahrens fallen grundsätzlich **2,5 Gebühren** an, wenn der Schuldner – auch neben einem Gläubiger – Eröffnungsantrag gestellt

---

[44] OLG Köln NZI 2000, 374; *Uhlenbruck* § 26 RdNr. 42.
[45] Hierzu u. auch zur Möglichkeit des Gläubigers, seinen Antrag nach § 14 Abs. 1 Satz 2 aufrechtzuerhalten, um eine Kostenfreistellung gem. § 14 Abs. 3 zu erreichen, s.o. RdNr. 13.
[46] Diese Kostenfolge ergibt sich gleichermaßen bei übereinstimmender und nur einseitiger Erledigungserklärung, vgl. BGH NZI 2005, 108; *Graf-Schlicker/Fuchs* § 14 RdNr. 44/49; HambKomm-*Wehr* § 13 RdNr. 72.
[47] BGH NJW-RR 2009, 188.
[48] *Ernestus* in: Mohrbutter/Ringstmeier § 34 RdNr. 239; anders nur, wenn die antragstellenden Gläubiger Gesamtgläubiger sind.
[49] *Uhlenbruck/Sinz* § 54 RdNr. 5.
[50] K/P/B/*Pape/Schaltke* § 54 RdNr. 10; dazu schon RdNr. 9.
[51] OLG Düsseldorf (3.ZS) ZIP 2012, 1089; AG Duisburg ZIP 2011, 1631; LG Wuppertal ZIP 2010, 1255; aA OLG München ZInsO 2012, 1722; OLG Düsseldorf (10.ZS) NZI 2010, 861.
[52] *Uhlenbruck/Delhaes* RdNr. 1325.

hat, Nr. 2320 KV. Unter Berücksichtigung der halben Eröffnungsgebühr betragen die gesamten Gerichtskosten 3 Gebühren. Im Falle der **vorzeitigen Beendigung** des Verfahrens stellt der Prüfungstermin die gebührenrechtliche Zäsur dar. Bei einer Einstellung des Verfahrens vor Ende des Prüfungstermins nach §§ 207, 211, 212, 213 ermäßigt sich die Gebühr nach Nr. 2321 KV auf eine halbe Gebühr. Kommt es zur Einstellung nach dem Ende des Prüfungstermins, reduziert sich die Verfahrensgebühr nach Nr. 2322 KV auf die 1,5fache Gebühr.

bb) Gläubigerantrag. Bei Durchführung ausschließlich auf Antrag eines Gläubigers liegen die 19 Verfahrensgebühr wie auch die Einstellungsgebühren jeweils um eine halbe Gebühr höher als beim Insolvenzverfahren auf Antrag des Schuldners. Es fallen also 3 Gebühren an (Nr. 2330 KV), die sich bei einer Einstellung vor dem Ende des Prüfungstermins bzw. danach auf 1,0 bzw. 2,0 ermäßigen (Nr. 2331, 2332 KV). Eine Anrechnung der im Antragsverfahren entrichteten Gebühren, wie insbesondere der Eröffnungsgebühr, findet nicht stattfindet.

b) Sonstige Gebührentatbestände. Einzelne **besondere Tätigkeiten** des Insolvenzgerichtes 20 sind durch spezielle Gebührentatbestände erfasst. Die Nachtragsverteilung nach § 203, das Insolvenzplanverfahren wie auch das gerichtliche Schuldenbereinigungs- und das Restschuldbefreiungsverfahren sind indes mit keinen gesonderten Gebühren verbunden.[53] Die gerichtliche Mehrarbeit in diesen Verfahren wird durch die Gebühren für das Insolvenzverfahren **abgegolten.** Als erstattungsfähige Auslagen kommen aber die regelmäßig anfallenden Kosten der Zustellungen zB nach § 307 Abs. 1 Satz 1 u. der öffentlichen Bekanntmachung (§ 9), ferner die Kosten eines Sachverständigen in Betracht, den das Insolvenzgericht bei der Schlussrechnungsprüfung hinzugezogen hat, Nr. 9005 KV i. V. m. § 8 ff. JVEG.[54]

aa) Besonderer Prüfungstermin. Für die Prüfung von nachträglich angemeldeten Gläubiger- 21 forderungen in einem besonderen Prüfungstermin oder im schriftlichen Prüfungsverfahren gem. § 177 entsteht nach Nr. 2340 KV eine sog. **Aktgebühr** in Höhe von € 15,00. Diese ist nicht von der Insolvenzmasse zu tragen; denn Kostenschuldner ist der einzelne **säumige Gläubiger**, § 177 Abs. 1 Satz 2, u. zwar unabhängig von der Forderungshöhe und vom Prüfergebnis.[55] Mit der Gebühr abgegolten werden auch die Kosten der öffentlichen Bekanntmachung des Prüfungstermins, vgl. Nr. 9004 KV. Die Festgebühr entsteht erst, wenn der Prüfungstermin tatsächlich stattgefunden und die Insolvenzforderung geprüft wurde. Wenn das Insolvenzgericht anlässlich des besonderen Prüfungstermins auch andere Forderungen von Gläubigern mitprüft, entsteht aus einer solchen Mit-Prüfung ihrer angemeldeten Insolvenzforderungen je eine gesonderte Gebührenschuld; bei mehreren Forderungen desselben Gläubigers fällt die Festgebühr aber nur einmal an.

bb) Restschuldbefreiung. Wird von einem Insolvenzgläubiger nach Übergang in die sog. 22 Wohlverhaltensphase ein Antrag auf **Versagung** oder **Widerruf** der Restschuldbefreiung nach §§ 296, 297, 300, 303 gestellt, so entsteht eine gesonderte Prüfungsgebühr nach Nr. 2350 KV in Höhe von € 30,00. Die Gebühr wird erhoben, weil das Insolvenzgericht zusätzlich mit der Prüfung belastet wird, ob der Schuldner Obliegenheiten i. S. d. § 295 verletzt hat. Gebührenschuldner ist allein der Gläubiger, der die Versagung oder den Widerruf der Restschuldbefreiung beantragt hat, § 23 Abs. 2 GKG. Die **Pauschalgebühr** zählt daher nicht zu den Verfahrenskosten i. S. d. § 54 Nr. 1. Sie entsteht unabhängig davon, ob der Gläubiger mit dem Antrag Erfolg hat oder nicht.[56] Wird die Restschuldbefreiung bei begründetem Antrag versagt, kann der Gläubiger zwar vom Schuldner Ersatz verlangen; ein solcher Rückgriffsanspruch ist aber meist wertlos.[57] Im gesamten Restschuldbefreiungsverfahren fallen im Übrigen keine Gerichtsgebühren an. Seine Durchführung ist mit den allgemeinen Gebühren für das Insolvenzverfahren abgegolten. Daher sind auch die in Nr. 2350 KV nicht aufgeführten Versagungsanträge gem. § 290 gebührenfrei, die von Gläubigern im Schlusstermin gestellt werden.[58]

3. Beschwerdeverfahren. Die in einem Insolvenzverfahren entstehenden Gebühren aus einem 23 Beschwerdeverfahren sind in den Nr. 2360, 2361 KV geregelt.[59] Für die Frage, ob es sich bei den

---

[53] Bei Durchführung eines Verbraucherinsolvenzverfahrens fallen – wie im Regelinsolvenzverfahren – Gerichtskosten nach Nr. 2310 ff. KV an.
[54] OLG Stuttgart NZI 2010, 191; FK-*Bornemann* § 54 RdNr. 14.
[55] *Gottwald/Last/Keller* § 126 RdNr. 37.
[56] LG Göttingen ZInsO 2007, 1359.
[57] *Uhlenbruck/Vallender* § 297 RdNr. 52; *Kübler/Prütting/Bork/Pape/Schaltke* § 54 RdNr. 36.
[58] Zur Höhe etwaiger RA-Gebühren vgl. FKInsO/*Ahrens* § 300 RdNr. 29.
[59] Die Gebühren im Verfahren einer vom Beschwerdegericht zugelassenen Rechtsbeschwerde zum BGH (§ 574 Abs. 1 Satz 1 Nr. 2 ZPO, § 4) ergeben sich aus Nr. 2362 bis 2364 KV.

besonderen Beschwerdegebühren um Kosten des Insolvenzverfahrens nach § 54 Nr. 1 handelt, ist zu unterscheiden:

24 a) **Entscheidung über den Antrag auf Eröffnung.** Die Beschwerdegebühr wird erhoben, wenn gegen den Eröffnungsbeschluss oder gegen den Zurückweisungsbeschluss nach § 34 Abs. 1 sofortige Beschwerde eingelegt wird. Sie entsteht unabhängig davon, ob die Beschwerde zurückgenommen wird, ob sie Erfolg hat oder nicht. Die Beschwerde begründet eine volle Gebühr nach Nr. 2360 KV. Die Beschwerdegebühr wird fällig mit Einlegung der Beschwerde, § 6 GKG. Wer Gebührenschuldner ist, richtet sich nach § 23 Abs. 1 GKG. Hat der Schuldner gegen die Eröffnung des Insolvenzverfahrens auf Grund eines Gläubigerantrags Beschwerde eingelegt, so hat der Gläubiger die Kosten zu tragen, wenn auf Grund der Beschwerde der Eröffnungsbeschluss aufgehoben bzw. der Eröffnungsantrag zurückgewiesen wird. Ist die **Beschwerde des Schuldners** erfolglos, so hat er persönlich die Kosten des Beschwerdeverfahrens zu tragen.[60] Die Masse kann hiermit nicht belastet werden. Es handelt sich nicht um Kosten i. S. d. § 54 Nr. 1. Der Schuldner kann auch gegen die Zurückweisung bzw. Ablehnung seines Eigenantrags auf Eröffnung des Insolvenzverfahrens sofortige Beschwerde einlegen. Kommt es daraufhin zur Verfahrenseröffnung, war die Beschwerde erfolgreich und die Gerichtskosten des Beschwerdeverfahrens gehören zu den Kosten des Insolvenzverfahrens nach § 54 Nr. 1.[61] Ebenso fällt die Beschwerdegebühr unter die Kosten des Verfahrens nach § 54 Nr. 1, wenn nach Ablehnung des Eröffnungsantrags auf Grund der Beschwerde des antragstellenden **Gläubigers** das Insolvenzverfahren eröffnet wird.[62]

25 b) **Beschwerde in sonstigen Fällen.** In allen übrigen Beschwerdeverfahren, soweit diese nicht nach anderen Vorschriften gebührenfrei sind, entsteht die Gerichtsgebühr nur dann, wenn die Beschwerde vom Gericht verworfen oder zurückgewiesen wird. Nach Nr. 2361 KV wird zB bei einer **erfolglosen Beschwerde** gegen die Entscheidung über die Versagung der Restschuldbefreiung eine Festgebühr von € 50,00 erhoben. Keine Gebühren und Auslagen fallen an, wenn die Beschwerde – auch nur teilweise – Erfolg hat oder auch, wenn sie vom Beschwerdeführer zurückgenommen wird. Fällig wird die Gebühr erst, wenn das Gericht über die Beschwerde entscheidet, § 6 GKG.

26 Kostenschuldner gegenüber der Gerichtskasse ist der Beschwerdeführer als Antragsteller bzw. Entscheidungsschuldner, §§ 23, 29 Nr. 1 GKG. Die Beschwerdegebühr gehört aber nur dann zu den Kosten des Insolvenzverfahrens nach § 54 Nr. 1, wenn eine vom Insolvenzverwalter **für die Masse** eingelegte Beschwerde verworfen oder zurückgewiesen wird. Für die mit dem erfolglosen Rechtsmittel verbundenen Kosten haftet die Masse. Hat der Insolvenzverwalter aber in eigener Sache, zB gegen die Festsetzung der Vergütung nach § 64 Abs. 3 Beschwerde einlegt, so können die mit der Zurückweisung des Rechtsmittels verbundenen Gerichtskosten nicht die Masse belasten; sie sind ausschließlich vom Insolvenzverwalter zu tragen.[63] Für diese Kosten kann nach § 31 Abs. 2 GKG aber auch der antragstellende Gläubiger als Zweitschuldner haften. Ist der **Schuldner** des Insolvenzverfahrens **persönlich Beschwerdeführer,** so hat er im Falle des Unterliegens die Kosten des Beschwerdeverfahrens aus einem ihm verbliebenen insolvenzfreien Vermögen zu bezahlen.[64]

27 c) **Wertberechnung.** Der Wert einer Beschwerde gegen einen Eröffnungs- bzw. Zurückweisungsbeschluss richtet sich nach § 58 GKG. Maßgebend ist bei einer Beschwerde des Schuldners entsprechend § 58 Abs. 1 GKG der zu schätzende Wert der Insolvenzmasse zum Zeitpunkt der Beendigung des Verfahrens. Ist Beschwerdeführer der Gläubiger oder ein sonstiger Antragsteller, bestimmt sich der **Beschwerdewert** nach der Höhe seiner Forderung ohne alle Nebenforderungen, sofern der Wert der Insolvenzmasse nicht geringer ist, vgl. § 58 Abs. 2 GKG.

28 In den sonstigen Fällen der Beschwerde, die unter Nr. 2361 KV fallen, richtet sich die Wertberechnung für die **Rechtsanwaltsgebühren** nach § 58 GKG i. V. m. § 3 ZPO. Maßgebend ist das wirtschaftliche Interesse des Beschwerdeführers, das ggf. zu schätzen ist (§§ 28 Abs. 3 i. V. m. 23 Abs. 3 RVG). Der Gesetzgeber hat davon abgesehen, für Beschwerden gegen die Bestätigung eines Insolvenzplans einen bestimmten Wert festzulegen, um angemessene Wertbestimmungen zu ermöglichen.

29 4. **Gebührenfreie Geschäfte.** Die Eintragungen der Insolvenzvermerke in **öffentliche Register** i. S. d. § 31 sind gebührenfrei (§§ 69 Abs. 2, 87 Nr. 1 KostO). Dies gilt auch für Eintragungen und Löschungen im Grundbuch, § 38, 84 GBO. Die Gebührenfreiheit ist unabhängig davon, ob die

---

[60] OLG Celle NZI 2001, 426.
[61] *Jaeger/Henckel* § 54 RdNr. 11; *Uhlenbruck/Sinz* § 54 RdNr. 15.
[62] *Kübler/Prütting/Bork/Pape/Schaltke* § 54 RdNr. 28.
[63] *Graf-Schlicker/Bremen* § 54 RdNr. 9.
[64] OLG Celle NZI 2001, 426; *Uhlenbruck/Sinz* § 54 RdNr. 16.

Eintragung auf Ersuchen des Insolvenzgerichtes, auf Antrag des Insolvenzverwalters oder – wenn kein Verwalter bestellt ist – auf Antrag des Schuldners erfolgt, § 69 Abs. 2 Satz 2 KostO. Die Gebührenfreiheit bezieht sich aber nicht auf die mit den Eintragungen verbundenen Auslagen, die also aus der Masse zu erstatten sind (§§ 136 ff. KostO).

III. Sonstige Regelungen

1. Massekostenvorschuss. Die Abweisung eines Eröffnungsantrags unterbleibt, wenn gem. § 26 Abs. 1 Satz 2 (1. Alt.) ein ausreichender Geldbetrag zur Deckung der Kosten des Insolvenzverfahrens i. S. d. § 54 vorgeschossen wird. Ebenso kann nach § 207 Abs. 1 Satz 2 die Einstellung eines bereits eröffneten Insolvenzverfahrens trotz Massearmut durch Zahlung eines vom Gericht festzusetzenden Kostenvorschusses verhindert werden. Nach § 26 Abs. 4 müssen nunmehr alle nach § 15a antragspflichtigen Personen bei pflichtwidrig u. schuldhaft versäumter Antragstellung einen solchen Vorschuss aus ihrem Privatvermögen leisten, um die Verfahrenseröffnung zu ermöglichen.[65] Auch vom antragstellenden Schuldner kann zur Vermeidung einer Abweisung mangels Masse im Einzelfall ein Kostenvorschuss aus seinem beschlagfreien Vermögen angefordert werden.[66] Der geleistete Vorschuss erfolgt **zweckgebunden zur Massekostendeckung.**[67] Der Vorschuss ist ein dem Insolvenzverwalter treuhänderisch überlassenes **Sondervermögen,** das nicht Teil der Insolvenzmasse wird.

Der geleistete Vorschuss ist zurückzugewähren, sobald er nach dem Stand des Insolvenzverfahrens 31 zur Abdeckung der gesamten Verfahrenskosten nicht mehr benötigt wird.[68] Tritt jedoch Massenlosigkeit ein, muss der Vorschuss zum Ausgleich der Verfahrenskosten eingesetzt werden. Der Vorschussgeber rückt in die Rangstellung eines Massekostengläubigers ein, dessen Ansprüche mit dem Vorschuss befriedigt werden konnten.[69] Sein **Anspruch auf Rückzahlung** des geleisteten Kostenvorschusses gehört daher zu den Kosten des Verfahrens nach § 54 Nr. 1 und ist nach eingetretener Masseunzulänglichkeit (§ 208) gem. der Rangfolge des § 209 Abs. 1 Nr. 1 mit Vorrang gegenüber den sonstigen Masseverbindlichkeiten zu erfüllen.[70] Gegenüber den übrigen Massegläubigern ist der Erstattungsanspruch des Vorschussleistenden auf Grund seiner Zweckbestimmung aber nachrangig.[71] Ein **Dritter,** der keinen eigenen Vorschuss an die Gerichtskasse gezahlt, sondern einen entsprechenden Betrag nur dem Schuldner zur Einzahlung als Darlehen zur Verfügung gestellt hat, erwirbt dagegen nicht die Stellung eines Massegläubigers; sein Rückzahlungsanspruch gegen den Insolvenzschuldner stellt vielmehr eine einfache Insolvenzforderung nach § 38 dar.[72]

Lässt sich der Rückzahlungsanspruch nicht realisieren, kann jeder, der einen Massekostenvor- 32 schuss geleistet hat, nach § 26 Abs. 3 Satz 1 die **Erstattung** des vorgeschossenen Geldbetrages von denjenigen Gesellschaftsorganen verlangen, die entgegen den Vorschriften des Insolvenz- oder Gesellschaftsrechtes den Antrag auf Eröffnung des Insolvenzverfahrens pflichtwidrig und schuldhaft nicht gestellt haben.[73] Durch diese **Rückgriffsmöglichkeit** soll für Gläubiger oder sonstige Dritte das Risiko des Verlustes ihrer Vorschussleistung bei Massearmut gemindert werden. Der Ersatzanspruch besteht auch, wenn das Insolvenzgericht bei Anforderung des Vorschusses nur aufgrund einer Fehlprognose von einer voraussichtlichen Massearmut ausgegangen ist.[74]

2. Keine Erweiterung des Begriffs der Kosten des Insolvenzverfahrens. Soweit die 33 Gerichtskosten für das Insolvenzverfahrens zusammen mit der Vergütung u. den Auslagen des (vorläufigen) Insolvenzverwalters u. der Mitglieder des Gläubigerausschusses durch die zu erwartende Insolvenzmasse abgedeckt sind, ist das Verfahren zu eröffnen. Die Neubestimmung der für die Eröffnung notwendigen Masse nach § 26 Abs. 1 Nr. 1 bezweckt, die Verfahrenseröffnung zu erleichtern. Eine Deckung auch der mit der Verfahrensabwicklung zwangsläufig entstehenden Masseverbindlichkeiten i.S.v. § 55 ist deshalb nicht erforderlich. Teilweise werden zwar die bei Fortführung der Verwaltung **unausweichlichen** Ausgaben (zB Energiekosten oder Kosten der Verkehrssicherung),

---

[65] Zu der durch das „ESUG" eingeführten Kostenvorschusspflicht s. *Pape* ZInsO 2011, 1033, 1039; *Zimmermann* ZInsO 2012, 396 f.; Karsten Schmidt NJW 2011, 1255, 1258; 26 RdNr. 60 f.
[66] *Jaeger/Schilken* § 26 RdNr. 56. Dem Schuldner ist zur beabsichtigten Abweisung mangels Masse rechtliches Gehör zu gewähren, vgl. BGH NJW-RR 2004, 926.
[67] BGH ZInsO 2003, 28; *Uhlenbruck/Sinz* § 54 RdNr.19; *Häsemeyer* RdNr. 7.30; auch § 26 RdNr. 29.
[68] OLG Frankfurt ZIP 1986, 931; dazu Brehm EWiR 1986, 503; *Jaeger/Schilken* § 26 RdNr. 60.
[69] *Uhlenbruck/Sinz* § 54 RdNr. 19.
[70] *Kübler/Prütting/Bork/Pape/Schaltke* § 54 RdNr. 35; *Jaeger/Schilken* § 26 RdNr. 61; aA HambKomm-*Jarchow* § 54 RdNr. 14.
[71] *Uhlenbruck/Sinz* § 54 RdNr. 19; K/P/B/*Pape/Schaltke* § 54 RdNr. 35; HKInsO-*Kirchhof* § 26 RdNr. 34.
[72] *Uhlenbruck/Sinz* § 54 RdNr. 18; K/P/B/*Pape/Schaltke* § 54 RdNr. 34.
[73] Dazu § 26 RdNr. 56. Zur Strafbarkeit der Insolvenzverschleppung vgl. § 15a Abs. 4.
[74] BGH NJW-RR 2009, 703.

deren Gruppe bisher nicht präzise eingegrenzt werden konnte, unter den Kostenbegriff der §§ 26 Abs. 1, 207 Abs. 1 Satz 1, 209 Abs. 1 Nr. 1 bzw. unter den Begriff der Auslagen i. S. d. § 54 Nr. 2 (s.u. RdNr. 39) subsumiert.[75] Der BGH hat klargestellt, dass jedenfalls **Umsatzsteuerschulden** aus der Veräußerung von Massegegenständen **keine unabweisbaren** und daher vom Verwalter vorrangig zu berichtigenden **Verwaltungskosten** darstellen; im Übrigen ist die Frage, ob und ggf. für welche vom Verwalter im Rahmen seiner gesetzlichen Pflichterfüllung unvermeidbare Aufwendungen eine Erweiterung des Kostenbegriffs in Betracht kommt, aber offen geblieben.[76] Die Bejahung eines „weiten" normativen Verfahrenskostenbegriffs[77] würde in der Praxis dazu führen, dass Verfahren nicht eröffnet werden, sobald notwendige Ausgaben zB für die Durchführung von Sicherungsmaßnahmen, die Erfüllung steuerlicher Pflichten oder zur Entsorgung von Altlasten[78] nicht aus der Insolvenzmasse aufgebracht werden können. Dies könnte zwar die Haftungsrisiken insbesondere bei Betriebsfortführungen für den Insolvenzverwalter verringern; er müsste nicht befürchten, für derartige, von ihm bei Fortführung der Verwaltung (§ 208 Abs. 3) veranlasste Masseverbindlichkeiten nach § 61 persönlich zu haften. Demgegenüber sah der Gesetzgeber den Vorteil einer Verfahrenseröffnung trotz für die weitere Verfahrensabwicklung unzureichender Kosten u.a. darin, dass noch vorhandenes Vermögen des Schuldners ermittelt und verwertet oder Haftungsansprüche verwirklicht werden können. Zudem ist die Eröffnung des Verfahrens für eine natürliche Person Voraussetzung für eine spätere Restschuldbefreiung gem. § 289 Abs. 3. Die für die Eröffnung benötigten freien Mittel sollten deshalb nach dem Willen des Gesetzgebers auf das unterste Limit begrenzt sein. Insolvenzverfahren müssen daher schon bei Deckung der in § 54 abschließend definierten Verfahrenskosten eröffnet werden. Sobald sich freilich herausstellt, dass sie ohne jeden wirtschaftlichen Nutzen für die Beteiligten sind, ist die umgehende Einstellung durch Anzeige der Masseunzulänglichkeit nach § 208 zu veranlassen. Wegen der von Verfahrensbeginn an oder ggf. temporär bestehenden Masseunzulänglichkeit kann der Insolvenzverwalter, solange diese Massesituation andauert, freilich auch nicht verpflichtet sein, irgendwelche Masseverbindlichkeiten zu begründen.

34 **3. Kosten anwaltlicher Beratung.** Der **Schuldner** kann sich während des Insolvenzverfahrens anwaltlich vertreten lassen, zB auch im Restschuldbefreiungs- oder Insolvenzplanverfahren. Die sich hieraus ergebenden außergerichtlichen Beratungskosten sind **keine Kosten des Insolvenzverfahrens** und können deshalb nicht auf die Masse abgewälzt werden. Die Gebühren des Rechtsanwalts für seine Tätigkeit im Insolvenzeröffnungsverfahren und im eröffneten Verfahren sind im Rechtsanwaltsvergütungsgesetz (RVG) geregelt; die Höhe der Vergütung bestimmt sich nach dem Vergütungsverzeichnis (Nr. 3313 ff. VV).[79] Danach erhält der für den Schuldner tätige Rechtsanwalt eine Sondergebühr von drei vollen Gebühren (Nr. 3319 VV) neben der Verfahrensgebühr (Nr. 3313 f. VV), wenn er zur Herbeiführung einer außergerichtlichen Einigung mit den Gläubigern über die Schuldenbereinigung auf der Grundlage eines Plans tätig wird. Diese Gebühren sind vom Schuldner selbst zu tragen.[80] **Gläubiger** haben im Vorfeld eines Insolvenzverfahrens gleichfalls Beratungsbedarf. Die Anwaltsgebühren, die vor Eröffnung des Insolvenzverfahrens ausgelöst wurden, sind gewöhnliche Insolvenzforderungen, soweit sie überhaupt erstattungsfähig sind. Die sich aus der **Teilnahme** am Insolvenzverfahren ergebenden Rechtsanwaltskosten kann der einzelne Insolvenzgläubiger, obwohl sie erst nach der Insolvenzeröffnung entstehen, nur als nachrangige **Insolvenzforderung** gem. § 39 Abs. 1 Nr. 2 geltend machen und daher erst nach gerichtlicher Aufforderung zur Insolvenztabelle anmelden, § 174 Abs. 3.[81]

D. Vergütungen und Auslagen (Nr. 2)

35 Nach § 54 Nr. 2 sind Kosten des Insolvenzverfahrens vor allem die Vergütung und die Auslagen des vorläufigen Insolvenzverwalters und des Insolvenzverwalters. Deren Vergütungsansprüche lasten also als Verbindlichkeiten auf der Masse und sind grundsätzlich aus dieser zu befriedigen. Die gesamten Ausgaben für die Verwaltung, Verwertung und Verteilung der Masse, die im alten Recht als

---

[75] FK-*Kießner* § 207 RdNr. 7 ff.; HambKomm-*Weitzmann* § 209 RdNr. 3; *Rattunde/Röder* DZWIR 1999, 309. Vgl. dagegen § 207 RdNr. 25 ff.; *Pape* in Mohrbutter/Ringstmeier § 5 RdNr. 13; *Kaufmann* ZInsO 2006, 961.
[76] BGH NZI 2011, 60; NJW-RR 2010, 927; *Huep/Webel* NZI 2011, 389, 391.
[77] AG Charlottenburg NZI 2000, 387; dagegen aber LG Berlin ZInsO 2000, 224; AG Hamburg NZI 2004, 674; *Haarmeyer*, Praxis der Abweisung mangels Masse, ZInsO 2006, 953; *Jaeger/Windel* § 207 RdNr. 35; dazu auch § 22 RdNr. 148 u. § 26 RdNr. 11.
[78] Belastungen der Masse durch Kosten einer Altlastenentsorgung kann der Verwalter bei rechtzeitiger Freigabe vermeiden, vgl. HambKomm-*J.S. Schröder* § 26 RdNr. 25.
[79] Vgl. im Einzelnen hierzu *Gottwald/Last/Keller* § 127 RdNr. 65 ff.
[80] Kübler/Prütting/Bork/Pape/Schaltke § 54 RdNr. 37.
[81] *Jaeger/Henckel* § 54 RdNr. 10.

"Massekosten" nach § 58 Nr. 2 KO einzuordnen waren, sind dagegen vom Gesetz aus den Kosten des Insolvenzverfahrens herausgestrichen. Diese **Neuaufteilung der Masseverbindlichkeiten** hat Bedeutung für das Rangverhältnis der Massegläubiger untereinander bei Eintritt der Masseunzulänglichkeit (s.o. RdNr. 2). Die Kosten des Verfahrens und damit die Vergütungsansprüche des Verwalters genießen nach der in § 209 Abs. 1 zwingend festgelegten Befriedigungsreihenfolge absolute Priorität vor allen anderen Masseverbindlichkeiten,[82] und zwar unabhängig davon, ob und wann der Insolvenzverwalter die Masseunzulänglichkeit nach § 208 angezeigt hat.[83]

I. Insolvenzverwalter

Die Vergütung des Insolvenzverwalters gehört seit je zu den am stärksten diskutierten Fragen aus 36 dem Insolvenzrecht. Die aufgrund der Ermächtigung in § 65 erlassene und Anfang 1999 zusammen mit der InsO in Kraft getretene **Insolvenzrechtliche Vergütungsverordnung** (InsVV) regelt im Einzelnen die Höhe der Verwaltervergütung u. die Auslagenerstattung.[84] Der Insolvenzverwalter besitzt einen verfassungsrechtlich geschützten Anspruch auf **angemessene Vergütung**.[85] Das Vergütungssystem muss daher den Anforderungen des **Art. 12 Abs. 1 GG** genügen, damit der Insolvenzverwalter seinen Aufgaben und Pflichten im Rahmen seines Rechts auf freie Berufsausübung ordnungsgemäß nachkommen kann.[86] Ausgangspunkt für die Bestimmung der Angemessenheit ist dabei auch unter Geltung der InsO eine grundsätzlich am Wert der Insolvenzmasse ausgerichtete pauschalierte Vergütung. Die gesetzliche Vergütungshöhe kann aber bei erheblichen, signifikanten Abweichungen vom Normalfall an den tatsächlichen Arbeitsumfang angepasst werden, vgl. § 3 InsVV.

1. Rechtliche Grundlagen. Der Insolvenzverwalter hat nach § 63 Anspruch auf Vergütung für 37 seine Geschäftsführung und auf Erstattung angemessener Auslagen. Der Vergütungsanspruch entsteht schon mit der Verwaltertätigkeit und nicht erst mit der Festsetzung durch das Gericht. Er ist wegen des bei der Massearmut aktuellen Ausfallrisikos auf unverzügliche Erfüllung gerichtet.[87] Sind die Kosten des Verfahrens dem Schuldner nach § 4a **gestundet** worden, kann der Verwalter nach § 63 Abs. 2 eine Vergütung nebst Auslagen aus der Staatskasse beanspruchen, sofern die Masse hierfür nicht ausreicht. Bei Masseunzulänglichkeit muss er den gesetzlichen Vorrang der Verfahrenskosten nach § 54 beachten (s.o. RdNr. 35) und deshalb in erster Linie seine eigene Vergütung aus der vorhandenen Masse begleichen; andernfalls riskiert er bei Erfüllung (nachrangiger) sonstiger Masseverbindlichkeiten i. S. d. § 55 eine Kürzung seines **sekundären Erstattungsanspruchs** gegen die Landeskasse.[88]

Grundlage für die Berechnung der Verwaltervergütung ist nach § 63 Abs. 1 Satz 2 i. V. m. § 1 InsVV der „Wert der Insolvenzmasse" bei Verfahrensende.[89] Gem. § 2 Abs. 1 InsVV erhält der Verwalter eine nach sieben Wertstufen gestaffelte **Regelvergütung,** mit der die Erledigung durchschnittlich aufwändiger Regelaufgaben abgegolten wird (§ 4 Abs. 1 Satz 1 InsVV).[90] Zur Berechnung der Vergütung vgl. im einzelnen Kommentierung zur Insolvenzrechtlichen Vergütungsverordnung im Anhang zu § 65 InsO.

2. Festsetzung von Vergütung und Auslagen, Vorschuss. Die Vergütung und die zu erstat- 38 tenden Auslagen werden auf Antrag des Insolvenzverwalters vom Insolvenzgericht durch Beschluss festgesetzt, § 64 Abs. 1, § 8 InsVV.[91] Die Festsetzung bestimmt verbindlich die Höhe des schon mit der Arbeitsleistung des Verwalters erwachsenen Vergütungsanspruchs.[92] Sie erfolgt gesondert für Vergütung und Auslagen; im Antrag sind diese **getrennt aufzuführen.** Um die Prüfung des Antrags und die Festsetzung der Vergütung zu ermöglichen, hat der Verwalter näher darzulegen, wie er die

---

[82] Der absolute Vorrang gilt auch im Falle der Stundung der Verfahrenskosten, vgl. BGH NZI 2011, 60; NJW-RR 2010, 927; zust. *Huep/Webel* NZI 2011, 389, 390. Dazu auch RdNr. 5.
[83] BGH NJW-RR 2010, 927 mit zust. Anm. *Weitzmann* in EWiR 2010, 127.
[84] Die Vergütung für die Tätigkeit eines Sonderinsolvenzverwalters bemisst sich ebenfalls grds. nach der InsVV, vgl. BGH NJW-RR 2008, 1580; LG Braunschweig ZIP 2012, 838, 839.
[85] BVerfG NJW 1993, 2861 f.
[86] Vgl. BGHZ 157, 282, 291 = NJW 2004, 941; ZIP 2012, 583, 584.
[87] BGH NJW 2006, 443 u. 2003, 210.
[88] BGH NZI 2011, 60 mit zust. Anm. *Ries* in EWiR 2011, 59.
[89] Der Wert der Aktivmasse ist auch maßgeblich für die Erhebung der Gerichtskosten, s. RdNr. 10, 17.
[90] Das gilt auch im Falle einer Kostenstundung, vgl. LG Gera ZIP 2012, 2076; LG Erfurt ZInsO 2012, 947.
[91] Vereinbarungen zur Verwaltervergütung sind nach hM gem. § 134 BGB grundsätzlich nichtig, vgl. HK-Eickmann § 63 Rn. 6; aA *Mock* KTS 2012, 59, 92 f., der Vergütungsvereinbarungen wegen der durch das ESUG eingeführten Gläubigerbeteiligung an der Verwalterauswahl (§ 56a Abs. 2) für zulässig hält.
[92] BGHZ 165, 96 = NJW 2006, 443.

maßgebliche Masse nach § 1 InsVV berechnet hat, ob Sondervergütungen nach § 5 InsVV der Masse entnommen wurden, inwieweit Zu- oder Abschläge auf die Regelvergütung gerechtfertigt sind, §§ 2, 3 InsVV und ob seine Geschäftsführung dadurch erleichtert wurde, dass er Dienst- oder Werkverträge zur Erledigung von Aufgaben aus seinem Tätigkeitsbereich für die Masse abgeschlossen hat, § 4 Abs. 1 Satz 3 InsVV.[93] Wenn das Insolvenzgericht bei seiner Schlussrechnungsprüfung nach § 66 Abs. 2 einen Sachverständigen mit der rechnerischen Überprüfung beauftragt, stellen die Gutachterkosten Verfahrenskosten (Auslagen) i. S. d. § 54 Nr. 1 dar.[94]

38a Für eine stärkere Inanspruchnahme bei Erledigung „besonderer Aufgaben" kann der Insolvenzverwalter gem. § 3 InsVV einen **Zuschlag** zur Vergütung verlangen, da mit der Regelvergütung nur die allgemeinen Geschäftskosten abgegolten sind.[95] Delegiert er solche **Sonderaufgaben** im Rahmen von Dienst- oder Werkverträgen auf Dritte, ist deren angemessene Vergütung aus der Masse zu zahlen (§ 4 Abs. 1 Satz 3 InsVV). Ob die fragliche Tätigkeit als Sonderaufgabe delegiert werden durfte und daher eine Sondervergütung berechtigt ist, überprüft das Insolvenzgericht bei Vorlage der Schlussrechnung. Jedenfalls begründet der Verwalter mit der Übertragung (nur) Masseverbindlichkeiten nach § 55 Abs. 1 Nr. 1, löst aber keine Verfahrenskosten i.S.v. § 54 aus.[96] Entsprechendes gilt, wenn der zB als Rechtsanwalt zugelassene Verwalter besondere Tätigkeiten i.S.v. § 5 InsVV selbst wahrnimmt, zu deren Erledigung ein Insolvenzverwalter ohne volljuristische Ausbildung üblicherweise einen Rechtsanwalt eingeschaltet hätte.[97] Das vom Verwalter für den Einsatz seiner besonderen Sachkunde – anstatt eines Zuschlags –[98] abgerechnete zusätzliche Anwaltshonorar nach dem RVG gehört – wie bei Übertragung von Spezialaufgaben auf externe Dienstleister – nicht zu den Verfahrenskosten (Auslagen) i. S. d. § 54 Nr. 2.[99] Das dem Verwalter selbst gem. § 5 Abs. 1 InsVV unmittelbar aus der Insolvenzmasse zustehende Zusatzhonorar ist von der Berechnungsgrundlage seiner Vergütung abzuziehen, § 1 Abs. 2 Nr. 4 Satz 2 lit. a.[100]

39 Einzelne verfahrensbezogene Aufwendungen des Verwalters – wie insbesondere Reise-, Telefon- und Kopierkosten – sind im Rahmen des Angemessenen als **Auslagen** i. S. d. § 54 Nr. 2 erstattungsfähig (§ 63 Abs. 1, § 4 Abs. 2 InsVV), während die allgemeinen Geschäftskosten bereits durch seine Vergütung abgegolten sind, § 4 Abs. 1 Satz 1 InsVV. So können etwa die Prämien einer zusätzlichen Haftpflichtversicherung als Auslagen aus der Masse zu erstatten sein, wenn der Verwalter bei einer Betriebsfortführung deutlich höheren Haftungsgefahren ausgesetzt ist, § 4 Abs. 3 Satz 2 InsVV.[101] Keine Auslagen, sondern sonstige Masseverbindlichkeiten stellen die in § 55 Abs. 1 Nr. 1 aufgeführten Kosten der Verwaltung, Verwertung und Verteilung der Masse dar. Das gilt unabhängig davon, ob der Verwalter die im Zuge der Insolvenzabwicklung anfallenden Verwaltungs- oder Verwertungsmaßnahmen selbst ausführt oder durch von ihm beauftragte Externe erledigen lässt. In masselosen Insolvenzverfahren mit Kostenstundung (§ 4a) können allerdings **Steuerberatungskosten** als „Auslagen" nach § 63 Abs. 2 aus der Landeskasse zu erstatten sein, wenn der Fiskus den Verwalter trotz Hinweis auf die Massearmut zu umfangreichen steuerlichen Tätigkeiten für den Schuldner heranzieht.[102] Die (vorsichtige) Ausdehnung des Auslagenbegriffs ist in diesem Ausnahmefall aufgrund des dem Insolvenzverwalter bei Nichterfüllung sonst drohenden Haftungsrisikos gerechtfertigt. Sie lässt sich aber schon wegen der klaren Intention der InsO, Verfahrenseröffnungen möglichst nicht an fehlender Massekostendeckung scheitern zu lassen, nicht ohne weiteres verallgemeinern.[103] Ob der Kostenbegriff in § 54 oder für die §§ 207 Abs. 1 Satz 2, 209 Nr. 1, 26 Abs. 1 auch bestimmte „unausweichliche" Verwaltungskosten umfasst, die dann als „Auslagen" des Insolvenzverwalters vorrangig erstattet werden müssen, ist in der Rspr. des BGH bisher offen geblieben und auch im Schrifttum nicht geklärt (s.o. RdNr. 33). Der Insolvenzverwalter kann gem. § 8 Abs. 3 InsVV nach

---

[93] Zu den Anforderungen nach § 8 Abs. 2 InsVV an die Darlegung der Berechnungsgrundlagen im Vergütungsantrag vgl. BGH NZI 2007, 241.
[94] OLG Düsseldorf ZIP 2010, 491; hierzu auch RdNr. 9.
[95] Zur Gewährung u. Berechnung von Zuschlägen sowie zur gesonderten Abrechnung nach § 5 InsVV vgl. BGH NZI 2012, 372; NJW-RR 2008, 128.
[96] *Jaeger/Henckel* § 54 RdNr. 14; HKInsO-*Lohmann* § 54 RdNr. 8.
[97] Vgl. BGH NJW 2005, 903.
[98] Zum Wahlrecht des Verwalters s. BGH NZI 2012, 372.
[99] Vgl. BGH ZIP 2008, 1294 u. 2005, 36; *Uhlenbruck/Sinz* § 54 RdNr. 21; FK-*Lorenz* § 5 InsVV RdNr. 4; *Kübler/Prütting/Bork/Pape/Schaltke* § 54 RdNr. 60.
[100] BGH NZI 2011, 941, dazu EWiR 2012, 59 (Prasser).
[101] LG Gießen ZIP 2012, 1677; FK-Lorenz InsVV § 4 Rn. 19 f. Kosten einer allgemeinen Haftpflichtversicherung sind aber mit der Vergütung abgegolten, § 4 Abs. 3 Satz 1 InsVV.
[102] BGHZ 160, 176 = NJW 2004, 2976; *Kübler/Prütting/Bork/Pape/Schaltke* § 54 RdNr. 53; s. auch § 4a RdNr. 28. Zur Festsetzung von Zwangsgeld gegen den Verwalter s. BFH ZIP 2013, 83.
[103] HKInsO-*Lohmann* § 54 RdNr. 8; *Kübler/Prütting/Bork/Pape/Schaltke* § 54 RdNr. 55; *Uhlenbruck-Sinz* § 54 RdNr. 23; HambKomm-*Jarchow* § 54 RdNr. 24; dazu auch § 26 RdNr. 19.

seiner Wahl anstelle der tatsächlich entstandenen Auslagen einen Pauschsatz fordern. Dieser konkretisiert den „angemessenen" Auslagenbetrag für die Zeiten, in denen der Verwalter insolvenzrechtlich notwendige Aufgaben erbracht hat. Die Möglichkeit der **Pauschalierung** erspart dem Verwalter und dem Gericht die aufwändige Vorlage und Prüfung von Einzelbelegen. Die Höchstgrenze von 250 € je angefangenem Monat der Dauer der Tätigkeit des Verwalters soll bei größeren Insolvenzmassen verhindern, dass sich die Höhe der Pauschale zu weit von den tatsächlich entstandenen Auslagen entfernt. Für die ab 1.1.2004 eröffneten Verfahren begrenzt § 8 Abs. 3 Satz 2 InsVV die jährliche Auslagenpauschale auf 30 % der jeweiligen Regelvergütung des § 2 InsVV.[104]

Für die Vergütungsfestsetzung ist grundsätzlich der **Rechtspfleger** funktionell zuständig, § 18 Abs. 1 RPflG.[105] Der Festsetzungsbeschluss ist öffentlich bekannt zu machen und zusätzlich dem Verwalter, dem Schuldner u. evtl. Gläubigerausschussmitgliedern zuzustellen, § 64 Abs. 2 Satz 1. Gegen die Festsetzung ist die sofortige Beschwerde nach § 64 Abs. 3 Satz 1 i. V. m. § 567 Abs. 2 ZPO eröffnet.[106] Die Notfrist von zwei Wochen zur Einlegung der Beschwerde (§ 569 Abs. 1 Satz 1 ZPO) beginnt regelmäßig schon mit der öffentlichen Bekanntmachung im Internet und nicht erst mit einer späteren persönlichen Zustellung, § 9 Abs. 1 Satz 3, Abs. 3.[107] Eine Rechtsbeschwerde gegen Beschwerdeentscheidungen des LG ist nach Aufhebung des § 7 (seit 27.10.2011) nur noch bei Zulassung durch das Beschwerdegericht statthaft, § 574 Abs. 1 Nr. 2 ZPO i. V. m. § 4. Schon vor Rechtskraft des Beschlusses, der wie ein Vollstreckungstitel nach § 794 Abs. 1 Nr. 3 ZPO wirkt, darf der Verwalter die festgesetzte Vergütung der von ihm verwalteten Masse entnehmen, soweit darin ausreichende Mittel vorhanden sind. Er muss die entnommenen Beträge aber im Wege des Schadenersatzes analog § 717 Abs. 2 ZPO zurückerstatten, wenn der Vergütungsfestsetzungsbeschluss in der Beschwerdeinstanz endgültig aufgehoben wird.[108] **40**

Der Insolvenzverwalter hat nach § 9 InsVV Anspruch auf Gewährung eines **Vorschusses** auf die Vergütung und die Auslagen. Der Anspruch gehört nach § 54 Nr. 2 zu den Kosten des Insolvenzverfahrens, da der Vorschuss Teil der späteren Vergütung des Insolvenzverwalters ist. Angesichts einer durchschnittlichen Verfahrensdauer von ca. 3 bis 4 Jahren benötigt der Insolvenzverwalter den Vorschuss und die Erstattung der aus eigenen Mitteln vorfinanzierten Auslagen. Der Insolvenzverwalter bedarf zur **Entnahme** eines Vorschusses aus der Insolvenzmasse der Zustimmung des Gerichtes.[109] Die Zustimmung soll nach § 9 Satz 2 InsVV bereits erteilt werden, wenn das Insolvenzverfahren länger als sechs Monate dauert oder wenn besonders hohe Auslagen erforderlich waren. Die zeitnahe Genehmigung von Vorschüssen kann den Insolvenzverwalter insbesondere davor bewahren, seine Vergütungsansprüche bei Eintritt der Masseunzulänglichkeit zu verlieren. Ist der Eintritt der Masseunzulänglichkeit konkret absehbar, hat der Insolvenzverwalter auch schon vor Ablauf der 6-monatigen Sperrfrist das berechtigte Interesse,[110] dass ihm auf Antrag die Entnahme eines angemessenen Vorschusses durch das Insolvenzgericht gestattet wird.[111] **41**

II. Vorläufiger Insolvenzverwalter, Sachwalter und Treuhänder

1. Vorläufiger Insolvenzverwalter. Der vorläufige Insolvenzverwalter hat Anspruch auf Vergütung für seine Geschäftsführung und auf Erstattung angemessener Auslagen, § 21 Abs. 2 Nr. 1 i. V. m. § 63. Seine Tätigkeit wird gem. § 11 InsVV gesondert vergütet. Dies gilt auch, wenn der vorläufige Insolvenzverwalter und der nach Eröffnung des Verfahrens bestellte Insolvenzverwalter personenidentisch sind. Sein Vergütungsanspruch ergibt sich dem Grunde nach aus § 11 Abs. 1 InsVV; dieser soll in der Regel 25 % der Vergütung eines endgültigen Verwalters betragen. Im Übrigen wird für die Berechnung der Vergütung in § 10 InsVV pauschal auf die für den Insolvenzverwalter geltenden Vorschriften in den §§ 1 bis 9 InsVV verwiesen. Jedoch kommt nur eine sinngemäße Anwendung in Betracht. Der vorläufige Insolvenzverwalter ist **vergütungsrechtlich eigenständig**,[112] da seine Rechtsstellung und besonderen Aufgaben mit denen des späteren Insolvenzverwalters nicht identisch sind. **Berechnungsgrundlage** für seine Vergütung ist der Wert des Vermögens, auf das sich seine Tätigkeit während des Eröffnungsverfahrens bezieht.[113] Umstände **42**

---

[104] Die Rückwirkung der Neuregelung ist verfassungsgemäß, vgl. BGH ZIP 2013, 34.
[105] Vor der Festsetzung sind Schuldner und Insolvenzgläubiger anzuhören, vgl. BGH NZI 2010, 276.
[106] BGH ZIP 2013, 226. Der (endgültige) Verwalter ist beschwerdebefugt auch bei Festsetzung der Vergütung des vorläufigen Insolvenzverwalters, vgl. BGH ZIP 2012, 2081.
[107] BGH ZIP 2012, 1779; NZI 2010, 159.
[108] BGHZ 165, 96, 101 = NJW 2006, 443.
[109] Die Vorschussanordnung ist nicht anfechtbar, vgl. BGH ZInsO 2012, 777 (Rz. 5).
[110] BGHZ 116, 233, 241 = ZIP 1992, 129; HambKomm-*Büttner* § 9 InsVV RdNr. 5.
[111] Zuviel erlangte Vorschüsse sind vom Verwalter zurückzuerstatten, BGH NJW 2003, 210.
[112] BGH NZI 2004, 251 u. 444; NZI 2001, 191; FK-Lorenz InsVV § 11 RdNr. 2.
[113] Vgl. BGH ZIP 2013, 30 (Rz. 10); BGHZ 165, 266, 274 = NJW 2006, 2988.

nach Beendigung der vorläufigen Verwaltung können daher für die Bemessung seiner Vergütung grundsätzlich keine Rolle spielen.[114]

Zur Vergütungsberechnung des vorläufigen Insolvenzverwalters vgl. im Einzelnen die Kommentierung zur Insolvenzrechtlichen Vergütungsverordnung im Anhang zu § 65 InsO.

43 **a) Festsetzung.** Die Festsetzung der Vergütung sowie der Auslagen gegen den Schuldner erfolgt gem. § 64, §§ 10, 8 InsVV auf Antrag des vorläufigen Insolvenzverwalters nach Beendigung des Eröffnungsverfahrens. Sachlich **zuständig** ist das **Insolvenzgericht.** Das gilt nach § 26a Abs. 1 nunmehr auch bei Nichteröffnung des Insolvenzverfahrens, sofern der Insolvenzantrag ab dem 1.3.2012 gestellt wurde.[115] In nicht eröffneten Altverfahren musste der vorläufige Insolvenzverwalter seinen Vergütungsanspruchs gegen den Schuldner vor den Zivilgerichten verfolgen, da es regelmäßig an einer Kostengrundentscheidung zu seinen Gunsten fehlt.[116] Der vorläufige Insolvenzverwalter ist gem. § 21 Abs. 2 Nr. 1 bei Beendigung seines Amtes gegenüber dem Insolvenzgericht zur **Rechnungslegung** entsprechend § 66 verpflichtet.[117] Kommt es zur Insolvenzeröffnung, hat er deshalb neben der Vorlage seines Tätigkeitsberichtes auch über die von ihm verwalteten Treuhandkonten eine Abrechnung vorzulegen. Diese bildet zugleich eine wichtige Grundlage für die Vergütungsfestsetzung.[118] Der Umfang der Rechnungslegung ist abhängig vom Verlauf des Eröffnungsverfahrens; sie kann deshalb ganz entfallen, wenn dieses nur sehr kurz gedauert hat oder es mangels Masse nicht zur Verfahrenseröffnung kommt.[119] Der vorläufige Insolvenzverwalter hat nach §§ 10, 9 InsVV das Recht, mit gerichtlicher Zustimmung einen **Vorschuss** aus dem verwalteten Vermögen zu entnehmen.[120] Vorschüsse können zwar den Vergütungsanspruch schützen, insbesondere wenn er erst mit der Einreichung der Schlussrechnung im eröffneten Verfahren und nicht schon bei Eintritt der Fälligkeit mit Erledigung der vergütungspflichtigen Tätigkeit beantragt wird. Sie haben aber wegen einer Dauer des Eröffnungsverfahrens von durchschnittlich nur zwei bis drei Monaten idR keine große praktische Bedeutung. Der Anspruch auf die vorläufige Verwaltervergütung verjährt innerhalb der dreijährigen Regelverjährung des § 195 BGB.[121] Die **Verjährung**, die zum Jahresschluss der Insolvenzeröffnung zu laufen beginnt, § 199 Abs. 1 Nr. 1 BGB, ist aber bis zum Abschluss des eröffneten Insolvenzverfahrens **gehemmt**.[122] Die funktionelle Zuständigkeit zur Festsetzung der Vergütung des vorläufigen Insolvenzverwalters geht mit Verfahrenseröffnung vom Richter auf den Rechtspfleger über, soweit sich nicht der Richter diese Entscheidung gem. § 18 Abs. 2 RPflG vorbehalten hat.[123] Gegen den Festsetzungsbeschluss des AG ist nach § 64 Abs. 3 Satz 1 i.V.m. § 21 Abs. 2 Satz 1 Nr. 1 die sofortige Beschwerde eröffnet.

44 **b) Erstattungsanspruch.** Die Vergütung und Auslagen des vorläufigen Insolvenzverwalters stellen nach § 54 Nr. 2 Kosten des eröffneten und durchgeführten Insolvenzverfahrens dar. Sie sind daher aus der Masse voll zu bezahlen und bei Masseunzulänglichkeit mit den übrigen Kosten erstrangig zu berichtigen, § 209 Abs. 1 Nr. 1. Der Vergütungsanspruch des vorläufigen Insolvenzverwalters begründet Massekosten i. S. d. § 54 Nr. 2 aber nur, falls anschließend das Insolvenzverfahren **eröffnet** wird.[124] Bei einem abgewiesenen, für erledigt erklärten oder zurückgenommenen Eröffnungsantrag findet § 54 Nr. 2 also keine Anwendung. Führt ein neuer Insolvenzantrag später doch zur Verfahrenseröffnung, stellt der im abgeschlossenen (Erst-)Verfahren offen gebliebene Vergütungsanspruch des vorläufigen Insolvenzverwalters eine bloße Insolvenzforderung nach § 38 und nicht etwa Massekosten im eröffneten (Zweit-)Verfahren dar.[125] Andernfalls dürften Insolvenzverfahren – entgegen der Zielsetzung der InsO – erst eröffnet werden (§ 26), wenn die Masse nicht nur die Kosten des konkret durchgeführten Verfahrens, sondern zusätzlich auch nicht erfüllte Kosten aus früheren Verfahren abdecken könnte.

---

[114] BGH ZIP 2012, 2515 (Rz. 32); NZI 2010, 227 u. st. Rspr.
[115] Die Kostentragungspflicht nur des Schuldners kann unbillig sein, wenn die Insolvenzeröffnung wegen eines unzulässigen/unbegründeten Gläubigerantrages unterbleibt. Zur daher geplanten „Reparatur" des § 26a Abs. 1 vgl. Frind ZInsO 2012, 1455, 1461; auch § 26a RdNr. 6.
[116] Vgl. BGH NZI 2012, 317. Der durch das ESUG eingeführte § 26a schließt eine Gesetzeslücke, vgl. BGH NZI 2010, 98; Frind ZInsO 2011, 2249; dazu auch § 26a RdNr. 1 f.
[117] Uhlenbruck § 66 RdNr. 16 f.
[118] Im Falle der Betriebsfortführung hat der vorläufige Verwaltung eine gesonderte Einnahmen-/Ausgabenrechnung vorzulegen, BGH ZInsO 2011, 1128 u. 1519.
[119] Ernestus in Mohrbutter/Ringstmeier § 4 RdNr. 91; Uhlenbruck § 66 Rn. 16; Braun/Blümle § 66 Rn. 4; dazu auch A/G/R-Sander § 22 Rn. 12, 14, 15.
[120] Bei unzulässiger Selbstbewilligung ist der entnommene Vorschuss an die Masse zurückzuzahlen.
[121] Ebenso wie der Vergütungsanspruch des (endgültigen) Verwalters bis zur Festsetzung, s. BGH NZI 2007, 397.
[122] BGH NZI 2010, 977.
[123] BGH NZI 2010, 977, dazu EWiR 2011, 25 (Blersch).
[124] BGHZ 175, 48 = NJW 2008, 583; BGH NZI 2012, 135.
[125] BGH NZI 2012, 135 m. Anm. Th./A. Graeber S. 129 bis 131; NZI 2009, 53 (zur Vergütung des Sequesters); HKInsO-Lohmann § 54 RdNr. 10; aA Ries ZInsO 2007, 1102, 1104.

Der vorläufige Verwalter darf bei **Nichteröffnung** des Verfahrens seine gerichtlich festgesetzte **44a** Vergütung nebst Auslagen vor Aufhebung seiner Bestellung aus dem von ihm verwalteten Vermögen vorweg befriedigen (§ 25 Abs. 2 Satz 1), soweit dort ausreichend Mittel vorhanden sind.[126] Sein Anspruch richtet sich weiterhin allein gegen den **Schuldner**.[127] Die Staatskasse kommt nur für die Sachverständigenvergütung auf, soweit der vorläufige Insolvenzverwalter zugleich als Gutachter eingesetzt wurde (dazu RdNr. 49). Das **Entnahmerecht,** das grundsätzlich auf den vorläufigen Insolvenzverwalter mit Verfügungsbefugnis beschränkt ist,[128] kann freilich seinen Zweck nicht erfüllen, wenn das verwaltete Vermögen zur Begleichung aller Kosten des Eröffnungsverfahrens nicht ausreichend ist.[129] Eine subsidiäre Haftung des Fiskus oder des den Eröffnungsantrag stellenden Gläubigers für die Vergütung des vorläufigen Insolvenzverwalters scheidet nach zutreffender hM aus.

aa) Ausfallhaftung der Staatskasse? Kann die dem vorläufigen Verwalter aus seiner Tätigkeit **45** im nicht eröffneten Verfahren zustehende Vergütung aus dem Schuldnervermögen mangels Masse nicht gedeckt werden, so soll nach der Gesetzesbegründung zu § 11 InsVV die Staatskasse nicht subsidiär hierfür einstehen.[130] Da die Tätigkeit des vorläufigen Insolvenzverwalters auch im öffentlichen Interesse liege, ist zwar im Schrifttum in entsprechender Anwendung der §§ 1835a, 1836a BGB eine Ausfallhaftung der Staatskasse bejaht worden.[131] Diese wird damit begründet, dass es eine verfassungswidrige Einschränkung der Berufsausübung sei, wenn die vom Gericht zum vorläufigen Insolvenzverwalter bestellte Person infolge der Masselosigkeit gezwungen sei, unentgeltlich tätig zu werden. Da aber der Insolvenzverwalter auf freiberuflicher Basis tätig wird, muss er sich bei Amtsübernahme des Risikos bewusst sein, im Einzelfall bei nicht kostendeckender Masse auch ohne Vergütung zu bleiben. Dies ist bei anderen Aufträgen ebenso. Eine **Ausfallhaftung des Staates** für die Verwaltervergütung kommt daher **grundsätzlich nicht** in Betracht.[132] Der vorläufige Verwalter muss freilich zur Minimierung des Ausfallrisikos als berechtigt angesehen werden, die Aufnahme seiner Tätigkeit bei erkennbar drohender Masseinsuffizienz von einem **Vorschuss** abhängig zu machen oder seine Tätigkeit sofort **abbrechen** zu können, wenn erkennbar die ihm zustehende Vergütung aus dem schuldnerischen Vermögen nicht mehr abgedeckt wird. Er hat über den Eintritt der „Massekostenarmut" im Eröffnungsverfahren das Insolvenzgericht umgehend zu informieren, damit die Aufhebung seiner Bestellung erfolgen kann. Die Beendigung der Tätigkeit als vorläufiger Insolvenzverwalter ist unabhängig davon, ob er zugleich als Sachverständiger beauftragt war.

Ist der Schuldner eine natürliche Person, können ihm nach § 4a auf Antrag die Kosten des **45a** Insolvenzverfahrens bis zur Erteilung der Restschuldbefreiung gestundet werden, soweit sein Vermögen voraussichtlich nicht ausreichen wird, um diese Kosten zu decken. Nur in diesem Falle der **Stundung** räumt § 63 Abs. 2 dem vorläufigen Insolvenzverwalter (wie auch dem endgültigen Insolvenzverwalter und Treuhänder) ausnahmsweise einen **sekundären Anspruch** gegenüber der Staatskasse auf Erstattung seiner Vergütung und Auslagen ein, soweit die Insolvenzmasse zur Kostendeckung nicht ausreicht (s.o. RdNr. 37). In der Anlage 1 zum GKG wurde hierzu unter Nr. 9017 KV ein neuer Auslagentatbestand geschaffen; dieser bildet die Grundlage dafür, dass die Staatskasse nach Aufhebung oder Beendigung der Stundung die verauslagten Beträge gegenüber dem Schuldner geltend machen kann. Nach dem ausdrücklichen Willen des Gesetzgebers beschränken sich Vergütungsansprüche des vorläufigen Insolvenzverwalters gegenüber der Staatskasse auf diesen gesetzlich geregelten Ausnahmetatbestand.

bb) Keine Kostenübernahme durch antragstellenden Gläubiger. Im Falle der Rücknahme **46** oder Abweisung des Eröffnungsantrags hat nach § 23 Abs. 1 GKG der antragstellende Gläubiger zwar die Verfahrenskosten gegenüber der Staatskasse zu tragen. Dies führt aber nicht zu einer Haftung des Antragstellers für die Vergütung eines vorläufigen Insolvenzverwalters (s.o. RdNr. 13). Diese Vergütung fällt nicht unter den Begriff der Auslagen, da das Kostenverzeichnis keinen derartigen Auslagentatbestand kennt. Der Schuldner, der nach außen für Vergütung u. Auslagen des vorläufigen Verwalters allein aufzukommen hat, kann den Gläubiger im Innenverhältnis allenfalls dann auf Schadenersatz in Anspruch nehmen, wenn sich dessen Eröffnungsantrag als rechtsmissbräuchlich erweist.[133]

---

[126] BGHZ 165, 96, 101 = ZIP 2006, 36.
[127] BGHZ 175, 48 = NJW 2008, 583, 585; BGH NZI 2010, 1882. Vgl. schon RdNr. 14.
[128] BGH NJW-RR 2007, 400; *Uhlenbruck* § 25 RdNr. 6 f.; dazu näher § 26 RdNr. 6-9.
[129] Entspr. § 209 Abs. 1 Nr. 1 darf der vorläufige Verwalter über seine Vergütung an erster Rangstelle berichtigen, vgl. Haarmeyer FS Greiner, 2005, 103, 108; HKInsO-*Kirchhof* § 25 RdNr. 8; auch § 25 RdNr. 26.
[130] Amtl. Begr. BT-Drucks. 12/3803, S. 72.
[131] Zum Streitstand vgl. *FK-Lorenz* Vor §§ 1 InsVV RdNr. 41; s. auch § 26 RdNr. 36.
[132] BGH ZIP 2013, 631 (Rz. 14); NJW 2004, 1957; *Kübler/Prütting/Bork/Pape/Schaltke* § 54 RdNr. 50.
[133] Vgl. BGHZ 175, 48 = NJW 2008, 583, 586; OLG Celle NZI 2000, 226, 227; *Uhlenbruck* § 14 RdNr. 128; FKInsO-*Schmerbach* § 13 RdNr. 177.

47 **c) Vergütung als Gutachter.** Der vorläufige Insolvenzverwalter kann vom Insolvenzgericht zusätzlich als Sachverständiger mit der Prüfung beauftragt werden, ob ein Eröffnungsgrund vorliegt und welche Aussichten für eine Fortführung des Unternehmens bestehen, § 22 Abs. 1 Satz 2 Nr. 3. Für diese gutachterliche Tätigkeit erwirbt er gem. § 11 Abs. 4 InsVV – neben seiner Vergütung für die vorläufige Insolvenzverwaltung – einen **eigenständigen** gegen die Staatskasse gerichteten **Honoraranspruch** nach dem Justizvergütungs- und Entschädigungsgesetz (JVEG).[134] Bei den gezahlten Beträgen handelt es sich um Auslagen i. S. d. Nr. 9005 KV, sodass eine Zweitschuldnerhaftung des antragstellenden Gläubigers in Betracht kommt, § 23 Abs. 1 Satz 2 GKG.[135] Die Vergütung des „starken" vorläufigen Verwalters in seiner Eigenschaft als Sachverständiger beträgt nach § 9 Abs. 2 JVEG je Stunde € 65,00.[136] Dieses Stundenhonorar ist zwar verfassungsrechtlich unbedenklich,[137] im Hinblick auf die Kostenstruktur eines Rechtsanwaltsbüros aber kaum kostendeckend.

48 **2. Sachwalter und Treuhänder.** Als Kosten des Insolvenzverfahrens werden in § 54 Nr. 2 ausdrücklich nur die Vergütung und Auslagen des Insolvenzverwalters und der Mitglieder des Gläubigerausschusses aufgeführt. Neben dem Regelinsolvenzverfahren kennt die InsO als **besondere Verfahrensarten** aber noch die Eigenverwaltung, §§ 270 bis 285, sowie das vereinfachte Insolvenzverfahren, §§ 311 bis 314. Auch bei Durchführung dieser Verfahren fallen – allerdings in geringerem Umfang – Gerichtsgebühren u. Vergütungen des Sachwalters oder Treuhänders (§§ 274, 313 Abs. 1, 63 Abs. 1) als Verfahrenskosten i. S. d. § 54 Nr. 2 an. Der (endgültige) **Sachwalter** erhält nach § 12 InsVV 60 % der Regelvergütung eines Insolvenzverwalters. Die erleichterten Voraussetzungen für die Anordnung der Eigenverwaltung gem. dem durch das ESUG geänderten § 270 lassen erwarten, dass künftig Insolvenzschuldner ihr Unternehmen häufiger in Eigenverwaltung unter Aufsicht eines Sachwalters weiterführen dürfen (§ 270b Abs. 1 i. V. m. § 270a).[138]

48a Die Vergütung des **Treuhänders,** der im Normalfall deutlich weniger Aufgaben als ein Insolvenzverwalter zu erfüllen hat, ist regelmäßig auf 15 % des Wertes der Insolvenzmasse pauschaliert, § 13 InsVV. Bei ungewöhnlich großer Masse (Berechnungsgrundlage über € 160.000,00) kann ein Abschlag gerechtfertigt sein, um überhöhte Vergütungen zu vermeiden.[139] Im Falle einer Kostenstundung für das Restschuldbefreiungsverfahren nach § 4a Abs. 1 steht dem Treuhänder ein subsidiärer Vergütungs- u. Auslagenersatzanspruch gegen die Staatskasse zu, §§ 293 Abs. 2, 63 Abs. 2.[140] Die Bestellung zum Treuhänder im vereinfachten Insolvenzverfahren gem. §§ 292, 313 Abs. 1 umfasst zwar auch das anschließende Restschuldbefreiungsverfahren, sofern der Eröffnungsbeschluss keine Einschränkung enthält.[141] Der Treuhänder nimmt also zunächst Verwalter- u. in der Wohlverhaltensphase Treuhänderaufgaben wahr. Sein Vergütungsanspruch aus diesem zweiten Verfahrensabschnitt (§ 293 i. V. m. § 14 InsVV), der erst für seine Tätigkeit nach Aufhebung des Insolvenzverfahrens anfällt (§§ 289, 291), gehört aber nicht (mehr) zu den Verfahrenskosten i. S. d. § 54 Nr. 2.[142]

Wegen der Einzelheiten zur Berechnung der Sachwalter- u. Treuhändervergütung wird auf die Kommentierung zur Insolvenzrechtlichen Vergütungsverordnung im Anhang zu § 65 InsO verwiesen.

III. Mitglieder des Gläubigerausschusses

49 **1. Rechtliche Grundlagen.** Die Mitglieder des vorläufigen wie auch des endgültigen Gläubigerausschusses haben Anspruch auf **Vergütung** für ihre Tätigkeit und auf Erstattung angemessener **Auslagen,** § 73 Abs. 1 i. V. m. §§ 17, 18 InsVV. Es handelt sich um Kosten des Insolvenzverfahrens nach § 54 Nr. 2, die vorweg aus der Masse zu berichten sind. Das Insolvenzgericht hat die Vergütung und die zu erstattenden Auslagen durch Beschluss festzusetzen, §§ 73 Abs. 2, 64. Die Ausschussmitglieder haben entspr. § 9 InsVV auch Anspruch auf Gewährung von Vorschüssen auf die zu erwartende Vergütung, wobei diese abhängig von der Verfahrensdauer sind.

50 **2. Bemessung der Vergütung.** Grundlage für die Bemessung der Tätigkeitsvergütung bilden nach der allgemeinen Regelung in § 17 Abs. 1 InsVV die im Zusammenhang mit der Ausschussarbeit

---

[134] OLG Düsseldorf ZIP 2009, 1172.
[135] *Uhlenbruck/Vallender* § 22 RdNr. 204.
[136] OLG Bamberg NJW-RR 2005, 563. Nach OLG München NZI 2005, 501 u. OLG Frankfurt ZInsO 2005, 1042 gilt die Sonderregelung des § 9 Abs. 2 JVEG entsprechend, wenn ein „schwacher" vorläufiger Verwalter zugleich zum Gutachter bestellt ist.
[137] BVerfG NZI 2006, 93.
[138] Zur Vergütung des vorläufigen Sachverwalters s. AG Göttingen ZIP 2013, 36.
[139] BGH ZIP 2011, 2158 m. zust. Anm. Ries EWiR 2012, 121 u. abl. Anm. *T. Graber* in DZWiR 2012, 42.
[140] BGH ZIP 2013, 635; NZI 2008, 16; 2006, 250.
[141] BGH ZIP 2012, 583; NZI 2008, 114.
[142] HKInsO/*Lohmann* § 54 RdNr. 12; *Kübler/Prütting/Bork/Pape/Schaltke* § 54 RdNr. 39.

aufgewandten Stunden. Die Mitglieder des Gläubigerausschusses sind deshalb gehalten, ihren tatsächlichen zeitlichen Aufwand im Einzelnen darzulegen.[143] Abgegolten werden mit der Vergütung nicht nur die Sitzungen des Gläubigerausschusses, sondern auch der Zeitaufwand für Reisen oder für die Vor- bzw. Nachbereitung der jeweiligen Ausschusssitzungen. Der **Stundensatz** liegt idR zwischen € 35,00 und € 95,00. Ein über den Regelsatz pro Stunde hinausgehender Stundensatz ist als zulässig anzusehen, soweit Besonderheiten und Schwierigkeiten der Tätigkeiten diesen im Einzelfall rechtfertigen.[144] Da die Abrechnung nach Zeitaufwand nur den Regelfall darstellt, ist es zulässig, im Ausnahmefall eine niedrigere oder höhere **Pauschalvergütung** festzusetzen, die sich an der Verwaltervergütung orientiert.[145] Für ihre Mitwirkung bei der Auswahl des vorläufigen Insolvenzverwalters oder Sachwalters sowie bei Anordnung der Eigenverwaltung (vgl. §§ 56a, 270 Abs. 3) erhalten die Mitglieder des vorläufigen Gläubigerausschusses noch eine Vergütung von jeweils € 300,00, § 17 Abs. 2 InsVV nF.[146]

3. Auslagen. Die Mitglieder des Gläubigerausschusses haben Anspruch auf Erstattung ihrer angemessenen Auslagen, die einzeln aufzuführen und zu belegen sind, § 18 Abs. 1 InsVV. Bei dem Auslagenersatz handelt sich um Verfahrenskosten i.S.v. § 54 Nr. 2. Zu den **erstattungsfähigen** Auslagen zählen insbesondere Reisekosten u. wegen der besonderen Haftungsrisiken (vgl. § 71), die häufig in größeren Insolvenzverfahren mit der Tätigkeit im Gläubigerausschuss verbunden sind, auch die Prämien für eine Vermögensschaden-**Haftpflichtversicherung**.[147] Eine pauschale Auslagenerstattung anstelle von Einzelnachweisen ist – anders als beim Insolvenzverwalter, § 8 Abs. 3 InsVV – für die Ausschussmitglieder nicht vorgesehen. 51

§ 55 Sonstige Masseverbindlichkeiten

(1) Masseverbindlichkeiten sind weiter die Verbindlichkeiten:
1. die durch Handlungen des Insolvenzverwalters oder in anderer Weise durch die Verwaltung, Verwertung und Verteilung der Insolvenzmasse begründet werden, ohne zu den Kosten des Insolvenzverfahrens zu gehören;
2. aus gegenseitigen Verträgen, soweit deren Erfüllung zur Insolvenzmasse verlangt wird oder für die Zeit nach der Eröffnung des Insolvenzverfahrens erfolgen muß
3. aus einer ungerechtfertigten Bereicherung der Masse.

(2) [1]Verbindlichkeiten, die von einem vorläufigen Insolvenzverwalter begründet worden sind, auf den die Verfügungsbefugnis über das Vermögen des Schuldners übergegangen ist, gelten nach der Eröffnung des Verfahrens als Masseverbindlichkeiten. [2]Gleiches gilt für Verbindlichkeiten aus einem Dauerschuldverhältnis, soweit der vorläufige Insolvenzverwalter für das von ihm verwaltete Vermögen die Gegenleistung in Anspruch genommen hat.

(3) [1]Gehen nach Absatz 2 begründete Ansprüche auf Arbeitsentgelt nach § 169 des Dritten Buches Sozialgesetzbuch auf die Bundesagentur für Arbeit über, so kann die Bundesagentur diese nur als Insolvenzgläubiger geltend machen. [2]Satz 1 gilt entsprechend für die in § 175 Absatz 1 des Dritten Buches Sozialgesetzbuch bezeichneten Ansprüche, soweit diese gegenüber dem Schuldner bestehen bleiben.

(4) Verbindlichkeiten des Insolvenzschuldners aus dem Steuerschuldverhältnis, die von einem vorläufigen Insolvenzverwalter oder vom Schuldner mit Zustimmung eines vorläufigen Insolvenzverwalters begründet worden sind, gelten nach Eröffnung des Insolvenzverfahrens als Masseverbindlichkeit.

Schrifttum: *Bartels,* Freigabe des Unternehmens und Enthaftung des verbleibenden Alterwerbs (Masse) nach § 35 Abs. 2 Satz 1 InsO, KTS 2012, 381; *Bauer,* Ungleichbehandlung der Gläubiger im geltenden Insolvenzrecht, DZWIR 2007, 188; *Becker,* Beitragsforderungen in der Insolvenz des Wohnungseigentümers, ZWE 2013, 6; *Berger,* Die unternehmerische Tätigkeit des Insolvenzverwalters im Rahmen der Haftungserklärung nach § 35 Abs. 2 InsO, ZInsO 2008, 1101; *Blum,* Ordnungsrechtliche Verantwortlichkeit in der Insolvenz (2001), Schriften

---

[143] Soweit dies unterbleibt, kann der Zeitaufwand vom Insolvenzgericht geschätzt werden; AG Duisburg NZI 2004, 326.
[144] Vgl. AG Detmold NZI 2008, 505; AG Duisburg NZI 2003, 502.
[145] BGH NZI 2009, 845.
[146] Zu den Aufgaben des vorläufigen Gläubigerausschusses im Eröffnungs- u. Eigenverwaltungsverfahren vgl. eingehend Frind ZIPO 2012, 1380 f.
[147] BGH ZIP 2012, 876; Frind ZIP 2012, 1380, 1386; *Uhlenbruck* § 73 RdNr. 21.

zum Wirtschaftsrecht, Bd. 143; *Häsemeyer,* Die Altlasten – Ein Prüfstand für wechselseitige Abstimmungen zwischen dem Insolvenzrecht und dem Verwaltungsrecht, FS Uhlenbruck, 2000, 97 f.; *Heinze, Harald,* Umsatzsteuer aus schwacher vorläufiger Verwaltung als Masseverbindlichkeiten nach § 55 Abs. 4 InsO, ZInsO 2011, 603; *Henckel,* Masselosigkeit u. Masseschulden, FS „Einhundert Jahre Konkursordnung", 1977, S. 169; *Hölzle,* Konkurrenz von Steuerrecht und Insolvenzrecht, BB 2012, 1571; *ders.* Die Fortführung von Unternehmen im Insolvenzeröffnungsverfahren, ZIP 2011, 1889; *Jungclaus/Keller,* Zum Bereicherungsausgleich nach zu Unrecht erfolgten Lastschriftwidersprüchen, ZIP 2011, 941; *Kahlert,* Fiktive Masseverbindlichkeiten im Insolvenzverfahren (§ 55 Abs. 4 InsO), ZIP 2011, 401; *Kirchhof,* Begründung von Masseverbindlichkeiten im vorläufigen Insolvenzverfahren, ZInsO 2004, 57; *Kley,* Die Rechtsprechung des Bundesverwaltungsgerichts zu Ordnungspflichten in der Insolvenz, DVBl. 2005, 727; *Küpper/Heinze,* Wie sieht das Pflichtenprogramm des Insolvenzverwalters bei Altlastenverdacht aus?, ZInsO 2005, 409; *Lwowski/Tetzlaff,* Umweltaltlasten in der Insolvenz und gesicherte Gläubiger, WM 2005, 921; *Onusseit,* Zur Neuregelung des § 55 Abs. 4 InsO, ZInsO 2011, 641; *Pape,* Die Immobilie in der Krise, ZInsO 2008, 465; *Peters,* Freigabe in der Insolvenz des Selbständigen (§ 35 Abs. 2, 3 InsO), WM 2012, 1067; *Ries,* Freigabe (auch) von Dauerschuldverhältnissen des § 108 InsO aus dem Insolvenzbeschlag beruflich selbständiger Schuldner, ZInsO 2009, 2030; *Karsten Schmidt,* Neues zur Ordnungspflicht in der Insolvenz einer Handelsgesellschaft?, NJW 2012, 3344; *ders.* Keine Ordnungspflicht des Insolvenzverwalters ?, NJW 2010, 1489; *ders.,* Vertragliche Unterlassungsansprüche und Ansprüche auf unvertretbare Handlungen als Massegläubigerforderungen und als Insolvenzforderungen, KTS 2004, 241–258; *Schulte-Kaubrügger,* Kontoeinrichtung durch den (vorläufigen) Insolvenzverwalter: Sonderkonto oder Anderkonto?, ZIP 2011, 1400; *Seidel/Flitsch,* Umweltrecht und Insolvenz – Aktuelle Entwicklungen, DZWIR 2005, 278; *Tetzlaff,* Rechte des Vermieters in der Insolvenz des Mieters, NZI 2006, 87; *Uhlenbruck,* Die Freigabe von Massegegenständen durch den Insolvenzverwalter als Problem der Gläubigergleichbehandlung, KTS 2004, 275; *ders.,* Wiedereinführung der Vorrechte durch die Hintertür, ZInsO 2005, 505; *Undritz,* Ermächtigung und Kompetenz zur Begründung von Masseverbindlichkeiten beim Antrag des Schuldners auf Eigenverwaltung, BB 2012, 1551; *Vierhaus,* Umweltrechtliche Pflichten des Insolvenzverwalters, ZInsO 2005, 127 (Teil I) u. 1026 (Teil II); *Weers/Hönig,* Möglichkeit der Heranziehung des Insolvenzverwalters für die Sanierung von Altlasten – zum Verhältnis von Ordnungsrecht und Insolvenzrecht, ZInsO 2005, 244; *Werres,* Gläubiger im Insolvenzeröffnungsverfahren – Massegläubiger oder Treuhandmodell?, ZInsO 2005, 1233.

Übersicht

	Rn.		Rn.
A. Normzweck	1–6	b) Beauftragung für die Insolvenzmasse	38, 39
B. Entstehungsgeschichte	7–9	c) Beauftragung einer „eigenen" Gesellschaft	40
C. Sonstige Masseverbindlichkeiten nach § 55 Abs. Nr. 1	10–115	5. Prozesshandlungen	41–56
		a) Neue Rechtsstreitigkeiten	42
I. Regelungsinhalt	10–20	b) Anhängige Rechtsstreitigkeiten	43, 44
1. Arten der Masseverbindlichkeiten	10–12	c) Aufnahme unterbrochener Rechtsstreitigkeiten	45–56
2. Äquivalenzprinzip	13, 14		
3. Begründung von Masseverbindlichkeiten nach Insolvenzeröffnung	15–17	6. Unterlassungsansprüche	57–59
		7. Beseitigungsansprüche	60
4. Abwicklungsgeschäfte	18	8. Anspruch auf Auskunft und Rechnungslegung	61
5. Fehlerhafte Behandlung der Masseverbindlichkeiten	19	9. Gefährdungshaftung	62
6. Abschließende Regelung der Masseverbindlichkeiten	20	10.Geschäftsführung ohne Auftrag	63–65
II. Masseverbindlichkeiten aus Handlungen des Insolvenzverwalters (Nr. 1 Alt. 1)	21–65	**III. Nicht durch Handlungen – „in anderer Weise" – begründete Masseverbindlichkeiten (Nr. 1 Alt. 2)**	66–115
1. Rechtsgeschäfte	21–27	1. Steuerforderungen als Masseverbindlichkeiten	68–80
a) Neugeschäfte	24	a) Begründetheit	68–78
b) Insolvenzzweckwidrige Handlungen	25–27	b) Masseunzulänglichkeit	79
		c) Geltendmachung	80
2. Rechtsverletzungen, unerlaubte Handlungen	28–34	2. Öffentliche Lasten	81, 82
a) Vertragsverhältnisse	30	3. Haus-/Wohngeldforderungen	83–87
b) Vereitelung von Aus- und Absonderungsrechten	31, 32	4. Öffentlich-rechtliche Ansprüche auf Gefahrenbeseitigung und Kostenerstattung	88–109
c) Sonstige Pflichtverletzungen	33	a) Ordnungsrechtliche Verantwortlichkeit	89–94
d) Unerlaubte Handlungen	34	b) Verletzung von Ordnungspflichten	95–99
3. Masseverwaltungskosten	35		
4. Einsatz von Hilfskräften	36–40	c) Kosten der Ersatzvornahme als Insolvenz- oder Masseansprüche	100–103
a) Eigene Angestellte	37		

Sonstige Masseverbindlichkeiten § 55

	Rn.
d) Masseunzulänglichkeit	104
e) Beendigung der Haftung durch Freigabe	105–109
5. Verbindlichkeiten aus selbständiger Tätigkeit des Schuldners („Neuerwerb"), § 35 Abs. 2 InsO	110–115
a) Positiverklärung („Nicht-Freigabe")	111, 112
b) Negativerklärung („Freigabe")	113–115

D. Sonstige Masseverbindlichkeiten nach § 55 Abs. 1 Nr. 2 ... 116–208

I. Masseverbindlichkeiten aus Austauschverträgen ... 119–145

1. Grundsatz ... 119, 120
2. Masseverbindlichkeiten aus Erfüllungswahl ... 121–124
   a) Umfang der Masseverbindlichkeit ... 122
   b) Verzug des Schuldners ... 123
   c) Verzugszinsen und Vertragsstrafen vor Verfahrenseröffnung ... 124
3. Rechtsfolgen der Erfüllungsablehnung ... 125, 126
4. Teilbare Leistungen ... 127–132
   a) Fortlaufende Lieferung von Waren und Energie ... 129
   b) Sonstige teilbare Leistungen ... 130, 131
   c) Mietverhältnisse über Mobilien ... 132
5. Einzelfälle ... 133–145
   a) Kauf unter Eigentumsvorbehalt ... 134–138
   b) Leasingvertrag über bewegliche Sachen ... 139, 140
   c) Vormerkung ... 141, 142
   d) Lizenzverträge ... 143
   e) Provisionsanspruch des Handelsvertreters ... 144
   f) Weitere Beispiele ... 145

II. Masseverbindlichkeiten aus Dauerschuldverhältnissen (Nr. 2 Alt. 2) ... 146–168

1. Regelungsinhalt ... 146, 147
2. Miet- und Pachtverhältnisse über unbewegliche Sachen und Räume ... 148–167
   a) Der Schuldner als Mieter oder Pächter ... 149–162
   b) Der Schuldner als Vermieter oder Verpächter ... 163–167
3. Finanzierte Leasingverträge ... 168

III. Masseverbindlichkeiten aus Dienst- und Arbeitsverhältnissen ... 169–206

1. Regelungsinhalt ... 169
2. Ansprüche aus dem Arbeitsverhältnis bei Insolvenz des Arbeitgebers ... 170–200
   a) Vergütungsansprüche nach Insolvenzeröffnung ... 171, 172
   b) Vergütungsansprüche vor Insolvenzeröffnung; vorläufiges Insolvenzverfahren ... 173, 174
   c) Altersteilzeit ... 175
   d) Freistellung ... 176–178
   e) Nebenleistungen ... 179
   f) Sonderleistungen ... 180–182
   g) Urlaub, Arbeitszeitkonten ... 183–188

	Rn.
h) Abfindungen	189, 190
i) Nachteilsausgleich	191, 192
j) Sozialplanansprüche	193, 194
k) Schadenersatzansprüche	195
l) Entschädigung aus Wettbewerbsabrede	196, 197
m) Arbeitszeugnis	198
n) Betriebsratskosten	199
o) Neue Arbeitsverhältnisse	200

3. Insolvenz des Arbeitnehmers ... 201
4. Masseverbindlichkeiten der Sozialversicherungsträger ... 202, 203
5. Masseverbindlichkeiten aus betrieblicher Altersversorgung ... 204, 205
6. Masseverbindlichkeiten und Insolvenzgeld ... 206

IV. Masseverbindlichkeiten in der Gesellschafts- und Gesellschafterinsolvenz ... 207, 208

E. Masseverbindlichkeiten aus einer ungerechtfertigten Bereicherung der Masse nach § 55 Abs. 1 Nr. 3 ... 209–217

I. Regelungsinhalt ... 209, 210

II. Ungerechtfertigte Massebereicherung ... 211–217

1. Bereicherung ... 211–214
   a) Bereicherung vor Insolvenzeröffnung ... 212, 213
   b) Bereicherung nach Insolvenzeröffnung ... 214
2. Bereicherung ohne rechtlichen Grund ... 215, 216
3. Umfang des Anspruchs ... 217

F. Masseverbindlichkeiten aus dem Eröffnungsverfahren nach § 55 Abs. 2 ... 218–238

I. Regelungszweck ... 218, 219

II. Rechtsstellung und Aufgaben des vorläufigen Insolvenzverwalters ... 220–224

1. „Starker" vorläufiger Verwalter ... 220
2. Vorläufiger Verwalter mit Zustimmungsvorbehalt ... 221–223
3. Gesetzlich übertragene Aufgaben ... 224

III. Begründung von Masseverbindlichkeiten ... 225–233

1. Grundsatz ... 225–227
2. Masseverbindlichkeiten aus Handlungen (Satz 1) ... 228
3. Masseverbindlichkeiten aus Dauerschuldverhältnissen (Satz 2) ... 229–233
   a) Verhältnis zu § 108 Abs. 3 ... 230
   b) Inanspruchnahme der Gegenleistung ... 231–233

IV. Auf die Bundesagentur für Arbeit übergegangene Ansprüche auf Arbeitsentgelt, § 55 Abs. 3 ... 234–238

1. Rückstufung zu Insolvenzforderungen ... 236, 237

Hefermehl

§ 55   1–3

	Rn.		Rn.
2. Altverfahren	238	2. Begründung von Steuerforderungen	241–243
G. Masseverbindlichkeiten aus Steuerschuldverhältnissen nach § 55 Abs. 4	239–246	a) Betroffene Personen	242
		b) Abwicklung	243
I. Regelungszweck	239	3. Vom Schuldner mit Zustimmung eines vorläufigen Insolvenzverwalters begründete Steuerverbindlichkeiten	244–246
II. Regelungsinhalt	240–246	a) Zustimmung	245
1. Umfang	240	b) Rechtsfolgen	246

A. Normzweck

1 In § 55 werden die einzelnen Masseverbindlichkeiten aufgeführt. Die InsO enthält keine ausdrückliche Begriffsbestimmung der Masseverbindlichkeiten. Masseverbindlichkeiten werden durch ihren Zweck bestimmt, der ordnungsgemäßen Verfahrensabwicklung und Verteilung der Insolvenzmasse zu dienen.[1] Dies erklärt, weshalb Masseverbindlichkeiten nach § 53 vorweg, d.h. vor den – quotal zu befriedigenden – Insolvenzgläubigern in voller Höhe aus der Masse zu begleichen sind. Ohne diese Begünstigung würde zweifelsfrei niemand mit dem Verwalter Rechtsgeschäfte abschließen oder Leistungen zur Insolvenzmasse erbringen. Aus der Pflicht zur Vorwegbefriedigung der Massegläubiger ergibt sich deren Vertrauen in die Erfüllung der vom Insolvenzverwalter begründeten Masseverbindlichkeiten.

2 Die Masseverbindlichkeiten werden – nach den Kosten des Insolvenzverfahrens, vgl. § 54 – einheitlich in § 55 zusammengefasst und geregelt. Die bisherige Aufspaltung in die Ausgaben für die Verwaltung, Verwertung und Verteilung der Masse, den „Massekosten" nach § 58 Nr. 2 KO, und die aus Geschäften oder Handlungen des Verwalters entstehenden Verbindlichkeiten nach § 59 Abs. 1 Nr. 1 KO wurde ausdrücklich aufgegeben. Mit der **Neustrukturierung der Masseverbindlichkeiten** ist verbunden die Reduzierung der Massekosten in § 54 auf die eigentlichen Verfahrenskosten. Die dadurch erreichte Senkung der für eine Verfahrenseröffnung zwingend notwendigen Kostendeckung bezweckt, Verfahrenseröffnung zu erleichtern und die Zahl der Insolvenzeröffnungen zu erhöhen.[2] Bedeutung gewinnt die neue Aufteilung zwischen den Kosten des Verfahrens nach § 54 und den sonstigen Masseverbindlichkeiten nach § 55 vor allem im Fall des Eintritts der Masseunzulänglichkeit. Der Gesetzgeber hat in Anlehnung an die Rechtsprechung des BGH[3] festgelegt, dass sonstige Masseverbindlichkeiten nach § 55 gegenüber den Kosten des Verfahrens gem. § 54 nachrangig zu befriedigen sind, was heißt, dass bei Masseunzulänglichkeit erst die Kosten des Insolvenzverfahrens voll zu befriedigen sind, bevor die Restmasse an die sonstigen Massegläubiger verteilt werden kann, vgl. § 209 Abs. 1.

3 Der Kreis der Verbindlichkeiten, die als Masseschulden befriedigt werden mussten, war unter Geltung der KO über ihre eigentliche Zweckbestimmung hinaus, die gemeinschaftliche Befriedigung der Gläubiger herbeizuführen, ausgedehnt worden.[4] Vor allem die systemwidrige Einstufung der rückständigen Ansprüche der Arbeitnehmer und Sozialversicherungsträger für die letzten sechs Monate vor Verfahrenseröffnung als (unechte) Masseschulden nach § 59 Abs. 1 Nr. 3 KO hatte dazu beigetragen, dass die Aussichten der (bevorrechtigten) Konkursgläubiger auf eine auch nur geringfügige Befriedigung ihrer Ansprüche sich dramatisch verschlechtert haben. Zu den unmittelbaren gesetzgeberischen Zielvorstellungen gehörte es, den Umfang der Masseverbindlichkeiten wieder auf einen ihrer Zweckbestimmung entsprechenden Umfang zurückzuführen,[5] um die Gleichbehandlung der Insolvenzgläubiger zu gewährleisten und ihre **Befriedigungschancen zu verbessern**. Deshalb wurden sämtliche Konkursvorrechte gestrichen und die „unechten" Masseverbindlichkeiten in die InsO nicht übernommen. Systematisch klarer werden dadurch die Masseverbindlichkeiten gegenüber den Insolvenzforderungen abgegrenzt: Während eine Insolvenzforderung vorliegt, wenn der Anspruch vor Verfahrenseröffnung entstanden war, wird die Masseverbindlichkeit dadurch gekennzeichnet, dass sie nach Verfahrenseröffnung begründet wird. Allerdings sind die „unechten" Masseverbindlichkeiten nicht vollständig beseitigt worden. Die aus einem nach Verfahrenseröffnung abgeschlossenen Sozialplan resultierenden Ansprüche werden in § 123 Abs. 2 Satz 1 als Masseverbindlichkeiten – neu – eingestuft, obgleich sie in den Arbeitsverhältnissen aus der Zeit

---

[1] BGH NJW-RR 2006, 989.
[2] Amtl. Begr. BT-Drucks. 12/2443, S. 250. K/P/B/Pape/Schaltke § 55 RdNr. 1.
[3] BGHZ 116, 233 = ZIP 1992, 120; dazu Henckel ZIP 1993, 1277 ff.
[4] Jaeger/Henckel § 55 RdNr. 1 f.
[5] Amtl. Begr. BT-Drucks. 12/2443, S. 126; BGH NZI 2006, 293 = ZIP 2006, 583.

vor Verfahrenseröffnung wurzeln.[6] Die Tragweite dieser inkonsequenten Besserstellung der Sozialplangläubiger ist durch den Fortbestand der Regelung über die relative Begrenzung des Sozialplanvolumens, § 123 Abs. 2 Satz 2, aber unbedeutend.

Zum Abbau der Masseschulden hat der Gesetzgeber weitere erhebliche Änderungen vorgenommen. Dazu gehört die Reduzierung der sog. **oktroyierten** Masseschulden[7] aus vom Schuldner abgeschlossenen, nach Verfahrenseröffnung aber fortbestehenden Dauerschuldverhältnissen. Da diese ab Eröffnung bis zum Wirksamwerden einer Kündigung bezahlt werden müssen, hat das Gesetz die bei der Kündigung von Dienst- und Arbeitsverhältnissen einzuhaltende Frist auf drei Monate, § 113, begrenzt. Der Insolvenzverwalter kann mit Hilfe seines Sonderkündigungsrechts nach § 109 Abs. 1 Satz 1[8] auch ein Miet- oder Pachtverhältnis jetzt innerhalb von drei Monaten beenden. Die verkürzte Kündigungsfrist verhindert, dass die Masse durch den Fortbestand von Dienst- und Mietverhältnissen – bei fehlender Gegenleistung – zu stark belastet wird. Miet- und Pachtverhältnisse über bewegliche Sachen und Rechte, damit insbesondere auch Leasingverträge unterfallen im Interesse der Masse dem Wahlrecht des Insolvenzverwalters nach § 103. Sie sind also insolvenzmäßig abzuwickeln, § 103 Abs. 2 Satz 1, sofern der Insolvenzverwalter keine Vertragserfüllung wählt. Die Beschränkung der Erfüllungswahl bei teilbaren Leistungen auf die vom Vertragspartner noch nicht erbrachte Teilleistung hat zur Konsequenz, dass weniger Mittel aus der Insolvenzmasse zur Befriedigung des Massegläubigers aufgewendet werden müssen, vgl. § 105.

Ein weiteres gesetzgeberisches Anliegen war es, das Vertrauen des Rechtsverkehrs in die rechtsgeschäftlichen Handlungen des Insolvenzverwalters zu erhöhen, um dadurch dessen Handlungs- und Einsatzfähigkeit vor allem zum Zweck der Unternehmensfortführung zu stärken. Die im Eröffnungsverfahren vom **vorläufigen Insolvenzverwalter begründeten Verbindlichkeiten** gelten nach § 55 Abs. 2 in einem späteren Insolvenzverfahren als Masseverbindlichkeiten. Dadurch hat der vorläufige Insolvenzverwalter die Möglichkeit erhalten, schon in diesem Verfahrensabschnitt Masseschulden zu begründen. Personen, die mit dem vorläufigen Insolvenzverwalter Verträge abschließen oder Leistungen zugunsten des schuldnerischen Vermögens erbringen, sollen sich darauf verlassen können, dass diese auch nach Verfahrenseröffnung als Masseverbindlichkeiten gem. § 53 vorweg erfüllt werden. Voraussetzung ist freilich, dass auf Grund eines im Eröffnungsverfahren dem Schuldner auferlegten allgemeinen Veräußerungsverbots die Verwaltungs- und Verfügungsbefugnis über dessen Vermögen nach § 22 Abs. 1 Satz 1 auf den vorläufigen Insolvenzverwalter übergegangen ist. Der vom Gesetzgeber mit der Neuregelung verfolgte Zweck, die Voraussetzungen einer Unternehmensfortführung im Eröffnungsverfahren zu verbessern und zu erleichtern, ist aber nicht erreicht worden. Tatsächlich werden nämlich nur in Ausnahmefällen von den Insolvenzgerichten vorläufige Insolvenzverwalter (sog. „starke" Verwalter) bestellt, auf die die Verfügungsbefugnis über das Vermögen des Schuldners übergegangen ist.[9] Wesentlicher Grund für die Zurückhaltung bei Anordnung von starken vorläufigen Verwaltungen ist die Befürchtung, dass die spätere Masse durch nicht zwingend notwendige Verbindlichkeiten nach § 55 Abs. 2 zu sehr belastet wird und der vorläufige Verwalter erhöhten Haftungsrisiken nach §§ 61, 21 Abs. 2 Satz 1 ausgesetzt ist, wenn von ihm eingegangene Verpflichtungen bei Fälligkeit nicht erfüllt werden können.[10]

Die in der Praxis übliche Einsetzung eines nur mitbestimmenden vorläufigen Insolvenzverwalters war Anlass für die zum 1.1.2011 eingeführte Regelung in **§ 55 Abs. 4.** Danach gelten die vom „schwachen" vorläufigen Verwalter oder mit seiner Zustimmung vom Schuldner begründeten **Steuerschulden** nach Verfahrenseröffnung als sonstige Masseverbindlichkeiten. Die Aufwertung der Steuerforderungen aus der Zeit bis zur Verfahrenseröffnung zu Masseschulden soll die Finanzverwaltung insbesondere vor Umsatzsteuerausfällen während der vorläufigen Insolvenzverwaltung schützen (dazu näher RdNr. 239). Ob die Praxis wegen des neuen § 55 Abs. 4 vermehrt starke vorläufige Insolvenzverwaltungen anordnen wird, bleibt abzuwarten.[11] Nach dem durch das ESUG zum 1.3.2012 in Kraft getretenen § 270b Abs. 3 kann das Gericht den Schuldner im Bereich der (zunächst vorläufigen) Eigenverwaltung auf Antrag ermächtigen, während der Dauer des angeordneten **„Schutzschirmverfahrens"** Masseverbindlichkeiten zu begründen.[12] Mit dieser umfassenden

---

[6] *Häsemeyer*, RdNr. 14.03; *Voigt-Salus* in Mohrbutter/Ringstmeier § 32 RdNr. 30; s. RdNr. 193.
[7] Vgl. § 53 RdNr. 7.
[8] IdF des Gesetzes zur Vereinfachung des Insolvenzverfahrens vom 13.4.2007 (BGBl. I S. 509).
[9] Stattdessen wird in über 90 % der Insolvenzverfahren lediglich ein „schwacher" vorläufiger Insolvenzverwalter i.S.v. § 22 Abs. 2 eingesetzt, s. *Kier*, FS Greiner, 2005, S. 118. Dazu auch HambKomm-*Sander* § 22 RdNr. 31.
[10] Zu den Haftungsgefahren und den Zielkonflikten bei Betriebsfortführungen im Eröffnungsverfahren vgl. *Undritz* NZI 2007, 66 f.; ferner *Gottwald/Uhlenbruck* § 14 RdNr. 28 und 64; *Graf-Schlicker/Voß* § 22 RdNr. 6.
[11] Nach *Hölzle* ZIP 2011, 1889, 1890 ist eine relative Zunahme zu beobachten.
[12] Zum neuen § 270b InsO vgl. *Schelo* ZIP 2012, 712 f.; *Frind* ZInsO 2012, 1099; *Oppermann/Schmid* ZInsO 2012, 862.

Kompetenz erhält der eigenverwaltende Schuldner die rechtliche Stellung wie ein starker vorläufiger Insolvenzverwalter im „allgemeinen" Eröffnungsverfahren (§ 55 Abs. 2).[13] Sie wird die Aufnahme und Fortsetzung geschäftlicher Beziehungen mit Vertragspartnern, auf deren Mitwirkung der Schuldner eines Krisenunternehmens bei Vorbereitung der angestrebten Sanierung angewiesen ist, erleichtern und eine Betriebsfortführung oft überhaupt erst möglich machen.

B. Entstehungsgeschichte

7   Die InsO hat in § 55 die Unterscheidung der Masseverbindlichkeiten nach der KO zwischen Massekosten und Masseschulden nicht übernommen. Der Gesetzgeber hat sie nunmehr als sonstige Masseverbindlichkeiten zusammengefasst, sodass die bisherige Unterscheidung ihre Bedeutung verloren hat. Eines der wichtigsten Reformziele war es, in einem Großteil der Verfahren überhaupt wieder zur Eröffnung zu kommen. Erst die Eröffnung des Insolvenzverfahrens ermöglicht nach Auffassung des Gesetzgebers überhaupt eine regelrechte und nach bestimmten rechtlichen Vorschriften ablaufende effektive und marktkonforme Gläubigerbefriedigung.[14] Deshalb umfassen nach neuem Recht die Kosten des Insolvenzverfahrens nur noch die Gerichtskosten, die Verwaltervergütung und -auslagen sowie die Vergütung und Auslagen der Mitglieder des Gläubigerausschusses, § 54. Wenn diese Kosten des Insolvenzverfahrens gedeckt sind, hat auch § 26 Abs. 1 Satz 1 die Verfahrenseröffnung zu erfolgen.[15] Diese soll ausschließlich von der Deckung der Verfahrenskosten abhängig sein. Ob die Insolvenzmasse darüber hinaus ausreichen wird, um „notwendige" Masseverbindlichkeiten nach § 55 zu befriedigen, soll keine Rolle spielen.[16] Die Ausgaben für die Verwaltung, Verwertung und Verteilung der Masse, die nach früherem Recht in § 58 Nr. 2 KO zu den Massekosten gehörten, stellen nunmehr sonstige Masseverbindlichkeiten nach § 55 Abs. 1 Nr. 1 dar. Darunter fallen auch Steuern, Abgaben, öffentliche Lasten oder anderweitige Masseverwaltungskosten. Die Reform der Masseverbindlichkeiten war vom gesetzgeberischen Ziel bestimmt, die **Belastung der Insolvenzmasse** mit vorweg zu begleichenden Masseverbindlichkeiten **abzubauen**.[17] Die privilegierte Befriedigung der Arbeitnehmeransprüche als (unechte) Masseschulden aus sozialen Schutzgründen wurde ausdrücklich beseitigt.

8   Eine masseschonende Wirkung soll auch durch das befristete Vollstreckungsverbot bei Masseverbindlichkeiten nach § 90 erzielt werden. Der **Vollstreckungsschutz** für die Dauer von sechs Monaten in der Anfangsphase des Verfahrens schützt nach der Gesetzesbegründung die Masse davor, durch Vollstreckungsmaßnahmen solcher Massegläubiger auseinandergerissen zu werden, deren Forderungen ohne Zustimmung des Verwalters entstanden sind, also den sog. **oktroyierten** Masseverbindlichkeiten. Der Insolvenzverwalter bekommt dadurch eine gewisse Zeit eingeräumt, um sich einen Überblick über die vorweg zu befriedigenden Kosten des Verfahrens sowie die zur Begleichung erforderlichen Mittel zu verschaffen. Die Unterscheidung zwischen oktroyierten und durch den Insolvenzverwalter begründeten, gewillkürten Masseverbindlichkeiten in gegenseitigen Verträgen hat in § 90 Abs. 2 ihren gesetzlichen Niederschlag gefunden.

9   Anstelle der Sequestration nach altem Recht ist nach der InsO die Anordnung der vorläufigen Insolvenzverwaltung nach §§ 21, 22 getreten. Die Rechtsstellung und Aufgaben des vorläufigen Insolvenzverwalters sind nunmehr gesetzlich geregelt oder werden – bei der sog. schwachen vorläufigen Insolvenzverwaltung, § 22 Abs. 2 – der Bestimmung durch das Gericht überlassen.

C. Sonstige Masseverbindlichkeiten nach § 55 Abs. Nr. 1

I. Regelungsinhalt

10 **1. Arten der Masseverbindlichkeiten.** In § 55 Abs. 1 Nr. 1 werden die sonstigen Masseverbindlichkeiten, die aus Handlungen des Insolvenzverwalters oder in anderer Weise durch die Verwaltung, Verwertung und Verteilung der Insolvenzmasse begründet werden, zusammenfassend geregelt.

---

[13] *Oppermann/Schmid* ZInsO 2012, 862 f.; dazu auch RdNr. 227.
[14] Amtl. Begr. BT-Drucks. 12/2443, S. 126.
[15] Die Abweisung mangels Masse unterbleibt, wenn ein ausreichender Geldbetrag vorgeschossen wird oder wenn gem. § 4a in der Insolvenz über das Vermögen einer natürlichen Person die Kosten des Insolvenzverfahrens bis zur Erteilung der Restschuldbefreiung gestundet werden.
[16] Vgl. § 54 RdNr. 33 mwN.
[17] Amtl. Begr. BT-Drucks. 12/2443, S. 126; BGH NZI 2007, 287, 288; NJW-RR 2006, 989. Zur schleichenden Wiedereinführung von Privilegien vgl. aber *Bauer* DZWIR 2007, 188; *Uhlenbruck* ZInsO 2005, 505; *Kübler/Prütting/Bork/Pape/Schaltke* § 55 RdNr. 17, 21 ff.

Eine Aufteilung wie nach altem Recht zwischen Masseansprüchen aus Handlungen des Verwalters und Massekosten aus der Verwaltung der Insolvenzmasse erfolgt nicht. Damit entfällt auch die nach der KO erforderliche schwierige Abgrenzung[18] zwischen den aus Rechtshandlungen des Verwalters entstehenden Masseverbindlichkeiten und dem als Massekosten zu qualifizierenden Aufwand für die Verfahrensabwicklung. Dennoch können im Einzelfall Abgrenzungsfragen auftauchen. So können zB die Honoraransprüche des Insolvenzverwalters, die darauf beruhen, dass er als Rechtsanwalt die Masse im Prozess vertreten hat, vgl. § 5 InsVV, nicht mehr als (bevorzugte) Kosten des Insolvenzverfahrens i.S.v. § 54 verstanden werden; sie gehören nunmehr zu den sonstigen Masseverbindlichkeiten.[19] Die **neue Trennung** zwischen den den Kosten des Verfahrens und den sonstigen Masseverbindlichkeiten dient der Reduzierung des für eine Verfahrenseröffnung benötigten Vermögens des Schuldners, § 26 Abs. 1 Satz 1, um diese zu erleichtern. In masseunzulänglichen Verfahren sind in Abkehr zu § 60 KO die sonstigen Masseverbindlichkeiten nach § 55 gegenüber den Kosten des Verfahrens aus § 54 nachrangig, vgl. § 209 Abs. 1 Nr. 1.

Masseverbindlichkeiten nach § 55 Abs. 1 Nr. 1 sind Verbindlichkeiten aus Rechtsgeschäften, die **11** der Insolvenzverwalter für die Insolvenzmasse eingeht. Der in § 55 Abs. 1 Nr. 1 verwendete Begriff der „**Handlungen**" soll deutlich machen, dass durch Rechtshandlungen jeder Art im Rahmen der Insolvenzverwaltung, also auch durch deliktische Handlungen oder Unterlassungen des Verwalters, Masseverbindlichkeiten begründet werden können. Zu den Masseverbindlichkeiten zählen nunmehr auch die durch die Insolvenzverwaltung („in anderer Weise") ausgelösten Verwaltungsverbindlichkeiten, wie insbesondere die Verbindlichkeiten aus Steuern.

Die InsO bezeichnet die Ansprüche der Massegläubiger nach § 55 als (sonstige) Masseverbindlich- **12** keiten. Mit den Begriffen „Anspruch" und „Verbindlichkeit" wird derselbe Rechtsgegenstand einmal aus Sicht des Gläubigers, zum anderen aus Sicht des Schuldners beschrieben. Die Bezeichnung als Masseverbindlichkeiten stimmt mit den **Masseschulden** der KO überein. Trotz des geänderten Sprachgebrauchs können beide Begriffe gleichbedeutend nebeneinander verwandt werden.

2. Äquivalenzprinzip. Die Insolvenzordnung enthält **keine Begriffsbestimmung** der Masse- **13** verbindlichkeiten. Nach § 53 werden sie dadurch gekennzeichnet, dass sie – vor den Insolvenzgläubigern – vorweg aus der Masse zu begleichen sind, während die Insolvenzgläubiger nach Maßgabe der §§ 38, 87, 187 ff. gleichmäßig und quotal befriedigt werden. Die Begründung hierfür ist, dass die Massegläubiger vor Insolvenzeröffnung wirtschaftlich keine Leistung zur Masse erbracht haben, wegen deren „Verlust" sie haftungsrechtlich auf die Masse verwiesen werden können.[20] Die von den Massegläubigern erbrachten Leistungen sind vielmehr notwendig und erforderlich, damit der Insolvenzverwalter die ihm von der Insolvenzordnung auferlegten Pflichten und Aufgaben erfüllen kann. Masseverbindlichkeiten sind dort anzuerkennen, wo sich das Handeln des Insolvenzverwalters auf Geschäfte bezieht, die zur gemeinschaftlichen Gläubigerbefriedigung und damit zur Verwirklichung der Ziele des Insolvenzverfahrens nach § 1 vorgenommen werden.

Der Insolvenzverwalter begründet Masseverbindlichkeiten, um dadurch eine Gegenleistung für **14** die Masse zu erhalten und für diese nutzbar zu machen.[21] Da der volle **Wert der Gegenleistung** im Prinzip in die Masse fließt, ist es auch gerechtfertigt, den Massegläubiger voll und vorab aus der Masse – unter Zurücksetzung der Insolvenzgläubiger – zu befriedigen. Das wesentliche Merkmal einer Masseverbindlichkeit liegt darin, dass sich die von der Masse aufzubringende Leistung als **Äquivalent** zu der ihr zugute kommenden Gegenleistung darstellt. Soweit eine derartige Äquivalenzbeziehung besteht, tritt durch das Handeln des Insolvenzverwalters wirtschaftlich keine Masseschmälerung ein. Im Interesse der Insolvenzgläubiger hat deshalb der Insolvenzverwalter wie ein Kaufmann sorgfältig darauf zu achten, dass seinen Ausgaben für Verwaltungs- und Verwertungsmaßnahmen wertmäßig ausgleichende Gegenleistungen[22] gegenüberstehen.

3. Begründung von Masseverbindlichkeiten nach Insolvenzeröffnung. Masseverbindlich- **15** keiten nach § 55 Abs. 1 Nr. 1 sind dadurch gekennzeichnet, dass sie nach Insolvenzeröffnung „**begründet**" werden.[23] Maßgebend ist also nicht der uU später liegende Zeitpunkt der Entstehung der Masseverbindlichkeit, sondern deren Begründetheit nach Insolvenzeröffnung. Darin liegt der wesensmäßige Unterschied zu Insolvenzforderungen, die schon dann vorliegen, wenn deren anspruchsbegründender Tatbestand zeitlich vor Insolvenzeröffnung verwirklicht worden ist. Dafür

---

[18] Kilger/K. Schmidt § 58 KO Anm. 3; Kuhn/Uhlenbruck § 58 KO RdNr. 8a.
[19] Jaeger/Henckel § 54 RdNr. 14.
[20] Henckel, FS, S. 169, 173 f.; Häsemeyer RdNr. 14.02.
[21] Zum Grundsatz der Masseerhaltung vgl. BGH NJW-RR 2012, 2262 (Rz. 6).
[22] BSG NZI 2012, 375; BVerwG NJW 2010, 2152; K/P/B/Pape/Schaltke § 55 RdNr. 87; Häsemeyer RdNr. 4.03; Voigt-Salus in Mohrbutter/Ringstmeier § 32 RdNr. 27 f.
[23] Uhlenbruck/Sinz § 55 RdNr. 10; Hambkomm-Jarchow § 55 RdNr. 7.

reicht es aus, dass der Schuldrechtsorganismus, der die Grundlage des Anspruchs bildet, vor Verfahrenseröffnung entstanden ist, selbst wenn sich hieraus eine Forderung des Gläubigers erst nach der Eröffnung des Verfahrens ergibt; auf deren Fälligkeit kommt es also nicht an.[24]

16 Der **Provisionsanspruch** eines Handelsvertreters i.S.v. § 84 Abs. 1 HGB wird mit dem Geschäftsabschluss zwischen dem Unternehmen und dem Kunden – aufschiebend bedingt durch die Ausführung des vermittelten Vertrages, § 87a HGB – begründet. Er ist deshalb Insolvenzforderung. Entscheidet sich der Insolvenzverwalter nach § 103 dafür, den noch nicht ausgeführten Vertrag mit dem Dritten zu erfüllen und zB die bestellte Ware auszuliefern, so bleibt die Provisionsforderung weiterhin Insolvenzforderung.[25] Sie wird durch die Erfüllungswahl nicht – neu – begründet. Wird ein **Mietverhältnis** vor Insolvenzeröffnung beendet, stellen die Abwicklungsansprüche des Vermieters wie zB der Anspruch auf eine Nutzungsentschädigung nach § 546a BGB grundsätzlich nur Insolvenzforderungen dar, weil sie schon vor Eröffnung des Verfahrens entstanden waren.[26] Werden in der Mieterinsolvenz Nebenkosten für einen Zeitraum vor Insolvenzeröffnung nachgefordert, ist der Vermieter daher auch bei deren Abrechnung erst nach Eröffnung nur Insolvenzgläubiger, §§ 38, 108 Abs. 3.[27] Ein für den Fall der Kündigung des Arbeitsverhältnisses zwischen Schuldner und Arbeitnehmern vereinbarter **Abfindungsanspruch** ist bloße Insolvenzforderung und keine Masseschuld nach § 55 Abs. 1 Nr. 2, auch wenn er erst mit der vom Insolvenzverwalter erklärten Kündigung entsteht. Für diese Einstufung ist maßgeblich, dass der Anspruch auf Abfindungszahlung schon vor Verfahrenseröffnung (tarif-)vertraglich – durch den Kündigungsfall aufschiebend bedingt – begründet wurde; der vom Verwalter herbeigeführte Eintritt der Bedingung löst zwar den Anspruch aus, führt aber nicht zu einer Masseverbindlichkeit.[28]

17 Im Unterschied zu den nach Insolvenzeröffnung durch Verwalterhandeln selbst neu begründeten Masseverbindlichkeiten nach § 55 Abs. 1 Nr. 1 sind die Masseverbindlichkeiten nach § 55 Abs. 1 Nr. 2 dadurch gekennzeichnet, dass sie auf gegenseitigen Verträgen beruhen, die vor Insolvenzeröffnung vom Schuldner abgeschlossen waren. Dazu zählen neben den durch Erfüllungswahl des Verwalters begründeten Ansprüchen auch alle Entgeltansprüche von Arbeitnehmern aus den, § 108 Abs. 1 fortbestehenden Arbeitsverhältnissen, die ab Insolvenzeröffnung als oktroyierte Masseverbindlichkeiten erfüllt werden müssen.[29]

18 **4. Abwicklungsgeschäfte.** Masseverbindlichkeiten entstehen aus vom Insolvenzverwalter zum Zwecke der Verwaltung, Verwertung oder Verteilung der Insolvenzmasse neu begründeten Rechtsverhältnissen. Nur soweit die Geschäftsführung des Insolvenzverwalters darauf gerichtet ist, der Insolvenzmasse etwas zuzuführen,[30] können von ihm Masseverbindlichkeiten nach § 55 Abs. 1 Nr. 1 zur Entstehung gebracht werden. Davon abzugrenzen sind deshalb Handlungen des Insolvenzverwalters, die allein der **Abwicklung** dem Grunde nach bei Verfahrenseröffnung **bestehender Rechtsbeziehungen** dienen. Werden zB Miet- oder Dienstverhältnisse vom Verwalter durch Kündigung vorzeitig beendet, stellen Schadenersatzansprüche des Vermieters oder Dienstverpflichteten nur Insolvenzforderungen dar, §§ 109 Abs. 1 Satz 3, 113 Abs. 1 Satz 3. Gleiches gilt, wenn der Verwalter Beschäftigungsverhältnisse mit Arbeitnehmern kündigt und die Bundesagentur für Arbeit deshalb für die Einstellung dieser Arbeitnehmer vor Verfahrenseröffnung gewährte Eingliederungszuschüsse zurückfordert (§ 223 Abs. 2 SGB III); die Kündigung gehört zur Abwicklungstätigkeit des Verwalters, sodass hierdurch ausgelöste Rückzahlungsverpflichtungen gegenüber der BA keine Masseschulden i.S.v. § 55 Abs. 1 Nr. 1 sein können.[31] Masseverbindlichkeiten sind grundsätzlich nur da anzuerkennen, wo die Insolvenzmasse eine Gegenleistung des Gläubigers erhält; bloße Abwicklungsmaßnahmen des Verwalters bewirken aber keine Mehrung der Masse. Auch die Inbesitznahme der Insolvenzmasse, der Widerruf von Bezugsrechten der Arbeitnehmer zur Einziehung der Rückkaufswerte von Lebensversicherungen[32] oder die Ablehnung der Erfüllung eines gegenseitigen Vertrages i.S.v. § 103 sind reine Liquidationstätigkeiten.[33] Die insoweit anfallenden und aus der bloßen Rückabwicklung resultierenden Kosten können die Masse nicht verpflichten. Demontage- und Transport-

---

[24] BGH NJW 2012, 609 und 1585; NZI 2011, 953 u. st.Rspr.; Uhlenbruck/Sinz § 38 RdNr. 26.
[25] BGH NJW 1990, 1665; *Hess* § 55 RdNr. 33 s. auch RdNr. 144.
[26] BGH NJW 2007, 1591. Dazu näher RdNr. 155.
[27] BGH NJW-RR 2011, 876.
[28] BAG NZI 2006, 716; ZIP 2008, 374; s. auch RdNr. 189.
[29] BAG NZI 2007, 58 und NZI 2007, 300, 302.
[30] Eingehend zum „Äquivalenzprinzip" *Voigt-Salus* in Mohrbutter/Ringstmeier § 32 RdNr. 27 f., 39 f.; RdNr. 14.
[31] BSG NZI 2012, 375.
[32] BAG ZIP 1991, 1295 dazu EWiR 1991, 603 *(Onusseit)*.
[33] BAG AP Nr. 38 zu § 59 KO; BFH ZIP 1986, 316; *Hess* RdNr. 142; Kübler/Prütting/Bork/Pape/Schaltke § 55 RdNr. 94.

kosten des Vermieters zB für den Abbau einer vermieteten Telefonanlage oder auch Kosten für die Abholung von Leasinggut sind Abwicklungskosten des früheren Miet- bzw. Leasingvertrages; bei dem Anspruch auf Erstattung solcher Kosten handelt es sich daher nur um Insolvenzforderungen.[34] Dies ist auch dann der Fall, wenn der Mietvertrag erst nach Insolvenzeröffnung beendet und die Mietsache danach abgeholt worden ist.[35]

5. Fehlerhafte Behandlung der Masseverbindlichkeiten. Masseverbindlichkeiten können vom Gläubiger irrtümlich als Insolvenzforderungen eingestuft und beim Insolvenzverwalter zur Eintragung in die Insolvenztabelle angemeldet werden. Sie verlieren jedoch nicht durch die Anmeldung und auch nicht auf Grund einer nachfolgenden Feststellung zur Insolvenztabelle ihren Rechtscharakter als Masseschuld.[36] Wird der Irrtum nachfolgend erkannt, so hat der Insolvenzverwalter die Masseverbindlichkeit gem. § 53 aus der Insolvenzmasse vorweg zu berichtigen; er hat jedoch gleichzeitig gegenüber dem Massegläubiger einen Anspruch auf Berichtigung der Insolvenztabelle. Im umgekehrten Fall gilt entsprechend: Der Insolvenzverwalter kann nicht eine Insolvenzforderung in eine Masseverbindlichkeit „umwandeln", indem er diese – irrtümlich – bezahlt oder auf andere Weise anerkennt.[37] Seine Verwaltungs- und Verfügungsbefugnis wird durch den Insolvenzzweck begrenzt. Die bevorzugte Befriedigung eines Insolvenzgläubigers verstößt gegen das Gebot der Gleichbehandlung und ist deshalb unwirksam. Der vermeintliche Massegläubiger hat die entgegen den insolvenzrechtlichen Verteilungsgrundsätzen (§§ 38, 53) aus der Insolvenzmasse erhaltenen Leistungen, jedenfalls soweit sie die ihm gebührende Insolvenzquote übersteigen, nach § 812 Abs. 1 Satz 1 BGB an den Verwalter zurückzugewähren.

6. Abschließende Regelung der Masseverbindlichkeiten. Die Masseverbindlichkeiten werden in § 55 abschließend geregelt.[38] Verbindlichkeiten, welche die Voraussetzungen des § 55 nicht erfüllen, können auch nicht aus anderen Gründen als Masseverbindlichkeiten angesehen oder behandelt werden. Das verbietet bereits der Gesetzeszweck. Ob Kosten für gesellschaftsrechtliche Maßnahmen, die in der Insolvenz einer GmbH/AG außerhalb der Insolvenzverwaltung angefallen sind, im Ausnahmefall analog § 55 Abs. 1 aus der Masse zu finanzieren sind, ist streitig.[39] Der Umfang der vorweg aus der Masse zu berichtigenden Verbindlichkeiten soll begrenzt werden, um auch auf diese Weise die Befriedigungschancen der Insolvenzgläubiger zu verbessern. Damit unvereinbar ist es, „neue" Masseverbindlichkeiten zu entwickeln, um deren Gläubigern unter Verletzung des Gleichbehandlungsgrundsatzes einen Anspruch auf grundsätzlich volle Erfüllung einzuräumen.[40]

II. Masseverbindlichkeiten aus Handlungen des Insolvenzverwalters (Nr. 1 Alt. 1)

1. Rechtsgeschäfte. Masseverbindlichkeiten werden vom Insolvenzverwalter durch „Handlungen", vorrangig durch für die Masse abgeschlossene Rechtsgeschäfte begründet. Hierzu zählen alle Verbindlichkeiten aus Rechtsgeschäften, die der Insolvenzverwalter zur Weiterführung des Unternehmens oder zur Verwertung abschließt, wie zB aus Kaufverträgen über die Beschaffung notwendiger Materialien und Stoffe, aus Werkverträgen mit Subunternehmern, aus Geschäftsbesorgungsverträgen mit Verwertungsgesellschaften oder auch aus im Rahmen der Unternehmensfortführung begründeten Arbeitsverhältnissen.[41]

Die Insolvenzmasse schuldet aus den vom Insolvenzverwalter selbst vorgenommenen Rechtsgeschäften die **Erfüllung der Verbindlichkeiten** wie außerhalb des Insolvenzverfahrens. Veräußert der Insolvenzverwalter Vermögensgegenstände aus der Masse, so stellen auch die Gewährleistungsansprüche des Käufers Masseverbindlichkeiten dar. Schließt der Insolvenzverwalter in der Insolvenz über das Vermögen eines Baugeschäftes mit einem Bauherren einen neuen Bauvertrag ab, so schuldet er gem. §§ 631, 633 BGB die mangelfreie Herstellung des versprochenen Werkes. Die Mängelansprüche des Auftraggebers nach § 634 BGB sind als sonstige Masseansprüche i. S. d. § 55 Abs. 1

---

[34] BGH NJW 2012, 2800 (Rz. 19); BGHZ 150, 305, 312 = ZIP 2002, 1043 im Anschluss an BGHZ 72, 263 = NJW 1979, 310.
[35] *Hess* RdNr. 164.
[36] BGH NJW 2006, 3068; *Gottwald/Klopp/Kluth* § 58 RdNr. 3. Dazu auch § 53 RdNr. 48.
[37] OLG Brandenburg NZI 2002, 107 mit Anm. P. Mohrbutter WuB VI B. § 57 KO 1.02; *Jaeger/Henckel* § 6 RdNr. 150; *Häsemeyer* RdNr. 14.09; ferner § 53 RdNr. 49.
[38] *Kübler/Prütting/Pape* § 55 RdNr. 4; *Andres/Leithaus* § 55 RdNr. 3.
[39] Bejahend *Uhlenbruck*, NZI 2003, 313 f.; grds. ablehnend *Gottwald/Haas* § 92 RdNr. 294/295; *Flitsch* EWiR 2007, 210 (Anm. zu BGH NZI 2007, 231); offen geblieben in BVerwG NJW-RR 2005, 1207. Vgl. auch die in § 11 Abs. 1 WpHG ausdrücklich angeordnete Kostenübernahme durch die Masse.
[40] *Kübler/Prütting/Bork/Pape/Schaltke* § 55 RdNr. 87.
[41] Der Verwalter kann Masseschulden nach Abs. 1 Nr. 1 aber auch ohne rechtsgeschäftliches Handeln auslösen, s.u. RdNr. 33.

Nr. 1 vom Insolvenzverwalter aus der Masse zu erfüllen.[42] Bevor der Insolvenzverwalter deshalb risikoträchtige Aufträge eingeht, muss er sorgfältig prüfen, ob die ordnungsgemäße Erfüllung durch die Masse gewährleistet bzw. sichergestellt ist. Die aus den vom Insolvenzverwalter abgeschlossenen Verträgen sich ergebenden Schadenersatzansprüche wegen Vertragsverletzungen sind gleichfalls Masseansprüche nach § 55 Abs. 1 Nr. 1. Dabei können Fehlkalkulationen des Insolvenzverwalters leicht auch zur **persönlichen Haftung** gegenüber dem Vertragspartner nach §§ 60, 61 führen.

23 Welche Rechtsgeschäfte zu welchen Konditionen zum Zwecke der Unternehmensfortführung, Verwaltung oder Verwertung abgeschlossen werden, hat der Insolvenzverwalter nach pflichtgemäßem Ermessen zu entscheiden.[43] Soweit es sich um besonders bedeutsame Rechtsgeschäfte i. S. d. § 160 handelt, hat der Insolvenzverwalter zuvor die **Zustimmung** des **Gläubigerausschusses** bzw. der Gläubigerversammlung einzuholen. Die internen Mitwirkungs- und Zustimmungspflichten haben jedoch keine Außenwirkung. Auch wenn der Insolvenzverwalter zB durch Abschluss eines Verwertungsgeschäftes gegen ihm obliegende Informationspflichten nach §§ 167, 168 oder einen Zustimmungsvorbehalt des Gläubigerausschusses, § 160, verstoßen hat, ist dieses im Außenverhältnis wirksam, vgl. § 164.

24 **a) Neugeschäfte.** Die Begründung von Masseverbindlichkeiten nach § 55 Abs. 1 Nr. 1 Alt. 1 setzt voraus, dass es sich um ein vom Insolvenzverwalter **nach Verfahrenseröffnung** eingegangenes Schuldverhältnis handelt.[44] Dazu gehören die Verbindlichkeiten, die der Insolvenzverwalter begründet hat, um seine Pflichten der Verwaltung, Verwertung und Verteilung der Insolvenzmasse zu erfüllen. Masseverbindlichkeiten sind deshalb nur insoweit anzuerkennen, als die Geschäftsführung des Insolvenzverwalters auf die Vornahme derartiger Neugeschäfte gerichtet ist. Diese sind abzugrenzen von Handlungen des Insolvenzverwalters, die ausschließlich der Abwicklung alter, bereits vor Insolvenzeröffnung vom Schuldner begründeter Rechtsverhältnisse dienen (s.o. RdNr. 18).[45]

25 **b) Insolvenzzweckwidrige Handlungen.** Mit der Verfahrenseröffnung geht das Verwaltungs- und Verfügungsrecht über die Masse vom Insolvenzschuldner auf den Verwalter über, § 80 Abs. 1. Über die rechtliche Stellung des Insolvenzverwalters besteht seit langem ein Meinungsstreit, der auch durch die InsO nicht beigelegt wurde.[46] Die Bedeutung des Theorienstreites ist für die Praxis gering, zumal die unterschiedlichen Auffassungen über die Rechtsstellung des Insolvenzverwalters in den wesentlichen Fragen zu übereinstimmenden Ergebnissen gelangen.[47] Nach der **Amtstheorie**, der die ständige höchstrichterliche Rechtsprechung[48] und das ganz überwiegende Schrifttum folgen, ist der Insolvenzverwalter ein besonderes Rechtspflegeorgan, das materiellrechtlich wie prozessual nicht als Vertreter des Schuldners, sondern **im eigenen Namen** – wenn auch für Rechnung der Masse – ein **privates Amt** unabhängig ausübt.[49] In seiner Eigenschaft als amtlich bestellter Verwalter kann er über die Masse verfügen und Verpflichtungen eingehen, für die die Insolvenzmasse haftet.[50] Damit der Insolvenzverwalter die Masse verpflichtet, muss er ausdrücklich oder zumindest konkludent sein auf die Masse bezogenes Handeln gegenüber dem Vertragspartner offenlegen. Allerdings genügt der objektive Bezug des Geschäfts auf die Masse,[51] damit eine Masseverbindlichkeit entsteht. Aus Privatgeschäften des Insolvenzverwalters kann die Masse nicht verpflichtet werden.

26 Jedoch ist die dem Insolvenzverwalter eingeräumte Rechtsmacht, zu Lasten der Insolvenzmasse Verbindlichkeiten begründen zu können, nicht unbegrenzt. Die ihm übertragene Verfügungsbefugnis dient dazu, die gleichmäßige Befriedigung der Gläubiger als Ziel des Insolvenzverfahrens nach § 1 Satz 1 zu verwirklichen. Sie wird deshalb objektiv durch den **Insolvenzzweck begrenzt**.[52] Unwirksam sind daher Rechtshandlungen des Insolvenzverwalters, die für einen verständigen Beobachter offenkundig dem Insolvenzzweck zuwiderlaufen; sie verpflichten die Masse nicht. Der Geschäftspartner bedarf im Hinblick auf die Erkennbarkeit des Verstoßes gegen den Insolvenzzweck

---

[42] Nerlich/Römermann/Andres RdNr. 22.
[43] Häsemeyer RdNr. 14.08.
[44] BAG NJW 2010, 2154 (Rz. 21).
[45] Vgl. OLG Köln NZI 2011, 812; OLG Düsseldorf ZInsO 2005, 820, 822.
[46] Dazu § 80 RdNr. 26 ff. mit umfassender Übersicht zu den Theorien und ihren Auswirkungen auf Einzelfragen.
[47] Uhlenbruck § 80 RdNr. 78; HambKomm-Kuleisa § 80 RdNr. 4; Kluth, Die Rechtsstellung des Insolvenzverwalters oder die „Insolvenz" der Verwaltertheorien, NZI 2000, 351.
[48] RGZ 29, 29; BGHZ 88, 334 = NJW 1984, 739; BGHZ 100, 346, 351 = NJW 1987, 3133; BGH ZInsO 2006, 260; NJW 1995, 1484 und 1997, 1445.
[49] Zur Amtstheorie vgl. näher Häsemeyer RdNr. 15.06.
[50] Demgegenüber sieht die Organtheorie den Verwalter als „Organ" der Insolvenzmasse mit der Stellung eines gesetzlichen Vertreters an, vgl. zur „modifizierten" Organtheorie Karsten Schmidt KTS 1984, 345.
[51] Häsemeyer RdNr. 14.08.
[52] BGHZ 150, 353, 360 = NJW 2002, 2783, 2785; NJW 2008, 63 u. 1994, 323.

auch keines Vertrauensschutzes, wenn ihm – entspr. den anerkannten Regeln zum Missbrauch der Vertretungsmacht – zumindest grobe Fahrlässigkeit zur Last fällt.[53] Muss sich ihm aufgrund der Umstände ohne weiteres der Eindruck aufdrängen, dass der Insolvenzverwalter außerhalb seines gesetzlichen Wirkungskreises tätig wird, ist die Insolvenzmasse vor Rechtsverlusten zu bewahren.

Rechtshandlungen des Insolvenzverwalters werden nur in engen Grenzen ausnahmsweise nichtig **27** sein, weil sie dem Grundsatz der Gläubigergleichbehandlung widersprechen. Keine rechtliche Anerkennung verdient jedenfalls ein Verwalterhandeln, das der Insolvenzmasse auch aus Sicht des Geschäftspartners nur Schaden zufügt. Das trifft zB bei Schenkungen aus der Insolvenzmasse zu.[54] Gleiches gilt für die Veräußerung von Vermögensgegenständen weit unter Wert, sofern dies auch für den Erwerber **evident** ist; wirtschaftlich kommt es einer Teil-Schenkung gleich. Die Genehmigung einer Lastschriftbuchung durch den Insolvenzverwalter, die dem Gläubiger noch die volle Erfüllung seiner bloßen Insolvenzforderung verschafft, kann im Einzelfall für die Schuldnerbank ersichtlich dem Insolvenzzweck zuwiderlaufen.[55] Auch die Veräußerung eines sanierungsfähigen Unternehmens auf einen Dritten ist **insolvenzzweckwidrig**, wenn damit klar erkennbar die Absicht verbunden ist, der Masse den möglichen Sanierungsgewinn zu entziehen. Der vorläufige starke Insolvenzverwalter kann mit der grundlosen Tilgung von Altschulden ohne eigene Neuleistungen des Gläubigers insolvenzzweckwidrig handeln.[56] Unwirksam ist ferner die Anerkennung offensichtlich nicht vorhandener Aussonderungsrechte oder Zahlungen des Verwalters für die Löschung einer wertlosen Grundschuld an einen Absonderungsberechtigten, der mit der verweigerten Löschungsbewilligung nur eine formale Rechtsposition zum Schaden anderer Insolvenzgläubiger für sich ausnutzt.[57] Vom Verwalter aus Massemitteln getätigte, für die Gesamtheit der Gläubiger ungünstige Wertpapiergeschäfte können nichtig sein und deshalb keine Masseverbindlichkeit begründen, wenn sie dem Zweck des Insolvenzverfahrens eindeutig zuwiderlaufen.[58] Die ohne Rechtsgrund zu Lasten der Insolvenzmasse erbrachten Leistungen sind vom Empfänger nach Bereicherungsrecht wieder herauszugeben, § 812 Abs. 1 BGB. Soweit sich vom Verwalter getroffene Verfügungen und Absprachen mit Gläubigern jedoch äußerlich noch im Rahmen ordnungsgemäßer Verwaltertätigkeit halten, wird die Masse hieraus verpflichtet, auch wenn sie sich als unzweckmäßig, nachteilig oder sonst wie verfehlt herausstellen.[59]

2. Rechtsverletzungen, unerlaubte Handlungen. Aus Rechtsgeschäften oder Rechtshand- **28** lungen des Insolvenzverwalters, die er im Rahmen seiner Amtstätigkeit vornimmt, werden nach § 55 Abs. 1 Nr. 1 Masseverbindlichkeiten begründet. Hiervon zu unterscheiden ist die Frage, ob auch die Masse für Schadenersatzansprüche einzustehen hat, die der Insolvenzverwalter durch schuldhafte Pflichtverletzungen oder unerlaubte Handlungen begründet.[60] Grundsätzlich besteht darüber Einigkeit, dass **Pflichtverletzungen** des Insolvenzverwalters, die von diesem **innerhalb seines gesetzlichen Wirkungskreises** begangen wurden, der Masse zuzurechnen sind.[61] Strittig ist, ob die Zurechnung des Verwalterhandelns nach § 278 BGB analog oder § 31 BGB zu erfolgen hat. Der Unterschied der Auffassungen liegt darin, dass bei einer entsprechenden Anwendung des § 278 BGB die Masse nur für solche Pflichtverletzungen des Verwalters als „Erfüllungsgehilfen" einzustehen hat, die zugleich eine Verletzung vertraglicher Verpflichtungen darstellen. Demgegenüber haftet die Masse bei Anwendung des § 31 BGB für sämtliche schuldhafte Pflichtverletzungen des Insolvenzverwalters, gleichgültig, ob er dadurch Vertragspflichten verletzt oder eine unerlaubte Handlung begeht. Auch auf der Grundlage der hier vertretenen Amtstheorie ist die entsprechende Anwendung des § 31 BGB zu bejahen[62] mit der Folge, dass die Insolvenzmasse als haftungsrechtlich abgesondertes Vermögen für Pflichtverletzungen jeder Art des für dieses Vermögen verantwortlichen Insolvenzverwalters im Grundsatz einzustehen hat.

Voraussetzung ist, dass das haftungsrelevante Verhalten des Insolvenzverwalters in Ausführung der **29** ihm obliegenden Verwaltung und Verwertung der Insolvenzmasse begangen wurde, also nicht nur bei Gelegenheit. Besteht kein **innerer Zusammenhang** zwischen der Pflichtverletzung und der

---

[53] BGH NJW-RR 2008, 1074; NJW 2008, 63; *Häsemeyer* RdNr. 14.09.
[54] *Häsemeyer* RdNr. 14.09; HambKomm-Jarchow § 55 RdNr. 5.
[55] Vgl. BGH NJW 2008, 63.
[56] OLG Dresden ZInsO 2005, 1221; vgl. auch BGHZ 118, 374, 379 = NJW 1992, 2483.
[57] BGH NJW-RR 2008, 1074; NJW 2009, 1414.
[58] OLG Celle ZIP 2006, 1364.
[59] BGH NJW-RR 2008, 1074; NJW 1994, 323.
[60] Ersatzansprüche aufgrund einer deliktischen Handlung des Schuldners vor Verfahrenseröffnung sind nur als Insolvenzforderung geltend zu machen, §§ 38, 45, auch soweit Schäden erst später eintreten, vgl. Uhlenbruck-Sinz § 38 RdNr. 42.
[61] BGH NJW-RR 2006, 989; NZI 2006, 592; BVerwG NJW 2010, 2152.
[62] *Jaeger/Henckel* § 55 RdNr. 17; *Uhlenbruck/Sinz* § 55 RdNr. 24.

insolvenzrechtlichen Tätigkeit des Verwalters, so kann dadurch keine Haftung der Masse entstehen.[63] Soweit aber schuldhafte Pflichtverletzungen der Insolvenzmasse haftungsrechtlich nach § 31 BGB zuzurechnen sind, handelt es sich bei den Haftungsansprüchen stets um Masseverbindlichkeiten nach § 55 Abs. 1 Nr. 1.

30 **a) Vertragsverhältnisse.** Werden Verträge, die der Insolvenzverwalter abgeschlossen oder deren Erfüllung er nach § 103 Abs. 1 gewählt hatte, nicht oder schlecht erfüllt, haftet die Insolvenzmasse für die **Sekundäransprüche**.[64] Diese stellen Masseverbindlichkeiten nach § 55 Abs. 1 Nr. 1 dar. Der Anspruch auf Schadenersatz wegen Verzug nach §§ 280 Abs. 2, 286 BGB kann deshalb ebenso eine Masseforderung sein, wie der Anspruch auf Schadenersatz statt der Leistung gem. § 280 Abs. 1 und 3, § 281 BGB. Hat der Insolvenzverwalter Vermögensgegenstände verkauft, kann er dem Käufer jedoch nicht das Eigentum hieran verschaffen, so wird die Pflichtverletzung der Insolvenzmasse zugerechnet.[65] Der Schadensersatzanspruch wegen des Rechtsmangels (§ 437 Nr. 3 BGB) ist eine Masseforderung in gleicher Weise wie ein Erfüllungsanspruch aus dem vom Insolvenzverwalter begründeten Vertragsverhältnis. Wenn der Verwalter im Rahmen der Masseverwertung ein Grundstück des Schuldners freihändig als lastenfrei verkauft und dabei eine nicht im Grundbuch eingetragene, trotz der Veräußerung fortbestehende öffentliche Last – zB die Grundsteuer gem. § 12 GrStG – übersieht,[66] haftet die Masse für die mangelfreie Vertragserfüllung; bezahlt der Käufer wegen der nicht erloschenen Grundstückslast rückständige Grundsteuern, so kann er einen vertraglichen Erstattungsanspruch nach §§ 435, 437 BGB als Masseschuld geltend machen.[67] Verzögert oder vereitelt der Verwalter eine als Masseverbindlichkeit geschuldete Grundstücksräumung, ist auch die hierdurch ausgelöste Verpflichtung zum Ersatz der Räumungskosten der Masse zuzurechnen, § 55 Abs. 1 Nr. 1.[68]

31 **b) Vereitelung von Aus- und Absonderungsrechten.** Ein Insolvenzverwalter ist verpflichtet, die Rechte von Aus- und Absonderungsberechtigten zu wahren. Sicherungsrechte können vom Insolvenzverwalter zB verletzt werden, wenn er diese rechtlich nicht zutreffend beurteilt oder wenn er deren Wertverlust nicht verhindert. Verschiedentlich hat sich die Rechtsprechung mit dem Fall befasst, dass der Insolvenzverwalter unbefugt Ware aus der Insolvenzmasse veräußert, die unter Eigentumsvorbehalt stand. In der Veräußerung der **Vorbehaltsware** – auch in Kenntnis des Eigentumsvorbehalts – durch den Insolvenzverwalter kann angesichts der vielfältigen rechtlichen Gestaltungsmöglichkeiten keine Erfüllungswahl des Kaufvertrages mit dem Vorbehaltslieferanten nach §§ 103, 107 gesehen werden.[69] Die Masse schuldet deshalb nicht den vertraglich vereinbarten Kaufpreis. Aufgrund der Vereitelung des Aussonderungsrechtes durch die unberechtigte Veräußerung kann der Verkäufer jedoch im Wege der Ersatzaussonderung die Auskehrung des erzielten Verwertungserlöses aus der Masse verlangen, soweit dieser sich noch unterscheidbar in der Masse befindet, § 48 Satz 2. Scheitert die Ersatzaussonderung, hat der Vorbehaltsverkäufer einen **Schadenersatzanspruch** gegen die Insolvenzmasse nach §§ 989, 990 BGB, wenn der Insolvenzverwalter die Herausgabe durch die unberechtigte Weiterveräußerung an einen gutgläubigen Erwerber schuldhaft unmöglich gemacht hat.[70] Der Schadensersatzanspruch ist eine **Masseschuld** nach § 55 Abs. 1 Nr. 1. Die Höhe des Schadensersatzes bemisst sich nach dem Wert, den die veräußerte Sache im Zeitpunkt ihrer Veräußerung objektiv besaß.[71] Der geschädigte Eigentümer ist danach so zu stellen, wie wenn der Insolvenzverwalter nach Ablehnung der Vertragserfüllung die veräußerte Ware an ihn zurückgegeben hätte. Die unberechtigte Veräußerung kann bei fehlendem Verschulden des Verwalters einen Bereicherungsanspruch aus §§ 816 Abs. 1 Satz 1, 818 Abs. 3 BGB, § 55 Abs. 1 Nr. 3 begründen.[72] Des Weiteren haftet die Masse auch für eine schuldhaft verzögerte Erfüllung von geltend gemachten Aussonderungsansprüchen nach §§ 280 Abs. 2, 286 BGB i. V. m. § 55 Abs. 1.[73]

---

[63] *Häsemeyer* RdNr. 14.10. Die nach § 55 Abs. 1 Nr. 1 begründete Masseschuld befreit den Insolvenzverwalter nicht von einer etwaigen persönlichen Haftung nach § 60 oder allgemeinem Deliktsrecht, BGH NJW-RR 1988, 92.
[64] *Jaeger/Henckel* § 55 RdNr. 8; *Kübler/Prütting/Bork/Pape/Schaltke* § 55 RdNr. 111.
[65] BGH NJW-RR 1989, 252.
[66] Vgl. BGH NJW-RR 2010, 1022 m. zust. Anm. *Büchner* EWiR 2010, 431.
[67] Sind die Absonderungsrechte bekannt, wird der Verwalter idR Verwertungsvereinbarungen mit den Pfandgläubigern schließen. Vgl. etwa BGH ZIP 2011, 387, 389; eingehend *Mitlehner* ZIP 2012, 649 bis 657.
[68] BGH NJW-RR 2006, 989 = NZI 2006, 293 m. Anm. *Henkel*.
[69] BGH NJW 1998, 992 mit Anmerkung *Henckel* WuB IV B. § 17 KO 1.98; *Kübler/Prütting/Bork/Pape/Schaltke* § 55 RdNr. 112.
[70] Vgl. BGH NJW-RR 1990, 411; NJW 1998, 992.
[71] Der Schadensersatzanspruch kann deshalb niedriger sein als der ursprünglich vereinbarte Kaufpreis, BGH NJW 1998, 929.
[72] Vgl. BGH-RR 2008, 1369; Graf-Schlicker/Bremen § 55 RdNr. 44.
[73] BGH NJW 2011, 1282.

Soweit den Insolvenzverwalter an der Vereitelung von Aus- und Absonderungsrechten ein Ver- **32** schulden trifft, kommt eine **persönliche Haftung** nach § 60 in Betracht.[74] Auch der nur mitbestimmende vorläufige Verwalter kann sich gegenüber absonderungsberechtigten Gläubigern schadenersatzpflichtig machen, zB wenn er eingezogene Gelder nicht zugunsten von Sicherungsnehmern separat verwahrt oder wenn er seine Zustimmung zu einem freihändigen Verkauf von Absonderungsgut pflichtwidrig verweigert, bei dem ein Mehrerlös zu erwarten ist.[75] Es gehört zu den insolvenzspezifischen Pflichten des Verwalters, Aussonderungsrechte zu beachten und an der Herausgabe der schuldnerfremden Gegenstände mitzuwirken sowie dafür zu sorgen, dass mit einem Absonderungsrecht belastete Gegenstände zB keinen Wertverlust erleiden. Die Verwalterhaftung steht dabei **gleichrangig** neben einer Massehaftung; der Geschädigte ist also nicht etwa verpflichtet, seinen Schadenersatzanspruch zunächst gegenüber der Masse zu verfolgen.[76] Der persönlichen Haftung des Insolvenzverwalters kommt vor allem dann Bedeutung zu, wenn in einem masseunzulänglichen Verfahren die von ihm begründeten Masseverbindlichkeiten nicht oder nur noch quotal befriedigt werden können (vgl. § 61).

c) Sonstige Pflichtverletzungen. Auch sonstige Rechtsverletzungen des Insolvenzverwalters, **33** die im **Zusammenhang** mit der ihm obliegenden **Verwaltung der Masse** begangen werden, können zu Masseverbindlichkeiten führen. Verletzt der Insolvenzverwalter im Rahmen der Weiterführung des Insolvenzbetriebes zB Urheber- oder Patentrechte, so sind die aus den Verletzungshandlungen resultierenden Unterlassungs- und Schadenersatzansprüche Masseverbindlichkeiten nach § 55 Abs. 1 Nr. 1. Gleiches gilt für den aus einer anfechtbaren Rechtshandlung (auch Vollstreckungsauftrag) des Verwalters selbst resultierenden Rückgewähranspruch aus § 143 Abs. 1 Satz 1[77] oder für einen Ersatzanspruch nach §§ 143 Abs. 1 Satz 2 i. V. m. 819 Abs. 1, 818 Abs. 4, 292 Abs. 1, 989 BGB, wenn der Verwalter als Anfechtungsgegner die Rückgewähr eines anfechtbaren Erwerbs in Natur schuldhaft unmöglich macht.[78]

d) Unerlaubte Handlungen. Begeht der Insolvenzverwalter eine unerlaubte Handlung, so kann **34** hierdurch eine Haftung der Insolvenzmasse für den Schadenersatzanspruch nach § 55 Abs. 1 Nr. 1 i.V.m. § 823 BGB begründet werden.[79] Dies freilich ist nicht der Fall, wenn das deliktische Verhalten in keinem **sachlichen Zusammenhang** mit der Insolvenzverwaltung begangen wurde. So können vermögensschädigende Handlungen, wie die Herbeiführung eines Verkehrsunfalls auf einer Privatfahrt, der Masse nicht zugerechnet werden.[80] Soweit der Insolvenzverwalter jedoch bei der Verwaltung und Verwertung der Masse, also in **Ausübung seines Amtes**, einen Dritten durch eine unerlaubte Handlung schädigt, ist diese in entsprechender Anwendung des § 31 BGB der Insolvenzmasse zuzurechnen.[81] Zieht der Verwalter zB schuldhaft fremde Gelder zur Insolvenzmasse statt sie an den Berechtigten abzuführen, begründet er damit eine Ersatzverpflichtung als Masseverbindlichkeit. Dem Geschädigten haftet also mit der Insolvenzmasse das Sondervermögen, bei dessen Verwaltung die Pflichtwidrigkeit begangen wurde.[82] Die Masse kann auch gegenüber Lastschriftgläubigern zum Schadenersatz aus § 55 Abs.1 Nr.1 i.V.m. § 826 BGB verpflichtet sein, wenn der (vorläufige) Insolvenzverwalter schon zuvor vom Schuldner genehmigten Lastschriften „widerspricht" und der insolvenzrechtlich **unberechtigte Widerspruch** zu Rückbuchungen durch die Schuldnerbank führt.[83] Ein Schädigungsvorsatz und sittenwidriges Verhalten wird dem Verwalter aber nur anzulasten sein, falls sich ihm nach Sachlage hätte aufdrängen müssen, dass der Schuldner die Lastschriftzahlung zB durch schlüssiges Verhalten bereits genehmigt hatte.[84]

3. Masseverwaltungskosten. Die Kosten der Masseverwaltung[85] umfassen zunächst alle Ausga- **35** ben zur Sicherung der Insolvenzmasse. Hierunter fallen zB Bewachungskosten ebenso wie die **Prä-**

---

[74] Vgl. zB BGH NJW-RR 2008, 1369; NZI 2006, 169; eingehend *Uhlenbruck/Sinz* § 60 RdNr. 29 bis 45; *Mohrbutter* in Mohrbutter/Ringstmeier § 33 RdNr. 92 f., RdNr. 100 f.
[75] BGH NJW 2010, 2585 (Rz. 41) und 2011, 2960 f. mwN.
[76] BGH NZI 2006, 169; BAG NZI 2007, 535; *Mohrbutter* in Mohrbutter/Ringstmeier § 33 RdNr. 20; *Uhlenbruck/Sinz* § 60 RdNr. 113.
[77] OLG Köln NZI 2011, 812, dazu *Rendels* EWiR 2011, 755.
[78] *Eckardt*, Anfechtung und Aussonderung, KTS 2005, 15, 46.
[79] Bei einem versicherten Haftpflichtschaden kann der Geschädigte abgesonderte Befriedigung aus dem Versicherungsanspruch des Insolvenzschuldners verlangen, § 110 VVG.
[80] *Uhlenbruck/Sinz* § 55 RdNr. 24; *Kübler/Prütting/Bork/Pape/Schaltke* § 55 RdNr. 109.
[81] BGH NZI 2006, 592; HambKomm-*Jarchow* § 55 RdNr. 70.
[82] *Häsemeyer* RdNr. 14.10; *Jaeger/Henckel* § 55 RdNr. 17.
[83] BGH NJW 2012, 2800 und 2010, 3517 (Rz. 31).
[84] Zur persönlichen Haftung des (vorläufigen) Verwalters bei pflichtwidrigem Lastschriftwiderspruch vgl. BGH NJW 2010, 3517 (Rz. 26); auch § 60 RdNr. 18a.
[85] Dazu *Voigt-Salus* in Mohrbutter/Ringstmeier § 32 RdNr. 71 f.

mien für Versicherungen, sofern diese nach Insolvenzeröffnung fortgeführt oder neu abgeschlossen werden.[86] Gleichfalls gehören die mit der Verwertung verbundenen Kosten zu den sonstigen Masseverbindlichkeiten. Dies gilt auch für die dem Insolvenzverwalter obliegende Verwertung von beweglichen Gegenständen, an denen Absonderungsrechte bestehen, § 166. Der Insolvenzverwalter wird beachten müssen, dass die aus der Verwertung herrührende Kostenbelastung nicht die der Masse nach §§ 170, 171 zustehenden pauschalen Kostenbeiträge des Sicherheitengläubigers übersteigt. Die im Zwangsversteigerungs- oder Zwangsverwaltungsverfahren entstehenden Kosten gehen nur dann zu Lasten der Masse, wenn die Verfahren vom Insolvenzverwalter beantragt bzw. von ihm mitbetrieben werden. Als **Verwertungskosten** i. S. d. § 171 Abs. 2 sind auch anzusehen die aus der Beauftragung von Versteigerern[87] oder Maklern entstehenden Vergütungs- bzw. Provisionsansprüche; sie sind Masseverbindlichkeiten nach § 55 Abs. 1 Nr. 1.

36   **4. Einsatz von Hilfskräften.** Der Insolvenzverwalter ist bei der ordnungsgemäßen Abwicklung eines Insolvenzverfahrens zum Zwecke der gemeinschaftlichen Befriedigung der Gläubiger idR darauf angewiesen, zur Erfüllung seiner umfangreichen Aufgaben sog. Hilfskräfte einzusetzen.[88] Soweit es sich um die Bewertung von Vermögensgegenständen, zB von Immobilien, Markenrechten oder eines Maschinenparks handelt, wird er sich unabhängiger Sachverständiger bedienen. Zur Aufarbeitung der im Unternehmen vorgefundenen ungeordneten Buchhaltung oder zur Erfüllung der steuerlichen Pflichten kann er einen selbständigen **Steuerberater** oder Wirtschaftsprüfer einsetzen.[89] Deren Vergütungsansprüche aus den jeweiligen Auftragsverhältnissen sind Masseverbindlichkeiten nach § 55 Abs. 1 Nr. 1.[90] Der Insolvenzverwalter hat daneben das Recht, für bestimmte Aufgaben im Insolvenzverfahren „eigene" Mitarbeiter einzusetzen. Gegenüber wem der Mitarbeiter Ansprüche erwirbt, hängt davon ab, wer sein Vertragspartner ist.

37   **a) Eigene Angestellte.** Der Insolvenzverwalter kann neben dem vorhandenen Büropersonal weiterhin benötigte **Mitarbeiter auf eigene Rechnung** einstellen und im Insolvenzverfahren einsetzen.[91] In § 4 Abs. 1 Satz 2 InsVV ist jedoch eindeutig geregelt, dass deren Gehälter im Normalfall zu den durch die Verwaltervergütung abgegoltenen allgemeinen Geschäftskosten gehören. Diese Regelung zwingt zu einer klaren **Abgrenzung** zwischen den Mitarbeitern, die der Insolvenzverwalter im eigenen Namen und auf eigene Kosten beschäftigt, sowie denjenigen, deren Vergütung zu Lasten der Insolvenzmasse gehen soll.

38   **b) Beauftragung für die Insolvenzmasse.** Zu Erledigung „**besonderer Aufgaben**" im Rahmen der Verwaltung ist der Insolvenzverwalter berechtigt, für die Masse **Dienst-** oder **Werkverträge** mit Dritten abzuschließen, § 4 Abs. 1 Satz 3 InsVV. Die sich aus den Verträgen ergebenden Vergütungsansprüche stellen sonstige Masseverbindlichkeiten i. S. d. § 55 Abs. 1 Nr. 1 Alt 1 dar. Die geschuldete Vergütung kann der Verwalter, soweit sie angemessen ist, laufend aus der Insolvenzmasse entnehmen. Der Insolvenzverwalter hat deshalb zur Erledigung von **Sonderaufgaben** die Wahl, ob er neue Mitarbeiter einstellt oder aber „eigene" qualifizierte Mitarbeiter auf der Grundlage eines Dienst- oder Werkvertrages unmittelbar zu Lasten der Masse weiterbeschäftigt.[92] Zahlreiche Insolvenzverwalter verfügen über einen Stamm von Mitarbeitern, die auf Grund ihrer Erfahrung und Ausbildung spezielle Fachkräfte für die Insolvenzabwicklung sind. Ist ein Unternehmen im Insolvenzverfahren weiterzuführen, muss der Insolvenzverwalter auf diese Mitarbeiter zurückgreifen können, die aus der Zusammenarbeit mit ihm oder anderen Verwaltern über spezielle insolvenzrechtliche Kenntnisse und Erfahrungen verfügen. Sie sind vor Ort präsent, überwachen den Produktionsablauf, sind mit der Abwicklung der Vertragsverhältnisse befasst oder haben den vorhandenen Auftragsbestand nachzukalkulieren. Sie sind auch als Vertrauenspersonen für den Insolvenzverwalter nicht durch andere vorhandene Mitarbeiter des Unternehmens ersetzbar. Es kann vom Insolvenzverwalter nicht verlangt werden, diese Mitarbeiter, auf die er weitgehend angewiesen ist, ständig auf eigene Kosten des Büros zu beschäftigen. Lässt der Verwalter besondere Aufgaben durch eigenes

---

[86] Uhlenbruck/Sinz § 55 RdNr. 13.
[87] BGH NZI 2005, 679; A/G/R-Homann § 171 RdNr. 12; Uhlenbruck/Brinkmann § 171 RdNr. 3.
[88] *Voigt-Salus/Pape* in Mohrbutter/Ringstmeier § 21 RdNr. 94 – auch zur Abgrenzung zu den Aufgaben, die der Verwalter höchstpersönlich wahrzunehmen hat.
[89] BGH NJW-RR 2007, 53; NZI 2012, 372 (Beauftragung von Rechtsanwälten).
[90] Unvermeidbare Steuerberatungskosten können allerdings unter engen Voraussetzungen ausnahmsweise als „Auslagen" i.S.v. § 54 Nr. 2 (§ 4 Abs. 2 InsVV) behandelt werden, die dem Insolvenzverwalter bei Kostenstundung (§ 4a) und Masseunzulänglichkeit (§ 209 Abs. 1 Nr. 1) nach § 63 Abs. 2 aus der Staatskasse zu erstatten sind, BGHZ 160, 176, 183 = NZI 2004, 577.
[91] BGH ZIP 1991, 324, dazu *Gottwald* EWiR 1991, 275.
[92] BGH NJW-RR 2007, 622; NJW-RR 2007, 53 = ZIP 2006, 1501, dazu *Prasser* EWiR 2006, 569; BGHZ 160, 176, 180 = NJW 2004, 2976.

Büropersonal erledigen und soll dessen Vergütung aus der Insolvenzmasse bezahlt werden, muss er aber – wie bei jeder Fremdvergabe von Aufträgen – für die Masse jeweils **gesonderte Dienst-** oder **Werkverträge** mit seinen Mitarbeitern abschließen.[93]

Der Insolvenzverwalter hat den Abschluss von Dienst- oder Werkverträgen zur Erledigung besonderer Aufgaben in seinem **Vergütungsantrag** näher darzulegen, § 8 Abs. 2 InsVV. Erst dann kann das Insolvenzgericht prüfen, ob wirklich „besondere" Aufgaben oder aber nur regelmäßig anfallende und damit von der Vergütung erfasste Kerngeschäfte des Insolvenzverwalters zu erledigen waren. Dieser sollte deshalb in den mit den Hilfskräften schriftlich abzuschließenden Dienst- oder Werkverträgen nach § 4 Abs. 1 Satz 3 InsVV bereits konkret angeben, zur Erledigung welcher besonderen Aufgabe die Einstellung für die Masse notwendig gewesen ist. Ob der spezielle Einsatz von Hilfskräften zur Erfüllung besonderer Aufgaben noch angemessen und vertretbar war, kann nur anhand der konkreten Umstände des Einzelfalls beurteilt werden. Allgemein gültige Kriterien existieren nicht.[94] Die Verwertung von Mobiliarvermögen wird zB grundsätzlich eine Regeltätigkeit sein, welche keine Einschaltung von gewerblichen Verwertern auf Kosten der Masse rechtfertigt.[95] Die Durchführung von Zustellungen im Auftrag des Insolvenzgerichts nach § 8 Abs. 3 stellt zwar eine besondere Aufgabe dar; solange diese aber mit geringem Aufwand durch eigene Mitarbeiter und damit zur Schonung der Masse erledigt werden kann, bedarf es keiner Übertragung auf Dritte.[96] Als zulässig ist es anzusehen, wenn der Insolvenzverwalter eigene Mitarbeiter zu Lasten der Masse beschäftigt und sie daneben im Büro auf eigene Rechnung oder in anderen Insolvenzverfahren einsetzt. Um eine Vermischung der Tätigkeitsbereiche zu vermeiden, ist eine konkrete Festlegung der jeweiligen Arbeitsbereiche, des Zeitaufwandes und der aus der Insolvenzmasse zu bezahlenden Vergütung im jeweiligen Vertrag unabdingbar.

c) Beauftragung einer „eigenen" Gesellschaft. Soweit der Insolvenzverwalter berechtigt ist, zur Bewältigung des Insolvenzverfahrens mit Dritten Werk- oder Dienstverträge abzuschließen, kann er grundsätzlich auch eine juristische Person bzw. Gesellschaft beauftragen, an der er rechtlich oder wirtschaftlich maßgeblich beteiligt ist.[97] Er darf deshalb zB die Steuerberatungsgesellschaft mit der laufenden Buchführung oder Erstellung der Steuerbilanzen beauftragen, auch wenn er selbst Gesellschafter ist und ihm durch die Auftragserteilung ein weiteres Einkommen zufließen kann. Wegen des immanenten **Interessenkonfliktes** ist der Insolvenzverwalter aber verpflichtet, dem Insolvenzgericht rechtzeitig einen Sachverhalt anzuzeigen, der Anlass zur Besorgnis der Befangenheit bieten könnte.[98]

5. Prozesshandlungen. Auch Prozesshandlungen des Insolvenzverwalters stellen „Handlungen" i. S. d. § 55 Abs. 1 Nr. 1 dar.[99] Die Prozessführung des Insolvenzverwalters, die bei Verfahren mit einem erheblichen Streitwert zu den besonders bedeutsamen Rechtshandlungen gehört, § 160 Abs. 2 Nr. 3, kann deshalb zur Entstehung von Masseverbindlichkeiten führen. Ob dies der Fall ist, hängt maßgebend davon ab, in welchem Verfahrensstadium sich der Rechtsstreit befindet und die Prozesskosten angefallen sind.

a) Neue Rechtsstreitigkeiten. Der Insolvenzverwalter ist auf Grund der auf ihn übergegangenen Verwaltungs- und Verfügungsbefugnis auch Inhaber des **Prozessführungsrechtes**, § 80 Abs. 1. Kraft dieser gesetzlichen Prozessstandschaft kann er unter Ausschluss des nicht mehr prozessführungsbefugten Schuldners alle die Insolvenzmasse betreffenden Prozesse führen.[100] Werden von ihm nach Insolvenzeröffnung Rechtsstreitigkeiten eingeleitet, so begründet er damit nach § 55 Abs. 1 Nr. 1 Masseschulden; dies gilt ebenso, wenn er als Beklagter einen nach Verfahrenseröffnung gegen ihn geltend gemachten Rechtsstreit führt.[101] Gibt der Verwalter einen streitbefangenen Massegegenstand zugunsten des Insolvenzschuldners aus der Masse frei,[102] so ist er nicht mehr prozessführungsbefugt. Der freigegebene Gegenstand gehört wieder zum insolvenzfreien Vermögen des Schuldners, der insoweit die Verwaltungs-

---

[93] BGH NJW-RR 2007, 53; *Kübler/Prütting/Bork/Pape/Schaltke* § 55 RdNr. 96.
[94] Vgl. BGH ZIP 2010, 1909 m. Anm. *Prasser* S. 1910. War die Einschaltung Externer nicht gerechtfertigt, können deren aus der Masse entnommenen Kosten von der Verwaltervergütung abgezogen werden, vgl. BGH NJW 2005, 903.
[95] BGH NZI 2008, 38 (mit Beispielen für Ausnahmen).
[96] Anfallende Sachkosten sind als Auslagen gem. § 4 Abs. 2 InsVV zu erstatten, vgl. BGH NZI 2012, 372.
[97] BGHZ 113, 262, 270 = NJW 1991, 982; *Nerlich/Römermann/Andres* § 55 RdNr. 13.
[98] BGH NZI 2012, 247; NJW 1991, 982.
[99] BGH NZI 2007, 104; OLG Köln NZI 2011, 812.
[100] BGH ZIP 2012, 1263; BAG NJW 2009, 3529, 3530.
[101] *Gottwald/Klopp/Kluth* § 56 RdNr. 5; *Haarmeyer/Wutzke/Förster*, Handbuch, Kap. 5 RdNr. 365; *Kübler/Prütting/Bork/Pape/Schaltke* § 55 RdNr. 97.
[102] Die Freigabe ist grundsätzlich zulässig, und zwar auch im Insolvenzverfahren über das Vermögen von Gesellschaften, BGH ZInsO 2006, 260; ZIP 2005, 1034; *Uhlenbruck/Hirte* § 35 RdNr. 71 ff.

und Verfügungsbefugnis zurückerhält und damit selbst prozessführungsbefugt ist.[103] Auch wenn die Führung eines Rechtsstreites über einen streitigen Anspruch oder Gegenstand idR mit einem Kostenrisiko für die Masse verbunden ist, wird sich der Insolvenzverwalter nicht immer zur Freigabe aus der Masse entschließen können. Ob der Insolvenzverwalter jedoch zur Vermeidung eines Prozessrisikos der Masse den Insolvenzschuldner nur zur Klagehebung ermächtigen kann, sog. **modifizierte Freigabe,** ist im Schrifttum str.[104] Die Rechtsprechung hält diese **gewillkürte Prozessstandschaft** als Minus gegenüber der echten Freigabe grundsätzlich für zulässig, soweit der Schuldner ein eigenes schutzwürdiges Interesse an der Anspruchsdurchsetzung im eigenen Namen hat.[105] Der Insolvenzschuldner kann zB im Hinblick auf das Nachforderungsrecht der Insolvenzgläubiger nach Verfahrensende ein **schützenswertes Interesse** daran haben, durch vollständige Realisierung auch bestrittener oder zweifelhafter Außenstände seine Verbindlichkeiten soweit wie möglich abzubauen. Wegen Missbrauchs ist die gewillkürte Prozessstandschaft aber dann gem. § 138 BGB unzulässig, wenn der Insolvenzverwalter den Schuldner nur deshalb zur Klagehebung ermächtigt, um das Prozesskostenrisiko der Masse zu Lasten des Prozessgegners auszuschließen. Sicherlich schutzwürdig ist demgegenüber das Interesse des Insolvenzschuldners für einen Aktivprozess, wenn der strittige Anspruch zugunsten des insolvenzfreien Vermögens geltend gemacht wird. Wenn es um die Verfolgung massezugehöriger Gegenstände oder um eine Massemehrung durch Neuerwerb geht, bleibt dies aber grundsätzlich allein Aufgabe des Insolvenzverwalters.[106] Soweit er die Führung eines Rechtsstreites wegen der möglichen Kostenbelastung der Masse für zu risikoreich ansieht, hat er deshalb den streitbefangenen Anspruch oder Vermögensgegenstand vorrangig aus der Masse zugunsten des Insolvenzschuldners freizugeben, damit der Prozess ggf. von diesem auf eigenes Kostenrisiko weiterverfolgt werden kann.

43   **b) Anhängige Rechtsstreitigkeiten.** Anhängige Rechtsstreitigkeiten werden, unabhängig davon, ob sie für oder gegen den Insolvenzschuldner geführt werden, mit Eröffnung des Insolvenzverfahrens gem. § 240 ZPO unterbrochen. Wird der Rechtsstreit **nicht weitergeführt,** stellt der Anspruch der Staatskasse auf Erstattung der Gerichtskosten eine Insolvenzforderung dar.[107] Ebenso ist ein Anspruch des Prozessgegners auf Kostenerstattung eine vor Verfahrenseröffnung – durch die Kostenentscheidung aufschiebend bedingte – Insolvenzforderung.[108] Die offenen Gebührenforderungen des von der Insolvenzschuldnerin mit der Prozessführung beauftragten Rechtsanwaltes sind dementsprechend auch Insolvenzforderungen. Wird die Klage jedoch nach Eröffnung des Insolvenzverfahrens vom Verwalter zurückgenommen, sind die ihm nach § 269 Abs. 4 i. V. m. 3 Satz 2 ZPO auferlegten Kosten des Rechtsstreits gem. § 55 Abs. 1 Nr. 1 Masseverbindlichkeiten.[109]

44   Bildete eine Forderung des Schuldners aus einem beiderseitig nicht vollständig erfüllten Vertragsverhältnis den Streitgegenstand und hat der Insolvenzverwalter gem. § 103 Abs. 1 Erfüllung gewählt, so wird eine noch offene Gegenforderung des Vertragspartners dadurch gem. § 55 Abs. 1 Nr. 2 zu einer Masseverbindlichkeit. Die vor Insolvenzeröffnung begründeten Kosten- und Gebührenansprüche bleiben jedoch Insolvenzforderungen, solange der unterbrochene Rechtsstreit vom Insolvenzverwalter nicht fortgesetzt wird.[110]

45   **c) Aufnahme unterbrochener Rechtsstreitigkeiten.** Unterbrochene Rechtsstreitigkeiten können nach Maßgabe der §§ 85, 86 vom Insolvenzverwalter wie auch vom Prozessgegner aufgenommen werden. Der Verwalter begründet Masseverbindlichkeiten nach § 55 Abs. 1 Nr. 1 Alt. 1, wenn er im Unterliegensfall die Kosten des für die Masse fortgeführten Rechtsstreit zu tragen hat. Die Prozesskosten, die eine Gesamtheit von Prozesshandlungen abdecken, bilden i. S. d. § 91 ZPO eine **Einheit.** Nach hM ist der Kostenerstattungsanspruch des Prozessgegners daher – zumindest wenn er die innerhalb einer Instanz entstehenden Gebühren und Auslagen – betrifft, einheitlich als Masseverbindlichkeit zu qualifizieren (s.o. § 53 RdNr. 55).[111] Nach dem Prinzip der einheitlichen

---

[103] *Häsemeyer* RdNr. 10.47 u. 13.14; BGHZ 163, 32 = NZI 2005, 387.
[104] Abl. zB Häsemeyer 10.44.
[105] BGHZ 100, 217 = NJW 1987, 2018; s. auch HK-Kayser § 80 RdNr. 41; *Uhlenbruck* § 80 RdNr. 137; HambKomm-*Kuleisa* § 80 RdNr. 45 u. 46.
[106] *Häsemeyer* RdNr. 10.44.
[107] BFH ZIP 2011, 1066 (Rz. 15); *Uhlenbruck/Sinz* § 38 RdNr. 51.
[108] BAG ZIP 2011, 1066, 1067.
[109] BGH NJW 2005, 2015; BAG ZIP 1987, 87; *Kübler/Prütting/Bork/Pape/Schaltke* § 55 RdNr. 98.
[110] Mit der Erfüllungswahl kann der Verwalter zugleich die Aufnahme des Prozesses verbinden, vgl. HK-Kayser § 85 RdNr. 5.
[111] Vgl. BGH NJW-RR 2007, 397; BAG NJW 2010, 2154 u. ZIP 2006, 144; HK-*Lohmann* § 55 RdNr. 5; *Jaeger/Henckel* § 55 RdNr. 21. Die Gegenansicht will nach dem Zeitpunkt der Insolvenzeröffnung unterscheiden und daher nur die nach der Verfahrensaufnahme anfallenden weiteren Prozesskosten als Masseverbindlichkeiten einstufen, vgl. zuletzt *Lüke,* FS Ganter, 2010, S. 269, 273 f.; *Damerius* ZInsO 2007, 569 ff.; *Uhlenbruck/Sinz* § 38 RdNr. 52 u. § 55 RdNr. 18.

Kostenentscheidung lässt sich der prozessuale Anspruch auf Kostenerstattung grundsätzlich nicht je nach Entstehungszeitpunkt aufspalten und dann für den Zeitraum vor Verfahrenseröffnung als Insolvenzforderung einordnen. Auch bereits entstandene Kostenerstattungs- oder Gebührenansprüche werden daher mit der Aufnahme des Prozesses durch den Verwalter zu Masseverbindlichkeiten.[112] Dies ist unabhängig davon, ob es sich bei dem Rechtsstreit um einen Aktiv- oder Passivprozess handelte und ob dieser vom Insolvenzverwalter oder Prozessgegner aufgenommen wurde. Ob dieser Grundsatz auch bei Prozessen zur Anwendung kommt, deren erste Instanz schon vor Insolvenzeröffnung (und Aufnahme durch den Verwalter) **abgeschlossen** war, ist allerdings fraglich. Der Rechtsgedanke des § 105, wonach bei teilbaren Leistungen zur Abgrenzung der Masseverbindlichkeiten und Insolvenzforderungen strikt zwischen den vor und nach Verfahrenseröffnung erbrachten Leistungen zu trennen ist, spricht für eine unterschiedliche Einordnung der im ersten Rechtszug und der erst nach Insolvenzeröffnung während der Berufungsinstanz entstandenen Prozesskosten. Wäre die gesamte Kostenforderung als Masseschuld zu qualifizieren, würden Kostengläubiger, denen bis zur Aufnahme des Rechtsstreits nur ein als Insolvenzforderung begründeter Anspruch zustand, gegenüber sonstigen Gläubigern systemwidrig privilegiert.[113] Zu einer Differenzierung nach Instanzen tendiert auch die Rspr. des BGH.[114] Die Frage nach der richtigen Forderungsqualifizierung stellt sich gleichermaßen bei den dem Insolvenzverwalter auferlegten Kosten eines Feststellungsrechtsstreits nach § 180 Abs. 2.[115]

aa) Aktivprozesse. Aktivprozesse des Schuldners sind dadurch gekennzeichnet, dass ein Recht **46** für die spätere Masse in Anspruch genommen wird („Teilungsmassestreit").[116] Sie können deshalb (zunächst) nur vom Insolvenzverwalter gem. § 250 ZPO aufgenommen werden, § 85 Abs. 1 Satz 1. Der Verwalter hat nach **pflichtgemäßen Ermessen** zu entscheiden, ob ein unterbrochener Prozess für die Masse fortgeführt werden soll. Nimmt er einen derartigen Rechtsstreit auf, so hat die Masse das sich hieraus ergebende **Prozessrisiko** zu tragen.[117] Der Insolvenzverwalter hat deshalb vor der Aufnahme gewissenhaft zu prüfen, ob auch mit Blick auf eine mögliche Belastung der Masse mit Prozesskosten die Fortsetzung des Rechtsstreits der Masse und damit den Insolvenzgläubigern einen Vorteil bringen wird. Hält der Insolvenzverwalter den Rechtsstreit nicht für aussichtsreich genug, kann er die Klage zurücknehmen. Er ist aber auch berechtigt, die Aufnahme des Rechtsstreits gegenüber dem Schuldner oder der Gegenpartei abzulehnen, § 85 Abs. 2. Er vermeidet dadurch, dass die bei Verfahrenseröffnung als Insolvenzforderungen begründeten Kostenerstattungsansprüche zu Masseverbindlichkeiten erstarken. Führt der Verwalter schuldhaft pflichtwidrig einen vom Schuldner angestrengten Prozess fort, der keine Erfolgsaussicht bietet, droht eine Haftung auf Schadenersatz gem. § 61, sofern wegen Massearmut zB Anwaltskosten nicht beglichen werden können.

In der **Ablehnung** der **Prozessaufnahme** nach § 85 Abs. 2 liegt zugleich die Freigabe des **47** streitbefangenen Gegenstandes aus der Insolvenzmasse, mit der der Schuldner die gesetzliche Prozessführungsbefugnis zurückerhält.[118] Nach der **Freigabe** kann der Rechtsstreit von den bisherigen Prozessparteien aufgenommen und außerhalb des Insolvenzverfahrens fortgesetzt werden, § 85 Abs. 2. Nimmt der Schuldner den Rechtsstreit wieder auf, so haftet dieser wegen des Prinzips der Einheitlichkeit der Kostenentscheidung für die Kosten des verlorenen Rechtsstreits, auch soweit sie die vor Insolvenzeröffnung entstandenen Kosten umfassen, und zwar mit seinem insolvenzfreien Vermögen.[119] Die Masse wird also nicht mit Prozesskosten belastet. Mit der Ablehnung der Aufnahme des Rechtsstreits wird die Unterbrechung des Rechtsstreits nicht automatisch beendet;[120] vielmehr bedarf es zur Beseitigung der Unterbrechungswirkung der ordnungsgemäßen Aufnahme des Rechtsstreits durch den Schuldner oder Prozessgegner.

---

[112] BGH NJW 2005, 2015; BAG ZIP 2006, 144. Obgleich der Kostenanspruch als gesetzlich bedingte Insolvenzforderung angemeldet und festgestellt wurde, steht dies einer Umwandlung in einen Masseschuldanspruch nicht entgegen, *Jaeger/Henckel* § 55 RdNr. 21.

[113] Vgl. HK-Kayser § 85 RdNr. 60; dazu auch § 53 RdNr. 55.

[114] Vgl. NJW-RR 2007, 397. Auch BFH ZIP 2011, 1066 (Rz. 16).

[115] Der Streitwert des wieder aufgenommenen Rechtsstreits richtet sich gem. § 182 nach der zu erwartenden Quote, OLG Hamm NJW 1975, 742; vgl. auch BGH NZI 2000, 115.

[116] BGH NJW-RR 2010, 1053; NJW-RR 2005, 989.

[117] *Häsemeyer* RdNr. 10.47.

[118] BGHZ 163, 32, 36 = NJW 2005, 2015; BGH NJW-RR 2007, 845. Macht der Verwalter von seiner Freigabebefugnis in schuldhaft pflichtwidriger Weise Gebrauch, kann er sich gegenüber den am Verfahren Beteiligten nach § 60 Abs. 1 schadenersatzpflichtig machen.

[119] *Uhlenbruck* § 85 RdNr. 100; *Jaeger/Henckel* § 55 RdNr. 25; *Gottwald/Gerhardt* § 32 RdNr. 31. Nach aA haftet der Schuldner nur für die nach Unterbrechung angefallenen „Neuschulden" mit dem insolvenzfreien Neuerwerb, HambKomm-*Kuleisa* § 85 RdNr. 30; *Damerius* ZInsO 2007, 569, 573.

[120] BGH NJW-RR 2010, 1351.

48 Der Insolvenzverwalter kann im Ergebnis die Entstehung von Masseverbindlichkeiten aus dem Rechtsstreit nur dadurch abwenden, dass er diesen nicht aufnimmt. Hatte er den Prozess aber wieder angerufen, so kann er nicht, weil sich zB die Prozesschancen im Laufe des von ihm selbst aufgenommenen Verfahrens verschlechtert haben, durch Freigabe des Prozessgegenstandes das Prozesskostenrisiko auf das insolvenzfreie Vermögen abwälzen. Der Insolvenzverwalter bleibt vielmehr nach vorherrschender Auffassung entsprechend § 265 Abs. 2 ZPO prozessführungsbefugt, weshalb auch die Kosten eines verlorenen Prozesses – weiterhin – Masseverbindlichkeiten darstellen.[121] Die **Freigabe** des streitbefangenen Rechts **nach Aufnahme** durch den Insolvenzverwalter bewirkt also nur, dass dieser den Rechtsstreit in Prozessstandschaft für den Schuldner fortführt.

49 **bb) Bestimmte Passivprozesse.** Bei Passivprozessen i. S. d. § 86 Abs. 1 Nr. 1–3 handelt es sich um vom Prozessgegner gegen den Schuldner bzw. die (künftige) Masse anhängig gemachte Rechtsstreitigkeiten, die Aussonderungs- oder Absonderungsrechte oder Masseverbindlichkeiten betreffen (§§ 53, 55). Zu letzteren gehört insbesondere die Verbindlichkeit des Schuldners aus einem gegenseitigen Vertrag, dessen Erfüllung der Verwalter verlangt hat, § 103 Abs. 1, § 55 Abs. 1 Nr. 2.[122] Solche Rechtsstreitigkeiten können nach Unterbrechung und ggf. nach einem Erfüllungsverlangen des Verwalters gem. § 86 vom Insolvenzverwalter, aber auch – sofort und selbstbestimmt – vom Gegner aufgenommen werden. Dem Schuldner steht kein Aufnahmerecht zu. Grundsätzlich ist der Insolvenzverwalter aber auch hier berechtigt, durch **Freigabe** des Prozessgegenstandes aus der Masse die **Aufnahme des Rechtsstreits** abzulehnen.[123] Dann hat der Schuldner über die Weiterführung des Rechtsstreits außerhalb des Insolvenzverfahrens zu entscheiden. Hat er aufgenommen und unterliegt er in dem vom Prozessgegner gegen ihn weitergeführten Rechtsstreit, so treffen die Prozesskosten ausschließlich das insolvenzfreie Vermögen. Eine Haftung der Insolvenzmasse hierfür besteht nicht.[124]

50 Eine Freigabe ist für den Insolvenzverwalter aber nicht immer möglich. So können Gegenstände, an denen Absonderungsrechte geltend gemacht werden, von ihm nicht freigegeben werden, wenn er diese zB im Rahmen der Geschäftsfortführung weiterhin benötigt oder aus ihrer Verwertung Überschüsse zugunsten der Masse erzielen bzw. zumindest die Kostenbeiträge nach § 171 realisieren kann. Um die Insolvenzmasse jedoch vor der Belastung mit den Prozesskosten aus einem derartigen Rechtsstreit nach § 91 ZPO, § 55 Abs. 1 Nr. 1 zu bewahren, hat der Insolvenzverwalter die Möglichkeit, nach Aufnahme des Rechtsstreits den geltend gemachten Anspruch **sofort anzuerkennen**. Der Prozessgegner erhält dadurch zwar gem. § 307 ZPO einen Titel gegen die Masse; die Kosten des Rechtsstreits kann er jedoch nur als Insolvenzgläubiger geltend machen, § 86 Abs. 2.[125] Der Kostenerstattungsanspruch ist allerdings aus der Masse zu erfüllen, wenn der Verwalter das Anerkenntnis verspätet abgibt.

51 **cc) Schuldenmassestreit.** Ist Streitgegenstand des gem. § 240 ZPO unterbrochenen Passivprozesses eine **Insolvenzforderung** (§ 38), so kann dieser Schuldenmassestreit nur nach Maßgabe der Vorschriften für das Insolvenzverfahren aufgenommen werden, §§ 87, 179 ff. Der Insolvenzgläubiger hat daher seine Klageforderung zunächst durch Anmeldung zur Tabelle und Prüfung im Insolvenzverfahren geltend zu machen, §§ 174 ff.[126] Nur so erhalten der Insolvenzverwalter und andere Gläubiger Gelegenheit, die angemeldete Forderung zu prüfen und ggf. zu bestreiten. Erst bei **Widerspruch** ist der anmeldende Gläubiger befugt, die bestrittene Forderung durch Prozessaufnahme nach §§ 179 Abs. 1, 180 Abs. 2 im Wege einer Feststellungsklage gegen den Bestreitenden (der an Stelle des Schuldners eintritt) weiter zu verfolgen.[127] Hatte der Insolvenzverwalter eine Insolvenzforderung, über die ein Rechtsstreit bereits anhängig war, im Prüfungstermin lediglich „**vorläufig**" **bestritten,** so ist er nicht verpflichtet, die Kosten des Rechtsstreites zu tragen, wenn er nach Aufnahme des Rechtsstreites durch den Gläubiger ein **sofortiges Anerkenntnis** mit den Rechtsfolgen aus § 93 ZPO abgibt.[128] Der Insolvenzgläubiger weiß dann, dass der Insolvenzverwalter sich noch

---

[121] OLG Nürnberg ZInsO 2005, 102; *Häsemeyer* RdNr. 10.43; *Uhlenbruck* § 80 RdNr. 135; HambKomm-*Kuleisa* § 80 RdNr. 44. Vgl. demgegenüber aber auch BGHZ 123, 132 = NJW 1993, 3032, wonach in diesem Fall ein Parteiwechsel stattfindet u. der Schuldner den unterbrochenen Prozess entspr. §§ 239, 250 ZPO aufnehmen darf.

[122] § 86 Abs. 1 Nr. 3 gilt entspr. für die Aufnahme eines Passivprozesses über eine wettbewerbsrechtliche Unterlassungsklage, vgl. BGHZ 185, 11 = NJW-RR 2010, 1053.

[123] BGH NJW 1973, 2065; HambKomm-*Kuleisa* § 86 RdNr. 16; *Graf-Schlicker/Breitenbücher* § 86 RdNr. 17.

[124] *Uhlenbruck* § 86 RdNr. 17.

[125] BGH NJW-RR 1994, 1213; OLG München ZIP 1996, 1952; HambKomm-*Kuleisa* § 86 RdNr. 21. Dem Gegner fallen ohnehin nach § 93 ZPO die Prozesskosten zur Last, wenn der Schuldner durch sein Verhalten keinen Klageanlass gegeben hat.

[126] BGH NZI 2004, 214 = ZIP 2003, 2379; NZI 2005, 108.

[127] BGH ZIP 2012, 2369 (Rz. 10) m. Anm. Eckardt in EWiR 2012, 799.

[128] BGH ZInsO NJW-RR 2006, 773 = NZI 2006, 295 m. zust. Anm. *Gundlach/Frenzel*; OLG München WM 2005, 1859 m. Anm. *Hess* in WuB VI A. § 178 InsO 1.06; HambKomm-*Herchen* § 179 RdNr. 15.

eine abschließende Erklärung zur angemeldeten Forderung vorbehält. Er ist daher idR gehalten, bevor er den Rechtsstreit mit dem Antrag auf Feststellung des Anspruchs zur Insolvenztabelle nach § 180 Abs. 2 fortsetzt, beim Insolvenzverwalter – ggf. unter Setzung einer angemessenen Frist – nachzufragen, aus welchem Grund die angemeldete Forderung vorläufig bestritten wurde und ob der Widerspruch aufrechterhalten bleiben soll. Versäumt der Gläubiger vor Aufnahme des Rechtsstreits eine solche ihm zumutbare Rückfrage, hat er die gesamten – vor und nach Insolvenzeröffnung entstandenen – Kosten zu erstatten.[129] Hatte der Verwalter jedoch die angemeldete Forderung endgültig bestritten und damit der Rechtsstreits Veranlassung gegeben, so trifft ihn die Kostenlast grundsätzlich auch dann, wenn er im Prozess ein „sofortiges" Anerkenntnis abgibt.[130] Der Kostenerstattungsanspruch des Prozessgegners ist eine Masseverbindlichkeit, § 55 Abs. 1 Nr. 1, und zwar grundsätzlich auch hinsichtlich der vor Verfahrenseröffnung angefallenen Kosten (s.o. RdNr. 45). Der **Kostentragungspflicht** kann er auch nicht mehr entgehen, wenn bereits der Insolvenzschuldner das Kostenprivileg des § 93 ZPO verloren hatte; denn er muss die bisherige Prozessführung des Schuldners grundsätzlich gegen sich gelten lassen, weil der unterbrochene Feststellungsprozess in der Lage aufgenommen wird, in der dieser sich befindet.[131] Der neue (Stufen-)Streitwert der Feststellungsklage richtet sich gem. § 182 nach dem Betrag, der bei der Verteilung der Insolvenzmasse für die Forderung zu erwarten ist.[132]

dd) Vergleich. Der Abschluss eines Vergleichs zur Beendigung eines Rechtsstreits stellt ein **52** rechtsgeschäftliches Handeln dar. Übernimmt der Insolvenzverwalter in einem Prozessvergleich die **Kosten des Rechtsstreits,** so begründet er insoweit Masseverbindlichkeiten. Das gilt bei uneingeschränkter Kostenübernahme durch den Verwalter auch für die schon vor Aufnahme des Rechtsstreits entstandenen Kosten.[133] Durch den Vergleich werden die Forderungen, die durch ihn geregelt werden, in ihrem rechtlichen Charakter grundsätzlich nicht verändert. Bezieht sich der Vergleich daher auf einen bereits vor Insolvenzeröffnung entstandenen **Vermögensanspruch,** bleibt dieser bei Aufnahme (Anerkenntnis) im Vergleich Insolvenzforderung.[134] Begründet der Insolvenzverwalter in dem Vergleich aber eine neue Verbindlichkeit, was ggf. durch Auslegung (§§ 133, 157 BGB) zu klären ist, ist diese als Masseschuld nach § 55 Abs. 1 Nr. 1 einzuordnen. Dies kann zB der Fall sein, wenn sich der Verwalter im Kündigungsschutzprozess vergleichsweise zur Abfindungszahlung verpflichtet u. im Vergleich nicht klargestellt wird, dass mit der Abfindung nur eine Insolvenzforderung befriedigt werden soll.[135]

Hat sich der Insolvenzverwalter in einem **außergerichtlichen Vergleich,** § 779 BGB, zur Über- **53** nahme der Kosten des Rechtsstreits verpflichtet, so handelt es sich – wie beim Prozessvergleich – um eine Masseverbindlichkeit. Die Übernahme der Gerichtskosten durch den Insolvenzverwalter begründet allerdings zugunsten der Staatskasse nur dann eine Masseschuld, wenn der Inhalt des Vergleichs dem Gericht mitgeteilt wird, § 29 Nr. 2 GKG.

ee) Ansprüche des beauftragten Rechtsanwalts. Der dem Rechtsanwalt vom Insolvenz- **54** schuldner erteilte Prozessauftrag endet mit der Eröffnung des Insolvenzverfahrens,[136] § 116, die ihm erteilte Prozessvollmacht erlischt gem. § 117 Abs. 1.[137] Die dem Rechtsanwalt gegen den Schuldner bis zur Unterbrechung des Rechtsstreits zustehenden Vergütungsansprüche sind deshalb Insolvenzforderungen, § 38. Wird der Rechtsanwalt, der bereits vom Insolvenzschuldner beauftragt worden war, vom Insolvenzverwalter nach Aufnahme des Rechtsstreits mit der **weiteren Prozessvertretung** erneut beauftragt, so stellen die gesamten Anwaltskosten, auch soweit sie vor Verfahrenseröffnung entstanden sind, Masseverbindlichkeiten dar.[138] Dies ist unabhängig davon, ob der Rechtsstreit

---

[129] BGH aaO (Fn. 128).
[130] Vgl. auch BGH NZI 2011, 937 zur Kostenentscheidung nach Verfahrensaufnahme und übereinstimmender Erledigungserklärung.
[131] BGH NZI 2007, 104; OLG Frankfurt NJW-RR 2006, 418; HK-Depre § 180 RdNr. 3; abl. Uhlenbruck/Sinz § 180 RdNr. 22.
[132] BGH NJW-RR 1994, 1251; *Uhlenbruck/Sinz* § 180 RdNr. 43.
[133] OLG Köln NZI 2004, 665; *Jaeger/Henckel* § 55 RdNr. 27; *Ringstmeier* in Mohrbutter/Ringstmeier § 23 RdNr. 54.
[134] *Nerlich/Römermann/Andres* § 55 RdNr. 21; *Kübler/Prütting/Bork/Pape/Schaltke* § 55 RdNr. 103; *Mohrbutter* in: Mohrbutter/Ringstmeier § 6 RdNr. 276.
[135] BAG NJW 2002, 3045 = NZI 2003, 109; *Jaeger/Henckel* § 55 RdNr. 8; *Kübler/Prütting/Bork/Pape/Schaltke* § 55 RdNr. 103; s. auch RdNr. 189.
[136] BGHZ 168, 276 = NJW-RR 2007, 50; aA *Paulus* NJW 2010, 1633, 1635, wonach aufgrund „teleologischer Reduktion" der §§ 115, 116 der Anwaltsvertrag nur ruht und bei Wiederaufnahme an der unterbrochenen Stelle weitergeführt wird.
[137] BGH NJW-RR 2009, 566.
[138] *Jaeger/Henckel* § 55 RdNr. 23; *H. Schmidt* NJW 1976, 98; aA *Kübler/Prütting/Bork/Pape/Schaltke* § 55 RdNr. 105.

vom Insolvenzverwalter oder vom Prozessgegner, § 86 Abs. 1, aufgenommen wurde. Beauftragt der Insolvenzverwalter einen anderen Rechtsanwalt mit der Prozessvertretung, so sind auch dessen Gebührenansprüche Masseverbindlichkeiten nach § 55 Abs. 1 Nr. 1.[139] Die Vergütungsansprüche des früheren Prozessbevollmächtigten bleiben dagegen weiterhin Insolvenzforderungen, und zwar auch dann, wenn sich der Rechtsstreit bereits in der zweiten Instanz befindet und der Insolvenzverwalter mit der weiteren Prozessvertretung einen neuen Rechtsanwalt beauftragt. Gleiches gilt, wenn in der zweiten Instanz ein Prozessvergleich[140] abgeschlossen wird, der sich auch auf die Kostentragung des erstinstanzlichen Verfahrens erstreckt.

55 Ist der Insolvenzverwalter zugleich Rechtsanwalt, kann er in dieser Eigenschaft auch selbst die Masse anwaltlich vertreten, vgl. § 5 Abs. 1 InsVV. Setzt er als beauftragter Rechtsanwalt den unterbrochenen Rechtsstreit fort, so ist ein – neben seiner Verwaltervergütung bestehender – Anspruch auf Begleichung seiner Gebühren und Auslagen eine Masseverbindlichkeit nach § 55 Abs. 1 Nr. 1.[141]

56 **ff) Beendigung des Insolvenzverfahrens.** Die Unterbrechung endet für Rechtsstreitigkeiten, die durch die Eröffnung des Insolvenzverfahrens nach § 240 Satz 1 ZPO unterbrochen und anschließend nicht aufgenommen worden sind, wenn das Insolvenzverfahren **eingestellt** oder **aufgehoben** wird.[142] Vom Insolvenzverwalter eingeleitete oder nach den §§ 85, 86 aufgenommene Prozesse werden analog § 239 ZPO unterbrochen bzw. können (bei Vertretung durch einen Prozessbevollmächtigten) auf Antrag entsprechend § 246 ZPO ausgesetzt werden. Soweit während der Dauer des Insolvenzverfahrens Prozesskosten entstanden sind, haftet der Insolvenzschuldner hierfür nur gegenständlich beschränkt auf die ihm vom Verwalter zurückgegebene Masse.[143]

57 **6. Unterlassungsansprüche.** Ansprüche auf Unterlassung, die vor Verfahrenseröffnung begründet worden sind, sind als solche keine Insolvenzforderungen, da es sich nicht um einen „Vermögensanspruch" i. S. d. § 38 handelt.[144] Sie sind auch keine Masseverbindlichkeiten, deren Erfüllung der Insolvenzverwalter nach § 53 schuldet, wenn sie vor Verfahrenseröffnung, zB durch Vertrag vom **Schuldner** begründet wurden. Denn vertragliche Unterlassungspflichten, die der Schuldner vor Eröffnung des Verfahrens zB in Bezug auf die Nutzung von gewerblichen Räumlichkeiten eingegangen ist und für die er auch weiterhin persönlich einzustehen hat,[145] wirken grundsätzlich nicht gegenüber der Insolvenzmasse, binden also auch den Insolvenzverwalter nicht.[146] Ist mit den durch Vertrag begründeten Unterlassungsansprüchen ein Vermögenswert (Nichterfüllungsinteresse) verbunden, kann dieser selbständige Vermögenswert aber bei vorinsolvenzlichen Verstößen gegen die Unterlassungspflichten Ansprüche des vertraglichen Unterlassungsgläubigers auf **Schadenersatz** und Vertragsstrafe auslösen, die Insolvenzforderungen darstellen.[147]

58 Zur Unterlassung ist derjenige verpflichtet, gegen den sich die Unterlassungspflicht richtet. Hat der Schuldner im Rahmen seiner geschäftlichen Tätigkeit gegen Vorschriften des UWG verstoßen, so richtet sich der Unterlassungsanspruch nach §§ 1, 3 UWG persönlich gegen ihn. Unterlassungsansprüche können auch **gegenüber dem Insolvenzverwalter** bestehen. Um eigentliche Masseansprüche handelt es sich dabei aber nicht. Voraussetzung ist, dass er selbst gegen ein nach Insolvenzeröffnung begründetes oder von ihm als Amtspflicht zu beachtendes Unterlassungsgebot verstoßen hat. Dabei braucht er sich einen tatsächlichen Umstand wie die Wiederholungsgefahr, die in der Person des Schuldners aufgrund wettbewerbswidriger Handlungen entstanden ist, nicht zurechnen

---

[139] Die Beauftragung eines an seinem Sitz ansässigen Prozessbevollmächtigten zur Führung eines Rechtsstreits vor einem auswärtigen Gericht stellt i.a. keine Maßnahme zweckentspr. Rechtsverfolgung, sodass bei einem Obsiegen etwaige Reisekosten des beauftragten Anwalts vom Gegner nicht zu erstatten sind, § 91 ZPO; vgl. BGH ZInsO 2012, 643.

[140] Wenn der Rechtsstreit sich zurzeit der Eröffnung des Insolvenzverfahrens bereits in der zweiten Instanz befindet, sind aber die Kosten des Rechtsstreits zweiter Instanz entsprechend § 105 als Masseverbindlichkeiten einzustufen, während es sich bei den Kostenansprüchen aus der ersten Instanz um Insolvenzforderungen handelt, vgl. LG Freiburg ZIP 1983, 481.

[141] Seine RVG-Vergütung zuzüglich Auslagen kann der Anwaltsverwalter gesondert der Masse entnehmen, § 5 InsVV, wenn sich ein nicht als Rechtsanwalt zugelassener Verwalter in dem Prozess vernünftigerweise anwaltlich hätte vertreten lassen.

[142] Zur Beendigung der Unterbrechung nach Freigabeerklärung des Insolvenzverwalters s.o. RdNr. 50. Im Einzelnen zu den prozessualen Wirkungen der Insolvenzbeendigung vgl. *Pape* in Mohrbutter/Ringstmeier § 12 RdNr. 55 f.

[143] Vgl. hierzu § 207 RdNr. 76.

[144] KG NZI 2000, 228; *Jaeger/Henckel* § 38 RdNr. 78 u. § 45 RdNr. 7; *Uhlenbruck/Sinz* § 38 RdNr. 12.

[145] Vgl. A/G/R-*Piekenbrock* § 89 RdNr. 12; HambKomm-*Ahrens* § 38 RdNr. 24.

[146] BGHZ 155, 371 = NZI 2003, 539 m. Anm. *Gundlach/Frenzel* = NJW 2003, 3060 = ZIP 2003, 1550, dazu *Holzer* EWiR 2004, 27; BGHZ 185, 11 = NJW-RR 2010, 1053 = ZIP 2010, 948, 950.

[147] BGHZ 155, 371 = NJW 2003, 3060; zu dieser Entscheidung – weitergehend – *Karsten Schmidt* KTS 2004, 241 f.; *Mohrbutter* in Mohrbutter/Ringstmeier § 6 RdNr. 246.

zu lassen.¹⁴⁸ Der Verwalter ist aber unmittelbar Unterlassungspflichtiger, soweit er im Rahmen einer Unternehmensfortführung zB eine unzulässige Firma verwendet, Marken- oder Patentrechte Dritter verletzt, auf dem Massegrundstück lastende Dienstbarkeiten nicht beachtet oder etwa im Rahmen der Verwertung einen nach §§ 7, 8 UWG unzulässigen Räumungsverkauf ankündigt.¹⁴⁹ Erst wenn durch Verletzungshandlungen des Insolvenzverwalters Schadenersatzansprüche ausgelöst werden, handelt es sich um Masseverbindlichkeiten nach § 55 Abs. 1 Nr. 1.¹⁵⁰

Der Insolvenzverwalter hat in Zusammenhang mit der ihm übertragenen Verwaltung und Ver- 59 wertung der Insolvenzmasse auch zahlreiche Verpflichtungen zum Handeln zu erfüllen, u. zwar gegenüber Massegläubigern wie auch anderen Beteiligten oder Dritten. Kommt er diesen **Handlungspflichten** nicht nach, so kann durch das pflichtwidrige Unterlassen eine Masseverbindlichkeit auf Schadenersatz begründet werden, § 55 Abs. 1 Nr. 1. Dies ist jedoch nicht der Fall, wenn der Insolvenzverwalter auf die Aufforderung des anderen Teils zur Ausübung des Wahlrechts nach § 103 Abs. 2 Satz 2 schweigt; er verliert dadurch nur sein Erfüllungswahlrecht.¹⁵¹

7. Beseitigungsansprüche. Hat der Insolvenzverwalter nach Verfahrenseröffnung auf dem Mas- 60 segrundstück zB störende Anlagen errichtet, so besteht gem. § 1004 BGB eine Beseitigungspflicht. Die mit der Beseitigung verbundenen Kosten sind Masseansprüche nach § 55 Abs. 1 Nr. 1. Soweit der Beseitigungsanspruch jedoch auf einer schon vor Eröffnung des Insolvenzverfahrens eingetretenen Störung beruht, richtet er sich grundsätzlich nicht gegen die Masse.¹⁵² Er ist vielmehr von gleicher Rechtsqualität¹⁵³ wie andere vor Eröffnung des Insolvenzverfahrens begründete Vermögensansprüche.¹⁵⁴ Der **zivilrechtliche** Beseitigungsanspruch, der auf Vornahme einer vertretbaren Handlung oder auf Ersatz der Herstellungskosten in Geld gerichtet ist, bleibt eine gewöhnliche Insolvenzforderung, solange der Insolvenzverwalter die Eigentumsstörung nach Eröffnung des Verfahrens nicht durch eigene Handlungen oder pflichtwidrige Unterlassungen verschärft. Mit der bloßen Inbesitznahme der Masse gem. § 148 wird der Verwalter selbst nicht zum Handlungsstörer.

8. Anspruch auf Auskunft und Rechnungslegung. Soweit Ansprüche als Masseverbindlich- 61 keiten zu erfüllen sind, kann der Insolvenzverwalter als **Nebenpflicht** gem. § 242 BGB auch zur Auskunft und Rechnungslegung verpflichtet sein.¹⁵⁵ Erforderlich ist aber, dass der Gläubiger auf die Informationserteilung zum Zwecke der Durchsetzung der Masseschuld angewiesen ist, etwa um einen Schadenersatzanspruch beziffern zu können. Dient der geltend gemachte Hilfsanspruch auf Auskunft und Rechnungslegung nur der Durchsetzung einer Insolvenzforderung, so kann dem Gläubiger grundsätzlich zugemutet werden, seine Insolvenzforderung auf Schätzbasis anzumelden, § 45 Satz 1.¹⁵⁶

9. Gefährdungshaftung. Auch Ansprüche aus (verschuldensunabhängiger) Gefährdungshaftung 62 können Masseverbindlichkeiten nach § 55 Abs. 1 Nr. 1 darstellen, sofern die Erfüllung des Haftungstatbestandes auf Handlungen des Insolvenzverwalters zurückzuführen ist.¹⁵⁷ Vollstreckt der Insolvenzverwalter zB aus einem vorläufig vollstreckbares Urteil zugunsten der Masse, so stellt die gesetzliche Schadenersatzpflicht aus § 717 Abs. 2 Satz 1 ZPO eine Masseschuld dar, wenn das Urteil im Berufungsverfahren aufgehoben wird. Daneben können sich aus einer **Halter-** oder aus **Produkthaftung** Verbindlichkeiten zu Lasten der Masse ergeben, falls der Insolvenzverwalter im Rahmen einer Geschäftsfortführung zum Halter oder zum „Hersteller" eines fehlerhaften Produkts (§ 1 ProdHaftG) geworden ist. Der Insolvenzverwalter wird deshalb versuchen, das Haftpflichtrisiko durch Abschluss geeigneter Versicherungsverträge abzusichern bzw. einzugrenzen. Befindet sich ein Gebäude in der Insolvenzmasse, so ist er zur Vermeidung von Schadenersatzansprüchen nach §§ 836 f. BGB verpflichtet, zugunsten der Masse eine angemessene Gebäudehaftpflichtversicherung abzuschließen. Werden Fahrzeuge des insolventen Betriebs mit Wissen des Verwalters weiterhin für die unterneh-

---

¹⁴⁸ BGHZ 185, 11 = ZIP 2010, 948, 951.
¹⁴⁹ OLG Stuttgart NZI 1999, 271; OLG Düsseldorf NZI 1999, 364.
¹⁵⁰ Vgl. BGHZ 185, 11 = ZIP 2010, 948, 951; *Jaeger/Henckel* § 55 RdNr. 19 u. § 38 RdNr. 78; *Uhlenbruck/Sinz* § 55 RdNr. 40; HambKomm-*Lüdtke* § 38 RdNr. 19.
¹⁵¹ Die Nichtabgabe der verlangten Erklärung stellt eine bloße Abwicklungsmaßnahme im Rahmen eines bestehenden Vertragsverhältnisses dar, vgl. RdNr. 18.
¹⁵² BGHZ 150, 305 = NJW-RR 2002, 1198.
¹⁵³ *Hess* § 55 RdNr. 79–84; dazu auch *Jaeger/Henckel* § 38 RdNr. 24 u. 25.
¹⁵⁴ Zu Beseitigungsansprüchen wegen Veränderungen der Mietsache durch Wohnungsmieter vgl. BGHZ 148, 252 = NJW 2001, 2966; auch RdNr. 154.
¹⁵⁵ Zum Auskunftsbegehren des absonderungsberechtigten Gläubigers vgl. BGH NZI 2004, 209 = ZIP 2004, 326, dazu *Pape* EWiR 2004, 349.
¹⁵⁶ *Jaeger/Henckel* § 38 RdNr. 75.
¹⁵⁷ *Uhlenbruck/Sinz* § 55 RdNr. 37.

merische Tätigkeit genutzt, so ist die Halterhaftung nach § 7 StVG eine Masseschuld nach § 55 Abs. 1 Nr. 1. Hat der Verwalter im Rahmen seiner insolvenzrechtlichen Tätigkeit mit dem Fahrzeug einen Verkehrsunfall schuldhaft verursacht, so ist er nach § 823 BGB persönlich ersatzpflichtig, während die Insolvenzmasse als Halterin des Fahrzeuges nach § 7 StVG für den Schaden einzustehen hat.[158]

63   **10. Geschäftsführung ohne Auftrag.** Geschäftsbesorgungsverträge erlöschen ebenso wie vom Schuldner erteilte Aufträge kraft Gesetzes mit Eröffnung des Insolvenzverfahrens, §§ 115, 116, wenn sie sich auf die Insolvenzmasse beziehen. Das **Erlöschen** mit Wirkung für die Zukunft kann nicht durch eine Erfüllungswahl des Insolvenzverwalters nach § 103 verhindert werden, da das Verwalterwahlrecht durch die Vorschriften der §§ 115 f. verdrängt wird.[159] Ansprüche des Beauftragten oder Geschäftsbesorgers auf **Erstattung** von **Aufwendungen** (§ 670 BGB) aus ihrer Tätigkeit für den Schuldner vor Insolvenzeröffnung stellen bloße Insolvenzforderungen dar. Gleiches gilt dann auch für den vor Verfahrenseröffnung begründeten Anspruch eines auftragslosen Geschäftsführers aus §§ 677, 683 BGB. Bei einer vor Eröffnung erfolgten unberechtigten Geschäftsführung ohne Auftrag würde auch eine Genehmigung des Insolvenzverwalters nicht bewirken, dass der Anspruch auf Aufwendungsersatz zu einer Masseschuld wird.[160]

64   Führt ein vom Schuldner Beauftragter **nach Insolvenzeröffnung** trotz Beendigung des Auftrags seine Geschäftstätigkeit im Interesse und mutmaßlichen Willen des Insolvenzverwalters weiter, so stellt sein Anspruch auf Ersatz seiner Aufwendungen gem. § 683 BGB jedoch eine Masseverbindlichkeit nach § 55 Abs. 1 Nr. 1 dar. Die Vorschrift ist zwar nicht unmittelbar anwendbar, da der Ersatzanspruch nicht durch Handlungen des Insolvenzverwalters begründet wurde. Die entsprechende Anwendung des § 55 Abs. 1 Nr. 1 ist jedoch geboten.[161] Durch § 683 BGB soll der auftragslose Geschäftsführer hinsichtlich des Ersatzes seiner Aufwendungen einem Beauftragten gleichgestellt werden. Dementsprechend muss sich der Verwalter insoweit wie ein Auftraggeber behandeln lassen. Der Schuldner hat ggf. einen eigenen Aufwendungsersatzanspruch, wenn er mit Erfolg Ansprüche der Masse geltend macht und dabei ohne Auftrag ein Geschäft des Insolvenzverwalters führt.[162] Auch ohne die Voraussetzungen des § 683 Satz 1 BGB kann der auftragslose Geschäftsführer als Massegläubiger **Aufwendungsersatz** beanspruchen, wenn er nach Verfahrenseröffnung für den Insolvenzverwalter Geschäfte erledigt hat und dieser die Fremdgeschäftsführung nachträglich als für die Masse verbindlich genehmigt, §§ 684 Satz 2, 184 BGB.[163]

65   Hat ein vom Schuldner Beauftragter von der Eröffnung des Insolvenzverfahrens ohne Verschulden keine Kenntnis, so wird der Fortbestand des Auftrags- bzw. Geschäftsbesorgungsverhältnisses fingiert, §§ 115 Abs. 3, 116. Aus der weiteren Auftragsdurchführung resultierende Ersatz- und Vergütungsansprüche sind aber, wie § 115 Abs. 3 Satz 2 eindeutig regelt, nur einfache Insolvenzforderungen.[164] War die Geschäftstätigkeit erforderlich, da mit ihrem Aufschub Gefahren für die Masse verbunden waren, kann der Beauftragte seine Ansprüche aus der Zeit der **Notgeschäftsführung** indes als Massegläubiger geltend machen, § 115 Abs. 2 Satz 3. Erfasst werden jedoch nur – ggf. anteilig – die nach Insolvenzeröffnung entstandenen Ersatz- oder Vergütungsansprüche, wie zB die Kosten für den Verkauf verderblicher Ware. Sinn dieser Regelung ist es, dem Beauftragten im Notfall seine Tätigkeit über das Erlöschen des Vertrages hinaus fortsetzen zu lassen, bis der Insolvenzverwalter selbst Abhilfe schaffen kann.

III. Nicht durch Handlungen – „in anderer Weise" – begründete Masseverbindlichkeiten (Nr. 1 Alt. 2)

66   Die Verbindlichkeiten aus der Verwaltung, Verwertung und Verteilung der Insolvenzmasse, die nicht auf Handlungen des Insolvenzverwalters beruhen, gehören zu den sonstigen Masseverbindlichkeiten nach § 55 Abs. 1 Nr. 1 Alt. 2, soweit sie nicht Kosten des Insolvenzverfahrens sind. Dies hat Bedeutung für den Fall der Masseunzulänglichkeit; gegenüber den Kosten des Insolvenzverfahrens

---

[158] Zur Halterhaftung der Masse vgl. auch *Jaeger/Henckel* § 55 RdNr. 18. Nach der neuen Rspr. des BFH reicht die Haltereigenschaft allein nicht aus, um die nach Insolvenzeröffnung begründete Kfz.-Steuer als Masseverbindlichkeit zu qualifizieren, vgl. BFH ZIP 2012, 42 u. ZIP 2011, 1728.
[159] BGHZ 168, 276 = NJW-RR 2007, 50.
[160] *Jaeger/Henckel* § 55 RdNr. 9; *Kübler/Prütting/Bork/Pape/Schaltke* § 55 RdNr. 95; *Uhlenbruck/Sinz* § 55 RdNr. 39.
[161] BGH NJW 1971, 1564; *Jaeger/Henckel* § 55 RdNr. 9; *Uhlenbruck/Sinz* § 55 RdNr. 39.
[162] Vgl. BGH NJW 2011, 2296 (Rz. 49).
[163] *Kübler/Prütting/Bork/Pape/Schaltke* § 55 RdNr. 95.
[164] Daher entsteht aus etwaigen Vorteilen für die Masse auch keine Masseschuld nach § 55 Abs. 1 Nr. 3. Vgl. FK-*Wegener* § 115 RdNr. 17.

i. S. d. § 54 sind sie gem. § 209 Abs. 1 Nr. 2 und 3 nachrangig zu befriedigen. Dagegen ist eine genaue Abgrenzung der „in anderer Weise" von den durch Verwalterhandeln begründeten Verbindlichkeiten (anders als nach früherem Recht, § 58 KO) für die Praxis nicht mehr wichtig, da beide Arten von Masseverbindlichkeiten in § 55 Abs. 1 Nr. 1 Alt. 1 und 2 auch bei unzureichender Masse **gleichrangig** zu befriedigen sind, § 53.[165]

Zu den Masseverbindlichkeiten nach der zweiten Alternative zählen insbesondere **Abgabenforderungen,** soweit sie durch die Insolvenzverwaltung ausgelöst werden oder jedenfalls selbst einen **Bezug zur Insolvenzmasse** aufweisen.[166] Nur unter dieser Voraussetzung wird es dem Insolvenzverwalter rechtlich möglich sein (§ 80 Abs. 1), das weitere Entstehen von aufgezwungenen u. der Masse nachteiligen Verbindlichkeiten ggf. nach pflichtgemäßer Abwägung zu verhindern. Der zur Einordnung als Masseverbindlichkeit notwendige Massebezug liegt zB bei der nach Insolvenzeröffnung entstandenen **Kfz.-Steuer** nur vor, solange das Fahrzeug Teil der Insolvenzmasse ist.[167] Wenn durch die Tätigkeiten des Betriebsrates nach Insolvenzeröffnung über das Vermögen des Arbeitgebers Kosten entstehen, die dieser nach § 40 Abs. 1 BetrVG zu tragen hat, handelt es sich um Masseverbindlichkeiten i. S. d. § 55 Abs. 1 Nr. 1 Alt. 2, die im Zusammenhang mit der Insolvenzverwaltung begründet wurden. Dagegen können bereits in der Zeit vor Verfahrenseröffnung angefallene **Betriebsratskosten** die Masse nicht verpflichten.[168] In der Insolvenz einer börsennotierten AG gehört der Anspruch auf fortlaufende Notierung der Aktien im Rahmen des Börsenbenutzungsverhältnisses zur Insolvenzmasse. Die als Gegenleistung geschuldeten **Börsennotierungsgebühren** sind daher massebezogen und als Masseverbindlichkeiten einzustufen, soweit der Gebührentatbestand nach Eröffnung des Insolvenzverfahrens liegt.[169] Der Insolvenzverwalter hat es – nach allerdings str. Auffassung – in der Hand, gem. § 39 Abs. 2 BörsG den Widerruf der Börsenzulassung („Delisting") zu beantragen und damit die Masse von der Gebührenpflicht zu befreien.[170] Da die Aktien einer insolventen AG nicht zur Insolvenzmasse gehören, trifft die Masse auch keine **Publizitätspflichten** nach §§ 21, 25 WpHG. Diese sind mangels Massebezug weiterhin vom Vorstand der insolventen AG selbst zu erfüllen, wobei der Insolvenzverwalter allerdings gem. § 11 Abs. 1 WpHG zur Unterstützung verpflichtet ist.[171]

1. Steuerforderungen als Masseverbindlichkeiten. a) Begründetheit. Steuertatbestände knüpfen regelmäßig an Rechtshandlungen des Steuerpflichtigen an, die dann kraft Gesetzes (§ 38 AO) zum Entstehen der steuerlichen Ansprüche führen.[172] Masseverbindlichkeiten liegen nach § 55 Abs. 1 Nr. 1 Alt. 2 vor, wenn die gesetzliche Steuerschuld auf eine Handlung oder **Verwaltungsmaßnahme** des Insolvenzverwalters in **Bezug auf die Insolvenzmasse** zurückzuführen ist.[173] Ohne einen Massebezug richten sich steuerliche Ansprüche während des Verfahrens nicht gegen die Insolvenzmasse, sondern grundsätzlich nur gegen das insolvenzfreie Schuldnervermögen.[174] Der notwendige Bezug zur Insolvenzmasse fehlt zB bei der aus nichtselbständiger Arbeitstätigkeit des Insolvenzschuldners resultierenden Einkommensteuer (s. RdNr. 73) oder bei der Kfz.-Steuer, wenn das Fahrzeug – etwa nach Freigabe – kein Teil der Masse mehr ist (s. RdNr. 78).

Die **Abgrenzung** zwischen Insolvenzforderungen und Masseverbindlichkeiten richtet sich nach dem **Zeitpunkt der insolvenzrechtlichen Begründetheit**.[175] Auf die steuerrechtliche Entstehung der Forderung und deren Fälligkeit kommt es nach allgemeiner Auffassung nicht an. „Begründet" ist eine Steuerforderung, sobald ihr **Rechtsgrund** iS einer gesicherten Forderungsanwartschaft gelegt worden ist. Eine Steuerforderung kann deshalb begründet sein, bevor sie im steuerlichen Sinne entsteht.[176] Nach der im Ausgangspunkt übereinstimmenden Rspr. des BGH und des BFH ist das Finanzamt Insolvenzgläubiger, wenn die schuldrechtliche Grundlage des Steueranspruchs schon vor Verfahrenseröffnung entstanden ist, mag sich der Anspruch selbst auch erst nach Beginn

---

[165] *Voigt-Salus* in Mohrbutter/Ringstmeier § 32 RdNr. 17; *Jaeger/Henckel* § 55 RdNr. 28.
[166] BVerwG NJW 2010, 2152; BFH ZInsO 2011, 1502.
[167] BFH ZIP 2012, 42 u. ZIP 2011, 1728, dazu *Sinz/Hiebert* EWiR 2011, 573; auch RdNr. 78.
[168] BAG NJW 2010, 2154; HK-*Lohmann* § 55 RdNr. 8.
[169] BVerwG NJW 2010, 2152, dazu *W. Ott* EWiR 2010, 365; *Uhlenbruck/Hirte* § 11 RdNr. 205. § 11 Abs. 1 WpHG ordnet nunmehr ausdrücklich die Bereitstellung der Mittel aus der Masse an.
[170] VGH Kassel ZIP 2010, 1507 (zur Umlageverpflichtung der AG gegenüber der BaFin); *Gottwald/Haas/Mock* § 93 RdNr. 78.
[171] BVerwG NJW-RR 2005, 1207.
[172] Vgl. BGH NZI 2010, 17.
[173] BFH ZIP 2011, 873 und 2118; ZIP 2010, 1405, dazu *Kahlert* EWiR 2010, 647; NZI 2010, 37.
[174] HK-*Lohmann* § 55 RdNr. 10. Zur Besteuerung des Neuerwerbs aus selbständiger Arbeit vgl. RdNr. 114.
[175] BGH NZI 2012, 280, 282; NZI 2011, 953; NJW-RR 2005, 990; BFH (V. Senat) ZIP 2012, 684, 686 und ZIP 2011, 2421, 2422 m. Anm. *Kahlert* S. 2425; BFH (X Senat) ZIP 2010, 1612, 1613 f., dazu *de Weerth* EWiR 2010, 677; *Uhlenbruck/Sinz* § 55 RdNr. 26; *Hölzle* BB 2012, 1571 f.
[176] BGH ZIP 2006, 340; *Vortmann* in Mohrbutter/Ringstmeier § 31 RdNr. 5.

des Insolvenzverfahrens ergeben haben.[177] Für die Einstufung als Insolvenzforderung reicht es somit aus, dass ein Steueranspruch „seinem Kern nach" im Zeitpunkt der Eröffnung entstanden ist. Die Abgrenzung zur Masseverbindlichkeit richtet sich letztlich danach, ob die für den jeweiligen Steueranspruch maßgeblichen Tatbestandsvoraussetzungen unter Beachtung insolvenzrechtlicher Wertungen vor oder erst nach Insolvenzeröffnung verwirklicht worden sind.[178] Knüpfen Steuertatbestände – wie häufig – an Rechtshandlungen des steuerpflichtigen Schuldners oder Dritter an, kommt es auf den Zeitpunkt der Vornahme dieser Handlungen an. Führen Geschäfte des Schuldners zum Entstehen von Steueransprüchen, ist entscheidend, wann diese materiell-rechtlich abgeschlossen worden sind. Allerdings ist vor allem für den Umsatzsteueranspruch umstritten, unter welchen Voraussetzungen sein Tatbestand als vollständig erfüllt anzusehen und damit insolvenzrechtlich „begründet" ist.[179] Zu Einzelheiten der Abgrenzung vgl. die Darstellung in Band 3, Anhang „Insolvenzsteuerrecht".

70   Handlungen des **vorläufigen Insolvenzverwalters** mit Verfügungsbefugnis führen nach § 55 Abs. 2 Satz 1 ausnahmsweise zu Masseverbindlichkeiten, obgleich sie vor Eröffnung des Insolvenzverfahrens vorgenommen wurden. Umsatzsteuerforderungen, die in diesem Verfahrensabschnitt von einem starken vorläufigen Verwalter (§ 22 Abs. 1 Satz 1) begründet wurden, gelten daher als Masseverbindlichkeiten.[180] Seit der zum 1.1.2011 eingetretenen Änderung des § 55 Abs. 4 gelten auch Steuerschulden aus dem Eröffnungsverfahren, die mit Zustimmung des von den Gerichten regelmäßig eingesetzten „schwachen" vorläufigen Insolvenzverwalters (§ 22 Abs. 2) begründet worden sind, als Masseverbindlichkeiten (s. RdNr. 239 ff.). Der Umfang der in § 55 geregelten Masseschulden erfährt dadurch eine erhebliche Ausweitung.

71   aa) **Einkommensteuer.** Die Einkommensteuer entsteht als Jahressteuer mit Ablauf des Veranlagungszeitraums. Im Fall der Insolvenz ist die einheitlich ermittelte Steuerschuld ggf. durch Schätzung (§ 45) auf den Zeitraum vor und nach Insolvenzeröffnung und demzufolge in eine Insolvenzforderung, eine Masseforderung und eine insolvenzfreie Forderung **aufzuteilen**. Soweit Einkommensteuerschulden durch Handlungen des Insolvenzverwalters ausgelöst worden oder auf eine **Verwaltungsmaßnahme** des Insolvenzverwalters in Bezug auf die Insolvenzmasse zurückzuführen sind, handelt es sich um Masseverbindlichkeiten nach § 55 Abs. 1 Nr. 1 Alt. 2.[181] Dazu zählen zB Steuerschulden aus Gewinnen, die der Insolvenzverwalter aus der Veräußerung von Massegegenständen erzielt hat und die zur Masse gelangt sind.[182] Dies gilt nach der Rspr. des BFH auch dann, wenn durch die Veräußerung von Wirtschaftsgütern **stille Reserven** realisiert werden, obwohl diese schon vor Insolvenzeröffnung angesammelt worden sind. Danach wird die Steuerforderung erst durch die Verwertungshandlung des Insolvenzverwalters ausgelöst, während das vorherige Halten stiller Reserven einkommensteuerlich ohne Bedeutung ist.[183] Wenn der Insolvenzverwalter erfolgreich Anfechtungsansprüche nach den §§ 129 ff. verfolgt und das durch die anfechtbare Rechtshandlung Weggegebene wieder zur Masse gezogen hat, war der „Rechtsgrund" für den Einkommensteueranspruch nach insolvenzrechtlichen Grundsätzen bereits mit der Vollendung des Anfechtungstatbestandes (§ 143 Abs. 1) und nicht erst mit der Anfechtung durch den Verwalter gelegt. Der Fiskus, dem somit schon im Zeitpunkt der Insolvenzeröffnung ein i. S. d. § 38 begründeter (aufschiebend bedingter) Vermögensanspruch gegen den Schuldner zustand, kann daher nur Insolvenzgläubiger sein.[184]

72   Die aus Gewinnen einer Personengesellschaft (zB oHG, GbR) herrührende Einkommensteuerschuld trifft allein den persönlich haftenden Gesellschafter. Die Gesellschaft ist einkommensteuerrechtlich kein selbständiges Steuersubjekt. In der **Insolvenz der Gesellschaft** schulden die Gesellschafter persönlich die auf ihren Gewinnanteil jeweils entfallende Einkommensteuer. Die Steuerschuld kann daneben nicht gegenüber dem Insolvenzverwalter als Masseverbindlichkeit geltend gemacht werden, obwohl dieser den Gewinn für die Masse erwirtschaftet hat.[185] In der **Insolvenz des Gesellschafters** kann eine aus **Gewinnen** der Personengesellschaft resultierende Einkommensteuerschuld als Masseverbindlichkeit i. S. d. § 55 Abs. 1 Nr. 1 einzuordnen sein. Dies ist

---

[177] BGH NZI 2012, 280, 282; BFH (I. Senat) ZIP 2011, 1116, 1117; *Kahlert* in Anm. zu BFH 2011, 2421, 2425; *Welte/Friedrich-Vache* ZIP 2011, 1595, 1596 f.; *Vallender/Undritz/Fischer* Kap. 14 RdNr. 43; *HK-Lohmann* § 55 RdNr. 11; *Kübler/Prütting/Bork/Pape/Schaltke* § 55 RdNr. 31.
[178] BFH (XI. Senat) ZIP 2012, 1222, 1223; BFH (X. Senat) ZIP 2008, 1780.
[179] BFH (V. Senat) NJW 2011, 1998 und ZIP 2011, 2481, dazu sehr krit. *Schmittmann* ZIP 2012, 249 ff. und ZIP 2011, 1125 ff.; *Welte/Friedrich-Vache* ZIP 2011, 1595 ff.; *Kahlert* ZIP 2011, 401, 402 ff.
[180] BFH ZIP 2011, 2421, 2423; *Jaeger/Henckel* § 38 RdNr. 146.
[181] BFH ZIP 2011, 873, 874, dazu *Onusseit* EWiR 2011, 427.
[182] BFH ZIP 2008, 1643.
[183] BFH ZIP 1994, 1286; FG Düsseldorf ZIP 2011, 2070, 2072 f. Dagegen aber die hM im Schrifttum, soweit die stillen Reserven aus der Zeit vor Verfahrenseröffnung stammen, vgl. Onusseit ZIP 2003, 677, 681.
[184] BFH ZIP 2008, 1780.
[185] BFH ZIP 2008, 1643 m. Anm. *Kahlert*.

unproblematisch bei „echten" Gewinnen. Da die Gesellschaftsbeteiligung zur Insolvenzmasse gehört, kommt dieser der gegen die Gesellschaft gerichtete Gewinnanspruch unmittelbar zugute. Als Masseschuld ist aber auch eine Steuerbelastung anzusehen, die sich daraus ergibt, dass nach Insolvenzeröffnung durch **Auflösung** von **Rückstellungen** auf der Ebene der Gesellschaft ein (steuerlicher) Gewinn entsteht. Der aus der Gewinnerhöhung resultierende Steueranspruch gegen den Gesellschafter ist nicht schon (aufschiebend bedingt) bei Bildung der Rückstellung entstanden, sondern wird erst durch deren Auflösung insolvenzrechtlich begründet.[186] Diese Masseschuld kann ggf. vermieden werden, wenn der Verwalter die Beteiligung vor der Rückstellungsauflösung aus der Masse freigibt.

Hat der Insolvenzschuldner aus nichtselbständiger Arbeit **Lohneinkünfte**, ist eine etwaige nach Lohnsteuerabzug verbleibende Einkommensteuernachzahlung (Abschlusszahlung) keine Masseverbindlichkeit i. S. d. § 55 Abs. 1 Nr. 1 Alt. 2.[187] Die persönliche Arbeitskraft des Schuldners gehört als solche nicht zur Masse, sodass dessen abhängige Beschäftigung keinen Bezug zur Masse aufweist.[188] Eine Verwaltungsmaßnahme scheidet aus, weil der Insolvenzverwalter nicht befugt ist, die Tätigkeit des Schuldners zu unterbinden. Er hat auch kein Recht, anstelle des Schuldners dessen Lohnsteuerklasse zu bestimmen.[189] Soweit das Arbeitseinkommen als Neuerwerb teilweise zur Masse gelangt, muss der Fiskus es – ebenso wie andere unfreiwillige Neugläubiger – hinnehmen, dass nach der insolvenzrechtlichen Vorgabe in § 35 Abs. 1 das gesamte Neuvermögen vom Insolvenzbeschlag erfasst wird und die Steuerforderung daher nur aus dem insolvenzfreien Schuldnervermögen zu begleichen ist.

bb) Umsatzsteuer. Auch beim Umsatzsteueranspruch bestimmt sich die **Abgrenzung** zwischen Masseverbindlichkeit und Insolvenzforderung nicht nach dem Zeitpunkt der Steuerentstehung (§ 13 UStG); maßgeblich ist vielmehr, ob der anspruchsbegründende Tatbestand nach den steuerrechtlichen Vorschriften vor oder erst nach Verfahrenseröffnung abgeschlossen ist.[190] Kommt es umsatzsteuerrechtlich schon vor Eröffnung zur vollständigen Tatbestandsverwirklichung, handelt es sich um eine bloße Insolvenzforderung. Wann aber auch unter Beachtung insolvenzrechtlicher Wertungen die tatbestandlichen Voraussetzungen für eine „Begründetheit" i. S. d. § 38 anzunehmen sind, wird gerade für die auf dem UStG beruhenden Steueransprüche – je nach profiskalischer oder mehr am Grundsatz der Gläubigergleichbehandlung orientierter Sichtweise – unterschiedlich beurteilt. Zum Beispiel müssen Insolvenzverwalter regelmäßig offene Forderungen einziehen, weil der steuerpflichtige Schuldner bis zur Eröffnung des Insolvenzverfahrens noch nicht das gesamte Entgelt für von ihm ausgeführte Leistungen vereinnahmt hat. In der bisherigen Praxis wurde für die Qualifizierung der Umsatzsteuerforderung allein auf den Zeitpunkt der Leistungserbringung abgestellt und daher der aus der nachträglichen Forderungseinziehung resultierende Umsatzsteueranteil als bloße Insolvenzforderung behandelt. Mit Hilfe der vom Verwalter vereinnahmten Umsatzsteuer konnte die Insolvenzmasse entsprechend aufgebessert werden. Nach der **neuen Rspr. des V. Senats des BFH** soll dagegen die **Entgeltvereinnahmung** noch zur vollständigen Verwirklichung des Umsatzsteuertatbestandes gehören. Folglich wird die in den ausstehenden Forderungen des Schuldners enthaltene Umsatzsteuer – bei Ist- und Sollbesteuerung – als Masseverbindlichkeit i. S. d. § 55 Abs. 1 Nr. 1 Alt. 2 eingestuft, wenn erst der Insolvenzverwalter das Entgelt für vorinsolvenzlich erbrachte Leistungen vereinnahmt.[191] Mit Anwendungserlass vom 9.12.2011 hat das BMF für die Finanzverwaltung angeordnet, dass die neue BFH-Rspr. in allen nach dem 31.12.2011 eröffneten Insolvenzverfahren anwendbar ist.[192] Kritiker der geänderten Rspr. sehen in der Aufwertung der Umsatzsteuerforderungen eine unzulässige Bevorzugung des Fiskus gegenüber anderen Gläubigern. Sie befürchten wegen der Vorwegbefriedigung des Fiskus gravierende Nachteile bei Betriebsfortführung und Sanierung insolventer Unternehmen und rechnen mit einer Zunahme masseunzulängli-

---

[186] BFH ZIP 2010, 1612, dazu *de Weerth* EWiR 2010, 677; aA *Kübler/Prütting/Bork/Pape/Schaltke* § 55 RdNr. 39.
[187] BFH NJW 2011, 3120 = ZIP 2011, 873, 874, dazu *Onusseit* EWiR 2011, 427; bestätigt in ZIP 2011, 2118.
[188] BGH NJW 2009, 1750.
[189] BFH ZIP 2011, 2118, 2119; BGH NZI 2008, 624.
[190] BGH NZI 2011, 953; BFH (V. Senat) ZIP 2012, 684, 686; NJW 2011, 1998, dazu krit. *Schmittmann* ZIP 2011, 1125 ff. und abl. *Mitlehner* EWiR 2011, 323; NZI 2012, 96 = ZIP 2011, 2481, 2483, dazu *Schmittmann* ZIP 2012, 249; BFH (XI. Senat) ZIP 2011, 1222, 1223 m. abl. Bespr. *Kahlert* S. 1225 und zust. *de Weerth* in EWiR 2011, 471.
[191] BFH NJW 2011, 1998 (Soll-Besteuerung); NZI 2009, 447 (Ist-Besteuerung); bestätigt in ZIP 2012, 2481, 2487 = NZI 2012, 96. Zu dieser Rspr. krit. *Kahlert* ZIP 2012, 1433, 1435 und 2011, 2424 f; *Hölzle* BB 2012, 1571.
[192] BMF-Schreiben v. 9.12.2011 in ZInsO 2012, 25 bis 27, dazu *Dobler* ZInsO 2012, 208 und *Schmittmann* ZIP 2012, 249 ff.

cher Verfahren.[193] Nach vom Insolvenzverwalter angezeigter Masseunzulänglichkeit würde die Umsatzsteuerschuld zur nachrangigen Altmasseverbindlichkeit zurückgestuft, § 209 Abs. 1 Nr. 3.

75 Bei Verwertung von **Sicherungsgut** durch den absonderungsberechtigten Sicherungsnehmer (Gläubiger) nach Insolvenzeröffnung kommt es zu einem umsatzsteuerpflichtigen **Doppelumsatz**, wobei die Umsatzsteuer für die Lieferung des Sicherungsgebers (Schuldners) an den Sicherungsnehmer (§ 1 Abs. 1 Nr. 1 UStG) vom Verwalter als Masseverbindlichkeit i. S. d. § 55 Abs. 1 Nr. 1 Alt. 2 an das Finanzamt abzuführen ist; der Sicherungsnehmer muss der Masse aber die gezahlte Umsatzsteuer analog § 170 Abs. 2 erstatten.[194] Erfolgt die Verwertung im Eröffnungsverfahren, begründet die beim Schuldner anfallende Umsatzsteuer auch bei starker vorläufiger Verwaltung nur eine Insolvenzforderung.[195] Wird das Sicherungsgut hingegen vom **Insolvenzverwalter** nach § 166 Abs. 1 freihändig verwertet, stellt die Umsatzsteuer zwar eine Masseverbindlichkeit dar, die Masse wird hierdurch aber nicht belastet, weil nur der Nettoerlös an den Gläubiger auszuschütten ist (§§ 170 Abs. 1, 171 Abs. 2).[196] Wenn der Verwalter zur Sicherheit abgetretene Forderungen einzieht, die auf Leistungen des Steuerpflichtigen aus der Zeit vor Insolvenzeröffnung beruhen, stellt die aufgrund des **Forderungseinzugs** geschuldete Umsatzsteuer nur eine Insolvenzforderung dar, wenn der Zedent der Umsatzbesteuerung nach vereinbarten Entgelten gem. § 16 UStG unterlag. Denn in diesem Regelfall entsteht die Umsatzsteuerschuld schon mit Ablauf des Voranmeldezeitraums, in dem die Leistung erbracht wurde (§ 13 Abs. 1 Nur 1a UStG).[197]

76 Umsatzsteuerschulden, die nach angezeigter **Masseunzulänglichkeit** aus der Veräußerung von Massegegenständen durch den Insolvenzverwalter entstehen, gehören nicht zu den erstrangig zu berichtigenden Kosten des Verfahrens i.S.v. § 209 Abs. 1 Nr. 1.[198] War für den Verwalter bei Geschäftsabschluss absehbar, dass die anfallende Umsatzsteuer aufgrund des gesetzlichen Vorrangs der Verfahrenskosten nicht gezahlt werden konnte, muss er für den Steuerausfall der Finanzverwaltung nicht wegen Verletzung steuerrechtlicher (§ 69 AO) oder insolvenzspezifischer Pflichten (§ 60) persönlich einstehen.[199] Mit Verwertungsgeschäften erfüllt der Verwalter eine ihm im Rahmen der Masseabwicklung gesetzlich übertragene Pflicht. Eine **Haftung** wegen pflichtwidriger Begründung einer (Neu-)Masseverbindlichkeit, § 209 Abs. 1 Nr. 2, scheidet aus, weil § 61 nur Gläubiger schützt, die im Zusammenhang mit ihrem Masseanspruch – anders als der Fiskus – eine Gegenleistung zu Gunsten der Masse erbringen.[200]

77 cc) **Kfz.-Steuer.** Ist bei Eröffnung des Insolvenzverfahrens ein Fahrzeug auf den Insolvenzschuldner zugelassen, stellt die für das bisherige Halten des Fahrzeugs (tageweise) entstandene Kfz.-Steuer eine Insolvenzforderung dar. Für den Zeitraum ab Insolvenzeröffnung wurde die Kfz.-Steuer nach bisheriger st. Rspr. des BFH allein aufgrund der fortdauernden **Haltereigenschaft** des Schuldners, die als „Rechtsposition" für die Insolvenzmasse angesehen wurde, als Masseverbindlichkeit qualifiziert.[201] Ob das Fahrzeug überhaupt dem Insolvenzbeschlag unterfiel (§ 36 Abs. 1), war daher unerheblich. Weder Besitzverlust noch Veräußerung oder eine Mitteilung des Verwalters an das Straßenverkehrsamt, das Fahrzeug werde nicht zur Insolvenzmasse gezogen, konnten die Masse von der Kfz.-Steuerpflicht befreien, solange keine verkehrsrechtliche Abmeldung die Steuerpflicht beendete. Der **BFH** hat diese **Rspr.** aber zu Recht **aufgegeben**.[202]

78 Für die Einstufung der nach Insolvenzeröffnung entstandenen Kfz.-Steuer als Masseverbindlichkeit oder insolvenzfreie Neuverbindlichkeit ist – jetzt – maßgeblich, ob das **Fahrzeug Teil der Masse** ist und damit ein Bezug der Steuer zur Insolvenzmasse besteht.[203] Nach § 811 Abs. 1 Nr. 5 ZPO **unpfändbare** Fahrzeuge scheiden daher von vornherein als Bestandteil der Masse aus. Auch bei der Nutzung eines solchen Fahrzeugs für die Insolvenzmasse stellt die Kfz.-Steuer keine Masseschuld i. S. d. § 55 Abs. 1 Nr. 1 Alt. 2 dar, weil der Insolvenzverwalter nur für Massegegenstände verwaltungs- und verfügungsbefugt ist; der Verwalter hat also keinen Einfluss darauf, ob aus dem Halten eines – insolvenzfreien – Fahrzeugs weiterhin Kfz.-Steuer entsteht. Dem Insolvenzverwalter fehlt die Verwaltungs- und Nutzungs-

---

[193] Vgl. *Schmittmann* ZIP 2011, 1125 ff. und ZIP 2012, 249 ff.; *Kahlert* ZIP 2011, 1225 und 2424 f.; *Dobler* ZInsO 2012, 208; zu Chancen u. Risiken *Welte/Friedrich-Vache* ZIP 2011, 1595 ff.; zust. *Sterzinger* NZI 2012, 63 ff.
[194] BFH NJW-RR 2007, 1207.
[195] *Uhlenbruck/Sinz* § 55 RdNr. 88.
[196] *Kübler/Prütting/Bork/Pape/Schaltke* § 55 RdNr. 60.
[197] BFH NZI 2007, 523; HK-*Lohmann* § 55 RdNr. 12.
[198] BGH NZI 2010, 60 = ZIP 2010, 2252, 2254 mit zust. Anm. *Ries* EWiR 2011, 59.
[199] BGH NZI 2010, 60, dazu *Huep/Webel* NZI 2011, 389, 391 f.
[200] BGHZ 161, 236, 240 = NZI 2005, 155.
[201] Vgl. zuletzt BFH ZIP 2010, 1302 m. abl. Anm. *P. Meyer* S. 1303 f.
[202] BFH NZI 2011, 828 = ZIP 2011, 1728, dazu *Sinz/Hiebert* EWiR 2011, 573. Zur berechtigten Kritik an der früheren Rspr. vgl. *Kübler/Prütting/Bork/Pape/Schaltke* § 55 RdNr. 53.
[203] BFH ZIP 2012, 42, dazu *Junghans* EWiR 2012, 179; ZIP 2011, 1728.

befugnis auch bei einem Fahrzeug des Schuldners, das als Grundstückszubehör schon vor Insolvenzeröffnung durch Anordnung der Zwangsverwaltung gem. §§ 146, 20 ZVG beschlagnahmt worden ist; die nach Eröffnung entstandene Kfz.-Steuer kann daher nur gegenüber dem Zwangsverwalter festgesetzt werden.[204] Unterliegt ein vorhandenes Fahrzeug jedoch dem Insolvenzbeschlag, entfällt eine haftungsrechtliche Zuordnung zur Masse erst, wenn der Verwalter das Fahrzeug im Wege einer **Freigabe** aus der Masse entlässt.[205] Da das freigegebene Fahrzeug nicht mehr seiner Verfügungsmacht nach § 80 Abs. 1 unterliegt und in das insolvenzfreie Vermögen zurückfällt, kann die nach der Freigabe angefallene Kfz.-Steuer nur noch gegen den Insolvenzschuldner als Steuerschuldner festgesetzt werden. Gibt der Verwalter das Vermögen aus einer selbständigen Tätigkeit des Schuldners frei, ist eine solche Negativerklärung gem. § 35 Abs. 2 Satz 1 allerdings ohne (echte) Freigabe auch des einzelnen Fahrzeugs nicht geeignet, die Masse von der Kfz.-Steuerpflicht zu enthaften.[206]

b) Masseunzulänglichkeit. Sobald sich im Verfahren zeigt, dass die vorhandene Masse nicht ausreichend ist, um die Masseverbindlichkeiten zu bezahlen, hat der Insolvenzverwalter gegenüber dem Insolvenzgericht die Masseunzulänglichkeit anzuzeigen, § 208 Abs. 1 Satz 1. Die Masseverbindlichkeiten sind danach in der **Rangfolge** des § 209 zu befriedigen. Dies gilt auch für Steuerforderungen als Masseverbindlichkeiten. Bei ihnen sind also die bevorzugten **Neumasseverbindlichkeiten** (§ 209 Abs. 1 Nr. 2) von den sonstigen sog. **Altmasseverbindlichkeiten** (§ 209 Abs. 1 Nr. 3) abzugrenzen. Zu letzteren zählen zB die schon im Eröffnungsverfahren nach Einsetzung eines vorläufigen Insolvenzverwalters begründeten Steuerschulden, § 55 Abs. 2 und 4. Der Fiskus kann die vor Anzeige der Masseunzulänglichkeit entstandenen Steuern als Altmasseverbindlichkeiten nicht mehr gegen die Masse vollstrecken, § 210.[207] 79

c) Geltendmachung. Wird das Insolvenzverfahren über das Vermögen eines Steuerpflichtigen eröffnet, muss das Finanzamt seine Steuerinsolvenzforderungen nach den Regeln der InsO verfolgen. Gegen den Insolvenzschuldner als Steuerschuldner dürfen daher gem. § 87 keine Steuer- oder Haftungsbescheide mehr erlassen werden.[208] Die Geltendmachung steuerlicher Ansprüche des Finanzamtes, die Masseverbindlichkeiten nach § 55 Abs. 1 Nr. 1 oder § 55 Abs. 4 darstellen, unterliegt hingegen keiner insolvenzrechtlichen Einschränkung. Sie geschieht mittels **Steuerbescheid**.[209] Auch die vom Verwalter angezeigte Masseunzulänglichkeit hindert die Finanzbehörde – jedenfalls nach der finanzgerichtlichen Rspr. – nicht, zB eine nach Insolvenzeröffnung, aber vor der Anzeige entstandene Kfz.-Steuer als Altmasseverbindlichkeit weiterhin gem. § 155 AO durch Steuerbescheid festzusetzen.[210] Richtiger Adressat der die Masse betreffenden Steuerbescheide ist der Insolvenzverwalter. Dieser ist nach dem Übergang des Verwaltungs- u. Verfügungsrechts (§ 80 Abs. 1) als **Vermögensverwalter**[211] i. S. d. Steuerrechts verpflichtet, für den Schuldner die steuerlichen Pflichten zu erfüllen, also Steuererklärungen oder Steueranmeldungen abzugeben, § 34 Abs. 3 AO. Steuerbescheide, denen Masseverbindlichkeiten zugrunde liegen, können gegen die Masse nach den §§ 249 ff. AO **vollstreckt** werden. Neben dem Vollstreckungsverbot gem. § 210 ist aber auch das Vollstreckungsverbot nach § 90 Abs. 1 für die ersten sechs Monate nach Verfahrenseröffnung zu beachten. 80

2. Öffentliche Lasten. Bei der „öffentlichen Last" handelt es sich um eine Abgabenverpflichtung, die meist durch wiederkehrende Geldleistungen zu erfüllen ist und die neben der persönlichen Haftung des Schuldners auch die dingliche Haftung des Grundstücks voraussetzt.[212] Als öffentliche Grundstückslasten i. S. d. § 10 Abs. 1 Nr. 3 ZVG sind zB Grundsteuern gem. § 12 GrStG, Kanalisationsgebühren, Erschließungskosten, Schornsteinfegergebühren etc. ausgestaltet. Befinden sich Grundstücke in der Masse, gehören die laufenden auf dem Grundstück lastenden **öffentlichen Abgaben**[213] zu den Masseverbindlichkeiten nach § 55 Abs. 1 Nr. 1 Alt. 2. Die grundstücksbezogenen Abgabenverpflichtungen sind jedoch nur insoweit Masseverbindlichkeiten, als sie nach Insolvenzeröffnung, also während der 81

---

[204] BFH ZIP 2012, 2306.
[205] BFH ZIP 2012, 42, 43. Wegen der Möglichkeit des Verwalters, die Entstehung der Kfz.-Steuer bei massebefangenen Fahrzeugen zu vermeiden, stellt diese eine gewillkürte Masseverbindlichkeit dar, vgl. A/G/R-*Piekenbrock* § 90 RdNr. 8.
[206] BFH ZIP 2012, 42.
[207] BFH NZI 2008, 120.
[208] BFH ZIP 2012, 1099 u. st. Rspr. Nur Steuerforderungen, die sich gegen das insolvenzfreie Schuldnervermögen richten, sind gegen den Schuldner festzusetzen.
[209] BFH ZIP 2012, 2306, 2307; NJW 2011, 1998; OVG Magdeburg NZI 2010, 64 (Grundsteuerbescheid der Gemeinde); dazu aber auch § 53 RdNr. 57.
[210] BFH NZI 2008, 120.
[211] BFH ZIP 2013, 83; 2012, 42 u. 2011, 1728; BGH NJW 2007, 2556; ZIP 2003, 1256; *Vortmann* in Mohrbutter/Ringstmeier § 31 RdNr. 30.
[212] BGH NJW 1989, 107; NJW-RR 2010, 1022 (Grundsteuer).
[213] OVG Weimar ZIP 2007, 880 (Beitrag zum Straßenbau); *Uhlenbruck/Sinz* § 55 RdNr. 28.

Amtstätigkeit des Verwalters begründet wurden. Wann alle tatbestandlichen Anspruchsvoraussetzungen vorliegen und die öffentlich-rechtliche Abgabenforderung damit insolvenzrechtlich begründet ist, richtet sich idR nach den zugrundeliegenden (landes-)gesetzlichen Vorschriften oder kommunalen Satzungen. Die aus der Zeit vor Insolvenzeröffnung stammenden Rückstände stellen, soweit die Abgabe nach Zeiträumen **aufteilbar** ist, Insolvenzforderungen dar. Bei der **Grundsteuer** als Jahressteuer ist der Fiskus daher wegen einer bis zur Verfahrenseröffnung nicht bezahlten Steuerforderung nur Insolvenzgläubiger, zugleich aber Inhaber eines Absonderungsrechts an Massegrundstücken (§ 49).[214] Dagegen sind offene Grundsteuerbeträge, die auf die Zeit nach Eröffnung entfallen, als Masseverbindlichkeit vorweg aus der Insolvenzmasse zu berichtigen.[215]

82 Die Begleichung der Grundsteuer oder sonstiger öffentlicher Lasten schmälert die Insolvenzmasse nach Verfahrenseröffnung. Der Verwalter hat deshalb zu prüfen, ob im Hinblick auf die Massebelastung eine **Freigabe** des Grundstücks (vgl. § 32 Abs. 3) wirtschaftlich vorteilhafter ist. Mit der Freigabe wird das Grundstück aus dem Insolvenzbeschlag gelöst und in das insolvenzfreie Vermögen des Schuldners überführt. Damit entfällt für die Zukunft auch ein Bezug der weiter auf dem freigegebenen Grundstück ruhenden öffentlich-rechtlichen Lasten zur Insolvenzmasse; diese ist also nicht mehr verpflichtet, etwaige im Zeitraum ab Freigabe entstehende Grundsteuerforderungen oder sonst fällige Grundstückslasten zu begleichen.[216] Die Insolvenzmasse soll nach einem – allerdings noch zur KO ergangenen – BFH-Urteil trotz Freigabe eines mit Grundpfandrechten belasteten Grundstücks weiterhin zur Entrichtung der **Umsatzsteuer** verpflichtet sein, wenn der Erlös aus einer Grundstücksveräußerung durch den Insolvenzschuldner an die absonderungsberechtigten Gläubiger ausgekehrt und die Masse insofern entlastet wird.[217] Gegen eine Umsatzsteuerpflicht der Masse spricht aber, dass der Insolvenzverwalter mit einer „echten" Freigabe den Massebezug des (über Wert belasteten) Grundstücks auf Dauer vollständig beendet, um zukünftige mit der Immobilie verbundene Zahlungspflichten für die Masse zu verhindern.[218] Umsätze, die der Schuldner mit der Verwertung des nunmehr insolvenzfreien Grundstücks ausführt, erfolgen daher zum Vorteil der Grundpfandgläubiger und nicht mehr auf Rechnung der Insolvenzmasse; sie sollten daher auch keine Umsatzsteueransprüche mehr zu Lasten der Masse auslösen.[219]

83 **3. Haus-/Wohngeldforderungen.** Zahlungsverpflichtungen der Wohnungseigentümer, § 16 Abs. 2 WEG, entstehen frühestens durch Beschlüsse der Eigentümer nach § 28 Abs. 5 WEG über Wirtschaftsplan, Jahresabrechnung oder Sonderumlagen.[220] Unerheblich ist, wann die gemeinschaftlichen Kosten (Lasten) angefallen und vom Verwalter abgerechnet worden sind. In der Insolvenz eines Wohnungseigentümers richtet sich die insolvenzrechtliche Einordnung von rückständigen Haus- bzw. Wohngeldansprüchen deshalb grundsätzlich danach, ob die ihnen zugrunde liegenden Eigentümerbeschlüsse vor oder nach Verfahrenseröffnung gefasst wurden. Die **Abgrenzung** zwischen den vor und den erst nach Verfahrenseröffnung geschuldeten Beiträgen ist nach wie vor str., wenn es sich um die Zahlung etwaiger „Abrechnungsspitzen" oder um von der Eigentümergemeinschaft beschlossene Sonderumlagen zur Nachfinanzierung von unbezahlten Wohngeldern handelt.[221] Bei den laufenden, in aller Regel von den Wohnungseigentümern monatlich zu entrichtenden Vorauszahlungen ist maßgeblich, wann der jeweilige Hausgeldvorschuss fällig geworden ist.

84 Ob **Vorschussansprüche** der Gemeinschaft, die in einem vor Insolvenzeröffnung beschlossenen Wirtschaftsplan festgelegt wurden (§ 16 Abs. 2 WEG), als Insolvenzforderung oder als Masseverbindlichkeit zu behandeln sind, hängt vom Zeitpunkt ihrer **Fälligkeit** ab.[222] Danach stellen rückständige Vorschusszahlungen des insolventen Wohnungseigentümers bloße Insolvenzforderungen i.S.v. § 38 dar, soweit sie schon vor Insolvenzeröffnung nach Abruf des Verwalters zu leisten und damit fällig waren (§ 28

---

[214] Das Absonderungsrecht entsteht sogleich mit der Eröffnung des Insolvenzverfahrens, s. BGH NJW-RR 2010, 1022.
[215] *Häsemeyer* RdNr. 23.53; *Jaeger/Henckel* § 38 RdNr. 147; für Gesamteinordnung als Insolvenzforderung („Stichtagsprinzip") aber *Uhlenbruck/Sinz* § 38 RdNr. 92; *Kübler/Prütting/Bork/Pape/Schaltke* § 55 RdNr. 49.
[216] OVG Magdeburg NZI 2010, 64; OVG Berlin-Brandenburg ZIP 2010, 1565; *Uhlenbruck/Sinz* § 55 RdNr. 28; *Pape* ZInsO 2008, 465 f.; *Häsemeyer* RdNr. 13.19.
[217] BFH NZI 2002, 572, dazu abl. *Mitlehner* NZI 2002, 534 u. EWiR 2002, 301 mit abl. Anm. *Büteröwe*; zust. *Uhlenbruck/Sinz* § 55 RdNr. 28.
[218] Zur haftungsentlastenden Freigabe bei „Altlasten" vgl. RdNr. 105 f.
[219] *Uhlenbruck/Hirte* § 35 RdNr. 84; HambKomm-*Jarchow* 55 RdNr. 60; *Lwowski/Tetzlaff* in WuB VI B. § 126 KO 1.02
[220] BGH NJW-RR 2011, 1232; NJW-RR 2012, 217.
[221] Zum Streitstand s. *Drasdo* NZI 2005, 489; *Wenzel* ZInsO 2005, 113; *Lüke*, Der Hausgeldanspruch in der Insolvenz des Wohnungseigentümers, FS Kirchhof, 2003, S. 287 f.
[222] BGH NJW 2011, 3098 = NZI 2011, 731 ff. m. zust. Anm. *Drasdo*; OLG Köln NZI 2008, 377.

Abs. 2 WEG).[223] Sie bleiben dies auch dann, wenn eine nach Verfahrenseröffnung beschlossene (Einzel-)Jahresabrechnung die noch offenen Hausgelder nochmals als **Beitragsrückstand** der Vorjahre ausweist.[224] Rechtsgrund für den Anspruch der WEG auf Zahlung rückständiger Vorschüsse ist nämlich allein der beschlossene Wirtschaftsplan. Die spätere Beschlussfassung zur Jahresabrechnung bekräftigt lediglich den offen gebliebenen Vorschussanspruch der Gemeinschaft, schafft insoweit aber in aller Regel keinen zusätzlichen Schuldgrund (zur „Abrechnungsspitze s.u. RdNr. 86). Hausgeldvorschüsse aus einem vor Verfahrenseröffnung beschlossenen Wirtschaftsplan, die erst **nach Eröffnung fällig** werden, stellen nach zutreffender hM Masseverbindlichkeiten nach § 55 Abs. 1 Nr. 1 Fall 2 dar, die deshalb vorrangig aus der Masse zu befriedigen sind.[225] Die WEG kann den Insolvenzverwalter wegen der (nicht durch Freigabe verhinderten) Masseschulden auf Zahlung verklagen und aus einem Zahlungstitel in die Masse vollstrecken, und zwar auch aus der Rangklasse 5 des § 10 Abs. 1 ZVG in das zur Masse gehörige Wohnungseigentum.[226] Sobald der Insolvenzverwalter allerdings Masseunzulänglichkeit anzeigt (§ 208), handelt es sich bei den zuvor entstandenen Hausgeldschulden um Altmasseverbindlichkeiten i. S. d. § 209 Abs. 1 Nr. 3, die für die WEG nicht mehr durchsetzbar sind.[227]

Wenn die Eigentumswohnung des Schuldners keine Mietzinseinnahmen oder sonstige Vorteile für die Masse erbringt, kann der Insolvenzverwalter die Entstehung fortlaufend neuer Masseverbindlichkeiten (nur) durch **Freigabe** des Wohnungseigentums aus der Insolvenzmasse für die Zukunft verhindern.[228] Die nach Wirksamwerden der Freigabeerklärung fällig werdenden Wohngelder (Vorschüsse etc.) sind dann nach hM nicht mehr aus der Masse, sondern vom Schuldner (Wohnungseigentümer) aus seinem insolvenzfreien Vermögen persönlich zu entrichten.[229] Auch nach einer Freigabe der Eigentumswohnung aus dem Insolvenzbeschlag ist es der Eigentümergemeinschaft als Insolvenzgläubigerin gem. § 89 Abs. 1 weiterhin untersagt, wegen bereits titulierter persönlicher Hausgeldansprüche in das Wohnungseigentum zu vollstrecken, solange das Insolvenzverfahren andauert.[230] Seit der ab 1.7.2007 geltenden Neufassung des § 10 Abs. 1 Nr. 2 ZVG kann sie aber wegen ihrer auch im Insolvenzverfahren über das Vermögen eines säumigen Mitglieds bevorrechtigten Ansprüche im Wege der **abgesonderten Befriedigung** aus dem Wohnungseigentum die Duldung der Zwangsversteigerung verlangen, § 49 i. V. m. § 1147 BGB analog.[231] Eine vorherige Beschlagnahme des Wohnungseigentums ist nicht erforderlich.[232] Das Absonderungsrecht gewährt eine Befriedigung bis zu 5 % des Verkehrswertes in der Rangklasse 2, sodass Hausgeldansprüche durch den Verwertungserlös voll gedeckt sind und die Eigentümergemeinschaft daher mangels eines Ausfalls grundsätzlich nicht am Insolvenzverfahren teilnimmt (§ 52).

Ergibt die nach Insolvenzeröffnung gem. § 28 Abs. 3 WEG beschlossene Jahresabrechnung, dass die tatsächlichen Kosten die in dem Wirtschaftsplan für das abgelaufene Wirtschaftsjahr prognostizierten Hausgeldvorschüsse übersteigen, begründet die vom einzelnen Wohnungseigentümer zusätzlich zu entrichtende sog. **„Abrechnungsspitze"** eine neue selbständige Zahlungspflicht. Da der Beschluss über die Jahresabrechnung insoweit **anspruchsbegründend** wirkt, stellt der Nachzahlungsanspruch der Gemeinschaft in Höhe der durch die Vorschüsse nicht gedeckten anteiligen Mehrkosten eine im Rahmen der Insolvenzverwaltung begründete Masseverbindlichkeit gem. § 55 Abs. 1 Nr. 1 dar.[233] Für diese insolvenzrechtliche Einordnung der „Abrechnungsspitze" ist unerheblich, inwieweit die Wohnungseigentümergemeinschaft selbst schon vor Verfahrenseröffnung gegenüber Dritten zur Zahlung verpflichtet war.

Beschließen die Wohnungseigentümer nach Insolvenzeröffnung die Erhebung einer **Sonderumlage,** ist auf den mit ihr verfolgten **Zweck** abzustellen. Sollen mit ihrer Hilfe zB Baumaßnahmen finanziert

---

[223] BGHZ 150, 305, 312 = NJW-RR 2002, 1198; NJW 2011, 3098 f.
[224] BGHZ 131, 228, 231 = NJW 1996, 725; BGH NJW 2012, 2797; *Uhlenbruck/Sinz* § 55 RdNr. 35.
[225] BGH NJW 1994, 1866; OLG Köln NZI 2008, 377; KG ZIP 2009, 2029; *Jaeger/Henckel* § 38 RdNr.165 u. § 55 RdNr. 30; HambKomm-*Jarchow* § 55 RdNr. 38; *Becker* ZWE 2013, 6.
[226] Vgl. BGH NJW 2011, 3098.
[227] BGH NJW 2011, 3098; OLG Düsseldorf NZI 2007, 50; *Jaeger/Windel* § 209 RdNr. 37, 67 f.
[228] Zur Freigabe vgl. BGH NJW-RR 2009, 923; OLG Düsseldorf NZI 2007, 50.
[229] BGH NJW-RR 2009, 818; LG Berlin ZMR 2008, 244; *Pape* ZInsO 2008, 465 f.; *Küpper* ZInsO 2010, 2009 f.; *Nawroth* ZInsO 2010, 1890; *Palandt/Bassenge*, BGB, § 16 WEG RdNr. 30b; aA AG Mannheim NZI 2010, 689.
[230] BGH NJW-RR 2009, 923.
[231] BGH NJW 2011, 3098 m. zust. Anm. *Drasdo* NZI 2011, 731 f. = ZIP 2011, 1723, dazu *H.G. Eckert* EWiR 2011, 715.
[232] BGH NJW 2011, 3098; *Sinz/Hiebert* ZInsO 2012, 205 f.
[233] BGH NJW 2012, 2797 (Rz. 20); BGHZ 142, 290, 296 = NJW 1999, 1101; BGHZ 131, 228, 231 = NJW 1996, 725; OLG Köln NZI 2008, 377; *A/G/R-Ahrens* § 35 RdNr. 40; *Uhlenbruck/Sinz* § 55 RdNr. 35; *Jaeger/Henckel* § 38 RdNr. 165. Vgl. auch *Kübler/Prütting/Bork/Pape/Schaltke* § 55 RdNr. 76: Masseverbindlichkeit nur, soweit die Spitze den Zeitabschnitt nach Eröffnung betrifft. Abweichend *Lüke* S. 296 f. u. *Wenzel* S. 115 f., die darauf abstellen, wann die Kosten/Lasten im Verhältnis der Wohnungseigentümer zu Dritten (Außenverhältnis) angefallen sind.

werden, um die WEG-Anlage in ihrem wirtschaftlichen Bestand zu erhalten, handelt es sich bei der zusätzlich begründeten (anteiligen) Zahlungspflicht des insolventen Eigentümers unstreitig um eine Masseverbindlichkeit nach § 55 Abs. 1 Nr. 1.[234] Dient der Umlagenbeschluss dazu, einen vom Schuldner verursachten **Hausgeldausfall** der Gemeinschaft auszugleichen, stellt auch dessen anteilige Beitragspflicht nach hM eine Masseschuld dar, weil mit dem Eigentümerbeschluss – jedenfalls formal – neue Ansprüche geschaffen werden.[235] Dieser Einordnung ist nicht zu folgen. Zwar begründet die beschlossene Sonderumlage eine weitergehende neue Forderung, soweit sie alle Wohnungseigentümer entsprechend ihren Miteigentumsanteilen zur Deckung des durch den Zahlungsausfall des Schuldners entstandenen Fehlbedarfs verpflichtet.[236] Der Umlagenbeschluss kann aber hinsichtlich der anteiligen Beitragsverpflichtung des insolventen Eigentümers nicht bewirken, dass dessen vor Insolvenzeröffnung entstandene Hausgeldschuld in eine Masseforderung „umgewandelt" wird. Ansonsten hätte es die Gemeinschaft der Wohnungseigentümer in der Hand, mit Hilfe einer solchen **Ausfalldeckungsumlage** ihre aus früheren Abrechnungsperioden stammenden, offenen Hausgeldforderungen wirtschaftlich nachträglich zu verstärken und sich damit gegenüber anderen Gläubigern Sondervorteile zu verschaffen, ohne dass der Masse eine äquivalente Gegenleistung zufließt.[237]

88 **4. Öffentlich-rechtliche Ansprüche auf Gefahrenbeseitigung und Kostenerstattung.** In zahlreichen Insolvenzen gehören zur Masse Grundstücke, auf denen Abfälle zu entsorgen, Kontaminationen zu beseitigen oder baufällige Gebäude abzureißen sind. Sanierungsbedürftige „Altlasten" oder Abfälle sind Kostenlasten. Finanziell angeschlagene Unternehmen sind oftmals nicht mehr in der Lage oder Willens, die Kosten für die Einhaltung der umweltschützenden Vorschriften aufzubringen. Die Umweltbehörden auf der anderen Seite zögern, gegen „Umweltsünder" vorzugehen, um später nicht für den Zusammenbruch des Unternehmens sowie den damit verbundenen Verlust von Arbeitsplätzen verantwortlich gemacht werden zu können. Auch wenn die Unternehmenspleite idR nicht unmittelbare Folge behördlicher Umweltauflagen oder Sanierungsanordnungen ist, so stellt sich das **Altlastenproblem** dennoch oftmals in Zusammenhang mit dem Eintritt der Insolvenz. Der Frage, wie die öffentlich-rechtlichen Gefahrbeseitigungsansprüche in der Insolvenz abzuwickeln sind und insbesondere ob die Insolvenzmasse mit den Kosten der Sanierung von Altlastengrundstücken und der Beseitigung von Abfällen belastet werden kann, kommt daher große praktische Bedeutung zu. Während eine von den Verwaltungsgerichten unter Führung des BVerwG geprägte Rechtsprechung[238] das öffentliche Interesse an einer effektiven und die öffentlichen Haushalte schonenden Altlastenbeseitigung hervorhebt, wird in der Rechtsprechung des Bundesgerichtshofs und in Teilen des insolvenzrechtlichen Schrifttums[239] die bevorzugte Befriedigung der öffentlichen Hand als Verstoß gegen den Grundsatz der Gläubigergleichbehandlung kritisiert. Bei der Klärung der ordnungsrechtlichen Verantwortlichkeit in der Insolvenz ist das Verhältnis von Insolvenzrecht und öffentlichem Recht zu beachten. Dem Ordnungsrecht kommt insoweit prinzipiell kein Vorrang[240] zu, wie dies auch umgekehrt nicht der Fall ist.[241] Vielmehr müssen beide Rechtsgebiete bei der Bewertung von Ordnungspflichten in der Insolvenz aufeinander abgestimmt werden.[242] Systematisch ist dabei zu unterscheiden zwischen der Frage nach der ordnungsrechtlichen Verantwortung für Altlasten und der anschließenden Frage, wie die sich aus dem Ordnungsrecht ergebenden Pflichten insolvenzrechtlich einzuordnen sind.[243]

89 **a) Ordnungsrechtliche Verantwortlichkeit.** Rechtsgrundlage der Ordnungspflichten in Bezug auf „Altlasten" sind die bundesgesetzlichen Regelungen im Wasserhaushaltsgesetz (WHG),

---

[234] OLG Köln NZI 2008, 377; HambKomm-*Jarchow* § 55 RdNr. 38.
[235] BGHZ 108, 44 (V. ZS) = NJW 1989, 3018; OLG Köln NZI 2008, 377 m. zust. Anm. *Drasdo; Jaeger/Henckel* § 55 RdNr. 30; *Voigt-Salus* in Mohrbutter/Ringstmeier § 32 RdNr. 89; *Uhlenbruck/Sinz* § 55 RdNr. 36; HK-*Lohmann* § 55 RdNr. 8; HambKomm-*Jarchow* § 55 RdNr. 38 (aber „systemwidrig").
[236] *Uhlenbruck/Sinz* § 55 RdNr. 36.
[237] Vgl. BGHZ 150, 305 = NJW-RR 2002, 1198 u. BGHZ 179, 336 = NJW 2009, 1674, wo der IX. ZS die Einstufung offen lässt, die weiterhin streitige Meinung aber in Frage stellt. Abw. auch *Palandt/Bassenge*, BGB, § 16 WEG RdNr. 30; *Lüke* S. 297; *Vallender* S. 407; *Wenzel* S. 114; *Kübler/Prütting/Bork/Pape/Schaltke* § 55 RdNr. 77.
[238] Grundlegend BVerwGE 122, 75 = NJW 2005, 379; zur Entwicklung der Rspr. des BVerwG vgl. *Seidel/Flitsch* DZWIR 2005, 278; *Lwowski/Tetzlaff* WM 2005, 921 ff.; *Kley* DVBl. 2005, 727–733; *Fölsing* ZInsO 2010, 2224.
[239] BGHZ 163, 32 = NJW 2005, 2015; BGHZ 150, 305 = NJW-RR 2002, 1198; BGHZ 148, 252; *Pape* ZIP 2004, 1768; *Häsemeyer* RdNr. 13.13a; *Jaeger/Henckel* § 38 RdNr. 26 f.; *Uhlenbruck* KTS 2004, 275, 288; HK-Kayser § 85 RdNr. 60; Uhlenbruck § 80 RdNr. 174; FK-*Bornemann* § 55 RdNr. 19.
[240] OVG *Greifswald* NJW 1998, 175; OVG Lüneburg NJW 1992, 1252.
[241] BVerwG NJW 2005, 379; *Kilger*, Rechtsanwendung im Konkurs, FS Merz, 1992, 253 ff., 267.
[242] Vgl. Jaeger/Windel § 80 RdNr. 121, wonach ordnungs- u. insolvenzrechtliche Ebene zu trennen sind und daher nicht jede ordnungsrechtliche Pflicht ohne weiteres auch den Verwalter und die Masse trifft.
[243] BVerwG NJW 2005, 379; *Jaeger/Henckel* § 38 RdNr. 26.

Bundesimmissionsschutzgesetz (BImSchG), Kreislaufwirtschafts- und Abfallgesetz (KrW-/AbfG) oder Bundes-Bodenschutzgesetz[244] (BBodschG) sowie das spezielle Abfall-, Wasser- und Bodenschutzrecht der Länder. Soweit spezialgesetzliche Regelungen fehlen, ergeben sich die ordnungsrechtlichen Pflichten aus den subsidiär anwendbaren Bestimmungen des allgemeinen Polizei- und Ordnungsrechts. Liegt eine Gefahr[245] im ordnungsrechtlichen Sinn vor, hat die zuständige Behörde die zur Beseitigung der Gefahr notwendigen Maßnahmen zu ergreifen. Zur Sanierung von Grundstücks-Altlasten nach dem BBodSchG oder zur Entsorgung von Abfällen nach dem BImSchG[246] kann als **Handlungsstörer**[247] der Verursacher und als **Zustandsstörer**[248] derjenige herangezogen werden, der Eigentümer oder Inhaber der tatsächlichen Gewalt über die Sache ist, von der die Gefahr ausgeht. Unter mehreren in Frage kommenden Störern hat die Behörde nach pflichtgemäßem Ermessen zu entscheiden, wer ordnungsrechtlich in Anspruch genommen wird.

aa) Rechtsgrund. Auch im Insolvenzverfahren sind die sich aus den öffentlich-rechtlichen Bestimmungen des Umweltschutzrechtes ergebenden Pflichten ebenso wie die des allgemeinen Ordnungsrechtes einzuhalten, soweit sich diese auf Gegenstände der Insolvenzmasse beziehen. Die Ordnungspflichtigkeit wird durch das Insolvenzrecht nicht eingeschränkt. Vielmehr regelt allein das jeweils **einschlägige Ordnungsrecht,** unter welchen Voraussetzungen eine Ordnungspflicht für von der Masse ausgehende Störungen der öffentlichen Sicherheit begründet wird.[249]

bb) Verhaltens- und Zustandsverantwortlichkeit. Ob der Insolvenzverwalter für eine auf die Insolvenzmasse bezogene Ordnungspflicht als Störer herangezogen[250] werden kann, richtet sich danach, ob eine Zustands- oder Verhaltensverantwortlichkeit besteht. Der Insolvenzverwalter ist unstreitig **Handlungs-** oder **Verhaltensstörer,** wenn er die schädliche Bodenverunreinigung oder Altlast zumindest mitverursacht hat,[251] weil bei Fortsetzung der betrieblichen Tätigkeit zB neuer entsorgungspflichtiger Abfall oder schädliche Chemikalien produziert wurden. Die Verursachung kann durch positives Tun oder durch Unterlassen eines gebotenen gefahrabwehrenden Handelns erfolgen. Eine eigene Verhaltensverantwortlichkeit trifft den Verwalter persönlich, auch im Hinblick auf eine zivilrechtliche Haftung.[252] Massebezogenes Handeln ist aber gem. § 31 BGB der Insolvenzmasse zuzurechnen.[253]

Wenn der Insolvenzverwalter nicht durch eigenes Verhalten eine Ordnungspflicht begründet hat und auch keine Zustandshaftung in Betracht kommt, ist er für die von dem Schuldner vor Insolvenzeröffnung verursachten Gefahren **nicht** als dessen **„Rechtsnachfolger"** verantwortlich.[254] Er muss die öffentlich-rechtlichen Gefahrenbeseitigungspflichten nur erfüllen, soweit er gem. § 148 Abs. 1 die tatsächliche Sachherrschaft über die Insolvenzmasse ausübt. Mit dem Übergang der Verwaltungs- und Verfügungsbefugnis (§ 80 Abs. 1) tritt der Verwalter zwar in die öffentlich-rechtliche Pflichtenstellung des Schuldners ein; er begründet eine eigene Zustandsverantwortlichkeit aber erst, sobald er Besitz an den Gegenständen der Masse ergreift.[255]

In der „Schmelzhütten"-Entscheidung des BVerwG vom 22.10.1998[256] hatte der Konkursverwalter ein Aluminiumschmelzwerk für zwei Monate weiterbetrieben, in dem dioxinhaltige Filterstäube lagerten, die nicht entsorgt worden waren. Nach § 5 Abs. 1 Nr. 3 BImSchG aF sind genehmigungsbedürftige Anlagen so zu betreiben, dass Reststoffe vermieden werden, nicht zu vermeidende, sie werden ordnungsgemäß und schadlos verwertet. Die Entsorgungspflicht nach § 5 Abs. 3 BImSchG knüpft an den Betrieb der Anlage an. Die Betreiberstellung und damit die Verhaltensverantwortung geht auf den Insolvenzverwalter über, sobald er die Anlage mit dem ursprünglichen Zweck weiterführt

---

[244] Es regelt bundeseinheitlich die Sanierung von kontaminierten Grundstücken, vgl. *Riedel* ZIP 1999, 94.
[245] Nach dem Bundes-Bodenschutzgesetz umfasst der Altlastbegriff schädliche Bodenveränderungen und Altlasten im eigentlichen Sinn.
[246] Zur notwendigen Differenzierung zwischen Altlasten und Abfällen vgl. *Vierhaus* ZInsO 2005, 127, 129.
[247] BVerwGE 107, 299 = NJW 1999, 1416.
[248] BVerwGE 108, 269 = NJW 1999, 2131.
[249] BVerwG NJW 2005, 379; *Jaeger/Henckel* § 38 RdNr. 26; HambKomm-*Jarchow* § 55 RdNr. 72.
[250] Die Ordnungsverfügung der Behörde richtet sich gegen den Insolvenzverwalter. Dies ist Folge der Amtstheorie. In Anspruch genommen werden soll jedoch die „Insolvenzmasse", sofern diese für das Bestehen einer Gefahr verantwortlich ist, vgl. BVerwG ZIP 1998, 2167; *K. Schmidt* NJW 1993, 2834; s.u. RdNr. 94.
[251] So knüpft etwa die Haftung als Abfallerzeuger nach § 3 Abs. 5 KrW-/AbfG an eine „Handlung" des Pflichtigen an, vgl. BVerwG NZI 2005, 55.
[252] *Kübler/Prütting/Bork/Pape/Schaltke* § 55 RdNr. 116.
[253] *Jaeger/Henckel* § 55 RdNr. 17.
[254] *Blum* S. 62, 99; aA *Kebekus* NZI 2001, 63.
[255] VGH Mannheim NJW 1992, 64; OVG Lüneburg NJW 1992, 1252; *Seidel/Flitsch* DZWIR 2005, 278.
[256] BVerwGE 107, 299 = NJW 1999, 1416 m. Anm. *Lwowski/Tetzlaff* WuB VI B. § 6 KO 1.99; bestätigt von BVerwG NZI 2005, 55.

und so für die Masse wirtschaftlich nutzt.[257] Als **Anlagenbetreiber** treffen ihn die immissionsschutzrechtlichen Pflichten, sodass von ihm auch die Beseitigung von umweltgefährdenden Stoffen verlangt werden kann, die in der Zeit vor Verfahrenseröffnung angefallen waren und die nach Betriebsstilllegung auf dem früheren Betriebsgelände zurückgeblieben sind.[258] Der Insolvenzverwalter rückt aber noch nicht in die Betreiberstellung ein, wenn er die Anlage nur pflichtgemäß in Besitz nimmt (§ 148 Abs. 1) und sofort nach Besitzergreifung ernsthaft und endgültig stilllegt.[259] Für Abfälle nicht genehmigungsbedürftiger Anlagen gibt es keine immissionsschutzrechtliche Betreiberhaftung des Verwalters.[260]

93   Die ordnungsrechtliche Haftung des Insolvenzverwalters als **Zustandsstörer**[261] ergibt sich nach Übergang der Verwaltungs- u. Verfügungsbefugnis aufgrund seiner Stellung als neuer Inhaber der tatsächlichen Sachherrschaft. Als solcher ist er verantwortlich für alle Gefahren, die von der von ihm verwalteten Insolvenzmasse ausgehen.[262] So hat er für einen Ölschaden haftungsrechtlich einzustehen, der von einem Massegrundstück ausgegangen ist. Diese Zustandsstörung entsteht insoweit „neu", als sie sich nach der Inbesitznahme, § 148 Abs. 1, gegen den Insolvenzverwalter als aktuellen Inhaber der tatsächlichen Sachherrschaft richtet.[263]

94   cc) **Adressat der Beseitigungsverfügung.** Ordnungsrechtliche Anordnungen zur Grundstückssanierung oder zur Abfallbeseitigung sind an den **Insolvenzverwalter** zu richten, wenn dieser als Handlungs- oder Zustandsstörer selbst für Bodenverunreinigungen oder Abfälle verantwortlich ist. Der Verwalter ist aber auch dann (formal) **richtiger Adressat,** wenn es nicht um eine eigene, sondern um eine frühere (Verhaltens-)Verantwortlichkeit des Schuldners geht. Wegen der auf den Insolvenzverwalter übergegangenen Verwaltungs- und Verfügungsbefugnis ist der Schuldner nicht mehr in der Lage, der Ordnungspflicht hinsichtlich der sich in der Masse befindenden Gegenstände nachzukommen.[264] Gegen ihn können keine behördlichen Anordnungen mehr ergehen. Der Insolvenzverwalter ist daher richtiger Adressat einer die Ordnungspflicht konkretisierenden Beseitigungsverfügung der Behörde.[265]

95   b) **Verletzung von Ordnungspflichten.** Die **insolvenzrechtliche Einordnung** der ordnungsrechtlichen Pflichten zur Gefahrenbeseitigung ist nach wie vor kontrovers. **Rechtspolitisch** geht es um die Entscheidung, wer die Kosten der Beseitigung von Umweltschäden zu tragen hat, ob die Ansprüche des Staates vorab „wie" Masseverbindlichkeiten und damit im Grundsatz voll zu befriedigen oder nur als Insolvenzforderungen quotal zu bedienen sind. In letzterem Fall würden die Kosten der Beseitigung von Kontaminationen und sonstigen Umweltschäden aus Steuermitteln bezahlt werden müssen, wodurch die Befriedigungschancen der Insolvenzgläubiger wie auch den gesicherten Grundpfandgläubiger sich verhältnismäßig erhöhen[266]. Der typische und rechtlich problematische Sachverhalt ist dadurch gekennzeichnet, dass „Altlasten" aus der Zeit vor Eröffnung des Insolvenzverfahrens vorliegen, für die der Schuldner als Handlungs- oder Zustandsstörer verantwortlich ist und für die nunmehr der Insolvenzverwalter auf Grund seiner Verantwortlichkeit für die Insolvenzmasse von der Umweltbehörde[267]in Anspruch genommen werden soll.

96   aa) **Insolvenzforderung.** Soweit die bereits vor Erlass einer Ordnungsverfügung bestehende **abstrakte Ordnungspflicht** einen behördlichen Gefahrenbeseitigungsanspruch gegen den Störer begründet, werden die aus ihrer Verletzung resultierenden Ansprüche auch als vermögensrechtliche

---

[257] BVerwG NJW 1999, 1466; OVG Lüneburg WM 1998, 1553; Hess VGH NJW 2010, 1545.
[258] OVG Berlin-Brandenburg NVwZ 2010, 594; VGH Mannheim NZI 2012, 722, 724.
[259] Vgl. OVG Magdeburg NJOZ 2012, 1949 m. krit. Anm. *Karsten Schmidt* NJW 2012, 3344. *Seidel/Flitsch* DZWIR 2005, 278, 280; *Kübler/Prütting/Bork/Pape/Schaltke* § 55 RdNr. 125; offen gelassen vom BVerwG in NJW 2005, 379 (Ls.) = DVBl 2004, 1564.
[260] BVerwG NZI 2005, 55 = ZInsO 2004, 917 m. Anm. *Vierhaus.*
[261] Nach § 4 Abs. 3 Satz 1 BBodSchG kann der Verwalter als „Inhaber der tatsächlichen Gewalt" grundsätzlich für die Sanierung von massezugehörigen Grundstücken herangezogen werden, die bereits vor Insolvenzeröffnung kontaminiert waren, BVerwG NJW 2005, 379.
[262] BVerwG NZI 2005, 55; VGH Kassel NZI 2000, 47; Uhlenbruck/Sinz § 55 RdNr. 29.
[263] BVerwGE 108, 269 = ZIP 1999, 538 dazu *Lüke/Blenske* EWiR 2000, 629; ZIP 2004, 2145; Kley DVBl. 2005, 727, 730; abl. Jaeger/Windel § 80 RdNr. 121, 124.
[264] *Seidel/Flitsch* DZWIR 2005, 278.
[265] BVerwG NJW 2005, 379; HambKomm-*Jarchow* § 55 RdNr. 74; HambKomm-*Kuleisa* § 80 RdNr. 37.
[266] Zur Kostentragung durch den Fiskus vgl. *Karsten Schmidt* NJW 2010, 1489, 1490.Nach § 25 Abs. 1 BBodSchG besteht prinzipiell ein Ausgleichsanspruch der öffentlichen Hand gegenüber dem Eigentümer, der jedoch auf die Höhe der Wertsteigerung begrenzt ist.
[267] Ob eine Beseitigungsanordnung vor Insolvenzeröffnung ergangen ist, ist unerheblich, wenn die Ersatzvornahme bis zu diesem Zeitpunkt noch nicht durchgeführt war, vgl. *Karsten Schmidt* NJW 1993, 2835.

und nach § 45 in Geld umrechenbare Verbindlichkeiten eingestuft.[268] Danach handelt es sich bei Ansprüchen der Ordnungsbehörde auf Beseitigung der schon vom Schuldner vor Verfahrenseröffnung herbeigeführten Bodenveränderungen (Altlasten) um Insolvenzforderungen i. S. d. § 38, die in Höhe der geschätzten Vollstreckungskosten zur Insolvenztabelle angemeldet werden können.[269]

Der Gefahrenbeseitigungsanspruch kann als Insolvenzforderung nicht mehr gegen die Insolvenzmasse durchgesetzt und vollstreckt werden, §§ 87, 89; daher ist der Erlass einer auf die Vollstreckung in die Masse gerichteten Leistungsverfügung unzulässig. Zulässig bleibt jedoch der Erlass einer **Grundverfügung** durch die Umweltbehörde gegen den Insolvenzverwalter, um in diesem Verfahren zügig eine Klärung der von der Behörde beabsichtigten Erkundungs- und Beseitigungsmaßnahmen herbeizuführen sowie den Umfang und die Kosten der aufgegebenen Entsorgung überhaupt zuverlässig abschätzen zu können.[270] Deren Kosten sind dann als Insolvenzforderung zur Insolvenztabelle anzumelden.[271]

bb) Objektiv-rechtliche Pflicht. Nach der vor allem von Karsten Schmidt[272] in Anknüpfung an den Organbesitz bei juristischen Personen entwickelten Ansicht stellt die öffentlich-rechtliche Pflicht einer insolventen Gesellschaft zur Gefahrenbeseitigung eine Rechtspflicht rein objektiv-rechtlicher Art dar, die keiner insolvenzrechtlichen Einordnung unterliegt. Diese Ordnungspflicht folgt aus der eigenen Verhaltens- und Zustandsverantwortlichkeit der Gesellschaft, die auch nach Verfahrenseröffnung unverändert fortbesteht und ggf. vom Insolvenzverwalter auf Kosten der Masse zu erfüllen ist. Sie ist keine in Geld umrechenbare Verbindlichkeit und stellt folglich auch keine Masse- oder Insolvenzverbindlichkeit dar. Unabhängig von der **kontinuierlichen eigenen Ordnungspflicht** der Gesellschaft (zB als Anlagenbetreiberin oder Zustandsstörerin) können neue Ordnungspflichten aber durch Handlungen des Insolvenzverwalters im eröffneten Verfahren begründet werden.[273]

cc) Stellungnahme. Hat sich vor Eröffnung des Insolvenzverfahrens nach den Bestimmungen des Umweltschutzrechts oder nach allgemeinem Ordnungsrecht ein Gefahrentatbestand verwirklicht, so steht der zuständigen Behörde ein Anspruch auf Gefahrenbeseitigung als **Vermögensanspruch** i. S. d. § 38 zu. Dieser unmittelbar aufgrund Gesetzes bestehende Anspruch erfordert zu seiner Durchsetzung den Erlass einer entsprechenden Beseitigungsverfügung.[274] Die Pflicht zur Gefahrenbeseitigung als einer ordnungsrechtlichen Pflicht ist von den Umweltbehörden durchzusetzen, unabhängig davon, ob über den Gegenstand, von dem die Gefahr ausgeht, ein Insolvenzverfahren eröffnet wurde oder nicht.[275] Der Insolvenzverwalter muss daher die Durchführung behördlicher Maßnahmen zur Beseitigung ordnungswidriger Zustände dulden.[276] Die Ordnungsbehörde kann ihre Beseitigungsanordnung auch im Wege der Ersatzvornahme vollstrecken, obgleich die Gefahr schon vor Insolvenzeröffnung eingetreten war. Ob der Insolvenzverwalter darüber hinaus auch zum Handeln und zum Einsatz von Massemitteln verpflichtet ist, ob also die ordnungsrechtlichen Pflichten als Masseverbindlichkeiten zu erfüllen sind, ist eine andere Frage.[277]. Der Insolvenzverwalter ist Adressat der ordnungsrechtlichen Verfügung, weil die Ordnungspflicht auf die Insolvenzmasse bezogen ist.[278]

c) Kosten der Ersatzvornahme als Insolvenz- oder Masseansprüche. Der Anspruch der öffentlichen Hand aus einer zur Vollstreckung der Beseitigungsanordnung durchgeführten Ersatzvornahme stellt einen **vermögensrechtlichen** Anspruch dar. Dieser kann deshalb insolvenzrechtlich als Insolvenzforderung oder Masseverbindlichkeit eingestuft werden. Entscheidend kommt es darauf an, wann der Anspruch auf Erstattung der Ersatzvornahmekosten „begründet" wurde. Bei erst nach Eröffnung des Insolvenzverfahrens verursachten Kontaminationen sind die Kosten der Beseitigung dieser sog. **Neuschäden** unstreitig Masseverbindlichkeiten iS des § 55 Abs. 1 Nr. 1, da die Beseitigungspflicht durch eine dem Verwalter **zurechenbare Handlung** begründet worden ist. Auch wenn bei der Verwaltung der Insolvenzmasse das schon belastete Grundstück weiter kontaminiert wird oder sich die Gefahr sonst erhöht, so sind jedenfalls die auf die Beseitigung solcher zusätzlichen

---

[268] *Petersen* NJW 1992, 1202; *v. Wilmowsky* ZIP 1997, 1445.
[269] Nach *Weitemeyer* NVwZ 1997, 534 ist die abstrakte Ordnungspflicht als aufschiebend bedingte Insolvenzforderung einzustufen.
[270] *Jaeger/Windel* § 80 RdNr. 125; *Uhlenbruck* § 80 RdNr. 174.
[271] *Petersen* NJW 1992, 1206; *Pape* KTS 1993, 575; *Weitemeyer* NVwZ 1997, 534.
[272] *Karsten Schmidt* in *K. Schmidt/Uhlenbruck* RdNr. 7.21 bis 7.38 u. NJW 2012, 3344.
[273] *Karsten Schmidt* NJW 2010, 1489, 1493.
[274] *Blum* S. 157 ff.
[275] *Jaeger/Henckel* § 38 RdNr. 26.
[276] Vgl. *Pape* ZInsO 2002, 453.
[277] Vgl. auch *Jaeger/Henckel* § 38 RdNr. 26.
[278] HambKomm-*Kuleisa* § 80 RdNr. 37.

Störungen entfallenden Kosten als Masseverbindlichkeit zu qualifizieren.[279] Dagegen können Ansprüche auf Erstattung der Kosten für eine Ersatzvornahme, die bereits vor Insolvenzeröffnung vorgenommen worden ist, nur als Insolvenzforderung geltend gemacht werden.[280] Diese sind daher nicht mehr mittels Leistungsbescheid geltend zu machen, sondern müssen von der Behörde zur Tabelle angemeldet werden, § 174. Streitig ist aber die insolvenzrechtliche Einordnung von Kosten, die nach Insolvenzeröffnung für die Beseitigung von **Altschäden** anfallen.

101 aa) **Insolvenzforderung.** Nach der Rechtsprechung des **BGH** und der vorherrschenden Auffassung im insolvenzrechtlichen Schrifttum stellen die Kosten einer Ersatzvornahme für die Beseitigung eines Gefahrentatbestandes, der aus der Zeit vor Insolvenzeröffnung stammt und weiter andauert, nur Insolvenzforderungen dar.[281] Sie sind durch die Verletzung ordnungsrechtlicher Pflichten dem Grunde nach begründet worden, weshalb es für die rechtliche Qualifizierung auch nicht darauf ankommt, ob die Beseitigungsverfügung vor Verfahrenseröffnung oder nachher erging. Die Ersatzvornahmekosten[282] sind als Insolvenzforderung im Verfahren geltend zu machen, da sie auf einem vor Verfahrenseröffnung begründeten Lebenssachverhalt bzw. einer vor Eröffnung eingetretenen Störung beruhen. Die bloße sicherstellende Inbesitznahme störender Sachen durch den Insolvenzverwalter soll danach jedenfalls bei zivilrechtlichen Störern nicht geeignet sein, eine Zustandshaftung des Verwalters und auf diesem Wege eine Haftung der Masse für die Kosten der Störungsbeseitigung zu begründen. Hinzu kommen müsse, dass der Verwalter die Sachen durch Nutzung oder Verwertung endgültig für die Masse vereinnahme.[283] Auch soweit im Zusammenhang mit der Fortführung eines umweltbelasteten Betriebes durch den Insolvenzverwalter nach Insolvenzeröffnung Neuschäden verursacht worden sind, sollen diese im Falle einer Ersatzvornahme zu einer Masseverbindlichkeit und damit zu einer vorrangigen Befriedigung der öffentlichen Hand führen können.[284]

102 bb) **Masseverbindlichkeit.** Demgegenüber kommt es nach dem Verständnis des öffentlich-rechtlichen Anspruchs auf Gefahrenbeseitigung als **objektiv-rechtlicher Pflicht** nicht darauf an, ob die ordnungsrechtliche Gefahrenlage vor Verfahrenseröffnung bereits bestanden hat. Soweit eine Handlungs- oder Zustandsstörerhaftung des Schuldners für eine Altlast eingetreten war, ist hierfür eine Verantwortlichkeit des Insolvenzverwalters begründet. Die auf die Masse bezogene Ordnungspflicht ist auf Grund ihres Charakters als objektiv-rechtliche Pflicht keine Insolvenzforderung oder Masseverbindlichkeit. Erst wenn die Umweltbehörde den rechtswidrigen Gefahrenzustand mittels Ersatzvornahme beseitigt, entsteht hieraus ein öffentlich-rechtlich begründeter Erstattungsanspruch. Wird die Ersatzvornahme nach Insolvenzeröffnung vollzogen, werden damit die Ersatzvornahmekosten begründet. Es handelt sich um Kosten einer Vollstreckungsmaßnahme zur Durchsetzung der öffentlich-rechtlichen Ordnungspflicht. Für die Einordnung der Ersatzvornahmekosten als Masseverbindlichkeiten ist es ohne Bedeutung, ob die Altlast vor oder nach Insolvenzeröffnung entstanden ist. Auch nach der Rechtsprechung des **BVerwG** richtet sich die Einordnung von Ordnungspflichten nicht danach, ob eine Gefahrenlage vor oder nach Eröffnung des Insolvenzverfahrens entstanden ist. Die Insolvenzeröffnung stellt insoweit keine Zäsur dar. Der Insolvenzverwalter und damit die Masse können immer dann auf Ersatz der Sanierungskosten in Anspruch genommen werden, wenn der Insolvenzverwalter selbst die ordnungsrechtlichen Voraussetzungen als (Handlungs- oder Zustands-)Störer erfüllt.[285] Fehlt es an einer persönlichen Ordnungspflichtigkeit des Verwalters, scheidet eine Masseverbindlichkeit nach § 55 Abs. 1 Nr. 1 aus. Soweit also der Schuldner als früherer Inhaber der tatsächlichen Gewalt oder als Anlagenbetreiber allein für Störungen verantwortlich ist, kommt nur eine einfache Insolvenzforderung in Betracht.

103 cc) **Stellungnahme.** Die Kosten einer **nach Insolvenzeröffnung** von der Umweltbehörde im Wege der **Ersatzvornahme** durchgeführten Gefahren- oder Altlastenbeseitigung sind – vorbehaltlich einer Freigabe der störenden Massegegenstände – als Masseschulden i. S. d. § 55 Abs. 1 Nr. 1 einzuordnen, wenn der **Insolvenzverwalter** selbst als **Störer** verantwortlich ist. Ob die Gefahrenlage schon vor Insolvenzeröffnung bestanden hat, ist für die Qualifizierung der Ordnungspflichten uner-

---

[279] *Häsemeyer* RdNr. 13.13; *Elsner* in Mohrbutter/Ringstmeier § 24 RdNr. 68; HambKomm-*Kuleisa* § 80 RdNr. 38; *Kübler/Prütting/Bork/Pape/Schaltke* § 55 RdNr. 116.
[280] *Kübler/Prütting/Bork/Pape/Schaltke* § 55 RdNr. 116; *K. Schmidt* NJW 2012, 3344.
[281] BGH (o. Fn. 239); *Lwowski/Tetzlaff*, WM 2005, 921, 924 f. mwN; *Pape* ZInsO 2004, 1768; *Voigt-Salus* in Mohrbutter/Ringstmeier § 32 RdNr. 106; HK-Kayser § 80 RdNr. 60; K/P/B/Pape/Schaltke § 55 RdNr. 129.
[282] *Pape* ZInsO 2002, 453, 455 f.; *Petersen* NJW 1992, 1202.
[283] Vgl. HK-Kayser § 80 RdNr. 60.
[284] BGHZ 148, 252, 259 = ZIP 2001, 1469 u. 150, 305, 317 = NJW-RR 2002, 1198.
[285] BVerwG NJW 2005, 379, dazu *Kreft* EWiR 2005, 439; zust. *Vierhaus* ZInsO 2005, 127 f.; *Weers/Hönig* ZInsO 2005, 244; *Mohrbutter* in Mohrbutter/Ringstmeier § 6 RdNr. 280.

heblich.[286] Mit der hM ist davon auszugehen, dass die Voraussetzungen für Eingriffe der Umweltbehörde allein durch die jeweils einschlägigen **Vorschriften des öffentlichen Rechts** geregelt werden.[287] Das folgt aus dem anerkannten Grundsatz, dass die bei der rechtlichen Bewältigung von Ordnungspflichten in der Insolvenz zu beurteilenden Fragen möglichst zu trennen sind. Hiervon ausgehend entscheidet das Ordnungsrecht darüber, wann eine Störung der öffentlichen Sicherheit vorliegt, die eine Pflicht zur Altlastensanierung oder Abfallentsorgung auslöst. Konsequenterweise bestimmen die einschlägigen ordnungsrechtlichen Vorschriften dann auch darüber, wer im Einzelfall für die Störungsbeseitigung verantwortlich ist und für die Kosten einer Ersatzvornahme aufkommen muss. Wenn aber das Ordnungsrecht eigenständig – ohne Begrenzung und Beeinflussung durch das Insolvenzrecht[288] – darüber entscheidet, wann und in wessen Person die Tatbestandsmerkmale für eine Störereigenschaft erfüllt sind, ist der Begriff des Störers auch in der Insolvenz im sonst üblichen Sinne zu verstehen. Ist der Insolvenzverwalter danach als Inhaber der tatsächlichen Gewalt über ein kontaminiertes Grundstück oder als Besitzer von Abfällen persönlich für die aktuelle Störung verantwortlich, wird nach Insolvenzeröffnung eine – **neue** – Zustandshaftung der Masse für die Grundstückssanierung oder Abfallentsorgung begründet. Der Insolvenzverwalter nimmt nicht eine vorausgehende Zustandsverantwortlichkeit für den Schuldner wahr. Es handelt sich vielmehr um eine **originäre persönliche Ordnungspflicht,** die als Masseverbindlichkeit i. S. d. § 55 Abs. 1 Nr. 1 zu erfüllen ist. Die bevorzugte Befriedigung der Ersatzvornahmekosten erscheint auch mit Blick auf die Interessen der Insolvenzgläubiger nicht unvertretbar. Zwar kann nicht ausgeschlossen werden, dass in massearmen Verfahren die Insolvenzgläubiger ihre letzten Befriedigungsmöglichkeiten verlieren bzw. Insolvenzverfahren nicht bis zum Ende abgewickelt werden können, da wegen der mit der Altlastenbeseitigung verbundenen Kostenbelastung Masseunzulänglichkeit angezeigt werden muss.[289] Der Insolvenzverwalter übernimmt aber die Insolvenzmasse in dem rechtlichen und vermögensmäßigen Zustand, wie sie sich bei Insolvenzeröffnung befindet. Die Insolvenzgläubiger wie auch die Grundpfandgläubiger haben keinen Anspruch darauf, dass im Interesse ihrer Befriedigungschancen mit **finanziellen Mitteln der Allgemeinheit** in der Masse vorhandene Altlasten beseitigt werden.[290]

d) Masseunzulänglichkeit. Hat die Behörde schon vor Verfahrenseröffnung eine Beseitigungsanordnung erlassen und auch die Ersatzvornahme angedroht, so ist sie nach Auffassung des BVerwG nicht gehindert, diese wieder aufzuheben, den Vollzug nicht einzuleiten und eine neue Beseitigungsverfügung gleichen Inhalts gegen den Insolvenzverwalter zu erlassen, um diesen nunmehr in Anspruch nehmen zu können.[291] Die Behörde kann gegen den zustandsverantwortlichen Verwalter eine Ordnungsverfügung auch noch erlassen, wenn dieser gem. § 208 Abs. 1 die Masseunzulänglichkeit angezeigt hat. Das aus der Anzeige folgende Vollstreckungsverbot nach § 210 für sog. Altmasseverbindlichkeiten steht schon deshalb nicht entgegen, weil der Erlass einer ordnungsrechtlichen **Grundverfügung** selbst noch keine Maßnahme der Vollstreckung darstellt, sondern erst die Grundlage für eine spätere Vollstreckung schafft.[292] Hatte die Behörde allerdings nach Verfahrenseröffnung bereits eine Ordnungsverfügung gegen den Insolvenzverwalter zur Beseitigung einer Altlast erlassen, so dürfte es ihr verwehrt sein, nach vom Insolvenzverwalter angezeigter Masseunzulänglichkeit ihre Verfügung wieder zurückzunehmen, um durch Neuvornahme ihre Rangstellung gem. § 209 Abs. 1 Nr. 2 zu verbessern.[293] Die Behörde hätte es dadurch in der Hand, durch „wiederholte" Verfügungen sich jeweils den besten Rang unter den Massegläubigern zu verschaffen. Der Gedanke des Rechtsmissbrauchs setzt auch hier dem taktischen Vorgehen der Behörde rechtliche Grenzen.

e) Beendigung der Haftung durch Freigabe. Die Kosten der Ersatzvornahme für die Beseitigung von Umweltlasten müssen danach im Grundsatz von der Insolvenzmasse „wie" Masseverbind-

---

[286] BVerwG ZInsO 2004, 1206; OVG Magdeburg DÖV 2012, 694; *Vierhaus* ZInsO 2005, 127, 130; *Kley* DVBl. 2005, 727, 730.
[287] *Jaeger/Henckel* § 38 RdNr. 26; HambKomm-*Kuleisa* § 80 RdNr. 37; *Uhlenbruck/Hirte* § 35 RdNr. 76.
[288] Krit. dazu *Pape* ZIP 2004, 1769, wonach sich die umweltrechtliche Zustandsverantwortlichkeit in das insolvenzrechtliche Anspruchssystem „einfügen" muss. Gegen Einordnung als Masseverbindlichkeit auch *Voigt-Salus* in: Mohrbutter/Ringstmeier § 32 RdNr. 106, weil der Verwalter nur die bestehenden Rechtspflichten des Schuldners übernimmt, ohne als neues Rechtssubjekt selber eine neue (Zustands-)Störereigenschaft zu begründen.
[289] *Lwowski/Tetzlaff* WM 1998, 1509; *Pape* KTS 1993, 551, 577.
[290] BVerwG ZIP 1999, 538; OVG Magdeburg DÖV 2012, 694. Nach K/P/B/Pape/Schaltke § 55 RdNr. 131 soll die Masse bei einer Sanierung auf Kosten der Allgemeinheit jedenfalls nach § 55 Abs. 1 Nr. 3 verpflichtet sein, einen echten Wertzuwachs gem. § 25 BBodSchG auszugleichen.
[291] BVerwG ZIP 1999, 538, 540; OVG Mecklenburg-Vorpommern ZIP 1997, 1460; OVG Mannheim ZIP 1991, 393.
[292] BVerwG NJW 1999, 1416 ff.; VGH Mannheim NZI 2012, 722, 724; OVG Sachsen, DÖV 2013, 159; OVG Bautzen ZIP 2013, 424.
[293] *Kübler/Prütting/Bork/Pape/Schaltke* § 55 RdNr. 126; *Pape* ZIP 2004, 1769.

lichkeiten getragen werden, auch wenn sie aus der Zeit vor Verfahrenseröffnung resultieren. Ob die „Flucht aus der Haftung" durch Freigabe[294] störender Massegegenstände gelingt, wird damit für die ordnungsgemäße Insolvenzabwicklung zur **Kernfrage.**

106 aa) **Zulässigkeit.** Die Freigabe ist schon im Hinblick auf die Regelung in § 32 Abs. 3, in der die Möglichkeit der Freigabe für den Insolvenzverwalter vorausgesetzt wird, als **zulässig** anzusehen. Das Insolvenzverfahren dient der bestmöglichen Gläubigerbefriedigung. Befinden sich in der Insolvenzmasse Vermögensgegenstände, durch deren Verbleib die Insolvenzmasse geschmälert wird, so muss sich der Insolvenzverwalter mit Hilfe seines Verfügungsrechts (§ 80 Abs. 1) ihrer entledigen können.[295] Da der Verwalter für eine möglichst hohe Quote der Insolvenzgläubiger zu sorgen hat, kann er nach Abwägung zwischen dem Verkehrswert eines belasteten Grundstücks und dem voraussichtlichen Sanierungsaufwand sogar intern zur Freigabe verpflichtet sein, um sich nicht der Gefahr einer persönlichen Haftung nach § 60 auszusetzen.[296] Der BGH hat daher mehrfach klargestellt, dass der Insolvenzverwalter jeden gefahrverursachenden Gegenstand aus der Masse freigeben kann, und zwar auch in der Insolvenz von juristischen Personen und Handelsgesellschaften.[297] Denn das Ziel der Vollbeendigung eines Rechtsträgers hat im Rahmen der insolvenzrechtlichen Abwicklung hinter den vorrangigen Befriedigungsinteressen der Insolvenzgläubiger zurückzutreten. In Übereinstimmung mit dieser („massefreundlichen") Rechtsprechung hat das **BVerwG** die Freigabe als Mittel zur Entlastung der Masse in Fällen einer Zustandsverantwortlichkeit nach ordnungsrechtlich **grundsätzlich anerkannt** und dabei hervorgehoben, dass das Ordnungsrecht die insolvenzrechtlichen Handlungsmöglichkeiten des Insolvenzverwalters zur Masseschonung zu respektieren habe.[298]

107 bb) **Rechtsfolgen.** Mit der Freigabeerklärung des Verwalters wird der Vermögensgegenstand, von dem die Gefahr ausgeht, aus dem Insolvenzbeschlag gelöst. Die Verwaltungs- und Verfügungsbefugnis des Schuldners lebt dadurch wieder auf. Die Freigabe ist deshalb keine Dereliktion, die ordnungsrechtlich unbeachtlich wäre.[299] Sie hat gerade nicht die Aufgabe des Eigentums zum Inhalt, sondern nur die Rückübertragung der Verwaltungs- und Verfügungsbefugnis auf den Schuldner. Der Insolvenzverwalter kann sich durch Freigabe von Abfallgegenständen oder eines kontaminierten Grundstücks aus der Insolvenzmasse von seiner **Zustandsverantwortlichkeit** befreien. Durch die Freigabeerklärung wird die haftungsrechtliche Zuweisung zur Insolvenzmasse beendet, weil der Insolvenzverwalter mit der Freigabe seine bisherige Zugriffsmöglichkeit auf die belasteten Gegenstände aufgibt und danach grundsätzlich nicht mehr deren Besitzer ist.[300] Damit wird der Insolvenzschuldner auch wieder als Zustandsstörer verantwortlich.[301] Ordnungsrechtliche Verfügungen können somit nicht mehr gegen den Verwalter als Adressaten erlassen werden, sondern nur noch an den Schuldner, dessen ordnungsrechtliche Verantwortlichkeit wieder aufgelebt ist. Hat der Insolvenzverwalter die Verantwortlichkeit der Masse durch Freigabe der umweltbelastenden Gegenstände **wirksam beendet,** haftet für die Kosten der Beseitigung nur noch der freigegebene Gegenstand bzw. das insolvenzfreie Vermögen des Schuldners. Die in der zivil- und verwaltungsrechtlichen Rechtsprechung nunmehr ordnungsrechtlich anerkannte Freigabe hat zur Folge, dass in dem Regelfall einer Zustandsverantwortlichkeit der Masse letztlich die Allgemeinheit für die Kosten der Sanierung von Altlastengrundstücken oder der Abfallbeseitigung aufkommen muss. Die Masse bleibt – im Ausgleich für den Verlust des freigegebenen Massegegenstandes – von Sanierungskosten verschont. Die Rechtsprechung des BVerwG zur Einstufung der Beseitigungskosten von Altschäden als Masseverbindlichkeiten wird damit auf ein für die Insolvenzabwicklung erträgliches Maß abgemildert.[302]

---

[294] Eingehend dazu *Lwowski/Tetzlaff* WM 2005, 921, 927 f.
[295] *Pape* ZInsO 2008, 465 f.; *Häsemeyer* RdNr. 13.14; *Seidel/Flitsch* DZWIR 2005, 278, 281.
[296] BVerwG NJW 2005, 379; *Küpper/Heinze* ZInsO 2005, 409, 411; *Seidel/Flitsch* DZWIR 2005, 278, 281.
[297] BGH NJW-RR 2007, 407; BGHZ 163, 32 = ZIP 2005, 1034, dazu *Flitsch* EWiR 2005, 603; *Uhlenbruck* KTS 2004, 275, 280 f.; aA *Karsten Schmidt* ZIP 1997, 1441, 1444 u. zuletzt NJW 2010, 1489, 1493, weil es sich um eine objektivrechtliche Pflicht der Gesellschaft handelt.
[298] BVerwG NJW 2005, 379 = ZIP 2004, 2145, dazu *Kreft* EWiR 2005, 439 = WM 2005, 233 m. Anm. *Kirchhof* in WuB VI A. § 55 InsO 1.05. Das einschlägige Ordnungsrecht kann einer Enthaftung der Masse durch Freigabe allerdings auch entgegenstehen, vgl. VGH Mannheim NZI 2012, 722, 723 f. mwN; s.u. RdNr. 109.
[299] BVerwG NJW 2005, 379.
[300] BVerwG NJW 2005, 379; ZInsO 2006, 495; OVG Lüneburg NJW 2010, 1546; *Häsemeyer* RdNr. 13.14; *Kebekus*, NZI 2001, 67; aA *K. Schmidt* ZIP 2000, 1919.
[301] BVerwG NJW 1984, 2427; *Mohrbutter* in Mohrbutter/Ringstmeier § 6 RdNr. 227; *Uhlenbruck* KTS 2004, 275, 278; *Uhlenbruck/Hirte* § 35 RdNr. 75.
[302] So *Kirchhof* in WuB VI A. § 55 InsO 1.05; ähnlich *Kreft* EWiR 2005, 439, 440, wonach das BVerwG in seiner Grundsatzentscheidung von 2004 (NJW 2005, 379) mit der Freigabemöglichkeit einen Weg gewiesen habe, der für die Masse – ungeachtet der Qualifikation der Altlastenbeseitigungskosten als Masseschulden – unter Umständen sogar günstiger sein könne.

cc) Zeitpunkt der Freigabe. Die Freigabe ist dem Insolvenzverwalter zumindest so lange möglich, als gegen ihn die Umweltbehörde noch keine die Ordnungspflicht konkretisierende Beseitigungsverfügung für Abfälle oder Sanierungsanordnung für Bodenverunreinigungen erlassen hat.[303] Aus der bis dahin bestehenden abstrakten Ordnungspflicht resultiert kein insolvenzrechtlich relevanter Anspruch auf Sanierung oder Abfallbeseitigung gegenüber dem Verwalter. Die Freigabe ist jedoch darüber hinaus noch als zulässig anzusehen, wenn die Behörde bereits gegen den Insolvenzverwalter einen Ordnungsbescheid erlassen hat und solange das Verwaltungsverfahren ggf. in Gestalt eines **Widerspruchsbescheids** noch nicht abgeschlossen ist.[304] Nach dem Zeitpunkt der letzten Behördenentscheidung kann eine Freigabeerklärung allerdings die Inanspruchnahme der Masse nicht mehr verhindern.[305] Gibt der Verwalter rechtzeitig das kontaminierte Grundstück oder die Abfälle aus der Insolvenzmasse frei, wird der Verwaltungsakt der Behörde nachträglich rechtswidrig. Er muss deshalb zurückgenommen oder widerrufen werden.[306]

108

dd) Einschränkungen. Die grundsätzlich zulässige Freigabeerklärung kann jedoch wegen der Tatbestandsmerkmale, an welche die Ordnungspflicht in Sonderfällen – etwa im Falle des früheren Betreibers einer Anlage nach § 5 Abs. 1 Nr. 3 BImSchG – anknüpft, **wirkungslos** bleiben.[307] Die Freigabe bleibt auch ohne Wirkung, wenn der Insolvenzverwalter während der Masseverwaltung eine eigene **Verhaltensverantwortlichkeit** – zB als Anlagenbetreiber – neu begründet hat. Als Handlungsstörer kann er sich und damit die Masse – anders als bei einer Zustandsverantwortlichkeit – durch Freigabe nicht von der Ordnungspflichtigkeit befreien.[308] Hat der Insolvenzverwalter im Rahmen der Betriebsfortführung zB schädliche Bodenveränderungen verursacht, so ist er als Handlungsstörer für die Beseitigung verantwortlich. Er bleibt dies auch, wenn das betrieblich genutzte Grundstück von ihm freigegeben oder ggf. an Dritte veräußert oder verpachtet wird.[309] Als Betreiber einer genehmigungspflichtigen Anlage kann der Insolvenzverwalter nach Freigabe des Grundstücks aus der Masse aber nur noch zur Beseitigung von schädlichen Reststoffen herangezogen werden, soweit diese bei Fortführung der Anlage durch ihn verursacht worden sind; hinsichtlich etwaiger Altlasten aus der Zeit vor Insolvenzeröffnung wirkt sich die Freigabe haftungsentlastend aus.[310]

109

5. Verbindlichkeiten aus selbständiger Tätigkeit des Schuldners („Neuerwerb"), § 35 Abs. 2 InsO. Nach § 35 Abs. 1 gehören auch pfändbare Einkünfte, die der freiberuflich oder gewerblich tätige Schuldner während des Insolvenzverfahrens erzielt, als sog. **Neuerwerb** grundsätzlich in vollem Umfang zur Insolvenzmasse.[311] Der Insolvenzverwalter ist zwar berechtigt, im Wege einer echten Freigabe (vgl. § 32 Abs. 3 Satz 1) einzelne für die Masse meist wertlose Gegenstände aus dem Insolvenzbeschlag zu lösen und in das insolvenzfreie Vermögen des Schuldners zurückzugeben.[312] Um dem Schuldner überhaupt eine Perspektive für eine erfolgreiche Selbständigkeit außerhalb des Insolvenzverfahrens zu eröffnen, kann der Verwalter aber darüber hinaus gem. § 35 Abs. 2 Satz 1 erklären, dass Vermögen aus der selbständigen Erwerbstätigkeit des Schuldners nicht zur Insolvenzmasse gehört und Ansprüche aus dieser Tätigkeit nicht im Insolvenzverfahren geltend gemacht werden können. Damit werden Neuerwerb und Schulden einheitlich dem insolvenzfreien Vermögen zugeordnet. Will der Schuldner also eine selbständige Tätigkeit fortsetzen oder demnächst aufnehmen, hat der Verwalter in den ab **1. Juli 2007** eröffneten Verfahren darüber zu entscheiden, ob das „Vermögen aus der selbständigen Tätigkeit" zur Masse gehören soll oder nicht. Je nach Risiken und Chancen für die Masse stehen ihm **zwei Optionen** mit unterschiedlichen Rechtsfolgen zur Verfügung:

110

a) Positiverklärung („Nicht-Freigabe"). Hält der Insolvenzverwalter die – ausgeübte oder beabsichtigte – selbständige Tätigkeit des Schuldners für ertragreich, wird er sich für die Zugehörigkeit des hieraus erlangten Vermögens zur Masse entscheiden und erklären, dass Ansprüche gegen den Schuldner aus selbständiger Tätigkeit im Insolvenzverfahren geltend gemacht werden können.

111

---

[303] BayVGH KTS 1983, 462; VG Darmstadt ZIP 2000, 2077.
[304] *Kübler/Prütting/Bork/Pape/Schaltke* § 55 RdNr. 121; *Küpper/Heinze* ZInsO 2005, 409, 412. Vgl. auch BGH NJW-RR 2006, 989 (Freigabe bleibt bei rechtskräftig tituliertem Räumungsanspruch wirkungslos); BVerwG NJW 2005, 379 (wirksame Freigabe im Zusammenhang mit der Einlegung des Widerspruchs); OVG Lüneburg NJW 2010, 1546 (wirksame Freigabeerklärung nach Widerspruch, aber vor Erlass des Widerspruchsbescheids).
[305] VGH Mannheim NZI 2012, 722, 723; OVG Berlin-Brandenburg ZIP 2010, 1565 (Widerspruchsbescheid wird durch nachträgliche Grundstücksfreigabe nicht rechtswidrig).
[306] *Kniesel,* Verantwortlichkeit für Altlasten und ihre Grenzen, BB 1997, 2009.
[307] BVerwG NZI 2005, 51; ZInsO 2006, 495; *Voigt-Salus* in: Mohrbutter/Ringstmeier § 32 RdNr. 35.
[308] *Uhlenbruck/Uhlenbruck* § 80 RdNr. 176; HambKomm-*Kuleisa* § 80 RdNr. 39.
[309] BVerwGE 107, 299 = NJW 1999, 1416; *Häsemeyer* RdNr. 13.13.
[310] *Kübler/Prütting/Bork/Pape/Schaltke* § 55 RdNr. 124.
[311] BGH NJW 2003, 2167; eingehend § 35 RdNr. 45.
[312] BGH ZIP 2007, 1020 und st. Rspr.; *Uhlenbruck/Hirte* § 35 RdNr. 71; *Bartels* KTS 2012, 381, 384.

Da der Verwalter mit einer (Positiv-)Erklärung zugleich einer Haftung zustimmt, stellen die im Rahmen der Erwerbstätigkeit des Schuldners neu begründeten Verbindlichkeiten **Masseverbindlichkeiten** nach § 55 Abs. 1 Nr. 1 Alt. 1 dar.[313]

112   Falls der Insolvenzverwalter entgegen seiner Erklärungspflicht keine ausdrückliche Wahl trifft, die selbständige Tätigkeit des Schuldners aber wissentlich **duldet,** kann sein pflichtwidriges Unterlassen ebenfalls zu einer Haftung der Masse führen.[314] Zur Abgabe einer Haftungserklärung nach § 35 Abs. 2 Satz 1 ist der Verwalter jedenfalls verpflichtet, sobald er von der selbständigen Tätigkeit des Schuldners **Kenntnis** erlangt.[315] Solange dieser allerdings ohne Wissen und Billigung des Verwalters Geschäfte tätigt, werden lediglich Neuverbindlichkeiten des Schuldners begründet; auch dessen Einkommensteuerschuld ist dann keine Masseverbindlichkeit.[316] Da für den Insolvenzverwalter bis zur Einführung des § 35 Abs. 2 noch keine gesetzliche Erklärungspflicht bestand, stellte selbst die wissentliche Duldung einer neuen gewerblichen Tätigkeit des Schuldners kein „Verwalten" der Insolvenzmasse i. S. d. § 55 Abs. 1 Nr. 1 Alt. 2 dar, das in den Altverfahren (bis Ende Juni 2007) zu einer Masseverbindlichkeit hätte führen können.[317]

113   **b) Negativerklärung („Freigabe").** Entscheidet sich der Verwalter gegen eine Massezugehörigkeit des Vermögenserwerbs aus freiberuflicher oder gewerblicher Tätigkeit des Insolvenzschuldners, verzichtet er hinsichtlich des sog. Neuerwerbs endgültig auf seine Verwaltungs- und Verfügungsbefugnis. Mit der **„freigabeähnlichen"** Erklärung, die mit Zugang beim Schuldner wirksam wird, werden alle der gewerblichen Betätigung des Schuldners dienenden Gegenstände und der berufliche Neuerwerb **massefrei**.[318] Dazu gehört zB ein vom Schuldner hinzu erworbener Steuererstattungsanspruch.[319] Auch bestehende Vertrags- oder **Dauerschuldverhältnisse,** die sich auf die selbständige Tätigkeit des Schuldners beziehen und auf deren Leistungen er angewiesen ist, werden mit der wirksamen Freigabeerklärung nach § 35 Abs. 2 Satz 1 aus der Insolvenzmasse gelöst und in das insolvenzfreie Schuldnervermögen zurückgeführt, das den Neugläubigern als Haftungsmasse zur Verfügung steht.[320] Zur Enthaftung der Masse bedarf es keiner zusätzlichen Kündigung der Verträge durch den Insolvenzverwalter.[321] Durch die Überleitung der Vertragsverhältnisse auf den Schuldner und die Zuordnung des von ihm erwirtschafteten Neuerwerbs zum freien Vermögen wird dem Schuldner die Fortsetzung seiner selbständigen Tätigkeit erleichtert und ggf. ein Neustart ermöglicht.[322]

114   Durch seine ausdrückliche Freigabeerklärung verhindert der Verwalter, dass weitere mit der selbständigen Tätigkeit des Schuldners verbundene Belastungen für die Masse entstehen. Denn nach wirksamer Freigabe haftet die Masse nicht mehr für Forderungen von **Neugläubigern,** die in Rechtsbeziehungen zum Schuldner treten und ihm Geld- oder Sachkredit gewähren.[323] Vertragspartner des Schuldners können auch ihre Gegenansprüche aus fortgeführten Dauerschuldverhältnissen, zB aus für die Masse besonders kostenintensiven Miet- oder Arbeitsverhältnissen[324], soweit sie den Zeitraum nach der Freigabe betreffen, nur noch gegen den Schuldner persönlich durchsetzen. Ebenso sind Steuerforderungen, die als gesetzliche Folge an eine unternehmerische Tätigkeit des Schuldners anknüpfen, außerhalb des Insolvenzverfahrens zu verfolgen. Selbst wenn der Schuldner im Rahmen seines freigegebenen Geschäftsbetriebs mit Einverständnis des Verwalters auch Massegegenstände (Inventar u.a.) verwendet, trifft die Umsatzsteuerpflicht allein den Schuldner; die **Nutzungsgestattung** des Insolvenzverwalters gegenüber dem Schuldner stellt als solche keine umsatzsteuerpflichtige Maßnahme dar. Jedenfalls solange die vom Schuldner erbrachten unternehmerischen

---

[313] *A/G/R-Ahrens* § 35 RdNr. 156. Zur Verwalterhaftung aus § 61 krit. HKInsO-*Lohmann* § 61 RdNr. 5.
[314] *Kübler/Prütting/Bork/Pape/Schaltke* § 55 RdNr. 135; HK-*Lohmann* § 55 RdNr. 9; HambKomm-*Lüdtke* § 35 RdNr. 249; *Uhlenbruck/Sinz* § 55 RdNr. 43; A/G/R-*Ahrens* § 35 RdNr. 156.
[315] HambKomm-*Lüdtke* § 35 RdNr. 250; A/G/R-*Ahrens* § 35 RdNr. 156.
[316] BFH ZIP 2010, 2014, dazu *Kahlert* EWiR 2010, 751.
[317] BFH NZI 2010, 37; FG Köln ZInsO 2011, 1120.
[318] A/G/R-*Ahrens* § 35 RdNr. 159.
[319] BFH ZIP 2011, 2067; NZI 2011, 35. Eine nach Ansicht des BFH zulässige Aufrechnung des Finanzamts mit vorinsolvenzlichen Steuerforderungen schafft ein unzulässiges Fiskusprivileg (vgl. § 89 Abs. 1) zum Nachteil der Neugläubiger, vgl. HambKomm-*Lüdtke* § 35 RdNr. 258; *Kahlert* EWiR 2011, 53 und *Dahl* EWiR 2012, 55.
[320] BGHZ 192; 322 = NJW 2012, 1361 = ZIP 2012, 533, 535, dazu *Henkel* EWiR 2012, 287; *Ries* ZInsO 2009, 2030, 2033 f.; *Peters* WM 2012, 1067; *Andres* NZI 2012, 409; auch § 35 RdNr. 47 f.
[321] BGH NJW 2012, 1361; *Bartels* KTS 2012, 381, 398, 400.
[322] Auf Antrag von Neugläubigern kann schon während des laufenden Verfahrens ein auf den Neuerwerb beschränktes Zweitinsolvenzverfahren eingeleitet werden, sofern die Verfahrenskosten gedeckt sind, vgl. BGH NJW-RR 2011, 1615; AG Göttingen NZI 2011, 861.
[323] Zur Entlastung der Masse ausführlich *Bartels* KTS 2012, 381, 392 ff.
[324] LG Krefeld NZI 2010, 485 (Mietvertrag), dazu *Henkel* EWiR 2010, 541. Zu Arbeitsverhältnissen vgl. ArbG Berlin ZIP 2010, 1914, dazu *Stiller* ZInsO 2010, 1374 und *Priebe* EWiR 2010, 675.

Leistungen überwiegend auf dem Einsatz seiner persönlichen Arbeitskraft beruhen, liegen keine Umsätze aus der „Verwertung" der Masse i. S. d. § 55 Abs. 1 Nr. 1 vor, die zu einer Masseverbindlichkeit führen könnten.[325]

Die Freigabe nach § 35 Abs. 2 wirkt allerdings nur für die Zukunft, sodass die Insolvenzmasse **115** noch für etwaige bis zur Negativerklärung des Verwalters begründete Verbindlichkeiten haftet. Vertragsgläubiger können also Ansprüche, die im Zeitraum ab Insolvenzeröffnung bis zum Wirksamwerden der Freigabeerklärung des Verwalters aus Dauerschuldverhältnissen entstehen, noch als Massegläubiger geltend machen (§§ 55 Abs. 1 Nr. 2 Alt. 2, 108 Abs. 1 Satz 1). Um dies zu vermeiden, wird der Verwalter seine Entscheidung zur Freigabe möglichst kurzfristig treffen. Im Schrifttum wird teilweise vertreten, dem Verwalter müsse für seine **Prognoseentscheidung** eine mehrwöchige **Bedenkzeit** eingeräumt werden, innerhalb derer noch keine Masseschulden entstehen sollen.[326] Damit würde aber die mit der Anknüpfung an die Freigabeerklärung gewonnene klare zeitliche Aufteilung der Verbindlichkeiten, die (noch) die Masse betreffen und die gegen den Schuldner zu verfolgen sind, ohne zwingenden Grund wieder in Frage gestellt. Können Masseforderungen aus der Zeit zwischen Eröffnung und Freigabe nicht erfüllt werden, scheidet eine persönliche Ersatzpflicht des Verwalters nach § 61 aus, soweit solche oktroyierten Forderungen wegen der einzuhaltenden Kündigungsfristen (zB § 109 Abs. 1) ohnehin entstanden wären.[327]

D. Sonstige Masseverbindlichkeiten nach § 55 Abs. 1 Nr. 2

Die Masseverbindlichkeiten nach § 55 Abs. 1 Nr. 2 beruhen auf gegenseitigen Verträgen im Sinne **116** der §§ 320 ff. BGB, die bereits vor Eintritt der Insolvenz vom Schuldner abgeschlossen waren. Darin liegt der Unterschied zu den Masseverbindlichkeiten nach Nr. 1, die durch Rechtshandlungen oder in sonstiger Weise während des Verfahrens entstehen. In § 55 Abs. 1 Nr. 2 werden zwei auseinanderzuhaltende Fallgruppen geregelt.[328] Der Insolvenzverwalter kann in gegenseitigen Verträgen, die zurzeit der Verfahrenseröffnung noch von keiner Seite vollständig erfüllt sind, vom Vertragspartner die Erfüllung zur Insolvenzmasse verlangen, §§ 103, 107. Verlangt der Insolvenzverwalter die Vertragserfüllung, muss er wegen des in der Insolvenz geschützten **funktionellen Synallagmas** die Gegenleistung grundsätzlich vollständig aus der Masse erbringen.[329] Der Anspruch des Vertragspartners des Schuldners auf die vom Insolvenzverwalter zu erbringende Gegenleistung wird durch die Erfüllungswahl zu einer Masseverbindlichkeit i. S. d. § 55 Abs. 1 Nr. 2 Alt. 1. Das einseitige **Wahlrecht**, auf das sich die Regelung in § 55 Abs. 1 Nr. 2 bezieht, gibt dem Insolvenzverwalter[330] die Möglichkeit, für die Masse ungünstige Verträge abzulehnen oder für die Masse vorteilhafte Vertragsverhältnisse trotz der Insolvenzeröffnung zur Durchführung zu bringen und damit die Masse im Gläubigerinteresse anzureichern.

Masseverbindlichkeiten aus gegenseitigen Verträgen, deren Erfüllung für die Zeit nach Eröffnung **117** des Insolvenzverfahrens nach § 55 Abs. 1 Nr. 2 Alt. 2 zu erfolgen hat, sind die Verbindlichkeiten aus **Dauerschuldverhältnissen,** § 108. Diese Vertragsverhältnisse erlöschen nicht mit Eröffnung des Insolvenzverfahrens, sondern bestehen mit Wirkung für die Insolvenzmasse bis zur Beendigung fort. Die aus dem Vertragsverhältnis resultierenden Ansprüche, wie insbesondere auf Mietzahlung bzw. Lohn oder Gehalt müssen als Masseverbindlichkeiten erfüllt werden. Die Rechtswirkung tritt „kraft Gesetzes" ein. Sie beruht nicht auf einer Rechtshandlung des Insolvenzverwalters und ist auch unabhängig davon, ob aus der Erfüllung des Miet- oder Arbeitsverhältnisses der Masse überhaupt ein wirtschaftlicher Vorteil zufließt. Die Masseverbindlichkeiten werden deshalb als **aufgezwungen**[331] oder oktroyiert bezeichnet. Masseansprüche sind jedoch nur die aus der Fortsetzung des Vertragsverhältnisses während des Insolvenzverfahrens entstehenden Ansprüche auf die Gegenleistung des Vermieters oder Arbeitnehmers. Einseitige Ansprüche, wie zB der Entschädigungsanspruch des Vermieters anlässlich der vorzeitigen Beendigung des Vertragsverhältnisses bilden demgegenüber bloße Insolvenzforderungen.

---

[325] BFH NZI 2012, 335, dazu *Berger* EWiR 2012, 209; ZIP 2010, 1405, dazu im Ergebnis zust. *Kahlert* in EWiR 2010, 647; ZIP 2010, 2211 (jeweils zu § 35 aF); *Kübler/Prütting/Bork/Pape/Schaltke* § 55 RdNr. 132.
[326] HambKomm-*Lüdtke* § 35 RdNr. 257; *Henkel* EWiR 2010, 288; aA *Peters* WM 2012, 1067.
[327] Vgl. BGH NJW 2012, 1361 = ZIP 2012, 533, 537; *Uhlenbruck/Sinz* § 61 RdNr. 6.
[328] Vgl. BAG NJW 2010, 2154, 2158.
[329] BGHZ 150, 138, 148 = NJW 2002, 2313; *Häsemeyer* RdNr. 14.16 u. 20.21.
[330] Dem vorläufigen Insolvenzverwalter steht das Recht der Erfüllungswahl nicht zu, HK-*Marotzke* § 103 RdNr. 57.
[331] *Häsemeyer* RdNr. 14.04; vgl. § 53 RdNr. 7.

118 **Aufträge** und Geschäftsbesorgungsverträge i. S. d. § 675 BGB enden nach den Sonderregelungen in §§ 115, 116 mit Eröffnung des Insolvenzverfahrens über das Vermögen des Unternehmens. Da die Erfüllungsansprüche endgültig erlöschen, ergeben sich aus beiden Vertragsverhältnissen keine Masseansprüche.[332] Der Beauftragte oder Geschäftsbesorger kann nur dann Massegläubiger werden, wenn er seine Tätigkeit über das Vertragsende hinaus im Rahmen einer Notgeschäftsführung für die Masse fortzusetzen hat, §§ 115 Abs. 2 Satz 3, 116 Satz 1. Beim gegenseitigen **Erbbaurechtsvertrag** handelt es sich weder um ein Dauerschuldverhältnis i. S. d. § 108 noch um einen Austauschvertrag i. S. d. § 103, weil er seitens des Grundstückseigentümers vollständig erfüllt worden ist. Ansprüche auf Erbbauzinsen nach Verfahrenseröffnung stellen daher keine vom Verwalter nach § 55 Abs. 1 Nr. 2 begründeten Masseverbindlichkeiten dar.[333]

I. Masseverbindlichkeiten aus Austauschverträgen

119 **1. Grundsatz.** Der Insolvenzverwalter hat gegenseitige Austauschverträge, die zurzeit der Insolvenzeröffnung von beiden Vertragspartnern noch nicht oder nicht vollständig erfüllt sind, nach Maßgabe der für das Insolvenzvertragsrecht grundlegenden Norm des § 103 abzuwickeln. Zu den **gegenseitigen Verträgen** i. S. d. §§ 320 ff. BGB[334] zählen namentlich Kaufverträge, Werk- und Werklieferungsverträge, (Lebens-) Versicherungsverträge,[335] Miet- oder Leasingverträge über bewegliche Gegenstände,[336] Lizenzverträge,[337] nach hM auch Rückabwicklungsverhältnisse bei Rücktritt,[338] nicht jedoch einseitige Rechtsgeschäfte oder solche, die der Gesetzgeber anderweitig speziell geregelt hat. In den wegen der Insolvenzeröffnung stecken gebliebenen gegenseitigen Vertragsverhältnissen räumt die Insolvenzordnung dem Verwalter die Möglichkeit ein, diese – nachträglich – durch **Erfüllungswahl** zum vertraglich vereinbarten Ergebnis zu bringen. Das rechtsdogmatische Verständnis der Erfüllungswahl nach § 103 war lange Zeit umstritten. Nach der seit 2002 modifizierten Rechtsprechung des BGH bewirkt die Eröffnung des Insolvenzverfahrens **kein Erlöschen** der beiderseitigen Erfüllungsansprüche.[339] Die noch offenen Ansprüche beider Vertragspartner bleiben vielmehr als solche bestehen und verlieren nur zunächst (nämlich bis zu einem Erfüllungsverlangen des Verwalters) ihre Durchsetzbarkeit. Sie erlangen aber die Rechtsqualität von originären Masseverbindlichkeiten und -forderungen (§ 55 Abs. 1 Nr. 2 Alt. 1), wenn der Verwalter den Vertragsanspruch des Schuldners geltend macht und damit Erfüllung wählt.[340] In Abkehr von der früheren Rechtsprechung, wonach die Insolvenzeröffnung das Schuldverhältnis materiell-rechtlich umgestaltet und die noch von keiner Seite erfüllten Ansprüche aus dem Vertrag entfallen lässt, begründet das Erfüllungsverlangen des Insolvenzverwalters also kein neues Schuldverhältnis. Die gegenseitigen Erfüllungsansprüche werden nur für die Zwecke des Insolvenzverfahrens zu Ansprüchen gegen die Masse bzw. der Masse gegen den Vertragspartner **aufgewertet**.[341] Übt der Verwalter sein Wahlrecht durch Geltendmachung des wieder durchsetzbaren Vertragsanspruchs aus, muss der Masse für die von ihr noch zu erbringende Leistung auch die entsprechende vertragliche **Gegenleistung** zustehen. Die mit der Erfüllungswahl originär begründete Aktivforderung gehört daher auch bei einer vor Insolvenzeröffnung erfolgten (Sicherungs-)Abtretung des ursprünglichen Vertragsanspruchs zum Insolvenzvermögen; ein Rechtserwerb des Zessionars würde dem Sinn und Zweck des § 103 zuwiderlaufen und – wie bei Abtretung künftiger Forderungen – auch am Verbot des § 91 Abs. 1 scheitern.[342]

120 Das Wahlrecht des Insolvenzverwalters nach § 103 dient dem gemeinsamen Interesse der Gläubiger. Seine Ausübung soll der Insolvenzmasse Nutzen bringen. Der Insolvenzverwalter hat deshalb im konkreten Einzelfall die wirtschaftlichen Folgen der Nichterfüllung und einer Fortsetzung des

---

[332] BGH NJW-RR 2007, 50 (Kautionssicherungsvertrag); BGHZ 181, 362 = NJW 2009, 2677 (Kontokorrentabrede); NJW 2003, 743 (Handelsvertretervertrag).
[333] BGH NJW-RR 2006, 188.
[334] Zu den einzelnen Vertragstypen vgl. HK-*Marotzke* § 103 RdNr. 5–10.
[335] BGH NJW 2012, 678 = ZIP 2012, 34, 35 f.; ZIP 1993, 600.
[336] Dazu RdNr. 132, 139.
[337] BGH NJW 2006, 915; zum Verwalterwahlrecht nach § 103 s. RdNr. 143.
[338] *Jaeger/Henckel* § 55 RdNr. 45; HK-*Lohmann* § 55 RdNr. 15; offen geblieben in BGH NJW 2009, 1414.
[339] BGHZ 150, 353, 359 = NJW 2003, 2744; zur Aufgabe der Erlöschenstheorie in der BGH-Rspr. vgl. zuletzt BGH NJW 2012, 678 f.
[340] BGH NJW 2006, 915; NZI 2010, 180; Braun/Kroth § 103 Rn. 55.
[341] Zur Dogmatik der Erfüllungswahl vgl. *Kreft*, ZInsO 2003, 1120. Kritisch zur neuen sog. Qualitätsänderungstheorie v. Wilmowsky ZIP 2012, 401, 403 f.
[342] BGH NZI 2006, 350f; HambKomm-Ahrendt § 103 Rn. 36; Braun/Kroth § 103 Rn. 5; krit. v.Wilmowsky ZIP 2012, 401, 405 f. Zum „Gegenleistungsaspekt" bei Auslegung des § 103 Abs. 1 s. BGH ZIP 2007, 340; BGHZ 129, 336, 339; Uhlenbruck/Wegener § 103 Rn. 149.

Vertrages zu prüfen und gegeneinander abzuwägen. Maßstab für die Entscheidung des Verwalters ist ausschließlich das **Interesse der Insolvenzmasse**.[343] Die Erfüllungswahl ist nahe liegend, wenn unter Berücksichtigung der noch zu erbringenden Leistung und Gegenleistung per Saldo ein „Leistungsbilanzüberschuss" zugunsten der Insolvenzmasse zu erwarten ist.[344] Eine Erfüllungswahl, die offenkundig und für den Geschäftspartner ersichtlich der Insolvenzmasse keinen Nutzen bringen kann, ist wegen Insolvenzzweckwidrigkeit unwirksam.[345] Ist die Entscheidung über die Erfüllungswahl für das Verfahren von besonderer Bedeutung, wie zB das Erfüllungsverlangen in Bezug auf ein größeres Bauobjekt oder die Erstellung einer Produktionsanlage, so hat der Verwalter zuvor die Zustimmung des Gläubigerausschusses oder der Gläubigerversammlung, § 160, einzuholen. Die Verweigerung oder Erteilung der Zustimmung hat jedoch keinen Einfluss auf die Wirksamkeit der vom Insolvenzverwalter gegenüber dem Vertragspartner abgegebenen Erklärungen, § 164.

2. Masseverbindlichkeiten aus Erfüllungswahl. Entscheidet sich der Insolvenzverwalter bei einem im Zeitpunkt der Insolvenzeröffnung beiderseits noch nicht vollständig erfüllten Schuldverhältnis für die Erfüllung des Vertrages, so hat der Vertragspartner die nach dem Vertrag geschuldete Leistung zur Insolvenzmasse zu bewirken, der Anspruch des Vertragspartners auf die Gegenleistung des Schuldners wird zur Masseschuld nach § 55 Abs. 1 Nr. 2 Alt. 1. Der Verwalter hat deshalb seinerseits so zu erfüllen, wie der Schuldner außerhalb des Insolvenzverfahrens erfüllen müsste.[346] Er hat **sämtliche Verpflichtungen** aus dem Vertrag, dessen Erfüllung er gewählt hat, als Masseverbindlichkeit zu befriedigen. Die geschuldeten Leistungen des insolventen Unternehmens sind mangelfrei zu erbringen. Nachbesserungs- und Gewährleistungsansprüche im Kauf- und Werkvertragsrecht sind Masseverbindlichkeiten, und zwar auch hinsichtlich der bereits vom Schuldner erbrachten Leistungen.[347] Ebenso sind die Schadenersatzansprüche des Vertragspartners wegen Verzugs, Schlecht- oder Nichterfüllung grundsätzlich Masseforderungen.[348] Soweit dieser **vorgeleistet** hat, kann er das ihm zustehende Entgelt für die bereits vor Insolvenzeröffnung erbrachten (Teil-)Leistungen aber gem. § 105 Satz 1 nur als Insolvenzgläubiger beanspruchen. Der gegenseitige Vertrag wird also in einen vor Eröffnung schon (einseitig) erfüllten und einen zZ der Verfahrenseröffnung beiderseits unerfüllten Vertragsteil aufgespalten.

a) Umfang der Masseverbindlichkeit. Der Insolvenzverwalter kann den gegenseitigen Vertrag nur so erfüllen, wie ihn der Schuldner abgeschlossen hatte. Das Erfüllungsverlangen des Verwalters darf deshalb keine vertragsändernden Bedingungen oder Vorbehalte enthalten; andernfalls machten es unwirksam. Bestehende Vereinbarungen über Vorleistungen, Stundungen oder Liefertermine sind deshalb gegenüber dem Insolvenzverwalter gültig.[349] Bestand eine Schiedsgerichtsvereinbarung, ist der Verwalter gleichfalls daran **gebunden.** Zurückbehaltungsrechte nach § 273 Abs. 1 BGB können vom Vertragspartner nur ausgeübt werden, wenn sie auf demjenigen Vertrag beruhen, dessen Erfüllung der Insolvenzverwalter gewählt hat. Ist der Vertragspartner nach dem Inhalt des Vertrages vorleistungspflichtig, so bleibt er dies, wenn der Insolvenzverwalter Erfüllung verlangt. Die Erhebung der Einrede des § 321 BGB kommt allein wegen des Insolvenzereignisses[350] nicht in Betracht; vielmehr muss der Anspruch des Vertragspartners auf die Gegenleistung wegen bevorstehender Masseunzulänglichkeit konkret gefährdet erscheinen. Bei einer vom Schuldner bereits erbrachten Vorleistung steht dem Verwalter nach Erfüllungswahl kein Rückgewähranspruch zu; vielmehr kann er die der Vorleistung entsprechende Gegenleistung verlangen. Dem Vertragspartner stehen die Einwendungen und Einreden zu, die er auch im Rahmen der Vertragserfüllung gegenüber dem Schuldner hätte geltend machen können. Liegt zB ein Anfechtungsgrund wegen Irrtums oder arglistiger Täuschung vor, so kann er die Anfechtung ungeachtet der Erfüllungswahl des Insolvenzverwalters ausüben.

b) Verzug des Schuldners. Der Insolvenzverwalter hat grundsätzlich das beiderseits nicht oder nicht vollständig erfüllte Vertragsverhältnis in der bei Verfahrenseröffnung bestehenden Lage weiterzuführen. Befand sich zu diesem Zeitpunkt der Insolvenzschuldner bereits in Verzug, so bleibt

---

[343] Vgl. BGH ZIP 2013, 274 (Rz. 13); *Pape,* Ablehnung und Erfüllung, RdNr. 8.
[344] OLG Hamm NJW 1977, 768; *Gottwald/Huber* § 35 RdNr. 17.
[345] BGHZ 150, 353 = NJW 2002, 2783; NJW 2009, 1414; *Häsemeyer* RdNr. 20.20.
[346] BGHZ 169, 43 = NJW 2006, 2919 m.Anm. Huber; *Uhlenbruck/Wegener* § 103 RdNr. 139.
[347] BGH NJW 2006, 2919 m. Anm. *Huber* = NZI 2006, 575; Pape/Schaltke in K/P/B § 55 Rn. 146; FK-*Wegener* § 103 RdNr. 87; aA HambKomm-*Ahrendt* § 103 RdNr. 31.
[348] hM – vgl. BGHZ 173, 116 = NJW 2007, 3715 (Schadensersatz wegen Nichterfüllung); HK-Lohmann § 55 Rn. 15; Pape/Schaltke in K/P/B § 55 Rn. 146; krit. Uhlenbruck/Wegener § 103 Rn. 141. Zu vor Insolvenzeröffnung angefallenen Verzugszinsen u. Vertragsstrafen s.u. RdNr. 124.
[349] *Smid* § 103 RdNr. 6.
[350] *Uhlenbruck/Berscheid* § 103 RdNr. 72.

dieser – auch nach Erfüllungswahl – bestehen.³⁵¹ Eine dem Schuldner vor Verfahrenseröffnung wegen zu vertretender Pflichtverletzung nach §§ 281 Abs. 1, 323 Abs. 1 BGB gesetzte **Frist** zur Leistung oder Nacherfüllung läuft gegen den Insolvenzverwalter nach Verfahrenseröffnung weiter. Das Recht der Erfüllungswahl wird durch den Verzugseintritt des Schuldners nicht ausgeschlossen. Ist jedoch die Nachfrist nach Insolvenzeröffnung abgelaufen oder war dies bereits vor Verfahrenseröffnung der Fall gewesen, hat der Insolvenzverwalter kein Recht mehr, die Vertragserfüllung zu verlangen.

124   c) **Verzugszinsen und Vertragsstrafen vor Verfahrenseröffnung.** Im Eröffnungszeitpunkt können bereits Verzugszinsen angefallen oder Vertragsstrafen vom Schuldner verwirkt worden sein. Rechtsfolge der Erfüllungswahl ist, dass sämtliche Ansprüche aus dem Vertragsverhältnis vom Insolvenzverwalter als Masseverbindlichkeiten zu erfüllen sind, und damit eigentlich auch Verzugszinsen und Vertragsstrafen.³⁵² Zweck des Wahlrechts ist es jedoch, die Insolvenzmasse im Interesse der gleichmäßigen Befriedigung der Insolvenzgläubiger zu erhalten und soweit wie möglich zu stärken. Soweit deshalb der Insolvenzverwalter die zur Erfüllung des Vertrages erforderlichen Leistungen aus der Insolvenzmasse erbringt, muss ihr auch ein wirtschaftlich **äquivalenter Gegenwert** zuzufließen. Für Schadenersatzansprüche aus Verzug oder für Vertragsstrafenansprüche, die **vor Verfahrenseröffnung** bereits eingetreten waren, ist dies jedoch nicht der Fall. Soweit diese außerhalb des Gegenseitigkeitsverhältnisses stehen, besteht kein hinreichender Grund, diese nach Erfüllungswahl auch als Masseverbindlichkeiten anzusehen.³⁵³ Vielmehr sind sie als Insolvenzforderungen einzustufen, sodass derartige Schadenersatz- oder Vertragsstrafensansprüche vom Vertragspartner auch nicht mittels Verrechnung zur Kürzung des der Masse zustehenden Vergütungsanspruchs benutzt werden können. Im Falle des Rücktritts des Vertragspartners, §§ 346 ff. BGB, entsteht ein gegenseitiges **Rückabwicklungsverhältnis**,³⁵⁴ auf das § 103 jedenfalls analog Anwendung findet. Wenn der Insolvenzverwalter die Erfüllung als für die Masse ungünstig ablehnt, so steht dem Vertragspartner nur ein Schadenersatzanspruch zu, der eine Insolvenzforderung darstellt, § 103 Abs. 2 Satz 1. Verlangt dagegen der Insolvenzverwalter im Rahmen des beiderseits noch nicht vollständig erfüllten Rücktrittsverhältnisses Erfüllung, hat der Rücktrittsberechtigte die empfangenen Leistungen an die Masse zurückzugeben und der Insolvenzverwalter ist zur Rückgabe der Gegenleistung als Masseverbindlichkeit nach § 55 Abs. 1 Nr. 2 verpflichtet.³⁵⁵

125   **3. Rechtsfolgen der Erfüllungsablehnung.** Lehnt der Insolvenzverwalter die Vertragserfüllung ab, bleibt der Vertrag nach der neueren Rspr. des BGH in dem Zustand wie im Zeitpunkt der Insolvenzeröffnung – also auch mit vertraglich eingeräumten Kündigungs- oder Rücktrittsrechten – bestehen, wobei die noch offenen Ansprüche auf weitere Leistungen nicht mehr durchgesetzt werden können.³⁵⁶ Der bestehen gebliebene Vertrag ist nunmehr rein insolvenzmäßig abzuwickeln. Der Vertragspartner des Schuldners „kann" Schadenersatz wegen Nichterfüllung des Vertrages nur als Insolvenzgläubiger geltend machen, §§ 103 Abs. 2 Satz 1, 38. Meldet er diesen Schadenersatzanspruch zur Tabelle an, erlischt sein Leistungsanspruch gegen den Schuldners. Das ursprüngliche Vertragsverhältnis besteht dann nur noch als **Abrechnungsverhältnis** fort.³⁵⁷ Wird keine Forderung wegen Nichterfüllung geltend gemacht, sind die unveränderten Erfüllungsansprüche nach Beendigung des Verfahrens wieder durchsetzbar.

126   Wie sich die Erfüllungsablehnung auf von den Vertragsparteien bis zur Insolvenzeröffnung erbrachte Teilleistungen auswirkt, ist im Einzelnen rechtlich strittig.³⁵⁸ Dem Vertragspartner steht wegen von ihm erbrachter Teilleistungen kein Rückforderungsanspruch gegenüber der Insolvenzmasse zu; dieser scheitert an § 105 Satz 2. Hatte der Schuldner vor Insolvenzeröffnung Leistungen erbracht, so sind auch diese in aller Regel dem Vertragspartner zu belassen; denn die vertraglichen Ansprüche werden durch die Insolvenzeröffnung und Erfüllungsablehnung grundsätzlich nicht berührt. Der Insolvenzverwalter kann also über bereits erbrachte Vorleistungen des Schuldners nicht mehr zugunsten der Masse disponieren. Diese stehen damit zur Befriedigung der Insolvenzgläubiger

---

³⁵¹ OLG Karlsruhe ZIP 2010, 2526, 2527; *Homann* in Mohrbutter/Ringstmeier § 7 RdNr. 32.
³⁵² *Jaeger/Henckel* § 55 RdNr. 45; K/P/B/Pape/Schaltke § 55 RdNr. 147.
³⁵³ HambKomm-*Ahrendt* § 103 RdNr. 30; *Uhlenbruck/Sinz* § 55 RdNr. 48; FK-*Wegener* § 103 RdNr. 91; *Uhlenbruck/Wegener* § 103 RdNr. 142; aA HambKomm-*Jarchow* § 55 RdNr. 11.
³⁵⁴ K/P/B/Pape/Schaltke § 55 RdNr. 148; Uhlenbruck/Wegener § 103 RdNr. 95; offen gelassen BGH NJW 2009, 1414.
³⁵⁵ HK-Lohmann § 55 RdNr. 15.
³⁵⁶ BGH NZI 2007, 335; ZIP 2006, 87 = ZInsO 2006, 35; BGHZ 155, 87 = NJW 2003, 2744.
³⁵⁷ S. HambKomm-*Ahrendt* § 103 RdNr. 39; *Homann* in Mohrbutter/Ringstmeier § 7 RdNr. 28.
³⁵⁸ Vgl. BGHZ 155, 87 = NJW 2003, 2744; *Gottwald/Huber* § 35 RdNr. 37 f. Die Rückabwicklung nach Bereicherungsrecht wird im Schrifttum überwiegend abgelehnt, vgl. HK-*Marotzke* § 103 RdNr. 43.

grundsätzlich nicht mehr zur Verfügung. Der Verwalter ist aber auch bei Ablehnung der Vertragserfüllung zum Schutz der Gläubigerinteressen berechtigt, den der Vorleistung des Schuldners entsprechenden (anteiligen) Gegenwert zur Masse zu verlangen.[359]

4. Teilbare Leistungen. Mit der Insolvenzeröffnung kommt es zu einer **Vertragsaufspaltung** 127 in einen vor Insolvenzeröffnung bereits (einseitig) erfüllten Vertragsteil und einen im Zeitpunkt der Eröffnung beiderseits noch unerfüllten Vertragsteil.[360] Nur so lässt sich im Falle der Erfüllungswahl verhindern, dass die Vorleistungen des Vertragspartners vom Insolvenzverwalter voll bezahlt werden müssen, obgleich diese nicht der Insolvenzmasse zugute gekommen, sondern vor Eröffnung des Insolvenzverfahrens dem Schuldner zugeflossen sind und damit idR wertmäßig auch nicht mehr vorhanden waren. Diese Aufwertung zu einer Masseforderung stünde in offenem Widerspruch zu dem Zweck des Wahlrechts, der Masse die Gegenleistung für die von ihr erbrachte Leistung auch tatsächlich zukommen zu lassen.[361]

Nach der gesetzlichen Regelung in **§ 105 Satz 1** ist der Vertragspartner, der ihm obliegende 128 Leistungen bei Insolvenzeröffnung bereits zum Teil – ohne entspr. Entgelt – erbracht hat, mit dem Anspruch auf Bezahlung des erbrachten Leistungsteils **Insolvenzgläubiger,** wenn der Insolvenzverwalter wegen des noch ausstehenden Teils der Leistung Erfüllung verlangt. Nur diese Restleistung muss vom Verwalter als Masseschuld nach § 55 Abs. 1 Nr. 2 bezahlt werden.[362] Hierdurch erhält der Verwalter die Möglichkeit, bei Verträgen über teilbare Leistungen Erfüllung nur für die Zukunft zu wählen, ohne die vor Verfahrenseröffnung entstandenen Ansprüche des anderen Teils, die die Masse erheblich belasten würden, in den Rang von Masseverbindlichkeiten aufsteigen zu lassen.[363]

a) Fortlaufende Lieferung von Waren und Energie. Das Problem von nicht bezahlten, vor 129 Verfahrenseröffnung erbrachten Teilleistungen spielt bei Energie- und sonstigen laufenden **Versorgungsverträgen** eine praktisch bedeutsame Rolle. Verträge über die Belieferung mit Strom, Fernwärme, Gas u. dgl. haben sämtlich teilbare Leistungen zum Inhalt. Der Insolvenzverwalter kann durch Erfüllungswahl sicherstellen, dass die Verträge nach Verfahrenseröffnung zu den gleichen Bedingungen fortgesetzt werden. Der Gesetzgeber wollte dadurch vor allem gewährleisten, dass **Sonderkonditionen** im Interesse der Masse fortbestehen. Gem. § 105 wird das Vertragsverhältnis aufgeteilt: Die offen Ansprüche des Energielieferanten aus der Zeit vor Insolvenzeröffnung sind auch bei Erfüllungswahl des Verwalters Insolvenzforderungen, während als Masseverbindlichkeit von ihm nur die nach Verfahrenseröffnung – ggf. zu den vereinbarten Sonderkonditionen – erbrachten Leistungen zu befriedigen sind.[364] Durch die Regelung wird der Insolvenzverwalter nicht mehr gezwungen, von der Erfüllung Abstand zu nehmen, um zu verhindern, dass die Ansprüche des Vertragspartners aus vor Insolvenzeröffnung erbrachten Leistungsteilen als Masseverbindlichkeiten erfüllt werden müssen. Diese Ausweitung seines Wahlrechts hat für den Verwalter vor allem bei sog. Sukzessivlieferungsverträgen praktische Bedeutung.[365]

b) Sonstige teilbare Leistungen. Der Insolvenzverwalter soll gemäß dem Grundgedanken des 130 § 105 bei teilbaren Leistungen aus der Masse nur diejenige Gegenleistung des Vertragspartners noch vergüten müssen, die nach Insolvenzeröffnung der Masse zufließt. Da der Vertragspartner Vorleistungen erbracht hat, ist er in Höhe dieser Vorleistung ein **Ausfallrisiko** eingegangen wie jeder andere Vertragspartner, der vollständig vorgeleistet oder Kredit gewährt hat. Nur soweit der Vertragspartner nach Verfahrenseröffnung zur Masse Leistungen erbringt, gebührt ihm ein vollwertiger Anspruch.[366]

Der Begriff der teilbaren Leistung i. S. d. § 105 ist **„weit"** auszulegen, um möglichst umfassend 131 entsprechend dem Gesetzeszweck die Insolvenzmasse zu erhalten und zu schützen.[367] Teilbar sind Leistungen, wenn sie jeweils einzeln einen **selbständigen wirtschaftlichen Zweck** haben und sich die Gegenleistung auf diese Teilleistung beziehen lässt. Nach der – weiten – Formel des BGH sind die auf Grund gegenseitiger Verträge geschuldeten Leistungen regelmäßig schon dann teilbar, wenn sich die vor und nach Eröffnung des Insolvenzverfahrens erbrachten Leistungsteile objektiv

---

[359] BGH NJW 2012, 678 f. = ZIP 2012, 34, 38; MK-*Kreft* § 103 RdNr. 32; *Graf-Schlicker/Breitenbücher* § 103 RdNr. 31.
[360] BGH NJW 2012, 678 f.; Uhlenbruck/Wegener § 103 Rn. 16.
[361] BGHZ 150, 353 = NJW 2002, 2783.
[362] BGH NJW 1997, 2184 u. 2002, 2783. BAG NJW 2010, 2154 f. = ZIP 2010, 588, 592.
[363] Vgl. BGH ZIP 2013, 274 (Rz. 14); A/G/R-Flöther/Wehner § 105 Rn. 11.
[364] *Kübler/Prütting/Bork/Pape/Schaltke* § 55 RdNr. 144. Ablehnend *Häsemeyer* RdNr. 20.27, der die gesetzliche Regelung als unzulässigen Eingriff in das geschützte funktionelle Synallagma versteht, da die Vertragskalkulation des anderen Teils sich auf die Gesamtlaufzeit des Vertrags bezieht.
[365] HK-*Marotzke* § 103 RdNr. 53; *Kübler/Prütting/Bork/Pape/Schaltke* § 55 RdNr. 144.
[366] BAG NJW 2010, 2154, dazu *Tintelnot/Graj* EWiR 2010, 543; *Tintelnot* ZIP 1995, 619.
[367] BGHZ 155, 87 = NJW 2003, 2744; BAG NJW 2010, 2154.

feststellen und – ggf. mit sachverständiger Hilfe – bewerten lassen. Im Rahmen eines Bauvertrages[368] erfolgt die Feststellung und Bewertung von vor Insolvenzeröffnung erbrachten Teilleistungen nach den gleichen Regeln wie bei einer Kündigung aus wichtigem Grund.

132 **c) Mietverhältnisse über Mobilien.** Während für Mietverhältnisse über unbewegliche Sachen die Spezialregelung in den §§ 108 bis 111 zur Anwendung kommt (s.u. RdNr. 146), hat der Insolvenzverwalter bei Dauerschuldverhältnissen über Mobilien das **Recht der Erfüllungswahl** nach § 103. Er kann also entscheiden, ob er einen Mietvertrag über bewegliche Sachen weiter durchführt, um dessen Vorteile für die Masse zu nutzen, oder ob er nicht erfüllen will. In der Insolvenz des Vermieters kann eine Erfüllungsablehnung zB die Veräußerung eines (ungünstig) vermieteten Gegenstandes durch den Verwalter erleichtern. Bis zu einem Erfüllungsverlangen sind die beiderseitigen Leistungsansprüche nicht mehr durchsetzbar. Damit endet in der Insolvenz des Mieters einer beweglichen Sache dessen **Besitzrecht;** ohne Erfüllungswahl hat der Verwalter daher die Mietsache an den Vermieter herauszugeben, analog § 546 BGB.[369] § 105 ist zumindest dem Rechtsgedanken nach auch auf Dauerschuldverhältnisse anzuwenden, obgleich diese mit Verträgen über teilbare Leistungen nicht unmittelbar zu vergleichen sind.[370] Es stellt sich hier gleichfalls die Frage, ob mit der Erfüllungswahl nach § 103 Abs. 1 der Verwalter verpflichtet ist, **rückständige Verbindlichkeiten** des insolventen Mieters aus der Zeit vor Verfahrenseröffnung als Masseverbindlichkeit nach § 55 Abs. 1 Nr. 2 zu tilgen. Mit der Zuordnung der Mietverträge bzw. Leasingverträge über bewegliche Gegenstände in den Anwendungsbereich des § 103 bezweckte der Gesetzgeber, die Masseverbindlichkeiten zu reduzieren und eine Entlastung der Masse herbeizuführen. Der Insolvenzverwalter kann daher die Erfüllungswahl nach § 105 Satz 1 auf die Zeit nach Insolvenzeröffnung beschränken, sodass der andere Teil für die vor Insolvenzeröffnung erbrachten Leistungen auf eine Insolvenzquote verwiesen wird.[371] Die Teilbarkeit ist auch für Mobilien-Leasingverträge zu bejahen,[372] sodass bei Erfüllungswahl nur die nach Insolvenzeröffnung entstehenden Ansprüche aus dem Leasingvertrag vom Insolvenzverwalter als Masseverbindlichkeit nach § 55 Abs. 1 Nr. 2 zu erfüllen sind.

133 **5. Einzelfälle.** Das Wahlrecht des Verwalters nach § 103 erfasst die im Eröffnungszeitpunkt beiderseits nicht voll erfüllten gegenseitigen Verträge. Für Fix- und Finanztermingeschäfte enthält § 104 Ausnahmeregelungen. Der Insolvenzverwalter kann im Anwendungsbereich dieser Vorschrift nicht die Erfüllung verlangen.[373]

134 **a) Kauf unter Eigentumsvorbehalt.** Der Gesetzgeber hat für den Kauf unter Eigentumsvorbehalt i.S.d. § 449 Abs. 1 BGB in § 107 **Sonderregelungen** getroffen. Ziel der Regelung war es, dass in der Verkäuferinsolvenz ein Anwartschaftsrecht des Vorbehaltskäufers nicht durch Erfüllungsablehnung zerstört werden kann. Der Wortlaut des § 107 Abs. 1 Satz 1[374] ist teilweise missverständlich. Unterschieden werden muss zwischen dem Eigentumsvorbehalt in der Insolvenz des Käufers und des Verkäufers.

135 **aa) Käuferinsolvenz.** In der Insolvenz des Käufers steht dem Insolvenzverwalter das **Wahlrecht** nach § 103 zu. Wählt der Insolvenzverwalter Erfüllung, hat er die aus dem Kaufvertrag sich ergebenden Verpflichtungen, also insbesondere die ausstehenden Kaufpreisraten, als Masseverbindlichkeit nach § 55 Abs. 1 Nr. 2 zu bezahlen.[375] Mit vollständiger Kaufpreiszahlung fällt das Eigentum an der Vorbehaltsware in die Insolvenzmasse, § 158 Abs. 1 BGB. Lehnt der Insolvenzverwalter die Erfüllung ab, so fällt das Besitzrecht des Vorbehaltskäufers mit dem Rücktritt des Vorbehaltsverkäufers (vgl. § 449 Abs. 2 BGB) endgültig weg und ist der Vorbehaltsverkäufer nach § 47 zur Aussonderung berechtigt.[376]

---

[368] BGHZ 150, 353 = NJW 2002, 2783; Uhlenbruck/Wegener § 105 Rn. 17.
[369] BGH NJW 2007, 1594; Kübler/Prütting/Bork/Pape/Schaltke § 55 RdNr. 145; aA v. Wilmowsky ZInsO 2007, 731 f., wonach der Mieter erst mit der fristlosen Kündigung des Vermieters sein Besitz- und Gebrauchsrecht verliert.
[370] BGH NJW 1994, 1858.
[371] Eckert ZIP 1996, 904; Uhlenbruck/Wegener § 105 RdNr. 22; eingehend Wilmowsky ZInsO 2007, 731 f.; Pape, Ablehnung und Erfüllung, RdNr. 38; Häsemeyer RdNr. 20.27 hält die Teilleistungsregelung des § 105 Satz 1 für grundsätzlich fragwürdig.
[372] Uhlenbruck/Sinz § 108 RdNr. 88 u. 101.
[373] Der Vertragspartner kann eine Schadensersatzforderung wegen Nichterfüllung nur als Insolvenzgläubiger geltend machen, § 104 Abs. 3 Satz 3.
[374] Vgl. Vallender/Undritz/Werres Kap. 6 Rn. 26.
[375] Braun/Kroth § 107 RdNr. 12.
[376] BGHZ 176, 86 = NJW 2008, 1803; NJW-RR 2008, 818; A/G/R-Flöther/Wehner § 107 RdNr. 20. Zum Rücktrittsrecht des Vorbehaltsverkäufers s. Huber NZI 2004, 57 f.

Nach der Sondervorschrift des § 107 Abs. 2 Satz 1 ist für den Insolvenzverwalter, wenn der **136** Schuldner den Besitz der Sache erlangt hat, die **Frist zur Ausübung des Wahlrechtes** bis „unverzüglich nach dem Berichtstermin" **verlängert**. Im Interesse der Fortführung des Unternehmens soll damit vor allem verhindert werden, dass unter Eigentumsvorbehalt gelieferte Waren noch vor dem Berichtstermin, in dem die Gläubiger über den weiteren Verfahrensgang zu beschließen haben, aus der Insolvenzmasse herausgeholt werden.[377] Bis zur Erfüllungswahl kann der Verwalter die unter Eigentumsvorbehalt gelieferten Waren nutzen. Dem Verkäufer steht wegen dieser **Nutzung** kein Entschädigungsanspruch als Masseverbindlichkeit nach § 55 Abs. 1 zu. Solange in der dem Insolvenzverwalter vom Gesetz zugebilligten Überlegungszeit keine unzumutbaren Wertminderungen zu erwarten sind, ist der Insolvenzverwalter berechtigt, die Entscheidung über die Erfüllungswahl bis nach dem Berichtstermin zurückzustellen. Der Insolvenzmasse können in dieser Zeit deshalb auch keine Zinslasten oder Nutzungsentschädigungen auferlegt werden.[378] Ist bis zum Berichtstermin allerdings eine „erhebliche Verminderung des Werts der Sache" zu erwarten, § 107 Abs. 2 Satz 2, hat der Insolvenzverwalter das Wahlrecht unverzüglich auszuüben. Denn angesichts drohender erheblicher Wertverluste wäre die Aufrechterhaltung des ungeklärten Rechtszustandes für den Eigentumsvorbehaltsverkäufer unzumutbar.

Das Erfüllungsverlangen des Insolvenzverwalters gem. § 103 Abs. 1 kann auch durch schlüssiges **137** Verhalten erfolgen, wenn der Verwalter damit klar zum Ausdruck bringt, den Kaufvertrag ohne Einschränkungen erfüllen zu wollen, §§ 133, 157 BGB. Mit der **Weiterveräußerung** der **Vorbehaltsware** im Rahmen einer einheitlichen Veräußerung des gesamten Warenlagers wählt der Insolvenzverwalter aber nicht durchweg Erfüllung des Kaufvertrages, da ihm für die Veräußerung verschiedene Gestaltungsmöglichkeiten zur Verfügung stehen.[379] Dem Vorbehaltslieferanten steht in diesem Fall also kein Anspruch auf Erfüllung des Kaufvertrages als Masseverbindlichkeit nach § 55 Abs. 1 Nr. 2 zu.[380]

bb) Insolvenz des Verkäufers. Das **Anwartschaftsrecht** des Eigentumsvorbehaltskäufers wird **138** in der Insolvenz des Verkäufers in § 107 Abs. 1 ausdrücklich **geschützt**.[381] Der Käufer kann den Eigentumserwerb aus der Insolvenzmasse des Verkäufers verwirklichen, wenn er den Kaufpreis vollständig bezahlt. Der Insolvenzverwalter hat an dem Eigentumserwerb nicht mitzuwirken. Er kann ihn, wenn der Käufer sich vertragstreu verhält, auch nicht durch „Erfüllungsablehnung" verhindern; sein Wahlrecht nach § 103 ist ausgeschlossen. Wenn der Schuldner im Kaufvertrag weitere Verpflichtungen – z.B. zur Montage oder Wartung der Vorbehaltssache – eingegangen ist, so steht dem Insolvenzverwalter insoweit aber das Recht der Erfüllungswahl zu, § 107 Abs. 1 Satz 2. Wählt er Erfüllung, um die volle vertraglich vereinbarte Vergütung des Käufers zu erhalten, so schuldet er seinerseits die **weiteren Verpflichtungen als Masseverbindlichkeiten** nach § 55 Abs. 1 Nr. 2 Alt. 1. Lehnt er dagegen deren Erfüllung ab, so steht dem Vorbehaltskäufer ein Entschädigungsanspruch in Höhe des Werts der vom Insolvenzverwalter nicht erbrachten Leistungen zu. In Höhe dieses Anspruchs kann er die von ihm noch zu erbringenden Kaufpreiszahlungen für den Erwerb des Eigentums kürzen.[382]

b) Leasingvertrag über bewegliche Sachen. Die Insolvenzordnung hat die Dauerschuldverhält- **139** nisse über Mobilien dem Anwendungsbereich des § 103 unterstellt.[383] Das bedeutet nach der neueren Rspr. des BGH, dass Miet- und Pachtverträge über bewegliche Sachen und Rechte mit Verfahrenseröffnung zwar bestehen bleiben, die gegenseitigen Leistungsansprüche aber zunächst – bis zu einem Erfüllungsverlangen des Insolvenzverwalters, § 103 Abs. 1 – ihre Durchsetzbarkeit verlieren.[384] Wählt der Verwalter in der Insolvenz des Mieters nicht die Vertragserfüllung, endet ab Verfahrenseröffnung dessen Besitzrecht, sodass die Mietsache gem. § 546 BGB an den Vermieter herauszugeben ist. Diese Rechtsfolgen sind von praktischer Bedeutung vor allem im Fall eines Leasingverhältnisses über bewegliche Sachen. Entscheidet sich der Verwalter in der **Insolvenz des Leasingnehmers** für die Erfüllung des Vertrages, so hat der Leasinggeber ihn fortzusetzen. Die nach Verfahrenseröffnung anfallenden Leasingraten werden

---

[377] HK-*Marotzke* § 107 RdNr. 22; Uhlenbruck/Wegener § 107 RdNr. 11.
[378] *Pape*, Ablehnung und Erfüllung, RdNr. 54. Zum möglichen Ausgleich von Wertverlusten vgl. A/G/R-Flöther/Wehner § 107 Rn. 17.
[379] BGH NJW 1998, 992; ebenso stellt die unberechtigte Verarbeitung oder Vermischung der Vorbehaltsware nicht unbedingt eine konkludente Erfüllungswahl dar.
[380] Die unberechtigte Veräußerung von Vorbehaltsware kann aber wegen Verletzung des Aussonderungsrechts des Käufers – neben einer möglichen persönlichen Haftung des Verwalters nach § 60 (BGH NJW-RR 2006, 694) – eine Masseverbindlichkeit nach § 55 Abs. 1 Nr. 1 begründen, s. OLG Celle ZInsO 2006, 1108.
[381] OLG Düsseldorf ZIP 2013, 327; *Homann* in Mohrbutter/Ringstmeier § 7 RdNr. 62; *Braun/Kroth* § 107 RdNr. 1.
[382] *Nerlich/Römermann/Balthasar* § 107 RdNr. 10; HK-*Marotzke* § 107 RdNr. 10.
[383] Zu dem Ausnahmefall des § 108 Abs. 1 Satz 2 bei drittfinanzierten Leasingverträgen s. RdNr. 168.
[384] BGH NZI 2007, 335; BGHZ 150, 353, 359 und seither st. Rspr.

vom Insolvenzverwalter als Masseverbindlichkeiten nach § 55 Abs. 1 Nr. 2 geschuldet.[385] Wird die Erfüllung abgelehnt, besteht nur ein Schadensersatzanspruch des Leasinggebers, der eine Insolvenzforderung darstellt, § 103 Abs. 2 Satz 1.[386] Für die Ausübung des Wahlrechts ist dem Insolvenzverwalter entsprechend § 107 Abs. 2 eine Frist bis „unverzüglich nach dem Berichtstermin" einzuräumen, damit von ihm die Beschlüsse der Gläubigerversammlung über den Verfahrensgang berücksichtigt werden können.[387] Der Leasinggeber ist nicht zur Vertragskündigung berechtigt, § 112, wenn in der Wartezeit nicht die fälligen Leasingraten gezahlt werden; denn diese werden zu Masseschulden nur dann, falls sich der Verwalter nach dem Berichtstermin für eine Erfüllung des Leasingvertrages entscheidet.[388] Nutzt der Insolvenzverwalter in der Zeit zwischen Verfahrenseröffnung bis zur Rückgabe das Leasinggut, ohne die Erfüllung des Vertrages zu verlangen, schuldet er aber – anders als beim Kauf unter Eigentumsvorbehalt – entspr. § 546a Abs. 1 BGB für die Dauer der Vorenthaltung eine **Nutzungsentschädigung** in voller Höhe der vereinbarten Leasingraten. Durch die weitere Inanspruchnahme der Leasingsache für die Masse wird der Entschädigungsanspruch des Leasinggebers zu einer Masseverbindlichkeit nach § 55 Abs. 1 Nr. 1.[389]

140 Auch in der **Insolvenz des Leasinggebers**[390] bleibt es beim Grundsatz des § 103. Lehnt der Insolvenzverwalter die Erfüllung ab, verliert er den Anspruch auf die Leasingraten. Der Leasingnehmer hat das Leasinggut zur Masse an den Insolvenzverwalter zurückzugeben. Die dem Leasingnehmer aus der vorzeitigen Vertragsbeendigung zustehenden Schadensersatzansprüche sind Insolvenzforderungen. Verlangt der Insolvenzverwalter dagegen **Erfüllung** des Leasingvertrages, hat der Vertragspartner die nach Verfahrenseröffnung geschuldeten fälligen Leasingraten an die Insolvenzmasse zu bezahlen. Die Ansprüche stehen der Insolvenzmasse zu, auch wenn sie vor Verfahrenseröffnung abgetreten waren. Die zunächst nicht durchsetzbaren Ansprüche erhalten durch die Erfüllungswahl des Verwalters die Rechtsqualität von „originären" Forderungen der Masse, sodass sie von einer **Vorausabtretung** grundsätzlich nicht erfasst werden.[391] Durch die Aufwertung des schuldnerischen Gegenleistungsanspruchs zu einer originären Masseforderung wird erreicht, dass die Gegenleistung für die nach der Erfüllungswahl aus der Masse zu erbringenden Leistungen – entspr. dem Grundgedanken des § 91 Abs. 1 – auch der Insolvenzmasse und damit der Gesamtheit aller Gläubiger zugute kommt. Die Vorausabtretung ist insoweit nicht insolvenzfest.[392]

141 c) **Vormerkung.** Ist eine Vormerkung zur Sicherung schuldrechtlicher Ansprüche auf eine dingliche Rechtsänderung im Grundbuch eingetragen (vgl. § 883 BGB), so ist die Rechtsposition des begünstigten Gläubigers nach § 106 **insolvenzgeschützt.** Voraussetzung ist, dass die Vormerkung selbst wirksam entstanden ist. Besteht der gesicherte Anspruch nicht, so ist auch die streng akzessorische Vormerkung wirkungslos. Wird eine Vormerkung in Vollziehung einer einstweiligen Verfügung (§ 941 ZPO) im letzten Monat vor Antrag auf Eröffnung des Insolvenzverfahrens in das Grundbuch eingetragen, so wird sie, da es sich um eine nicht beendete Zwangsvollstreckungsmaßnahme handelt, nach § 88 mit Verfahrenseröffnung unwirksam.[393]

142 Die rechtliche Wirkung der Vormerkung beschränkt sich zB bei einer Auflassungsvormerkung in der Insolvenz des Eigentümers auf die Durchsetzbarkeit des gesicherten Übereignungsanspruchs, § 106 Abs. 1 Satz 1.[394] Der Insolvenzverwalter ist verpflichtet, gegenüber dem aus dem Grundbuch ersichtlichen Berechtigten den vorgemerkten Anspruch wie außerhalb der Insolvenz zu erfüllen, d.h. er hat die Eintragung zu bewilligen und die Auflassung gem. § 925 BGB zu erklären.[395] Das ihm sonst zustehende Wahlrecht nach § 103 ist ausgeschlossen. Der Schutz des Vormerkungsberechtigten

---

[385] Die Leasingrate ist in voller Höhe Masseschuld, BGH NJW 1984, 1527; *Uhlenbruck/Sinz* § 108 RdNr. 87; *Kübler/Prütting/Bork/Pape/Schaltke* § 55 RdNr. 158.

[386] OLG Düsseldorf ZInsO 2005, 820; *Uhlenbruck/Sinz* § 108 RdNr. 85.

[387] HK-*Marotzke* § 107 RdNr. 38; HambKomm-Ahrendt § 107 RdNr. 3; *Runkel* in EWiR 2003, 715; aA *Uhlenbruck/Sinz* § 108 RdNr. 86.

[388] *Runkel* S. 716 gegen OLG Köln ZIP 2003, 543.

[389] BGH NJW 2007, 1594 = ZIP 2007, 778, dazu *Tintelnot* EWiR 2007, 727; OLG Düsseldorf ZIP 2010, 2212, 2214; A/G/R-Homann § 47 RdNr. 95. Vgl. auch *Uhlenbruck/Sinz* § 108 RdNr. 86, wonach sich eine Masseschuld aus § 55 Abs. 1 Nr. 3 ergibt.

[390] Beim Immobilien-Leasing richtet sich der Fortbestand des Vertrages nach § 108 Abs. 1 Satz 1.

[391] BGH NJW-RR 2006, 990; NZI 2008, 236; *Uhlenbruck-Wegener* § 103 RdNr. 149; aA v.Wilmowsky ZIP 2012, 401, 403 ff.

[392] Dem Zessionar stehen nur etwaige schon vor Insolvenzeröffnung fällig gewordene Leasingraten zu, vgl. A/G/R-Homann § 47 RdNr. 96.

[393] BGHZ 166, 74 = NJW 2006, 224.

[394] Ist der durch eine Vormerkung gesicherte Käufer vom Vertrag mit dem Schuldner vor Insolvenzeröffnung zurückgetreten, verliert er mit dem Übereignungsanspruch auch die Vormerkung; sein ungesicherter Anspruch auf Kaufpreisrückzahlung nach § 346 BGB stellt nur eine Insolvenzforderung dar, vgl. BGH NJW 2009, 1414.

[395] BGHZ 149, 1,9 = NJW 2002, 213; OLG Stuttgart ZInsO 2004, 1087. Das Befriedigungsrecht nach § 106 entspricht dem durch den früheren § 24 KO gewährten Vormerkungsschutz.

entspricht damit einem **Aussonderungsrecht**.[396] Der Verwalter muss den gesicherten Anspruch auf dingliche Rechtsänderung daher auch bei Masseunzulänglichkeit erfüllen.[397] Werden im Zusammenhang mit der Erfüllung des vorgemerkten Anspruchs aus der Masse Kosten verursacht, die vertraglich vom Schuldner zu tragen waren, sind diese als Masseverbindlichkeit nach § 55 Abs. 1 Nr. 1 zu begleichen. Hatte der Schuldner jedoch in dem Vertrag gegenüber dem Gläubiger noch weitere (teilbare) Leistungsverpflichtungen übernommen, deren Erfüllung durch die Vormerkung nicht abgesichert war, ist § 103 anwendbar. Im **Bauträgervertrag** etwa verpflichtet sich der Bauträger nicht nur zur Grundstücksübertragung, sondern auch zur Erstellung des Bauwerks auf dem Grundstück. Das Wahlrecht des Insolvenzverwalters wird, wenn die Fertigstellungspflicht noch nicht vollständig erfüllt ist, durch § 106 Abs. 1 Satz 2 nur insoweit ausgeschlossen, als es um den durch die Vormerkung gesicherten Anspruch auf Grundstücksübertragung geht, im Übrigen bleibt es jedoch bestehen.[398] Der Insolvenzverwalter kann deshalb in der Insolvenz des Bauträgers die Erfüllung des Vertrages hinsichtlich der Bauleistungen ablehnen, ohne dass hierdurch der Anspruch des Erwerbers auf Übereignung des Grundstücks berührt wird. Der einheitliche Vertrag wird damit in einen insolvenzfesten und einen dem Erfüllungswahlrecht des Insolvenzverwalters unterliegenden Teil **aufgespalten**.[399] Der Erwerber ist durch die Vormerkung vor dem Verlust seines Übereignungsanspruchs geschützt, trägt aber das Fertigstellungsrisiko, weil der Anspruch auf Herstellung des Baues ungesichert ist. Wählt der Verwalter dagegen die Erfüllung des Bauvertrages, ist er verpflichtet, die versprochenen Bauleistungen als Masseschulden nach § 55 Abs. 1 Nr. 2 Alt. 1 zu erbringen.

143 d) **Lizenzverträge.** Lizenzverträge unterliegen als gegenseitige Verträge grundsätzlich dem **Erfüllungswahlrecht** des Insolvenzverwalters nach § 103 Abs. 1, sind also **nicht insolvenzfest**.[400] Lehnt dieser im Interesse der Masse eine Weiterführung des beiderseits noch nicht vollständig erfüllten Lizenzvertrages ab, steht dem Vertragspartner des Insolvenzschuldners nur noch ein Schadenersatzanspruch wegen Nichterfüllung als Insolvenzforderung zu, § 103 Abs. 2. In der Insolvenz des **Lizenzgebers** hat die Erfüllungsablehnung durch den Verwalter zur Folge, dass die eingeräumte Lizenz idR an den Lizenzgeber zurückfällt.[401] Lizenznehmer verlieren dann vorzeitig ihr (einfaches) Nutzungsrecht, obwohl sie im Einzelfall erhebliche Investitionen erbracht und entspr. Vermögenswerte geschaffen haben. Reformvorhaben des Gesetzgebers, Lizenzen künftig insolvenzfest auszugestalten, wurden vielfach als Verstoß gegen den Grundsatz der Gläubigergleichbehandlung abgelehnt und bisher nicht umgesetzt.[402] In der Insolvenz des **Lizenznehmers** begründet der Insolvenzverwalter mit der Veräußerung von Sachen, die auf der Grundlage eines Lizenzvertrages erstellt wurden, einen Anspruch des Lizenzgebers auf Zahlung der vereinbarten Lizenzgebühr.[403] Dieser ist eine sonstige Masseverbindlichkeit nach § 55 Abs. 1 Nr. 2, und zwar auch, wenn der Insolvenzverwalter die Veräußerung erst nach Auslaufen des Lizenzvertrages vornimmt.

144 e) **Provisionsanspruch des Handelsvertreters.** Bei Abschluss des durch Vermittlung eines selbständigen Handelsvertreters zustande gekommenen Vertrages entsteht dessen Provisionsanspruch aufschiebend bedingt, vgl. § 87 HGB. Der Handelsvertreter hat bereits eine gefestigte Rechtsposition erlangt, die übertragen und gepfändet werden kann. Entscheidet der Insolvenzverwalter sich in der Insolvenz des Geschäftsherrn für die Erfüllung des schon vor Eröffnung des Insolvenzverfahrens durch Vermittlung des Handelsvertreters zustande gekommenen Vertrags, so bleibt dessen Provisionsforderung **Insolvenzforderung**.[404] Das Erfüllungsverlangen des Insolvenzverwalters nach § 103 führt nicht zur Neu-Begründung des Provisionsanspruchs und damit auch nicht zu einer Masseverbindlichkeit. Eine Masseschuld würde nur entstehen, wenn der Verwalter selbst noch unter Einschaltung des Handelsvertreters ein provisionspflichtiges Geschäft mit dem Dritten abschließt.[405]

---

[396] BGH NJW-RR 2008, 1274; *Uhlenbruck/Wegener* § 106 RdNr. 27; s. auch § 53 RdNr. 13.
[397] OLG Stuttgart ZInsO 2004, 1087.
[398] BGHZ 150, 353 ff. = NJW 2002, 2783; NJW 2009, 1414; *Ringstmeier* in Mohrbutter/Ringstmeier § 36 RdNr. 11; FK-*Wegener* § 106 RdNr. 18; A/G/R-Flöther-Wehner § 106 Rn. 31.
[399] OLG Koblenz NJW-RR 2007, 607; Uhlenbruck-Wegener § 106 Rn. 37.
[400] BGH NJW 2006, 915, dazu *Berger* NZI 2006, 380 ff. u. *Koehler/Ludwig* NZI 2007, 79 f.; LG München ZInsO 2012, 651 mit Bespr. *Braegelmann* S. 629 f.; KG ZIP 2012, 990, 992 (nicht ausschließliche Lizenzen); *Uhlenbruck/Wegener* § 103 RdNr. 38.
[401] Zum Fortbestand von Unterlizenzen beim Erlöschen der Hauptlizenz vgl. BGH ZIP 2012, 1671; dazu krit. Pleister/Wündisch ZIP 2012, 1792, 1793 f.
[402] Zu den gescheiterten Reformentwürfen u. neuen Reformüberlegungen vgl. *Wimmer* ZIP 2012, 545 bis 557; Pleister/Wündisch ZIP 2012, 17982, 1795 f.
[403] OLG Hamburg ZIP 1988, 925; *Uhlenbruck/Sinz* § 55 RdNr. 49; HambKomm-*Jarchow* § 55 RdNr. 54.
[404] BGH NJW 1990, 1665; *Uhlenbruck/Sinz* § 55 RdNr. 12; *Jaeger/Henckel* § 55 RdNr. 75; s.o. RdNr. 16.
[405] Der Handelsvertretervertrag wird bei Insolvenzeröffnung über das Vermögen des Unternehmers – anders als bei der Insolvenz des Handelsvertreters (dazu OLG Düsseldorf ZIP 2010, 194) – nach § 116 grundsätzlich beendet, vgl. BGH NJW 2003, 743 (zur KO); FK-*Wegener* § 116 RdNr. 16.

145 f) Weitere Beispiele. Verlangt der Insolvenzverwalter die Erfüllung eines vor Insolvenzeröffnung notariell beurkundeten Vertrages, so werden die zuvor durch den Vertragsabschluss angefallenen Beurkundungskosten nicht zu originären Masseverbindlichkeiten aufgewertet.[406] Beitragsforderungen eines (Arbeitgeber-)Verbandes sind in der Insolvenz von Verbandsmitgliedern keine Masseforderungen, wenn der Insolvenzverwalter die Mitgliedschaft nicht neu begründet.[407] Masseschuld ist dagegen der Rückgriff des Bürgen,[408] wenn dieser aus der Bürgschaft an den Gläubiger leistet und der Insolvenzverwalter Vertragserfüllung nach § 103 wählt.

II. Masseverbindlichkeiten aus Dauerschuldverhältnissen (Nr. 2 Alt. 2)

146 1. Regelungsinhalt. Besondere Vorschriften gelten nach der Insolvenzordnung für Miet- und Pachtverhältnisse über **unbewegliche** Gegenstände oder Räume sowie für Dienst- und Arbeitsverhältnisse. Dem Verwalter wird **kein Erfüllungswahlrecht** i. S. d. § 103 eingeräumt. Vielmehr bestehen die betroffenen Vertragsverhältnisse gem. § 108 Abs. 1 Satz 1 über den Zeitpunkt der Verfahrenseröffnung hinaus mit Wirkung für und gegen die Insolvenzmasse fort. An die Stelle des Wahlrechts, das dem Verwalter Handlungsoptionen bietet und deshalb i.a. für die Masse günstiger ist als die strikte Bindung an einen vom Schuldner geschlossenen Vertrag, treten die Kündigungsrechte nach §§ 109 ff. Bis zur Beendigung auf Grund Kündigung oder anderweitiger Beendigungstatbestände können beide Vertragsteile die weitere Erfüllung verlangen. Der Insolvenzverwalter hat dann – ebenso wie nach Erfüllungswahl – die Gegenleistung aus der Masse als Masseverbindlichkeit ab Insolvenzeröffnung nach § 55 Abs. 1 Nr. 2 Alt. 2 zu erfüllen. Rückstände für die Zeit vor Eröffnung des Insolvenzverfahrens können dagegen, wie § 108 Abs. 3 zum Schutz der Masse klarstellt, nur als Insolvenzforderungen geltend gemacht werden.

147 Der **Zweck** des § 55 Abs. 1 Nr. 2 Alt. 2 besteht darin, zu gewährleisten, dass derjenige, der seine Leistung aus einem gegenseitigen Vertrag weiterhin zur Masse erbringen muss und erbringt, auch den Anspruch auf die volle Gegenleistung aus der Masse behält.[409] Der Vertragspartner behält damit seinen durch das funktionelle Synallagma vermittelten Schutz. Die Rechtswirkungen sind in der Praxis für die Insolvenzmasse oftmals nachteilig.[410] Die Ansprüche auf Mietzahlung oder auf Lohn und Gehalt sind auch dann Masseverbindlichkeiten, wenn die Gegenleistung vom Insolvenzverwalter nicht in Anspruch genommen wird bzw. werden kann. Fehlen zB für die Mitarbeiter des insolventen Betriebes auf Grund Auftragseinbruchs ausreichende Beschäftigungsmöglichkeiten oder können angemietete Geschäftsfilialen wegen Reduzierung der Verkaufstätigkeit nicht genutzt werden, so wird die Masse mit Kosten belastet, obgleich die weitergeführten Vertragsverhältnisse für sie keinen wirtschaftlichen Nutzen bringen. Zu den Maßnahmen des Gesetzgebers gegen die Massearmut in einem Insolvenzverfahren gehörte zwar auch die Verkürzung der einzuhaltenden gesetzlichen Kündigungsfrist in Dienst- und Arbeitsverhältnissen auf maximal drei Monate, § 113. Dennoch ist die **potentielle Belastung** der Insolvenzmasse mit Kosten aus Miet- und Arbeitsverhältnissen weiterhin **sehr hoch.** Der Umfang dieser **„oktroyierten"** Masseverbindlichkeiten beeinträchtigt vielfach die Möglichkeiten der Fortführung des insolventen Unternehmens und kann zur vorzeitigen Einstellung infolge eintretender Masseunzulänglichkeit führen. Dies widerspricht im Grundsatz den Absichten des Reformgebers, die Insolvenzmasse lediglich mit solchen Kosten zu belasten, für die ihr ein tatsächlicher Gegenwert zufließt. Im Umkehrschluss ergibt sich jedoch daraus, dass der Umfang der aufgezwungenen Masseverbindlichkeiten in keinem Fall über die gesetzliche Regelung hinaus noch erweitert oder ausgedehnt werden darf.

148 2. Miet- und Pachtverhältnisse über unbewegliche Sachen und Räume. Nutzungsverträge über **Grundstücke** und Räume werden nach § 108 über die Verfahrenseröffnung hinaus fortgeführt. Dem Verwalter wird im Interesse der Unternehmensfortführung das Recht eingeräumt, zB ein vom Schuldner angemietetes betriebliches Grundstück trotz Insolvenz weiter nutzen zu können. Die Regelung erfasst ausdrücklich **nicht** Miet- oder Leasingverträge über **bewegliche Gegenstände.** Diese fallen in den Anwendungsbereich des allgemeinen Insolvenzvertragsrechts nach §§ 103, 105; insoweit kann der Insolvenzverwalter darüber entscheiden, ob er den Vertrag nach Insolvenz fortsetzen will oder die Erfüllung ablehnt (s.o. RdNr. 132).

149 a) Der Schuldner als Mieter oder Pächter. Der Anspruch des Vermieters auf Zahlung des für die Zeit nach Eröffnung des Insolvenzverfahrens geschuldeten Mietzinses aus einem fortbestehenden

---

[406] *Jaeger/Henckel* § 55 RdNr. 45; *Braun/Bäuerle/Schneider* § 55 RdNr. 5.
[407] LG Münster KTS 1977, 268.
[408] LG Bielefeld DB 1990, 219.
[409] BGHZ 150, 138, 148 = NJW 2002, 2313; BGH NJW 2012, 678.
[410] *A/G/R-Flöther/Wehner* § 108 RdNr. 1; *Nerlich/Römermann/Andres* § 55 RdNr. 84.

Grundstücksmietverhältnis stellt nach §§ 55 Abs. 1 Nr. 2 Alt. 2, 108 Abs. 1 Satz 1 eine Masseverbindlichkeit dar, und zwar bis zur Beendigung des Mietvertrages.[411] Der Vermieter bleibt seinerseits an den Mietvertrag gebunden. Ihm steht kein Kündigungsrecht im Hinblick auf das Insolvenzereignis zu, § 112.[412] Das Gesetz räumt dem Insolvenzverwalter jedoch ein insolvenzrechtliches **Sonderkündigungsrecht** nach § 109 Abs. 1 Satz 1 ein. Ohne Rücksicht auf die vereinbarte Vertragsdauer kann er danach das Nutzungsverhältnis unter Einhaltung der gesetzlichen Frist kündigen.[413] Solange er von dem Kündigungsrecht keinen Gebrauch macht, wird das Miet- oder Pachtverhältnis gemäß den vertraglichen Vereinbarungen fortgesetzt. Das Sonderkündigungsrecht muss nicht zum frühest möglichen Zeitpunkt ausgeübt werden. Die Kündigung kann gemäß den Interessen der Insolvenzmasse während des Verfahrens auch zu einem späteren Zeitpunkt ausgesprochen werden.[414] Solange das Nutzungsverhältnis besteht, hat der Insolvenzverwalter neben der Miete auch die sonstigen Ansprüche aus der Masse zu erfüllen, wie zB die Stellung einer vertraglich geschuldeten Kaution.[415] Ebenso begründen Mietvertragsverletzungen des Insolvenzverwalters Masseschulden nach § 55 Abs. 1 Nr. 1. Soweit der Insolvenzverwalter die Mietsache nach angezeigter Masseunzulänglichkeit, § 208 Abs. 1, weiter nutzt, ist der Vermieter mit seiner Mietzinsforderung **Neumassegläubiger**, § 209 Abs. 2 Nr. 3. Die Entstehung solcher vorrangiger Neumasseschulden lässt sich nur vermeiden, wenn der Verwalter den Vermieter im Zusammenhang mit der Anzeige der Massearmut von dessen Gebrauchsüberlassungspflicht „freistellt", indem er ihm zB die Rückgewähr der Mietsache anbietet und damit klarstellt, dass die Masse keinen Anspruch auf sie mehr erhebt.[416]

Die **rückständigen Ansprüche** des Vermieters aus der Zeit vor Verfahrenseröffnung sind nach § 108 Abs. 3 nur Insolvenzforderungen. Dazu zählen die bei Eröffnung bereits **entstandenen** Mietzinsansprüche. Der Anspruch auf Zahlung einer idR monatlich geschuldeten Miete entsteht aber nicht vor dem Beginn des jeweiligen Nutzungszeitraums; kommt es daher innerhalb dieses Zeitraums – also vor dem Monatsende – zur Insolvenzeröffnung, ist die Miete auf die Zeitabschnitte vor und nach Eröffnung **aufzuteilen**.[417] Auch Nachzahlungen für Betriebskosten, die den Nutzungszeitraum vor Insolvenzeröffnung betreffen, vom Vermieter aber erst während des Insolvenzverfahrens abgerechnet werden, können nur als Insolvenzforderungen geltend gemacht werden; ein späterer Eintritt der Fälligkeit ist für die Qualifizierung als Insolvenzforderung unerheblich.[418] Der Vermieter kann deshalb nach Verfahrenseröffnung hinsichtlich solcher rückständigen Ansprüche aus dem Mietvertrag keine Einreden nach §§ 320, 273 BGB erheben und den weiteren Gebrauch der Mietsache verweigern. Eine Ausnahme von § 108 Abs. 3 ergibt sich aus § 55 Abs. 2. Ansprüche des Vermieters während des Eröffnungsverfahrens werden als Masseverbindlichkeiten privilegiert, wenn der vorläufige Insolvenzverwalter mit Verfügungsbefugnis, § 22 Abs. 1, die **Gegenleistung für die Masse** in Anspruch genommen hat. Soweit deshalb der sog. „starke" vorläufige Verwalter das vermietete Grundstück für die Masse zur Weiterführung des Unternehmens nutzt, wird der Mietzins einschließlich Nebenkostenvorauszahlung als Masseverbindlichkeit nach § 55 Abs. 2 geschuldet. Andere Ansprüche aus dem Mietverhältnis, wie zB auch Schadenersatzansprüche aus Pflichtverletzungen des vorläufigen Insolvenzverwalters, begründen dagegen vor Verfahrenseröffnung keine Masseverbindlichkeiten, da sie keine Gegenleistung zur Gebrauchsgewährung darstellen.

Waren dem Schuldner der unbewegliche Gegenstand oder die Räume zurzeit der Eröffnung noch nicht überlassen, kann nach der Sonderregelung des § 109 Abs. 2 Satz 1 sowohl der Verwalter als auch der andere Teil vom Vertrag zurücktreten. Der **Rücktritt** hat die Wirkung, dass die primären **Leistungspflichten** des Vertrages aufgehoben werden und ein Rückgewährschuldverhältnis hinsichtlich der beiderseits empfangenen Leistungen begründet wird, §§ 346 ff. BGB. Der Vermieter hat zB eine Mietvorauszahlung nach Bereicherungsrecht gem. § 547 Abs. 1 Satz 2 BGB der Insolvenzmasse zu erstatten.[419] Hat der Vermieter das Rücktrittsrecht ausgeübt, so steht keiner Vertragspartei ein Schadenersatzanspruch zu. Ist dagegen der Verwalter zurückgetreten, so kann der Vermie-

---

[411] BGH NJW 2012, 1881 (Rz. 7); NZI 2003, 373; HKInsO-*Marotzke* § 108 RdNr. 37, 42.
[412] Das Vertragsverhältnis kann vom Vermieter aber aus wichtigem Grund fristlos gekündigt werden; vgl. BGHZ 151, 353 = NJW 2002, 3326; BGH NJW 2005, 2552.
[413] Die einzuhaltende Kündigungsfrist beträgt höchstens drei Monate zum Monatsende, wenn nicht kürzere Fristen maßgeblich sind, § 109 Abs. 1 Satz 1 HS 2.
[414] *Kübler/Prütting/Bork/Pape/Schaltke* § 55 RdNr. 150.
[415] Dazu *Langer* ZInsO 2012, 1093 ff.
[416] BGHZ 154, 358 = NZI 2003, 369 m. Anm. *Uhlenbruck* = NJW 2003, 2454; BGH ZIP 2004, 326, dazu *Pape* EWiR 2004, 349; ZIP 2004, 1277, dazu *Eckert* EWiR 2004, 871.
[417] Vgl. Uhlenbruck/Wegener § 108 RdNr. 43; A/G/R-*Flöther-Wehner* § 108 RdNr. 20. Aufzuteilen ist auch die Mietforderung für den laufenden Monat, vgl. *Geißler* ZInsO 2012, 1206, 1209; aA AG Berlin-Tempelhof ZInsO 2012, 1137; FK-*Wegener* § 108 RdNr. 35.
[418] BGH NJW-RR 2011, 876; *Uhlenbruck/Wegener* § 108 RdNr. 31.
[419] *Kübler/Prütting/Bork/Pape/Schaltke* § 55 RdNr. 150.

ter wegen der vorzeitigen Beendigung des Vertragsverhältnisses als Insolvenzgläubiger Schadenersatz verlangen, § 109 Abs. 2 Satz 2. Der Vermieter kann mit diesem Schadensersatzanspruch gegen einen Anspruch des Insolvenzverwalters auf Rückzahlung einer Mietvorauszahlung aufrechnen.

152 **aa) Ansprüche aus Beendigung des Mietverhältnisses.** Wenn das Mietverhältnis die Eröffnung des Insolvenzverfahrens überdauert, hat der Insolvenzverwalter bis zur Beendigung die Ansprüche aus dem Mietvertrag als Masseverbindlichkeiten nach § 55 Abs. 1 Nr. 2 Alt. 2 zu erfüllen. Wird das Mietverhältnis durch **Kündigung** des **Verwalters** beendet, hat der Vermieter wegen der vorzeitigen Beendigung nach § 109 Abs. 1 Satz 3 einen Anspruch auf **Schadensersatz**. Dieser Schadensersatzanspruch nach § 281 BGB, der vor allem den Mietausfall umfasst, stellt nur eine Insolvenzforderung dar und wird daher oft wertlos sein. Vor Ablauf der dreimonatigen Kündigungsfrist des § 109 Abs. 1 Satz 1 HS 2 kann aber auch der Vermieter seinerseits das Mietverhältnis aus wichtigem Grund – zB wegen Verzugs des Insolvenzverwalters mit Mietrückständen – gem. § 543 Abs. 2 Nr. 3 BGB fristlos kündigen.[420] Ein Anspruch auf Ersatz des Kündigungsfolgeschadens, der ihm bei schuldhafter Pflichtverletzung gem. §§ 280, 314 Abs. 4 BGB grundsätzlich zusteht,[421] ist als Masseverbindlichkeit nach § 55 Abs. 1 Nr. 1 zu qualifizieren, soweit seine eigene Kündigung die ordentliche Kündigung des Verwalters zeitlich überholt.[422]

153 **bb) Anspruch auf Rückgabe und Nutzungsentschädigung.** War das Mietverhältnis **vor Insolvenzeröffnung beendet,** hatte der Schuldner das Grundstück jedoch noch nicht geräumt und an den Vermieter herausgegeben, so ist nach Verfahrenseröffnung der Insolvenzverwalter zur Rückgabe verpflichtet. Der vertragliche Anspruch auf Rückgabe der Mietsache nach § 546 Abs. 1 BGB berechtigt den Vermieter zur **Aussonderung,** § 47, allerdings nur im Umfang des dinglichen Herausgabeanspruchs des Eigentümers nach § 985 BGB.[423] Im Wege der Aussonderung schuldet der Insolvenzverwalter also der **Herausgabe** des nicht zur Insolvenzmasse gehörenden Mietobjekts; insbesondere hat er den Zugang zu ermöglichen und die Wegnahme zu dulden. Der auf bloße Besitzverschaffung gerichtete Rückgabeanspruch setzt voraus, dass der Verwalter den Besitz an dem Grundstück für die Masse innehält und damit das auszusondernde Grundstück **massebefangen** ist.[424] Dafür ist es ausreichend, wenn der Insolvenzverwalter das Grundstück für die Masse nutzt und darüber entscheidet, ob, wann und in welcher Weise er es zurückgeben will.[425]

154 Soweit der mietvertragliche Rückgabeanspruch neben der Herausgabe zusätzlich die **Räumung** des vermieteten Grundstücks umfasst, stellt er lediglich eine Insolvenzforderung nach § 38 dar; denn sämtliche Ansprüche des Vermieters im Rahmen der **Abwicklung** des aufgelösten Mietverhältnisses sind schon vor Eröffnung des Verfahrens entstanden. Die Insolvenzmasse wird daher grundsätzlich nicht mit Kosten belastet, die im Rahmen einer Räumung durch Wegnahme von Einrichtungen des Mieters oder Beseitigung von Verunreinigungen des Mietgrundstücks anfallen, die bei Eröffnung des Insolvenzverfahrens bereits vorhanden waren.[426] Die sich aus dem Mietvertrag ergebende Räumungspflicht kann nur unter den hierfür allgemein geltenden Regeln des § 55 Abs. 1 Nr. 1 zur Masseverbindlichkeit werden.[427] Für den Fall, dass der Verwalter den Mietvertrag fortsetzt und sich dadurch der Zustand der Mietsache verschlimmert, ist die vertragliche Herstellungspflicht bei Rückgabe **aufzuteilen:** Soweit der Schuldner (Mieter) auf dem angemieteten Grundstück nachteilige Veränderungen herbeigeführt und pflichtwidrig nicht wieder beseitigt hat, stellen die Ansprüche des Vermieters auf Wiederherstellung und Kostenerstattung bloße Insolvenzforderungen dar. Hat auch der Verwalter den vertragswidrigen Zustand persönlich oder durch ihm zuzurechnende Handlungen (mit) herbeigeführt oder verschärft, werden die Räumung und deren Kosten – je nach Gewicht der beiderseitigen Verursachungsbeiträge – teils als Insolvenzforderung und hinsichtlich der zusätzlich nach Eröffnung herbeigeführten Verschlechterung als Masseverbindlichkeit geschuldet.[428] Ist nur der Verwalter in einem gerichtlichen Verfahren bereits rechtskräftig zur Räumung verurteilt worden, muss er das Grundstück vollständig aus Mitteln der Masse räumen. Der Verwalter kann diese Räu-

---

[420] BGH NJW 2008, 1442 u. 2002, 3326.
[421] BGH NJW 2007, 2474 u. 2000, 2342; KG ZMR 2007, 615.
[422] Vgl. *Uhlenbruck/Sinz* § 55 RdNr. 53.
[423] BGHZ 148, 252 = NJW 2001, 2966 = ZIP 2001, 1469, dazu *Flitsch/Herbst* EWiR 2002, 395; BGH NZI 2010, 901; *Falko Braun* NZI 2005, 255.
[424] BGHZ 148, 252, 260; BGHZ 127, 156.
[425] *Jaeger/Henckel* § 47 RdNr. 9; *Kübler/Prütting/Bork/Pape/Schaltke* § 55 RdNr. 154. Der Verwalter kann nach § 60 persönlich haften, wenn er die Rückgabe der Mietsache an den aussonderungsberechtigten Vermieter zB durch vertragswidrige Untervermietung schuldhaft verzögert oder vereitelt, BGH ZInsO 2007, 264.
[426] BGH NJW 2007, 1591 mN.; NJW 2001, 2966.
[427] BGH NZI 2006, 293 f. m. Anm. *Henkel;* BGHZ 150, 305, 312 = NJW-RR 2002, 1198.
[428] BGHZ 148, 252 u. 150, 305; OLG Saarbrücken ZInsO 2006, 779, dazu *Blank* EWiR 2006, 531; OLG Stuttgart ZInsO 2005, 498; *Tetzlaff* NZI 2006, 87, 90; *Uhlenbruck/Wegener* § 108 RdNr. 38.

mungsverpflichtung der Masse nicht durch eine nachträgliche **Freigabe** der auf dem Grundstück befindlichen Gegenstände an den Insolvenzschuldner erfüllen.[429] Kommt er im Rahmen seiner Verwaltungsbefugnis der trotz Freigabe fortbestehenden Pflicht zur tatsächlichen Räumung nicht nach, sind beim Vermieter anfallende Räumungskosten aus der Masse zu ersetzen.

Wegen Vorenthaltung des Mietobjektes besteht grundsätzlich kein Anspruch nach § 546a BGB auf Nutzungsentgelt als Masseverbindlichkeit, auch wenn dieser erst nach Eröffnung des Insolvenzverfahrens fällig wird; denn § 55 Abs. 1 Nr. 2 setzt ein noch bestehendes Mietverhältnis bei Verfahrenseröffnung voraus. Der Anspruch auf **Nutzungsentschädigung** kann dagegen nach § 55 Abs. 1 Nr. 1 im Einzelfall eine Masseverbindlichkeit darstellen, sofern die Vorenthaltung auf eine Handlung des Insolvenzverwalters beruht, wenn er zB die Mietsache aktiv für die Masse weiter in Besitz nimmt und den Vermieter dabei gezielt von einer Eigennutzung ausschließt. In diesem Fall kommt die Vermieterleistung der Masse tatsächlich zugute, sodass dem Vermieter auch die ungeschmälerte Gegenleistung in Form einer Nutzungsentschädigung aus der Masse zusteht. Solange der Insolvenzverwalter sich aber nur passiv verhält und bestrebt ist, die im Besitz des Schuldners befindlichen Sachen zunächst sicher aufzubewahren, wird hierdurch noch kein Anspruch auf Nutzungsentschädigung gegen die Masse begründet.[430] Ohne Inbesitznahme für die Masse entsteht auch keine Masseverbindlichkeit allein dadurch, dass der Verwalter auf ein Herausgabeverlangen des Vermieters nicht reagiert und dieser hieraus auf eine Inanspruchnahme der Mietsache durch den Verwalter schließt.[431] Andernfalls würde die Masse entgegen dem Gesetzeszweck ohne eigenen Vorteil einseitig mit einer Masseforderung des Vermieters belastet.[432] Wird nur der im Wege der **Aussonderung** geltend gemachte Rückgabeanspruch verspätet erfüllt, hat die Masse den Wert etwaiger gezogener Nutzungen wegen ungerechtfertigter Bereicherung nach § 55 Abs. 1 Nr. 3 als Masseverbindlichkeit zu erstatten. Auch Gesellschaftern, die in der Gesellschaftsinsolvenz für die Dauer einer „Aussonderungssperre" (§ 135 Abs. 3 Satz 1) zur weiteren Nutzungsüberlassung verpflichtet sind, steht als Ausgleich ein Anspruch auf Nutzungsentgelt zu, der als Masseschuld zu erfüllen ist, §§ 135 Abs. 3 Satz 2, 55 Abs. 1 Nr. 2.[433]

Besteht das Mietverhältnis zum Zeitpunkt der Eröffnung noch **fort**, so hat der Verwalter nach Vertragsbeendigung den auf Herausgabe des Grundstücks gerichteten Anspruch des insoweit aussonderungsberechtigten Vermieters zu erfüllen, § 546 Abs. 1 BGB. Ist zuvor eine Räumung des Grundstücks, zB von Abfällen oder eingelagerten Gegenständen zur Erfüllung der Rückgabeverpflichtung[434] erforderlich, so sind auch die damit verbundenen Kosten von der Masse als Masseverbindlichkeit zu tragen, sofern die nachteiligen Veränderungen nach Verfahrenseröffnung eingetreten sind. Wegen verspäteter Rückgabe hat der Vermieter einen Anspruch auf **Nutzungsentschädigung**[435] nach § 546a BGB; da dieser anstelle des entfallenen Mietzinsanspruchs tritt, handelt es sich um eine Masseverbindlichkeit nach § 55 Abs. 1 Nr. 2.[436]

cc) Anspruch auf Schönheitsreparaturen und Wiederherstellung. Aus zum Zeitpunkt der Verfahrenseröffnung beendeten Mietverhältnissen können keine Masseansprüche nach §§ 108 Abs. 3, 55 Abs. 1 Nr. 2 entstehen. Aber auch bei einer Beendigung nach Eröffnung sind nicht sämtliche **Abwicklungs- oder sonstige vertragliche Pflichten** als Masseverbindlichkeiten zu erfüllen. Dies ist schon deshalb nicht der Fall, weil sie wegen der fehlenden Gegenseitigkeit nicht Erfüllungsansprüchen gleichgesetzt werden können. In § 108 Abs. 3 wird zudem klargestellt, dass die Insolvenzmasse ausschließlich mit Masseverbindlichkeiten belastet werden darf, die nach Verfahrenseröffnung entstanden sind.

Der Rechtsgrund für den Anspruch auf **Schönheitsreparaturen** ist vor Verfahrenseröffnung gelegt worden, auch wenn der Anspruch selbst erst bei Vertragsbeendigung fällig wird.[437] Ansprüche auf Schönheitsreparaturen oder Beseitigung von Schäden sind deshalb Insolvenzforderungen nach § 38, wenn sie auf Grund der Nutzung bzw. Verschlechterung der Mietsache vor Verfahrenseröff-

---

[429] BGH NZI 2006, 293 m. zust. Anm. *Henkel; Braun* NZI 2005, 258; *Uhlenbruck/Wegener* § 108 RdNr. 39.
[430] Zur Abgrenzung s. BGHZ 130, 38, 48 f. = NJW 1995, 2783 (zu § 557 Abs. 1 BGB aF).
[431] BGH NJW 2007, 1591, dazu *Holzer* EWiR 2007, 339: Der bloße Schein einer Inanspruchnahme des Mietobjekts durch den Verwalter lässt also den Entschädigungsanspruch des Vermieters noch nicht ausnahmsweise zu einer Masseverbindlichkeit nach § 55 Abs. 1 Nr. 1 werden.
[432] Zur Rechtslage beim Mietverhältnis über bewegliche Sachen s. RdNr. 132.
[433] Vgl. A/G/R-Gehrlein § 135 Rn. 23; Marotzke ZInsO 2008, 1281; aA Hölzle ZIP 2010, 913, 917.
[434] Befinden sich nur noch geringfügig Gerümpel und Müll auf dem Grundstück, steht dies der ordnungsgemäßen Rückgabe nicht im Wege, BGH NJW 1988, 2565.
[435] BGH NJW 1984, 1527; NJW 1994, 516.
[436] OLG Stuttgart ZInsO 2005, 499.
[437] BGH NJW 1979, 310; OLG Celle ZIP 1992, 714; *Gottwald/Klopp-Kluth* § 56 RdNr. 29; aA *Häsemeyer* RdNr. 20.51a.

nung verursacht wurden. Diese Beurteilung entspricht dem Grundgedanken, dass Masseschulden nur entstehen, wenn eine äquivalente Gegenleistung in die Insolvenzmasse gelangt bzw. in ihr verbleibt. Wird das Mietverhältnis vom Insolvenzverwalter nicht zum frühest möglichen Zeitpunkt gekündigt, sondern fortgesetzt, und tritt während des Insolvenzverfahrens eine Abnutzung oder Verschlechterung des Mietobjekts ein, so ist der Anspruch des Vermieters auf Durchführung von Schönheitsreparaturen **zeitanteilig**[438] aufzuteilen: Er ist eine Masseverbindlichkeit, soweit er durch die Nutzung nach Insolvenzeröffnung entstanden ist. Bei einer – gemessen am Zeitplan für die Durchführung von Schönheitsreparaturen – nur kurzfristigen Nutzung des Mietobjekts durch den Verwalter ohne spürbare Erhöhung des Instandhaltungsbedarfs wird eine Beteiligung der Masse an den Kosten für Schönheitsreparaturen aber i.a. ganz entfallen.[439]

159 In gleicher Weise ist auch der Anspruch auf **Wiederherstellung** des vertraglichen Zustands bei Beendigung des Mietverhältnisses zu beurteilen. Er ist eine Insolvenzforderung, da der Anspruchsgrund vor Eröffnung des Verfahrens angelegt wurde. Nur soweit Veränderungen während des Insolvenzverfahrens durch den Insolvenzverwalter verursacht worden sind, können Instandsetzungskosten – anteilig – eine Masseverbindlichkeit nach § 55 Abs. 1 Nr. 2 darstellen.

160 Ist der Mieter nach dem Vertrag verpflichtet, ein von ihm während der Mietzeit errichtetes Bauwerk bei Vertragsbeendigung abzureißen, so handelt es sich dabei im Grundsatz insgesamt um eine Insolvenzforderung.[440] Dies kann im Einzelfall jedoch zweifelhaft sein, wenn die Erfüllung der **Abrissverpflichtung** eine vorherige Entfernung zB von Einrichtungsgegenständen, (umweltgefährdenden) Abfällen oder sonstigen mobilen Gegenständen voraussetzt. Für die hierzu erforderlichen Kosten wird die Masse aufkommen müssen, soweit die Gegenstände erst nach Insolvenzeröffnung auf das Mietgrundstück gelangt und zugunsten der Masse genutzt worden sind.[441]

161 **dd) Betreiberpflicht.** In gewerblichen Mietverträgen findet sich des Öfteren die Verpflichtung, den Geschäftsbetrieb zu den üblichen Geschäftszeiten offenzuhalten. Kommt der Insolvenzverwalter dieser vertraglichen **Betriebspflicht** nicht mehr nach, weil zB der Geschäftsbetrieb eingestellt oder reduziert werden musste, so ist ein etwaiger sich daraus ergebender Schadenersatz- oder Vertragsstrafeanspruch immer eine Insolvenzforderung.[442] Masseverbindlichkeiten stellen nur solche vom Vermieter geltend gemachte Ansprüche dar, die ihm als Entgelt für die Gebrauchsüberlassung nach Verfahrenseröffnung zustehen. Auch wird die Verpflichtung zum Betrieb des Geschäftes mit Abschluss des Mietvertrages bereits begründet.

162 **ee) Wohnraummiete.** Auch das **Wohnraummietverhältnis** ist nicht vom Massebeschlag ausgenommen und unterliegt damit der Verwaltungs- und Verfügungszuständigkeit des Insolvenzverwalters. Es besteht gem. § 108 Abs. 1 mit Wirkung für die Insolvenzmasse fort, wobei der Insolvenzverwalter mit Verfahrenseröffnung anstelle des insolventen Mieters in den von diesem geschlossenen Vertrag eintritt.[443] § 109 enthält aber **Sonderregelungen.** Nach § 109 Abs. 1 Satz 2 kann der Verwalter eine Erklärung gegenüber dem Vermieter abgeben, wonach dessen Ansprüche, die erst nach Ablauf der in Satz 1 genannten Frist von drei Monaten fällig werden, nicht im Insolvenzverfahren geltend gemacht werden können. Die Insolvenzmasse haftet daher mit Ablauf der gesetzlichen Kündigungsfrist nicht mehr für die Wohnraummiete des Schuldners.[444] Die **Enthaftungserklärung** bewirkt, dass der Mietvertrag – anders als bei einer Kündigung nach § 109 Abs. 1 Satz 1 – nicht beendet, sondern vom Schuldner fortgesetzt wird. Dieser behält also die angemietete Wohnung und wird damit in der Insolvenz vor möglicher Obdachlosigkeit bewahrt. Andererseits verhindert die „Nichthaftungserklärung", dass der Insolvenzmasse nach Fristablauf noch fällig werdende neue Masseverbindlichkeiten nach § 55 Abs. 1 Nr. 2 Alt. 2 aufgezwungen werden. Der Mietvertrag läuft nach Abgabe der Erklärung mit dem Schuldner weiter, der die nach Fristablauf „fälligen" Verbindlichkeiten aus dem Mietverhältnis aus seinem pfändungsfreien Einkommen zu bestreiten hat.[445] Dazu gehören aber keine Nachforderungen für Betriebskosten aus der Zeit vor Insolvenzeröffnung, auch wenn der Vermieter die Nebenkosten erst im Anschluss an die „Freigabeerklärung" des Verwalters abge-

---

[438] KG ZIP 1981, 735; *Jaeger/Henckel* § 55 RdNr. 50.
[439] BGH ZIP 1994, 715; *Uhlenbruck/Sinz* § 55 RdNr. 58; HambKomm-*Jarchow* § 55 RdNr. 35.
[440] BGH JurBüro 2008, 278; LG Hannover ZIP 1988, 116; *Hess* § 55 RdNr. 162; *Kübler/Prütting/Bork/Pape/Schaltke* § 55 RdNr. 155.
[441] *Homann* in Mohrbutter/Ringstmeier § 7 RdNr. 91; auch RdNr. 154.
[442] HambKomm-*Jarchow* § 55 RdNr. 33.
[443] *Uhlenbruck/Wegener* § 108 RdNr. 30, § 109 RdNr. 21.
[444] Die Miete ist aber nach ganz hM für die Zeit ab Insolvenzeröffnung bis zum Fristablauf Masseverbindlichkeit gem. § 55 Abs. 1 Nr. 2, vgl. BGH NJW 2012, 1881; NJW 2008, 2580.
[445] Die Erklärung nach § 109 Abs. 1 Satz 2 bewirkt eine Freigabe des Mietverhältnisses, vgl. *Homann* in: Mohrbutter/Ringstmeier § 7 RdNr. 86; *Hain*, ZInsO 2007, 192, 197.

rechnet und damit fällig gestellt hat. Denn die Abgabe dieser Erklärung, die den Schutz der Masse und des insolventen Mieters bezweckt, hat nicht etwa zur Folge, dass die Nachforderung ihren Charakter als einfache Insolvenzforderung (s.o. RdNr. 150) nachträglich wieder verliert.[446] Der Vermieter muss sie also gem. § 174 Abs. 1 zur Tabelle anmelden und kann sie während der Dauer des Insolvenzverfahrens nicht gegen den Schuldner persönlich geltend machen, § 87.[447] Soweit dem Vermieter hieraus ein Schaden entsteht, kann er diesen – wie im Falle der Kündigung – nur als Insolvenzforderung geltend machen, § 109 Abs. 1 Satz 3. Die gesetzliche Neuregelung verhindert u.a., dass der Insolvenzverwalter eine hinterlegte Mietkaution zur Masse ziehen kann, da das Mietverhältnis mit dem Schuldner fortbesteht.[448]

b) Der Schuldner als Vermieter oder Verpächter. In der Insolvenz des Vermieters oder Verpächters wird das Nutzungsverhältnis über unbewegliche Gegenstände oder Räume auf der Grundlage des mit dem Schuldner vereinbarten Vertrages fortgesetzt, § 108 Abs. 1 Satz 1. Der Insolvenzverwalter muss es weiterführen, da ihm – anders als beim Vertrag in der Mieterinsolvenz, § 109 (s.o. RdNr. 149) – kein besonderes Kündigungsrecht zusteht.[449] Voraussetzung für den Fortbestand mit Wirkung für die Masse ist allerdings, dass die Miet- oder Pachtsache bei Verfahrenseröffnung bereits vom Schuldner dem Mieter überlassen war.[450] War der Mietvertrag im Zeitpunkt der Eröffnung in Vollzug gesetzt, genießt der Mieter einen hohen **Bestandsschutz**. Der Insolvenzverwalter hat als Vermieter alle aus dem Mietvertrag sich ergebenden Verbindlichkeiten gegenüber dem Mieter als Masseverbindlichkeit zu erfüllen. Das gilt zB für Ansprüche auf Erhaltung des Gegenstandes in gebrauchsfähigem Zustand, Gewährleistung für Fehler der Mietsache oder Ersatz von Verwendungen, sofern ihre Erfüllung für die Zeit nach der Eröffnung des Verfahrens erfolgen muss, § 55 Abs. 1 Nr. 2 Alt. 2. Dabei begründet der **Erfüllungsanspruch** des Mieters auf Herstellung des vertragsgemäßen Zustandes der Mietsache auch dann, wenn der mangelhafte Zustand bereits vor Eröffnung des Insolvenzverfahrens bestanden hat, keine Insolvenzforderung, § 108 Abs. 3, sondern eine Masseschuld. Denn die Erhaltungspflicht des Vermieters stellt die vertragliche Gegenleistung des vom Mieter an die Masse weiter gezahlten Mietzinses dar; ist die Dauerverpflichtung des Vermieters aus § 535 Abs. 1 Satz 2 aber ein Äquivalent für die laufenden Mietzahlungen, muss der Mieter seinerseits nach dem Zweck der gesetzlichen Regelung (§ 55 Abs. 1 Nr. 2) volle Erfüllung aus der Masse beanspruchen können.[451] Dagegen kann der Mieter **Gewährleistungsansprüche** auf Grund eines schon vor Verfahrenseröffnung entstandenen Mangels nur als Insolvenzgläubiger geltend machen, § 108 Abs. 3. Der Insolvenzverwalter hat auch vereinbarte Nebenpflichten zu erfüllen zB zur Beheizung oder Energiebelieferung. Verletzt der Insolvenzverwalter die Verpflichtungen aus dem Mietvertrag, hat der Mieter einen Schadenersatzanspruch als Masseverbindlichkeit nach § 55 Abs. 1 Nr. 1.

aa) Mietvorauszahlung, Kaution. Der Anspruch auf **Rückzahlung** von Mietvorauszahlungen ist schon vor Insolvenzeröffnung begründet. Er ist aufschiebend bedingt durch das Ende des Mietverhältnisses und stellt daher in der Insolvenz des Vermieters eine einfache Insolvenzforderung dar. Der Mieter kann auch zu viel gezahlte Nebenkosten für Zeitabschnitte vor Insolvenzeröffnung nur als Insolvenzgläubiger zurückfordern, obwohl sich sein **Betriebskostenguthaben** aus einer vom Vermieter erst nach Verfahrenseröffnung erstellten Abrechnung ergibt.[452] Entsprechendes gilt für den Anspruch auf Rückzahlung der angelegten **Mietkaution**.[453] Der Rückzahlungsanspruch ist nur dann als Aussonderungsanspruch gem. § 47 Satz 1 einzustufen, wenn die Kaution vom Vermieter – getrennt vom eigenen Vermögen – auf einem Treuhandkonto angelegt wurde, vgl. § 551 Abs. 3 Satz 3 BGB.[454] Hat dieser aber gegen seine gesetzliche Pflicht zur insolvenzfesten Anlage der Mietkaution verstoßen, bleibt der Mieter nur Insolvenzgläubiger.

---

[446] BGH NJW-RR 2011, 876 m. Anm. *Eckert* EWiR 2011, 393.
[447] Nach Aufhebung des Insolvenzverfahrens ist der Vermieter aber gem. § 201 Abs. 1 (wieder) befugt, seine Forderung gegen den Schuldner einzuklagen.
[448] Auch Nebenkostenguthaben stehen nach Abgabe der Erklärung gem. § 109 Abs. 1 Satz 2 dem Schuldner zu, vgl. AG Göttingen NZI 2009, 607.
[449] Auch dem Mieter steht kein aus der Insolvenz des Vermieters resultierendes Sonderkündigungsrecht zu, vgl. BGH NJW-RR 2002, 946; *Uhlenbruck/Wegener* § 108 RdNr. 18.
[450] BGHZ 173, 116 = NJW 2007, 3715. Bei fehlender Übergabe des Mietobjekts ist § 103 anwendbar. Lehnt der Verwalter die Vertragserfüllung ab, kann der Mieter nur noch als Insolvenzgläubiger Schadensersatz wegen Nichterfüllung verlangen, § 103 Abs. 2.
[451] BGH NZI 2003, 373 m. Anm. *Gundlach/Frenzel* = ZIP 2003, 984, dazu *Eckert* EWiR 2003, 641; aA *Häsemeyer* RdNr. 20.53. Zur Herstellungspflicht des Verwalters in der Vermieterinsolvenz, wenn das Mietobjekt noch nicht fertiggestellt ist, s. *Wegener* ZInsO 2005, 1259.
[452] BGH NZI 2007, 164.
[453] BGH ZIP 2013, 179 (Rz. 11) mit krit. Anm. *Derleder* EWiR 2013, 81.
[454] BGH NJW 2008, 1152 m. Anm. *Derleder* S. 1153; *Uhlenbruck/Brinkmann* § 47 RdNr. 47. Zum Anspruch des Mieters auf ein insolvenzsicheres Kautionskonto s. auch BGH NJW 2011, 59.

165 bb) Veräußerung. Veräußert der Insolvenzverwalter das noch vom Schuldner vermietete Grundstück, so tritt der Erwerber kraft Gesetzes anstelle des Schuldners in das Miet- und Pachtverhältnis ein, § 566 Abs. 1 BGB. Macht der Erwerber von dem ihm nach § 111 zustehenden Sonderrecht Gebrauch, das Mietverhältnis unter Einhaltung der gesetzlichen Frist für den ersten zulässigen Termin zu kündigen, so kann dies wegen vorzeitiger Beendigung des Mietvertrages – zB nach Investitionen in das Objekt – zu einem **Schadenersatzanspruch** des Mieters führen. Dieser ist nur eine Insolvenzforderung, da der vor Verfahrenseröffnung abgeschlossene Vertrag – wie beim Ersatzanspruch des Vermieters gem. § 109 Abs. 1 Satz 3 – den Rechtsgrund darstellt.[455] Mit der Veräußerung des Grundstücks nimmt der Verwalter seine Verwertungsaufgabe wahr. Sie ist deshalb keine Vertragsverletzung, die einen Schadenersatzanspruch als Masseverbindlichkeit nach § 55 Abs. 1 Nr. 1 auslösen kann. Das Ergebnis kann nicht anders sein, als bei einer Verwertung im Rahmen der Zwangsversteigerung. Der Schadenersatzanspruch des Mieters wird nicht unmittelbar durch ein Handeln des Insolvenzverwalters herbeigeführt, sondern durch einen Dritten, der von einem ihm eingeräumten gesetzlichen Recht zur vorzeitigen Kündigung Gebrauch macht. Hatte der Verwalter allerdings das Mietverhältnis über das Grundstück selbst abgeschlossen, so steht bei einer freihändigen Veräußerung dem Erwerber das Sonderkündigungsrecht des § 111 nicht zu.

166 cc) Freigabe. Dem Insolvenzverwalter ist es wegen der Insolvenz des Vermieters nicht möglich, das Mietverhältnis durch Kündigung vorzeitig zu beenden. Er hat jedoch das Recht, das vermietete Grundstück aus der Masse an den Schuldner freizugeben, der hierdurch seine Verwaltungs- und Verfügungsbefugnis über das **Mietobjekt** wiedererlangt.[456] Ob der Insolvenzverwalter durch eine bloße Freigabeerklärung erreichen kann, die Insolvenzmasse aus den Bindungen eines uU langjährigen, für die Masse wertlosen Mietvertrages zu befreien, ist allerdings umstritten.[457] Mit der Freigabe ist das Mietobjekt zwar seinem Zugriff endgültig entzogen. Gegen eine **Entlastung der Masse** von **künftigen** Mieterforderungen als **Masseschulden** (§ 55 Abs.1 Nr.2 Alt.2) spricht aber die in § 108 Abs.1 zum Schutz des Mieters angeordnete Bindung an das Mietverhältnis. Dieser gesetzliche Bestandsschutz verhindert, dass durch eine Freigabe mietvertragliche Rechte und Pflichten von der Masse (der die weiteren Mietzinsen gehören, § 35) unmittelbar auf den Schuldner übergehen und Mieter damit ohne ihr Einverständnis zu Neugläubigern des Schuldners werden. Anders ist es im Sonderfall einer Freigabeerklärung gem. § 35 Abs. 2 Satz 1; denn die dem Verwalter gestattete „Freigabe" von Vermögen aus einer selbstständigen Tätigkeit des Schuldners erstreckt sich auch auf bestehende Vertragsverhältnisse, leitet diese also von der Masse auf die Person des Schuldners über.[458]

167 dd) Unter-/Zwischenvermietung. Auch auf Unter- bzw. Zwischenmietverhältnisse über Immobilien ist bei Insolvenz des Zwischenmieters § 108 Abs. 1 Satz 1 nach hM grundsätzlich anwendbar.[459] Solange das Hauptmietverhältnis nicht gekündigt ist, hat der Insolvenzverwalter als Untervermieter daher den Vertrag zu erfüllen, § 55 Abs. 1 Nr. 2 Alt. 2. Wird jedoch das **Hauptmietverhältnis** nach Verfahrenseröffnung durch Kündigung **beendet,** so besteht gegen den Untermieter ein Herausgabeanspruch des Eigentümers/Hauptvermieters, § 546 Abs. 2 BGB. In diesem Fall ist § 108 nicht anwendbar, da er nur dann eingreift, wenn der Mietgegenstand auch zur Insolvenzmasse gehört.[460] Der Untermieter hat ggf. nach §§ 536, 536a BGB einen **Schadenersatzanspruch** gegen die Insolvenzmasse wegen der vorzeitigen Beendigung des Untermietverhältnisses. Dieser stellt jedoch eine bloße Insolvenzforderung dar, §§ 38, 103 Abs. 2 Satz 1.[461]

168 3. Finanzierte Leasingverträge. Miet- und Leasingverträge über bewegliche Sachen unterliegen dem Erfüllungswahlrecht des Insolvenzverwalters nach § 103 (vgl. RdNr. 132, 139). Nur Nutzungsverhältnisse über Immobilien bestehen mit Wirkung für die Masse fort, § 108 Abs. 1 Satz 1. Dies hätte bei finanzierten Leasingverträgen in der **Insolvenz des Leasinggebers** dazu geführt, dass dessen Vorausabtretung künftiger Leasingraten an das finanzierende Kreditinstitut nicht insol-

---

[455] *Hofmann* in *Mohrbutter/Ringstmeier* § 7 RdNr. 102; *Graf-Schlicker/Breitenbücher* § 111 RdNr. 2; *Uhlenbruck/Berscheid* § 111 RdNr. 9; aA *Eckert* ZIP 1983, 770.
[456] *Häsemeyer* RdNr. 20.53; *Kübler/Prütting/Bork/Pape/Schaltke* § 55 RdNr. 151.
[457] Dafür zB *Graf-Schlicker/Breitenbücher* § 108 RdNr. 20; *HambKomm-Jarchow* § 55 RdNr. 37; *Braun/Kroth* § 55 RdNr. 27; Vorauf. RdNr. 151; aA *Uhlenbruck/Wegener* § 55 RdNr. 19; *FK-Wegener* § 108 RdNr. 36; *A/G/R-Flöther/Wehner* § 108 RdNr. 20.
[458] BGH NJW 2012, 1361 f. (Rz. 22); zu Rechtsfolgen der „Negativerklärung" s. auch RdNr. 113.
[459] Vgl. *Ringstmeier* in Mohrbutter/Ringstmeier § 40 RdNr. 6; eingehend *Marotzke* ZInsO 2007, 1, 5 ff.
[460] BGH NJW 1955, 948 (zur KO); *Kilger/K. Schmidt* § 21 Anm. 9; einschränkend *Marotzke* aaO S. 6 für den Fall einer vom Insolvenzverwalter herbeigeführten Beendigung des Hauptmietverhältnisses; aA *Uhlenbruck/Wegener* § 108 RdNr. 17.
[461] BGH NJW 1955, 948; *A/G/R-Flöther/Wehner* § 108 RdNr. 9; aA *Uhlenbruck/Wegener* § 108 RdNr. 26.

venzfest wäre, wenn der Verwalter die Vertragserfüllung wählt.[462] Eine **Refinanzierung im Mobilienleasing** wäre dadurch erheblich erschwert. Diese unbeabsichtigte Folge wurde noch vor Inkrafttreten der InsO durch die in § 108 Abs. 1 Satz 2 getroffene **Sonderregelung** beseitigt. Danach bestehen insbesondere refinanzierte Leasingverträge (Miet- u. Pachtverträge) über sonstige Gegenstände in der Insolvenz des Leasinggebers fort,[463] sofern die betroffenen Leasinggüter einem Dritten, der die Refinanzierung ihrer Anschaffung oder Herstellung übernommen hatte, vor Verfahrenseröffnung zur Sicherheit übertragen wurden. Auf sie findet das Wahlrecht des Verwalters nach § 103 keine Anwendung. Der Insolvenzverwalter hat deshalb die fremdfinanzierten Leasingverträge ohne Kündigungsmöglichkeit bis zum vertraglich vereinbarten Beendigungszeitpunkt zu Lasten der Masse fortzuführen. Die Ansprüche des Leasingnehmers sind als sonstige Masseverbindlichkeiten nach § 55 Abs. 1 Nr. 2 aus der Masse während der gesamten Vertragslaufzeit zu erfüllen. Die Vorausabtretungen der Leasingraten bleiben über die Insolvenzeröffnung hinaus wirksam,[464] sodass die vom Leasingnehmer vertragsgemäß gezahlten Leasingraten nicht der Masse, sondern dem finanzierenden Kreditinstitut zugute kommen. Die gesetzliche Ausnahmeregelung in § 108 Abs. 1 Satz 2 berücksichtigt damit die Interessen der Leasingbranche und Banken, ist aber für die Insolvenzmasse nachteilig, weil diese mit dem gesamten Erfüllungsrisiko belastet wird.[465]

III. Masseverbindlichkeiten aus Dienst- und Arbeitsverhältnissen

1. Regelungsinhalt. Die Eröffnung des Insolvenzverfahrens hat nicht die Beendigung der Dienst- und Arbeitsverhältnisse zur Folge. Sie bestehen nach der gesetzlichen Regelung, § 108 Abs. 1, mit Wirkung für die Insolvenzmasse fort. Ein Wahlrecht steht dem Insolvenzverwalter für in Vollzug gesetzte Arbeitsverhältnisse nicht zu. Anstelle des Wahlrechts treten besondere Kündigungsrechte. Der **unveränderte Fortbestand** des Arbeitsverhältnisses ergibt sich mittelbar auch aus § 113, der die Kündigung des Arbeitsverhältnisses regelt und damit dessen weiteren Bestand nach Verfahrenseröffnung voraussetzt. § 113 erfasst Dienstverhältnisse i. S. d. § 611 BGB, die auf eine fortgesetzte Dienstleistung gerichtet sind, also sämtliche Arbeitsverhältnisse wie aber auch das Anstellungsverhältnis mit Vorstandsmitgliedern juristischer Personen.[466] Mit der Eröffnung des Insolvenzverfahrens geht die Arbeitgeberstellung des Schuldners faktisch auf den Insolvenzverwalter über.[467] Dieser ist daher für die Dauer des Insolvenzverfahrens verpflichtet, die Arbeitnehmer vertragsgerecht weiterzubeschäftigen und die vereinbarte Vergütung bis zur Beendigung des Vertragsverhältnisses zu bezahlen. Zur Beendigung von Dienstverhältnissen ist grundsätzlich die **Kündigung** erforderlich. Nach § 113 Satz 1 kann das Dienstverhältnis von beiden Seiten ohne Rücksicht auf eine vereinbarte Vertragsdauer oder einen vereinbarten Ausschluss ordentlich gekündigt werden. Die Höchstdauer der Kündigungsfrist wird in § 113 Satz 2 auf **drei Monate** zum Monatsende festgelegt, um bei fehlendem Beschäftigungsbedarf eine allzu lange Bindung an nicht mehr sinnvolle Arbeitsverhältnisse zu verhindern.[468] Die Kostenbelastung aus den nach Verfahrenseröffnung weiterbestehenden Arbeitsverhältnissen wird dadurch zur Förderung von Unternehmenssanierungen begrenzt. Gegenüber den Interessen der Insolvenzgläubiger an der Erhaltung der Masse als Grundlage ihrer Befriedigung muss jedoch auch den Belangen der Arbeitnehmer ausreichend Rechnung getragen werden.

2. Ansprüche aus dem Arbeitsverhältnis bei Insolvenz des Arbeitgebers. Der Bestand und der Inhalt des Arbeitsverhältnisses werden durch die Insolvenzeröffnung nicht berührt. Die sich aus dem Arbeitsverhältnis ergebenden **Haupt-** und **Nebenpflichten** gelten in vollem Umfang weiter, weshalb zB auch vereinbarte Ausschlussfristen für beide Seiten mit der Insolvenzeröffnung nicht unterbrochen werden. Die Vergütungspflicht des Insolvenzverwalters, deren Höhe sich aus dem jeweiligen Arbeitsvertrag ergibt, stellt den wertmäßigen Ausgleich für die fortdauernde Verpflichtung des Arbeitnehmers dar, seine Arbeitsleistung zugunsten der Masse zu erbringen. Mit dem

---

[462] Die Ausübung des Wahlrechts wertet den Erfüllungsanspruch des Schuldners insolvenzrechtlich zu einem – von der Vorausabtretung nicht erfassten – neuen Anspruch der Masse gegen den Leasingnehmer auf, s.o. RdNr. 140. Vgl. Wimmer ZIP 212, 545, 553; Graf-Schlicker/Breitenbücher § 108 Rn. 6; Braun/Kroth § 108 Rn. 3; FA-InsR/Wagner Kap. 6 Rdn. 135.
[463] Gegenstände können bewegliche Sachen, Rechte oder Forderungen sein, sodass auch das Softwareleasing erfasst wird, vgl. Braun/Kroth § 108 RdNr. 16.
[464] Eine analoge Anwendung des § 110 widerspricht dem Gesetzeszweck, *Pape*, Ablehnung und Erfüllung, RdNr. 89.
[465] Vgl. FK-*Wegener* § 108 RdNr. 19; HK-*Marotzke* § 108 RdNr. 10 („rechtspolitisch fragwürdig"); Braun/Kroth § 108 RdNr. 17.
[466] OLG Hamm NZI 2000, 475 (Geschäftsführer).
[467] GmS-OGB BGHZ 187, 105 = NZI 2011, 15; BGH NJW-RR 2012, 1195.
[468] BAG ZIP 2007, 2173; NZI 2008, 63.

Übergang der Verwaltungs- und Verfügungsbefugnis, § 80 Abs. 1, tritt der Insolvenzverwalter in die Rechte und Pflichten des Schuldners ein. Die Ansprüche der Arbeitnehmer aus dem Arbeitsverhältnis richten sich gegen den Insolvenzverwalter, der als Partei kraft Amtes die Insolvenzmasse vertritt, während der Schuldner Rechtsträger bleibt. Nach § 108 Abs. 3 kann der Arbeitnehmer seine vor der Eröffnung des Insolvenzverfahrens erarbeiteten Ansprüche nur als Insolvenzgläubiger geltend machen, §§ 38, 87. Die Ansprüche für die Zeit danach sind hingegen Masseverbindlichkeiten, § 55 Abs. 1 Nr. 2. Für die Beurteilung seiner Vergütungsansprüche als Masse- oder Insolvenzforderung kommt es danach entscheidend darauf an, ob sie vor oder nach Eröffnung des Insolvenzverfahrens **entstanden** sind. Ist ein regelmäßiges (monatliches) Arbeitsentgelt vereinbart, entsteht der Vergütungsanspruch für den einzelnen Monat nicht bereits mit Abschluss des Arbeitsvertrages; vielmehr entstehen die Ansprüche gem. § 614 Satz 2 BGB erst mit den Zeitabschnitten, nach denen die Vergütung bemessen ist. Soweit diese nach Eröffnung liegen, wird der mit Ablauf des jeweiligen Beschäftigungsmonats (neu) entstehende Vergütungsanspruch als Masseverbindlichkeit geschuldet.

171 **a) Vergütungsansprüche nach Insolvenzeröffnung.** Die Lohn- und Gehaltsansprüche der Arbeitnehmer für Arbeitsleistungen, die für die Zeit nach Insolvenzeröffnung erbracht werden müssen, sind **Masseverbindlichkeiten** nach § 55 Abs. 1 Nr. 2 Alt. 2.[469] Da die vertraglichen Leistungspflichten der Arbeitnehmer gegenüber der Insolvenzmasse fortbestehen, ist die entsprechende Gegenleistung aus der Masse zu erbringen. Dazu gehören auch sonstige vom Arbeitgeber geschuldete geldwerte Nebenleistungen (s.u. RdNr. 179). Auch die Beitragsschuld des Arbeitgebers zu den Sozialkassen des Baugewerbes bleibt nach Insolvenzeröffnung für die fortbestehenden Arbeitsverhältnisse eine Masseverbindlichkeit nach § 55 Abs. 1 Nr. 2 Alt. 2, weil die Verpflichtung zur Zahlung des Sozialkassenbeitrags unmittelbar an den Vergütungsanspruch des Arbeitnehmers gegen den baugewerblichen Arbeitgeber anknüpft.[470] Die Vergütungsansprüche sind vom Insolvenzverwalter bis zur Beendigung des Vertrages zu erfüllen, unabhängig davon, ob er den Arbeitsvertrag nach Verfahrenseröffnung frühest möglich kündigt oder diesen fortsetzt. Die Verpflichtung zur Begleichung der Lohn- und Gehaltsansprüche ist nicht davon abhängig, ob der Insolvenzverwalter den Arbeitnehmer beschäftigen kann. Nimmt der Insolvenzverwalter die Arbeitsleistungen nicht mehr in Anspruch, zB weil der Betrieb schon eingestellt ist, so hat er unter dem Gesichtspunkt des **Annahmeverzuges** den Lohn der leistungswilligen Arbeitnehmer als Masseverbindlichkeit zu begleichen, § 611 Abs. 1 i. V. m. § 615 Satz 1, 296 BGB.[471] Solange er die Arbeitgeberstellung innehat, wird er von seiner Gegenleistungspflicht nicht befreit und bleibt deshalb zur Entgeltzahlung aus der Masse verpflichtet.[472]

172 Bei **Masseunzulänglichkeit** sind die Entgeltansprüche der Arbeitnehmer im Rang gem. § 209 zu befriedigen. Soweit der Verwalter nach angezeigter Masseunzulänglichkeit gem. § 209 Abs. 2 Nr. 3 die Arbeitsleistung des Arbeitnehmers für die Insolvenzmasse in Anspruch genommen hat, handelt es sich um vorrangige Neu-Masseverbindlichkeiten i. S. d. § 209 Abs. 1 Nr. 2.[473] Ist dies nicht der Fall,[474] wird die Arbeitsvergütung nur als Alt-Masseverbindlichkeit im Rang des § 209 Abs. 1 Nr. 3 geschuldet.[475]

173 **b) Vergütungsansprüche vor Insolvenzeröffnung; vorläufiges Insolvenzverfahren.** Die Vergütungsansprüche der Arbeitnehmer für die Zeit vor Insolvenzeröffnung stellen – wie § 108 Abs. 3 ausdrücklich klarstellt – lediglich Insolvenzforderungen dar. Die Abgrenzung zwischen Insolvenz- und Masseforderungen richtet sich danach, ob die Arbeitsleistung vorinsolvenzlich oder erst nach Eröffnung „für" die Masse erbracht wurde; nur im letzteren Fall kommt der Insolvenzmasse die Arbeitsleistung tatsächlich zugute und besteht ein Anspruch auf die Gegenleistung aus der Masse.[476] Haben also Arbeitnehmer **vorinsolvenzlich** noch an ihren (früheren) Arbeitgeber Mehrarbeitsstunden als Sanierungsbeitrag ohne Entgeltausgleich geleistet, können sie eine für diese **Vorleistung** vereinbarte nachträgliche Vergütungszahlung nur als Insolvenzgläubiger beanspruchen.[477] Die systemwidrige Privilegierung der rückständigen Lohnansprüche aus den letzten sechs Monaten vor Verfahrenseröffnung nach den früheren Sonderregelungen in §§ 59 Abs. 1 Nr. 3a, 61 Abs. 1 Nr. 1 KO hat der Gesetzgeber der InsO abgeschafft.

---

[469] BAG ZIP 2013, 532 (Rz. 17); 2008, 374; NZI 2007, 58 u. st. Rspr.
[470] BAG ZIP 2009, 984.
[471] BAG ZIP 2008, 374; ZIP 2007, 2173; *Uhlenbruck/Sinz* § 55 RdNr. 62.
[472] Zum Annahmeverzugsanspruch s. BAG ZIP 2010, 849, 850. NJW 2012, 3676.
[473] *Kübler/Prütting/Bork/Pape/Schaltke* § 55 RdNr. 169.
[474] Zum Merkmal der „Inanspruchnahme" vgl. BGHZ 154, 358, 364 = NZI 2003, 369.
[475] Neumasseverbindlichkeiten können aber wegen unterlassener Kündigung entstehen, § 209 Abs. 2 Nr. 2.
[476] HK-*Lohmann* § 55 RdNr. 19; *Uhlenbruck/Wegener* § 108 RdNr. 42 f.
[477] LAG Berlin-Brandenburg ZIP 2011, 1833 (Vergütungsanspruch bei betriebsbedingter Beendigungskündigung).

Eine **Ausnahme** besteht nur noch nach § 55 Abs. 2. Denn entgegen § 108 Abs. 3 stellen die im Eröffnungsverfahren unter den Voraussetzungen des § 55 Abs. 2 Satz 2 vom „starken" vorläufigen Insolvenzverwalter begründeten Entgeltansprüche der von ihm weiterbeschäftigten Arbeitnehmer Masseverbindlichkeiten dar, weil § 55 Abs. 2 Satz 2 insoweit die speziellere Regelung ist.[478] Dies hat eine erhebliche Belastung der künftigen Insolvenzmasse mit Masseansprüchen zur Folge, die von vornherein eine Betriebsfortführung erschwert. Da zudem gem. §§ 21 Abs. 2 Nr. 1, 61 der vorläufige Verwalter mit Verfügungsbefugnis für die im Eröffnungsverfahren begründeten Masseverbindlichkeiten persönlich einzustehen hat, ergibt sich für ihn hieraus ein bedeutsames Haftungsrisiko. Die weitere bei Unternehmensfortführungen zentrale Frage, ob die bevorzugten Arbeitsentgeltansprüche auch dann als Masseverbindlichkeiten privilegiert sind, wenn sie im Rahmen der Insolvenzgeld-Zahlungen auf die Bundesagentur für Arbeit nach § 187 Satz 1 SGB III übergehen, hat der Gesetzgeber mit dem in § 55 angefügten Absatz 3 dahingehend geregelt, dass die Bundesagentur die übergegangenen Ansprüche nur als Insolvenzgläubiger geltend machen kann.[479] Durch diese ausdrückliche Rückstufung zu bloßen Insolvenzforderungen wird das im Eröffnungsverfahren fortgeführte Unternehmen von den Lohn- und Gehaltsansprüchen der Mitarbeiter entlastet, auch wenn ein sog. „starker" vorläufiger Insolvenzverwalter vom Insolvenzgericht bestellt worden war.

c) Altersteilzeit. Die Vergütungsansprüche aus Altersteilzeit-Verträgen nach dem in der Praxis üblichen sog. **Blockmodell** sind gem. §§ 38, 108 Abs. 3 insgesamt bloße Insolvenzforderungen, wenn sich die Arbeitnehmer bei Eröffnung des Insolvenzverfahrens bereits in der **„Freistellungsphase"** befinden. Es wird von ihnen nämlich kein Gegenwert in Form von Arbeitsleistungen mehr zur Masse erbracht. Vielmehr erhalten sie das während der Freistellungsphase ausgezahlte Arbeitsentgelt für ihre Vorleistungen in der früheren **„Arbeitsphase"**, bei der sie – über die verringerte Arbeitszeit hinaus – noch voll gearbeitet haben. Die nach § 41 Abs. 1 mit Eröffnung des Insolvenzverfahrens fälligen Lohnforderungen wurden also schon in der Zeit vor Eröffnung erarbeitet und als Wertguthaben angespart.[480] Dieses muss vom Arbeitgeber nach § 8a AltersteilzeitG grundsätzlich gegen das Insolvenzrisiko abgesichert werden.[481] Nur soweit die Vergütung für die in der Insolvenz des Arbeitgebers noch andauernde Arbeitsphase geschuldet wird, handelt es sich um eine Masseverbindlichkeit, § 55 Abs. 1 Nr. 2 Alt. 2.[482] Die insolvenzrechtliche Einordnung der Ansprüche hängt also davon ab, inwieweit die Arbeitsleistungen vor Eröffnung oder noch während des Insolvenzverfahrens erbracht wurden. Neumasseverbindlichkeiten können gem. § 209 Abs. 1 Nr. 2 entstehen, wenn der Verwalter nach angezeigter Masseunzulänglichkeit davon absieht, den Arbeitnehmern in der Arbeitsphase rechtzeitig zu kündigen.[483]

d) Freistellung. Der Insolvenzverwalter kann, was idR mit dem Ausspruch der Kündigung verbunden ist, den Arbeitnehmer von seiner Verpflichtung zur Arbeitsleistung freistellen. Diese **„insolvenzspezifische Freistellung"** bietet sich an,[484] wenn auf Grund der Liquiditätslage die Begleichung der Entgeltansprüche nicht gesichert ist oder zB auf Grund Stilllegung eines Betriebsteils eine anderweitige Beschäftigungsmöglichkeit nicht mehr besteht. Über eine Freistellung entscheidet der Verwalter in eigener Verantwortung unter Abwägung insolvenzspezifischer sowie betrieblicher und sozialer Gesichtspunkte nach billigem Ermessen, § 315 BGB.[485] Mit der Freistellung lehnt der Arbeitgeber regelmäßig die Annahme weiterer Arbeitsleistungen des Arbeitnehmers ab und gerät so in **Annahmeverzug**, § 293 BGB.[486] Der Anspruch des Arbeitnehmers auf Fortzahlung seiner vereinbarten Vergütung wird – wie auch sonst bei Annahmeverzug, §§ 611, 615 Satz 1 BGB – von der Freistellung nicht berührt; er stellt weiterhin eine Masseverbindlichkeit nach § 55 Abs. 1 Nr. 2 dar.[487] Im masseärmen Verfahren ist der Verwalter im Interesse einer geordneten Abwicklung der unzulänglichen Insolvenzmasse und zum Ausschluss seiner persönlichen Haftung gehalten, Arbeitnehmer freizustellen, sobald auf deren Arbeitsleistung verzichtet werden kann. Die bei (auch drohender) **Masseunzulänglichkeit** freigestellten Arbeitnehmer, die keine „Gegenleis-

---
[478] BGHZ 151, 353 = NJW 2002, 3326; s.u. RdNr. 230.
[479] Dazu i.e. RdNr. 236.
[480] BAG ZIP 2009, 682; LAG Köln NZI 2011, 529; HambKomm-Ahrendt § 113 Rn. 14; HK-*Lohmann* § 55 RdNr. 19; *Jaeger/Henckel* § 55 RdNr. 66.
[481] Zur Haftung nach § 7c Abs. 7 SGB IV bei Verletzung der Insolvenzsicherungspflicht vgl. BAG NZI 2010, 856.
[482] BAG ZIP 2009, 682; DB 2007, 1707; NZI 2005, 408; ZIP 2005, 457, 459; *Jaeger/Henckel* § 55 RdNr. 65 f.
[483] BAG NZI 2005, 408.
[484] *Braun/Bäuerle/Schneider* § 55 RdNr. 59; abl. *Wroblewski* NJW 2011, 347, 349. Zur Freistellungsvereinbarung u. deren Folgen vgl. BAG NJW 2008, 1550; LAG Köln NZI 2011, 529.
[485] LAG Hamm ZInsO 2009, 1457 und 2007, 51, 55.
[486] BAG ZInsO 2010, 386; NJW 2008, 1550, 1551.
[487] BAG ZIP 2008, 374; NZI 2007, 58; Uhlenbruck/Sinz § 55 RdNr. 62; *Jaeger/Henckel* § 55 RdNr. 57.

tung" mehr für die Masse erbringen, können dann bis zum nächstzulässigen Kündigungstermin keine vorrangige Befriedigung als Neumassegläubiger beanspruchen, § 209 Abs. 2 Nr. 2 und 3. Ihre Verzugslohnansprüche stellen Altmasseverbindlichkeiten i.S.d. § 209 Abs. 1 Nr. 3 dar.[488]

177   Der Arbeitnehmer erhält auf Grund der Freistellung von der Arbeitspflicht im Rahmen einer Gleichwohlgewährung die Möglichkeit, **Arbeitslosengeld** zu beziehen, § 143 Abs. 3 SGB III. Für die Dauer des Leistungsbezugs geht der Anspruch des Arbeitnehmers auf Arbeitsentgelt auf die Bundesagentur für Arbeit über, § 115 SGB X.[489] Der freigestellte Arbeitnehmer hat weiterhin Anspruch auf die Differenz zwischen dem bezogenen Arbeitslosengeld und der ihm zustehenden Nettovergütung gegen den Insolvenzverwalter. Der auf die Bundesagentur übergegangene Entgeltanspruch wie auch der sog. **Differenzlohnanspruch** des Arbeitnehmers sind Masseverbindlichkeiten nach § 55 Abs. 1 Nr. 2 bis zur Beendigung des Arbeitsverhältnisses.[490] Zwischen beiden Masseansprüchen besteht kein Vorrang; sie haben gleichen Rang.[491] Soweit der Insolvenzverwalter die auf Grund des Anspruchsübergangs von der Agentur für Arbeit geltend gemachten Entgeltansprüche befriedigt, hat er die Brutto-Lohnforderungen um die Lohnsteuerbeträge zu kürzen, die bei Zahlung an den Arbeitnehmer einzubehalten gewesen wären.[492]

178   Die Freistellung erfolgt typischerweise unter **Anrechnung** auf noch nicht in Anspruch genommenen **Urlaub**. Der Insolvenzverwalter muss in der Freistellungserklärung jedoch klar zum Ausdruck bringen, dass diese vorrangig erfolgt, um den Anspruch auf Urlaub zu erfüllen.[493] Während der Freistellung kann der Arbeitnehmer anderweitig tätig werden. Das noch bestehende Arbeitsverhältnis mit der Masse wird nicht beendet. Der Arbeitnehmer hat sich nach § 615 Satz 2 BGB Ersparnisse auf Grund der Freistellung sowie anderweitig erzielten oder böswillig unterlassenen Verdienst auf die **Annahmeverzugsvergütung** anrechnen zu lassen.[494] Nach dem Gesetz soll er sich im Rahmen des Möglichen und Zumutbaren um einen Zwischenverdienst bemühen. Ist sein Verdienst aus dem neuen Arbeitsverhältnis niedriger, so schuldet der Insolvenzverwalter den Differenzbetrag als Masseverbindlichkeit.

179   e) **Nebenleistungen.** Die Eröffnung des Insolvenzverfahrens führt nicht zu einer Änderung der bestehenden Arbeitsbedingungen. Der Arbeitnehmer ist grundsätzlich nicht verpflichtet, andere als vertraglich vereinbarte Tätigkeiten auszuführen. Änderungen der Arbeitsbedingungen können, wenn der Arbeitnehmer damit nicht einverstanden ist, nur über eine Änderungskündigung durchgesetzt werden. Der Insolvenzverwalter hat auf Grund der eingenommenen Arbeitgeberstellung alle arbeitsrechtlichen Gesetze, die Tarifverträge wie auch die arbeitsgerichtliche Rechtsprechung zu beachten. Hat der Arbeitnehmer nach seinem Vertrag Anspruch auf **Sachleistungen,** wie zB die Stellung eines Firmenwagens, so besteht dieser Anspruch nach Verfahrenseröffnung weiter. Ebenso sind Ansprüche aus betrieblicher Übung als Masseverbindlichkeit vom Insolvenzverwalter zu erfüllen. Soweit jedoch betriebliche Leistungen freiwillig bzw. unter Vorbehalt erfolgen, ist dem Insolvenzverwalter nach den jeweiligen Umständen ein Widerruf möglich.

180   f) **Sonderleistungen.** Sonderleistungen sind wiederkehrende Zuwendungen zum laufenden Arbeitsentgelt – wie etwa 13. Monatsgehalt oder Weihnachtsgeld –, aber auch aus besonderem Anlass (zB Jubiläum) gewährte Einmalzahlungen. Ein Rechtsanspruch auf solche Sonderleistungen kann sich aus Vertrag oder auf Grundlage einer betrieblichen Übung ergeben.[495] Liegen die Leistungsvoraussetzungen vor, stellt sich in der Insolvenz des Arbeitgebers die Frage, inwieweit es sich bei dem nach Verfahrenseröffnung fälligen Zahlungsanspruch des Arbeitnehmers um eine Masseverbindlichkeit oder nur um eine Insolvenzforderung handelt. Für die Abgrenzung ist entscheidend, welchen **Zwecken** die jeweilige Bonuszahlung dient.[496] Soll diese Arbeitsleistungen **zusätzlich vergüten,** ist sie den einzelnen Monaten, in denen die Arbeiten während des Geschäftsjahres erbracht wurden, insolvenzrechtlich zuzuordnen (= vereinbarte Zwölftelung). Verfolgt die Sonderzuwendung dagegen andere Zwecke und ist die Auszahlung daran geknüpft, dass der Arbeitnehmer zu einem bestimmten Zeitpunkt die Anspruchsvoraussetzungen erfüllt (= **Stichtagsregelung),** so richtet sich die insol-

---

[488] BAG NZI 2004, 636; OLG Düsseldorf ZIP 2012, 2115, 2117; LAG Nürnberg ZIP 2012, 1476; *Jaeger/Windel* § 209 RdNr. 61; *Wroblewski* NJW 2011, 347, 348.
[489] Vgl. BAG ZIP 2010, 849, dazu *Klasen* EWiR 2010, 319; NJW 2008, 2204.
[490] BAG ZIP 2010, 849, 853; *Jaeger/Henckel* § 55 RdNr. 57; *Kübler/Prütting/Bork/Pape/Schaltke* § 55 RdNr. 167.
[491] BAG ZIP 1986, 242.
[492] BAG ZIP 1985, 1405; ZIP 1990, 526; *Kübler/Prütting/Bork/Pape/Schaltke* § 55 RdNr. 167.
[493] BAG NJW 1999, 1496; *Kübler/Prütting/Bork/Pape/Schaltke* § 55 RdNr. 166; dazu auch RdNr. 184.
[494] BAG NJW 2007, 2060 u. 2062; *Häsemeyer* RdNr. 23.09.
[495] BAG NJW 2008, 2875 (Jubiläumszuwendung).
[496] BAG ZIP 2013, 532 (Rz. 18) m. Anm. *Lohmann* u. 2008, 374 (Abfindungsanspruch eines Arbeitnehmers); LAG Nürnberg ZIP 2010, 1189, dazu *V. Schneider* EWiR 2010, 649.

venzrechtliche Einordnung danach, ob der festgelegte Stichtag vor oder nach Insolvenzeröffnung liegt (s.u. RdNr. 182). Die maßgebliche Zweckrichtung ist durch Auslegung der vertraglichen Regelungen im Einzelfall zu ermitteln.[497]

aa) Anteilige Vergütung. Ansprüche auf jährliche Sonderleistungen, die als zusätzliche (später fällig werdende) Arbeitsvergütung gewährt werden und sich damit den einzelnen Abrechnungsmonaten zuordnen lassen, sind bezogen auf den Zeitpunkt der Verfahrenseröffnung **aufzuteilen**. Nur der Teil, der auf die Zeit nach Eröffnung des Insolvenzverfahrens entfällt, stellt eine Masseverbindlichkeit nach § 55 Abs. 1 Nr. 2 dar. Soweit er Gegenleistung für vor Verfahrenseröffnung verrichtete Dienste darstellt, liegt eine Insolvenzforderung i. S. d. § 38 vor. Erfolgsabhängige Sonderzuwendungen, deren Höhe von der Dauer der im Bezugszeitraum tatsächlich erbrachten Arbeitsleistung abhängt, sind grundsätzlich als zusätzliche Vergütung anzusehen, sodass der Arbeitnehmer einen Anspruch auf einen jährlichen Teilbetrag nach Maßgabe der monatlichen Beschäftigungszeit erwirbt.[498] Der **Gegenleistungscharakter** zeigt sich etwa darin, dass die arbeitsrechtliche Regelung für den Fall eines vorzeitigen Ausscheidens des Mitarbeiters eine anteilige Kürzung der Sonderzahlung vorsieht. Ebenso ist ein 13. Monatsgeld oder **Weihnachtsgeld** idR so ausgestaltet, dass es sich um eine „arbeitsleistungsbezogene", also in das Austauschverhältnis von Vergütung und Arbeitsleistung eingebundene Jahresleistung handelt. Der Anspruch ist deshalb bei Verfahrenseröffnung nach zeitlicher Zuordnung der Arbeitsleistung **aufzuteilen**.[499] Diese Aufteilung hat auch für die Ermittlung des Insolvenzgeldes Bedeutung. Erfolgt zB die Eröffnung des Insolvenzverfahrens am 1. 12. eines Jahres, sind $^{11}/_{12}$ des Anspruchs auf das 13. Monatsgehalt bzw. die Weihnachtsgratifikation Insolvenzforderung, hiervon sind über das Insolvenzausfallgeld maximal $^{3}/_{12}$ abgesichert. Dagegen handelt es sich bei $^{1}/_{12}$ des Anspruchs, da nach Verfahrenseröffnung begründet, um eine Masseverbindlichkeit nach § 55 Abs. 1 Nr. 2.

bb) Stichtagsregelungen. Handelt es sich um eine (einmalige) Sonderleistung, die zB Betriebstreue honorieren soll oder die an **besondere Anlässe** geknüpft ist, lässt sie sich nicht einzelnen Monaten oder Zeitabschnitten des Arbeitsverhältnisses zuordnen. Der Anspruch entsteht erst mit Erreichen des maßgeblichen Stichtages und Erfüllung der Leistungsvoraussetzungen. Dies kann zB bei **Jubiläumsgratifikationen** und im Ausnahmefall auch bei tarifvertraglich geregeltem Weihnachtsgeld der Fall sein kann.[500] Eine derartige stichtagsabhängige Sonderzuwendung stellt eine Masseverbindlichkeit dar, wenn die Anspruchsvoraussetzung (Bestand des Arbeitsverhältnisses zum maßgeblichen Stichtag)[501] nach Verfahrenseröffnung erfüllt wurde.[502] Der Anspruch ist **in voller Höhe** Masseschuld, da er Gegenleistung für bestimmte ratierlich erbrachte Arbeitsleistungen ist. Entsteht der Anspruch auf die Gratifikation dagegen vor Insolvenzeröffnung, stellt er nur eine Insolvenzforderung dar; der Anspruch ist über das Insolvenzgeld in voller Höhe abgesichert, wenn er in den geschützten 3-Monats-Zeitraum fällt.

g) Urlaub, Arbeitszeitkonten. Der Anspruch des Arbeitnehmers auf bezahlte Freistellung von der Arbeitsleistung nach dem BUrlG wird durch die Eröffnung des Insolvenzverfahrens nicht beeinflusst. Ein zurzeit der Verfahrenseröffnung bestehender **Urlaubsanspruch** muss vom Insolvenzverwalter gewährt werden; er wird Schuldner des noch nicht genommenen Erholungsurlaubs, §§ 55 Abs. 1 Nr. 2 Alt. 2, 108 Abs. 1 Satz 1.[503] Auch bei einer Betriebsveräußerung durch den Insolvenzverwalter gem. § 613a Abs. 1 Satz 1 BGB hat der Erwerber als Rechtsnachfolger des früheren Arbeitgebers für die Erfüllung bestehender Urlaubsansprüche uneingeschränkt einzustehen. Zwar haftet ein **Betriebsnachfolger** in der Insolvenz wegen des Grundsatzes der gleichmäßigen Gläubigerbefriedigung nicht für rückständige Arbeitnehmeransprüche, die vor Eröffnung des Insolvenzverfahrens entstanden und deshalb Insolvenzforderungen nach § 38 sind.[504] Ansprüche auf bezahlten Jahresurlaub lassen sich aber keinem Zeitraum vor Insolvenzeröffnung rechnerisch

---

[497] BAG NJW 2012, 1532 (zur Sonderzahlung mit „Mischcharakter").
[498] BAG ZIP 2013, 532 (Rz. 19); NJW 1982, 127 (noch zu § 59 Abs. 1 Nr. 2 KO); BSG ZIP 1990, 525; *Uhlenbruck/Sinz* § 55 RdNr. 67.
[499] Der Zeitpunkt, an dem die Sonderzahlung fällig wird, ist unerheblich, BAG NJW 1981, 79.
[500] BAG NJW 2012, 1532 (Beitrag zum erhöhten Weihnachtsaufwand); LAG Köln MDR 2006, 1074. Regelmäßig wird ein vereinbartes Weihnachtsgeld aber anteilig durch Arbeitsleistung verdient sein und damit eine pro rata temporis entstehende Sonderzahlung des Arbeitgebers darstellen.
[501] Zur Zulässigkeit von Zahlungsbedingungen bei Sonderleistungen ohne Vergütungscharakter u. mit Mischcharakter vgl. BAG NJW 2012, 1532.
[502] BAG ZIP 2013, 532 (Rz. 20); LAG München ZIP 2012, 589, 591 f.; LAG Nürnberg ZIP 2010, 1189, 1190; *Uhlenbruck/Sinz* § 55 RdNr. 67; *Jaeger/Henckel* § 55 RdNr. 59.
[503] BAG NZI 2004, 102; *Kübler/Prütting/Bork/Pape/Schaltke* § 55 RdNr. 170.
[504] BAG NJW 2010, 2154 f.; ZIP 2005, 1706 u. st. Rspr.

zuordnen, da der Urlaub keine Gegenleistung für eine bestimmte Arbeitsleistung ist. Der einheitlich am Jahresanfang entstehende Urlaubsanspruch kann somit – anders als ein i. S. d. § 105 „teilbarer" Anspruch – nicht in einen vor und nach Insolvenzeröffnung erarbeiteten Teil aufgespalten werden. Noch offene Urlaubsansprüche sind deshalb nicht Insolvenzforderungen iS des § 108 Abs. 3, sondern Verbindlichkeiten aus einem gegenseitigen Vertrag, die für die Zeit nach Insolvenzeröffnung als Masseverbindlichkeiten gem. § 55 Abs. 1 Nr. 2 erfüllt werden müssen.[505] Soweit **rückständige** Urlaubstage des Vorjahres auf das folgende Urlaubsjahr übertragen werden können (vgl. § 7 Abs. 3 Satz 2, 3 BUrlG), sind solche noch nicht verfallenen Urlaubsansprüche vom Insolvenzverwalter ebenfalls zu erfüllen.

184 aa) **Urlaubsentgelt.** Die Gewährung des Urlaubs erfolgt in Form bezahlter Freizeit. Das Urlaubsentgelt nach § 11 BUrlG ist die während des Erholungsurlaubs fortzuzahlende Vergütung. Das Urlaubsentgelt ist dem Zeitraum zuzuordnen, in dem der Urlaub (in natura) gewährt wird. Nimmt der Arbeitnehmer auch bei vor Verfahrenseröffnung begründeten Arbeitsverhältnissen während des Insolvenzverfahrens Urlaub, ist das Urlaubsentgelt stets als Masseverbindlichkeit nach § 55 Abs. 1 Nr. 2 Alt. 2 geschuldet.[506] Der Urlaubsanspruch kann vom Insolvenzverwalter jedoch dadurch erfüllt werden, § 362 Abs. 1 BGB, dass er den Arbeitnehmer von der Arbeitsleistung unter Anrechnung auf noch bestehende Urlaubsansprüche unwiderruflich freistellt. Während der **Freistellung** bleibt er zur Zahlung des Urlaubsentgeltes als Masseverbindlichkeit verpflichtet, und zwar auch dann, wenn der Arbeitnehmer Anspruch auf Arbeitslosengeld besitzt.[507] Ansprüche auf Urlaubsentgelt und ggf. Urlaubsgeld begründen aber für die Zeit nach Anzeige der Masseunzulänglichkeit keine vorrangig zu befriedigende Neu-Masseverbindlichkeiten i.S.v. § 209 Abs. 2 Nr. 3, wenn und soweit der Arbeitnehmer von seiner Arbeitspflicht (während der noch laufenden Kündigungsfrist) freigestellt wird und der Masse somit keine „Gegenleistung" mehr zufließt.[508]

185 bb) **Urlaubsabgeltung.** Nach § 7 Abs. 4 BUrlG ist der Urlaub abzugelten, wenn er wegen Beendigung des Arbeitsverhältnisses ganz oder teilweise nicht mehr gewährt werden kann. Der gesetzliche Urlaubsabgeltungsanspruch ist anders als der Urlaub selbst ein **reiner Geldanspruch;** er unterfällt daher – vorbehaltlich vertraglicher Ausschlussfristen – keiner Befristung nach dem BUrlG.[509] Er ist Insolvenzforderung, wenn das Arbeitsverhältnis schon vor Verfahrenseröffnung beendet wurde; das gilt auch dann, falls die Arbeitsleistung des bisherigen Mitarbeiters im Eröffnungsverfahren vom vorläufigen Verwalter noch kurzfristig in Anspruch genommen wird.[510] Bestand demgegenüber das Arbeitsverhältnis über die Verfahrenseröffnung hinaus, konnte der Arbeitnehmer jedoch den ihm zustehenden Urlaub während des Verfahrens bis zur Beendigung des Arbeitsverhältnisses nicht vollständig nehmen, so wird die Abgeltung des (restlichen) Urlaubs gem. § 55 Abs. 1 Nr. 2 Alt. 2 als **Masseverbindlichkeit** geschuldet.[511] Für diese Einordnung der Urlaubsabgeltung kommt es nach der neueren Rspr. des BAG zur InsO nicht darauf an, ob die Zeit nach Insolvenzeröffnung bis zur Beendigung des Arbeitsverhältnisses ausgereicht hätte, den Urlaubsanspruch durch Freistellung von der Arbeitspflicht zu erfüllen; denn Ansprüche auf Urlaubsabgeltung entstehen erst mit dem Ende des Arbeitsverhältnisses und können nicht einem früheren Zeitraum zugeordnet werden.[512] Daher verbietet sich – wie bei originären Urlaubsansprüchen (RdNr. 183) – eine rechnerische Aufteilung bestimmter Urlaubstage auf Zeitpunkte vor oder nach Insolvenzeröffnung.

186 cc) **Urlaubsgeld.** Urlaubsgeld ist idR die zusätzlich zum Urlaubsentgelt gewährte Vergütung.[513] Der Anspruch auf diese **Zusatzvergütung** wird insolvenzrechtlich wie der Anspruch auf Urlaubs-

---

[505] BAG NJW 2007, 1902; NJW 2004, 1972 = ZIP 2004, 1011, dazu EWiR 2004, 793 *(Schnitker/Grau)*; OLG Hamm NZI 2010, 10; *Schelp* NJW 2010, 1095, 1100; *Kübler/Prütting/Bork/Pape/Schaltke* § 55 RdNr. 170.
[506] BAG ZIP 1989, 799; ZIP 1987, 1266; *Jaeger/Henckel* § 55 RdNr. 60.
[507] BAG NZI 2006, 309; NJW 1999, 1496 und std. Rspr.
[508] BAG NJW 2007, 1902; NZI 2004, 636 = ZIP 2004, 1660, dazu *V. Schneider* EWiR 2004, 1139; FK-*Kießner* § 209 RdNr. 40.
[509] BAG NZA 2012, 1087 – unter Aufgabe der bisherigen „Surrogationstheorie" auch bei arbeitsfähigen Arbeitnehmern; NJW 2010, 3469 (Abgeltung bei Arbeitsunfähigkeit). Die Übertragung von Ansprüchen auf bezahlten Jahresurlaub darf auch bei langjähriger Arbeitsunfähigkeit eine gewisse zeitliche Grenze nicht überschreiten, vgl. EuGH ZIP 2012, 2375.
[510] OLG Hamm NZI 2010, 10. Der Urlaubsabgeltungsanspruch ist gem. § 184 Abs. 1 Nr. 1 SGB III nicht mehr durch das Insolvenzgeld abgesichert, s. BSG NZI 2002, 506.
[511] BAG NJW 2012, 954; NZI 2004, 102.
[512] BAG NZI 2004, 102; *Gottwald/Bertram* § 107 RdNr. 32; *Kübler/Prütting/Bork/Pape/Schaltke* § 55 RdNr. 170; aA *Uhlenbruck/Sinz* § 55 RdNr. 69.
[513] Zum Pfändungsschutz für Urlaubsgelder nach § 850a Abs. 2 ZPO, § 36 Abs. 1 Satz 2 vgl. BGH ZIP 2012, 1086.

entgelt behandelt. Für beide Ansprüche gelten grundsätzlich die gleichen Zahlungstermine. Fällt der Urlaub also in die Zeit des Insolvenzverfahrens, so ist der Anspruch des Arbeitnehmers auf Urlaubsgeld ebenso Masseverbindlichkeit wie der Anspruch auf Urlaubsentgelt.[514] Der Entstehungszeitpunkt von Urlaubsgeldansprüchen kann jedoch abweichend im Arbeitsvertrag, Tarifvertrag oder in einer Betriebsvereinbarung geregelt werden. Ist danach zB das Urlaubsgeld zu bestimmten Zeitpunkten (Stichtagen) im Jahr zu bezahlen, so ist es nur dann Masseverbindlichkeit, wenn diese nach Verfahrenseröffnung eintreten.

dd) Arbeitszeitkonten. Arbeitszeitkonten beruhen auf dem Gedanken, erarbeitete Entgelte, insbesondere Überstunden und Sondervergütungen, nicht auszuzahlen, sondern für spätere Freistellungsphasen anzusparen. Ob dies in Form von Geld- oder Zeitkonten geschieht, ist unerheblich. Mit der Einrichtung von Arbeitszeitkonten durch den Arbeitgeber ist der Zweck verbunden, die Vergütung für geleistete Arbeit erst in einer späteren Phase des Arbeitsverhältnisses (idR durch Freistellung/Urlaubsgewährung) zur Auszahlung zu bringen. Kommt es deshalb vor der Freistellung zur Insolvenzeröffnung, so ist das aufgebaute **Wertguthaben** „verloren", da es durch schon vor Verfahrenseröffnung erbrachte Arbeitsleistungen begründet wurde. Der Anspruch des Arbeitnehmers auf entsprechende Freistellung bei Weiterzahlung der Vergütung kann somit nicht als Masseverbindlichkeit nach § 55 Abs. 1 Nr. 2 qualifiziert werden.[515] Arbeitgeber sind aber nach § 7e SGB IV zur Insolvenzsicherung von Wertguthaben verpflichtet; nach Abs. 7 trifft die Haftung bei Verletzung der Insolvenzsicherungspflicht seit Anfang 2009 auch die organschaftlichen Vertreter juristischer Personen.

Wenn der Arbeitgeber bei Verfahrenseröffnung Inhaber des Arbeitszeitkontos ist, unterliegen die von ihm bereitgestellten und der Masse zuzurechnenden Gelder (§ 35) keiner Aussonderung gem. § 47. Dies gilt auch dann, wenn die Geldbeträge zur Absicherung der Arbeitnehmeransprüche hinsichtlich der Zeitguthaben auf einem besonderen, als **Treuhandkonto** bezeichneten Bankkonto deponiert sind. Hiermit wird kein insolvenzsicheres „echtes" Treuhandverhältnis begründet, weil das Geld auf dem Konto nicht von den Arbeitnehmern als Treugebern stammt, sondern vom Arbeitgeber (Schuldner) selbst eingezahlt wurde.[516]

h) Abfindungen. Der Anspruch auf Zahlung einer **Kündigungsschutz**-Abfindung nach den §§ 9, 10 KSchG ist **Masseverbindlichkeit,** wenn er auf einer Rechtshandlung des Insolvenzverwalters beruht, § 55 Abs. 1 Nr. 1. Dies gilt zB auch für eine Abfindung, die nach Insolvenzeröffnung zur Beilegung eines Kündigungsschutzverfahrens vor dem Arbeitsgericht vereinbart wurde, um den Streit über die Rechtswirksamkeit einer schon vom Schuldner ausgesprochenen Kündigung des Arbeitsverhältnisses zu beenden.[517] Denn der Verwalter geht mit der im Prozessvergleich zugesagten Abfindungszahlung in der Regel eine neue Verbindlichkeit ein, sofern nicht ausdrücklich bestimmt ist, dass es sich bei der Abfindung um eine bloße Insolvenzforderung handeln soll.[518] Hat der Insolvenzverwalter selbst nach Verfahrenseröffnung einem Arbeitnehmer eine sozialwidrige Kündigung ausgesprochen, so stellt die vom Arbeitsgericht in dem Kündigungsschutzrechtsstreit durch Urteil festgesetzte oder im Vergleich vereinbarte Abfindung ebenfalls eine Masseschuld dar. Demgegenüber ist der Abfindungsanspruch des Arbeitnehmers, der auf einem mit dem Schuldner geschlossenen Aufhebungsvertrag beruht, stets **Insolvenzforderung** nach § 38, da er vor Verfahrenseröffnung als Ausgleich für den Verlust des Arbeitsplatzes begründet wurde und nach der Beendigung des Arbeitsverhältnisses auch keine Gegenleistung mehr in die Masse fließt. Dies gilt auch dann, wenn das Arbeitsverhältnis erst nach Insolvenzeröffnung endet. Der Anspruch war zum Zeitpunkt der Eröffnung aufschiebend bedingt entstanden, sodass der Arbeitnehmer auch im Falle einer Kündigung durch den Insolvenzverwalter nur Insolvenzgläubiger sein kann.[519] Sein Abfindungsanspruch ist somit nicht mehr durchsetzbar, weshalb bei Nichtleistung der vereinbarten Abfindung auch ein Rücktrittsrecht nach § 323 Abs. 1 BGB ausscheidet.[520] Auch eine erst nach Verfahrenseröffnung vom Arbeitsgericht durch Urteil dem Arbeitnehmer zugesprochene Abfindung nach §§ 9, 10 KSchG stellt nur eine einfache Insolvenzforderung dar, wenn das Arbeitsverhältnis noch vom Schuldner selbst gekündigt worden ist.[521]

---

[514] *Kübler/Prütting/Bork/Pape/Schaltke* § 55 RdNr. 171.
[515] BAG NZI 2005, 122 = ZIP 2004, 124, dazu *Bezani/Richter* EWiR 2004, 391; BSG ZIP 2004, 124.
[516] BAG NZI 2005, 122 mit Hinweisen zu den rechtlichen Möglichkeiten der Insolvenzsicherung von Arbeitszeitkonten.
[517] Zur persönlichen Haftung des Insolvenzverwalters bei Nichterfüllung eines von ihm vereinbarten Abfindungsvergleichs vgl. BAG NJW 2011, 3739.
[518] BAG NJW 2002, 3045; krit. *Kübler/Prütting/Bork/Pape/Schaltke* § 55 RdNr. 103 u. 183; s. auch RdNr. 52.
[519] BAG ZIP 2008, 374; NZI 2006, 716; OLG München ZIP 2012, 589, 591; OLG Frankfurt NZI 2004, 667 (zum Abfindungsanspruch nach Kündigung eines Geschäftsführervertrages); *Kübler/Prütting/Bork/Pape/Schaltke* § 55 RdNr. 181.
[520] BAG ZIP 2012, 91.
[521] BAG NJW 1985, 1724 zu § 61 Abs. 1 Nr. 6 KO; *Jaeger/Henckel* § 55 RdNr. 68.

190 Der Abfindungsanspruch des Arbeitnehmers nach **§ 1a Abs. 1 KSchG** ist eine bloße Insolvenzforderung, wenn die betriebsbedingte Kündigung mit Abfindungsangebot noch vom späteren Schuldner (Arbeitgeber) vor Eröffnung des Insolvenzverfahrens ausgesprochen wurde. Dabei ist es – wie bei der Kündigungsschutzabfindung (s.o.) – unerheblich, ob auch das Arbeitsverhältnis schon vor der Verfahrenseröffnung mit Ablauf der Kündigungsfrist endete oder ob der Arbeitnehmer erst während des Insolvenzverfahrens aus dem Arbeitsverhältnis ausgeschieden ist.[522] Nur wenn der Insolvenzverwalter selbst eine betriebsbedingte Kündigung verbunden mit dem Abfindungsangebot nach § 1a KSchG ausgesprochen hat und der Arbeitnehmer die Klagefrist von drei Wochen verstreichen lässt, wird der gesetzliche Abfindungsanspruch zu einer sonstigen Masseverbindlichkeit i. S. d. § 55 Abs. 1 Nr. 1.

191 **i) Nachteilsausgleich.** Ansprüche auf Nachteilsausgleich entstehen nach § 113 Abs. 3 i. V. m. Abs. 1 BetrVG, wenn der Unternehmer eine **Betriebsänderung** durchführt, ohne hierüber zuvor einen Interessenausgleich mit dem Betriebsrat versucht zu haben, und infolge der Maßnahme Arbeitnehmer entlassen werden oder sonstige wirtschaftliche Nachteile erleiden. Für ihre insolvenzrechtliche Einordnung ist maßgebend, ob die den Anspruch auslösende Betriebsänderung vor oder nach Verfahrenseröffnung durchgeführt wird. Der Arbeitgeber beginnt mit der Durchführung, sobald er – etwa mit der Kündigung der bestehenden Arbeitsverhältnisse oder mit der unwiderruflichen Freistellung aller Arbeitnehmer – unumkehrbare Maßnahmen ergreift und so vollendete Tatsachen schafft.[523] Hatte schon der Schuldner als früherer Arbeitgeber mit der Stilllegung des Betriebs zB durch Kündigung seiner Belegschaft begonnen und das Interessenausgleichsverfahren nicht beachtet, so sind die Nachteilsausgleichsansprüche der betroffenen Arbeitnehmer lediglich als Insolvenzforderungen zu berichtigen, da sie vor Insolvenzeröffnung begründet wurden. Diese rechtliche Einordnung gilt auch, wenn Arbeitnehmer als Folge der vor Eröffnung eingeleiteten Betriebsstilllegung erst während des Insolvenzverfahrens entlassen werden.[524] Selbst wenn der Schuldner im Eröffnungsverfahren mit Zustimmung des „schwachen" vorläufigen Verwalters den Versuch eines vorherigen Interessenausgleichs unterlässt, sind die Nachteilsausgleichsansprüche bloße Insolvenzforderungen.[525] Ist im Eröffnungsverfahren aber ein vorläufiger Insolvenzverwalter mit Verfügungsbefugnis bestellt, § 22 Abs. 1, so führt die Nichtbeachtung des Interessenausgleichsverfahrens bzw. eines vereinbarten Interessenausgleichs auf Grund der in § 55 Abs. 2 Satz 1 getroffenen Regelung zu **Masseansprüchen.** Auch wenn Ansprüche auf Nachteilsausgleich nach Insolvenzeröffnung durch eine vom Insolvenzverwalter ohne vorherige Beteiligung des Betriebsrats durchgeführte Betriebsänderung ausgelöst werden, handelt es sich um durch eigene Handlungen des Verwalters begründete Masseverbindlichkeiten nach § 55 Abs. 1 Nr. 1.[526] Erfolgt der Pflichtverstoß des Verwalters nach angezeigter Masseunzulänglichkeit, stellen die Ansprüche auf Zahlung von Nachteilsausgleich Neumasseverbindlichkeiten i.S.v. § 209 Abs. 1 Nr. 2 dar.[527] Diese Belastung der Masse wird vermieden, wenn der Verwalter als neuer Arbeitgeber vor einer Betriebsänderung den ausreichenden Versuch eines Interessenausgleichs mit dem Betriebsrat unternimmt.[528]

192 Der Nachteilsausgleich bezweckt vor allem, ein betriebsverfassungswidriges Verhalten des Arbeitgebers zu sanktionieren, und zwar unabhängig davon, ob ihn ein Verschulden trifft. Er kann deshalb nicht **Abfindungen** auf vertraglicher oder kündigungsschutzrechtlicher Grundlage gleichgestellt werden. Nach der Rspr. des BAG sind jedoch vom Arbeitgeber gezahlte Sozialplanabfindungen automatisch auf Nachteilsausgleichsansprüche anzurechnen, weil auch diese dem Ausgleich wirtschaftlicher Nachteile des entlassenen Arbeitnehmers dienen.[529]

193 **j) Sozialplanansprüche.** Für die Einordnung der Abfindungsansprüche aus einem Sozialplan, der künftige wirtschaftliche Nachteile ausscheidender Arbeitnehmer ausgleichen oder mildern soll,[530] ist der Zeitpunkt der Aufstellung maßgebend. Sozialplanansprüche sind Masseverbindlichkeiten, wenn der Sozialplan **nach Eröffnung** des Insolvenzverfahrens aufgestellt wurde, §§ 123 Abs. 2

---

[522] *Stiller,* Der Abfindungsanspruch nach § 1a Abs. 1 KSchG in der Insolvenz des Arbeitgebers, NZI 2005, 77, 79 f.; *Eichholz/Schmittmann,* Abfindungsanspruch bei betriebsbedingter Kündigung und Insolvenz, ZInsO 2004, 409, 411 f.
[523] BAG NZI 2007, 126; LAG Berlin-Brandenburg ZIP 2012, 1429.
[524] BAG NJW 2003, 1964.
[525] BAG NJW 2003, 1964; ZIP 2003, 1260.
[526] BGH NJW 2003, 1964; HambKomm-*Ahrendt* § 122 RdNr. 16; *Kübler/Prütting/Bork/Pape/Schaltke* § 55 RdNr. 184; aA *Jaeger/Windel* § 209 RdNr. 44 u. *Häsemeyer* RdNr. 23.18, die eine Gleichstellung mit Sozialplanforderungen befürworten.
[527] BAG NZI 2007, 126; dazu auch § 209 RdNr. 32b.
[528] BAG NJW 2003, 1964; *Jaeger/Henckel* § 55 RdNr. 32; *Gottwald/Heinze/Bertram* § 107 RdNr. 83.
[529] BAG ZIP 2002, 817.
[530] BAG ZIP 2011, 537 und 2074.

Satz 1, 55 Abs. 1 Nr. 1. Für die Begleichung von Sozialplanforderungen darf allerdings nicht mehr als ein Drittel der Insolvenzmasse verwendet werden, die ohne einen Sozialplan für die Verteilung an die Insolvenzgläubiger zur Verfügung steht, § 123 Abs. 2 Satz 2. Obwohl die Sozialplanforderungen im neuen Recht zu **Masseverbindlichkeiten** i.S.v. § 53 hochgestuft wurden,[531] hat die Verteilungssperre zur Folge, dass die Gläubiger von Sozialplanleistungen erst nach den übrigen Massegläubigern befriedigt werden können. Eine Leistungsklage gegen den Insolvenzverwalter auf Zahlung der Abfindung aus einem von ihm abgeschlossenen Sozialplan ist mangels Rechtsschutzbedürfnis unzulässig, weil § 123 Abs. 3 die Zwangsvollstreckung in die Masse wegen einer Sozialplanforderung verbietet und den Gläubiger damit auf den Weg der Feststellungsklage verweist.[532] Das gilt auch dann, wenn der Verwalter den Sozialplan erst nach Anzeige der Masseunzulänglichkeit vereinbart hat; denn das Vollstreckungsverbot wird nicht durch die Regelung in § 209 Abs. 1 Nr. 2 verdrängt.[533]

Ein Sozialplan, der **vor Eröffnung** des Insolvenzverfahrens, jedoch nicht früher als 3 Monate vor **194** dem Eröffnungsantrag aufgestellt worden ist, kann vom Insolvenzverwalter wie auch vom Betriebsrat **widerrufen** werden, § 124 Abs. 1. Wird er nicht widerrufen, so stellen die sich aus einem solchen „insolvenznahen" Sozialplan ergebenden Ansprüche nur einfache **Insolvenzforderungen** dar.[534] Das Unterlassen eines Widerrufs kann mangels einer Handlungspflicht des Verwalters keine Masseverbindlichkeit i.S.v. § 55 Abs. 1 Nr. 1 Alt. 1 begründen.[535] Den Charakter einer Masseverbindlichkeit erlangen sie nur, wenn der Sozialplan durch einen vorläufigen Insolvenzverwalter mit Verfügungsbefugnis i. S. d. § 55 Abs. 2 Satz 1 abgeschlossen worden ist.[536] Ausgehend von den Interessen der Arbeitnehmer hat der Betriebsrat den Sozialplan zu widerrufen, um Sozialplanansprüche durch Neuabschluss in den Rang von Masseverbindlichkeiten zu befördern (vgl. § 123 Abs. 2 Satz 1). Umgekehrt wird der Insolvenzverwalter von seinem Widerrufsrecht Gebrauch machen, wenn dies für die Masse wirtschaftlich von Vorteil ist. Sozialpläne, die von den Betriebspartnern früher als 3 Monate vor dem Antrag auf Verfahrenseröffnung aufgestellt wurden, können nicht vom Insolvenzverwalter oder Betriebsrat widerrufen werden. Die Ansprüche aus solchen „insolvenzfernen" Sozialplänen stellen Insolvenzforderungen dar.[537] Die Sozialplanabfindungen i. S. d. § 112 Abs. 1 BetrVG bestehen unabhängig von bereits bezogenen Abfindungen aus einem Vertrag oder nach §§ 9, 10 KSchG. Eine Anrechnung der Sozialplanleistung kann jedoch ausdrücklich im Sozialplan geregelt werden, was der Praxis entspricht.

k) Schadenersatzansprüche. Kündigt der Insolvenzverwalter das Arbeitsverhältnis nach § 113 **195** Satz 1, so kann der andere Teil wegen der insolvenzbedingt vorzeitigen Beendigung des Arbeitsverhältnisses Schadenersatz nur als Insolvenzgläubiger verlangen, § 113 Satz 3. Voraussetzung für die Geltendmachung des sog. **„Verfrühungsschadens"** ist, dass das Arbeitsverhältnis tatsächlich früher endet, als bei einer Kündigung – ohne den Insolvenzfall – unter Einhaltung der nach dem Vertrag oder Tarifvertrag maßgebenden Kündigungsfrist. Kann der Insolvenzverwalter also zum entsprechenden Zeitpunkt kündigen, zB weil ein wichtiger Grund zur fristlosen Kündigung vorliegt, so hat der Arbeitnehmer keinen Anspruch auf Schadenersatz. Auch im Falle der Eigenkündigung oder bei einem Aufhebungsvertrag steht ihm ein Schadenersatzanspruch nicht zu.[538] Schadenersatzansprüche nach § 628 Abs. 2 BGB werden durch § 113 Satz 3 nicht ausgeschlossen. Hat der Arbeitnehmer die fristlose Kündigung wegen eines vom Insolvenzverwalter zu verantwortenden wichtigen Grundes berechtigt ausgesprochen (vgl. § 626 Abs. 1 BGB), ist sein Schadenersatzanspruch eine Masseverbindlichkeit nach § 55 Abs. 1 Nr. 1.[539] Wenn der Arbeitnehmer aber schon wegen Zahlungsverzugs des Schuldners (Arbeitgebers) aus wichtigem Grund fristlos gekündigt hatte, so stellt sein Schadenersatzanspruch eine Insolvenzforderung dar, auch für die Zeit nach Verfahrenseröffnung.[540]

l) Entschädigung aus Wettbewerbsabrede. Das einem Arbeitnehmer, Handlungsgehilfen oder **196** Handelsvertreter auferlegte Verbot, nach Beendigung des Dienst- oder Arbeitsverhältnisses mit dem Unternehmen in Wettbewerb zu treten (vgl. §§ 74, 90a HGB), wird durch die Eröffnung des Insol-

---

[531] Diese sind insofern „unecht", als sie in den vorinsolvenzlichen Arbeitsverhältnissen wurzeln.
[532] BAG ZIP 2006, 489; NZI 2010, 317.
[533] BAG NZI 2010, 317 = ZIP 2010, 546, dazu *Moll/Krahforst* EWiR 2010, 301.
[534] BAG ZIP 2002, 2051; *Jaeger/Henckel* § 55 RdNr. 101; *Nerlich/Römermann/Hamacher* § 124 RdNr. 22.
[535] BAG NJW 2003, 989.
[536] BAG NJW 2003, 989 = ZIP 2002, 2051, dazu *Moll/Langhoff* EWiR 2003, 283.
[537] BAG ZIP 2008, 374 u. 1984, 983; FK-*Eisenbeis* § 124 RdNr. 3.
[538] BAG ZIP 2007, 1829 und 1875.
[539] *Kübler/Prütting/Bork/Pape/Schaltke* § 55 RdNr. 186.
[540] BAG ZInsO 1999, 301 (zur KO).

venzverfahrens grundsätzlich nicht berührt. Die Wettbewerbsabrede, in der sich der Arbeitgeber (Dienstherr) seinerseits für die Dauer der nachvertraglichen Wettbewerbsbeschränkung zur Zahlung einer sog. **Karenzentschädigung** verpflichtet, ist ein **gegenseitiger Vertrag,** der der Anwendung des § 103 unterliegt.[541] Verlangt der Insolvenzverwalter daher bei einem schon vor Verfahrenseröffnung beendeten Arbeitsverhältnis, dass das Wettbewerbsverbot zB im Hinblick auf eine Betriebsfortführung oder Veräußerung weiter eingehalten werden soll, hat er die dem ausgeschiedenen Arbeitnehmer vertraglich zustehende Entschädigung für die Zeit nach Insolvenzeröffnung als Masseverbindlichkeit gem. § 55 Abs. 1 Nr. 2 Alt. 1 zu begleichen.[542] Lehnt er dagegen die Erfüllung ab,[543] weil an der Einhaltung des Verbots kein Interesse mehr besteht, sind das Wettbewerbsverbot und die damit verbundene Karenzentschädigung für die Dauer des Verfahrens suspendiert. Der Arbeitnehmer kann Schadenersatzanspruch wegen Nichterfüllung der Wettbewerbsabrede dann nur als Insolvenzgläubiger geltend machen, § 103 Abs. 2 Satz 1.

197 Das Erfüllungswahlrecht aus § 103 hinsichtlich der Wettbewerbsabrede steht dem Insolvenzverwalter auch zu, wenn das Arbeitsverhältnis oder zB der Anstellungsvertrag mit einem GmbH-Geschäftsführer erst durch **Kündigung** im eröffneten Verfahren gem. § 113 beendet wird.[544] Der fällige Anspruch des gekündigten Arbeitnehmers/Geschäftsführers auf Karenzentschädigung ist daher nur dann eine Masseschuld gem. § 55 Abs. 1 Nr. 2 Alt. 1, falls der Verwalter sich für die Einhaltung des nachvertraglichen Wettbewerbsverbotes entscheidet (s.o. RdNr. 196). Mit seiner Kündigung begründet der Verwalter keine Masseverbindlichkeit nach § 55 Abs. 1 Nr. 1, weil der Anspruch auf Zahlung der Karenzentschädigung – aufschiebend bedingt durch das Vertragsende – schon in dem mit dem Schuldner geschlossenen Dienstvertrag wurzelt.[545]

198 **m) Arbeitszeugnis.** Der Anspruch des Arbeitnehmers auf Erteilung eines Zeugnisses nach § 109 GewO richtet sich noch gegen den **Schuldner** persönlich, wenn das Arbeitsverhältnis **vor Eröffnung** des Insolvenzverfahrens beendet worden ist. Der Zeugnisanspruch ist kein Vermögensanspruch i. S. d. InsO und kann daher nicht als Insolvenzforderung verfolgt werden. Der Insolvenzverwalter ist auch dann nicht zur Ausstellung eines Zeugnisses verpflichtet, wenn er bis zur Verfahrenseröffnung als sog. schwacher vorläufiger Verwalter tätig war.[546] Ein vor Eröffnung des Insolvenzverfahrens titulierter Anspruch auf Zeugniserteilung ist weiterhin gegen den Schuldner als früheren Arbeitgeber vollstreckbar.[547] Die Pflicht zur Zeugniserteilung geht nach hM auf den **Verwalter** über, sobald das Dienstverhältnis gem. § 108 Abs. 1 Satz 1 die Eröffnung des Insolvenzverfahrens überdauert, der Verwalter in die Stellung des Arbeitgebers eingerückt ist und dessen Aufgaben übernommen hat. Dabei ist unerheblich, ob oder wie lange der Arbeitnehmer noch beim Insolvenzverwalter weitergearbeitet hat.[548] Ein qualifiziertes Zeugnis umfasst die gesamte Tätigkeit des Arbeitnehmers vor und nach Insolvenzeröffnung. Der Verwalter muss sich wegen fehlender eigener Kenntnisse über den Beschäftigungszeitraum vor Eröffnung des Verfahrens an den Schuldner wenden, der seinerseits zur Auskunft verpflichtet ist, § 97.[549]

199 **n) Betriebsratskosten.** Der Arbeitgeber hat nach § 40 Abs. 1 BetrVG die dem Betriebsrat zB durch Beauftragung von externen Beratern oder Sachverständigen entstehenden Kosten zu tragen. Bei den Vergütungsansprüchen für Beratungsleistungen, die schon in der Zeit vor Eröffnung des Insolvenzverfahrens über das Vermögen des Arbeitgebers erbracht wurden, handelt es sich um einfache Insolvenzforderungen i.S.v. § 38.[550] Diese Einordnung entspricht derjenigen bei Ansprüchen aus Dienstverträgen, die der Schuldner selbst vorinsolvenzlich geschlossen hätte, § 108 Abs. 3. Nur etwaige nach Insolvenzeröffnung durch Tätigkeiten des Betriebsrats entstandene **Kostenforderungen** müssen als Masseschulden gem. § 55 Abs. 1 Nr. 1 Alt. 2 aus der Insolvenzmasse erfüllt werden (s.o. RdNr. 67). Demgegenüber sind die dem Betriebsrat im arbeitsgerichtlichen Beschlussverfahren innerhalb einer Instanz entstandenen Anwaltskosten insgesamt als Masseverbindlichkeit nach § 55

---

[541] BGH NZI 2009, 894; FK-Eisenbeis § 113 Rn. 100; FK-*Wegener* § 103 RdNr. 39.
[542] Ein Teilanspruch auf rückständige Karenzentschädigung, der sich auf den Zeitraum vor Insolvenzeröffnung bezieht, wird nicht zu einer Masseschuld aufgewertet, sondern bleibt entspr. dem Aufteilungsprinzip in § 105 Satz 1 Insolvenzforderung, vgl. BGH NZI 2008, 185 u. 295; Uhlenbruck/Wegener § 103 Rn. 146; aA *Gottwald/Bertram*, Insolvenzrechts-Handbuch, § 107 RdNr. 102; Vorauflage RdNr. 186.
[543] Zum Verzicht auf das Wettbewerbsverbot nach § 75a HGB vgl. OLG München ZInsO 2010, 1603.
[544] BGH NZI 2009, 894 im Anschluss an RGZ 140, 294, 298 f.; FK-Eisenbeis § 113 Rn. 104.
[545] BGH NZI 2009, 894; *Kübler/Prütting/Bork/Pape/Schaltke* § 55 RdNr. 187; HK-*Linck* Vor § 113 RdNr. 43.
[546] BAG NJW 2005, 460 = ZIP 2004, 1974 m. Anm. *Richter* EWiR 2004, 1185; *Kübler/Prütting/Bork/Pape/Schaltke* § 55 RdNr. 180.
[547] LAG Düsseldorf ZIP 2004, 631 m. Anm. *Johlke/Schröder* EWiR 2004, 863.
[548] BAG NJW 2005, 460; 1991, 1971; LAG Köln ZIP 2002, 181, dazu *Joost* EWiR 2002, 471.
[549] BAG NJW 2005, 460; *Uhlenbruck/Sinz* § 55 RdNr. 82.
[550] BAG NJW 2010, 2154, dazu *Tintelnot/Graj* EWiR 2010, 543.

Abs. 1 Nr. 1 zu qualifizieren, sobald der Verwalter das durch Insolvenzeröffnung unterbrochene Verfahren aufnimmt.[551]

o) Neue Arbeitsverhältnisse. Der Insolvenzverwalter kann nach Insolvenzeröffnung zu Lasten der Insolvenzmasse neue Arbeitsverhältnisse eingehen, zB um ausgeschiedene Mitarbeiter zu ersetzen oder besondere Verwalteraufgaben erledigen zu können, vgl. § 4 Abs. 1 Satz 3 InsVV. Der Abschluss derartiger **Arbeitsverträge** wird oft befristet erfolgen. Die Ansprüche der Arbeitnehmer aus diesen mit dem Insolvenzverwalter abgeschlossenen Arbeitsverträgen sind **Masseschulden** nach § 55 Abs. 1 Nr. 1. Das Handeln des Verwalters bei der Abwicklung der alten Rechtsbeziehungen wird demgegenüber von § 55 Abs. 1 Nr. 1 nicht erfasst, wie zB die Freistellung von Arbeitnehmern. 200

3. Insolvenz des Arbeitnehmers. Die Insolvenz des Arbeitnehmers lässt das Arbeitsverhältnis mit dem Arbeitgeber unberührt, § 108 Abs. 1 Satz 1. Erfüllt der Insolvenzschuldner weiterhin den Arbeitsvertrag, so fällt die Vergütung, soweit sie pfändungsfrei ist, in die Insolvenzmasse, §§ 35, 36 Abs. 1. Ob der Insolvenzschuldner allerdings bereit ist, seine nicht zur Insolvenzmasse gehörende **Arbeitskraft** zur Erfüllung des bestehenden Arbeitsvertrages einzusetzen, obliegt seiner Entscheidung.[552] Wird von ihm die Restschuldbefreiung erstrebt, ist er aber gem. § 295 Abs. 1 Nr. 1 verpflichtet, während der sechsjährigen Wohlverhaltensperiode eine angemessene Erwerbstätigkeit auszuüben. 201

4. Masseverbindlichkeiten der Sozialversicherungsträger. Die Ansprüche der Sozialversicherungsträger auf **rückständige** Beiträge einschließlich Säumniszuschlägen aus der Zeit vor Verfahrenseröffnung sind nach Abschaffung des § 59 Abs. 1 Nr. 3e KO einfache Insolvenzforderungen. Soweit sie in den Insolvenzgeldzeitraum gem. § 183 SGB III fallen, werden sie über das Arbeitsamt im Rahmen des Insolvenzgeldes beglichen. 202

Laufende Sozialversicherungsbeiträge, die sich aus vom Insolvenzverwalter neu abgeschlossenen Arbeitsverträgen ergeben, sind als Masseverbindlichkeiten nach § 55 Abs. 1 Nr. 1 zu begleichen. Sozialversicherungsbeiträge, die vom Arbeitgeber für nach Insolvenzeröffnung fortbestehende Arbeitsverhältnisse bis zu deren rechtlicher Beendigung geschuldet werden, sind Masseverbindlichkeiten nach § 55 Abs. 1 Nr. 2 Alt. 2, weil die Verpflichtung zur Beitragszahlung unmittelbar an den Vergütungsanspruch des Arbeitnehmers anknüpft.[553] Werden Arbeitnehmer vom Insolvenzverwalter bis zum Ablauf der Kündigungsfrist freigestellt, hat die Bundesagentur für Arbeit auch die Kranken- und Rentenversicherungsbeiträge nach § 208 SGB III zu entrichten.[554] Die auf die Arbeitsverwaltung übergegangenen Ansprüche sind gleichfalls als Masseverbindlichkeiten nach § 55 Abs. 1 Nr. 2 zu befriedigen, §§ 401 Abs. 2, 412 BGB. Auch die Ansprüche zur Entrichtung der sog. **Winterbauumlage** einschließlich der Säumniszuschläge stellen für die Zeit nach Insolvenzeröffnung Masseverbindlichkeiten dar.[555] 203

5. Masseverbindlichkeiten aus betrieblicher Altersversorgung. Ansprüche des Arbeitnehmers aus einer ihm vom Arbeitgeber zugesagten Altersversorgung sind für die Zeit vor Insolvenzeröffnung nur Insolvenzforderungen.[556] Sie beruhen auf einem vor Verfahrenseröffnung abgeschlossenen Arbeitsverhältnis („Stammrecht"). Als Insolvenzforderungen sind sie nach §§ 45, 46 kapitalisiert zur Insolvenztabelle anzumelden, § 174. Ansprüche und Anwartschaften aus betrieblichen **Versorgungszusagen** sind daher überwiegend nicht insolvenzfest. Soweit das Arbeitsverhältnis die Verfahrenseröffnung überdauert, ist ein in dieser Phase noch zusätzlich entstandener Versorgungsanspruch allerdings – in zeitanteiliger Höhe (vgl. § 108 Abs. 3) – als Masseschuld zu behandeln, § 55 Abs. 1 Nr. 2.[557] Die Insolvenzsicherung als gesetzliche Vermögensschadenspflichtversicherung erfolgt über den Pensions-Sicherungs-Verein nach dem Gesetz zur Verbesserung der betrieblichen Altersversorgung, vgl. §§ 7 ff. BetrAVG. 204

Hat der Arbeitgeber als Versicherungsnehmer eine private **Lebensversicherung** mit Bezugsrecht zugunsten des Arbeitnehmers abgeschlossen (Direktversicherung), so kann eine widerrufliche Bezugsberechtigung vom Insolvenzverwalter vor Ablauf der gesetzlichen Unverfallbarkeitsfrist widerrufen werden, um nach Beendigung des Versicherungsverhältnisses (§ 103 Abs. 2) den bis dahin angefallenen Rückkaufwert bzw. die vereinbarte Versicherungsleistung zur Insolvenzmasse zu ziehen (§ 35).[558] Mit dem nur **widerruflichen Bezugsrecht** hat der Arbeitnehmer vor Eintritt des 205

---

[551] BAG ZIP 2006, 144; HK-*Lohmann* § 55 RdNr. 8.
[552] *Kübler/Prütting/Bork/Pape/Schaltke* § 55 RdNr. 193.
[553] BAG NZI 2009, 1215.
[554] BSG ZIP 1986, 853, dazu *Plagemann* EWiR 1986, 825.
[555] BSG ZIP 1984, 724 und 1991, 878; dazu kritisch *Häsemeyer* RdNr. 23.37.
[556] Vgl. *Braun/Bäuerle/Schneider* § 55 RdNr. 41.
[557] BGH NZI 2008, 185; BAG ZIP 1988, 327; *Kübler/Prütting/Bork/Pape/Schaltke* § 55 RdNr. 178; anders Vorauflage RdNr. 192.
[558] Zur Notwendigkeit einer Kündigung des Versicherungsvertrages durch den Verwalter vgl. BGH NJW 2012, 678.

Versicherungsfalls nur eine tatsächliche Erwerbsaussicht erlangt.[559] Ihm steht also in der Insolvenz des Arbeitgebers kein Aussonderungsrecht an der Direktversicherung zu. Durch den Widerruf erfüllt der Verwalter seine insolvenzrechtlichen Verwertungspflichten, §§ 159, 148.[560] Schadensersatzansprüche des Arbeitnehmers, die bei einem arbeitsvertragswidrigen Widerruf auf Ausgleich des Versorgungsschadens gerichtet sind,[561] stellen keine Masseverbindlichkeiten nach § 55 Abs. 1 Nr. 1 dar, da der Widerruf ausschließlich der Abwicklung des bestehenden Rechtsverhältnisses dient.[562] Wurde dem Arbeitnehmer im Versicherungsvertrag ausnahmsweise ein **unwiderrufliches** Bezugsrecht eingeräumt, bleibt dieses bei insolvenzbedingter Beendigung des Arbeitsverhältnisses bestehen; der Arbeitnehmer hat eine gesicherte Rechtsposition erlangt, die in der Insolvenz des Arbeitgebers ein Aussonderungsrecht nach § 47 begründet. Ist zugunsten des Arbeitnehmers nur ein **eingeschränkt unwiderrufliches** Bezugsrecht vereinbart worden, kommt es darauf an, ob der seitens des Arbeitgebers gemachte Vorbehalt der Widerruflichkeit tatbestandlich erfüllt ist. Greift dieser nicht ein, gehört der Rückkaufswert der Lebensversicherung – wie beim unwiderruflichen Bezugsrecht – zum Vermögen des Arbeitnehmers, dem daher ein Aussonderungsrecht zusteht.[563] Ein (Widerrufs-)Vorbehalt für den Fall, dass das Arbeitsverhältnis vor Eintritt des Versicherungsfalles endet, soll verhindern, dass Arbeitnehmer von sich aus unter Mitnahme erworbener Versicherungsansprüche vorzeitig ausscheiden. Er berechtigt den Insolvenzverwalter aber nicht, bei „insolvenzbedingter" Betriebseinstellung das der Altersvorsorge dienende Bezugsrecht des Arbeitnehmers zu widerrufen, um die Masse zugunsten der Insolvenzgläubiger zu erhöhen.[564]

206   **6. Masseverbindlichkeiten und Insolvenzgeld.** Die rückständigen Ansprüche der Arbeitnehmer auf Arbeitsentgelt für die letzten drei Monate des Arbeitsverhältnisses vor Verfahrenseröffnung sind über das Insolvenzgeld nach Maßgabe der §§ 183 bis 189 SGB III gesichert. Mit der Gewährung von Insolvenzgeld, das bei Zahlungsunfähigkeit des Arbeitgebers als Entgeltersatzleistung an Arbeitnehmer gezahlt wird, soll die Masse von Arbeitsentgeltansprüchen entlastet werden. Soweit auf Antrag eines Arbeitnehmers Insolvenzgeld in Höhe der Netto-Arbeitsentgelte gezahlt wird, gehen die abgegoltenen Lohnansprüche auf die Bundesagentur für Arbeit über, § 187 SGB III. Die übergeleiteten Entgeltansprüche sind stets **Insolvenzforderungen** nach §§ 38, 108 Abs. 3, nachdem die frühere Privilegierung dieser Ansprüche als (unechte) Masseschulden bzw. bevorrechtigte Konkursforderungen nach §§ 59 Abs. 1 Nr. 3, 61 Abs. 1 Nr. 1 KO entfallen ist. Auch wenn im Eröffnungsverfahren ein vorläufiger Insolvenzverwalter mit Verfügungsbefugnis eingesetzt war und den Arbeitnehmern selbst daher bei Weiterbeschäftigung durch den „starken" Insolvenzverwalter nach § 55 Abs. 2 Satz 2 Lohnansprüche als Masseverbindlichkeiten zustanden, hat die Bundesagentur für Arbeit für ihre Rückgriffsansprüche gem. § 55 Abs. 3 Satz 1 nur die Stellung einer Insolvenzgläubigerin nach § 38. Für alle nach dem 30.11.2001 eröffneten Insolvenzverfahren ist somit durch § 55 Abs. 3 eine Vorrangstellung der Bundesagentur für Arbeit beendet worden, vgl. dazu auch RdNr. 174.

IV. Masseverbindlichkeiten in der Gesellschafts- und Gesellschafterinsolvenz

207   Im Insolvenzverfahren über das Vermögen einer Gesellschaft ohne Rechtspersönlichkeit, § 11 Abs. 2 Nr. 1, haften die Gesellschafter bzw. der Komplementär den Gläubigern für die Verbindlichkeiten der Gesellschaft persönlich und grundsätzlich in unbeschränkter Höhe, §§ 128, 161 Abs. 2 HGB. Die Eröffnung des Insolvenzverfahrens über das Vermögen der Gesellschaft beseitigt deren persönliche Haftung nicht. Vielmehr hat der Insolvenzverwalter in der **Gesellschaftsinsolvenz** gem. § 93 die persönlich haftenden Gesellschafter für die Gesellschaftsverbindlichkeiten grundsätzlich in Höhe des vollen Betrages der Forderungen in Anspruch zu nehmen.[565] Dabei handelt es sich um die schon bestehenden **Altforderungen,** deren Rechtsgrund vor Verfahrenseröffnung liegt; die persönliche Haftung erstreckt sich damit auf alle Insolvenzforderungen, aber auch auf Masseschulden

---

[559] BGH NJW 1984, 1611; BAG ZIP 2012, 2269, 2270 m. Anm. *Mück/Herrnstadt* EWiR 2012, 781.
[560] Die Zulässigkeit des Widerrufs richtet sich allein nach den Bestimmungen des vom Arbeitgeber mit der Versicherung geschlossenen Vertrages.
[561] BAG ZIP 2012, 2269, 2272.
[562] BAG ZIP 1999, 1638; offen gelassen von BAG ZIP 2010, 1915, 1916 = NZI 2011, 30.
[563] BGH NZI 2006, 527 = ZIP 2006, 1309, dazu *Gundlach/Frenzel* EWiR 2006, 661; BAG ZIP 2012, 2269, 2271 und NZI 2011, 30.
[564] BGH NZI 2006, 527; WM 2005, 2141 m. zust. Anm. *Hess* in WuB VI A. § 47 InsO 1.06; mit Einschränkungen jetzt auch BAG NZI 2011, 30 = ZIP 2010, 1915, 1916 f., dazu *A. Klasen* EWiR 2010, 767.
[565] Der Gesellschafter kann ggf. mit dem Einwand aus § 242 BGB eine Inanspruchnahme abwehren, soweit diese zur Gläubigerbefriedigung wegen ausreichender Insolvenzmasse offensichtlich nicht erforderlich ist, vgl. *Mohrbutter* in Mohrbutter/Ringstmeier § 6 RdNr. 524; HambKomm-*Pohlmann* § 93 RdNr. 57 f.; enger *Braun/Kroth* § 93 RdNr. 18, 20.

aufgrund der Erfüllungswahl des Insolvenzverwalters nach §§ 103 Abs. 1, 55 Abs. 1 Nr. 2 Alt. 1.[566] Die Gesellschafter haften jedoch gegenüber Gesellschaftsgläubigern nicht mit ihrem Vermögen persönlich für Verbindlichkeiten **(Neuforderungen)**, die der Verwalter erst nach Insolvenzeröffnung neu begründet hat; denn dessen Befugnisse nach § 80 Abs. 1 beschränken sich auf die Vermögens- bzw. Haftungsmasse der insolventen Gesellschaft.[567]

Wird gleichzeitig oder nachfolgend über das Eigenvermögen eines persönlich haftenden Gesellschafters das Insolvenzverfahren eröffnet, so ist dies ein **selbständiges** Insolvenzverfahren. Ob die in den jeweiligen Insolvenzverfahren („Doppelinsolvenz") geltend gemachten Ansprüche Insolvenzforderungen oder Masseverbindlichkeiten darstellen, muss deshalb für jedes einzelne Verfahren selbständig geprüft und festgestellt werden.[568] Entstehen zB aus einem Arbeitsverhältnis nach Eröffnung des Insolvenzverfahrens über das Vermögen einer BGB-Gesellschaft (oktroyierte) Alt-Masseverbindlichkeiten nach § 55 Abs. 1 Nr. 2, so sind diese in der **Gesellschafterinsolvenz** nur dann ebenfalls Masseverbindlichkeiten, wenn die Voraussetzungen nach § 55 Abs. 1 Nr. 2 auch in diesem Verfahren vorliegen. Dies ist zu verneinen, wenn das Gesellschafterinsolvenzverfahren erst eröffnet wurde, nachdem das in der Gesellschaftsinsolvenz nach § 108 Abs. 1 zunächst fortbestehende Arbeitsverhältnis beendet worden ist. Können in der Gesellschaftsinsolvenz die Vergütungsansprüche der Arbeitnehmer wegen Masseunzulänglichkeit nicht befriedigt werden, so stellen diese in der nachfolgenden Gesellschafterinsolvenz wegen ihrer Begründung vor Verfahrenseröffnung Insolvenzforderungen dar.[569] Vgl. ferner § 53 RdNr. 44.

E. Masseverbindlichkeiten aus einer ungerechtfertigten Bereicherung der Masse nach § 55 Abs. 1 Nr. 3

I. Regelungsinhalt

Masseverbindlichkeiten sind auch alle Verbindlichkeiten aus einer ungerechtfertigten Bereicherung der Insolvenzmasse (§§ 812 ff. BGB). Der Massebereicherungsanspruch nach § 55 Abs. 1 Nr. 3 setzt eine Bereicherung der „Masse" voraus, die **Vermögensmehrung** muss also **nach Eröffnung** des Insolvenzverfahrens durch Leistung oder auf andere Weise ohne rechtlichen Grund eingetreten sein.[570] Für die Abgrenzung zur Insolvenzforderung ist danach maßgeblich, ob der Eintritt der Bereicherung zeitlich vor oder erst nach Insolvenzeröffnung erfolgt. Gelangt die rechtsgrundlose Bereicherung – zB in Gestalt einer Kontogutschrift – in die Insolvenzmasse, wird eine Masseschuld nach § 55 Abs. 1 Nr. 3 auch dann begründet, wenn die Leistung (Überweisung) schon vor Insolvenzeröffnung auf einen vermeintlichen Rechtsgrund vorgenommen worden ist. Dieser dem Schuldner nicht zustehende Vermögenszufluss ist nach dem Zweck des Insolvenzverfahrens haftungsrechtlich nicht den Insolvenzgläubigern zugewiesen, sondern als Masseverbindlichkeit an den Bereicherungsgläubiger herauszugeben. Er darf also im Rahmen der Verfahrensabwicklung nicht zur allgemeinen Befriedigung der Insolvenzgläubiger eingesetzt werden.

Die Masseschulden aus einer ungerechtfertigten Bereicherung sind den sonstigen Masseverbindlichkeiten nach § 55 Abs. 1 Nr. 1 und 2 rangmäßig gleichgestellt. Im **masseunzulänglichen** Verfahren hat der Gesetzgeber sie jedoch hinter die Kosten des Insolvenzverfahrens, § 209 Abs. 1 Nr. 1, zurückgestuft. Diese Vorrangstellung der Kostengläubiger vor den übrigen Masseverbindlichkeiten ist gerechtfertigt, weil ohne uneingeschränkte Bevorrechtigung der Verfahrenskosten (§ 54) eine geordnete Abwicklung des Insolvenzverfahrens gefährdet wäre.[571] Entsteht ein Massebereicherungsanspruch erst nach angezeigter Masseunzulänglichkeit, muss dieser aber – auch wenn in § 209 Abs. 2 nicht ausdrücklich geregelt – als **Neu-Masseverbindlichkeit** i. S. d. § 209 Abs. 1 Nr. 2 qualifiziert werden, da mit der Rangordnung des § 209 eine Bevorzugung sämtlicher nach der Unzulänglichkeitsanzeige entstandenen Verbindlichkeiten iS des § 55 bezweckt ist.[572]

---

[566] *Uhlenbruck/Hirte* § 93 RdNr. 36; A-G-R/*Piekenbrock* § 93 RdNr. 8; HambKomm-*Pohlmann* § 93 RdNr. 12; vgl. auch § 53 RdNr. 39.
[567] BGH NJW 2010, 69.
[568] Vgl. HambKomm-Jarchow § 53 Rn. 7.
[569] Zur Begründung von Masseverbindlichkeiten im Verfahren des insolventen Gesellschafters s. *Homann* in Mohrbutter/Ringstmeier § 26 RdNr. 129 f.
[570] BGHZ 155, 199, 205 = NJW 2003, 3345; BGH NJW 2009, 1414; NZI 2009, 475; NJW-RR 2008, 295.
[571] Vgl. BGHZ 167, 178, 183 = NJW 2006, 2997 = BGH-Report 2006, 933 *(Hefermehl)*; Uhlenbruck/Berscheid/Ries § 209 RdNr. 30; dagegen aber *Häsemeyer* RdNr. 14.02, der die Zurückstufung der Verbindlichkeiten aus rechtsgrundloser Bereicherung als „geradezu verfassungswidrig" ansieht.
[572] BGH NJW 2006, 2997; OLG Rostock ZInsO 2005, 382, dazu *Knoche* EWiR 2005, 361; *Kübler/Prütting/Bork/Pape/Schaltke* § 55 RdNr. 197.

II. Ungerechtfertigte Massebereicherung

211 **1. Bereicherung.** Notwendig ist eine **unmittelbare Bereicherung** der Insolvenzmasse. Mittelbare Zahlungen führen nicht zu einem Bereicherungsanspruch gegen die Masse. Hat zB ein Dritter nach Insolvenzeröffnung einen Insolvenzgläubiger befriedigt, so wird die Masse zwar in Höhe der Quote, die auf die durch die Zahlung erloschene Insolvenzforderung entfallen wäre, von einer Schuld befreit. Jedoch steht dem Zahlenden auch in Höhe der hypothetischen Insolvenzquote kein Rückgriffsanspruch aus Massebereicherung nach § 55 Abs. 1 Nr. 3 zu. Vielmehr handelt es sich der Sache nach um eine bloße Forderungsauswechslung, d.h. anstelle des bisherigen Insolvenzgläubigers tritt der Zahlende. Das Tilgen einer bloßen Insolvenzforderung kann somit nicht zur Entstehung einer Masseverbindlichkeit führen.[573]

212 **a) Bereicherung vor Insolvenzeröffnung.** Eine Vermögensmehrung, die schon vor Insolvenzeröffnung erfolgte, begründet nur eine Insolvenzforderung.[574] Auch wenn die Bereicherung des Schuldners im Eröffnungsverfahren oder nach Anordnung der vorläufigen Insolvenzverwaltung eintritt, stellt der Bereicherungsanspruch eine Insolvenzforderung dar. Maßgebender Zeitpunkt für die Bereicherung des Schuldnervermögens ist die **Insolvenzeröffnung**. Eine Vorverlagerung auf den Zeitpunkt der Einsetzung eines vorläufigen Insolvenzverwalters mit Verfügungsbefugnis nach § 22 Abs. 1 ist nicht möglich. Nach § 55 Abs. 2 Satz 1 gelten Verbindlichkeiten, die im Eröffnungsverfahren zwar als Masseverbindlichkeiten, wenn sie von einem **„starken" vorläufigen Insolvenzverwalter** begründet wurden. Diese Erweiterung des Kreises der Masseverbindlichkeiten bezieht sich aber ausschließlich auf die Fälle des § 55 Abs. 1 Nr. 1 und 2. Als spezielle Vorschrift mit dem Zweck, Unternehmensfortführungen zu erleichtern, muss § 55 Abs. 2 eng ausgelegt werden. Auch wenn die Verwaltungs- und Verfügungsbefugnis auf den vorläufigen Insolvenzverwalter übergegangen ist, können vor Insolvenzeröffnung beim Schuldner eingetretene Bereicherungen daher im nachfolgenden Insolvenzverfahren nicht als Masseverbindlichkeit gelten.[575] Ist die Bereicherung vor der Eröffnung zur Masse gelangt, greift § 55 Abs. 1 Nr. 3 auch dann nicht ein, wenn der Rechtsgrund erst vor oder nach der Eröffnung weggefallen ist.[576] Bei rechtsgrundlosen **Fehlüberweisungen** auf ein Girokonto des Schuldners oder ein vom (vorläufigen) Insolvenzverwalter für das Verfahren eingerichtetes sog. **Sonderkonto** fallen die Gelder in das Schuldnervermögen und damit in die (künftige) Insolvenzmasse.[577] Wird die Gutschrift vor Eröffnung des Insolvenzverfahrens erteilt, kann der Überweisende seinen Erstattungsanspruch nur als Insolvenzforderung geltend machen. Gleiches gilt, wenn die im Einzugsermächtigungsverfahren als Zahlstelle fungierende Schuldnerbank Lastschriften nach einem unberechtigten Widerspruch zurückbucht und den irrtümlich gutgeschriebenen Lastschriftbetrag auf Weisung des vorläufigen Insolvenzverwalters auf das Sonderkonto überweist.[578] Lässt der vorläufige Verwalter das aus der unwirksamen Rückbuchung resultierende Guthaben dagegen auf sein – für Rechnung der künftigen Masse geführtes – **Anderkonto** überweisen, steht der Bank allein die Direktkondiktion gegen den Verwalter persönlich als Leistungsempfänger zu, weil dieser die Zahlung auf seinem eigenen offenen Treuhandkonto vereinnahmt hat.[579] Der Schuldner bzw. die Insolvenzmasse scheiden als Bereicherungsschuldner aus, da die eingehenden Gelder – wie bei Fehlüberweisungen auf Verwalter-Anderkonten –[580] nicht in die Insolvenzmasse (§ 35) oder das Schuldnervermögen fließen.[581] Ebenso wenig handelt es sich um eine Masseverbindlichkeit, wenn der Gläubiger dem

---

[573] Vgl. BGH ZIP 2008, 183; NJW 1962, 1201; *Kübler/Prütting/Bork/Pape/Schaltke* § 55 RdNr. 201; *Uhlenbruck/Sinz* § 55 RdNr. 87.
[574] BGH NJW 2009, 1414.
[575] HambKomm-*Jarchow* § 55 RdNr. 19; Graf-Schlicker/Bremen § 55 RdNr. 43; *Uhlenbruck/Sinz* § 55 RdNr. 85; *Kübler/Prütting/Bork/Pape/Schaltke* § 55 RdNr. 215; A/G/R-Homann § 55 RdNr. 17; aA *Jaeger/Henckel* § 55 RdNr. 92 unter Hinweis auf das gleiche Schutzbedürfnis von Bereicherungs- u. Vertragsgläubigern; *Häsemeyer* RdNr. 14.19 Fn. 80; HK-*Lohmann* § 55 RdNr. 30; *Schulte-Kaubrügger* ZIP 2011, 1400, 1405. Offengeblieben in OLG Hamm ZIP 2011, 2068.
[576] BGH NZI 2011, 143 u. 2009, 475; HK-*Lohmann* § 55 RdNr. 25.
[577] Zum Begriff des (Treuhänder- oder Masse-)Sonderkontos vgl. BGH ZIP 2009, 531; Schulte-Kaubrügger ZIP 2011, 1400, 1401 f. Auch ein „schwacher" vorläufige Verwalter kann kraft gerichtlicher Ermächtigung zur Forderungseinziehung über das für den Schuldner angelegte Sonderkonto verfügen, vgl. BGH NJW 2010, 2585 f. (Rz. 28).
[578] BGH ZIP 1995, 225, 226 f.; Jungclaus/Keller ZIP 2011, 941, 942.
[579] Zur Zulassung der Direktkondiktion BGH NZI 2009, 245; Jungclaus/Keller ZIP 2011, 941, 946.
[580] BGH NJW-RR 2011, 1349 (Rz. 9); NZI 2009, 245; NJW-RR 2008, 295; A/G/R-Homann § 55 RdNr. 19.
[581] BGH NJW-RR 2008, 295; NZI 2009, 245; OLG Hamm ZIP 2011, 2068; ausführlich *Schulte-Kaubrügger* ZIP 2011, 1400 ff.

Schuldner ein Darlehen zur Weiterleitung an einen Dritten überweist, jedoch vor Auftragsausführung das Insolvenzverfahren über dessen Vermögen eröffnet wird.[582]

Hatte der Schuldner noch vor Eröffnung unter Eigentumsvorbehalt stehende Waren – unberechtigt – veräußert und die Gegenleistung aus dem Veräußerungsgeschäft zur Masse eingezogen, so kann der Vorbehaltsverkäufer einen Bereicherungsanspruch nur als Insolvenzgläubiger geltend machen.[583] Wenn im Eröffnungsverfahren der vorläufige Insolvenzverwalter die Herausgabe von Aussonderungsgut zu Unrecht von der Zahlung eines Kostenvorschusses abhängig gemacht hat,[584] kann es sich bei dem Anspruch des Gläubigers auf Rückerstattung um eine Masseverbindlichkeit nach § 55 Abs. 1 Nr. 3 handeln, wenn der Betrag der Insolvenzmasse erst nach Verfahrenseröffnung zufließt.[585]

b) Bereicherung nach Insolvenzeröffnung. Nach Insolvenzeröffnung kann eine ungerechtfertigte Bereicherung der Masse durch Handlungen und Rechtsgeschäfte des Insolvenzverwalters herbeigeführt werden.[586] Hat dieser zB Sachen, die in fremdem Eigentum standen, wirksam veräußert, so kommt – neben einem Ersatzaussonderungs- und Schadenersatzanspruch[587] – auch eine Bereicherungshaftung nach § 55 Abs. 1 Nr. 3 in Betracht. Wenn der Insolvenzverwalter eine bereits zuvor vom Schuldner abgetretene Forderung zur Insolvenzmasse eingezogen hat, so ist der Zessionar Masseschuldgläubiger nach § 55 Abs. 1 Nr. 3.[588] Zu Masseverbindlichkeiten aus ungerechtfertigter Bereicherung können insbesondere **Kontogutschriften** führen, die aus **Fehlüberweisungen** von Drittschuldnern resultieren und die nach Verfahrenseröffnung auf Eigenkonten des Schuldners oder auf vom Insolvenzverwalter für die Masse eingerichteten Sonderkonten erfolgen.[589] Auch wenn die Schuldnerbank nach einem **unberechtigten Lastschriftwiderspruch** des Insolvenzverwalters Lastschriftbeträge zurückgebucht und auf ein solches Insolvenzsonderkonto überwiesen hat, kann sie diese nach Aufdeckung ihres Irrtums als Masseforderung nach § 55 Abs. 1 Nr. 3 zurückfordern.[590] Sobald nach der rechtsgrundlosen Kontogutschrift Masseunzulänglichkeit eintritt, ist die Leistungskondiktion allerdings als Altmasseverbindlichkeit i.S. des § 209 Abs. 1 Nr. 3 einzustufen und dann nur noch im Wege der Feststellungsklage zu verfolgen.[591] Hat der Insolvenzverwalter für das eröffnete Verfahren ein Anderkonto eröffnet und kommt es versehentlich zu einer Zuvielüberweisung, wird der überhöhte Geldbetrag kein Bestandteil des Schuldnervermögens, gelangt also nicht in die Masse (§ 35); daher ist allein der Verwalter als Kontoinhaber persönlich zur Rückzahlung des zuviel Erlangten nach § 812 Abs. 1 Satz 1 Alt. 1 BGB verpflichtet.[592] Hat der **Schuldner** aus nach Eröffnung des Insolvenzverfahrens abgeschlossenen **Neugeschäften** Leistungen rechtsgrundlos empfangen, ist die Insolvenzmasse durch den Neuerwerb gem. § 35 Abs. 1, soweit dieser tatsächlich in die Masse abfließt, ungerechtfertigt bereichert. Dem Neugläubiger steht daher – neben seiner Ausgleichsforderung gegen den Schuldner persönlich – ein Bereicherungsanspruch als Masseverbindlichkeit nach § 55 Abs. 1 Nr. 3 zu.[593] Auch wenn der nicht mehr verfügungsbefugte Schuldner nach Verfahrenseröffnung eine nach § 81 Abs. 1 Satz 1 unwirksame Leistung erbringt, ist dem Vertragspartner die Gegenleistung gem. § 55 Abs. 1 Nr. 3, § 81 Abs. 1 Satz 3 aus der Insolvenzmasse zurückzugewähren, sofern die Masse hierdurch bereichert ist. Daran fehlt es trotz formalen Massezuflusses gem. § 35 Abs. 1, wenn tatsächlich nichts für die Gläubigerbefriedigung in die Masse gelangt oder in ihr verblieben ist;[594] der Geschäftspartner kann sich dann nur an den Schuldner und dessen

---

[582] *Uhlenbruck/Sinz* § 55 RdNr. 86.
[583] Ist die Gegenleistung noch unterscheidbar in der Masse vorhanden, kann dem Gläubiger ein Ersatzaussonderungs- oder Ersatzabsonderungsrecht zustehen; *Kübler/Prütting/Bork/Pape/Schaltke* § 55 RdNr. 198.
[584] Der Masse entstandene Aussonderungskosten sind nur ausnahmsweise vom Gläubiger zu erstatten, vgl. Uhlenbruck/Brinkmann § 47 RdNr. 106, 107.
[585] OLG Köln NJW-RR 1987, 1012.
[586] BGHZ 155, 199 = NJW 2003, 3345; *Häsemeyer* RdNr. 14.18. Ob ein Verwalter auch persönlich nach § 61 haftet, wenn eine durch seine Rechtshandlung begründete Masseschuld nach § 55 Abs. 1 Nr. 3 nicht erfüllt werden kann, ist fraglich. Dagegen *Heinrich/Ehrenberg*, FS Ganter, 2010, S. 489 bis 502.
[587] BGH ZIP 1998, 298; NJW 1995, 2783; NJW-RR 1989, 252.
[588] Dazu OLG Hamm ZIP 1985, 951.
[589] Die Insolvenzmasse ist Rechtsträger des vom Verwalter als Ermächtigungstreuhänder angelegten Sonderkontos, vgl. BGH NZI 2009, 245; ZIP 1995, 225; Schulte-Kaubrügger ZIP 2011, 1400, 1404 f.
[590] Zu Bereicherungsansprüchen der Zahlstelle vgl. Jacoby ZIP 2010, 1725, 1728, 1731. Solange der Schuldner durch die von der Zahlstelle zurück gebuchten Lastschriften nur eine „Buchposition" erhält und dem Gläubiger daher weiterhin zur Zahlung verpflichtet ist, hat die Insolvenzmasse aber nichts erlangt, vgl. BGH NJW 2010, 3517 (Rz. 29).
[591] BGH NJW 2006, 2997.
[592] BGH NJW-RR 2011, 1349; s.o. RdNr. 212.
[593] *Jaeger/Henckel* § 55 RdNr. 80; *Kübler/Prütting/Bork/Pape/Schaltke* § 55 RdNr. 205; s. auch *Voigt-Salus* in: Mohrbutter/Ringstmeier § 32 RdNr. 122.
[594] BGH NJW 2010, 1806 (Rn. 8); *Häsemeyer* RdNr. 10.13, wonach der Insolvenzverwalter Neuerwerb der Masse zurückweisen kann.

insolvenz-freies Neuvermögen halten.[595] Falls der Schuldner trotz Eröffnung des Insolvenzverfahrens noch einen Überweisungsauftrag zu Lasten eines massebefangenen Kontos erteilt, den seine Bank aus Unkenntnis von der Eröffnung auf Kredit ausführt, hat diese mangels eines wirksamen Überweisungsvertrages einen direkten Bereicherungsanspruch (zunächst) nur gegen den Überweisungsempfänger.[596] Soweit dieser den sine causa überwiesenen Geldbetrag jedoch anschließend an die Insolvenzmasse auskehrt, weil der Betrag ihm als bloßer Insolvenzgläubiger oder Neugläubiger des Schuldners haftungsrechtlich nicht zusteht, erwirbt die Schuldnerbank in Höhe des tatsächlich in die Masse gelangten Überweisungsbetrages einen Massebereicherungsanspruch nach § 55 Abs. Nr. 3.[597]

215   **2. Bereicherung ohne rechtlichen Grund.** Die Massebereicherung muss ohne rechtlichen Grund erfolgt sein; unerheblich ist dabei, ob der rechtliche Grund **von vornherein** fehlte oder **nachträglich** weggefallen ist.[598] Der Gläubiger ist darlegungs- und beweispflichtig für die Nichtberechtigung der Insolvenzmasse. Am Rechtsgrund mangelt es von Insolvenzbeginn an, wenn jemand irrtümlich auf eine vom Insolvenzverwalter geltend gemachte Forderung bezahlt, obgleich diese bereits – vor Verfahrenseröffnung – getilgt war. Die nach Erlöschen der ursprünglichen Schuld (§ 362 Abs. 1 BGB) rechtsgrundlos geleistete Doppelzahlung ist gem. § 812 Abs. 1 Satz 1 BGB, § 55 Abs. 1 Nr. 3 aus der Masse zurückzugewähren. Verbindet, vermischt oder verarbeitet der Insolvenzverwalter Waren und Materialien, die Aus- oder Absonderungsrechten unterliegen, so können sich hieraus auch Bereicherungsansprüche nach den §§ 946 ff., 951 BGB ergeben, die als sonstige Masseverbindlichkeiten zu begleichen sind. Eine ungerechtfertigte Bereicherung der Masse kann sich nachträglich auch aus dem späteren Wegfall des rechtlichen Grundes ergeben, zB infolge Anfechtung (§ 142 Abs. 1 BGB), mit Eintritt einer auflösenden Bedingung (§ 158 Abs. 2 BGB) oder bei Aufhebung eines vollstreckbaren Titels gem. § 717 Abs. 2 ZPO, aus dem zuvor vollstreckt worden war.

216   Nach § 166 ist der Verwalter berechtigt, mit Absonderungsrechten belastete bewegliche Sachen und Forderungen einzuziehen. Verwertungshandlungen des Insolvenzverwalters begründen einen Anspruch des Absonderungsberechtigten auf Erlösauskehrung nach § 170. Dieser ist eine Masseschuld nach § 55 Abs. 1 Nr. 1, da er auf einer Handlung des Insolvenzverwalters beruht. Der Anspruch ist unabhängig davon, ob sich der Erlös noch unterscheidbar oder nicht in der Masse befindet. Im Hinblick auf das **Verwertungsrecht des Insolvenzverwalters** ist die eingetretene Vermögensmehrung nicht rechtsgrundlos, sodass ein Bereicherungsanspruch nach § 55 Abs. 1 Nr. 3 insoweit nicht besteht. Nur wenn die Verfügung bzw. Veräußerung nicht vom Verwertungsrecht des Insolvenzverwalters nach § 166 abgedeckt ist, können sich daraus Masseverbindlichkeiten aus ungerechtfertigter Bereicherung nach § 55 Abs. 1 Nr. 3 ergeben.

217   **3. Umfang des Anspruchs.** Der Umfang des Bereicherungsanspruchs nach § 55 Abs. 1 Nr. 3 richtet sich nach den §§ 818 ff. BGB.[599] Beruft sich der Insolvenzverwalter auf **Entreicherung** (§ 818 Abs. 3 BGB), hat er die den Wegfall der Massebereicherung begründenden Umstände darzulegen und zu beweisen.[600]

F. Masseverbindlichkeiten aus dem Eröffnungsverfahren nach § 55 Abs. 2

I. Regelungszweck

218   Der Gesetzgeber der InsO hat das Eröffnungsverfahren vollständig neu strukturiert und gestaltet. Nach § 21 Abs. 1 Satz 1 sind vom Insolvenzgericht alle Maßnahmen zu treffen, um bis zur Entscheidung über den Eröffnungsantrag eine den Gläubigern nachteilige Veränderung in der Vermögenslage des Schuldners zu verhüten. Zu den **Sicherungsmaßnahmen** gehört nach § 21 Abs. 2 Satz 1 Nr. 1 die Bestellung eines vorläufigen Insolvenzverwalters. Dessen Rechtsstellung ist nach dem Gesetz unterschiedlich ausgestaltet. Die Bestellung des vorläufigen Insolvenzverwalters kann nach § 21 Abs. 2 Satz 1 Nr. 2 Alt. 1 mit einem allgemeinen Verfügungsverbot an den Schuldner verbunden werden. In diesem Fall geht nach § 22 Abs. 1 Satz 1 die Verwaltungs- und Verfügungsbefugnis über das Schuldnervermögen auf den vorläufigen – sog. **starken** – Insolvenzverwalter über. Das Insol-

---
[595] Vgl. A/G/R-Piekenbrock § 81 Rn. 24.
[596] BGH NJW-RR 2009, 981; MünchKomm-Ott/Vuia § 82 RdNr. 22; FK-Wegener § 116 RdNr. 55, 57. Ansonsten steht der Bank aus der durchgeführten Banküberweisung allenfalls ein Aufwendungsersatzanspruch als Insolvenzforderung gem. § 115 Abs. 3 Satz 2 zu, s. Braun-Kroth § 82 RdNr. 13; Uhlenbruck § 82 RdNr. 22; HK-Kayser § 82 RdNr. 27; HambKomm-Kuleisa § 81 RdNr. 12.
[597] Vgl. Häsemeyer RdNr. 20.81; abl. FK-Wegener § 115 RdNr. 17; Uhlenbruck/Sinz §§ 115, 116 RdNr. 14.
[598] BGH NZI 2009, 475; BSG ZIP 2012, 877, 879; Kübler/Prütting/Bork/Pape/Schaltke § 55 RdNr. 203.
[599] BGH NZI 2008, 426; Jaeger/Henckel § 55 RdNr. 83.
[600] BGH NJW-RR 2011, 1349 (Rz. 16).

venzgericht kann von dem Erlass eines allgemeinen Verfügungsverbotes aber auch absehen und weniger weitreichende Maßnahmen treffen, wie insbesondere anordnen, dass Verfügungen des Schuldners nur noch mit Zustimmung des vorläufigen Verwalters wirksam sind, § 21 Abs. 2 Nr. 2 Alt. 2. Da ein Übergang der Verwaltungs- und Verfügungsbefugnis auf den vorläufigen Insolvenzverwalter in diesem Fall nicht im Gesetz vorgesehen ist, wird vereinfacht vom „**schwachen**" vorläufigen Insolvenzverwalter gesprochen.

Die Rechtsstellung des „starken" vorläufigen Insolvenzverwalters sollte nach den Vorstellungen **219** des Gesetzgebers verbessert werden, damit er die Aufgabe der Weiterführung eines insolventen Unternehmens im Eröffnungsverfahren erfüllen kann. Die **Erhaltung von Unternehmen** zu erleichtern und zu fördern, soweit dies marktwirtschaftlich sinnvoll ist, gehört zu den zentralen Zielen des neuen einheitlichen Insolvenzverfahrens Zu diesem Zweck räumt das Gesetz dem vorläufigen Insolvenzverwalter, auf den die Verwaltungs- und Verfügungsbefugnis nach § 22 Abs. 1 übergegangen ist, das Recht ein, durch Geschäftsabschlüsse mit Lieferanten etc. oder Weiterbeschäftigung von Arbeitnehmern Ansprüche zu begründen, die im nachfolgenden Insolvenzverfahren gem. § 55 Abs. 2 als Masseverbindlichkeiten gelten und daher vorrangig zu befriedigen sind, § 53. Die Erwartung, dass bei Unternehmensfortführungen in der Insolvenz mit der Bestellung eines vorläufigen Insolvenzverwalters zugleich dem Schuldner ein allgemeines Verfügungsverbot auferlegt wird, hat sich aber in der Praxis nicht bestätigt.[601] Die Insolvenzgerichte sehen vielmehr hierzu im Regelfall kein Bedürfnis und ernennen nur einen vorläufigen (mitbestimmenden) Insolvenzverwalter ohne begleitendes Verfügungsverbot, sodass der Schuldner während des Eröffnungsverfahrens weiterhin verfügungsbefugt bleibt.

II. Rechtsstellung und Aufgaben des vorläufigen Insolvenzverwalters

1. **„Starker" vorläufiger Verwalter.** Mit der Bestellung eines „starken" vorläufigen Insolvenz- **220** verwalters wechselt die Verwaltungs- und Verfügungsbefugnis vom Schuldner auf den vorläufigen Insolvenzverwalter. Damit tritt die in § 80 Abs. 1 für die Verfahrenseröffnung vorgesehene Rechtsfolge bereits im Eröffnungsverfahren ein. Der vorläufige Insolvenzverwalter erhält im Wesentlichen **dieselbe Rechtsstellung wie der Insolvenzverwalter** im eröffneten Verfahren, insbesondere die generelle Kompetenz zur Begründung von Masseverbindlichkeiten, § 55 Abs. 2. Die InsO hat beide aber nicht völlig gleichgestellt. Während das Insolvenzverfahren der gemeinschaftlichen Befriedigung der Gläubiger dient, ist das **Verfahrensziel** der vorläufigen Insolvenzverwaltung zunächst nur die Sicherung und Erhaltung des schuldnerischen Vermögens, grundsätzlich aber nicht dessen Verwertung.[602] Aufgrund dieses anderen Verfahrensziels können die Wirkungen des eröffneten Verfahrens nicht uneingeschränkt in das Antragsverfahren vorverlagert werden.[603] Es darf nicht übersehen werden, dass die Insolvenz des Schuldners noch nicht eingetreten ist. Das Eröffnungsverfahren kann zB durch Antragsrücknahme vorzeitig beendet werden. Die Verwaltungs- und Verfügungsbefugnis fällt dann auf den Schuldner als Rechtsinhaber zurück, der für die im Eröffnungsverfahren vom vorläufigen Insolvenzverwalter begründeten Verbindlichkeiten haftet.

2. **Vorläufiger Verwalter mit Zustimmungsvorbehalt.** Um der Entstehung von Masseverbindlichkeiten im Eröffnungsverfahren auszuweichen, wird von den Insolvenzgerichten bei der **221** Ernennung des vorläufigen Insolvenzverwalters ganz überwiegend statt des Erlasses eines allgemeinen Verfügungsverbotes nur ein **Zustimmungsvorbehalt** angeordnet, § 21 Abs. 2 Satz 1 Nr. 2 Alt. 2.[604] Dieser teilt das Verfügungsrecht des Schuldners auf, indem er die Wirksamkeit von Verfügungen des Schuldners an die Zustimmung des vorläufigen („schwachen") Verwalters knüpft. Er soll die künftige Insolvenzmasse sichern und es für den Schuldner leichter machen, weiter am Rechts- und Geschäftsverkehr teilzunehmen. Mit der für den Schuldner mildern Sicherungsmaßnahme wird dem Grundsatz der Verhältnismäßigkeit Rechnung getragen, da gerade bei der Fortführung von Unternehmen zur erfolgreichen Verwaltung häufig kein weitergehender Eingriff in die Schuldnerrechte notwendig ist.[605] Eine erweiternde Anwendung des § 55 Abs. 2 auf den **lediglich mitbestimmenden** vorläufigen Verwalter ist nach Wortlaut und Zweck der Norm ausgeschlossen. Das Gesetz regelt systematisch klar, dass erst bei Anordnung eines allgemeinen Verfügungsverbotes die Verwaltungs- und Verfü-

---

[601] *Uhlenbruck/Vallender* § 22 RdNr. 1; s.o. RdNr. 5.
[602] BGHZ 184, 101 = NJW 2010, 2585; BGH NJW 2011, 2960; NZI 2012, 365 = ZIP 2012, 737, 738. Zu den gleichberechtigten Verfahrenszielen der InsO vgl. *Hölzle* ZIP 2011, 1889, 1892.
[603] Der in die Arbeitgeberstellung einrückende „starke" vorläufige Insolvenzverwalter ist zB nicht berechtigt, eine Arbeitnehmerkündigung mit der verkürzten (3-Monats-)Frist des § 113 Satz 2 auszusprechen, BAG ZIP 2005, 1289; *Plössner* in Mohrbutter/Ringstmeier § 29 RdNr. 5.
[604] BGH NJW 2011, 2960 = ZIP 2011, 1419, 1424; *Uhlenbruck/Vallender* § 22 RdNr. 1.
[605] Vgl. *Hölzle* ZIP 2011, 1889, 1890.

gungsbefugnis auf den vorläufigen Insolvenzverwalter übergeht. Die Bestellung eines vorläufigen Insolvenzverwalters mit gleichzeitiger Anordnung eines allgemeinen Zustimmungsvorbehalts hat im Außenverhältnis zwar zur Folge, dass Rechtshandlungen des Schuldners, zB im Eröffnungsverfahren genehmigte Lastschriftbuchungen oder eine von ihm ausgesprochene Kündigung des Arbeitsverhältnisses, ohne Zustimmung des Verwalters gem. §§ 24 Abs. 1, 81 Abs. 1 unwirksam sind.[606] Der vorläufige Verwalter ist in der Unternehmensinsolvenz auch grundsätzlich berechtigt, im Einzugsermächtigungsverfahren veranlassten, vom Schuldner noch nicht genehmigten Lastschriftabbuchungen zu „widersprechen", um so die Tilgung einer Insolvenzforderung im Lastschriftverfahren zu verhindern.[607] Er kann aber – anders als der starke vorläufige Verwalter, der an Stelle des Schuldners uneingeschränkt verfügungsbefugt ist – keine Lastschriften aus eigenem Recht selbst wirksam genehmigen.[608] Er ist mangels Verfügungsmacht auch nicht prozessführungsbefugt.[609] Im Rahmen des Sicherungszwecks obliegt ihm in erster Linie die Aufsicht und Kontrolle der Geschäftstätigkeit des Schuldners, was idR eine enge Zusammenarbeit erfordert.[610] Angesichts dieses strukturellen Unterschiedes kann der vorläufige Insolvenzverwalter mit Zustimmungsmacht nicht dem starken vorläufigen Insolvenzverwalter gleichgestellt werden. § 55 Abs. 2 ist daher auf Rechtshandlungen eines nur mitbestimmenden vorläufigen Insolvenzverwalters **nicht entsprechend** anwendbar.[611] Dieser kann also keine Verpflichtungen zu Lasten der Masse eingehen. Eine Masseschuld wird folglich auch durch schädigende Handlungen – etwa einen unberechtigten Lastschriftwiderspruch des vorläufigen Zustimmungsverwalters – nicht begründet.[612]

222 Dem schwachen vorläufigen Insolvenzverwalter kann durch Gerichtsbeschluss keine generelle und umfassende Befugnis verliehen werden, nach eigenem Ermessen während des Eröffnungsverfahrens analog § 55 Abs. 2 Verbindlichkeiten zu Lasten der künftigen Insolvenzmasse zu begründen oder „mit rechtlicher Wirkung für den Schuldner zu handeln". Derartige – in der früheren Praxis verbreitete – **pauschale Generalermächtigungen** des vorläufigen Insolvenzverwalters sind **unzulässig**, wenn dem Schuldner kein allgemeines Verfügungsverbot auferlegt wird. Denn nach § 22 Abs. 2 obliegt es dem Insolvenzgericht, selbst die Pflichten und damit auch die Befugnisse des schwachen vorläufigen Verwalters im Einzelnen festzulegen.[613]

223 Ordnet das Gericht als zusätzliche Sicherungsmaßnahme einen **Verwertungs- und Einziehungsstopp** für künftige Aus- und Absonderungsgüter an und gestattet dem schwachen (oder auch starken) vorläufigen Verwalter, diese Gegenstände zur Betriebsfortführung einzusetzen, steht den Gläubigern nach §§ 21 Abs. 2 Satz 1 Nr. 5, 169 Satz 2 innerhalb der ersten drei Monate nach Anordnung keine Nutzungsausfallentschädigung als Masseforderung zu. Ein Anspruch gegen die Masse in analoger Anwendung des § 55 Abs. 2 scheidet mangels Regelungslücke aus, weil **§ 21 Abs. 2 Satz 1 Nr. 5** mit der Verweisung auf **§ 169 Satz 2** eine **abschließende Sonderregelung** enthält.[614] Die auf den Zeitraum von drei Monaten begrenzte Versagung einer Nutzungsentschädigung aus der Masse ist verfassungsgemäß.[615] Eine unzumutbare Belastung der Aus- und Absonderungsberechtigten wird dadurch vermieden, dass sie für die Zeit danach (bei Weiternutzung der Gegenstände zugunsten der Masse) Nutzungsersatz gem. § 169 Satz 2 verlangen können und ihnen daneben als Ausgleich für etwaige Beschädigungen oder sonstige durch die Nutzung ab Anordnung eingetretene Wertverluste Ersatzansprüche nach § 21 Abs. 2 Nr. 5 gegen die (vorläufige) Masse zustehen. Beide

---

[606] BGH NZI 2010, 938; BAG ZInsO 2003, 817; *Uhlenbruck/Vallender* § 22 RdNr. 13.
[607] BGH NJW 2012, 146 u. 2010, 1532 (Keine Widerspruchsbefugnis, soweit Lastschriften aus unpfändbarem Schuldnervermögen eingelöst werden).
[608] Eine nach den AGB-Banken fingierte Genehmigung wirkt aber auch gegenüber dem nur mitbestimmenden vorläufigen Verwalter, da diese an die vom Schuldner mit der Zahlstelle vereinbarten AGB gebunden ist; s. BGH NZI 2010, 938; ZIP 2010, 2105, 2107 m. zust. Anm. *Jungmann* EWiR 2010, 717; ZIP 2010, 1552, 1555; krit. dazu *Wagner* ZIP 2011, 846 f.
[609] Das Gericht kann den vorläufigen Verwalter aber im Wege der Einzelanordnung zur gerichtlichen Geltendmachung einer Schuldnerforderung ermächtigen, falls dies zur Vermögenssicherung ausnahmsweise erforderlich ist (§ 21 Abs. 1 Satz 1). Vgl. BGH NJW-RR 2012, 1004; dazu krit. *Frind* ZInsO 2012, 1357 f.
[610] Die Überwachungspflicht ist Kernaufgabe des vorläufigen Verwalters, vgl. BGH NJW 2011, 2960 = ZIP 2011, 1419, 1425. Zur Pflichtenstellung auch *Gundlach/Frenzel/Jahn* ZInsO 2010, 122; *Uhlenbruck/Vallender* § 22 RdNr. 12.
[611] BGH NZI 2009, 475; NJW 2008, 1442; NJW 2002, 3326; *Jaeger/Gerhardt* § 22 RdNr. 128; zur Klärung durch die Rspr. des BGH eingehend *Kübler/Prütting/Bork/Pape/Schaltke* § 55 RdNr. 225 bis 226.
[612] BGH NZI 2011, 143. Zur evtl. persönlichen Haftung des vorläufigen Verwalters aus § 826 BGB vgl. BGH NJW 2012, 146; BGHZ 186, 242 = ZIP 2010, 1552.
[613] BGH NJW 2002, 3326; dazu näher RdNr. 226.
[614] BGHZ 183, 269 = NJW-RR 2010, 1283 = KTS 2010, 475 f. m. zust. Anm. *Becker*; dazu auch *Bork* NZI 2012, 590 f.
[615] BVerfG ZIP 2012, 1252.

Ansprüche auf Ausgleichszahlung stellen wegen ihres Massebezuges nach Insolvenzeröffnung Masseverbindlichkeiten dar, § 55 Abs. 2 Satz 2.[616] Diese Einordnung entspricht der vergleichbaren Konstellation, bei der ein schwacher vorläufiger Verwalter vom Gericht vorab zur Begründung entspr. Verbindlichkeiten zu Lasten der späteren Masse ermächtigt worden ist (zur richterlichen Einzelermächtigung s. RdNr. 226).

3. Gesetzlich übertragene Aufgaben. Die Aufgaben des vorläufigen Insolvenzverwalters mit Verwaltungs- und Verfügungsbefugnis sind in § 22 Abs. 1 Satz 2 gesetzlich festgelegt. Neben der Aufgabe, das Vermögen des Schuldners zu sichern und zu erhalten, hat er auch die Pflicht, das Schuldnerunternehmen bis zur Entscheidung über die Eröffnung des Insolvenzverfahrens fortzuführen.[617] Diese **Fortführungspflicht** ergibt sich aus dem Sicherungszweck des Eröffnungsverfahrens. Eine (vorzeitige) Zerschlagung des schuldnerischen Unternehmens muss verhindert werden, damit im eröffneten Verfahren die Gläubiger über dessen Fortführung und Sanierung nach Maßgabe ihres Befriedigungsinteresses entscheiden können. Die dem vorläufigen Insolvenzverwalter mit dem Übergang der Verwaltungs- und Verfügungsbefugnis eingeräumte Rechtsmacht ist deshalb im Eröffnungsverfahren an den Sicherungszweck gebunden.[618] Er hat grundsätzlich noch keine Verwertungsbefugnis, sondern soll nur die Masse „zusammenhalten".[619] Dies erklärt, weshalb er nicht berechtigt ist, die vorhandene unternehmerische Tätigkeit des Schuldners zu beenden und das Unternehmen stillzulegen, § 22 Abs. 1 Satz 2 Nr. 2. Er bedarf hierzu der vorherigen ausdrücklichen Zustimmung des Insolvenzgerichtes,[620] zumal die Insolvenz des Schuldners in diesem Verfahrensabschnitt nicht gewiss ist und Mitwirkungs- und Beteiligungsrechte der Gläubiger wie im eröffneten Verfahren nicht bestehen.

III. Begründung von Masseverbindlichkeiten

1. Grundsatz. Die dem vorläufigen Insolvenzverwalter mit Verwaltungs- und Verfügungsbefugnis auferlegte Pflicht, das schuldnerische Unternehmen weiterzuführen, stößt auf Grund der eingetretenen betrieblichen Situation auf große Schwierigkeiten. Die Lieferanten und Kunden sind angesichts der drohenden Verluste idR erst wieder zur weiteren Zusammenarbeit bereit, wenn gesichert ist, dass es „weitergeht". Die Mitarbeiter sind demotiviert, da ihre Löhne und Gehälter regelmäßig rückständig sind und sie mit der Insolvenz den Verlust ihrer Arbeitsplätze befürchten. Um die Produktion wieder aufnehmen zu können, benötigt der vorläufige Insolvenzverwalter vor allem wieder finanzielle Mittel, um die eingetretene Illiquidität zu beseitigen.[621] Die Reorganisation des Geschäftsbetriebes verlangt einen vorläufigen Insolvenzverwalter, der **entscheidungsbefugt** und **handlungsfähig** ist. In diesem Kontext ist die Regelung des § 55 Abs. 2 zu sehen. Der „starke" vorläufige Insolvenzverwalter erhält das Recht, mit Wirkung für und gegen den Schuldner Verbindlichkeiten zu begründen, die als Masseverbindlichkeiten in dem später eröffneten Verfahren gelten. Dadurch wird seine Verhandlungsposition gestärkt. Er wird grundsätzlich nicht über die liquiden Mittel verfügen, um eingegangene Verbindlichkeiten im Rahmen der ihm vom Gesetz aufgegebenen Unternehmensfortführung bezahlen zu können. Personen, die mit dem vorläufigen Insolvenzverwalter Geschäfte abschließen oder ihm gegenüber ein Dauerschuldverhältnis erfüllen, das sie noch mit dem Schuldner vereinbart hatten, sollen nach dem Willen des Gesetzgebers darauf vertrauen können, dass ihre im Eröffnungsverfahren begründeten Ansprüche im Insolvenzverfahren nicht nach der Regel des § 38 bloße Insolvenzforderungen sind, sondern als Masseverbindlichkeiten voll befriedigt werden.[622]

Die Möglichkeit, schon im Eröffnungsverfahren zum Zwecke der Betriebsfortführung Masseschulden zu begründen, setzt nicht in jedem Fall die Einsetzung eines „starken" Verwalters voraus. Vielmehr ist in Rspr. und Literatur anerkannt, dass das Insolvenzgericht den vorläufigen schwachen Verwalter durch Gerichtsbeschluss ausdrücklich dazu ermächtigen darf, **einzelne, im Voraus** genau festgelegte Masseverbindlichkeiten einzugehen, soweit dies für eine erfolgreiche Verwaltung nötig

---

[616] BGH NJW 2012, 2800 (Rz. 23); NZI 2012, 369 = ZIP 2012, 779, 782, dazu *Tillmann* EWiR 2012, 389; HambKomm-*Schröder* § 21 RdNr. 69e; LG Erfurt ZIP 2013, 281; dazu auch § 21 RdNr. 101.

[617] *Hölzle* ZIP 2011, 1889, 1891. Zu dem Pflichtenkonflikt zwischen Sicherung und Sanierung bei Betriebsfortführung im Eröffnungsverfahren s. *Undritz* NZI 2007, 65 f.

[618] Dem vorläufigen Insolvenzverwalter steht daher weder das Anfechtungsrecht nach §§ 129 f. noch das Recht der Erfüllungswahl nach § 103 zu, vgl. Jaeger/*Gerhardt* § 22 RdNr. 46 f.

[619] BGHZ 168, 321 = ZIP 2006, 1403; NZI 2012, 365.

[620] *Hölzle* ZIP 2011, 1889, 1891. Die gerichtliche Zustimmung ist aber keine Wirksamkeitsvoraussetzung für Kündigungen, die der vorläufige starke Insolvenzverwalter wegen beabsichtigter Betriebsstilllegung ausspricht, BAG ZInsO 2006, 388.

[621] Zum Krisenmanagement bei Betriebsfortführung im Eröffnungsverfahren eingehend *Voigt-Salus* in: Mohrbutter/Ringstmeier § 22 RdNr. 12 ff.

[622] Amtl. Begr. BT-Drucks. 12/2443, S. 426.

ist.[623] Rechtliche Grundlage für eine solche gerichtliche Kompetenzzuweisung im Wege der **Einzelanordnung** ist § 21 Abs. 1 Satz 1 i. V. m. § 22 Abs. 2.[624] Danach hat das Insolvenzgericht die Pflichten des vorläufigen Verwalters zu bestimmen u. alle erforderlichen Sicherungsmaßnahmen zu treffen, um nachteilige Veränderungen des Schuldnervermögens zu verhindern. Die Befugnisse des vom Gericht ermächtigten – sog. „**halbstarken**" – vorläufigen Verwalters entsprechen in dem festgelegten Regelungsbereich denen eines „starken" vorläufigen Verwalters. Die mit Hilfe der Einzelermächtigung begründeten Verpflichtungen gelten im eröffneten Verfahren analog § 55 Abs. 2 Satz 1 als Masseverbindlichkeiten.[625] Nach dem Grundsatz der Verhältnismäßigkeit hat das Insolvenzgericht bei Anordnung einer vorläufigen Insolvenzverwaltung nach § 22 Abs. 1 oder nach Abs. 2 jeweils zu prüfen, ob die Einsetzung eines vorläufigen Insolvenzverwalters mit Verfügungsbefugnis zur Erreichung des Verfahrenszwecks erforderlich ist oder ob die Bestellung eines schwachen vorläufigen Verwalters und die Erteilung von Einzelermächtigungen für ganz bestimmte Geschäftsvorgänge ausreichen. Müssen für eine erfolgreiche Betriebsfortführung im Eröffnungsverfahren nur einzelne Verpflichtungen von begrenztem Umfang gegenüber neu hinzutretenden Gläubigern (zB Lieferanten) eingegangen werden, so genügt es, dem „schwachen" vorläufigen Insolvenzverwalter eine spezielle Verpflichtungsermächtigung zu erteilen, die ggf. mit einem besonderen Verfügungsverbot für den Schuldner kombiniert werden kann. Zur Beseitigung eines Liquiditätsmangels wird es zB im Interesse der Unternehmensfortführung oftmals förderlicher sein, den vorläufigen Insolvenzverwalter lediglich zu ermächtigen, einen benötigten Kredit zu Lasten der späteren Masse aufzunehmen.[626] Die gerichtliche **Einzelermächtigung** zur Begründung von Masseverbindlichkeiten muss allerdings zum Schutz der Verfahrensbeteiligten sowie aus Gründen der Rechtsklarheit und Rechtssicherheit nach Art und Umfang inhaltlich klar bestimmt sein.[627]

227 Nach dem durch das ESUG zum 1.3.2012 eingefügten § 270b Abs. 3 „hat" das Insolvenzgericht (ohne eigene Prüfungsbefugnis) den eigenverwaltenden **Schuldner** auf Antrag zu ermächtigen, während des angeordneten sog. „**Schutzschirmverfahrens**" selbst Masseschulden für das nachfolgende Insolvenzverfahren zu begründen. Mit der Kompetenz zur Begründung von Masseverbindlichkeiten ist der Schuldner unter Aufsicht eines vorläufigen Sachwalters (§ 270a Abs. 1 Satz 2) in der Lage, die für die geplante Sanierung und Betriebsfortführung benötigten Finanzmittel zu beschaffen.[628] Da § 55 Abs. 2 entsprechend gilt, erhält der Schuldner aufgrund der gerichtlichen Ermächtigung die rechtliche Stellung eines starken vorläufigen Insolvenzverwalters.[629] Auch bei **vorläufiger Eigenverwaltung** gem. § 270a (ohne Schutzschirmantrag) „kann" das Insolvenzgericht dem Schuldner – nicht dem vorläufigen Sachwalter – für die Unternehmensfortführung eine Einzelermächtigung zur Begründung von bestimmten Masseverbindlichkeiten erteilen (analog §§ 21, 22); die in § 270b getroffene Sonderregelung steht einer solchen gerichtlichen Anordnung im Eigenverwaltungseröffnungsverfahren nicht entgegen.[630]

228 **2. Masseverbindlichkeiten aus Handlungen (Satz 1).** Masseverbindlichkeiten sind die von einem „starken" vorläufigen Insolvenzverwalter für das von ihm verwaltete Vermögen eingegangenen Verbindlichkeiten, § 55 Abs. 2 Satz 1. Alle Ansprüche, die bei Begründung durch den endgültigen Insolvenzverwalter im eröffneten Verfahren nach § 55 Abs. 1 Nr. 1 Masseverbindlichkeiten wären, sind auch bei ihrer Begründung durch den vorläufigen Insolvenzverwalter mit Verwaltungs-

---

[623] BGH NZI 2012, 365; BGHZ 151, 353, 365 f. = NJW 2002, 3326; dazu *Spliedt* EWiR 2002, 919; BAG NJW 2010, 2154 = ZIP 2010, 588, 593; *Laroche* NZI 2010, 965; *Uhlenbruck/Sinz* § 55 RdNr. 93; *Uhlenbruck/Vallender* § 22 RdNr. 195; dazu auch § 22 RdNr. 131 f.

[624] Das Gericht hat vor Erteilung von Einzelermächtigungen zu prüfen, ob die festgelegten Verbindlichkeiten voraussichtlich aus der späteren Masse erfüllt werden können; vgl. HambKomm-Schröder § 22 RdNr. 94.

[625] HambKomm-Schröder § 22 RdNr. 95; Uhlenbruck/Vallender § 22 RdNr. 193c.

[626] Zur Möglichkeit des vorläufigen Verwalters, Geschäftspartner bei Weiterlieferungen durch Einrichtung von Treuhandkonten auch bei Masseunzulänglichkeit abzusichern („Treuhandkontenmodell") vgl. eingehend Ganter NZI 2012, 433, 434 f.; *Marotzke* ZInsO 2005, 561; krit. HambKomm-*Schröder* § 22 RdNr. 98 f.; *Frind* ZInsO 2005, 1296.

[627] BGH NJW 2002, 3326; NJW-RR 2007, 624; *Vallender*, FS Greiner (2005), S. 327 f.; zum Konkretisierungserfordernis vgl. näher *Kirchhof* ZInsO 2004, 57, 60 f. Gleiches gilt bei der gerichtlichen Anordnung von Sicherungsmaßnahmen nach § 21 Abs. 2 Satz 1 Nr. 5, BGHZ 183, 269 = NJW-RR 2010, 1283.

[628] HambKomm-*Fiebig* § 270b RdNr. 25; A/G/R-*Ringstmeier* § 270b RdNr. 30.

[629] Für den Fall der Nichterfüllung der vom Schuldner begründeten Masseforderungen enthält § 270b Abs. 3 keine Verweisung auf § 61. Ob Geschäftsführungsorgane des Schuldners, analog § 61 haften können, ist fraglich; abl. zB HambKomm-Lind § 61 RdNr. 3; Undritz BB 2012, 1551 f.

[630] AG Köln NZI 2012, 375, dazu *M. Hofmann* EWiR 2012, 359; AG München ZIP 2012, 1470; AG Duisburg NZI 2013, 91 m. zust. Anm. *Andres*; FK-*Bornemann* § 55 RdNr. 37c; eingehend Undritz BB 2012, 1551 f.; dazu auch § 53 RdNr. 25c.

und Verfügungsbefugnis als Masseverbindlichkeiten einzustufen.[631] Gleiches gilt, wenn der vorläufige „schwache" Insolvenzverwalter bestimmte Verbindlichkeiten zu Lasten der späteren Masse eingeht, zu denen er vom Insolvenzgericht zuvor wirksam **ermächtigt** worden ist. Erfasst werden zunächst vertragliche Ansprüche, die der vorläufige Verwalter insbesondere im Zusammenhang mit einer Betriebsfortführung durch **Rechtsgeschäft** – auch in Form von von ihm selbst geschlossenen Dauerschuldverhältnissen – **neu begründet**.[632] Zu den Masseverbindlichkeiten zählen ferner Ansprüche, die aus tatsächlichen Maßnahmen, auch durch Pflichtverletzungen des vorläufigen Verwalters **kraft Gesetzes** entstehen. Zieht der starke vorläufige Verwalter zB sicherungsabgetretene Forderungen ein, kann dem Sicherungszessionar ein Ersatzanspruch gegen die Masse entspr. § 55 Abs. 2 Satz 1 zustehen, soweit das eingezogene Geld nicht mehr unterscheidbar vorhanden ist und damit auch ein Befriedigungsvorrecht entfällt.[633] § 55 Abs. 2 Satz 1 bezieht sich daher auch auf Steuerverbindlichkeiten aus Geschäften des vorläufigen Verwalters. Bei der Einordnung als Masseverbindlichkeit in einem nachfolgenden Insolvenzverfahren ist jeweils zu fragen, ob sie auch bei Begründung durch den Insolvenzverwalter Masseverbindlichkeiten nach Abs. 1 Nr. 1 gewesen wären. Dies hat vor allem Bedeutung für die im Rahmen des fortgeführten Unternehmens entstehende Umsatzsteuer. Soweit die Umsätze vom vorläufigen Insolvenzverwalter durchgeführt werden, stellt die abzuführende Umsatzsteuer – vorausgesetzt es kommt zu einem Insolvenzverfahren – eine Masseverbindlichkeit dar.[634] Steuerlich wird der vorläufige Insolvenzverwalter mit Verfügungsbefugnis wie der endgültige Insolvenzverwalter angesehen.[635] Er ist deshalb auch zur Abgabe der Steuererklärungen verpflichtet und haftet für die Erfüllung der steuerlichen Pflichten nach § 34 Abs. 3 AO.

3. Masseverbindlichkeiten aus Dauerschuldverhältnissen (Satz 2). Verbindlichkeiten aus 229 noch vom Schuldner abgeschlossenen „Dauerschuldverhältnissen" – insbesondere aus Miet-, Pacht- und Dienstverträgen im Sinne von § 108[636] – sind nach § 55 Abs. 2 Satz 2 ausnahmsweise Masseverbindlichkeiten, soweit der vorläufige Insolvenzverwalter mit Verfügungsbefugnis die **Gegenleistung** des Vertragspartners für die (künftige) Masse **in Anspruch genommen** hat. Gleiches gilt, wenn der vorläufige „schwache" Verwalter durch gerichtliche Anordnung im Einzelfall ausdrücklich ermächtigt worden ist, ein Dauerschuldverhältnis fortzusetzen und Entgeltansprüche des Gläubigers als Masseschuld zu tilgen. Das Gesetz behandelt insoweit die Ansprüche des Vertragspartners aus Dauerschuldverhältnissen ebenso, wie wenn der Verwalter sie selbst durch Neuabschluss begründet hätte. Der Einstufung als Masseverbindlichkeiten steht die Vorschrift des § 108 Abs. 3 nicht entgegen.

a) Verhältnis zu § 108 Abs. 3. Zwar ordnet § 108 Abs. 3 bei den von ihm erfassten Dauerschuld- 230 verhältnissen an, dass Ansprüche „für die Zeit vor der Eröffnung des Insolvenzverfahrens" – entsprechend der allgemeinen Regel des § 38 – nur als Insolvenzforderungen geltend gemacht werden können. In der Rechtsprechung[637] wie auch im Schrifttum[638] wird jedoch ganz überwiegend § 55 Abs. 2 Satz 2 zu Recht als die **speziellere Regelung** angesehen. § 108 Abs. 3 befasst sich für das eröffnete Verfahren allgemein mit den Ansprüchen aus Miet-, Pacht- und Dienstverhältnissen, während sich § 55 Abs. 2 auf die im Eröffnungsverfahren von einem vorläufigen Insolvenzverwalter durch Inanspruchnahme der Leistungen begründeten Verbindlichkeiten aus Dauerschuldverhältnissen bezieht. Diese werden nach dem Gesetzeszweck als Masseverbindlichkeiten hochgestuft, um im Interesse des Gläubigerschutzes ihre Befriedigung im Insolvenzverfahren durch den Insolvenzverwalter sicherzustellen. Die Vorschrift des § 55 Abs. 2 Satz 2 regelt den Spezialfall der Unternehmensfortführung durch einen vorläufigen Insolvenzverwalter, auf den die Verwaltungs- und Verfügungsbefugnis übergegangen ist, und wird deshalb nicht durch § 108 Abs. 3 verdrängt. Mit § 55 Abs. 2 sollen die rechtsgeschäftlichen Handlungsmöglichkeiten des „starken" vorläufigen Insolvenzverwalters gestärkt werden, um ihm die unternehmerische Tätigkeit zu ermöglichen. Diesem Gesetzeszweck würde es widersprechen, wenn sich die Befugnis des „starken" vorläufigen Insolvenzverwalters zur Begründung von Masseverbindlichkeiten nicht auch auf die von § 108 erfassten und wirtschaftlich besonders wichtigen Dauerschuldverhältnisse erstrecken würde.[639]

---

[631] Bereicherungsansprüche gegen die Masse gem. § 55 Abs. 1 Nr. 3 können vom vorläufigen Verwalter mit Verfügungsbefugnis nicht begründet werden. Vgl. HambKomm-*Jarchow* § 55 RdNr. 24; s.o. RdNr. 212.
[632] BGH NJW 2012, 2800 (Rz. 18); *Uhlenbruck/Sinz* § 55 RdNr. 94.
[633] BGH NJW 2010, 2585; ZIP 2010, 739, 744, dazu *Knof* EWiR 2010, 395.
[634] Die Verwertung im Eröffnungsverfahren hat insolvenzrechtlich für den vorläufigen Verwalter mit Verfügungsbefugnis keine steuerlichen Vorteile mehr; er verliert im Gegenteil die Ansprüche auf die Feststellungs- und Verwertungskostenbeiträge nach § 171.
[635] Zu entspr. Kompetenz des vorläufigen schwachen Insolvenzverwalters nach § 55 Abs. 4 s. RdNr. 242.
[636] Zum Anwendungsbereich s. *Kübler/Prütting/Bork/Pape/Schaltke* § 55 RdNr. 218.
[637] BGHZ 151, 353 = ZIP 2002, 1625, dazu *Spliedt* EWiR 2002, 919.
[638] *Jaeger/Henckel* § 55 RdNr. 89; HK-*Eickmann* § 55 RdNr. 28.
[639] BGHZ 151, 353, 357 f. = NJW 2002, 3326 = NZI 2002, 543 m. Bespr. *Heidrich/Prager* S. 653 f. = WM 2002, 1888 m. Anm. *Pape* WuB VI C. § 55 InsO 1.03.

231 b) Inanspruchnahme der Gegenleistung. Eine Masseforderung nach § 55 Abs. 2 Satz 2 liegt nur vor, wenn und soweit der vorläufige Insolvenzverwalter mit Verfügungsbefugnis (oder mit gerichtlicher Sonderermächtigung) die Gegenleistung aus einem Dauerschuldverhältnis – v.a. aus einem Miet- oder Arbeitsverhältnis i. S. d. § 108 Abs. 1 – für die spätere Insolvenzmasse in Anspruch genommen hat.[640] Unter Inanspruchnahme ist nach gefestigter Rechtsprechung des BGH ein Verhalten des vorläufigen Insolvenzverwalters zu verstehen, mit dem er die vom Vertragspartner geschuldete Gegenleistung **nutzt**, obwohl er dies pflichtgemäß **hätte verhindern können**.[641] Der Verwalter muss seinen Willen zur weiteren Nutzung nicht nach außen hin erkennbar machen; es genügt, wenn er die Nutzung wegen eines noch fortbestehenden Vertrages nur passiv geschehen lässt. Die vertragliche Gegenleistung wird allerdings bei einer dem vorläufigen Insolvenzverwalter **aufgedrängten** („oktroyierten") **Nutzung** nicht mehr von ihm in Anspruch genommen. Aufgezwungen ist die Nutzung indes nicht, solange der Verwalter es selbst in der Hand hat, eine weitere Nutznießung der Gegenleistung zu unterbinden.

232 Will der vorläufige Verwalter vermeiden, dass zB bei einem bis zum Ablauf der Kündigungsfrist fortbestehenden **Mietverhältnis** Ansprüche des Vermieters als Masseverbindlichkeiten entstehen, muss er den Vermieter von seiner mietvertraglichen Überlassungspflicht „freistellen", indem er ihm die **Herausgabe** der zuvor vom Schuldner genutzten Mietsache zur weiteren Nutzung **anbietet**.[642] Kommt eine Rückgewähr des unmittelbaren Besitzes bei Untervermietung nicht in Betracht, kann sich der vorläufige Verwalter, der weiter die Untermieten vom Endmieter einzieht, nicht mit Erfolg darauf berufen, er habe den Mietgebrauch wegen des fortbestehenden Untermietverhältnisses nicht beenden können. Vielmehr hat er in dieser Lage die Übergabe des mittelbaren Besitzes mit der Abtretung des Untermietzinses anzubieten.[643]

233 Findet der vorläufige starke Insolvenzverwalter ein **Arbeitsverhältnis** vor, das wegen laufender Kündigungsfristen noch nicht beendet werden kann, kommt es für die Beurteilung der arbeitsvertraglichen Entgeltansprüche als Masseverbindlichkeiten oder einfache Insolvenzforderungen darauf an, ob die Arbeitnehmer **tatsächlich weiterbeschäftigt** oder wirksam freigestellt werden. Zieht der Verwalter die Arbeitnehmer – typischerweise im Rahmen einer Betriebsfortführung – weiter zur Arbeitsleistung heran, steht diesen, solange ihre Dienste zu Gunsten des Schuldnervermögens erbracht werden, der vertragliche Arbeitslohn aus der Masse zu. Die Arbeitslohnansprüche aus der Weiterbeschäftigung stellen Masseschulden i.S.v. § 55 Abs. 2 Satz 2 dar. Werden die Arbeitnehmer hingegen von jeder Arbeitspflicht **freigestellt**, weil der vorläufige Verwalter auf ihre Arbeitskraft verzichten kann, fließt der (späteren) Masse kein wirtschaftlicher Wert in Form einer Gegenleistung der Arbeitnehmer mehr zu. Die freigestellten Arbeitnehmer können ihre Lohnansprüche aus §§ 611, 615 BGB daher nur als Insolvenzgläubiger geltend machen.[644]

IV. Auf die Bundesagentur für Arbeit übergegangene Ansprüche auf Arbeitsentgelt, § 55 Abs. 3.

234 Werden Arbeitnehmer des Schuldners im Eröffnungsverfahren von einem „starken" vorläufigen Insolvenzverwalter weiterbeschäftigt, stehen ihnen selbst Lohnansprüche nach § 55 Abs. 2 Satz 2 als Masseforderungen zu. Die durch das InsOÄndG 2001 eingefügte Regelung in **§ 55 Abs. 3** bestimmt aber, dass das Masseprivileg des Abs. 2 im Falle des gesetzlichen **Forderungsübergangs** (§ 187 SGB III) nicht zugunsten der Bundesagentur für Arbeit (BA) gilt. Beantragen Arbeitnehmer, die für die Dauer von längstens drei Monaten auf die Inanspruchnahme von Insolvenzgeld verwiesen werden können, die Zahlung von Insolvenzgeld, gehen ihre Entgeltansprüche in Höhe des gewährten Nettobetrages auf die BA über, §§ 183, 187 Satz 1 SGB III.

235 Die Vorfinanzierung des Insolvenzgeldes durch die Arbeitsverwaltung erlaubt es dem „starken" vorläufigen Insolvenzverwalter, trotz fehlender Liquidität die Löhne und Gehälter der Mitarbeiter zu bezahlen und damit den Betrieb weiterzuführen. Er muss noch vorhandene Mittel nicht bevorzugt zur Zahlung

---

[640] *Uhlenbruck/Sinz* § 55 RdNr. 95; A/G/R–*Homann* § 55 RdNr. 24.
[641] BGH ZIP 2004, 326, dazu EWiR 2004, 349 *(Pape)* = NZI 2004, 209 m. Anm. *Uhlenbruck;* BGHZ 154, 358 = NJW 2003, 2454; dazu auch *Jaeger/Windel* § 209 RdNr. 59.
[642] BGHZ 154, 358 = NJW 2003, 2454; NJW 2007, 1594; HK-*Lohmann* § 55 RdNr. 31; aA *Kübler/Prütting/ Bork/Pape/Schaltke* § 55 RdNr. 222, wonach der vorläufige Verwalter die Gegenleistung – anders als bei Anwendung des § 209 – nur bei tatsächlicher Nutzung in Anspruch nimmt; krit. auch *Barnert* in WuB VI C. § 209 InsO 1.03, der eine Pflicht des Verwalters zur „Freistellung" des Vermieters verneint, wenn nur die angemieteten Räume bis zum Ablauf der Kündigungsfrist weiter genutzt werden.
[643] BGH NJW 2007, 1594; NJW-RR 2004, 238 f. m. krit. Anm. *Eckert* EWiR 2004, 871 (keine Leistungsinanspruchnahme wegen „oktroyierter" Nutzung).
[644] Vgl. BAG ZIP 2005, 1289; *Gottwald/Bertram* § 107 RdNr. 8; *Braun/Bäuerle/Schneider* § 55 RdNr. 59.

der Arbeitslöhne einsetzen.[645] Die finanzielle Situation des Unternehmens bessert sich grundlegend, wenn die Personalkosten aus dem Eröffnungsverfahren nicht als Masseverbindlichkeiten aus der Insolvenzmasse vorweg bezahlt werden müssen. Darin liegt der **Subventionseffekt** der Insolvenzgeldvorfinanzierung, ohne den Betriebsfortführungen in der Mehrheit der Fälle erfolgreich nicht möglich sind. Die Gewährung der Vorfinanzierung ist ausschließlich davon abhängig, ob die Weiterführung des Unternehmens geeignet ist, zum Erhalt von Arbeitsplätzen beizutragen. Wenn dies bejaht werden kann, zB auf der Grundlage einer entsprechenden Stellungnahme des vorläufigen Insolvenzverwalters, ist die Vorfinanzierung durchzuführen in Kenntnis dessen, dass damit dem betroffenen Unternehmen ein entsprechender „Sanierungsbeitrag" zur Verfügung gestellt wird.

1. Rückstufung zu Insolvenzforderungen. Nach **Absatz 3** des § 55 kann die Arbeitsagentur die auf sie übergegangenen Entgeltansprüche der Arbeitnehmer nur als **Insolvenzgläubigerin** geltend machen. Durch die **Herabstufung** der mit der Auszahlung des Insolvenzgeldes übergegangenen Arbeitnehmeransprüche zu bloßen Insolvenzforderungen werden die Massebelastungen aus starker vorläufiger Verwaltung u. die Haftungsrisiken für den Verwalter verringert. Mit dieser gesetzlichen Klarstellung ist ein wesentliches Hindernis für die verstärkte Einsetzung von vorläufigen Insolvenzverwaltern mit Verfügungsbefugnis i. S. d. §§ 22 Abs. 1, 55 Abs. 2 und für eine Erfolg versprechende Betriebsfortführung in Eröffnungsverfahren beseitigt worden. Wegen der durchweg guten Erfahrungen, welche die Praxis mit weniger einschneidenden Sicherungsmaßnahmen – wie mit der Bestellung eines nur mitbestimmenden vorläufigen Insolvenzverwalters – im Eröffnungsverfahren bisher gemacht hat, bleibt die sog. starke vorläufige Verwaltung aber weiterhin die eher seltene Ausnahme. Die gesetzlich angeordnete Zurückstufung der auf die BA übergegangenen Arbeitnehmeransprüche hat sich daher praktisch kaum ausgewirkt.[646]

Nach § 55 Abs. 3 **Satz 2** i. V. m. § 208 SGB III können auch die Ansprüche auf Zahlung der für den Insolvenzgeld-Zeitraum rückständigen **Gesamtbeiträge zur Sozialversicherung,** die aus der Weiterbeschäftigung von Arbeitnehmern durch den starken vorläufigen Insolvenzverwalter herrühren und die nicht auf die Bundesanstalt für Arbeit übergehen, von der Einzugsstelle nur als einfache Insolvenzforderungen geltend gemacht werden.

2. Altverfahren. Schon für die Zeit vor der am 1.12.2001 in Kraft getretenen Neuregelung in § 55 Abs. 3 wurde – entgegen Stimmen im Schrifttum[647] – vom BAG[648] zu Recht die Auffassung vertreten, dass § 55 Abs. 2 im Wege der teleologischen Reduktion so auszulegen ist, dass von seinem Geltungsbereich die Entgeltforderungen der Arbeitnehmer ausgenommen werden, die auf die damalige Bundesanstalt für Arbeit nach §§ 183, 187 SGB III. übergehen. Die **einschränkende** Auslegung des § 55 Abs. 2 war geboten, um den vollberechtigten vorläufigen Insolvenzverwalter in die Lage zu versetzen, der Pflicht zur Fortführung des Geschäftsbetriebes während des Eröffnungsverfahrens ohne Inkaufnahme eines für ihn unkalkulierbaren und damit unzumutbaren Haftungsrisikos (§ 61) nachzukommen. Durch die richtige Qualifizierung der Rückgriffsansprüche der Bundesanstalt als einfache Insolvenzforderungen war schon für die **Altfälle** aus der Zeit vor der Ergänzung des § 55 erreicht worden, dass auch der – ausnahmsweise eingesetzte – vorläufige Insolvenzverwalter mit Verfügungsbefugnis die Vorfinanzierung des Insolvenzgeldes durch die BfA zur Masseanreicherung und Fortführung des insolventen Unternehmens nutzen konnte.

G. Masseverbindlichkeiten aus Steuerschuldverhältnissen nach § 55 Abs. 4

I. Regelungszweck

Nach § 55 Abs. 4 gelten **Steuerverbindlichkeiten** des Schuldners, die von einem vorläufigen Insolvenzverwalter oder vom Schuldner mit Zustimmung eines vorläufigen Insolvenzverwalters begründet worden sind, nach Verfahrenseröffnung als Masseverbindlichkeiten. Die durch das Haushaltbegleitgesetz 2011 mit Wirkung zum 1.1.2011 eingefügte Neuregelung[649] betrifft die Kompetenzen des vorläufigen Insolvenzverwalters im Eröffnungsverfahren und ergänzt den Abs. 2. Der Gesetzgeber der InsO hatte an § 55 Abs. 2 die Erwartung geknüpft, dass die mit der Eingehung von neuen Verbindlichkeiten durch den „starken" vorläufigen Verwalter verbundenen gesetzlichen Ansprüche – wie insbesondere die auf Leistungen im vorläufigen Insolvenzverfahren anfallende Umsatzsteuer – aus der Masse befriedigt würden. Tat-

---
[645] BGH NJW-RR 2010, 351.
[646] Kübler/Prütting/Bork/Pape/Schaltke § 55 RdNr. 235.
[647] Bork ZIP 1999, 781.
[648] BAG NZI 2002, 118, dazu Bork EWiR 2001, 1063; krit. Jaeger/Henckel § 85 RdNr. 85.
[649] HBeglG v. 9.12.2010 (BGBl. I, 1885). Zur Entstehungsgeschichte vgl. Onusseit ZInsO 2011, 641 ff.

sächlich wird in der insolvenzrechtlichen Praxis ein allgemeines Verfügungsverbot, also eine starke vorläufige Insolvenzverwaltung nach § 22 Abs. 1 Satz 1 selten angeordnet. Als Regelfall hat sich die Anordnung eines Zustimmungsvorbehalts gem. § 21 Abs. 2 Nr. 2 Alt. 2 herausgebildet. Der nur mitbestimmende („schwache") vorläufige Insolvenzverwalter hat aber – ohne gerichtliche Einzelermächtigung – keine Befugnis, Verpflichtungen zu Lasten der späteren Insolvenzmasse entspr. § 55 Abs. 2 Satz 1 zu begründen (s. RdNr. 221). Es kommt daher zu Steuerausfällen, soweit der Fiskus nicht abgeführte Umsatzsteuern, die aus Umsatztätigkeiten des Schuldners im Eröffnungsverfahren resultieren, nur als Insolvenzgläubiger geltend machen kann. Damit teilt der Fiskus als Steuergläubiger das Schicksal vieler anderer ungesicherter und oft auch unfreiwilliger Gläubiger. Nach der amtlichen Begründung des Regierungsentwurfs soll die mit § 55 Abs. 4 eingeführte **Ausnahme zu Gunsten des Fiskus** aber gerade dazu dienen, Benachteiligungen gegenüber anderen Gläubigern des Schuldners ausgleichen.[650] Im Schrifttum wird demgegenüber kritisiert, dass die Neuregelung die Finanzverwaltung systemwidrig gegenüber der Gemeinschaft der übrigen ungesicherten Insolvenzgläubiger (Lieferanten u.a.) bevorzugt und mit der Schaffung dieses „Fiskusprivilegs" das Grundprinzip der Gläubigergleichbehandlung ohne sachliche Rechtfertigung verletzt.[651] Es bleibt abzuwarten, inwieweit Unternehmenssanierungen künftig tatsächlich dadurch erschwert oder unmöglich gemacht werden, dass Umsatzsteuerbeträge als zusätzliches Finanzierungsinstrument der Insolvenzmasse nicht mehr zur Verfügung stehen.

II. Regelungsinhalt

240 1. **Umfang.** In seinem sachlichen Anwendungsbereich erstreckt sich Abs. 4 auf Verbindlichkeiten aus dem „Steuerschuldverhältnis". Er gilt damit entspr. seinem Wortlaut für **alle** während der vorläufigen Insolvenzverwaltung anfallenden **Steuerarten** samt Nebenleistungen i.S.d. § 37 Abs. 1 AO.[652] Auch wenn der Gesetzgeber vor allem die Steuerausfälle des Fiskus bei der Umsatzsteuer, dem größten Steuerposten in der Insolvenz vermeiden wollte, ist die Regelung nach ganz hM nicht nur auf die Umsatzsteuer beschränkt.

241 2. **Begründung von Steuerforderungen.** Tatbestandlich verlangt § 55 Abs. 4, dass Steuerverbindlichkeiten entweder vom vorläufigen Insolvenzverwalter oder durch eine mit dessen Zustimmung vorgenommene Handlung des Schuldners begründet werden.[653] Die **„Begründetheit"** wird nach denselben Merkmalen wie bei der Abgrenzung der Insolvenz- von der Masseforderung im Zeitpunkt der Verfahrenseröffnung vorzunehmen sein.[654] Unter Beachtung der neuen Rspr. des Bundesfinanzhofs[655] geht der BMF-Erlass davon aus (Tz. 17), dass bei der Ist-Besteuerung die Vereinnahmung der Entgelte durch den sog. schwachen vorläufigen Verwalter im Eröffnungsverfahren mit der Verfahrenseröffnung zur Entstehung von Masseverbindlichkeiten i. S. d. § 55 Abs. 4 führe.

242 a) **Betroffene Personen.** Die Neuregelung betrifft in ihrem persönlichen Anwendungsbereich den sog. **„schwachen"**, nicht auch den starken vorläufigen Insolvenzverwalter.[656] Der starke vorläufige Verwalter mit umfassender Verfügungsbefugnis gem. § 21 Abs. 2 Nr. 2 konnte schon bisher durch sein Handeln Steueransprüche begründen, die im eröffneten Verfahren als Masseverbindlichkeiten gelten, § 55 Abs. 2 Satz 1. Daher ist für ihn nicht Abs. 4, sondern Abs. 2 einschlägig.[657] Dass die Insolvenzgerichte im Hinblick auf die Kompetenzerweiterung des schwachen vorläufigen Verwalters nunmehr in größerer Anzahl starke vorläufige Verwalter einsetzen werden, ist nicht zu erwarten.[658]

243 b) **Abwicklung.** Die bei Insolvenzeröffnung noch nicht bezahlten Steuerverbindlichkeiten aus der Zeit der vorläufigen Insolvenzverwaltung gelten nach Abs. 4 als Masseverbindlichkeiten. Der Insolvenzverwalter hat diese Steuern nunmehr zu erklären und aus der Masse an den Fiskus abzuführen.[659] Hat der

---

[650] BT-Drucks. 17/3030, 42 f.
[651] Vgl. *Kahlert* ZIP 2010, 1274; *Hölzle* BB 2012, 1571; *Andres/Leithaus* § 55 RdNr. 19; A/G/R-*Sander* § 22 RdNr. 89; *Vallender/Undritz/Fischer* Kap. 14 RdNr. 41.
[652] Für umfassenden Geltungsbereich auch *Kahlert* ZIP 2011, 401, 402; *Onusseit* ZInsO 2011, 641, 646; *Beck* ZIP 2011, 551, 556; HambKomm-*Jarchow* § 55 RdNr. 83; *Vallender/Undritz/Fischer* Kap. 14 RdNr. 53; *Kübler/Prütting/Bork/Pape/Schaltke* § 55 RdNr. 233a; für engere Anwendung aber *Nawroth* ZInsO 2011, 107, 108.
[653] Zu den Voraussetzungen und zu Zweifelsfragen hat das BMF mit Anwendungserlass v. 17.1.2012 – abgedruckt in ZIP 2012, 245 – Stellung genommen.
[654] *Onusseit* ZInsO 2011, 641 f.; *Vallender/Undritz/Fischer* Kap. 14 RdNr. 55; *Kahlert* ZIP 2011, 401, 402 f.
[655] BFH NJW 2011, 1998, dazu krit. *Schmittmann* ZIP 2011, 1125, 1130; auch RdNr. 74.
[656] BMF-Erlass Tz. 2; FK-*Bornemann* § 55 RdNr. 50; *Heinze* ZInsO 2011, 603.
[657] BMF-Erlass Tz. 5; *Onusseit* ZInsO 2011, 641, 643; *Vallender/Undritz/Fischer* Kap. 14 RdNr. 51.
[658] *Kübler/Prütting/Bork/Pape/Schaltke* § 55 RdNr. 233b; nach *Hölzle* ZIP 2011, 1889, 1890 ist eine leichte Zunahme zu verzeichnen.
[659] Einzelheiten dazu bei *Sinz/Oppermann* DB 2011, 2185, 2192; *Rennert-Bergenthal/Dähling* ZInsO 2011, 1922.

Schuldner im vorläufigen Verfahren noch keine USt-Voranmeldungen eingereicht, wird das Finanzamt den Verwalter zur Abgabe auffordern und ihm gegenüber die Steuer erstmalig festsetzen. Andernfalls bleibt der Finanzverwaltung nur die Möglichkeit, bezüglich der noch nicht beglichenen Masseschulden ein Leistungsgebot nach § 254 AO an den Verwalter zu erlassen.[660]

3. Vom Schuldner mit Zustimmung eines vorläufigen Insolvenzverwalters begründete Steuerverbindlichkeiten. Der Erlass des BMF (Tz. 2) geht davon aus, dass die Begründung von Masseverbindlichkeiten nach Abs. 4 nicht deshalb unterbleibt, weil anstelle der üblichen Bestellung eines schwachen vorläufigen Verwalters mit allgemeinem Zustimmungsvorbehalt nach § 21 Abs. 2 Nr. 2 nur **isolierte Sicherungsanordnungen** erlassen werden.[661] Ein schwacher vorläufiger Insolvenzverwalter kann danach auch ohne Zustimmungsvorbehalt jedenfalls Steueransprüche als Masseverbindlichkeiten begründen, solange ihm zahlreiche (Sicherungs-)Befugnisse durch das Insolvenzgericht eingeräumt werden. Ob er diese Kompetenz auch dann noch hat, wenn das Gericht nach dem Grundsatz der Verhältnismäßigkeit seinen Wirkungskreis von vornherein auf die Sicherung einzelner Vermögenswerte eingrenzt, ist allerdings zweifelhaft.[662] Missbräuchlich wäre eine solche Beschränkung nur (vgl. § 42 AO), falls sie ausschließlich der Verhinderung fiktiver Masseverbindlichkeiten und damit eine Umgehung des Abs. 4 bezweckt.[663] 244

a) Zustimmung. Da Ansprüche aus dem Steuerschuldverhältnis kraft Gesetzes entstehen (§ 38 AO), bedarf es hierzu keiner Zustimmung des vorläufigen Verwalters i. S. d. § 182 BGB. Der nicht näher umschriebene Begriff „Zustimmung" ist daher mit der hM als **tatsächliches Einverständnis** mit der Handlung des Schuldners zu verstehen und **weit** auszulegen, sodass er jede Art von aktiver oder konkludenter Billigung umfasst.[664] Der vorläufige Verwalter stimmt aber nicht mehr zu, sobald er Umsatzgeschäften des Schuldners widerspricht. Fraglich ist, ob im Fall der Ist-Versteuerung auch die **Entgeltvereinnahmung** durch den schwachen vorläufigen Verwalter mit der Insolvenzeröffnung zu Masseverbindlichkeiten führt.[665] Da dem vorläufigen Verwalter noch kein Erfüllungswahlrecht gem. § 103 zusteht, dürfte sich jedenfalls sein Zustimmungsvorbehalt allein auf **Neugeschäfte** des Schuldners beziehen; nur hieraus stammende Forderungen werden also von der Fiktionswirkung nach Abs. 4 umfasst.[666] Der Forderungseinzug, den der vorläufige Verwalter ohnehin nicht verweigern dürfte, bezieht sich aber auf vom Schuldner schon vor dem Insolvenzantrag getätigte Altgeschäfte. Nicht unter Abs. 4 fallen auch etwaige gegen den Schuldner wegen Fristversäumnisse im Eröffnungsverfahren festgesetzte **Verspätungszuschläge** (§ 152 AO), weil diese nicht durch den schwachen vorläufigen Verwalters oder durch seine Zustimmung begründet worden sind. Sein Unterlassen kann nicht als Zustimmung gewertet werden, da er kein Vermögensverwalter i. S. d. § 34 Abs. 3 AO ist und folglich auch keine Steuerpflichten für den Schuldner zu erfüllen hat.[667] 245

b) Rechtsfolgen. Die Umsatzsteuerschuld ist nach Eröffnung des Insolvenzverfahrens aus der Masse an den Fiskus abzuführen.[668] Für den Fiskus als Steuergläubiger bleibt trotz der Aufwertung seiner Steueransprüche zu fingierten Masseforderungen das Risiko, dass der Insolvenzverwalter zugleich mit Verfahrenseröffnung nach § 208 Abs. 1 die **Unzulänglichkeit der Masse** anzeigen muss. Die als Masseschulden angefallenen Steuern sind dann nur in der Reihenfolge des § 209 Abs. 1 abzuführen. Die Rückstufung in den Rang eines **Altmassegläubigers** gem. § 209 Abs. 1 Nr. 3 lässt sich nicht durch eine gerichtliche „Vorrang-Ermächtigung" vermeiden, wonach vom vorläufigen Verwalter begründete Masseverbindlichkeiten trotz später angezeigter Masseunzulänglichkeit den Rang von Neumasseschulden behalten.[669] Dafür gibt die InsO keine Grundlage. Können die gesetzlich begründeten Steuermasseschulden nicht gezahlt werden, droht dem Insolvenzverwalter nach der Rspr. des BGH keine persönliche Haftung gem. § 69 AO oder §§ 60, 61.[670] Insbesondere scheidet eine Ersatzpflicht nach § 61 aus, weil der Fiskus für seine Steuerforderung keine Gegenleistung zur Masse erbringt. 246

[660] FG Düsseldorf ZIP 2012, 688, dazu *Schmittmann* EWiR 2012, 323; BMF-Erlass RdNr. 36, 38; vgl. auch *Kahlert* ZIP 2011, 401, 404.
[661] BMF-Erlass Tz. 17.
[662] Vgl. AG Düsseldorf ZIP 2011, 443, 444, dazu EWiR 2011, 259 m. zust. Anm. *Vallender*.
[663] *Vallender/Undritz/Fischer* Kap. 14 RdNr. 52; dazu näher *Sinz/Oppermann* DB 2011, 2185, 2187.
[664] BMF-Erlass Tz. 3; *Onusseit* ZIP 2011, 641, 650; HambKomm-*Jarchow* RdNr. 84; FK-*Bornemann* § 55 RdNr. 52.
[665] Bejahend BMF-Erlass Tz. 17; *Schmittmann* ZIP 2011, 1125, 1130.
[666] *Vallender/Undritz/Fischer* Kap. 14 RdNr. 57, 193.
[667] BMF-Erlass Tz. 10, 26; *Beck* ZIP 2011, 551, 552; *Vallender/Undritz/Fischer* Kap. 14 RdNr. 58.
[668] Dazu i.e. *Nawroth* ZInsO 2011, 107, *Heinze* ZInsO 2011, 683 f.
[669] A/G/R-*Sander* § 22 RdNr. 92; HK-*Lohmann* § 55 RdNr. 28; *Kübler/Prütting/Bork/Pape/Schaltke* § 55 RdNr. 233; aA AG Hamburg ZInsO 2004, 1270; HambKomm-*Weitzmann* § 209 RdNr. 9. *Uhlenbruck/Berscheid/Ries* § 209 RdNr. 21 sind nur für eine Bevorzugung gegenüber aufoktroyierten Masseverbindlichkeiten.
[670] BGH NZI 2011, 60 = ZIP 2010, 2252, dazu EWiR 2011, 59 (*Ries*); *Onusseit* ZInsO 2011, 641, 647; *Kahlert* ZIP 2011, 401, 406; *Schmittmann* ZIP 2011, 1125, 1129; HambKomm-*Jarchow* § 55 RdNr. 86; dazu auch RdNr. 76.

Dritter Abschnitt. Insolvenzverwalter. Organe der Gläubiger

§ 56 Bestellung des Insolvenzverwalters[1]

(1) [1]Zum Insolvenzverwalter ist eine für den jeweiligen Einzelfall geeignete, insbesondere geschäftskundige und von den Gläubigern und dem Schuldner unabhängige natürliche Person zu bestellen, die aus dem Kreis aller zur Übernahme von Insolvenzverwaltungen bereiten Personen auszuwählen ist. [2]Die Bereitschaft zur Übernahme von Insolvenzverwaltungen kann auf bestimmte Verfahren beschränkt werden. [3]Die erforderliche Unabhängigkeit wird nicht schon dadurch ausgeschlossen, dass die Person
1. vom Schuldner oder von einem Gläubiger vorgeschlagen worden ist,
2. den Schuldner vor dem Eröffnungsantrag in allgemeiner Form über den Ablauf eines Insolvenzverfahrens und dessen Folgen beraten hat.

(2) [1]Der Verwalter erhält eine Urkunde über seine Bestellung. [2]Bei Beendigung seines Amtes hat er die Urkunde dem Insolvenzgericht zurückzugeben.

Schrifttum: *Baade,* Zur Auswahl der Konkurs- und Vergleichsverwalter, KTS 1959, 40; *Bley,* Die staatsrechtliche Stellung des Konkursverwalters, KuT 1929, 178; *Bliefert,* Müssen Konkursverwalter und Vertrauenspersonen Zulassungsscheine besitzen?, KuT 1928, 89; *Bork,* Die Unabhängigkeit des Insolvenzverwalters – ein hohes Gut, ZIP 2006, 58; *Braun,* Die Bedrohung der Konkurs-Kultur durch Berufsgesellschaften mit beschränkter Haftung als Konkursverwalter, BB 1993, 2172; *Bruckhoff,* Amtspflichtverletzung bei Verwalterauswahl und -überwachung nur bei groben Pflichtverstößen, NZI 2008, 25; *Degenhart/Borchers,* Das Anforderungsprofil des Insolvenzverwalters – Ergebnisse einer Befragung von Insolvenzgerichten und Kreditinstituten, ZInsO 2001, 337; *Deutsch,* Über die Eignung des Konkursverwalters für sein verantwortungsvolles Amt, KuT 1931, 129; *Eickmann,* Höchstpersönliches Verwalterhandeln oder Delegationsbefugnis?, KTS 1986, 197; *Eser,* Stellung und Aufgaben des Insolvenzverwalters im neuen Reorganisationsverfahren, KTS 1985, 23; *Frind,* Die Qual der Auswahl – Bemerkungen zu untauglichen Methoden der Insolvenzverwalterauswahl, ZInsO 2005, 225; *Frind/Schmidt,* Insolvenzverwalterbestellung: Auswahlkriterien und Grenzen der Justiziabilität in der Praxis, NZI 2004, 533; *Gaier,* Verfassungsrechtliche Aspekte der Auswahl und Abwahl des Insolvenzverwalters, ZInsO 2006, 1177; *Graeber,* Die Unabhängigkeit des Insolvenzverwalters gegenüber Gläubigern und Schuldner, NZI 2002, 345; *ders.,* Die Aufgaben des Insolvenzverwalters im Spannungsfeld zwischen Delegationsbedürfnis und Höchstpersönlichkeit, NZI 2003, 569; *ders.,* Die Vorauswahl der Insolvenzverwalterkandidaten, NJW 2004, 2715; *ders.,* Auswahl und Bestellung des Insolvenzverwalters, DZWIR 2005, 177; *ders.,* Wie viele Insolvenzverwalter verträgt das Insolvenzverfahren? Gedanken zur weiteren Entwicklung der Verwalterbestellungen und evtl. notwendigen Kontigentierung der Verwalterschaft, ZInsO 2006, 851; *ders.,* Kein Konkurrentenschutz für Insolvenzverwalter, NZI 2006, 499; *ders.,* Der Konzerninsolvenzverwalter, NZI 2007, 265; *Graeber/Pape,* Der Sonderinsolvenzverwalter im Insolvenzverfahren, ZIP 2007, 991; *Graf/Wunsch,* Bestellung eines Sonderverwalters bei drohenden Interessenkonflikten des Insolvenzverwalters, DZWIR 2002, 177; *Haarmeyer,* Der Insolvenzverwalter, ZAP-Ost Fach 14, Seite 251 (1998, 37); *Häberlin,* Zulassungsscheine für Konkursverwalter und Vertrauenspersonen?, KuT 1927, 116; *Heinze,* Das Verhältnis zwischen Insolvenzverwalter und Insolvenzgericht; *Kumpan,* Der Insolvenzverwalter als Interessenwahrer, KTS 2010, 169; *Leipold* (Hrsg.): Insolvenzrecht im Umbruch, 31; *Henssler,* Berufsrechtliche Tätigkeitsverbote für den Konkurs- und Insolvenzverwalter; *Prütting* (Hrsg.): RWS-Forum 9, Insolvenzrecht 1996, 165; *Hess/Ruppe,* Auswahl und Einsetzung des Insolvenzverwalters und die Justiziabilität des Nichtzugangs zur Insolvenzverwaltertätigkeit, NZI 2004, 641; *Höfling,* Insolvenzverwalterbestellung – Rechtsschutz durch Konkurrentenklage?, NJW 2005, 2341; *Hill,* Die Unabhängigkeit des Insolvenzverwalters, ZInsO 2005, 1289; *Holzer,* Die Entscheidungsträger im Insolvenzverfahren, 3. Aufl. 2004; *Kadletz,* Der vorinsolvenzlich tätige Rechtsanwalt als sanierender Insolvenzverwalter?, ZIP 2000, 117; *Kesseler,* Rechtsschutz des „übergangenen" Insolvenzverwalters, ZIP 2000, 1565; *ders.,* Das Grundrecht auf Bestellung zum Insolvenzverwalter, ZInsO 2002, 201; *Köhler-Ma,* Verwalterauswahl und Qualitätskriterien im internationalen Vergleich, DZWIR 2006, 228; *Köster,* Freier Zugang zur Tätigkeit des Insolvenzverwalters, NZI 2004, 538; *ders.,* Die Bestellung des Insolvenzverwalters, 2005; *Kruth,* Die Auswahl und Bestellung des Insolvenzverwalters, 2006; *v. Kunitzki-Neu,* Warum wird die Konkursverwaltung nicht Frauen übertragen?, KuT 1929, 5; *Lüke,* Kein Bedarf an Insolvenzverwaltern, ZIP 2000, 485; *ders.,* Verwalterbestellung – im grundrechtsfreien Raum?, ZIP 2000, 1574; *ders.,* Der Sonderinsolvenzverwalter, ZIP 2004, 1693; *Neubert,* Auswahl der (vorläufigen) Insolvenzverwalter/-verwalterinnen durch das Gericht, ZInsO 2002, 309; *ders.,* Das Hannoveraner Modell zur Verwalterauswahl, ZInsO 2010, 73; *Pape,* Zur Stellung und Bedeutung des Konkursverwalters im Konkurs, ZIP 1990, 1255; *ders.,* Konkursverwalter mit beschränkter Haftung?, ZIP 1993, 737; *ders.,* Die Qual der Verwalterauswahl: Viel Lärm um wenig, NZI 2006, 665; *Paulus,* Qualitätssicherung bei der Bestellung von Insolvenzverwaltern, Rpfleger 2007, 62; *Preuß,* Die Verwalterauswahl als Problem des Justizverfassungsrechts, KTS 2005, 155; *Prütting,* Die Unabhängigkeit des Insolvenzverwalters, ZIP 2002, 1965; *Robrecht,* Zum

---
[1] § 56 Abs. 1 Satz 3 eingefügt durch das *ESUG – Gesetz zur weiteren Erleichterung der Sanierung von Unternehmen* (BGBl. I 2582 ff.) v. 7. Dezember 2011, Art. 1 Nr. 9. Gem. Art. 103g EG-InsO gilt diese Änderung für Insolvenzverfahren, die nach dem 29. Februar 2012 beantragt worden sind.

§ 56 Bestellung des Insolvenzverwalters

klagbaren Anspruch des Rechtsanwalts auf Bestellung zum Konkursverwalter, KTS 1998, 63; *Römermann*, Anfechtbarkeit der Verwalterbestellung, NZI 2003, 134; *Runkel/Wältermann*, Zur verfassungsgemäßen Auswahl und Ernennung eines Insolvenzverwalters, ZIP 2005, 1347; *Schumann*, Die Unabhängigkeit des Insolvenzverwalters – Sicherung der Integrität des Insolvenzverfahrens, FS Geimer, 2002, 513; *Smid*, Auswahl und Bestellung des Insolvenzverwalters durch das Insolvenzgericht als Rechtsfrage betrachtet, DZWIR 2001, 485; *ders.*, Kein Rechtsmittel des bei der Auswahl nach § 56 Abs. 1 InsO unberücksichtigt gebliebenen Bewerbers, DZWiR 2006, 353; *Stapper*, Das neue Profil des Insolvenzverwalters, FS Wilhelm Nordemann, 1999, 259; *ders.*, Neue Anforderungen an Insolvenzverwalter, NJW 1999, 3441; *v. Stockum*, Aktuelle Fragen bei der Verwaltung von Konkursen, 1959; *Stüdemann*, Der Konkursverwalter als Unternehmer; *Uhlenbruck* (Hrsg.): Einhundert Jahre Konkursordnung 1877–1977, S. 401; *Uhlenbruck*, Mitwirkung und Verantwortlichkeit des Insolvenzrichters, in: *Institut der Wirtschaftsprüfer (IDW)*, Beiträge zur Reform des Insolvenzrechts, 1987, S. 139; *ders.*, Aus- und Abwahl des Insolvenzverwalters – Eine Schicksalsfrage der Insolvenzrechtsreform –, KTS 1989, 229; *ders.*, Das Bild des Insolvenzverwalters – Der Versuch einer Orientierung im Widerstreit vielfältiger Interessen –, KTS 1998, 1; *ders.*, Zur Vorauswahl und Bestellung des Insolvenzverwalters, NZI 2006, 489; *Uhlenbruck/Mönning*, Listing, Delisting und Bestellung von Insolvenzverwaltern – Ergänzende und kritischen Anmerkungen zu den Empfehlungen der Uhlenbruck-Kommission, ZIP 2008, 157; *Vallender* Die Anordnung der vorläufigen Insolvenzverwaltung, DZWIR 1999, 265; *ders.*, Wie viele Verwalter braucht das Land?, NZI 2005, 473; *ders.*, Rechtsschutz gegen die Bestellung eines Konkurrenten zum Insolvenzverwalter, NJW 2006, 2597; *ders.*, Zugang ausländischer Insolvenzverwalter zur Vorauswahlliste deutscher Insolvenzgerichte nach Art. 102a EGInsO, ZIP 2010, 454; *Wellensiek*, Die Fachanwaltschaft für Insolvenzrecht, NZI 1999, 169; *Wieland*, Verfassungsrechtliche Fragen der Auswahl des Insolvenzverwalters, ZIP 2005, 233; *ders.*, Die Bestellung des Insolvenzverwalters, ZIP 2007, 462; *Wild*, Versagung der Ernennung des gewählten Konkursverwalters durch das Konkursgericht gemäß § 80 KO, KTS 1982, 63; *Wolf*, Rechtsschutz des unterlegenen Bewerbers bei der Insolvenzverwalterbestellung, DStR 2006, 1769.

Übersicht

	Rn.
A. Normzweck	1–3
B. Entstehungsgeschichte	4–7
C. Anwendungsbereich	8–11
D. Qualifikationsanforderungen an den Insolvenzverwalter	12–80
I. Normierte Anforderungen des § 56 Abs. 1	15–54
1. Natürliche Person	15, 16
2. Geschäftskundigkeit	17–20
3. Einzelfalleignung	21–24
4. Unabhängigkeit	25–54
a) Insolvenzplan – Ersteller	28–30
b) Außergerichtlicher Berater des Schuldners	31–34
c) Vorschläge des Insolvenzschuldners oder der Insolvenzgläubiger	34a
d) Interessenkollisionen	35–37
d) Verwalter-Gesellschaften	38–43
e) Konzerninsolvenzen	44–52
f) Anzeigepflichten des Insolvenzverwalters	53, 54
II. Sonstige Anforderungen an den Insolvenzverwalter	55–78
1. Persönliche Anforderungen	55–55b
2. Fachliche Voraussetzungen	56–61
3. Organisatorische Voraussetzungen	62–64
4. Erreichbarkeit	65–67
5. Ortsnähe/Gerichtssprengel	68–72
6. Belastbarkeit des Insolvenzverwalters	73–78
III. Hinderungsgründe	79, 80
E. Auswahl des Insolvenzverwalters	81–136
I. Auswahlkriterien des Insolvenzgerichts	85–126
1. Vorauswahllistenführung	91–115
a) Listenführung und Verwalterbewerbungen	93, 94
b) Ausformung und Kriterien der Vorauswahlliste	95–99a
c) Entscheidung über eine Aufnahme auf die Vorauswahlliste	100–103
d) Rechtsmittel	104
e) Wirkung der Vorauswahlliste auf die Bestellungspraxis	105–108a
f) Streichung von der Vorauswahlliste/Beendigung der Bestellungen/Delisting	109–115
2. Auswahl anhand einer Reihenfolge	116
3. Festgelegter Verwalterkreis	117, 118
4. Sonstige Kriterien im Rahmen der Auswahl des Insolvenzverwalters	119–126
a) Vertrauen und Zuverlässigkeit	119–122
b) Technische und personelle Verhältnisse des Insolvenzverwalters	123
c) Kriterium der wirtschaftlichen Absicherung des Insolvenzverwalters	124
d) Qualität der Verwalterleistungen	125, 126
II. Vorschlagsrechte, § 56a	127–134
1. Vorschlag des Schuldners	129
2. Vorschlag durch einen oder mehrere Gläubiger	130–134
III. Zeitpunkt der Bestellung	135, 136
F. Zulassung als Insolvenzverwalter	137, 138
G. Beginn des Verwalteramts	139–141
H. Rechtsstellung des Insolvenzverwalters	142–148

	Rn.		Rn.
I. Vertreter und Gehilfen	149–152	II. Rechtsmittel des Gläubigers	169, 170
J. Sonderinsolvenzverwalter	153–157a	III. Rechtsmittel des Insolvenzverwalters	171
K. Mehrere Insolvenzverwalter	158	IV. Konkurrentenklage	172
L. Zuständigkeit innerhalb des Insolvenzgerichts	159, 160	V. Sonstige Einwirkungsmöglichkeiten	175
M. Bestallungsurkunde	161, 162	VI. Folgen einer die Bestellung oder die Eröffnung aufhebenden Rechtsmittelentscheidung	176
N. Bekanntmachung der Bestellung	163		
O. Beendigung des Verwalteramts	164–166	Q. Staatshaftung bei Auswahlverschulden	177–179
P. Rechtsmittel	167–176	R. Amtshaftung bei willkürlicher Nichtbestellung	180
I. Rechtsmittel des Schuldners	168		

A. Normzweck

1 Zentrale Figur des eröffneten Insolvenzverfahrens ist der im Eröffnungsbeschluss zu benennende Insolvenzverwalter. Der **Erfolg des Insolvenzverfahrens** sowohl für die Gläubiger als auch für den Schuldner hängt maßgeblich von ihm, der Art und Weise seiner Verfahrensabwicklung, der Verwaltung und Verfügung über das schuldnerische Vermögen ab.

2 Über § 56 Abs. 1 werden **Kriterien** aufgestellt, die bei der Entscheidung, wer konkret das Amt des Insolvenzverwalters übernehmen soll, generell berücksichtigt werden sollen. Das weite **Auswahlermessen** des Insolvenzgerichts wird durch die in § 56 Abs. 1 normierten Voraussetzungen eingeschränkt und dem Gericht ein Rahmen vorgegeben, innerhalb dessen es sich für einen Insolvenzverwalter zu entscheiden hat. Dabei hat sich die Auswahlentscheidung jeweils an dem konkreten Einzelfall und dessen Besonderheiten zu orientieren. Ein schematisches Auswahlverfahren, gar eine Bestellung nach Reihenfolge, verbietet sich dabei.

3 Wie im bisherigen Recht wird daran festgehalten, dass der Insolvenzverwalter eine **Bestallungsurkunde** erhält, die er nach Beendigung seines Amtes zurückzugeben hat.

B. Entstehungsgeschichte

4 Die Konkursordnung sah eine **Umschreibung der notwendigen Qualifikationen und Voraussetzungen** für die Bestellung eines Verwalters nicht vor. In § 56 Abs. 1 wurden die Regelungen der § 38 VerglO und § 5 Satz 2 Nr. 2 GesO übernommen und darüber hinaus präzisiert. Gegenüber § 38 VerglO und § 5 Satz 2 Nr. 2 GesO wurde das Anforderungsprofil durch die Einführung der Eignung im Einzelfall und der Beschränkung auf natürliche Personen erweitert. Der § 65 Abs. 1 RegEInsO stimmte noch inhaltlich mit § 38 VerglO und § 5 Satz 2 Nr. 2 GesO überein. Dort war der Kreis der als Insolvenzverwalter in Betracht kommenden Personen nicht von Gesetzes wegen auf **natürliche Personen** beschränkt worden. Unbeschadet einer ausdrücklichen Normierung in den verschiedenen Verfahrensordnungen konnten bisher nach herrschender Meinung[2] juristische Personen nicht mit dem Amt eines Verwalters betraut werden. Nach der Begründung zu § 65 RegEInsO sollten nunmehr auch **Steuerberatungs-, Wirtschaftsprüfungs- oder Buchprüfungsgesellschaften** bestellt werden können. Es wurde jedoch darauf hingewiesen, dass in Fällen, in denen eine persönliche Haftung fehle, besonders zu prüfen sei, ob aus der Bestellung einer Gesellschaft Nachteile für die Beteiligten herrühren könnten.

5 Dies stieß auf heftige Kritik.[3] Aufgrund der **Haftungs- und Aufsichtsprobleme** bei einer juristischen Person mit austauschbaren Vertretern sowie der Problematik von Interessenkollisionen wurde letztendlich davon abgesehen, auch juristische Personen als Insolvenzverwalter zu bestellen und die ausdrückliche Beschränkung auf natürliche Personen in die Norm aufgenommen.

6 § 56 bringt neben den Klarstellungen hinsichtlich der Beschränkung auf natürliche Personen und der Klarstellung der Voraussetzung für eine Bestellung eine Änderung insofern, als die Möglichkeit der Auferlegung einer **Sicherheitsleistung** wie in § 78 Abs. 2 KO nicht mehr vorgesehen ist. Diese Vorschrift hielt der Rechtsausschuss für praktisch nahezu bedeutungslos.

---

[2] OLG Hamburg JW 1931, 2155; LG Göttingen BB 1954, 912; *Braun* BB 1993, 2172; *Pape* ZIP 1993, 737, 738.

[3] Siehe hierzu insbesondere *Pape* ZIP 1993, 737.

Mit der Normierung der Erteilung einer **Bestallungsurkunde** und der Rückgabeverpflichtung 7 hinsichtlich dieser Urkunde bei Beendigung des Amtes übernimmt § 56 Abs. 2 den bisherigen §§ 81 Abs. 2 KO und 8 Abs. 1 GesO.

C. Anwendungsbereich

§ 56 betrifft direkt nur den **Insolvenzverwalter des eröffneten Regelinsolvenzverfahrens**, 8 welcher gemäß § 27 Abs. 1 Satz 1 im Eröffnungsbeschluss zu benennen ist. Durch die Verweisungsnormen der § 21 Abs. 2 Nr. 2, § 274 und § 313 Abs. 1 Satz 3 gilt § 56 auch für den **vorläufigen Insolvenzverwalter**, den **Sachwalter** in der Eigenverwaltung und für den **Treuhänder im vereinfachten Insolvenzverfahren**. Auf den Treuhänder in der **Wohlverhaltensperiode** des Restschuldbefreiungsverfahrens nach §§ 286 ff. findet § 56 keine Anwendung, da § 292 Abs. 3 Satz 2 nicht auf ihn verweist.[4]

Insbesondere in dem Fall, dass im Eröffnungsverfahren die **Einsetzung eines vorläufigen Insol-** 9 **venzverwalters** notwendig wird, ist die **Entscheidung über den Verwalter im eröffneten Verfahren vorwegzunehmen**. Regelmäßig, aber nicht zwingend[5] wird der vorläufige Insolvenzverwalter im Falle einer Eröffnung auch als Insolvenzverwalter bestellt. Dies ist, solange hierfür die Voraussetzungen vorliegen auch ratsam, um Verzögerungen und Kosten zu vermeiden, welche dadurch entstehen können, dass sich eine neue Person in das Verfahren erst noch einarbeiten muss. Diese Vorwegnahme kann im konkreten Fall oft schwierig sein, da die Ermittlungen des Insolvenzgerichts regelmäßig noch nicht abgeschlossen sind und demzufolge noch nicht klar beurteilt werden kann, welche Anforderungen der Einzelfall an den Insolvenzverwalter stellen wird und welche Gläubiger in dem Verfahren auftreten werden. Insbesondere eine erst im Laufe des Eröffnungsverfahren sich ergebende **Interessenkollision** hinsichtlich bestimmter Insolvenzgläubiger oder Erkenntnisse von einer **Überlastung**[6] **des Verwalters** können dazu führen, dass eine andere Person als Insolvenzverwalter bestellt oder der ursprünglich eingesetzte vorläufige Insolvenzverwalter ausgetauscht werden muss. Über die Neuregelung in § 56a kann ein evtl. Informationsdefizit des Insolvenzgerichts ausgeglichen werden, indem ein vorläufiger Gläubigerausschuss nach § 21 Abs. 2 Nr. 1a zu den an den vorläufigen Insolvenzverwalter und endgültigen Insolvenzverwalter zu richtenden Anforderungen befragt wird.

Die Schwierigkeit der **Vorwegbeurteilung** der Voraussetzungen des § 56 Abs. 1 setzt in verstärk- 10 tem Maße bereits in dem Moment ein, in dem das Insolvenzgericht einen **Sachverständigen** im Rahmen der Ermittlungen von Amts wegen nach § 5 Abs. 1 einsetzt. Ordnet das Insolvenzgericht nicht ausnahmsweise sofort eine vorläufige Insolvenzverwaltung an, wird es hierzu dann übergehen, wenn der beauftragte Sachverständige dies begründet anregt und das Insolvenzgericht eine Notwendigkeit erkennt. Die Entscheidung hierüber ist zumeist unverzüglich zu treffen. Liegen keine Anzeichen vor, die darauf hindeuten, dass der Sachverständige nicht als Insolvenzverwalter im Sinne von § 56 Abs. 1 geeignet wäre, wird der beauftragte Sachverständige als vorläufiger Insolvenzverwalter bestellt werden. Damit sind die Voraussetzungen des § 56 Abs. 1 faktisch bereits im Zeitpunkt der Beauftragung eines Sachverständigen nach § 5 Abs. 1 zu prüfen. Das Insolvenzgericht muss also versuchen, bereits bei der Sachverständigenbeauftragung neben der **Eignungsprüfung des § 404 ZPO** den § 56 Abs. 1 mitzuprüfen.

Die Beauftragung eines Sachverständigen ist zwar von der eines vorläufigen Insolvenzverwalters 10a unabhängig, in der Praxis jedoch zumeist eine Vorwegnahme der Auswahlentscheidung. Daher sollte in den Verfahren, in denen eine zeitnahe Bestellung eines vorläufigen Insolvenzverwalters nicht geboten ist und bei denen ein vorläufiger Gläubigerausschuss nach §§ 21 Abs. 2 Nr. 1a, 22a eingesetzt wurde, der vorläufige Gläubigerausschuss nicht allein zur Person des vorläufigen Insolvenzverwalters und den an ihn zu stellenden Anforderungen befragt werden, sondern auch die Person des Sachverständigen betreffen. Zugegebenermaßen wird eine Verfahrenskonstellation, bei der ein vorläufiger Gläubigerausschuss eingesetzt wurde, jedoch noch über die Person des Sachverständigen zu entscheiden ist, nur selten auftreten.

Sollte sich im Verlaufe des Eröffnungsverfahrens ergeben, dass der Sachverständige bzw. vorläu- 11 fige Insolvenzverwalter auf Grund von § 56 Abs. 1 nicht als Insolvenzverwalter bestellt werden kann, darf sich das Insolvenzgericht nicht scheuen, gegebenenfalls den **Sachverständigen** bzw. **vorläufi-**

---

[4] AG Göttingen NZI 2005, 117 wendet § 56 aber entsprechend an, sodass eine Bestellung eines Vertreters eines Gläubigers als Treuhänder nicht möglich ist.
[5] BVerfG NZI 2006, 453, Abs. 39.
[6] Erstaunlicherweise hält *Holzer* EWiR 2010, 86 eine Überlastung für ein starkes Indiz dafür, dass der entsprechende Insolvenzverwalter qualitativ hochwertige Arbeit leistet.

gen Insolvenzverwalter auszuwechseln, wobei hinsichtlich des vorläufigen Insolvenzverwalter § 59 gilt. Einen **Vertrauensschutz** des Sachverständigen bzw. vorläufigen Insolvenzverwalter gibt es hierbei nicht.

D. Qualifikationsanforderungen an den Insolvenzverwalter

12   Da der Insolvenzverwalter mit der Verwaltung fremden Vermögens kraft Hoheitsakt beauftragt wird, muss sichergestellt sein, dass er den **mit diesem Amt verbundenen hohen und besonderen Anforderungen** gerecht wird. Über § 56 Abs. 1 sind einige grundlegende Voraussetzungen normiert worden, anhand derer das Insolvenzgericht seine Auswahl zu treffen hat. Weitere Anforderungen ergeben sich aus der treuhänderischen Tätigkeit eines Insolvenzverwalters allgemein bzw. aus den Besonderheiten des konkreten Verfahrens.

13   Um die Besonderheiten des einzelnen Verfahrens einschätzen zu können, muss das Insolvenzgericht die konkreten Umstände der wirtschaftlichen und persönlichen Situation des Insolvenzschuldners kennen. Die Angaben des Insolvenzschuldners in den Verzeichnissen nach § 13 können hierbei ebenso hilfreich sein wie begründete Einschätzungen eines vorläufigen Gläubigerausschusses i.S.v. § 56a.

14   Bei den in § 56 Abs. 1 benannten Kriterien handelt es sich daher nur um erste Basiskriterien, welche jedoch für eine sachgerechte Auswahlentscheidung des Insolvenzgerichts um eine Vielzahl weiterer Anforderungen zu ergänzen sind.

I. Normierte Anforderungen des § 56 Abs. 1

15   **1. Natürliche Person.** Wie bereits in der Praxis nach der Konkurs-, Vergleichs- und Gesamtvollstreckungsordnung können **nur natürliche Personen** als Verwalter bestellt werden.[7] [8] § 65 Abs. 1 RegEInsO, nach dem auch juristische Personen als Insolvenzverwalter hätten bestellt werden können, wurde vom Gesetzgeber nicht übernommen. Damit wird vermieden, dass der tatsächliche Träger der Aufgaben der Verwaltung, d.h. regelmäßig das Organ der juristischen Person, ohne Beteiligung der Gläubiger und des Gerichts ausgewechselt werden kann. Eine **Einsetzung eines anderen gesetzlichen Vertreters** einer juristischen Person nach gesellschaftsrechtlichen Regelungen wäre mit der Bestellungsbefugnis des Insolvenzgerichts und der Abwahlbefugnis der Gläubiger nicht vereinbar.[9]

16   Nur eine natürliche Person kann **Träger des besonderen Vertrauens** sein, das mit der persönlichen Haftung des Insolvenzverwalters verbunden ist.[10] Dem Gericht muss jederzeit die Person des Verwalters bekannt sein, um in der Lage zu sein, die Bonität, Bildung, Erfahrung und Seriosität einschätzen zu können. Bei einem Wechsel der Geschäftsführung oder der Gesellschafter müsste das Gericht erneut prüfen, ob das der Bestellung zugrundeliegende Vertrauen weiter gewährt werden kann. Die damit zwangsweise eintretende Verpflichtung des Gerichts, den „neuen" Insolvenzverwalter zu entlassen, könnte für das Verfahren nachteilige Folgen haben. Daher wurde bereits im Rahmen des § 78 KO die Bestellung einer juristischen Person als unzulässig angesehen.[11] Diese Regelung begegnet zwar erheblichen europa- und verfassungsrechtlichen Bedenken, ist jedoch aus dem Blickwinkel der Interessen der Insolvenzgläubiger und Insolvenzschuldner notwendig. In der Praxis dürfte es auch für die juristischen Personen für einen Marktzugang genügen, wenn sie ein Organ oder einen Mitarbeiter als Insolvenzverwalter einsetzen lassen können.

17   **2. Geschäftskundigkeit.** Der zu bestellende Insolvenzverwalter muss geschäftskundig sein, § 56 Abs. 1. Gerade der **Geschäftskunde** des Insolvenzverwalters hat angesichts der Anforderungen der

---

[7] Dass eine Unterscheidung nach dem Geschlecht der Person nicht vorgenommen werden kann, braucht nicht erwähnt werden. Eine besondere Erwähnung von Frauen als Insolvenzverwalter ist damit nicht mehr zeitgemäß. Anders noch *Robrecht* KTS 1998, 63. Historisch interessant hierzu *v. Kunitzki-Neu*: Warum wird die Konkursverwaltung nicht Frauen übertragen?, KuT 1929, 5 f.

[8] *Kleine-Cosack* NZI 2011, 791 hält den Ausschluss juristischer Personen für europarechts- und verfassungswidrig. *Römermann* (ZInsO 2004, 937, 938) ist der Auffassung, dass der Begriff der natürlichen Person in verfassungskonformer Weise durch den Insolvenzrichter dahingehend ausgelegt werden müsste, dass auch juristische Personen hierunter zu verstehen sind. Eine solche Auslegung dürfte angesichts des eindeutigen Wortlauts kaum möglich sein. Daher käme, was *Römermann* nicht erkennt, nur eine Richtervorlage an das BVerfG in Betracht. Wie zwischenzeitlich das jeweilige Insolvenzverfahren betrieben werden soll, erklärt er nicht.

[9] *Kuhn/Uhlenbruck* § 78 RdNr. 4; *Smid* InsO, 2. Aufl., § 56 RdNr. 4.

[10] *Smid* InsO, 2. Aufl., § 56 RdNr. 4.

[11] *Braun* BB 1993, 2172; *Pape* ZIP 1993, 737, 738.

Insolvenzordnung an den Insolvenzverwalter eine **überragende Bedeutung**.[12] Unter diese Voraussetzung fällt die Anforderung, allgemein in der Lage zu sein, das Amt eines Insolvenzverwalters mit seinen Verpflichtungen zu übernehmen. Der mögliche Insolvenzverwalter muss das notwendige insolvenzrechtliche Wissen vorweisen können.

Eine insoweit gänzlich **unbedarfte Person** kann nicht als Insolvenzverwalter bestellt werden, auch wenn diese erklärt, dieses Wissen erwerben zu wollen. Die zu bestellende Person muss bereits aus ihrer **Vorbildung** heraus dartun können, den Anforderungen des Insolvenzverfahrens, welches durch rechtliche und wirtschaftliche Problemstellungen gekennzeichnet ist, nachkommen zu können. Daher kommen an **Berufsgruppen** für ein Amt eines Insolvenzverwalters **Juristen, Wirtschaftsprüfer, Kaufleute, Buchprüfer** und ähnlich vorgebildete Personen in Betracht.[13] Diese können sich jedoch zur Eignung nicht auf ihren berufsspezifischen Wissensbereich beschränken, sondern müssen Kenntnisse sowohl im rechtlichen als auch im wirtschaftlichen Bereich vorweisen können.[14] Der Nachweis des Besuchs einschlägiger **Seminare**[15] genügt allein jedoch nicht, da allenfalls eine erfolgreich abgelegte Prüfung einen Kenntnisstand vermittelt werden kann, nicht jedoch die bloße Anwesenheit in Seminarterminen. Da auch von Fachtagungen bekannt ist, dass diese Teilnahmebescheinigungen am Beginn einer Veranstaltung verteilen, ohne dass nachfolgend wenigstens kontrolliert wird, dass die angemeldeten Personen die bescheinigte Zeit auch in den Seminarräumen verbracht haben, ist der Wert solcher Bescheinigungen nur gering anzusetzen.

18

Neben den theoretischen Grundvoraussetzungen ist es zwingend notwendig, auch **praktische Erfahrungen** in der Insolvenzverwaltung vorweisen zu können.[16] Die Tätigkeit an anderen Insolvenzgerichten als Gutachter, vorläufiger Insolvenzverwalter und Insolvenzverwalter kann insoweit eine Rolle spielen,[17] aber auch eine längere Tätigkeit für einen bestellten Insolvenzverwalter im Bereich der engeren Insolvenzverwaltertätigkeit. Allein die Berechtigung, die Bezeichnung eines **Fachanwalts für Insolvenzrecht** zu führen, **ist nicht ausreichend,** da es in diesen Fällen zumeist an einer ausreichend praktischen Erfahrung fehlt.[18] Die vom Insolvenzrichter bei der Auswahlentscheidung zu berücksichtigenden Interessen der Insolvenzgläubiger und des Schuldners[19] verbieten es in der Regel, die Insolvenzverwaltung einer Person zu übertragen, die nicht ausreichend Gewähr dafür bietet, die anstehenden Aufgaben ordnungsgemäß zu erfüllen. In entsprechend geeigneten Verfahren, bei denen eine Verschlechterung der Insolvenzgläubiger nicht zu befürchten ist, kann das Insolvenzgericht auch Verwalter testen. Bewerber zum Zwecke der Prüfung ihrer Fähigkeiten beauftragen. Ein solches Testen von Insolvenzverwaltern bzw. Bewerbern durch die Insolvenzgerichte ist notwendig und muss daher auch als zulässig angesehen werden.[20]

19

Das Erfordernis einer vorherigen Praxiserfahrung in der engen Verwaltertätigkeit darf im Interesse der Insolvenzgläubiger und Insolvenzschuldner nicht ignoriert werden. Diesen kann nicht zugemutet werden, dass **Personen ohne praktische Erfahrung** auf ihre Kosten und ihr Risiko quasi probieren, ob sie den Anforderungen eines Insolvenzverfahrens gerecht werden. Das **Schadensrisiko** gerade in Insolvenzverfahren ist zu hoch, um es den bereits wirtschaftlich geschädigten Insolvenzschuldnern und Insolvenzgläubiger zuzumuten. Einem stark erkrankten Patienten sollte auch kein Arzt zugemutet werden, der einmal versuchen möchte, ob er in der Lage ist, die Ursache der Erkrankung zu erkennen und zu behandeln. Wären die Beteiligten in der Lage, den Verwalter selbst zu wählen, würden sie in keinem Fall auf eine Person zurückgreifen, welche nicht in der Lage ist, ihre praktische Expertise detailliert zu belegen. **Auch im Rahmen der Entscheidung eines vorläufiger Gläubigerausschusses nach § 56a wird voraussichtlich keine Person ohne eine praktische Erfahrung zu einer Verwalterstellung gelangen.**

19a

Durch ein Erfordernis einer praktischen Erfahrung wird der Zugang zum Insolvenzverwalteramt nicht gänzlich versellt oder in unzumutbarer Weise erschwert. Diese Erfahrung können nicht nur solche Personen erwerben, die bei einem Insolvenzverwalter angestellt sind oder angestellt waren, den auch ohne eine Anstellung bei einem arrivierten Insolvenzverwalter ist es möglich, praktische Erfahrungen zu sammeln.[21] Realistischerweise werden allerdings nur **bestellte Verwalter in der**

19b

---

[12] *Stapper*, FS Nordemann, S. 261 und NJW 1999, 3441.
[13] Kuhn/*Uhlenbruck* § 78 RdNr. 2; zur prozentualen Aufteilung s. *Uhlenbruck* KTS 1989, 229, 241.
[14] *Stapper*, FS Nordemann, S. 261.
[15] *Uhlenbruck* KTS 1998, 1, 10.
[16] OLG Hamburg NZI 2009, 853 (zur Vorauswahlliste); LG Neuruppin DZWIR 2006, 258; *Graeber* DZWIR 2005, 177, 185; *Hess*/*Ruppe* NZI 2004, 641, 642. *Haarmeyer* ZAP-Ost 1998, 37 (Fach 14, S. 251) sowie *Wetjen* Anwalt 2001, Heft 3, S. 10, 12, fordern eine langjährige Praxis.
[17] *Uhlenbruck* KTS 1998, 1, 10.
[18] *Stapper* NJW 1999, 3441, 3442; *Uhlenbruck*/*Uhlenbruck*, InsO, § 56 RdNr. 7.
[19] BVerfG NZI 2006, 453, Abs. 33; OLG Nürnberg ZIP 2007, 80.
[20] *Uhlenbruck*/*Uhlenbruck*, InsO, § 56 RdNr. 6.
[21] BVerfG NZI 2009, 371.

Lage sein, es Berufsanfänger zu ermöglichen, praktische Erfahrungen zu sammeln. Insoweit ist der Hinweis des BVerfG[22] etwas realitätsfremd, ein Interessent könne auch ohne eine Anstellung bei einem Insolvenzverwalter im Rahmen einer selbständigen Berufsausübung mit einem Insolvenzverwalter zusammenzuarbeiten und auf diesem Weg die vom Insolvenzgericht geforderte federführende Bearbeitung von Insolvenzverfahren unter Aufsicht und Verantwortung eines Insolvenzverwalters erbringen. In jedem Fall kann die Praxis nur durch einen Insolvenzverwalter oder den seltenen Fall einer Bestellung durch ein Insolvenzgericht, welches den Praxismangel ignoriert, erworben werden. Diese **Praxishürde für den Zugang zum Verwalteramt** ist jedoch angesichts der wichtigen Interessen der Insolvenzschuldner und Insolvenzgläubiger notwendig und hinzunehmen. Bei einer Abwägung der Interessen unbedarfter Kandidaten an einem Berufszugang mit den vitalen Interessen der Verfahrensbeteiligten wäre jede Entscheidung gegen die Interessen der Verfahrensbeteiligten fehlerhaft, schädlich und berechtigterweise mit einer Haftung des gerichtlichen Entscheiders verbunden. Bestellungen unerfahrener Personen sind – mit der Ausnahme weniger, besonderer Verfahrenskonstellationen – zwingend zu vermeiden.

20   Die oben benannte Möglichkeit eines Testens von Bewerbern bedeutet nicht, dass ein jeder Bewerber berechtigt wäre, eine **Beauftragung zur Ermöglichung des Nachweises seines Könnens** zu fordern. Bereits die extrem begrenzte Zahl von Verfahren, in denen ausnahmsweise die Bestellung eines nicht konkret erfahrenen Insolvenzverwalters unter Berücksichtigung der Interessen der Verfahrensbeteiligten zulässig wäre, hindert eine versuchsweise Beauftragung.[23]

21   **3. Einzelfalleignung.** Entscheidend bei der Beurteilung der Voraussetzungen des § 56 Abs. 1 und der Auswahl des konkreten Insolvenzverwalters ist die Beurteilung, ob der konkrete Insolvenzverwalter für die **Problemstellung des jeweiligen Insolvenzverfahrens** geeignet und geschäftskundig ist. Je nach Anforderungen an den Insolvenzverwalter auf Grund des **Unternehmens,** der **Branche, Größe,** des **Marktsegments** usw. sind an die Qualifikation des Insolvenzverwalters unterschiedliche Anforderungen zu stellen.

22   Das Insolvenzgericht hat sich, um die Anforderungen an die Eignung im Einzelfall beurteilen zu können, **frühestmöglich** einen **Überblick über den Schuldner, sein Unternehmen und die wirtschaftlichen Rahmenbedingungen** zu verschaffen, soweit dies im Rahmen der Ermittlungen von Amts wegen, unter Berücksichtigung der Notwendigkeit der Verfahrensbeschleunigung sowie der Arbeitsbelastung des Insolvenzgerichts möglich ist. Einige Grundinformationen kann es zum Teil den Pflichtangaben und Verzeichnissen gem. § 13 entnehmen. Nur wenn die maßgeblichen Kriterien bekannt sind, kann das Insolvenzgericht die notwendigen Weichenstellungen durch Auswahl des richtigen Sachverständigen bzw. vorläufigen Insolvenzverwalters vornehmen.

23   Das Insolvenzgericht hat hierbei zu versuchen, den nach Bedarf und Einzelfall **bestmöglichen Insolvenzverwalter** zu bestellen.[24] Dieser sollte Erfahrungen mit den zu erwartenden Schwierigkeiten des Insolvenzverfahrens aufweisen. Die Entscheidung des Insolvenzgerichts ist u.a. daran zu orientieren, ob das eröffnete Insolvenzverfahren mehr von rechtlichen oder von wirtschaftlichen Fragestellungen geprägt sein wird. Es ist davon auszugehen, dass nicht jeder Verwalter in der Lage ist, jedes Verfahren zu bewältigen.

24   Eine Eignung im jeweiligen Einzelfall im Sinne des § 56 Abs. 1 kann vorliegen, wenn ein Insolvenzverwalter bereits zuvor Insolvenzverfahren in der **Geschäftssparte** des schuldnerischen Unternehmens erfolgreich abgewickelt hat. Diese besonderen Erfahrungen in einem Geschäftsbereich können zu einer Beschleunigung der Verfahrensabwicklung, Erleichterung eines Sanierungsversuches bzw. Massemaximierung führen. Andererseits kann dies in Ausnahmefällen dazu führen, dass sich auf Grund einer **Interessenkollision** außerhalb einer Abhängigkeit von Gläubigern eine Bestellung verbietet. Die **Bestellung eines Verwalters eines Konkurrenzunternehmens** kommt nicht in Betracht.

25   **4. Unabhängigkeit.** Der Insolvenzverwalter bietet dann nicht mehr die Gewähr der Wahrung der gemeinsamen Gläubigerinteressen, wenn die Tätigkeit die **Gefahr von Sondervorteilen** oder sogar tatsächliche Sondervorteile mit sich bringt.[25] Dabei ist es unerheblich, ob es sich um unmittelbare oder mittelbare Eigenvorteile oder Vorteile für andere Verfahrensbeteiligte handelt.[26] Es reicht – wie bei anderen Amtsträgern auch – vielmehr aus, wenn objektiv die bloße **Möglichkeit einer Pflichtwidrigkeit** besteht.[27] Die **Besorgnis der Abhängigkeit** ist

---

[22] BVerfG NZI 2009, 371.
[23] *Uhlenbruck/Uhlenbruck,* InsO, § 56 RdNr. 10.
[24] *Graeber* DZWIR 2005, 177; *Haarmeyer* InVo 1997, 57, 61; *Vallender* DZWIR 1999, 265, 266; *Wiester/Joswig* NZI 2005, Heft 9, V.
[25] *Schumann,* FS Geimer, S. 1071.
[26] *Schumann,* FS Geimer, S. 1071.
[27] *Schumann,* FS Geimer, S. 1066.

also genügend.[28] Der Begriff der Besorgnis ist dabei im Interesse der Funktionsfähigkeit der Insolvenzverwaltung weit auszulegen.[29] Es genügt jede gegenwärtige oder vergangene, wirtschaftliche oder tatsächliche Verflechtung des Insolvenzverwalters mit dem Insolvenzschuldner oder einem Insolvenzgläubiger aus.[30] Das Insolvenzgericht hat von Amts wegen einem Abhängigkeitsverdacht nachzugehen und den Sachverhalt zu ermitteln sowie im Falle der Bestätigung der Besorgnis den Insolvenzverwalter abzuberufen.[31]

Der Insolvenzverwalter darf daher **nicht identisch mit dem Schuldner** oder einer dem Schuldner nahe stehenden Person (im Sinne der § 41 ZPO, § 22 StPO, § 3 BeurkG)[32] sein. Auch **Gläubiger**, die ja Beteiligter im Sinne des § 41 ZPO sind, bzw. deren gesetzliche Vertreter können nicht zum Insolvenzverwalter bestellt werden.[33] Gleiches gilt für **Gesellschafter** der Beteiligten sowie die **Belegschaft** des schuldnerischen Unternehmens. Darüber hinaus verbietet sich eine Bestellung in jedem Fall, der einer **Interessenkollision im Sinne der §§ 41, 42 ZPO** gleichsteht. 26

Eine Unabhängigkeit im Sinne des § 56 Abs. 1 liegt bereits dann nicht mehr vor, wenn der Insolvenzverwalter mit dem Schuldner **Geschäfte** getätigt hat, soweit diese nicht ausnahmsweise geringfügig waren. Dabei kommt es nicht darauf an, ob der Insolvenzverwalter Insolvenzgläubiger ist.[34] Ebenso wie bei einer Richterablehnung auf Grund einer Befangenheitsbefürchtung ist im **Zweifelsfall** die Beauftragung einer Person vorzunehmen, die keinerlei Bedenken hinsichtlich ihrer Unabhängigkeit unterliegt und die Beauftragung einer Person, bei der – aus welchem Grund auch immer – evtl. Mängel der Unabhängigkeit vorliegen könnten, zu unterlassen. Die **Interessen an einer ordnungsgemäßen Abwicklung** des Verfahrens und entsprechend in ein Vertrauen hinsichtlich des bestellten Verwalters gehen dabei immer dem Interesse eines Insolvenzverwalters vor, in einem bestimmten Insolvenzverfahren tätig werden zu können. 27

a) Insolvenzplan – Ersteller. Besondere Bedeutung kann die Frage der Unabhängigkeit eines Insolvenzverwalters in Zusammenhang mit der **Einreichung eines Insolvenzplans** haben. Insoweit der Insolvenzplan vom Schuldner (evtl. zusammen mit einem Eigenantrag) eingereicht wird, scheint es im Falle der zu erwartenden Durchführung des Insolvenzplans sinnvoll zu sein, den **Planersteller** im Falle einer entsprechenden Anregung als Insolvenzverwalter zu bestellen, da dieser auf Grund seiner umfassenden Kenntnisse vom schuldnerischen Unternehmen und den einzelnen Regelungen des Insolvenzplans am besten geeignet erscheint, den Insolvenzplan erfolgreich auszuführen.[35] 28

Der Schuldner bringt mit dem Antrag den Insolvenzplan und den zu bestellenden Insolvenzverwalter mit und versucht gleichsam selbst über die Person des Insolvenzverwalters zu entscheiden. Dies kann Anlass zu **Zweifeln an der Unabhängigkeit** und Geeignetheit zur Durchsetzung der Verfahrensinteressen durch den Planersteller geben. Der Insolvenzrichter hat daher genauestens zu prüfen, ob nicht durch eine Zusammenarbeit des Planerstellers mit dem Schuldner im Vorfeld der Antragstellung die notwendige Unabhängigkeit fehlen könnte. 29

Davon wird man, jedoch nicht zwingend, ausgehen können. Insoweit der **Planersteller dem Insolvenzgericht bekannt** ist und diesem, möglichst durch einen umfangreichen Einsatz als Insolvenzverwalter einen Eindruck in sein Geschäftsgebaren und seine persönliche Zuverlässigkeit gegeben hat, kann im Einzelfall eine Bestellung des Planerstellers als Insolvenzverwalter in Betracht kommen. Dabei sind die Regelungen des Insolvenzplans bereits vor Annahme des Plans daraufhin zu prüfen, ob sie in ihrer Gesamtheit den Gläubigerinteressen gerecht werden. Es empfiehlt sich hierbei, dass der Planersteller und gewünschte Insolvenzverwalter frühzeitig den Kontakt mit dem Insolvenzgericht herstellt, damit dieses ausreichend Zeit erhält, sich von der Zulässigkeit und Sinnhaftigkeit der Bestellung gerade des Planerstellers zu überzeugen. Eine schematische Ablehnung des Insolvenzplanerstellers ist in gleicher Weise unsachgemäß wie eine schematische Bestellung des Insolvenzplanerstellers zum Insolvenzverwalter mit dem Argument der besonderen Kenntnis von den Plannotwendigkeiten. Die Diskussion im Rahmen des Gesetzgebungsverfahrens des *Gesetzes zur weiteren Erleichterung der Sanierung von Unternehmen*[36] zeigt, dass auch Seitens des Gesetzgebers in Erwägung gezogen wurde, den Insolvenzplanersteller nicht generell als befangen anzusehen und 30

---

[28] *Schumann*, FS Geimer, S. 1071.
[29] *Schumann*, FS Geimer, S. 1071.
[30] *Schumann*, FS Geimer, S. 1071.
[31] *Schumann*, FS Geimer, S. 1067.
[32] *Smid* InsO, 2. Aufl., § 56 RdNr. 11.
[33] Anders *Jaeger/Gerhardt* § 56 RdNr. 32, welcher zwar eine Unabhängigkeit dann ausschließt, wenn nach allgemeinen prozessrechtlichen Voraussetzungen die Schwelle der Besorgnis der Befangenheit erreicht ist, jedoch die prozessualen Regeln zum Ausschluss nach § 41 ZPO nicht behandelt.
[34] *Kuhn/Uhlenbruck* § 78 RdNr. 2c in Widerspruch zu § 78 RdNr. 4.
[35] Dies hebt *Paulus* ZGR 2005, 309, 323 hervor.
[36] BGBl. I 2582 ff. v. 7. Dezember 2011.

durch eine Änderung des § 56 Abs. 1 eine Bestellung des Erstellers zu ermöglichen. Dass diese Änderung nicht erfolgte bedeutet nicht, dass ein Insolvenzplanersteller generell nicht bestellt werden darf. Die entsprechende Beurteilung ist durch das Insolvenzgericht im Einzelfall anhand der konkreten Umstände und unter Betrachtung des Erstellungsverfahrens und der Person des Planerstellers vorzunehmen.

31   b) **Außergerichtlicher Berater des Schuldners.** Eine Unabhängigkeit im Sinne des § 56 Abs. 1 liegt regelmäßig auch dann nicht mehr vor, wenn der betreffende Insolvenzverwalter eine außergerichtliche Beratung gegenüber dem Schuldner vorgenommen hat.[37] Durch die Ergänzung in § 56 Abs. 1 Satz 3 Nr. 2 wird klargestellt, dass eine Beratung **in allgemeiner Form über den Ablauf des Insolvenzverfahrens und dessen Folgen** nicht dazu führt, dass die beratende Person nicht mehr als unabhängig im Sinne des § 56 Abs. 1 anzusehen ist.

31a Durch die ausdrücklicher Herausname einer allgemeinen Beratung aus dem Bereich der Hinderungsgründe wird es einerseits ermöglicht, dass Insolvenzschuldner eine kompetente Beratung über den Ablauf des Insolvenzverfahrens und dessen Folgen erhalten, ohne dass hiermit eine Behinderung des beratenden Verwalters verbunden wäre. Solche kompetenten **Beratungsleistungen** sind außerhalb der Verwalterschaft nur erheblich schwerer zu erhalten. Insoweit ist es begrüßenswert, solche auch notwendigen Beratung nicht dadurch zu verhindern, dass mit ihnen ein Malus zu Lasten der Berater verbunden wäre. Andererseits entfällt mit der Regelung in § 56 Abs. 1 Satz 3 Nr. 2 die Möglichkeit, einen evtl. nicht erwünschten Verwalter aus einem Verfahren herauszuhalten, indem dieser um eine Beratung ersucht wird. Zwar können die Verwalter solche Beratungen ablehnen, doch sind aus der Praxis Fälle bekannt, in denen allein die Anfragen um eine Beratung als erfolgte Beratung Seitens der Insolvenzschuldner benannt wurden, ersichtlich mit dem Ziel, bestimmte Verwalter aus dem Verfahren auszuschließen.

31b Die Ausnahme des § 56 Abs. 1 Satz 3 Nr. 2 ist eng an ihrem Wortlaut auszulegen. Die entsprechende Beratungsleistung darf daher **nur den Ablauf des Verfahrens und die Auswirkungen eines Insolvenzverfahrens allgemein** behandeln, ohne die gesetzlichen Regelungen in den konkreten Einzelfall des Insolvenzschuldners umzusetzen. **Ratschläge zu Verhaltensweisen oder Hinweise zu Handlungsnotwendigkeiten** überschreiten eine nach § 56 Abs. 1 Satz 3 Nr. 2 noch zulässige Beratung deutlich. Die auf eine Darstellung des Verfahrens in allgemeiner Form zumeist folgenden Fragen des Beratenen, welche **konkreten Auswirkungen** dies nun **für ihn bzw. sein Unternehmen** hat, darf ein beratenden Insolvenzverwalter oder ein Mitarbeiter oder Partner nicht mehr beantworten, anderenfalls die Grenze der allgemeinen Beratung i.S.v. § 56 Abs. 1 Satz 3 Nr. 2 überschritten würde.

31c Über eine allgemeine Beratung in diesem Sinne hat ein Insolvenzverwalter, Treuhänder, vorläufiger Insolvenzverwalter, vorläufiger Sachwalter oder Sachverständiger das Insolvenzgericht **unaufgefordert und schriftsätzlich zu informieren.** Dies gilt selbstverständlich auch für Beratungen, welche diesen Rahmen überschreiten. Selbst dann, wenn ein Insolvenzverwalter der sicheren Ansicht ist, seine Beratungstätigkeit habe den Rahmen des § 56 Abs. 1 Satz 3 Nr. 2 nicht überschritten, ist er verpflichtet, von sich aus das Insolvenzgericht über die Beratung und den Umfang der Beratung zu informieren. Denn losgelöst von der Regelung des § 56 Abs. 1 Satz 3 Nr. 2 stellt jede Beratungstätigkeit einen Grund dar, der eine Befangenheitsbefürchtung i. S. d. § 42 ZPO rechtfertigen könnte. Die daher vorzunehmende Prüfung, ob die Grenze des § 56 Abs. 1 Satz 3 Nr. 2 überschritten wurde oder ein Grund im Sinne des § 42 ZPO vorliegt, kann nicht durch den Insolvenzverwalter selbst vorgenommen werden. Eine solche **Prüfung** ist immer durch eine andere Person als den Betroffen selbst durchzuführen; in dem Fall des Insolvenzverwalters **durch das Insolvenzgericht.** Dieses ist daher von den entsprechenden Umständen zu informieren. Ein **Verstoß gegen die Pflicht** des Insolvenzverwalters, selbständig auf Umstände hinzuweisen, die eine Interessenkollision rechtfertigen könnten[38], kann im Einzelfall als derartig schwer angesehen werden, dass sie nicht nur eine Entlassung des Insolvenzverwalters gem. § 59 rechtfertigt[39], sondern evtl. auch die Schlussfolgerung rechtfertigt, dass dieser Insolvenzverwalter generell nicht vertrauenswürdig ist.

31d Das Insolvenzgericht ist berechtigt, in einem Fall einer vorherigen Beratung **Erklärungen zum Inhalt und Umfang der Beratung** zu fordern, wobei notwendigenfalls auch eine **eidesstattliche Versicherung** abgefordert werden kann. Sollten detaillierte Darstellungen des Beraters mit Hinblick auf eine Verschwiegenheitsverpflichtung nicht möglich sein, könnte evtl. Zweifel gegen eine Unab-

---

[37] OLG Celle NZI 2002, 169 zum Vertreter des Schuldners im außergerichtlichen Schuldenbereinigungsverfahren; Bork ZIP 2006, 38; Hill ZInsO 2005, 1289; Lüke ZIP 2003, 557, 562; *Uhlenbruck/Uhlenbruck*, InsO, § 56 RdNr. 20; aA *Kadletz* ZIP 2000, 117; *Paulus* ZGR 2005, 309, 323.
[38] BGH NJW 1991, 982.
[39] BGH WM 2012, 331.

hängigkeit des Beraters i. S. d. § 56 Abs. 1 sprechen. Das Insolvenzgericht ist in jedem Fall berechtigt, bei Bedenken hinsichtlich der Unabhängigkeit des Insolvenzverwalters Ermittlungen von Amts wegen vorzunehmen.

Mit einem **erheblichen zeitlichen Abstand** kann eine Beratungstätigkeit auch als unproblematisch angesehen werden. Hierzu dürfte jedoch mindestens ein zeitlicher Abstand von **mehr als sechs Monaten** gefordert werden. Eine vorhergehende Tätigkeit für den Schuldner ist aus der Sicht eine objektiven und unbeteiligten Beobachters unabhängig von ihrem Umfang immer geeignet, eine Besorgnis einer Befangenheit entstehen zu lassen. In diesem Fall steht die Befürchtung im Raum, dass die Tätigkeit als Insolvenzverwalter nicht mehr vollkommen unabhängig von der Tätigkeit als Berater des Schuldners erbracht werden kann. 31e

Die als Berater vorgenommenen Prognosen hinsichtlich der Verfahrensabwicklung und der Auswirkungen auf den Schuldner beschränken den späteren Insolvenzverwalter in seiner Entscheidungs- und Handlungsfreiheit. Verständlicherweise wird der Berater als Insolvenzverwalter mindestens unbewusst dahin tendieren, mögliche **Fehler oder Fehleinschätzungen aus dem Bereich seiner Beratertätigkeit** nicht zu entdecken bzw. kund zu tun. Diese Möglichkeit einer Pflichtwidrigkeit reicht aus, um eine Besorgnis der Befangenheit zu begründen, ohne dass es eines Nachweises einer (späteren) Pflichtwidrigkeit bedarf.[40] Im Interesse der Funktionsfähigkeit der Insolvenzverwaltung und des Vertrauens in die Ordnungsmäßigkeit des Handelns des Insolvenzverwalters ist der Begriff der **Besorgnis einer Befangenheit in jedem Fall weit auszulegen.**[41] Es genügt jede gegenwärtige oder vergangene, wirtschaftliche oder tatsächliche Verflechtung des Insolvenzverwalters mit dem Insolvenzschuldner oder den Insolvenzgläubigern oder einem der Insolvenzgläubiger aus.[42] 31f

Daher hindert ein vorhergehender **außergerichtlicher Sanierungsversuch in jedem Fall** eine Bestellung des Vertreters des Schuldners als Insolvenzverwalter.[43] Gerade der Sanierungsversuch wird regelmäßig von den Interessen des Schuldners bestimmt. Der Insolvenzverwalter als Sanierer betätigt sich daher als Interessenvertreter des Schuldners. Es steht zu befürchten, dass er den Sanierungsversuch im Interesse des Schuldners auch im eröffneten Verfahren fortsetzen oder alternative Vorschläge nicht in gebührender Weise berücksichtigen wird.[44] Dabei ist § 56 Abs. 1 in der Weise auszulegen, dass eine Interessenkollision bereits dann besteht bzw. entsteht, wenn der **Insolvenzverwalter oder auch ein Mitglied seiner Sozietät** vor oder im laufenden Insolvenzverfahren für den Schuldner, seinen gesetzlichen Vertreter, seine Gesellschafter oder Verwandte eine anwaltliche Vertretung übernehmen.[45] 32

Auch andere Personen, die für den Schuldner oder in Bezug auf das Vermögen des Schuldners bzw. seine wirtschaftliche Situation Leistungen erbracht haben, unterliegen grundlegend der Befürchtung einer unangebrachten Nähe zum Schuldner. Bereits die Erbringung von Leistungen als **Wirtschaftsprüfer oder Steuerberater,** sei es im Auftrag des Schuldners oder einer anderen Person, führt aus dem Blickwinkel anderer Verfahrensbeteiligten zu der berechtigten und nachvollziehbaren Befürchtung zu großer Nähe zum Schuldner bzw. zur Befürchtung einer evtl. unzureichenden Beachtung relevanter Umstände aus dem Bereich dieser Tätigkeit.[46] In der Regel besteht **keine Notwendigkeit,** dass ein Insolvenzgericht gerade einen Insolvenzverwalter bestellt, der vorher für den Schuldner oder beim Schuldner beruflich tätig geworden ist. Ein anderer, auch für dieses Verfahren geeigneter Verwalter, der insoweit keinerlei Makel aufzuweisen hat, sollte zur Vermeidung von Friktionen bevorzugt werden. Die damit verbundene Bevorzugung von spezialisierten Insolvenzverwaltern, die neben dieser Tätigkeit nicht noch anderweitig tätig sind, ist sachgerecht und im Interesse einer objektiven Insolvenzverwaltung. **Die Erfahrungen mit Berufsverwaltern lassen keinen anderen Schluss zu, als dass generell ein Verwalter vorzuziehen ist, der seine ganze Zeit und Kraft der Verwalteraufgabe widmet und in andauernder Tätigkeit die Übung findet, die auch hier den Meister macht.**[47] 33

Nur in der besonderen Situation, in der ein Verwalter als Sanierer im einleitenden Gespräch mit dem Schuldner die Antragsverpflichtung des Schuldners erkannt und diesen lediglich allgemein darauf hingewiesen hat, aber keine Sanierungsmaßnahmen angesprochen wurden, besteht keine Vermutung einer fehlenden Unabhängigkeit. In diesem Sinne ist auch die Ergänzung in § 56 Abs. 1 34

---

[40] *Schumann,* FS Geimer, S. 1071.
[41] *Schumann,* FS Geimer, S. 1071.
[42] *Schumann,* FS Geimer, S. 1071.
[43] HK-*Eickmann,* 4. Aufl. 2006, § 56 RdNr. 7.
[44] *Pape* ZIP 1993, 737, 738, Fn. 10.
[45] HK-*Eickmann,* 4. Aufl. 2006, § 56 RdNr. 9.
[46] HK-*Eickmann,* 4. Aufl. 2006, § 56 RdNr. 7.
[47] Zitat von *Jaeger,* LZ 1909, 1 (zitiert nach *Baade* KTS 1959, 40, 41).

Satz 3 Nr. 2 zu verstehen. Dabei ist entgegen *Uhlenbruck*[48] auch für kleinere Orte oder massearme Nachlassinsolvenzen keine Ausnahme zu machen. Unter der Berücksichtigung der Konzentrationsbemühungen auf die Amtsgerichte am Ort des Landgerichts ist das Angebot an möglichen Insolvenzverwaltern allgemein ausreichend groß, um nicht dem Zwang zu unterliegen, den ehemaligen Berater des Schuldners zu bestellen.

34a **c) Vorschläge des Insolvenzschuldners oder der Insolvenzgläubiger.** Als Reaktion auf die Praxis einiger, weniger Insolvenzgerichte, auf einen Vorschlag des Insolvenzschuldners oder eines Insolvenzgläubigers zur Person des in Frage kommenden Insolvenzverwalters mit einem Ausschluss des Vorgeschlagenen zu reagieren, stellt § 56 Abs. 1 Satz 3 Nr. 1 klar, dass allein aus einem solchen Vorschlag nicht auf einen Mangel an Unabhängigkeit geschlossen werden kann. Diese Regelung entspricht den allgemeinen Denkgesetzen und auch der Rechtsprechung zu § 42 ZPO. Diejenigen Insolvenzgerichte, welche bisher auf einen Vorschlag eines bestimmten Insolvenzverwalters direkt oder indirekt erklärten, dass ein vom Insolvenzschuldner oder von einem Insolvenzgläubiger vorgeschlagener Insolvenzverwalter generell nicht in Betracht gezogen werde, trafen ihre Auswahlentscheidung in jedem Fall ermessensfehlerhaft. Die Frage nach der notwendigen **Unabhängigkeit ist auf die Person des Insolvenzverwalters bezogen zu betrachten.** Aus ihm heraus und unter Beachtung seiner bisherigen Tätigkeiten und seiner Verbindungen mit anderen Personen ist die Prüfung von Gründen vorzunehmen, welche evtl. gegen eine Unabhängigkeit im Sinne des § 56 sprechen. Der von Außen kommende Vorschlag mag Anlass für eine Prüfung dieser Unabhängigkeit sein, kann jedoch das Ergebnis nicht beeinflussen. **Ein Vorschlag, unabhängig von welcher Seite dieser Vorschlag kommt, ist nicht geeignet, eine bestehende Unabhängigkeit zu beschädigen oder eine berechtigte Befürchtung hinsichtlich einer unzureichenden Unabhängigkeit zu rechtfertigen.** Die Klarstellung in § 56 Abs. 1 Satz 3 Nr. 1 ist daher vollkommen überflüssig, wäre nicht in der Praxis einiger, weniger Insolvenzgerichte festzustellen, dass diese die Beurteilung der Unabhängigkeit eines Insolvenzverwalters zT auf einer unsachgemäßen Grundlage vornehmen.

35 **d) Interessenkollisionen.** Merkmal der Unabhängigkeit im Sinne des § 56 Abs. 1 ist es allgemein weiter, dass entsprechend den allgemeinen Befangenheitsregeln der §§ 42 ff. ZPO aus der Sicht der anderen Verfahrensbeteiligten nicht der **Anschein einer Interessenkollision,** also die **Besorgnis der Befangenheit,** bestehen darf.[49] Hierbei können alle denkbaren Konstellationen in Betracht kommen, die bei einem vernünftig denken Beobachter nachvollziehbare Bedenken hervorrufen können.[50] Ist beispielsweise ein Verwalter als **Pool-Verwalter** tätig gewesen, kann er nicht mehr als unabhängig angesehen werden, wenn Beteiligte des von ihm in einem anderen Verfahren verwalteten Pools als Beteiligte in seinem Insolvenzverfahren auftreten.[51]

36 Bei der Prüfung möglicher Interessenkollisionen kommt es auf den **wirtschaftlichen Gehalt einer Beziehung** zwischen dem Verwalter und dem Schuldner nicht an. Interessenkollisionen sind **unabhängig von ihrer wirtschaftlichen Wertigkeit** zu beurteilen.[52] Maßgeblich ist hierbei nicht die Frage, ob eine wirtschaftliche Beziehung auf Grund ihres Umfangs geeignet sein kann, einen Verwalter zu beeinflussen. Diese Frage lässt sich nie eindeutig beantworten, wobei der Insolvenzverwalter selbst als evtl. Betroffener nicht berufen ist, diese Einschätzung vorzunehmen. Entscheidend ist allein, ob aus der Sicht eines anderen Beteiligten eine Verbindung des Verwalters zu einer anderen Person vorliegt, die eine Beeinflussung möglich erscheinen lässt. Muss dies bejaht werden, ist auch bei Verwaltern mit untadeligen Leumund eine Befürchtung einer Interessenkollision festzustellen, was eine Bestellung in diesem Insolvenzverfahren verbietet.[53]

---

[48] *Uhlenbruck/Uhlenbruck,* InsO, § 56 RdNr. 21

[49] Siehe hierzu Richtlinien des *Deutschen Anwaltsvereins – Arbeitskreis Insolvenzrecht –* DRiZ 1993, 192 sowie *Die neuen Richtlinien des Amtsgerichts Berlin-Mitte für die dort tätigen Konkursverwalter* KuT 1929, 69 ff. und die Anm. hierzu von *Levy* KuT 1929, 85 ff.

[50] Zur Berücksichtigung von Interessenkollisionen BGH NZI 2004, 448; OLG Celle NZI 2001, 551; OLG Zweibrücken NZI 2000, 373; AG Potsdam DZWIR 2002, 87; *Frind* ZInsO 2002, 755; *Graeber* NZI 2002, 345 und zur Integrität des Verwalters BGH ZInsO 2004, 669. *Römermann* (ZInsO 2004, 937, 942 – Vorstandsvorsitzender des Instituts für Insolvenzrecht e. V.) geht sogar davon aus, dass die Berücksichtigung sachfremder Interessen bei der Abwicklung von Insolvenzverfahren nicht Ausnahmen darstellen, sondern zum Alltag gehörten. So dies dem Insolvenzgericht bekannt wird, sollten entsprechende Konsequenzen gezogen werden. Allgemein zur Unabhängigkeit des Insolvenzverwalters s. *Frind* ZInsO 2002, 745; *Graeber* NZI 2002, 345; *Schumann,* FS Geimer, 2002, S. 1043 ff.

[51] HK-*Eickmann,* 4. Aufl. 2006, § 56 RdNr. 5.

[52] Anders *Riggert* NZI 2002, 352, der mindestens eine wirtschaftliche Abhängigkeit als Ausschlussgrund fordert. Verwalter mit umfangreichen geschäftlichen Verbindungen zum Schuldner, die aber noch keine wirtschaftliche Abhängigkeit des Verwalters bewirken, hält er für unproblematisch.

[53] Entgegen *Riggert* NZI 2002, 352, 355 liegt daher eine Befangenheitsbesorgnis nicht erst dann vor, wenn ein Verwalter „in erheblichem Umfang ausschließlich für das gleiche Kreditinstitut tätig ist".

Der Insolvenzverwalter bietet dann nicht mehr die Gewähr der Wahrung der gemeinsamen Gläubigerinteressen, wenn die Tätigkeit die **Gefahr von Sondervorteilen** oder sogar tatsächliche Sondervorteile mit sich bringt.[54] Dabei ist es unerheblich, ob es sich um unmittelbare oder mittelbare Eigenvorteile oder Vorteile für andere Verfahrensbeteiligte handelt.[55] Es reicht – wie bei anderen Amtsträgern auch – vielmehr aus, wenn objektiv die **bloße Möglichkeit einer Pflichtwidrigkeit** besteht.[56] Bereits ein **Besorgnis der Abhängigkeit** ist ausreichend.[57] Jede gegenwärtige oder vergangene, wirtschaftliche oder tatsächliche Verflechtung des Insolvenzverwalters mit dem Insolvenzschuldner oder den Insolvenzgläubigern oder einem der Insolvenzgläubiger reicht hierbei aus.[58] **Auf evtl. als Interessenkollision zu beurteilende Sachverhalte hat ein Insolvenzverwalter von sich aus und unaufgefordert das Insolvenzgericht in schriftlicher und hervorgehobener Weise zu unterrichten.**[59] Ein Verstoß gegen diese grundlegende Verpflichtung eines Insolvenzverwalters kann insbesondere bei Hinzutreten weiterer Umstände rechtfertigen, den entsprechenden Insolvenzverwalter wegen dieser Unzuverlässigkeit **generell als ungeeignet** anzusehen.[60] 37

d) Verwalter-Gesellschaften. Eine mögliche Interessenkollision kann auch während eines laufenden Insolvenzverfahrens eintreten. Bei der Abwicklung des Insolvenzverfahrens bedarf der Insolvenzverwalter in vielen Verfahren der Unterstützung anderer Personen. Soweit es sich hierbei um Mitarbeiter seines Büros handelt, ist dies regelmäßig unproblematisch, da deren Tätigkeiten dem Insolvenzverwalter direkt zugerechnet werden und es sich daher insgesamt um eine eigene Tätigkeit des Insolvenzverwalters handelt. Problematisch kann jedoch die **Hinzuziehung externer Personen** sein. Hierbei kommen insbesondere **Rechtsanwälte, Wirtschaftsprüfer, Steuerberater, Sachverständige und Verwerter** bzw. juristische Personen dieser Bereiche in Betracht. Sind diese vom Insolvenzverwalter vollkommen unabhängig und bestehen keinerlei **Verbindungen persönlicher, wirtschaftlicher oder gesellschaftsrechtlicher Art** abgesehen von dem geschäftlichen Kontakt, ist deren Beauftragung auf Kosten der Insolvenzmasse entsprechend § 4 Abs. 1 Satz 3 InsVV nicht geeignet, Bedenken an der Unabhängigkeit des Verwalters zu begründen. 38

Anderes gilt dann, wenn eine besondere Verbindung zwischen Insolvenzverwalter und der auf Kosten der Masse beauftragten Person besteht. Hierbei ist jedoch zwischen verschiedenen Konstellationen zu unterscheiden. Übernimmt der Insolvenzverwalter selbst eine **Tätigkeit für das Insolvenzverfahren**, die ein nicht in gleicher Weise qualifizierter Insolvenzverwalter einer anderen Person übertragen hätte, darf der Insolvenzverwalter nach **§ 5 InsVV** der Masse sein Honorar in Rechnung stellen. Formal scheint dies ein Selbstkontrahieren des Verwalters darzustellen. Da es jedoch nicht tatsächlich zu einer Selbstbeauftragung gekommen ist, sondern durch § 5 InsVV nur eine **besondere Tätigkeit des Insolvenzverwalters** besonders berücksichtigt wird, die allerdings nicht von diesem verlangt werden kann und welche daher auch nicht mit einer Regelvergütung nach § 2 InsVV abgegolten wird, liegt ein Verstoß gegen § 181 BGB nicht vor. Eine Interessenkollision besteht hier nicht. 39

Anders liegt der Fall bereits dann, wenn der Insolvenzverwalter nicht persönlich tätig wird, sondern eine **Person beauftragt,** an der er beteiligt ist, der er angehört oder in anderer Weise besonders verbunden ist. Formal handelt es sich hierbei um eine andere Person, sodass ein Fall des Einsatzes besonderer Sachkunde im Sinne des § 5 InsVV nicht vorliegt. Die Abrechnung der hierdurch entstandenen Kosten erfolgt über § 4 Abs. 1 Satz 3 InsVV. Eine negative **Auswirkung auf die Vergütung** des Insolvenzverwalters hat diese Vorgehensweise nicht, da § 1 Abs. 2 Nr. 4 InsVV hierfür keine Anrechnung der besonderen Vergütung auf die Berechnungsgrundlage nach § 1 Abs. 1 InsVV vorsieht. Dies ist daher für den Verwalter wirtschaftlich in der Regel vorteilhafter. In diesem Zusammenhang wird häufig übersehen, dass durch die Beauftragung beispielsweise der **Anwaltssozietät des Verwalters** bei der Durchsetzung von Masseforderungen **formal** eine **Interessenskollisionslage** eintritt. Zwar mag der Unterschied zu einer Selbstvornahme durch den Insolvenzverwalter mit der Folge der Anrechnung nach § 1 Abs. 2 Nr. 4a InsVV nur gering sein, doch hat der Insolvenzverwalter auch in diesem Bereich darauf zu achten, dass er seinen Anzeigepflichten ordnungsgemäß nachkommt. Überträgt ein Verwalter **Aufgaben an seine Sozietät,** hat er das Insolvenzgericht **vorab hierauf hinzuweisen.** Dies kann dadurch geschehen, dass der Verwalter in seiner ersten Stellungnahme nach Eröffnung des Insolvenzverfahrens das Insolvenzgericht davon 40

---

[54] *Schumann*, FS Geimer, S. 1071.
[55] *Schumann*, FS Geimer, S. 1071.
[56] *Schumann*, FS Geimer, S. 1066.
[57] *Schumann*, FS Geimer, S. 1071.
[58] *Schumann*, FS Geimer, S. 1071.
[59] BGH NJW 1991, 982; wiederholt BGH NJW-RR 2012, 953.
[60] BGH NJW-RR 2012, 952, wiederholt BGH NZI 2012, 247.

informiert, dass die rechtliche Abwicklung in diesem Verfahren nach § 4 Abs. 1 Satz 3 InsVV an die mit ihm verbundene Sozietät übertragen wird. Kommt es nachfolgend nicht zu einer Übertragung, ist dies unschädlich.

41 Von einer solchen **Mitteilung an das Insolvenzgericht** sollte auch nicht mit dem Argument abgesehen werden, die Beauftragung der eigenen Sozietät sei üblich und dem Insolvenzgericht bekannt. Je nach Benennung der Sozietät wird die Verbindung mit dem Verwalter mehr oder minder klar erkennbar sein. Gerade in Fällen, in denen der Verwalter nicht **Namensgeber der Sozietät** ist, kann es jedoch an einer Offenkundigkeit fehlen. Die Verpflichtung des Verwalters, auf eine formale Befürchtung einer Interessenskollisionslage hinzuweisen besteht unabhängig davon, wie deutlich eine entsprechende Verbindung nach außen tritt. Auch wenn diese unzweifelhaft sein sollte, ist der Insolvenzverwalter verpflichtet, seine Entscheidung, eine mit ihm verbundene Person innerhalb des Insolvenzverfahrens zu beauftragen, dem Insolvenzgericht anzuzeigen. Eine Belastung des Verwalters ist hiermit nicht verbunden; ein Verstoß gibt jedoch Anlass, an der Zuverlässigkeit und damit an der generellen Eignung des Insolvenzverwalters zu zweifeln.

42 Durch eine solche Postulation einer **uneingeschränkten Hinweispflicht** wird vermieden, die Grenze zu bestimmen, ab welchem Grad der Offenkundigkeit eine Hinweispflicht eintritt. Da eine solche Grenze kaum eindeutig bestimmt werden kann, würde es in der Praxis wiederholt zu Divergenzen zwischen Insolvenzverwaltern und Insolvenzgerichten über die Frage des Eintritt einer Anzeigenotwendigkeit kommen. In diesem Zusammenhang ist erneut darauf hinzuweisen, dass es auf die eigene Beurteilung des betroffenen Insolvenzverwalters nicht ankommt. Auch wenn dieser meint, eine Befangenheitsbefürchtung wäre nicht gerechtfertigt, entbindet ihn diese Ansicht nicht von der grundlegenden Anzeigeverpflichtung gegenüber dem Insolvenzgericht. Denn nur dieses ist berufen, die Beurteilung entsprechend § 42 ZPO vorzunehmen und gegebenenfalls Maßnahmen zu treffen.

43 Wünschenswert wäre in diesem Zusammenhang, dass sich die Insolvenzverwalter gegenüber den Insolvenzgerichten allgemein verpflichten würden, bei ihrer Tätigkeit die **Grundsätze ordnungsgemäßer Insolvenzverwaltung (GOI)** (s. RdNr. 181) und den **Verhaltenskodex der Mitglieder des Arbeitskreises der Insolvenzverwalter Deutschland e. V.** (s. RdNr. 181a) zu beachten. Entsprechende Erklärungen könnten im Rahmen eines Vorauswahlverfahrens abgegeben werden. Punkt 1.4 des Verhaltenskodexes enthält ein Kontrahierungsverbot mit Dritten, an denen der Verwalter unmittelbar oder mittelbar – auch über Familienangehörige – beteiligt ist. Ausgenommen werden dort jedoch ausdrücklich Rechtsanwalts-, Wirtschaftsprüfungs- und Steuerberatungsgesellschaften. Gerade diese könnten zur Klarstellung vom Insolvenzverwalter in seiner Erklärung zur Übernahme des Amtes benannt werden. Eine strenge Beachtung dieser Grundsätze und der Anzeigeverpflichtungen ist von dem Insolvenzgericht zu fordern und von einem Insolvenzverwalter als selbstverständlich anzusehen. Ein Einsatz sog. **Verwalter-GmbHs bzw. Verwalter-Gesellschaften** in anderen Bereichen der Insolvenzverwaltung (Vermittlung von Arbeitskräften, Verwertung der Insolvenzmasse usw.) sollte unabhängig von evtl. Mitteilungen an das Insolvenzgericht nicht erfolgen.[61]

44 **e) Konzerninsolvenzen.** Während in den meisten Insolvenzverfahren eine strenge Beachtung des Erfordernisses der Unabhängigkeit des Insolvenzverwalters unproblematisch möglich ist und auch ein evtl. Wechsel zwischen vorläufigen Insolvenzverwalter und Insolvenzverwalter nicht zu Nachteilen des Verfahrens führt, wird diese Beachtung in sog. **Konzerninsolvenzverfahren** häufig als Nachteil angesehen. Die **wirtschaftliche und/oder gesellschaftsrechtliche Verflechtung** verschiedener, zumeist juristischer Personen, die während der aktiven Unternehmenstätigkeit nicht als Nachteil sondern als Vorteil gesehen wird, kann im Insolvenzverfahren bei Beachtung des Erfordernisses der Unabhängigkeit des Verwalters wirtschaftliche Nachteile mit sich bringen. Unter strenger Beachtung des InsO muss für jede einzelne Gesellschaft eines Konzern ein eigenes Insolvenzverfahren eröffnet werden.[62] Dies führt in vielen Fällen bereits auf Grund der **örtlichen Zuständigkeit verschiedener Insolvenzgerichte** für einzelne der Konzern-Gesellschaften zu Problemen. Während die örtliche Verteilung der Verfahren noch durch eine entsprechende Koordinierung zwischen den Insolvenzgerichten gelöst werden kann, führt eine strenge Anwendung des § 56 Abs. 1 zu einer **Zerschlagung der bisherigen Konzernstruktur,** welche zumeist durch eine zentrale Leitung durch die Konzernmutter unter Unterwerfung der formal unabhängigen Gesellschaften unter diese Führung gekennzeichnet ist. Die gesellschaftlichen und wirtschaftlichen Verflechtungen der Gesellschaften untereinander verbieten die **Bestellung ein und desselben Insolvenzverwalters in allen Insolvenzverfahren** der Konzerngesellschaften, da es anderenfalls

---

[61] *Uhlenbruck/Uhlenbruck,* InsO, § 56 RdNr. 22.
[62] Allgemein hierzu *Graeber* NZI 2007, 265.

bereits im zweiten Fall einer Bestellung an einer Unabhängigkeit des Insolvenzverwalters nach § 56 Abs. 1 mangeln würde.

Ein Insolvenzgericht sollte **vermeiden,** dass von Verfahrensbeteiligten ein **Befangenheitsgrund** 45 **gegen den bestellten Insolvenzverwalter vorgebracht werden kann** oder der Anschein einer Interessenkollision entsteht. Auch dann, wenn aus einer gesellschaftsrechtlichen oder wirtschaftlichen Verflechtung mehrere Verfahren parallel durchzuführen sind, sollte nicht auf Grund einer **falschen Kostenersparnis** auf die Bestellung unterschiedlicher Insolvenzverwalter verzichtet werden. Gerade dann, wenn durch Verfahrensteilnahme eines Insolvenzverwalters eines anderen juristischen Person einer Unternehmensgruppe eine ordnungsgemäße **Trennung der verschiedenen Geschäfte der Gruppe** erfolgt, wächst das Vertrauen in die Korrektheit des Handelns des Insolvenzverwalters.

Wird zB über das Vermögen einer **GmbH & Co. KG** sowie über deren persönliche haftende 46 Gesellschafterin, die GmbH oder über das Vermögen einer OHG und deren Gesellschafter oder auch über das Vermögen mehrerer GmbHs, die einen personenidentischen Geschäftsführer haben, das Insolvenzverfahren eröffnet, können Interessenkollisionen auftreten, die durch eine Bestellung **verschiedener Insolvenzverwalter** verhindert würden.[63] Diese Trennung dient dabei auch dem Schutz des Verwalters in strafrechtlicher als auch haftungsrechtlicher Sicht.[64] Das Insolvenzgericht hat hierbei in eigenem Interesse zu beachten, dass es sich evtl. bei Missachtung des § 56 Abs. 1 Haftungsansprüchen aussetzen kann.[65]

Diese Bedenken werden auf Grund wirtschaftlicher Erfordernisse einer erfolgreichen Abwicklung 47 des Insolvenzverfahrens in der Praxis zum Teil übersehen und zum **Zwecke einer Sanierung des Konzerns** für alle Konzerngesellschaften **ein in allen Verfahren identischer Konzerninsolvenzverwalter** bestellt.[66] Dies begegnet erheblichen Bedenken.[67] Ein solcher Konzerninsolvenzverwalter befindet sich in einer ständigen Interessenkollision.[68] Bereits bei Anwendung des § 41 ZPO auf das Amt des Insolvenzverwalters ist eine Bestellung in Verfahren, in denen der Insolvenzverwalter sowohl eine Gläubigerin als auch eine Schuldnerin zu vertreten hätte, rechtlich unzulässig. Bereits im Rahmen der Abwicklung des bzw. der Insolvenzverfahren ist absehbar, dass der auch für den Insolvenzverwalter geltende **§ 181 BGB** nicht immer beachtet werden kann.[69] Dies sehenden Auges durch das Insolvenzgericht herbeizuführen wäre offenbar ermessensfehlerhaft und kann angesichts der aktuellen Rechtslage vom Insolvenzgericht nicht gefordert werden. Das Insolvenzgericht hat die Aufgabe, die Ordnungsmäßigkeit des Verfahrens zu überwachen. Hierzu gehört insbesondere auch, die Regelung des § 56 Abs. 1 und des § 41 ZPO zu beachten. Gleichzeitig hat das Insolvenzgericht auch die wirtschaftlichen Interessen der Insolvenzgläubiger und des Schuldners zu berücksichtigen. Diese Interessen sprechen sicherlich in vielen Verfahren in ihrer Gesamtheit für einen Konzerninsolvenzverwalter und gegen eine Zerstückelung des Konzern durch eine Vielzahl von Insolvenzverwaltern.

In einer solchen Situation des Widerstreits von formaler Richtigkeit und wirtschaftlicher Sinnhaf- 48 tigkeit wird ein Insolvenzrichter immer versuchen, eine Auslegung der gesetzlichen Vorgaben zu finden, die sowohl dem Wortlaut des Gesetzes entspricht als auch sinnvolle Lösungen ermöglicht. Dabei wird jedoch es nicht zu dem Ergebnis kommen können, ein **Insolvenzverwalter einer Gesellschafter der Schuldnerin** könne als unabhängig im Insolvenzverfahren der Schuldnerin angesehen werden. Zumeist wird die Gesellschafterin auch gleichzeitig Gläubigerin oder Schuldnerin der Schuldnerin sein. Dann ist der Verwalter der Gläubigerin mit dieser gleichzusetzen, sodass eine **Unabhängigkeit im Sinne von § 56 Abs. 1 deutlich nicht mehr vorliegt.**

In diesen Fällen wird versucht, die Problemlage durch Bestellung eines **Sonderinsolvenzverwal-** 49 **ters** zu beseitigen der Teile der Rechte des Insolvenzverwalters erhält, soweit sich aus ihnen eine Interessenkollision des Insolvenzverwalters ergeben kann. Diese Konstruktion ist zwar geeignet, Bedenken an einer evtl. nicht ordnungsgemäßes Zuordnung von Rechten und Pflichten zu beseitigen, hebt aber den Hinderungsgrund der mangelnden Unabhängigkeit nicht auf, wenn der Verwalter auch nur **in einem einzigen der verschiedenen Verfahren des Konzerns unbeschränkt als Insolvenzverwalter bestellt** wurde. Eine einzige unbeschränkte Bestellung belastet den Verwalter mit den Rechten und Pflichten gegenüber den anderen Konzerngesellschaften. Diese **Infizierung mit einem Kollisionsgrund** hindert eine zeitlich nachfolgende Bestellung in einem anderen

---

[63] HK-*Eickmann,* 4. Aufl. 2006, § 56 RdNr. 8; *Senst/Eickmann/Mohn,* Handbuch für das Konkursgericht, 1976, RdNr. 123.
[64] *Smid* InsO, 2. Aufl., § 56 RdNr. 24.
[65] *Smid* InsO, 2. Aufl., § 56 RdNr. 24.
[66] So angeregt von *Paulus* ZIP 2005, 1948, 1951.
[67] HK-*Eickmann,* 4. Aufl. 2006, § 56 RdNr. 8; *Smid* InsO, 2. Aufl., § 56 RdNr. 23.
[68] *Smid* InsO, 2. Aufl., § 56 RdNr. 23.
[69] *Smid* InsO, 2. Aufl., § 56 RdNr. 23.

Konzernverfahren. Eine Bestellung eines Sonderinsolvenzverwalters in einem nachfolgenden Verfahren behebt den **bereits eingetretenen Unabhängigkeitsmangel** dann nicht mehr.

50 In Konzerninsolvenzverfahren ist die Bestellung eines sog. Konzerninsolvenzverwalters nur dann möglich und zulässig, wenn von Anfang an sichergestellt ist, dass **Bestellungshindernisse** wie das Erfordernis der Unabhängigkeit **von Anfang an beseitigt** sind. Dies kann nur dadurch herbeigeführt werden, dass in jedem einzelnen der Insolvenzverfahren **neben dem Konzerninsolvenzverwalter** ein **eigener Sonderinsolvenzverwalter** bestellt wird, dem **sämtliche Rechte der einzelnen Schuldnerin gegen die anderen Gesellschaften** des Konzerns zugeordnet werden.[70] Hierdurch können die das Konzern verbindenden Rechte und Pflichten vom Konzerninsolvenzverwalter ferngehalten und eine entsprechende Infizierung des Konzernverwalters mit evtl. Abhängigkeiten vermieden werden. Durch die hierdurch **neutralisierte Beauftragung eines identischen Verwalters in allen Konzernverfahren** wird der Verbund des Konzerns aufrechterhalten. Die notwendige Absicherung der Gewährleistung der unterschiedlichen Rechte der einzelnen Gesellschaften und damit ihrer Insolvenzgläubiger übernimmt hierbei nicht der Konzerninsolvenzverwalter, sondern der jeweilige **Sonderinsolvenzverwalter**. Durch der Separierung der Konzernbindungen auf die Sonderinsolvenzverwalter wird vermieden, dass der Konzerninsolvenzverwalter Pflichten gegenüber sich selbst geltend machen muss.

51 Bei der **Auswahl der Sonderinsolvenzverwalter** haben die Gerichte darauf zu achten, dass hierbei im Konzern keine Überschneidungen eintreten sondern vielmehr für jede einzelne Gesellschaft ein anderer Sonderinsolvenzverwalter bestellt wird. Die **Auswahl des Konzerninsolvenzverwalters** und die Beachtung der sofortigen Bestellung von unterschiedlichen Sonderinsolvenzverwaltern in allen Insolvenzverfahren bedeutet für das Insolvenzgericht bzw. die Insolvenzgerichte einen erheblichen **Koordinierungsaufwand.** Je nach Anzahl der beteiligten Insolvenzrichter werden die Absprachen mehr oder minder umfangreich und schwierig sein. Es kann hierbei nur empfohlen werden, dass die Berater des Konzerns möglichst frühzeitig auf die Notwendigkeit eines Konzerninsolvenzverfahrens hinweisen und **Maßnahmen** treffen, die eine **Koordinierung der Verfahren durch die Insolvenzgerichte möglich machen.** Kann die Konzernspitze klar einer bestimmten Gesellschaft und damit einem bestimmten Insolvenzgericht und Insolvenzrichter zugeordnet werden, dürfte diesem Gericht die **Leitung der Koordinierungsmaßnahmen des Konzernverfahrens** zukommen. Da gerade für die Aufgabe eines Konzerninsolvenzverwalters nur besonders erfahrene und insoweit renommierte Insolvenzverwalter in Frage kommen, dürfte auch bei Wahrung der richterlichen Unabhängigkeit ein **Konsens der Insolvenzrichter über die Person des Verwalters** herbeigeführt werden können.

52 Im Vorfeld eines Konzerninsolvenzverfahrens kann es hilfreich sein, **evtl. Satzungsänderungen** bei den einzelnen Konzerngesellschaften zu überlegen. Eine ordnungsgemäße **Verlagerung der Geschäftssitze** der Gesellschaften an einen **gemeinsamen Ort** oder zumindest des Mittelpunkts der wirtschaftlichen Tätigkeit i.S.v. § 3 Abs. 2 Satz 2 zur Herbeiführung einer zentralen Zuständigkeit eines einzigen Insolvenzgerichts wird zur Bewältigung eines Konzerninsolvenzverfahrens sinnvoll sein. Die Situation des insolventen Konzern erlaubt es in vielen Fällen, einige Tage mit der Antragstellung zuzuwarten. Dieser Zeitraum könnte insbesondere dazu genutzt werden, **Maßnahmen zur Konzentrierung der verschiedenen Verfahren** zu treffen und erste **Orientierungsgespräche** mit den zuständigen Insolvenzrichtern zu führen. Gerade die **informatorischen Gespräche mit den Insolvenzrichtern** dürften sinnvoll sein, um ohne den Zeitdruck eine bereits beantragten Verfahrens deren evtl. Bedenken gegenüber einem Konzerninsolvenzverfahren oder einem vorgeschlagenen Konzerninsolvenzverwalter zu beseitigen und diesen Gelegenheit zu geben, den notwendigen Konsens der Insolvenzrichter über dieses Konzernverfahren und die unterschiedlichen Verwalter herbeizuführen. Eine (evtl. sogar überraschende) Beantragung einer Vielzahl von Insolvenzverfahren bei unterschiedlichen Insolvenzgerichten unter Betonung des besonderen **zeitlichen und wirtschaftlichen Drucks** mit dem Hinweis, dass die einzig sinnvolle Entscheidung der Insolvenzrichter nur lauten könnte, der vorgeschlagenen Vorgehensweise möglichst noch am selben Tag nachzukommen, dürfte ein enormes **Risiko eines Scheiterns dieses Sanierungsversuchs** in sich tragen. Gegen einen solchen **Überrumpelungsversuch** werden sich die Insolvenzrichter zu wehren wissen und evtl. eine herkömmliche und unbestreitbar ordnungsgemäße Vorgehensweise bevorzugen, die dann das Risiko eines suboptimalen Ergebnisses in sich trägt. Dies sollte vermieden und den Insolvenzgerichten wenigstens einen Teil der Zeit für eine Prüfung zugebilligt werden, den die Berater des Konzerns für die Vorbereitung der Anträge des Konzerninsolvenzverfahrens und die Absprachen mit möglichen Konzerninsolvenzverwaltern benötigten.

---

[70] In diesem Sinne HK-*Eickmann*, 4. Aufl. 2006, § 56 RdNr. 8; *Smid* InsO, 2. Aufl., § 56 RdNr. 25.

f) Anzeigepflichten des Insolvenzverwalters. Das Anfordernis der Unabhängigkeit und die 53 besondere Stellung des Insolvenzverwalters führen dazu, dass der Insolvenzverwalter verpflichtet ist, das Insolvenzgericht selbständig auf eine **bestehende oder drohende Interessenkollision** hinzuweisen.[71] Nur wenn der Insolvenzverwalter auch dieser Verpflichtung selbständig und von sich aus nachkommt, ist es gerechtfertigt, ihn mit den verantwortungsvollen Aufgaben eines Insolvenzverfahrens zu betrauen. Der **Insolvenzrichter** braucht dabei den möglichen oder bestellten Insolvenzverwalter **nicht in jedem Fall der Bestellung zu befragen.** Zwar mag die Verwendung eines speziellen Fragebogens hierzu[72] sinnvoll sein, eine Beantwortung eines solchen Fragebogens oder der Verzicht des Insolvenzgerichts auf Fragebögen entlastet den Insolvenzverwalter jedoch nicht von seiner Pflicht zur Erteilung eines konkreten Hinweises. Weist beispielsweise der vorläufige Insolvenzverwalter nicht von selbst auf eine erkennbare mögliche Interessenkollision hin, muss das Insolvenzgericht bei Eröffnung des Verfahrens zwingend einen **anderen Insolvenzverwalter bestellen,** da bereits das **bloße Schweigen über evtl. Bedenken** an der Eignung des Verwalters genügen, diesem Verwalter aufgrund dieser Pflichtverletzung generell die Eignung als Insolvenzverwalter abzusprechen.[73] Gleiches gilt für einen Insolvenzverwalter, der über neue Umstände einer Interessenkollision schweigt. Hierbei sollte es nicht als ausreichend angesehen werden, dass ein Verwalter im Rahmen eines Berichts in einem anderen Verfahren nebenbei auf eine gesellschaftsrechtliche Verbindung zu einer Schuldnerin verweist.[74] Der **klare und deutliche Hinweis in jedem einzelnen evtl. betroffenen Verfahren** stellt für den Verwalter keine Belastung dar. Dagegen kann nicht vermutet werden, dass ein Insolvenzrichter tatsächlich den Inhalt sämtlicher Berichte und Gutachten gedanklich präsent hat und hierdurch in der Lage ist, in jedem Moment einer Entscheidungsfindung sämtliche Verbindungen zu anderen Verfahren zu übersehen. Die Bewältigung der jährlich steigenden Belastung der Insolvenzrichter kann nur dadurch erfolgen, dass der Insolvenzrichter sich bei der **Speicherung wesentlicher Informationen** auf die notwendigen Punkte beschränkt und im Übrigen darauf vertraut, dass ein Insolvenzverwalter seinen Anzeigeverpflichtungen in ordnungsgemäßer Weise nachkommt. Zu verlangen, dass auch nur wenige Stunden später der gesamte Inhalt eines Gutachtens dem Insolvenzrichter bei der Bearbeitung eines anderen Verfahrens präsent sei, wäre unrealistisch.[75]

Ein bereits erfolgter Hinweis einer Kollisionslage beendet die **Anzeigeverpflichtung des Ver-** 54 **walters für das weitere Verfahren** nicht. Hat ein Insolvenzverwalter beispielsweise darauf hingewiesen, dass er sowohl im Verfahren über eine KG als auch im Verfahren der hiermit verbundenen GmbH bestellt wurde, genügt diese Anzeige, um das oder die Insolvenzgerichte auf die Problemlage hinzuweisen. Möchte der Verwalter **spätere Änderungen der rechtlichen Lage** zwischen diesen Gesellschaften bewirken, beabsichtigt er, Verträge zwischen beiden von ihm verwalteten Schuldnern zu Gunsten des einen Schuldners und zu Lasten des anderen Schuldners abzuändern, hat er das Insolvenzgericht hierauf **erneut gesondert hinzuweisen,** damit dieses in die Lage gesetzt wird, notwendige Maßnahmen, insbesondere hinsichtlich des Hindernisses des § 181 BGB, zu treffen. Eine **Verschleierung des Verstoßes gegen § 181 BGB** oder auch das bloße **Verschweigen** dieser besonderen, durch die Tätigkeit des Verwalters erst hinzutretende Kollisionslage lässt befürchten, dass der Insolvenzverwalter nicht bereit ist, seinen Anzeigeverpflichtungen nachzukommen. Das Insolvenzgericht sollte in solchen Fällen geeignete Konsequenzen ziehen.

II. Sonstige Anforderungen an den Insolvenzverwalter

1. Persönliche Anforderungen. Auch wenn § 56 Abs. 1 hierzu nichts aussagt, sind auch per- 55 sönliche Aspekte des Insolvenzverwalters bei der Auswahl und Bestellung zu berücksichtigen. Als Insolvenzverwalter wird eine selbstbewusste, geschäftserfahrene, wirtschaftlich denkende,[76] auf Ausgleich völlig widerstrebender Interessen erpichte Persönlichkeit mit Entscheidungsfreude, pragmatischer Tendenz zu schnellen Lösungen, guter Menschenkenntnis und **peinlicher finanzieller Korrektheit** benötigt.[77] Gefordert wird **Mut, Rückgrat, Entscheidungsfreude, Ehrlichkeit**[78] und

---

[71] Stapper NJW 1999, 3441, 3443; Uhlenbruck/Uhlenbruck, InsO, § 56 RdNr. 20.
[72] ZInsO 2012, 368.
[73] AG Potsdam NJW-RR 2002, 1201 = NZI 2002, 391.
[74] AA LG Potsdam ZInsO 2005, 893.
[75] So LG Potsdam ZInsO 2005, 893.
[76] Wiester/Joswig NZI 2005, Heft 9, V.
[77] Smid InsO, 1. Aufl., § 56 RdNr. 6; Wellensiek NZI 1999, 169, 170. Die persönliche Integrität des Verwalters wurde vom BGH (NZI 2004, 440) besonders hervorgehoben. Wetjen Anwalt 2001, Heft 3, S. 10, 14 betont, dass sich der Insolvenzverwalter in gesicherten finanziellen Verhältnissen befinden muss.
[78] BGH NZI 2011, 282.

Erfahrung.[79] Der Insolvenzverwalter bewegt sich dabei, wie *Stüdemann*[80] schreibt, auf dem „*schmalen Mittelweg ... zwischen dem juristisch korrekten, aber wirtschaftlich instinktlosen Vermögensresteverteiler und, mit einem Blick auf Nietsche, dem ÜberUnternehmer*". Diesen Anforderungen hat jeder potentielle Insolvenzverwalter zu genügen. Aber auch die berufsspezifischen **Verhaltenskodexe,** sei es als Rechtsanwalt oder als Insolvenzverwalter, sowie die Einhaltung akzeptierter **Abwicklungsregelungen** des Insolvenzgerichts sind zu beachten.[81] Spätestens bei einer erstmaligen Tätigkeit für ein Insolvenzgericht sollte der Insolvenzverwalter erklären, ob er sich als verpflichtet ansieht, sich an die entsprechenden Verhaltensregelungen, Berufsordnungen usw. zu halten.[82] Auch wenn diese Regelungen keinen Normcharakter haben, können sie als geeignete Umschreibungen für eine ordnungsgemäße und sachgerechte Handlungsweise von Insolvenzverwaltern angesehen werden. Die Orientierung des Verwalters an diesen Regelungen dürfte selbstverständlich sein und kann vom Insolvenzgericht zur generellen Abstimmung über die Verfahrensabwicklungen gefordert werden. Eine **Verweigerung einer Konformitätserklärung** durch einen Insolvenzverwalter dürfte als ausreichend angesehen werden, diesem Verwalter eine Bestellbarkeit generell zu versagen. Auch eine Verletzung beruflicher Pflichten in einem früheren Verfahren rechtfertigen Zweifel an der persönlichen Eignung und eine Ablehnung einer Bestellung.[83] In jedem Fall ist zu fordern, dass sich der Insolvenzverwalter keiner vermögensbezogenen Straftat strafbar gemacht hat. Eine **Verurteilung** beispielsweise wegen einer **Beihilfe zu einem versuchten Betrug** in einem Insolvenzverfahren macht den betroffenen Insolvenzverwalter **generell ungeeignet.** Ein solcher Insolvenzverwalter kann weder bestellt werden noch auf eine Vorauswahlliste aufgenommen werden.[84]

55a Bei der konkreten Auswahl des Insolvenzverwalters hat das Insolvenzgericht auch zu beurteilen, mit welcher Verfahrensdauer voraussichtlich zu rechnen ist. Im Interesse einer Vermeidung von Verfahrensverzögerungen ist es gerechtfertigt, bei der konkreten Auswahl auch das **Lebensalter des Insolvenzverwalters** zu berücksichtigen und insbesondere bei mehrjährigen Insolvenzverfahren von einer Beauftragung von Insolvenzverwaltern im allgemeinen Rentenalter auch dann abzusehen, wenn zum Zeitpunkt der Bestellung keine Hinweise dafür bestehen, dass die Leistungsfähigkeit dieser Verwalter beeinträchtigt wäre.[85]

55b Die **Nationalität des Insolvenzverwalters** ist vollkommen unbeachtlich.[86]

56 **2. Fachliche Voraussetzungen.** Der Gesetzgeber hat eine Festlegung einer bestimmten **beruflichen Qualifikation** als Zugangsvoraussetzung zum Verwalteramt bewusst nicht vorgenommen.[87] Auch von einer die Merkmale des § 56 Abs. 1 überschreitenden gesetzlichen Umschreibung der notwendigen Eigenschaften eines Insolvenzverwalters wurde bei der Gesetzesfassung abgesehen, da derartige Klauseln nur Leerformeln sein würden.[88]

57 Der Insolvenzverwalter kann **aus jeder Berufsgruppe** kommen.[89] In der Regel werden **Rechtsanwälte,**[90] aber auch **Wirtschaftsprüfer** und **Steuerberater** bestellt.[91] Üblicherweise handelt es sich dabei um spezialisierte Rechtsanwälte, Wirtschaftsprüfer, aber auch um Steuer- oder Unternehmensberater, welche die Bearbeitung von Insolvenzverfahren berufsmäßig, also ausschließlich oder weit überwiegend betreiben. Da dem Insolvenzverwalter abverlangt wird, neben unterschiedlichsten Rechtsfragen zugleich weitgreifende wirtschaftliche Entscheidungen oft innerhalb kürzester Zeit zu treffen und mit qualifiziertem Personal umzusetzen, sollten nur entsprechend **geeignete Spezialisten** eingesetzt werden.[92] Eine entsprechende Spezialisierung auf die Tätigkeit als Insolvenzverwalter sollte von den Insolvenzgerichten unterstützt werden und eine Zersplitterung der Verwalterschaft begegnet werden.

---

[79] *Smid/Rattunde* GesO, § 8 RdNr. 81. Zum Kriterium der Erfahrung als Zugangsvoraussetzung BVerfG NZI 2006, 636.
[80] *Stüdemann,* FS Einhundert Jahre KO, 401, 438.
[81] HambKomm-*Frind,* 3. Aufl., § 56 RdNr. 19.
[82] S. hierzu RdNr. 181.
[83] In diesem Sinne BGH NZI 2010, 147.
[84] BGH NZI 2008, 241. Anders OLG Brandenburg NZI 2009, 682, welches die Verurteilung mit der Anzahl ordnungsgemäß Insolvenzverfahren vergleichen will.
[85] Anders OLG Hamburg v. 6.1.2012 – 2 VA 15/11, welches eine Altersgrenze für eine Vorauswahlliste für unzulässig hält.
[86] Zum Zugang ausländischer Insolvenzverwalter zur Vorauswahlliste s. *Vallender* ZIP 2010, 454.
[87] Dies wird jedoch seit langem diskutiert. Siehe *Bliefert* KuT 1928, 89; *Häberlin* KuT 1927, 116. Gefordert nunmehr auch von *Laws* ZInsO 2006, 847.
[88] 1. KommBer. 1985, S. 128.
[89] *Kübler/Prütting/Lüke* § 56 RdNr. 4.
[90] *Robrecht* KTS 1998, 63, 64 hält insbesondere Rechtsanwälte für besonders qualifiziert.
[91] Zur prozentualen Aufteilung siehe *Uhlenbruck* KTS 1989, 229, 241.
[92] *Vallender* DZWIR 1999, 265, 266.

Die in der Vergangenheit bestehende Diskussion, ob die Tätigkeit des Insolvenzverwalters als **58** Beruf bezeichnet werden kann oder muss, ist nach der Entscheidung des *BVerfG*[93] als beendet anzusehen.[94] Die Ansicht, es handele sich hierbei nur um eine **praktische Tätigkeit,** eine **Ausformung eines anderen Berufs,** ist nicht mehr aufrecht zu erhalten. Diese Qualifizierung als eigenständiger Beruf führt auf Grund der nun eindeutig zustehenden Rechte aus Art. 12 GG zu **Konsequenzen** insbesondere **im Bereich der Auswahl und Bestellung** der Insolvenzverwalter durch das Insolvenzgericht.

Offen bleibt weiterhin die Frage, wie jemand **Insolvenzverwalter werden** kann. Es handelt sich **59** sicherlich nicht um einen üblichen **Lehrberuf,** auch wenn sinnvoller Weise die Tätigkeit eine Insolvenzverwalters durch die Tätigkeit für einen Insolvenzverwalter erlernt werden sollte. Dementsprechend existiert kein Abschluss, der jemanden berechtigen würde, sich Insolvenzverwalter zu nennen. Es ist daher so, dass jeder, der sich hierzu berufen fühlt, sich dazu **entscheiden kann, den Beruf des Insolvenzverwalters zu ergreifen.** Damit steht ihm auch der grundrechtliche Schutz dieses Berufes zu und das Insolvenzgericht hat auch diese Person, die evtl. keinerlei theoretische und praktische Verbindung zur Insolvenz im engeren oder auch nur weiteren Sinne hat, im Grunde nach genauso zu behandeln, wie ausgewiesen Experten des Insolvenzrechts. Auch hinsichtlich dieser Person hat das Insolvenzgericht die Rechte nach Art. 12 und Art. 3 GG zu beachten. Dies betrifft aber zuerst einmal nur die Wahl des Berufs. Die **Ausübung des Berufs** erfolgt auch weiterhin einzig und allein durch eine Bestellung als Insolvenzverwalter durch ein Insolvenzgericht. Auch der, der sich dazu entschieden hat, nunmehr Insolvenzverwalter zu sein, ist darauf angewiesen, durch einen Insolvenzrichter zum Insolvenzverwalter bestellt zu werden, um sich tatsächlich Insolvenzverwalter nennen zu dürfen.[95] Es gilt immer noch entsprechend dem Berliner Konkursrichter *Leopold Levy:*[96] *„Man kann sich nicht als Konkursverwalter niederlassen und wird auch nicht als Konkursverwalter zugelassen, sondern man wird vom Gericht mit Konkursverwaltungen beschäftigt."*

Bereits vor der durch das *BVerfG* vorgenommenen Klärung der Qualifikation der Verwaltertätig- **60** keit als Beruf, bestanden Zweifel, ob die **geringe gesetzliche Ausformung des Auswahlvorganges** durch § 56 Abs. 1 den Anforderungen an die Einhaltung des Gleichheitsgrundsatzes des **Art. 3 Abs. 1 GG** und des Rechts aus **Art. 12 Abs. 1 GG** genügt.[97] Die für die Auswahl des Insolvenzverwalters im Lichte des Art. 12 GG genügenden Grundsätze können jedoch nicht durch das einzelne Insolvenzgericht geschaffen werden, sondern müssten durch den **Gesetzgeber** selbst geregelt werden.[98] Darin wäre festzulegen, welche Voraussetzungen für einen Zugang zur Insolvenzverwaltertätigkeit erfüllt sein müssen.[99]

Es ist zweifelhaft, ob es den Insolvenzgerichten gelingen kann, **Grundsätze** aufzustellen, welche **61** geeignet sind, einen praktischen und nicht nur theoretischen Zugang zur Tätigkeit eines Insolvenzverwalters zu regeln.[100] Allein die Aufnahme in eine Liste kann für den Interessierten nicht ausreichend sein, wenn sie nicht mit der konkreten Bestellung in verschiedenen Insolvenzverfahren verbunden ist.[101] Da das Insolvenzgericht den Insolvenzverwalter unter Berücksichtigung des konkreten Verfahrens zu bestellen hat, wird auch eine gesetzliche Zugangsregelung kaum geeignet sein, die **Ermessensentscheidung des Insolvenzrichters** bei der Auswahl des Insolvenzverwalters maßgeblich zu beeinflussen. Auch die Schaffung eines **Fachanwalts für Insolvenzrecht**[102] durch die Rechtsanwaltskammern ist nicht geeignet, das Auswahlermessen des Gerichts einzuschränken.[103]

3. Organisatorische Voraussetzungen. Im Rahmen der Auswahl des Insolvenzverwalters für **62** ein konkretes Verfahren ist der zu erwartende Tätigkeitsumfang in organisatorischer Hinsicht und unter Berücksichtigung des vorhandenen Bürostabes sowohl des Schuldners als auch des Insolvenz-

---

[93] BVerfG NJW 2004, 2725.
[94] So bereits *Haarmeyer* InVo 1997, 57, 59; *Kesseler* ZIP 2000, 1565, 1571; *Smid/Rattunde* GesO § 8 RdNr. 77; *Wellensiek* NZI 1999, 169, 170; anders noch *Haarmeyer/Wutzke/Förster,* Handbuch, 3. Aufl. 2001, Kap. 5 RdNr. 18.
[95] *Schick* NJW 1991, 1328, 1329; *Uhlenbruck* KTS 1989, 229, 231.
[96] *Leopold Levy,* Konkursrecht, 1926, S. 32. Erneut betont durch *Uhlenbruck/Uhlenbruck,* InsO, § 56 RdNr. 9.
[97] *Schick* NJW 1991, 1328, 1329; *Smid/Rattunde* GesO § 8 RdNr. 77.
[98] *Schick* NJW 1991, 1328, 1330. In diesem Sinne auch *Vallender* NZI 2005, 473.
[99] *Kuhn/Uhlenbruck* § 78 RdNr. 2b; *Uhlenbruck* KTS 1998, 1, 28.
[100] Zu den zu schaffenden gesetzlichen Zulassungsvoraussetzungen siehe *Uhlenbruck* KTS 1998, 1, 28. Die Notwendigkeit einer Festlegung von Zulassungsvoraussetzungen für Insolvenzverwalter durch den Gesetzgeber hebt *Uhlenbruck/Uhlenbruck,* InsO, § 56 RdNr. 6 hervor.
[101] OLG Koblenz NZI 2005, 453. Eine Aufnahme in eine solche Liste führt nach *Uhlenbruck* (KTS 1998, 1, 28) gerade nicht zwingend zu einem Rechtsanspruch auf Beschäftigung.
[102] Hierzu *Wellensiek* NZI 1999, 169 ff.
[103] *Stapper,* FS Nordemann, S. 264; *Vallender* DZWIR 1999, 265, 266; *Wetjen* Anwalt 2001, Heft 3, S. 10, 14; aA *Wellensiek* NZI 1999, 169, 172.

verwalters zu berücksichtigen. Dabei ist zu unterscheiden, dass einige Insolvenzverwalter über einen Stab von fest angestellten Fachleuten verfügen, während andere Verwalter auf einen festen Stab verzichten und die damit verbundenen Vorhaltekosten vermeiden. Letztere arbeiten gegebenenfalls verstärkt mit dem Mittelmanagement des notleidenden Unternehmens und ziehen im Bedarfsfall Fachleute hinzu. Gerade bei größeren Unternehmensinsolvenzen ist oft noch ein völlig **intaktes Management und ein entsprechender Unterbau von Mitarbeitern** vorhanden, sodass eine kostspielige Einschaltung eigener Mitarbeiter des Insolvenzverwalters nicht notwendig ist.[104] Wo dies jedoch nicht der Fall ist, werden kleine Insolvenzkanzleien nicht in der Lage sein, **Großinsolvenzen** zu bearbeiten.[105] Der Nachweis der besonderen Fähigkeiten der Mitarbeiter des Insolvenzverwalters kann hierbei für den einzelnen Verwalterbewerber unterstützend sein, wobei jedoch bestimmte Anforderungen wie zB ein Fachwirt für Insolvenzmanagement nicht zu fordern ist.

63 Der Insolvenzrichter sollte über die **Kanzleiausstattung** bzw. die Arbeitsweise des Insolvenzverwalters bei wechselnden Bedürfnissen unterrichtet sein. Die Bedeutung des Verfahrens in Hinblick auf Organisation und Größe des Verwalterbüros spielt eine wichtige Rolle.[106] Zur Kenntnisverschaffung bietet es sich an, dass sich der Insolvenzrichter vor Ort einen **Überblick über die Büroorganisation** des Insolvenzverwalters verschafft.[107] Entsprechende Kontakte zwischen dem Insolvenzgericht und den verschiedenen Insolvenzverwaltern sollten gelegentlich stattfinden und nicht auf Grund falscher Auffassungen hinsichtlich der zu wahrenden Distanz des Insolvenzrichters vermieden werden. Sowohl der Insolvenzrichter als auch der Insolvenzverwalter selbst werden bemüht sein, den Eindruck zu naher Kontakte nicht entstehen zu lassen. Solche Gespräche sind Bestandteil der dem Insolvenzrichter unabhängig von einem konkreten Verfahren obliegenden Aufsichtspflicht.

64 Allgemein bringt es das besondere Verhältnis der Beteiligten des Insolvenzverfahrens untereinander mit sich, dass eine **berufliche Nähe** entsteht, die üblicherweise in Zivil- und Strafverfahren vermieden wird und auch unproblematisch vermieden werden kann. Aus **gemeinsamen Dienstessen** u. ä. kann in diesen Verfahren nicht auf eine ungebührliche Nähe von Insolvenzrichter und Insolvenzverwalter geschlossen werden. Hier alle Handlungen zu vermeiden, welche evtl. geeignet sein könnten, Bedenken hervorzurufen, würde die Gefahr einer suboptimalen Verfahrensbewältigung mit sich bringen. In das Gedächtnis zu rufen ist hierbei eine Entscheidung des *BGH*, in der es lautete:

„*Sicherlich wird man es einem Richter an einem kleinen ländlichen Gericht nicht verwehren können, freundschaftlichen Verkehr auch mit Personen zu pflegen, die, wie ein Konkursverwalter, zu einer der gerichtlichen Aufsicht unterliegenden Tätigkeit herangezogen sind, und mit diesen Personen* **auch gelegentlich zu zechen.**"[108]

65 **4. Erreichbarkeit.** Ein Unterpunkt der organisatorischen Voraussetzungen für die Übernahme des Verwalteramts in einem konkreten Verfahren ist es, dass der Verwalter für das Insolvenzgericht in einem ausreichenden Maße zur Verfügung steht, d.h. der für die Abwicklung des Verfahrens notwendige **Kontakt zwischen Insolvenzgericht und Insolvenzverwalter** möglich ist.

66 Je nach Verfahrenssituation werden die Notwendigkeiten verschieden sein. Zumeist wird ein **schriftlicher Kontakt** genügen. In Situationen besonderer Wichtigkeit kann es jedoch erforderlich sein, dass Insolvenzgericht und Insolvenzverwalter sich **kurzfristig** erreichen können. Dies bedeutet für das Insolvenzgericht und insbesondere für den **Insolvenzrichter,** dass sichergestellt werden muss, dass mindestens für die vom Insolvenzgericht beauftragten Sachverständigen, vorläufigen Insolvenzverwalter und Insolvenzverwalter der zuständige Insolvenzrichter oder zumindest ein kompetenter Vertreter **während der üblichen Geschäftszeiten** erreichbar sein muss. Besteht keine Absprache der unterschiedlichen Insolvenzrichter über eine angemessene Anwesenheitsregelung, sollte es doch selbstverständlich sein, dass den Insolvenzverwaltern eine Telefonnummer bekannt ist, unter der ein Insolvenzrichter auch noch **spätnachmittags** erreichbar ist.

67 Umgekehrt muss auch der **Insolvenzverwalter** für den Insolvenzrichter in diesen Zeiten direkt oder doch kurzfristigst ansprechbar sein.[109] Sollte dies nicht möglich sein, wird das Insolvenzgericht insbesondere in Verfahren, in denen ein unmittelbares Tätigwerden eines vorläufigen Insolvenzverwalters notwendig ist, einen nur **schwer erreichbaren Insolvenzverwalter** nicht bestellen können. Aber auch im Rahmen einer Neuwahl eines Insolvenzverwalters nach § 57 ist die Erreichbarkeit des

---

[104] *Uhlenbruck* KTS 1989, 229, 241.
[105] *Smid* InsO, 2. Aufl., § 56 RdNr. 13.
[106] *Smid* InsO, 2. Aufl., § 56 RdNr. 13.
[107] *Haarmeyer/Wutzke/Förster*, Handbuch, 3. Aufl. 2001, Kap. 5 RdNr. 15.
[108] BGH KTS 1966, 17, 21.
[109] *Uhlenbruck/Uhlenbruck*, InsO, § 56 RdNr. 18.

Gewählten für das Insolvenzgericht von Belang. Hat das Insolvenzgericht hierbei Fragen an den Gewählten, kann eine **Nichterreichbarkeit** ausreichend sein, um eine Ablehnung der Bestellung des Gewählten zu rechtfertigen.[110] Bereits im Rahmen der Auswahl des Insolvenzverwalters kann eine Nichtbestellung auch damit ermessenfehlerfrei begründet werden, dass ein Verwalter dem Insolvenzgericht nicht ebenso oft und rasch zur Verfügung steht, wie andere Prätendenten.[111] Evtl. sollte das Insolvenzgericht einen nicht oder nur schwer erreichbaren Verwalter nur in Verfahren bestellen, in denen ein während der Bürostunden erreichbarer kompetenter Ansprechpartner am Ort des Insolvenzgerichts nicht erforderlich ist.[112] Ein Insolvenzverwalter, der dem Insolvenzgericht vortäuscht, es stünde ein in den normalen Bürozeiten besetztes Büro vor Ort zu Verfügung, obwohl dort keine der vom Insolvenzverwalter benannten Personen vor Ort sind oder bei dem unter der im Briefkopf benannten Adresse keinerlei Büroräume des Insolvenzverwalters vorhanden sind, ist aufgrund dieser **Täuschung des Insolvenzgerichts** generell nicht als zuverlässig und als generell ungeeignet im Sinne des § 56 Abs. 1 anzusehen.

5. Ortsnähe/Gerichtssprengel. Bei der Auswahlentscheidung zwischen mehreren potentiellen Insolvenzverwaltern spielt auch der **Ort des Büros** des Insolvenzverwalters eine Rolle. Teilweise wird die Bestellung eines an sich geeigneten Verwalters versagt, weil dieser nicht innerhalb des Gerichtssprengels ansässig ist,[113] bzw. gefordert, dass der Insolvenzverwalter im Gerichtsbezirk mit einem voll ausgestatteten Büro präsent ist, sei es als Hauptbüro oder ein sogenanntes Abwicklungsbüro.[114] Dieser Teil der Auswahlentscheidung wird zwar nach außen hin nicht manifestiert, bewerbenden Verwaltern jedoch als Argument einer weiteren Nichtbestellung entgegengehalten.

Auch wenn dieser Punkt mangels ausdrücklicher Erwähnung in § 56 Abs. 1 nicht in jedem Fall bei der Auswahl eine Rolle spielen kann, sind im Einzelfall geographische Gesichtspunkte zu berücksichtigen. Für die Beauftragung von **örtlichen nahen Insolvenzverwaltern** spricht, dass diese die Aufgaben im Eilverfahren der regelmäßig **ohne Zeitverlust** übernehmen können.[115] Auch wenn § 56 Abs. 1 nur die Bestellung des Insolvenzverwalters regelt, gilt diese Norm auch für den vorläufigen Insolvenzverwalter über § 21 Abs. 2 Nr. 1. Bei dessen Auswahl ist mitzuüberlegen, ob der vorläufige Insolvenzverwalter im Falle einer Verfahrenseröffnung auch als Insolvenzverwalter eingesetzt werden könnte. Ohne besondere Gründe sollte nicht ein anderer Insolvenzverwalter bestellt werden als derjenige, der bereits als vorläufiger Insolvenzverwalter tätig war, damit Zeitverzögerungen und Kosten durch Einarbeitung eines neuen Verwalters vermieden werden. Gerade im Falle der **Bestellung eines vorläufigen Insolvenzverwalters** ist es unerlässlich, dass dieser seine Tätigkeit sofort aufnehmen kann. Dies ist dann nicht gewährleistet, wenn der vorläufige Insolvenzverwalter erst noch über mehrere Stunden anreisen muss.

Dabei kann eine **zeitliche Verzögerung** nicht nur dadurch ausgeglichen werden, dass der Insolvenzverwalter ein Büro mit Mitarbeitern innerhalb des Sprengels des Insolvenzgerichts unterhält oder sich der Verwalter geeigneter **Kommunikationstechniken** bedient.[116] Die **Beauftragung als Insolvenzverwalter ist höchstpersönlich** und verliert dann ihren Sinn, wenn der Verwalter die wesentlichen Tätigkeiten – sei es auch nur in der Anfangsphase – an Mitarbeiter delegiert.[117] In der vorläufigen Insolvenzverwaltung gehört es zu den wesentlichen Aufgaben des Verwalters, sich kurzfristig ein konkretes Bild von den Umständen und Gegebenheiten des Schuldners bzw. des schuldnerischen Unternehmens zu verschaffen. Kann der Verwalter nicht dafür Gewähr bieten, diese Tätigkeiten im Bedarfsfall persönlich auszuüben zu können, kommt eine Bestellung nicht in Betracht. Die möglichen **Kosten einer Büroaußenstelle** und **Reisekosten** sind bei der Auswahlentscheidung zu berücksichtigen.[118]

Somit wirken sich die räumliche Nähe zwischen Verwalter und Insolvenzgericht und etwaige Ortskenntnis des Insolvenzverwalters auf die **Ermessensentscheidung des Richters bei der Bestellung** aus.[119] Dies kann aber nur als ein Gesichtspunkt von mehreren sein, wobei die konkreten Umstände des Einzelfalls zu beachten sind. Weder darf bei der Auswahlentscheidung an den Grenzen der Gerichtszuständigkeit automatisch halt gemacht werden, noch im Falle einer Insolvenz-

---

[110] AG Göttingen NZI 2003, 267.
[111] OLG Koblenz NZI 2005, 453.
[112] OLG Schleswig NZI 2005, 333; HK-*Eickmann*, 4. Aufl. 2006, § 56 RdNr. 13.
[113] LG Köln KTS 1988, 801. Zur Zulässigkeit des Anforderns der räumlichen Nähe BVerfG WM 2006, 1681.
[114] *Haarmeyer* InVo 1997, 57, 63.
[115] *Uhlenbruck* KTS 1998, 1, 11; zustimmend *Robrecht* KTS 1998, 63, 66.
[116] Anders *Mönning*, Kölner Schrift, S. 275 ff., RdNr. 45; *Hess* InsO § 56 RdNr. 16.
[117] *Vallender* NZI 2005, 473, 476; *Wiester/Joswig* NZI 2005, Heft 9, V; *Graeber* NZI 2003, 569.
[118] *Smid* InsO, 2. Aufl., § 56 RdNr. 13.
[119] OLG München ZIP 2005, 670; HambKomm-*Frind*, 3. Aufl., § 56 RdNr. 14; *Runkel/Wältermann* ZIP 2005, 1347, 1351.

verwaltung, welche über eine Tätigkeit vom Büro des Insolvenzverwalters voraussichtlich nicht hinausgehen wird, die räumliche Distanz in die Ermessensentscheidung einfließen. Ist eine **Ausübung der Verwalteraufgaben vor Ort gewährleistet** oder handelt es sich um ein **Großverfahren,** welches über den Sprengel des Insolvenzgerichts erheblich hinausgeht, dürfte der Umstand, dass ein Insolvenzverwalter nicht am Ort oder in der Region wohnt, kein Grund für eine Nichtbestellung sein. Auch darf durch das Insolvenzgericht nicht gefordert werden, dass der Verwalter in der Nähe des Insolvenzgerichts ein eigenes Büro hält oder eröffnet, wenn auf andere Weise sichergestellt ist, dass evtl. notwendige Reisen keine Verschlechterung des Verfahrens befürchten lassen und die Ortsnähe und Ortskenntnis ausreichend nachgewiesen wird.[120]

72 Da jedoch praktisch die räumliche Nähe ein Auswahlkriterium seien wird, kann es **fern liegenden Verwaltern** schwer fallen, durch Übernahme von einzelnen Verwaltungen den Richter überzeugen zu können, für Beauftragungen in Betracht zu kommen.[121] Somit wird daher die räumliche Nähe zum Insolvenzgericht faktisch mitentscheidend sein, ob und wie ein Verwalter bei der Auswahl mitberücksichtigt werden kann.[122] Der Nachweis, die Strukturen vor Ort zu kennen und zu den für ein Verfahren wichtigen Organisation und Banken gute und belastbare Kontakte zu haben, bevorzugt berechtigterweise die bewährten und bekannten Insolvenzverwalter eines Gerichtssprengels.[123]

73 **6. Belastbarkeit des Insolvenzverwalters.** Bei der Auswahl des Insolvenzverwalters hat der Insolvenzrichter auch zu berücksichtigen, ob der Verwalter auch **tatsächlich in der Lage** ist, die für dieses Verfahren **notwendigen Aufgaben ordnungsgemäß zu übernehmen.** Die Fähigkeit, die Aufgaben eines konkreten Verfahrens nicht nur dem Grunde nach sondern insbesondere auch in seinem vollen **Umfang** nach übernehmen zu können, stellt eine unbenannte Voraussetzung für eine Bestellbarkeit als Insolvenzverwalter dar. Ein Insolvenzverwalter, der – aus welchem Grund auch immer – als **überlastet** zu beurteilen ist, ist als **ungeeignet** im Sinne des § 56 anzusehen.[124]

74 Der Umfang der Belastung eines Verwalters aus einem konkreten Insolvenzverfahren kann nicht generell beurteilt werden, sondern hängt von den jeweiligen Besonderheiten des Verfahrens ab. Diese Belastungen sind den jeweiligen **Fähigkeiten der Insolvenzverwalter** gegenüber zu stellen, die sich aus der Erfahrung, der Arbeitsweise und der professionellen Zuarbeitung durch das Büro des Verwalters ergeben. Eine große Routine und Professionalität in Zusammenhang mit einem leistungsstarken und eingespielten Bürounterbau erlauben es einem Insolvenzverwalter, auch umfangreiche und komplizierte Verfahren in größerer Zahl zu übernehmen. Angesichts der vom Insolvenzverwalter während des Verfahrens teilweise höchstpersönlich zu erbringenden Tätigkeiten ist auch in einer optimalen Situation die Anzahl der Verfahren begrenzt, die von einem Insolvenzverwalter ordnungsgemäß bearbeitet werden kann.

75 Die Begrenzung hat ein Insolvenzverwalter **eigenständig zu beachten** und bei einer Überschreitung seiner Arbeitskapazitäten die Übernahme weiterer Ämter abzulehnen.[125] Da jedoch entsprechende **Mitteilungen an die Insolvenzgerichte** von Seiten der Insolvenzverwalter nur selten erfolgen, dagegen jedoch in vielen Verfahren offenbar ist, dass auch die dem Insolvenzverwalter höchstpersönlich obliegenden Aufgaben nicht von diesem übernommen, sondern in unzulässiger Weise auf Mitarbeiter delegiert werden, haben die **Insolvenzgerichte von Amts wegen** eigenständig zu prüfen, ob angesichts der bereits bestehenden Arbeitsbelastung des Insolvenzverwalters, sei es aus Insolvenzverfahren oder aus anderen Tätigkeiten, noch angenommen werden kann, dass die hinzutretenden Aufgaben ohne Schaden für dieses oder die bereits übertragenen Verfahren übernommen werden können. Hierbei eignen sich alle denkbaren Mittel der Informationsgewinnung wie **Veröffentlichungen im Internet,** in der Presse, aus Auflistungen aus dem eigenen Hause als auch insbesondere eine **Befragung des Insolvenzverwalters** zur Zahl der ihm übertragenen Verfahren unter Hinzufügung einer kurzen Darstellung, damit die entsprechenden Belastungen eingeschätzt werden können. Auch die **beruflichen Tätigkeiten** des Verwalters **außerhalb der eigentlichen Insolvenzverwaltung** und die mit einer beruflichen Tätigkeit vergleichbaren Aktivitäten

---

[120] *Uhlenbruck/Uhlenbruck,* InsO, § 56 RdNr. 15.
[121] So auch *Uhlenbruck* KTS 1989, 229, 242.
[122] OLG München ZIP 2005, 670; *Runkel/Wältermann* ZIP 2005, 1347, 1351; *Smid/Rattunde* GesO § 8 RdNr. 78.
[123] HambKomm-*Frind,* 3. Aufl., § 56 RdNr. 14.
[124] LG Stendal DZWIR 2004, 261.
[125] Der Konkursverwalter *Deutsch* (KuT 1931, 129) hierzu: „Sodann muss der gewissenhafte Konkursverwalter sich auch davor hüten, in Punkto ‚verdienen' zu geschäftstüchtig zu sein und mehr Verwaltungen oder Vergleichs-Vorbereitungen zu übernehmen, als er mit Rücksicht auf seine moralische Verantwortlichkeit ordnungsgemäß bewältigen kann, er wird sonst in die Gefahr geraten, seinem mehr oder weniger zuverlässigen Personal die Ausführung von Geschäften überlassen zu müssen, die er besser selbst besorgen sollte".

sind hierbei zu berücksichtigen. Möchte ein Insolvenzverwalter eine weitere Beauftragung erreichen, wird er eine Bitte des Insolvenzgerichts um Darstellung seiner diesbezüglichen Belastungen entsprechen. Das Insolvenzgericht kann hierbei nicht allein auf die entsprechenden Veröffentlichungen über seine Bestellungen verwiesen werden. Aus diesen Veröffentlichungen ergibt sich nicht der Umfang der Belastungen eines konkreten Verfahrens. Darüber hinaus sind diese Veröffentlichungen nicht vollständig, da auch weiterhin Verfahren aus Zeiten der Konkurs- und Gesamtvollstreckungsordnung abzuwickeln sind, die nicht in gleicher Weise veröffentlicht wurden und nicht erkennbar ist, in welchen Verfahren noch eine Tätigkeit des Insolvenzverwalters notwendig ist. Über zeitaufwändige **Tätigkeiten als Vorstandsmitglied** größerer Konzerne, über Tätigkeiten für unterschiedliche **Verbände,** als **Referent** usw. geben solche Veröffentlichungen nichts her. Ein Insolvenzverwalter, welcher der Ansicht ist, ein anfragendes Insolvenzgericht nicht über die von ihm noch zu bearbeitenden Insolvenzverfahren usw. informieren zu müssen, sollte von einem Insolvenzgericht nicht beauftragt werden. Erfolgte die Anfrage nicht routinemäßig sondern auf Grund bestehender Bedenken als der weiteren Belastbarkeit des Insolvenzverwalters, sollte insbesondere die vom Insolvenzverwalter zu verantwortende Unsicherheit über diese Bestellungsvoraussetzung dazu führen, dass ein anderer, geeigneter und belastbarer Insolvenzverwalter im Interesse der anderen Beteiligten in diesem Verfahren den Vorzug erhält.[126]

Unabhängig von einzelfallbezogenen Umständen der jeweiligen Verfahren und der besonderen Arbeitsweise eines Insolvenzverwalters werden **absolute Verfahrenszahlen** insbesondere von sog. Unternehmensinsolvenzverfahren als Maßstab zur Beurteilung einer weiteren Belastbarkeit herangezogen. Ausgehend von einem durchschnittlichen Verfahren werden die Grenzen einer realistischen Belastbarkeit bei **100 Verfahren,**[127] **74 Verfahren**[128] **oder 20 Verfahren**[129] **pro Jahr** gezogen.[130] Jedenfalls jenseits von 100 Verfahren sollte ein Insolvenzgericht von einem Insolvenzverwalter eine substantiierte Darstellung fordern, in welcher Weise sich dieser trotz solcher Belastungen in der Lage sieht, sämtliche Verfahren ordnungsgemäß zu bewältigen. Es dürfte auch ermessensfehlerfrei sein, wenn ein Insolvenzgericht bei Erreichen dieser Zahl von einer weiteren Beauftragung des Insolvenzverwalters in diesem Jahr absieht. Aber auch vorher kann eine Nichtbestellung geboten sei, wenn beispielsweise das Insolvenzgericht Kenntnis davon erhält, dass der Verwalter die ihm obliegenden Aufgaben in einem unzulässigen Umfang an Mitarbeiter delegiert. Sog. **Grauverwaltungen,** in denen der bestellte Verwalter nur dem Namen nach bestellt wird, die gesamte Abwicklung des Verfahrens inklusive des Kontakts mit dem Schuldner und die Wahrnehmung der Termine des Insolvenzgerichts jedoch in den Händen eines Mitarbeiters liegt, sind unzulässig und Insolvenzverwalter, die sich auf diesem Wege von Aufgaben und Pflichten entlasten, sollten nicht bestellt werden.[131]

Diese **Aquisitionsverwalter,** die üblicherweise nur dann in einem Verfahren aktiv auftauchen, wenn es sich um einen spektakulären und pressewirksamen Moment handelt, sich jedoch im Übrigen auf den Kontakt mit dem Insolvenzrichter und einflussreichen Personen aus Wirtschaft und Politik[132] zur Festigung der Stellung gegenüber dem Insolvenzgericht konzentrieren, genügen den Anforderungen an einen Insolvenzverwalter nicht. Als Voraussetzung für eine Bestellung muss sichergestellt sein, dass die dem Insolvenzverwalter obliegenden und die verfahrenswichtigen **Handlungen, Verhandlungen und Weichenstellungen selbst vorgenommen** werden.[133] Von einem Insolvenzverwalter kann und ist zu fordern, dass er seinen Verpflichtungen auch in Verfahren nachkommt, die weder pressewirksam noch mit enormen Vergütungen verbunden sind. Es besteht auch kaum einmal die Veranlassung, einem in jedem Verfahren ordnungsgemäß tätigen Verwalter einen Aquisitionsverwalter vorzuziehen. Steht neben dem Aquisitionsverwalter ein für dieses Verfahren und dessen besonderen Anforderungen anderer geeigneter Verwalter zur Verfügung, der bekanntermaßen seine Aufgaben ordnungsgemäß selbst erfüllt und in angemessener Weise Mitarbeiter für delegationsfähige Aufgaben nutzt, wäre eine **Bevorzugung des Aquisitionsverwalters ermessensfehlerhaft.**

---

[126] AG Potsdam NZI 2002, 391.
[127] *Blank* ZInsO 2005, 473.
[128] *Graeber* NZI 2003, 569.
[129] *Blank* ZInsO 2005, 473, 474.
[130] Zur Ermittlung dieser Zahlen anhand typischer Aufgaben unter Zugrundelegung der höchstpersönlichen Aufgaben des Insolvenzverwalters siehe *Graeber* NZI 2003, 569.
[131] HambKomm-*Frind*, 3. Aufl., § 56 RdNr. 16b.
[132] Wirtschaftswoche Nr. 24 vom 11.6.1982, S. 59: „Um einen bestimmten Konkursverwalter, der den Interessen einer Gläubigergruppe, aber auch denen des Staates nahe steht, auf den richtigen Job zu hieven, werden die Konkursrichter sogar unter politischen Druck gesetzt." (Zitiert nach *Uhlenbruck* BB 1989, 433, 437)
[133] HambKomm-*Frind*, 3. Aufl., § 56 RdNr. 16.

78 Tritt eine Überlastung des Insolvenzverwalters ein, hat der Verwalter die **Pflicht, das Insolvenzgericht hierüber zu informieren.** Eine Übernahme weiterer Bestellungen ohne einen solchen Hinweis stellt eine Verletzung der Pflicht des Insolvenzverwalters zu einer offenen und vertrauensvollen Zusammenarbeit mit dem Insolvenzgericht dar. Muss ein Insolvenzgericht feststellen, dass ein Verwalter eine **Überlastung dem Insolvenzgericht verschwiegen** hat, sollte es zumindest bis zu einer **vollständigen Beseitigung der Überlastung** von einer weiteren Beauftragung absehen. Stellt sich zudem heraus, dass die Bearbeitung der dem Verwalter bereits übertragenen Verfahren leidet, der Verwalter beispielsweise die ihm obliegenden Berichtspflichten nicht mehr beachten kann, hat das Insolvenzgericht zu entscheiden, ob eine **Entlassung** des Insolvenzverwalters nach § 59 notwendig erscheint. Eine Nichterfüllung der dem Insolvenzverwalter elementar obliegenden Tätigkeitspflichten, die durch eine vom Insolvenzverwalter selbst herbeigeführte Überlastung bewirkt wird, ist als ein ausreichender Grund für eine Entlassung nach § 59 anzusehen. Umstände, die dem Verwalter nicht zuzurechnen sind, sind hierbei evtl. anders zu werten.

III. Hinderungsgründe

79 Das Vorliegen **absoluter Ausschließungsgründe** wie **Berufs- oder Gewerbeverbote, Vorstrafen**[134]**, gewerberechtliche Unzuverlässigkeit** oder ähnliches führen dazu, dass die betroffene Person nicht zum Insolvenzverwalter bestellt werden kann.[135] Auch **Geschäftsunfähige** nach § 104 BGB sind nicht in der Lage ein Verwalteramt auszuüben.[136] Daneben sind Personen untauglich, die unter **Vormundschaft** oder **Betreuung** stehen, sich in **Vermögensverfall** befinden oder für die § 45 StGB gilt.[137]

80 Im Falle der Bestellung einer zum Verwalteramt unfähigen Person liegt nicht automatisch eine Nichtigkeit der Bestellung vor.[138] Auch wenn im Eröffnungsbeschluss eine Person bestellt worden ist, welche unter Berücksichtigung der Voraussetzungen des § 56 Abs. 1 nicht hätte bestellt werden dürfen, kann eine **Nichtigkeit der Bestellung** nur dann angenommen werden, wenn dem Eröffnungsbeschluss bzw. der darin enthaltenen Bestellung der Nichtigkeitsgrund quasi auf der Stirn steht. Dies kann **nur in äußersten Ausnahmefällen** angenommen werden, zB bei einer Bestellung des Gemeinschuldners selbst ohne Hinweis auf eine Eigenverwaltung nach § 270 und gleichzeitiger Bestellung eines Sachwalters oder bei Bestellung eines Verstorbenen. Sollte die Bestellung nichtig sein, wären die Verwaltungshandlungen des Ernannten wirkungslos.[139] Andere Gründe, welche zu einer **Unfähigkeit des bestellten Insolvenzverwalters** führen, und dem Beschluss selbst nicht innewohnen und können nur zu einer **Aufhebbarkeit, nicht jedoch zu einer Nichtigkeit** führen. Dadurch wird vermieden, dass zwar die Bestellung als nichtig angesehen wird, die Eröffnung mit ihren Wirkungen jedoch fortbesteht, ohne dass ein Insolvenzverwalter vorhanden ist, der die notwendigen Handlungen vornehmen kann. Die Insolvenzmasse wäre im Falle einer Nichtigkeit der Bestellung zuordnungslos. Der untaugliche Insolvenzverwalter muss durch das Insolvenzgericht von Amts wegen entspr. § 59 entlassen werden.

E. Auswahl des Insolvenzverwalters

81 Die **Bestellung** des Insolvenzverwalters erfolgt **erst mit der Eröffnung** des Insolvenzverfahrens gemäß § 27 Abs. 1 Satz 1. Eine vorherige Bestellung ist nicht möglich und ohne die Bestellung ist der Eröffnungsbeschluss unvollständig und unwirksam. Dementsprechend kommt eine **Eröffnung** des Insolvenzverfahrens durch das Beschwerdegericht **ohne gleichzeitige Bestellung** eines Insolvenzverwalters nicht in Betracht.[140] Der bestellte Insolvenzverwalter ist im Original des Beschlusses vollständig zu bezeichnen. Eine Bezugnahme auf im Computersystem des Gerichts vorhandene Daten oder ein Offenlassen des entsprechenden Formularfeldes ist nicht ausreichend. Der vom Insolvenzrichter zu unterzeichnende Eröffnungsbeschluss muss die vollständige Bezeichnung des Schuldners und des Insolvenzverwalters aufweisen.[141]

---

[134] BGH NZI 2008, 241; differenzierend OLG Stuttgart NZI 2008, 102.
[135] *Smid* InsO, 2. Aufl., § 56 RdNr. 7.
[136] *Hess* InsO § 56 RdNr. 36; *HK-Eickmann*, 4. Aufl. 2006, § 56 RdNr. 2; *Uhlenbruck/Uhlenbruck*, InsO, § 56 RdNr. 63.
[137] *Kübler/Prütting/Lüke* § 56 RdNr. 9.
[138] AA *Uhlenbruck/Uhlenbruck*, InsO, § 56 RdNr. 64.
[139] *Uhlenbruck/Uhlenbruck*, InsO, § 56 RdNr. 64.
[140] AA LG Potsdam NZI 2002, 554.
[141] OLG Köln NZI 2000, 480.

Die Auswahl hat sich an den Anforderungen des Einzelfall unter Berücksichtigung der Voraussetzungen des § 56 zu orientieren. Die Entscheidung über die Bestellung des Insolvenzverwalters ist eine **Einzelfallentscheidung**,[142] die der Insolvenzrichter ermessensfehlerfrei zu treffen hat. Dabei gibt es hinsichtlich der Auswahl des Insolvenzverwalters aus dem **Kreis der hierfür zur Verfügung stehenden Kandidaten** keine gesetzlichen Vorschriften. Andere als in § 56 normierte Auswahlkriterien sind nicht festgelegt worden, wobei uU eine Beschränkung der Auswahl durch § 56a eintreten kann. Angesichts der Notwendigkeit, im Interesse der Gläubiger und auch des Schuldners den für das einzelne Verfahren möglichst gut geeigneten Verwalter auszuwählen[143] und des Umstandes, dass die wesentlichen Weichenstellungen praktisch bereits vor Eröffnung des Insolvenzverfahrens vorgenommen werden müssen, scheinen normierte Kriterien über die des § 56 hinaus kaum in Interesse der Gläubiger und des Schuldners zu sein. Das **Interesse der Gläubiger** an einer optimalen Verfahrensabwicklung kollidieren mit dem **Interesse der Insolvenzverwalter,** möglichst häufig bestellt zu werden. Die Interessen der Insolvenzverwalter müssen hinter denen der Gläubiger zurückstehen.[144]

Aus diesem Grunde und insbesondere unter Berücksichtigung von § 56a ist eine **vorherige Bindung des Insolvenzgerichts** hinsichtlich der Person des zukünftigen Insolvenzverwalters nicht möglich. Zwar kann das Insolvenzgericht ankündigen, wen es im Falle einer Eröffnung benennen würde, um den Beteiligten Gelegenheit zu geben **Einwendungen gegen den designierten Insolvenzverwalter** vorzutragen, doch ist es an eine solche Vorauswahl nicht gebunden und hat die Möglichkeit, entweder aufgrund einer eigenen Entscheidung oder gem. § 56a einen Personenwechsel vorzunehmen.

Dem Interesse der Bewerber an chancengleichem Zugang zum Insolvenzverwalteramt trägt Rechnung, dass die Ermessensausübung nach § 18 Abs. 1 Nr. 1 RPflG dem Richter überlassen bleibt. Die Regelung geht davon aus, dass **Richter auf Grund ihrer persönlichen und richterlichen Unabhängigkeit und ihrer strikten Unterwerfung unter das Gesetz die Rechte aller Betroffenen – auch der Prätendenten um das Verwalteramt – im Einzelfall an besten und sichersten wahren können.**[145] Ob eine solche Einschätzung angesichts der Qualifikationen der Insolvenzrechtspfleger gerechtfertigt ist, ist hier nicht zu erörtern. Die Einfluss- bzw. Entscheidungsmöglichkeiten des Insolvenzrichters werden nunmehr jedoch durch die Regelungen des § 56a gerade in wirtschaftlich interessanten Insolvenzverfahren eingeschränkt, ohne dass an die Stelle des in der Auswahl erfahrenen Insolvenzrichters zwingend Personen treten, welche auf einen ähnlichen Erfahrungsumfang zurückgreifen können.

I. Auswahlkriterien des Insolvenzgerichts

Bei der **Auswahl** des Insolvenzverwalters nach § 56 Abs. 1 hat sich das Insolvenzgericht von der Aufgabe leiten zu lassen, eine **qualifizierte Persönlichkeit** zu finden, die sowohl persönlich als auch vom Fachkönnen her geeignet ist, den Erfordernissen und der Eigenart des durchzuführenden Verfahrens gerecht zu werden.[146] Es ist jeweils der Insolvenzverwalter zu bestellen, der nach seinen Fähigkeiten für das betreffende Verfahren nach Ansicht des zuständigen Insolvenzrichters der **Geeignetste** ist.[147] Der Insolvenzrichter hat sich bei seiner Auswahl nicht von eigenen Interessen oder denen des oder der Insolvenzverwalter leiten zu lassen, sondern die das Verfahren entscheidende Interessen der Insolvenzgläubiger und des Schuldners zu berücksichtigen.[148] Es ist vielmehr seine

---

[142] *Lüke* ZIP 2000, 485, 488.

[143] Die Interessen der Insolvenzgläubiger an einem bestmöglichen Insolvenzverwalter heben *Wiester/Joswig* (NZI 2005, Heft 9, V) hervor. Auch das BVerfG (NJW 2004, 2725; Entscheidungsgründe B. III 2.a) bb) (2) Abs. 1 Satz 3) betont in seiner Entscheidung, dass das Gläubigerinteresse in die Eignungsbewertung des Verwalters durch den Richter eingehen muss. Für *Hess/Ruppe* NZI 2004, 641 ff. scheint dies keine Rolle zu spielen. Die Insolvenzverwalter *Füchsl/Pannen/Rattunde* ZInsO 2002, 414, 415 betonen dagegen, dass die Insolvenzverfahren nicht im Interesse der Insolvenzverwalter sondern der Insolvenzgläubiger, Schuldner und sonstigen Beteiligten durchgeführt werden müssen. Eine Bestenauslese braucht der Insolvenzrichter jedoch nicht vornehmen, da dies zu Verzögerungen im Verfahrensablauf führen könnte, BVerfG NZI 2006, 453, Abs. 41.

[144] BVerfG NZI 2006, 453; bereits *Wiester/Joswig* NZI 2005, Heft 9, V.

[145] BVerfG NZI 2006, 453, Abs. 42.

[146] BVerfG NZI 2006, 453; *Uhlenbruck/Delhaes* RdNr. 519.

[147] *Runkel/Wältermann* ZIP 2005, 1347, 1354; *Stockum*, Aktuelle Fragen bei der Verwaltung von Konkursen, S. 6; *Wiester/Joswig* NZI 2005, Heft 9, V. Zur Darstellung der verschiedenen Kriterien siehe *Stapper*, FS Nordemann, S. 265 f. Dabei muss eine Bestenauslese im eigentlichen Sinne nicht erfolgen, BVerfG NZI 2006, 453.

[148] Auch das BVerfG (NJW 2004, 2725; Entscheidungsgründe B. III 2.a) bb) (2) Abs. 1 Satz 3) betont in seiner Entscheidung, dass das Gläubigerinteresse in die Eignungsbewertung des Verwalters durch den Richter eingehen muss. Für *Hess/Ruppe* NZI 2004, 641 ff. scheint dies keine Rolle zu spielen. Die Insolvenzverwalter *Füchsl/Pannen/Rattunde* ZInsO 2002, 414, 415 betonen dagegen, dass die Insolvenzverfahren nicht im Interesse der

Aufgabe, für das konkrete Verfahren einen Verwalter zu finden, der insbesondere auch aus einer vernünftigen **Sichtweise der Insolvenzgläubiger,** wären sie zu diesem Zeitpunkt handlungsfähig und in der Lage, die jeweiligen Aspekte des Verfahrens zu beurteilen und den Kreis möglicher Insolvenzverwalter zu überblicken, in diesem Verfahren zu bestellen wäre.

85a Verfahrensrechtlich haben die Insolvenzgläubiger diese Möglichkeit nach § 57 in der ersten Gläubigerversammlung und über einen vorläufigen Gläubigerausschuss nach §§ 22a, 56a in den Verfahren, in denen es zur Einsetzung eines vorläufigen Gläubigerausschusses gekommen ist. Die durch den Zeitablauf zwischen Eröffnung des Insolvenzverfahrens und dem ersten Termin bewirkte Festigung der Stellung des vom Insolvenzrichter ausgewählten Insolvenzverwalters, die mangelnde Beteiligungsfreude der Insolvenzgläubiger in den nicht massereichen Verfahren, in denen es zumeist nicht zu Bestellung eines vorläufigen Gläubigerausschusses gem. § 22a kommen wird, und die zum Teil zu geringen Kenntnisse vom Insolvenzverfahren und den möglichen Insolvenzverwaltern verhindern es in der Praxis, dass die Insolvenzgläubiger die Möglichkeit des § 57 aktiv für evtl. Korrekturen der Entscheidung des Insolvenzrichters nutzen. An ihrer Stelle und allein in ihrem Interesse hat der Insolvenzrichter die Auswahlentscheidung vorzunehmen[149], wenn nicht wenigstens ein Teil der Insolvenzgläubiger über einen vorläufigen Gläubigerausschuss diese Aufgabe des Insolvenzrichters übernommen hat. **Diese Auswahlentscheidung ist durch das Insolvenzgericht sorgfältigst vorzunehmen.**[150] Eine Bestellung eines anderen als den nach Ansicht des Insolvenzrichters bestmöglichen Insolvenzverwalters ist in den Fällen, in denen die Entscheidung des Insolvenzrichters nicht über § 56a beeinflusst wird, immer fehlerhaft, da hierdurch negative Folgen für die Gläubiger und den Schuldner eintreten könnten. Unter Berücksichtigung dieser Prämissen steht die Auswahl des Insolvenzverwalters im **weiten pflichtgemäßen Ermessen** des Richters, welches in freier **richterlicher Unabhängigkeit** auszuüben ist.[151] Dieses Ermessen soll eine Entscheidung unter angemessener Berücksichtigung der unterschiedlichen Interessen der Gläubiger und des Schuldners ermöglichen. Entscheidet der Insolvenzrichter nach dieser Maßgabe und unter Nutzung seines Einschätzungs- und Auswahlspielraums, liegt in der Entscheidung und der darin enthaltenen Nichtberücksichtigung verschiedener Bewerber keine Verletzung des Gleichheitssatzes gegenüber diesen Bewerbern.[152]

86 Neben den in § 56 Abs. 1 normierten Anforderungen hat der Insolvenzrichter im Rahmen seiner Auswahlentscheidung auch die **Verfahrensziele** des Insolvenzverfahrens zu berücksichtigen.

87 Die Auswahl des Insolvenzverwalters kann daher nicht sorgfältig genug vorgenommen werden. Es ist die Qualifikation des Insolvenzverwalters, die über das **Schicksal des Insolvenzverfahrens** entscheidet.[153] Der Insolvenzrichter hat daher bei seiner Entscheidung mit großer Sorgfalt die jeweiligen Einzelheiten des konkreten Verfahrens zu berücksichtigen und miteinander abzuwägen. Eine **schematische Auswahl** der Insolvenzverwalter kann dabei nicht zulässig sein. Die Auswahl des Insolvenzverwalters ist die wohl **schwierigste Verfahrensentscheidung** des Insolvenzgerichts[154], welche jedoch gem. § 56a gerade in größeren Insolvenzverfahren faktisch in die Hände der Mitglieder eines vorläufigen Gläubigerausschusses gelegt wird.

88 Gerade in der **Anfangsphase eines Insolvenzverfahrens** werden die Weichen des weiteren Verfahrenslaufs gestellt. Die Entscheidungen und Versäumnisse des bestellten Insolvenzverwalters sind später nicht oder nur noch schwer zu korrigieren. Der Insolvenzrichter muss deshalb bei seiner Auswahlentscheidung einer **hohen Verantwortung** gerecht werden, da er es ist, der den Insolvenzverwalter bestimmt, welcher wiederum in der entscheidenden Phase des Insolvenzverfahrens wesentliche Entscheidungen trifft, ohne dass zu diesem Zeitpunkt ein Eingreifen der Gläubiger über die Gläubigerversammlung möglich wäre.

89 Die **Gläubigerversammlung** hat zwar über § 57 die Möglichkeit, den bestellten Insolvenzverwalter durch eine andere Person ersetzen zu lassen, doch findet der **Berichtstermin,** in dem eine Abwahl möglich wäre, nach § 29 Abs. 1 Nr. 1 zwischen sechs Wochen und drei Monaten nach

---

Insolvenzverwalter sondern der Insolvenzgläubiger, Schuldner und sonstigen Beteiligten durchgeführt werden müssen.

[149] *Graeber* DZWIR 2005, 177, 182.
[150] *Stern,* Das Konkursverfahren, 1914, S. 37. Auch der BGH (KTS 1955, 121) betont die Pflicht zur sorgfältigen Auswahl und Überwachung eines Treuhänders: „*Wer fremdes Vermögen einem anderen anvertraut, muss es sich gefallen lassen, dass an seine Verpflichtung bei Auswahl und Überwachung des von ihm mit der Verwaltung fremden Vermögens Beauftragten besonders strenge Anforderungen gestellt werden*".
[151] BVerfG NZI 2006, 453; *Haarmeyer* InVo 1997, 57, 61; *Nerlich/Römermann/Delhaes* § 56 RdNr. 4; *Vallender* DZWIR 1999, 265, 266; *Wellensiek* NZI 1999, 169, 171.
[152] BVerfG NZI 2006, 453, Abs. 32.
[153] *Kuhn/Uhlenbruck* § 78 RdNr. 2; *Schneider* KuT 1931, 98, 99; *Vallender* DZWIR 1999, 265, 266.
[154] *Kuhn/Uhlenbruck* § 78 RdNr. 2.

Eröffnung des Verfahrens statt. Während dieser Zeit kann der vom Insolvenzgericht bestellte Insolvenzverwalter durch sein Handeln den weiteren Verfahrensablauf wesentlich beeinflussen. Zur **Vermeidung einer Abwahl** des durch den Richter bestellten Insolvenzverwalters und der damit verbundenen weiteren Kosten und Verzögerungen wird sich der Insolvenzrichter bei seiner Entscheidung regelmäßig auch daran orientieren, ob davon auszugehen ist, dass der von ihm ausgewählte Insolvenzverwalter voraussichtlich über § 57 abgewählt werden wird. Sollte mit einer ausreichenden Sicherheit absehbar sein, dass die Gläubigerversammlung einen bestimmten, geeigneten Insolvenzverwalter nach § 57 wählen wird, wäre eine **Bestellung eines anderen Insolvenzverwalters durch das Insolvenzgericht** ermessensfehlerhaft. Der Insolvenzrichter würde sich evtl. hinsichtlich der **dadurch entstehenden Mehrkosten** des Verfahrens haftbar machen.

Auch auf Grund der Einführung des § 59 und der Pflicht des Gerichts, bei Vorliegen eines wichtigen Grundes einen Insolvenzverwalter zu **entlassen,** hat das Insolvenzgericht bei der Bestellung sorgfältig zu prüfen, ob der zu bestellende Verwalter die **notwendigen Qualifikationen und Integrität**[155] besitzt und für das anstehende Verfahren besonders geeignet ist, wenn es nicht riskieren will, die Fehlerhaftigkeit der eigenen Auswahlentscheidung durch eine Entlassung von Amts wegen zu dokumentieren. Bereits Zweifel an der Qualifikation oder der uneingeschränkten Integrität eines Verwalters sollten das Insolvenzgericht bewegen, einen anderen Verwalter zu bestellen, der solchen Zweifeln nicht ausgesetzt ist. Der betroffene Verwalter wäre dabei von den Zweifeln in Kenntnis zu setzen, damit er Gelegenheit erhält, diese Zweifel zu beseitigen. Ist er hierzu nicht in der Lage, dürfte eine weitere Nichtbestellung angesichts der Interessen der Insolvenzgläubiger an einer optimalen Verfahrensabwicklung bei Vorhandensein anderer geeigneter Verwalter ermessensfehlerfrei sein.

Die **Beschränkungen des § 56a bei der Verwalterauswahl** hat der Insolvenzrichter in jedem Fall zu beachten. In den Verfahren, in denen ein vorläufiger Gläubigerausschuss gem. § 22a eingesetzt worden ist, hat der Insolvenzrichter eine Entscheidung des vorläufigen Gläubigerausschusses zu ermöglichen. Hierzu gehört es auch, den Sachverständigen bzw. vorläufigen Insolvenzverwalter dazu anzuhalten, ein **Eröffnungsgutachten so rechtzeitig einzureichen,** dass eine Befassung des vorläufigen Gläubigerausschusses mit diesem Gutachten und eine Entscheidung nach § 56a über die Person des Insolvenzverwalters bzw. zur Bestimmung eines Anforderungsprofils gem. § 56a Abs. 1 ermöglicht wird. In den Verfahren, in denen Seitens des vorläufigen Gläubigerausschusses ein einstimmiger Vorschlag zur Person des Insolvenzverwalters nicht möglich ist, wird das Insolvenzgericht zu beachten haben, dass eine Auswahl des Insolvenzverwalters durch das Insolvenzgericht anhand des vom vorläufigen Gläubigerausschuss vorgegebenen Anforderungsprofil evtl. auch eine Eröffnungsverzögerung bewirken kann. Auch dann, wenn der Insolvenzrichter **Bedenken hinsichtlich der Kompetenz einzelner Mitglieder** des vorläufigen Gläubigerausschusses zur Beurteilung und Auswahl des Insolvenzverwalters haben sollte, hat der Insolvenzrichter alle Maßnahmen zu treffen, die eine **Entscheidung im Sinne des § 56a durch den vorläufigen Gläubigerausschuss** an Stelle einer Entscheidung des Insolvenzrichters **ermöglichen** und hierdurch den **gesetzgeberischen Willen** der Stärkung der Gläubigerbeteiligung zu beachten. Die mit § 56a bewirkte teilweise Verschiebung von Entscheidungskompetenzen von dem Insolvenzrichter auf die Mitglieder des vorläufigen Gläubigerausschusses ist durch den Insolvenzrichter in gleicher Weise zu beachten, wie Zuständigkeitsregelungen nach der ZPO oder dem Geschäftsverteilungsplan seines Gerichts.

1. Vorauswahllistenführung. Damit der Insolvenzrichter eine Auswahl treffen und den geeignetsten Insolvenzverwalter bestellen kann, muss er wissen, welche Verwalter ihm **für eine Bestellung zur Verfügung stehen.**[156] Dabei geht es einerseits um die Verwalter, welche bislang bestellt wurden und über deren Qualifikation und Arbeitsleistung sich der Richter ein Bild machen konnte, andererseits aber auch um Personen, welche bislang nicht bestellt wurden,[157] aber für eine Tätigkeit als Insolvenzverwalter zur Verfügung stünden. In der früheren Praxis hatten die Konkursgerichte die hierfür notwendigen Informationen in der für sie geeigneten Weise gesammelt. Ein geregeltes Verfahren für den Umgang mit Verwaltern und Bewerbern gab es kaum. Weder für die Verwalter noch für die anderen Verfahrensbeteiligten war es nachvollziehbar, auf welche Weise und aus welchen Gründen sich der Richter für einen bestimmten Verwalter entschieden hat. Berechtigterweise wurde daher kritisiert, dass die quasi hoheitliche Auswahl von Verwaltern ohne ein nachprüfbares Verfahren und ohne rechtliche Grundlage erfolgte. Aus dem Blickwinkel der Gläubigerschaft waren die Ergebnisse gleichwohl zumeist zufriedenstellend. Soweit fehlerhafte Auswahlentscheidungen getroffen

---

[155] BGH NZI 2011, 282.
[156] Zur Pflicht der Justizverwaltung, einen Kreis geeigneter Verwalter festzustellen s. RG KuT 1933, 40 f.
[157] Siehe zu den Listen insbesondere *Holzer,* Die Entscheidungsträger im Insolvenzverfahren, 1996, RdNr. 221 ff.

worden waren, beruhten diese zumeist auf menschlichen Ursachen, welche auch durch ein formelles Verfahren nicht ausgeglichen worden wären.

91a Aus den Reihen der Verwalterschaft wurde dieses (Nicht-)System der Verwalterauswahl und des bislang nicht justiziablen Zugangs zum Verwalterberuf bzw. zur Verwalterpraxis angegriffen. Dabei zielte diese Kritik nicht darauf, dass die Gerichte sich der Anwendung eines **nachvollziehbaren, rechtstaatlichen und den Bedingungen eines Insolvenzverfahrens entsprechenden Systems** entzogen, sondern darauf, dass einzelne Verwalterkandidaten praktisch keinen Zugang zum Verwalterberuf an einzelnen, ausgewählten Gerichten erhielten. Ein nachvollziehbares, rechtstaatliches und den Bedingungen eines Insolvenzverfahrens entsprechendes System zur Auswahl eines Insolvenzverwalters wurde bisher auch von keiner Seite dargestellt. Dies beruht nicht darauf, dass sich die Praxis insoweit verweigern würde, sondern darauf, dass eine Anwendung der rechtstaatlichen Regelungen, wie sie in anderen Bereichen einer Personen- bzw. Personalauswahl gefunden wurden, auf die Bedingungen eines Insolvenzverfahrens bislang nicht erfolgreich möglich war. Die bisherige jahrelange Diskussion hierzu hat zwar die Problempunkte aufgezeigt, jedoch keine praktikable Lösung gefunden.

91b Die von Teilen der Verwalterschaft bewirkte Überprüfung der Auswahlentscheidung einzelner Insolvenzgerichte hat hierzu keinerlei praktische Verbesserung erbracht. Dieser Initiative ist es zwar zu verdanken, dass durch die **Entscheidung des BVerfG zur Vorauswahl der Insolvenzverwalter**[158] die Insolvenzgerichte nunmehr verpflichtet sind, in bestimmter Weise **Listen zu führen,** auf die Bewerber um eine Bestellung als Insolvenzverwalter einzutragen sind, so das Insolvenzgericht diese nicht als generell ungeeignet ansieht, doch hat diese Listenführung **weder zu einer Verbesserung der Situation der Insolvenzverwalter allgemein noch zu einer Verbesserung der Ergebnisse der Insolvenzverfahren** geführt. Während in den Jahrzehnten zuvor sich die Anzahl der Verwalter und ihre Auslastung in etwa parallel zu den Entwicklungen der Konkurs- und Insolvenzverfahren entwickelte, ist für die Zeit nach der Vorauswahllistenentscheidung des BVerfG festzustellen, dass sich die Zahl der bestellten Verwalter stark vergrößert hat, während gleichzeitig die Anzahl der Unternehmensinsolvenzen zurückgegangen ist. Eine Entwicklung, welche generell betrachtet nicht als vorteilhaft für die Insolvenzverfahren – und wohl auch nicht für die Verwalterschaft – angesehen werden kann. Nur für den einzelnen Insolvenzverwalter kann sich die durch die Vorauswahllistenentscheidung des BVerfG bewirkte Öffnung der Insolvenzverfahren insoweit vorteilhaft darstellen, als er hierdurch eine tatsächliche Bestellung erhalten kann, welche ihm evtl. in der Situation zuvor nicht möglich gewesen wäre. Ob dieser Vorteil des einzelnen Verwalters auch ein Vorteil für die Insolvenzverfahren ist, muss im Einzelfall beurteilt werden. Viele der „neuen" Verwalter werden aufgrund ihre guten Fähigkeiten als positiver Zuwachs zur Verwalterschaft zu beurteilen sein. Ob diese Verwalter nicht auch nach dem früheren „System" bestellt worden wären, kann nicht geklärt werden. Was jedoch als gesichert anerkannt werden muss, ist die in Folge der Vorauswahllistenentscheidung des BVerfG erfolgte Erweiterung der Verwalterschaft zum Teil um Personen, welche besser nicht mit der Praxis eines Insolvenzverfahrens betraut worden wären. Die in der Folge auf die Vorauswahllistenentscheidung des BVerfG ergangenen Folgenentscheidungen zur der Frage, an welchen Umständen gemessen einem Bewerber eine Aufnahme auch nur auf die Vorauswahlliste versagt werden kann, haben gezeigt, dass kein **Argument** existiert, welche nach der Rechtsprechung aller Obergerichte eine **Verweigerung einer Listenaufnahme** rechtfertigen kann. Dies bewirkt bei den allermeisten Insolvenzgerichten Vorauswahllisten, welche derartig umfangreich sind, dass es für die einzelnen Insolvenzrichter praktisch nicht mehr möglich ist, sich mit den Inhalten dieser Vorauswahllisten angemessen auseinanderzusetzen, die entsprechenden Angaben zu verifizieren und aktuell zu halten. Auch Insolvenzgerichte, welche nur weniger als zehn Bestellungen von Insolvenzverwaltern pro Jahr zu entscheiden haben, müssen nach der Entscheidung des BVerfG und den von den Oberlandesgerichten hierzu vorgegebenen Entscheidungsrahmen Listen führen, auf denen mehr als 100 Bewerber enthalten sind. Auch einem Insolvenzrichter bei einem größeren Insolvenzgericht ist eine sinnvolle Listenführung mit einer konkreten Auseinandersetzung mit den Fähigkeiten und Kenntnissen der einzelnen Bewerber, einer ansatzweisen Überprüfung der Angaben, einer regelmäßigen Aktualisierung usw. angesichts der rechtlichen Schwierigkeiten einer Begrenzung der Vorauswahllisten nicht möglich. Die Führung der Vorauswahllisten ist in der Praxis somit ein Verfahren geworden, mit welchen den Rechten der Verwalterschaft nur scheinbar genüge getan wird.

91c Die den Insolvenzgerichten **nicht mögliche Begrenzung der Vorauswahllisten** auf eine sinnvolle Anzahl von Bewerbern sowie die alltägliche Drohung mit Haftungsklagen wegen eines fakti-

---

[158] BVerfG NJW 2004, 2725, besprochen u.a. von *Frind* ZInsO 2004, 897; *Graeber* NZI 2004, 548; *Pannen* NZI 2004, 549; *Pape* ZInsO 2004, 1126; *Vallender* NZI 2004, Heft 9, VI und *Wieland* ZIP 2005, 233.

schen Delistings scheinen viele Insolvenzgericht dazu zu zwingen, alle Bewerber dieser unbegrenzten Vorauswahllisten auch mit einer Bestellung zu versehen, um Klagen zu vermeiden. Bei einigen Insolvenzgerichten kann festgestellt werden, dass der Großteil der Verwalter jeweils nur drei bis vier Bestellungen pro Jahr erhalten, während eine erheblich kleinere Zahl von Verwaltern an dem jeweiligen Gericht viele Verfahren übertragen bekommen. Es kann vermutet werden, dass diese **„Marginalverwalter"** ihre Bestellungen nur deshalb erhalten, um Streitverfahren über ein faktischen Delisting zu vermeiden. Verfahren, für welche die Insolvenzrichter weder Zeit noch Ressourcen besitzen und für welche sie im Gegensatz zu den Verwaltern nicht auf die Hilfe geeigneter Dienstleister zurückgreifen können.

Dem Sinn und Zweck der vom BVerfG vorgeschriebenen Vorauswahllisten kann die Praxis nicht gerecht werden. Solange es rechtlich nicht möglich ist, den Umfang einer Vorauswahlliste auf einen Rahmen zu begrenzen, der es einem Insolvenzrichter unter Berücksichtigung seiner primären Dienstaufgaben ermöglicht, die Liste zu pflegen, sich inhaltlich und zeitlich angemessenen mit den Bewerbern auseinanderzusetzen und die Angaben der Bewerber zu prüfen und aktuell zu halten, befördert die **Listenführungspflicht nur ein scheinbar rechtmäßiges Auswahlverfahren**. Faktisch können die Insolvenzrichter bei ihrer Auswahlentscheidung auf diese Zwangslisten nicht zurückgreifen, da sie gezwungenermaßen nur formal geführt werden, im Übrigen aber sinnentleert sind. Die maßgeblichen Informationen werden dort nicht verarbeitet werden können, sondern wie früher auch, durch jeden Insolvenzrichter einzeln in der ihm sinnvoll erscheinenden Weise verarbeitet. Daher wäre es für die Interessen der Insolvenzverfahren und auch der Insolvenzverwalter wünschenswert, wenn die Farce der Vorauswahllistenführung beendet oder besser durch eine zahlenmäßige Begrenzung zu einem sinnvollen Werkzeug gemacht werden würde. Ohne eine angemessene Begrenzung ist es nicht mehr gewährleistet, dass diese Listen, wie es den Vorgaben des BVerfG[159] entspräche, dem Insolvenzrichter **hinreichende Informationen** für eine pflichtgemäße Ausübung seines weiten Auswahlermessens verschaffen und verfügbar machen.[160]

a) Listenführung und Verwalterbewerbungen. Entsprechend der **Entscheidung des BVerfG zur Vorauswahl der Insolvenzverwalter**[161] sind die Insolvenzgerichte verpflichtet sind, in bestimmter Weise Vorauswahllisten zu führen, auf welche die Bewerber um ein Verwalteramt aufzunehmen sind. **Zuständig** für eine Entscheidung über die Bewerbung und damit über eine Aufnahme auf eine Vorauswahlliste ist der einzelne **Insolvenzrichter**.

Dies hindert jedoch eine Kooperation der Insolvenzrichter nicht. Diese können sich formlos auf eine **gemeinsame Liste** verständigen und auch nach außen kund tun, dass insbesondere Aufnahmeentscheidungen von sämtlichen Insolvenzrichtern eines Insolvenzgerichts gleichartig anerkannt würden. Auch die notwendigen Tätigkeiten in der Anhörung der Bewerber, der notwendigen Prüfungen und schließlich die Bescheidung der Bewerber kann und sollte sinnvoller Weise einem erfahrenen Kollegen delegiert werden.

b) Ausformung und Kriterien der Vorauswahlliste. Über die Art und Weise des **Aufnahmeverfahrens** und der hierbei vorzubringenden Umstände haben die einzelnen Insolvenzgerichte bzw. Insolvenzrichter selbständig zu entscheiden. Teilweise werden die hierbei relevanten Kriterien **bereits** ausgearbeitet und Bewerber auf vorbereitete Fragebögen verwiesen.

Die vom BVerfG gewählte Formulierung der Vorauswahlliste im Singular bedeutet nicht, dass es unzulässig wäre, mehrere **unterschiedliche Vorauswahllisten** zu führen. Es kann sinnvoll sein, bestimmte Verfahrenskonstellationen mit eigenen Listen zu würdigen und dadurch die **Unterschiede zwischen Verbraucherinsolvenzverfahren, Regelinsolvenzverfahren und beispielsweise Nachlassinsolvenzverfahren** zu berücksichtigen. Auch eine auf den Bereich der Unternehmensinsolvenzen spezialisierte Vorauswahlliste kann Unterteilungen nach Unternehmensgröße, Tätigkeitsgebiete usw. vornehmen. Auch die Art und Größe des Gerichtssprengels kann bei der Ausformung unterschiedlicher Listen eine Rolle spielen.[162] Eine Aufteilung nach **Anfängerliste** und **Fortgeschrittenen-Liste** stellt in diesem Zusammenhang allerdings kein ausreichend geeignetes Unterscheidungskriterium dar.[163]

---

[159] BVerfG NZI 2006, 453, Abs. 43.
[160] BVerfG NZI 2006, 453, Abs. 43.
[161] BVerfG NJW 2004, 2725, besprochen u.a. von *Frind* ZInsO 2004, 897; *Graeber* NZI 2004, 548; *Pannen* NZI 2004, 549; *Pape* ZInsO 2004, 1126; *Vallender* NZI 2004, Heft 9, VI und *Wieland* ZIP 2005, 233.
[162] Das BVerfG hebt in seiner Entscheidung gerade die unterschiedlichen Teilbereiche der Insolvenzverfahren und die hierbei bestehenden unterschiedlichen Anforderungen besonders hervor und fordert von den Insolvenzrichtern, diesen Kriterien gerecht zu werden (Entscheidungsgründe B. III. 2. b) Abs. 2 Satz 1 bis 3).
[163] *Uhlenbruck/Uhlenbruck,* InsO, § 56 RdNr. 6.

97 Unabhängig davon, ob mehrere Vorauswahllisten gebildet werden oder es bei einer einheitlichen Liste bleibt, sind bei der Entscheidung über die Aufnahme eines Bewerbers auf diese Liste einerseits die unterschiedlichen Anforderungen der verschiedenen Verfahrenstypen zu berücksichtigen als auch eine etwaige Begrenzung der Bewerbung auf bestimmte Verfahrenstypen. Obwohl es in der Praxis kaum möglich ist, die Schwierigkeit unterschiedlicher Verfahren wertend gegenüber zu stellen und herauszufinden, welche Arten von Insolvenzverfahren schwieriger, anspruchsvoller usw. sind, ist die **Umschreibung einer untersten Schwierigkeitsstufe** möglich. Ein Insolvenzverfahren über das Vermögen eines sog. Verbrauchers im Sinne von § 304, welcher nie selbständig wirtschaftlich tätig war, der keinerlei pfändbares Vermögen besitzt, zudem dauerhaft und endgültig arbeitsunfähig ist und gegen den nur zwei rechtskräftig titulierte Forderungen geltend gemacht werden, kann als einfachstes Insolvenzverfahren angesehen werden. Ein solches Verfahren und die mit ihm verbundenen Anforderungen stellen die Mindestanforderung an einen Insolvenzverwalter bzw. Treuhänder dar. Gemessen an diesen Anforderungen wird es rechtlich schwerlich möglich sein, einem Bewerber eine Aufnahme auf die Vorauswahlliste zu verweigern, da ein Ermessen des Insolvenzrichters hierbei nicht besteht.[164] Ein Ermessen des zuständigen Insolvenzrichters besteht erst dann, wenn es darum geht, aus dem Kreis der in der Liste geführten Kandidaten denjenigen auszuwählen, den er im Einzelfall für am Besten geeignet hält, um ihm das Amt des Insolvenzverwalters zu übertragen.[165]

98 Ist ein Bewerber als geeignet zu beurteilen ein solches Verfahren ordnungsgemäß abzuwickeln, kann er auf die Vorauswahlliste aufgenommen werden; zumindest auf eine Liste, die solche Verfahren umfasst.[166] Auch wenn als Eignungsvoraussetzung in der Regel **praktische Vorkenntnisse** des Bewerbers mit solchen Verfahren zu fordern wäre,[167] kann es vertretbar sein, für ein solches, **extrem einfaches Verfahren**, von der Forderung nach praktischen Kenntnissen abzusehen. Auch Personen ohne praktische Erfahrungen mit dem Insolvenzrecht sind zumeist in der Lage, die verbleibenden Aufgaben nach einer Kenntnisnahme vom Gesetzestext und einer weiteren Informierung anhand der hierzu vorhandenen Literatur ordnungsgemäß und fehlerfrei zu erfüllen. Hierfür könnten alle Juristen, Steuerberater, Wirtschaftsprüfer usw. als geeignet anzusehen sein. In der Praxis dürfte es daher bei Berücksichtigung dieses Mindestmaßstabes nur selten möglich sein, einem Bewerber die Aufnahme auf eine Vorauswahlliste mit dem Argument der Ungeeignetheit zu verweigern.[168]

99 In der Rechtsprechung wurde verschiedene Kriterien der Vorauswahllisten überprüft. Das sich heraus ergebende Bild ist derartig inhomogen, dass für die Praxis der Insolvenzgerichte kein gesicherter Katalog gebildet werden kann. Danach sind folgende Kriterien geeignet bzw. nicht geeignet, einem Bewerber eine Aufnahme auf eine Vorauswahlliste zu verweigern:

– vermögensbezogene **Straftaten**
  (*Ablehnungsgrund*[169] /*kein Ablehnungsgrund*[170])
– **Fehlverhalten** in früheren Insolvenzverfahren
  (*Ablehnungsgrund*[171])
– fehlende **Ortsnähe**
  (*Ablehnungsgrund*[172] /*kein Ablehnungsgrund*[173])
– **Belastungen** des Bewerbers aus anderen Verfahren
  (*kein Ablehnungsgrund*[174])
– mangelnde Angaben zur **Büroausstattung** und zu Mitarbeitern
  (*kein Ablehnungsgrund*[175])
– fehlender **Kanzleisitz im Landgerichtsbezirk**
  (*kein Ablehnungsgrund*[176])
– **Alter** des Bewerbers
  (*kein Ablehnungsgrund*[177])

---

[164] BGH NZI 2008, 161.
[165] BGH NZI 2008, 161.
[166] Graeber DZWIR 2005, 177, 179; Römermann ZInsO 2004, 937, 938.
[167] Zur Zulässigkeit des Kriteriums der Berufserfahrung BVerfG NZI 2006, 636 = ZInsO 2006, 869.
[168] Graeber DZWIR 2005, 177, 179; Römermann ZInsO 2004, 937, 938.
[169] BGH NZI 2008, 241.
[170] OLG Brandenburg NZI 2009, 682.
[171] OLG Schleswig ZIP 2007, 831; AG Mannheim NZI 2010, 107.
[172] BVerfG NZI 2009, 641; OLG Bamberg NZI 2008, 309.
[173] OLG Hamm NZI 2008, 493; OLG Brandenburg NZI 2009, 723.
[174] OLG Brandenburg NZI 2009, 647.
[175] OLG Hamburg NZI 2011, 762.
[176] OLG Nürnberg NZI 2008, 616.
[177] OLG Hamm NZI 2007, 659; KG NZI 2008, 187; OLG Hamburg v. 6.1.2012 – 2 VA 15/11. Hierzu *Römermann* EWiR 2008, 145: Es wird Zeit, dass sich der Gesetzgeber an seine Normsetzungsverantwortung zurückerinnert und seiner Aufgabe nicht länger ausweicht.

- fehlender Nachweis **sozialer Kompetenzen** („soft skills")
  (kein Ablehnungsgrund[178])
- zahlenmäßige **Begrenzung der Liste**
  (Ablehnungsgrund[179]/kein Ablehnungsgrund[180])
- persönliche **Anwesenheit** in einem gerichtsnahen Büro
  (Ablehnungsgrund[181]/kein Ablehnungsgrund[182])
- Gewährleistung **höchstpersönlicher Leistungserbringung**
  (Ablehnungsgrund[183])
- mangelnde **praktische Erfahrung**
  (Ablehnungsgrund[184])
- **Examensnote**
  (kein Ablehnungsgrund[185])

Damit eine Vorauswahlliste im Rahmen einer späteren Auswahlentscheidung des Insolvenzrichters anlässlich der Eröffnung eines Insolvenzverfahrens in sinnvoller Weise genutzt werden kann, müsste sie so geführt werden können, dass sie geeignet ist, dem Insolvenzrichter trotz der Eilbedürftigkeit seiner Bestellungsentscheidung eine **hinreichend sichere Tatsachengrundlage** für eine sachgerechte Auswahlentscheidung im konkreten Insolvenzverfahren zu vermitteln.[186] Um diese Aufgabe erfüllen zu können, darf sich das Vorauswahlverfahren nicht auf die Aufnahme von Namen und Anschriften der Bewerber beschränken. Im Vorauswahlverfahren sind die **Daten zu erheben,** zu **verifizieren** und zu **strukturieren,** die nach Einschätzung des jeweiligen Insolvenzrichters nicht nur die Feststellung der Eignung eines Bewerbers im konkreten Fall maßgebend sind, sondern vor allem auch eine sachgerechte Ermessensausübung bei der Auswahl des Insolvenzverwalters aus dem Kreis der geeigneten Bewerber ermöglichen.[187] In der aktuellen Praxis mit Vorauswahllisten mit mehr als 100 Bewerbern ist es faktisch nicht mehr möglich, eine Vorauswahlliste in dieser Weise zu führen. **99a**

c) Entscheidung über eine Aufnahme auf die Vorauswahlliste. Sollte der Bewerber auf Grund konkreter Punkte nicht **ausreichend qualifiziert** sein, ist der Insolvenzrichter verpflichtet, dies dem Bewerber unter Benennung der Hinderungsgründe mitzuteilen, damit der Interessent in die Lage versetzt wird, entweder diesen Punkt zu klären oder Maßnahmen zu treffen, die zu einer evtl. zukünftigen Bestellung führen können. Dabei kann es sinnvoll sein, erneut die generellen Kriterien einer Listenaufnahme transparent zu machen.[188] Zur Ermöglichung eines Rechtsmittels ist die **Ablehnung schriftlich zu begründen.**[189] **100**

Teilt der Insolvenzrichter einem Bewerber mit, dieser könne zukünftig mit einer Bestellung als Insolvenzverwalter rechnen, ist hiermit allein noch **keine das Insolvenzgericht bindende Entscheidung** gewollt. Daher können hiergegen weder vom einem Schuldner noch vom einem evtl. konkurrierenden Verwalter Einwände vorgebracht werden.[190] **101**

Verfügt der Bewerber nicht über die Voraussetzungen für eine Bestellung als Insolvenzverwalter und ist es daher absehbar, dass eine Bestellung voraussichtlich auch zukünftig nicht erfolgen wird, ist es auch im **Interesse des Bewerbers,** dass das Insolvenzgericht ihm dies mitteilt. Nur dadurch kann der Bewerber in die Lage versetzt werden, eventuelle **Qualifikationsmängel** auszuräumen. **102**

Eine **Mitteilung,** dass eine **ausreichende Anzahl** von Insolvenzverwaltern bei Gericht bestellt werden und daher **kein weiterer Bedarf** an Verwaltern bestehe, ist immer fehlerhaft, da die Feststellung eines Bedarfs durch den Insolvenzrichter weder vorzunehmen[191] noch faktisch mög- **103**

---

[178] OLG Düsseldorf ZInsO 2011, 1010.
[179] BVerfG NZI 2009, 641.
[180] OLG Düsseldorf NZI 2008, 614.
[181] OLG Bamberg NZI 2008, 309.
[182] BVerfG NZI 2009, 641.
[183] OLG Bamberg NZI 2008, 309; OLG Düsseldorf NZI 2010, 818.
[184] OLG Hamburg NZI 2009, 853.
[185] OLG Hamburg NZI 2008, 744.
[186] BVerfG NZI 2006, 453, Abs. 43.
[187] BVerfG NZI 2006, 453, Abs. 44.
[188] KG ZInsO 2006, 153; *Graeber* NZI 2002, 345. Zur Kriterienbildung *Frind* ZInsO 2006, 841.
[189] KG ZInsO 2006, 153.
[190] AA *Prütting* ZIP 2005, 1097, 1100, der sogar ein Rechtsmittel gegen eine Aufnahme auf eine Vorauswahlliste für zulässig hält. In diesem Sinne ebenfalls *Wieland* ZIP 2005, 233, 236.
[191] *Frind* ZInsO 2007, 515 hält den Insolvenzrichter jedoch für berechtigt, den Bedarf eines Insolvenzgerichts an Insolvenzverwaltern selbst zu bestimmen.

lich ist.[192] Auch eine sog. **geschlossene Liste** ist unzulässig.[193] Ebenso ist eine **zahlenmäßige Begrenzung** der Vorauswahlliste nicht möglich.[194] Dies hat in der Praxis dazu geführt, dass die Anzahl der Bewerber auf dieser Liste zu groß wird, als dass sie von einem Nutzer noch überblickt werden könnte.[195] Da jedoch keine rechtliche Basis für eine Begrenzung der Liste vorhanden ist, werden die Insolvenzgerichte einen Überlauf nicht verhindern können.[196]

104 d) **Rechtsmittel.** Gegen eine **Ablehnung einer Aufnahme** auf die Vorauswahlliste steht dem Betroffenen die Möglichkeit offen, über **§§ 23 ff. EGGVG** eine Entscheidung des zuständigen Oberlandesgerichts gegen die Ablehnung der Aufnahme zu erwirken.[197] Zwar ist die Aufnahme auf eine Vorauswahlliste nicht mit einer Bestellung als Insolvenzverwalter gleichzusetzen, doch ist anzuerkennen, dass eine Nichtaufnahme auf die Vorauswahlliste praktisch dazu führt, dass der Betroffene nachfolgend nie als Insolvenzverwalter bestellt werden wird. Auch wenn eine zwingende Verbindung zwischen der Vorauswahlliste und der Auswahlentscheidung des Insolvenzrichters bei Eröffnung des Insolvenzverfahrens nicht besteht[198] und im Ergebnis auch eher verfahrensschädlich wäre, ist eine Ablehnung der Aufnahme auf die Vorauswahlliste als erster Schritt einer Ablehnung einer Bestellung als Insolvenzverwalter anzusehen.

105 e) **Wirkung der Vorauswahlliste auf die Bestellungspraxis.** Die Aufnahme auf eine Vorauswahlliste hat nicht zur Folge, dass der aufgenommene Bewerber einen **Anspruch** darauf hätte, **in einem bestimmten Insolvenzverfahren als Verwalter bestellt zu werden.**[199] Die Entscheidung über die Listenaufnahme stellt nur eine Beurteilung der Erfüllung der allgemeinen Grundvoraussetzungen für eine Tätigkeit als Insolvenzverwalter dar. Eine Gegenüberstellung dieser Fähigkeiten mit den konkreten Anforderungen eines bestimmten Verfahrens erfolgt nicht. Die Bestellung als Insolvenzverwalter ist im **konkreten Insolvenzverfahren** zu treffen und erfolgt losgelöst von der zuvor getroffen Entscheidung über eine Aufnahme auf eine Vorauswahlliste. Mangels Verbindung beider Entscheidungen kann eine Bindung der allgemeinen Aufnahme mit der konkreten Auswahl im einzelfall nicht begründet werden. Andererseits ist es aber auch nicht Voraussetzung für eine Bestellung, zuvor bereits auf eine Vorauswahlliste aufgenommen worden zu sein.[200]

106 Die Listenaufnahme hat auch nicht zu Folge, dass der Aufgenommene davon ausgehen könnte, nachfolgend in irgendeinem Insolvenzverfahren **auch tatsächlich beauftragt** zu werden.[201] In jedem einzelnen Insolvenzverfahren hat der Insolvenzrichter die Aufgabe, den im Interesse der Beteiligten bestmöglichen Insolvenzverwalter zu bestellen. Zeigt die Praxis, dass jeweils **besser geeignete Bewerber** vorhanden sind, muss der Insolvenzrichter diesen besseren Verwalter bestellen. Ein Rückgriff auf einen bekanntermaßen weniger gut geeigneten Verwalter wäre ermessensfehlerhaft. Dementsprechend kann es zwar nach einer Listenaufnahme auch zu einer Bestellung als Insolvenzverwalter kommen, beispielsweise wenn der Insolvenzrichter feststellt, dass der Aufgenommene der bestmögliche Verwalter dieses Verfahrens ist, ein **Automatismus zwischen Aufnahme und Bestellung** besteht jedoch nicht.

107 Gerade angesichts der in den letzten Jahren weiter wachsenden Zahl von Bewerbern um eine Bestellung als Insolvenzverwalter bei gleichzeitigem Rückgang der Anzahl der Eröffnungen von Insolvenzverfahren ist zu erwarten, dass sich die **Chancen der Bewerber** weiterhin verschlechtern werden. Gerade Bewerber ohne zureichende praktische Erfahrung haben eine nur sehr

---

[192] *Vallender* NZI 2005, 473, 477 spricht sich für eine zulässige Begrenzung des Bewerberkreises auf eine überschaubare Anzahl aus, da ansonsten eine geordnete Rechtspflege nicht mehr gewährleistet sei. Die Bestimmung der entsprechende Grenzwerte obliegt jedoch nicht dem Insolvenzgericht sondern dem Gesetzgeber. S. ausführlicher *Graeber* ZInsO 2006, 851.
[193] BVerfG ZInsO 2006, 765 = NZI 2006, 453, Abs. 45.
[194] *Graeber* DZWIR 2005, 177, 180; *Vallender* NZI 2006, Heft 4, V; aA HambKomm-*Frind*, 3. Aufl., § 56 RdNr. 23a.
[195] *Frege* NZI 2006, Heft 1, V; HambKomm-*Frind*, 3. Aufl., § 56 RdNr. 24. *Pluta* Anwalt 2001, Heft 3, S. 6, 7, sieht diese Grenze bei 30 Bewerbern erreicht.
[196] *Lüke* (ZIP 2000, 485, 488) weißt darauf hin, dass eine Bedarfsprüfung jedenfalls nicht dem einzelnen Richter zusteht. Hierzu ausführlicher *Graeber* DZWIR 2005, 177.
[197] BGH DZWIR 2007, 518.
[198] BVerfG NJW 2004, 2725.
[199] *Runkel/Wältermann* ZIP 2005, 1347, 1356; *Vallender* NZI 2005, 473, 474.
[200] Anders *Römermann* ZInsO 2004, 937, 938. Er ist der Ansicht, dass niemand als Verwalter bestellt werden dürfte, der noch nicht auf einer Vorauswahlliste aufgenommen wurde. Dies könne jederzeit und ohne Form und Frist erfolgen. Welchen Sinn diese Aufnahme auf die Vorauswahlliste neben der Bestellung haben soll, trägt er nicht vor.
[201] AA *Hess/Ruppe* NZI 2004, 641, 644, die allein auf Grund der Nichtbeauftragung über einen längeren Zeitraum eine Willkür des Richters unterstellen.

geringe Aussicht, sich bei einem Vergleich ihrer Fähigkeiten mit denen langjährig praktizierender Insolvenzspezialisten durchzusetzen.²⁰² Dies wird dazu führen, dass ein Bewerber zwar auf eine Vorauswahlliste aufgenommen wird, er jedoch nachfolgend in keinem Insolvenzverfahren als Verwalter bestellt wird. In vielen Fällen wird es daher bei einer **formalen Aufnahme** auf die Vorauswahlliste ohne eine spätere Bestellung bleiben.²⁰³ Kein Bewerber hat einen Anspruch darauf, in einem Verfahren auf Kosten und zu Lasten der das Verfahrens finanzierenden Insolvenzgläubiger bestellt zu werden.

Aus einer **andauernden Nichtbeauftragung** eines auf die Vorauswahlliste aufgenommenen Bewerbers kann die Befürchtung erwachsen, der Insolvenzrichter hätte in seine Auswahlentscheidung bei Eröffnung des Insolvenzverfahrens diesen Bewerber ermessensfehlerhaft nicht einbezogen. Diese Nichteinbeziehung ergibt sich dabei nicht aus einem einzelnen Verfahren sondern aus der Gesamtschau vieler Auswahlentscheidungen eines längeren Zeitraums. Entsprechend der Entscheidung des *BVerfG* zur Konkurrentenschutzklage²⁰⁴ dürfte diese Handlungsweise des Insolvenzrichters nur im Rahmen einer **Amtshaftungsklage** untersucht werden können.²⁰⁵ Zur Feststellung der Fehlerhaftigkeit der Auswahlentscheidungen des Insolvenzrichters und damit zur Vorbereitung des Amtshaftungsverfahrens ist ein Bewerber als berechtigt anzusehen, eine **Feststellung** nach §§ 23, 28 Abs. 1 Satz 4 EGGVG verlangen zu können.²⁰⁶ Angesichts des weiten Auswahlermessens des Insolvenzrichter²⁰⁷ wird eine Feststellung eines Ermessensfehlers durch ein Oberlandesgericht nur dann möglich sein, wenn im Einzelfall trotz einer **Ermessensreduzierung auf Null** von der Bestellung des einzig zulässigen Insolvenzverwalters abgesehen wurde. Es dürfte daher angemessen sein, dem Antragsteller eines Verfahrens nach § 23 EGGVG gemäß § 24 Abs. 1 EGGBG aufzugeben, vorzutragen, in welchem **konkreten Insolvenzverfahren** eine solche Ermessensreduzierung vorgelegen haben soll. Allein ein Vortrag, eine dauerhafte Nichtbeauftragung indiziere einen Ermessensfehlgebrauch, genügt hierfür nicht, da anderenfalls die Insolvenzgerichte verpflichtet wären, bei jeder Auswahlentscheidung zu dokumentieren, welche Bewerber gedanklich in die Auswahlentscheidung einbezogen worden sind. Dies wäre in der Praxis nicht sachgerecht möglich.

Die **Antragsfrist** des § 26 EGGVG von einem Monat nach öffentlicher Bekanntmachung der Bestellung eines anderen Insolvenzverwalters in dem konkreten Verfahren hat der jeweilige Antragsteller zu beachten.

f) Streichung von der Vorauswahlliste/Beendigung der Bestellungen/Delistung. Als Gegenstück zur Entscheidung über eine Aufnahme eines Bewerbers auf eine Vorauswahlliste hat das Insolvenzgericht auch in Fällen, in denen die Entscheidung getroffen wurde, eine bestimmte Person nun nicht mehr für grundsätzlich geeignet anzusehen oder ihr zumindest zukünftig keinerlei Aufträge, unabhängig von den Anforderungen im einzelnen Insolvenzverfahren, mehr erteilen zu wollen, den Betroffenen seine Entscheidung und die hierbei zu Grunde liegende Begründung zur Kenntnis zu geben. Insoweit die Aufnahme auf die Vorauswahlliste eine generelle Zulassung als Insolvenzverwalter an diesem Insolvenzgericht bzw. durch einen bestimmten Insolvenzrichter anzusehen ist, stellt die **Entscheidung, diesen Verwalter generell nicht oder nicht mehr zu beauftragen,** die **Delistung,** einen **Entzug der Zulassung** dar. Mangels Vergleichbarkeit mit Zulassungsentscheidungen in anderen Bereichen kann hierbei jedoch nicht von einen Zulassungsentzug im eigentlichen Sinne gesprochen werden. Entsprechend hat sich der Begriff des sog. Delistings, besser der Delistung, eingebürgert.

Als Gründe für eine Delistung kommen verschiedene Umstände in Betracht. Stellt das Insolvenzgericht fest, dass die **Voraussetzungen,** die Grundlage der Aufnahme des Verwalters auf die Vorauswahlliste waren, tatsächlich nicht vorlagen oder nachfolgend **weggefallen** sind, hat es zu beurteilen, ob die bestehenden Umstände ausreichend wären, den Verwalter auf die Vorauswahlliste aufzunehmen. Sind sie es nicht, rechtfertigt dies eine Delistung des Verwalters, da dieser Verwalter mangels Erfüllung der Voraussetzungen des § 56 generell nicht bestellt werden darf.²⁰⁸ Stellt das Insolvenzgericht fest, dass seine Entscheidung auf **Falschangaben** des Verwalters beruhte, ist eine **Entfernung von der Vorauswahlliste,** eine Delistung vorzunehmen, auch wenn evtl. die nachweislich vorhandenen Gründe für eine generelle Eignung sprechen, da bereits vorsätzliche oder grob fahrlässige Falschangaben des Verwalters diesen generell als ungeeignet erscheinen lassen.

---

[202] Siehe hierzu ausführlicher *Graeber* DZWIR 2005, 177.
[203] Dies kritisiert OLG Koblenz NZI 2005, 453.
[204] BVerfG NZI 2006, 453.
[205] Hierzu *Wieland* ZIP 2007, 462; *Römermann* EWiR 2005, 866 (zu OLG Koblenz NZI 2005, 453) betont, dass diese Reduzierung auf die Amtshaftung zu einer Schutzlosigkeit der Bewerber führt.
[206] OLG Koblenz NZI 2005, 453.
[207] BVerfG NZI 2006, 453, Abs. 41.
[208] *Graeber* DZWIR 2005, 177, 187.

111 Gründe zur Rechtfertigung eines Delistings können sich insbesondere aus der Tätigkeit, der **Leistungen und Ergebnisse eines Verwalters** in Verfahren ergeben, in welchen er als Insolvenzverwalter bestellt worden ist. Auch wenn bestimmte Umstände evtl. im Einzelfall eine Entlassung nach § 59 noch nicht rechtfertigen, können sie ausreichend sein, eine Delistung zu rechtfertigen.[209] Hierzu gehören **negative Erfahrungen** im Verlauf eröffneter Verfahren, eine **unzureichende Berichterstattung**,[210] fehlerhafte Insolvenzplanbearbeitung oder eine **kontraproduktive Betriebsführung**.[211] Auch dann, wenn ein Insolvenzverwalter nicht mehr die an ihn zu stellenden **Qualitätskriterien**[212] nicht bzw. nicht mehr erfüllt, sollte er nicht mehr bestellt und daher auch delistet werden. Ein schwer wiegender Falle der **Entlassung nach § 59** oder ein bekannt gewordener, rechtskräftig entschiedener **Haftungsfall** gem. §§ 60, 61 kann ebenfalls genügen.

111a Bei der konkreten Auswahl des Insolvenzverwalters hat das Insolvenzgericht auch zu beurteilen, **mit welcher Verfahrensdauer voraussichtlich zu rechnen ist.** Im Interesse einer Vermeidung von Verfahrensverzögerungen ist es gerechtfertigt, bei der konkreten Auswahl auch das **Lebensalter des Insolvenzverwalters** zu berücksichtigen und insbesondere bei mehrjährigen Insolvenzverfahren von einer Beauftragung von Insolvenzverwaltern im allgemeinen Rentenalter auch dann abzusehen, wenn zum Zeitpunkt der Bestellung keine Hinweise dafür bestehen, dass die Leistungsfähigkeit dieser Verwalter beeinträchtigt wäre.[213]

112 Unabhängig von der Notwendigkeit, neue Umstände berücksichtigen zu müssen oder eine evtl. fehlerhafte Erstbeurteilung neu vornehmen zu müssen kann eine Entscheidung über eine Delistung auch dann notwendig werden, wenn keinerlei Nachteile oder Verschlechterungen in der Person eines Verwalters festzustellen sind, sich jedoch das **Umfeld verändert** hat. Beispielsweise dann, wenn ein Bewerber zwar als noch ausreichend geeignet für eine Aufnahme auf die Vorauswahlliste anzusehen ist, jedoch angesichts der zahlreichen und erkennbar besser qualifizierten **Mitbewerber** erkennbar ist, dass es voraussichtlich auch auf längere Sicht nicht zu einer Bestellung in einem Insolvenzverfahren kommen wird, kann es gerechtfertigt sein, diesen oder die am wenigsten geeigneten Verwalter zu delisten.

113 Vor einer Delistungsentscheidung ist der Betroffene anzuhören und vorab auf die **Gründe** für eine Entscheidung über eine Delistung hinzuweisen. In geeigneten Fällen ist dem Betroffenen zuvor Gelegenheit zu geben, die vom Insolvenzgericht kritisierten Beanstandungspunkte zu beseitigen. Ist dies nicht möglich oder erscheint trotz einer Behebung eine Delistung notwendig und angemessen, so ist dem Betroffenen die Delistung mit einem zu **begründenden Beschluss** mitzuteilen.

114 Die Delistungsentscheidung unterliegt der **Überprüfung** durch das Oberlandesgericht.[214] Bestätigt dieses die Entscheidung des Insolvenzrichters, hat der Betroffene den damit verbundenen Ausschluss von Bestellungen als Insolvenzverwalter zukünftig hinzunehmen. Nach Rechtskraft der Entscheidung hat der Insolvenzrichter zu entscheiden, ob die Delistungsentscheidung anderen **Insolvenzgerichten zur Kenntnisnahme** zuzuleiten ist oder nicht.[215] Je nach dem, ob die Gründe geeignet sein können, auch von anderen Insolvenzgerichten berücksichtigt zu werden oder nicht, kann eine Mitteilung an die anderen Insolvenzgerichte notwendig sein oder nicht. Andere Insolvenzgerichte sind nicht an die getroffene Delistungsentscheidung gebunden, können die darin festgestellten Gründe jedoch zum Anlass eigener Entscheidungen nehmen.

115 Insbesondere die Überprüfungsentscheidungen der Oberlandesgerichte können im Laufe der Zeit zur Festlegung geeigneter und ausreichender Gründe für eine Delistung führen. An einen solchen **Delistungskatalog** können sich dann sowohl die Insolvenzverwalter als auch die Insolvenzgerichte orientieren, was einer Vermeidung ungerechtfertigter Entlassungen aber auch untunlicher Beauftragungen und insgesamt wohl zu einer Qualitätsverbesserung führen könnte.

116 **2. Auswahl anhand einer Reihenfolge.** Die Vornahme der Auswahl des Insolvenzverwalter durch eine selbst aufgezwungene oder vorgegebene **Bindung an eine bestimmte, vorher festge-**

---

[209] *Frind* ZInsO 2006, 729, 731.
[210] LG Göttingen NZI 2003, 499.
[211] AG Göttingen ZIP 2003, 590 und AG Bonn ZInsO 2002, 641.
[212] Als Vorschlag zur Überprüfung der Qualität der Verwalterleistungen s. den Vorschlag von *Haarmeyer/Schaprian* ZInsO 2006, 673, unterstützt von *Klaas* AnwBl. 2006, 404.
[213] Anders OLG Hamburg v. 6.1.2012 – 2 VA 15/11, welches eine Altersgrenze für eine Vorauswahlliste für unzulässig hält.
[214] *Preuß* KTS 2005, 155, 173; *Frind/Schmidt* NZI 2004, 533, 538.
[215] Insbesondere über das Internet, beispielsweise www.insolnet.de kann ermittelt werden, welche Insolvenzgerichte den konkreten Insolvenzverwalter bislang bestellten. Eine Versendung an alle möglichen Insolvenzgerichte dürfte untunlich sein, während insbesondere bei schweren Gründen für eine Delistung eine umgehende Informierung der anderen Insolvenzgerichte zur Vermeidung von Nachteilen für die Verfahren sinnvoll sein kann. Eine solche Informierung kann in einfacher Weise über das nur für die Insolvenzgerichte zugängliche Internet-Forum des BAKinso erfolgen.

legte Reihenfolge einer Liste ist **zwingend ermessensfehlerhaft**.[216] Es verbleibt auch dann, wenn Listen bestehen, bei der allein an § 56 Abs. 1 und den Interessen der Verfahrensbeteiligten orientierten **Ermessensentscheidung** des Insolvenzrichters. Auch dann, wenn ein Abweichen von dieser Liste als Möglichkeit vorgesehen wird, ist die Bildung einer Reihenfolge kein geeignetes Mittel, den für ein bestimmtes Verfahren geeigneten Insolvenzverwalter zu ermitteln. Die Auswahlentscheidung im Rahmen der Eröffnung des Insolvenzverfahrens hat sich einzig und allein – und dies ist immer wieder zu betonen – an den **Interessen der das Verfahren finanzierenden Insolvenzgläubiger** und des Schuldners zu orientieren.[217] Mögliche Interessen anderer Personen, die an diesem Verfahren nicht beteiligt sind, haben die Auswahlentscheidung des Insolvenzrichters nicht zu beeinflussen. Zu diesen an dem Verfahren nicht beteiligten Personen gehören aber insbesondere auch alle Bewerber um das Verwalteramt. Erst mit Bestellung als Insolvenzverwalter und Annahme des Amtes wird aus dem unbeteiligten Bewerber der am Verfahren beteiligte Insolvenzverwalter. Daher hat der Insolvenzrichter bei seiner Auswahlentscheidung die Bestellung sämtlicher in Frage kommenden Verwalter in Erwägung zu ziehen, mögen sie an der Ersten oder auf der letzten Stelle einer evtl. unüberschaubaren Liste stehen.

3. Festgelegter Verwalterkreis. Teilweise wird von den Insolvenzgerichten nach außen zum Ausdruck gebracht, nur mit einem bestimmten Kreis von Insolvenzverwaltern zu arbeiten und die Bestellungen nur innerhalb einer konkret bestimmten Gruppe vorzunehmen. Auch wenn der Zugang der Insolvenzverwalter eines Gerichts über eine besondere Prüfung der Eignung für eine Tätigkeit führt, ist eine solche **Selbstbeschränkung des Insolvenzgerichts** unzulässig. Das weite Auswahlermessen des Insolvenzrichters kann dann nicht mehr ordnungsgemäß ausgeübt werden, wenn er von vornherein mögliche Insolvenzverwalter ausschließt, weil sie nicht zu einem vom Gericht festgelegten Verwalterkreis gehören. Der Insolvenzrichter darf sich daher in der Praxis nicht auf einen festgelegten Verwalterkreis beschränken, will er seine Auswahlentscheidung nicht ermessensfehlerhaft treffen. Eine ausdrückliche aber auch eine nur tatsächliche Beschränkung auf einen kleineren Auswahlkreis als dem **Kreis aller zur Übernahme von Insolvenzverwaltungen bereiten Personen** stellt einen Fehler des Auswahlermessens des Insolvenzrichters dar.

Dies bedeutet jedoch nicht, dass der Insolvenzrichter zur Dokumentation seiner Offenheit **regelmäßig neue Insolvenzverwalter bestellen** müsste. Der regelmäßige Einsatz bestimmter Insolvenzverwalter und die damit gewonnenen Erfahrungen des Insolvenzrichters können dazu führen, dass die bestellten Insolvenzverwalter tatsächlich einen **bestimmten Personenkreis** bilden, welcher nur selten erweitert wird. Hierdurch findet jedoch keine unzulässige Festlegung statt.[218]

4. Sonstige Kriterien im Rahmen der Auswahl des Insolvenzverwalters. a) Vertrauen und Zuverlässigkeit. Neben den normierten Qualifikationsvoraussetzungen des § 56 Abs. 1 ist eine **Zuverlässigkeit** des Insolvenzverwalters eine **ungeschriebene Voraussetzung für eine Bestellung** als Insolvenzverwalter. Eine Bestellung als Insolvenzverwalter kommt nur dann in Betracht, wenn der Insolvenzrichter **Vertrauen** in die Zuverlässigkeit des Insolvenzverwalters hat.[219] Dieses Vertrauen muss es rechtfertigen, den Insolvenzverwalter mit der heiklen Aufgabe der Insolvenzverwaltung und den damit verbundenen Haftungsrisiken zu beauftragen.[220] Die Bewährung in alten Verfahren kann als Maßstab hierfür herhalten.[221] Nur wenn das Vertrauen des Insolvenzgerichts

---

[216] BVerfG NZI 2006, 453, Abs. 45 und BVerfG WM 2006, 1681; HK-*Eickmann*, 4. Aufl. 2006, § 56 RdNr. 23; *Smid* InsO, 1. Aufl., § 56 RdNr. 13; *Uhlenbruck/Uhlenbruck*, InsO, § 56 RdNr. 6; *Vallender* NZI 2005, 473, 475. Eine Auswahl in der Regel nach der Reihenfolge einer Liste schlagen *Holzer/Kleine-Cosack/Prütting* (Die Bestellung des Insolvenzverwalters, 2001, S. 65) vor, wobei die mögliche Abweichung von der vorgegebenen Reihenfolge einer besonderen Begründung bedarf. Der vorgeschlagenen Formulierung kann entnommen werden, dass aus der Begründung insbesondere erkennbar sein sollte, warum der Listennächste nicht ausgewählt wurde. Man kann sich vorstellen, welchen Umfang eine Begründung annehmen müsste, wollte der Richter den für ein Verfahren bestmöglichen Verwalter bestellen, der sich jedoch am Ende einer umfangreichen Liste befände, da dann jeder Einzelne ‚vorrangige' Bewerber disqualifizierend behandelt werden müsste. Eine Vorgehensweise, die Rechtsmittel aller Art provoziert.
[217] BVerfG NZI 2006, 453.
[218] Zur Sinnhaftigkeit einer regelmäßigen Zusammenarbeit zwischen Insolvenzrichter und Insolvenzverwalter siehe ausführlicher *Graeber* DZWIR 2005, 177.
[219] LG Magdeburg ZIP 1996, 2119; LG Wuppertal KTS 1958, 78, 79; HambKomm-*Frind*, 3. Aufl., § 56 RdNr. 22; *Smid* InsO, 2. Aufl., § 56 RdNr. 3; *Uhlenbruck* KTS 1989, 229. *Uhlenbruck/Uhlenbruck*, InsO, § 56 RdNr. 19 hebt in diesen Zusammenhang das Haftungsrisiko des Insolvenzrichters nach Art. 34 GG, § 839 BGB hervor.
[220] *Vallender* NZI 2005, 473, 474. Die Abrechnungspraxis des Verwalters bei Gutachter- und Verwaltergebühren kann im Rahmen der Beurteilung der Zuverlässigkeit eine Rolle spielen. So auch *Uhlenbruck* KTS 1998, 1, 11.
[221] BVerfG WM 2006, 1680; *Runkel/Wältermann* ZIP 2005, 1347, 1350.

gerechtfertigt ist, dass der Insolvenzverwalter bei seiner Tätigkeit die gesetzlichen Vorschriften beachtet und seine Amtsführung als verlässlich, korrekt und nicht einer ständigen Kontrolle bedarf, darf es zu einer Bestellung kommen.[222]

120 Ein solches Vertrauen entsteht in der Regel erst durch eine **stete Verwendung als Insolvenzverwalter.**[223] Dabei spielt es nur in einem geringen Maße eine Rolle, ob der Insolvenzverwalter an **anderen Insolvenzgerichten** bestellt wird. Der Insolvenzrichter, der die konkrete Bestellung vorzunehmen hat, muss Vertrauen in die Zuverlässigkeit des Insolvenzverwalters haben.[224] Dieses Vertrauen kann er nur selbst gewonnen haben. Eine Vermutung, dass ein häufig bestellter Insolvenzverwalter vertrauenswürdig ist, ist zwar ohne weiteres zulässig, ersetzt aber die **persönliche Entscheidung des Insolvenzrichters** nicht. Er selbst hat die persönliche Zuverlässigkeit des Insolvenzverwalters zu prüfen. Ohne eine solche Überprüfung ist eine Bestellung unstatthaft.[225] Ein neu in das Dezernat eintretender Insolvenzrichter ist jedoch nicht verpflichtet, die bereits jahrelang für das Insolvenzgericht tätigen Verwalter in dieser Hinsicht zu überprüfen.[226]

121 Dieses Vertrauen ist schwer darstellbar. Hat der Insolvenzrichter gegenüber einem bislang bestellten Insolvenzverwalter **Anlass zu Zweifeln** an der diesbezüglichen Vertrauenswürdigkeit, ist es seine Aufgabe, diesen Zweifeln nachzugehen und möglichst eine Klärung herbeizuführen. Durch **Nachforschungen** und insbesondere durch ein **direktes Gespräch** mit dem betroffen Insolvenzverwalter muss versucht werden, die Zweifel auszuräumen oder sie zu konkreten Vorwürfen zu verdichten.

122 Allerdings verbleibt ein Bereich, welcher dem Insolvenzrichter Zweifel belässt, einen konkreten Vorwurf allerdings nicht möglich macht. In einer solchen Situation sollte der Insolvenzrichter insbesondere dem **verdienten und bislang tadellos tätigen Insolvenzverwalter** nicht sein Vertrauen entziehen oder eine weitere Bestellung versagen. Er sollte vielmehr versuchen, sich durch die kritische Beobachtung der Ausübung der Amtspflichten durch den Insolvenzverwalter zu überzeugen, ob die Zweifel gerechtfertigt sind. Muss der Insolvenzrichter jedoch feststellen, dass die Arbeitsweise des Insolvenzverwalters nicht untadelig sein sollte, ist es angesichts der besonderen Anforderungen an den Insolvenzverwalter als Verwalter fremden Vermögens und der nur rudimentär vorhandenen Überwachungsmöglichkeiten gerechtfertigt, Konsequenzen geeigneter Art zu ziehen. Sollte der Insolvenzrichter noch nicht über eigene positive Erfahrungen hinsichtlich des konkreten Insolvenzverwalters verfügen, dürften auch nicht belegbare Zweifel an der Zuverlässigkeit einer **Bestellung** entgegenstehen.

123 b) **Technische und personelle Verhältnisse des Insolvenzverwalters.** Die **Prüfung,** ob ein Insolvenzverwalter die persönlichen, technischen und personellen Voraussetzungen zur Abwicklung von Insolvenzverfahren erfüllt, erfolgt durch **Gespräche** mit dem Insolvenzverwalter, über die **Aufsicht** gemäß § 58 und der gelegentlichen **Prüfung der Büroverhältnisse**[227] des Insolvenzverwalters. Dazu ist ein **regelmäßiger Kontakt** zu dem Insolvenzverwalter notwendig. Es bietet sich an, Termine des Insolvenzverwalters im Insolvenzgericht zu einem Gespräch zu nutzen. Von einer Prüfung der Büroverhältnisse vor Ort sollte auch nicht wegen der Befürchtung unzulässiger Nähe abgesehen werden.[228]

124 c) **Kriterium der wirtschaftlichen Absicherung des Insolvenzverwalters.** Die Entscheidung für bestimmte Verwalter oder für bestimmte Insolvenzverwalter oder einen bestimmten, geschlossenen Kreis von Verwaltern kann nicht damit begründet werden, dass der bzw. die Verwalter auf die regelmäßige Bestellung als Insolvenzverwalter zum **wirtschaftlichen Erhalt ihrer Kanzleien** angewiesen sind. Weder wird das Gericht in der Lage sein, die Ein- und Ausgaben des Büros konkret einschätzen zu können, noch darf die Frage der **wirtschaftlichen Absicherung der Insolvenzverwalter** im Rahmen der Auswahlentscheidung eine Rolle spielen.[229] Eine Auswahl eines Insolvenzverwalters in einem konkreten Verfahren, welche auf solchen Erwägungen basiert, ist

---

[222] BGH WM 2012, 331.
[223] *Uhlenbruck* KTS 1989, 229, 234, Fn. 18. Das OLG Koblenz NZI 2005, 453 sieht das Vertrauen des Insolvenzgerichts und die Bewährung des Insolvenzverwalters als einen sachgerechten Aspekt bei der Auswahl an.
[224] *Uhlenbruck/Uhlenbruck,* InsO, § 56 RdNr. 8.
[225] *Haarmeyer* InVo 1997, 57, 61; *Smid* InsO, 2. Aufl., § 56 RdNr. 22; *Vallender* NZI 2005, 473, 474; einschränkend RG KuT 1933, 40 .
[226] RG KuT 1933, 40.
[227] *Haarmeyer/Wutzke/Förster,* Handbuch, 3. Aufl. 2001, Kap. 5 RdNr. 15.
[228] Zu dem besonderen Verhältnis zwischen Insolvenzrichter und Insolvenzverwalter und der hierbei zulässigen Nähe s. BGH KTS 1966, 17, 21.
[229] *Kesseler* ZIP 2000, 1565, 1566; *Runkel/Wältermann* ZIP 2005, 1347, 1351. *Füchsl/Pannen/Rattunde* (ZInsO 2002, 414, 415) heben hervor, dass Insolvenzverfahren nicht stattfinden, um Insolvenzverwaltern Beschäftigung zu geben. Dies wurde auch vom BVerfG (NZI 2006, 453, Abs. 30) betont. Tendenziell anders *Levy* (KuT 1931, 167) der meinte, dass auch das wirtschaftliche Auskommen eines Verwalters nicht unberücksichtigt bleiben darf. In diesem Sinne auch das preuß. Justizministerium (allg. Verfügung v. 2.9.1932, JMBl. 1932 Nr. 34), welches die Einnahmesituation der Bewerber berücksichtigt wissen wollte.

ermessensfehlerhaft. Ein Nachweis dieses Fehlers wird jedoch kaum gelingen. Allerdings sollten die Insolvenzrichter Aspekte der Wirtschaftlichkeit einer Verwalterkanzlei nicht völlig außer Acht lassen, um auch für Großverfahren auf eine ausreichende Ausstattung eines ortskundigen Verwalters zurückgreifen zu können.[230] In gewisser Weise ist dafür Sorge zu tragen, dass im Rahmen des Möglichen eine **Spezialisierung der Insolvenzverwalter** erfolgen kann.[231] Hierzu ist es zwingend notwendig, die spezialisierten Insolvenzverwalter nicht nur gelegentlich, sondern regelmäßig als Insolvenzverwalter zu bestellen. Dies beinhaltet eine gewisse **Bevorzugung der Spezialisten** gegenüber den Generalisten bzw. den Berufsanfängern.[232]

d) Qualität der Verwalterleistungen. Die **Beurteilung des Insolvenzverwalters** und die **Einschätzung der Ergebnisse** seiner Tätigkeit in den ihm übertragenen Verfahren sind geeignete Kriterien, seine Eignung angesichts der Anforderungen des konkreten Verfahrens einzuschätzen.[233] Bei der Entscheidung des Insolvenzrichters für einen von mehreren Insolvenzverwaltern die im Einzelfall als besonders geeignete Kandidaten in Betracht kommen, darf und sollte auch berücksichtigt werden, mit welchen **Kosten und Aufwand** die verschiedenen Bewerber welche Ergebnisse für die Insolvenzgläubiger und die Schuldner erzielt haben.[234] Ein Verwalter, der schneller bessere wirtschaftliche Ergebnisse erzielt sollte einem insoweit schlechter wirtschaftenden Verwalter vorgezogen werden. Ein solcher Verwaltererfolg ist messbar.[235] Entsprechend sollte der Insolvenzrichter versuchen, auch einen Überblick über die **Qualität der Leistungen** der Bewerber zu erlagen. Neben der Prüfung der von den Verwaltern abgewickelten Verfahren kann sich hierbei auch eine **Überprüfung außerhalb des Insolvenzgerichts** anbieten. Bei einer Vergleichbarkeit der hierbei gewonnenen Ergebnisse und Beurteilungen wird eine Bevorzugung der besonders gut wirtschaftenden Verwalter im Interesse der Insolvenzgläubiger und des Schuldners sein, wenn nicht besondere Gründe (Interessenkollision, Überlastung u. ä.) im Einzelfall dagegen sprechen.

Die Berücksichtigung von Qualitätsgesichtspunkten darf im Ergebnis nicht zu einer ausschließlichen **Bevorzugung geprüfter und erwiesenermaßen qualifizierter Verwalter** führen. Berufsanfänger haben keine Möglichkeit, ihr Können vor einer Beauftragung in ähnlich belastbarer Weise nachzuweisen, wie berufserfahrene Verwalter. Eine ausschließliche Orientierung der Verwalterauswahl an Erfahrung und erbrachten Leistungen würde der Notwendigkeit der Heranziehung eines Verwalternachwuchses nicht gerecht. Daher muss der Insolvenzrichter grundlegend die Möglichkeit haben, in geeigneten Verfahren von der Beauftragung eines besser geeigneten Verwalters zu Gunsten eines noch als **Berufsanfänger** zu bezeichnenden Bewerbers abzusehen.

II. Vorschlagsrechte, § 56a

Die Bestellung des Insolvenzverwalters erfolgt einzig durch den Insolvenzrichter. In Verfahren, in denen ein vorläufiger Gläubigerausschuss gem. § 22a bestellt worden ist, hat der Insolvenzrichter gem. § 56a Abs. 1 dem **vorläufigen Gläubigerausschuss** Gelegenheit zu geben, sich zu den **Anforderungen, die an den Verwalter zu stellen sind, und zur Person des Verwalters** zu äußern. Um dies zu ermöglichen, hat das Insolvenzgericht Maßnahmen zu treffen, um den vorläufigen Gläubigerausschuss ausreichend Zeit für eine Beratung zu diesen Punkten zu geben. Der Verzicht auf eine Anhörung gem. § 56a mit dem Argument der Befürchtung einer nachteiligen Veränderung der Vermögenslage des Insolvenzschuldners hat eine besonders zu begründende Ausnahme dazustellen.

Entsprechend der Ausnahme in § 56a Abs. 2 ist ein **einstimmiger Vorschlag des vorläufigen Gläubigerausschusses** für das Insolvenzgericht bindend, soweit die benannte Person nicht ausnahmsweise als ungeeignet im Sinne des § 56 Abs. 1 anzusehen ist. Eine evtl. schlechtere Eignung

---

[230] *Runkel/Wältermann* ZIP 2005, 1347, 1351.
[231] So schon *Baade* KTS 1959, 40, 41; dies betont auch *Römermann* ZInsO 2004, 937, 939. *Pape* ZInsO 2002, 182 in der Anm. zu *Smid* DZWIR 2001, 485 betont, dass es für Berufsverwalter von existenzieller Bedeutung ist, nach Schaffung eines entsprechenden Mitarbeiterstammes kontinuierlich zum Verwalter bestellt zu werden.
[232] Dies widerspricht im Ergebnis dem vom BVerfG geforderten Entgegenwirken der Bevorzugung bekannter und bewährter Insolvenzverwalter (Entscheidungsgründe B. III 3. b) Abs. 1 Satz 3). Soweit mit ‚Bevorzugung' eine Auswahlentscheidung gemeint ist, die sich nicht allein von sachlichen Gesichtspunkten des Einzelfalls leiten lässt, kann dem BVerfG nur zugestimmt werden. Sollte jedoch damit gemeint sein, die ‚Bewährung', also der Nachweis besonderen Könnens eines Insolvenzverwalters in der wiederholten Praxis von Insolvenzverfahren wäre im Rahmen der Auswahlentscheidung kein zu berücksichtigender Umstand, so muss dem BVerfG widersprochen werden.
[233] Zur Zertifizierung von Verwaltern s. *Haarmeyer* ZInsO 2007, 169.
[234] Zur Ermittlung geeigneter Verfahrenskennzahlen *Frind* ZInsO 2008, 126 und 1068; *Neubert* ZInsO 2010, 73.
[235] *Frind* NZI 2008, 518.

als andere Kandidaten berechtigt das Insolvenzgericht nicht zu einer Bestellung einer anderen Person als die vom vorläufigen Gläubigerausschuss vorgeschlagene Person.

128a Konnten sich die Mitglieder des vorläufigen Gläubigerausschusses nicht auf eine bestimmte Person einigen, jedoch **mehrheitlich ein Anforderungsprofil** entsprechend § 56a Abs. 1 festlegen, ist das Insolvenzgericht an dieses Anforderungsprofil in gleicher Weise gebunden, wie bei einem einstimmigen Vorschlag einer bestimmten Person. Aber auch hier ist das Insolvenzgericht berechtigt, von dem Anforderungsprofil abzuweichen, wenn dieses Anforderungen enthält, welche den Eignungskriterien des § 56 Abs. 1 widersprechen.

129 **1. Vorschlag des Schuldners.** Vorschläge des Schuldners hinsichtlich eines bestimmten Insolvenzverwalters sind regelmäßig **genauestens zu prüfen.** Dabei kann der Vorschlag entsprechend § 56 Abs. 1 Satz 3 Nr. 1 weder generell dazu führen, dass die benannte Person zu bestellen, noch umgekehrt von einer möglichen Bestellung auszuschließen ist. Der Vorschlag des Schuldners kann, aber muss nicht den **Hintergrund** haben, einen besonders missliebigen Insolvenzverwalter durch eine vermeintliche Nähe zum Schuldner aus dem Kreis der möglichen Verwalter auszuschließen. Es kann gerade dieser Insolvenzverwalter in besonderer Weise in der Lage sein, dass Verfahren interessengerecht durchzuführen; insbesondere in Sonderfällen wie der **Vorlage eines Insolvenzplans** oder in **Großverfahren**, bei denen bereits durch den Umfang der notwendigen Tätigkeiten der Kreis der möglichen Insolvenzverwalter beschränkt ist. Eine schematische Übernahme oder Ablehnung eines Vorschlags des Schuldners darf nicht erfolgen.[236] Zu den Besonderheiten bei **Vorlage eines Insolvenzplans** oder in **Konzerninsolvenzverfahren** siehe oben RdNr. 28 ff. und RdNr. 44 ff.

130 **2. Vorschlag durch einen oder mehrere Gläubiger.** Auch eine Benennung eines Insolvenzverwalter durch einen oder mehrere Gläubiger außerhalb eines vorläufigen Gläubigerausschusses führt gem. § 56 Abs. 1 Satz 3 Nr. 1 nicht zwingend zu **Zweifeln an dessen Unabhängigkeit.**[237]

131–133 Der vorgeschlagene Verwalter ist an § 56 Abs. 1 zu messen. Bei der Prüfung, ob der vorgeschlagene Verwalter die Voraussetzungen des § 56 Abs. 1, insbesondere der **Unabhängigkeit,** erfüllt, ist zu unterscheiden, ob der **Vorschlag von einem Gläubiger, den Hauptgläubigern oder evtl. allen Gläubigern gemeinsam** kommt. Im letzteren Fall sollte das Gericht den Vorschlag ernsthaft erwägen und nur im Falle des Vorliegens eines Grundes im Sinne von § 57 Satz 3 eine Bestellung versagen.

134 Insgesamt hat sich der zuständige Insolvenzrichter gerade im Rahmen seiner Ermessensentscheidung bei der Auswahl des Insolvenzverwalters gegen den **Druck** von interessierten Gläubiger- oder sonstiger Seite zu wehren,[238] darf sich aber durch einen solchen Druck auch nicht dazu verführen lassen, gerade den vorgeschlagenen Insolvenzverwalter nicht zu beauftragen, da sonst auf diesem Wege die Möglichkeit geschaffen würde, durch eine Vorschlag bestimmte Verwalter zu „verbrennen". Dem Insolvenzgericht steht es frei, vor der Bestellung eines Insolvenzverwalters Gläubiger oder auch die zuständige Berufsvertretung anzuhören.[239] Eine **Anhörungspflicht** besteht abseits von § 56a aber nicht.

III. Zeitpunkt der Bestellung

135 Die Bestellung erfolgt **zeitgleich mit dem Eröffnungsbeschluss** (§ 27 Abs. 1 und 2 Nr. 2). Zu diesem Zeitpunkt hat der Insolvenzrichter die Entscheidung über die Person des Insolvenzverwalters zu treffen. Vorherige Entscheidungen über die Person des Sachverständigen oder des vorläufigen Insolvenzverwalters binden dabei den Insolvenzrichter nicht. Auch im Falle eines **einstimmigen Vorschlags eines vorläufigen Gläubigerausschusses** soll der Insolvenzrichter zwar gem. § 56a Abs. 2 Satz 1 die vorgeschlagene Person als Insolvenzverwalter bestellen, im Falle einer Ungeeignetheit hat das Insolvenzgericht jedoch eine Bestellung dieser Person zwingend zu unterlassen.

136 In diesem Fall ist der Eröffnungsbeschluss ausnahmsweise gem. § 27 Abs. 2 Nr. 5 mit einer Begründung zu versehen, aus der sich ergibt, aus welchen Gründen das Insolvenzgericht von dem **einstimmigen Vorschlag des vorläufigen Gläubigerausschusses abgewichen** ist. In anderen

---

[236] Für eine Berücksichtigung eines Schuldnervorschlags spricht sich *Leithaus* NJW 2005, Heft 49, III, aus.
[237] HK-*Eickmann*, 4. Aufl. 2006, § 56 RdNr. 4; *Smid* InsO, 2. Aufl., § 56 RdNr. 18.
[238] Eingehend *Uhlenbruck* KTS 1989, 229, 233. Der Druck wird teilweise auch aus Kreisen innerhalb des Gerichts herbeigeführt. Solchen Einflussnahme in die richterliche Unabhängigkeit sollten keinesfalls hingenommen und gegebenenfalls der Richterrat beigezogen werden. Auch einer Einflussnahme der Politik gerade in Großverfahren hat des Insolvenzgericht konsequent entgegenzutreten. Siehe *Graeber* FAZ v. 30.10.2002, S. 23; *Smid* InsO, 2. Aufl., § 56 RdNr. 19.
[239] *Uhlenbruck/Delhaes* RdNr. 521. Zur Anhörung bei der Auswahl nach dem sog. Detmolder Modell s. *Busch* DZWIR 2004, 354.

Fällen muss die Auswahlentscheidung **nicht begründet** werden.[240] Die Auswahlentscheidung ist damit allerdings nicht transparent und nachvollziehbar, da die Überlegungen des Insolvenzrichters für seine Entscheidung nicht bekannt gemacht werden. Dies ist jedoch auf Grund der **Unanfechtbarkeit**[241] der (isolierten) Bestellungsentscheidung auch nicht notwendig. Zwar mag es gerade für Konkurrenten des bestellten Insolvenzverwalters von Interesse sein, zu erfahren, weshalb der Insolvenzverwalter ihnen vorgezogen wurde, doch rechtfertigt dies einen Begründungszwang nicht.[242]

F. Zulassung als Insolvenzverwalter

Für die **Wahl des Berufs** des Insolvenzverwalters bedarf es keiner vorherigen Zulassung. Dies ist angesichts der an einen Insolvenzverwalter in der Praxis zu stellenden Anforderungen als äußerst bedauerlich anzusehen.[243] Eine objektivierte Prüfung der generellen Eignung und Befähigung eines Bewerbers um eine Zulassung als Insolvenzverwalter anhand von vorgegebenen Kriterien und messbaren bzw. überprüfbaren Parametern in zentraler Weise und mit Wirkung für alle Insolvenzgerichte wäre sowohl im Interesse der Bewerber, der Insolvenzgerichte als auch der sonstigen Verfahrensbeteiligten. Zurzeit entscheidet jeder einzelne Insolvenzrichter, ob er einen Bewerber für bestellbar hält oder nicht und beurteilt hierbei die Zulassungsfähigkeit des Bewerbers zumindest für seinen Zuständigkeitsbereich mit. Die hierbei angewandten Kriterien sind nicht selten ausreichend transparent und unterscheiden sich zuweilen selbst innerhalb eines Insolvenzgerichts. In der Folge widersprechen sich auch die Entscheidungen der Insolvenzgerichte. Allein mit einer auch wiederholten Bestellung kann ein Bewerber bei einem anderen Insolvenzgericht eine erneute und evtl. negative Beurteilung nicht vermeiden. 137

Zur Objektivierung der Beurteilung von Bewerbern anlässlich eines Berufseintritts wäre es daher **sinnvoll, die Prüfung nicht in im Rahmen einer Auswahlentscheidung eines konkreten Insolvenzverfahrens durch einen einzelnen Insolvenzrichter vorzunehmen, sondern an einer geeigneten Stelle, losgelöst von einem Insolvenzverfahren, zu konzentrieren.**[244] Die **Einführung eines zentralen Zulassungsverfahrens** mit Wirkung für alle Insolvenzgerichte und in gleicher Weise die Ermöglichung einer generellen Entlassung in einem objektiven und gerichtsförmigen Verfahren wäre wünschenswert.[245] Im Rahmen eines zentralisierten Zulassungsverfahren könnten nachvollziehbare Kriterien[246] für den Zugang zur Verwalterschaft aufgestellt und im Einzelfall überprüft werden. An Stelle der jedem einzelnen Insolvenzrichter übertragenen Aufgabe einer Vorauswahllistenführung könnte eine zentrale Stelle geschaffen werden, welche die entsprechenden Angaben in nachvollziehbarer Weise erhebt und verwaltet und den Insolvenzgerichten elektronisch zur Verfügung stellt, damit diese bei ihren Auswahlentscheidungen kurzfristig auf aktuelle Angaben zurückgreifen können. Damit könnte auch an die Stelle der Zulassungsentscheidungen mehrerer Richter eine bindende, einmalige Zulassungsentscheidung treten, welche auf einem zentralen Rechtsmittelweg überprüft werden kann. 138

G. Beginn des Verwalteramts

Das Amt des Insolvenzverwalters beginnt mit seiner Annahme.[247] Die Annahme kann ausdrücklich oder stillschweigend erfolgen. Eine **Pflicht zur Annahme** besteht nicht.[248] 139

Das Insolvenzgericht hat sich vor Herausgabe des Bestellungsbeschlusses zu vergewissern, dass der ausgewählte Insolvenzverwalter zur Annahme des Amtes bereit und keine Gründe für die Befürchtung einer Interessenkollision gegeben sind. Geschieht dies nicht, kann der Insolvenzrichter für die aus einer Ablehnung der Übernahme des Amtes entstehenden Verluste der Insolvenzmasse **haftbar** gemacht werden. 140

---

[240] OLG Koblenz NZI 2005, 453; FK-*Hössl* § 56 RdNr. 36; *Uhlenbruck/Uhlenbruck*, InsO, § 56 RdNr. 84; *Wellensiek* NZI 1999, 169, 171; aA *Kübler/Prütting/Lüke* § 56 RdNr. 20; *Römermann* ZInsO 2004, 937, 939; *Wieland* ZIP 2005, 233, 236 und 238 sowohl für den Fall der Ablehnung als auch der Auswahl eines Verwalters.
[241] BVerfG NZI 2006, 453.
[242] OLG Koblenz NZI 2005, 453.
[243] Hierzu bereits *Bliefert* KuT 1928, 89 und *Häberlin* KuT 1927, 116.
[244] Evtl. ähnlich dem Zulassungsverfahren für Insolvenzverwalter in England. Hierzu *Bewick/Schlegel* NZI 2008, Heft 6, VI.
[245] Ein justizförmiges Verfahren wird von *Preuß* KTS 2005, 155, 171 und *Vallender* NZI 2006, Heft 4, V gefordert.
[246] Der Vorschlag von *Brinkmann* ZInsO 2006, 679, 684, als Zulassungsvoraussetzung einen „dreijährigen Vorbereitungsdienst bei einem Insolvenzrichter" zu fordern, dürfte nicht dazu gehören.
[247] OLG Düsseldorf KTS 1973, 270; *Uhlenbruck/Uhlenbruck*, InsO, § 56 RdNr. 89
[248] *Smid* InsO, 2. Aufl., § 56 RdNr. 28; *Uhlenbruck/Uhlenbruck*, InsO, § 56 RdNr. 89.

141 Der Bestellungsbeschluss braucht dem Insolvenzverwalter **nicht förmlich zugestellt** werden. Das einmal übernommene Amt kann nicht einseitig durch den Insolvenzverwalter niedergelegt werden. Diesem steht nur der Weg der Beantragung nach § 59 zur Verfügung.

H. Rechtsstellung des Insolvenzverwalters

142 Der Insolvenzverwalter übt **kein öffentliches Amt** aus und hat insbesondere **keine staatliche Macht**.[249] Seine **Legitimation** leitet er vom Insolvenzgericht ab, welches ihn ernennt.[250] Dies ist auch dann der Fall, wenn die Gläubigerversammlung nach § 57 eine andere Person wählt, da auch dieser Insolvenzverwalter vom Gericht zu bestellen ist.[251]

143 Seine **Befugnisse** ergeben sich aus den Regelungen der Insolvenzordnung. Indem er als Gehilfe des Gerichts die Durchführung des Insolvenzverfahrens übertragen erhalten hat, nimmt er **Hoheitsrechte** wahr.[252] Dies gibt ihm eine **amtsähnliche Stellung**.[253] Er unterliegt dabei der Aufsicht des Insolvenzgerichts nach § 58.

Zur **Rechtsstellung des Verwalters** gibt es mehrere Theorien:[254]

144 Nach der **Vertretungstheorie** ist der Verwalter gesetzlicher Vertreter des Gemeinschuldners hinsichtlich der Insolvenzmasse.[255] Diese Theorie ist abzulehnen, da der Insolvenzverwalter nur in Hinblick auf die Insolvenzmasse vertretungsberechtigt ist, eine Verfügung über das nicht von der Verfahrenseröffnung betroffene Vermögen ist ihm nicht möglich. Er handelt daher nicht subjekt-, sondern objektbezogen.[256]

145 Nach der **Organtheorie** ist der Verwalter Organ oder Repräsentant der Insolvenzmasse, der eine Rechtsfähigkeit oder Quasi-Rechtsfähigkeit zugesprochen wird. Dagegen spricht, dass die Insolvenzmasse auch nach Verfahrenseröffnung noch dem Gemeinschuldner gehört, sie hat keine eigenen Rechte oder Pflichten und mithin keine eigene Rechtspersönlichkeit.[257]

146 Nach der **Amtstheorie** übt der Insolvenzverwalter ein privates Amt aus. Diese Theorie ist vom Reichsgericht in ständiger Rechtsprechung vertreten, vom Bundesgerichtshof übernommen worden und hat sich dadurch praktisch durchgesetzt.[258] Danach ist der Verwalter nicht gesetzlicher Vertreter des Schuldners bzw. im Fall einer juristischen Person, nicht dessen Organ. Er ist vielmehr Amtstreuhänder, der materiellrechtlich wie prozessual im eigenen Namen handelt, mit Wirkung für und gegen die Masse.[259] Vermögensübertragungen auf die Masse sind daher auch keine Leistungen an einen Treuhänder der Gläubiger.[260]

147 Die **praktische Bedeutung** dieses Theorien liegt insbesondere in der Frage, **wie das Rubrum eines Urteils zu fassen ist,** bei dem der Verwalter als Partei aufgeführt werden muss und in der Frage, ob die **Zwangsvollstreckung** aus dem Titel gegen den Gemeinschuldner der Umschreibung bedarf, wenn gegen die Insolvenzmasse vollstreckt werden soll.

148 Im **Verhältnis zu den Beteiligten** des Insolvenzverfahrens nimmt der Insolvenzverwalter die Stellung eines privaten **Treuhänders** ein.[261] Zwischen beiden Seiten besteht dabei ein gesetzliches Schuldverhältnis des bürgerlichen Rechts.[262] Die Stellung des Insolvenzverwalters ist von der des Schuldners zu unterscheiden. Der Insolvenzverwalter wird auch im Falle einer Unternehmensfortführung nicht Kaufmann anstelle des Gemeinschuldners.[263] Er kann keine Prokura erteilen.[264] Ein **Selbstkontrahieren** (§ 181 BGB) ist dem Insolvenzverwalter nicht

---

[249] BVerfG NZI 2006, 453, Abs. 32 der Entscheidung; *Nerlich/Römermann/Delhaes* vor § 56 RdNr. 8; *Uhlenbruck/Uhlenbruck*, InsO, § 56 RdNr. 66.
[250] *Schick* NJW 1991, 1328.
[251] LG Lübeck ZIP 1986, 520.
[252] *Schick* NJW 1991, 1328, 1329; *Wellensiek* NZI 1999, 169, 171.
[253] *Schick* NJW 1991, 1328, 1329.
[254] Siehe hierzu RGZ 29, 29; *Baur/Stürner*, Zwangsvollstreckungs-, Konkurs- und Vergleichsrecht, Band II, Insolvenzrecht, 1990 § 10 RdNr. 10.1 ff.; *Jaeger/Henckel* § 6 RdNr. 55 ff.; *Kluth* NZI 2000, 351; *Karsten Schmidt* KTS 1984, 345, 362; *Stürner* ZZP 1981, 263, 286.
[255] Zur modifizierten Vertretungstheorie nach Einführung der Insolvenzordnung *Hess* InsO Vor § 56 RdNr. 8. Ablehnend zur Vertretungstheorie *Jaeger/Henckel* § 6 RdNr. 55 ff.
[256] *Erdmann* KTS 1967, 87 ff.; siehe auch *Paepke* KTS 1968, 49 ff.
[257] BGHZ 88, 331, 334.
[258] BGHZ 88, 331; HK-*Eickmann*, 4. Aufl. 2006, § 56 RdNr. 40; Kritisch *K. Schmidt* KTS 1984, 345 ff.
[259] BGH ZIP 1991, 324.
[260] BGHZ 121, 179.
[261] *Kübler* in *Kübler* (Hrsg.): Neuordnung des Insolvenzrechts, S. 61, 65.
[262] Kuhn/*Uhlenbruck* § 78 RdNr. 7.
[263] *K. Schmidt* KTS 1984, 345, 372; *Uhlenbruck/Uhlenbruck*, InsO, § 56 RdNr. 77.
[264] BGH WM 1958, 430, 431; *Uhlenbruck/Uhlenbruck*, InsO, § 56 RdNr. 77.

gestattet.²⁶⁵ Für diesen Fall ist gegebenenfalls auch ohne ausdrückliche Erwähnung in der InsO ein Sonderverwalter zu bestellen. Er ist berechtigt, Zeugen von der **Schweigepflicht** zu entbinden,²⁶⁶ jedoch nicht berechtigt, sittenwidrige Leistungen des Gemeinschuldners zurückzufordern, so kein Fall einer Anfechtung vorliegt.²⁶⁷

I. Vertreter und Gehilfen

Das Amt des Insolvenzverwalters ist **höchstpersönlich** und kann nicht durch einen Bevollmächtigten wahrgenommen werden. **Insolvenzverfahrenstypische Handlungen,** also Handlungen, die der Schuldner, gäbe es ein Insolvenzverfahren nicht, nicht selbst vornehmen könnte, können nur durch den Insolvenzverwalter höchstpersönlich vorgenommen werden.²⁶⁸ Dazu gehören die ihm als Amtsträger **zugewiesenen Tätigkeiten** wie die Teilnahme an den Gläubigerversammlungen und Prüfungsterminen²⁶⁹ sowie die Abgabe der dort vorgesehenen Erklärungen, die Erstellung und Abgabe der Schlussrechnung und des Schlussrechnungsverzeichnisses, die Erklärungen über die Gestaltung noch nicht beendeter Rechtsgeschäfte, Anfechtungen und die Entscheidung über die Aufnahme von Prozessen.²⁷⁰ Eine Übertragung dieser Geschäfte auf Dritte, zB die Prüfung der Aus- und Absonderungsrechte auf den Gläubigerausschuss,²⁷¹ ist unzulässig.²⁷² 149

Dabei ist es nicht ausgeschlossen, dass sich der Insolvenzverwalter der Hilfe von **Mitarbeitern** bedient. Diese haben jedoch nicht die Funktionen des Insolvenzverwalters. Einer Zustimmung des Insolvenzgerichts bedarf es hierzu nicht.²⁷³ Das Ausmaß der zulässigen Heranziehung hängt vom Umfang und Schwierigkeitsgrad des Einzelfalles ab.²⁷⁴ Der Insolvenzverwalter ist für die Tätigkeiten seiner **Gehilfen** nach § 278 BGB **verantwortlich.**²⁷⁵ Diese Gehilfen/Mitarbeiter sind keine Unterinsolvenzverwalter. 150

Neben eigenen Mitarbeitern kann der Insolvenzverwalter für nicht höchstpersönliche Aufgaben auch **Dritte** einsetzen. Bei der Einsetzung fremder als auch eigener Kräfte ist darauf zu achten, dass die Zuordnung der Tätigkeit nach außen hin und der Beauftragende klar erkennbar bleibt. Es ist nicht zulässig, dass der Insolvenzverwalter eigene **Hilfskräfte als Angestellte** des schuldnerischen Unternehmens arbeiten lässt.²⁷⁶ Unproblematisch ist es, zur Bewältigung des Verfahrens zu Lasten der Masse Hilfskräfte anzustellen oder neue Verträge mit bisherigen Arbeitnehmern abzuschließen.²⁷⁷ Stellt der Insolvenzverwalter solche Hilfskräfte **in eigenem Namen** an, kann er die dadurch entstehenden Auslagen vom Gericht festsetzen lassen. Im Falle der zulässigen Beschäftigung von Hilfskräften zur Durchführung von Regelaufgaben können die Kosten jedoch teilweise zu Lasten der **Vergütung des Verwalters** gehen.²⁷⁸ 151

Die **Unterscheidung,** ob der Insolvenzverwalter in eigenem Namen oder für die Masse entsprechende Verträge abgeschlossen hat, ist im Einzelfall oft nicht einfach vorzunehmen. Es kommt darauf an, ob die Hilfskraft zu der **eigentlichen Verwaltertätigkeit,** zu den **höchstpersönlichen Aufgaben des Verwalters** beigezogen wurde.²⁷⁹ Den Lohn- bzw. Gehaltsanspruch der persönlich eingestellten Hilfskraft hat der Insolvenzverwalter aus der festgesetzten Vergütung zu begleichen, in welche diese Belastung als Auslage eingeflossen ist. Im Zweifelsfall ist gem. § 164 Abs. 2 BGB von einer persönlichen Verpflichtung des Verwalters auszugehen.²⁸⁰ Daher ist die Ausstellung einer Generalvollmacht oder einer beschränkten Vollmacht zur Erledigung der oder von Teilen der höchstpersönlichen Aufgaben des Insolvenzverwalter unzulässig.²⁸¹ Auch die Vergabe der Aufgaben eines Insolvenzverfahrens zur vollständigen 152

---

²⁶⁵ *Gottwald,* Insolvenzrechts-Handbuch § 23 RdNr. 9; aA *Skrotzki* KTS 1955, 111, 112.
²⁶⁶ OLG Nürnberg MDR 1977, 144 f.; einschränkend OLG Schleswig ZIP 1983, 968.
²⁶⁷ BGH ZIP 1989, 107.
²⁶⁸ LAG Schleswig-Holstein ZIP 1988, 250; *Eickmann* KTS 1986, 197, 203; *Graeber* NZI 2003, 569; *Uhlenbruck/Uhlenbruck,* InsO, § 56 RdNr. 24.
²⁶⁹ *Kuhn/Uhlenbruck* § 78 RdNr. 8; nunmehr nicht mehr hinsichtlich des Prüfungstermins *Uhlenbruck/Uhlenbruck,* InsO, § 56 RdNr. 27; *Graeber* NZI 2003, 569; aA *Hess* InsO § 56 RdNr. 33.
²⁷⁰ LG Stendal ZInsO 1999, 233, 235.
²⁷¹ *Uhlenbruck/Uhlenbruck,* InsO, § 56 RdNr. 24.
²⁷² Das LAG Schleswig-Holstein (ZIP 1988, 250) hält eine „*Vertretung in der Erklärung*" für zulässig.
²⁷³ LG Stendal ZInsO 1999, 232; *Uhlenbruck/Uhlenbruck,* InsO, § 56 RdNr. 28.
²⁷⁴ LG Stendal ZIP 2000, 982; *Kuhn/Uhlenbruck* § 78 RdNr. 8.
²⁷⁵ BGH NZI 2001, 544; *Kuhn/Uhlenbruck* § 79 RdNr. 2.
²⁷⁶ *Uhlenbruck/Uhlenbruck,* InsO, § 56 RdNr. 28.
²⁷⁷ *Kuhn/Uhlenbruck* § 78 RdNr. 8.
²⁷⁸ LG Stendal ZInsO 1999, 232.
²⁷⁹ LG München I KTS 1965, 243, 246.
²⁸⁰ *Kuhn/Uhlenbruck* § 78 RdNr. 8.
²⁸¹ *Gottwald/Klopp/Kluth,* Insolvenzrechts-Handbuch § 22 RdNr. 12; *Uhlenbruck/Uhlenbruck,* InsO, § 56 RdNr. 26.

Anwicklung an Mitarbeiter des eigenen Büros an Stelle des beauftragten Insolvenzverwalters, die sog. **Grauverwaltung** im Subunternehmerprinzip ist unzulässig.[282]

J. Sonderinsolvenzverwalter

153 Die Bestellung eines Sonderinsolvenzverwalters ist in der Insolvenzordnung nicht ausdrücklich geregelt. In § 77 RegEInsO war noch die Bestellung eines Sonderverwalters im Falle der tatsächlichen oder rechtlichen **Verhinderung** des eigentlichen Insolvenzverwalters vorgesehen. Auch wenn diese Regelung schließlich nicht übernommen wurde, ist das **Institut der Sonderinsolvenzverwaltung** wie im bisherigen Konkursrecht auch unter der Insolvenzordnung anzuwenden, um Interessenkollisionen und Verhinderungen begegnen zu können.[283] In Ausnahmefällen ist die Einsetzung eines Sonderinsolvenzverwalters zulässig.[284] Die Bestellung eines Sonderinsolvenzverwalters setzt jedoch voraus, dass der Verwalter selbst tatsächlich oder rechtlich verhindert ist, sein Amt auszuüben.[285] Zur Notwendigkeit von Sonderinsolvenzverwaltern in Konzerninsolvenzverfahren siehe RdNr. 44.

153a Wird ein Sonderinsolvenzverwalter bestellt, dessen Aufgabengebiet auf die Geltendmachung von Schadensersatzansprüchen gegen den Insolvenzverwalter beschränkt ist, liegt in seiner Bestellung keine Entlassung des Insolvenzverwalters.[286] Daher stellt die Bestellung eines Sonderinsolvenzverwalters auch keinen Eingriff in die durch Art. 12 I GG geschützte Berufsfreiheit des Insolvenzverwalters dar.[287]

154 Ein Sonderinsolvenzverwalter ist nur zu den **Handlungen** befugt, die ihm ausdrücklich bei der Bestellung **zugewiesen** worden sind. Der Beschluss ist diesbezüglich deutlich zu formulieren und hinsichtlich der Notwendigkeit ausführlich zu begründen. Es empfiehlt sich, vor der Bestellung den **Gläubigerausschuss anzuhören**.[288] Vor der Entscheidung ist zu prüfen, ob tatsächlich eine **Bestellung geboten** ist. Ein zum Insolvenzverwalter bestellter Notar ist zB rechtlich nicht gehindert, ein Vertragsangebot zu beurkunden, das ein Dritter der Masse macht, da er hierbei mangels Abgabe einer eigenen Erklärung nicht formal Beteiligter ist.[289] Seine eigene Annahmeerklärung kann er jedoch nicht beurkunden.[290] Dies rechtfertigt aber keine Bestellung eines Sonderinsolvenzverwalters. Allein auf Grund eines **Urlaubs** oder einer kurzer **Erkrankung** sollte kein Sonderinsolvenzverwalter eingesetzt werden, wenn die begrenzte Abwesenheit durch organisatorische Maßnahmen aufgefangen werden kann.[291]

155 Eine **tatsächliche Hinderung** ist zB dann anzunehmen, wenn der Insolvenzverwalter die gebotenen Maßnahmen zur Förderung des Verfahrens nicht vornimmt und sich auch durch die Vollstreckung gerichtlich festgesetzter Ordnungsgelder nicht anhalten lässt, das Erforderliche zu tun.[292] Auch im Falle der Gefahr einer **Interessenkollision** hinsichtlich einzelner Geschäfte ist evtl. ein Sonderinsolvenzverwalter zu bestellen; zB für die Prüfung einer vom Insolvenzverwalter selbst geltend gemachten **Forderung**,[293] wobei bereits von einer Bestellung dieses Insolvenzverwalters abzusehen ist, wenn im Eröffnungszeitpunkt eine solche Problematik zu erwarten ist.

156 Sollte sich ergeben, dass eine Prüfung notwendig ist, ob gegen den Insolvenzverwalter **Schadensersatzansprüche** zugunsten der Masse geltend zu machen sind, rechtfertigt dies bereits eine Bestellung eines Sonderinsolvenzverwalters.[294] § 92 Satz 2 ist hier zu beachten, der für die Bestellung eines neuen Insolvenzverwalters und nicht eines zusätzlichen (Sonder-)Insolvenzverwalters spricht.[295] Dies hat zur Konsequenz, dass bei Feststellung von Haftungsansprüchen gegen den Insol-

---

[282] *Frind* ZInsO 2001, 481, 484; *Uhlenbruck/Uhlenbruck*, InsO, § 56 RdNr. 24; *Vallender* NZI 2005, 473, 476. Siehe hierzu im Übrigen RdNr. 77
[283] *Graf/Wunsch* DZWIR 2002, 177; *Hess*, InsO § 56 RdNr. 25; *Nerlich/Römermann/Delhaes* § 56 RdNr. 18; *Smid* InsO, 2. Aufl., § 56 RdNr. 30; *Uhlenbruck/Uhlenbruck*, InsO, § 56 RdNr. 31.
[284] BGH NZI 2006, 474. Zum Sondersequester siehe OLG Celle ZInsO 1999, 659 (Ls.).
[285] BGH NZI 2006, 474; BGH NZI 2009, 517.
[286] BVerfG NZI 2010, 525.
[287] BVerfG NZI 2010, 525.
[288] LG Magdeburg ZIP 2000, 1685, 1686; *Smid* InsO, 2. Aufl., § 56 RdNr. 30.
[289] RGZ 49, 127, 130; *Kuhn/Uhlenbruck* § 78 RdNr. 9.
[290] RGZ 49, 129.
[291] *Uhlenbruck/Uhlenbruck*, InsO, § 56 RdNr. 31.
[292] OLG München ZIP 1987, 656 mit Anm. *Gerhardt* EWiR 1987, 703.
[293] *Kuhn/Uhlenbruck* § 78 RdNr. 9. Es ist Aufgabe des Insolvenzverwalters, auf die hierbei bestehende Interessenkollision möglichst frühzeitig hinzuweisen, damit Verzögerungen des Verfahrens möglichst vermieden werden.
[294] OLG München ZIP 1987, 656; AG Göttingen ZInsO 2006, 50; *Bähner* KTS 1991, 347, 351; *Kuhn/Uhlenbruck* § 78 RdNr. 9; *Smid* InsO, 2. Aufl., § 56 RdNr. 30.
[295] Hierauf weist *Pape* ZInsO 2005, 953, 961 hin.

venzverwalter, dieser nach § 59 zu entlassen ist. Rechtfertigt der Grund des Haftungsanspruchs den Insolvenzverwalter im Übrigen in seinem Amt zu belassen, können Kostengründe für eine Beibehaltung des bisherigen Insolvenzverwalters neben einem Sonderinsolvenzverwalter sprechen. § 92 Satz 2 zwingt nicht in jedem Fall von Haftungsansprüchen zu einer Entlassung des bisherigen Insolvenzverwalters. Allgemein sollte dann, wenn persönliche Belange des Insolvenzverwalters betroffen sind oder widerstreitende Interessen zweier Verwaltungen vorliegen, für solche Angelegenheiten ein Sonderverwalter eingesetzt werden,[296] so zB in dem Fall, dass der Insolvenzverwalter etwas **aus der Masse erwerben** will.[297] Maßstab für die Einsetzung eines Sonderinsolvenzverwalters ist die durch ausreichende Tatsachen begründete Befürchtung, dass Haftungsansprüche der Insolvenzmasse gegen den Insolvenzverwalter vorliegen, diese also nicht völlig fern liegend sind.[298] Eine **Überzeugung des Insolvenzgerichts** über diese Haftungsansprüche ist dabei **nicht notwendig.** Es ist vielmehr Aufgabe des Sonderinsolvenzverwalters, solche Ansprüche zu prüfen und gerichtlich durchzusetzen. Dies verlagert die Klärung von Haftungsansprüchen von der Ebene Insolvenzgericht-Insolvenzverwalter auf die Ebene Sonderinsolvenzverwalter-Insolvenzverwalter, welche die Möglichkeit einer **Streitklärung durch die Zivilgerichte** in einem ordentlichen Verfahren eröffnet. Lassen Tatsachen einen Haftungsanspruch vermuten, dürfte es im Interesse der Insolvenzgläubiger sein, dass die rechtliche Frage, ob tatsächlich ein Haftungsanspruch existiert, gerichtlich entschieden wird. Die hierdurch entstehenden **Kosten** des Streitverfahrens als auch die Vergütung und Auslagen des Sonderinsolvenzverwalters gehen im Falle des Unterliegens zu Kosten des haftenden Insolvenzverwalters.

Der **Sonderinsolvenzverwalter ist nicht Vertreter des Insolvenzverwalters,** sondern diesem gegenüber selbständig.[299] Der Insolvenzverwalter kann den Sonderinsolvenzverwalter auch nicht wegen der Befürchtung einer Befangenheit ablehnen.[300] Hinsichtlich des dem Sonderinsolvenzverwalter im Beschluss deutlich übertragenen Aufgabenbereichs hat der Sonderinsolvenzverwalter sämtliche Rechte und Pflichten wie der Insolvenzverwalter auch. Dabei verbleibt die Verantwortlichkeit für die Schlussrechnung und die Erfüllung der verfahrensrechtlichen Pflichten beim Insolvenzverwalter.[301]

Eine Entscheidung des Insolvenzgerichts, trotz Anregung **keinen Sonderinsolvenzverwalter zu bestellen,** unterliegt weder einem **Rechtsmittel** Seitens des Insolvenzschuldners[302], eines Insolvenzgläubigers[303] oder des vom Insolvenzverwalters[304].

K. Mehrere Insolvenzverwalter

Die Bestellung **mehrerer Insolvenzverwalter für verschiedene Geschäftszweige** des schuldnerischen Unternehmens ist nicht möglich.[305] Die Regelung des § 79 KO wurde nicht übernommen, da es sinnvoller ist, einen Insolvenzverwalter zu bestellen, der sich gegebenenfalls der Hilfe geeigneter Mitarbeiter bedient.[306] Auf diese Weise wird die Schwierigkeit vermieden, die Zuständigkeit mehrerer Insolvenzverwalter gegeneinander abzugrenzen.

L. Zuständigkeit innerhalb des Insolvenzgerichts

Zuständig für die Bestimmung des Insolvenzverwalters ist der **Insolvenzrichter.** Nach § 18 Abs. 1 Nr. 1 RPflG gehört die Insolvenzverwalterernennung zu dessen **Vorbehaltsaufgaben.**[307] Der Insolvenzrichter hat die Entscheidung selbst zu treffen und kann sie nicht an den Rechtspfleger übertragen. Es ist daher nicht zulässig, dass der Rechtspfleger den Eröffnungsbeschluss bis zur Unterschrift des Richters vorbereitet und dabei vorab den zu ernennenden Insolvenzverwalter in das Formular aufnimmt, sodass der Richter den Beschluss nur noch abzuzeichnen hat.[308] Diese

---

[296] BGH ZIP 1991, 324, 326; *Graf/Wunsch* DZWIR 2002, 177; Kuhn/*Uhlenbruck* § 78 RdNr. 9.
[297] OLG Frankfurt BB 1976, 570.
[298] *Pape* ZInsO 2005, 953, 963.
[299] AG Halle-Saalkreis ZIP 1993, 1912; *Nerlich/Römermann/Delhaes* § 56 RdNr. 20; *Uhlenbruck/Uhlenbruck,* InsO, § 56 RdNr. 32.
[300] BGH NZI 2007, 284.
[301] Kuhn/*Uhlenbruck* § 79 RdNr. 3.
[302] BGH NZI 2009, 517; BGH NZI 2006, 474.
[303] BGH GWR 2009, 256; BGH NZI 2009, 238.
[304] BGH NZI 2007, 237; BGH NZI 2010, 301.
[305] Zur Rechtslage nach der GesO: LG Magdeburg ZIP 1999, 1685.
[306] *Nerlich/Römermann/Delhaes* § 56 RdNr. 21; *Uhlenbruck/Uhlenbruck,* InsO, § 56 RdNr. 29.
[307] BGH WM 1986, 331.
[308] *Uhlenbruck/Uhlenbruck,* InsO, § 56 RdNr. 13.

gleichwohl noch bei zahlreichen Insolvenzgerichten anzutreffende Praxis ist als schwerwiegender Gesetzesverstoß der dabei beteiligten Insolvenzrichter und Rechtspfleger zu betrachten. Es ist nicht nachvollziehbar, aus welchem Grunde diese Gerichte die gesetzliche Aufgabenverteilung unterlaufen. Das Interesse dieser Insolvenzrichter an einer geringeren Arbeitsbelastung und die Ausweitung der Bestimmungsbefugnisse der Rechtspfleger rechtfertigt dies nicht.

160 Eine Bestellung eines Insolvenzverwalters in der Eröffnung nach § 27 Abs. 2 Nr. 2 durch einen Rechtspfleger ist **unwirksam** (§ 8 Abs. 4 Satz 1 RPflG) und hat die Nichtigkeit der Rechtshandlungen des **Pseudoverwalters** zu Folge.[309]

M. Bestallungsurkunde

161 Zur Erleichterung des **Legitimationsnachweises** erhält der Insolvenzverwalter gem. § 56 Abs. 2 eine Urkunde über seine Bestellung. Mit dieser Urkunde kann der sich Insolvenzverwalter gegenüber Registerbehörden wie dem Grundbuchamt ausweisen. Die Bestallungsurkunde ist ein gerichtliches Zeugnis, vermittelt aber keinen **Glaubensschutz**.[310] Nimmt der Insolvenzverwalter nach Beendigung des Amtes noch Rechtsgeschäfte vor, sind diese der Masse gegenüber auch dann unwirksam, wenn der andere Teil im guten Glauben war, dass der Verwalter noch befugt sei, für die Masse zu handeln. Der § 172 Abs. 2 BGB ist insoweit auch nicht entsprechend anwendbar, da die Bestallungsurkunde keine Vollmacht enthält.[311]

162 **Zuständig** für die Ausfertigung der Urkunde ist der **Rechtspfleger** (§ 3 Nr. 2e RPflG), soweit es sich nicht nach § 18 Abs. 2 RPflG um eine dem Insolvenzrichter vorbehaltene Sache handelt. Beglaubigte Abschriften fertigt der zuständige Urkundsbeamte der Geschäftsstelle. Ist ein **Sonderinsolvenzverwalter** eingesetzt, sind dessen Aufgaben und seine Befugnisse in der Urkunde genau zu bezeichnen. Auch der **vorläufige Insolvenzverwalter** hat über § 21 Abs. 2 Nr. 1 eine Urkunde zu erhalten.

N. Bekanntmachung der Bestellung

163 Die Mitteilung über die Bestellung des Insolvenzverwalters erfolgt durch die **öffentliche Bekanntmachung** des die Bestellung enthaltenden Eröffnungsbeschlusses nach § 30 Abs. 1, § 9 sowie der besonderen **Zustellung an den Schuldner, die Gläubiger und den Schuldnern des Schuldners** nach § 30 Abs. 2.

O. Beendigung des Verwalteramts

164 Erfolgt keine vorzeitige Entlassung nach § 59, endet das Amt des Insolvenzverwalters mit der rechtskräftigen Beendigung des Insolvenzverfahrens,[312] der Wahl eines neuen Insolvenzverwalters durch die Gläubigerversammlung entsprechend § 57 und der anschließenden Bestellung, durch den Verlust der Geschäftsfähigkeit[313] oder Tod des Insolvenzverwalters. Es kann im Falle einer erfolgten Beendigung des Insolvenzverfahrens für eine notwendige Nachtragsverteilung nach §§ 203, 205 gegebenenfalls wieder aufleben.

165 Der Insolvenzverwalter hat bei Beendigung **Rechnung** zu legen (§ 66). Er kann nicht selbsttätig von seinem Amt **zurücktreten**,[314] da anderenfalls für die Masse keine handelnde Person vorhanden wäre.

166 Bei Beendigung des Amtes ist die **Urkunde** zurückzugeben (§ 56 Abs. 2 Satz 2). Die Rückgabeverpflichtung stellt eine das Insolvenzverfahren überdauernde **Amtspflicht** des Insolvenzverwalters dar über deren Erfüllung das Insolvenzgericht zu wachen hat.[315] Die **Herausgabeverpflichtung** hinsichtlich der Bestallungsurkunde kann über § 58 Abs. 3 auch zwangsweise durchgesetzt werden. Daneben besteht die Möglichkeit der Kraftloserklärung der Urkunde.[316]

---

[309] BGH ZIP 1986, 319; *Smid/Rattunde* GesO § 8 RdNr. 49.
[310] *Häsemeyer*, Insolvenzrecht, 2. Auflage, 1998, RdNr. 6.29; *Smid* InsO, 2. Aufl., § 56 RdNr. 32; *Uhlenbruck/Uhlenbruck,* InsO, § 56 RdNr. 85.
[311] *Kuhn/Uhlenbruck* § 81 RdNr. 4.
[312] BGH BGHReport 2006, 998.
[313] HK-*Eickmann*, 4. Aufl. 2006, § 56 RdNr. 31.
[314] *Smid/Rattunde,* GesO § 8 RdNr. 103.
[315] *Uhlenbruck/Uhlenbruck,* InsO, § 56 RdNr. 86.
[316] *Uhlenbruck/Uhlenbruck,* InsO, § 56 RdNr. 86.

P. Rechtsmittel

167 Aufgrund der strengen Regelung des § 6 ist ein **isoliertes Rechtsmittel** gegen die Bestellung nicht gegeben.[317] Daher ist eine Begründung der Bestellungsentscheidung im Rahmen des Eröffnungsbeschlusses auch nicht notwendig, es sei denn, der Insolvenzrichter bestellte eine andere Person zum Insolvenzverwalter als die gem. § 56a von einem vorläufigen Gläubigerausschuss vorgeschlagene Person. In diesem Falle ist die Abweichung gem. § 27 Abs. 2 Nr. 5 zu begründen.

I. Rechtsmittel des Schuldners

168 Der Schuldner kann gegen die Bestellung des Insolvenzverwalters nur zusammen mit dem die Bestellung mitenthaltenden **Eröffnungsbeschluss sofortige Beschwerde** gem. § 34 Abs. 2 einlegen. Eine Ablehnung des Verwalters durch den Schuldner wegen Befangenheit oder Interessenkollision ist ausgeschlossen.[318]

II. Rechtsmittel des Gläubigers

169 Der **antragstellende Gläubiger** hat weder gegen die Bestellung noch gegen den Eröffnungsbeschluss ein Rechtsmittel (§§ 6, 34).[319] Ihm steht nur die Möglichkeit zur Seite über § 57 die Wahl eines anderen Insolvenzverwalters zu beantragen.

170 Sollte der Insolvenzrichter trotz eines einstimmigen Vorschlags eines vorläufigen Gläubigerausschusses nach § 56a hin eine andere Person zum Insolvenzverwalter bestellen, unterliegt diese Entscheidung ebenfalls keinem Rechtsmittel. Der vorläufige Gläubigerausschuss hat hierbei nur die Möglichkeit, gem. § 56a Abs. 3, einen anderen (vorläufigen) Insolvenzverwalter zu wählen.

III. Rechtsmittel des Insolvenzverwalters

171 Dem bestellten Insolvenzverwalter steht gegen die Bestellung kein Rechtsmittel zu, er kann jedoch die **Annahme des Amtes ablehnen.**

IV. Konkurrentenklage

172 Genauso wenig wie einem Sachverständiger, einem vorläufigen Insolvenzverwalter oder einem konkurrierenden Insolvenzverwalter steht einem Bewerber, der eine Aufnahme auf die Vorauswahlliste erhalten hat, jedoch nachfolgend nie als Insolvenzverwalter bestellt wurde, ein **Rechtsmittel gegen die Auswahlentscheidung** des Insolvenzrichters im konkreten Verfahren zu.[320] Die Aufnahme auf eine Vorauswahlliste hat nicht zur Folge, dass der Insolvenzrichter **gezwungen** wäre, den Bewerber nachfolgend auch in einem konkreten Insolvenzverfahren **als Verwalter zu bestellen.**[321] Dieser Bewerber wird durch die Aufnahme auf eine Vorauswahlliste nicht besser gestellt, als etwa der in einem Verfahren bereits bestellte vorläufige Insolvenzverwalter. Es besteht weder ein **Rechtsanspruch** auf Bestellung zum Insolvenzverwalter[322] noch ist das Ausübung des weiten **Auswahlermessens** durch den Richter im Rahmen des Insolvenzverfahrens gerichtlich überprüfbar.[323] Auch ein generell geeigneter Insolvenzverwalter hat keinen Anspruch auf regelmäßige oder anteilige Bestellung ungeachtet der Umstände des Einzelfalls.[324] Einen Rechtsschutz kann ein evtl. übergangener Insolvenzverwalter allenfalls dadurch erhalten, dass die Auswahlentscheidung in einem konkreten Verfahren zum Gegenstand eines Feststellungsantrag gemacht wird, in dem die gerichtliche Entscheidung auf etwaige Ermessensfehler hin überprüft wird.[325] Ein solcher Ermessensfehler kann

---

[317] LG Münster NZI 2002, 445; LG Potsdam ZInsO 2005, 501; *Hess* InsO § 56 RdNr. 23; HK-*Eickmann*, 4. Aufl. 2006, § 56 RdNr. 26; *Kesseler* ZIP 2000, 1565, 1566; *Smid* InsO, 2. Aufl., § 56 RdNr. 20; *Uhlenbruck/Uhlenbruck*, InsO, § 56 RdNr. 92; aA *Kübler/Prütting/Lüke* § 56 RdNr. 25 ohne Begründung. Zum Ausschluss einer Konkurrentenklage nicht berücksichtigter Insolvenzverwalter s. BVerfG ZInsO 2006, 765 = NZI 2006, 453.
[318] LG Frankfurt Rpfleger 1989, 474; *Uhlenbruck/Uhlenbruck*, InsO, § 56 RdNr. 96.
[319] *Vallender* DZWIR 1999, 265, 266.
[320] BVerfG NZI 2006, 453.
[321] *Runkel/Wältermann* ZIP 2005, 1347, 1356.
[322] OLG Koblenz NZI 2005, 453, *Vallender* NZI 2005, 473.
[323] BVerfG NZI 2006, 453; Kuhn/*Uhlenbruck* § 78 RdNr. 2b.
[324] BVerfG NZI 2010, 413.
[325] BVerfG NZI 2010, 413.

darin bestehen, dass ein Bewerber von vornherein nicht ernsthaft in die Auswahlentscheidung einbezogen wird, obwohl er als geeignet anzusehen ist.[326]

V. Sonstige Einwirkungsmöglichkeiten

175 Die von vielen Interessenten kritisierte Orientierung der Auswahlentscheidung an den Interessen der Verfahrensbeteiligten unter Außer-Acht-Lassung der wirtschaftlichen Interessen der Insolvenzverwalter und evtl. politischer Wunschkandidaten veranlasst diese, mangels Möglichkeiten gegen die Entscheidung selbst vorzugehen, Dienstaufsichtsbeschwerde gegen den jeweiligen Insolvenzrichter einzulegen. Diese werden bei einer ordnungsgemäßen Handhabung des weiten Auswahlermessens ohne Folgen bleiben müssen, da die Auswahlentscheidung des Insolvenzrichters Bestandteil des geschützten Unabhängigkeitsbereichs des Richters ist.[327] Über ein dienstrechtliches Verfahren kann eine Anweisung an den Insolvenzrichter, einen bestimmten Insolvenzverwalter zu bestellen nicht bewirkt werden, da eine solche Anweisung die **Unabhängigkeit** des Insolvenzrichters beeinträchtigen würde.[328] Auch über eine Entscheidung nach § 23 EGGVG kann ein Insolvenzrichter nicht angewiesen werden, einen Antragsteller künftig bei insolvenzrechtlichen Entscheidungen nicht als Insolvenzverwalter und dergleichen zu übergehen.[329] Jedwede Anweisung an den Richter hinsichtlich der Bestellung eines bestimmten Insolvenzverwalters würde einen Ermessensfehler der richterlichen Auswahlentscheidung zur Folge haben.[330]

VI. Folgen einer die Bestellung oder die Eröffnung aufhebenden Rechtsmittelentscheidung

176 Auf ein zulässiges Rechtsmittel kann das Beschwerdegericht evtl. die vorgenommene Bestellung eines Insolvenzverwalters aufheben, die **notwendige Bestellung** eines neuen Insolvenzverwalters darf es jedoch nicht selbst vornehmen. Mangels **eigener Kompetenz** hat es die Entscheidung an das Insolvenzgericht zurückzugeben.[331] Dort ist auch nach erfolgter Eröffnung in diesem Fall wieder der **Insolvenzrichter zuständig,** da er durch die Aufhebung seiner ursprünglichen Entscheidung diese nun wiederholen muss. Wird der Eröffnungsbeschluss oder die Bestellung als solche in der Beschwerdeinstanz aufgehoben, bleiben **Rechtshandlungen,** die der Insolvenzverwalter vorgenommen hat, wirksam.[332]

Q. Staatshaftung bei Auswahlverschulden

177 Für ein **Auswahlverschulden** des Gerichts bei Bestellung des Insolvenzverwalters haftet der Staat nach § 839 BGB in Verbindung mit Art. 34 GG. Gemäß § 839 Abs. 2 Satz 1 BGB gilt das **Richterprivileg** nicht.[333]

178 Wird ein Rechtsanwalt infolge schuldhafter Pflichtverletzung des Rechtspflegers unwirksam zum Insolvenzverwalter bestellt, umfasst sein **Schadensersatzanspruch** neben einer Entschädigung für die im Verfahren erbrachten Tätigkeiten auch den Ersatz für entgangene Einkünfte infolge von Mandatsablehnungen wegen Interessenkollisionen.[334] Ein Ersatzanspruch des erst bestellten, später jedoch **entlassenen Verwalters** für seinen immateriellen Schaden besteht nicht.[335]

179 Die Staatshaftung umfasst auch die Schäden, die durch die Bestellung und schuldhafte Nichtabberufung eines ungeeigneten Verwalters entstanden sind,[336] der die Betriebsfortführung nicht angezeigt hat, wenn der zuständige Rechtspfleger vom Insolvenzverwalter **bestochen** wurde.[337] Die Haftung geht auf **Ersatz des Schadens** den der Geschädigte durch die Einsetzung eines ungeeigneten Insolvenzverwalters erlitten hat.

---

[326] BVerfG NZI 2010, 413.
[327] *Holzer,* Die Entscheidungsträger im Insolvenzverfahren, 1996, RdNr. 283; *Uhlenbruck/Uhlenbruck,* InsO, § 56 RdNr. 93.
[328] *Smid* InsO, 2. Aufl., § 56 RdNr. 21.
[329] OLG Hamm NZI 2005, 111; aA *Wieland* ZIP 2005, 233, 238.
[330] BVerfG NZI 2006, 453, Abs. 60.
[331] *Smid* InsO, 2. Aufl., § 56 RdNr. 21.
[332] *Kuhn/Uhlenbruck* § 78 RdNr. 5.
[333] BVerfG NZI 2006, 453, Abs. 56; *Smid* InsO, 2. Aufl., § 56 RdNr. 22; *Uhlenbruck/Uhlenbruck,* InsO, § 56 RdNr. 78.
[334] BGH ZIP 1990, 1141; *Uhlenbruck/Uhlenbruck,* InsO, § 56 RdNr. 78.
[335] Für einen Schadensersatzanspruch BGH ZIP 1986, 319; LG Halle EWiR 1995, 1091 m. Anm. *Uhlenbruck.*
[336] *Vallender* NZI 2005, 473, 474 weist hierauf besonders hin.
[337] OLG München EWiR 1991, 1003 mit Anm. *App.*

R. Amtshaftung bei willkürlicher Nichtbestellung

Jeder Bewerber um das Amt eines Insolvenzverwalters hat aus Art. 12 Abs. 1 GG i. V. m. Art. 3 Abs. 1 GG einen Anspruch, eine faire Chance auf Ernennung zum Insolvenzverwalter zu erhalten.[338] Dieser Anspruch ist verletzt, wenn der Bewerber willkürlich nicht zum Insolvenzverwalter bestellt wird oder wenn der Insolvenzrichter bei der Auswahl die Bedeutung und Tragweite des Grundrechts der Berufsausübung grundlegend verkennt.[339] Als Kompensation kommt ein **Amtshaftungsanspruch** in Betracht.[340] Um dessen Geltendmachung vorzubereiten, ist für Bewerber ein Antrag gem. § 28 Abs. 1 Satz 4 EGGVG auf **Feststellung der Rechtswidrigkeit** einer Nichtberücksichtigung zulässig.[341] Nach Feststellung einer rechtswidrigen Nichtbestellung kann der Geschädigte einen **entgangenen Gewinn** als Amtshaftungsanspruch geltend machen.[342] Angesichts der vielfältigen Erwägungen, die berechtigterweise in die weite Auswahlentscheidung des Insolvenzrichters einfließen können, wird es voraussichtlich nur in Ausnahmefällen gelingen, eine Schadenskausalität nachzuweisen, welche beispielsweise bei einer Reduzierung des weiten Auswahlermessens auf Null angenommen werden könnte.[343]

---

[338] OLG Koblenz NZI 2005, 453; HK-*Eickmann*, 4. Aufl. 2006, § 56 RdNr. 25.
[339] OLG Koblenz NZI 2005, 453; *Vallender* NZI 2005, 473, 474.
[340] OLG Koblenz NZI 2005, 453.
[341] OLG Koblenz NZI 2005, 453.
[342] OLG Koblenz NZI 2005, 453.
[343] *Vallender* NZI 2005, 473, 475.

Anhang I: Grundsätze ordnungsgemäßer Insolvenzverwaltung (GOI) (Beschlussfassung 5.5.2012)

Präambel

181 Das ab 1.1.1999 geltende Insolvenzrecht und die weiteren insolvenzrechtlichen Vorschriften in anderen Gesetzen sind die gesetzliche Grundlage für die Abwicklung von Insolvenzverfahren. Die im VID – Verband der Insolvenzverwalter Deutschlands e. V. – zusammengeschlossenen Insolvenzverwalter haben am 4.11.2006 für ihre Mitglieder verbindlich Berufsgrundsätze beschlossen, die die Berufspflichten des Insolvenzverwalters normieren. Mit den

Grundsätzen ordnungsgemäßer Insolvenzverwaltung (GOI)

schaffen die im VID – Verband der Insolvenzverwalter Deutschlands e. V. – zusammengeschlossenen Insolvenzverwalter, aufbauend auf den gesetzlichen Vorschriften und den Berufsgrundsätzen, nunmehr Qualitätsstandards der Berufsausübung.

I. Geltungsbereich

Diese Grundsätze gelten für Sachverständige, (vorläufige) Insolvenzverwalter, Sonderinsolvenzverwalter, (vorläufige) Sachwalter und Treuhänder, auch wenn nachfolgend nur als „Insolvenzverwalter" bezeichnet.

II. Allgemeine Anforderungen an den Verwalter und sein Büro

1. Höchstpersönlichkeit. Das Amt des Insolvenzverwalters ist höchstpersönlicher Natur. Das Kriterium persönlicher Aufgabenwahrnehmung wird nicht erfüllt, wenn der Verwalter sich nur formal zum Insolvenzverwalter bestellen lässt, die Abwicklung aber umfassend anderen Personen überlässt. Gleichzeitig ist der Einsatz von Mitarbeitern für eine effiziente Verfahrensabwicklung unverzichtbar. Höchstpersönlich sollen regelmäßig folgende Tätigkeiten ausgeführt werden:
– grundlegende, verfahrensleitende Entscheidungen;
– Terminwahrnehmung beim Insolvenzgericht;
– Teilnahme an Gläubigerausschusssitzungen;
– Informationserteilung zumindest in der ersten Betriebsversammlung;
– grundlegende Verhandlungen mit Übernahmeinteressenten;
– interne und externe Verfahrensleitung.

2. Externe Dienstleister. Bereiche, in denen sich der Insolvenzverwalter externer Dienstleister auf Kosten der Masse bedienen kann, sind insbesondere:
– die Inventarisierung sowie die Be- und Verwertung von Wirtschaftsgütern;
– die Unterstützung bei der Suche nach Investoren zur Vorbereitung der übertragenden Sanierung eines insolventen Unternehmens durch M&A-Berater;
– Erstellung der Buchführung sowie von Jahresabschlüssen und Steuererklärungen;
– Rechtsberatung und Steuerberatung, soweit es sich um „besondere Aufgaben" im Sinne der InsVV handelt;
– Be- und Verwertung von Immobilien;
– die Einschaltung von branchen- und insolvenzerfahrenen Zeitmanagern, sofern das vorhandene Management entweder nicht vertrauenswürdig oder nicht qualifiziert genug erscheint oder wenn es aus anderen Gründen nicht zur Verfügung steht;
– bei Bauinsolvenzen die Beauftragung von Fachingenieuren, die zur Sicherung der Bautenstände und zur Sicherung der entsprechenden Werklohnansprüche erforderlich sind.

Die Beauftragung externer Dienstleister ist dem Insolvenzgericht in geeigneter Weise anzuzeigen.

Entsprechend den Regelungen der DIN EN ISO 9001:2008 bewertet der Insolvenzverwalter zumindest einmal jährlich die von ihm beauftragten Dienstleister und zieht daraus die erforderlichen Konsequenzen.

3. Vertretungsregelungen (Urlaub, Krankheit). Der Insolvenzverwalter stellt sicher, dass im Fall seiner Verhinderung ein geeigneter Vertreter (Inhaber eines Abschlusses einer rechtswissenschaftlichen, wirtschaftswissenschaftlichen oder einer anderen Hochschulausbildung mit wirtschaftswissenschaftlicher Ausrichtung) die Vertretung übernimmt. Dieser Vorgabe wird der Insolvenzverwalter (regelmäßig) durch die Festlegung einer verfahrensbezogenen Vertretungsregelung nachkommen.

4. Personelle und sachliche Büroausstattung. Der Insolvenzverwalter setzt qualifiziertes Personal für alle relevanten Bereiche der Insolvenzverwaltung ein, namentlich für die Personalsachbearbeitung, die Lohn- und Finanzbuchhaltung, das Vertragswesen und die Verwaltung der Dauerschuldverhältnisse, die Behandlung der Aus- und Absonderungsansprüche, die Tabellenführung, das Forderungsmanagement, die Qualitätssicherung sowie für die Fristenkontrolle und Terminverwaltung.

Zur effizienten Abwicklung von Insolvenzverfahren verwendet der Insolvenzverwalter eine leistungsfähige und gerichtskompatible elektronische Datenverarbeitung. Alle relevanten Vorgänge im Insolvenzverfahren werden in einem integrierten Insolvenzbearbeitungsprogramm abgebildet. Sämtliche Mitarbeiter des Insolvenzverwalters, die in der Insolvenzsachbearbeitung tätig sind, haben über einen eigenen PC-Arbeitsplatz Zugriff auf das integrierte Insolvenzbearbeitungsprogramm.

Die im Verfahren gesammelten Daten werden täglich gesichert.

Zugangskontrollen zum Datenbestand müssen den Anforderungen des Datenschutzes genügen. Dies gilt insbesondere für Daten im Gläubigerinformationssystem des Insolvenzverwalters. Durch besondere Zugangscodes ist sicherzustellen, dass unbefugte Dritte keinen Zugang zum Datenbestand des Insolvenzverfahrens erhalten.

5. Haftpflichtversicherung. Der Insolvenzverwalter unterhält eine seinem Risiko angemessene, auf das spezielle Risiko des Insolvenzverwalters zugeschnittene Berufshaftpflichtversicherung; unabhängig hiervon wird der stets vorzuhaltende Mindestversicherungsschutz auf 2 Mio. € pro Versicherungsfall und 4 Mio. € Jahreshöchstleistung (zweifache der Versicherungssumme für alle Versicherungsfälle eines Versicherungsjahres) festgeschrieben. Der Insolvenzverwalter ist gehalten, den Versicherungsschutz ständig zu überprüfen und bei besonderen Haftungsrisiken unverzüglich eine angemessene zusätzliche Versicherung für das einzelne Verfahren abzuschließen.

6. Fortbildung. Der Insolvenzverwalter ist verpflichtet, sich regelmäßig fortzubilden. Der Fortbildungsumfang darf 30 Stunden im Jahr nicht unterschreiten. Autoren- oder Vortragstätigkeit ist auf die Fortbildungsverpflichtung anrechenbar.

7. Sachbearbeiterfortbildung. Der Insolvenzverwalter sorgt dafür, dass die von ihm eingesetzten Sachbearbeiter regelmäßig aus- und fortgebildet werden. Er garantiert, dass mindestens ein „Mann-Tag" pro Sachbearbeiter und pro Jahr für Aus- und Fortbildungskurse aufgewandt wird. Die Aus- und Fortbildung kann durch zu dokumentierende interne oder externe Schulung erfolgen. Zudem gewährleistet der Insolvenzverwalter, dass die von ihm eingesetzten Sachbearbeiter über die aktuelle Rechtsprechung und Entwicklungen des Insolvenzrechts laufend informiert werden.

8. Compliance. Der Verwalter stellt durch schriftliche Arbeitsanweisungen oder entsprechende arbeitsvertragliche Vereinbarungen sicher, dass auch seine Mitarbeiter die Kontrahierungs-, Erwerbs- und Nutzungsverbote des § 8 der Berufsgrundsätze des VID beachten.

9. Erfolgskontrolle. Der Insolvenzverwalter setzt geeignete Auswertungssysteme zur internen Erfolgskontrolle ein. Einmal jährlich überprüft er die Ergebnisse abgeschlossener Verfahren unter Bildung geeigneter Bezugs- oder Referenzwerte nach folgenden Kriterien:
- Eröffnungsquote;
- durchschnittliche Verfahrensdauer;
- Massemehrung durch Insolvenzspezifische Ansprüche (Anfechtung, Gesellschafterhaftung,
- Geschäftsführerhaftung etc.);
- Beitreibungsquote von Forderungen;
- Sanierungsquote im Hinblick auf den Anteil der erhaltenen Arbeitsplätze;
- Verwaltungskosten (Verfahrenskosten, externe Dienstleister, Steuerberatung, etc.) im Verhältnis zur Teilungsmasse;
- Insolvenzquote.

III. Regeln zum Verfahrensablauf

1. Annahme des Amtes/Erklärung gegenüber dem Gericht (Belastung, Unabhängigkeit, Interessenkollisionen). Der Insolvenzverwalter erklärt nach Erhalt des gerichtlichen Auftrages unverzüglich, ob er das ihm übertragene Amt annimmt.

Der Insolvenzverwalter darf das Amt nur annehmen, wenn er nach seiner aktuellen Belastung, nach der Leistungsfähigkeit seiner Mitarbeiter und der vorhandenen Infrastruktur in der Lage ist, den Anforderungen des konkreten Verfahrens zu genügen.

Der Insolvenzverwalter hat sofort mögliche Interessenkollisionen – auch ungefragt – umfassend zu offenbaren. Das betrifft auch alle Umstände, die nur den Anschein begründen könnten, der Insolvenzverwalter sei nicht unparteiisch oder im Sinne des Gesetzes nicht unabhängig.

2. Kontaktaufnahme. Unverzüglich nach Auftragserteilung ist Kontakt mit dem Schuldner aufzunehmen, bei laufendem Geschäftsbetrieb spätestens am folgenden Werktag vor Ort.

3. Sicherungsmaßnahmen. Nach der Bestellung ist unverzüglich zu prüfen und dem Insolvenzgericht zu berichten, ob und welche Sicherungsmaßnahmen erforderlich sind.

Angeordnete Sicherungsmaßnahmen sind unverzüglich durch geeignete Maßnahmen umzusetzen wie u.a.:
- Eintragung von Sicherungsvermerken in die entsprechenden Register;
- Unterrichtung der beteiligten Banken zwecks Sperrung der Konten für Verfügungen jeder Art;
- Inbesitznahme des beweglichen Anlage- und Umlaufvermögens;
- Inventur des beweglichen Anlage- und Vorratsvermögens (lieferantenbezogen) an allen relevanten Standorten durch hierfür qualifiziertes Personal oder Sachverständige;
- bei Bauinsolvenzen: Sicherung der Baustelle und Erfassung der Bautenstände; Sicherstellung der Bauvertragsunterlagen einschließlich Korrespondenz sowie der Avalunterlagen (insbesondere Subunternehmer-Avale);
- Maßnahmen gegen Vollstreckungen Dritter und Abwehr neuer Speditionspfandrechte,
- Aufrechnungen und Zurückbehaltungsrechte,
- Sicherstellung, dass Geldeingänge auf Konten erfolgen, die ausschließlich der Verfügung des vorläufigen Insolvenzverwalters unterliegen.

4. Arbeitnehmerfragen. Die Mitarbeiter sind in der Regel unmittelbar nach Insolvenzantragsstellung auf einer Belegschaftsversammlung durch den vorläufigen Insolvenzverwalter über den generellen Verfahrensablauf (Eröffnungsverfahren, eröffnetes Verfahren), die Situation des Unternehmens und die geplanten Maßnahmen, über ihre Rechte (Insolvenzgeldansprüche/den Insolvenzgeldzeitraum, die Systematik der Insolvenzgeldvorfinanzierung, die rechtliche Qualität der Arbeitnehmeransprüche für den Zeitraum vor und nach Insolvenzeröffnung, betriebliche Altersversorgung/Altersteilzeit) zu informieren. Regelmäßig ist dies innerhalb von 3 Tagen nach Anordnung der vorläufigen Insolvenzverwaltung notwendig.

Bei Vorliegen der rechtlichen Voraussetzungen ist auf eine unverzügliche Einholung der Zustimmung zur Insolvenzgeldvorfinanzierung hinzuwirken und die Insolvenzgeldvorfinanzierung durchzuführen.

Die Funktionsfähigkeit der Personalabteilung, insbesondere der Lohn- und Gehaltsbuchhaltung, ist (gegebenenfalls auch durch externe Dienstleister) sicherzustellen.

Die Urlaubs- und Überstundenansprüche der Arbeitnehmer sind zeitnah zu ermitteln und den Arbeitnehmern bekanntzugeben.

Arbeitnehmer und Betriebsrat sind während des Verfahrensablaufs über den Sachstand, geplante Maßnahmen und die Verfahrensoptionen zu informieren.

5. Gläubigerausschuss. Sind Entscheidungen von besonderer Bedeutung zu treffen, regt der (vorläufige) Insolvenzverwalter, soweit dies für den Einzelfall zweckmäßig und angemessen erscheint, die Einsetzung eines (vorläufigen) Gläubigerausschusses an.

6. Gutachten. Das Insolvenzgutachten des Sachverständigen ist eine wesentliche Erkenntnisquelle des Insolvenzgerichts im Rahmen der Amtsermittlung zur Vorbereitung des Beschlusses über den Insolvenzantrag. Gleichzeitig dient es der Rechenschaftslegung des (vorläufigen) Insolvenzverwalters. Das Gutachten ist binnen der gesetzten Frist bei dem Insolvenzgericht einzureichen und hat folgende Gliederungspunkte im Sinne eines Mindeststandards zu beinhalten:
- Rechtliche Verhältnisse, bei natürlichen Personen auch persönliche Verhältnisse;
- Wesentliche Vertragsverhältnisse, insbesondere Personal;
- Wirtschaftliche Verhältnisse/Ursachen der Insolvenz/Sanierungsfähigkeit;
- Bisherige Maßnahmen/Verlauf des Insolvenzverfahrens;
- Darstellung des Aktivvermögens in der Gliederung gem. § 266 Abs. 2 HGB nebst den jeweils an den Vermögensgegenständen bestehenden Fremdrechten, einschließlich insolvenzspezifischer Ansprüche (zB Anfechtung, Haftungsansprüche gegen Organe und Gesellschafter);
- Darstellung der Passiva mit gesicherten/ungesicherten sowie nicht nachrangige/nachrangigen Gläubigern nebst den für diese ggf. bestehenden Sicherheiten;
- Vorliegen der Eröffnungsgründe §§ 17, 18, 19 InsO;
- Berechnung der Rückstellungen bzw. Verfahrenskosten nach § 54 InsO i. V. m. GKG, InsVV, JVEG;

– konkrete Vorschläge zu besonderen Tagesordnungspunkten.
Bei dieser Darstellung sind die Grundsätze:
– der Wesentlichkeit,
– der Entscheidungsrelevanz,
– der Wahrheit und Klarheit,
– der Rechtzeitigkeit,
– der Verlässlichkeit,
– der Wirtschaftlichkeit,
– der Verständlichkeit
zu berücksichtigen.

Art, Umfang und Darstellung müssen sich dem zu beurteilenden Sachverhalt im Einzelfall und besonders gelagerten Anforderungen des betroffenen Insolvenzgerichts anpassen.

7. Einrichtung von Treuhandkonten. Sobald der Insolvenzverwalter Geld vereinnahmt, hat er es auf besonderen Treuhandkonten sicher und mit nachweisbarer Zuordnung zu dem/den Berechtigten anzulegen. Sammelkonten sind unzulässig. Sofern er – ggf. auch im vorläufigen Insolvenzverfahren – gesonderte Treuhandkonten nutzt (zB Projekt-, Sonderkonten), hat er diese Konten unabhängig von der rechtlichen bzw. wirtschaftlichen Zuordnung vollständig, umfassend und transparent gegenüber dem Insolvenzgericht abzurechnen. Gleiches gilt auch, soweit der Insolvenzverwalter Dritte als Treuhänder beauftragt. Die rechtliche Gestaltung ist zu dokumentieren.

8. Informationen gegenüber Gericht und Verfahrensorganen. Der Insolvenzverwalter informiert das Insolvenzgericht und die weiteren Verfahrensorgane rechtzeitig, ausführlich und transparent, sodass sie jederzeit die ihnen gesetzlich zugewiesenen Entscheidungen treffen können. Zu dieser Information gehört eine vollständige und zuverlässige Erstellung der gesetzlichen Verzeichnisse nach §§ 151–153 InsO.

Der Bericht zur ersten Gläubigerversammlung ist unter Beachtung der Grundsätze für das Sachverständigengutachten aufzustellen und hat den Anforderungen des § 156 InsO zu genügen.

Die folgenden Zwischenberichte schließen an den ersten Bericht an und enthalten eine fortlaufende Rechnungslegung.

9. Gläubigerinformation. Der Insolvenzverwalter stellt den am Insolvenzverfahren beteiligten Gläubigern über ein elektronisches, passwortgeschütztes Gläubigerinformationssystems kurzfristig konkrete Informationen zu Ansprechpartnern und zur Erreichbarkeit des Insolvenzverwalters sowie der Sachbearbeiter zur Verfügung. Er gewährleistet die Bereitstellung aktueller Informationen zu den Ergebnissen der Forderungsprüfung, zur voraussichtlichen Verfahrensdauer und Quote. Können Anfragen von Gläubigern nicht unter Hinweis auf das Gläubigerinformationssystem beantwortet werden, wird der Insolvenzverwalter bestrebt sein, eine gleichwertige sachgerechte Beantwortung herbeizuführen.

10. Regeln für Buchhaltung, zeitnahes Buchen. Die insolvenzrechtliche Rechnungslegung (Einnahmen-Ausgaben-Rechnung) erfolgt unter Beachtung der Grundsätze ordnungsgemäßer Buchführung (GoB) mittels eines Systems, das Radierbuchungen gem. III. Buchung (Tz. 3 der GoBS) ausschließt. In ab dem 1.1.2013 eröffneten Verfahren verwendet der Insolvenzverwalter die Standardkontenrahmen InsO SKR 04 oder InsO SKR 03. Zahlungswirksame Geschäftsvorfälle auf den Treuhandkonten sind regelmäßig innerhalb von 10 Arbeitstagen buchhalterisch zu verarbeiten.

11. Erstellung von Jahresabschlüssen und Steuererklärungen. Grundsätzlich sind Jahresabschlüsse gemäß §§ 242 ff. HGB und Steuererklärungen unter Beachtung handels- und steuerrechtlicher Pflichten nach §§ 155 Abs. 1 InsO, 238 ff. HGB zu erstellen. Dies setzt voraus, dass die Kosten der Abschlusserstellung gedeckt sind oder eine Verständigung mit der Finanzverwaltung nicht möglich ist.

12. Behandlung von Aus- und Absonderungsrechten. Der Insolvenzverwalter hat auch die Interessen der Aus- und Absonderungsberechtigten zu wahren.

Er wird im Bedarfsfalle im Eröffnungsverfahren eine gerichtliche Ermächtigung zur Nutzung des Sicherungsguts erwirken (§ 21 Abs. 2 Nr. 5 InsO). Bei notwendiger Verwertung des Sicherungsguts wird der Insolvenzverwalter Sorge dafür tragen, dass die Rechte der Sicherungsgläubiger gewahrt werden. Den Verwertungserlös rechnet er gegenüber den Sicherungsgläubigern ab und kehrt ihn unverzüglich aus.

Sollten die geltend gemachten Rechte von Aus- und Absonderungsberechtigten einer im Gesamtgläubigerinteresse liegenden Betriebsfortführung entgegenstehen, wird sich der Insolvenzverwalter um eine kurzfristige Verständigung mit den Betroffenen bemühen.

13. Behandlung der Masseverbindlichkeiten. Der Insolvenzverwalter darf Masseverbindlichkeiten nur begründen, wenn er im Zeitpunkt des Entstehens dieser Verbindlichkeiten nach sorgfältiger Prüfung davon ausgehen kann, diese bei Fälligkeit bedienen zu können.

Soweit erforderlich, beantragt der vorläufige Insolvenzverwalter eine gerichtliche Einzelermächtigung, um einzugehende Verbindlichkeiten nach Eröffnung des Insolvenzverfahrens als Masseverbindlichkeiten bezahlen zu dürfen.

Der Insolvenzverwalter bemüht sich um eine adäquate Absicherung der Zahlungszusagen.

Bei Masseunzulänglichkeit (zB aufgrund oktroyierter Verbindlichkeiten, denen keine adäquaten Einnahmen gegenüber stehen), hält sich der Insolvenzverwalter an die Verteilungsreihenfolge des § 209 InsO und trennt nach Alt- und Neumassegläubigern.

14. Betriebsfortführung. In jedem Verfahren sind alle Möglichkeiten der Betriebsfortführung zwecks Erhalts des Unternehmens und der Arbeitsplätze auszuschöpfen.

Die Betriebsfortführung erfordert eine zeitnahe Liquiditätsplanung in Anlehnung an den IDW-Standard. Die Einhaltung der Planung wird in regelmäßigen Abständen durch einen Soll-/Ist-Vergleich überprüft.

15. Auslaufproduktion. Der Insolvenzverwalter erstellt in Fällen, in denen ein dauerhafter Erhalt des Unternehmens nicht möglich ist, für den Auslaufzeitraum ausreichende Planungen in den Bereichen Personal, Liquidität und Produktion in Abhängigkeit realistischer Auftragsvolumina.

Der Insolvenzverwalter sorgt für die notwendige Kommunikation – insbesondere mit den beschäftigten Arbeitnehmern – über die Besonderheiten, den Ablauf und die Folgen einer Auslaufproduktion.

Während der auslaufenden Beschäftigungsverhältnisse macht der Insolvenzverwalter den Arbeitnehmern in geeigneten Fällen die jeweiligen Förderungs- und Qualifizierungsmöglichkeiten zugänglich.

16. Vermögensverwertung. Das Anlage- und Umlaufvermögen muss sofort nach der Beauftragung / Verfahrenseröffnung durch Inventur erfasst und gegebenenfalls unter Hinzuziehung eines externen Sachverständigen bewertet werden.

Die Verwertung des Vermögens erfolgt unverzüglich und bestmöglich unter Wahrung von Fortführungsmöglichkeiten.

Beauftragt der Insolvenzverwalter für die Be- und/oder Verwertung des Anlage- und Umlaufvermögens einen Dritten, so hat dieser folgende Kriterien zu erfüllen:
– grundsätzlich Zertifizierung nach DIN EN ISO 9001:2008;
– Nachweis einer ausreichenden Haftpflichtversicherung;
– Erfahrung mit dem zu verwertenden Gut;
– transparente Veräußerung an vom Verwerter unbeteiligte Dritte (§§ 138, 162 InsO) durch Vorlage von Kauf- oder Rechnungsunterlagen;
– Vereinnahmung der Verwertungserlöse auf gesondertem Treuhandkonto für jedes Verfahren;
– zeitnahe Abrechnung und Auskehr der Verwertungserlöse.

17. Unternehmensveräußerung. Der Insolvenzverwalter sucht aktiv nach Kaufinteressenten. Vorhandene Interessenten kontaktiert er kurzfristig.

Er schafft selbst oder über einen geeigneten Dienstleister die jeweiligen Voraussetzungen für einen strukturierten M&A-Prozess, in dem die im Einzelfall erforderliche Sachkunde und insbesondere etwa erforderliche Fremdsprachenkenntnisse zur Verfügung stehen.

Zur optimalen Gestaltung des Veräußerungsprozesses nutzt der Insolvenzverwalter die Möglichkeiten der digitalen Informationstechnologie; zB Einrichtung eines virtuellen Datenraums.

Er ergreift aktiv notwendige Restrukturierungsmaßnahmen als Voraussetzung einer optimalen Veräußerung und nutzt dabei die besonderen insolvenz-, arbeits- und sozialrechtlichen Möglichkeiten.

18. Forderungsprüfung und Tabellenführung. Die Insolvenztabelle ist aktuell zu führen. Zum Prüfungstermin müssen die Forderungen regelmäßig materiell geprüft sein. Vorläufiges Bestreiten ist zu vermeiden. Zu jedem Zwischenbericht ist eine Aktualisierung der bereits gerichtlich geprüften Forderungen erforderlich.

19. Verteilung. Über die Kann-Bestimmung des § 187 Abs. 2 Satz 1 InsO hinaus soll von Abschlagsverteilungen frühzeitig Gebrauch gemacht werden.

20. Verfahrensabschluss. Der Insolvenzverwalter strebt in Ansehung der Art, des Umfangs und des Anspruchs des jeweiligen Insolvenzverfahrens einen frühestmöglichen Verfahrensabschluss ggf. unter Vorbehalt der Nachtragsverteilung an.

21. Schlussrechnungslegung. Bei der Schlussrechnungslegung knüpft der Insolvenzverwalter an die Vermögensübersicht (§ 153 InsO) an und stellt die anschließende Vermögensentwicklung unter Bezugnahme auf die Zwischenberichte umfassend und detailliert dar. Er stellt dem Insolvenzgericht das mit den Konten nachvollziehbar verbundene Belegwesen zur Verfügung.

22. Eigenverwaltung. Der Insolvenzverwalter begleitet beantragte Eigenverwaltungen, die den gesetzlichen Voraussetzungen entsprechen, konstruktiv. Er steht für das Amt des (vorläufigen) Sachwalters als objektiver und unabhängiger Vertreter der Gläubigerinteressen zur Verfügung.

23. Insolvenzplan. Der Insolvenzverwalter prüft in jedem Verfahren, ob sich durch einen Insolvenzplan die Verfahrensergebnisse gegenüber einer Regelabwicklung verbessern lassen. Er äußert sich hierzu im Bericht zur Gläubigerversammlung.

24. Besonderheiten bei Auslandsberührungen/Internationales Insolvenzrecht. Der Insolvenzverwalter nimmt ein Insolvenzverfahren mit wesentlichem internationalen Bezug nur an, wenn gewährleistet ist, dass er oder die von ihm in den jeweiligen Verfahren eingesetzten Sachbearbeiter über ausreichende Kenntnisse des internationalen Insolvenzrechts und über entsprechende Sprachkenntnisse, zumindest aber verhandlungssicheres Business-English verfügen.

Bei grenzüberschreitenden Insolvenzverfahren ist sicherzustellen, dass der Insolvenzverwalter ggf. durch ein entsprechendes Netzwerk rechtliche Problemstellungen in fremden Jurisdiktionen prüfen und Lösungen erarbeiten kann.

25. Öffentlichkeitsarbeit. Der Insolvenzverwalter betreibt eine dem Verfahren angemessene aktive, professionelle Öffentlichkeitsarbeit, um die Verfahrensziele zu fördern.

Anhang II: Verhaltenskodex der Mitglieder des Arbeitskreises der Insolvenzverwalter Deutschlands e. V.

Präambel

181a Im Arbeitskreis der Insolvenzverwalter Deutschland e. V. haben sich Rechtsanwälte zusammengeschlossen, um die Förderung und Weiterentwicklung des Insolvenzrechts in Deutschland und die berufliche Aus- und Fortbildung der auf diesem Gebiet tätigen Personen zu fördern.

Die Mitglieder des Vereins haben sich entsprechend § 9 der Satzung für die Ausübung ihrer Tätigkeit folgenden Verhaltenskodex gegeben:

Der Insolvenzverwalter ist – in jedem Amt im Rahmen des Insolvenzverfahrens – der unabhängige, objektive, geschäftskundige und leistungsbereite Wahrer der Interessen aller am Insolvenzverfahren Beteiligten.

Er übt sein Amt unter Beachtung dieser Kriterien aus.

1. Unabhängigkeit. Der Insolvenzverwalter hat seine Tätigkeit zu versagen, wenn seine Unabhängigkeit gefährdet scheint oder er sich befangen fühlt.

1.1 Unbeschadet des § 45 Abs. 2 BRAO hat er die Übernahme jeglicher Tätigkeit in einem Insolvenzverfahren abzulehnen, wenn er, einer seiner Sozien oder eine andere, mit ihm zur gemeinsamen Berufsausübung verbundene Person innerhalb von 5 Jahren vor der Beantragung des Insolvenzverfahrens den Schuldner bzw. dessen Gesellschafter, gesetzlichen Vertreter oder nahe Angehörige des Schuldners ständig vertreten oder beraten hat.

1.2 Der Insolvenzverwalter steht zu keinem Beteiligten und/oder einer Gruppe von Beteiligten in Beziehungen, die dieser Unabhängigkeit zuwiderlaufen bzw. zuwiderlaufen könnten. Er hat vor Annahme seines Amtes oder unverzüglich nach Kenntniserlangung unter Berücksichtigung der anwaltschaftlichen Schweigepflicht gegenüber Gericht, Gläubigerversammlung und ggf. Gläubigerausschuss auf Umstände hinzuweisen, die mit solchen Beziehungen in Verbindungen stehen könnten.

Zählt ein Großgläubiger oder ein Kreditversicherer zum ständigen Mandantenkreis oder übernimmt der Insolvenzverwalter Poolverwaltungen, wird er dies ebenfalls dem Gericht bei der Amtsannahme offenbaren und im Bericht zur ersten Gläubigerversammlung erwähnen.

1.3 Er oder seine Sozietät übernehmen während der Dauer des Verfahrens für den Schuldner, dessen gesetzliche Vertreter, Gesellschafter oder Verwandte keine anwaltschaftliche Vertretung.

1.4 Der Insolvenzverwalter darf mit Dritten, an denen er unmittelbar oder mittelbar – auch über Familienangehörige – beteiligt ist, namens der Insolvenzmasse nicht kontrahieren. (Ausnahme: Rechtsanwalts-, Wirtschaftsprüfungs- oder Steuerberatungsgesellschaften). Sollte im Einzelfall eine Beteiligung namens der Masse etwa an einer Auffanggesellschaft geboten erscheinen, so wird er dies dem Insolvenzgericht mitteilen.

1.5 Er lehnt für jede im Verfahren erbrachte Leistung eine Vergütung ab, die nicht in die Insolvenzmasse fließt, insbesondere von dritter Seite angebotene Provisionen für die Vermittlung von Grundstücken, Gewerbebetrieben, gewerblichen Schutzrechten usw. Er hat zu verhindern, dass derartige Vergütungen an Sozien, Angehörige, ihm nahe stehenden Personen oder Gesellschaften oder Mitarbeiter seiner Sozietät gezahlt werden.

1.6 Der Insolvenzverwalter, ein Sozius, Mitarbeiter oder nahe stehende Personen übernehmen nicht die Leitung bzw. die Vertretung eines am Verfahren beteiligten Pools.

1.7 Der Insolvenzverwalter erwirbt keine zur Insolvenzmasse gehörenden Gegenstände oder Rechte, auch nicht im Falle der öffentlichen Versteigerung. Er wirkt darauf hin, dass auch Sozien oder Mitarbeiter oder nahe stehende Personen sich so verhalten.

2. Objektivität. Der Insolvenzverwalter versteht sich weder als Gläubiger- noch als Schuldnervertreter sondern als Amtswalter, der die berechtigten Interessen aller am Verfahren Beteiligten nach streng objektiven Gesichtspunkten zu wahren und abzuwägen hat. Dies erfordert:

2.1 Er vermeidet in seiner Amtsführung und insbesondere in seinen Berichten jede unnötige Polemik oder auf bloße Vermutungen gegründete Schlüsse. Verdachtsmomente, auf die er während seiner Tätigkeit gestoßen ist, werden als solche dargestellt und auf Tatsachen begründete Vermutungen als solche bezeichnet.

2.2 Der Insolvenzverwalter stellt seine Amtsführung für alle Beteiligten übersichtlich und nachvollziehbar dar. Er wird dem Stand des Verfahrens entsprechende schriftliche Berichte erstatten und ggf. mündlich erläutern. Dies gilt naturgemäß nicht für Komplexe, die streitbefangen sind und bei denen deshalb die Berichte dem Gegner Informationen verschaffen, auf die er keinen Anspruch hat. Derartige Komplexe sind anzugeben.

3. Geschäftskunde, Verpflichtung zur Fortbildung. Die Abwicklung von Insolvenzverfahren setzt fundierte juristische und wirtschaftliche Kenntnisse voraus, die der fortlaufenden Entwicklung auf diesem Gebiet entsprechen.

3.1 Der Insolvenzverwalter ist verpflichtet, die aktuelle Rechtsentwicklung zu verfolgen und sich ständig in angemessenem Rahmen fortzubilden

3.2 Er gewährleistet ferner, dass seine mit der Verfahrensabwicklung befassten Mitarbeiter auf dem Gebiet des Insolvenzrechts an Fortbildungsmaßnahmen teilnehmen.

4. Leistungsbereitschaft. Die Abwicklung von Insolvenzverfahren erfordert – insbesondere in der Anlaufphase – einen hohen persönlichen Zeiteinsatz sowie eine entsprechend leistungsfähige Organisation.

4.1 Der Insolvenzverwalter lehnt deshalb die Übernahme neuer Verfahren ab, wenn er durch laufende Verfahren oder in anderer Weise so stark belastet ist, dass die Abwicklung künftiger Verfahren durch ihn persönlich nicht mehr in dem erforderlichen Umfang gesichert ist.

4.2 Er gewährleistet, dass er in wichtigen Angelegenheiten persönlich zu Auskünften bzw. Besprechungen zur Verfügung steht.

4.3 In der administrativen Abwicklung der Insolvenzverfahren wird der Insolvenzverwalter von einer leistungsfähigen elektronischen Datenverarbeitung unterstützt. Die Büroorganisation wird an den Erfordernissen eines modernen Qualitätsmanagement ausgerichtet.

Anhang III: Berufsgrundsätze der Insolvenzverwalter

Präambel

182 Im VID – Verband Insolvenzverwalter Deutschlands e. V. haben sich Insolvenzverwalter zur Förderung und Weiterentwicklung des Insolvenzrechts sowie zur Schaffung und Förderung von Rahmenbedingungen zusammengeschlossen, innerhalb derer eine sinnvolle und praktikable Abwicklung von Insolvenzverfahren erfolgen soll. Der VID befürwortet eine für alle Insolvenzverwalter verbindliche Regelung der Berufsausübung. Zur Wahrung und Förderung eines hohen Qualitätsstandards der Insolvenzverwaltung verpflichten sich die Mitglieder des VID bereits jetzt zur Berufsausübung gemäß nachfolgenden Grundsätzen:

Erster Teil: Allgemeine Bestimmungen

§ 1 Amt des Insolvenzverwalters

(1) Der gerichtlich bestellte Insolvenzverwalter ist – in jeder Funktion im Rahmen des Insolvenzverfahrens – der unabhängige, objektive, zur Sachlichkeit verpflichtete, geschäftskundige und leistungsbereite Wahrer der Interessen aller am Insolvenzverfahren Beteiligten.

(2) Der Insolvenzverwalter übt einen verfassungsrechtlich geschützten eigenständigen Beruf aus. Er ist in seiner Berufsausübung frei, soweit diese mit Gesetz und Recht im Einklang steht.

§ 2 Aufgaben des Insolvenzverwalters

[1]Der Insolvenzverwalter hat die Ziele des Insolvenzverfahrens bestmöglich zu verwirklichen. [2]An diesen Zielen hat der Insolvenzverwalter sein gesamtes Verhalten im Rahmen der Verfahrensabwicklung auszurichten. [3]Hierbei soll er auch auf die Sanierung von Unternehmen und den Erhalt von Arbeitsplätzen hinwirken sowie die Möglichkeit von Insolvenzplänen in geeigneten Fällen nutzen.

Zweiter Teil: Allgemeine Berufspflichten (Persönliche und organisatorische Voraussetzungen der Berufsausübung)

§ 3 Eignung

(1) Voraussetzungen für die Insolvenzverwaltertätigkeit sind:
a) Abschluss eines rechtswissenschaftlichen, wirtschaftswissenschaftlichen oder anderen Universitätsstudiums mit wirtschaftswissenschaftlicher Ausrichtung,
b) Nachweis besonderer insolvenzrechtlicher und betriebswirtschaftlicher Kenntnisse, zumindest in den in § 14 FAO genannten Bereichen,
c) Nachweis einer mindestens dreijährigen praktischen umfassenden insolvenzspezifischen Tätigkeit in einem Insolvenzverwalterbüro,
d) Zuverlässigkeit und geordnete wirtschaftliche Verhältnisse,
e) persönliche Erreichbarkeit,
f) Vorhaltung eines angemessenen Stabes von qualifizierten Mitarbeitern,
g) eine dem Stand der Technik entsprechende und zur Durchführung von Insolvenzverfahren geeignete Büroausstattung,
h) Bestehen einer angemessenen Vermögensschadenhaftpflichtversicherung.

(2) In besonders gelagerten Fällen können Zusatzqualifikationen erforderlich sein, insbesondere Erfahrung mit Betriebsfortführungen, vertiefte Kenntnisse und praktische Erfahrung in einzelnen Branchen oder Rechtsgebieten sowie im Zusammenhang mit grenzüberschreitenden Insolvenzverfahren.

(3) Die Kriterien gemäß Abs. (1)a) bis c) finden auf Personen, die bereits seit fünf Jahren als Insolvenzverwalter bestellt worden sind, keine Anwendung.

§ 4 Unabhängigkeit

(1) [1]Der Insolvenzverwalter ist eine von den Gläubigern und dem Schuldner unabhängige Person. [2]Er hat daher alles zu vermeiden, was berechtigte Zweifel an seiner Unabhängigkeit hervorrufen könnte.

(2) [1]Die erforderliche Unabhängigkeit ist nicht gegeben, wenn
a) es sich bei dem Insolvenzverwalter um eine dem Schuldner nahestehende Person im Sinne von § 138 InsO handelt;
b) der Insolvenzverwalter, eine ihm nahestehende Person im Sinne von § 138 InsO oder eine mit ihm zur gemeinsamen Berufsausübung verbundene Person persönlich Gläubiger oder Drittschuldner des Schuldners ist;

c) der Insolvenzverwalter oder eine mit ihm zur gemeinsamen Berufsausübung verbundene Person innerhalb von vier Jahren vor dem Antrag auf Eröffnung des Insolvenzverfahrens den Schuldner oder eine diesem nahestehende Person (§ 138 InsO) mittelbar oder unmittelbar vertreten oder beraten hat;

d) ein verfahrensbeteiligter Großgläubiger, Kreditversicherer oder anderer institutioneller Gläubiger von dem Insolvenzverwalter oder einer mit ihm zur gemeinsamen Berufsausübung verbundenen Person ständig in Insolvenzrechtsangelegenheiten, zB auch durch die Übernahme von Poolverwaltungen, betreut wird.

²Der Insolvenzverwalter ist verpflichtet, seine Büroorganisation so einzurichten, dass Kollisionsfälle in vorgenanntem Sinne umgehend erkannt werden.

(3) Die folgenden Umstände begründen für sich allein noch keine Zweifel an der Unabhängigkeit des Insolvenzverwalters, sind dem Insolvenzgericht aber außer im Fall des lit. a) nach Maßgabe des § 7 schriftlich anzuzeigen:

a) Der Insolvenzverwalter wurde vom Schuldner oder einem Gläubiger vorgeschlagen.

b) Der Insolvenzverwalter, eine ihm nahestehende Person im Sinne von § 138 InsO oder eine mit ihm zur gemeinsamen Berufsausübung verbundene Person war oder ist, soweit nicht ein Fall von § 4 (2) d) vorliegt, für Gläubiger des Schuldners oder andere Verfahrensbeteiligte als Rechtsanwalt, Steuerberater, Wirtschaftsprüfer oder Poolverwalter in anderen Angelegenheiten tätig.

c) Der Insolvenzverwalter, eine ihm nahestehende Person im Sinne von § 138 InsO oder eine mit ihm zur gemeinsamen Berufsausübung verbundene Person ist bereits Insolvenzverwalter bzw. Gutachter oder vorläufiger Insolvenzverwalter in einem Insolvenz(eröffnungs)verfahren über das Vermögen einer mit der Insolvenzschuldnerin verbundenen Gesellschaft („Konzerninsolvenz").

§ 5 Leistungsfähigkeit und -bereitschaft

(1) ¹Alle maßgeblichen Verfahrensentscheidungen trifft der Insolvenzverwalter grundsätzlich persönlich. ²Über andere Maßnahmen hat er sich laufend zu unterrichten. ³Er überwacht und koordiniert die von ihm eingesetzten Mitarbeiter. ⁴Er gewährleistet insbesondere, dass er in allen wichtigen Angelegenheiten dem Insolvenzgericht und den gesetzlichen Gläubigergremien persönlich für Auskünfte und Besprechungen zur Verfügung steht. ⁵Er stellt sicher, dass im Fall seiner Verhinderung ein geeigneter Berufsträger die Vertretung übernimmt.

(2) ¹Die effiziente Abwicklung von Insolvenzverfahren erfordert eine leistungsfähige Organisation. ²Der Insolvenzverwalter wird daher eine leistungsfähige und gerichtskompatible elektronische Datenverarbeitung unterhalten. ³Die Büroorganisation wird an den Erfordernissen eines modernen Qualitätsmanagements ausgerichtet.

(3) ¹Die Abwicklung von Insolvenzverfahren erfordert – insbesondere in der Anlaufphase – einen hohen persönlichen Zeiteinsatz. ²Der Insolvenzverwalter lehnt deshalb die Übernahme neuer Verfahren ab, wenn er selbst oder seine Büroorganisation durch laufende Verfahren oder in anderer Weise so stark belastet sind, dass die ordnungsgemäße Abwicklung neuer Verfahren nicht mehr in dem erforderlichen Umfang gesichert ist.

§ 6 Geschäftskunde, Verpflichtung zur Fortbildung

(1) ¹Die Übernahme von Insolvenzverfahren setzt fundierte juristische und wirtschaftliche Kenntnisse voraus, die dem neuesten Stand auf diesen Gebieten entsprechen. ²Der Insolvenzverwalter ist daher verpflichtet, aktuelle Entwicklungen zu verfolgen und sich regelmäßig – über § 15 FAO hinaus – fortzubilden.

(2) Der Insolvenzverwalter gewährleistet, dass seine mit der Verfahrensabwicklung befassten Mitarbeiter entsprechend qualifiziert sind und ihre für die jeweilige Sachbearbeitung erforderlichen Kenntnisse durch die Teilnahme an regelmäßigen Fortbildungsmaßnahmen erweitern.

Dritter Teil: Besondere Berufspflichten

§ 7 Anzeigepflichten

¹Der Insolvenzverwalter ist verpflichtet, Umstände, die Zweifel an seiner Eignung (§ 3), seiner Unabhängigkeit (§ 4) oder seiner Leistungsfähigkeit (§ 5) begründen, dem Insolvenzgericht unter Berücksichtigung berufsrechtlicher Schweigepflichten unverzüglich schriftlich anzuzeigen. ²Dies gilt auch für solche Umstände, von denen der Insolvenzverwalter erst nach Annahme des Verwalteramtes Kenntnis erlangt.

§ 8 Kontrahierungs-, Erwerbs- und Nutzungsverbote

Der Insolvenzverwalter, ihm nahe stehende Personen im Sinne von § 138 InsO oder mit ihm zur gemeinsamen Berufsausübung verbundene Personen dürfen

1. während der Dauer des Insolvenzverfahrens für den Schuldner oder eine diesem nahestehende Person im Sinne von § 138 InsO keine Beratung oder Vertretung übernehmen. Das Gleiche gilt für die Beratung von verfahrensbeteiligten Gläubigern im Rahmen des Insolvenzverfahrens.
2. mit Unternehmen, an denen sie persönlich unmittelbar oder mittelbar – etwa über Familienangehörige oder andere Gesellschaften – beteiligt sind, nur kontrahieren, wenn diese Beteiligung dem Insolvenzgericht angezeigt wird und das Vertragsverhältnis einem Drittvergleich standhält.
3. für Leistungen, die im Rahmen des Insolvenzverfahrens erbracht werden, keine Vergütung annehmen, die ihnen, nicht aber der Insolvenzmasse zu Gute kommt. Hierzu zählen insbesondere von dritter Seite angebotene Provisionen für die Vermittlung von Grundstücken, Gewerbebetrieben, gewerblichen Schutzrechten u. ä.
4. keine zur Insolvenzmasse gehörenden Vermögensgegenstände oder Rechte selbst oder durch Dritte erwerben. Dies gilt auch für den Fall einer öffentlichen Versteigerung.
5. in Verfahren, in denen einer von ihnen als Insolvenzverwalter tätig ist, keine Funktion im Rahmen einer Poolverwaltung übernehmen.

§ 9 Vermögensbetreuungspflicht

(1) Der Insolvenzverwalter hat privates Vermögen von fremdem Vermögen getrennt zu halten.

(2) ¹Der Insolvenzverwalter ist verpflichtet, die Insolvenzmasse eines Insolvenzverfahrens von den Insolvenzmassen anderer Verfahren getrennt zu verwahren. ²Er ist insbesondere verpflichtet, für jedes Insolvenzverfahren ein gesondertes Konto einzurichten.

§ 10 Versicherungspflicht

Der Insolvenzverwalter ist gehalten, für den Fall besonderer Haftungsrisiken eine über § 3 (1) h) hinausgehende angemessene zusätzliche Versicherung zu Lasten der Masse abzuschließen.

Vierter Teil: Ahndung von Pflichtverletzungen

§ 11 Warnung, Verweis, Ausschluss

Ein Verstoß gegen die vorgenannten Pflichten kann gemäß § 7 der Satzung des VID durch

a) Warnung,
b) Verweis oder
c) Ausschluss aus dem VID

geahndet werden.

§ 56a Gläubigerbeteiligung bei der Verwalterbestellung[1]

(1) Vor der Bestellung des Verwalters ist dem vorläufigen Gläubigerausschuss Gelegenheit zu geben, sich zu den Anforderungen, die an den Verwalter zu stellen sind, und zur Person des Verwalters zu äußern, soweit dies nicht offensichtlich zu einer nachteiligen Veränderung der Vermögenslage des Schuldners führt.

(2) ¹Das Gericht darf von einem einstimmigen Vorschlag des vorläufigen Gläubigerausschusses zur Person des Verwalters nur abweichen, wenn die vorgeschlagene Person für die Übernahme des Amtes nicht geeignet ist. ²Das Gericht hat bei der Auswahl des Verwalters die vom vorläufigen Gläubigerausschuss beschlossenen Anforderungen an die Person des Verwalters zugrunde zu legen.

(3) Hat das Gericht mit Rücksicht auf eine nachteilige Veränderung der Vermögenslage des Schuldners von einer Anhörung nach Absatz 1 abgesehen, so kann der vorläufige Gläubigerausschuss in seiner ersten Sitzung einstimmig eine andere Person als die bestellte zum Insolvenzverwalter wählen.

Schrifttum: *Frind,* Das Anforderungsprofil gem. § 56a InsO, NZI 2012, 650; *Riggert,* Die Auswahl des Insolvenzverwalters Gläubigerbeteiligung des Referentenentwurfs zur InsO (RefE-ESUG) aus Lieferantensicht, NZI 2011, 121.

Übersicht

	Rn.		Rn.
A. Normzweck	1–3	2. Abweichung von einem Vorschlag eines bestimmten Insolvenzverwalters, Abs. 2 Satz 1	39–42
B. Anwendungsbereich	4, 5	3. Abweichung von den vom vorläufigen Gläubigerausschuss vorgegebenen Anforderungen	43
C. Anhörung eines vorläufigen Gläubigerausschusses vor einer Auswahl des (vorläufigen) Insolvenzverwalters	6–44	4. Ergänzung der Anforderungen durch das Insolvenzgericht	44
I. Anhörungsnotwendigkeit	8	D. Entscheidung des Insolvenzgerichts und Begründung	45–56
II. Anhörungsverzicht bei Befürchtung nachteiliger Veränderungen	9–14	I. Ermessenseinschränkung des Insolvenzgerichts durch § 56a Abs. 2 Satz 1	45
III. Verfahren zur Einsetzung eines vorläufigen Gläubigerausschusses	15, 16	II. Vorgaben zur Ermessensorientierung durch § 56a Abs. 2 Satz 2	46, 47
IV. Anhörungsverfahren vor der Auswahl	17, 18	III. Begründung der Auswahlentscheidung bei einer Abweichung von einem Vorschlag eines bestimmten Insolvenzverwalters	48–52
V. Wiederholung der Anhörung vor Eröffnung des Insolvenzverfahrens	19–21	IV. Begründung der Auswahlentscheidung bei einer Abweichung von der Vorgabe bestimmter Anforderungen	53–55
VI. Prüfung der Formalien des vorläufigen Gläubigerausschusses	22	V. Begründung bei Übernahme der Vorschläge des vorläufigen Gläubigerausschusses	56
VII. Vorschlag des vorläufigen Gläubigerausschusses nach § 56a Abs. 1	23–33	E. Ersetzungsrecht des vorläufigen Gläubigerausschusses, § 56a Abs. 3	57–78
1. Formfragen	24	I. Voraussetzung: Nichtanhörung mit Rücksicht auf nachteilige Veränderungen	58–63
2. Vorschlag eines bestimmten Insolvenzverwalters	25	II. Wahlmöglichkeiten des vorläufigen Gläubigerausschusses	64–68
3. Vorschlag bestimmter Anforderungen	26–31		
4. Behandlung fehlerhafter oder unzureichender Vorschläge	32, 33		
VIII. Bindung des Insolvenzgerichts an die Vorgaben des vorläufigen Gläubigerausschusses	34–44		
1. Überprüfungsmöglichkeiten des Insolvenzgerichts bezüglich der Entscheidung des vorläufigen Gläubigerausschusses	35–38		

---

[1] § 56a InsO eingefügt durch das *ESUG – Gesetz zur weiteren Erleichterung der Sanierung von Unternehmen* (BGBl. I 2582 ff.) v. 7. Dezember 2011, Art. 1 Nr. 10. Gem. Art. 103g EG-InsO gilt diese Änderung für Insolvenzverfahren, die nach dem 29. Februar 2012 beantragt worden sind.

	Rn.		Rn.
III. Auswirkung und Umsetzung einer Wahl des vorläufigen Gläubigerausschusses	69–71	V. Leerlauf des § 56a Abs. 3 durch eine Eröffnung des Insolvenzverfahrens	74–78
IV. Anwendbarkeit des § 57 Satz 3	72, 73	F. Rechtsmittelmöglichkeiten im Rahmen des § 56a	79, 80

A. Normzweck

1   Die bisherige Entscheidungsmacht des Insolvenzgerichts bei der Bestimmung des Insolvenzverwalters wurde sowohl von Seiten der Verwalterschaft als auch aus den Reihen der Insolvenzgläubiger kritisiert. Eine **Einbeziehung der Insolvenzgläubiger in den Prozess der Auswahl des (vorläufigen) Insolvenzverwalters** war nach bisherigen Rechts zwar nicht zwingend vorgesehen, jedoch möglich. Mit der Einführung des § 56a soll aus der Möglichkeit einer Berücksichtigung der Entscheidungen bzw. Wertungen der Insolvenzgläubiger sowohl bei der Bestellung des **vorläufigen Insolvenzverwalters** als auch der des **Insolvenzverwalters** in den Verfahren, in denen nach den neuen § 21 Absatz 2 Nummer 1a, § 22a InsO ein vorläufiger Gläubigerausschuss bestellt worden ist, eine Regel werden. In diesen Verfahren soll nunmehr einem vorläufigen Gläubigerausschuss nicht nur Gelegenheit gegeben werden, sich zu den Anforderungen zu äußern, die im konkreten Fall bei der Auswahl des Verwalters zu berücksichtigen sind, sondern ihm wird vielmehr über § 56a Abs. 2 die Möglichkeit eingeräumt, eine bestimmte Person als Verwalter vorzuschlagen.

2   Diese Änderung wurde mit dem Wunsch einer Stärkung der Einflusses der Insolvenzgläubiger auf das Verfahren und insbesondere die Auswahl des Insolvenzverwalters begründet. Formal scheint dies mit den Regelungen der §§ 22a, 56a auch möglich zu sein. In der Praxis **verbessern sich die Einflussmöglichkeiten der Insolvenzgläubiger jedoch nur scheinbar,** während sich die **Bestimmungsmöglichkeiten des Insolvenzschuldners beträchtlich erhöhen.** Denn es ist zu bedenken, dass aufgrund der Praxis, den vorläufigen Insolvenzverwalter im Falle der Eröffnung des Insolvenzverfahrens auch zum Insolvenzverwalter zu bestellen, die Entscheidung über die Person des vorläufigen Insolvenzverwalters faktisch die entscheidende Weichenstellung des Auswahlverfahrens zur Person des Insolvenzverwalters darstellt. Bei der für die Insolvenzgläubiger noch mit einem wirtschaftlichen Interesse verbundenen Verfahren wird es sich zumeist um solche handeln, in denen das schuldnerische Unternehmen zum Zeitpunkt der Antragstellung noch fortgeführt wird. In diesen Verfahren wird eine Bestellung eines vorläufigen Gläubigerausschusses vor einer Bestellung eines vorläufigen Insolvenzverwalters im Sinne des § 22a Abs. 3 nur dann möglich sein, wenn mit dem Eröffnungsantrag des Insolvenzschuldners die Mitglieder eines vorläufigen Gläubigerausschusses benannt und deren Einverständniserklärungen zur Übernahme des Amtes als Mitglied eines vorläufigen Gläubigerausschusses dem Insolvenzgericht vorgelegt werden.

3   Die **Auswahl der Mitglieder des vorläufigen Gläubigerausschusses liegt dabei faktisch allein in den Händen des Insolvenzschuldners** und seiner Berater. Zwar kann das Insolvenzgericht von einem solchen Personenvorschlag abweichen, doch würde dies bedingen, dass sich das Insolvenzgericht erst noch über die Bereitschaft der in Frage kommenden Personen informiert. Dies ist nur dann möglich, wenn dem Insolvenzgericht ausreichende Angaben zu Kontaktmöglichkeiten vorliegen. Die Insolvenzgerichte werden nicht immer in der Lage sein, entsprechende Telefonnummer und Ansprechpartner zu ermitteln. Entgegen der Vermutung des Gesetzgebers können nicht alle Insolvenzgerichte die Möglichkeiten des Internets nutzen und Telefongespräche mit ausländischen Insolvenzgläubigern führen. Es kann auch nicht erwartet werden, dass die Insolvenzgläubiger in jedem Fall auf einen unerwarteten Anruf eines bislang unbekannten Insolvenzrichters oder einer Benachrichtigung per E-Mail sachgerecht reagieren. Eine Kontaktaufnahme des Insolvenzgerichts per Post inkl. gerichtlichem Briefkopf usw. ist gerade in diesen Verfahren unzureichend, da die ersten Sicherungsentscheidungen inkl. der Auswahl des vorläufigen Insolvenzverwalters zeitnah getroffen werden müssen. Im Ergebnis **kann das Insolvenzgericht daher nur die vom Insolvenzschuldner benannten Personen zu Mitgliedern eines vorläufigen Gläubigerausschusses bestellen** oder von einer Bestellung eines vorläufigen Gläubigerausschusses vor einer Bestimmung eines vorläufigen Insolvenzverwalters absehen. Dass der Insolvenzschuldner bei den von ihm benannten Personen Gespräche zur Person des vorläufigen Insolvenzverwalters geführt hat, ist selbstverständlich und legitim. Damit stellt sich jedoch die Bestimmungsmöglichkeit eines vorläufigen Gläubigerausschusses nach § 56a Abs. 2 im Ergebnis als Verstärkung des Einflusses des Insolvenzschuldners dar. Das Ziel der Stärkung eines Einflusses der Insolvenzgläubiger wird mit der Regelung der §§ 22a, 56a faktisch nicht erreicht.

B. Anwendungsbereich

Über die Verweisung in § 21 Abs. 2 Satz 1 Nr. 1 gilt die Neuregelung auch für die Bestellung **4** eines **vorläufigen Insolvenzverwalters**. Hier liegt sogar der wichtigste Anwendungsbereich, da der Ernennung eines **Insolvenzverwalters** meist die Bestellung eines vorläufigen Insolvenzverwalters vorausgeht und der vorläufige Verwalter bei Verfahrenseröffnung meist zum Insolvenzverwalter bestellt wird. Entsprechend § 270b Abs. 2 Satz 2 **entfällt in einem Schutzschirmverfahren** das Bestimmungsrecht eines **vorläufigen Gläubigerausschusses**. Der gem. § 270a Abs. 1 Satz 2 an die Stelle eines vorläufigen Insolvenzverwalters tretende vorläufige Sachwalter wird dabei nicht von einem eingesetzten vorläufigen Gläubigerausschuss entsprechend § 56a vorgeschlagen, sondern durch den Insolvenzschuldner selbst. Wie auch in § 56a Abs. 2 Satz 1 kann das ich bei der Auswahl des vorläufigen Sachwalters gem. § 270b Abs. 2 Satz 2 von dem Vorschlag des Insolvenzschuldners nur dann abweichen, wenn die vom Insolvenzschuldner vorgeschlagene Person offensichtlich für die Übernahme des Amtes nicht geeignet ist. Aus welchem Grund das Insolvenzgericht bei einem Schuldnervorschlag nach § 270b Abs. 2 Satz 2 nur bei einer offensichtlichen Ungeeignetheit abweichen kann, während aufgrund der Weglassung des Wortes „offensichtlich" in § 56a Abs. 2 Satz 1 eine Abweichung wohl auch bei nicht offensichtlichen Gründen möglich ist, ist nicht nachvollziehbar.

Insbesondere in Fällen eines fakultativen vorläufigen Gläubigerausschusses nach § 22a Abs. 2 gilt **5** § 56a auch für die Bestimmung des **Treuhänders** des vereinfachten Insolvenzverfahrens gem. § 313 Abs. 1 Satz 3. Bei der Bestimmung des Treuhänders gem. § 292 ist eine Beteiligung eines evtl. eingesetzten vorläufigen Gläubigerausschusses in § 292 Abs. 3 nicht vorgesehen.

C. Anhörung eines vorläufigen Gläubigerausschusses vor einer Auswahl des (vorläufigen) Insolvenzverwalters

Die Auswahl des vorläufigen Insolvenzverwalters nimmt in der Praxis die Auswahl des Insolvenz- **6** verwalters des eröffneten Insolvenzverfahrens vorweg. Bereits während der vorläufigen Verwaltung werden die Weichenstellungen vorgenommen, welche den Ablauf des eröffneten Insolvenzverfahrens bestimmen. Die grundlegenden Entscheidungen über die Frage einer Sanierung und des Sanierungswegs müssen faktisch bereits vor der Eröffnung getroffen werden, um unter den Bedingungen eines eröffneten Insolvenzverfahrens die vorhandenen Möglichkeiten im Interesse der Beteiligten bestmöglichst auszunutzen. Die Erfahrungen mit einem erzwungenen Wechsel der Person vom vorläufigen Insolvenzverwalter zum Insolvenzverwalter zeigen, dass ein **Austausch dieser Verwalter** oft mit Nachteilen für das Verfahrensergebnis verbunden ist.

Obwohl die Regelung des § 56a seiner Stellung im System der Insolvenzordnung nach scheinbar **7** auf die Auswahl des Insolvenzverwalters bei Eröffnung des Insolvenzverfahrens abzielt, liegt der **für die Insolvenzverfahren wesentliche Teil** auf den **Zeitpunkt der Auswahl bzw. Bestimmung des vorläufigen Insolvenzverwalters**. Gerade bei dieser Auswahlentscheidung wäre es für die Insolvenzgläubiger von wesentlichem Interesse, Einfluss auf die Auswahlentscheidung des Insolvenzgerichts nehmen zu können. Der Einfluss auf die Auswahl des späteren Insolvenzverwalters ist hierbei zwar ein weiteres wichtiges Einflussmittel für die Mitglieder eines vorläufigen Gläubigerausschusses; diese Entscheidung ist jedoch in einer anderen Situation zu treffen, bei der die Entscheidung des vorläufigen Gläubigerausschusses erheblich von dem Ablauf der vorläufigen Verwaltung beeinflusst sein wird. Ebenso wie das Insolvenzgericht wird auch ein vorläufiger Gläubigerausschuss bei dem Übergang vom vorläufigen Insolvenzverwalter zum Insolvenzverwalter des eröffneten Verfahrens zu prüfen haben, ob ein Personenwechsel nicht evtl. mit Nachteilen für das Verfahren verbunden ist.

I. Anhörungsnotwendigkeit

Über die in § 21 Abs. 2 Satz 1 Nr. 1 aufgenommene Verweisung auf eine entsprechende Anwen- **8** dung des § 56a auf den vorläufigen Insolvenzverwalter ergibt sich auch aus der gesetzlichen Regelung in § 56a Abs. 1, dass das Insolvenzgericht vor seiner Entscheidung, wen er als vorläufigen Insolvenzverwalter bestellt, dem vorläufiger Gläubigerausschuss Gelegenheit zu geben hat, sich zu den Anforderungen, die an den Verwalter zu stellen sind, und zur Person des vorläufigen Insolvenzverwalters zu äußern. Auch wenn das Insolvenzgericht dank seiner Erfahrung in der Lage ist, die Beurteilung selbst und kurzfristiger vorzunehmen, ist die **gerichtliche Anhörungsverpflichtung** aus § 56a Abs. 1 durch das Insolvenzgericht bestmöglichst zu beachten. Die gesetzgeberische Grundsatzentscheidung der Stärkung des Einflusses der Insolvenzgläubiger auf die Verwalterauswahl ist von den Insolvenzgerichten bei aller Kritik hieran zu beachten. Auch wenn entsprechend den Ausführungen unter RdNr. 2 das Ziel auf diesen Wege nicht erreicht werden kann, haben die Insolvenzgerichte **im Rahmen der Möglichkeiten des einzelnen Verfahrens zu versuchen, eine Anhörung eines eingesetzten vorläufigen Gläubigerausschusses im Sinne des § 56a Abs. 1 zu ermöglichen.** Ob in einem Verfahren ein solcher vorläufiger Gläubigerausschuss zu bestellen ist, ist anhand der Regelung in § 22a zu entscheiden.

II. Anhörungsverzicht bei Befürchtung nachteiliger Veränderungen

9   Die Anhörungsverpflichtung nach § 56a Abs. 1 steht unter dem **Vorbehalt, dass die Anhörung nicht offensichtlich zu einer nachteiligen Veränderung der Vermögenslage** des Insolvenzschuldners führen darf.

10   Die Prüfung, ob die Einsetzung eines vorläufigen Gläubigerausschusses zu einer **Verzögerung** führt, welche nachteilige Veränderungen der Vermögenslage des Insolvenzschuldners mit sich bringt, ist bei der Entscheidung nach § 22a, ob ein vorläufiger Gläubigerausschuss zu bestellen ist, zu prüfen. **Eine Bestellung oder Nichtbestellung eines vorläufigen Gläubigerausschusses selbst wird keine Verzögerung des Verfahrens bewirken,** da das Insolvenzverfahren und auch das Eröffnungsverfahren in jedem Fall durchgeführt werden kann. Die Bestellung eines Gläubigerausschusses stellt in allen Verfahren eher eine Ausnahme dar; keinesfalls jedoch eine Voraussetzung, welche für die Verfahrensabwicklung notwendig wäre. Daher kann allein eine Bestellung eines vorläufigen Gläubigerausschusses in keinem Fall eine Verzögerung im Verfahren mit sich bringen und in der Folge auch keine nachteilige Veränderung der Vermögenslage des Insolvenzschuldners bewirken. Eine Verzögerung im Verfahren und damit verbunden Risiken für die Vermögenslage des Insolvenzschuldners können im Eröffnungsverfahren nur dadurch eintreten, dass in der Folge der Bestellung eines vorläufigen Gläubigerausschusses nach § 22a und bei Gewährung einer Anhörung des vorläufigen Gläubigerausschusses die Entscheidung über die Anordnung einer vorläufigen Verwaltung hinausgeschoben wird, da ohne eine Bestimmung der Person des vorläufigen Insolvenzverwalters eine Anordnung gem. § 21 Abs. 1 Satz 1 Nr. 1 und 2 nicht ergehen kann. Der **Vorbehalt in § 56a Abs. 1 ist daher so auszulegen,** dass eine vorherige Anhörung eines bestellten vorläufigen Gläubigerausschusses ausnahmsweise dann unterbleiben kann, wenn dadurch, dass eine **vorläufige Verwaltung** unter Bestimmung des vorläufigen Insolvenzverwalters **nicht sofort angeordnet wird,** offensichtlich eine nachteilige Veränderung der Vermögenslage des Insolvenzschuldners zu befürchten ist.

11   Wurde ein vorläufiger Gläubigerausschuss gem. § 22a nicht eingesetzt, **zwingt § 56a das Insolvenzgericht nicht, nunmehr allein wegen der Anhörungsverpflichtung einen vorläufigen Gläubigerausschuss einzusetzen.** Die Beurteilung, ob in dem konkreten Insolvenzverfahren ein vorläufiger Gläubigerausschuss einzusetzen ist, bestimmt sich einzig und allein nach § 22a. **Fehlt es an einem vorläufigen Gläubigerausschuss, ist eine Anhörung gem. § 56a Abs. 1 nicht möglich und auch nicht notwendig.**

12   Wurde ein vorläufiger Gläubigerausschuss gem. § 22a eingesetzt, ist das Insolvenzgericht **im Rahmen des Möglichen** verpflichtet, vor einer Bestellung eines vorläufigen Insolvenzverwalters den vorläufigen Gläubigerausschuss anzuhören. Nur dann, wenn eine sofortige Anordnung einer vorläufigen Insolvenzverwaltung offensichtlich die einzige Möglichkeit erscheint, nachteilige Veränderungen für die Vermögenslage des Insolvenzschuldners zu vermeiden, darf **ausnahmsweise auf die Anhörung eines bereits bestellten vorläufigen Gläubigerausschusses verzichtet werden.**

13   In den meisten Verfahren, in denen es zu einer Anordnung einer vorläufigen Verwaltung kommt, wird festzustellen sein, dass zwischen dem Zeitpunkt, in dem dem Insolvenzgericht bekannt wird, dass eine Notwendigkeit für die Anordnung einer vorläufigen Verwaltung besteht und dem Zeitpunkt, an dem spätestens die entsprechende Anordnung zu treffen ist, anderenfalls offensichtlich nicht unerhebliche Schäden in der Vermögenslage des Insolvenzschuldners zu befürchten sind, ein **erheblicher Zeitraum** besteht. Dieser wird zumeist von mehreren Stunden bis oft auch einigen Tagen gehen. Entsprechend dem Ziel des § 56a hat daher ein Insolvenzgericht, das eine Notwendigkeit einer Anordnung einer vorläufigen Verwaltung in einem Insolvenzverfahren erkennt, in dem ein vorläufiger Gläubigerausschuss bestellt worden ist, nunmehr zu beurteilen, **bis zu welchem Zeitpunkt mit der Anordnung der vorläufigen Verwaltung zugewartet werden kann,** ohne offensichtlich nicht unerhebliche Schäden in der Vermögenslage des Insolvenzschuldners zu riskieren. Dieser Zeitraum ist dabei bestmöglichst festzulegen und dafür zu nutzen, den vorläufigen Gläubigerausschuss entsprechend § 56a anzuhören und diesem Gelegenheit zu geben, sich zu den Anforderungen und der Person des vorläufigen Insolvenzverwalters zu beraten. Dies wird nur dann möglich sein, wenn die Anhörung kurzfristig und ohne die üblichen Postlaufzeiten erfolgen kann. Hierzu gehört es, dass der **vorläufiger Gläubigerausschuss dem Insolvenzgericht einen leicht zu kontaktierenden Vertreter benennt,** der durch das Insolvenzgericht über die Anhörungsnot-

wendigkeit nach § 56a Abs. 1 informiert wird und dem eine Frist mitgeteilt werden kann, bis zu deren Ende eine Entscheidung des vorläufigen Gläubigerausschusses spätestens dem Insolvenzgericht vorzulegen ist. Die Art und Weise der Information und Beschlussfassung innerhalb des vorläufigen Gläubigerausschusses obliegt der eigenen Organisation des vorläufigen Gläubigerausschusses. **Ist dem Insolvenzgericht erkennbar, dass eine Beschlussfassung des vorläufigen Gläubigerausschusses innerhalb der bis zur Anordnung einer vorläufigen Verwaltung verbleibenden Zeit nicht möglich ist, kann die Anhörung unterbleiben.** Dies kann daran liegen, dass die vom vorläufigen Gläubigerausschuss autonom beschlossene Geschäftsordnung eine Entscheidungsfindung in einer persönlichen Versammlung vorsieht oder das Insolvenzgericht gezwungen ist, mangels Bekanntgabe einer zentralen Fax- oder E-Mail-Verbindung mit dem vorläufiger Gläubigerausschuss brieflich zu korrespondieren.

Um im weiteren Verfahren feststellen zu können, ob eine Anhörung stattgefunden hat oder nicht, ist die **Anhörung in der Verfahrensakte zu dokumentieren.** In der Regel wird dies durch die Schreiben des Insolvenzgerichts unschwer möglich sein. Unterlässt das Insolvenzgericht die in § 56a vorgeschriebene Anhörung des vorläufigen Gläubigerausschusses, hat das Insolvenzgericht zwingend in der Verfahrensakte zu dokumentieren, aus welchem Grund die nach § 56a vorgesehene Anhörung unterblieben ist. Der vorläufige Gläubigerausschuss ist hiervon zu informieren, damit er insbesondere beurteilen kann, ob ihm ein Ersetzungsrecht gem. § 56a Abs. 3 zusteht.

III. Verfahren zur Einsetzung eines vorläufigen Gläubigerausschusses

Das **Verfahren hinsichtlich der Einsetzung eines vorläufigen Gläubigerausschusses richtet sich nach § 22a.** In den Verfahren, in denen das Insolvenzgericht erkennt, dass eine Anordnung einer vorläufigen Verwaltung angezeigt ist, wird in der Regel kein ausreichender Zeitraum verbleiben, um einen vorläufigen Gläubigerausschuss einzusetzen und diesem Gelegenheit zur Beratung für eine Entscheidung nach § 56a Abs. 1 zu geben. Nur in den Fällen, in denen mit dem ordnungsgemäßen Eigenantrag des Insolvenzschuldners ohne eine Aufforderung des Insolvenzgerichts nach § 22a Abs. 4 dem Insolvenzrichter ein ordnungsgemäß zusammengesetzter vorläufiger Gläubigerausschuss inklusive der Einverständniserklärungen der Mitglieder zur Übernahme des Amtes vorgeschlagen wird und das Insolvenzgericht eine Einsetzung genau dieser Mitglieder beschließt, besteht die Möglichkeit und Verpflichtung zu einer Anhörung nach § 56a.

In allen anderen Fällen ist eine Einsetzung eines vorläufigen Gläubigerausschusses vor einer Anordnung einer notwendigen vorläufigen Verwaltung faktisch nicht möglich. Werden dem Insolvenzgericht nicht bereits entsprechend § 22a unaufgefordert die Mitglieder eines vorläufigen Gläubigerausschusses vorgeschlagen, wird **das zur Einsetzung notwendige Verfahren des Insolvenzgerichts einen zu großen Zeitraum in Anspruch nehmen,** als dass mit einer Anordnung der vorläufigen Verwaltung noch zugewartet werden kann. Während die Auswertung des Verzeichnisses des Insolvenzschuldners nach § 13 Abs. 1 keinen größeren Zeitraum in Anspruch nehmen wird, bedarf das Verfahren zur Anhörung der in Betracht gezogenen Mitglieder des vorläufigen Gläubigerausschusses eines längeren Zeitraums. Nur in den wenigsten Fällen wird zwischen diesen Personen und dem Insolvenzgericht bereits ein Kontakt dergestalt bestehen, dass auf eine formale Anhörung verzichtet werden kann. In der Regel sind die Kandidaten für einen vorläufigen Gläubigerausschuss anzuschreiben und ihnen ausreichend Gelegenheit zu geben, zu entscheiden, ob sie das mit einem nicht unerheblichen Haftungsrisiko verbundene Amt annehmen wollen. Zu bedenken ist auch, dass bei nicht wenigen Insolvenzgerichten ein fernmündlicher Kontakt in das Ausland technisch nicht möglich ist. Daher kann nicht in jedem Fall erwartet werden, dass ausländische Kandidaten per Fax angeschrieben werden. Selbst dann, wenn relativ kurzfristig ausreichende Erklärungen der Kandidaten zur Übernahme des Amtes als Mitglied in einem vorläufigen Gläubigerausschuss vorliegen und das Insolvenzgericht einen entsprechenden Einsetzungsbeschluss gefasst und übermittelt hat, hat sich der **vorläufige Gläubigerausschuss erst noch zu konstituieren, sich eine Geschäftsordnung zu geben, über die Person des vorläufigen Insolvenzverwalters und die an ihn zu richtenden Anforderungen zu beraten und dem Insolvenzgericht die Nachweise über die Konstituierung und den Beschluss nach § 56a Abs. 1 zukommen zu lassen.** In der Regel wird dies nur dann kurzfristig möglich sein, wenn dies zentral vorbereitet und organisiert wird. Das Insolvenzgericht kann den vorläufigen Gläubigerausschuss hierbei nur teilweise unterstützen, indem es entsprechende Hinweise und allgemeine Empfehlungen gibt.

IV. Anhörungsverfahren vor der Auswahl

Sobald das Insolvenzgericht die Notwendigkeit einer Anordnung einer vorläufigen Verwaltung und einer Bestellung eines vorläufigen Insolvenzverwalters erkennt, hat es den **für die Entschei-**

dung des vorläufigen Gläubigerausschusses zur Verfügung stehenden Zeitraum zu beurteilen. Erlaubt dieser eine Anhörung des vorläufigen Gläubigerausschusses gem. § 56a, ist diese zwingend vorzunehmen. Hierbei ist einerseits durch das Insolvenzgericht zu beurteilen, bis zu welchem Zeitpunkt auch angesichts des Zeitaufwandes im Insolvenzgericht mit der Bestellungsentscheidung zugewartet werden kann, andererseits zu beachten, welchen Zeitraum der vorläufige Gläubigerausschuss entsprechend seiner Geschäftsordnung für eine Entscheidungsfindung benötigen wird. Hat sich der vorläufige Gläubigerausschuss gegen einen zentralen Ansprechpartner für das Insolvenzgericht entschieden, sind alle Mitglieder des vorläufigen Gläubigerausschusses einzeln zu informieren, was uU zu Zeitverzögerungen führen kann. Sieht die Geschäftsordnung des vorläufigen Gläubigerausschusses keine Entscheidung in einem Umlaufverfahren oder beispielsweise telefonisch vor, so kann der für eine persönliche Versammlung notwendige Zeitraum dafür sprechen, von einer vorherigen Anhörung im Interesse einer Vermeidung nachteiliger Folgen durch eine Verzögerung der Anordnung einer vorläufigen Verwaltung abzusehen.

18 In der Anhörung nach § 56a hat das Insolvenzgericht den vorläufigen Gläubigerausschuss darauf hinzuweisen, dass es beabsichtigt, einen vorläufigen Insolvenzverwalter einzusetzen. **Dem vorläufigen Gläubigerausschuss ist dabei eine genaue Frist zu setzen,** bis zu deren Ende die Entscheidung des vorläufigen Gläubigerausschusses dem Insolvenzgericht vorzuliegen hat. Die Verfahrensakte ist dem vorläufigen Gläubigerausschuss dabei nicht zwingend zu übermitteln. Erst dann, wenn der vorläufige Gläubigerausschuss um bestimmte oder allgemeine Informationen bittet, kann es sinnvoll sein, diesen durch Übersendung der Verfahrensakte oder einer Ablichtung davon über den Wissensstand des Insolvenzgerichts zu informieren. Daher dürfte es allgemein sinnvoll sein, den vorläufigen Gläubigerausschuss ab dem Zeitpunkt seiner Einsetzung kontinuierlich zu informieren. Konkrete Einzelfragen hat das Insolvenzgericht entsprechend seinem Wissensstand zu beantworten. Ermittlungen für den vorläufigen Gläubigerausschuss obliegen dem Insolvenzgericht nicht.

V. Wiederholung der Anhörung vor Eröffnung des Insolvenzverfahrens

19 Ist der vorläufige Gläubigerausschuss vom Gericht bei der Auswahl des vorläufigen Insolvenzverwalters beteiligt worden und beabsichtigt das Insolvenzgericht, die gleiche Person bei der Eröffnung des Verfahrens zum Insolvenzverwalter zu bestellen, könnte vielleicht kein Anlass bestehen, die bereits bei vor der Bestellung des vorläufigen Insolvenzverwalters erfolgte **Beteiligung des Ausschusses vor der Verfahrenseröffnung zu wiederholen.** § 56a Abs. 1 sieht jedoch eine solche Anhörung vor und stellt diese auch nicht unter die Bedingung besonderer Umstände oder einer zuvor unterlassenen Beteiligung des vorläufigen Gläubigerausschusses. In der gleichen Weise, wie sich das Insolvenzgericht in jedem Verfahren vor einer Eröffnung des Insolvenzverfahrens zu entscheiden hat, ob der bisherige vorläufige Insolvenzverwalter nunmehr als Insolvenzverwalter des eröffneten Insolvenzverfahrens beizubehalten ist oder ob ein Wechsel der Person angezeigt ist, wird auch der vorläufige Gläubigerausschuss zu überlegen haben, ob sein Vorschlag hinsichtlich der Person des vorläufigen Insolvenzverwalters oder des an diesen zu richtenden Anforderungsprofil nunmehr, nachdem durch das Eröffnungsverfahren mehr und belastbarere Informationen vorhanden sind, beizubehalten ist oder ob eine Neuentscheidung sinnvoll wäre.

20 Bereits die Beurteilung, ob Umstände vorliegen, welche eine Neuentscheidung angezeigt sein lassen, ist eine Entscheidung, welche allein den Mitgliedern des vorläufigen Gläubigerausschusses obliegt. Das Insolvenzgericht kann zwar eine eigene Entscheidung hierzu treffen, diese jedoch nicht an Stelle der des vorläufigen Gläubigerausschusses setzen. Daher ist es sachgerecht und angemessen, im Rahmen der Möglichkeiten des konkreten Verfahrens einen eingesetzten vorläufigen Gläubigerausschuss vor einer Bestellung des Insolvenzverwalters gem. § 56a anzuhören. Der vorläufige Insolvenzverwalter ist hierzu durch das Insolvenzgericht dazu anzuhalten, sein **Eröffnungsgutachten so frühzeitig einzureichen,** dass eine Anhörung des vorläufigen Gläubigerausschusses vor einer Eröffnung des Insolvenzverfahrens erfolgen kann und diesem eine ausreichenden Zeit für eine Beratung gewährt wird.

21 Erfolgte die **Bestellung des vorläufigen Insolvenzverwalters ohne eine vorherige Anhörung** eines vorläufigen Gläubigerausschusses ist eine Anhörung gem. § 56a Abs. 1 vor der Eröffnung des Insolvenzverfahrens in jedem Verfahren **zwingend,** in dem ein solcher vorläufiger Gläubigerausschuss eingesetzt worden ist.

VI. Prüfung der Formalien des vorläufigen Gläubigerausschusses

22 Das Insolvenzgericht hat in jedem Fall von Amts wegen zu prüfen, ob sich nach der Einsetzung des vorläufigen Gläubigerausschusses dieser **ordnungsgemäß konstituiert** hat, die **Ämter als Mit-**

glieder des vorläufigen Gläubigerausschusses durch Erklärung **gegenüber dem Insolvenzgericht angenommen** wurden und ob der dem Insolvenzgericht entsprechend § 56a zugeleitete **Vorschlag ordnungsgemäß zustande gekommen** ist. Zweifel sind im Rahmen der zeitlichen Möglichkeiten aufzuklären. In jedem Fall ist der vorläufige Gläubigerausschuss auf formelle Bedenken des Insolvenzgerichts – auch nachträglich – hinzuweisen.

VII. Vorschlag des vorläufigen Gläubigerausschusses nach § 56a Abs. 1

§ 56a legt die Entscheidung über die Person des vorläufigen Insolvenzverwalters nicht in die Hände des vorläufigen Gläubigerausschusses, sondern gibt diesem nur die Berechtigung, dem Insolvenzgericht **eine bestimmte Person bzw. die an diese Person zu richtenden Anforderungen vorzuschlagen.** Die **Entscheidung** über die Person des vorläufigen Insolvenzverwalters liegt auch im Falle eines Vorschlags nach § 56a **in den Händen des Insolvenzgerichts,** dessen Ermessen durch § 56a Abs. 2 jedoch erheblich eingeschränkt wird. 23

1. Formfragen. Der Vorschlag eines vorläufigen Gläubigerausschusses schränkt das Ermessen des Insolvenzgerichts gem. § 56a Abs. 2 nur dann ein, wenn die entsprechende **Entscheidung des vorläufigen Gläubigerausschusses ordnungsgemäß zustande gekommen** ist. Hierzu ist in jedem Fall eine vorherige **Konstituierung** des vorläufigen Gläubigerausschusses notwendig, welche dem Insolvenzgericht zu dokumentieren ist. Des Weiteren bedarf es eines Beschlusses des vorläufigen Gläubigerausschusses, der nur dann auch ohne eine **gemeinsame, persönliche Beratung** als wirksam zustande gekommen angesehen werden kann, wenn die einstimmig beschlossene Geschäftsordnung des vorläufigen Gläubigerausschusses diese Möglichkeit ausdrücklich vorsieht. Daher ist auch die **Geschäftsordnung des vorläufigen Gläubigerausschusses** dem Insolvenzgericht mitzuteilen. Der Beschluss über den Vorschlag entsprechend § 56a ist dem Insolvenzgericht im Original oder in einer beglaubigten Abschrift zu übermitteln. 24

2. Vorschlag eines bestimmten Insolvenzverwalters. Entscheidet sich der vorläufige Gläubigerausschuss einstimmig für eine bestimmte Person, bedarf es einer weiteren **Begründung durch den vorläufigen Gläubigerausschuss** nicht. Die **Einstimmigkeit ist dem Insolvenzgericht zu belegen.** Stimmenthaltungen oder Abwesenheiten einzelner Mitglieder des vorläufigen Gläubigerausschusses verhindern eine Einstimmigkeit im Sinne des § 56a Abs. 2. Diese liegt nur dann vor, wenn alle eingesetzten Mitglieder des vorläufigen Gläubigerausschusses für dieselbe Person gestimmt haben. Die **vorgeschlagene Person ist mit vollem Namen und ladungsfähiger Anschrift** sowie mit den notwendigen Kontaktdaten zu benennen. Ein Vorschlag, der es dem Insolvenzgericht überlässt, herauszufinden, wer genau mit diesem Vorschlag gemeint ist, entfaltet nicht die Wirkung des § 56a Abs. 2. Vorschläge wie „Herr ... aus Berlin" oder „die Insolvenzverwalterin des Insolvenzverfahrens ..." sind insoweit unzureichend. Das Insolvenzgericht hat in einem solchen Fall den vorläufigen Gläubigerausschuss auf die Unzulänglichkeit des Vorschlags hinzuweisen, wenn die Umstände des Verfahrens einen erneuten Beschluss des vorläufigen Gläubigerausschusses möglich erscheinen lassen. 25

3. Vorschlag bestimmter Anforderungen. Der vorläufige Gläubigerausschuss ist nicht gezwungen, dann, wenn eine Einstimmigkeit zur Person des vorläufigen Insolvenzverwalters nicht erzielbar ist, ein **Anforderungsprofil** im Sinne des § 56a durch einen Mehrheitsbeschluss zu bestimmen. Im Rahmen der Anhörung nach § 56a Abs. 1 kann der vorläufige Gläubigerausschuss dem Insolvenzgericht auch mitteilen, dass weder eine einstimmige Benennung einer Person noch der Vorschlag eines Anforderungsprofil erfolgt. **Einer Begründung bedarf dies nicht.** Daneben schließt eine einstimmige Benennung einer Person einen Vorschlag eines Anforderungsprofils nicht aus. Gerade für den Fall, dass das Insolvenzgericht von dem einstimmigen Vorschlag zur Person des vorläufigen Insolvenzverwalters gem. § 56a Abs. 2 Satz 1 abweichen sollte, ist es zulässig und sinnvoll, durch den vorläufigen Gläubigerausschuss zusätzlich ein Anforderungsprofil zu beschließen. 26

Die bei einer Abstimmung an dem Einstimmigkeitserfordernis gescheiterte Mehrheit des vorläufigen Gläubigerausschusses kann ein **Anforderungsprofil** vorschlagen und zur Abstimmung stellen, welches **zumeist auf die Person zugeschnitten** ist, welche zuvor von der Mehrheit als vorläufiger Insolvenzverwalter zur Wahl gestellt wurde. Über diesen Weg hat die Mehrheit des vorläufigen Gläubigerausschusses die Möglichkeit, die Ermessensentscheidung des Insolvenzgerichts bei Beachtung der Vorgaben zu den Anforderungen an einen (vorläufigen) Insolvenzverwalter gem. § 56a Abs. 2 Satz 2 auf wenige oder auch nur eine bestimmte Person einzuengen bzw. festzulegen. Voraussetzung hierfür ist es, dass die durch einen formellen Beschluss des (vorläufigen) Gläubigerausschusses benannten Anforderungen an die Person des (vorläufigen) Insolvenzverwalters einerseits genau genug sind, um sich in der Person des gewünschten (vorläufigen) Insolvenzverwalters widerzuspiegeln, 27 andererseits gleichwohl noch als **Anforderungen im Sinne des § 56a** verstanden werden können und **nicht etwa nur als Umschreibung einer bestimmten Person.**

28 Ein vom vorläufigen Gläubigerausschuss gem. § 56a Abs. 1 beschlossene Anforderungsprofil darf nur solche **Anforderungen** enthalten, die **mit dem Gesetz übereinstimmen** bzw. **von der Rechtsprechung nicht als unzulässig verworfen** worden sind. Auch eine Entscheidung des vorläufigen Gläubigerausschusses nach § 56a Abs. 1 ist nicht in der Lage, die Anforderungen an einen Insolvenzverwalter nach § 56 Abs. 1 abzuändern oder aufzuweichen.

29 Für das Anforderungsprofil im Sinne des § 56a Abs. 1 kommen alle **aus dem Verfahren heraus stammende Anforderungen** aufgrund etwaiger **Besonderheiten des Insolvenzschuldners,** seines Geschäftsbetriebs, des Umfeld des Insolvenzschuldners und seiner Tätigkeit und spiegelbildlich die dadurch **an einen (vorläufigen Insolvenzverwalters) zu richtenden Anforderungen an seine Fähigkeiten und Erfahrungen** in Betracht. Der diesbezügliche Beschluss des vorläufigen Gläubigerausschusses bedarf keiner zwingenden Begründung, welche gleichwohl insbesondere zur evtl. Erläuterung sinnvoll sein kann.

30 Das vom vorläufigen Gläubigerausschuss vorgeschlagene Anforderungsprofil muss derartig sein, dass es erlaubt, aus der Menge der grundsätzlich für das Amt in Betracht kommenden Personen entsprechend der Vorauswahlliste dieses Gerichts, aber auch über diese Personen hinaus, Personen herauszusuchen, die diesem Anforderungsprofil entsprechen bzw. umgekehrt ermöglicht, andere Personen mangels Erfüllung der Anforderungen auszuschließen. Dies ist nur dann möglich, wenn die **Anforderungskriterien klar festgelegt werden und keiner weiteren Umschreibung benötigen.** Kriterien wie *„Insolvenzerfahrung", „Sanierungsfreudig"* oder *„Ortsnaher Bürositz"* sind insoweit **wertlose Leerformeln,** welche jedoch durch konkretere Anforderungen wie *„Seit mindestens 5 Jahren als Insolvenzverwalter tätig", „Nachweis der Sanierung von mindestens 3 Unternehmen im Rahmen eines Insolvenzverfahrens"* oder *„Bürositz im Bezirk des Insolvenzgerichts"* ersetzt werden können. Als **geeignete Grundanforderung** könnte es angesehen werden, dass der zu bestellende Insolvenzverwalter generell erklärt haben muss, bestimmte **Berufsgrundsätze,** beispielsweise die **GOI des Verbands Insolvenzverwalter Deutschlands e. V.,** zu beachten.

31 Die Bestimmung sinnvoller Anforderungen im Sinne des § 56a wird einem vorläufigen Gläubigerausschuss nur dann möglich sein, wenn er die hierfür **notwendigen Informationen aus dem Bereich des Insolvenzschuldners** besitzt. Der vorläufige Gläubigerausschuss ist daher als berechtigt anzusehen, die **Verfahrensakte einzusehen** und **Fragen an den Insolvenzschuldner und das Insolvenzgericht** zu stellen. Eine Verpflichtung des Insolvenzschuldners, diese Fragen zu beantworten besteht nicht. Der vorläufige Gläubigerausschuss ist damit auch nicht in der Lage, durch evtl. Zwangsmittel eine Beantwortung zu erzwingen. Das Insolvenzgericht hat diesbezügliche Fragen des vorläufigen Gläubigerausschusses zu beantworten. Da der Informationsstand des Insolvenzgerichts regelmäßig der Verfahrensakte zu entnehmen ist, dürften sich entsprechende Anfragen des vorläufigen Gläubigerausschusses mehr auf Erläuterungen als auf neue Informationen richten. Eine Verpflichtung zu Ermittlungen des Insolvenzgerichts für den vorläufigen Gläubigerausschuss besteht nicht.

32 **4. Behandlung fehlerhafter oder unzureichender Vorschläge.** Im Rahmen der Anhörung kann das Insolvenzgericht dem vorläufigen Gläubigerausschuss **Hinweise** erteilen, welche **Anforderungen an die Vorschläge nach § 56a Abs. 1** zu stellen sind. Eine detaillierte Belehrung über die Aufgaben und Pflichten eines vorläufigen Gläubigerausschusses obliegt dem Insolvenzgericht jedoch nicht. Diese müssen den Mitgliedern bekannt sein, welche sich vor der Entscheidung einer Übernahme dieses Amtes rechtlich beraten lassen können. Beschließt der vorläufige Gläubigerausschuss **Anforderungen** an den vorläufigen Insolvenzverwalter, welche **gegen die Regelung des § 56 Abs. 1 verstoßen** oder welche als **Leerformeln** keine Auswirkung auf die Entscheidung des Insolvenzgerichts haben können, hat das Insolvenzgericht den vorläufigen Gläubigerausschuss auf diese Mängel hinzuweisen, wenn es entsprechend seiner grundlegenden Prüfung mit der Anordnung der vorläufigen Verwaltung und der Bestellung eines (vorläufigen) Insolvenzverwalters ausreichend lange zuwarten kann, um dem vorläufigen Gläubigerausschuss Gelegenheit zu geben, zu beraten und einen neuen Beschluss zu fassen. Besteht hierfür keine Zeit mehr, da das Insolvenzgericht befürchten muss, dann nunmehr **nachteilige Veränderungen in der Vermögenslage** eintreten können, hat das Insolvenzgericht die notwendigen Anordnungen sofort zu treffen und den vorläufigen Gläubigerausschuss nachträglich auf die Mängel seines Beschlusses hinzuweisen. Gleiches gilt für die Fälle eines mangelhaften Vorschlags einer bestimmten Person gem. § 56a Abs. 1.

33 Enthält das Anforderungsprofil des vorläufigen Gläubigerausschusses unzulässige oder wegen der Verwendung von Leerformeln **wirkungslose Anforderungen,** werden die **daneben vorgegebenen wirksamen Anforderungen nicht berührt.** Zwar wird der vorläufige Gläubigerausschuss die verschiedenen Anforderungen aufeinander abgestimmt haben, sodass einzelne Anforderungsaspekte

auf andere Aspekte einwirken oder diese bedingen, doch rechtfertigt es diese Gesamtschau nicht, das gesamte Anforderungspaket aus Acht zu lassen, wenn nur einzelne Punkte gegen § 56 Abs. 1 verstoßen oder leer laufen.

VIII. Bindung des Insolvenzgerichts an die Vorgaben des vorläufigen Gläubigerausschusses

Ziel des § 56a ist es, die Ermessensentscheidung des Insolvenzgerichts hinsichtlich der Person des vorläufigen Insolvenzverwalters durch die Entscheidungen des vorläufigen Gläubigerausschusses zu ersetzen oder zumindest einzuschränken. Entsprechend dieser gesetzgeberischen Vorgabe sind die Möglichkeiten des Insolvenzgerichts, von entsprechenden Beschlüssen eines vorläufigen Gläubigerausschusses nach § 56a Abs. 1 abzuweichen, eng auszulegen. Auch dann, wenn die am Interesse aller Gläubiger orientierte Entscheidung des Insolvenzgerichts zu einem anderen Ergebnis als die Vorgaben des nur einen Teil der Gläubigerschaft repräsentierenden vorläufigen Gläubigerausschusses führen sollten, ist den **Vorgaben des vorläufigen Gläubigerausschusses nach § 56a Abs. 1 immer dann der Vorzug zu geben, wenn kein Verstoß gegen § 56 Abs. 1 vorliegt.** Denn auch der vorläufige Gläubigerausschuss hat wie das Insolvenzgericht im Interesse aller Insolvenzgläubiger zu entscheiden. Daher findet über die Regelung des § 56a nur eine teilweise Verlagerung der Entscheidungskompetenz statt, welche durch das Insolvenzgericht als gesetzgeberische Entscheidung zu respektieren ist. Nur ein Verstoß dieser Vorgaben gegen § 56 Abs. 1 rechtfertigt es, die Vorgaben eines vorläufigen Gläubigerausschusses aus Acht zu lassen. 34

1. Überprüfungsmöglichkeiten des Insolvenzgerichts bezüglich der Entscheidung des vorläufigen Gläubigerausschusses. Das Insolvenzgericht ist berechtig und verpflichtet, die **Formalien der Entscheidung des vorläufigen Gläubigerausschusses** zu überprüfen. Hierzu gehört die Prüfung, ob die Mitglieder des vorläufigen Gläubigerausschusses das vom Insolvenzgericht an sie herangetragene Amt vor einer Beschlussfassung angenommen haben. Hierfür ist eine ausdrückliche und unbedingte Erklärung an das Insolvenzgericht notwendig. Diese muss dem Insolvenzgericht vor einem Tätigwerden im vorläufigen Gläubigerausschuss zugegangen sein. Das Insolvenzgericht hat weiter zu prüfen, ob sich der vorläufige Gläubigerausschuss ordnungsgemäß konstituiert hat, wozu eine gleichzeitige Versammlung aller Mitglieder des vorläufigen Gläubigerausschusses an einem Ort notwendig ist. In dieser Gründungsversammlung kann sich der vorläufige Gläubigerausschuss eine Geschäftsordnung geben, welche es u.a. vorsehen kann, Entscheidungen in einem sog. Umlaufverfahren zu treffen, um Reisen zu weiteren Versammlungen vermeiden zu können. Zu prüfen ist auch, ob die in der Versammlung anwesenden Personen bzw. die einen Beschluss tragenden Personen tatsächlich die Personen des vorläufigen Gläubigerausschusses sind. Natürliche Personen als Mitglieder eines vorläufigen Gläubigerausschusses können sich wegen der **Höchstpersönlichkeit des Amtes** nicht vertreten lassen.[2] Juristische Personen werden durch ihre Organe und durch Personen mit Vertretungsmacht vertreten.[3] 35

Im Falle des Vorschlags einer bestimmten Person hat das Insolvenzgericht zu prüfen, ob tatsächlich eine **Einstimmigkeit der Mitglieder des vorläufigen Gläubigerausschusses** vorliegt. Im Falle des Vorschlags eines Anforderungsprofils ist die **Erreichung einer Mehrheit** zu prüfen. 36

Schlägt der vorläufige Gläubigerausschuss dem Insolvenzgericht einstimmig eine **bestimmte Person** für das Amt als vorläufiger Insolvenzverwalter vor, hat das Insolvenzgericht zu prüfen, ob **Gründe im Sinne des § 56 Abs. 1 vorliegen, welche eine Bestellung dieser Person entgegenstehen.** Es ist in einem solchen Fall nicht zu prüfen, ob die vorgeschlagene Person unter Berücksichtigung der Umstände des konkreten Einzelfalls als bestmögliche oder auch nur gute Wahl zu beurteilen ist. Der Prüfungsumfang betrifft allein die Klärung, ob unter Berücksichtigung der Vorgaben des § 56 Abs. 1 die vom vorläufigen Gläubigerausschuss vorgeschlagene Person bestellbar wäre oder nicht. **Hindert § 56 Abs. 1 eine Bestellung dieser Person nicht, ist eine Bestellung vorzunehmen, vorbehaltlich der Erklärung dieser Person, das Amt auch annehmen zu wollen.** 37

Enthalten die vom vorläufigen Gläubigerausschuss beschlossenen Anforderungen an den Verwalter nach § 56a Abs. 1 Kriterien, welche gegen § 56 Abs. 1 verstoßen, sind diese **einzelnen Anforderungen außer Betracht zu lassen.** Die anderen Anforderungen sind gem. § 56a Abs. 2 Satz 2 bei der Auswahl des Insolvenzverwalters durch das Insolvenzgericht zugrunde zu legen. Leerformeln innerhalb der Anforderungen sind ebenfalls außer Acht zu lassen. Sie müssen nicht durch das Insolvenzgericht etwa so gefüllt oder umgeformt werden, wie es vielleicht einer vernünftigen und sachgerechten Entscheidung des vorläufigen Gläubigerausschusses entsprochen hätte. 38

---

[2] *Jaeger/Gerhardt* § 67 RdNr. 13.
[3] BGH NJW 1994, 453; *Jaeger/Gerhardt* § 67 RdNr. 13; MünchKommInsO-*Schmid-Burgk* § 67 RdNr. 18.

39 **2. Abweichung von einem Vorschlag eines bestimmten Insolvenzverwalters, Abs. 2 Satz 1.** Das Insolvenzgericht hat die vom vorläufigen Gläubigerausschuss einstimmig vorgeschlagene Person zum Insolvenzverwalter zu bestellen, wenn der Beschluss ordnungsgemäß zustande gekommen und wirksam ist, die vorgeschlagene Person den Kriterien des § 56 Abs. 1 genügt, keine Gründe im Sinne des § 56 Abs. 1 eine Bestellung ausschließen und die vorgeschlagene Person bereit ist, das Amt eines Insolvenzverwalters zu übernehmen. Die **Bereitschaft** ist gegebenenfalls vorab durch das Insolvenzgericht zu ermitteln. Ob die einstimmig vorgeschlagene Person auf einer **Vorauswahlliste eines Insolvenzgerichts** steht, ist hingegen gleichgültig.

40 **Andere Gründe als eine Ungeeignetheit** zur Übernahme des Verwalteramtes darf das Insolvenzgericht nicht berücksichtigen. Auch wenn das Insolvenzgericht der Ansicht ist, bestimmte Anforderungen wären in dem konkreten Verfahren allgemein an einen Insolvenzverwalter zu stellen, ist es nicht berechtigt, die Entscheidung über die Bestellung der einstimmig vorgeschlagenen Person von der Erfüllung dieser Anforderung abhängig zu machen.[4]

41 Die Prüfung der Eignung der vom vorläufigen Gläubigerausschuss vorgeschlagenen Person wird zumeist unter dem Zeitdruck einer zeitnah vorzunehmenden Anordnung einer vorläufigen Verwaltung bzw. Eröffnung des Insolvenzverwalters vorzunehmen sein. Hat das Insolvenzgericht **konkrete Anhaltspunkte,** die gegen die Eignung der vorgeschlagenen Person sprechen, so muss es diesen **nachgehen und versuchen, diese schnellstmöglich zu klären.** Ist dies nicht möglich, hat das Insolvenzgericht abzuwägen, ob diese Anhaltspunkte unter Berücksichtigung des Vorschlages des vorläufigen Gläubigerausschusses eine Bestellung und eine nachfolgende Klärung erlauben oder ob diese dergestalt sind, dass es eine Nichtaufklärbarkeit zu diesem Zeitpunkt rechtfertigt, entgegen dem Vorschlag des vorläufigen Gläubigerausschusses eine andere Person zu bestellen. Das Insolvenzgericht wird in einem solchen Fall den ihm zur Verfügung stehenden Zeitraum für schnellstmögliche Ermittlungen ausnützen müssen und insbesondere die vorgeschlagene Person über die nachteiligen Anhaltspunkte informieren müssen, damit diese eine kurzfristige Klärung herbeiführen kann.

42 Ist eine **Klärung nicht möglich** und sind die Anhaltspunkte derartig, dass eine **Abweichung von dem Vorschlag des vorläufigen Gläubigerausschusses notwendig** erscheint, ist eine **andere, geeignete Person zu bestellen.** Bei Bestellung eines anderen Insolvenzverwalters sind die **Gründe für eine Abweichung** von dem einstimmigen Vorschlag des vorläufigen Gläubigerausschusses gem. § 27 Abs. 2 Nr. 5 ohne Nennung des Namens der vorgeschlagenen Person im Eröffnungsbeschluss anzugeben. Weicht die Bestellung eines vorläufigen Insolvenzverwalters von einem vorherigen, einstimmigen Vorschlag des vorläufigen Gläubigerausschusses ab, ist der Beschluss über die Anordnung der vorläufigen Verwaltung mit einer Begründung zu versehen, aus der sich die Gründe für eine Abweichung des Insolvenzgerichts ergibt. Obwohl diese Entscheidung des Insolvenzgerichts keinem Rechtsmittel des vorläufigen Gläubigerausschusses unterliegt, ist diese mit einer **gesonderten Begründung** zu versehen, welche dem vorläufigen Gläubigerausschuss formlos bekannt zu machen ist. Nur bei einer Darlegung der Gründe des Insolvenzgerichts für seine Abweichung von dem einstimmigen Vorschlag des vorläufigen Gläubigerausschusses kann die Entscheidung eine Akzeptanz erwarten. In diesen Verfahren wird der vorläufige Gläubigerausschuss vor einer Eröffnung des Insolvenzverfahrens und einer Bestellung eines Insolvenzverwalters erneut anzuhören sein. Eine Ermöglichung einer Auseinandersetzung mit den Gründen des Insolvenzgericht durch den vorläufigen Gläubigerausschuss wird hilfreich sein, um zu vermeiden, dass das Insolvenzgericht erneut den einstimmigen Vorschlag des vorläufigen Gläubigerausschusses übergehen muss.

43 **3. Abweichung von den vom vorläufigen Gläubigerausschuss vorgegebenen Anforderungen.** § 56a Abs. 2 Satz 1 sieht eine Möglichkeit des Insolvenzgerichts vor, von dem Vorschlag der vorläufigen Gläubigerausschusses dann abweichen zu können, wenn die einstimmig vorgeschlagene Person für die Übernahme des Amtes nicht geeignet ist. Hinsichtlich des Vorschlags **bestimmter Anforderungen** an den Verwalter enthält § 56a Abs. 2 Satz 2 **keine Berechtigung des Insolvenzgerichts, diese seiner Auswahlentscheidung nicht zugrunde zu legen.** Die Nichterwähnung einer solchen Möglichkeit bedeutet jedoch nicht, dass das Insolvenzgericht in jedem Fall an alle Anforderungskriterien des vorläufigen Gläubigerausschusses gebunden wäre. Ebenso, wie das Insolvenzgericht bei einem Bestellungshindernis nach § 56 Abs. 1 die einstimmig vorgeschlagene Person nicht zum Insolvenzverwalter zu bestellen hat, sind auch **Anforderungskriterien, welche der Regelung des § 56 Abs. 1 entgegenlaufen, für das Insolvenzgericht nicht bindend.** Das Insolvenzgericht braucht dabei einzelne, unwirksame Anforderungen nicht durch andere, der vermuteten Intention des vorläufigen Gläubigerausschusses entsprechende Anforderungen ersetzen. In einem solchen Fall hat das Insolvenzgericht zumindest nach seiner Bestellungsentscheidung den vorläufigen Gläubigerausschuss auf die teilweise Abwei-

---

[4] Anders AG Hamburg ZInsO 2011, 2337, welches meint, die Erfüllung weiterer Anforderungen verlangen zu können.

chung von dem vorgegebenen Anforderungsprofil hinzuweisen und seine Gründe hierfür darzulegen, damit der vorläufige Gläubigerausschuss bei einer evtl. späteren Entscheidung ein evtl. neues Anforderungsprofil beschließen kann.

4. Ergänzung der Anforderungen durch das Insolvenzgericht. Der vorläufige Gläubigerausschuss ist berechtigt, jedoch nicht verpflichtet, dem Insolvenzgericht ein geeignetes Anforderungsprofil vorzuschlagen. Wenn dabei Anforderungen, welche sich aus dem konkreten Verfahren ergeben nicht in einem solchen Anforderungsprofil aufgenommen werden, ist dies für die Wirksamkeit und eine Bindung des Insolvenzgerichts entsprechend § 56a Abs. 2 Satz 2 unbeachtlich. Der vorläufige Gläubigerausschuss kann sich auf einen Vorschlag einzelner, insgesamt evtl. nicht ausreichender Anforderungen beschränken. Soweit dies für eine sachgerechte Auswahl des Insolvenzverwalters durch das Insolvenzgericht notwendig ist, kann das **Insolvenzgericht** das Anforderungsprofil des vorläufigen Gläubigerausschusses **durch geeignete weitere Anforderungen ergänzen,** so diese nicht im Widerspruch zu dem Anforderungsvorschlag des vorläufigen Gläubigerausschusses stehen.

D. Entscheidung des Insolvenzgerichts und Begründung

I. Ermessenseinschränkung des Insolvenzgerichts durch § 56a Abs. 2 Satz 1

Die Regelung des § 56a Abs. 2 Satz 1 stellt eine **Ermessenseinschränkung des Insolvenzgerichts** im Rahmen der Bestimmung des (vorläufigen) Insolvenzverwalters dar. Nur unter der **strengen Voraussetzung,** dass das Insolvenzgericht die von dem vorläufigen Gläubigerausschuss einstimmig vorgeschlagene Person für die Übernahme des Amtes als nicht geeignet ansieht, darf das Insolvenzgericht eine andere Person als die vorgeschlagene zum Insolvenzverwalter bestellen. Andere Gründe als eine Ungeeignetheit zur Übernahme des Verwalteramtes beseitigen die mit § 56a Abs. 2 Satz 1 beabsichtigte Ermessenseinschränkung nicht.

II. Vorgaben zur Ermessensorientierung durch § 56a Abs. 2 Satz 2

Liegt ein einstimmiger Vorschlag des vorläufigen Gläubigerausschusses zur Person des (vorläufigen) Insolvenzverwalters nicht vor oder ist die vorgeschlagene Person als ungeeignet anzusehen, ist das Auswahlermessen des Insolvenzgerichts hinsichtlich der Person des Insolvenzverwalters nicht mehr eingeschränkt. Gem. § 56a Abs. 2 Satz 2 hat sich das Insolvenzgericht jedoch bei seiner **Auswahlentscheidung an den vom vorläufigen Gläubigerausschuss beschlossenen Anforderungen zu orientieren.** Von diesen Anforderungen kann das Insolvenzgericht nur dann abweichen, wenn einzelne oder sämtliche Anforderungskriterien gegen die in § 56 Abs. 1 normierten gesetzlichen Anforderungen an einen Insolvenzverwalter verstoßen.

Die Pflicht, gem. § 56a Abs. 2 Satz 2 das vom vorläufigen Gläubigerausschuss beschlossene Anforderungsprofil der Auswahlentscheidung zugrunde zu legen, besteht auch dann, wenn es **erkennbar zu einer Bestellung eines nicht optimalen Insolvenzverwalters führen würde.** Das Insolvenzgericht kann das Anforderungsprofil durch weitere Anforderungen ergänzen, was jedoch im Ergebnis nicht dazu führen darf, dass einzelne oder sämtliche Vorgaben des vorläufigen Gläubigerausschusses faktisch außer Kraft gesetzt werden.

III. Begründung der Auswahlentscheidung bei einer Abweichung von einem Vorschlag eines bestimmten Insolvenzverwalters

Für den besonderen Fall, dass das Insolvenzgericht **von einem einstimmigen Vorschlag** zur Person des Insolvenzverwalters des eröffneten Insolvenzverfahrens **abweicht,** sieht § 27 Abs. 2 Nr. 5 vor, dass der **Beschluss über die Eröffnung des Insolvenzverfahrens die Gründe zu enthalten hat, aus denen das Insolvenzgericht von dem einstimmigen Vorschlag des vorläufigen Gläubigerausschusses abgewichen ist.** Der Name der vorgeschlagenen Person ist dabei nicht zu benennen. Der Eröffnungsbeschluss muss daher eine für die Mitglieder des vorläufigen Gläubigerausschusses nachvollziehbare Begründung für die nach § 56a Abs. 2 Satz 1 nur ausnahmsweise mögliche Abweichung des Insolvenzgerichts enthalten.

Die besondere Wirkung des Eröffnungsbeschlusses und der für die Entscheidung teilweise nur begrenzt zur Verfügung stehenden Zeitrahmen wird es teilweise bedingen, dass die Begründung nach § 27 Abs. 2 Nr. 5 auf die wesentlichen Punkte beschränkt bleiben muss. Dem Insolvenzgericht steht es jedoch frei, die Begründung nach § 27 Abs. 2 Nr. 5 durch **weitere Erläuterungen außer-**

halb eines Eröffnungsbeschlusses zu ergänzen. Eine solche Ergänzung ersetzt jedoch weder die Begründung im Eröffnungsbeschluss noch darf sie Argumente enthalten, welche nicht im Eröffnungsbeschluss enthalten sind.

50 Über § 21 Abs. 2 Nr. 1 gilt die Regelung des § 56a auch für die **Bestellung des vorläufigen Insolvenzverwalters.** Lehnt das Insolvenzgericht gem. § 56a Abs. 2 Satz 1 die Bestellung der vom vorläufigen Gläubigerausschuss vorgeschlagene Person zum vorläufigen Insolvenzverwalter ab, ist **eine zwingende Begründung** in dem Bestellungsbeschluss nach § 23 **nicht analog § 27 Abs. 2 Nr. 5** vorzunehmen. Der Gesetzgeber hat sich für eine gesetzliche Verpflichtung des Insolvenzgerichts zur Begründung seiner Abweichung nur für den Fall einer Abweichung von einem einstimmigen Vorschlag des vorläufigen Gläubigerausschusses zur Person des Insolvenzverwalters und nur für den Fall der Bestellung eines Insolvenzverwalters in der Eröffnung des Insolvenzverfahrens entschieden. Von der Möglichkeit, in § 23 eine Begründungspflicht wie in § 27 Abs. 2 Nr. 5 aufzunehmen, hat der Gesetzgeber keinen Gebrauch gemacht. Dementsprechend ist eine Veröffentlichung der Begründung für eine abweichende Auswahl nicht notwendig.

51 Die bei der Bestellung eines vorläufigen Insolvenzverwalters zu unterlassende Veröffentlichung der Begründung für eine Abweichung bedeutet jedoch nicht, dass die Bestellung einer anderen als die vom vorläufigen Gläubigerausschuss vorgeschlagene Person nicht begründungspflichtig wäre. Auch ohne eine besondere gesetzliche Anordnung wie in § 27 Abs. 2 Nr. 5 und auch ohne dass diese Entscheidung des Insolvenzgerichts einem eigenen Rechtsmittel unterliegen würde, ergibt sich ein **indirekter Begründungszwang** bereits aus § 56a Abs. 2 Satz 1. Nach dieser Regelung ist die Bestellung der vom vorläufigen Gläubigerausschuss vorgeschlagenen Person als Regelfall anzusehen. In dem Ausnahmefall einer zulässigen Abweichung der Entscheidung des Insolvenzgerichts von der Vorgabe des vorläufigen Gläubigerausschusses hat das Insolvenzgericht **zu dokumentieren, dass es die Verpflichtung entsprechend § 56a Abs. 2 Satz 1 erkannt hat und mit welcher Begründung eine Abweichung ausnahmsweise möglich war.** Ohne eine solche Begründung, welche nicht zwingend der Form eines Beschlusses bedarf, wäre die abweichenden Entscheidung des Insolvenzgerichts mit dem Makel des Verdachts einer willkürlichen Entscheidung versehen.

52 Auch der Respekt gegenüber dem vorläufigen Gläubigerausschuss als dem zu diesem Zeitpunkt einzigem Organ der zukünftigen Insolvenzgläubiger verlangt es, eine abweichende Entscheidung mit einer nachvollziehbaren Begründung zu versehen und die Mitglieder des vorläufigen Gläubigerausschusses über die Entscheidung und deren Begründung gesondert zu informieren. Zwar sieht § 23 eine **Zustellung des Beschlusses über die Anordnung einer vorläufigen Insolvenzverwaltung an die Mitglieder eines eingesetzten vorläufigen Gläubigerausschusses** nicht vor, doch dürfte sich die Nichtergänzung des § 23 Abs. 1 Satz 2 (und ebenso der § 30 Abs. 2) um eine Anordnung einer besonderen Zustellung an die Mitglieder eines eingesetzten vorläufigen Gläubigerausschusses als bloßer Fehler des Gesetzgebers herausstellen und sinnvollerweise zukünftig abgeändert werden. Bis dahin sollte auch der Beschluss über die Anordnung der vorläufigen Verwaltung mit der Benennung des vorläufigen Insolvenzverwalters an die Mitglieder des vorläufigen Gläubigerausschusses zugestellt und zumindest um eine formlose Begründung im Falle einer Abweichung vom Personenvorschlag des vorläufigen Gläubigerausschusses versehen werden.

IV. Begründung der Auswahlentscheidung bei einer Abweichung von der Vorgabe bestimmter Anforderungen

53 Einen Begründungszwang für den Fall der Abweichung des Insolvenzgerichts von dem Anforderungsprofil des vorläufigen Gläubigerausschusses sieht weder § 56a noch § 27 Abs. 2 Nr. 5 bei der Bestellung des Insolvenzverwalters vor. Für den Fall einer Abweichung bei der Bestellung eines vorläufigen Insolvenzverwalters gilt § 27 Abs. 2 Nr. 5 auch nicht im Wege einer analogen Anwendung.

54 Die Beschränkung der Begründungspflicht in § 27 Abs. 2 Nr. 5 auf den Fall der Abweichung von einem einstimmigen Personenvorschlag des vorläufigen Gläubigerausschusses bedeutet jedoch nicht, dass eine Abweichung vom dem vom vorläufigen Gläubigerausschuss vorgeschlagenen Anforderungsprofil nicht begründungspflichtig wäre. Auch ohne eine besondere gesetzliche Anordnung wie in § 27 Abs. 2 Nr. 5 und auch ohne dass diese Entscheidung des Insolvenzgerichts einem eigenen Rechtsmittel unterliegen würde, ergibt sich ein **indirekter Begründungszwang aus der besonderen Stellung des vorläufigen Gläubigerausschusses** im Verfahren. Dieser hat entsprechend § 56a besondere Rechte im Rahmen der Auswahl des (vorläufigen) Insolvenzverwalters. Da die Umsetzung der Vorschläge des vorläufigen Gläubigerausschusses allein dem Insolvenzgericht obliegt, hat dieses in geeigneter Weise zu dokumentieren, dass es die Vorschläge des vorläufigen Gläubigerausschusses nach § 56a Abs. 1 berücksichtigt hat und evtl. aufgrund welcher Umstände diese nicht entsprechend § 56a Abs. 2 vollständig in die

gerichtliche Entscheidung eingeflossen sind. Ohne eine solche Begründung, welche nicht zwingend der Form eines Beschlusses bedarf, wäre die abweichenden Entscheidung des Insolvenzgerichts mit dem Makel des Verdachts einer willkürlichen Entscheidung versehen.

Auch der Respekt gegenüber dem vorläufigen Gläubigerausschuss als dem zu diesem Zeitpunkt einzigem Organ der zukünftigen Insolvenzgläubiger verlangt es, eine **abweichende Entscheidung mit einer nachvollziehbaren Begründung zu versehen** und die Mitglieder des vorläufigen Gläubigerausschusses über die Entscheidung und deren Begründung gesondert zu informieren. Zwar sieht § 23 eine Zustellung des Beschlusses über die Anordnung einer vorläufigen Insolvenzverwaltung an die Mitglieder eines eingesetzten vorläufigen Gläubigerausschusses nicht vor, doch dürfte sich die Nichtergänzung des § 23 Abs. 1 Satz 2 (und ebenso der § 30 Abs. 2) um eine Anordnung einer besonderen Zustellung an die Mitglieder eines eingesetzten vorläufigen Gläubigerausschusses als bloßer Fehler des Gesetzgebers herausstellen und sinnvollerweise zukünftig abgeändert werden. Bis dahin sollte auch der Beschluss über die Anordnung der vorläufigen Verwaltung mit der Benennung des vorläufigen Insolvenzverwalters an die Mitglieder des vorläufigen Gläubigerausschusses zugestellt und zumindest um eine formlose Begründung im Falle einer Abweichung von dem vom vorläufigen Gläubigerausschuss vorgeschlagenen Anforderungsprofil versehen werden.

V. Begründung bei Übernahme der Vorschläge des vorläufigen Gläubigerausschusses

Eine Begründung ist für den Fall der **Übernahme der Vorschläge des vorläufigen Gläubigerausschusses zur Person des (vorläufigen) Insolvenzverwalters** bzw. zu den an diesen zu richtenden Anforderungen durch das Insolvenzgericht **nicht notwendig**. Es kann jedoch auch bei einer Übernahme des Anforderungsprofils sinnvoll sein, die Auswahl gegenüber dem vorläufigen Gläubigerausschuss zu erläutern, um insbesondere zu verdeutlichen, dass der bestellte Verwalter den Auswahlkriterien entspricht.

E. Ersetzungsrecht des vorläufigen Gläubigerausschusses, § 56a Abs. 3

Die **Auswahlentscheidung des Insolvenzgerichts** zur Person des (vorläufigen) Insolvenzverwalters ist entsprechend § 56a Abs. 3 **ausnahmsweise in dem Fall durch eine Entscheidung des vorläufigen Gläubigerausschusses abänderbar,** dass das Insolvenzgericht von einer Anhörung des vorläufigen Gläubigerausschusses gem. § 56a Abs. 1 abgesehen hat, um eine **nachteilige Veränderung** der Vermögenslage des Insolvenzschuldners zu vermeiden.

I. Voraussetzung: Nichtanhörung mit Rücksicht auf nachteilige Veränderungen

Die Möglichkeit des vorläufigen Gläubigerausschusses nach § 56a Abs. 3, die gerichtliche Auswahlentscheidung durch eine einstimmige Entscheidung abzuändern besteht nur für den besonderen Fall, dass das **Insolvenzgericht mit Rücksicht auf eine nachteilige Veränderung der Vermögenslage des Insolvenzschuldners von einer Anhörung nach § 56a Abs. 1 abgesehen hat**. Andere Konstellationen führen nicht zu einer Berechtigung des vorläufigen Gläubigerausschusses, die gerichtliche Entscheidung zur Auswahl des (vorläufigen) Insolvenzverwalters abzuändern.

Daher kommt ein Ersetzungsrecht nach § 56a Abs. 3 nur dann in Betracht, wenn **zum Zeitpunkt der Bestellung des (vorläufigen) Insolvenzverwalters ein vorläufiger Gläubigerausschuss nach § 22a bereits bestellt worden** ist. Erfolgte die Bestellung eines vorläufigen Gläubigerausschusses nach § 22a erst nach einer Anordnung einer vorläufigen Verwaltung und der Bestellung eines vorläufigen Insolvenzverwalters, konnte das Insolvenzgericht eine Anhörung nach § 56a Abs. 1 mangels Existenz eines vorläufigen Gläubigerausschusses nicht vornehmen. Daher fehlt es in einem solchen Fall an der Voraussetzung des § 56a Abs. 3, dass das Insolvenzgericht von einer möglichen Anhörung abgesehen hat.

Einem **erst nach einer Bestellung eines vorläufigen Insolvenzverwalters eingesetzten vorläufigen Gläubigerausschuss** steht ein Ersetzungsrecht nach § 56a Abs. 3 hinsichtlich des vorläufigen Insolvenzverwalters unabhängig davon nicht zu, aus welchem Grund die Einsetzung erst nach der Bestellung des vorläufigen Insolvenzverwalters erfolgte. Die Gründe dafür, dass das Insolvenzgericht auf die Einsetzung eines vorläufigen Gläubigerausschusses verzichtet hat, können unterschiedlich sein. Evtl. stand der Einsetzung eines zwingenden vorläufigen Gläubigerausschusses nach § 22a Abs. 1 ein Hinderungsgrund nach § 22a Abs. 3 entgegen oder der Antrag zur Einsetzung eines fakultativen vorläufigen Gläubigerausschusses nach § 22a Abs. 2 wurde erst nach Anordnung der vorläufigen Verwaltung gestellt. In beiden Fällen steht einem dann doch eingesetzten vorläufigen

Gläubigerausschuss **kein Ersetzungsrecht** gem. § 56a Abs. 3 zu, da die Nichtanhörung des erst später entstandenen vorläufigen Gläubigerausschusses in jedem Fall nicht darauf beruht, dass das Insolvenzgericht mit Rücksicht auf eine nachteilige Veränderung der Vermögenslage des Insolvenzschuldners von einer ihm möglichen Anhörung abgesehen hat.

61 Ein Anhörungsrecht eines erst nach der Bestellung des vorläufigen Insolvenzverwalters eingesetzten vorläufigen Gläubigerausschusses nach § 56a Abs. 3 besteht auch nicht in den Fällen, in denen nach § 22a Abs. 1 ein zwingender **vorläufiger Gläubigerausschuss** oder entsprechend § 22a Abs. 2 ein fakultativer vorläufiger Gläubigerausschuss gem. § 22a Abs. 3 3. Alt. deshalb (zeitweise) **nicht eingesetzt worden ist, weil das Insolvenzgericht befürchtete, dass durch die mit einer Einsetzung verbundene Verzögerung eine nachteilige Veränderung der Vermögenslage des Insolvenzschuldners eintreten könnte.** Zwar überschneiden sich die Gründe für einen Verzicht auf eine Einsetzung eines vorläufigen Gläubigerausschusses in § 22a Abs. 3 3. Alt und für einen Verzicht auf eine Anhörung eines eingesetzten vorläufigen Gläubigerausschusses in § 56a Abs. 1 insoweit, als in beiden Fällen nachteilige Veränderungen der Vermögenslage des Insolvenzschuldners befürchtet werden, doch ist der Unterschied, ob es sich um eine Einsetzung oder eine Anhörung eines eingesetzten vorläufigen Gläubigerausschusses handelt, zu beachten.

62 Es wäre zu erwarten gewesen, dass in der neuen Regelung des § 56a eine Möglichkeit aufgenommen wird, die es einem vorläufigen Gläubigerausschuss erlaubt, auch dann durch einen einstimmigen Beschluss auf die Auswahl des (vorläufigen) Insolvenzverwalters Einfluss zu nehmen, wenn dieser erst nach einer Entscheidung des Insolvenzgerichts über die Person des Insolvenzverwalters entsteht. Evtl. ging der Gesetzgeber davon aus, dass insbesondere im Fall des § 22a Abs. 3 3. Alt. die Befürchtung einer nachteiligen Veränderung der Vermögenslage des Insolvenzschuldners ein vorläufiger Gläubigerausschuss auch nicht zu einem späteren Zeitpunkt des Eröffnungsverfahrens eingesetzt wird. Dabei wäre jedoch übersehen worden, dass das Risiko einer Verzögerung insbesondere nach einer Bestellung eines vorläufigen Insolvenzverwalters entfallen kann, wodurch ein Zwang zur Einsetzung eines vorläufigen Gläubigerausschusses gem. § 22a Abs. 1 und 2 eintreten kann, dem das Insolvenzgericht nachzugehen hat.

63 Ist in dem konkreten Verfahren nicht erkennbar, warum das Insolvenzgericht auf die zwingende Anhörung nach § 56a Abs. 1 verzichtet hat, ist dem vorläufigen Gläubigerausschuss **im Zweifel ein Ersetzungsrecht** zuzuerkennen. Das Insolvenzgericht hat die Verpflichtung, die Gründe für einen Verzicht auf eine mögliche und nach § 56a Abs. 1 notwendige Anhörung zu dokumentieren und dem vorläufigen Gläubigerausschuss mitzuteilen. Unterlässt es dies absichtlich oder in Verkennung der Rechtslage, steht dem vorläufigen Gläubigerausschuss ein Ersetzungsrecht entsprechend § 56a Abs. 3 zu. Dies gilt auch für die Fälle, in denen das Insolvenzgericht nicht erkannt hat, dass der vorläufige Gläubigerausschuss gem. § 56a Abs. 1 anzuhören war.

II. Wahlmöglichkeiten des vorläufigen Gläubigerausschusses

64 Hat das Insolvenzgericht einen (vorläufigen) Insolvenzverwalter ohne vorherige Anhörung gem. § 56a Abs. 1 bestellt und erfolgte die Unterlassung mit Rücksicht auf eine evtl. nachteilige Veränderung der Vermögenslage des Insolvenzschuldners, hat der vorläufige Gläubigerausschuss nach § 56a Abs. 3 die Möglichkeit, **in seiner ersten Sitzung nach dieser Entscheidung einstimmig** eine andere Person als die bestellte zum Insolvenzverwalter zu wählen.

65 Das Insolvenzgericht hat den vorläufigen Gläubigerausschuss über seine Bestellungsentscheidung zu informieren und hierbei die **Gründe für eine Unterlassung der in § 56a vorgeschriebenen Anhörung mitzuteilen.** Dem vorläufigen Gläubigerausschuss steht es nach Kenntnisnahme hiervon frei, eine Beratung und Abstimmung über die Frage einzuleiten, ob der vorläufige Gläubigerausschuss von dem Ersetzungsrecht nach § 56a Abs. 3 Gebrauch machen will und welche Personen für eine einstimmige Wahl zum (vorläufigen) Insolvenzverwalter in Betracht kommen. Eine **zeitliche Begrenzung** hierfür besteht von Gesetzes wegen nicht.

66 Da diese Entscheidung gem. § 56a Abs. 3 nur in der ersten Sitzung erfolgen kann, hat der vorläufige Gläubigerausschuss **Feststellungen über evtl. vorherige Sitzungen** zu treffen. Die Beschränkung des § 56a Abs. 3 auf ein Ersetzungsrecht in einer ersten Sitzung ist entgegen dem vom Gesetzgeber gewählten Wortlaut **nicht dahingehend auszulegen, dass nur in der tatsächlich allerersten Sitzung** ein Ersetzungsrecht nach § 56a Abs. 3 bestünde. Technisch betrachtet wird eine solche Entscheidung in der allerersten Sitzung nie möglich sein. Eine Anhörung nach § 56a Abs. 1 setzt voraus, dass sich vor der Entscheidung des Insolvenzgerichts, eine solche Anhörung vorzunehmen, da insbesondere keine der Anhörung entgegenstehende Gründe nach § 56a Abs. 3 vorhanden sind, bereits ein vorläufiger Gläubigerausschuss konstituiert hat. Dies setzt wiederum voraus, dass das Insolvenzgericht einen solchen vorläufigen Gläubigerausschuss gem. § 22a eingesetzt hat. Die

Einsetzung allein führt noch nicht zu einer Existenz eines vorläufigen Gläubigerausschusses. Hierzu müssen die Mitglieder des vorläufigen Gläubigerausschusses ihre Ämter durch Erklärung gegenüber dem Insolvenzgericht angenommen, sich durch eine gemeinsame Sitzung konstituiert und diese Konstituierung dem Insolvenzgericht mitgeteilt haben. Erst hierdurch entsteht der vorläufige Gläubigerausschuss. Diesem steht es frei, auch nach dieser ersten (Konstituierungs-)Sitzung weitere Sitzungen abzuhalten, auch ohne hierzu durch eine Anhörung nach § 56a Abs. 1 gezwungen zu sein. Es kann sich insbesondere empfehlen, eine Entscheidung zur Person des (vorläufigen) Insolvenzverwalters intensiv durch mehrere Sitzungen vorzubereiten, um hierzu einen größeren Zeitraum als den der Anhörung nach § 56a Abs. 1 zu nutzen. Daher wird ein vorläufiger Gläubigerausschuss in vielen Fällen bereits mindestens eine Sitzung absolviert haben, bevor er durch das Insolvenzgericht gem. § 56a Abs. 1 angehört wird. Die vom Gesetzgeber gewählte Formulierung einer ersten Sitzung in § 56a Abs. 3 ist daher dahingehend auszulegen, dass hiermit **die erste Sitzung nach Zugang des Anhörungsschreibens des Insolvenzgerichts gem. § 56a Abs. 1** gemeint ist. Sieht die Geschäftsordnung des vorläufigen Gläubigerausschusses vor, dass Beschlüsse auch ohne eine Sitzung in einem sog. Umlaufverfahren getroffen werden können, genügt auch ein Beschluss, dem keine Sitzung zugrunde liegt.

Der Beschluss des vorläufigen Gläubigerausschusses nach § 56a Abs. 3 bedarf einer **einstimmigen Entscheidung aller Mitglieder** des vorläufigen Gläubigerausschusses. Sind einzelner Mitglieder des vorläufigen Gläubigerausschusses an einer Entscheidung verhindert, ist eine einstimmige Entscheidung im Sinne des § 56a Abs. 3 nicht möglich. Dem Insolvenzgericht ist der Beschluss nach § 56a Abs. 3 im Original oder zumindest in einer beglaubigten Abschrift zur Akte zu reichen.

Im Interesse des Verfahrenslaufs sollte das Insolvenzgericht dem vorläufigen Gläubigerausschuss für seine Entscheidung nach § 56a Abs. 3 eine **angemessene Frist setzen.** Der vorläufige Gläubigerausschuss sollte versuchen, seine Beratung innerhalb dieser Frist zu beenden und das Insolvenzgericht in jedem Fall von dem Ergebnis seiner Beratungen informieren. Eine **Überschreitung der vom Insolvenzgericht hierbei gesetzten Frist ist folgenlos.** Da die InsO keine Möglichkeit vorsieht, dem vorläufigen Gläubigerausschuss durch das Insolvenzgericht zeitliche Rahmenbedingungen vorzugeben, ist die Fristsetzung des Insolvenzgerichts nur als Mittel zu Beschleunigung des Verfahrens anzusehen, welches die Rechte des vorläufigen Gläubigerausschusses jedoch nicht beschneidet.

III. Auswirkung und Umsetzung einer Wahl des vorläufigen Gläubigerausschusses

Ein einstimmiger Beschluss des vorläufigen Gläubigerausschusses nach § 56a Abs. 3 bewirkt noch keine Änderung der vom Insolvenzgericht zuvor vorgenommenen Bestellung. Dieser bedarf wir auch eine Entscheidung der Gläubigerversammlung nach § 57 einer **Umsetzung durch das Insolvenzgericht.** Da § 56a hierzu keinerlei Regelungen enthält, sind die für die Umsetzung der Ersetzungsentscheidung § 57 entwickelten Grundsätze analog heranzuziehen.

Das Insolvenzgericht hat hierzu zu beurteilen, ob dem vorläufigen Gläubigerausschuss ein **Ersetzungsrecht gem. § 56a Abs. 3 zusteht** und zu **prüfen, ob eine einstimmige Entscheidung** in diesem Sinne des vorläufigen Gläubigerausschusses in einer ersten Sitzung nach der Mitteilung des Insolvenzgerichts über seine anhörungslose Bestellung des (vorläufigen) Insolvenzverwalters vorliegt. Liegen die Voraussetzungen im Sinne des § 56a Abs. 3 vor, ist die vom vorläufigen Gläubigerausschuss benannte Person **durch Beschluss zum neuen (vorläufigen) Insolvenzverwalter zu bestellen.** Allein durch die Wahlentscheidung des vorläufigen Gläubigerausschusses erfolgt ein Wechsel des Insolvenzverwalters noch nicht. Mit der **Neubestellung** endet das Amt des bisherigen Insolvenzverwalters ohne dass eine förmliche Aufhebung der ersten Bestellung notwendig wäre. Eine Entlassung im Sinne des § 59 ist damit nicht verbunden. Dem ersten (vorläufigen) Insolvenzverwalter steht daher auch kein Rechtsmittel gegen den Verlust seines Amtes zu.

Der neue (vorläufige) Insolvenzverwalter erhält eine **Bestellungsurkunde** und der bisherige Insolvenzverwalters hat die ihm erteilte Bestellungsurkunde zurückzugeben. Die Bestellung des neues Insolvenzverwalters ist wie die Erstbestellung bekannt zu machen. Eine **Begründung der Bestellung ist nicht notwendig.**

IV. Anwendbarkeit des § 57 Satz 3

Bei der Wahl eines neuen Insolvenzverwalters nach § 57 sieht § 57 Satz 3 die Möglichkeit vor, eine Bestellung der gewählten Person zu versagen, wenn diese für die Übernahme des Amtes nicht geeignet ist. Auch bei einem einstimmigen Personenvorschlag des vorläufigen Gläubigerausschusses im Rahmen einer Anhörung nach § 56a Abs. 1 kann das Insolvenzgericht gem. § 56a Abs. 2 Satz 2 eine Bestellung versagen, wenn die benannte Person nicht geeignet ist. Für das Ersetzungsrecht des vorläufigen Gläubigerausschusses nach § 56a Abs. 3 ist eine solche Verweigerungsmöglichkeit nicht ausdrücklich vorgesehen.

73 Da die nach § 56a Abs. 3 vom vorläufigen Gläubigerausschuss bestimmte Person ihr Amt jedoch nur durch eine Bestellung durch das Insolvenzgericht erhalten kann, ist auch für den Fall eines Ersetzungsbeschlusses nach § 56a Abs. 3 die ausnahmsweise Versagungsmöglichkeit des **§ 57 Satz 3 entsprechend** heranzuziehen. Denn auch unter Beachtung des besonderen Rechts des vorläufigen Gläubigerausschusses nach § 56a Abs. 3 kann das Insolvenzgericht nicht gezwungen werden, eine Person zu bestellen, welche nicht die Voraussetzungen des § 56 Abs. 1 erfüllt. Weder ist das Insolvenzgericht berechtigt, bewusst gegen die Regelung des § 56 Abs. 1 zu verstoßen noch wird diese Regelung durch ein besonderes Ersetzungsrecht des vorläufigen Gläubigerausschusses in § 56a Abs. 3 suspendiert. Ist die vom vorläufigen Gläubigerausschuss gem. § 56a Abs. 3 vorgeschlagene Person für die Übernahme des Amtes nicht geeignet, hat das Insolvenzgericht dem Gewählten die **Bestellung zu versagen**. Diese Entscheidung erfolgt von Amts wegen und bedarf keines Antrages. Sie **ist zu begründen** und hat die Erwägungen zu enthalten, die zu einer Versagung der Bestellung entgegen der einstimmigen Entscheidung des vorläufigen Gläubigerausschusses geführt haben.

V. Leerlauf des § 56a Abs. 3 durch eine Eröffnung des Insolvenzverfahrens

74 Die Regelung des § 56a scheint auf die Entscheidung über die Person des Insolvenzverwalters eines eröffneten Insolvenzverfahrens zugeschnitten zu sein. Auch das Ersetzungsrecht nach § 56a Abs. 3 könnte es ermöglichen, die Entscheidung über die Person des Insolvenzverwalters zumindest für den Zeitraum zwischen Eröffnung des Insolvenzverfahrens und der ersten Gläubigerversammlung mit dem Wahlrecht nach § 57 in die Hände des vorläufigen Gläubigerausschusses zu legen. Dies wäre auch sinnvoll, um die mit dieser Regelung gewollte Stärkung des Einflusses der Insolvenzgläubiger auf das Verfahren und die Bestimmung des Insolvenzverwalters zu stärken und auch im Falle einer anhörungslosen Entscheidung des Insolvenzgerichts den Willen des vorläufigen Gläubigerausschusses über den des Insolvenzgerichts zu setzen. **Der Gesetzgeber hat es jedoch verabsäumt, das Insolvenzverfahren hierzu in geeigneter Weise abzuändern. Entsprechend der Gesetzeslage besteht das Ersetzungsrecht des vorläufigen Gläubigerausschusses faktisch nur für den Bereich der vorläufigen Insolvenzverwaltung und nicht für die Auswahl des Insolvenzverwalters des eröffneten Insolvenzverfahrens.**

75 Mit dem vorläufigen Gläubigerausschuss im Sinne des § 56a ist der vorläufige Gläubigerausschuss des § 22a gemeint. Vor Einführung dieses § 22a bestand die Möglichkeit der Einsetzung eines (vorläufigen) Gläubigerausschusses in einem Eröffnungsverfahren noch nicht. Zwar haben die Insolvenzgerichte auch ohne eine gesetzliche Regelung in einigen Verfahren bereits Gläubigerausschüsse eingesetzt, doch fehlte es hierfür an einer Berechtigung und insbesondere an Regelungen, in welchem Maße solchen Gläubigerausschüssen in einem Eröffnungsverfahren Rechte und Pflichten zustehen sollten. Ein Gläubigerausschuss konnte damit nur nach § 68 durch einen Beschluss der Gläubigerversammlung sowie nach § 67 Abs. 1 durch eine Entscheidung des Insolvenzgerichts nach bzw. mit Eröffnung des Insolvenzverfahrens eingesetzt werden. Auch der vom Insolvenzgericht gem. § 67 Abs. 1 vor der ersten Gläubigerversammlung eingesetzte Gläubigerausschuss war nach der gesetzlichen Formulierung ein vollwertiger Gläubigerausschuss, der nur in der Literatur als vorläufiger Gläubigerausschuss bezeichnet wurde, da er dem Entscheidungsvorbehalt der Gläubigerversammlung nach § 68 Abs. 1 Satz 2 unterlag. Mit der Einführung eines vorläufigen Gläubigerausschusses in § 22a für das Eröffnungsverfahren hat der Gesetzgeber keine Änderung zu § 67 Abs. 1 vorgenommen und auch diese beispielsweise nicht als vorläufigen Gläubigerausschuss umbenannt. Der vorläufige Gläubigerausschuss nach § 22a ist daher ein anderer Gläubigerausschuss als die Gläubigerausschüsse nach §§ 67 Abs. 1, 68.

76 Der **vorläufige Gläubigerausschuss des § 22a** ist entsprechend § 21 Abs. 1 Satz 1 und Abs. 2 Nr. 1a eine **vorläufige Maßnahme bis zur Entscheidung über den Eröffnungsantrag**. Wie auch die Anordnung einer vorläufigen Insolvenzverwaltung und das Amt des vorläufigen Insolvenzverwalters[5] **endet das Amt eines vorläufigen Gläubigerausschusses nach § 22a automatisch mit der Eröffnung des Insolvenzverfahrens.** Die Entscheidung des Insolvenzgerichts, einen vorläufigen Gläubigerausschuss nach § 22a einzusetzen, unterliegt anderen Voraussetzungen als die Entscheidung des Insolvenzgerichts nach § 67 Abs. 1 zur Einsetzung eines Gläubigerausschusses vor der ersten Gläubigerversammlung. Mit der Einsetzung des vorläufigen Gläubigerausschusses des § 22a ist noch keine Entscheidung des Insolvenzgerichts verbunden, auch nach oder bei Eröffnung des Insolvenzverfahrens einen Gläubigerausschuss nach § 67 Abs. 1 einzusetzen. Der Gläubigeraus-

---

[5] HambKomm-*J.-S. Schröder*, 3. Aufl., § 21 RdNr. 80; *Gerhardt* in Jaeger, InsO, § 22, RdNr. 189.

schuss nach § 67 Abs. 1 ist daher nicht der des § 22a und damit auch nicht der des § 56a. Dies auch nicht dann, wenn die Mitglieder dieser unterschiedlichen Gläubigerausschüsse personenidentisch sind. Einem Gläubigerausschuss nach § 67 Abs. 1 steht daher ein Ersetzungsrecht nach § 56a Abs. 3 nicht zu. Der ehemalige vorläufige Gläubigerausschuss nach § 22a kann ein Recht nach § 56a Abs. 3 nicht hinsichtlich der Person des Insolvenzverwalters des eröffneten Insolvenzverfahrens ausüben, da mit der Eröffnung des Insolvenzverfahrens das Amt des vorläufigen Gläubigerausschusses endete, ohne dass es einer sofortigen Kenntnis der Mitglieder des vorläufigen Gläubigerausschusses bedarf.

Dieses Ergebnis widerspricht scheinbar der mit den §§ 22a und 56a Abs. 3 vermittelten Intention des Gesetzgebers, die Rechte der Insolvenzgläubiger zu stärken. Ein Versuch, die Insolvenzordnung auslegend umzuinterpretieren, um insbesondere die Möglichkeit des § 56a Abs. 3 auch für die wichtige Entscheidung der Bestimmung des Insolvenzverwalters des eröffneten Insolvenzverfahren wirken zu lassen, führt zu zahlreichen, unabsehbaren Problemen. Würde beispielsweise § 56a Abs. 3 dahingehend ausgelegt werden, dass es dem vorläufigen Gläubigerausschuss erlaubt würde, über eine Eröffnung des Insolvenzverfahrens hinaus zu agieren, um von seinem Ersetzungsrecht Gebrauch zu machen, könnte diese Fortdauer einer Anordnung einer vorläufigen Maßnahme nach § 21 mit den Rechten eines mit der Eröffnung des Insolvenzverfahrens eingesetzten Gläubigerausschusses nach § 67 Abs. 1 kollidieren. Während die Zusammensetzung des vorläufigen Gläubigerausschusses nach § 22a insbesondere über § 22a Abs. 2 und 4 vom Insolvenzschuldner selbst beeinflusst werden kann, liegen dem Insolvenzgericht bei Eröffnung des Insolvenzverfahrens bessere Informationen vor, um die Zusammensetzung des Gläubigerausschusses nach § 67 Abs. 1 auch nach den voraussichtlichen Entscheidungen einer Gläubigerversammlung nach § 68 Abs. 1 zu orientieren. Ein Nebeneinander zweier Gläubigerausschüsse wäre rechtlich problematisch. Auch könnte die Entscheidung eines überlebenden vorläufigen Gläubigerausschusses nach § 22a auch zeitlich mit der der Gläubigerversammlung nach § 57 kollidieren, da dem vorläufigen Gläubigerausschuss nach § 56a Abs. 3 keine zeitliche Grenze gesetzt ist. Eine Abgrenzung dergestalt, dass ein überlebender vorläufiger Gläubigerausschuss nach § 22a seine Ersetzungsbefugnis nach § 56a Abs. 3 verliert, sobald die Gläubigerversammlung eine Entscheidung nach § 57 getroffen hat, führt nur zu einem zeitlichen Wettlauf beider Gremien.

Die Rechte der Insolvenzgläubiger werden nur scheinbar dadurch eingeschränkt, dass die Ersetzungsbefugnis des § 56a Abs. 3 nur den Fall der Bestimmung der Person des vorläufigen Insolvenzverwalters betreffen kann. Denn die Gläubigerversammlung besitzt durch § 57 ein Wahlrecht, welches mangels Erfordernis einer Einstimmigkeit wie in § 56a Abs. 3 eine Ersetzungsbefugnis des Insolvenzgläubiger vorsieht. Sollte der Gesetzgeber neben § 57 eine Ersetzungsbefugnis der Insolvenzgläubiger im Sinne des § 56a Abs. 3 für den Insolvenzverwalter des Eröffnungsbeschlusses vorsehen, müssten hierfür Regelungen für ein Überleben des vorläufigen Gläubigerausschusses über die Eröffnung des Insolvenzverfahrens hinaus und die Konkurrenz mit den Gläubigerausschüssen nach §§ 67 Abs. 1, 68 gefunden werden.

F. Rechtsmittelmöglichkeiten im Rahmen des § 56a

Die Entscheidung des Insolvenzgerichts über die Auswahl des (vorläufigen) Insolvenzverwalters nach §§ 56, 56a unterliegt **keinem Rechtsmittel.** Entsprechend § 6 Abs. 1 Satz 1 wäre hierzu eine ausdrückliche Normierung einer Rechtsmittelmöglichkeit notwendig.

Auch dann, wenn das Insolvenzgericht die nach § 56a Abs. 1 notwendige Anhörung unterlassen hat, obwohl eine nachteilige Veränderung der Vermögenslage des Insolvenzschuldners entsprechend § 56a Abs. 3 nicht zu befürchten war, wäre ein Rechtsmittel des vorläufigen Gläubigerausschusses mangels gesetzlicher Normierung unzulässig. Gleiches gilt für den Fall, dass das Insolvenzgericht trotz Eignung die vom vorläufigen Gläubigerausschuss einstimmig vorgeschlagene Person nicht bestellt oder ein nach § 56a Abs. 1 vorgeschlagenes Anforderungsprofil missachtet. Weder dem **Antragsteller,** noch dem **Insolvenzschuldner** und auch nicht der vom vorläufigen Gläubigerausschuss **einstimmig vorgeschlagenen Person** steht gegen eine Auswahlentscheidung ein Rechtsmittel zu.

§ 57 Wahl eines anderen Insolvenzverwalters

¹In der ersten Gläubigerversammlung, die auf die Bestellung des Insolvenzverwalters folgt, können die Gläubiger an dessen Stelle eine andere Person wählen. ²Die andere Person ist gewählt, wenn neben der in § 76 Abs. 2 genannten Mehrheit auch die Mehrheit der abstimmenden Gläubiger für sie gestimmt hat. ³Das Gericht kann die Bestellung des

Gewählten nur versagen, wenn dieser für die Übernahme des Amtes nicht geeignet ist. [4]Gegen die Versagung steht jedem Insolvenzgläubiger die sofortige Beschwerde zu.

Schrifttum: *Becker,* Umfassendes Rechts der Gläubigerversammlung zur Wahl des Insolvenzverwalters – Ein Plädoyer für mehr Gläubigerautonomie, NZI 2011, 961; *Graeber,* Die Wahl des Insolvenzverwalters durch die Gläubigerversammlung nach § 57 InsO, ZIP 2000, 1465; *Kesseler,* Probleme der Verwalterauswahl nach § 57 InsO, KTS 2000, 491; *ders.,* Der Verstoß gegen das gemeinsame Gläubigerinteresse durch Wahl eines neuen Insolvenzverwalters durch die Gläubigerversammlung, DZWIR 2002, 133; *Mucheler/Bloch,* Abwahl des vom Gericht bestellten Insolvenzverwalters, ZIP 2000, 1474; *Pape,* Die Gläubigerautonomie in der Insolvenzordnung, ZInsO 1999, 305; *Smid/Wehdeking,* Anmerkungen zum Verhältnis der §§ 57 und 78 Abs. 1 InsO, InVO 2001, 81; *Uhlenbruck,* Aus- und Abwahl des Insolvenzverwalters – Eine Schicksalsfrage der Insolvenzrechtsreform –, KTS 1989, 229; *Wild,* Versagung der Ernennung des gewählten Konkursverwalters durch das Konkursgericht gemäß § 80 KO, KTS 1982, 63.

Übersicht

	Rn.		Rn.
A. Normzweck	1–3	2. Fehlende Unabhängigkeit des Gewählten im Sinne von § 56	28–31
B. Entstehungsgeschichte	4, 5		
C. Anwendungsbereich	6, 7	3. Sonstige Versagungsgründe	32–35
D. Wahlrecht	8–16	G. Beschluss nach § 57	36–39
E. Zeitpunkt	17–21	H. Handlungen des bisherigen Verwalters	40
F. Entscheidung des Insolvenzgerichts	22–35		
I. Zuständigkeit	23	I. Vergütung des bisherigen Verwalters	41
II. Versagungsgründe	24–35		
1. Allgemeine Nichtbestellbarkeit nach § 56	26, 27	J. Rechtsmittel	42–49

A. Normzweck

1 Das Insolvenzverfahren wird geprägt durch den **Grundsatz der Gläubigerautonomie.** Ihnen muss Gelegenheit gegeben werden, die wesentlichen Verfahrensentscheidungen zu treffen bzw. zu beeinflussen. Deren Möglichkeiten einer Einflussnahme im Eröffnungsverfahren sind nur gering. Einen wirkungsvollen **Einfluss auf die Auswahl des Insolvenzverwalters** nach § 56 Abs. 1 haben sie nur in den Fällen, in denen das Insolvenzgericht gem. § 22a einen vorläufigen Gläubigerausschuss eingesetzt hat und dem Insolvenzgericht gem. § 56a Vorgaben zur Person des Insolvenzverwalters oder den an ihn zu stellenden Herausforderungen werden können. Zum Ausgleich dieser Abhängigkeit von der Entscheidung des Insolvenzrichters haben die Gläubiger über § 57 Satz 1 die Möglichkeit, mehrheitlich einen am genehmen Insolvenzverwalter mit der Folge der Absetzung des ursprünglich bestellten Insolvenzverwalters zu wählen.

2 Um eine ordnungsgemäße Durchführung des Verfahrens zu gewährleisten, kann das Insolvenzgericht die **Bestellung des Gewählten versagen,** wenn dieser für die Übernahme des Amts nicht geeignet ist.

3 War die Versagung nach der bisherigen Rechtsprechung[1] davon abhängig, dass ein triftiger Grund für eine Versagung dieses Wunsches der Insolvenzgläubiger vorlag, wird nun über § 57 Satz 3 klargestellt, dass eine Versagung nur noch dann möglich ist, wenn der Gewählte für die Übernahme des Verwalteramts **nicht geeignet** ist. In der Praxis kann dies dazu führen, dass es unter Geltung der Insolvenzordnung Großgläubigern erleichtert wird, einen unbequemen Insolvenzverwalter durch einen mutmaßlich bequemeren zu ersetzen.[2] Durch die Begrenzung der Versagungsmöglichkeiten des Insolvenzgerichts und die Beschränkung der Neuwahl auf die **erste Gläubigerversammlung** wird die **Teilnahme der Insolvenzgläubiger** faktisch zur Pflicht, wollen sie die Bestellung eines „Hausverwalters" verhindern.

B. Entstehungsgeschichte

4 § 57 entspricht dem Grunde nach dem bisherigen § 80 KO, geht jedoch durch Klarstellung der Versagungsgründe in § 57 Satz 2 über den Satz 3 des § 80 KO hinaus und übernimmt im Wesentli-

---
[1] OLG Hamm ZIP 1987, 1333; OLG Schleswig ZIP 1986, 930.
[2] *Pape* ZInsO 1999, 305, 311. Zum Umgang des Insolvenzgerichts mit Insolvenzverwaltern, die durch Großgläubigern in das Verfahren eingebracht wurde siehe *Graeber* ZIP 2000, 1465 ff.

chen die Formulierung des § 15 Abs. 3 Satz 2 GesO. Durch Satz 4 des § 57 wird klargestellt, dass die **Versagungsentscheidung** des Gerichts für die Insolvenzgläubiger **rechtsmittelfähig** ist (§ 6 Abs. 1).

Im Gesetzgebungsverfahren sah der RefEntwurf noch eine jederzeitige Wahl eines anderen Insolvenzverwalters vor. Diese Möglichkeit ist durch § 57 Satz 1 zeitlich auf die erste Gläubigerversammlung nach der Bestellung begrenzt. 5

C. Anwendungsbereich

Die Auswahl des Insolvenzverwalters in der Eröffnung des Insolvenzverfahrens ist **Aufgabe des Richters** (§ 56 Abs. 1, § 18 Abs. 1 Nr. 1 RPflG). Auf dessen Entscheidung können die Insolvenzgläubiger über einen **vorläufigen Gläubigerausschuss nach § 22a** einwirken, indem diese entsprechend § 56a dem Insolvenzgericht einstimmig **eine bestimmte Person vorschlagen,** welche vom Insolvenzrichter nur dann nicht zu bestellen ist, wenn diese Person nicht für die Übernahme des Verwalteramtes nicht geeignet ist, § 56a Abs. 2. Ist eine Einstimmigkeit im vorläufigen Gläubigerausschuss nicht möglich, kann dieser mit einfacher Mehrheit **Anforderungen festlegen,** die vom Insolvenzgericht bei der Auswahl des Insolvenzverwalters zugrunde zu legen sind, § 56a Abs. 2 Satz 2. 6

In den Verfahren, in denen eine Einsetzung eines vorläufigen Gläubigerausschusses nicht erfolgte oder bei denen der vorläufige Gläubigerausschuss weder eine Entscheidung zur Person des Insolvenzverwalters oder die an ihn zu richtenden Anforderungen erzielen konnte, wird die Entscheidung des Insolvenzrichters nicht zwingend durch die Insolvenzgläubiger beeinflusst. Zum Ausgleich dafür, dass eine **isolierte Anfechtung der Auswahlentscheidung des Insolvenzrichters nicht möglich** ist, sieht § 57 Satz 1 vor, dass die Insolvenzgläubiger in der ersten Gläubigerversammlung statt des bestellten Insolvenzverwalters eine andere Person als Insolvenzverwalter zu wählen, der evtl. ein größeres Vertrauen entgegengebracht wird, als dem vom Insolvenzgericht ausgewählten Verwalter. 6a

Die besondere Wahlmöglichkeit nach § 57 gilt nicht allein für die Verfahren, in denen der Insolvenzrichter unbeeinflusst von einem vorläufigen Gläubigerausschuss den Insolvenzverwalter ausgewählt hat. Auch dann, wenn ein **vorläufiger Gläubigerausschuss** einen Beschluss zur Person des Insolvenzverwalters oder den an ihn zu stellenden Anforderungen gem. § 56a getroffen hat, steht den Insolvenzgläubigern **in der ersten Gläubigerversammlung** das Recht zu, **eine andere Person zum Insolvenzverwalter zu wählen.** Ob sich die Entscheidung des Insolvenzrichters zur Person des Insolvenzverwalters an dem Beschluss des vorläufigen Gläubigerausschusses orientiert hat oder nicht, ist hierbei vollkommen unbeachtlich. Die besonderen Möglichkeiten der Insolvenzgläubiger, über einen vorläufigen Gläubigerausschuss nach § 22a auf die Auswahl des Insolvenzverwalters einzuwirken, suspendieren das **Recht der Gläubigergemeinschaft** nach § 57 nicht, **eine andere Person zum Insolvenzverwalter zu wählen.** Auch die Vorgaben eines vorläufigen Gläubigerausschusses nach § 56a Abs. 1 können keine stärkere Bindungswirkung entfalten als eine evtl. unbeeinflusste Auswahlentscheidung des Insolvenzrichters. Beide Entscheidungen sollten sich an dem besten, gemeinsamen Interesse aller Insolvenzgläubiger orientieren. Hält die Gläubigerversammlung dafür, dass die Auswahlentscheidung des Eröffnungsbeschlusses abzuändern ist, kann sie dies ohne Rücksicht auf evtl. Vorgaben und Beschlüsse eines vorläufigen Gläubigerausschusses im Wege der Wahl nach § 57 umsetzen. 6b

Über § 274 Abs. 1 und § 313 Abs. 1 gilt § 57 auch für den **Sachwalter in der Eigenverwaltung** und den **Treuhänder im vereinfachten Insolvenzverfahren.** Mangels Verweisung in § 21 Abs. 2 Nr. 1 ist § 57 nicht auf den **vorläufigen Insolvenzverwalter** anwendbar.[3] Es mangelt zudem an einer entscheidungsfähigen Gläubigerversammlung. Auch der **Treuhänder in der Wohlverhaltensperiode** kann nicht durch Wahlentscheidung der Gläubigerversammlung ersetzt werden.[4] § 292 Abs. 3 Satz 2 verweist gerade nicht auf § 57. 7

D. Wahlrecht

Das früher nach § 80 KO und § 15 Abs. 3 GesO bestehende Abwahlrecht der Gläubiger wurde in der Praxis selten genutzt. Nach einer **rechtssoziologischen Untersuchung** lag die Abwahlquote im Jahre 1978 bei 0,15 %.[5] Dies mag einerseits an einer sachgerechten Auswahl der Verwalter durch das Gericht aber insbesondere auch daran liegen, dass der ursprünglich bestellte Insolvenzverwalter 8

---
[3] *Vallender* DZWIR 1999, 265, 266.
[4] HK-*Eickmann,* 4. Aufl. 2006, § 57 RdNr. 2.
[5] *Uhlenbruck* KTS 1989, 229, 243.

in dem Zeitraum bis zur Gläubigerversammlung, der gem. § 29 Abs. 1 Nr. 1 nun bis zu drei Monaten dauern kann, die für das Verfahren wesentlichen Entscheidungen bereits getroffen hat und diese nur noch schwer zu korrigieren sind. Daneben werden durch die Wahl eines neuen Insolvenzverwalters regelmäßig **zusätzliche Kosten und** eine **Verfahrensverzögerung** verursacht.

9 **Eklatante Missgriffe** bei der Bestellung des Insolvenzverwalters können durch das Insolvenzgericht auch kurzfristiger durch eine **Entlassung gem. § 59** beseitigt werden, welche notfalls durch die Gläubiger anzuregen ist.

10 Bei dem Recht nach § 57 Satz 1 handelt es sich um ein **echtes Wahlrecht**[6] und nicht nur um ein Vorschlagsrecht der Gläubiger.[7] Liegt ein Versagungsgrund gemäß § 57 Satz 3 nicht vor, hat das Insolvenzgericht den Gewählten zu bestellen.

11 Die Wahl eines neuen Insolvenzverwalters erfolgt durch **Mehrheitsentscheidung der Gläubigerversammlung.** Dabei ist die Mehrheit der Forderungsbeiträge (§ 76 Abs. 2) sowie gemäß § 57 Satz 2 die Kopfmehrheit in der Gläubigerversammlung maßgebend. In der **Tagesordnung der Gläubigerversammlung** ist die Möglichkeit der Wahl eines anderen Insolvenzverwalters aufzunehmen (§ 74 Abs. 2). Es empfiehlt sich, diese Formulierung entsprechend neutral zu wählen, damit ein Wechsel nicht unnötig herausgefordert wird.[8] Für die Wahl ist es ausreichend, dass die Gläubigerversammlung beschlussfähig ist, wozu die Anwesenheit eines stimmberechtigten Gläubigers ausreicht.[9] Hinsichtlich der Feststellung der Stimmrechte und den Ablauf der **Abstimmung** gelten die allgemeinen Regeln der §§ 76 ff.[10]

12 Der Antrag auf Abstimmung über die Abwahl und Neubestellung eines Verwalters im Rahmen der Gläubigerversammlung kann durch den Rechtspfleger **im Falle der Unzulässigkeit zurückgewiesen** werden.[11] Diese Entscheidung ist aber auf Grund des damit bewirkten erheblichen Eingriffs in die Gläubigerautonomie auch ohne ausdrückliche Erwähnung in der Insolvenzordnung mit dem Rechtsmittel der Beschwerde angreifbar.[12]

13 Der zu wählende Insolvenzverwalter ist bei der Beschlussfassung konkret zu bestimmen. Er sollte zum Abstimmungstermin **anwesend sein,** damit sich die erschienenen Gläubiger ein persönliches Bild von dem Kandidaten machen können und Gelegenheit haben, Fragen an ihn zu richten. Im Einverständnis mit der Gläubigerversammlung kann dem zu wählenden Insolvenzverwalter Gelegenheit gegeben werden, zu seiner Person und Qualifikation vorzutragen und mitzuteilen, ob er bereit wäre, das Amt des Insolvenzverwalters zu übernehmen.

14 Es empfiehlt sich, das Insolvenzgericht vor der Gläubigerversammlung davon zu **unterrichten,** dass eine **Wahl eines bestimmten Verwalters nach § 57 beabsichtigt** ist, damit entsprechende organisatorische Maßnahmen getroffen werden können und bereits vorab beurteilt werden kann, ob ein Bestellung als Insolvenzverwalter möglich ist oder offensichtlich ein Versagungsgrund nach § 57 Satz 3 vorliegt. Die vorschlagenden Gläubiger sollten sich versichern, dass der neue Insolvenzverwalter bereit und geeignet ist, dass Amt zu übernehmen.

15 Den Gläubigern sowie dem bisherigen Insolvenzverwalter ist Gelegenheit zu geben, zum Neuwahlantrag **Stellung zu nehmen.** Der ursprüngliche Insolvenzverwalter ist bis zur Bestellung eines neuen Insolvenzverwalters Beteiligter des Verfahrens und als solcher anzuhören. Einer Begründung bedarf die Wahlentscheidung oder Wahlentschließung nicht.[13]

16 Sollte der Antrag über die Wahl eines bestimmten Insolvenzverwalters nicht zu einer Mehrheit führen, können die Gläubiger in der ersten Gläubigerversammlung über **weitere Kandidaten** abstimmen. Bei mehreren Vorschlägen ist im Zweifel nach der Reihenfolge der Eingänge der einzelnen Vor-

---

[6] *Gottwald/Klopp/Kluth* Insolvenzrechts-Handbuch, § 20 RdNr. 18; aA zur Regelung des § 80 KO *Stockum*, Aktuelle Fragen bei der Verwaltung von Konkursen, S. 15.
[7] So noch Jaeger/*Weber* § 80 RdNr. 1.
[8] *Uhlenbruck/Uhlenbruck,* InsO, § 57 RdNr. 6 empfiehlt folgenden Text: Zur Beschlussfassung über die Beibehaltung des ernannten oder Wahl eines neuen Insolvenzverwalters, über die Bestellung eines Gläubigerausschusses und ggfls. über die in §§ 160, 162, 163 bezeichneten Gegenstände.
[9] *Ehricke* NZI 2000, 57, 58.
[10] LG Göttingen ZIP 1999, 120. Vorinstanz AG Göttingen Rpfleger 1999, 289. Zur Versagung des Stimmrechts bei wirtschaftlicher Verflechtung eines Gläubigers mit dem Schuldner siehe AG Wolfratshausen ZIP 1990, 597. Eine ergebnisorientierte Stimmrechtsprüfung, wie sie *Muscheler/Bloch* ZIP 2000, 1474, 1478 empfehlen ist abzulehnen. Die Stimmrechtsprüfung hat unabhängig davon zu erfolgen, welche Entscheidungen der Gläubigerversammlung hierdurch beeinflusst werden können.
[11] LG Neubrandenburg ZInsO 1999, 300 (Ls.).
[12] AA LG Neubrandenburg ZInsO 1999, 300 (Ls.), welches die Zurückweisung des Antrages auf Abstimmung über die Abwahl durch einen Beschluss des Rechtspflegers nur als verfahrensleitende Maßnahme ansieht, die nicht mit der Beschwerde angreifbar sei. Die Entscheidung habe auch keine unmittelbare Wirkung auf die Rechtsstellung des Gläubigers.
[13] *Nerlich/Römermann/Delhaes* § 57 RdNr. 1; *Uhlenbruck/Uhlenbruck,* InsO, § 57 RdNr. 5.

schläge abzustimmen.[14] Erhält bereits der erste Kandidat eine ausreichende Mehrheit, ist über die weiteren Vorschläge trotzdem abzustimmen. Haben dann mehrere Kandidaten ausreichende Mehrheiten erhalten, sind die Abstimmungen so lange zu wiederholen, bis sich der Kandidat mit den meisten Zustimmungen ermittelt ist. Bei mehr als zwei gewählten Kandidaten ist dabei entweder derjenige als gewählt anzusehen, der bei der **Stichwahl** die notwendige Kopf- und Summenmehrheit erhält. Vereinigt keiner der Kandidaten die notwendige Mehrheit auf sich, ist der schwächste Kandidat herauszunehmen und die Stichwahl mit den verbleibenden Kandidaten fortzusetzen. Sollte sich bei den letzten verbleibenden Kandidaten keine Mehrheit erreichen lassen, ist die Gläubigerversammlung darauf hinzuweisen, dass ein solches Ergebnis nicht zu einem Wechsel des Insolvenzverwalters führen kann. Die vorherigen Mehrheiten sind jedenfalls durch die späteren Entscheidungen der Gläubigerversammlung überholt. Sollte sich die Gläubigerversammlung auch dann nicht auf einen gemeinsamen Kandidaten einigen, wäre ein Wechsel mangels ausreichender Mehrheit nicht möglich. Die Abstimmung einer Gläubigerversammlung über die Wahl eines anderen Insolvenzverwalters nach § 57 kann nicht als Antrag auf Entlassung des Insolvenzverwalters aufgefasst werden.[15]

E. Zeitpunkt

Die Wahlmöglichkeit steht den Gläubigern in der **ersten, der Bestellung folgenden Gläubigerversammlung** zu.[16] Sollte der ursprünglich bestellte Insolvenzverwalter im Laufe des Verfahrens zB **nach § 59 ersetzt** und damit ein neuer Insolvenzverwalter bestellt werden, können die Gläubiger in der zeitlich nachfolgend nächsten Versammlung diesen Verwalter durch Wahl einer anderen Person ersetzen lassen.[17] Auch in diesem Fall ist den Gläubigern die Möglichkeit zu geben, die Auswahlentscheidung des Gerichts abzuändern und den Insolvenzverwalter durch eine Mehrheitswahl zu bestimmen.

In sachgerechter Deutung des Sinnes des § 57 Satz 1 wird es auch möglich sein, in einer späteren Gläubigerversammlung erneut einen Insolvenzverwalter zu wählen, wenn der ursprünglich Gewählte auf Grund von § 57 Satz 3 nicht bestellt und evtl. auf sofortige Beschwerde nach § 57 Satz 4 hin die **Versagungsentscheidung** bestätigt wurde. Insoweit sollten die Gläubiger die erneute Möglichkeit haben, in einer weiteren Gläubigerversammlung einen anderen Insolvenzverwalter zu wählen.[18]

Die Wahl hat vollständig in der ersten, auf die Bestellung folgenden Gläubigerversammlung zu erfolgen. Nur ausnahmsweise sollte eine Gläubigerversammlung ihre **Entscheidung hierzu vertagen.** Liegen sachliche Gründe für eine solche Vertagung vor, kann ausnahmsweise auch in einem späteren Termin eine zulässige Wahl nach § 57 erfolgen. Fehlt es an einer nachvollziehbaren Notwendigkeit für eine Vertagung und sollte diese evtl. nur der Erhaltung der Möglichkeit einer späteren Abwahl dienen, wäre eine spätere Wahl wirkungslos und das Insolvenzgericht müsste eine Entscheidung nach § 57 Satz 3 mit dem Argument der Unzulässigkeit der Wahlentscheidung ablehnen. Spätere Gläubigerversammlungen haben die Möglichkeit einer Wahl nicht mehr,[19] sie können jedoch die **Entlassung** des Insolvenzverwalters aus wichtigem Grund **gem. § 59 Abs. 1 beantragen.** Anders könnte es ausnahmsweise sein, wenn das Insolvenzgericht die Gläubigerversammlung vertagt, um beispielsweise geeignete Kandidaten zu suchen.[20]

Da die Bestellung des Gewählten nicht durch die Gläubigerversammlung selbst, sondern durch das Insolvenzgericht erfolgt, bestünde nach der Regelung des § 57 die Möglichkeit, dass die Gläubiger diesen, von ihnen zuvor gewählten und durch das Insolvenzgericht **neu bestellten Insolvenzverwalter** in der folgenden Gläubigerversammlung durch Wahl einer weiteren Person wieder abwählen. Ein solcher Antrag ist jedoch unzulässig, da mit der Abwahlmöglichkeit des § 57 den Gläubigern nur die einmalige Möglichkeit eingeräumt werden sollte, den ihnen durch das Insolvenzgericht vorgegebenen Insolvenzverwalter durch eine andere geeignete Person ihrer Wahl zu ersetzen. Die Gläubiger sollen jedoch nicht die Möglichkeit erhalten, den von ihnen durch eine Wahl nach § 57 bestimmten Verwalter wieder abzuwählen. Ein wiederholter Austausch ist, abgesehen von Situation nach einer Entlassung des Insolvenzverwalters nach § 59, daher nicht möglich. Die Gläubiger sind an ihre Wahl gebunden, wenn dem Gewählten nicht gem. § 57 Satz 3 die Bestellung versagt

---

[14] *Uhlenbruck/Uhlenbruck*, InsO, § 57 RdNr. 10.
[15] BGH NZI 2006, 529.
[16] LG Hamburg NZI 2010, 263.
[17] LG Hamburg NZI 2010, 263; HK-*Eickmann*, 4. Aufl. 2006, § 57 RdNr. 3; aA *Kübler/Prütting/Lüke* § 57 RdNr. 4.
[18] AA LG Freiburg ZIP 1987, 1597; HambKomm-*Frind*, 3. Aufl., § 57 RdNr. 3; *Hess* InsO § 57 RdNr. 30; *Uhlenbruck/Uhlenbruck*, InsO, § 57 RdNr. 11; HK-*Eickmann*, 4. Aufl. 2006, § 57 RdNr. 3.
[19] OLG Naumburg NZI 2000, 428, 429; *Uhlenbruck/Uhlenbruck*, InsO, § 57 RdNr. 11. Dagegen *Becker* NZI 2011, 961, welcher entgegen dem klaren Wortlaut eine Wahl in jeder Gläubigerversammlung für zulässig hält.
[20] *Uhlenbruck/Uhlenbruck*, InsO, § 57 RdNr. 11.

wird.[21] Eine wiederholte Abstimmung über ein und denselben Verwalter ist ebenfalls unzulässig, so nicht eine mehrfache Abstimmung bei zahlreichen Vorschlägen zur Ermittlung des letztendlich Gewählten notwendig ist.[22] Die Zurückweisung eines wiederholten Antrages auf Abstimmung unterliegt nicht der sofortigen Beschwerde.[23] Im Falle einer Entscheidung des Rechtspflegers ist jedoch eine sofortige Erinnerung nach § 11 Abs. 2 RPflG zulässig.[24]

21 Im **vereinfachten Insolvenzverfahren nach §§ 311 ff.** kann, da nach § 312 Abs. 1 nur ein Prüfungstermin anzuberaumen ist, die **Wahl eines anderen Treuhänders** auch erst im Prüfungstermin erfolgen. Sollte eine Gläubigerversammlung **vor dem Prüfungstermin** notwendig sein, ist auf die Möglichkeit des § 57 in der Ladung zur Gläubigerversammlung hinzuweisen, damit die Gläubiger erkennen, dass in diesem Fall eine Wahl eines anderen Insolvenzverwalters in dem späteren Prüfungstermin nicht mehr zulässig ist. Für den an das Gericht herangetragenen Wunsch einer Wahl nach § 57 ist ein kurzfristiger Termin anzuberaumen.

F. Entscheidung des Insolvenzgerichts

22 Zur Wahrnehmung seiner Befugnisse bedarf der gewählte neue Insolvenzverwalter der **Bestellung durch das Insolvenzgericht.** Dieses hat zu beurteilen, ob dem Gewählten die Bestellung gemäß § 57 Satz 3 zu versagen ist.

I. Zuständigkeit

23 Die Frage, wer innerhalb des Insolvenzgerichts für den Bestellungsakt und die damit zusammenhängende Entscheidung nach § 57 Satz 3 zuständig ist, ist nicht ausdrücklich geregelt. Die Ernennung des Insolvenzverwalters anlässlich der Eröffnung des Insolvenzverfahrens gehört nach **§ 18 Abs. 1 Nr. 1 RPflG** zu den **Vorbehaltsaufgaben** des **Insolvenzrichters.** Diese Norm geht auf die zeitlich nachfolgende Bestellungsmöglichkeit über § 57 nicht ein. Sie erklärt vielmehr klarstellend, dass insbesondere die Ernennung (besser: Bestellung) des Insolvenzverwalters, welche mit der Entscheidung des Eröffnungsantrags erfolgt, in die dem Richter vorbehaltene Zuständigkeit fällt. Auf Grund der Parallele zur Bestellung nach Wahl durch die Gläubigerversammlung könnte anzunehmen sein, dass auch die Entscheidung nach § 57 dem Insolvenzrichter obliegen sollte. Allerdings überträgt § 18 RPflG das eröffnete Insolvenzverfahren insgesamt dem **Rechtspfleger.** Hiervon ist auch die gerichtliche Aufgabe des § 57 mitumfasst.[25] Diese Entscheidung ist wesentlich anders geartet als die erstmalige Einsetzung des Insolvenzverwalters bei Eröffnung des Insolvenzverfahrens. Letztere erfolgt ohne Anhörung der Gläubiger und ist mit einem erheblich höheren Risiko einer fehlerhaften Auswahl verbunden als die Bestätigungs- oder Ablehnungsentscheidung nach § 57. Die mehrheitliche Wahl der Gläubiger ist nur durch § 57 Satz 3 beschränkt zu überprüfen. Dies gebietet ein Abweichen von der Regelung des § 18 RPflG nicht. Der Insolvenzrichter muss, will er die Entscheidung selbst treffen, dass Verfahren formal an sich ziehen.

II. Versagungsgründe

24 Grundsätzlich ist davon auszugehen, dass die Gläubiger auf Grund der das Verfahren bestimmenden Gläubigerautonomie selbst entscheiden können, welchen Insolvenzverwalter sie haben wollen.[26] Dieser Grundsatz findet dann eine Einschränkung, wenn dass Insolvenzgericht dem gewählten Insolvenzverwalter die Bestellung versagen muss. Nach § 57 Satz 3 hat das Insolvenzgericht nach erfolgreicher und ordnungsgemäßer Wahl nur darüber zu entscheiden, ob dem Gewählten die Bestellung als Insolvenzverwalter zu versagen ist.

25 Das Insolvenzgericht kann dabei die Bestellung nicht willkürlich versagen, sondern hat zu prüfen, ob der Gewählte **für die Übernahme des Amtes geeignet ist.** Für eine Versagung der Bestellung

---

[21] Dagegen *Becker* NZI 2011, 961, welcher mehrere Wahlgänge für sinnvoll hält.
[22] LG Neubrandenburg ZInsO 1999, 300 (Ls.); *Görg* DZWIR 2000, 364, 367; HK-*Eickmann,* 4. Aufl. 2006, § 57 RdNr. 4.
[23] LG Neubrandenburg ZInsO 1999, 300 (Ls.).
[24] HK-*Eickmann,* 4. Aufl. 2006, § 57 RdNr. 4.
[25] *Graeber* ZIP 2000, 1465; HK-*Eickmann,* 4. Aufl. 2006, § 57 RdNr. 11; aA AG Göttingen NZI 2003, 267; HambKomm-*Frind,* 3. Aufl., § 57 RdNr. 7; *Uhlenbruck/Uhlenbruck,* InsO, § 57 RdNr. 5, 14. *Smid* InsO, 2. Aufl., § 57 RdNr. 8 schlägt vor, nach § 5 RPflG zu verfahren. Zur Frage der Befangenheit in Zusammenhang mit der Abstimmung über die Abwahl des bisherigen Konkursverwalters siehe OLG Zweibrücken NZI 2000, 222; LG Darmstadt ZIP 1985, 631 sowie LG Göttingen NZI 1999, 238 und bei Weitergabe einer Beschwerdeschrift OLG Frankfurt/Main ZIP 1996, 600.
[26] *Wild* KTS 1982, 63, 64; aA *Uhlenbruck* KTS 1989, 229, 246; *Uhlenbruck/Uhlenbruck,* InsO, § 56 RdNr. 11.

bedarf es des Vorliegens eines **ausreichenden Grundes**.[27] Dabei ist nicht jeder Grund geeignet, eine Versagung der Bestellung zu stützen.

1. Allgemeine Nichtbestellbarkeit nach § 56. Erster Prüfungspunkt des Insolvenzgerichts in Hinblick auf den gewählten Insolvenzverwalter wird die Frage sein, ob in der Person des Gewählten Umstände vorliegen, auf Grund derer das Insolvenzgericht selbst bei Eröffnung des Insolvenzverfahrens nach § 27 Abs. 1, § 56 gehindert wäre, eine Bestellung vorzunehmen.[28] Der Gewählte hat zwingend die **Qualifikationen des § 56** aufzuweisen. Wäre eine Bestellung durch das Insolvenzgericht mangels Vorliegens der Voraussetzungen des § 56 nicht möglich, ist auch dem nach § 57 Gewählten die Bestellung zu versagen.[29] Für eine Bestellungsversagung genügt zB, dass die notwendige praktische Erfahrung des Gewählten nicht festgestellt werden kann.[30] 26

Während das Insolvenzgericht in der Eröffnung des Insolvenzverfahrens noch zu versuchen hat, den nach Bedarf und Einzelfall **bestmöglichen Insolvenzverwalter** zu bestellen,[31] ändert sich der Beurteilungsmaßstab im Rahmen des § 57 dahingehend, dass zu überprüfen ist, ob die gewählte Person voraussichtlich in der Lage sein wird, die aus dem konkreten Verfahren erwachsenden Anforderungen verfahrensgerecht zu erfüllen. Es können daher Personen bestellt werden, welche im Rahmen der Auswahl in der Eröffnung des Insolvenzverfahrens durch das Insolvenzgericht nicht in Betracht gekommen wären. 27

2. Fehlende Unabhängigkeit des Gewählten im Sinne von § 56. Es ist kaum anzunehmen, dass die Gläubigerversammlung eine Person wählen wird, welche dem Schuldner unzulässig nahe steht. Das Insolvenzgericht hat jedoch auch auf Verknüpfungen zu achten, welche sich daraus ergeben können, dass der Gewählte evtl. als Insolvenzverwalter anderer Schuldner tätig ist, welche **wirtschaftlich mit dem konkreten Schuldner verbunden** sind. Die dabei absehbaren Interessenkonflikte führen dazu, dass eine Bestellung zu versagen wäre, wenn ein wirtschaftlicher Zusammenhang verschiedener Insolvenzverfahren Interessenkonflikte herbeiführen könnte. Die bloße Möglichkeit hierzu genügt bereits. Auch wenn evtl. Interessenkollisionen durch Bestellung eines Sonderinsolvenzverwalters aufgehoben werden könnten, ist im Rahmen der Entscheidung nach § 57 die Bestellung eines von Anfang an erkennbar nicht unabhängigen Verwalters abzulehnen.[32] 28

Das Insolvenzgericht hat insbesondere darauf zu achten, dass der Gewählte eine hinreichende **Gewähr für eine unparteiische Wahrnehmung** der gemeinsamen Interessen der Gläubiger und des Schuldners bietet.[33] Ist der Gewählte in Hinblick auf einen, insbesondere den die Wahl durchsetzenden Gläubiger nicht unabhängig, fehlt es an dem notwendigen Vertrauen der anderen Gläubiger in seine Unparteilichkeit. Der Gewählte ist dann nicht zu bestellen.[34] Auch im Falle einer Wahl eines fachlich geeigneten Insolvenzverwalters kann eine Bestellung versagt werden, wenn der Verwalter einer Anwaltssozietät angehört, die von einem Großgläubiger zahlreiche, zT noch nicht abgeschlossene Mandate erhalten hat.[35] 29

Aber auch dann, wenn eine mangelnde Unparteilichkeit nicht offensichtlich ist, kann auch in dem Fall, dass die Wahl des neuen Insolvenzverwalters durch einen oder mehrere Großgläubiger unter Ausnutzung ihrer Stellung als Hauptgläubiger durchgesetzt wurde, ein **Zweifel an der Unabhängigkeit** des Gewählten entstehen.[36] Hierdurch kann die Vermutung aufkommen, dass die Machtausübung des Großgläubigers dadurch motiviert wurde, dass er von dem neuen Insolvenzverwalter einen „verständnisvollen" Umgang erwartet. Dies kann genügen, um eine Bestellung des Gewählten nach § 57 Satz 3 zu versagen. Dabei ist es nicht Voraussetzung, dass dem Gewählten ein Interessenkonflikt konkret nachzuweisen ist; allein die **Gefahr einer Interessenkollision** in der Person des Gewählten ist ausreichend, um eine Bestellung zu versagen.[37] Die in § 41 ZPO angeführten Ausschlussgründe können hierbei herangezogen werden.[38] Dabei ist zu beachten, dass auch 30

---

[27] OLG Schleswig ZIP 1986, 930; LG Baden-Baden ZIP 1997, 1350; Jaeger/*Weber* § 80 Anm. 1; *Uhlenbruck/Uhlenbruck*, InsO, § 57 RdNr. 15.
[28] *Smid* InsO, 2. Aufl., § 56 RdNr. 6.
[29] BVerfG NZI 2009, 371; *Uhlenbruck/Uhlenbruck*, InsO, § 57 RdNr. 15.
[30] LG Neuruppin DZWIR 2006, 258.
[31] *Vallender* DZWIR 1999, 265, 266.
[32] OLG Celle NZI 2001, 551.
[33] OLG Dresden ZZP 1929, 135 mit Anm. *Jaeger*; OLG Hamm ZIP 1987, 1333; OLG Karlsruhe ZIP 1997, 1970; LG Hechingen ZIP 2001, 1970; *Hess* InsO § 57 RdNr. 12; *Kesseler* DZWIR 2002, 133, 134; Kuhn/*Uhlenbruck* § 80 RdNr. 2; *Uhlenbruck* KTS 1989, 229, 246.
[34] OLG Dresden KuT 1928, 57; Kuhn/*Uhlenbruck* § 80 RdNr. 2; *Pape* ZInsO 2002, 1017, 1020.
[35] BGH NZI 2004, 448.
[36] *Vallender* EWiR 1998, 73 zu OLG Karlsruhe ZIP 1997, 1970.
[37] *Förster* ZInsO 1999, 625, 627; *Graeber* ZIP 2000, 1465, 1473; *Muscheler/Bloch* ZIP 2000, 1474, 1479.
[38] *Muscheler/Bloch* ZIP 2000, 1474, 1479.

eine wiederholte Wahl eines bestimmten Insolvenzverwalters durch den oder dieselben Gläubiger ausreichend sein kann, um die Besorgnis der Befangenheit zu begründen.[39]

31 Die Entscheidung des Insolvenzgerichts nach § 57 orientiert sich nach dem Wortlaut der Norm nur an den Voraussetzungen der §§ 56, 57. Eine **Beurteilung der Beweggründe** der Gläubigerversammlung oder der einzelner Gläubiger für die Abwahlentscheidung hat und kann das Insolvenzgericht nicht vornehmen. Es ist daher unbeachtlich, aus welchen Gründen sich die Gläubigerversammlung zu einer Neuwahl entschieden hat. Prüfungsmaßstab ist allein die Frage, ob die gewählte Person als Insolvenzverwalter zu bestellen ist oder ob Versagungsgründe dagegen sprechen.[40] Sollte das Insolvenzgericht dem Gewählten die Bestellung versagen wollen, muss es die Gründe, die zB für eine Interessenkollision oder Zweifel an der Unabhängigkeit sprechen, benennen können. Hierbei kann es Ermittlungen von Amts wegen vornehmen oder auf Informationen zurückgreifen, welche ihm der bisherige Insolvenzverwalter zukommen lässt. Auch der Gewählte kann zu seinem Verhältnis zu dem Schuldner oder einzelnen Gläubigern befragt werden.

32 **3. Sonstige Versagungsgründe.** Bei der Entscheidung, ob der Gewählte zu bestellen oder ihm die Bestellung zu versagen ist, dürfen bloße **Zweckmäßigkeitserwägungen** keine Rolle spielen.[41] Die Ernennung des gewählten Insolvenzverwalters kann nicht mit der Begründung versagt werden, das Gericht habe bereits einen geeigneten Insolvenzverwalter bestellt, eines Wechsels bedürfe es nicht.[42] Eine **Prüfung der Nützlichkeit des Verwalterwechsels** ist nicht vorzunehmen.[43]

33 Die **Fähigkeiten und die Amtsführung der bisherigen Insolvenzverwalters** spielen bei der Entscheidung, ob dem gewählten Insolvenzverwalter die Ernennung zu versagen ist, keine Rolle. Es ist allein der gewählte Insolvenzverwalter zu beurteilen und kein **Vergleich** mit dem bisherigen vorzunehmen.[44] Daher besteht auch keine rechtliche Verpflichtung des Insolvenzgerichts, dem bisherigen Insolvenzverwalter **rechtliches Gehör** zu gewähren, wenn diese auch sinnvoll ist.[45] Eine Versagung der Bestellung kann auch nicht damit begründet werden, der Gewählte habe nicht das notwendige **Vertrauen** des Gerichts.[46]

34 Der Umstand allein, dass der neue Insolvenzverwalter nur durch **wenige Großgläubiger** gewählt worden ist, sich **neu einarbeiten** muss und dies **zusätzliche Kosten** verursacht, genügt daher allein für eine Versagung nicht.[47] Diese Nachteile haben die Gläubiger bei ihrer Entscheidung in Kauf genommen und können somit nicht als Argument für eine Versagung herangezogen werden. Eine **Prüfung der gemeinsamen Interessen der Gläubiger** findet im Rahmen des § 57 Satz 3 nicht statt.[48] Auch pauschale Wertungen genügen allein für eine Versagung der Bestellung nicht; konkrete Anhaltspunkte müssen vorhanden und benennbar sein.[49]

35 Ist der Bestellte **rechtsunkundig**, lebt er in wirtschaftlich **ungeordneten Verhältnissen,** ist er gar **insolvent** oder unterliegt er Zwangsvollstreckungsmaßnahmen bzw. liegt ein Grund vor, nach dem der Bestellte gemäß **§ 6 GmbHG** nicht Geschäftsführer werden dürfte, fehlen **bürgerliche Ehrenrechte** oder die Eignung, Vormund oder Pfleger zu sein, ist eine Bestellung ausgeschlossen.[50] Auch der Ausschluss des Gewählten nach § 45 Abs. 1 BRAO kann eine Ablehnung der Bestellung rechtfertigen.[51]

G. Beschluss nach § 57

36 Liegen Versagungsgründe im Sinne des § 57 Satz 3 gegen den gewählten Insolvenzverwalter nicht vor, ist dieser **durch Beschluss zum neuen Insolvenzverwalter zu bestellen.**[52] Allein durch die

---

[39] *Graeber* ZIP 2000, 1465; *Muscheler/Bloch* ZIP 2000, 1474, 1479.
[40] Zum Umgang mit der Motivlage der Gläubiger bei der Wahl siehe *Graeber* ZIP 2000, 1465, 1470.
[41] OLG Karlsruhe ZIP 1997, 1970.
[42] *Hess,* InsO § 57 RdNr. 20.
[43] AA *Muscheler/Bloch* ZIP 2000, 1474, 1479.
[44] *Graeber* ZIP 2000, 1465, 1467; *Paulus* DZWIR 1999, 53, 58.
[45] *Kübler/Prütting/Lüke* § 57 RdNr. 9. HambKomm-*Frind,* 3. Aufl., § 57 RdNr. 8 empfiehlt in jedem Fall eine Anhörung.
[46] *Uhlenbruck/Uhlenbruck,* InsO, § 56 RdNr. 17.
[47] OLG Schleswig ZIP 1986, 930; KG ZIP 2001, 2240; LG Baden-Baden ZIP 1997, 1350; LG Lübeck ZIP 1986, 520; *Smid* InsO, 2. Aufl., § 57 RdNr. 6; *Uhlenbruck/Uhlenbruck,* InsO, § 57 RdNr. 15; aA *Muscheler/Bloch* ZIP 2000, 1474, 1479.
[48] OLG Naumburg NZI 2000, 428.
[49] *Pape* ZInsO 1999, 305, 311; *Smid* InsO, 2. Aufl., § 56 RdNr. 6.
[50] *Smid/Rattunde* GesO § 8 RdNr. 69.
[51] LG Hildesheim WM 2001, 1164.
[52] *Nerlich/Römermann/Delhaes* § 57 RdNr. 5.

Wahlentscheidung der Gläubigerversammlung erfolgt ein Wechsel des Insolvenzverwalters noch nicht. Mit der **Neubestellung** endet das Amt des bisherigen Insolvenzverwalters ohne dass eine förmliche Aufhebung der ersten Bestellung notwendig wäre.

Der neue Insolvenzverwalter erhält eine **Bestellungsurkunde** und der bisherige Insolvenzverwalters hat die ihm erteilte Bestellungsurkunde zurückzugeben. Die Bestellung des neues Insolvenzverwalters ist wie die Erstbestellung bekannt zu machen. Eine **Begründung der Bestellung ist nicht notwendig.** 37

Die Entscheidung des Insolvenzgerichts, dem Gewählten die **Bestellung zu versagen, erfolgt von Amts wegen** und bedarf keines Antrages. Sie **ist zu begründen**[53] und hat die Erwägungen zu enthalten, die zu einer Versagung der Bestellung entgegen der Wahl der Gläubigerversammlung geführt haben. 38

Je nach dem, ob der neue Insolvenzverwalter ein dem Insolvenzgericht bekannter oder unbekannter Insolvenzverwalter ist, hat das Insolvenzgericht seine Überwachungs- und Aufsichtspflichten auszuüben.[54] Die Bestellung eines „neuen" Insolvenzverwalters spricht dafür, dass dessen Amtstätigkeit intensiver zu überwachen ist als die eines Insolvenzverwalters, dessen Tätigkeit dem Insolvenzgericht langjährig bekannt ist. 39

H. Handlungen des bisherigen Verwalters

Wählt die Gläubigerversammlung gemäß § 57 einen anderen Insolvenzverwalter, bleiben die **Rechtshandlungen des bisherigen Insolvenzverwalters** in vollem Umfang wirksam.[55] Die Bestellung wirkt erst mit dem vom Insolvenzgericht angegebenen Bestellungszeitpunkt.[56] Der bisherige Insolvenzverwalter ist verpflichtet, dem neuen Insolvenzverwalter die in Besitz genommenen **Massegegenstände herauszugeben.** Diese Verpflichtung kann notfalls über § 58 zwangsweise durchgesetzt werden. Durch den Verwalterwechsel werden anhängige Prozesse entsprechend **§ 241 ZPO** unterbrochen.[57] 40

I. Vergütung des bisherigen Verwalters

Für seine Tätigkeiten bis zur Bestellung eines neuen Insolvenzverwalters steht dem vom Insolvenzgericht mit der Eröffnung bestellten Insolvenzverwalter eine Vergütung zu. **Berechnungsgrundlage** für diese Vergütung ist der Wert der Insolvenzmasse zum Zeitpunkt der Beendigung des Amtes. Die **Regelvergütung** des § 2 InsVV ist auf Grund der vorzeitigen Beendigung der Amtstätigkeit **nach § 3 Abs. 2 Buchst. c InsVV angemessen zu kürzen.**[58] Die Höhe der verbleibenden Vergütung ist anhand der bereits vom bisherigen Insolvenzverwalter **erbrachten Leistungen** im Verhältnis zu den in einem sog. Normalverfahren zu erbringenden Leistung zu bemessen. Eine Kürzung allein anhand des Tätigkeitszeitraums im Verhältnis zu dem zu erwartenden Gesamtzeitraum des eröffneten Verfahrens wird den besonders in der Anfangsphase des Verfahrens vermehrt zu erbringenden Leistungen des Insolvenzverwalters nicht gerecht. Eine Bemessung der Höhe des Abschlags nach § 3 Abs. 2 Buchst. b InsVV kann nur auf der Basis einer entsprechend substantiierten Darstellung der vom Insolvenzverwalter bereits erbrachten Leistungen sowie der noch offenen Aufgaben erfolgen. Hierzu hat der ausgeschiedene Insolvenzverwalter vorzutragen und sein Nachfolger Stellung zu nehmen.[59] 41

J. Rechtsmittel

Unabhängig davon, ob die Bestellung oder Versagung der Bestellung durch den Insolvenzrichter oder Rechtspfleger erfolgt, ist die **sofortige Beschwerde** der Insolvenzgläubiger nach § 57 Satz 4 i. V. m. § 6 das einzige Rechtsmittel gegen eine die Bestellung versagende Entscheidung. Eine **Rechtspflegererinnerung** kommt daneben nicht in Betracht. 42

Gegen eine Versagung der Bestellung des gewählten Insolvenzverwalters kann nur durch einzelne **Gläubiger** die sofortige Beschwerde erhoben werden, nicht durch die **Gläubigerversammlung** 43

---

[53] Nerlich/Römermann/Delhaes § 57 RdNr. 8; Uhlenbruck/Uhlenbruck, InsO, § 57 RdNr. 18.
[54] Zu dem Umgang mit dem oktroyierten Insolvenzverwalter siehe insbesondere Graeber ZIP 2000, 1465, 1473.
[55] Uhlenbruck/Uhlenbruck, InsO, § 56 RdNr. 91.
[56] Smid InsO, 2. Aufl., § 56 RdNr. 5.
[57] Kuhn/Uhlenbruck § 80 RdNr. 3.
[58] Siehe hierzu ausführlicher Graeber, Vergütung in Insolvenzverfahrens, 2005, RdNr. 84.
[59] LG Bamberg (ZInsO 2005, 477) gewährte einem entlassenen Insolvenzverwalter 25 % der Regelvergütung nach § 2 Abs. 1 InsVV.

§ 58　　　2. Teil. 3. Abschnitt. Insolvenzverwalter. Organe der Gläubiger

insgesamt oder einen **Gläubigerausschuss**.[60] Voraussetzung für ein Beschwerderecht ist, dass der Gläubiger durch die Versagung der Bestellung beschwert ist, was nur der Fall wäre, wenn er für den neuen Insolvenzverwalter gestimmt hat.[61]

44　Dem **gewählten Insolvenzverwalter** steht auf Grund der klaren Regelung des § 57 Satz 4 i. V. m. § 6 im Falle der Versagung einer Bestellung kein Rechtsmittel zur Verfügung,[62] obwohl dieser ein Interesse an einer Überprüfung haben kann, wenn die Versagungsentscheidung Begründungen enthält, welche eine negative Einschätzung der Person des Gewählten aussprechen.

45　Der **bisherige Insolvenzverwalter** hat gegen seine Abwahl und die darauf folgende Entscheidung des Insolvenzgerichts, den gewählten Insolvenzverwalter zu bestellen, **kein Beschwerderecht**.[63] Er übt als Insolvenzverwalter nur ein Amt aus, welches ihm wieder entzogen werden kann und hat keinen Anspruch, in diesem Amt zu verbleiben. Aus der Möglichkeit der Abwahl des Insolvenzverwalters nach § 57 ergibt sich, dass das Amt des Insolvenzverwalters bis zur ersten Gläubigerversammlung nur ein vorläufiges ist.[64] Der Grundsatz der Gläubigerautonomie gebietet es, den Gläubigern die Möglichkeit einzuräumen, die ohne ihre förmliche Beteiligung erfolgte Bestellung des Insolvenzverwalters in der Eröffnung durch die Wahl eines anderen Insolvenzverwalters abzuändern. Gegenüber diesen Rechten der Gläubiger muss das Interesse des bisherigen Insolvenzverwalters am Erhalt des vergütungsträchtigen Amtes und der Vermeidung der evtl. mit einer Abwahl verbundenen Rufschmälerung hintenanstehen.[65]

46　Auch über § 59 Abs. 2 ergibt sich kein Beschwerderecht des bisherigen Insolvenzverwalters im Falle der Bestellung eines neuen Insolvenzverwalters. § 59 regelt nur die Entlassung des Insolvenzverwalters durch das Gericht im Beschlusswege. Die Entlassungswirkung auf Grund einer Bestellung eines gewählten Insolvenzverwalters nach § 57 tritt jedoch von selbst ein, ohne dass es eines Beschlusses bedürfte. **§ 59 Abs. 2 ist** daher **im Falle des § 57 nicht anwendbar**.

47　Da es sich bei der Entscheidung der Gläubigerversammlung nach § 57 nicht um einen Beschluss[66] sondern um die besondere Form der Entscheidungsfindung durch eine Wahl der Gläubiger handelt, ergibt sich ein Beschwerderecht des Insolvenzverwalters auch nicht in Hinblick auf die Möglichkeit, gem. § 78 einen **Antrag auf gerichtliche Aufhebung eines Beschlusses der Gläubigerversammlung** zu stellen. § 57 Satz 3 ist gegenüber § 78 eine vorrangige Spezialregelung. Die Wahlentscheidung unterliegt daher nicht der Überprüfung nach § 78 Abs. 1.[67] Eine **zweistufige Prüfung**, ob die Wahl den gemeinsamen Interesse der Gläubiger zuwider läuft, um anschließend zu entscheiden, ob die Bestellung des Gewählten nach § 57 Satz 3 erfolgen kann, ist nicht vorzunehmen.[68]

48　Eine Rechtsmittelbefugnis des **Gemeinschuldners** besteht nicht. Er hat keinen Einfluss auf die Auswahl des Insolvenzverwalters. Mit der sofortigen Beschwerde nach §§ 6, 57 S. 4 InsO kann ein Beschwerdeführer nicht erreichen, dass eine Person zum Insolvenzverwalter bestellt wird, die von der Gläubigerversammlung nicht vorgeschlagen bzw. gewählt worden ist.[69]

49　Der Insolvenzrichter bzw. Rechtspfleger kann einer sofortigen Beschwerde **gem. § 6 Abs. 2 Satz 2 abhelfen**.

§ 58　Aufsicht des Insolvenzgerichts

(1) ¹**Der Insolvenzverwalter steht unter der Aufsicht des Insolvenzgerichts.** ²**Das Gericht kann jederzeit einzelne Auskünfte oder einen Bericht über den Sachstand und die Geschäftsführung von ihm verlangen.**

(2) ¹**Erfüllt der Verwalter seine Pflichten nicht, so kann das Gericht nach vorheriger Androhung Zwangsgeld gegen ihn festsetzen.** ²**Das einzelne Zwangsgeld darf den Betrag**

---

[60] OLG Schleswig ZIP 1986, 930.
[61] AG Göttingen NZI 2003, 267.
[62] HK-*Eickmann*, 4. Aufl. 2006, § 57 RdNr. 12.
[63] BGH NZI 2009, 246.
[64] OLG Koblenz NZI 2005, 453 (455); aA OLG Karlsruhe ZIP 1997, 1970.
[65] Zur Verfassungsmäßigkeit der Beschränkung der Rechtsmittel zu Lasten des abgewählten Insolvenzverwalters BVerfG ZIP 2005, 537.
[66] OLG Zweibrücken NZI 2001, 35; *Muscheler/Bloch* ZIP 2000, 1474, 1476 und FK-*Hössl* § 57 RdNr. 10 gehen davon aus, dass die Wahl ein Beschluss im Sinne von §§ 78, 76 sei.
[67] BGH NZI 2003, 607. Auch nicht im Fall einer vorherigen Anzeige der Masseunzulänglichkeit, BGH NZI 2005, 32.
[68] AA *Görg* DZWIR 2000, 364, 367; *Muscheler/Bloch* ZIP 2000, 1474.
[69] LG Göttingen NZI 2003, 441.

von fünfundzwanzigtausend Euro nicht übersteigen. ³Gegen den Beschluß steht dem Verwalter die sofortige Beschwerde zu.

(3) Absatz 2 gilt entsprechend für die Durchsetzung der Herausgabepflichten eines entlassenen Verwalters.

Schrifttum: *Bähner,* Die Prüfung der Schlußrechnung des Konkursverwalters, KTS 1991, 347; *Bruckhoff,* Amtspflichtverletzung bei Verwalterauswahl und -überwachung nur bei groben Pflichtverstößen, NZI 2008, 25; *Eckert/Berner,* Der ungetreue Verwalter – Möglichkeiten einer gerichtlichen Überprüfung der Insolvenzverwaltertätigkeit, ZInsO 2005, 1130; *Frind,* Reichweite und Grenzen der gerichtlichen Kontrolle des Insolvenzverwalters – was kann das Insolvenzgericht verhindern?, ZInsO 2006, 182; *Keller,* Die gerichtliche Aufsicht bei Unklarheiten der Insolvenzabwicklung, NZI 2009, 633; *Leithaus,* Zu den Aufsichtsbefugnissen des Insolvenzgerichts nach § 83 KO/§ 58 I InsO, NZI 2001, 124; *Levy,* Mehr Aufsicht!, KuT (Konkurs und Treuhandwesen, später KTS) 1927, 74; *ders.,* Die Aufsicht über den Konkursverwalter, KuT 1927, 149; *Naumann,* Die Aufsicht des Insolvenzgerichts über den Insolvenzverwalter, Kölner Schrift, S. 321; *Paulus,* Inhaltliche Kontrolle der Insolvenzverwaltertätigkeit, ZInsO 2006, 752; *Rechel,* Die Aufsicht nach § 58 InsO als Risikomanagementprozess, ZInsO 2009, 1665; *Schmidberger,* Möglichkeiten und Grenzen der insolvenzgerichtlichen Aufsicht, NZI 2011, 928; *Spickhoff,* Insolvenzzweckwidrige Rechtshandlungen des Insolvenzverwalters, KTS 2000, 15; *Uhlenbruck,* Die Prüfung der Rechnungslegung des Konkursverwalters, ZIP 1992, 125; *ders.,* Mitwirkung und Verantwortlichkeit des Insolvenzrichters, in Institut der Wirtschaftsprüfer (IDW), Beiträge zur Reform des Insolvenzrechts, 1987, S. 139 ff., 165.

Übersicht

	Rn.		Rn.
A. Normzweck	1–4	3. Pflichten des Insolvenzverwalters gegenüber dem Insolvenzgericht	33–36
B. Entstehungsgeschichte	5	II. Pflichten außerhalb des Bereichs des § 58 Abs. 2	37, 38
C. Anwendungsbereich	6, 7		
D. Aufsicht durch das Gericht	8–21	III. Abgrenzung Pflichtgemäßheit und Zweckmäßigkeit	39–41
I. Verfahrensbezogene Aufsicht	9		
II. Beginn der Aufsicht	10–12	IV. Strafrechtlich relevante Handlungen	42, 43
III. Aufsichtsmaßnahmen	13, 14		
IV. Intensität der Aufsicht	15–19	V. Konkurrenz mit der Entscheidungsbefugnis des Insolvenzverwalters	44
V. Umfang der Aufsicht	20, 21		
E. Auskünfte	22–28	G. Zwangsgeld	45–56
I. Auskunftsempfänger	23, 24	I. Zuständigkeit	47
II. Inhalt des Auskunftsverlangens	25–28	II. Androhung des Zwangsgeldes	48–50
F. Zwangsmittel gegen den Insolvenzverwalter nach § 58 Abs. 2	29–44	III. Festsetzung des Zwangsgeldes	51–54
I. Art der Pflichten im Sinne des § 58 Abs. 2	30–36	IV. Höhe des Zwangsgeldes	55, 56
1. Pflichten des Insolvenzverwalters gegenüber dem Schuldner	31	H. Herausgabepflichten des entlassenen Verwalters	57, 58
2. Verfahrensbezogene Pflichten des Insolvenzverwalters	32	I. Rechtsmittel	59–61
		J. Haftung des Gerichts	62

A. Normzweck

Als Gegenstück zu der durch die Bestellung dem Insolvenzverwalter übertragenen Macht der Verwaltung fremden Vermögens stellt § 58 klar, dass der Insolvenzverwalter nicht unbeaufsichtigt bleiben kann und eine **Überwachungs- und Einschreitenspflicht** des Insolvenzgerichts besteht. Das **Aufsichtsrecht** des Insolvenzgerichts dient der Sicherstellung eines ordentlichen Verfahrens, dem Schutz der Masse und der gleichmäßigen Befriedigung der Gläubiger, aber auch dem Schutz des Schuldners, der gegen einzelne Maßnahmen des Insolvenzverwalters kein Beschwerderecht hat. Die damit verbundene **Aufsichtspflicht** des Insolvenzgerichts folgt aus dem Grundsatz, dass der Staat zur Überwachung derjenigen Personen gehalten ist, die er als Verwalter über fremdes Vermögen einsetzt.[1]

---

[1] BVerfG NJW 1993, 513; *Henckel,* FS Merz, 1992, S. 197, 204 – Insolvenzrechtsreform zwischen Vollstreckungsrecht und Unternehmensrecht.

2 Die Überwachung liegt auch im **Interesse des Insolvenzverwalters,** welcher Vorwürfen der Gläubiger hinsichtlich Verfahrensdauer und Verfahrenskosten mit dem Hinweis begegnen kann, dies sei durch das Insolvenzgericht überprüft und sanktioniert worden.[2] Das Insolvenzgericht übt dabei seine Aufsichtspflicht nicht rein neutral aus. Neben der Sicherstellung des ordnungsgemäßen Verfahrens und der Interessen der Gläubiger sowie des Schuldners hat das Insolvenzgericht darüber hinaus das öffentliche Interesse an einem ordnungsgemäß verlaufenden Verfahren zu wahren.[3]

3 Dazu wird mit § 58 Abs. 1 Satz 2 und Abs. 2 dem Insolvenzgericht ein effektives Instrumentarium an die Hand gegeben, welches es in die Lage versetzt, auf Pflichtverletzungen des Insolvenzverwalters reagieren zu können und ihn zu pflichtgemäßem Verhalten durch den Einsatz von Mitteln der Einzelvollstreckung anzuhalten. Durch diese **Möglichkeiten des Zwanges** wird die Ausübung der gerichtlichen Aufsichtspflicht erst handhabbar gemacht. Über § 58 Abs. 3 wird das Zwangsmittel des § 58 Abs. 2 auf Herausgabepflichten erweitert, welche den entlassenen Insolvenzverwalter bezüglich der Insolvenzmasse, Geschäftspapieren und der Bestellungsurkunde treffen.

4 Die Aufsichtsmaßnahmen des Insolvenzgerichts können einen erheblichen Eingriff in die Rechtsposition des betroffenen Insolvenzverwalter darstellen. Über § 58 Abs. 2 Satz 3 wird ihm deshalb die ausdrückliche Möglichkeit der **sofortigen Beschwerde** eröffnet, was angesichts des restriktiven Charakters des § 6 Abs. 1 notwendig ist.

B. Entstehungsgeschichte

5 § 58 Abs. 1 Satz 1 gibt den Inhalt der bisherigen § 83 KO, § 8 Abs. 3 Satz 1 GesO und § 41 VerglO wieder. Wie auch bisher untersteht der Insolvenzverwalter der Aufsicht des Insolvenzgerichts. Zur Klarstellung der Aufsichtsinstrumente wurden in der Insolvenzordnung ausdrückliche Auskunfts- und Berichtspflichten eingeführt, welche bislang in der KO nicht enthalten waren. Diese ergaben sich jedoch nach allgemeiner Auffassung aus der Aufsichtsbefugnis des Gerichts. Die Festsetzung des Zwangsgeldbetrages in der Insolvenzordnung ist auf Grund von Art. 6 Abs. 1 Satz 1 EGStGB notwendig.

C. Anwendungsbereich

6 Die Aufsicht des Insolvenzgerichts betrifft die Tätigkeiten des **Insolvenzverwalters,** des **vorläufigen Insolvenzverwalters** über § 21 Abs. 2 Nr. 1, des **Sachwalters** in der Eigenverwaltung nach § 274 Abs. 1, des **Treuhänders in der Wohlverhaltensperiode** entsprechend § 292 Abs. 3 Satz 2 und des **Treuhänders im vereinfachten Insolvenzverfahren** nach § 313 Abs. 1 Satz 3.

7 Die Aufsicht setzt mit der Annahme des Verwalteramts ein und endet erst mit der Aufhebung des Insolvenzverfahrens.[4] **Endzeitpunkt ist die vollständige Erfüllung** sämtlicher Verpflichtungen des Insolvenzverwalter wie die der Rechnungslegung und Herausgabe der Bestellungsurkunde.

D. Aufsicht durch das Gericht

8 Mit der Befugnis des Insolvenzgerichts, Vermögensverwaltungsbefugnisse auf den Insolvenzverwalter zu übertragen, ist unmittelbar die Berechtigung aber auch Verpflichtung des Insolvenzgerichts verbunden, den beauftragten Insolvenzverwalter zu beaufsichtigen. Die Berechtigung des Insolvenzgerichts aus § 58 gegenüber dem Insolvenzverwalter ist untrennbar mit der Verpflichtung verbunden, diese Aufsicht auch auszuüben. Es handelt sich hierbei um eine **Amtspflicht** des **Insolvenzrechtspflegers**.[5] Soweit sich der Richter die Aufsicht gem. § 18 Abs. 2 RPflG vorbehalten hat oder es um die Aufsicht über den vorläufigen Insolvenzverwalter handelt, ist der Insolvenzrichter funktionell zuständig.

I. Verfahrensbezogene Aufsicht

9 Als Amtspflicht hat das Insolvenzgericht die Aufsicht in jedem Verfahren einzeln auszuüben. Die Aufsicht bezieht sich nicht allein auf die **Person des Insolvenzverwalters,** sondern auch auf sein **Handeln in einem konkreten Verfahren.** Eine Überprüfung der Handlungsweisen in einem

---

[2] *Gerhardt* ZRP 1987, 163, 167; *Uhlenbruck* in: Institut der Wirtschaftsprüfer (IDW), Beiträge zur Reform des Insolvenzrechts, S. 139, 140.
[3] *Smid* ZIP 1995, 1137, 1141.
[4] BGH NZI 2010, 997.
[5] OLG Stuttgart NZI 2008, 102.

Verfahren ersetzt eine Aufsicht in weiteren Insolvenzverfahren des gleichen Insolvenzverwalters nicht.

II. Beginn der Aufsicht

Die Aufsichtspflicht des Insolvenzgerichts setzt mit der **Bestellung des Insolvenzverwalters** und dessen Annahme des Verwalteramts ein und dauert über die **Beendigung des Amts** solange fort, bis der Insolvenzverwalter sämtliche ihm obliegenden Pflichten wie Rechnungslegung und Herausgabe der Bestallungsurkunde erfüllt hat.

Eines **Anlasses,** der Aufsichtspflicht nachzukommen, bedarf es nicht; die Aufsichtspflicht setzt nicht erst bei Anlass zu Misstrauen ein.[6] Sinn der Aufsicht ist es gerade sicherzustellen, dass das Insolvenzgericht jederzeit Kenntnis von Umständen hat, welche ein Eingreifen notwendig erscheinen lassen. Diese Aufsichtspflicht stellt die Hauptaufgabe des Insolvenzgerichts im Verhältnis zum Insolvenzverwalter im eröffneten Verfahren dar.

Jeder Beteiligte kann eine Aufsichtsmaßnahme oder ein Einschreiten gegen den Insolvenzverwalter anregen, wobei ein formeller Antrag nur als **Anregung** aufzufassen ist. Der Beteiligtenbegriff ist dabei weit zu fassen. Die Mitglieder des Gläubigerausschusses können sich an das Gericht wenden, wenn sie Maßnahmen für notwendig halten, die ihre eigenen Kompetenzen nach § 69 überschreiten oder wenn der Insolvenzverwalter sich einer Kontrolle oder Berichterstattung gegenüber dem Gläubigerausschuss widersetzt. Im Falle einer begründeten Anregung hat das Insolvenzgericht zu prüfen, ob diese Anlass zu intensiveren Aufsichtsmaßnahmen bietet.[7]

III. Aufsichtsmaßnahmen

Die **Art und Weise** der Ausübung des Aufsichtsrechts durch das Insolvenzgericht liegt in dessen pflichtgemäßen Ermessen.[8] In der Regel erfolgt sie durch sorgfältiges Durcharbeiten der überreichten Gutachten, der Zwischenabrechnungen, der Sachstandsmitteilungen, der Schlussrechnung und einer sich daraus möglicherweise ergebenden Aufklärung bestimmter Sach- oder Rechtsfragen. Die **gesamte Amtsführung** des Insolvenzverwalters ist dabei zu beaufsichtigen.[9] In schwierigen Fragen ist das Insolvenzgericht berechtigt, einen **gesonderten Sachverständigen** mit der Prüfung der richtigen formellen und materiellen Handlungsweise zu beauftragen.[10] Diese Berechtigung hierzu ergibt sich bereits aus § 5 Abs. 1. Eine dauerhafte Begleitung und Überwachung des Insolvenzverwalters durch einen Sachverständigen ist jedoch nicht zulässig.[11]

Dabei hat das Insolvenzgericht darauf zu achten, dass durch die Art und Weise der Aufsichtsausübung die Tätigkeit des Insolvenzverwalters nicht behindert und das **Verhältnis zwischen Insolvenzgericht und Insolvenzverwalter** nicht unnötig beeinträchtigt wird. Eine **gedeihliche Zusammenarbeit** zwischen Insolvenzgericht und Insolvenzverwalter ist unerlässlich, um das Verfahren zu fördern und zu einem für die Beteiligten befriedigenden Abschluss zu bringen. Daher hat sich das Insolvenzgericht vor **kleinlicher Überwachung** zu hüten.[12]

IV. Intensität der Aufsicht

Es besteht **keine permanente oder** gar **vorbeugende Pflicht** zur Ausübung der Aufsicht.[13] Welche Maßnahmen das Insolvenzgericht für notwendig erachtet und wie intensiv die Aufsicht erfolgen soll, hat das Insolvenzgericht unter Berücksichtigung der Verfahrensumstände und der Person des Insolvenzverwalters zu entscheiden.

Das **Fehlen eines Gläubigerausschusses** oder eine lange **Dauer eines Verfahrens** führen zu einer höheren Verpflichtung des Insolvenzgerichts zu Überwachungsmaßnahmen.[14] Andererseits mindert die Bestellung eines Gläubigerausschusses die Aufsichtspflicht nicht.[15] Der Gläubigeraus-

---

[6] *Smid* InsO, 2. Aufl., § 58 RdNr. 4; *Uhlenbruck/Uhlenbruck,* InsO, § 58 RdNr. 1.
[7] *Smid* InsO, 1. Aufl., § 58 RdNr. 9. Gegen die Weigerung des Insolvenzgerichts dem Verwalter eine Weisung zu erteilen, ist kein Rechtsmittel gegeben, BGH NZI 2006, 593.
[8] RGZ 154, 291, 296; BGH NZI 2010, 147; BGH WM 1965, 1158, 1159; LG Wuppertal KTS 1958, 45, 47.
[9] *Naumann,* Kölner Schrift, S. 321 RdNr. 7.
[10] *Nerlich/Römermann/Delhaes* § 58 RdNr. 7; aA LG Frankfurt/Oder DZWIR 1999, 514 mit Anm. *Graeber*.
[11] *Uhlenbruck/Uhlenbruck,* InsO, § 58 RdNr. 3; aA LG Frankfurt/Oder DZWIR 1999, 514 mit Anm. *Graeber*.
[12] *Uhlenbruck/Delhaes,* RdNr. 524.
[13] *Kuhn/Uhlenbruck* § 83 RdNr. 6a; *Naumann,* Kölner Schrift, S. 321 RdNr. 8.
[14] BGH KTS 1966, 17; *Uhlenbruck/Uhlenbruck,* InsO, § 58 RdNr. 1.
[15] *Kübler/Prütting/Lüke* § 58 RdNr. 7; *Nerlich/Römermann/Delhaes* § 58 RdNr. 4; *Smid* InsO, 2. Aufl., § 58 RdNr. 5.

schuss dient der zusätzlichen Kontrolle des Verwalterhandelns in bestimmten (Groß-)Verfahren, kann und soll aber die Pflichten des Insolvenzgerichts nicht übernehmen.

17 Da das Insolvenzgericht nicht nur die Gläubigerinteressen zu schützen hat, ist es auch hinsichtlich einer **Entscheidung der Gläubigerversammlung,** ein bestimmtes Verhalten des Insolvenzverwalters zu billigen, nicht gebunden. Da es darauf zu achten hat, dass der Insolvenzverwalter ordnungsgemäß handelt und dabei u.a. auch die Interessen des Schuldners im Rahmen der Insolvenzordnung geschützt werden, ist ein Einschreiten des Insolvenzgerichts unter Umständen auch dann geboten, wenn die Gläubigerversammlung an der entsprechenden Handlungsweise gerade keinen Anstoß genommen hat.[16]

18 Das Insolvenzgericht wird sich in der Regel darauf verlassen können, einen **zuverlässigen und sachkundigen Verwalter** ausgewählt zu haben. Liegen allerdings in einem Verfahren bereits Pflichtwidrigkeiten des Insolvenzverwalters vor, ohne dass diese zu einer Abberufung führten, hat das Insolvenzgericht einer weitergehenden Aufsichtspflicht nachzukommen.[17] **Unerprobte Insolvenzverwalter** sind während ihren ersten Verfahren verstärkt zu überprüfen, bis das Gericht den Eindruck gewinnen durfte, dass dieser Verwalter als zuverlässig und sachkundig einzustufen ist.

19 Auch durch die Gläubigerversammlung **nach § 57 gewählte und bestellte Insolvenzverwalter,** welche insbesondere auf Vorschlag eines oder weniger Großgläubiger gewählt und bestellt wurden, sind in erhöhtem Maße daraufhin zu überwachen, ob sie ihre Amtspflichten auch in Hinblick auf diese Gläubiger ordnungsgemäß ausüben und alle Möglichkeiten zur Mehrung der Insolvenzmasse ausschöpfen.[18] Das Insolvenzgericht hat gegebenenfalls besonders zu überprüfen, ob der gewählte Insolvenzverwalter seine Pflichten auch gerade gegenüber den ihn wählenden Gläubigern ordnungsgemäß und im Interesse der Gläubigergesamtheit ausübt. Hierbei können rechtliche und wirtschaftliche Gesichtspunkte eine Rolle spielen, welche auf Grund ihrer Komplexität vom Rechtspfleger bzw. Richter nicht ohne weiteres durchdrungen werden können. Das Insolvenzgericht hat in einem solchen Fall den Insolvenzverwalter aufzufordern – notfalls im Wege eine Gutachtens – das Insolvenzgericht über seine rechtlichen und wirtschaftlichen Wertungen unter Aufzeigen der Alternativen zu informieren. Das Insolvenzgericht kann auch einen unabhängigen Sachverständigen hinzuziehen, § 5 Abs. 1.[19] Gegebenenfalls ist die Einsetzung eines Sonderinsolvenzverwalters zu erwägen.[20] Die damit evtl. zusammenhängende Belastung der Masse oder des Insolvenzverwalters ist unvermeidbar und im Interesse der Gewährleistung der Ordnungsgemäßheit des Verfahrens hinzunehmen.

V. Umfang der Aufsicht

20 Die Aufsicht umfasst das **gesamtes Handeln** des Insolvenzverwalters in Zusammenhang mit der Ausübung seiner insolvenztypischen Pflichten. Sie ist nicht auf die Vermögensverwaltung im engeren Sinne beschränkt.[21] **Sämtliche Handlungen mit Bezug auf die Vermögensmasse** des Schuldners sind gegebenenfalls durch das Insolvenzgericht auf eine Pflichtgemäßheit zu überprüfen. Dabei sind **Zweckmäßigkeitsgesichtspunkte** zu berücksichtigen, wenn sie Rückschlüsse auf eine Pflichtmäßigkeit des Verwalterhandelns zulassen.[22] Durch die Aufsicht soll dem Insolvenzgericht nicht die Möglichkeit gegeben werden, seine Zweckmäßigkeitsansichten an Stelle der des Insolvenzverwalters zu setzen.[23]

21 Die Aufsichtspflicht führt aber nicht dazu, dass das Insolvenzgericht jede einzelne Handlung des Insolvenzverwalters zu überprüfen hat. Es besteht nur eine Verpflichtung zur Prüfung des Verteilungsverzeichnisses nach § 188 auf Vollständigkeit.[24] Auch muss das Gericht keine regelmäßige Rechnungsprüfung vornehmen.[25] Bei einem fehlenden Gläubigerausschuss und in länger dauernden Verfahren ist jedoch eine jährliche Kassenprüfung anzuraten.[26]

---

[16] AA *Kübler/Prütting/Lüke* § 58 RdNr. 8.
[17] *Kübler/Prütting/Lüke* § 58 RdNr. 9.
[18] Siehe insbesondere zum Umgang mit oktroyierten Insolvenzverwaltern *Graeber* ZIP 2000, 1465, 1473 und *Pape* ZInsO 2000, 469, 473.
[19] *Kübler/Prütting/Lüke* § 59 RdNr. 7; aA LG Frankfurt/Oder, DZWIR 1999, 514 mit Anm. *Graeber*.
[20] AG Karlsruhe ZIP 1983, 101. Siehe hierzu die Ausführungen unter § 56 RdNr. 136 ff.
[21] *Smid* InsO, 2. Aufl., § 58 RdNr. 6.
[22] LG Wuppertal KTS 1958, 45; HK-*Eickmann,* 4. Aufl. 2006, § 58 RdNr. 3; *Smid* InsO, 2. Aufl., § 58 RdNr. 8.
[23] HambKomm-*Frind,* 3. Aufl., § 58 RdNr. 3.
[24] So schon ähnlich RGZ 154, 291, 296.
[25] RGZ 154, 291, 296; *Uhlenbruck* ZIP 1982, 125, 129.
[26] *Uhlenbruck/Uhlenbruck,* InsO, § 58 RdNr. 2.

E. Auskünfte

Im Rahmen seiner Aufsichtspflicht hat das Insolvenzgericht ein eigenes **Auskunftsrecht** gegenüber dem Insolvenzverwalter, das den Insolvenzverwalter verpflichtet, auf konkretes Begehren, Sachstandsanfragen des Insolvenzgerichts etc. die entsprechenden Informationen zu erteilen. Dies folgt aus der Natur der Rechtsaufsicht, denn nur bei vollständiger Auskunftserteilung durch den Insolvenzverwalter ist das Gericht in der Lage, die Aufsicht sachgemäß vorzunehmen. Es ist berechtigt, jederzeit **Auskunft über die Geschäftsführung** des Insolvenzverwalters zu verlangen, **Bücher einzusehen** und sich **Belege** vorlegen zu lassen sowie den **Kassenstand** zu prüfen.[27] Das Insolvenzgericht ist auch berechtigt, vom Insolvenzverwalter eine mündliche Auskunft in einem gerichtlichen Anhörungstermin zu verlangen und kann die Pflicht des Insolvenzverwalters zu einer solchen Auskunftserteilung durch die Verhängung eines Zwangsgeldes erzwingen.[28] Eine Anordnung einer eidesstattlichen Versicherung des Insolvenzverwalters über seine Handlungen ist zulässig[29], eine Inhaftnahme jedoch nicht.[30] 22

I. Auskunftsempfänger

Auskunftsempfänger ist einzig das Insolvenzgericht. Insoweit **Verfahrensbeteiligte** oder **Dritte** Auskunftsrechte gegen den Insolvenzverwalter geltend machen, können diese nicht über § 58 durchgesetzt werden. Auch ist es nicht zulässig, über das Insolvenzgericht die begehrte Auskunft dadurch zu erlangen, indem eine Anfrage des Gerichts an den Insolvenzverwalter angeregt wird. Gläubiger und andere Verfahrensbeteiligte können ihre Informations- und damit Auskunftsrechte in der **Gläubigerversammlung**, im **Gläubigerausschuss** oder durch **Einsichtnahme** in bestimmte Unterlagen (§§ 66, 153, 175) bzw. durch **Akteneinsicht** nach § 299 ZPO geltend machen.[31] 23

Daher sind die dem Gericht nach § 58 durch den Insolvenzverwalter erteilten Auskünfte nicht zwingend anderen Personen zugänglich zu machen. Es ist nicht Aufgabe des Insolvenzgerichts, den Insolvenzverwalter zur Erteilung von Auskünften gegenüber anderen Beteiligten anzuhalten, vielmehr ist es Aufgabe der Interessierten, ihren **Anspruch gegebenenfalls im gerichtlichen Weg** geltend zu machen. Ausgenommen hiervon sind die gesetzlichen Auskunftspflichten des Verwalters im Verfahren gegenüber der Gläubigerversammlung, gegenüber dem Insolvenzgericht und den zB nach §§ 167, 168 geregelten gesetzlichen Fällen.[32] 24

II. Inhalt des Auskunftsverlangens

Das Insolvenzgericht hat bei seinem **Auskunftsverlangen** dem Insolvenzverwalter genau mitzuteilen, zu welchem Vorgang es Informationen wünscht. Gegebenenfalls ist der genaue Umfang zwischen Insolvenzgericht und Insolvenzverwalter zu klären. 25

Faktisch wird das Insolvenzgericht die Auskünfte durch Einholung von Stellungnahmen, Berichten über die Geschäftsführung, Kontrolle von Büchern und Belegen sowie Kassenprüfungen wahrnehmen. Die Einzelheiten hängen vom Gegenstand und Umfang des jeweiligen Insolvenzverfahrens ab. Neben regelmäßig wiederkehrend verlangten Auskünften hat das Insolvenzgericht insbesondere dann besonders **spezifizierte Auskünfte** zu verlangen, wenn dies erforderlich erscheint.[33] Das Insolvenzgericht ist verpflichtet zu prüfen, ob die **Rechnungslegung** des Insolvenzverwalters den gesetzlichen Anforderungen entspricht.[34] Gerade Insolvenzbilanzen und Schlussrechnungen sind zu überprüfen, wobei das Insolvenzgericht den Verwalter im Aufsichtswege anhalten kann, rechtzeitig und ordnungsgemäß Schlussrechnung zu legen, wenn die Voraussetzungen hierfür vorliegen.[35] 26

Die Prüfungspflicht umfasst dabei die **formell-rechnerische als auch materielle Richtigkeit** der Rechnungslegung. Das Gericht ist insoweit berechtigt, zu jeder einzelnen Position Auskunft und Vorlage der entsprechenden Buchungsbelege zu verlangen. Eine Pflicht zur eingehenden, buchhalterischen Prüfung besteht jedoch erst, wenn ein besonderer Anlass dafür vorliegt.[36] Beispielsweise 27

---

[27] BGH KTS 1966, 17; LG Wuppertal KTS 1958, 45; *Uhlenbruck/Uhlenbruck,* InsO, § 58 RdNr. 5.
[28] BGH NZI 2010, 147.
[29] BGH NZI 2010, 159.
[30] BGH NZI 2010, 146.
[31] AG Köln ZInsO 2002, 595; ArbG Magdeburg ZInsO 2001, 576.
[32] HK-*Eickmann,* 4. Aufl. 2006, § 58 RdNr. 5.
[33] *Smid* InsO, 1. Aufl., § 58 RdNr. 8.
[34] Hierzu LG Stendal ZIP 2000, 982; *Uhlenbruck* ZIP 1982, 125, 132.
[35] LG Essen KTS 1971, 295.
[36] BGH KTS 1966, 17, 19; LG Koblenz ZIP 1989, 179.

im Falle eines Verdachts, der Verwalter habe zur Masse gehörige Gelder auf persönliche Geschäftskonten verlagert.[37]

28 Die **Bewertung** der erteilten Auskünfte erfolgt durch das Insolvenzgericht unmittelbar. Sollte es hierzu nicht in der Lage sein, kann es sich zur Prüfung bestimmter Handlungen oder Rechnungen eines **Sachverständigen** bedienen.[38]

F. Zwangsmittel gegen den Insolvenzverwalter nach § 58 Abs. 2

29 Über die Mittel des § 58 kann sich das Insolvenzgericht einerseits **Informationen** zur Vorbereitung seiner Entscheidungen verschaffen, daneben aber auch den Insolvenzverwalter durch Androhung und Festsetzung von Zwangsgeld dazu bewegen, seinen **Pflichten nachzukommen**.

I. Art der Pflichten im Sinne des § 58 Abs. 2

30 Die Pflichten im Sinne von § 58 Abs. 2 müssen **insolvenzverfahrensspezifisch** sein. Dies sind einerseits die Pflichten des Insolvenzverwalters gegenüber dem Schuldner, den Gläubigern, aber auch die gegenüber den Massegläubigern und den Aus- und Absonderungsberechtigten.

31 **1. Pflichten des Insolvenzverwalters gegenüber dem Schuldner.** Unter die Pflichten des Insolvenzverwalters, welchen er gegenüber dem Schuldner nachzukommen hat fällt die Pflicht, für eine ordnungsgemäße Erfüllung der **steuerlichen Buchführungspflicht** zu sorgen, soweit dies zumutbar und möglich ist.[39] Auch ist der Insolvenzverwalter verpflichtet, bei Vorliegen der Voraussetzungen dem Schuldner und seiner Familie **Unterhalt** gemäß § 100 zu gewähren.

32 **2. Verfahrensbezogene Pflichten des Insolvenzverwalters.** Auch die Pflichten des Insolvenzverwalters, die sich aus dem **Verfahrensablauf** ergeben werden von § 58 Abs. 2 umfasst. Hierzu gehören
– die Pflicht zur Inbesitznahme und Verwertung der Insolvenzmasse (§§ 148 Abs. 1, 150),
– die Erstellung des Masseverzeichnisses, der Gläubigerverzeichnisse und der Vermögensübersicht (§§ 151–154),
– die Führung der Insolvenztabelle (§§ 174 f.),
– die Mitwirkung bei der Feststellung der Schuldenmasse (§§ 174 ff.),
– die Forderungsprüfung (§ 176 f.),
– die Berichts- und Rechnungslegungspflicht gegenüber den Organen der Gläubigerschaft (§§ 69, 79), beginnend mit dem für den Verfahrensgang bedeutsamen Berichtstermin (§ 156 Abs. 1) bis hin zur Schlussrechnung[40] (§§ 66, 197),
– evtl. die Aufstellung eines Insolvenzplans (§§ 157 S. 2, 218 Abs. 2, 232),[41]
– die Aufnahme von Aktiv- und Passivprozessen zugunsten der Masse (§§ 85, 86),
– die Ausübung des Wahlrechts bei gegenseitigen Verträgen (§§ 103 ff.),
– die Geltendmachung von Anfechtungsrechten (§§ 129 ff.),
– die Kündigung von Verträgen (§§ 109, 113, 120),
– die Verteilung der Verwertungserlöse an die Gläubiger (§§ 187 ff.),[42]
– die Durchführung von Zustellungen für das Insolvenzgericht (§ 8) und
– gegebenenfalls die Überwachung der Planerfüllung nach Aufstellung eines Insolvenzplans (§§ 261, 262).

33 **3. Pflichten des Insolvenzverwalters gegenüber dem Insolvenzgericht.** Als Pflichten, welche gegenüber dem Insolvenzgericht zu erfüllen sind, sind zu nennen:
– Abgabe eines Berichts oder eines Gutachtens
– Beantwortung einer Anfrage des Gerichts
– Niederlegung des anzufertigenden Inventars oder einer Bilanz auf der Geschäftsstelle
– Vorlage der vom Insolvenzverwalter geführten Tabelle
– Buchführungs- und Rechnungslegungspflichten
– Erteilung einer Auskunft in einer mündlichen Anhörung.

34 Ein Pflichtenverstoß des Insolvenzverwalters kann bereits dann vorliegen, wenn der Insolvenzverwalter das zu erstellende Gutachten, die Vermögensübersicht, die von ihm geführte Tabelle oder die

---

[37] AG Karlsruhe ZIP 1983, 101; Kilger/*K. Schmidt* KO § 83 Anm. 2.
[38] *Smid* InsO, 2. Aufl., § 58 RdNr. 12.
[39] BGH KTS 1980, 42.
[40] Kuhn/*Uhlenbruck* § 84 RdNr. 1c.
[41] *Häsemeyer*, Insolvenzrecht, 2. Auflage, 1998, RdNr. 6.31.
[42] Zum Umgang mit Verteilungsfehlern des Insolvenzverwalters siehe insbesondere *Adam* DZWIR 2000, 89 ff.

Schlussrechnung nicht innerhalb der vom Gericht gesetzten **Frist** vorlegt.[43] Teilt der Insolvenzverwalter Gründe mit, weshalb die Einhaltung der Frist nicht möglich ist, sollte das Gericht regelmäßig dem Insolvenzverwalter eine weitere Frist gewähren.

Auch eine **vermeidbare sonstige Verfahrensverzögerung** stellt eine Pflichtwidrigkeit des Insolvenzverwalters dar wie auch ein pflichtwidriges oder verfahrensschädliches Verhalten oder Unterlassen des Insolvenzverwalters. Das Insolvenzgericht hat auf möglichste **Beschleunigung des Verfahrens** hinzuwirken und den Insolvenzverwalter zur Vornahme der ihm obliegenden Handlungen, insbesondere zur Ausführung der Beschlüsse der Gläubigerversammlung und zur Verteilung von Barmitteln anzuhalten.[44]

Nach Abschluss der Verwertung der Insolvenzmasse ist der Insolvenzverwalter verpflichtet, unverzüglich **Schlussrechnung** zu legen. Das Gericht ist berechtigt, ihn hierzu im Aufsichtswege anzuhalten. Bei pflichtwidriger Verzögerung kann die Schlussrechnungslegung durch Festsetzung von Zwangsgeld erzwungen werden.[45] Dabei ist eine **Übertragung der Aufstellung der Schlussrechnung** durch das Insolvenzgericht auf einen Dritten nicht möglich.[46] Sollte die erteilte Schlussrechnung formell mangelhaft sein, kann auch die Beseitigung von formellen Mängeln der Schlussrechnung im Aufsichtswege erzwungen werden.[47] Ein Amtsnachfolger besitzt kein eigenes Recht, von seinem entlassenen Amtsvorgänger einen Schlussbericht zu verlangen.[48]

II. Pflichten außerhalb des Bereichs des § 58 Abs. 2

Nicht in den Bereich des § 58 Abs. 2 fallen die Pflichten des Insolvenzverwalters, die **nicht spezifisch für das Insolvenzverfahren** sind. Dabei handelt es sich um Pflichten, die dem Insolvenzverwalter, wie jedem Vertreter fremder Interessen gegenüber seinem Vertragspartner, bei oder nach Vertragsschluss obliegen.[49] Deren Erfüllung kann durch das Insolvenzgericht weder über § 58 verlangt noch durch ein Zwangsmittel durchgesetzt werden Das Insolvenzgericht ist im Rahmen seiner Aufsicht über den Insolvenzverwalter gem. § 58 InsO nicht berechtigt, Rückzahlungsanordnungen bezüglich vom Insolvenzverwalter wegen Unpfändbarkeit zu Unrecht einbehaltener Zahlungen Dritter zu treffen. Derartige Entscheidungen obliegen der Zivilgerichtsbarkeit.[50]

Das Insolvenzgericht kann den Insolvenzverwalter nicht dazu veranlassen, einem Gläubiger **Auskunft** zu erteilen.[51] Es ist Angelegenheit des Insolvenzverwalters, zu entscheiden, ob er dem Auskunftsverlangen nachkommen möchte oder ob Gründe für eine Auskunftsverweigerung vorliegen. Der Auskunftsbegehrende kann seinen möglichen Anspruch nicht über eine Aufsichtsmaßnahme des Insolvenzgerichts, sondern nur über den allgemeinen Prozessweg durchsetzen.[52] Gegen den Willen des Insolvenzverwalters kann dem Interessenten daher ein Recht auf Einsicht in die Unterlagen des Insolvenzverwalters durch das Insolvenzgericht nicht zugesprochen werden. Das Insolvenzgericht ist jedoch berechtigt, vom Insolvenzverwalter eine mündliche Auskunft in einem gerichtlichen Anhörungstermin gegenüber dem Insolvenzgericht zu verlangen und kann die Pflicht des Insolvenzverwalters zu einer solchen Auskunftserteilung durch die Verhängung eines Zwangsgeldes erzwingen.[53] Eine Inhaftnahme des Insolvenzverwalters ist jedoch grundsätzlich nicht zulässig.[54]

III. Abgrenzung Pflichtgemäßheit und Zweckmäßigkeit

Von der Frage, ob der Insolvenzverwalter pflichtgemäß handelt, ist die Frage zu unterscheiden, ob sein Handeln auch zweckmäßig ist. Eine **Überprüfung der Handlungen des Insolvenzverwalters auf ihre Zweckmäßigkeit** darf das Insolvenzgericht **nur eingeschränkt** vornehmen.[55] Bedingt durch die Aufgabenteilung zwischen Insolvenzgericht und Insolvenzverwalter ist es allein Aufgabe des Insolvenz-

---

[43] BGH NZI 2005, 391; LG Göttingen ZIP 2006, 1913.
[44] RGZ 154, 291, 297; BGH KTS 1966, 17, 20; Kuhn/*Uhlenbruck* § 83 RdNr. 1.
[45] BGH NZI 2005, 391; LG Essen KTS 1971, 295 mit Anm. *Mohrbutter*; Kuhn/*Uhlenbruck* § 84 RdNr. 1c.
[46] LG Bayreuth Rpfleger 1965, 306.
[47] Kuhn/*Uhlenbruck* § 83 RdNr. 2.
[48] BGH NZI 2010, 984.
[49] BGH KTS 1987, 494.
[50] LG Mönchengladbach ZInsO 2009, 1356.
[51] BGH KTS 1966, 17; LG Berlin NJW 1957, 1563; *Häsemeyer* ZZP 1967, 263; Kuhn/*Uhlenbruck* § 83 RdNr. 5.
[52] OLG Köln NJW 1957, 1032; LG Düsseldorf BB 1977, 1673.
[53] BGH NZI 2010, 147.
[54] BGH NZI 2010, 146.
[55] RGZ 29, 80, 83; LG Kaiserslautern KTS 1960, 45; LG Stendal ZInsO 1999, 233; *Naumann*, Kölner Schrift, S. 321 RdNr. 7; *Nerlich/Römermann/Delhaes* § 58 RdNr. 5; *Uhlenbruck/Uhlenbruck*, InsO, § 58 RdNr. 3.

verwalters, zu entscheiden, ob eine konkrete Handlung vorgenommen werden soll oder ob eine Unterlassung zur Erreichung des Verfahrensziels sinnvoller ist. Das Insolvenzgericht hat die Handlungen des Insolvenzverwalters nicht anzuleiten, sondern zu überwachen. Nur dann, wenn dem Insolvenzverwalter im Rahmen seines Vorgehens hinsichtlich der Beurteilung der Zweckmäßigkeit freie Hand gelassen wird, ist eine ordnungsgemäße und sinngerichtete Insolvenzverwaltung möglich.[56]

40 Dies kann aber nicht dahingehend verstanden werden, dass das Insolvenzgericht vollständig Zweckmäßigkeitsgesichtspunkte außer Acht lassen dürfte. Der **Übergang von einer Unzweckmäßigkeit zu einer Pflichtwidrigkeit ist fließend.** Das Insolvenzgericht hat daher auch immer seine prüfende Aufsicht auf die Sachgerechtheit des Handelns des Insolvenzverwalters auszudehnen, um in der Lage zu sein zu erkennen, wann ein pflichtwidriges Handeln vorliegt. In diesem Fall ist es befugt, gegen ein Handeln des Insolvenzverwalters einzuschreiten.

41 Eine Anweisung des Gerichts an den Insolvenzverwalter, einen für nicht gerechtfertigt befundenen Teil der Gebühren, die der Verwalter an einen von ihm beauftragten Anwalt gezahlt hat, wieder der Masse zuzuführen,[57] ist nicht vom Aufsichtsrecht gedeckt. Andererseits ist das Gericht jedoch befugt, dem Insolvenzverwalter **Handlungen zu untersagen** (zB § 158 Abs. 2 Satz 2). Das Gericht darf zB gegen eine Fortführung des Betriebes des Gemeinschuldners vorgehen, wenn die Fortführung nur oder vornehmlich im Interesse des Schuldners zum Zwecke der Unterhaltsgewährung oder sonst rechtsmissbräuchlich ist[58] oder dem Insolvenzverwalter untersagen, Generalvollmachten zu erteilen[59] und Verträge abzuschließen, wenn ein Fall der Befangenheit oder der Interessenkollision vorliegt.[60] Es ist berechtigt, gegen **schädliche Geschäfte** des Insolvenzverwalters einzuschreiten[61] oder ihm eine **pflichtwidrige Entnahme** von Honorarbeiträgen aus der Masse, die nicht vom Gericht festgesetzt worden sind,[62] zu untersagen. Sollte das Insolvenzgericht der Ansicht sein, ein konkretes Handeln des Insolvenzverwalters stelle auf Grund seiner offensichtlichen Unzweckmäßigkeit eine Pflichtwidrigkeit dar, hat es eine entsprechende Anweisung an den Insolvenzverwalter diesbezüglich eingehend zu begründen.

IV. Strafrechtlich relevante Handlungen

42 Verletzt der Insolvenzverwalter seine verfahrenstypischen Pflichten oder handelt er verfahrenswidrig, ist das Insolvenzgericht verpflichtet, von Amts wegen einzuschreiten bzw. zu ermitteln. Dies kann im Extremfall soweit gehen, dass ein **strafrechtlich relevantes Verhalten** des Insolvenzverwalters offenbar wird bzw. Anzeichen für ein solchen festgestellt werden. In diesem Fall hat das Insolvenzgericht den Sachverhalt vollständig aufzuklären,[63] um entweder die notwendigen Maßnahmen treffen zu können oder den Anfangsverdacht auszuräumen. Ein solches Einschreiten rechtfertigt eine **Ablehnung** des Rechtspflegers oder Richters **wegen Befangenheit** nicht.[64]

43 Die Amtspflicht des Insolvenzgerichts geht dabei jedoch nicht soweit, dass über das für das Insolvenzverfahren notwendige Maß Straftatbestände festzustellen wären oder gar für zivilrechtliche Rückgewähr- oder Schadensersatzansprüche die Grundlagen zu ermitteln wären.[65] Es ist nicht Aufgabe des Insolvenzgerichts, **privatrechtliche**[66] **oder staatliche**[67] **Haftungsansprüche** durchsetzbar zu machen.

V. Konkurrenz mit der Entscheidungsbefugnis des Insolvenzverwalters

44 Durch die Aufsicht darf die Ausübung der **Verwaltung nicht erschwert** oder der Insolvenzverwalter in seiner Entscheidungsfreiheit eingeschränkt werden.[68] Mit *Weber* ist „*nachdrücklich zu*

---

[56] LG Köln NZI 2001, 157.
[57] LG Freiburg ZIP 1980, 438; *Uhlenbruck/Uhlenbruck*, InsO, § 58 RdNr. 7.
[58] BGH NJW 1980, 55; LG Wuppertal KTS 1958, 45; *Kuhn/Uhlenbruck* § 83 RdNr. 6.
[59] AG Münster Rpfleger 1988, 501.
[60] BGH NJW 1991, 982, 984; *Kuhn/Uhlenbruck* § 83 RdNr. 1.
[61] BGH ZIP 1991, 324, 329.
[62] OLG Köln KTS 1977, 56; hierzu LG Aachen KTS 1977, 187.
[63] *Kuhn/Uhlenbruck* § 83 RdNr. 6b.
[64] OLG Zweibrücken NZI 2000, 222; LG Wuppertal KTS 1958, 78.
[65] LG Flensburg KTS 1972, 200; zur Haftung des Gesamtvollstreckungsverwalters im Falle einer pflichtwidrigen Klageerhebung s. LG Mönchengladbach NZI 1999, 327.
[66] Zur Verwalterhaftung bei Klageerhebung durch den Verwalter trotz fehlender Erfolgsaussicht s. LG Mönchengladbach NZI 1999, 327.
[67] Siehe hierzu *Weyand*, Strafrechtliche Risiken in Insolvenzverfahren für Verwalter und Berater, ZInsO 2000, 413.
[68] LG Köln NZI 2001, 157.

betonen, dass der unter persönlicher Verantwortung nach wirtschaftlichen Grundsätzen unter der Rechtsaufsicht des Gerichts abwickelnde Treuhandverwalter, dessen pflichtgemäßes Ermessen regelmäßig die zu treffenden Entschließungen anvertraut sind und dem das Gesetz nur selten und zurückhaltend den Weg des Handelns vorzeichnet oder beschränkt, eine hoch zu veranschlagende Errungenschaft unseres Rechts ist, weil diese Gestaltung allein in der Lage ist, dem wirtschaftlichen Charakter der Zwangsliquidation einer zusammengebrochenen Privatwirtschaft Rechnung zu tragen".[69] Für eine **effiziente Verfahrensabwicklung** ist es somit notwendig, dass der Insolvenzverwalter seine Tätigkeit eigenverantwortlich durchführen kann, was im Falle eine andauernden und ins Einzelne gehenden Überwachung nicht möglich ist.[70]

G. Zwangsgeld

Zur **Durchsetzung seiner Auskunftsrechte und Anordnungen** kann das Insolvenzgericht 45
dem Insolvenzverwalter ein Zwangsgeld auferlegen. Die Möglichkeit der Verhängung eines Zwangsgeldes nach § 58 Abs. 2 steht neben der **Möglichkeit der Entlassung** des Insolvenzverwalters aus wichtigem Grund nach § 59. Die Wahl zwischen Anforderung einer Auskunft, Verhängung eines Zwangsgelds und Abberufung des Insolvenzverwalters nach § 59 hat das Insolvenzgericht dabei nach **pflichtgemäßem Ermessen** zu treffen. Dabei sind die Interessen der Gläubiger als auch des Schuldners an der Vermeidung eines kostenträchtigen Verwalterwechsels sowie die Einhaltung der insolvenzspezifischen Verfahrensregeln abzuwägen. Wenn die Ordnungsgemäßheit des Insolvenzverfahrens über eine Anweisung des Insolvenzgerichts an den Insolvenzverwalter oder die Androhung bzw. Verhängung eines Zwangsgeldes wiederhergestellt werden kann, wird eine Entlassung nach § 59 nicht zulässig sein.

Zweck des Zwangsgeldes nach § 58 Abs. 2 ist die **Erreichung eines pflichtgemäßen Handelns** 46
des Insolvenzverwalters. Eine Ahndung von begangenen Pflichtwidrigkeiten durch Verhängung eines Zwangsgeldes ist nicht möglich,[71] da die Festsetzung von Zwangsgeld **keine Strafe** für die Pflichtwidrigkeit darstellt, sondern ein reines Erzwingungsmittel ist. Bei Zweckerreichung durch Androhung ist die Vollstreckung des Zwangsgeldes daher unzulässig.[72]

I. Zuständigkeit

Für die Aufsicht über den vorläufiger Insolvenzverwalter ist der **Insolvenzrichter** zuständig, 47
nach Eröffnung gemäß § 18 RPflG der **Rechtspfleger.** Er entscheidet über den Einsatz des Zwangsgeldes. Es empfiehlt sich, dass der Rechtspfleger den Insolvenzrichter von Pflichtverstößen des Insolvenzverwalters unterrichtet, damit für den Fall, dass aus dem Pflichtverstoß eine Ungeeignetheit im Sinne des § 56 erkennbar wäre, dies im Rahmen einer zukünftigen Bestellung berücksichtigt werden kann.

II. Androhung des Zwangsgeldes

Das Zwangsgeld ist vor seiner Festsetzung dem Insolvenzverwalter **anzudrohen** (§ 58 Abs. 2 48
Satz 1). Es kann, wie sich aus § 58 Abs. 2 Satz 2 ergibt, mehrfach verhängt werden, ist dazu jedoch in jedem einzelnen Fall zuvor anzudrohen. Vor einer Androhung sollte das Gericht zunächst die Gründe für den Pflichtverstoß, zB der Nichtvorlage eines Berichts erfragen und evtl. dabei die Verhängung einer Zwangsmaßnahme ankündigen, um hiermit dem Insolvenzverwalter zuvor rechtliches Gehör zu gewähren. Die Androhung eines Zwangsgeldes gegen den Insolvenzverwalter muss nicht in Form eines Beschlusses erfolgen; es reicht eine formlose schriftliche Androhung aus.[73]

Eine **Anhörung** ist **vor der Androhung eines weiteren Zwangsgeldes** nicht notwendig.[74] 49
Der Insolvenzverwalter wurde bereits vor Androhung des ersten Zwangsgeldes gehört und ist unterrichtet, hinsichtlich welcher Pflichten eine Erfüllung von ihm verlangt wird. Erbringt der Insolvenzverwalter auch nach Festsetzung des Zwangsgeldes weiterhin die geforderte Handlung nicht, ist eine

---

[69] *Weber* KTS 1959, 80, 86.
[70] In diesem Sinne LG Köln NZI 2001, 157.
[71] OLG Köln KTS 1969, 59; Kuhn/*Uhlenbruck* § 84 RdNr. 1.
[72] LG Oldenburg ZIP 1982, 1233; OLG Köln KTS 1969, 59.
[73] LG Göttingen NZI 2009, 61.
[74] Kuhn/*Uhlenbruck* § 84 RdNr. 1; dagegen LG Coburg Rpfleger 1990, 383 mit kritischer Anm. *Depré; Kilger/ K. Schmidt,* Konkursordnung, 16. Aufl. 1993, § 84 Anm. 1.

erneute Anhörung vor Androhung eines weiteren Zwangsgeldes sinnlos. Die direkte Androhung verletzt dabei den Insolvenzverwalter auch nicht in seinen Rechten.

50 Die Androhung ist sinnvollerweise mit einer **konkreten Fristsetzung** zu verbinden und das beabsichtigte Zwangsgeld mitzuteilen. Sie sollte dem Insolvenzverwalter zugestellt werden, damit ein Fristablauf kontrolliert werden kann.

III. Festsetzung des Zwangsgeldes

51 Nach Ablauf der mit der Androhung gesetzten Frist kann das Gericht das **Zwangsgeld durch Beschluss festsetzen.** Der Beschluss ist § 58 Abs. 2 Satz 3 zu begründen, damit in der Beschwerdeinstanz eine Überprüfung möglich ist. In der Begründung ist insbesondere der Pflichtverstoß des Insolvenzverwalters zu bezeichnen.

52 Hat der Insolvenzverwalter jedoch bereits seine entsprechende **Pflicht erfüllt**, ist eine Festsetzung eines Zwangsgeldes nicht mehr zulässig.[75] Das Zwangsmittel hat **keinen Sanktionscharakter**[76], sondern soll nur den Willen des Insolvenzverwalters beugen. Wird der Insolvenzverwalter unter Zwangsgeldandrohung zur Abgabe eines Sachstandsberichts aufgefordert, wird die Zwangsgeldandrohung gegenstandslos, wenn der Bericht erteilt wird, da der Zweck des Zwangsmittels erreicht wurde.[77] Die Festsetzung ist aufzuheben, wenn der Insolvenzverwalter die nach § 58 Abs. 1 geforderte Handlung vornimmt, bevor die Entscheidung über die Festsetzung des Zwangsgeldes rechtskräftig wird.[78]

53 Nach Rechtskraft des Festsetzungsbeschlusses ist die Zwangsvollstreckung einzuleiten. Der **Festsetzungsbeschluss ist Vollstreckungstitel** (§ 794 Nr. 3 ZPO) und **von Amts wegen zu vollstrecken.** Die Vollstreckung erfolgt nach den §§ 704 ff. ZPO durch den zuständigen Insolvenzrechtspfleger.

54 Erfüllt der Insolvenzverwalter seine Pflichten trotz Festsetzung eines Zwangsgeldes nicht, kann wegen der gleichen Handlung ein **weiteres Zwangsgeld** angedroht und festgesetzt werden. In diesem Fall hat das Gericht zu prüfen, ob eine Entlassung des Insolvenzverwalters nach § 59 angezeigt ist.

IV. Höhe des Zwangsgeldes

55 Das Zwangsgeld beträgt mindestens € 2,50 und höchstens € 25 000,–. Die Höhe ist durch das Insolvenzgericht unter Berücksichtigung der Bedeutung der zu erfüllenden Pflicht und der Wirkung auf den Insolvenzverwalter zu bestimmen und muss **verhältnismäßig** sein. Mehrere, für dieselbe Pflichtverletzung verhängte Zwangsgelder können zusammengerechnet den Betrag von 25 000 € überschreiten.[79]

56 Das Zwangsgeld kann **nicht in eine Haft umgewandelt** werden.[80] § 58 sieht eine solche Möglichkeit nicht vor. Eine Inhaftnahme würde auch dem Zweck des Insolvenzverfahrens widersprechen, da der Insolvenzverwalter dadurch gehindert wäre, seinen weiteren Verpflichtungen im Verfahren nachzugehen. Dies gilt auch dann, wenn ein Zwangsgeld nach Beendigung des Insolvenzverfahrens notwendig sein sollte und eine Haft das Verfahren nicht mehr beeinträchtigen würde. Gerade gegenüber vermögenslosen Verwaltern wäre nur eine Beugehaft geeignet, die notwendigen Handlungen zu erzwingen.

H. Herausgabepflichten des entlassenen Verwalters

57 Auch der **entlassene Insolvenzverwalter** unterliegt über § 58 Abs. 3 noch der Aufsicht und Zwangsgewalt des Insolvenzgerichts, wenn er noch **Massegegenstände und verfahrensbezogene Unterlagen** herauszugeben hat. Die Durchsetzung erfolgt entsprechend den Regelungen zur Durchsetzung der Verwalterpflichten nach § 58 Abs. 2. Auch hier ist eine ersatzweise Inhaftnahme entsprechend §§ 883, 887, 888 ZPO nicht möglich.

58 Sollte die Verhängung eines Zwangsgelds nicht erfolgreich sein, besteht nach Entlassung des Insolvenzverwalters die Möglichkeit der **Herausgabeklage** durch den Berechtigten (Schuldner, dessen Rechtsnachfolger bzw. den neuen Insolvenzverwalter). Nach Tod des entlassenen Insolvenzver-

---

[75] LG Oldenburg ZIP 1982, 1233.
[76] BGH WM 2012, 50.
[77] OLG Köln KTS 1969, 59.
[78] BGH WM 2012, 50.
[79] BGH NZI 2005, 391.
[80] BGH NZI 2010, 146.

walters ist dies die verbleibende Möglichkeit. Die Befugnis des Insolvenzgerichts nach § 58 Abs. 3 erstreckt sich nicht auf den Rechtsnachfolger des Verstorbenen. Dem Nachfolger des entlassenen Insolvenzverwalters steht jedoch kein eigener Anspruch auf Erteilung einer Schlussrechnung gegenüber dem neuen Insolvenzverwalter zu.[81] Anders zu beurteilen ist dies hinsichtlich des Anspruchs des neuen Insolvenzverwalters auf Auskunft, wenn er auf bestimmte, das bisherige Verfahren betreffende Informationen angewiesen ist.[82]

I. Rechtsmittel

Sollte das Gericht einer **Anregung oder Beschwerde eines Beteiligten** gegen den Insolvenzverwalter nicht nachkommen, steht dem Beteiligten hiergegen kein Rechtsmittel zu.[83] Es besteht **kein Anspruch** gegenüber dem Gericht auf aufsichtsrechtliches Einschreiten. Auch wenn das Gericht auf eine Anregung hin die Amtsausübung des Insolvenzverwalters überprüft und zu dem Ergebnis gelangt, dass eine Pflichtwidrigkeit nicht vorliegt, kann sich der Anregende gegen diese Auffassung nicht mit einer Beschwerde wehren.[84] Dies gilt auch dann, wenn das Insolvenzgericht hierzu einen förmlichen Beschluss erlässt. Gemäß § 6 Abs. 1 ist ein Rechtsmittel ausgeschlossen.[85] Daneben fehlt es an einer Beschwerdebefugnis des Anregenden.[86]

59

Nach § 58 Abs. 2 Satz 3 steht dem Insolvenzverwalter gegen den Zwangsgeldbeschluss die **sofortige Beschwerde** zu. Eine Insolvenz-Beschwerde gem. § 6 gegen die vorhergehende **Anordnung** bestimmter Handlungen oder die Androhung eines Zwangsgeldes ist nicht möglich.[87] Im Falle einer Anordnung durch einen Rechtspfleger besteht jedoch die Möglichkeit einer Überprüfung durch eine Erinnerung nach § 11 Abs. 2 RPflG.[88] Der Insolvenzverwalter hat auf Grund der Beschränkung der Rechtsmittel durch § 6 die Anordnungen und entsprechenden Beschlüsse des Gerichts hinzunehmen. Auch im Rahmen einer Beschwerde nach § 58 Abs. 2 Satz 3 sind die dem Zwangsmittel zugrundeliegenden Anordnungen des Insolvenzgerichts nicht inzident überprüfbar.[89]

60

Zweck der Beschränkung der sofortigen Beschwerde auf die im Gesetz ausdrücklich vorgesehenen Fälle ist es, den zügigen Ablauf des Insolvenzverfahrens zu gewährleisten. Würde man im Verfahren über die sofortige Beschwerde gegen die Zwangsgeldfestsetzung nach § 58 Abs. 2 die inzidente Überprüfung der Aufsichtsanordnung des Insolvenzgerichts ermöglichen, könnte dieser Zweck nicht mehr erreicht werden. Statt einer Beschleunigung des Verfahrens ergäbe sich eine doppelte Überprüfungsmöglichkeit für die Aufsichtsanordnung. Sofern ein Rechtspfleger entschieden hat, könnte die Anordnung zunächst im Verfahren nach § 11 Abs. 2 RPflG überprüft werden. Sodann käme ungeachtet des Ausgangs des Erinnerungsverfahrens eine weitere Überprüfung im Rahmen der Anfechtung des Zwangsgeldes in Betracht. Der zum Schutz der Rechte der Gläubiger verlangte zügige und reibungslose Ablauf des Insolvenzverfahrens könnte nicht mehr erreicht werden.[90]

60a

Wird der durch die Zwangsgeldfestsetzung verfolgte Zweck vor Rechtskraft des Beschlusses erreicht, kann die **Festsetzung in der Rechtsmittelinstanz wieder aufgehoben werden**.[91] Nach **Rechtskraft des Festsetzungsbeschlusses** kann der Insolvenzverwalter, der die ihm auferlegte Handlung nun vor Vollstreckung vornimmt, nicht mehr verlangen, dass der Beschluss aufgehoben wird.[92] Anderenfalls wäre die Zwangsgeldfestsetzung nur noch eine Farce, wenn der Insolvenzverwalter bis zur Beitreibung warten könnte, um unter Nachweis der Erfüllung seiner Pflicht eine Aufhebungsantrag zu stellen, dem das Gericht zu entsprechen hätte. Das Insolvenzgericht ist aber als berechtigt anzusehen, wegen Erfüllung die rechtskräftige **Zwangsgeldfestsetzung aufzuheben**.[93] Gegen einen Beschluss des Amtsgerichts, in dem auf Antrag des Sonderinsolvenzverwalters im Rah-

61

---

[81] BGH NZI 2010, 984.
[82] BGH NZI 2010, 984; BGH NZI 2004, 209.
[83] OLG Schleswig, SchlHA 1972, 205; ZIP 1984, 473; LG Düsseldorf ZIP 1983, 972; LG Karlsruhe ZIP 1980, 1072; Kuhn/*Uhlenbruck* § 83 RdNr. 3; *Nerlich/Römermann/Delhaes* § 58 RdNr. 22.
[84] OLG Schleswig ZIP 1984, 473.
[85] LG Göttingen NZI 2000, 491.
[86] AA LG Düsseldorf ZIP 1983, 972; bisher *Hess* in *Hess* KO Konkursordnung, 1998, § 83 RdNr. 4.
[87] OLG Zweibrücken InVo, 2001, 57; HK-*Eickmann*, 4. Aufl. 2006, § 58 RdNr. 13.
[88] BGH NZI 2011, 442.
[89] BGH NZI 2011, 442.
[90] BGH NZI 2011, 442.
[91] *Bley/Mohrbutter*, Vergleichsordnung, 1979, § 41 RdNr. 6.
[92] *Uhlenbruck/Delhaes* RdNr. 530; aA LG Oldenburg Rpfleger 1982, 351 mit Anm. *Uhlenbruck*.
[93] *Uhlenbruck/Delhaes* RdNr. 530.

men der Anhörung des Insolvenzverwalters die Abgabe einer eidesstattlichen Versicherung angeordnet wird, ist die sofortige Beschwerde nicht statthaft.[94]

J. Haftung des Gerichts

62 Die schuldhafte Verletzung der Aufsichtspflicht nach § 58 Abs. 1 kann zu **Schadensersatzansprüchen** nach § 839 BGB i. V. m. Art. 34 GG führen.[95] § 839 Abs. 2 BGB findet mangels einer Handlung der Rechtsprechung keine Anwendung. Stellt sich im Rahmen der Aufsicht über dem Insolvenzverwalter heraus, dass durch ein Fehlverhalten des Insolvenzverwalters Schäden entstanden sind, hat das Insolvenzgericht bei noch behebbaren Schäden im Wege der Aufsicht die Beseitigung der Schäden zu veranlassen.[96]

§ 59 Entlassung des Insolvenzverwalters

(1) ¹Das Insolvenzgericht kann den Insolvenzverwalter aus wichtigem Grund aus dem Amt entlassen. ²Die Entlassung kann von Amts wegen oder auf Antrag des Verwalters, des Gläubigerausschusses oder der Gläubigerversammlung erfolgen. ³Vor der Entscheidung des Gerichts ist der Verwalter zu hören.

(2) ¹Gegen die Entlassung steht dem Verwalter die sofortige Beschwerde zu. ²Gegen die Ablehnung des Antrags steht dem Verwalter, dem Gläubigerausschuß oder, wenn die Gläubigerversammlung den Antrag gestellt hat, jedem Insolvenzgläubiger die sofortige Beschwerde zu.

Schrifttum: *Carl,* Die Abberufung des Gesamtvollstreckungsverwalters, DZWir 1994, 78; *Gehrlein,* Abberufung und Haftung von Insolvenzverwaltern, ZInsO 2011, 1713; *Pape,* Zu den Problemen der Abberufung des Insolvenzverwalters aus wichtigem Grund gem. § 8 III 2 GesO, DtZ 1995, 40; *Spickhoff,* Insolvenzzweckwidrige Rechtshandlungen des Insolvenzverwalters, KTS 2000, 15; *Uhlenbruck,* Aus- und Abwahl des Insolvenzverwalters – Eine Schicksalsfrage der Insolvenzrechtsreform –, KTS 1989, 229.

Übersicht

	Rn.		Rn.
A. Normzweck	1–3	10. Gründe außerhalb des konkreten Verfahrens	36
B. Entstehungsgeschichte	4, 5	11. Verschulden des Verwalters	37
C. Anwendungsbereich	6–10	12. Nachteil für das Verfahren	38
D. Wichtiger Grund	11–39	13. Kanzleiaufgabe	38a
I. Verhältnismäßigkeit	11–13	IV. Verhältnis zu Schadensersatzansprüchen	39
II. Ermittlungen des Insolvenzgerichts	14, 15	E. Entlassungsentscheidung	40–57
III. Entlassungsgründe	16–38a	I. Zuständigkeit	40, 41
1. Unfähigkeit zur Amtsausübung	17	II. Entscheidung von Amts wegen	42–45
2. Bestellungshindernisse des § 56	18–20	III. Entscheidungsrahmen	46
3. Krankheit	21	IV. Antrag des Insolvenzverwalters	47–51
4. Straftaten	22–24	V. Gläubigerantrag	52, 53
5. Haftungsansprüche gegen den Insolvenzverwalter	25–27	VI. Schuldnerantrag	54
6. Nicht- oder Schlechterfüllung von Verwalterpflichten	28–31	VII. Anhörung	55–57
		F. Entscheidung	58–60
7. Gläubigerbevorzugung	32, 33	G. Bestellung eines neuen Insolvenzverwalters	61, 62
8. Interessenkollisionen	34		
9. Vertrauensverhältnis	35	H. Rechtsmittel	63–66

---

[94] BGH NZI 2010, 159.
[95] RGZ 154, 291, 296; BGH KTS 1966, 17; *Uhlenbruck/Uhlenbruck,* InsO, § 58 RdNr. 1; *Uhlenbruck* ZIP 1982, 125, 127.
[96] Kuhn/*Uhlenbruck* § 83 RdNr. 7; *Uhlenbruck* ZIP 1982, 125, 134.

Entlassung des Insolvenzverwalters 1–7 § 59

A. Normzweck

Die zentrale Figur des eröffneten Insolvenzverfahrens ist der Insolvenzverwalter. Durch ihn wird der Ablauf des Verfahrens entscheidend bestimmt. Zwar beherrscht nicht nur theoretisch der Grundsatz der Gläubigerautonomie das Verfahren, doch müssen die Beschlüsse der Gläubigerversammlung durch den Insolvenzverwalter ausgeführt werden. Diesem stehen umfangreiche Mittel zur Verfügung, die Entscheidungen der Gläubigerversammlung in Richtung des von ihm für richtig befundenen Vorgehens zu beeinflussen. Solange sich dies im Rahmen des Zulässigen bewegt, ist es vom Insolvenzgericht und den Gläubigern hinzunehmen. Sollte das Verhalten des Insolvenzverwalters insbesondere in Hinblick auf seine verfahrensspezifischen Pflichten nicht mehr hinnehmbar sein, muss das Insolvenzgericht eingreifen können. 1

Zwangsmittel werden dem Insolvenzgericht hierfür über § 58 an die Hand gegeben. Es ist jedoch möglich, dass diese nicht ausreichend erscheinen oder das Verhalten des Insolvenzverwalters derart unakzeptabel ist, dass ein **Belassen des Insolvenzverwalters in seiner Stellung nicht möglich** ist. Das Insolvenzgericht muss daher die Möglichkeit haben, den Insolvenzverwalter über § 59 zu entlassen. 2

Neben der Entlassung auf Grund eines nicht hinnehmbaren Umstandes kommt auch die **Entlassung eines fehlerfrei arbeitenden Insolvenzverwalters** in Betracht, wenn dieser aus nachvollziehbaren Gründen nicht mehr in der Lage ist, die Insolvenzverwaltung ordnungsgemäß durchzuführen oder sonstige Gründe im Interessen der anderen Verfahrensbeteiligten hierfür sprechen. Dem Insolvenzverwalter wird mit § 59 Abs. 1 Satz 2 die Möglichkeit gegeben, anstatt der **unzulässigen Amtsniederlegung** die Entlassung selbst zu beantragen, um zu vermeiden, später dem Vorwurf fehlerhaften Handelns ausgesetzt zu sein. Auch in diesem Fall hat das Insolvenzgericht den Antrag vor einer Entscheidung hinsichtlich des Vorliegens eines wichtigen Grundes zu prüfen. 3

B. Entstehungsgeschichte

§ 59 übernimmt die Möglichkeit der Entlassung des Verwalters des bisherigen **§ 8 Abs. 3 Satz 2 GesO** und geht damit über die des **§ 84 Abs. 1 Satz 2 KO** mit seiner zeitlichen Befristung hinaus. Das Insolvenzgericht ist nunmehr nicht an zeitliche Grenzen oder einen Antrag der Gläubigerversammlung gebunden. 4

Die Regelung des § 84 KO hatte den Nachteil, dass ein Verwalter auch im Falle eines schweren Pflichtverstoßes oder eine eindeutigen Amtsunfähigkeit nicht sofort entlassen werden konnte, sondern noch solange im Amt blieb, bis die Gläubigerversammlung zur Beschlussfassung zusammentreten konnte. Vor der ersten Gläubigerversammlung konnte das Gericht noch von Amts wegen eine Entlassung vornehmen. Danach war ein Antrag der Gläubigerversammlung durch Beschluss oder der des Gläubigerausschusses notwendig. Lag der Entlassungsgrund etwa in der Bevorteilung bestimmter Gläubiger, konnte dies dazu führen, dass ein entsprechender Beschluss der Gläubigerversammlung nicht zustande kam. Eine Entlassung war damit mangels Antrages nicht möglich. Als Konsequenz der Aufsichtspflichten des Insolvenzgerichts und seiner Funktion als Wahrer des Verfahrens wurde mit § 59 ein Mittel geschaffen, erforderlichenfalls schnell und unmittelbar eine unhaltbare Situation zu beenden. 5

C. Anwendungsbereich

Während die **Gläubiger nach § 57 nur in der ersten Gläubigerversammlung** nach Bestellung die Möglichkeit haben, den bestellten Insolvenzverwalter durch Wahl einer anderen Person zu ersetzen, kann das Insolvenzgericht bei Vorliegen eines wichtigen Grundes den Insolvenzverwalter jederzeit entlassen.[1] Die Entlassungsmöglichkeit von Amts wegen nach § 59 steht uneingeschränkt neben der Neuwahlmöglichkeit der Gläubigerversammlung nach § 57. Im Falle des Vorliegens von Gründen im Sinne von § 59 hat das Insolvenzgericht die Entlassung vorzunehmen und nicht abzuwarten, ob die Gläubigerversammlung von der Möglichkeit des § 57 Gebrauch macht. 6

Im Gegensatz zum bisherigen § 84 KO ist die Entlassung von Amts wegen **zeitlich nicht begrenzt** und setzt auch nach der auf die Ernennung folgenden Gläubigerversammlung **keinen Antrag der Gläubigerversammlung** oder des Gläubigerausschusses voraus. Hinzugekommen ist die **Antragsberechtigung für den Insolvenzverwalter.** Dieser kann nun aktiv auf eine Entlassung 7

---

[1] In der Praxis erfolgt eine Entlassung nur äußerst selten. Hierzu *Uhlenbruck* KTS 1989, 229, 243, welcher von einem Anteil von 0,001 % aller Verfahren ausgeht.

Graeber 1773

hinwirken. Nur über diesen Weg kann er eine Befreiung von den Pflichten seines Amtes erreichen, da eine einseitige Niederlegung des Amtes nicht möglich ist.

8 Die Entlassung eines **vorläufigen Insolvenzverwalters** ist in entsprechender Anwendung des § 59 gem. § 21 Abs. 2 Nr. 1 möglich.[2] Hierbei ist besonders zu beachten, dass in der Eröffnungsphase den Gläubigern ein Wahlrecht wie § 57 nicht zusteht. Der Schuldner ist mangels einer ausdrücklichen Einführung eines Rechtsmittels wegen § 6 nicht in der Lage, gegen die Anordnung der vorläufigen Insolvenzverwaltung oder die Bestimmung des konkreten vorläufigen Insolvenzverwalters eine sofortige Beschwerde einzulegen.[3] Der Insolvenzrichter hat daher in der Eröffnungsphase besonders darauf zu achten, ob Anzeichen vorliegen, welche einen wichtigen Grund im Sinne des § 59 annehmen lassen. Gegebenenfalls sind die Einzelheiten unverzüglich von Amts wegen zu ermitteln.

9 Sollte das Insolvenzgericht den bestellten vorläufigen Insolvenzverwalter nicht beibehalten wollen, kann es die **vorläufige Insolvenzverwaltung beenden** und damit den **vorläufigen Insolvenzverwalter faktisch entlassen**.[4] Diese faktische Entlassung durch Beendigung oder Unterbrechung der vorläufigen Verwaltung hat dabei zwei Vorteile. Einerseits ist es nicht notwendig, diese Beendigung zu begründen, was im Gegensatz zu einer Entlassung nach § 59 Ausführungen zu evtl. Fehlern des vorläufigen Insolvenzverwalters vermeidet. Dies kann auch im Interesse des vorläufigen Insolvenzverwalters liegen. Zum anderen unterliegt die Entscheidung über die Beendigung nicht einem Rechtsmittel des vorläufigen Insolvenzverwalters, wodurch Kämpfe des vorläufigen Insolvenzverwalters um sein Amt und dabei auch um seinen Ruf vermieden werden. Auch bei einer Beendigung der vorläufigen Verwaltung ist das Insolvenzgericht nachfolgend nicht gehindert, erneut die vorläufige Insolvenzverwaltung anzuordnen und hierbei einen anderen Insolvenzverwalter zu bestellen.[5]

10 § 59 gilt über § 274 Abs. 1 auch für den **Sachwalter** in der Eigenverwaltung, den vorläufigen Sachwalter gem. § 270a Abs. 1 Satz 2, gemäß § 313 Abs. 1 Satz 3 für den **Treuhänder im vereinfachten Insolvenzverfahren** und gemäß § 292 Abs. 3 Satz 2 für den **Treuhänder in der Abtretungsphase.** Dort sind die Besonderheiten hinsichtlich der Antragsberechtigung der Gläubiger zu beachten. Eine Bestellung einer anderen Person zum Treuhänder nach § 292 als den Treuhänder des vereinfachten Insolvenzverfahrens stellt faktisch ein Entlassung des ersten Treuhänders dar, sofern der Bestellungsbeschluss bei Eröffnung des Insolvenzverfahrens nicht ausnahmsweise eine Beschränkung auf das vereinfachten Insolvenzverfahren enthält.[6] Auch die Entlassung des Treuhänders im vereinfachten Insolvenzverfahren setzt wie die Entlassung eines Insolvenzverwalters einen wichtigen, die Entlassung rechtfertigenden Grund voraus, § 313 Abs. 1 Satz 3, § 59 Abs. 1 Satz 1.[7]

D. Wichtiger Grund

I. Verhältnismäßigkeit

11 Die Entlassung eines Insolvenzverwalters während eines laufenden Verfahrens ist regelmäßig mit **erheblichen Folgen** für das Verfahren und insbesondere den entlassenen Insolvenzverwalter behaftet. Das Insolvenzgericht darf daher von diesem Mittel nur dann Gebrauch machen, wenn die Entlassung für die Verfahrensfortführung **notwendig ist und ein wichtiger Grund im Sinne des § 59 vorliegt.** Ein wichtiger Grund setzt entweder eine persönliche Pflichtverletzung des Verwalters voraus, die es als sachlich nicht mehr vertretbar erscheinen lässt, ihn im Amt zu belassen[8], oder die Feststellung eines sonstigen wichtigen Grundes, etwa der Unfähigkeit zur Amtsausübung.[9] Das Gericht hat bei seiner Entscheidung insbesondere den **Verhältnismäßigkeitsgrundsatz** zu beachten.[10] Hierbei ist jedoch vorrangig vor den Interessen des Insolvenzverwalters an der Beibehaltung seines Amtes und seiner Verdienstmöglichkeit durch das Insolvenzgericht zu beachten, dass der Insolvenzverwalter mit der Betreuung fremden Vermögens eine besondere Vertrauensstellung innehat. Wird das grundlegende **Vertrauen in ein ordnungsgemäßes Handeln** des Insolvenzverwalters durch diesen selbst gestört oder zerstört, kann auch bei geringeren Verfehlungen eine Entlassung des Verwalters verhältnismäßig sein.[11] Die Verhältnismäßigkeit ist daher immer auch aus dem **Blick-**

---

[2] OLG Zweibrücken NZI 2000, 535; *Uhlenbruck/Uhlenbruck*, InsO, § 59 RdNr. 3.
[3] BGH NZI 1998, 42.
[4] Kritisch hierzu HK-*Eickmann*, 4. Aufl. 2006, § 59 RdNr. 2.
[5] Dieser Weg wird von HambKomm-*Frind*, 3. Aufl., § 59 RdNr. 4 als Umgehung des § 59 abgelehnt.
[6] BGH v. 26.1.2012 – IX ZB 15/11; BGH ZInsO 2003, 750; BGH ZVI 2004, 544; BGH NZI 2008, 114.
[7] BGH v. 26.1.2012 – IX ZB 15/11.
[8] BGH NZI 2009, 604.
[9] BGH ZInsO 2010, 2093.
[10] *Uhlenbruck/Uhlenbruck*, InsO, § 59 RdNr. 10.
[11] AA BGH NZI 2006, 158; LG Stendal ZInsO 1999, 233.

winkel der Interessen der Insolvenzgläubiger und des Schuldners zu beurteilen. Sprechen deren schutzwürdige Interessen für einen Wechsel des Insolvenzverwalters und sind diese Interessen denen des Insolvenzverwalters an der Beibehaltung seines Amtes und der Vermeidung einer mit der Entlassung evtl. verbundenen Rufschädigung im Rahmen einer Abwägung vorzuziehen, ist die Entlassung des bisherigen Verwalters als verhältnismäßig anzusehen.

Die Entlassung stellt **kein Disziplinierungsmittel** gegenüber einem evtl. unwilligen Insolvenzverwalter dar und darf durch das Insolvenzgericht nicht zur Durchsetzung eines gewünschten Verhaltens missbraucht werden.[12] Orientierungsziel für die Frage der Entlassung hat die Erhaltung der Rechtmäßigkeit des Verfahrens und die Sicherung der gleichmäßigen Befriedigung der Gläubigerschaft unter Achtung der Gläubigerautonomie sowie die weiteren Ziele des Insolvenzverfahrens zu sein.

Eine Entlassung ist immer dann verhältnismäßig, wenn ein weiteres Belassen des Insolvenzverwalters in seinem Amt die Interessen der Gläubiger und die Rechtmäßigkeit der **Verfahrensabwicklung objektiv nachhaltig beeinträchtigt**, es in Anbetracht der Erheblichkeit der Pflichtverletzung, insbesondere ihrer Auswirkungen auf den Verfahrensablauf und die berechtigten Belange der Beteiligten, sachlich nicht mehr vertretbar erscheint, den Insolvenzverwalter im Amt zu belassen.[13] Die Möglichkeit der Abberufung wegen des begründeten Verdachts der Unzuverlässigkeit hat eine vernünftige, dem Gemeinwohl dienende Entscheidung zu sein, damit der damit verbundene Eingriff in die Rechte des Insolvenzverwalters gerechtfertigt ist.[14] Eine **Benachteiligung der Insolvenzgläubiger** oder des Schuldners ist jedoch nicht Voraussetzung für eine solche Entlassung. Angesichts der besonderen Vertrauensposition des Insolvenzverwalters kann auch ein Fehlverhalten des Verwalters in dem konkreten Verfahren aber auch in anderen Verfahren Anlass für eine Entlassung sein, wenn dieses Verhalten in dem konkreten Verfahren (bislang) keine Nachteile verursacht hat. Bei der Entscheidung, ob eine Entlassung vorzunehmen ist, muss berücksichtigt werden, dass der Insolvenzverwalter als Basis für seine Tätigkeit das **Vertrauen der Insolvenzgläubiger** besitzen muss. Immer dann, wenn diese Vertrauensbasis durch ein Verhalten des Insolvenzverwalter oder durch Umstände aus seinem Bereich bei objektiver Betrachtung als zerstört oder übermäßig belastet ist, ist eine Entlassung gerechtfertigt. Gerade auf Grund der Tätigkeit als Verwalter zuweilen erheblichen fremden Vermögens zu Gunsten der Insolvenzgläubiger ist in jedem Fall zu fordern, dass keine begründeten **Zweifel an der Ordnungsgemäßheit** dieser Vermögenssorge bestehen. Auch kleinere, aber vorwerfbare Fehlverhalten des Verwalters oder seiner Mitarbeiter können es rechtfertigen, die Vermögenssorge besser in die Hände einer anderen Person zu legen, deren Tätigkeit bislang keine Veranlassung zur Befürchtung eines insolvenzzweckwidrigen Vorgehens gegeben hat.

II. Ermittlungen des Insolvenzgerichts

Die **Prüfung der Voraussetzungen für eine Entlassung** ist im Interesse aller Beteiligten sorgfältigst vorzunehmen. Bevor eine Entlassung ausgesprochen wird, muss das Insolvenzgericht zur **vollen Überzeugung über das Vorliegen eines wichtigen Grundes** gekommen sein. Offene Punkte sind gegebenenfalls zu ermitteln. Ist das Insolvenzgericht nicht in der Lage, sämtliche klärungsbedürftige Punkte selbst zu ermitteln, kann es sich eines **Sonderinsolvenzverwalters**[15] oder eines **Sachverständigen**[16] bedienen.

Es reicht nicht in jedem Fall aus, dass lediglich seitens des Insolvenzverwalters der **böse Schein** nicht ordnungsgemäßer Verwaltung gesetzt worden ist.[17] Die konkreten Tatsachen, welche den Schluss auf Verfehlungen in Zusammenhang mit der Insolvenzverwaltung zulassen, sind zur Überzeugung des Insolvenzgerichts festzustellen. **Verdachtsmomente** aus Presseberichten und staatsanwaltschaftlichen Ermittlungsverfahren können zwar ausreichen um Aufsichtsmaßnahmen nach § 58 zu ergreifen, eine Entlassung nach § 59 ist jedoch erst dann zulässig, wenn sich der dadurch geschaffene **Verdacht bestätigt oder ausreichend erhärtet** hat.[18]

III. Entlassungsgründe

Ein wichtiger Grund für eine Entlassung eines Insolvenzverwalters im Sinne des § 59 kann in verschiedensten Umständen gesehen werden.[19] Eine Entlassung setzt grundsätzlich voraus, dass es in

---

[12] LG Göttingen NZI 2003, 499; *Uhlenbruck/Uhlenbruck*, InsO, § 59 RdNr. 2.
[13] BGH NZI 2009, 604; BGH NZI 2012, 247.
[14] *Smid/Rattunde* GesO § 8 RdNr. 389.
[15] AG Karlsruhe ZIP 1983, 101.
[16] AA AG Frankfurt/Oder ZInsO 1999, 360 (Ls).
[17] LG Halle ZIP 1993, 1739; Anm. dazu *Carl* DZWir 1994, 78 ff.
[18] LG Halle ZIP 1993, 1739; *Uhlenbruck/Uhlenbruck*, InsO, § 59 RdNr. 9.
[19] BGH ZInsO 2010, 2093.

Anbetracht der Erheblichkeit der Pflichtverletzung bzw. der jeweiligen Umstände, insbesondere ihrer Auswirkungen auf den Verfahrensablauf und die berechtigten Belange der Beteiligten, sachlich nicht mehr vertretbar erscheint, den Verwalter im Amt zu belassen.[20] Die Beurteilung anhand einer Abwägung aller bedeutsamen Umstände obliegt allein dem Tatrichter.[21] In Rechtsprechung und Literatur haben sich bereits einige Fallgruppen herausgearbeitet.

17 **1. Unfähigkeit zur Amtsausübung.** In jedem Verfahren, in dem nach einer Bestellung festzustellen ist, dass die bestellte Person **offensichtlich unfähig** ist, das Amt auszuüben, ist diese Person von Amts wegen zu entlassen.[22] Als Unfähigkeitsgründe kommen hierbei die absoluten **Ausschließungsgründe** wie **Berufs- oder Gewerbeverbote, Vorstrafen, gewerberechtliche Unzuverlässigkeit** in Betracht. Aber auch eine Untauglichkeit wegen **Vormundschaft** oder **Betreuung**, auf Grund eines **Vermögensverfalls** oder eines Grundes nach **§ 45 StGB** zwingt zu einer Entlassung des bestellten Verwalters. In diesen Bereich der Unfähigkeit kann auch allgemein eine **Ungeeignetheit** des Bestellten fallen, wenn sich diese Unfähigkeit allgemein auf die Tätigkeit als Insolvenzverwalter und nicht nur auf das konkrete Insolvenzverfahren bezieht.[23] Eine rechtskräftige **Delistung**[24] kann hierbei ausreichend sein, so sich der Grund für die Delistung auf alle Verfahren auswirkt.

18 **2. Bestellungshindernisse des § 56.** Unterhalb der Ebene der Unfähigkeit zum Verwalteramt liegen Fälle, in denen nach Eröffnung des Verfahrens bekannt wird, dass **Gründe** vorliegen, **bei deren Kenntnis dieser Verwalter in diesem Verfahren nicht hätte bestellt werden dürfen.** Jeder Grund, der eine Bestellbarkeit entsprechend § 56 ausschließt, stellt einen wichtigen Grund für eine zwingend vorzunehmende Entlassung des Insolvenzverwalters dar.[25] Bei Feststellung eines solchen Bestellungshindernisses hat das Insolvenzgericht zwingend die notwendigen Maßnahmen zu treffen, um die Ordnungsmäßigkeit des Verfahrens wieder herzustellen.

19 Als Beispielsfälle für solche Bestellungshindernisse sind zu nennen ein **Erschleichen der Verwalterbestellung** durch Vorspiegelung nicht vorhandener Qualifikationen,[26] Vortäuschung evident **nicht vorhandener Unabhängigkeit, Verschweigen von Anzeichen einer Interessenskollision,** für die der Insolvenzverwalter selbständig anzeigepflichtig ist, eine **Arbeitsüberlastung** des Verwalters, welche diesen an einer ordnungsgemäßen Amtsausübung in dem konkreten Insolvenzverfahren oder aber auch allgemein hindert[27] oder ihm eine besondere, für das konkrete Insolvenzverfahren notwendig **Eignung fehlt.**[28] Da auch die **Zuverlässigkeit des Verwalters** als ungeschriebene Bestellungsvoraussetzung anzusehen ist, kann auch eine zu Tage tretende Unzuverlässigkeit des Insolvenzverwalters, der sich beispielsweise an die von ihm gemachten Zusagen nicht hält und auch auf Nachfragen des Insolvenzgerichts keine Auskunft erteilt, als wichtiger Grund für eine Entlassung angesehen werden.[29] Entfallen nach Eröffnung die für die Bestellung dieses Verwalters wesentlichen Voraussetzungen bei diesem wieder, kann auch dies als wichtiger Grund angesehen werden.[30]

20 Diese gegenüber einigen Gerichtsentscheidungen weite Auslegung des wichtigen Grundes scheint dem Insolvenzgericht einen weiten Spielraum für Entlassungsentscheidungen zu geben. Angesichts der **besonderen Vertrauensposition** des Insolvenzverwalters muss jedoch im vorrangigen Interesse der Insolvenzgläubiger und des Schuldners jeder Grund als wichtiger Grund im Sinne des § 59 angesehen werden, der einer Bestellung dieses Insolvenzverwalters in diesem Insolvenzverfahren entgegengestanden hätte. Ein etwaiger Fehler des Insolvenzgerichts bei der Beurteilung und Auswahl des Insolvenzverwalters darf gerade in Verfahren der Verwertung fremden Vermögens zu Gunsten Dritter nicht allein zur Begünstigung des in fehlerhafter Weise bestellten Verwalters perpetuiert werden.[31] Dementsprechend reduziert sich die Ermessensausübung des Insolvenzgerichts auf

---

[20] BGH NZI 2011, 282.
[21] BGH NZI 2011, 282.
[22] LG Halle EWiR 1995, 1091 m. Anm. *Uhlenbruck;* LG Mainz Rechtspfleger 1986, 490; Kuhn/*Uhlenbruck* § 84 RdNr. 2.
[23] LG Stendal DZWIR 2004, 261.
[24] Siehe hierzu § 56 RdNr. 109 ff.
[25] *Uhlenbruck/Uhlenbruck,* InsO, § 59 RdNr. 7.
[26] BGH NZI 2004, 440 = ZInsO 2004, 669.
[27] LG Stendal DZWIR 2004, 261.
[28] LG Stendal DZWIR 2004, 261.
[29] LG Stendal DZWIR 2004, 261.
[30] *Uhlenbruck/Uhlenbruck,* InsO, § 59 RdNr. 7.
[31] BGH KTS 1955, 121.

eine **Pflicht zur Entlassung** des Insolvenzverwalters, wenn ein Grund besteht bzw. zutage tritt, der schon der Ernennung entgegengestanden hätte.[32]

3. Krankheit. Eine **erhebliche Krankheit** des Insolvenzverwalters kann sowohl im Rahmen eines eigenen Entlassungsantrags des Verwalters selbst aber auch bei einer Entscheidung von Amts wegen oder auf Anregung eines anderen Beteiligten hin als ausreichender Grund angesehen werden.[33] Auch in diesem Rahmen sind vorrangig die **Interessen der Insolvenzgläubiger** und des Schuldners zu betrachten, als die des Insolvenzverwalters, trotz evtl. verminderter Leistungsfähigkeit sein Amt zu behalten.

4. Straftaten. Straftaten des Insolvenzverwalters sind immer ausreichend, um als wichtiger Grund für eine Entlassung angesehen zu werden.[34] Sollte dem Insolvenzgericht bekannt werden, dass der Insolvenzverwalter Handlungen zum Nachteil der Insolvenzmasse vornimmt, ist eine entsprechend rasche Entscheidung über die Entlassung des Insolvenzverwalters zu treffen.[35] Bereits eine einmalige **Unterschlagung oder Untreue** durch eine Gläubigerbegünstigung genügt.[36] Gleiches gilt für Untreuehandlungen durch Vertragsgestaltungen, die ein **wirtschaftliches Risiko einseitig auf die Insolvenzmasse verlagern**[37] oder **Insolvenzmasse unter Wert** an eine dem Insolvenzverwalter zuzurechnende Gesellschaft zum Nachteil der Gläubiger verschiebt.[38]

Hierbei ist es nicht notwendig, dass die strafbare Handlung **zum Nachteil des konkreten Verfahrens** erfolgte.[39] Bereits die negative **Qualifikation des Insolvenzverwalters als Straftäter genügt, um das Insolvenzgericht zu einer Entlassung dieses Insolvenzverwalters zu zwingen**, den auch eine durch eine **außerhalb der Amtstätigkeit** verübte Vermögensstraftat zum Ausdruck kommende Unzuverlässigkeit kann die Schlussfolgerung nahelegen, dass dem Verwalter die weitere Betreuung fremder Vermögensinteressen nicht überantwortet werden kann.[40] Ein Verwalter, gegen den der dringende Verdacht besteht, in einzelnen (anderen) Insolvenzverfahren Vermögensdelikte zum Nachteil der Masse begangen zu haben, offenbart eine allgemeine charakterliche Ungeeignetheit für die Ausübung des Verwalteramts, die es rechtfertigt, ihn auch in anderen, von den Straftaten nicht betroffenen Verfahren aus dem Amt zu entlassen.[41] Bei einem solch schweren Verdacht kann eine Entlassung auch ohne einen abschließenden Nachweis gerechtfertigt sein. Nur in besonderen Fällen, in denen die Straftat **keinerlei Bezug zur Tätigkeit als Insolvenzverwalters** allgemein hat und aus ihr keinesfalls geschlossen werden kann, auch die Handlungen als Insolvenzverwalters wären nicht immer gesetzeskonform, können Verurteilungen des Insolvenzverwalters ausnahmsweise außer Betracht bleiben. Hierzu gehören beispielsweise **Verkehrsstraftaten, Ehrendelikte** u.ä. **Straftaten in Zusammenhang mit einem Insolvenzverfahren** stellen auch dann einen zwingenden Entlassungsgrund dar, wenn diese Taten nicht als Insolvenzverwalter des betroffenen Verfahrens, sondern von Außen zB als Rechtsanwalt eines Beteiligten im Wege der Anstiftung oder Beihilfe begangen werden. Auf eine Straftat der **Verwendung falscher Titel** und Qualifikationen **zum Zwecke der Erlangung einer Bestellung** als Insolvenzverwalter wäre danach nicht nur mit einer Verwirkung des Vergütungsanspruchs zu reagieren,[42] sondern der Verwalter sofort aus seinem Amt zu entlassen.

Ausnahmsweise kann eine **Entlassung auch ohne Nachweis der Verfehlung** des Insolvenzverwalters erfolgen, wenn es um **Verfehlungen schwerster Art** geht, etwa gegen die Masse gerichtete oder anlässlich der Verwaltung begangene Straftaten wie Unterschlagung, Untreue, Vorteilsgewährung oder Bestechung.[43] Bei einer ausreichend starken Verdachtslage gegen den Insolvenzverwalter kann es gerechtfertigt sein, aus Vorsichtsgründen diesen – sei es auch nur zeitweise – aus seinem Amt zu entfernen, bis eine Klärung der Vorwürfe erfolgt ist.

5. Haftungsansprüche gegen den Insolvenzverwalter. Sind **Haftungsansprüche gegen den Insolvenzverwalter** geltend zu machen, ist bereits nach **§ 92 Satz 2** der bisherige Insolvenzverwalter zu entlassen und ein neuer Insolvenzverwalter an seiner Stelle zu bestellen, damit eine

---

[32] BGH KTS 1955, 121; HK-*Eickmann*, 4. Aufl. 2006, § 59 RdNr. 5.
[33] LG Potsdam ZInsO 2005, 893, 895.
[34] BGH NZI 2011, 282.
[35] LG Göttingen NZI 2003, 499; *Uhlenbruck/Uhlenbruck*, InsO, § 59 RdNr. 8 und 11.
[36] BGH NZI 2011, 282.
[37] BGH ZInsO 2000, 662.
[38] *Carl* DZWir 1994, 78, 81; *Haarmeyer* ZAP-Ost Fach 14, Seite 251, 260 (1998, 37, 46).
[39] *Uhlenbruck/Uhlenbruck*, InsO, § 59 RdNr. 8.
[40] *Gehrlein* ZInsO 2011, 1713, 174.
[41] BGH NZI 2011, 282.
[42] BGH NZI 2004, 440.
[43] BGH NZI 2011, 282.

Haftungsverwirklichung, welche nach § 92 den einzelnen Insolvenzgläubigern nicht zusteht, erfolgen kann. Die Haftungsansprüche gegen den Insolvenzverwalter haben damit nach § 92 Satz 2 regelmäßig zur Folge, dass der Insolvenzverwalter auszuwechseln ist. Auf die **Höhe des Haftungsanspruches** dürfte es hierbei nicht ankommen, da auch geringere Schäden zu Gunsten der Insolvenzgläubiger auszugleichen sind. Sollte die Haftungsfrage eindeutig sein und vom Insolvenzverwalter zugestanden werden, könnte ein **sofortiger Ausgleich des Schadens** durch den bisherigen Insolvenzverwalter die Entlassungsnotwendigkeit des § 92 Satz 2 entfallen lassen. Da die **Prüfung und Durchsetzung eines Haftungsanspruchs** gegen den Insolvenzverwalter dem Insolvenzgericht nicht zusteht, kann dieses für die Prüfung einen Sonderinsolvenzverwalter einsetzen.[44] § 92 Satz 2 ist hier zu beachten, der für die Bestellung eines neuen Insolvenzverwalters und nicht eines zusätzlichen (Sonder-)Insolvenzverwalters spricht.[45] Dies hat zur Konsequenz, dass bei **Feststellung von Haftungsansprüchen** gegen den Insolvenzverwalter dieser idR **nach § 59 zu entlassen** ist. Rechtfertigt der Grund des Haftungsanspruchs den Insolvenzverwalter im Übrigen **in seinem Amt zu belassen,** kann das Insolvenzgericht insbesondere mit Rücksicht auf evtl. entstehende zusätzliche Kosten an Stelle einer vollständigen Entlassung des Insolvenzverwalters ausnahmsweise einen **Sonderinsolvenzverwalter** bestellen. § 92 Satz 2 zwingt nicht in jedem Fall von Haftungsansprüchen zu einer Entlassung des bisherigen Insolvenzverwalters, sondern belässt dem Insolvenzgericht die Möglichkeit, den Verwalter in Bagatellfällen trotzdem beizubehalten.

26 Da § 92 Satz 2 damit nicht zwingend eine Entlassung notwendig macht, ist auch im Rahmen der Bewertung, ob ein eigener Entlassungsgrund im Sinne des § 59 vorliegt, im Einzelfall zu prüfen, ob der Haftungsgrund eine **Entlassung notwendig macht** oder nicht. Nicht jede Pflichtverletzung eines Verwalters, die eine **Schadensersatzpflicht** begründet, ist zugleich ein wichtiger Grund im Sinne des § 59.[46] Eine „einfache" wirtschaftliche Fehlentscheidung kann, muss aber nicht zu einer Entlassung des Insolvenzverwalters führen.[47] Allein die Auffassung des Gerichts, der Insolvenzverwalter würde **nicht zweckmäßig handeln,** genügt allein für eine Entlassung nicht.[48] Da es Aufgabe des Insolvenzverwalters ist, zu entscheiden, welche Maßnahmen im Rahmen der Verfahrensabwicklung zu treffen sind, kann allein durch eine abweichende Wertung durch das Insolvenzgericht eine Entlassung nicht begründet werden, es sei denn, das Verhalten des Insolvenzverwalters ist **offensichtlich völlig unzweckmäßig,** wofür jedoch Anhaltspunkte erkennbar seien müssen.

27 Das Insolvenzgericht kann allerdings bei **Vorliegen eines wichtigen Grundes** im Sinne von § 59 nicht von einer Entlassung auf Grund der Erwägung absehen, dass die zugrundeliegende Pflichtverletzung evtl. zu Ansprüchen der Gläubiger nach §§ 60 ff. führt.[49] Diese Ansprüche haben die von Amts wegen zu treffende Entscheidung nicht zu beeinflussen. Die berechtigten Gläubiger dürfen nicht gezwungen werden, das in ihrem Interessen durchzuführende Insolvenzverfahren in den Händen eines nicht ordnungsgemäß und zudem zu ihren Lasten handelnden Insolvenzverwalter zu belassen. Da nach der ersten Gläubigerversammlung nur noch das Insolvenzgericht nach § 59 in der Lage ist, einen Wechsel des Verwalters herbeizuführen, hat sich die Entscheidung des Insolvenzgerichts über eine evtl. Beibehaltung des Insolvenzverwalters immer an den Interessen der Insolvenzgläubiger und des Schuldners zu orientieren, nicht an denen des Insolvenzverwalters oder des Insolvenzgerichts. Das Insolvenzgericht hat von seinen Aufsichtsrechten unverzüglich Gebrauch zu machen, sobald der Verdacht eines masseschädigenden Verhaltens besteht; bestätigt sich dieser Verdacht und ist die Schädigung nicht nur sehr geringfügig, **muss das Gericht den Insolvenzverwalter entlassen.**[50]

28 **6. Nicht- oder Schlechterfüllung von Verwalterpflichten.** Auch ohne eine Schädigung von Interessen der Verfahrensbeteiligten oder Dritter kann die **Amtsführung des Insolvenzverwalters** Anlass für eine Entlassung nach § 59 geben. Bereits dann, wenn er die ihm obliegenden Pflichten als Insolvenzverwalter in vorwerfbarer Weise nicht erfüllt, liegt ein wichtiger Grund für eine Entlassung nach § 59 vor.[51] Ein Insolvenzverwalter, der nicht Willens oder in der Lage ist, die ihm obliegenden Aufgaben ordnungsgemäß zu erfüllen, schafft den wichtigen Grund für seine Entlassung

---

[44] *Bähner* KTS 1991, 347, 351; Kuhn/*Uhlenbruck* § 78 RdNr. 9; *Smid* InsO, 2. Aufl., § 56 RdNr. 30.
[45] Hierauf weist *Pape* ZInsO 2005, 953, 961 hin.
[46] BGH NZI 2006, 158.
[47] LG Göttingen NZI 2003, 499 für den Fall, dass der Verwalter nach Anzeige der Masseunzulänglichkeit berechtigterweise neue Masseverbindlichkeiten durch Fortführung des Betriebes des Schuldners begründet (Fortführung des Spielbetriebs eines Vereins im Einvernehmen mit der Gläubigerversammlung), auch wenn hierdurch Verpflichtungen gegenüber Dritten nicht hinreichend erfüllt werden können.
[48] LG Stendal ZInsO 1999, 233.
[49] *Smid* InsO, 2. Aufl., § 58 RdNr. 8.
[50] *Smid* InsO, 2. Aufl., § 59 RdNr. 6.
[51] BGH WM 2012, 280.

selbst. Dabei kommt es nicht darauf an, dass der Verwalter über die **Zwangsmittel des § 58** gezwungen werden kann, seinen Pflichten nachzukommen. Im Interesse der das Verfahren bestimmenden Insolvenzgläubiger und des Schuldners kann es im Einzelfall nicht hinzunehmen sein, dass sich ein Insolvenzverwalter wiederholt wehrt, seinen Pflichten nachzukommen. Daher kann für eine Entlassung nach § 59 bereits genügen, dass ein Insolvenzverwalter seinen **Berichtspflichten** nur unangemessen verzögert nachkommt, die **Insolvenzmasse nicht ordnungsgemäß verwaltet**[52] oder er **Fremdgelder** über einen längeren Zeitraum statt auf einem Anderkonto auf seinem allgemeinen Geschäftskonto belässt.[53] Auch eine nachhaltige Weigerung eines Insolvenzverwalters, zu Anträgen des Schuldners und zu gerichtlichen Anfragen Stellung zu nehmen, kann eine schwere Verletzung von Verfahrenspflichten liegen, die die Entlassung des Treuhänders rechtfertigt.[54] Ebenso eine **Arbeitsüberlastung** des Insolvenzverwalters, welche sich in der nicht ordnungsgemäßen Verfahrensabwicklung zeigt, kann einen wichtigen Grund für eine Entlassung des Insolvenzverwalters darstellen.[55] Hierbei richtet sich der Vorwurf nicht allein auf die Schlechtleistung in dem konkreten Verfahren, sondern darauf, dass der Insolvenzverwalter durch die Übernahme von zu vielen Insolvenzverwaltungen das Risiko in Kauf genommen hat, dass er seine Aufgaben nicht mehr in allen übernommenen Verfahren sachgerecht wird erfüllen können. Von einem schwerwiegenden Verstoß gegen die Pflichten des Insolvenzverwalters ist auszugehen, wenn dieser trotz mehrmaliger Festsetzung und Bezahlung eines Zwangsgeldes die ihm abverlangte Handlung nicht vornimmt.[56]

Eine schwere Pflichtverletzung und objektive Ungeeignetheit wird regelmäßig in den Fällen vorliegen, in denen der Insolvenzverwalter seine Stellung dazu nutzt, unter Verletzung der anwaltlichen Sorgfaltspflicht und Risikoabwägung **möglichst viele Prozesse für die Masse** zu führen, um den ihm hierfür zuwachsenden Gebührenanteil der Masse zu entnehmen.[57] Die Ermittlung und Bewertung der Pflichtverletzung wird im konkreten Fall Schwierigkeiten bereiten. Ist der Verstoß gegen **anwaltliche Sorgfaltspflichten** jedoch feststellbar, dürfte eine Beibehaltung des Insolvenzverwalters im Hinblick auf den Schutz der Gläubiger ermessensfehlerhaft sein. Auch eine **Fortführung eines Betriebs ohne Genehmigung der Gläubigerversammlung** unter Verwertung von Absonderungsgut entgegen § 168 zur Finanzierung der Fortführung ohne Unterrichtung der Insolvenzgläubiger und des Insolvenzgerichts rechtfertigt eine Entlassung des Insolvenzverwalters.[58]

Dabei ist darauf zu achten, dass **wirtschaftliche Entscheidungen** grundlegend in den Bereich des Verwalterhandelns gehören, die der Beurteilungskompetenz des Insolvenzgerichts entzogen sind. Daher genügt die Auffassung des Gerichts, der Insolvenzverwalter würde **nicht zweckmäßig handeln,** für eine Entlassung nicht.[59] Es ist Aufgabe des Insolvenzverwalters zu entscheiden, welche Maßnahmen im Rahmen der Verfahrensabwicklung zu treffen sind. Daher kann eine abweichende Wertung des Insolvenzgerichts eine Entlassung nicht begründen, es sei denn, das Verhalten des Insolvenzverwalters ist **offensichtlich völlig unzweckmäßig,** wofür jedoch Anhaltspunkte erkennbar seien müssen.

Hervorzuheben ist, dass bereits die **Nichterfüllung der Berichtspflichten** ausreichend sein kann, den Insolvenzverwalter zu entlassen.[60] Die Berichte des Insolvenzverwalters stellen die Basis der Aufsicht des Insolvenzgerichts dar, da die meisten Informationen über den Verfahrensgang über die Berichte des Verwalters an das Insolvenzgericht gelangen. Diese Berichte vermitteln entweder dem Insolvenzgericht die Überzeugung, dass das Verfahren ordnungsgemäß abgewickelt wird oder das Aufsichtsmaßnahmen oder gar ein Einschreiten gegen den Insolvenzverwalter notwendig ist. Kommt ein Insolvenzverwalter seiner Berichtspflicht nicht nach, besteht Grund zur Vermutung, dass der Insolvenzverwalter nicht gewillt oder in der Lage ist, seinen Pflichten nachzukommen. Dies zwingt nachfolgend zu Maßnahmen nach §§ 58, 59. Regelmäßig wird ein Bericht auf Anforderung des Insolvenzgerichts nachgereicht werden. Erfolgt dies nicht, hält sich der Verwalter nicht an seine **Zusagen** hinsichtlich zukünftiger Berichte, antwortet er auf **Nachfragen** des Insolvenzgerichts nicht, stellt diese faktische Verweigerung der Mitarbeit und Pflichterfüllung einen wichtigen Grund für eine Entlassung nach § 59 dar. Ein Insolvenzverwalter, der nicht Willens ist, ein- bis zweimal

---

[52] HK-*Eickmann*, 4. Aufl. 2006, § 59 RdNr. 3.
[53] *Uhlenbruck/Uhlenbruck*, InsO, § 59 RdNr. 8.
[54] BGH v. 3.4.2003 – IX ZB 373/03
[55] LG Stendal DZWIR 2004, 261.
[56] BGH WM 2012, 280.
[57] *Haarmeyer* ZAP-Ost Fach 14, Seite 251, 260 (1998, 37, 46); *Uhlenbruck/Uhlenbruck*, InsO, § 59 RdNr. 11; *Uhlenbruck* KTS 1989, 229, 231; zur Haftung des Gesamtvollstreckungsverwalters im Falle einer pflichtwidrigen Klageerhebung siehe LG Mönchengladbach NZI 1999, 327.
[58] AG Bonn ZInsO 2002, 641.
[59] LG Stendal ZInsO 1999, 233.
[60] LG Göttingen NZI 2003, 499; *Uhlenbruck/Uhlenbruck*, InsO, § 59 RdNr. 8.

jährlich zu bestimmten Termin umfassend über seine Tätigkeit zu berichten, ist nicht als zuverlässig anzusehen und sollte nach entsprechender Androhung entlassen werden.[61]

32 **7. Gläubigerbevorzugung.** Eine Entlassung ist angezeigt, wenn der Insolvenzverwalter in unredlicher oder sachlich nicht gebotener Weise **einzelne oder Gruppen von Gläubigern bevorzugt** und dadurch das Vertrauen in die Unabhängigkeit des Insolvenzverwalters so stark gestört ist, dass ein weiteres Arbeiten im Interesse der Insolvenzgläubiger nicht erwartet werden kann.[62] Dabei genügt es, dass das Gericht die Tatbestände ermittelt, die den Schluss auf die Besorgnis der Parteilichkeit oder der Pflichtverletzung zulassen.[63]

33 Ein einseitiges Tätigwerden des Verwalters zu Gunsten eines oder mehrerer Gläubigers stellt eine Verletzung der dem Verwalter obliegenden Neutralität dar. Bereits dann, wenn der Verwalter sich für die Gläubiger einsetzt und beispielsweise einen von diesen nicht gestellten Antrag auf Versagung einer Restschuldbefreiung zu Lasten des Schuldners initiiert oder durch entsprechende Hinweise anregt, genügt der Verwalter nicht mehr den an ihn zu stellenden Neutralitätsanforderungen.[64] Dies stellt einen ausreichend wichtigen Grund für eine Entlassung dar.

34 **8. Interessenkollisionen.** Auch die **Nichtanzeige einer bestehenden Interessenkollision** rechtfertigt eine Entlassung.[65] Stellt sich zB nach Eröffnung heraus, dass der Insolvenzverwalter verschwiegen hat, an einer von ihm beauftragten **Verwertungsgesellschaft** beteiligt zu sein und hat er an diese Gesellschaft zum Nachteil der Gläubiger **Vermögensgegenstände unter Wert** verschoben, ist der Insolvenzverwalter ungeeignet und zu entlassen.[66] Eine Pflichtwidrigkeit liegt auch bei einer Beauftragung eines Dienstleisters vor, an dem der Insolvenzverwalter oder seine Ehefrau beteiligt sind, wenn mit der Beauftragung nicht sogleich eine Anzeige an das Insolvenzgericht erfolgt.[67] Diese Grundsätze gelten auch für den oder die dem Insolvenzverwalter verbundenen **Sozien**. Auch auf diese bezogen ist der Insolvenzverwalter offenbarungspflichtig. Eine Nichtanzeige von Interessenkonflikten des Insolvenzverwalters durch einen Verstoß gegen das Verbot des **Selbstkontrahierens** nach § 181 BGB rechtfertigt regelmäßig eine Entlassung, da es sich bei der Anzeigepflicht des Insolvenzverwalters um eine elementare Verpflichtung des Insolvenzverwalters handelt, deren Verletzung ein großes Maß an Unzuverlässigkeit belegt.[68]

35 **9. Vertrauensverhältnis.** Entgegen einer früheren Rechtsprechung[69] genügt es für die Bejahung eines wichtigen Entlassungsgrundes iSv § 59 Abs. 1 Satz 1 nicht schon, dass das **Verhältnis** zwischen Insolvenzverwalter und Gläubigerausschuss oder Insolvenzgericht derart **nachhaltig gestört oder zerrüttet** ist, dass an ein gedeihliches Zusammenarbeiten künftig nicht mehr zu denken wäre.[70] Eine auf eine Störung des Vertrauensverhältnisses zum Insolvenzgericht gestützte Entlassung des Insolvenzverwalters oder Treuhänders ist wegen des damit verbundenen Eingriffs in sein verfassungsrechtlich geschütztes Recht auf Berufsausübung in der Regel nur dann verhältnismäßig, wenn die Vertrauensstörung ihre **Grundlage in einem pflichtwidrigen Verhalten des Verwalters** hat, welches **objektiv geeignet ist, das Vertrauen des Insolvenzgerichts in seine Amtsführung schwer und nachhaltig zu beeinträchtigen.**[71] Hierbei ist darauf zu achten, dass der Grund nicht durch die Gläubiger bzw. das Insolvenzgericht selbst herbeigeführt wird. § 59 darf nicht dazu dienen, einen unliebsamen Insolvenzverwalter durch eine andere Person zu ersetzen. Die Zerstörung „nur" des **persönlichen Vertrauensverhältnis** zwischen Insolvenzverwalter und Insolvenzgericht stellt daher allein keinen wichtigen Grund dar.[72] Liegen der Zerstörung des Vertrauensverhältnisses **sachliche und nicht persönliche Gründe** zugrunde, ist ein ausreichender Grund für eine Entlassung gegeben.[73] **Strafanträge,** die das Gericht gegen den Verwalter und der Verwalter umgekehrt gegen den Richter stellt,

---

[61] AG Bonn ZInsO 2002, 641 für den Fall einer Verzögerung des Berichts um mehr als 8 Monate. Anders LG Göttingen NZI 2003, 499, welches eine erfolglose Zwangsgeldfestsetzung fordert.
[62] OLG Zweibrücken NZI 2000, 373.
[63] *Uhlenbruck/Uhlenbruck,* InsO, § 59 RdNr. 12.
[64] AG Hamburg ZInsO 2004, 1324; AG Memmingen Rpfleger 2006, 667.
[65] BGH ZIP 1991, 324; BGH NZI 2012, 247.
[66] *Carl* DZWir 1994, 78, 81; *Haarmeyer* ZAP-Ost Fach 14, Seite 251, 260 (1998, 37, 46).
[67] BGH NZI 2012, 247.
[68] LG Stendal ZInsO 1999, 233, 234; *Uhlenbruck/Uhlenbruck,* InsO, § 59 RdNr. 9.
[69] OLG Zweibrücken NZI 2000, 373 und 535.
[70] BGH v. 19.1.2012 – IX ZB 21/11; BGH NZI 2006, 158.
[71] BGH v. 19.1.2012 – IX ZB 21/11.
[72] BGH NZI 2012, 247; *Pape* DtZ 1995, 40; *Uhlenbruck/Uhlenbruck,* InsO, § 56 RdNr. 16 und § 59 RdNr. 12.
[73] LG Stendal DZWIR 2004, 261 in einem Fall der Arbeitsverweigerung eines Verwalters.

führen in Insolvenzverfahren nicht dazu, dass der entsprechende Richter als befangen im Sinne von § 42 ZPO abzulehnen wäre; sie können jedoch geeignet sein, ein Entlassung des Insolvenzverwalters zu rechtfertigen.[74]

10. Gründe außerhalb des konkreten Verfahrens. Auch Umstände oder Verhaltensweisen des Insolvenzverwalters in einem **anderen Verfahren** können wichtige Gründe für eine Entlassung des Insolvenzverwalters darstellen.[75] Dies allerdings nur dann, wenn die Verhaltensweise des Insolvenzverwalters in anderen Verfahren oder unabhängig von einem Insolvenzverfahren zeigt, dass er für die Tätigkeit als Verwalter ungeeignet bzw. eine Beibehaltung des Verwalters im Amt untunlich ist. Maßstab ist dabei die objektive Sicht eines unvoreingenommenen Dritten.

11. Verschulden des Verwalters. Bei der Frage, ob ein Umstand oder ein Verhalten des Verwalters, dass als wichtiger Grund für eine Entlassung angesehen werden kann, kommt es auf ein Verschulden des Verwalters oder eine Vorwerfbarkeit nicht an.[76] Daher kann bei Feststellung entsprechender Gründe eine Entlassung auch ohne Nachweis der Verfehlung in Betracht kommen, wenn es um **Verfehlungen schwerster Art** geht, etwa gegen die Masse gerichtete oder anlässlich der Verwaltung begangene Straftaten wie Unterschlagung, Untreue, Vorteilsgewährung oder Bestechung.[77]

12. Nachteil für das Verfahren. Wird ein wichtiger Grund in Sinne des § 59 festgestellt, ist eine Entlassung vorzunehmen, ohne dass es eines **Nachteils zu Lasten des Verfahrens, der Insolvenzmasse oder anderer Personen** bedarf.[78] Stellt sich beispielsweise nach Eröffnung des Verfahrens heraus, dass der Verwalter gegenüber dem Gericht verschwiegen hat, an einer von ihm im Rahmen der Verfahrensabwicklung beschäftigten Verwalter-GmbH[79] beteiligt zu sein, rechtfertigt dies bereits eines Entlassung, auch wenn er an diese Gesellschaft keine Gegenstände zum Nachteil der Gläubiger unter Wert verschoben hat.[80] Ein Insolvenzverwalter ist zu entlassen, wenn sein Verbleiben im Amt unter Berücksichtigung der schutzwürdigen Interessen des Verwalters die Belange der Gesamtgläubigerschaft und die Rechtmäßigkeit der Verfahrensabwicklung objektiv nachhaltig beeinträchtigen würde.[81]

13. Kanzleiaufgabe. Die Möglichkeit der Entlassung eines Insolvenzverwalters dient primär dem Schutz des Insolvenzverfahrens und nur in zweiter Linie den Interessen des Insolvenzverwalters selbst. Daher kann es fraglich sein, ob allein der **Wunsch des Insolvenzverwalters, von einem oder allen Insolvenzverfahren entlastet zu werden**, da er beabsichtigt, seinen Beruf vor einem Abschluss dieser Verfahrens aufzugeben, als wichtiger Grund i. S. d. § 59 anzuerkennen ist. Die Übernahme des Amtes eines Insolvenzverwalters ist immer mit der Verpflichtung verbunden, die damit zusammenhängenden Aufgaben vollständig zu erfüllen. Eine Erkenntnis eines Insolvenzverwalters, dass er aus persönlichen oder wirtschaftlichen Gründen kein Interesse an einer weiteren Tätigkeit hat und er daher sein Amt niederlegen möchte, widerspricht dem Amtsgedanken. Daher dürfte allein der Wunsch eines Insolvenzverwalters von den Belastungen seiner Verfahren entlastet zu werden, ohne dass Umstände vorgebracht werden, welche zu einer Entlassung zwingen, **nicht ausreichend** sein. Andererseits deutet bereits der Wunsch eines Insolvenzverwalters, entlassen zu werden, an, dass es dem Insolvenzverwalter für eine weitere Tätigkeit voraussichtlich an einer notwendigen Motivation mangeln wird. Von einem Insolvenzverwalter, der sein Amt nicht behalten möchte, ist nicht zu erwarten, dass er seine Amtspflichten bestmöglichst ausübt. Dies könnte dafür sprechen, einen Insolvenzverwalter auf eigenen Wunsch auch dann zu entlassen, wenn kein wichtiger Grund i. S. d. § 59 bejaht werden kann. Bei einer Entlassung beispielsweise wegen einer generellen Aufgabe der Tätigkeit als Insolvenzverwalter dürfte es angemessen sein, die Vergütung des kündigenden Insolvenzverwalters daran zu orientieren, dass unter Berücksichtigung der angemessenen Vergütung des nachfolgenden Insolvenzverwalters für das Insolvenzverfahrens insgesamt keine zusätzlichen Belastungen entstehen.

---

[74] LG Göttingen NZI 2003, 499. Anders LG Wuppertal KTS 1958, 78, allerdings bereits mit kritischen Anm. der Schriftleitung (S. 80).
[75] BGH NZI 2011, 282; BGH NZI 2012, 247; *Uhlenbruck/Uhlenbruck,* InsO, § 59 RdNr. 8.
[76] *Uhlenbruck/Uhlenbruck,* InsO, § 59 RdNr. 7.
[77] BGH NZI 2006, 158.
[78] AA LG Göttingen NZI 2003, 499, welches sogar die Begründung unzulässiger Masseverbindlichkeiten nicht genügen lässt.
[79] BGH NJW 1991, 982.
[80] *Uhlenbruck/Uhlenbruck,* InsO, § 59 RdNr. 7.
[81] BGH NZI 2006, 158.

IV. Verhältnis zu Schadensersatzansprüchen

39 Das Insolvenzgericht darf bei Vorliegen eines wichtigen Grundes im Sinne von § 59 nicht von einer Entlassung auf Grund der Erwägung absehen, dass die zugrundeliegende Pflichtverletzung evtl. zu Ansprüchen der Gläubiger nach §§ 60 ff. führt.[82] Diese sind von der von Amts wegen zu treffenden Entscheidung unabhängig. Daneben bedürfen sie zur Realisierung regelmäßig noch einer zeitraubenden und kostenträchtigen Durchsetzung. Neben den durch **Schadensersatzansprüche** privilegierten Beteiligten, hat das Insolvenzgericht auch die Interessen der zum Teil nicht Schadensersatzberechtigten und die Ordnungsgemäßheit des Verfahrens allgemein zu beachten und als Aufsichtspflichtiger drohende weitere Schädigungen durch eine Entlassung des Verwalters zu vermeiden.

E. Entlassungsentscheidung

I. Zuständigkeit

40 Für die Entlassungsentscheidung ist nach Verfahrenseröffnung der **Rechtspfleger** gemäß § 18 Abs. 1 RPflG zuständig.[83] Eine Entlassung stellt für das Verfahren aber auch insbesondere für den davon betroffenen Insolvenzverwalter eine schicksalsträchtige Entscheidung dar. Insoweit kann sie zu Recht als ähnlich wichtig wie die Bestellung nach § 56 angesehen werden. Daraus resultiert jedoch keine Richterzuständigkeit, da § 18 Abs. 1 RPflG diese Entscheidung klar in die Hände des Rechtspflegers legt.[84] Ein generell erklärter Vorbehalt gemäß § 18 Abs. 2 RPflG des Insolvenzrichters für Entscheidungen nach §§ 57–59 ohne Bezugnahme auf ein konkretes Verfahren ist unwirksam. Ausreichend ist es jedoch, wenn sich der Insolvenzrichter die Entscheidungen nach §§ 56 bis 59 durch besonderen Vermerk anlässlich der Eröffnung des Insolvenzverfahrens vorbehält. Ein solcher Vorbehalt wird dabei nicht zu einem evtl. unwirksamen Generalvorbehalt, weil er auf dem Formular des Richters zur Eröffnung des Verfahrens für jeden Fall vorbereitet ist. Maßgeblich ist, ob die Entscheidung des Richters im Einzelfall einen Vorbehalt abdeckt. Ist dies der Fall, ändert auch die Anzahl der Vorbehalte die Wirksamkeit nicht. Die Entscheidung über die Entlassung eines **vorläufigen Insolvenzverwalters** obliegt dagegen entsprechend § 18 Abs. 1 RPflG in Verbindung mit § 21 Abs. 2 Nr. 1, 59 immer dem Insolvenzrichter.

41 In diesem Rahmen gehört es zu den Aufgaben eines Rechtspflegers, den Insolvenzrichter über Pflichtverstöße des Insolvenzverwalters zu **unterrichten,** damit für den Fall, dass aus dem Pflichtverstoß eine Ungeeignetheit im Sinne des § 56 resultiert, dies im Rahmen einer zukünftigen Bestellung berücksichtigt werden kann. Umgekehrt sollte der Insolvenzrichter den Rechtspfleger von entsprechenden Entscheidungen unterrichten, damit entschieden werden kann, ob eine Überprüfung des Insolvenzverwalters in anderen Verfahren angezeigt ist. Entsteht ein Schaden dadurch, dass eine Person zum Insolvenzverwalter bestellt wird, welche bei Kenntnis der relevanten Umstände nicht bestellt worden wäre, hat evtl. der Rechtspfleger den Schaden zu verantworten, der es unterlassen hat, den Insolvenzrichter über die Pflichtverstöße des Verwalters zu informieren.

II. Entscheidung von Amts wegen

42 § 59 Abs. 1 Satz 1 geht davon aus, dass das Insolvenzgericht den Insolvenzverwalter **entlassen kann,** wenn ein wichtiger Grund vorliegt. Aus dieser Möglichkeit wird jedoch dann eine **Amtspflicht,** wenn Umstände zutage treten, die bei Kenntnis zum Zeitpunkt der Bestellung dazu geführt hätten, dass der jetzige Insolvenzverwalter auf Grund einer Ungeeignetheit nicht hätte bestellt werden können.[85] Diese Umstände können im Rahmen der Aufsicht über den Insolvenzverwalter nach § 58 hervortreten.

43 Auch ein an sich nicht vorgesehener **Antrag eines einzelnen Beteiligten** und gar eines Unbeteiligten kann konkrete Hinweise auf schwere Pflichtverletzungen enthalten, die durch das Insolvenzgericht zu prüfen sind. Dabei ist zu beachten, dass der Insolvenzverwalter auf Grund seiner Stellung regelmäßig im Kreuzfeuer der Kritik steht. Es gehört teilweise zum Tagesgeschäft, dass dem Insolvenzverwalter unsachgemäße Handlungen zum Nachteil der Beteiligten oder Pflichtverletzun-

---

[82] *Smid* InsO, 2. Aufl., § 58 RdNr. 8.
[83] LG Stendal ZInsO 1999, 233, 234; *Smid* InsO, 2. Aufl., § 59 RdNr. 2; aA AG Göttingen ZInsO 2003, 289 m. krit. Anm. *Keller* EWiR 2003, 935; HambKomm-*Frind*, 3. Aufl., § 59 RdNr. 7.
[84] *Keller* EWiR 2003, 935; AA AG Ludwigshafen ZInsO 2012, 93.
[85] BGHZ 17, 141; BGH KTS 1955, 121; Jaeger/*Weber* § 84 RdNr. 4a; Kuhn/*Uhlenbruck* § 84 RdNr. 2.

gen vorgeworfen werden. Unter näherer Betrachtung sind diese Beanstandungen jedoch in vielen Fällen nicht begründet. Das Insolvenzgericht hat die Beanstandungen zum Anlass zu nehmen zu prüfen, ob eine Überprüfung des Verwalterhandelns angebracht ist. Dabei ist ein **vorsichtiger aber auch entschlossener Umgang** des Insolvenzgerichts mit solchen Vorwürfen notwendig, um einerseits ungeeignete Insolvenzverwalter bei Vorliegen eines wichtigen Grundes unverzüglich zu entlassen, andererseits die Stellung des Insolvenzverwalters nicht unnötig durch evtl. schädigende Ermittlungen von Amts wegen zu belasten. Solange der Vorwurf sich nicht erhärtet, hat das Insolvenzgericht zu vermeiden, durch seine Handlungen den **Ruf des Insolvenzverwalters** zu **schädigen**. Soweit im Rahmen der Aufsichtsausübung Dritte zu kontaktieren sind, ist sicherzustellen, dass negative Rückschlüsse nicht möglich sind.

Gelangt das Insolvenzgericht zur Überzeugung, dass ein wichtiger Grund i. S. d. § 59 vorliegt, **44** hat es zwingend eine Entlassung vorzunehmen. Beruht der Entlassungsgrund auf einem **nicht hinnehmbaren Näheverhältnis zu einem Gläubiger,** hat das Insolvenzgericht zu prüfen, ob sich dieser Umstand nicht auch **auf andere Verfahren dieses Insolvenzverwalters auswirkt** und evtl. auch in anderen Verfahren eine Abberufung angezeigt ist. Davon ist in der Regel auszugehen, da eine mangelnde Unabhängigkeit nicht nur bezogen auf ein einzelnes Insolvenzverfahren sondern vielmehr bezogen auf einen bestimmten Insolvenzgläubiger auftritt. In einem solchen Fall ist regelmäßig die Bestellung als Insolvenzverwalter, sei es durch das Insolvenzgericht oder über eine Wahl nach § 57, immer dann ausgeschlossen, wenn eine Beteiligung dieses Gläubigers in einem Insolvenzverfahren möglich ist. In einem solchen Fall riskiert der Insolvenzverwalter, zukünftig völlig von der Möglichkeit der Bestellung ausgeschlossen zu werden.

Das Insolvenzgericht kann bei Vorliegen eines wichtigen Grundes im Sinne von § 59 nicht von **45** einer Entlassung auf Grund der Erwägung absehen, dass die zugrundeliegende Pflichtverletzung evtl. zu Ansprüchen der Gläubiger nach §§ 60 ff. führt.[86] Diese sind von der von Amts wegen zu treffenden Entscheidung unabhängig. Daneben bedürfen sie zur Realisierung regelmäßig noch einer zeitraubenden und kostenträchtigen Durchsetzung. Neben den durch **Schadensersatzansprüche** privilegierten Beteiligten, hat das Insolvenzgericht auch die Interessen der zum Teil nicht Schadensersatzberechtigten und die Ordnungsgemäßheit des Verfahrens allgemein zu beachten. Als Aufsichtspflichtiger hat das Insolvenzgericht drohende weitere Schädigungen durch eine Entlassung zu vermeiden, anderenfalls Amtshaftungsansprüche entstehen können.[87]

III. Entscheidungsrahmen

In jedem Fall einer Entscheidung über eine mögliche Entlassung hat das Insolvenzgericht auf die **46** **Interessen der Insolvenzgläubiger und des Schuldners** abzustellen und evtl. Interessen des Insolvenzverwalters oder des Insolvenzgerichts selbst außer Betracht zu lassen. Kommt es zu dem Ergebnis, dass die zu beachtenden Interessen der Verfahrensbeteiligten eine Entlassung notwendig machen, ist eine Entlassung zwingend vorzunehmen. Die in der Rechtsprechung teilweise anzutreffende Zurückhaltung an der Beurteilung bestimmter Umstände als wichtiger Grund für eine Entlassung schützt zwar den Insolvenzverwalter, setzt jedoch die Insolvenzgläubiger und den Schuldner einem erheblichen wirtschaftlichen Risiko aus. Dabei muss hervorgehoben werden, dass das **Insolvenzverfahren nicht im Interesse des Insolvenzverwalters oder des Insolvenzgerichts** durchgeführt wird, sondern der Haftungsverwirklichung des Schuldners im wirtschaftlichen Interesse der Insolvenzgläubiger dient. Ist aus deren Sicht eine Beibehaltung des bisherigen Insolvenzverwalters auch bei einer **vernünftigen Würdigung** aller Vor- und Nachteile eines Wechsels nicht hinzunehmen, muss das Insolvenzgericht in der Lage sein, den Insolvenzverwalter zu entlassen. Denn nach dem Verlust der Möglichkeit einer eigenen Bestimmung des Insolvenzverwalters durch die Gläubigerversammlung nach § 57 tritt das Insolvenzgericht an die Stelle der Insolvenzgläubiger. Kommt das Insolvenzgericht bei **pflichtgemäßen Ermessen** zu dem Ergebnis, dass eine zweckgemäße und gesetzestreue Verfahrensdurchführung durch diesen Verwalter nicht mehr möglich oder wahrscheinlich ist[88] oder den Insolvenzgläubigern ein **Risiko weiterer Fehler** des Verwalters nicht zugemutet werden kann, hat es den Insolvenzverwalter zu ersetzen.[89] Nicht zuletzt im Hinblick auf eine mögliche **Haftung des Staates** muss es dem Insolvenzgericht möglich sein, einen Verwalter aus sachlichen Gründen abzuberufen, wenn er seinen Pflichten nicht nachkommt.[90] Dies spricht

---

[86] *Smid* InsO, 2. Aufl., § 58 RdNr. 8.
[87] BGH KTS 1955, 121.
[88] *HK-Eickmann*, 4. Aufl. 2006, § 59 RdNr. 4.
[89] Bereits *Schlossmann* KuT 1931, 85, 87 hob hervor, dass es wünschenswert wäre, hätte das Gericht die Befugnis, den Verwalter aus besonderen Gründen in jeder Lage des Verfahrens seines Amtes zu entsetzen.
[90] *Uhlenbruck*, Beiträge zur Reform des Insolvenzrechts, S. 165.

dafür, an das Vorliegen eines wichtigen Grundes im Sinne des § 59 **keine zu großen Anforderungen** zu knüpfen, wenn die Entlassungsentscheidung des Insolvenzgerichts an Stelle der Gläubigerversammlung sinnvoll und nachvollziehbar ist.

IV. Antrag des Insolvenzverwalters

47 Neu eingefügt wurde in die Insolvenzordnung die **Antragsmöglichkeit des Insolvenzverwalters**. Dieser ist zwar frei ist in seiner Entscheidung, das Amts anzunehmen; er kann das Amt jedoch nicht eigentätig niederlegen.[91]

48 Sein **Amt beginnt mit der Annahme** und dauert solange fort, bis das **Insolvenzverfahren entweder aufgehoben** (§§ 200, 258, 259) **oder der Insolvenzverwalter gemäß § 59 entlassen** wird. Will der Insolvenzverwalter seine Befreiung von dem Amt vor Verfahrensbeendigung erreichen, steht ihm nur der Weg des Antrages nach § 59 Abs. 1 Satz 2 zur Verfügung.[92] Auch eine **Niederlegung aus wichtigem Grund** ist nicht möglich.[93] Die Tätigkeit eines Insolvenzverwalters ist einem öffentlichen Amt stark angenähert und geht in seiner Bindung über eine bloße Beauftragung hinaus.[94] Somit kommt eine Entlassung erst nach vorheriger Prüfung der vorgetragenen Gründe durch das Insolvenzgericht in Betracht. Auch die Entlassung des Treuhänders bedarf, wenn er sie selbst beantragt hat, eines wichtigen Grundes.[95]

49 Ein wichtiger Grund im Falles des Antrages des Insolvenzverwalters selbst dürfte in seinem **Alter, Krankheit** des Verwalters selbst oder naher Angehöriger sein. Auch **Veränderungen in der Bürostruktur** des Verwalters im Falle eines Austritts von Partnern oder Mitarbeitern können einen wichtigen Grund darstellen.

50 Ein **Dissens zwischen Insolvenzverwalter und Schuldner** bzw. der Gläubigerversammlung ist hierbei jedoch nicht ausreichend. Es ist gerade Aufgabe des Insolvenzverwalters, auch im Falles mangelnder Kooperationsbereitschaft des Schuldners die Insolvenzverwaltung vorzunehmen. Unterschiedliche Vorstellungen über die Verfahrensabwicklung zwischen Insolvenzverwalter und Gläubigerversammlung gehören allgemein zu den Schwierigkeiten in der Insolvenzverwaltung, sodass nur in Extremfällen der Insolvenzverwalter aus seiner Verpflichtung entlassen werden sollte. Anderenfalls würde die **Androhung eines Entlassungsgesuchs** und die Nachteile für die Masse aus einer Neubestellung eines neuen Insolvenzverwalters als Druckmittel gegenüber der Gläubigerversammlung genutzt werden können.[96] Dies ist keinesfalls Zweck der Antragsmöglichkeit in § 59 Abs. 1 Satz 2.

51 Es ist jedoch im Falle eines **Antrages des Insolvenzverwalters** auf Entlassung zu überlegen, ob es sinnvoll ist, den beantragenden Insolvenzverwalter selbst dann zu entlassen, wenn ein wichtiger Grund im Sinne des § 59 nicht vorliegt. Das **Insolvenzgericht muss dem Antrag des Insolvenzverwalters auf Entlassung nicht stattgeben**.[97] Es liegt jedoch im Interesse des Verfahrens, den **Insolvenzverwalter nicht gegen seinen Willen** zu zwingen, das Verfahren fortzuführen. Der ernsthafte und begründete Wunsch eines Insolvenzverwalters nach Entlassung dürfte daher regelmäßig einen wichtigen Grund darstellen.[98]

V. Gläubigerantrag

52 Auf Seiten der Gläubigerschaft ist die **Gläubigerversammlung und** der **Gläubigerausschuss** berechtigt, die Entlassung zu beantragen. Die Gläubigerversammlung hat hierüber einen Beschluss zu fassen, §§ 72, 76.[99] Auch hierbei muss ein wichtiger Grund vorliegen. Die **Begründung** ist schriftlich abzufassen, damit das Insolvenzgericht dem Insolvenzverwalter hierzu rechtliches Gehör gewähren kann.[100] Das Insolvenzgericht ist bei seiner Entscheidung jedoch nicht auf die Prüfung des dem Beschluss zugrundeliegenden Grund beschränkt. Die Antragsberechtigung selbst ist eine Ausformung der das Verfahren beherrschenden Gläubigerautonomie. Daher kann die Gläubigerversammlung vom Insolvenzgericht im Falle der Ablehnung der Entlassung einen rechtsmittelfähigen Beschluss verlangen. Die Abstim-

---

[91] Dies wurde offenbar vom BGH NZI 2006, 515 (m. Anm. *Graeber* DZWIR 2006, 432), Abs. 32, entgegen seiner bisherigen Rechtsprechung im Fall eines vorläufigen Insolvenzverwalters übersehen.
[92] Kuhn/*Uhlenbruck* § 84 RdNr. 4.
[93] Jaeger/*Weber* § 84 RdNr. 6; Kilger/*K. Schmidt* KO § 84 Anm. 3; *Senst/Eickmann/Mohn*, Handbuch für das Konkursgericht, 1976, RdNr. 50; *Uhlenbruck/Uhlenbruck*, InsO, § 59 RdNr. 2.
[94] Kuhn/*Uhlenbruck* § 84 RdNr. 4.
[95] BGH ZInsO 2003, 750, wiederholt ZVI 2004, 544.
[96] So auch *Smid* InsO, 2. Aufl., § 58 RdNr. 13.
[97] Nerlich/Römermann/Delhaes § 59 RdNr. 6.
[98] *Senst/Eickmann/Mohn*, Handbuch für das Konkursgericht, 1976, RdNr. 50.
[99] *Uhlenbruck/Uhlenbruck*, InsO, § 59 RdNr. 15.
[100] *Uhlenbruck/Uhlenbruck*, InsO, § 59 RdNr. 15.

mung der Gläubigerversammlung über die Wahl eines anderen Insolvenzverwalters nach § 57 kann nicht als Antrag auf Entlassung des Insolvenzverwalters aufgefasst werden.[101]

Nicht zur Stellung eines Antrages berechtigt ist der **einzelne Gläubiger**. Ein entsprechender Antrag ist als unzulässig zurückzuweisen, kann vom Insolvenzgericht jedoch **als Anregung gewertet** werden, selbst die Notwendigkeit einer Entlassung zu prüfen. Der Gläubiger ist auf die Möglichkeit der Beschlussfassung in der Gläubigerversammlung hinzuweisen. Lehnt das Insolvenzgericht ein Einschreiten gegen den Insolvenzverwalter jedoch auf Grund einer divergierenden Wertung des Handelns des Insolvenzverwalters ab, hat der einzelne Gläubiger bis zum Abschluss des Insolvenzverfahrens keine Möglichkeit, einen Haftungsanspruch gegen den Insolvenzverwalter geltend zu machen.[102]

VI. Schuldnerantrag

Eine **Antragsberechtigung des Schuldners** im Rahmen des § 59 besteht nicht. Er kann weder eine Entlassung über einen Antrag erwirken noch den Insolvenzverwalter wegen Befangenheit ablehnen.[103] Ein entsprechender **Antrag des Schuldners ist unzulässig.** Das Insolvenzgericht hat aber auch einen solchen Antrag als **Anregung** zu verstehen und zu überprüfen, ob die darin enthaltenen Behauptungen hinsichtlich des Vorliegens eines wichtigen Grundes eine Entlassung von Amts wegen rechtfertigen.[104]

VII. Anhörung

Vor der Entscheidung des Gerichts ist der Insolvenzverwalter zu hören (§ 59 Abs. 1 Satz 3) und ihm Gelegenheit zu geben, **zu den Vorwürfen Stellung zu nehmen.** Ihm ist der Grund mitzuteilen, der nach Auffassung des Insolvenzgerichts seine Entlassung rechtfertigen könnte. Anträge sind ihm in Abschrift zur Verfügung zu stellen. Dabei dürfte es zulässig sein, den Antragsteller gegenüber dem Insolvenzverwalter zu anonymisieren.

Im Falle eine **Entlassungsantrages des Insolvenzverwalters** ist statt des Insolvenzverwalters der Gläubigerausschuss bzw. die Gläubigerversammlung und der Schuldner zu hören. Es bietet sich an, in diesem Zusammenhang die Gläubiger hinsichtlich der Person des zu ernennenden **neuen Insolvenzverwalters** im Wege der Anhörung zu beteiligen, wenn sich die Entscheidung des Insolvenzgerichts bereits zu einer zu erwartenden Entlassung verdichtet hat.

Bei **Gefahr in Verzug** kann das Insolvenzgericht den Insolvenzverwalter vorläufig seines Amtes entheben,[105] bevor eine Anhörung nach § 59 Abs. 1 Satz 3 erfolgen kann.[106] Das Insolvenzgericht hat dabei zu erwägen, ob nicht stattdessen die Bestellung eines **Sonderinsolvenzverwalters** ausreichend ist. Eine evtl. zu kurz bemessene Anhörungsfrist kann im Beschwerdeverfahren geheilt werden.[107]

F. Entscheidung

Die Entscheidung ergeht im Falle der Entlassung oder der Ablehnung einer beantragten **Entlassung durch zu begründenden Beschluss,** welcher dem Insolvenzverwalter und dem entsprechenden Antragsteller zuzustellen ist. Bei einem Antrag der Gläubigerversammlung ist der ablehnende Beschluss allen Insolvenzgläubigern zuzustellen.

Die Entlassung kann uU **auch nach Beendigung des Insolvenzverfahrens** erfolgen, wenn weitere Handlungen des Insolvenzverwalter notwendig werden (zB eine Nachtragsverteilung nach §§ 203, 205).

Im Falle der Entlassung bleiben die **Vergütungsansprüche** des Insolvenzverwalters für seine bisherige Tätigkeit erhalten, wenn nicht ein Grund für eine Verwirkung des Vergütungsanspruch vorliegt.[108]

---

[101] BGH NZI 2006, 529.
[102] Auf diese Rechtslücke weist *Pape* ZInsO 2005, 953, 962 hin.
[103] LG Frankfurt Rpfleger 1989, 474.
[104] BGH v. 2.3.2006, IX ZB 225/04.
[105] Nerlich/Römermann/Delhaes § 59 RdNr. 4; Uhlenbruck/Delhaes RdNr. 533; Uhlenbruck/Uhlenbruck, InsO, § 59 RdNr. 14.
[106] BGH NZI 2011, 282; Jaeger/*Weber* § 84 RdNr. 4b.
[107] BGH NZI 2009, 604.
[108] AG Wolfratshausen ZInsO 2000, 517; *Smid* InsO, 2. Aufl., § 58 RdNr. 7; aA OLG Karlsruhe ZIP 2000, 2035; LG Konstanz ZInsO 1999, 589. Zur Verwirkung des Vergütungsanspruch: BGH NZI 2004, 440.

G. Bestellung eines neuen Insolvenzverwalters

61 Mit der Entlassung des bisherigen Insolvenzverwalters hat das Gericht einen **neuen Insolvenzverwalter** zu **bestellen,** da für die Ausübung der Pflichten des Insolvenzverwalters eine handlungsfähige Person vorhanden sein muss.[109] **Zuständig** ist hierfür der **Rechtspfleger,** soweit sich nicht der Insolvenzrichter im Einzelfall diese Entscheidung vorbehalten hat, § 18 RPflG. Im Falle einer erfolgreichen Beschwerde des bisherigen Insolvenzverwalters ist der neu bestellte Insolvenzverwalter zu entlassen und der bisherige durch das Insolvenzgericht neu zu bestellen.[110] Die **Handlungen des neuen Insolvenzverwalters** bleiben dabei für und gegen die Masse wirksam.[111]

62 Der entlassene Verwalter hat dem neu bestellten Insolvenzverwalter die in **Besitz genommenen Massegegenstände** auszuhändigen. Die Verpflichtung kann über die Zwangsmittel des § 58 durchgesetzt werden. Einen eigenen Anspruch auf Erteilung besitzt der neue Insolvenzverwalter gegenüber dem entlassenen Insolvenzverwalter nicht.[112] Da die Entscheidung über den neuen Insolvenzverwalter ohne **Anhörung der Gläubigerversammlung** erfolgen kann, hat diese in entsprechender Anwendung des § 57 InsO die Möglichkeit, in der einer Bestellung nachfolgenden Gläubigerversammlung einen anderen Insolvenzverwalter zu wählen.[113]

H. Rechtsmittel

63 **Allgemeines Rechtsmittel** gegen die Entlassungsentscheidung bzw. gegen die Ablehnung der Entlassung ist nach Abs. 2 die **sofortige Beschwerde.** Eine Unterscheidung zwischen Richter- und Rechtspflegerentscheidung findet nicht mehr statt. Gem. § 6 Abs. 2 Satz 2 kann das Insolvenzgericht der sofortigen Beschwerde abhelfen.

64 Beschwerdeberechtigt ist **im Entlassungsfall allein der Insolvenzverwalter.** Nur er ist von der Entscheidung beschwert. Daher kann dieser die Beschwerde auch nur in eigenen Namen und nicht etwa für die Masse einlegen.[114] Auch wenn die Gläubigerversammlung entgegen dem Gericht den bisherigen Insolvenzverwalter trotz des wichtigen Grundes beibehalten wollte, steht den Gläubigern auf Grund des klaren Wortlauts des § 59 Abs. 2 kein Beschwerderecht zu. Allerdings haben sie hinsichtlich des auf die Entlassung hin zu bestellenden neuen Insolvenzverwalter die Möglichkeit, entsprechend § 57 in der folgenden Gläubigerversammlung einen anderen Insolvenzverwalter zu bestellen. Der entlassene Insolvenzverwalter wird jedoch nur dann bestellt werden können, wenn der wichtige Grund für seine Entlassung inzwischen weggefallen ist und nicht in anderer Weise fortwirkt und eine Versagung nun nicht mehr mit § 57 Satz 3 begründet werden kann. Die Beschwerde des bisherigen Insolvenzverwalters hat keine aufschiebende Wirkung (§ 572 ZPO).[115] Er kann die Bestellung eines neuen Insolvenzverwalters nicht verhindern.

65 Bei einer nur **teilweisen Entlassung des Insolvenzverwalters** durch eine Entlassung nur hinsichtlich einzelner Rechte unter Übertragung dieser Rechte auf einen **Sonderinsolvenzverwalter** steht dem Insolvenzverwalter insoweit ein Beschwerderecht zu, als ihm Rechte entzogen und auf den neuen Sonderinsolvenzverwalter übertragen werden.[116] Handelt es sich bei den auf den Sonderinsolvenzverwalter übertragenen Befugnisse um **Haftungsansprüche der Masse** gegen den Insolvenzverwalter, fehlt es an einer Beschwerdeberechtigung, da diese Haftungsansprüche nie im Machtbereich des haftenden Insolvenzverwalters lagen.

66 Bei **Ablehnung einer beantragten Entlassung** stehen dem **Insolvenzverwalter,** dem **Gläubigerausschuss** und jedem **Insolvenzgläubiger,** wenn der Antrag von der Gläubigerversammlung gestellt wurde, die sofortige Beschwerde zu.[117] Dem Schuldner steht gegen die Ablehnung seines Antrags auf Entlassung des Verwalters kein Rechtsmittel zu.[118] Einem Insolvenzverwalter dessen

---

[109] HK-*Eickmann,* 4. Aufl. 2006, § 59 RdNr. 11 schlägt vor, möglichst abzuwarten, ob eine sofortige Beschwerde eingelegt wird.
[110] LG Traunstein NZI 2009, 654.
[111] Kuhn/*Uhlenbruck* § 84 RdNr. 3.
[112] BGH WM 2010, 2274.
[113] *Uhlenbruck/Uhlenbruck,* InsO, § 59 RdNr. 2.
[114] BGH ZInsO 2010, 2093.
[115] BGH NZI 2005, 391.
[116] LG Wuppertal ZIP 2005, 1747, 1748.
[117] Zum Ausschluss des Rechtsmittels eine Insolvenzgläubigers, wenn die Gläubigerversammlung keinen Entlassungsantrag gestellt hat s. BGH NZI 2006, 529 und BGH NZI 2010, 980.
[118] BGH NZI 2006, 474.

Antrag auf Entlassung des Sonderinsolvenzverwalters abgelehnt wurde, steht gegen diese Entscheidung kein Rechtsmittel zu.[119] Unabhängig davon, wer das Rechtsmittel eingelegt hat, sind die Insolvenzgläubiger und der Schuldner im Beschwerdeverfahren zu beteiligen.[120]

§ 60 Haftung des Insolvenzverwalters

(1) ¹Der Insolvenzverwalter ist allen Beteiligten zum Schadenersatz verpflichtet, wenn er schuldhaft die Pflichten verletzt, die ihm nach diesem Gesetz obliegen. ²Er hat für die Sorgfalt eines ordentlichen und gewissenhaften Insolvenzverwalters einzustehen.

(2) Soweit er zur Erfüllung der ihm als Verwalter obliegenden Pflichten Angestellte des Schuldners im Rahmen ihrer bisherigen Tätigkeit einsetzen muß und diese Angestellten nicht offensichtlich ungeeignet sind, hat der Verwalter ein Verschulden dieser Personen nicht gemäß § 278 des Bürgerlichen Gesetzbuchs zu vertreten, sondern ist nur für deren Überwachung und für Entscheidungen von besonderer Bedeutung verantwortlich.

Schrifttum (Auswahl): *Bank/Weinbeer,* Insolvenzverwalterhaftung unter besonderer Berücksichtigung der aktuellen BGH-Rechtsprechung, NZI 2005, 478; *Fritz Baur,* Die Eigenhaftung des Konkursverwalters bei Fortführung des gemeinschuldnerischen Betriebs, in: Gedächtnisschrift für Bruns, 1980, S. 241; *Berger,* Die persönliche Haftung des Insolvenzverwalters gegenüber dem Prozeßgegner bei erfolgloser Prozeßführung für die Masse, KTS 2004, 185; *Bork,* Verfolgungspflichten – Muß der Insolvenzverwalter alle Forderungen einziehen?, ZIP 2005, 1120; *ders.,* Kann der (vorläufige) Insolvenzverwalter auf das Anfechtungsrecht verzichten?, ZIP 2006, 589; *Büchler,* Haftungsrisiken bei faktischer Masseunzulänglichkeit, ZInsO 2011, 1240; *Eckardt,* Deliktische Haftpflicht im Konkurs, KTS 1997, 411; *Ehlers,* Haftungsprävention – ein Gebot für Insolvenzverwalter, ZInsO 2011, 458; *Fischer,* Die Haftung des Insolvenzverwalters nach neuem Recht, WM 2004, 2185 *Gerhardt,* Die Haftung des Konkursverwalters, ZIP 1987, 760; *ders.,* Neue Probleme der Insolvenzverwalterhaftung, ZInsO 2000, 574; *Gundlach/Frenzel/Schmidt,* Die Haftung des Insolvenzverwalters gegenüber Aus- und Absonderungsberechtigten, NZI 2001, 350; *Heidland,* Die Rechtsstellung und Aufgaben des Gläubigerausschusses als Organ der Gläubigerselbstverwaltung in der Insolvenz, in: Kölner Schrift zur Insolvenzordnung, 2. Aufl., S. 549; *Henckel,* Freigabe und Neuerwerb, FS Gerhart Kreft, S. 291; *Klasmeyer/Kübler,* Buchführungs-, Bilanzierungs- und Steuererklärungspflichten des Konkursverwalters sowie Sanktionen im Falle ihrer Verletzung, BB 1978, 369; *Kübler,* Die Behandlung massearmer Insolvenzen nach neuem Recht, in: Kölner Schrift zur Insolvenzordnung, S. 573; *Leibner,* Die Haftung nach § 60 InsO: Stand und Entwicklungsperspektiven, KTS 2005, 75; *Wolfgang Lüke,* Die persönliche Haftung des Konkursverwalters, *ders.,* Persönliche Haftung des Verwalters in der Insolvenz, 4. Auflage; *ders.,* Zur Haftung des Sequesters bei unterlassener Feuerversicherung, ZIP 1989, 1; *ders.,* Die Haftung des Konkursverwalters gegenüber vertraglichen Neugläubigern – BGHZ 100, 346, JuS 1990, 451; *ders.,* Umweltrecht und Insolvenz, in: Kölner Schrift zur Insolvenzordnung, S. 706; *ders.,* Der Sonderinsolvenzverwalter, ZIP 2004, 1693; *ders.,* Haftungsrecht überdacht – Überlegungen zur Systematik der Insolvenzverwalterhaftung, ZIP 2005, 1113; *Maus,* Die steuerrechtliche Haftung des Insolvenzverwalters, ZInsO 2003, 965; *Merz,* Die Haftung des Konkursverwalters, des Vergleichsverwalters und des Sequesters aus der Sicht des BGH, KTS 1989, 277; *Meyer-Löwy/Poertzgen/Sauer,* Neue Rechtsprechung zur Insolvenzverwalterhaftung im Überblick, ZInsO 2005, 691; *Mönning,* Betriebsfortführung oder Liquidation – Entscheidungskriterien, in: *Prütting,* Insolvenzrecht 1996; *Nöll,* Die „strengen" Anforderungen des OLG Celle an persönliche Schuldübernahmen – neue Haftungsfalle für Insolvenzverwalter, ZIP 2004, 1058; *Pape,* Die Verfahrensabwicklung und Verwalterhaftung bei Masselosigkeit und Massearmut (Masseunzulänglichkeit) de lege lata und de lege ferenda, KTS 1995, 189; *ders.,* Qualität durch Haftung? – Die Haftung des rechtsanwaltlichen Insolvenzverwalters, ZInsO 2005, 953; *Pape/Graeber* (Hrsg.), Handbuch der Insolvenzverwalterhaftung; *Richter,* Strafbarkeit des Insolvenzverwalters, NZI 2002, 121; *Richter/Völksen,* Persönliche Haftung des Insolvenzverwalters wegen unterbliebener Freistellung von Arbeitnehmern bei späterer Anzeige der Masseunzulänglichkeit, ZIP 2011, 1800; *S. Schmidt,* Nichts ist unmöglich: Rückkehr zum „normalen" Insolvenzverfahren trotz angezeigter Masseunzulänglichkeit, NZI 1999, 442; *Karsten Schmidt,* „Amtshaftung" und „interne Verantwortlichkeit" des Konkursverwalters – Eine Analyse des § 82 KO, KTS 1976, 191; *ders.,* Die Konkursverwalterhaftung aus unzulässiger Unternehmensfortführung und ihre Grenzen, NJW 1987, 812; *ders.,* Zur Haftung des Konkursverwalters gegenüber Vertragspartnern, ZIP 1988, 7; *ders.,* Kein Abschied von Quotenschaden bei der Insolvenzverschleppungshaftung!, NZI 1998, 9; *ders.,* „Altlasten in der Insolvenz" – unendliche Geschichte oder ausgeschriebenes Drama?, ZIP 2000, 1913; *Smid,* Die Haftung des Insolvenzverwalters in der Insolvenzordnung, in: Kölner Schrift zur Insolvenzordnung, S. 265; *Stirnberg,* Haftung des Konkursverwalters gegenüber dem Steuergläubiger, BB 1990, 1525; *Vallender,* Die Rechtsprechung des Bundesgerichtshofs zur Konkursverwalterhaftung, ZIP 1997, 345; *Weber,* Zur persönlichen Verantwortlichkeit des Konkursverwalters, FS Lent, S. 301; *Wellensiek,* Die Aufgaben des Insolvenzverwalters nach der Insolvenzordnung, in: Kölner Schrift zur Insolvenzordnung, S. 208.

---

[119] BGH NZI 2007, 284.
[120] HambKomm-*Frind,* 3. Aufl., § 59 RdNr. 11.

Übersicht

	Rn.		Rn.
A. Normzweck	1–1a	2. Deliktische Haftung	75–80
B. Entstehungsgeschichte	2, 3	3. Steuerrechtliche Haftung	81–85
C. Rechtsgrund der Haftung	4–9	4. Haftung nach dem Arbeitsförderungsgesetz	86
D. Haftungsvoraussetzungen	10–121	5. Haftung für die Erfüllung sozialrechtlicher Pflichten	87, 88
I. Insolvenzspezifische Pflichten	10–71a		
1. Haftung für den Gesamtschaden	11–34	III. Verschulden	89–104
a) Inbesitznahme der Masse	11–14a	1. Verschuldensmaßstab	89–91
b) Erhaltung der Masse	15–29a	2. Rechtsirrtum	92
c) Verwertung und Verteilung der Masse	30–34	3. Haftung für Dritte	93, 94
2. Haftung für Einzelschäden	35–71	4. Mitwirkendes Verschulden	95
a) Gegenüber Massegläubigern	36–47	5. Zustimmung von Insolvenzgericht, Gläubigerversammlung und -ausschuss	96–104
b) Gegenüber Insolvenzgläubigern	48–53b		
c) Gegenüber Aus- und Absonderungsberechtigten	54–64a	IV. Kausalität, Schaden, Haftpflichtversicherung	105–111a
d) Gegenüber dem Schuldner	65–67		
e) Gegenüber sonstigen Beteiligten	68–71	V. Haftung des Verwalters und Haftung der Masse	112–115
3. Entsprechende Anwendung	71a	VI. Gesamt- und Einzelschaden	116–118
II. Nicht insolvenzspezifische Pflichten	72–88	VII. Prozessuales	119–121
1. Vertragliche oder quasivertragliche Haftung	72–74		

A. Normzweck

1 Die gesetzgeberische Zielsetzung beruht auf einer Abwägung der unterschiedlichen Interessen, die von der Amtsführung des Insolvenzverwalters betroffen sein können. Auf der einen Seite will das Gesetz das Vermögen von Personen schützen, die von der Insolvenzverwaltung in Berührung kommen. Auf der anderen Seite sollen die Haftungsrisiken für den Insolvenzverwalter voraussehbar und kalkulierbar sein. Mit der Eröffnung des Verfahrens geht das Recht des Schuldners, sein zur Insolvenzmasse gehörendes Vermögen zu verwalten und darüber zu verfügen, auf den Insolvenzverwalter über (§ 80 Abs. 1). Nach § 89 Abs. 1 sind Zwangsvollstreckungen für einzelne Insolvenzgläubiger während der Dauer des Insolvenzverfahrens weder in die Insolvenzmasse noch in das sonstige Vermögen des Schuldners zulässig. Ähnliches gilt für die Aus- und Absonderungsberechtigten und die Massegläubiger. Auch wenn eine insolvenzmäßige Befriedigung für sie nicht in Betracht kommt, ist die Verlagerung der Befugnisse auf den Insolvenzverwalter ein zusätzliches, für sie nicht voraussehbares Risiko.[1] Vor diesem Risiko schützen den Gläubiger die Überwachung des Verwalters durch den Gläubigerausschuss (§ 69) und die Aufsicht des Insolvenzgerichts (§ 58) nicht ausreichend.[2] Die Möglichkeit des Betroffenen, sich nach Abschluss des Verfahrens aus bürgerlichrechtlichen Ansprüchen des Schuldners gegen den Insolvenzverwalter zu befriedigen, versagt, wenn dem Schuldner aus der Amtstätigkeit des Insolvenzverwalters kein Schaden entstanden oder er mit der – die Gläubiger – schädigenden Handlung des Insolvenzverwalters einverstanden ist.[3]

1a Um den Einfluss und die Handlungsmacht auszugleichen, die ihm im Interesse des Insolvenzzwecks zugewiesen sind, haftet der Insolvenzverwalter gemäß § 60 persönlich.[4] Für die Auslegung der Haftungsnorm ist die gesetzgeberische Interessenbewertung maßgebend. Neben dem Interesse an einer effektiven und den Zielen der InsO (insb. § 1) verpflichteten Tätigkeit des Insolvenzverwalters, der für Gläubigergemeinschaft und Schuldner fremdnützig tätig wird, stehen die gesetzlichen und von der Rechtsprechung konkretisierten Regeln für die Tätigkeit des Insolvenzverwalters. Die Pflichten, die § 60 als haftungsbegründend beschreibt, sind weder mit sämtlichen normierten Regeln der InsO für die Tätigkeit des Insolvenzverwalters identisch noch beschränken sie sich auf in der

---

[1] Vgl. *W. Lüke*, Haftung Konkursverwalter, S. 95.
[2] BGH NJW 1973, 1198; BGHZ 93, 278, 285 = NJW 1985, 1161 m. Anm. v. *W. Lüke*; *Jaeger/Weber*, KO, § 82 RdNr. 5; *W. Lüke* JuS 1990, 451, 452.
[3] BGH NJW 1973, 1198; BGHZ 93, 278, 285 = NJW 1985, 1161 m. Anm. v. *W. Lüke*.
[4] BGHZ 85, 75 = NJW 1983, 199 = LM KO § 82 Nr. 12 (*Steffen*); *Lüke* ZIP 2005, 1113, 1115; *Häsemeyer* RdNr. 6.34.

InsO selbst normierte Pflichten.[5] Vielmehr knüpft die Haftung an dem Insolvenzverwalter materiell auferlegte Pflichten an, bei denen jeweils zu fragen ist, ob diese Pflichten auch im Interesse bestimmter Beteiligter begründet wurden. Insoweit erweist sich § 60 als Blankettnorm, deren eigentlicher Interessengehalt erst im Zusammenspiel mit der konkreten Pflicht erkennbar wird. Hier ist bei jeder einzelnen Norm das Spannungsverhältnis zwischen möglichst effektiver Verwaltungstätigkeit und Schutz der von seiner Tätigkeit notwendig tangierten und auf pflichtgemäße Amtsführung angewiesenen Beteiligten auszutarieren.

B. Entstehungsgeschichte

§ 60 hat mehrere Vorläufer. § 74 der Konkursordnung von 1877 verlangte vom Verwalter lediglich, dass er die Sorgfalt eines ordentlichen Hausvaters anzuwenden habe. Nach dem durch die Novelle vom 17. Mai 1898 eingeführten § 82 KO war der Verwalter für die Erfüllung der ihm obliegenden Pflichten allen Beteiligten verantwortlich. Da die Neuregelung dem § 154 ZVG nachgebildet war, nahm das Reichsgericht zunächst an, dass die Definition des Beteiligten im § 9 ZVG für § 82 KO entsprechend zu gelten habe und deshalb nur die am eigentlichen Konkursverfahren beteiligten Personen, also in erster Linie die Konkursgläubiger schütze.[6] Später reihte das Reichsgericht in den Kreis der Beteiligten alle ein, denen gegenüber der Konkursverwalter als solcher kraft Gesetzes oder Vertrages Pflichten zu erfüllen habe; eine unmittelbare Beteiligung am Verfahren sei nicht erforderlich. Dies sprach alle Personen an, die durch derartige Pflichten materiellrechtlich geschützt waren.[7] Damit waren auch diejenigen erfasst, die durch Verträge mit dem Konkursverwalter erst zu Massegläubigern wurden.[8] 2

Der Bundesgerichtshof hat an dieser Rechtsprechung zunächst festgehalten.[9] Zudem sah er anfangs die Betriebsfortführung als Ausnahme und die beschleunigte Liquidation als Regel an und wollte deshalb die neuen Gläubiger davor bewahrt wissen, in den Untergang eines wirtschaftlich kranken Unternehmens hineingerissen zu werden.[10] Gleichwohl war er bemüht, die Konsequenzen seiner Rechtsprechung abzuschwächen.[11] Insgesamt eröffnete der weite Beteiligtenbegriff eine allgemeine Vermögensschadenshaftung. Es war zu befürchten, dass an der Haftung des Verwalters die Sanierung erhaltenswerter Unternehmen scheitern werde; in dem Maße, wie mit der Betriebsfortführung das Haftungsrisiko wachse, werde die Bereitschaft des Verwalters abnehmen, den Betrieb fortzuführen. Das Schrifttum widersprach deshalb einer so weitgehenden, aus dem Begriff des Beteiligten hergeleiteten Haftung.[12] Mit Urteil vom 4.12.1986[13] änderte der Bundesgerichtshof seine Rechtsprechung zur Unternehmensfortführung. Nunmehr sah er sowohl die sofortige Liquidation als auch die Fortführung des Unternehmens zwecks besserer Verwertung als vom Konkurszweck gedeckt an; zugleich grenzte er den Begriff des Beteiligten anhand der dem Konkursverwalter obliegenden Pflichten ein. Beteiligter im Sinne des § 82 KO war danach derjenige, demgegenüber der Konkursverwalter Pflichten zu erfüllen hatte, die ihm die Konkursordnung auferlegte. Damit entfiel eine Haftung nach § 82 KO, wenn der Verwalter Pflichten verletzte, wie sie jedem Vertreter fremder Interessen gegenüber seinem Geschäftspartner bei oder nach Vertragsschluss obliegen. An dieser Eingrenzung der Beteiligten auf Personen, denen gegenüber der Verwalter konkursspezifische Pflichten verletzt, hat die Rechtsprechung mit Zustimmung des Schrifttums[14] bis jetzt festgehalten.[15] Sie galt auch für die Haftung des Verwalters nach § 8 Abs. 1 Satz 2 GesO.[16]

Die Insolvenzrechtskommission teilte die Bedenken gegen ein weites Verständnis der Beteiligten und schlug vor, den haftungsbegründenden Kreis der Verwalterpflichten auf die wichtigsten insol- 3

---

[5] Ebenso *Kübler/Prütting/Bork/Lüke* § 60 RdNr. 12; *Jaeger/Gerhardt* § 60 RdNr. 23. Zum Begriff des „Insolvenzspezifischen" vgl. *Zipperer* KTS 2008, 167, insb. 176 ff.
[6] RGZ 74, 259.
[7] RG Warn 1932 Nr. 159; RGZ 144, 179, 181; RGZ 149, 182.
[8] RG HRR 1936 Nr. 481.
[9] BGH NJW 1958, 1351; BGH WM 1961, 511; BGH NJW 1973, 1043; BGH NJW 1980, 55; BGH NJW 1985, 1159; BGHZ 93, 278, 281 = NJW 1985, 1161 m. Anm. v. *W. Lüke*.
[10] BGH NJW 1980, 55.
[11] Hierzu etwa BGH NJW 1980, 55; BGHZ 85, 75, 80, 82 f. = NJW 1983, 1799.
[12] *Stüdemann*, Einhundert Jahre Konkursordnung 1877–1977, S. 401, 439; *Hanisch* ZZP 90 (1977), 1, 26; *Fritz Baur* S. 241 f.; *Rimmelspacher* ZZP 95 (1982), 91, 94 f.; *Haug* ZIP 1984, 773, 777.
[13] BGHZ 99, 151 = NJW 1987, 844.
[14] *Gerhardt* ZIP 1987, 763; *W. Lüke* JuS 1990, 451; *Merz* KTS 1989, 277; *K. Schmidt* NJW 1987, 812; *ders.* ZIP 1988, 7.
[15] BGHZ 100, 346 = NJW 1987, 3133; BGH NJW-RR 1990, 411; BGH NJW 1993, 1206; BGHZ 131, 325 = NJW 1996, 850; BGHZ 148, 175 = NJW 2001, 3187; BGH NZI 2007, 286 = ZIP 2007, 539.
[16] BGH NJW-RR 2006, 990 = NZI 2006, 350; OLG Brandenburg ZInsO 2003, 852.

venzspezifischen Aufgaben in den jeweiligen Verfahrensabschnitten einzugrenzen.[17] § 60 übernimmt diesen Vorschlag. Der Beteiligte hat einen Anspruch nach § 60 nur, wenn der Insolvenzverwalter schuldhaft Pflichten verletzt, die ihm nach der Insolvenzordnung obliegen und in zahlreichen Einzelvorschriften dieses Gesetzes konkretisiert sind. Wie es in der Begründung des Regierungsentwurfs heißt, soll auf diese Weise der Gefahr vorgebeugt werden, dass die Haftung des Insolvenzverwalters ausufert.[18] Anders als bisher ist dem Insolvenzverwalter aber im § 61 – und damit insolvenzspezifisch – die Pflicht auferlegt, keine Masseschulden zu begründen, zu deren Erfüllung die Masse erkennbar voraussichtlich nicht ausreicht.

C. Rechtsgrund der Haftung

4   Bei § 82 KO war umstritten, ob es sich – insgesamt oder nur teilweise – um eine deliktische Haftung handelte, die der des § 839 BGB vergleichbar war. Es ging um die Frage, ob eine schuldrechtliche Verbindung zwischen Verwalter und Beteiligten durch die Pflichtverletzung erst geschaffen oder ob eine bereits vorgegebene Verbindung durch die Pflichtverletzung umgestaltet, ob also aus einem primären Schuldverhältnis ein sekundäres, allein auf Schadensersatz angelegtes wurde. § 60 äußert sich hierzu nicht explizit.

5   Nach Ansicht der Rechtsprechung begründete § 82 KO zwischen Verwalter und Beteiligten ein gesetzliches Schuldverhältnis, wenn der Verwalter schuldhaft Pflichten verletzte,[19] die die Konkursordnung dem Verwalter zugunsten der Beteiligten auferlegte.[20] Damit war aber nichts zu den Rechtsbeziehungen gesagt, die zwischen Verwalter und Beteiligten bestanden, bevor es zu einem die Haftung auslösenden Sachverhalt kam. Nach der Rechtsprechung des Bundesgerichtshofes werden zwischen dem Verwalter – mit der Übernahme des Amtes – und den Beteiligten Rechte und Pflichten begründet, entsteht also ein gesetzliches Schuldverhältnis, das eine rechtsgeschäftsähnliche Beziehung herstellt.[21] Diese besondere Beziehung zwischen Verwalter und Beteiligten sollte allerdings nicht ausschließen, dass die Haftung aus § 82 KO mit deliktischer Haftung vergleichbar war oder ihr doch nahestand.[22]

6   Gegen einen einheitlichen Haftungstatbestand wendet sich *Karsten Schmidt*. Er lehnt für die Stellung des Verwalters die Amtstheorie ab; vielmehr steht er auf dem Standpunkt, dass der Verwalter mit Übernahme des Amtes im Konkurs einer Gesellschaft zu deren Liquidator und im Konkurs einer natürlichen Person zu deren gesetzlichem Vertreter wird – allerdings unter Beschränkung der Vertretungsmacht auf das dem Insolvenzbeschlag unterliegende Vermögen.[23] Dieses Sonderrechtsverhältnis zwischen Verwalter und dem Schuldner als Träger der Insolvenzmasse führe zu einer internen Verantwortlichkeit des Verwalters gegenüber dem Schuldner, die scharf von der „Amtshaftung" des Verwalters gegenüber den in § 82 KO genannten Beteiligten zu trennen sei. Diese „Amtshaftung" entspreche der des § 839 BGB und sei deliktisch.[24]

7   Diese Ansicht hat Zustimmung[25] und Widerspruch[26] erfahren. Der Gesetzgeber hat die Überlegungen *Karsten Schmidts* zur zweigeteilten Haftung nicht aufgegriffen. Schon die Kommission für Insolvenzrecht schlug für alle Ersatzansprüche gegen den Verwalter wegen Verletzung insolvenzspezifischer Pflichten eine einheitliche Verjährung von drei Jahren[27] und eine Haftung nach § 278 BGB für das Verschulden von Erfüllungsgehilfen vor.[28] Diesem Vorschlag und der inzwischen geänderten Rechtsprechung des Bundesgerichtshofs[29] ist der Gesetzgeber gefolgt. Nach § 62 richtet sich die Verjährung für alle Ansprüche gegen den Verwalter einheitlich nach bürgerlichem Recht. Nach § 71 Abs. 2 des Regierungsentwurfs sollte der Verwalter gemäß § 278 BGB das Verschulden der Personen zu vertreten haben, derer er sich zur Erfüllung der ihm obliegenden Pflichten bediente. Dieser

---

[17] Leitsatz 3.2.1, 2. KommBer., S. 78 ff.
[18] RegE Begr. zu § 71, BT-Drucks. 12/2443, S. 129.
[19] BGH NJW 1958, 1351; BGH WM 1961, 511.
[20] BGHZ 99, 151, 154 = NJW 1987, 844; BGHZ 100, 346, 350 = NJW 1987, 31, 33; BGH NJW 1994, 323, 326.
[21] BGHZ 93, 278, 281 = NJW 1985, 1161; BGH NJW 1994, 323; *W. Lüke* NJW 1985, 1164; *ders.*, Persönliche Haftung, RdNr. 2; *Kübler/Prütting/Bork/Lüke* § 60 RdNr. 11; *Jaeger/Gerhardt* § 60 RdNr. 13.
[22] BGHZ 93, 278, 281 = NJW 1985, 1161.
[23] *K. Schmidt* KTS 1984, 345; *ders.* NJW 1987, 1905; *ders.* KTS 1991, 211; *ders.* KTS 1994, 309; *ders.* NJW 1995, 911.
[24] *K. Schmidt* KTS 1976, 191; *ders.* NJW 1987, 812; *ders.* ZIP 1988, 7.
[25] Vgl. *Hess* § 82 RdNr. 36.
[26] *Fritz Baur* S. 241, 248; *W. Lüke,* Haftung Konkursverwalter, S. 74.
[27] Leitsatz 3. 2. 6, 2. KommBer., S. 86.
[28] Leitsatz 3.2. 5, 2. KommBer., S. 85 f.
[29] BGHZ 93, 278 = NJW 1985, 1161.

Absatz ist zwar nicht Gesetz geworden; an dem darin enthaltenen Grundsatz wollte der Rechtsausschuss aber nichts ändern.[30] Hiernach kommt im Rahmen der §§ 60 ff. eine Haftung für Verrichtungsgehilfen nach § 831 BGB nicht in Betracht. Es ist einheitlich von einer nicht deliktischen Haftung auszugehen.

Der Verwalter steht nicht nur in einer Rechtsbeziehung zum Schuldner, sondern auch zu den **8** übrigen Beteiligten, denen gegenüber die Insolvenzordnung ihm Pflichten auferlegt. Wie schon für den Konkursverwalter gilt auch für den Insolvenzverwalter, dass seine Tätigkeit mehrseitig fremdbestimmt ist.[31] Geht es darum, die Masse zu vergrößern und bestmöglich zu verwerten, werden die Interessen des Schuldners und der Gläubiger weitgehend identisch sein. Sollten sie einander im Einzelfall widerstreiten, geht das Interesse der Gläubiger dem des Schuldners vor.[32] Denn Ziel des Insolvenzverfahrens ist nach § 1 – so auch § 156 Abs. 1 – vordringlich die gemeinschaftliche Befriedigung der Gläubiger;[33] diesem – und erst in zweiter Linie einem anderen – Zweck dient auch der Insolvenzplan zur Erhaltung des Unternehmens. Deshalb kann der Ansicht *Karsten Schmidts*[34] nicht gefolgt werden, wer er die Aufgabe des Verwalters im Konkurs einer Gesellschaft in der Liquidation des Gesellschaftsvermögens sieht. Im § 1 Abs. 2 Satz 3 des RegE, in der Begründung hierzu sowie in der Allgemeinen Begründung des RegE (4a dd)[35] heißt es zwar, dass bei Juristischen Personen und Gesellschaften ohne Rechtspersönlichkeit das Verfahren an die Stelle der gesellschafts- und organisationsrechtlichen Abwicklung tritt. Dieser Teil ist aber nicht Gesetz geworden. Es mag sein, dass damit die Liquidation durch den Verwalter nicht ausgeschlossen werden sollte; § 199 sieht immerhin die Verteilung eines Überschusses durch den Verwalter an die Gesellschafter vor. Auch hieß es in der Begründung zum § 141a FGG (jetzt § 394 FamFG), es solle bei Gesellschaften vermieden werden, dass sich an die Liquidation im Insolvenzverfahren noch eine gesellschaftsrechtliche Liquidation anschließen müsse.[36] Dieses Ziel darf der Verwalter nicht um jeden Preis verfolgen. Wird das Verfahren mangels Masse eingestellt, sagt das Gesetz ausdrücklich, dass der Verwalter zur Verwertung von Massegegenständen nicht mehr verpflichtet ist (§ 207 Abs. 3 Satz 2). Auch sonst kann der Grundsatz der Vollabwicklung des Schuldnervermögens durch den Verwalter nur bedeuten, dass der Verwalter das Gesellschaftsvermögen liquidiert, soweit diese Tätigkeit nicht das gesetzgeberische Ziel des Insolvenzverfahrens gefährdet, die Gläubiger gleichmäßig bestmöglich zu befriedigen. Der Verwalter macht sich ersatzpflichtig, wenn beim Verkauf von Massegegenständen mehr Kosten entstehen, als das Geschäft einbringt. Die Insolvenzordnung setzt im § 32 Abs. 3 die Freigabe und im § 197 Abs. 1 Nr. 3 die Nichtverwertbarkeit von Gegenständen der Insolvenzmasse als selbstverständlich voraus. Auch § 394 FamFG (früher § 141a FGG) schließt nicht aus, dass die Gesellschaft noch Vermögen besitzt, nachdem das Insolvenzverfahren über ihr Vermögen durchgeführt worden ist. Was in der Insolvenz einer natürlichen Person selbstverständlich ist, kann in der einer Gesellschaft nicht anders sein.[37]

Die gesetzlichen Schuldverhältnisse zwischen allen Beteiligten und dem Verwalter entstehen **9** nicht, bevor dieser sein Amt übernimmt.[38] Dies ist nicht schon die Bestellung durch das Gericht, sondern erst die Annahme des Amtes durch den Verwalter. Dies gilt für den vorläufigen Insolvenzverwalter nach § 21 Abs. 2 Nr. 1 und den Sachwalter im Rahmen des Verfahrens nach §§ 270 ff. entsprechend.

D. Haftungsvoraussetzungen

I. Insolvenzspezifische Pflichten

Die Verletzung insolvenzspezifischer Pflichten kann die Masse und damit Schuldner und Gläubi- **10** ger als Gesamtheit schädigen oder zu einem Einzelschaden in der Person eines Beteiligten führen, wenn die verletzte Pflicht nur ihm gegenüber bestand. Es ist möglich, dass die gleiche Pflichtverletzung sowohl einen Gesamtschaden der Masse als auch einen Einzelschaden bei einem bestimmten

---

[30] BT-Drucks. 12/7302, S. 161.
[31] Vgl. *Baur/Stürner* RdNr. 10.1; *Jaeger/Gerhardt* § 60 RdNr. 10, 113; *Kilger* ZIP 1980, 26.
[32] *Jaeger/Gerhardt* § 60 RdNr. 113.
[33] Vgl. *Wellensiek* RdNr. 22.
[34] Zuletzt ZIP 2000, 1913, 1916 f. und NJW 2012, 3344, 3345.
[35] BT-Drucks. 12/2443, S. 10, 84, 109.
[36] Begr. RegE zu Art. 23 Nr. 1 EGInsO, abgedruckt in *Kübler/Prütting* Bd. II, S. 117.
[37] BGHZ 148, 252, 258 = NJW 2001, 2966 = NZI 2001, 531; BGH NJW 2005, 2015 = NZI 2005, 387 = EWiR § 35 InsO 1/05, 603 *(Flitsch)*; BVerwG NZI 2005, 51; vgl. *Henckel* ZIP 1991, 133, 135; *ders.*, FS Kreft, S. 291, 300 ff.
[38] *W. Lüke*, Haftung Konkursverwalter, S. 38.

Beteiligten verursacht. Solange das Insolvenzverfahren noch nicht beendet ist, geht in diesem Fall die Haftung für den Gesamtschaden vor (vgl. RdNr. 116).

1. Haftung für den Gesamtschaden. Zu einem Gesamtschaden kommt es, wenn der Verwalter seine Pflicht zur Inbesitznahme, Verwaltung oder Verwertung und Verteilung der Masse verletzt, sofern und soweit diese Pflicht im Interesse der Gläubigergesamtheit besteht. Für einen Gesamtschaden ist kennzeichnend, dass entweder die Insolvenzmasse vermindert oder eine zusätzliche Masseverbindlichkeit begründet wurde.[39]

11 **a) Inbesitznahme der Masse.** Gemäß § 148 hat der Verwalter nach Eröffnung des Verfahrens das gesamte zur Insolvenzmasse gehörende Vermögen sofort in Besitz und Verwaltung zu nehmen. Diese Pflicht erstreckt sich auch auf das ausländische Vermögen des Schuldners.[40] Die Durchsetzung von Ansprüchen der Masse gegen Dritte dient dem Gesamtinteresse der Gläubiger und des Schuldners und ist insolvenzspezifische Pflicht des Verwalters.

12 Der Verwalter hat **deliktische** Ansprüche wegen Schädigung der Masse geltend zu machen.[41] Unterlässt es der Verwalter in der Insolvenz einer zu liquidierenden GmbH, eine Forderung auf Steuererstattung geltend durchzusetzen, so handelt er nicht pflichtwidrig, wenn das Finanzamt Gegenansprüche hat, mit denen es aufrechnen kann. Anders liegen die Dinge bei einer natürlichen Person oder einer GmbH, die auch künftig werbend tätig wird.[42]

Der Verwalter hat weiter zu prüfen, ob etwas durch **anfechtbare** Handlung aus dem Vermögen des Schuldners veräußert, weggegeben oder aufgegeben worden ist.[43] Den aus § 143 folgenden Anspruch auf Rückgewähr hat er vor Ablauf der – nunmehr regelmäßigen – Verjährungsfrist (§ 146 Abs. 1) gerichtlich geltend zu machen. Schuldet nicht nur der Anfechtungsgegner nach § 143 die Rückgewähr, sondern auch der **Geschäftsführer** einer GmbH nach § 64 GmbHG den Ersatz desjenigen, was er nach Eintritt der Insolvenzreife aus dem Vermögen der GmbH an den Anfechtungsgegner geleistet hat, so hat der Verwalter abzuwägen, welchen der Schuldner er in Anspruch nimmt. Er muss daher die jeweiligen Chancen und Risiken des Prozesses sowie der Vollstreckung bewerten und danach entscheiden, ob er den Rückgewähranspruch gegen den Anfechtungsgegner oder den Ersatzanspruch gegen den Geschäftsführer oder beide Ansprüche einklagen will, weil nur so eine vollständige Befriedigung zu erwarten ist.[44]

13 Der Verwalter hat der Masse nicht nur wieder zuzuführen, was ihr entzogen worden ist, sondern in der Insolvenz einer Kapitalgesellschaft auch sorgfältig zu prüfen, ob die Grundsätze der **Kapitalaufbringung** und **-erhaltung** verletzt worden sind.[45] Weiter hat der Verwalter Haftungsansprüche zu prüfen. Solche Ansprüche können gegenüber Beratern bestehen, die den Schuldner in der Unternehmenskrise beraten haben; der Verwalter ist verpflichtet, derartige Haftungsansprüche auszuermitteln; unterlässt er dies, kann eine Haftung nach § 60 InsO begründet sein.[46] Gleiches gilt für die Frage, ob die Insolvenzgläubiger infolge Insolvenzverschleppung gemeinschaftlich einen Schaden erlitten haben, den der Verwalter nach § 92 geltend zu machen hat. Einzufordern hat er auch die persönliche Haftung der Gesellschafter nach § 93.

Der Verwalter muss Steuerrückzahlungsansprüche verfolgen. Zu diesem Zweck muss er prüfen, ob Rechtsmittel gegen ungünstige Entscheidungen der Finanzämter erfolgversprechend sind.[47] Dies ist spätestens zu dem Zeitpunkt geschuldet, zu dem der Verwalter von möglichen Entscheidungen der Finanzverwaltung erfährt. Steuererstattungsansprüche hat der Verwalter geltend zu machen, soweit sie zu einem Vorteil für die Masse führen können.[48]

14 Ansprüche zugunsten der Masse hat der Verwalter notfalls vor Gericht einzuklagen. Hierzu ist er verpflichtet, wenn die Klage erforderlich ist, Erfolg verspricht und die **Prozessführung** wirtschaftlich vertretbar ist.[49] Der Verwalter muss rechtzeitig Maßnahmen einleiten, die den Lauf der Verjährungsfrist sicher hemmen (§ 204 BGB). Insbesondere muss er in einem Mahnbescheid den Anspruch richtig bezeichnen.[50] Darf der Verwalter nach pflichtgemäßer Prüfung einen Prozess für aussichts-

---

[39] Kübler/Prütting/Bork/Lüke § 60 RdNr. 31; Jaeger/Gerhardt § 60 RdNr. 128 ff.
[40] BGHZ 88, 147, 150 f. = NJW 1983, 2147.
[41] BGH NJW 1974, 57; BGH NJW 1986, 1174.
[42] OLG Koblenz ZIP 1993, 52.
[43] Vgl. Bork ZIP 2006, 589, 593; Huber Anmerkung zu BGH NZI 2004, 496, 497; Meyer-Löwy/Poertzgen/Sauer ZInsO 2005, 693.
[44] BGHZ 131, 325 = NJW 1996, 850; Henze/Bauer, Kölner Schrift RdNr. 28 f.
[45] Vgl. BGH NZI 2009, 771 Tz. 12.
[46] Ehlers NZI 2008, 211.
[47] LG Düsseldorf NZI 2011, 190.
[48] OLG Koblenz ZIP 1993, 52 zu Umsatzsteuererstattungsansprüchen.
[49] Näher Bork ZIP 2005, 1120 ff.
[50] BGHZ 124, 27 = NJW 1994, 323.

reich halten, so hat er ihn selbst dann zu führen, wenn die Masse zur Deckung eines möglichen Kostenerstattungsanspruchs des Gegners nicht ausreicht.[51] Auf der anderen Seite handelt der Verwalter pflichtwidrig, wenn er einen erkennbar von vornherein aussichtslosen Prozess anstrengt. Insoweit steht dem Verwalter ein Beurteilungsspielraum zu, der großzügiger als die hinreichende Erfolgsaussicht des § 114 ZPO ausfällt.[52] Ist der Verwalter Anwalt, schuldet er den Beteiligten dieselbe Sorgfalt wie einem Mandanten.[53] Aber auch dabei hat er abzuwägen, ob die Risiken, einen Titel zu erlangen und mit ihm erfolgreich zu vollstrecken, nicht so groß sind, dass sie den finanziellen Aufwand nicht rechtfertigen.[54] Maßgeblich ist, ob die Entscheidung des Verwalters über ein gerichtliches Vorgehen aus der Sicht ex ante auf einer sachgerechten Bewertung der Erfolgsaussichten beruht.[55] Von einer Klage auf Herausgabe im Ausland belegenen Vermögens muss der Verwalter wegen der Kosten absehen, wenn von vornherein feststeht, dass ein Vollstreckungstitel im Ausland nicht durchgesetzt werden kann, weil die ausländischen Gerichte ihre Mitwirkung versagen werden. Schließt der Insolvenzverwalter einen für die Masse ungünstigen **Vergleich,** kann er sich haftbar machen.[56] Es fehlt aber an einer Pflichtverletzung, wenn der Vergleich einer zum Zeitpunkt des Vergleichsabschlusses sachgerechten Bewertung der Prozessaussichten entspricht.

Inwieweit der **vorläufige Insolvenzverwalter** dazu verpflichtet ist, die Masse in Besitz zu nehmen, hängt von seiner konkreten Rechtsstellung ab. Während der starke vorläufige Verwalter dem endgültigen in dieser Hinsicht gleichsteht und daher die Masse so schnell wie möglich in Besitz nehmen und Ansprüche der Masse durchsetzen muss, kommt es für den schwachen vorläufigen Verwalter darauf an, ob das Insolvenzgericht ihm auch Pflichten zur Inbesitznahme der Masse oder einzelner Teile der Masse auferlegt hat.[57] Wohl aber trifft jeden vorläufigen Verwalter die Pflicht, das Vermögen des Schuldners bis zur Entscheidung über die Eröffnung des Verfahrens zu sichern.[58]

b) Erhaltung der Masse. Der Verwalter hat alle Maßnahmen zu treffen, die zur Erhaltung, Bewahrung und ordnungsgemäßen Verwaltung der zur Insolvenzmasse gehörenden Gegenstände erforderlich sind. So muss er dafür sorgen, dass im Winter die Kaltwasserrohre eines zur Masse gehörenden Gebäudes nicht durch Frost platzen und wertmindernde Wasserschäden am Gebäude verursachen.[59]

Im Interesse einer bestmöglichen Nutzung und Verwertung gehören zu einer ordnungsmäßigen Verwaltung der Abschluss und die Aufrechterhaltung einer ausreichenden **Versicherung** gegen Diebstahl, Feuer, Wasser und Sturm, falls die Kosten der Versicherung aus der Masse erbracht werden können.[60] Dabei sind das Risiko des Schadenseintritts und die mutmaßliche Schadenshöhe gegen die Belastung der Masse mit den Versicherungsprämien abzuwägen.[61] Der Verwalter muss nicht befürchten, dass alte Prämienrückstände gemäß § 55 Abs. 1 Nr. 2 zu Masseverbindlichkeiten werden, wenn er nach § 103 das Versicherungsverhältnis ab Verfahrenseröffnung fortsetzt; denn gemäß § 105 bleibt der Versicherer mit seinem Anspruch auf die Prämie für die Gefahrtragung aus der Zeit vor Verfahrenseröffnung Insolvenzgläubiger. Kündigt der Versicherer wegen der Rückstände nach § 38 Abs. 3 VVG das Versicherungsverhältnis, muss der Verwalter neue Versicherungsverträge abschließen. Eine D&O Versicherung für die bisherigen Leitungsorgane der Schuldnerin hat der Verwalter aufrechtzuerhalten, soweit dies insbesondere im Hinblick auf das Anspruchserhebungsprinzip[62] erforderlich ist, um Haftungsansprüche der Masse gegen die Leitungsorgane zu realisieren; verletzt er Obliegenheiten und bewirkt hierdurch die Leistungsfreiheit der Versicherung, haftet der Verwalter persönlich.[63] Ebenso macht sich der Verwalter gegenüber der Gläubigergesamtheit schadensersatzpflichtig, wenn sein Verhalten dazu führt, dass einzelne Versicherungsansprüche verloren gehen.[64]

Gegenstände, die einen größeren Aufwand erzeugen, als ihre Verwertung einbringt, deren Zugehörigkeit zur Masse sich also im Saldo nachteilig auswirkt, hat der Verwalter **freizugeben.** Überbe-

---

[51] *Weber*, FS Lent, S. 301, 323; *Smid* RdNr. 57; *Bank/Weinbeer* NZI 2005, 478, 481.
[52] Vgl. *Bork* ZIP 2005, 1120, 1121 f. Zu eng OLG Hamm ZIP 1995, 1436, 1437.
[53] BGHZ 124, 27 = NJW 1994, 323.
[54] *Bork* ZIP 2005, 1120, 1121 ff.
[55] Vgl. HambKomm-*Weitzmann* § 60 RdNr. 13.
[56] *Jaeger/Gerhardt* § 60 RdNr. 33. Vgl. auch *Klinck* NZI 2008, 349, 351 zum Erlass von Ansprüchen, die nach § 93 InsO geltend zu machen sind. Obiter LAG Berlin-Brandenburg ZIP 2007, 1420.
[57] *Pape/Graeber* Teil 2 RdNr. 158 ff.
[58] *Pape/Graeber* Teil 2 RdNr. 9 ff.; 160 f.
[59] BGH NJW 1988, 209.
[60] BGHZ 105, 230, 237 = NJW 1989, 1034; *Gerhardt* JZ 1989, 400; *W. Lüke* ZIP 1989, 1, 4.
[61] OLG Köln ZIP 1982, 977; *Häsemeyer* S. 248.
[62] Hierzu *Heße* NZI 2009, 790 und *Andresen/Schaumann* ZInsO 2010, 1908, 1909 ff.
[63] *Andresen/Schaumann* ZInsO 2010, 1908, 1913 ff.
[64] Vgl. *Münzel* NZI 2007, 441, 443

lastete Gegenstände, aus deren Verwertung kein Erlös für die Masse zu erwarten ist und auf deren Nutzung für die Dauer des Verfahrens der Verwalter nicht angewiesen ist, hat er alsbald freizugeben, um auf diese Weise die Kosten für Versicherung und Unterhaltung gering zu halten. Das gilt auch in der Insolvenz von Gesellschaften.[65] Das Gläubigerinteresse, das für die Insolvenzabwicklung im Vordergrund steht, verbietet es, die Masseverwaltung mit der Fürsorge für Gegenstände zu belasten, deren Verwertung nicht möglich ist oder für die Masse nichts einbringt.[66] Aus den gleichen Gründen hat der Insolvenzverwalter darauf zu achten, dass er eine vermeidbare Belastung mit Masseforderungen verhindert. So darf er keine Ansprüche aus § 546a BGB auslösen und eine Sache in Besitz nehmen, wenn der Mietvertrag beendet ist und der Besitz der Sache der Insolvenzmasse keine Vorteile bringt.[67] Verträge, an deren Fortsetzung die Masse kein Interesse hat, hat er sobald wie möglich zu beenden.

In Schrifttum und Rechtsprechung war sehr umstritten, ob der Verwalter durch Freigabe von **Sondermüll** und **Altlasten,** also durch Rückführung dieser Gegenstände in den Verantwortungsbereich des Schuldners seine Zustandshaftung beseitigen kann.[68] Diese Frage ist nunmehr weitgehend geklärt. Der Insolvenzverwalter haftet persönlich, wenn er einen Gegenstand nicht freigibt, obwohl der mit der Zustandshaftung verbundene Aufwand größer als der aus der Verwertung des Gegenstandes zu erwartende Erlös ist.[69]

17 Gibt der Verwalter einen Gegenstand frei, der im Sicherungseigentum eines Dritten steht, so mögen damit diesem gegenüber alle insolvenzspezifischen Pflichten des Verwalters enden.[70] Der Verwalter ist aber der Masse ersatzpflichtig, weil ihr mit der Freigabe der Kostenbeitrag nach § 171 entgeht. Übt der Schuldner eine selbständige Tätigkeit aus, haftet der Verwalter für eine pflichtwidrig abgegebene Erklärung nach § 35 Abs. 2, wenn der Masse hieraus ein Schaden entsteht.[71]

18 Der Verwalter darf die Masse nicht mindern, indem er pflichtwidrig **unberechtigte Forderungen** anerkennt und nach § 53 berichtigt oder ihnen nach § 178 im Prüfungstermin nicht widerspricht.[72] Der vorläufige Verwalter mit Zustimmungsvorbehalt darf Verfügungen des Schuldners nur zustimmen, wenn aus dieser Verfügung der künftigen Insolvenzmasse insgesamt gesehen mehr Vor- als Nachteile erwachsen werden.[73]

18a Der Insolvenzverwalter muss verhindern, dass die Masse durch Abflüsse geschmälert wird. Er ist – auch als vorläufiger Verwalter – grundsätzlich berechtigt, einer Lastschrift im **Einzugsermächtigungsverfahren** zu widersprechen bzw. die Genehmigung zu verweigern.[74] Da nach Insolvenzeröffnung die bis dahin noch nicht erfolgte Zahlung, nicht mehr wirksam werden kann (§ 81 Abs. 1 Satz 1), darf der Insolvenzverwalter grundsätzlich keine Belastungsbuchung mehr genehmigen. Für den vorläufigen Insolvenzverwalter mit Zustimmungsvorbehalt, der die künftige Masse sichern und erhalten soll (§ 22 Abs. 1 Satz 2 Nr. 1), gilt nichts anderes.[75] Hieraus folgt zugleich, dass der Verwalter der Masse haftet, wenn er nicht widerspricht.[76] Auf der anderen Seite ist der Verwalter nicht befugt, pauschale Widersprüche auszusprechen;[77] vielmehr muss er jeweils im Einzelfall prüfen, ob er mit einem Widerruf der Lastschrift nicht seine insolvenzspezifischen Pflichten verletzt. So ist auch der Verwalter an eine bereits zuvor erteilte – fingierte oder konkludente – Genehmigung gebunden.[78] Lastschriften, die aus dem sog. „Schonvermögen" bezahlt wurden, darf der Verwalter ebenfalls nicht widersprechen.[79]

---

[65] BGH NJW 1996, 2035; BGHZ 148, 252 = NJW 2001, 2966 = NZI 2001, 531; BGH NJW 2005, 2015 = NZI 2005, 387 = EWiR § 35 InsO 1/05, 603 *(Flitsch);* BVerwG NZI 2005, 51 m. A. *Segner* = EWiR § 80 InsO 2/05 *(Kreft), Henckel,* FS Kreft, S. 291, 302; MünchKommInsO-*Lwowski/Peters* § 35 RdNr. 114; *Uhlenbruck* InsO § 35 RdNr. 24; § 80 RdNr. 121 ff.; *ders.* KTS 2004, 275, 284 f.; *Forster* ZInsO 2000, 315; aA *K. Schmidt* ZIP 2000, 1913, 1916 f.; *Jaeger/Müller* § 35 RdNr. 147 f.; s. auch RdNr. 8.

[66] *Jaeger/Henckel* § 6 RdNr. 17; *ders.* ZIP 1991, 133, 135; *W. Lüke,* Kölner Schrift, RdNr. 44.

[67] Vgl. zu Ansprüchen aus der Abwicklung von Mietverhältnissen HambKomm-*Weitzmann* § 60 RdNr. 19a.

[68] Zum Streitstand vgl. § 35 RdNr. 95 ff. und § 80 RdNr. 142 f.

[69] Zu den Handlungsmöglichkeiten vgl. *Küpper/Heinze* ZInsO 2005, 409 ff.

[70] OLG Koblenz ZIP 1992, 420.

[71] Vgl. HambKomm-*Weitzmann* § 60 RdNr. 13a; zu § 35 Abs. 2 siehe BGH NJW 2012, 1361.

[72] BGH NJW 1973, 1198; BGH NJW-RR 1990, 45.

[73] Vgl. BGH NJW 2008, 1442 Tz. 13.

[74] BGHZ 186, 269, 274 = NJW 2010, 3510; BGHZ 186, 242, 244 = NJW 2010, 3517; BGH, NJW 2012, 146; zum Streitstand § 82 RdNr. 23 ff.

[75] BGHZ 161, 49 = NJW 2005, 99 = NZI 2005, 99 m. A. *Dahl* = ZInsO 2004, 1353 m. A. *Kuder* = ZIP 2004, 2442 m. A. *Bork;* BGH ZInsO 2005, 40; BGH NZI 2006, 697; vgl. hierzu *Ganter* WM 2005, 1557.

[76] BGHZ 161, 49 = NJW 2005, 99.

[77] BGHZ 186, 242, 251 Tz. 23 f. = NJW 2010, 3517 = NZI 2010, 731.

[78] BGHZ 186, 269, 289 Tz. 41 = NJW 2010, 3510 = NZI 2010, 723; BGH NJW 2011, 2130 Tz. 11 = NZI 2011, 402; BGH NZI 2012, 182 Tz. 9.

[79] BGHZ 186, 242 ff. = NJW 2010, 3517 = NZI 2010, 731.

Widerspricht der Verwalter Lastschriften, obwohl er hierzu nicht befugt ist, macht er sich gegenüber dem Schuldner nach § 60 haftbar.[80]

Begründet der Insolvenzverwalter **Masseverbindlichkeiten,** kann dies eine Haftung nach § 60 auslösen. Ähnlich wie Vorstandsmitglieder und Geschäftsführer ihrer Gesellschaft[81] ist der Verwalter der Masse verpflichtet, durch eine sachgemäße **Organisation** der Geschäfte dafür zu sorgen, dass keine Schadensersatzverpflichtungen gegenüber Dritten entstehen, die nach § 55 Abs. 1 Nr. 1 zu Lasten der Masse gehen. Von diesen Ersatzverpflichtungen hat der Verwalter nach § 60 die Masse freizustellen und ihr die Aufwendungen zu ersetzen, falls der Gläubiger aus der Masse befriedigt worden ist. Dabei ist nicht Voraussetzung, dass die Ersatzpflicht gegenüber dem Dritten ihrerseits auf § 60 beruht. Ersatzpflichtig ist der Verwalter daher auch der Masse, die nach §§ 440, 325 BGB, § 55 Abs. 1 Nr. 1 den Nichterfüllungsschaden auszugleichen hat. **19**

Eine Handlung oder Unterlassung, die Masseverbindlichkeiten begründen, kann gleichzeitig verschiedene Pflichten verletzen, delikts- oder öffentlich-rechtliche gegenüber Dritten und insolvenzspezifische gegenüber der Masse.[82] Die Ersatzpflicht gegenüber der Masse dürfte nur dann entfallen, wenn für die Haftung nach außen eine andere Beweislastverteilung oder ein strengerer Schuldmaßstab gilt als für die Haftung nach innen.[83] Der Insolvenzverwalter ist der Masse schadensersatzpflichtig, wenn er – insb. wegen Verstoßes gegen ein Schutzgesetz – nichtige Rechtspflichten begründet und die hieraus resultierenden Forderungen begleicht. Dies gilt zB für die Vereinbarung unwirksamer Erfolgshonorare.[84]

Der Verwalter haftet der Masse allerdings von vornherein nicht für Masseverbindlichkeiten im Sinne von § 90, die nicht durch seine Rechtshandlungen begründet, der Masse vielmehr **aufgezwungen** worden sind, die also entstehen, ohne dass der Verwalter dies beeinflussen konnte. Hier treffen den Verwalter nur Pflichten, die bezüglich bereits entstandener Masseverbindlichkeiten bestehen. Der Verwalter muss jedoch – zB bei Arbeitsverhältnissen – Kündigungsmöglichkeiten rechtzeitig nutzen,[85] um die Belastung der Masse gering zu halten. **19a**

Der Verwalter hat von sich aus dem Insolvenzgericht einen Sachverhalt unmissverständlich anzuzeigen, der ernsthaft die Besorgnis rechtfertigt, dass er an der Amtsführung verhindert ist; dies gilt insbesondere für Fälle einer nicht unbedeutenden **Interessenkollision,** die darin besteht, dass er die Masse gegenüber einer Gesellschaft verpflichtet, an der er maßgeblich beteiligt ist. Eine Verletzung dieser Pflicht kann Schadensersatzansprüche nach § 60 begründen, wenn die Anzeige dazu geführt hätte, dass das Insolvenzgericht den Vertragsschluss untersagt hätte und eine Masseschuld in der betreffenden Höhe im Interesse einer ordnungsgemäßen Abwicklung des Verfahrens nicht begründet worden wäre.[86] **20**

Nach § 155 hat der Verwalter mit der Eröffnung des Verfahrens die **handels-** und **steuerrechtlichen** Pflichten des Schuldners zur Buchführung und Rechnungslegung in Bezug auf die Insolvenzmasse zu erfüllen. Diese Pflichten erstrecken sich auch auf den Zeitraum vor Verfahrenseröffnung, wenn die Buchführung aus dieser Zeit mangelhaft, aber im Rahmen des Zumutbaren hinsichtlich der steuerlichen Anforderungen noch in Ordnung zu bringen ist. Verletzt der Verwalter diese Pflicht und schätzt das Finanzamt daraufhin die Steuerschuld auf eine Höhe, die sie bei ordnungsgemäßer Buchführung nicht gehabt hätte, so haftet der Verwalter für die Vergrößerung der Schuldenmasse und die Verkürzung der Insolvenzquote.[87] Der Verwalter hat einen Steuerbescheid, der ihm zugegangen ist, auf seine Richtigkeit zu überprüfen und Einspruch einzulegen, falls er auf falschen Voraussetzungen beruht.[88] **21**

Der Bundesgerichtshof ist noch weitergegangen. Er hat den Verwalter für verpflichtet gehalten, durch ordnungsgemäße steuerliche **Buchführung** aus der Zeit **vor Verfahrenseröffnung** dafür zu sorgen, dass dem Schuldner Verlustvorträge erhalten bleiben, die er nach Abschluss des Verfahrens nutzen kann.[89] Der Bundesgerichtshof ist in diesem Punkt kritisiert worden.[90] Der Verwalter darf die Masse nicht mit Buchführungskosten belasten und sie dadurch zum Nachteil der Gläubiger verkürzen, nur um dem Schuldner (oder einem Gesellschafter der Schuldnerin) finanzielle Vorteile **22**

---

[80] Vgl. BGHZ 186, 242, 251 Tz. 26 = NJW 2010, 3517 = NZI 2010, 731.
[81] BGH NJW 1988, 1321; BGHZ 125, 366 = NJW 1994, 1801.
[82] BGHZ 74, 316, 320 = NJW 1979, 2212.
[83] Vgl. *Eckardt* KTS 1997, 411, 448.
[84] Vgl. hierzu *Biegelsack* NZI 2008, 153.
[85] Hierzu HambKomm-*Weitzmann* § 60 RdNr. 26.
[86] BGHZ 113, 262, 279 = NJW 1991, 982; *Jaeger/Gerhardt* § 60 RdNr. 32.
[87] *Klasmeyer/Kübler* BB 1978, 369, 374.
[88] OLG Köln ZIP 1980, 94.
[89] BGHZ 74, 316, 321 = NJW 1979, 2212; BGH NZI 2010, 956 Tz. 11 für Kommanditisten.
[90] *Kilger* ZIP 1980, 26 f.

zu verschaffen. Hier ist dem Schuldner Gelegenheit zu geben, die Buchführung selbst in Ordnung zu bringen. Eine Verpflichtung, die Buchführung aus der Zeit vor der Verfahrenseröffnung zu vervollständigen, trifft den Verwalter daher nur unter zwei Gesichtspunkten: Zum einen zählt – anders als nach dem Recht der Konkursordnung – zur Insolvenzmasse auch das Vermögen, das der Schuldner während des Verfahrens erlangt (§ 35). Hat die Vervollständigung der Buchführung zur Folge, dass wegen der nunmehr möglichen Verlustrückträge des § 10d EStG Steuern während der Dauer des Verfahrens erstattet oder niedriger festgesetzt werden, so hat der Verwalter diesen Vorteil gegen die Kosten abzuwägen, die entstehen, wenn die Buchführung in Ordnung gebracht wird. Zum anderen ist der Verwalter verpflichtet, für eine ordnungsgemäße Buchführung zu sorgen, wenn andernfalls der Schuldner oder – in der Insolvenz einer Personengesellschaft – die Gesellschafter Steuerschätzungen schutzlos ausgeliefert wären.[91] Zu Recht hat der BGH aber angenommen, dass in diesem Fall der Masse ein Aufwendungsersatzanspruch gegen die Gesellschafter zusteht, den der Verwalter auch als Vorschuss einfordern kann. Entsprechendes muss im Verhältnis zum Schuldner gelten, wenn dieser über insolvenzfreies Vermögen verfügt. Versäumt der Verwalter, die finanzielle Beteiligung einzufordern, ist er der Masse zum Ersatz der entstandenen Kosten verpflichtet.

23 Die Entscheidung, ob das **Unternehmen** – sofern es nicht schon zum Erliegen gekommen ist – **fortzuführen** oder **stillzulegen** ist, ist für den vorläufigen wie den endgültigen Verwalter stets schwierig. Beide haben auf Grund einer Vergleichsrechnung festzustellen, ob die Fortführung oder die sofortige Zerschlagung ein besseres Verwertungsergebnis bringt. Halbfertige Erzeugnisse sowie Roh-, Hilfs- und Betriebsstoffe sollten fertiggestellt bzw. verbraucht werden, da sie im Falle einer Zerschlagung regelmäßig wertlos sind. Die Löhne und Gehälter der hierfür benötigten Arbeitskräfte belasten die Masse bis zum Ablauf der Kündigungsfristen nicht zusätzlich, weil sie ohnehin zu zahlen wären.[92] Setzt der Verwalter die vorhandene Masse zur Erzielung künftiger Erträge ein, so müssen die Planrechnungen allerdings erwarten lassen, dass der künftige Überschuss diesen Werteverzehr wieder ausgleicht.

24 Unter welchen Umständen der Verwalter haftet, der sich dafür entscheidet, das Unternehmen fortzuführen, stillzulegen oder zu veräußern, hängt davon ab, in welchem Stadium sich das Insolvenzverfahren befindet. Während der vorläufige Verwalter, auf den die Verwaltungs- und Verfügungsbefugnis des Schuldners übergegangen ist, ebenso wie der endgültige Verwalter bis zum Berichtstermin das Unternehmen grundsätzlich fortführen muss, ist nach dem Berichtstermin die Entscheidung der Gläubigerversammlung (§ 157) maßgebend. Die Entscheidung, die die Gläubigerversammlung im Berichtstermin über den Fortgang des Insolvenzverfahrens trifft, soll der Insolvenzverwalter nicht präjudizieren, indem er schon vorher das Unternehmen stilllegt oder veräußert oder sonstiges Vermögen des Schuldners versilbert, das benötigt wird, um das Unternehmen fortzuführen.[93]

25 Allerdings darf der Verwalter das Unternehmen weder im Eröffnungsverfahren noch bis zum Berichtstermin um jeden Preis fortführen. Der (vorläufige) Verwalter hat das Unternehmen im Eröffnungsverfahren bzw. vor dem Berichtstermin stillzulegen, wenn anderenfalls das Vermögen des Schuldners erheblich vermindert würde und das Insolvenzgericht zustimmt (§ 22 Abs. 1 Nr. 2) bzw. die Entscheidung nur mit einer erheblichen Verminderung der Insolvenzmasse bis zum Berichtstermin aufgeschoben werden kann (§ 158 Abs. 2 Satz 2). Sofern ein Gläubigerausschuss bestellt ist, ist auch dessen Zustimmung einzuholen (§ 158 Abs. 1). Ist unklar, ob die durch die Betriebsfortführung eintretende Minderung der Masse erheblich sein wird, ist der Betrieb im Eröffnungsverfahren fortzuführen, während er im eröffneten Verfahren stillzulegen ist.

26 (Einstweilen frei)

27 Hält der (vorläufige) Insolvenzverwalter die Stilllegung für geboten, weil die Fortsetzung das Vermögen bzw. die Insolvenzmasse erheblich vermindern würde, so hat er diese Voraussetzungen dem Insolvenzgericht bzw. dem Gläubigerausschuss unter Vorlage von Planertrags- und Liquiditätsbedarfsrechnungen[94] im Einzelnen darzulegen. Sind seine Angaben schuldhaft unrichtig oder unvollständig und kommt es daraufhin zu einer Entscheidung, die der wahren Sachlage widerspricht, so hat der Verwalter den Schaden zu ersetzen. Der Verwalter haftet also für eine erhebliche Verminderung der Masse, die er durch rechtzeitige Stilllegung hätte verhindern können. Andererseits hat er für eine nicht gebotene Stilllegung des Unternehmen einzustehen, falls er schuldhaft zu Unrecht der Meinung war, die Voraussetzungen lägen vor, und falls die Gläubigerversammlung nach ordnungsgemäßer Unterrichtung im Berichtstermin gemäß § 157 beschlossen hätte, das Unternehmen vorläufig fortzuführen.

---

[91] BGH NZI 2010, 956 Tz. 12.
[92] Vgl. *Mönning* S. 54 ff.
[93] BT-Drucks. 12/2443, S. 173.
[94] Vgl. dazu *Mönning* S. 43, 61; *Kübler/Prütting/Bork/Lüke* § 60 RdNr. 31c, 32.

28 Unklar ist bisher, nach welchen Kriterien beurteilt wird, ob eine Minderung der Masse erheblich oder nicht erheblich ist.[95] Allerdings kommt es auf diese Unterscheidung nicht an, wenn die Stilllegung vor dem Berichtstermin schon deshalb geboten ist, weil die Masse (einschließlich der fortführungsbedingten Zuwächse) – von vornherein oder nach einem fortführungsbedingten unerheblichen Verbrauch – nicht ausreicht, um die entstehenden Masseschulden zu decken. Es ist der Fall denkbar, dass die nach § 209 Abs. 1 Nr. 1 vorweg zu berichtigenden Kosten zwar gedeckt sind, darüber hinaus aber so wenig Masse vorhanden ist, dass man nur von einer unerheblichen Verminderung (§ 22 Abs. 1 Nr. 2, § 158 Abs. 2) sprechen könnte, wenn sie verbraucht wird, dass dieser Teil der Masse aber nicht ausreicht, um die mit der Fortführung verbundenen Masseverbindlichkeiten zu tilgen. Dann rechtfertigt die Fortführung unter Inkaufnahme einer unerheblichen Minderung der Masse zwar die dadurch eintretende Schädigung der Gesamtheit der Insolvenzgläubiger, nicht aber eine Schädigung der Massegläubiger. Allein die allgemeine Erfahrung, dass ein fortgeführtes Unternehmen besser veräußert werden kann als ein stillgelegtes, legitimiert die Fortführung nicht.[96] Im Gegenteil ist das Unternehmen stets stillzulegen, wenn und sobald die zu erstellende Liquiditätsbedarfsrechnung ergibt, dass die mit der Unternehmensfortführung verbundenen Ausgaben als Masseschulden aus den vorhandenen und zu erwartenden Mitteln nicht gedeckt werden können.[97] Anderenfalls müsste der Verwalter nach § 61 für den Ausfall haften. Ein Unternehmen kann nicht auf Kosten des Insolvenzverwalters fortgeführt werden.[98] Wollen die Gläubiger in diesem Falle die Fortführung, so müssen sie die dafür erforderlichen Kosten und damit auch das Geld für die Tilgung der Masseschulden vorschießen.

29 Nach § 157 kann die Gläubigerversammlung beschließen, dass das Unternehmen vorläufig fortgeführt und erst liquidiert wird, nachdem der Verwalter das Unternehmen saniert oder doch wenigstens die Voraussetzungen für eine übertragende Sanierung geschaffen hat. Aber auch nach diesem Beschluss haftet der Verwalter wegen **Liquidationsverschleppung,** wenn er das Unternehmen des Schuldners fortführt, anstatt es sofort zu liquidieren, sobald festgestellt wird, dass die künftigen Erträge nicht ausreichen werden, um die bei einer Fortführung entstehenden Masseverbindlichkeiten zu tilgen, der Betrieb also nicht wenigstens seinen Aufwand erwirtschaftet.[99] Hierdurch werden die Masse- wie Insolvenzgläubiger in ihrer Gesamtheit und der Schuldner geschädigt. Hat die Gläubigerversammlung im Berichtstermin gleichwohl die Fortführung des Unternehmens beschlossen (§ 157), hat der Verwalter nach § 78 die Aufhebung des Beschlusses durch das Insolvenzgericht zu beantragen.[100]

29a Fraglich ist, ob der Insolvenzverwalter, der das schuldnerische Unternehmen fortführt, auch für **unternehmerische Fehlentscheidungen** nach § 60 haftet.[101] Insoweit steht der Verwalter jedoch gerade nicht einem Vorstand oder Geschäftsführer gleich. Vielmehr kommt eine Haftung nur in Betracht, soweit die unternehmerischen Entscheidungen insolvenzspezifischen Charakter haben; nur solche Pflichten können eine Haftung nach § 60 begründen. Damit greift § 60 nur ein, soweit der Verwalter bei seinen unternehmerischen Entscheidungen seine Pflicht verletzt, mit seinem Handeln die bestmögliche Befriedigung der Gläubiger zu erreichen.[102] In diesem Rahmen steht dem Verwalter bei der Unternehmensfortführung ein weites Handlungsermessen zu.

30 c) **Verwertung und Verteilung der Masse.** Gemäß § 159 hat der Verwalter nach dem Berichtstermin unverzüglich das zur Insolvenzmasse gehörende Vermögen zu verwerten, also in Geld umzusetzen, soweit Beschlüsse der Gläubigerversammlung nicht entgegenstehen.[103] Nach §§ 160 bis 163 muss er für eine Reihe von Geschäften die Zustimmung des Gläubigerausschusses oder der Gläubigerversammlung einzuholen. Handelt er ohne diese Zustimmung, so sind die Geschäfte zwar gleichwohl wirksam; der Verwalter hat aber für jeden Schaden einzustehen, den die Masse oder ein Beteiligter durch diese Geschäfte erleidet, sofern das Geschäft bei ordnungsgemäßer Beteiligung der Gläubigerorgane unterblieben wäre.

31 Die **Liquidation der Masse** kann in der Verwertung einzelner Vermögensgegenstände sowie im Verkauf des ganzen Unternehmens oder einzelner funktionsfähiger Unternehmensteile bestehen. Der Verwalter hat die Gegenstände der Masse so günstig wie möglich zu veräußern. Eine Haftung kommt jedoch nur in Betracht, wenn der Verwalter günstige Verwertungsmöglichkeiten pflichtwidrig nicht nutzt. Hat der Verwalter das Unternehmen saniert, so muss er den Verkaufspreis am vollen Marktwert (Fortführungswert) des lebensfähigen Unternehmens ausrichten. Er darf sich nicht mit

---
[95] Vgl. hierzu § 22 RdNr. 112 ff. und § 158 RdNr. 12 f., 22.
[96] LAG Mecklenburg-Vorpommern ZInsO 2011, 688 juris Tz. 60 ff.
[97] *Mönning* S 53, 61 f.; *Kübler/Prütting/Bork/Lüke* § 60 RdNr. 31c.
[98] So auch *W. Lüke*, Haftung Konkursverwalter, S. 76, 84; *Kübler/Prütting/Bork/Lüke* § 61 RdNr. 15.
[99] BGHZ 99, 151, 156 = NJW 1987, 844; BGH NJW-RR 1990, 94; *K. Schmidt* NJW 1987, 812.
[100] *Kübler/Prütting/Bork/Lüke* § 60 RdNr. 34.
[101] Vgl. zu Maßstäben und Überlegungen *Berger/Frege/Nicht* NZI 2010, 321 ff.
[102] Dieses Ziel stellen auch *Berger/Frege/Nicht* NZI 2010, 321, 328 in den Vordergrund.
[103] BGHZ 70, 86, 91 = NJW 1978, 538.

einem geringeren als dem objektiv erzielbaren Preis zufrieden geben. Hierin läge eine Schädigung der Masse; war der mögliche Preis sogar höher als die Schulden, sodass dem Schuldner ein Überschuss hätte ausgekehrt werden können, wäre über den Gemeinschaftsschaden hinaus in dessen Person noch ein Einzelschaden entstanden.[104] Im Haftungsprozess hat der Kläger die bessere Verwertungsmöglichkeit konkret darzulegen; die bloße Behauptung genügt nicht.

32 Die Pflichtverletzung kann aber auch darin liegen, dass der Verwalter Zustimmungsrechte übergeht oder zur falschen Zeit verwertet. Der Verwalter soll die Verwertung zwar unverzüglich, aber nicht in großer und übertriebener Eile durchführen.[105] Steht der Betrieb bereits still oder ist dies aus Mangel an Geld alsbald zu erwarten, kann allerdings Eile beim Verkauf geboten sein.[106] Ein Zuwarten ist in dem Falle nur vertretbar, wenn ein günstigeres Angebot vorliegt, bei dem nach den Umständen des Einzelfalls mehr dafür als dagegen spricht, dass es zum Abschluss kommt. Hierzu muss der Verwalter in Verhandlungen mit Übernahmeinteressenten eintreten, selbst wenn deren Interesse sich noch nicht zu einem konkreten, das vorliegende Angebot einer der Schuldnerin nahe stehenden Auffanggesellschaft übersteigenden Angebot verdichtet hat. An dieser Pflichtstellung ändert auch die Zustimmung des Gläubigerausschusses nichts.[107] Das gilt umso mehr, als der Verkauf an Personen, die dem Schuldner nahe stehen, nach § 162 verdächtig ist. Eine sofortige Veräußerung des Unternehmens an eine nahestehende Person kann einen Schadensersatzanspruch begründen, wenn der Insolvenzverwalter die Veräußerung entgegen §§ 160, 162 ohne Zustimmung der Gläubigerversammlung bzw. des Gläubigerausschusses durchführt.[108]

33 Nach § 217 kann die Verwertung der Insolvenzmasse in einem **Insolvenzplan** abweichend von den Vorschriften des Gesetzes geregelt werden. Ist ein solcher Plan aus sachlichen Gründen erforderlich oder hat die Gläubigerversammlung den Verwalter beauftragt, einen Plan zu erstellen, so ist der Verwalter ersatzpflichtig, falls er den Plan nicht binnen angemessener Frist dem Gericht vorlegt (§ 218). Damit die Gläubiger sich ein umfassendes Bild über die Durchführung des Plans machen können, müssen dessen Angaben zutreffend und vollständig sein.[109]

34 Pflichtwidrig handelt der Verwalter, wenn er die Forderung eines Insolvenzgläubigers nicht in Höhe der Quote, sondern vollständig tilgt, weil er ihn schuldhaft irrtümlich für absonderungsberechtigt oder für einen Massegläubiger hält. Dahinstehen kann, ob die Masse in diesen Fällen einen Anspruch aus § 812 BGB gegen den Empfänger der Leistung hat, weil diese – wie der BGH annimmt[110] – mit dem Insolvenzzweck schlechthin nicht vereinbar und deshalb durch die Verfügungsmacht des Verwalters (§ 80 Abs. 1) nicht gedeckt ist. Dieser Anspruch tritt allenfalls neben den Ersatzanspruch gegen den Verwalter aus § 60.

35 **2. Haftung für Einzelschäden.** Ein Einzelschaden liegt vor, wenn der Insolvenzverwalter nicht die Masse und damit Gemeinschuldner und Gläubiger in ihrer Gesamtheit, sondern einen einzelnen Beteiligten geschädigt hat.

36–38 **a) Gegenüber Massegläubigern.**

39 Die Pflicht, **Prozessaussichten** zu prüfen, hat der Verwalter nur gegenüber den Insolvenzgläubigern und dem Schuldner. Die Insolvenzordnung verpflichtet den Verwalter nicht, vor der Erhebung einer Klage oder während des Prozesses die Interessen des Prozessgegners an einer eventuellen Erstattung seiner Kosten zu berücksichtigen.[111] Der Insolvenzverwalter kann aber wegen der Einleitung und Führung eines Aktivprozesses nach allgemeinen Vorschriften, und zwar aus § 826 BGB haften. Er handelt sittenwidrig, wenn er grob leichtfertig ein gerichtliches Verfahren einleitet, obwohl er weiß, dass der bedingte gegnerische Kostenerstattungsanspruch ungedeckt ist.[112] Zur Masseverkürzung siehe RdNr. 45b.

---

[104] BGH ZIP 1985, 423; BGH DtZ 1995, 169 = ZIP 1995, 290.
[105] BGH ZIP 1985, 423; OLG München NZI 1998, 84.
[106] Vgl. *Merz* KTS 1989, 277, 286.
[107] OLG München NZI 1998, 84.
[108] OLG Rostock NZI 2011, 488.
[109] *Kübler/Prütting/Bork/Lüke* § 60 RdNr. 68. S. auch unten RdNr. 66.
[110] BGH WM 1955, 312; BGH NJW 1971, 701; BGH NJW 1975, 122; BGH ZIP 1980, 744; BGH NJW-RR 1990, 45; aA LG Stuttgart ZIP 1985, 1518.
[111] BGHZ 148, 175 = NJW 2001, 3187 = NZI 2001, 533; BGHZ 161, 236 = NJW 2005, 901 = NZI 2005, 155 m. A. *Vallender*; BGH NJW-RR 2006, 694 = NZI 2006, 169; vgl. dazu *Pape* ZInsO 2005, 138; *Berger* KTS 2004, 185, 187; *Fischer* WM 2004, 2185, 2189; *Meyer-Löwy/Poertzgen/Sauer* ZInsO 2005, 691, 693; *Lüke* ZIP 2005, 1113, 1117 f.
[112] BGHZ 36, 18, 20; BGHZ 74, 9, 13 = NJW 1979, 1351; BGHZ 95, 10, 18 = NJW 1986, 1028; BGHZ 118, 201, 206 = NJW 1992, 2014; BGHZ 148, 175, 183 = NJW 2001, 3187 = NZI 2001, 533; BGHZ 154, 269, 274 = NJW 2003, 1934 (VI. ZS); BGH NJW 2005, 901 = NZI 2005, 155 m. A. *Vallender*; vgl. dazu *Pape* ZInsO 2005, 138; *Fischer* WM 2004, 2185, 2189; kritisch *Kübler/Prütting/Bork/Lüke* § 60 RdNr. 28 Anm. 156.

(Einstweilen frei)   40–41

Der Verwalter hat die erhobenen **Ansprüche richtig** rechtlich **einzuordnen**. Wird eine Forde- 42
rung als Insolvenzforderung geltend gemacht, die in Wahrheit Masseforderung ist, so hat er sie als
solche zu tilgen. Denn der Verwalter hat von Amts wegen für Befriedigung und Sicherstellung der
ihm bekannten Massegläubiger zu sorgen.[113] Zur Sicherstellung ist er auch verpflichtet, wenn er
den geltend gemachten Anspruch bestreitet; ein Verschulden kann entfallen, wenn er den Anspruch
nach pflichtgemäßer Prüfung für unbegründet halten darf.[114] Etwas anderes gilt, wenn der Gläubiger
mit der Anmeldung als Insolvenzforderung auf die Geltendmachung seiner Ansprüche als Masseverbindlichkeit verzichtet hat.[115] Allerdings sind an die Annahme eines konkludenten Verzichts grundsätzlich strenge Anforderungen zu stellen; denn der Verzicht auf ein Recht ist niemals zu vermuten.[116]

Der Verwalter ist nicht zur Rechtsberatung über Vertragskonstruktionen verpflichtet, mit denen 43
er wie sein Geschäftspartner Auswege aus – beiden bekannten – rechtlichen Schwierigkeiten
sucht.[117] Entgegen der Ansicht des OLG München[118] haftet der Verwalter nicht deshalb, weil er
eine als Insolvenzforderung angemeldete Masseschuld nur der Höhe nach bestritten hat, ohne darauf
hinzuweisen, dass es sich um eine Masseschuld handelt, deren Verjährung durch die Anmeldung
nicht gehemmt wurde. Der Verwalter muss nicht den Irrtum des Gläubigers ausräumen, alles zur
Unterbrechung der Verjährung Erforderliche getan zu haben.

Der Verwalter verletzt keine insolvenzspezifischen Pflichten, wenn er es unterlässt, den **Arbeit-** 44
nehmer freizustellen.[119] Ebenso wenig ist die Lohnabrechnung eine insolvenzspezifische Pflicht;
Fehler führen daher nicht zur persönlichen Haftung des Verwalters.[120] Der Verwalter ist nicht verpflichtet, einen Antrag eines Arbeitnehmers, Insolvenzgeld gemäß §§ 165 ff. SGB III zu gewähren,
an das Arbeitsamt weiterzuleiten.[121] Geht der Lohnanspruch des Arbeitnehmers gemäß § 115 SGB X
auf den Leistungsträger über, treffen den Verwalter keine insolvenzspezifischen Pflichten gegenüber
dem Arbeitnehmer.[122] Erfüllt der Verwalter den übergegangenen Anspruch nicht, haftet er dem
Verwalter nicht dafür, dass der von § 115 SGB X erfasste Leistungszeitraum die Dauer des
Arbeitslosengeldbezugs verkürzt.

Führt der Verwalter ein **Unternehmen** fort, obwohl er dieses **stillzulegen** hätte, ist für die 44a
Haftung zu unterscheiden: Soweit die Fortführung des Unternehmens bereits entstandene Ansprüche verkürzt – auch solche von Massegläubigern – haftet der Verwalter zwar nach § 60; es handelt
sich aber um einen Gemeinschaftsschaden (oben RdNr. 23 ff.). Begründet der Verwalter nach dem
Zeitpunkt, zu dem er das Unternehmen hätte stilllegen müssen, neue Masseverbindlichkeiten, haftet
er diesen Massegläubigern (nur) nach § 61. Ausnahmsweise kann die unterlassene Stilllegung des
Unternehmens auch zu einem nach § 60 zu ersetzenden Einzelschaden bei einem Massegläubiger
führen, wenn die Masseverbindlichkeit bereits vor dem Zeitpunkt begründet worden ist, zu dem
die Stilllegung notwendig wird, der Massegläubiger seine Gegenleistung aber – sei es wegen eines
gestreckten Liefergeschäfts, sei es wegen eines Dauerschuldverhältnisses (Mietvertrag, Arbeitsvertrag
etc.) – erst nach diesem Zeitpunkt an die Masse zu erbringen hat. Hätte eine rechtzeitige Stilllegung
des Unternehmens die Leistung noch verhindert, haftet der Verwalter gemäß § 60 für den hierdurch
eingetretenen Schaden. Denn an der Haftung des Verwalters, der ein Unternehmen nicht sofort
liquidiert, wenn feststeht, dass die Fortführung nicht wenigstens ihren Aufwand erwirtschaften
wird,[123] hat die InsO nichts geändert. Hingegen begründet dies keine Haftung nach § 60 für Verbindlichkeiten, die bereits vor dem Zeitpunkt entstanden sind, zu dem der Betrieb hätte eingestellt
werden müssen. Daher haftet ein Verwalter, der einen Betrieb mit der Insolvenzeröffnung zunächst
fortführt, den Arbeitnehmern – anders als das LAG Mecklenburg-Vorpommern annimmt[124] – nicht
nach § 60, wenn er sodann den Betrieb mangels übernahmewilliger Investoren einstellen muss und

---

[113] *Jaeger/Gerhardt* § 60 RdNr. 67.
[114] *Jaeger/Gerhardt* § 60 RdNr. 71.
[115] BGHZ 106, 134 = NJW 1989, 303.
[116] BGH NJW 1984, 1346, 1347; BGH NJW 1994, 397; BGH NJW 1996, 588.
[117] BGHZ 85, 75 = NJW 1983, 1799.
[118] OLG München ZIP 1981, 887.
[119] LAG Hamm ZInsO 2009, 1457; *Richter/Völksen* ZIP 2011, 1800 f.
[120] BAG ZIP 2006, 183 = NZI 2007, 124. Ebenso LAG Nürnberg NZA-RR 2007, 433 und LAG Niedersachsen, Urt. v. 24.4.2008 – 7 Sa 865/07, juris Tz. 131 allgemein für die dem Verwalter als Arbeitgeber obliegenden Pflichten.
[121] OLG Hamm NZI 2008, 500.
[122] LAG Hessen ZInsO 2008, 1159.
[123] BGHZ 99, 151; BGHZ 100, 346, 349.
[124] ZInsO 2011, 688; Revision anhängig unter BAG 6 AZR 322/11.

45 Die Pflicht, dem Insolvenzgericht gemäß § 208 Abs. 1 Satz 2 die **Unzulänglichkeit** der Masse **anzuzeigen,** ist keine insolvenzspezifische Pflicht im Interesse einzelner Gläubiger.[125] Sie ist nicht mit der Frage zu verwechseln, ob der Verwalter das Unternehmen stilllegen hat. Hat der Verwalter die Unzulänglichkeit der Masse zu **spät** angezeigt, so haftet er den nicht in den Genuss des § 209 Abs. 1 Nr. 2 kommenden Altgläubigern nicht deshalb, weil sie ihre Forderungen nicht durchsetzen können. Es besteht keine insolvenzspezifische Pflicht, so rechtzeitig Masseunzulänglichkeit anzuzeigen, dass der Masse aufgezwungene Verbindlichkeiten zu Neumasseverbindlichkeiten zu behandeln und bevorzugt zu befriedigen sind.[126] Die Haftung des Verwalters gegenüber Massegläubigern, der nicht erfüllbare Forderungen begründet, regelt § 61 abschließend. Dies gilt nach Auffassung des BGH auch gegenüber dem Gläubiger von Dauerschuldverhältnissen.

45a Wohl aber macht sich der Verwalter schadensersatzpflichtig, wenn er nach Eintritt der Masseunzulänglichkeit Verbindlichkeiten abweichend von der **Reihenfolge des § 209** bedient. Der Insolvenzverwalter hat Masseverbindlichkeiten zu begleichen, sobald sie fällig sind. Er muss vor jeder Verteilung der Masse kontrollieren, ob die anderen Masseverbindlichkeiten rechtzeitig und vollständig aus der verbleibenden Insolvenzmasse bezahlt werden können.[127] Sind mehrere Masseschulden fällig und einredefrei, ist der Verwalter angesichts des Gleichrangs der Massegläubiger verpflichtet, die Schulden nur anteilig zu befriedigen, sofern er momentan zur vollständigen Bezahlung nicht in der Lage ist. Verstößt er hiergegen, haftet der Verwalter dem benachteiligten Massegläubiger in Höhe des Betrages, der bei anteiliger Befriedigung auf ihn entfallen wäre.[128] Liegt Masseunzulänglichkeit vor, ist die Verteilungsreihenfolge des § 209 zwingend und unabhängig von einer Anzeige der Masseunzulänglichkeit einzuhalten.[129] Daher kann eine verspätete Anzeige der Masseunzulänglichkeit insofern pflichtwidrig sein, als dadurch einzelne Massegläubiger noch voll befriedigt wurden, während andere Massegläubiger weniger erhalten. Dabei handelt es sich um einen Einzelschaden, wenn zum Zeitpunkt der pflichtwidrigen Handlung des Verwalters sämtliche einredefreien und fälligen Masseschulden hätten erfüllt werden können.[130] War die Masse bereits unzulänglich, so liegt ein Gesamtschaden vor.[131]

45b Auch der **Prozessgegner** ist vor einer schuldhaften Masseverkürzung geschützt. Mit der Zustellung der Klage an den Prozessgegner entsteht aufschiebend bedingt dessen Anspruch auf Erstattung der Prozesskosten. Ein Verwalter, der während eines Prozesses erkennen muss, dass der Prozessausgang offen ist, verletzt seine Pflichten gegenüber dem Prozessgegner, wenn er bei drohender Masseunzulänglichkeit im Sinne des § 208 Abs. 1 Satz 2 Masseverbindlichkeiten berichtigt, ohne die vor- oder gleichrangige Kostenerstattungsforderung des Gegners zu berücksichtigen.[132] Ähnliche Verpflichtungen treffen den Verwalter, wenn er aus einem nicht rechtskräftigen Urteil trotz Unzulänglichkeit der Masse die Zwangsvollstreckung betreibt.[133] Gleichen Rang wie der Kostenerstattungsanspruch haben allerdings nur andere Altmasseverbindlichkeiten; die Kosten des Insolvenzverfahrens und die Neumasseverbindlichkeiten sind vorrangig (§ 209 Abs. 1 Nr. 1 und 2). Diese Rangordnung darf der Verwalter nicht dadurch umgehen, dass er bei ungewissem Prozessausgang wegen der aufschiebend bedingten Masseschuld gegenüber dem Prozessgegner **Rückstellungen** bildet.[134] Er muss die vorrangigen Masseverbindlichkeiten befriedigen, die gleichrangigen nicht in vollem Umfang ohne Rücksicht auf den Kostenerstattungsanspruch des Gegners und die nachrangigen überhaupt nicht.

---

[125] BGH WM 2010, 2321; aA *Uhlenbruck/Sinz* § 60 RdNr. 27; aA wohl auch *Kübler/Prütting/Bork/Lüke* § 60 RdNr. 22d; HambKomm-*Weitzmann* § 60 RdNr. 23.
[126] BGH WM 2010, 2321 Tz. 7; aA *Richter/Völksen* ZIP 2011, 1800, 1801.
[127] BGHZ 159, 104, 114 f.; BGH, WM 2010, 2321 Tz. 12; BAG, ZInsO 2007, 781, 784. *Büchler* ZInsO 2011, 1240, 1241.
[128] BGH NJW-RR 1988, 1487 = ZIP 1988, 1068; BGHZ 159, 104 = NJW 2004, 3334 = NZI 2004, 435 m. A. *Kaufmann;* BAG ZIP 2006, 1830; BAG NZI 2007, 535; BAG NJW 2011, 3739. Ferner: *Pape* ZInsO 2004, 605; *Deimel* ZInsO 2004, 783; *Fischer* WM 2004, 2185, 2186; *Meyer-Löwy/Poertzgen/Sauer* ZInsO 2005, 691, 693; *Lüke* ZIP 2005, 1113, 1118; *Bank/Weinbeer* NZI 2005, 478, 482; *Pape* ZInsO 2005, 953, 958.
[129] BGH NZI 2010, 188 Tz. 14; *Büchler* ZInsO 2011, 1240, 1241 f.
[130] BGHZ 159, 104, 111 f.
[131] Vgl. BGH WM 2010, 2321 Tz. 11 obiter in Anlehnung an die Insolvenzverschleppungshaftung eines GmbH-Geschäftsführers; *Büchler* ZInsO 2011, 1240, 1242.
[132] BGH NJW-RR 1988, 1487. = ZIP 1988, 1068; BGHZ 148, 175 = NJW 2001, 3187 = NZI 2001, 533; *Weber*, FS Lent, 1957, 301, 319.
[133] OLG Düsseldorf ZIP 1993, 1805.
[134] *Kübler/Prütting/Bork/Lüke* § 60 RdNr. 27. AA *Jaeger/Gerhardt* § 60 RdNr. 74.

Zeigt der Verwalter die **Masseunzulänglichkeit verfrüht** an, so haftet er den alten Massegläubigern, falls diese sonst bis zu dem Zeitpunkt, in dem die Unzulänglichkeit ordnungsgemäß hätte angezeigt werden müssen, ihre Masseforderungen hätten durchsetzen können,[135] was ihnen nach § 210 ab Anzeige verwehrt ist. Wegen dieser Haftung hat der Rechtsausschuss die Gefahr, einer verfrühten oder unrichtigen Anzeige der Masseunzulänglichkeit nur als gering eingeschätzt.[136] Er hat damit für den Verwalter aber eine Konfliktsituation geschaffen, weil dieser einerseits den vorhandenen Massegläubigern gegenüber rechtfertigen muss, dass er Masseunzulänglichkeit angezeigt hat, andererseits aber vor Anzeige auf keinen Fall mehr Masseverbindlichkeiten begründen oder erfüllen darf, wenn er unsicher ist, ob nicht bereits Masseunzulänglichkeit eingetreten ist oder zumindest droht.[137] Der Umstand, dass infolge der verfrühten Anzeige Neugläubiger vorhanden sind, die im Falle einer ordnungsgemäßen Anzeige zu den Altgläubigern gezählt hätten, schmälert die nach der Anzeige verbliebene Masse und kann für den Verwalter Anlass sein, die Neugläubiger früher als sonst erforderlich auf die abermals drohende Unzulänglichkeit der Masse hinzuweisen. Pflichtwidrig ist die Anzeige, wenn wegen aussichtsreicher Prozesse keine Masseunzulänglichkeit vorliegt.[138]

Nach § 53 hat der Verwalter aus der Insolvenzmasse die Kosten des Insolvenzverfahrens[139] und die sonstigen Masseverbindlichkeiten vorweg zu berichtigen. Hat der Verwalter dem Insolvenzgericht die Masseunzulänglichkeit angezeigt, treten alle bis dahin entstandenen Masseverbindlichkeiten nach § 209 Abs. 1 Nr. 2 und 3 hinter denen zurück, die zeitlich nach der Anzeige begründet werden. Der Verwalter haftet nach § 60, wenn er die **Rangordnung** des § 209 nicht einhält und diesen Fehler mangels Masse nicht mehr berichtigen kann.[140]

b) Gegenüber Insolvenzgläubigern. Nach § 188 hat der Insolvenzverwalter vor der Verteilung ein Verzeichnis der gemäß §§ 178, 183 festgestellten und bei der Verteilung zu berücksichtigenden Forderungen aufzustellen. Der Verwalter haftet nach § 60 für die Richtigkeit und Vollständigkeit dieses Verzeichnisses. Er ist dem Insolvenzgläubiger ersatzpflichtig, dessen festgestellte Forderung er nicht in das Verzeichnis aufgenommen hat und der deshalb bei der Schlussverteilung ausfällt.[141] Allerdings kann die Ersatzpflicht nach § 254 BGB gemindert sein oder ganz entfallen, wenn der Gläubiger keine Einwendungen gegen das Verzeichnis erhoben hat.[142] Erkennt der Verwalter eine Forderung an, die er im Prüfungstermin zunächst ungeprüft bestritten hat, so hat er den Schaden zu ersetzen, der durch das Bestreiten entstanden ist.[143] Nimmt der Insolvenzverwalter den Geschäftsführer einer GmbH nach § 823 Abs. 2 BGB in Verbindung mit § 64 Abs. 1 GmbHG auf Ersatz des Quotenschadens (§ 92) in Anspruch, so muss er den Zeitpunkt genau bestimmen, in dem der Insolvenzantrag frühestens hätte gestellt werden müssen; denn nur so kann er die am Gesamtschadensersatz beteiligten Gläubiger von denen abgrenzen, die erst nach dem genannten Zeitpunkt Gläubiger der Gesellschaft geworden sind.[144]

Zu den insolvenzrechtlichen Pflichten gegenüber den Insolvenzgläubigern zählt deren **gleichmäßige Befriedigung** (§§ 1, 38).[145] Der Verwalter hat deshalb darauf zu achten, dass er die Gläubiger nicht zu unterschiedlichen Bruchteilen befriedigt. Die Insolvenzordnung kennt zwar keinen Rang der Insolvenzforderungen, wie ihn § 61 KO vorsah. Sie ordnet aber in § 39 für bestimmte Forderungen an, die im früheren Konkursverfahren nicht geltend gemacht werden durften, dass sie den übrigen Insolvenzforderungen im Range nachgehen, untereinander eine bestimmte Rangfolge haben sowie bei gleichem Rang nach dem Verhältnis ihrer Beträge zu berichtigen sind. Diese Anordnung hat der Verwalter bei jeder Verteilung der Barmittel – auch nach § 187 Abs. 2 – zu beachten.

Nach § 196 erfolgt die Schlussverteilung, sobald die Insolvenzmasse verwertet ist. Der Insolvenzverwalter haftet, wenn er hiergegen verstößt, indem er die zur Tabelle festgestellten Insolvenzforderungen schuldhaft verspätet berichtigt.[146] Er hat sämtliche Forderungen aus dem Verteilungsverzeichnis entsprechend der ermittelten Quote zu bedienen.[147]

---

[135] BGH WM 2010, 2321 Tz. 12 (Einzelschaden). Kritisch zum Nachweis durch den Massegläubiger *Adam* DZWIR 2009, 181, 184 f.
[136] BT-Drucks. 12/7302, S. 179 f.
[137] Vgl. *Pape* KTS 1995, 189, 199.
[138] Vgl. *Schmidt* NZI 1999, 442, 444.
[139] Vgl. hierzu OLG Schleswig ZIP 1984, 619; LG Lübeck ZIP 1982, 862.
[140] BGHZ 99, 151, 156 f. = NJW 1987, 844; BGH NJW-RR 1988, 1487; BGH NJW-RR 1990, 411; BAG NJW 1980, 141, 142.
[141] BGH NJW 1994, 2286 = LM KO § 153 Nr. 1 *(Stürner/Bruns)*; *Jaeger/Gerhardt* § 60 RdNr. 65.
[142] BGH NJW 1994, 2286; OLG Hamm ZIP 1983, 341; vgl. auch *H. Weber* JZ 1984, 1027, 1028.
[143] LG Osnabrück ZIP 1984, 91.
[144] Vgl. *K. Schmidt* NZI 1998, 9, 10.
[145] BGHZ 100, 346, 350 = NJW 1987, 3133; *Vallender* ZIP 1997, 345, 348.
[146] BGHZ 106, 134, 139 = NJW 1989, 303.
[147] BGH NJW 1994, 2286.

51 Hat ein Insolvenzgläubiger sich gegen eine Beteiligung am Erlös in Höhe von 25 % verpflichtet, dem Verwalter zur Durchsetzung einer Forderung des Schuldners ein kostenloses Gutachten sowie einen Teil der Verfahrenskosten zur Verfügung zu stellen, so erleidet er einen Einzelschaden in Höhe von 25 % des erzielbaren Erlöses, wenn der Verwalter die Forderung verjähren lässt. Der Verwalter haftet nach § 60, nicht wegen Verletzung einer von ihm persönlich übernommenen vertraglichen Pflicht. Der vertraglich mit der Masse begründete Anspruch auf Erlösbeteiligung hatte lediglich zur Folge, dass der betreffende Insolvenzgläubiger im Vergleich zu den übrigen Gläubigern einen erheblich höheren Schaden erlitten hat.[148] Den vorläufigen Verwalter trifft keine insolvenzspezifische Pflicht gegenüber (zukünftigen) Insolvenzgläubigern, Verfügungen zugunsten eines Insolvenzgläubigers zuzustimmen oder Zahlungen des Schuldners zu ermöglichen.[149]

52 Verletzt der Verwalter die vertraglich übernommene Pflicht, einen Insolvenzgläubiger über den Ausgang eines Musterprozesses zu unterrichten, der um das Vorrecht einer Forderung geführt wird, so haftet er – entgegen der Ansicht des Bundesgerichtshofes[150] – nicht nach § 60; denn er hat keine Pflicht verletzt, die sich aus der Insolvenzordnung ergibt. Es kommt nur eine Haftung nach allgemeinen Grundsätzen in Betracht. Eine generelle Auskunftspflicht besteht nicht; Routineanfragen von Insolvenzgläubigern muss der Verwalter nicht beantworten.[151] Beauftragt das Insolvenzgericht gemäß § 8 Abs. 3 den Verwalter, die Zustellungen durchzuführen, handelt es sich bei der Zustellung nach § 30 Abs. 2 um eine insolvenzspezifische Pflicht.[152]

53 Entspricht eine **Forderungsanmeldung** nicht den wesentlichen Erfordernissen des § 174, fehlt insbesondere die Angabe von Grund und Betrag, so ist sie unwirksam. Durch Eintragung in die Tabelle (§ 175) wird der Mangel nicht geheilt. Der Mangel kann nur durch Neuanmeldung behoben werden.[153] Der Verwalter haftet nicht, wenn er den Gläubiger hierauf nicht hinweist; er schuldet keine Rechtsbelehrung.[154] Ebenso wenig ist der Verwalter verpflichtet, einen Insolvenzgläubiger nach dem Verbleib der Anmeldung zu fragen[155] oder für den angemeldeten Anspruch erforderliche Nachweise zu beschaffen.[156] Jedoch darf der Verwalter einen absonderungsberechtigten Gläubiger nicht durch unzutreffende Information über die voraussichtliche Dauer des Insolvenzverfahrens davon abhalten, für seinen Ausfall die Anmeldefrist des § 190 Abs. 1 zu wahren.[157]

53a Auf der anderen Seite handelt ein (vorläufiger) Verwalter pflichtwidrig, wenn er sich gegenüber einem Insolvenzgläubiger auf von der InsO eingeräumte Rechte beruft, die der Insolvenzmasse erkennbar nicht zustehen, oder wenn er hierüber erkennbar unzutreffende Angaben macht.[158] Demgemäß kann ein unberechtigter Widerspruch gegen eine Lastschrift dazu führen, dass sich der Verwalter gegenüber dem Insolvenzgläubiger schadensersatzpflichtig macht, wenn die Lastschrift erkennbar bereits (konkludent) genehmigt oder aus insolvenzfreiem Vermögen erfüllt worden war (vgl. oben RdNr. 18a).[159] Im Verhältnis zur Zahlstelle kann der Verwalter bei einem erkennbar unberechtigten Widerruf ebenfalls nach § 60 haften. Allerdings haftet der Verwalter nicht für unrichtige Rechtsauskünfte;[160] es ist vielmehr Sache jedes Insolvenzgläubigers, sich um eine rechtliche Beratung zu kümmern.

53b Macht der Verwalter bei einem **gegenseitigen Vertrag** von seinem **Wahlrecht** keinen Gebrauch und verwertet die dem Vertragspartner versprochene Sache anderweitig, macht er sich nicht nach § 60 schadensersatzpflichtig. § 103 Abs. 2 enthält insoweit eine abschließende Regelung, wonach Schadensersatzansprüche aus der Nichterfüllung nur Insolvenzforderungen darstellen. Dies gilt auch für gegenseitige Verträge, die den Schuldner zu einem Unterlassen verpflichten oder dem Vertragspartner ein ausschließliches Nutzungsrecht an einem Vermögenswert des Schuldners einräumen. Problematisch ist dies bei Lizenzverträgen; soweit der Vertragspartner Sukzessionsschutz genießt, muss auch der Insolvenzverwalter dies beachten.[161]

---

[148] BGH NJW 1994, 323.
[149] BGH NJW 2008, 1442 Tz. 13 (Weiterleitung von Mietzahlungen an den Hauptvermieter).
[150] BGH NJW 1985, 2482.
[151] HambKomm-*Weitzmann* § 60 RdNr. 17; dort auch näher zur Auskunftspflichten.
[152] Offen gelassen von OLG Hamm OLGR Hamm 2008, 364.
[153] BGH NZI 2004, 214; BGH NJW-RR 2009, 772 Tz. 17.
[154] OLG Stuttgart ZIP 2008, 1781; *Eickmann* EWiR § 82 KO 5/87, 803 gegen KG ZIP 1987, 1199; wie das KG hingegen *Kübler/Prütting/Bork/Lüke* § 60 RdNr. 23.
[155] Vgl. AG Charlottenburg ZIP 1990, 879 zu Sozialplanansprüchen.
[156] BGH NJW-RR 2009, 772 Tz. 31.
[157] LG Frankfurt/Oder ZInsO 2012, 176 bei einer Gehaltsabtretung nach § 114.
[158] Offen gelassen von BGH NJW 2008, 1442 Tz. 17.
[159] Hierzu etwa *Bäumer* ZInsO 2011, 1857, 1864 f.
[160] *Kübler/Prütting/Bork/Lüke* § 60 RdNr. 23b.
[161] Dies ist bislang nicht abschließend geklärt, vgl. etwa BGH NJW 2006, 915; BGHZ 180, 344; BGH ZIP 2012, 1671; BGH WM 2012, 1877.

c) Gegenüber Aus- und Absonderungsberechtigten. Der Verwalter hat die Rechte der Aus- und Absonderungsberechtigten zu beachten (§§ 47 ff., 165, 166). Er ist nach § 60 ersatzpflichtig, wenn er diese Rechte schuldhaft verletzt.[162] Seine Aufgabe ist es, die vorgefundenen Vermögenswerte (Ist-Masse) zur Soll-Masse zu berichtigen.[163]

Gegenstände, die nicht dem Schuldner gehören, fallen nicht in die Insolvenzmasse. Der Verwalter darf fremdes Vermögen, das er von vornherein als solches erkennt, nicht nach § 148 zur Masse ziehen, und zwar auch dann nicht, wenn er annimmt, die Masse sei mit einer Rückgabepflicht belastet, oder wenn er Belange des Berechtigten wahrnehmen will, weil er den rückgabepflichtigen Schuldner für unzuverlässig hält.[164] Erkennt der Verwalter nachträglich, dass die Sache dem Schuldner nicht gehört, hat er sie diesem zurückzugeben, solange der Berechtigte kein Aussonderungsrecht geltend macht. Die Freigabe hat zu unterbleiben oder nur mit Benachrichtigung des Eigentümers zu erfolgen, wenn der Verwalter damit rechnen muss, dass der Schuldner das fremde Eigentum für eigene Rechnung verwertet.[165] Den Herausgabeanspruch des Vermieters nach Beendigung des Mietvertrags darf der Verwalter weder verzögern noch gar vereiteln.[166] Dementsprechend trifft den Verwalter eine insolvenzspezifische Pflicht, massefremde Gegenstände, an denen der Masse noch ein Nutzungsrecht zusteht, nur dann einem Dritten zu überlassen, wenn der Berechtigte zustimmt.[167] Die Haftung kann auch die Kosten eines Prozesses umfassen, den der Aussonderungsberechtigte wegen eines pflichtwidrigen Verhaltens des Verwalters gegen die Masse führen muss, wenn er sie wegen späterer Unzulänglichkeit der Masse nicht erstattet erhält.[168] Der Verwalter hat die in der „Istmasse" vorgefundenen fremden Sachen – nicht anders als der Schuldner – **sorgfältig zu behandeln** und zu **verwahren,** sie gegen Verlust zu schützen und die verbotene Eigenmacht Dritter abzuwehren.[169] Ist der Verpächter mit der Rücknahme der Pachtsache im Annahmeverzug, so haftet der Verwalter nicht wegen Verletzung der Obhutspflicht, wenn ihm nur eine einfache Fahrlässigkeit zur Last fällt.[170] Lagert der Verwalter beim Schuldner vorgefundene Teppiche bis zur gerichtlichen Klärung ihrer Massezugehörigkeit bei einer seriösen Lagerfirma ein und schließt diese branchenüblich die Haftung für bestimmte Schadensarten (zB Motten- und Mäusefraß) aus, so ist der Insolvenzverwalter zu einer besonderen Vorsorge oder Versicherung gegen derartige Schäden nur dann verpflichtet, wenn die Möglichkeit des Schadenseintritts naheliegt und der erforderliche Aufwand in einem vertretbaren Verhältnis zum Wert der Gegenstände und dem Schadensrisiko steht.[171]

Der Verwalter, der unberechtigt (wirtschaftlich) fremdes Eigentum zur Masse zieht, handelt fahrlässig, wenn er die Sachlage unzureichend aufklärt oder eine klare Rechtslage falsch beurteilt.[172] Der Insolvenzverwalter kann sich auf die für den Schuldner sprechenden zwei **Vermutungen** des § 1006 BGB berufen. Deshalb muss derjenige, der eine Sache aussondern will, die Voraussetzungen seines Aussonderungsrechts innerhalb angemessener Frist im Einzelnen darlegen.[173] Ohne solche Angaben hat der Verwalter Drittrechte nur zu beachten, wenn dafür konkrete Anhaltspunkte bestehen. Solche konkreten Anhaltspunkte ergeben sich nicht schon daraus, dass bei einer größeren Maschinenfabrik zum Betriebsvermögen neue Maschinen gehören und es im Geschäftsleben üblich ist, Waren unter Eigentumsvorbehalt zu liefern.[174] Werden Aussonderungsrechte geltend gemacht, hat der Verwalter sich seine Auffassung über den Sachverhalt unter Ausschöpfung der ihm den Umständen nach zumutbaren Erkundigungsmöglichkeiten zu bilden.[175] Kann nach den Angaben des Anspruchstellers oder auf Grund anderweitig erworbener Erkenntnisse ein Aussonderungsrecht

---

[162] BGH NJW 1958, 1534; BGHZ 100, 346, 350 = NJW 1987, 3133; BGH NJW 1996, 2233; BGH NJW 1998, 992; BGH NJW 1998, 2213; BGH NJW-RR 2006, 694 = NZI 2006, 169; BGH NJW-RR 2006, 990 = NZI 2006, 350; BGH ZIP 2007, 539; BGH NJW 2011, 2960. Ausführlich zu insolvenzspezifischen Pflichten gegenüber Aussonderungsberechtigten *Barnert* KTS 2005, 431.
[163] HambKomm-*Weitzmann* § 60 RdNr. 19.
[164] BGHZ 127, 156, 161 = NJW 1994, 3232.
[165] OLG Düsseldorf ZIP 1988, 450.
[166] BGH NJW 2007, 1596 Tz. 9 = NZI 2007, 286.
[167] BGH NJW 2007, 1596 Tz. 9 = NZI 2007, 286 (Untervermietung).
[168] BGH NJW-RR 2006, 694 = NZI 2006, 169.
[169] OLG Jena ZInsO 2005, 44; OLG Köln ZIP 1987, 653, 654; *Merz* KTS 1989, 277, 284; *Gundlach/Frenzel/Schmidt* NZI 2001, 352 f.; *Lüke* ZIP 2005, 1113, 1118 f.; aA *Gerhardt* ZInsO 2000, 574, 581.
[170] BGHZ 86, 207 = NJW 1983, 1049.
[171] OLG Köln ZIP 1982, 977. Kritisch *Gerhardt* ZInsO 2000, 574, 581.
[172] BGH NJW 1958, 1534; BGH WM 1986, 749, 751 = NJW-RR 1986, 848; BGH NJW 1996, 2233; OLG Hamm NJW 1985, 865; OLG Köln NJW 1991, 2570, 2571; OLG Köln WM 1996, 214; OLG Hamm NZI 2000, 477; *Gundlach/Frenzel/Schmidt* NZI 2001 350, 354.
[173] BGH NJW 1996, 2233; OLG Hamburg ZIP 1984, 348.
[174] OLG Düsseldorf ZIP 1988, 450, 452.
[175] BGH NJW 1958, 1534.

55 Anlass, von sich aus Aus- und Absonderungsrechten nachzugehen, hat der Verwalter allerdings regelmäßig bei Rohstoffen, Erzeugnissen und Waren, die branchenüblich[177] unter Eigentumsvorbehalt geliefert werden. Der Verwalter ist nicht gehalten, in den Büchern und im Warenlager zeitraubende Nachforschungen anzustellen, wieweit Vorräte im fremden Eigentum stehen.[178] Denn nach § 28 Abs. 2 werden die Gläubiger im Eröffnungsbeschluss aufgefordert, ihm unverzüglich mitzuteilen, welche Sicherungsrechte sie an beweglichen Sachen oder Rechten des Schuldners in Anspruch nehmen.

besteht, muss der Verwalter sich hierauf selbst dann einrichten, wenn er das Recht bestreiten will.[176]

56 Der **einfache Eigentumsvorbehalt** gewährt ein Aussonderungsrecht (§ 47), wenn die Sache, deren Eigentum vorbehalten wurde, noch nicht voll bezahlt ist und der Verwalter sein Recht aus §§ 103, 107 Abs. 2 verloren hat, den Vertrag zu erfüllen oder Erfüllung zu verlangen.[179] Ein Erfüllungsverlangen des Verwalters im Sinne des § 103 Abs. 1 liegt nicht schon darin, dass der Verwalter die Vorbehaltsware – eigenmächtig – weiterverkauft oder verarbeitet.[180] Hat der zur Aussonderung Berechtigte die Voraussetzungen seines Herausgabeanspruchs nachgewiesen, darf der Verwalter über den auszusondernden Gegenstand nicht mehr verfügen.[181] Eine vom Lieferanten erteilte Ermächtigung, das Vorbehaltsgut im ordnungsmäßigen Geschäftsverkehr weiterzuveräußern, ist schon mit der Eröffnung des Insolvenzverfahren erloschen.[182] Gelingt dem Aussonderungsberechtigten der Beweis erst, nachdem der Gegenstand verwertet ist, hat der Verwalter den Anspruch auf Ersatzaussonderung (§ 48) oder, falls er das Geld bereits mit anderem nicht unterscheidbar vermischt hatte, die Masseverbindlichkeit wegen ungerechtfertigter Bereicherung (§ 55 Abs. 1 Nr. 3) zu erfüllen, sofern zu diesem Zeitpunkt die erforderlichen Mittel noch vorhanden sind. Dasselbe gilt, wenn der Verwalter bewusst über fremdes Eigentum verfügt, weil er eine sich bietende Gelegenheit nutzen will, das Vorbehaltsgut günstig zu erwerben. Der Verwalter darf die Ware verwerten, wenn er den Kaufpreis gezahlt und damit das Eigentum für die Masse erworben hat.

57 Der Verwalter ist verpflichtet, Zahlungseingänge jeder Art daraufhin zu überprüfen, ob und in welcher Höhe sie dem Schuldner zustehen. Der Verwalter handelt fahrlässig, wenn er unbesehen einen Scheck einlöst und den Scheckbetrag zur Masse zieht, obwohl er bei sorgfältiger Prüfung hätte erkennen können, dass der Scheck nicht für den Schuldner, sondern für einen Dritten bestimmt war.[183]

58 Auch **Geldforderungen** können Gegenstand der Aussonderung sein, wenn sie vom Verwalter in Anspruch genommen werden, aber nicht zum insolvenzbefangenen Vermögen des Schuldners gehören. Der Verwalter hat die zur Geltendmachung der Ansprüche notwendigen Urkunden herauszugeben und die Gläubigerstellung des Aussonderungsberechtigten anzuerkennen. Schecks, die erfüllungshalber gegeben worden sind, muss er ebenfalls den Aussonderungsberechtigten überlassen; denn sie sollen dem Gläubiger lediglich eine zusätzliche Befriedigungsmöglichkeit (§ 364 Abs. 2 BGB) schaffen.[184] Die unbefugte Einziehung der Forderung eines Dritten durch den Verwalter gilt als Veräußerung im Sinne des § 48.[185] Gegenleistung im Sinne des § 48 Satz 2 ist dann die Leistung, die den Anspruch erfüllt und zu seinem Erlöschen geführt hat. Der Verwalter darf die unberechtigt zur Masse eingezogenen Beträge nicht der Masse einverleiben, sondern muss sie als Fremdgelder bis zur Herausgabe an den Aussonderungsberechtigten von ihr getrennt halten. Vermischt der Verwalter die unberechtigt eingezogenen Beträge untrennbar mit den übrigen Massebestandteilen, sodass sie nicht mehr aussonderungsfähig sind, so hat der zuvor Aussonderungsberechtigte zwar einen Masseanspruch nach § 55 Abs. 1 Nr. 3,[186] daneben haftet aber der Verwalter sowohl wegen der unberechtigten Einziehung als auch wegen der unberechtigten Vermischung nach § 60, wenn ihn ein Verschulden trifft.[187] Die Haftung des Verwalters setzt regelmäßig voraus, dass die ihm als Nichtberechtigten erbrachte Leistung dem Berechtigten gegenüber wirksam ist. Ist sie unwirksam

---

[176] BGH NJW 1996, 2233; OLG Hamm NZI 2000, 477; RG JW 1939, 434; *Kirchhof* WM 2005, SB Nr. 2, S. 17.
[177] Vgl. hierzu BGHZ 55, 34, 36 = NJW 1971, 372; BGHZ 98, 303, 314 = NJW 1987, 487; BGH NJW 1995, 1668, 1670.
[178] OLG Köln ZIP 1982, 1107; OLG Düsseldorf ZIP 1988, 450. Näher *Jaeger/Gerhardt* § 60 RdNr. 45 ff.
[179] BGH NJW 1958, 899; OLG Stuttgart ZIP 1990, 1091.
[180] BGH ZIP 1998, 298; aA OLG Celle WM 1985, 926 und 1987, 1569.
[181] OLG Köln WM 1996, 214.
[182] Vgl. BGH NJW 1953, 217; OLG Stuttgart ZIP 1990, 1091, 1092.
[183] OLG Celle ZIP 1981, 1003; OLG Hamm MDR 1993, 1075.
[184] BGH NJW 1986, 1174, 1176.
[185] BGHZ 23, 307, 317 = NJW 1957, 750; BGHZ 49, 11 = NJW 1968, 300; BGH NJW-RR 1989, 252.
[186] BGH NJW 1982, 1751; BGH NJW-RR 1989, 252.
[187] *Uhlenbruck/Brinkmann* § 48 RdNr. 1.

und der Forderungsschuldner nach wie vor leistungsfähig, ist der Berechtigte regelmäßig noch Inhaber der vollwertigen Forderung und deshalb nicht geschädigt. Dann hat der Verwalter aber entsprechende Pflichten gegenüber dem Schuldner, der durch die unberechtigte Zahlung zum Massegläubiger geworden ist. Sofern der vorläufige Verwalter zur Sicherheit abgetretene Forderungen kraft einer fortbestehenden Einzugsermächtigung einzieht, muss er den Erlös dem Gläubiger zur abgesonderten Befriedigung zur Verfügung stellen.[188] Ist dieser Erlös nicht mehr vorhanden, haftet der vorläufige Verwalter nach § 60. Bei einer Globalzession besteht allerdings keine Pflicht des vorläufigen Verwalters, den eingezogenen Erlös zur abgesonderten Befriedigung bereit zu halten.[189]

Ein Aussonderungsrecht hat beispielsweise ein **Arbeitnehmer** in der Insolvenz des Arbeitgebers wegen des Anspruchs auf die **Versicherungsleistungen**, wenn der Arbeitgeber als Versicherungsnehmer dem Arbeitnehmer ein unwiderrufliches oder eingeschränkt widerrufliches Bezugsrecht auf Versicherungsleistungen aus einem **Lebensversicherungsvertrag** eingeräumt hat.[190] Ob das Bezugsrecht unwiderruflich ist, hängt allein von der Ausgestaltung des Versicherungsverhältnisses ab. Versicherungs- und Arbeitsverhältnis sind streng zu trennen.[191] Ist das Bezugsrecht bei Eröffnung des Insolvenzverfahrens widerruflich, so fällt der Anspruch auf den Rückkaufswert in die Insolvenzmasse, wenn der Verwalter nicht die Erfüllung des Vertrages verlangt.[192] Schon deshalb kann ein zusätzlich ausgesprochener Widerruf des Bezugsrechts keine Haftung nach § 60 begründen. Hat bei einem unwiderruflichen Bezugsrecht der Versicherer versehentlich an den Verwalter gezahlt, behält der Bezugsberechtigte seine Ansprüche gegen den Versicherer und ist schon deshalb nicht auf Ersatzaussonderung und Ansprüche gegen die Masse angewiesen. 58a

Ein Absonderungsrecht an dem zur Insolvenzmasse gehörenden Gegenstand begründen dagegen die **Verlängerungs-** und **Erweiterungsformen** des **Eigentumsvorbehalts**, also die Vorausabtretung der Kaufpreisforderung aus dem Weiterverkauf der Vorbehaltsware, die vorgenommene Übereignung des Produkts, das durch Verarbeitung der gelieferten Sache entstehen soll, oder die Erstreckung des Eigentumsvorbehalts auf Forderungen des Veräußerers, die nicht aus dem Kaufvertrag stammen.[193] Dies entspricht der Rechtslage, wie sie schon zurzeit der Konkursordnung bestand.[194] Anders als nach früherem Recht hat der Verwalter Gegenstände, an denen Absonderungsrechte bestehen, nicht mehr zur Verwertung an die Gläubiger herauszugeben, sondern sie gemäß § 166 selbst zu verwerten. 59

Den Verwalter treffen **Sorgfalts- und Obhutspflichten** auch für die von ihm verwalteten Gegenstände des Schuldnervermögens, die mit Absonderungsrechten belastet sind. Er ist verpflichtet, dafür zu sorgen, dass der mit dem Absonderungsrecht belastete Gegenstand keinen Wertverlust durch einen vermeidbaren Rechtsmangel erleidet.[195] Ein Absonderungsrecht kann er beispielsweise dadurch verletzen, dass er durch pflichtwidrig mangelhafte Aufsicht eine schwere Schädigung des hypothekenbelasteten Hauses infolge Rohrbruchs verschuldet.[196] Das gilt unabhängig davon, ob die Verwertung der belasteten Gegenstände einen Erlös für die Masse erbringen wird. Allerdings führt nicht jedes Unterlassen zur persönlichen Haftung des Verwalters.[197] Unterlässt der Verwalter zB, nach § 1134 Abs. 2 BGB eine Feuerversicherung für ein Grundstück zu unterhalten, kann Schadensersatz erst gefordert werden, wenn die schuldhafte Verletzung der Obliegenheiten aus den §§ 1133, 1134 BGB das Grundpfandrecht selbst entwertet hat. Dies gilt auch für einen entsprechenden Schadensersatzanspruch gegen den Insolvenzverwalter.[198] 60

Über Eigentum, das nicht zur Aussonderung, sondern zur abgesonderten Befriedigung berechtigt, darf der Verwalter gemäß § 166 verfügen. Der Verwalter ist aber ersatzpflichtig, wenn er entgegen § 168 Abs. 1 den Absonderungsberechtigten seine Veräußerungsabsicht nicht anzeigt und ihnen somit keine Gelegenheit gibt, auf eine günstigere Möglichkeit der **Verwertung** hinzuweisen oder den Gegenstand selbst zu übernehmen.[199] Eine einmalige Benachrichtigung genügt.[200] Die Anzei- 61

---

[188] BGHZ 184, 101 = NJW 2010, 2585 m. Anm. v. *Flöther/Wehner* NZI 2010, 554.
[189] BGHZ 184, 101 Tz. 28; *Ganter* NZI 2007, 549, 551.
[190] BAGE 65, 208 = NZA 1991, 60; BAGE 65, 215 = NJW 1991, 717; BAG NZA 1991, 845 = ZIP 1991, 1295; BAG NZA 1996, 36 = ZIP 1995, 2012; BAG NZA-RR 1996, 343 = ZIP 1996, 965.
[191] BAG NZA 1991, 845 = ZIP 1991, 1295; BAG NZA 1996, 36 = ZIP 1995, 2012; BAG NZA-RR 1996, 343 = ZIP 1996, 965; BAG VersR 2000, 80; OLG Hamm NJW 1991, 707; *Blomeyer/Kanz* KTS 1985, 169, 187; aA OLG Düsseldorf NJW-RR 1992, 798.
[192] BGH NJW 1993, 1994.
[193] RegE BT-Drucks. 12/2443, S. 125.
[194] BGH WM 1971, 71; BGH NJW 1971, 799; BGH NJW 1972, 496.
[195] BGH NJW-RR 2006, 990 = NZI 2006, 350.
[196] RG JW 1916, 1016 Nr. 3; kritisch *Jaeger/Gerhardt* § 60 RdNr. 56, 51.
[197] Ebenso *Jaeger/Gerhardt* § 60 RdNr. 58 ff.
[198] BGHZ 105, 230 = NJW 1989, 1034; aA *Gerhardt* JZ 1989, 400; *W. Lüke* ZIP 1989, 1.
[199] *Lwowski/Heyn* WM 1998, 473, 479; *Gundlach/Frenzel/Schmidt* NZI 2001, 350, 355.
[200] BGH NZI 2010, 545; OLG Karlsruhe NZI 2008, 747.

§ 60   61a–64a   2. Teil. 3. Abschnitt. Insolvenzverwalter. Organe der Gläubiger

gepflicht setzt nicht voraus, dass das Absonderungsrecht bereits feststeht; es reicht aus, dass nicht schon vom Gegenteil auszugehen ist, vielmehr seine Voraussetzungen noch bewiesen werden können. Hat der Verwalter keinen triftigen Grund, die Verwertung aufzuschieben, so darf er sie nicht unnötig hinauszögern; er ist grundsätzlich verpflichtet, sein Verwertungsrecht unverzüglich auszuüben (§ 169); verstößt er hiergegen, so haftet er nach § 60.[201] Der Verwalter kann ferner ersatzpflichtig werden, wenn er dem Absonderungsberechtigten nicht den gemäß § 170 Abs. 1 Satz 2 geschuldeten Betrag auszahlt.[202]

61a Der vorläufige Insolvenzverwalter ist unter Umständen verpflichtet, bereits während des Eröffnungsverfahrens einer günstigen Verwertungsmöglichkeit des Absonderungsguts zuzustimmen.[203] Fehlt ihm die Rechtsmacht, die Verwertungsmöglichkeit wahrzunehmen, muss er gegebenenfalls beim Insolvenzgericht eine Einzelanordnung beantragen.[204] Lässt der Verwalter es zu, dass Absonderungsgut verarbeitet oder mit eigenen Sachen vermischt oder vermengt wird und geht das Absonderungsrecht deshalb unter, haftet der Verwalter nach § 60. Dies gilt auch dann, wenn eine Verarbeitungsklausel vereinbart wurde, sofern der Vertrag § 103 unterfällt und der Verwalter nicht Erfüllung wählt.[205]

62 Verwertete der Verwalter Gegenstände, die Absonderungsrechten unterlagen, so galten nach dem Recht der Konkursordnung die Regeln der Ersatzaussonderung (§ 46 KO) entsprechend, weil die Verwertung rechtswidrig war.[206] Nach der Insolvenzordnung ist der Verwalter im Rahmen des § 166 Abs. 1 berechtigt, bewegliche Sachen zu verwerten, an denen Sicherungsrechte bestehen; daher entfällt ein Ersatzabsonderungsrecht an den daraus erlangten Forderungen. Ein Absonderungsrecht besteht aber am Erlös, soweit er nach § 170 Abs. 1 Satz 2 dem Gläubiger zusteht und unterscheidbar in der Masse vorhanden ist. Der Verwalter ist ersatzpflichtig, wenn er die Absonderung dadurch verhindert, dass er den Erlös mit anderen Geldern vermengt.[207] Zwar hat der Absonderungsberechtigte dann einen Bereicherungsanspruch gegen die Masse (§ 55 Abs. 1 Nr. 3); dieser Anspruch kann aber infolge Massearmut wertlos sein. Der Verwalter haftet auch, wenn er einen Absonderungsgegenstand verwertet, aber nicht hinreichend sicherstellt, dass der Erlös tatsächlich der Masse zufließt.[208] Gleiches gilt, wenn der Schuldner das Absonderungsgut selbst verwertet hat.

63 Eine **Verwertung von Grundstückszubehör,** die nicht den Regeln einer ordnungsgemäßen Wirtschaft entspricht (§§ 1122, 1135 BGB), ist dem Verwalter nicht gestattet. Die Stilllegung eines Betriebes durch den Insolvenzverwalter, der Inventar und Grundstück getrennt verwerten will, gilt nicht als Aufhebung der Zubehöreigenschaft „innerhalb der Grenzen einer ordnungsmäßigen Wirtschaft" im Sinne des § 1122 Abs. 2 BGB.[209] Nach endgültiger Betriebsstilllegung kommt es zur Enthaftung nach § 1121 BGB, die aber nach § 1135 BGB im Verhältnis zum Grundpfandgläubiger rechtswidrig ist.[210] Der Erlös gebührt dem Grundpfandgläubiger auf Grund seines Absonderungsrechts. Für ihn hat der Insolvenzverwalter nach § 60 und deliktsrechtlich (§ 823 Abs. 2, § 1135 BGB) einzustehen.[211]

64 Schuldet der Verwalter wegen Verletzung eines Aussonderungsrechts Schadensersatz, so hat er die Ersatzsumme nach § 849 BGB zu verzinsen. Entgegen OLG Düsseldorf[212] gilt dies nicht, wenn der Verwalter den Erlös aus der Verwertung von Gegenständen, an denen Absonderungsrechte bestehen, entgegen § 170 Abs. 1 Satz 2 nicht an den absonderungsberechtigten Gläubiger abführt, sondern zur Erfüllung anderer Verbindlichkeiten verwendet.

64a § 110 VVG gewährt in der Insolvenz des Versicherungsnehmers dem Haftpflichtgläubiger ein Absonderungsrecht am Freistellungsanspruch des Versicherungsnehmers. Gleichwohl besteht keine insolvenzspezifische Pflicht des Verwalters gegenüber dem Dritten, den versicherungsrechtlichen Anspruch zu erhalten.[213] § 110 VVG soll lediglich die Zweckbindung des Freistellungsanspruchs verwirklichen und eine Bereicherung der Masse verhindern, nicht jedoch besondere insolvenzspezi-

---

[201] *Lwowski/Heyn* WM 1998, 473, 479.
[202] BGH NJW 1994, 511.
[203] BGH NJW 2011, 2960 Tz. 32.
[204] BGH NJW 2011, 2960 Tz. 54.
[205] *Uhlenbruck/Sinz* § 60 RdNr. 41.
[206] BGH WM 1971, 71; BGH WM 1982, 1354 zu OLG Celle WM 1982, 306.
[207] BGH NJW 1994, 511; LG Berlin ZInsO 2008, 1027; vgl. *Uhlenbruck/Sinz* § 60 RdNr. 41; *Gundlach/Frenzel/Schmidt* NZI 2001, 350, 355.
[208] OLG Frankfurt/M v. 9.7.2010 – 2 U 34/06, juris Tz. 57 (NZB vom BGH zurückgewiesen, Beschl. v. 3.2.2011 – IX ZR 132/10).
[209] BGHZ 56, 298 = NJW 1971, 1701.
[210] Vgl. MünchKommBGB-*Eickmann*, 5. Aufl., § 1135 RdNr. 9 ff.
[211] Vgl. BGHZ 60, 267 = NJW 1973, 997; anders *Uhlenbruck/Sinz* § 60 RdNr. 42.
[212] ZIP 1990, 1014.
[213] AA *Münzel* NZI 2007, 441, 443.

fische Pflichten gegenüber dem Gläubiger begründen. Demgemäß kann der Geschädigte direkt auf abgesonderte Befriedigung klagen, ohne den Umweg über das insolvenzrechtliche Prüfungsverfahren nehmen zu müssen.[214]

d) Gegenüber dem Schuldner. Der Schuldner erleidet über seinen Anteil am Gesamtschaden einen Einzelschaden, wenn der Verwalter bei der Verwertung des Unternehmens die Gelegenheit versäumt, einen Kaufpreis zu erzielen, der höher ist als die Schulden und die Kosten des Verfahrens.[215] Hat der Verwalter diesen Ausfall verschuldet, so hat er ihn dem Schuldner zu ersetzen. Die handels- und steuerrechtlichen Pflichten zur **Buchführung** und Rechnungslegung, die der Verwalter nach § 155 Abs. 1 Satz 2 in Bezug auf die Insolvenzmasse zu erfüllen hat, obliegen ihm auch gegenüber dem Schuldner.[216] So ist der Verwalter dem Schuldner gegenüber verpflichtet, einen ihm zugegangenen Steuerbescheid zu überprüfen und Einspruch einzulegen, falls der Steuerbescheid auf falschen Voraussetzungen beruht.[217] 65

Der Verwalter haftet, wenn er schuldhaft verhindert, dass der Schuldner durch Befriedigung sämtlicher Insolvenzgläubiger außerhalb des Verfahrens dessen Einstellung nach § 213 erreicht, oder wenn er über Vermögen des Schuldners verfügt, das nicht der Zwangsvollstreckung unterliegt (§ 36).[218] Der Insolvenzverwalter haftet gegenüber dem Schuldner nach § 60, wenn er einer Lastschrift widerspricht, obwohl es ihm hierzu an der Rechtsmacht fehlt.[219] Voraussetzung ist aber, dass der Schuldner durch den unberechtigten Widerspruch einen Schaden erlitten hat. Der Verwalter ist weiter zugunsten des Schuldners verpflichtet, Versicherungsansprüche zu wahren, auch wenn die Versicherungsleistung nach § 110 VVG nur dem Gläubiger zugute kommt, weil nur dies zum vollständigen Erlöschen des Haftpflichtanspruchs führt.

Ferner kann der Verwalter dem Schuldner haften, falls dessen Sanierung nur deshalb scheitert oder nach den Vorschriften des Gesetzes (vgl. § 217) wirtschaftlich weniger günstig verläuft, weil der Verwalter zu dem vom Schuldner vorgelegten **Insolvenzplan** (§ 218 Abs. 1) ablehnend Stellung genommen (§ 232 Abs. 1 Nr. 3) und dieser daraufhin keine Gläubigermehrheit oder keine Bestätigung durch das Gericht (§ 248) gefunden hat.[220] Eine fehlerhafte Stellungnahme verschuldet der Verwalter, wenn er von einem erkennbar unrichtigen Sachverhalt ausgeht. Dagegen fehlt es regelmäßig am Verschulden, wenn der Verwalter auf der Grundlage richtiger Feststellungen Risiken und Chancen einer Sanierung innerhalb eines vertretbaren Beurteilungsrahmens anders wertet als der Schuldner. 65a

Nicht nur bei der Stellungnahme zum Insolvenzplan des Schuldners, sondern auch bei der Aufstellung eines eigenen Plans wird dem Verwalter außer seiner juristischen Qualifikation ein außerordentliches Maß an betriebswirtschaftlichem Sachverstand abverlangt. Er muss in der Lage sein, Krisenursachen und Schwachstellen des Schuldnerunternehmens sowohl aus finanzwirtschaftlicher als auch leistungswirtschaftlicher Sicht zu analysieren und daraus ein tragfähiges Sanierungskonzept zu entwickeln. Für Fehler, die ihm dabei unterlaufen, haftet er dem Schuldner, aber auch allen anderen Beteiligten.[221] 66

Erstattet der Verwalter in einem Strafverfahren gegen den Schuldner auf Anordnung des Gerichts ein **Gutachten,** so tritt er in ein öffentlich-rechtliches Verhältnis zum Gericht, das seine Dienste in Anspruch nimmt: Für Fehler des Gutachtens hat er nicht nach § 60 einzustehen.[222] In Betracht kommt eine Haftung nach § 823 Abs. 1 BGB, falls der Verwalter grob fahrlässig gehandelt hat.[223] 67

e) Gegenüber sonstigen Beteiligten. Der Kreis der Beteiligten im Sinne des § 60 geht über den Schuldner, die Insolvenzgläubiger, die Massegläubiger sowie die Aus- und Absonderungsberechtigten hinaus. Die stets entscheidende Frage ist, ob den Verwalter gerade gegenüber der bestimmten Person besondere Pflichten treffen, die ihre Grundlage in seiner Amtsstellung haben. Bestimmt der Gläubigerausschuss nach § 149 Abs. 1 eine Stelle, bei der Geld, Wertpapiere und Kostbarkeiten **hinterlegt** oder angelegt werden sollen, so ist diese Stelle Beteiligte im Sinne des § 60.[224] Beteiligt ist auch der **Nacherbe,** wenn der Verwalter im Insolvenzverfahren über das Vermögen des Vorerben 68

---

[214] BGH NJW-RR 1989, 918; *Prölss/Martin/Lücke,* VVG 28. Aufl., § 110 RdNr. 6.
[215] BGH ZIP 1985, 423; *Jaeger/Gerhardt* § 60 RdNr. 84.
[216] BGHZ 74, 316 = NJW 1979, 2212. Näher oben RdNr. 21 f.
[217] OLG Köln ZIP 1980, 94 m. Anm. v. *Niemann* ZIP 1980, 97.
[218] *Jaeger/Gerhardt* § 60 RdNr. 83; BGH NZI 2008, 607 Tz. 24.
[219] *Ganter* NZI 2010, 835, 838.
[220] *Jaeger/Gerhardt* § 60 RdNr. 88 ff.; *Smid* RdNr. 35.
[221] *Wellensiek* RdNr. 52; vgl. auch *Lüke,* FS Uhlenbruck, 2000, S. 519 ff.
[222] BGH NJW 1968, 787, 788.
[223] BGHZ 62, 54 = NJW 1974, 312 mit der Einschränkung durch BVerfG NJW 1979, 305.
[224] BGH WM 1962, 349; *Jaeger/Gerhardt* § 60 RdNr. 96.

entgegen § 83 Abs. 2 über Nachlassgegenstände verfügt.[225] Der **Justizfiskus** ist mit den Gerichtskosten des Insolvenzverfahrens ebenso Beteiligter[226] wie der Staat als Insolvenzgläubiger; denn Insolvenzforderungen können gemäß § 87 nur nach den Vorschriften über das Insolvenzverfahren, namentlich nach denen über die Verteilung der Masse (§§ 187 ff.) verfolgt werden.[227] Anders liegen die Dinge, wenn Steuerforderungen nicht als Insolvenzforderungen, sondern als Masseverbindlichkeiten einzuordnen sind. Dann bleibt – vom Fall der Massearmut abgesehen – eine Rechtsverfolgung des **Steuergläubigers** gegen den Verwalter mit den außerhalb des Insolvenzverfahrens vorgesehenen Mitteln möglich, die Beschränkungen der §§ 87, 89 gelten nicht. Verletzt der Verwalter die Pflicht, steuerliche Masseverbindlichkeiten zu erfüllen, ist als Haftungsnorm ausschließlich § 69 AO heranzuziehen.[228]

69 Ist eine Personenhandelsgesellschaft Schuldnerin, so sind auch ihre **Gesellschafter** Beteiligte im Sinne des § 60.[229] Dies gilt nicht nur für Komplementäre, sondern auch für Kommanditisten.[230] Buchführungspflichten hat der Verwalter auch im Interesse der Gesellschafter zu erfüllen hat.[231] Gleiches muss für die Gesellschafter einer Kapitalgesellschaft und die Genossen in der Genossenschaftsinsolvenz gelten.[232]

70 Der **Bürge** nimmt nicht am Insolvenzverfahren über das Vermögen des Schuldners teil, wenn der Insolvenzgläubiger die verbürgte Forderung angemeldet hat und die Forderung nicht nach § 774 Abs. 1 BGB auf den Bürgen übergegangen ist. Sonst müsste die Insolvenzmasse zwei Gläubiger nebeneinander bedienen, von denen der Schuldner außerhalb der Insolvenz nur den einen oder den anderen zu befriedigen hätte. Die Schuld darf durch die Insolvenz nicht verdoppelt werden.[233] Aus diesem Grund ist der auf §§ 670, 257 BGB gestützte, gemäß § 775 Abs. 1 Nr. 1 BGB bereits im Zeitpunkt der Verfahrenseröffnung unbedingt entstandene Befreiungsanspruch des vom Hauptschuldner beauftragten Bürgen ebenfalls keine Insolvenzforderung, der Bürge mithin auch insoweit kein Insolvenzgläubiger, wenn der Gläubiger am Insolvenzverfahren über das Vermögen des Hauptschuldners teilnimmt. In diesem Falle ist der Bürge auch nicht Beteiligter im Sinne des § 60. Zwar kann eine von Verwalter schuldhaft veranlasste Verkürzung der Masse den Bürgen schädigen, wenn eine verhinderte Befriedigung des Hauptgläubigers aus der Masse zu seiner Inanspruchnahme führt. Das ist aber nur mittelbarer Nachteil. Die Pflichten des Verwalters dürfen nicht zugunsten von Personen erweitert werden, die erst durch den Ausfall eines Insolvenzgläubigers mit seiner Forderung Vermögensnachteile erleiden.[234]

71 Nicht beteiligt im Sinne von § 60 ist auch der **Geschäftsführer** einer GmbH, der im Insolvenzverfahren über das Gesellschaftsvermögen dem Verwalter nach § 64 Abs. 2 GmbH ersetzen muss, was er nach Eintritt der Insolvenzreife weggegeben hat. Hat der Verwalter wegen derselben Handlung gegen den Empfänger der Leistung nach § 143 Abs. 1 einen Anfechtungsanspruch, so hat er abzuwägen, ob er den Geschäftsführer oder den Anfechtungsgegner in Anspruch nimmt. Entscheidet er sich gegen die Anfechtung und lässt den Anspruch auf Rückgewähr verjähren, so verletzt er dadurch allenfalls die Befriedigungsaussichten der Gläubigergemeinschaft, nicht aber rechtlich geschützte, ihm anvertraute Interessen des Geschäftsführers. Der Geschäftsführer gehört nicht zu dem Kreis der durch § 60 geschützten Beteiligten; er ist vielmehr ausschließlich Schuldner der Masse, dem gegenüber der Verwalter keine insolvenzspezifischen Pflichten, auch nicht hinsichtlich der Auswahl der für die Masse verfolgten Ansprüche, zu erfüllen hat.[235] Gleiches gilt für andere Organe juristischer Personen und **Kommanditisten** einer KG.[236]

Der **Zwangsverwalter** ist nicht Beteiligter. Die InsO enthält keine Verpflichtung des Insolvenzverwalters, bei Beantragung einer Zwangsverwaltung die Interessen des Zwangsverwalters an der Deckung seines Vergütungs- und Auslagenersatzanspruchs zu berücksichtigen.[237] Der **Prozessgeg-**

---

[225] *Uhlenbruck/Sinz* § 60 RdNr. 10.
[226] OLG Schleswig ZIP 1984, 619.
[227] BGHZ 106, 134, 136 f. = NJW 1989, 303; BGH NJW 1993, 1206.
[228] BGHZ 106, 134, 137.
[229] BGH ZIP 1985, 423.
[230] BGH NZI 2010, 956 Tz. 15.
[231] BGH NZI 2010, 956 Tz. 14.
[232] Pape/*Graeber* Teil 2 RdNr. 166; zu Pflichten gegenüber Genossen *Jaeger/Gerhardt* § 60 RdNr. 94.
[233] BGHZ 55, 117 120 = NJW 1971, 382.
[234] BGH NJW 1985, 1159.
[235] BGHZ 131, 325 = NJW 1996, 850; BGH NJW 2001, 1280, 1283; Pape ZInsO 2004, 605, 607; kritische Stellungnahme von *Nöll* (ZInsO 2004, 1058) zu zwei Urteilen des OLG Celle ZInsO 2004, 865 und NZI 2004, 89.
[236] *Uhlenbruck/Sinz* § 60 RdNr. 11.
[237] BGH NJW 2010, 680 Tz. 9.

ner ist ebenfalls kein Beteiligter, sodass der Verwalter selbst bei aussichtslosen Prozessen dem Gegner nicht nach § 60 InsO haftet.[238]

3. Entsprechende Anwendung. § 60 gilt nicht nur für den vorläufigen Verwalter (§ 21 **71a** Abs. 2 Satz 1 Nr. 1), sondern kraft gesetzlicher Anordnung auch für den Sachwalter (§ 274 Abs. 1) und den Treuhänder im vereinfachten Insolvenzverfahren (§ 313 Abs. 1 Satz 3). Mangels gesetzlicher Anordnung haftet der Treuhänder im Restschuldbefreiungsverfahren nach § 292 nicht nach § 60;[239] eine entsprechende Anwendung ist nicht angezeigt. Auch der Sachverständige, der im Eröffnungsverfahren tätig wird, haftet nicht nach § 60.[240] Selbst den vorläufigen Insolvenzverwalter, den das Insolvenzgericht zugleich als Sachverständigen beauftragt (§ 5 Abs. 1 Satz 2; § 22 Abs. 1 Satz 2 Nr. 3), treffen bei seiner Tätigkeit als Sachverständiger keine insolvenzspezifischen Pflichten. Insoweit kommt allein eine Haftung nach § 839a BGB oder nach allgemeinen Regeln in Betracht. Anders ist dies nur dann, wenn der vorläufige Insolvenzverwalter anlässlich seiner Tätigkeit als Sachverständiger zugleich eine hiervon unabhängige, insolvenzspezifische Pflicht verletzt.[241]

II. Nicht insolvenzspezifische Pflichten

Der Insolvenzverwalter haftet nicht nur nach § 60, sondern auch nach allgemeinen Grundsätzen.

1. Vertragliche oder quasivertragliche Haftung. Der Verwalter kann vertraglich eigene Ver- **72** pflichtungen übernehmen, wobei an die Annahme persönlicher Haftungsübernahmeerklärungen strenge Anforderungen zu stellen sind.[242] Er kann sich beispielsweise den Grundpfandgläubigern vertraglich verpflichten, gegen eine zusätzliche Vergütung ein zur Masse gehörendes Grundstück günstig freihändig zu verkaufen.[243] Dann haftet er den Grundpfandgläubigern, falls durch sein Verschulden der Verkauf scheitert. Richtet der Insolvenzverwalter bei einer Bank ein Konto auf seinen Namen mit der zusätzlichen Bezeichnung als **Sonderkonto** für eine bestimmte Insolvenzmasse ein, so haftet er für Überziehungen nur die Masse. Etwas anderes gilt nur, wenn Bank und Verwalter vereinbart haben, dass dieser (auch) persönlich für die Schuld einzustehen hat.[244] Der vorläufige Verwalter, der aufgrund einer Ermächtigung des Insolvenzgerichts Forderungen auf ein im eigenen Namen geführtes Treuhandkonto einzieht, haftet für etwaige Bereicherungsansprüche persönlich.[245] Das Treuhandkonto wird nicht automatisch Bestandteil der Masse. Hingegen besteht gegenüber den Drittschuldnern keine Haftung nach § 60, wenn der Verwalter Beträge auf ein Treuhandkonto einzieht.[246]

Die Rechtsprechung lässt ausnahmsweise nicht nur den Vertretenen, sondern auch den **Vertreter** **73** wegen **Verschuldens beim Vertragsschluss** haften. Der Insolvenzverwalter ist allerdings kein Vertreter des Schuldners. Er verpflichtet sich aber auch nicht persönlich. Zurechnungssubjekt der Rechte und Pflichten, die der Verwalter als Amtstreuhänder im eigenen Namen begründet, ist nicht sein eigenes, sondern ein fremdes Vermögen, eben die Insolvenzmasse. Die Grundsätze der Vertreterhaftung gelten deshalb entsprechend.

Ein Eigeninteresse des Verwalters, der bei der Verwertung oder Fortführung des Unternehmens **74** in Vertragsverhandlungen tritt, wird regelmäßig fehlen, sodass eine Haftung unter diesem Gesichtspunkt von vornherein entfällt.[247] Die Rechtsprechung hat jedoch mehrfach eine Haftung des Verwalters wegen der Inanspruchnahme persönlichen Vertrauens für möglich gehalten.[248] Dies setzt voraus, dass der Vertreter gegenüber dem Verhandlungspartner – über das allgemeine Verhandlungsvertrauen gegenüber dem Vertretenen hinaus – in besonderem Maße Vertrauen für seine Person in Anspruch genommen, also eine zusätzliche Gewähr für die Seriosität und Erfüllung des Geschäfts

---

[238] BGHZ 161, 236, 240 = NJW 2005, 901; OLG Köln ZIP 2008, 1131; BGHZ 148, 175 ff. zur KO; *Berger* KTS 2004, 185. Siehe auch oben RdNr. 39, 45b.
[239] *Uhlenbruck/Sinz* § 60 RdNr. 7; OLG Celle NZI 2008, 52. Näher § 292 RdNr. 70 ff.
[240] Vgl. auch *Jaeger/Gerhardt* § 60 RdNr. 16 f. AA *Wilhelm* DZWIR 2007, 361.
[241] *Uhlenbruck/Sinz* § 60 RdNr. 4; HambKomm-*Weitzmann* § 60 RdNr. 48.
[242] BGH NJW 1988, 209; OLG Koblenz ZIP 1992, 420, 423. Siehe auch § 61 RdNr. 40 f.
[243] BGH NJW 1988, 209.
[244] BGH NJW-RR 1988, 1259.
[245] Vgl. BGH NZI 2008, 39. Zu Haftungsrisiken auch *Stahlschmidt* NZI 2011, 272 ff.
[246] Vgl. zur Zulässigkeit von Treuhandkonten in der Insolvenz *Paulus* WM 2008, 473.
[247] So auch *Fritz Baur*, FS Bruns, S. 241, 243 f.
[248] BGHZ 100, 346 = NJW 1987, 3133; BGH NJW-RR 1988, 89; BGH NJW 1988, 209; BGH NJW-RR 1990, 94; BGH NJW-RR 2005, 1137; OLG Nürnberg ZIP 1984, 861; vgl. auch *Lüke*, Haftung Konkursverwalter, S. 135 ff.; *Gerhardt* ZIP 1987, 760, 763; *K. Schmidt* ZIP 1988, 7.

übernommen und dadurch die Vertragsverhandlungen beeinflusst hat.[249] Diese strengen Voraussetzungen werden selten vorliegen. Jedenfalls ist ein solcher Vertrauenstatbestand nicht schon dann gegeben, wenn der Verwalter mit Sicherungsnehmern Vereinbarungen über die Verwertung des Sicherungsgutes trifft und dabei einen Massekredit erhält.[250] Allerdings kann ein Verwalter bei Kreditverhandlungen mit einer Bank durch Hinweis auf seine bisherigen Sanierungserfolge persönliches Vertrauen für sich in Anspruch nehmen und deshalb selbst wegen Verschuldens bei Vertragsverhandlungen haften.[251]

75 **2. Deliktische Haftung.** Für schuldhafte Eingriffe in das Eigentum eines Aussonderungsberechtigten haftet der Verwalter nicht nur nach § 60, sondern auch wegen unerlaubter Handlung (§ 823 Abs. 1 BGB).[252] Dasselbe gilt für den Verwalter, der eine Beeinträchtigung des seiner Verwaltung unterliegenden Grundstücks zu vertreten hat. Er ist neben Schadensersatzansprüchen des Schuldners auch Ansprüchen der Inhaber der Grundpfandrechte sowohl nach § 823 Abs. 1 BGB (sonstiges Recht) als auch nach § 823 Abs. 2 in Verbindung mit §§ 1134, 1192 BGB ausgesetzt.[253] Auch aus § 823 Abs. 2 BGB in Verbindung mit Bestimmungen des StGB kann sich eine Haftung des Verwalters ergeben.[254] Zwischen der Haftung aus § 60 und der deliktischen besteht Anspruchskonkurrenz.

76 Dagegen haftet der Verwalter nicht nach § 60, sondern nur deliktsrechtlich, wenn er allgemeine **Verkehrssicherungspflichten** verletzt. Diese verpflichten den Verwalter, Vorkehrungen zum Schutze Dritter gegen Gefahren zu treffen, die von Gegenständen der Insolvenzmasse ausgehen. Befindet sich ein Grundstück in Besitz und Obhut des Verwalters, so trifft diesen unter dem Gesichtspunkt der Gefahrbeherrschung gegenüber den Mietern im Hause die Pflicht, zumutbare Sicherungsmaßnahmen zu ergreifen, um bei einsetzendem Frost einen Wasserrohrbruch zu verhindern. Verschuldet er in diesen Räumen einen Rohrbruch, so hat er den Mietern nach § 823 Abs. 1 BGB die Schäden zu ersetzen, die jene durch das austretende Wasser erleiden.[255] Für Schäden infolge Einsturz eines Gebäudes, das der Insolvenzverwalter verwaltet, haftet dieser nach § 838 BGB in Verbindung mit § 836 BGB.[256]

77 *Eckardt* will den Verwalter persönlich wegen Verletzung von Verkehrssicherungspflichten nur in besonderen Fällen haften lassen.[257] Geht die hM[258] davon aus, dass die Masse entsprechend § 31 BGB neben dem Verwalter haftet, ohne diesen von der Haftung zu befreien, so will *Eckardt* dieses Verhältnis umkehren. Er verweist darauf, dass der Verwalter in seiner Eigenschaft als Amtsträger – nicht aber persönlich – primärer Adressat der Verkehrspflichten ist, die an die Sachherrschaft über massezugehörige Gegenstände anknüpfen. Von der Problemstellung bei der Haftung juristischer Personen für ihre Organe ausgehend[259] soll es für die Haftung der Masse ausreichen, dass der Verwalter eine ausschließlich die Masse betreffende Verkehrssicherungspflicht verletzt; er muss nicht zugleich in seiner Person den Deliktstatbestand verwirklichen. Damit werden persönliche Verkehrspflichten des Verwalters und dessen deliktische Haftung nicht allgemein abgelehnt. Eine zusätzliche persönliche Verkehrspflicht soll bei einer personenbezogenen Verkehrserwartung anzunehmen sein, deren Vorliegen anhand eines beweglichen Systems von Wertungselementen zu ermitteln ist. Hiernach soll die Eigenhaftung des Verwalters zu bejahen sein, soweit es um die Vermeidung konkreter Risiken für hochrangige Rechtsgüter geht, während sie bei abstrakten, fern liegenden Risiken für weniger hoch bewertete Schutzgüter entfällt. Ähnlich wie die Organe juristischer Personen nicht in die Pflichtenstellung des § 831 BGB einrücken,[260] soll auch insoweit nur die Masse, nicht der Verwalter persönlich haften.

---

[249] BGH ZIP 1981, 1001; BGHZ 103, 310 = NJW-RR 1988, 1488; BGH NJW-RR 1991, 1241; BGH NJW-RR 1991, 1312; BGH NJW-RR 1992, 605; BGH NJW-RR 1993, 342; BGH NJW 1994, 197; BGHZ 126, 181, 189 = NJW 1994, 2220; BGH WM 1995, 108, 109; BGH NJW 1997, 1233; BGH ZIP 1995, 1327; *Fischer* WM 2004, 2185, 2186.
[250] BGH NJW-RR 1990, 94.
[251] BGH NJW 1990, 1907.
[252] BGH NJW 1996, 2233.
[253] BGHZ 65, 211 = NJW 1976, 189; BGHZ 105, 230 = NJW 1989, 1034.
[254] Vgl. *Richter* NZI 2002, 121.
[255] BGHZ 21, 285, 293 = NJW 1956, 1598; BGH NJW-RR 1988, 89; BGH NJW 1969, 41; BGH NJW 1972, 34, 35.
[256] BGHZ 21, 285, 293 = NJW 1956, 1598.
[257] KTS 1997, 411. Ebenso *Gerhardt* ZInsO 2000, 574, 578 f.; *Jaeger/Gerhardt* § 60 RdNr. 152 f.
[258] Vgl. *Uhlenbruck/Sinz* § 60 RdNr. 58; *W. Lüke*, Haftung Konkursverwalter, S. 108 ff.; *ders.*, Persönliche Haftung, RdNr. 8 ff.
[259] Vgl. hierzu *Hachenburg/Mertens*, GmbHG § 35 RdNr. 128; § 43 RdNr. 110, 115.
[260] Vgl. BGH NJW 1974, 1371; BGHZ 109, 297, 304 = NJW 1990, 976; BGHZ 125, 366, 375 = NJW 1994, 1801.

Mit *Eckardt* ist davon auszugehen, dass die deliktische Haftung der Masse nicht von einer Zurechnung über § 31 BGB abhängen sollte. Für die Verletzung ihrer eigenen Verkehrssicherungspflichten hat die Masse selbst und nicht auf dem Umweg über den Verwalter einzustehen. Verwirklichen sich Gefahren, die von der Masse ausgehen, sollte sie auch dann haften, wenn der Schuldner nach § 80 Abs. 1 von ihrer Verwaltung ausgeschlossen ist und sie sich nicht in der Obhut eines Verwalters befindet, sei es, dass dieser sie nach § 148 Abs. 1 noch nicht in Besitz genommen hat oder dass er nach § 59 Abs. 1 entlassen und noch nicht durch einen neuen ersetzt worden ist. Setzt die Haftung der Masse keine Haftung des Verwalters voraus, kann diese also im Einzelfall fehlen, so folgt daraus noch nicht, dass es ausreicht, wenn der Verwalter wegen Verletzung von Verkehrspflichten wie die Organe juristischer Personen haftet. Dass Verwalter und Organe unterschiedlich haften, folgt schon aus § 60 Abs. 2. Danach hat der Verwalter den Beteiligten im Rahmen des § 60 regelmäßig nach § 278 BGB für das Verschulden der für die Masse tätigen Erfüllungsgehilfen einzustehen. Für die Erfüllungsgehilfen der juristischen Person haftet aber diese und nicht das Organ. Entsprechend dürfte der Verwalter nach § 831 BGB auch für die Verrichtungsgehilfen haften. Unter welchen Voraussetzungen Organe juristischer Personen selbst verkehrssicherungspflichtig sind und deshalb Dritten persönlich haften, ist zudem stark umstritten. Die vom Bundesgerichtshof in den Urteilen vom 5. Dezember 1989[261] und 13. März 1996[262] bejahte persönliche Außenhaftung des Geschäftsführers einer GmbH wegen Verletzung von Organisationspflichten ist im Schrifttum zwar überwiegend abgelehnt worden, hat aber auch Befürworter gefunden.[263] Unverkennbar können von der Masse, insbesondere wenn dazu ein Unternehmen gehört, Gefahren für Rechte und Rechtsgüter Dritter ausgehen; das damit einhergehende Risiko deliktischer Inanspruchnahme des Verwalters muss begrenzt werden. Hierfür dürfte aber ausreichen, den **Verschuldensmaßstab** des § 60 Abs. 1 Satz 2 auch für die **deliktische Haftung** des Verwalters anzuwenden.

Der Verwalter haftet nach § 826 BGB oder nach § 823 Abs. 2 BGB in Verbindung mit § 263 StGB, wenn er Vertragspartner zum Abschluss eines Vertrages und zur Vorauslieferung veranlasst, indem er über Risiken dieses Geschäfts täuscht, insbesondere die künftige Zulänglichkeit der Masse vorspiegelt, sowie einen daraus erwachsenen Schaden erkennt und in Kauf nimmt.[264] Der Verwalter hat zu offenbaren, dass er nicht fähig sein wird, die begründete Verbindlichkeit zu erfüllen.[265] Handelt der Verwalter besonders leichtfertig, so lässt das den Schluss zu, er habe eine Schädigung des anderen in Kauf genommen.[266] Ebenso kommt eine Haftung des Verwalters nach § 826 BGB gegenüber dem Gläubiger in Betracht, wenn er einer bereits genehmigten Lastschrift widerspricht.[267] Der Verwalter schuldet nach § 823 Abs. 2 BGB in Verbindung mit § 266 StGB Schadensersatz, wenn er die Masse veruntreut. Verkauft der Verwalter Forderungen des Schuldners an eine Gesellschaft bürgerlichen Rechts, an der er selbst oder nahe Verwandte beteiligt sind, liegt darin nur dann eine Untreue zu Lasten der Masse und des Schuldners, wenn die BGB-Gesellschafter sich heimlich vorbehalten, den Vertrag nur zu erfüllen, wenn die tatsächlich erzielten Erlöse aus den verkauften Forderungen den Kaufpreis übersteigen.[268]

Setzt der Insolvenzverwalter den Betrieb des Schuldners unter Benutzung eines fremden Patents fort, so haftet er persönlich unmittelbar aus § 139 PatG, der einen Fall der unerlaubten Handlung besonders regelt.[269] Der Verwalter haftet auch, wenn er in einem Bericht an die Gläubigerversammlung durch ehrverletzende Äußerungen fremde Persönlichkeitsrechte verletzt.[270]

3. Steuerrechtliche Haftung. Nach § 155 Abs. 1 Satz 2 hat der Verwalter in Bezug auf die Insolvenzmasse die handels- und steuerrechtlichen Pflichten des Schuldners zur Buchführung und zur Rechnungslegung zu erfüllen. Diese Bestimmung entspricht § 34 Abs. 1 und 3 AO, nach denen der Verwalter die steuerlichen Pflichten des Schuldners zu erfüllen hat. Die im § 34 AO bezeichneten Personen haften nach § 69 AO, soweit Ansprüche aus dem Steuerschuldverhältnis infolge vorsätzlicher oder grob fahrlässiger Verletzung der ihnen auferlegten Pflichten nicht oder nicht rechtzeitig festgesetzt oder erfüllt werden. § 69 AO ist gegenüber § 60 lex specialis; er verdrängt die insolvenzrechtliche Haftung, soweit der Verwalter steuerrechtliche Pflichten verletzt. Unter RdNr. 68 wurde bereits darauf hingewiesen, dass es nicht um steuerrechtliche Pflichten geht, wenn das Finanzamt

---

[261] BGHZ 109, 297 = NJW 1990, 976.
[262] BGH NJW 1996, 1535, 1537.
[263] Übersicht bei *Hachenburg/Mertens*, GmbHG § 43 Fn. 305.
[264] BGH NJW 1987, 3133, 3135 (nicht in BGHZ 100, 346); *Eckert* ZIP 1984, 615, 618.
[265] BGH NJW-RR 1991, 1312.
[266] BGH NJW 1994, 197, 198.
[267] BGHZ 186, 242, 252 Tz. 27 = NJW 2010, 3517 = NZI 2010, 731; BGH, NJW 2012, 146 Tz. 9.
[268] BGH ZIP 2001, 383.
[269] BGH NJW 1975, 1969.
[270] BGH NJW 1995, 397.

Insolvenzforderungen geltend macht. Dies kann nach § 87 nur nach den Vorschriften über das Insolvenzverfahren geschehen, sodass § 60 eingreift, wenn der Verwalter dabei pflichtwidrig handelt.[271] Eine Haftung nach § 60 kann nicht durch Haftungsbescheid, sondern nur durch Klage im Zivilprozess geltend gemacht werden. § 60 tritt nicht an die Stelle von § 69 AO, wenn dem Verwalter bei der Verletzung steuerlicher Pflichten nur leichte Fahrlässigkeit zur Last fällt. Denn sonst würde die auf Vorsatz und grobe Fahrlässigkeit beschränkte Haftung des § 69 AO unzulässig ausgedehnt.[272] Grob fahrlässig handelt der Verwalter, wenn er die ihm nach den gegebenen Umständen und seinen persönlichen Kenntnissen und Fähigkeiten zumutbare Sorgfalt in besonders hohem Maße außeracht lässt. Nach ständiger Rechtsprechung der Finanzgerichte verhält sich der kaufmännische Leiter eines Gewerbebetriebes regelmäßig mindestens grob fahrlässig, wenn er seine steuerlichen Pflichten nicht kennt und die ihm bekannten nicht befolgt.[273] Das Finanzamt kann – entgegen der Ansicht des OLG Oldenburg[274] – eine Haftung nach § 60 nicht dadurch begründen, dass es die Steuer erlässt und nunmehr nach § 191 Abs. 5 Nr. 2 AO keinen Haftungsbescheid mehr erlassen kann. Hier entfällt eine Haftung sowohl nach § 69 AO als nach § 60, falls es um die Verletzung steuerlicher Pflichten geht. Im Falle des OLG Oldenburg hatte der Verwalter auf eine zur Tabelle festgestellte Steuerforderung nichts gezahlt; es kam also von vornherein nur eine Haftung nach § 82 KO (§ 60) in Betracht.

82 Die steuerlichen Pflichten[275] des Verwalters nach § 34 Abs. 1 AO bestehen darin, dass er Bücher und Aufzeichnungen führt (§§ 140–148 AO), Steuererklärungen abgibt und berichtigt (§§ 149 bis 153 AO), Auskünfte erteilt (§ 93 AO), Mitteilungen nach den §§ 137 bis 139 AO macht, Steuern aus dem verwalteten Vermögen entrichtet (§ 34 Abs. 1 Satz 2 AO), die Vollstreckung in das verwaltete Vermögen wegen Masseforderungen duldet (§ 77 AO) und die von den Arbeitnehmern geschuldete Lohnsteuer abführt (§ 38 Abs. 3, § 41a EStG). Der Verwalter soll seine Verpflichtung zur Abgabe von Steuererklärungen nicht mit der Begründung ablehnen können, die Kosten für die Erstellung der Steuererklärung durch einen Steuerberater könnten aus der Insolvenzmasse nicht beglichen werden.[276]

83 In der Insolvenz einer Personenhandelsgesellschaft braucht der Insolvenzverwalter keine Erklärung zur gesonderten Feststellung der Einkünfte abzugeben; dies ist Sache der Gesellschafter.[277] Der Bundesfinanzhof hat den Verwalter damals für verpflichtet gehalten, die Vermögensaufstellung abzugeben, weil die Feststellung des Einheitswerts Grundlage für die Festsetzung des Gewerbesteuermessbetrags nach dem Gewerbekapital sei. Seit es keine Gewerbesteuer nach dem Gewerbekapital mehr gibt, ist diese Pflicht entfallen.

84 Geht es um die Tilgung von Masseverbindlichkeiten, so gilt auch für Steuerschulen der Grundsatz anteiliger Tilgung. Der Verwalter haftet nur nach § 69 AO, wenn er es versäumt, die Steuern in etwa gleicher Weise zu tilgen wie die Forderungen anderer Gläubiger. Ist dem Verwalter unter Beachtung des Grundsatzes der anteiligen Tilgung wegen Ausschöpfung der vorhandenen oder bereitzuhaltenden Betriebsmittel die weitere Erfüllung von Steuerschulden unmöglich, so fehlt es für eine Haftung nach § 69 AO, wenn nicht schon an einer Pflichtverletzung, so doch jedenfalls an einem Verschulden.[278] Der Grundsatz der anteiligen Tilgung ist auf für die Haftung wegen Steuerhinterziehung (§ 71 AO) maßgeblich.[279] Allerdings soll dieser Grundsatz nach Ansicht des Bundesfinanzhofs nicht eingreifen, wenn der Verwalter die steuerlichen Pflichten dadurch verletzt, dass er in Kenntnis des Fehlens vorhandener Mittel in dem von ihm verwalteten Vermögen einem anderen eine Rechnung mit offen ausgewiesener Umsatzsteuer erteilt, ohne dazu berechtigt zu sein (§ 14 Abs. 3 Satz 2 UStG). Für den Schaden, der dem Steuergläubiger daraus erwächst, hafte der Verwalter unbeschränkt.[280] Bedenken gegen diese Entscheidung bestehen insofern, als § 69 AO nicht die unzulässige Begründung einer Steuerforderung sanktioniert.[281]

---

[271] BGHZ 106, 134 = NJW 1989, 303; vgl. dazu *Stirnberg* BB 1990, 1525; *Uhlenbruck/Sinz* § 60 RdNr. 65; *Maus* ZInsO 2003, 965, 972; für eine allgemeine Verdrängung des § 60 durch Haftungsnormen des Steuerrechts OLG Frankfurt ZIP 1987, 456, und LG Darmstadt ZIP 1986, 44.

[272] So auch *Uhlenbruck/Sinz* § 60 RdNr. 61, 66.

[273] Vgl. *Neusel* GmbHR 1997, 1129, 1133; *Spliedt* in *Pape/Graeber* Teil 3 RdNr. 1333.

[274] KTS 1984, 137.

[275] Zu den Einzelheiten vgl. *Spliedt* in *Pape/Graeber* Teil 3 RdNr. 1261 ff.

[276] BFH NJW 1995, 1696, vgl. dazu *Onusseit* ZIP 1995, 1798; BFH ZIP 1996, 430; *ders.* ZInsO 2000, 362, 367.

[277] BFH ZIP 1980, 53 m. Anm. v. *Klasmeyer* NJW 1995, 1696; BGH NZI 2010, 956 Tz. 6; vgl. dazu *Onusseit* ZIP 1995, 1798.

[278] BFH ZIP 1991, 1008; BFH BB 1993, 281 = BStBl. II 1993, 8.

[279] BFH BB 1992, 2208.

[280] BFH ZIP 1995, 229.

[281] Vgl. *Onusseit* EWiR § 69 AO 1/95, S. 321.

Bevor gegen einen Rechtsanwalt wegen einer Handlung im Sinne des § 69 AO, die er in Aus- **85** übung seines Berufes vorgenommen hat, ein Haftungsbescheid erlassen wird, gibt die Finanzbehörde der zuständigen Anwaltskammer Gelegenheit, die Gesichtspunkte vorzubringen, die von ihrem Standpunkt aus für die Entscheidung von Bedeutung sind. Dies gilt auch für den Fall, dass der Rechtsanwalt als Insolvenzverwalter tätig wird.[282]

4. Haftung nach dem Arbeitsförderungsgesetz. Mit der Eröffnung des Insolvenzverfahrens **86** geht die Arbeitgeberstellung des Schuldners auf den Insolvenzverwalter über. Nach § 321 SGB III ist der Verwalter der Bundesanstalt schadensersatzpflichtig, wenn er vorsätzlich oder fahrlässig die unter Nr. 1 und 2 genannten Bescheinigungen und Auskünfte nicht, nicht richtig oder unvollständig erteilt sowie nach Nr. 4 in Verbindung mit § 320 Abs. 2 Satz 1 SGB III das Insolvenzgeld nicht errechnet und auszahlt.[283] Der Ersatzanspruch wird mit der Leistungsklage geltend gemacht.[284]

5. Haftung für die Erfüllung sozialrechtlicher Pflichten. Der Verwalter hat die sozialversi- **87** cherungsrechtlichen Pflichten eines Arbeitgebers zu erfüllen, soweit Arbeitsverhältnisse über die Verfahrenseröffnung hinaus fortbestehen oder vom Verwalter neu begründet werden. Er hat daher die Beiträge zur gesetzlichen Kranken-, Renten-, Unfall- und Arbeitslosenversicherung an den Sozialversicherungsträger abzuführen. Das gilt auch für Arbeitnehmer, die der Verwalter von der Arbeit freigestellt hat.[285] Mit der Freistellung entfällt nur die Beitragspflicht zur gesetzlichen Unfallversicherung.[286] Für die Erfüllung dieser Beitragspflicht haftet der Verwalter nach § 823 Abs. 2 BGB in Verbindung mit der entsprechenden sozialversicherungsrechtlichen Vorschrift.[287] Als Schutzgesetz kommt auch § 266a StGB in Betracht, der das vorsätzliche Vorenthalten von Arbeitsentgelt unter Strafe stellt.[288]

Die persönliche Haftung des Verwalters entfällt nicht deshalb, weil sein Fehlverhalten nach § 823 **88** BGB auch zur Schadensersatzpflicht der Insolvenzmasse führt. Die nach § 55 Abs. 1 Nr. 1 begründete Masseschuld entbindet den Verwalter nicht von seiner Haftung nach § 823 BGB, weil jene von dieser abgeleitet ist und eine freistellende Norm entsprechend Art. 34 GG fehlt.[289]

III. Verschulden

1. Verschuldensmaßstab. Die Haftung des Verwalters setzt Verschulden voraus. Er haftet nur, **89** wenn er vorsätzlich oder fahrlässig gehandelt hat. Bei der Erfüllung insolvenzspezifischer Pflichten hat der Verwalter nach § 60 Abs. 1 Satz 2 für die Sorgfalt eines ordentlichen und gewissenhaften Insolvenzverwalters einzustehen. In der Begründung des Regierungsentwurfs heißt es dazu, die Formulierung sei angelehnt an § 347 Abs. 1 HGB („Sorgfalt eines ordentlichen Kaufmanns"), § 93 Abs. 1 Satz 1 AktG und § 34 Abs. 1 Satz 1 GenG („Sorgfalt eines ordentlichen und gewissenhaften Geschäftsleiters") sowie an § 43 Abs. 1 GmbHG („Sorgfalt eines ordentlichen Geschäftsmannes"). Sie mache zugleich deutlich, dass die Sorgfaltsanforderungen des Handels- und Gesellschaftsrechts nicht unverändert auf den Insolvenzverwalter übertragen werden könnten. Vielmehr seien die Besonderheiten zu beachten, die sich aus den Aufgaben des Insolvenzverwalters und aus den Umständen ergäben, unter denen er seine Tätigkeit ausübe.[290] Bei der Fortführung eines insolventen Unternehmens stehe der Verwalter regelmäßig vor besonderen Schwierigkeiten. Außer den Problemen, die sich unmittelbar aus der Insolvenz des Unternehmens ergäben, sei zB zu berücksichtigen, dass der Verwalter eine Einarbeitungszeit benötige, wenn er ein fremdes Unternehmen in einem ihm möglicherweise nicht vertrauten Geschäftszweig übernehme, und dass er häufig keine ordnungsgemäße Buchführung vorfinde. Er übe sein Amt also in aller Regel unter erheblich ungünstigeren Bedingungen aus als der Geschäftsführer eines wirtschaftlich gesunden Unternehmens. Soweit im Verfahren keine Unternehmensfortführung stattfinde, sondern die Verwertung der einzelnen Gegenstände des Schuldnervermögens betrieben werde, komme ohnehin nur ein besonderer, speziell auf die Verwaltertätigkeit bezogener Sorgfaltsmaßstab in Betracht.[291]

Hiernach ist die Sorgfalt eines ordentlichen und gewissenhaften Insolvenzverwalters – als normativer, **90** weitgehend objektiv zu fassender Verschuldensmaßstab – an den **individuellen Anforderungen** der

---

[282] BFH NJW 1958, 440.
[283] BSG ZIP 1980, 348; BSG ZIP 1982, 1336.
[284] BSG ZIP 1982, 1336, 1337.
[285] BSG ZIP 1986, 237.
[286] BSG ZIP 1981, 1106.
[287] Vgl. *W. Lüke*, Haftung Konkursverwalter, S. 158.
[288] BGH NJW 1997, 130 und 133; BGH NJW 1997, 1237; BGH NJW 1998, 227.
[289] BGH NJW-RR 1988, 89.
[290] Dies hebt zu Recht *Kübler/Prütting/Bork/Lüke* § 60 RdNr. 36 hervor.
[291] BT-Drucks. 12/2443, S. 129.

Aufgabe ausgerichtet, die der Verwalter wahrnimmt. Für die Fähigkeiten und Kenntnisse, die diese Aufgabe erfordert, hat er einzustehen. Soweit Rechtsfragen zu entscheiden sind, gilt der gleiche Maßstab wie bei einem Rechtsanwalt.[292] Anders als bei den Geschäftsführungsorganen des Handel- und Gesellschaftsrechts ist aber beim Insolvenzverwalter der Fahrlässigkeitsvorwurf **für jede Lage** des Insolvenzverfahrens **gesondert** zu prüfen. Ein bestimmter Fehler kann zu Beginn des Verfahrens schuldlos und später wegen der inzwischen möglichen Einarbeitung schuldhaft begangen werden. Ist sofortiges Handeln geboten, so kann die Zeit fehlen, um den Sachverhalt ausreichend zu ermitteln oder sachkundigen Rat zu einer Rechtsfrage einzuholen. Der Verwalter handelt allerdings schuldhaft, wenn er die zur Einarbeitung in den Sachstand erforderliche Zeit überschreitet oder auf Grund von Angaben des Schuldners oder vorgefundener Unterlagen Entscheidungen trifft, obwohl er die Unrichtigkeit seiner Entscheidungsgrundlagen hätte erkennen können.[293] Schließlich kommt es angesichts der Vielfalt der den Verwalter treffenden Pflichten auch auf die jeweilige **Eigenart der verletzten Pflicht** an.

90a Besonderes Gewicht hat der Verschuldensmaßstab bei den Pflichten, die den Verwalter im Rahmen der Unternehmensfortführung treffen. Die Diskussion, ob die „**Business Judgement Rule**" des § 93 Abs. 1 Satz 2 AktG auch für den Verwalter gilt,[294] führt in die falsche Richtung. Der Verhaltensmaßstab des Verwalters richtet sich stets – auch soweit er unternehmerische Entscheidungen trifft – nach den Anforderungen, die ein ordentlicher und gewissenhafter Insolvenzverwalter einhalten muss.[295] Das bedeutet aber nicht, dass bei rein unternehmerischen Entscheidungen eine strengere Haftung als die eines Vorstandes einer AG bestünde; vielmehr steht dem Verwalter innerhalb seines Pflichtenkreises ein weites Handlungsermessen zu.[296] Eine Analogie zu § 93 Abs. 1 Satz 2 AktG verschleiert die für den Insolvenzverwalter maßgeblichen Haftungsanforderungen, bei denen gerade die schwierige Situation zu berücksichtigen ist, in der sich ein Insolvenzverwalter befindet. Demgemäß fehlt es am Verschulden, wenn der Verwalter sich hinreichend informiert hat und – soweit dem Verwalter ein Ermessen zukommt – schon an einer Pflichtverletzung.[297] Für objektiv ex post festzustellende unternehmerische Fehlentscheidungen haftet der Verwalter schon deshalb nicht, weil ihm insoweit ein vom Insolvenzzweck geprägtes, weites Ermessen zur Verfügung steht. Eines Rückgriffs auf § 93 Abs. 1 Satz 2 AktG bedarf es nicht. Umgekehrt können unternehmerische Entscheidungen, die dem Maßstab des § 93 Abs. 1 Satz 2 AktG genügen, gleichwohl eine Pflichtverletzung des Verwalters darstellen, wenn dieser nämlich die mit dem Insolvenzverfahren verfolgten Ziele in einem pflichtwidrigen Maß außer acht lässt.

91 Beachtet der Insolvenzverwalter das Sorgfaltsgebot, so kann schon die Rechtswidrigkeit seines Verhaltens entfallen. Das wird aber regelmäßig nur dann der Fall sein, wenn es um Verhaltenspflichten geht, deren Reichweite durch den Sorgfaltsmaßstab des § 60 Abs. 1 Satz 2 bestimmt wird.[298] Besteht die Pflichtverletzung darin, dass der Verwalter hätte handeln müssen, dies aber unterlassen hat, handelt er nur schuldhaft, wenn er die Umstände hätte erkennen müssen, die die Handlungspflicht begründeten. So liegt der Fall bei oktroyierten Masseverbindlichkeiten, wenn der Verwalter eine weitere Belastung der Masse etwa durch Freigabe, Freistellung oder Kündigung nicht rechtzeitig verhindert.[299] Der Haftungsmaßstab des § 69 AO gilt nur, soweit den Insolvenzverwalter eine steuerrechtliche Haftung trifft, nicht aber, wenn der Insolvenzverwalter seine Pflichten aus der InsO verletzt und deshalb steuerlich nachteilige Folgen eintreten.[300]

Der Verwalter, der es unterlässt, die Masseunzulänglichkeit anzuzeigen, kann sich gegenüber einzelnen Massegläubigern, die er nicht befriedigt, nicht damit entschuldigen, er habe im Interesse der Unternehmensfortführung die Ansprüche der beschäftigten Arbeitnehmer und der Lieferanten vollständig bedienen müssen.[301] Auch sonst stellt es keine Entschuldigung für pflichtwidrige Handlungen des Verwalters dar, dass diese einem „höheren Gesamtinteresse" gedient hätten.

92 2. Rechtsirrtum. Fehlendes Bewusstsein der Rechtswidrigkeit schließt zwar Vorsatz, nicht aber die für die Haftung nach § 60 ausreichende Fahrlässigkeit aus. Von einem Insolvenzverwalter wird erwartet, dass er die Vorschriften der Insolvenzordnung kennt oder sich zutreffend darüber unterrichtet. Ebenso zu kennen und zu beachten hat er eine gefestigte Literaturmeinung und eine gesi-

---

[292] *Ehlers* ZInsO 2011, 458.
[293] *Häsemeyer* S. 118.
[294] Dagegen *Jungmann* NZI 2009, 80, 82 ff.; dafür *Berger/Frege/Nicht* NZI 2010, 321 ff.; HambKomm-*Weitzmann* § 60 RdNr. 38, 29.
[295] *Ehlers* ZInsO 2011, 458, 459; kritisch auch *Kübler/Prütting/Bork/Lüke* § 60 RdNr. 37.
[296] Vgl. BGHZ 150, 353, 360. Das betont auch HambKomm-*Weitzmann* § 60 RdNr. 30.
[297] Insoweit zutreffend *Berger/Frege/Nicht* NZI 2010, 321, 326 ff.
[298] Vgl. *Baumbach/Hueck/Zöllner/Noack* GmbHG, 19. Aufl., § 43 RdNr. 18.
[299] Vgl. BGHZ 154, 358, 365 f. = NJW 2003, 2454; HambKomm-*Weitzmann* § 60 RdNr. 38.
[300] LG Düsseldorf NZI 2011, 190.
[301] AA LAG Sachsen-Anhalt ZInsO 2007, 1007.

cherte höchstrichterliche Rechtsprechung.[302] Werden allerdings seit dem letzten, lange zurückliegenden Urteil die damaligen Fragen im Schrifttum durchweg anders beantwortet, ist das Vertrauen auf den Fortbestand der früheren Rechtsprechung nicht mehr ohne weiteres gerechtfertigt.[303] Unverschuldet ist ein Rechtsirrtum, wenn es um echte, im Schrifttum unterschiedlich erörterte und höchstrichterlich noch nicht beantwortete Zweifelsfragen geht, der Verwalter sich seine Meinung nach sorgfältiger Prüfung der Sach- und Rechtslage gebildet hat und sich für seinen Standpunkt gute Gründe anführen lassen.[304] Dies gilt etwa für den Streit um den Widerruf von Lastschriften bis zu den Entscheidungen des BGH v. 20.7.2010.[305] Das Verschulden wird durch das Urteil eines Instanzgerichts, das dem Verwalter rechtsirrig ein pflichtgemäßes Verhalten bescheinigt, nicht ausgeräumt, wenn die Entscheidung auf einer unvollständigen Würdigung des Sachverhalts beruht.[306] Beurteilt der Verwalter bei Veräußerung einer Sache die Eigentumslage rechtlich falsch, so sollten für seine Haftung die von der Rechtsprechung entwickelten strengen Grundsätze zum Rechtsirrtum beim Schuldnerverzug[307] nur eingeschränkt gelten. Wegen der einander widerstreitenden Interessen, die der Verwalter zu beachten hat, würde er sonst haften, wie auch immer er eine Zweifelsfrage beantwortet.[308] Führt der Verwalter einen Rechtsstreit für die Masse, so hat er dies mit der Sorgfalt eines beruflichen Sachwalters fremder Vermögensinteressen zu tun. Besitzt er die dafür erforderlichen Kenntnisse nicht, ist er im Rahmen der verfügbaren Mittel verpflichtet, den Rat eines Rechtskundigen einzuholen. Ist der Verwalter selbst Rechtsanwalt, schuldet er den Beteiligten bei der gerichtlichen Durchsetzung der Rechte grundsätzlich dieselbe Sorgfalt wie ein Rechtsanwalt seinem Mandanten. Demgemäß ist er verpflichtet, bei ungeklärter Rechtslage die für die Masse ungünstigere Auffassung in seine Überlegungen mit einzubeziehen und den Weg zu wählen, der geeignet ist, die verfolgten Rechte möglichst umfassend zu wahren.[309]

3. Haftung für Dritte. Der Verwalter hat das Verschulden von Personen, derer er sich zur Erfüllung der spezifischen, ihm als Verwalter obliegenden Pflichten bedient, nach § 278 BGB wie eigenes Verschulden zu vertreten. Voraussetzung für die Anwendung des § 278 Satz 1 BGB ist ein unmittelbarer sachlicher Zusammenhang zwischen dem schuldhaften Verhalten der Hilfsperson und den Aufgaben, die ihr im Hinblick auf die Vertragserfüllung zugewiesen waren. In diesem Rahmen haftet der Geschäftsherr auch für strafbares Verhalten seiner Hilfspersonen. Das gilt selbst dann, wenn diese seinen Weisungen oder Interessen vorsätzlich zuwiderhandeln, um eigene Vorteile zu erzielen. Dabei kommt es nicht darauf an, wem der Erfüllungsgehilfe vertraglich verpflichtet ist, dem Verwalter persönlich oder der Insolvenzmasse.[310] Dieser für die Konkursordnung geltende Grundsatz[311] ist in die Insolvenzordnung übernommen,[312] dort allerdings eingeschränkt worden. Soweit der Verwalter zur Erfüllung der ihm obliegenden Pflichten Angestellte des Schuldners im Rahmen ihrer bisherigen Tätigkeit einsetzen muss und diese Angestellten nicht offensichtlich ungeeignet sind, hat er ein Verschulden dieser Personen nicht nach § 278 BGB zu vertreten, sondern ist nur für deren Überwachung und für Entscheidungen von besonderer Bedeutung verantwortlich (§ 60 Abs. 2). Der Verwalter darf keine andere Wahl haben, als Angestellte des Schuldners einzusetzen. Hierzu können ihn die besonderen Kenntnisse des Angestellten oder finanzielle Gründe zwingen.

Von der Substitution und der Gehilfenhaftung ist der Fall zu unterscheiden, dass der Verwalter für anfallende Sonderaufgaben, die eine besondere Sachkunde erfordern, selbständige Vertragspartner einschaltet, zB betriebswirtschaftliche Sachverständige zu Fragen der Unternehmensbewertung und -fortführung oder Steuerberater für die Buchführung. Der Verwalter wird nach seiner Ausbildung regelmäßig nicht in der Lage sein, alle Aufgaben persönlich zu erfüllen. In dem Falle ist sein Pflichtenkreis begrenzt.[313] Er erfüllt seine Pflicht, indem er die Erledigung der Angelegenheit einem

---

[302] BGH NJW 1983, 1665; BGH NJW-RR 1993, 243; OLG Hamm NJW 1985, 865, 867.
[303] BGH NJW 1993, 3323.
[304] BGH NJW 1994, 2286; OLG Nürnberg ZIP 1986, 244.
[305] HambKomm-*Weitzmann* § 60 RdNr. 13. Vgl. auch BGH NJW 2012, 2800 Tz. 10; BGH, Beschl. v. 3.2.2011 – IX ZR 231/09, n.v.
[306] BGH NJW-RR 1988, 1487.
[307] Hierzu *Ernst* in: MünchKommBGB, 6. Aufl. 2012, § 286 RdNr. 108 ff.
[308] OLG Köln NJW 1991, 2570, 2571; *Jaeger/Gerhardt* § 60 RdNr. 120; *W. Lüke*, Haftung Konkursverwalter, S. 149; *ders.*, Persönliche Haftung, RdNr. 152; *Uhlenbruck/Sinz* § 60 RdNr. 108.
[309] BGH NJW 1994, 323.
[310] Vgl. dazu BGHZ 113, 262 = NJW 1991, 982.
[311] RGZ 142, 184, 188; BGH LM KO § 82 Nr. 3; BGHZ 93, 278, 283 = NJW 1985, 1161; BGH NJW 1985, 2482.; BGH NJW 1994, 3344, 3345; BGH NJW 1997, 1233, 1234 f.; BGH NJW 1997, 1360, 1361; BGH NJW 1997, 2236, 2237; BGH NJW 2001, 3190.
[312] Vgl. RegE, BT-Drucks. 12/2443, S. 129, u. Bericht BTag, BT-Drucks. 12/7302, S. 161.
[313] Vgl. *W. Lüke*, Haftung Konkursverwalter, S. 147; *ders.*, Persönliche Haftung, RdNr. 148.

Dritten überträgt, den er sorgfältig auszuwählen, anzuweisen und zu beaufsichtigen hat; das Geschäftsbesorgungsverhältnis hat er fristlos zu kündigen, falls sich zeigt, dass der Hinzugezogene nachlässig arbeitet.[314] Eine Haftung für fremdes Verschulden nach § 278 BGB entfällt.[315] Allerdings trifft den Verwalter je nach den Umständen eine Pflicht, die Leistungen des Dritten einer Plausibilitätskontrolle zu unterziehen.[316]

§ 831 BGB greift nur ein, soweit es um eine deliktische Haftung geht.

95 **4. Mitwirkendes Verschulden.** Die Verpflichtung des Verwalters, den angerichteten Schaden zu ersetzen, kann nach § 254 BGB infolge Mitverschuldens des Geschädigten gemindert sein oder ganz entfallen. Ein Aussonderungsberechtigter, der es unterlässt, durch Erhebung der Freigabeklage, die Verwertung seines Eigentums zu verhindern, verschuldet seinen Schaden mit.[317] Dasselbe gilt für einen Insolvenzgläubiger, der sich fünf Jahre lang nicht um die von ihm zur Tabelle angemeldeten Forderung kümmert und im Schlusstermin keine Einwendungen gegen das Schlussverzeichnis erhebt, obwohl seine Forderung darin fehlt.[318] Kennt ein Insolvenzgläubiger einen Insolvenzantrag, trifft ihn ein überwiegendes Mitverschulden, wenn er sich nicht nach dem Fortgang des Insolvenzverfahrens erkundigt und deshalb einen Schaden erleidet.[319] Ferner kann einem Insolvenzgläubiger ein Mitverschulden zur Last fallen, wenn er sich nicht mit gebotenem Nachdruck um Abschlagszahlungen (§ 187 Abs. 2) bemüht.[320] Ein Insolvenzgläubiger braucht sich allerdings ohne einen besonderen Anhaltspunkt nicht darauf einzurichten, dass der Verwalter die Verteilung rechtsfehlerhaft vornimmt.[321] Hat der Kostenbeamte des Insolvenzgerichts die Gerichtskostenrechnung trotz Aufforderung schuldhaft nicht rechtzeitig erstellt und sie dem Insolvenzverwalter nicht vor Auskehrung des Überschusses übersandt, muss sich der Justizfiskus eigenes Verschulden bei dem Entstehen des Schadens gemäß § 254 BGB zurechnen lassen.[322] Das mitwirkende Verschulden eines Mitglieds des Gläubigerausschusses kann den Verwalter entlasten, soweit es um einen Einzelschaden geht, der diesem Mitglied entstanden ist.[323]

96 **5. Zustimmung von Insolvenzgericht, Gläubigerversammlung und -ausschuss.** Droht eine erhebliche Verminderung der Insolvenzmasse, falls das Unternehmen fortgeführt wird, so haben der vorläufige Insolvenzverwalter im Eröffnungsverfahren und der Insolvenzverwalter schon vor dem Berichtstermin auf eine Stilllegung des Unternehmens hinzuwirken. Stimmt das Insolvenzgericht im Eröffnungsverfahren der Stilllegung nicht zu (§ 22 Abs. 1 Nr. 2) oder untersagt es in der Zeit zwischen Eröffnung und Berichtstermin auf Antrag des Schuldners die Stilllegung (§ 158 Abs. 2), weil es zu Unrecht auf dem Standpunkt steht, die Masse werde durch eine Fortführung bis zum Berichtstermin nicht erheblich gemindert, so ist der Verwalter hieran gebunden.[324] Diese Bindung hat aber nicht zur Folge, dass regelmäßig Pflichtverletzung und Verschulden entfallen, wenn der Verwalter Masseverbindlichkeiten begründet, die er nicht erfüllen kann.[325] Nimmt der Verwalter aufgrund der Entscheidung des Insolvenzgerichts neue Geschäftsbeziehungen auf oder wählt er die Erfüllung eines gegenseitigen Vertrages (§ 103), haftet er den Altgläubigern nicht, deren Befriedigungsaussichten er auf diese Weise verschlechtert. Gleiches gilt, wenn er deshalb von der möglichen Kündigung von Dauerschuldverhältnissen absieht. Er wird aber die Vertragspartner auf eine Masseunzulänglichkeit hinweisen müssen, sodass sie entscheiden können, ob sie ihrerseits das Dauerschuldverhältnis beenden. Hingegen hat der Verwalter – auch wenn ihm das Gericht die Stilllegung verwehrt – im Interesse der Neugläubiger zu prüfen, ob er die Masseverbindlichkeit erfüllen kann, die aus der Rechtshandlung entsteht. Ist die Nichterfüllung wahrscheinlicher als das Gegenteil, hat er den Vertragspartner hierauf hinzuweisen. Unterbleiben aus diesem Grunde die zur Fortführung des Unternehmens erforderlichen Geschäfte, wird es aus tatsächlichen Gründen zum Stillstand kommen. Dies ist aber regelmäßig auch der Fall, wenn man den Verwalter allgemein von der Haftung für Rechtshandlungen aus der Zeit vor dem Berichtstermin freistellt, weil das Insolvenzgericht die Stilllegung ablehnt. Denn dann weiß der Vertragspartner, dass der Schutz versagt, den § 61 ihm im

---

[314] BGHZ 74, 316, 321 = NJW 1979, 2212.
[315] Vgl. *Häsemeyer* S. 120; *Wellensiek* RdNr. 94; *Haug* ZIP 1984, 773, 776; *Smid* RdNr. 64; *Kübler/Prütting/Bork/Lüke* § 60 RdNr. 41; *Gundlach/Frenzel/Schmidt* NZI 2001, 350, 352.
[316] *Berger/Frege/Nicht* NZI 2010, 321, 327.
[317] BGH NJW 1958, 1534; BGH NJW 1993, 522.
[318] BGH NJW 1985, 2482; OLG Hamm ZIP 1983, 341, 342.
[319] OLG Hamm OLGR Hamm 2008, 364.
[320] BGHZ 106, 134 = NJW 1989, 303.
[321] BGH NJW 1994, 2286.
[322] OLG Schleswig ZIP 1984, 619.
[323] BGH BB 1961, 801.
[324] *Eickmann* ZIP 1981, 479.
[325] *W. Lüke*, Haftung Konkursverwalter, S. 174; anders wohl *W. Lüke* in Prütting, Insolvenzrecht 1996, S. 83.

Der Verwalter benötigt für viele Maßnahmen die Zustimmung von Gläubigerversammlung oder 97
-ausschuss. Handelt er ohne die nach §§ 160 bis 163 erforderliche Zustimmung, ist sein Handeln
nach § 164 zwar wirksam. Er allein hat aber zu verantworten, wenn durch sein Handeln jemand
geschädigt wird.

Die Haftung des Verwalters entfällt grundsätzlich nicht dadurch, dass er in Ausführung eines 98
Beschlusses von Gläubigerversammlung oder -ausschuss handelt.[326] Dies versteht sich von selbst,
wenn er die Entscheidung der Gläubiger pflichtwidrig beeinflusst hat, etwa durch unrichtige oder
unvollständige Berichterstattung oder durch Verschweigen möglicher nachteiliger Folgen, auf die er
die Versammlung hätte hinweisen müssen.[327] Beispielsweise haftet der Verwalter, wenn die Gläubigerversammlung im Berichtstermin auf Grund eines fehlerhaften Berichts zur wirtschaftlichen Lage
und zu den Aussichten der Fortführung (§ 156 Abs. 1) nach § 157 eine aussichtslose Betriebsfortführung beschließt oder eine aussichtsreiche nicht beschließt.

Beschließt die Gläubigerversammlung trotz fehlerfreier Berichterstattung und entgegen dem rich- 99
tigen Rat des Verwalters Maßnahmen, die zum Nachteil von Beteiligten ausschlagen können, so ist
der Verwalter nicht verpflichtet, das Beschlossene auszuführen. Seine Haftung ist nicht wie die des
Vorstands einer Aktiengesellschaft (§ 93 Abs. 4 Satz 1 AktG) und des Geschäftsführers einer GmbH
ausgeschlossen, wenn deren zu einem Schaden der Gesellschaft führendes Handeln auf einem gesetzmäßigen Beschluss der Gesellschafter beruht. Die Haftungsbefreiung dieser Organmitglieder gründet
in der Pflicht, Beschlüsse der Gesellschafter zu befolgen. Diese Folgepflicht trifft den Verwalter nicht.
Denn anders als bei den Organmitgliedern, die Sorgfaltspflichten nur gegenüber ihrer Gesellschaft
haben, ist die Tätigkeit des Verwalters mehrseitig fremdbestimmt. Die Insolvenzgläubiger dürfen den
Verwalter nicht zwingen, Maßnahmen auszuführen, die sich zum Nachteil der anderen Beteiligten
auswirken, beispielsweise zum Nachteil der Massegläubiger. So darf ein Beschluss, das Unternehmen
fortzuführen (§ 157), nicht zu Nachteilen neuer Massegläubiger führen. Ein solcher Beschluss rechtfertigt nicht den Abschluss von Geschäften, die aus der Insolvenzmasse nicht erfüllt werden können,
befreit den Verwalter also nicht von seiner Haftung nach § 61.[328] Die gegenüber neuen Massegläubigern bestehenden Pflichten können sich dahin auswirken, dass die Betriebsfortführung wegen der
dem Verwalter drohenden Haftung unterbleiben muss.[329]

Widerspricht der Beschluss der Gläubigerversammlung dem gemeinsamen Interesse der Insol- 100
venzgläubiger, so muss der Verwalter nach § 78 beantragen, dass das Insolvenzgericht ihn aufhebt.
Dieses Antragsrecht hat er nicht, wenn nur ein Insolvenzgläubiger, der Schuldner, ein Massegläubiger
oder ein Aus- und Absonderungsberechtigter benachteiligt wird. Gleichwohl darf er den Beschluss
im Interesse dieser Beteiligten nicht befolgen.

Benachteiligt ein Beschluss ausschließlich die gemeinsamen Interessen der Insolvenzgläubiger und 101
hat der Verwalter mit seinem Antrag, ihn aufzuheben, beim Gericht keinen Erfolg, so ist er der
Gesamtheit der Insolvenzgläubiger nicht ersatzpflichtig, wenn sie durch die Ausführung geschädigt
werden. Hier mag das Verschulden fehlen. In jedem Falle steht § 254 BGB einem Anspruch der
Insolvenzgläubiger entgegen.[330] Hinsichtlich der übrigen Beteiligten schließt der Beschluss die Haftung nicht aus.[331]

Wenn der Bundesgerichtshof ausführt, der Beschluss des Gläubigerausschusses oder der Gläubi- 102
gerversammlung habe eine entlastende Wirkung, soweit die Zustimmungsbedürftigkeit (§§ 160, 162)
reiche und es darum gehe, ob eine vom Verwalter vorgeschlagene zustimmungsbedürftige Maßnahme vertretbar sei – vorausgesetzt, der Verwalter hat im Vorfeld alles für eine ordnungsgemäße
Beschlussfassung Erforderliche getan,[332] so gilt das nur für das Verhältnis des Verwalters zu den
Insolvenzgläubigern und Absonderungsberechtigten, nicht zu den übrigen Beteiligten. Statt seiner
haften nach § 71 die Mitglieder des Gläubigerausschusses, die wiederum nur den absonderungsberechtigten Gläubigern und den Insolvenzgläubigern verantwortlich sind. Der Gläubigerausschuss soll
den ständigen Einfluss der beteiligten Gläubiger auf den Ablauf des Insolvenzverfahrens sicherstellen,
also deren Interessen wahren. Die Interessen der übrigen Beteiligten – namentlich des Schuldners
und der Massegläubiger – werden durch den umfassenderen Pflichtenkreis des Insolvenzverwalters
geschützt.[333]

---

[326] *Pape* ZInsO 2003, 1013, 1016.
[327] BGH ZIP 1985, 423. vgl. *Leibner* KTS 2005, 75, 79.
[328] Vgl. *Uhlenbruck/Sinz* § 60 RdNr. 102.
[329] Vgl. *W. Lüke*, Haftung Konkursverwalter, S. 76.
[330] Vgl. BGH BB 1961, 801.
[331] Vgl. *W. Lüke*, Persönliche Haftung, RdNr. 162.
[332] BGH ZIP 1985, 423.
[333] So ausdrücklich die Begr. des RegE, BT-Drucks. 12/2443, S. 132.

103 Im Schrifttum wird der Standpunkt vertreten, das Verschulden des Verwalters könne entfallen, wenn er die Zustimmung des Gläubigerausschusses eingeholt habe; denn dieser solle den Verwalter nach § 69 unterstützen.[334] Diese Ansicht, die nach früherem Recht vertretbar sein mochte, trifft nach der Insolvenzordnung nicht auf alle Beteiligten im Sinne des § 60 zu. Da die Ausschussmitglieder – wie sich aus § 71 und der Regierungsbegründung hierzu[335] ergibt – nur die Interessen der Absonderungsberechtigten und Insolvenzgläubiger zur Geltung bringen, wenn sie den Verwalter unterstützen, kann dieser sich nicht darauf verlassen, dass damit auch die Interessen der übrigen Beteiligten, insbesondere der Massegläubiger gewahrt sind. Wird beispielsweise von branchenkundigen Ausschussmitgliedern fälschlich der Absatz von Gütern als sicher hingestellt, die der Verwalter mit zu beschaffendem Material erst fertig stellen muss,[336] so haftet der Verwalter den Massegläubigern, wenn er nicht noch die Auskünfte neutraler Branchenkenner eingeholt hat. Die Haftungsbeschränkung des § 71 hat die Unterstützung durch den Gläubigerausschuss weitgehend entwertet.

104 Haftet der Verwalter wegen Veruntreuung der Masse neben Mitgliedern des Gläubigerausschusses, weil sie ihn entgegen § 69 nicht hinreichend überwacht haben,[337] so haften beide als Gesamtschuldner.[338] Im Innenverhältnis hat der wegen Verletzung der Aufsichtspflicht Haftende gegen den Verwalter als den eigentlichen Schädiger regelmäßig Anspruch auf vollen Ausgleich.

IV. Kausalität, Schaden, Haftpflichtversicherung

105 Art, Inhalt und Umfang der Schadensersatzleistung bestimmen die §§ 249 ff. BGB.[339] Das gilt sowohl für den Anspruch aus § 60 als auch für die Ersatzansprüche wegen schuldhafter Verletzung sonstiger Pflichten. § 60 verschafft keinen Ersatzschuldner;[340] vielmehr stellt § 60 den von der insolvenzspezifischen Pflicht geschützten Beteiligten stets nur so, als ob der Verwalter pflichtgemäß gehandelt hätte (sog. „negatives Interesse"). Der Gläubiger eines Anspruchs aus § 60 muss daher darlegen und beweisen, wie sich seine Vermögenslage bei ohne den Pflichtverstoß des Verwalters dargestellt hätte. Angesichts der Vielzahl unterschiedlicher Pflichten ist stets für die konkrete Pflichtverletzung zu beurteilen, ob und in welcher Höhe ein Schaden entstanden ist, wie sich also die Vermögenslage entwickelt hätte, wenn der Verwalter die konkret verletzte Pflicht beachtet hätte.

106 Hat die verletzte Pflicht den Zweck, einen Schaden, wie er vorliegt, zu verhindern oder ist die Pflichtverletzung ihrer Art nach geeignet, zu einem solchen Schaden zu führen, so ist nach dem Beweis des ersten Anscheins davon auszugehen, dass der Schaden auf der Pflichtverletzung beruht. Verletzt der Verwalter beispielsweise seine Überwachungspflicht (§ 60 Abs. 2), so ist diese Pflichtverletzung ursächlich dafür, dass die Angestellten des Schuldners Verträge abschließen, die aus der Masse nicht erfüllt werden können, oder dass Beträge in der Kasse fehlen.[341] Für die Frage, welchen Schaden der Verwalter verschuldet hat, kommt es auf den Verlauf der Dinge bei pflichtgemäßem Verhalten des Verwalters an. Hängt dies davon ab, wie die Entscheidung eines Gerichts ausgefallen wäre, so ist nicht darauf abzustellen, wie dies Gericht tatsächlich entschieden hätte, sondern darauf, wie es richtigerweise hätte entscheiden müssen.[342]

107 Zu ersetzen sind nach § 60 nur Schäden, die bei wertender Betrachtung in den Schutzbereich der Norm fallen. Deswegen erstreckt sich die gesetzliche Haftung des Verwalters nur auf Schäden aus dem Bereich derjenigen Gefahren, zu deren Abwendung die verletzte insolvenzspezifische Pflicht bestimmt ist. Der entstandene Nachteil muss mit der vom Schädiger geschaffenen Gefahrenlage in einem inneren Zusammenhang stehen, eine bloß zufällige äußere Verbindung genügt nicht.[343] Der Verlust einer tatsächlichen oder rechtlichen Position, auf die der Geschädigte keinen Anspruch hat, stellt grundsätzlich keinen ersatzfähigen Nachteil dar. Der Kläger soll als Schadensersatz nicht mehr erhalten als das, was er nach der materiellen Rechtslage hätte verlangen können.[344] Büßt ein Beteiligter durch Verschulden des Verwalters eine Vollstreckungsmöglichkeit gegen die Masse ein, so ist

---

[334] Kübler/Prütting/Bork/Lüke § 60 RdNr. 47; Heidland S. 563.
[335] BT-Drucks. 12/2443, S. 132.
[336] Beispiel von Heidland S. 563.
[337] Vgl. BGHZ 124, 86 = NJW 1994, 453.
[338] Vgl. Lüke, Haftung Konkursverwalter, S. 189 ff.; BGH NJW 1983, 1856 für die Haftung von Aufsichtsratsmitglied und Geschäftsführer.
[339] BGH NJW-RR 1990, 45.
[340] BGH NJW 2007, 1596 Tz. 14 = NZI 2007, 286; BGH Grundeigentum 2009, 322.
[341] BGHZ 35, 32 = NJW 1961, 1352; BGHZ 49, 121, 123 = NJW 1968, 701; BGHZ 124, 86 = NJW 1994, 453.
[342] BGH NJW 1985, 2482.
[343] BGH NJW 1993, 1206; BGH NJW-RR 1993, 796; BGHZ 124, 86, 96 = NJW 1994, 453.
[344] BGH NJW 1985, 2482; BGH NJW 1987, 3255; BGH NJW-RR 1989, 530; BGHZ 124, 86 = NJW 1994, 453.

er im Rechtssinne nur dann geschädigt, wenn dem Vollstreckungstitel materiell ein Anspruch gegen die Masse zugrunde lag.[345]

Ein Ausfallschaden, den der Insolvenzverwalter einem Massegläubiger nach § 60 zu ersetzen hat, kann schon dann entstanden sein, wenn zwar eine Unzulänglichkeit der Insolvenzmasse (§ 208) noch nicht eingetreten ist, weil in der Masse noch Außenstände vorhanden sind, jedoch ernste Zweifel bestehen, ob sich der Massegläubiger aus diesen in angemessener Zeit wird befriedigen können.[346] Verletzt der Verwalter ein Aussonderungsrecht, so muss er den Wert ersetzen, den das verletzte Rechtsgut für den Aussonderungsberechtigten hatte; er bemisst sich regelmäßig nach den Wiederbeschaffungskosten. Entgangener Gewinn wird nur geschuldet, wenn er nur mit dem Aussonderungsgut, nicht mit einem anderen Gegenstand derselben Gattung zu erzielen gewesen wäre.[347] Insoweit kommt dem Gläubiger § 252 BGB zugute.[348] Vereitelt der Verwalter nur die Ersatzaussonderung schuldhaft, so entspricht die Schadenshöhe dem Wert der vom Verwalter erzielten Gegenleistung.[349] 108

Hat der Verwalter den Erlös aus der Verwertung von Sicherungsgut nicht an den Sicherungsnehmer abgeführt, so entfällt der Schadensersatzanspruch nicht dadurch, dass ein **Bürge** an den Sicherungsnehmer zahlt. Die Zahlung ist nicht schadensmindernd, gibt vielmehr dem Bürgen einen Anspruch auf Abtretung des Ersatzanspruchs oder – nach dessen Erfüllung – auf Auskehrung des Gezahlten.[350] Erlangt die Masse anlässlich der zum Ersatz verpflichtenden Handlung zugleich gegen Dritte einen Anspruch, berührt dies die Ersatzpflicht nicht; vielmehr kann der Verwalter nur verlangen, dass ihm nach § 255 BGB der Anspruch Zug um Zug gegen seine Ersatzleistung abgetreten wird.[351] 109

Wird der Schuldner mit Befriedigung der Insolvenzgläubiger nach § 227 von seinen restlichen Verbindlichkeiten gegenüber diesen Gläubigern befreit, so ist der Schuldner nicht deshalb geschädigt, weil der Verwalter unberechtigte Forderungen anerkannt und zur Masse gehörende Forderungen nicht eingezogen hat. Denn die zusätzlichen Gelder wären ausschließlich den Gläubigern zugeflossen, die dann auf einen geringeren Teil ihrer Forderungen hätten verzichten müssen. Zu einer weitergehenden Haftungsfreistellung des Schuldners hätten sie nicht geführt.[352] 110

Es gelten die Grundsätze der **Vorteilsausgleichung**.[353] Gläubiger, denen das dem Verwalter vorgeworfene Verhalten adäquate Vorteile verschafft, sind insoweit nicht geschädigt. Führt der Verwalter einen Betrieb fort, so übernimmt er ein Risiko im Interesse der Gläubiger. Einen Verlust, den die Gläubiger infolgedessen erleiden, können sie nicht gegen den Verwalter geltend machen, wenn die Vorteile, die sie aus der Fortführung gezogen haben, überwiegen.[354] 111

Der Insolvenzverwalter kann sein Haftungsrisiko durch eine Haftpflichtversicherung i.S.v. §§ 100 ff. VVG absichern.[355] Allerdings enthalten die üblichen Bedingungen einer Vermögensschadenhaftpflichtversicherung für Wirtschaftsprüfer, Steuerberater und Rechtsanwälte (AVB-WSR) regelmäßig einen **Risikoausschluss** für eine Haftung infolge unternehmerischer Fehlentscheidungen. Damit sollen der Versicherungsschutz auf die Haftung aus eigentlich beruflicher Tätigkeit beschränkt und Haftungsansprüche aus berufsfremder Tätigkeit vom Versicherungsschutz ausgenommen werden. Die Tätigkeit eines Insolvenzverwalters unterscheidet sich von der eines Unternehmensleiters. Solange sich der Verwalter im Rahmen des Insolvenzzwecks bewegt, greift die Ausschlussklausel nicht.[356] Bei der Abgrenzung sei nicht auf die (konkrete) fehlerhafte Maßnahme des Verwalters abzustellen, sondern auf den eigentlichen Zweck des Geschäfts, den der Verwalter mit der Maßnahme zu erreichen suche. Erst wenn allein echte unternehmerische Zwecke verfolgt würden, d.h. leitende Entscheidungen nicht vom Insolvenzzweck geprägt, sondern auf einen gewinnbringenden Überschuss gerichtet seien, komme der Risikoausschluss zum Tragen.[357] Sofern diese Risiken zweifelsfrei mitversichert sein sollen, muss eine gesonderte Haftpflichtversicherung abgeschlossen werden, die sämtliche Aufgaben als Sachverständiger in Insolvenzfällen sowie als vorläufiger und endgültiger Verwalter etc. abdeckt.[358] 111a

---

[345] BGHZ 124, 86 = NJW 1994, 453.
[346] BGH WM 1977, 847.
[347] BGH NJW 1958, 1351; *Mölders* NJW 1958, 1681.
[348] BGH NJW 2007, 1596 Tz. 14 = NZI 2007, 286 (verspätete Herausgabe).
[349] BGH NJW 1998, 992.
[350] BGH NJW 1994, 511.
[351] BGH NJW-RR 1990, 45.
[352] RGZ 78, 186.
[353] *Jaeger/Gerhardt* § 60 RdNr. 125.
[354] BGH NJW 1980, 55; *Eickmann* ZIP 1981, 478, 479.
[355] Vgl. hierzu *Ehlers* ZInsO 2011, 458, 462 ff.
[356] BGH ZIP 1980, 851; BGH ZIP 1982, 326.
[357] BGH ZIP 1980, 851; *Uhlenbruck* JZ 1983, 875, 877.
[358] *Ehlers* ZInsO 2011, 458, 466.

V. Haftung des Verwalters und Haftung der Masse

112 Die Haftung des Verwalters wegen schuldhafter Verletzung insolvenzspezifischer und nichtinsolvenzspezifischer Pflichten kann neben eine Haftung der Masse nach § 31 BGB, § 55 Abs. 1 Nr. 1 treten.[359] Die Deliktshaftung der Masse ändert nichts an der des Verwalters.[360] Soweit die Ansprüche gegen Verwalter und Masse auf dasselbe Interesse gehen, besteht eine Gesamtschuldnerschaft. Eine Primärhaftung der Insolvenzmasse, wie sie teilweise vertreten wird,[361] gibt es nicht.[362] Die Ansprüche gegen die Insolvenzmasse und gegen den Verwalter sind gleichrangig; allerdings setzt eine Haftung nach § 60 voraus, dass der Beteiligte einen Schaden erlitten hat. Gleiches gilt, wenn ein Dritter – wie etwa ein Betriebserwerber gemäß § 613a BGB – für die Ansprüche gegen die Masse haftet.[363]

113 Der Gesamtschuldnerausgleich vollzieht sich nach § 426 BGB primär nach Maßgabe einer etwa vorhandenen Sonderrechtsbeziehung, sekundär nach Maßgabe einer etwa eingreifenden gesetzlichen Spezialregel – namentlich § 254 BGB – und hilfsweise nach Kopfteilen. Da der Verwalter – s. oben unter RdNr. 19 – die Masse regelmäßig von jeder Verbindlichkeit befreien muss, mit der er sie schuldhaft rechtswidrig belastet hat, trägt er in jedem Fall des Verschuldens im Innenverhältnis den Schaden allein.[364]

114 Der Verwalter kann den Gläubiger nicht darauf verweisen, sich durch Aufrechnung gegenüber einem Anspruch der Masse zu befriedigen. Die §§ 770 Abs. 2 BGB, 129 Abs. 3 HGB betreffen Fälle, in denen der Schuldner für eine fremde Verbindlichkeit garantieähnlich haftet. Der Verwalter haftet aber primär, nicht subsidiär.[365] Ein Schadensersatzanspruch, der aus § 60 hergeleitet wird, berechtigt den Gläubiger nicht zu einem Einwand gegenüber einem Anspruch der Insolvenzmasse, den der Verwalter als Amtswalter geltend macht.[366]

115 (Einstweilen frei)

VI. Gesamt- und Einzelschaden

116 Jede Pflichtverletzung des Verwalters, die sich mittelbar oder unmittelbar nachteilig auf das zur Insolvenzmasse gehörende Vermögen auswirkt, schädigt die Gläubiger – sofern sie am Insolvenzverfahren beteiligt sind, da sie sonst bei der Verteilung nichts zu erwarten haben (§§ 187 ff.) – gemeinschaftlich. Das Gesetz (§ 92) spricht von einem **Gesamtschaden**. Der Anspruch auf Ersatz eines Gesamtschadens gehört zur Insolvenzmasse, falls sich die Masseverkürzung in vollem Umfang auf das Vermögen des Schuldners auswirkt.[367] Dessen Rechte werden im Insolvenzverfahren nach § 80 vom Insolvenzverwalter ausgeübt. Wird kein Recht des Schuldners, sondern ausschließlich das gemeinschaftliche Verwertungsrecht aller Insolvenzgläubiger verletzt,[368] so steht der Ersatzanspruch der Gläubigergemeinschaft zu. Einfordern kann ihn nach § 92 nur ein Insolvenzverwalter. Der durch Minderung der Masse mittelbar geschädigte Gläubiger kann seinen Schaden – selbst durch Klage auf Feststellung seines Schadensanteils oder durch Klage auf Leistung in die Masse – aus eigenem Recht während der Dauer des Insolvenzverfahrens nicht geltend machen; dies wäre mit dem Grundsatz der gemeinschaftlichen und gleichmäßigen Gläubigerbefriedigung nicht zu vereinbaren.[369] Allerdings steht neben dem Anspruch auf Ersatz des Gemeinschaftsschadens jedem an der Verteilung der Masse teilnehmenden Insolvenzgläubiger ein Anspruch auf Ersatz seines Einzelschadens (Quotenschadens) zu, den er aber erst nach Abschluss des Verfahrens erheben kann.[370] Während des Verfahrens können Ansprüche gegen den Verwalter nur von einem neu bestellten Insolvenzverwalter oder einem Sonderinsolvenzverwalter geltend gemacht wer-

---

[359] BGH NJW 1958, 1534; BGH NJW 1958, 1351; BGH WM 1961, 511; *Kübler/Prütting/Bork/Lüke* § 60 RdNr. 7. *Lüke* ZIP 2005, 1113, 1116.
[360] BGH NJW-RR 1988, 89; *Bank/Weinbeer* NZI 2005, 478, 480.
[361] *Uhlenbruck/Uhlenbruck* InsO 12. Aufl. § 60 RdNr. 2, 39; teilweise aufgegeben von *Uhlenbruck* RdA 2008, 44, 46.
[362] RGZ 144, 179, 182; BGH NJW 1958, 1534; BGH NJW-RR 2006, 694 = NZI 2006, 169; BAG NZI 2007, 535; *Uhlenbruck/Sinz* § 60 RdNr. 113; *Kübler/Prütting/Bork/Lüke* § 60 RdNr. 7.
[363] BAG NZI 2007, 535 m. A. v. *Uhlenbruck* RdA 2008, 44; aA *Kübler/Prütting/Bork/Lüke* § 60 RdNr. 8.
[364] *K. Schmidt* KTS 1976, 191, 207; *Hess* § 82 KO, RdNr. 62.
[365] BGHZ 124, 86 = NJW 1994, 453.
[366] BGHZ 37, 75 = WM 1962, 1009; BGHZ 131, 325 = NJW 1996, 850.
[367] *Jaeger/Gerhardt* § 60 RdNr. 131; *Uhlenbruck/Sinz* § 60 RdNr. 119.
[368] Vgl. BGH NJW-RR 1990, 45.
[369] BGH NJW-RR 1990, 45 = WM 1989, 1781; BGHZ 113, 262, 279 = NJW 1991, 982; BGHZ 126. 181. 190 = NJW 1994, 2220; BGHZ 138, 211, 214 = NJW 1998, 2667 = NZI 1998, 38; BGH NZI 2004, 496 m. A. *Huber*.
[370] BGH NJW 1973, 1198; BGH NJW- RR 1990, 45 = WM 1989, 1781, 1784; BGH NZI 2004, 496 m. A. *Huber*.

den.[371] Der Rechtsausschuss des Bundestages hat die Bestellung eines Sonderinsolvenzverwalters auch ohne gesetzliche Regelung für möglich gehalten und deshalb die von der Bundesregierung vorgeschlagene Regelung[372] gestrichen.[373] Die Bestellung eines Sonderinsolvenzverwalters rechtfertigt sich schon für die Prüfung der Frage, ob gegen den Insolvenzverwalter Schadensersatzansprüche zugunsten der Masse geltend gemacht werden können.[374] Entsprechendes gilt, wenn der Verwalter die einer bestimmten Gläubigergruppe zugeordnete Sondermasse[375] geschädigt hat. Wird nach Aufhebung des Insolvenzverfahrens gemäß § 203 wegen des Schadensersatzanspruchs eine Nachtragsverteilung angeordnet, so gilt nichts anderes. Der Sonderverwalter oder neue Insolvenzverwalter kann Insolvenzgläubiger ermächtigen, den Gesamtschaden als Prozessstandschafter geltend zu machen.[376]

Kommt es nicht zu einer Nachtragsverteilung, was nach § 203 Abs. 3 möglich ist, so kann jeder Insolvenzgläubiger seinen Quotenschaden (Ausfallschaden) wegen schuldhafter Verkürzung der Insolvenzmasse aus § 60 selbst gegen den Insolvenzverwalter geltend machen.[377] Soweit die Gläubiger befriedigt werden, entfällt zugleich der Schaden des Schuldners. Dieser ist allerdings von vornherein nicht geschädigt, wenn der Verwalter die Masse dadurch verkürzt, dass er an bestimmte Insolvenzgläubiger mehr als die ihnen zustehende Quote auszahlt. Denn die Summe der Verbindlichkeiten, die nach dem Ende des Verfahrens gegen den Schuldner geltend gemacht werden können, bleibt gleich. Die schuldhaft pflichtwidrige Masseverkürzung hat also nicht das Vermögen des Schuldners, vielmehr allein das allen Insolvenzgläubigern seit Verfahrenseröffnung als Gemeinschaftsrecht zustehende Verwertungsrecht beeinträchtigt.[378] **117**

Ist nur ein **Individualschaden** eingetreten, kann ihn der betroffene Beteiligte sofort einklagen. Allerdings führen auch solche Pflichtverletzungen des Verwalters, die gerade einen Vermögenswert eines bestimmten Beteiligten (Insolvenz- oder Massegläubiger, Aus- oder Absonderungsberechtigten) beeinträchtigen, zugleich zu einem Gesamtschaden, sofern dem Beteiligten neben dem Verwalter auch die Masse auf Schadensersatz haftet. Ein solcher Gesamtschaden hindert den Beteiligten aber nicht, sofort seinen Einzelschaden vom Verwalter ersetzt zu verlangen, sofern er mehr als nur einen **Quotenschaden**[379] erlitten hat. Dies ist der Fall, wenn er seine betroffene Vermögensposition bereits während des laufenden Insolvenzverfahrens hätte durchsetzen können.[380] Während dies bei Aus- und Absonderungsberechtigten regelmäßig zutreffen wird, gilt dies für Massegläubiger jedenfalls, sofern und soweit der Schaden vor Anzeige der Masseunzulänglichkeit eingetreten ist.[381] Hingegen betreffen Individualschäden bei Insolvenzgläubigern und Schuldner im allgemeinen Rechte, die sie erst mit Abschluss des Verfahrens hätten verwirklichen können. **118**

VII. Prozessuales

Im Prozess ist der Anspruch aus § 60 vor den ordentlichen Gerichten einzuklagen. Nimmt man an, dass die Verantwortlichkeit des Insolvenzverwalters für Einzel- und Gemeinschaftsschäden dem Deliktsrecht nahesteht,[382] kann der Anspruch aus § 60 auch im **Gerichtsstand** der unerlaubten Handlung (§ 32 ZPO) geltend gemacht werden.[383] **119**

Im Prozess ist gegebenenfalls durch Auslegung zu ermitteln, ob der Verwalter als Partei kraft Amtes oder aus persönlicher Haftung nach §§ 60, 61 in Anspruch genommen wird. Dabei handelt es sich um verschiedene Streitgegenstände.[384] Macht der Gläubiger den Anspruch aus § 60 gegen den Verwalter persönlich und zugleich den Anspruch aus § 55 Abs. 1 Nr. 1 gegen den Verwalter auf Zahlung aus der Masse geltend, wird die Klage in 1. Instanz insgesamt abgewiesen und enthält die Berufungsbegründung kein Wort zur Abweisung des Anspruchs aus § 60 persönlich, so ist die Beru- **120**

---

[371] RGZ 78, 186, 188; RGZ 89, 237, 240; RGZ 142, 184, 188; BGH NJW 1973, 1198; NJW-RR 1990, 45 = WM 1989, 1781, 1784; BGHZ 124, 27 = NJW 1994, 323; BGH NZI 2004, 496 m. A. *Huber;* vgl. dazu *Lüke* ZIP 2004, 1693; *Dahl* ZInsO 2004, 1014.
[372] § 77 des RegE, BT-Drucks. 12/2443, S. 20, 131.
[373] Bericht BTag, BT-Drucks. 12/7302, S. 162.
[374] OLG München ZIP 1987, 656.
[375] Vgl. hierzu BGHZ 71, 296, 304 ff. = NJW 1978, 1525.
[376] BGH NJW-RR 1990, 45.
[377] BGH NJW 1973, 1198; *Jaeger/Gerhardt* § 60 RdNr. 137.
[378] BGH NJW-RR 1990, 45.
[379] Hierzu HK-*Kayser* § 92 RdNr. 6, 14.
[380] BGH NJW 1973, 1043; BGH WM 1975, 517; BGH WM 1977, 847; BGHZ 106, 134, 139 = NJW 1989, 303; BGH NJW 1994, 323; BGHZ 159, 104 = NJW 2004, 3334 = NZI 2004, 435 m. A. *Kaufmann.*
[381] BGHZ 159, 104 = NJW 2004, 3334 = NZI 2004, 435 m. A. *Kaufmann; Fischer* WM 2004, 2185, 2188.
[382] Vgl. BGHZ 93, 278, 284 = NJW 1985, 1161.
[383] Vgl. OLG Celle WM 1988, 131, 133; HambKomm-*Weitzmann* § 60 RdNr. 52; Zöller/*Vollkommer*, ZPO, 29. Aufl., § 32 RdNr. 11a. AA *Jaeger/Gerhardt* § 60 RdNr. 13.
[384] BGH WM 1989, 1546, 1549; BGH NJW 1991, 427, 429; BGH NZI 2008, 63 Tz. 7.

§ 61　　　2. Teil. 3. Abschnitt. Insolvenzverwalter. Organe der Gläubiger

fung unzulässig, soweit sie sich gegen den Verwalter persönlich richtet.[385] Wechselt der Kläger in der Berufungsinstanz auf der Beklagtenseite die Partei aus, so ist die Zustimmung des Verwalters zu diesem Wechsel entbehrlich, weil ihre Verweigerung missbräuchlich wäre.[386] Denn der Verwalter war von Anfang an – entweder persönlich oder als Amtswalter – am Rechtsstreit beteiligt. Werden der Verwalter und die Masse zugleich in Anspruch genommen, müssen beide Ansprüche unbedingt erhoben sein; andernfalls fehlt es an einem unbedingten Prozessrechtsverhältnis.[387]

121　Die Beweislast für die Pflichtverletzung trifft den Gläubiger. Dies gilt auch für eine pflichtwidrige Handlung bei unternehmerischen Entscheidungen.[388] Ebenso hat der Geschädigte die Beweislast für das Verschulden des Verwalters, die Ursächlichkeit seines Verhaltens sowie die Höhe des Schadens. Es handelt sich um anspruchsbegründende Tatsachen. Die Beweislast für ein Mitverschulden und einen auszugleichenden Vorteil als Folge der Pflichtverletzung hat der Verwalter.

§ 61 Nichterfüllung von Masseverbindlichkeiten

[1]Kann eine Masseverbindlichkeit, die durch eine Rechtshandlung des Insolvenzverwalters begründet worden ist, aus der Insolvenzmasse nicht voll erfüllt werden, so ist der Verwalter dem Massegläubiger zum Schadenersatz verpflichtet. [2]Dies gilt nicht, wenn der Verwalter bei der Begründung der Verbindlichkeit nicht erkennen konnte, daß die Masse voraussichtlich zur Erfüllung nicht ausreichen würde.

Schrifttum (Auswahl; vgl. auch die Angaben zu § 60): *Adam,* Die Haftung des Insolvenzverwalters aus § 61 InsO, DZWIR 2008, 14; *Bähr,* Zahlungszusagen bei Betriebsführungen in Insolvenzeröffnungsverfahren, ZIP 1998, 1553; *Feuerborn,* Rechtliche Probleme der Unternehmensfortführung durch den Sequester und den vorläufigen Insolvenzverwalter, KTS 1997, 171; *Hees,* Haftung des Insolvenzverwalters aus § 61 InsO auch bei Sekundäransprüchen?, ZIP 2011, 502; *Jaffé/Hellert,* Keine Haftung des vorläufigen Insolvenzverwalters bei Anordnung eines allgemeinen Zustimmungsvorbehalts, ZIP 1999, 1204; *Kirchhof,* Rechtsprobleme bei der vorläufigen Insolvenzverwaltung. Zur Haftung des vorläufigen Insolvenzverwalters bei Unternehmensfortführung und zu Fragen der Masseschulden und Masseunzulänglichkeit, ZInsO 1999, 365; *Kübler,* Sondersituationen bei Unternehmensfortführung und Unternehmenskauf im Konkurs, ZGR 1982, 498; *Laws,* Insolvenzverwalter-Haftung wegen Nichterfüllung von Masseverbindlichkeiten nach § 61 InsO, MDR 2003, 787; *Marotzke,* Die Amtsbezeichnung und die Haftung des „schwachen" vorläufigen Insolvenzverwalter, FS Kreft, S. 411; *von Olshausen,* Die Haftung des Insolvenzverwalters für die Nichterfüllung von Masseverbindlichkeiten und das Gesetz zur Modernisierung des Schuldrechts (§ 311a Abs. 2 BGB nF), ZIP 2002, 237; *Pape,* Das Risiko der persönlichen Haftung des Insolvenzverwalters aus § 61 InsO, ZInsO 2003, 1013; *ders.,* Zur Haftung des vorläufigen und des endgültigen Insolvenzverwalters aus § 61 InsO, FS Kirchhof, S. 391; *ders.,* Qualität durch Haftung? – Die Haftung des rechtsanwaltlichen Insolvenzverwalters, ZInsO 2005, 953; *Schmehl/Mohr,* Umsatzsteuer auf die Insolvenzverwalterhaftung nach § 61 InsO?, NZI 2006, 276; *Schoppmeyer,* Die Haftung des Insolvenzverwalters nach § 61 InsO – Kontinuität oder Bruch mit der bisherigen Rechtsprechung?, FS Kreft, S. 525; *Seidel/Hinderer,* Haftung des Insolvenzverwalters bei Masseunzulänglichkeit, NZI 2010, 745; *Uhlenbruck,* Probleme der Betriebsfortführung im Rahmen eines Insolvenzverfahrens, in: FS Hanisch, S. 281; *Wallner/Neuenhahn,* Ein Zwischenbericht zur Haftung des (vorläufigen) Insolvenzverwalters – Gratwanderung zwischen Fortführungs- und Einstandspflicht, NZI 2004, 63; *Webel,* Haftung des Insolvenzverwalters aus § 61 InsO für ungerechtfertigte Bereicherungen der Masse und USt-Masseverbindlichkeiten, ZInsO 2009, 363.

Übersicht

	Rn.		Rn.
A. Normzweck und Grund der Haftung	1–3	c) Haftungsauslösender Tatbestand	30–32
B. Entstehungsgeschichte	4–6	2. Haftung gegenüber sonstigen Beteiligten	33
C. Haftungsvoraussetzungen	7–54	3. Entsprechende Anwendung	34–38
I. Haftung für Nichterfüllung	7–38	II. Nicht insolvenzspezifische Pflichten	39–42
1. Haftung gegenüber Massegläubigern	8–32	III. Verschulden	43–45
a) Betroffene Masseverbindlichkeiten	8–19	IV. Kausalität und Schaden	46–51
b) Haftungsbegründende Pflichtverletzung	20–29	V. Prozessuales	52–54

---

[385] BGH NJW 1991, 427, 429.
[386] BGHZ 21, 285, 287 f. = NJW 1956, 1598; BGHZ 90, 17, 19 = NJW 1984, 1169; BGHZ 144, 192, 196 = NJW 2000, 1950 = NZI 2000, 306.
[387] BGH NZI 2008, 39 Tz. 13.
[388] AA in Anlehnung an § 93 Abs. 2 Satz 2 AktG *Berger/Frege/Nicht* NZI 2010, 321, 331 f.

A. Normzweck und Grund der Haftung

§ 61 tritt neben die allgemeine Haftung des Verwalters nach § 60. Während § 60 den allgemeinen Interessenkonflikt zwischen Verwalter, Schuldner und von der Insolvenz betroffenen Dritten regelt, zielt § 61 auf einen besonderen Fall. Die Vorschrift will die Interessen von Massegläubigern schützen, die durch eine Rechtshandlung des Verwalters mit der Masse in Kontakt gekommen sind und deren Vermögen gemehrt oder ihr einen sonstigen Vorteil verschafft haben.[1] Ziel ist also der Schutz potentieller Massegläubiger. **1**

Der Normzweck wird aber nicht allein durch den Gläubigerschutz bestimmt; maßgebend ist vielmehr die Bewertung der Interessenlage und der unterschiedlichen Interessen der Beteiligten durch den Gesetzgeber. Im Vordergrund der Überlegungen steht dabei die Unternehmensfortführung. Zu Masseverbindlichkeiten durch Rechtshandlungen des Verwalters (§ 55 Abs. 1 Nr. 1) kommt es vermehrt und unvermeidlich, wenn der Verwalter das Unternehmen des Schuldners fortführt. Je größer das Risiko des Verwalters ist, für die neuen Verbindlichkeiten neben der Masse persönlich haften zu müssen, desto weniger wird er bereit sein, das Unternehmen fortzuführen. Andererseits ist die Bereitschaft, Leistungen an die Masse zu erbringen, umso geringer, je größer das Risiko ist, mit dem Anspruch auf die Gegenleistung auszufallen. Das Risiko hängt entscheidend davon ab, wie groß die Aussichten sind, dass das Unternehmen erfolgreich fortgeführt oder saniert werden kann. Es ist nicht zu rechtfertigen, unbeteiligte Dritte zu schädigen, wenn die Fortführung des Unternehmens aussichtslos ist. Hier findet § 61 einen Kompromiss, der einerseits zugunsten der Gläubiger eine strenge Haftung des Verwalters für von ihm begründete Masseverbindlichkeiten schafft, auf der Gegenseite aber die Haftung des Verwalters auf von ihm beherrschbare Risiken beschränkt, insbesondere das allgemeine Prognoserisiko dem Gläubiger auferlegt.[2] Die Norm strebt also letztlich dahin, den Verwalter zu einer sorgfältigen Prüfung anzuhalten, ob die Fortführung des Unternehmens nicht wenigstens soviel wird erwirtschaften können, dass der Aufwand gedeckt ist. **2**

§ 61 sanktioniert nicht die Verletzung von Informations- oder Hinweispflichten. Vielmehr steht im Vordergrund die Verpflichtung des Verwalters, Rechtshandlungen gegenüber Dritten, die Masseverbindlichkeiten begründen, nur dann vorzunehmen, wenn die Erfüllung dieser Verbindlichkeiten voraussichtlich gesichert ist. Es geht also darum, dem Verwalter bestimmte Handlungspflichten aufzuerlegen: Pflichtgemäßes Verhalten besteht darin, vor der Begründung einer Masseverbindlichkeit eine ordnungsgemäße Prognose über die voraussichtliche Erfüllbarkeit der Masseverbindlichkeit aus der Masse aufzustellen. **3**

Hierbei handelt es sich um eine Verschuldens-, keine Garantiehaftung oder verschuldensunabhängige Haftung. Ob die sanktionierte Verpflichtung eine insolvenzspezifische Pflicht des Verwalters darstellt, ist sekundär, weil § 61 eigenständig neben § 60 tritt.

B. Entstehungsgeschichte

§ 61 ist eine Neuschöpfung. Die Rechtsprechung zur Haftung des Verwalters, der das Unternehmen des Schuldners fortführt, hat eine wechselvolle Entwicklung genommen. Der Bundesgerichtshof hat mehrfach entschieden, dass der Verwalter Masseansprüche nicht begründen darf, wenn es nicht möglich ist, sie aus der Masse zu tilgen.[3] Lange Zeit ließ der Bundesgerichtshof den Verwalter mit der Begründung haften, das Konkursverfahren sei vom Streben nach beschleunigter Liquidation beherrscht.[4] Neuen Gläubigern gegenüber sei der Verwalter uneingeschränkt verpflichtet, Masseansprüche nur dann zu begründen, wenn gegen ihre Befriedigung aus der Masse nach sorgfältiger Prüfung aller Umstände keine Bedenken bestünden.[5] **4**

Als sich später in der Rechtsprechung die Erkenntnis durchsetzte, neben der Liquidation sei auch die Fortführung des Unternehmens zwecks besserer Verwertung vom Konkurszweck gedeckt, schränkte der Bundesgerichtshof die Haftung des Verwalters nach § 82 KO ein. Tritt der Verwalter einem Verhandlungspartner gegenüber, der mit der Konkursmasse ins Geschäft kommen wolle, so träfen ihn keine konkursspezifischen, sondern nur allgemeine Pflichten. Ähnlich wie der Vertretene für die Verletzung von Aufklärungs- und Hinweispflichten seines Vertreters hafte, hafte für solche **5**

---

[1] Vgl. Begr. RegE BT-Drucks. 12/2443, S. 129; BGHZ 161, 236, 239 f.; BGH NJW 2010, 680 Tz. 7.
[2] Näher zu Interessenlage und Haftungsgrund *Schoppmeyer* S. 525, 529 ff.
[3] BGH NJW 1958, 1351; BGH WM 1961, 511; BGH NJW 1973, 1043; BGH WM 1975, 517; BGH WM 1977, 847; BGH NJW 1980, 55; BGHZ 99, 151 = NJW 1987, 844; BGHZ 100, 346 = NJW 1987, 3133; BGH NJW-RR 1990, 94.
[4] BGH NJW 1980, 55.
[5] BGH NJW 1958, 1351; BGH WM 1961, 511; BGH NJW 1973, 1043; BGH NJW 1980, 55; BGH NJW 1985, 1159; BGHZ 93, 278, 281 = NJW 1985, 1161.

Pflichtverletzungen des Konkursverwalters allein die Masse. Die Geschäftspartner des Konkursverwalters seien durch die Konkurseröffnung gewarnt und müssten sich bewusst sein, dass sie Risiken, insbesondere das Risiko der Masseunzulänglichkeit eingingen.[6] Erst wenn feststehe, dass der Verwalter die entstehenden Masseverbindlichkeiten nicht werde tilgen können, weil der Betrieb nicht wenigstens seinen Aufwand erwirtschafte und die vorhandene Masse zur Deckung nicht ausreiche, dürfe er das Unternehmen nicht fortführen und keine neuen Masseschulden begründen. Habe er dies erkannt oder bei Anwendung der im Verkehr gebotenen Sorgfalt erkennen können, so hafte er nach § 82 KO für die gleichwohl begründeten Masseschulden.[7]

6 Die Insolvenzrechtskommission griff die Problematik auf; der LS 3.2.3 entspricht dem heutigen § 61. Danach haftet kraft gesetzlicher Anordnung der Verwalter, der Masseschulden begründet, zu deren Erfüllung die Masse erkennbar voraussichtlich nicht ausreicht. Die These, § 61 verschärfe die Pflichten des Verwalters und stelle den Rechtszustand aus der Zeit vor dem Urteil des Bundesgerichtshofes vom 4. Dezember 1986[8] wieder her,[9] trifft jedoch in dieser Zuspitzung nicht her. Vielmehr **bringt § 61** die Entwicklung der Rechtsprechung **zu einem Abschluss**, bei dem die widerstreitenden Interessen des Verwalters und der Massegläubiger einen sinnvollen Ausgleich finden; zugleich korrigiert der Gesetzgeber damit die erst in der Entscheidung vom 14. April 1987[10] enthaltene vollständige Befreiung des Verwalters von jeder Haftung für die Begründung von Masseverbindlichkeiten.[11]

C. Haftungsvoraussetzungen

I. Haftung für Nichterfüllung

7 § 61 erfasst nur Einzelschäden in der Person des Massegläubigers. Gegenüber anderen Beteiligten greift § 61 nicht. Der geschädigte Massegläubiger kann diesen Schaden bereits während des laufenden Verfahrens gegen den Insolvenzverwalter geltend machen,[12] weil es sich um einen Individualanspruch handelt. Deshalb ist ein Insolvenzverwalter nicht befugt, Ansprüche nach § 61 gegen seinen Amtsvorgänger zu erheben.[13]

8 **1. Haftung gegenüber Massegläubigern. a) Betroffene Masseverbindlichkeiten.** § 61 schützt nur bestimmte Massegläubiger. Die Vorschrift greift ein, wenn der Verwalter Masseverbindlichkeiten durch sein Handeln begründet.[14] Eine Rechtshandlung des Verwalters muss zur Masseverbindlichkeit führen. Für welche Masseverbindlichkeiten dies gilt, ist nicht begrifflich, sondern nach den § 61 zugrunde liegenden gesetzgeberischen Wertentscheidungen zu beurteilen. Zwei Aspekte prägen sie: Im Vordergrund steht die – im weiteren Sinn – Kreditgewährung durch den Massegläubiger; diese kann nicht nur im Abschluss eines neuen Vertrags liegen, sondern ihren Grund bereits vor Insolvenzeröffnung haben, indem der Vertrag noch mit dem Schuldner abgeschlossen worden ist, nunmehr aber zugunsten der Masse (weiter) erfüllt werden soll. Zentral ist das Vertrauen des Massegläubigers, die vereinbarte Gegenleistung auch zu erhalten. Andererseits muss der Verwalter den „Kredit" des Massegläubigers gerade durch sein Handeln (nicht notwendig durch eine bewusste Willensentscheidung) für die Masse annehmen bzw. über den Zeitraum hinaus nutzen, der dem Gläubiger nach den allgemeinen insolvenzrechtlichen Regeln unabhängig von einem Verhalten des Verwalters zugemutet wird.

Entsprechend dem Zweck des § 61, eine solche Art der Kreditgewährung an die Masse zu schützen, kommen als Rechtshandlung zur Begründung der Masseschuld neben dem Vertragsschluss daher auch die Erfüllungswahl (§ 103) sowie bei Dauerschuldverhältnissen – sofern sie mit Wirkung gegen die Masse fortbestehen (vgl. insb. § 108) – die unterlassene Kündigung in Betracht.[15] § 61 gilt in gleicher Weise für Neumasseverbindlichkeiten, die der Verwalter nach Anzeige der Masseunzu-

---

[6] BGHZ 100, 346, 351 = NJW 1987, 3133.
[7] BGHZ 99, 151, 156 = NJW 1987, 844; BGH NJW-RR 1990, 94.
[8] BGHZ 99, 151 = NJW 1987, 844.
[9] Vorauflage §§ 60, 61 RdNr. 34; *Uhlenbruck* KTS 1994, 169, 180; *Vallender* ZIP 1997, 345, 349; *Bähr* ZIP 1998, 1553, 1562. Ähnlich *Pape/Graeber* Teil 3 RdNr. 20.
[10] BGHZ 100, 346.
[11] Hierzu näher *Schoppmeyer* S. 525, 529 ff.
[12] BGH NJW 1973, 1043; BGH WM 1975, 517; BGH WM 1977, 847; BGHZ 106, 134, 139 = NJW 1989, 303; BGH NJW 1994, 323; BGHZ 159, 104 = NJW 2004, 3334 = NZI 2004, 435 m. A. *Kaufmann*.
[13] BGH NZI 2006, 580; *Pape* ZInsO 2005, 953, 960.
[14] BGH WM 2010, 2321; BGHZ 161, 236, 239 f.
[15] BGHZ 161, 236 = NZI 2005, 901 = NZI 2005, 155; BGHZ 159, 104, 111 ff. = NJW 2004, 3334 = NZI 2004, 435; BGH ZIP 2012, 533 Tz. 33; *Pape* ZInsO 2003, 1013, 1016 f.; *Fischer* WM 2004, 2185, 2186; *Meyer-Löwy/Poertzgen/Sauer* ZInsO 2005, 691 f. Kritisch zu dieser Einschränkung des § 61 *Adam* DZWIR 2008, 41 ff.

länglichkeit begründet.[16] Diese Haftung besteht zugunsten jedes Massegläubigers, auch wenn der Verwalter das schuldnerische Unternehmen nicht fortführt.

Hingegen haften vorläufiger Verwalter und Verwalter nicht nach § 61 für Masseverbindlichkeiten im Sinne von § 90, die sie nicht begründet haben und **nicht beeinflussen** können.[17] Hierzu zählen auch (Alt-)Masseverbindlichkeiten, die entstanden sind, bevor der Verwalter sein Amt angetreten hat. Es handelt sich um eine bindende gesetzgeberische Wertentscheidung; demgemäß haftet der Verwalter den Gläubigern aufgezwungener Masseverbindlichkeiten auch dann nicht persönlich, wenn er die Masseverbindlichkeit dadurch hätte verhindern können, dass er die Gegenstände aus der Masse freigegeben hätte.[18] Ansprüche auf Wohngeldzahlungen einer Wohnungseigentümergemeinschaft werden daher von § 61 nicht erfasst.[19] 9

Schutz sollen nur solche Massegläubiger erhalten, die der Masse eine Leistung erbracht haben und Gefahr laufen, mit ihrem Anspruch auf die Gegenleistung auszufallen. Die Haftung findet ihren Grund darin, dass der Verwalter einen Vorteil für die Masse erzielt, den er nicht erhalten hätte, wenn er keine Masseverbindlichkeit begründet hätte. Massegläubiger, die für oder im Zusammenhang mit ihrem Anspruch gegen die Masse keine Gegenleistung erbringen, fallen deshalb nicht unter § 61.[20] Da der **Prozessgegner** im Zusammenhang mit dem Prozess keine Leistung erbringt, steht ihm kein Anspruch aus § 61 zu.[21] Zudem stellt das Risiko, mit dem Kostenerstattungsanspruch auszufallen, keine typische Gefahr der Insolvenzverwaltung dar.[22] 10

Aus dem gleichen Grund können **Sozialversicherungsträger** keinen Schadensersatz aus § 61 wegen nicht abgeführter Sozialversicherungsbeiträge beanspruchen. Dies gilt auch dann, wenn die Sozialversicherungsbeiträge nicht entstanden wären, wenn der Verwalter das Arbeitsverhältnis gekündigt oder die Arbeitnehmer von der Tätigkeit freigestellt hätte.[23] Ebenso wenig können **Steueransprüche**, insbesondere auf Umsatzsteuer aus vom Verwalter getätigten Umsatzgeschäften, nach § 61 ersetzt verlangt werden.[24] Es fehlt nicht nur an einer Gegenleistung der Finanzverwaltung oder des Sozialversicherungsträgers an die Masse, sondern vor allem an einem Vertrauensschaden; weder Finanzverwaltung noch Sozialversicherungsträger setzen Vertrauen in die Erfüllbarkeit des Geschäfts. 11

Sozialplanansprüche nach §§ 111 ff. BetrVG sind oktroyierte Verbindlichkeiten.[25] Aber auch der Nachteilsausgleich nach § 113 Abs. 3 BetrVG löst keine Haftung nach § 61 aus. Das BAG hat diese Ansprüche zwar als Neumasseverbindlichkeit nach § 209 Abs. 1 Nr. 2 eingeordnet.[26] Entscheidend gegen eine Haftung des Verwalters spricht aber, dass der Nachteilsausgleich kein Entgelt für Arbeitsleistungen darstellt, sondern dem Arbeitnehmer den Anspruch auf eine Abfindung aufgrund der Betriebsstilllegung erhalten soll. 12

Deliktische Ansprüche fallen nicht unter den Schutz des § 61;[27] es fehlt schon an der von § 61 vorausgesetzten Möglichkeit, eine Liquiditätsprognose im Hinblick auf die Erfüllbarkeit etwaiger Schadensersatzansprüche anzustellen. Hingegen können **Bereicherungsansprüche** unter Umständen eine Haftung nach § 61 auslösen. Entscheidend ist, ob der Bereicherungsanspruch an die Stelle eines vom Verwalter begründeten Vergütungsanspruchs tritt oder Ersatz für eine solchermaßen veranlasste Leistung an die Masse darstellt.[28] Hingegen gewährt § 61 den Gläubigern keinen Schutz, deren Bereicherungsanspruch allein deshalb entstanden ist, weil der Verwalter irrtümlich fremde 13

---

[16] BGH NJW-RR 2005, 488 = NZI 2005, 222 m. A. *van Zwoll; Laws* MDR 2003, 787, 791; *Leibner* KTS 2005, 75, 82; *Fischer* WM 2004, 2185, 2186; *Kübler/Prütting/Bork/Lüke* § 60 RdNr. 22; *Pape* ZInsO 2003, 1013, 1017; aA *Nerlich/Römermann/Abeltshauser* § 60 RdNr. 45.

[17] OLG Hamm ZIP 1987, 528; BAG ZIP 2006, 1830; *Uhlenbruck/Sinz* § 61 RdNr. 6; *Uhlenbruck* KTS 1976, 212, 213 f.

[18] BGH WM 2010, 2321; LG Stuttgart NZI 2008, 442, 443; *Pape* ZfIR 2007, 817, 820 f.

[19] BGH WM 2010, 2321 Tz. 6; LG Stuttgart NZI 2008, 442. Die gegenteilige Ansicht des OLG Düsseldorf NZI 2007, 50 ist überholt.

[20] BGHZ 161, 236 = NJW 2005, 901 = NZI 2005, 155; OLG Köln ZIP 2008, 1131. *Berger* KTS 2004, 185, 191; *Fischer* WM 2004, 2185, 2189; *Lüke* ZIP 2005, 1113, 1117, der auch gesetzliche Ansprüche aus Verbindung und Vermischung einbeziehen möchte. Kritisch hierzu *Adam* DZWIR 2008, 14, 16.

[21] BGHZ 161, 236 = NJW 2005, 901 = NZI 2005, 155 m. A. *Vallender;* BGH NJW-RR 2006, 694 = NZI 2006, 169; *Schoppmeyer* S. 525, 537 f.; *Berger* KTS 2004, 185, 187; *Fischer* WM 2004, 2185, 2189; *Meyer-Löwy/Poertzgen/Sauer* ZInsO 2005, 691, 693; *Lüke* ZIP 2005, 1113, 1117 f.; aA *Adam* DZWIR 2008, 14.

[22] So zutreffend *Kübler/Prütting/Bork/Lüke* § 61 RdNr. 4e.

[23] Falsch LG Hamburg UV-Recht Aktuell 2007, 1078 ff., das eine Haftung für Unfallversicherungsbeiträge bejaht, weil diese bei einer Freistellung von der Arbeit gem. § 2 Abs. 1 SGB VII nicht entstanden wären.

[24] BGH NZI 2011, 60 Tz. 14; *Laws* ZInsO 2009, 996, 999 f.; aA *Webel* ZInsO 2009, 363, 366 f.; *Huep/Webel* NZI 2011, 389, 393.

[25] *Laws* in *Pape/Graeber* Teil 4 RdNr. 52.

[26] BAG ZIP 2006, 1510 = NZA 2006, 1122.

[27] *Schoppmeyer* S. 525, 538; *Laws* in *Pape/Graeber* Teil 4 RdNr. 75.

[28] *Schoppmeyer* S. 525, 539.

Sachen verwertet hat etc.[29] Es fehlt an der für die gesetzgeberische Entscheidung wesentlichen Voraussetzung, dass der Gläubiger – wenn auch vor Eröffnung – bewusst Kredit gewährt hat und der Verwalter konkreten Anlass haben musste, die Erfüllbarkeit der entstehenden Verbindlichkeit zu erwägen.

14 Ansprüche aus einem **(gerichtlichen) Vergleich** können nur dann zur Haftung nach § 61 führen, wenn und soweit der Vergleich den Massegläubiger zu weiteren Leistungen an die Masse verpflichtet. Sofern mit dem Vergleich bereits zuvor an die Masse erbrachte Leistungen vergütet werden, kommt es für die Haftung auf die diese Leistungen auslösende Handlung des Verwalters an.[30] Dient die Vereinbarung lediglich dazu, einen Streit über vertragliche Leistungsansprüche zu beenden, greift § 61 nicht ein. Daher ist ein Abfindungsvergleich mit einem gekündigten Arbeitnehmer grundsätzlich nicht geeignet, die Haftung nach § 61 zu begründen.[31]

15 Bei Ansprüchen aus **Dauerschuldverhältnissen** ist zu unterscheiden. Unterfällt das Dauerschuldverhältnis § 103 InsO, kommt eine Haftung des Verwalters erst in Betracht, wenn er Erfüllung wählt. Ansprüche nach § 546a BGB können Masseverbindlichkeiten darstellen, wenn der Verwalter für die Masse Besitz an der Mietsache ergreift und zugleich den Vermieter gegen dessen Willen gezielt ausschließt;[32] für die Erfüllung haftet der Verwalter nach § 61.[33]

16 Sofern das Dauerschuldverhältnis mit Wirkung für die Masse fortbesteht (insb. § 108), kommt es darauf an, wann der Verwalter rechtlich wirksam hätte kündigen können. Kündigt der Verwalter das Dauerschuldverhältnis rechtzeitig, so ist unerheblich, ob die Kündigung auch sachlich gerechtfertigt war.[34] Er haftet in keinem Fall persönlich. Die Tatsache, dass der Verwalter hier die Gegenleistung bis zum ersten Kündigungstermin für die Masse in Anspruch nimmt, begründet keine Haftung nach § 61.[35] Dies gilt auch, wenn er es unterlässt, einen Arbeitnehmer vor dem ersten möglichen Kündigungstermin von der Arbeitsleistung freizustellen, wenn die Masse voraussichtlich nicht ausreicht, um die Arbeitslohnansprüche zu erfüllen. Eine unterlassene Freistellung ist keine die Haftung nach § 61 begründende Rechtshandlung.[36]

17 Abweichend hiervon greift die persönliche Haftung, soweit die Masseverbindlichkeit aus einem Dauerschuldverhältnis gerade deshalb entsteht, weil – wie beim vorläufigen, starken Verwalter (§ 55 Abs. 2 Satz 2) und nach Anzeige der Masseunzulänglichkeit (§ 209 Abs. 2 Nr. 3) – der Verwalter die Gegenleistung in Anspruch nimmt. Aus § 90 Abs. 2 Nr. 3 lässt sich kein weiterer Schluss ziehen, weil der Gesetzgeber mit dieser Norm lediglich eine erweiterte Vollstreckungsmöglichkeit geschaffen hat, nicht aber die Haftung des Verwalters erweitern wollte.

18 Der Verwalter haftet **Arbeitnehmern,** die er über den Kündigungszeitpunkt hinaus weiterbeschäftigt, ohne sie darauf hinzuweisen, dass sie wegen Masseunzulänglichkeit kein Entgelt erhalten werden, wenn sie sonst ihre Arbeitskraft anderweitig gegen Entgelt hätten einsetzen können.[37] Aus § 61 folgt die Pflicht des Verwalters, Arbeitsverträge, die er nicht mehr (voll) aus der Masse erfüllen kann, zu kündigen.[38] Der Verwalter, der Masseunzulänglichkeit anmelden muss, muss allein deswegen nicht sogleich den Arbeitnehmer von der Arbeitspflicht freistellen oder das Arbeitsverhältnis kündigen.[39]

19 Schließlich schützt § 61 nur gegen Masseinsuffizienz. Entscheidend ist, ob der Verwalter Anlass und Möglichkeit hatte, im Hinblick auf die Masseschuld eine Liquiditätsbetrachtung anzustellen.[40] § 61 greift deshalb nicht ein, wenn das Unvermögen zur Erfüllung einer Masseverbindlichkeit nicht auf allgemeiner Masseunzulänglichkeit i. S. d. § 208 Abs. 1 beruht. Dies ist etwa der Fall, wenn eine verkaufte Speziessache nicht zur Masse gehört.[41] Die frühere Rechtsprechung zu § 82 KO,[42] die der BGH schon mit Urteil vom 18. Januar 1990[43] aufgegeben hat, ist daher überholt. Gleiches gilt für Sekundäransprüche, auch wenn diese mangels Masse nicht erfüllt werden kön-

---

[29] *Laws* ZInsO 2009, 996, 998 f.; aA *Webel* ZInsO 2009, 363, 365 f.
[30] Vgl. BAG ZIP 2007, 781 = NZI 2007, 535. Anders wohl *Laws* in *Pape/Graeber,* Teil 4 RdNr. 95 ff.
[31] Vgl. BAG NJW 2011, 3739 Tz. 22, das die Haftung aus anderen Gründen verneint.
[32] BGH NJW 2007, 1594 Tz. 21 = NZI 2007, 335.
[33] *Laws* in *Pape/Graeber,* Teil 4 RdNr. 132.
[34] Das BAG NJW 2011, 3739 Tz. 27 scheint nur eine ordnungsgemäße (i.S.v. sachlich gerechtfertigte) Kündigung berücksichtigen zu wollen.
[35] Vgl. BGH NJW 2012, 1361 Tz. 33.
[36] *Richter/Völksen* ZIP 2011, 1800, 1802.
[37] BAG ZIP 1984, 1248, 1250.
[38] BAGE 121, 112 = NZI 2007, 535 Tz. 36.
[39] LAG Niedersachen v. 9.11.2009 – 8 Sa 633/09, juris Tz. 38.
[40] *Kübler/Prütting/Bork/Lüke* § 61 RdNr. 4g.
[41] BGH NZI 2008, 735; *v. Olshausen* ZIP 2002, 237, 239; *Schoppmeyer* S. 525, 532.
[42] BGH NJW 1958, 1351.
[43] BGH NJW-RR 1990, 411.

nen.⁴⁴ Sofern aber die Sekundäransprüche ihren Grund gerade in der Masseinsuffizienz haben – der Gläubiger tritt vom Vertrag zurück, weil der Verwalter nicht zahlt – haftet der Verwalter nach § 61 für den Schaden.⁴⁵

b) Haftungsbegründende Pflichtverletzung. Die haftungsbegründende Pflichtverletzung liegt allein darin, dass der Verwalter eine Masseverbindlichkeit begründete, obwohl zu diesem Zeitpunkt die Masse „voraussichtlich" nicht ausreicht, die sich daraus ergebenden Verpflichtungen zu erfüllen, und er dies erkennen konnte.⁴⁶ Damit besteht eine Haftung des Verwalters nur dann, wenn er **bei Begründung der Masseverbindlichkeit** pflichtwidrig handelt.⁴⁷ Aus § 61 ist kein Anspruch auf Ersatz eines Schadens herzuleiten, der auf anderen – insb. erst später eingetretenen – Gründen beruht. Eine Haftung für Pflichtverletzungen aus der Zeit nach der Begründung der Masseverbindlichkeit kann nur aus § 60 folgen (hierzu § 60 RdNr. 44a, 45 ff.). Unberührt bleibt selbstverständlich die Haftung des Verwalters nach allgemeinen zivilrechtlichen Regeln (RdNr. 39 ff.). 20

Das Gesetz vermutet zugunsten des Gläubigers, dass die Masseverbindlichkeit pflichtwidrig begründet wurde (arg. § 61 Satz 2). In dieser **Umkehr der Beweislast** liegt die wesentliche Änderung gegenüber der bisherigen Rechtsprechung. Nach § 61 Satz 2 entfällt die persönliche Haftung des Verwalters, falls er beweist, dass er bei Begründung der Verbindlichkeit die voraussichtliche Unzulänglichkeit der Masse nicht erkennen konnte. Die Beweislastregelung ist gerechtfertigt, weil im Allgemeinen nur der Insolvenzverwalter einen vollständigen Überblick über den Umfang der Masse und die Höhe der Masseverbindlichkeiten hat.⁴⁸ Sie bezieht sich sowohl auf die voraussichtliche Unzulänglichkeit wie auf deren Nichterkennbarkeit. 21

Der Insolvenzverwalter muss sich allein für den **Zeitpunkt entlasten,** in dem er die Masseverbindlichkeit **begründet** hat. Wann dies der Fall ist, hängt von der Art ab, in der die Masseverbindlichkeit entsteht. Maßgebend ist grundsätzlich, wann der Rechtsgrund gelegt ist; der anspruchsbegründende Tatbestand muss materiell-rechtlich abgeschlossen sein.⁴⁹ Die von § 61 geregelte Interessenlage knüpft an den Zeitpunkt an, in dem der Verwalter die konkrete Leistung des Massegläubigers noch verhindern konnte, ohne vertragsbrüchig zu werden.⁵⁰ Regelmäßig ist die Masseverbindlichkeit mit dem Vertragsschluss begründet. Bei Lieferungen, die der Verwalter – etwa aufgrund eines Rahmenvertrags – erst abrufen muss, kommt es auf den Zeitpunkt des Abrufs an.⁵¹ Sofern erst die Erfüllungswahl zur Masseverbindlichkeit führt, hat sich der Verwalter für den Moment der Erfüllungswahl zu entlasten. Bei Dauerschuldverhältnissen, die vor Insolvenzeröffnung begründet und nach § 108 mit Massemitteln zu erfüllen sind, muss sich der Verwalter ab dem Zeitpunkt ihrer frühestmöglichen Kündigung entlasten.⁵² Begründet der Verwalter eine Masseverbindlichkeit nach § 546a BGB, kommt es auf den Zeitpunkt der Inbesitznahme an; handelt es sich um eine (Neu-)Masseverbindlichkeit, weil der Verwalter die Gegenleistung in Anspruch genommen hat (§§ 55 Abs. 2 Satz 2, 209 Abs. 2 Nr. 3), ist der Entlastungsbeweis für die (erstmalige) Inanspruchnahme zu führen. Im Falle eines Vergleichs ist der Zeitpunkt des Vergleichsabschlusses maßgeblich, wenn der Massegläubiger sich im Vergleich zu (weiteren) Leistungen an die Masse verpflichtet; sofern es um die Vergütung bereits erbrachter Leistungen geht, muss sich der Verwalter nur für den Zeitpunkt der die Leistungspflicht des Massegläubigers begründenden Rechtshandlung entlasten. 22

Eine Entlastung für die Zeit nach der Begründung der Masseverbindlichkeit ist hingegen nicht erforderlich. Der Verwalter, der die Gegenleistung annimmt, haftet daher auch dann nicht nach § 61, wenn zu diesem Zeitpunkt, aber erst **nach Begründung** der Masseverbindlichkeit erkennbar geworden ist, dass die Masse voraussichtlich nicht ausreichen wird, die Ansprüche des Massegläubigers zu erfüllen. Dies gilt für zeitlich gestreckte Lieferpflichten ebenso wie für Dauerschuldverhältnisse. § 61 verpflichtet den Verwalter nicht, ein einmal ohne Pflichtverletzung begründetes Dauerschuldverhältnis zu kündigen.⁵³ Insoweit kommt allenfalls eine Haftung nach § 60 in Betracht (vgl. § 60 RdNr. 44a). 23

---

⁴⁴ Vgl. BGH NZI 2008, 735.
⁴⁵ *Hees* ZIP 2011, 502, 504 f.
⁴⁶ Ebenso *Jaeger/Gerhardt* § 61 RdNr. 18.
⁴⁷ BGHZ 159, 104, 108 ff. = NJW 2004, 3334 = NZI 2004, 435; BAG ZIP 2006, 1830; BAG NZI 2007, 535. *Kübler/Prütting/Bork/Lüke* § 61 RdNr. 4.
⁴⁸ Begr. RegE, BT-Drucks. 12/2443, S. 129. Vgl. auch *Schoppmeyer* S. 525, 530 f.
⁴⁹ BGHZ 159, 104, 116 = NJW 2004, 3334 = NZI 2004, 435.
⁵⁰ BGHZ 159, 104 = NJW 2004, 3334 = NZI 2004, 435; *Fischer* WM 2004, 2185, 2187.
⁵¹ Vgl. BGHZ 159, 104, 116 = NJW 2004, 3334 = NZI 2004, 435.
⁵² BGHZ 154, 358 = NJW 2003, 369.
⁵³ Unklar *Richter/Völksen* ZIP 2011, 1800, 1802.

24 Der Verwalter kann sich im Prinzip **auf zwei Arten entlasten:** Er kann einmal nachweisen, dass objektiv die Masse voraussichtlich zur Erfüllung ausreiche. Dies gilt auch dann, wenn er keinen Liquiditätsplan aufgestellt hat oder sein Liquiditätsplan zu einem anderen Ergebnis kam. Erforderlich ist der volle Gegenbeweis. Zum anderen kann der Verwalter nachweisen, dass er die Nichterfüllbarkeit nicht erkennen konnte. Voraussichtliche Nichterfüllbarkeit ist anzunehmen, wenn eine (zukünftige) Masseunzulänglichkeit **wahrscheinlicher** ist als die vollständige Erfüllung der Masseverbindlichkeit. In diesem Falle – so die Regierungsbegründung[54] – treffe den Vertragspartner ein erhöhtes Risiko, das über die allgemeinen Gefahren des Vertragsschlusses mit einem Insolvenzverwalter weit hinausgehe. Es genügt die einfache Wahrscheinlichkeit; gefordert ist keine mathematische Berechnung, sondern eine Prognoseentscheidung, die die zukünftige Entwicklung bewerten und einschätzen muss. Sie ist daher daran zu messen, mit welcher Sicherheit die angenommene zukünftige Entwicklung eintreten wird; für sie müssen aus der Perspektive ex ante die besseren Gründe sprechen. Ein Handlungsermessen, das über die mit der zu treffenden Prognose verbundenen Spielräume hinausgeht, steht dem Verwalter nicht zu.[55]

25 Ob die Masse voraussichtlich zur Erfüllung ausreicht, kann der Verwalter im allgemeinen nur anhand eines der **Liquiditätssteuerung** dienenden **Finanzplans**[56] beurteilen, in dem der Mittelbedarf und die zu seiner Deckung vorhandenen und erwarteten Mittel einander gegenübergestellt werden und der bis zum Zeitpunkt der Begründung der Verbindlichkeit ständig überprüft und aktualisiert wird.[57] Eine taggenaue Prognose ist nicht erforderlich; es genügt, wenn angemessene Zeiträume zugrunde gelegt werden. Nur mit einem solchen Finanzplan kann der Verwalter darlegen und beweisen, dass seine Fehleinschätzung unvorhersehbar und damit nicht pflichtwidrig war.[58] § 61 erhebt die Liquiditätsplanung indirekt zur insolvenzspezifischen Pflicht des Verwalters. Ziel ist eine Prognose auf Grundlage der aktuellen Liquiditätslage, der realistischen Einschätzung noch ausstehender offener Forderungen und der künftigen Geschäftsentwicklung für die Dauer der Fortführung. Dies hat Ähnlichkeit mit dem handelsbilanziellen Vorsichtsprinzip.[59]

26 Welche Überprüfungen der Verwalter vornehmen muss, ist letztlich **Frage des Einzelfalls.**[60] Er muss insbesondere seine Prognose auf verlässliche tatsächliche Annahmen stützen.[61] Als Gegenposten fälliger Masseverbindlichkeiten scheiden Forderungen aus, bei denen ernste Zweifel bestehen, dass der Verwalter sie in angemessener Zeit realisiert; in Betracht kommen nur Außenstände, die unschwer termingerecht eingezogen werden können. Verstößt der Verwalter hiergegen, haftet er gemäß § 61 unabhängig davon, ob die Forderung mit zweifelhaftem Wert später noch verwirklicht wird.[62] Der Verwalter muss auch die Verbindlichkeiten in der Finanzplanung berücksichtigen, die ohne seine Mitwirkung entstehen. Diese Verbindlichkeiten können nicht nur die Insolvenzmasse im Sinne der §§ 22 Abs. 1 Nr. 2, 158 Abs. 2 erheblich mindern, sondern auch den Eintritt der Massearmut beschleunigen. Dabei muss der Verwalter darauf achten, dass Forderungen, die nach früherem Recht Konkursforderungen waren, nach der Insolvenzordnung zu Masseverbindlichkeiten geworden sind. Das gilt etwa für Sozialplanansprüche (§ 123 Abs. 2) und für Umsatzsteuerverbindlichkeiten aus Veräußerungsgeschäften in der Eröffnungsphase. Weiter gehören hierzu die über das Insolvenzgeld finanzierten und auf das Arbeitsamt übergegangenen Lohn- und Sozialversicherungsansprüche der Arbeitnehmer, die der Verwalter nicht freistellt (§ 55 Abs. 2 Satz 2), sondern im Rahmen der Betriebsfortführung heranzieht.[63]

27 Bei den Anforderungen an die Sorgfalt und das Wahrscheinlichkeitsurteil ist immer zu berücksichtigen, in welchem Stadium sich das Insolvenzverfahren befindet. Nach der InsO soll das Unternehmen für die Dauer des Eröffnungsverfahrens sowie im eröffneten Verfahren bis zum Berichtstermin regelmäßig fortgeführt und nur ausnahmsweise stillgelegt werden (§ 22 Abs. 1 Satz 2 Nr. 2, § 158 Abs. 2 Satz 2). Den Risiken, die daraus folgen, dass der Verwalter ein ihm unbekanntes Unternehmen fortführen soll, ist daher mit abgestuften Anforderungen an die Liquiditätsplanung zu begeg-

---

[54] BT-Drucks. 12/2443, S. 129.
[55] *Laws* in *Pape/Graeber*, Teil 4 RdNr. 227. Großzügiger wohl HambKomm-*Weitzmann* § 61 RdNr. 14 (Beurteilungsermessen und Einschätzungsprärogative).
[56] Zu den Anforderungen im einzelnen *Staufenbiel/Karlstedt* ZInsO 2010, 2059, 2062 ff.
[57] BGHZ 159, 104 = NJW 2004, 3334 = NZI 2004, 435; BGH NJW-RR 2005, 488 = NZI 2005, 222 m. A. *van Zwoll*; *Fischer* WM 2004, 2185, 2186; *Lüke* ZIP 2005, 1113, 1118; *Bank/Weinbeer* NZI 2005, 478, 485; *Pape* ZInsO 2005, 953, 955 f. Vgl. zur Würdigung einer Fortführungsprognose im Rahmen von § 82 KO OLG Frankfurt, OLGR Frankfurt 2009, 617.
[58] Vgl. *Kübler/Prütting/Bork/Lüke* § 61 RdNr. 7.
[59] *Kübler/Prütting/Bork/Lüke* § 61 RdNr. 4h.
[60] BGH ZInsO 2012, 137.
[61] *Jaeger/Gerhardt* § 61 RdNr. 18.
[62] BGH WM 1977, 847.
[63] *Feuerborn* KTS 1997, 171, 191, 207.

nen: Je kürzer die Zeit für den Verwalter, sich über Zustand und Entwicklung des Unternehmens zu informieren, desto eher ist auch eine großzügige Prognose noch vertretbar.[64]

28 Erweist sich die Prognose im **Nachhinein** als **falsch**, darf dies nicht dazu führen, dem Verwalter die Darlegungs- und Beweislast für die Ursachen einer von der Prognose abweichenden Entwicklung aufzuerlegen. Der Verwalter hat insoweit allerdings darzulegen und gegebenenfalls zu beweisen, dass er eine bestimmte Entwicklung aus der Sicht ex ante nicht bedenken musste oder anders einschätzen durfte. Ist diese Einschätzung des Verwalters aus der ex-ante Perspektive zutreffend oder nicht vorwerfbar unrichtig, haftet er auch dann nicht, wenn sich die Ursachen für die Abweichung von der Liquiditätsplanung später nicht aufklären lassen.[65]

29 Andere Entlastungsmöglichkeiten als die nach § 61 Satz 2 hat der Verwalter nicht. Der Verwalter wird daher nicht von der Haftung nach § 61 frei, wenn das Insolvenzgericht die Stilllegung oder Veräußerung des Unternehmens untersagt (§ 158 Abs. 2) oder die Gläubigerversammlung der Stilllegung bzw. Veräußerung des Unternehmens nicht zustimmt (158 Abs. 1) bzw. beschließt, dass das Unternehmen fortgeführt werden soll (§ 157).[66] Das Unternehmen darf nicht auf Kosten der Massegläubiger fortgeführt werden. Ist der (vorläufige) Verwalter zur Fortführung verpflichtet, ist er gleichwohl nicht berechtigt, Vertragspartner vorsätzlich zu schädigen; er hat sie auf die (voraussichtliche) Masseunzulänglichkeit hinzuweisen, bevor sie ihre Leistung erbringen. Zudem steht einer solchen Haftungsbefreiung entgegen, dass die Entscheidung des Insolvenzgerichts bzw. des Gläubigerausschusses immer eine Momentaufnahme darstellt, während § 61 dem Verwalter eine fortgeführte und in regelmäßigen Abständen aktualisierte Liquiditätsplanung abverlangt.

30 c) **Haftungsauslösender Tatbestand.** Die Haftung des Verwalters tritt erst – und nur – dann ein, wenn eine Masseverbindlichkeit nicht oder nur teilweise erfüllt wird. Die **Nichterfüllung** ist damit ein die Haftung auslösendes Tatbestandsmerkmal. Dies sollte besser nicht als „Ausfallschaden" bezeichnet werden, weil nach § 61 nicht der Nichterfüllungs- („Ausfallschaden"), sondern nur der Vertrauensschaden zu ersetzen ist (RdNr. 46).

31 Entsprechend der Intention des Gesetzgebers kommt es darauf an, wann sich das spezifische Risiko verwirklicht, das mit der Insolvenz des Vertragspartners verbunden ist. Daher liegt eine Nichterfüllung jedenfalls vor, wenn der Insolvenzverwalter die Masseunzulänglichkeit angezeigt hat, weil ab diesem Zeitpunkt die Vollstreckungsmöglichkeiten für die Massegläubiger entfallen.[67] In gleicher Weise ist Nichterfüllung gegeben, wenn ein Vollstreckungsversuch in die Masse scheitert. Auch unabhängig hiervon kann Nichterfüllung vorliegen, wenn zwar eine Unzulänglichkeit der Insolvenzmasse (§ 208) noch nicht eingetreten ist, weil in der Masse noch Außenstände vorhanden sind, jedoch ernste Zweifel bestehen, ob sich der Massegläubiger hieraus in angemessener Zeit wird befriedigen können.[68] Die Massegläubiger müssen sich nicht auf den Ausgang möglicherweise langwieriger Rechtsstreitigkeiten über ungewisse Ansprüche vertrösten lassen.[69]

32 Hingegen genügt es nicht, wenn der Insolvenzverwalter die Masseschuld bei Fälligkeit nicht zu erfüllen vermag. Der Massegläubiger soll vor einem besonderen Ausfallrisiko geschützt werden; Zahlungsverzug gehört hierzu nicht.[70] Eine lediglich kurzfristige Unterdeckung genügt nicht.[71] Schließlich liegt allgemein keine Nichterfüllung vor, solange Außenstände bestehen, die unschwer zu realisieren sind und ausreichen, um die Masseverbindlichkeiten zu befriedigen; dies gilt auch bei Anzeige der Masseunzulänglichkeit.[72] Um Unsicherheiten für den Massegläubiger zu vermeiden, wird im letzteren Fall der Verwalter darlegen müssen, welche Außenstände trotz Anzeige der Masseunzulänglichkeit verfügbar sind.[73]

33 2. **Haftung gegenüber sonstigen Beteiligten.** Der Verwalter haftet – wenn er pflichtwidrig Masseverbindlichkeiten begründet hat – nicht gegenüber Aus- und Absonderungsberechtigten oder gegenüber den Insolvenzgläubigern. Die Haftung nach § 61 begünstigt nur den Massegläubiger. Dies gilt aber auch im Verhältnis zum **Schuldner.** Zwar führt eine pflichtwidrig begründete Massever-

---

[64] So für den vorläufigen Verwalter *Kübler/Prütting/Bork/Lüke* § 61 RdNr. 14.
[65] BGH NJW-RR 2005, 488 = NZI 2005, 222 m. A. *van Zwoll; Pape* ZInsO 2005, 953, 956.
[66] AA *Uhlenbruck/Sinz* § 61 RdNr. 22; *Kirchhof* ZInsO 1999, 365, 367; wohl auch *Kübler/Prütting/Bork/Lüke* § 61 RdNr. 15.
[67] BGH WM 1975, 517; BGHZ 159, 104, 108 = NJW 2004, 3334 = NZI 2004, 435; BGH NZI 2005, 222.
[68] BGH WM 1977, 847.
[69] BGHZ 159, 104 = NJW 2004, 3334 = NZI 2004, 435; BGH NJW-RR 2005, 488 = NZI 2005, 222 m. A. *van Zwoll*.
[70] *Uhlenbruck/Sinz* § 61 RdNr. 13.
[71] BK-*Blersch* § 61 RdNr. 3; HambKomm-*Weitzmann* § 61 RdNr. 8.
[72] BGH WM 1977, 847; aA OLG Hamm NZI 2003, 150; *Kübler/Prütting/Bork/Lüke* § 61 RdNr. 7; *Laws* MDR 2003, 787, 789. Unklar *Adam* DZWIR 2008, 14, 17.
[73] Vgl. auch *Seidel/Hinderer* NZI 2010, 745, 746.

bindlichkeit jedenfalls in Höhe des „Erfüllungsinteresses" dazu, dass der Schuldner nach Beendigung des Verfahrens mit der verbleibenden Schuld belastet bleibt. Hierin liegt jedoch kein Schaden des Schuldners, weil der Massegläubiger die entsprechende Gegenleistung erbracht hat. § 61 bezweckt nicht, den Schuldner davor zu schützen, dass nach Beendigung des Verfahrens offene Verbindlichkeiten bestehen bleiben. Die Ansprüche eines **Zwangsverwalters** sind auch dann nicht von § 61 geschützt, wenn der Zwangsverwalter auf Antrag des Insolvenzverwalters eingesetzt wird.[74] Denn der Zwangsverwalter erwirbt lediglich einen Sekundäranspruch gegen die Masse, wenn seine Vergütungs- und Auslagenforderungen aus dem verwalteten Grundstück nicht erfüllt werden können.

34   **3. Entsprechende Anwendung.** § 61 gilt entsprechend für den **vorläufigen Verwalter** (§ 21 Abs. 2 Satz 1 Nr. 1); einzige Voraussetzung ist, dass der vorläufige Verwalter durch seine Rechtshandlung eine Masseverbindlichkeit begründet. Dies ist beim sog. starken vorläufigen Verwalter stets der Fall (§§ 55 Abs. 2; 22 Abs. 1), beim schwachen hingegen nur, wenn das Insolvenzgericht ihn hierzu ausdrücklich ermächtigt hat.

35   Fraglich ist, ob für den vorläufigen Verwalter, der das Unternehmen fortführt, Haftungsprivilegien gelten, weil er besonderen Risiken ausgesetzt ist. Er kennt das Unternehmen, möglicherweise auch die Branche nicht, der es angehört. Häufig ist keine ordnungsmäßige Buchführung vorhanden. Ungeachtet dessen muss der Verwalter in den ersten Wochen die Weichen für Liquidation, Fortführung oder Betriebsveräußerung stellen.[75] Er kann selten sicher sein, die von ihm begründeten und noch zu begründenden Masseschulden bezahlen zu können.[76] Solange er die wirtschaftliche Lage des Unternehmens nicht vollständig überblickt und die erforderlichen Kredite nicht erhalten hat, muss er – selbst wenn er den Sorgfaltsmaßstab anlegt, der den Besonderheiten des Insolvenzverfahrens Rechnung trägt (§ 60 Abs. 1 Satz 2) – regelmäßig damit rechnen, dass die Massearmut wahrscheinlicher als das Gegenteil ist.[77]

36   Angesichts dieser Risiken schränken Stimmen im Schrifttum die Haftung des vorläufigen Insolvenzverwalters nach § 61 für Masseverbindlichkeiten ein, die er begründet, solange er nach § 22 Abs. 1 Satz 2 Nr. 2 das Unternehmen des Schuldners fortzuführen hat.[78] Dieser Ansicht ist nicht zu folgen, weil sonst die in § 21 Abs. 2 Satz 1 Nr. 1 angeordnete Haftung nach § 61 weitgehend entfiele. Den Schwierigkeiten, vor denen der vorläufige Insolvenzverwalter steht, ist Rechnung zu tragen, indem ihm die Entlastung nach § 61 Satz 2 erleichtert wird (oben RdNr. 24 f.).[79] Es genügt, wenn die Liquiditätsplanung den Umständen und der zur Verfügung stehenden Einarbeitungszeit entspricht. Stimmt das Insolvenzgericht der vom Verwalter vorgeschlagenen Stilllegung nicht zu, muss der Verwalter – wenn er eine Haftung nach § 61 vermeiden will – die zukünftigen Massegläubiger darauf hinweisen, dass eine Erfüllung nicht gesichert ist. Die Haftung des Verwalters entfällt nicht deshalb, weil das Gericht seine Zustimmung zur Stilllegung zu Unrecht verweigert hat.[80]

37   Der vorläufige Verwalter haftet auch dann nach § 61, wenn das Verfahren mangels Masse nicht eröffnet wird. Zwar entstehen dann keine Masseverbindlichkeiten; für die Haftung nach § 61 genügt es aber, wenn die Verbindlichkeiten als Masseverbindlichkeiten einzuordnen wären, sofern das Verfahren tatsächlich eröffnet worden wäre.[81]

38   Auch für den **Treuhänder** im vereinfachten Insolvenzverfahren erklärt § 313 Abs. 1 Satz 3 die Haftung nach § 61 für entsprechend anwendbar. In eng begrenzten Ausnahmefällen haftet auch der **Sachwalter** nach § 61 (§ 277 Abs. 1 Satz 3). Sofern der Schuldner ausnahmsweise selbst– etwa im Rahmen einer selbständigen Tätigkeit nach § 35 Abs. 2 Satz 1 – Masseverbindlichkeiten begründen sollte, haftet der Verwalter hierfür in keinem Fall nach § 61.[82]

---

[74] BGH NJW 2010, 680 Tz. 8.
[75] *Grub* ZIP 1993, 393; *Feuerborn* KTS 1997, 171, 199.
[76] *Kübler* ZGR 1982, 498, 503, 505, 509 f.
[77] *Grub* ZIP 1993, 393, 396; *Uhlenbruck*, FS Hanisch, S. 281, 286; *Vallender* ZIP 1997, 345, 349; *Feuerborn* KTS 1997, 171, 207.
[78] *Kirchhof* ZInsO 1999, 366 ff.; HK-*Kirchhof* § 22 RdNr. 85; HambKomm-*Weitzmann* § 61 RdNr. 4; MünchKommInsO-*Haarmeyer* § 22 RdNr. 121 ff.; *Uhlenbruck/Uhlenbruck,* InsO 12. Aufl., § 22 RdNr. 224; § 61 RdNr. 16 f.; *Jaeger/Gerhardt* § 22 RdNr. 212; *Jaffé/Hellert* ZIP 1999, 1204.
[79] *Pape,* FS Kirchhof, S. 391, 410 ff.; *Kübler/Prütting/Bork/Pape* § 22 RdNr. 47 ff.; *Kübler/Prütting/Bork/Lüke* § 61 RdNr. 14 f.; *Wallner/Neuenhahn* NZI 2004, 63; LG Cottbus NZI 2002, 441; OLG Brandenburg NZI 2003, 552 m. A. *Vallender; Marotzke,* FS Kreft, S. 411, 416 ff.; *Lüke* ZIP 2005, 1113, 1119; *Undritz* NZI 2007, 65, 70 f.; *Uhlenbruck/Sinz* § 61 RdNr. 34
[80] AA *Kübler/Prütting/Bork/Lüke* § 61 RdNr. 15; *Jaffé/Hellert* ZIP 1999, 1204; HK-*Kirchhof* § 22 RdNr. 85.
[81] *Jaeger/Gerhardt* § 61 RdNr. 28; *Uhlenbruck/Sinz* § 61 RdNr. 32; *Braun/Kind* § 61 RdNr. 13; aA *Kirchhof* ZInsO 1999, 365, 366.
[82] HK-*Lohmann* § 61 RdNr. 3; *Berger* ZInsO 2008, 1101, 1106.

II. Nicht insolvenzspezifische Pflichten

Für die Begründung von Masseverbindlichkeiten kann der Verwalter auch nach allgemeinen Grundsätzen haften. Eine persönliche Haftung kann sich auf vertraglicher oder quasivertraglicher Grundlage ergeben. Der Verwalter kann aber auch deliktisch haften. Insofern gelten die gleichen Grundsätze wie bei § 60 (vgl. RdNr. 72 ff., 75 ff.). **39**

Häufig gibt der Verwalter im Rahmen von Bestellungen **Erklärungen über die Erfüllung** der Masseschulden ab. Sie sind stets auszulegen, wobei es auf das Verständnis eines objektiven Empfängers ankommt.[83] Ausnahmsweise stellt die Erklärung des Verwalters eine eigene Garantiehaftung oder einen Schuldbeitritt dar. Dies setzt voraus, dass die Erklärung nach objektivem Empfängerhorizont gerade eine eigene, persönliche Haftung des Verwalters neben der Masse begründen soll und nicht lediglich als Wissenserklärung über die zukünftige Leistungsfähigkeit der Masse zu verstehen ist. Erklärt der Verwalter, „für die Bezahlung Ihrer erbrachten Leistungen komme ich ab Eröffnungsbeschluss des Insolvenzverfahrens persönlich auf", kann darin ein Schuldbeitritt liegen.[84] Im Allgemeinen genügen solche Erklärungen jedoch nicht, um eine persönliche Haftung des Verwalters zu begründen. Keinesfalls handelt es sich um eine „Garantie", die zu einer persönlichen Haftung führt, wenn der Verwalter im Rahmen von Bestellungen erklärt, die Bezahlung der Leistungen sei durch ein Insolvenzsonderkonto gesichert.[85] **40**

Erst recht führt die allgemeine Aussage, die Zahlung aller Lieferungen und Leistungen sei gesichert, nicht zu einer persönlichen Haftung.[86] Der Verwalter, der nur in allgemeiner Form erklärt, die Erfüllung der Ansprüche sei gesichert, gibt allenfalls eine Wissenserklärung ab. Ohne Hinzutreten besonderer Umstände haftet ein Verwalter auch dann nicht persönlich wegen Verschuldens beim Vertragsschluss, wenn er die Masseverbindlichkeit pflichtwidrig begründet hat.[87] Es fehlt an Anknüpfungspunkten für einen rechtsgeschäftlichen Willen des Verwalters, über § 61 hinaus nicht nur für eine unzureichende Liquiditätsplanung, sondern auch für eine unverschuldet falsche Prognose zu haften.[88] **41**

Ein Verwalter haftet für von ihm begründete Verbindlichkeiten in gleicher Weise deliktisch wie jedes Leitungsorgan eines Unternehmens. Die Besorgnis, ob § 61 Massegläubiger ausreichend vor Schäden schütze, die – wie etwa eine vorsätzliche Nichterfüllung oder vorsätzliche Eigentumsanmaßung – auf vorsätzliches Handeln des Verwalters zurückzuführen seien,[89] ist daher unbegründet. **42**

III. Verschulden

Für den Verschuldensmaßstab und die Entlastungsmöglichkeiten des Verwalters gelten die gleichen Anforderungen wie bei § 60 (dort RdNr. 89 ff.). § 60 Abs. 2 ist auch im Rahmen des § 61 heranzuziehen. Deshalb darf sich der vorläufige Verwalter zunächst auf Unterlagen des Schuldners und dessen Mitarbeiter verlassen, wenn er eine erste Liquiditätsplanung erstellt.[90] Allerdings muss der Verwalter überprüfen, ob die Prämissen plausibel sind und die Liquiditätsplanung lege artis erstellt ist.[91] Setzt der Verwalter sonstige **Dritte** im Rahmen der Liquiditätsplanung ein, haftet er für deren Verhalten nach § 278 BGB; gleiches gilt, wenn er externe Fachleute mit der Liquiditätsplanung beauftragt.[92] Ein **Rechtsirrtum** kommt im gleichen Umfang wie sonst in Betracht (vgl. § 60 RdNr. 92). **43**

Die **Beweislast** für fehlendes Verschulden liegt beim Verwalter (arg. § 61 Satz 2). Er handelt schuldhaft, wenn er es unterlässt, eine Liquiditätsplanung zu erstellen, oder wenn die Liquiditätsplanung nicht den üblichen Sorgfaltsmaßstäben genügt. Schuldhaft handelt der Verwalter schließlich, wenn er aufgrund der Liquiditätsplanung hätte erkennen können und müssen, dass er die Masseverbindlichkeit voraussichtlich nicht erfüllen kann. Hingegen setzt § 61 nicht voraus, dass der Verwalter die Masseverbindlichkeit **wissentlich begründete;** es genügt, dass er sie objektiv begründet hat.[93] Jedoch kann sich der Verwalter gegenüber einem Massegläubiger damit entlasten, dass er gerade **44**

---

[83] Hierzu *Seidel/Hinderer* NZI 2010, 745, 748 f.
[84] Bejahend OLG Celle ZInsO 2004, 865. Hierzu *Nöll* ZInsO 2004, 1058.
[85] So aber OLG Celle NZI 2004, 89. Dagegen zu Recht *Nöll* ZInsO 2004, 1058.
[86] BGHZ 159, 104, 121 = NJW 2004, 3334 = NZI 2004, 435; OLG Rostock ZIP 2005, 220 („garantiere ich ...").
[87] BGH NJW-RR 2005, 1137; BAG NJW 2011, 3739, Tz. 40.
[88] HambKomm-*Weitzmann* § 60 RdNr. 24; aA wohl *Seidel/Hinderer* NZI 2010, 745, 748.
[89] So *Kübler/Prütting/Bork/Lüke* § 61 RdNr. 4d mit Anm. 21; *Lüke* ZIP 2005, 1113, 1117.
[90] *Adam* DZWIR 2008, 14, 17; aA OLG Karlsruhe ZIP 2003, 267; OLG Celle ZIP 2003, 587.
[91] *Uhlenbruck/Sinz* § 61 RdNr. 28.
[92] *Laws* in *Pape/Graeber* Teil 4 RdNr. 260 ff.
[93] AA *Laws* in *Pape/Graeber* Teil 4 RdNr. 151, die für Dauerschuldverhältnisse annimmt, dass der Verwalter nur haftet, wenn er das Dauerschuldverhältnis kennt.

45 diese Verbindlichkeit bei der Liquiditätsplanung nicht berücksichtigen musste, weil er weder erkannt hat noch erkennen musste, dass er eine Masseverbindlichkeit begründete.

45 Allein der Abschluss eines Vertrags mit dem Verwalter begründet kein **Mitverschulden** (§ 254 BGB). Der Massegläubiger kann regelmäßig davon ausgehen, dass die Verbindlichkeit, die der Verwalter neu eingeht, der wirtschaftlichen Lage des fortgeführten Betriebes entspricht und durch den Massebestand gesichert ist.[94] Weiß der Gläubiger allerdings von Umständen, die konkrete Zweifel an der Erfüllbarkeit der Masseschuld begründen – etwa weil der Verwalter ihn vor der Begründung der Masseverbindlichkeit darauf hingewiesen hat – kommt ein Mitverschulden in Betracht, wenn der Gläubiger gleichwohl in einen Vertragsschluss einwilligt.[95] Der abstrakte Hinweis auf eine mögliche Unzulänglichkeit genügt hierfür im Allgemeinen nicht. Im Rahmen der **Abwägung** muss der Verwalter nicht nur die Umstände beweisen, die Art und Ausmaß des Mitverschuldens begründen, sondern sich auch entlasten (§ 61 Satz 2); trägt der Verwalter hierzu nichts vor, ist lediglich der für ihn vermutete, volle Verursachungsbeitrag um das Mitverschulden zu mindern.[96] Entscheidend ist, wie detailliert und zutreffend der Gläubiger über die Gefahr einer Masseunzulänglichkeit informiert war.

IV. Kausalität und Schaden

46 Art, Inhalt und Umfang der Schadensersatzleistung bestimmen die §§ 249 ff. BGB.[97] Zu ersetzen hat der Verwalter den **Vertrauens-,** nicht den Nichterfüllungsschaden. Es besteht nur ein Anspruch auf Ersatz des negativen Interesses.[98] Der Höhe nach ist der Anspruch nach Sinn und Zweck des § 61 auf das positive Interesse begrenzt. Der Gläubiger muss darlegen, dass er einen Vertrauensschaden erlitten hat. Hierbei ist zu prüfen, wie sich die Vermögenslage entwickelt hätte, wenn der Verwalter keine Masseverbindlichkeit begründet, insb. keinen Vertrag mit dem Massegläubiger abgeschlossen hätte. Diesen Schaden kann der Gläubiger einerseits nach den ihm durch die Begründung der Masseverbindlichkeit entstandenen Aufwendungen, insb. für die Gegenleistung an die Masse berechnen. Auf der anderen Seite kann der Gläubiger aber auch geltend machen, er hätte – wenn er nicht an die Masse hätte leisten müssen – stattdessen seine Leistung anderweitig gegen Entgelt erbracht. Sind dem Gläubiger weder Aufwendungen entstanden noch Geschäfte mit einem Dritten entgangen, geht der Anspruch aus § 61 mangels Schaden ins Leere.

47 Dies gilt auch für **Arbeitsverträge**.[99] Der Arbeitnehmer muss nachweisen, dass er seine Arbeitskraft anderweitig gegen Entgelt hätte einsetzen können.[100] Allerdings kann auch das entgangene Arbeitslosengeld als negatives Interesse ersetzt verlangt werden; der Arbeitnehmer muss aber darlegen und beweisen, dass er die hierzu erforderlichen Schritte unternommen hätte.[101] Hingegen entsteht einem Arbeitnehmer kein nach § 61 ersatzfähiger Schaden, wenn er bei pflichtgemäßem Verhalten des Verwalters auch nur das – aufgrund der Freistellung – tatsächlich gezahlte Arbeitslosengeld erhalten hätte.[102]

48 Bei **Mietverhältnissen** erleidet der Massegläubiger nur dann einen Vertrauensschaden, wenn er die Mietsache anderweitig hätte vermieten können.[103] Kommt eine Haftung wegen eines Vergleichs in Betracht, muss der Massegläubiger darlegen und beweisen, wie sich seine Vermögenslage entwickelt hätte, wenn er den Vergleich nicht abgeschlossen hätte. Daher entsteht einem Arbeitnehmer, der mit dem Verwalter einen Abfindungsvergleich abschließt, regelmäßig kein Vertrauensschaden, wenn dieser Vergleich nicht erfüllt wird.[104]

49 Der Anspruch des Massegläubigers gegen den Verwalter auf Schadensersatz umfasst nicht die **Umsatzsteuer.** Das haftungsbegründende Verhalten besteht darin, dass die vertragliche Bindung überhaupt eingegangen wurde; deshalb ist die Ersatzleistung nicht Teil eines umsatzsteuerlichen Leistungsaustauschverhältnisses.[105] Dies gilt auch dann, wenn der Gläubiger als Vertrauensschaden den Erlös aus einem anderweitigen Geschäft geltend macht.

---

[94] BGH WM 1961, 511.
[95] *Laws* in *Pape/Graeber* Teil 4 RdNr. 64 ff. *Uhlenbruck/Sinz* § 61 RdNr. 23.
[96] So auch *Laws* in *Pape/Graeber* Teil 4 RdNr. 276 ff., 287.
[97] BGH NJW-RR 1990, 45.
[98] BGHZ 159, 104, 117 ff. = NJW 2004, 3334 = NZI 2004, 435; *v. Olshausen* ZIP 2002, 237.
[99] BAGE 117, 14 = NZI 2006, 719; BAGE 121, 112 = NZI 2007, 535.
[100] BAGE 121, 112 = NZI 2007, 535 Tz. 35 f.; *Richter/Völksen* ZIP 2011, 1800, 1804.
[101] LAG Niedersachsen v. 9.11.2009 – 8 Sa 633/09, juris.
[102] LAG Sachsen-Anhalt ZInsO 2007, 1007.
[103] OLG Celle ZInsO 2004, 1030; *Uhlenbruck/Sinz* § 61 RdNr. 16.
[104] BAGE 121, 112 = NZI 2007, 535; BAG NJW 2011, 3739, Tz. 24 ff (Vergleich nach Kündigung).
[105] Vgl. BGH ZIP 2004, 1107; BGH NJW-RR 2005, 488 = NZI 2005, 222; BGH NJW-RR 2006, 189 = NZI 2006, 99; zustimmend *Schmehl/Mohr* NZI 2006, 276; *Ganter/Brünink* NZI 2006, 257, 266; aA OLG Hamm NZI 2003, 263; OLG Frankfurt a. M., Urt. v. 2.7.2004.

50 Fraglich ist, ob eine Haftung nach § 61 stets ausscheidet, wenn der Verwalter den Vertragspartner über die finanzielle Lage der Masse aufklärt und darauf hinweist, dass eine Erfüllung der Masseverbindlichkeiten nicht gesichert sei. Sofern der Vertragspartner sich in Kenntnis aller relevanten Tatsachen und Risiken zum Vertragsschluss entschließt und seine Entscheidung daher eigenverantwortlich getroffen ist, liegt nicht nur ein Mitverschulden vor, sondern fehlt es an einem kausalen Vertrauensschaden.[106] Dies soll auch dann gelten, wenn die Parteien ein längerfristiges Widerrufsrecht vereinbart haben, um den Erfolg von Umstrukturierungsmaßnahmen und Veräußerungsbemühungen abzuwarten, von denen nach den Erklärungen des Insolvenzverwalters die Erfüllbarkeit der Verpflichtung abhängt.[107] Das dürfte zu weit gehen.

51 Es gelten die Grundsätze der **Vorteilsausgleichung**.[108] Die aus der Masse zu erwartende Quote braucht der Gläubiger sich nicht anrechnen zu lassen; vielmehr tritt er die Forderung gegen die Masse nach § 255 BGB ab.[109] Dies ist problematisch, soweit sein Anspruch gegen die Masse höher ist als der Vertrauensschaden.[110] Da der Vorteilsausgleich nicht zu einer Überkompensation führen soll, muss der Gläubiger stets nur einen der Höhe des Vertrauensschadens entsprechenden Teil der Forderung an den Verwalter abtreten; er behält also seinen „Gewinnanteil".[111] Dem Zweck des § 61 entspricht es, den Gläubiger mit dem übersteigenden Anteil seiner Forderung an der Quote teilhaben zu lassen. Ein ähnliches Problem stellt sich, wenn die Masseverbindlichkeit vor Eintritt der Masseunzulänglichkeit teilweise erfüllt worden ist.[112] Auch hier ist die Zahlung nur verhältnismäßig auf den Vertrauensschaden anzurechnen.

V. Prozessuales

52 Bei den Ansprüchen aus §§ 60, 61 handelt es sich um alternative Klagebegehren mit unterschiedlichem Streitgegenstand, die nicht auf dasselbe Rechtsschutzziel gerichtet und deshalb ohne Klärung ihres Verhältnisses als Haupt- und Hilfsantrag mangels Bestimmtheit unzulässig sind. Zwar steht dem Gläubiger nach beiden Vorschriften das negative Interesse zu; dieses kann aber unterschiedlich hoch sein.[113] Richtiger Beklagter ist nur der Verwalter persönlich; er kann aber neben der Masse verklagt werden (vgl. § 60 RdNr. 120).

53 Der Gläubiger muss darlegen und gegebenenfalls beweisen, dass seine Masseverbindlichkeit durch das Verhalten des Verwalters begründet und nicht erfüllt worden ist.[114] Weiter muss der Gläubiger darlegen, dass er einen Vertrauensschaden erlitten hat. Da Pflichtwidrigkeit und Verschulden des Verwalters vermutet werden, muss der Gläubiger hierzu nichts vortragen. Insoweit muss der Verwalter den vollen Gegenbeweis führen (§ 61 Satz 2).

54 Der Anspruch aus § 61 gehört vor die ordentlichen Gerichte. Für eine Schadensersatzklage wegen pflichtwidriger Begründung arbeitsrechtlicher Masseverbindlichkeiten sind die Arbeitsgerichte zuständig.[115] Dies beruht darauf, dass der Insolvenzverwalter – auch soweit er nach § 61 persönlich in Anspruch genommen wird – als Rechtsnachfolger i. S. d. § 3 ArbGG anzusehen ist. Für andere Rechtsmaterien fehlt eine solche Zuständigkeitsregelung. Daher ist für eine auf § 61 gestützte Klage weder die Zuständigkeit nach § 43 WEG[116] noch eine sozial- oder finanzgerichtliche Zuständigkeit eröffnet. Der **Gerichtsstand** der unerlaubten Handlung (§ 32 ZPO) ist nicht eröffnet, wohl aber der Gerichtsstand des Erfüllungsortes.[117]

---

[106] OLG Düsseldorf, OLGR Düsseldorf, 2004, 259 (der BGH hat die Nichtzulassungsbeschwerde zurückgewiesen, Beschl. v. 3.11.2005 – IX ZR 94/04).
[107] BAG NJW 2011, 3739.
[108] HambKomm-*Weitzmann* § 61 RdNr. 11.
[109] BGHZ 159, 104 = NJW 2004, 3334 = NZI 2004, 435; BGH NJW-RR 2005, 488 = NZI 2005, 222 m. A. *van Zwoll*; BAG NZI 2006, 719; BAG ZIP 2006, 1830; BGH ZIP 2007, 94; BGH ZIP 2007, 539; *Pape* ZInsO 2003, 1013, 1017; ders. ZInsO 2005, 953, 957; *Fischer* WM 2004, 2185, 2187.
[110] Zu Recht kritisch *Seidel/Hinterer* NZI 2010, 745, 747.
[111] AA *Seidel/Hinterer* NZI 2010, 745, 747, die dem Gläubiger nur einen Teil des Anspruchs belassen wollen, soweit die tatsächlich ausgezahlte Quote den Vertrauensschaden übersteigt.
[112] Vgl. zur Anrechnung von Zahlungen auch BGH NZI 2005, 222 Tz. 26.
[113] BGH NJW-RR 1990, 122 = WM 1989, 1873; BGH NJW 2004, 3334 = NZI 2004, 435; *Fischer* WM 2004, 2185, 2188.
[114] BGHZ 159, 104, 115 = NJW 2004, 3334 = NZI 2004, 435.
[115] BAG ZIP 2003, 1617; BGH ZIP 2007, 94 = NZI 2008, 63.
[116] *Laws* in *Pape/Graeber* Teil 4, RdNr. 339; *Pape* ZfIR 2007, 817, 820 ff.; aA OLG Düsseldorf ZIP 2007, 687 = NZI 2007, 50.
[117] Vgl. Zöller/*Vollkommer* § 29 RdNr. 6, 20.

§ 62 Verjährung

¹Die Verjährung des Anspruchs auf Ersatz des Schadens, der aus einer Pflichtverletzung des Insolvenzverwalters entstanden ist, richtet sich nach den Regelungen über die regelmäßige Verjährung nach dem Bürgerlichen Gesetzbuch. ²Der Anspruch verjährt spätestens in drei Jahren von der Aufhebung oder der Rechtskraft der Einstellung des Insolvenzverfahrens an. ³Für Pflichtverletzungen, die im Rahmen einer Nachtragsverteilung (§ 203) oder einer Überwachung der Planerfüllung (§ 260) begangen worden sind, gilt Satz 2 mit der Maßgabe, daß an die Stelle der Aufhebung des Insolvenzverfahrens der Vollzug der Nachtragsverteilung oder die Beendigung der Überwachung tritt.

1   **1.** Mit der ursprünglichen Fassung des § 62 Satz 1 folgte der Gesetzgeber der Auffassung des Bundesgerichtshofs. Dieser hat es für sach- und interessengerecht gehalten, auf Ersatzansprüche der Beteiligten gegen den Konkursverwalter § 852 BGB aF entsprechend anzuwenden.[1] § 62 Satz 1 aF sah eine dreijährige Verjährungsfrist vor, die mit Kenntnis des Geschädigten zu laufen begann. Mit Wirkung vom 15. Dezember 2004[2] gilt nunmehr auch für die Verjährung von Schadensersatzansprüchen gegen den Verwalter einheitlich die regelmäßige Verjährung des BGB. Einschlägig ist § 195 BGB. Die in § 62 Satz 2 und 3 enthaltene Sonderregelung über eine Höchstfrist ist unverändert geblieben. Für Ersatzansprüche nach § 69 AO enthält § 191 Abs. 3 AO eine vorrangige Verjährungsregelung.[3]

2   **2.a)** Der Fristbeginn richtet sich nach § 199 Abs. 1 BGB. Die Frist beginnt mit dem Schluss des Jahres, in dem der Geschädigte Kenntnis von Schaden und den Umständen erlangt, die die Ersatzpflicht begründen. Maßgebend ist die Kenntnis der anspruchsbegründenden Tatsachen, nicht deren zutreffende rechtliche Würdigung.[4] Für § 199 Abs. 1 Nr. 2 BGB kommt es nicht auf die Kenntnis des Schadenshergangs in allen Einzelheiten an; vielmehr reicht für den Verjährungsbeginn im Allgemeinen eine solche Kenntnis, die es dem Geschädigten erlaubt, eine hinreichend aussichtsreiche – wenn auch nicht risikolose – und ihm daher zumutbare Feststellungsklage zu erheben.[5] Erforderlich ist jedoch, dass der Geschädigte auf Grund seines Kenntnisstandes in der Lage ist, eine auf § 60 bzw. § 61 gestützte Schadensersatzklage schlüssig zu begründen.[6] Die Verjährungsfrist läuft allerdings auch dann, wenn der Geschädigte die den Lauf der Frist auslösende Kenntnis zwar tatsächlich noch nicht besessen hat, dies jedoch darauf beruht, dass er in grob fahrlässiger Weise tatsächliche Umstände nicht zur Kenntnis nimmt. Dies ist der Fall, wenn der Gläubiger ganz naheliegende Überlegungen nicht angestellt und nicht beachtet hat, was im gegebenen Fall jedem hätte einleuchten müssen; ihm muss persönlich ein schwerer Obliegenheitsverstoß vorgeworfen werden können, weil sich ihm die den Anspruch begründenden Umstände förmlich aufgedrängt haben, er davor aber letztlich die Augen verschlossen hat.[7] Wann diese Voraussetzungen erfüllt sind, ist Frage des Einzelfalls.

3   **b)** Ist durch eine Pflichtwidrigkeit des Verwalters nur ein einzelner Beteiligter betroffen (**Individualschaden**), so kommt es auf dessen Kenntnis an; denn er kann seinen Ersatzanspruch selbst geltend machen, während das Insolvenzverfahren noch andauert. Der Einzelschaden ist im Sinne des Verjährungsrechts entstanden, wenn der Ersatzanspruch fällig ist und objektiv zumindest im Wege einer Feststellungsklage durchgesetzt werden kann.[8] Da eine Primärhaftung der Masse nicht besteht, hängt der Lauf der Verjährung nicht davon ab, ob der Gläubiger die Masse erfolglos in Anspruch genommen hat; der Schaden kann vielmehr bereits vorher entstanden sein.[9]

4   Ist der Schaden nach § 92 Satz 2 von einem neu bestellten Insolvenzverwalter oder einem Sonderinsolvenzverwalter geltend zu machen, weil der Verwalter die Insolvenzmasse verkürzt hat und deshalb der Schaden die Insolvenzgläubiger als Gesamtheit trifft (**Gesamtschaden**), so kommt es auf die Kenntnis des neu bestellten Verwalters an.[10] Obwohl der Sonderverwalter regelmäßig wegen der Haftpflicht des Verwalters bestellt werden wird, muss er die Kenntnis nicht schon mit der Übernahme des Amtes haben. Denn es kann ihm zunächst die Prüfung obliegen, ob der Verwalter sich

---

[1] BGHZ 93, 278 = NJW 1985, 1161 m. Anm. v. *W. Lüke*.
[2] Eingefügt durch das Gesetz zur Anpassung von Verjährungsvorschriften an das Gesetz zur Modernisierung des Schuldrechts vom 9.12.2004, BGBl. I 3214. Zum Übergangsrecht vgl. Art. 229 § 12 Abs. 1 Nr. 4 i. V. m. § 6 EGBGB.
[3] *Uhlenbruck/Sinz* § 62 RdNr. 14.
[4] BGH NJW 1996, 117, 118. BGHZ 138, 247, 252; BGH ZIP 2005, 1327, 1329.
[5] BGHZ 102, 246 = NJW 1988, 1446.
[6] BGH NJW-RR 1990, 606; BGH NJW 1994, 3092.
[7] Vgl. etwa BGH NJW 2011, 3573 Tz. 10 mwN; *Jaeger/Gerhardt* § 62 RdNr. 7.
[8] BGHZ 79, 176, 178 = NJW 1981, 814.
[9] Vgl. OLG Frankfurt Urt. v. 5. März 2010 – 19 U 247/08, juris.
[10] BGH NZI 2008, 491 Tz. 13; BGHZ 113, 262, 280 = NJW 1991, 982; BGHZ 159, 25, 28 f. = NZI 2004, 496.

überhaupt schadensersatzpflichtig gemacht hat.[11] Da der einzelne Insolvenzgläubiger während des laufenden Verfahrens nicht befugt ist, seinen Anspruch auf Ersatz seines Quotenverringerungsschadens gegen den Verwalter geltend zu machen, beginnt für ihn die Verjährungsfrist grundsätzlich nicht früher als mit Rechtskraft des Beschlusses, mit dem das Insolvenzverfahren aufgehoben oder eingestellt wird. Erst jetzt fällt die Befugnis zur Geltendmachung der einzelnen Quotenschäden – falls diese nicht schon während des Verfahrens reguliert wurden – an einen jeden der Gläubiger.[12] Etwas anderes kann im Interesse des ersatzpflichtigen Verwalters gelten, wenn sämtliche Gläubiger sich über den Schaden und die Person des Ersatzpflichtigen im Klaren sind, aber keiner von ihnen eine Sonderverwaltung oder die Ablösung des schadensersatzpflichtigen und die Einsetzung eines neuen Verwalters beantragt hat.[13] Sofern hingegen ein Sonderverwalter oder ein nachfolgender Verwalter einen Gesamtschaden hat verjähren lassen, wirkt die Verjährung des Ersatzanspruchs auch zu Lasten des einzelnen Gläubigers.[14] Dieser muss sich in einem solchen Fall an den Sonderverwalter bzw. den nachfolgenden Verwalter halten.

c) Da § 62 Satz 1 nur auf die Vorschriften des bürgerlichen Rechts über die regelmäßige Verjährung verweist, gilt weder die dreißigjährige Höchstfrist des § 852 BGB aF noch die zehnjährige des § 199 Abs. 4 BGB. Vielmehr schafft § 62 Satz 2 eine eigenständige Höchstfrist. Danach verjähren alle Ersatzansprüche wegen Einzel- oder Gesamtschäden, ohne dass es auf Kenntnis ankommt, spätestens drei Jahre nach Aufhebung oder Rechtskraft der Einstellung des Insolvenzverfahrens. Dies ist auch der allein maßgebliche Zeitpunkt für den Beginn der Frist, wenn ein Gesamtschaden während des Insolvenzverfahrens nicht realisiert worden ist und nunmehr anstelle des Verwalters die **Insolvenzgläubiger selbst,** soweit sie durch den Gesamtschaden betroffen sind, den Anspruch auf Ausgleich ihres Individualschadens geltend machen. Auf ihre möglicherweise früher erlangte Kenntnis von Schaden und dessen Umständen kommt es nicht an; denn sie waren gehindert, schon während des Verfahrens ihre Ansprüche geltend zu machen.[15] An diesem Beginn der Frist und deren Ablauf ändert sich auch dann nichts, wenn wegen des Ersatzanspruchs gegen den Verwalter nach § 203 Abs. 1 Nr. 3 die Nachtragsverteilung angeordnet und zur Durchsetzung des Anspruchs ein neuer Verwalter bestellt wird. Den Insolvenzgläubigern steht es frei, nach § 203 die Nachtragsverteilung zu beantragen oder, falls es zu einer solchen – aus welchen Gründen auch immer – nicht kommt, den Ausgleich ihres Schadens selbst zu betreiben. Nur wenn die Pflichtverletzung erst im Rahmen der Nachtragsverteilung (§ 203) oder einer Überwachung der Planerfüllung (§ 260) begangen worden ist, beginnt die Frist mit dem Vollzug der Nachtragsverteilung oder der Beendigung der Überwachung.

3. Die Begrenzung der Verjährungsfrist auf drei Jahre ab Verfahrensende soll den Verwalter davor bewahren, sich noch nach vielen Jahren mit Ersatzansprüchen Dritter auseinandersetzen zu müssen. Das Bedürfnis für diese Regelung folgt auch daraus, dass die Anerkennung der Schlussrechnung des Verwalters im Schlusstermin – anders als nach § 86 Satz 4 KO – keine entlastende Wirkung mehr hat. Eine entsprechende Anwendung des § 62 Satz 2 auf andere Ansprüche gegen den Verwalter, die nicht auf § 60 oder § 61 gestützt werden können, ist nicht geboten.[16] Insoweit greifen die Verjährungsregeln des BGB einschließlich der dort vorgesehenen Höchstfristen.

4. Für Hemmung, Ablaufhemmung und Neubeginn der Verjährung gelten die Vorschriften des bürgerlichen Rechts.[17] Der Einspruch des Geschädigten gegen den Feststellungsbescheid des Finanzamts hemmt nicht die Verjährung eines Schadensersatzanspruchs gegen den Insolvenzverwalter wegen verspäteter Erstellung der Steuerbilanz.[18] Die Regelung, wonach die Inanspruchnahme verwaltungsgerichtlichen Rechtsschutzes – wegen des bei der Amtshaftung geltenden Vorrangs des Primärrechtsschutzes vor dem Sekundärrechtsschutz und der Identität der in beiden Verfahren Verklagten – verjährungshemmende Wirkung auch für die Geltendmachung des zivilrechtlichen Amtshaftungsanspruchs hat,[19] gilt hier nicht.

§ 63 Vergütung des Insolvenzverwalters

(1) Der Insolvenzverwalter hat Anspruch auf Vergütung für seine Geschäftsführung und auf Erstattung angemessener Auslagen. Der Regelsatz der Vergütung wird nach dem Wert

---

[11] BGHZ 113, 262, 280 = NJW 1991, 982; BGHZ 159, 25 = NZI 2004, 496 m. A. *Huber;* OLG München ZIP 1987, 656, 657 m. Anm. v. *Gerhardt* EWiR § 78 KO 1/87, 703.
[12] BGHZ 93, 278, 286; BGHZ 159, 25 = NZI 2004, 496 m. A. *Huber.*
[13] BGHZ 159, 25 = NZI 2004, 496 m. A. *Huber.*
[14] *Spliedt* in *Pape/Graeber* Teil 3 RdNr. 1441.
[15] BGHZ 93, 278 = NJW 1985, 1161 m. Anm. v. *Lüke; Uhlenbruck/Sinz* § 62 RdNr. 7.
[16] AA *Uhlenbruck/Sinz* § 62 RdNr. 13.
[17] *Jaeger/Gerhardt* § 62 RdNr. 10.
[18] OLG Hamm ZIP 1987, 1402.
[19] BGHZ 95, 238 = NJW 1985, 2324; BGH NJW 1995, 2778 mwN.

der Insolvenzmasse zur Zeit der Beendigung des Insolvenzverfahrens berechnet. ³Dem Umfang und der Schwierigkeit der Geschäftsführung des Verwalters wird durch Abweichungen vom Regelsatz Rechnung getragen.

(2) Sind die Kosten des Verfahrens nach § 4a gestundet, steht dem Insolvenzverwalter für seine Vergütung und seine Auslagen ein Anspruch gegen die Staatskasse zu, soweit die Insolvenzmasse dafür nicht ausreicht.

Schrifttum: *Böhle-Stamschräder,* Vergütung des Konkursverwalters, des Vergleichsverwalters, der Mitglieder des Gläubigerausschusses und der Mitglieder des Gläubigerbeirates, KTS 1960, 108, 1964; *Bork/Muthorst,* Zur Vergütung des vorläufigen Insolvenzverwalters . Ist die Neufassung des § 11 InsVV verfassungskonform?, ZIP 2010, 1627; *Eickmann,* Alte und neue Vergütungsprobleme in der Insolvenz, Kölner Schrift zur Insolvenzordnung, 1997, S. 359; *Frege,* Vergütung des Sonderinsolvenzverwalters, NZI 2008, 487; *Haarmeyer,* Insolvenzrechtliche Vergütung und Umsatzsteuer, ZInsO 1998, 70 ff.; *ders.,* Die Neuregelung der insolvenzrechtlichen Vergütung – Ein erster Schritt in die richtige Richtung, ZInsO 1998, 225 ff.; *ders.,* Ein Beitrag zur Festsetzung der Vergütung in Insolvenzverfahren, ZinsO 1998, 375; *Holdt,* Die Berechnung von Verzugszinsen auf Vergütungsanträge, ZInsO 2002, 1122; *Keller,* Anmerkung zur Entscheidung des BGH v. 22.9.2010 (Az: IX ZB 195/09) - Vergütungsfestsetzung und Verjährung des Vergütungsanspruchs eines vorläufigen Insolvenzverwalters, DZWIR 2011, 39; *ders,.* Zur Vergütung für einen Sonderinsolvenzverwalter, DZWIR 2008, 461; *Kübler,* Die Behandlung massearmer Insolvenzverfahren nach dem neuen Recht, in Kölner Schrift, S. 735; *Looff,* Die Vergütung des Sonderinsolvenzverwalters, DZWIR 2009, 14; *Mohrbutter,* Wünsche zur Reform des Vergütungsrechts für Konkurs- und Vergleichsverwalter, der Mitglieder des Gläubigerausschusses und des Gläubigerbeirates, KTS 1971, 25 ff.; *Pape,* Der Vergütungsanspruch des Konkursverwalters im massearmen Konkursverfahren, ZIP 1986, 756; *Riewe,* Festsetzung der Vergütung des vorläufigen Insolvenzverwalters bei fehlender Eröffnung des Insolvenzverfahrens, NZI 2010, 131; *Rüffert/Neumerkel,* Vergütungsanspruch gegen die Staatskasse in massearmen Stundungsverfahren?, ZInsO 2012, 116; *Sämisch,* Festsetzung der Vergütung des vorläufigen Insolvenzverwalters im streitigen Zivilprozess, ZInsO 2011, 996; *Stephan,* Vergütungsanspruch gegen die Staatskasse nur in Höhe der Mindestvergütung, VIA 2010, 46; *Uhlenbruck,* Von der Notwendigkeit einer Neuregelung der Vergütung im Insolvenzverfahren, KTS 1967, 201; *ders.* Der Gebührenanspruch des Konkursverwalters gegen die Konkursmasse in arbeitsgerichtlichen Rechtsstreitigkeiten, ZIP 1980, 16; *Vorwerk,* Gläubigereinbeziehung in das Festsetzungsverfahren der Verwaltervergütung - Verfassungsmäßigkeit des § 64 II InsO, NZI 2011, 7; *Wagner,* Überblick zu den Neuregelungen der insolvenzrechtlichen Vergütungsverordnung, NZI 1998, 23.

Übersicht

	Rn.
I. Normzweck	1–3
II. Entstehungsgeschichte	4–12
III. Verfassungsmäßigkeit der Vergütungsregelung	13–15
IV. Anwendungsbereich	16
V. Grundlagen der Ansprüche auf Vergütung und Auslagenersatz	17–34
1. Entstehung	17
2. Fälligkeit	18
3. Verjährung	19, 20
4. Die Verwirkung des Vergütungsanspruchs	21–24
5. Verzinsung	25, 26
6. Vorschussansprüche	27
7. Rang des Vergütungsanspruchs	28–30
8. Entnahme- und Zurückbehaltungsrecht	31–33
9. Gerichtliche Rückzahlungsanordnung	34
VI. Vergütungsanspruch	35–45
1. Regelungsgrundsätze	35–45
a) Berechnungsgrundlage	35
b) Staffelvergütung	36
c) Abweichungen vom Regelsatz	37–40
d) Besonders zu vergütende Tätigkeiten	41–43
e) Minderung bei vorzeitiger Beendigung des Verfahrens oder des Verwalteramtes	44
f) Vergütungsanspruch und mangelhafte Geschäftsführung	45
VII. Erstattung angemessener Auslagen	46
VIII. Umsatzsteuer	47
IX. Vergütungsvereinbarungen	48–52
X. Mehrheit von Verwaltern	53–55
XI. Vergütung des Sonderinsolvenzverwalters	56–59
XII. Anspruch gegen die Staatskasse bei Stundung der Kosten (Abs 2)	60–65

I. Normzweck

1 § 63 bildet die eigentliche **Rechtsgrundlage** für den kraft Gesetzes entstehenden Anspruch des Insolvenzverwalters auf Vergütung seiner Geschäftsführung und den Ersatz seiner Auslagen. Demgegenüber enthält die Insolvenzrechtliche Vergütungsverordnung (InsVV) lediglich die konkrete Ausgestaltung der gesetzlichen Rahmenvorgaben des § 63. Die Vorschrift billigt für jedwede Geschäfts-

führung im Insolvenzverfahren dem Insolvenzverwalter einen Anspruch auf Vergütung sowie auf Ersatz angemessener Auslagen zu und definiert zugleich die dafür erforderliche Berechnungsgrundlage als den Wert der Insolvenzmasse (§ 35 InsO) zurzeit der Verfahrensbeendigung. In Satz 3 wird zudem aufgegeben, dass dem Umfang und der Schwierigkeit durch Abweichungen vom sog. Regelsatz Rechnung zu tragen ist, was durch § 3 InsVV näher ausgeführt wird.[1] Abs.1 Satz 1 ist sprachlich nicht gelungen. Danach sollen allein die Auslagen angemessen sein. Der Insolvenzverwalter hat jedoch auch einen Rechtsanspruch auf eine angemessene Vergütung. Die genannte Angemessenheit bezieht sich insbesondere auf die Vergütung, da die zu erstattenden Auslagen Aufwendungsersatz sein sollen.

Zu den durch § 63 vorgegebenen Rahmen gehören somit, die Angemessenheit der Vergütung, die Bemessungsgröße, die dem Wert der Insolvenzmasse bei Beendigung des Verfahrens entsprechen soll, die Festlegung einer Regelvergütung und die Möglichkeit der Abweichung von der Regelvergütung, wenn Umfang und Schwierigkeiten dies erfordern. Die Vorschrift wird durch § 64 ergänzt, der das gerichtliche Festsetzungsverfahren regelt.

Abs. 2, der durch das Insolvenzrechtsänderungsgesetz vom 26.10.2001[2] eingefügt worden ist, soll den Vergütungsanspruch des Insolvenzverwalters in massearmen Verfahren absichern. Kommt im Falle eines Antrags auf Restschuldbefreiung das Verfahren nur durch eine Stundung der Verfahrenskosten gem. §§ 4a ff. zustande, soll der Verwalter einen sekundären Anspruch gegen die Staatskasse wegen des Vergütungsanteils erhalten, der nicht aus der Masse beglichen werden kann.[3]

II. Entstehungsgeschichte

Die Regelung des § 63 I knüpft an die Vorgängerbestimmungen des § 85 KO sowie des § 43 VglO an. Für das Konkursverfahren sah § 85 I 1 KO vor, dass der Verwalter Anspruch auf Erstattung angemessener barer Auslagen und auf Vergütung für seine Geschäftsführung hatte. Eine entsprechende Regelung enthielt § 43 I VglO für das Vergleichsverfahren. § 85 Abs.2 KO enthielt eine Ermächtigung, wonach die Landesjustizverwaltung für die dem Verwalter zu gewährende Vergütung allgemeine Anordnungen treffen kann. Die Konkursordnung sah davon ab, einheitliche Grundsätze für die Bemessung der Vergütung aufzustellen. Es wurde vielmehr die Auffassung vertreten, dass Umfang und Schwierigkeiten der Verwaltungsaufgaben sich für den Verwalter je nach Art und Größe des Konkurses wie auch nach den örtlichen Verhältnissen so unterschiedlich gestalten, dass es nicht angehe, das „Verwalterhonorar schlechthin nach Prozentsätzen der Teilungsmasse zu bestimmen". Vielmehr sei in jedem Einzelfalle die Vergütung mit Rücksicht auf den äußeren Umfang (Zeitaufwand) und die Schwierigkeit der Geschäftsführung besonders zu bemessen. Allein die Länder Württemberg und Baden erließen entsprechende Vergütungsanordnungen. Im Übrigen gaben einzelne Gerichte für ihre Bezirke Richtlinien für die Vergütungsbemessung heraus. Am 22.2.1936 erließ das Reichsjustizministerium eine Ausführungsverordnung für die Vergütung des Konkurs- und Vergleichsverwalters. Mit dieser Verordnung wurden erstmals in Deutschland einheitliche Vergütungsregeln festgelegt. Diese Verordnung galt bis zum Erlass einer Rechtsverordnung über die Vergütung des Konkursverwalters, des Vergleichsverwalters, der Mitglieder des Gläubigerausschusses und der Mitglieder des Gläubigerbeirats vom 25.5.1960 – VergVO.[4]

Eine der wesentlichen Schwächen der Vergütungsordnung vom 25.5.1960 war die fehlende Anpassung der Vergütungssätze an die gestiegenen Lebenshaltungskosten. Es fehlte eine Regelung der Vergütung des nach § 106 KO im Eröffnungsverfahren bestellten Sequesters. Ebenso wenig waren die Vergütung des Konkursverwalters in massearmen Verfahren und die Rangfolge des Vergütungsanspruchs nach Feststellung und Anzeige einer Masseunzulänglichkeit geregelt. Die Rechtspraxis hat diese Probleme durch die Entwicklung eigener Vergütungsgrundsätze gelöst. So wurde z. B. die Nichthebung der Regelvergütung des § 3 VergVO durch die Gewährung des vierfachen Regelsatzes kompensiert.[5] Diese Praxis wurde vom BVerfG gebilligt.[6]

Für das vormalige Gesamtvollstreckungsverfahren fehlte eine eigenständige Anspruchsregelung in der GesO, dessen § 21 I aber wegen der Vergütung und der Erstattung von Auslagen des Verwalters (und der Mitglieder des Gläubigerausschusses) auf die erwähnte Vergütungsverordnung des BMJ verwies; deren Vorschriften fanden mithin auf die Vergütung des Verwalters im Gesamtvollstreckungsverfahren entsprechende Anwendung.

---

[1] *Haarmeyer/Wutzke/Förster*, Vorbem. Vor § 1 InsVV, RdNr. 5
[2] BGBl. I, 2710.
[3] *Jaeger/Schilken* RdNr. 4; *Kübler/Prütting/Lüke* RdNr. 2.
[4] BGBl. I, 329
[5] *Keller*, Vergütung RdNr. 7 ff..
[6] BVerfG ZIP 1989, 382.

7 Die **Schaffung eines einheitlichen Insolvenzverfahrens** erforderte eine grundsätzliche Neuregelung des ohnehin unbefriedigenden Vergütungsrechts. Immerhin enthält die Regelung des § 63 jetzt anders als die Vorgängerregelungen zwei inhaltliche Vorgaben, in dem der Regelsatz der Vergütung nach dem Wert der Insolvenzmasse zur Zeit der Beendigung des Insolvenzverfahrens berechnet wird (Abs 1 S 2), während gem S 3 dem Umfang und der Schwierigkeit der Geschäftsführung des Verwalters durch Abweichungen vom Regelsatz Rechnung getragen wird. Einzelheiten regelt die aufgrund der Ermächtigung des § 65 durch das BMJ erlassene Insolvenzrechtliche Vergütungsverordnung (InsVV) vom 19.8.1998 idF vom 21.12.2006, mit der immerhin einige wesentliche Schwachpunkte des früheren Vergütungsrechts beseitigt worden sind.[7]

8 Durch Art. 12 des Gesetzes zur **Einführung des Euro** in Rechtspflegegesetzen und in Gesetzen des Straf- und Ordnungswidrigkeitenrechts, zur Änderung der Mahnvordruckverordnungen sowie zur Änderung weiterer Gesetze vom 13.12.2001 (BGBl. I, 776) wurden die Vergütungssätze und -beträge in der InsVV im Verhältnis zwei zu eins von Deutscher Mark auf € umgestellt. Mit der von dem amtlichen Umrechnungskurs abweichenden Umstellung war eine Kürzung der Vergütungssätze verbunden, die sich bei höheren Beträgen nicht unwesentlich auswirkte.

9 Mit der **Einführung der Kostenstundung** durch das Insolvenzrechtsänderungsgesetz vom 26.10.2001[8] wurde auch § 63 InsO durch den Abs. 2 ergänzt. Im Falle einer Stundung begründet § 63 Abs. 2 einen Anspruch des Insolvenzverwalters für seine Vergütung und Auslagen gegen die Staatskasse, soweit die Insolvenzmasse dafür nicht ausreicht. Die Einführung der Kostenstundung führte aber auch dazu, dass die Zahl der eröffneten Insolvenzverfahren über das Vermögen natürlicher Personen schlagartig anstieg. In diesen masselosen Verfahren erzielte ein Insolvenzverwalter bzw. Treuhänder in der Regel nur die Mindestvergütung nach § 2 Abs. 2 bzw. § 13 Abs. 1 S. 3. Diese betrug 500 €, in Verbraucherinsolvenzverfahren 250 €. Damit stellte sich die Frage, ob diese Vergütung noch angemessen war.[9] In zwei Beschlüssen vom 15.1.2004[10] setzte der BGH für die Anwendung des § 2 Abs. 2 und § 13 Abs. 1 Satz 3 eine zeitliche Grenze für Insolvenzeröffnungen bis zum 1.1.2004. Gleichzeitig forderte er den Verordnungsgeber auf, eine verfassungskonforme Neuregelung zu treffen. Das BMJ ist dieser Aufforderung mit der **Verordnung zur Änderung der Insolvenzrechtlichen Vergütungsverordnung vom 4.10.2004**[11], die am 7.10.2004 in Kraft getreten ist, nachgekommen. Die Neuregelung sieht eine Mindestvergütung von 1000 € bzw. 600 € vor, die sich je nach Zahl der am Verfahren beteiligten Gläubiger erhöht. Die Änderungsverordnung vom 4.10.2004 enthält darüber hinaus Neuregelungen zur Auslagenpauschale (§ 8 Abs. 3), zur Vergütung des vorläufigen Verwalters (§ 11), zur Vorschussgewährung in Stundungsverfahren sowie eine Anpassung der Stundensätze für die Mitglieder des Gläubigerausschusses (§ 17).

10 Eine weitere Änderung erfolgte durch **die Zweite Verordnung zur Änderung der Insolvenzrechtlichen Vergütungsverordnung vom 21.12.2006**[12], die am 29.12.2006 in Kraft getreten ist. Veranlasst wurde die Änderung durch eine Entscheidung des BGH vom 14.12.2005[13], die in weiteren Entscheidungen vom 12.1.2006[14] und 13.7.2006[15] noch einmal ausdrücklich bestätigt wurde. In diesen Entscheidungen änderte der BGH seine bisherigen Aussagen zu den Voraussetzungen der Einbeziehung von mit Aus- und Absonderungsrechten belasteten Gegenständen in die **Berechnungsgrundlage der Vergütung des vorläufigen Verwalters**. Danach sollten Aus- und Absonderungsrechte nicht mehr in die Berechnungsgrundlage einbezogen werden. Sie sollten allenfalls Grundlage für einen Zuschlag nach § 3 InsVV sein. Diese Entscheidungen fanden in der Insolvenzrechtspraxis eine einhellige Ablehnung, insbesondere weil sie mit der Neuregelung in der Änderungsverordnung vom 4.10.2004 nicht in Einklang zu bringen war.[16] Die Kritik an diesen Entscheidungen des BGH und die für die Praxis dadurch entstandene Rechtsunsicherheit veranlassten den Verordnungsgeber im Oktober 2006 den Entwurf einer Zweiten Verordnung zur Änderung der Insolvenzrechtlichen Vergütungsverordnung vorzulegen. In dieser Verordnung ist nunmehr wieder die Einbeziehung der Fremdrechte in die Berechnungsgrundlage geregelt. Mit der Änderung des § 11 InsVV wird klargestellt, dass Vermögensgegenstände im Besitz des Schuldners, an denen im Falle einer Insolvenzeröffnung Aus- und Absonderungsrechte bestehen, zu berücksichtigen sind,

---

[7] Keller, ZVI 2002, 776.
[8] BGBl. I, 2710.
[9] Blersch ZVI 2003, 193; Keller ZIP 2002, 393.
[10] BGH NZI 2004, 196 – IX ZB 96/03; BGH NZI 2004, 224 – IX ZB 46/03.
[11] BGBl. I, 2569.
[12] BGBl. I, 3389.
[13] BGH NZI 2006, 284.
[14] BGH NZI 2006, 236.
[15] BGH NZI 2006, 464.
[16] Keller, Vergütung RdNr. 467 ff..

wenn sich der vorläufige Insolvenzverwalter in erheblichem Umfang mit ihnen befasst hat. Die Berücksichtigung erfolgt durch die Einbeziehung der Vermögenswerte in die Berechnungsgrundlage und nicht durch eine Erhöhung der Vergütung entsprechend § 3 Abs. 1.

Der **Entwurf eines Gesetzes zur Verkürzung des Restschuldbefreiungsverfahrens und der Stärkung der Gläubigerrechte**, den die Bundesregierung dem Deutschen Bundestag vorgelegt hat[17], sieht vor, § 63 durch Einfügung eines Absatzes 3 wie folgt zu ergänzen: 11

„(3) Die Tätigkeit des vorläufigen Insolvenzverwalters wird gesondert vergütet. Er erhält in der Regel 25 Prozent der Vergütung des Insolvenzverwalters bezogen auf das Vermögen, auf das sich seine Tätigkeit während des Eröffnungsverfahrens erstreckt. Maßgebend für die Wertermittlung ist der Zeitpunkt der Beendigung der vorläufigen Verwaltung oder der Zeitpunkt, ab dem der Gegenstand nicht mehr der vorläufigen Verwaltung unterliegt. Beträgt die Differenz des tatsächlichen Werts der Berechnungsgrundlage der Vergütung zu dem der Vergütung zugrunde gelegten Wert mehr als 20 Prozent, so kann das Gericht den Beschluss über die Vergütung des vorläufigen Insolvenzverwalters bis zur Rechtskraft der Entscheidung über die Vergütung des Insolvenzverwalters ändern."

Der angefügte Absatz 3 regelt erstmals in der Insolvenzordnung, dass der vorläufige Insolvenzverwalter eine gesonderte Vergütung erhält. Satz 1 entspricht im Wesentlichen dem bisherigen § 11 Absatz 1 Satz 1 der Insolvenzrechtlichen Vergütungsverordnung (InsVV). Satz 2 umschreibt die wesentlichen Grundlagen für die Berechnung der Vergütung des vorläufigen Insolvenzverwalters, die bislang in § 11 Absatz 1 Satz 2 InsVV geregelt war. Satz 3 stellt klar, auf welches Vermögen sich die Tätigkeit des vorläufigen Insolvenzverwalters während des Eröffnungsverfahrens erstreckt. Die Begründung des Gesetzentwurfs führt dazu aus, dass die gesetzliche Anerkennung des Vergütungsanspruchs des vorläufigen Insolvenzverwalters angesichts der Bedeutung der vorläufigen Insolvenzverwaltung für das Vergütungsaufkommen des damit befassten Personenkreises zu größerer Rechtssicherheit führe; gleichzeitig werde an dem Grundsatz festgehalten, dass der gesetzlich festgeschriebene Regelsatz über- oder unterschritten werden kann.[18] Absatz 3 Satz 4 ist bislang in § 11 Abs. 2 Satz 2 InsVV enthalten. Danach ist eine **Abänderung des Beschlusses über die Vergütung** des vorläufigen Insolvenzverwalters erlaubt, wenn die Differenz zwischen dem tatsächlichen Wert der Berechnungsgrundlage für die Vergütung und dem Wert, der der Vergütung zugrunde gelegt wird, mehr als 20 Prozent beträgt. Das Gericht kann die Vergütung des vorläufigen Insolvenzverwalters bis zur Rechtskraft der Entscheidung über die Vergütung des Insolvenzverwalters sowohl erhöhen als auch reduzieren. Aufgrund der in der Rechtsprechung[19] und Literatur[20] erhobenen Kritik, dass § 65 InsO für eine Abänderungsbefugnis des Gerichts keine Ermächtigungsgrundlage enthalte, wurde dieser Satz 4 eingefügt. Zwar wird in der Begründung des Gesetzentwurfs darauf hingewiesen, dass diese Kritik als nicht berechtigt angesehen werde, weil § 65 InsO eine umfassende Regelungskompetenz für die Vergütung im Insolvenzverfahren vorsehe, die das der Vergütungsfestsetzung zugrunde liegende Verfahren mit umfasse. Dennoch werde aus Gründen der Rechtssicherheit und Rechtsklarheit die Abänderungsbefugnis des Insolvenzgerichts nunmehr gesetzlich geregelt. 12

III. Verfassungsmäßigkeit der Vergütungsregelung

Die Freiheit, einen Beruf auszuüben, ist untrennbar verbunden mit der Freiheit, eine angemessene Vergütung zu fordern. Gesetzliche Vergütungsregelungen sind daher am Maßstab des Art. 12 Abs. 1 GG zu messen. Die Tätigkeit des Insolvenzverwalters ist angesichts der Entwicklungen der letzten Jahre nicht mehr als eine bloße Nebentätigkeit von Rechtsanwälten oder Kaufleuten anzusehen, es handelt sich vielmehr einen eigenständigen Beruf. Jede vom Gericht festgesetzte Verwaltervergütung muss sich daher die Prüfung gefallen lassen, ob sie dem Umfang und der Schwierigkeit der Geschäftsführung des Verwalters Rechnung trägt (§ 63 Satz 3) und ob die festgesetzten Auslagen angemessen sind (§ 63 Satz 1). Jede Vergütungsfestsetzung unterliegt daher dem Verbot der Unangemessenheit mit der Folge, dass bei jeder nach der InsVV festgesetzten Vergütung zuzüglich der Auslagen zu prüfen ist, ob die Höhe auch angemessen ist.[21] Das bedeutet, dass dem Gericht die Möglichkeit eröffnet ist, von dem System der Gebühr abzugehen und auf die Besonderheiten des Einzelfalles abzustellen. 13

Die Vergütungsregelungen der InsO und der InsVV können jedenfalls nach der inzwischen erfolgten Anhebung der Mindestvergütung bei massearmen Verfahren nicht als verfassungswidrig angesehen werden. In seinen einschlägigen Entscheidungen hat das Bundesverfassungsgericht die 14

---

[17] BT-Drs. 17/11268.
[18] Begr. des Gesetzentwurfs zu Nummer 12 (Änderung von § 63).
[19] AG Leipzig DZWiR 2008, 39; Siehe dazu § 11 InsVV RdNr. 95;
[20] *Küpper*, ZInsO 2007, 231; siehe dazu auch § 11 InsVV RdNr. 95.
[21] *Uhlenbruck/Mock* § 63 RdNr. 3.

konkursrechtlichen Vergütungsregelungen stets am Maßstab des Art 12 I GG gemessen, sie dem Bereich der Berufsausübung zugewiesen und von „der Freiheit der Berufsausübung des Konkursverwalters" gesprochen.

15 Problematisch sind insoweit diejenigen Fälle, in denen die vorhandene Masse nicht ausreicht, um die Vergütungsansprüche des Verwalters abzudecken und keine Kostenstundung nach § 4a InsO in Betracht kommt. Zwar wird in diesen Fällen ein Eröffnungsantrag regelmäßig nach § 26 InsO abgewiesen werden. Wird das Verfahren aber allein auf Grund bestehender Anfechtungsansprüche eröffnet und stellt sich in der Folge heraus, dass diese Ansprüche nicht realisiert werden können, so ist das Verfahren nach § 207 InsO einzustellen. Der Verwalter wird allenfalls einen Teil seiner angemessenen Vergütung aus der Masse entnehmen können und geht damit einer angemessenen Vergütung verlustig. Allerdings wird sich in solchen und ähnlichen Fällen die Tätigkeit des Verwalters vorwiegend auf die Prozessführung beschränken. Hierfür wird dem Verwalter regelmäßig Prozesskostenhilfe gewährt, womit seine Tätigkeit aus der Staatskasse vergütet wird.

IV. Anwendungsbereich

16 Die Vorschrift gilt für den **Insolvenzverwalter**, auch in den Verfahren nach den §§ 315 ff.[22] § 63 findet auch auf den **vorläufigen Insolvenzverwalter** über die Verweisung in § 21 Abs.2 Nr.1 Anwendung. Für den **Sachwalter bei der Eigenverwaltung** verweist § 274 Abs.1 und für den **Treuhänder im Verbraucherinsolvenzverfahren** verweist § 313 Abs.1 Satz 3 auf § 63. § 63 Abs. 2 ist durch die Ergänzung von § 73 Abs.2 InsO über eine Verweisung auf die Vergütung der **Mitglieder des Gläubigerausschusses** ebenfalls anwendbar. Für den **Treuhänder im Restschuldbefreiungsverfahren** enthält § 293, abweichend von der sonstigen vergütungsrechtlichen Systematik, eine eigene materielle Vergütungsnorm.[23] § 293 Abs 2 erklärt lediglich die §§ 63 Abs 2, 64 und 65 für entsprechend anwendbar.

V. Grundlagen der Ansprüche auf Vergütung und Auslagenersatz

17 **1. Entstehung.** Der Vergütungsanspruch entsteht nicht erst mit der Festsetzung durch das Insolvenzgericht, sondern mit der **tatsächlichen Arbeitsleistung** im Insolvenzverfahren bzw. hinsichtlich der Auslagen mit deren Anfall.[24] Die Vergütung des Insolvenzverwalters ist kein Erfolgshonorar, sondern eine **Tätigkeitsvergütung**. Die Festsetzung konkretisiert den Anspruch nur der Höhe nach.[25]

18 **2. Fälligkeit.** Der Anspruch des Insolvenzverwalters auf Vergütung und Auslagenersatz wird *fällig* mit der Erledigung der vergütungspflichtigen Tätigkeit.[26] Eine **Teilfälligkeit** der Verwaltervergütung kennt das Gesetz nicht. Vielmehr hat der Verwalter lediglich die Möglichkeit, bei Gericht einen Vorschuss nach § 9 InsVV zu beantragen.[27] Der Antrag auf Vergütungsfestsetzung an das Insolvenzgericht kann bereits gestellt werden, wenn die Schlussrechnung an das Gericht gesandt wird (§ 8 Abs 1 Satz 3 InsVV). Die gerichtliche Festsetzung der Vergütung bestimmt verbindlich die Höhe des zuvor erwachsenen Anspruchs. Ist die Vergütung vom Insolvenzgericht durch Beschluss festgesetzt worden, darf der Insolvenzverwalter die Vergütung schon vor Rechtskraft des Beschlusses entnehmen. Dies rechtfertigt sich daraus, dass der Festsetzungsbeschluss den Charakter eines vorläufig vollstreckbaren Titels hat.[28] Das Gericht kann allerdings anordnen, dass die Vergütung der Masse erst nach Rechtskraft des Festsetzungsbeschlusses entnommen werden darf.

19 **3. Verjährung.** Auf die Verjährung des Vergütungsanspruchs finden die entsprechenden Vorschriften des Bürgerlichen Gesetzbuches Anwendung. Ist der Anspruch noch **nicht bestandskräftig festgesetzt**, gilt für ihn die **dreijährige Regelverjährung** des § 195 BGB.[29] Die regelmäßige Verjährungsfrist beginnt gem. § 199 Abs 1 Nr. 1 BGB mit dem Schluss des Jahres, in dem der Vergütungsanspruch des Insolvenzverwalters entstanden ist und der Verwalter von den den Anspruch begründenden Umständen und der Person des Schuldners Kenntnis erlangt hat oder ohne grobe Fahrlässigkeit hätte Kenntnis erlangen müssen. Mit der Einreichung des Festsetzungsantrags bei dem

---

[22] OLG Zweibrücken NZI 2001, 209.
[23] *Uhlenbruck/Mock* § 63 RdNr. 17.
[24] BGHZ 116, 233; *LG Göttingen* NZI 2001, 219; *Keller*, Vergütung, RdNr. 52; *Kübler/Prütting/Bork/Eickmann/Prasser* vor § 1 InsVV Rn 4; *Jaeger/Schilken* § 63 Rn 8; *Uhlenbruck/Mock* § 63 RdNr. 45.
[25] KG NZI 2001, 307; LG Göttingen NZI 2001, 219.
[26] BGH NZI 2006, 165; MünchKommInsO-*Nowak* § 63 Rn 7; *Jaeger/Schilken* § 63 Rn 10.
[27] *Uhlenbruck/Mock* § 63 RdNr. 45.
[28] BGH NZI 2006, 94; BGH NZI 2007, 539.
[29] BGH NZI 2007, 539; *Haarmeyer/Wutzke/Förster* vor § 1 RdNr. 51.

Insolvenzgericht wird die Verjährung gehemmt.[30] **Rechtskräftig festgesetzte Vergütungsansprüche** unterliegen der **dreißigjährigen Verjährung** (§ 197 Abs. 1 Nr. 3 BGB). Die Verjährung von rechtskräftig festgestellten Ansprüchen beginnt mit der Rechtskraft der Entscheidung (§ 201 Abs. 1 BGB), der Errichtung des vollstreckbaren Titels oder der Feststellung im Insolvenzverfahren, nicht jedoch vor der Entstehung des Anspruchs (§ 201 BGB).

Die Einrede der Verjährung können der Schuldner und die Insolvenzgläubiger erheben. Das **20** Insolvenzgericht ist dagegen nicht befugt, die Vergütungsfestsetzung unter Hinweis auf die eingetretene Verjährung abzulehnen.[31] Nach anderer Ansicht wäre es pflichtwidrig, wenn der Verwalter einen verjährten Vergütungsanspruch zur Festsetzung beantragt.[32] Ebenso scheidet eine Erhebung der Einrede durch den Gläubigerausschuss aus.[33]

4. Die Verwirkung des Vergütungsanspruchs. Die Insolvenzverwaltervergütung ist als reine **21** Tätigkeitsvergütung ausgestaltet, so dass der Einwand mangelhafter oder erfolgloser Leistung – von der Geltendmachung von Schadensersatzansprüchen abgesehen – die Höhe der Vergütung grundsätzlich nicht zu beeinflussen vermag.[34] Entsprechendes hat erst recht dann zu gelten, wenn konkrete Fehler bei der Verwaltertätigkeit nicht festgestellt sind, sondern es lediglich um die mangelhafte fachliche und persönliche Eignung des Verwalters zur Ausübung des Amtes geht. Deshalb hat auch ein Verwalter, der gemäß § 59 Abs. 1 InsO vom Insolvenzgericht aus wichtigem Grund entlassen worden ist, grundsätzlich einen Anspruch auf Festsetzung der Vergütung für seine bisherige Tätigkeit.[35]

Es entspricht gefestigter Rechtsprechung, dass nach dem Grundgedanken des § 654 BGB ein an **22** sich begründeter Gebühren- oder Vergütungsanspruch verwirkt sein kann, wenn ein Dienstverhältnis besondere Treuepflichten begründet und der Dienstleistende gegen diese verstößt. Besonders schwerwiegende, insbesondere strafrechtlich relevante Pflichtverstöße können Gebührenansprüche entfallen lassen.[36] Nach der Rechtsprechung des Bundesgerichtshofs enthält die Bestimmung des § 654 BGB einen von der Treu- und Sorgfaltspflicht des Maklers ausgehenden allgemeinen Rechtsgedanken und ist demgemäß auch allgemein dann anzuwenden, wenn ein Makler unter vorsätzlicher oder grob leichtfertiger Verletzung wesentlicher Vertragspflichten den Interessen seiner Auftraggeber in wesentlicher Weise zuwidergehandelt hat. Die Verwirkung des Anspruchs auf Maklerlohn hat Strafcharakter und soll den Makler bei Vermeidung des Verlustes seiner Vergütung dazu anhalten, die ihm gegenüber seinem Auftraggeber obliegende Treuepflicht zu wahren. Dass dem Auftraggeber ein Schaden entstanden ist, setzt die Anwendung der Vorschrift nicht voraus. Entscheidendes Gewicht liegt bei der Frage der subjektiven Vorwerfbarkeit der Treupflichtverletzung, auf Grund derer sich der Makler den Lohn nach allgemeinem Rechts- und Billigkeitsempfinden nicht verdient hat, sondern sich seines Lohnes „unwürdig" erweist.[37]

Dem Insolvenzverwalter kann der Vergütungsanspruch aberkannt, wenn er besonders schwerwiegende **23** gende schuldhafte Pflichtverletzungen z. B. in Form von strafbaren Handlungen zum Nachteil der Masse begangen hat.[38] Hat der vorläufige Insolvenzverwalter anfechtbare Zahlungen des Schuldners in der Insolvenzeröffnungsphase an den Insolvenzantragsteller geduldet, die zur Erledigung des Antrags geführt haben, kann die Vergütung der vorläufigen Verwaltung verwirkt sein.[39]

Vergütungsansprüche können über die genannten Fälle schwerwiegender Verletzungen von **24** Amtspflichten hinaus auch dann ausgeschlossen sein, wenn ein Amtsträger vor seiner Bestellung und vor der Begründung von Amtspflichten im engeren Sinne durch erfolgreiche Täuschung eine fehlende Qualifikation vorspiegelt. Wer durch solches Verhalten in strafbarer Weise die Bestellung zum Insolvenzverwalter erschleicht und damit zur Verfolgung eigener wirtschaftlicher Interessen eine Gefährdung der erfolgreichen Abwicklung des Insolvenzverfahrens in Kauf nimmt, kann eine Festsetzung der Vergütung nach der Insolvenzrechtlichen Vergütungsverordnung nicht verlangen.[40]

---

[30] BGH NZI 2007, 539.
[31] *Jaeger/Schilken* § 63 RdNr. 27.
[32] *Haarmeyer/Wutzke/Förster* vor § 1 RdNr. 52.
[33] MünchKommInsO-*Nowak, Voraufl.* § 63 Rn 10; *Jaeger/Schilken* § 63 Rn 27.
[34] *Uhlenbruck/Uhlenbruck* § 63 InsO RdNr. 14; *Haarmeyer/Wutzke/Förster* vor § 1 RdNr. 33.
[35] *Uhlenbruck/Uhlenbruck* § 59 InsO RdNr. 24.
[36] BGH NZI 2004, 440.
[37] BGH NJW 1981, 2297; BGH WM 1985, 1276.
[38] OLG Karlsruhe ZInsO 2000, 617; LG Konstanz ZInsO 1999, 589; AG Wolfratshausen ZInsO 2000, 517, 518; AG Hamburg ZInsO 2001, 69, 70.
[39] AG Hamburg ZInsO 2001, 70.
[40] BGH NZI 2004, 440; Keller, Vergütung, RdNr. 48.

25 **5. Verzinsung.** Der Vergütungsanspruch des (vorläufigen) Verwalters unterliegt grundsätzlich keiner Verzinsung.[41] Auch Verzugszinsen kommen nicht in Betracht. Bei dem Vergütungsanspruch handelt es sich um einen Anspruch, bei dem eine schuldhafte Nichtleistung bis zur Festsetzung der Vergütungshöhe durch das Insolvenzgericht nicht vorliegen kann. Ein Zinsanspruch kann sich aber in Form der Herausgabe gezogener Nutzungen aus §§ 812 Abs 1 S 1 Alt. 2, 818 Abs 1 BGB ergeben,[42] wobei sich dieser Anspruch aber auf dasjenige beschränkt, was der Masse bis zur Zahlung der Vergütung zugeflossen ist, so dass sich der Anspruch auf die regelmäßig auf Anderkonten gewährte Verzinsung beschränkt.[43]

26 In Betracht kommen **Amtshaftungsansprüche**,[44] bei denen ein Mitverschulden des Insolvenzverwalters dahingehend zu berücksichtigen ist, dass für ihn die Möglichkeit der Geltendmachung eines Vorschusses und damit der Schadensminderung besteht.

27 **6. Vorschussansprüche.** Der Insolvenzverwalter kann aus der Insolvenzmasse einen Vorschuss auf die Vergütung und die Auslagen entnehmen, wenn das Insolvenzgericht zustimmt. Die Entnahme eines Vorschusses dient nicht nur der Sicherung der Vergütung des Insolvenzverwalters, sondern trägt vor allem auch dem Gedanken Rechnung, dass der Insolvenzverwalter mit seiner Tätigkeit in Vorleistung tritt und erhebliche Vorhaltekosten für die Ausübung seiner Tätigkeit trägt. § 9 S 1 InsVV regelt die Entnahme von **Vorschüssen** auf die Vergütung und Auslagen. Wegen der Einzelheiten siehe die Erläuterungen zu § 9 InsVV.

28 **7. Rang des Vergütungsanspruchs.** Die Vergütungen und die Auslagen des vorläufigen sowie endgültigen Insolvenzverwalters sind nach §§ 53, 54 Nr. 2 **Masseverbindlichkeiten**. Somit hat der Insolvenzverwalter hinsichtlich seiner Vergütung und Auslagen gem. § 53 einen Anspruch auf Vorwegbefriedigung aus der Insolvenzmasse. Im Fall der Massezulänglichkeit ist der Vergütungsanspruch erstrangig zu befriedigen (§ 209 Abs.1 Nr. 1).

29 Im **Verhältnis zu den Gerichtskosten** des Insolvenzverfahrens (§ 54 Nr 1) sind die Ansprüche des Insolvenzverwalters allerdings gleichrangig und bei Unzulänglichkeit der Masse gemäß § 209 I nach dem Verhältnis ihrer Beträge zu berichten. Dies widerspricht der Rechtsprechung des Bundesverfassungsgerichts (zu § 60 KO) zum aus Art. 12 Abs.1 GG hergeleiteten Vorrang der Verwaltervergütung für den Zeitpunkt nach Feststellung der Massezulänglichkeit.[45] Danach ist den Verwalteransprüchen absoluter Vorrang vor den Gerichtskosten und etwaigen sonstigen Vergütungsansprüchen iSd § 54 Nr. 2 einzuräumen. Dieser Sachverhalt hat allerdings durch die Neuordnung der Rangfolgen in der InsO seine praktische Bedeutung weitgehend verloren, weil die trotz Unzulänglichkeit vorhandenen Beträge idR zur vollen Abdeckung der (verbleibenden) Kosten des Insolvenzverfahrens ausreichen dürften. Der Insolvenzverwalter kann auch ein Ausfallrisiko für die Vergütung der bis zur Feststellung der Massezulänglichkeit erbrachten Dienstleistungen durch die Entnahme von Vorschüssen gem. § 9 InsVV vermeiden.

30 Vergütungsansprüche des Verwalters, die für das Tätigwerden außerhalb des gesetzlichen Aufgaben- und Pflichtenkreises anfallen, sind lediglich sonstige Masseverbindlichkeiten (§ 55 Abs 1 Nr 1). Auch Zusatzgebühren, die für den Einsatz besonderer Sachkenntnisse zusätzlich nach § 5 InsVV anfallen,[46] werden unter den Begriff der Masseverbindlichkeit iSv § 55 Abs 1 gefasst.[47] Soweit die Insolvenzverwaltervergütung sonstige Masseverbindlichkeit ist, greift bei Massezulänglichkeit (§ 208) der Verteilungsschlüssel des § 209 Abs 1 Nr 2 ein.[48]

31 **8. Entnahme- und Zurückbehaltungsrecht.** Der Verwalter ist berechtigt, seine Vergütung vor Eintritt der Rechtskraft des Vergütungsfestsetzungsbeschlusses **aus der Insolvenzmasse zu entnehmen**.[49]

32 Erlangt der Verwalter hinsichtlich seiner Vergütungs- und Auslagenansprüche aus der Masse keine Befriedigung, haftet der Insolvenzschuldner grundsätzlich mit seinem insolvenzfreien, nicht nur mit dem insolvenzbefangenen Vermögen. Wird kein Insolvenzverfahren eröffnet, setzt das Insolvenzgericht gem. § 26a die Vergütung und die zu erstattenden Auslagen des vorläufigen Insolvenzverwalters gegen den Schuldner durch Beschluss fest.

---

[41] BGH NZI 2004, 249; BGH ZInsO 2004, 268; OLG Zweibrücken NZI 2002, 434; *Jaeger/Schilken* § 63 Rn 10.
[42] *von Holdt* ZInsO 2002, 1122, 1124.
[43] *Uhlenbruck/Mock* § 63 RdNr. 51
[44] *Haarmeyer/Wutzke/Förster* § 8 InsVV Rn 26.
[45] BVerfG ZIP 1993, 838; ZIP 1993, 1246 m Anm *Henckel* EWiR 1993, 1005.
[46] zur Abgrenzung BGH 2004 NZI 2005, 103.
[47] *Kübler/Prütting/Bork/Eickmann/Prasser* vor § 1 InsVV Rn 34, *Jaeger/Schilken* § 63 Rn 30.
[48] *Uhlenbruck/Mock* § 63 RdNr. 53.
[49] BGHZ 165, 96.

33 Ist der Verwalter nach Beendigung des Insolvenzverfahrens noch im Besitz von Massegegenständen, steht ihm hieran ein **Zurückbehaltungsrecht** nach § 273 BGB zu, denn die herauszugebenden Vermögensgegenstände haften gegenständlich für die Forderung des Verwalters.[50] Dem Erfordernis der rechtlichen Absicherung der Vergütung hat der Gesetzgeber in § 25 Abs. 2 InsO Rechnung getragen. Danach darf eine Aufhebung des Verfahrens erst erfolgen, wenn aus dem Vermögen des Gemeinschuldners auch die Vergütung des vorläufigen Verwalters oder des Verwalters zunächst beglichen worden ist. Solange eine solche Aufhebung und die gesetzlich gebotene Berichtigung der Vergütung nicht erfolgt sind, hat der Verwalter nach der Systematik der InsO mithin ein Zurückbehaltungsrecht.[51]

9. Gerichtliche Rückzahlungsanordnung. Entnimmt ein Insolvenzverwalter nach der Festsetzung der Vergütung aus der Masse einen zu großen Betrag, besteht eine Rückforderungsmöglichkeit aus § 717 Abs.2 ZPO analog.[52] Da es sich bei § 717 Abs 2 ZPO um einen Schadensersatzanspruch handelt, schuldet der Verwalter nicht nur Rückgewähr, sondern auch den Ersatz des Schadens, der der Masse durch die Entnahme entstanden ist. Da eine gerichtliche Rückzahlungsanordnung nicht möglich ist, kann das Insolvenzgericht zur Geltendmachung des Anspruchs einen Sonderinsolvenzverwalter bestellen.[53]

VI. Vergütungsanspruch

1. Regelungsgrundsätze. a) Berechnungsgrundlage. Grundlage für die Berechnung der Verwaltervergütung ist der Wert der Insolvenzmasse im Zeitpunkt der Beendigung des Verfahrens. § 1 Abs. 2 InsVV ermöglicht es dem Gericht, aufgrund der im Rahmen der Schlussrechnung gemachten Angaben den Wert i. S. v. Satz 2 zu ermitteln. Siehe hierzu im Einzelnen die Erläuterungen zu § 1 InsVV. Die InsVV legt im Einzelnen fest, wie die maßgebliche Masse zu bestimmen ist. Die mit Absonderungsrechten belasteten Massegegenstände sind, wenn sie durch den Verwalter verwertet werden, zu berücksichtigen. Die Vergütung darf jedoch die Hälfte des als Anteil an der Feststellung des Absonderungsrechtes an die Masse geflossenen Betrages nicht übersteigen. Im Übrigen wird bei mit Absonderungsrechten belasteten Gegenständen nur der an die Masse gehende Mehrwert zugrunde gelegt (§ 1 Abs. 2 Nr. 1 InsVV). Aus- und Absonderungsrechte, die abgefunden werden, sind ebenfalls zu berücksichtigen. Von ihrem Wert ist allerdings die Abfindung abzuziehen. Stehen Forderungen und Gegenforderungen einander gegenüber, so gilt hier Entsprechendes, indem lediglich der Überschuss berücksichtigt wird. Die Kosten des Insolvenzverfahrens und die sonstigen Masseverbindlichkeiten sollen grundsätzlich nicht abgesetzt werden können. Ausnahmen gelten allerdings für jene Beträge, die der Verwalter aufgrund des Einsatzes seiner besonderen Sachkunde sowie im Falle der Unternehmensfortführung erhält. Hier ist nur der Überschuss an Einnahmen nach Abzug der Ausgaben zu berücksichtigen.

b) Staffelvergütung. Zweck der in § 2 InsVV im Einzelnen geregelten Staffelvergütung ist es, die Höhe der **Vergütung eines Insolvenzverwalters in einem Normalverfahren** anhand fester Berechnungswerte festzulegen. Damit soll die gesamte Tätigkeit des Insolvenzverwalters in einem Verfahren abgegolten sein. Schließlich wird in § 2 Abs. 2 InsVV eine Mindestvergütung von € 1000,- festgelegt. Die Vergütung wird wertabhängig gestaffelt, um extrem hohe Vergütungsfestsetzungen zu vermeiden. Die Staffelung ist degressiv gestaltet. Die Prozentsätze vermindern sich mit steigendem Berechnungswert von 40 Prozent bis 0,5 Prozent. Zu den Einzelheiten siehe die Erläuterungen zu § 2 InsVV RdNr. 10.

c) Abweichungen vom Regelsatz. Die gesetzliche Vorgabe des Abs.1 Satz 3, dass dem Umfang und der Schwierigkeit der Geschäftsführung des Verwalters durch Abweichungen vom Regelsatz Rechnung zu tragen ist, wird durch § 3 InsVV konkretisiert. Es handelt sich dabei um eine flexible Erhöhungs- und Minderungsregelung. Weicht also die Tätigkeit des Insolvenzverwalters von der in einem sogenannten Normalverfahren ab, soll durch § 3 InsVV eine Einzelfallgerechtigkeit hergestellt werden. Der Verordnungsgeber nennt in § 3 Anwendungsfälle („... insbesondere ..."), in denen eine Abweichung vom Regelsatz verbindlich ist. Diese Aufzählung ist nicht abschließend, so dass auch andere Faktoren, die Höhe der Vergütung beeinflussen können.

Die Bemessung vorzunehmender Zu- und Abschläge ist grundsätzlich Aufgabe des Tatrichters.[54] Sie ist in der Rechtsbeschwerdeinstanz lediglich darauf zu überprüfen, ob sie die Gefahr der Verschiebung von Maßstäben mit sich bringt.[55]

---

[50] *Haarmeyer/Wutzke/Förster* § 8 RdNr. 43.
[51] *Haarmeyer/Wutzke/Förster* § 8 RdNr. 43.
[52] BGHZ 165, 96.
[53] BGHZ 165, 96.
[54] BGH ZInsO 2009, 55; BGH ZInsO 2008, 1264; BGH ZIP 2003, 1757; BGH NZI 2004, 665; BGH ZIP 2005, 1371; BGH ZIP 2006, 1204, 1208, RdNr. 44.
[55] BGH ZInsO 2009, 55; BGH ZIP 2002, 1459, 1460.

39 Feste Bemessungsvorgaben fehlen. In der Literatur und Rechtsprechung haben sich mittlerweile ca. 50 Zuschlags- und ca. sechs Abschlagstatbestände herausgebildet. Die Literatur bietet sog. **Faustregeltabellen** an, in denen einzelne Tätigkeiten mit dem jeweiligen prozentualen Zu- oder Abschlag aufgelistet sind.[56]

40 Der BGH steht den Faustregeltabellen skeptisch gegenüber. Weder sei es Aufgabe der Gerichte derartige Tabellen zu erstellen, noch bestehe eine Bindung der Gerichte an diese Tabellen.[57] Auch dürfe eine Erhöhung oder Kürzung der Vergütung nicht schematisch erfolgen, sondern müsse stets dem tatsächlichen Arbeitsaufwand des Verwalters bei Durchführung des konkreten Verfahrens Rechnung tragen.[58] Wegen der Einzelheiten siehe die Kommentierung zu § 3 InsVV RdNr. 5 ff.

41 **d) Besonders zu vergütende Tätigkeiten. aa) Vergütung bei Einsatz besonderer Sachkunde.** Während alle, üblicherweise mit der Insolvenzverwaltung zusammenhängenden Tätigkeiten, mit der Vergütung nach § 63 abgegolten werden, kann **nach Maßgabe des § 5 InsVV** der Einsatz besonderer Sachkunde, die der Insolvenzverwalter auf Grund seiner Qualifikation als Rechtsanwalt, Steuerberater, Wirtschaftsprüfer oder aus anderen Gründen hat, zu einer Abrechnung der Tätigkeit nach den für die jeweilige Berufsgruppe geltenden Grundsätzen berechtigen, da von dem „durchschnittlichen" Insolvenzverwalter derartige Kenntnisse – vor allem nicht in allen Bereichen – verlangt werden können. Die Abgrenzung zwischen regulärer Insolvenzverwaltertätigkeit und gebührenerheblichen „Sondertätigkeiten" ist einzelfallbezogen erfolgen. Es wird in erster Linie darauf abzustellen sein, ob ein „durchschnittlicher" Insolvenzverwalter im konkreten Fall einen entsprechenden Spezialisten hätte notwendigerweise heranziehen müssen. Wegen der Einzelheiten wird auf die Kommentierung zu § 5 InsVV verwiesen.

42 **bb) Vergütung bei einer Nachtragsverteilung.** Wird nach § 203 eine Nachtragsverteilung angeordnet, so kann dem Insolvenzverwalter für die Ausführung dieser Verteilung ein **gesonderter Vergütungsanspruch** gem. § 6 Abs.1 InsVV zustehen. Das gilt allerdings nach § 6 Abs.1 Satz 2 InsVV nicht, wenn die Nachtragsverteilung voraussehbar war und schon bei der Festsetzung der Vergütung für das Insolvenzverfahren berücksichtigt worden ist. Wegen der Einzelheiten wird auf die Kommentierung zu § 6 Abs. 1 InsVV verwiesen.

43 **cc) Vergütung bei einer Überwachung der Erfüllung des Insolvenzplans.** Für die Ausarbeitung des Insolvenzplans erhält der Insolvenzverwalter keine besondere Vergütung. Sie kann jedoch gem. § 3 Abs.1 lit.e InsVV einen Zuschlag auf die Regelvergütung rechtfertigen. Dagegen erhält der Verwalter gem. § 6 Abs.2 InsVV eine gesonderte Vergütung für die Überwachung eines Insolvenzplans nach den §§ 260 bis 269. Die Höhe dieser Sondervergütung ist gem. § 6 Abs.2 Satz 2 InsVV unter Berücksichtigung des Umfangs der Tätigkeit nach billigem Ermessen festzusetzen. Wegen der Einzelheiten wird auf die Kommentierung zu § 6 Abs. 2 InsVV verwiesen.

44 **e) Minderung bei vorzeitiger Beendigung des Verfahrens oder des Verwalteramtes.** Durch Entlassung, Krankheit oder Tod des Insolvenzverwalters kann das Amt vorzeitig beendet sein. Eine vorzeitige Verfahrensbeendigung kommt aber vor allem auch in Betracht, wenn zB der Eröffnungsbeschluss im Beschwerdeverfahren aufgehoben oder wenn das eröffnete Verfahren durch Einstellung nach §§ 207 ff vorzeitig beendet wird. In diesen Fällen ist gem. § 3 Abs.2 c ein Zurückbleiben hinter dem Regelsatz möglich.

45 **f) Vergütungsanspruch und mangelhafte Geschäftsführung.** Da die Insolvenzverwaltervergütung kein Erfolgshonorar, sondern einen Tätigkeitsvergütung ist, kann der Einwand mangelhafter Leistungen die Höhe der Vergütung grundsätzlich nicht beeinflussen. Ein möglicher Schadensersatzanspruch wegen mangelhafter Leistungen kann von einem neuen Insolvenzverwalter oder einem Sonderverwalter geltend gemacht werden. Auch wenn ein Verwalter vom Insolvenzgericht aus wichtigem Grund entlassen worden ist, hat er grundsätzlich Anspruch auf Vergütung für seine bisherige Tätigkeit.

VII. Erstattung angemessener Auslagen

46 Nach § 63 S 1 hat der Insolvenzverwalter Anspruch auf die Erstattung angemessener Auslagen. Auslagen in diesem Sinne sind aus Anlass des Insolvenzverfahrens entstandene Sachaufwendungen und Personalkosten des Insolvenzverwalters, die nicht unter seine allgemeinen Geschäftskosten fallen. Was im Einzelnen unter den Begriff der Auslagen fällt, regelt § 4 InsVV. Der Insolvenzverwalter hat

---

[56] Haarmeyer/Wutzke/Förster § 3 RdNr. 78; MK-Nowak § 3 RdNr. 23; Hess § 3 InsVV RdNr. 83; Kübler/Prütting/Eickmann/Prasser § 3 RdNr. 44, 54; Keller Vergütung RdNr. 250.
[57] BGH NZI 2008, 544.
[58] BGH NZI 2003, 603; BGH NZI 2004, 251.

im Festsetzungsverfahren die Wahl, seine Auslagen entweder pauschal zu beantragen oder die tatsächlich entstandenen Auslagen einzeln abzurechnen. Bei der Festsetzung der Vergütung kann das Gericht nur die Frage der Angemessenheit des Auslagenersatzes prüfen. Die Frage der Zweckmäßigkeit ist allein durch den Verwalter zu beurteilen.[59] Wegen der Einzelheiten wird auf die Kommentierung zu § 4 InsVV verwiesen.

VIII. Umsatzsteuer

Zusätzlich zur Vergütung und zur Erstattung der Auslagen kann der Insolvenzverwalter gem. § 7 InsVV einen Betrag in Höhe der von ihm zu entrichtenden Umsatzsteuer verlangen. Die Festsetzung hat in Höhe des vollen Regelsatzes von 19 % zu erfolgen. Durch diese Regelung wurde die zum Teil kontroverse Diskussion zur Erstattungsfähigkeit der Umsatzsteuer beendet.[60]   47

IX. Vergütungsvereinbarungen

In der Insolvenzordnung ist die **Zulässigkeit von Vergütungsvereinbarungen** nicht ausdrücklich geregelt. Ein entsprechender Vorschlag der Reformkommission[61] wurde nicht in das Gesetz aufgenommen. Jedoch schon unter der Geltung der Konkurs- und Vergleichsordnung wurden solche Vereinbarungen wegen **Verstoßes gegen ein gesetzliches Verbot im Sinne des § 134** als nichtig angesehen.[62] Die Vergütungsfestsetzung durch das zuständige Insolvenzgericht soll die Unabhängigkeit des Insolvenzverwalters bzw. Treuhänders gegenüber den anderen Verfahrensbeteiligten sichern. Honorarvereinbarungen könnten diese Unabhängigkeit gefährden, wenn der Verwalter dadurch in wirtschaftliche Abhängigkeit zu Verfahrensbeteiligten geriete.[63] Daher sind auch unter der Geltung der Insolvenzordnung Vereinbarungen des Insolvenzverwalters mit dem Insolvenzgericht oder mit an dem Verfahren beteiligten Personen über die ihm zustehende Vergütung nichtig.[64] Die Bemessung der Vergütung hat einzig und allein anhand der Regelungen der InsO und der InsVV zu erfolgen. Das gesetzliche Verbot der Vergütungsvereinbarung ist nicht nur zur Sicherung der nach § 56 Abs.1 Satz 1 persönlichen Unabhängigkeit des Verwalters erforderlich. Es folgt auch aus der hoheitlichen Tätigkeit des Insolvenzverwalters und dem öffentlich-rechtlichen Charakter des Vergütungsanspruchs.[65] Die Vergütung wird nach § 64 allein durch das Insolvenzgericht festgesetzt. Jede andere Abrede, sei es mit dem Schuldner, mit den Gläubigern oder auch mit den Gesellschaftern des schuldnerischen Unternehmens, ist gem. § 134 BGB als nicht anzusehen. Dies gilt auch für Vereinbarungen mit dem Insolvenzgericht. So ist es zB dem Verwalter verwehrt, die Übernahme der Verwaltertätigkeit von der Zusage einer bestimmten Vergütung oder gar des mehrfachen Regelsatzes abhängig zu machen.[66]   48

Von diesem Vereinbarungsverbot sind sämtliche Vergütungsvereinbarungen in Zusammenhang mit der Tätigkeit als Verwalter erfasst. Nicht vereinbart werden kann z. B., dass zur Abwicklung der Insolvenz die Gesellschafter den vollen zur Gläubigerdeckung erforderlichen Betrag unmittelbar an diese zahlen und auch den Insolvenzverwalter vergüten.[67] Es kann nicht vereinbart werden, dem Verwalter aus der Insolvenzmasse eine bestimmte Vergütung zu gewähren und diese vom Gericht festsetzen zu lassen. So ist auch eine **Vereinbarung über eine gesonderte Vergütung** des Verwalters für Tätigkeiten, die dieser **außerhalb des Verfahrens** für einen Sicherheitenpool erbringt, nichtig, solange im Zeitpunkt der Vereinbarung das Verfahren noch nicht beendet ist.[68] Unzulässig sind auch Vereinbarungen mit dem Insolvenzschuldner über die Zahlung eines zusätzlichen **Honorars aus dem insolvenzfreien Vermögen** des Schuldners[69] oder Vereinbarungen mit dem Käufer eines Massegegenstandes über an den Verwalter für in diesem Zusammenhang zusätzlich zu entrichtende Anwaltsgebühren.   49

---

[59] *Haarmeyer/Wutzke/Förster*, InsVV § 4 RdNr. 13.
[60] Dazu *Haarmeyer/Wutzke/Förster* § 7 Rn 1; *Graeber* ZInsO 2007, 21.
[61] 2. Bericht, LS 3.4.6.
[62] RGZ 147, 366, 367; NJW 1982, 185, 186; *Kilger/Schmidt* Insolvenzgesetze § 85 KO Anm 5.
[63] *Haarmeyer/Wutzke/Förster*, InsVV vor § 1 RdNr. 65; *Hahn/Mudgan*, Materialien zu Konkursordnung, 1881, S. 282: könnte „*ein Paktieren des Verwalters mit dem Gläubigerausschusse*" über das Honorar „*leicht die unabhängige Stellung des Verwalters beeinträchtigen.*"
[64] *Jaeger/Schilken* § 63 RdNr. 18; *Andres/Leithaus* § 63 Rn 6; *Haarmeyer/Wutzke/Förster* InsVV Vor § 1 Rn 49; HK-*Eickmann* InsO § 63 Rn 6; *Kübler/Prütting/Lüke* § 63 Rn 17; MünchKommInsO-*Nowak* InsO § 63 Rn 48; *Nerlich/Römermann/Delhaes* InsO § 63 Rn 8.
[65] *Keller*, Vergütung, RdNr. 77.
[66] *Uhlenbruck/Mock* § 63 RdNr. 6.
[67] *Keller*, Vergütung, RdNr. 77.
[68] OLG Oldenburg NZI 2000, 21.
[69] *Jaeger/Schilken* § 63 RdNr. 19; **a. A**. *Kübler/Prütting/Bork/Eickmann* vor § 1 InsVV RdNr. 49 ff.

50 Das Verbot erstreckt sich auch auf die **Erstattung von Auslagen,** da diese einen Ausgleich für wirklich getätigte Aufwendungen darstellen. Anderenfalls wäre hierüber eine Umgehung des Verbotes privater Honorarvereinbarungen möglich.[70]

51 Betrifft die Tätigkeit des Verwalters hingegen einen Gegenstand, der bereits aus der Masse freigegeben wurde, so ist eine Interessenkollision nicht zu befürchten. In diesen Fällen ist die Vereinbarung einer gesonderten Vergütung zulässig.[71] Entsprechendes gilt für Vereinbarungen über erst nach Beendigung des Verfahrens zu leistende Tätigkeiten.[72] Zulässig sind auch Vergütungsvereinbarungen über Tätigkeiten des Verwalters, die nicht zu seinem gesetzlichen Pflichtenkreis gehören.[73] Entsprechende Geschäftsbesorgungsverträge einschließlich darin getroffener Vergütungsvereinbarungen verstoßen unter Berücksichtigung des Normzwecks der §§ 63 ff. InsO nicht gegen § 134 BGB – es geht nicht um die Vergütung seiner originären Verwaltertätigkeit – und sind deshalb als wirksam anzusehen. Der Verwalter kann für die Wahrnehmung solcher Aufgaben dann selbstverständlich keine festzusetzende Verwaltervergütung verlangen; für die zu entrichtende Vergütung gilt vielmehr § 612 Abs.2 BGB. In der Literatur wird teilweise eine Vergütungsvereinbarung für den Sonderfall der sog „kalten Zwangsverwaltung" eines Mietshauses zugunsten der Grundpfandgläubiger durch den Insolvenzverwalter als zulässig erachtet.[74] Diese Auffassung ist abzulehnen. Die Verwaltungsbefugnis und damit die Möglichkeit, Grundstücke des Schuldners zu vermieten oder zu verpachten, ist mit der Eröffnung des Insolvenzverfahrens auf den Verwalter übergegangen. Diese hoheitliche Befugnis ist auf die mit der Durchführung des Verfahrens verbundenen Aufgaben beschränkt. Sie kann nicht in einen privat-rechtlichen Vertrag eingebracht werden, der nicht der Durchführung des Verfahrens dient. Zulässig sind Vergütungsvereinbarungen zugunsten der Masse, zB mit Absonderungsberechtigten über eine zusätzlich zum Kostenbeitrag nach § 171 Abs.2 zu zahlende Verwertungsvergütung. Das grundsätzliche Verbot von Vergütungsvereinbarungen berührt im Übrigen nicht die Wirksamkeit eines – auch vorweggenommenen – Verzichts auf Rechtsmittel (§ 64 III InsO) gegen eine gerichtliche Festsetzung der Vergütung.

52 Im **Insolvenzplanverfahren** (§§ 217 ff.) kann eine Vergütung mit Billigung aller Beteiligten vereinbart werden.[75] Enthält der Insolvenzplan eine solche Festlegung der gesamten Vergütung des Insolvenzverwalters, hat das Insolvenzgericht jedoch vor einer Entscheidung über den Insolvenzplan zu prüfen, ob diese Festlegung angemessen ist, sollte auch nur einer der Beteiligten dem Insolvenzplan widersprochen haben. Auch in diesem Fall darf eine Vereinbarung einer unangemessen hohen Vergütung nicht zu einer unzulässigen Belastung eines widerstreitenden Beteiligten werden.

X. Mehrheit von Verwaltern

53 Ein Nebeneinander mehrerer Verwalter war gem. § 79 KO zulässig, wenn die Konkursverwaltung mehrere Geschäftszweige umfasste. Jeder von ihnen war in seiner Geschäftsführung selbständig. Hierzu bestimmte § 3 III VergVO, dass die Vergütungen so zu berechnen waren, dass sie zusammen den normalen Gesamtvergütungsbetrag für einen Verwalter nicht überstiegen. In der InsO ist eine solche Bestellung mehrerer Verwalter nebeneinander nicht mehr vorgesehen und nach zutreffender Ansicht unzulässig. Auch für Großunternehmen mit zahlreichen unselbständigen, nicht insolvenzfähigen Niederlassungen im In- und Ausland ist **ein Insolvenzverwalter** zu bestellen.[76] Dennoch können in folgenden Fällen mehrere Insolvenzverwalter bestellt werden.
- Bei Verhinderung des eigentlichen Verwalters oder bei Interessenkollision kann das Insolvenzgericht die Bestellung eines **Sonderverwalters** anregen.
- Mehrere Insolvenzverwalter können in einem Verfahren nacheinander tätig werden, z.B bei Abwahl des ernannten Verwalters in der ersten Gläubigerversammlung, bei einer Entlassung des Verwalters nach § 59 oder nach dem Tod eines Insolvenzverwalters während des laufenden Verfahrens.

54 Sind mehrere Insolvenzverwalter bestellt worden, hat jeder einen Anspruch auf eine angemessene Vergütung, wobei die Abschläge nach § 3 Abs.2a und b InsVV zu berücksichtigen sind. Fällig wird die Vergütung des ausscheidenden Verwalters mit der Beendigung seines Verwalteramtes. Als Bemessungsgrundlage für die Vergütung ist immer die **Teilungsmasse zum Zeitpunkt des Ausschei-**

---

[70] *Jaeger/Schilken* § 63 RdNr. 18.
[71] *Uhlenbruck/Mock* § 63 RdNr. 7; HK-*Eickmann* § 63 RdNr. 6; MünchKommInsO-*Nowak,* Vorauflage § 63 RdNr. 14.
[72] *Kübler/Prütting/Bork/Lüke* § 63 RdNr. 17.
[73] A.A: MünchKommInsO-*Nowak,* Vorauflage § 63 RdNr. 14; HK-*Eickmann* § 63 RdNr. 6; *Keller,* Vergütung, RdNr. 80.
[74] HK-*Eickmann,* § 63 InsO Rn: 6; MünchKommInsO-*Nowak,* Vorauflage § 63 RdNr. 14; *Jaeger/Schilken* § 63 RdNr. 19; *Haarmeyer/Wutzke/Förster* InsVV Vor § 1 Rn 49; **a. A.** *Uhlenbruck/Mock* § 63 RdNr. 8.
[75] *Haarmeyer/Wutzke/Förster* InsVV Vor § 1 Rn 49; *Uhlenbruck/Mock* § 63 RdNr. 7; a. A. *Keller,* Vergütung, RdNr. 77.
[76] *Uhlenbruck/Uhlenbruck* § 56 RdNr. 65; a. A. *Keller* Vergütung RdNr. 125.

dens des jeweiligen Verwalters zugrunde zu legen.[77] Für die Berechnung der Vergütung des ausgeschiedenen Verwalters kann nicht die voraussichtlich bei Beendigung des Insolvenzverfahrens erzielte Teilungsmasse zu Grunde zugrunde gelegt werden.[78] Denn weder der Insolvenzverwalter noch das Insolvenzgericht sind in der Regel in der Lage, den Wert der Insolvenzmasse bei Beendigung des Insolvenzverfahrens zu schätzen. Ein nach Ablösung des Insolvenzverwalters, aber noch vor der Entscheidung über seinen Vergütungsfeststellungsantrag sich ergebender Massezufluss ist dem ausgeschiedenen Insolvenzverwalter zuzurechnen, falls er ausschließlich Folge seiner Tätigkeit ist. Ist er dies nicht, hat der ausgeschiedene Insolvenzverwalter jedoch wesentlich zu dem Massezufluss beigetragen, kann dies einen Zuschlag zur Regelvergütung rechtfertigen.[79]

Zur Vergütung des Sonderinsolvenzverwalters siehe nachfolgend RdNr. 56 ff.

XI. Vergütung des Sonderinsolvenzverwalters

Die Insolvenzordnung regelt das Amt des Sonderinsolvenzverwalters nicht. Das Insolvenzgericht ist jedoch befugt, einen Sonderinsolvenzverwalter zu bestellen.[80] Ein Sonderinsolvenzverwalter ist immer dann erforderlich, wenn zu befürchten ist, dass Interessenkollisionen beim Insolvenzverwalter auftreten könnten. Das ist bei vernetzten Firmengruppen, die aus Betriebs- und Besitzgesellschaften bestehen, der Fall. So wird verhindert, dass dann, wenn zwischen beiden Gesellschaften Ansprüche bestehen und nur ein Insolvenzverwalter bestellt ist, dieser Ansprüche gegen sich selbst geltend machen müsste. Ein Sonderinsolvenzverwalter kann auch bestellt werden, wenn der Insolvenzverwalter verhindert ist, weil ein Fall des § 181 BGB vorliegt, eine vorübergehende Erkrankung den Insolvenzverwalter zeitweise hindert, sein Amt auszuüben, oder wenn es um die Prüfung der Frage geht, ob gegen den Insolvenzverwalter Schadensersatzansprüche der Masse geltend gemacht werden sollen. Mögliche Fälle, in denen die Bestellung eines Sonderverwalters nach § 92 Satz 2 InsO erfolgen kann, sind beispielsweise die Veräußerung von Massegegenständen unter Wert, die unnötige Verursachung von Masseverbindlichkeiten, die Verletzung von Aussonderungsrechten, die zu Ansprüchen gegen die Masse führt, und die pflichtwidrig unterlassene Insolvenzanfechtung.[81]

§ 77 des Regierungsentwurfs für die Insolvenzordnung[82] enthielt eine Regelung die vorsah, dass das Insolvenzgericht einen Sonderinsolvenzverwalter bestellen kann, wenn der Insolvenzverwalter aus rechtlichen oder tatsächlichen Gründen an der Wahrnehmung seiner Aufgaben verhindert ist. Diese Regelung ist vom Rechtsausschuss als überflüssig mit dem Hinweis darauf gestrichen worden, dass die Bestellung eines Sonderinsolvenzverwalters in der Rechtspraxis anerkannt sei und keiner besonderen gesetzlichen Regelung bedürfe.[83]

Im ersten Entwurf der Insolvenzrechtlichen Vergütungsverordnung vom 11. Januar 1994 [84] war in § 12 noch eine Regelung der Vergütung des Sonderinsolvenzverwalters vorgesehen. Sie hatte folgenden Wortlaut:

„§ 12
Vergütung des Sonderinsolvenzverwalters
(1) Die Vergütung des Sonderinsolvenzverwalters, der bestellt wird, soweit der Insolvenzverwalter aus rechtlichen oder tatsächlichen Gründen seine Aufgaben nicht wahrnehmen kann, wird vom Insolvenzgericht unter Berücksichtigung des Umfangs und der Dauer der Tätigkeit nach billigem Ermessen bestimmt.
(2) Die Vergütung des Sonderinsolvenzverwalters, der eine Sondermasse verwaltet, wird nach dem Wert dieser Sondermasse berechnet.
(3) Auslagen sind einzeln anzuführen und zu belegen.“

Diese Regelung ist in die Insolvenzrechtliche Vergütungsverordnung nicht übernommen worden.

Wegen der fehlenden gesetzlichen Regelung ist auch höchst umstritten, wie sich die Vergütung des Sonderinsolvenzverwalters bemisst und ob es einer Vergütungsfestsetzung durch das Insolvenzgericht bedarf. Unstreitig ist die Tätigkeit des Sonderinsolvenzverwalters zu vergüten. Nach einer Auffassung findet generell die Insolvenzrechtliche Vergütungsverordnung Anwendung, wobei in bestimmten Fällen (gerichtliche Geltendmachung von Forderungen; Forderungsanmeldung) § 5 InsVV mit der Maßgabe für anwendbar gehalten wird, dass der als Sonderinsolvenzverwalter einge-

---

[77] BGH NZI 2006, 165; *OLG Brandenburg*, NZI 2002, 42; *Haarmeyer/Wutzke/Förster*, InsVV, § 1 RdNr. 99; MünchKommInsO - *Nowak*, Voraufl. § 63 RdNr. 46; *Keller*, DZWIR 2005, 292.
[78] So aber *LG Bamberg*, ZInsO 2005, 477.
[79] BGH NZI 2006, 165.
[80] BGHZ 165, 96 = NZI 2006, 94; BGH NZI 2006, 474; BGH NZI 2007, 284; NZI 2008, 491.
[81] *Pape/Uhlenbruck/Voigt-Salus*, Kap. 14, RdNr. 15.
[82] BT-Drucks. 12/2443.
[83] BT-Drucks. 12/2443, S. 162 zu § 77 des Entwurfs.
[84] *Eickmann*, Kommentar zur Vergütung im Insolvenzverfahren, 2. Aufl. 1997 Anh. E.

setzte Rechtsanwalt seine Vergütung nur nach der Bundesrechtsanwaltsgebührenordnung abrechnen kann.[85] Nach anderer Auffassung soll sich die Vergütung nach dem für einen Ergänzungspfleger (§ 1909 BGB) geltenden Regeln (§§ 1915, 1835, 1836 BGB) richten, und gemäß § 1835 Abs. 3 BGB nach dem Rechtsanwaltsvergütungsgesetz, wenn der Sonderinsolvenzverwalter ein Rechtsanwalt ist.[86] Nach einer dritten Auffassung soll die Bundesrechtsanwaltsgebührenordnung bzw. das Rechtsanwaltsvergütungsgesetz unmittelbar herangezogen werden.[87]

59 Der Bundesgerichtshof hat sich in einer Entscheidung vom 29.5.2008[88] weitgehend der ersten Auffassung angeschlossen. Danach bemisst sich die Vergütung des Sonderinsolvenzverwalters grundsätzlich in entsprechender Anwendung der §§ 63–65 InsO und der InsVV. Dabei sind Zu- und Abschläge über § 3 InsVV möglich. § 2 Abs. 2 InsVV findet keine Anwendung. Dem beschränkten Betätigungsfeld kann über einen Abschlag gem. § 3 Abs.2 InsVV Rechnung getragen werden, Ist der Sonderinsolvenzverwalter lediglich zur Forderungsprüfung etc. eingesetzt und liegen die Voraussetzungen des § 5 InsVV vor, bemisst sich die Vergütung nach den Vorschriften des RVG.

XII. Anspruch gegen die Staatskasse bei Stundung der Kosten (Abs 2)

60 Sind dem Schuldner gem. §§ 4a ff. die Kosten des Verfahrens gestundet worden, sichert der durch das InsOÄndG 2001 angefügte Abs.2 den Vergütungsanspruch des Insolvenzverwalters in massearmen Verfahren ab. Nach § 4a können einer natürlichen Person, die einen Antrag auf Erteilung der Restschuldbefreiung gestellt hat, die Kosten des Verfahrens bis zur Erteilung der Restschuldbefreiung gestundet werden. Der Auslagentatbestand in Nr. 9018 der Anlage 1 zum GKG erfasst auch die Vergütung und die Auslagen des vorläufigen sowie des endgültigen Insolvenzverwalters. Somit gehören die Vergütung und die Auslagen des Verwalters zu den Kosten nach § 54.

61 Wird das Insolvenzverfahren durch eine Stundung der Verfahrenskosten eröffnet, steht dem Insolvenzverwalter ein Anspruch auf Vergütung und Erstattung seiner Auslagen zwar primär nach den allgemeinen Regeln gegen die Insolvenzmasse zu, bei deren Unzulänglichkeit und in diesem Umfang aber ein Sekundäranspruch gegen die Staatskasse. Die Staatskasse wiederum kann nach Ablauf der Stundung die an den Insolvenzverwalter gezahlten Beträge in voller Höhe als Auslagen ersetzt verlangen.

62 Eine **Deckelung des Vergütungsanspruchs** gegenüber der Staatskasse **auf die Höhe der Mindestvergütung** nach § 2 Abs.2 InsVV lässt sich weder mit dem Wortlaut noch nach dem Sinn und Zweck des § 63 InsO rechtfertigen.[89] Die Verwaltervergütung ist eine Tätigkeitsvergütung. Sind in einem masseearmen Verfahren die Kosten des Verfahrens gestundet worden, muss sich der Verwalter darauf verlassen dürfen, mit seinem Anspruch auf Vergütung und Auslagenersatz nicht ganz oder teilweise auszufallen. Mit der Regelung des § 63 Abs.2 InsO wollte der Gesetzgeber dafür Sorge tragen, dass der Insolvenzverwalter einen werthaltigen Anspruch auf seine Vergütung und Auslagen erhält. Jemanden zur Übernahme des Amtes zu verpflichten, ohne ihm einen gesicherten angemessenen Vergütungsanspruch zu gewähren, wäre aus verfassungsrechtlichen Gründen bedenklich.

63 Staatskasse iSd § 63 Abs.2 ist, ist in analoger Anwendung der § 122 Abs. 1 ZPO und § 45 Abs. 1 RVG die Landeskasse des Insolvenzgerichts, das den Insolvenzverwalter bestellt hat. Im Übrigen richten sich die Voraussetzungen des Vergütungsanspruchs sowie des Auslagenerstattungsanspruchs nach den zu § 63 maßgeblichen Regeln; für das Festsetzungsverfahren gilt § 64.

64 Über den Antrag des Insolvenzverwalters auf Erstattung seiner Vergütung und Auslagen seitens der Landeskasse entscheidet gem. § 3 Nr 2e RpflG der Rechtspfleger, sofern nicht der Richter das Verfahren nicht vorbehalten hat, im Verfahren nach § 64 iVm § 8 InsVV, da die §§ 44ff RVG diesen Fall nicht erfassen. Für die Beschwerde gilt § 64 Abs.3. Der Vertreter der Staatskasse (Bezirksrevisor) hat im Hinblick auf § 6 Abs.1 kein Beschwerderecht, zumal letztlich ein Erstattungsanspruch gegen den Schuldner besteht, so dass die eigentlich anzufechtende Entscheidung diejenige über die Stundung ist, wo § 4d II auch folgerichtig ein Beschwerderecht der Staatskasse vorsieht.

---

[85] *Haarmeyer/Wutzke/Förster*, InsVV 4. Aufl. § 1 RdNr. 105; MünchKomm-InsO/*Nowak*, 2. Aufl. § 63 RdNr. 13; HambKomm-InsO/*Büttner*, 2. Aufl. § 63 RdNr. 5; *Graf Schlicker/Mäusezahl*, § 2 InsVV RdNr. 24; *Keller*, Vergütung und Kosten im Insolvenzverfahren, 2. Aufl. RdNr. 110; *Dahl*, ZInsO 2004, 1014, 1015

[86] *Kübler/Prütting/Lüke* § 56 RdNr. 80; *Kübler/Prütting/Eickmann/Prasser*, InsO Vor § 1 InsVV RdNr. 66; FK-InsO-*Kind*, 4. Aufl. § 63 RdNr. 20; FK-InsO-*Lorenz*, aaO RdNr. 17 vor Anh. III (InsVV); *Gottwald/Last*, Insolvenzrechtshandbuch 3. Aufl. § 127 RdNr. 21; *Hess*, Insolvenzrecht § 63 RdNr. 34; *Nerlich/Römermann/Delhaes*, § 63 InsO RdNr. 43; *Uhlenbruck*, InsO 12. Aufl. § 56 RdNr. 33; für die Konkursordnung schon ebenso LG Gießen ZIP 1980, 1073; LG Frankfurt/Oder ZInsO 1999, 45; AG Göttingen ZInsO 2000, 54.

[87] vgl. *Jaeger/Schilken*, § 63 RdNr. 70.

[88] BGH NZI 2008, 485.

[89] *Stephan* VIA 2010, 46; *Rüffert/Neumerkel* ZInsO 2012, 116; a. A. LG Braunschweig NZI 2010, 529.

Im Übrigen haftet die Staatskasse nicht für einen Ausfall der Vergütung und Auslagen des vorläufigen 65
Insolvenzverwalters.[90] Der Gesetzgeber hat sich nicht entschließen können, auch hierfür eine entsprechende Regelung vorzusehen. Das Kostenrisiko liegt weiterhin in vollem Umfang beim Verwalter, wenn die Stundung nicht beantragt oder versagt, wird oder wenn der Schuldner eine juristische Person ist.

§ 64 Festsetzung durch das Gericht

(1) Das Insolvenzgericht setzt die Vergütung und die zu erstattenden Auslagen des Insolvenzverwalters durch Beschluß fest.

(2) Der Beschluß ist öffentlich bekanntzumachen und dem Verwalter, dem Schuldner und, wenn ein Gläubigerausschuß bestellt ist, den Mitgliedern des Ausschusses besonders zuzustellen. Die festgesetzten Beträge sind nicht zu veröffentlichen; in der öffentlichen Bekanntmachung ist darauf hinzuweisen, daß der vollständige Beschluß in der Geschäftsstelle eingesehen werden kann.

(3) Gegen den Beschluß steht dem Verwalter, dem Schuldner und jedem Insolvenzgläubiger die sofortige Beschwerde zu. § 567 Abs. 2 der Zivilprozeßordnung gilt entsprechend.

Literatur: *Haarmeyer*, Rechtsmittel im Rahmen der Vorschussentnahme nach § 9 InsVV, ZInsO 2001, 938; *Hall*, Verwirkung des Vergütungsanspruchs des Insolvenzverwalters - reformatio in peius, jurisPR-BGHZivilR 37/2004 Anm. 5.

Übersicht

	Rn.		Rn.
I. Anwendungsbereich	1, 2	c) Angemessene Bearbeitungszeit	10
II. Zuständigkeit	3	3. Bekanntgabe	11
		4. Rechtsmittel	12–20
III. Antrag	4	a) Sofortige Beschwerde	12
IV. Verfahren	5–20	b) Beschwerdeberechtigung	13–15
1. Anhörung der Beteiligten	5	c) Beschwerdewert	16
2. Entscheidung des Insolvenzgerichts	6–10	d) Beschwerdefrist	17
a) Beschlussfassung	6–8	e) Beschwerdeentscheidung	18
b) Verjährung des Vergütungsanspruchs	9	f) Rechtsbeschwerde	19, 20
		V. Rechtskraftwirkung	21

I. Anwendungsbereich

Die Vorschrift ist auf alle Amtsträger sowie die Mitglieder des Gläubigerausschusses anzuwenden, 1
deren Vergütung sich nach der InsVV bestimmt. Dazu gehört grundsätzlich auch der Sonderinsolvenzverwalter.[1] Wird das Insolvenzverfahren nicht eröffnet, so richtet sich die Festsetzung der Vergütung eines vorläufigen Verwalters, wenn der Eröffnungsantrag vor dem 01.03.2012 gestellt wurde, jedoch weder nach § 64 noch nach § 26a (Art. 103g EGInsO).[2] Vielmehr ist in diesem Fall das Prozessgericht zuständig für die Festsetzung der Vergütung des Verwalters gegen den Schuldner oder aber auch gegen den antragstellenden Gläubiger.[3] Hat allerdings das Insolvenzgericht in Überschreitung seiner Befugnisse in dem Beschluss, mit dem es den Eröffnungsantrag zurückgewiesen hat, zugleich über die Kosten des Verfahrens einschließlich der Kosten der vorläufigen Verwaltung entschieden, und ist dieser Beschluss rechtskräftig geworden, liegt einer Kostengrundentscheidung vor, auf deren Grundlage die Vergütung des vorläufigen Insolvenzverwalters gegen den Entscheidungsschuldner festgesetzt werden kann.[4]

Keine Anwendung findet § 64 auf die Beschlussfassung des Insolvenzgerichts, mittels der die 2
Entnahme eines Vorschusses i. S. d. § 9 InsVV verweigert oder dieser zugestimmt wird, was zur Folge hat, dass die Entscheidung des Insolvenzgerichts nicht mit der sofortigen Beschwerde anfechtbar ist.[5]

---

[90] BGHZ 157, 370, 376 ff. = NZI 2004, 245.
[1] BGH NJW-RR 2008, 1580; BGH ZInsO 2010, 399.
[2] BGH NZI 2012, 317.
[3] BGH NJW 2008, 583; BGH NJW-RR 2010, 560.
[4] BGH WM 2012, 814.
[5] BGH NJW 2003, 210; BGH ZInsO 2011, 777; a. A.: *Haarmeyer*, Rechtsmittel im Rahmen der Vorschussentnahme nach § 9 InsVV, ZInsO 2001, 938; *Keller*, Vergütung und Kosten im Insolvenzverfahren, Rdn. 436 ff.

Hat der Rechtspfleger entschieden, ist gegen dessen Entscheidung die Rechtspflegererinnerung nach § 11 Abs. 2 RPflG statthaft.

II. Zuständigkeit

3   Die Festsetzung der Vergütung im Rahmen des § 64 obliegt dem Insolvenzgericht und dort dem funktionell zuständigen Rechtspfleger (§§ 3 Nr. 2 lit. e, 18 Abs. 1 Nr. 1 RPflG). Die funktionelle Zuständigkeit des Rechtspflegers soll auch für die Festsetzung der Vergütung des vorläufigen Verwalters gelten, wenn diese erst nach der Eröffnung des Insolvenzverfahrens zu treffen ist. Dies gelte unabhängig davon, ob der Vergütungsantrag zuvor nicht beschieden oder erst nach diesem Zeitpunkt gestellt wurde.[6]

III. Antrag

4   Die Festsetzung der Vergütung erfolgt auf Antrag des Anspruchsberechtigten. Der Antrag soll im Zusammenhang mit der vorzulegenden Schlussrechnung gestellt werden (§ 8 Abs. 1 InsVV), also bei Beendigung des Amtes. Nach § 8 Abs. 2 InsVV ist in dem Antrag näher darzulegen, wie die nach § 1 Abs. 2 InsVV maßgebliche Insolvenzmasse berechnet worden ist und welche Dienst- oder Werkverträge für besondere Aufgaben im Rahmen der Insolvenzverwaltung abgeschlossen worden sind (§ 4 Abs. 1 S. 3 InsVV). Soweit die Bemessungsgrundlage im Hinblick auf die aus der Verwaltervergütung zurückfließende Umsatzsteuer noch nicht abschließend angegeben werden kann, ist es als zulässig anzusehen, dem Festsetzungsantrag das Ersuchen beizufügen, das Gericht möge aus dem von ihm festgesetzten Vergütungsbetrag die Rückerstattungsanspruch berechnen und der maßgeblichen Berechnungsgrundlage hinzusetzen. Geltend gemachte Zuschläge i.S. des § 3 InsVV sind detailliert zu begründen. Es genügt dabei nicht, allgemein auf den Umfang und die Schwierigkeit des Verfahrens hinzuweisen.[7] Der Antrag hat die beanspruchte Vergütung betragsmäßig auszuweisen. Hieran ist das Insolvenzgericht bei seiner Entscheidung der Höhe nach gebunden. Es darf in Summe keinen höheren Betrag festsetzen (§ 308 ZPO).[8]

IV. Verfahren

5   **1. Anhörung der Beteiligten.** Die Frage, ob den Beteiligten, also etwa dem Schuldner oder den Insolvenzgläubigern vor der Festsetzung der Vergütung rechtliches Gehör zu gewähren ist, wird unterschiedlich beantwortet. Eine ausdrückliche Regelung enthält weder § 64 noch § 8 InsVV. Unter Hinweis auf Art. 103 GG wird die Anhörung von einem Teil der Literatur für notwendig erachtet.[9] Nach wohl zutreffender anderer Ansicht ist jedenfalls die Anhörung der Insolvenzgläubiger nicht erforderlich.[10] Nach § 64 Abs. 2 S. 1 ist der Festsetzungsbeschluss den Insolvenzgläubigern nicht gesondert zuzustellen. Und auch die Veröffentlichung des Beschlusses hat nicht den festgesetzten Betrag auszuweisen. Daraus ist zu schließen, dass jedenfalls die Anhörung der Insolvenzgläubiger unterbleiben kann. Mit der Möglichkeit, gegen den Festsetzungsbeschluss die sofortige Beschwerde zu erheben, ist den Interessen der Insolvenzgläubiger ausreichend Rechnung getragen. Dem Gläubigerausschuss sowie dessen Mitgliedern steht gegen den Festsetzungsbeschluss kein Beschwerderecht zu (§ 64 Abs. 3). Ihre Anhörung kann demnach ebenfalls unterbleiben.[11] Der Schuldner sowie im Falle der Kostenstundung der Vertreter der Staatskasse können angehört werden; eine Verpflichtung hierzu besteht gleichwohl nicht.[12]

6   **2. Entscheidung des Insolvenzgerichts. a) Beschlussfassung.** Der Festsetzungsbeschluss hat die Vergütung und die Auslagen sowie die Umsatzsteuer gesondert auszuweisen (§§ 8 Abs. 1 S. 2, 7 InsVV). Richtet sich der Vergütungsanspruch, wie etwa bei einem nicht eröffneten Verfahren, nicht gegen die Masse, stellt der Festsetzungsbeschluss einen Vollstreckungstitel dar und bedarf deshalb einer entsprechenden Aussage (vgl. § 104 ZPO).[13] Der Beschluss ist zu begründen und zwar auch dann, wenn er dem Antrag entsprechend gefasst wird. Dabei sind insbesondere nach § 3 InsVV gewährte Zuschläge oder vorgenommene Abschläge näher zu erläutern.

7   Nicht zwingend aber gleichwohl sinnvoll ist es, dem Beschluss eine Aussage beizufügen, wonach der Insolvenzverwalter ermächtigt wird, die festgesetzte Vergütung der Insolvenzmasse zu entneh-

---

[6] BGH NZI, 2010, 977 m.krit.Anm. *Keller* DZWir 2011, 39.
[7] Uhlenbruck/*Mock*, § 64, Rdn. 4.
[8] BGH NZI 2008, 544; BGH NZI 2006, 235.
[9] Graf-Schlicker/*Kalkmann*, § 64 Rdn. 3; *Kübler/Prütting/Bork/Lüke*, § 64 Rdn. 5,6; *Nowak*, § 64 Rdn. 5 in der Vorauflage.
[10] LG Gießen NZI 2009, 728 m.Anm. *Keller* EWiR 2009, 783; LG Potsdam, ZIP 2005, 914; HK-*Eickmann*, § 64 Rdn 3; Haarmeyer/Wutzke/Förster, § 8 InsVV Rdn. 12; Stephan/Riedel, § 8 InsVV, Rdn. 11.
[11] *Keller* Vergütung und Kosten im Insolvenzverfahren, Rdn. 398.
[12] Uhlenbruck/*Mock*, § 64, Rdn. 7.
[13] LG Memmingen, ZInsO 2011, 1567 für den Fall einer Überwachung der Planerfüllung.

men. Fehlt eine solche Aussage, ist damit nicht verbunden, dass dem Verwalter die Entnahmebefugnis verwehrt ist.[14] Ein Hinweis darauf, dass im Falle einer Abänderung des Festsetzungsbeschlusses in der Beschwerdeinstanz der Verwalter verpflichtet ist, zu viel entnommene Beträge der Masse zurückzuerstatten, ist ebenfalls nicht zwingend.

Das Insolvenzgericht ist an den Antrag des Verwalters nur insoweit gebunden, als es in Summe 8 keine höhere Vergütung als beantragt festsetzen darf. Zur Ermittlung vergütungsrelevanter Tatsachen kann das Gericht einen Sachverständigen beauftragen (vgl. § 66 Rdn. 29).

b) Verjährung des Vergütungsanspruchs. Eine evtl. Verjährung des Vergütungsanspruchs hat 9 das Insolvenzgericht nicht von Amts wegen zu prüfen.[15] Der Vergütungsanspruch verjährt bis zur Festsetzung der Vergütung durch das Insolvenzgericht innerhalb der dreijährigen Regelverjährung des § 195 BGB. Die Frist beginnt gemäß § 199 Abs. 1 Nr. 1 BGB mit dem Schluss des Jahres, in welchem der Vergütungsanspruch entstanden ist. Die Verjährung des Vergütungsanspruchs des vorläufigen Insolvenzverwalters ist jedoch bis zum Abschluss des eröffneten Insolvenzverfahrens in Anlehnung an den Rechtsgedanken des § 8 Abs. 2 S. 1 RVG gehemmt.[16]

c) Angemessene Bearbeitungszeit. Das Insolvenzgericht hat die Festsetzung der Vergütung 10 mit der gebotenen Beschleunigung vorzunehmen. Für den Fall der schuldhaften Verzögerung oder Versagung eines beantragten Kostenvorschusses durch das Insolvenzgericht kommt ein Schadensersatzanspruch wegen Amtspflichtverletzung (§ 839 BGB i. V. m. Art. 34 GG) in Betracht. Eine Verzinsung des Anspruchs scheidet dagegen aus. Das Risiko einer verzögerten Festsetzung kann der (vorläufige) Insolvenzverwalter durch Vorschüsse auf seine Vergütung vermindern (§§ 9, 10 InsVV).[17]

3. Bekanntgabe. Für den Beschluss, in dem die Vergütung und die zu erstattenden Auslagen 11 des Insolvenzverwalters festgesetzt werden, ordnet § 64 Abs. 2 neben dessen öffentlicher Bekanntmachung (§ 9 InsO) zusätzlich die Zustellung an den Verwalter, den Schuldner und gegebenenfalls die Mitglieder des Gläubigerausschusses an. Die festgesetzten Beträge sind nicht zu veröffentlichen. In der öffentlichen Bekanntmachung ist darauf hinzuweisen, dass der vollständige Beschluss in der Geschäftsstelle eingesehen werden kann. Die nachrichtliche Mitteilung der Festsetzung der Vergütung in der Bekanntmachung eines anderen Beschlusses reicht hierfür nicht aus.[18]

4. Rechtsmittel. a) Sofortige Beschwerde. Gegen den Festsetzungsbeschluss steht dem Ver- 12 walter, dem Schuldner und jedem Insolvenzgläubiger die sofortige Beschwerde zu (§ 64 Abs. 3). Das Insolvenzgericht kann der Beschwerde abhelfen (§ 572 Abs. 1 S. 1 ZPO). Hilft es nicht ab, bedarf es einer entsprechenden Beschlussfassung, in deren Begründung auf ggf. neues Vorbringen einzugehen ist. Eine bloße Übersendungsverfügung an das Beschwerdegericht genügt nicht.[19]

b) Beschwerdeberechtigung. Beschwert und damit beschwerdeberechtigt ist der Insolvenzver- 13 walter, wenn seinem Antrag ganz oder teilweise nicht entsprochen wurde. Ebenso sind beschwerdeberechtigt der Schuldner und die Insolvenzgläubiger, wenn aus ihrer Sicht die Masse durch eine überhöhte Vergütungsfestsetzung ausgezehrt wird. Für die Beschwerdeberechtigung kommt es nicht darauf an, ob die angemeldete Insolvenzforderung tatsächlich besteht oder festgestellt wurde, sondern dass der Gläubiger eine Forderung zur Tabelle angemeldet hat.[20]

Haben in einem masselosen Verfahren die Insolvenzgläubiger auch in einem sich anschließenden 14 Restschuldbefreiungsverfahren keinerlei Aussicht auf Erlösanteile, so fehlt ihnen die Beschwer für die Erhebung der sofortigen Beschwerde gegen die Vergütungsfestsetzung.[21] Massegläubiger sind dann beschwerdeberechtigt, wenn die Entnahme der festgesetzten Vergütung dazu führt, dass Masseunzulänglichkeit oder gar Massearmut eintritt und deshalb die Massegläubiger ganz oder teilweise mit ihren Ansprüchen ganz oder teilweise ausfallen.[22]

Mangels Nennung in § 64 Abs. 3 wird ein Beschwerderecht der Staatskasse abgelehnt.[23] Dies 15 widerspricht der in mit § 63 Abs. 2 vergleichbaren Fällen normierten Beschwerdebefugnis der Staatskasse. So gewährt etwa § 304 FamFG der Staatskasse ein Beschwerderecht im Falle der Festsetzung

---

[14] BGH ZInsO 2011, 1566.
[15] LG Gießen, NZI 2009, 728 m.Anm. *Keller*, EWiR 2009, 783
[16] BGH NZI 2010, 977.
[17] BGH NJW-RR 2004, 1132.
[18] BGH ZInsO 2012, 51.
[19] LG Potsdam, ZIP 2006, 780.
[20] BGH NZI 2007, 241; LG Essen, BeckRs 2011, 21759.
[21] BGH NZI 2006, 250.
[22] BGH WM 2013, 227; Graf-Schlicker/*Kalkmann*, § 64, Rdn. 10, ungeachtet der Tatsache, dass Massegläubiger in § 64 Abs. 3 nicht genannt sind.
[23] Uhlenbruck/*Mock*, § 64, Rdn. 15 m. w. N.

der Betreuervergütung gegen die Staatskasse.[24] Gegen die Festsetzung der Vergütung eines beigeordneten Anwalts ergibt sich aus § 56 RVG die Statthaftigkeit einer Beschwerde der Staatskasse. Die Annahme, dass der Staatskasse im Falle des § 63 Abs. 2 kein Beschwerderecht gebührt, ist demnach zu bezweifeln.

16 **c) Beschwerdewert.** Die sofortige Beschwerde gegen die Festsetzung der Vergütung des Insolvenzverwalters ist unzulässig, wenn der Beschwerdewert von 200,00 € nicht erreicht wird (§ 64 Abs. 3 S. 2, § 567 Abs. 2 ZPO).[25] Dieser bestimmt sich nach dem Unterschiedsbetrag zwischen dem in der angefochtenen Entscheidung zugebilligten und dem in der Beschwerdeinstanz beantragten Betrag. Dies bedeutet nicht, dass dabei ein in der Beschwerdeinstanz erweitertes Festsetzungsbegehren zu berücksichtigen wäre. Wie bei der Berufung beurteilt sich der für die Zulässigkeit maßgebliche Wert des Beschwerdegegenstandes nach dem Betrag, um den der Beschwerdeführer durch den Festsetzungsbeschluss in seinem Recht verkürzt zu sein behauptet und in dessen Höhe er mit seinem Beschwerdeantrag die Abänderung der erstinstanzlichen Entscheidung begehrt. Eine Erhöhung des Wertes des Beschwerdegegenstands über die Beschwer hinaus ist dagegen nicht möglich.[26]

17 **d) Beschwerdefrist.** Die Beschwerdefrist beträgt zwei Wochen (§ 569 Abs. 1 S. 1 ZPO). Sie beginnt gemäß § 6 Abs. 2 InsO gegen eine nicht verkündete Entscheidung mit deren Zustellung. Zum Nachweis der Zustellung genügt gemäß § 9 Abs. 3 InsO aber auch die öffentliche Bekanntmachung. Diese erfolgt durch eine zentrale und länderübergreifende, auch auszugsweise Veröffentlichung im Internet. Die Bekanntmachung gilt als bewirkt, sobald nach dem Tag der Veröffentlichung zwei weitere Tage verstrichen sind (§ 9 Abs. 1 InsO). Bei einer vor der Wirksamkeit der öffentlichen Bekanntmachung erfolgten Einzelzustellung ist für den Fristlauf die frühere Zustellung maßgeblich ist.[27] Erfolgt umkehrt die Einzelzustellung nach Wirksamkeit der öffentlichen Bekanntmachung, ist diese für den Fristbeginn maßgebend.[28]

18 **e) Beschwerdeentscheidung.** Das Beschwerdegericht kann neue Tatsachen in seine Entscheidung einfließen lassen; es ist an die Annahmen des Insolvenzgerichts nicht gebunden. Im Verfahren der sofortigen Beschwerde gilt zwar das Verschlechterungsverbot mit der Folge, dass die Position des (alleinigen) Rechtsmittelführers nicht zu seinem Nachteil verändert werden darf.[29] Das Beschwerdegericht darf deshalb die dem Rechtsmittelführer in erster Instanz zugesprochene Vergütung nicht herabsetzen. Es wird aber durch das Verschlechterungsverbot nicht gehindert, bei Feststellung der angemessenen Vergütung im Einzelfall Vergütungsfaktoren anders zu bemessen als das Insolvenzgericht, soweit es den Vergütungsbetrag insgesamt nicht zum Nachteil des Beschwerdeführers ändert.[30] Demnach sind von der Nachprüfung seitens des Beschwerdegerichts nicht diejenigen Positionen der amtsgerichtlichen Entscheidung ausgenommen, die vom Beschwerdeführer nicht angegriffen werden. Das Verbot der Schlechterstellung gilt im Beschwerdeverfahren, auch nach Aufhebung und Zurückverweisung.[31]

19 **f) Rechtsbeschwerde.** Nach der Aufhebung des § 7 InsO durch das Gesetz zur Änderung des § 522 der Zivilprozessordnung findet die Rechtsbeschwerde in Insolvenzsachen nur gegen solche Beschwerdeentscheidungen zulassungsfrei statt, die vor dem Inkrafttreten des neuen Rechts am 27. Oktober 2011 erlassen worden sind.[32] Die Rechtsbeschwerde muss durch einen beim Bundesgerichtshof zugelassenen Rechtsanwalt unterzeichnet werden (§§ 4, 6, 64 Abs. 3 S. 1, § 73 Abs. 2 InsO, § 78 Abs. 1 Satz 3 ZPO).

20 Die Bemessung vorzunehmender Zu- und Abschläge ist grundsätzlich Aufgabe des Tatrichters. Sie ist in der Rechtsbeschwerdeinstanz nur darauf zu überprüfen, ob sie die Gefahr der Verschiebung von Maßstäben mit sich bringt.[33]

---

[24] Der Regierungsentwurf zur Einführung der Kostenstundung (InsOÄG – BT-Drucks. 14/5680) enthält auf Seite 26 die Aussage, dass die Vorschrift des § 63 Abs. 2 eine gewisse Parallele zur Erstattung der Betreuervergütung aus der Staatskasse enthält.
[25] LG Essen, BeckRs 2011, 22226.
[26] BGH ZIP 2012, 1149.
[27] BGH NZI 2004, 341.
[28] BGH NZI 2010, 159.
[29] BGH NZI 2004, 440.
[30] BGH ZInsO 2010, 2409; BGH NZI 2011, 445.
[31] *Hall*, Verwirkung des Vergütungsanspruchs des Insolvenzverwalters - reformatio in peius, jurisPR-BGHZivilR 37/2004 Anm. 5
[32] BGH ZInsO 2012, 218; BGH ZInsO 2012, 1085.
[33] BGH ZinsO 2010, 730; ZInsO 2009, 55.

V. Rechtskraftwirkung

Die Festsetzung der Verwaltervergütung im Insolvenz- oder Gesamtvollstreckungsverfahren entfaltet materielle Rechtskraft für den Vergütungsanspruch als solchen und seinen Umfang; die Berechnungsgrundlage und der Vergütungssatz einschließlich der hierbei bejahten oder verneinten Zu- oder Abschläge nehmen als Vorfragen an der Rechtskraft nicht teil.[34] Demnach kann ungeachtet einer bereits rechtskräftigen Festsetzung eine weitere Vergütung zur Festsetzung beantragt werden, wenn sich etwa aufgrund zurückfließender Umsatzsteuerbeträge eine Erhöhung der Berechnungsgrundlage ergibt.[35] Dagegen kann der Antrag auf eine weitere Vergütung nicht auf Umstände gestützt werden, die bereits im Erstverfahren geltend gemacht worden sind oder hätten geltend gemacht werden können.[36] Ausgeschlossen ist die Geltendmachung einer weiteren Vergütung stets dann, wenn das Insolvenzverfahren mittlerweile aufgehoben wurde. Führt der Massezufluss zu einer Nachtragsverteilung, bestimmt sich die Vergütung des Verwalters nach § 6 InsVV.[37]

21

§ 65 Verordnungsermächtigung

Das Bundesministerium der Justiz wird ermächtigt, die Vergütung und die Erstattung der Auslagen des Insolvenzverwalters durch Rechtsverordnung näher zu regeln.

Schrifttum: *Bork/Muthorst,* Zur Vergütung des vorläufigen Insolvenzverwalters – Ist die Neufassung des § 11 InsVV verfassungskonform?, ZIP 2010, 1627; *Keller,* Die Neuregelungen der InsVV zur Mindestvergütung in masselosen Verfahren, ZVI 2004, 569.

Durch die Verordnungsermächtigung in § 65 soll die InsO von Bestimmungen technischen Inhalts entlastet werden. Zugleich soll sie die Anpassung von Vergütungsregelungen an den aktuellen Bedarf erleichtern. § 65 ermächtigt demgemäß das Bundesministerium der Justiz, in Ergänzung zu den §§ 63, 64 die Vergütung und die Auslagenerstattung des Insolvenzverwalters im Wege einer Rechtsverordnung näher zu regeln. Dies ist durch die mit der InsO in Kraft getretene *insolvenzrechtliche Vergütungsverordnung (InsVV)* v 19. August 1998 (BGBl I, 2205) geschehen, die zuletzt durch das Gesetz zur weiteren Erleichterung der Sanierung von Unternehmen („ESUG") vom 7.12.2011[1] geändert worden ist. Einer Zustimmung des Bundesrates bedurfte es bei Erlass der Verordnung nicht, da die Belange der Länder durch die Vergütung des Insolvenzverwalters nicht betroffen sind (Art. 80 Abs.2 GG).

1

Durch Verweisungsvorschriften erstreckt sich die Befugnis des Bundesministeriums der Justiz aus dieser Vorschrift auch zum Erlass von Vergütungsregelungen auf den vorläufigen Insolvenzverwalter im Insolvenzantragsverfahren (§ 21 Abs. 2 Ziff. 1 InsO), den Sachwalter im Verfahren der Eigenverwaltung (§ 274 Abs. 1 InsO), den Treuhänder im Verbraucherinsolvenzverfahren (§ 313 Abs. 1 Satz 3 InsO), den Treuhänder im Restschuldbefreiungsverfahren (§ 293 Abs. 2 InsO).

2

Die InsVV enthält in vier Abschnitten nähere Bestimmungen zur Vergütung des Insolvenzverwalters (§§ 1 bis 9 InsVV), des vorläufigen Insolvenzverwalters, des Sachwalters und des Treuhänders im vereinfachten Insolvenzverfahren (§§ 10 bis 13 InsVV), des Treuhänders nach § 293 InsO (§ 14 InsVV) sowie der Mitglieder des Gläubigerausschusses (§§ 17, 18 InsVV). Ein fünfter Abschnitt enthält die Übergangsregelung für Altverfahren nach der KO, der VglO sowie der GesO (§ 19 InsVV) und ordnet das Inkrafttreten der Verordnung zum 1.1.1999 an (§ 20 InsVV).

3

Der **Entwurf eines Gesetzes zur Verkürzung des Restschuldbefreiungsverfahrens und der Stärkung der Gläubigerrechte**, den die Bundesregierung dem Deutschen Bundestag vorgelegt hat[2], sieht vor, § 65 durch Einfügung „des vorläufigen Insolvenzverwalters" zu ergänzen. Die Ergänzung wird damit begründet, die erstmalige Aufnahme des Vergütungsanspruchs des vorläufigen Insolvenzverwalters sowie der Grundzüge der hierfür maßgeblichen Berechnung in § 63 Abs.3 des Entwurfs (siehe § 63 Rn. 11) eine Ergänzung der Verordnungsermächtigung für die nähere Ausgestaltung der Vergütung (§ 11 InsVV) erforderlich machen. Es könne zweifelhaft sein, ob die Verordnungsermächtigung nicht nur für den Erlass von Vorschriften zur Festsetzung der Vergütung und Auslagen gelte, sondern auch für die Schaffung von Bestimmungen über das hierfür notwendige

4

---

[34] BGH NJW-RR 2010, 1430.
[35] BGH NZI 2006, 237.
[36] BGH NJW-RR 2010, 1430.
[37] BGH NZI 2011, 906.
[1] BGBl. I 2582.
[2] BT-Drs. 17/11268.

Verfahren. Die Änderung dehne daher die Verordnungsermächtigung aus Gründen der Rechtssicherheit auch auf das Festsetzungsverfahren aus.[3]

5   Die **fehlende Beteiligung des Bundesrates** ist problematisch, da zwar nicht bei Erlass der Verordnung am 19. August 1998 Länderinteressen berührt waren, jedoch mit Einführung der Kostenstundung (§§ 4a ff.) und der subsidiären Haftung des Fiskus für die Vergütung des Insolvenzverwalters (63 Abs.2) durch das Gesetz zur Änderung der Insolvenzordnung und anderer Gesetze vom 26.Oktober 2001,[4] Belange der Länder berührt sind. Diese Regelungen greifen massiv in die Länderhaushalte ein, da ein wesentlicher Anteil der von der Staatskasse zu übernehmenden Kosten nach Beendigung des Verfahrens nicht mehr vom Schuldner zurückgezahlt wird.[5]

6   In der Literatur werden auch Zweifel geäußert, **ob die Ermächtigungsgrundlage dem Bestimmtheitsgebot des Art. 80 Abs.1 Satz 2 entspricht,** da weder die Zielsetzungen noch etwaige Grenzen deutlich geregelt seien.[6] Inhalt, Zweck und Ausmaß der erteilten Ermächtigung müssen im Gesetz bestimmt werden (Art. 80 Abs. 1 Satz 2 GG), müssen sich aber nicht ausdrücklich aus der ermächtigenden Vorschrift selbst ergeben. Es genügt vielmehr, wenn sie sich im Wege der Auslegung unter Einbeziehung der übrigen Vorschriften des gesamten Gesetzes und seiner Vorgeschichte ermitteln lassen.[7] Aus dem ermächtigenden Gesetz selbst muss hinreichend deutlich vorhersehbar sein, in welchen Fällen und mit welcher Tendenz von der Ermächtigung Gebrauch gemacht werden wird und welchen Inhalt die Verordnungen haben können. Dabei bedeutet hinreichende Bestimmtheit aber nicht größtmögliche Bestimmtheit.[8]

7   § 65 genügt den vom BVerfG aufgestellten Kriterien zur hinreichenden Bestimmtheit der Ermächtigungsgrundlage. Der Inhalt der Ermächtigung ist im Gesetz eindeutig bestimmt. Er besteht darin, dass gem. § 65 InsO die Vergütung des Insolvenzverwalters durch Rechtsverordnung zu regeln ist. Der Zweck der Ermächtigung ergibt sich aus dem Ineinandergreifen der §§ 63 – 65 InsO. In § 63 InsO sind grundlegende Aussagen zur Höhe der Vergütung des Insolvenzverwalters und in § 64 InsO zum Festsetzungsverfahren getroffen worden. Aus den genannten Normen ergibt sich auch das Ausmaß der Ermächtigung. Danach ist ein Regelsatz nach dem Wert der Insolvenzmasse zu berechnen, von dem je nach Umfang und Schwierigkeit der Geschäftsführung des Verwalters abzuweichen ist (§ 63 Abs. 1 Satz 2 und 3 InsO). Dass die Bemessungskriterien für die Höhe der Vergütung nicht im Einzelnen gesetzlich festgelegt sind, ist unschädlich.[9] Die inhaltlichen Vorgaben sind also gewiss dürftig, aber ausreichend.[10]

Anhang zu § 65 InsO

Insolvenzrechtliche Vergütungsverordnung (InsVV)

Vom 19. August 1998

(BGBl. I S. 2205)

FNA 311-13-1

Zuletzt geändert durch Art. 2 G zur weiteren Erleichterung der Sanierung von Unternehmen vom 7.12.2011
(BGBl. I S. 2582)

---

[3] BT-Drucks. 17/11268,
[4] BGBl. I 2710.
[5] *Keller*, Vergütung, RdNr. 41; *ders.* ZVI 2004, 569; *Kübler/Prütting/Bork/Eickmann/Prasser* vor § 1 InsVV RdNr. 3.
[6] MünchKommInsO-*Nowak*, Vorauf. § 65 RdNr. 2.
[7] BVerfGE 20, 296, 304 ff.; BVerfGE 38, 61, 83 f.; BVerfGE 85, 97, 105; *Bork/Muthorst* ZIP 2010, 1627.
[8] BVerfGE 58, 257, 277; BVerfGE 62, 203, 209 f.; BVerfGE 123, 39, 78; *Bork/Muthorst* ZIP 2010, 1627.
[9] *Bork/Muthorst* ZIP 2010, 1627, 1630.
[10] *Stephan/Riedel*, InsVV Einl. RdNr. 13.

Erster Abschnitt. Vergütung des Insolvenzverwalters

§ 1 Berechnungsgrundlage

(1) Die Vergütung des Insolvenzverwalters wird nach dem Wert der Insolvenzmasse berechnet, auf die sich die Schlußrechnung bezieht. Wird das Verfahren nach Bestätigung eines Insolvenzplans aufgehoben oder durch Einstellung vorzeitig beendet, so ist die Vergütung nach dem Schätzwert der Masse zur Zeit der Beendigung des Verfahrens zu berechnen.

(2) Die maßgebliche Masse ist im einzelnen wie folgt zu bestimmen:
1. Massegegenstände, die mit Absonderungsrechten belastet sind, werden berücksichtigt, wenn sie durch den Verwalter verwertet werden. Der Mehrbetrag der Vergütung, der auf diese Gegenstände entfällt, darf jedoch 50 vom Hundert des Betrages nicht übersteigen, der für die Kosten ihrer Feststellung in die Masse geflossen ist. Im übrigen werden die mit Absonderungsrechten belasteten Gegenstände nur insoweit berücksichtigt, als aus ihnen der Masse ein Überschuß zusteht.
2. Werden Aus- und Absonderungsrechte abgefunden, so wird die aus der Masse hierfür gewährte Leistung vom Sachwert der Gegenstände abgezogen, auf die sich diese Rechte erstreckten.
3. Steht einer Forderung eine Gegenforderung gegenüber, so wird lediglich der Überschuß berücksichtigt, der sich bei einer Verrechnung ergibt.
4. Die Kosten des Insolvenzverfahrens und die sonstigen Masseverbindlichkeiten werden nicht abgesetzt. Es gelten jedoch folgende Ausnahmen:
   a) Beträge, die der Verwalter nach § 5 als Vergütung für den Einsatz besonderer Sachkunde erhält, werden abgezogen.
   b) Wird das Unternehmen des Schuldners fortgeführt, so ist nur der Überschuß zu berücksichtigen, der sich nach Abzug der Ausgaben von den Einnahmen ergibt.
5. Ein Vorschuß, der von einer anderen Person als dem Schuldner zur Durchführung des Verfahrens geleistet worden ist, und ein Zuschuß, den ein Dritter zur Erfüllung eines Insolvenzplans geleistet hat, bleiben außer Betracht.

Übersicht

	Rn.
I. Anwendungsbereich	1–3
II. Maßgebende Insolvenzmasse	4–17
1. Bezuggenommene Schlussrechnung	4–9
a) Begriff der Insolvenzmasse	4
b) Maßgebender Zeitpunkt	5, 6
c) Beendigung des Verwalteramtes	7–9
2. Umfang der Insolvenzmasse	10–13
a) Soll-Masse	10, 11
b) Neuerwerb	12
c) Bereinigung der Masse	13
3. Vorzeitige Verfahrensbeendigung	14–17
III. Berücksichtigung von belasteten Massegegenständen (§ 1 Abs. 2 Nr. 1)	18–22
1. Verwertungsüberschüsse	18
2. Verwertung durch den Verwalter	19
3. Begrenzung des Mehrbetrags	20–22
IV. Abfindung von Aus- und Absonderungsrechten (§ 1 Abs. 2 Nr. 2)	23–26
V. Aufrechenbare Forderungen (§ 1 Abs. 2 Nr. 3)	27
VI. Kein Abzug von Masseverbindlichkeiten (§ 1 Abs. 2 Nr. 4 Satz 1)	28–39
1. Grundsatz	28, 29
2. Abzug eigener Vergütungen (§ 1 Abs. 2 Nr. 4 Satz 2 Buchst. a)	30–32
3. Berechnungsgrundlage bei Unternehmensfortführung (§ 1 Abs. 2 Nr. 4 Satz 2 Buchst. b)	33–39
a) Normaussage	33–35
b) Tatbestand der Unternehmensfortführung	36, 37
c) Abzug der Masseverbindlichkeiten	38
d) Gesonderte Darstellung	39
VII. Kostenvorschuss (§ 1 Abs. 2 Nr. 5)	40
VIII. Zurückfließende Beträge	41–44
IX. Durchlaufende Gelder	45, 46

I. Anwendungsbereich

§ 1 bestimmt den Betrag, der der Berechnung des Regelsatzes nach § 2 zugrunde zu legen ist. **1** Damit bezieht sich § 1 primär auf die Vergütung des Insolvenzverwalters im sogenannten Regelinsolvenzverfahren. Über die Bestimmung des § 10 findet die Vorschrift aber auch auf die Berechnung der Vergütung eines vorläufigen Insolvenzverwalters/Treuhänders, eines Treuhänders im vereinfachten Verfahren sowie auf den Sachwalter Anwendung. Bezüglich des vorläufigen Insolvenzverwalters enthält § 11 allerdings eine Modifizierung dahingehend, dass sich dessen Vergütung nach dem Wert desjenigen Vermögens richtet, auf das sich die Tätigkeit des vorläufigen Verwalters erstreckt. Demnach sind abweichend von § 1 und wohl auch in Widerspruch zu § 63 Abs. 1 InsO etwa auch Vermögenswerte zu berücksichtigen, an denen Aussonderungsrechte bestehen (Ist-Masse). Vorausgesetzt der vorläufige Insolvenzverwalter hat sich in erheblichem Umfang damit beschäftigt. Allerdings hält der BGH die Vorschrift des § 11 Abs. 1 Satz 4 insoweit für nichtig, da von der Ermächtigungsgrundlage des § 65 InsO nicht gedeckt.[1]

2   Hinsichtlich des vorläufigen Sachwalters (§ 270a Abs. 1 Satz 2 InsO) enthält die InsVV keine individuellen Regelungen. Über §§ 270a Abs. 1 Satz 2, 274 Abs. 1 InsO findet u.a. § 65 InsO auf den vorläufigen Sachwalter entsprechende Anwendung. Dem vorläufigen Sachwalter steht damit eine angemessene Vergütung seiner Tätigkeit zu. Als Grundlage dieser Vergütung ist in Anwendung des § 11 auf den Wert derjenigen Vermögensgegenstände abzustellen, auf die sich die Tätigkeit des vorläufigen Sachwalters bezieht. Die Höhe der Vergütung wird sich an dem Umfang und der Schwierigkeit der Tätigkeit zu orientieren haben und in der Regel einen Bruchteil der dem vorläufigen Insolvenzverwalter zu gewährenden Vergütung betragen. In Anwendung des § 12 ist es auch vertretbar, dem vorläufigen Sachwalter 60% der Vergütung eines vorläufigen Insolvenzverwalters zuzusprechen, letztlich also 15% der Vergütung des Verwalters.[2]

3   Schließlich findet § 1 auch auf die Vergütung eines Sonderinsolvenzverwalters Anwendung, wobei auf dessen jeweilige Aufgabenstellung abzuheben ist.[3]

II. Maßgebende Insolvenzmasse

4   **1. Bezuggenommene Schlussrechnung. a) Begriff der Insolvenzmasse.** Mit § 1 wird der in § 63 Abs. 1 Satz 2 InsO in Bezug genommene Wert der Insolvenzmasse zur Zeit der Beendigung des Verfahrens konkretisiert. Abzustellen ist danach unter Berücksichtigung des § 1 Abs. 2 auf den Wert der Insolvenzmasse, auf die sich die Schlussrechnung bezieht (§ 1 Abs. 1 Satz 1). Insolvenzmasse, in diesem Sinne ist die sogenannte Soll-Masse, also die in §§ 35, 36 InsO beschriebenen Vermögenswerte. Damit bleiben z. B. Gegenstände, an denen Aussonderungsrechte bestehen auch dann unberücksichtigt, wenn der Insolvenzverwalter diese geprüft und ggf. erfüllt hat. Auf der Grundlage des § 3 Abs. 1 Buchst. a kann der Insolvenzverwalter allerdings einen Zuschlag beanspruchen.[4] Unberücksichtigt bleiben auch die unpfändbare Einkommensteile des Schuldners, die weder zur Ist- noch zur Soll-Masse gehören.[5]

5   **b) Maßgebender Zeitpunkt. aa) Einreichung der Schlussrechnung.** Maßgebender Zeitpunkt für die Bestimmung der Berechnungsgrundlage ist die Einreichung der Schlussrechnung bei dem Insolvenzgericht.[6] Eine Schlussrechnung hat der Verwalter nach § 66 Abs. 1 InsO bei Beendigung seines Amtes zu legen. Dies gilt u.a. auch für den vorläufigen Insolvenzverwalter (§ 21 Abs. 2 Nr. 1 InsO), dessen Amt durch die Eröffnung des Verfahrens oder mit Ablehnung des Eröffnungsantrags endet. Im eröffneten Verfahren hat der Verwalter die Schlussrechnung regelmäßig im Vorfeld des Schlusstermins dem Insolvenzgericht vorzulegen und auf den Zeitpunkt des Vollzugs der Schlussverteilung zu vervollständigen. Dabei sind alle Ausgaben und Einnahmen darzustellen und zu belegen, die während des Verfahrens anfielen. Mit dem Schlussbericht ist das Zahlenwerk zu erläutern. Die Schlussrechnung bezieht sich demnach auf die gesamte der Verwaltungs- und Verfügungsbefugnis des Verwalters unterworfene Insolvenzmasse. Berechnungsgrundlage für die Verwaltervergütung ist demzufolge nicht nur das am Verfahrensende sich ergebende Masseguthaben oder die sogenannte Teilungsmasse. Wie der Regelung des § 1 Abs. 2 Nr. 4 Satz 1 zu entnehmen ist, sind auch Vermögenswerte zu berücksichtigen, die am Ende des Verfahrens nicht mehr vorhanden sind, weil mit ihnen Masseverbindlichkeiten befriedigt wurden. Einzubeziehen sind auch Massegegenstände, die im Laufe des Verfahrens aus der Insolvenzmasse herausgegeben wurden, ohne dass im Gegenzug ein Verwertungserlös gebucht werden konnte. Der Wert solcher Gegenstände wird aber regelmäßig, wie etwa bei einem freigegebenen kontaminierten Grundstück gegen Null tendieren. Massegegenstände, die zum Ende des Verfahrens nicht verwertet wurden, sind mit ihrem auf den Zeitpunkt der Verfah-

---

[1] BGH BeckRS 2012, 25155.
[2] FK-InsO/*Foltis*, 7. Aufl. 2012, § 270a Rz. 32.
[3] BGH ZInsO 2010, 399.
[4] BGH NZI 2006, 284 mit Anm. *Vallender* NJW 2006, 2956.
[5] BGH ZInsO 2007, 766.
[6] BGH NZI 2008, 97 mit Anm. *Reck* ZInsO 2011, 267.

rensbeendigung festzustellenden objektiven Verkehrswert zu berücksichtigen. Ebenso reichern Forderungen unabhängig davon mit ihrem Verkehrswert die Berechnungsgrundlage an, dass der Insolvenzverwalter die Forderungen realisiert.[7]

bb) Späterer Massezufluss. Vermögenswerte, die erst nach Einreichung der Schlussrechnung verwirklicht werden können, sind bei der Schlussrechnung und der hierauf gestützten Vergütungsfestsetzung dann zu berücksichtigen, wenn der spätere Massezufluss bei Einreichung der Schlussrechnung schon mit Sicherheit feststeht. Steuererstattungsansprüche der Masse, die nach Einreichung der Schlussrechnung mit Sicherheit zu erwarten sind, werden deshalb in die Bemessungsgrundlage einbezogen. Voraussetzung ist allerdings, dass diese tatsächlich an die Masse ausbezahlt werden und daher die Masse erhöhen.[8] Steht der spätere Massezufluss bei Einreichung der Schlussrechnung noch nicht fest und kann er deshalb zunächst nicht berücksichtigt werden, ist der Insolvenzverwalter berechtigt, eine ergänzende Festsetzung seiner Vergütung zu beantragen.[9] Eine ergänzende Vergütungsfestsetzung setzt voraus, dass sich der Massezufluss noch vor dem Zeitpunkt ergibt, ab dem eine Verteilung von Massewerten nur noch im Rahmen einer Nachtragsverteilung erfolgen kann, für die dem Verwalter eine gesonderte Vergütung nach § 6 zusteht.[10] In seiner genannten Entscheidung hat der BGH die Frage offen gelassen, ob der Massezufluss sich noch vor dem Schlusstermin ergeben muss oder auch noch bis zur rechtskräftigen Aufhebung des Verfahrens erfolgen kann. Nach § 203 InsO unterliegen Massezuflüsse, die sich nach dem Schlusstermin ergeben, der Nachtragsverteilung. Dabei bleibt unberücksichtigt, dass solche Zuflüsse ohne Weiteres im Rahmen der Schlussverteilung noch an die Insolvenzgläubiger ausgeschüttet werden können. Mit der vormals geltenden Regelung des § 166 KO ist deshalb davon auszugehen, dass eine Nachtragsverteilung nur dann angezeigt ist, wenn sich nach dem Vollzug der Schlussverteilung weitere zur Verteilung kommende Beträge ergeben. Eine ergänzende Festsetzung der Vergütung ist mithin dann möglich, wenn sich der Massezufluss bis zum Vollzug der Schlussverteilung ergibt. Zu beachten ist, dass eine ergänzende Festsetzung der Vergütung nicht auf Tatsachen gestützt werden kann, die bereits im Erstverfahren geltend gemacht worden sind oder hätten geltend gemacht werden können.[11]

c) Beendigung des Verwalteramtes. Der Zeitpunkt der Verfahrensbeendigung ist nicht immer identisch mit dem Zeitpunkt der Beendigung des Verwalteramtes. Im Falle der Entlassung oder Abberufung des Verwalters etwa kann sich die auf diesen Zeitpunkt zu erstellende Schlussrechnung nur auf die bis zum Ausscheiden des Verwalters angefallenen Vorgänge beziehen. Deshalb bildet im Falle der **vorzeitigen Beendigung** des Verwalteramtes der Wert derjenigen Masse die Berechnungsgrundlage für die Vergütung des ausgeschiedenen Verwalters, die dessen Verwaltung bis zu seinem Ausscheiden unterlag. Nicht etwa ist in Anlehnung an § 1 Abs. 1 Satz 2 eine Prognose dahingehend anzustellen, welchen Wert wohl die Teilungsmasse zum Zeitpunkt der Verfahrensbeendigung haben wird.[12] Der vorzeitig aus dem Amt scheidende Verwalter wird demnach ähnlich behandelt wie ein vorläufiger Insolvenzverwalter. Allerdings mit dem Unterschied, dass der dem ausgeschiedenen Verwalter zu gewährende Regelsatz nach § 3 Abs. 2 Buchst. c zu reduzieren ist.[13] Der Wert von Massegegenständen, die bei Beendigung des Verwalteramtes noch nicht verwertet wurden, ist auf den Zeitpunkt der Amtsbeendigung nach objektiven Kriterien zu bestimmen. Nachträgliche Zuflüsse sind zu berücksichtigen, wenn sie durch die Tätigkeit des ausgeschiedenen Verwalters begründet wurden.[14]

Im Übrigen sind solche Zuflüsse in die Berechnungsgrundlage für die Vergütung des **nachfolgenden Verwalter** einzubeziehen. Die Vergütung des nachfolgenden Verwalters wird sich aber nicht allein aus solchen Zuflüssen berechnen. Vielmehr wird der weitere Verwalter auch an den Erträgnissen zu beteiligen sein, die sein Vorgänger erwirtschaftet hat, soweit sich die Verwaltungs- und Verfügungsbefugnis des weiteren Verwalters sich darauf bezieht. Eine doppelte Berücksichtigung von Vermögenswerten und damit eine mehrfache Vergütung derselben Tätigkeit lassen sich in diesen Fällen nicht vermeiden. Allenfalls dann, wenn ein Vorgang, wie z. B. die Verwertung eines Absonderungsgegenstandes durch den ausgeschiedenen Verwalter komplett abgeschlossen wurde, kann der Nachfolger daran nicht mehr partizipieren. Auch wird die Vergütung des weiteren Verwalters nach

---

[7] BGH NZI 2011, 445; BGH NZI 2007, 461 mit Anm. *Thorsten Graeber* NZI 2007, 492.
[8] BGH NZI 2011, 906 mit Anm. *Kalkmann* EWiR 2011, 785; BGH NZI 2008, 97 mit Anm. *Reck* ZInsO 2011, 267.
[9] BGH NZI 2006, 165 mit Anm. *Prasser* ZInsO 2006, 862; BGH NZI 2006, 237 mit Anm. *Prasser* ZIP 2006, 487.
[10] BGH NZI 2011, 906 mit Anm. *Kalkmann* EWiR 2011, 785.
[11] BGH NZI 2010, 643 mit Anm. *Kexel* EWiR 2010, 651.
[12] BGH NZI 2006, 165 mit Anm. *Prasser* ZInsO 2006, 862.
[13] BGH NZI 2005, 161 mit Anm. *Keller* DZWIR 2005, 292.
[14] BGH NZI 2006, 165 mit Anm. *Prasser* ZInsO 2006, 862.

§ 3 Abs. 1 oftmals zu kürzen sein, da die Tätigkeit des ausgeschiedenen Verwalters die Arbeit des Nachfolgers zumindest in Teilbereichen erleichtert hat. Freilich wird es auch Fallgestaltungen geben, in denen die Tätigkeit des Vorgängers für den Nachfolger eher zu Erschwernissen führt.

9 Ähnliche Grundsätze gelten für einen **Sonderinsolvenzverwalter,** für dessen Vergütung grundsätzlich die InsVV maßgebend ist.[15] Die Berechnungsgrundlage für die diesem zu gewährende regelmäßige Vergütung ergibt sich aus den Vermögenswerten, die seiner Verwaltungs- und Verfügungsbefugnis unterworfen sind. Dem beschränkten Betätigungsfeld kann über einen Abschlag gemäß § 3 Abs. 2 Rechnung getragen werden. Wird der Sonderinsolvenzverwalter allerdings nur für einzelne Tätigkeiten, wie z.B für die Forderungsprüfung bestellt, so wird die Vergütung durch die entsprechenden Gebühren begrenzt, die ein Anwalt im Rahmen des § 5 und unter Anwendung des RVG für diese Tätigkeiten vergütet verlangen kann.[16]

10 **2. Umfang der Insolvenzmasse. a) Soll-Masse.** Wie der Systematik des § 1 zu entnehmen ist, bildet zunächst die zum Zeitpunkt der Verfahrenseröffnung vorhandene Insolvenzmasse den Ausgangspunkt für die Bestimmung der Berechnungsgrundlage. Dabei spielt es keine Rolle, ob sich der Verwalter mit einem Vermögensgegenstand befasst hat. Auch wird die Berechnungsgrundlage abweichend von § 1 Abs. 2 VergVO nicht durch die Summe der Gläubigerforderungen gedeckelt.[17] Im Einzelfall ist ein unausgewogenes Verhältnis zwischen dem Arbeitsaufwand des Verwalters und der sich ergebenden Regelvergütung durch einen angemessenen Abschlag zu berücksichtigen (vgl. § 3 Abs. 2 Buchst. d).[18]

11 Die Insolvenzmasse umfasst gemäß §§ 35, 36 InsO diejenigen pfändbaren Vermögenswerte, die dem Schuldner zum Zeitpunkt der Verfahrenseröffnung gehören und die er während des Verfahrens erwirbt (Soll-Masse). Der zu berücksichtigende Wert dieser Gegenstände ergibt sich aus der Schlussrechnung und damit regelmäßig aus dem bei der Verwertung erzielten Erlös. Dieser Erlös tritt an die Stelle der verwerteten Gegenstände. Vermögenswerte, die dem Schuldner nicht gehören, damit ausgesondert werden können, zählen zur Ist-Masse und bleiben bei der Bestimmung der Berechnungsgrundlage außer Betracht.[19] Dies ergibt sich zwar nicht aus dem abschließenden „Abzugskatalog" des § 1 Abs. 2, ist aber damit begründet, dass diese im Eigentum Dritter stehenden Gegenstände – im Gegensatz etwa zu absonderungsbelasteten Gegenständen – nicht zur Soll-Masse zählen. Auch unpfändbare Sachen und Forderungen bleiben bei der Bestimmung der Berechnungsgrundlage außer Betracht. Dies auch dann, wenn der Verwalter sich damit beschäftigte, indem er z. B. die unpfändbaren Einkommensteile des Schuldners eingezogen hat.[20] Hat der Verwalter im eröffneten Verfahren oder davor der Schuldner einen der Aussonderung unterliegenden Gegenstand unberechtigt veräußert und ist demnach das Erlangte im Wege der **Ersatzaussonderung** an den Berechtigten gemäß § 48 InsO herauszugeben, so bleibt dieser Wert bei der Bestimmung der Berechnungsgrundlage außer Ansatz, da er an die Stelle des Aussonderungsgutes getreten ist, dessen Wert ebenfalls unberücksichtigt bleibt. Ist dagegen der Anspruch auf Ersatzaussonderung mangels Unterscheidbarkeit der Gegenleistung untergegangen, so kann eine Masseverbindlichkeit nach § 55 Abs. 1 Nr. 3 InsO begründet sein, die gemäß § 1 Abs. 2 Nr. 4 nicht in Abzug gebracht wird.

12 **b) Neuerwerb.** Zu den im Zeitpunkt der Verfahrenseröffnung vorhandenen Vermögenswerten sind diejenigen Werte zu addieren, die als massezugehörig im Laufe des Verfahrens erworben werden. Die Berechnungsgrundlage für die Vergütung des Insolvenzverwalters reichern diese Werte dann an, wenn sie noch vor dem Abschluss des Verfahrens realisiert werden können. Ansonsten kommt eine Nachtragsverteilung in Betracht, für die der Insolvenzverwalter gesondert vergütet wird (§ 6). Ob der Neuerwerb durch den Schuldner oder den Verwalter als Partei kraft Amtes begründet wird, ist ohne Bedeutung. Das pfändbare Arbeitseinkommen des Schuldners wird ebenso Bestandteil der Insolvenzmasse wie etwa die dem Verwalter von einem absonderungsberechtigten Kreditinstitut für die Verwaltung belasteter Grundstücke gewährte Vergütung oder die gemäß §§ 170, 171 InsO anfallenden Kostenbeiträge. Als zur Insolvenzmasse gehörig gilt ein Erwerb dann, wenn er noch vor Abschluss des Verfahrens begründet wurde. Ein Anspruch auf Rückerstattung von überzahlter Einkommensteuer ist demnach als massezugehörig anzusehen, wenn der maßgebende Veranlagungszeitraum im Vorfeld oder innerhalb des eröffneten Verfahrens liegt. Für den Anfall einer Erbschaft ist der Todeszeitpunkt des Erblassers maßgebend. Mit Einreichung der Schlussrechnung ist das Verfahren noch nicht beendet.[21] Maßgebend ist allein der Aufhebungs-

---

[15] BGH NZI 2008, 485 mit Anm. *Frege* NZI 2008, 487.
[16] BGH NZI 2008, 485 mit Anm. *Frege* NZI 2008, 487.
[17] BGH NZI 2012, 144; BGH NZI 2007, 412 mit Anm. *Looff* ZInsO, 2007, 809; BGH NZI 2009, 57.
[18] BGH WM 2011, 2100 mit Anm. *Thorsten Graeber* DZWIR 2012, 42-44.
[19] BGH BeckRS 2012, 25155.
[20] BGH ZInsO 2007, 766.
[21] BGH NZI 2007, 412 mit Anm. *Looff* ZInsO 2007, 809.

oder Einstellungsbeschluss des Insolvenzgerichts, der mit seinem Erlass wirksam wird.[22] Nicht als massezugehörig sind Zahlungen anzusehen, die auf ein vom Insolvenzverwalter oder Treuhänder eingerichtetes Anderkonto eingehen. Dagegen reichert die Einzahlung auf ein errichtetes Sonderkonto unmittelbar die Insolvenzmasse an.[23]

c) Bereinigung der Masse. Gehört ein Vermögenswert zur Insolvenzmasse, so ist er bei der Bestimmung der Berechnungsgrundlage nur dann unberücksichtigt zu lassen, wenn einer der in § 1 Abs. 2 genannten Tatbestände vorliegt. Eine „Bereinigung" der Insolvenzmasse außerhalb des § 1 Abs. 2 ist nicht vorgesehen. So darf etwa ein ursprünglich zur Masse gehörender Gegenstand nicht deshalb unberücksichtigt bleiben, weil er bei Verfahrensbeendigung in der Insolvenzmasse nicht mehr vorhanden ist, ohne dass ein Verwertungserlös an die Stelle des Gegenstands getreten ist. Ein solcher Abzug widerspräche dem Grundsatz, dass der Verwalter für die Tätigkeit zu vergüten ist, die er im Bezug auf die seiner Verwaltungs- und Verfügungsbefugnis unterworfenen Vermögenswerte entfaltet.[24] Überlässt der Verwalter demnach einen zur Masse gehörenden Gegenstand dem Schuldner oder gibt er ihn in sonstiger Weise aus der Masse frei, so ist der realisierbare objektive Wert dieses Gegenstandes in die Berechnungsgrundlage einzubeziehen. Löst der Schuldner einen Gegenstand ab, ist der Ablösebetrag maßgebend.

Unter Berücksichtigung des Grundsatzes, dass der Verwalter nicht doppelt für eine Tätigkeit vergütet werden kann,[25] ist eine Bereinigung der Berechnungsgrundlage dann erforderlich, wenn etwa ein Übereignungsanspruch verwirklicht wurde. Die vergütungsrechtliche Berücksichtigung sowohl des Anspruchs als auch des Gegenstands, auf den sich der Anspruch bezieht, würde dem genannten Grundsatz widersprechen.

3. Vorzeitige Verfahrensbeendigung. Wird das Verfahren nach Bestätigung eines Insolvenzplans aufgehoben oder durch Einstellung vorzeitig beendet, so ist die Vergütung nach dem **Schätzwert** der Masse zur Zeit der Beendigung des Verfahrens zu berechnen (§ 1 Abs. 1 Satz 2). Mangels konkreten Verwertungsergebnissen ist der Schätzwert derjenigen Vermögensgegenstände maßgebend, auf den sich die Verwaltungs- und Sicherungstätigkeit des Insolvenzverwalters bezog, die aber aufgrund der vorzeitigen Verfahrensbeendigung nicht verwertet wurden. Sind Fortführungswert und Zerschlagungswert unterschiedlich hoch, ist entscheidend, welche Werte sich hätten verwirklichen lassen.[26] Es muss das Verwertungsergebnis berücksichtigt werden, das ohne die vorzeitige Beendigung des Verfahrens erzielt worden wäre. Wären dann Massegegenstände nicht verwertet worden, weil eine vollständige Befriedigung der Gläubiger ohnedies zu erreichen gewesen wäre, ist der Wert jener Gegenstände vergütungsrechtlich nicht zu berücksichtigen.[27] Hinsichtlich bereits verwerteter Massegegenstände erübrigt sich eine Schätzung.

Forderungen der Insolvenzmasse, die aufgrund der vorzeitigen Verfahrensbeendigung vom Verwalter nicht realisiert werden, finden in die Berechnungsgrundlage mit ihrem Verkehrswert Eingang, soweit an ihnen keine Absonderungsrechte lasten, die bei tatsächlicher Verwertung hätten beachtet werden müssen, keine Aufrechnung möglich war oder die Forderung aus sonstigen Gründen hätte nicht durchgesetzt werden können. Unerheblich ist, ob die Forderung auch noch zu einem späteren Zeitpunkt eingezogen werden könnte oder verjährt ist.[28] Soweit eine Realisierung des Anspruchs jedoch nicht erforderlich gewesen wäre, um alle Insolvenz- und Masseglgäubiger zu befriedigen, ist der Wert vergütungsrechtlich nicht zu berücksichtigen.[29] Die Befriedigung nachrangiger Insolvenzgläubiger, deren Ansprüche erst durch die Geltendmachung der Forderung entstehen, bleiben dabei unberücksichtigt.[30]

Die Regelung des § 1 Abs. 1 Satz 2 gilt nach dessen Wortlaut für die Beendigung eines Insolvenzverfahrens im Rahmen eines Insolvenzplans sowie für die Fälle einer Einstellung des Verfahrens nach §§ 207 ff. InsO. Die Vorschrift ist über ihren Wortlaut hinaus immer dann anzuwenden, wenn bis zur Verfahrensbeendigung keine abschließende Verwertung der Insolvenzmasse stattfindet, was etwa auch bei der **Freigabe** von Massegegenständen oder bei einer Aufhebung des Eröffnungsbeschlusses im Beschwerdeverfahren der Fall ist.[31] Nicht anzuwenden ist die Norm dagegen auf die Fälle der

---

[22] BGH NZI 2010, 741 mit Anm. *Smid* DZWIR 2011, 45-55
[23] BGH ZIP 2009, 531 mit Anm. *Mohrbutter* WuB VI A § 35 InsO 1.09.
[24] BGH NZI 2005, 567 mit Anm. *Grote* BGHReport 2005, 1477.
[25] BGH NZI 2006, 464 mit Anm. *Nowak* NZI 2006, 467.
[26] BGH NZI 2004, 626.
[27] BGH NZI 2007, 397 mit Anm. *Keller* NZI 2007, 378; BGH ZInsO 2009, 888.
[28] BGH NZI 2011, 445; BGH NZI 2010, 400.
[29] BGH NZI 2012, 315 mit Anm. *Keller* NZI 2012, 316.
[30] BGH BeckRS 2012, 05304.
[31] BGH NZI 2007, 397 mit Anm. *Keller* NZI 2007, 378.

vorzeitigen Beendigung des Verwalteramtes. Hier ist nicht auf den Wert der Masse bei Verfahrensbeendigung, sondern auf deren Wert bei Amtsbeendigung abzustellen.

17 Auch bei einer vorzeitigen Verfahrensbeendigung aufgrund Aufhebung nach Bestätigung eines Insolvenzplans oder in Form einer Verfahrenseinstellung ist seitens des Verwalters Schlussrechnung zu legen (§ 66 Abs. 1 InsO).[32] Nach § 66 Abs. 1 Satz 2 InsO kann in einem Insolvenzplan Befreiung von der Rechnungslegungspflicht erteilt werden. Davon unabhängig besteht die Rechenschaftspflicht aber gegenüber dem Insolvenzgericht (§ 58 InsO)[33] und dem Schuldner (§ 259 BGB). In seiner Schlussrechnung hat der Verwalter diejenigen Vermögenswerte aufzulisten, die aufgrund der vorzeitigen Verfahrensbeendigung nicht verwertet wurden. Anzugeben sind die aktuellen objektiven Verkehrswerte. Massegegenstände, an denen Absonderungsrechte lasten, sind mit ihrem Wert abzüglich der bestehenden Sicherungsrechte zu berücksichtigen. Unberücksichtigt bleiben dagegen solche Massegegenstände, die bei regulären Beendigung des Verfahrens etwa deshalb nicht verwertet worden wären, weil die restliche Masse ausreichen würde, um alle Gläubiger zu befriedigen.[34] Nicht eingezogene Forderungen sind mit ihren voraussichtlich durchsetzbaren Beträgen anzusetzen.[35] Dabei sind auch die voraussichtlichen Vollstreckungsmöglichkeiten zu berücksichtigen.[36]

III. Berücksichtigung von belasteten Massegegenständen (§ 1 Abs. 2 Nr. 1)

18 **1. Verwertungsüberschüsse.** Auch wenn Massegegenstände mit Absonderungsrechten i.S. der §§ 49 ff. InsO belastet sind, zählen sie gleichwohl zur Insolvenzmasse und sind damit grundsätzlich bei der Bestimmung der Berechnungsgrundlage zu berücksichtigen. Daneben erhöhen die der Masse zufließenden Kostenbeiträge i.S. der §§ 170, 171 InsO die Berechnungsgrundlage. Einschränkungen erfährt dieser Grundsatz mit der Regelung des § 1 Abs. 2 Nr. 1. Nach dessen Satz 3 finden neben den zugeflossenen Kostenbeiträgen regelmäßig nur der sich bei der Verwertung von Absonderungsgut ergebende **Überschuss** Eingang in die Berechnungsgrundlage. Dabei kommt es nicht darauf an, dass der Verwalter das Absonderungsgut verwertet hat. Auch ein Überschuss, der sich bei einer Verwertung durch den Absonderungsberechtigten oder rein rechnerisch ergibt, ist zu berücksichtigen. Betreibt etwa ein Grundpfandrechtsgläubiger aus seinem eingetragenen Recht die Zwangsversteigerung des zur Masse gehörenden Grundstücks, so ist – abgesehen von einem möglichen Kostenbeitrag i.S. des § 10 Abs. 1 Nr. 1a ZVG - nur der sich ggf. ergebende Übererlös bei der Bestimmung der Berechnungsgrundlage zu berücksichtigen. Unterliegt ein geltend gemachtes Absonderungsrecht dagegen der insolvenzrechtlichen **Anfechtung**, ist der betroffene Massegegenstand ohne Einschränkung in die Berechnungsgrundlage einzubeziehen.[37] Auch dann, wenn der Masse wegen eines eingetragenen Grundpfandrechts ein Ausgleichsanspruch gegen einen Dritten zusteht, ist das belastete Grundstück mit dem Wert zu berücksichtigen, der sich unter Außerachtlassung der Belastung ergibt.[38] Ebenso ohne Einschränkung in die Berechnungsgrundlage einzubeziehen ist der Wert von Massegegenständen, die dem **Vermieterpfandrecht** unterliegen.[39] In § 2 Nr. 1 der Verordnung über die Vergütung des Konkursverwalters, des Vergleichsverwalters, der Mitglieder des Gläubigerausschusses und der Mitglieder des Gläubigerbeirats (VergVO) war die Sonderstellung des Vermieterpfandrechts ausdrücklich normiert. Wie der amtlichen Begründung zur InsVV zu entnehmen ist, wollte der VO-Geber insoweit keine Änderung vornehmen.[40]

19 **2. Verwertung durch den Verwalter.** Wird ein mit Absonderungsrechten belasteter Massegegenstand vom Insolvenzverwalter verwertet, ist dieser Gegenstand nicht nur mit dem Erlösüberschuss, sondern grundsätzlich mit dem erzielten Verwertungserlös, also mit dem Wert des Gegenstandes, bei der Bestimmung der Berechnungsgrundlage gemäß § 1 Abs. 2 Nr. 1 Satz 1 zu berücksichtigen. Damit wird dem Arbeitsaufwand Rechnung getragen, der der Verwalter zur Erfüllung der ihm obliegenden Verwertungspflicht erbringen muss. Eine Verwertung durch den Verwalter liegt i.d. Sinne dann vor, wenn der belastete Gegenstand durch freihändigen Verkauf (§ 166 Abs. 1 InsO), durch Einzug (§ 166 Abs. 2 Satz 1 InsO), durch Übernahme durch den Gläubiger (§ 168 Abs. 3 Satz 1 InsO) oder durch Zwangsversteigerung (§§ 174 ff. ZVG) einer Verwertung zugeführt wird. Ein Massegegenstand, der vom Verwalter verwertet wurde, obwohl hierzu keine **Berechtigung** besteht, kann nur nach § 1

---
[32] BGH NZI 2006, 165 mit Anm. *Prasser* ZInsO 2006, 862.
[33] Graf-Schlicker/*Riedel*, § 66 Rdn. 2.
[34] BGH NZI 2007, 397 mit Anm. *Keller* NZI 2007, 378.
[35] vgl. AG Göttingen ZInsO 2005, 871.
[36] BGH ZInsO 2012, 1236; BGH NZI 2012, 315 mit Anm. *Keller* NZI 2012, 316.
[37] BGH NZI 2006, 232 mit Anm. *Pluta/Heidrich* DZWIR 2006, 378.
[38] BGH NZI 2010, 227.
[39] *Haarmeyer/Wutzke/Förster*, InsVV, § 1 Rdn. 73; a. A. LG Münster ZInsO 2007, 594.
[40] abgedruckt bei *Stephan/Riedel*, InsVV, Anhang II.2.

Abs. 2 Nr. 1 Satz 3, also mit einem evtl. Überschuss berücksichtigt werden. Die Verwertungsberechtigung kann sich aus dem Gesetz (§§ 165 ff. InsO), aufgrund Fristbestimmung nach § 173 Abs. 2 InsO oder aus einer entsprechenden Vereinbarung mit dem absonderungsberechtigten Gläubiger ergeben. Verkauft der Insolvenzverwalter z. B. mit Grundpfandrechten belastete Wohnungen aufgrund einer mit dem Realgläubiger getroffenen Vereinbarung, nach der der Masse ein prozentualer Anteil am Verkaufserlös als Feststellungskostenbeitrag gebühren soll, so handelt es sich um eine vergütungsrechtlich relevante Verwertungstätigkeit.[41] Zieht der Verwalter dagegen eine wirksam gepfändete Forderung entgegen der Bestimmung des § 166 Abs. 2 InsO ein, so ist die eingezogene Forderung bei der Bestimmung der Berechnungsgrundlage nicht zu berücksichtigen. Da in diesem Fall der Masse weder die Kosten der Feststellung noch die der Verwertung zu ersetzen sind, würde eine Vergütungserhöhung die Masse belasten, ohne dass dieser ein Ausgleichsanspruch gegen den absonderungsberechtigten Gläubiger entstünde. Wie der Regelung des § 1 Abs. 2 Nr. 1 Satz 2 zu entnehmen ist, kommt eine Berücksichtigung von Absonderungsgegenständen über einen Übererlös hinaus letztlich nur dann in Betracht, wenn in die Masse zumindest ein die Feststellungskostenpauschale des § 171 Abs. 1 InsO deckender Betrag geflossen ist. Überlässt der Verwalter einen Absonderungsgegenstand, zu dessen Verwertung er gemäß § 166 InsO berechtigt ist, dem Gläubiger zur Verwertung, so stehen der Masse zwar die Kosten der Feststellung nach § 170 Abs. 2 InsO zu, da aber keine Verwertungstätigkeit des Verwalters vorliegt, wird der Gegenstand gleichwohl nur mit einem eventuellen Erlösüberschuss und dem Massezufluss in Form der Feststellungskosten bei der Bestimmung der Berechnungsgrundlage berücksichtigt. Auch der Einzug von Miet- und Pachtzinsen für den absonderungsberechtigten Grundpfandrechtsgläubiger („kalte Zwangsverwaltung") stellt keine Verwertung des massezugehörigen Grundstücks dar. In die Berechnungsgrundlage fließen die Beträge ein, die der Masse entsprechend der mit den Grundpfandrechtsgläubigern getroffenen Vereinbarung zufließen.[42]

3. Begrenzung des Mehrbetrags. Der Mehrbetrag der Vergütung, der auf die Absonderungsgegenstände entfällt, darf 50% des Betrags nicht übersteigen, der für die Kosten ihrer Feststellung (tatsächlich) in die Masse geflossen ist (§ 1 Abs. 2 Nr. 1 Satz 2). Für die Kosten der Feststellung fallen gemäß § 171 Abs. 1 InsO pauschal 4 % des Verwertungserlöses an. Unter der Voraussetzung, dass der Verwalter einen Absonderungsgegenstand mit Verwertungserlös verwertet hat, erhöht sich seine Vergütung demnach maximal um den Betrag, der 2% des Verwertungserlöses entspricht. Ein eventuell erzielter Übererlös sowie eingenommene Kostenbeiträge erhöhen daneben die Berechnungsgrundlage, aus der die Regelvergütung zu entnehmen ist. Um feststellen zu können, ob der Höchstbetrag von 2% des Verwertungserlöses erreicht wird, ist eine **Vergleichsrechnung** anzustellen. Darin sind die Beträge der Regelvergütung gegenüber zu stellen, die sich aus einer Berechnungsgrundlage ergeben, die einmal unter und einmal ohne Berücksichtigung der den Absonderungsgläubigern auszuzahlenden Verwertungserlöse ermittelt wird. Die sich ergebende Differenz wird durch den Betrag i.H. von 2% der Verwertungserlöse gedeckelt.

Beispiel: *Aus dem Verkauf von Massegegenständen hat der Verwalter 90.000,- € Insolvenzmasse generiert. Die Verwertung eines zur Sicherheit übereigneten Gegenstandes ergab zusätzlich einen Bruttoerlös von 10.000,- €. Unter Abzug der Kostenpauschalen des § 171 InsO sowie der Umsatzsteuer wurden dem Sicherungsnehmer 7.800,- € ausbezahlt.*
Aus der nicht erhöhten Berechnungsgrundlage von 92.200,- € ergibt sich eine Regelvergütung von 19.204,- €. Aus der erhöhten Berechnungsgrundlage von 100.000,- € errechnet sich eine Regelvergütung von 19.750,- €. Es ergibt sich eine Differenz von 546,- €. Diese zusätzliche Vergütung wird gedeckelt durch den Betrag, der 2% des Bruttoververtungserlöses entspricht, also 500,- €. Es ergibt sich eine Vergütung i.H. von 19.704,- €.
Die sich letztlich ergebende Mehrvergütung ist Teil der Regelvergütung. Nach § 3 vorzunehmende Zu- bzw. Abschläge haben sich deshalb an der erhöhten Vergütung zu orientieren.[43]

IV. Abfindung von Aus- und Absonderungsrechten (§ 1 Abs. 2 Nr. 2)

Werden Aus- und Absonderungsrechte abgefunden, so wird die aus der Masse hierfür gewährte Leistung vom Sachwert der Gegenstände abgezogen, auf die sich diese Rechte erstrecken (§ 1 Abs. 2 Nr. 2). Angesprochen sind hier Fälle, in denen z. B. der Insolvenzverwalter den Restkaufpreis unter Erfüllungswahl für einen dem Schuldner unter Eigentumsvorbehalt gelieferten Gegenstand aus der Masse begleicht und damit den Gegenstand zum Massebestandteil wird. Ebenso umfasst ist z. B. die Zahlung der restlichen Verbindlichkeit, für die ein Gegenstand der Masse zur Sicherheit übereignet ist, womit der Gegenstand einer Verwertung zugunsten der Masse zugeführt werden kann. Dagegen

---

[41] LG Heilbronn ZInsO 2011, 1958; LG Heilbronn Rpfleger 2007, 105.
[42] LG Heilbronn, ZIP 2012, 2077.
[43] BGH NZI 2006, 464 mit Anm. *Nowak* NZI 2006, 467.

stellt etwa der Erwerb von Leasingfahrzeugen, die sich im Besitz des Schuldners bzw. des Insolvenzverwalters befinden, schon begrifflich keine „Abfindung" dar. Für den Insolvenzverwalter ist ein solches Vorgehen regelmäßig nur interessant, wenn der Abfindungsbetrag deutlich unter dem zu erwartenden Verwertungserlös liegt.

24 Die Berechnungsgrundlage erhöht sich um die Differenz zwischen dem Abfindungsbetrag und dem Sachwert des Gegenstands. Mit anderen Worten: Vom Wert, der mit Aus- oder Absonderungsrechten belasteter Gegenstände wird nur der Betrag berücksichtigt, der für die Abfindung dieser Rechte nicht erforderlich ist (vgl. § 58 Abs. 1 Satz 2 GKG). Der maßgebende Sachwert des Gegenstands soll sich nach h.M. nicht nach dem Erlös richten, den der Verwalter bei der Verwertung erzielt, sondern nach „objektiven Kriterien" fiktiv festgestellt werden.[44] Der tatsächliche Verwertungserlös spielt damit nur dann eine Rolle, wenn er höher ist, als der fiktive Sachwert. In diesem Fall wird die Berechnungsgrundlage um den Übererlös angereichert. Bei dieser Auslegung der Vorschrift bleibt indes unbeachtet, dass der Wert eines Gegenstands sich danach bestimmt, was der Markt bereit ist, dafür zu zahlen. Hiervon können allenfalls Liebhaberwerte abweichen. Solche stellen wiederum aber keine objektiven Verkehrswerte dar.

25 **Beispiel:** *Die durch die Übereignung eines Pkw's gesicherte Forderung eines Insolvenzgläubiger beträgt noch 4.000,- €. Der Insolvenzverwalter begleicht diese Restforderung aus der Masse. Die Verwertung des PKw's bringt einen Erlös von 6.000,- €. Die Berechnungsgrundlage erhöht sich folglich um 2.000,- €.*

26 Wählt der Verwalter Erfüllung eines Vorbehaltskaufs des Schuldners, so stellen die offenen Kaufpreisraten Masseverbindlichkeiten nach § 55 Abs. 1 Nr. 2 InsO dar. Diese werden nach § 1 Abs. 2 Nr. 4 Satz 1 von der Berechnungsgrundlage nicht in Abzug gebracht. Hiervon macht die Regelung des § 1 Abs. 2 Nr. 2 für die dort genannten Tatbestände eine Ausnahme. Dagegen bleibt es bei der Aussage des § 1 Abs. 2 Nr. 4 Satz 1 in den Fällen einer mangels Unterscheidbarkeit der Gegenleistung nicht mehr möglichen **Ersatzaus- oder Ersatzabsonderung.** Veräußert der Insolvenzverwalter z. B. unberechtigt einen massefremden Gegenstand, so stellt der Anspruch des Eigentümers auf Auskehr der in der Masse nicht mehr unterscheidbar vorhandenen Gegenleistung, eine Masseverbindlichkeit nach § 55 Abs. 1 Nr. 3 InsO dar, die bei der Bestimmung der Berechnungsgrundlage nicht in Abzug zu bringen ist. Anders wohl dann, wenn in der Veräußerung etwa die konkludente Erfüllungswahl eines Vorbehaltskaufs des Schuldners zu sehen ist.

V. Aufrechenbare Forderungen (§ 1 Abs. 2 Nr. 3)

27 Steht einer Forderung der Masse eine Gegenforderung des Verpflichteten aufrechenbar gegenüber, so wird lediglich der Überschuss berücksichtigt, der sich bei der Verrechnung ergibt (§ 1 Abs. 2 Nr. 3). Kann der Insolvenzverwalter eine Forderung der Insolvenzmasse nur teilweise einziehen, weil dem Verpflichteten eine Gegenforderung zusteht, so ist nur der tatsächlich zur Masse fließende Anteil bei der Vergütungsfestsetzung zu berücksichtigen. Ob ein Insolvenzgläubiger zur Aufrechnung befugt ist, ergibt sich aus den §§ 94 ff. InsO. Ist eine solche Befugnis nicht gegeben, findet § 1 Abs. 2 Nr. 3 keine Anwendung.[45] Macht der Insolvenzgläubiger von seiner Aufrechnungsbefugnis keinen Gebrauch, so ist die gesamte eingezogene Forderungssumme der Berechnungsgrundlage hinzuzufügen.

VI. Kein Abzug von Masseverbindlichkeiten (§ 1 Abs. 2 Nr. 4 Satz 1)

28 **1. Grundsatz.** Die Kosten des Insolvenzverfahrens (§ 54 InsO) sowie die sonstigen Masseverbindlichkeiten (§§ 55, 100, 123 InsO) werden nicht abgesetzt (§ 1 Abs. 2 Nr. 4 Satz 1). Diese Regelung hat insbesondere im Hinblick auf § 63 Abs. 1 Satz 2 InsO klarstellenden Charakter. Es wird deutlich gemacht, dass nicht der am Verfahrensende stehende Guthabensaldo die Berechnungsgrundlage bestimmt, sondern der Wert der Insolvenzmasse maßgebend ist, die der Verwaltungs- und Verfügungsbefugnis des Verwalters unterliegt bzw. während des Verfahrens unterlag. Besonderheiten gelten für die in § 1 Abs. 2 Nr. 1 und Nr. 2 angesprochenen Masseverbindlichkeiten; sie führen zu einer Reduzierung der maßgebenden Berechnungsgrundlage.

29 Masseverbindlichkeiten, die im Rahmen der Verwertung entstehen, werden nicht von den eingenommenen Erlösen abgezogen. Da die Verpflichtung zur Abführung der bei einer Veräußerung von Massegegenständen eingenommenen Umsatzsteuer ebenfalls eine Masseverbindlichkeit darstellt, werden Verwertungserlöse demnach stets mit dem Bruttobetrag in die Berechnungsgrundlage eingestellt.[46]

---

[44] Haarmeyer/Wutzke/Förster, § 1 Rdn. 76; Keller Vergütung und Kosten im Insolvenzverfahren, Rdn. 164.
[45] BGH NZI 2010, 400.
[46] vgl. BGH NZI 2007, 394; BFH, ZIP 2007, 829.

2. Abzug eigener Vergütungen (§ 1 Abs. 2 Nr. 4 Satz 2 Buchst. a). In Abweichung vom 30
Grundsatz des § 1 Abs. 2 Nr. 4 Satz 1, wonach Massekosten und Masseverbindlichkeit nicht in Abzug
gebracht werden, sind Beträge, die der Verwalter nach § 5 als Vergütung für den Einsatz besonderer
Sachkunde erhält, von der Berechnungsgrundlage abzuziehen (§ 1 Abs. 2 Nr. 4 Satz 2 Buchst. a).
Die Vorschrift ist verfassungskonform.[47] Damit soll verhindert werden, dass der Insolvenzverwalter
für seine Tätigkeit doppelt vergütet wird. Auch soll jeglicher Anschein einer eigennützigen
Geschäftsführung des Verwalters vermieden werden.[48] Von der Berechnungsgrundlage abzusetzen
ist die jeweilige Nettovergütung, die der Insolvenzverwalter gesondert erhält. Auslagenersatz und
Umsatzsteuer bleiben unberücksichtigt, da sie keine Vergütungen darstellen. Ist die Masse jedoch
nicht vorsteuerabzugsberechtigt, ist auch die Umsatzsteuer abzuziehen.[49] Die Regelung, dass
Beträge, die der Verwalter als Vergütung für den Einsatz besonderer Sachkunde erhält, von dem
die Vergütung des Insolvenzverwalters bestimmenden Wert der Insolvenzmasse abgezogen werden,
entspricht der Ermächtigungsgrundlage und ist verfassungsmäßig.[50]

Nach § 5 gehören zu den besonders zu vergütenden Tätigkeiten solche, die der Insolvenzverwal- 31
ter insbesondere als zugelassener Rechtsanwalt, als Wirtschaftsprüfer oder Steuerberater für die Masse
erbringt. Daneben können aber auch andere besondere Qualifikationen, wie etwa die eines Media-
tors eine gesonderte Vergütung begründen. Ein Anspruch auf besondere Vergütung besteht allerdings nur dann, wenn ein nicht mit den entsprechenden Fähigkeiten ausgestatteter Insolvenzverwalter angemessenerweise einen entsprechenden Fachmann hinzugezogen hätte. Entnimmt der
Insolvenzverwalter der Masse Vergütungen obwohl die Voraussetzungen des § 5 nicht vorliegen,
so hat das Insolvenzgericht darauf nicht dadurch zu reagieren, dass es diese Vergütungen von der
Berechnungsgrundlage in Abzug bringt, vielmehr ist der Insolvenzverwalter aufzufordern, die erhaltenen Vergütungen der Masse zurückzuerstatten.

Nicht abzusetzen sind nach Ansicht des BGH Vergütungen, die nicht unmittelbar an den Insolvenz- 32
verwalter, sondern an die Sozietät oder die sonstige Gesellschaft geleistet werden, der der Insolvenzverwalter angehört.[51] Dies mag verwundern, da aus dem Gesellschaftsvertrag dem Insolvenzverwalter
zumindest anteilig die Vergütung zufließt. Der BGH stellt indes streng formalistisch auf die Eigenständigkeit des Verwalters einerseits und der **Sozietät oder sonstigen Gesellschaft** andererseits ab. Der
modernen Insolvenzabwicklung ist eine solche Sichtweise fremd. Der isoliert agierende Insolvenzverwalter gehört der Vergangenheit an. Die Bestellung eines Verwalters durch das Insolvenzgericht setzt
heutzutage jedenfalls in großen Verfahren innerhalb der Kanzlei eine Maschinerie in Gang, die für
jeden Bereich Experten bereit hält. Das Vorhalten solcher Kompetenzen ist kostspielig und mag es
rechtfertigen, dass Massezahlungen an die genannten Sozitäten oder sonstigen Gesellschaften die Vergütung des Insolvenzverwalters nicht mindern. Die Beauftragung einer der Verwalterkanzlei ange-
schlossenen Gesellschaft etwa mit der Bearbeitung steuerrechtlicher Sachverhalte ist unabhängig von
der Frage einer anzurechnenden Vergütung auch dahingehend durch das Insolvenzgericht zu prüfen,
ob sie notwendig war. Hat der bisher vom Schuldner beauftragte Steuerberater ordentlich gearbeitet,
so kann man sich dessen Wissen um die Verhältnisse des Schuldners bestens dadurch zu Eigen machen,
dass er auch nach Insolvenzeröffnung mit den anfallenden Arbeiten betraut wird.

3. Berechnungsgrundlage bei Unternehmensfortführung (§ 1 Abs. 2 Nr. 4 Satz 2 33
Buchst. b). a) Normaussage. Führt der Insolvenzverwalter das schuldnerische Unternehmen fort,
so wird die Berechnungsgrundlage um den erzielten Überschuss ergänzt, der sich nach Abzug der
Ausgaben von den Einnahmen ergibt (§ 1 Abs. 2 Nr. 4 Satz 2 Buchst. b). Daneben sind die sonstigen
Verwertungserlöse sowie ein Erlös zu berücksichtigen, der bei der Übertragung oder der Liquidierung des fortgeführten Unternehmens erzielt wurde. Findet eine solche „Endverwertung" nicht
statt, so ist der Wert des Anlagevermögens in die Berechnungsgrundlage einzubeziehen.[52] Das
Ergebnis der Betriebsfortführung kann nur positiv zu Buche schlagen. Ein während der Unternehmensfortführung erwirtschafteter Verlust mindert die sonstigen Erlöse nicht.[53]

Abweichend von der ansonsten geltenden Systematik werden bei einer Unternehmensfortführung 34
die Aufwendungen, die den erzielten Verwertungserlösen gegenüberstehen in Abzug gebracht.[54]
Das gilt auch für die sog. „Sowieso-Kosten", wie etwa Kündigungsfristlöhne, die als Ausgaben zu
behandeln sind, wenn sie für Leistungen erbracht wurden, die für die Unternehmensfortführung

---

[47] NZI 2011, 941 mit Anm. *Prasser* EWiR 2012, 59.
[48] BGH ZIP 1991, 324.
[49] *Haarmeyer/Wutzke/Förster*, § 1 Rdn. 84.
[50] BGH NZI 2011, 941 mit Anm. *Prasser* EWiR 2012, 59.
[51] BGH NZI 2007, 583 mit abl. Anm. *Keller;* NZI 2011, 941.
[52] BGH NZI 2005, 567 mit Anm. *Keller* DZWIR 2005, 465.
[53] BGH NZI 2005, 567 mit Anm. *Keller* DZWIR 2005, 465.
[54] BGH NZI 2005, 567 mit Anm. *Keller* DZWIR 2005, 465.

verwendet wurden.[55] Damit ist das Risiko verbunden, dass der Insolvenzverwalter bei einer Unternehmensfortführung letztlich weniger Vergütung erhält, als er bei einer Liquidierung des Unternehmens beanspruchen könnte. Ein tatsächlich sich ergebender Malusbetrag ist deshalb mit einem Zuschlag nach § 3 auszugleichen (vgl. § 3 Rdn. 21).

35 Um das Ergebnis einer Betriebsfortführung darzustellen, bedarf es einer gesonderten Aufstellung der damit verbundenen Einnahmen und Ausgaben. Diese ist auf den Zeitpunkt zu beziehen, zu dem das Insolvenzverfahren geendet hat. In diese Rechnung sind sämtliche die Masse belastenden Verbindlichkeiten aufzunehmen, die bis dahin entstanden sind, soweit die Gegenleistung für die Unternehmensfortführung verwendet wird.[56] Das Einstellen von Verbindlichkeiten kann nicht davon abhängig gemacht werden, dass sie bereits erfüllt worden sind. Auch Geschäftsvorfälle, die noch nicht zu einer Fakturierung geführt haben, müssen im Rahmen der Einnahmen-/Ausgabenrechnung erfasst werden. Allerdings kann hinsichtlich der Höhe der Ausgaben Unsicherheit bestehen, so lange noch keine Rechnung vorliegt. Gegebenenfalls muss der Insolvenzverwalter bei dem Geschäftspartner Erkundigungen einholen oder die Höhe der Ausgaben schätzen.[57] Hat der Verwalter notwendige Ausgaben, die er bei ordnungsgemäßer Ausübung des Verwalteramtes hätte tätigen müssen, vermieden, um zu verhindern, dass sie den Überschuss aus seiner Unternehmensfortführung - und damit seine Vergütung - mindern, kann dies eine Pflichtverletzung zum Schaden der Insolvenzbeteiligten darstellen.[58]

36 **b) Tatbestand der Unternehmensfortführung.** Von einer Unternehmensfortführung ist die Stilllegung des Unternehmens zu unterscheiden (vgl. § 157 InsO). Die sogenannte **Aus- oder Auslaufproduktion,** also die durch den Insolvenzverwalter veranlasste Verarbeitung der noch vorhandenen Rohmaterialien oder Fertigstellung von Werkleistungen, stellt nach verbreiteter Ansicht keine Unternehmensfortführung im Sinne der vergütungsrechtlichen Regelungen dar.[59] Dies mag im Interesse einer effektiven Masseverwertung sinnvoll sein, da der Verkauf des Rohmaterials oder die Verwertung unfertiger Erzeugnisse, zu dem der Verwalter ansonsten verpflichtet wäre, sicherlich einen geringen Erlös erbringt. Problematisch sind dabei die Fälle, in denen aus der Masse nicht unerhebliche Beträge aufgewandt werden müssen, um die Ausproduktion zu bewerkstelligen.

37 Eine Ausproduktion kann nicht mit einer Unternehmensfortführung kombiniert werden. Auch wenn sich der Insolvenzverwalter erst nach einer vorgenommenen Ausproduktion zur Fortführung des Unternehmens entschließt oder aufgrund einer entsprechenden Beschlussfassung der Gläubigerversammlung dazu angehalten ist, ist seine Tätigkeit insgesamt als Unternehmensfortführung zu werten. Der sogenannte **Insolvenzverkauf** im Groß- oder Einzelhandel stellt regelmäßig keine Unternehmensfortführung dar. Wird dabei jedoch auch Vorbehaltsware veräußert, die erst aufgrund Erfüllungswahl des Insolvenzverwalters in das Eigentum des Schuldners übergeht, so ist der aus der Masse zu leistende Kaufpreis von der Berechnungsgrundlage in Abzug zu bringen. Dies ergibt sich § 1 Abs. 2 Nr. 2. Wird Ware zur Sortimentsergänzung vom Verwalter hinzuerworben, handelt es sich um eine Unternehmensfortführung.

38 **c) Abzug der Masseverbindlichkeiten.** Von den erzielten Einnahmen sind die Masseverbindlichkeiten abzusetzen. Dabei sind auch solche Aufwendungen zu berücksichtigen, die auch dann angefallen wären, wenn das Unternehmen nicht fortgeführt worden wäre („Sowieso-Kosten" oder „Auslaufverbindlichkeiten"). Damit sind auch oktroyierte Masseverbindlichkeiten i.S. des § 55 Abs. 1 Nr. 2 InsO in Abzug zu bringen.[60] Nur diejenigen oktroyierten Masseverbindlichkeiten sind nicht als Ausgaben zu behandeln, die für Leistungen erbracht werden mussten, die für die Unternehmensfortführung nicht verwendet wurden. Miet- bzw. Pachtzinsen oder Lohnzahlungen für die Laufzeit der Kündigungsfrist sind demnach dann nicht in Abzug zu bringen, wenn das Miet- bzw. Pachtobjekt nicht für die Unternehmensfortführung genutzt oder die Arbeitnehmer freigestellt wurden. Der BGH begründet seine entsprechenden Feststellungen damit, dass die Leistungen, die zur Befriedigung dieser Masseverbindlichkeiten aufgewandt werden, ansonsten zugunsten des Verwalters doppelt berücksichtigt werden, wenn mit ihnen ein Überschuss erwirtschaftet wird.[61] Zum einen dadurch, dass die Leistungen in der Berechnungsgrundlage verbleiben, obwohl sie im Rahmen der Unternehmensfortführung aus der Masse abfließen, zum anderen dadurch, dass gerade mit ihnen der Überschuss erwirtschaftet wird, der wiederum bei der Berechnungsgrundlage zu berücksichtigen ist. Ebenfalls abzuziehen sind Zahlungen an den Schuldner für dessen Mitarbeit im fortgeführten Unter-

---

[55] BGH NZI 2009, 49 mit Anm. *Keller* DZWIR 2009, 231
[56] BGH NZI 2011, 714.
[57] BGH NZI 2007, 341 mit Anm. *Pape* WuB VI A § 63 InsO 5.07.
[58] BGH NZI 2007, 341 mit Anm. *Pape* WuB VI A § 63 InsO 5.07.
[59] *Keller* Vergütung und Kosten im Insolvenzverfahren, Rdn. 178 m. w. N.
[60] BGH NZI 2011, 714; BGH NZI 2007, 461; BGH ZInsO 2011, 1519.
[61] BGH NZI 2009, 49 m. Anm. *Schröder* EWiR 2008, 761.

nehmen. Dabei gilt die Vermutung, dass solche Zahlungen nicht als Unterhalt i.S. des § 100 InsO gewährt werden.[62] Dagegen werden (fiktive) Ausgaben, deren Vornahme der Insolvenzverwalter während der Unternehmensfortführung pflichtwidrig unterlassen hat, nicht abgezogen. Hat der Insolvenzverwalter notwendige Ausgaben, die er bei ordnungsgemäßer Ausübung des Verwalteramtes hätte tätigen müssen, vermieden, um zu verhindern, dass sie den Überschuss aus seiner Unternehmensfortführung – und damit seine Vergütung – mindern, kann dies eine Pflichtverletzung zum Schaden der Insolvenzbeteiligten darstellen (§ 60 InsO).[63]

d) Gesonderte Darstellung. Zur Ermittlung der Berechnungsgrundlage hat der Insolvenzverwalter eine gesonderte **Einnahmen-/Ausgabenrechnung** vorzulegen. Diese ist auf den Zeitpunkt zu beziehen, zu dem das Insolvenzverfahren geendet hat. In diese Rechnung sind sämtliche die Masse belastenden Verbindlichkeiten aufzunehmen, die bis dahin entstanden sind. Bei der Berechnung des Überschusses nach § 1 Abs. 2 Nr. 4 Satz 2 Buchst. b sind die fortführungsbedingten Ausgaben ab dem Zeitpunkt der Verfahrenseröffnung zu berücksichtigen, wenn das Unternehmen ab diesem Zeitpunkt fortgeführt wurde. Auf den Zeitpunkt der Beschlussfassung der Gläubigerversammlung zur Unternehmensfortführung kommt es nicht an.[64] Das Einstellen von Verbindlichkeiten kann nicht davon abhängig gemacht werden, dass sie bereits erfüllt worden sind. Auch Geschäftsvorfälle, die noch nicht zu einer Fakturierung geführt haben, müssen im Rahmen der Einnahmen-/Ausgabenrechnung erfasst werden. Allerdings kann hinsichtlich der Höhe der Ausgaben Unsicherheit bestehen, so lange noch keine Rechnung vorliegt. Gegebenenfalls muss der Insolvenzverwalter bei dem Geschäftspartner Erkundigungen einholen oder die Höhe der Ausgaben schätzen.[65]

VII. Kostenvorschuss (§ 1 Abs. 2 Nr. 5)

Auch der von einem Gläubiger aufgebrachte Kostenvorschuss gehört nicht zur Insolvenzmasse und bleibt damit bei der Bestimmung der Berechnungsgrundlage unberücksichtigt (§ 1 Abs. 2 Nr. 5). Dabei spielt es keine Rolle, ob der Kostenvorschuss einbezahlt wird, um die Abweisung des Eröffnungsantrags nach § 26 InsO zu verhindern oder um einer Einstellung wegen Massearmut nach § 207 InsO zuvorzukommen. Ebenfalls unberücksichtigt bleiben Zuschüsse, die ein Dritter zur Erfüllung eines Insolvenzplans leistet. Dies gilt auch für den Fall eines Darlehens, das zur Erfüllung des Insolvenzplans von dritter Seite zur Verfügung gestellt wird.[66]

VIII. Zurückfließende Beträge

§ 2 Nr. 3 Abs. 2 VergVO enthielt die Aussage, dass von der Masse verauslagte Kosten, die später wieder eingehen, gegen die verauslagten Kosten verrechnet werden. Damit ergab sich eine Erhöhung der Berechnungsgrundlage nur dann, wenn die eingehenden Gelder den verauslagten Betrag überstiegen. Nach der Begründung zum Entwurf einer insolvenzrechtlichen Vergütungsverordnung[67] wurde die Regelung in die InsVV nicht übernommen, weil die enthaltene Aussage eine Selbstverständlichkeit sei.[68] Nun beschränkte sich die Regelung des § 2 Nr. 3 Abs. 2 VergVO zwar auf verauslagte Prozess- und Vollstreckungskosten, der sich ergebende Grundgedanke findet aber auch auf andere Fallgestaltungen Anwendung.

Beispiel: *Der Insolvenzverwalter zahlt das Weihnachtsgeld für die beschäftigen Arbeitnehmer versehentlich doppelt aus. Auf entsprechende Anforderung werden die überzahlten Bezüge zumindest teilweise zurückerstattet. Dass die auf diese Weise zur Masse gelangten Beträge die Berechnungsgrundlage für die Verwaltervergütung nicht erhöhen können, bedarf keiner weiteren Ausführungen.*

Dass zurückfließende Beträge bei der Berechnungsgrundlage unbeachtet bleiben müssen, ergibt sich letztlich auch daraus, dass diese ansonsten doppelte Berücksichtigung finden würden. Die Weihnachtsgelder, die in dem o.g. Beispiel geleistet werden, stammen aus der durch den Verwalter verwirklichten Insolvenzmasse, die ihrerseits die Grundlage für die Vergütungsberechnung bildet. Würden die zurückfließenden Weihnachtsgelder als weiterer Massezuflusse gelten, wären sie doppelt in die Berechnungsgrundlage eingegangen.

Beispiel: *Der Insolvenzverwalter beauftragt die angeschlossene WPG mit den Erledigung der steuerrechtlichen Pflichten und entnimmt der Masse das anfallende Honorar in Höhe von 40.000,- €. Das Insolvenzgericht*

---

[62] BGH NZI 2006, 595.
[63] BGH NZI 2007, 341 m. Anm. *Pape* WuB VI A § 63 InsO 5.07.
[64] BGH NZI 2005, 567 m. Anm. *Keller* DZWIR 2005, 465.
[65] BGH NZI 2007, 341 m. Anm. *Pape* WuB VI A § 63 InsO 5.07.
[66] BGH NZI 2011, 445.
[67] abgedruckt bei *Stephan/Riedel*, InsVV, Anhang II.2.
[68] LG Münster, BeckRS 2012, 12826.

fordert den Insolvenzverwalter auf, 10.000,- € von der WPG zurückzufordern, da insoweit das Honorar überhöht angesetzt wurde.

IX. Durchlaufende Gelder

45 Zahlungseingänge, die der Masse nur zufallen, um an den wahren Empfangsberechtigten weitergeleitet zu werden, erhöhen die Teilungsmasse nicht und sind deshalb bei der Bestimmung der Berechnungsgrundlage nicht zu berücksichtigen.
Beispiel: *Der Insolvenzverwalter beauftragt seinen Sozius mit der Vertretung der Masse in einem Rechtsstreit. Der Prozess endet zum Vorteil der Masse. Der verurteilt Gegner zahlt an die Masse 8.000,- € zur Deckung der entstandenen Anwaltskosten. Der Verwalter leitet den Betrag an seinen Sozius weiter.*

46 Der **Umsatzsteuererstattungsanspruch** ist nicht als durchlaufender Posten in diesem Sinne anzusehen. Eine entsprechende Auszahlung stellt vielmehr einen echten Massezufluss dar.[69] Dies hat der BGH damit gerechtfertigt, dass es dem Verwalter obliegt, den Steuererstattungsanspruch durch eine entsprechende Steuererklärung geltend zu machen. Der Verwalter erbringt damit eine Leistung, die unmittelbar der Masse zugutekommt. Daran mangelt es jedoch z. B. in Fällen, in denen Überweisungen zu Unrecht auf ein Anderkonto des Insolvenzverwalters überwiesen und deshalb zurückerstattet werden müssen. Die Erstattungspflicht stellt keine Masseverbindlichkeit dar. Vielmehr schuldet der Verwalter persönlich die Rückzahlung, da er als Treuhänder bereichert ist. Der Betrag kann auch nicht bei Masseunzulänglichkeit zur Deckung der Kosten verwandet werden.[70]

§ 2 Regelsätze

(1) Der Insolvenzverwalter erhält in der Regel
1. von den ersten 25.000 Euro der Insolvenzmasse 40 vom Hundert,
2. von dem Mehrbetrag bis zu 50.000 Euro 25 vom Hundert,
3. von dem Mehrbetrag bis zu 250.000 Euro 7 vom Hundert,
4. von dem Mehrbetrag bis zu 500.000 Euro 3 vom Hundert,
5. von dem Mehrbetrag bis zu 25.000.000 Euro 2 vom Hundert,
6. von dem Mehrbetrag bis zu 50.000.000 Euro 1 vom Hundert,
7. von dem darüber hinausgehenden Betrag 0,5 vom Hundert.

(2) Haben in dem Verfahren nicht mehr als 10 Gläubiger ihre Forderungen angemeldet, so soll die Vergütung in der Regel mindestens 1.000 Euro betragen. Von 11 bis zu 30 Gläubigern erhöht sich die Vergütung für je angefangene 5 Gläubiger um 150 Euro. Ab 31 Gläubiger erhöht sich die Vergütung je angefangene 5 Gläubiger um 100 Euro.

Übersicht

	Rn.		Rn.
I. Normaussage	1, 2	3. Bezug zur Berechnungsgrundlage	9
II. Fiktives Normalverfahren	3–6	IV. Berechnung der Vergütung	10, 11
1. Gedachter Normalfall	3–5	V. Mindestvergütung (§ 2 Abs. 2)	12–16
2. Stellungnahme	6	1. Maßgebende Anmeldungen	12, 13
III. Vergütung der konkreten Tätigkeit	7–9	2. Vergleichsrechnung	14
1. Konkrete Regelaufgaben	7	3. Zu- und Abschläge	15
2. Vergleich mit Vergütung des Zwangsverwalters	8	4. Erstattung aus der Staatskasse	16

I. Normaussage

1 Mit § 2 Abs. 1 wird bestimmt, welcher Anteil an der „Insolvenzmasse" dem Insolvenzverwalter als Vergütung seiner Tätigkeit „in der Regel" zu gewähren ist. Damit konkretisiert der Verordnungsgeber die in § 63 Abs. 1 Satz 2 InsO enthaltene Aussage des Gesetzgebers. Festgelegt wird die regelmäßige Vergütung des Verwalters für seine Geschäftsführung bei der Durchführung eines ihm übertragenen Verfahrens. Die in Bezug genommene Insolvenzmasse ergibt sich aus der in Anwendung des § 1 ermittelten Berechnungsgrundlage.

---

[69] BGH NZI 2008, 97 mit Anm. *Reck* ZInsO 2011, 267.
[70] BGH NZI 2009, 245 mit Anm. *Ferslev* EWiR 2009, 343.

Die in § 2 Abs. 1 angegebenen Staffelbeträge werden in der Literatur weitgehend als zu gering beschrieben. Gefordert wird u.a. eine Vervielfachung der Regelvergütung in turnusmäßiger Anpassung an erhöhte Arbeitsbelastungen und steigende Kosten.[1] Nur so könne eine angemessene Vergütung der Verwaltertätigkeit erreicht werden. Umgekehrt wird aber vielfach betont, dass es eine Angemessenheit „nach oben" nicht gibt (keine „Sättigungsgrenze").

II. Fiktives Normalverfahren

1. Gedachter Normalfall. Nach der Entwurfsbegründung zu § 2 Abs. 1[2] sollen die dort genannten Regelsätze maßgeblich sein, ohne dass schon für ein Normalverfahren Multiplikatoren angewandt oder Zuschläge gewährt werden. Nur bei Besonderheiten des einzelnen Verfahrens sind die in § 3 geregelten Zu- und Abschläge vorzunehmen.

Vor diesem Hintergrund legt die h.M. die Regelung des § 2 Abs. 1 dahin gehend aus, dass damit die Vergütung für ein imaginäres, fiktives „Normalverfahren" angesprochen wird, das in keinem Bezug zum konkreten Einzelfall steht.[3] Dabei werden die in § 3 Abs. 1 genannten Erhöhungskriterien sowie die in § 63 Abs. 1 Satz 3 InsO enthaltenen Aussagen hinsichtlich Umfang und Schwierigkeit der Geschäftsführung des Verwalters dazu benutzt, dieses „Normalverfahren" näher zu bestimmen. Die bei der Durchführung eines „Normalverfahrens" seitens des Verwalters anfallenden Arbeiten werden als „Regelaufgaben" bezeichnet.[4] Es handelt sich mithin um abstrakte Regelaufgaben in einem fiktiven Insolvenzverfahren.

In den verschiedenen Kommentaren zur InsVV finden sich weitgehend überstimmende Auflistungen von Faktoren, die das sogenannte „Normalverfahren" bzw. den sogenannten „Regelfall" kennzeichnen.[5] Darin wird z. B. unter Hinweis auf § 3 Abs. 1 Buchst. b einheitlich die Aussage getroffen, dass jede Haus- oder Grundstücksverwaltung den Rahmen eines „Normalverfahrens" sprengt.[6] Unter Hinweis auf § 3 Abs. 1 Buchst. a wird daneben die Ansicht vertreten, dass die Bearbeitung von Aus- und Absonderungsrechten eine Besonderheit darstellt, wenn diese Rechte mehr als 30% bis 50% der Schuldenmasse ausmachen.[7]

2. Stellungnahme. Auf die dargestellte Art und Weise wird nicht nur ein fiktives Normalverfahren, sondern logischerweise auch ein **fiktives besonderes Verfahren** definiert. Dies widerspricht jedoch sowohl der Bestimmung des § 3 wie auch der Vorschrift des § 63 Abs. 1 Satz 3 InsO. Mit beiden Regelungen soll den Besonderheiten des Einzelfalls Rechnung getragen werden.[8] Dies verbietet eine abstrakte, ohne Bezug zum Einzelfall vorgenommene Pauschalierung. Sie verstellt den Blick auf das einzelne Verfahren und verhindert die notwendige Abwägung dahingehend, ob die Bearbeitung des konkreten Verfahrens, den Verwalter stärker oder schwächer als in **entsprechenden Insolvenzverfahren** allgemein üblich in Anspruch genommen wird.[9] So kann es etwa durchaus einer üblichen Arbeitsbelastung entsprechen, wenn in einem umfangreichen Verfahren mit entsprechend hoher Berechnungsgrundlage mehr als 100 Forderungen angemeldet werden.[10] Dagegen kann in einem „kleinen" Verfahren mit entsprechend niedriger Berechnungsgrundlage die für solche Verfahren übliche Arbeitsbelastung bereits dann überschritten sein, wenn mehr als 50 Forderungen angemeldet werden. Ebenso ist es wohl in einem Verfahren über das Vermögen eines Einzelkaufmanns nicht üblich, dass der Verwalter mit der Bearbeitung von Arbeitnehmeransprüchen konfrontiert wird. Hier wäre es verfehlt, die regelmäßige Vergütung zu kürzen, wenn weniger als 20 solcher Ansprüche verfahrensgegenständlich sind. So ist es nach Ansicht des BGH nicht ausgeschlossen, für die arbeitsintensive Bearbeitung von Regelaufgaben einen Zuschlag zu gewähren.[11] Umgekehrt ist ein Abschlag nach § 3 Abs. 2 Buchst. d gerechtfertigt, wenn die Höhe der Vergütung in keinem Verhältnis zu der tatsächlich Arbeitsbelastung des Verwalters steht, wobei sich das Angemessenheitsverhältnis auf die (konkrete) Regelvergütung nach § 2 Abs. 1 bezieht.[12]

---

[1] *Haarmeyer/Wutzke/Förster*, § 2 InsVV Rdn. 2.
[2] abgedruckt bei *Stephan/Riedel*, InsVV, Anhang II.2.
[3] *Haarmeyer/Wutzke/Förster*, § 2 InsVV Rdn. 1 ff.
[4] *Kübler/Prütting/Bork/Eickmann/Prasser*, § 3 InsVV Rdn. 9 ff.
[5] *Keller* Vergütungsrecht, Rdn. 193; nicht zu verwechseln mit den zu § 3 InsVV entwickelten sogenannten Faustregeltabellen.
[6] *Haarmeyer/Wutzke/Förster* § 3 InsVV Rdn. 20.
[7] *Haarmeyer/Wutzke/Förster* § 3 InsVV Rdn. 13.
[8] Entwurfsbegründung zu § 2 InsVV.
[9] BGH NZI 2012, 981; vgl. BGH NZI 2009, 57.
[10] a. A. *Kübler/PrüttingEickmann/Prasser* § 3 InsVV Rdn. 22.
[11] BGH NZI 2008, 38 mit Anm. *Bork* ZIP 2009, 1747; BGH NZI 2006, 464.
[12] BGH NZI 2012, 372 mit Anm. *Keller* DZWIR 2012, 261; BGH NZI 2006, 464.

III. Vergütung der konkreten Tätigkeit

7 **1. Konkrete Regelaufgaben.** Nach der hier vertretenen Ansicht ist dem § 2 Abs. 1 die regelmäßige Vergütung für die Durchführung des **konkreten Verfahrens** zu entnehmen. Abweichend von der oben dargestellten Literaturmeinung ist Gegenstand der in § 2 Abs. 1 normierten Regelvergütung nicht ein gedachtes fiktives Normalverfahren. Auch handelt es sich nicht um eine Art Mittelgebühr, wie sie sich bei Rahmengebühren im Sinne von § 14 RVG ergibt. Entsprechend werden mit § 2 Abs. 1 keine abstrakten Regelaufgaben abgegolten. Vergütet sind damit vielmehr die konkrete Regelaufgaben. Diese werden durch das konkret durchzuführende Verfahren bestimmt und sind nach dem Umfang und der Schwierigkeit zu definieren, die mit der Bearbeitung eines dem konkreten Verfahren entsprechenden Insolvenzverfahrens üblicherweise verbunden sind.

8 **2. Vergleich mit Vergütung des Zwangsverwalters.** Beachtenswert ist in diesem Zusammenhang die Entscheidung des V. Zivilsenats des BGH zu § 18 Abs. 1 ZwVwV.[13] Wie § 2 Abs. 1 bestimmt auch § 18 Abs. 1 ZwVwV die „in der Regel" zu gewährende Vergütung. Wie im Anwendungsbereich des § 2 Abs. 1 geht eine verbreitete Meinung auch im Rahmen des § 18 ZwVwV von einem **gedachten Regelfall** aus, wobei jede nicht unbedeutende Abweichung davon eine Erhöhung oder Minderung der Vergütung im Einzelfall auslöst. Dieser Ansicht hat der BGH widersprochen. Er geht davon aus, dass die Regelvergütung grundsätzlich die Leistung honoriert, die im konkreten Verfahren erbracht wird. Ein höherer oder niedriger Aufwand spiegelt sich in der Höhe der Einnahmen wider und wird demzufolge durch eine entsprechend höhere oder niedrigere Vergütung berücksichtigt. Diese Überlegungen können bei der Auslegung des § 2 Abs. 1 durchaus Berücksichtigung finden. Solange allerdings § 2 Abs. 1 keine mit § 13 lineare Komponente beinhaltet, ist dies nur in eingeschränktem Umfang möglich und vertretbar.

9 **3. Bezug zur Berechnungsgrundlage.** Dass mit § 2 Abs. 1 nicht die Vergütung für einen gedachten „Normalfall" bestimmt werden soll, sondern sich daraus die regelmäßige Honorierung der Tätigkeit des Verwalters im konkreten Verfahren ergibt, lässt auch der Wortlaut des § 3 vermuten. Der dort angesprochene Regelsatz ist keine abstrakte, sich aus einem imaginären „Normalverfahren" ergebende Größe. Vielmehr wird auf die regelmäßige Vergütung abgestellt, die sich für das konkrete Verfahren aus der konkreten Berechnungsgrundlage gemäß § 2 Abs. 1 ergibt. Dies lässt darauf schließen, dass von der Regelvergütung des § 2 Abs. 1 nur dann abzuweichen ist, wenn im Einzelfall ein Missverhältnis zwischen der Tätigkeit des Verwalters und der sich aus § 2 Abs. 1 ergebenden Vergütung entsteht.[14] Besonders deutlich kommt dies in § 3 Abs. 1 Buchst. c zum Ausdruck. Wenn danach ein durch die **Degression der Regelsätze** entstehendes Missverhältnis zwischen der sich aus § 2 Abs. 1 ergebenden Vergütung und dem tatsächlichen Arbeitsaufwand des Verwalters auszugleichen ist, dann kann § 2 Abs. 1 nur die Vergütung für das konkrete Verfahren darstellen.[15] Eine ähnliche Verbindung zwischen der tatsächlichen Tätigkeit des Verwalters und der Größe der Berechnungsgrundlage im konkreten Verfahren stellt auch die Regelung des § 3 Abs. 2 Buchst. d her. Dies entspricht im Übrigen der Vorgabe des § 63 Abs. 1 Satz 3 InsO, wonach dem Umfang und der Schwierigkeit der Geschäftsführung des Verwalters (im konkreten Verfahren) durch entsprechende Abweichungen vom Regelsatz Rechnung getragen wird.

IV. Berechnung der Vergütung

10 Die Vergütung des Verwalters ergibt sich ausgehend von der gemäß § 1 bestimmten Berechnungsgrundlage auf aus den in § 2 Abs. 1 genannten Regelsätzen.

Berechnungsgrundlage (B) bis	Regelmäßige Vergütung
25.000,- €	B x 0,4
50.000,- €	(B - 25.000,-) x 0,25 + 10.000,-
250.000,- €	(B - 50.000,-) x 0,07 + 16.250,-
500.000,- €	(B - 250.000,-) x 0,03 + 30.250,-
25.000.000,- €	(B - 500.000,-) x 0,02 + 37.750,-
50.000.000,- €	(B - 25.000.000,-) x 0,01 + 527.750,-
über 50.000.000,- €	(B - 50.000.000,-) x 0,005 + 777.750,-

---

[13] BGH NJW-RR 2008, 464.
[14] Vgl. BGH NZI 2012, 372 mit Anm. *Keller* DZWIR 2012, 261.
[15] Vgl. BGH NZI 2012, 981.

Beispiel: *Bei einer Berechnungsgrundlage i.H. von 572.345,- € beträgt die Vergütung des Verwalters regelmäßig 39.196,90 €, also rund 7% der Berechnungsgrundlage. Bei einer Berechnungsgrundlage von 50.000.000,- beträgt die Vergütung 777.750,- €, also rund 1,5 % der Berechnungsgrundlage. Bei einer Berechnungsgrund von einer Mrd. beträgt die Vergütung 5.527.750,- €, also rund 0,5 % der Berechnungsgrundlage.*

V. Mindestvergütung (§ 2 Abs. 2)

1. Maßgebende Anmeldungen. In Insolvenzverfahren, die vor dem 01.01.2004 eröffnet wurden, beträgt die Mindestvergütung des Insolvenzverwalters 500,- € (§ 19). Der BGH hat die **Verfassungsmäßigkeit** der Bestimmung mehrfach unter Beachtung der Entscheidungen des BVerfG festgestellt.[16] In nach dem 31.12.2003 eröffneten Verfahren ist die Mindestvergütung ausgehend von 1.000,- € nach der Anzahl der Gläubiger gestaffelt (§ 2 Abs. 2).[17] Die Vorschrift ist verfassungskonform.[18]

Die Anzahl der Gläubiger bestimmt sich nach der Menge von Personen, die eine Forderung zum Verfahren angemeldet haben. Meldet ein Gläubiger **mehrere Forderungen** an, zählt er gleichwohl nur als ein Gläubiger.[19] Eine Gebietskörperschaft zählt bei der Berechnung der Mindestvergütung des Insolvenzverwalters auch dann als (nur) eine Gläubigerin, wenn sie durch verschiedene Behörden mehrere Forderungen aus unterschiedlichen Rechtsverhältnissen angemeldet hat.[20] Der Vorschrift lässt sich nicht eindeutig entnehmen, welche Gläubiger bei der Bestimmung der Mindestvergütung zu berücksichtigen sind. Ob nur Insolvenzgläubiger i.S. von § 38 InsO oder etwa auch Neugläubiger mitzählen, die Ihre Ansprüche zu Unrecht oder in Unkenntnis der Anmeldevoraussetzungen anmelden. Nach Ansicht des AG Potsdam (a. a. O.) sind letztlich nur diejenigen Gläubiger zu berücksichtigen, die in das Verteilungsverzeichnis aufgenommen wurden.[21] Dem kann nicht zugestimmt werden. Der Verwalter muss sich auch mit Anmeldungen beschäftigen, die sich als nicht anmeldefähig oder nicht anspruchsberechtigt erweisen. Demnach ist bei der Bestimmung der Gläubigerzahl auf alle Anmeldungen abzustellen.[22]

2. Vergleichsrechnung. Um festzustellen, ob dem Verwalter die Mindestvergütung nach § 2 Abs. 2 oder die Regelvergütung nach § 2 Abs. 1 gebührt, bedarf es einer Vergleichsberechnung. Dabei ist die Regelvergütung, die sich aus § 2 Abs. 1 für das konkrete Verfahren ergibt, mit der Mindestvergütung nach § 2 Abs. 2 abzugleichen. Maßgebend ist demnach die üblicherweise mit einem entsprechenden Verfahren verbundene Arbeitsbelastung des Verwalters. Eventuelle Zu- oder Abschläge sind zu berücksichtigen. Haben demnach in ein „kleinen" Verfahren mit einer Berechnungsgrundlage von z. B. 5.000,- € 50 Gläubiger Forderungen angemeldet, so kann die Vergütung um ca. 20% von 2.000,- auf 2.400,- € angehoben werden. Da die Mindestvergütung nach § 2 Abs. 2 nur 2.000,- € beträgt, bleibt sie unbeachtet.

Beispiel: *In einem nach dem 31.12.2003 eröffneten Insolvenzverfahren ergibt sich gemäß § 1 eine Berechnungsgrund von 3.500,- €. Es haben 35 Gläubiger Forderungen angemeldet. Die regelmäßige Vergütung des Verwalters beträgt gemäß § 2 Abs. 1 1.400,- €. Nach § 2 Abs. 2 steht dem Verwalter jedoch eine Mindestvergütung von 1.700,- € zu.*

3. Zu- und Abschläge. Die Mindestvergütung nach § 2 Abs. 2 stellt u.a. die Regelvergütung im Sinne des § 8 Abs. 3 dar, sodass die **Auslagenpauschale** ggf. aus der Mindestvergütung errechnet.[23] Auch der in § 3 in Bezug genommene Regelsatz entspricht ggf. der Mindestvergütung. Die Möglichkeit, von der sich aus der Anzahl der Gläubiger ergebenden Mindestvergütung unter Anwendung des § 3 **abzuweichen,** ist demnach nicht ausgeschlossen.[24] Im Gegensatz zu § 13 Abs. 2 ist die Anwendung des § 3 hier nicht ausgeschlossen. Ein **Abschlag** ist z. B. dann gerechtfertigt, wenn sich aus einer hohen Zahl von Gläubigern eine Mindestvergütung ergibt, die in keinem Verhältnis zum Arbeitsaufwand des Verwalters steht.[25] Ein **Zuschlag** ist u.a. geboten, wenn die regelmäßige Mindestvergütung die tatsächliche Arbeitsleistung des Verwalters nicht hinreichend honoriert. Die hohe Anzahl der Gläubiger kann dabei jedoch keinen Aufschlag rechtfertigen.

---

[16] BVerfG NZI 2005, 618; BGH NZI 2005, 333
[17] vgl. die Begründung des Bundesministeriums der Justiz zum Entwurf der Änderungsverordnung, S. 1, abgedruckt bei Stephan/Riedel, InsVV, Anhang II.3)
[18] BGH NZI 2008, 361
[19] BGH WM 2011, 242.
[20] BGH NZI 2011, 542.
[21] AG Potsdam NZI 2007, 179 mit Anm. *Schmidt* DZWIR 2007, 74.
[22] *Keller* Vergütungsrecht, Rdn. 336.
[23] BGH NZI 2006, 515.
[24] BGH NZI 2008, 361 mit Anm. *Salm* WuB VI A § 8 InsO 1.08.
[25] BGH NZI 2006, 464; BGH NZI 2006, 347.

16 **4. Erstattung aus der Staatskasse.** Nach Ansicht des BGH kann im Falle der Kostenstundung (§ 4a InsO) der Insolvenzverwalter aus der Staatskasse nur die Mindestvergütung verlangen.[26] Der maßgebenden Regelung des § 63 Abs. 2 InsO kann eine solche Beschränkung des Vergütungsanspruchs aus der Staatskasse auf die Mindestvergütung nicht entnommen werden. Sobald sich der Verwalter eine Vergütung verdient hat, die die Mindestvergütung übersteigt und aus der zu generierenden Masse nicht gedeckt werden kann, ist das Verfahren demnach gemäß § 207 InsO einzustellen. Allerdings darf die Massearmut nicht dadurch herbeigeführt worden sein, dass der Verwalter Masseverbindlichkeiten beglichen hat, ohne zunächst die Massekosten abzusichern, ohne dass es sich um Masseverbindlichkeiten im Sinne von sogenannten „unabwendbaren" Belastungen handelt.[27]

§ 3 Zu- und Abschläge

(1) Eine den Regelsatz übersteigende Vergütung ist insbesondere festzusetzen, wenn
a) die Bearbeitung von Aus- und Absonderungsrechten einen erheblichen Teil der Tätigkeit des Insolvenzverwalters ausgemacht hat, ohne daß ein entsprechender Mehrbetrag nach § 1 Abs. 2 Nr. 1 angefallen ist,
b) der Verwalter das Unternehmen fortgeführt oder Häuser verwaltet hat und die Masse nicht entsprechend größer geworden ist,
c) die Masse groß war und die Regelvergütung wegen der Degression der Regelsätze keine angemessene Gegenleistung dafür darstellt, daß der Verwalter mit erheblichem Arbeitsaufwand die Masse vermehrt oder zusätzliche Masse festgestellt hat,
d) arbeitsrechtliche Fragen zum Beispiel in bezug auf das Insolvenzgeld, den Kündigungsschutz oder einen Sozialplan den Verwalter erheblich in Anspruch genommen haben oder
e) der Verwalter einen Insolvenzplan ausgearbeitet hat.

(2) Ein Zurückbleiben hinter dem Regelsatz ist insbesondere gerechtfertigt, wenn
a) ein vorläufiger Insolvenzverwalter im Verfahren tätig war,
b) die Masse bereits zu einem wesentlichen Teil verwertet war, als der Verwalter das Amt übernahm,
c) das Insolvenzverfahren vorzeitig beendet wird oder das Amt des Verwalters vorzeitig endet, oder
d) die Masse groß war und die Geschäftsführung geringe Anforderungen an den Verwalter stellte.

Übersicht

	Rn.		Rn.
I. Normaussage	1–3	b) Zuschlag trotz erhöhter Berechnungsgrundlage	24, 25
II. Praktische Umsetzung	4–7	c) Fortführung durch den Verwalter	26
1. Tatrichterliche Entscheidung	4	4. Hausverwaltung (§ 3 Abs. 1 Buchst. b Alt. 2)	27, 28
2. Faustregeltabellen	5–7	5. Degressionsausgleich (§ 3 Abs. 1 Buchst. c)	29–31
III. Einzelne Erhöhungstatbestände	8–33	6. Arbeitsrechtliche Fragen (§ 3 Abs. 1 Buchst. d)	32
1. Grundsätze	8–15	7. Erstellung eines Insolvenzplans (§ 3 Abs. 1 Buchst. e)	33
a) Masseanreichernde Zuschlagstatbestände	8–12	IV. Zuschlagstatbestände außerhalb der Regelbeispiele	34–38
b) Zuschlagstatbestände ohne Masseanreicherung	13–15	1. Allgemeines	34
2. Bearbeitung von Aus- und Absonderungsrechten (§ 3 Abs. 1 Buchst. a)	16–20	2. Übertragung von Zustellungen	35
a) Vergleichsrechnung	16–19	3. Verletzung von Auskunfts- und Mitwirkungspflichten	36
b) Keine Verwertung durch den Verwalter	20	4. Unvollständige Buchhaltung	37
3. Unternehmensfortführung (§ 3 Abs. 1 Buchst. b Alt. 1)	21–26		
a) Vergleichsrechnung	21–23		

---
[26] BGH WM 2013, 515.
[27] Vgl. BGH NZI 2011, 60 mit Anm. *Ries* EWiR 2011, 59.

	Rn.		Rn.
5. Lange Verfahrensdauer	38	4. Vorzeitige Beendigung des Verfahrens oder des Verwalteramtes (§ 3 Abs. 2 Buchst. c)	43, 44
V. Einzelne Abschlagstatbestände (§ 3 Abs. 2)	39–47	5. Geringe Arbeitsbelastung (§ 3 Abs. 2 Buchst. d)	45–47
1. Grundsatz	39	VI. Abschlagstatbestände außerhalb der Regelbeispiele	48, 49
2. Vorläufige Verwaltung (§ 3 Abs. 2 Buchst. a)	40, 41	1. Tätigkeit des Schuldners	48
3. Weitgehend verwertete Masse (§ 3 Abs. 2 Buchst. b)	42	2. Auslagerung von Aufgaben	49

I. Normaussage

Gemäß § 63 Abs. 1 Satz 3 InsO ist dem Umfang und der Schwierigkeit der Geschäftsführung des Verwalters durch Abweichungen vom Regelsatz Rechnung zu tragen. Dieser Vorgabe entspricht der Verordnungsgeber mit der Vorschrift des § 3. In den dort beispielhaft genannten Fällen ist die regelmäßige Vergütung des Verwalters unter Berücksichtigung der Verhältnisse im konkreten Verfahren zu erhöhen bzw. zu reduzieren. Namentlich dient § 3 als Korrektiv zu den starren, ausschließlich auf den Wert der Masse bezogenen Regelsätzen in § 2 (Entwurfsbegründung zu § 3).[1] Besonderheiten des Einzelfalles sind durch entsprechende Zu- und Abschläge zu berücksichtigen. 1

Die in § 3 genannten Zu- und Abschlagstatbestände haben nur beispielhaften Charakter. Darüber hinaus gibt es weitere Umstände, die für die Bemessung der Vergütung im Einzelfall Bedeutung gewinnen können. Maßgebend ist, ob die Bearbeitung den Insolvenzverwalter stärker oder schwächer als in entsprechenden Insolvenzverfahren allgemein üblich in Anspruch genommen hat, also der real gestiegene oder gefallene Arbeitsaufwand.[2] 2

Nicht ganz eindeutig ist die Regelung im Bezug auf die Frage, ob der **Regelsatz oder die Regelvergütung** erhöht bzw. verringert werden muss. Nach Abs. 1 ist eher von der Erhöhung der Vergütung auszugehen, wogegen nach Abs. 2 ein Abzug vom Regelsatz vorzunehmen ist. Nachdem sich jedoch rechnerisch keine Unterschiede ergeben, spielt die unterschiedliche Wortwahl keine Rolle. Die Zu- und Abschläge sind demnach jeweils auf den Regelsatz zu beziehen, der sich aus § 2 unter Zugrundelegung der Berechnungsgrundlage nach § 1 ergibt.[3] Zu beachten ist, dass die Erhöhung der Regelvergütung nach Abs. 1 zwingend vorgeschrieben ist. Dagegen die Vornahme von Abschlägen mit der Aussage, dass solche „gerechtfertigt sind", nicht verbindlich normiert ist. 3

II. Praktische Umsetzung

1. Tatrichterliche Entscheidung. Die Bemessung vorzunehmender Zu- und Abschläge ist grundsätzlich Aufgabe des Tatrichters.[4] Sie ist in der Rechtsbeschwerdeinstanz nur darauf zu überprüfen, ob sie die Gefahr der Verschiebung von Maßstäben mit sich bringt.[5] Das Insolvenzgericht darf für jeden in Frage kommenden Zuschlags- oder Abschlagstatbestand zunächst isoliert feststellen, ob er eine Erhöhung oder Ermäßigung des Regelsatzes rechtfertigt. Es muss dies jedoch nicht, sondern darf auch sogleich eine **Gesamtbetrachtung** vornehmen, bei welcher freilich die Umstände, die in das Endergebnis einfließen, in einer für die Beteiligten nachvollziehbaren Weise darzulegen sind.[6] Es genügt die Prüfung dem Grunde nach, so dass anschließend in einer Gesamtschau unter Berücksichtigung von Überschneidungen und einer auf das Ganze bezogenen Angemessenheitsbetrachtung der Gesamtzuschlag oder Gesamtabschlag bestimmt werden kann.[7] Eine Aussage wie etwa „unter Abwägung der in Betracht kommenden Zu- und Abschläge ist die Vergütung auf ... festzusetzen" genügt demnach nicht. Vielmehr müssen die einzelnen Sachverhalte, die einen Zu- oder Abschlag rechtfertigen, ausdrücklich benannt werden. Insbesondere sind vom Verwalter geltend gemachte Zuschlagstatbestände im Einzelnen zu beurteilen.[8] Dass der jeweilige Multiplikator 4

---

[1] abgedruckt bei *Stephan/Riedel*, InsVV, Anhang II.2.
[2] BGH NZI 2006, 464; BGH ZIP 2003, 1759.
[3] BGH NZI 2005, 161; *Blersch* in Breutigam/Blersch/Goetsch § 3 InsVV Rdn. 37; *Haarmeyer/Wutzke/Förster* § 3 Rdn. 5.
[4] BGH ZInsO 2009, 55; BGH ZInsO 2008, 1264; BGH ZIP 2003, 1757; BGH NZI 2004, 665; BGH ZIP 2005, 1371; BGH ZIP 2006, 1204.
[5] BGH ZInsO 2009, 55; BGH ZIP 2002, 1459; BGH ZInsO 2012, 300.
[6] BGH NZI 2006, 235; BGH NZI 2006, 464; BGH NZI 2007, 461.
[7] BGH NZI 2010, 643.
[8] vgl. BGH ZIP 2004, 518.

angegeben wird, ist hingegen nicht erforderlich.[9] Die bei der Festsetzung der Verwaltervergütung vorzunehmende Gesamtschau unter Berücksichtigung von Überschneidungen der einzelnen Tatbestände und einer aufs Ganze bezogenen Angemessenheitsbetrachtung obliegt ebenfalls dem Tatrichter.[10]

5 **2. Faustregeltabellen.** Die in § 3 aufgelisteten Fälle sind nicht abschließend, was bereits mit der Verwendung des Wortes „insbesondere" zum Ausdruck kommt (Entwurfsbegründung zu § 3 InsVV[11]). Mittlerweile hat sich in Literatur und Rechtsprechung ein umfangreicher Katalog von Tätigkeiten herausgebildet, die vermeintlich eine Zuschlagsgewährung auslösen. Die Literatur bietet sogenannte Faustregeltabellen an, in denen einzelne Tätigkeiten mit dem jeweiligen prozentualen Zu- oder Abschlag aufgelistet sind.[12]

6 Der BGH steht den Faustregeltabellen skeptisch gegenüber. Weder sei es Aufgabe der Gerichte derartige Tabellen zu erstellen, noch bestehe eine Bindung der Gerichte an diese Tabellen.[13] Auch dürfe eine Erhöhung oder Kürzung der Vergütung nicht schematisch erfolgen, sondern müsse stets dem tatsächlichen Arbeitsaufwand des Verwalters bei Durchführung des konkreten Verfahrens Rechnung tragen.[14] Selbst vergleichende Betrachtungen mit Einzelfallentscheidungen anderer Gerichte sind nicht geeignet, Zu- oder Abschläge für den Einzelfall zu begründen.[15] Die Zu- und Abschlagsgründe der Verordnung (§ 3 Abs. 1 Buchst. a bis c Abs. 2 Buchst. d InsVV; § 4 Abs. 2 Buchst. a und b, Abs. 3 Buchst. d VergVO) stehen überdies in engem Zusammenhang mit Umfang und Entwicklung der Masse, so dass der Vergütungssatz auch nicht unabhängig von der Berechnungsgrundlage bestimmt werden kann.[16] Demzufolge kann auch die Erledigung von sogenannten Regelaufgaben zu einem Zuschlag auf die Regelvergütung führen, wenn damit besondere Anforderungen an den Verwalter gestellt werden.[17]

7 Problematisch an den Faustregeltabellen ist, dass sie von einem **abstrakten Normalverfahren** ausgehen (vgl. dazu § 2 Rdn. 3). Damit ist die Gefahr verbunden, dass die Gerichte dem konkreten Einzelverfahren nicht einen Typ des Normalverfahrens wertend gegenüberstellen, an dem dann der jeweilige konkrete Einzelfall seine Abgrenzung und Bestimmung erfahren kann.[18] So ist denn auch der Entwurfsbegründung zu § 3 InsVV zu entnehmen, dass bei der Berechnung der Zu- und Abschläge nicht pauschal Multiplikatoren zu verwenden sind.[19] Dies wohl auch vor dem Hintergrund, dass mit Zu- und Abschlägen der tatsächlichen Arbeitsleistung des Verwalters Rechnung getragen werden soll.[20] Damit ist nicht vereinbar, wenn etwa für die Bearbeitung von bis zu 200 Gläubigerforderungen ein pauschaler Zuschlag von 25% gewährt wird und dies dazu führt, dass sich bei einer regelmäßigen Vergütung in Höhe von z. B. 40.000,- € ein Zuschlag von 10.000,- € ergibt und bei einer regelmäßigen Vergütung von 200.000,- € für dieselbe Arbeit der Zuschlag 50.000,- € beträgt.

III. Einzelne Erhöhungstatbestände

8 **1. Grundsätze. a) Masseanreichernde Zuschlagtatbestände.** Die Regelungsstruktur des § 3 Abs. 1 geht nach Ansicht des BGH[21] dahin, dass zwischen Zuschlagstatbeständen unterschieden wird, die die Masse regelmäßig mehren (Buchst. a und b), und solchen, wo dies nicht der Fall ist (Buchst. d und e). Aus Buchst. a, b und c ließe sich das allgemeine Regelungsmodell ableiten, dass in Fällen, in denen eine Tätigkeit die Masse und damit schon die Regelvergütung erhöht, die Gewährung und die Höhe eines Zuschlags davon abhängt, dass die bewirkte Erhöhung der Regelvergütung keine angemessene Vergütung der Tätigkeit darstellt. Diese in sich stimmige Ansicht führt dazu, dass wie im Falle des § 3 Abs. 1 Buchst. b oder auch des § 3 Abs. 1 Buchst. a eine Vergleichsberechnung immer dann anzustellen ist, wenn eine zuschlagsfähige Tätigkeit mittel- oder

---

[9] vgl. BGH NZI 2006, 464; BGH NZI 2003, 603; a. A. *Rendels* EWiR 2003, 1043; Kübler/Prütting/Bork *Eickmann/Prasser* § 8 InsVV Rdn. 13; *Haarmeyer/Wutzke/Förster*, InsVV § 8 Rdn. 27.
[10] BGH NZI 2011, 630 mit Anm. *Rauschenbusch* ZInsO 2011, 1730.
[11] abgedruckt bei *Stephan/Riedel*, InsVV, Anhang II.2.
[12] *Haarmeyer/Wutzke/Förster* § 3 Rdn. 78; *Hess* § 3 InsVV Rdn. 83; Kübler/Prütting/Bork *Eickmann/Prasser* § 3 Rn. 44, 54; *Keller* Vergütung und Kosten im Insolvenzverfahren, Rdn. 250)
[13] BGH NZI 2011, 630 mit Anm. *Rauschenbusch* ZInsO 2011, 1730; BGH NZI 2008, 544.
[14] BGH NZI 2003, 603; BGH NZI 2004, 251.
[15] BGH ZInsO 2009, 55.
[16] BGH NZI 2010, 643 mit Anm. *Kexel* EWiR 2010, 651.
[17] BGH NZI 2008, 38 mit Anm. *Bork* ZIP 2009, 1747.
[18] *Stephan/Riedel*, InsVV, § 3, Rdn. 7
[19] abgedruckt bei Stephan/Riedel, InsVV, Anhang II.2.
[20] vgl. BGH NZI 2006, 515.
[21] BGH NZI 2012, 372 mit Anm. *Keller* DZWiR 2012, 261 und Anm. *Graeber/Graeber* NZI 2012, 355.

unmittelbar zu einer Erhöhung der Vergütung geführt hat. Ergibt sich dabei, dass die Regelvergütung aus der um die Massezuflüsse angereicherten Berechnungsmasse dem Betrag entspricht, der die Regelvergütung zuzüglich einem entsprechenden Zuschlag aus der nicht erhöhte Berechnungsmasse darstellt, oder gar darüber liegt, kommt die Festsetzung eines Zuschlags nicht in Betracht. Ansonsten ist ein „ausgleichender" Zuschlag zu gewähren. Zu dessen Bestimmung kann folgende Formel verwandt werden:

(Differenz aus Regelvergütung plus Zuschlag aus nicht erhöhter und Regelvergütung ohne Zuschlag aus erhöhter Masse) : (Regelvergütung aus erhöhter Masse : 100) = Prozentsatz des Zuschlags auf die Regelvergütung aus der erhöhten Masse.

Die Vergleichsrechnung ist für jeden in Betracht kommenden Zuschlag gesondert vorzunehmen. Dabei sind immer die Zuflüsse maßgebend die sich aus der jeweiligen zuschlagsfähigen Tätigkeit ergeben haben. Macht der Verwalter z. B. einen 50%igen Zuschlag geltend wegen der gegebenen Vielzahl von Kreditinstituten, mit denen Verhandlungen zu führen waren, und beantragt er darüber hinaus einen Zuschlag von 60% weil umfangreiches Immobilienvermögen zu verwalten oder zu verwerten war, so ist der Vergleichsrechnung hinsichtlich des 50%igen Zuschlags der Zufluss zugrundezulegen, der letztlich aufgrund der Verhandlungen zur Masse gezogen werden konnte. Dagegen spielt für die im Bezug auf die Vergleichsrechnung, die den 60%igen Zuschlag angeht, nur diejenige Masseanreicherung eine Rolle, die sich aus der Verwaltung oder Verwertung des Immobilienvermögens ergibt.

Ob und in welcher Höhe eine zuschlagsfähige Tätigkeit zu einer Masseanreicherung geführt hat, wird nicht immer so eindeutig zu bestimmen sein, wie dies in dem vom BGH entschieden Fall gegeben war, in dem die prozessuale Verfolgung von Anfechtungsansprüchen unmittelbar zu Massezuflüssen führte.[22] Wurde etwa der Forderungseinzug dadurch deutlich erschwert, dass der Verwalter notwendige Auskünfte vom Schuldner nicht erlangen konnte, wird für die Vergleichsrechnung, die hinsichtlich des Zuschlags wegen obstruktiven Verhaltens des Schuldners anzustellen ist, wohl nur der Teil des Forderungseinzugs maßgebend sein, der hätte nicht eingezogen werden können, wenn der Verwalter nicht die zuschlagsfähigen Tätigkeiten entwickelt hätte. Andererseits wird sich aber die Höhe des zu gewährenden Zuschlags auch an dem Ergebnis orientieren, das aufgrund des überdurchschnittlichen Einsatzes des Verwalters erreicht werden konnte. Allerdings ist auch insoweit nichts dagegen einzuwenden, wenn Fallgruppen gebildet werden.

Es wird die Entscheidung des BGH künftig zwar nicht dazu führen, dass ein Zuschlag bereits immer dann ausgeschlossen ist, wenn die maßgebende Tätigkeit des Verwalters zu einer vergütungsrelevanten Massemehrung geführt hat. Die Insolvenzgerichte sowie die Beschwerdegerichte werden aber genau zu prüfen haben, ob die jeweilige Tätigkeit mit der daraus resultierenden Massemehrung hinreichend abgegolten ist. Nur wenn dies nicht der Fall ist, kommt ein Zuschlag für die einzelne Tätigkeit in Betracht. Die Höhe des Zuschlags ist durch eine Vergleichsberechnung zu ermitteln. Ausgangspunkt dieser Vergleichsrechnung ist ein „abstrakter" oder „fiktiver" Zuschlag, der sich nach dem Umfang und der Schwierigkeit bemisst, die für den Verwalter mit der jeweiligen Tätigkeit verbunden sind. Der Zuschlag ist auf die Regelvergütung aus der nicht erhöhten Berechnungsmasse aufzuschlagen. Anschließend ist die Regelvergütung aus der erhöhten Berechnungsgrundlage zu bestimmen. Die sich ergebende Differenz ist mit einem prozentualen Zuschlag auf diejenige Regelvergütung aufzuschlagen, die sich aus der erhöhten Berechnungsmasse ergibt.

b) Zuschlagstatbestände ohne Masseanreicherung. Die Höhe des Zuschlags ist nicht nur abhängig davon, dass eine Tätigkeit den Verwalter mehr als in entsprechenden Verfahren üblich in Anspruch nimmt. Vielmehr muss bei der Ermittlung eines angemessenen Zuschlags auch die Höhe der Berechnungsmasse und damit der Regelvergütung berücksichtigt werden, auf die ein Zuschlag zu gewähren ist.[23] Mit einem Zuschlag soll die tatsächlich erhöhte Arbeitsleistung des Verwalters honoriert werden.[24] Damit ist nicht vereinbar, wenn etwa für die Bearbeitung von 200 Gläubigerforderungen ein pauschaler Zuschlag von 25% gewährt wird und dies dazu führt, dass sich bei einer Regelvergütung von z. B. 40.000 € ein Zuschlag von 10.000 € ergibt und bei einer Regelvergütung von 200.000 € für dieselbe Arbeit der Zuschlag 50.000 € beträgt.[25] Dasselbe gilt etwa für die Bearbeitung von Arbeitnehmeransprüchen.

Eine Vergleichsrechnung, mit der festzustellen ist, ob und inwieweit der Verwalter für eine zuschlagsfähige Tätigkeit bereits dadurch angemessen honoriert wird, dass sich die Berechnungsmasse und damit die Regelvergütung durch diese Tätigkeit erhöht, ist dann nicht durchführbar,

---

[22] BGH NZI 2012, 372 mit Anm. *Keller* DZWiR 2012, 261 und Anm. *Graeber/Graeber* NZI 2012, 355.
[23] BGH NZI 2012, 372 mit Anm. *Keller* DZWiR 2012, 261 und Anm. *Graeber/Graeber* NZI 2012, 355.
[24] BGH NZI 2006, 464.
[25] Stephan/Riedel, § 3 InsVV, Rdn. 7

wenn es sich um Tätigkeiten handelt, die sich nicht in einem Massezufluss niederschlagen. Dies gilt z. B. für die Übernahme von Zustellungen oder für die Bearbeitung einer über das vergleichbare Maß hinausgehenden Zahl von Gläubigerforderungen, wobei hinsichtlich letzteren zu fragen ist, ob die gegebene Gläubigeranzahl nicht typisch ist für ein Verfahren dieses Umfangs und damit die Verwaltertätigkeit bereits mit der Regelvergütung angemessen vergütet wird.

15 Ansonsten kann der Vorgabe einer angemessenen Entlohnung der tatsächlich erhöhten Arbeitsleistung nur dadurch Rechnung getragen werden, dass dem Verwalter die tatsächlichen Aufwendungen erstattet werden, die ihm entstanden sind. So hat der BGH entschieden, dass für die Übernahme von Zustellungen dem Verwalter anstelle eines Zuschlags zum Ausgleich des Personalaufwands, also ohne die entstandenen Auslagen, auch jede Zustellung mit 2,70 € vergütet werden kann.[26] Dabei stützt sich der BGH hinsichtlich der Höhe des zu erstattenden Aufwands auf anderweitige Feststellungen der Praxis. Entsprechende Feststellungen im Bezug auf sonstige Arbeitsleistungen könnte die Praxis z. B. dadurch treffen, dass sie sich über die Honorare informiert, die externe Dienstleister für derartige Leistungen fordern.

16 **2. Bearbeitung von Aus- und Absonderungsrechten (§ 3 Abs. 1 Buchst. a). a) Vergleichsrechnung.** Eine den Regelsatz übersteigende Vergütung ist festzusetzen, wenn die Bearbeitung von Aus- und Absonderungsrechten einen erheblichen Teil der Verwaltertätigkeit ausgemacht hat, ohne dass ein entsprechender Mehrbetrag nach § 1 Abs. 2 Nr. 1 angefallen ist (§ 3 Abs. 1 Buchst. a). Fließt dem Verwalter nach § 1 Abs. 2 Nr. 1 S. 1 und S. 2 eine auf die hälftige Feststellungskostenpauschale gedeckelte, erhöhte Regelvergütung zu, weil er selbst Sicherungsgut verwertet hat, schließt dies die Gewährung eines Zuschlags zwar nicht grundsätzlich aus. Jedoch kommt ein Zuschlag in diesem Fall nur dann in Betracht, wenn die Bearbeitung der Aus- und Absonderungsrechte, bezogen auf den Gegenstand und Umfang des gesamten Insolvenzverfahrens, den Verwalter in erheblichem Maße beschäftigt hat und dieser Mehraufwand mit der erhöhte Vergütung nicht angemessen entlohnt wird.[27] Dem zu gewährenden Zuschlag ist die nach § 1 Abs. 2 Nr. 1 erhöhte Regelvergütung zugrundezulegen. Dabei darf dem Verwalter keine höhere Vergütung zukommen, als er über einen „abstrakten" Zuschlag auf die nicht erhöhte Regelvergütung erhalten könnte. Es ist demnach wie im Falle der Unternehmensfortführung eine Vergleichsrechnung aufzustellen.

17 **Beispiel:** *Wäre dem Verwalter im konkreten Verfahren ein Zuschlag für die Bearbeitung von Aus- und Absonderungsrechten in Höhe von angenommen 15% der Regelvergütung zu gewähren und würden diese 15% einen Betrag von 4.000 € ausmachen, so sind diese 4.000 € mit dem Mehrbetrag zu vergleichen, der dem Verwalter nach § 1 Abs. 2 Nr. 1 S. 1 und 2 zusteht. Ergäbe sich dabei eine Mehrvergütung von angenommen 2.000 €, so ist dem Verwalter ein Zuschlag auf die erhöhte Regelvergütung nur in der Höhe zu gewähren, die zusammen mit dem Mehrbetrag von 2.000 € eine Vergütungserhöhung von 4.000 € ergibt.*

18 Dem Verwalter steht insoweit kein Wahlrecht dergestalt zu, dass er auf eine Erhöhung seiner Vergütung nach § 1 Abs. 2 Nr. 1 verzichtet und stattdessen einen Zuschlag auf die nicht erhöhte Regelvergütung beansprucht.

19 Sind der Insolvenzmasse Überschüsse nach § 1 Abs. 2 Nr. 1 S. 3 zugeflossen, so kann ein Zuschlag nach § 3 Abs. 1 Buchst. a nur dann gewährt werden, wenn die Tätigkeit des Verwalters mit der erhöhten Vergütung, die sich aus dem Zufluss der Überschüsse ergeben, nicht angemessen honoriert wird. In die Vergleichsrechnung ist dabei sowohl ein sich aus § 1 Abs. 2 Nr. 1 S. 1 und 2 ergebenden Mehrbetrag als auch die aus der erhöhten Berechnungsgrundlage resultierende erhöhte Regelvergütung einzubeziehen.

20 **b) Keine Verwertung durch den Verwalter.** Hat der Verwalter Absonderungsgegenstände nicht selbst verwertet und sind der Masse auch keine Überschüsse oder Feststellungskostenpauschalen zugeflossen, setzt die Gewährung eines Zuschlags gleichwohl voraus, dass der Verwalter sich mehr als in einem entsprechenden Verfahren mit den Sicherungsrechten beschäftigen musste, etwa deshalb, weil sich besondere rechtliche Schwierigkeiten ergaben. Dabei bietet allein die Anzahl der Gläubiger, die Sicherungsrechte für sich beanspruchen, und deren Verhältnis zur Gesamtgläubigerzahl keinen Anlass für einen Zuschlag.[28] Diese Umstände können allenfalls indiziell auf einen erhöhten Arbeitsanfall bei dem Verwalter hindeuten.[29] Es obliegt demnach dem Verwalter in seinem Vergütungsantrag, die tatsächliche Belastung darzustellen. Dasselbe gilt, wenn die Bearbeitung von Aussonderungsrechten einen erheblichen Teil der Tätigkeit des Verwalters darstellt, da eine Mehrvergütung i.S.v. § 1 Abs. 2 Nr. 1 insoweit nicht in Betracht kommt, oder wenn der Verwalter ein

---

[26] BGH NZI 2012, 372 mit Anm. *Keller* DZWiR 2012, 261 und Anm. *Graeber/Graeber* NZI 2012, 355.
[27] BGH NJW-RR 2003, 1556; LG Mühlhausen, BeckRs 2011, 11921; *Haarmeyer/Wutzke/Förster*, § 3 Rdn. 13.
[28] BGH NZI 2007, 40 mit Anm. *Mohrbutter* WuB VI A § 22 InsO 1.07.
[29] *Keller* Vergütung und Kosten im Insolvenzverfahren, Rdn. 217.

Grundstück freihändig veräußert und kein vereinbarter Kostenbeitrag zur Masse fließt. Eine Vergleichsberechnung scheidet aus.

3. Unternehmensfortführung (§ 3 Abs. 1 Buchst. b Alt. 1). a) Vergleichsrechnung. Ein 21
Zuschlag nach § 3 Abs. 1 Buchst. b Alt. 1 ist festzusetzen, wenn der Verwalter das Unternehmen des Schuldners fortgeführt hat und die Masse dadurch nicht entsprechend größer geworden ist. Hat der Insolvenzverwalter das Unternehmen des Schuldners fortgeführt und hieraus einen Überschuss erwirtschaftet, so erhöht der Fortführungsüberschuss nach der Vorschrift des § 1 Abs. 2 Nr. 4 S. 2 Buchst. b die Berechnungsgrundlage und damit die Regelvergütung des Verwalters. Ist die Masse durch die Betriebsfortführung hingegen nicht oder nicht entsprechend größer geworden, so verdient der Verwalter nach der Bestimmung des § 3 Abs. 1 Buchst. b einen Zuschlag. Ob der Fortführungsgewinn eine entsprechende Erhöhung der Berechnungsgrundlage in diesem Sinne darstellt, beantwortet sich durch eine Vergleichsrechnung: Die Vergütung, die sich unter Berücksichtigung der Erhöhung der Berechnungsgrundlage durch den erwirtschafteten Überschuss ergibt, ist derjenigen Vergütung gegenüberzustellen, welche der Verwalter ohne Erwirtschaftung eines Überschusses aufgrund eines Zuschlags erhielte; bleibt die Vergütung aufgrund der Massemehrung hinter dieser fiktiven Vergütung zurück, so erhält der Verwalter ergänzend einen Zuschlag, der die Differenz ungefähr ausgleicht.[30]

Zur Bestimmung dieses „ausgleichenden" Zuschlags ist zunächst ein „abstrakter" oder „fiktiver" 22
Zuschlag festzulegen, den sich der Verwalter aufgrund des mit der Unternehmensfortführung verbundenen Aufwands und der sich daraus ergebenden Schwierigkeiten verdient hat. Dieser Zuschlag ist auf diejenige Vergütung aufzuschlagen, die sich als Regelvergütung aus derjenigen Berechnungsgrundlage ergibt, die ohne den Zufluss aus der Unternehmensfortführung zu bestimmen ist, also aus der nicht erhöhten Masse. Die sich ergebende Vergütung ist mit der Regelvergütung zu vergleichen, die sich aus der um den Zufluss aus der Unternehmensfortführung erhöhten Berechnungsgrundlage ergibt. Anschließend ist festzustellen, um welchen Prozentsatz die erhöhte Berechnungsgrundlage aufgestockt werden muss, um die Vergütung zu erreichen, die sich unter Berücksichtigung des „abstrakten" Zuschlags auf die Regelvergütung aus der nicht erhöhten Masse ergibt.

Beispiel: *Für die Unternehmensfortführung ist dem Verwalter ein „abstrakter" Zuschlag in Höhe von 15* 23
% zu gewähren. Die Regelvergütung aus der nicht um die Zuflüsse aus Unternehmensfortführung erhöhten Berechnungsgrundlage fällt in Höhe von 40.550,77 € an und erhöhte sich um 15% auf 46633,38. Unter Berücksichtigung der Zuflüsse aus der Unternehmensfortführung, also aus der erhöhten Berechnungsmasse, ergibt sich eine Regelvergütung von 43.116,18. Ein „Ausgleichszuschlag" ist dem Verwalter auf die erhöhte Regelvergütung in Höhe von 8,16 % zu gewähren.

b) Zuschlag trotz erhöhter Berechnungsgrundlage. Wenn im Einzelfall mit dem errechne- 24
ten „Ausgleichszuschlag" die Tätigkeit des Verwalters nicht angemessen vergütet wird, kann die Erhöhung des Ausgleichszuschlags in Betracht kommen. Dies etwa dann, wenn der erzielte Überschuss gerade auf den besonderen Einsatz des Verwalters zurückzuführen ist. Jedoch darf die Höhe nicht den tätigkeitsbezogenen Zuschlag überschreiten, der ohne eingetretene Erhöhung der Berechnungsgrundlage zuzubilligen wäre.[31] Im obigen Beispiel dürften demnach nicht mehr als 15 % veranschlagt werden. Ist die Regelvergütung aus der erhöhten Masse höher, als die Vergütung, die sich samt „abstraktem" Zuschlag aus der nicht erhöhten Masse ergibt, verbleibt es regelmäßig bei ersterer. Eine Kürzung findet nicht statt.

Ergeben sich weitere Zuschläge, sind diese auf diejenige Regelvergütung aufzuschlagen, die sich 25
unabhängig von dem Ergebnis der Vergleichsberechnung nach der unter Berücksichtigung der Zuflüsse aus der Unternehmensfortführung zu bestimmenden Berechnungsgrundlage richtet. Der mit der Vergleichsrechnung ermittelte Ausgleichszuschlag wegen Unternehmensfortführung ist in die Angemessenheitsbetrachtung zur Festlegung eines Gesamtzuschlags einzustellen.[32]

c) Fortführung durch den Verwalter. Die Gewährung eines Zuschlags nach § 3 Abs. 1 Buchst. 26
b Alt. 1 hängt darüber hinaus davon ab, dass die Fortführung die Arbeitskraft des Verwalters in erheblichem Umfang in Anspruch genommen hat. Wurde also etwa zu Lasten der Masse ein Interimsgeschäftsführer mit der Fortführung betraut, ist ein Zuschlag regelmäßig nicht gerechtfertigt. Wurde das schuldnerische Unternehmen nicht fortgeführt, rechtfertigt dies keinen Abschlag.[33]

---

[30] BGH ZInsO 2007, 436; BGH ZInsO 2007, 438; BGH ZInsO 2008, 266; BGH ZInsO 2008, 1262; BGH ZInsO 2009, 55; BGH ZInsO 2010, 2409; BGH NZI 2011, 630; *Keller* Vergütung und Kosten im Insolvenzverfahren, Rdn. 327; *Haarmeyer/Wutzke/Förster*, § 3 InsVV Rdn. 17; *Stephan/Riedel* § 3 InsVV, Rdn. 12.
[31] BGH NZI 2011, 630.
[32] BGH NZI 2011, 630.
[33] BGH NZI 2006, 464; Kübler/Prütting/Bork *Eickmann/Prasser* § 3 InsVV Rdn. 22; *Haarmeyer/Wutzke/Förster* § 3 InsVV Rdn. 16.

27 **4. Hausverwaltung (§ 3 Abs. 1 Buchst. b Alt. 2).** Nach § 3 Abs. 1 Buchst. b Alt. 2 ist eine den Regelsatz übersteigende Vergütung auch dann festzusetzen, wenn der Verwalter „Häuser verwaltet hat und die Masse nicht entsprechend größer geworden ist". Die Verwendung des Plurals „Häuser" besagt nicht, dass die Verwaltung eines einzelnen Objekts nicht zuschlagsfähig ist.[34] Häuserverwaltungen sind generell nicht von der Regelvergütung des Insolvenzverwalters abgedeckt.[35] Werden im Rahmen einer Hausverwaltung jedoch Mieten eingenommen, die nicht sicherungshalber abgetreten waren, so wird die Masse durch die Zuflüsse der Mietzinsen größer, womit ein Zuschlag nach § 3 Abs. 1 Buchst. b regelmäßig ausgeschlossen ist.[36]

28 Eine Häuserverwaltung liegt nur vor, wenn der Insolvenzverwalter einen Aufwand treiben musste, der sich als Immobilienbewirtschaftung beschreiben lässt. Unter dem genannten Aspekt sind zuschlagsfähig die Vermietung, die Sicherung und die Erhaltung der Immobilie, auch die Sicherstellung der Energie- und Wasserversorgung sowie die Erfüllung von Verkehrssicherungspflichten.[37]

29 **5. Degressionsausgleich (§ 3 Abs. 1 Buchst. c).** Ein Zuschlag auf die regelmäßige Vergütung ist festzusetzen, wenn die Masse groß war und die Regelvergütung wegen der Degression der Regelsätze keine angemessene Gegenleistung dafür darstellt, dass der Verwalter mit erheblichem Arbeitsaufwand die Masse vermehrt und zusätzlich Masse festgestellt hat (§ 3 Abs. 1 Buchst. c). Ein Zuschlag zum Degressionsausgleich kommt ab einer Berechnungsgrundlage von mehr als 250.000 € in Betracht.[38]

30 Der Desgressionsausgleich erfolgt systemgerecht durch Gewährung eines Zuschlags. Eine anderweitigen Berechnungsmethode, wie sie in der Literatur teilweise bevorzugt wird, hat der BGH abgelehnt.[39] Die Regelung des § 3 Abs. 1 Buchst. c dient dem Ausgleich eines Missverhältnisses zwischen dem Arbeitsaufwand des Verwalters und der Vergütung, die er hierfür erhält. Dies kann sich auch in Verfahren ergeben, die keine „große" Masse ausweisen. Dass der Verordnungsgeber gleichwohl auf den Masseumfang abstellt, ist damit zu erklären, dass ein Missverhältnis zwischen Arbeitsaufwand und Vergütung sich aufgrund der stärkeren Degression insbesondere bei einer großen Masse ergeben wird.

31 Das Vorliegen der Voraussetzungen des § 3 Abs. 1 Buchst. c muss nicht zwingend zu einem weiteren Zuschlag führen, wenn der Verwalter daneben sonstige Zuschläge für Tätigkeiten beanspruchen kann, die mit einer Erhöhung der Berechnungsgrundlage verbunden sind. Die vorzunehmende Gesamtschau kann durchaus zu der Feststellung gelangen, dass der Degressionsausgleich bereits durch weitere aus der erhöhten Berechnungsgrundlage zu gewährenden Zuschläge verwirklicht ist.[40]

32 **6. Arbeitsrechtliche Fragen (§ 3 Abs. 1 Buchst. d).** Eine den Regelsatz des § 2 Abs. 1 übersteigende Vergütung ist festzusetzen, wenn arbeitsrechtliche Fragen zum Beispiel in Bezug auf das Insolvenzgeld, den Kündigungsschutz oder einen Sozialplan den Verwalter erheblich in Anspruch genommen haben (§ 3 Abs. 1 Buchst. d). Der BGH sieht in der Bearbeitung arbeitsrechtlicher Sachverhalte bis zur Anzahl von 20 Arbeitnehmern einen Normalfall, der durch die Regelvergütung abgegolten wird.[41] Dem kann in dieser Verallgemeinerung nicht zugestimmt werden. Es fehlt an der notwendigen Bezugnahme zum einzelnen Verfahren. Es kann nur gemeint sein, dass die Bearbeitung arbeitsrechtlicher Sachverhalte bis zur Anzahl von 20 Arbeitnehmern die übliche Arbeitsbelastung des Verwalters in einem entsprechenden Insolvenzverfahren darstellt.[42] Damit ist nicht ausgeschlossen, dass in einem unterdurchschnittlichen Verfahren mit entsprechend niedriger Berechnungsgrundlage bereits bei einer geringeren Anzahl von Arbeitnehmern ein Zuschlag anfällt. Ebenso ist nicht ausgeschlossen, dass es bei einem umfangreichen Verfahren mit entsprechend hoher Berechnungsgrundlage ein Zuschlag erst bei einer wesentlich höheren Anzahl von Arbeitnehmern in Betracht kommt.

---

[34] *Graeber* Vergütung in Insolvenzverfahren von A–Z Rdn. 245.
[35] BGH NZI 2008, 239 mit Anm. Hess, WuB VI A § 63 InsO 4.08; *Haarmeyer/Wutzke/Förster*, § 3 InsVV Rdn. 20; *Hess* § 3 InsVV Rdn. 82; Kübler/Prütting/Bork *Eickmann/Prasser*, InsO § 3 InsVV Rdn. 38.
[36] BGH NZI 2007, 40.
[37] BGH NZI 2007, 40; *Haarmeyer/Wutzke/Förster* § 3 Rdn. 21; FK-InsO/*Lorenz*, § 3 InsVV Rdn. 14; *Breutigam/Blersch/Goetsch* § 3 InsVV Rdn. 11.
[38] BGH NZI 2012, 981.
[39] BGH NZI 2012, 981.
[40] BGH NZI 2012, 981.
[41] BGH NZI 2007, 343 mit Anm. *Thorsten Graeber* DZWIR 2007, 378; BGH ZIP 2004, 518; BGH ZInsO 2007, 439; BGH ZIP 2007, 826; so auch *Keller*, Vergütung und Kosten im Insolvenzverfahren Rdn. 27; Kübler/Prütting/Bork *Eickmann/Prasser* § 3 Rdn. 26.
[42] vgl. BGH NZI 2009, 57.

7. Erstellung eines Insolvenzplans (§ 3 Abs. 1 Buchst. e). Nach § 3 Abs. 1 Buchst. e ist 33 eine den Regelsatz übersteigende Vergütung festzusetzen, wenn der Verwalter einen Insolvenzplan ausgearbeitet hat. Abweichend vom Wortlaut der Norm kann ein Zuschlag auch dann angezeigt sein, wenn der Verwalter einen vom Schuldner ausgearbeitete Plan nur überarbeitet. Dies dann, wenn auch die bloße Überarbeitung einen vergütungsrelevanten Aufwand mit sich gebracht hat.[43] Die Zuschlagsgewährung ist nicht davon abhängig, dass der Plan angenommen und das Verfahren damit beendet wird.[44] Führt die Planannahme allerdings zu einer vorzeitigen Verfahrensbeendigung, kommt ein Abschlag nach § 3 Abs. 2 Buchst. c in Betracht. Die Höhe des Zuschlags kann sich nicht an der Zeit ausrichten, die der Verwalter für die Ausarbeitung des Plans aufgewandt hat.[45]

IV. Zuschlagstatbestände außerhalb der Regelbeispiele

1. Allgemeines. Rechtsprechung und Literatur finden ständig neue Tätigkeiten, die einen 34 Zuschlag zur Regelvergütung rechtfertigen sollen. Dabei ist jedoch zu beachten, dass es sich um eine Tätigkeit des Verwalters in einem konkreten Verfahren handeln muss, die über die mit einem **entsprechenden Verfahren** üblicherweise verbundenen Anforderungen hinausgehen. Es genügt nicht, dass keine abstrakte Regelaufgaben vorliegen. Ebenso darf ein Zuschlag nicht dazu führen, dass eine Tätigkeit des Verwalters mehrfach vergütet wird. So ist etwa ein Zuschlag für eine sogenannte **„kalte Zwangsverwaltung"** nicht gerechtfertigt, wenn durch entsprechende Entgelte der Grundpfandrechtsgläubiger die Berechnungsgrundlage für die Verwaltervergütung erhöht wird. Keinesfalls darf sich der Verwalter die „kalte Zwangsverwaltung" unabhängig von seiner Verwaltervergütung von den Grundpfandrechtsgläubigern bezahlen lassen.[46] Die Verwaltungsbefugnis und damit die Möglichkeit, die Immobilien des Schuldners zu vermieten oder zu verpachten, leitet der Insolvenzverwalter daraus ab, dass er vom Gericht bestellt und mit der Abwicklung des Verfahrens betraut wurde. Die Übertragung der hoheitlichen Befugnisse beschränkt sich auf die zur Durchführung des Verfahrens notwendigen Maßnahmen. In einen privatrechtlichen Geschäftsbesorgungsvertrag mit einem Grundpfandrechtsgläubiger kann diese Befugnis nicht eingebracht werden. Miet- und Pachtverträge, die nicht dem Insolvenzzweck dienen, sind mangels Verwaltungsbefugnis unwirksam.

2. Übertragung von Zustellungen. Die Übertragung der Zustellung nach § 8 Abs. 3 InsO 35 rechtfertigt einen Zuschlag zur Regelvergütung, wenn dadurch eine erhebliche Mehrbelastung bewirkt worden ist, was regelmäßig voraussetzt, dass mindestens 100 Zustellungen besorgt worden sein müssen.[47] Der Zuschlag betrifft den hiermit verbundenen personellen Bearbeitungsaufwand.[48] Die sächlichen Kosten, wie Porto, Kopierkosten und Umschläge, kann der Verwalter neben der allgemeinen Auslagenpauschale verlangen; beim Zuschlag sind diese Kosten nicht einzubeziehen.[49] In welchem Umfang durch die Zahl der vorgenommenen Zustellungen eine erhebliche Mehrbelastung eingetreten ist, hängt von dem Zuschnitt des jeweiligen Verfahrens, insbesondere der Zahl der Gläubiger ab, aber auch von der Höhe der Masse und damit von der Regelvergütung, auf die der Zuschlag zu gewähren ist. Anstelle eines prozentualen Zuschlags kann der zu vergütende Personalaufwand auch mit 2,70 € pro Zustellung abgegolten werden.[50]

3. Verletzung von Auskunfts- und Mitwirkungspflichten. Eine Mitwirkungsverweigerung 36 durch den Schuldner, die zu einer nicht unerheblichen Mehrbelastung des Insolvenzverwalters führt, ist durch einen Zuschlag nach § 3 Abs. 1 InsVV zu berücksichtigen.[51]

4. Unvollständige Buchhaltung. Unvollständige oder unzureichende Buchhaltung, auch Per- 37 sonalbuchhaltung, kann einen Zuschlag rechtfertigen, wenn nicht lediglich kleinere Mängel vorliegen.[52]

---

[43] BGH NZI 2007, 341; vgl. FK-InsO/*Lorenz*, § 3 InsVV Rdn. 48; *Haarmeyer/Wutzke/Förster* § 3 Rdn. 38; Kübler/Prütting/Bork *Eickmann-Prasser*, § 3 InsVV Rdn. 44.
[44] *Keller*, Vergütung und Kosten im Insolvenzverfahren Rdn. 231.
[45] BGH ZInsO 2009, 1511.
[46] so aber wohl Kübler/Prütting/Bork *Eickmann/Prasser*, § 3 InsVV Rdn. 38; *Haarmeyer/Wutzke/Förster* § 3 Rdn. 22
[47] BGH NZI 2004, 591.
[48] BGH NZI 2007, 244 mit Anm. *Keller* DZWIR 2007, 353.
[49] BGH NZI 2007, 244.
[50] BGH NZI 2012, 372.
[51] BGH NZI 2008, 239 mit Anm. *Hess* WuB VI A § 63 InsO 4.08.
[52] BGH NZI 2004, 665 mit Anm. *Heinze* DZWIR 2005, 33.

InsVV § 3 38–42

38 **5. Lange Verfahrensdauer.** Die Verfahrensdauer kann einen Zuschlag rechtfertigen, wenn der Verwalter stärker als in Insolvenzverfahren allgemein üblich in Anspruch genommen worden ist.[53] Dies verbietet es, Zuschläge zur Vergütung allein an den Zeitablauf anzuknüpfen. Zu bewerten ist vielmehr die während der Dauer des Verfahrens erbrachte Tätigkeit. Weist diese einen überdurchschnittlichen Umfang oder eine besondere Schwierigkeit auf, wie dies in überlangen Verfahren oft der Fall sein wird, kann dafür ein Zuschlag gewährt werden. Die vermehrte Erledigung von Routinearbeiten wie die Erstellung von Zwischenberichten oder die Aktualisierung der Buchführung, ist dann mit diesen Zuschlägen abgegolten, zumal der dazu erforderliche Aufwand mit zunehmender Verfahrensdauer regelmäßig abnimmt. Geht eine lange Verfahrensdauer ausnahmsweise nicht mit zuschlagsfähigen Tätigkeiten des Verwalters einher, etwa weil die Fälligkeit von Sicherungseinbehalten oder der Ausgang von Prozessen, mit deren Führung Dritte beauftragt wurden, abzuwarten ist, werden auch die in regelmäßigen Zeitabschnitten sich wiederholenden Routinetätigkeiten im Allgemeinen keinen gesonderten Zuschlag rechtfertigen, weil die Abweichung vom Normalfall nicht so signifikant ist, dass ohne einen Zuschlag ein Missverhältnis entstünde.[54]

V. Einzelne Abschlagstatbestände (§ 3 Abs. 2)

39 **1. Grundsatz.** Maßgebend für die Frage, ob ein Abschlag von der Insolvenzverwaltervergütung vorzunehmen ist, ist der Umstand, ob der Verwalter schwächer als in entsprechenden Insolvenzverfahren allgemein üblich in Anspruch genommen worden ist. Das gilt auch dann, wenn dies im Einzelfall zu einer nicht auskömmlichen Vergütung führt. Dies ist dem System der insolvenzrechtlichen Vergütungsverordnung immanent und vom Insolvenzverwalter im Hinblick auf den Grundsatz der Querfinanzierung hinzunehmen.[55]

40 **2. Vorläufige Verwaltung (§ 3 Abs. 2 Buchst. a).** Wenn im Verfahren ein vorläufiger Verwalter tätig war, rechtfertigt dies regelmäßig einen Abschlag vom Regelsatz (§ 3 Abs. 2 Buchst. a).[56] Nach dem Wortlaut der Norm ist allein die Tatsache, dass ein vorläufiger Verwalter bestellt wurde, Voraussetzung für die Verwirklichung des Tatbestandes. Gleichwohl wird aber ein Abschlag nur in Betracht kommen, wenn die Tätigkeit des Verwalters durch den vorläufigen Verwalter **erheblich erleichtert** wurde. Soweit eine solche Erleichterung eingetreten ist, kann allerdings vermutet werden. Es obliegt dem Insolvenzverwalter darzulegen, aus welchen Gründen dies im Einzelfall nicht zutrifft und die Tätigkeit des vorläufigen Insolvenzverwalters für ihn keine erhebliche Arbeitserleichterung bewirkt hat.[57] Bei der Frage, welche Tätigkeiten des vorläufigen Verwalters die Tätigkeit des endgültigen Verwalters erheblich vereinfachen, ist darauf abzustellen, welche Aufgaben des Insolvenzverwalters entfallen sind oder weniger aufwändig waren, weil ein vorläufiger Insolvenzverwalter bestellt worden war. Die Erstellung einer, wenn auch möglicherweise noch nicht vollständigen, Vermögensübersicht und die Feststellung der Gläubiger und Schuldner vereinfachen in der Regel dem Verwalter die Arbeit erheblich.[58] Die Höhe des vorzunehmenden Abschlags orientiert sich an dem Wert, aus dem sich die Vergütung des vorläufigen Verwalters bestimmte.[59]

41 Ein Abschlag nach § 3 Abs. 2 Buchst. a ist grundsätzlich auch dann gerechtfertigt, wenn der vorläufige Insolvenzverwalter Tätigkeiten verrichtet hat, die ihm nicht mit einem Zuschlag nach § 3 zusätzlich vergütet worden sind. Auch die mit der **Regelvergütung** des vorläufigen Verwalters abgegoltene Tätigkeit kann dem Verwalter die Erfüllung seiner Aufgabe erheblich erleichtert haben.[60] Es ist letztlich auch ohne Bedeutung, ob der vorläufige Verwalter mit Zustimmungsvorbehalt oder mit Verwaltungsbefugnis handelte. Ist der Insolvenzverwalter im Insolvenzeröffnungsverfahren nur als Sachverständiger bestellt gewesen, rechtfertigt dies in aller Regel keinen Abschlag bei der Festsetzung seiner Vergütung.[61]

42 **3. Weitgehend verwertete Masse (§ 3 Abs. 2 Buchst. b).** Ein Zurückbleiben hinter dem Regelsatz ist gerechtfertigt, wenn die Masse bereits zu einem wesentlichen Teil verwertet war, als der Verwalter das Amts übernahm (§ 3 Abs. 2 Buchst. b). Als Anwendungsfälle kommen insbesondere ein Wechsel in der Person des Verwalters, eine Konzerninsolvenz sowie eine entsprechende

---

[53] BGH ZInsO 2010, 2409.
[54] BGH NZI 2010, 982 mit Anm. *Prasser/Rendels* EWiR 2010, 791.
[55] BGH ZInsO 2012, 300.
[56] BGH NZI 2010, 941.
[57] BGH NZI 2006, 464 mit Anm. *Nowak* NZI 2006, 467.
[58] BGH NZI 2006, 464 mit Anm. *Nowak* NZI 2006, 467.
[59] BGH JurBüro 2007, 267.
[60] BGH NZI 2006, 464.
[61] BGH NZI 2009, 601.

Tätigkeit des vorläufigen Verwalters in Betracht.[62] Als wesentlich wird die bereits abgewickelte Verwertung angesehen, wenn etwa die **Hälfte der Masse** davon betroffen ist.[63]

4. Vorzeitige Beendigung des Verfahrens oder des Verwalteramtes (§ 3 Abs. 2 Buchst. c). Ein Abschlag auf die Regelvergütung ist gerechtfertigt, wenn das **Verfahren vorzeitig beendigt** wurde (§ 3 Abs. 2 Buchst. c Alt. 1). Von einer vorzeitigen Verfahrensbeendigung ist u.a. im Falle der Einstellung des Insolvenzverfahrens, wenn diese vor der Verwertung der Masse erfolgt. Dies ist bei einer Einstellung nach § 213 InsO, die aufgrund der Zustimmung der Gläubiger erfolgt, regelmäßig gegeben.[64] Dass es sich auch bei einer Aufhebung des Verfahrens nach Bestätigung eines **Insolvenzplans** um eine vorzeitige Beendigung des Verfahrens handelt, ergibt sich aus § 1 Abs. Satz 2 InsVV.

Die vorzeitige **Beendigung des Verwalteramtes** führt bei dem ausscheidenden Verwalter regelmäßig zu einem Vergütungsabschlag (§ 3 Abs. 2 Buchst. c Alt. 2). Die zu reduzierende Vergütung des ausscheidenden Verwalters ist auf der nach § 1 Abs. 1 Satz 2 zu ermittelnden Berechnungsgrundlage zu bestimmen (vgl. § 1 Rdn. 7). Sonstige Umstände, welche die Tätigkeit dieses Insolvenzverwalters erleichtert oder erschwert haben, verringern oder erhöhen den für ihn maßgeblichen Bruchteil der Vergütung unmittelbar gemäß § 3. Damit entfällt der rechnerische Zwischenschritt der Ermittlung einer fiktiven Verwaltervergütung ohne vorzeitige Amtsbeendigung.[65] Es sind also nicht Erschwernisse und Erleichterungen zunächst in eine fiktive Vergütung eines nicht vorzeitig abgerufenen Insolvenzverwalters einzuberechnen und davon insgesamt ein Prozentsatz wegen vorzeitiger Beendigung der Verwaltung zu bilden.[66]

5. Geringe Arbeitsbelastung (§ 3 Abs. 2 Buchst. d). Ein Zurückbleiben hinter dem Regelsatz ist gerechtfertigt, wenn die Masse groß und die Geschäftsführung geringe Anforderungen an den Verwalter stellt (§ 3 Abs. 2 Buchst. d). Ein Grenzwert für die Anwendung der Vorschrift ist nicht bestimmt.[67]

Diese Ansicht wird durch die Entwurfsbegründung zu § 8 Abs. 2 bestätigt. Danach hat die Erleichterung der Geschäftsführung des Verwalters, die durch den Abschluss von **Dienst- und Werkverträgen** zur Erledigung von Aufgaben aus seinem Tätigkeitsbereich eintritt, regelmäßig einen Vergütungsabschlag nach § 3 Abs. 2 Buchst. d zur Folge, ohne dass ein Abgleich mit dem Umfang der Masse vorzunehmen ist.[68]

Ein Abschlag auf die regelmäßige Vergütung ist in diesem Rahmen auch dann gerechtfertigt, wenn die Arbeitsbelastung des Insolvenzverwalters im konkreten Verfahren deutlich unter den Anforderungen liegt, die mit einem entsprechenden Verfahren üblicherweise verbunden sind. Ebenso wie etwa eine außergewöhnlich hohe Gläubigerzahl einen Zuschlag rechtfertigt, ist bei einer ungewöhnlich niedrigen Gläubigerzahl einen Abschlag veranlasst. Dabei gelten für Zu- und Abschläge dieselben Grenzwerte. Es besteht kein Grund, bei Abweichungen nach oben höhere Zuschläge vorzunehmen als bei entsprechenden Abweichungen nach unten.[69]

VI. Abschlagstatbestände außerhalb der Regelbeispiele

1. Tätigkeit des Schuldners. Wird der Verwalter durch eigene Tätigkeiten des Schuldners entlastet, kann dies zu einem Abschlag von der Regelvergütung führen.[70]

2. Auslagerung von Aufgaben. Überträgt der Insolvenzverwalter auf Kosten der Masse einzelne Aufgabe auf Dritte, so kommt ein Vergütungsabschlag in Betracht. Dies gilt nicht nur dann, wenn es sich um sogenannte Regelaufgaben handelt. Vielmehr kann ein Abschlag auch dann gerechtfertigt sein, wenn es sich um eine Aufgabe handelt, die nur wegen der außergewöhnlichen Umstände des Einzelfalles als Sonderaufgabe anzusehen ist, da dem Insolvenzverwalter damit auch eine Regelaufgabe erspart wird. Dies gilt etwa für die Verwertung von Massegegenständen, wobei auch zu berücksichtigen ist, ob der Insolvenzverwalter durch die Einschaltung des Verwerters nicht nur entlastet worden ist, sondern – über die erhöhte Berechnungsgrundlage seiner Vergütung – auch von dessen Verwertungserfolg profitiert hat.[71]

---

[62] *Keller* Vergütung und Kosten im Insolvenzverfahren Rdn. 255.
[63] Kübler/Prütting/Bork *Eickmann/Prasser*, § 3 InsVV Rdn. 50.
[64] BGH NZI 2009, 57; vgl. auch BGH ZInsO 2005, 85; BGH ZInsO 2006, 1159.
[65] BGH NZI 2006, 165 mit Anm. *Nowak* NZI 2006, 166.
[66] BGH NZI 2005, 161 mit Anm. *Keller* DZWIR 2005, 292.
[67] BGH NZI 2012, 144; BGH NZI 2006, 347.
[68] abgedruckt bei *Stephan/Riedel,* InsVV, Anhang II.2.
[69] BGH NZI 2006, 464.
[70] BGH NZI 2012, 144.
[71] BGH NZI 2008, 38.

§ 4 Geschäftskosten, Haftpflichtversicherung

(1) Mit der Vergütung sind die allgemeinen Geschäftskosten abgegolten. Zu den allgemeinen Geschäftskosten gehört der Büroaufwand des Insolvenzverwalters einschließlich der Gehälter seiner Angestellten, auch soweit diese anlässlich des Insolvenzverfahrens eingestellt worden sind. Unberührt bleibt das Recht des Verwalters, zur Erledigung besonderer Aufgaben im Rahmen der Verwaltung für die Masse Dienst- oder Werkverträge abzuschließen und die angemessene Vergütung aus der Masse zu zahlen.

(2) Besondere Kosten, die dem Verwalter im Einzelfall, zum Beispiel durch Reisen, tatsächlich entstehen, sind als Auslagen zu erstatten.

(3) Mit der Vergütung sind auch die Kosten einer Haftpflichtversicherung abgegolten. Ist die Verwaltung jedoch mit einem besonderen Haftungsrisiko verbunden, so sind die Kosten einer angemessenen zusätzlichen Versicherung als Auslagen zu erstatten.

Übersicht

	Rn.		Rn.
I. Normaussage	1	2. Notwendige Masseverbindlichkeiten	12–19
II. Ersatz angemessener Auslagen (§ 4 Abs. 2)	2–8	a) Zu Unrecht entnommene Geldmittel	12, 13
1. Abgrenzung zu sonstigen Masseverbindlichkeiten	2–4	b) Über Regelaufgaben hinausgehende Tätigkeiten	14, 15
2. Einzelne erstattungsfähige Auslagen	5, 6	c) Anwendung des § 5 InsVV	16, 17
3. Angemessenheit der Auslagen	7	d) Vergleich mit vorinsolvenzlichen Gegebenheiten	18
4. Festsetzung der Auslagen	8	e) Bewertung anhand des § 56 Abs. 1 InsO	19
III. Abschluss von Dienst- und Werkverträgen (§ 4 Abs. 1 Satz 3)	9–24	3. Angemessenheit der gezahlten Vergütung	20
1. Begründung von Masseverbindlichkeiten	9–11	4. Erklärungspflicht des Verwalters	21
		5. Vorzunehmende Abschläge	23, 24
		IV. Versicherungsbeiträge (§ 4 Abs. 3)	25–29

I. Normaussage

1 § 4 Abs. 1 Satz 1 enthält die als selbstverständlich aufzufassende Aussage, dass die dem Verwalter zu gewährende Vergütung dessen allgemeine Geschäftskosten abdeckt. Zu den allgemeinen Geschäftskosten gehören alle Aufwendungen für Betriebsmittel, soweit diese nicht für ein spezielles Verfahren anfallen. Gemäß § 4 Abs. 1 Satz 2 sind die Personalkosten auch dann als allgemeine Geschäftskosten mit der Vergütung abgegolten, wenn das Personal anlässlich eines konkreten Verfahrens eingestellt wird. Von diesen allgemeinen Geschäftskosten, sind die besonderen Kosten nach § 4 Abs. 2 abzugrenzen, die dem Verwalter im konkreten Einzelfall entstehen und keine Personalkosten im Sinne von § 4 Abs. 1 Satz 2 oder Masseverbindlichkeiten i.S. des § 55 Abs. 1 Nr. 1 InsO darstellen. Diese besonderen Kosten sind dem Verwalter grundsätzlich aus der Masse als Auslagen zu erstatten. Einschränkend ist insoweit die Regelung des § 63 Abs. 1 Satz 1 InsO zu beachten, wonach es sich um angemessene Auslagen handeln muss. Mit § 4 Abs. 1 Satz 3 wird klargestellt, dass der Verwalter für besondere Aufgaben Dienst- und Werkverträge schließen kann, die die Masse verpflichten, wenn die vereinbare Vergütung angemessen ist. Nach § 4 Abs. 3 sind auch die Kosten einer Haftpflichtversicherung mit der Vergütung abgegolten. Bedarf es im konkreten Verfahren wegen des erhöhten Haftungsrisikos einer zusätzlichen Versicherung, sind die Kosten hierfür als Auslagen zu erstatten.

II. Ersatz angemessener Auslagen (§ 4 Abs. 2)

2 **1. Abgrenzung zu sonstigen Masseverbindlichkeiten.** Der Verwalter hat Anspruch auf Ersatz seiner angemessenen Auslagen (§ 63 Abs. 1 Satz 1 InsO). Hierzu gehören alle im Zusammenhang mit einem konkreten Insolvenzverfahren tatsächlich angefallenen Auslagen i.S. des § 54 Nr. 2 InsO (§ 4 Abs. 2). Zu den erstattungsfähigen Auslagen zählen damit Aufwendungen, die weder allgemeine Geschäftskosten i.S. des § 4 Abs. 1 Satz 1 und Satz 2 darstellen, noch zu den über § 4 Abs. 1 Satz 3 zu begründenden Masseverbindlichkeiten i.S. des § 55 Abs. 1 Nr. 1 InsO gehören. Als Masseverbindlichkeiten i.S. des § 55 Abs. 1 Nr. 1 InsO gelten folglich nur solche Verbindlichkeiten, die nicht zu den Kosten des Verfahrens i.S. des § 54 InsO gehören. Bucht der Verwalter zur Führung von Übernahmeverhandlungen z. B. eine Flugreise, so gehört der geschuldete Reisepreis zu den Kosten des Verfahrens und ist demnach nicht als Masseverbindlichkeit i.S. von § 55 Abs. 1 Nr. 1 InsO einzustufen.

Der BGH nimmt die Abgrenzung danach vor, ob der Verwalter die Verbindlichkeit im eigenen Namen oder im Namen der Masse eingegangen ist.[1] Ob aus der Rechtshandlung also der Verwalter selbst oder die Masse verpflichtet wurde. So können etwa die Kosten für die Beauftragung eines externen Steuerberaters dann Verfahrensauslagen i.S. des § 4 Abs. 2 und mithin im Falle des § 4a InsO aus der Staatskasse zu erstatten sein, wenn im Fall der Masseunzulänglichkeit der Verwalter zur Vermeidung von Schadensersatzansprüchen nach § 61 InsO den Steuerberater nicht im Namen der Masse, sondern im eigenen Namen mit der Erstellung von Steuererklärungen beauftragt, um seiner Pflicht nach § 155 Abs. 1 InsO zu entsprechen. Ist keine Kostenstundung gewährt und reicht die vorhandene Masse nicht aus, um die anfallenden Kosten einer Steuerberatung zu begleichen, so sind diese Kosten nicht als Masseverbindlichkeit, sondern entsprechenden der zitierten BGH-Entscheidung als Auslagen anzusehen. In der Folge kann das Verfahren ohne Beauftragung eines Steuerberaters nach § 207 InsO eingestellt werden.

Die dargestellte Rechtsprechung des BGH bedeutet indes nicht, dass getätigte Aufwendungen, die sich betrachtet keine Auslagen darstellen, allein dadurch zu Auslagen i.S. des § 4 Abs. 2 werden, dass der Verwalter sie im eigenen Namen begründet. Die Regelung des § 5 Abs. 2 der konkursrechtlichen Vergütungsverordnung sah diese Möglichkeit noch vor. Danach waren z. B. die Kosten, die dem Verwalter für die Einstellung von Hilfskräften entstanden, als Auslagen zu erstatten, soweit sie angemessen waren. Im Anwendungsbereich der InsVV kann dies nur in absoluten Ausnahmefällen und nur dann gelten, wenn weitere Umstände, wie etwa die Tatsachen hinzutreten, dass der Verwalter zum einen verpflichtet ist, die entsprechende Leistung zu bringen, sich aber zum anderen einem Anspruch aus § 61 InsO ausgesetzt sieht, wenn er die notwendigen Aufwendung als Masseverbindlichkeit begründet. Dies kommt z. B. auch für die pflichtgemäße Archivierung von Unterlagen des Schuldners in Betracht. Werden die genannten Arbeiten vom eigenen Personal des Verwalters erledigt, können dafür jedoch nicht die fiktiv berechneten Auslagen erstattet verlangt werden, die bei der Beauftragung eines Dritten angefallen wären.[2]

2. Einzelne erstattungsfähige Auslagen. Neben den explizit genannten Reisekosten des Verwalters zählen die sächlichen Bürounkosten, die zur Abwicklung eines konkreten Insolvenzverfahrens aufgewandt werden, zu den Auslagen nach § 4 Abs. 2. Dasselbe gilt für die sächlichen Kosten, die dem Verwalter dadurch entstehen, dass er im Auftrag des Insolvenzgericht nach § 8 Abs. 3 InsO Zustellungen bewirkt.[3] Neben dem Ersatz der Sachkosten kann in Verfahren, die nach dem 31.12.2003 eröffnet wurden, die Auslagenpauschale nach § 8 Abs. 3 aus der Regelvergütung des § 2 beansprucht werden (vgl. § 8 Rdn. 29).[4]

Personalkosten, die im Rahmen der Erledigung von Zustellungen anfallen, gelten gemäß § 4 Abs. 1 Satz 2 mit der Vergütung als abgegolten.[5] Nachdem der gerichtliche Auftrag nach § 8 Abs. 3 InsO sich unmittelbar an den Verwalter richtet, besteht keine Möglichkeit, hierfür zusätzliches Personal im Namen der Masse anzustellen. So dass auch über § 4 Abs. 1 Satz 3 i.V. mit § 55 Abs. 1 Nr. 1 InsO keine Personalkostenerstattung erfolgen kann. Es bleibt die Möglichkeiten, bei einer Vielzahl von Zustellungen eine Erhöhung der Vergütung nach § 3 Abs. 1 zu gewähren.[6] Wird etwa in Großverfahren ein Strichcode-Lesesystem zur Zugangs- und Abstimmungskontrolle in Gläubigerversammlungen auf Veranlassung des Verwalters installiert, so sind die hierfür entstandenen Aufwendungen als Auslagen i.S. von § 4 Abs. 2 zu erstatten. Vergleichbar mit § 8 Abs. 3 InsO nimmt der Verwalter auch hierbei originäre Aufgaben des Insolvenzgerichts wahr.

3. Angemessenheit der Auslagen. Die Angemessenheit von Aufwendungen ist danach zu bemessen, ob sie der Verwalter im Zeitpunkt der Begründung für erforderlich erachten durfte.[7] Das Insolvenzgericht, das die Angemessenheit konkreter Auslagen zu ermitteln hat, wird dabei keinen allzu kleinlichen Maßstab anlegen. So ist der Verwalter z. B. bei Reisen nicht verpflichtet, immer

---

[1] BGH NZI 2004, 577 mit Anm. *Voß* EWiR 2004, 1045.
[2] vgl. BGH NZI 2006, 586 und AG Dresden ZIP 2006, 1686 zur Erteilung von Bescheinigungen gegenüber der Agentur für Arbeit.
[3] BGH NZI 2007, 244; LG Bamberg ZInsO 2004, 1196, 1197; AG Göttingen ZInsO 2004, 1351, 1352; AG Marburg ZInsO 2005, 706; *Haarmeyer/Wutzke/Förster* § 4 Rdn. 8; *Kübler/Prütting/Bork Eickmann/Prasser* § 4 InsVV Rdn. 6; FK-InsO/*Lorenz* § 4 InsVV Rdn. 12; HambKomm-InsO/*Büttner* § 8 InsVV Rdn. 30; *Keller* NZI 2004, 465.
[4] BGH NZI 2012, 372.
[5] vgl. BGH NZI 2004, 577 mit Anm. *Voß* EWiR 2004, 1045.
[6] BGH NZI 2004, 591.
[7] *Kübler/Prütting/Bork Eickmann/Prasser*, § 4 InsVV Rdn. 7.

die kostengünstigste Möglichkeit des Transports oder der Unterbringung zu wählen. Nicht zu prüfen hat das Insolvenzgericht, ob die Begründung der angefallenen Auslagen notwendig war.

8   **4. Festsetzung der Auslagen.** Die dem Verwalter zu erstattenden Auslagen werden auf Antrag durch das Insolvenzgericht festgesetzt (§ 8 Abs. 1). Dabei kann der Verwalter entweder die Erstattung der im Einzelnen nachzuweisenden Auslagen oder die Festsetzung einer Auslagenpauschale verlangen (vgl. § 8). Innerhalb des Festsetzungsverfahrens hat das Insolvenzgericht zu prüfen, ob es sich bei den zur Erstattung beantragten Auslagen um solche im Sinne des § 4 Abs. 2 handelt. Zur Möglichkeit auf entstehende Auslagen einen Vorschuss zu erhalten, vgl. § 9.

III. Abschluss von Dienst- und Werkverträgen (§ 4 Abs. 1 Satz 3)

9   **1. Begründung von Masseverbindlichkeiten.** Aufwendungen für eigenes Personal sind gemäß des § 4 Abs. 1 Satz 2 mit der Vergütung des Verwalters abgegolten, auch wenn das Personal anlässlich eines konkreten Insolvenzverfahrens eingestellt wird.[8] Hiervon abzugrenzen sind aus der Masse zu begleichende Masseverbindlichkeiten i.S. des § 55 Abs. 1 Nr. 1 InsO. Stellt der Verwalter im eigenen Namen Personal für die Abwicklung eines konkreten Insolvenzverfahrens ein, so werden die entstehenden Kosten als allgemeine Geschäftskosten behandelt und können demnach nicht ersetzt verlangt werden. Begründet der Insolvenzverwalter dagegen einen Anstellungsvertrag im Namen der Masse, so stellen die entstehenden Kosten Masseverbindlichkeiten i.S. des § 55 Abs. 1 Nr. 1 InsO dar, die dann aus der Masse bedient werden dürfen, wenn ihre Begründung erforderlich war, wenn es sich also im Sinne von § 4 Abs. 1 Satz 3 um eine besondere Aufgabe handelt und die vereinbarte Vergütung angemessen ist. Eine besondere Aufgabe liegt in diesem Sinne dann vor, wenn sie über den Umfang der konkreten Regelaufgaben hinausgeht.

10 Auch wenn es sich etwa bei der im Auftrag des Insolvenzgerichts durchzuführenden Zustellungen um eine Sonderaufgabe handelt, hat die Einschaltung Dritter hat zu unterbleiben, wenn es dem Verwalter möglich und zumutbar ist, die Zustellungen selbst durchzuführen, und wenn dies die Masse weniger belastet.[9]

11 Den Anstellungsvertrag kann der Insolvenzverwalter im Namen der Masse auch mit eigenem Personal begründen.[10] Dies gilt z. B. für einen Interimsgeschäftsführer aus dem Personalstamm des Verwalterbüros.[11] Dies darf aber nicht dazu dienen, die ansonsten nicht gesondert zu erstattenden Personalkosten auf die Masse abzuwälzen. Der abzuschließende Arbeitsvertrag muss deutlich machen, dass dieser mit dem Insolvenzverwalter und nicht mit der Kanzlei zustande kam. Auch mit dem Schuldner oder dem bisherigen Personal des schuldnerischen Unternehmens können zu Lasten der Masse Arbeitsverträge geschlossen werden. Sinnvoll und damit auch erforderlich dürfte dies z. B. dann sein, wenn damit die Aufarbeitung der Buchhaltung oder die Inventarisierung zum Vorteil der Masse beschleunigt werden kann.

12 **2. Notwendige Masseverbindlichkeiten. a) Zu Unrecht entnommene Geldmittel.** Verbindlichkeiten aus Dienst- und Werkverträgen, die der Verwalter im Namen der Masse mit Externen schließt, sind ebenso wie die Anstellungsverträge mit eigenem Personal gemäß § 55 Abs. 1 Nr. 1 InsO aus der Masse zu begleichen, wenn es sich um eine besondere Aufgabe handelt, damit die Begründung der Verbindlichkeit gerechtfertigt war und die vereinbarte Vergütung angemessen ist. Geht der Verwalter Dienst- oder Werkverträge mit eigenem Personal oder externen Dritten ein, obwohl hierfür kein Erfordernis besteht, also nicht besondere Aufgaben erledigt werden, so ist der Vertrag nicht schlichtweg unwirksam; es können nur die hierfür anfallenden Kosten nicht der Masse entnommen werden. Gleichwohl aus der Masse geleistete Zahlungen müssen zurückerstattet werden oder sind durch das Insolvenzgericht bei der festzusetzenden Vergütung in Abzug zu bringen.[12]

13 Das Insolvenzgericht hat nach Ansicht des BGH zu prüfen, ob es sich bei der übertragenen Aufgabe um ein „allgemeines Geschäfts" handelt, was die Annahme einer besonderen Aufgabe ausschließt.[13] Dies deckt sich nicht ganz mit den Vorstellungen des Verordnungsgebers. Danach soll das Insolvenzgericht nur noch prüfen, ob aufgrund der Einschaltung von Hilfskräften zu Lasten der Masse die Tätigkeit des Verwalters im Einzelfall erleichtert wurde und deshalb ein Abschlag von der regelmäßigen Vergütung vorzunehmen ist.

---

[8] BGH NZI 2006, 586 mit Anm. *Prasser* EWiR 2006, 569.
[9] BGH ZInsO 2012, 928.
[10] *Haarmeyer/Wutzke/Förster* § 4 InsVV Rdn. 12, 13.
[11] BGH ZIP 2010, 1909 mit Anm. *Prasser* ZIP 2010, 1910.
[12] BGH ZInsO 2012, 928; BGH NZI 2005, 103 mit Anm. *Heussler* EWiR 2005, 833.
[13] BGH NZI 2005, 103 mit Anm. *Heussler* EWiR 2005, 833.

b) Über Regelaufgaben hinausgehende Tätigkeiten. Als erforderlich oder notwendig und **14** damit aus der Masse nach § 55 Abs. 1 Nr. 1 InsO zu begleichen, werden grundsätzlich solche Verbindlichkeiten angesehen, die aus Verträgen resultieren, die die Erledigung von Aufgaben zum Gegenstand haben, die nicht zu den sogenannten konkreten Regelaufgaben des Verwalters gehören. Nach Ansicht des BGH stellt die Verwertung der Massegegenstände grundsätzlich eine (konkrete) Regelaufgabe dar, was nicht bedeutet, dass der Verwalter die Verwertung persönlich vornehmen muss. Zu Lasten der Masse darf der Verwalter gleichwohl dann einen externen Dritten mit der Verwertung beauftragen, wenn dadurch im Einzelfall eine für die Masse vorteilhaftere Verwertung zu erwarten ist. Nach Auffassung des BGH kann z. B. die Einschaltung eines externen Dritten gerechtfertigt sein, wenn Kunstgegenstände oder sonstige Objekte verwertet werden müssen, für die ein besonderer Markt besteht, oder wenn die Verwertung im Ausland erfolgen muss.[14] Da damit aber auch die Regelaufgabe „Verwertung" dem Insolvenzverwalter zu Lasten der Masse abgenommen wird, kommt im Einzelfall eine Verkürzung der Regelvergütung gemäß § 3 Abs. 2 in Betracht.[15]

Mit der Erledigung von Regelaufgaben kann ein externer Dienstleister zu Lasten der Masse jedoch **15** nicht mit der Begründung betraut werden, das reguläre Kanzleipersonal ist aufgrund der Vielzahl der Verfahren überlastet. Dagegen stellt z. B. die Archivierung von Unterlagen des Schuldners keine Regelaufgabe dar, so dass die hierfür an externe Dienstleister zu zahlenden angemessenen Entgelte als notwendige Masseverbindlichkeiten gelten, ohne dass weitere Voraussetzungen vorliegen müssten.[16]

c) Anwendung des § 5 InsVV. Weiterhin wird die Begründung von Masseverbindlichkeit durch **16** den Abschluss von Dienst- oder Werkverträgen dann für gerechtfertigt erachtet, wenn die Voraussetzungen des § 5 InsVV vorliegen.[17] Beauftragt der Insolvenzverwalter also z. B. einen Rechtsanwalt mit der Vertretung der Masse, so sind die entstehenden Vergütungsansprüche aus der Masse zu begleichen, wenn ein Sachverhalt vorliegt, in dem auch ein nicht selbst als Rechtsanwalt zugelassener Verwalter vernünftigerweise einen Rechtsanwalt beauftragt hätte (vgl. § 5 Rdn. 4). Einfache Mahnschreiben etwa können nicht zu Lasten der Masse einem Rechtsanwalt übertragen werden.[18] Ebenso die Antragstellung auf Erlass eines Mahn- bzw. Vollstreckungsbescheids.[19] Dass der beauftragende Insolvenzverwalter als Rechtsanwalt zugelassen ist, spielt dabei keine Rolle.

Ähnliches gilt für die Beauftragung eines Steuerberaters, wo § 5 Abs. 2 dann einschlägig ist, wenn die **17** steuerliche Tätigkeiten besondere Kenntnisse erfordern oder über den allgemein mit jeder Steuererklärung verbundenen Arbeitsaufwand hinausgehen.[20] Die Beauftragung eines Steuerberaters mit der Aufarbeitung der Buchhaltung für die Zeit vor Verfahrenseröffnung ist dann gerechtfertigt, wenn im Betrieb des Schuldners keine ordnungsgemäße Buchhaltung vorhanden ist.[21] Auch die Beauftragung von Sachverständigen z. B. für die Erstellung von Exposés ist zu Lasten der Masse möglich.

d) Vergleich mit vorinsolvenzlichen Gegebenheiten. Für die Erforderlichkeit der Beiziehung externer Dienstleister spricht auch die Tatsache, dass die konkrete Aufgabenerledigung, wie **18** etwa die Buchhaltung auch im schuldnerischen Unternehmen, also vor Insolvenzeröffnung, außer Hauses erledigt wurde.[22]

e) Bewertung anhand des § 56 Abs. 1 InsO. Die allgemein verbreitete Ansicht, dass die Beauf- **19** tragung externer Dienstleister zu Lasten der Masse immer dann gerechtfertigt ist, wenn die Erledigung der im Einzelfall erforderlichen Verwaltungs- und Verwertungsaufgaben einen „durchschnittlichen" Verwalter überfordert, lässt die Tatsache unberücksichtigt, dass gemäß § 56 Abs. 1 InsO ein für den Einzelfall geeigneter Verwalter bestellt werden muss. Ein umfangreiches Verfahren mit entsprechender hoher Berechnungsgrundlage für die Vergütung stellt an den zu bestellenden Verwalter andere Regelanforderungen als ein durchschnittliches oder einfaches Verfahren. Ein Verwalter, der für die Durchführung eines Verfahrens umfangreiche Fachkompetenzen zukaufen muss, ist für dieses Verfahren nicht geeignet. Wenn umgekehrt jede fehlende Fachkompetenz zu Lasten der Masse hinzuerworben werden kann, erledigt sich ein umfangreiches Auswahlverfahren. Es kann dann jede geschäftskundige Person zum Verwalter bestellt werden, wobei Geschäftskundigkeit bereits dann vorliegt, wenn die Fähigkeit besteht, einfache Mahnschreiben zu verfassen oder eine Steuererklärung abzugeben.

---

[14] BGH NZI 2008, 38 mit Anm. *Bork* ZIP 2009, 1747.
[15] BGH NZI 2008, 38 mit Anm. *Bork* ZIP 2009, 1747.
[16] *Haarmeyer/Wutzke/Förster* § 4 InsVV Rdn. 48.
[17] *Kübler/Prütting/Bork Eickmann/Prasser* § 4 InsVV Rdn. 17.
[18] BGH NZI 2005, 103 mit Anm. *Heussler* EWiR 2005, 833.
[19] LG Hannover NZI 2009, 560.
[20] BGH NZI 2004, 577 mit Anm. *Voß* EWiR 2004, 1045.
[21] BGH NZI 2006, 586 mit Anm. *Prasser* EWiR 2006, 569.
[22] BGH ZVI 2005, 143.

20 **3. Angemessenheit der gezahlten Vergütung.** Das Gericht hat zu prüfen, ob die aus der Masse an Dritte geleisteten Zahlungen angemessen sind. Angemessen wird die Vergütung regelmäßig dann sein, wenn sie gesetzlichen Vorgaben, wie etwa dem RVG oder den üblichen Gepflogenheiten entspricht. Spezielle Fallgestaltungen können Abweichungen hiervon gebieten. So kann es angemessen sein, an den externen Verwerter einen Erlösanteil von bis zu 30% zu überlassen, wenn z. B. Helikopter zu versilbern sind, auf deren Verwertung sich in ganz Deutschland gerademal zwei Anbieter spezialisiert haben. Dagegen ist es nicht angemessen, wenn der mit der Erstellung der Jahresbilanzen beauftragte Steuerberater stets die nach der Gebührenverordnung mögliche Höchstgebühr beansprucht und aus der Masse erstattet erhält.

21 **4. Erklärungspflicht des Verwalters.** Der Insolvenzverwalter hat gemäß § 8 Abs. 2 in Vergütungsantrag darzulegen, welche Dienst- oder Werkverträge für besondere Aufgaben im Rahmen der Insolvenzverwaltung abgeschlossen worden sind und weshalb der Abschluss solcher Verträge zur Erledigung von Aufgaben aus seinem Tätigkeitsbereich die Geschäftsführung nicht erleichtert hat (Entwurfsbegründung zu § 8 Abs. 2 InsVV).[23] Dies ermöglicht es dem Insolvenzgericht, seiner Pflicht zur Prüfung der Erforderlichkeit und Angemessenheit von Masseverbindlichkeiten nachzukommen. Kann der Verwalter nicht nachvollziehbar darlegen, dass der Abschluss von Dienst- und Werkverträgen seine Geschäftsführung nicht erleichtert hat, muss ein Abschlag gemäß § 3 Abs. 2 Buchst. d vorgenommen werden.

Möchte der Verwalter Gesellschaften, an denen er beteiligt ist, oder Mitarbeiter seiner Sozietät oder Kanzlei mit Aufgaben zu Lasten der Masse betrauen, muss er dies in jedem Einzelfall und zeitlich vor der Auftragserteilung dem Insolvenzgericht mitteilen.[24] Einer gerichtlichen Genehmigung bedarf es indes nicht.

23 **5. Vorzunehmende Abschläge.** Nach der Begründung des Entwurfs einer Insolvenzrechtlichen Vergütungsverordnung sollte mit der Regelung des § 4 Abs. 1 Satz 3 das Gericht von der Aufgabe entlastet werden, bei der Festsetzung der Auslagenerstattung zu prüfen, ob das Einstellen zusätzlicher Angestellter beim Insolvenzverwalter den Umständen nach angemessen war. Die Aufgabe des Gerichts sollte darauf beschränkt werden, die Angemessenheit der gezahlten Vergütung festzustellen. Erst bei der Festsetzung der Zu- und Abschläge zur regelmäßigen Vergütung sollte das Gericht prüfen, inwieweit die Tätigkeit des Verwalters durch den Abschluss von Dienst- oder Werkverträgen für die Insolvenzmasse vereinfacht worden ist (Entwurfsbegründung zu § 4 InsVV).[25] Der Verordnungsgeber geht demnach offensichtlich davon aus, dass die Einschaltung Dritter den Verwalter gerade auch dann entlastet, wenn es sich um die Vergabe von besonderen Aufgaben handelt. Für die Erledigung von sonstigen Aufgaben (konkreten Regelaufgaben) ist der Abschluss von Dienst- und Werkverträgen bereits nach dem Wortlaut des § 4 Abs. 1 Satz 3 nicht zu Lasten der Masse möglich. Es ist demnach keinesfalls zu unterstellen, dass die sich für das konkrete Verfahren aus § 2 ergebende regelmäßige Vergütung stets dann unangetastet bleibt, wenn der Verwalter eine besondere Aufgabe einem Dritten überträgt. Vielmehr kommt ein Abschlag von der regelmäßigen Vergütung gemäß § 3 Abs. 2 Buchst. d zumindest dann in Betracht, wenn durch die Delegation einer Sonderaufgabe gleichzeitig auch eine Regelaufgabe erledigt wird.[26] Davon kann nur dann abgesehen werden, wenn der Verwalter begründet darlegen kann, dass der Abschluss von Dienst- oder Werkverträgen zur Erledigung von Aufgaben aus seinem Tätigkeitsbereich die Geschäftsführung nicht erleichtert hat (Entwurfsbegründung zu § 8 InsVV).[27] Dem Wortlaut des § 8 Abs. 2 kann dazu entnommen werden, dass mit den „Aufgaben aus seinem Tätigkeitsbereich" die besonderen Aufgaben angesprochen sind, für deren Erledigung gemäß § 4 Abs. 1 Satz 3 Dienst- oder Werkverträge geschlossen werden.

24 Die dargestellte Absicht des Verordnungsgebers wird durch den BGH weitgehend bestätigt. So ist z. B. dann ein Abschlag von der regelmäßigen Vergütung vorzunehmen, wenn die Beauftragung eines Externen etwa mit der Verwertung als gerechtfertigt anzusehen ist, es sich also um die Erledigung besonderer Aufgaben handelt, dem Verwalter dadurch aber nicht nur Arbeit erspart, sondern ihm darüber hinaus über eine erhöhte Berechnungsgrundlage auch eine erhöhte Vergütung beschert wird. Es darf zwar die an einen Dritten aus der Masse zutreffend geleistete Zahlung nicht von der Vergütung des Verwalters abgezogen werden, ein Abschlag gemäß § 3 Abs. 2 Buchst. d ist aber keineswegs ausgeschlossen.[28] Entlastet sich der Insolvenzverwalter in erheblichem Umfang von einer

---

[23] abgedruckt bei *Stephan/Riedel*, InsVV, Anhang II.2.
[24] BGH NJW-RR 2012, 953 mit Anm. *Römermann* EWiR 2012, 489; BGH NJW 1991, 982.
[25] abgedruckt bei *Stephan/Riedel*, InsVV, Anhang II.2.
[26] BGH NZI 2008, 38 mit Anm. *Bork* ZIP 2009, 1747.
[27] abgedruckt bei *Stephan/Riedel*, InsVV, Anhang II.2.
[28] BGH NZI 2008, 38 mit Anm. *Bork* ZIP 2009, 1747.

originären Verwaltertätigkeit, indem er diese mittels besonderer Dienst- und Werkverträge nach § 4 Abs. 1 Satz 3 an Hilfskräfte zu Lasten der Masse delegiert, kann dies zu Abschlägen führen.[29]

IV. Versicherungsbeiträge (§ 4 Abs. 3)

Nach § 4 Abs. 3 Satz 2 sind dem Verwalter Kosten einer zusätzlichen Haftpflichtversicherung als Auslagen zu erstatten. Der Verwalter darf solche Kosten demnach nicht ohne entsprechende gerichtliche Festsetzung der Masse entnehmen. Es handelt sich nicht um Masseverbindlichkeiten. 25

Ob eine zusätzliche Vermögensschadenhaftpflichtversicherung erforderlich ist, soll sich danach orientieren, ob die Haftungsrisiken eines Durchschnittsverfahrens im Einzelfall überschritten werden (Entwurfsbegründung zu § 4 Abs. 3 InsVV).[30] Es kommt demnach nicht darauf an, welche Haftungssumme der Verwalter tatsächlich abgedeckt hat. Vielmehr ist von der objektiv für ein Durchschnittsverfahren notwendigen Haftungssumme auszugehen, die sicher nicht bereits durch eine standardisierte Rechtsanwaltshaftpflichtversicherung erreicht ist. 26

Wenn eine die Risiken eines Durchschnittsverfahrens abdeckende Versicherung nicht ausreicht, um das mit der Abwicklung eines konkreten Insolvenzverfahrens verbundene Haftungsrisiko abzusichern, können die Kosten die zur Abdeckung der Differenz angemessener weise erforderlich sind, als Auslagen erstattet werden.[31] Dies kann etwa bei einer Unternehmensfortführung oder bei einem Insolvenzverfahren mit Auslandsberührung der Fall sein. 27

Die Regelung bezieht sich auf die Haftpflicht, der der Verwalter als solcher in einem konkreten Verfahren ausgesetzt ist. Nicht umfasst ist damit z. B. eine Vertrauensschadenhaftpflichtversicherung, die dann zum Tragen kommt, wenn Mitarbeiter des Verwalters eine dessen Haftung auslösende Handlung vornehmen. Die Kosten hierfür stellen allgemeine Aufwendungen im Sinne des § 4 Abs. 1 dar. Ebenfalls nicht angesprochen sind Haftpflichtversicherungen, die im Rahmen eines konkreten Verfahrens z. B. in Form einer Gebäudehaftpflichtversicherung abzuschließen sind. Kosten hierfür stellen Masseverbindlichkeiten dar. 28

Im Einzelfall kann es sinnvoll sein, dass der Verwalter unter Vorlage entsprechender Angebote einschlägiger Versicherungsunternehmen mit dem Insolvenzgericht Rücksprache nimmt. Damit kann insbesondere einem späteren Einwand des Gerichts vorgebeugt werden, die vereinbarten Beiträge seien nicht angemessen. 29

§ 5 Einsatz besonderer Sachkunde

(1) Ist der Insolvenzverwalter als Rechtsanwalt zugelassen, so kann er für Tätigkeiten, die ein nicht als Rechtsanwalt zugelassener Verwalter angemessenerweise einem Rechtsanwalt übertragen hätte, nach Maßgabe des Rechtsanwaltsvergütungsgesetzes Gebühren und Auslagen gesondert aus der Insolvenzmasse entnehmen.

(2) Ist der Verwalter Wirtschaftsprüfer oder Steuerberater oder besitzt er eine andere besondere Qualifikation, so gilt Absatz 1 entsprechend.

I. Normaussage

Der Insolvenzverwalter, der als Rechtsanwalt für die Masse tätig wird, kann hierfür die nach dem RVG anfallenden Vergütungen und Auslagen der Masse entnehmen. Es bedarf demnach nicht der gerichtlichen Festsetzung des zu beanspruchenden Entgelts. Damit wird deutlich, dass es sich nicht um Auslagen gemäß § 54 Nr. 2 InsO bzw. § 4 Abs. 2 handelt. Der Erstattungsanspruch wird vielmehr wie eine Masseverbindlichkeit gemäß § 55 Abs. 1 Nr. 1 InsO behandelt.[1] Dies ungeachtet der Tatsache, dass es sich des Abschlusses eines Dienstvertrags mit der Masse bedarf. Im Falle der Masseunzulänglichkeit genießt der Anspruch daher nicht den Vorrang des § 209 Nr. 1 InsO.[2] 1

Die Befugnis zur Entnahme der angefallenen Gebühren und Auslagen besteht dann, wenn ein nicht als Rechtsanwalt zugelassener Verwalter angemessenerweise einen Rechtsanwalt mit der Tätigkeit beauftragt hätte.[3] Nach § 5 Abs. 2 können auch die Gebühren und Auslagen, die dadurch 2

---

[29] BGH NZI 2008, 544 mit Anm. *Blersch* EWiR 2009, 421.
[30] abgedruckt bei *Stephan/Riedel*, InsVV, Anhang II.2.
[31] LG Gießen ZInsO 2012, 755.
[1] *Keller*, Vergütung und Kosten im Insolvenzverfahren, Rdn. 89.
[2] *Jaeger/Schilken* § 63 Rdn. 30.
[3] BGH NZI 2005, 103.

anfallen, dass der Insolvenzverwalter als Wirtschaftsprüfer, Steuerberater oder in Ausübung einer anderen besonderen Qualifikation für die Insolvenzmasse tätig ist, der Masse entnommen werden.

3   Die aus der Masse entnommenen Beträge mindern gemäß § 1 Abs. 2 Nr. 4 Buchst. a die Berechnungsgrundlage, die der Bestimmung der regelmäßigen Vergütung zugrundezulegen ist. Vergütungen, die an eine Gesellschaft oder die Sozietät geleistet werden, an der der Verwalter beteiligt ist, sind nach Ansicht des BGH nicht in Abzug zu bringen (vgl. § 1 Rdn. 30)

II. Angemessene Aufgabenübertragung

4   **1. Zugrundezulegender Maßstab.** Die zusätzliche Gebühr darf der Insolvenzverwalter nach verbreiteter Ansicht dann der Masse entnehmen, wenn sie für eine Tätigkeit angefallen ist, für die ein Verwalter, der über die für dieses Amt allgemein erforderlichen Kenntnisse und Fähigkeiten verfügt, vernünftigerweise einen Fachmann beiziehen würde.[4] Damit kommt zum Ausdruck, dass der Insolvenzverwalter grundsätzlich über keinerlei besonderen Fachkenntnisse verfügen muss. Besitzt er solche ausnahmsweise, so wird ihm der Einsatz dieser Kenntnisse besonders vergütet.

5   Der als Maßstab geltende Insolvenzverwalter ist ein Nicht-Anwalt, der z. B. nicht in der Lage ist, ein Versteigerungsverfahren nach §§ 172 ff. ZVG zu beantragen. Gerade noch zugemutet wird ihm die Beauftragung eines Gerichtsvollziehers mit der Sachpfändung, wogegen bereits der Antrag auf Eintragung einer Zwangssicherungshypothek nicht mehr seiner Fähigkeit entspricht.[5] Der hierfür beauftragte Rechtsanwalt wird aus der Masse vergütet. Dagegen wird z. B. einer alleinerziehenden Mutter für die Geltendmachung des Kindesunterhalts durch Eintragung einer Zwangshypothek die Beiordnung eines Anwalts im Wege der Prozesskostenhilfe mit der Begründung versagt, die Antragstellung weise keine besonderen rechtlichen Schwierigkeiten auf.[6]

6   Würde das Insolvenzgericht einen Insolvenzverwalter, der dem o.g. Leitbild entspricht, für die Durchführung eines umfangreichen Verfahrens bestellen, wäre an eine Amtshaftung zu denken. Ein solcher Insolvenzverwalter kann demzufolge wohl nicht Maßstab für die Beurteilung der Frage sein, über welche Fähigkeiten und Kenntnisse ein Insolvenzverwalter verfügen muss. Entsprechend § 56 Abs. 1 InsO ist nach der hier vertretenen Ansicht vielmehr auf das einzelne Verfahren abzustellen. Ein umfangreiches Verfahren verlangt von dem zu bestellenden Verwalter weitergehende Befähigungen und Kenntnisse als ein durchschnittliches oder einfach gelagertes Verfahren. Regelmäßig steht den überdurchschnittlichen Anforderungen, die für die Durchführung eines umfangreichen Verfahrens zu verlangen sind, auch eine entsprechend hohe Berechnungsgrundlage gegenüber, sodass die überdurchschnittliche Befähigung auch honoriert wird.

7   **2. Einzelne übertragbare Aufgaben.** Wie dargestellt, ist die Einschaltung eines Fachmannes nach der Literaturmeinung mehr oder weniger in jeder Situation gerechtfertigt. Selbst für den streitigen Forderungseinzug darf zu Lasten der Masse ein Rechtsanwalt beauftragt werden.[7] Auch der BGH argumentiert hierzu sehr großzügig. So kann auch die Erledigung von Kernaufgaben, wie etwa der Abschluss eines Kaufvertrags über ein zur Insolvenzmasse gehörendes Grundstück im Einzelfall mit rechtlichen Schwierigkeiten verbunden sein, deren Lösung einem Insolvenzverwalter im Allgemeinen nicht zuzumuten ist (entgegen Entwurfsbegründung zu § 5 InsVV).[8] Auch die Aufhebung eines Mietvertrags kann unter Umständen von einem Insolvenzverwalter nicht erwartet werden.[9]

8   **3. Zu Unrecht entnommene Beträge.** Beträge, die der Verwalter zu Unrecht der Masse entnimmt, sind von ihm durch das Insolvenzgericht zurückzufordern oder von der festgesetzten Vergütung in Abzug zu bringen.[10]

III. Zu – und Abschläge

9   **1. Übertragung auf Dritte.** Nach Ansicht des BGH entsprechen die Tätigkeiten, die im Rahmen des § 5 übertragen werden können, den in § 4 Abs. 1 Satz 3 genannten besonderen Aufgaben.[11] Demnach ist das hierfür anfallende angemessene Entgelt der Masse zu entnehmen. Beauftragt der Verwalter mit einer solchen besonderen Aufgabe einen Dritten, so hat das Insolvenzgericht von der

---

[4] BGH NZI 2005, 103.
[5] *Kübler/Prütting/Bork Eickmann/Prasser*, § 5 InsVV Rdn. 19; *Haarmeyer/Wutzke/Förster* § 5 InsVV Rdn. 22.
[6] LG Dessau, Beschl. v. 28.06.2006 – 7 T 255/06.
[7] *Haarmeyer/Wutzke/Förster* § 5 InsVV Rdn. 21.
[8] abgedruckt bei *Stephan/Riedel*, InsVV, Anhang II.2.
[9] BGH NZI 2005, 103.
[10] BGH NZI 2005, 103.
[11] BGH NZI 2005, 103.

regelmäßigen Vergütung des Verwalters einen Abschlag vorzunehmen, wenn der Verwalter mit der vorgenommenen Delegation auch im Bezug auf seine Regelaufgaben entlastet wird.

2. Erledigung gegen Sondervergütung. Ebenso ist grundsätzlich ein Abschlag gemäß § 3 Abs. 2 Buchst. d vorzunehmen, wenn der Verwalter die Tätigkeit selbst wahrnimmt und die hierfür angefallene Vergütung aus der Masse entnimmt. Diese Situation ist nicht anders zu behandeln als der Fall, in dem der Verwalter einen Dritten beauftragt. Zusätzlich ist der Betrag der entnommenen Vergütung von der Berechnungsgrundlage in Abzug zu bringen (§ 1 Abs. 2 Nr. 4 Buchst. a). 10

3. Erledigung ohne Sondervergütung. Nimmt dagegen der Verwalter die Aufgabe selbst wahr, ohne dafür eine gesonderte Vergütung der Masse zu entnehmen, so verbleibt es bei der regelmäßigen Vergütung. Ein Zuschlag kommt regelmäßig nicht in Betracht.[12] Allenfalls dann, wenn sich aufgrund der niedrigen Berechnungsgrundlage ein Missverhältnis zwischen Aufwand und Vergütung ergibt, ist ein Zuschlag nach § 3 Abs. 1 gerechtfertigt. 11

§ 6 Nachtragsverteilung. Überwachung der Erfüllung eines Insolvenzplans

(1) ¹Für eine Nachtragsverteilung erhält der Insolvenzverwalter eine gesonderte Vergütung, die unter Berücksichtigung des Werts der nachträglich verteilten Insolvenzmasse nach billigem Ermessen festzusetzen ist. ²Satz 1 gilt nicht, wenn die Nachtragsverteilung voraussehbar war und schon bei der Festsetzung der Vergütung für das Insolvenzverfahren berücksichtigt worden ist.

(2) ¹Die Überwachung der Erfüllung eines Insolvenzplans nach den §§ 260 bis 269 der Insolvenzordnung wird gesondert vergütet. ²Die Vergütung ist unter Berücksichtigung des Umfangs der Tätigkeit nach billigem Ermessen festzusetzen.

Schrifttum: *Kalkmann,* Anmerkung zum Beschluss des BGH vom 6.10.2011, Az. IX ZB 12/11 - Zur Festsetzung einer zusätzlichen Insolvenzverwaltervergütung bei nachträglichem Massezufluss, EWiR 2011, *Prasser,* Zur Bemessung der Insolvenzverwaltervergütung bei Massezuflüssen nach Vorlage der Schlussrechnung, ZIP 2006, 486; *Zimmer,* Die Nachtragsverteilung in InsO und InsVV, KTS 2009, 199.

Übersicht

	Rn.		Rn.
I. Normzweck	1	b) Die Überwachung durch einen Sachwalter.	14
II. Die Vergütung für eine Nachtragsverteilung (Abs.1)	2–12	2. Die Höhe der Vergütung	15, 16
1. Die Nachtragsverteilung	2–7	3. Das Festsetzungsverfahren	17–25
a) Anordnung der Nachtragsverteilung	2	a) Festlegung der Vergütung im Insolvenzplan	17
b) Massezufluss zwischen der Einreichung der Schlussrechnung und vor dem Schlusstermin	3–6	b) Bestimmung der Vergütung durch das Insolvenzgericht	18, 19
c) Vorhersehbarkeit der Nachtragsverteilung	7	c) Das Verfahren der Vergütungsfestsetzung	20–25
2. Höhe der Vergütung für die Nachtragsverteilung	8–11	4. Auslagen und Umsatzsteuer	26
3. Festsetzungsverfahren	12	5. Vorschuss	27
III. Vergütung für die Überwachung der Erfüllung eines Insolvenzplans (Abs.2)	13–28	6. Die Vergütung der Mitglieder des Gläubigerausschusses bei der Planüberwachung	28
1. Die Überwachung der Erfüllung eines Insolvenzplans	13, 14		
a) Die Überwachung durch den Insolvenzverwalter.	13		

I. Normzweck

Sowohl für die Nachtragsverteilung (Abs. 1) als auch für die Überwachung der Erfüllung eines Insolvenzplans (Abs. 2) gewährt § 6 einen gesonderten Anspruch. Beide Verfahren sind gebührenrechtlich selbstständige, gesondert zu vergütende Verfahren. Abs. 1 Satz 1 bestimmt, welche Berechnungsgrundlage bei einer Nachtragsverteilung der Vergütung zugrunde zu legen ist. Danach ist die 1

---

[12] a. A. HK/*Keller* § 5 InsVV Rn. 3; *Kübler/Prütting/Bork/Eickmann/Prasser* vor § 1 InsVV Rn. 43.

Vergütung allein unter Berücksichtigung des Werts der nachträglich verteilten Insolvenzmasse nach billigem Ermessen festzusetzen; ein Regelsatz kommt nicht in Betracht. Dadurch dass der Gesetzgeber auf das billige Ermessen abgestellt hat, wird zugleich klargestellt, dass die Vergütung für die Nachtragsverteilung unabhängig von den §§ 1 – 5 festzustellen ist. Im systematischen Kontext finden lediglich die Umsatzsteuer (§ 7 InsVV), das Festsetzungsverfahren und der Auslagenersatz (§ 8 InsVV) sowie die Vorschussgewährung auf die Nachtragsverteilung Anwendung.[1] Abs. 2 regelt die Vergütung des Insolvenzverwalters bei der Überwachung der Erfüllung eines Insolvenzplans nach den §§ 260 ff. InsO.

II. Die Vergütung für eine Nachtragsverteilung (Abs.1)

2   1. **Die Nachtragsverteilung. a) Anordnung der Nachtragsverteilung.** Voraussetzung für eine gesonderte Vergütung ist die **Anordnung der Nachtragsverteilung** durch das Insolvenzgericht. Eine Nachtragsverteilung kann das Insolvenzgericht auf Antrag des Verwalters oder eines Insolvenzgläubigers oder von Amts wegen anordnen, wenn nach dem Schlusstermin entweder a) zurückbehaltene Beträge für die Verteilung frei werden oder b) Beträge, die aus der Insolvenzmasse gezahlt sind, zurückfließen oder c) Gegenstände der Masse ermittelt werden (§ 203 Abs. 1 InsO). Das Gleiche gilt bei der Einstellung nach Anzeige der Masseunzulänglichkeit. Werden nach der Einstellung des Verfahrens Gegenstände der Insolvenzmasse ermittelt, so ordnet auch in diesem Falle das Gericht auf Antrag des Verwalters oder eines Massegläubigers oder von Amts wegen eine Nachtragsverteilung an (§ 211 Abs. 3 InsO). Ferner muss die Nachtragsverteilung vollzogen worden sein. Eine Nachtragsverteilung ist auch im Verbraucherinsolvenzverfahren zulässig.[2]

3   **b) Massezufluss zwischen der Einreichung der Schlussrechnung und vor dem Schlusstermin.** Der Vergütungsanspruch entsteht daher nicht, wenn es nach der Einreichung der Schlussrechnung, aber vor dem Schlusstermin zu Massezuflüssen kommt. Erhöht sich die bereinigte Teilungsmasse nach Abgabe der Schlussrechnung bis zum Schlusstermin, so sind diese Mittelzuflüsse bei der Vergütung des Verwalters zu berücksichtigen.[3] Die Schlussrechnung, die oftmals bereits längere Zeit vor dem Schlusstermin eingereicht wurde, ist fortzuschreiben und die hieraus ergebende neue Teilungsmasse der ergänzenden Festsetzung der Vergütung zugrunde zu legen. In diesem Fall ist eine ergänzende Festsetzung möglich, auch wenn bereits ein Schlusstermin stattgefunden hat, da sich im Gesetz keine zeitliche Einschränkung zur Einreichung von Vergütungsanträgen findet.

4   Der Verwalter kann allerdings erst wenn ein über die bisherige Schlussrechnung hinausgehender Massezufluss feststeht, seinen Antrag auf Festsetzung der Vergütung ergänzen oder bei bereits erfolgter Festsetzung einen Antrag auf ergänzende Festsetzung stellen, da Einnahmen der Masse, die noch nicht feststehen, nicht Grundlage der Vergütungsfestsetzung des Verwalters sein können. Der Verwalter ist nicht berechtigt, bei Erstellung der (vorläufigen) Schlussrechnung als Massezuflüsse Positionen aufzunehmen, deren Eingang nicht sicher feststeht. Solange offen ist, ob und in welcher Höhe der Masse Vermögen zufließen wird, fehlt es an einer Grundlage sowohl für eine Verteilung wie für eine Berücksichtigung bei der Festsetzung der Vergütung. Erst wenn der Zufluss feststeht, kann er der Festsetzung der Vergütung zugrunde gelegt werden.[4]

5   Die formelle und materielle Rechtskraft einer bereits erfolgten Festsetzung steht dem nicht entgegen, weil die nunmehr eingetretene Masseanreicherung eine neue Tatsache darstellt. Der Insolvenzverwalter kann sich die Ergänzung seines Vergütungsfestsetzungsantrages bei der ersten Antragstellung vorbehalten; notwendig ist dies jedoch nicht.[5]

6   Zwischen Schlusstermin und Schlussverteilung erzielte Geldzuflüsse bedürfen nicht der Anordnung der Nachtragsverteilung, soweit die dahinterstehenden Vermögenswerte im Schlussbericht als noch zu liquidierendes Vermögen ausgewiesen wurden.[6] Bei einem Massezufluss nach Aufhebung des Verfahrens kann eine zusätzliche Vergütung nur bei einer Nachtragsverteilung festgesetzt werden.[7]

7   **c) Vorhersehbarkeit der Nachtragsverteilung.** Der Vergütungsanspruch entfällt, wenn die Nachtragsverteilung **zum Zeitpunkt der Festsetzung der Vergütung** für den Insolvenzverwalter

---

[1] *Zimmer* KTS 2009, 199, 202.
[2] BGH NZI 2006, 33.
[3] BGH NZI 2006, 237; LG Magdeburg ZIP 2004, 1915; *Prasser* ZIP 2006, 489.
[4] BGH NZI 2007, 583.
[5] BGH NZI 2006, 237.
[6] *Zimmer* KTS 2009, 199, 218.
[7] BGH ZIP 2011, 2115.

vorhersehbar war und bei der Festsetzung der Vergütung berücksichtigt worden ist.[8] Es bestehen somit zwei Tatbestandsvoraussetzungen vor, die kumulativ erfüllt sein müssen. War die Nachtragsverteilung voraussehbar und wurde sie bei der Festsetzung der Vergütung des Verwalters bereits berücksichtigt, besteht kein gesonderter Vergütungsanspruch des Verwalters. Der gesonderte Vergütungsanspruch besteht nur in den folgenden zwei Fallkonstellationen: (1) Die Nachtragsverteilung war voraussehbar, sie wurde jedoch bei der Festsetzung der Vergütung noch nicht berücksichtigt und (2) die Nachtragsverteilung war nicht voraussehbar und wurde daher bei der Festsetzung der Vergütung nicht berücksichtigt.

2. Höhe der Vergütung für die Nachtragsverteilung. Der Vergütung des Insolvenzverwalters für die Durchführung einer Nachtragsverteilung ist der Wert des nachträglich verteilten Vermögens zugrunde zu legen. Der Verordnungsgeber hat für deren Vergütung mit Bedacht keine festen Sätze aufgestellt, weil Nachtragsverteilungen zu verschieden gelagert sind. Die Vergütung für eine Nachtragsverteilung ist deshalb auf den jeweiligen Einzelfall bezogen festzusetzen.[9] Dabei hat der Tatrichter gemäß § 6 Abs. 1 Satz 1 InsVV „nach billigem Ermessen" zu entscheiden. Mit dem Verweis auf den Wert der Nachtragsverteilungsmasse als Berechnungsgrundlage wird jedoch der Rahmen für die Berechnung der Vergütung vorgegeben. Dadurch, dass der Verordnungsgeber auf die Nachtragsverteilungsmasse verweist, gibt er eine Orientierung auf die Staffelsätze in § 2 InsVV vor.

Hierbei ist zu berücksichtigen, dass bei einer Nachtragsverteilung sowohl die rechtlichen Anforderungen als auch der tatsächliche Aufwand und das Haftungsrisiko erheblich geringer sind als bei der Tätigkeit in den vorausgehenden Insolvenzverfahren. Geht man davon aus, dass im „Normalfall" einer Nachtragsverteilung ein zur Masse zurückgeflossener Geldbetrag innerhalb von sechs Monaten an nicht mehr als 100 Gläubiger zu verteilen ist, erscheint eine Vergütung von 25% der einfachen Staffelvergütung ausreichend und angemessen.[10]

Ein höherer Staffelsatz kann gewährt werden wenn die Nachtragsverteilung **vom Normalfall abweicht.** Dies kann durch die Dauer der Nachtragsverteilung, durch eine höhere Gläubigerzahl, durch Verwertungshandlungen des Verwalters, durch den Rückfluss von Beträgen infolge Geltendmachung von Bereicherungs- oder Anfechtungsansprüchen mit oder ohne Rechtsstreit und durch Gläubigereinwendungen im Verteilungsverfahren bedingt sein.[11] Kommen mehrere dieser Erschwerungssachverhalte zusammen, kann die Vergütung für die Nachtragsverteilung in einem solchen besonderen Ausnahmefall den vollen Staffelsatz des § 2 erreichen.

Bei einer **Nachtragsverteilung im vereinfachten Insolvenzverfahren** ist ebenfalls von den Staffelsätzen des § 2 InsVV auszugehen und nicht von dem geringeren Regelsatz des § 13 Abs. 1 S. 1 InsVV.[12] § 13 Abs. 2 InsVV steht dem nicht entgegen. Denn § 13 Abs. 2 InsVV schließt nur die Anwendung des § 2 InsVV auf die in § 13 Abs. 1 InsVV abschließend geregelte Grundvergütung des Treuhänders aus, nicht aber die Heranziehung der Staffelsätze bei der Bestimmung der gesonderten Vergütung für die Nachtragsverteilung im Rahmen des billigen Ermessens gem. § 6 InsVV. Eine solche Berechnung ist vielmehr in der Sache geboten, weil die entsprechende Anwendung des Regelsatzes aus § 13 Abs. 1 InsVV zu einer nicht gerechtfertigten Ungleichbehandlung führen würde. Der Treuhänder erhält deshalb eine geringere Grundvergütung als der Regelinsolvenzverwalter, weil seine Tätigkeit im vereinfachten Insolvenzverfahren einen erheblich geringeren Umfang hat und weil Verbraucherinsolvenzen, in denen regelmäßig keine nennenswerte Masse zur Verfügung steht, nicht durch zu hohe Vergütungssätze belastet oder sogar undurchführbar werden sollen. Diese Erwägungen gelten für die Nachtragsverteilung nicht. Hier entspricht die Tätigkeit des Treuhänders der eines Insolvenzverwalters. Diese Vergütung ist daher auch genauso zu bemessen wie die eines Insolvenzverwalters, was nur durch eine Berechnung nach den Staffelsätzen des § 2 InsVV erreicht werden kann.

3. Festsetzungsverfahren. Das Festsetzungsverfahren richtet sich nach § 8 InsVV. Funktionell zuständig für die Festsetzung der Vergütung ist das Gerichtsorgan, das zu diesem Zeitpunkt das Verfahren führt. Dies ist nach der Eröffnung des Insolvenzverfahrens – somit auch für die Nachtragsverteilung – gem. § 18 Abs.1 RpflG der Rechtspfleger. Der Insolvenzverwalter muss einen **bestimmten Betrag** als Vergütung schriftlich beantragen. Um die konkreten Anforderungen des Verfahrens sachgerecht erfassen zu können, hat der Verwalter in seinem Vergütungsantrag mit der

---

[8] *Lorenz/Klanke* § 6 Rn. 5; **a. A**. Münch-KommInsO-*Nowak* 2. Aufl. § 2 InsVV Rn. 3.
[9] *Zimmer* KTS 2009, 199, 202.
[10] LG Offenburg, NZI 2005, 172; Keller, Vergütung § 6 Rn. 6; *Haarmeyer/Wutzke/Förster*, § 6 Rn. 7; *Kübler/Prütting/Bork/Eickmann*, § 6 Rn.6; **a. A**. Münch-KommInsO-*Nowak* 2. Aufl. § 2 InsVV Rn. 5, wonach in einem „Normalfall" 50% der einfachen Staffelvergütung angemessen sind.
[11] *Keller,* Vergütung § 6 Rn. 7.
[12] LG Offenburg NZI 2005, 172

allgemeinen oder besonders auf die Nachtragsverteilung bezogenen insolvenzrechtlichen Rechnungslegung zugleich zu den Einzelkriterien für die Bemessung der Vergütung **substantiierte Angaben**[13] zu machen. Dieser Antrag ist zulässig bei Fälligkeit der Vergütung, d. h. nach Beendigung der Nachtragsverteilung. Der Vergütungsantrag ist zu begründen. Wegen der Einzelheiten vgl. auch § 8 InsVV RdNr. 13.

III. Vergütung für die Überwachung der Erfüllung eines Insolvenzplans (Abs.2)

13 **1. Die Überwachung der Erfüllung eines Insolvenzplans. a) Die Überwachung durch den Insolvenzverwalter.** Die Erfüllung eines Insolvenzplans kann für eine begrenzte Zeit, höchstens drei Jahre, überwacht werden, wenn dies im gestaltenden Teil des Insolvenzplans geregelt worden ist (§§ 260–269 InsO). Die Überwachung setzt unmittelbar mit der rechtskräftigen Aufhebung des Insolvenzverfahrens ein. Zuständig für die Überwachung ist der Insolvenzverwalter (§ 261 Abs. 1 S. 1 InsO). Gegenstand der Planüberwachung ist die Erfüllung der Ansprüche, die den Gläubigern nach dem gestaltenden Teil des Plans gegen den Schuldner zustehen. Während der Zeit der Überwachung hat der Verwalter dem Gläubigerausschuss, wenn ein solcher bestellt ist, oder dem Gericht jährlich oder jederzeit auf Anforderung des Gerichts zu berichten. Darüber hinaus kann im Insolvenzplan auch geregelt werden, dass bestimmte Geschäfte an die Zustimmung des Verwalters gebunden werden oder ein Kreditrahmen vorgesehen ist. Gemäß § 260 Abs. 3 InsO kann auch vorgesehen werden, dass sich die Überwachung auf eine Übernahmegesellschaft erstreckt. Diese Überwachung des Insolvenzplans ist besonders zu vergüten. Die Vergütung wird durch das Insolvenzgericht nach Abschluss der Überwachung festgesetzt.

14 **b) Die Überwachung durch einen Sachwalter.** Der Insolvenzplan kann auch vorsehen, dass die Überwachung nicht dem bisherigen Insolvenzverwalter, sondern einer anderen Person übertragen wird. Wird dieses Recht in Anspruch genommen und eine andere Person als Sachwalter mit der Überwachung beauftragt, findet § 6 Abs. 2 InsVV keine Anwendung. Die Vergütung des Sachwalters wird nicht durch das Insolvenzgericht festgesetzt. Diese ergibt sich vielmehr aus der Vereinbarung der Beteiligten.

15 **2. Die Höhe der Vergütung.** Die Vergütung für die Überwachung des Insolvenzplans durch den Insolvenzverwalter ist unter Berücksichtigung des Umfangs nach billigem Ermessen zu vergüten. (§ 6 Abs. 2 S. 2 InsVV) Vergütungserhöhend kann sich auswirken, wenn im Insolvenzplan bestimmte Geschäfte an die Zustimmung des Verwalters gebunden werden oder ein Kreditrahmen vorgesehen ist.

16 Die Vergütung kann als Bruchteil der Verwaltervergütung, wie sie sich aus dem Insolvenzplan und seinen Anlagen nach § 229 InsO ergibt, ermittelt werden.[14] Eine solche Berechnungsgrundlage bietet sich an, wenn die Vergütung bereits im Insolvenzplan festgelegt wird und der Gesamtbetrag der Vergütung auf diese Weise vorab ermittelt werden konnte. Berechnungsgrundlage kann auch die Summe der im Überwachungszeitraum zu erfüllenden Ansprüche sein. Hierzu wird vorgeschlagen, als Pauschale einen Satz von 20% bis 40% des Regelsatzes nach § 2 Abs. 1 festzulegen. Die Vergütung muss sich jedoch nicht nach dem Berechnungssystem der §§ 1–5 InsVV orientieren, sondern kann auch andere Maßstäbe, z. B. Stundensätze oder Pauschalen heranziehen.

17 **3. Das Festsetzungsverfahren. a) Festlegung der Vergütung im Insolvenzplan.** Bereits im Insolvenzplan kann festgelegt werden, nach welchen Regeln die Vergütung des Insolvenzverwalters im Rahmen der Überwachung des Insolvenzplans zu bemessen ist. Eine solche Vergütungsbestimmung bindet jedoch das Insolvenzgericht bei der Vergütungsbemessung nicht, da es die Vergütung für die Überwachung nach billigem Ermessen festzusetzen hat und aus diesem Grund auch von der Festlegung im Insolvenzplan abweichen darf. Enthält der Insolvenzplan jedoch eine Festsetzung, die unter Berücksichtigung des Umfangs billigem Ermessen entspricht, wird sich eine abweichende Vergütungsfestsetzung durch das Insolvenzgericht schwer begründen lassen.

18 **b) Bestimmung der Vergütung durch das Insolvenzgericht.** Die Vergütung wird durch das Gericht nach Abschluss der Überwachung festgesetzt. Dies entspricht den allgemeinen Grundsätzen des Kosten- und Gebührenrechts, wonach die jeweilige Vergütung zu Beginn des Festsetzungsverfahrens fällig sein muss. Da es sich bei der Vergütung für die Überwachung der Erfüllung des Insolvenzplans um eine Tätigkeitsvergütung handelt, entsteht der Vergütungsanspruch erst mit der Leistungserbringung und wird mit der tatsächlichen Beendigung der Tätigkeit fällig.

---

[13] *Haarmeyer/Wutzke/Förster*, § 6 Rn. 10.
[14] *Keller*, Vergütung Rn. 359; *Kübler/Prütting/Eickmann*, § 6 InsVV, Rn. 10.

Diese Regelung wirft Probleme auf, weil zum Zeitpunkt der Beschlussfassung über den Plan 19
diese Kosten noch nicht feststehen, da das Gericht sie erst später festsetzt. Damit sind für die Beteiligten des Planverfahrens die Lasten der einzelnen Gläubigergruppen nicht vorhersehbar und berechenbar. Darüber hinaus geht das Risiko der Realisierbarkeit bei einem Vermögensverfall des Schuldners oder der Übernahmegesellschaft einseitig zu Lasten des Verwalters. Ähnlich wie in § 292 Abs. 2 Satz 2 InsO sollte einem Insolvenzverwalter die Übernahme der Überwachung nur zugemutet werden, wenn die ihm dafür zustehende Vergütung gedeckt oder durch einen Vorschuss gesichert ist.[15]

c) Das Verfahren der Vergütungsfestsetzung. Auch wenn die Vorschriften über die Überwachung der Planerfüllung keine entsprechende Verweisung enthalten, gelten die in den § 64 InsO 20
festgelegten Regelungen des Festsetzungsverfahrens auch für die Festsetzung der Überwachungsvergütung nach den §§ 6 Abs. 2.

Die Entscheidung über den Festsetzungsantrag obliegt nach § 64 Abs. 1 dem Insolvenzgericht. 21
Funktionell zuständig ist das Gerichtsorgan, das zu diesem Zeitpunkt das Verfahren führt. Regelmäßig ist das nach der Eröffnung des Verfahrens gem. § 18 Abs. 1 RpflG der Rechtspfleger.

Der Insolvenzverwalter muss einen **bestimmten Betrag** als Vergütung schriftlich beantragen. 22
Dieser Antrag ist zulässig bei Fälligkeit der Vergütung, d. h. nach Beendigung der Planüberwachung. Der Vergütungsantrag ist zu begründen.

Zur **Gewährung rechtlichen Gehörs** siehe § 64 RdNr. 5. Im Beschlusstenor des Gerichts sind 23
jeweils die festgesetzte Vergütung, die festgesetzten Auslagen und die auf Vergütung und Auslagen zu erstattende Umsatzsteuer gesondert darzustellen. Der zu begründende Beschluss ist nicht nur an den Insolvenzverwalter, den Schuldner und gegebenenfalls an die Mitglieder eines Gläubigerausschusses einzeln zuzustellen. Die Entscheidung ist auch nach 64 Abs. 2 InsO öffentlich bekannt zu machen. Wegen der Einzelheiten siehe § 64 RdNr. 5-8.

Umstritten ist, ob dieser Vergütungsbeschluss ein **Vollstreckungstitel im Sinne des § 794** 24
Abs. 1 Nr. 2 und 3 ZPO ist.[16] Mit dem Vergütungsbeschluss wird grundsätzlich nur die Höhe der Vergütung des Insolvenzverwalters festgelegt. Der Vergütungsbeschluss enthält in der Regel keine Entscheidung über die Kostentragungspflicht. Bei der Überwachung des Insolvenzplans ergibt sich aber die Besonderheit, dass die Vergütung – anders als im vorläufigen oder eröffneten Insolvenzverfahren – nicht einer verwalteten Masse entnommen werden kann, sondern von einem Zahlungspflichtigen geschuldet wird. Grundsätzlich trägt der Schuldner die Kosten der Überwachung (§ 269 S. 1 InsO). Erstreckt sich die Überwachung auf die Erfüllung der Ansprüche, die den Gläubigern nach dem gestaltenden Teil des Insolvenzplans gegen eine juristische Person oder Gesellschaft ohne Rechtspersönlichkeit zustehen, die zum Zwecke der Weiterführung des Unternehmens oder eines Betriebs des Schuldners gegründet worden ist, so hat diese **Übernahmegesellschaft** die Kosten der Planüberwachung zu tragen. Schließlich kann abweichend von der gesetzlich geregelten Kostentragungspflicht im Insolvenzplan eine andere Regelung vorgesehen werden.[17] Besteht daher Streit über die Kostentragungspflicht, so ist die Zahlungspflicht des § 269 InsO durch das Prozessgericht feststellen und titulieren zu lassen, wobei hinsichtlich der Vergütungshöhe das Prozessgericht an den rechtskräftigen Festsetzungsbeschluss des Insolvenzgerichts gebunden ist. Dieser „Doppelbefassung" der Gerichte mit dem Vergütungsanspruch des überwachenden Insolvenzverwalters könnte dadurch begegnet werden, dass bereits der Vergütungsfestsetzungsbeschluss auch einen Ausspruch über die Kostentragungspflicht enthält und somit auch „vollstreckungstauglich" ist.[18] Eine solche Vergütungsfestsetzung setzt allerdings zwingend voraus, dass der Vergütungsschuldner vor der Entscheidung dazu angehört worden ist.

Der Festsetzungsbeschluss ist mit der sofortigen Beschwerde anfechtbar (64 Abs. 3 InsO), die 25
innerhalb einer Frist von zwei Wochen einzulegen ist (§ 569 Abs. 1 ZPO) ist. Zu den Einzelheiten vgl. § 8 InsVV RdNr. 17. Die Zulässigkeit der sofortigen Beschwerde setzt allerdings wie jede Rechtsmitteleinlegung eine Beschwer des Beschwerdeberechtigten voraus. Diese wirft beim Insolvenzverwalter (im Falle der – teilweisen – Ablehnung seines Festsetzungsantrages) und beim Schuldner oder einem anderen Kostentragungspflichtigen keine Probleme auf. Hingegen fehlt sie bei den Insolvenzgläubigern, da sie durch die Festsetzungsentscheidung nicht in ihrer Befriedigungsaussicht beeinträchtigt werden.

4. Auslagen und Umsatzsteuer. Hinsichtlich der dem Insolvenzverwalter im Rahmen der 26
Planüberwachung entstandenen Auslagen gelten die §§ 4, 5, 8 auch hier. Gleichfalls ist zusätzlich zur

---

[15] Krit.: MünchKommInsO-*Nowak* 2.Aufl. § 6 Rn.6.
[16] so Braun/*Frank* § 269 Rn. 3; § 268 Rn. 7; Uhlenbruck/*Luer* § 269 Rn. 3; FK-*Jaffé* § 269 Rn. 2 b; *Andres/Leithaus* § 269 Rn. 1; a. A. MünchKomm/InsO-*Stephan* § 269 Rn. 12; HambKomm-*Thies* § 269 Rn. 3.
[17] FK-*Jaffé* § 269 Rn. 2; MK-*Stephan* § 269 Rn. 10.
[18] so Kübler/Prütting/*Eickmann* § 8 InsVV Rn. 9 f; dazu LG Memmingen ZInsO 2011, 1567.

Vergütung und zur Erstattung der Auslagen ein Betrag in Höhe der vom Insolvenzverwalter zu zahlenden Umsatzsteuer festzusetzen (§ 7).

27 **5. Vorschuss.** Da gerade bei der Planüberwachung das Risiko des Insolvenzverwalters, seine Vergütung zu realisieren erheblich ist, sollte § 9 entsprechende Anwendung finden. Zwar kann der überwachende Insolvenzverwalter seinen Vorschuss keiner verwalteten Masse entnehmen. Ihm ist jedoch ein Anspruch auf Festsetzung von Teilvergütungen während der Dauer der Planüberwachung zuzubilligen. Die festzusetzenden Teilbeträge sollten der im Abrechnungszeitraum geleisteten Tätigkeit entsprechen.[19]

28 **6. Die Vergütung der Mitglieder des Gläubigerausschusses bei der Planüberwachung.** Ist die Überwachung des Insolvenzplans dem Insolvenzverwalter übertragen worden, dann behält trotz der Aufhebung des Insolvenzverfahrens nicht nur der Insolvenzverwalter sein Amt. Auch ein Gläubigerausschuss – sofern ein solcher vorhanden ist – bleibt bestehen. Diesem Gläubigerausschuss hat der Verwalter jährlich über den jeweiligen Stand und die weiteren Aussichten der Erfüllung des Insolvenzplans zu berichten. Der Gläubigerausschuss kann auch jederzeit einzelne Auskünfte oder einen Zwischenbericht verlangen (§ 261 Abs. 2 InsO). Die Mitglieder des Gläubigerausschusses können eine Entschädigung für den reinen Zeitaufwand und Auslagen geltend machen. Der Stundensatz der Vergütung der Mitglieder des Gläubigerausschusses beträgt regelmäßig zwischen 35 und 95 € je Stunde (§ 17 InsVV). Die Auslagen sind einzeln anzuführen und zu belegen (§ 18 InsVV).

§ 7 Umsatzsteuer

Zusätzlich zur Vergütung und zur Erstattung der Auslagen wird ein Betrag in Höhe der vom Insolvenzverwalter zu zahlenden Umsatzsteuer festgesetzt.

I. Normaussage

1 Dem Insolvenzverwalter, der regelmäßig der Umsatzsteuerpflicht unterliegt, ist der Betrag aus der Masse zu erstatten, die er auf die Vergütung und die Auslagen als Umsatzsteuer abzuführen hat. Ob die Masse selbst zum Vorsteuerabzug berechtigt ist, spielt keine Rolle.

II. Umsatzsteuerpflicht des Verwalters

2 Der Rechtsanwalt wird als Insolvenzverwalter im Verhältnis zum Insolvenzschuldner unternehmerisch tätig i. S. v. § 2 Abs. 1 UStG. Mit seiner Geschäftsführung erbringt er eine sonstige Leistung zu Gunsten der Masse und damit für das Unternehmen des Insolvenzschuldners. Dies gilt auch dann, wenn der Insolvenzverwalter in einer Rechtsanwaltskanzlei angestellt ist und die erhaltene Vergütung an seinen Arbeitgeber abzuführen hat.

3 Als leistender Unternehmer ist der von dem zuständigen Insolvenzgericht zum Insolvenzverwalter bestellte Rechtsanwalt (als natürliche Person) anzusehen (vgl. § 56 InsO). Er tritt im Außenverhältnis allen Beteiligten gegenüber im eigenen Namen auf, wobei der Insolvenzschuldner regelmäßig davon ausgehen kann, dass der Insolvenzverwalter ihm gegenüber eine Leistung erbringt. Von dem Arbeitgeber wird er im Zweifel keine Kenntnis haben. Selbst wenn eine Anwaltssozietät die geschuldete Leistung tatsächlich erbringt, und über diese mit dem Insolvenzschuldner abrechnet, ist dennoch der bestellte Insolvenzverwalter als Leistender anzusehen, weil er sich dieser Leistungspflicht im Außenverhältnis nicht entziehen kann. Sämtliche Umsätze, die der Rechtsanwalt in seiner Eigenschaft als Insolvenzverwalter erbringt, sind ihm persönlich zuzurechnen und damit bei ihm zu versteuern.

III. Vorsteuerabzug des Schuldners

4 Der Insolvenzschuldner kann unter den weiteren Voraussetzungen des § 15 UStG die in dem vom Insolvenzverwalter als leistenden Unternehmer ausgestellten Rechnungen gesondert ausgewiesene Umsatzsteuer als Vorsteuer geltend machen.[1] Dabei ist es unschädlich, wenn auf der vom Insolvenzverwalter ausgestellten Rechnung die Kontoverbindung der Anwaltssozietät aufgeführt ist. Die Angabe der Kontoverbindung stellt nur die Umsetzung der im Innenverhältnis zwischen dem ange-

---

[19] Kübler/Prütting/*Eickmann*, § 6 InsVV Rn. 13; *Lorenz/Klanke* § 6 Rn. 22; MünchKommInsO-*Nowak* 2.Aufl. § 6 Rn.6.
[1] BFH, ZVI 2005, 280.

stellten Rechtsanwalt und seinem Arbeitgeber vereinbarten Abtretung der Insolvenzverwaltervergütung, also eine Abkürzung des Zahlungsweges, dar. In einem solchen Fall ist bei der Entscheidung über den Vorsteuerabzug Abschnitt 192 Abs. 3 Sätze 3 und 4 UStR zu beachten. Zu berücksichtigen ist, dass der Schuldner nur dann zum Vorsteuerabzug berechtigt ist, wenn er umsatzsteuerpflichtige Leistungen erbringt, was z. B. bei einem Arzt regelmäßig nicht der Fall ist.

IV. Höhe der festzusetzenden Umsatzsteuer

Für die Frage, ob die Umsatzsteuer in Höhe von 16 % oder von 19 % festzusetzen ist, kommt es **5** nicht auf den Zeitpunkt der Einreichung des Schlussberichts oder dem der Festsetzung durch das Insolvenzgericht an, sondern auf den Zeitpunkt, an dem die Tätigkeit des Insolvenzverwalters endet, also mit Aufhebung oder Einstellung des Verfahrens.[2] Liegt dieser Zeitpunkt nach dem 31.12.2006, ist die Umsatzsteuer mit 19% festzusetzen.

In Verfahren, die vor dem 01.01.1999 eröffnet wurden, findet § 4 Abs. 5 Satz 2 konkursrechtliche **6** Vergütungsverordnung Anwendung.[3] Danach erhält der Verwalter einen Ausgleich der Umsatzsteuer in Höhe der Hälfte des Betrages, der sich aus der Anwendung des allgemeinen Steuersatzes auf die sonstige Vergütung ergibt.

§ 8 Festsetzung von Vergütung und Auslagen

(1) Die Vergütung und die Auslagen werden auf Antrag des Insolvenzverwalters vom Insolvenzgericht festgesetzt. Die Festsetzung erfolgt für Vergütung und Auslagen gesondert. Der Antrag soll gestellt werden, wenn die Schlußrechnung an das Gericht gesandt wird.

(2) In dem Antrag ist näher darzulegen, wie die nach § 1 Abs. 2 maßgebliche Insolvenzmasse berechnet worden ist und welche Dienst- oder Werkverträge für besondere Aufgaben im Rahmen der Insolvenzverwaltung abgeschlossen worden sind (§ 4 Abs. 1 Satz 3).

(3) Der Verwalter kann nach seiner Wahl anstelle der tatsächlich entstandenen Auslagen einen Pauschsatz fordern, der im ersten Jahr 15 vom Hundert, danach 10 vom Hundert der Regelvergütung, höchstens jedoch 250 Euro je angefangenen Monat der Dauer der Tätigkeit des Verwalters beträgt. Der Pauschsatz darf 30 vom Hundert der Regelvergütung nicht übersteigen.

Übersicht

	Rn.		Rn.
I. Normaussage	1, 2	4. Rechtsmittel	17–21
II. Festsetzungsantrag (§ 8 Abs. 2)	3–8	IV. Nachträgliche Massezuflüsse	22–26
1. Zeitpunkt der Antragstellung	3, 4	1. Ergänzung des Festsetzungsbeschlusses	22–25
2. Antragsinhalt	5–8	2. Berücksichtigung sicherer Zuflüsse	26
III. Gerichtliches Verfahren (§ 8 Abs. 1)	9–21	V. Erstattung der Auslagen (§ 8 Abs. 3)	27–36
1. Zuständigkeit	9	1. Einzelabrechnung oder Auslagenpauschale	27–30
2. Amtsermittlung	10–12		
3. Entscheidung	13–16	2. Höhe der Auslagenpauschale	31–36

I. Normaussage

Mit § 8 wird die Regelung des § 64 InsO konkretisiert. Ergänzend wird bestimmt, dass die Fest- **1** setzung der Vergütung einen entsprechenden Antrag des Verwalters voraussetzt und dass Vergütung und Auslagen gesondert festgesetzt werden. Mit § 8 Abs. 2 werden die notwendigen Inhalte des Festsetzungsantrag näher bestimmt. Sie sollen dem Gericht die Prüfung des Antrags und die Festsetzung der Vergütung erleichtern (Entwurfsbegründung zu § 8 Abs. 2 InsVV).[1] Mit § 8 Abs. 3 wird dem Verwalter die Möglichkeit eröffnet, seine Auslagen pauschaliert erstattet zu verlangen, womit sich eine Einzelabrechnung erübrigt.

---

[2] AG Potsdam ZInsO 2006, 1263.
[3] BGH NZI 2004, 142.
[1] abgedruckt bei *Stephan/Riedel*, InsVV, Anhang II.2.

2   Entsprechende Anwendung findet die Vorschrift auf die Festsetzung der Vergütung des vorläufigen Insolvenzverwalters, des Sachwalters und des Treuhänders im vereinfachten Insolvenzverfahren (§ 10).

II. Festsetzungsantrag (§ 8 Abs. 2)

3   **1. Zeitpunkt der Antragstellung.** Der Insolvenzverwalter legt die Schlussrechnung samt seinem Vergütungsantrag dem Insolvenzgericht vor, sobald die Verwertungstätigkeit bzw. seine Amtstätigkeit beendet ist (vgl. § 66 Abs. 1 InsO; § 8 Abs. 1 Satz 3). In den Fällen einer Verfahrenseinstellung nach §§ 207 ff. InsO wird die Schlussrechnung und der Vergütungsantrag vorgelegt, sobald die jeweiligen Voraussetzungen einer Verfahrenseinstellung gegeben sind. Bei einer vorzeitigen Beendigung des Verwalteramtes etwa durch Abwahl oder Entlassung ist die Legung der Schlussrechnung als nachlaufende Verpflichtung des ausscheidenden Verwalters anzusehen. Den Vergütungsantrag stellt der Verwalter, dessen Amt vorzeitig endet, ebenfalls mit der Einreichung der Schlussrechnung.

4   Durch die Stellung eines Vergütungsantrags wird die Verjährung des Insolvenzverwaltervergütungsanspruchs gehemmt.[2]

5   **2. Antragsinhalt.** In seinem Antrag hat der Verwalter alle Faktoren darzulegen, die für die Berechnung der Vergütung von Bedeutung sind. Die Vergütung und die Auslagen sind gesondert aufzulisten (§ 8 Abs. 1 Satz 2). Werden die Auslagen nicht gemäß § 8 Abs. 3 pauschaliert geltend gemacht, sind sie einzeln nachzuweisen.

6   In seinem Vergütungsantrag hat der Insolvenzverwalter insbesondere die Berechnungsgrundlage anzugeben, aus der seiner Meinung nach die konkrete Vergütung zu bestimmen ist (§ 8 Abs. 2). Sachverhalte, die einen Aufschlag auf die Regelvergütung rechtfertigen sind im Einzelnen darzustellen. Erforderliche Abschläge von der Regelvergütung bedürfen keiner detaillierten Begründung, sind aber ebenfalls einzeln zu erörtern. Eine pauschalierte Abwägung von Zu- und Abschlägen genügt nicht.

7   Außerdem hat der Verwalter im Hinblick auf § 4 Abs. 1 Satz 3 darzulegen, welche Dienst- oder Werkverträge für besondere Aufgaben im Rahmen der Insolvenzverwaltung abgeschlossen worden sind (§ 8 Abs. 2). Damit überprüft werden kann, ob die „besonderen Aufgaben" in Wahrheit nicht „allgemeine Geschäfte" betrafen und die gesondert aus der Masse entnommenen Beträge somit eine zusätzliche, nicht gerechtfertigte Vergütung des Verwalters darstellen, muss der Vergütungsfestsetzungsantrag die zur Überprüfung erforderlichen Angaben enthalten. Kommt das Insolvenzgericht zu dem Ergebnis, dass keine „besonderen Aufgaben" vorlagen, dass insbesondere die kostenträchtige Einschaltung Externer nicht erforderlich war, kann es die festzusetzende Vergütung um den zu Unrecht aus der Masse entnommenen Betrag kürzen.[3]

8   Des Weiteren ist die Umsatzsteuer gesondert auszuweisen. Ansonsten ist der Schuldner nicht zum Vorsteuerabzug berechtigt.[4]

III. Gerichtliches Verfahren (§ 8 Abs. 1)[5]

9   **1. Zuständigkeit.** Für die Festsetzung der beantragten Vergütung ist das Insolvenzgericht sachlich und örtlich zuständig, das mit dem Insolvenzverfahren nach §§ 2 und 3 InsO betraut ist (§ 64 Abs. 1 InsO). Der Rechtspfleger ist funktionell zuständig (§§ 3 Nr. 2 Buchst. e, 18 Abs. 1 RPflG). Nach § 18 Abs. 2 RPflG kann sich der Richter das Insolvenzverfahren ganz oder teilweise vorbehalten. Damit besteht wohl auch die Möglichkeit, sich in einzelnen Verfahren die Vergütungsfestsetzung vorzubehalten.[6] Zur funktionellen Zuständigkeit für die Festsetzung der Vergütung eines vorläufigen Insolvenzverwalters, vgl. § 11.

10 **2. Amtsermittlung.** Der Amtsermittlungsgrundsatz des § 5 Abs. 1 InsO findet auch im Verfahren der Vergütungsfestsetzung Anwendung.[7] Das Insolvenzgericht hat demnach z. B. eigene Ermittlungen im Hinblick auf den Wert solcher Gegenstände anzustellen, die durch den Verwalter nicht versilbert wurden. Auch hat das Insolvenzgericht eigenständig zu prüfen, ob die Beauftragung externer Fachleute auf Kosten der Masse im Einzelfall gerechtfertigt war.[8] An die vom Insolvenzverwalter

---

[2] BGH NZI 2007, 397 mit Anm. *Thorsten Graeber* DZWIR 2007, 46.
[3] BGH NZI 2005, 103.
[4] BFH, ZVI 2005, 280.
[5] Vgl. Kommentierung zu § 64 InsO.
[6] vgl. *Frind* ZInsO 2001, 993.
[7] BGH NZI 2009, 57.
[8] BGH NZI 2005, 103.

vorgenommenen Bewertungen ist das Insolvenzgericht nicht gebunden.[9] Gebunden ist das Insolvenzgericht aber gemäß § 4 InsO i.V. mit § 308 ZPO an die beantragte Höhe des Vergütungsanspruchs insgesamt.[10]

Weist der Verwalter seine voraussichtliche Vergütung allerdings in einem Insolvenzplan betragsmäßig aus, so ist weder er noch das Insolvenzgericht daran im späteren Festsetzungsverfahren gebunden. Dies gilt selbst dann, wenn der betreffende Ansatz in den gestaltenden Teil des Insolvenzplans (§ 221 InsO) aufgenommen worden ist. Hat der Insolvenzverwalter selbst, weil er den Plan selbst erstellt oder zumindest mitgestaltet hat, einen Kostenansatz zu verantworten, der bereits damals deutlich zu niedrig erscheinen musste, oder hat er in seiner Stellungnahme zu einem ausschließlich vom Schuldner erstellten Plan nicht auf den erkennbar viel zu niedrigen Ansatz hingewiesen, kommt in Betracht, dass er später nach Treu und Glauben gehindert ist, für seine Bemühungen einen Zuschlag nach § 3 Abs. 1 Buchst. e zu verlangen.[11]

Die Vergütung des Insolvenzverwalters setzt das Insolvenzgericht im Rahmen der Schlussrechnungsprüfung mit der Maßgabe fest, dass der Verwalter erst nach Abhaltung des Schlusstermins berechtigt ist, den festgesetzten Betrag der Masse zu entnehmen. Mit diesem Vorbehalt wird der Tatsache Rechnung getragen, dass sich bei der Erörterung der Schlussrechnung im Schlusstermin im Sinne des § 197 Abs. 1 Nr. 1 InsO noch Änderungen hinsichtlich der maßgebenden Insolvenzmasse ergeben können. Auch ist zu diesem Zeitpunkt regelmäßig die Frist für die Einlegung der sofortigen Beschwerde gegen die Vergütungsfestsetzung gemäß § 64 Abs. 3 InsO abgelaufen. Im Übrigen kann die festgesetzte Vergütung bereits vor Rechtskraft des Festsetzungsbeschlusses der Masse entnommen werden.[12]

3. Entscheidung. Die Vergütung des Insolvenzverwalters sowie die Höhe der zu erstattenden Auslagen werden durch einen entsprechenden Beschluss des Insolvenzgerichts festgesetzt (§ 64 Abs. 1 InsO). Wie die Auslagen ist auch die Umsatzsteuer gesondert auszuweisen.[13] Der Beschluss ist zu begründen. Dabei sind insbesondere vorgenommene Erhöhung bzw. Kürzungen der Regelvergütung einzeln zu erläutern (vgl. § 3).

Auch wenn zwischen der Antragstellung und der gerichtlichen Entscheidung längere Zeit vergeht, steht dem Insolvenzverwalter kein Zinsanspruch gegen den Fiskus zu.[14] Die „Vorfinanzierung" der Vergütung durch den Verwalter ist auch weder durch einen Zuschlag auf die Vergütung gemäß § 3 Abs. 1 noch als Auslagen gemäß § 4 Abs. 2 auszugleichen.[15] Der Verwalter kann sich durch Anträge auf Vorschussgewährung vor finanziellen Nachteilen schützen (vgl. § 9). Gleichwohl sollte das Insolvenzgericht die Bearbeitung eines Vergütungsantrags regelmäßig nicht länger als etwa sechs Monate verzögern.

Die Festsetzung der angemessenen Vergütung des Verwalters ist originäre Aufgabe des Insolvenzgerichts. Auch wenn die Prüfung der Schlussrechnung einem Sachverständigen übertragen wird, ist es nicht dessen Aufgabe, zum Vergütungsantrag des Verwalters Stellung zu nehmen. Keinesfalls darf die Bestimmung der Vergütungshöhe einem Sachverständigen überlassen werden. Auch sollte kein anderer Insolvenzverwalter mit der Tätigkeit betraut werden. Die Einschaltung eines Sachverständigen liegt im Ermessen des Gerichts. Eine Zustimmung des Verwalters oder der Gläubigerversammlung ist nicht erforderlich (vgl. § 66 InsO). Die Vergütung eines eingeschalteten Sachverständigen stellen Auslagen des Gerichts und damit Massekosten i.S. des § 54 InsO dar.

Der Festsetzungsbeschluss ist öffentlich bekannt zu machen und dem Verwalter, dem Schuldner sowie evtl. Gläubigerausschussmitgliedern besonders zuzustellen (§ 64 Abs. 2 Satz 1 InsO). Die öffentliche Bekanntmachung beschränkt sich darauf, dass auf die Möglichkeit hingewiesen wird, den vollständigen Beschluss in der Geschäftsstelle einzusehen; der festgesetzte Betrag sowie die Gründe bleiben unveröffentlicht (§ 64 Abs. 2 Satz 2 InsO).

4. Rechtsmittel. Der Festsetzungsbeschluss unterliegt der sofortigen Beschwerde. Es gilt § 567 Abs. 2 ZPO, sodass der Beschwerdewert 200,- € übersteigen muss. Die Beschwerdefrist beginnt mit dem Wirksamwerden der öffentlichen Bekanntmachung des Festsetzungsbeschlusses nach § 9 InsO.

Beschwerdeberechtigt sind der Insolvenzverwalter, der Schuldner sowie jeder Insolvenzgläubiger, der seine Forderung zur Insolvenztabelle angemeldet hat (§ 64 Abs. 3 InsO).[16] In einem masselosen

---

[9] BGH NZI 2007, 45.
[10] BGH NZI 2006, 235.
[11] BGH NZI 2007, 341.
[12] BGH NZI 2006, 94.
[13] vgl. BFH, ZVI 2005, 280.
[14] BGH NZI 2004, 249.
[15] BGH ZInsO 2004, 268
[16] BGH NZI 2007, 241.

Verfahren ist ein Insolvenzgläubiger zumindest beschwerdeberechtigt, wenn sich eine Wohlverhaltensphase anschließt.[17] Im masselosen Verfahren kann sich daneben auch eine Beschwerdebefugnis der Massegläubiger ergeben. Ein Beschwerderecht der Staatskasse wird auch im Falle der Kostenstundung nach § 4a InsO verneint. Ihr verbleibt die Möglichkeit der Rechtspflegererinnerung nach § 11 Abs. 2 RPflG, was die Zustellung des Festsetzungsbeschlusses an den zuständigen Bezirksrevisor notwendig macht.[18] Das Insolvenzgericht kann der Beschwerde abhelfen, ansonsten hat das Landgericht über die Beschwerde zu entscheiden (§ 568 Abs. 1 ZPO).

19 Das Beschwerderecht geht nicht dadurch verloren, dass im Schlusstermin gegen die Schlussrechnung des Verwalters keine Einwendungen erhoben werden. Wie § 197 Abs. 1 Satz 2 Nr. 1 InsO zum Ausdruck bringt, dient der Schlusstermin nicht der Erhebung von Einwendungen gegen die Schlussrechnung, sondern deren Erörterung. Abweichung von den Vorschriften der Konkursordnung gilt damit die Schlussrechnung auch nicht als genehmigt, wenn keine Einwendungen erhoben werden.

20 Nach der Aufhebung des § 7 InsO durch das Gesetz zur Änderung des ZPO findet die **Rechtsbeschwerde** in Insolvenzsachen nur gegen solche Beschwerdeentscheidungen zulassungsfrei statt, die vor dem Inkrafttreten des neuen Rechts am 27. Oktober 2011 erlassen worden sind.[19]

21 Das Verschlechterungsverbot findet auch bei der Vergütungsfestsetzunganwendung, so dass die neue Entscheidung dem Rechtsmittelführer zumindest das gewähren muss, was ihm die allein von ihm ursprünglich angefochtene Entscheidung zubilligte.[20] Das Beschwerdegericht wird darüber hinaus durch das Verschlechterungsverbot nicht gehindert, bei Feststellung der angemessenen Vergütung im Einzelfall Zu- und Abschläge anders zu bemessen als das Insolvenzgericht, soweit es den Vergütungssatz insgesamt nicht zum Nachteil des Beschwerdeführers ändert.[21] Das Verschlechterungsverbot wird auch dann nicht berührt, wenn das Beschwerdegericht die Berechnungsgrundlage zu Lasten dessen, der seine Vergütung begehrt, ändert, diesen Nachteil jedoch durch die Gewährung eines Zuschlags kompensiert. Umgekehrt gilt dasselbe, so dass das Beschwerdegericht einen bisher gewährten Zuschlag versagen kann, wenn es durch eine Erhöhung der Berechnungsgrundlage im Ergebnis einen Nachteil vermeidet.[22]

IV. Nachträgliche Massezuflüsse

22 **1. Ergänzung des Festsetzungsbeschlusses.** Zwischen der Schlussrechnungslegung einerseits, der Vergütungsfestsetzung andererseits und der Beendigung des Verfahrens durch dessen Aufhebung (§ 200 InsO) oder Einstellung (§§ 207 ff. InsO) liegen in der Praxis mehrere Monate, in Extremfällen mehrere Jahre. Meist ergeben sich in dieser Zeit weitere Massezuflüsse, etwa in Form von Zinserträgen, Arbeitseinkünften oder auch Erbschaften. Die Verteilung solcher Zuflüsse kann im Rahmen der Schlussverteilung erfolgen. Der Anordnung einer Nachtragsverteilung bedarf es abweichend von § 203 Abs. 1 InsO und in Übereinstimmung mit § 166 Abs. 1 KO nur dann, wenn nach dem Vollzug der Schlussverteilung, also regelmäßig nach Verfahrensbeendigung, ein Massezufluss zu verzeichnen ist. In diesem Fall wird der mit der Nachtragsverteilung beauftragte Verwalter aber gesondert vergütet, so dass keine Ergänzung des Festsetzungsbeschlusses ansteht (vgl. § 6).

23 Für den Fall eines nachträglichen Massezuflusses hat der BGH festgestellt, dass bei der Festsetzung der Verwaltervergütung jedenfalls alle Einnahmen bis zum Schlusstermin zu berücksichtigen sind. Dies ergibt sich aus der ergänzenden Anwendung des § 63 Abs. 1 Satz 2 InsO. Werden vor dem Schlusstermin in der (vorläufigen) Schlussrechnung nicht enthaltene Einnahmen für die Masse erzielt, ist die Schlussrechnung auf einen entsprechenden Antrag des Verwalters hin fortzuschreiben und die sich hieraus ergebende neue Teilungsmasse der ergänzenden Festsetzung der Vergütung zugrunde zu legen (vgl. § 1 Rdn. 6). Die Rechtskraft des bereits erlassenen Festsetzungsbeschlusses steht dem nicht entgegen. Der Insolvenzverwalter kann sich die Ergänzung seines Vergütungsantrags bei der ersten Antragstellung vorbehalten, notwendig ist dies jedoch nicht.[23]

24 Problematisch sind ergänzende Festsetzungen nach Abhaltung des Schlusstermins. Da die Gläubigerversammlung keine Möglichkeit hat, die maßgebende fortgeschriebene Schlussrechnung zu erörtern, ist jedenfalls erforderlich, dass die Festsetzung nach § 64 Abs. 2 InsO veröffentlicht und das Insolvenzverfahren nicht vor Ablauf der Beschwerdefrist aufgehoben oder eingestellt wird.

---

[17] BGH NZI 2006, 250.
[18] LG Wuppertal ZInsO 2002, 486.
[19] BGH ZIP 2012, 1146.
[20] BGH NZI 2004, 440.
[21] BGH NZI 2005, 559 mit Anm. *Thorsten Graeber* DZWIR 2005, 515.
[22] BGH NZI 2007, 45.
[23] BGH NZI 2006, 237.

Die nachträgliche Ergänzung der Vergütungsfestsetzung führt zu einem weiteren Massezufluss in 25
Form einer weiteren Umsatzsteuerrückerstattung mit der Folge, dass eine erneute Ergänzung der
Festsetzung erfolgen müsste, die wiederum einen Massezufluss auslösen würde. Um endlose Ergänzungen zu vermeiden, ist die Möglichkeit der ergänzenden Vergütungsfestsetzung aufgrund von
Umsatzsteuerrückerstattungen auf einen Fall zu begrenzen.[24]

2. Berücksichtigung sicherer Zuflüsse. Soweit nachträgliche Massezuflüsse zum Zeitpunkt 26
der Schlussrechnungslegung bzw. der Vergütungsfestsetzung mit Sicherheit zu erwarten sind, sind
sie bereits bei der Vergütungsfestsetzung zu berücksichtigen.[25] Voraussetzung ist allerdings, dass diese
tatsächlich an die Masse ausbezahlt werden und daher die Masse erhöhen. Hinsichtlich eines zukünftigen Umsatzsteuererstattungsanspruchs, der sich regelmäßig erst nach dem Schlusstermin ergibt, ist
dies dann der Fall, wenn sich nach dem Vortrag des Insolvenzverwalters ein an die Masse zu erstattender Überschuss der Vorsteuerbeträge ergibt.[26] Grundvoraussetzung hierfür ist selbstredend, dass
der Schuldner zum Vorsteuerabzug berechtigt ist, was z. B. bei einem Arzt regelmäßig nicht der Fall
ist. Zukünftige Guthabenszinsen können in dieser Weise bereits deshalb nicht berücksichtigt werden,
weil der Endzeitpunkt für die Zinsberechnung nicht feststeht. Bei einem Anspruch auf Umsatzsteuererrückerstattung, die sich aus der Vergütung des vorläufigen Verwalters ergibt, ist zu beachten, dass
das Finanzamt gegen einen solchen Anspruch mit Steuerschulden aus der Zeit vor Verfahrens aufrechnen kann, was dazu führt, dass sich kein Massezufluss ergibt.[27]

V. Erstattung der Auslagen (§ 8 Abs. 3)

1. Einzelabrechnung oder Auslagenpauschale. Der Verwalter kann gemäß § 8 Abs. 3 nach 27
seiner Wahl anstelle der tatsächlich entstandenen Auslagen einen Pauschsatz fordern. Von den tatsächlich entstandenen Auslagen kann der Verwalter nur diejenigen gesondert ersetzt verlangen, die
nicht nach § 4 zu den allgemeinen Geschäftskosten zählen und deshalb bereits mit der Vergütung
als abgegolten gelten (vgl. § 4 Rdn. 1). Als Auslagen in diesem Sinne gelten die in § 4 Abs. 2 InsVV
genannten besonderen Kosten. Nicht dazu gehören die Kosten, die im Rahmen von Dienst- oder
Werkverträgen im Sinne von § 4 Abs. 1 Satz 3 entstanden sind.[28]

Macht der Insolvenzverwalter tatsächlich entstanden Auslagen geltend und beantragt er deren 28
Festsetzung, so hat er die getätigten Ausgaben im Einzelnen darzustellen und zu belegen. Dabei
können Kostengruppen zusammengefasst werden.

Neben der Auslagenpauschale können weitere tatsächlich entstandene Auslagen nicht erstattet 29
verlangt werden. In nach dem 31.12.2003 eröffneten Verfahren, also nach Inkrafttreten der Änderungsverordnung vom 04.10.2004, kann der Verwalter jedoch neben der Auslagenpauschale die
Zustellungskosten – ohne evtl. Personalkosten – gemäß § 4 Abs. 2 verlangen, die ihm dadurch entstehen, dass er gemäß § 8 Abs. 3 InsO vom Insolvenzgericht mit Zustellungen beauftragt wurde.[29] Als
Zustellungsaufwand gelten Porto- und Kopierkosten sowie Ausgaben für Umschläge (ca. 1,- € pro
Zustellung). Nach aktueller Ansicht des BGH ist dem Verwalter für jede Zustellung der Sach- und
Personalaufwand außerhalb eines Zuschlags zu ersetzen. Die entstandenen Kosten sind durch das
Insolvenzgericht im Einzelfall zu schätzen.[30]

In vor dem 01.01.2004 eröffneten Verfahren ist dies nicht möglich; jedoch kann der Verwalter 30
einen Zuschlag nach § 3 Abs. 1 verlangen und danach auch die Auslagenpauschale berechnen. Alternativ kann er die Zustellungskosten einzeln abrechnen und zusätzlich einen Zuschlag nach § 3 Abs. 1
beanspruchen.[31] Die durch die Änderungsverordnung vom 4. Oktober 2004 für ab dem 1. Januar
2004 eröffnete Insolvenzverfahren eingeführte Begrenzung des Pauschsatzes für Auslagen verstößt
für Insolvenzverfahren, die bei Inkrafttreten der Änderungsverordnung am 7. Oktober 2004 noch
andauerten, nicht gegen das verfassungsrechtliche Rückwirkungsverbot.[32]

2. Höhe der Auslagenpauschale. Die Auslagenpauschale beträgt im ersten Jahr nach Insolvenz- 31
eröffnung 15% der gesetzlichen Regelvergütung – Zu- und Abschläge nach § 3 InsVV bleiben
unberücksichtigt -, danach 10% für jedes angefangene Folgejahr.[33] Maximal stehen dem Verwalter

---

[24] LG Stralsund ZInsO 2007, 1045
[25] BGH NZI 2007, 583 mit Anm. *Keller* DZWIR 2008, 31.
[26] BGH NZI 2008, 97 mit Anm. *Reck* ZInsO 2011, 267.
[27] BFH, ZIP 2005, 628.
[28] LG Flensburg ZInsO 2003, 1093.
[29] BGH NZI 2007, 244 mit Anm. *Keller* DZWIR 2007, 353.
[30] BGH BeckRS 2013, 06791.
[31] BGH NZI 2007, 166 mit Anm. *Thorsten Graeber* ZInsO 2007, 82.
[32] BGH BeckRS 2012, 24620.
[33] BGH ZInsO 2005, 1159.

250,- € je angefangenen Monat – nicht Kalendermonat - der Dauer seiner Tätigkeit zu. Insgesamt darf der Pauschsatz 30% der Regelvergütung nicht übersteigen. In Insolvenzverfahren, die vor dem 01.01.2004 eröffnet wurden, ist der Berechnung des Pauschsatzes die Regelvergütung unter Berücksichtigung vorgenommener Zu- oder Abschläge zugrunde zu legen. Außerdem findet die Begrenzung auf 30% der Regelvergütung keine Anwendung. Diese Änderungen ergaben sich im Rahmen der Änderungsverordnung vom 04.10.2004 (§ 19).

32 **Beispiel:** *In einem nach dem 31.12.2003 eröffneten und 26 Monate andauernden Verfahren ergibt sich aus § 2 eine Regelvergütung i.H. von 17.500,- €. Die Auslagenpauschale beträgt demnach für das erste Jahr 2.625,- €, für das zweite und dritte Jahre jeweils 1.750,- €. Zusammen damit 6.125,- €. Der Maximalbetrag von 250,- € x 26 ist nicht erreicht. Jedoch kommt die Begrenzung auf 30% der Regelvergütung (= 5.250,- €) zum Tragen.*

33 Die prozentualen Pauschsätze orientieren sich ebenso wie der maximale Höchstbetrag an der Regelvergütung des § 2. Steht dem Insolvenzverwalter die Mindestvergütung nach § 2 Abs. 2 zu, so stellt diese die maßgebende Regelvergütung dar.[34] Dabei sind Erhöhungen, die sich aus entsprechenden Gläubigerzahlen ergeben, Teil der Regelvergütung.[35] Für den vorläufigen Verwalter ist die maßgebende Regelvergütung dem § 11 Abs. 1 Satz 2 zu entnehmen.[36]

34 Der Anspruch auf Auslagenpauschale endet nicht schon mit der Vorlage des Schlussberichts, sondern erst zu dem Zeitpunkt, zu dem das Insolvenzverfahren bei angemessener, zügiger Bearbeitung abgeschlossen werden kann.[37] Fallen bis zur endgültigen Verfahrensbeendigung und nach der Festsetzung der Vergütung und der zu erstattenden Auslagen, z. B. für die Durchführung der Schlussverteilung weitere Pauschbeträge an, sind diese auf Antrag des Verwalters vom Insolvenzgericht ergänzend festzusetzen.[38] Auf Antrag kann darauf auch ein Vorschuss gewährt werden.[39]

35 Der Auslagenpauschsatz kann nur gefordert werden für die Zeiten, in denen der Insolvenzverwalter insolvenzrechtlich notwendige Tätigkeiten erbracht hat.[40] Der Umstand, dass der Insolvenzverwalter etwa längere Zeit den Abschlussbericht nicht vorlegt oder die genehmigte Schlussverteilung nicht vornimmt, obwohl ihm dies jeweils möglich wäre, kann deshalb den berücksichtigungsfähigen Zeitraum der Tätigkeit im Sinne des § 8 Abs. 3 nicht verlängern.[41]

36 Dasselbe gilt für Rechtsmittel gegen die Vergütungsfestsetzung. Denn das Verfahren zur Festsetzung der Vergütung betrifft nicht unmittelbar das Insolvenzverfahren. Würde die Dauer der Rechtsmittelverfahren bezüglich der Vergütungsansprüche weiter monatliche Auslagenpauschbeträge begründen, ohne dass der Verwalter davon unabhängig im Interesse des Insolvenzverfahrens tätig ist, wäre dies mit dem Zweck des § 8 Abs. 3 unvereinbar.[42] Zeitliche Verzögerungen, die allein beim Insolvenzgericht begründet liegen, können den Anspruch des Verwalters grundsätzlich nicht reduzieren.[43] Allerdings beschränkt sich der Aufwand des Verwalters von der Einreichung der Schlussrechnung an bis zur Festsetzung der Vergütung meist auf die Kontoführung und auf eventuelle jährliche Steuererklärungen. Es ist deshalb gerechtfertigt, für diese Zeitspanne die Auslagenpauschale deutlich zu kürzen.[44] Dies sollte das Insolvenzgericht jedoch nicht davon abhalten, die eingereichte Schlussrechnung zeitnah zu bearbeiten. Mehr als sechs Monate sollte das Insolvenzgericht die Prüfung der Schlussrechnung nicht hinauszögern.

§ 9 Vorschuß

¹Der Insolvenzverwalter kann aus der Insolvenzmasse einen Vorschuß auf die Vergütung und die Auslagen entnehmen, wenn das Insolvenzgericht zustimmt. ²Die Zustimmung soll erteilt werden, wenn das Insolvenzverfahren länger als sechs Monate dauert oder wenn besonders hohe Auslagen erforderlich werden. Sind die Kosten des Verfahrens nach § 4 a der Insolvenzordnung gestundet, so bewilligt das Gericht einen Vorschuss, sofern die Voraussetzungen nach Satz 2 gegeben sind.

---

[34] BGH NZI 2006, 515 mit Anm. *Blersch* EWiR 2010, 399.
[35] AG Potsdam NZI 2007, 179.
[36] BGH NZI 2007, 46 mit Anm. *Pape* WuB VI A § 63 InsO 2.07.
[37] BGH NZI 2006, 232 mit Anm. *Biehl* NJ 2006, 313.
[38] BGH BGHReport 2006, 998.
[39] *Haarmeyer/Wutzke/Förster* § 9 InsVV Rdn. 10.
[40] BGH NZI 2008, 544 mit Anm. *Blersch* EWiR 2009, 421.
[41] BGH NZI 2011, 714.
[42] BGH NZI 2006, 232 mit Anm. *Biehl* NJ 2006, 313.
[43] BGH ZInsO 2006, 424.
[44] vgl. BGH NZI 2008, 544 mit Anm. *Blersch* EWiR 2009, 421.

Schrifttum: *Foltis*, Zur Anfechtbarkeit des „Vorschussbeschlusses" und Anwendbarkeit der Zuschlagsregel bei Fortführung mit Masseerhöhung, ZInsO 2001, 842; *Haarmeyer*, Rechtsmittel im Rahmen der Vorschussentnahme nach § 9 InsVV, ZInsO 2001, 938; *Keller* Vorschussentnahme auf die Vergütung des Insolvenzverwalters, DZWIR 2003, 101; ders.; Zu den erstattungsfähigen Auslagen nach InsVV § 4 Abs 2, EWiR 2002, 957-958; ders.; Zur Vorschussgewährung nach InsVV § 9, EWiR 2002, 295; *Nicht/Schildt*, Der Vorschussanspruch des Insolvenzverwalters – Rechtsgrundlage, Festsetzung und Rechtsmittel des Insolvenzverwalters, NZI 2010, 466; *Schäferhoff*, Zum Auslagenvorschuss des Insolvenzverwalters für die Erfüllung einer Verfügung der Finanzverwaltung, EWiR 2004, 1037; *Schulz*, Zur verfahrensökonomischen Behandlung von Anträgen der Insolvenzverwalter auf Zustimmung zur Entnahme eines Vorschusses auf die Vergütung, NZI 2006, 446.

Übersicht

	Rn.		Rn.
I. Normzweck	1–5	IV. Das Zustimmungsverfahren	20–33
II. Anwendungsbereich der Vorschrift	6–8	1. Antrag	20, 21
III. Die Voraussetzungen einer Vorschussentnahme	9–14	2. Anhörung	22
		3. Entscheidung	23, 24
1. Allgemeines	9	4. Bekanntgabe	25
2. Ablauf von sechs Monaten	10	5. Rechtsbehelfe	26–32
3. Besonders hohe Auslagen	11	a) Anfechtung der gerichtlichen Zustimmung zur Vorschussentnahme	26, 27
4. Weitere Anwendungsfälle	12–14		
IV. Berechnungsgrundlage und Höhe des Vorschusses	15–19	b) Anfechtung der gerichtlichen Versagung der Vorschussentnahme	28–32
1. Vorschuss für die Vergütung	15–17	6. Wirkung der Entnahme	33
2. Vorschuss für die Auslagen	18	V. Der Vorschuss in Stundungsverfahren	34
3. Umsatzsteuer	19		

I. Normzweck

§ 9 Satz 1 gestattet dem Verwalter einen Vorschuss, das heißt **noch nicht fällige Beträge,** der Insolvenzmasse zu entnehmen, wenn das Insolvenzgericht zustimmt. Nicht in allen Fällen ist es dem Insolvenzverwalter zuzumuten, bis zum Ende des Verfahrens auf die Festsetzung seiner Vergütung und Auslagen zu warten. Die Vergütung des Insolvenzverwalters wird erst mit der Beendigung des Insolvenzverfahrens festgesetzt. Der Insolvenzverwalter hat jedoch im Insolvenzverfahren nicht nur seine allgemeinen Unkosten, sondern gegebenenfalls auch besondere verfahrensbezogene Unkosten aufzuwenden. Insbesondere bei einer Fortführung eines Unternehmens unter Einsatz eigenen Personals, aber auch bei Kleininsolvenzen über das Vermögen ehemals Selbstständiger oder in Verbraucherinsolvenzverfahren, bei denen er entweder durch eigenen Personaleinsatz oder durch Beauftragung Dritter die Buchführung aufarbeiten oder Steuererklärungen abgeben muss, kann dies zu erheblichen Belastungen führen, insbesondere bei länger andauernden Verfahren. 1

Die Vorschussgewährung dient jedoch nicht nur dazu, den Verwalter bei der Vorfinanzierung seiner Unkosten zu entlasten. Sie soll vielmehr auch ein mögliches Ausfallrisiko im Falle einer Masseunzulänglichkeit nach § 208 InsO verringern.[1] 2

Die **unverzügliche Bewilligung von Vorschüssen** nach Maßgabe des § 9 InsVV hat nicht nur für den Insolvenzverwalter eine große Bedeutung, der mit seiner Tätigkeit zunächst auf eigene Kosten und eigenes Risiko erhebliche Vorleistungen erbringt, sondern auch für das Insolvenzverfahren insgesamt. Eine hinter den Maßstäben des § 9 InsVV zurückbleibende oder gar nicht daran ausgerichtete Bewilligungspraxis könnte die Bereitschaft von Insolvenzverwaltern verringern, eine aufwändige, länger dauernde Unternehmensfortführung auch mit dem Ziel einer späteren (übertragenden) Sanierung zu riskieren.[2] 3

Bereits unter Geltung der KO war in der Rechtsprechung anerkannt, dass der Verwalter einen Anspruch auf Vorschussgewährung hat, um sein Ausfallrisiko zu verringern.[3] Ausdrücklich hat sich der BGH zu der Ansicht bekannt, dass der Vorschuss „im Einzelfall bei Darlegung entsprechender Gründe die Regelvergütung überschreiten" kann.[4] 4

Durch die Verordnung zur Änderung der Insolvenzrechtlichen Vergütungsverordnung vom 4. Oktober 2004 wurde Satz 3 angefügt. Danach erhält der Insolvenzverwalter in einem Verfahren, in 5

---
[1] *Keller,* Vergütung Rn. 422
[2] BGH NZI 2003, 31
[3] BGHZ 116, 233.
[4] BGHZ 116, 233.

dem die Verfahrenskosten nach § 4 a InsO gestundet wurden, einen Anspruch auf Gewährung eines Kostenvorschusses, der aus der Staatskasse zu zahlen ist.

II. Anwendungsbereich der Vorschrift

6 § 9 gilt nicht nur für den Insolvenzverwalter, sondern auch für den **Sachwalter** und den **Treuhänder im vereinfachten Insolvenzverfahren** (§ 10 InsVV). Für den **Treuhänder in der sog. Wohlverhaltensperiode** nach § 293 InsO sieht § 16 Abs. 2 InsVV eine Sonderregelung vor.[5] Zugunsten der **Mitglieder des Gläubigerausschusses** ist eine Vorschussmöglichkeit nicht vorgesehen. Diese sind nach hM jedoch auch vorschussberechtigt.[6] § 9 ist hier entsprechend anzuwenden.

7 Für den **Insolvenzverwalter im Planüberwachungsverfahren** (§§ 260–269 InsO) ist die Vorschrift nicht unmittelbar anwendbar, da es in diesem Verfahrensabschnitt keine Insolvenzmasse gibt, auf die der Verwalter zugreifen könnte.[7] Gerade im Verfahren der Planüberwachung ist jedoch ein Zuwarten des Insolvenzverwalters bis nach dem Ende der Planüberwachung nicht zumutbar, da bei der Planüberwachung das Risiko des Insolvenzverwalters, seine Vergütung zu realisieren erheblich ist. Daher sollte § 9 auch für den Verwalter im Planüberwachungsverfahren entsprechend anwendbar sein. Da der überwachende Insolvenzverwalter seinen Vorschuss keiner verwalteten Masse entnehmen kann, ist ihm ein Anspruch auf Festsetzung von Teilvergütungen während der Dauer der Planüberwachung zuzubilligen. Die festzusetzenden Teilbeträge sollten der im Abrechnungszeitraum geleisteten Tätigkeit entsprechen.[8] Zur Vollstreckung der festgesetzten Forderung siehe § 6 InsVV RdNr. 24.

8 Hinsichtlich der Vergütung des **vorläufigen Insolvenzverwalters** ist § 9 InsVV auf Grund des § 10 InsVV entsprechend anzuwenden, wobei den Besonderheiten der vorläufigen Verwaltung Rechnung zu tragen ist. Da in einem vorläufigen Verfahren die Grenze von sechs Monaten in der Praxis der vorläufigen Verwaltung kaum überschritten werden wird, sind nicht die Verfahrensdauer als Grund für die Einwilligung des Gerichts heranzuziehen, sondern besonders hohe Auslagen oder das Ausfallrisiko. Besonders hohe Auslagen können in den Fällen einer Fortführung des schuldnerischen Unternehmens entstehen. Das Ausfallrisiko ist insbesondere gegeben, wenn der Vergütungsanspruch des Verwalters auf Grund der Berücksichtigung von mit Sicherungsrechten belasteten Vermögensgegenständen höher ausfällt als der Wert der hierfür zur Verfügung stehenden Masse. Dieses Risiko kann der vorläufige Insolvenzverwalter teilweise dadurch verringern, dass er die Zustimmung zur Entnahme angemessener Vorschüsse aus der von ihm zu verwaltenden Masse beantragt.

III. Die Voraussetzungen einer Vorschussentnahme

9 **1. Allgemeines.** § 9 nennt als Voraussetzung für eine Vorschussentnahme ein länger als sechs Monate andauerndes Insolvenzverfahren und besonders hohe Auslagen. Darüber hinaus sind weitere Anwendungsfälle denkbar, in denen es dem pflichtgemäßen Ermessen des Insolvenzgerichts entspricht, der Vorschussentnahme zuzustimmen.[9]

10 **2. Ablauf von sechs Monaten.** Das Insolvenzgericht hat der Vorschussentnahme zuzustimmen, wenn das Insolvenzverfahren länger als sechs Monate gedauert hat sind (Satz 2 1.Alt.). Mit dieser Regelung hat der Verordnungsgeber zum Ausdruck gebracht, dass der Verwalter seine Tätigkeit zwar vorfinanzieren muss, ihm jedoch spätestens nach sechs Monaten eine weitere vollständige Vorfinanzierung nicht mehr zugemutet werden darf und das gebundene Ermessen des Insolvenzgerichts dahin gehend auszuüben ist, dass die bis dahin erbrachten Tätigkeiten zu vergüten sind.[10]

11 **3. Besonders hohe Auslagen.** Unabhängig von dieser Zeitgrenze hat das Gericht einer Vorschussgewährung zuzustimmen, wenn besonders hohe Auslagen erforderlich werden (Satz 2 2. Alt.). Ausreichend ist, dass diese Auslagen absehbar sind. Der Insolvenzverwalter muss diese nicht bereits vorfinanziert haben und dabei das Risiko eingehen, diese Auslagen möglicherweise wegen Masseunzulänglichkeit nicht mehr ersetzt zu erhalten.

12 **4. Weitere Anwendungsfälle.** Der Verordnungsgeber hat die Vorschussgewährung jedoch nicht auf diese beiden vorgenannten Fälle beschränkt. Die Formulierung in § 9 ist beispielhaft.[11] Die

---

[5] siehe § 16 InsVV RdNr. 15.
[6] LG Aachen, ZIP 1993, 137; AG Ansbach ZIP 1990. 249; AG Elmshorn, ZIP 1982, 981; AG Mannheim ZIP 1985, 301
[7] *Kübler/Prütting/Eickmann/Prasser* § 9 InsVV Rn. 2
[8] *Kübler/Prütting/Eickmann*, § 6 InsVV Rn. 13.
[9] *Eickmann* § 9 RdNr. 6; *Keller* RdNr. 166.
[10] BGH ZInsO 2002, 1133
[11] *Kübler/Prütting/Eickmann/Prasser* § 9 Rn. 8.

Rechtsprechung hat als weiteren Grund für die Gewährung eines Vorschusses den möglichen Eintritt einer Masseunzulänglichkeit anerkannt.[12] In einem solchen Fall kann das Insolvenzgericht auch vor Ablauf der sechs Monate einen Vorschuss genehmigen.

Problematisch kann die Vorschussentnahme werden, wenn damit einem fortzuführenden Unternehmen die Liquidität entzogen wird und damit die Fortführung behindert wird.[13] In einem solchen Fall ist dem Verwalter ein Zuwarten auf seine Vergütung ausnahmsweise zuzumuten, solange nicht bei drohender Masseunzulänglichkeit eine Gefährdung der Realisierung der Vergütung eintritt.

Dem um einen Vorschuss nachsuchenden Verwalter kann die Zustimmung nicht mit der Begründung versagt werden, dass infolge der Entnahme die volle Befriedigung anderer Massegläubiger nicht mehr gewährleistet sei.[14]

IV. Berechnungsgrundlage und Höhe des Vorschusses

1. Vorschuss für die Vergütung. Der zu bewilligende Vergütungsvorschuss soll die bis dahin erbrachte Tätigkeit des Insolvenzverwalters, Sachwalters, Treuhänders im vereinfachten Verfahren oder vorläufigen Insolvenzverwalters abgelten. Dem Grundgedanken des Gebühren- und Vergütungsrechts entspricht es, zum Zeitpunkt des Antrags auf Zustimmung ungefähr das zu vergüten, was bisher an **Verwalterleistung** erbracht wurde.[15] Die Höhe ist regelmäßig unter Berücksichtigung der Berechnungsmerkmale der §§ 1 bis 3, 10, 11, 12 und 13 zu bestimmen. Hinsichtlich der Bestimmung der Berechnungsgrundlage steht dem Gericht kein Ermessen zu. Es handelt sich vielmehr um eine rechtlich gebundene Entscheidung.[16]

Das Insolvenzgericht hat abzuschätzen, welche Berechnungsgrundlage und welche Zu- und Abschläge nach § 3 InsVV voraussichtlich in der Berechnung der endgültigen Vergütung des Insolvenzverwalters zu berücksichtigen wären.[17] Eine Vergütungserhöhung gem. § 3 Abs.1 InsVV ist zu berücksichtigen, wenn sich der entsprechende Tatbestand bereits verwirklicht hat oder mit Sicherheit verwirklichen werden wird.[18] Ist abzusehen, dass in dem konkreten Verfahren die Regelvergütung nach § 2 InsVV über oder unterschritten werden wird, ist der jeweilige abzuschätzende Vergütungsbetrag inklusive aller Zu- und Abschläge nach § 3 InsVV maßgebend. Daher kann bereits der Betrag der Vorschussentnahme im Einzelfall die Regelvergütung nach § 2 Abs. 1 InsVV überschreiten.[19]

Als Basis der fiktiven Vergütungsberechnung ist dabei der Wert der sicher vorhandenen Insolvenzmasse anzusetzen. Es ist nicht lediglich die bis zum Zeitpunkt der Vorschussgewährung verwertete Insolvenzmasse maßgebend. Hoffnungswerte und die Werte der noch beizutreibenden, aber nicht sicher realisierbaren Forderungen sind hierbei außer Acht zu lassen. Die Liquidität der Insolvenzmasse ist bei der Bestimmung der Höhe des Vorschusses zu berücksichtigen.[20] Der Vorschuss soll die voraussichtliche Gesamtvergütung nicht übersteigen.[21]

Der mit Zustimmung Insolvenzgerichts entnommene Vorschuss ist bei einer späteren Einstellung des Verfahrens mangels Masse auch nicht zurückzuerstatten, da die Vorschussgewährung gerade auch das Ausfallrisiko des Verwalters mindern soll.

2. Vorschuss für die Auslagen. An Auslagen kann der Insolvenzverwalter alle bisherigen und die mit Sicherheit demnächst zu erwartenden beanspruchen. Hinsichtlich der bisherigen Auslagen besteht für das Insolvenzgericht kein Ermessensspielraum.[22] Die demnächst anfallenden Auslagen müssen bestimmbar sein.[23] Von besonderer praktischer Bedeutung sind insbesondere Reisekosten, die in Betriebsfortführungsfällen laufend anfallen. In diesen Fällen sollte eine pauschalierte Entnahmegestattung statthaft sein.[24]

3. Umsatzsteuer. Zugleich mit der Vergütung und den Auslagen steht dem Insolvenzverwalter auch die darauf entfallende Umsatzsteuer zu, § 7.[25]

---

[12] BGH ZIP, 1992, 120; NZI 2003, 31
[13] AG Göttingen ZInsO 1998, 287
[14] *Kübler/Prütting/Eickmann*, § 6 InsVV Rn. 10
[15] *Eickmann/Prasser* § 9 RdNr. 10.
[16] *Nicht/Schildt*, NZI 2010, 466, 467.
[17] BGH ZInsO 2002, 1133.
[18] LG Göttingen NZI 2001, 665; HK-*Keller* § 9 InsVV Rn. 4.
[19] LG Göttingen RPfleger 2001, 614.
[20] BGH ZInsO 2002, 1133.
[21] BGH ZInsO 2002, 1133.
[22] *Eickmann/Prasser* § 9 RdNr. 4.
[23] *Eickmann/Prasser* § 9 RdNr. 4.
[24] *Eickmann/Prasser* § 9 Rn.5.
[25] *Eickmann/Prasser* § 9 RdNr. 17.

IV. Das Zustimmungsverfahren

20 **1. Antrag.** Die Entnahme des Vorschusses nach § 9 InsVV bedarf der Zustimmung des Insolvenzgerichts. Der Insolvenzverwalter hat daher vor Entnahme eines Vorschusses aus der Masse die Zustimmung des Insolvenzgerichts **schriftlich vorher zu beantragen**. Eine Entnahme des Vorschusses aus der Masse vor Erteilung der Zustimmung ist unzulässig. Der Antrag muss der Höhe nach bestimmt sein, die Vergütung, die Umsatzsteuer und die Auslagen getrennt ausweisen. Es sind Angaben zur bereits realisierten Insolvenzmasse sowie zu evtl. Zu- und Abschlägen zu machen. I. d. R. kann es genügen, die zu erwartende Vergütung fiktiv auf der Basis der bereits verwerteten Masse und einer Regelvergütung nach § 2 Abs. 1 InsVV zu berechnen und zu erklären, welcher Anteil oder Betrag aus der Masse entnommen werden soll. Hinsichtlich der Auslagen ist zu erklären, ob von der Möglichkeit der Pauschalierung nach § 8 Abs. 3 InsVV Gebrauch gemacht werden soll, anderenfalls die bereits entstandenen Auslagen gemäß § 8 Abs. 1 InsVV einzeln darzustellen sind. Sowohl die Wahl der Auslagenpauschalierung als auch die Abrechnung nach Einzelnachweisen bei der Vorschussbeantragung bindet den Insolvenzverwalter nicht. Die Begründung muss jedoch in jedem Fall so gestaltet sein, dass dem Insolvenzgericht eine sachgerechte Prüfung möglich ist, zumal in diesem Stadium des Verfahrens dem Gericht keine oder nur wenige Unterlagen über das Verfahren vorliegen.

21 Der Vorschussantrag kann während des gesamten Insolvenzverfahrens gestellt werden, auch noch wenn die Verfahrensbeendigung absehbar ist. Nach der Entlassung des Insolvenzverwalters aus seinem Amt erlischt dessen Vorschussanspruch jedoch. Von diesem Zeitpunkt an kann der Verwalter nur noch seinen Vergütungsantrag mit der Einreichung einer Schlussrechnung geltend machen.[26]

22 **2. Anhörung.** Vor einer Entscheidung des Insolvenzgerichts über den Vorschussantrag ist eine Anhörung des Schuldners nicht notwendig, da es sich bei der Zustimmung zur Vorschussentnahme nach § 9 InsVV nicht um eine bindende, sondern nur vorläufige Entscheidung handelt.[27] In Fällen der vorläufigen Verwaltung sollte jedoch der Schuldner zuvor angehört werden, da eine Verringerung seiner Vermögensmasse evtl. erhebliche Folgen für den Schuldner und den Fortgang des Eröffnungsverfahrens haben kann.

23 **3. Entscheidung.** Über den Antrag des Insolvenzverwalters entscheidet das Insolvenzgericht durch Beschluss.[28] Nicht ausreichend – auch im Falle einer vorbehaltlosen Zustimmung zu einer beantragten Entnahme – ist eine einfache schriftliche Mitteilung des Insolvenzgerichts an den Verwalter.[29] Funktionell zuständig für die Entscheidung nach § 9 InsVV ist grds. der Rechtspfleger (§ 18 RPflG). Wird der Antrag im Eröffnungsverfahren von einem vorläufigen Insolvenzverwalters gestellt, ist die Zustimmung zur Entnahme eines Vorschusses von dem Insolvenzrichter zu erteilen.

24 In dem Beschluss ist der Vorschuss der Höhe nach zu bezeichnen, Vergütung, Auslagen und Umsatzsteuer sind getrennt auszuweisen. Der Beschluss ist zu begründen.[30] Hinsichtlich einer Begründungspflicht ist wie folgt zu differenzieren. Erfolgt eine Zustimmung vor dem Ablauf vor sechs Monaten, so muss der Beschluss eine Begründung hierfür enthalten. In der Begründung ist darzustellen, aus welchen Gründen es dem Verwalter unzumutbar war, sechs Monate abzuwarten, oder – im Falle einer Versagung – warum ein Abwarten dem Verwalter zumutbar ist. Wird nach dem Ablauf von sechs Monaten die Zustimmung zu einer Vorschussentnahme versagt, sind die Gründe hierfür darzulegen.

25 **4. Bekanntgabe.** Eine Veröffentlichung des Beschlusses entsprechend § 64 Abs. 2 InsO findet nicht statt. Der Beschluss ist dem Verwalter zuzustellen, wenn der Antrag vom Rechtspfleger zurückgewiesen wurde. Hat der Richter über den Antrag entschieden, genügt wegen der fehlenden Rechtsmittelfähigkeit die formlose Mitteilung der Entscheidung (§ 6 InsO). Hat das Insolvenzgericht der Entnahme eines Vorschusses zugestimmt, genügt – auch wenn der Rechtspfleger diese Entscheidung getroffen hat – eine formlose Mitteilung, da in diesem Falle weder dem Schuldner noch den Insolvenzgläubigern ein Rechtsmittel zusteht.[31]

26 **5. Rechtsbehelfe. a) Anfechtung der gerichtlichen Zustimmung zur Vorschussentnahme.** Für den **Schuldner oder die Insolvenzgläubiger** ist die Zustimmung des Gerichts zur

---

[26] OLG Zweibrücken NZI 2002, 43.
[27] LG Göttingen RPfleger 2001, 614; a. A. MünchKommInsO-*Nowak*, Voraufl. Rn. 9.
[28] *Eickmann/Prasser* § 9 RdNr. 16; *Keller* RdNr. 172; **a.A** *Haarmeyer/Wutzke/Förster* InsVV § 9 RdNr. 3.
[29] **A. A.** *Graeber*, Vergütung Rn. 517
[30] *Eickmann/Prasser* § 9 RdNr. 16; **a.A** *Haarmeyer/Wutzke/Förster* InsVV § 9 RdNr. 3.
[31] **A.A.** MünchKomm-*Nowak*, Voraufl. Rn.13.

Entnahme eines Vorschusses nicht anfechtbar, da sie nicht beschwert sind.[32] Anfechtbar ist für diese erst die endgültige Vergütungsfestsetzung. Die Entnahme des Vorschusses stellt nur einen Abschlag auf die später festzusetzende und anfechtbare Endvergütung dar.[33] Sie hat nur vorläufigen Charakter im Hinblick auf die endgültige Festsetzung der Vergütung. Mit der sofortigen Beschwerde anfechtbar ist deshalb erst die endgültige Vergütungsfestsetzung.[34]

Dass mit der Entnahme eines Vorschusses die Interessen anderer Massegläubiger für den Fall 27 der Masseunzulänglichkeit möglicherweise beeinträchtigt werden, ist durch die Rechtsprechung des BVerfG insoweit als „unerheblich" erachtet worden, als dem Vergütungsanspruch des Verwalters aus den dort genannten Gründen ein „Vorrang" eingeräumt worden ist.[35] Wird in der Beschwerdeinstanz die vom Insolvenzgericht festgesetzte Endvergütung, auf die der Vorschuss bezogen war, herabgesetzt, so besteht gegen den Insolvenzverwalter ein Rückforderungsanspruch aus ungerechtfertigter Bereicherung.[36]

b) Anfechtung der gerichtlichen Versagung der Vorschussentnahme. Die Genehmigung 28 zur Entnahme eines Vorschusses aus der Insolvenzmasse stellt nicht lediglich eine interne, vorbereitende Maßnahme ohne rechtliche Außenwirkung dar. Sie ist vielmehr gegenüber dem Insolvenzverwalter eine **Entscheidung im formellen Sinne** und somit auch im Sinne von § 11 Abs. 2 RpflG. Dies folgt schon daraus, dass § 9 InsVV einen gesetzlichen Anspruch des Verwalters verbrieft, der im Rahmen der die Berufsfreiheit nach Art. 12 GG regelnden Bestimmungen der InsVV unmittelbar in seine Rechtssphäre eingreift, indem sie ihm z. B. für den Fall der Versagung – entgegen dem gesetzgeberischen Willen – zumutet, über einen längeren Zeitraum aus eigenen Mitteln die Verfahrensabwicklung vorzufinanzieren.[37]

Versagt **der Rechtspfleger** dem Insolvenzverwalter die beantragte Genehmigung zur Entnahme 29 eines Vorschusses aus der Insolvenzmasse, so findet dagegen die befristete Erinnerung nach § 11 Abs. 2 RpflG statt.[38] Die Erinnerung ist fristgemäß innerhalb von zwei Wochen beim Insolvenzgericht einzureichen (§§ ZPO § 567 ff. ZPO). Die Frist beginnt mit der Zustellung der Entscheidung des Rechtspflegers. Eine Wiedereinsetzung in den vorigen Stand ist bei Fristversäumnis gem. §§ ZPO § 233 ff. zulässig. Es entscheidet zunächst der Rechtspfleger, ob er der Erinnerung abhelfen will. Hierbei muss er auch mit der Erinnerung vorgebrachte neue Tatsachen grundsätzlich beachten und in seine Prüfung einbeziehen (§ 571 Abs.2 ZPO). Der Rechtspfleger kann auf die Erinnerung hin abhelfen. Andernfalls ergeht eine Entscheidung über die Nichtabhilfe durch Beschluss, der begründet werden und dem Verwalter bekanntgegeben werden muss. Hilft der Rechtspfleger der Erinnerung nicht ab, entscheidet der Richter endgültig. Die Entscheidung des Richters ist nicht anfechtbar.

Hat **der Richter** über den Antrag auf Zustimmung zur Entnahme entschieden, so ist gegen diese 30 Entscheidung kein Rechtsmittel gegeben (§ 6 InsO).[39] § 64 Abs. 3 S. 1 findet hier keine Anwendung. Diese Vorschrift eröffnet zwar die sofortige Beschwerde gegen den Beschluss über die Festsetzung der Vergütung des Insolvenzverwalters. Sie bezieht sich jedoch nur auf die Anfechtung der endgültigen Vergütung des Insolvenzverwalters bei Beendigung seines Amtes regelt.[40] Demgegenüber hat die Verweigerung der Bewilligung eines Vorschusses nur vorläufige Bedeutung; einerseits wird der Vergütungsanspruch des Insolvenzverwalters nicht endgültig aberkannt, andererseits hat dieser zu viel erlangte Zahlungen nach materiellem Recht zurückzuerstatten. Auf solche nur vorläufig wirkende Maßnahmen, die sich zudem halbjährlich wiederholen können, passt die Regelung des § 64 InsO nicht.[41]

Auch eine **entsprechende Anwendung des § 64 Abs. 3 InsO** auf die Entscheidung über die 31 Gewährung eines Vorschusses **ist nicht geboten**. § 6 InsO soll die Möglichkeit von Rechtsmitteln gezielt beschränken, „um den zügigen Ablauf des Insolvenzverfahrens zu gewährleisten".[42] Diesem Ziel liefe es zuwider, wenn weitere als die in der Insolvenzordnung vorgesehenen Rechtsmittel eröffnet würden. Zwar hat die unverzügliche Bewilligung von Vorschüssen nach Maßgabe des § 9

---

[32] LG Göttingen NZI 2001, 665; *Haarmeyer/Wutzke/Förster*, , § 9 InsVV Rn. 17.
[33] LG Göttingen NZI 2001, 665.
[34] BGH ZInsO 2011, 777; BGH N2I 2003, 31.
[35] vgl. BVerfGE 88, 145.
[36] *Haarmeyer/Wutzke/Förster*, § 9 InsVV Rn. 24; (BGH NZI 2006, 94; LG Göttingen NZI 2001, 665.
[37] *Haarmeyer/Wutzke/Förster*, § 9 InsVV Rn.23.
[38] BGH NZI 2003, 31;
[39] BGH NZI 2003, 31; **a. A.** OLG Zweibrücken NZI 2002, 43; LG Stuttgart NZI 2000, 547; *Keller* Vergütung, Rn. 540 f.
[40] BGH NZI 2003, 31; a. A. *Keller*, Vergütung Rn. 439 ff..
[41] BGH NZI 2003, 31.
[42] Amtl. Begr. der BReg. zum Entwurf einer Insolvenzordnung, BT-Dr. 12/2443, S. 110 zu § 6.

InsVV eine große Bedeutung für den Insolvenzverwalter, der mit seiner Tätigkeit zunächst auf eigene Kosten und eigenes Risiko erhebliche Vorleistungen erbringt. Daraus folgt aber nicht, dass ein weitergehender Rechtsmittelzug eröffnet werden müsste.[43]

32 Hat jedoch die angefochtene Entscheidung des Insolvenzgerichts den Auslagenvorschuss versagt, weil den geltend gemachten Aufwendungen die Eigenschaft als Auslagen im Sinne von § 63 Satz 1 InsO, § 4 Abs. 2 InsVV generell abgesprochen wurde, so ist in einem solchen Fall schon wegen der endgültigen Wirkung einer solchen Entscheidung die sofortige Beschwerde gemäß § 64 Abs. 3 InsO zulässig.[44] Hier wird über den Vergütungsanspruch keine vorläufige, sondern eine endgültige Entscheidung getroffen.

33 **6. Wirkung der Entnahme.** Für die bereit erbrachten Leistungen handelt es sich beim Vorschuss nicht um eine Abschlagszahlung sondern um eine Teilvergütung. Mit der Entnahme ist der Insolvenzverwalter in Höhe des Entnommenen befriedigt.[45] Die Entnahme bewirkt insoweit Teilerfüllung und ist endgültig. Stellt sich später die Unzulänglichkeit der Masse heraus, entsteht deshalb kein Rückzahlungsanspruch.[46] Wird jedoch die endgültige Vergütung geringer festgesetzt, zB in der Beschwerdeinstanz, ist der Insolvenzverwalter zur Rückzahlung verpflichtet, § 812 BGB.[47] Die Rechtsprechung des Bundesgerichtshofs zu Abschlagszahlungen trifft den Sachverhalt nicht.[48]

V. Der Vorschuss in Stundungsverfahren

34 Sind die **Verfahrenskosten gemäß § 4 a InsO** gestundet, hat der Insolvenzverwalter/Treuhänder nach Satz 3 einen Anspruch auf die Gewährung eines Vorschusses aus der Landeskasse, und zwar unter den Voraussetzungen, dass das Insolvenzverfahren länger als sechs Monate dauert oder besonders hohe Auslagen erforderlich werden (Satz 2). Zwar haftet die Staatskasse für die Vergütung des Verwalters, wenn das Insolvenzverfahren mit Hilfe der Kostenstundung nach den §§ 4a ff. InsO eröffnet worden ist. Hinsichtlich der eigenen Auslagen oder insbesondere der ihm nach § 4 Abs. 1 Satz 2 InsO zu erstattenden Auslagen besteht auch hier ein Bedürfnis für die Gewährung eines Vorschusses.[49] Solche Auslagen können in masselosen Verfahren durch die dem Verwalter gem. § 34 Abs. 3 AO obliegende Pflicht, Steuererklärungen oder Bilanzen für den Schuldner zu erstellen, entstehen. Der Insolvenzverwalter ist berechtigt, zur Erledigung steuerlicher Tätigkeiten, die besondere Kenntnisse erfordern oder über das hinausgehen, was mit der Erstellung einer Steuererklärung allgemein verbunden ist, einen Steuerberater zu beauftragen.[50] Die Erstattung der Kosten für den Steuerberater kann der Insolvenzverwalter in Stundungsverfahren von der Staatskasse verlangen, wenn er erfolglos versucht hat, die Finanzverwaltung zu veranlassen, von einer auf § 34 Abs. 3 AO gestützten Verfügung Abstand zu nehmen.

Zweiter Abschnitt. Vergütung des vorläufigen Insolvenzverwalters, des Sachwalters und des Treuhänders im vereinfachten Insolvenzverfahren

§ 10 Grundsatz

Für die Vergütung des vorläufigen Insolvenzverwalters, des Sachwalters und des Treuhänders im vereinfachten Insolvenzverfahren gelten die Vorschriften des Ersten Abschnitts entsprechend, soweit in den §§ 11 bis 13 nichts anderes bestimmt ist.

1 Die Vorschrift dient der Klarstellung, dass für die im Zweiten Abschnitt der Vergütungsverordnung geregelten Vergütungsfälle grundsätzlich die allgemeinen Vorschriften der §§ 1–9 anzuwenden sind. Da viele Tätigkeiten des vorläufigen Insolvenzverwalters (§ 11), des Sachwalters (§ 12), des Treuhänders im vereinfachten Insolvenzverfahren (§ 13) in der Struktur, der Berechnung und der Vergütungsfestsetzung sich entsprechen, können hierfür die entsprechenden Vorschriften zur Vergü-

---

[43] A. A. *Keller*, Vergütung Rn. 439 ff..
[44] BGH ZVI 2004, 606; *Schäferhoff* EWIR 2004, 1037.
[45] *Eickmann* § 9 RdNr. 3; MünchKommBGB-*Heinrichs* § 362 RdNr. 18.
[46] BVerfG ZIP 1993, 838, 843; BGHZ 116, 233, 242; *Eickmann* ZIP 1985, 46, 57; *Haarmeyer/Wutzke/Förster* InsVV § 1 RdNr. 95.
[47] BGH ZInsO 2006, 27; *Eickmann* § 9 RdNr. 3; *Haarmeyer/Wutzke/Förster* InsVV § 9 RdNr. 24.
[48] BGH NJW 1999, 1867.
[49] LG Neuruppin NZI 2004, 501; Keller, *Vergütung* Rn. 526.
[50] BGH ZVI 2004, 606.

tung des Insolvenzverwalters herangezogen werden. Die entsprechende Anwendung gilt jedoch nur, soweit in den §§ 11–13 nicht etwas anderes bestimmt ist.

Die Tatsache, dass die allgemeinen Vorschriften der §§ 1–9 nur entsprechend und nicht unmittelbar anzuwenden sind, berücksichtigt die unterschiedlichen Aufgaben des vorläufigen Insolvenzverwalters, des Sachwalters und des Treuhänders, an denen sich die allgemeinen Vorschriften zu orientieren haben. Die Regelungen der §§ 1 bis 9 sind mithin nicht unmittelbar anwendbar, sondern nur unter Berücksichtigung der Unterschiede in den Aufgaben und Rechten der Genannten. 2

§ 11 Vergütung des vorläufigen Insolvenzverwalters

(1) Die Tätigkeit des vorläufigen Insolvenzverwalters wird besonders vergütet. Er erhält in der Regel 25 vom Hundert der Vergütung nach § 2 Abs. 1 bezogen auf das Vermögen, auf das sich seine Tätigkeit während des Eröffnungsverfahrens erstreckt. Maßgebend für die Wertermittlung ist der Zeitpunkt der Beendigung der vorläufigen Verwaltung oder der Zeitpunkt, ab dem der Gegenstand nicht mehr der vorläufigen Verwaltung unterliegt. Vermögensgegenstände, an denen bei Verfahrenseröffnung Aus- oder Absonderungsrechte bestehen, werden dem Vermögen nach Satz 2 hinzugerechnet, sofern sich der vorläufige Insolvenzverwalter in erheblichem Umfang mit ihnen befasst. Eine Berücksichtigung erfolgt nicht, sofern der Schuldner die Gegenstände lediglich aufgrund eines Besitzüberlassungsvertrages in Besitz hat.

(2) Wird die Festsetzung der Vergütung beantragt, bevor die von Absatz 1 Satz 2 erfassten Gegenstände veräußert wurden, ist das Insolvenzgericht spätestens mit Vorlage der Schlussrechnung auf eine Abweichung des tatsächlichen Werts von dem der Vergütung zugrunde liegenden Wert hinzuweisen, sofern die Wertdifferenz 20 vom Hundert bezogen auf die Gesamtheit dieser Gegenstände übersteigt. Bei einer solchen Wertdifferenz kann das Gericht den Beschluss bis zur Rechtskraft der Entscheidung über die Vergütung des Insolvenzverwalters ändern.

(3) Art, Dauer und der Umfang der Tätigkeit des vorläufigen Insolvenzverwalters sind bei der Festsetzung der Vergütung zu berücksichtigen.

(4) Hat das Insolvenzgericht den vorläufigen Insolvenzverwalter als Sachverständigen beauftragt zu prüfen, ob ein Eröffnungsgrund vorliegt und welche Aussichten für eine Fortführung des Unternehmens des Schuldners bestehen, so erhält er gesondert eine Vergütung nach dem Justizvergütungs- und -entschädigungsgesetz.

Schrifttum: *Andres,* Die Vergütung des vorläufigen Insolvenzverwalters, Rpfleger 2006, 517; *Blersch,* Vergütungsrolle rückwärts contra legem!, ZIP 2006, 598; *ders.,* Zur Verjährung des Vergütungsanspruchs des vorläufigen Insolvenzverwalters – Anmerkung zur Entscheidung des BGH vom 22.09.2010, IX ZB 195/09, EWiR 2011, 25; *ders.,* Zur Berechnung der Mindestvergütung des vorläufigen Insolvenzverwalters, EWiR 2010, 399; *ders.,* Nekrolog auf die professionelle vorläufige Insolvenzverwaltung, ZIP 2006, 1605; *ders.,* Die Änderung der Insolvenzrechtlichen Vergütungsverordnung, ZIP 2004, 2311; *Bork/Muthorst,* Zur Vergütung des vorläufigen Insolvenzverwalters – Ist die Neufassung des § 11 InsVV verfassungskonform?, ZIP 2010, 1627; *Büttner,* Die Neuregelung des § 11 Abs. 2 InsVV – Ein Sturm im Wasserglas?, ZVI 2008, 281; *Eickmann,* Die Vergütung des nach § 106 KO bestellten Sequesters, ZIP 1982, 21; *ders.,* Die Vergütung des vorläufigen Insolvenzverwalters, DZWIR 2001, 235; *Frind,* Die Praxis fragt, „ESUG" antwortet nicht, ZInsO 2011, 2249; *Frind/Förster,* Schwacher Verwalter ohne Fortführungskompetenz?, ZInsO 2004, 76; *Förster,* Aussonderungsrechte und Vergütung des vorläufigen Verwalters, ZInsO 2001, 702; *Graeber,* Die Regelungen zur Vergütung des vorläufigen Insolvenzverwalters in § 11 InsVV sind verfassungsgemäß, ZIP 2011, 1702; *ders.,* Der neue § 11 InsVV: Seine Auswirkungen auf vorläufige Insolvenzverwalter, Insolvenzverwalter und Insolvenzgerichte, ZInsO 2007, 133; *ders.,* Die Neuregelung der Vergütung des vorläufigen Insolvenzverwalters in § 11 InsVV, InsbürO 2007, 82; *ders.,* Die Einbeziehung von Forderungen und Betriebsausgaben des Insolvenzschuldners in die Berechnungsgrundlage des vorläufigen Insolvenzverwalters, NZI 2007, 492; *ders.,* Zur Vergütung des vorläufigen Insolvenzverwalters, DZWIR 2006, 479; *ders.,* Vorläufige Verwaltung zum Mindesttarif oder Explosion der Zuschläge, ZInsO 2006, 794; *ders.* Zur Berechnung der Vergütung für den vorläufigen Insolvenzverwalter , DZWIR 2004, 423; *ders.,* Zur Zulässigkeit der Rechtsbeschwerde bei Streitigkeiten über die Vergütung des vorläufigen Insolvenzverwalters, DZWIR 2002, 463; *ders.,* Vergütung des vorläufigen Insolvenzverwalters und Berücksichtigung von Aus- und Absonderungsrechten, NZI 2001, 184; *ders.,* Zur Vergütung des vorläufigen Insolvenzverwalters bei Veräußerung von Absonderungsgut, DZWIR 2000, 167; *A. Graeber/T. Graeber* Vergütungsrecht in der Insolvenzpraxis: Das Festsetzungsverfahren über den Vergütungsanspruch des vorläufigen Insolvenzverwalters bei Nicht-Eröffnung des Insolvenzverfahrens, InsbürO 2010, 62; *dies.,* Die Behandlung verjährter Vergütungsansprüche des vorläufigen Insolvenzverwalters im gerichtlichen Festsetzungsverfahren, ZInsO 2010, 465; *Haarmeyer,* Die „neue" Vergütung des vorläufigen Verwalters. Ein Überblick über die Änderungen und Auswirkungen der 2. ÄndVO-InsVV, ZInsO 2007, 73; *ders.,* 10 Thesen zur

Entscheidung des BGH v.13.7.2006, ZInsO 2006, 811; *ders.,* Die neue Vergütung des vorläufigen Insolvenzverwalters nach der Grundsatzentscheidung des BGH v. 13.7.2006, ZInsO 2006, 786; *ders.,* Erhöhung der Vergütung bei Zustimmungsvorbehalt, ZInsO 2003, 749; *ders.,* Problemfragen bei der Festsetzung der Vergütung des vorläufigen Verwalters nach §§ 10, 11 InsVV, ZInsO 2000, 317; *Haarmeyer/Förster,* Die bloß nennenswerte und die erhebliche Verwaltungstätigkeit, ZInsO 2001, 215; *Heyn,* Vergütungsanträge nach der InsVV, 2007; *Keller,* Vergütungsfestsetzung und Verjährung des Vergütungsanspruchs eines vorläufigen Insolvenzverwalters- Anmerkung zur Entscheidung des BGH v. 22.9.2010 Az: IX ZB 195/09, DZWiR 2011, 39; *ders.,* Zur Berechnungsgrundlage der Vergütung des vorläufigen Insolvenzverwalters, EWiR 2010, 759; *ders.,* Zur Zuständigkeit für die Festsetzung der Vergütung des vorläufigen Insolvenzverwalters, EWiR 2010, 461-462; *ders.,* Zur Geltendmachung der Verjährung des Vergütungsanspruchs des vorläufigen Insolvenzverwalters, EWiR 2009, 783; *ders.,* Adversus haereses – Glaubenskampf um die Berechnungsgrundlage der Vergütung des vorläufigen Insolvenzverwalters, ZIP 2008, 1615; *ders.,* Die Vergütung des vorläufigen Insolvenzverwalters als Objekt sophistischer Hermeneutik, NZI 2006, 271; *ders.,* Berücksichtigung von Aus- und Absonderungsrechten bei der Vergütungsberechnung des vorläufigen Insolvenzverwalters, NZI 2006, 271; *ders.,* Zur Vergütung des vorläufigen Insolvenzverwalters, EWiR 2004, 195; *ders.,* Systemfragen bei der Vergütung des vorläufigen Insolvenzverwalters, ZIP 2001, 1749; *ders.,* Zur Bemessung der Vergütung des vorläufigen Insolvenzverwalters, EWiR 2001, 1103; *ders.,* Zur Vergütungsberechnung beim vorläufigen Insolvenzverwalter, DZWIR 2000, 474; *ders.,* Die Vergütungsfestsetzung zwischen objektiven Maßstäben und Besonderheiten des Einzelfalles, ZIP 2000, 914; Kohte, Zur Berechnungsgrundlage für die Vergütung eines vorläufigen Insolvenzverwalters, EWiR 2000, 585; *Küpper/ Heinze,* | Die Verfassungswidrigkeit der Abänderungsbefugnis nach § 11 Abs. 2 Satz 2 InsVV, ZInsO 2007, 231; *Ley,* Die neue Vergütung des Sachverständigen im Insolvenzverfahren nach dem Justizvergütungs- und Entschädigungsgesetz, ZIP 2004, 1391; *Mitlehner,* Zur Festsetzung der Vergütung des vorläufigen Insolvenzverwalters bei Nichteröffnung des Verfahrens, EWiR 2010, 195; *Mohrbutter,* Zur Kostentragungspflicht in bezug auf die Kosten der vorläufigen Insolvenzverwaltung, EWiR 2000, 681; *Prasser* Zuständigkeit zur Vergütungsfestsetzung des vorläufigen Insolvenzverwalters, NZI 2011, 54; *Pluta/ Heidrich;* Zur Berechnungsgrundlage der Vergütung eines vorläufigen Insolvenzverwalters; DZWIR 2005, 470, *Raebel,* Die Berechnungsgrundlage der Vergütung des vorläufigen Insolvenzverwalters, in: Festschrift Fischer, 2008, S. 459; *Rüffert,* Verjährung der Vergütung des vorläufigen Verwalters, ZInsO 2009, 757; *Sämisch,* Festsetzung der Vergütung des vorläufigen Insolvenzverwalters im streitigen Zivilprozess, ZInsO 2011, 996; *Schmerbach,* Neue Sachverständigenvergütung im Insolvenzverfahren ab dem 1.7.2004, InsbürO 2004, 82; *Schmittmann,* Vergütung für isolierten Sachverständigen mit 80 Euro angemessen, VIA 2011,53.*Uhlenbruck,* Ablehnung einer Entscheidung über die Kosten des vorläufigen Insolvenzverwalters – ein Fall der Rechtsschutzverweigerung?, NZI 2010, 161; *ders.,* Die Rechtsstellung des vorläufigen Insolvenzverwalters, in: Kölner Schrift, 1. Aufl., 1997, S. 239; *Vill,* Die Vergütung des vorläufigen Insolvenzverwalters, in: Festschrift Fischer, 2008, S. 547; *Vallender,* Die Beschlüsse des BGH zur Vergütung des vorläufigen Insolvenzverwalters - eine Gefahr für den Insolvenzstandort Deutschland?, NJW 2006, 2956; *ders.,* Zum Vergütungsanspruch des vorläufigen Insolvenzverwalters, EWiR 2004, 609; *Wagner,* Überblick zu den Neuregelungen der Insolvenzrechtlichen Vergütungsverordnung, (InsVV), NZI 1998, 23; *Wenzel,* Zur Vergütung des vorläufigen Insolvenzverwalters, Rpfleger 2001, 258; *Wiche-Wendler,* Zur Vergütungsberechnung bei vorläufigen Insolvenzverwaltern, DZWIR 2001, 260; *Zimmer,* Probleme des Vergütungsrechts (bei Nicht-Eröffnung des Insolvenzverfahrens) vor und nach ESUG – Plädoyer für das Eröffnungsverfahren als notwendige Vorstufe eines Insolvenzverfahrens im Sinne einer Vorgesellschaft, ZInsO 2012, 1658.

Übersicht

	Rn.		Rn.
I. Normzweck	1–6	Unternehmen („ESUG") zum 1.März 2012	18
II. Rechtsentwicklung der Vergütung des vorläufigen Insolvenzverwalters	7–21	8. Weitere geplante Änderungen	19–21
1. Die Vergütung des Sequesters vor Inkrafttreten der Insolvenzordnung	7	III. Der Vergütungsanspruch des vorläufigen Insolvenzverwalters	22–26
2. Die Vergütung des vorläufigen Insolvenzverwalters bis zur Entscheidung des BGH vom 14.12.2000	8, 9	1. Die Vergütung des vorläufigen Verwalters als reine Tätigkeitsvergütung	22–25
3. Die Entscheidung des BGH vom 14.12.2000 zur Vergütung des vorläufigen Verwalters	10–12	2. Die Eigenständigkeit des Vergütungsanspruchs	26
4. Erste Änderungsverordnung vom 4.10.2004	13, 14	IV. Berechnungsgrundlage	27–59
		1. Der vorläufigen Verwaltung unterliegendes Vermögen	27
5. Die Entscheidungen des BGH vom 14.12.2005 und 13.07.2006	15	2. Maßgeblicher Zeitpunkt für die Bewertung der einzelnen Vermögensgegenstände	28
6. Zweite Änderungsverordnung vom 21.12.2006	16, 17	3. Einzubeziehende Vermögenswerte	29–40
		a. Allgemeines	29, 30
7. Änderung durch das Gesetz zur weiteren Erleichterung der Sanierung von		b. Die Bewertung einzelner Vermögenswerte	31–40

	Rn.
4. Insbesondere die Einbeziehung von mit Aus- und Absonderungsrechten belasteten Vermögensgegenständen ...	41–53
5. Die Nichtberücksichtigung bei Besitzüberlassungsverträgen (Abs. 1 Satz 5) .	54–58
6. Berechnungsgrundlage bei vorzeitiger Beendigung des vorläufigen Verfahrens	59
V. Regelvergütung	60
VI. Zuschläge/Abschläge	61–67
1. Grundsätzliche Zulassung einer Erhöhung oder Kürzung der Regelvergütung	61, 62
2. Berechnung der Erhöhung oder Kürzung	63, 64
3. Einzelne Erhöhungstatbestände	65
4. Kürzungstatbestände	66, 67
VII. Mindestvergütung	68–71
VIII. Auslagen und Umsatzsteuer ...	72–74
IX. Vorschuss	75
X. Das Festsetzungsverfahren	76–88
1. Fälligkeit des Vergütungsanspruchs ...	76
2. Vergütungsantrag	77–79
3. Funktionelle Zuständigkeit	80, 81
4. Die Festsetzung der Vergütung	82, 83
5. Rechtmittel gegen die Vergütungsfestsetzung	84–88

	Rn.
XI. Nachträgliche Änderung der Festsetzung nach Abs. 2	89–95
XII. Verjährung des Vergütungsanspruchs des vorläufigen Verwalters ..	96, 97
XIII. Schuldner der Vergütung des vorläufigen Verwalters	98–106
XII. Sachverständigenhonorar nach § 9 JVEG	107–133
1. Die Vergütung nach dem Justizvergütungs- und -entschädigungsgesetz (JVEG)	107, 108
2. Der Stundensatz des Sachverständigen im Insolvenzeröffnungsverfahren	109–119
a) Allgemeines	109
b) Stundensatz des starken vorläufigen Verwalters	110
c) Stundensatz des schwachen vorläufigen Verwalters	111–114
d) Stundensatz des „isolierten" Sachverständigen	115–119
3. Auslagen und Umsatzsteuer	120–126
a) Allgemeines	120
b) Fahrtkostenersatz	121
c) Tagegeld und Übernachtungskosten	122
d) Ersatz für sonstige Aufwendungen	123–126
4. Abrechnung und Anweisung des Sachverständigenhonorars	127, 128
5. Die gerichtliche Festsetzung der Vergütung und Rechtsbehelfe	129–133

I. Normzweck

§ 11 regelt den eigenständigen Anspruch des vorläufigen Insolvenzverwalters auf Festsetzung einer **1** angemessenen Vergütung. Die Festlegung auf eine **gesonderte Vergütung** in **Abs. 1 Satz 1** stellt klar, dass eine gegenseitige Anrechnung mit der Vergütung des Insolvenzverwalters, auch bei Personenidentität ausscheidet.

Abs. 1 Satz 2 legt die **Höhe der Regelvergütung** fest, die wegen des begrenzten zeitlichen **2** und sachlichen Rahmens einer vorläufigen Verwaltung einen angemessenen Bruchteil der Vergütung des endgültigen Insolvenzverwalters nicht überschreiten soll. Sie beträgt grundsätzlich 25 % der Vergütung des Insolvenzverwalters. Diese Regelvergütung kann durch Zuschläge erhöht oder durch Abschläge reduziert werden. Außerdem wird festgelegt, dass bei der Ermittlung der Berechnungsgrundlage das während der gesamten Dauer der vorläufigen Verwaltung gesicherte und nicht nur das im Zeitpunkt der Eröffnung des Verfahrens vorhandene Vermögen maßgeblich ist. Mit dieser Neuregelung hat der Verordnungsgeber klarstellen wollen, dass die Berechnungsgrundlage für die Vergütung des vorläufigen Insolvenzverwalters abweichend von § 1 S 1 unter Berücksichtigung der Eigenheiten der vorläufigen Insolvenzverwaltung zu ermitteln und das dafür maßgebliche Vermögen iSd § 11 Abs. 1 nicht auf einen bestimmten, sondern auf die gesamte Dauer der vorläufigen Verwaltungstätigkeit zu beziehen ist. Ferner wird damit festgelegt dass § 11 InsVV den klassischen wirtschaftlichen (aktiven) Vermögensbegriff – die Gesamtheit der einer Person zustehenden Güter und Rechte von wirtschaftlichem Wert, nicht die Verbindlichkeiten – erfasst. Die Begründung der VO spricht im Hinblick auf die zu berücksichtigenden Entwicklungen im Laufe des Eröffnungsverfahrens auch von einem „dynamischen" Vermögen.

Satz 3 dient der Klarstellung, dass auch Vermögensgegenstände, die **mit Aus- und Absonde-** **3**
rungsrechten belastet sind, in der Berechnungsgrundlage mit ihrem Verkehrswert Berücksichtigung finden, sofern sich der Verwalter in erheblicher Weise mit diesen befasst hat. *Satz 4* statuiert davon die Ausnahme, dass Besitzüberlassungsverträge hierbei außer Betracht bleiben.

Da häufig die Festsetzung der Vergütung, sofern sie unmittelbar nach Verfahrenseröffnung geltend **4** gemacht wird, lediglich anhand von Schätzwerten der der vorläufigen Verwaltung unterliegenden

Verwaltung erfolgen kann, kann das Insolvenzgericht bei einer erheblichen Wertdifferenz die Vergütung an die tatsächlichen Werte nachträglich anpassen **(Abs. 2)**.

5 **Abs. 3** stellt klar, dass es sich bei der Vergütung des vorläufigen Verwalters um eine Tätigkeitsvergütung handelt.

6 Schließlich gewährt **Abs. 4** dem vorläufigen Verwalter zusätzlich einen gesonderten Anspruch auf eine Sachverständigenentschädigung.

II. Rechtsentwicklung der Vergütung des vorläufigen Insolvenzverwalters

7 **1. Die Vergütung des Sequesters vor Inkrafttreten der Insolvenzordnung.** Die Konkursordnung enthielt keine Regelungen für ein der Konkurseröffnung vorgeschaltetes Verfahren. Aus der pauschalen Ermächtigung in § 106 Abs. 1 Satz 2 KO wurde die Befugnis zur Bestellung eines Sequesters abgeleitet, dem in Anlehnung an die in § 938 Abs. 2 ZPO normierte Rechtsfigur verwaltende (d. h. im Wesentlichen bewahrende und schützende) Aufgaben oblagen. Die Vergütung dieses Sequesters im Konkursverfahren war gleichfalls nicht geregelt. Ursprünglich kannte das frühere Konkursrecht als vergütungsrechtliche Regelung lediglich die Norm des § 85 KO, nach der der Konkursverwalter einen Anspruch auf Erstattung angemessener barer Auslagen und Vergütung für seine Geschäftsführung hatte.[1] In § 11 der VergVO vom 25.Mai 1960[2] wurde für den vorläufigen Verwalter im Vergleichsverfahren geregelt, dass dieser einen angemessenen Bruchteil der für den endgültigen (Vergleichs-) Verwalter vorgesehenen Vergütung erhalten solle, wenn er nicht in dieses Amt berufen werde. Ansonsten war mit der Vergütung als (endgültiger) Vergleichsverwalter auch die Tätigkeit abgegolten, die der Amtsträger vor Eröffnung des Verfahrens als vorläufiger Verwalter ausgeübt hatte. Eine solche Regelung enthielt die Vergütungsverordnung für den Sequester im Konkursverfahren nicht. Die Vergütungspraxis der Amts- und Landgerichte schloss sich nahezu einhellig den Vorschlägen von *Eickmann* an, sich hinsichtlich der Anspruchsgrundlagen auf eine analoge Anwendung der §§ 1835, 1836, 1987, 2221 BGB zu berufen und die Vergütungsermittlung anhand der Regelungen der Vergütungsverordnung vorzunehmen.[3]

8 **2. Die Vergütung des vorläufigen Insolvenzverwalters bis zur Entscheidung des BGH vom 14.12.2000.** Der Verordnungsgeber hat mit § 11 InsVV die frühere Praxis zur Sequestervergütung im Konkursverfahren übernommen. Berechnungsgrundlage sollte das der vorläufigen Verwaltung unterliegende Vermögen sein. Hieraus sollte der vorläufige Verwalter eine Vergütung in Höhe eines Bruchteils der Regelvergütung des § 2 InsVV erhalten. Die Höhe der Vergütung des vorläufigen Verwalters war ursprünglich in der Insolvenzrechtlichen Vergütungsverordnung nicht genauer festgelegt (§ 11 Abs. 1 Satz 2 InsVV der Ursprungsfassung).

9 Der ab 1.1.1999 geltende und aus zwei Absätzen bestehende § 11 InsVV enthielt in Abs.1 Satz 1 die Regelung, dass die Tätigkeit des vorläufigen Verwalters besonders vergütet wird. Nach Satz 2 und 3 sollte die Vergütung in der Regel einen angemessenen Bruchteil der Vergütung des Insolvenzverwalters nicht überschreiten. Art, Dauer und Umfang der Tätigkeit des vorläufigen Verwalters sollten bei der Festsetzung der Vergütung berücksichtigt werden. Abs. 2 regelte die Vergütung des als Sachverständigen beauftragten vorläufigen Verwalters. Nach einhelliger Auffassung gehörte zur Berechnungsgrundlage der Vergütung des vorläufigen Verwalters das von ihm verwaltete Vermögen einschließlich der mit Aus- und Absonderungsrechten behafteten Gegenstände.[4] Ausdrücklich stellte das BayObLG in seinem Beschluss vom 18.10.2000[5] fest, dass die mit Aus- und Absonderungsrechten belasteten Gegenstände bei der Ermittlung der Berechnungsgrundlage für die Vergütung des vorläufigen Insolvenzverwalters heranzuziehen sind, soweit sich die Tätigkeit der vorläufigen Verwaltung auf diese Gegenstände erstreckt hat. Der Wertansatz für die mit Drittrechten belasteten Gegenstände könne nicht mit der Begründung gekürzt werden, während der vorläufigen Verwaltung habe der Verwalter diese Gegenstände nicht verwertet.

10 **3. Die Entscheidung des BGH vom 14.12.2000 zur Vergütung des vorläufigen Verwalters.** In seinem ersten Grundsatzbeschluss zum Vergütungsrecht folgte der BGH[6] der überwiegenden Auffassung in Literatur und Rechtsprechung und stellte fest, dass Berechnungsgrundlage für die

---

[1] *Keller* ZIP 2000, 914; siehe dazu im Einzelnen die Erläuterungen zu § 64 InsO Rn. r
[2] BGBl.1 S. 329.
[3] *Eickmann* ZIP 1982, 28; LG Mosbach ZIP 1983, 710; LG Darmstadt ZIP 1981, 1360.
[4] LG Potsdam ZIP 1999, 1536; LG Frankfurt/Main ZIP 1999, 1686; LG Chemnitz ZIP 2000, 980; LG Kleve ZIP 2000, 980; LG Bonn, NZI 2000, 550; OLG Köln NZI 2000, 1993; BayObLG NZI 2001, 26; a. A. LG Münster ZIP 1993, 1102; LG Karlsruhe ZInsO 2000, 230; *Kohte* EWiR 2000, 585.
[5] BayObLG NZI 2001, 26.
[6] BGHZ 146, 165 = NZI 2001, 191.

Vergütung des vorläufigen Insolvenzverwalters der Wert des von ihm verwalteten Vermögens bei Beendigung der vorläufigen Verwaltung ist. Mit Aus- oder Absonderungsrechten belastete Gegenstände sind zu berücksichtigen, soweit der vorläufige Insolvenzverwalter sich damit **in nennenswertem Umfang befasst** hat. Das Ergebnis einer mutmaßlichen Verwertung ist grundsätzlich unerheblich. Bemisst sich der für den vorläufigen Insolvenzverwalter zu errechnende Gebührensatz auf Grund einer Wertberechnung, die in beträchtlichem Umfange auch aus- oder absonderungsbelastete Gegenstände umfasst, so ist regelmäßig ein Abschlag geboten, wenn die Bearbeitung der Aus- oder Absonderungsrechte nicht einen erheblichen Teil der Tätigkeit des vorläufigen Insolvenzverwalters ausgemacht hat. Der BGH begründete die Berücksichtigung der Aus- und Absonderungsrechte damit, dass der vorläufige Insolvenzverwalter das gesamte Vermögen des Schuldners einschließlich fremder Sachen zu sichern habe. Eine Ermittlung, welche der von der Sicherung betroffenen Gegenstände nicht dem Schuldner zuzuordnen und damit letztlich von der Sicherung eventuell nicht umfasst werden sollen, könne sich nachfolgend, regelmäßig endgültig durch den Insolvenzverwalter vorgenommen werden. Die dem vorläufigen Insolvenzverwalter obliegende Betriebsfortführung werde regelmäßig zur Folge haben, dass fremde Gegenstände und Rechte durch sein Tätigwerden betroffen werden. Eine entsprechende Anwendung des § 1 Abs. 2 Nr. 1 S. 2 und 3 InsVV sei auf die gegenüber dem Insolvenzverwalter abweichende Situation des vorläufigen Insolvenzverwalters nicht möglich. Die Einbeziehung von Gegenständen, die der Aussonderung oder der abgesonderten Befriedigung unterliegen soll nach Auffassung des BGH allerdings davon abhängig sein, dass der vorläufige Insolvenzverwalter diesbezüglich einen nennenswerten Arbeitsaufwand darlegen kann.

11 Zur Frage des angemessenen Bruchteils nach § 11 InsVV stellte der BGH klar, dass für den Fall der einfachen vorläufigen Insolvenzverwaltung, welche aus Inbesitznahme, Sicherung und zeitweiliger Verwaltung des schuldnerischen Vermögens inklusive des mit Sicherungsrechten belasteten Vermögens besteht, regelmäßig nur 25% der Verwaltervergütung in Ansatz zu bringen ist, da in der erstinstanzlichen Rechtsprechung teilweise die Tendenz erkennbar war, einen Prozentsatz von 35% als angemessenen Bruchteil nach § 11 Abs.1 anzusehen.[7]

12 Nach dieser Entscheidung des BGH stellte sich in der Literatur[8] und Rechtsprechung[9] die Frage, wann eine „nennenswerte Befassung" mit Fremdrechten vorliegt und wie bei einer nicht erheblichen Befassung mit Fremdrechten die Vergütung zu kürzen sei, wenn die „bloß nennenswerte Tätigkeit" die Arbeitsleistung des vorläufigen Verwalters nicht erheblich in Anspruch genommen hat.

13 **4. Erste Änderungsverordnung vom 4.10.2004.** Die 1. Änderungsverordnung hatte im Wesentlichen das Ziel, die Mindestvergütung des Verwalters und des Treuhänders in § 2 Abs. 2 und § 13 Abs. 1 Satz 3 InsVV neu zu regeln.[10] Die bei dieser Gelegenheit vorgenommene Neufassung des §11 Abs. 1 Satz 2 InsVV setzte den angemessenen Regelbruchteil auf 25 % ohne Differenzierung nach schwachen oder starken vorläufigen Insolvenzverwalter fest. Die Besonderheiten des Einzelfalls werden hiernach nunmehr nur noch im Rahmen der Zu- und Abschlagsbemessung nach § 3 InsVV berücksichtigt. Damit wurden einige Entscheidungen des BGH[11] in den Verordnungstext umgesetzt.

14 Ferner wurde § 11 Abs. 1 Satz 2 InsVV dahingehend ergänzt, dass Berechnungsgrundlage der Vergütung des vorläufigen Insolvenzverwalters das Vermögen ist, auf das sich seine Tätigkeit während des Eröffnungsverfahrens erstreckt. Damit kommt es nicht mehr nur auf die Vermögenslage zum Stichtag der Beendigung des Eröffnungsverfahrens an, sondern auf das gesamte während des Eröffnungsverfahrens vom vorläufigen Verwalter in Besitz und Verwaltung genommene Vermögen. Dies führt dazu, dass auch Vermögensgegenstände in die Berechnungsgrundlage einbezogen werden können, die zwar bei Beginn des Eröffnungsverfahrens vorhanden waren und vom vorläufigen Verwalter in Besitz und Verwaltung genommen wurden, sich aber dann bei Beendigung des Eröffnungsverfahrens nicht im Schuldnervermögen befinden.[12] Die Begründung zur Änderung des § 11 Abs. 1 Satz 2 InsVV beruft sich ausdrücklich auf die Rechtsprechung des BGH vom 14.12.2000.[13]

15 **5. Die Entscheidungen des BGH vom 14.12.2005 und 13.07.2006.** Mit zwei Beschlüssen vom 14.12.2005[14] korrigierte der BGH seine Entscheidung vom 14.12.2000[15] in wesentlichen

---

[7] *Graeber* NZI 2001, 184: *AG Bielefeld* ZInsO 2000, 350; *AG Regensburg* ZInsO 2000, 344.
[8] *Keller* ZIP 2001, 1749; *Haarmeyer* ZInsO 2000, 317; *Eickmann* DZWiR 2001, 235; *Förster* ZInsO 2001, 702.
[9] LG Dresden ZIP 2002, 1303; OLG Stuttgart ZIP 2001, 2185; OLG Celle Beschl. v. 25.09.2001 -2 W 92/01 zitiert nach juris; LG Potsdam ZIP 2003, 1512; LG Köln ZInsO 2004, 32; LG Köln ZIP 2004, 961; AG Chemnitz, ZIP 2001, 1473.
[10] *Wimmer* ZInsO 2004, 1006.
[11] BGH ZInsO 2003, 791; BGH ZIP 2003, 1612; BGH ZInsO 2004, 265.
[12] Zur Ersten Änderungsverordnung: *Blersch* ZIP 2004, 2311; *Graeber* ZInsO 2004, 1010; *Wimmer* ZInsO 2004, 1006.
[13] Begründung zum Entwurf einer InsVV-ÄndVO, abgedruckt bei *Keller* Vergütung, Anhang IV, S. 447.
[14] BGH NZI 2006, 284; BGH NZI 2006, 167.
[15] BGH NZI 2001, 91.

Punkten, indem er entgegen der bisher allgemein vertretenen Ansicht, die mit Aus- oder Absonderungsrechten behafteten Gegenstände nicht mehr in die Berechnungsgrundlage der Vergütung einbezog, sondern nur als Zuschlagstatbestand gem. §§ 10, 3 Abs. 1 berücksichtigte. Gegenstände mit Aus- und Absonderungsrechten sollten bei der Vergütung des vorläufigen Insolvenzverwalters nur berücksichtigt werden, wenn dieser sich in erheblichem Umfang damit befasst habe. Ein nur „nennenswerter" Umfang genüge nicht. Die in der Insolvenzrechtspraxis geäußerte heftige Kritik[16] an dieser Kehrtwende des BGH nahm dieser zum Anschluss, in einem Beschluss vom 13.07.2006 seinen Standpunkt ausführlich zu erläutern und die geänderte Rechtsauffassung zu bekräftigen.

16   **6. Zweite Änderungsverordnung vom 21.12.2006.** Der Verordnungsgeber nahm die Kritik an den Entscheidungen des BGH zum Anlass durch Verordnung vom ein 21.12.2006, die am 29.12.2006 in Kraft getreten ist, § 11 erneut zu ändern. Durch die Zweite Verordnung zur Änderung insolvenzrechtlichen Vergütungsverordnung wurde neben einer Klarstellung der Berechnungsgrundlage der Vergütung des vorläufigen Insolvenzverwalters in Abs. 1 ein neuer Abs. 2 eingefügt, der es ermöglicht bei einer erheblichen Wertdifferenz die Vergütung nachträglich an die tatsächlichen Werte anzupassen.

17   Auch nach dieser Neuregelung verbleibt es dabei, dass sich die Vergütung des vorläufigen Insolvenzverwalters nach dem Vermögen des Schuldners bemisst, auf das sich die Tätigkeit des vorläufigen Insolvenzverwalters erstreckt. In Abs. 1 Satz 3 InsVV wird klargestellt, dass maßgeblicher Stichtag für die Bewertung der einzelnen Vermögensgegenstände der Zeitpunkt der Beendigung der vorläufigen Verwaltung ist. Nach § 11 Abs. 1 Satz 4 InsVV werden die mit Aus- und Absonderungsrechten belasteten Gegenstände aus dem Vermögen des Schuldners uneingeschränkt berücksichtigt, wenn sich der vorläufige Insolvenzverwalter in erheblicher Weise mit ihnen befasst hat. Eine Regelung hinsichtlich der Vermögensgegenstände, mit denen sich der vorläufige Insolvenzverwalter zwar in nennenswerter, aber noch nicht erheblicher Weise befasst hat, enthält § 11 InsVV nicht. § 11 InsVV enthält in Abs. 1 Satz 5 nunmehr eine ausdrückliche Regelung für Gegenstände enthält, an denen der Schuldner nur ein Besitzrecht hat. Gegenstände, die der Schuldner lediglich aufgrund eines Besitzüberlassungsvertrages in Besitz hat, werden bei der Vergütung des vorläufigen Insolvenzverwalters nicht mehr berücksichtigt. Der neue Abs.2 regelt, dass das Insolvenzgericht bei einer Wertdifferenz von mehr als 20 % die Vergütungsfestsetzung abändern kann. Damit soll dem Problem Rechnung getragen werden, dass die Vergütungsfestsetzung kurz nach Eröffnung des Verfahrens zumeist auf Schätzwerten beruht, welche sich im späteren Laufe des Verfahrens als falsch herausstellen können.

18   **7. Änderung durch das Gesetz zur weiteren Erleichterung der Sanierung von Unternehmen („ESUG") zum 1. März 2012.** Mit der Einführung des § 26a InsO durch das Gesetz zur weiteren Erleichterung der Sanierung von Unternehmen („ESUG") zum 1. März 2012 wurde klargestellt, dass auch bei Nichteröffnung des Insolvenzverfahrens das Insolvenzgericht für die Festsetzung der Vergütung und Auslagen des vorläufigen Insolvenzverwalters zuständig ist. Der Gesetzgeber hat damit auf die Rechtsprechung des BGH reagiert, nach der mangels gesetzlicher Grundlage der vorläufige Insolvenzverwalter seinen (materiell-rechtlichen) Vergütungsanspruch gegen den Schuldner oder den Zivilgerichten verfolgen musste.[17] Damit soll auch dem vorläufigen Insolvenzverwalter, der seine Vergütung nicht nach § 25 Abs.1 Satz 1 InsO unmittelbar aus der von ihm verwalteten Masse decken kann, ein effektives und kostengünstiges Verfahren zur Durchsetzung seines Vergütungsanspruchs bereitstehen.

19   **8. Weitere geplante Änderungen.** In dem Regierungsentwurf für ein „Gesetz zur Verkürzung des Restschuldbefreiungsverfahrens und zur Stärkung der Gläubigerrechte" v. 18.7.2012 [18] sind Regelungen zur Vergütung des vorläufigen Verwalters enthalten. **§ 26a InsO**, der durch das das Gesetz zur weiteren Erleichterung der Sanierung von Unternehmen („ESUG") zum 1.März 2012 eingeführt wurde, soll geändert werden. Nach geltendem Recht setzt das Insolvenzgericht gemäß § 26a InsO die Vergütung und die zu erstattenden Auslagen des vorläufigen Insolvenzverwalters gegen den Schuldner fest, wenn das Insolvenzverfahren nicht eröffnet wird. Nunmehr soll für den Fall, dass ein Gläubiger einen unbegründeten Insolvenzantrag gestellt hat, dem Insolvenzgericht die Möglichkeit eröffnet werden, die Kosten dem antragstellenden Gläubiger aufzuerlegen.

20   § 11 Abs.1 S.1 bis S.3 InsVV soll nunmehr in § 63 Abs.3 InsO übernommen werden. Desgleichen soll die bisher in § 11 Abs.2 geregelte Abänderungsbefugnis, wenn die Differenz zwischen dem tatsächlichen Wert der Berechnungsgrundlage für die Vergütung und dem Wert, der der Vergütung

---

[16] Blersch ZIP 2006, 621; Haarmeyer ZInsO 2006, 337; Keller NZI 2006, 271.
[17] BGH ZInsO 2010, 107.
[18] BR-Drucks. 467/12 v. 10.8.2012.

zugrunde gelegt wird, mehr als 20 Prozent beträgt, in § 63 Abs.3 InsO übernommen werden. Dies soll angesichts der Bedeutung der vorläufigen Insolvenzverwaltung für das Vergütungsaufkommen des damit befassten Personenkreises zu größerer Rechtssicherheit führen; gleichzeitig wird an dem Grundsatz festgehalten, dass der gesetzlich festgeschriebene Regelsatz über- oder unterschritten werden kann.[19] Durch die Übernahme von Regelungen der InsVV in § 63 InsO soll § 11 InsO neu gefasst werden. Die Sätze 1 und 2 in Abs.1 und Satz 2 in Abs.1 sollen gestrichen werden.

Die Verordnungsermächtigung in § 65 InsO soll auf den vorläufigen Verwalter erweitert werden. Erforderlich wird dies durch die Aufnahme des Vergütungsanspruchs des vorläufigen Insolvenzverwalters sowie der Grundzüge der hierfür maßgeblichen Berechnung in das Gesetz. Ferner soll die Verordnungsermächtigung aus Gründen der Rechtssicherheit auch auf das Festsetzungsverfahren ausgedehnt werden. Damit soll Rechtklarheit darüber geschaffen werden, dass die Verordnungsermächtigung nicht nur für den Erlass von Vorschriften zur Festsetzung der Vergütung und Auslagen gilt, sondern auch für die Schaffung von Bestimmungen über das hierfür notwendige Verfahren.

III. Der Vergütungsanspruch des vorläufigen Insolvenzverwalters

1. Die Vergütung des vorläufigen Verwalters als reine Tätigkeitsvergütung. Die Vergütung des vorläufigen Insolvenzverwalters ist **kein Erfolgshonorar**, sondern eine reine Tätigkeitsvergütung.[20] Mit dem tätig werden entsteht der Anspruch des vorläufigen Insolvenzverwalters, daran sind die Vergütung und der Auslagenersatz gebunden. Der Anspruch entsteht nicht erst mit der gerichtlichen Festsetzung; die Festsetzung konkretisiert den Anspruch nur der Höhe nach.

Als reine Tätigkeitsvergütung ausgestaltet, kann der **Einwand mangelhafter oder erfolgloser Leistung** – von der Geltendmachung von Schadensersatzansprüchen abgesehen – die Höhe der Vergütung grundsätzlich nicht beeinflussen. Entsprechendes gilt, wenn konkrete Fehler bei der Verwaltertätigkeit nicht festgestellt sind, sondern es lediglich um die mangelhafte fachliche und persönliche Eignung des Verwalters zur Ausübung des Amtes geht. Deshalb hat auch ein Verwalter, der gemäß § 59 Abs. 1 InsO vom Insolvenzgericht aus wichtigem Grund entlassen worden ist, grundsätzlich einen Anspruch auf Festsetzung der Vergütung für seine bisherige Tätigkeit.[21]

Die **Dauer eines Insolvenzverfahrens** ist isoliert gesehen kein Umstand, der einen eigenen Zuschlagsgrund i. S. des § 3 I InsVV darstellen würde. Daher ist bei der Bemessung der Vergütung eines Insolvenzverwalters darauf abzustellen, welche konkreten Tätigkeiten dieser tatsächlich wahrgenommen hat, und nicht allein auf den Zeitraum, in dem er tätig geworden ist.[22]

In der Berechnungsgrundlage der Vergütung des (vorläufigen) Insolvenzverwalters sind dennoch erfolgsbezogene Elemente enthalten, da sich die Verwertungserfolge im Endstand der Insolvenzmasse i. S. des § 1 InsVV ausdrücken. Die Zu- und Abschläge des § 3 InsVV sind dagegen rein tätigkeitsbezogen.[23]

2. Die Eigenständigkeit des Vergütungsanspruchs. Der vorläufige Insolvenzverwalter erhält für seine Tätigkeit eine eigene Vergütung, neben der Vergütung für eine spätere Tätigkeit als Insolvenzverwalter. Dies ergibt sich eindeutig aus Abs. 1 Satz 1, wonach die Tätigkeit als vorläufiger Insolvenzverwalter **besonders vergütet** wird. Hat das Insolvenzgericht den vorläufigen Insolvenzverwalter als Sachverständigen beauftragt, den Insolvenzgrund und die Massezulänglichkeit zu prüfen, wird diese gutachterliche Tätigkeit gesondert nach dem JVEG vergütet (§ 11 Abs. 4). Sämtliche Vergütungen – als Gutachter, vorläufiger oder selbstständiger Insolvenzverwalter – sind unabhängig und **ohne gegenseitige Anrechnung** zu gewähren.

IV. Berechnungsgrundlage

1. Der vorläufigen Verwaltung unterliegendes Vermögen. Zur Bestimmung der Berechnungsgrundlage ist § 1 entsprechend den Maßgaben des § 11 anzuwenden. Da die Vergütung des vorläufigen Verwalters mit Eröffnung des Verfahrens fällig wird (oder mit der Entlassung, der Verfahrensaufhebung oder einer Ablehnung der Eröffnung), kann sie sich nicht nach der Teilungsmasse des § 1 Abs. 1 Satz 1 berechnet werden, die zu diesem Zeitpunkt noch nicht feststeht. Im Falle einer vorläufigen Verwaltung ist daher Berechnungsgrundlage das gesamte der vorläufigen Verwaltung unterliegende Vermögen des Schuldners. Es ist das Vermögen maßgebend, auf das sich die Tätigkeit

---

[19] Begr. zum RegE eines „Gesetzes zur Verkürzung des Restschuldbefreiungsverfahrens und zur Stärkung der Gläubigerrechte" v. 18.7.2012, S. 36.
[20] BGH NZI 2001, 191.
[21] BGHZ 159, 122 = BGH NZI 2004, 440.
[22] AG Potsdam NZI 2005, 460.
[23] BGHZ 168, 321= BGH NZI 2006, 515.

während des Eröffnungsverfahrens erstreckt (Abs. 1 S 2). Dabei ist nicht allein auf die Beendigung der vorläufigen Verwaltung abzustellen (Abs. 1 S 3). Veräußerte oder verarbeitete Vermögenswerte sind zu berücksichtigen. Ist dafür eine Gegenleistung zugeflossen, ist diese maßgebend.[24]

28 **2. Maßgeblicher Zeitpunkt für die Bewertung der einzelnen Vermögensgegenstände.** Maßgeblicher Zeitpunkt für die Bewertung der einzelnen Vermögensgegenstände ist gem. § 11 Abs. 1 Satz 3 InsVV der Zeitpunkt der Beendigung der vorläufigen Verwaltung. Unabhängig davon, zu welchem Zeitpunkt die Festsetzung der Vergütung erfolgt, hat diese die jeweiligen Werte dieses Stichtags zu berücksichtigen. Damit wirkt sich ein späterer Wertverlust ebenso wenig auf die Vergütung des vorläufigen Insolvenzverwalters aus, wie auch eine erst später eingetretene Wertsteigerung. Von dem Wertermittlungsstichtag sind die Erkenntnisquellen zu unterscheiden, welche die stichtagsbezogene Bewertung tragen. Diese Erkenntnisquellen sind bis zum letzten tatrichterlichen Entscheidungszeitpunkt, an dem der Vergütungsanspruch zu beurteilen ist, zu nutzen.[25]

28 Für Gegenstände, die noch während der vorläufigen Verwaltung aus dem zu sichernden Vermögen ausscheiden, bestimmt § 11 Abs. 1 Satz 3 InsVV, dass deren Wert zum Zeitpunkt des Ausscheidens maßgeblich ist. Damit wird klargestellt, dass auch das Vermögen, welches zum Stichtag der Beendigung der vorläufigen Verwaltung nicht mehr vorhanden ist, zu berücksichtigen ist, wenn es von der vorläufigen Verwaltung umfasst worden war. Auch Gegenstände, die durch Notverkäufe, Erfüllung von Herausgabeansprüchen und Forderungen zum Stichtag nicht mehr vorhanden sind, sind als Bestandteil des dynamischen Vermögens des Schuldners zu berücksichtigen. Bei einem Verkauf ist dabei zu berücksichtigen, inwieweit sich der Wert des Gegenstandes im Verkaufspreis wiederfindet. Stellt sich ein Verkauf nur als Austausch von Gegenstand zu Bargeld dar, ist darauf zu achten, dass der einheitliche Wert nicht mehrfach berücksichtigt wird. Anderseits ist bei einer Berücksichtigung von Fremdrechten nicht nur der dem Schuldner verbleibende Überschuss maßgebend, sondern der volle Wert des Gegenstandes.[26] In jedem Fall ist möglichst der wahre, d. h. tatsächliche Wert des Vermögens anhand anerkannter Bewertungsgrundsätze wie etwa in §§ 252 ff. HGB zu ermitteln und nicht die in der Praxis teilweise anzutreffenden unrealistischen Bewertungsansätze.

29 **3. Einzubeziehende Vermögenswerte. a. Allgemeines.** Nach der Begründung des Verordnungsgebers ist bei der Bewertung vom „klassischen" **Vermögensbegriff** auszugehen.[27] Insofern wird unter Vermögen die Gesamtheit der einer Person zustehenden Güter und Rechte von wirtschaftlichem Wert verstanden. Hierzu zählen insbesondere das Eigentum an Grundstücken und beweglichen Sachen, Forderungen und sonstige Rechte, wie etwa Patente oder Urheberrechte, die einen Geldwert besitzen. In die Berechnungsgrundlage sind somit alle der juristischen oder natürlichen Person zustehenden Güter und Rechte von wirtschaftlichem Wert, das sog. Aktivvermögen, einzubeziehen.[28] **Verbindlichkeiten** sind nicht zum Vermögen zu rechnen und somit nicht den Rechten gegenüberzustellen und wertmäßig von ihnen abzuziehen.[29] Führt der vorläufige Insolvenzverwalter mit Verfügungsbefugnis ein Unternehmen fort oder überwacht der vorläufige Insolvenzverwalter mit Zustimmungsvorbehalt die Fortführung durch den Schuldner, kann nur – als Ausnahme hiervon – der Überschuss zu berücksichtigen werden, der sich nach Abzug der Ausgaben von den Einnahmen ergibt (§§ 10, 1 Abs. 2 Nr. 4 Satz 1 und Satz 2 lit. b InsVV). In die zu erstellende Einnahmen-/Ausgabenrechnung sind einerseits sämtliche die künftige Masse belastenden Verbindlichkeiten aufzunehmen, die bis zum Ende der vorläufigen Verwaltung angefallen sind, andererseits auch alle zu diesem Zeitpunkt entstandenen Forderungen des Schuldners.[30]

30 Die in die Berechnungsgrundlage einzubeziehenden Vermögensgegenstände sind nach ihren **Verkehrswerten** (Brutto-Werte inkl. Umsatzsteuer) anzusetzen. Sind Fortführungswert und Zerschlagungswert unterschiedlich hoch, ist entscheidend, welche sich voraussichtlich verwirklichen lassen.[31] Wurde der Geschäftsbetrieb während der vorläufigen Insolvenzverwaltung fortgeführt und hat der vorläufige Insolvenzverwalter bereits eine übertragende Sanierung vorbereitet, muss auf die konkreten Übernahmekonditionen abgestellt werden, wie sie wahrscheinlich realisierbar sind.[32]

---

[24] Begr zum Entwurf der Zweiten VO zur Änderung der InsVV, zu § 11, abgedr bei *Keller* Vergütung S 469
[25] BGH ZInsO 2011, 2055; BGH NZI 2010, 644.
[26] A.A BGH ZIP 2013, 30.
[27] Begr. zur „Zweiten Verordnung zur Änderung der Insolvenzrechtlichen Vergütungsverordnung" vom 21. Dezember 2006 (BGBl. I2006, S. 3389), ZInsO 2007, 27.
[28] *Haarmeyer/Wutzke/Förster*, § 11 InsVV Rn. 40.
[29] *Haarmeyer/Wutzke/Förster*, § 11 InsVV Rn. 40; BGH Beschl.v.27.9.2012 – IX ZB 243/11, unveröffentlicht.
[30] BGH Beschluss vom 26. April 2007 – IX ZB 160/06, WM 2007, 1528 Rn. 10, 13
[31] *Haarmeyer/Wutzke/Förster*, § 11 InsVV Rn. 63; MünchKommInsO-*Nowak* 2.Aufl. § 11 InsVV Rn. 6; OLG Zweibrücken ZIP 2000, 1306; LG Traunstein ZInsO 2000, 510.
[32] *Kübler/Prütting/Bork/Prasser/Stoffler* § 11 Rn.24.

b. Die Bewertung einzelner Vermögenswerte. Anlagevermögen ist mit den im Gutachten 31 zur Insolvenzeröffnung festgestellten Beträgen anzusetzen. Werden bei der Vergütung höhere Beträge angesetzt, ist dies substantiiert darzulegen, da grundsätzlich bei der Bemessung der Vergütung des vorläufigen Insolvenzverwalters nicht auf Umstände abgestellt werden kann, die sich nach Beendigung des Eröffnungsverfahrens ergeben haben; denn die Tätigkeit des vorläufigen Insolvenzverwalters ist aus sich selbst heraus zu bewerten.[33]

Zur Berechnungsgrundlage für den vorläufigen Insolvenzverwalter gehört bei der Fortführung 32 des schuldnerischen Betriebs auch der **Wert des unentgeltlichen Nutzungsanspruchs** bei einer eigenkapitalersetzenden Gebrauchsüberlassung, soweit er den Unternehmenswert erhöht.[34]

Anfechtungsansprüche aus §§ 129 ff. InsO oder **Ansprüche aus kapitalersetzenden Leistungen** 33 (§ 32 a GmbHG) sind nicht in die Berechnungsgrundlage der Vergütung einzubeziehen, da sie erst mit der Eröffnung des Insolvenzverfahrens entstehen.[35] Diese Auffassung ist nicht unumstritten. Insbesondere entstehen Ansprüche aus §§ 30, 31 GmbHG unabhängig von einer Insolvenzeröffnung.[36] Sie sind in jedem Fall zu berücksichtigen. Nach der gegenteiligen Auffassung des LG Köln[37] sind bei der Wertermittlung des Vermögens, auf das sich die Tätigkeit des vorläufigen Insolvenzverwalters erstreckt auch Anfechtungsansprüche einzubeziehen, da sie Teil der Vermögensmasse sind und nicht erst mit der Insolvenzeröffnung entstehen. Der Tätigkeitsbereich des vorläufigen Insolvenzverwalters beziehe sich auf künftige Ansprüche, wobei es besonders darauf ankomme, aus den vorhandenen Unterlagen anfechtbare Tatbestände zu ermitteln. Dazu gehöre auch, die Sicherung von Bankbelegen, um eventuelle Anfechtungsansprüche vorzubereiten und auch ein Beiseiteschaffen durch den Schuldner oder dessen Mitarbeiter zu verhindern. Bei der Befassung mit Anfechtungsansprüchen kann nach Ansicht des BGH eine Erhöhung nach § 3 Abs. 1 erfolgen.[38] In einer Entscheidung vom 22.09.2010[39] bekräftigte der BGH seine Rechtsprechung zur Einbeziehung von Ansprüchen aus Kapitalersatz (§ 32a GmbHG a. F.) in die Berechnungsgrundlage der Vergütung des vorläufigen Insolvenzverwalters. Danach sind Ansprüche aus Kapitalersatz nach § 32a GmbHG a. F., ebenso wie Ansprüche aus einer Insolvenzanfechtung, nicht in die Berechnungsgrundlage einzubeziehen, weil sie erst mit Insolvenzeröffnung entstehen und daher noch nicht zum Vermögen der schuldnerischen Gesellschaft gehören.[40]

Der **Firmenwert** ist bei der Ermittlung der Berechnungsgrundlage für die Vergütung des vorläufigen 34 Insolvenzverwalters zu berücksichtigen, da die Firma und damit der Firmenwert zu dem vom vorläufigen Insolvenzverwalter zu sichernden und verwaltenden Vermögen gehören.[41] Die Firma ist nach § 23 HGB mit dem Handelsgeschäft übertragbar. Daher ist sie Massebestandteil in der Insolvenz.[42] Sie kann, wenn die Schuldnerin eine Kapitalgesellschaft ist und die Firma zudem keine Namensbestandteile enthält, in der Insolvenz ohne Zustimmung der Schuldnerin veräußert werden.[43] Für die Bemessung des Wertes der Firma ist auf den Zeitpunkt der Beendigung der vorläufigen Insolvenzverwaltung abzustellen. Es ist unerheblich, dass der Kaufpreis der Masse erst nach Eröffnung des Insolvenzverfahrens zugeflossen ist. Mit ihrem Wert war die Firma bereits vorher vorhanden. Zugrunde zu legen ist der Verkehrswert.[44] Sind Fortführungswert und Zerschlagungswert unterschiedlich hoch, ist entscheidend, welche Werte sich voraussichtlich verwirklichen lassen.[45]

Forderungen gegen Dritte sind mit ihrem Realisierungswert einzubeziehen,[46] nicht mit ihrem 35 Nominalbetrag. Sie müssen bei Verfahrensbeendigung dem Dritten noch nicht in Rechnung gestellt sein.[47] Eine Wertkorrektur ist bis zur Vergütungsfestsetzung möglich.[48]

---

[33] BGH NZI 2007, 106
[34] BGH NZI 2010, 527
[35] BGH NZI 2004, 444
[36] BGHZ 60, 324, 329; BGHZ 67, 171, 178; BGHZ 69, 274, 280; BGHZ 76, 326, 336; BGHZ 109, 55, 66; BGHZ 127, 17, 32.
[37] (LG Köln, Beschl. v. 15.1.2009 – 1 T 91/08)
[38] BGH NZI 2006, 581; BGH NZI 2006, 167
[39] BGH NZI 2011, 73.
[40] krit. *Keller* EWiR 2010, 759
[41] BGH DZWIR 2004, 421
[42] BGHZ 85, 221, 222; 109, 364, 366; MünchKommInsO-*Lwowski*, § 35 Rn. 484; HK-*Eickmann*, 3. Aufl. § 35 Rn. 27
[43] BGHZ 85, 221, 224.
[44] MünchKommInsO-*Nowak* 2. Aufl., § 11 InsVV Rn. 6; *Haarmeyer/Wutzke/Förster*, aaO § 11 Rn. 62; OLG Zweibrücken ZIP 2000, 1306, 1308; OLG Jena ZIP 2000, 1839, 1840; LG Traunstein ZInsO 2000, 510.
[45] *Haarmeyer/Wutzke/Förster*, aaO § 11 InsVV Rn. 63; MünchKommInsO-*Nowak* 2. Aufl., aaO § 11 InsVV Rn. 6; OLG Zweibrücken ZIP 2000, 1306, 1308; LG Traunstein ZInsO 2000, 510.
[46] LG Heilbronn ZIP 2002, 719, dazu EWiR 2002, 817 (*Keller*); LG Dresden ZIP 2002, 1303.
[47] BGH NZI 2007, 461; a. A. LG Düsseldorf NZI 2000, 182, wonach die Forderungen nur dann zu berücksichtigen sind, wenn sie während der vorläufigen Verwaltung eingezogen wurden.
[48] LG Heilbronn ZIP 2005, 1928.

36 **Freie Vermögenswerte** sind in jedem Fall in die Berechnungsgrundlage einzubeziehen, eine erhebliche Befassung ist nicht erforderlich.[49] Es ist vom Liquidationswert auszugehen; der Fortführungswert ist zu berücksichtigen, wenn bei einem Unternehmensinsolvenzverfahren eine Fortführung in Betracht kommt.[50]

37 **Ansprüche aus** § 64 Abs. 2 GmbHG a. F. **(§ 64 Satz 1 und 2 GmbHG)** gegen den Geschäftsführer wegen unzulässiger Zahlungen sind in der Berechnungsgrundlage für die Vergütung des vorläufigen Verwalters mit ihrem voraussichtlichen Realisierungswert einzubeziehen, da sie nicht die Eröffnung des Insolvenzverfahrens voraussetzen, sondern die Zahlungsunfähigkeit oder Überschuldung der Gesellschaft.[51]

38 Eine **Lebensversicherung** ist mit ihrem Rückkaufwert in die Berechnungsgrundlage einzubeziehen.[52]

39 Sind vor der Beantragung eines Insolvenzverfahrens Gegenstände **abhandengekommen**, so ist deren Wert nicht zu berücksichtigen. Das gilt auch, wenn der vorläufige Verwalter darüber die Polizei informiert und den Geschäftsführer zum Verbleib der Waren befragt, da es sich hierbei nicht um eine massesichernde Tätigkeit handelt.[53]

40 Nach rechtskräftiger Festsetzung erst bekannt gewordene Vermögenswerte, insbesondere Forderungen, können nicht mehr berücksichtigt werden.[54] Ein solcher Massezufluss ist nicht auf die Tätigkeit des vorläufigen Insolvenzverwalters zurückzuführen.

41 **4. Insbesondere die Einbeziehung von mit Aus- und Absonderungsrechten belasteten Vermögensgegenständen.** Vermögensgegenstände, an denen im Falle einer Insolvenzeröffnung Aus- oder Absonderungsrechte bestehen, sind zu berücksichtigen, wenn sich der vorläufige Insolvenzverwalterin in erheblichem Umfang mit ihnen befasst hat (Abs. 1 S 4). Sie sind mit ihrem vollen Verkehrswert zu berücksichtigen.[55] Sie sind entsprechend der Fortführungsprognose für das eröffnete Insolvenzverfahren mit ihren Liquidations- oder ihren Fortführungswerten zu bewerten.

42 Die **Befassung** in erheblichem Umfang ist in einem ersten Schritt aus dem Aufgabenkreis des vorläufige Insolvenzverwalter nach § 21 Abs. 2 Nr. 1 iVm § 22 InsO zu bestimmen. Dabei ist insbesondere beim sogenannten schwachen vorläufigen Insolvenzverwalter zu beachten, mit welchen Rechten und Pflichten er seitens des Insolvenzgerichts nach § 22 Abs. 2 InsO ausgestattet worden ist. Gehörte danach allgemein die Sicherung der künftigen Insolvenzmasse zu seinem Aufgabenkreis (so beim sogenannten starken vorläufige Insolvenzverwalter nach § 22 Abs. 1 Nr. 3 InsO), umfasst diese auch mit Fremdrechten belastete Vermögenswerte. Gehörte der Forderungseinzug hierzu, kann auch und gerade dann eine erhebliche Befassung vorliegen, wenn die Forderungen einer Sicherungsabtretung unterfallen.

43 Eine Befassung **in erheblichem Umfang** ist in einem zweiten Schritt danach zu bestimmen, in welchem zeitlichen oder sachlichen Maße sich der vorläufige Insolvenzverwalter mit den Vermögenswerten befasst hat. Als Anhaltspunkte hierfür dienen das Sicherungsbedürfnis an der künftigen Insolvenzmasse und deren Erhalt, die Abwehr möglicher Vollstreckungs- oder Einziehungsmaßnahmen einzelner Sicherungsgläubiger, der Erhalt der Werthaltigkeit eines Vermögenswertes, die Aufrechterhaltung eines laufenden Geschäftsbetriebes oder der Erhalt der Sanierungsfähigkeit des schuldnerischen Unternehmens.

44 Zu berücksichtigen ist auch, dass der vorläufige Insolvenzverwalter nicht lediglich zurückhaltend sichernd tätig sein muss. Er soll auch aktiv das Insolvenzeröffnungsverfahren befördern. Im Hinblick auf eine Unternehmensinsolvenz wird die Rolle des aktiv handelnden vorläufigen Insolvenzverwalters besonders deutlich an seiner Pflicht zur zeitweiligen Unternehmensfortführung auch unter Hinnahme von Verlusten nach § 22 Abs. 1 Nr. 2 InsO, an seiner Pflicht und Befugnis zur Vorbereitung einer übertragenden Sanierung, die ausdrücklich auch als zuschlagswürdig iSd § 3 Abs. 1 InsVV angesehen wird, und nicht zuletzt an seiner Möglichkeit der Vorfinanzierung von Insolvenzgeld (§§ 183 ff. SGB III) für die Arbeitnehmer des insolventen Unternehmens.

45 Ob eine erhebliche Befassung mit den mit Drittrechten belasteten Gegenständen vorliegt, ist nach Auffassung des BGH[56] nach den Grundsätzen zu beurteilen, die die Rechtsprechung zu § 3 Abs. 1 lit. a InsVV entwickelt hat. Danach liegt eine erhebliche Befassung vor, wenn die Bearbeitung von Aus- und Absonderungsrechten einen erheblichen Teil der Tätigkeit des Insolvenzverwalters

---

[49] BGH DZWIR 2005, 469 m Anm *Pluta/Heidrich* = NZI 2005, 557.
[50] BGH ZIP 2004, 1555.
[51] BGH NZI 2011, 73
[52] LG Dresden, ZIP 2002, 1303.
[53] AG Hamburg, ZInsO 2002, 221
[54] LG Mönchengladbach NZI 2006, 598.
[55] Begr. zum Entwurf der Zweiten VO zur Änderung der InsVV, zu § 11 4. Abs.
[56] BGH NZI 2006, 284.

ausgemacht hat.[57] Entscheidend ist, ob der Verwalter durch die Bearbeitung tatsächlich über das gewöhnliche Maß hinaus in Anspruch genommen worden ist.

Dies gilt für Vermögenswerte des Schuldners, insbesondere bei unbeweglichem Vermögen. Da dieses bei Belastung mit Grundpfandrechten wegen § 165 InsO auch durch den Grundpfandrechtsgläubiger selbst verwertet werden kann, besteht für den vorläufigen Insolvenzverwalter auch die Pflicht, im Hinblick auf eine eigene Verwertungsmöglichkeit im eröffneten Verfahren eine zwangsweise Verwertung durch den Grundpfandrechtsgläubiger zu verhindern oder zu unterbinden. Bemühungen des vorläufigen Insolvenzverwalter, eine bereits angeordnete Zwangsversteigerung zur einstweiligen Einstellung (§ 30 ZVG) zu bringen, hat der BGH ausdrücklich als erhebliche Befassung iSd § 11 Abs. 1 InsVV anerkannt.[58] **46**

Erhebliche Befassung ist dann gegeben, wenn der vorläufige Insolvenzverwalter mit dem Grundpfandrechtsgläubiger in Kontakt tritt, um überhaupt die Anordnung einer Zwangsversteigerung oder sonst die Vereitelung seiner eigenen Verwertungsmöglichkeiten im eröffneten Insolvenzverfahren zu verhindern.[59] Hinsichtlich einzelner Vermögenswerte können für eine Befassung in erheblichem Umfang folgende Parameter dienen: **47**

Unbewegliches Vermögen: Keine erhebliche Befassung liegt vor, wenn der vorläufige Insolvenzverwalter den bereits bekannten Grundstücksbestand durch Einholung beglaubigter Grundbuchblattabschriften dokumentiert oder prüft, ob auf den Grundstücken errichtete Gebäude ausreichend versichert sind.[60] Gleiches gilt für die Ermittlung und Anzeige von Grundbesitz zwecks Ersuchen um Eintragung des Vermerks über die Anordnung eines allgemeinen Verfügungsverbots oder Zustimmungsvorbehalts (§ 21 Abs. 2 Nr. 2, § 23 Abs. 3 mit § 32 Abs. 1 InsO).[61] **48**

Dagegen ist **eine erhebliche Befassung** gegeben, wenn zur Sicherung des Gebäudebestandes bauliche Sicherungsmaßnahmen ergriffen werden müssen oder wenn ein Wachschutz beauftragt werden muss. Die Sicherstellung der Energieversorgung oder die Veranlassung einer notwendigen Wartung können ein Hinweis auf eine erhebliche Befassung sein. Eine erhebliche Befassung liegt auch dann vor, wenn ein Grundpfandrechtsgläubiger die Zwangsversteigerung betreibt und der vorläufige Insolvenzverwalter mit ihm verhandelt, um eine einstweilige Einstellung der Zwangsvollstreckung zu erreichen.[62] Eine erhebliche Tätigkeit vor, liegt vor, wenn der Immobilienbestand aufwändig (z. B. im Ausland) ermittelt werden muss, wenn das Objekt (weiter) vermietet oder verpachtet werden muss.[63] **49**

Die Beitreibung rückständiger Mieten und die Auseinandersetzung mit Mietern wegen geltend gemachter Mietminderungen oder die Auseinandersetzung mit der Ordnungsbehörde wegen abfallrechtlicher Verfügungen sind Tatbestände erheblicher Befassung.[64] **50**

Bewegliches Vermögen: Erhebliche Sicherungstätigkeit erfolgt wesentlich im Hinblick auf das künftige Verwertungsrecht des Insolvenzverwalters nach §§ 166 ff. InsO oder eine künftige Erfüllungswahl bei Eigentumsvorbehalt nach § 107 Abs. 2 InsO.[65] **51**

Forderungen, an welchen abgesonderte Befriedigung beansprucht werden kann, sind einzubeziehen, wenn der vorläufige Insolvenzverwalter auch im Interesse des Forderungsinhabers ihre Sicherung bewerkstelligt hat. Dazu zählt der Forderungseinzug durch den vorläufigen Insolvenzverwalter mit Zustimmung des Gläubigers.[66] Zur erheblichen Befassung mit Forderungen merkt der BGH in seinem Beschl. v. 14.12.2005 an, dass eine „Debitorenpflege" grds nicht zu den Aufgaben des vorläufigen Insolvenzverwalters gehöre. Was er als „Debitorenpflege" ansieht, lässt der BGH indes offen.[67]

Eine Regelung hinsichtlich der Vermögensgegenstände, mit denen sich der vorläufige Insolvenzverwalter zwar **in nennenswerter, aber noch nicht erheblicher Weise befasst** hat, enthält § 11 InsVV nicht. Nach Auffassung des BGH[68] rechtfertigt eine nicht erhebliche Befassung des vorläufigen Insolvenzverwalters mit Aus- und Absonderungsrechten keinen Zuschlag, da dies vom Wortlaut der InsVV nicht gedeckt ist und auch in der amtlichen Begründung der Zweiten Verordnung zur Änderung der insolvenzrechtlichen Vergütungsverordnung darauf verwiesen wird, dass bei einer lediglich „nennens- **52**

---

[57] BGH NZI 2003, 603.
[58] BGH ZIP 2006, 2186
[59] eher abl. AG Hamburg ZInsO 2007, 260.
[60] BGH NZI 2006, 464 m. Anm. *Nowak*.
[61] LG Lüneburg ZInsO 2011, 590.
[62] BGH NZI 2006, 464 m Anm. *Nowak*.
[63] *Haarmeyer* ZInsO 2007, 73.
[64] BGH ZIP 2006, 2134.
[65] so wörtlich BGH NZI 2001, 191.
[66] *Haarmeyer* ZInsO 2000, 317; *Keller* in Anm zu LG Kleve DZWIR 2000, 473.
[67] BGH NZI 2006, 284
[68] NZI 2008, 33.

werten" Befassung häufig nur Routinetätigkeiten vorliegen werden, die keine besondere Vergütung erfordern." Wenn der Verordnungsgeber die Lösung über die Berechnungsgrundlage durch eine Zuschlagslösung unterhalb der Erheblichkeitsschwelle hätte ergänzen wollen, wäre dies entweder ausdrücklich angeordnet oder zumindest in der Begründung klargestellt worden. Würde auch die nicht erhebliche Befassung mit Aus- und Absonderungsrechten als zuschlagswürdig angesehen, käme der vorläufige Insolvenzverwalter in den Genuss einer Vergünstigung, die dem (endgültigen) Insolvenzverwalter bei quantitativ und qualitativ gleicher Tätigkeit versagt wird. Für diese Ungleichbehandlung sei ein Sachgrund nicht ersichtlich. Zudem würden durch die Einführung einer zweiten Erheblichkeitsschwelle ("nennenswert") unterhalb der für die Berücksichtigung im Rahmen der Berechnungsgrundlage maßgeblichen ("erheblich") die Festsetzung der Vergütung verkomplizieren und Abgrenzungsschwierigkeiten provoziert.

53   Abweichend von der Auffassung des BGH wird vereinzelt die Auffassung vertreten, dass bei einer nennenswerten Befassung mit Aus- und Absonderungsrechten ein Zuschlag gem. § 3 Abs.1 lit. a zu gewähren ist.[69] Zur Begründung wird ausgeführt, es sei von keinem Verwalter zu verlangen, dass er Tätigkeiten für Dritte ohne eine entsprechende Vergütung erbringe. Dem kann nicht beigetreten werden. Der Zweck des § 3 InsVV ist es, Erschwernisse auszugleichen, die über den Normalfall einer Verwaltertätigkeit hinausgehen. Bei einer nur nennenswerten Tätigkeit wird aber dieser Normalfall nicht überschritten.[70]

54   **5. Die Nichtberücksichtigung bei Besitzüberlassungsverträgen (Abs. 1 Satz 5).** Hat der Schuldner Gegenstände lediglich auf Grund eines Besitzüberlassungsvertrages in seinem Besitz, darf eine Berücksichtigung in der Berechnungsgrundlage nicht erfolgen. Zu den Besitzüberlassungsverträgen sind zunächst die Gebrauchsüberlassungsverträge wie Miete, Pacht und Leihe zu rechnen. Würden lediglich gemietete oder gepachtete Gegenstände in die Berechnungsgrundlage einbezogen werden, würde dies zu einer künstlichen Erhöhung der Berechnungsgrundlage und in der Folge davon zu einer Aufzehrung der Masse durch die Vergütung führen.[71] Zur Verdeutlichung eines solchen Sachverhalts hat der Verordnungsgeber in der Begründung den Fall angeführt, dass der Schuldner in sehr guter Lage Büroräume angemietet hat, deren Wert mehrere Millionen € betrage. Es wäre durch nichts zu rechtfertigen, diese Immobilie in die Berechnungslage für die Vergütung des vorläufigen Verwalters einzubeziehen.[72]

55   In Frage kommen ferner **Leasingverträge.** Nach Auffassung des Verordnungsgebers ist jedoch hierbei eine differenzierte Betrachtungsweise erforderlich. So ließe sich bei einem Finanzierungsleasing mit Kaufoption eine Einbeziehung in die Berechnungsgrundlage vertreten.[73] Die in der Unternehmenspraxis zumeist vorzufindenden Finanzierungsleasingkonstellationen geben dem Schuldner zwar vordergründig ein zeitweiliges Besitzrecht, sind jedoch von Anfang an auf einen Erwerb der Gegenstände durch den Schuldner ausgelegt. In diesen Fällen dürfte es sachgerecht sein, den Wert der Leasinggegenstände ungeschmälert beim Vermögen des Schuldners zu berücksichtigen, da der Schuldner diese Gegenstände nicht lediglich aufgrund eines Besitzüberlassungsvertrages im Besitz hat. Gleiches gilt für sog. Mietkaufverträge.

56   Beim **Kauf unter Eigentumsvorbehalt** mit all seinen Erscheinungsformen und der damit verbundenen Gebrauchsüberlassung oder bei der Sicherungsübereignung findet Abs.1 Satz 5 keine Anwendung, weil dem Schuldner an dem betreffenden Gegenstand ein Anwartschaftsrecht auf das Eigentum zusteht. Dieses geht über eine bloße Gebrauchsüberlassung hinaus. Der Begriff „lediglich" in Abs.1 Satz 5 weist darauf hin, dass die Norm nur die Gegenstände erfasst, die der Schuldner ausschließlich zur Gebrauchsüberlassung in seinem Besitz hat.[74]

57   Befasst sich ein vorläufiger Insolvenzverwalter **in erheblichem Umfang** mit Gegenständen, die sich lediglich aufgrund eines Besitzüberlassungsvertrages in seinem Besitz befinden, kann ihm gemäß §§ 10, 3 Abs.1 lit.a InsVV ein Zuschlag zur Regelvergütung gewährt werden. Eine erhebliche Befassung mit diesen Gegenständen kann vorliegen, wenn er z. B. bei einem Gebäude Sachmängel oder Mietminderung gegenüber dem Vermieter geltend machen muss.[75]

---

[69] *Keller,* Vergütung Rn. 587; *Haarmeyer* ZInsO 2007, 73, *Graeber* ZInsO 2007, 133; *Lorenz/Klanke* § 11 InsVV Rn. 42.
[70] So auch Kübler/Prütting/Bork/Prasser/Stoffler § 11 InsVV Rn. 67; *Vill,* FS Fischer S. 547, 558.
[71] *Keller,* Vergütung, Rn. 585; BGH NZI 2006, 515.
[72] Begr. zu § 11 zur 2. Verordnung zur Änderung der Insolvenzrechtlichen Vergütungsverordnung, ZInsO 2007, 27,29.
[73] Begr. zu § 11 zur 2. Verordnung zur Änderung der Insolvenzrechtlichen Vergütungsverordnung. Dazu differenzierend *Vill,* FS Fischer, S. 547, 556.
[74] *Keller,* Vergütung, Rn. 586.
[75] *Keller,* Vergütung, Rn. 586.

Damit ist bei sämtlichen Gegenständen im Vermögen des Schuldners (im weiteren Sinne) zu **58** prüfen, ob dieser als Eigentümer bzw. Forderungsinhaber i. S. d. BGB anzusehen ist. Ist dies der Fall, greift die Regelung des § 11 Abs. 1 Satz 5 InsVV nicht. Hinsichtlich der Gegenstände, deren Eigentum oder eigentumsgleiches Recht dem Schuldner nicht zusteht, ist zu prüfen, ob der Besitz des Schuldners auf einer Besitzüberlassung beruht. Standardfälle sind hierbei die Leih-, Miet- bzw. Pachtverträge; aber auch andere Fälle einer Besitzüberlassungsvereinbarung kommen in Betracht. Besteht ein Besitzüberlassungsvertrag, fällt der entsprechende Gegenstand aus der Berechnungsgrundlage der Vergütung des vorläufigen Insolvenzverwalters heraus. Dies bedeutet, dass der Wert des im Besitz des Schuldners befindlichen Gegenstandes nicht zu berücksichtigen ist.

6. Berechnungsgrundlage bei vorzeitiger Beendigung des vorläufigen Verfahrens. Liegen **59** infolge vorzeitiger Verfahrensbeendigung keine Erkenntnisse über den Wert des verwalteten Vermögens vor, so ist für den Schätzwert der Masse für die Berechnung der Vergütung gemäß §§ 10, 1 Abs. 1 Satz 2 InsVV der Wert der Forderung zugrunde zu legen. Im Falle einer vorzeitigen Verfahrensbeendigung verzichtet der vorläufige Verwalter in der Praxis häufig auf die Geltendmachung einer Vergütung für das vorläufige Verfahren. Dieser Verzicht ist freiwillig. Ist der vorläufige Verwalter tätig geworden, so hat er, auch wenn seine Tätigkeit nur kurze Zeit dauerte, einen Anspruch auf Vergütung. Die kurze Verfahrensdauer ist allerdings ein Kürzungstatbestand.[76] In einem solchen Fall wird ein vorläufiger Verwalter häufig noch keine Erkenntnisse über den Wert des verwalteten Vermögens gewonnen haben. Nach zutreffender Ansicht des AG Göttingen[77] kann der vorläufige Verwalter den Wert der Forderung als Berechnungsgrundlage zugrunde legen. Es ist nicht erforderlich, dass der vorläufige Insolvenzverwalter nähere Angaben zu dem Wert des Vermögens macht. Dem Schuldner bleibt die Möglichkeit darzulegen, dass das zu berücksichtigende Vermögen unter dem Wert der Forderung liegt. Unterlässt er dies, ist vom Wert der Forderung auszugehen.

V. Regelvergütung

Der vorläufige Insolvenzverwalter erhält gemäß den §§ 2 und 3 iVm § 10 eine Regelvergütung **60** sowie ggf. Zu- oder Abschläge. Die Regelvergütung beträgt 25% der Vergütung nach § 2 Abs. 1. Diese Regelung enthält keine Unterscheidung nach der rechtlichen Stellung des vorläufigen Verwalters als schwacher oder starker vorläufiger Verwalter.[78] Nicht die rein formale Rechtsposition ist entscheidend. Die Höhe der Vergütung hängt vielmehr davon ab, inwiefern sich diese Rechtsmacht tatsächlich in der Tätigkeit des vorläufigen Verwalters widerspiegelt.[79] Mit der Bestellung zum starken vorläufigen Insolvenzverwalter sind zwar eine größere Handlungsbefugnis und ein höheres Haftungsrisiko verbunden. Dieses gesteigerte Handlungspotenzial hat jedoch für sich gesehen keine unmittelbaren gebührenrechtlichen Konsequenzen. Diese treten erst ein, wenn sich die weiterreichende Rechtsmacht in konkreten Tätigkeiten niederschlägt. Dies kann im Einzelfall dazu führen, dass die Vergütung des starken vorläufigen Verwalters höher zu bemessen ist als die eines schwachen. Umgekehrt kann aber die Vergütung eines schwachen vorläufigen Verwalters die eines starken übersteigen, wenn die von ihm entfaltete Tätigkeit umfangreicher war.

VI. Zuschläge/Abschläge

1. Grundsätzliche Zulassung einer Erhöhung oder Kürzung der Regelvergütung. Als **61** Korrektiv zur starren Regelung der Regelsätze ermöglicht § 3 durch die Gewährung von Zu- und Abschlägen eine Abweichung zu den Regelsätzen. Über § 10 ist § 3 auch für die Vergütung des vorläufigen Insolvenzverwalters anwendbar. Diese ist zu erhöhen oder kann gekürzt werden, wenn das Eröffnungsverfahren **besondere Schwierigkeiten** aufweist oder umgekehrt **besonders einfach** gelagert ist, d.h. wenn das konkrete Verfahren in einzelnen Tatbeständen vom sog. Normalverfahren abweicht.[80]

Zuschläge können allerdings nur für **Erschwernisse** angesetzt werden, **die sich tatsächlich auf** **62** **die Tätigkeit des vorläufigen Verwalters ausgewirkt** haben.[81] Sie sind nicht schon dadurch veranlasst, dass dem vorläufigen Verwalter eine bestimmte Rechtsmacht durch das Gericht verliehen worden ist.[82] Entscheidend ist die konkrete Art und Weise, wie der vorläufige Verwalter von seinen

---

[76] Siehe unten Rn. 66
[77] NZI 2002, 612.
[78] BGH NZI 2003, 547; BGH NZI 2003, 549; BGH ZIP 2003, 208; BGH NZI 2004, 251.
[79] Begr zum Entwurf der Zweiten VO zur Änderung der InsVV, zu § 11.
[80] Zum Begriff des Normalverfahrens siehe unter § 2 InsVV RdNr. 3 ff.
[81] BGH BGH NZI 2004, 251.
[82] BGH NZI 2003, 549.

Befugnissen Gebrauch gemacht hat. Das Leistungsbild der entfalteten Verwaltertätigkeit muss im Einzelfall gewürdigt und zu dem Grundsatz einer leistungsangemessenen Vergütung (§ 21 Abs. 2 Nr. 1, § 63 InsO) in Beziehung gesetzt werden.

63   **2. Berechnung der Erhöhung oder Kürzung.** Die Erhöhung oder Kürzung der Vergütung erfolgt unmittelbar durch Anhebung oder Minderung des angemessenen Bruchteils des Abs. 1 S 2.[83] Dabei ist im Verhältnis derselbe Faktor zu gewähren, wie er vergleichbar dem endgültigen Insolvenzverwalter zukäme.[84] Belasten erschwerende Umstände, die eine Erhöhung rechtfertigen, den vorläufigen Insolvenzverwalter in gleicher Weise wie den endgültigen Insolvenzverwalter, sind die deswegen zu gewährenden Zuschläge zum Regelsatz der Vergütung grundsätzlich für beide mit dem gleichen Hundertsatz zu bemessen.[85] Wird dem endgültigen Insolvenzverwalter eine Erhöhung um 20% zugebilligt, wird seine Vergütung nach § 2 um ein Fünftel erhöht. Führt ein Insolvenzverwalter nach Insolvenzeröffnung ein mittelgroßes Unternehmen mehr als drei Monate fort, kann er z. B. eine Erhöhung der Vergütung um 50% erlangen. Seine Vergütung beträgt somit 150%. Führt der vorläufige Verwalter das Unternehmen ebenso lange fort, ist seine Vergütung ebenfalls um ganze 50% zu erhöhen. Er erhält 75 %; 25 % Bruchteil nach § 11 Abs.1 Satz 2 InsVV und eine volle Erhöhung von 50%.[86] Das vorgenannte Beispiel wird in der Regel jedoch nicht auftreten, da die vorläufige und endgültige Verwaltung unterschiedliche Berechnungsgrundlagen haben. Während bei der Berechnungsgrundlage des vorläufigen Verwalters die mit Fremdrechten belasteten Gegenstände hinzugerechnet werden können, wird bei der Vergütung des endgültigen Verwalters dagegen nur ein möglicher Mehrbetrag nach § 1 Abs.2 Nr. 1 InsVV oder Kostenbeiträge gem. § 171 InsO oder aus der Verwertung vereinnahmte Umsatzsteuer berücksichtigt. Aus diesem Grund sollte bei der Zuerkennung der Prozentsätze der Erhöhung das Verhältnis von freier und mit Fremdrechten behafteter Masse innerhalb der Berechnungsgrundlage berücksichtigt werden. Im Hinblick auf die unterschiedliche Berechnungsgrundlage sollte eine angemessene Anpassung der Prozentsätze vorgenommen werden.[87]

64   Die Beurteilung, ob und in welcher Höhe Zu- oder Abschläge auf den Regelsatz der Vergütung vorzunehmen sind, obliegt dem Tatrichter.[88] Das Gericht muss in einer Gesamtschau unter Berücksichtigung von Überschneidungen und einer aufs Ganze bezogenen Angemessenheitsbetrachtung den Gesamtzuschlag oder den Gesamtabschlag festlegen.[89] Eine Bestimmung einzelner Zu- und Abschläge ist zulässig, aber nicht erforderlich. Eine solche Vorgehensweise wird in vielen Fällen schon deshalb unzweckmäßig sein, weil sich einzelne Zu- und Abschlagstatbestände in ihren Voraussetzungen häufig überschneiden. Eine Bindung an „Faustregel-Tabellen" besteht nicht.[90]

65   **3. Einzelne Erhöhungstatbestände.** Erhöhungstatbestände sind insbesondere:
- eine **unvollständige und unzureichende Buchhaltung**, wenn nicht lediglich kleinere Mängel vorliegen.[91] Hat sich jedoch der vorläufige Insolvenzverwalter als Sachverständiger ausreichend Kenntnis verschafft und dafür eine Vergütung erhalten, scheidet eine Erhöhung aus.[92]
- eine **besonders hohe Zahl von Gläubigern**.[93] In der Kommentarliteratur werden als Normalwert 100 Gläubiger angesehen.[94]
- die **Verfahrensdauer**. In Absatz 1 Satz 3 ist die „Dauer" ausdrücklich genannt. Als sog. Normalfall wird bei einer vorläufigen Verwaltung ein Zeitraum von acht bis zehn Wochen angenommen.[95]Eine längere Dauer des Verfahrens rechtfertigt für sich allein nach der jüngsten Rechtsprechung des Bundes-

---

[83] BGH NZI 2004, 251; BGH Beschl. v. 28.9.2006 – IX ZB 212/03, unveröffentl.; BGH Beschl. v. 27.9.2012 – IX ZB 243/11, unveröffentl.; *Kübler/Prütting/Eickmann* § 11 InsVV Rn. 33
[84] BGH NZI 2005, 106; LG Traunstein ZIP 2004, 1657; *Kübler/Prütting/Eickmann/Prasser* § 11 InsVV Rn. 33; MünchKommInsO-*Nowak*, 2. Aufl. § 11 InsVV Rn. 16
[85] BGH NZI 2005, 106.
[86] Beispielsfall bei *Keller* Vergütung, Rn. 636.
[87] So *Keller*, Vergütung, Rn.638 ff.
[88] BGH Beschl. v. 27.9.2012 – IX ZB 243/11(unveröffentlicht); BGH ZInsO 2009, 55; BGH ZInsO 2009, 1511; BGH ZInsO 2012, 300.
[89] BGH NZI 2006, 464.
[90] BGH ZInsO 2007, 370; Zu der Bedeutung von „Faustregel-Tabellen" siehe § 3 InsVV RdNr. 5.
[91] BGH NZI 2004, 665
[92] BGH NZI 2004, 448; OLG Frankfurt a. M., NZI 2001, 365.
[93] LG Leipzig DZWIR 2000, 36; LG Braunschweig ZInsO 2001, 552; LG Göttingen NZI 2002, 115; AG Bielefeld ZInsO 2000, 350.
[94] *Kübler/Prütting/Prasser*, § 11 Rn. 64; *Haarmeyer/Wutzke/Förster* § 11 InsVV Rn. 76; MünchKommInsO-*Nowak*, 2. Aufl. § 11 InsVV Rn. 20.
[95] *Haarmeyer/Wutzke/Förster*, § 11 InsVV Rz. 26; MünchKomm-*Nowak* InsO, 2. Aufl., § 11 InsVV Rz. 20,

gerichtshofs keinen gesonderten Zuschlag zur Vergütung des Insolvenzverwalters.[96] Zu bewerten ist allein die während der Dauer des Verfahrens erbrachte Tätigkeit. Weist diese einen überdurchschnittlichen Umfang oder eine besondere Schwierigkeit auf, wie dies in überlangen Verfahren oft der Fall sein wird, kann dafür ein Zuschlag gewährt werden. Die vermehrte Erledigung von Routinearbeiten wie die Erstellung von Zwischenberichten oder die Aktualisierung der Buchführung, ist dann mit diesen Zuschlägen abgegolten. Zu berücksichtigen ist jedoch hierbei immer, ob die lange Verfahrensdauer aus Besonderheiten resultiert, die ohnehin gesondert vergütet werden oder durch eine Verfahrensverschleppung seitens des Verwalters verursacht wurden.
- eine besonders **hohe Zahl von Arbeitsverhältnissen**.[97]
- eine **Unternehmensfortführung** für mehrere Monate ohne gleichzeitige Massemehrung.[98] Nach Auffassung des BGH löst die Betriebsfortführung einen Zuschlag aus, wenn sie die Arbeitskraft des vorläufigen Verwalters in erheblichem Umfang in Anspruch genommen und keine entsprechende Massemehrung stattgefunden habe.[99] Zwischen der Betriebsfortführung durch den „starken" vorläufigen Verwalter und der überwachenden und kontrollierenden Tätigkeit des „schwachen" vorläufigen Verwalters wird grundsätzlich nicht unterschieden. Die Betriebsfortführung gehört auch beim „starken" vorläufigen Verwalter nicht zu den Regelaufgaben, die durch die Regelvergütung abgegolten sind. Ein Zuschlag ist jedoch nur dann zu gewähren, wenn der vorläufige Verwalter das Unternehmen fortgeführt hat und die Masse nicht entsprechend größer geworden ist. Beide Tatbestandsmerkmale müssen kumulativ gegeben sein. Ist durch die Betriebsfortführung die Masse größer geworden, ist auch für die vorläufige Verwaltung durch eine Vergleichsrechnung zu ermitteln, ob durch die Einbeziehung des Ergebnisses der Betriebsfortführung in die Berechnungsgrundlage nicht bereits der zusätzliche Arbeitsaufwand des vorläufigen Verwalters abgegolten ist. Von einer „entsprechend" größeren Masse ist auszugehen, wenn die Erhöhung der Vergütung, die sich aus der Massemehrung ergibt (§ 2 Abs. 1 Nr. 3 InsVV), ungefähr den Betrag erreicht, der dem Verwalter bei unveränderter Masse über einen Zuschlag (§ 3 Abs. 1 Buchst. b InsVV) zustände. Denn der Verwalter, der durch die Betriebsfortführung eine Anreicherung der Masse bewirkt, darf vergütungsmäßig nicht schlechter stehen, als wenn die Masse nicht angereichert worden wäre. Ist die sich aus der Massemehrung ergebende Erhöhung der Vergütung niedriger als der Betrag, der über den Zuschlag ohne Massemehrung verdient wäre, hat das Insolvenzgericht einen Zuschlag zu gewähren, der die bestehende Differenz in etwa ausgleicht.[100] Zur Ermittlung der Berechnungsgrundlage hat der vorläufige Insolvenzverwalter danach eine gesonderte Einnahmen-Ausgaben-Rechnung vorzulegen, aus der sich das Ergebnis der Betriebsfortführung ergibt. In diese sind alle Einnahmen und Ausgaben der Betriebsfortführung für den Zeitraum der vorläufigen Verwaltung einzubeziehen; auch wenn sie erst nach Beendigung der vorläufigen Verwaltung anfallen. Der Massezuwachs durch die Realisierung von Fortführungswerten im Rahmen einer übertragenden Sanierung nach Fortführung während der vorläufigen Verwaltung ist bei dieser Überschussermittlung nicht zu berücksichtigen. Dies ist durch den Bundesgerichtshof bestätigt, der ausdrücklich auf den tatsächlichen Fortführungsüberschuss im Rahmen einer Einnahmen-Ausgaben-Rechnung abstellt. Da die Vergütung des vorläufigen Insolvenzverwalters aus sich heraus zu beurteilen ist, spielt es für die Angemessenheit eines Zuschlags keine Rolle, ob das Unternehmen auch im eröffneten Verfahren noch fortgeführt wird oder werden soll. Entscheidend ist allein der Arbeitsaufwand des vorläufigen Insolvenzverwalters in der Zeit der vorläufigen Insolvenzverwaltung.[101]

Die Begleitung einer Fortführung in geringem Umfang rechtfertigt keinen Abschlag.[102] In einer Entscheidung vom 11.03.2010[103] hat der BGH noch einmal seine bisherige Rechtsprechung bekräftigt, wonach sowohl die Fortführung eines Unternehmens des Schuldners als auch Bemühungen um eine Sanierung des Schuldners nicht zu den Regelaufgaben eines vorläufigen Insolvenzverwalters gehören und deshalb einen Zuschlag rechtfertigen können. Delegiert jedoch der vorläufige Insolvenzverwalter einen Teil solcher Tätigkeiten auf Dritte, die vom Schuldner vergütet werden (hier: sog. Interimsmanager), kann ein Zuschlag gekürzt oder gar versagt werden. In

---

[96] BGH ZIP 2010, 2056.
[97] LG Leipzig DZWIR 2000, 36; AG Chemnitz ZIP 2001, 1473.
[98] BGH NZI 2004, 251; BGH NZI 2006, 401; LG Traunstein ZIP 2004, 1657; LG Potsdam ZInsO 2005, 588; LG Dresden ZIP 2005, 1745; AG Göttingen NZI 1999, 382; AG Bielefeld ZInsO 2000, 350; AG Chemnitz ZIP 2001, 1473; AG Dresden ZIP 2005, 88.
[99] BGH ZInsO 2006, 257, 258.
[100] BGH NZI 2007, 343.
[101] BGH ZInsO 2007, 370.
[102] BGH NZI 2007, 168.
[103] BGH ZInsO 2010, 730.

dem der Entscheidung zugrunde liegenden Fall waren die Zuschläge von 10% für die Fortführung des Unternehmens und von 20 % für Sanierungsbemühungen jeweils um die Hälfte gekürzt worden, weil sich der vorläufige Verwalter durch den Einsatz eines „Interims-Managers", der von der Schuldnerin bezahlt worden war, erhebliche Arbeit erspart hatte, die er sonst selbst hätte erledigen müssen.

- ein **hoher Jahresumsatz** von über 1 500 000 €.[104]
- **umfangreiche Vorarbeiten** für eine übertragende Sanierung.[105]
- die **Klärung gesellschaftsrechtlicher Verflechtungen**.[106]
- die **Vorfinanzierung von Insolvenzgeld** bei mindestens 20 Arbeitnehmern.[107] Die Vorfinanzierung des Insolvenzgeldes bedeutet einen erheblichen Aufwand, weil die Arbeitnehmer informiert und zur Abgabe der erforderlichen Erklärungen veranlasst werden müssen. Sodann werden Verhandlungen mit dem finanzierenden Kreditinstitut erforderlich; die gem. § 118 Abs. 4 SGB II erforderlich Zustimmung der Agentur für Arbeit muss eingeholt werden. Dafür muss der vorläufige Verwalter ein konkretes Sanierungskonzept erarbeiten. Für die Vorfinanzierung von Insolvenzgeld sind in der Rechtsprechung bislang Zuschläge von 5 bis 30% zugebilligt worden.[108]
- **Sozialplanverhandlungen.** In einer unveröffentlichten Entscheidung[109] hat der BGH Sozialplanverhandlungen mit mehr als 20 Betroffenen auch bei einem vorläufigen Insolvenzverwalter als „zuschlagswürdig" nach § 3 Abs. 1 Buchst. d InsVV angesehen, weil sie besonders arbeits- und kostenintensiv sind.[110] Auch hier sind nur Tätigkeiten von Bedeutung, die im Verlauf des Eröffnungsverfahrens angefallen sind.
- die **Gründung von Beschäftigungs- und Qualifizierungsgesellschaften.**
- Schwierigkeiten der Geschäftsführung wegen einer gegen den Schuldner angeordneten **Verfügungsbeeinträchtigung** des § 21 Abs. 2 Nr. 2 InsO oder einer **Postsperre**; auch nur für kurze Zeit.[111]
- ein **obstruktiv handelnder Schuldner** oder Angehörige.[112]
- die Notwendigkeit **umfangreicher Verwertungsmaßnahmen im Rahmen der Sicherungstätigkeit** § 22. Grundsätzlich ist der vorläufige Insolvenzverwalter nicht berechtigt, Verwertungsmaßnahmen durchzuführen, es sei denn, die Verwertung wird schon im Eröffnungsverfahren erforderlich. Liegt diese Voraussetzung vor, ist dem vorläufigen Verwalter ein Zuschlag auf die Regelvergütung zu gewähren, da diese Tätigkeit nicht zu den Regelaufgaben des vorläufigen Verwalters gehört.[113]
- die **Einziehung von Außenständen**, soweit eine fühlbare Mehrbelastung des vorläufigen Verwalters z. B. durch eine außergewöhnlich hohe Zahl von Gläubigern vorliegt.[114]
- die **Übertragung der Zustellungen** nach § 8 Abs. 3 InsO ab einer Zahl von 100.[115]
- die **Feststellung von Anfechtungsansprüchen**. Hat sich der vorläufige Verwalter um die Feststellung der Voraussetzungen für Anfechtungsansprüche bemüht, ist ein Zuschlag gerechtfertigt, wenn diese Bemühungen einen erheblichen Teil seiner Tätigkeit ausgemacht haben und er für diese Tätigkeit nicht bereits als Sachverständiger entschädigt worden ist. Hat sich der Sachverständige, der zugleich vorläufiger Insolvenzverwalter ist, auf der Grundlage des ihm vorliegenden Materials gutachtlich zu künftigen Anfechtungsansprüchen geäußert, erstreckt sich seine Entschädigung nach dem Gesetz über die Entschädigung von Zeugen und Sachverständigen grundsätzlich auch auf den Aufwand, den er zur Feststellung der Anspruchsgrundlagen gemäß §§ 129 ff. InsO betrieben hat. Musste er jedoch zu dieser Feststellung Ermittlungen anstellen, die ihm nur in seiner Eigenschaft als vorläufiger Insolvenzverwalter möglich waren, oder hat er Maßnahmen ergriffen, um die Durchsetzung künftiger Anfechtungsansprüche vorzubereiten oder zu sichern, so ist ihm dies als vorläufiger Insolvenzverwalter mit einem Zuschlag zu honorieren.[116] Entsprechendes gilt auch, wenn der vorläufige Verwalter die Anfechtungsansprüche, z. B. durch die Eintragung eines Veräußerungsverbots im Grundbuch gesichert hat.[117]

---

[104] BGH NZI 2004, 251.
[105] BGH NZI 2006, 236; AG Bergisch-Gladbach ZIP 2000, 283; AG Bielefeld ZInsO 2000, 350.
[106] LG Leipzig DZWIR 2000, 36.
[107] BGH ZInsO 2008, 1265; BGH NZI 2007, 343; BGH NZI 2004, 251; LG Traunstein ZIP 2004, 1657.
[108] BGH ZInsO 2007, 439; LG Traunstein ZIP 2004, 1657; AG Chemnitz ZIP 2001, 1473.
[109] BGH Beschl. v. 28.9.2006 – IX ZB 212/03.
[110] BGH Beschl. v. 18.12.2003 a aO S. 253.
[111] AG Bonn ZIP 1999, 2167.
[112] LG Mönchengladbach ZInsO 2001, 750.
[113] BGH Beschl. v. 12.1.2006 – IX ZB 101/04 – unveröff..
[114] BGH NZI 2004, 381.
[115] BGH ZIP 2004, 1822.
[116] BGH NZI 2006, 167.
[117] AG Dresden, ZIP 2005, 88.

- die Befassung mit **ökologischen Altlasten**.[118]
- die **Anwendung ausländischen Rechts** oder anderer Auslandsbezug.[119]

4. Kürzungstatbestände. Eine Kürzung der Regelvergütung ist gerechtfertigt, wenn die Tätigkeit des vorläufigen Insolvenzverwalters den normalen Umfang unterschreitet. Dies gilt auch dann, wenn dies im Einzelfall nicht zu einer auskömmlichen Vergütung führt. Dies ist dem System der insolvenzrechtlichen Vergütungsverordnung immanent. Andernfalls müssten umgekehrt bei höheren Berechnungsgrundlagen Obergrenzen im Verhältnis zu den tatsächlich entstandenen Kosten eingeführt werden.[120]

Die Kürzungstatbestände des § 3 Abs. 2 fallen bei der vorläufigen Verwaltung naturgemäß gering ins Gewicht.

- Eine Kürzung ist bei einer besonders kurzen Verfahrensdauer gerechtfertigt.[121] Beispiele für eine Kürzung der Vergütung bei kurzer Verfahrensdauer: Verfahrensdauer 16 Tage = 16,66% der Insolvenzverwaltervergütung[122]; 5 Tage = 15%.[123]
- Wenn der vorläufige Insolvenzverwalter keine verwaltende und/oder sichernde Tätigkeit entfaltet, sondern nur über die Vermögenslage des Schuldners berichtet, ist eine Kürzung berechtigt.[124]
- Da die Fortführung des schuldnerischen Unternehmens nach der Konzeption der InsVV stets ein in die Gesamtabwägung einzubeziehender erhöhender Faktor ist, ist bei einem stillgelegten Geschäftsbetrieb kein Abschlag von der Regelvergütung vorzunehmen.[125]
- Eine Masseunzulänglichkeit rechtfertigt keine Verkürzung der Regelvergütung.[126]

VII. Mindestvergütung

Stellt sich heraus, dass keine Insolvenzmasse vorhanden ist oder besteht das Vermögen des Schuldners nur aus schuldnerfremden Gegenständen, steht dem vorläufigen Insolvenzverwalter in jedem Fall eine Mindestvergütung nach § 2 Abs. 2 InsVV zu.[127] In Insolvenzverfahren, die vor dem 1.1.2004 eröffnet wurden, beträgt die Mindestvergütung 500,– €. In den nach dem 31.12.2003 eröffneten Verfahren ist die Mindestvergütung ausgehend von 1000,– € nach der Anzahl der Gläubiger gestaffelt. Bis 10 Gläubiger erhält der vorläufige Verwalter 1.000,– €. Von 11 bis zu 30 Gläubigern erhöht sich die Vergütung für je angefangene 5 Gläubiger um 150 €. Ab 31 Gläubiger erhöht sich die Vergütung je angefangene 5 Gläubiger um 100 €.

Hinsichtlich der Höhe der nach § 10 in Verbindung mit § 2 Abs. 2 InsVV zu berechnenden Mindestvergütung gilt, dass nicht auf die Zahl der Gläubiger abgestellt werden kann, die Forderungen „angemeldet" haben, weil Forderungsanmeldungen (§ 174 InsO) im Eröffnungsverfahren noch nicht vorliegen und die Zahl der angemeldeten Gläubiger im Insolvenzverfahren bei Beantragung der Vergütung des vorläufigen Insolvenzverwalters regelmäßig nicht bekannt ist. Maßgeblich ist deshalb die **Zahl der im Eröffnungsverfahren beteiligten Gläubiger**.[128] Man wird wohl auf deren voraussichtliche Zahl im eröffneten Verfahren abstellen müssen.[129]

Zur **Berechnung der Höhe der Mindestvergütung** hat der BGH am 4.2.2010 [130] entschieden, dass sich diese nach der Anzahl der Gläubiger richte, denen nach den Unterlagen des Schuldners offene Forderungen gegen den Schuldner zustehen, soweit mit einer Forderungsanmeldung im Insolvenzverfahren zu rechnen ist. Es kommt nicht darauf an, ob sich der vorläufige Verwalter mit den Forderungen konkret befasst hat. Als Gläubiger im Sinne der §§ 10, 2 Abs. 2 InsVV sind grundsätzlich auch die Arbeitnehmer des Schuldners zu berücksichtigen, die zum Zeitpunkt der Bestellung des vorläufigen Verwalters offene Forderungen haben. Da jedoch häufig die einzelnen Arbeitnehmer ihre Ansprüche aus dem Arbeitsverhältnis für die letzten drei Monate vor der Eröffnung des Verfah-

---

[118] LG Magdeburg, Rpfleger 1996, 38
[119] *Kübler/Prütting/Prasser*, § 11 InsVV Rn. 75.
[120] BGH ZInsO 2012, 300.
[121] BGH NZI 2007, 168; *Kübler/Prütting/Prasser* § 11 InsVV Rn. 77; *Haarmeyer/Wutzke/Förster*, § 11 InsVV Rn. 73.
[122] LG Berlin, Beschl. v. 24.09.2003 – 86 T 962/03 juris.
[123] OLG Celle NZI 2001, 650-
[124] *Kübler/Prütting/Prasser* § 11 InsVV Rn. 112 sieht in einem solchen Fall eine Vergütung von 10% als angemessen an.
[125] BGH ZIP 2006, 1204.
[126] BGH NZI 2004, 251.
[127] BGH NZI 2006, 515; LG Krefeld NZI 2002, 611; Gera ZIP 2004, 2199; LG Gera ZVI 2006, 72; LG Bielefeld ZInsO 2006, 541; *Kübler/Prütting/Eickmann* § 1 InsVV Rn. 16; a. A. LG Kiel, SchlHA 2007, 60.
[128] BGHZ NZI 2006, 515; *Kübler/Prütting/Eickmann*, § 2 InsVV Rn. 17.
[129] LG Gera ZVI 2006, 72; ausdrücklich offengelassen von BGHZ 168, 321 = NZI 2006, 515.
[130] NZI 2010, 256.

rens über das Insolvenzgeld befriedigen können, kommt es zu keiner Forderungsanmeldung der einzelnen Arbeitnehmer im Insolvenzverfahren. Für die Berechnung der Mindestvergütung des vorläufigen Insolvenzverwalters sind solche Arbeitnehmer daher zu einem Gläubiger zusammenzufassen. Arbeitnehmer mit Lohnforderungen aus Zeiträumen, für die kein Insolvenzgeld gewährt wird, bleiben hingegen auch im eröffneten Verfahren als Gläubiger zur Anmeldung ihrer Forderung berechtigt. Sie sind daher – so der BGH - bei der Berechnung der Mindestvergütung gesondert zu berücksichtigen.

71 **Zu- und Abschläge** können grundsätzlich auch bei der Mindestvergütung nach § 2 Abs. 2 InsVV berücksichtigt werden. Besondere Erschwernisse sind bei der „Regelmindestvergütung" nicht berücksichtigt.[131] Diese besonderen individuellen Abweichungen vom Normalfall werden durch Zuschläge gem. § 3 Abs. 1 InsVV anerkannt.[132]

VIII. Auslagen und Umsatzsteuer

72 Die Vorschriften über den Ersatz der Auslagen und Nebenkosten für den Insolvenzverwalter (§ 4) gelten über § 10 auf für den vorläufigen Insolvenzverwalter. Auslagenersatz erfolgt in Anwendung des § 4. Statt der tatsächlich entstandenen Auslagen kann auch der vorläufige Insolvenzverwalter die Pauschale des § 8 Abs. 3 in voller Höhe geltend machen.[133] Sie berechnet sich nach der Vergütung nach Abs. 1 S 2 als Regelvergütung.[134]

73 Dem (vorläufigen) Insolvenzverwalter steht kein Anspruch auf Verzinsung seiner Vergütung für die Zeit zwischen Antragstellung und Vergütungsfestsetzung zu. Die „Vorfinanzierung" der Vergütung durch den Verwalter ist auch weder durch einen Zuschlag auf die Vergütung gemäß § 3 Abs. 1 InsVV noch als Auslagen gemäß § 4 Abs. 2 InsVV auszugleichen.[135]

74 Der vorläufige Insolvenzverwalter erhält den vollen Ausgleich seiner Umsatzsteuer nach § 7 InsVV.

IX. Vorschuss

75 Über den § 10 gilt für den vorläufigen Insolvenzverwalter auch die Regelung des § 9 entsprechend, wonach der Insolvenzverwalter aus der Insolvenzmasse einen Vorschuss auf die Vergütung und Auslagen entnehmen kann. Die Vorschussregelung ist gerade für den vorläufigen Insolvenzverwalter von besonderer Bedeutung, da der vorläufige Verwalter häufig tätig werden muss, obwohl sich eine Massearmut herausstellen könnte. Die Mindestfrist der Verfahrensdauer von sechs Monaten ist auf die regelmäßige Dauer eines Insolvenzeröffnungsverfahrens zu reduzieren. Angemessen sind drei Monate.

X. Das Festsetzungsverfahren

76 **1. Fälligkeit des Vergütungsanspruchs.** Der Vergütungsanspruch des vorläufigen Insolvenzverwalters entsteht zwar mit der Erbringung seiner Dienstleistungen; die Fälligkeit des Anspruchs tritt aber erst **mit der Erledigung der zu honorierenden Tätigkeit** ein. Der Vergütungsanspruch wird daher mit Beendigung der vorläufigen Verwaltung fällig.[136] Die Festsetzung kann auf Antrag (§ 8) unmittelbar danach erfolgen. Vorher hat der vorläufige Insolvenzverwalter gegebenenfalls einen Anspruch auf Festsetzung eines Vorschusses gem. § 9 InsVV.[137] Entsprechend § 8 Abs. 1 S 3 ist der Vergütungsantrag nach Beendigung des Insolvenzeröffnungsverfahrens zu stellen.
Fälligkeit kann daher eintreten
- mit der Verfahrenseröffnung;
- mit der Ablehnung der Eröffnung;

---

[131] *Prasser*, ZInsO 2008, 315; *Kübler/Prütting/Bork/Prasser/Stoffler* § 11 Rn. 117; HK-*Keller* § 11 InsVV Rn. 7, Keller, Vergütung, Rn. 625; a. A. AG Potsdam, ZInsO, 2008, 314.
[132] AG Potsdam, ZInsO, 2008, 314.
[133] BGH NZI 2006, 464; LG Chemnitz ZIP 2000, 710.
[134] BGH ZIP 2006, 2228.
[135] BGH ZInsO 2004, 268; a. A. Wasner ZInsO 1999, 132; *Hess*, in Hess/Weis/Wienberg, InsO 2. Aufl. § 9 InsVV Rn. 37 ff., wonach ein Ausgleich des dem vorläufigen Insolvenzverwalter durch die verspätete Festsetzung seiner Vergütung eintretenden Schadens dadurch erfolgen soll, dass das Gericht in entsprechender Anwendung des § 104 Abs. 1 Satz 2 ZPO i. V. m. § 4 InsO die Vergütung verzinse. Die §§ 103 ff. ZPO seien auch im Insolvenzverfahren anwendbar, so auch FK-*Schmerbach* § 2 Rn. 34, § 4 Rn. 9; *Nerlich/Römermann/Becker*, InsO § 4 Rn. 27.
[136] LG Göttingen NZI 2001, 219 = ZIP 2001, 625 = ZVI 2002, 433.
[137] siehe § 9 RdNr. 20 ff.

- mit der Verfahrensaufhebung;
- mit der Entlassung des vorläufigen Verwalters und
- mit dem Tode des vorläufigen Verwalters.

2. Vergütungsantrag. Vergütung und Auslagen werden nicht von Amts wegen festgesetzt, sondern erfordern einen Antrag. § 64 InsO erwähnt zwar nicht ausdrücklich das Erfordernis eines Antrages auf Festsetzung der Vergütung und Auslagen. Die Erforderlichkeit eines Antrags lässt sich jedoch aus dem das Verfahren bestimmenden Dispositionsgrundsatz herleiten und ist in § 8 I InsVV ausdrücklich festgelegt worden.[138]

Der schriftlich zu stellende Antrag des vorläufigen Insolvenzverwalters muss hinsichtlich der Vergütung und der zu erstattenden Auslagen einen bestimmten Betrag in € bezeichnen. Das wird zutreffend über § 4 aus dem entsprechend geltenden zivilprozessualen Gebot der Antragsbestimmtheit (§ 253 II Nr. 2 ZPO) hergeleitet und ist schon im Hinblick auf die Ermittlung einer etwaigen Beschwer (§ 64 Abs. 3 InsO) erforderlich. Ein Antrag, der die Festsetzung der Höhe der Vergütung ohne Bezifferung in das Ermessen des Gerichts stellt, ist unzulässig, selbst wenn der Insolvenzverwalter Angaben zu den Berechnungsgrundlagen der Vergütung macht und diesbezügliche Unterlagen einreicht.

Der Antrag ist zu begründen.[139] Der Verwalter hat im Festsetzungsantrag den konkret geltend gemachten Betrag rechnerisch nachvollziehbar aus der Regelvergütung des § 63 I 2 iVm § 11 InsVV abzuleiten und bei Abweichungen vom Regelsatz iSd § 63 I 3 die Zu- oder Abschläge nach § 3 InsVV darzulegen. Die für die Regelvergütung maßgebliche Berechnungsgrundlage iSd § 1 InsVV (§ 63 Rn. 31 ff.) ist gem. § 8 II InsVV rechnerisch nachvollziehbar zu benennen. Hinsichtlich der Erstattung der Auslagen muss sich aus dem Antrag ergeben, ob die zu beziffernden tatsächlich entstandenen Auslagen verlangt werden oder ob der Pauschsatz nach § 8 III InsVV geltend gemacht wird.

3. Funktionelle Zuständigkeit. Streitig ist, wer am Insolvenzgericht für die Festsetzung der Vergütung des vorläufigen Verwalters funktionell zuständig ist. Diese Frage war schon unter der Geltung der Konkursordnung umstritten. Es handelt sich um eine Frage der Auslegung des § 18 Abs. 1 Nr. 1 RPflG nach zeitlicher oder funktionaler Verteilung.[140] Nach einer in der Rechtsprechung[141] und der Literatur[142] vertretenen Auffassung, die allein auf die zeitliche Abgrenzung abstellt, ist der Rechtspfleger für die Festsetzung der Vergütung des vorläufigen Verwalters funktionell zuständig. Mit der Eröffnung des Insolvenzverfahrens geht auch die Zuständigkeit zur Entscheidung über die Vergütung des vorläufigen Insolvenzverwalters auf den Rechtspfleger über. Dieser Auffassung ist der BGH in einer Entscheidung vom 22.9.2010 gefolgt.[143] Danach ist zwar das „Verfahren bis zur Entscheidung über den Eröffnungsantrag" dem Richter vorbehalten. Der Richtervorbehalt erstreckt sich nach Auffassung des BGH jedoch nicht auf die Entscheidung über die Festsetzung der Vergütung des vorläufigen Insolvenzverwalters, wenn diese erst nach der Eröffnung des Insolvenzverfahrens zu treffen ist. Dies gilt unabhängig davon, ob der Vergütungsantrag zuvor nicht beschieden oder erst nach diesem Zeitpunkt gestellt wurde. Der BGH begründete diese Entscheidung mit dem Hinweis auf die Prozessökonomie und die die Unwirksamkeitsregel des § 8 Abs. 4 RPflG die gälte, wenn der Richter zuständig wäre und stattdessen der Rechtspfleger entscheidet. Nach anderer Auffassung[144] ist in jedem Fall der Richter für die Festsetzung der Vergütung des vorläufigen Verwalters zuständig. Dem Richter ist das gesamte Eröffnungsverfahren einschließlich der damit zusammenhängenden Geschäfte vorbehalten.

Die Entscheidung des BGH die die Richterzuständigkeit in einem strengen zeitlichen und nicht in einem funktionalen Zusammenhang sieht, ist nicht überzeugend. Eine Auseinandersetzung mit

---

[138] *Jaeger/Schilcken* § 64 InsO Rn. 4.
[139] *Andres/Leithaus* InsO § 64 Rn. 4; *FK-Kind* InsO § 64 Rn. 5; *Kübler/Prütting/Lüke* § 64 InsO Rn. 3; MünchKommInsO-*Nowak* 2. Aufl. § 64 Rn. 4; einschränkend *Uhlenbruck* InsO § 64 Rn. 3.
[140] *HK-Keller* § 11 InsVV Rn. 13.
[141] OLG Zweibrücken ZIP 2000, 1306, 1307 f; OLG Köln ZIP 2000, 1993, 1995; OLG Stuttgart ZInsO 2001, 897, 898; LG Frankfurt a.M. ZIP 1999, 1686;
[142] *Jaeger/Schilken*, InsO § 64 Rn. 8; *Kübler/Prütting/Bork/ Prasser*, InsO § 11 InsVV Rn. 103; *Uhlenbruck/Mock*, InsO 13. Aufl. § 64 Rn. 8; HK-InsO/*Eickmann*, § 64 Rn. 2; HambKomm-InsO-*Büttner*, 3. Aufl. § 64 Rn. 3; *Nerlich/Römermann/Mönning*, InsO § 22 Rn. 266; *Braun/Kind*, InsO 4. Aufl. § 64 Rn. 4; *Haarmeyer/Wutzke/Förster*, InsVV 4. Aufl. § 8 Rn. 19; *Hintzen* in Arnold/Meyer-Stolte, RPflG 7. Aufl. § 18 Rn. 11; *Bassenge/Roth*, RPflG 12. Aufl. § 18 Rn. 11; *Franke/Burger* NZI 2001, 403, 406;
[143] BGH NZI 2010, 977.
[144] AG Göttingen NZI 1999, 469; AG Köln NZI 2000, 143; LG Rostock ZInsO 2001, 96; AG Kaiserslautern ZInsO 2000, 624; *Keller* Vergütung Rn. 644 ff.; *Uhlenbruck/Pape* § 2 Rn. 3; *Uhlenbruck/Vallender*, § 22 Rn. 234; *Graf-Schlicker/Kalkmann*, § 64 Rn. 2; *Stephan/Riedel*, InsVV § 11 Rn. 66.

den einzelnen Sachargumenten fehlt. Der Bundesgerichtshof belässt es mit dem Hinweis auf die Prozessökonomie, wenn der Rechtspfleger als das für das eröffnete Verfahren zuständige Organ entscheidet. Gründe der Prozessökonomie sprechen nicht für eine Rechtspflegerzuständigkeit nach Eröffnung des Insolvenzverfahrens. So wie die Ernennung des Insolvenzverwalters, die Ausführung der Eintragungsersuchen, die zeitlich erst nach der Insolvenzeröffnung erfolgen, gehört auch die Vergütung des vorläufigen Verwalters sachlich zu einem Verfahrensabschnitt, der in die Zuständigkeit des Richters fällt. Der Richter kann die Tätigkeit des vorläufigen Verwalters besser beurteilen als der Rechtspfleger, da das Eröffnungsverfahren in seinen Zuständigkeitsbereich fällt. Auch der Zeitpunkt der Antragstellung kann kein geeignetes Kriterium für die Abgrenzung der Zuständigkeit zwischen Richter und Rechtspfleger sein, da damit der Verwalter durch eine geschickte Antragstellung beeinflussen kann, wer über seine Vergütung zu entscheiden hat.

82 **4. Die Festsetzung der Vergütung.** Die Beteiligten müssen vor der Festsetzung der Vergütung **nicht gehört** werden.[145] Die Entscheidung über den Festsetzungsantrag erfolgt gem. § 64 Abs. 1 InsO durch Beschluss des Insolvenzgerichts, in dem die Vergütung des vorläufigen Verwalters, die ihm ersetzten Auslagen und die jeweils erstattete Umsatzsteuer gesondert ausgewiesen werden (§ 8 Abs. 2 Satz 2). Der Beschluss ist zu begründen und dem vorläufigen Insolvenzverwalter und dem Schuldner besonders zuzustellen. Diese Zustellung richtet sich nach § 8 und kann durch Aufgabe zur Post erfolgen (§ 8 I 2).

83 Schließlich ist der Feststellungsbeschluss ist nach § 64 II 1 **öffentlich bekanntzumachen**; dabei sind allerdings gem. § 64 II 2 die festgesetzten Beträge nicht zu veröffentlichen, sondern es ist in der öffentlichen Bekanntmachung darauf hinzuweisen, dass der vollständige Beschluss in der Geschäftsstelle eingesehen werden kann. Für die Bekanntmachung gilt die allgemeine Regelung des § 9 Abs. 1 S 1 InsO. Danach kann die Veröffentlichung auszugsweise geschehen. Somit kann auch auf eine Mitteilung der Begründung verzichtet werden kann. Da die festgesetzten Beträge nicht bekannt gemacht werden dürfen, wird die Veröffentlichung der Gründe sogar in aller Regel unterbleiben müssen, weil sie sich kaum von der Benennung der Beträge trennen lassen werden.

84 **5. Rechtmittel gegen die Vergütungsfestsetzung.** Gegen die Festsetzung steht nach § 64 Abs. 3 InsO dem vorläufigen Insolvenzverwalter, dem Schuldner und jedem Gläubiger die sofortige Beschwerde zu, für die die Bestimmungen des § 6 gelten. Im Übrigen finden über § 4 die Vorschriften der §§ 567 ff. Anwendung.

85 Die sofortige Beschwerde ist innerhalb einer Frist von zwei Wochen einzulegen (§ 569 I ZPO), deren Lauf gem. § 6 II mit der Zustellung des Beschlusses, ferner gem. § 9 Abs. 3 mit dem dritten Tag nach der Veröffentlichung durch Bekanntmachung (§ 9 Abs. 3) beginnt.

86 Die Zulässigkeit der sofortigen Beschwerde setzt allerdings wie jede Rechtsmitteleinlegung eine Beschwer des Beschwerdeberechtigten voraus. Die Beschwer muss außerdem eine bestimmte Beschwersumme erreichen. § 64 Abs.3 Satz 2 InsO ordnet insoweit die entsprechende Anwendung des § 567 II ZPO an, so dass die sofortige Beschwerde nur zulässig ist, wenn der Wert des Beschwerdegegenstandes 200 € übersteigt. Maßgeblich für die Berechnung des Wertes ist die Differenz zwischen dem mit der Beschwerde verlangten und dem aus der Festsetzungsentscheidung sich ergebenden Betrag. Für das Beschwerdeverfahren gelten die §§ 567 ff. ZPO mit dem grundsätzlichen Verbot der reformatio in peius entsprechend.[146]

87 Bei einer Entscheidung über den Festsetzungsantrag durch den Rechtspfleger ist nicht die Erinnerung, sondern sogleich die sofortige Beschwerde gegeben (§ 11 Abs.1 RPflegerG), es sei denn, der Beschwerdewert von 200 € wäre nicht erreicht; in diesem Fall kann der Rechtspfleger der Erinnerung abhelfen, anderenfalls entscheidet der Richter des Insolvenzgerichts (§ 11 II RPflegerG). Im Falle zulässiger sofortiger Beschwerde besteht eine Abhilfebefugnis des Insolvenzrichters nach § 572 I 1 ZPO; ansonsten ist die Sache dem Beschwerdegericht vorzulegen.

88 Gegen die Entscheidung des Beschwerdegerichts findet nach Maßgabe der §§ 574 ff. ZPO die **Rechtsbeschwerde zum Bundesgerichtshof** statt. Die Rechtsbeschwerde ist durch das ZPO-Reformgesetz mit Wirkung zum 1.1.2002 eingeführt worden. Bis zum 26.10.2011 war die Rechtsbeschwerde in Insolvenzsachen immer dann zulassungsfrei eröffnet, wenn zuvor das Beschwerdegericht über eine sofortige Beschwerde nach § 6 entschieden hat. Mit Art. 2 des Gesetzes zur Änderung von § 522 ZPO vom 21.10.2011[147] wurde die in § 7 enthaltene gesetzliche Zulassung der Rechtsbeschwerde in Insolvenzsachen aufgehoben. Die Rechtsbeschwerde ist demgemäß nur noch statthaft, wenn das Beschwerdegericht sie in seinem Beschluss zugelassen hat, § 574 I Nr. 2 ZPO. Nach der Übergangsregelung aus Art. 103f EGInsO ist das neue Recht auf alle Beschwerdeentscheidungen

---

[145] A.A. MünchKommInsO-*Nowak* 2. Aufl. § 8 InsVV Rn. 5
[146] BGH ZIP 2005, 1371
[147] BGBl I. 2082

anzuwenden, die nach dem 26.10.2011 erlassen sind. [148]Das Beschwerdegericht hat die Rechtsbeschwerde zuzulassen, wenn die Rechtssache grundsätzliche Bedeutung hat oder die Fortbildung des Rechts oder die Sicherung einer einheitlichen Rechtsprechung eine Entscheidung des Rechtsbeschwerdegerichts erfordert (§ 574 Abs.2, Abs 3 S 1 ZPO).

XI. Nachträgliche Änderung der Festsetzung nach Abs. 2

Abs. 2 des § 11durchbricht den bislang geltenden Grundsatz, dass nachträgliche Änderungen der Bewertung einzelner Vermögenswerte keinen Einfluss auf eine rechtskräftige Festsetzung haben.[149] Mit dieser Regelung, die mit der Zweiten Änderungsverordnung eingeführt worden ist, soll dem Problem Rechnung getragen werden, dass die Vergütungsfestsetzung kurz nach Eröffnung des Verfahrens zumeist auf Schätzwerten beruht, welche sich im späteren Laufe des Verfahrens als falsch herausstellen können. Sowohl überhöhte als auch zu niedrige Schätzwerte sind in der Praxis festzustellen. In beiden Fällen ist die allein auf der Basis von Schätzwerten vorgenommene Vergütungsfestsetzung dann als unangemessen anzusehen, wenn die tatsächlichen Werte erheblich von diesen Schätzwerten abweichen. § 11 Abs. 2 InsVV soll nunmehr ermöglichen, die Vergütungsfestsetzung an den richtigen Werten zu orientieren und bei größeren Abweichungen eine Korrektur der Festsetzung vorzunehmen. 89

Maßgeblich sind dabei nur die Gegenstände, die bei der erstmaligen Vergütungsfestsetzung berücksichtigt worden sind. Gegenstände, die erst nach der vorläufigen Verwaltung hinzukamen und daher in der Vergütung des vorläufigen Insolvenzverwalters nicht zu berücksichtigen sind, sind außer Acht zu lassen und können eine Wertdifferenz nicht begründen. Außer Betracht bleiben auch die Werte der Gegenstände, die bereits im Eröffnungsverfahren aus dem Beschlag, z. B. durch Herausgabe oder Verwertung ausgeschieden sind, als auch die Verkehrswerte der Aus- und Absonderungsrechten belasteten Gegenstände, da deren Wert und deren Erlös nur den Sicherungsgläubigern zusteht.[150] 90

Voraussetzung einer nachträglichen Änderung nach Abs. 2 ist eine Abweichung des tatsächlich realisierten Wertes von seiner ursprünglichen Berücksichtigung in der Berechnungsgrundlage um 20%, bezogen auf die Gesamtheit der Gegenstände. Nicht anzeigepflichtig ist ein Abweichen bei einzelnen Vermögensgegenständen, die das Gesamtergebnis nur in einer Größenordnung von weniger als 20% beeinträchtigt haben. Unbeachtlich dürfte es sein, ob die Differenz zwischen tatsächlichem Wert und dem Wert der Vergütungsfestsetzung aus beiden Sichtwinkeln 20% übersteigt oder ob dies nur aus einer Sicht heraus der Fall ist. Lag der Wert der Vergütungsfestsetzung bei 100 000 EUR und der tatsächliche Wert bei 121 000 €, so überschreitet der tatsächliche Wert den Wert der Festsetzung um 21%, während der Wert der Festsetzung den tatsächlichen Wert nur um gut 18% unterschreitet. 91

Die Erhöhung oder Kürzung erfolgt unter Zuerkennung eines nachträglichen Vergütungsbetrages, der sich aus der Differenz der Vergütungen bei geringerer und bei höherer Berechnungsgrundlage ergibt. Dies führt ggf. zu einer Rückzahlungspflicht des vorläufigen Insolvenzverwalters. 92

Damit das Insolvenzgericht eine Abweichung des tatsächlichen Werts vom Wert der Vergütungsfestsetzung erkennen kann, erlegt Satz 1 dem Insolvenzverwalter auf, bei Vorlage des Schlussberichts auf eine Wertdifferenz von mehr als 20 % hinzuweisen. Nach dem Wortlaut des § 11 Abs. 2 Satz 1 InsVV besteht diese Hinweispflicht dann, wenn die Wertdifferenz mehr als 20% beträgt. Die Verordnung enthält keine Sanktionen für den Fall, dass der Verwalter diese Obliegenheit verletzt. In gravierenden Fällen oder wiederholtem Unterlassen wäre der Insolvenzrichter gehalten, diesen Verwalter aus der Vorauswahlliste zu streichen (Delisting). Unabhängig von einer Anzeige des Verwalters ist das Gericht berechtigt, von Amts wegen entsprechende Feststellungen zu treffen.[151] 93

Die Änderung ist bis zur Rechtskraft der Vergütungsfestsetzung des Insolvenzverwalters im eröffneten Insolvenzverfahren möglich (Abs. 2 S 2). 94

Das Amtsgericht Leipzig[152] hält diese Vorschrift für verfassungswidrig. Die Abänderungsbefugnis darf am Ende des Insolvenzverfahrens, so die Auffassung des Gerichts, nicht angewendet werden. Nach Auffassung des Gerichts werde die ergangene rechtskräftige Festsetzung der Vergütung des vorläufigen Verwalters durch § 4 InsO in Verbindung mit § 322 ZPO geschützt. Jede Anwendung einer unterrangigen Norm, die eine höherrangige Norm (hier: § 322 ZPO) unterläuft, sei rechts- 95

---
[148] BGH WuM 2012, 170
[149] Begr zum Entwurf der Zweiten VO zur Änderung der InsVV, zu § 11 letzter Abs, abgedr. bei *Keller*, Vergütung S 471; bisher BGHZ 165, 266; BGH NZI 2004, 25.
[150] *Haarmeyer/Wutzke/Förster*, § 11 InsVV Rn. 52; a. A. *Kübler/Prütting/Prasser*, § 11 InsVV Rn. 83
[151] *Kübler/Prütting/Prasser*, § 11 InsVV Rn. 89.
[152] DZWiR 2008, 39 mit Anm. *Graeber*.

widrig.[153] Wegen des Eingriffs in die über § 322 ZPO geschützte Rechtsposition hätte es eines Gesetzes bedurft. Die Ermächtigungsgrundlage des § 65 InsO reiche hier nicht aus, da hier Grundrechte, nämlich das Eigentumsgrundrecht des Art. 14 Abs. 1 S. 1 GG und das Grundrecht auf Berufsausübungsfreiheit aus Art. 12 Abs. 1 GG, betroffen seien. In diesen Fällen müsse das Parlament als originärer Gesetzgeber tätig werden und nicht die Exekutive. Ferner sei hier zu bedenken, dass bei einem formell rechtskräftigen Vergütungsbeschluss auch die Einzelpositionen in materielle Rechtskraft erwachsen.[154] Somit kann, worauf *Küpper/Heinze* [155] zu Recht hinweisen, über ihn nicht mehr nachträglich auf Grund einer Rechtsverordnung neu entschieden werden. Diese Kritik hat die Bundesregierung aufgenommen und in dem von ihr vorgelegten Entwurf eines „Gesetzes zur Verkürzung des Restschuldbefreiungsverfahrens und der Stärkung der Gläubigerrechte"[156] in § 63 einen Abs.3 angefügt. Dort hat sie die bislang in § 11 Abs.2 Satz 2 InsVV enthaltene Abänderungsbefugnis in § 63 Abs.3 Satz 4 InsO-E aufgenommen.[157]

XII. Verjährung des Vergütungsanspruchs des vorläufigen Verwalters

96 Der Anspruch des vorläufigen Verwalters auf Vergütung unterliegt der regelmäßigen Verjährung. Rechtskräftig festgesetzte Vergütungsansprüche unterliegen der 30jährigen Verjährung gem. §§ 195 ff. BGB. Solange der Vergütungsanspruch noch nicht bestandskräftig festgesetzt ist, gilt die dreijährige Frist des § 195 BGB.[158] Die Verjährungsfrist beginnt nach § 199 Abs. 1 BGB mit dem Schluss des Jahres, in dem der Anspruch entstanden, d. h. fällig ist. Das ist der Zeitpunkt der Eröffnung des Insolvenzverfahrens bzw. der Aufhebung der vorläufigen Verwaltung, weil in diesem Zeitpunkt das Amt des vorläufigen Verwalters endet.[159] Der Vergütungsanspruch des vorläufigen Insolvenzverwalters ist daher nach dem Ende des dritten Kalenderjahres nach der Eröffnung des Insolvenzverfahrens oder einer sonstigen Beendigung seiner Tätigkeit verjährt, wenn nicht eine Hemmung der Verjährung eingetreten ist. Bis zum Abschluss des eröffneten Insolvenzverfahrens ist nach einer Entscheidung des BGH vom 22.9.2010 die Verjährung jedoch in Anlehnung an den Rechtsgedanken des § 8 Abs.2 Satz 1 RVG gehemmt.[160] Zur Begründung dieser Entscheidung führt der BGH aus, dass es unter prozessökonomischen Erwägungen sinnvoll sei, den Festsetzungsantrag für die vorläufige Verwaltervergütung gemeinsam mit dem Antrag auf Festsetzung der Verwaltervergütung am Schluss des eröffneten Verfahrens zu stellen. Dies schone die Liquidität und vereinfache die Abrechnung für das Insolvenzgericht. Diesen praktischen Vorteilen stünde eine regelmäßige Verjährung des Vergütungsanspruchs des vorläufigen Verwalters entgegen. Im Übrigen ergebe sich ein praktisches Bedürfnis für die Verjährungshemmung auch aus der Neufassung des § 11 Abs. 2 Satz 2 InsVV, da ansonsten ein Vergütungsmehranspruch des vorläufigen Verwalters aus dieser Vorschrift bei Verfahrensabschluss regelmäßig verjährt wäre. Dies habe der Verordnungsgeber nicht bedacht, so dass die Regelungslücke im Wege der Rechtsfortbildung zu schließen sei.

97 Diese Entscheidung zur Verjährungshemmung bis zur Beendigung des eröffneten Verfahrens beseitigt zwar die zahlreichen Probleme die bislang in der Literatur diskutierten Fragen, wann die Verjährung gehemmt ist und ob das Insolvenzgericht die Verjährung von Amts wegen beachten dürfe und wer sie sonst geltend zu machen habe.[161] In der Literatur wird jedoch zutreffend kritisiert, dass die Entscheidung des BGH nur mit prozessökonomischen Argumenten begründet werde und nicht auf die unterschiedlichen in der Literatur diskutierten Lösungsansätze eingehe.[162] Für die durch das Gericht vorgenommene Rechtsfortbildung gebe es keine stichhaltigen Gründe.[163] Mit dem Rückgriff auf den Rechtsgedanken des § 8 Abs. 2 RVG habe das Gericht seine Kompetenz überschritten, denn es schließe nicht etwa eine – ohnehin nicht existierende - Regelungslücke, sondern greife durch gesetzesübersteigende Rechtsfortbildung in die Kompetenz des Verordnungsgebers ein. Soweit das Gericht sich auf ein praktisches Bedürfnis für die Verjährungshemmung berufen habe, habe es den Regelungsgehalt des § 11 Abs. 2 InsVV verkannt.[164]

---

[153] *Küpper/Heinze*, aaO, ZInsO, 2007, 231 (233).
[154] HambKomm-*Büttner/Henningsmeier*, § 64 Rn. 17.
[155] *Küpper/Heinze*, aaO, ZInsO, 2007, 231 (233).
[156] BT-Drs. 17/11268.
[157] Siehe dazu § 63 InsO Rn. 11 ff.
[158] BGH NZI 2007, 397; *Jaeger/Schilken* § 63 Rn. 26; *Uhlenbruck/Mock*, § 63 Rdn. 46.
[159] *Keller* NZI 2007, 378, 380.
[160] BGH NZI 2010, 977; BGH Beschl. v. 20.07.2011 – IX ZB 58/11, zitiert nach juris.
[161] LG Hannover, NZI 2009, 2108; LG Gießen, ZIP 2009, 2398; AG Göttingen, NZI 2010, 795; *Graeber/Graeber* ZInsO 2010, 465.
[162] *Keller* DZWiR 2011, 39;
[163] *Prasser* NZI 2011, 54.
[164] *Blersch* EWiR 2011, 25.

XIII. Schuldner der Vergütung des vorläufigen Verwalters

Die Vergütung des vorläufigen Insolvenzverwalters gehört zu den Kosten des Insolvenzverfahrens 98 (§ 54 Nr. 2 InsO). Sie ist daher aus der Masse voll zu bezahlen und bei Masseunzulänglichkeit mit den übrigen Kosten erstrangig zu berichtigen (§ 209 Abs. 1 Nr. 1 InsO). Im Falle des Masselosigkeit ist sie anteilig zu befriedigen (§ 207 Abs.3 InsO).

Im Falle der Nichteröffnung betrifft die Entscheidung über „die Kosten des Verfahrens" nicht 99 die Vergütung und Auslagen des vorläufigen Insolvenzverwalters. Wird das Insolvenzverfahren nicht eröffnet, hat der vorläufige Insolvenzverwalter, auf den die Verfügungsbefugnis nach § 22 Abs. 1 Satz 1 InsO übergegangen ist, gem. § 25 Abs. 2 Satz 1 das Recht, die ihm zustehende und festgesetzte Vergütung einschließlich der Auslagen aus dem von ihm verwalteten Vermögen zu entnehmen. Dieses Entnahmerecht soll verhindern, dass nach dem Rückfall der Verfügungsbefugnis auf den Schuldner noch Verbindlichkeiten aus der Zeit der vorläufigen Insolvenzverwaltung offen stehen, über deren Erfüllung Streit entstehen kann.[165] Auf den vorläufigen Verwalter ohne Anordnung einer allgemeinen Verfügungsbefugnis ist § 25 Abs. 2 Satz 1 InsO nicht unmittelbar anwendbar, weil dieser Verwalter weder Vermögen des Schuldners zu verwalten noch Masseschulden zu begründen hat.[166] Dennoch ist die Vorschrift entsprechend anzuwenden, soweit der vorläufige Verwalter Masseschulden begründen durfte bzw. gemäß § 22 Abs. 2 InsO zumindest mit dem Forderungseinzug betraut wurde.

Reicht das verwaltete Vermögen bei einer Abweisung mangels Masse oder anderer Erledigung 100 vor Verfahrenseröffnung zur Befriedigung der Vergütungsansprüche nicht aus, so kann ein vorläufiger Verwalter von der Staatskasse keine Vergütung oder Erstattung seiner Auslagen verlangen.[167]

Das Insolvenzgericht kann auch – nach geltendem Recht[168] – nicht dem antragstellenden Gläubi- 101 ger die Vergütung aufbürden, selbst dann nicht, wenn ein Gläubigerantrag auf Eröffnung eines Insolvenzverfahrens aus in der Person des Antragstellers liegenden Gründen abgelehnt worden ist.[169] Unberührt bleibt ein möglicher Schadensersatzanspruch des Schuldners bei unberechtigtem Insolvenzantrag.[170] Hat das Insolvenzgericht dem Gläubiger, in dem Beschluss, mit dem es dessen Eröffnungsantrag zurückgewiesen hat, zugleich die Kosten des Verfahrens einschließlich der Kosten der vorläufigen Verwaltung auferlegt, und ist dieser Beschluss rechtskräftig geworden, liegt einer Kostengrundentscheidung vor, auf deren Grundlage die Vergütung des vorläufigen Insolvenzverwalters gegen den Gläubiger festgesetzt werden kann.[171] Der Rechtskraft der Kostengrundentscheidung steht nicht entgegen, dass das Insolvenzgericht zu deren Erlass nicht berechtigt ist.[172] Eine solche Entscheidung ist nicht unwirksam, denn auch wenn das Insolvenzgericht seine materiell-rechtlichen Befugnisse überschreitet, begibt es sich nicht in einen Bereich, der eindeutig und unstreitig ganz außerhalb seiner Zuständigkeit liegt.[173]

Der Schuldner haftet, wenn das Insolvenzverfahren nicht eröffnet wird, mit seinem Vermögen, 102 das der vorläufigen Insolvenzverwaltung unterlag, d. h. gegenständlich beschränkt auf die in seine freie Verfügung gelangten Massebestandteile. Ob der ehemalige vorläufige Verwalter gegen ihn mit dem Vergütungsbeschluss als Vollstreckungstitel i. S. d. § 794 Abs. 1 Nr. 3 ZPO die Zwangsvollstreckung betreiben ist fraglich,[174] da der Vergütungsfestsetzungsbeschluss nur die Höhe der Vergütung feststellt, aber in der Regel keine Kostengrundentscheidung enthält, d. h. keinen Ausspruch, wer Schuldner der festgesetzten Vergütung ist. Es sollte deshalb ein vorläufiger Verwalter erst dann eingesetzt werden, wenn die Kostendeckung durch die vorhandene Masse gewährleistet ist oder eine Kostenstundung nach § 4 a InsO in Betracht kommt.

Wurde dem Schuldner Kostenstundung gewährt, wird die Tätigkeit des (vorläufigen) Insolvenz- 103 verwalters oder des Treuhänders aus der Staatskasse zu vergütet (§ 63 Abs. 2 InsO). Darauf kann ggf. ein Vorschuss verlangt werden. Die Staatskasse hat in der Folge einen Auslagenerstattungsanspruch gegen den Schuldner (Nr. 9018 KV-GKG), der diesem gestundet ist.

---

[165] HK-*Kirchhof*, § 25 InsO, Rn. 5.
[166] OLG Celle NZI 2001, 306.
[167] Vgl. BGH NZI 2004, 245; OLG Celle NZI 2000, 226.
[168] Siehe aber zu den geplanten Änderungen Rn.19.
[169] BGH NZI 2008, 170; HK-*Kirchhof* § 14 Rn. 57; a. A. AG Hamburg, ZInsO 2001, 1121; *Jaeger/Gerhardt*, InsO, § 22 Rn. 253.; MünchKommInsO-*Schmahl*, § 13 InsO Rn. 171; vgl. auch *Haarmeyer/Wutzke/Förster*, InsVV, 4. Aufl., § 11 Rn. 81, die diese Lösung freilich nur als „vertretbar" bezeichnen.
[170] eingehend *Jaeger/Henckel/Gerhardt* § 13 Rn. 54 ff.; MünchKommInsO-*Schmahl* § 14 Rn. 131 ff.; *Uhlenbruck/Uhlenbruck* § 14 Rn. 117.
[171] BGH ZInsO 2012, 800.
[172] BGH NJW 2008, 583; BGH NJW-RR 2010, 560.
[173] BGH NJW-RR 2010, 629.
[174] so aber *Kübler/Prütting/Eickmann*, vor § 1 InsVV Rn. 47; *Keller*, Vergütung Rn. 56

104 Da der vorläufige Insolvenzverwalter die Festsetzung seiner Vergütung nicht aus eigenem Recht betreiben kann, weil es in den **vor dem 1. März 2012 beantragten Verfahren** an einer entsprechenden Kostengrundentscheidung fehlt und der vorläufige Insolvenzverwalter auch keine seine Kosten betreffende Grundentscheidung erwirken kann [175], hat der BGH folgerichtig in einem Beschluss vom 3.12.2009[176] unter Fortführung seiner bisherigen Rechtsprechung [177] entschieden, dass, wenn das Insolvenzverfahren nicht eröffnet worden ist, die Vergütung des vorläufigen Insolvenzverwalters vom Insolvenzgericht in dem vor dem 1.3.2012 beantragten Insolvenzverfahren nicht im Verfahren nach §§ 63, 64 InsO, §§ 8, 10, 11 InsVV festgesetzt werden kann; in diesem Fall ist der vorläufige Insolvenzverwalter wegen seines Vergütungsanspruchs auf den ordentlichen Rechtsweg zu verweisen.[178] Diese Entscheidung ist in der Literatur [179] und der erstinstanzlichen Rechtsprechung [180] nicht unwidersprochen geblieben. Der Gesetzgeber hat durch den mit Wirkung ab 1.3.2012 neu eingeführten § 26a InsO diesen Streit erledigt.

105 Für **Insolvenzeröffnungsverfahren, die ab dem 1. März 2012 beantragt** werden, gilt **§ 26a InsO** in der Fassung vom 7. Dezember 2011. Eine Rückwirkung für nicht abgeschlossene Altfälle sieht diese gesetzliche Neuregelung nicht vor.[181] Mit der Einführung des § 26a InsO durch das Gesetz zur weiteren Erleichterung der Sanierung von Unternehmen („ESUG") zum 1.März 2012 wird klargestellt, dass auch **bei Nichteröffnung des Insolvenzverfahrens** das Insolvenzgericht für die Festsetzung der Vergütung und Auslagen des vorläufigen Insolvenzverwalters zuständig ist. Hierbei ist es nicht von Bedeutung, ob die Verfügungsbefugnis über das Vermögen des Schuldners bereits auf den vorläufigen Insolvenzverwalter übergegangen ist. Der vorläufige Insolvenzverwalter wird nunmehr nicht mehr auf einen unter Umständen langwierigen und mit dem Kostenrisiko behafteten Zivilprozess verwiesen , sondern kann seinen Anspruch vor dem Gericht geltend machen kann, das ohnehin mit der Sache befasst war und das ihn auch zuvor zum vorläufigen Insolvenzverwalter bestellt hat. Zudem erlangt er durch den Vergütungsfestsetzungsbeschluss einen vorläufig vollstreckbaren Titel im Sinne des § 794 Abs. 1 Nr. 3 ZPO.

106 Die Kostenlastentscheidung ergeht durch Beschluss. Nach § 26a Abs. 1 Satz 2 InsO ist dieser Kostenfestsetzungsbeschluss dem Schuldner und dem vorläufigen Insolvenzverwalter besonders zuzustellen. § 26a Abs. 2 InsO räumt lediglich dem Schuldner und dem vorläufigen Insolvenzverwalter ein Beschwerderecht gegen den Beschluss nach Abs. 1 ein. Denkbar wäre es gewesen, wenn auch dem Gläubiger ein Beschwerderecht zuerkannt worden wäre. Denn dieser wird seiner Einwendungen gegen die Höhe des Kostenfestsetzungsbeschlusses in dem Fall beraubt, in dem er sich einer Regressforderung des Schuldners oder des vorläufigen Insolvenzverwalters ausgesetzt sieht.[182] Nach Abs.2 ist der Vergütungsfestsetzungsbeschluss mit dem Rechtsmittel der sofortigen Beschwerde angreifbar.

XII. Sachverständigenhonorar nach § 9 JVEG

107 **1. Die Vergütung nach dem Justizvergütungs- und -entschädigungsgesetz (JVEG).** Der im Eröffnungsverfahren bestellte Sachverständige wird nach § 9 JVEG vergütet. Die Vergütung ist nicht an den Wert der Masse oder die Höhe der Gläubigerforderung geknüpft, sondern erfolgt gemäß § 8 JVEG als Honorar für Leistungen (§ 8 Abs. 1 Nr. 1 i. V. m. §§ 9–11 JVEG), als Fahrtkostenersatz (§ 8 Abs. 1 Nr. 2 i. V. m. § 5 JVEG), als Entschädigung für Aufwand (§ 9 Abs. 1 Nr. 3 i. V. m. § 6 JVEG) und als Ersatz für sonstige und für besondere Aufwendungen (§ 8 Abs. 1 Nr. 4 i. V. m. §§ 7 und 12 JVEG).

108 Die Vergütung als Gutachter ist nach § 11 Abs. 4 ausdrücklich neben der Vergütung als vorläufiger Insolvenzverwalter zu gewähren d. h. ohne Anrechnung auf die Vergütung nach Abs. 1, zu entschädigen. Es erfolgt daher weder eine alternative Gewährung noch eine Aufrechnung der Beträge gegeneinander. Der vorläufige Insolvenzverwalter ist als Gutachter in jedem Fall selbstständig zu vergüten, gleichgültig, ob das Insolvenzverfahren eröffnet ist oder nicht.

109 **2. Der Stundensatz des Sachverständigen im Insolvenzeröffnungsverfahren. a) Allgemeines.** § 9 Abs. 1 JVEG ordnet je nach Honorargruppe den Sachverständigen Stundensätze in

---

[175] siehe Rn. 102.
[176] NZI 2010, 98.
[177] Urteil vom 23.12.2007 - NZI 2008, 170; Beschluss vom 23.7.2004 - IX ZB 256/03 = BeckRS 2004, 08556.
[178] So auch BGH NZI 2012, 317.
[179] *Uhlenbruck* NZI 2010, 161; *Mitlehner* EWiR 2010, 195; *Keller* EWiR 2010, 461.
[180] AG Düsseldorf, ZInsO 2010, 1807; AG Duisburg, NZI 2010, 487; AG Göttingen, NZI 2010, 653.
[181] BGH NZI 2012, 317.
[182] *Frind* ZInsO 2011, 2249 schlägt daher vor, die Regelung des § 26a Abs. 2 InsO bei einer Gläubigerbeteiligung im Eröffnungsverfahren im Lichte der Verweisung aus § 21 Abs. 2 Nr. 1 InsO nach § 64 Abs. 3 InsO auszulegen.

verschiedener Höhe zu. Die Stundensätze reichen von 50 bis 95 €. Für Sachverständige, die nicht in einer der von § 9 Abs. 1 JVEG genannten Honorargruppen erfasst sind, ist unter Berücksichtigung der allgemein für Leistungen dieser Art außergerichtlich und außerbehördlich vereinbarten Stundensätze eine Vergütung nach billigen Ermessen gewähren (§ 9 Abs. 1 Satz 3 JVEG).

b) Stundensatz des starken vorläufigen Verwalters. Die Leistungen eines Sachverständigen im Insolvenzeröffnungsverfahren sind keiner der in § 9 Abs. 1 JVEG genannten Honorargruppen zugeordnet. In § 9 Abs. 2 JVEG ist jedoch ausdrücklich die Entschädigung für den nach § 22 Abs. 1 Satz 2 Nr. 3 InsO bestellten vorläufigen Insolvenzverwalter, d. h. den starken vorläufigen Verwalter geregelt, der vom Insolvenzgericht zusätzlich beauftragt wird, als Sachverständiger zu prüfen, ob ein Eröffnungsgrund vorliegt und welche Aussichten für die Fortführung des Unternehmens vorliegen. Nach § 9 II JVEG beträgt das Honorar des Sachverständigen nach § 22 I 2 Nr. 3 InsO für jede Stunde 65 €. **110**

c) Stundensatz des schwachen vorläufigen Verwalters. Umstritten ist, ob dieser Stundensatz auch auf den sog. schwachen vorläufigen Verwalter, der gesondert zum Gutachter bestellt worden ist, anwendbar ist. Der eindeutige Wortlaut des § 9 Abs. 2 JVEG schließt eine erweiternde Auslegung der Regelung sowie deren analoge Anwendung aus.[183] Es ist vielmehr davon auszugehen, dass der Gesetzgeber durch § 9 Abs. 2 JVEG bewusst ausschließlich den in § 22 Abs. 1 S. 2 Nr. 3 InsO angesprochenen Sachverhalt regeln wollte. Es fehlt die für eine analoge Anwendung des § 9 Abs. 2 JVEG erforderliche bewusste oder unbewusste planwidrige Regelungslücke.[184] Daher ist bei der Bemessung des Honorars des schwachen oder halbstarken Insolvenzverwalters, der mit der Erstellung des maßgeblichen Sachverständigengutachtens betraut ist, auf § 9 Abs. 1 S. 3 JVEG abzustellen. Dies bedeutet, dass die Leistung, die auf einem Sachgebiet erbracht wird, das in keiner Honorargruppe genannt wird, nach billigem Ermessen einer Honorargruppe zuzuordnen ist.[185] **111**

Auch wenn für den schwachen vorläufigen Insolvenzverwalter eine erweiternde Auslegung und eine analoge Anwendung des § 9 Abs. 2 JVEG nicht möglich ist, ist es gerechtfertigt, bei der Bemessung des Honorars nach Billigkeitsgesichtspunkten ebenfalls die gutachterliche Tätigkeit mit 65,– €/Stunde zu honorieren.[186] Es würde eine Ungleichbehandlung darstellen, wenn ein vorläufiger starker Insolvenzverwalter nur nach § 9 Abs. 2 JVEG vergütet würde, während der schwache oder halbstarke Insolvenzverwalter regelmäßig eine höhere Abrechnung vornehmen könnte. Dies würde auch dem erklärten Motiv des Gesetzgebers zu einer Vereinheitlichung der Vergütungspraxis beizutragen, zuwiderlaufen.[187] Auch der Umstand, dass der Gutachtensauftrag, der dem schwachen oder halbstarken Insolvenzverwalter erteilt wird, regelmäßig auch die Prüfung zum Inhalt hat, ob die Kosten des Verfahrens gedeckt sind, während dies durch den starken Insolvenzverwalter nach § 22 Abs. 1 S. 2 Nr. 3 InsO stets von Amts wegen zu erledigen ist, widerspricht der hier vorgenommenen Auslegung nicht. Diese zusätzliche Tätigkeit erfordert nicht einen generell höheren Stundensatz des schwachen oder halbstarken Insolvenzverwalters, sondern bewirkt einen zusätzlichen Aufwand an Arbeitszeit und schlägt sich demzufolge in der abrechenbaren Stundenzahl nieder. **112**

Die Regelung des § 9 Abs. 2 JVEG, die einen Stundensatz von 65 € vorsieht, ist auch mit Art. 12 Abs. 1 GG vereinbar. Eine Verfassungsbeschwerde über diese Frage nahm das Bundesverfassungsgericht nicht zur Entscheidung an.[188] In der Begründung der Nichtannahmeentscheidung führte das Gericht aus, dass die Sachverständigenvergütung des vorläufigen Insolvenzverwalters nicht isoliert betrachtet werden darf, sondern im Kontext mit der ihm zusätzlich zustehenden Vergütung für die Tätigkeit als vorläufiger Insolvenzverwalter zu sehen sei. **113**

Hat sich der Sachverständige, der zugleich vorläufiger Insolvenzverwalter ist, gutachterlich zu künftigen Anfechtungsansprüchen geäußert, erstreckt sich seine Entschädigung nach dem Gesetz über die Entschädigung von Zeugen und Sachverständigen grundsätzlich auch auf den Aufwand, den er zur Feststellung der Anspruchsgrundlagen gemäß §§ 129 ff. InsO betrieben hat. Musste er jedoch zu dieser Feststellung Ermittlungen anstellen, die ihm nur in seiner Eigenschaft als vorläufiger Insolvenzverwalter möglich waren, oder hat er Maßnahmen ergriffen, um die Durchsetzung künftiger Anfechtungsansprüche vorzubereiten oder zu sichern, so ist ihm dies als vorläufiger Insolvenzverwalter mit einem Zuschlag auf die Regelvergütung des Abs. 1 zu honorieren. **114**

d) Stundensatz des „isolierten" Sachverständigen. Bei der Vielzahl der Insolvenzverfahren ist die Bestellung eines vorläufigen Insolvenzverwalters die Ausnahme. Sie kommt Insbesondere in **115**

---
[183] A. A. OLG Frankfurt NZI 2006, 38; OLG München NZI 2005, 501; OLG Nürnberg ZIP 2006, 1503; AG Hamburg NZI 2004, 677; *Keller* NZI 2004, 465, 466.
[184] OLG Bamberg NZI 2005, 503; AG Göttingen, NZI 2004, 676, *Ley* ZIP 2004, 1391, 1392.
[185] OLG Bamberg NZI 2005, 503; LG Mönchengladbach NZI 2005, 509; *Ley* ZIP 2004, 1391, 1392
[186] OLG Bamberg NZI 2005, 503; LG Mönchengladbach NZI 2005, 509; a. A. *Ley* ZIP 2004, 1391, 1392
[187] Vgl. vgl. BT-Drs. 15/1971 S. 142.
[188] vgl. BT-Drs. 15/1971 S. 142

Betracht bei Fortführung eines größeren Geschäftsbetriebes (u. a. wegen Insolvenzgeldvorfinanzierung) oder unkooperativen Schuldnern. Die Regel ist jedoch die Einsetzung lediglich eines Sachverständigen („isolierter" Sachverständiger). Die Bestellung erfolgt in diesem Fall nicht auf der Grundlage des § 22 Abs. 1 Nr. 3, sondern gem. §§ 5 Abs. 1 Satz 2, 4 InsO i. V. m. §§ 402 ff. ZPO.

116 Die Entschädigung des nur zur Gutachtenerstellung beauftragten (isolierten) Sachverständigen, richtet sich, da sie keiner Honorargruppe zugeordnet ist, nach § 9 Abs. 1 Satz 3 JVEG.[189]
Die Honorargruppen des § 9 Abs.1 JVEG kennen die Tätigkeit des isolierten Sachverständigen des § 5 InsO nicht. Es gibt auch keine „allgemein für diese Leistung außergerichtlich oder außerbehördlich" vereinbarten Stundensätze, um die Höhe dieser Regelvergütung objektiv zu bestimmen. Ein „freier Marktwert" als Vergleichsmaßstab lässt sich nicht bestimmen, da diese Art der Tätigkeit ausschließlich im Insolvenzantragsverfahren anfällt.[190] Sie ist somit nach billigem Ermessen einer Honorargruppe nach § 9 Abs. 1 Satz 1 zuzuordnen. Während das OLG Nürnberg[191] und das OLG Bamberg[192] 65 € (Honorargruppe 4) dem nicht zum vorläufigen Verwalter bestellten Sachverständigen zubilligen, halten das OLG München,[193] das OLG Koblenz[194], das OLG Frankfurt am Main[195] und das LG Mönchengladbach[196] einen Stundensatz von 80 € (Honorargruppe 7) und das AG Göttingen[197] bei besonderen Erschwernissen einen Stundensatz von 95 € (Honorargruppe 10) für angemessen.

117 Der in § 9 Abs. 2 JVEG genannte Satz von 65 € (entsprechend Honorargruppe 4) kann für den „isolierten Sachverständigen" im Regelfall nicht als angemessen angesehen werden.[198] Zwar spricht für eine Heranziehung des Betrages aus § 9 Abs.2 JVEG, dass sich die vom isolierten Sachverständigen zu begutachtenden Fragen nicht von den Fragen unterscheiden, mit denen sich auch ein vorläufiger Insolvenzverwalter, der gleichzeitig zum Sachverständigen bestellt würde, auseinander zu setzen hätte.[199] An den isolierten Sachverständigen sind qualitativ letztlich die gleichen Anforderungen zu stellen wie an einen vorläufigen Verwalter.[200] Dennoch gebietet aber Art. 3 GG, den isolierten Sachverständigen grundsätzlich mit einem höheren Stundensatz für seine Gutachtertätigkeit zu vergüten als mit 65 Euro/Stunde. Wäre der isolierte Sachverständige als vorläufiger Insolvenzverwalter bestellt worden, hätte er für die Erstellung der Gläubiger-/Schuldnerverzeichnisse und die Frage der Kostendeckung über seine (in der Regel höhere) Insolvenzverwaltervergütung abgerechnet, nicht in Höhe des insoweit geringen Stundensatzes des § 9 Abs. 2 JVEG. Den isolierten Sachverständigen für die gleiche Arbeit nur mit 65 Euro pro Stunde zu vergüten, verstößt gegen das Gleichbehandlungsverbot.

118 Das BVerfG hat im Rahmen einer Verfassungsbeschwerde eines vorläufigen (schwachen) Insolvenzverwalters gegen die entsprechende Anwendung des Stundensatzes des § 9 Abs. 2 JVEG zu seinen Lasten Ausführungen gemacht, die auch bei der Beurteilung der Vergütung des isolierten Sachverständigen Berücksichtigung finden müssen.[201] In diesem Verfahren hatte der vorläufige (schwache) Insolvenzverwalter sich gegen die entsprechende Anwendung des Stundensatzes des § 9 Abs.2 JVEG zu seinen Lasten gewehrt. Das BVerfG hat die Verfassungsbeschwerde im Ergebnis nicht zugelassen. Zur Begründung stellte das Gericht aber unter anderem ausdrücklich darauf ab, dass der beschwerdeführende Sachverständige neben seiner Gutachtervergütung auch eine Vergütung als vorläufiger Insolvenzverwalter erhalte (§ 11 Abs.4 InsVV), seine Tätigkeiten sich insoweit überschnitten und ihm somit eine doppelte Vergütung anzurechnen sei. Hierdurch seien Art. GG Artikel 12 und Art. GG Artikel 3 GG ausreichend gewahrt, auch wenn für die reine Gutachtertätigkeit lediglich ein Stundensatz von 65 Euro festgesetzt werde. Diese Konstellation ist im Fall eines isoliert beauftragten Sachverständigen nicht gegeben. Dieser erhält für seine isoliert entfaltete Tätigkeit keine weitere Vergütung, insbesondere nicht die Vergütung als vorläufiger Insolvenzverwalter. Würde man dem isolierten Sachverständigen lediglich einen Stundensatz von 65 Euro gewähren, erhielte er für die gleiche Arbeit eine erheblich geringere Vergütung, was mit Art. GG Artikel 3 GG nicht in Einklang stünde. Dem isoliert bestellten Sachverständigen ist für die Bearbeitung

---

[189] LG Hamburg NZI 2011, 637.
[190] *Schmittmann* VIA 2011, 53.
[191] ZIP 2006, 1503.
[192] NZI 2005, 266.
[193] NZI 2005, 501; NZI 2005, 502.
[194] NZI 2006, 180.
[195] ZIP 2006, 676.
[196] NZI 2008, 112.
[197] NZI 2004, 676.
[198] A.A OLG Hamburg ZInsO 2010, 634; noch *Stephan/Riedel*, § 11 InsVV Rn. 101.
[199] OLG Bamberg, ZInsO 2005, 202.
[200] FK-*Schmerbach* § 22 InsO Rn. 130.
[201] BVerfGE ZInsO 2006, ZINSO Jahr 2006 Seite 83.

der gleichen Fragenkomplexe daher mehr als allein die Gutachtervergütung von 65 Euro zuzusprechen.[202] Würde man es bei einem Stundensatz von allein 65 Euro/Stunde für die Tätigkeit des isolierten Sachverständigen belassen, erhielte dieser für seine Arbeit lediglich ein Honorar entsprechend der Tätigkeiten der Honorargruppe 4 des § 9 Absatz I JVEG. Auch dies erscheint mit Art. 3 GG nicht vereinbar. Dieser Stundensatz würde den auch im Kleinverfahren regelmäßig möglichen Aufgaben des isolierten Sachverständigen nicht gerecht. So ist es dort nicht unüblich, dass Kfz-Bewertung (Honorargruppe 6), Beurteilung von Miet – und Pachtverhältnissen (Honorargruppe 5), oder Unternehmensbewertungen (zumindest nach eingestelltem Geschäftsbetrieb) (Honorargruppe 10) vom Gutachter vorzunehmen sind. Auch würde der Vergleich mit der Honorargruppe 4 der beruflichen Qualifikation des isolierten Sachverständigen sowohl in juristischer als auch in betriebswirtschaftlicher Hinsicht in der Regel nicht gerecht werden. Der Sachverständige in Insolvenzsachen würde gegenüber anderen gerichtlichen Sachverständigen mit vergleichbar schwierigen Aufgabenbereichen und ähnlicher Qualifikation bei einem Stundensatz von lediglich 65 Euro/Stunde unangemessen benachteiligt.[203] Schließlich spricht auch die Gesetzesauslegung gegen die Annahme, der isolierte Sachverständige sei wie der zum vorläufigen Insolvenzverwalter bestellte Gutachter nach dem in § 9 Abs.2 JVEG festgesetzten Stundensatz von lediglich 65 Euro/Stunde zu vergüten. Dem Gesetzgeber war bei Gestaltung des § 9 JVEG bekannt, dass im Insolvenzeröffnungsverfahren auch so genannte isolierte Sachverständige gem. § 5 InsO beauftragt werden können. Es liegt somit keine unbewusste Regelungslücke vor.[204] Hätte der Gesetzgeber eine gleiche Vergütungshöhe für alle Arten der Insolvenzgutachter für angemessen gehalten, hätte es nahegelegen, dass er die ausdrückliche Beschränkung im Wortlaut des § 9 Abs. 2 JVEG auf die Fälle des § 22 Nr. 3 InsO weggelassen hätte. Hieraus kann gefolgert werden, dass der Gesetzgeber den Vergütungsanspruch des isolierten Sachverständigen nach § 5 InsO bewusst gerade nicht grundsätzlich auf 65 Euro begrenzen wollen.[205]

Handelt es sich nicht um einen Durchschnittsfall, sondern treten Erschwernisse hinzu, ist eine Eingruppierung in eine höhere Honorargruppe geboten. Vergleichbare Sachgebiete und dazugehörige Honorargruppen sind:
- die Bewertung von Immobilien (Honorargruppe 6),
- die Bewertung von Maschinen und Anlagen (Honorargruppe 6),
- die Bewertung von Mieten und Pachten (Honorargruppe 5) und
- die Unternehmensbewertung (Honorargruppe 10).

Bei der Einordnung in eine höhere Honorargruppe kann auch berücksichtigt werden, ob besondere Fachkenntnisse erforderlich sind, wie z. B.:
- die Prüfung von Anfechtungstatbeständen (§§ 129 ff. InsO),
- der Einsatz von Fachkenntnissen auf speziellen Gebieten des Handels-, Gesellschafts- oder Arbeitsrechts sowie die
- die Behandlung von Fragen des internationalen Rechts.

3. Auslagen und Umsatzsteuer. a) Allgemeines. Neben dem Honorar werden dem Sachverständigen die Auslagen nach §§ 5, 6, 7 und 12 JVEG und die Umsatzsteuer erstattet.

b) Fahrtkostenersatz. Bei Benutzung von öffentlichen, regelmäßig verkehrenden Beförderungsmitteln werden die tatsächlich entstandenen Auslagen bis zur Höhe der entsprechenden Kosten für die Benutzung der ersten Wagenklasse der Bahn einschließlich der Auslagen für Platzreservierung und Beförderung des notwendigen Gepäcks ersetzt (§ 5 Abs. 1 JVEG). Bei der Benutzung eines eigenen oder unentgeltlich zur Nutzung überlassenen Kraftfahrzeugs werden dem Sachverständigen 0,30 € für jeden gefahrenen Kilometer ersetzt zuzüglich der durch die Benutzung des Kraftfahrzeugs aus Anlass der Reise regelmäßig anfallenden baren Auslagen, insbesondere der Parkentgelte (§ 5 Abs. 1 JVEG). Bei der Benutzung durch mehrere Personen kann die Pauschale nur einmal geltend gemacht werden. Bei der Benutzung eines Kraftfahrzeugs, das nicht zu den Fahrzeugen nach Absatz 1 oder Satz 1 zählt, werden die tatsächlich entstandenen Auslagen bis zur Höhe der in Satz 1 genannten Fahrtkosten ersetzt; zusätzlich werden die durch die Benutzung des Kraftfahrzeugs aus Anlass der Reise angefallenen regelmäßigen baren Auslagen, insbesondere die Parkentgelte, ersetzt, soweit sie der Berechtigte zu tragen hat.

c) Tagegeld und Übernachtungskosten. Wer innerhalb der Gemeinde, in der der Termin stattfindet, weder wohnt noch berufstätig ist, erhält für die Zeit, während der er aus Anlass der Wahrnehmung des Termins von seiner Wohnung und seinem Tätigkeitsmittelpunkt abwesend sein

---

[202] LG Hamburg NZI 2011, 637; LG Hamburg ZInsO 2009, 1608; AG Hamburg ZInsO 2010, 1342.
[203] OLG Frankfurt a. M. ZIP 2006, 676.
[204] OLG München NZI 2005, NZI Jahr 2005 Seite 502.
[205] AG Göttingen ZInsO 2004, ZINSO Jahr 2004 Seite 1024; AG Wolfsburg ZInsO 2006, ZINSO Jahr 2006 Seite 764.

muss, ein Tagegeld, dessen Höhe sich nach § 4 Abs. 5 Satz 1 Nr. 5 Satz 2 des Einkommensteuergesetzes bestimmt. Ist eine auswärtige Übernachtung notwendig, wird ein Übernachtungsgeld nach den Bestimmungen des Bundesreisekostengesetzes gewährt.

123 **d) Ersatz für sonstige Aufwendungen.** Auch die in den §§ 5, 6 und 12 nicht besonders genannten baren Auslagen werden ersetzt, soweit sie notwendig sind. Dies gilt insbesondere für die Kosten notwendiger Vertretungen und notwendiger Begleitpersonen.

124 Für die **Anfertigung von Ablichtungen und Ausdrucken** werden 0,50 € je Seite für die Ersten 50 Seiten und 0,15 € für jede weitere Seite, für die Anfertigung von Farbkopien oder Farbausdrucken 2 € je Seite ersetzt. Die Höhe der Pauschale ist in derselben Angelegenheit einheitlich zu berechnen. Die Pauschale wird nur für Ablichtungen und Ausdrucke aus Behörden- und Gerichtsakten gewährt, soweit deren Herstellung zur sachgemäßen Vorbereitung oder Bearbeitung der Angelegenheit geboten war, sowie für Ablichtungen und zusätzliche Ausdrucke, die nach Aufforderung durch die heranziehende Stelle angefertigt worden sind. Für die **Überlassung von elektronisch gespeicherten Dateien** anstelle der in Absatz 2 genannten Ablichtungen und Ausdrucke werden 2,50 € je Datei ersetzt.

125 Gemäß § 12 JVEG werden ersetzt:
– die für die Vorbereitung und Erstattung des Gutachtens oder der Übersetzung aufgewendeten notwendigen besonderen Kosten, einschließlich der insoweit notwendigen Aufwendungen für Hilfskräfte, sowie die für eine Untersuchung verbrauchten Stoffe und Werkzeuge;
– für die zur Vorbereitung und Erstattung des Gutachtens erforderlichen Lichtbilder oder an deren Stelle tretenden Ausdrucke 2 € für den ersten Abzug oder Ausdruck und 0,50 € für jeden weiteren Abzug oder Ausdruck;
– für die Erstellung des schriftlichen Gutachtens 0,75 € je angefangene 1000 Anschläge; ist die Zahl der Anschläge nicht bekannt, ist diese zu schätzen;
– die auf die Vergütung entfallende Umsatzsteuer, sofern diese nicht nach § 19 Abs. 1 des Umsatzsteuergesetzes unerhoben bleibt.

126 Ein auf die Hilfskräfte (Absatz 1 Satz 2 Nr. 1) entfallender Teil der Gemeinkosten wird durch einen Zuschlag von 15 Prozent auf den Betrag abgegolten, der als notwendige Aufwendung für die Hilfskräfte zu ersetzen ist, es sei denn, die Hinzuziehung der Hilfskräfte hat keine oder nur unwesentlich erhöhte Gemeinkosten veranlasst.

127 **4. Abrechnung und Anweisung des Sachverständigenhonorars.** Die Vergütung des Sachverständigen wird aus der Staatskasse gewährt. Sie gehört zu den gerichtlichen Auslagen nach Nr. 9005 GKG KV. Bei einer Uneinbringlichkeit der gerichtlichen Kosten trägt die Staatskasse das Risiko. Dies kann bei einer Abweisung mangels Masse oder bei der Gewährung einer Kostenstundung gemäß den §§ 4 a ff. InsO eintreten.

128 Der Sachverständige muss gem. § 2 Abs.1 JVEG die Vergütung innerhalb einer **Frist von drei Monaten** nach Eingang des Gutachtens beim Insolvenzgericht geltend machen. Versäumt er diese Frist, erlischt der Anspruch auf Vergütung oder Entschädigung. Die Rechnung wird in der Praxis dem Richter oder Rechtspfleger vorgelegt, der den Auftrag erteilt hat und der lediglich feststellt, ob der Auftrag erfüllt wurde und dass der Sachverständige den Bestimmungen entsprechend zu vergüten ist. Der Kostenbeamte bzw. Urkundsbeamte der Geschäftsstelle ordnet im Verwaltungswege völlig selbstständig die Erstattung aus der Staatskasse an (Kassenanweisung). Der Vertreter der Staatskasse hat bei der Vergütung des Gutachters keine Weisungsbefugnis. Die gerichtlichen Auslagen werden dem Kostenschuldner nach 9005 KV GKG in Rechnung gestellt.

129 **5. Die gerichtliche Festsetzung der Vergütung und Rechtsbehelfe.** Der Sachverständige kann gemäß § 4 Abs. 1 Nr. 1 JVEG anstelle der Vorlage einer Abrechnung einen Festsetzungsantrag stellen. Dasselbe gilt, wenn er mit der Anweisung des Kostenbeamten nicht einverstanden ist. Auch der Vertreter der Staatskasse kann die Festsetzung der Kosten durch gerichtlichen Beschluss beantragen (§ 4 Abs. 1 Satz 1 JVEG).

130 Im Insolvenzeröffnungsverfahren, in dem der Richter den Sachverständigen beauftragt hat, setzt dieser durch Beschluss die Vergütung fest.

131 Gem. § 4 Abs. 3 JVEG können der Sachverständige und die Staatskasse gegen den Festsetzungsbeschluss Beschwerde einlegen. Die Wertgrenze beträgt 200 €. Der Beschwerdewert ist erreicht, wenn die Differenz zwischen beantragter und gewährter Vergütung 200 € beträgt. Das Insolvenzgericht kann aber auch wegen der grundsätzlichen Bedeutung die Beschwerde zulassen. Das Landgericht ist an die Zulassung gebunden, die Nichtzulassung ist unanfechtbar (§ 4 Abs. 4 Satz 3 JVEG). Das Gericht kann abhelfen (§ 4 Abs. 4 Satz 1 JVEG), wenn es die Beschwerde für zulässig und begründet hält. Anderenfalls legt es die Beschwerde dem Landgericht als nächsthöherem Gericht vor. Die Beschwerde gegen die richterliche

Festsetzung der Entschädigung eröffnet eine Tatsacheninstanz, in der das Beschwerdegericht anstelle des Erstgerichts zu entscheiden hat. Dem Beschwerdegericht fällt daher die volle Nachprüfung der Festsetzung einschließlich der Ausübung des billigen Ermessens an.[206]

Das Landgericht kann gem. § 4 Abs. 5 JVEG die weitere Beschwerde wegen grundsätzlicher Bedeutung zulassen. Über die weitere Beschwerde entscheidet das Oberlandesgericht. Das Beschwerdeverfahren ist gebührenfrei. Kosten werden nicht erstattet.

Bei einer Entscheidung des Rechtspflegers im eröffneten Verfahren ist, wenn die Beschwerdemöglichkeit wegen Nichterreichen des Beschwerdewerts oder aus einem anderen Grund entfällt, gemäß § 11 Abs. 2 Satz 1 RpflG die befristete Erinnerung statthaft.

§ 12 Vergütung des Sachwalters

(1) Der Sachwalter erhält in der Regel 60 vom Hundert der für den Insolvenzverwalter bestimmten Vergütung.

(2) Eine den Regelsatz übersteigende Vergütung ist insbesondere festzusetzen, wenn das Insolvenzgericht gemäß § 277 Abs. 1 der Insolvenzordnung angeordnet hat, daß bestimmte Rechtsgeschäfte des Schuldners nur mit Zustimmung des Sachwalters wirksam sind.

(3) § 8 Abs. 3 gilt mit der Maßgabe, daß an die Stelle des Betrags von 250 Euro der Betrag von 125 Euro tritt.

Schrifttum: *Zimmer,* Probleme des Vergütungsrechts (bei Nicht-Eröffnung des Insolvenzverfahrens) vor und nach ESUG – Plädoyer für das Eröffnungsverfahren als notwendige Vorstufe eines Insolvenzverfahrens im Sinne einer Vorgesellschaft, ZInsO 2012, 1658.

Übersicht

	Rn.		Rn.
I. Normzweck	1, 2	IX. Die Vergütung des vorläufigen Sachwalters	20–25
II. Der Aufgabenbereich des Sachwalters	3, 4	1. Vergütung des vorläufigen Sachwalters bei Eröffnung des Insolvenzverfahrens	20–23
III. Die Regelvergütung	5, 6	2. Vergütung des vorläufigen Sachwalters bei Nichteröffnung des Insolvenzverfahrens	24, 25
IV. Berechnungsgrundlage	7		
V. Zuschläge/Abschläge	8–12	X. Die Vergütung des Sachwalters bei einer Stundung der Verfahrenskosten	26
VI. Auslagen und Umsatzsteuer	13–15	XI. Die Vergütung des Sachwalters bei einer Aufhebung der Eigenverwaltung nach § 272 InsO	27
VII. Das Festsetzungsverfahren	16		
VIII. Vorschüsse	17–19	XII. Die Vergütung der Gesellschaftsorgane bei der Eigenverwaltung	28

I. Normzweck

Die Vorschrift regelt die Vergütung des Sachwalters in der Eigenverwaltung nach den §§ 270 ff. InsO. Mit der gesonderten Vergütung für den Sachwalter bei Anordnung einer Eigenverwaltung soll der geringeren Verantwortung und der weniger aufwändigen Tätigkeit gegenüber der des Insolvenzverwalters Rechnung getragen werden. Rechtsgrundlage der Vergütung des Sachwalters ist § 274 Abs. 1 InsO, der hinsichtlich der Vergütung des Sachwalters auf die Regelungen für den Insolvenzverwalter in den §§ 63–65 InsO verweist. In Abs. 3 wird der zusätzlich Anspruch des Sachwalters für seine Auslagen normiert.

Der mit dem Gesetz zur weiteren Erleichterung der Sanierung von Unternehmen („ESUG") zum 1.März 2012 in §§ 270a Abs. 1 Satz 2, 270b Abs. 2 Satz 1 InsO neu eingeführte **vorläufige Sachwalter** hat keine Erwähnung in der InsVV gefunden. § 270a Abs. 1 Satz 2 InsO verweist jedoch auf § 274 Abs. 1 InsO, der wiederum u.a. auf §§ 63 - 65 InsO verweist. Damit ist eine ausreichende Anspruchsgrundlage vorhanden, aufgrund derer die Vergütungsfestsetzung durch das Insolvenzgericht erfolgen kann.

---

[206] OLG Frankfurt/M. ZIP 2006, 676.

II. Der Aufgabenbereich des Sachwalters

3 Der Sachwalter hat einen eingeschränkten Aufgabenkreis und geringere Verantwortung als der Insolvenzverwalter. Bei Anordnung der Eigenverwaltung bleibt der Schuldner über sein Vermögen weiterhin verfügungsbefugt. Die Verfügungsbefugnis geht nicht auf den Sachwalter über. Dieser hat vielmehr den Schuldner zu überwachen und sich über die wirtschaftliche Lage des Schuldners umfassend zu informieren (§ 274 Abs. 2 InsO). Der Sachwalter führt die Insolvenztabelle (§§ 270 Abs. 3 Satz 2, 283 InsO), die Eingehung von Verbindlichkeiten, die nicht zum gewöhnlichen Geschäftsbetrieb gehören, bedürfen seiner Zustimmung (§ 275 InsO), gegen den Schuldner kann auch ein sogenannter Zustimmungsvorbehalt angeordnet werden (§ 277 InsO). Der Sachwalter kann die Haftung nach den §§ 92 und 93 InsO für die Insolvenzmasse geltend machen und Rechtshandlungen nach den §§ 129 bis 147 InsO anfechten (§ 280 InsO). Ihm obliegt die Überwachung der Planerfüllung (§ 284 InsO) und die Anzeige der Masseunzulänglichkeit (§ 285 InsO).

4 Den **vorläufigen Sachwalter** hat es vor dem 1.3.2012 nicht gegeben. Er wurde erst durch die Änderungen des ESUG in die Insolvenzordnung eingeführt. Die Insolvenzordnung selbst regelt den vorläufigen Sachwalter nicht, sondern ordnet für ihn nur die entsprechende Anwendung der §§ 274, 275 InsO an. Daraus können die folgenden Aufgaben eines vorläufigen Sachwalters sowie die für ihn geltenden Bestimmungen entnommen werden: Der vorläufige Sachwalter hat entspr. § 274 Abs. 2 InsO die wirtschaftliche Lage des Schuldners zu prüfen und die Geschäftsführung sowie die Ausgaben für die Lebensführung des Schuldners zu überwachen. Er ist verpflichtet, das Insolvenzgericht und einen vom Insolvenzgericht eingesetzten vorläufigen Gläubigerausschuss unverzüglich zu unterrichten, wenn er Umstände feststellt, die erwarten lassen, dass die spätere Anordnung einer Eigenverwaltung zu Nachteilen für die Gläubiger führt. Existiert ein vorläufiger Gläubigerausschuss nicht, hat der vorläufige Sachwalter an dessen Stelle die ihm bekannten Insolvenzgläubiger und Absonderungsgläubiger zu informieren.[1] Der Schuldner hat die Zustimmung des vorläufigen Sachwalters einzuholen, wenn er nicht zum gewöhnlichen Geschäftsbetrieb gehörende Verbindlichkeiten begründen will. Eine Verbindlichkeit, selbst wenn sie zum gewöhnlichen Geschäftsbetrieb gehört, soll der Schuldner nicht begründen, wenn der vorläufige Sachwalter widerspricht. Der vorläufige Sachwalter kann den Geldverkehr während des Eröffnungsverfahrens an sich ziehen, § 270a Abs. 2 Satz 2 iVm § 275 Abs. 2 InsO. Der vorläufige Sachwalter ist auch zur Rechnungslegung verpflichtet und haftet über die entsprechende Anwendung des § 274 InsO gem. §§ 60, 62 InsO, wenn er die Pflichten verletzt, die ihm nach der Insolvenzordnung obliegen.

III. Die Regelvergütung

5 Der Sachwalter erhält als Regelvergütung 60% der für den Insolvenzverwalter bestimmten Vergütung. Der Verordnungsgeber hat die Festlegung auf einen Bruchteil von 60 % damit begründet, dass die Rechtsstellung des Sachwalters der des bisherigen Vergleichsverwalters ähnlich sei und dass deshalb für die Vergütung an § 9 VergVO (50% der Konkursverwaltervergütung) angeknüpft werden könne. Da der Aufgabenkreis des Sachwalters größer ist als der des bisherigen Vergleichsverwalters ist, hat der Sachwalter einen Anspruch von 60% der Insolvenzverwaltervergütung.[2]

6 Diese Regelvergütung soll die Tätigkeit des Sachwalters im Normalverfahren der Eigenverwaltung abgelten. Als Normalverfahren sieht der Verordnungsgeber das Verfahren ohne die Anordnung eines Zustimmungsvorbehalts an (Abs. 2). Es ist daher zunächst nach § 2 InsVV die Staffelvergütung zu errechnen. Die aus ihr sodann errechnenden 60% stellen die Vergütung des Sachwalters in einem Normalverfahren dar.

IV. Berechnungsgrundlage

7 Berechnungsgrundlage ist die **Insolvenzmasse bei Beendigung des Verfahrens** nach § 1 auf Basis der Schlussrechnung des Schuldners (§ 281 Abs. 3 S 1 InsO), die der Sachwalter zu prüfen hat (§ 281 Abs. 3 S 2, Abs. 1 S 2 InsO). **Wird das Verfahren vorzeitig beendet**, ist die Vergütung nach dem Schätzwert der Masse zurzeit der Beendigung des Verfahrens zu berechnen (§ 1 Abs. 1 Satz 2). Eine vorzeitige Verfahrensbeendigung kann insbesondere auch durch die Aufhebung der Eigenverwaltung nach § 272 InsO erfolgen. Bei der Ermittlung der Berechnungsgrundlage bleiben mit Absonderungsrechten belastete Massegegenstände gem § 1 Abs. 2 Nr. 1 stets außer Betracht, da die Verwertung dieser Gegenstände gemäß § 282 InsO ausschließlich dem Schuldner übertragen ist.

---

[1] BT-Drucks. 17/5712, 59.
[2] Amtl. Begr. B zu § 12.

V. Zuschläge/Abschläge

Über § 10 InsVV ist § 3 InsVV anzuwenden. Ausdrücklich bestimmt Abs. 2, dass eine den Regelsatz **8** übersteigende Vergütung insbesondere festzusetzen ist, wenn das Insolvenzgericht gemäß § 277 Abs. 1 InsO angeordnet hat, dass bestimmte Rechtsgeschäfte des Schuldners nur mit Zustimmung des Sachwalters wirksam sind. Mit dieser Aufgabe ist die Stellung des Sachwalters infolge des erhöhten Arbeitseinsatzes und Haftungsrisikos der Stellung des Insolvenzverwalters angenähert. Daher reicht die **Anordnung eines Zustimmungsvorbehalts** allein nicht aus, um eine Erhöhung der Vergütung zu begründen. Der angeordnete Zustimmungsvorbehalt muss sich auch unmittelbar auf die Arbeitsleistung des Sachwalters ausgewirkt haben.[3] Gerechtfertigt ist eine Erhöhung der Vergütung um mindestens 10 auf 70%.[4] Je nach Art und Umfang der zustimmungspflichtigen Geschäfte und des damit verbundenen Mehraufwandes kann jedoch eine Vergütung auch bis zur Höhe des einfachen Regelsatzes nach § 2 steigen, insbesondere dann, wenn ein Zustimmungsvorbehalt für nahezu alle Rechtsgeschäfte angeordnet worden ist.

Eine Erhöhung der Vergütung des Sachwalters kommt jedoch nicht nur für den in Abs. 2 geregel- **9** ten Fall der Anordnung eines Zustimmungsvorbehaltes in Betracht. Vielmehr findet auch § 3 Anwendung, so dass die Vergütung zu erhöhen oder zu kürzen ist, wenn die Aufgaben des Sachwalters qualitativ oder quantitativ diejenigen eines gewöhnlichen Verfahrens der Eigenverwaltung übersteigen oder dahinter zurückbleiben. Ein Zuschlag zur Regelvergütung auf Grund der Eigenart des Verfahrens der Eigenverwaltung kann insbesondere in Betracht kommen, wenn
- die **Kassenführung** durch den Sachwalter übernommen worden ist (§ 275 Abs. 2 InsO),
- ein **Insolvenzplan** im Auftrag der Gläubigerversammlung ausgearbeitet worden ist (§ 284 Abs. 1 InsO),
- wenn eine der Regelaufgaben des Sachwalters sich **quantitativ oder qualitativ besonders hervorhebt**, entweder durch den überdurchschnittlichen Umfang oder durch besondere rechtliche oder tatsächliche Schwierigkeiten. Dies gilt für die Mitwirkung bei Betriebsänderungen und Massenentlassungen (§§ 120, 122, 126, 279 Satz 3 InsO), bei der Geltendmachung von Ansprüchen nach den §§ 92 und 93 InsO, bei der Durchsetzung von Anfechtungsansprüchen (§§ 129 ff.), bei einer besonders aufwändigen Prüfung der Forderungsanmeldungen oder bei einer besonders aufwändigen Prüfung der Schlussrechnung des Schuldners.[5]

Im Übrigen kann über § 10 auf die in § 3 genannten Zuschlagskriterien zurückgegriffen werden, soweit sie für das Verfahren der Eigenverwaltung anwendbar sind.

Ist in einem Insolvenzplan – unabhängig davon – ob der Insolvenzplan vom Sachwalter oder vom **10** Schuldner ausgearbeitet worden ist, gemäß 260 Abs. 1 InsO **die Überwachung der Planerfüllung** vorgesehen und gemäß § 284 Abs. 2 InsO der Sachwalter mit dieser Aufgabe beauftragt, so kann er für diese Tätigkeit keinen Zuschlag auf die Regelvergütung geltend machen. Vielmehr erhält er hierfür eine Vergütung nach § 6 Abs. 2.[6]

Die **Regelvergütung ist zu kürzen**, wenn im konkreten Fall die Arbeitsbelastung gering war. Dies **11** kann der Fall sein, wenn die Eigenverwaltung **vorzeitig gemäß § 272 InsO aufgehoben** wird. Ein Abschlag kann auch angebracht sein, wenn keine oder nur sehr **wenige Mitwirkungs- oder Zustimmungsfälle** vorliegen und die Überwachungstätigkeit nicht umfangreich war, da der Betätigungsbereich des Schuldners klein war.[7] Die Regelvergütung kann auch gekürzt werden, wenn vor der Anordnung der Eigenverwaltung ein **vorläufiger Insolvenzverwalter** tätig war und durch diesen Tätigkeiten verrichtet wurden, die der Sachwalter nicht mehr ausführen musste, obwohl sie zu seinem Pflichtenkreis gehören, zB. wenn der vorläufige Verwalter bereits tatsächliche Feststellungen zum Vorliegen von Anfechtungstatbeständen oder zur persönlichen Haftung von Gesellschaftern getroffen hat oder an Feststellungen, die dem Sachwalter die erforderlichen Stellungnahmen nach § 281 Abs. 1, 2 InsO deutlich erleichtern.[8]

Die Erhöhung oder Kürzung der Vergütung erfolgt ähnlich wie beim vorläufigen Insolvenzver- **12** walter unmittelbar durch Erhöhung oder Senkung des Bruchteils der Vergütung von 60% der Regelvergütung nach § 2.

VI. Auslagen und Umsatzsteuer.

Gemäß § 4 Abs. 2 erhält der Sachwalter Ersatz seiner Auslagen. Die Kosten einer Haftpflichtversi- **13** cherung sind wegen des geringen Haftungsrisikos nur bei Anordnung eines Zustimmungsvorbehalts

---
[3] *Keller* Vergütung Rn. 673.
[4] *Kübler/Prütting/Eickmann* § 12 InsVV Rn. 8,
[5] *Keller,* Vergütung Rn. 560.
[6] So auch *Keller* Vergütung Rn. 682; **a. A.** MünchKomm-*Wittig/Tetzlaff* § 274 Rn. 50 a; *Kübler/Prütting/Eickmann* § 12 Rn. 7
[7] *Kübler/Prütting/Bork/Eickmann* § 12 InsVV Rn, 10; *Lorenz/Klanke* § 12 Rn.12.
[8] *Lorenz/Klanke* § 12 Rn. 12; *Kübler/Prütting/Bork/Eickmann* § 12 InsVV Rn, 15;

nach § 277 InsO erstattungsfähig. Sie sind im Übrigen mit der Vergütung des Sachwalters abgegolten (§ 4 Abs. 3 Satz 1).

14 Die Pauschsätze des § 8 werden für den Sachwalter halbiert (Abs. 3). Der Sachwalter kann für jeden Monat des Insolvenzverfahrens eine Pauschale von 125 € erhalten.

Gemäß § 10 in Verbindung mit § 7 steht dem vorläufigen Insolvenzverwalter die Umsatzsteuer auf die Vergütung und die Auslagen zu. Die Umsatzsteuer ist nach § 7 InsVV voll zu erstatten.

15 Gemäß § 10 gilt für den vorläufigen Insolvenzverwalter § 4 entsprechend. Siehe dazu die Kommentierung zu § 4. Der Höchstsatz der Auslagenpauschale wurde jedoch durch Abs. 3 auf DM 250,– (€ 125,–) beschränkt.

VII. Das Festsetzungsverfahren

16 Für die Festsetzung von Vergütung, Auslagen und Umsatzsteuer sowie Rechtsmittel gelten § 64 InsO und § 8. Die Vergütung gehört zu den Massekosten nach § 54 Nr. 2 InsO. Anders als bei der Insolvenzverwaltervergütung kann der Sachwalter seine Vergütung nicht aus der Masse entnehmen, da er selbst, wenn er sich nicht die Kassenführung nach § 275 Abs. 2 InsO vorbehalten hat, keine Verfügungsbefugnis über die Insolvenzmasse besitzt. Die Festsetzung hat sich daher ausdrücklich gegen den Schuldner zu richten und ist mit der Festsetzung vorläufig vollstreckbar. Es ist daher sinnvoll, den gegen den Schuldner gerichteten Festsetzungsbeschluss zum Zwecke der Zwangsvollstreckung vollstreckbar auszufertigen. Der Vergütungsbeschluss ist ähnlich wie ein Kostenfestsetzungsbeschluss so zu formulieren, dass die „vom Schuldner an den Sachwalter zu zahlende Vergütung nebst Auslagenersatz und Umsatzsteuer (je einzeln ausgewiesen) festgesetzt wird."[9]

VIII. Vorschüsse

17 Die Vorschussregelung des § 9 gilt über § 10 auch für den Sachwalter. Gemäß § 9 kann sich auch der Sachwalter einen Vorschuss nach § 9 auf seine Vergütung durch das Gericht bewilligen lassen. Da der Sachwalter – wenn er sich nicht die Kassenführung nach § 275 InsO vorbehalten hat – kein eigenes Entnahmerecht hat, muss dieser Vorschuss – sofern der die Masse verwaltende Schuldner keine Zahlungen leistet – auf Antrag des Sachwalters gegen Schuldner als Massekostenanspruch gemäß § 54 Abs. 2 in entsprechender Anwendung des § 8 festgesetzt werden. Hat sich allerdings der Sachwalter die Kassenführung nach § 275 Abs. 2 InsO vorbehalten, so kann er den Vorschuss aus eigener Rechtszuständigkeit entnehmen.[10] Der Anspruch auf Auszahlung richtet sich gegen die vom Schuldner als Amtswalter verwaltete Masse. Der Anspruch ist nach den allgemeinen zivilrechtlichen Grundsätzen des § 794 Abs. 1 Nr. 3 ZPO geltend zu machen hat.[11] In diesen Fällen ist daher zu empfehlen, den gegen den Schuldner gerichteten Beschluss zum Zwecke der Zwangsvollstreckung vollstreckbar auszufertigen.[12]

18 Der Vorschuss kann auf die Regelvergütung, die Zuschläge zur Regelvergütung sowie auf bereits entstandene und demnächst zu erwartende Auslagen und auf die Umsatzsteuer verlangt werden. Entsprechend dem Grundgedanken des Gebühren- und Vergütungsrechts hat sich die Vorschusshöhe in etwa an der bis zu dem Vorschusszeitpunkt erbrachten Sachwalterleistung zu orientieren.[13] Für die bereit erbrachten Leistungen handelt es sich beim Vorschuss um eine Teilvergütung. Mit der Zahlung durch den Schuldner ist der Sachwalter in Höhe des Entnommenen befriedigt. Die Entnahme bewirkt insoweit Teilerfüllung und ist endgültig. Stellt sich später die Unzulänglichkeit der Masse heraus, entsteht deshalb kein Rückzahlungsanspruch.[14]

19 Wird die endgültige Vergütung geringer festgesetzt, zB in der Beschwerdeinstanz, ist der Sachwalter zur Rückzahlung verpflichtet, § 812 BGB.[15]

IX. Die Vergütung des vorläufigen Sachwalters

20 **1. Vergütung des vorläufigen Sachwalters bei Eröffnung des Insolvenzverfahrens.** Aufgrund der Verweisung in § 274 Abs. 1 InsO gelten die §§ 63 - 65 InsO entsprechend für den zum 1. März 2012 durch das Gesetz zur weiteren Erleichterung der Sanierung von Unternehmen

---

[9] *Keller* Vergütung, Rn. 686.
[10] *Haarmeyer/Wutzke/Förster* InsVV § 12 Rn. 14.
[11] *Keller,* Vergütung, Rn. 217.
[12] BGH ZInsO 2006, 27.
[13] *Kübler/Prütting/Eickmann* § 9 InsVV Rn. 12.
[14] MünchKommInsO-*Nowak* Voraufl. § 12 Rn. 5.
[15] MünchKommInsO-*Nowak* Voraufl. § 12 Rn. 5.

(„ESUG")[16] neu eingeführten **vorläufigen Sachwalter**[17]. Ihm steht damit ein Anspruch auf Vergütung für seine Geschäftsführung und auf Erstattung angemessener Auslagen zu. Aus der Verweisung ergibt sich ferner, dass die durch die Bestellung des vorläufigen Sachwalters verursachten Vergütungs- und Auslagenersatzansprüche als **Kosten des Insolvenzverfahrens** anzusehen sind (§ 54 Nr. 2 InsO). Dieser Anspruch wurde offenbar versehentlich in der InsVV nicht geregelt.

In der Literatur ist umstritten, wie die Vergütung des vorläufigen Sachwalters zu bemessen ist. Nach *Zimmer* ist die Vergütung des vorläufigen Sachwalters entsprechend § 11 InsVV nach einem Bruchteil von 25 % der Vergütung nach § 2 Abs. 1 InsVV bezogen auf das Vermögen, auf das sich die vorläufige Sachwaltung erstreckt hat, festzusetzen.[18] Diese Auffassung ist abzulehnen, da die Tätigkeit eines vorläufigen Sachwalters nicht der Tätigkeit eines vorläufigen Verwalters gleichgesetzt werden kann. Die Vergütung des vorläufigen Verwalters ist vielmehr anhand einer Kombination aus der Vergütung des vorläufigen Insolvenzverwalters (§ 11 InsVV) und des Sachverwalters (§ 13 InsVV) zu ermitteln

Nach *Ringstmeier* sind dem vorläufigen Sachwalter 60 % der Normalvergütung des vorläufigen Insolvenzverwalters, die sich aus § 11 Abs. 1 InsVV ergibt, zuzugestehen.[19] Hinzu können Zuschläge oder Abschläge entsprechend § 3 InsVV kommen. Damit wird dem Umstand Rechnung getragen, dass der in §§ 274, 275 geregelte Aufgabenumfang nicht etwa nur teilweise, sondern vollständig vom vorläufigen Sachwalter wahrgenommen werden muss, dass aber andererseits weitergehende Pflichten des Sachwalters den vorläufigen Sachwalter noch nicht treffen und außerdem die Dauer der Tätigkeit derjenigen eines vorläufigen Insolvenzverwalters gleichkommt.

Dieser Auffassung steht entgegen, dass auf den vorläufigen Sachwalter kein Verwaltungs- und Verfügungsrecht über das Vermögen des Schuldners übergeht. Seine Stellung mit der eines starken vorläufigen Insolvenzverwalters gleichzusetzen erscheint deshalb überzogen.[20] Die Aufgaben des vorläufigen Sachwalters sind mit denen des starken vorläufigen Insolvenzverwalters nicht zu vergleichen. Die Stellung des vorläufigen Sachwalters ist im Übrigen auch nicht mit der des Sachwalters gleichzusetzen. Insofern fehlt ein beträchtlicher Teil der Aufgaben des Sachwalters. Es scheint daher gerechtfertigt – vorbehaltlich individuell festzusetzender Zu- und Abschläge –, einen erheblichen Abschlag von der Vergütung des Sachwalters zu machen, der dem Abschlag von der Vergütung des Insolvenzverwalters entspricht, den der vorläufige Insolvenzverwalter nach § 11 Abs. 1 Satz 2 InsVV hinzunehmen hat.

2. Vergütung des vorläufigen Sachwalters bei Nichteröffnung des Insolvenzverfahrens. Durch das Gesetz zur weiteren Sanierung von Unternehmen („ESUG")[21] ist § 26a InsO neu geschaffen worden und gilt für Insolvenzverfahren, die nach dem 1.3.2012 eröffnet worden sind. Diese Regelung begründet die Zuständigkeit des Insolvenzgerichts für die Festsetzung der Vergütung des vorläufigen Insolvenzverwalters im Falle der Nichteröffnung des Verfahrens.[22] Die Regelung des § 270a Abs. 1 Satz 2 InsO, die den vorläufigen Sachwalter neu eingeführt hat, verweist zwar auf § 274 Abs. 1 InsO, der wiederum auf §§ 63 - 65 InsO verweist, aber nicht auf § 26a InsO. Im Wege einer teleologischen Auslegung ist jedoch § 26a InsO analog auf den vorläufigen Sachwalter anzuwenden.[23]

Problematisch ist bei der Nichteröffnung eines Insolvenzverfahrens die Bestimmung der vergütungsrechtlichen Teilungsmasse. Das vom Schuldner zu erstellende Verzeichnis der Massegegenstände i. S. d. §§ 151, 281 Abs. 1 Satz 1 InsO ist bei einer Nichteröffnung des Verfahrens nicht vorhanden. In einem Regelinsolvenzverfahren bereitet schon während des Antragsverfahrens der nach § 5 Abs. 1 Satz 2 InsO, §§ 402 ff. ZPO bestellte Sachverständige ein Eröffnungsgutachten vor, das eine Darstellung der Vermögenswerte enthält. Das hierfür erstellte Verzeichnis wird in der Praxis regelmäßig zum Masseverzeichnis i. S. d. § 151 InsO fortgeschrieben. Dies bedeutet, dass der Gutachter/vorläufige Insolvenzverwalter Kenntnis über die Vermögensgegenstände und ihre Werte erlangt, sodass die Wertbestimmung für die Vergütung des vorläufigen Verwalters bei Nichteröffnung wenig problematisch ist. Für den vorläufigen Sachwalter ist dies grundsätzlich anders. Seine Tätigkeit ist auf eine reine Überwachungstätigkeit beschränkt. Sowohl bei der vorläufigen Eigenverwaltung nach § 270a InsO als auch im Schutzschirmverfahren nach § 270b InsO ist kein Sachverständiger nach § 5 Abs. 1

---

[16] BGBl., I S. 2582.
[17] Siehe dazu Rn. 4.
[18] *Zimmer* ZInsO 2012, 1658, 1662; so auch *Hofmann* in Kübler, Handbuch Restrukturierung in der Insolvenz, 2012, § 6 Rn. 82.
[19] *Ahrens/Gehrlein/Ringstmeier* § 270a Rz. 9.
[20] So *Kübler/Prütting/Bork/Pape* § 270a Rn. 27.
[21] BGBl I, 2582.
[22] Beschlussempfehlung und Bericht des Rechtsausschusses, BT-Drucks. 17/7511, 46: „Klarstellung".
[23] *Zimmer* ZInsO 2012, 1658, 1663.

Satz 2 InsO mit der Ermittlung der Vermögenswerte zu beauftragen, sodass hier dem vorläufigen Sachwalter eine Berechnungsgrundlage für eine Vergütungsbestimmung nicht zur Verfügung steht. In diesen Fällen muss der vorläufige Sachwalter auf die dem Insolvenzantrag beigefügten Informationen des Schuldners zu den Vermögensverhältnissen zurückgreifen.[24]

X. Die Vergütung des Sachwalters bei einer Stundung der Verfahrenskosten

26 Sind in einem Verfahren, in dem die Eigenverwaltung angeordnet wurde, dem Schuldner auch gem. §§ 4 a ff. InsO die Kosten des Verfahrens gestundet worden, haftet durch die Verweisung auf § 63 Abs. 2 InsO die Staatskasse auch für die Vergütung des Sachwalters (§ 274 Abs. 1 InsO). Durch die neu eingeführte Nr. 9017 der Anlage 1 zum Gerichtskostengesetz kann der dem Sachwalter erstattete Betrag gegenüber dem Schuldner zum Soll gestellt werden.[25]

XI. Die Vergütung des Sachwalters bei einer Aufhebung der Eigenverwaltung nach § 272 InsO

27 Die Anordnung der Eigenverwaltung kann aufgehoben werden, wenn dies von der Gläubigerversammlung, von einem absonderungsberechtigten Gläubiger, von einem Insolvenzgläubiger oder von dem Schuldner beantragt wird (§ 272 InsO). Mit rechtskräftiger Aufhebung der Eigenverwaltung wird das Verfahren als reguläres Insolvenzverfahren fortgesetzt. Mit dem Aufhebungsbeschluss wird zugleich ein Insolvenzverwalter bestellt, wobei es – auch nach dem Willen des Gesetzgebers – wegen der Sachkenntnisse regelmäßig für vorteilhaft erscheint, den bisherigen Sachwalter zum Insolvenzverwalter zu bestellen. § 272 Abs. 3 InsO ermöglicht dies ausdrücklich. Ein solcher Wechsel der Verfahrensart, die Aufhebung der Eigenverwaltung und Fortsetzung des regulären Insolvenzverfahrens, führt – auch bei Personenidentität des Sachwalters und Insolvenzverwalters – zu zwei voneinander unabhängigen Gebührenansprüchen. Die Vergütung des Sachwalters wird mit der Rechtskraft der Aufhebungsentscheidung fällig. Sofern sich die Tätigkeit des Sachwalters entlastend auf die nachfolgende Verwaltertätigkeit ausgewirkt hat, insbesondere durch die bereits erfolgte Forderungsanmeldung und die damit verbundene Tabellenführung (§ 270 Abs. 3 Satz 2 InsO), kann entsprechend § 3 Abs. 2 lit. a ein Abschlag bei der Insolvenzverwaltervergütung gerechtfertigt sein.

XII. Die Vergütung der Gesellschaftsorgane bei der Eigenverwaltung

28 Eine Vergütung der Gesellschaftsorgane der eigenverwalteten schuldnerischen Gesellschaft sieht die Insolvenzordnung nicht vor. Die Vergütung richtet sich nach dem Anstellungsvertrag der Organmitglieder mit der Schuldnerin. Für den Abschluss und die Änderung dieses Vertrages bleiben die Gesellschaftsorgane zuständig. Das Insolvenzgericht hat hierfür keine Festsetzungsbefugnis.[26]

§ 13 Vergütung des Treuhänders im vereinfachten Insolvenzverfahren

(1) ¹Der Treuhänder erhält in der Regel 15 vom Hundert der Insolvenzmasse. ²Ein Zurückbleiben hinter dem Regelsatz ist insbesondere dann gerechtfertigt, wenn das vereinfachte Insolvenzverfahren vorzeitig beendet wird. ³Haben in dem Verfahren nicht mehr als 5 Gläubiger ihre Forderungen angemeldet, so soll die Vergütung in der Regel mindestens 600 Euro betragen. Von 6 bis 15 Gläubigern erhöht sich die Vergütung für je angefangene 5 Gläubiger um 150 Euro. Ab 16 Gläubiger erhöht sich die Vergütung je angefangene 5 Gläubiger um 100 Euro.

(2) §§ 2 und 3 finden keine Anwendung.

Schrifttum: *Blersch*, Zur Mindestvergütung eines vor dem 01.01.2004 bestellten Insolvenzverwalters –ebenso derjenigen eines Treuhänders, ZIP 2005, 675; *ders.*, Die Änderung der insolvenzrechtlichen Vergütungsverordnung, ZIP 2004, 2311; *ders.*, Zur Insolvenzverwaltervergütung in masselosen Verfahren, EWiR 2004, 985-986; *ders.*, Möglichkeiten der Vergütungserhöhung in masselosen Regel- und Verbraucherinsolvenzverfahren, ZVI 2003, 193; *Frind*, Die angemessene Vergütung des Insolvenzverwalters/Treuhänders in masselosen Stundungsverfahren (§ 4a InsO), ZInsO 2003, 639; *A. Graeber/ T. Graeber*, Die Vergütung des Treuhänders im vereinfachten Insolvenzverfahren und in der Wohlverhaltensperiode, Rpfleger 2010, 252; *T. Graeber* Anmerkung zum Beschluss des BGH vom 22.9.2011, Akten-

---

[24] Zimmer ZInsO 2012, 1658, 1663.
[25] *Lorenz/Klanke*, § 12 Rn. 21.
[26] AG Duisburg NZI 2006, 112.

zeichen: IX ZB 193/10 - Zur Bemessung der Vergütung für den Treuhänder in einem vereinfachten Insolvenzverfahren, DZWIR 2012, 42; *ders.*, Die Mindestvergütung in Insolvenzverfahren | NZI 2004, 169; *Grub*, Zur Vergütung des vorläufigen Treuhänders, EWiR 2000, 403; *Haarmeyer*, Verfassungswidrige Mindestvergütung im masselosen Verbraucherinsolvenzverfahren, ZInsO 2004, 264; *Keller*, Treuhändervergütung bei Unternehmensfortführung im Verbraucherinsolvenzverfahren, DZWIR 2005, 465; *ders.*, Die Vergütung des Insolvenzverwalters in masselosen Insolvenzverfahren, ZIP 2004, 633; *ders.*, Die Neuregelungen der InsVV zur Mindestvergütung im masselosen Insolvenzverfahren, ZVI 2004, 569; *ders.*, Zur Vergütung des Treuhänders im vereinfachten Insolvenzverfahren, DZWIR 2001, 217; *ders.*, Die Vergütungsfestsetzung zwischen objektiven Maßstäben und Besonderheiten des Einzelfalls, ZIP 2000, 914; *ders.*, Zur Vergütung des vorläufigen Treuhänders, DZWIR 2000, 127; *Hörmann*, Insolvenzanfechtung durch Treuhänder, VIA 2012, 60; *Kuhmann*, Verfassungswidrigkeit der Vergütungspraxis in Klein- und Verbraucherinsolvenzverfahren, ZVI 2002, 357; *I. Pape/ G. Pape*, Verfassungswidrigkeit der Mindestvergütung in masselosen Verbraucher- oder Privatinsolvenzen, ZVI 2004, 157; *Pawlowski*, Zur „Rechtsfortbildung" im Insolvenzverfahren, KTS 2004, 229-239; *Pluta/ Heidrich* Keine Erhöhung der Mindestvergütung in den vor dem Jahr 2004 eröffneten masselosen Verfahren?, NZI 2004, 408; *Prütting/ Ahrens*, Verfassungswidrigkeit der Mindestvergütung für Insolvenzverwalter in masselosen Insolvenzverfahren, ZIP 2004, 1162; *Ries*, Anmerkung zum Beschluss des BGH vom 22.9.2011, Az. IX ZB 193/10 - Zur Bemessung der Vergütung des Insolvenztreuhänders, EWiR 2012, 121; *Schmerbach*, Tod des Schuldners im Verbraucherinsolvenzverfahren, NZI 2008, 353; *Seubert*, Erhöhung der Vergütung nach § 14 Abs. 3 Satz 2 InsVV bei Verteilung „an mehr als 5 Gläubiger" beim ersten oder letzten Gläubiger der jeweiligen Staffelstufe?, ZVI 2010, 16; *Wimmer*, Die Neuregelung der Mindestvergütung in masselosen Verfahren, ZInsO 2004, 1006.

Übersicht

	Rn.		Rn.
I. Normzweck und Entstehungsgeschichte	1–3	**IV. Besondere Sachkunde**	14
		V. Mindestvergütung	15–18
II. Die Regelvergütung des Treuhänders im vereinfachten Verfahren	4–8	**VI. Auslagen und Umsatzsteuer**	19, 20
		VII. Vorschüsse	21
1. Der Aufgabenbereich des Treuhänders nach § 313 InsO	4	**VIII. Nachtragsverteilung**	22, 23
2. Bestimmung der Berechnungsgrundlage	5–7	**IX. Festsetzungsverfahren**	24–28
3. Die Regelvergütung (Abs.1 Satz 1)	8	**X. Vergütung des vorläufigen Treuhänders**	29–36
III. Zuschläge/Abschläge	9–13	**XI. Wechsel der Verfahrensart**	37

I. Normzweck und Entstehungsgeschichte

Die Norm regelt die Vergütung des Treuhänders im Verfahren nach den §§ 311–314 InsO (Verbraucherinsolvenzverfahren und sonstige Kleinverfahren). Rechtsgrundlage dieser Regelung ist § 313 Abs. 1 Satz 3 InsO, wonach in diesem Verfahren die §§ 56 bis 66 InsO entsprechend gelten. Durch eine gesonderte Vergütung des Treuhänders im vereinfachten Insolvenzverfahren soll der geringeren Arbeitsbelastung gegenüber einem Regelinsolvenzverfahren Rechnung getragen werden.[1] **1**

Die Mindestvergütung des Treuhänders im vereinfachten Insolvenzverfahren betrug nach § 13 Abs. 1 Satz 3 in der bis zum 7.10.2004 geltenden Fassung 250 €. Diese Mindestvergütung wurde in der Rechtsprechung und Literatur schon früh als unangemessen niedrig angesehen.[2] Der Bundesgerichtshof hat in seiner Entscheidung vom 15.1.2004[3] für Treuhänder, die ab 1.1.2004 in einem masselosen Verbraucherinsolvenzverfahren bestellt werden, die Beschränkung auf eine Mindestvergütung von 250 € als verfassungswidrig angesehen. Diese Entscheidung führte zur Änderung des § 13 InsVV durch die Verordnung zur Änderung der InsVV vom 4.10.2004, die die Mindestvergütung neu regelte.[4] Diese Neuregelung in § 13 Abs. 1 Satz 3–5 hält sich im Rahmen der Ermächtigungsgrundlage und ist nicht verfassungswidrig.[5] Sie verstößt weder gegen §§ 63, 65 InsO noch gegen Art. 12 Abs. 1 GG.[6] Für die vor dem 1.1.2004 eröffneten Verfahren bleibt es bei der früheren Regelung der Mindestvergütung.[7] **2**

---

[1] Krit. Keller, Vergütung Rn. 700.
[2] *Pluta/Heidrich* NZI 2004, 408; AG Aachen ZVI 2003, 567; LG Bonn ZInsO 2001, 612; AG Dresden ZVI 2003, 373; AG Göttingen NZI 2003, 371; AG Hamburg ZVI 2003, 238; LG Hanau ZVI 2003, 370; AG Husum ZInsO 2002, 1135; AG Lüneburg ZInsO 2003, 121; AG Mönchengladbach ZInsO 2003, 652; AG Neubrandenburg NZI 2003, 328; AG Potsdam NZI 2003, 387; OLG Schleswig ZInsO 2001, 182; *Keller* ZIP 2004, 633. *Blersch* ZVI 2003, 193; *Frind* ZInsO 2003, 639; *Kuhmann* ZVI 2002, 357.
[3] BGH NZI 2004, 224.
[4] BGBl. I, 2596.
[5] BGH NZI 2008, 444.
[6] *Keller* NZI 2005, 23, 29; *Wimmer* ZInsO 2004, 1006; a. A. *Blersch* ZIP 2004, 2311, 2316.
[7] BVerfG NZI 2005, 618.

3   In dem Regierungsentwurf für ein „Gesetz zur Verkürzung des Restschuldbefreiungsverfahrens und zur Stärkung der Gläubigerrechte" v. 18.7.2012 [8] soll § 13 InsVV grundsätzlich geändert werden. Dieser Gesetzentwurf sieht vor, dass das bislang in den §§ 312 bis 314 InsO geregelte vereinfachte Insolvenzverfahren künftig wegfällt. Damit entfällt auch eine gesonderte Vergütung des Treuhänders, den es künftig nicht mehr geben soll, im vereinfachten Insolvenzverfahren. Da aber in den Verfahren, in denen Unterlagen nach § 305 Abs.1 Nr.1 InsO-E von einer geeigneten Person oder Stelle erstellt werden, ein geringerer Aufwand für den Insolvenzverwalter entsteht, wird für diese Fälle die Mindestvergütung von 1.000 Euro auf 800 Euro reduziert. § 13 InsVV soll daher künftig lauten:" *Vergütung des Insolvenzverwalters im Verbraucherinsolvenzverfahren. Werden in einem Verfahren nach dem Neunten Teil der Insolvenzordnung die Unterlagen nach § 305 Absatz 1 Nummer 1 der Insolvenzordnung von einer geeigneten Person oder Stelle erstellt, ermäßigt sich die Vergütung nach § 2 Absatz 2 Satz 1 auf 800 Euro."*

II. Die Regelvergütung des Treuhänders im vereinfachten Verfahren

4   **1. Der Aufgabenbereich des Treuhänders nach § 313 InsO.** Die Vergütung nach § 13 Abs. 1 Satz 1 soll die gesamte Tätigkeit des Treuhänders von der Eröffnung bis zur Aufhebung des vereinfachten Insolvenzverfahrens abdecken. Der Aufgabenbereich des Treuhänders im vereinfachten Verfahren nach §§ 311–314 InsO ist gegenüber den Aufgaben des Insolvenzverwalters stark eingeschränkt. Dem vereinfachten Insolvenzverfahren geht eine außergerichtliche Schuldenbereinigung (§ 305 Abs. 1 Ziffer 1 InsO) und das Verfahren über den gerichtlichen Schuldenbereinigungsplan (§§ 305 Abs. 1 Ziffer 4, 307 Abs. 1 InsO) voraus. Somit liegen dem Treuhänder bereits das Vermögensverzeichnis, das Gläubigerverzeichnis sowie das Forderungsverzeichnis vor (§ 305 I Ziffer 3 InsO). Es ist kein Berichtstermin zwingend erforderlich. Das Recht zur Anfechtung nach den §§ 129 ff. InsO steht dem Treuhänder nur zu, wenn die Gläubigerversammlung ihn hierzu ermächtigt. Von der Verwertung der Insolvenzmasse kann ganz oder teilweise abgesehen werden. Die Verwertung von Gegenständen an denen Pfandrechte oder andere Absonderungsrechte bestehen, obliegt den Gläubigern. Dieser reduzierte Aufgabenbereich des Treuhänders im vereinfachten Insolvenzverfahren rechtfertigt es, die Vergütung des Treuhänders wesentlich einfacher als die des Insolvenzverwalters zu regeln und zudem in der Höhe zu kürzen.

5   **2. Bestimmung der Berechnungsgrundlage.** Berechnungsgrundlage für die Vergütung des Treuhänders im vereinfachten Insolvenzverfahren ist die Insolvenzmasse, auf die sich die Schlussrechnung bezieht (§§ 313 Abs. 1 Satz 1, 66 InsO). Es gilt nichts anderes wie im Regelinsolvenzverfahren. Im Falle einer vereinfachten Verwertung nach § 314 InsO besteht die Insolvenzmasse und damit die Berechnungsgrundlage der Vergütung in dem von dem Schuldner an den Treuhänder gezahlten Geldbetrag.[9] Bei einer vorzeitigen Beendigung des vereinfachten Insolvenzverfahrens ist in Ermangelung einer Schlussrechnung der geschätzte Wert der Masse zum Zeitpunkt der Beendigung maßgebend.

6   Nach § 10 sind die Vorschriften des ersten Abschnitts der InsVV, die §§ 1–9 entsprechend anwendbar, soweit § 13 nichts anderes bestimmt. Etwas anderes bestimmt § 13 Abs. 2 für die §§ 2 und 3 InsVV. Diese sind grundsätzlich für den Treuhänder im Verbraucherinsolvenzverfahren unanwendbar.[10] Die Fälle des § 1 Abs. 2 sind bei der Bemessung der Vergütung des Treuhänders im vereinfachten Verfahren grundsätzlich anwendbar. § 1 Abs. 2 Nr. 1 gilt allerdings nur bei Anwendung des § 313 Abs. 3 S 3 InsO über § 173 InsO.

7   § 1 Abs. 2 Nr. 4 b kann wegen § 304 InsO in der seit 1.12.2001 geltenden Fassung nur auf Verfahren Anwendung finden,[11] die vor diesem Zeitpunkt beantragt worden sind, da nur dann noch ein Gewerbetreibender überhaupt als Verbraucher gelten kann.

8   **3. Die Regelvergütung (Abs.1 Satz 1).** Der Treuhänder erhält eine **Regelvergütung in Höhe von 15%** der festgestellten Insolvenzmasse. Diese Regelvergütung ist entgegen der Absicht des Verordnungsgebers nur in den Verfahren geringer, in denen der Wert der Masse selbst nicht sehr hoch ist. Infolge der degressiven Steigerung der Regelvergütung des § 2 und der linearen Steigerung nach § 13 ist ab einer Insolvenzmasse von etwa 161 000 € die Vergütung des Treuhänders von 15% der Insolvenzmasse mit 24 150 € höher als der vergleichbare Vergütungssatz des Insolvenzverwalters nach § 2 InsVV, der 24 020 € beträgt. Dies führt jedoch nicht zu einer Deckelung der Regelvergütung des Treuhänders im vereinfachten Insolvenzverfahren.[12] Übersteigt die Berechnungsgrundlage

---

[8] BR-Drucks. 467/12 v. 10.8.2012.
[9] *Kübler/Prütting/Eickmann* § 13 InsVV Rn. 4.
[10] Siehe aber Rn 9.
[11] BGH DZWIR 2005, 463 m. Anm. *Keller* = NZI 2005, 567.
[12] A.A. AG Düsseldorf NZI 2008, 380, wonach in einem solchen Fall die Vergütung des Treuhänders nicht nach § 13 InsVV, sondern nach § 2 InsVV zu berechnen sei.

für die Vergütung des Treuhänders im vereinfachten Insolvenzverfahren den Betrag von 160.000 Euro oder die Gesamtsumme aller angemeldeten und anerkannten Insolvenzforderungen, kommt allenfalls ein Abschlag in Betracht, der von Amts wegen zu prüfen ist.[13]

III. Zuschläge/Abschläge

Eine Erhöhung der Vergütung entsprechend den Tatbeständen des § 3 Abs. 1 ist nach dem Wortlaut des § 13 Abs. 2 nicht vorgesehen. Dennoch ist eine Erhöhung zulässig und erforderlich.[14] Dies ergibt sich bereits aus der Amtlichen Begründung der Verordnung, wonach auch im Rahmen des § 13 bei **atypischen Sachverhalten** die Möglichkeit bestehen muss, von der Regelsatzvergütung abzuweichen. Der Ausschluss des § 3 durch Abs. 2 bedeutet lediglich, dass die dort genannten Regelbeispiele nicht gelten. Auch die Regelung des § 63 Abs. 1 Satz 3 InsO, wonach dem Umfang und der Schwierigkeit der Geschäftsführung des Verwalters durch Abweichungen vom Regelsatz Rechnung zu tragen ist, erfordert es Abweichungen von der Regelvergütung zuzulassen.[15] Bei der Festsetzung der Vergütung ist daher darauf zu achten, dass Erhöhungen und Herabsetzungen der Vergütung des Treuhänders im vereinfachten Insolvenzverfahren nicht mit einem der in § 3 InsVV benannten Erhöhungs- oder Herabsetzungssachverhalten begründet werden. Eine Erhöhung kommt daher nur in Betracht, wenn erhebliche Abweichungen vom typischen Tätigkeitsumfang des Treuhänders vorliegen.[16] Eine kurzfristige Fortführung eines Kleinunternehmens ohne großen Aufwand für den Treuhänder rechtfertigt deshalb noch keinen Zuschlag.[17] Bei längerfristiger Unternehmensfortführung kann dagegen ein Zuschlag angemessen sein.

Gemessen an den gesetzlichen Besonderheiten des vereinfachten Insolvenzverfahrens können als Tatbestände einer Erhöhung der Vergütung auch in Betracht kommen:
- die Bearbeitung von Aus- und Absonderungsrechten durch den Treuhänder,[18]
- die Verwertung von Vermögenswerten mit Absonderungsrechten (§ 313 Abs. 3 Satz 3 mit § 173 InsO),
- eine arbeitsintensive Erfassung und Bewertung der Insolvenzmasse sowie der Gläubigerforderungen, in den Fällen, in denen der Treuhänder nicht auf ein Vermögensverzeichnis nach § 305 Abs. 1 Nr. 3 InsO zurückgreifen konnte,
- die Unternehmensfortführung durch einen Treuhänder,[19]
- ein obstruktives Verhalten des Schuldners, durch das die Tätigkeit erheblich erschwert wird,
- die Dauer des Verfahrens,[20]
- ein erheblicher Immobilienbestand,[21]
- umfangreiche steuerliche Tätigkeiten,[22]
- die Durchsetzung von Anfechtungsansprüchen nach § 313 Abs. 2 Satz 3 InsO[23]. Bei der Festsetzung des Zuschlags ist darauf zu achten, dass die Vergütung in einem angemessenen Verhältnis zu der durch die erfolgte Anfechtung erwirtschafteten Masse steht.[24]
- die Durchsetzung von Ansprüchen aus der Rückschlagsperre nach §§ 88 mit 312 Abs. 1 Satz 3,
- eine hohe Zahl an Forderungsanmeldungen – mehr als 20 – und/oder besondere rechtliche Schwierigkeiten der Forderungsprüfung.

Die Zuschlagshöhe richtet sich nach der konkreten Arbeitsbelastung des Treuhänders für die vom Regelfall abweichende Tätigkeit. Sie kann einen Zuschlag von jeweils 5–20% rechtfertigen.[25] Für eine intensive Befassung mit der Verwertung von absonderungsberechtigten Gegenständen hat z. B. das AG Chemnitz einen Zuschlag von 10% zugebilligt.[26]

Gleiches gilt für die Kürzung der Regelvergütung. Eine Kürzung der Vergütung ist nach § 13 Abs. 1 Satz 2 ausdrücklich möglich, wenn das vereinfachte Insolvenzverfahren vorzeitig beendet

---
[13] BGH ZIP 2011, 2158; LG Düsseldorf ZInsO 2009, 1175.
[14] BGH ZInsO 2012, 318; BGH NZI 2005, 567; OLG Köln NZI 2002, 211; LG Mönchengladbach ZVI 2005, 156; MünchKomm/InsO-*Nowak* Voraufl. § 13 InsVV Rn. 8; *Keller*, Vergütung, Rn. 709; *Hörmann* VIA 2012, 60.
[15] *Kübler/Prütting/Eickmann/Prasser*, § 13 InsVV Rn. 5.
[16] BGH ZVI 2005, 388; LG Bonn ZInsO 2001, 612.
[17] BGH NZI 2005, 567; LG Bonn ZInsO 2001, 612.
[18] AG Chemnitz ZVI 2005, 56.
[19] BGH NZI 2005, 567; LG Bonn ZInsO 2001, 612.
[20] LG Hanau ZVI 2004, 63,
[21] LG Hanau ZVI 2004, 63,
[22] BGHZ 160, 176 = BGH NZI 2004, 577; BGH ZVI 2005, 143.
[23] BGH ZInsO 2012, 1138.
[24] BGH ZInsO 2012, 1138.
[25] *Keller*, Vergütung Rn. 597.
[26] AG Chemnitz ZVI 2005, 56.

wird. Nicht jede vorzeitige Beendigung hat jedoch eine Kürzung der Regelvergütung zur Folge. Sie kommt nur in besonderen Ausnahmefällen in Betracht,[27] in denen der Treuhänder kaum tätig werden musste, z. B. weil die Verfahrensbeendigung unmittelbar nach der Eröffnung erfolgt ist.[28] Eine Einstellung des Insolvenzverfahrens wegen Masseunzulänglichkeit ist allein kein Kürzungsgrund.[29]

13 **Eine Herabsetzung** kommt jedoch nicht nur bei einer vorzeitigen Verfahrensbeendigung in Betracht, sondern – wie bei der Erhöhung – auch dann, wenn ganz erhebliche Abweichungen vom typischen Tätigkeitsumfang des Treuhänders vorliegen, z. B., wenn kein verwertbares Vermögen vorhanden war, kein Gläubiger eine Forderung angemeldet hat [30] oder ein erheblich reduzierter Arbeitsaufwand bei Parallelinsolvenzverfahren mit Eheleuten vorliegt. Eine Herabsetzung kann auch bei einer Erhöhung der Insolvenzmasse durch eine Erbschaft in Betracht kommen.[31] Zu beachten ist jedoch hierbei, dass allein die Eröffnung eines Verfahrens für den Treuhänder einen Arbeitsaufwand verursacht, der durch die Regelvergütung in der Regel nur knapp gedeckt ist, so dass für eine Kürzung nur wenig Raum bleibt.[32]

IV. Besondere Sachkunde

14 Gemäß § 5 kann ein Verwalter, der als Rechtsanwalt, zugelassen ist, für Tätigkeiten, die ein nicht als Rechtsanwalt zugelassener Verwalter diesen Personen angemessener Weise übertragen hätte, nach Maßgabe des RVG Gebühren und Auslagen gesondert aus der Insolvenzmasse entnehmen. Gleiches gilt für einen Verwalter, der Wirtschaftsberater oder Steuerberater ist oder eine besondere Qualifikation besitzt.[33] Diese Regelung ist auf den Treuhänder im vereinfachten Verfahren anwendbar und sachlich geboten.[34] Der Treuhänder kann diese Kosten aus der Insolvenzmasse entnehmen. Er bedarf dafür nicht der Zustimmung des Insolvenzgerichts.

V. Mindestvergütung

15 Mit der Verordnung zur Änderung der Insolvenzrechtlichen Vergütungsverordnung vom 4.10.2004 (BGBl. I, 2569) ist auch die Mindestvergütung des Treuhänders im vereinfachten Insolvenzverfahren neu geregelt worden. Sie setzt sich zusammen aus der Mindestvergütung gemäß Abs. 1 Satz 3 in Höhe von 600 € und der Erhöhung gemäß Abs. 1 Sätze 4 und 5.

Im Einzelnen beträgt die Mindestvergütung bei

1–5 Gläubiger	=	600 €,
6–10 Gläubiger	=	750 €,
11–15 Gläubiger	=	900 €,
16–20 Gläubiger	=	1000 €,
21–25 Gläubiger	=	1100 €

16 Die Erhöhung orientiert sich nach dem zweifelsfreien Wortlaut der Vorschrift an der Zahl der Gläubiger, die Forderungen zur Tabelle angemeldet haben und nicht nach der Zahl der von dem Treuhänder ermittelten oder im Gläubigerverzeichnis des Schuldners enthaltenen Gläubiger (BGH Beschluss vom 9.3.2006 – IX ZB 257/04 unveröff.). Gezählt werden wie bei § 2 Abs. 2 die Gläubiger „nach Köpfen" und nicht nach einzelnen Forderungen. Bei einer Regelvergütung von 15% (Abs. 1 Satz 1) greift die Mindestvergütung bei einer Insolvenzmasse bis zu 4000 €.

17 Die Mindestvergütung kann bei besonderen Erschwernissen erhöht werden.[35] Abschläge sind bei der Mindestvergütung ausgeschlossen, da dies der Zielsetzung, aus dem Durchschnitt der massearmen Verbraucherinsolvenzverfahren eine auskömmliche Vergütung zu erwirtschaften, im Widerspruch stehen würde.[36] Abschläge verbieten sich schon aus dem Begriff der Mindestvergütung.[37]

18 Die Mindestvergütung kann je nach Zahl der am Insolvenzverfahren beteiligten Gläubiger höher ausfallen als die Regelvergütung des § 13 Abs.1 Satz 1 InsVV. So beträgt z. B. die Regelvergütung

---

[27] LG Koblenz NZI 2001, 99; AG Potsdam NZI 2001, 159.
[28] BGH NZi 2007, 55.
[29] LG Koblenz NZI 2004, 42.
[30] LG Berlin NZI 2009, 777; AG Hamburg NZI 2000, 446; Uhlenbruck/Vallender § 305 Rn. 29; a. A. Eickmann/Prasser, Rn. 6 zu § 13.
[31] LG Chemnitz ZInsO 2008, 1266.
[32] *Keller*, Vergütung Rn. 598.
[33] Siehe dazu § 5 InsVV Rn. 1–3.
[34] *Kübler/Prütting/Eickmann/Prasser* § 13 Rn. 8.
[35] HK-*Keller* § 13 Rn. 6. Siehe dazu auch Rn. 10–13.
[36] Begr. einer Verordnung zu Änderung der Insolvenzrechtlichen Vergütungsverordnung zu § 13.
[37] *Kübler/Prütting/Eickmann/Prasser*, § 13 Rn. 13.

bei einer Insolvenzmasse von 8 200 Euro 1.230 Euro. Bei 31 Gläubigern beträgt die Mindestvergütung 1.300 Euro und ist somit höher als die Regelvergütung. Es ist dann die Mindestvergütung maßgebend.[38]

VI. Auslagen und Umsatzsteuer

Der Treuhänder im vereinfachten Insolvenzverfahren erhält Auslagenersatz nach § 4 und Umsatzsteuer auf die Vergütung und Auslagen nach § 7. Diese Bestimmungen finden gem. § 10 für die Vergütung des Treuhänders im vereinfachten Insolvenzverfahren entsprechende Anwendung. Somit hat auch der Treuhänder einen Anspruch auf vollen Auslagenersatz nach § 4 Abs. 2[39] bzw. die Pauschsätze des § 8 Abs. 3.[40] Eine Halbierung dieser Sätze entsprechend der Vergütung des Sachwalters nach § 12 Abs.2 InsVV ist nicht vorgesehen. Die Pauschsätze des § 8 Abs. 3 sind nach der Regelvergütung nach § 13 Abs. 1 Satz 1 und nicht nach der Mindestvergütung des Abs. 1 Satz 3[41] zu bemessen. **19**

Zustellungskosten, die aufgrund einer Anordnung gemäß § 8 Abs. 3 InsO entstanden sind, stellen zusätzliche Kosten dar für die Erledigung einer gesondert übertragenen Aufgabe außerhalb der Regeltätigkeit des Insolvenzverwalters. Sie können deshalb vom Insolvenzverwalter gesondert geltend gemacht werden. Für den Treuhänder, für den gemäß § 10 InsVV die Vorschrift des § 8 InsVV entsprechende Anwendung findet, gilt dasselbe. Auch bei ihm handelt es sich um die Kosten für die Erledigung einer gesondert übertragenen Aufgabe außerhalb seiner Regeltätigkeit.[42] In Altverfahren, die nicht unter die Neuregelung der InsVV durch die Änderungsverordnung vom 4.10.2004 fallen hat der Treuhänder diese Möglichkeit nicht. In diesen Verfahren hat er sich zu entscheiden, ob er es bei der Auslagenpauschale des § 8 Abs.3 InsVV belässt oder ob er alle Auslagen einzeln abrechnet.[43] **20**

VII. Vorschüsse

Über § 10 gilt die Vorschussregelung des § 9 auch für den Treuhänder. Wegen der weiteren Einzelheiten siehe § 9. **21**

VIII. Nachtragsverteilung

Auch in einem vereinfachten Insolvenzverfahren kann eine Nachtragsverteilung erforderlich werden. In einem solchen Fall ist die Vergütung des Treuhänders entsprechend § 6 InsVV nach billigem Ermessen zu bestimmen.[44] Die rechtlichen Anforderungen als auch der tatsächliche Aufwand und das Haftungsrisiko einer Nachtragsverteilung im vereinfachten Verfahren sind erheblich geringer als die Tätigkeit im vorausgehenden Insolvenzverfahren.[45] **22**

Der Treuhänder erhält für die Nachtragsverteilung eine gesonderte Vergütung. Bei einer **Nachtragsverteilung im vereinfachten Insolvenzverfahren** ist von den Staffelsätzen des § 2 InsVV auszugehen und nicht von dem geringeren Regelsatz des § 13 Abs. 1 S. 1 InsVV.[46] § 13 Abs. 2 InsVV steht dem nicht entgegen. Denn § 13 Abs. 2 InsVV schließt nur die Anwendung des § 2 InsVV auf die in § 13 Abs. 1 InsVV abschließend geregelte Grundvergütung des Treuhänders aus, nicht aber die Heranziehung der Staffelsätze bei der Bestimmung der gesonderten Vergütung für die Nachtragsverteilung im Rahmen des billigen Ermessens gem. § 6 InsVV. Eine solche Berechnung ist vielmehr in der Sache geboten, weil die entsprechende Anwendung des Regelsatzes aus § 13 Abs. 1 InsVV zu einer nicht gerechtfertigten Ungleichbehandlung führen würde. Der Treuhänder erhält deshalb eine geringere Grundvergütung als der Regelinsolvenzverwalter, weil seine Tätigkeit im vereinfachten Insolvenzverfahren einen erheblich geringeren Umfang hat und weil Verbraucherinsolvenzen, in denen regelmäßig keine nennenswerte Masse zur Verfügung steht, nicht durch zu hohe Vergütungssätze belastet oder sogar undurchführbar werden sollen. Diese Erwägungen gelten für die Nachtragsverteilung nicht. Hier entspricht die Tätigkeit des Treuhänders der eines Insolvenzverwalters. Diese Vergütung ist daher auch genauso zu bemessen wie die eines Insolvenzverwalters, was nur durch eine Berechnung nach den Staffelsätzen des § 2 InsVV erreicht werden kann. **23**

---

[38] *Keller,* Vergütung Rn. 724.
[39] AG Potsdam ZInsO 2001, 189.
[40] AG Göttingen ZVI 2004, 766.
[41] *Haarmeyer/Wutzke/Förster* InsVV § 13 Rn. 16; a. A. AG Bamberg ZInsO 2005, 204.
[42] BGH NZI 2008, 444.
[43] AG Köln NZI 2006, 47.
[44] Siehe hierzu § 6 InsVV Rn. 11.
[45] *Graeber/Graeber* Rpfleger 2010, 252, 253.
[46] LG Offenburg NZI 2005, 172.

IX. Festsetzungsverfahren

24 Das Festsetzungsverfahren richtet sich grundsätzlich nach § 8. Der Anspruch des Treuhänders auf Vergütung und Auslagenersatz **entsteht mit dem Tätigwerden**. Er wird fällig, wenn seine Tätigkeit beendet ist, d. h. im Normalfall mit der Verfahrensbeendigung.[47] Im Übrigen kann die **Fälligkeit** eintreten, wenn das Verfahren eingestellt wurde, der Treuhänder entlassen wurde oder mit dem Tode des Treuhänders.

25 Die Vergütung des vorläufigen Treuhänders erfolgt **nur auf Antrag** (§ 8 Abs. 1 Satz 1). Der Antrag ist nur zulässig, wenn die Vergütung fällig ist. Mit der gerichtlichen Festsetzung konkretisiert sich dieser Anspruch nur der Höhe nach.[48] Der Treuhänder hat einen bestimmten Betrag als Vergütung schriftlich zu beantragen und zu begründen.

26 Inwieweit dem den Verfahrensbeteiligten **rechtliches Gehör zu dem Vergütungsantrag** zu gewähren ist, ist umstritten. Im Insolvenzverfahren ist eine Anhörung der Gläubiger wegen ihrer oft großen Zahl nicht realisierbar. Mit der Möglichkeit, sich gegen den ergangenen Beschluss zur Wehr setzen zu können, ist den Rechten der Beteiligten in vertretbarem Maße Rechnung getragen.[49]

27 **Zuständig für die Festsetzung von Vergütung und Auslagen** ist der Rechtspfleger des Insolvenzgerichts, sofern nicht 18 RPflG. Die Entscheidung ergeht durch Beschluss, der zu begründen ist. Der Festsetzungsbeschluss unterliegt der sofortigen Beschwerde und muss daher den Beschwerdeberechtigten zugestellt werden. Eine Verkündung der Entscheidung im Schlusstermin reicht nicht aus.

28 Auch in den sog. masselosen Verbraucherinsolvenzverfahren steht einem Insolvenzgläubiger eine Beschwerdebefugnis gegen die Festsetzung der Vergütung des Treuhänders zu, denn jeder Betrag der, auch für den Fall der Stundung, zu viel an den Treuhänder gezahlt wird, kann nicht an die Insolvenzgläubiger ausgezahlt werden.[50] Die Treuhändervergütung ist Teil der gestundeten Verfahrenskosten (§§ 54 Nr. 2, 313 InsO) die vor einer Verteilung an die Gläubiger vorrangig zu befriedigen sind (§ 292 Abs. 1 InsO), sodass jede unrichtige Festsetzung zu einem rechtlichen Nachteil für die Insolvenzgläubiger führt.

X. Vergütung des vorläufigen Treuhänders

29 Im vereinfachten Verfahren ist die Bestellung eines vorläufigen Treuhänders, der an die Stelle des vorläufigen Insolvenzverwalters nach § 21 Abs. 1 Nr. 1 InsO tritt, zulässig.[51] Sie bleibt jedoch angesichts des Ziels des vereinfachten Verfahrens, Aufwand und Kosten in diesem Verfahrensstadium gering zu halten, die Ausnahme.[52] Weder die Insolvenzordnung noch die Insolvenzrechtliche Vergütungsordnung sehen für die Vergütung des vorläufigen Treuhänders einen Vergütungstatbestand vor. Dennoch ist die Tätigkeit eines vorläufigen Treuhänders entsprechend § 63 InsO angemessen zu vergüten.[53]

30 **Berechnungsgrundlage** der Vergütung des vorläufigen Treuhänders ist das Vermögen, auf das sich seine Tätigkeit während des Eröffnungsverfahrens erstreckte. In die Berechnungsgrundlage kann nicht der unpfändbare Arbeitslohn des Schuldners einbezogen werden.[54]

31 In Literatur und Rechtsprechung ist umstritten, wie die Vergütung des vorläufigen Treuhänders zu bemessen ist. Nach einer Auffassung ist die Vergütung des vorläufigen Treuhänders nach einem Bruchteil der Vergütung eines Insolvenzverwalters im eröffneten Regelinsolvenzverfahren zu bestimmen.[55] Nach anderer Auffassung soll der vorläufige Treuhänder eine Vergütung in Höhe eines Teils der dem Treuhänder im vereinfachten Insolvenzverfahren zustehenden Vergütung (§ 13 InsVV) erhalten.[56] Der BGH[57] hat offen gelassen, welcher der beiden Auffassungen er folgt.

---

[47] Vgl. auch § 8 Abs. 1 Satz 3.
[48] MünchKommInsO-*Nowak* Vorauf. § 13 InsVV Rn. 2.
[49] Siehe dazu § 8 Rn. 11; a. A. MünchKomm-*Nowak*, Vorauf. § 8 Rn. 5.
[50] BGH ZInsO 2006, 256, 257; insoweit unzutreffend LG Göttingen ZInsO 2004, 496.
[51] BT-Drucks. 12/7302 S. 191; MünchKommInsO-Ott/Vuia § 306 Rn. 17; Schmidt ZIP 1999, 915.
[52] HK-*Landfermann* § 306 Rn. 9.
[53] BGH Urteil vom 12.7.2007 – IX ZB 82/03 = VuR 2007, 470.
[54] BGH VuR 2007, 470.
[55] AG Köln NZI 2000, 143; AG Rosenheim ZInsO 2001, 218; *Haarmeyer/Wutzke/Förster* InsVV 4. Aufl. § 13 Rn. 17; MünchKommInsO-*Nowak* Vorauf. § 13 InsVV Rn. 14; *Eickmann* Vergütungsrecht 2. Aufl. § 13 InsVV Rn. 9; *Fuchs* ZInsO 2000, 429, 432.
[56] LG Kaiserslautern, Beschluss vom 31.8.2001 – 1 T 290/00, juris; LG Heilbronn Rpfleger 2005, 106; AG Halle-Saalkreis DZWiR 2002, 527; HK-Keller, § 13 InsVV Rn. 7; *Keller*, Vergütung, Rn. 732; *Schmidt* ZIP 1999, 915, 917.
[57] Beschluss vom 12.7.2007 – IX ZB 82/03 = VuR 2007, 470.

Zutreffend dürfte es sein, die Vergütung des vorläufigen Treuhänders nach einem **Bruchteil der** 32
Vergütung des Treuhänders im vereinfachten Insolvenzverfahren zu bemessen, da die Tätigkeit eines vorläufigen Treuhänders nicht des Tätigkeit eines vorläufigen Insolvenzverwalters gleichgesetzt werden kann.[58] Der Hinweis auf die Unternehmensfortführung durch den vorläufigen Treuhänder [59] ist spätestens seit dem 1.12.2001 nicht mehr tragbar, da ab diesem Zeitpunkt wegen des veränderten Verbraucherbegriffs Unternehmensfortführungen durch den vorläufigen Treuhänder nicht mehr denkbar sind.

Der Bruchteil der Vergütung ist im Regelfall mit 25% der Vergütung nach § 13 InsVV zu bemessen. 33

Die Vergütung kann im Einzelfall wie die Vergütung des Treuhänders bei einer erheblichen 34
Abweichung vom Normalfall und einer entsprechenden Mehrbelastung den Umständen des Einzelfalles erhöht werden. Eine generelle Erhöhung der Regelvergütung eines vorläufigen Treuhänders wegen Anordnung eines Zustimmungsvorbehalts ist nicht gerechtfertigt. Eine solche Erhöhung kann sich nur aus der konkreten Tätigkeit ergeben.[60]

Eine Stundung der Verfahrenskosten gemäß § 4 a ff. InsO steht jedem Schuldner, der eine natürliche 36
Person ist, zur Verfügung. Werden in einem vereinfachten Verfahren dem Schuldner die Kosten gestundet, haftet die Staatskasse nach § 63 Abs. 2 InsO für die Vergütung des Treuhänders. Der Treuhänder hat auch gegenüber der Staatskasse einen Anspruch auf einen Vorschuss nach § 9.

XI. Wechsel der Verfahrensart

Ein Wechsel der Verfahrensart **zwischen Verbraucher- und Regelinsolvenzverfahren** ist im 37
Eröffnungsverfahren möglich. Ein Wechsel erfolgt zwingend mit dem Tod des Schuldners im Verbraucherinsolvenzverfahren. Das Verfahren ist in einem solchen Fall als Nachlassinsolvenzverfahren und damit als Regelinsolvenzverfahren durchzuführen. Der bisherige Treuhänder ist zum Nachlassinsolvenzverwalter zu bestellen. Wird der Treuhänder von dem Insolvenzgericht nach dem Tod des Schuldners nicht zum Nachlassinsolvenzverwalter ernannt, kann er lediglich die Vergütung eines Treuhänders beanspruchen.[61] Dies folgt zum einen aus dem Inhalt des Eröffnungsbeschlusses, der ein Verbraucherinsolvenzverfahren und damit korrespondierend die Bestellung eines Treuhänders zum Gegenstand hat. Einer Vergütung nach den Sätzen eines Insolvenzverwalters würde zum anderen entgegenstehen, dass der Treuhänder nach seinem Amt lediglich die durch § 313 Abs. 2 und 3 InsO geminderten Befugnisse wahrnehmen durfte.[62] Die besondere Tätigkeit des Treuhänders in einem Nachlassinsolvenzverfahren kann jedoch durch einen entsprechenden Zuschlag berücksichtigt werden.[63]

Dritter Abschnitt. Vergütung des Treuhänders nach § 293 der Insolvenzordnung

§ 14 Grundsatz

(1) **Die Vergütung des Treuhänders nach § 293 der Insolvenzordnung wird nach der Summe der Beträge berechnet, die auf Grund der Abtretungserklärung des Schuldners (§ 287 Abs. 2 der Insolvenzordnung) oder auf andere Weise zur Befriedigung der Gläubiger des Schuldners beim Treuhänder eingehen.**

(2) **Der Treuhänder erhält**
1. **von den ersten 25.000 Euro**   **5 vom Hundert,**
2. **von dem Mehrbetrag bis 50.000 Euro**   **3 vom Hundert und**
3. **von dem darüber hinausgehenden Betrag**   **1 vom Hundert.**

(3) **Die Vergütung beträgt mindestens 100 Euro für jedes Jahr der Tätigkeit des Treuhänders. Hat er die durch Abtretung eingehenden Beträge an mehr als 5 Gläubiger verteilt, so erhöht sich diese Vergütung je 5 Gläubiger um 50 Euro.**

---

[58] MünchKommInsO-*Ott/Vuia* § 306 Rn. 16; *Keller*, Vergütung 2. Aufl. Rn. 611.
[59] *Haarmeyer/Wutzke/Förster* InsVV 4. Aufl. § 13 Rn. 17.
[60] Beschluss vom 12.7.2007 – IX ZB 82/03 = VuR 2007, 470.
[61] BGH NZI 2008, 382; *Kübler/Prütting/Bork/Stoffler* § 13 Rn. 11; **a. A.** *Schmerbach* NZI 2008, 353.
[62] BGH NZI 2008, 382.
[63] BGH NZI 2008, 382.

Schrifttum: *A. Graeber/T. Graeber,* Die Vergütung des Treuhänders im vereinfachten Insolvenzverfahren und in der Wohlverhaltensperiode, Rpfleger 2010, 252; *T. Graeber,* Die Vergütung des Treuhänders der Wohlverhaltensperiode nach § 293 InsO, § 14 InsVV und das Problem der erhöhten Mindestvergütung nach § 14 Abs. 3 Satz 2 InsVV bei zu geringer Masse ZInsO 2006, 585; *Heinze,* Wann kann der Treuhänder bei aufgehobener Kostenstundung einen Versagungsantrag nach § 298 InsO stellen?. ZVI 2011, 18; *Hentrich,* § 14 Abs. 3 Satz 2 InsVV - Raum für Auslegungen?, ZInsO 2010, 941; *Seubert,* Erhöhung der Vergütung nach § 14 Abs. 3 Satz 2 InsVV bei Verteilung „an mehr als 5 Gläubiger" beim ersten oder letzten Gläubiger der jeweiligen Staffelstufe?, ZVI 2010, 16.

Übersicht

	Rn.		Rn.
I. Normzweck und Ermächtigungsgrundlage	1–4	V. Verzicht auf die Vergütung	18
II. Der Aufgabenbereich des Treuhänders nach § 293 InsO	5, 6	VI. Vergütungsvereinbarungen	19
III. Die Regelvergütung	7–11	VII. Auslagen und Umsatzsteuer	20
1. Berechnungsgrundlage	7–9	VIII. Festsetzungsverfahren	21
2. Regelbeträge	10, 11	IX. Die Vergütung des Treuhänders bei einer Stundung der Verfahrenskosten	22, 23
IV. Mindestvergütung	12–17		

I. Normzweck und Ermächtigungsgrundlage

1 Die Vorschrift regelt die Höhe der besonderen Vergütung des Treuhänders während der Laufzeit der Abtretungserklärung (sog. Treuhandphase oder Wohlverhaltensperiode). Dem Treuhänder in der Treuhandphase des Restschuldbefreiungsverfahrens steht **gem. § 293 InsO eine eigene Vergütung** zu. § 293 InsO verweist nicht auf § 63 InsO, da die Vergütung nicht nach den dort geregelten Grundsätzen, sondern in Anlehnung an die Vergütung des Zwangsverwalters im Verfahren nach den §§ 146ff InsO ausgestaltet ist.[1] Diese Vergütung soll nach § 293 Abs.1 Satz1 InsO angemessen i. S. d. § 63 InsO sein. Zur Höhe der Vergütung schreibt § 293 Abs.1 Satz 2 InsO vor, dass dem Zeitaufwand des Treuhänders und dem Umfang seiner Tätigkeit Rechnung zu tragen ist. Diese neben die vorherige Vergütung als Insolvenzverwalter oder Treuhänder nach § 313 InsO tretende Vergütung berechnet sich in Abweichung von § 2 Abs. 1 InsVV nach dem Wert der Beträge, die aufgrund der Abtretungserklärung des Schuldners nach § 287 Abs. 2 InsO oder auf andere Weise zur Befriedigung der Insolvenzgläubiger beim Treuhänder eingehen.

2 Die InsVV unterscheidet zwischen der **gesetzlich vorgeschriebenen Tätigkeit** des Treuhänders nach § 292 Abs.1 InsO und der **fakultativ ihm durch die Gläubigerversammlung übertragenen Aufgabe** der Überwachung der Obliegenheiten des Schuldners nach § 292 Abs.2 InsO. Die gesetzlich vorgeschriebene Tätigkeit wird durch die in § 14 geregelte Staffelvergütung abgegolten; die dem Treuhänder durch die Gläubigerversammlung übertragene Aufgabe durch die in § 15 InsVV geregelten Stundensätze.

3 Die Vergütung des Treuhänders in der Wohlverhaltensperiode nach festen Berechnungswerten widerspricht der gesetzgeberischen Vorgabe in der InsVV durch flexible Erhöhungs- oder Minderungsfaktoren eine der jeweiligen Tätigkeit angemessene Vergütung zu schaffen. Die Bemessung dieser Vergütung liegt in einem Spannungsfeld zwischen einer größtmöglichen Gläubigerbefriedigung einerseits und der Gewährung einer qualitativ ausreichenden Betreuung auch für einkommensschwache oder mittellose Schuldner.[2] Es hat sich gezeigt, dass in der Mehrzahl der Restschuldbefreiungsverfahren keine oder keine hohen Abtretungsbeträge an den Treuhänder zur Verteilung an die Gläubiger fließen. Hinzu kommt, dass wegen § 114 Abs. 1 InsO in den ersten zwei Jahren der Treuhandphase, die Beträge nicht an den Treuhänder, sondern an den Abtretungsgläubiger fließen. Es verbleibt daher in den meisten Fällen dem Treuhänder lediglich die in Abs. 3 geregelte Mindestvergütung.

4 Mit der Verordnung zur Änderung der Insolvenzrechtlichen Vergütungsverordnung vom 4.10.2004[3] wurde in Abs.3 Satz 2 angefügt. Nach Auffassung des Verordnungsgebers ist, da in den meisten Fällen der Treuhänder lediglich die Mindestvergütung von 100 Euro pro Jahr erhält, eine auskömmliche Vergütung nur zu erzielen, wenn die Mindestvergütung in Abhängigkeit von der Zahl der Gläubiger aufgestockt wird.[4]

---

[1] Begr. zum Entwurf einer InsVV (§ 14); *Keller,* Vergütung Rn. 735.
[2] FK-*Grote* § 293 InsO Rn. 7.
[3] BGBl. I S. 2569.
[4] Begr. der Verordnung zur Änderung der Insolvenzrechtlichen Vergütungsverordnung zu § 14 Abs.3 InsVV.

II. Der Aufgabenbereich des Treuhänders nach § 293 InsO

Der Treuhänder nach § 293 InsO soll die während der Treuhandphase durch die Abtretung erlangten und vom Schuldner zu zahlenden Beträge verwalten und deren Verteilung an die Gläubiger übernehmen. Um den Verwaltungsaufwand möglichst gering zu halten, erfolgt die Auskehrung der Beträge an die Gläubiger nur einmal im Jahr. Im Einzelnen hat der Treuhänder den Schuldner, den Arbeitgeber des Schuldners oder den Sozialleistungsträger über die Abtretung zu unterrichten. Der Treuhänder muss darauf achten, dass der Arbeitgeber tatsächlich die pfändbaren Beträge abführt und die Pfändungsschutzvorschriften der §§ 850 ff. ZPO beachtet. Der Treuhänder hat auch die Berechtigung von Absonderungsrechten zu beachten, die seiner Abtretung vorgehen. Nach Abschluss seiner Tätigkeit hat der Treuhänder dem Insolvenzgericht Rechnung zu legen.

Da es für die Gläubiger schwierig ist, die Einhaltung der Obliegenheiten durch den Schuldner zu überwachen, eröffnet § 292 Abs. 2 InsO der Gläubigerversammlung die Möglichkeit, den Treuhänder mit der Überwachung des Schuldners zu beauftragen. Diese Überwachung wird gem. § 15 InsVV gesondert vergütet.

III. Die Regelvergütung

1. Berechnungsgrundlage. Berechnungsgrundlage für die Vergütung des Treuhänders der Wohlverhaltensperiode sind allein die ab **Aufhebung des Insolvenzverfahrens**[5] eingegangenen Beträge aus den pfändbaren Forderungen auf Bezüge aus einem Dienstverhältnis bzw. die an ihre Stelle tretenden laufenden Bezüge i. S. v. § 287 Abs. 2 InsO. Es kann sich hierbei um freiwillige Zahlungen des Schuldners an den Treuhänder zur Befriedigung der Gläubiger sowie die vom Schuldner evtl. nach § 295 Abs. 1 Nr. 2 InsO vorzunehmende Abführung des hälftigen Wertes einer Erbschaft bzw. eines Erbrechts handeln. Im Einzelnen handelt es sich um folgende Beträge:
- die pfändbaren Beträge des Schuldners, die auf Grund er Abtretungserklärung eingehen (§ 287 Abs. 2 InsO),
- Vermögen, das er von Todes wegen oder mit Rücksicht auf ein künftiges Erbrecht erwirbt, und zwar die Hälfte des Wertes (§ 295 Abs. 1 Nr. 2 und 4 InsO),
- Beträge, die der Schuldner anstelle des abgetretenen Einkommens bei selbstständiger Tätigkeit an den Treuhänder leistet (§ 295 Abs. 2 InsO),
- Leistungen Dritter.[6]

Der Wert der im eröffneten Insolvenzverfahren festgestellten Insolvenzmasse ist für die Berechnung der Vergütung des Treuhänders in der Wohlverhaltensperiode unbeachtlich.

Zahlungen des Schuldners gemäß § 298 Abs. 1 InsO zur Deckung der Mindestvergütung und Zahlungen, die der Schuldner überobligatorisch zur Rückführung gestundeter Verfahrenskosten aus dem Insolvenzverfahren leistet, fließen nicht in die Berechnungsgrundlage ein.[7] Beträge, die der Treuhänder gem. § 292 Abs. 1 Satz 3 InsO nach dem vierten und fünften Jahr der Wohlverhaltensperiode dem Schuldner zu erstatten hat – sog. **Motivationsrabatt** –, werden bei der Berechnungsgrundlage **nicht in Abzug** gebracht.[8]

Die Berechnung der Vergütung des Treuhänders nach § 14 Abs. InsVV erfolgt nach dem **Gesamtbetrag, den er während der gesamten Dauer des Restschuldbefreiungsverfahrens erlangt** und wird nicht nach Abschluss eines jeden Jahres gesondert berechnet. Eine isolierte Berechnung nach Tätigkeitsjahren ist nicht angezeigt, da es sich bei § 14 Abs. 3 InsVV um einen Auffangtatbestand für den Fall handelt, dass die Gesamtvergütung einen Mindestbetrag unterschreitet.[9] Eine Festsetzung der Vergütung kann damit auch erst am Ende des Verfahrens erfolgen, da erst am Ende des Abtretungszeitraums beurteilt werden kann, welche Beträge insgesamt eingegangen sind.

2. Regelbeträge. Die Vergütung des Treuhänders ist dabei ähnlich der Staffelung des § 2 Abs. 1 InsVV anhand eines stufenweise absteigenden Prozentbetrages zu berechnen.

Der Treuhänder erhält
von den ersten 25 000 Euro	5 vom Hundert,
von dem Mehrbetrag bis 50 000 Euro	3 vom Hundert,
von dem darüber hinausgehenden Betrag	1 vom Hundert.

---
[5] BGH ZIP 2010, 1610.
[6] A. A. *Graeber*, Vergütung Rn. 430.
[7] *Kübler/Prütting/Bork/Stoffler* § 14 Rn. 5.
[8] *Lorenz/Klanke* § 14 Rn. 4.
[9] LG Mönchengladbach NZI 2007, 671.

InsVV § 13 11–14

Der Betrag der ersten Stufe von 0 € bis einschließlich 25 000 € beträgt damit max. 1250 €. Für zusätzliche 25 000 € bekäme der Treuhänder max. 750 € und nachfolgend für jeweils zusätzliche 100 € je 1 € mehr. Diese Vergütungssätze lehnen sich an die Staffelsätze an, die für den Zwangsverwalter im Zwangsverwaltungsverfahren gelten.

11 **Eine Erhöhung dieser Regelsätze** über einen Zuschlag nach § 3 Abs. 1 ist grundsätzlich nicht möglich, da eine Übertragung dieser Regelung auf den Treuhänder in der Wohlverhaltensperiode über § 10 nicht erfolgt ist. Ein Mehraufwand kann eintreten, wenn der Treuhänder z. B. die abzuführenden Beträge beim Arbeitgeber einklagen und vollstrecken muss.[10] Teilweise wird die Auffassung vertreten, dass in den Fällen, in denen die Vergütung nicht mehr angemessen ist, d. h. die Tätigkeit ganz erheblich von dem Normalfall einer Treuhändertätigkeit abweicht, die Prozentsätze des § 14 Abs. 2 entsprechend der Belastung zu erhöhen seien. Bei einer Erhöhung der Belastung von z. B. 30%, wären dann auch die Prozentsätze des § 14 Abs. 2 um diesen Teil zu erhöhen. In einem solchen Fall wären in der ersten Stufe statt 5% 6,5% anzusetzen.[11] Es wird auch vorgeschlagen, in einem solchen Fall die Vergütung um 5 bis 10%[12] oder um 2 bis 3%[13] zu erhöhen. Dieser Auffassung ist beizutreten. Die Regelsätze der Treuhändervergütung orientieren sich – so der Verordnungsgeber[14] – an der Vergütung des Zwangsverwalters im Zwangsverwaltungsverfahren. Die Vergütung des Zwangsverwalters sieht eine Vergütungserhöhung vor (§ 18 Abs. 2 ZwVwV, § 25 ZwVerwVO). Die Zwangsverwaltervergütung sieht vor, dass bei einem Missverhältnis zwischen der Tätigkeit des Verwalters und der Regelvergütung eine entsprechend höhere Vergütung festzusetzen ist. Im Falle des § 18 Abs. 2 ZwVwV kann die Zwangsverwaltervergütung auf bis zu 15% der Einnahmen erhöht werden.

IV. Mindestvergütung

12 In vielen Verfahren werden keine Beträge oder nur sehr geringe Beträge von dem Treuhänder vereinnahmt und zu verwaltet, weil der Schuldner arbeitslos ist oder das Arbeitseinkommen keine pfändbare Höhe erreicht. Für diese Fälle sieht § 14 Abs.3 InsVV eine Mindestvergütung von **100 Euro für jedes Jahr** seiner Tätigkeit vor. Dabei genügt jeweils der Beginn eines weiteren Tätigkeitsjahres, um die Mindestvergütung nach § 14 Abs. 3 Satz 1 InsVV um 100 € zu erhöhen.[15] Dieser Betrag ist damit bereits mit dem ersten Tag eines neuen Tätigkeitsjahres vollständig verdient und nicht etwa auf den Bruchteil des Jahres zu kürzen. Welche Verwaltungsaufgaben der Treuhänder während des Jahres erfüllen musste oder ob überhaupt irgendeine Tätigkeit des Treuhänders notwendig war, ist hierbei irrelevant.[16]

13 **Die Mindestvergütung** von 100 Euro für jedes Jahr seiner Tätigkeit **erhöht sich**, wenn der Treuhänder die durch die Abtretung eingehenden Beträge in dem zu prüfenden Jahr der Tätigkeit an mehr als 5 Gläubiger verteilt werden **(Abs.3 Satz 2)**. Die Erhöhung ist nur in den Jahren zu berücksichtigen, in denen es tatsächlich zu einer Verteilung an die Gläubiger gekommen ist.[17] In den Jahren ohne Verteilung bleibt es bei der Vergütung gem. Satz 1. Unklar war, an wie viele Gläubiger eine Verteilung vorgenommen werden muss, um die erhöhte Mindestvergütung zu erlangen. Abs.3 Satz 2 kann so verstanden werden, dass eine um 50 Euro auf 150 Euro erhöhte Mindestvergütung verdient ist, wenn die eingehenden Beträge an mindestens 10 Gläubiger verteilt worden sind.[18] Nach anderer Auffassung ist Abs. 3 Satz 2 InsVV so zu verstehen, dass für jeden einzelnen zusätzlichen Gläubiger, an den verteilt wird, ein Zuschlag von 10 € gewährt wird.[19] Nach überzeugender Auffassung des BGH[20] fällt die Erhöhung schon für die ersten 5 Gläubiger an, vorausgesetzt, die Zahl 5 ist überschritten. Die Erhöhung ist somit verdient, wenn der Treuhänder an 6 Gläubiger verteilt.

14 Es ergeben sich also folgende Erhöhungsschritte für die Mindestvergütung:

6–10 Gläubiger	50 Euro
11–15 Gläubiger	100 Euro
16–20 Gläubiger	150 Euro

---

[10] *Keller* Vergütung Rn. 744, HK-*Landfermann* § 292 Rn. 3.
[11] *Haarmeyer/Wutzke/Förster* § 14 InsVV Rn. 8.
[12] *Keller,* Vergütung Rn. 745.
[13] *Kübler/Prütting/Eickmann* § 14 InsVV Rn. 7.
[14] Begr. zum Entwurf einer InsVV, § 14
[15] *Haarmeyer/Wutzke/Förster* InsVV, § 14 Rn. 13; *Graeber* ZInsO 2006, 585.
[16] *Haarmeyer/Wutzke/Förster* § 14 Rn. 13; *Graeber* ZInsO 2006, 585
[17] AG Marburg ZInsO 2005, 38; *A.Graeber/ T.Graeber* , Rpfleger 2010, 255.
[18] LG Saarbrücken NZI 2010, 696; LG Lübeck NZI 2009, 566; LG Memmingen ZInsO 2009, 302.
[19] Haarmeyer/Wutzke/Förster, aaO § 14 Rn. 15.
[20] BGH NZI 2011, 147.

21–25 Gläubiger	200 Euro
26–30 Gläubiger	250 Euro
31-35 Gläubiger	300 Euro
36-40 Gläubiger	350 Euro
41-45 Gläubiger	400 Euro
46-50 Gläubiger	450 Euro
51-55 Gläubiger	500 Euro usw.

Bei § 14 Abs. 3 InsVV handelt es sich um einen Auffangtatbestand für den Fall, dass die Gesamtvergütung nach Abs. 1 einen bestimmten, dort genannten Mindestbetrag unterschreitet. Zu vergleichen ist die Regelvergütung nach § 14 I und II InsVV mit der Mindestvergütung nach § 14 III Satz 1 und 2 InsVV, jeweils bezogen auf die gesamte Dauer der Tätigkeit. Die höhere Vergütung ist festzusetzen.[21]

Der Zuschlag nach § 14 Abs. 3 Satz 2 InsVV kann nur im Anwendungsbereich der Mindestvergütung verlangt werden. Die Gewährung dieses Zuschlags setzt jedoch nicht voraus, dass ohne Verteilung die Mindestvergütung anzusetzen wäre. Auch einem Treuhänder, der aufgrund getätigter Ausschüttungen eine Vergütung gemäß § 14 Abs. 1 und 2 InsVV verlangen könnte, steht die Mindestvergütung zuzüglich des Zuschlags zu, wenn diese höher ist als die Vergütung nach 14 Abs. 1 und 2 InsVV.[22]

Bei Anwendung des § 14 Abs. 3 Satz 2 InsVV kann es jedoch in Einzelfällen dazu kommen, dass eine Vergütung zu leisten wäre, die von der zu verteilenden Masse nicht abgedeckt wird. Ist diese Mindestvergütung mangels hinreichender Masse (teilweise) nicht gedeckt, so kann der Treuhänder, wenn er im vorangegangenen Geschäftsjahr (gerechnet vom Beginn des Amtes an) bereits ohne (vollständige) Mindestvergütung geblieben ist, nach § 298 Abs. 1 InsO verfahren. Zu berücksichtigen ist hierbei jedenfalls, dass die mit Fristsetzung und Versagungsandrohung angeforderte Vergütung bei Fristablauf zwei Wochen fällig gewesen sein muss. Die Vergütung wird fällig mit Ablauf eines jeden Jahres (nicht Kalenderjahres) der Tätigkeit. Die Versagungsmöglichkeit besteht nicht im Falle des § 4a InsO, denn hier tritt die Staatskasse ein. Wird Restschuldbefreiung nach § 298 InsO auf Antrag des Treuhänders versagt, wird er regelmäßig mit dem offenen Teil seiner Vergütung ausfallen. Er kann sich diese zwar über § 16 nach Beendigung seines Amtes mit der Versagung festsetzen lassen. Die Beitreibungsaussichten sind freilich gering.

V. Verzicht auf die Vergütung

Der Treuhänder in der Treuhandphase kann auf seine Vergütung verzichten. Dies ist zwar in der InsVV nicht ausdrücklich geregelt. Dies wurde jedoch im Gesetzgebungsverfahren ausdrücklich angemerkt, um das Verfahren möglichst kostengünstig gestalten zu können.[23] Falls ein Treuhänder einen solchen Verzicht vor Beginn seines Amtes erklärt, sollte das Gericht auf die Unentgeltlichkeit der Treuhandtätigkeit bereits im Ankündigungsbeschluss der Restschuldbefreiung nach § 291 InsO hinweisen.[24]

VI. Vergütungsvereinbarungen

Die Zulässigkeit von Vergütungsvereinbarungen ist zwar in der InsO nicht ausdrücklich geregelt. Jedoch sind Vereinbarungen des Treuhänders mit dem Insolvenzgericht oder mit an dem Verfahren beteiligten Personen über die ihm zustehende Vergütung nichtig. Die Bemessung der Vergütung hat einzig und allein anhand der Regelungen der InsO und der InsVV zu erfolgen. Das Verbot erstreckt sich auch auf die Erstattung von Auslagen, da diese lediglich einen Ausgleich für wirklich getätigte Aufwendungen darstellen und anderenfalls hierüber eine Umgehung des Verbotes privater Honorarvereinbarungen möglich wäre.

VII. Auslagen und Umsatzsteuer

Auslagen sind dem Treuhänder gesondert zu erstatten. Er hat sie einzeln anzuführen und zu belegen. Mit dieser ausdrücklichen Regelung ist klargestellt, dass eine Pauschalierung der Auslagen, wie sie in § 8 Abs. 3 für die Insolvenzverwaltervergütung vorgesehen ist, für den Treuhänder in der Wohlverhaltensperiode nicht in Betracht kommt. Der Verordnungsgeber ist davon ausgegangen, dass

---

[21] BGH NZI 2011, 147.
[22] *Stephan*, VIA 2010, 30.
[23] BT-Drucks. 12/2443 S. 191.
[24] FK-Grote § 293 InsO Rn. 5.

für den Treuhänder in der Wohlverhaltensperiode Auslagen nur in geringem Umfang anfallen werden.[25] Soweit Umsatzsteuer anfällt gilt § 7.

VIII. Festsetzungsverfahren

21   Die Vergütung des Treuhänders wird durch das Insolvenzgericht durch einen Beschluss festgesetzt (§ 293 Abs. 2, § 64 InsO). Die Festsetzung erfolgt bei der Beendigung des Amtes (§ 16 Abs. 1 Satz 2). Einzelheiten hierzu siehe § 16.

IX. Die Vergütung des Treuhänders bei einer Stundung der Verfahrenskosten

22   Nach § 63 Abs. 2 InsO steht dem Treuhänder im Falle der Stundung der Verfahrenskosten sowohl ein Vergütungsanspruch als auch ein Anspruch auf Erstattung der Verfahrenskosten gegen die Staatskasse zu, wenn die Insolvenzmasse für deren Erfüllung nicht ausreicht. Der Anspruch entsteht mir der Aufnahme der Tätigkeit als Treuhänder. Der Anspruch auf Auszahlung jedoch erst mit der Festsetzung durch das Gericht. Da es dem Treuhänder nicht zumutbar ist, längere Zeit ohne Vergütung zu sein, hat er auch hinsichtlich seines Sekundäranspruchs gegenüber der Staatskasse einen Anspruch auf Zahlung eines Vorschusses auf die Mindestvergütung.

23   Ist dem Schuldner eine Stundung der Verfahrenskosten nicht bewilligt worden, bleibt der Treuhänder darauf angewiesen, die Vergütung vom Schuldner zu erhalten. Hierbei hilft ihm jedoch die Regelung des § 298 InsO, die eine Versagung der Restschuldbefreiung auf Antrag des Schuldners vorsieht, wenn die an ihn abgeführten Beträge die Mindestvergütung nicht decken und der Schuldner den fehlenden Betrag nicht ausgleicht.

§ 15 Überwachung der Obliegenheiten des Schuldners

(1) ¹Hat der Treuhänder die Aufgabe, die Erfüllung der Obliegenheiten des Schuldners zu überwachen (§ 292 Abs. 2 der Insolvenzordnung), so erhält er eine zusätzliche Vergütung. ²Diese beträgt regelmäßig 35 Euro je Stunde.

(2) ¹Der Gesamtbetrag der zusätzlichen Vergütung darf den Gesamtbetrag der Vergütung nach § 14 nicht überschreiten. ²Die Gläubigerversammlung kann eine abweichende Regelung treffen.

Schrifttum: *Blersch,* Die Änderung der Insolvenzrechtlichen Vergütungsverordnung, ZIP 2004, 2311.

I. Normzweck

1   Die Vorschrift regelt in Ergänzung zu § 14 die Vergütung des Treuhänders während der Laufzeit der Abtretungsperiode, sofern er mit der Überwachung der Obliegenheiten des Schuldners gem. § 292 Abs. 2 Satz 1 InsO beauftragt wurde. Die Gläubigerversammlung kann den Treuhänder gem. § 292 Abs. 2 InsO beauftragen, die Erfüllung der Obliegenheiten des Schuldners zu überwachen. Zum Ausgleich der besonderen Belastungen des Treuhänders durch diese Überwachungstätigkeit steht dem Treuhänder **eine besondere Vergütung** zu. Die Vergütung bemisst sich nach dem Zeitaufwand der Überwachungstätigkeit. Sie wird durch das Gericht festgesetzt. Die Festsetzung soll nicht der Parteiautonomie des rechtsgeschäftlich strukturieren Überwachungsauftrags überlassen bleiben.[1] Die Gebührenhöhe soll im Regelfall sowohl durch die Festsetzung eines Stundensatzes (§ 15 Abs. 1) als auch durch die Deckelung des Gesamtbetrages der Überwachungsvergütung (§ 15 Abs. 2) begrenzt werden. Die Gläubigerversammlung kann jedoch dem Treuhänder im Einzelfall eine höhere Vergütung zubilligen. insbesondere in den Fällen, in denen die Vergütung durch die Gläubiger vorgeschossen wird (Abs.2 Satz 1).

2   **Änderungen** erfuhr diese Vorschrift in der Höhe des Stundensatzes. Ursprünglich sah Abs.1 Satz 2 einen Stundensatz von 25,- DM vor. Mit dem „Gesetz zur Einführung des Euro im Berufsrecht der Rechtspflege, in Rechtspflegegesetzen der ordentlichen Gerichtsbarkeit und den Gesetzen des Straf- und Ordnungswidrigkeitenrechts vom 13.12.2001 (EuroEGRpfl)[2] wurde zum 1.1.2002 der Regelsatz auf 15,- Euro je Stunde festgesetzt. Dieser Stundensatz orientierte sich an der damali-

---

[25] Begr. zum Entwurf einer InsVV (§ 16).
[1] FK-*Grote* § 293 InsO Rn. 17; *Döbereiner,* S. 354.
[2] BGBl. I. 3574.

gen Regelung zur Entschädigung von Zeugen gem. § 2 Abs.2 Satz 1 ZuSEG.[3] Er wurde mit der „Verordnung zur Änderung der Insolvenzrechtlichen Vergütungsverordnung vom 4.10.2004"[4] zum 7.10.2004 auf 35 Euro erhöht. In der Praxis findet die Vorschrift kaum Anwendung, da die Gläubiger in der Regel davon absehen, den Treuhänder mit der Überwachung des Schuldners zu beauftragen.

II. Voraussetzungen des Vergütungsanspruchs für die Überwachungstätigkeit.

Dem Treuhänder steht die Zusatzvergütung für die Überwachung des Schuldners nur zu, wenn die Gläubigerversammlung den Beschluss gefasst hat, dem Treuhänder die Überwachung des Schuldners zu übertragen. Der **Beschluss der Gläubigerversammlung** ist **spätestens in dem Schlusstermin**, in dem nach § 289 InsO über den Antrag des Schuldners auf Erteilung der Restschuldbefreiung entschieden wird, zu fassen. Eine Beschlussfassung in der Treuhandperiode nach Aufhebung des Insolvenzverfahrens ist nicht mehr möglich.[5] Der Treuhänder muss die Überwachungstätigkeit übernehmen. Er hat **kein Ablehnungsrecht**. Mit dem Beschluss der Gläubigerversammlung, dem Treuhänder die Überwachung der Obliegenheiten zu übertragen, ist die grundsätzliche Überwachungsverpflichtung des Treuhänders bis zur Beendigung des Restschuldbefreiungsverfahrens festgelegt.

Der Treuhänder ist zur Überwachung der Obliegenheiten des Schuldners nur verpflichtet, wenn der Gesamtbetrag der Zusatzvergütung für die ganze Überwachungszeit gedeckt ist oder vorgeschossen wird.

III. Regelvergütung (§ 15 Abs. 1)

1. Die Vergütungshöhe. Für die Überwachung der Obliegenheiten des Schuldners erhält der Treuhänder eine Regelvergütung von 35 € pro Stunde. Das Insolvenzgericht kann den Stundensatz je nach Lage des Einzelfalls höher oder niedriger festsetzen.

Maßgeblich für einen von dem Regelsatz **abweichenden Stundensatz** kann nicht der im Einzelfall erforderliche Umfang der Überwachungstätigkeit sein, da dieser sich in dem Umfang der notwendigen Überwachungsstunden niederschlägt. Vielmehr ist auf die Anforderungen abzustellen, die an die Qualifikation des Treuhänders für die im konkreten Fall erforderliche Überwachungstätigkeit zu stellen sind. Für die Entscheidung des Gerichts wird aber auch das Votum der Gläubigerversammlung erheblich sein, da die Kosten der Vergütung zu Lasten der Gläubiger gehen.[6]

2. Die Begrenzung der Vergütung. 5 Abs. 2 sieht eine **Begrenzung der Vergütung** für die Überwachungstätigkeit vor. Sie darf den Gesamtbetrag der Vergütung des Treuhänders nach § 14 nicht übersteigen. Somit kann der Treuhänder im Restschuldbefreiungsverfahren maximal die doppelte Regelvergütung des § 14 Abs. 2 erhalten, wenn nicht die Gläubigerversammlung im Schlusstermin des vorangegangen Insolvenzverfahrens (§ 197) beschließt, dass dem Treuhänder für die Überwachungstätigkeit eine höhere Vergütung gewährt wird. Diese Entscheidung der Gläubigerversammlung unterliegt nicht der gerichtlichen Kontrolle.

Da in masselosen Verfahren die Mindestvergütung 100 € für jedes Jahr seiner Tätigkeit beträgt, ist in diesen Verfahren, sofern die Gläubigerversammlung nicht die Gewährung einer höheren Vergütung beschlossen hat, die Vergütung für die Überwachungstätigkeit auf maximal 600 € begrenzt.

IV. Die Festsetzung des Stundensatzes

Die Festsetzung des Stundensatzes für die Überwachung erfolgt durch das Insolvenzgericht spätestens im Schlusstermin des vorangegangenen Insolvenzverfahrens und in der Regel gleichzeitig mit der Ankündigung der Restschuldbefreiung nach § 291 InsO. Diese Entscheidung ergeht von Amts wegen durch einen zu begründenden und nach § 64 Abs. 3 InsO anfechtbaren Beschluss. Die Entscheidung der Gläubigerversammlung, die Vergütungshöhe nach § 15 Abs. 2 Satz 2 abweichend festzulegen oder auch ganz wegfallen zu lassen, unterliegt nicht der gerichtlichen Kontrolle. Das Gericht hat die Abweichung von der Regelvergütung in seinem Ankündigungsbeschluss nach § 291 InsO deklaratorisch festzustellen.[7] Die Festsetzung des Stundensatzes kann wegen der sich unmittelbar an den Schlusstermin anschließenden Aufhebung des Insolvenzverfahrens grundsätzlich nicht verändert werden.[8]

---

[3] *Lorenz/Klanke* § 15 Rn. 1.
[4] BGBl. I. 2569.
[5] A.A. *Nerlich/Römermann* § 292 InsO Rn. 38.
[6] FK-*Grote* § 293 InsO Rn. 12.
[7] Siehe dazu § 16 InsVV Rn. 3 ff.
[8] *Haarmeyer/Wutzke/Förster* § 15 Rn. 13.

V. Vorschussleistung durch die Gläubigerversammlung (§ 292 Abs.2 Satz 3 InsO).

10 Der Treuhänder ist zur Überwachung nur verpflichtet ist, sofern die ihm zustehende Vergütung gedeckt ist oder vorgeschossen wird (**§ 292 Abs.2 Satz 3 InsO**). Sind keine Mittel für die Zusatzvergütung vorhanden, hat der Treuhänder die Gläubigerversammlung zur Zahlung eines entsprechenden Vorschusses aufzufordern. Bei dieser Aufforderung hat der Treuhänder gegenüber der Gläubigerversammlung nachvollziehbar darzulegen, dass die Vergütung des § 15 aus den Eingängen des Schuldners nicht gedeckt werden kann. Der Treuhänder hat, da er die Überwachungstätigkeit nur bei gesicherter Vergütung ausführen muss, den konkreten Betrag zu ermitteln. Er hat den voraussichtlich noch anfallenden Zeitaufwand zu schätzen und unter Berücksichtigung des Stundensatzes zu berechnen. Er kann auch zunächst einen Vorschuss für ein Jahr anfordern.[9]

11 Die Gläubiger haften für den Vorschuss entsprechend § 427 BGB als Gesamtschuldner. Der Treuhänder kann somit nach eigenem Ermessen alle oder auch nur einzelne Gläubiger in Anspruch nehmen. Er muss nicht sämtliche Gläubiger jeweils quotal hinsichtlich der Vorschussleistung in Anspruch nehmen.[10]

12 Wird ein vom Treuhänder angeforderter Vorschuss nicht geleistet, kann der Treuhänder die Überwachungstätigkeit gem. § 292 Abs.2 Satz 3 InsO einstellen.

13 Die Bemessung der Vorschussleistung ist dann unproblematisch, wenn mangels einer Befreiung im Sinne des Absatzes 2 Satz 2 die Kappung des Satzes 1 zu beachten ist. In einem solchen Fall wird ein Vorschuss regelmäßig in Höhe der Mindestvergütung (§ 14 Abs. 2) anzufordern sein. Ist von der Kappungsgrenze Befreiung erteilt, so hat der Treuhänder den voraussichtlich erforderlich werdenden Zeitaufwand (Abs. 1) zu schätzen.

14 Für den Fall, dass dem Schuldner auch für den Abschnitt des Restschuldbefreiungsverfahrens die Verfahrenskosten nach § 4a InsO gestundet sind, ist auch die Überwachungsvergütung gemäß § 293 Abs. 2 InsO i. V. m. § 63 Abs. 2 InsO über die Kostenstundung gedeckt, so dass der Treuhänder Vorschüsse auf die Überwachungsvergütung wie solche auf die Vergütung nach § 14 über das Insolvenzgericht bei der Staatskasse anfordern kann.

§ 16 Festsetzung der Vergütung. Vorschüsse

(1) ¹**Die Höhe des Stundensatzes der Vergütung des Treuhänders, der die Erfüllung der Obliegenheiten des Schuldners überwacht, wird vom Insolvenzgericht bei der Ankündigung der Restschuldbefreiung festgesetzt.** ²**Im übrigen werden die Vergütung und die zu erstattenden Auslagen auf Antrag des Treuhänders bei der Beendigung seines Amtes festgesetzt.** ³**Auslagen sind einzeln anzuführen und zu belegen.** ⁴**Soweit Umsatzsteuer anfällt, gilt § 7 entsprechend.**

(2) ¹**Der Treuhänder kann aus den eingehenden Beträgen Vorschüsse auf seine Vergütung entnehmen.** ²**Diese dürfen den von ihm bereits verdienten Teil der Vergütung und die Mindestvergütung seiner Tätigkeit nicht überschreiten. Sind die Kosten des Verfahrens nach § 4 a der Insolvenzordnung gestundet, so kann das Gericht Vorschüsse bewilligen, auf die Satz 2 entsprechende Anwendung findet.**

Schrifttum: *Blersch*, Die **Änderung der Insolvenzrechtlichen Vergütungsverordnung**, ZIP 2004, 2311; *A. Graeber/ T. Graeber*, Die Vergütung des Treuhänders im vereinfachten Insolvenzverfahren und in der Wohlverhaltensperiode, Rpfleger 2010, 252.

Übersicht

	Rn.		Rn.
I. Normzweck	1, 2	2. Anhörung/rechtliches Gehör	10
II. Die Festsetzung des Stundensatzes nach § 15 InsVV	3–7	3. Entscheidung	11
		4. Bekanntgabe	12
III. Die Festsetzung der Vergütung nach § 14 InsVV	8–13	5. Rechtsbehelfe	13
		IV. Die Entnahme der Vergütung	14
1. Antrag	8, 9	**V. Vorschüsse**	15–18

---

[9] *Kübler/Prütting/Bork/Stoffler* § 15 Rn. 7.
[10] *Kübler/Prütting/Bork/Stoffler* § 15 Rn. 6; *Lorenz/Klanke* § 15 Rn. 7.

I. Normzweck

Die Vorschrift regelt ergänzend und abweichend von den allgemeinen Vorschriften das Festsetzungsverfahren der Vergütung und Auslagen des Treuhänders in der Wohlverhaltensperiode. Außerdem enthält Abs.2 eine eigenständige Vorschussregelung für den Treuhänder in der Wohlverhaltensperiode. 1

§ 16 Abs.2 Satz 3 wurde durch die Verordnung zur Änderung der Insolvenzrechtlichen Vergütungsverordnung vom 4.10.2004 angefügt. Mit dieser Änderung sollte die Streitfrage einer Klärung zugefügt werden, ob dem Treuhänder nach § 293 ein Anspruch auf einen Vorschuss zusteht, wenn die Kosten des Verfahrens während der Wohlverhaltensperiode gestundet wurden. Ein Teil der Gerichte[1] hatten dem Treuhänder einen Vorschuss gewährt. 2

II. Die Festsetzung des Stundensatzes nach § 15 InsVV

Der Stundensatz der Vergütung für die Überwachung der Obliegenheiten des Schuldners (§ 15 Abs. 1 Satz 2) wird **im Schlusstermin bei der Ankündigung der Restschuldbefreiung** festgesetzt. Die Festsetzung des Stundensatzes erfolgt **von Amts wegen**, wenn die Gläubigerversammlung die Überwachung der Obliegenheiten des Schuldners durch den Treuhänder beschlossen hat. Ein Antrag hierfür ist nicht erforderlich.[2] Eine Antragspflicht besteht nur für die Festsetzung der Vergütung und Auslagen gem. § 14 InsVV. Dies folgt aus der Formulierung „im übrigen" in Abs.1 Satz 2. 3

Ist kein Versagungsantrag gestellt worden, setzt grundsätzlich der Rechtspfleger den Stundensatz fest. Ist ein Versagungsantrag gestellt worden, so entscheidet der zur Entscheidung über den Versagungsantrag zuständige Richter über die Höhe des Stundensatzes. Der Richter setzt auch den Stundensatz fest, wenn er sich gem. § 18 Abs.2 RPflG das Verfahren vorbehalten hat. 4

Die Entscheidung ergeht durch Beschluss, der wegen der nach § 64 Abs.3 InsO zulässigen sofortigen Beschwerde zu begründen ist. Der Beschluss ist gem. § 64 Abs.2 InsO bekannt zu machen. 5

Der Beschluss der Gläubigerversammlung bleibt bis zum Ablauf der Wohlverhaltensperiode wirksam, da § 200 InsO bestimmt, dass keine Beschlüsse der Gläubigerversammlung nach dem Schlusstermin bzw. der Aufhebung des Insolvenzverfahrens mehr gefasst werden können.[3] 6

Die endgültige Vergütung wird sodann bei der Beendigung des Amtes entsprechend Rn. 8-13 festgesetzt. 7

III. Die Festsetzung der Vergütung nach § 14 InsVV

1. Antrag. Die Festsetzung der Vergütung für die Verwaltungsaufgaben und die Erstattung notwendiger Auslagen (§ 14) erfolgt nur auf **schriftlichen Antrag des Treuhänders**. Die Festsetzung der Vergütung soll nur einmal, nämlich bei Beendigung der Tätigkeit des Treuhänders erfolgen. Dadurch soll der Aufwand des Gerichts möglichst gering gehalten werden.[4] Die Tätigkeit des Treuhänders ist beendet, 8
- bei rechtskräftiger Erteilung oder Versagung der Restschuldbefreiung nach § 300 InsO,
- bei vorzeitiger Beendigung gemäß § 299 InsO mit der Rechtskraft des Beschlusses, der gemäß den §§ 296, 297 oder 298 InsO die Restschuldbefreiung versagt hat,
- bei vorzeitiger Beendigung des Verfahrens durch den Tod des Schuldners oder durch die vollständige Befriedigung aller Insolvenzgläubiger,
- bei Tod des Treuhänders oder dessen Entlassung.

Der Treuhänder kann den Betrag seiner Vergütung nicht in das Ermessen des Gerichts stellen, sondern muss einen **bestimmten Betrag** als Vergütung beantragen. Ein Antrag, in dem der Treuhänder eine „angemessene Vergütung" beansprucht oder die Höhe der Vergütung ins Ermessen des Gerichts stellt, ist nach den Grundsätzen der Antragsbestimmtheit der Zivilprozessordnung, die gemäß § 4 auch hier gilt, nicht zulässig.[5] Aus dem Antrag muss die Berechnungsgrundlage für das Gericht, den Schuldner und die Insolvenzgläubiger erkennbar und nachvollziehbar sein.[6] Eine Ermittlungspflicht oder -möglichkeit für das Insolvenzgericht über die Rechnungslegung (§ 292 Abs. 3 Satz 1) und das rechtliche Gehör sowie § 139 ZPO hinaus, bestehen nicht.[7] 9

---

[1] LG Essen ZInsO 2003, 989; LG Köln NZI 2004, 597; LG Chemnitz ZVI 2004, 558; AG Marburg ZInsO 2005, 38.
[2] A.A. MünchKommInsO-*Nowak* Voraufl. § 16 Rn. 3.
[3] *Lorenz/Klanke* § 16 Rn. 7.
[4] MünchKommInsO-*Ehricke* § 292 InsO Rn. 35.
[5] *Haarmeyer/Wutzke/Förster* InsVV § 8 RdNr. 7; MünchKommInsO- *Nowak*, Voraufl. § 16 InsVV Rn. 4.
[6] MünchKommInsO- *Nowak*, Voraufl. § 16 InsVV Rn. 4
[7] MünchKommInsO- *Nowak*, Voraufl. § 16 InsVV Rn. 4; a. A. *Nerlich/Römermann/Delhaes* InsO § 64 RdNr. 6.

10 **2. Anhörung/rechtliches Gehör.** Zu dem Festsetzungsantrag des Treuhänders sind der Schuldner und, sollte dem Antrag des Treuhänders nicht in vollem Umfang stattgegeben werden, auch der Treuhänder anzuhören. Zur Gewährung rechtlichen Gehörs im Übrigen siehe § 64 RdNr. 5.

11 **3. Entscheidung.** Die Festsetzung der Vergütung erfolgt auf durch das Insolvenzgericht. Funktionell zuständig für die Vergütungsfestsetzung ist der Rechtspfleger (arg. ex § 18 Abs. 1 Nr. 2 RPflG), sofern sich nicht der Richter gem. § 18 Abs. 2 RPflG das Verfahren vorbehalten hat. Der Festsetzungsbeschluss ist zu begründen.

12 **4. Bekanntgabe.** Die Festsetzung erfolgt durch einen Beschluss, der öffentlich bekannt zu machen ist (§ 64 Abs. 2 InsO). Die festgesetzten Beträge sind nicht zu veröffentlichen. Vielmehr ist in der öffentlichen Bekanntmachung darauf hinzuweisen, dass der vollständige Beschluss in der Geschäftsstelle des Insolvenzgerichts eingesehen werden kann. Außerdem ist dieser Beschluss den Gläubigern, dem Schuldner und dem Treuhänder zuzustellen.

13 **5. Rechtsbehelfe.** Der Vergütungsfestsetzungsbeschluss kann von den Gläubigern, dem Schuldner und dem Treuhänder angefochten werden, wenn der Gegenstandswert 200,- € überschreitet (§§ 293 Abs. 2, 64 Abs. 3 S. 2 InsO, § 567 Abs. 2 S. 2 ZPO). Bei dem Beschwerdewert handelt es sich um die Differenz zwischen dem sich aus der angefochtenen Entscheidung ergebenden und dem in der Beschwerdeinstanz begehrten Betrag, um den sich der Beschwerdeführer verbessern will. Gegen die Entscheidung des Beschwerdegerichts ist die Rechtsbeschwerde statthaft, wenn sie gemäß § 574 Abs. 1 Nr. 2 ZPO durch das Beschwerdegericht zugelassen worden ist. Diese Zulassung wird nunmehr also durch das Landgericht als Beschwerdegericht ausgesprochen. Die Zulassung hängt gemäß § 574 Abs. 3 i. V. m. Abs. 2 davon ab, ob die Rechtssache grundsätzliche Bedeutung hat oder ob die Fortbildung des Rechts oder die Sicherung einer einheitlichen Rechtsprechung eine Entscheidung des Rechtsbeschwerdegerichts erfordert.

IV. Die Entnahme der Vergütung

14 Aufgrund des Festsetzungsbeschlusses kann der Treuhänder die festgesetzten Beträge aus den von ihm eingezogenen Gelder entnehmen. Hat der Treuhänder bereits vor Rechtskraft des Beschlusses Entnahmen vorgenommen, ist er zur Rückzahlung verpflichtet, wenn sich im Rechtsbehelfsverfahren eine Verminderung des Vergütungsanspruchs ergibt. In gleicher Weise ist er zur Rückzahlung verpflichtet, wenn er Vorschüsse entnommen hat, die die endgültig festgesetzten Beträge in ihrer Summe überschreiten.

V. Vorschüsse

15 Dem Treuhänder steht im Hinblick auf allgemeine Zumutbarkeitserwägungen ein jährlich abzurechnender Vorschussanspruch zu.[8] **Abweichend von § 9 InsVV** bedarf er zur Entnahme keiner Zustimmung des Gerichts, es sei denn, es liegt eine Kostenstundung gem. § 4 a InsO durch das Gericht vor. Die Befugnis ohne Zustimmung des Gerichts einen Vorschuss zu entnehmen, ist allerdings auf den von ihm bereits verdienten Teil der Vergütung beschränkt. Sie darf sich nicht auf künftige Beträge erstrecken. Im Falle der Massearmut ist der Vorschuss mit der Mindestvergütung nebst Auslagen in Ansatz zu bringen.[9]

16 Der Vorschuss kann in der Weise berechnet werden, dass unter Zugrundelegung Summe der künftigen Einnahmen eine fiktive Vergütung berechnet wird und diese anteilig auf den bereits abgelaufenen Zeitraum der Abtretungserklärung verteilt wird.[10]

17 Vorschüsse kann der Treuhänder nur auf seine Vergütung, nicht jedoch auf seine Auslagen geltend machen. Da für die Auslagen keine Rücklagenbildung gestattet ist, d. h. die Auslagen nur von dem im letzten Jahr bei dem Treuhänder einlaufenden Beträgen erstattet werden können, besteht die Gefahr, dass die im letzten Jahr eingehenden Beträge nicht ausreichen, um die insgesamt entstandenen Auslagen des Schuldners zu decken. Das Insolvenzgericht sollte daher entsprechend § 9 Abs. 2 InsVV befugt sein, auf Antrag des Treuhänders die Zustimmung zu Entnahme eines Auslagenvorschusses zu erteilen, wenn verhältnismäßig hohe Auslagen erforderlich waren.[11]

18 In den Fällen, in denen die Kosten des Verfahrens gem. § 4 a InsO gestundet wurden, bedarf die Vorschussentnahme nach Abs. 2 Satz 3 einer gerichtlichen Bewilligung. Diese Regelung gilt auch

---

[8] LG Chemnitz ZVI 2004, 558.
[9] LG Chemnitz ZVI 2004, 558.
[10] *Keller* Vergütung Rn. 755.
[11] MünchKommInsO-*Ehricke* § 293 InsO Rn. 33.

für Verfahren, die vor dem 1.1.2004 eröffnet wurden bzw. in denen die Wohlverhaltensperiode vor dem 1.1.2004 begonnen hat.[12]

§ 17 Berechnung der Vergütung

(1) Die Vergütung der Mitglieder des Gläubigerausschusses beträgt regelmäßig zwischen 35 und 95 Euro je Stunde. Bei der Festsetzung des Stundensatzes ist insbesondere der Umfang der Tätigkeit zu berücksichtigen.

(2) Die Vergütung der Mitglieder des vorläufigen Gläubigerausschusses für die Erfüllung der ihm nach § 56 Absatz 2 und § 270 Absatz 3 der Insolvenzordnung zugewiesenen Aufgaben beträgt einmalig 300 Euro. Nach der Bestellung eines vorläufigen Insolvenzverwalters oder eines vorläufigen Sachwalters richtet sich die weitere Vergütung nach Absatz 1.

Schrifttum: *Ferslev*, Zur Vergütung der Gläubigerausschussmitglieder, EWiR 2010, 255; *Frind*, Die Praxis fragt, „ESUG" antwortet nicht.- Eine Exegese der wichtigsten „ESUG"-Auslegungsfragen mit Handlungsvorschlägen, ZInsO 2011,2249; *Pape*, Stärkung der Gläubigerrechte und Verschärfung der Aufsicht im Insolvenzverfahren, ZVI 2008, 89; *Rauscher*, Aufgaben, Kosten, Nutzen des vorläufigen Gläubigerausschusses, ZInsO 2012, 1201.

Übersicht

	Rn.		Rn.
I. Normzweck und Entstehungsgeschichte	1–5	IV. Die einmalige Vergütung des Mitglieds des vorläufigen Gläubigerausschusses nach Abs.2 Satz 1	26–28
II. Die Grundlagen des Anspruchs auf Vergütung und Auslagenersatz	7–16	V. Vorschüsse	29
1. Allgemeines	7–9	VI. Berufsspezifische Besonderheiten	30–34
2. Der Aufgabenbereich des Gläubigerausschussmitgliedes	10–13	VII. Das Festsetzungsverfahren	35–41
3. Anspruchsinhaber	14	1. Antrag	35
4. Entstehung und Fälligkeit des Anspruchs	15	2. Anhörung/rechtliches Gehör	36
5. Verjährung	16	3. Entscheidung	37
III. Die regelmäßige Vergütung des vorläufigen und endgültigen Gläubigerausschussmitglieds nach Abs.1	17–25	4. Bekanntgabe	38–41
		a) Allgemeines	38
		b) Öffentliche Bekanntmachung	39, 40
1. Vergütungsrahmen	17–23	c) Einzelzustellung	41
2. Überschreitung des Vergütungsrahmens	24	VIII. Rechtsbehelfe	42–45
3. Abweichende Vergütungsart	25	IX. Vergütung und Vorschüsse im Falle der Verfahrenskostenstundung	46

I. Normzweck und Entstehungsgeschichte

§ 17 InsVV konkretisiert den in § 73 Abs.1 InsO geregelten Anspruch auf Vergütung und auf Erstattung angemessener Auslagen der Mitglieder des vorläufigen wie des endgültigen Gläubigerausschusses. Die Vorschrift legt in Abs.1 den Regelstundensatz fest und bestimmt als Bemessungskriterium für die Festsetzung des Stundensatzes den Umfang der Tätigkeit. Der durch das Gesetz zur weiteren Erleichterung der Sanierung von Unternehmen („ESUG") vom 27.10.2011[1] neu eingefügte Abs.2 regelt die Vergütung der Mitglieder des vorläufigen Gläubigerausschusses für die Erfüllung der ihm nach § 56 Absatz 2 und § 270 Absatz 3 der Insolvenzordnung zugewiesenen Aufgaben durch eine Festgebühr. 1

§ 17 wurde mehrmals geändert. Vom Inkrafttreten am 1.1.1999 bis zur Euro-Umstellung zum 31.12.2001 belief sich der Stundensatz auf 50–100 DM. Durch die Euro-Umstellung zum 1.1.2002 wurde der Stundensatz auf 25 bis 50 Euro festgesetzt.[2] Mit der Verordnung zur Änderung der Insolvenzrechtlichen Vergütungsverordnung vom 4.10.2004,[3] die am 7.10.2004 in Kraft getreten ist, 2

---

[12] *Kübler/Prütting/Eickmann* § 16 Rn. 15.
[1] BGBl. I, 2582.
[2] BGBl. I, 3574.
[3] BGBl. I, 2569,

wurde der Vergütungsrahmen auf 35–95 € je Stunde angehoben. Der Verordnungsgeber begründete die Erhöhung damit, dass gem. § 67 Abs. 3 InsO auch hochqualifizierte und sachverständige Nichtgläubiger dem Gläubigerausschuss angehören können. Für diesen Personenkreis müsse ein höherer Vergütungsrahmen eröffnet werden.[4]

3   Der durch Beschluss des Bundesrates am 12.10.2007 eingebrachte „Gesetzentwurf zur Stärkung der Gläubigerrechte und Verschärfung der Aufsicht im Insolvenzverfahren" (BT-Drucks. 16/7251), der vom Bundestag in der 16. Legislaturperiode nicht mehr verabschiedet wurde und somit der Diskontinuität unterfiel, sah eine Anhebung der Vergütungssätze auf Stundensätze zwischen 35 und 190 € vor. Mit der Erhöhung sollte die Bereitschaft der Gläubiger, Mitglieder für den Ausschuss zu stellen, gesteigert werden. Andere Vorschläge sahen eine Flexibilisierung vor, zu der auch die Befugnis der Gläubigerversammlung zählen sollte, die Vergütungssätze individuell zu gestalten, um kompetente Ausschussmitglieder zu gewinnen.[5]

4   Durch das Gesetz zur Erleichterung der Sanierung im Insolvenzverfahren („ESUG") vom 7.12.2011[6] wurde in § 22a Abs. 1 InsO geregelt, dass das Insolvenzgericht unter bestimmten Voraussetzungen auf Antrag des Schuldners einen vorläufigen Gläubigerausschuss einzusetzen hat. Dieser vorläufige Gläubigerausschuss hat das Recht die Person des Insolvenzverwalters dem Gericht vorzuschlagen (§ 56a InsO) und hat im Falle Antrags des Schuldners auf Eigenverwaltung vor der Entscheidung des Gerichts das Recht dazu gehört zu werden (§ 270 Abs. 3 InsO). Hierfür soll den Mitgliedern des vorläufigen Gläubigerausschusses eine Pauschalgebühr von einmalig 300 Euro gewährt werden. Diese Regelung gilt nach Art. 103 g EGInsO für alle Insolvenzverfahren, die nach dem 1.3.2012 eröffnet wurden.

5   Abs.2 Satz 1 enthält einen redaktionellen Fehler. Der Verweis auf § 56 Abs.2 ist nicht richtig. § 56 Abs.2 regelt die Aushändigung und Rückgabe des Beschlusses über die Bestellung zum Insolvenzverwalter. Die besonderen Aufgaben des vorläufigen Gläubigerausschusses, die durch eine Pauschale gem. § 17 Abs. 2 Satz 1 InsVV vergütet werden sollen, sind in § 56a InsO geregelt. Der Verweis in Abs.2 Satz 1 muss sich daher auf § 56a InsO beziehen. Der Regierungsentwurf eines Gesetzes zur Verkürzung des Restschuldbefreiungsverfahrens und zur Stärkung der Gläubigerrechte vom 18.7.2012[7] sieht daher vor, in § 17 Abs.2 die Angabe „§ 56 Absatz 2" durch die Angabe „§ 56a" zu ersetzen.

II. Die Grundlagen des Anspruchs auf Vergütung und Auslagenersatz

7   **1. Allgemeines.** Zwar sprechen § 73 InsO und § 17 InsVV von einer „Vergütung". Dennoch dient die Regelung des § 73 InsO, 17 InsVV in erster Linie dazu, die Mitglieder des Gläubigerausschusses für den von ihnen geleisteten Mehraufwand gegenüber den übrigen Gläubigern zu „entschädigen" und nicht – wie bei der Verwaltervergütung – eine Tätigkeit zu vergüten.[8] Die Mitglieder des Gläubigerausschusses partizipieren nicht wie der Insolvenzverwalter am wirtschaftlichen Erfolg der Insolvenzverwaltung. Sie haben jedoch einen Anspruch, entsprechend ihrer Sachkunde und Qualifikation angemessen entlohnt zu werden.

8   § 73 InsO, der den Anspruch auf Entschädigung der Mitglieder des Gläubigerausschusses festlegt, ist **kein zwingendes Recht**.[9] Die Gläubigerversammlung kann daher auch beschließen, dass die Mitglieder des Gläubigerausschusses statt einer Vergütung nur Ersatz ihrer baren Auslagen erhalten sollen. Eine derart eingeschränkte Bestellung ist wirksam, soweit die Gewählten diese annehmen. Die Mitglieder des Gläubigerausschusses können auch auf eine Entschädigung oder auf eine Auslagenerstattung verzichten.[10] Vergütungsvereinbarungen mit dem Verwalter sind jedoch unzulässig.[11]

9   Die Vergütung der Mitglieder des Gläubigerausschusses gehört zu den Kosten des Insolvenzverfahrens und ist deshalb als **Masseverbindlichkeit** vorweg aus der Insolvenzmasse zu berichten. Nach rechtskräftiger Festsetzung hat sie der Insolvenzverwalter auszuzahlen. Es gibt keine Ausfallhaftung der Staatskasse für die Vergütung der Mitglieder des Gläubigerausschusses, wenn die Kosten des Verfahrens nicht gestundet worden sind.[12]

---

[4] Begr. zu Nr. 7 und Nr. 9 der Verordnung.
[5] *Pape* ZVI 2008, 89.
[6] BGBl I, 2582.
[7] BR-Drs. 467/12.
[8] *Haarmeyer/Wutzke/Förster* § 17 InsVV Rn. 2.
[9] *Uhlenbruck/Uhlenbruck* § 73 InsO Rn. 1.
[10] *Haarmeyer/Wutzke/Förster* § 17 InsVV, Rn. 2.
[11] AG Duisburg NZI 2004, 325.
[12] Siehe unten Rn. 46.

2. Der Aufgabenbereich des Gläubigerausschussmitgliedes. Seit Inkrafttreten des ESUG am 01.03.2012[13] ist die Bestellung von vier verschiedenen Gläubigerausschüssen möglich: zum einen der **vorläufige Gläubigerausschuss im Eröffnungsverfahren als** Pflichtausschuss (§ 22a Abs. 1 InsO) oder der **fakultative Antragsausschuss nach § 22a Abs. 2 InsO** sowie der **Interimsausschuss vom Eröffnungsbeschluss bis zum Berichtstermin** (§ 67 InsO) und der **endgültige Gläubigerausschuss** (§ 68 InsO). In der ersten Gläubigerversammlung kann auch ein vom Gericht bestellter Gläubigerausschuss entlassen oder auf die Einrichtung eines Ausschusses verzichtet werden. Das Amt eines vom Insolvenzgericht bestellten Gläubigerausschussmitglieds beginnt mit der Annahmeerklärung des Bestellten gegenüber dem Gericht.[14] Setzt das Gericht hierfür eine Frist, so ist die Annahme nur bei einem fristgerechten Zugang der Erklärung wirksam.

Der Gläubigerausschuss ist ein zur **Unterstützung und Überwachung** des Verwalters berufenes Organ der Gläubigerschaft. Er soll als Organ der Gläubigerselbstverwaltung die Interessen der Gläubigergesamtheit wahrnehmen. Er hat sich über den Gang der Geschäfte zu unterrichten sowie die Bücher und Geschäftspapiere einzusehen und den Geldverkehr und -bestand prüfen zu lassen (§ 69 InsO). Die Überwachungsaufgaben sind – bis auf die Delegation an den Kassenprüfer - höchstpersönlich wahrzunehmen. Welche Rechte und Obliegenheiten der Ausschuss als solcher wahrzunehmen hat, schreibt das Gesetz in den zahlreichen Vorschriften der Insolvenzordnung ausdrücklich vor.

Die Bestellung eines vorläufigen Gläubigerausschusses im Eröffnungsverfahren gemäß § 22a Abs. 1 InsO soll die Beteiligung der Gläubiger bei der Verwalterauswahl ermöglichen. Dieser Gläubigerausschuss ist zu Anforderungsprofil und zur Person des Verwalters anzuhören. Er kann einen einstimmigen Vorschlag zur Person des Verwalters machen. Von dem einstimmigen Vorschlag darf das Gericht nur abweichen, wenn die vorgeschlagene Person für die Übernahme des Amtes nicht geeignet ist (§ 56a Abs.2 InsO). Im Falle einer Anordnung einer Eigenverwaltung ist vor der Entscheidung über den Antrag dem vorläufigen Gläubigerausschuss Gelegenheit zur Äußerung zu geben (§ 270 Abs. 3 Satz 1 InsO). Ein einstimmiger Beschluss des vorläufigen Gläubigerausschusses zugunsten der Eigenverwaltung hat die Wirkung, dass das Gericht bei seiner Entscheidung über die Anordnung zu unterstellen hat, dass die Anordnung nicht zu Nachteilen für die Gläubiger führt.[15]

Das Amt eines Mitglieds des **endgültigen Gläubigerausschusses endet** mit der Entlassung von Amts wegen, auf Antrag des Mitglieds des Gläubigerausschusses oder auf Antrag der Gläubigerversammlung (§ 70 InsO). Im Übrigen erlöschen mit der Aufhebung des Insolvenzverfahrens die Ämter der Mitglieder des Gläubigerausschusses (§ 259 InsO), wenn nicht im Insolvenzplan die Überwachung des Insolvenzplans angeordnet ist (§ 261 InsO). Hinsichtlich des **vorläufigen Gläubigerausschusses im Eröffnungsverfahren** hat das Insolvenzgericht bei Eröffnung des Insolvenzverfahrens zu entscheiden, ob ein „einstweiliger Gläubigerausschuss" überhaupt, und wenn ja, ob in der bisherigen Zusammensetzung des vorläufigen Gläubigerausschusses (§ 22a InsO), oder in abgewandelter Zusammensetzung, neu bestellt werden soll. Ergeht keine Entscheidung, endet das Amt des vorläufigen Ausschusses nach § 22a InsO mit Eröffnung des Insolvenzverfahrens. Das Amt des danach bestellten **„Interims"-Ausschusses** endet kollektiv wiederum mit der Bestellung des endgültigen Gläubigerausschusses in der Versammlung gem. § 68 InsO oder wenn in dieser ausdrücklich kein Ausschuss bestellt wird.[16] Individuell endet das Amt durch Erklärung der Niederlegung gegenüber dem Gericht, durch Abwahl oder Entlassung.

3. Anspruchsinhaber. Der Anspruch auf Vergütung steht nur dem Ausschussmitglied zu und nicht demjenigen, der nur als Vertreter eines anderen im Ausschuss auftritt. Mitglied im Gläubigerausschuss kann nicht nur eine natürliche Person, sondern auch eine juristische Person sein.[17] Ist das Ausschussmitglied eine **juristische Person**, so ist diese selbst und nicht die von ihr entsandte natürliche Person anspruchsberechtigt.

4. Entstehung und Fälligkeit des Anspruchs. Der Anspruch auf Vergütung entsteht mit der Arbeitsleistung und nicht erst mit der gerichtlichen Festsetzung. Die Festsetzung konkretisiert den Anspruch nur der Höhe nach. Fällig wird der Vergütungsanspruch mit der Beendigung der Tätigkeit als Ausschussmitglied, also in der Regel mit der letzten Sitzung des Gläubigerausschusses, spätestens jedoch mit dem Schlusstermin. Eine Tätigkeit des Gläubigerausschusses ist nach der Beendigung des Schlusstermins nicht mehr vorgesehen, es sei denn, der gestaltende Teil des Insolvenzplans sieht die

---

[13] BGBl. I, 2582.
[14] MK-*Schmid-Burgk*, § 67 Rn. 27.
[15] BT- Drucks. 17/5712, S. 39.
[16] *Frind* ZInsO 2011, 2249.
[17] MK-*Schmid/Burgk*, § 67 InsO Rn. 17.

Überwachung der Planerfüllung vor (§ 260 Abs. 1 InsO). In diesem Fall bestehen die Ämter des Gläubigerausschusses fort. Die den Mitgliedern des Gläubigerausschusses ist in diesem Fall die für die Überwachung entstandene Vergütung festzusetzen.

16 **5. Verjährung.** Für die Verjährung gelten die §§ 213 ff., 195, 197 BGB: Rechtskräftig festgestellte Ansprüche unterliegen der 30-jährigen Verjährung des § 197 I Nr. 3 BGB, nicht festgesetzte Ansprüche der Regelverjährung des § 195 BGB, das sind drei Jahre. Für den Verjährungsbeginn gilt § 199 BGB. Die Einrede der Verjährung können die einzelnen Insolvenzgläubiger und der Schuldner erheben. Nicht einredeberechtigt sind das Insolvenzgericht oder die übrigen Mitglieder des Gläubigerausschusses. Der Insolvenzverwalter ist bis zur Aufhebung des Insolvenzverfahrens einredeberechtigt.[18]

III. Die regelmäßige Vergütung des vorläufigen und endgültigen Gläubigerausschussmitglieds nach Abs.1

17 **1. Vergütungsrahmen.** Die Vergütung der Mitglieder des Gläubigerausschusses wird in der Regel nach dem Zeitaufwand abgerechnet und beträgt regelmäßig **zwischen 35 und 95 € je Stunde**, sofern das Verfahren ab dem 1. Januar 2004 eröffnet wurde (§ 19 Abs.1 InsVV). Für früher eröffnete Verfahren gilt der zu diesem Zeitpunkt gültige Rahmen von 25–50 €. Der Mittelsatz liegt demnach bei 65 € bzw. 37,50 € bei Altverfahren.

18 Dieser Vergütungsrahmen wird in der Literatur teilweise als zu niedrig angesehen.[19] Es wird befürchtet, keine ausreichend qualifizierten Mitglieder für den Gläubigerausschuss gewinnen zu können, insbesondere solche Mitglieder, die wegen ihrer besonderen Qualifikation und nicht wegen ihrer Gläubigerstellung in den Gläubigerausschuss berufen werden. Aus diesem Grunde hatte der Bundesrat einen Gesetzentwurf eingebracht, der eine Erhöhung des Vergütungsrahmens vorsah.[20] Diese Diskussion rechtfertigt es jedoch nicht, den gesetzlich vorgegebenen Vergütungsrahmen zu verlassen und im Vorgriff auf eine zukünftige Erhöhung des Vergütungsrahmens von diesem regelmäßig abweichende Stundensätze festzusetzen. Im Unterschied zum Insolvenzverwalter nimmt das einzelne Ausschussmitglied diese Tätigkeit nicht hauptberuflich wahr. Die Vergütung hat daher keine einkommenssichernde Funktion.[21] Die Mitgliedschaft im Gläubigerausschuss ist freiwillig. Die Vergütungsrahmen ist bei Beginn der Tätigkeiten bekannt.

19 Somit ist regelmäßig eine Vergütung von **65 € je Stunde** für das Gläubigerausschussmitglied anzusetzen. Dieser **Mittelsatz** entschädigt die gesamte Tätigkeit und sämtliche Aufgaben des Ausschussmitgliedes in einem Insolvenzverfahren, das nach Art und Umfang als **Normalverfahren** im Sinne des § 2 InsVV anzusehen ist.[22] Wird die Vergütung des Insolvenzverwalters auf den einfachen Satz für ein Normalverfahren festgesetzt, so spricht wegen des korrespondierenden Tätigkeitsaufwands und des Haftungsrisikos eine **widerlegliche Vermutung** dafür, dass es sich auch für die Mitglieder des Gläubigerausschusses um ein Normalverfahren gehandelt hat.[23]

20 Ausgehend von diesem Mittelsatz hat das Gericht die individuelle Festsetzung für die einzelnen Ausschussmitglieder auf Grund von Besonderheiten und Schwierigkeiten des konkreten Einzelfalles vorzunehmen. **Erhöhungskriterien** können eine besondere berufliche Stellung oder Qualifikation des Mitgliedes sein, die Befassung mit rechtlichen Problemen im Insolvenzverfahren, ein besonderer persönlicher Einsatz, überdurchschnittlich viele zu prüfende oder zu genehmigende Rechtsgeschäfte des Verwalters oder eine besonders umfangreiche Prüfung der Schlussrechnung. Es ist jedoch zu beachten, dass nicht jedes Erhöhungskriterium des Insolvenzverwalters auch gleichermaßen für das Ausschussmitglied herangezogen werden kann. Es muss sich vielmehr konkret auf den Arbeitsaufwand des Ausschussmitgliedes ausgewirkt haben. Ferner ist zu beachten, dass der erhöhte Aufwand des Gläubigerausschussmitgliedes bereits durch die Zahl der zu vergütenden Stunden berücksichtigt wird. Eine **vom Mittelsatz nach unten abweichende Vergütung** ist bei einem einfachen Insolvenzverfahren von kurzer Dauer, ohne besondere Qualifikation des Ausschussmitgliedes oder mangelnder Aktivität festzusetzen.

21 Der **Zeitaufwand** umfasst alle Zeiten, die mit der Ausschusstätigkeit im Zusammenhang stehen. Zu berücksichtigen ist nicht nur der Zeitaufwand für die Sitzungen des Gläubigerausschusses oder Besprechungstermine, sondern auch für das häusliche Aktenstudium, für die Prüfung der

---

[18] MK-*Nowak* § 73 InsO Rn, 6.
[19] *Kübler/Prütting/Eickmann*, § 17 Rn. 8; MK-*Nowak* § 17 Rn. 2.
[20] s. Rn.3 (Gesetzentwurf zur Stärkung der Gläubigerrechte und Verschärfung der Aufsicht im Insolvenzverfahren" (BT-Drucks. 16/7251)
[21] *Keller*, Vergütung Rn. 641.
[22] Siehe dazu § 2 Rn.r
[23] *Haarmeyer/Wutzke/Förster*, § 17 Rn. 20.

Rechnungen und Bilanzführung des Verwalters und für die notwendigen Reisen. So haben Mitglieder des Gläubigerausschusses grundsätzlich auch Anspruch auf Vergütung der Zeit, die sie mit der Prüfung der Frage verbringen, ob der Prozessführung des Insolvenzverwalters zugestimmt werden kann und ob es angebracht ist, beim Insolvenzgericht aufsichtsrechtliche Maßnahmen gegen den Insolvenzverwalter anzuregen.[24] Nicht vergütungsfähig ist dagegen der Zeitaufwand, den ein Gläubigerausschussmitglied geltend macht, weil es eine unzulässige Beschwerde gegen die Ablehnung aufsichtsrechtlicher Maßnahmen durch das Insolvenzgericht eingelegt hat.[25] Nicht zu berücksichtigen ist auch die Zeit, die außerhalb der Ausschusssitzungen zur alleinigen Wahrnehmung der Interessen der vom Ausschussmitglied repräsentierten Gläubigergruppe aufgewandt wird. Einem Repräsentanten der Arbeitnehmer steht deshalb für Besprechungen mit dem Betriebsrat und mit Gewerkschaftsvertretern oder für die Teilnahme an Verhandlungen des Insolvenzverwalters mit Übernahmeinteressenten zur Sicherung möglichst vieler Arbeitsverhältnisse keine Vergütung als Gläubigerausschussmitglied zu.[26]

Die Bemessung der Vergütung nach dem Zeitaufwand erfordert von dem Ausschussmitglied, **eine genaue Abrechnung** der jeweils aufgewendeten Zeit nach Stunden. Hat das Ausschussmitglied über den mit der Ausübung seines Amtes verbundenen Zeitaufwand keine Aufzeichnungen geführt, ist alleine deswegen keine andere Vergütungsart gerechtfertigt.[27] Der Zeitaufwand ist dann zu schätzen, gegebenenfalls unter Heranziehung der Angaben anderer Ausschussmitglieder. Er ist auch schätzen, wenn eine Aufzeichnung des Zeitaufwands durch die Ausschussmitglieder unzumutbar erscheint.[28] 22

Nicht jedem Mitglied muss derselbe Stundensatz gewährt werden. Dieser ist vielmehr nach der jeweiligen Qualifikation des einzelnen Ausschussmitgliedes zu bestimmen. Die Differenzierung darf jedoch nicht zu einer sozialen Diskriminierung führen.[29] 23

2. Überschreitung des Vergütungsrahmens. In **besonders gelagerten Fällen** kann ausnahmsweise eine Überschreitung des Vergütungsrahmens zulässig sein. Die Überschreitung des Vergütungsrahmens kann in der Person des Ausschussmitgliedes oder durch Besonderheiten des Verfahrens begründet sein. In der Rechtsprechung sind wegen des außerordentlichen Umfangs und der Schwierigkeit des Verfahrens sowie der besonderen Tätigkeit, Haftungsrisiken, Leistungen und Qualifikationen des Gläubigerausschussmitglieds **Stundensätze von 300 €**,[30] oder weil das Gläubigerausschussmitglied als Spezialist mit Sonderaufgaben betraut worden war, von **200 €**[31] festgesetzt worden. Nicht gefolgt werden kann der Auffassung, dass sich die angemessene Vergütung an der Vergütung von Aufsichtsratsmitgliedern orientieren kann, wenn das Unternehmen des Schuldners vor der Insolvenz einen Aufsichtsrat hatte,[32] da die Tätigkeiten im Gläubigerausschuss und in einem Aufsichtsrat nicht miteinander vergleichbar sind.[33] 24

3. Abweichende Vergütungsart. Die Vergütung der Mitglieder des Gläubigerausschusses muss nicht ausnahmslos auf der Grundlage einer bestimmten Stundenzahl und eines Stundensatzes festgelegt werden. In besonders gelagerten Fällen kann auch eine andere als die streng zeitbezogene Vergütung zulässig sein, um den Schwierigkeiten des Verfahrens, der Art und dem Umfang der Tätigkeit sowie der Verantwortung und dem Haftungsrisiko der Ausschussmitglieder Rechnung zu tragen.[34] Als besonders gelagerter Fall wird nicht nur ein sog. Großverfahren anzusehen sein. Vielmehr ist die Intensität der durch das Mitglied zu leistenden Zweckmäßigkeitskontrolle des Verwalterhandelns zu berücksichtigen. Ist die Zweckmäßigkeit sehr intensiv zu prüfen, ist **eine Pauschale** angemessen.[35] Eine Pauschalvergütung kann umgekehrt auch dann in Betracht kommen, wenn die Abrechnung nach Stundensätzen zur Festsetzung einer übersetzten Vergütung führte, weil der erhebliche Zeiteinsatz gemessen an der Bedeutung der Sache unverhältnismäßig erscheint.[36] Die Pauschale muss sich nicht an einem für das konkrete 25

---

[24] LG Göttingen NZI 2005, 339.
[25] LG Göttingen NZI 2005, 339
[26] LG Duisburg NZI 2005, 116.
[27] Kübler/Prütting/*Eickmann*, § 17 InsVV Rn. 4.
[28] AG Duisburg NZI 2004, 325.
[29] *Keller,* Vergütung Rn. 649.
[30] AG Detmold NZI 2008, 505.
[31] AG Braunschweig ZInsO 2005, 870.
[32] so aber AG Duisburg NZI 2003, 502.
[33] *Haarmeyer*ZInsO 2003, 940; *Keller,* Vergütung, Rn. 642 ff.
[34] AG Göttingen NZI 2003, 502; FK-Lorenz § 17 Rn. 10; *Haarmeyer/Wutzke/Förster* § 17 Rn. 25; *Uhlenbruck/Uhlenbruck* § 73 InsO Rn. 10.
[35] HambKomm-*Büttner* § 17 InsVV Rn. 20.
[36] BGH NZI 2009, 845.

Verfahren angenommenen Stundenaufwand orientieren. In § 73 Abs 1 S 2 ist als weiteres Bemessungskriterium der **Umfang der Tätigkeit** genannt. Dieses nachrangige Kriterium kann aber, wenn die Zeitvergütung zu keiner angemessenen Honorierung führt, in Ausnahmefällen als alleinige Bemessungsgrundlage in Betracht kommen.[37] So ist, z. B. in einem masselosen Verbraucherinsolvenzverfahren, auch eine Berechnung der Vergütung auf der Grundlage des Werts der Insolvenzmasse, d. h. anhand eines Prozentsatzes der Verwaltervergütung möglich.[38] Eine abweichende Vergütungsfestsetzung soll aber die Ausnahme bleiben. Es soll auf die Fälle beschränkt sein, in denen über die in § 73 Abs. 1 Satz 2 InsO ausdrücklich genannten Bemessungskriterien eine angemessene Vergütung nicht herbeigeführt werden kann. Grundsätzlich ist dem Umfang der Tätigkeit durch Erhöhung der Stundensätze Rechnung zu tragen.[39]

IV. Die einmalige Vergütung des Mitglieds des vorläufigen Gläubigerausschusses nach Abs.2 Satz 1

26 Gem. § 17 Abs. 2 InsVV sollen die Mitglieder des vorläufigen Gläubigerausschusses für die Erfüllung ihrer ihnen nach § 56 Abs. 2 InsVV und § 270 Abs. 3 InsO zugewiesenen Aufgaben **eine einmalige Vergütung von 300 €** erhalten. Bei dem Verweis in § 17 Abs. 2 InsVV auf § 56 Abs. 2 InsO handelt es sich um ein Redaktionsversehen, da die Sonderaufgaben des vorläufigen Gläubigerausschusses in § 56a InsO geregelt sind.[40]

27 Diesen Pauschalbetrag erhält das Mitglied des vorläufigen Gläubigerausschusses für die Ausübung des Anhörungsrechtes des Gläubigerausschusses bei der Entscheidung über die Auswahl des vorläufigen Insolvenzverwalters gem. § 56a InsO bzw. des vorläufigen Sachwalters gem. § 270 a InsO. Auch wenn dem Gesetzeswortlaut nicht ganz eindeutig ist,[41] handelt es sich bei der pauschalen Vergütung von 300,- Euro nicht um die Vergütung für den Ausschuss insgesamt, sondern um die Vergütung für jedes einzelne Mitglied des vorläufigen Gläubigerausschusses. Diese Gebühr fällt für beide Tätigkeiten einmal an. Eine Erhöhung oder Minderung dieser Pauschalvergütung ist unzulässig.

28 Die weitere Vergütung des vorläufigen Gläubigerausschusses nach Bestellung eines vorläufigen Insolvenzverwalters oder eines vorläufigen Sachwalters richtet sich gem. § 17 Abs. 2 Satz 2 InsVV wiederum nach § 17 Abs. 1 InsVV. Anhand einer entsprechenden Stundenaufstellung sind also die jeweiligen Tätigkeitsbereiche voneinander abzugrenzen.

V. Vorschüsse

29 Auch die Mitglieder des Gläubigerausschusses haben einen Anspruch auf Gewährung eines Vorschusses auf die Vergütung und die Auslagen, auch wenn eine dem § 9 entsprechende Regelung fehlt.[42] Dem Ausschussmitglied ist bei einer langen Verfahrensdauer nicht zuzumuten, bis zum Ende des Insolvenzverfahrens auf die Vergütung und Auslagen zu warten. Da der Anspruch auf Vergütung jedoch erst mit Arbeitsleistung und der auf Auslagenerstattung erst mit Aufwandsvollzug entsteht und das Ausschussmitglied deshalb insoweit bereits vorleistungspflichtig ist, greift dieser allgemeine Rechtsgedanke erst, wenn die Pflicht zur Vorlage ein zumutbares Maß überschritten hat.[43] Die Höhe des Vorschusses richtet sich nach der Höhe der zu erwartenden Entschädigung. Einer Anhörung der Gläubigerversammlung vor Festsetzung des Vorschusses bedarf es nicht.

VI. Berufsspezifische Besonderheiten

30 Ist ein Ausschussmitglied **Rechtsanwalt**, dann bestimmt sich seine Entschädigung nach freiem Ermessen des Gerichtes und nicht nach den Grundsätzen des RVG. Diese sind nur maßgeblich, wenn das Ausschussmitglied in seiner Eigenschaft als Rechtsanwalt für die Masse tätig wird.[44] Sobald ein Anwalt einen Gläubiger vertritt, der Ausschussmitglied ist, wird er vom Vertretenen nach den Grundsätzen des RVG entlohnt. Gleiches gilt für die Vertreter anderer selbstständiger Berufe, die

---

[37] BGH NZI 2009, 845; *Uhlenbruck/Uhlenbruck* § 73 Rn. 13.; **a.A.** AG Duisburg NZI 2003, 502; *Ferslev* EWiR 2010, 255; HambKomm-*Frind*, aaO § 73 Rn. 4.
[38] BGH NZI 2009, 845.
[39] *Uhlenbruck/Uhlenbruck* § 73 Rn. 13.
[40] Siehe dazu Rn. 5.
[41] *Ahrens/Gehrlein/Ringstmeier/Nies*, § 17 InsVV Rn. 13
[42] MK-*Nowak,* § 17 InsVV Rn. 12.
[43] *Jaeger/Jaeger* § 73 InsO Rn. 17.
[44] *Kübler/Prütting/Lüke* InsO § 73 Rn. 14; *Uhlenbruck/Uhlenbruck* InsO § 73 Rn. 9.

für ihre Ausschusstätigkeit nicht nach ihrer Gebührenordnung entlohnt, sondern nach § 17 entschädigt werden.

Auch sog. **institutionelle Gläubiger,** wie der Pensions-Sicherungs-Verein, Gewerkschaften, oder Betriebsräte haben einen Vergütungsanspruch.[45]

Ist als Mitglied des Gläubigerausschusses eine **juristische des öffentlichen Rechts** (z. B. die Bundesagentur für Arbeit) berufen, dann steht ihrem Vertreter kein Anspruch auf Vergütung zu, da er in Ausübung seiner hauptamtlichen Tätigkeit für die Körperschaft und nicht in eigener Person handelt. Gleiches gilt, wenn ein **Vertreter einer Behörde** in den Gläubigerausschuss berufen wurde, der nur deshalb in den Ausschuss berufen wurde, weil die Behörde selbst nicht mitgliedsfähig ist (wie z. B. das Finanzamt). In einem solchen Fall gehört die Tätigkeit im Gläubigerausschuss zur beruflichen Tätigkeit des Angestellten oder des Beamten der Körperschaft oder Behörde.[46] Die Tätigkeit im Ausschuss ist für ihn die Erfüllung seiner Dienstpflicht.

Nimmt ein **Angehöriger des öffentlichen Dienstes nicht** in dieser beruflichen Eigenschaft, sondern **als Privatperson** eine Tätigkeit als Ausschussmitglied wahr, dann steht ihm, wie allen anderen Gläubigerausschussmitgliedern ein Vergütungsanspruch zu. Unerheblich ist hierbei, ob und in welchem Umfang der Angehörige des öffentlichen Dienstes von seiner hauptamtlichen Tätigkeit freigestellt ist, versäumte Arbeitszeit nachzuholen hat, oder dienstrechtlich einer Genehmigung für diese Tätigkeit bedarf.[47] Es ist auch ohne Bedeutung für den Vergütungsanspruch, ob die durch die Nebentätigkeit zu erhaltende Vergütung an den Dienstherrn abzuführen ist.[48]

Wird zum Gläubigerausschussmitglied eine **sonstige juristische Person** oder eine **Gesellschaft** berufen, steht dieser ein Anspruch auf Vergütung für die Tätigkeit ihres Vertreters zu,[49] Wird nicht die juristische Person sondern ein Mitarbeiter selbst zum Gläubigerausschussmitglied berufen, steht ihm ein Vergütungsanspruch zu, wenn die Tätigkeit nicht im Rahmen seiner sonstigen beruflichen Tätigkeit ausgeübt wird. Wird dagegen die Tätigkeit vom Arbeitgeber in vollem Umfang entlohnt, entfällt der Vergütungsanspruch, da es sich ansonsten zu Lasten der Masse um eine Doppelvergütung handeln würde. Ist ein fest angestellter Mitarbeiter zum Gläubigerausschuss berufen worden und verpflichtet sein Arbeitgeber ihn, die Vergütung abzuführen, entfällt der Vergütungsanspruch, da es sich sonst um eine verdeckte Sonderbefriedigung eines Insolvenzgläubigers handeln würde.[50]

VII. Das Festsetzungsverfahren

1. Antrag. Die Festsetzung der Vergütung und Auslagen erfolgt nur auf einen **schriftlichen Antrag** des Mitglieds des Gläubigerausschusses. Der zu **begründende Antrag** ist von jedem Mitglied des Gläubigerausschusses gesondert einzureichen. Ein Antrag auf Festsetzung einer einheitlichen Vergütung für alle Mitglieder des Gläubigerausschusses ist unzulässig, da die individuelle Tätigkeit eines jeden einzelnen Mitglieds entschädigt wird.[51] Wie bei dem Vergütungsantrag des Insolvenzverwalters hat das Mitglied des Gläubigerausschusses einen konkreten Antrag zu stellen, der einen bestimmten Betrag benennt. Ein Antrag auf Festsetzung einer „angemessenen Vergütung" ist unzulässig.[52] Der Antrag muss die Grundlagen für die Vergütungsbemessung anführen. Er setzt die Fälligkeit des Anspruchs voraus.

2. Anhörung/rechtliches Gehör. Zu dem Antrag des Mitglieds des Gläubigerausschusses können der Insolvenzverwalter bzw. Treuhänder im Verbraucherinsolvenzverfahren, die Gläubigerversammlung und der Schuldner angehört werden.[53] Wie die fakultative Gewährung rechtlichen Gehörs zu erfolgen hat, muss der Einzelfallprüfung vorbehalten bleiben. Sinnvollerweise sollte die Anhörung der Gläubigerversammlung im Schlusstermin erfolgen. Um dies sicherzustellen, sollte der Antrag spätestens zwei Wochen vor dem Schlusstermin dem Gericht vorliegen.[54] Zum rechtlichen Gehör im Vergütungsfestsetzungsverfahren siehe die Erläuterungen zu § 64 Rdnr. 5.

---

[45] eingehend dazu *Kübler/Prütting/Lüke* InsO § 73 Rn. 13; *Uhlenbruck/Uhlenbruck* InsO § 73 Rn. 9; *Kübler/Prütting/Eickmann*, vor § 17 InsVV Rn. 10; MK-*Nowak*, § 73 Rn. 8; *Keller*, Vergütung Rn. 645.
[46] *Keller*, Vergütung Rn. 644
[47] a. A. *Haarmeyer/Wutzke/Förster* § 17 InsVV Rn. 30.
[48] *Haarmeyer/Wutzke/Förster* § 17 InsVV Rn. 29.
[49] *Kübler/Prütting/Bork/Eickmann*, vor § 17 InsVV Rn. 9; *Keller*, Vergütung Rn. 770.
[50] *Keller*, Vergütung Rn. 644, *Haarmeyer/Wutzke/Förster* § 17 InsVV Rn. 30.
[51] *Haarmeyer/Wutzke/Förster* § 17 InsVV Rn. 13.
[52] a. A. *Haarmeyer/Wutzke/Förster* § 17 InsVV Rn. 12.
[53] *Haarmeyer/Wutzke/Förster* § 17 InsVV Rn. 13 (fakultative Anhörung); LG Göttingen NZI 2005, 340 (zwingende Anhörung).
[54] *Haarmeyer/Wutzke/Förster* § 17 InsVV Rn. 13.

37 **3. Entscheidung.** Die Entscheidung über den Antrag des Gläubigerausschussmitglieds ergeht durch Beschluss des Insolvenzgerichts. Funktionell zuständig ist der Rechtspfleger, soweit es sich nicht um eine Festsetzung der Vergütung für die vorläufigen Mitglieder des Gläubigerausschusses im vorläufigen Verfahren handelt.

Im Beschlusstenor sind darzustellen
– die festgesetzte Vergütung,
– die auf die Vergütung entfallende Umsatzsteuer,
– die festgesetzten Auslagen und
– die auf die Auslagen entfallende Umsatzsteuer.

Damit wird der Vorgabe des § 8 Abs. 1 Satz 2 und § 18 Abs. 2 entsprochen. Die Vergütung und die Auslagen können auch in zwei getrennten Beschlüssen festgesetzt werden. Dies bietet sich an, wenn es sich abzeichnet, dass einer der beiden Festsetzungen angefochten wird.[55]

Der Festsetzungsbeschluss ist zu begründen (§§ 329 ZPO, 4 InsO). Zur Form und zum Umfang der Begründung siehe § 8 InsVV RdNr. 13.

38 **4. Bekanntgabe. a) Allgemeines.** Die formelle Wirksamkeit des Festsetzungsbeschlusses tritt ein, sobald das Insolvenzgericht ihn willentlich aus dem inneren Geschäftsbereich des Gerichts herausgegeben oder (ausnahmsweise) – z. B. im Schlusstermin – verkündet hat. Allerdings kann die Verkündung nicht schon die Rechtsmittelfrist in Gang setzen. Der Festsetzungsbeschluss muss, da er der sofortigen Beschwerde unterliegt, den Beschwerdeberechtigten zugestellt werden.

§ 64 Abs. 2 InsO unterscheidet zwischen der öffentlichen Bekanntmachung des Beschlusses einerseits und seiner Zustellung an bestimmte Verfahrensbeteiligte, nämlich den Verwalter, den Schuldner und die Mitglieder eines etwa bestellten Gläubigerausschusses andererseits.

39 **b) Öffentliche Bekanntmachung.** Der Festsetzungsbeschluss ist öffentlich bekannt zu machen (§ 64 Abs. 2 Satz 1 InsO). Er darf die festgesetzten Beträge nicht enthalten. In der Bekanntmachung ist jedoch darauf hinzuweisen, dass der vollständige Beschluss auf der Geschäftsstelle eingesehen werden kann. Da es untersagt ist, die festgesetzten Beträge zu veröffentlichen, muss auch die Veröffentlichung der Begründung unterbleiben, weil sich in aller Regel aus der Begründung verschiedentlich die festgesetzten Beträge ergeben. Somit wird nicht die Entscheidung veröffentlicht, sondern in der Veröffentlichung wird lediglich darauf hingewiesen, dass eine Festsetzungsentscheidung ergangen ist.

40 Auch wenn das Gesetz – wie hier gemäß den §§ 73 Abs. 2, 64 Abs. 2 InsO – neben der öffentlichen Bekanntmachung eine besondere Zustellung vorschreibt, genügt gem. § 9 Abs. 3 InsO die öffentliche Bekanntmachung zum Nachweis der Zustellung an die Beteiligten. Dies wird in der Literatur teilweise für verfassungsrechtlich bedenklich gehalten.[56]

41 **c) Einzelzustellung.** Wurde dem Antrag ganz oder teilweise entsprochen, ist der Festsetzungsbeschluss an den Insolvenzverwalter bzw. Treuhänder, den Schuldner und an die Mitglieder des Gläubigerausschusses zuzustellen. Wurde der Antrag des Gläubigerausschussmitgliedes zurückgewiesen, so erfolgt die Zustellung nur an ihn.

VIII. Rechtsbehelfe

42 Gegen die Festsetzung des Insolvenzgerichtes findet die sofortige Beschwerde statt, §§ 73 II, 64 III. Der Festsetzungsbeschluss kann von jedem Insolvenzgläubiger, dem Insolvenzverwalter, dem Schuldner und den betroffenen Mitgliedern des Gläubigerausschusses angefochten werden, wenn sie durch die Entscheidung beschwert sind.

43 Die Beschwerde ist nur zulässig, wenn die festgesetzte Vergütung den Wert von 200 € übersteigt (§§ 73 Abs. 2, 64 Abs. 3 Satz 2 InsO, § 567 Abs. 2 Satz 2 ZPO).

44 Die Beschwerdefrist beginnt für alle Beteiligten mit dem Wirksamwerden der öffentlichen Bekanntmachung nach § 9 Abs. 1 Satz 3 InsO. Ist Beteiligten der Beschluss gesondert zugestellt worden, läuft dennoch keine eigene Beschwerdefrist.

45 Gegen die Entscheidung des Beschwerdegerichts ist die Rechtsbeschwerde statthaft, wenn sie gemäß § 574 Abs. 1 Nr. 2 ZPO durch das Beschwerdegericht zugelassen worden ist. Diese Zulassung wird nunmehr also durch das Landgericht als Beschwerdegericht ausgesprochen. Die Zulassung hängt gemäß § 574 Abs. 3 i. V. m. Abs. 2 davon ab, ob die Rechtssache grundsätzliche Bedeutung hat oder ob die Fortbildung des Rechts oder die Sicherung einer einheitlichen Rechtsprechung eine Entscheidung des Rechtsbeschwerdegerichts erfordert.

---

[55] MK-*Nowak*, § 17 Rn. 15 InsVV.
[56] *Kübler/Prütting/Eickmann/Prasser* § 8 InsVV Rn. 16; MK-*Nowak* § 8 InsVV, Rn. 12.

IX. Vergütung und Vorschüsse im Falle der Verfahrenskostenstundung

Im Falle einer Stundung der Gerichtskosten nach § 4a InsO steht dem Mitglied des Gläubigerausschusses für seine Vergütung und Auslagen ein Erstattungsanspruch in voller Höhe gegen die Staatskasse zu, soweit die Insolvenzmasse zur Deckung der Verfahrenskosten nicht ausreicht. Siehe dazu die Erläuterungen zu § 73 RdNr. 29.

§ 18 Auslagen. Umsatzsteuer

(1) Auslagen sind einzeln anzuführen und zu belegen.
(2) Soweit Umsatzsteuer anfällt, gilt § 7 entsprechend.

Literatur: *Cranshaw*, Haftung, Versicherung und Haftungsbeschränkung des (vorläufigen) Gläubigerausschusses?; ZInsO 2012, 1151; *Vortmann*, Die Haftung von Mitgliedern eines Gläubigerausschusses, ZInsO 2006, 310.

I. Normzweck

§ 18 Abs. 1 InsVV konkretisiert den bereits in § 73 Abs. 1 InsO geregelten Anspruch des Gläubigerausschussmitglieds auf Erstattung von angemessenen Auslagen. Mit der Regelung in Abs. 2 wurde der Meinungsstreit, ob die Umsatzsteuer als Auslage erstattungsfähig ist, einer gesetzlichen Regelung zugeführt.

II. Anspruch auf Auslagenersatz

1. Allgemeines. Auslagen sind alle Sachaufwendungen und in bestimmten Fällen auch Personalkosten, die dem Ausschussmitglied anlässlich eines bestimmten Insolvenzverfahrens entstanden und nicht seine allgemeinen Geschäftskosten sind. Allgemeine Geschäftskosten nicht können nicht umgelegt werden. Auch wenn das Ausschussmitglied sein eigenes Büro für Zwecke der Gläubigerausschusstätigkeit einsetzt, ist eine Berücksichtigung anteiliger Allgemeinkosten nicht möglich.[1]

Als Auslagen kann das Ausschussmitglied nur tatsächlich entstandene Kosten geltend machen, die es den Umständen nach zur Erfüllung seiner Aufgaben für erforderlich halten durfte. Gemäß § 18 I InsVV sind diese einzeln anzuführen und zu belegen. Eine Gesamtpauschalierung, wie sie in § 8 III InsVV für den Verwalter vorgesehen ist, ist nicht möglich. Eine Pauschalierung, wie sie für den Insolvenzverwalter vorgesehen ist, eignet sich für die Mitglieder des Gläubigerausschusses wegen ihrer ganz unterschiedlichen Beanspruchung nicht.[2] Jedoch schließt dies nicht aus, innerhalb einzelner Ausgabengruppen einen pauschalen Erfahrungssatz anzuerkennen, wenn eine Einzelermittlung mit einem unverhältnismäßig hohen Aufwand verbunden wäre.

Begrenzt wird der Auslagenersatz nach § 73 Abs. 1 Satz 1 InsO auf angemessene Auslagen. Zwar kann die Prüfung der Angemessenheit durch das Insolvenzgericht i. d. R. erst nach Entstehung der Auslagen, d. h. bei der Festsetzung von Vergütung und Auslagen vorgenommen werden. Maßstab dieser Prüfung ist jedoch der Zeitpunkt, zu dem die Kosten veranlasst worden sind. Konnte zu diesem Zeitpunkt das Gläubigerausschussmitglied berechtigterweise annehmen, dass die Verursachung dieser Kosten noch angemessen sei, sind sie zu ersetzen.

2. Einzelne Auslagen. Reisekosten, die dem Ausschussmitglied in Ausübung des Amtes entstanden sind, sind grundsätzlich erstattungsfähig.[3] Die Reisekosten sind durch Belege nachzuweisen. Bei Fahrten mit dem eigenen PKW sind die gefahrenen Kilometer nach den Sätzen der Steuerverwaltung abzurechnen. Folgende Auslagen sind neben dem Regelstundensatz gesondert zu erstatten und zwar in der Höhe, in der sie tatsächlich angefallen sind und soweit das Ausschussmitglied sie zum Zeitpunkt der Entstehung für erforderlich halten durfte:
– Telefon- und Telekommunikationskosten,
– Portokosten,
– Fotokopierkosten,
– Kosten für das Schreibmaterial,
– Kosten einer Recherche durch Einholung von Auskünften

---

[1] *Kübler/Prütting/Bork/Eickmann* § 18 Rn. 2.
[2] Begr. zur InsVV
[3] LG Göttingen ZInsO 2005, 48; *Haarmeyer/Wutzke/Förster* § 18 Rn. 4 f; *Keller*, Vergütung , Rn. 789; *Braun/Kind* § 71 Rn. 12; *Vortmann* ZInsO 2006, 310, 314.

6 Die Mitglieder des Gläubigerausschusses können auch für die Erfüllung ihrer Aufgaben Hilfskräfte beauftragen und einzelne Tätigkeiten delegieren. Das Gläubigerausschussmitglied kann einen Sachverständigen mit der Prüfung der Rechnungslegung des Insolvenzverwalters beauftragen.[4]

7 **3. Insbesondere Prämien für Vermögenshaftpflichtversicherungen.** Anders als beim Insolvenzverwalter sind die Kosten einer Haftpflichtversicherung nicht mit der Vergütung abgegolten; die Regelung in § 4 Abs. 3 Satz 1 InsVV ist auf die Vergütung der Mitglieder des Gläubigerausschusses nicht entsprechend anwendbar. Im Grundsatz sind außergewöhnliche Schwierigkeiten und damit auch das Haftungsrisiko vergütungserhöhend bei der Festsetzung des Vergütungsanspruches zu berücksichtigen, jedoch können angesichts der Höhe der erforderlichen Versicherungsprämien diese oft nicht allein durch eine höhere Vergütung ausgeglichen werden. Angesichts des besonders bei Großverfahren und schwierigen Sach- und Rechtsfragen besonders hohen persönlichen Haftungsrisikos der Ausschussmitglieder zählt daher die nunmehr herrschende Ansicht auch die Beiträge der Vermögensschadenshaftpflichtversicherung in **umfangreichen Insolvenzverfahren** zu den erstattungsfähigen Auslagen.[5] Wegen der Höhe der Prämien einer derartigen Versicherung kommt auch die Gewährung eines Vorschusses an das Ausschussmitglied in Betracht. Teilweise wird es als zulässig angesehen, dass die Versicherungsprämien im Einverständnis des Insolvenzgerichts direkt aus der Masse bezahlt werden[6]. Das Gericht kann wegen fehlender Erforderlichkeit die Erstattung einer Prämie für eine Vermögenshaftpflichtversicherung verneinen. Die Erstattungsfähigkeit der Versicherungsprämien sollte daher vorab mit dem Insolvenzgericht geklärt werden.

III. Vorschüsse

8 Das Gläubigerausschussmitglied hat die Auslagen vorzufinanzieren. Der Entwurf zur InsVV sah in § 18 Abs. 3 ausdrücklich die Möglichkeit vor, einen Vorschuss zu gewähren. Dieser Abs. 3 ist nicht in die endgültige Fassung eingegangen. Nach der bereits zur VergVO vertretenen Auffassung haben die Mitglieder des Gläubigerausschusses, insbesondere bei einer langen Verfahrensdauer, einen Anspruch auf Vorschuss von Vergütung und Auslagen. Aus den §§ 27, 675, 669, 713, 1091, 1835, 1915 BGB, 3 JVEG folgt der allgemeine Rechtsgedanke, dass niemand für Handlungen im Interesse anderer in Vorlage treten muss. Da der Anspruch auf Vergütung jedoch erst mit Arbeitsleistung und der auf Auslagenerstattung erst mit Aufwandsvollzug entsteht und das Ausschussmitglied deshalb insoweit bereits vorleistungspflichtig ist, greift dieser allgemeine Rechtsgedanke erst, wenn die Pflicht zur Vorlage ein zumutbares Maß überschritten hat. Das Gericht muss sich bei Bestimmung der Höhe des Vorschusses auf die Vergütung am Vergütungsanspruch des einzelnen Mitglieder orientieren, wobei aus dem Vorschuss noch nicht auf die Festsetzung eines pauschalen Betrages oder eines bestimmten Stundensatzes geschlossen werden kann. Einer Anhörung der Gläubigerversammlung vor Festsetzung des Vorschusses bedurfte es bereits nach altem Recht nicht.

IV. Erstattung der Umsatzsteuer

9 Soweit das Ausschussmitglied wegen seiner Tätigkeit im Ausschuss der Umsatzsteuer unterliegt, so wird diese wegen §§ 18 Abs. 2, 7 InsVV neben der Vergütung aus der Masse erstattet.[7] Die Umsatzsteuer ist im Festsetzungsbeschluss gesondert festzusetzen. Handelt es sich bei dem Ausschussmitglied um einen Selbstständigen oder Freiberufler, muss das Ausschussmitglied den Nachweis erbringen, dass es umsatzsteuerpflichtig ist.[8]

V. Festsetzungsverfahren und Rechtsbehelfe

10 Zum Festsetzungsverfahren und den Rechtsbehelfen siehe die Ausführungen zu § 17 Rn. 35–47.

VI. Auslagen im Falle einer Verfahrenskostenstundung

11 Durch den Verweis in § 73 Abs. 2 InsO auf § 63 Abs. 2 InsO ist hat der Gesetzgeber klargestellt, dass im Falle einer Stundung der Gerichtskosten nach § 4 a dem Mitglied des Gläubigerausschusses auch für seine Auslagen ein Erstattungsanspruch in voller Höhe gegen die Staatskasse zusteht, soweit die Insolvenzmasse zur Deckung der Verfahrenskosten nicht ausreicht.

---

[4] MünchKommInsO-*Nowak* Voraufl. § 18 InsVV Rn. 10.
[5] BGH ZIP 2012, 876.
[6] BGH ZIP 2012, 876.
[7] *Kübler/Prütting/Lüke* § 73 Rn. 18; *Nerlich/Römermann/Delhaes* 73 Rn. 10.
[8] MünchKommInsO-*Nowak,* Voraufl. § 18 InsVV Rn. 11.

Mit einer entsprechenden Zustimmung des Insolvenzgerichts können evtl. Zahlungen aus der Insolvenzmasse als Vorschussleistung angesehen werden.⁹ Hierzu ist jedoch zumindest eine stillschweigende Genehmigung eines Vorschusses notwendig. Ohne eine entsprechende Genehmigung darf der Insolvenzverwalter Auslagen der Gläubigerausschussmitglieder nicht ersetzen.

Nach Beendigung des Amts des Gläubigerausschussmitglieds hat dieses seine Auslagen abzurechnen. Hierzu hat es die einzelnen Auslagen zu bezeichnen und zu belegen. Ist dies bei einzelnen Positionen nicht möglich, kann auch eine Schätzung einzelne Belege ersetzen. Eine pauschalierte Auslagenerstattung ist unzulässig.¹⁰

§ 19 Übergangsregelung

(1) Auf Insolvenzverfahren, die vor dem 1. Januar 2004 eröffnet wurden, sind die Vorschriften dieser Verordnung in ihrer bis zum Inkrafttreten der Verordnung vom 4. Oktober 2004 (BGBl. I S. 2569) am 7. Oktober 2004 geltenden Fassung weiter anzuwenden.

(2) Auf Vergütungen aus vorläufigen Insolvenzverwaltungen, die zum 29. Dezember 2006 bereits rechtskräftig abgerechnet sind, sind die bis zum Inkrafttreten der Zweiten Verordnung zur Änderung der Insolvenzrechtlichen Vergütungsverordnung vom 21. Dezember 2006 (BGBl. I S. 3389) geltenden Vorschriften anzuwenden.

(3) Auf Insolvenzverfahren, die vor dem 1. März 2012 beantragt worden sind, sind die Vorschriften dieser Verordnung in ihrer bis zum Inkrafttreten des Gesetzes vom 7. Dezember 2011 (BGBl. I S. 2582) am 1. März 2012 geltenden Fassung weiter anzuwenden.

I. Normzweck

§ 19 legt den zeitlichen Anwendungsbereich der Verordnung fest. In ihrer ursprünglichen Fassung legte sie die Nichtanwendung der InsVV auf Verfahren der Konkursordnung oder Gesamtvollstreckungsordnung fest. Nunmehr fungiert sie als Übergangsvorschrift für die Änderungen der Vergütungsverordnung vom 4.10.2004,¹ vom 21.12.2006² und vom 7.12.2011.³

II. Änderungen der InsVV

Seit ihrem Inkrafttreten ist die InsVV fünfmal geändert worden. Mit der Ersten Änderung vom 13.12.2001⁴ wurden die Vergütungssätze des § 2 Abs. 1 InsVV sowie die weiteren Vergütungsbeträge im Verhältnis zwei zu eins von der Deutschen Mark auf den € umgestellt. Diese Änderung ist zum 1.1.2002 in Kraft getreten. Umstritten war, ob diese Umstellung von Deutscher Mark auf € auch auf Verfahren angewendet werden sollte, die vor dem 1.1.2002 eröffnet wurden. Die Frage stellte sich, da der Umstellung nicht der amtliche Umrechnungskurs zugrunde gelegt worden war und die Umstellung bei höheren Beträgen zu einer nicht unerheblichen Kürzung der Vergütung führte.⁵ Nach Auffassung des AG Dresden⁶ sollte die Vergütung in jedem Fall in Euro festgesetzt werden, auch wenn die Bestellung des Verwalters oder vorläufigen Verwalters vor dem 1.1.2001 erfolgt war, da Art. 12 des Euro-Einführungsgesetzes keine Übergangsregelung für die InsVV enthält.⁷

Eine weitere Änderung der InsVV erfolgte durch das Gesetz zur Modernisierung des Kostenrechts (KostRMoG) vom 5.5.2004.⁸ Mit dieser Änderung wurden in den §§ 5 Abs. 1 und 11 Abs. 2 der Begriff „Bundesgebührenordnung für Rechtsanwälte" durch den Begriff „Rechtsanwaltsvergütungsgesetzes" ersetzt.

Eine erste umfassende Änderung der InsVV war durch die Entscheidungen des BGH vom 15.1.2004⁹ veranlasst. In diesen Entscheidungen hielt der BGH die Mindestvergütung des Insolvenzverwalters und des Treuhänders im vereinfachten Insolvenzverfahren für verfassungswidrig, soweit diese ab 1.1.2004 in

---

⁹ *Haarmeyer/Wutzke/Förster* § 18 Rn. 5)
¹⁰ *Haarmeyer/Wutzke/Förster* § 18 Rn. 2
¹ BGBl I S. 2569.
² BGBl. I S. 3389.
³ BGBl. I S. 2582.
⁴ BGBl. I 2001, 3574.
⁵ *Keller*, Vergütung, Rn. 14 f.
⁶ ZIP 2002, 1336.
⁷ Krit. dazu *Keller*, Vergütung Rn. 16
⁸ BGBl. I 2004, 718.
⁹ BGH NZI 2004, 196 und BGH NZI 2004, 224.

einem Verfahren bestellt werden. Er forderte den Verordnungsgeber, das Bundesministerium der Justiz, auf, eine verfassungskonforme Neuregelung zu treffen. Durch eine Änderungsverordnung vom 4.10.2004[10] ist der Verordnungsgeber dieser Aufforderung nachgekommen. Die Änderungen sind am 7.10.2004 in Kraft getreten. Hierfür sind in Abs. 1 Übergangsvorschriften getroffen worden.

5   Mit der Zweiten Verordnung zur Änderung der InsVV vom 21.12.2006 reagierte der Verordnungsgeber auf die Kritik an den Entscheidungen des BGH zur Einbeziehung von Aus- und Absonderungsrechten in die Berechnungsgrundlage der Vergütung des vorläufigen Verwalters.[11] Mit der Verordnung vom 21.12.2006[12] änderte der Verordnungsgeber den § 11. Diese Änderung ist am 29.12.2006. Abs. 2 enthält Übergangsvorschriften zu dieser Änderung.

6   Am 27.10.2011 beschloss der Deutsche Bundestag das Gesetz zur weiteren Erleichterung der Sanierung von Unternehmen („ESUG"). Mit diesem Gesetz wurde § 17 InsVV um einen Abs. 2 ergänzt. In diesem Absatz wird die Vergütung der Mitglieder des vorläufigen Gläubigerausschusses für die Erfüllung der ihnen nach § 56 Abs. 2 und § 270 Abs. 3 InsO zugewiesenen Aufgaben geregelt.

III. Übergangsvorschriften zu den vor dem 1.1.2004 eröffneten Insolvenzverfahren (Abs. 1)

7   Mit der Schaffung einer verfassungskonformen Neuregelung der Mindestvergütung in den massellosen Stundungsverfahrens hat der Verordnungsgeber gleichzeitig auch einige Begleitänderungen vorgenommen. So wurde für die vorläufige Verwaltung die Rechtsprechung des BGH umgesetzt und in § 11 Abs. 1 Satz 2 eine eigenständige Berechnungsgrundlage eingefügt. Zur Vorschussgewährung in Stundungsverfahren waren Anpassungen in § 9 notwendig, ebenso wie bei der Konkretisierung der Auslagenpauschalen und der Anpassung der Stundensätze in § 17, die in Anlehnung an § 19 ZwVwV vorgenommen wurden. Nach der Übergangsregelung des Abs. 1 sind auf Insolvenzverfahren, die vor dem 1.1.2004 eröffnet wurden, die Vorschriften der Verordnung in der bis am 7.10.2004 geltenden Fassung anzuwenden.

8   Nach der Bestimmung des § 19 betrifft die Neuregelung alle Insolvenzverfahren, die nach dem 31.12.2003 eröffnet worden sind, während alle bis zu diesem Zeitpunkt eröffneten Verfahren den Altregelungen unterfallen.[13] In der Literatur wird dies als verfassungswidrig angesehen, da hinsichtlich der in dem Zeitraum vom 1.1.2004 bis zum 7.10.2004 eröffneten Verfahren die Verordnung damit eine echte Rückwirkung entfalte, was angesichts der Verschlechterungen im Rahmen der Auslagenpauschalierung nicht zulässig sei. Das Rückwirkungsverbot gelte auch für Rechtsverordnungen.[14] In einer Entscheidung vom 25.10.2012 – IX ZB 242/11 hat sich der BGH mit dieser Frage befasst. Nach Auffassung des BGH verstößt die durch die Änderungsverordnung vom 4. Oktober 2004 für ab dem 1. Januar 2004 eröffnete Insolvenzverfahren eingeführte Begrenzung des Pauschsatzes für Auslagen für Insolvenzverfahren, die bei Inkrafttreten der Änderungsverordnung am 7. Oktober 2004 noch andauerten, nicht gegen das verfassungsrechtliche Rückwirkungsverbot. Die Neuregelung diene dem Interesse der Gläubiger und des Schuldners an einem Schutz der Masse vor überhöhten, weil sachlich nicht gerechtfertigten Forderungen des Insolvenzverwalters. Dieses Interesse wiege stärker als das Vertrauen des Insolvenzverwalters auf einen Fortbestand der bisherigen Regelung. Dem Insolvenzverwalter stehe gemäß § 63 Abs. 1 Satz 1 InsO, § 4 Abs. 2 InsVV im Grundsatz ein unbeschränkter Anspruch auf Erstattung sämtlicher Auslagen zu, die ihm bei seiner Tätigkeit tatsächlich entstanden sind, sofern sie nicht den allgemeinen Geschäftskosten zuzurechnen und deshalb mit der Vergütung abgegolten sind (§ 4 Abs. 1 Satz 1 und 2 InsVV). Es bleibe dem Verwalter auch nach der Begrenzung des Pauschsatzes durch die am 7. Oktober 2004 in Kraft getretene Neuregelung unbenommen, die entstandenen Auslagen durch Einzelnachweis geltend zu machen, wenn der in der Höhe begrenzte Pauschsatz die tatsächlichen Auslagen nicht deckt.

9   Die Insolvenzordnung unterscheidet deutlich zwischen dem Insolvenzverfahren und der anschließenden Restschuldbefreiungsphase, welche sich dem Insolvenzverfahren anschließen kann. Für die in den §§ 14–16 geregelten Verfahren findet daher die Neuregelung durchweg Anwendung, da die Insolvenzverfahren in diesen Fällen bereits beendet wurden und die InsVV in ihrer alten Fassung ausdrücklich nur für Insolvenzverfahren gelten soll, die vor dem 1.1.2004 eröffnet wurden. Daher steht auch in der Begründung „… Für den Treuhänder in der Wohlverhaltensperiode hat dies zur Konsequenz, dass für Tätigkeiten, die er nach Inkrafttreten dieser Verordnung entfaltet, die neuen Vergütungssätze maßgebend sind"[15] Für seine Tätigkeit davor gilt die frühere Fassung.

---

[10] BGBl. I, 2569.
[11] BGH NZI 2006, 284; BGH NZI 2006, 236; BGH NZI 2006, 464.
[12] BGBl. I 2006, 3389.
[13] dazu BGH NZI 2007, 46.
[14] Kübler/Prütting, Bork/Eickmann § 19 Rn.4; Lorenz/Klanke, § 19 InsVV Rn. 4..
[15] BGH NZI 2011, 147; LG Hamburg ZInsO 2010, 352; LG Memmingen ZInsO 2009, 302; Haarmeyer/Wutzke/Förster § 14 InsVV Rn. 1; **a. A.** LG Saarbrücken NZI 2010, 676; LG Augsburg NZI 2010, 531.

IV. Übergangsvorschriften für Vergütungen des vorläufigen Insolvenzverwalters, die bis zum 29.12.2006 bereits rechtskräftig abgerechnet sind (Abs. 2)

In § 19 Abs. 2 InsVV ist bestimmt, dass auf Vergütungen aus vorläufigen Insolvenzverwaltungen, die bis zum Inkrafttreten der Zweiten Verordnung zur Änderung der Insolvenzrechtlichen Vergütungsverordnung am 29.12.2006 bereits rechtskräftig abgerechnet sind, die bisher geltenden Vorschriften anzuwenden sind. In der Begründung zu Art. 2 des Verordnungsentwurfes erläutert das Bundesjustizministerium allgemein, das neue Recht finde auf alle Verfahren Anwendung, deren Abrechnung noch nicht rechtskräftig abgeschlossen sei. Eine solche, auf einem Umkehrschluss beruhende Auslegung widerspricht jedoch allgemeinen intertemporalen Rechtsanwendungsgrundsätzen.[16] Der Vergütungsanspruch des (vorläufigen) Insolvenzverwalters entsteht dem Rechtsgrunde nach mit der Berufung in sein Amt; sein Wert wird durch die Arbeitsleistung aufgefüllt. 10

Nach Auffassung des BGH bezieht sich die Übergangsvorschrift des § 19 Abs. 2 InsVV nur auf den neuen § 11 Abs. 2 InsVV, der die Nachbewertung des Schuldnervermögens behandelt. Nur hier ergebe die Übergangsvorschrift des § 19 Abs. 2 InsVV einen Sinn. Sie solle verhindern, dass gemäß § 11 Abs. 2 InsVV auch solche Vergütungen noch nachträglich abgeändert werden, die bereits vor dem Inkrafttreten der Neuregelung rechtskräftig festgesetzt worden waren, ohne dass ein vorläufiger Insolvenzverwalter damals der Verordnung einen Vorbehalt der Wertnachprüfung entnehmen konnte. 11

So gesehen trägt § 19 Abs. 2 InsVV keinen Umkehrschluss, dass auch die Änderungen von § 11 Abs. 1 InsVV durch die Verordnung vom 21.12.2006 rückwirkend auf alle noch nicht rechtskräftig abgeschlossenen Festsetzungsverfahren für die Vergütung des vorläufigen Insolvenzverwalters erstreckt werden sollen. Anderenfalls würde über eine echte Rückwirkung die bereits erarbeitete Vergütung geschmälert oder ebenso rückwirkend die Vergütungslast für den Schuldner oder die Gläubiger erhöht, ohne dass diese Beschwer außerhalb der Rechtsmittelfrist gegen die Anordnung der Sicherungsmaßnahmen noch hätte abgewehrt werden können. Der BGH hat in einer Entscheidung vom 11.3.2010[17] noch einmal ausdrücklich bestätigt, dass auf vorläufige Insolvenzverwaltungen, die vor dem 29.12.2006 begonnen und geendet haben, § 11 Abs. 1 Satz 2 und 3 InsVV in der Fassung vom 4.10.2004 anzuwenden ist.[18] 12

V. Übergangsvorschrift zur Änderung des § 17 Abs. 2 durch das ESUG (Abs. 3)

Durch das Gesetz zur weiteren Erleichterung der Sanierung von Unternehmen („ESUG") vom 7.12.2011[19] wurde § 17 Abs. 2 InsVV eingefügt. Nach dessen Wortlaut beträgt die Vergütung der Mitglieder des vorläufigen Gläubigerausschusses für die Erfüllung der ihm nach § 56 Abs. 2 InsO und § 270 Abs. 3 InsO zugewiesenen Aufgaben einmalig 300 Euro. Diese Aufgaben des vorläufigen Gläubigerausschusses wurden erst mit dem ESUG neu in die Insolvenzordnung aufgenommen. Sie kommen gemäß Art. 103g EGInsO nur für Insolvenzverfahren in Frage kommen, die ab dem 1.3.2012 beantragt wurden. § 17 Abs.2 InsVV gilt somit gemäß § 19 Abs. 3 InsVV nur für Insolvenzverfahren, die ab dem 1.3.2012 beantragt worden sind. 13

§ 20 InsVV Inkrafttreten

Diese Verordnung tritt am 1. Januar 1999 in Kraft.

Die Insolvenzrechtliche Vergütungsverordnung ist zeitgleich mit der Insolvenzverordnung, am 1.1.1999, in Kraft getreten. Sie löst die bis dahin geltende Verordnung über die Vergütung des Konkursverwalters, des Vergleichsverwalters, der Mitglieder des Gläubigerausschusses und der Mitglieder des Gläubigerbeirates (VergVO) vom 25.5.1960 ab.[1] 1

Mit der Verkündung der Insolvenzrechtliche Vergütungsverordnung am 19.8.1998 war ein zeitlicher Vorlauf von knapp 4 1/2 Monaten gegeben, um sich auf die Neuregelungen einzustellen. Die bisher dahin geltende Verordnung über die Vergütung des Konkursverwalters, des Vergleichsverwalters, der Mitglieder des Gläubigerausschusses und der Mitglieder des Gläubigerbeirats vom 25.5.1960 ist weiterhin auf Verfahren nach der Konkurs-, Vergleichs- und Gesamtvollstreckungsordnung anwendbar. 2

---

[16] BGH NZI 2009, 54.
[17] NZI 2010, 527.
[18] A.A. *Kübler/Prütting/Bork/Prassser* § 19 Rn. 8; *Lorenz/Klanke* § 19 Rn. 5.
[19] BGBl I, 2582.
[1] BGBl. I S. 329.

§ 66 Rechnungslegung

(1) Der Insolvenzverwalter hat bei der Beendigung seines Amtes einer Gläubigerversammlung Rechnung zu legen. Der Insolvenzplan kann eine abweichende Regelung treffen

(2) Vor der Gläubigerversammlung prüft das Insolvenzgericht die Schlußrechnung des Verwalters. Es legt die Schlußrechnung mit den Belegen, mit einem Vermerk über die Prüfung und, wenn ein Gläubigerausschuß bestellt ist, mit dessen Bemerkungen zur Einsicht der Beteiligten aus; es kann dem Gläubigerausschuß für dessen Stellungnahme eine Frist setzen. Der Zeitraum zwischen der Auslegung der Unterlagen und dem Termin der Gläubigerversammlung soll mindestens eine Woche betragen.

(3) Die Gläubigerversammlung kann dem Verwalter aufgeben, zu bestimmten Zeitpunkten während des Verfahrens Zwischenrechnung zu legen. Die Absätze 1 und 2 gelten entsprechend.

Schrifttum: *Frege,* Der Sonderinsolvenzverwalter, 2008; *Frege/Riedel,* Schlussbericht und Schlussrechnung, 3. Aufl., 2010; *Haarmeyer/Hildebrand,* Insolvenzrechnungslegung - Diskrepanz zwischen gesetzlichem Anspruch und Wirklichkeit - Teil I, ZInsO 2010, 412 ff.; *Heyrath/Ebeling/Reck,* Schlussrechnungsprüfung im Insolvenzverfahren, 2008; IDW RH HFA 1.012 Externe (handelsrechtliche) Rechnungslegung im Insolvenzverfahren (Quelle: WPg Supplement 3/2011, S. 89 ff., FN-IDW 7/2011, S. 460 ff.) vom 10.06.2011 (Stand); IDW RH HFA 1.011 Insolvenzspezifische Rechnungslegung im Insolvenzverfahren (Quelle: WPg Supplement 3/2008, S. 49 ff., FN-IDW 8/2008, S. 321 ff.) Vom 13.06.2008 (Stand); *Keller,* Voraussetzungen und Umfang der Sachverständigenbeauftragung zur Schlussrechnungsprüfung im Insolvenzverfahren, Rpfleger 2011, 66 ff.; *Kloos,* Zur Standardisierung insolvenzrechtlicher Rechnungslegung, NZI 2009, 596 ff.; *Lièvre/Stahl/Ems,* Anforderungen an die Aufstellung und die Prüfung der Schlussrechnung im Insolvenzverfahren, KTS 1999, 1 ff.; *Madaus,* Grundlage und Grenzen der Bestellung von Sachverständigen in der gerichtlichen Schlussrechnungsprüfung, NZI 2012, 119 ff.; *Uhlenbruck,* Rechnungslegungspflicht des vorläufigen Insolvenzverwalters, NZI 1999, 289; *Vallender,* Die Anordnung der vorläufigen Insolvenzverwaltung, DZWir 1999, 265; *Zimmer,* Schlussrechnung des ausgeschiedenen Insolvenzverwalters, ZInsO 2010, 2203.

Übersicht

	Rn.		Rn.
I. Anwendungsbereich	1	d) Darstellung des Rechnungswesens	19–21
II. Begrifflichkeiten	2–4	3. Adressat der Rechnungslegung	22
III. Normzweck	5, 6	VI. Prüfung durch das Gericht	23–38
IV. Veranlassungstatbestände	7–12	1. Prüfungspflicht	23, 24
1. Aufhebung oder Einstellung des Verfahrens	7–9	2. Gerichtliche Zwangsmaßnahmen	25
		3. Prüfungsgrundsätze	26–28
2. Rechnungslegung des vorläufigen Insolvenzverwalters	10	a) Umfang der gerichtlichen Prüfung	26
		b) Prüftechnik	27, 28
3. Entlassung und Abwahl des Verwalters	11	4. Beauftragung von Sachverständigen	29–36
4. Sonstige Beendigungsgründe	12	a) Zulässigkeit	29, 30
V. Grundsätze der Rechnungslegung	13–22	b) Modalitäten der Beauftragung	31, 32
1. Höchstpersönliche Pflicht	13	c) Stellung des Sachverständigen	33
2. Form und Inhalt	14–21	d) Kosten	34–36
a) Keine detaillierte Regelung	14, 15	5. Verfolgung von Beanstandungen	37
b) Verfahrensdaten	16	6. Verletzung der Prüfungspflicht	38
c) Tätigkeitsbeschreibung	17, 18	VII. Prüfung durch den Gläubigerausschuss	39, 40

I. Anwendungsbereich

1 Die Pflicht zur Rechnungslegung bei Beendigung des Amtes gilt primär für den Insolvenzverwalter. Die Vorschrift findet aber auch Anwendung auf den vorläufigen Insolvenzverwalter, sobald dessen Amt etwa durch Eröffnung des Verfahrens, Antragsrücknahme oder durch Abweisung des Eröffnungsantrags endet (§ 21 Abs. 2 Nr. 1 InsO). Ebenso ist der (vorläufige) Treuhänder im vereinfachten Verfahren zur Rechnungslegung verpflichtet (§ 313 Abs. 1 S. 3 InsO). Eine entsprechende Anwendung der Vorschriften auf den (vorläufigen) Sachwalter ist dagegen nicht normiert. Innerhalb einer angeordneten Eigenverwaltung trifft die Pflicht zur Rechnungslegung den Schuldner (§ 281 Abs. 3 InsO). Da aber auch der (vorläufige) Sachwalter der Aufsicht des Insolvenzgerichts unterliegt

(§§ 274 Abs. 1, 58), ist er diesem gegenüber verpflichtet, über seine Tätigkeit Rechenschaft abzulegen. Der Treuhänder in der Restschuldbefreiungsphase ist mangels einer Gläubigerversammlung dem Insolvenzgericht gegenüber bei Beendigung seines Amtes zur Rechnungslegung verpflichtet (§ 292 Abs. 3 S. 1); ebenso der für eine Nachtragsverteilung eingesetzte Verwalter (§ 205 S. 2). Ein Sonderinsolvenzverwalter ist sowohl einer Gläubigerversammlung als auch dem Insolvenzgericht gegenüber zur Rechnungslegung verpflichtet.[1]

II. Begrifflichkeiten

Die Schlussrechnung im weiteren Sinne, wie sie im Rahmen des § 66 zu verstehen ist, umfasst das Zahlenwerk des Rechnungswesens sowie dessen Erläuterung in Form des sog. Schlussberichts, der in der InsO nicht explizit angesprochen ist. Ebenfalls nicht normiert ist die sog. Schlussbilanz, die jedoch dann entbehrlich erscheint, wenn sie letztlich nur die am Ende des Verfahrens vorhandenen Verwertungserlöse den festgestellten Insolvenzforderungen gegenüberstellt. Sonstige zu bilanzierende Vermögenswerte sollten bei Verfahrensbeendigung jedenfalls nicht in größerem Umfang vorhanden sein. Dagegen ist bei einer Unternehmensfortführung auf der Aktivseite der Schlussbilanz das Anlage- und Umlaufvermögen auszuweisen. Das Schlussverzeichnis ist Verteilungsverzeichnis i.S. der §§ 188 ff. und gehört zu den vom Verwalter einzureichenden Schlussunterlagen; das Schlussverzeichnis ist gleichwohl ebenso wie der Vergütungsantrag nicht originärer Bestandteil der Schlussrechnung.

Die Schlussrechnung i.S. des § 66 wird in Abgrenzung zu § 155 auch als interne Rechnungslegung bezeichnet, wohingegen die steuer- und handelsrechtliche Rechnungslegung als externe Rechnungslegung gilt.[2] Zur externen Rechnungslegung gehört auch die gegenüber den Gesellschaftern bestehende Pflicht des Verwalters, steuerliche Jahresabschlüsse für die Insolvenzmasse zu erstellen. Entstehen der Masse dadurch Kosten, die sie allein in fremdem Interesse aufwenden muss, kann der Verwalter hierfür Ersatz und einen entsprechenden Auslagenvorschuss fordern.[3]

Nach § 66 Abs. 3 S. 1 hat der Insolvenzverwalter auf Verlangen der Gläubigerversammlung zu bestimmten Zeitpunkten Zwischenrechnung zu legen, was in der Praxis eher selten vorkommt. Davon unabhängig verlangen die Insolvenzgerichte im Rahmen der Rechtsaufsicht nach § 58 regelmäßig halbjährliche Sachstandsberichte. In diesen erläutert der Insolvenzverwalter den aktuellen Verfahrensstand und schildert die voraussichtliche weitere Entwicklung. Beigefügt werden die Nachweise über die derzeitigen Geldbestände. Die zusätzliche Vorlage des Rechenwerkes ist nicht üblich. In Anlehnung an diese Rechtspraxis sollte nach dem Entwurf eines Gesetzes zur Verbesserung und Vereinfachung der Aufsicht in Insolvenzverfahren (GAVI, BR-Drucks. 566/07 v. 12.10.2007) der Insolvenzverwalter verpflichtet werden, dem Insolvenzgericht Zwischenberichte vorzulegen, die u.a. eine Fortschreibung der Vermögensübersicht beinhalten sollte. Diese Reformvorschläge werden derzeit nicht weiterverfolgt.

III. Normzweck

Die Schlussrechnung dient der Information der Gläubiger, des Schuldners und des Insolvenzgerichts. Diese sind über den Verlauf und das Ergebnis des Insolvenzverfahrens umfassend und vollständig zu informieren. Der Insolvenzverwalter hat in seiner Schlussrechnung und in dem erläuternden Schlussbericht die Art und Weise sowie den Umfang seiner Tätigkeit sachgemäß gegliedert darzulegen.[4] Es sind diejenigen Informationen zu liefern, die die Verfahrensbeteiligten benötigen, um die Verwaltung nachvollziehen und beurteilen zu können (Dokumentationsfunktion). Der Schlussrechnung müssen alle Angaben entnommen werden können, die ggf. notwendig sind, um Haftungsansprüche der Beteiligten durchzusetzen. Mit der Prüfung der Schlussrechnung entspricht das Insolvenzgericht der in § 58 Abs. 1 normierten Aufsichtspflicht . Auch stellt die Schlussrechnung die Grundlage für die Festsetzung der Verwaltervergütung dar (§ 8 InsVV). Die in der Schlussrechnung dargestellten Einnahmen bilden die Grundlage für die Berechnung der Regelvergütung nach § 2 InsVV. Mit der im Schlussbericht darzustellenden Tätigkeit kann der Verwalter ggf. Zuschläge auf die Regelvergütung gemäß § 3 InsVV begründen. Ebenso sind dem Schlussbericht diejenigen Tatbestände zu entnehmen die zu einem Abschlag von der Regelvergütung führen.

Nach § 162 KO diente der Schlusstermin u.a. der „Abnahme der Schlussrechnung". Die Rechnung galt von der Gläubigerversammlung gemäß § 86 KO als anerkannt, soweit in dem Termin

---

[1] Frege, Der Sonderinsolvenzverwalter, Rz. 323.
[2] Uhlenbruck/Uhlenbruck § 66 Rz.1; Haarmeyer/Hildebrand ZInsO 2010, 412; Kloos NZI 2009, 586.
[3] BGH NZI 2010, 956
[4] Frege/Riedel Rz. 18.

IV. Veranlassungstatbestände

7 1. Aufhebung oder Einstellung des Verfahrens. Die Pflicht zur Rechnungslegung besteht bei „Beendigung des Amtes". Das Amt des Insolvenzverwalters endet regelmäßig mit der Aufhebung (§ 200) oder Einstellung (§§ 207 ff.) des Insolvenzverfahrens. Im Vorfeld einer solchen Verfahrensbeendigung hat der Verwalter die Schlussrechnung dem Insolvenzgericht zur Prüfung vorzulegen. Im Schlusstermin ist die Schlussrechnung ggf. zu erörtern (§ 197 Abs. 1 Nr. 1). Die Aufhebung oder Einstellung des Verfahrens erfolgt demnach erst dann, wenn diese Verfahrensschritte abgewickelt sind.

8 Für den Fall einer Einstellung mangels Masse (§ 207) kann die Gläubigerversammlung im Berichtstermin auf die Rechnungslegung des Insolvenzverwalters verzichten, wenn dies als Beschlussfassungsthema in der Tagesordnung veröffentlich wurde. Dies befreit den Verwalter jedoch nicht von seiner Rechenschaftspflicht gegenüber dem Insolvenzgericht. Ist das Verfahren aufgrund Masseunzulänglichkeit einzustellen (§ 208), hat der Insolvenzverwalter für seine Tätigkeit nach der Anzeige der Masseunzulänglichkeit gesondert Rechnung zu legen (§ 211 Abs. 2).

9 Für den Fall, dass das Insolvenzverfahren nach Durchführung eines Planverfahrens gemäß § 258 Abs. 1 aufgehoben wird, kann der Plan eine von der obligatorischen Pflicht zur Rechnungslegung gegenüber der Gläubigerversammlung abweichende Regelung vorsehen (§ 66 Abs. 1 S. 2). Möglich ist z. B., dass dem Verwalter die Vorlage einer Schlussrechnung gänzlich erlassen wird. Damit soll vermieden werden, dass die Aufhebung des Verfahrens dadurch verzögert wird, dass eine vorgelegte Schlussrechnung durch das Insolvenzgericht geprüft wird.[5] Die Prüfung der Rechtmäßigkeit des Verwalterhandelns ist grundsätzlich unabhängig von der Pflicht des Verwalters, einer Gläubigerversammlung Rechnung zu legen. Ungeachtet einer im Plan vorgesehenen Befreiung ist der Verwalter demnach gehalten, gegenüber dem Insolvenzgericht im Rahmen des § 58 Rechnung zu legen. Da die Rechenschaftspflicht gegenüber dem Insolvenzgericht über die Aufhebung des Insolvenzverfahrens hinaus fortdauert, ist damit auch nicht die Gefahr einer verzögerten Verfahrensbeendigung verbunden.

10 2. Rechnungslegung des vorläufigen Insolvenzverwalters. Für den vorläufigen Insolvenzverwalter gelten die Vorschriften der §§ 58 und 66 entsprechend (§ 21 Abs. 2 Nr. 1). Er ist demnach verpflichtet, bei Beendigung seines Amtes Rechnung zu legen.[6] Dies unabhängig davon, ob auf ihn die Verwaltungs- und Verfügungsbefugnis übertragen wurde oder er mit Zustimmungsvorbehalt ausgestattet wurde. Endet das Amt durch die Eröffnung des Verfahrens, dann bleibt der vorläufige Verwalter auch dann verpflichtet, für den Zeitraum der vorläufigen Verwaltung Rechenschaft abzulegen, wenn er mit dem endgültigen Verwalter personenidentisch ist. Eine Befreiung von der Rechenschaftspflicht, wie sie insbesondere bei zeitlich kurzen Eröffnungsphasen gerechtfertigt sein mag, kann das Insolvenzgericht nur im Bezug auf § 58 erteilen.[7] Dasselbe gilt für den Fall, dass die vorläufige Verwaltung durch die Abweisung des Eröffnungsantrags mangels Masse, Antragsrücknahme oder Erledigterklärung endet. Kommt es nicht zur Eröffnung des Insolvenzverfahrens, so kann zwar keiner Gläubigerversammlung gegenüber Rechnung gelegt werden, die Rechnungslegungspflicht gegenüber dem Insolvenzgericht ist gleichwohl gegeben.[8] Denkbar ist auch, dass ein vorläufiger Gläubigerausschuss bestellt ist (§§ 21, Abs. 2 Nr. 1a, 22a), dem gegenüber ebenfalls die Pflicht zur Rechnungslegung besteht (§ 69). Wird der vorläufige Insolvenzverwalter wie in der Praxis üblich gleichzeitig als Sachverständiger mit der Erstellung eines Gutachtens zur Frage der Kostendeckung und des Vorliegens eines Eröffnungsgrundes betraut, wird das eingereichte Guthaben regelmäßig diejenigen Positionen umfassen, die ansonsten in einer Schlussrechnung darzustellen sind. Aus dem Gutachten nicht ersichtliche Maßnahmen, die der vorläufige Verwalter getroffen hat, sind in einem gesonderten Schlussbericht zu erläutern. Insbesondere muss sich der Anfangsbestand des Ander-/ bzw. Sonderkontos im eröffneten Verfahren aus den im Eröffnungsverfahrens vorgenommenen Forderungseinzügen und Sicherungsmaßnahmen nachvollziehbar ableiten lassen.

---

[5] BT-Drucks. 17/5712 S. 27.
[6] *Uhlenbruck* NZI 1999, 289.
[7] *Vallender* DZWiR 1999, 265.
[8] *Frege/Riedel* Rz. 44, 45; a. A. KG NZI 2001, 307; Uhlenbruck/*Uhlenbruck* § 66 Rz. 21.

3. Entlassung und Abwahl des Verwalters. Endet das Verwalteramt mit der Entlassung des Verwalters gemäß § 59 oder dessen Abwahl nach § 57, so bleibt er über die Beendigung seines Amtes hinaus zur Rechnungslegung verpflichtet.[9] Es handelt sich um eine nachlaufende Verpflichtung, deren Erfüllung gemäß § 58 durch Zwangsgeld verfolgt werden kann, was sich auch aus § 58 Abs. 2 ergibt.[10] Der Umfang der Rechnungslegung beschränkt sich auf den Zeitraum seiner Tätigkeit. Der nachfolgend bestellte Verwalter hat keinen (klagbaren) Anspruch gegen den entlassenen oder abgewählten Vorgänger auf Rechnungslegung.[11]

4. Sonstige Beendigungsgründe. Verstirbt der Insolvenzverwalter, trifft die Pflicht zur Rechnungslegung dessen Erben. Jedoch handelt es sich insoweit nicht um einen Rechenschafts- sondern um einen Tätigkeitsbericht. Der Erbe ist demnach nur verpflichtet, in seinem Besitz befindliche relevante Unterlagen herauszugeben sowie Auskunft zu ihm bekannten Sachverhalten zu erteilen.[12] Der neu zu bestellende Insolvenzverwalter wird letztlich in seiner Schlussrechnung, die in der Teilschlussrechnung des verstorbenen Vorgängers enthaltenen Angaben verarbeiten. Ein Anspruch des Nachfolgers gegen die Erben des Vorgängers auf Rechnungslegung besteht indes wohl nicht.[13]

V. Grundsätze der Rechnungslegung

1. Höchstpersönliche Pflicht. Die Pflicht zur Rechnungslegung ist vom Insolvenzverwalter persönlich zu erfüllen.[14] Dem wird auch dadurch entsprochen, dass der Verwalter die Verantwortung für die Richtigkeit und Vollständigkeit der Ausführungen dadurch übernimmt, dass er eine von Hilfskräften erstellte Schlussrechnung unterzeichnet. Die Kosten eingesetzter externer Dienstleister können nicht aus der Masse beglichen werden.[15] Somit kann der Verwalter zwar die Buchhaltung eines fortzuführenden Unternehmens z. B. durch dessen Beschäftigte und gegen Zahlungen aus der Masse führen lassen, dagegen gehört die Insolvenzbuchhaltung zu seinen Regelaufgaben.

2. Form und Inhalt. a) Keine detaillierte Regelung. Die einzelnen Modalitäten einer insolvenzrechtlichen Rechnungslegung werden mit der InsO nur rudimentär geregelt. So enthält § 66 Abs. 2 S. 2 nur die Aussage, dass der Schlussrechnung Belege beizufügen sind. Der Entwurf eines Gesetzes zur Verbesserung und Vereinfachung der Aufsicht in Insolvenzverfahren (GAVI, BR-Drucks. 566/07 v. 12.10.2007) verlangte mit einer geplanten Änderung des § 66, dass die Rechnungslegung mindestens aus dem Schlussbericht, der Schlussrechnung und der auf den Zeitpunkt der Rechnungslegung zu erstellenden Vermögensübersicht einschließlich des fortgeschriebenen Verzeichnisses der Massegegenstände bestehen sollte. Wird das schuldnerische Unternehmen fortgeführt, so sollte anstelle der Vermögensübersicht und des Verzeichnisses das Ergebnis der Betriebsfortführung mitgeteilt werden.

Mangels entsprechender Vorschrift innerhalb der InsO ist auf einschlägige Regelung des BGB, wie etwa auf §§ 259, 260, und anderer Rechtsnormen, wie z. B. das HGB Rückgriff zu nehmen. Aus § 259 Abs. 2 BGB ergibt sich dabei die Möglichkeit, vom Verwalter die Abgabe einer eidesstattlichen Versicherung zu verlangen.[16]

b) Verfahrensdaten. Der Schlussbericht sollte mit einer vorgeschalteten Übersicht beginnen, in der die Verfahrensdaten sowie die „Stammdaten" des Schuldners zusammengefasst werden. Als Verfahrensdaten gelten z. B. der Zeitpunkt der Antragstellung, das Wirksamwerden getroffener Sicherungsmaßnahmen sowie die in einem Verfahren abgehaltenen Gläubigerversammlungen. Zu den Stammdaten des Schuldners gehören bei einer natürlichen Person insbesondere die gesetzlichen Unterhaltspflichten sowie der Familienstand. Bei juristischen Personen sollten die Gesellschafter sowie haftungsrelevanten Tatsachen genannt werden. Abschließend kann auf die voraussichtliche Befriedigungsquote hingewiesen werden sowie – bei natürlichen Personen – auf eine beantragte Restschuldbefreiung eingegangen werden.

c) Tätigkeitsbeschreibung. Die Tätigkeit des Insolvenzverwalters kann – abhängig vom Umfang und Schwerpunkt des Verfahrens – in folgende Themenbereiche untergliedert werden:
– Fortführung/Liquidierung des Geschäftsbetriebs;

---

[9] OLG Zweibrücken NZI 2002, 43.
[10] BGH, NJW-RR 2005, 1211.
[11] BGH, NZI 2010, 984.
[12] Uhlenbruck/*Uhlenbruck* § 66 Rz. 24; Kreft-*Eickmann* § 66 Rz. 17.
[13] Vgl. BGH, ZVI 2010, 484.
[14] *Frege/Riedel* Rz. 29; Uhlenbruck/*Uhlenbruck* § 66 Rz. 9
[15] Nerlich/Römermann-*Delhaes*, InsO, § 66 Rz. 6.
[16] Kreft-*Eickmann* § 66 Rz. 19.

- Zusammenarbeit mit dem Gläubigerausschuss, wobei z. B. die Anzahl und die durchschnittliche Dauer der Sitzungen anzugeben sind; auch besondere Schwierigkeit, die sich ergaben, sind zu nennen;
- Behandlung von Aus- und Absonderungsrechten, wobei der Berechtigte, die Art und die Erledigung des jeweiligen Sicherungsrechts zu nennen sind;
- Abwicklung von Verträgen, wobei auf eine evtl. getroffene Erfüllungswahl einzugehen ist;
- Bearbeitung von Arbeits- und Dienstverhältnissen;
- Verwertung von Massevermögen, also insbesondere der Forderungseinzug sowie die Versilberung beweglicher und unbeweglicher Gegenstände, wobei sich im Vergleich zu prognostizierten Werten im Sachverständigengutachten ergebende eklatante Einbußen zu begründen sind; vorgenommene Freigaben sind zu begründen und mittels einer Abschrift des an den Schuldner gerichteten Schreibens samt Nachweis des Zugangs an diesen zu belegen;
- nicht verwertbare Vermögensteile, soweit diese nicht freigegeben wurden;
- Führung von Rechtsstreitigkeiten und deren Ergebnis, wobei anzugeben ist, ob damit externe oder zur Sozietät gehörende Anwälte betraut wurden;
- handels- und steuerrechtliches Rechnungswesen, wobei die evtl. Beauftragung Dritter anzugeben ist;[17] auch sollte angegeben werden inwieweit eine Vereinbarung mit den Finanzbehörden dahingehend getroffen werden konnte, dass auf eine ausschließlich Kosten verursachende Erfüllung der Steuererklärungspflicht verzichtet wurde;[18]
- Archivierung von Geschäftsunterlagen.

18 Das im Schlussbericht dargestellte Ergebnis der Verwaltertätigkeit muss selbstredend mit den Zahlen übereinstimmen, die sich aus der Insolvenzbuchhaltung ergeben.

19 **d) Darstellung des Rechnungswesens.** Als Mindestanforderung gilt die Vorlage einer Einnahme-/Ausgaben-Rechnung, in der sämtliche Zahlungsvorgänge fortlaufend in chronologischer Abfolge erfasst werden.[19] Unabhängig davon hat der Insolvenzverwalter eine Insolvenz-Buchhaltung zu führen und die entsprechenden Kontenblätter bei dem Insolvenzgericht einzureichen.[20] Zu berücksichtigen sind alle Zahlungsvorgänge von der Bestellung bis zum letzten bei der Erstellung der Schlussrechnung vorliegenden Kontoauszug. Danach anfallende Buchungen sind mit einer vorgeführten Schlussrechnung darzustellen, die zusammen mit den Nachweisen über die Verteilung der Masse dem Insolvenzgericht vorzulegen ist.

20 Aus den nach § 66 Abs. 2 S. 2 einzureichenden Belegen müssen sich Grund, Betrag und Empfänger geleisteter Zahlungen ergeben. Verzichtet werden kann auf die Vorlage von Belegen beim Forderungseinzug. Rechnungen, die vom Verwalter an den Drittschuldner übersandt werden, enthalten regelmäßig keine Informationen, die nicht schon anhand des eingereichten Vermögensverzeichnisses oder der Forderungsauflistung gewonnen werden können. Es ist allerdings darauf zu achten, dass die bei Insolvenzeröffnung offenen Forderungen in geeigneter Form dokumentiert werden und deren Schicksal in nachvollziehbarer Weise erläutert wird. Vorgenommene Abwertungen müssen sich schlüssig aus dem Schlussbericht ergeben und sich an die in der Eröffnungsbilanz angegebenen Wert anschließen.

21 Wird das schuldnerische Unternehmen fortgeführt, ist die insoweit erforderliche Buchhaltung gesondert von der insolvenzrechtlichen Rechnungslegung zu führen.

22 **3. Adressat der Rechnungslegung.** Die Schlussrechnung ist grundsätzlich dem Insolvenzgericht vorzulegen. Dies unabhängig davon, dass § 66 Abs. 1 S. 1 die Rechnungslegung gegenüber der Gläubigerversammlung normiert. Diese hat im Schlusstermin Gelegenheit, die Schlussrechnung des Verwalters zu erörtern (§ 197). Die einzelnen Gläubiger können sich anhand der beim Insolvenzgericht zur Einsicht auszulegenden und mit dem Prüfungsvermerk versehenen Schlussrechnung informieren (§ 66 Abs. 2). Dasselbe gilt für den Schuldner sowie die aus- und absonderungsberechtigten Gläubiger und die Massegläubiger. Auch besteht für jeden Beteiligten die Möglichkeit, Einsicht in die Insolvenzakten zu nehmen und sich eine Kopie der Schlussrechnung durch das Insolvenzgericht anfertigen zu lassen.[21] Der Insolvenzverwalter verwaltet das Vermögen des Schuldners und hat deshalb diesem über seine Verwaltung Auskunft zu geben und Rechenschaft abzulegen, §§ 260, 259 BGB. Dem Schuldner ist damit die Möglichkeit gegeben, die Tätigkeit des Insolvenzverwalters nachzuprüfen und ggf. Haftungsansprüche geltend zu machen.

---

[17] Zur Anzeigepflicht des Verwalters gegenüber dem Insolvenzgericht, vgl. BGH NJW 1991, 982; BGH WM 2012, 1127.
[18] Vgl. BGH, NJW 2004, 2976.
[19] *Frege/Riedel* Rz. 63.
[20] *Reck* ZInsO 2009, 139.
[21] BGH, NZI 2006, 472.

VI. Prüfung durch das Gericht

1. Prüfungspflicht. Bevor eine Gläubigerversammlung – regelmäßig in Form des Schlusstermins – anberaumt wird, deren Tagesordnungspunkt gemäß § 197 Abs. 1 S. 1 Nr. 1 die Erörterung der Schlussrechnung ist, hat das Insolvenzgericht die Schlussrechnung zu prüfen (§ 66 Abs. 1 S. 1). Mit dieser Überprüfung entspricht das Insolvenzgericht auch seiner in § 58 normierten Aufsichtspflicht gegenüber dem Verwalter. Funktionell zuständig ist der Rechtspfleger (§§ 3 Nr. 2 lit. e, 18 Abs. 1 Nr. 1 RPflG), soweit sich nicht der Richter das Verfahren ganz oder teilweise vorbehält (§ 18 Abs. 2 RPflG). Wird der Schlussbericht des vorläufigen Insolvenzverwalters erst nach Verfahrenseröffnung eingereicht - oftmals geschieht dies entgegen des Wortlauts der Vorschrift erst mit Rahmen der Schlussberichterstattung des im eröffneten Verfahren bestellten Verwalters -, ist der Rechtspfleger wohl auch für die Prüfung der Schlussrechnung des vorläufigen Verwalters funktionell zuständig.[22]

Das Gericht sollte die verfahrensabschließende Prüfung in einem vertretbaren zeitlichen Rahmen vornehmen. Nicht nur, dass mit einer verzögerten Verfahrensbeendigung weitere Kosten zu Lasten der Masse verbunden sind und damit die abgegebene Schlussrechnung überholt ist. Auch erhält der Insolvenzverwalter seine Vergütung erst mit entsprechender zeitlicher Verzögerung, ohne Verzugszinsen auf seinen Vergütungsanspruch beanspruchen zu können.[23]

2. Gerichtliche Zwangsmaßnahmen. Die Erfüllung der Rechungslegungspflicht kann nach Maßgabe des § 58 Abs. 2 durch Festsetzung und Beitreibung von Zwangsgeld auch nach Beendigung des Verwalteramtes erzwungen werden.[24] Erfüllt der Verwalter nach rechtskräftiger Festsetzung eines Zwangsgeldes seine Verpflichtung, kann der Festsetzungsbeschluss aufgehoben werden, wenn dieser noch nicht rechtskräftig ist.[25] Kommt der Verwalter trotz mehrmaliger Festsetzung und Bezahlung eines Zwangsgeldes seiner Verpflichtung nicht nach, kommt dessen Entlassung in Betracht.[26] Der in der Folge zu bestellende neue Verwalter hat die Aufgabe, das Verfahren zu Ende zu bringen. Hinsichtlich der Tätigkeit des entlassenen Verwalters kann von dem neu bestellten Verwalter eine Rechnungslegung nur in Form einer Bestandsaufnahme verlangt werden. Zumal der neu bestellte Verwalter gegen den entlassenen Verwalter keinen Anspruch auf Rechnungslegung hat.[27]

3. Prüfungsgrundsätze. a) Umfang der gerichtlichen Prüfung. Die gerichtliche Prüfung der Schlussrechnung bezieht sich zum einen auf die rechnerische Richtigkeit und Vollständigkeit des Zahlenwerkes. Zum anderen hat das Gericht zu prüfen, ob der Verwalter seinen insolvenzspezifischen Pflichten entsprochen hat. Dazu gehören die bestmögliche Verwertung der Insolvenzmasse sowie etwa die Frage, ob die Masseunzulänglichkeit rechtzeitig vom Verwalter dem Gericht angezeigt wurde. Gleichwohl ist es aber nicht Aufgabe des Insolvenzgerichts, getroffene Maßnahmen auf deren Zweckmäßigkeit oder Wirtschaftlichkeit hin zu überprüfen. Ob etwa die Entscheidung, das schuldnerische Unternehmen fortzuführen, nachträglich betrachtet, die bestmöglichste Verwertung der Masse darstellt, ist demnach grundsätzlich nicht vom Insolvenzgericht zu bewerten. Krasse Fehlentscheidungen, die zu einem zumindest grob fahrlässig verursachten Gesamtschaden der Insolvenzgläubiger führen, sind jedoch vom Insolvenzgericht aufzudecken und nötigenfalls mit der Einsetzung eines Sonderinsolvenzverwalters zu verfolgen.[28] Ein Schwerpunkt der Prüfung ist die rechtmäßige Begründung von Masseverbindlichkeiten. Hier ist u.a. der Frage nachzugehen, ob die Beauftragung Dritter zu Lasten der Masse gerechtfertigt ist.[29]

b) Prüftechnik. Die Prüfung des Zahlenwerkes erfolgt durch Vergleich von Unterlagen, also von Kontoauszügen und dazugehörigen Belegen, wie Rechnungen, Auftragsschreiben oder Eigenbelegen. Das Gericht kann sich dabei auf Stichproben beschränken, indem z. B. jeweils zehn Positionen aus zuvor festgelegten Prüffeldern einer näheren Prüfung unterzogen werden.[30] Ergeben sich dabei Unregelmäßigkeiten in Form von Fehlern oder Täuschungen, bedarf es einer tiefergehenden Prüfung der einzelnen Positionen.

Eine Prüfung der Rechtmäßigkeit des Verwalterhandelns hat unter den maßgebenden Gesichtspunkten der InsO zu erfolgen. Dazu gehört insbesondere die umfängliche Masseverwertung, die z. B. auch die Geltendmachung von Rückgewähransprüchen infolge anfechtbarer Rechtshandlungen umfasst.

---

[22] Vgl. BGH, NZI 2010, 977 zur Festsetzung der Vergütung des vorläufigen Verwalters.
[23] BGH, NJW-RR 2004, 1132.
[24] BGH, NJW-RR 2005, 1211.
[25] BGH, WM 2012, 50.
[26] BGH, WM 2012, 280.
[27] BGH, NZI 2010, 984; a. A. *Zimmer* ZInsO 2010, 2203
[28] *Frege*, Der Sonderinsolvenzverwalter, Rz. 136.
[29] *Frege/Riedel* Rz. 387 ff.
[30] IDW-Prüfungsstandard WPg 2000, 76 ff.

29 4. Beauftragung von Sachverständigen. a) Zulässigkeit. Das Insolvenzgericht kann zur Ermittlung aller Umstände, die für das Insolvenzverfahren von Bedeutung sind, einen Sachverständigen beauftragen (§ 5 Abs. 1).[31] Angesprochen ist damit die Feststellung von Tatsachen, wie etwa der Zeitpunkt des Eintritts der Zahlungsunfähigkeit oder der Masseunzulänglichkeit. Das Gericht kann darüber hinaus einen Sachverständigen für die Klärung solcher Fragen zu Hilfe nehmen, die es mit seiner eigenen Sachkunde nicht zu beantworten vermag.[32] Dies kann im Rahmen des § 293 ZPO auch Rechtsfragen betreffen. Dagegen kann die Prüfung der Rechtmäßigkeit des Verwalterhandelns, also die Bewertung von ermittelten Tatsachen anhand der insolvenzrechtlichen Vorgaben nicht einem Sachverständigen überlassen werden.[33] Die Frage etwa, ob eine erlangte Anspruchsbefriedigung oder -sicherung nach §§ 130, 131 InsO anfechtbar ist, hat allein das Insolvenzgericht zu beantworten und kann dazu allenfalls die von einem Sachverständigen ermittelten Tatsachen berücksichtigen. Dasselbe gilt für Ermessensentscheidungen, wie sie etwa im Rahmen der Festsetzung von Vergütungszu- oder -abschlägen gemäß § 3 InsVV zu treffen sind, wobei das Insolvenzgericht wiederum die von einem Sachverständigen ermittelten Fakten seiner Entscheidung zugrunde legen kann.[34]

30 Über die dargestellten Einschränkungen hinaus werden in der Literatur Zweifel an der Zulässigkeit der Einschaltung eines Sachverständigen zur Prüfung des Schlussberichts u.a. auch mit einer Verletzung des Funktionsvorbehalts des Art. 33 Abs. 4 GG zugunsten des öffentlichen Dienst- und Treueverhältnisses begründet. Es handele sich bei der sachverständigen Prüfung der Schlussrechnung auch weder um reine Hilfsdienste für die Vorbereitung einer Entscheidung oder eine lediglich vorübergehende Ausübung der hoheitlichen Befugnisse, so dass keiner der Ausnahmetatbestände eingreife. Für fehlende eigene Sach- oder Rechtskenntnis des Gerichts sehe das Gesetz keine Ausnahme von Art 33 Abs. 4 GG vor. Insgesamt sei die Übertragung auf private Dritte daher verfassungswidrig und entsprechende Beschlüsse und Anordnungen seien nichtig.[35] Insbesondere im Hinblick auf die Kostenlast der Masse wird in der Bestellung externe Sachverständiger auch ein Verstoß gegen Art. 19 Abs. 4 GG (Justizgewährungsanspruch) gesehen, in dem mangelnde personelle oder sachliche Ausstattung der Insolvenzgerichte auf Kosten der Insolvenzmasse durch die Einschaltung von Sachverständigen kompensiert wird.[36] Wo bereits ein Gläubigerausschuss mit der Prüfung des Schlussberichts betraut war und dessen Prüfbericht dem Gericht vorliegt, sei die weitere Bestellung eines Sachverständigen schon deshalb unzulässig, weil kein weiterer Aufklärungsbedarf i.S. des § 5 Abs. 1 InsO bestehe.[37]

31 b) Modalitäten der Beauftragung. Die Auswahl der Person des Sachverständigen obliegt dem Insolvenzgericht. Ein förmlicher Beweisbeschluss ist nicht notwendig.[38] Der gerichtliche Beschluss hat aber den Gutachtensauftrag genau zu bezeichnen. Eine pauschale Beauftragung der Prüfung der Schlussrechnung verbietet sich, weil das Gericht sich seiner hoheitlichen Prüfungspflicht entledigen würde.[39] Soll der Sachverständige nicht nur die Schlussrechnung prüfen sondern etwa auch zur Höhe der Berechnungsgrundlage nach § 1 InsVV Stellung nehmen, so ist dies ausdrücklich in den Auftrag aufzunehmen. Der Gutachter kann für Tätigkeiten, die ihm nicht übertragen wurden, keine Vergütung verlangen.[40]

32 Die Beauftragung eines Sachverständigen ist dem Insolvenzverwalter und ggf. dem Schuldner mitzuteilen. Dies ergibt sich bereits aus der Tatsache, dass der Insolvenzverwalter berechtigt ist, den beauftragten Sachverständigen wegen Besorgnis der Befangenheit abzulehnen. Die nach § 406 ZPO hierfür zu beachtende Frist von zwei Wochen beginnt mit der Zustellung einer Ausfertigung des gerichtlichen Gutachtensauftrags. Begründet ist eine solche Ablehnung etwa dann, wenn der Sachverständige ebenfalls als Insolvenzverwalter oder als Mitarbeiter eines solchen tätig ist.[41] Ob dieser bei demselben Amtsgericht gelistet ist, spielt dabei keine Rolle, da auch nicht gelistete Personen vom vorläufigen Gläubigerausschuss als Verwalter vorgeschlagen werden können und somit nicht ausgeschlossen ist, dass künftig ein Konkurrenzverhältnis entsteht oder Know-how unzulässigerweise transferiert wird.

---

[31] OLG Stuttgart NZI 2010, 191.
[32] A.A. *Madaus* NZI 2012, 119.
[33] *Keller* Rpfleger 2011, 66.
[34] *Haertlein* NZI 2009, 579.
[35] *Vierhaus* ZInsO 2008, 521.
[36] ARGE Insolvenzrecht im DAV Nr. 23/07
[37] *Madaus* NZI 2012, 119.
[38] *Kirchhof* HK-InsO, § 5 Rn. 18.
[39] *Kloos* NZI 2009, 589.
[40] Uhlenbruck/*Uhlenbruck* § 5 Rn. 12.
[41] OLG Köln ZIP 1990, 58.

c) Stellung des Sachverständigen. Als Hilfsorgan des Insolvenzgerichts hat der bestellte Sachverständige die Aufgabe, das Gericht zu unterstützen. Es besteht ein öffentlich-rechtliches Auftragsverhältnis zwischen dem Gutachter und dem Insolvenzgericht. Dagegen besteht keine Rechtsbeziehung zwischen dem Sachverständigen und dem Insolvenzverwalter. Dieser ist demnach nicht verpflichtet, dem Sachverständigen Auskünfte über die Art und den Umfang seiner Tätigkeit zu geben. Eine solche Pflicht kann jedoch mittels einer entsprechenden Anordnung des Insolvenzgerichts begründet werden (§ 404a ZPO). Hinsichtlich der Haftung des Sachverständigen ist auf § 839a BGB abzustellen: Erstattet ein vom Gericht ernannter Sachverständiger vorsätzlich oder grob fahrlässig ein unrichtiges Gutachten, so ist er zum Ersatz des Schadens verpflichtet, der einem Verfahrensbeteiligten durch eine gerichtliche Entscheidung entsteht, die auf diesem Gutachten beruht. Zu dem ersatzfähigen Schaden gehört jeder durch das unrichtige Gutachten und die darauf beruhende gerichtliche Entscheidung adäquat verursachte und in den Schutzbereich der verletzten Sachverständigenpflicht fallende Vermögensschaden.[42]

d) Kosten. Die Vergütung sowie die Auslagen des Sachverständigen sind diesem nach dem JVEG zunächst aus der Staatskasse zu erstatten. Die Tätigkeit im Rahmen der Schlussrechnungsprüfung wird regelmäßig in die Honorargruppe 4 des § 9 JVEG fallen, so dass derzeit ein Stundensatz von 65 € verlangt werden kann.[43] Die entstandenen Kosten sind letztlich der Masse in Rechnung zu stellen. Dabei werden die Sachverständigenkosten nach überwiegender Ansicht als Verfahrenskosten i.S. des § 54 Nr. 1 InsO angesehen.[44]

Nach anderer Ansicht ist die Abwälzung von Sachverständigenkosten auf die Insolvenzmasse unzulässig. Die entstehenden Kosten gingen vielmehr zu Lasten des Justizfiskus.[45] Begründet wird dies zum einen damit, dass die Begründung zusätzlicher Sachverständigenkosten dem Interesse der Gläubiger nach Schonung der Insolvenzmasse zuwiderlaufe.[46] Zum anderen wird auf die fehlende gesetzliche Ermächtigung zur Abwälzung von Sachverständigenkosten verwiesen, womit sich ein Verstoß gegen Art. 20 Abs. 3 GG ergebe. Letztlich müsse das Gericht entsprechende Kapazitäten bereithalten. Es könne sich nicht dadurch entlasten, dass es einerseits auf eine hinreichende personelle Ausstattung verzichtet, und andererseits Kosten, die durch die Hinzuziehung privater Gutachter entstehen, auf die Insolvenzmasse überträgt.[47]

5. Verfolgung von Beanstandungen. Beanstandungen der Schlussrechnung teilt das Insolvenzgericht dem Verwalter mit. Soweit es sich um behebbare Mängel handelt, wie etwa die Vervollständigung der eingereichten Unterlagen, ist der Insolvenzverwalter zur Beseitigung des Mangels – ggf. unter Fristsetzung und Zwangsgeldandrohung – aufzufordern. Ergibt sich eine Schädigung der Insolvenzmasse durch ein schuldhaftes Verhalten des Verwalters und damit ein Anspruch der Masse auf Ersatz des Gemeinschaftsschadens, der nicht von einzelnen Insolvenzgläubigern geltend gemacht werden kann, so hat das Insolvenzgericht einen Sonderinsolvenzverwalter zu bestellen.[48] Soweit ein Mangel nicht behoben werden kann, sich aber auch keine Ansprüche der Masse gegen den Insolvenzverwalter ergeben, hat das Insolvenzgericht die festgestellten Beanstandungen in den Prüfungsvermerk aufzunehmen, mit dem der Vornahme der gerichtlichen Prüfung gemäß § 66 Abs. 2 S. 2 zu bestätigen ist. Dies soll ggf. einem Gläubiger oder auch dem Schuldner die Möglichkeit eröffnen, Schadensersatzansprüche gegen den Insolvenzverwalter zu prüfen.

6. Verletzung der Prüfungspflicht. Kommt das Insolvenzgericht seiner Prüfpflicht nicht nach, so ist ein entstehender Schaden im Rahmen des § 839 BGB vom Dienstherrn zu ersetzen.[49] Bei grob fahrlässiger oder gar vorsätzlicher Begehungsweise, ist der Rechtspfleger oder Richter in Regress zu nehmen.

VII. Prüfung durch den Gläubigerausschuss

Neben dem Insolvenzgericht ist auch ein eingesetzter Gläubigerausschuss berufen, bei Vermeidung von Schadensersatzansprüchen die Schlussrechnung des Insolvenzverwalters im Vorfeld des Schlusstermins zu prüfen (§§ 66 Abs. 2 S. 2, 69). Dabei hat der Gläubigerausschuss sein Augenmerk

---

[42] BGH, NJW 2006, 1733.
[43] OLG Hamburg ZInsO 2010, 634.
[44] OLG Stuttgart ZIP 2010, 491; LG Heilbronn ZIP 2009, 1437; *Kind*, FK, § 66 InsO, Rdnr. 18; Onusseit/Kübler/Prütting § 66 InsO, Rdnr. 23; Breutigam/Blersch/Goetsch, § 66 InsO, Rdnr. 11
[45] *Haertlein* NZI 2009, 577
[46] *Weitzmann* ZInsO 2007, 449; *Vierhaus* ZInsO 2008, 521
[47] *Heyrath* ZInsO 2005, 1092
[48] BGH, NZI 2009, 238.
[49] BGH, KTS 1985, 520.

§ 67   2. Teil. 3. Abschnitt. Insolvenzverwalter. Organe der Gläubiger

auch auf Wirtschaftlichkeits- und Zweckmäßigkeitserwägungen des Verwalters zu werfen, was dem Insolvenzgericht regelmäßig verwehrt ist.[50] Der Gläubigerausschuss wird oftmals eine Person aus seinem Kreis mit der Prüfung beauftragen. Es kann aber auch ein externer Prüfer durch den Gläubigerausschuss beauftragt werden. Dessen aus der Masse zu erstattendes Honorar wird meist deutlich über der Vergütung liegen, die ein vom Gericht bestellter Sachverständiger beanspruchen kann.

40   Entgegen des Wortlauts des § 66 Abs. 2 legt der Insolvenzverwalter in der Praxis den Prüfbericht des Gläubigerausschusses oder eines von diesem bestellten Sachverständigen zusammen mit seinen Schlussbericht dem Gericht vor. Soweit an der Unabhängigkeit oder der Qualifikation eines solchen Sachverständigen keine Zweifel bestehen, ist die Bestellung eines (weiteren) Sachverständigen durch das Gericht regelmäßig nicht gerechtfertigt. Auch erübrigt sich damit die in § 66 Abs. 2 S 2 normierte Möglichkeit, dem Gläubigerausschuss durch das Gericht eine Frist zur Stellungnahme zu setzen.

§ 67 Einsetzung des Gläubigerausschusses

(1) Vor der ersten Gläubigerversammlung kann das Insolvenzgericht einen Gläubigerausschuß einsetzen.

(2) [1]Im Gläubigerausschuß sollen die absonderungsberechtigten Gläubiger, die Insolvenzgläubiger mit den höchsten Forderungen und die Kleingläubiger vertreten sein. [2]Dem Ausschuß soll ein Vertreter der Arbeitnehmer angehören.

(3) Zu Mitgliedern des Gläubigerausschusses können auch Personen bestellt werden, die keine Gläubiger sind.

Schrifttum: *Berscheid,* Beteiligung des Betriebsrates im Eröffnungsverfahren nach Verfahrenseröffnung und im Insolvenzplanverfahren, ZInsO 1999, 27; *Ehlers,* Haftungsgefahren des zukünftigen Insolvenzverwalters, ZInsO 1998, 356; *Frege,* Die Rechtsstellung des Gläubigerausschusses nach der Insolvenzordnung, NZG 1999, 478; *Frind,* Der vorläufige Gläubigerausschuß, ZIP 2012, 1380 ff; *Ganter* in FS Gero Fischer 2008, 121 ff., Die Haftung der Mitglieder des Gläubigerausschusses; *Gundlach/Frenzel/Schmidt* Die GmbH als Gläubigerausschussmitglied, ZInsO 2007, 531 ff.; *Gundlach/Frenzel/Jahn,* Die Haftung der Gläubigerausschussmitglieder wegen Verletzung ihrer Überwachungspflicht, ZInsO 2009, 1095 ff.; *Gundlach/Frenzel/Jahn,* Die Auflösung des Gläubigerausschusses im laufenden Insolvenzverfahren, ZInsO 2011, 708ff; *Heidland,* Die Rechtsstellung und Aufgaben des Gläubigerausschusses, in: Kölner Schrift zur Insolvenzordnung, 2. Auflage 2000, S. 711 ff.; *Hegmanns,* Der Gläubigerausschuß, 1986; *Hess/Weis,* Die Stellung des Gläubigerausschusses in der Insolvenzordnung, InVo 1997, 1; *Hilzinger,* Vorläufige Untersagung von Maßnahmen des Insolvenzverwalters nach § 161 Satz 2 InsO bei bereits durchgeführten Maßnahmen?, ZInsO 1999, 560; *Kind* in FS Eberhard Braun, 2007, 31 ff., Der vorläufig vorläufige Gläubigerausschuss; *Marotzke,* Gläubigerautonomie – ein modernes Missverständnis, ZInsO 2003, 726 ff.; *Obermüller,* Insolvenzrecht in der Bankpraxis, 8. Aufl. 2011, RdNr. 1.560 ff.; *ders.,* Der Gläubigerausschuss nach dem ESUG, ZInsO 2012, 18 ff.; *Ohr,* Der Beamte im Gläubigerausschuß, KTS 1992, 343; *Pape,* Die Gläubigerautonomie in der Insolvenzordnung, ZInsO 1999, 305; *ders.,* Rechtliche Stellung, Aufgaben und Befugnisse des Gläubigerausschusses im Insolvenzverfahren, ZInsO 1999, 675; *ders.,* Recht auf Einsicht in Konkursakten, ZIP 1997; *ders.,* Die Gläubigerbeteiligung im Insolvenzverfahren 2000, S. 122 ff., RdNr. 311; *ders.,* Die Gläubigerbeteiligung im Insolvenzverfahren unter besonderer Berücksichtigung der Interessen der Kreditwirtschaft, WM 2003, 313 ff. und 361 ff., 1367; *ders.,* Schwierigkeiten und Risiken der Mitwirkung im Gläubigerausschuss, WM 2006, 19 ff.; *Pape/Schmidt,* Kreditvergaben und Gläubigerausschuss, ZInsO 2004, 955 ff.; *Pape/Uhlenbruck/Voigt-Salus,* Insolvenzrecht, 2. Aufl. 2010; *Pohlmann,* Befugnisse und Funktionen des vorläufigen Insolvenzverwalters, 1998; *Uhlenbruck,* Ausgewählte Pflichten und Befugnisse des Gläubigerausschusses in der Insolvenz, ZIP 2002, 1373 ff.; *Vallender,* Rechtsstellung und Aufgaben des Gläubigerausschusses, WM 2002, 2040 ff.; *Warrikoff,* Die Stellung der Arbeitnehmer nach der neuen Insolvenzordnung, BB 1994, 2338.

Übersicht

	Rn.		Rn.
A. Normzweck	1–3	2. Absonderungsberechtigte Gläubiger	14
B. Entstehungsgeschichte	4, 5	3. Forderungshöhe	15
C. Anwendungsbereich	6–28	4. Arbeitnehmer	16
I. Entscheidung über die Einsetzung	6, 7	**IV. Mitgliedschaft**	17–28
		1. Allgemeines	17–20
II. Aufgabe des vorläufigen Gläubigerausschusses	8	2. Nicht-Gläubiger als Mitglieder	21–21a
		3. Inkompatibilitäten	22–24
III. Zusammensetzung	9–16	4. Ersatzmitglieder, Stellvertreter	25, 26
1. Allgemeines	9–13	5. Beginn und Ende der Mitgliedschaft	27, 28

[50] *Frege/Riedel* Rz. 275

A. Normzweck

Das Insolvenzgericht kann vor der ersten Gläubigerversammlung einen Gläubigerausschuss einsetzen; § 67 entspricht damit seiner Vorgängerregelung, § 87 KO; die hierzu (und zur GesO) entwickelten Grundsätze sind daher auf § 67 übertragbar.[1]

Der Gläubigerausschuss soll von **„Beginn des Insolvenzverfahrens"** an tätig werden.[2] Während die Begründung zum RegE bei der ursprünglichen Einführung der InsO den Gläubigerausschuss ab Verfahrenseröffnung eingesetzt wissen wollte, hat der Gesetzgeber im Rahmen der Novellierung der InsO durch das ESUG eine Kehrtwende vollzogen und durch die Einfügung eines § 22a ausdrücklich die Einsetzung eines vorläufigen Gläubigerausschusses vorgesehen.[3] Er hat damit im Ergebnis den Bedenken der Kritiker Rechnung getragen, die einer möglichst frühzeitigen Beteiligung der Gläubiger das Wort geredet haben.[4] So haben auch Gerichte schon bislang im Eröffnungsverfahren einen Gläubigerausschuss eingesetzt.[5] Dies entsprach auch dem Wortlaut und dem Sinn des bisherigen Gesetzes. Das Eröffnungsverfahren der InsO hat besondere Bedeutung, weil die Fortführungs- und Sanierungschancen geprüft werden sollen. Die Instrumentarien des Eröffnungsverfahren, die Befugnisse der vorläufigen Verwalters sind auf den Erhalt des gefährdeten Unternehmens ausgerichtet. Es wäre daher inkonsequent, wenn es in diesem Verfahren das wegen seiner Sachkunde wichtige Organ Gläubigerausschuss nicht geben könnte oder dürfte. Der Gesetzgeber des ESUG hat denn auch gerade mit der Begründung die Gläubigerautonomie stärken zu wollen § 22a eingefügt.[6] Wenn das Gesetz den vorläufigen Verwalter, gleich ob stark oder schwach, als zentrale Figur im Eröffnungsverfahren ansieht, muss ihm konsequenterweise auch in diesem entscheidenden Stadium ein (vorläufiger) Gläubigerausschuss zur Seite gestellt werden können. Nur durch einen vorläufigen Gläubigerausschuss kann sich der vorläufige Verwalter die Unterstützung und Deckung der Gläubiger sichern, wenn im Eröffnungsverfahren, wie in Großverfahren die Regel, wichtige Entscheidungen zu treffen sind.[7] Auch wenn im Eröffnungsverfahren keine Verwertungsmaßnahmen getroffen werden sollen, werden dort doch teilweise entscheidende Weichen für das weitere Verfahren gestellt, die für eine Beteiligung der Gläubiger in einem vorläufigen Gläubigerausschuss sprechen. Damit sind die bisherigen pragmatischen Lösungsansätze der Praxis, wie etwa ein Gläubigerbeirat,[8] entbehrlich. Sie waren ohnehin nur Notbehelfe, die wiederum mehr Fragen aufwarfen als beantworteten.[9] Systematisch korrekt hat der Gesetzgeber den Wortlaut des § 67 Abs. 1 unverändert gelassen und den vorläufigen Gläubigerausschuss nun im Antragsverfahren in § 22a geregelt. Dabei hat der Gesetzgeber nicht detailliert festgehalten, wie dieser vorläufige Ausschuss arbeitet und haftet, sondern in § 21 Abs. 2 Nr. 1 lediglich die entsprechende Anwendung der §§ 69 ff. vorgesehen.[10] Allerdings lässt sich bereits jetzt absehen, dass aufgrund des nicht näher geregelten Haftungsregimes eher professionelle Gläubigervertreter einem vorläufigen Gläubigerausschuss angehören werden als individuelle Gläubiger. Dies hat seinen Grund darin, dass gerade im Eröffnungsverfahren Geld für eine individuelle Haftpflichtversicherung der Ausschussmitglieder fehlen wird, während das Risiko hier eine haftungsträchtige Fehlentscheidung zu treffen höher sein wird als im geordneten Verfahren nach Insolvenzeröffnung.

---

[1] *Hess/Weis* InVo 1997, 1; *Heidland,* Kölner Schrift, S. 711, 715 (RdNr. 8).
[2] Begr. RegE, BT-Drucks. 12/2443, in *Balz/Landfermann,* Die neuen Insolvenzgesetze, 1999, S. 281.
[3] Begr. RegE, BT-Drucks. 17/5712.
[4] Vgl. der *Verfasser* in der Vorauflage; ebenso *Kübler*/Prütting/Bork § 67 RdNr. 11; ferner *Kind,* FS Eberhard Braun zum 60. Geburtstag, S. 31, 47 ff.
[5] AG Köln ZInsO 2000, 406; aA *Pape* ZInsO 1999, 675, 676 sowie *Uhlenbruck* ZIP 2002, 1373, 1374.
[6] RegE, BT-Drucks. 17/5712.
[7] *Pape* ZInsO 1999, 675, 676, bietet trotz seiner grundsätzlich ablehnenden Haltung als Kompromiss die Einsetzung bei einem starken Verwalter/einem allgemeinen Verfügungsverbot an. Nur dann bestehe Überwachungsbedarf. Er meint aber zur Zurückhaltung, WM 2003, 361, 364. Ausdrücklich gegen die Entscheidung des AG Köln ZInsO 2000, 406, die einen Gläubigerausschuss im Eröffnungsverfahren zulässt, wendet sich *Uhlenbruck* ZIP 2002, 1373, 1374. Soweit er argumentiert, die Entscheidungen eines derartigen Gläubigerausschusses könnten durch den endgültigen Gläubigerausschuss korrigiert werden, so trifft diese Argumentation auch für einem vom Gericht eingesetzten, aber noch nicht durch die Gläubigerversammlung bestätigten Ausschuss zu und auch für einen vorläufigen Insolvenzverwalter, soweit das hierin ein Hinderungsgrund gesehen wird. *Vallender* WM 2002, 2042, 2043 will die Einsetzung in Einzelfällen zulassen.
[8] *Braun/Kind* InsO, § 67 RdNr. 16; siehe hierzu unten § 68 RdNr. 18.
[9] *Vallender* WM 2002, 2042, 2043 weist zu Recht auf die dadurch entstehenden Probleme haftungsrechtlicher Art hin.
[10] Vgl. im Einzelnen die Kommentierung zu § 21 Abs.2 und § 22a in diesem Band; sowie *Obermüller* ZInsO 2012, 18 ff.; ferner *Frind* ZIP 2012, 1380 ff.

3 Funktional zuständig für die Einsetzung des Gläubigerausschusses ist der **Richter**, § 18 Abs. 1 Nr. 1 RPflG. Nach dieser Vorschrift bleibt dem Richter das Verfahren bis zur Entscheidung über den Eröffnungsantrag vorbehalten; erst danach geht die funktionale Zuständigkeit auf den Rechtspfleger über.[11] Soll der Gläubigerausschuss gleichzeitig mit Eröffnung eingesetzt werden, fällt diese Entscheidung wegen des Sachzusammenhangs noch in die Zuständigkeit des Richters. Nach Eröffnung trifft die Gläubigerversammlung die Entscheidung über die Einsetzung (§ 68 Abs. 1). Der **Rechtspfleger** ist, vom Fall des § 18 Abs. 2 Satz 1 RPflG abgesehen, nur dann zuständig, wenn über die Einsetzung zwischen Verfahrenseröffnung und der ersten Gläubigerversammlung entschieden werden soll. Dies dürfte aber nicht häufig vorkommen.

B. Entstehungsgeschichte

4 § 67 geht auf § 78 RegE zurück, der allerdings durch den Rechtsausschuss und veranlasst durch die Stellungnahme des Bundesrates modifiziert worden ist.[12] Nach § 78 Abs. 1 RegE *soll* das Insolvenzgericht einen Gläubigerausschuss einsetzen; aus dem *soll* wurde durch den Ausschuss ein *kann*. Da eine Sollvorschrift vom Gehalt ein *muss* vorschreibt, von dem nur unter bestimmten Voraussetzungen abgewichen werden darf, die § 78 RegE mit einer *es sei denn*-Ausnahme definieren wollte, gibt die Gesetzesfassung dem Insolvenzgericht sehr viel Entscheidungsfreiheit. Sollte nach § 78 RegE der Gläubigerausschuss der Regelfall sein, entscheidet jetzt das Gericht nach pflichtgemäßem Ermessen über die Einsetzung eines Gläubigerausschusses, und sieht sich dadurch in seiner Rolle als verfahrensleitendes Organ gestärkt. Der Ausschuss hat keine Veranlassung zur Verschärfung der bisherigen Regelung (§ 87) gesehen.

5 Hinsichtlich des Arbeitnehmervertreters sah § 78 Abs. 2 Satz 3 RegE vor, dass ein solcher dem Ausschuss nur angehören soll, wenn diese nicht nur mit nicht unerheblichen Forderungen am Verfahren teilnehmen (so § 67 Abs. 2 Satz 2), sondern die Mitgliedschaft des Arbeitnehmervertreters auch von der Größe des Gläubigerausschusses gerechtfertigt war. Diese Voraussetzung hat der Bundesrat als nicht sachgerecht beanstandet. Es war ihm nicht verständlich, dass Arbeitnehmervertreter lediglich im Hinblick auf die Größe des Gläubigerausschusses ausgeschlossen bleiben sollten. Das Ziel des Gläubigerausschusses lässt sich nur bei einer angemessenen Repräsentanz aller relevanten Gläubigergruppen erreichen, sodass es auf die schiere Größe nicht ankommen kann. Im Rahmen der Novellierung der InsO durch das ESUG hat der Gesetzgeber das Erfordernis gestrichen, das die Arbeitnehmerseite bedeutende Forderungen hat. Damit wird künftig grundsätzlich immer ein Arbeitnehmervertreter im Gläubigerausschuss vertreten sein.[13]

C. Anwendungsbereich

I. Entscheidung über die Einsetzung

6 Der Gläubigerausschuss ist ein fakultatives Organ.[14] Das Gericht kann grundsätzlich nach pflichtgemäßem Ermessen und frei bestimmen, ob ein Gläubigerausschuss eingesetzt werden soll oder nicht.[15] Die Entscheidungsfreiheit für oder gegen einen Gläubigerausschuss ist aber für größere und große Verfahren in den Fällen des durch das ESUG neu eingeführten § 22a nicht mehr gegeben.[16] Vor dieser Änderung der InsO gab es lediglich einen faktischen Zwang, keinen rechtlichen in diesen Fällen.[17] Für alle anderen Fälle lässt sich dem Gesetz keine Tendenz zum Verzicht auf einen Gläubigerausschuss bei Verfahren mit kleinen Beträgen und/oder wenigen Gläubigern entnehmen.[18] Im Gegenteil: § 78 RegE sah diese Ausnahmen von der Regeleinsetzung vor;[19] der Ausschuss hat aus der Soll-Einsetzung eine Kann-Vorschrift gemacht und auf das pflichtgemäße Ermessen des

---

[11] Begr. RegE, BT-Drucks. 12/2443, in *Balz/Landfermann*, Die neuen Insolvenzgesetze, 1999, S. 630.
[12] Begr. RegE, BT-Drucks. 12/2443, in *Balz/Landfermann*, Die neuen Insolvenzgesetze, 1999, S. 281.
[13] Begr. RegE, BT-Drucks. 17/5712, S. 27.
[14] Dies gilt auch in der Insolvenz einer Genossenschaft: § 103 GenG, der zwingend die Bildung eines Gläubigerausschusses vorsah, ist durch Art 49 Nr. 20 EGInsO aufgehoben worden.
[15] HK-*Eickmann* § 67 RdNr. 2; *Frege* NZG 1999, 478, 480; *Heidland*, Kölner Schrift, S. 711, 716 (RdNr. 9). *Obermüller*, Insolvenzrecht in der Bankpraxis, RdNr. 1.560; Kilger/*K. Schmidt* KO § 87 RdNr. 2.
[16] Vgl. Obermüller, Der Gläubigerausschuss nach dem ESUG, ZInsO 2012, 18, 19
[17] Vgl. *Uhlenbruck/Uhlenbruck* § 67 RdNr. 1.
[18] So aber *Hess/Pape*, InsO und EGInsO, RdNr. 81.
[19] § 78 Abs. 1 RegE: „… es sei denn, die Vermögensverhältnisse des Schuldners sind überschaubar und die Zahl der Gläubiger oder die Höhe der Verbindlichkeiten gering".

Gerichts bei der Entscheidung hierüber abgestellt.[20] Die Gesetzesbegründung hält es bei Kleininsolvenzen zwar für zweckmäßig, im Interesse der Straffung des Verfahrens und der Kostenersparnis, auf einen Gläubigerausschuss ganz zu verzichten.[21] Ein Verzicht auf einen Gläubigerausschuss in Kleinverfahren findet im Gesetz aber keine Stütze.[22] Damit wird dem Gericht nur ein Entscheidungskriterium an die Hand gegeben, ohne dessen Ermessen einzuengen, und § 67 wird insoweit zu einer Zweckmäßigkeitsvorschrift.[23]

Das Gericht kann seine Einsetzungsentscheidung später wieder aufgreifen. Ergeben sich nachträglich 7 Gründe, die beispielsweise eine Vergrößerung nahelegen, kann das Gericht ein weiteres Mitglied oder weitere Mitglieder berufen.[24] Ebenso kann es ausgeschiedene oder entlassene Mitglieder ersetzen.

II. Aufgabe des vorläufigen Gläubigerausschusses

Aufgabe des vorläufigen Gläubigerausschusses ist es, die Mitwirkung der Gläubiger im Verfahren 8 bis zur Eröffnung zu sichern. Insbesondere soll er nach § 56a bei der Auswahl des vorläufigen Insolvenzverwalters beteiligt werden.[25] Ansonsten hat er dieselben Aufgaben, Rechte und Pflichten wie der endgültige Gläubigerausschuss.[26] Das Gesetz regelt in § 67 und § 68 nur unterschiedliche Fälle der Bildung des Gläubigerausschusses; die Anforderungen an den Gläubigerausschuss sind vor und nach der ersten Gläubigerversammlung dieselben. Dies gilt auch für die innere Ordnung oder die Beschlussfassung des Ausschusses.

III. Zusammensetzung

1. Allgemeines. § 67 Abs. 2 will die verschiedenen Gläubigergruppen angemessen berücksichti- 9 gen.[27] Deshalb nennt das Gesetz vier Gruppen von Gläubigern, nämlich die absonderungsberechtigten Gläubiger, die Gläubiger mit den höchsten Forderungen und die Kleingläubiger sowie die Arbeitnehmer.[28]

Die Vorschrift des § 67 Abs. 2 ist allerdings nur eine Soll-Vorschrift. Mit ihr soll Fehlentwicklun- 10 gen der Praxis Einhalt geboten werden, insbesondere die Dominanz von Geld- und Warenkreditgebern, in der Regel Großgläubiger also, soll abgebaut werden.[29] Nach Ansicht des Gesetzgebers muss der Ausschuss die **Interessen aller beteiligten Gläubiger** angemessen berücksichtigen,[30] sodass „möglichst" auch die Gläubiger mit Kleinforderungen im Ausschuss vertreten sein sollen. Die Formulierung im Ausschussbericht, das Ermessen des Gerichts bei der Zusammensetzung sei eingeschränkt,[31] darf nicht zu einem Fehlverständnis der Vorschrift im Sinne einer Muss-Vorschrift führen. Es kann sehr wohl von der Soll-Zusammensetzung abgewichen werden, wenn es hierfür einen begründeten Anlass gibt.[32] Dies festzustellen, ist Aufgabe des Insolvenzgerichtes, das über die Einsetzung eines Gläubigerausschusses zu befinden hat. Als minus ist in dieser Befugnis die Entscheidung über eine andere Zusammensetzung enthalten. Das Gericht hat hierbei nur ein pflichtgemäßes, am Verfahrensziel orientiertes Ermessen auszuüben, zumal § 67 selbst schwammige Begriffe verwendet. Das Gericht kann selbstverständlich Anregungen der Verfahrensbeteiligten in Bezug auf die Besetzung entgegennehmen. Da es einen Anspruch auf Mitgliedschaft im Gläubigerausschuss nicht gibt, ist das Gericht auch insoweit nicht gebunden, und eine **Nichtberücksichtigung** bedeutet **keinen Ermessensfehlgebrauch**.[33] Die Soll-Vorschrift zeigt dem Gericht den Wunsch des Gesetzes nach einer ausgewogenen Besetzung des Gläubigerausschusses, der bei der Regelzusammensetzung das

---

[20] Ausschussbericht, in *Balz/Landfermann*, Die neuen Insolvenzgesetze, 1999, S. 148.
[21] Begr. RegE, BT-Drucks. 12/2443, in *Balz/Landfermann*, Die neuen Insolvenzgesetze, 1999, S. 282; *Pape* ZInsO 1999, 675, 676.
[22] *Pape* ZInsO 1999, 675, 676.
[23] HK-*Eickmann* § 67 RdNr. 2; *Kübler*/Prütting/Bork § 67 RdNr. 10; LG Stuttgart ZIP 1989, 1595; *Hess*, InsO, RdNr. 81.
[24] So auch AG Kaiserslautern NZI 2004, 676.
[25] Vgl. § 56a.
[26] *Jaeger/Gehrhardt* § 67 RdNr. 11.; vgl. hierzu auch § 22a.
[27] *Kübler*/Prütting/Bork § 67 RdNr. 2.
[28] Begr. RegE, BT-Drucks. 12/2443, in *Balz/Landfermann*, Die neuen Insolvenzgesetze, 1999, S. 282.
[29] Auf die nach seiner Meinung nicht immer günstige Dominanz von Juristen in Gläubigerausschüssen weist *Kübler*/Prütting/Bork § 67 RdNr. 7 hin.
[30] Begr. RegE, BT-Drucks. 12/2443, in *Balz/Landfermann*, Die neuen Insolvenzgesetze, 1999, S. 282.
[31] Ausschussbericht, in *Balz/Landfermann*, Die neuen Insolvenzgesetze, 1999, S. 282.
[32] Wie hier: HK-*Eickmann* § 67 RdNr. 7, der empfiehlt, die Gründe für eine Abweichung transparent zu machen; *Pape* ZInsO 1999, 675, 677. Kritischer: *Frege* NZG 1999, 478, 480, der eine Abweichung nur in „Ausnahmefällen" für zulässig erachtet. Wie hier: *Heidland*, Kölner Schrift, S. 711, 717 (RdNr. 12).
[33] *Uhlenbruck/Uhlenbruck* § 67 RdNr. 16 u. 20.

Idealbild eines Ausschusses verkörpert, und will die Überlegungen des Gerichts in eine bestimmte Richtung lenken. Aber da es nicht den Muster-Insolvenzfall gibt, kann es auch nicht den Ideal-Gläubigerausschuss geben, sodass das Gericht aus seiner verfahrensleitenden Aufgabe heraus den für das konkrete Verfahren passenden und adäquaten Gläubigerausschuss einzusetzen hat. Das Ermessen des Gerichts soll jedenfalls nicht eingeschränkt werden. Die gesetzliche Regelung ist sicherlich kein Freibrief für „willkürliche" Abweichungen.[34] Stehen dem Gericht aber nachvollziehbare Gründe für seine Einsetzungsentscheidung zur Seite, haben die Verfahrensbeteiligten den von Gericht bestimmten Gläubigerausschuss hinzunehmen. Der Gesetzgeber hat folgerichtig darauf verzichtet, gegen die Entscheidung des Gerichts zur Einsetzung und zur Zusammensetzung die Beschwerde zuzulassen.[35] Da § 67 eine Zweckmäßigkeitsvorschrift ist, kann es eine „greifbare Gesetzeswidrigkeit" kaum geben,[36] allenfalls können offenbar sachfremde Erwägungen ein Rügerecht begründen.[37]

11   Dieselbe Freiheit hat das Gericht in Bezug auf die **Größe des Gläubigerausschusses**.[38] Die Sollstärke des Gläubigerausschusses ist drei; rechnet man trotz der Einschränkung in § 67 Abs. 2 Satz 2 den Arbeitnehmervertreter hinzu, beträgt sie vier. Auch diese Größenordnung ist nicht mehr als ein Orientierungswert. Das Gericht kann größere Gläubigerausschüsse einsetzen oder sich auf einen **Zweier-Ausschuss** beschränken;[39] Zweier-Ausschüsse sind zulässig, wenn es hierfür verfahrensbezogene Gründe gibt.[40] Trotz der Nähe des Gläubigerausschusses zum Aufsichtsrat der AG ist § 95 Satz 1 AktG nicht übertragbar, weil hinter § 95 ein anderer Normzweck steht. Kriterium für die Zahl der Ausschussmitglieder ist wiederum die Größe des Verfahrens, die ein Indikator auch für die Größe des Gläubigerausschusses ist. Sie ist aber nicht zwingend. Stehen bei einem großen Verfahren Rechtsfragen im Vordergrund, kann auch nur ein Zweier-Ausschuss gebildet werden, wenn dessen Besetzung die zur Erfüllung der Aufgaben des Gläubigerausschusses erforderliche Kompetenz und Sachkunde hat. Ebenso wenig gibt es Höchstgrenzen, anders § 95 Satz 4 AktG. Das Gericht hat aber zu bedenken, dass ein Gläubigerausschuss arbeitsfähig sein muss und durch Größe nicht schwerfällig werden darf. Letztlich gilt es für das Gericht auch zu berücksichtigen, dass bei einem sehr großen Gläubigerausschuss die Verfahrenskosten zu Lasten der Gläubiger in die Höhe getrieben werden. Es bedarf daher eines besonderen Grundes einen Gläubigerausschuss mit mehr als 7 Personen zu besetzen. Diese Entscheidung traut das Gesetz dem Gericht wegen seiner Sachkunde ohne Vorgaben zu.

12   Der Verwalter kann die Aufnahme bestimmter Gläubiger oder Personen anregen; die Gläubiger können dies auch.[41] An die **Anregungen** ist das Gericht nicht gebunden. Ebenso wenig kann in der Nichtberücksichtigung vorgeschlagener Personen eine fehlerhafte Ermessensausübung angesehen werden.[42]

13   Einen **Anspruch auf Mitgliedschaft** gibt es nicht.[43] Einem Anspruch steht der dem Gericht eingeräumte Ermessensspielraum entgegen.

14   **2. Absonderungsberechtigte Gläubiger.** Dass die absonderungsberechtigten Gläubiger genannt sind, hat mehrere Gründe. Zum einen besteht zwischen ihnen und den übrigen Gläubigern ein besonderer Interessengegensatz, weil die Absonderungsrechte zu einer Minderung der Masse führen, weil dinglich gesicherte Gläubiger an einer schnellen Verwertung interessiert sind, sodass schon ihre **Einbindung** in die Gläubigerversammlung für problematisch gehalten wird;[44] Konflikte sind daher mit Sicherheit zu erwarten. Die Einbindung der absonderungsberechtigten Gläubiger mag trotzdem zu ihrer stärkeren Integration in das Verfahren dienen,[45] und der Zwang, als Ausschussmitglied der gesamten Gläubigerschaft dienen zu müssen, mag der Durchsetzung egoistischer Ziele hinderlich sein. Zum anderen hat die InsO den absonderungsberechtigten Gläubigern Opfer abverlangt, beispielsweise das Verwertungsrecht des Verwalters, sodass die Nennung in § 67 Abs. 2

---

[34] Hierauf weist Kübler/Prütting/Bork § 67 RdNr. 16, zu Recht hin.
[35] Heidland, Kölner Schrift, S. 711, 717 (RdNr. 12); so auch LG Kaiserslautern NZI 2004, 676; Kübler/Prütting/Bork § 67 RdNr. 16.
[36] Bei einer greifbaren Gesetzeswidrigkeit, die allerdings nach BGH – IX ZB 223/07 = NZI 2010, 648 f. einen (hier schwer vorstellbaren) schwerwiegenden Grundrechtseingriff fordert, will Kübler/Prütting/Bork § 67 RdNr. 16, die sofortige Beschwerde zulassen.
[37] HK-Eickmann § 67 RdNr. 2.
[38] Heidland, Kölner Schrift, S. 711, 717 (RdNr. 12).
[39] BGH NZI 2009, 386 f., BGH ZIP 1994, 46. Wie hier: Pape ZInsO 1999, 675, 677; Jaeger/Gehrhardt § 67 RdNr. 11. HK-Eickmann § 67 RdNr. 9.
[40] Ein Einer-Ausschuss ist unzulässig: LG Neuruppin ZIP 1997, 2130; sowie Pape WM 2003, 361, 364.
[41] Kübler/Prütting/Bork § 67 RdNr. 15.
[42] HK-Eickmann § 67 RdNr. 10; Warrikoff BB 1994, 2338, 2346.
[43] Frege NZG 1999, 478, 480; Jaeger/Gerhardt § 67 RdNr. 10.
[44] Pape ZInsO 1999, 305, 308. Diesen Interessenkonflikt sieht auch die Gesetzesbegründung: Begr. RegE, BT-Drucks. 12/2443, in Balz/Landfermann, Die neuen Insolvenzgesetze, 1999, S. 292.
[45] Hess/Weis InVo 1997, 1.

hierzu ein Korrektiv ist. Außerdem stellt die Nennung klar, dass sie nicht unter die Gruppe der Insolvenzgläubiger fallen, wenn ihnen der Schuldner persönlich nach § 52 Satz 1 haftet.

3. Forderungshöhe. § 67 nennt als Soll-Mitglieder Groß- und Kleingläubiger. Vom Ansatz her ist dies richtig, weil die Interessenlagen unterschiedlich sein können und in der Regel auch sind. Die Vertretung beider Gläubigergruppen ist geeignet, die **Ausgewogenheit** des Gläubigerausschusses zu sichern, zumal nicht alle Großgläubiger vertreten sein müssen. Den Eindruck der Unausgewogenheit erweckte die Formulierung von § 78 Abs. 2 Satz 2 RegE;[46] der Ausschussbericht[47] jedenfalls rückt das Missverständnis zurecht. Indes: Abgrenzungskriterien nennen weder Gesetz noch Gesetzesbegründung. Man wird daher die Begriffe relativ sehen müssen.[48] Das Gericht wird also im Einzelfall anhand des Umfangs der Verfahrens und der jeweils angemeldeten Forderungshöhen, auch anhand der Qualität der Beziehung zwischen dem Schuldner und dem jeweiligen Gläubiger zu prüfen haben, in welche Gruppe ein Gläubiger einzuordnen ist.[49] Auch hierbei entscheidet es nach pflichtgemäßem Ermessen, das freilich schwer zu begründen sein dürfte.

4. Arbeitnehmer. Arbeitnehmer sollen grundsätzlich im Gläubigerausschuss vertreten sein. Das frühere Erfordernis, dass diese nicht unerhebliche Ansprüchen auf rückständiges Arbeitsentgelt haben, ist durch das ESUG gestrichen worden, weil die Beteiligung von Arbeitnehmervertretern wegen ihrer Sachkenntnis über das Schuldnerunternehmen generell als sinnvoll angesehen wird.[50] Lediglich in den Fällen, in denen die Arbeitnehmervertreter keinerlei Forderungen haben, stellt sich die Frage einer notwendigen Beteiligung im Gläubigerausschuss. Während diese Frage bei großen Unternehmen praktisch nicht relevant sein dürfte, kann dies bei kleineren Unternehmen durchaus von Bedeutung sein. Stellt man auf den Wortlaut der Begründung ab, so wird man auch ohne eine Forderung einen Einbezug der Arbeitnehmer verlangen. Richtigerweise ist diese Frage aber im Zusammenhang mit § 67 Abs. 3 zu beantworten. Danach können Nichtgläubiger auch im Gläubigerausschuss vertreten sein, sie müssen es aber nicht sein. Die Vorschrift des § 67 Abs. 3 erlaubt die Mitgliedschaft beispielsweise eines **Gewerkschaftsvertreters,** wenn aus dem Kreis der Arbeitnehmer des schuldnerischen Unternehmens kein Mitglied berufen werden soll. Mechanismen zu dessen Auswahl sind nicht vorgesehen; es bedarf keiner Betriebsversammlung, um die Person zu bestimmen. Ebenso wenig hat der **Betriebsratsvorsitzende** oder ein anderer Betriebsrat Anspruch auf Mitgliedschaft.[51] Auch bei der Auswahl des Arbeitnehmervertreters ist das Gericht an Vorschläge nicht gebunden.[52] Allerdings ist auch ein Arbeitnehmervertreter im Gläubigerausschuss gehalten, die Interessen der Gläubigerschaft zu vertreten; einseitig nur und ausschließlich Arbeitnehmerinteressen zu vertreten, verträgt sich mit dem Amt als Mitglied nicht.[53]

IV. Mitgliedschaft

1. Allgemeines. Mitglied im Gläubigerausschuss kann eine **natürliche Person** oder eine **juristische Person** sein. Die Mitgliedschaft einer juristischen Person war schon unter der Geltung der KO zulässig.[54] Sie bietet durchaus Vorteile, weil sie für Kontinuität der Ausschussarbeit steht; zahlreiche Insolvenzgerichte ziehen daher trotz kritischer Äußerungen zu diesem Vorgehen[55] die Mitgliedschaft von Gläubiger-Unternehmen selbst der Mitgliedschaft ihrer Angestellten vor. Andere wiederum scheuen vor der Fluktuation und der Gefahr wechselnder Vertreter (mit unterschiedlichem Kenntnisstand und vielleicht nur eingeschränkter Handlungsbefugnis) zurück.

Mit der Pflicht zur (höchst)persönlichen Wahrnehmung des Amtes im Gläubigerausschusses kollidiert die Mitgliedschaft einer juristischen Person keinesfalls.[56] Wie bei allen anderen Rechtsgeschäf-

---

[46] Es hieß dort: Neben den Gläubigern mit den höchsten Ansprüchen soll dem Ausschuss auch ein Vertreter der Kleingläubiger angehören.".
[47] Ausschussbericht in *Balz/Landfermann,* Die neuen Insolvenzgesetze, 1999, S. 282.
[48] *Heidland,* Kölner Schrift, S. 711, 718 (RdNr. 12).
[49] Vgl. HK-*Eickmann* § 67 RdNr. 8.
[50] Begr. RegE, BT-Drucks. 17/5712, S.27
[51] Der entsprechende Vorschlag der SPD-Fraktion ist nicht Gesetz geworden.
[52] *Warrikoff* BB 1994, 2338, 2346. Es gibt auch die Empfehlung, des PSV in den Ausschuss zu nehmen.
[53] *Uhlenbruck/Uhlenbruck* § 69 RdNr. 7.
[54] BGH ZIP 1994, 46; OLG Köln ZIP 1988, 992; *Hess/Weis* InVo 1997, 1; *Obermüller,* Insolvenzrecht in der Bankpraxis, RdNr. 1.564; *Jaeger/Gerhardt* § 67 RdNr. 26; Uhlenbruck/*Uhlenbruck,* § 67 RdNr. 10; aM *Gundlach/Frenzel/Schmidt* ZInsO 2007, 531 ff.
[55] Gravenbrucher Kreis, BB Beilage 15/1986, S. 16.
[56] So aber *Hegmanns,* Der Gläubigerausschuss, S. 110. Für die Mitgliedschaft: *Pape* ZInsO 1999, 675, 677. Zum Normzweck des § 100 AktG (Aufrechterhaltung der uneingeschränkten Verantwortlichkeit): *Hüffer* AktG § 100, RdNr. 2; vgl. auch *Pape* in Pape/Uhlenbruck/Voigt-Salus, Insolvenzrecht, 2. Aufl. 2010, Kapitel 16

ten wird die juristische Person durch ihr Organ vertreten oder durch eine Person mit Vertretungsmacht, sodass das Vertreterhandeln dem vertretenen Gläubiger zugerechnet werden kann. Gesamtvertretungsberechtigung, die in der Wirtschaft, zumal in der Kreditwirtschaft, übliche Vertretungsform, ist kein Hindernis, weil der Mitarbeiter mit einer Spezialvollmacht ausgestattet werden kann (und in der Regel auch wird), die ihn zur Einzelvertretung berechtigt. Im Übrigen ist diese Frage sekundär, weil im Rahmen der Beschlussfassung des Gläubigerausschusses keine Willenserklärungen für oder gegen die juristische Person abgegeben werden. Die jeweils entsandte Person kann wechseln, weil die juristische Person das Amt innehat, nicht aber der Vertreter. Die **Haftung** trifft selbstverständlich die juristische Person.[57] Im Übrigen kann der juristischen Person das Amt nach § 70 entzogen werden, wenn sie laufend wechselnde Vertreter schickt, die sich als uninformiert herausstellen. Die Zulässigkeit einer solchen Mitgliedschaft ergibt sich auch aus einem Vergleich mit § 100 Abs. 1 AktG, denn dort ist ausdrücklich das Verbot der Mitgliedschaft einer juristischen Person im Aufsichtsrat geregelt.[58] Der Gesetzgeber, der diese Fragestellung kannte, hätte in die InsO unschwer ein Verbot aufnehmen können, dies aber bewusst unterlassen.[59] Auch fehlt es an einem Gebot, bei einer juristischen Person einen festen Vertreter zu benennen.[60] Für den Gesetzgeber war die Mitgliedschaft einer juristischen Person im Gläubigerausschusses allgemein anerkannt, sodass ihm eine Regelung wie in § 44 Abs. 1 Satz 2 VglO überflüssig erschien.

19 Ob die juristische Person wirklich Vorteile aus ihrer Mitgliedschaft hat, ist nicht deutlich.[61] Die Möglichkeit der **ständigen Präsenz** im Ausschuss ist kein Vorteil, sondern der vom Gesetz gewünschte Normalzustand.[62] Im Übrigen hat die Praxis, begünstigt durch die Gestaltbarkeit der inneren Ordnung des Gläubigerausschusses, Mechanismen entwickelt, dass eine persönliche Verhinderung sich nicht nachteilig auswirkt. Dass sich die bessere Bonität der juristischen Person im Haftungsprozess günstig auswirkt, ist ein Vorteil, der durch die übliche Haftpflichtversicherung des einzelnen Mitglieds ausgeglichen wird. Der Umgang mit vertraulichen Informationen ist hingegen bei einer natürlichen Person klar geregelt.[63]

20 Ob die juristische Person eine solche des privaten Rechts ist oder des öffentlichen, spielt keine Rolle. Mitglied können daher auch gesetzliche Krankenversicherungen, berufsständische Kammern, Sparkassen, Landesbanken[64] oder auch die **Bundesanstalt für Arbeit** sein.[65] Entscheidend ist die Eigenschaft als „Person"; dies lässt sich aus dem Wortlaut von Abs. 3 ableiten. Behörden können daher nicht Mitglied im Gläubigerausschuss sein,[66] ebenso wenig Gewerkschaften, die regelmäßig als nicht rechtsfähige Vereine organisiert sind. Dies bedeutet für Gewerkschaften indes keine Benachteiligung, weil Gewerkschaftsvertreter als Arbeitnehmervertreter über § 67 Abs. 3 Mitglied sein können. Wird eine Behörde dennoch bestellt, ist dieser Akt nichtig. Diese Folge lässt sich dem Leitbild des § 100 AktG entnehmen.[67] Bei der Ermittlung der maßgebenden Mehrheiten für einen wirksamen Beschluss ist ein solches Scheinmitglied nicht mitzuzählen (§ 72).

21 **2. Nicht-Gläubiger als Mitglieder.** Abs. 3 von § 67 eröffnet auch Nicht-Gläubigern die Mitgliedschaft im Gläubigerausschuss. Dies ist vom Gesetzgeber bewusst so bestimmt worden.[68] Er wollte **besonders geeigneten außenstehenden Personen** die Möglichkeit der Mitgliedschaft eröffnen, nicht so sehr, um dem sie entsendenden Gläubiger zu gefallen, sondern um den Gläubigerausschuss als Organ der Selbstverwaltung durch Sachkompetenz aufzuwerten Damit kann das Gericht auch einem Besetzungsstreit unter Beteiligten aus dem Weg gehen. Auch so trägt § 67

RdNr. 46, der es allerdings als ungeklärt bezeichnet, ob bei der jur. Person das Vertretungsorgan oder ein spezieller Vertreter auftritt.

[57] *Braun/Kind* InsO, § 67 RdNr. 9 befürworten auf Grund der Haftung die Mitgliedschaft einer juristischen Person.
[58] Wie hier: *Kübler*/Prütting/Bork § 67 RdNr. 22.
[59] Begr. RegE, BT-Drucks. 12/2443.
[60] Genau dies verlangt aber *Nerlich/Römermann/Delhaes* § 69 RdNr. 8; ebenso *Uhlenbruck* ZIP 2002, 1373, 1380; so auch *Vallender* WM 2002, 2040.
[61] So aber: *Kübler*/Prütting/Bork § 67 RdNr. 22.
[62] AA *Nerlich/Römermann/Delhaes* § 69 RdNr. 8, der meint, eine juristische Person könne sich nur durch eine bestimmte Person vertreten lassen, nicht aber wechselnde Vertreter schicken.
[63] Siehe hierzu unten § 69 RdNr. 7.
[64] *Obermüller*, Insolvenzrecht in der Bankpraxis, RdNr. 1.564.
[65] *Kübler*/Prütting/Bork § 67 RdNr. 23.
[66] Finanzamt als untauglich Mitglied: BGH ZIP 1994, 46. *Uhlenbruck* WuB VI B § 87 KO 1.94. Es können selbstverständlich Behördenmitarbeiter ein persönliches Mandat wahrnehmen. HK-*Eickmann* § 67 RdNr. 4; OLG Köln ZIP 1988, 992 (unzulässige Mitgliedschaft der BfA); LG Lübeck, Rpfleger 94, 474.
[67] *Hüffer* AktG § 100 RdNr. 14.
[68] Begr. RegE, BT-Drucks. 12/2443, in *Balz/Landfermann*, Die neuen Insolvenzgesetze, 1999, S. 282; *Hess/Weis* InVo 1997, 1.

Abs. 3 zur Praxistauglichkeit des Gesetzes bei. Abs. 3 steht einer Akzessorietät von Gläubigereigenschaft und Mitgliedschaft im Gläubigerausschuss entgegen. Hat beispielsweise ein im Ausschuss vertretener Gläubiger seine Forderung abgetreten, oder wurde sie (durch einen Bürgen) bezahlt, bleibt die Mitgliedschaft hiervon unberührt.[69] Das Gericht hat sicherlich zu prüfen, ob eine Entlassung nach § 70 in Betracht kommt. Regelmäßig wird dies aber zu verneinen sein, weil § 70 für die Entlassung einen wichtigen Grund im Verhalten des Mitglieds fordert, während § 92 KO eine einfache Widerrufsmöglichkeit vorsah.

Allerdings ist § 67 Abs. 3 für einen vorläufigen Gläubigerausschuss durch die Änderungen des ESUG praktisch bedeutungslos geworden, da im Zusammenhang mit der Bestellung des vorläufigen Gläubigerausschusses nicht auf diese Bestimmung verwiesen wird (vgl. § 21 Abs. 2 Nr. 1a). Stattdessen wird in Hinblick auf den Pensionssicherungsverein bzw. Kreditversicherer dort vorgesehen, dass auch Personen, die erst mit Eröffnung des Verfahrens Gläubiger werden, zu Mitgliedern eines vorläufigen Gläubigerausschuss bestellt werden. Die Begründung durch den Gesetzgeber zum Ausschluss unabhängiger Dritter ist in diesem Punkt nicht überzeugend, da hier auf die fehlende Detailkenntnis des Dritten über den Schuldner abgestellt wird.[70] Dieses Argument kann aber auch auf die nach § 22a zugelassenen künftigen Gläubiger in gleicher Weise zutreffen. 21a

3. Inkompatibilitäten. Der Kreis denkbarer Mitglieder ist weit, aber nicht unbeschränkt. Auf einige Inkompatibilitäten ist Rücksicht zu nehmen. Unzulässig ist die Mitgliedschaft des Schuldners oder von Personen, die in seinem Lager stehen, namentlich von Vertretern, seien sie gesetzlich, organschaftlich oder rechtsgeschäftlich.[71] Dieses Verbot erklärt sich aus der Aufgabe des Gläubigerausschusses, Organ der Gläubiger zu sein, und dem daraus offenkundigen natürlichen **Interessenwiderspruch** zum Schuldner. Das Verbot trifft daher auch Mitglieder des schuldnerischen Aufsichtsrats oder Beirates.[72] Mag die Zulässigkeit der Mitgliedschaft eines Aufsichtsrates noch damit begründet worden sein, der Aufsichtsrat sei ein vom Vorstand unabhängiges Organ,[73] so hat dieses Argument durch das KonTraG[74] an Überzeugungskraft verloren. Indem das KonTraG, insbesondere durch § 111 AktG, den Aufsichtsrat stärker in die Verantwortung einbindet und ihn stärker in die präventive und zukunftsbezogene Überwachung des Vorstandes einbindet, bürdet es ihm umso stärker auch unternehmerische Führung auf. Der Aufsichtsrat hat großen Einfluss auf die Geschäftspolitik und nimmt an der Leitungsaufgabe des Unternehmens teil.[75] Damit steht der Aufsichtsrat ganz aufseiten des Schuldners. 22

Für Gesellschafter des schuldnerischen Unternehmens muss differenziert werden: Ein Gesellschafter, der persönlich haftet, kann nicht Mitglied im Gläubigerausschuss werden.[76] Dabei spielt es keine Rolle, ob die Haftung auf Gesetz beruht (insbesondere § 128 HGB), auf Rechtsgeschäft (insbesondere Bürgschaft) oder auf konzernrechtlichen Erwägungen (insbesondere Durchgriffshaftung). Haftet ein Gesellschafter aus keinem Gesichtspunkt, ist sorgfältig abzuwägen, ob nicht doch ein unauflösbarer Interessenwiderspruch besteht.[77] Dieser kann zu Selbstbetroffenheit und Stimmrechtsverlust führen und die Arbeit des Gläubigerausschusses beeinträchtigen. Im Zweifel sollte ein Gesellschafter daher nicht Mitglied werden. 23

Inkompatibilitäten bestehen auch beim Verwalter selbst, der vom Gläubigerausschuss überwacht werden soll und bei Gerichtspersonen.[78] 24

4. Ersatzmitglieder, Stellvertreter. Anders als im Aktienrecht sind Ersatzmitglieder in der InsO nicht vorgesehen, aber auch nicht verboten. Ihre Bestellung (durch das Gericht) ist daher grundsätzlich zulässig, weil die persönliche Verantwortlichkeit nicht eingeschränkt wird. Es lässt sich immer feststellen, wer an einem Beschluss mitgewirkt hat. Von zwei eher seltenen Konstellation abgesehen, besteht indes kein Bedürfnis nach Ersatzmitgliedern. Da niemand, auch kein Gläubiger, verpflichtet ist, das Amt als Mitglied anzunehmen,[79] könnte das Gericht ein Ersatzmitglied für den Fall bestellen, dass ein bestelltes ordentliches Mitglied das Amt nicht annimmt. Ähnlich verhält es sich bei einem Zweier-Ausschuss, und 25

---

[69] So schon zu § 92 KO (trotz dessen erleichterter Widerrufsvoraussetzungen): RGZ 30, 25; *Jaeger* KO § 87 RdNr. 5.
[70] Rechtsausschuss, Begr. zu § 21 Abs. 2, BT-Drucks. 17/7511, S. 45 f.; s. auch *Obermüller*, Der Gläubigerausschuss nach dem ESUG, ZInsO 2012, 18, 22.
[71] *Kübler/Prütting/Bork* § 67 RdNr. 24.
[72] *HK-Eickmann* § 67 RdNr. 5.
[73] So AG Hamburg ZIP 1987, 386. Ihm folgend: *Hegmanns* EWiR § 87 KO 1/87, 275.
[74] Vom 16.7.1998, BGBl. I S. 1842; wie hier FK-*Schmitt* § 67 RdNr. 11.
[75] *Hüffer* AktG § 111 RdNr. 5.
[76] *Jaeger/Gehrhardt* § 67 RdNr. 29; *Uhlenbruck/ Uhlenbruck* InsO, § 67 RdNr. 16.
[77] *Kübler/Prütting/Bork* § 67 RdNr. 25, nennt Familiengesellschaften, bei denen trotz fehlender Haftung Interessen kollidieren können.
[78] *Jaeger/Gehrhardt* § 67 RdNr. 29.
[79] *Heidland*, Kölner Schrift, S. 711, 719 (RdNr. 15).

§ 68 2. Teil. 3. Abschnitt. Insolvenzverwalter. Organe der Gläubiger

zwar sowohl vor als auch nach der ersten Gläubigerversammlung. Da jedes Mitglied sein Amt niederlegen kann, und der Streit, ob dies möglicherweise zur Unzeit geschehen ist oder nicht, tunlichst nicht auf dem Rücken der Verfahrensbeteiligten ausgetragen werden sollte, könnte es sich auch bei einer solchen Konstellation empfehlen, ein Ersatzmitglied zu bestellen bzw. von der Gläubigerversammlung wählen zu lassen, damit eine Hemmung des Verfahrens durch einen handlungsunfähigen Gläubigerausschuss vermieden wird; trotz der zwei Wochen-Frist des § 75 Abs. 2 ist nicht sichergestellt, dass die Gläubigerversammlung rasch zusammentreten kann. Zwingend ist dies alles nicht: Die Gläubigerversammlung kann gemäß § 68 Abs. 2 jederzeit neue Mitglieder wählen, sodass das Gesetz selbst sich keine Gedanken über Ersatzmitglieder gemacht hat.

26 Auch wenn die Mitgliedschaft höchstpersönlich ist, kann das verhinderte Mitglied doch einen **Stellvertreter** (mit entsprechender Vollmacht) schicken.[80] Dieser darf (im Einzelfall, nicht als dauernder Verhinderungsvertreter[81]) tätig werden, beispielsweise zur Unterstützung des Mitglieds, wenn es auf besondere Sachkenntnisse ankommt.[82] Der Stellvertreter darf auch an der Beratung und der Beschlussfassung teilnehmen, wenn seine Vollmacht dies deckt.[83] Wollte man mit einer weitverbreiteten Meinung Stellvertretung untersagen, ergäbe sich ein **Wertungswiderspruch** zur Mitgliedschaft der juristischen Person. Diese muss sich immer dritter Personen bedienen, die auch wechseln können; sie kann so ständig und ununterbrochen präsent sein. Um natürlichen Personen Chancengleichheit einzuräumen, muss Stellvertretung daher zulässig sein. Grenzen für diese sind nur die Selbstbetroffenheit des Mitglieds: Liegt diese vor, kann der damit verbundene Stimmrechtsverlust nicht über eine Stellvertretung aufgehoben werden. Haftungsrechtlich ergeben sich keine Besonderheiten, denn das Handeln des Stellvertreters wird dem Mitglied zugerechnet (Einzelheiten bei § 71).

27 **5. Beginn und Ende der Mitgliedschaft.** Das Amt als Mitglied beginnt mit der Annahme durch die bestellte oder gewählte Person.[84] Auch hier liegen die Parallelen zur Übernahme eines Amtes als Aufsichtsrats auf der Hand. Folgerichtig wird die bestellte oder gewählte Person aufgefordert, eine **Annahmeerklärung** abzugeben. Diese ist an das Gericht zu richten. Bei der Wahl durch die Gläubigerversammlung kann die Annahme auch durch mündliche Erklärung erfolgen, wenn die gewählte Person anwesend ist; die Annahme wird protokolliert.

28 Bei der Beendigung des Amtes sind die individuelle und die kollektive Beendigung zu unterscheiden. Kollektiv endet das Amt, wenn die Gläubigerversammlung den endgültigen Gläubigerausschuss wählt,[85] mag der Personenkreis auch identisch sein. Die Mitgliedschaft im vorläufigen und diejenige im endgültigen Gläubigerausschuss sind daher zwei getrennte Ämter. Das Amt des vorläufigen Gläubigerausschusses endet auch dann, wenn die Gläubigerversammlung von der Wahl eines endgültigen Gläubigerausschusses bei ihrem ersten Zusammentreten Abstand nimmt;[86] der Zeitpunkt der Gläubigerversammlung ist die maßgebliche Schranke. Dadurch mag eine Vakanz eintreten, nämlich bis zur späteren Wahl eines Gläubigerausschusses.[87] Da § 67 auf den Zeitpunkt der ersten Gläubigerversammlung abstellt, hat der **vorläufige Gläubigerausschuss** mit dieser sein **vorgesehenes Ende.** Nur für den Fall, dass die erste Gläubigerversammlung die Wahl des Gläubigerausschusses verschiebt, obwohl sie angesetzt ist, amtiert der vorläufige Gläubigerausschuss weiter. Bei dieses Sachlage kann auf einen entsprechenden Willen der Gläubigerversammlung geschlossen werden.[88] Das Amt endet individuell durch Abwahl (§ 68 Abs. 2 1. Alt.) oder durch Entlassung durch das Gericht (§ 70 Satz 1), durch die Wahl eines endgültigen Gläubigerausschusses, wenn es um das Amt in einem vorläufigen Gläubigerausschuss geht.

§ 68 Wahl anderer Mitglieder

(1) ¹**Die Gläubigerversammlung beschließt, ob ein Gläubigerausschuß eingesetzt werden soll.** ²**Hat das Insolvenzgericht bereits einen Gläubigerausschuß eingesetzt, so beschließt sie, ob dieser beibehalten werden soll.**

---

[80] So auch *Braun/Kind* InsO § 67 RdNr. 9; aA *Uhlenbruck* ZIP 2002, 1373, 1379 f.; so auch *Vallender* WM 2002, 2040 f.; *Pape* ZInsO 1999, 675, 678, unter Berufung auf AG Gelsenkirchen KTS 67, 192; *Jaeger/Gerhardt* § 67 RdNr. 13; *Uhlenbruck/Uhlenbruck* § 69 RdNr. 2.
[81] AG Gelsenkirchen KTS 76, 192; *Kübler/Prütting/Bork* § 67 RdNr. 28.
[82] *Nerlich/Römermann/Delhaes* § 69 RdNr. 7: Beiziehung eines Wirtschaftsprüfer bei der Kassenprüfung.
[83] AA *Nerlich/Römermann/Delhaes* § 69 RdNr. 7.
[84] *Jaeger* KO § 87 RdNr. 4.
[85] *Heidland*, Kölner Schrift, S. 711, 720 (RdNr. 18); *Jaeger/Gerhardt* § 67 RdNr. 33.
[86] *Kilger/K. Schmidt*, Insolvenzgesetze, § 87 RdNr. 2; *Uhlenbruck/Uhlenbruck* § 67 RdNr. 22.
[87] So auch von *Kübler/Prütting/Bork* § 67 RdNr. 29 befürchtet.
[88] *Jaeger/Gerhardt* § 67 RdNr. 33.

(2) Sie kann vom Insolvenzgericht bestellte Mitglieder abwählen und andere oder zusätzliche Mitglieder des Gläubigerausschusses wählen.

Übersicht

	Rn.		Rn.
A. Normzweck	1–3	III. Bedeutung von § 78	9, 10
B. Entstehungsgeschichte	4	IV. Ersetzungsbefugnis der Gläubigerversammlung	11
C. Anwendungsbereich	5–18	V. Mitgliedschaft	12–17
I. Errichtung des endgültigen Gläubigerausschusses	5, 6	1. Beginn und Ende der Mitgliedschaft	12–15
II. Entscheidung über die Zusammensetzung	7, 8	2. Persönliche Voraussetzungen	16, 17
		VI. Gläubigerbeirat	18

A. Normzweck

Die Gläubigerversammlung als Vertretung der Gläubigerschaft entscheidet über den Gläubigerausschuss. Dabei ist die **erste Gläubigerversammlung** nicht nur für das gesamte Verfahren, sondern auch für den Gläubigerausschuss maßgeblich. (Regelmäßig) in der ersten[1] Versammlung entscheiden die Gläubiger über die Einsetzung eines Gläubigerausschusses oder über den Verzicht auf einen solchen,[2] und zwar unabhängig davon, ob das Gericht bereits einen vorläufigen Gläubigerausschuss eingesetzt hat.[3] Die Gläubigerversammlung entscheidet auch über die Abwahl einzelner, vom Gericht eingesetzter Mitglieder, über die Zuwahl weiterer Mitglieder, und damit entscheidet die Gläubigerversammlung endgültig auch über die Größe des Gläubigerausschusses.[4] Nach der Gesetzessystematik hat die Gläubigerversammlung hier Vorrang vor dem Insolvenzgericht, das nur in engen Ausnahmefällen seine Entscheidung an die Stelle derjenigen der Gläubigerversammlung setzen kann. Die Entscheidungen des Gerichts zur Einsetzung und Gestaltung des vorläufigen Gläubigerausschusses binden die Gläubigerversammlung in keiner Weise. § 68 ist folgerichtig ein Ausfluss der durch die InsO gestärkten Gläubigerautonomie und der **Letztentscheidungsbefugnis** der **Gläubigerversammlung**,[5] sodass eine gerichtliche Entscheidung nicht an die Stelle des Beschlusses der Gläubigerversammlung treten oder ihn ersetzen kann.[6] 1

Die Gläubigerversammlung beschließt nach den für sie geltenden Regeln, also mit (absoluter) Summenmehrheit der Forderungen. Auch die **Feststellung der Stimmen** und der Stimmberechtigung bestimmen sich nach allgemeinen Vorschriften, sodass bestrittene (vorbehaltlich § 77 Abs. 2) und nachrangige Forderungen kein Stimmrecht geben, § 76 Abs. 2 und § 77 Abs. 1.[7] 2

Auch der endgültige Gläubigerausschuss untersteht nicht der Aufsicht des Gerichtes. Die InsO hat den Gläubigerausschuss als selbstständiges Organ der Gläubigerschaft mit eigenen Rechten und Befugnissen ausgestattet und gestattet ihm, autonome Entscheidungen zu treffen. Dem **Gericht** hingegen fällt im Wesentlichen die **Aufgabe der Verfahrensleitung** zu. Mit dieser Rollenverteilung verträgt es sich nicht, wenn das Gericht dem Gläubigerausschuss Weisungen erteilen und eigene Zweckmäßigkeitserwägungen an die Stelle derjenigen des Gläubigerausschusses treten lassen dürfte.[8] Da eine dem § 99 KO entsprechende Vorschrift in Bezug auf den Gläubigerausschuss in der InsO fehlt, und § 78 nicht anwendbar ist (Einzelheiten unten), kann der Gläubigerausschuss unbeeinflusst vom Gericht entscheiden. 3

B. Entstehungsgeschichte

§ 79 RegE ist in Abs. 1 wörtlich und in Abs. 2 gekürzt übernommen worden. § 68 Abs. 1/§ 79 Abs. 1 RegE weisen der Gläubigerversammlung die Entscheidung über die Einsetzung des endgülti- 4

---

[1] Den Gläubigern steht allerdings frei, über die Einsetzung auch in einer späteren Versammlung zu befinden: LG Köln ZIP 1997, 2053; *Pape* ZInsO 1999, 675, 676; *Frege* NZG 1999, 478, 481; HK-*Eickmann* § 68 RdNr. 3.
[2] *Kübler*/*Prütting*/*Bork* § 68 RdNr. 4.
[3] *Nerlich*/*Römermann*/*Delhaes* § 68 RdNr. 1.
[4] *Hess*/*Weis* InsVo 1997, 1.
[5] Begr. RegE, BT-Drucks. 12/2443, in *Balz*/*Landfermann*, Die neuen Insolvenzgesetze, 1999, S. 284; *Obermüller*, Insolvenzrecht in der Bankpraxis, 1.561; *Kübler*/*Prütting*/*Bork* § 68 RdNr. 2.
[6] LG Köln ZIP 1997, 2053, 2054.
[7] HK-*Eickmann* § 77 RdNr. 2.
[8] Vgl. *Uhlenbruck*/*Uhlenbruck* § 68 RdNr. 1.

gen Gläubigerausschusses zu. In § 79 Abs. 2 Satz 2 RegE war vorgesehen,[9] dass das Insolvenzgericht es aus besonderen Gründen ablehnen konnte, die Bestellung eines abgewählten Mitglieds zu widerrufen oder eine gewählte Person zum Mitglied des Gläubigerausschusses zu bestellen. Die Streichung dieses Satzes stärkt die Gläubigerautonomie, indem sie die dominierende Stellung des Insolvenzgerichts einschränkt. Nicht nur besteht jetzt kein besonderes Ablehnungsrecht des Insolvenzgerichts, sondern es ist auch zu beachten, dass die Mitgliedschaft im Gläubigerausschuss allein durch die Wahl, nicht aber durch die Bestellung durch das Gericht erlangt wird. Die Möglichkeit der Abwahl gemäß § 70 wurde vom Rechtsausschuss als ausreichend erachtet, um die Gesetzmäßigkeit des Handelns des Gläubigerausschusses sicherzustellen.

C. Anwendungsbereich

I. Errichtung des endgültigen Gläubigerausschusses

5 Im Rahmen ihrer durch § 68 eingeräumten Entscheidungsbefugnis befindet die Gläubigerversammlung darüber, ob überhaupt ein Gläubigerausschuss eingesetzt wird. Diese Entscheidung liegt in ihrem Ermessen.[10] Sie kann sich dabei anders als das Insolvenzgericht entscheiden, also beispielsweise von der Wahl eines endgültigen Gläubigerausschusses absehen, obgleich das Gericht einen vorläufigen Ausschuss eingesetzt hat und umgekehrt.[11] Zwingend ist nur, dass sich die Gläubigerversammlung der **Entscheidung** über einen endgültigen **Gläubigerausschuss** stellt. Das Gesetz formuliert nämlich bewusst, dass die Gläubigerversammlung „beschließt", nicht, dass sie „beschließen kann"; die Gläubigerversammlung kann die Frage nach einem Gläubigerausschuss also nicht offen lassen. Daher hat die Gläubigerversammlung zweistufig vorzugehen. Zunächst ist ein Beschluss über die Einsetzung eines Gläubigerausschusses dem Grunde nach zu fassen. Dieser Beschluss betrifft die Beibehaltung des vorläufigen Gläubigerausschusses oder den Verzicht auf ihn. Ein Beschluss ist auch dann zu fassen, wenn das Gericht einen vorläufigen Gläubigerausschuss nicht eingesetzt hat und die Gläubigerversammlung auch keinen einsetzen will; dies folgt aus dem Wortlaut des § 68 Abs. 1 Satz 1. Wird von Gläubigerseite ein Antrag auf Beschlussfassung nicht gestellt – der Antrag eines einzigen stimmberechtigten Gläubigers reicht[12] –, hat das Gericht einen Beschluss anzuregen. Auf dieser Stufe ist auch über die Größe des endgültigen Gläubigerausschusses zu befinden. Steht das „Ob" fest, hat die Gläubigerversammlung auf der zweiten Stufe die Mitglieder zu wählen. Die Wahl kann als Einzelwahl oder als Kollektivwahl stattfinden. Letztere kommt in Betracht, wenn im Vorfeld der Wahl Einigkeit in der Gläubigerversammlung über die Besetzung des Gläubigerausschusses herrscht. Bestehen über die Zusammensetzung Differenzen oder sind mehr Bewerber als Sitze im Gläubigerausschuss vorhanden, empfiehlt sich die Einzelwahl.[13]

6 Die Gläubigerversammlung muss die Entscheidung nicht im ersten Termin treffen; eine Verschiebung des Tagesordnungspunktes auf eine der nächsten Versammlungen oder ein neuer Beschluss über die Einsetzung eines Gläubigerausschusses sind möglich.[14] Anders als bei §§ 57 und 67 fehlt die ausdrückliche und zwingende Bindung an die erste Gläubigerversammlung.[15] Eine solche Verschiebung ist dann angezeigt, wenn wegen mangelnder Präsenz ein Gläubigerausschuss in angemessener Größe nicht gebildet werden kann, und ein Zweier-Ausschuss wegen der mit ihm verbundenen Nachteile vermieden werden soll.

II. Entscheidung über die Zusammensetzung

7 Anders als das Gericht ist die Gläubigerversammlung nicht an die Soll-Zusammensetzung des § 67 Abs. 2 gebunden. Das in § 67 Abs. 2 zum Ausdruck kommende **Repräsentationsprinzip** gilt für die Gläubigerversammlung nicht.[16] Die Gläubigerversammlung kann daher die Zusammenset-

---

[9] Begr. RegE, BT-Drucks. 12/2443, in *Balz/Landfermann*, Die neuen Insolvenzgesetze, 1999, S. 284.
[10] *Kübler*/Prütting/Bork § 68 RdNr. 4.
[11] *Uhlenbruck*/Uhlenbruck § 68 RdNr. 1.
[12] LG Köln ZIP 1997, 2053.
[13] *Kübler*/Prütting/Bork § 68 RdNr. 9.
[14] LG Köln ZIP 1997, 2053; *Voß* EWiR § 87 KO 1/98, 75; *Pape* ZInsO 1999, 675, 676; *Kübler*/Prütting/Bork § 68 RdNr. 5; *Nerlich*/Römermann/Delhaes § 68 RdNr. 2.
[15] *Frege* NZG 1999, 478, 481.
[16] *Braun*/Kind § 68 RdNr. 4; *Frege* NZG 1999, 478, 481; *Heidland*, Die Rechtsstellung und Aufgaben des Gläubigerausschusses, Kölner Schrift, S. 711, 720 (RdNr. 18); *Nerlich*/Römermann/Delhaes § 68 RdNr. 1; AG Köln ZInsO 2003, 957, 958; *Jaeger*/Gerhardt § 68 RdNr. 8; *Pape*/Uhlenbruck/Voigt-Salus, Insolvenzrecht, 2. Aufl. 2010, Kapitel 16, RdNr. 45; aA HK-*Eickmann* § 68 RdNr. 4; s. auch nachfolgende Fn; ausdrücklich offen gelassen von BGH ZIP 2009, 727, 728.

zung des Gläubigerausschusses frei bestimmen und bestimmte Gläubigergruppen vom Gläubigerausschuss fernhalten.[17] Nach § 79 Abs. 2 Satz 2 RegE sollte das Gericht ein Ablehnungsrecht haben, sich also weigern können, eine gewählte Person zum Mitglied zu bestellen. Satz 2 ist vom Rechtsausschuss gestrichen worden, um dadurch die Gläubigerautonomie im Insolvenzverfahren zu stärken. Ein besonderes Ablehnungsrecht des Gerichts besteht nicht mehr.[18] Das Gericht kann ein Ausschussmitglied nur nach § 70 entlassen, dies aber nur, wenn in seiner Person ein wichtiger Grund vorliegt. Die Streichung von § 79 Abs. 2 Satz 2 RegE bedeutet, dass die Gläubigerversammlung bei der Wahl des Gläubigerausschusses eine außerordentlich starke Stellung hat und ihre Entscheidung im Regelfall nur von ihr selbst, nicht aber von Gericht oder einzelnen Gläubigern korrigiert werden kann. Dies bedeutet aber auch, dass sich, weil der Ausschuss nicht repräsentativ besetzt ist, die Dominanz von Großgläubigern nicht nur im Gläubigerausschuss widerspiegeln kann – eine Gefahr, welche die Begründung zu § 79 RegE gesehen, aber im Interesse der vom Gesetz als höherrangig eingeschätzten Gläubigerautonomie hingenommen hat[19] –, sondern auch, dass § 67, insbesondere durch seinen Abs. 2, und die Zeit bis zur ersten Gläubigerversammlung die Chance bieten, Entscheidungen gegen diese Dominanz zu treffen oder vorzubereiten. Auch hat der Gesetzgeber davon abgesehen, die Gläubigerversammlung in § 68 durch einen entsprechenden Verweis an die Vorgaben des § 67 Abs. 2 zu binden. Dies ändert freilich nichts an der Verpflichtung auch des endgültigen Ausschusses, das Amt im Interesse der Gesamtgläubigerschaft auszuüben.[20]

Auch bei der Entscheidung über die **Größe des Gläubigerausschusses** ist die Gläubigerversammlung frei. § 67 Abs. 2, der eine bestimmte Regelgröße impliziert, gilt für die Gläubigerversammlung nicht.[21] Deshalb ist, wie früher,[22] ein Zweier-Ausschuss zulässig, auch wenn er wegen des faktischen Einstimmigkeitsprinzips und der Abhängigkeit von der Präsenz der handelnden Personen unpraktisch sein mag. Nach oben ist die Zahl der Mitglieder rechtlich nicht beschränkt; anders als § 96 AktG enthält die InsO keine Höchstgrenze, obgleich sie hier aus denselben Gründen wie im AktG angezeigt gewesen wäre. Die Gläubigerversammlung muss sich jedoch vergegenwärtigen, dass ein **übergroßer Gläubigerausschuss** schwerfällig arbeitet, und seine Aufgaben womöglich nur unzureichend oder nur schleppend erfüllen kann.[23] Ein Korrektiv gibt es auch hier: Jede gewählte Person, welche die Grundentscheidung zur Größe kennt, wird sich angesichts des dadurch gestiegenen Risikos der persönlichen Haftung überlegen, ob sie die Wahl annimmt.

III. Bedeutung von § 78

Ob gegen eine, durch die Dominanz eines oder mehrerer Großgläubiger verursachte einseitige Zusammensetzung des Gläubigerausschusses gemäß § 78 vorgegangen werden kann, erscheint zweifelhaft;[24] im Ergebnis ist dies zu verneinen. § 78 erlaubt dem Insolvenzgericht, einen Beschluss der Gläubigerversammlung aufzuheben, wenn er den gemeinsamen Interessen der Gläubigerschaft widerspricht. Damit soll der **Missbrauch der Mehrheit** in der Gläubigerversammlung verhindert werden.[25] Interessenkonflikte sind besonders in der Gläubigerversammlung offensichtlich, weil jeder Gläubiger einzig für sich und seine Position spricht. Deshalb sind Beschlüsse anzustreben, die keine Gruppe benachteiligen. Gelingt dies nicht, und werden **Minderheiten** majorisiert, fordert das Verfahrensziel ein Korrektiv, welches das Gesetz in Form des § 78 zur Verfügung stellt. Auf die Bildung des Gläubigerausschusses ist § 78 nicht anwendbar:[26] Sicher ist, dass ein einseitiger Gläubigerausschuss nicht den Vorstellungen der InsO entspricht[27] und auch den Interessen der Gläubigerschaft

---

[17] *Hess/Weis* InVo 1997, 1; FK-*Schmitt* § 68 RdNr. 8; HK-*Eickmann* § 68 RdNr. 4 meint, die Regeln über die Zusammensetzung des Ausschusses (§ 67 Abs. 2 InsO) sollten beachtet werden; so auch Uhlenbruck/*Uhlenbruck*, § 68 RdNr. 1 und HambKomm-*Frind* § 68 RdNr. 2; ausdrücklich offen gelassen von BGH, ZIP 2009, 727,728.

[18] Begr. RegE, BT-Drucks. 12/2443 und Ausschussbericht, in *Balz/Landfermann*, Die neuen Insolvenzgesetze, 1999, S. 284.

[19] Begr. RegE, BT-Drucks. 12/2443, in *Balz/Landfermann*, Die neuen Insolvenzgesetze, 1999, S. 284.

[20] *Pape* ZInsO 1999, 675, 677; *Obermüller*, Insolvenzrecht in der Bankpraxis, 1.566.

[21] *Nerlich/Römermann/Delhaes* § 68 RdNr. 4.

[22] BGH ZIP 1994, 46; Kuhn/*Uhlenbruck* § 87 RdNr. 4; ein Einer-Ausschuss ist unzulässig: LG Neuruppin ZIP 1997, 2130; BGH NZI 2009, 386 (Zweier-Ausschuss).

[23] *Braun/Kind* § 68 RdNr. 6.

[24] So aber *Frege* NZG 1999, 478, 482, *Kübler*/Prütting/Bork § 68 RdNr. 11.

[25] Begr. RegE, BT-Drucks. 12/2443, in *Balz/Landfermann*, Die neuen Insolvenzgesetze, 1999, S. 292.

[26] Wie hier *Braun/Kind* InsO, § 68 RdNr. 4; ebenso AG Köln ZInsO 2003, 957, 958 FK-*Schmitt* § 68 RdNr. 8 aA HK-*Eickmann* § 68 RdNr. 4; *Kübler*/Prütting/Bork § 68 RdNr. 6; *Heidland*, Die Rechtsstellung und Aufgaben des Gläubigerausschusses, Kölner Schrift, S. 711, 720 (RdNr. 18); *Kübler*/Prütting/Bork § 68 RdNr. 11; *Frege* NZG 1999, 478, 482; *Pape* ZInsO 1999, 675, 676; *Nerlich/Römermann/Delhaes* § 68 RdNr. 8.

[27] Allg. Begr. RegE, BT-Drucks. 12/2443, in *Balz/Landfermann*, Die neuen Insolvenzgesetze, 1999, S. 45.

widerspricht; sicher ist auch, dass die Erreichung der Verfahrensziele durch einen einseitigen Gläubigerausschuss abstrakt gefährdet ist. Dennoch spricht § 78 nur von „Beschlüssen" der Gläubigerversammlung, nicht aber von **Wahlentscheidungen,** die keine Beschlüsse sind. Gewichtiger ist die Veränderung von § 79 RegE. Wie aus dem Ausschussbericht hervorgeht, wurde das ursprünglich in § 79 RegE enthaltene Repräsentationsprinzip bewusst gestrichen, um die Gläubigerautonomie zu stärken.[28] Der Gesetzgeber hat daher zu erkennen gegeben, dass er einseitig besetzte Gläubigerausschüsse hinnimmt. Die Meinung, die dennoch § 78 anwenden will, verbiegt nicht nur den Wortlaut der Vorschrift, gewährt nicht nur dem Gericht einen über seine verfahrensleitende Rolle hinausgehenden und vom Gesetz nicht gewollten Einfluss, sondern schiebt auch die **Leitentscheidung des Gesetzgebers** beiseite. Dies bedeutet freilich nicht, dass er auch einseitige Ausschussentscheidungen akzeptiert. Die Mitglieder sind kraft ihres Amtes zur Wahrung der Gesamtinteressen der Gläubigerschaft verpflichtet, und bei Interessenkollisionen droht nicht nur Stimmverlust, sondern es drohen, wird die Selbstbetroffenheit verschwiegen, auch strafrechtliche Sanktionen. Um die Neutralität der Ausschusstätigkeit und seine Ausrichtung auf die Interessen der Gläubigerschaft zu sichern, nimmt das Gesetz dem betroffenen Mitglied das Stimmrecht und sorgt über § 70 präventiv dafür, dass Partikularinteressen nicht durchschlagen. Präventiv wirkt auch § 71.[29] Angesichts dieser Mechanismen bedarf es einer ausdehnenden Anwendung des § 78 nicht. § 78 ist auch nicht mit dem Argument ad minus anwendbar, weil der Gläubigerausschuss gerade nicht ein minus zur Gläubigerversammlung ist, sondern auf Grund seiner eigenständigen Rolle ein aliud, sodass das Gericht gegen die Zusammensetzung des Gläubigerausschusses nichts unternehmen kann. Die Entscheidung der Gläubigerversammlung zur Einsetzung des Gläubigerausschusses, seiner Größe und Zusammensetzung kann daher nicht mittels § 78 aufgehoben oder geändert werden.[30]

10 Die Gläubigerversammlung kann durch ausdrückliche Ermächtigung an den Gläubigerausschuss beschließen, dass der Gläubigerausschuss sich bei Wegfall eines Mitglieds selbst ergänzt **(Kooptationsrecht).**[31] Die autonome Stellung, die der Gläubigerversammlung zukommt, erlaubt es ihr, die Besetzungsbefugnis auf den Gläubigerausschuss (nicht aber auf andere Verfahrensbeteiligte) zu delegieren. Dies kann im Interesse eines ungestörten Verfahrensfortgangs von Bedeutung sein: Während das Gericht auf Störungen beim vorläufigen Gläubigerausschuss durch Benennung von Ersatzmitgliedern rasch reagieren kann, sieht sich die Gläubigerversammlung vor das Problem großer Versammlungsabstände gestellt. Angesichts der Bedeutung des Gläubigerausschusses und der Zuweisung der Letztentscheidung und -verantwortung für den Verfahrensablauf[32] an die Gläubigerversammlung ist das Kooptationsrecht von der InsO gedeckt.

IV. Ersetzungsbefugnis der Gläubigerversammlung

11 Auch wenn die Gläubigerversammlung den Gläubigerausschuss nach ihren Wünschen und Vorstellungen kreiert, so hat sie doch keine Befugnis, dessen Entscheidungen und Beschlüsse zu ersetzen.[33] Wie § 69 zeigt, hat der Gläubigerausschuss **eigenständige Aufgaben und Befugnisse** und ist ein von der Gläubigerversammlung **unabhängiges Organ** (Einzelheiten bei § 69);[34] die Gläubigerversammlung hat keinerlei Weisungsbefugnis oder Aufsichtsrechte. Mit dieser verfahrensrechtlichen Rollenverteilung und der Kompetenzzuweisung an beide Organe ist eine Ersetzungsbefugnis der Gläubigerversammlung nicht in Einklang zu bringen. Ebenso wenig kann sie einen von ihr einmal eingesetzten Gläubigerausschuss wieder beseitigen.[35] Das Recht aus § 68 Abs. 1 bezieht sich eindeutig nur auf den vorläufigen Gläubigerausschuss; nach Einsetzung des endgültigen Ausschusses ist eine Einflussnahme nur über § 70 Satz 2 möglich (Entlassung eines Mitglieds aus wichtigem Grund). Hat die Gläubigerversammlung keinen Kooptationsbeschluss für den Gläubigerausschuss gefasst, ist es hier lediglich möglich, bei Erlöschen eines Mandates einen Nachfolger zu wählen. Angesichts des damit verbundenen Aufwandes ist aber ein Kooptationsbeschluss aus Gründen der Verfahrensökonomie klar vorzuziehen.

---

[28] Begr. RegE, BT-Drucks. 12/2443, in *Balz/Landfermann,* Die neuen Insolvenzgesetze, 1999, S. 284.
[29] Wie hier *Nerlich/Römermann/Delhaes* § 68 RdNr. 1.
[30] *Frege* NZG 1999, 478, 480, der zudem darauf hinweist, dass dieselbe Diskussion um § 99 KO geführt worden ist, und es dem Gesetzgeber ein Leichtes gewesen wäre, eine Aufhebungsbefugnis in Bezug auf Beschlüsse des Gläubigerausschusses zu regeln. Dies hat er aber nicht getan. AA *Heidland,* Die Rechtsstellung und Aufgaben des Gläubigerausschusses, Kölner Schrift, S. 711, 720 (RdNr. 18).
[31] *Hegmanns,* Der Gläubigerausschuss, S. 54; *Kübler/Prütting/Bork* § 68 RdNr. 14.
[32] Allg. Begr. RegE, BT-Drucks. 12/2443, in *Balz/Landfermann,* Die neuen Insolvenzgesetze, 1999, S. 45.
[33] *Frege* NZG 1999, 478, 482; *Kübler/Prütting/Bork* § 69 RdNr. 7.
[34] *Pape* ZInsO 1999, 305.
[35] *Nerlich/Römermann/Delhaes* § 68 RdNr. 3; *Braun/Kind,* InsO § 68 RdNr. 9.

V. Mitgliedschaft

1. Beginn und Ende der Mitgliedschaft. Die Mitgliedschaft beginnt mit der Annahme des Amts. Eine Verpflichtung hierzu besteht nicht.[36] Die Annahme ist gegenüber dem Gericht zu erklären. Dies kann mündlich und zu Protokoll geschehen, wenn die gewählte Person anwesend ist. Die Annahme kann aber auch schriftlich erklärt werden. Vorschriften hierüber enthält die InsO nicht; es können aber die Vorschriften über den Aufsichtsrat als Leitbild herangezogen werden. Einer **gerichtlichen Bestellung** bedürfen die Mitglieder des Gläubigerausschusses nicht.[37] § 79 Abs. 2 Satz 2 RegE wollte dem Gericht das Recht geben, die Bestellung einer gewählten Person zu verweigern. Damit wäre dem Gericht die Letztentscheidungsbefugnis über die Besetzung des Gläubigerausschusses zugekommen. Diese Möglichkeit wurde gestrichen, um die Gläubigerautonomie zu stärken.[38] Die Streichung bedeutet aber auch, dass das Gericht eine Bestellung durch das Gericht nicht mehr vorsieht[39] und das Amt durch Wahl und Annahme erlangt wird.

Ebenso wie beim vorläufigen Ausschuss sind hinsichtlich des Endes der Mitgliedschaft die **kollektive und die individuelle Beendigung** zu unterscheiden. Kollektiv endet das Amt durch Aufhebung des Verfahrens nach § 259.[40]

Individuelle Beendigungsgründe sind Tod, die Entlassung nach § 70 (Einzelheiten dort); ein **einfacher Widerruf** durch die Gläubigerversammlung, wie er nach § 92 KO zulässig war, ist jetzt ausgeschlossen. Das Amt endet auch nicht durch eine einfache Niederlegung. Die InsO enthält zur Niederlegung zwar keine Regelungen, außer dass sie auch beim Eigenantrag auf Entlassung einen wichtigen Grund fordert (Vergleiche unten § 70). Daraus ist zu folgern, dass das Ausschussmitglied einen Antrag auf Entlassung stellen muss.

Das Amt kann nicht durch **Abwahl** nach § 68 Abs. 2 enden.[41] Der Wortlaut dieser Vorschrift erlaubt nur eine Abwahl der vom Insolvenzgericht bestellten Mitglieder, und eine ergänzende Anwendung auf die von der Gläubigerversammlung gewählten Mitglieder kommt nicht in Betracht.[42] Dieses Ergebnis folgt aus der Gesetzessystematik: Hätte die Gläubigerversammlung das Recht, einzelne Mitglieder abzuwählen, liefe § 70 Abs. 1 Satz 2 ins Leere. Das Antragsrecht der Gläubigerversammlung wäre überflüssig, könnte diese die Zusammensetzung des Gläubigerausschusses durch einfache Ab- und Neuwahl ändern. § 70 zeigt den Ausnahmecharakter einer Veränderung des Gläubigerausschusses nach seiner Einsetzung durch die Gläubigerversammlung und das Bestreben, die **Unabhängigkeit der Mitglieder** zu fördern.[43] Der Gläubigerausschuss soll überdies ein Organ sein, das die Gläubigerinteressen kontinuierlich wahrnimmt, und mit der Kopfmehrheit im Gläubigerausschuss soll ein durch die Summenmehrheit der Gläubigerversammlung nicht zu verwirklichender Minderheitenschutz hergestellt werden. Könnte also die Gläubigerversammlung nach ihrem Belieben auf die Zusammensetzung des Gläubigerausschusses einwirken, wäre nicht nur die Balance zwischen Gläubigerausschuss und Gläubigerversammlung gestört, sondern es wäre auch eine effektive Erfüllung der Aufgaben aus § 69 nicht mehr gewährleistet.[44]

2. Persönliche Voraussetzungen. Hinsichtlich der Wählbarkeit gilt das zu § 67 Gesagte. Wählbar ist jeder Insolvenzgläubiger, auch ein nachrangiger, obgleich er in der Gläubigerversammlung kein Stimmrecht hat. Wählbar ist eine **juristische Person** ebenso wie ein **außenstehender Dritter.** Dies war schon für die KO allgemein anerkannt, und zwar mit denselben Argumenten, die zur Schaffung des § 67 Abs. 2 geführt haben. Die Bedeutung des § 67 Abs. 3 hat sich aufgrund des ESUG dahingehend geändert, dass er die Wählbarkeit von außenstehenden Dritten für den endgültigen Gläubigerausschuss erlaubt, für den vorläufigen Gläubigerausschuss gelten jedoch die Beschränkungen des § 21 Abs. 2 Nr. 1a, d.h. der Dritte muss zumindest mit der Eröffnung des Verfahrens Gläubiger werden. Nicht wählbar sind der Verwalter, den es zu überwachen gilt, Gerichtspersonen, der Schuldner, noch Personen, die im Lager des Schuldners stehen.[45]

---

[36] *Uhlenbruck/Uhlenbruck* § 68 RdNr. 19; *Kübler/Prütting/Bork* § 68 RdNr. 24.
[37] *Heidland*, Kölner Schrift, S. 711, 721 (RdNr. 19); *Nerlich/Römermann/Delhaes* § 68 RdNr. 8.
[38] Ausschussbericht und Begr. RegE, BT-Drucks. 12/2443, in *Balz/Landfermann*, Die neuen Insolvenzgesetze, 1999, S. 284; *Kübler/Prütting/Bork* § 68 RdNr. 1.
[39] *Heidland*, Kölner Schrift, S. 711, 721 (RdNr. 19); aA *Obermüller/Hess*, InsO, RdNr. 385.
[40] *Jaeger* KO § 92 RdNr. 3.
[41] *Pape* ZInsO 1999, 675, 677; *Frege* NZG 1999, 478, 482; *HK-Eickmann* § 68 RdNr. 5.
[42] AA *Kübler/Prütting/Bork* § 68 RdNr. 14; wie hier: *Hess/Weis* InVo 1997, 1; *Nerlich/Römermann/Delhaes* § 68 RdNr. 3; *HK-Eickmann* § 68 RdNr. 5; *Frege* NZG 1999, 478, 482; *Vallender* WM 2002, 2040, 2043 Fn 50; *Pape*, S. 122 ff., RdNr. 311.
[43] *Frege* NZG 1999, 478, 480.
[44] *Frege* NZG 1999, 478, 482.
[45] *Nerlich/Römermann/Delhaes* § 68 RdNr. 5.

17 **Überkreuzbesetzungen** sind nach dem Leitbild des § 100 Abs. 2 Nr. 3 AktG[46] unzulässig; die Funktion in einem verbundenen Verfahren schließt die Wählbarkeit für den Gläubigerausschuss aus. Entstehen aus dem Zusammenbruch eines Konzerns oder eines Firmenkonglomerats mehrere Verfahren, die zwar formal selbstständig sind, aber dennoch zusammengehören, darf der Verwalter des einen Verfahrens nicht als Mitglied im anderen Verfahren tätig werden. Die in dieser Situation abstrakt angelegte Interessenkollision verbietet das.[47] Häufig genug wird die Kollision konkret, wenn es um gesellschaftsrechtliche oder konzernrechtliche Ansprüche der Mutter-, Tochter- oder Schwestergesellschaften untereinander und gegeneinander geht. Hier liegt die Betroffenheit auf der Hand, und der Verwalter des einen Verfahrens kann als Mitglied im Gläubigerausschuss des anderen Verfahrens seine Überwachungs- und Unterstützungspflicht nicht neutral und unvoreingenommen ausüben. Stimmrechtsverlust wäre ebenso die Folge wie eine Lähmung der Ausschussarbeit. Eine unzulässige Überkreuzbesetzung liegt dagegen nicht vor, wenn ein Mitglied des Gläubigerausschusses aus dem Insolvenzverfahren der Muttergesellschaft auch Mitglied des Gläubigerausschusses im Verfahren der Tochtergesellschaft ist, da das Gläubigerausschussmitglied nicht gesetzlicher Vertreter ist. Eine solche Doppelbesetzung kann hilfreich sein, um das Verfahren effektiv zu gestalten und trägt mitunter dazu bei die Schwierigkeiten zu überwinden, die durch das Fehlen eines Konzerninsolvenzrechts bestehen.[48] Auch ein Stimmrechtsverlust liegt nicht vor.[49] Es erscheint aber nicht ratsam, eine völlige Identität der Ausschüsse herbeizuführen, wenn unterschiedliche Gläubiger betroffen sind und Interessenskonflikte absehbar sind.

VI. Gläubigerbeirat

18 Ein Beirat neben dem Gläubigerausschuss ist unzulässig. Die InsO sieht neben der Gläubigerversammlung nur den Gläubigerausschuss als Organ vor, aber eben nur eines.[50] Ist ein Gläubigerausschuss gewählt, kann es neben ihm **kein weiteres Organ** außer der Gläubigerversammlung geben.[51] Auch bei einem Verzicht auf einen Gläubigerausschuss ist ein Beirat unzulässig.[52] Die InsO sieht abschließend nur die beiden Organe vor, keine anderen. Wollte man einen Beirat zulassen, wäre dieser nicht nur ein Fremdkörper im Verfahren, der mangels Zuweisung keine Rechte für sich in Anspruch nehmen kann; seine Mitglieder müssten auch keine Haftung befürchten,[53] da § 71 nur für die Mitglieder des Gläubigerausschusses gilt. Die Allgemeine Begründung zum RegE[54] meint zwar, ein Beirat könne als Beratungsorgan und Diskussionsforum eingerichtet werden. Diese Ansicht berücksichtigt indes nicht die Komplikationen, die aus dem Nebeneinander von Gläubigerausschuss und Beirat entstehen können und muss daher verworfen werden.[55] Auch im Eröffnungsverfahren stellt ein Gläubigerbeirat keine Alternative zu einem im Einzelfall erforderlichen vorläufigen Gläubigerausschuss dar, da es an einem normierten Rahmen für dessen Tätigwerden fehlt.[56] Durch die Neuregelung von § 22a durch das ESUG und durch die frühzeitige Einsetzung eines vorläufigen Gläubigerausschusses ist auch jegliche Notwendigkeit hierfür entfallen.

§ 69 Aufgaben des Gläubigerausschusses

¹**Die Mitglieder des Gläubigerausschusses haben den Insolvenzverwalter bei seiner Geschäftsführung zu unterstützen und zu überwachen.** ²**Sie haben sich über den Gang der Geschäfte zu unterrichten sowie die Bücher und Geschäftspapiere einsehen und den Geldverkehr und -bestand prüfen zu lassen.**

---

[46] *Hüffer* AktG § 100 RdNr. 6; wie hier auch *Uhlenbruck* ZIP 2002, 1373, 1381; aA *Braun/Kind* InsO, § 68 RdNr. 10
[47] *Hegmanns*, Der Gläubigerausschuss, S. 115.
[48] Die Zulässigkeit einer solchen Doppelbesetzung ergibt sich auch aus BGH NZI 2008, 308 ff; dort ist Gegenstand die Entlassung eines Mitglieds des Gläubigerausschusses, der zugleich bei einem Konzernunternehmen Mitglied im Gläubigerausschuss ist.
[49] Vgl. unten § 72 RdNr. 15
[50] *Kübler/Prütting/Bork* § 68 RdNr. 8.
[51] *Obermüller/Hess*, InsO, 3. Aufl. Heidelberg 1999, RdNr. 381; in diesem Sinne schon: Gravenbrucher Kreis, BB 1986, Beil. 15, S. 16, Ziff. 4.
[52] A. M. *Uhlenbruck/Uhlenbruck*, § 68 RdNr. 4.
[53] *Kübler/Prütting/Bork* § 68 RdNr. 8.
[54] Begr. RegE, BT-Drucks. 12/2443, in *Balz/Landfermann*, Die neuen Insolvenzgesetze, 1999, S. 44.
[55] Es wird auch die Befürchtung geäußert, dass Beiratsmitglieder erlangtes Insiderwissen zum eigenen Vorteil sanktionslos nutzen könnten: *Nerlich/Römermann/Delhaes* § 67 RdNr. 12.
[56] So aber *Braun/Kind* InsO § 67 RdNr. 16.

Übersicht

	Rn.		Rn.
A. Normzweck	1, 2	4. Stellung gegenüber dem Gericht	12
B. Entstehungsgeschichte	3	**V. Aufgaben im Einzelnen**	13–27
C. Anwendungsbereich	4–27	1. Aufgabenzuweisung durch § 69	13
I. Individualisierung der Aufgaben	4, 5	2. Einzelne Aufgaben	14–27
II. Wahrnehmung der Aufgaben	6, 7	a) Verfahrensrechtliche Aufgaben	14–17
III. **Aufgabenverteilung innerhalb des Gläubigerausschusses**	8	b) Überwachung des Verwalters	18, 19
		c) Mitwirkungsbefugnisse	20, 21
IV. **Stellung des Gläubigerausschusses**	9–12	d) Mitwirkung bei der Verteilung	22
1. Stellung innerhalb des Verfahrens	9	e) Mitwirkung beim Insolvenzplan	23, 24
2. Stellung gegenüber der Gläubigerversammlung	10	f) Unterrichtung bei der Eigenverwaltung	25
		g) Unterrichtung bei Vergütungsfragen	26
3. Stellung gegenüber dem Verwalter	11	h) Auskunftsrecht gegenüber dem Schuldner	27

A. Normzweck

Der Gläubigerausschuss ist ein unabhängiges und selbstständiges Organ der Insolvenzverwaltung,[1] dem staatliche Aufgaben zugewiesen sind. Diese Rolle kommt in der InsO deutlicher zum Tragen als in der KO: Zu den wichtigsten Zielen der InsO gehört nämlich die **Stärkung der Beteiligtenautonomie**.[2] Der RegE führt daher aus,[3] dass nicht nur die Entscheidung über die Form und die Art der Masseverwertung, sondern auch die Entscheidungen über die Gestaltung des Verfahrens, darin eingeschlossen die Fortführung des insolventen Unternehmens, – und damit auch die Entscheidung über die mutmaßliche Verfahrensdauer – denjenigen zugewiesen werden sollten, deren Interessen unmittelbar berührt und deren Vermögenswerte betroffen sind. Diese Interessen legen es nahe, auch den Gang des Verfahrens von den Beteiligten bestimmen zu lassen. Folgerichtig bezieht die InsO auch die absonderungsberechtigten Gläubiger stärker ein, und dies bedingt auch eine Veränderung und Verstärkung der Position des Gläubigerausschusses, zumal die absonderungsberechtigten Gläubiger ein gesteigertes Interesse an einer Mitwirkung im Gläubigerausschuss haben (müssten), da die Verwertung der Sicherheiten beim Verwalter liegt. Dabei erkennt die InsO an, dass nicht das Insolvenzgericht der eigentliche **Sachwalter der Gläubigerinteressen** sein kann. Ebenso wenig kann es die Gläubigerversammlung, weil sie zu groß und zu schwerfällig ist, und außerdem, so zeigt es die Erfahrung unter der KO, schwach besetzt und von Großgläubigern dominiert ist.[4] Die InsO gibt der Gläubigerversammlung dennoch ein deutliches größeres Gewicht, beispielsweise durch die Entscheidung über Sanierung oder Liquidierung oder über Annahme oder Ablehnung des Insolvenzplanes, sodass die Gläubigerversammlung ihre Rolle als Basisorgan der Gläubigerschaft zu Recht einnimmt. Aus diesem Grund weist die InsO dem Gläubigerausschuss sehr viel **mehr Aufgaben und Befugnisse** zu als die KO es tat,[5] und der Vergleich mit dem Aufsichtsrat (nunmehr) gerechtfertigt ist[6] Diese sind eigene und originäre Aufgaben.[7]

Die InsO versteht den Gläubigerausschuss als eigenständiges Organ der Insolvenzverwaltung. Der Gläubigerausschuss hat daher die **Interessen aller Beteiligter** wahrzunehmen, auch diejenigen des Schuldners.[8] Jedes einzelne Mitglied ist daher zu einer **unabhängigen Amtsführung** verpflichtet, die sich allein an den Zielen des Verfahrens zu orientieren hat.[9] Es wäre ein Missverständnis, würde man die Aufgaben des Gläubigerausschusses darauf beschränken, die Interessen der darin vertretenen Gläubiger wahrzunehmen. Dieser Ansicht stünde nicht nur der Wortlaut des § 69 Satz 1 entgegen, der von Unterstützung und Überwachung in Bezug auf den Verwalter spricht, sie würde sich auch nicht mit der Aufgabenzuweisung im Übrigen in Einklang bringen lassen. Schon die allgemeine und

---

[1] RGZ 36, 367, 368; 31, 119, 122; 20, 108, 109.
[2] *Frege* NZG 1999, 478, 479; Kübler/*Prütting*/Bork § 1 RdNr. 15 f.
[3] RegE, BT-Drucks. 12/2443, in Balz/Landfermann, Die neuen Insolvenzgesetze, 1999, S. 14.
[4] *Pape* ZInsO 1999, 305.
[5] „Engmaschige Kontrolle": *Pape* ZInsO 1999, 675, 683.
[6] *Hegmanns*, Der Gläubigerausschuss, Köln 1986, S. 52, und Kübler/*Prütting*/Bork § 69 RdNr. 5; Jaeger/*Gerhardt* § 67 RdNr. 4.
[7] *Frege* NZG 1999, 478, 479; *Pape* ZInsO 1999, 305.
[8] BGH ZIP 1994, 46, 48; *Frege* NZG 1999, 478, 479.
[9] *Pape* ZInsO 1999, 675, 677.

ohne jede Einschränkung formulierte Aufgabenzuweisung in § 69 schließt **Partikularinteressen** als (alleinige) Handlungsmaxime des Gläubigerausschusses aus, und die Haftung der Ausschussmitglieder gegenüber allen Gläubigern in § 71 bestätigt dies. Deswegen wird man von dem einzelnen Mitglied bei der Kollision von Interessen seines Mandatars mit den Gläubigerinteressen Stimmenthaltung verlangen können. Die Aufgabenzuweisung im Übrigen zeigt die unabhängige Stellung des Gläubigerausschusses, auch und gerade von der Gläubigerversammlung. Sie ist nicht weisungsbefugt;[10] im Gegenteil: Häufig genug ist der Gläubigerausschuss neben der Gläubigerversammlung zur Mitwirkung aufgerufen.

B. Entstehungsgeschichte

3 § 80 RegE hatte drei Absätze, welche der Rechtsausschuss zu einem zusammengefasst hat.[11] Obgleich sich § 80 RegE eng an § 88 KO anlehnt, sind die Änderungen des Ausschusses doch mehr als nur redaktioneller Art, denn sie beinhalten eine Verschärfung der Pflichten der Mitglieder. Während es in § 80 Abs. 1 Satz 2 RegE noch hieß, dass die Mitglieder des Gläubigerausschusses sich über der Gang der Geschäfte unterrichten *können*, heißt es jetzt, dass sie sich zu unterrichten *haben*. Aus dem Recht des Mitglieds ist dadurch eine Pflicht geworden, sodass sich § 69 besser in das **Leitbild der Individualisierung der Pflichten** einfügt. Mit der Erweiterung der Pflichten wird die Aufsicht über die wirtschaftliche Tätigkeit des Verwalters verstärkt. Ebenso gestrichen wurde § 80 Abs. 3 RegE, der eine obligatorische Kassenprüfung einmal in jedem Vierteljahr vorsah. Nach der zum Gesetz gewordenen Fassung haben sich die Mitglieder des Gläubigerausschusses laufend über den Gang der Geschäfte zu unterrichten und können den Rhythmus der Kassenprüfung den Gegebenheiten des Einzelfalls anpassen.

C. Anwendungsbereich

I. Individualisierung der Aufgaben

4 Die InsO unterscheidet nicht mehr zwischen den Pflichten des Gläubigerausschusses als Kollektiv und denjenigen des einzelnen Mitglieds. Obwohl sich § 69 eng an § 88 Abs. 1 Satz 1 KO anlehnt, werden die Pflichten, die insgesamt verschärft worden sind,[12] jetzt jedem einzelnen Mitglied des Gläubigerausschusses auferlegt.[13] Unterschied § 88 KO noch zwischen den „Mitgliedern des Gläubigerausschusses" (Abs. 1) und dem „Gläubigerausschuss" (Abs. 2), spricht § 69 nur von den „Mitgliedern" und ist damit, wie insbesondere Satz 2 zeigt, ausschließlich individualbezogen. Während § 88 Abs. 2 KO das Recht, Berichterstattung zu verlangen und die Kasse zu prüfen, dem Gläubigerausschuss als Kollektiv zuwies, zeigt die auf die einzelnen Mitglieder bezogene Formulierung von § 69 Satz 2 die Individualisierung der Rechte und Pflichten. Von daher gewinnt der Grundsatz an Bedeutung, dass das Amt eines Mitglieds im Gläubigerausschuss ein persönliches ist.[14] Dieses Verständnis entspricht der Regelung in § 101 Abs. 3 Satz 1 AktG für die insoweit vergleichbare Mitgliedschaft im Aufsichtsrat.[15]

5 Anders ist die Situation bei der Mitgliedschaft einer juristischen Personen, die im Gläubigerausschuss, im Gegensatz zum Aufsichtsrat (§ 100 Abs. 1 Satz 1 AktG), zulässig ist.[16] Das die juristische Person vertretene Organ delegiert die Tätigkeit an einen Mitarbeiter, der insoweit notwendig und in diesem Fall auch zulässig als rechtsgeschäftlicher Vertreter des Mitglieds auftritt. Auch wenn es praktisch wünschenswert ist, dass im Gläubigerausschuss jeweils dieselbe Person tätig wird und für Kontinuität sorgt, schreibt die InsO dies nicht vor;[17] für eine juristische Personen können also **verschiedene Personen** auftreten.

---

[10] Vgl. *Uhlenbruck/Uhlenbruck* § 69 RdNr. 14; *Frege* NZG 1999, 478, 479.
[11] Begr. RegE, BT-Drucks. 12/2443, in *Balz/Landfermann*, Die neuen Insolvenzgesetze, 1999, S. 285.
[12] Begr. RegE, BT-Drucks. 12/2443, in *Balz/Landfermann*, Die neuen Insolvenzgesetze, 1999, S. 285.
[13] *Heidland*, Kölner Schrift, S. 711, 724.
[14] AG Gelsenkirchen KTS 67, 192; *Kübler*/Prütting/Bork § 69 RdNr. 17; *Obermüller*, FS Möhring, S. 101, 105; *Haenecke* KTS 83, 533.
[15] *Pape* ZInsO 1999, 675, 678.
[16] Nach BGH ZIP 1994, 46, 47, ist die Mitgliedschaft juristischer Personen, nicht aber die von Behörden, zulässig. AA *Hegmanns*, Gläubigerausschuss, S. 111, der insoweit eine teleologische Reduktion des § 87 KO gefordert hatte. Vgl. zu den Bedenken und praktischen Problemen bei der Wahl juristischer Personen: Gravenbrucher Kreis, BB 1986, Beilage 15, S. 16.
[17] AA *Uhlenbruck/Uhlenbruck* § 67 RdNr. 10, der neben der organschaftlichen Vertretung nur die Entsendung eines bestimmten Mitarbeiters für zulässig hält.

II. Wahrnehmung der Aufgaben

Die InsO geht aber trotz der Individualisierung nicht soweit, jedem Mitglied eigene Rechte gegenüber dem Verwalter einzuräumen; zur **Ausübung der Rechte des Gläubigerausschusses** bedarf es im Regelfall eines Beschlusses des Gläubigerausschusses. Dabei ist allerdings zu differenzieren: Verfahrensrechtliche Anträge oder solche Mitwirkungsbefugnisse, bei denen die InsO kollektiv vom „Gläubigerausschuss" spricht, können vom einzelnen Mitglied nicht ausgeübt werden; eine Einzelausübung würde die Stellung des Gläubigerausschusses als Organ der Gläubigerselbstverwaltung gefährden und damit den Ablauf des Verfahrens stören. Innerhalb des eigenen persönlichen Pflichtenkreises jedoch, in dem das Mitglied mit persönlicher Haftung rechnen muss, kann und muss das Mitglied die Aufgaben auch einzeln und unabhängig vom Handeln der übrigen Mitglieder ausüben. Man wird zwar verlangen müssen, dass zunächst eine Beschlussfassung des Gläubigerausschusses herbeigeführt wird; beseitigt diese das Haftungsrisiko für das Mitglied nicht, das nach pflichtgemäßem Ermessen Handlungsbedarf sieht, kann das Mitglied seine ihm zugewiesenen Rechte und Befugnisse alleine ausüben. Werden die Rechte nicht ausgeübt, so stellen sich für die Mitglieder des Gläubigerausschusses uU Haftungsfragen (vgl. § 71). Die InsO sieht aber nicht vor, dass das Insolvenzgericht stattdessen diese Aufgaben wahrnimmt.[18]

Das einzelne Mitglied ist zur **Verschwiegenheit** verpflichtet,[19] weil es den Verwalter zu unterstützen hat. Damit korrespondiert das Verbot, Partikularinteressen wahrzunehmen. Es ist dem Mitglied daher untersagt, seinen Wissensvorsprung seinem Arbeitgeber, von dem das Mitglied entsandt ist, mitzuteilen.[20] Das Gleiche gilt für den von der Gesellschafterversammlung gewählten Rechtsanwalt im Hinblick auf seinen der Gläubigerversammlung angehörenden Mandanten.[21] Vielmehr sind diese den Interessen der Gläubigerschaft unterzuordnen.[22] Bei Interessenkollisionen darf der Verwalter im Einzelfall Informationen selektieren, zumal wenn Zweifel an der Neutralität des Mitglieds bestehen,[23] und ein befangenes Mitglied ist an der Beschlussfassung gehindert.

III. Aufgabenverteilung innerhalb des Gläubigerausschusses

Die Tätigkeit des Gläubigerausschusses ist vom **Grundsatz der Selbstorganschaft** bestimmt; das Gesetz enthält keinerlei Regelungen in Bezug auf Organisation und Verfahren der Ausschusstätigkeit.[24] Wie bisher können daher innerhalb des Gläubigerausschusses Tätigkeitsschwerpunkte gesetzt werden, die sich nach Kompetenz und Erfahrung der einzelnen Mitglieder richten können.[25] Zu einer solchen Aufgabenverteilung gibt schon die Soll-Zusammensetzung aus § 67 Anlass. Dies kann informell geschehen, oder ein (großer) Gläubigerausschuss gibt sich eine Geschäftsordnung;[26] in der Regel wird es beim bisherigen bleiben, dass nämlich lediglich ein Kassenprüfer gewählt wird. Soweit jedoch die **innere Ordnung** des Gläubigerausschusses und die **Aufgabenverteilung** dem Gericht und dem Verwalter mitgeteilt sind, ist das insoweit berufene Mitglied unter Übertragung der zur Kassenprüfung entwickelten Grundsätze[27] imstande, kraft seiner Aufgabenzuweisung selbstständig und ohne vorherigen Einzelbeschluss des Gläubigerausschusses zu handeln. Es ist dann der zunächst berufene Ansprechpartner des Verwalters oder des Gerichts. Die Beauftragung eines Mitglieds entbindet die übrigen Mitglieder freilich nicht von ihrer Überwachungspflicht: Sie haben sich davon zu überzeugen, und zwar zunächst durch Nachfrage beim beauftragten Mitglied selbst, aber in zweiter Linie, wenn Zweifel bleiben, auch beim Gericht und beim Verwalter, ob die übertragenen Aufgaben ordnungsgemäß ausgeführt worden sind. Insofern steht den übrigen Mitgliedern ein wegen der persönlichen Haftung selbstständig geltend zu machender **Auskunftsanspruch** zu.[28]

---

[18] In diese Richtung aber *Pape/Schmidt* ZInsO 2004, 955, 959.
[19] *Frege* NZG 1999, 478, 483.
[20] AA BGH VersR 81, 847, 848. Gegen den BGH: *Kübler*/Prütting/Bork § 69 RdNr. 20; *Haenecke* KTS 83, 533, 534; *Vallender* WM 2002, 2040, 2045.
[21] *Uhlenbruck* BB 76, 1198, 1200; *ders.* ZIP 2003, 1373, 1380; vgl. hierzu auch LG Kassel ZInsO 2002, 839, 841. Dies kann einen Entlassungsgrund darstellen, s. § 70
[22] BGH ZIP 1994, 46, 48; *Uhlenbruck* BB 76, 1198.
[23] *Frege* NZG 1999, 478, 484.
[24] *Pape* ZInsO 1999, 675, 680.
[25] *Heidland*, Kölner Schrift, S. 711, 723; *Pape* ZInsO 1999, 675, 681.
[26] *Uhlenbruck*, Gläubigerberatung in der Insolvenz, S. 392.
[27] BGHZ 71, 253; BGH NJW 1978, 1527.
[28] *Heidland*, Kölner Schrift, S. 711, 725.

IV. Stellung des Gläubigerausschusses

9 1. Stellung innerhalb des Verfahrens. Der Gläubigerausschuss ist grundsätzlich das zentrale Organ für die Mitwirkung der Gläubiger in Detailfragen. Während die Gläubigerversammlung die großen Linien des Insolvenzverfahrens bestimmt, soll durch ihn der ständige Einfluss der beteiligten Gläubiger auf den Ablauf des Insolvenzverfahrens sichergestellt werden;[29] daher auch die Soll-Vorschriften über die Zusammensetzung. Dennoch hat er keinerlei Außenwirkung;[30] dies ist Aufgabe des Verwalters. Die Rolle des Gläubigerausschusses beschränkt sich auf eine rein verfahrensrechtliche. Deswegen sind Maßnahmen des Verwalters, die ohne die vom Gesetz vorgesehene Mitwirkung des Gläubigerausschusses vorgenommen werden, (in der Regel) wirksam.

10 2. Stellung gegenüber der Gläubigerversammlung. Der KO lag noch das Verständnis zugrunde, dass der Gläubigerausschuss in einer Art „Mandatsverhältnis" zur Gläubigerversammlung steht und die Befugnisse nur von dieser ableitet.[31] Anders ist dies nunmehr nach der InsO. Gläubigerausschuss und Gläubigerversammlung sind zwei **von einander unabhängige Organe** der Gläubigerschaft. Die Gläubigerversammlung setzt den Gläubigerausschuss zwar ein, § 68; ebenso entscheidet sie über seine Größe und seine Zusammensetzung. Sie hat das Recht, eine vorläufige Entscheidung des Gerichts aufzuheben (§ 68 Abs. 1 Satz 2) oder die personelle Zusammensetzung zu ändern (§ 68 Abs. 2). Das Gericht wiederum kann zwar Beschlüsse der Gläubigerversammlung nach Maßgabe von § 78 verwerfen, nicht jedoch soweit es die Zusammensetzung des Gläubigerausschusses betrifft.[32] So fehlt es hier auch an dem für § 78 erforderlichen gemeinsamen Interesse aller Gläubiger, was nur zum Tragen kommt, wenn ein Beschluss Auswirkungen auf die Vergrößerung der Haftungsmasse der Gläubiger hat.[33] Das Gericht hat nach dem Beschluss der Gläubigerversammlung dann nur die Möglichkeit, ein einzelnes Mitglied aus wichtigem Grund nach § 70 Satz 2 abzuberufen. Ebenso kann die Gläubigerversammlung nach dieser Vorschrift die Entlassung eines Mitglieds des Gläubigerausschusses beantragen, wenn in seiner Person ein wichtiger Grund vorliegt.[34] Hat sich der Gläubigerausschuss konstituiert, löst er sich von der Gläubigerversammlung,[35] und es muss berücksichtigt werden, dass die Einflussnahme der Gläubigerversammlung nur und ausnahmsweise auf die personale Zusammensetzung möglich ist, nicht aber auf Sachentscheidungen. Gerade dies zeigen § 68 und § 70: Die Konstituierung ist Recht und Aufgabe der Gläubigerversammlung, danach beginnt das **Eigenleben des Gläubigerausschusses**.[36] Die Befugnisse des Gläubigerausschusses sind vom Gesetz so ausgestaltet, dass er einen eigenen Ermessensspielraum hat; die Gläubigerversammlung ist nicht berechtigt, Weisungen zu geben oder Aufgaben zuzuteilen. Hat der Gläubigerausschuss in einer Sache, für die er zuständig ist, entschieden, kann die Gläubigerversammlung diesen Beschluss nicht aufheben oder abändern,[37] weil der Gläubigerausschuss gerade kein Exekutivorgan der Gläubigerversammlung ist. Ebenso wenig kann, wenn ein Gläubigerausschuss nicht besteht, die Gläubigerversammlung die dem Gläubigerausschuss zugewiesenen Rechte ausüben, weil es nicht ihre Rechte sind,[38] es sei denn, dies ist ausdrücklich vorgesehen (zB in § 59 Abs. 1, § 160 Abs. 1 Satz 2 oder § 233). Die Gläubigerversammlung hätte sonst die Möglichkeit, ihre Kompetenzen zu erweitern, ohne dass Mitglieder sich einer Haftung aussetzen müssten.[39] Überdies verwirklicht sich im Gläubigerausschuss Minderheitenschutz, der sich in der Abstimmung nach Köpfen ebenso manifestiert wie im Stimmrechtsverlust bei Selbstbetroffenheit. Dies alles unterscheidet die beiden Organe deutlich voneinander. Zwischen Gläubigerausschuss und Gläubigerversammlung besteht also eine Balance, die den Gläubigerausschuss nicht zu einem minus gegenüber der Gläubigerversammlung macht, obgleich diese ihn einsetzt.

---

[29] Begr. RegE (§ 78), BT-Drucks. 12/2443, in *Balz/Landfermann*, Die neuen Insolvenzgesetze, 1999, S. 281.
[30] *Pape* ZInsO 1999, 305. So BGH ZIP 1981, 1001, 1002, für die alte Rechtslage.
[31] Motive, S. 310 = *Hahn*, Bd. IV, S. 214. Maßgebliche rechtliche Konsequenzen wurden hieraus, soweit ersichtlich, aber auch unter dem Regime der KO nicht gezogen.
[32] Vgl. hierzu oben § 68 RdNr. 9.
[33] Vgl. hierzu die Kommentierung in § 78 RdNr. 21.
[34] AA *Heidland*, Kölner Schrift, S. 711, 721 (RdNr. 20), der meint, die Gläubigerversammlung könne ein Mitglied jederzeit, auch ohne wichtigen Grund abberufen.
[35] *Pape* ZInsO 1999, 305, meint, dass wegen § 68 der Gläubigerausschuss nicht wirklich unabhängig ist und wegen § 70 doch eine Beeinflussung möglich ist.
[36] So schon RGZ 13, 119, 122.
[37] So auch Kübler/Prütting/Bork § 69, RdNr. 7; *Frege* NZG 1999, 478, 482; *Pape* ZInsO 1999, 305; *Marotzke* ZInsO 2003, 726; *Vallender* WM 2002, 2040, 2047; aA *Hegmanns*, Der Gläubigerausschuss, 1986, S. 61 f.; *Haarmeyer/Wutzke/Förster*, GesO, § 15, RdNr. 33, für die alte Rechtslage.
[38] *Frege* NZG 1999, 478, 482.
[39] *Hegmanns*, Der Gläubigerausschuss, 1986, S. 54.

3. Stellung gegenüber dem Verwalter. Schon nach der KO war der Gläubigerausschuss kein 11
Hilfsorgan des Verwalters;[40] hieran hat die InsO nicht nur nichts geändert, sondern die Befugnisse noch
gestärkt. Die **Kontrollbefugnisse des Gläubigerausschusses** in Bezug auf die Amtsführung des Verwalters sind recht ausgeprägt und unterscheiden sich wesentlich von denjenigen des Gerichts. Dem Verwalter ist die Durchführung des Insolvenzverfahrens dergestalt zugewiesen, dass dieser auch und gerade wirtschaftliche Entscheidungen zu treffen hat. Insoweit die Verwaltertätigkeit sachlich zu überwachen, würde das Gericht vermutlich überfordern. Folgerichtig beschränkt das Gesetz die Aufgabe des Gerichts auf eine **reine Rechtsaufsicht** und muss, angesichts der Entscheidungsspielräume des Verwalters und der weitreichenden Folgen seiner Entscheidungen, für eine Zweckmäßigkeitskontrolle sorgen.[41] Dies ist Aufgabe des Gläubigerausschusses, der als (ständiges und kleines) Organ sehr viel beweglicher ist als die Gläubigerversammlung und den Verwalter daher (enger) begleiten kann. Dass die **Zweckmäßigkeitskontrolle** im Mittelpunkt der Aufgaben des Gläubigerausschusses steht, zeigt sich an der vom Gesetz gewünschten Zusammensetzung des Gläubigerausschusses (§ 67 Abs. 2) ebenso wie an seinen Mitwirkungs- und Zustimmungsbefugnissen. Allerdings bleibt der Verwalter das entscheidende Organ, denn seine Missachtung der Rechte des Gläubigerausschusses bleibt für die von ihm vorgenommenen Rechtshandlungen folgenlos; sie sind auch ohne den Gläubigerausschuss wirksam.[42]

4. Stellung gegenüber dem Gericht. Auch gegenüber dem Gericht ist der Gläubigerausschuss 12
autonom. Das Gericht ist **nicht** befugt, dem Gläubigerausschuss **Weisungen** zu erteilen,[43] weil sich dies
mit dem Grundsatz der Gläubigerautonomie nicht vertrüge. Die InsO normiert daher weder gerichtliche
Befugnisse zur Rechtsaufsicht geschweige denn solche der Fachaufsicht.[44] Auch die Befugnis zur Entlassung eines Mitglieds des Gläubigerausschusses gemäß § 70 führt nicht zu einer eingeschränkten Rechtsaufsicht.[45] Die Stellung des Gläubigerausschusses ist sogar noch ausgeprägt unabhängiger als die der Gläubigerversammlung, denn das Gericht kann gemäß § 78 zwar Beschlüsse der Gläubigerversammlung aufheben, nicht aber solche des Gläubigerausschusses. Eine entsprechende Anwendung auf Beschlüsse des Gläubigerausschusses ist nicht möglich,[46] obgleich die Gläubigerversammlung das „ranghöhere" Organ ist.[47] Würde man eine solche Aufhebung (dann aber nur auf Antrag eines Ausschussmitglieds) praeter legem zulassen, würde dies zu einer Verzögerung des Verfahrens führen, wovon das überstimmte Mitglied sich nach § 78 wehren kann.[48] Dem Gläubigerausschuss steht kein generelles Beschwerderecht gegen Entscheidungen des Insolvenzgerichts zu; ein solches schließt § 6 Abs. 1 aus.[49] Da die InsO von der Selbstverwaltung der Gläubiger ausgeht und das Gericht in der Rolle eines Mittlers oder Schiedsrichters sieht, steht es dem Gläubigerausschuss zu, die Interessen der Gläubigerschaft zu artikulieren und in den vorgesehenen Fällen die Mitwirkungshandlungen vorzunehmen. Das Gericht ist auf eine verfahrensrechtlich orientierte, reine **Rechtmäßigkeitskontrolle** beschränkt.[50] Dies geht so weit, dass das Gericht an die Entscheidungen der Gläubigerschaft gebunden ist. Allerdings ist es dem Gericht unbenommen, auf den Gläubigerausschuss Einfluss zu nehmen, denn sowohl der Richter als auch der Rechtspfleger dürfen an den Sitzungen des Gläubigerausschusses (als Gast) teilnehmen und sich zu den Tagesordnungspunkten äußern.[51] Auf den Teilnahmewunsch des Gerichts hin hat der Gläubigerausschuss rechtzeitig seine Tagesordnung zu übersenden.

V. Aufgaben im Einzelnen

1. Aufgabenzuweisung durch § 69. Die Vorschrift enthält in Satz 1 (nur) eine allgemeine 13
Aufgabenzuweisung,[52] und zwar mit einer ambivalenten Formulierung: Unterstützung und Überwachung des Verwalters. Gemeint damit ist, dass der Gläubigerausschuss die wesentlichen Entscidun-

---

[40] So fälschlich die Bezeichnung im Beschluss des OLG Schleswig ZIP 1986, 930.
[41] *Kübler*/Prütting/Bork § 69 RdNr. 2.
[42] ZB bei § 160 InsO, bei § 231 InsO oder bei § 276 InsO; *Hilzinger* ZInsO 1999, 560; *Pape* ZInsO 1999, 675, 681; *Pape* in Kübler/Prütting/Bork § 276 RdNr. 21.
[43] *Frege* NZG 1999, 478, 480; *Kübler* in Kübler/Prütting/Bork § 69 RdNr. 9.
[44] So schon die bisherige Rechtslage, vgl. hierzu BGH WM 1965, 1158.
[45] Wohl aA *Pape* ZInsO 1999, 305, 306.
[46] *Frege* NZG 1999, 478, 480; zu § 79: AG Neubrandenburg ZInsO 2000, 111 m. Anm. *Förster*.
[47] Wohl für eine Aufhebungsbefugnis: *Heidland*, Kölner Schrift, S. 711, 721 (RdNr. 20); wie hier: *Gottwald*/*Kropp*/*Kluth* § 21 RdNr. 16.
[48] *Frege* NZG 1999, 478, 480.
[49] *Kübler*/Prütting/Bork § 69 RdNr. 10.
[50] Begr. RegE, BT-Drucks. 12/2443; *Pape*/*Schmidt* ZInsO 2004, 955, 959 befürworten die Ausweitung der Kontrollbefugnisse des Gerichts.
[51] So auch *Uhlenbruck*/Uhlenbruck § 69 RdNr. 7. AM *Vallender* WM 2002, 2040, 2047, der die Auffassung vertritt, dass ohne eine entsprechende gesetzlich verankerte Regelung eine Teilnahme nicht möglich sei.
[52] *Jaeger*/Gerhardt § 69 RdNr. 8.

gen mit dem Verwalter treffen soll.[53] Die Rolle des Gläubigerausschusses und diejenige des einzelnen Mitglieds ist daher eine aktive; es genügt nicht, nur Berichte entgegenzunehmen. Die einzelnen Kompetenzen und Mitwirkungsbefugnisse des Gläubigerausschusses, die von unterschiedlichem Gewicht sind, werden im jeweiligen Sachzusammenhang geregelt und betreffen Antragsrechte, Zustimmungsvorbehalte, (materielle) Mitwirkungsrechte und Informationsansprüche. Ein Verstoß des Verwalters gegen das Zustimmungserfordernis bleibt regelmäßig ohne Folgen; selbst die in § 160 genannten besonders bedeutsamen Rechtsgeschäfte sind im Außenverhältnis wirksam.[54]

14 **2. Einzelne Aufgaben. a) Verfahrensrechtliche Aufgaben.** Der Gläubigerausschuss hat das Recht, die Entlassung des Verwalters zu beantragen (§ 59 Abs. 1 Satz 2); die Regelung der InsO entspricht derjenigen der KO.[55] Dieses Recht ist ein originäres Recht des Gläubigerausschusses, das neben demjenigen der Gläubigerversammlung steht. Der einzelne Gläubiger hat insoweit kein Antragsrecht. Da der Verwalter nur aus wichtigem Grund entlassen werden kann, muss der Entlassungsantrag diese Gründe, die nach Ansicht des Gläubigerausschusses die Entlassung rechtfertigen, oder den dem Antrag zugrundeliegenden Sachverhalt nennen. Wird der Antrag des Gläubigerausschusses auf Entlassung abgelehnt, steht ihm die sofortige Beschwerde zu (§ 59 Abs. 2 Satz 2). Stellt hingegen die Gläubigerversammlung den Antrag auf Entlassung, und lehnt das Gericht diese ab, hat der Gläubigerausschuss kein Beschwerderecht, weil § 59 Abs. 2 Satz 2 in diesem Falle jedem einzelnen Insolvenzgläubiger, nicht aber ausdrücklich dem Gläubigerausschuss, ein Beschwerderecht einräumt.[56]

15 Der Gläubigerausschuss hat daneben das Recht, die **Einberufung der Gläubigerversammlung** zu beantragen (§ 75 Abs. 1 Nr. 2); die Gläubigerversammlung selbst kann ihre Einberufung nicht beantragen. Mit dieser Vorschrift wird § 93 Abs. 1 Satz 2 KO sinngemäß übernommen; da aber im Vergleich zu dieser der Gläubigerausschuss eine einflussreiche Rolle als Selbstverwaltungsorgan spielt, kann der Einberufungsantrag zu der von der InsO gewünschten Beschleunigung führen, zumal das Gericht dem Antrag, ohne eine eigene Zweckmäßigkeitsprüfung vornehmen zu dürfen, selbst dann entsprechen muss, wenn es die Einberufung nicht für geboten hält,[57] und die Gläubigerversammlung nach § 75 Abs. 2 innerhalb von (höchstens) zwei Wochen nach Eingang des Einberufungsantrags stattzufinden hat. Allerdings erfordert der Antrag in Übertragung der zu § 93 KO entwickelten Grundsätze die Angabe einer Tagesordnung; zumindest müssen dem Gericht die Gegenstände der Befassung aus dem Antrag erkennbar sein.[58] Lehnt das Gericht die Einberufung ab, etwa weil die vom Gericht angeforderte Tagesordnung ausbleibt, steht dem Gläubigerausschuss die sofortige Beschwerde zu (§ 75 Abs. 3).[59]

16 Gemäß § 149 Abs. 1 hat der Gläubigerausschuss das **Bestimmungsrecht bei der Hinterlegung** von Geld, Wertpapieren und Kostbarkeiten, und zwar sowohl in Bezug auf die Stelle der Hinterlegung als auch in Bezug auf die Bedingungen der Anlage. Hingegen ist das Mitwirkungsrecht bei deren Empfangnahme nach § 149 Abs. 2 Satz 1 durch das Vereinfachungsgesetz mangels praktischer Bedeutung für ab 1.7.2007 eröffnete Verfahren gestrichen worden[60] Die Befugnisse in Bezug auf die Hinterlegung (§ 149 Abs. 1), die dem Gläubigerausschuss zustehen, haben eine doppelte Funktion: Sie sind nicht nur verfahrensrechtlicher Natur, sondern haben auch eine materielle Funktion als Instrument der Überwachung des Verwalters: Die **Verantwortung für die Anlage** liegt nämlich allein beim Verwalter.[61] Auf die gemäß § 149 hinterlegten Gelder und den ordnungsgemäßen Ablauf des Geschäftsverkehrs mit der Hinterlegungsstelle erstreckt sich zudem die Prüfungspflicht des Gläubigerausschusses gemäß § 69 Satz 2.[62]

17 Wiederum rein verfahrensrechtlicher Natur ist das **Anhörungsrecht bei der Einstellung** des Verfahrens (§ 214 Abs. 2 Satz 1); parallel dazu sind die Mitglieder des Gläubigerausschusses vorab, also wenn die Veröffentlichung veranlasst ist,[63] über den Zeitpunkt zu unterrichten, in welchem die Einstellung oder die Aufhebung des Verfahrens wirksam wird (§ 215 Abs. 1 Satz 2 und § 258 Abs. 3 Satz 2). Dies ist deshalb von Bedeutung, weil mit Wirksamwerden der Schuldner seine Verfügungs-

---

[53] *Frege* NZG 1999, 478, 483.
[54] *Pape* ZInsO 1999, 675, 681.
[55] Begr. RegE, BT-Drucks. 12/2443.
[56] Wie hier: *Heidland*, Kölner Schrift, S. 711, 729 (RdNr. 42); zur Abwahl: *Pape* ZInsO 2000, 469, 477.
[57] *Heidland*, Kölner Schrift, S. 711, 729 (RdNr. 39).
[58] *Uhlenbruck*, Gläubigerschutz in der Insolvenz, S. 408.
[59] Gegen die Einberufung selbst gibt es kein Rechtsmittel (§ 6 Abs. 1 InsO: Es ist hierfür ein Rechtsmittel ausdrücklich nicht vorgesehen).
[60] Vgl. insoweit die Vorauflage.
[61] Abschlussbericht, in *Balz/Landfermann*, Die neuen Insolvenzgesetze, 1999, S. 292.
[62] RGZ 20, 108, 110; *Kübler*/Prütting/Bork § 69 RdNr. 28.
[63] Begr. RegE, BT-Drucks. 12/2443.

befugnis zurückerhält und die Ämter des Verwalters und selbstverständlich auch des Gläubigerausschusses erlöschen (§ 259 Abs. 1).

b) **Überwachung des Verwalters.** Überwachungsaufgaben sind zunächst in § 69 selbst enthalten; dies schließt die **Einsicht in die Bücher und Geschäftspapiere** (die des Verwalters, nicht die des Schuldners, vgl. insoweit aber § 97 Abs. 1) sowie die Prüfung des Geldverkehrs (als Unterfall der allgemeinen Überwachungspflicht) nach Satz 2 ein.[64] Die Pflicht nach § 69 Satz 2 ist die wichtigste der Pflichten des Gläubigerausschusses.[65] Diese abweichend zu § 88 Abs. 1 Satz 2 KO, der nur eine „Kann-Vorschrift" enthielt, als Pflicht formulierte Aufgabe jedes einzelnen Mitglieds des Gläubigerausschusses enthält selbstverständlich das Recht, vom Verwalter Auskunft, Bericht und Rechnungslegung zu verlangen.[66] Die Mitglieder des Gläubigerausschusses haben mit ihrer Prüfung umgehend nach ihrer Bestellung zu beginnen.[67] Der in Satz 2 verwandte Begriff „Geldverkehr und -bestand" beschränkt sich nicht nur auf den Bar- oder Buchgeldbestand, sondern umfasst auch alle Kontenbewegungen mit den dahinter stehenden Geschäftsvorfällen[68] und schließt die Einsicht in Belege ein.[69] Bestimmte Vorgänge können zu erhöhten Anforderungen an die Überwachungspflichten führen. Als Beispiele werden hier Kredite des Verwalters an andere Insolvenzmassen oder Poolkredite genannt.[70] Der Wegfall der Kollegialpflichten berechtigt das einzelne Mitglied, diese Rechte wahrzunehmen, es sei denn, der Gläubigerausschuss hat einen Kassenprüfer bestellt. Dann tritt dieser gegenüber dem Verwalter auf, und das einzelne Mitglied muss die Tätigkeit des Kassenprüfers überwachen.[71] Die originären Rechte leben erst dann wieder auf, wenn begründete Zweifel an der Sorgfalt des Kassenprüfers bestehen. Bei der Intensität der Kassenprüfung hat die InsO der praeter legem geübten Praxis Rechnung getragen: Der Rhythmus der Kassenprüfung kann jetzt flexibel gestaltet werden,[72] und zwar nach dem pflichtgemäßen Ermessen der Mitglieder oder des Kassenprüfers; die Forderung der KO nach einer monatlichen Kassenprüfung enthält die InsO nicht mehr.[73] Maßstab sollte die Zahl und der Umfang der Kontobewegungen sein. Das bedeutet, dass zu Beginn eines Verfahrens auch ein monatlicher Rhythmus in Betracht kommen kann, der dann im weiteren Verlauf eines langjährigen Verfahrens deutlich abgeschwächt werden kann auf einen halbjährlichen oder jährlichen Rhythmus.[74] Unglücklich formuliert ist § 68 Satz 2, weil von „prüfen zu lassen" die Rede ist. Dies suggeriert zweierlei, nämlich die zwingende **Einschaltung eines Dritten** und die Haftung (lediglich) für Auswahlverschulden. Beides ist nicht richtig. Selbstverständlich haben die Mitglieder des Gläubigerausschusses das Recht und die Pflicht, selbst zu prüfen.[75] Die Formulierung „prüfen zu lassen" soll die Möglichkeit eröffnen, einen (sachverständigen) Dritten zu beauftragen; dessen Kosten werden durch § 68 Satz 2 Masseverbindlichkeiten, weil sie durch die Verwaltung der Masse verursacht wurden (§ 55 Abs. 1 Nr. 1).[76] An der Haftung der Mitglieder des Gläubigerausschusses ändert die Beauftragung eines Dritten nichts. Der Gläubigerausschuss muss sich bei der Beauftragung

---

[64] FK-*Schmitt* § 69 RdNr. 10.
[65] *Pape* ZInsO 1999, 675, 681.
[66] BGH NJW 1968, 710.
[67] BGH NJW 1978, 1527 f.
[68] HK-*Eickmann* § 69 RdNr. 2.
[69] BGH NJW 1968, 710; BGH NJW 1978, 1527, 1528; OLG Koblenz ZIP 1995, 1101. Es handelt sich primär um ein Einsichtsrecht und nicht um ein Recht auf Überlassung der Unterlagen, vgl. BGH NZI 2008, 181 zu § 15 Abs.6 GesO.
[70] OLG Celle NZI 2010, 609, 613; s. auch *Gundlach/Frenzel/Jahn* ZInsO 2009, 1095, 1097; zu weitgehend *Pape* WM 2006, 22, 23,der insoweit undifferenziert die Untersagung von Darlehen an andere Massen fordert.
[71] HK-*Eickmann* § 69 RdNr. 3. S. auch OLG Celle NZI 2010, 609, 610, das unter Hinweis auf *Pape* WM 2006, 22 bei einer Delegation auf einen Kassenprüfer verlangt, dass sich die anderen Mitglieder von der Richtigkeit und Qualität der Kassenprüfung überzeugen.
[72] So ausdrücklich der Ausschussbericht, in Balz/Landfermann, Die neuen Insolvenzgesetze, 1999, S. 285; vgl. auch *Ganter*, FS Gero Fischer, 2008, 121,125
[73] In § 80 Abs. 3 des RegE war zwingend eine vierteljährliche Kassenprüfung vorgesehen; dies ist nicht Gesetz geworden.
[74] Vgl. *Ganter*, FS Gero Fischer, 2008, 121, 125; einen vierteljährlichen Abstand für die Prüfungen zu fordern erscheint daher zu weitgehend (in diese Richtung aber Pape, WM 2006, 19,22). Allerdings wurde vom OLG Celle, NZI 2010, 609, 610 in einem Haftungsfall beanstandet, dass die 1. Kassenprüfung erst 4 Monate nach der 1. Gläubigerausschusssitzung stattfand. Hinzu kam jedoch, dass die Prüfung mangels Prüffähigkeit abgebrochen worden ist und eine weitere Prüfung erst Monate später stattfand. *Gundlach/Frenzel/Jahn* ZInsO 2009, 1095, 1098 verlangen zumindest einen 6-Monats-Abstand. *Frind* ZIP 2012, 1380, 1385 für das Eröffnungsverfahren sogar unter 3 Monaten.
[75] Begr. RegE, BT-Drucks. 12/2443.
[76] *Heidland*, Kölner Schrift, S. 711, 724 (RdNr. 24); ebenso *Braun/Kind* InsO, § 69 RdNr. 11; *Pape* WM 2003, 361, 367.

eines Mitglieds oder eines Dritten von der Richtigkeit der Prüfung überzeugen.[77] Die Einbeziehung Dritter, etwa Wirtschaftsprüfungsgesellschaften, wird insbesondere bei Insolvenzverfahren über das Vermögen von Großunternehmen relevant werden, bei denen auf Grund des Umfangs und der EDV-technischen Verarbeitung der Geschäftsvorfälle eine verstärkte, vielleicht sogar laufende Überprüfung angezeigt ist.[78] Sonderprüfungen können erforderlich werden, wenn sich Verdachtsmomente gegen den Verwalter ergeben.[79]

19 Hieran schließt sich das Recht aus § 66 Abs. 2 Satz 2 an, die Schlussrechnung des Verwalters zu prüfen und zu kommentieren. Die Einbindung des Gläubigerausschusses ist obligatorisch (§ 68 Abs. 2 Satz 2); die Gesetzesbegründung hält dies für einen Ausfluss der Aufsichtspflicht.[80] Ebenso kann der Gläubigerausschuss zu dem Bericht des Verwalters nach § 156 Abs. 2 Satz 2 Stellung nehmen. Der Verzicht auf das Verzeichnis der Massegegenstände ist gemäß § 151 Abs. 3 Satz 2 kann vom Verwalter nur mit Zustimmung des Gläubigerausschusses beantragt werden; immerhin ist das Verzeichnis Grundlage für die Feststellung der Insolvenzmasse.

20 **c) Mitwirkungsbefugnisse.** Neben der vorläufigen Zustimmung zur Unterhaltsgewährung an den Schuldner (§ 100 Abs. 2) bis zur Entscheidung der Gläubigerversammlung hierüber (§ 100 Abs. 1), ist die Zustimmung zu Rechtshandlungen des Verwalters von zentraler Bedeutung. § 160 sieht, entsprechend §§ 133, 134 KO, aber doch mit der Abweichung, dass §§ 133, 134 KO abschließend waren, einen generellen Genehmigungsvorbehalt für alle Rechtshandlungen vor, die für das Verfahren von besonderer Bedeutung sind. Dies sind zum einen die in § 160 Abs. 2 genannten Rechtshandlungen (Nr. 1: Veräußerung des schuldnerischen Unternehmens, eines Betriebes, des ganzen Warenlagers, eines Grundstücks außerhalb eines Zwangsversteigerungsverfahrens, einer unternehmerisch gedachten Beteiligung oder eines Rentenrechts; Nr. 2: Aufnahme eines die Masse erheblich belastenden Darlehens; Nr. 3: Entscheidung über die Führung oder vergleichsweise Beendigung eines Rechtsstreites). § 160 ist nicht abschließend; die nicht beispielhaft genannten Rechtshandlungen müssen freilich ein den Nrn. 1 bis 3 entsprechendes Gewicht haben.[81]

21 Sachlich gehört dazu auch die in § 158 gesondert genannte Entscheidung über die **Stilllegung des Unternehmens** vor dem Berichtstermin; hier muss der Gläubigerausschuss zustimmen, weil diese Entscheidung an sich der Gläubigerversammlung vorbehalten ist (§ 157 Satz 1), die darüber im Berichtstermin entscheidet und (möglicherweise) präjudiziert wird.[82] Im Vergleich zur Vorgängerregelung ist insofern eine Erleichterung eingetreten, als der Gläubigerausschuss nicht für die aus der Fortführung des Betriebes entstehenden Masseschulden haftet; dies ist jetzt alleiniges Risiko des Verwalters. Nach § 129 KO war sowohl über die Schließung als auch über die Fortführung des Betriebes durch Verwalter und Gläubigerausschuss gemeinschaftlich zu beschließen, woraus auch für den Gläubigerausschuss ein Haftungsrisiko entstand. Nach § 158 beschränkt sich die Mitwirkung des Gläubigerausschusses auf die Schließung. Die Schließung nur eines Teiles des Betriebes ist nicht geregelt. Anwendungsschwierigkeiten ergeben sich daraus, dass die Innenwirkung der Zustimmung des Gläubigerausschusses hier nicht gilt, denn § 164, der diese Innenwirkung anordnet, betrifft nur §§ 160 bis 163, nicht aber § 158.[83] Daraus ergibt sich die unschöne Konsequenz, dass der Verwalter ohne Mitwirkung des Gläubigerausschusses zwar den ganzen Betrieb stilllegen kann, nicht aber Teile davon.[84] Im Hinblick darauf, dass § 158 den Zeitraum vor dem Berichtstermin betrifft, wird man diese ungleiche Regelung wohl hinnehmen können. Der stilllegende Verwalter setzt sich also Schadenersatzansprüchen (zB von Arbeitnehmer oder Kunden) und der Gefahr der Absetzung nach § 59 aus.

22 **d) Mitwirkung bei der Verteilung.** § 187 Abs. 3 Satz 2 sieht vor, dass der Gläubigerausschuss der Verteilung, und zwar mit Ausnahme der Schlussverteilung (§ 196) jeder, wenn mehrere vorgenommen werden (§ 187 Abs. 2 Satz 1), zuzustimmen hat. Folgerichtig ist auch die Abschlagsverteilung an die Entscheidung des Gläubigerausschusses gebunden (§ 195 Abs. 1),[85] und zwar dergestalt, dass der Gläubigerausschuss den zu zahlenden Bruchteil selbst, wenngleich auf Vorschlag des Verwal-

---

[77] BGH NJW 1978, 1527, 1528; vgl. auch OLG Celle NZI 2010, 609, 610.
[78] So bereits für die alte Rechtslage Kuhn/*Uhlenbruck* § 88 RdNr. 2b; ebenso *Kübler*/Prütting/Bork § 69 RdNr. 19.
[79] *Kübler*/Prütting/Bork § 69 RdNr. 19.
[80] Begr. RegE, BT-Drucks. 12/2443.
[81] Dies soll auch dann gelten, wenn der vorläufige Gläubigerausschuss bereits genehmigt hat, so: *Hilzinger* ZInsO 1999, 560.
[82] Begr. RegE, BT-Drucks. 12/2443, in *Balz*/Landfermann, Die neuen Insolvenzgesetze, 1999, S. 266.
[83] *Heidland*, Kölner Schrift, S. 711, 732 (RdNr. 53).
[84] *Hilzinger* ZInsO 1999, 560.
[85] *Pape* ZInsO 1999, 675, 682 „Mitbestimmungsrecht besonderer Art"; *Irschlinger*, Heidelberger Kommentar zur InsO, § 188 RdNr. 8.

ters, festlegt; an den Vorschlag des Verwalters ist der Gläubigerausschuss nicht gebunden.[86] Diese Festlegung ist zwar eine reine Verwaltungsmaßnahme; weder Gericht noch Verwalter können sie überprüfen.[87] Dennoch hat der Gläubigerausschuss sorgfältig die Interessen der Gläubiger zu prüfen und sie durch eine rechtzeitige und angemessene **Abschlagsverteilung** vor Zinsnachteilen zu bewahren, andererseits aber auch den Ausgleich von Massekosten, Masseverbindlichkeiten und eventuell von Sozialplanansprüchen zu berücksichtigen.

e) Mitwirkung beim Insolvenzplan. Auch beim Insolvenzplan ist die Einbindung des Gläubigerausschusses bedeutsam. Der Gläubigerausschuss (nicht aber die Gläubigerversammlung!) berät den Verwalter bei der Aufstellung des Plans (§ 218 Abs. 3), wobei die Gesetzesbegründung besonderes Augenmerk auch auf die fachliche Kompetenz der neben dem Gläubigerausschuss tätigen, sonstigen Beteiligten legt.[88] Will der Verwalter den (zweiten) Insolvenzplan des Schuldners vom Gericht zurückweisen lassen, bedarf er für diesen Antrag der Zustimmung des Gläubigerausschusses (§ 231 Abs. 2). Ein Zustimmungsrecht der Gläubigerversammlung ist nicht vorgesehen, sodass der Verwalter in Verfahren ohne Gläubigerausschuss alleine die Zurückweisung beantragen kann. Bei der Zustimmung zum Antrag des Verwalters handelt es sich um eine verfahrensrechtliche Maßnahme, sodass das Insolvenzgericht dem Zurückweisungsantrag folgen muss. An sich soll der Schuldner das Verfahren durch die Vorlage möglicherweise unerfüllbarer Pläne nicht verschleppen können, die Prüfung des zweiten Schuldnerplans durch den Gläubigerausschuss sichert jedoch trotz des aus § 176 KO entnommenen Disziplinierungsgedankens die Gläubigerinteressen, die sonst durch eine vielleicht vorschnelle Reaktion des Verwalters berührt sein könnten. Aus diesem Grund steht dem Gläubigerausschuss ein **Recht zur Stellungnahme zum Plan** gemäß § 232 Abs. 1 Nr. 1 zu, nachdem das Gericht eine Zurückweisung von Amts wegen verneint hat. Ebenso muss der Gläubigerausschuss dem Antrag des Verwalters auf **Fortsetzung von Verwertung und Verteilung** gemäß § 233 Satz 2 zustimmen. Ebenso wie bei der Zustimmung zum Zurückweisungsantrag nach § 231 Abs. 2 ist auch dies eine verfahrensinterne Maßnahme, die dem Gericht keinen eigenen Ermessensspielraum nicht belässt. Anders aber ist die Zuweisung dieser Befugnis zu Gläubigerausschuss und Gläubigerversammlung, die ihr Recht unabhängig voneinander ausüben können.

Nach § 248 Abs. 2 soll das Gericht vor der Entscheidung über die Bestätigung des angenommenen Insolvenzplans den Gläubigerausschuss hören. Die Überwachung der Plandurchführung ist Aufgabe des Verwalters, der dabei vom Gläubigerausschuss wie im Verfahren selbst beraten und überwacht wird (§ 261 Abs. 1). Dementsprechend hat der Verwalter dem Gläubigerausschuss (und natürlich auch dem Gericht) von der **Nichterfüllung oder der Nichterfüllbarkeit des Planes** Anzeige zu machen, damit gegen den säumigen Schuldner unverzüglich Sanktionen eingeleitet werden können.

f) Unterrichtung bei der Eigenverwaltung. Bei der Eigenverwaltung sind konstruktive Risiken vorhanden, welche die Einsetzung eines Gläubigerausschusses dringend geboten erscheinen lassen. Dies betrifft insbesondere die Überwachung des Schuldners gemäß § 270 Abs. 1 und die Zustimmung des Gläubigerausschusses zu Rechtshandlungen von besonderer Bedeutung.[89] § 274 Abs. 3 Satz 1 schreibt vor, dass der Gläubigerausschuss von Nachteilen bei der Fortsetzung der Eigenverwaltung durch den Sachwalter zu unterrichten ist, beispielsweise wenn der Schuldner die vorgeschriebene Zustimmung des Gläubigerausschusses nicht einholt oder Beschlüsse missachtet. Die Gläubiger werden so in die Lage versetzt, die Aufhebung der Eigenverwaltung gemäß § 272 zu beantragen. Parallel zu § 160 hat der Schuldner gemäß § 276 bei Rechtshandlungen von besonderer Bedeutung die Zustimmung des Gläubigerausschusses einzuholen.

g) Unterrichtung bei Vergütungsfragen. Die Vergütung und die zu erstattenden Auslagen des Verwalters werden vom Gericht durch Beschluss festgesetzt. Dieser Beschluss ist zwar öffentlich bekanntzumachen; aus Gründen des Datenschutzes werden die festgesetzten Beträge indes nicht veröffentlicht.[90] Gemäß § 64 Abs. 2 ist dieser Beschluss unter Angabe der Beträge dem Gläubigerausschuss zuzustellen, damit die Beschwerdeberechtigten die Möglichkeit zur Überprüfung haben. Die Rücknahme dem Datenschutz zwingt zu verschlungenen Pfaden: Der Gläubigerausschuss selbst und seine Mitglieder sind in dieser Eigenschaft nicht beschwerdebefugt; § 64 Abs. 3 nennt nur den Verwalter, den Schuldner und die Insolvenzgläubiger. Also kommt nur in Betracht, dass die Mitglieder des Gläubigerausschusses in ihrer Eigenschaft als Gläubiger den Beschluss prüfen. Dies ist aber inkonsequent, denn beide Eigenschaften sind nicht notwendigerweise deckungsgleich, fallen

---

[86] *Heidland,* Kölner Schrift, S. 711, 734 (RdNr. 62).
[87] *Holzer* in Kübler/Prütting/Bork, InsO, § 195 RdNr. 5; *Pape* ZInsO 1999, 675, 682.
[88] Begr. RegE, BT-Drucks. 12/2443, in *Balz/Landfermann,* Die neuen Insolvenzgesetze, 1999, S. 327; *Pape* ZInsO 1999, 675, 682.
[89] *Cranshaw,* Insolvenzrecht, Stuttgart 1999, 5.1.6.4; *Vallender* WM 2002, 2040, 2048.
[90] Abschlussbericht, in *Balz/Landfermann,* Die neuen Insolvenzgesetze, 1999, S. 278.

§ 70 1   2. Teil. 3. Abschnitt. Insolvenzverwalter. Organe der Gläubiger

sogar regelmäßig auseinander. Wenn sich der Gesetzgeber vorgestellt haben sollte, dass die Mitglieder des Gläubigerausschusses eine Unterrichtungspflicht gegenüber den Gläubigern haben, so hat er das jedenfalls nicht gesagt. Von den in § 69 genannten Aufgaben ist eine solche Informationspflicht jedenfalls nicht gedeckt.[91] Einer solchen bedarf es auch nicht, da der vollständige Beschluss zur Einsichtnahme in der Geschäftsstelle ausliegt, worauf in der öffentlichen Bekanntmachung hinzuweisen ist (§ 64 Abs. 2 Satz 2 2. HS).

27   **h) Auskunftsrecht gegenüber dem Schuldner.** Schließlich steht dem Gläubigerausschuss gemäß § 97 Abs. 1 Satz 1 gegenüber dem Schuldner ein umfassendes Auskunftsrecht im Hinblick auf alle das Verfahren betreffenden Verhältnisse zu. Dieses Recht ist dem Gläubigerausschuss als Kollektiv zugewiesen und muss auch in dieser Form geltend gemacht werden. Ein einzelnes Mitglied des Gläubigerausschusses kann Auskunft daher nur dann verlangen, wenn dies durch einen entsprechenden Auftrag des Gläubigerausschusses, etwa im Rahmen der internen Geschäftsverteilung, gedeckt ist.[92]

§ 70 Entlassung

¹Das Insolvenzgericht kann ein Mitglied des Gläubigerausschusses aus wichtigem Grund aus dem Amt entlassen. ²Die Entlassung kann von Amts wegen, auf Antrag des Mitglieds des Gläubigerausschusses oder auf Antrag der Gläubigerversammlung erfolgen. ³Vor der Entscheidung des Gerichts ist das Mitglied des Gläubigerausschusses zu hören; gegen die Entscheidung steht ihm die sofortige Beschwerde zu.

Übersicht

	Rn.		Rn.
A. Anwendbarkeit der Vorschrift	1–3	4. Eigenantrag auf Entlassung	16
B. Entstehungsgeschichte	4	III. Anhörung des zu entlassenden Mitglieds	17, 18
C. Anwendungsbereich	5–18a		
I. Materielle Voraussetzungen	5–8	IV. Auflösung des Gläubigerausschusses	18a
II. Formelle Voraussetzungen	9–16		
1. Antragsrecht	9	D. Rechtsfolgen	19, 20
2. Entlassung von Amts wegen	10–12	I. Ausscheiden des Mitglieds	19
3. Entlassung auf Antrag der Gläubigerversammlung	13–15	II. Rechtsbehelfe	20

A. Anwendbarkeit der Vorschrift

1   § 70 regelt die Entlassung eines Ausschussmitglieds. Die Vorschrift ist anwendbar für den vorläufigen, vom Gericht eingesetzten wie für den endgültigen, von der Gläubigerversammlung gewählten Gläubigerausschuss. Im Lichte des § 92 KO, der eine jederzeitige Widerrufbarkeit der Bestellung zum Ausschussmitglied zuließ,[1] kann die Bedeutung des § 70 nicht hoch genug eingeschätzt werden. Im Interesse der Unabhängigkeit der Mitglieder des Gläubigerausschusses soll ihnen das Amt nur entzogen werden können, wenn ein wichtiger Grund vorliegt.[2] Die Bedeutung des Amtes und die Schwere seiner Entziehung werden daran deutlich, dass der Rechtsausschuss § 70 (= § 81 RegE) um eine Beschwerdemöglichkeit ergänzt hat. Damit soll einer dem Gesetz unerwünschten Einflussnahme auf die Arbeit des Gläubigerausschusses vorgebeugt werden, denn weder Gericht noch Gläubigerversammlung können sich eines vielleicht unbequemen Mitglieds einfach entledigen.[3] § 70 ist daher im Kontext mit § 68 zu sehen: Die Gläubigerversammlung wählt den endgültigen Gläubigerausschuss und bestimmt seine Zusammensetzung. Nach der Wahl ist ein Änderung nur unter den Voraussetzungen des § 70 zulässig, sodass die Gläubigerversammlung danach **keinen Einfluss auf die Gestalt des Gläubigerausschusses** mehr nehmen kann, und der Gläubigerausschuss eine eigene und unabhängige Stellung auch gegenüber der Gläubigerversammlung erlangt. § 70 steht

---

[91] Wie hier: *Heidland*, Kölner Schrift, S. 711, 739 (RdNr. 81).
[92] *Lüke* in Kübler/Prütting/Bork § 97 RdNr. 8; *Jaeger/Gerhardt* § 69 RdNr. 4.
[1] *Pape* ZInsO 1999, 675, 678.
[2] Begr. RegE, BT-Drucks. 12/2443, in *Balz/Landfermann*, Die neuen Insolvenzgesetze, 1999, S. 285; Kübler/Prütting/Bork § 70 RdNr. 4.
[3] *Nerlich/Römermann/Delhaes* § 70 RdNr. 2.

einer Abwahl also entgenen.⁴ Auch die Kontinuität des Verfahrens gebietet es, Entlassungsmöglichkeiten restriktiv und abschließend zu regeln.⁵ Eine ausdehnende Auslegung gegen den Wortlaut, wie sie von der hM bei § 78 vorgenommen wird, verbietet sich auch bei § 70.

In § 70 ist aber auch ein Disziplinierungsgedanke enthalten.⁶ Angesichts der durch die InsO gestiegenen Bedeutung des Gläubigerausschusses und seiner umfangreichen Aufgaben muss die Arbeit im Ausschuss durch kompetente Mitglieder erfüllt werden, und dies bei einer Ausrichtung der Tätigkeit auf die Erreichung der Verfahrensziele. Hier ist weder für Inkompetenz noch für die Verfolgung von Partikularinteressen Platz, sodass die InsO in § 70 ein durchaus taugliches Instrument bereithält, die Erfüllung der Aufgaben zu sichern. 2

Daneben regelt § 70 auch den Eigenantrag auf Entlassung. Auch bei einem solchen Eigenantrag muss das Mitglied einen wichtigen Grund haben, der ihm die weitere Ausschusstätigkeit unzumutbar macht. Damit wird die Möglichkeit zur jederzeitigen Amtsniederlegung ohne triftige Gründe unzulässig, und das Gesetz beugt der Beliebigkeit des Amtes vor. 3

B. Entstehungsgeschichte

§ 70 stimmt wörtlich mit § 81 RegE überein.⁷ § 70 wurde lediglich um das Rechtsmittel ergänzt (§ 70 Satz 3 letzter HS). Der Rechtsausschuss sah in der Entlassung einen so schweren Eingriff in die Rechtsposition eine Mitglieds, dass er, parallel zur Regelung der Entlassung des Verwalters, die Möglichkeit der sofortigen Beschwerde eröffnete. 4

C. Anwendungsbereich

I. Materielle Voraussetzungen

Sowohl für die **Entlassung als Sanktion** als auch für den **Eigenantrag** muss ein **wichtiger Grund** gegeben sein. Die Anforderungen an den „wichtigen Grund" sind hoch, namentlich bei der Sanktionsentlassung.⁸ Was ein wichtiger Grund ist, ist Gegenstand zahlreicher BGH Entscheidungen geworden. Der BGH hat es zunächst ausdrücklich offengelassen, ob der Begriff des wichtigen Grundes restriktiv auszulegen ist.⁹ Die nachfolgenden BGH Entscheidungen lassen den Schluss zu, dass der BGH dies restriktiv versteht.¹⁰ Das Gesetz räumt dem Gläubigerausschuss und dem einzelnen Mitglied eine starke und sowohl vom Gericht als auch von der Gläubigerversammlung unabhängige Stellung ein;¹¹ es sichert die Wahrnehmung der Interessen der gesamten Gläubigerschaft durch Stimmrechtsverlust bei Selbstbetroffenheit (Einzelheiten bei § 72). Diese Position darf nicht dadurch gefährdet werden, dass die Drohung mit Entlassung zur Disziplinierung des Gläubigerausschusses eingesetzt wird. Hier besteht ein Spannungsfeld.¹² § 70 soll nicht als Instrument gegen den Gläubigerausschuss missbraucht werden können, sodass der Einsatz von § 70 von den Beteiligten, namentlich vom Insolvenzgericht, sorgfältig bedacht werden muss.¹³ 5

Dieser kann bei der Sanktionsentlassung in einer **Pflichtverletzung des Mitglieds,** in seinem Verhalten oder in seiner persönlichen Situation liegen. Sicherlich reicht ein einmaliger, womöglich nicht schwerwiegender Pflichtverstoß nicht aus, denn hinter dem „wichtigen Grund" steckt, wie auch sonst, der Gedanke der Unzumutbarkeit. Es muss also eine Situation eintreten, in der die weitere Mitarbeit des zu entlassenden Mitglieds die Erfüllung der Aufgaben des Gläubigerausschusses nachhaltig erschwert oder gar unmöglich macht und die Erreichung des Verfahrensziele objektiv greifbar gefährdet erscheint. Dies ist bei wiederholten Pflichtverstößen der Fall oder bei einem persönlichen Verhalten des Mitglieds, das einer vertrauensvollen Zusammenarbeit im Ausschuss ent- 6

---

⁴ *Frege* NZG 1999, 478, 482.
⁵ FK-*Schmitt* § 70 RdNr. 7.
⁶ *Kübler*/Prütting/Bork § 70 RdNr. 2.
⁷ Begr. RegE, BT-Drucks. 12/2443, in *Balz/Landfermann,* Die neuen Insolvenzgesetze, 1999, S. 285.
⁸ *Frege* NZG 1999, 478, 480; *Kübler*/Prütting/Bork § 70 RdNr. 5.
⁹ BGH ZInsO 2003, 560; *Braun/Kind* InsO, § 70 RdNr. 7 stellt die Entlassung als ultima ratio dar.
¹⁰ BGH NZI 2007, 346 ff.; BGH NZI 2008, 306 ff.; BGH NZI 2008, 308 ff.; so auch *Pape*/Uhlenbruck/Voigt-Salus, Insolvenzrecht, 2. Aufl. 2010, Kapitel 16, RdNr. 49.
¹¹ *Frege* NZG 1999, 478, 479.
¹² *Kübler*/Prütting/Bork § 70 RdNr. 5; *Frege* NZG 1999, 478, 480.
¹³ *Pape* ZInsO 1999, 675, 678, rät zu restriktivem Einsatz, meint aber trotzdem in ZInsO 99, 305, 306; dass der Gläubigerausschuss wegen § 70 InsO einer „sehr weitreichenden Beeinflussung durch die Gläubigerversammlung" unterliege.

gegensteht, beispielsweise wenn Partikularinteressen vertreten werden.[14] Persönliche Zwistigkeiten zwischen Verwalter und Gläubigerausschussmitglied reichen nicht, sodass auch eine einmalige Beleidigung des Insolvenzverwalters als Entlassungsgrund nicht ausreicht.[15] Auch einer juristischen Person kann das Amt entzogen werden, wenn sie häufig wechselnde Vertreter schickt, deren Unkenntnis des Sachstands die Ausschussarbeit behindert.

7 Der „wichtige Grund" setzt Verschulden nicht voraus.[16] Da es auf die Unzumutbarkeit ankommt, kommt eine Entlassung auch bei vom Mitglied **unverschuldeten Störungen** in Betracht. Deshalb setzen sich Mitglieder, die häufig krankheitshalber fehlen, die offensichtlich ungeeignet oder geschäftsunerfahren sind, ebenfalls der Gefahr der Entlassung aus.[17]

8 Die Anforderungen an den Nachweis, dass ein wichtiger Grund die Entlassung eine Mitglieds rechtfertigt, sind niedriger als im Strafprozess, aber höher als nur Glaubhaftmachung.

II. Formelle Voraussetzungen

9 **1. Antragsrecht.** Das Antragsrecht liegt beim Gericht und bei der Gläubigerversammlung. Demgegenüber haben ein Antragsrecht weder der Verwalter, der sich der ihm vielleicht lästigen Kontrolle durch den Gläubigerausschuss nicht entziehen können soll, noch Mitglieder des Gläubigerausschusses; damit sollen Streitigkeiten innerhalb des Gläubigerausschusses vermieden werden.[18] Die Genannten können lediglich die Entlassung durch das Gericht oder durch die Gläubigerversammlung anregen, indem sie Tatsachen mitteilen, die einen „wichtigen Grund" nahelegen.[19] Daher ist der Verwalter im Verfahren um die Entlassung eines Ausschussmitgliedes auch nicht Beteiligter.[20] Die verfahrensleitende Aufgabe mit dem Ziel eines ungestörten Verfahrens macht es dem Insolvenzgericht zur Pflicht,[21] solche Mitteilungen aufzugreifen. Die **Leitung des Verfahrens** hat hier Vorrang vor der Gläubigerautonomie. Das Gericht hat bei Kenntnis solcher Umstände eine Entlassung von Amts wegen zu prüfen. Man wird wohl auch den Verwalter als verpflichtet ansehen müssen, erhaltene Informationen zum Vorliegen eines „wichtigen Grundes" an das Insolvenzgericht weiterzuleiten.[22] Diese Pflicht erklärt sich weniger aus einer konkreten Aufgabenzuweisung an den Verwalter, als vielmehr aus seiner allgemeinen Pflicht, das Amt sorgfältig und gewissenhaft zu führen.[23]

10 **2. Entlassung von Amts wegen.** Nach § 92 KO konnte das Insolvenzgericht nur ein von ihm eingesetztes Ausschussmitglied durch Widerruf der Bestellung entlassen. Dieses Recht stand dem Gericht zwar ohne wichtigen Grund zu, beschränkte sich aber auf den vorläufigen Gläubigerausschuss. Nach § 70 verhält es sich anders. Dem Insolvenzgericht steht damit ein **Aufsichts- und Kontrollmechanismus** zur Verfügung, mit dem die Neutralität des Gläubigerausschusses sichergestellt werden kann. Hiergegen tritt die Gläubigerautonomie zurück.[24] Da nach der hier vertretenen Meinung § 78 auf die Zusammensetzung des Gläubigerausschusses nicht anwendbar ist, kann das Gericht über § 70 Ungleichgewichte ausgleichen und dafür sorgen, dass sich der Gläubigerausschuss nicht in den Dienst von Partikularinteressen stellt.[25] Umgekehrt wirkt § 70 präventiv auf das Verhalten der Mitglieder. Es ist daher von besonderer Bedeutung, dass das Insolvenzgericht aus eigener Initiative tätig werden kann, wenn es Anlass zum Einschreiten zu sehen glaubt.

11 Fordert das Gericht die Beteiligten zur Stellungnahme auf, unterliegt nur der Verwalter der Pflicht zur Stellungnahme. Die übrigen Beteiligten können, müssen aber nicht Stellung nehmen. Dies erklärt sich aus der fehlenden Weisungsbefugnis des Gerichts gegenüber dem Gläubigeraus-

---

[14] BGH ZInsO 2003, 560 (Bestätigung von LG Kassel ZInsO 2002, 839 ff.; *Pape* ZInsO 1999, 675, 678; weitgehend aber AG Göttingen ZIP 2006, 2048 Erhebung einer Klage gegen die Masse als wichtiger Grund (im konkreten Fall aber gerechtfertigt). Einschränkend jetzt BGH NZI 2007, 346 ff. Ebenso BGH BGH NZI 2008, 306 ff. (Informationsweitergabe) und BGH NZI 2008, 308 ff. (bei Konzernunternehmen).
[15] BGH NZI 2007, 346 ff.; anders noch AG Wolfratshausen ZInsO 2003, 96, 97.
[16] HK-*Eickmann* § 70 RdNr. 4; *Gottwald/Klopp/Kluth,* Insolvenzrechts-Handbuch, § 21 RdNr. 9.
[17] *Kübler*/Prütting/Bork § 70 RdNr. 7, nennt noch den Fall, dass ein Mitglied unter Betreuung gestellt wird oder den Fall der Verlust der Amtsfähigkeit nach § 45 StGB. Eine Verurteilung mit dem Ausspruch nach § 45 StGB führt zwar nicht von selbst zum Verlust der Mitgliedschaft, hat aber indizielle Wirkung.
[18] So *Heidland,* Kölner Schrift, S. 711, 722 (RdNr. 20), der allerdings Zweifel hat, ob sich die Erwartungen des Gesetzgebers erfüllen.
[19] *Nerlich/Römermann/Delhaes* § 70 RdNr. 6.
[20] BGH ZInsO 2003, 751.
[21] *Frege* NZG 1999, 478, 480.
[22] *Nerlich/Römermann/Delhaes* § 70 RdNr. 6.
[23] *Obermüller/Hess,* InsO, 3. Aufl. Heidelberg 1999, RdNr. 576.
[24] *Heidland,* Kölner Schrift, S. 711, 721 (RdNr. 20).
[25] *Nerlich/Römermann/Delhaes* § 70 RdNr. 3.

schuss; in der Praxis ist dies aber ohne Bedeutung, weil das Verhalten von der jeweiligen Interessenlage diktiert sein wird.

Das Insolvenzgericht entscheidet durch Beschluss. Liegt ein wichtiger Grund zur Entlassung vor, hat das Gericht kein Ermessen.[26] § 70 Satz 1 ist insofern missverständlich formuliert: Das „kann" bedeutet lediglich, dass die Kompetenz zur Entlassung beim Gericht liegt, nicht, dass dieses ein eigenes Ermessen hat. **12**

3. Entlassung auf Antrag der Gläubigerversammlung. Nach § 70 Satz 2 kann die Gläubigerversammlung einen Antrag auf Entlassung stellen. Wegen des Zusammenspiels von § 70 Satz 2 und Satz 1 und der alleinigen Zuständigkeit des Insolvenzgerichts zur Entlassung hat auch der Antrag der Gläubigerversammlung nur Aussicht auf Erfolg, wenn sie einen wichtigen Grund für ihren Antrag nennen kann. Die Ansicht, die Gläubigerversammlung könne stets die Mitglieder der des Gläubigerausschusses abberufen, auch wenn kein wichtiger Grund vorliegt,[27] findet im Gesetz keine Stütze. Das Abwahlrecht aus § 68 Abs. 2 ist unmissverständlich auf die vom Insolvenzgericht eingesetzten Mitglieder beschränkt. Die gesetzliche Regelung weicht deutlich von der Vorgängerregelung in § 92 KO ab, denn die durch die Gläubigerversammlung erfolgte Bestellung zum Ausschussmitglied konnte von ihr selbst, ohne das Insolvenzgericht widerrufen werden, und zwar ohne dass in der Person des Mitglieds ein wichtiger Grund hätte vorliegen müssen. § 70 ist also **sehr viel restriktiver;** die Vorschrift fördert die **Unabhängigkeit des Gläubigerausschusses,** weil kein Ausschussmitglied Sanktionen der Gläubigerversammlung gegen ihr möglicherweise unwillkommene Entscheidungen zu befürchten hat. Dieser Schutz ist besonders dann hilfreich, wenn die Gläubigerversammlung von einem Großgläubiger oder von wenigen solcher dominiert wird. Die Bedeutung dieser Regelung, auch für Verfahrenskontinuität, kann nicht hoch genug eingeschätzt werden. **13**

Die Gläubigerversammlung muss beschließen, dass ein Entlassungsantrag gestellt wird. Für den Beschluss gilt § 76 Abs. 2. Es ist also die **absolute Mehrheit der Forderungsbeträge** erforderlich, wobei selbstverständlich Stimmrechtsausschlüsse zu beachten sind.[28] Diese spielen sicherlich keine Rolle, wenn ein Antrag auf eine verhaltensbedingte Entlassung gestellt werden soll, oder wenn sich ein Ausschussmitglied als unqualifiziert erwiesen hat. Schwierig wird die Entscheidung über einen Stimmrechtsverlust, wenn ein Mitglied sich beispielsweise für die Führung eines Rechtsstreits gegen denjenigen Gläubiger stark gemacht hat, der die Stellung eines Entlassungsantrags anregt. **14**

Das Insolvenzgericht hat auf Grund des Antrags der Gläubigerversammlung die **Entlassung von Amts wegen zu prüfen** und dabei auch das betroffene Ausschussmitglied **anzuhören** (S. 3). Trotz des Antrags ist das Gericht in seiner Entscheidung frei, ob es das Mitglied entlässt, denn die Wertung der Gläubigerversammlung hinsichtlich derjenigen Tatsachen, die den „wichtigen Grund" begründen, bindet das Insolvenzgericht nicht.[29] Es kann und muss nach eigenem pflichtgemäßen Ermessen prüfen und kann zu einer von der Gläubigerversammlung abweichenden Auffassung gelangen. Dann lehnt es die Entlassung ab. **15**

4. Eigenantrag auf Entlassung. Das Gesetz regelt jetzt den Eigenantrag auf Entlassung. Die Niederlegung des Amts war unter Geltung der KO umstritten; insofern ist die Neuregelung zu begrüßen. Voraussetzung für den Eigenantrag ist, wie auch in den anderen Fällen, dass sich das Ausschussmitglied auf einen „wichtigen Grund" stützen kann, der ihm ein Verbleiben im Gläubigerausschuss unzumutbar macht.[30] Die in der Stellung eines Eigenantrags zutage getretene Unwilligkeit, das Amt weiterzuführen, kann nicht als wichtiger Grund angesehen werden, weil dies eine Umgehung des § 70 bedeuten würde.[31] Damit steht fest, dass eine **jederzeitige Niederlegung,** auch wenn sie nicht zur Unzeit erfolgt, **nicht zulässig** ist.[32] Allerdings sind die Anforderungen an den wichtigen Grund bei einem Eigenantrag weniger streng, da hier die Entlassung nicht als Reaktion auf eine unliebsame Entscheidung des Gläubigerausschusses missverstanden werden kann. Dessen ungeachtet gilt aber, dass das Amt nicht beliebig zur Disposition steht. So reicht ein Wechsel des Arbeitgebers für ein Ausschussmitglied allein nicht aus, seine **16**

---

[26] *Kübler*/Prütting/Bork § 70 RdNr. 12.
[27] So aber: *Heidland,* Kölner Schrift, S. 711, 721 (RdNr. 20).
[28] HK-*Eickmann* § 76 RdNr. 6.
[29] *Nerlich*/Römermann/Delhaes § 70 RdNr. 4.
[30] *Heidland,* Kölner Schrift, S. 711, 722 (RdNr. 21); *Kübler*/Prütting/Bork § 70 RdNr. 9; FK-*Schmitt* § 70 RdNr. 7.
[31] *Kübler*/Prütting/Bork § 70 RdNr. 9.
[32] AA *Obermüller*/Hess, InsO, 3. Aufl. Heidelberg 1999, RdNr. 624, die eine entsprechende Anwendung der §§ 626, 627 und 671 BGB für möglich und damit eine Kündigung für zulässig halten; LG Magdeburg ZInsO 2002, 88; HK-*Eickmann* § 70 RdNr. 4 fordert eine nachvollziehbare Begründung. Wie hier: *Vallender* WM 2002, 2040, 2043; AG Duisburg ZInsO 2003, 861, 862; *Uhlenbruck*/Uhlenbruck § 70 RdNr. 6.

Entlassung zu beantragen.[33] Ebenso ist ein Verkauf der Insolvenzforderungen kein wichtiger Grund, der eine Entlassung rechtfertigt, da das Ausschussmitglied gerade nicht den Partikularinteressen eines Gläubigers verpflichtet sein darf. Dagegen stellt ein Wegfall des Versicherungsschutzes für die Haftpflichtversicherung des Gläubigerausschusses einen wichtigen Grund dar.[34] Ein Mitglied, das sein Amt einfach niederlegt, macht sich unter Umständen schadensersatzpflichtig aus § 71. Die InsO sieht die Mitgliedschaft nämlich als Amt und entzieht es der Disposition des Mitglieds.[35] Angesichts der in § 70 enthaltenen Mechanismus ist schon der Begriff „Niederlegung" irreführend, denn das Mitglied kann unter Darlegung seiner Gründe beim Gericht lediglich einen **Entlassungsantrag** stellen (S. 2), über den das Insolvenzgericht befindet. Insofern unterscheidet sich die Rechtslage deutlich vom Aktienrecht: Ein Aufsichtsrats-Mitglied kann sein Amt zwar nicht jederzeit niederlegen, sondern hat auf die Belange der Gesellschaft Rücksicht zu nehmen; rein faktisch ist es angesichts der eingeschränkten Möglichkeiten der Gesellschaft, sich gegen die Niederlegung zu wehren, nicht wirklich gebunden. Der an sich bestehende Schadensersatzanspruch der Gesellschaft im Fall widerrechtlicher Niederlegung dürfte schwer zu begründen sein, zumal das AktG das Instrument der Notbestellung kennt, das den Aufsichtsrat handlungsfähig erhält.

III. Anhörung des zu entlassenden Mitglieds

17 Nach Satz 3 ist das betroffene Mitglied vor seiner Entlassung zu hören. Dies ist ein **rechtsstaatliches Gebot,** das sich aus der Schwere des Eingriffs rechtfertigt.[36] Näheres zur Anhörung sagt das Gesetz nicht, insbesondere nicht zur Frage, innerhalb welcher Frist das Mitglied anzuhören ist. Grundsätzlich hat diese Frist angemessen zu sein, mindestens also zwei Wochen. Je nach den Umständen des Falles, insbesondere was die Handlungsfähigkeit des Gläubigerausschusses bei anstehenden Entscheidungen angeht und je nach Größe des Gläubigerausschusses, kann diese Frist auch kürzer sein,[37] um von der Masse Schaden fernzuhalten. In (restriktiv zu sehenden) Ausnahmefällen kann das Gericht auf die Anhörung auch ganz verzichten, wobei die Anhörung spätestens im Beschwerdeverfahren nachzuholen ist.[38]

18 Angesichts der Schwere des Eingriffs und der daraus entspringenden Pflicht zum restriktiven Umgang mit § 70[39] wird man im Regelfall vom Insolvenzgericht fordern können, dass es das zu entlassende Mitglied vor einer Entscheidung **abmahnt.** Es sollte versucht werden, die Arbeit des Gläubigerausschusses mit weniger einschneidenden Mitteln als der Entlassung eines Mitglieds wieder auf die Verfahrensziele zu verpflichten.[40] Mangels Beschwerderecht kann die Gläubigerversammlung das Gericht an einem solchen Vorgehen nicht hindern. Eine Pflicht zur Abmahnung und einem Güteversuch besteht allerdings nicht, und der Verzicht auf einen solchen, auch wenn es sich nicht um einen Eilfall handelt oder Gefahr im Verzuge ist, bedeutet keinen Ermessensfehlgebrauch.

IV. Auflösung des Gläubigerausschusses

18a Ungeklärt ist, ob ein einmal von der Gläubigerversammlung eingesetzter Gläubigerausschuss vor Beendigung des Insolvenzverfahrens aufgelöst werden kann. Das Gesetz schweigt hierzu.[41] Es wird aber besondere Situationen geben, in denen die Fortführung eines Gläubigerausschusses sinnlos ist oder den einzelnen Gläubigerausschussmitgliedern nicht zugemutet werden kann. In letzterem Falle ist es natürlich denkbar, dass bei allen Ausschussmitgliedern ein wichtiger Grund vorliegt, der einen Eigenantrag auf Entlassung rechtfertigt. Zu einer einvernehmlichen Auflösung des Gläubigerausschusses wird man aber neben entsprechender Erklärungen der Ausschussmitglieder mindestens einen entsprechenden Beschluss des Gerichts nebst einer Anhörung der Gläubigerversammlung erwarten dürfen. Es würde dem Gedanken der Gläubigerautonomie widersprechen, wenn hierzu die Gläubigerversammlung nicht angehört würde. Auch wird man sehr hohe Anforderungen an die Zulässigkeit einer vorzeitigen Auflösung stellen müssen, nicht zuletzt weil sich niemand ohne wichtigen Grund vorzeitig aus der Verantwortung für ein

---

[33] *Vallender* WM 2002, 2040, 2043; aM AG Norderstedt ZInsO 2007, 1008 doch zu weitgehend, da das Gläubigerausschussmitglied gerade nicht einen einzelnen Gläubiger vertritt; vgl. in diesem Sinne auch LG Göttingen NZI 2011, 857, 858.
[34] BGH ZIP 2012, 876 f.; sowie LG Göttingen NZI 2011, 857 ff.
[35] *Nerlich/Römermann/Delhaes* § 70 RdNr. 5.
[36] Begr. RegE, BT-Drucks. 12/2443.
[37] *Nerlich/Römermann/Delhaes* § 70 RdNr. 8.
[38] *Nerlich/Römermann/Delhaes* § 70 RdNr. 6, schlägt vor, in diesen Fällen nur eine vorläufige Amtsenthebung vorzunehmen. Hiergegen aber LG Nürnberg-Fürth Rpfleger 71, 435; *Uhlenbruck/Uhlenbruck* § 70 RdNr. 8; Kilger/*K. Schmidt,* Insolvenzgesetze, § 92 KO RdNr. 4.
[39] *Kübler*/Prütting/Bork § 70 RdNr. 5.
[40] So auch BGH BeckRS 2009, 19289.
[41] Vgl. hierzu ausführlich *Gundlach/Frenzel/Jahn* ZInsO 2011, 708 ff.

übernommenes Amt stehen soll. Schließlich soll der Gläubigerausschuss gerade bei der Beendigung eines Insolvenzverfahrens Kontrollrechte wahrnehmen, die dann ersatzlos entfielen. Eine vorzeitige Auflösung des Gläubigerausschusses muss daher die Ausnahme bleiben.

D. Rechtsfolgen

I. Ausscheiden des Mitglieds

Die Mitgliedschaft im Gläubigerausschuss endet durch die **Entlassung**. Der frei werdende Sitz kann nur beim vorläufigen, nicht aber beim endgültigen Gläubigerausschuss durch das Insolvenzgericht wiederbesetzt werden.[42] Die Befugnis, Mitglieder einzusetzen, steht dem Gericht nur bis zur Wahl des endgültigen Gläubigerausschusses zu. Das Risiko der Entlassung eines endgültigen Mitglieds ist also eine Vakanz. Dieses Risiko kann durch die frühzeitige Wahl von **Ersatzmitgliedern** aufgefangen werden oder durch die Ermächtigung an den Gläubigerausschuss zur **Selbstergänzung**. Hat die Gläubigerversammlung ein Ersatzmitglied bestimmt, verliert dieses sein Amt nicht dadurch, dass das entlassene Mitglied im Beschwerdeverfahren obsiegt. Da wegen § 68 die Zahl der Mitglieder nicht nach oben auf die einmal von der Gläubigerversammlung festgelegte Zahl beschränkt ist, muss das zu unrecht entlassene Mitglied seinen Sitz trotz des in der Zwischenzeit gewählten Ersatzmitglieds behalten können. 19

II. Rechtsbehelfe

Die Entlassung geschieht durch Beschluss. Hiergegen steht dem Mitglied die **Beschwerde** zu. Das Beschwerderecht wurde durch den Ausschuss wegen der Schwere des Eingriffs eingefügt.[43] Das Beschwerderecht steht dem Mitglied sowohl bei der Sanktionsentlassung als auch bei der Ablehnung des Eigenantrages zu, weil sich der Wortlaut des Satz 3 auf „die" Entscheidung des Gerichts bezieht, gleich welcher der drei Fälle des Satz 2 Anlass für die Entlassung war. Die Gesetzesbegründung ist in diesem Punkt missverständlich, indem sie begründet das Beschwerderecht mit der Schwere des Eingriffs in die Rechtsposition des Mitglieds.[44] Dieses Argument greift nicht beim Eigenantrag. Angesichts des Wortlautes von § 70 Satz 3 2. HS muss aber nicht auf die an sich zutreffende Nähe zur Entlassung des Verwalters zurückgegriffen werden.[45] Stellt die Gläubigerversammlung einen Entlassungsantrag, und wird dieser zurückgewiesen, gibt es mangels ausdrücklicher Regelung (§ 6 Abs. 1) keine Beschwerde.[46] 20

§ 71 Haftung der Mitglieder des Gläubigerausschusses

¹Die Mitglieder des Gläubigerausschusses sind den absonderungsberechtigten Gläubigern und den Insolvenzgläubigern zum Schadenersatz verpflichtet, wenn sie schuldhaft die Pflichten verletzen, die ihnen nach diesem Gesetz obliegen. ²§ 62 gilt entsprechend.

Übersicht

	Rn.		Rn.
A. Normzweck	1–3	VI. Passivlegitimation	14–19
B. Entstehungsgeschichte	4	1. Allgemeines	14
C. Anwendungsbereich	5–23	2. Gesamtschuldnerische Haftung	15, 16
I. Haftungstatbestand	5, 6	3. Einstehenmüssen für Dritte	17, 18
II. Verschulden	7, 8	4. Verjährung	19
III. Rechtsfolgen	9	VII. Aufrechnung	20
IV. Kausalität	10	VIII. Zusammentreffen mit anderen Ansprüchen	21–23
V. Aktivlegitimation	11–13		

---

[42] AA AG Duisburg ZInsO 2003, 861, 862.
[43] Ausschussbericht, in *Balz/Landfermann*, Die neuen Insolvenzgesetze, 1999, S. 286.
[44] Ausschussbericht, in *Balz/Landfermann*, Die neuen Insolvenzgesetze, 1999, S. 286.
[45] *Heidland*, Kölner Schrift, S. 711, 723 (RdNr. 21).
[46] *Pape* ZInsO 1999, 675, 678; *Frege* NZG 1999, 478, 481 meint, dass die Mitglieder des Gläubigerausschusses beschwerdebefugt sein (können) „so zB gemäß § 70 III InsO wegen der Entlassung ..." Die Bedeutung dieser Aussage bleibt unklar.

A. Normzweck

1 § 71 verpflichtet die Mitglieder des Gläubigerausschusses zum Schadensersatz, wenn sie schuldhaft die ihnen nach der InsO obliegenden Pflichten verletzen. Angesichts der Schäden, die durch eine **nachlässige Pflichterfüllung** eintreten können, ist die Vorschrift gerechtfertigt; nur durch eine Haftungssanktion kann umfassend der Schutz der Gläubiger sichergestellt werden. Dies gilt besonders angesichts der durch die InsO gestärkten Gläubigerautonomie und die durch sie ausgeweiteten Möglichkeiten zur Verfahrensgestaltung, zumal die InsO nur im Planverfahren Entscheidungen gruppenpluralistisch legitimiert und für Minderheitenschutz sorgt.[1] Im sonstigen Verfahren verzichtet die InsO auf solch subtile Kontrollmechanismen, weil diese verzögernd, verteuernd und komplizierend wirken.[2] Dies erhöht den Freiraum für den Gläubigerausschuss und begründet die besondere Verantwortung seiner Mitglieder.

2 Die Gesetzesbegründung meint, dass § 71 im Grundsatz der Regelung des § 89 KO entspräche.[3] Indes beschreibt die InsO den **Kreis der Ersatzberechtigten anders als § 89 KO**. Waren nach § 89 KO die Mitglieder allen Beteiligten gegenüber zum Schadensersatz verpflichtet, beschränkt die InsO den Kreis auf die absonderungsberechtigten Gläubiger und die Insolvenzgläubiger, zu denen auch die nachrangigen Gläubiger gehören (§ 39). Ansprüche des Schuldners, der Massegläubiger oder von aussonderungsberechtigten Gläubigern sind von § 71 nicht gedeckt.[4] Dies erklärt die Gesetzesbegründung damit, dass die Interessen der übrigen Beteiligten, namentlich des Schuldners und der Massegläubiger, durch den umfassenden Pflichtenkreis des Verwalters (und die hieraus möglicherweise entstehenden Schadensersatzansprüche gegen ihn) und durch die Aufsicht des Gerichts geschützt seien.[5] Einleuchtender ist das Argument, dass sich die derart beschriebene Haftung (im Wesentlichen) mit dem Pflichtenkreis des § 69 deckt und der Gläubigerausschuss die Interessen des in § 71 genannten Gläubigerkreises wahrzunehmen hat. Die Bedeutung der Haftung des Ausschussmitglieds ist daher in dem Maße gestiegen, wie die Gläubigerautonomie ausgeweitet wurde.[6] Eine analoge Anwendung von § 61 verbietet sich daher.[7]

3 Der Schadensersatzanspruch aus § 71 ist ein **gesetzlicher Anspruch**.[8] Des Rückgriffs auf ein wie auch immer geartetes Auftragsverhältnis oder einen Geschäftsbesorgungsvertrag bedarf es nicht, weil die Ausschussmitglieder nicht in einem Mandatsverhältnis zu einem Organ des Verfahrens oder einzelnen Gläubigern stehen.[9]

B. Entstehungsgeschichte

4 § 71/§ 82 RegE entspricht nur im Grundsatz dem bisherigen Recht.[10] Dabei ist § 82 Satz 1 RegE unverändert übernommen worden, mit dem die Verantwortlichkeit der Mitglieder des Gläubigerausschusses nicht mehr allen Beteiligten gegenüber sondern nur gegenüber den absonderungsberechtigten Gläubigern und den Insolvenzgläubigern festgeschrieben wird. Satz 2 von § 82 RegE verwies auf § 71 Abs. 2 RegE, der die Haftung für Hilfspersonen gemäß § 278 BGB regeln wollte (jetzt § 60 Abs. 2). Dieser Verweis wurde, da er nur klarstellenden Charakter hat, als überflüssig gestrichen. Geblieben ist indes die entsprechende Anwendung der **Verjährungsregeln für Schadensersatzansprüche** gegen den Verwalter.

C. Anwendungsbereich

I. Haftungstatbestand

5 Haftungstatbestand ist die Verletzung von Pflichten, die das einzelne Mitglied nach der InsO, namentlich aus § 69, treffen. Als besonders haftungsträchtig ist hier die fehlende Überwachung des

---

[1] Hierzu: Allg. Begr. RegE, BT-Drucks. 12/2443, in *Balz/Landfermann*, Die neuen Insolvenzgesetze, 1999, S. 44.
[2] Allg. Begr. RegE, BT-Drucks. 12/2443.
[3] Begr. RegE, BT-Drucks. 12/2443.
[4] *Nerlich/Römermann/Delhaes* § 71 RdNr. 2; zustimmend *Uhlenbruck* ZIP 2002, 1373, 1377; ebenso *Obermüller*, Insolvenzrecht in der Bankpraxis, RdNr. 1.576.
[5] Kritisch hierzu: *Heidland*, Kölner Schrift, S. 711, 726 (RdNr. 30). Vgl. auch: *Pape* ZInsO 1999, 675, 678.
[6] *Heidland*, Kölner Schrift, S. 711, 726 (RdNr. 29) äußert sich kritisch zum eingeschränkten Kreis der Ersatzberechtigten und meint, auch eine Haftung gegenüber den Massegläubigern sei gerechtfertigt. Wie hier: *Kübler*/Prütting/Bork § 71 RdNr. 2.
[7] *FK-Hössl* § 71 RdNr. 2.
[8] BGH ZIP 1994, 46; OLG Nürnberg KTS 66, 107; *Kübler*/Prütting/Bork § 71 RdNr. 4.
[9] *Frege* NZG 1999, 478, 484.
[10] Begr. RegE, BT-Drucks. 12/2443, in *Balz/Landfermann*, Die neuen Insolvenzgesetze, 1999, S. 286.

Verwalters zu nennen, die sich bspw. in einer mangelnden Kassenprüfung manifestieren kann.[11] Ein weiterer häufig genannter Fall ist die Verletzung von Verschwiegenheitspflichten.[12] Im Einzelfall ist festzustellen, ob das Tun oder Unterlassen, wenn ein Tun geboten war, zum Pflichtenkreis des Mitglieds gehört hat oder nicht. Außerhalb des Pflichtenkreises liegende Handlungen können eine Haftung nicht begründen.[13] Insoweit der Verwalter zu überwachen ist, decken sich der Pflichtenkreis des Verwalters und des Gläubigerausschusses, denn das Überwachungsorgan kann keiner weitreichenderen Haftung unterliegen als das überwachte Organ.[14] Mitglieder des Gläubigerausschusses haften also regelmäßig nicht weiter als der Verwalter, den sie zu überwachen haben. Wie § 69 indes zeigt, geht der **Pflichtenkreis des Gläubigerausschusses** insbesondere Einzelfällen darüber hinaus, sodass die Haftung des Mitglieds weiter reichen kann als die des Verwalters. Dies ist beispielsweise auch dann der Fall, wenn sich der Verwalter auf den Haftungsausschluss nach § 61 berufen kann, das einzelne Mitglied wegen seiner besonderen Sachkunde aber nicht.[15]

Die Pflichten der Ausschussmitglieder sind **gesetzliche Pflichten** und damit nicht disponibel.[16] Weder das Insolvenzgericht noch die Gläubigerversammlung können die Pflichten der Mitglieder ausweiten oder einschränken.[17] Soweit die InsO Optionsmöglichkeiten enthält, wie beispielsweise die Befreiung des Verwalters von den Hinterlegungsvorschriften nach § 149 Abs. 2, befreit auch dies die Mitglieder des Gläubigerausschusses nicht von der Haftung nach § 71. 6

II. Verschulden

Haftungsbegründend ist jede Form von Verschulden, also auch leichte Fahrlässigkeit. Dem Wortlaut des § 71 ist **keinerlei Haftungsbeschränkung** auf Vorsatz und grobe Fahrlässigkeit zu entnehmen. Bei leichter Fahrlässigkeit haftet das Mitglied nicht, wenn sein Anteil an der Schadensverursachung deutlich weniger als 20 % beträgt.[18] Freilich richtet sich der **Haftungsmaßstab** nach den **Fähigkeiten und Erfahrungen** des einzelnen Mitglieds.[19] An einen in Abwicklungsfällen erfahrenen Bankmitarbeiter sind höhere Anforderungen zu stellen, als an einen Warenlieferanten oder an einen Arbeitnehmervertreter, der regelmäßig keine und oder geringe Erfahrung in Insolvenzfällen hat. Keinesfalls kann dies aber bedeuten, dass ein unerfahrenes Mitglied überhaupt nicht haftet. Die Rechtfertigung der Haftung liegt nämlich in der Übernahme und der Ausübung des Amtes.[20] 7

Ob das Insolvenzgericht das einzelne Mitglied über seine Pflichten belehrt hat oder nicht, ob ein Merkblatt ausgehändigt worden ist oder nicht, spielt für die Haftung des Mitglieds keine Rolle. Grundsätzlich hat sich jedes Mitglied über seinen Pflichtenkreis im Allgemeinen wie vor allem auch im Zusammenhang mit einer anstehenden Entscheidung zu informieren.[21] Daher hat jeder Gewählte anhand seiner **Sachkunde und Erfahrung** zu prüfen, ob er das Amt annehmen kann oder nicht.[22] Unterlässt das Mitglied diese Prüfung und die Information über seine Pflichten, begründet schon dies den Vorwurf der Fahrlässigkeit, wenn es zu Pflichtverletzungen kommt.[23] Die **subjektive Unkenntnis der Pflichten** entlastet nie. Zwar händigen einige Insolvenzgerichte Merkblätter aus. Da dies ohne gesetzliche Verpflichtung geschieht, kann weder der naturgemäß allgemein gehaltene Inhalt noch etwa das Unterlassen der Aushändigung irgendeine Auswirkung auf den Umfang der Haftung haben.[24] 8

---

[11] *Pape* ZInsO 1999, 675, 679, ders. WM 2006, 19, 22; vgl. auch *Ganter*, FS Gero Fischer, 2008, 121,124 f. sowie § 69 RdNr. 18; *Gundlach/Frenzel/Jahn* ZInsO 2009, 1095, 1096 ff.
[12] *Nerlich/Römermann/Delhaes* § 71 RdNr. 6; *Uhlenbruck/Uhlenbruck* § 71 RdNr. 5.
[13] OLG Frankfurt/M. ZIP 1990, 722; BGH ZIP 1990, 46; BGH ZIP 1981, 1001; *Kübler/Prütting/Bork* § 71 RdNr. 10.
[14] OLG Frankfurt/M. ZIP 1990, 722.
[15] *Heidland*, Kölner Schrift, S. 711, 726 (RdNr. 29).
[16] BGHZ 49, 121; RGZ 150, 286; *Kübler/Prütting/Bork* § 71 RdNr. 11.
[17] RGZ 150, 286; BGHZ 49, 123; *Obermüller*, Insolvenzrecht in der Bankpraxis, RdNr. 1.527; *Uhlenbruck/Uhlenbruck* § 71 RdNr. 4.
[18] *Hegmanns* EWiR 90, 497. OLG Frankfurt ZIP 1990, 722, 725; OLG Rostock ZInsO 2004, 814, 816; aA *Nerlich/Römermann/Delhaes* § 70 RdNr. 10; *Pape/Uhlenbruck/Voigt-Saulus*, Kapitel 16 RdNr. 53, *Uhlenbruck/Uhlenbruck* § 71 RdNr. 7; kritisch: *Ganter*, FS Gero Fischer, 2008, 121, 128.
[19] So auch *Ganter*, FS Gero Fischer, 2008, 121, 128, *Uhlenbruck/Uhlenbruck* § 71 RdNr. 8
[20] *Nerlich/Römermann/Delhaes* § 71 RdNr. 10.
[21] OLG Rostock ZInsO 2004, 814, 825 zur GesO; hierzu auch *Pape/Schmidt* ZInsO 2004, 955, 957; OLG Hamm BB 55, 296; *Uhlenbruck/Uhlenbruck* § 71 RdNr. 4.
[22] *Obermüller*, Insolvenzrecht in der Bankpraxis, RdNr. 1.577.
[23] RGZ 150, 286; *Hess/Weis* InVo 1997, 1, 4; *Uhlenbruck/Uhlenbruck* InsO, § 71 RdNr. 8.
[24] *Kübler/Prütting/Bork* § 71 RdNr. 3.

III. Rechtsfolgen

9 Das Mitglied hat für den gesamten Schaden einzustehen.[25] Die Rspr. beschränkt die Schadensersatzansprüche jedoch auf solche Schäden, die vom Schutzzweck der Norm gedeckt sind.[26] Auch die InsO setzt eine Verletzung der **spezifisch insolvenzrechtlichen Pflichten** voraus (Rechtswidrigkeitenzusammenhang).[27] Hier nimmt die Rspr. eine wertende Betrachtungsweise vor und fragt, ob der eingetretene Schaden nach Art und Entstehungsweise dem Schutzzweck der verletzten Norm zuzurechnen ist. Hat der Anspruch stellende Gläubiger beispielsweise das riskante Geschäft selbst herbeigeführt, ist ihm der Anspruch aus § 71 zu versagen. § 71 schützt nur solche Gläubiger, die berechtigterweise auf die Einhaltung der den Mitgliedern des Gläubigerausschusses obliegenden Pflichten vertrauen durften.[28] Gleiches gilt, wenn ein Mitglied über seinen spezifischen Pflichtenkreis hinaus tätig wird und beispielsweise Verhandlungen führt, die an sich in den Tätigkeitskreis des Verwalters gehören.[29] Die Aufgabe des Mitglieds, die Interessen der gesamten Gläubigerschaft wahrzunehmen, führt indes nicht dazu, dass dem Mitglied eine besondere Vermögenssorge obliegt. Das Mitglied übt sein Amt in Sitzungen und durch Mitwirkung an Beschlüssen aus. Stimmt ein Mitglied gegen einen seiner Meinung nach pflichtwidrigen Beschluss des Gläubigerausschusses, hat es damit seine Amtspflichten erfüllt. Es muss nichts Weiteres unternehmen, um beispielsweise den Vollzug des Beschlusses zu verhindern; insofern treffen es keine Hinweispflichten. Die Unterstützungsaufgabe erlaubt es dem überstimmten Mitglied jedoch, seine von der Mehrheitsmeinung abweichende Meinung dem Verwalter mitzuteilen. Dieser hat pflichtgemäß zu prüfen, wie gewichtig diese Argumente sind und gegebenenfalls den Vollzug des Beschlusses zu unterlassen.

IV. Kausalität

10 Die Pflichtverletzung des Mitglieds muss für den eingetretenen Schaden ursächlich im Sinne einer adäquaten Kausalität sein. Dazu gehört auch, dass der **Schaden im Schutzbereich des § 71** liegt. Für eine Haftung reicht daher Stimmabgabe bei masseschädigenden Beschlüssen aus.[30] Der Wegfall der Kollegialpflichten (Einzelheiten bei § 69) zwingt dazu, stets auf das Verhalten des einzelnen Mitglieds abzustellen. Ein in Anspruch genommenes Mitglied kann sich folgerichtig damit exkulpieren, es habe an einem pflichtwidrigen Beschluss des Gläubigerausschusses nicht teilgenommen oder es habe dagegen gestimmt.[31] Die schwierige Problematik der Zurechnung zwischen Kollegium und Individuum hat sich daher erledigt, wenn nämlich eine individuelle Versäumnis dem Gläubigerausschuss als Organ zugerechnet werden sollte, weil die Erfüllung der Pflicht dem Kollegialorgan oblag.[32] An der Kausalität fehlt es auch, wenn der Verwalter entschlossen war zu handeln und ihn auch eine entgegenstehende Meinungsäußerung nicht davon abgebracht hätte.[33] Die Kausalität ist, allgemeinen Beweisregeln folgend, **vom Anspruchsteller zu beweisen.** Nur in Ausnahmefällen kommt ein Beweis des ersten Anscheins in Betracht, beispielsweise wenn ein Verwalter Unterschlagungen begangen hat.[34] Hier spricht die Lebenserfahrung dafür, dass der Verwalter vom Gläubigerausschuss mangelhaft überwacht worden ist. Dann ist es am in Anspruch genommenen Mitglied, die Kausalität zu widerlegen.

V. Aktivlegitimation

11 Aktivlegitimiert sind die absonderungsberechtigten Gläubiger (§§ 49 bis 52) und die Insolvenzgläubiger (§ 38), soweit es sich nicht um einen vom Verwalter geltend zu machenden Gesamtschadensersatzanspruch i.S.v. § 92 handelt; auf diesen Personenkreis **beschränkt die InsO** die Ersatzberechtigung. Nicht aktivlegitimiert sind der Schuldner, die Massegläubiger (§ 53) und die aussonderungsberechtigten Gläubiger (§ 47). Anders als § 89 KO es vorschrieb, haften die Mitglieder des Gläubigerausschusses nicht mehr „allen Beteiligten". Mit diese Einschränkung beseitigt die InsO die Parallelität der Haftung von Verwalter und Ausschussmitgliedern, denn der Verwalter haftet gemäß § 60 weiterhin allen Verfahrensbeteiligten gegenüber;[35] die Einschränkung im Wortlaut des

---

[25] *Jaeger/Gerhardt* § 71 RdNr. 14.
[26] BGH ZIP 1991, 1001; OLG Koblenz ZIP 1995, 1101; *Voß* EWiR 95, 799; *Jaeger/Gerhardt* § 71 RdNr. 13.
[27] OLG Koblenz ZIP 1995, 1101; *Hess/Weis*, InVo 1997, 1, 4; *Wittig* WuB VI B § 88 KO 1.88.
[28] BGH ZIP 1994, 46; *Voß* EWiR 95, 799.
[29] *Uhlenbruck/Uhlenbruck* § 71 RdNr. 9.
[30] BGH ZIP 1985, 423.
[31] *Obermüller*, Insolvenzrecht in der Bankpraxis, RdNr. 1.577.
[32] *Uhlenbruck/Uhlenbruck* § 71 RdNr. 4.
[33] Kuhn/*Uhlenbruck* KO § 89 RdNr. 4a; FK-*Schmitt* § 71 RdNr. 4.
[34] BGHZ 49, 121; BGH ZIP 1994, 46; *Pape* ZInsO 1999, 675, 679; aM *Uhlenbruck/Uhlenbruck* § 71 RdNr. 14; differenzierend *Ganter*, FS Gero Fischer, 2008, 121, 130 f.
[35] *Kübler*/Prütting/Bork § 71 RdNr. 5.

§ 60 („… die ihm nach diesem Gesetz obliegen"; Abs. 1 Satz 1 letzter HS) hat keine sachliche Bedeutung.[36] Die Interessen der übrigen Beteiligten sind nach Ansicht des Gesetzes gerade durch den umfassenden Pflichtenkreis und die hieraus resultierende ebenso umfassende Haftung des Verwalters geschützt, zumal auch die Aufsicht des Gerichts für die Erfüllung der Pflichten sorgt.[37]

Drittsicherungsgeber, namentlich Bürgen, sind durch § 71 **nicht unmittelbar geschützt.** Erst wenn die Forderung auf sie übergangen ist, und der gesicherte Gläubiger seine Forderung nicht mehr geltend macht, nehmen sie am Verfahren teil (§ 44). Dies ist auch richtig so: Zwar erleiden sie einen Nachteil, wenn sich durch ein Verschulden des Gläubigerausschusses der Ausfall des gesicherten Gläubigers erhöht, indem sie dann mit größeren Beträgen antreten müssen; andererseits kommen ihnen Schadensersatzzahlungen auch zugute. Es gibt daher keine Notwendigkeit, den Kreis der Drittsicherungsgeber in den Kreis der aus § 71 Begünstigten einzubeziehen.[38]

Gemeinschaftsschäden, also Schäden der aus den absonderungsberechtigten Gläubigern und den Insolvenzgläubigern bestehenden Gemeinschaft, kann – trotz der Formulierung des § 71 – weiterhin der Verwalter geltend machen.[39] Häufig wird es sich um einen Gesamtschaden handeln, der durch den Insolvenzverwalter geltend zu machen ist.[40] Verursacht der Gläubigerausschuss einen Schaden der Masse, kann der Verwalter die Mitglieder des Gläubigerausschusses hierauf in Anspruch nehmen, und zwar auch schon während des Verfahrens.[41] Im Zweifel muss der Verwalter sogar handeln, und zwar ohne Zustimmung des Gläubigerausschusses,[42] um sich nicht selbst ersatzpflichtig zu machen. Wollte man aus der Einschränkung des Kreises der Begünstigten schließen, dass Gemeinschaftsschäden nicht mehr geltend gemacht werden könnten, würde sich eine Haftungslücke auftun. Zumindest würde eine der Durchsetzung der Schadensersatzansprüche nachteilige zeitliche Verzögerung eintreten, denn individuell sind diese Schadensersatzansprüche erst nach Abschluss des Verfahrens geltend zu machen, soweit es sich um Ersatzberechtigte handelt, die nicht in § 71 genannt sind. Allerdings wird in Haftungsfällen häufig auch ein Fehlverhalten des Insolvenzverwalters vorliegen. Wird hier der bisherige Insolvenzverwalter ausgewechselt, ist der neue Insolvenzverwalter berechtigt, die Schadensersatzansprüche für die Insolvenzgläubiger geltend zu machen.[43] Anderenfalls kommt es zur Einsetzung eines Sonderinsolvenzverwalters, dann ist darauf zu achten, dass zu seinem Pflichtenkreis auch die Geltendmachung von Schadensersatzansprüchen gegen Gläubigerausschussmitglieder gehört.

VI. Passivlegitimation

1. Allgemeines. Passivlegitimiert sind nur Mitglieder des Gläubigerausschusses. Die **Passivlegitimation beginnt mit der Annahme des Amtes.**[44] Die Unwirksamkeit der Wahl zum Ausschussmitglied beseitigt die Haftung nicht, wenn das Amt tatsächlich ausgeübt worden ist. Anknüpfungspunkt und Rechtfertigung der Haftung ist die Mitwirkung bei Entscheidungen des Gläubigerausschusses; diese wirken gestaltend auf das Verfahren ein und veranlassen den Verwalter zur Vornahme von Rechtshandlungen, die sich auf die Position der durch § 71 begünstigten Gläubiger auswirken. Ob die Wahl wirksam war oder nicht, spielt dabei keine Rolle. Gleiches gilt für die Mitwirkung an einem Beschluss, obschon das Mitglied wegen Selbstbetroffenheit nicht hätte mitstimmen dürfen. Das Faktum der Mitwirkung reicht aus, um die Haftung zu begründen. Diese Konsequenz ergibt sich aus der Rspr. des BGH zur Verwalterhaftung. Der BGH ließ den Konkursverwalter (u.a.) dann haften, wenn er eigene Pflichten ausdrücklich übernommen oder insoweit einen Vertrauenstatbestand geschaffen hat.[45] Diese Überlegungen müssen auch für das Schein-Mitglied gelten. Allerdings darf diese Konstellation nicht mit dem Fall verwechselt werden, dass unklar ist, ob eine juristische Person oder ein Vertreter derselben gewählt ist.[46] Wenn eine juristische Person Mitglied ist, haftet diese, nicht aber die Personen, die sie entsandt hat; wird ein Arbeitnehmer persönlich Mitglied, haftet er, nicht aber sein Arbeitgeber.[47]

2. Gesamtschuldnerische Haftung. Die Mitglieder des Gläubigerausschusses haften gesamtschuldnerisch, dies aber nur, wenn die die Schadensersatzansprüche auslösende Handlung von meh-

---

[36] Begr. RegE, BT-Drucks. 12/2443, in *Balz/Landfermann,* Die neuen Insolvenzgesetze, 1999, S. 274.
[37] Kübler/Prütting/Bork § 71 RdNr. 5; Begr. RegE, BT-Drucks. 12/2443, in *Balz/Landfermann,* Die neuen Insolvenzgesetze, 1999, S. 286.
[38] BGH ZIP 1984, 1506; BGH ZIP 1985, 18; *Uhlenbruck/Uhlenbruck* InsO, § 71 RdNr. 1.
[39] *Nerlich/Römermann/Delhaes* § 71 RdNr. 4; *Pape* ZInsO 1999, 675, 679.
[40] Vgl. *Pape,* Schwierigkeiten und Risiken der Mitwirkung im Gläubigerausschuss, WM 2006, 19, 22.
[41] Kübler/Prütting/Bork § 71 RdNr. 6.
[42] RGZ 29, 108; Kuhn/*Uhlenbruck* KO § 89 RdNr. 2.
[43] OLG Celle, NZI 2010, 609 ff.
[44] OLG Köln ZIP 1988, 992.
[45] BGH ZIP 1987, 650.
[46] OLG Köln ZIP 1988, 992.
[47] BGH ZIP 1989, 403.

reren Ausschussmitgliedern vorgenommen worden ist. Hier wirkt sich die Individualisierung der Pflichten aus § 69 aus. Der Ausgleich im Innenverhältnis bestimmt sich nach § 426 BGB.[48]

16 Die gesamtschuldnerische Haftung besteht auch dann, wenn ein Mitglied des Gläubigerausschusses im Rahmen der **internen Aufgabenverteilung** mit der Erfüllung bestimmter Aufgaben betraut ist, und die Gläubigerausschuss die Tätigkeit des berufenen Mitglieds für sich gelten lässt.[49] Das klassische Beispiel hierfür ist der Kassenprüfer. Üblicherweise bestimmen die Mitglieder des Gläubigerausschusses ein Mitglied zum Kassenprüfer, durch den der Gläubigerausschuss seine Pflicht nach § 69 Satz 2 erfüllt. Erledigt der Kassenprüfer seine Aufgaben nicht oder nur unvollständig oder zögerlich, und entsteht hieraus ein Schaden, haften alle Mitglieder für das Fehlverhalten des Kassenprüfers über § 278 BGB wie für eigenes Verschulden.[50] Eine **Haftungsbeschränkung auf Auswahlverschulden** kommt nicht in Betracht. Dies rechtfertigt sich aus der Überlegung, dass der Kassenprüfer einen Prüfungsbericht fertigen muss, der allen Mitgliedern zugänglich ist und dass jedes Mitglied jederzeit vom Kassenprüfer Auskunft verlangen und Einsicht in die Unterlagen nehmen kann. Die Pflichten aus § 69 sind individuelle Pflichten, die jedes Mitglied einzeln treffen. Wählt sich ein Gläubigerausschuss daher ein Mitglied für besondere Aufgaben aus, trägt er auch, und zwar jedes Mitglied einzeln, das hieraus entstehende Risiko. Durch eine Haftungsbeschränkung sollen sich die Mitglieder des Gläubigerausschusses ihrer Haftung gegenüber den Ersatzberechtigten nicht entledigen können, zumal diese die Personen des Gläubigerausschusses gewählt haben.

17 **3. Einstehenmüssen für Dritte.** Dieselben Grundsätze gelten bei der Einschaltung außenstehender Dritter. Dies bedeutet der Verweis auf § 62.[51] Einen wichtigen Fall der **zulässigen Einschaltung Dritter** enthält die InsO selbst in § 69 Satz 2; dort ist davon die Rede, dass die Kassenprüfung einem sachverständigem Dritten übertragen werden darf. Von dieser nunmehr ausdrücklich erlaubten Praxis wird gerade in Großverfahren häufig Gebrauch gemacht. Auch wenn der Kassenprüfer ein renommierter Wirtschaftsprüfer mit unbestrittener Kompetenz ist, so haften die Mitglieder des Gläubigerausschusses doch für dessen Verschulden bei der Kassenprüfung, ohne sich haftungsbefreiend auf sorgfältige Auswahl und Unterrichtung berufen zu können.[52] Dies gilt selbst dann, wenn wegen der Komplexität die Einschaltung eines externen Prüfers zwingend geboten war.[53] Will ein einzelnes Mitglied die Haftung hierfür nicht übernehmen, muss es nach § 70 um seine Entlassung bitten. Das Gericht hat das Gefühl subjektiven Unvermögens als wichtigen Grund zu akzeptieren, gerade weil die Sachkompetenz bei der Erfüllung der Aufgaben des Gläubigerausschusses im Vordergrund der Anforderungen des Gesetzgebers steht.

18 Wird für ein Mitglied im Einzelfall ein **Stellvertreter** tätig, wird dessen Handeln dem Mitglied ebenfalls über § 278 BGB zugerechnet. Wegen der persönlichen Natur des Amtes als Mitglied kann die Verantwortung für das Handeln eines Dritten in keinem Fall abgewälzt werden.[54] Nach der hier vertretenen Meinung ist Stellvertretung ohnehin in größerem Ausmaß zulässig als die hM sie konzediert, weil die Stellvertretung wegen § 71 ausschließlich in das Risiko des vollmachtgebenden Mitglieds fällt. Diese Risikozuweisung hat die Rspr auch zur KO schon so vertreten.[55]

19 **4. Verjährung.** Schadensersatzansprüche gegen Ausschussmitglieder auf der Grundlage der KO verjährten vor Inkrafttreten des Schuldrechtsmodernisierungsgesetzes in 30 Jahren, weil die KO zur Verjährung schweigt. Um diese schwerwiegende Folge für die Mitglieder abzumildern, ist erwogen worden, die Haftung analog § 852 BGB abzukürzen.[56] Zunächst hatte die InsO über den Verweis auf § 62 und die dort normierte Drei Jahres Frist eine klare Begrenzung auf drei Jahre vorgesehen.[57] In § 62 Satz 1 InsO wird nunmehr aber auf die allgemeinen Verjährungsvorschriften des BGB verwiesen.[58] Hierdurch sollte keine materielle wesentliche Veränderung erfolgen.[59] Im Unterschied zur bisherigen Regelung der InsO beginnt die Verjährungsfrist nach § 199 BGB nun regelmäßig erst mit Schluss des Jahres zu laufen, in

---

[48] *Kübler*/*Prütting*/*Bork* § 71 RdNr. 22.
[49] *HK-Eickmann* § 71 RdNr. 2.
[50] *Kübler*/*Prütting*/*Bork* § 71 RdNr. 15 und 16; so auch OLG Rostock zu § 15 Abs. 6 GesO, ZInsO 2004, 814, 815.
[51] Begr. RegE, BT-Drucks. 12/2443.
[52] BGH NJW 1978, 1257. *Pape* ZInsO 1999, 675, 679; *Kübler*/*Prütting*/*Bork* § 71 RdNr. 15; so auch *Ganter*, FS Gero Fischer, 2008, 121, 133; aA *Vallender* WM 2002, 2040, 2048; *Braun*/*Kind* InsO, § 71 RdNr. 6, die eine Haftungsbeschränkung für Auswahlverschulden befürworten.
[53] AA *Uhlenbruck*/*Uhlenbruck* InsO, § 71 RdNr. 10 f.
[54] *Heidland*, Kölner Schrift, S. 711, 727 (RdNr. 34).
[55] RGZ 152, 128; BGH WM 68, 99; *Jaeger* KO § 88 RdNr. 5.
[56] OLG Saarbrücken NZI 99, 44. So auch: Kilger/*K. Schmidt*, Insolvenzgesetze, § 89 KO Anm. 5.
[57] Begr. RegE, BT-Drucks. 12/2443; *Pape* ZInsO 1999, 675, 679.
[58] Gesetz zur Anpassung von Verjährungsvorschriften an das Gesetz zur Modernisierung des Schuldrechts v. 9.12.2004, BGBl. I 3214 ff.
[59] Regierungsbegründung, BT Drucks. 15/3653, S. 14 f.

dem der Verletzte von dem Schaden und den Umständen, welche die Ersatzpflicht begründen, Kenntnis erlangt. Ist der Schadensersatzanspruch aufgrund einer Pflichtverletzung bei der Aufsicht über den Insolvenzverwalter entstanden, beginnt die Verjährung erst mit der Einsetzung eines neuen Verwalters zu laufen.[60] Spätestens beginnt der Lauf der Verjährungsfrist mit Aufhebung oder Rechtskraft der Einstellung des Verfahrens, ohne dass es auf die Kenntnis des Ersatzberechtigten ankäme.[61]

VII. Aufrechnung

Eine Aufrechnung gegen die Schadensersatzansprüche aus § 71 mit den Vergütungsansprüchen aus § 73 ist nicht möglich. Es fehlt an der **Gegenseitigkeit,** die von § 387 BGB gefordert wird. Der Vergütungsanspruch (auch der Anspruch auf Auslagenerstattung) gehört zu den Kosten des Verfahrens nach § 54 Nr. 2, sodass sich der Anspruch des Mitglieds gegen die Masse richtet (§ 53).[62] Der Schadensersatzanspruch nach § 71 steht indes einem absonderungsberechtigten Gläubiger oder einem Insolvenzgläubiger zu, sodass eine Aufrechnungslage schon dem Grunde nach nicht gegeben ist und auch nicht gegeben sein kann.[63] Dies war unter § 91 KO anders, weil der Schadensersatzanspruch aus § 89 KO der Masse zustand und vom Verwalter geltend zu machen war.[64] 20

VIII. Zusammentreffen mit anderen Ansprüchen

Ansprüche aus § 71 stehen in Konkurrenz zu anderen Ansprüchen. So können neben § 71 Ansprüche aus § 823 Abs. 2 BGB i. V. m. § 266 StGB treten; auch Ansprüche aus § 826 BGB kommen in Betracht. Damit lassen sich mögliche Haftungslücken schließen, wenn beispielsweise ein Schaden in der Person eines der in § 71 nicht genannten Gläubiger entsteht.[65] Angesichts der Neuregelung der Verjährung stellen sich die aus der KO kommenden Fragen zur unterschiedlichen Verjährung bei Anspruchskonkurrenz nicht mehr. 21

Die Haftung nach § 71 kann mit der Haftung des Verwalters nach § 60 zusammentreffen. Verwalter und Mitglied haften dann als Gesamtschuldner; so verhielt es sich schon unter der KO.[66] Sie haben dieselben Pflichten zu erfüllen und stehen daher gleichstufig auf einer Haftungsebene. Im Innenverhältnis untereinander gilt folgerichtig § 426 BGB. 22

Zahlt die Hinterlegungsstelle ohne Mitwirkung des Gläubigerausschusses aus, hat sie nicht befreiender Wirkung geleistet. Dennoch kann trotz des an sich bestehenden Erfüllungsanspruchs ein Schadensersatzanspruch bestehen, wenn nämlich die Hinterlegungsstelle ihr Verpflichtung bestreitet. Während dieser Schwebezeit, also bis zur Erfüllung durch die Hinterlegungsstelle, können Schadensersatzansprüche aus § 71 geltend gemacht werden. 23

§ 72 Beschlüsse des Gläubigerausschusses

Ein Beschluß des Gläubigerausschusses ist gültig, wenn die Mehrheit der Mitglieder an der Beschlußfassung teilgenommen hat und der Beschluß mit der Mehrheit der abgegebenen Stimmen gefaßt worden ist.

Übersicht

	Rn.		Rn.
A. Normzweck	1	3. Protokollierung	7, 8
B. Entstehungsgeschichte	2	II. Beschlussfähigkeit	9–21
C. Anwendungsbereich	3–22	1. Formelle Voraussetzungen	9–13
I. Beschlussfassung	3–8	2. Stimmrechtsausschluss	14–16
1. Allgemeines	3, 4	3. Feststellung der Mehrheiten	17–20
2. Selbstorganisation des Gläubigerausschusses	5, 6	4. Aufgabe des Gerichts	21
		III. Fehlerhafte Beschlussfassung	22

---

[60] BGH NZI 2008, 491 ff.; vgl. auch *Ganter,* FS Gero Fischer, 2008, 121, 134, sowie *Uhlenbruck/Uhlenbruck* § 71 RdNr. 20. so bereits *Kirchhof* ZInsO 2007, 1122 ff.
[61] *Uhlenbruck/Uhlenbruck* § 71 RdNr. 18.
[62] HK-*Eickmann* § 71 RdNr. 8.
[63] *Kübler/Prütting/Bork* § 71 RdNr. 20.
[64] *Kuhn/Uhlenbruck* KO § 89 RdNr. 4.
[65] Vgl. hierzu das Beispiel bei: *Heidland,* Kölner Schrift, S. 711, 725 (RdNr. 28).
[66] *Jaeger* KO § 89 RdNr. 3; Kilger/*K. Schmidt,* Insolvenzgesetze, § 89 KO Anm. 2.

A. Normzweck

1 § 72 stimmt fast wörtlich mit § 90 KO überein; lediglich aus der „absoluten Mehrheit" des § 90 KO ist in § 72 eine „Mehrheit" geworden. Ebenso stimmt § 72 wörtlich mit § 83 RegE überein.[1] Dies erlaubt es ohne weiteres, die zu § 90 KO entwickelten Grundsätze und Regeln auch auf § 72 anzuwenden.[2] Unterschiede zu § 90 KO gibt es nur dann, wenn mehrere Beschlussvarianten zur Abstimmung vorliegen; dann genügt die relative Mehrheit.[3] Eine im Vergleich zu § 90 KO umfangreichere Regelung zu den Beschlüssen des Gläubigerausschusses enthält die InsO nicht,[4] obgleich es für ausführlichere Bestimmungen durchaus Anlässe genug gegeben hätte.[5]

B. Entstehungsgeschichte

2 Die Vorschrift entspricht wörtlich § 83 RegE.[6]

C. Anwendungsbereich

I. Beschlussfassung

3 **1. Allgemeines.** In der Gläubigerversammlung wird nach Forderungsbeträgen abgestimmt. Diese zu ermitteln, ist gelegentlich mühsam. Anders im Gläubigerausschuss; hier wird gänzlich unabhängig von Forderungen nur **nach Köpfen** abgestimmt, und jedes Mitglied hat eine Stimme.[7] Ein Grund für diesen völlig anderen Abstimmungsmodus liegt in der Möglichkeit der Teilnahme auch von Nicht-Gläubigern (§ 67 Abs. 3), die natürlich keine Forderungen für sich in Anspruch nehmen können.[8] Außerdem verhindert die Abstimmung nach Köpfen zwangsläufig auftretende Ungleichgewichte, die in der Gläubigerversammlung zur Dominanz von Großgläubigern führen können, und sichert den Kleingläubigern und den Arbeitnehmern. wenigstens ein Mindestmaß an Einfluss.[9]

4 Der Verwalter kann verlangen, dass die Stimmabgabe schriftlich erfolgt, wenn er auf die Mitwirkung des Gläubigerausschusses angewiesen ist. Da der Verwalter gegenüber den Beteiligten rechenschaftspflichtig ist und im Rahmen dessen auch die formelle Ordnungsmäßigkeit der von ihm ergriffenen Maßnahmen darzulegen hat, kann er vom Gläubigerausschuss die Abfassung dessen Beschlüsse in einer Weise verlangen, die es ihm erlaubt, seiner Nachweispflicht nachzukommen. Grundsätzlich beseitigt zwar die Zustimmung des Gläubigerausschusses nicht die Haftung des Verwalters;[10] für den Verwalter kommt es aber dennoch darauf an, die Zustimmung des Gläubigerausschusses nachweisen zu können, weil die Einschaltung des Gläubigerausschusses und seine richtige und vollständige Unterrichtung zu seinen Pflichten gehört.[11] Da der Gläubigerausschuss Sachkompetenz hat, wird (zu Recht) vertreten,[12] dass eine auf Grund der besonderen Sachkunde des Gläubigerausschusses getroffener Beschluss, den der Verwalter umsetzt, diesen von seiner Haftung befreit. In diesem Fall kann der Verwalter die Beschlussfassung in einer Form benötigen, die zur Beweisführung in einem gegen ihn gerichteten Prozess geeignet ist. Das Gleiche gilt, wenn man dem Verwalter nur eine Haftungserleichterung zubilligt.[13] Dann mag die schriftliche Niederlegung des Beschlusses im Rückgriffprozess gegen die Ausschussmitglieder von Bedeutung sein.

5 **2. Selbstorganisation des Gläubigerausschusses.** Der Gläubigerausschuss kann sich eine **Geschäftsordnung** geben.[14] Das Gesetz lässt dem Gläubigerausschuss freie Hand, wie er sich organisiert;

---

[1] Begr. RegE, BT-Drucks. 12/2443, in *Balz/Landfermann*, Die neuen Insolvenzgesetze, 1999, S. 287.
[2] *Hess/Weis* InVo 1997, 1, 2.
[3] AA *Kübler/Prütting/Bork* § 72 RdNr. 5.
[4] *Uhlenbruck/Uhlenbruck* § 72 RdNr. 1; auch die Begr. zu § 72 InsO ist eher übersichtlich: Begr. RegE, BT-Drucks. 12/2443, in *Balz/Landfermann*, Die neuen Insolvenzgesetze, 1999, S. 153.
[5] *Kübler*/Prütting/Bork § 72 RdNr. 7, beklagt dies für die fehlende Regelung zu Stimmverboten.
[6] Begr. RegE, BT-Drucks. 12/2443, in *Balz/Landfermann*, Die neuen Insolvenzgesetze, 1999, S. 287.
[7] *Nerlich/Römermann/Delhaes* § 72 RdNr. 3; *Heidland*, Kölner Schrift, S. 711, 723 (RdNr. 22).
[8] *Kübler*/Prütting/Bork § 72 RdNr. 1; *Jaeger/Gerhardt* § 72 RdNr. 10.
[9] *Hess/Pape*, InsO und EGInsO, RdNr. 80.
[10] BGH ZIP 1985, 423; *Lüke* in Kübler/Prütting/Bork § 60 RdNr. 44.
[11] *Lüke*, RWS-Forum 9, S. 67, 83.
[12] *Lüke* in Kübler/Prütting/Bork § 60 RdNr. 47.
[13] BGH ZIP 1987, 115, 117; OLG Nürnberg ZIP 1986, 244; *Gottwald/Klopp/Kluth*, Insolvenzrechts-Handbuch, § 21 RdNr. 13.
[14] HK-*Eickmann* § 72 RdNr. 2: *Jaeger/Gerhardt* § 72 RdNr. 3; *Uhlenbruck/Uhlenbruck* § 72 RdNr. 2; vgl. hierzu auch Vorschlag einer Mustersatzung des Gläubigerausschusses von *Ingelmann/Ide/Steinwachs* ZInsO 2011, 1059 ff.

dies ist wiederum anders bei der Gläubigerversammlung. Es gibt keine Vorschriften über Häufigkeit und Rhythmus von Sitzungen, geschweige denn verfahrensrechtliche Vorschriften.[15] Der Gläubigerausschuss bestimmt selbst, wann und mit welcher Tagesordnung er zusammentritt[16] und ob er offen oder geheim abstimmt. Das Gesetz vertraut dabei darauf, dass die in den Gläubigerausschuss gewählten Personen die nötige Kompetenz aufweisen, das ihnen übertragene Amt im Sinne der InsO auszufüllen, und im Übrigen besorgt die Haftung jedes einzelnen Mitglieds (§ 71) den Schutz vor Nachlässigkeit. Unabdingbar ist lediglich, dass alle Mitglieder zu den Sitzungen geladen werden und ihnen Ort und Zeitpunkt der Sitzung sowie die Tagesordnung mitgeteilt wird.[17] Ein Verstoß gegen diese allgemeinen Grundsätze der Willensbildung von Organen macht die Beschlüsse unwirksam, wobei selbstverständlich Formfehler geheilt werden können; hierzu bedarf es der Anwesenheit aller Mitglieder und einer einstimmigen Entscheidung über die Formalien (analog der Regelung in § 121 Abs. 6 AktG). Widerspricht ein Mitglied der Beschlussfassung aus formalen Gründen, hat die Abstimmung zu unterbleiben.

Ausformulierte und **schriftlich niedergelegte Geschäftsordnungen** sind selten. In größeren Verfahren und/oder bei einem größeren Gläubigerausschuss sind sie indes ratsam. Eine Geschäftsordnung kann insbesondere folgende Punkte enthalten: Art und Weise der Einberufung, Sitzungsrhythmus, Sitzungsleitung, Tagesordnung, Art und Weise der Beschlussfassung (nur auf Sitzungen oder auch im Umlaufverfahren), Protokollierung. Neben diesen organisatorischen Punkten kann die Geschäftsordnung auch **Materielles** regeln, beispielsweise einen Vorsitzenden des Gläubigerausschusses oder den/die Kassenprüfer bestimmen.[18] Die Geschäftsordnung stößt nur dort an Grenzen, wo die InsO zwingendes Recht enthält: Durch die interne Aufgabenzuweisung können sich die Mitglieder nicht ihrer persönlichen Haftung entledigen, sodass jedes Mitglied die Tätigkeit des beauftragten Mitglieds zu überwachen hat, dies verbunden mit dem Recht und der Pflicht, initiativ zu werden, wenn das beauftragte Mitglied nicht pflichtgemäß handelt, noch kann durch eine Doppelstimme des Vorsitzenden bei Stimmengleichheit[19] oder eine Veränderung der Voraussetzungen für eine wirksame Beschlussfassung das Prinzip des § 72 durchbrochen werden.[20] Schon aus diesem Grunde sind daher den Aufgabenzuweisungen durch Geschäftsordnungen enge Grenzen gesetzt. **6**

3. Protokollierung. Eine Pflicht zur Protokollierung enthält die InsO nicht. Dennoch gehört die Protokollierung nicht nur zu den Usancen der Ausschusstätigkeit, sondern sogar zu den **Obliegenheiten des Gläubigerausschusses,** weil er hierdurch die Erfüllung seiner Pflichten dokumentieren kann.[21] Es ist also zu empfehlen, ein Protokoll zu führen, wenn eine Geschäftsordnung dies nicht ohnehin vorsieht. Protokollführer ist in der Regel der Verwalter, der sein Protokoll, wie jeder andere Protokollführer auch, auf der jeweils nächsten Sitzung des Gläubigerausschusses genehmigen lassen muss. Auch jedes andere Mitglied kann Protokollführer sein.[22] Ob nur ein **Ergebnisprotokoll** oder ein **Diskussionsprotokoll** mit den wesentlichen Argumenten geführt wird, kann jeder Gläubigerausschuss selbst entscheiden; maßgeblich wird die Bedeutung der Sache sein. **7**

Allerdings führt ein Fehlen des Protokolls nicht zu einer Beweislastumkehr. Dadurch, dass kein Protokoll gefertigt wird, wird nicht fahrlässig die Aufklärung über Tatsachen vereitelt, deren Vorhandensein oder Nichtvorhandensein zur Beweislast des Prozessgegners steht.[23] Die Protokolle selbst sind nicht Teil der gerichtlichen Insolvenzakten und daher dem **Einsichtsrecht** gemäß § 299 ZPO **unzugänglich.**[24] **8**

II. Beschlussfähigkeit

1. Formelle Voraussetzungen. Die Willensbildung des Gläubigerausschusses erfolgt auf Sitzungen, und seine Entscheidungen ergehen als Beschluss. Hat sich der Gläubigerausschuss keine Geschäftsordnung gegeben, beruft nach verbreiteter Übung der Verwalter den Gläubigerausschuss ein. Er hat dabei **9**

---
[15] *Nerlich/Römermann/Delhaes* § 72 RdNr. 1.
[16] *Hess/Weis* InVo 1997, 1, 3; *Pape* ZInsO 1999, 675, 680.
[17] *Oelrichs,* Gläubigermitwirkung und Stimmverbote im neuen Insolvenzverfahren, 1999, S. 46; *Pape* ZInsO 1999, 675, 680.
[18] *Nerlich/Römermann/Delhaes* § 72 RdNr. 7; vgl. auch *Vallender* WM 2002, 2040, 2044.
[19] *Pape* ZInsO 1999, 675, 680; *Uhlenbruck/Uhlenbruck* § 72 RdNr. 8.
[20] *Uhlenbruck,* Die Gläubigerberatung in der Insolvenz, S. 392 (dort mit einem Beispiel für eine Geschäftsordnung); *Pape* ZInsO 1999, 675, 680; *Nerlich/Römermann/Delhaes* § 72 RdNr. 7.
[21] *Ehlers* ZInsO 1998, 356, 363; OLG Köln NZG 1998, 156.
[22] *Kübler/Prütting/Bork* § 72 RdNr. 11.
[23] BGH WM 85, 423.
[24] BGH ZInsO 98, 92; *Jaeger/Gerhardt* § 72 RdNr. 5; *Uhlenbruck/Uhlenbruck* InsO, § 72 RdNr. 9, der vorschlägt, ein Protokoll in einen Sonderband bei Gericht zu nehmen, der von der allgemeinen Akteneinsicht ausgeschlossen ist; ebenso *Kübler/Prütting/Bork* § 72 RdNr. 13, empfiehlt die Anlage eines Sonderbandes. Vgl.: BGH NJW 1961, 2016; LG Darmstadt ZIP 1990, 1424; *Pape* ZIP 1991, 1367.

eine **angemessene Ladungsfrist** einzuhalten und die Mitglieder des Gläubigerausschusses schriftlich und unter Angabe von Ort und Zeitpunkt der Sitzung sowie einer **Tagesordnung** zu laden.[25] Im Hinblick auf die Ladungsfrist ist eine Orientierung an den Usancen bei der Einberufung des Aufsichtsrates sachgerecht. Auch hier existiert keine gesetzliche Regelung; es wird meist jedoch eine Frist von zwei Wochen bestimmt, die in dringenden Fällen abgekürzt werden kann.[26] Dies ist auch für den Gläubigerausschuss eine sinnvolle und praktikable Lösung. Eine Orientierung am Aufsichtsrat erscheint auch im Hinblick auf die Rechtsfolgen formeller Mängel der Einberufung angezeigt. Wird etwa keine Tagesordnung zur Verfügung gestellt, ist eine Beschlussfassung nur dann zulässig, wenn kein Mitglied widerspricht. Nicht anwesenden Mitgliedern steht binnen angemessener Frist ein Widerspruchsrecht bzw. bei Einverständnis mit der Abstimmung das Recht zur nachträglichen Stimmabgabe zu.

10 Das Fehlen jeglicher Vorschriften zu Form und Frist erleichtert den Beteiligten aber auch eine **abweichende Handhabung.** Mit dem Einverständnis aller Beteiligten sind daher auch mündliche Einladungen und solche mit kürzester Frist möglich. Die Leitentscheidung der InsO, den Gläubigerausschuss zu einem flexiblen Organ auszugestalten und einen engen Kontakt zum Verwalter herzustellen, damit das Verfahren rasch abgewickelt werden kann, verhindert die Übertragung der starren Form- und Fristvorschriften aus dem Vereins- oder Gesellschaftsrecht. Vorbild können die Vorschriften über den Aufsichtsrat einer AG sein, insbesondere § 108 AktG. Daher ist es ohne weiteres möglich, Beschlüsse im (auch telefonischen) Umlaufverfahren zu fassen, vorausgesetzt, alle Mitglieder sind mit diesem Verfahren einverstanden. Ist dieses Einverständnis vorhanden, hindert auch eine entgegenstehende Vorschrift der Geschäftsordnung nicht die Wirksamkeit des Beschlusses.[27] Zur Beschlussfassung auf Sitzungen müssen jedoch stets mindestens zwei Mitglieder anwesend sein.[28]

11 Das **Initiativrecht für die Einberufung** liegt nicht nur beim Verwalter, sondern auch beim einzelnen Mitglied.[29] Der Gläubigerausschuss kann auch ohne das Wissen des Verwalters und sogar gegen seinen Willen tagen. Um der Pflicht zur Überwachung des Verwalters nachzukommen und auch aus Haftungsgesichtspunkten, hat jedes einzelne Mitglied des Gläubigerausschusses daher das Recht, eine Sitzung zu fordern. Der Vorsitzende des Gläubigerausschusses ist aus diesen Gründen auf Verlangen eines Mitglieds **zur Einberufung** einer Sitzung auch **verpflichtet,** wenn sich das Begehren nicht als rechtsmissbräuchlich darstellt. Wurde kein Vorsitzender bestimmt, besteht unter denselben Voraussetzungen für die anderen Mitglieder des Gläubigerausschusses eine Pflicht zur Teilnahme an der von einem Mitglied einberufenen Sitzung. Auch insoweit erscheint es sachgerecht, sich an den Vorschriften für die Einberufung des Aufsichtsrats in § 110 AktG zu orientieren. Einschränkend wäre daher auch hier in Betracht zu ziehen, die Pflicht zur Einberufung bzw. zur Teilnahme an das Verlangen von mindestens zwei Mitgliedern zu knüpfen. Kommt der Vorsitzende seiner Einberufungspflicht bzw. die anderen Mitglieder ihrer Pflicht zur Teilnahme bei einem nicht rechtsmissbräuchlichen Verlangen (schuldhaft) nicht nach, können sich hieraus bei Eintritt eines (kausalen) Schadens Ersatzverpflichtungen nach § 71 ergeben.

12 Der Verwalter hat kein Recht, seine Anwesenheit zu fordern. Dem Gläubigerausschuss muss es möglich sein, unbelastet von der **Anwesenheit des Verwalters** über dessen Amtsführungen oder über einzelne Maßnahmen zu diskutieren, weil nur so eine pflichtgemäße und unbeeinflusste Erfüllung der Aufgaben aus § 69 möglich ist.[30]

13 Die Beschlüsse des Gläubigerausschusses bedürfen **keiner Form,** auch wenn das zu genehmigende Rechtsgeschäft formbedürftig ist.[31] Dies folgt aber nicht aus dem Rechtsgedanken des § 167 Abs. 2 oder des § 182 Abs. 2 BGB;[32] sondern aus der verfahrensrechtlichen Stellung des Gläubigerausschusses als einem Innenorgan.[33] Wenn es im Regelfall zur Wirksamkeit von Rechtshandlungen des Verwalters nicht auf die Zustimmung des Gläubigerausschusses abkommt, bleibt die Rolle des Gläubigerausschusses noch hinter der Rolle des Vollmachtgebers zurück, dessen Wille auf das Außenverhältnis einwirkt. Daher passt das Leitbild des § 167 Abs. 2 BGB nicht.

14 **2. Stimmrechtsausschluss.** Bei Interessenkollisionen hat das betroffene Mitglied kein Stimmrecht, freilich darf es an den Sitzungen und Beratungen teilnehmen. Das Recht zur Teilnahme und Beratung wird in diesen Fällen in der Literatur abgelehnt.[34] Doch gebietet sich hier ein Vergleich

---

[25] *Kübler*/*Prütting*/*Bork* § 72 RdNr. 2, hält dies indes nur für „empfehlenswert", nicht aber für notwendig.
[26] Vgl. MünchHdbGesR IV-*Hoffmann-Becking* § 31 RdNr. 38.
[27] *Kübler*/*Prütting*/*Bork* § 72 RdNr. 3.
[28] *Uhlenbruck*/*Uhlenbruck* § 72 RdNr. 8.
[29] Vgl. *Jaeger*/*Gerhardt* § 72 RdNr. 3.
[30] So auch *Uhlenbruck* ZIP 2002, 1373, 1378.
[31] *Jaeger*/*Gerhardt* § 72 RdNr. 4.
[32] So aber *Kübler*/*Prütting*/*Bork* § 72 RdNr. 3; *Jaeger*/ *Gerhardt* § 72 RdNr. 4.
[33] BGH ZIP 1995, 290; *Hess*/*Pape*, InsO und EGInsO, RdNr. 85.
[34] *Jaeger*/*Gerhardt* § 72 RdNr. 18; *Uhlenbruck*/*Uhlenbruck* § 72 RdNr. 10; aM HambKomm-*Frind* § 72 RdNr. 4

zum Stimmrechtsverbot eines Aufsichtsratsmitgliedes einer Aktiengesellschaft, zumal der Gläubigerausschuss häufig auch als Aufsichtsrat der Insolvenzordnung bezeichnet wird.[35] Dort kann ein Stimmrechtsverbot nur in besonderen Fällen zu einem Ausschluss von der Beratung führen, nämlich dann wenn nachweislich zu befürchten ist, dass es zur Beeinträchtigung von Geschäftsbelangen der Gesellschaft kommt.[36] Zumindest ist aber dem betroffenen Mitglied Gelegenheit zur Stellungnahme zu gewähren. Schließlich kann eine Teilnahme an der Beratung auch zu einer Versachlichung der Diskussion und zu einer Verbesserung der Entscheidungsgrundlage beitragen. Die Fälle einer Interessenkollision sind nicht selten. Der **Stimmrechtsverlust** bei gegebener **Selbstbetroffenheit** ist als Ergebnis völlig unstreitig.[37] Allerdings enthält die InsO insoweit keinerlei Regelungen, sodass auf Parallelwertungen wie § 34 BGB, § 47 Abs. 4 GmbHG oder § 136 Abs. 1 AktG, zurückgegriffen werden muss.[38] Unklar ist indes der Weg dorthin: Im einfachsten Fall erklärt sich das Mitglied unter Offenlegung seiner Selbstbetroffenheit für befangen. Verschweigt es seine Interessenkollision, liegt es an den übrigen Mitgliedern und sonstigen Beteiligten insbesondere am Gericht und am Verwalter, die **Neutralität zu überprüfen**. Da der Hintergrund eines jeden Mitglieds bekannt ist, können die übrigen Mitglieder das (möglicherweise) befangene Mitglied zu einer Erklärung auffordern (und müssen dies wegen ihrer eigenen Haftung auch tun); die sonstigen Beteiligten können wenigstens eine Plausibilitätsprüfung vornehmen. Ein Mitglied, das seine Selbstbetroffenheit nicht offenlegt, läuft nicht nur Gefahr, nach § 71 zu haften, sondern kann aus dem Gläubigerausschuss ausgeschlossen werden; zweifelsohne ist ein solcher Verstoß gegen die Pflicht zur neutralen Wahrnehmung des Amts ein wichtiger Grund, der auch bei einmaligem Vorkommnis den Ausschluss rechtfertigt.[39]

Wann hingegen ein Fall von Selbstbetroffenheit vorliegt, ist nur für zwei Fallgruppen mit hinreichender Sicherheit greifbar: die **Interessenkollision** und das **Verbot, Richter in eigener Sache** zu sein.[40] Die Interessenkollision ist dabei der häufigere Fall. Ein Stimmrecht steht einem Mitglied des Gläubigerausschusses dann nicht zu, wenn über in zwischen der Insolvenzmasse und ihm bzw. einem von ihm (gesetzlich oder rechtsgeschäftlich) vertretenen Unternehmen zu schließenden Rechtsgeschäft oder einen zu führenden bzw. zu erledigenden Rechtsstreit abzustimmen ist[41] oder ein Vergleich zu schließen ist. Die Rspr ist dabei eher restriktiv; sie lässt nicht jede Form und nicht jedes Maß an Selbstbetroffenheit für einen Stimmrechtsausschluss ausreichen, sondern nur die vorgenannten. Der Umstand, dass Geschäftsbeziehungen bestanden, und dass die dergestalt verbundenen Mitglieder oder die von ihnen vertretenen Personen an einer Entscheidung ein besonderes Interesse haben, soll für einen Stimmrechtsausschluss nicht ausreichen.[42] Dies soll selbst für den Fall gelten, wenn es um Prozesse oder Rechtsstreite mit nahen Angehörigen des Mitglieds geht.[43] Die Rspr. berücksichtigt, dass eine **Interessenkollision** sozusagen zu den **Konstruktionsmerkmalen** des Gläubigerausschusses gehört, sobald Gläubiger zur Mitgliedschaft aufgerufen sind, wie § 68 es vorsieht.[44] Daraus ist zu schließen, dass eine irgendwie geartete Berührung von Interessen niemals ausreichen kann, und ein Ausmaß gegeben sein muss, das über das von § 68 akzeptierte hinausgeht. Den Grad der noch zulässigen Selbstbetroffenheit festzulegen, ist trotzdem schwierig. Es sind hierbei Tendenzen zu erkennen, die Selbstbetroffenheit schon ab einer niedrigeren Schwelle anzunehmen, beispielsweise bei der Berücksichtigung unmittelbarer Interessen schon bei Rechtshandlungen von besonderer Bedeutung.[45] Als Vertreter der gesamten Gläubigerschaft ist das einzelne Mitglied dem Verfahren verpflichtet und muss im Zweifel die Besorgnis seiner Selbstbetroffenheit anmelden,[46] steht dabei aber vor der Abwägung, den Fortgang des Verfahrens nicht zu stören. Anders als die Vertreter einer juristischen Person können die Mitglieder des Gläubigerausschusses nicht freigestellt werden,[47] denn die Freistellung von § 181 BGB betrifft nur Rechtsgeschäfte, schützt jedoch nicht vor Interessenkollisionen. Bei Konzerninsolvenzen kann ein und derselbe Gläubiger in mehreren Gläubigerausschüssen vertreten sein. Dies führt aber nicht per se zu einer einen Stimmrechtsausschluss rechtfertigenden Interessenkollision, da die Belange nur äußerst mittelbar sind (beispielsweise Erhöhung der Insol-

---

[35] Vgl. *Jaeger/Gerhardt* § 67 RdNr. 4.
[36] MünchKommAktG-*Habersack* §109 RdNr. 10.
[37] *Hess*, InsO, § 72 RdNr. 8; *Nerlich/Römermann/Delhaes* § 72 RdNr. 4; *Jaeger/ Gerhardt* § 72 RdNr. 15; *Oelrichs*, Gläubigermitwirkung und Stimmverbote im neuen Insolvenzverfahren, 1999, S. 93.
[38] BGH ZIP 1985, 423.
[39] *Pape* ZInsO 1999, 675, 678; unter Hinweis auf die Strafbarkeit nach § 203 und/oder § 266 StGB.
[40] Auf die Grundsätze zur Befangenheit von Gerichtspersonen kann wegen der völlig anderen Ausgangslage nicht zurückgegriffen werden; *Baumbach/Lauterbach/Hartmann* Vor § 41 RdNr. 2 und § 42 RdNr. 9.
[41] BGH WM 1985, 423.
[42] *Jaeger/Weber* KO § 90 RdNr. 4; *Uhlenbruck/Uhlenbruck* § 72 RdNr. 10.
[43] BGH aaO.
[44] *Kübler/Prütting/Bork* § 72 RdNr. 7.
[45] *Pape* ZInsO 1999, 675, 678.
[46] *Kilger/K. Schmidt* § 90 RdNr. 1; wie hier *Braun/Kind* InsO, § 72 RdNr. 7.
[47] BGHZ 87, 60; BGH NJW 1986, 2051; OLG Köln NJW 1993, 1018.

venzquote im Verfahren der Muttergesellschaft) und die Gesamtinteressen der Gläubiger in Frage stehen.[48]

16 Die zweite Fallgruppe betrifft **Sanktionen gegen das Mitglied**.[49] Aus dem Verbot, Richter in eigener Sache zu sein, folgt unschwer ein Stimmverbot. Hierbei handelt es sich um einen allgemeinen Grundsatz, der beispielsweise auch in § 136 AktG[50] oder in § 47 Abs. 4 GmbHG zum Ausdruck kommt. Geht es bei der Beschlussfassung also um Sanktionen gegen ein Mitglied[51] oder um die Frage, ob Selbstbetroffenheit vorliegt oder nicht, kann das Mitglied kein Stimmrecht haben.

17 **3. Feststellung der Mehrheiten.** Die Entscheidung des Gläubigerausschusses, Beschlussfähigkeit vorausgesetzt, bedarf der Mehrheit der abgegebenen Stimmen. § 72 fordert zur Gültigkeit eines Beschlusses **zwei Mehrheiten:** Es muss die Mehrheit der Mitglieder des Gläubigerausschusses an der Sitzung teilgenommen haben, und der Beschluss bedarf daneben der Mehrheit der abgegebenen Stimmen. Maßgeblich ist allein die Zahl der anwesenden Mitglieder und deren Stimmen.[52] Bei **Stimmengleichheit** ist ein Antrag abgelehnt und es kommt kein Beschluss zustande.

18 Die Vorschrift stellt nicht auf die absolute Zahl der Mitglieder ab, sondern darauf, dass die Mehrheit der Mitglieder an der Beschlussfassung teilgenommen hat. Besteht beispielsweise ein Gläubigerausschuss aus fünf Mitgliedern; so ist das zur Fassung eines wirksamen Beschlusses erforderliche **Quorum** drei. Sind also (mindestens) drei Mitglieder (von fünf) anwesend, können wirksame Beschlüsse gefasst werden.[53]

19 Ist das Quorum erreicht, kommt ein wirksamer Beschluss mit der Mehrheit der abgegebenen Stimmen zustande. Sind, wie im obigen Beispiel, von den fünf Mitgliedern nur drei anwesend, reichen bereits zwei Stimmen aus, um einen wirksamen Beschluss zu fassen. Dies war unter der Geltung des § 90 KO anders: Dort war die „absolute" Mehrheit erforderlich, sodass bei einem Fünfer-Ausschuss und einer Anwesenheit von drei Mitgliedern drei Stimmen, als Einstimmigkeit der Anwesenden, erforderlich war.

20 Folgende **Sonderfälle** sind zu beachten: Das Vorgesagte gilt nur, wenn Beschlüsse auf Sitzungen gefasst werden. Soll im Umlaufverfahren abgestimmt werden, müssen alle Mitglieder gefragt werden.[54] Da beim Umlaufverfahren **alle Mitglieder als präsent** angesehen werden, muss der Verwalter allen Mitgliedern Gelegenheit zur Abstimmung geben und darf Mitglieder nicht übergehen, wenn er das Quorum befragt hat.[55] Selbst wenn das Quorum der Mitglieder bereits die erforderliche Mehrheit darstellt, muss der Verwalter noch die übrigen Mitglieder fragen, obgleich deren Stimme nicht mehr entscheidend ist. Es ist für ein Mitglied nicht zumutbar, sich mit dem Argument zu verteidigen, die eigene Stimme sei nicht mehr kausal für den Beschluss gewesen. Jedes Mitglied eines Kollegialorgans hat **Anspruch auf Teilnahme an Sitzungen** und auf **Mitwirkung an Beschlüssen,** und jedes Mitglied muss im Hinblick auf § 71 dokumentieren können, dass es seine Pflichten erfüllt hat. Ist ein Mitglied wegen Selbstbetroffenheit von der Abstimmung ausgeschlossen, wird es beim Quorum mitgezählt,[56] wie dies auch bei der Beschlussfassung in einem Aufsichtsrat einer AG der Fall ist.[57] Ferner stellt § 72 nur auf die Mitgliederzahl, und die Mitgliedereigenschaft ab, nicht aber auf Stimmfähigkeit. Bei der Feststellung der Mehrheit der teilnehmenden Mitglieder wird es also mitgezählt; bei der Feststellung der Mehrheit der abgegeben Stimmen indes nicht.[58] Dies erklärt sich daraus, dass es auf die „abgegebenen Stimmen" ankommt, das betroffene Mitglied aber gerade keine Stimme abgibt. Jedes Mitglied hat das Recht zur Stimmenthaltung.[59] Es wird dann zwar beim Quorum mitgezählt, nicht jedoch bei der zur Wirksamkeit erforderlichen Mehrheit.[60] Ein Zweier-Ausschuss ist dann nicht mehr beschlussfähig, weil wegen des Mehrheitserfordernisses stets einstimmig abgestimmt werden muss.[61]

---

[48] Vgl. hierzu *Vallender* WM 2002, 2040, 2045; zu weitgehend aber *Uhlenbruck* ZIP 2002, 1373, 1376, der auch pauschal die Übertragung des Schuldnerunternehmens auf eine Auffanggesellschaft, an der Mitglieder des Gläubigerausschusses beteiligt sind, für unproblematisch hält in Hinblick auf die Stimmabgabe.
[49] BGH ZIP 1986, 429.
[50] *Hüffer* AktG § 136 RdNr. 3.
[51] *Kübler/Prütting/Bork* § 72 RdNr. 9.
[52] *Jaeger/Gerhardt* § 72 RdNr. 7; *Uhlenbruck/Uhlenbruck* § 72 RdNr. 8; aM HambKomm-*Frind* § 72 RdNr. 3
[53] Bei einem dreiköpfigen Gläubigerausschuss müssen zwei Mitglieder anwesend sein, die wirksam aber nur einstimmig beschließen können.
[54] *Uhlenbruck/Uhlenbruck* § 72 RdNr. 9.
[55] *Kübler/Prütting/Bork* § 72 RdNr. 4.
[56] AA *Nerlich/Römermann/Delhaes* § 72 RdNr. 2.
[57] Vgl. *Hüffer* AktG, § 108 RdNr. 11 mwN.
[58] *Pape* ZInsO 1999, 675, 680.
[59] So auch *Jaeger/Gerhardt* § 72 RdNr. 11.
[60] AA. HK-*Eickmann* § 72 RdNr. 4; *Uhlenbruck/Uhlenbruck* § 72 RdNr. 7. Angesichts der bestehenden Unsicherheiten empfiehlt es sich dies in einer Geschäftsordnung ausdrücklich zu regeln.
[61] OLG Koblenz KTS 62, 123; aA wohl *Gottwald/Klopp/Kluth*, Insolvenzrechts-Handbuch, § 21 RdNr. 5, allerdings ohne nähere Begründung.

4. Aufgabe des Gerichts. Der Ausschuss untersteht nicht der Aufsicht durch das Gericht.[62] 21
Beschlüsse des Gläubigerausschusses unterliegen in der Sache nicht der Überprüfung durch das Insolvenzgericht.[63] Hierfür gibt es nicht nur keine gesetzliche Grundlage. Selbst wenn: Eine Überprüfung widerspräche auch der Aufgabenzuweisung an den Gläubigerausschuss, der Ermessensentscheidungen trifft. Es kann nicht sein, dass das Ermessen (und die Einschätzung) des Gerichts an die Stelle des Gläubigerausschusses tritt und damit der Gläubigerausschuss als Organ der Selbstverwaltung entmündigt wird. § 78 kann nicht herangezogen werden, nicht nur, weil dort nur von der Gläubigerversammlung, nicht aber vom Ausschuss die Rede ist, sondern weil der Normzweck eine Übertragung verbietet. In der Gläubigerversammlung können nicht nur Zufallsmehrheiten entstehen, dort können wegen der Abstimmung nach Forderungshöhen auch Partikularinteressen verfolgt werden, die das Interesse der Gesamtgläubigerschaft missachten und daher ein Korrektiv benötigen. Das Gericht ist im Ergebnis auf eine bloße Teilnahmemöglichkeit beschränkt.

III. Fehlerhafte Beschlussfassung

Die Folgen fehlerhafter Beschlussfassung regelt das Gesetz nicht.[64] Deshalb gibt es auch keinen 22
Rechtsbehelf, mit dem die Fehlerhaftigkeit gerügt werden kann. Es ist dabei zwischen Formfehlern und unzweckmäßigen Beschlüssen zu unterscheiden. Die Unzweckmäßigkeit kann nur im Rahmen eines Haftungsprozesses gegen die Mitglieder des Gläubigerausschusses geltend gemacht werden.[65] Bei Verstößen gegen zwingende Formvorschriften hingegen, die einen Beschluss nichtig machen, hat das Gericht eine eigene Prüfung vorzunehmen, und zwar aus seiner Aufgabe heraus, das Verfahren gesetzeskonform abzuwickeln.[66]

§ 73 Vergütung der Mitglieder des Gläubigerausschusses

(1) Die Mitglieder des Gläubigerausschusses haben Anspruch auf Vergütung für ihre Tätigkeit und auf Erstattung angemessener Auslagen. Dabei ist dem Zeitaufwand und dem Umfang der Tätigkeit Rechnung zu tragen.

(2) § 63 Abs. 2 sowie die §§ 64 und 65 gelten entsprechend.

Schrifttum: *Franke*, Auslagenersatz und Vergütung für die Mitglieder von Gläubigerbeirat und Gläubigerausschuß, KTS 1955, 117; *Gundlach / Schirrmeister*, Der Vergütungsanspruch des beamteten Gläubigerausschussmitglieds, ZInsO 2008, 896; *Hirte*, Zwischenruf, ZInsO 2012, 820; *Ohr*, Der Beamte im Gläubigerausschuß – Nebentätigkeit oder Haupttätigkeit?, KTS 1992, 343; *Pape*, Stärkung der Gläubigerrechte und Verschärfung der Aufsicht im Insolvenzverfahren, ZVI 2008, 89; *ders.*, Zur Bemessung der Vergütung der Mitglieder des Gläubigerausschusses in einem Großverfahren, EWiR 1999, 601; *Trams*, Rechte und Pflichten des Gläubigerausschussmitglieds, NJW-Spezial 2009, 181; *Undritz*, Die Stärkung der Gläubigerrechte im Insolvenzverfahren - notwendige Reform oder neue Probleme?, InsVZ 2010, 361.

Übersicht

	Rn.		Rn.
I. Normzweck	1, 2	c) Abweichende Vergütungsarten	17, 18
II. Entstehungsgeschichte	3–5	d) Die einmalige Vergütung des Mitglieds des vorläufigen Gläubigerausschusses nach § 17 Abs. 2 InsVV	19, 20
III. Der Aufgabenbereich des Mitglieds eines Gläubigerausschusses	6	VI. Auslagenerstattung	21
IV. Berufsspezifische Besonderheiten	7	VIII. Vorschüsse auf Vergütung und Auslagen	22
V. Der Vergütungsanspruch	8–20		
1. Allgemeines	8–10	IX. Umsatzsteuer	23
2. Entstehung, Fälligkeit und Verjährung des Vergütungsanspruchs	11–13	X. Das gerichtliche Festsetzungsverfahren	24–28
3. Bemessungsgrundlage	14–20	XI. Erstattungsanspruch gegen die Staatskasse	29
a) Maßgebliches Bewertungskriterium	14, 15	XII. Rechtsmittel	30–33
b) Erhöhung oder Minderung des Stundensatzes	16		

---

[62] AM HK-*Eickmann* § 72 RdNr. 6; *Uhlenbruck/Uhlenbruck* § 72 RdNr. 8.
[63] *Uhlenbruck/Uhlenbruck* § 72 RdNr. 17.
[64] HK-*Eickmann* § 72 RdNr. 5; Kilger/*K. Schmidt* § 90 RdNr. 2.
[65] *Kübler*/Prütting/Bork § 72 RdNr. 14.
[66] So auch HambKomm-*Frind* § 72 RdNr. 5; aA *Uhlenbruck/Uhlenbruck* § 72 RdNr. 17.

I. Normzweck

1 § 73 Abs.1 bildet die Rechtsgrundlage für das einzelne Mitglied des Gläubigerausschusses auf Vergütung seiner Tätigkeit und auf Erstattung angemessener Auslagen (**Abs.1 Satz 1**). Demgegenüber enthält die Insolvenzrechtliche Vergütungsverordnung (InsVV) in den §§ 17 und 18 InsVV die konkrete Ausgestaltung der gesetzlichen Rahmenvorgabe des § 73 InsO. Bemessungsgrundlage der Vergütung des Mitglieds des Gläubigerausschusses sind der **Zeitaufwand** und der **Umfang der Tätigkeit.** (**Abs.1 Satz 2**). Nach der Gesetzesformulierung müssen die Auslagen angemessen sein, nicht jedoch die Vergütung. Daraus lässt sich jedoch nicht der Schluss herleiten, dass der Verordnungsgeber bzw. dass das die Vergütung festsetzende Gericht berechtigt seien, eine unangemessene Vergütung festzusetzen. Die von Mitgliedern des Gläubigerausschusses erbrachte Tätigkeit, ihre Leistungen und das übernommene Haftungsrisiko müssen angemessen entlohnt werden.[1]

2 Abs.2 verweist auf die §§ 63 Abs.2 und damit auf den Anspruch gegen die Staatskasse im Falle einer Kostenstundung gem. den §§ 4a ff. sowie auf § 64, die Verfahrensregeln zur Festsetzung der Insolvenzverwaltervergütung. Durch den Verweis auf § 65 schafft die Vorschrift eine Ermächtigung, dass das Bundesministerium der Justiz näheres durch Rechtsverordnung regeln kann.

II. Entstehungsgeschichte

3 Vorgängerregelungen des § 73 waren § 91 Abs.1 KO, § 45 Abs.2 VglO und § 21 Abs.1 GesO. Bei der Neufassung der Vergütungsregelungen für die Mitglieder des Gläubigerausschusses sah der RegE vor, die Vergütung der Ausschussmitglieder in erster Linie nach dem **Umfang der Tätigkeit** und dann nach dem **Zeitumfang** zu bemessen. Der Rechtsausschuss änderte den RegE dahingehend, dass in erster Linie der Zeitaufwand und erst in zweiter Linie der Umfang der Tätigkeit zu berücksichtigen sei.[2] § 91 Abs.1 KO sah ferner vor, dass vor der Festsetzung der Auslagen und der Vergütung die Gläubigerversammlung durch das Konkursgericht anzuhören ist. Diese Anhörungspflicht ist in § 73 nicht mehr enthalten.

4 Aufgrund der durch die §§ 73 Abs 2, 65 geschaffenen Möglichkeit, eine Rechtsverordnung zur Regelung der Vergütung und der Erstattung von Auslagen des Insolvenzverwalters zu erlassen, wurde durch das Bundesministerium der Justiz die **Insolvenzrechtliche Vergütungsverordnung (InsVV)** vorgelegt, die zusammen mit der Insolvenzverordnung am 1.1.1999 in Kraft getreten ist. Die §§ 17 und 18 InsVV regeln die Vergütung der Mitglieder des Gläubigerausschusses. Die insolvenzrechtliche Vergütungsverordnung vom 19.8.1998 ist zuletzt durch das Gesetz zu weiteren Erleichterung der Sanierung von Unternehmen vom 7.12.2011[3] („ESUG") geändert worden. Die Änderung betrifft auch die Vergütung der Mitglieder des Gläubigerausschusses. In 17 InsVV wurde ein neuer Abs.2 eingefügt, der die Vergütung der für die Erfüllung der nach § 56 Abs. 2 InsVV und § 270 Abs. 3 InsO den Mitgliedern des vorläufigen Gläubigerausschusses zugewiesenen Aufgaben regelt.

5 Durch das InsRÄndG v 26.10.2001[4] ist Abs 2 durch den Hinweis auf § 63 Abs.2 ergänzt worden. Dieser Hinweis trägt der durch dasselbe Gesetz eingefügten „Stundungsregelung" in §§ 4a ff Rechnung und begründet einen Sekundäranspruch der Mitglieder des Gläubigerausschusses gegen die Staatskasse, sofern dem Schuldner die Kosten des Verfahrens gestundet worden sind.[5]

III. Der Aufgabenbereich des Mitglieds eines Gläubigerausschusses

6 Der Gläubigerausschuss ist ein **zur Unterstützung und Überwachung** des Verwalters berufenes Organ der Gläubigerschaft. Er hat sowohl eine kontrollierende, als auch beratende Funktion. Es ist zulässig, Personen, die nicht als Gläubiger an dem Verfahren beteiligt sind, in den Ausschuss zu berufen. Der Gläubigerausschuss soll als Organ der Gläubigerselbstverwaltung die Interessen der Gläubigergesamtheit wahrnehmen. Die Ausschussmitglieder haben sich über den Gang der Geschäfte zu unterrichten, die Bücher und Geschäftspapiere einzusehen sowie den Geldverkehr und Kassenbestand prüfen zu lassen. Seit Inkrafttreten des Gesetzes zur Erleichterung der Sanierung im Insolvenzverfahren („ESUG") vom 7.12.2011[6] ist die Bestellung von vier verschiedenen Gläubigerausschüssen möglich:

---

[1] Uhlenbruck/Uhlenbruck § 73 InsO, Rn.1; MünchKommInsO-Nowak § 73 Rn. 1.
[2] Begr. Rechtsausschuss, BT-Drucks. 12/7302, 163.
[3] BGBl. I., S. 2582.
[4] BGBl I, 2710,
[5] Siehe dazu § 63 RdNr. 60-65.
[6] BGBl. I, 2582.

a) der vorläufige Gläubigerausschuss im Eröffnungsverfahren als Pflichtausschuss (§ 22a Abs.1),
b) der fakultative vorläufige Gläubigerausschuss nach § 22a Abs.2,
c) der Interimsausschuss vom Eröffnungsbeschluss bis zum Berichtstermin (§ 67) und
d) der endgültige Gläubigerausschuss (§ 68). Wegen der Einzelheiten siehe unter § 17 InsVV Rn. 10 bis 13.

IV. Berufsspezifische Besonderheiten

Ist ein **Rechtsanwalt** Mitglied des Gläubigerausschusses richtet sich die Vergütung nach der InsVV und nicht nach den Grundsätzen de des RVG. Auch **sog. institutionelle Gläubiger** wie der Pensions-Sicherungs-Verein, Gewerkschaften und deren Angestellte haben einen Vergütungsanspruch. Ist das Mitglied des Gläubigerausschusses **Vertreter einer juristischen Person des öffentlichen Rechts** oder **Vertreter einer Behörde**, hat er keinen Vergütungsanspruch. Ein Gläubigerausschussmitglied, das für seine Tätigkeit bereits von seinem Arbeitgeber, seiner Anstellungskörperschaft oder seinem Mandanten vergütet wird, hat grundsätzlich keinen Anspruch auf Vergütung. Wird zum Gläubigerausschussmitglied eine **sonstige juristische Person** oder **eine Gesellschaft** berufen, steht dieser der Anspruch auf Vergütung für die Tätigkeit ihres Vertreters zu. Wegen der Einzelheiten siehe unter § 17 Rn. 29 bis 33.

V. Der Vergütungsanspruch

1. Allgemeines. Trotz der Bezeichnung „Vergütung" in Abs.1 Satz 1 handelt es sich nicht um eine Tätigkeitsvergütung, sondern um eine **Entschädigungsregelung für entstandene Zeitversäumnis**. Die Mitglieder des Gläubigerausschusses sollen für den von ihnen geleisteten Mehraufwand gegenüber den übrigen Gläubigern „entschädigt" werden. Es soll nicht – wie bei der Verwaltervergütung – eine Tätigkeit vergütet werden. Die Mitglieder des Gläubigerausschusses partizipieren nicht wie der Insolvenzverwalter am wirtschaftlichen Erfolg der Insolvenzverwaltung. Sie haben jedoch einen Anspruch entsprechend ihrer Sachkunde und Qualifikation angemessen entlohnt zu werden.

Die Entgeltlichkeit ist kein zwingendes Erfordernis für die Mitgliedschaft und Tätigkeit im Gläubigerausschuss.[7] Die Mitglieder des Gläubigerausschusses können auf eine Vergütung und Auslagenerstattung verzichten. Die Gläubigerversammlung kann auch beschließen, dass die Mitglieder des Gläubigerausschusses statt einer Vergütung nur Ersatz ihrer baren Auslagen erhalten sollen, falls das Gläubigerausschussmitglied zustimmt. Die Unentgeltlichkeit kann nicht durch Beschluss der Gläubigerversammlung erzwungen werden.[8] Aus einer unentgeltlichen Tätigkeit folgt keine Einschränkung der gesetzlichen Aufgaben und Verpflichtungen des Gläubigerausschussmitglieds gem. den §§ 69, 71. Das Gläubigerausschussmitglied kann sich nicht unter Berufung auf die Unentgeltlichkeit der Tätigkeit seinen Haftungsverpflichtungen hinterziehen.[9]

Die Vergütung der Mitglieder des Gläubigerausschusses gehört hat zu den Kosten des Insolvenzverfahrens und ist deshalb **als Masseverbindlichkeit** vorweg aus der Insolvenzmasse zu berichten. Nach rechtskräftiger Festsetzung hat sie der Insolvenzverwalter auszuzahlen. Die Ausschussmitglieder sind mit ihren Vergütungs- und Auslagenansprüchen Massegläubiger gemäß § 53. Es gibt keine Ausfallhaftung der Staatskasse für die Vergütung der Mitglieder des Gläubigerausschusses, wenn die Kosten des Verfahrens nicht gestundet worden sind.

2. Entstehung, Fälligkeit und Verjährung des Vergütungsanspruchs. Der **Vergütungsanspruch** des Mitglieds des Gläubigerausschusses **entsteht** mit Erbringung der Arbeitsleistung bzw. mit den Aufwendungen, die sich als erstattungsfähige Auslagen darstellen.[10] Voraussetzung ist, dass die Bestellung zum Ausschussmitglied wirksam ist.[11] Das Amt als Mitglied beginnt mit der Annahme durch die bestellte oder gewählte Person. Die bestellte oder gewählte Person wird deshalb aufgefordert, die Annahmeerklärung abzugeben. Unterbleibt diese Annahmeerklärung innerhalb einer vom Gericht bestimmten Frist, kommt eine Mitgliedschaft im Gläubigerausschuss nicht zustande.[12]

Fällig wird der Anspruch mit der Erledigung der zu vergütenden Tätigkeit. Das ist regelmäßig mit der der letzten Sitzung des Gläubigerausschusses der Fall und dürfte spätestens mit dem Schlusstermin gegeben sein, wenn nicht die Gläubigerversammlung eine Erstreckung der Tätigkeit des

---

[7] *Jaeger/Gerhardt* § 73 Rn 3; *Uhlenbruck/Uhlenbruck* § 73 Rn. 1: *Nerlich/Römermann/Delhaes* § 73 Rn 1; *Blersch* InsVV § 17 Rn 2; zur Konkursordnung: *Kilger/Karsten Schmidt* § 91 KO Rn. 3; RG JW 1936, 2927.
[8] *Uhlenbruck/Uhlenbruck* § 73 Rn. 1; *Blersch* InsVV § 17 Rn 3.
[9] *Blersch* InsVV § 17 Rn 3.
[10] *Kübler/Prütting/Bork/Lüke* § 73 Rn 5; MünchKommInsO-*Nowak* § 73 Rn 7.
[11] LG Duisburg NZI 2004, 95.
[12] LG Duisburg NZI 2004, 95.

Ausschusses über diesen Zeitpunkt hinaus vor vorsieht.[13] Im Übrigen tritt für den Fall vorzeitiger Beendigung, z. B. auf Grund des Widerrufs der Bestellung, der Entlassung gem. § 70 sowie mit dem Tode des Ausschussmitglieds, die Fälligkeit mit diesem Ereignis ein. Im Falle des Todes des Ausschussmitglieds können die Erben den Anspruch geltend machen.[14] Die Auszahlung der rechtskräftig festgesetzten Vergütung erfolgt aus der Insolvenzmasse durch den Verwalter.

13 Die rechtskräftig festgesetzten Ansprüche der Gläubigerausschussmitglieder **verjähren** gem. § 197 Abs 1 Nr. 3 BGB nach dreißig Jahren. Für nicht gerichtlich festgesetzte Vergütungen beginnt die Regelverjährung nach § 195 BGB, das sind drei Jahre. Für den Verjährungsbeginn gilt § 199 BGB. Die Einrede der Verjährung können die einzelnen Insolvenzgläubiger und der Schuldner erheben. Nicht einredeberechtigt sind das Insolvenzgericht oder die übrigen Mitglieder des Gläubigerausschusses. Der Insolvenzverwalter ist bis zur Aufhebung des Insolvenzverfahrens einredeberechtigt.

14 **3. Bemessungsgrundlage. a) Maßgebliches Bewertungskriterium.** Der **Zeitaufwand** ist die vorrangige Bemessungsgrundlage für die Vergütung. Nach § 17 Abs.1 Satz 1 InsVV beträgt der Stundensatz regelmäßig zwischen 35 und 95 Euro. Der Zeitaufwand umfasst alle Zeiten, die mit der Ausschusstätigkeit im Zusammenhang stehen. Hierbei ist nicht nur der Zeitaufwand für die Sitzungen des Gläubigerausschusses oder Besprechungstermine, sondern auch für das häusliche Aktenstudium, für die Prüfung der Rechnungen und der Bilanzführung des Verwalters und für notwendige Reisen. Siehe dazu § 17 InsVV Rn. 8.

15 Nach Abs. 1 Satz 2 ist neben dem Zeitaufwand dem **Umfang der Tätigkeit** bei der Bemessung der Vergütung Rechnung zu tragen. Das Gericht hat daher bei der Bemessung des Stundensatzes insbesondere die Schwierigkeit des jeweiligen Verfahrens und die Intensität der Mitwirkung des einzelnen Ausschussmitglieds zu beachten.[15] Dazu gehört die Mitwirkung auch außerhalb der Sitzungen, eine umfangreiche Betriebsfortführung, eine erfolgreiche Beteiligung an Verhandlungen, die Befassung mit besonderen tatsächlichen und rechtlichen Problemen, Auslandsbezüge tatsächlicher Art, besondere Haftungsrisiken, besondere Tätigkeiten wie z. B. die Kassenprüfung.[16] Neben dem Umfang der Tätigkeit ist auch die besondere berufliche Stellung, die Sachkunde und Qualifikation des Mitglieds zu berücksichtigen. Nicht jedem Mitglied muss derselbe Stundensatz gewährt werden.

16 **b) Erhöhung oder Minderung des Stundensatzes.** Im Einzelfall kann vom Rahmen des Stundensatzes abgewichen werden, um der Tätigkeit des einzelnen Ausschussmitglieds gerecht zu werden. Dies folgt aus § 17 Satz 1 InsVV, in dem der Verordnungsgeber den Stundensatz von 35 Euro bis 95 Euro als Regelsatz bezeichnet. In der Begründung zu § 17 InsVV wird ausgeführt, dass Abweichungen von diesem Regelsatz möglich sind, damit im Einzelfall eine Vergütung festgesetzt werden kann, die dem Zeitaufwand und dem Umfang der Tätigkeit Rechnung trägt. Siehe dazu § 17 InsVV Rn. 23.

Besaß ein Unternehmen des Schuldners vor der Insolvenz einen Aufsichtsrat, kann sich die angemessene Vergütung der Gläubigerausschussmitglieder nicht an der Vergütung der Aufsichtsratsmitglieder orientieren.[17]

Zulässig ist auch ein **Unterschreiten des Regelstundensatzrahmens**, wobei dies nur ausnahmsweise als angemessen angesehen werden kann, da sich die Rahmenbeträge schon an der unteren Grenze bewegen. Als stundensatzmindernde Kriterien können in Betracht kommen
e) eine fortgeschrittene Masseverwertung,
f) kein besonderes Fachwissen
g) „Mittragen" der Entscheidungen des Verwalters ohne eigene Aktivitäten,
h) fehlende berufliche Qualifikation oder Sachkunde,
i) passive Teilnahme an den Sitzungen des Ausschusses.[18]

17 **c) Abweichende Vergütungsarten.** Die Vergütung der Mitglieder des Gläubigerausschusses muss nicht ausnahmslos auf der Grundlage einer bestimmten Stundenzahl und eines Stundensatzes festgelegt werden. Bereits unter der Geltung des § 91 KO war anerkannt, dass in besonders gelagerten Fällen auch eine andere, von einer streng zeitbezogenen Vergütung **abweichende Berechnungsweise** zulässig sein konnte, um eine Vergütung zu ermitteln, die den Schwierigkeiten des Verfahrens, der Art und dem Umfang der Tätigkeit sowie der Verantwortung und dem Haftungsrisiko der

---

[13] *Haarmeyer/Wutzke/Förster* § 17 InsVV, Rn. 16; *Kübler/Prütting/Bork/Lüke* § 73 Rn. 5.
[14] *Haarmeyer/Wutzke/Förster* § 17 InsVV, Rn. 16.
[15] Bejahend AG Duisburg NZI 2004, 325.
[16] AG Detmold NZI 2008, 505.
[17] So aber AG Duisburg NZI 2003, 502; AG Stuttgart ZIP 1986, 659.
[18] *Haarmeyer/Wutzke/Förster*, § 17 InsVV Rn. 23.

Ausschussmitglieder gerecht wurde.[19] Hieran hat sich auch mit dem Inkrafttreten der Insolvenzordnung nichts geändert.[20] Die **Festsetzung eines Pauschalbetrages** kann in Betracht kommen, bei
j) fehlender Zeiterfassung des Ausschussmitglieds,
k) in masselosen Verbraucherinsolvenzverfahren[21] und
l) bei langjährigen und komplizierten Verfahren.[22]

Umstritten ist jedoch, ob eine Berechnung der Vergütung auf der Grundlage des Werts der Insolvenzmasse, d.h. anhand eines Prozentsatzes der Vergütung des vorläufigen Insolvenzverwalters erfolgen kann. Ein Teil der Literatur nimmt den Standpunkt ein, es bestehe kein Bedürfnis, die Vergütung abweichend vom Maßstab des Zeitaufwands als Bruchteil der Verwaltervergütung festzusetzen. Eine angemessene Vergütung könne auch in besonders gelagerten Insolvenzverfahren wortlautgemäß auf Stundensatzbasis bestimmt werden. Das Adverb „regelmäßig" erlaube Überschreitungen. Die Vergütungsgewährung in Abkehr vom Wortlaut der Vorschrift berge die Gefahr der Intransparenz sowie mangelnder Objektivität und Nachprüfbarkeit in sich.[23] Dieser Auffassung kann nicht gefolgt werden. Schon der Formulierung des Gesetzes, den Umfang der Tätigkeit als weiteres Bemessungskriterium zu berücksichtigen, kann entnommen werden, dass in besonderen Situationen auch völlig vom Zeitaufwand abzugehen und die Vergütung nach anderen Kriterien zu bemessen ist. Der Pauschalbetrag kann sich dann auch an der Vergütung des Insolvenzverwalters oder Treuhänders orientieren.[24] Dies gilt nicht nur in den Fällen, in denen nach Einschätzung des Insolvenzgerichts über eine Stundenhonorierung eine „marktübliche Vergütung" nicht erreicht werden kann, weil der von dem Mitglied des Gläubigerausschusses – nachgewiesene – Zeitaufwand zu der herausragenden Bedeutung der Sache in keinem Verhältnis steht oder dieser nicht erfassbar ist. Eine Pauschalvergütung kann umgekehrt auch dann in Betracht kommen, wenn die Abrechnung nach Stundensätzen zur Festsetzung einer übersetzten Vergütung führt, weil der erhebliche Zeiteinsatz gemessen an der Bedeutung der Sache unverhältnismäßig erscheint.[25]

d) Die einmalige Vergütung des Mitglieds des vorläufigen Gläubigerausschusses nach § 17 Abs. 2 InsVV. Die neue Fassung des § 17 Abs. 2 Satz 1 InsVV billigt dem Mitglied des vorläufigen Gläubigerausschusses **eine pauschalierte "Gebühr" in Höhe von 300 Euro** für die Erfüllung der ihm nach § 56a InsVV und § 270 Abs. 3 zugewiesenen Aufgaben vor. Soweit in § 17 Abs.2 InsVV der Gesetzestext auf § 56 Abs. 2 verweist, handelt es sich um ein Redaktionsversehen, da die Sonderaufgaben des vorläufigen Gläubigerausschusses in § 56a geregelt sind.[26] Den Betrag von 300 Euro soll jedes Gläubigerausschussmitglied einmal erhalten. Die Begrenzung soll eine Auszehrung der Masse verhindern.[27] Die Pauschalvergütung von 300 Euro entspricht, so die Begründung des Regierungsentwurfs,[28] in etwa der Vergütung für eine dreistündige Tätigkeit nach dem bislang in § 17 InsVV vorgesehenen regelmäßigen Höchststundensatz von 95 Euro. Diese Dauer sollte die Tätigkeit des vorläufigen Gläubigerausschusses im Rahmen der Entscheidung über die Auswahl des vorläufigen Insolvenzverwalters, des vorläufigen Sachwalters und über die Eigenverwaltung nicht überschreiten, auch wenn im Einzelfall mehrere dieser Entscheidungen nacheinander zu treffen sind. Eine Erhöhung oder Minderung dieser Pauschalvergütung ist unzulässig. Angesichts der tatsächlichen Schwierigkeiten bei der Erfüllung der Aufgaben nach den §§ 56a und 270 Abs.3 ist der Betrag von 300 Euro sehr gering und wenig praxisgerecht.[29]

Die weitere Vergütung des vorläufigen Gläubigerausschusses nach Bestellung eines vorläufigen Insolvenzverwalters oder eines vorläufigen Sachwalters richtet sich gem. § 17 Abs. 2 Satz 2 InsVV wiederum nach § 17 Abs. 1 InsVV. Anhand einer entsprechenden Stundenaufstellung sind also die jeweiligen Tätigkeitsbereiche voneinander abzugrenzen.

VI. Auslagenerstattung

Nach § 73 Abs.1 Satz 1 haben die Mitglieder des Gläubigerausschusses einen Anspruch auf Erstattung angemessener Auslagen. § 18 InsVV konkretisiert diesen Anspruch. Danach sind die Auslagen

---

[19] BGH, DB 1977, 1047 f.; AG Elmshorn ZIP 1982, 981; AG Mannheim ZIP 1985, 301; AG Stuttgart ZIP 1986, 659 f.; AG Karlsruhe ZIP 1987, *Kuhn/Uhlenbruck*, KO, 11. Aufl. [1994], § 91 Rdnr. 1.
[20] MünchKommInsO-*Nowak*, § 73 Rdnr. 7; HK-*Eickmann* § 73 Rdnr. 3; *Kübler/Prütting/Lüke* InsO, § 73 Rn. 9.
[21] BGH NZI 2009, 845.
[22] AG Duisburg NZI 2003, 502.
[23] HK-*Keller*, § 17 InsVV Rn. 5; Uhlenbruck, InsO, 12. Aufl., § 73 Rn. 4, vgl. aber auch § 73 Rn. 10; *Stephan/Riedel* § 17 Rn. 28.
[24] BGH NZI 2009, 845.
[25] BGH NZI 2009, 845.
[26] Siehe dazu Rn. 5.
[27] BT-Drucks. 17/5712 S. 43.
[28] BT-Drucks. 17/5712 S. 43.
[29] HK-*Keller*, § 17 InsVV Rn. 6.

VIII. Vorschüsse auf Vergütung und Auslagen

22 Auch die Mitglieder des Gläubigerausschusses haben einen Anspruch auf Gewährung eines Vorschusses auf die Vergütung und die Auslagen, auch wenn eine dem § 9 entsprechende Regelung fehlt.[31] Dem Ausschussmitglied ist bei einer langen Verfahrensdauer nicht zuzumuten, bis zum Ende des Insolvenzverfahrens auf die Vergütung und Auslagen zu warten. Da der Anspruch auf Vergütung jedoch erst mit Arbeitsleistung und der auf Auslagenerstattung erst mit Aufwandsvollzug entsteht und das Ausschussmitglied deshalb insoweit bereits vorleistungspflichtig ist, greift dieser allgemeine Rechtsgedanke erst, wenn die Pflicht zur Vorlage ein zumutbares Maß überschritten hat.[32] Die Höhe des Vorschusses richtet sich nach der Höhe der zu erwartenden Entschädigung. Der *Vorschuss darf nicht höher* bemessen sein als die endgültige Auslagenfestsetzung. Einer Anhörung der Gläubigerversammlung vor Festsetzung des Vorschusses bedarf es nicht.[33] Anders als in § 91 Abs 1 S 2 KO hat der Gesetzgeber der InsO in § 73 die Anhörung der Gläubigerversammlung nicht mehr vorgeschrieben.[34] Wurde dem Ausschussmitglied in der Entscheidung über den Vorschuss ein bestimmter Stundensatz zugebilligt, bindet diese Entscheidung das Insolvenzgericht bei der späteren Festsetzung der endgültigen Vergütung nicht.

IX. Umsatzsteuer

23 Die Mitglieder des Gläubigerausschusses können – soweit sie umsatzsteuerpflichtig sind – auch die Erstattung der Umsatzsteuer verlangen. Siehe dazu § 18 InsVV Rn. 8.

X. Das gerichtliche Festsetzungsverfahren

24 Für das gerichtliche Festsetzungsverfahren gelten gem. § 73 Abs 2 die Vorschriften der §§ 64 und 65 entsprechend. Die Festsetzung des fälligen Anspruchs auf Vergütung und Auslagen des Gläubigerausschussmitglieds setzt einen **Antrag** der einzelnen Ausschussmitglieder voraus. Der Insolvenzverwalter ist nicht berechtigt, für den Gläubigerausschuss die Vergütungsanträge zu stellen.[35] Der zu begründende Antrag ist von jedem Mitglied des Gläubigerausschusses gesondert einzureichen. Das Antragsrecht steht nicht dem Gläubigerausschuss als Ganzem zu.[36] Ein Antrag auf Festsetzung einer einheitlichen Vergütung für alle Mitglieder des Gläubigerausschusses ist unzulässig, da die individuelle Tätigkeit eines jeden einzelnen Mitglieds entschädigt wird.[37] Der Antrag ist **schriftlich** bei Gericht einzureichen.

25 Wie bei dem Vergütungsantrag des Insolvenzverwalters hat das Mitglied des Gläubigerausschusses einen konkreten Antrag zu stellen, der einen bestimmten Betrag benennt.[38] Ein Antrag auf Festsetzung einer „angemessenen Vergütung" ist unzulässig.[39] Der Antrag muss die Grundlagen für die Vergütungsbemessung anführen und setzt die Fälligkeit des Anspruchs voraus. Der Antrag ist hinsichtlich der Vergütungsberechnung zu begründen zB durch Aufzeichnungen über den Zeitaufwand.[40] Die Mitglieder des Gläubigerausschusses haben über den mit der Ausübung ihres Amtes verbundenen Zeitaufwand Aufzeichnungen zu machen. Sie haben ihrem Antrag die Aufzeichnungen

---

[30] Begr. zur InsVV zu § 18.
[31] MünchKommInsO-*Nowak*, Vorauf.§ 17 InsVV Rn. 12.
[32] Jaeger/Jaeger § 73 InsO Rn. 17.
[33] *Uhlenbruck/Uhlenbruck* § 73 Rn. 25; *Nerlich/Römermann/Delhaes* § 73 Rn 11; *Haarmeyer/Wutzke/Förster* § 18 InsVV Rn 8; *Jaeger/Gerhardt* § 73 Rn 17; **a.A** *Kübler/Prütting/Bork/Lüke* § 73 Rn 15; MünchKommInsO-*Nowak*, Vorauf.§ 17 InsVV Rn. 12,
[34] *Blersch* InsVV § 18 Rn 9; *Jaeger/Gerhardt* § 73 Rn 17.
[35] MünchKommInsO-*Nowak*, Vorauf. § 17 InsVV Rn. 13; *Graeber*, Vergütung § 143 Rn 226.
[36] *Uhlenbruck/Uhlenbruck*, § 73 Rn. 28; MünchKommInsO-*Nowak* § 17 InsVV Rn 13; *Haarmeyer/Wutzke/Förster* § 17 InsVV Rn 11.
[37] *Haarmeyer/Wutzke/Förster* § 17 InsVV Rn. 13.
[38] MünchKommInsO-*Nowak* § 17 InsVV Rn 13; *Jaeger/Gerhardt* § 73 Rn 5; *Graeber*, Vergütung § 144 Rn 226; *Haarmeyer/Wutzke/Förster* § 17 InsVV Rn 12; *Kübler/Prütting/Bork/Lüke* § 73 Rn 19.
[39] a. A. *Haarmeyer/Wutzke/Förster* § 17 InsVV Rn. 12.
[40] *Uhlenbruck/Uhlenbruck* § 17 Rn. 19.

über den Zeitaufwand beizufügen.[41] Für den Fall schuldhaften Unterlassens müssen sie damit rechnen, dass der Zeitaufwand vom Insolvenzgericht nach Anhörung des Verwalters **geschätzt** wird.[42] Das Gericht kann hierzu den Insolvenzverwalter hören und sich auch an dem Zeitaufwand der anderen Gläubigerausschussmitglieder orientieren.[43] Unzulässig wäre es, den Antrag wegen fehlender Nachweise als unzulässig zurückzuweisen. Bei einer Schätzung müssen die Mitglieder des Ausschusses mit einer geringeren Vergütung rechnen, als ihnen möglicherweise tatsächlich zugestanden hätte.[44] Die **Auslagen** sind zu belegen und gegebenenfalls hinsichtlich ihrer Angemessenheit zu begründen.

Streitig ist, ob und in welchem Umfang vor der Vergütungs- und Auslagenfestsetzung rechtliches Gehör zu gewähren ist. Teilweise wird angenommen, vor der Festsetzung der Vergütung sei die Gläubigerversammlung anzuhören.[45] Nach anderer Meinung ist den Insolvenzgläubigern und dem Schuldner rechtliches Gehör zu gewähren.[46] Schließlich wird die Auffassung vertreten, zu dem Festsetzungsantrags eines Gläubigerausschussmitglieds seien grundsätzlich die Beschwerdeberechtigten zu hören, d.h. der Insolvenzverwalter, die Insolvenzgläubiger und der Schuldner.[47] Diese Auffassungen übersehen, dass die frühere Regelung in § 91 Abs 1 Satz 2 KO, wonach die Festsetzung der Auslagen und der Vergütung „nach Anhörung der Gläubigerversammlung" erfolgt, nicht in § 73 übernommen wurde. Die Festsetzung der Vergütung und Auslagenerstattung zu Gunsten der Gläubigerausschussmitglieder bedarf somit keiner vorherigen Anhörung der Gläubigerversammlung.[48] Der Schuldner und der Insolvenzverwalter sollen vor der Entscheidung über den Vergütungsantrag angehört werden.

Nach § 64 Abs 1 setzt das Insolvenzgericht die Vergütung und die zu erstattenden Auslagen der Ausschussmitglieder **durch Beschluss** fest. Wegen der Einzelheiten siehe § 17 InsVV Rn. 36.

Der Vergütungsbeschluss ist vom Insolvenzgericht zu begründen und öffentlich bekannt zu machen sowie dem Verwalter, dem Schuldner und dem Antragsteller zuzustellen (§ 64 Abs 2 S 2). Die festgesetzten Beträge sind nicht zu veröffentlichen (§ 64 Abs 2 S 2 Halbs. 1). In der öffentlichen Bekanntmachung ist lediglich darauf hinzuweisen, dass Verfahrensbeteiligte den vollständigen Beschluss auf der Geschäftsstelle des Insolvenzgerichts einsehen können.

XI. Erstattungsanspruch gegen die Staatskasse

Durch den Verweis in § 73 Abs. 2 InsO auf § 63 Abs. 2 InsO hat der Gesetzgeber klargestellt, dass im Falle einer Stundung der Gerichtskosten nach § 4 a dem Mitglied des Gläubigerausschusses für seine Vergütung und Auslagen ein Erstattungsanspruch in voller Höhe gegen die Staatskasse zusteht, soweit die Insolvenzmasse zur Deckung der Verfahrenskosten nicht ausreicht, wobei in diesen Verfahren kaum jemals ein Bedürfnis für einen Gläubigerausschuss bestehen wird. Die Staatskasse hat anschließend eine Rückgriffsmöglichkeit gegen den Schuldner (KV 9017, § 4 b).

XII. Rechtsmittel

Hinsichtlich der Rechtsmittel gegen den Vergütungsbeschluss des Insolvenzgerichts verweist § 73 Abs. 2 auf § 64 Abs. 3. Statthaftes Rechtsmittel gegen die Vergütungsfestsetzung ist gemäß §§ 6, 64 Abs. 3, 73 Abs. 2 InsO die **sofortige Beschwerde**. Dieses Rechtsmittel ist nur zulässig, wenn der Wert des Beschwerdegegenstands 200 Euro übersteigt (§ 64 Abs3 Satz 2; § 567 Abs.2 ZPO). Gegen die - in der Regel vorliegende - Rechtspflegerentscheidung ist die sofortige Erinnerung zum Landgericht gegeben (§ 11 RPflG).

Beschwerdeberechtigt sind neben dem betreffenden Ausschussmitglied gem. den §§ 73 Abs. 2, 64 Abs. 3 der Verwalter, der Schuldner und jeder Insolvenzgläubiger, soweit dieser beschwert ist.[49] Wenn jedoch dem Insolvenzverwalter die Kassenführungsbefugnis entzogen und diese auf einen **Sonderinsolvenzverwalter** übertragen worden ist, ist anstelle des Insolvenzverwalters der Sonde-

---

[41] *Haarmeyer/Wutzke/Förster* § 17 InsVV Rn 14; MünchKomm-*Nowak* § 73 Rn 13
[42] *Uhlenbruck/Uhlenbruck* § 17 Rn. 19; LG Duisburg NZI 2005, 116; *Blersch* InsVV § 17 Rn 9; MünchKomm-*Nowak* § 17 Rn.8, 13; *Braun/Kind* § 73 Rn 14; *Jaeger/Gerhardt* § 73 Rn 5
[43] MünchKomm-*Nowak* § 17 Rn.8.
[44] *Uhlenbruck/Uhlenbruck* § 17 Rn. 19.
[45] LG Göttingen ZIP 2005, 590; *Braun/Kind* § 73 Rn 21; *Haarmeyer/Wutzke/Förster*, § 17 InsVV Rn 10; *Kübler/Prütting/Bork/Eickmann* § 17 Rn 15.
[46] *Kübler/Prütting/Bork/Lüke* § 73 Rn 20
[47] MünchKomm-*Nowak* § 17 InsVV Rn 14.
[48] *Uhlenbruck/Uhlenbruck* § 73 RdNr. 28; *Blersch* InsW § 18 RdNr. 12; a.A. LG Göttingen ZIP 2005, 590.
[49] *Jaeger/Gerhardt* § 73 Rn 19; *Uhlenbruck/Uhlenbruck* § 73 Rn.32.

§ 74   2. Teil. 3. Abschnitt. Insolvenzverwalter. Organe der Gläubiger

rinsolvenzverwalter zur Einlegung des Rechtsmittels befugt.[50] Auch der vorläufige Insolvenzverwalter ist, trotz fehlender Nennung, beschwerdeberechtigt.

32   Die **Beschwerdefrist** beginnt nach § 9 Abs 1 S 3 mit dem dritten Tag nach der Veröffentlichung. Bei Vergütungsfestsetzungsbeschlüssen kann die Rechtsmittelfrist allein durch die öffentliche Bekanntmachung gegenüber allen Verfahrensbeteiligten in Lauf gesetzt werden, selbst wenn eine daneben gesetzlich vorgeschriebene Einzelzustellung unterbleibt.[51]

33   Gegen die Entscheidung über die sofortige Beschwerde findet die **Rechtsbeschwerde** nur statt, wenn sie vom Beschwerdegericht zugelassen worden ist (§ 577 ZPO). § 7 InsO ist mit der Verkündung des Gesetzes zur Änderung des § 522 ZPO vom 26.10.2011[52] aufgehoben worden. Die Rechtsbeschwerde ist binnen einer Notfrist von einem Monat nach Zustellung des Beschlusses durch Einreichen einer Beschwerdeschrift bei dem Rechtsbeschwerdegericht einzulegen (575 Abs.1 ZPO). Sie muss durch einen beim Bundesgerichtshof zugelassenen Rechtsanwalt eingelegt werden. Ansonsten ist sie als unzulässig zu verwerfen.[53]

§ 74 Einberufung der Gläubigerversammlung

(1) ¹Die Gläubigerversammlung wird vom Insolvenzgericht einberufen. ²Zur Teilnahme an der Versammlung sind alle absonderungsberechtigten Gläubiger, alle Insolvenzgläubiger, der Insolvenzverwalter, die Mitglieder des Gläubigerausschusses und der Schuldner berechtigt.

(2) ¹Die Zeit, der Ort und die Tagesordnung der Gläubigerversammlung sind öffentlich bekanntzumachen. ²Die öffentliche Bekanntmachung kann unterbleiben, wenn in einer Gläubigerversammlung die Verhandlung vertagt wird.

Schrifttum zu den §§ 74–79: *Altmeppen,* Zur Rechtsstellung der Gläubiger im Konkurs gestern und heute, in: FS für Hommelhoff, 2012, 1; *App,* Die Beteiligung kommunaler Behörden im Insolvenzverfahren und die Rechte der übrigen Verfahrensbeteiligten, InVo 1999, 65; *Baron,* Erste Erfahrungen mit der Insolvenzordnung aus Gläubigersicht, ZInsO 1999, 273; *Baums,* Die gerichtliche Kontrolle von Beschlüssen der Gläubigerversammlung nach dem Referentenentwurf eines neuen Schuldverschreibungsgesetzes, ZfBankR und Bankwirtschaft 21 (2009), 1; *Becher,* Gesetzwidrige Beschlüsse der Gläubigerversammlung und Aufsicht des Konkursgerichts, LZ 1914, 246; *Beck/Depré,* Praxis der Insolvenz, 2. Aufl. 2010; *Becker, U.,* Umfassendes Recht der Gläubigerversammlung zur Wahl des Insolvenzverwalters: ein Plädoyer für mehr Gläubigerautonomie, NZI, 2011, 961; *Beissenhirtz,* Gläubigerautonomie in der Insolvenz, in: Unternehmenskrisen, 2007, S. 183; *Bernsen,* Probleme der Insolvenzrechtsreform aus der Sicht des Rechtspflegers, in: Kölner Schrift zur Insolvenzordnung, 2. Aufl. 2000, S. 1843; *Bernsen, S.G./Bernsen, R.,* Stimmrechte und Stimmverbote in der Gläubigerversammlung, in: FS Görg, 2010, S. 27; *Blöse,* Mitwirkungs- und Gestaltungsrechte der Gläubiger, KSI 8 (2012), 101; *Böhm,* Die Gläubiger – Gläubigergruppen, Gläubigerorganisation, Gläubigerversammlung, in: Handbuch des Insolvenzrechts, hrsg. v. Nitsch, 2011, S. 132; *Bork/Koschmieder,* Insolvenzrecht (Stand 2004); *Delhaes,* Die Abstimmungen im Konkurs- und Vergleichsverfahren, KTS 1955, 45; *Dinstühler,* Die Abwicklung masseamer Insolvenzverfahren nach der Insolvenzordnung, ZIP 1998, 1697; *Eckhardt,* Die Feststellung und Befriedigung der Gläubigerrechte, in: Kölner Schrift zur Insolvenzordnung, 3. Aufl. 2009, S. 533; *Ehricke,* Beschlüsse einer Gläubigerversammlung bei mangelnder Teilnahme der Gläubiger, NZI 2000, 57; *Foerste,* Gläubigerautonomie und Sanierung im Lichte des ESUG, ZZP 125 (2012) 265; *Förster,* Effizienzthese, politischer Faktor und Gläubigerautonomie, in: FS Kirchhof, 2003, 85; *Frank,* Ein Plädoyer für einen wirksamen Beitrag zur Gläubigerautonomie, ZInsO 2011, 858; *Frind,* Auf „Null" gesetzt? – Zu Grenzen gerichtlicher Stimmrechtsbeschränkung bei unvollständig geprüften oder streitigen Forderungen, ZInsO 2011, 1726; *Gaul,* Mitwirkungsrechte der Arbeitnehmer im Insolvenzverfahren, KTS 1955, 180; *Gerloff,* Funktionen und Aufgaben des Insolvenzgerichts unter besonderer Berücksichtigung des Wechselverhältnisses zur Gläubigerversammlung, 2008; *Gessner u.a.,* Die Praxis der Konkursabwicklung, 1978; *Görg,* Gerichtliche Korrektur von Fehlentscheidungen der Gläubiger in Insolvenzverfahren, DZWIR 2000, 364; *Gogger,* Insolvenzgang-Handbuch, 3. Aufl. 2011; *Graeber,* Die Wahl des Insolvenzverwalters durch die Gläubigerversammlung nach § 57 InsO, ZIP 2000, 1465; *Grub,* Die Stellung des Schuldners im Insolvenzverfahren, in: Kölner Schrift zur Insolvenzordnung, 3. Aufl. 2009, S. 491; *Gundlach/Frenzel/Schmidt,* Der Antrag eines Gläubigers auf Einberufung einer Gläubigerversammlung, ZInsO 2002, 1128; *dies.,* Die Ausweitung des Aufgaben- und Haftungsbereichs des Gläubigerausschusses durch Beschluss der Gläubigerversammlung, DZWir 2008, 441; *dies.,* Aufhebung von Beschlüssen der Gläubigerversammlung wegen Verstoßes gegen Gemeinschaftsinteressen, ZInsO 2008, 852; *dies.,* Die Zustimmung der Gläubigerversammlung gemäß § 162 InsO, ZInsO 2008, 360; *Haberstumpf,* Die Auskunftspflicht des Konkursverwalters gegenüber den Konkursgläubigern, LZ 1907, 213; *Hegmanns,* Der Gläubigerausschuß – Eine Untersuchung zum Selbstverwaltungsrecht der Gläubiger im Konkurs, 1986; *Heidland,*

---

[50] AG Göttingen ZInsO 2011, 147.
[51] BGH NZI 2004, 277; BayObLG NZI 2002, 155.
[52] BGBl. I, S. 2082.
[53] BGH Beschl. vom 12.08. 2011 – IX ZB 202/11.

Die Rechtsstellung und Aufgaben des Gläubigerausschusses als Organ der Gläubigerselbstverwaltung in der Insolvenzordnung (InsO), in: Kölner Schrift zur Insolvenzordnung, 2. Aufl. 2000, S. 711; *Heller,* Die virtuelle Gläubigerversammlung – ein netzwerkanalytisches und sozialpsychologisches Modell der Entscheidung über den Insolvenzplan, Diss. Duisburg-Essen 2009; *Hess/Obermüller,* Die Rechtsstellung der Verfahrensbeteiligten nach der InsO, 1996; *Heukamp,* Verfahrensrechtliche Aspekte der Gläubigerautonomie im deutschen und im französischen Insolvenzverfahren, 2005; *dies.,* Die gläubigerfreie Gläubigerversammlung, ZInsO 2007, 57; *Höver,* Zur Rechtserneuerung im Konkursrecht, DJ 1935, 513; *Huntemann u.a.* (Hrsg.), Der Gläubiger im Insolvenzverfahren, 1999; *Jaeger,* Wird der Konkursverwalter durch Beschlüsse der Gläubigerversammlung gebunden und persönlich entlastet?, KuT 1934, 1; *Kayser/Heck,* Die gerichtliche Aufsicht bei Unklarheiten in der Insolvenzabwicklung, NZI 2009, 633; *Kersting,* Die Rechtsstellung der Gläubiger im Insolvenzplanverfahren, 1999; *Kesseler,* Probleme der Verwalterwahl nach § 57 InsO, KTS 2000, 491; *ders.,* Der Verstoß gegen das gemeinsame Gläubigerinteresse durch Wahl eines neuen Insolvenzverwalters durch die Gläubigerversammlung, DZWIR 2002, 133; *Kirchhof,* Zur Anfechtbarkeit (möglicherweise) nichtiger Beschlüsse der Gläubigerversammlung, ZInsO 2007, 1196; *Kleinfeller,* Anmerkung zu OLG Königsberg, Urteil v. 17.3.1931 – 2 U 220/30, JW 1931, 2588; *Kuder/Obermüller,* Insolvenzrechtliche Aspekte des neues Schuldverschreibungsgesetzes, ZInsO 2009, 2025; *Kübler,* Die Stellung der Verfahrensorgane im Lichte der Gläubigerautonomie, in: Kübler (Hrsg.), Neuordnung des Insolvenzrechts, 1989; *ders.,* Anmerkung zu LG Freiburg, Beschl. v. 13.7.1983 – 9 T 37/81, ZIP 1983, 1100; *ders.,* Ausgewählte Probleme zu Gläubigerversammlung und Gläubigerausschuss, in: FS Gerhart Kreft, 2004, 369; *Landfermann,* Der Ablauf eines künftigen Insolvenzverfahrens, BB 1995, 1649; *Lüke, W.,* Das Insolvenzverfahren als gläubigerautonomes Verfahren – zur Stimmrechtsfeststellung im Insolvenzverfahren, in: FS Leipold, 2009, S. 411; *Luwowski/Heyn,* Die Rechtsstellung der absonderungsberechtigten Gläubiger nach der Insolvenzordnung, WM 1998, 473; *Mäusezahl,* Die Abwicklung masseunzulänglicher Insolvenzverfahren, ZVI 2003, 617; *Marotzke,* Gläubigerautonomie – ein modernes Missverständnis, in: FS Kirchhof, 2003, 321; *Mock,* Gläubigerautonomie und Vergütung des Insolvenzverwalters (...), KTS 2012, 59; *Meyer-Löwy,* Aufgeschobene Gläubigerautonomie bei Unternehmensveräußerungen, ZInsO 2008, 461; *Mohrbutter/Haarmann,* Zusammenarbeit zwischen Konkursgericht und Konkursverwalter, KTS 1956, 177; *Moor,* Die Gläubigerversammlung im Konkurs, 1992; *Muscheler/Bloch,* Abwahl des vom Gericht bestellten Insolvenzverwalters, ZIP 2000, 1474; *Nadelmann,* Zur Unterbringung von Riesen-Gläubigerversammlungen, KuT 1932, 37; *Neumann,* Die Gläubigerautonomie in einem künftigen Insolvenzverfahren, 1995; *Oelrichs,* Gläubigermitwirkung und Stimmverbote im neuen Insolvenzverfahren, 1999; *Oldorf,* Aus der Praxis des Vergleichs- und Konkursgerichts, Rpfleger 1951, 189; *Pape,* Gläubigerbeteiligung im Insolvenzverfahren, 2000; *ders.,* (Hrsg.) Handbuch der Gläubigerrechte, 2. Aufl. 2011; *ders.,* Nichtberücksichtigung „neuen" Vortrags bei der Entscheidung über die Aufhebung von Beschlüssen der Gläubigerversammlung in der InsO, ZInsO 2001, 691; *ders.,* Ungeschriebene Kompetenzen der Gläubigerversammlung versus Verantwortlichkeit des Insolvenzverwalters, NZI 2006, 65; *ders.,* Anm. zu OLG Naumburg Urt. v. 26.5.2000, EWiR 2000, 683; *ders.,* Aufhebung von Beschlüssen der Gläubigerversammlung und Beurteilung des gemeinsamen Interesses nach § 78 InsO, ZInsO 2000, 469; *ders.,* Die Gläubigerautonomie in der Insolvenzordnung, ZInsO 1999, 305; *ders.,* Stimmrechtsfestsetzungen im Anwendungsbereich der Gesamtvollstreckungsordnung, Rpfleger 1997, 147; *ders.,* Stimmrechtsfestsetzungen in der Gläubigerversammlung, KTS 1993, 31; *ders.,* Die ausgefallene Gläubigerversammlung, Rpfleger 1993, 430, 432; *ders.,* Zur Problematik der Unanfechtbarkeit von Stimmrechtsfestsetzungen in der Gläubigerversammlung, ZIP 1991, 837; *ders.,* Zur Stellung und Bedeutung der Gläubigerversammlung im Konkurs, ZIP 1990, 1251; *ders./Hauser,* Masseverfahren nach der InsO, 2002; *Pasquay,* Die Rechtsstellung der Gläubigerversammlung im Konkurs und ihre Befugnisse, ZHR 66 (1909), 35; *ders.,* Die Rechtsstellung der Gläubigerversammlung im Konkurse und ihre Befugnisse, 1909; *Paulus,* Die Rolle der Gläubiger im neuen Insolvenzrecht, DZWIR 1999, 53; *Plathner/Sajogo,* Das Stimmrecht in der Gläubigerversammlung, ZInsO 2011, 1090; *Prütting,* Die Abwahl des Insolvenzverwalters: Von der Gläubigerautonomie zur Groß-Gläubigerautonomie, in: RWS-Forum 18 Insolvenzrecht 2000, 2001, 29; *Riedemann,* Zur Entwicklung des Konkursrechts seit Inkrafttreten der Konkursordnung unter dem Aspekt der Gläubigerautonomie, 2004; *Robrecht,* Schweigepflichten der Organe der insolvenzrechtlichen Selbstverwaltung, KTS 1971, 139; *Röder-Persson,* Gläubigerrechte bei der Wahl eines neuen Insolvenzverwalters, DZWIR 2000, 489; *Schönhaar,* Die kollektive Wahrnehmung der Gläubigerrechte in der Gläubigerversammlung nach dem neuen Schuldverschreibungsgesetz, 2011; *D. Schulz,* Treuepflichten unter Insolvenzgläubigern, Diss. Gießen 2001; *Schumann,* Gedanken über eine Reform der Konkursordnung, DJ 1935, 1210; *Siegelmann,* Das Stimmrecht im Konkursverfahren, DB 1963, 161; *ders.,* Das Stimmrecht im Konkursverfahren, DRiZ 1968, 133; *ders.,* Das Stimmrecht im Konkursverfahren, KTS 1960, 136; *Smid,* Kontrolle der sachgerechten Abgrenzung von Gläubigergruppen im Insolvenzverfahren, InVo 1997, 169; *ders.,* Rechtsmittel gegen Eingriffe in Teilnahmerechte Verfahrensbeteiligter durch das Insolvenzgericht, KTS 1993, 1; *Smid/Wehdeking,* Anmerkungen zum Verhältnis der §§ 57 und 78 Abs. 1 InsO, InVo 2001, 81; *Trams,* Gläubigerversammlung-Rechtsstellung, Teilnahme und Kompetenzen, NJW spezial 7 (2010), 405; *ders.,* Die Gläubigerversammlung: Einberufung und Beschlussfassung, NJW spezial 7 (2010), 469; *Theewen,* Rechtsstellung der Insolvenzgläubiger, 2010; *Titz,* Aussichten für die Gläubigerbeteiligung beo der Auswahl des vorläufigen Insolvenzverwalters, in: Meilensteine in Zeiten der InsO, 2012, S. 313; *Thole,* Gläubigerinformation im Insolvenzverfahren-Akteneinsicht und Auskunftsrecht, ZIP 2012, 1553; *Uhlenbruck,* Kompetenzverteilung und Entscheidungsbefugnisse im neuen Insolvenzverfahren, WM 1999, 1197; *ders.,* Auskunfts- und Mitwirkungspflichten des Schuldners und seiner organschaftlichen Vertreter nach der Konkursordnung, Vergleichsordnung, Gesamtvollstreckungsordnung sowie Insolvenzordnung, KTS 1997, 371; *Vallender,* Das rechtliche Gehör im Insolvenzverfahren, in: Kölner Schrift zur Insolvenzordnung, 3. Aufl. 2009, 115; *ders.,* Eigenverwaltung im Spannungsfeld zwischen Schuldner- und Gläubigerautonomie, WM 1998, 2129; *Vogl,* Rechtsprobleme im Zusammenhang mit der Bestellung des Gläubigerausschusses durch die Gläubigerversammlung, InVO 2001, 389; *Voß*, Die Gläubigerversammlung als Organisation der Konkursgläubiger im Sinne des § 3 KO, AcP 97 (1905), 396; *Weimar*, Die Ausübung des Stimmrechts bei festgestellten Konkursforderungen im Falle der Verpfändung und Pfändung, LZ 1933, 1070; *Wenzel*, Die streitige Stimmrechtsfestsetzung in der Gläubigerversammlung durch das Insolvenzgericht, ZInsO 2007, 751; *Zimmermann, F.*, Beschlussfassung des Gläubigerausschusses/der Gläubigerversammlung bzgl. besonders bedeutsamer Rechtshandlungen (§ 160 InsO), ZInsO 2012, 245.

Übersicht

	Rn.		Rn.
I. Konzeption und Funktion der Gläubigerversammlung	1–11	**IV. Einberufung der Gläubigerversammlung durch das Insolvenzgericht**	20–24
1. Historische Entwicklung der Gläubigerversammlung	1–6	1. Zwingende Einberufung	21
a) Entwicklung der Grundkonzeption	1	2. Fakultative Einberufung	22
b) Derzeitige Grundkonzeption	2–4a	3. Funktionale Zuständigkeit	23
c) Erweiterung der Grundkonzeption durch die Insolvenzordnung	5, 6	4. Rechtsmittel gegen die Einberufung oder eine Vertagung	24
2. Das Interesse der Gläubiger in der Gläubigerversammlung	7	**V. Teilnahmeberechtigte**	25–32
3. Treuepflicht in der Gläubigerversammlung?	8, 9	1. Allgemeines	25, 26
		2. Einzelheiten	27–32
a) Treuepflicht als Instrument zur Regelung von Mehrheiten-Minderheiten-Konflikten	8	a) Insolvenzgläubiger	27
		b) Insolvenzverwalter	28
		c) Mitglieder des Gläubigerausschusses	29
b) Inhalt der gesellschaftsrechtlichen Treuepflicht und Übertragbarkeit auf die Gläubigerversammlung	9	d) Absonderungsberechtigte Gläubiger, Aussonderungsberechtigte, Massegläubiger	30
4. Mehrheitsprinzip	10, 11	e) Andere Teilnahmeberechtigte	31
a) Mehrheitsprinzip als notwendiger Kompromiss	10	f) Versammlung von Gläubigern von Schuldverschreibungen	32
b) Minderheitenschutz	11	**VI. Das Einberufungsverfahren**	33–35
II. Aufgaben der Gläubigerversammlung	12–14	**VII. Öffentliche Bekanntmachung der Tagesordnung und ihre Ausnahmen**	36–47
1. Mitwirkungsrechte (allgemein)	12, 13	1. Bestimmtheitsgrundsatz	36
2. Aufgaben der Gläubigerversammlung auch über das Gesetz hinaus?	14	2. Einschränkungen	37–41
		a) Keine Einschränkung des Bestimmtheitsgrundsatzes auf Grund des Wortlauts des § 74 Abs. 2 Satz 1	37
III. Verhältnis der Gläubigerversammlung zu den anderen Verfahrensbeteiligten	15–19	b) Vertagung auf sofort verkündeten Termin	38, 39
1. Zum Insolvenzgericht	15	c) Einschränkungen durch vertragliche Abreden?	40, 41
2. Zum Gläubigerausschuss	16–17d	3. Besondere Formen der Bekanntmachung	42–44
a) Eigenständige Aufgaben des Gläubigerausschusses	16	a) Auszugsweise Bekanntmachung	42
		b) Zustellung an einzelne Beteiligte	43
b) Materielles Rangverhältnis (Ersetzungsbefugnis der Gläubigerversammlung)	17	c) Bekanntmachung gem. § 235 Abs. 2 Satz 2	44
c) Verhältnis zum vorläufigen Gläubigerausschuss und das materielle Rangverhältnis zu Entscheidungen des vorläufigen Gläubigerausschusses	17a–17d	4. Wirkung der Verletzung des Bestimmtheitsgrundsatzes	45–47
		a) Nichtigkeit	45
		b) Rechtsbehelfe	46
3. Zum Insolvenzverwalter	18	c) Auswirkung der Nichtigkeitsfolge auf einstweilige Entscheidungen nach § 100 Abs. 2	47
4. Zum Insolvenzschuldner	19		

I. Konzeption und Funktion der Gläubigerversammlung

1 **1. Historische Entwicklung der Gläubigerversammlung. a) Entwicklung der Grundkonzeption.** Vor der Einführung der einheitlichen Reichskonkursordnung von 1877 lag auf Grund der Konzeption einer obrigkeitsstaatlichen Abwicklung des Konkurses der Schwerpunkt der Verwaltung in aller Regel beim Gericht.[1] Eine wichtige Ausnahme bildete die preußische Konkursordnung von 1855, die mit ihren Grundsätzen über die Teilnahme der Gläubiger am Verfahren im Wesentlichen dem die freie Selbstbetätigung zulassenden französischen Konkursrecht folgt, ohne sich freilich ganz von den gemeinrechtlichen Einflüssen freimachen zu können.[2] Ausweislich der Gesetzesmaterialien zur Reichskonkursordnung sollte diese Regelung Vorbild für die Einbeziehung der Gläubiger in die Verwaltung des Konkurses sein. Als **wesentliche Gründe für den Reformbedarf** der bis dahin praktizierten Konkursverwaltung sind zwei Aspekte genannt worden. Zum einen wurde auf die Zurücksetzung und Bevormundung der Gläubiger in einer sie betreffenden Angelegenheit hingewiesen, und zum anderen ist die den Gerichten häufig fehlende Kenntnis und Erfahrung in der (praktischen) Verwaltung bemängelt worden, welche zu einer vorwiegend formalistischen Behandlung der Geschäfte geführt habe, die den materiellen Interessen der Beteiligten nicht entsprach.[3] Die Einführung von Mitwirkungsrechten der Gläubiger in der Reichskonkursordnung hat den Grundstein der konkursrechtlichen Gläubigerautonomie gelegt.[4] Damit wurde der seit Mitte des 19. Jahrhunderts in der Folge der Liberalismusidee vordringenden Gedanken der selbstverantwortlichen und staatsfernen Gestaltung von eigenen Belangen auch im Konkursrecht eine (zumindest partielle) Geltung verschafft, und so die Offizialmaxime in diesem Bereich überwunden. Dem lag die Vorstellung zugrunde, dass die Vollstreckung ein Recht der Gläubiger war,[5] sodass es im Konkurs darum gehen musste, die Gläubiger organisatorisch zusammenzufassen, damit sie die Möglichkeit haben, die sie betreffenden Interessen zu wahren.[6] Man sah darin zudem die Verwirklichung der Dispositionsmaxime auch im Bereich des Konkurses, welche mangels eines unmittelbaren Interesses des Staates an der Durchführung das Privatrecht beherrsche.[7] Die Beteiligung der Gläubiger wurde als autonome Selbstverwaltung unter staatlicher Aufsicht und mit dem Konkursverwalter als Glied der Selbstverwaltungsorganisation aufgefasst.[8]

b) Derzeitige Grundkonzeption. aa) Gläubigerversammlung als Institution zur Interessenwahrung der Gläubiger. Mittlerweile hat sich die hM weitgehend von dieser Auffassung wegbewegt und sieht die **Vollstreckung auch im Insolvenzverfahren als eine originäre Aufgabe des Staates** an. Damit hat sich auch der sachliche Grund für die Beteiligung der Gläubiger an der Verwaltung geändert. Die Gläubigerversammlung ist demnach nur Wahrer, nicht aber Verwalter eigener Interessen im Rahmen des hoheitlichen Insolvenzverfahrens.[9] Das umfasst freilich auch die Koordinierung der Interessen der Gläubiger.[10] Die Gläubigerautonomie ist damit zu verstehen als Möglichkeit zur Einflussnahme der Gläubiger auf das Verfahren, nicht aber zur Ausgestaltung desselben. Etwas anderes ergibt sich auch nicht durch die Übertragung grundlegender Entscheidungen im Hinblick auf die Art der Verfahrensabwicklung in den §§ 156, 157, auf die Bewilligung der Eigenverwaltung des Schuldners nach §§ 270 ff. und auf die Abstimmung über die Verabschiedung eines Insolvenzplans nach §§ 217 ff., denn auch insoweit sind die Gläubiger an die von der Insolvenzordnung vorgegebenen Muster gebunden und können keine eigenen Instrumente der Verfahrensabwicklung schaffen.[11] Auch nach der Reform der InsO durch das ESUG hat sich keine Änderung des Ansatzes, dass den Gläubigern die Funktion der Wahrung eigener Interessen zukommt, ergeben. Zwar wollte der Gesetzgeber durch das ESUG den Einfluss der Gläubiger auf die Auswahl des (vorläufigen) Insolvenzverwalters stärken und hat ihnen mit der Neufassung des § 56 und der Neuregelung des § 56a die Möglichkeit eingeräumt, bereits im Rahmen des vorläufigen Gläubigerausschusses im Vorverfahren auf die Auswahl des vorläufigen Insolvenzverwalters Einfluss zu nehmen, jedoch gehen diese Kompetenzen keineswegs über die Möglichkeit, ihre Interessen – nunmehr früher und intensiver – zu wahren, hinaus. Deutlich wird dies unter anderem daran, dass es nach wie vor dem Insolvenzgericht obliegt, den vorläufigen Insolvenzverwalter zu sanktionieren und dass der vorläufi-

---

[1] Siehe die allgemeine Darstellung bei *Otto Stobbe,* Zur Geschichte des älteren deutschen Konkursrechts, 1888, 7 ff.; *Pasquay* ZHR 65 (1909), 409 ff.; *Lothar Seuffert,* Deutsches Konkursprozessrecht, 1899; *Hahn,* Die gesamten Materialien zur Reichskonkursordnung, 283; *Jaeger/Weber* KO Vorbemerkung 4 zum II. Buch.
[2] Siehe Konkurs-Ordnung für die Preußischen Staaten v. 8.5.1855, Amtl. Ausgabe 1855, §§ 164 ff. (dazu die Instruktionen, 148); §§ 227 ff. (dazu die Instruktionen, 162 f.) vgl. dazu auch *Seuffert,* Geschichte und Dogmatik, 21.
[3] *Hahn,* Die gesamten Materialien zur Reichskonkursordnung, 283; vgl. *Pasquay* ZHR 65 (1909), 409, 413 ff.; *Voß* AcP 97, 396, 398 f.
[4] Vgl. *Pape* ZIP 1990, 1251, 1252 ff.
[5] Vgl. *Kohler,* Lehrbuch des Konkursrechts, 1881, 8; *Seichter,* Gläubigerschaft im Konkurs, 64.
[6] *Jauernig* § 42 I; *Jaeger,* 75.
[7] *Hegmanns,* 5.
[8] So *Baur/Stürner* § 52 RdNr. 950 und § 56 RdNr. 1018; *Kilger* KO, 15. Aufl., 1987, § 93 Anm. 1.
[9] So *Jaeger/Lent,* Vorbem. zu §§ 61 bis 70, 832; *Jauernig* § 42 I; *Oelrichs,* 8 f.; vgl. auch: *Gessner u.a.,* Die Praxis der Konkursabwicklung, 224.
[10] *Blersch/Goetsch/Haas* § 74 RdNr. 1.
[11] Kritisch *Henckel* KTS 1989, 477, 482 ff.

ger Gläubigerausschuss weiterhin im Vorverfahren keine Möglichkeit hat, eine direkte Einflussnahme auf die Entscheidungen oder die Verfügungen des vorläufigen Insolvenzverwalters zu nehmen[12]. Auch die anderen, neuen Aufgaben eines vorläufigen Gläubigerausschusses im Vorverfahren[13] beziehen sich auf die mit der Funktion des vorläufigen Gläubigerausschusses allgemeinen einhergehenden Informationsnotwendigkeiten und Unterstützungshandlungen[14]. Sie begründen aber in keinem Fall ein, den Interessenwahrungsansatz durchbrechendes Recht der Gläubiger.

Die Gläubigerversammlung ist damit neben dem Gläubigerausschuss und dem Insolvenzverwalter ein **Organ der insolvenzrechtlichen Selbstverwaltung.**[15] Während aber dem Gläubigerausschuss und dem Insolvenzverwalter auch die Wahrung der übrigen Interessen obliegt, ist die Gläubigerversammlung allein Interessenwahrer der Insolvenzgläubiger und der absonderungsberechtigten Gläubiger.[16] Die Gläubigerversammlung stellt ein insolvenzverfahrensinternes Organ dar, das nicht in die Rechtspflege eingebunden ist.[17] Die Gläubigerversammlung ist grundsätzlich – wichtigste Ausnahme in § 78 – frei von insolvenzgerichtlicher Einflussnahme. Damit ist gewährleistet, dass das Insolvenzverfahren weitgehend in dem Aktionsfeld stattfindet, das von Insolvenzverwalter auf der einen und den Gläubigern auf der anderen Seite geprägt wird. Das Insolvenzgericht hat insoweit nur eine begleitende und regulierende Funktion.[18]

Die Stellung der **Gläubigerversammlung als verfahrensinternes Organ** hat auch zur Folge, dass ihre Tätigkeit im Zusammenhang mit den ihr durch die Insolvenzordnung zugewiesenen Rechten und Pflichten keine Außenwirkung entfaltet. Insbesondere kann sie nicht für die Gläubiger mit Dritten Rechtsgeschäfte abschließen oder Rechtsstreitigkeiten führen.[19] Eine davon grundsätzlich zu trennende Frage ist, ob und wenn ja, in welcher Form die Gläubigerversammlung rechtlich wirksam Rechtshandlungen vornehmen oder Geschäfte abschließen kann, die im Interesse der Gläubigerversammlung liegen. Denkbar sind solche Rechtsgeschäfte etwa im Hinblick auf die Durchführung der einzelnen Gläubigerversammlungen oder zur Unterstützung der internen Willensbildung in der Gläubigerversammlung. Erstaunlicherweise sind diese Problembereiche bislang im Wesentlichen noch nicht Gegenstand umfangreicherer Diskussionen in Literatur und Rechtsprechung gewesen. Vom Ergebnis her geht die – soweit ersichtlich – einhellige Auffassung davon aus, dass die Gläubigerversammlung als solche nicht rechtsgeschäftlich handeln kann und auch für sie nicht gehandelt werden kann. Zugleich wird aber angenommen, dass Kosten, die Zusammenhang mit der Durchführung von Gläubigerversammlungen anfallen, als Massekosten zu qualifizieren seien. Darin liegt ein nicht unerheblicher Widerspruch, denn es fragt sich, auf welcher rechtlichen Grundlage die Masse verpflichtet worden sein soll. Rechtlich wirksam kann im Insolvenzverfahren nur der Insolvenzverwalter an Stelle des Schuldners eine Verpflichtung begründen, die dann aus der Masse erfüllt wird. Um das Problem an einem Beispiel zu verdeutlichen, sei angenommen, dass zu Abhaltung der Gläubigerversammlung ein Saal angemietet werden muss, damit ein ordnungsmäßiger Ablauf der Versammlung gewährleistet werden kann. Dass bei diesem Beispiel der Insolvenzverwalter mit Wirkung für die Masse den Mietvertrag zugunsten der Gläubigerversammlung abschließt, ist bisher noch nicht behauptet worden. Eine solche Annahme wäre indes auch keineswegs einfach zu begründen, denn dazu müsste dargelegt werden, für wen handelnd er dies dann täte. Als Mitglied der Gläubigerversammlung hat er nämlich nicht die Rechtsmacht, die Masse des Schuldners in irgendeiner Art und Weise zu verpflichten. Nähme man an, dass er in seiner Funktion als Insolvenzverwalter gehandelt habe, so würde der Abschluss des hier beispielhaft gewählten Vertrages ihn persönlich und nicht die Masse verpflichten, denn die Masse selbst könnte von ihm nur dann wirksam verpflichtet werden, wenn er im Kompetenzrahmen, der ihm im Insolvenzverfahren auferlegten Pflichten tätig geworden ist und sein Handeln der Verwirklichung seiner, durch die allgemeinen Ziele des Insolvenzverfahrens gekennzeichneten Aufgaben gegolten hätte. Grundsätzlich dürfte man dies wohl – wenngleich mit einigem Aufwand – begründen können. Sehr viel schwieriger ist allerdings die Begründbarkeit für

---

[12] S. *Heeseler/Neu*, NZI 2012, 440, 440 f.
[13] Dazu vgl. *Rauscher*, ZInsO 2012, 1201, 1201 ff.; *Cranshaw*, ZInsO 2012, 11151, 1152 ff.
[14] S. *Rauscher*, ZInsO 2012, 1201; *Cranshaw*, ZInsO 2012, 1151; *Hirte*, ZInsO 2012, 820 f.
[15] *Kübler/Prütting/Bork* § 74 RdNr. 3; *Blersch/Goetsch/Haas* § 74 RdNr. 1; *Braun/Herzig* § 74 RdNr. 1; *Smid* § 74 RdNr. 2; *Pape* ZIP 1990, 1251; *Uhlenbruck/Delhaes* RdNr. 588; *Uhlenbruck/Uhlenbruck* § 74 RdNr. 5.
[16] Vgl. *Buck* in Huntemann u.a., Der Gläubiger im Insolvenzverfahren, Kap. 10, RdNr. 1; K/P/B/*Kübler* § 74 RdNr. 3.
[17] Siehe *Braun/Herzig*, § 74 RdNr. 1; *Jaeger/Gerhardt* § 74 RdNr. 2; *Kübler/Prütting/Bork* § 74 RdNr. 4; *Huntemann u.a./Buck*, Der Gläubiger im Insolvenzverfahren, Kap. 10, RdNr. 2; *Blersch/Goetsch/Haas* § 74 RdNr. 1; *Hess* § 74 RdNr. 3. Zur KO schon *Jaeger/Weber* KO § 74 RdNr. 1; *Kuhn/Uhlenbruck* KO § 93 RdNr. 1; *Kilger/K. Schmidt* KO § 93 Anm. 1. Anders noch RGZ 143, 266; *Titze* JW 1934, 980.
[18] Siehe auch unten RdNr. 15; vgl. aber *Uhlenbruck/Uhlenbruck* § 74 RdNr. 1–4.
[19] Siehe etwa *Jaeger/Gerhardt* § 74 RdNr. 2; *Kübler/Prütting/Bork* § 74 RdNr. 4; *Blersch/Goetsch/Haas* § 74 RdNr. 1; *Braun/Herzig* § 74 RdNr. 1; HambKomm-*Preß* § 74 RdNr. 1; *Becker* NZI 2011, 961; *Frank* ZInsO 2011, 858.

die Leistung aus der Masse, wenn – wie es in der Wirklichkeit regelmäßig der Fall sein dürfte – nicht der Insolvenzverwalter, sondern ein Gläubiger oder der Rechtspfleger den hier beispielhaft gewählten Mietvertrag über einen Saal abgeschlossen hätten und die Zahlung aus der Masse die Erfüllung der Gegenleistung darstellt. Es bedürfte dann nämlich jedenfalls zusätzlicher Erwägungen über Vertretungsfragen. Nochmals schwieriger ist es schließlich, eine dogmatisch zufriedenstellende Begründung für den Zugriff auf die Masse zu finden, wenn es um die Erfüllung von Rechtsgeschäften geht, die der ordnungsmäßigen Durchführung von Gläubigerversammlungen dienen, in denen sich aber die Interessen (der Mehrheit) der Mitglieder der Gläubigerversammlung und das Interesse des Insolvenzverwalters gegenüberstehen. Denkbar wäre dies vor allem in dem gesetzlich vorgesehenen Fall, dass die Gläubigerversammlung den Geldverkehr und -bestand, wie er durch den Insolvenzverwalter ihnen gegenüber ausgewiesen worden ist, durch einen Wirtschaftsprüfer überprüfen lassen möchte und ihn entsprechend beauftragt. (s. dazu auch § 79 RdNr. 14).

bb) Bedeutung der Gläubigerautonomie. Die Bedeutung der Gläubigerautonomie im Insolvenzverfahren zeigt sich besonders deutlich, wenn man dieses gegen die Einzelzwangsvollstreckung abgrenzt. Während bei letzterer das Ziel dahin geht, einen bestimmten Gläubiger hinsichtlich eines konkreten Betrages durch Vollstreckung in das Vermögen des Schuldners zu befriedigen,[20] ist das Ziel des Insolvenzverfahrens die Befriedigung aller Gläubiger durch die Verwertung des Gesamtvermögens des Schuldners. Jenes ist langwieriger und komplexer, sodass den Gläubigern dort mehr Flexibilität und mehr (Mitwirkungs-)Rechte zukommen sollen.[21] Die Verfahrensabwicklung liegt im Interesse einer Vielzahl von Schuldnern, die Mitgestaltungsrechte daran haben sollen. Vor dem Hintergrund der Grundüberzeugung, dass grundsätzlich jeder am besten autonom seine eigenen Interessen hüten und verwirklichen kann, wird der Gläubigerversammlung als Organ der Gläubigerschaft, neben dem Gläubigerausschuss, die Aufgabe auferlegt, an erster Stelle, d.h. vor dem Insolvenzgericht, *aber nicht ausschließlich* die Arbeit des Verwalters (in ihrem Sinne) zu überprüfen und zu genehmigen.[22] Die Gläubigerautonomie im Insolvenzverfahren wird allerdings auf den Prüfstand gestellt, wenn der Insolvenzverwalter gem. § 208 Abs. 1 Masseunzulänglichkeit anzeigt. Das Verfahren dient dann vorrangig den Interessen der Altmassegläubiger i.S.v. § 209 Abs. 1 Nr. 3. Aus diesem Grund wird erwogen, für die weitere Verwaltung und Verwertung der Masse (§ 208 Abs. 3) die im Gesetz sonst vorgesehene Beteiligung der Insolvenzgläubiger einzuschränken oder aufzuheben oder den Massegläubigern entsprechende Kompetenzen bei der Mitgestaltung des Verfahrens zu verleihen.[23] Denkbar sind vier Konstellationen:[24] (1) An die Stelle der Gläubigerversammlung könnte ein Gremium der Altmassegläubiger treten, in dem die Insolvenzgläubiger kein Stimmrecht mehr haben. (2) Die Insolvenzgläubiger scheiden – ebenso wie die Massegläubiger – aus der Beteiligung am Verfahren aus, und das Verfahren bleibt allein in der Hand des Insolvenzverwalters. (3) Die bisherige Gläubigerversammlung wird durch ein Gremium ersetzt, in dem die Insolvenzgläubiger und die Massegläubiger gleichermaßen versammelt sind. (4) Die Gläubigerversammlung bleibt bestehen, wobei deren Kompetenzen zT eingeschränkt werden. Die Diskussion zu diesem Problemkreis steht derzeit noch am Anfang und ist im Einzelnen abzuwarten. Sie wird sich aber vor der Konzeption der InsO an zwei Grundpfeilern auszurichten haben. Zum einen muss es auch nach Anzeige der Masseunzulänglichkeit bei der Beteiligung der Insolvenzgläubiger am Verfahren bleiben. Sie wird dem im Grundsatz fortbestehenden Interesse der Insolvenzgläubiger an einer Verfahrensbeteiligung gerecht, wie zB dadurch deutlich gemacht wird, dass die InsO hinsichtlich der Prüfungs- und Berichtstermine nicht zwischen regulären und masseinsuffizienten Verfahren unterscheidet.[25] Zum anderen steigt die Verantwortung des Insolvenzverwalters je schwächer die betroffenen Masse- und Insolvenzgläubigerinteressen im Verfahren vertreten sind.

cc) Gläubigerversammlung als Institution zur Arbeitsteilung. Im Vordergrund steht folglich nicht die Autonomie der Gläubiger im eigentlichen Sinne, also die Selbstbestimmung über die sie betreffenden Dinge, sondern die Beteiligung der Gläubiger im Sinne einer **Nutzung der Sachkunde der Gläubiger** und der **Teilung von Verantwortung** durch Einbindung in die Verwaltung und die Mög-

---

[20] Es geht daher wohl weniger um die Veranlassung eines bestimmten Verhaltens des Schuldners, wie *Pape* ZIP 1990, 1253 meint; die Besonderheit der Zwangsvollstreckung macht es aus, dass sich ein einzelner Gläubiger mit Hilfe des Staates an dem Vermögen des Schuldners befriedigt.
[21] Überzeugend *Pape* ZIP 1990, 1251, 1253; *Oelrichs*, 5 f.; vgl. auch *Uhlenbruck/Uhlenbruck* § 74 RdNr. 1–4.
[22] Vgl. *Pape* ZIP 1990, 1251, 1253; vgl. zudem HambKomm-*Preß* § 74 RdNr. 1.
[23] Vgl. dazu u.a. *Beck/Depré* § 13 RdNr. 39 ff.; *Dienstühler* ZIP 1998, 1697, 1702; *Mäusezahl* ZVI 2003, 617, 618 ff.; *Pape/Hauser* RdNr. 315 ff.; *Uhlenbruck/Ries* § 208 RdNr. 20; unten *Hefermehl* § 208 RdNr. 46; *Kayser/Heck* NZI 2005, 65.
[24] Die Aufzählung folgt der Einteilung von *Kayser/Heck* NZI 2005, 65, 66.
[25] So auch *Kayser/Heck* NZI 2005, 65, 70.

lichkeit, Einfluss auf die Verfahrensabwicklung nehmen zu können.[26] Die für das Insolvenzverfahren als maßgeblich erachteten Entscheidungen, wie beispielsweise die Entscheidungen über Art, Form und Umfang der Masseverwertung oder über die Gestaltung des Verfahrens obliegen daher nicht staatlichen Stellen, sondern den von der Insolvenz betroffenen Gläubigern.[27] Der Grund für die notwendige Einrichtung einer Gläubigerversammlung ist damit im Ergebnis nichts anderes als die Schaffung einer Möglichkeit die eigenen Interessen und Rechte wahren zu können. Dies lässt sich insbesondere an zwei zentralen verfassungsrechtlichen Punkten festmachen. Zum einen wird mit der Einrichtung einer Gläubigerversammlung gewährleistet, dass den Gläubigern im Insolvenzverfahren **rechtliches Gehör** (Art. 103 Abs. 1 GG) zuteil wird. Ihnen wird als Verfahrensbeteiligten die Gelegenheit gegeben, sich zu allen einschlägigen Tat- und Rechtsfragen des konkreten Verfahrens zu äußern und gehört zu werden.[28] Gleichzeitig ist die Einrichtung der Gläubigerversammlung auch Ausdruck der mittlerweile gesicherten Vorstellung, dass die Gläubiger im Insolvenzverfahren bezüglich ihres Eigentums dem Schutz des Art. 14 GG unterstehen.[29] Wenn aber die Gläubigerversammlung die Funktion hat, dass die Gläubiger dort ein Forum haben, *ihre eigenen* Interessen zu wahren bzw. ihnen zur Durchsetzung zu verhelfen, sind sie **keine Sachwalter öffentlicher Interessen.**[30] Der Staat hat sich zugleich im Insolvenzverfahren zurückzuhalten und nur den Rahmen vorzugeben, in welchem eine möglichst effektive und gleichmäßige Befriedigung der Gläubiger gewährleistet ist.[31] Je weiter dieser Rahmen gesteckt wird, desto breitflächiger kann die Gläubigerautonomie greifen. Insoweit ist es genau genommen sogar eher missverständlich von Gläubiger*autonomie* zu sprechen, denn im Rahmen des Insolvenzverfahrens sind die Gläubiger allenfalls in relativ eingeschränktem Maße autonom, so etwa bei der Zu- und Abwahl von Gläubigerausschussmitgliedern oder dem Antrag auf Einberufung der Gläubigerversammlung. Der Insolvenzverwalter hat zudem als staatlich eingesetzter Verwalter eine von den Gläubigern grundsätzlich unabhängige Stellung, auch wenn er von den Gläubigern abgewählt werden kann und sie ihm innerhalb des gesetzlichen Rahmens die Richtung seiner Tätigkeit aufweisen können.[32] Genauer ist es deshalb, entweder von einer „**staatlich kontrollierten Gläubigerautonomie**"[33] oder von Gläubigerbeteiligung zu sprechen.

4a   dd) **Funktionslosigkeit in Kleinverfahren.** Es ist darauf hingewiesen worden, dass die Gläubigerversammlung in Kleinverfahren nach § 304 weitgehend funktionslos sei, weil es Gegenstände, auf die sich die Gläubigerselbstverwaltung beziehen könnte, praktisch gar nicht gäbe oder sie nur so spärlich vorhanden seien, dass Beschlüsse nicht zu fassen sind. Zudem gäbe es fast nie eine Konkurrenz zum gerichtlich bestellten Treuhänder. Dasselbe Phänomen sei nach Einführung der Kostenstundung gem. § 4a InsO auch in Regelverfahren zu erkennen; auch dort gäbe es nicht viel zu verwalten.[34] Ebenso wird auf eine vermehrte faktische Beschränkung der Gläubigerautonomie in dem Zentralbereich der Gläubigergemeinschaft verwiesen.[35] Es handelt sich dabei um die vorherige Zustimmung der Gläubigerversammlung nach § 160. Nicht selten scheint der Insolvenzverwalter in Erwartung eines guten Geschäfts beim Unternehmensverkauf nicht auf die Zustimmung der Gläubigerversammlung warten zu wollen und das fragliche Geschäft ohne die vorgesehene Zustimmung abzuschließen, so dass damit die Gläubigerbeteiligung ein Stückweit eingeschränkt werde. Auch wenn dieser Befund der Realität entspricht, so lässt sich daraus aber nicht ableiten, dass insoweit die Gläubigerversammlung überflüssig ist. Das Insolvenzrecht hat die Aufgabe, ein Instrument für die Ausübung der Gläubigerautonomie anzubieten. Ob dieses Instrument wahrgenommen wird oder nicht, ist ebenfalls ein Ausdruck der Autonomie der Gläubiger. Die Gläubigerversammlung stellt die Möglichkeit zur Verfügung, seitens der Gläubiger alle sie gemeinsam interessierenden Probleme zu erörtern und zu Entscheidungen zu kommen. Darauf kann prinzipiell nicht verzichtet werden, und es ist insoweit irrelevant, ob es sich um kleine oder um größere Massen handelt. Überlegenswert ist allerdings, de lege ferenda ein schriftliches Verfahren statt einer Gläubigerversammlung in Kleinverfahren einzuführen.

---

[26] Vgl. dazu *Uhlenbruck/Uhlenbruck* § 74 RdNr. 1–4; *Hegmanns,* 23 ff.; *Pape* ZIP 1990, 1251, 1252 f.; *ders.,* RdNr. 172; *Oelrichs,* 5 ff.
[27] *Kübler,* Neuordnung, 61; *Uhlenbruck,* Beiträge zur Reform des Insolvenzrechts, 139, 140; *Gravenbrucher Kreis* BB 1986, Beilage 15, 1 f.
[28] Siehe *Smid* § 74 RdNr. 4.
[29] Siehe nur *Hegmanns,* 33 ff. mwN.
[30] Begr. RegE BT-Drucks. 12/2443, 79 f.
[31] Siehe *Neumann,* 11.
[32] Vgl. auch *Uhlenbruck/Uhlenbruck* § 74 RdNr. 1–4; vgl. auch *Blersch/Goetsch/Haas* § 74 RdNr. 1; *Buck* in Huntemann u.a., Der Gläubiger im Insolvenzverfahren, Kap. 10, RdNr. 1. Eingehender siehe unten in diesem Kommentierungsabschnitt zum Verhältnis Gläubigerversammlung zum Insolvenzverwalter RdNr. 18.
[33] So etwa *Pape* ZIP 1990, 1251, 1253; vgl. auch *Braun/Herzig* § 74 RdNr. 1, Fn. 1.
[34] *Mohrbutter/Ringstmeier/Voigt-Salus/Pape* § 21 RdNr. 228 ff.
[35] Vgl. *Meyer-Löwy* ZInsO 2008, 461.

c) **Erweiterung der Grundkonzeption durch die Insolvenzordnung. aa) Zerschlagungs- 5
und Verteilungsverfahren.** Diese Grundkonzeption hat sich bezogen auf das Zerschlagungs- und Verteilungsverfahren auch mit dem Wechsel von der Konkursordnung zur Insolvenzordnung nicht geändert. Die Regelung entspricht weitgehend dem früheren Recht (§ 93 KO, § 15 Abs. 1 Satz 1 GesO). Ein Anwachsen der Gläubigerautonomie ist höchstens in quantitativer Hinsicht festzustellen.[36] Die Reformkommission hatte sich zunächst allerdings auf die Stärkung des im Vergleich zur Gläubigerversammlung flexibleren Gläubigerausschusses konzentriert und betonte die Kompetenzen der Gläubigerversammlung nicht weiter, sodass diese Vorschläge in der Tendenz sogar zu einer Zurückdrängung des Einflusses der Gläubiger geführt hätte.[37] Im Reformentwurf des Bundesministeriums für Justiz, wie dann auch in der endgültigen Fassung, wird die Stellung der Gläubiger jedoch (wieder) erheblich gestärkt. Ziel sollte es sein, die Gläubiger einerseits an Entscheidungen über Dauer und Ablauf des Verfahrens umfassend zu beteiligen und andererseits die Folgen ihrer Entscheidungen in stärkerem Maße als bisher zu tragen.[38] Man ist dabei allerdings nicht so weit gegangen, den im Vorfeld der Verabschiedung der Insolvenzordnung laut gewordenen Forderungen nachzukommen, Einzelbestimmungen, die die Interessen der Gläubiger berühren, weitgehend dispositiv auszugestalten, um den Gläubigern so die Möglichkeit zu geben, von den vorgesehenen Regelungen in weitem Umfang abweichen zu können.[39]

bb) Sanierung des Schuldners. Eine **neue Qualität erreicht die Gläubigerautonomie** hinge- 6
gen im Zusammenhang mit der Verbreiterung des Verfahrensziels der Insolvenzordnung auf die Sanierung des Schuldners.[40] Besonders deutlich ist dies im Zusammenhang mit dem Inkrafttreten des ESvG zu erkennen. Zwar verdichtet sich damit die Steigerung des Einflusses der Gläubiger auf die Abwicklung des Verfahrens nicht zu einer Gläubigerselbstverwaltung, doch kommt der Gläubigerversammlung auf verschiedenen Feldern ein besonderer Kompetenzzuwachs zu, der mit einem erhöhten Informations- und Mitwirkungsbedürfnis der Gläubiger einhergeht.[41] Im Rahmen der Aufstellung und Durchführung des Insolvenzplans kommt der Gläubigerversammlung ebenfalls ein besonders erhöhter Einfluss zu.[42] Das liegt darin begründet, dass es hier in besonderem Maße um die Disposition von Eigentumsrechten der Gläubiger geht, die zu einer Sanierung des Insolvenzschuldners führen soll, und deshalb der hoheitlichen Entscheidung in einem Insolvenzverfahren entzogen wird. Insoweit geht es um die Möglichkeit, auf *privatautonomer* Basis die hoheitliche Verwaltung des Konkurses zu vermeiden. Die Verwaltung bleibt demnach hoheitlich ausgestaltet, nur die Frage, ob es zu einer solchen kommt, wird weitergehender als in der Konkursordnung in die autonome Entscheidung der Gläubiger gelegt. Auch im Verfahren mit Eigenverwaltung kommt der Gläubigerversammlung eine überragende Rolle zu.[43] Deutlich wird dies daran, dass die Gläubigerversammlung gemäß § 271 die nachträgliche Anordnung gegen den Willen des Insolvenzgerichts durchsetzen kann und das Insolvenzgericht umgekehrt bei einer angeordneten Eigenverwaltung einem Aufhebungsvertrag der Gläubigerversammlung gemäß § 272 Abs. 1 Nr. 1 entsprechen muss, ohne dass es der Angabe von Aufhebungsgründen durch die Versammlung bedarf.[44] Zudem ist der Gläubigerversammlung mit der Möglichkeit, unter bestimmten Voraussetzungen nach § 277 den Erlass bestimmt verfügungsbeschränkender Anordnungen durch das Insolvenzgericht zu beantragen, ein Instrument gegeben, mit denen die Risiken der Eigenverwaltung des Schuldners kontrolliert werden können.[45]

cc) Stellung der Gläubigerversammlung in der Eigenverwaltung und im Verbraucherinsolvenzverfahren. Eine geringere Rolle spielt die Gläubigerversammlung im Verbraucherinsolvenzverfahren gemäß §§ 304 ff. und im Restschuldbefreiungsverfahren nach §§ 286 ff. In beiden Verfahren steht auf Grund ihrer jeweiligen Besonderheiten die individuelle Beteiligung der Gläubiger im Vordergrund. Dasselbe gilt für die Funktion der Gläubigerversammlung in Verfahren, in denen Eigenverwaltung angeordnet worden ist.[46]

---

[36] Siehe *Buck* in Huntemann u.a., Der Gläubiger im Insolvenzverfahren, Kap. 10 RdNr. 1.
[37] Vgl. Stellungnahme des *Gravensbrucher Kreis* BB 1986, Beilage 15.
[38] *Pape* ZIP 1990, 1253; *Mohrbutter/Ringstmeier/Voigt-Salus/Pape* § 21 RdNr. 162.
[39] Vgl. *Drukarczyk* ZIP 1983, 341 ff.; *Henckel* KTS 1989, 477; Gravenbrucher Kreis ZIP 1989, 468 ff.
[40] Besonders deutlich ist dies im Zusammenhang mit dem Inkrafttreten des ESUG zu erkennen.
[41] Siehe *Pape* RdNr. 173.
[42] Siehe u.a. *Buck* in Huntemann u.a., Der Gläubiger im Insolvenzverfahren, Kap. 10, RdNr. 1.
[43] Zur Eigenverwaltung siehe etwa *Pape*, Kölner Schrift, S. 895, 923 (RdNr. 51 ff.); *Gottwald/Haas/Kahlert*, Insolvenzrechts-Handbuch, § 87 RdNr. 40 ff. und § 88 RdNr. 2 ff.; ferner siehe unten die Kommentierung zu § 272 RdNr. 6 ff.
[44] *Pape* RdNr. 184; *Gottwald/Haas/Kahlert*, Insolvenzrechts-Handbuch, § 88 RdNr. 2 f.; *Koch*, Die Eigenverwaltung nach der InsO, 1998, 156 f.; Kübler/Prütting/Bork/*Pape* § 272 RdNr. 2; Nerlich/Römermann/*Riggert* § 272 RdNr. 1 und 3.
[45] Ausführlich dazu *Pape* RdNr. 184; *ders.*, Kölner Schrift, 2. Aufl. S. 895, 927 f. (RdNr. 57); *Gottwald/Klopp/Kluth*, Insolvenzrechts-Handbuch, § 20 RdNr. 3; *Vallender* WM 1998, 2129, 2138; *Hess* § 277 RdNr. 30 ff.
[46] Ausführlich dazu *Pape*, 2. Aufl. RdNr. 187 ff.

7   **2. Das Interesse der Gläubiger in der Gläubigerversammlung.** Der Begriff der Gläubigerautonomie kennzeichnet ohne Zweifel einen wesentlichen Charakterzug des deutschen Insolvenzverfahrens. Jedoch ist dringend davor zu warnen, den Begriff der Gläubigerautonomie zu sehr zu belasten und ihn gleichsam als „Wunderwaffe" in den Bestrebungen zu einer Deregulierung des Insolvenzverfahrens[47] anzusehen.[48] Der Begriff der Gläubigerautonomie setzt implizit verstanden eine **Gleichgerichtetheit der Interessen der Gläubiger** voraus. Unabhängig von den Besonderheiten, die durch die Gruppierungen der Gläubiger im Rahmen des Insolvenzplans einhergehen,[49] lässt sich eine solche Identität in vordergründig in dem Interesse aller Gläubiger an einer möglichst umfangreichen Vergrößerung der Haftungsmasse finden. Genau betrachtet kann gleichwohl nicht von einer wirklichen „Interessengemeinschaft"[50] gesprochen werden. Sowohl gesicherte als auch ungesicherte Gläubiger verfolgen stets ihre *eigenen* und keine kollektiven Interessen, nämlich die größtmögliche Minimierung ihres durch die Insolvenz drohenden Ausfalls, auch wenn dies zu Lasten der anderen in der Gläubigerversammlung zusammengefassten Gläubiger geht.[51] Nicht Willensübereinstimmung, sondern der prinzipielle Interessenwiderstreit der beteiligten Gläubiger zeichnet das Insolvenzverfahren aus. Die Gläubiger des in Insolvenz geratenen Schuldners unterliegen einem **Zwangszusammenschluss,** der prinzipiell zur Beschneidung ihrer vor der Insolvenzeröffnung gegen den Schuldner bestehenden Rechte führt, und dies umso mehr, als unter der Geltung des Grundsatzes par conditio creditorum Einzelzwangsvollstreckungsmaßnahmen gerade unzulässig sind.[52] Derlei Interessenunterschiede finden sich nicht nur hinsichtlich der Gruppe der gesicherten im Vergleich zu den ungesicherten Gläubigern,[53] sondern auch innerhalb der Gruppe der ungesicherten Gläubiger kann es erheblichen Widerstreit der Interessen geben.[54] So werden sich die einen von der Fortführung des Unternehmens in der Hand des Schuldners mehr versprechen als von der Veräußerung des Unternehmens, wenn sie am Fortbestehen von Absatz- und Einkaufsbeziehungen interessiert sind. Gläubiger, die aber zugleich Konkurrenten des Schuldners sind, mögen die Zerschlagung des Konkurrenten lieber sehen als seine möglicherweise unliebsame „Wiederbelebung". Der eine Gläubiger mag angewiesen sein, möglichst schnell Geld zu bekommen, mag es auch weniger sein, der andere hat den „langen Atem" und wartet lieber ab, in der Hoffnung eine bessere Quote zu bekommen.[55] Diese Gegensätze können sich in der Praxis in einer großen Facettenvielfalt widerspiegeln. Besonders virulent werden sie beispielsweise bei der Abstimmung über den Insolvenzplan, über die Zulassung und Dauer einer Betriebsfortführung, die Beauftragung eines Insolvenzverwalters mit der Erstellung eines Insolvenzplans, die Zulässigkeit des Abbruchs von Sanierungsbemühungen, die Abwahl eines vom Gericht vorgeschlagenen Insolvenzverwalters oder die Entscheidung, ob dem Schuldner die Eigenverwaltung beibelassen werden sollte.

Daraus folgt, dass das Tatbestandsmerkmal des gemeinsamen Interesses der Gläubiger, auf das es im Rahmen des § 78 maßgeblich ankommt,[56] auf die *eine* Bedeutung reduziert werden kann, dass das einzige gemeinsame Interesse der Gläubiger die Minimierung ihres individuellen Ausfalls ist. Insoweit soll **von einem gemeinsamen Grundinteresse der Gläubiger** gesprochen werden.[57]

8   **3. Treuepflicht in der Gläubigerversammlung? a) Treuepflicht als Instrument zur Regelung von Mehrheiten-Minderheiten-Konflikten.** Fraglich bleibt, ob man neben diesem gemeinsamen Grundinteresse der Gläubiger zusätzlich eine Art der Treuepflicht entwickeln kann, wonach die Gläubiger untereinander eine gewisse Form der Rücksichtnahme üben müssen, um nicht die Interessen der anderen Mitglieder der Versammlung zu verletzen. Könnte man eine solche Pflicht entwickeln, hätte man möglicherweise ein rechtliches Instrumentarium, um ähnlich wie im Gesellschaftsrecht die Mehrheiten-Minderheiten-Konflikte innerhalb einer Gläubigerversammlung zu bewältigen. Interessant wäre dies insbesondere im Hinblick auf die immer wieder aufgeworfene Frage der **Majorisierung der Gläubigerversammlung durch Großgläubiger**.[58]

---

[47] So Begr. RegE, BT-Drucks. 12/2443, 78.
[48] Sehr instruktiv insoweit die Dissertation von *Neumann*, 55 ff.; vgl. ferner *Smid*, Grundzüge des Insolvenzrechts, 2002, § 9 RdNr. 10; *Jelinek* in Leipold, Insolvenzrecht im Umbruch, 21, 22; *Henckel* KTS 1989, 477.
[49] Dazu vgl. statt vieler *Gottwald/Braun*, Insolvenzrechts-Handbuch, § 66; ferner die Kommentierung zu § 222.
[50] Siehe *Drukarczyk* ZIP 1989, 342; *Uhlenbruck/Uhlenbruck* § 74 RdNr. 5.
[51] *Jelinek* in Leipold, Insolvenzrecht im Umbruch, 21.
[52] So überzeugend *Neumann*, 55; *Uhlenbruck/Uhlenbruck* § 74 RdNr. 5.
[53] Dazu siehe *Gottwald*, FS Giger, 195, 208; *Henckel* KTS 1989, 477, 484 f.; *Neumann*, 56; *Häsemeyer* RdNr. 6.10.
[54] *Jelinek* in Leipold, Insolvenzrecht im Umbruch, S. 24 ff.
[55] So ausdrücklich *Henckel* KTS 1989, 477, 484.
[56] Dazu siehe unten in dieser Kommentierung zu § 78 RdNr. 17 ff.
[57] Vgl. die befürwortende Stellungnahme zur Abschaffung des Begriffs des „gemeinsamen Interesses" bei *Neumann*, 56 f.; vgl. auch Begr. RegE, BT-Drucks. 12/2443, 93.
[58] Vgl. *D. Schulz*, 175 ff.; *Pape* ZInsO 2000, 469, 477; *ders.* ZInsO 1999, 305, 311; *Graeber* ZIP 2000, 1465; *Haarmeyer/Wutzke/Förster*, Handbuch, Kap. 6 RdNr. 98; *Weber*, FS 100 Jahre KO, 321, 344.

b) Inhalt der gesellschaftsrechtlichen Treuepflicht und Übertragbarkeit auf die Gläubigerversammlung. Die im Gesellschaftsrecht, vorrangig im GmbH-Recht, entwickelte Vorstellung der Treuepflicht beinhaltet ein Regulativ für das erfolgreiche Zusammenwirken der Mitglieder dieses Organisationsmodells. Treuepflicht verlangt in ihrer allgemeinen Formulierung, sich gegenüber den anderen Gesellschaftern loyal zu verhalten. Als **allgemeines Prinzip** verkörpert sie die Reaktion des Privatrechts auf das persönliche Zusammenwirken der Mitglieder einer Gruppe, ihr wechselseitiges Aufeinanderangewiesensein und auf die darin begründete Möglichkeit jedes Gruppenmitglieds auf die Mitgliedschaft der anderen und auf die damit verbundenen Interessen einzuwirken.[59] Es ist der Ausgleich dafür, dass der Einzelne innerhalb dieser Organisation regelmäßig nicht mehr über Einführung und Umfang des Mehrheitsprinzips verhandeln kann[60] und deshalb eines Schutzes bedarf, damit seine an der Gesellschaft bestehenden Vermögenswerte nicht schutzlos dem Diktat anderer unterfallen und damit entwertet werden.[61] Die Frage, ob und wenn ja inwieweit dieser Ansatz auch für das Verhalten der Gläubiger in der Gläubigerversammlung nutzbar gemacht werden kann, steht immer noch am Anfang der Klärung.[62] Parallelen sind jedoch durchaus erkennbar; Einzelheiten müssen jedoch erst noch durch die wissenschaftliche Diskussion geklärt werden. Voraussetzung wäre jedenfalls die Vergleichbarkeit der Organisationsstrukturen von GmbH und Gläubigerversammlung. Daran bestehen aber **Bedenken.** Man wird den Mitgliedern in der Gläubigerversammlung, genau wie den Gesellschaftern einer GmbH, wohl noch ein gemeinsames (Grund-)Interesse unterstellen können,[63] wobei dies allerdings im Hinblick auf die im Rahmen der Regelungen zum Insolvenzplan getroffene Einteilung in Gruppen der Gläubiger (§§ 222 ff.) schon wieder zweifelhaft scheint.[64] Jedoch dürfte eine Vergleichbarkeit letztlich daran scheitern, dass im Gegensatz zur GmbH sich die Gläubiger in einer Gläubigerversammlung auf Grund des Prinzips des par conditio creditorum in einer *notwendigen Zwangsgemeinschaft* befinden.[65] Von einer bewussten Unterwerfung der einzelnen Verbandsmitglieder unter den Mehrheitswillen kann daher nicht die Rede sein. Es besteht für den Gläubiger auch nur unter Aufgabe seiner Ansprüche die Möglichkeit, wieder aus dem Verband auszutreten.[66] Im Gegensatz zur GmbH handelt es sich bei der Gläubigerversammlung um **einen Verband zur Interessenvertretung nicht zur Interessenverfolgung.** Damit einhergeht, dass der Charakter des Verbandes bei der GmbH privat, bei der Gläubigerversammlung dagegen hoheitlich ist. Das hat zur Folge, dass Defizite bei der interessenausgleichenden Wirkung der Mehrheitsbildung mit ihrer „Richtigkeitsgewähr" in der GmbH auch nicht hoheitlich ausgeglichen werden, sondern einen privaten Ansatz benötigen. Dieser besteht in der Annahme, dass der (freiwillige) Zusammenschluss zu dem Verband implizit auf dem Willen aller Mitglieder beruhe, trotz unterschiedlicher individueller Interessen, sich zueinander loyal zu verhalten. Die Begrenzung der Mehrheitsmacht folgt damit aus dem Gründungsvertrag. In einer Gläubigerversammlung besteht ein derartiges privatautonomes Fundament nicht. Versagt dort die „Richtigkeitsgewähr" der Mehrheitsentscheidung, ergibt sich eine etwaige Korrektur auf Grund des hoheitlichen Rahmens. Anders ausgedrückt ist die mit der Privatautonomie verknüpfte Treueverpflichtung in der Gläubigerversammlung ersetzt durch hoheitliche Instrumente des Interessenausgleichs.

4. Mehrheitsprinzip. a) Mehrheitsprinzip als notwendiger Kompromiss. Wegen der Interessengegensätze zwischen den Gläubigern in einer Gläubigerversammlung würde die Notwendigkeit einer einstimmigen Beschlussfassung der Versammlung zu deren Funktionsunfähigkeit führen.[67]

---

[59] Siehe *Immenga,* FS 100 Jahre GmbHG, 1992, 189 ff.; *ders.,* Die personelle Kapitalgesellschaft, 1970, 180 ff.; *Zöllner,* Schranken mitgliedschaftlicher Stimmrechtsmacht, 1963, 335 ff.; *Hachenburg/Raiser,* 8. Aufl., § 14 RdNr. 54; *Wiedemann,* Gesellschaftsrecht, Band I, 1980, 412 ff.; *K. Schmidt,* Gesellschaftsrecht, 3. Aufl. 1997, § 20 IV 1 (S. 588).
[60] *Wiedemann,* Gesellschaftsrecht, Band I, 1980, 413.
[61] Grundlegend BGHZ 65, 15.
[62] Ausführlich dazu *D. Schulz,* Treuepflichten unter Insolvenzgläubigern, Diss. Gießen 2001. Erste gedankliche Ansätze dazu finden sich bei *Häsemeyer* ZHR 160 (1996), 109, 125 ff.; *ders.,* FS Gaul, 1997, 175, 177 ff.; *ders.,* Insolvenzrecht, RdNr. 2. 21 ff.; *Ehricke* NZI 2000, 57, 58 f.; vgl. auch *K. Schmidt* ZIP 1980, 328, 332 ff., insbes. 336.
[63] Siehe § 78 RdNr. 17.
[64] Siehe Kommentierung in diesem Kommentar von *Eidenmüller* zu § 222 RdNr. 1 ff., insbes. 8 ff.
[65] Vgl. *Uhlenbruck/Uhlenbruck* § 74 RdNr. 5.
[66] Zu den grundlegenden Merkmalen des „exit" und „voice" in Verbänden siehe *Hirschman,* Abwanderung und Widerspruch, 1974; *Mestmäcker,* Organisation in spontanen Ordnungen, in *ders.,* Recht der offenen Gesellschaft, 1993, 74 ff.; vgl. auch *Wiedemann,* Gesellschaftsrecht, Band I, 1980, 406 f. Sehr ausführlich nun *D. Schulz,* 45 ff., der insoweit eine Differenzierung entwickelt zwischen (zwangs-)kollektiven Elementen und individuellen und freiwillig kollektiven Elementen.
[67] Vgl. *Baltzer,* Der Beschluss als rechtstechnisches Mittel organschaftlicher Funktion im Privatrecht, 1965, 215 f.; RefE 1989, A 24.

Daher fordert die Insolvenzordnung, wie auch ihre Vorläufergesetze, nur den Mehrheitsbeschluss in der Gläubigerversammlung. Das Mehrheitsprinzip folgt deshalb aus dem notwendigen Kompromiss zwischen dem Gleichbehandlungsgrundsatz und der Handlungsfähigkeit der Gläubigergemeinschaft.[68] Vor dem Hintergrund des prinzipiellen Interessenwiderstreits und der Unmöglichkeit, eine Treueverpflichtung zwischen den einzelnen Gläubigern zu statuieren, ist das Mehrheitsprinzip daher auch kein Element verbandsrechtlicher Demokratie,[69] sondern, wie es im Referentenentwurf besonders plastisch ausgedrückt worden ist, ein technischer Rechtsbehelf zur Erleichterung der Entscheidungsfindung einer unkoordinierten Vielzahl Beteiligter.[70] Die Kombination der beiden Elemente Gläubigerautonomie und Mehrheitsprinzip lassen es angezeigt sein, von einer **„Autonomie der Gläubigermehrheit"** zu sprechen.[71] Die von der Minderheit vertretenen Interessen haben sich der für die einzelnen Entscheidungen erforderlichen Mehrheit jeweils unterzuordnen. Das führt zu einer weiteren Beschneidung der Interessen der überstimmten Minderheit.[72]

11   b) **Minderheitenschutz.** Die Gläubigerautonomie der Mehrheit bedarf daher eines Instruments des Minderheitenschutzes.[73] Da eine Treuepflichtregelung dieses Regulativ auf privater Ebene nicht schaffen kann, sind **hoheitliche Eingriffsnormen zu Sicherung des Minderheitenschutzes erforderlich.** In dieser theoretischen Fundierung ist die Legitimation für die Aufsicht und die Möglichkeit des Eingreifens des Insolvenzgerichts gegen Entscheidungen der Gläubigerversammlung begründet. Es ist damit nicht etwa als ein Überbleibsel hoheitlicher Insolvenzabwicklung zu verstehen, sondern Ausdruck eines Versagens privatautonomer Regelungsmechanismen in diesem Bereich. Aus diesem Grund müssen Forderungen von Seiten der Literatur, „den Gläubigern" mehr Kompetenzen zu übertragen und die Gläubigerautonomie zu verstärken,[74] äußerst vorsichtig behandelt werden. Will man die Gläubigerautonomie vergrößern, muss nämlich vor dem Hintergrund, dass man damit immer nur die Autonomie von bestimmten Mehrheiten vergrößert, gleichzeitig die Möglichkeiten staatlicher Korrekturen angepasst werden. Dabei ist im Gegenzug aber wiederum darauf zu achten, dass nicht die Mehrheit durch einen zu weitgehenden Minderheitenschutz in der Ausübung ihrer Rechte beeinträchtigt wird. Denn ein gesetzlicher Regelungsansatz, der die Gläubigerautonomie auf die Entscheidung der Mehrheit überträgt, ist im Ergebnis weitgehend sinnentleert, wenn aus Gründen des Minderheitenschutzes die Schranken für die Mehrheit so hoch gelegt werden, dass sie eine Mehrheitsentscheidung besonders erschweren.[75] **Derartige Schranken finden sich prinzipiell in zwei Ausprägungen:** Zum einen geht es um die nachträgliche Korrektur einer Entscheidung durch das Insolvenzgericht (§ 78),[76] und zum anderen können Schranken durch besonders hohe Mehrheitserfordernisse errichtet werden (§ 76 Abs. 2).

II. Aufgaben der Gläubigerversammlung

12   1. **Mitwirkungsrechte (allgemein).** Der Gläubigerversammlung sind vom Gesetz her Entscheidungen zugewiesen worden, deren Zuordnung in der **„hervorragenden Wichtigkeit der unmittelbaren Entscheidung durch die Gläubiger"**[77] zu sehen sind. Damit stellt die Gläubigerversammlung ein zentrales Gremium im Insolvenzverfahren dar.[78] Diese kollektiv wahrzunehmenden Kompetenzen überlagern jedoch nicht etwa die Einzelbefugnisse eines jeden Gläubigers;[79] beide stehen vielmehr parallel nebeneinander.[80]

13   Der Gläubigerversammlung sind folgende Befugnisse eingeräumt, wobei die Ausübung dieser Befugnisse zum Teil davon abhängt, ob ein Gläubigerausschuss bestellt ist:
- Wahl eines anderen als des vom Insolvenzgericht bestellten Insolvenzverwalters (§ 57)
- Antrag auf Entlassung des Insolvenzverwalters (§ 59 Abs. 1 Satz 2)
- Prüfung der Schlussrechnung (§ 66 Abs. 1)
- Aufforderung an den Verwalter, eine Zwischenrechnung zu erstellen (§ 66 Abs. 3)

---

[68] So besonders klar *Gottwald*, FS Giger, 195, 203 f.; *Oelrichs*, 53.
[69] *Neumann*, 57.
[70] RefE 1989, A 24.
[71] *Neumann*, 57 ff.; *Henckel* KTS 1989, 477, 481.
[72] *Neumann*, 58.
[73] Siehe dazu *Oelrichs*, 54 ff.
[74] Siehe *Balz* ZIP 1988, 273; *Gravenbrucher Kreis* BB 1986, Beilage 15; *ders.* ZIP 1989, 468.
[75] Überzeugend *Neumann*, 60.
[76] Vgl. insoweit auch *Uhlenbruck/Uhlenbruck* § 74 RdNr. 1–4.
[77] *Hahn*, 287.
[78] Vgl. *Kübler/Prütting/Bork* § 74 RdNr. 3; *Hess* § 74 RdNr. 3; *Oelrichs*, 26; *Uhlenbruck/Uhlenbruck* § 74 RdNr. 5.
[79] Siehe ausführlich *Pape* RdNr. 47 ff.; *Hegmanns*, 10 f.; *Jaeger/Gerhardt* § 74 RdNr. 2.
[80] So auch *Jaeger/Gerhardt* § 74 RdNr. 2; *Pape* ZIP 1990, 1251, 1254; nicht ganz eindeutig *Hegmanns*, 14.

- Bestellung und Wahl der Mitglieder eines Gläubigerausschusses (§ 68 Abs. 2) und Beschluss über die Beibehaltung des vom Insolvenzgerichts eingesetzten Gläubigerausschusses (§ 68 Abs. 1 Satz 2)
- Abwahl von vom Insolvenzgericht bestellten Mitgliedern des Gläubigerausschusses oder Zuwahl von zusätzlichen Mitgliedern (§ 68 Abs. 2)
- Antrag auf Entlassung von Mitgliedern des Gläubigerausschusses (§ 70 Satz 2)
- Aufforderung an den Insolvenzverwalter, einzelne Auskünfte und einen Bericht über den Sachstand und die Geschäftsführung zu verlangen (§ 79 S. 1)
- Überprüfung des Geldverkehrs und des Geldbestands (§ 79 S. 2)
- Informationsmöglichkeit durch gerichtlich angeordnete Auskunft des Schuldners über alle das Verfahren betreffende Verhältnisse (§ 97 Abs. 1 S. 1)
- Entscheidung über Unterhaltszahlungen an den Schuldner und seine Familie aus der Insolvenzmasse (§ 100 Abs. 1)
- Entscheidung über Unterhaltszahlung an vertretungsberechtigten persönlich haftenden Gesellschafter des Schuldners (§ 101 Abs. 1 Satz 3)
- Bestimmung über Regelungen bei welcher Stelle und welchen Bedingungen Geld, Wertpapiere und Kostbarkeiten hinterlegt oder angelegt werden sollen (§ 149 Abs. 3)
- Entgegennahmen des ersten Berichts des Insolvenzverwalters (§ 156)
- Entscheidung über die Stilllegung oder vorläufige Fortführung des Unternehmens des Schuldners, einschließlich der Änderung dieser Entscheidung (§ 157 Satz 1 und 3)
- Beauftragung des Insolvenzverwalters mit der Ausarbeitung eines Insolvenzplans (§ 157 Satz 2)
- Entscheidung über besonders bedeutsame Rechtshandlungen des Insolvenzverwalters (insbesondere über die nach § 160 Abs. 2), für den Fall, dass kein Gläubigerausschuss bestellt ist (§ 160 Abs. 1 Satz 2)
- Zustimmung zur Veräußerung des Unternehmens oder eines Betriebs (§ 162 Abs. 1)
- Zustimmung der Gläubigerversammlung zur Veräußerung des Unternehmens oder eines Betriebs unter Wert auf Anordnung des Insolvenzgericht (§ 163 Abs. 1)
- Erörterung der Schlussrechnung des Insolvenzverwalters, die Erhebung von Einwänden gegen das Schlussverzeichnis und die Entscheidung über die nicht verwertbaren Gegenstände der Insolvenzmasse (§ 197)
- Anhörungsrecht vor Einstellung des Verfahrens mangels Masse (§ 207 Abs. 2)
- Zustimmung im Rahmen des Antrags des Insolvenzverwalters auf Fortsetzung der Verwertung und Verteilung (§ 233 Satz 2)
- Entscheidung über einen vom Schuldner vorgelegten Insolvenzplan (§§ 235 ff.)
- Antrag der Eigenverwaltung (§ 271)
- Antrag auf Aufhebung der Eigenverwaltung (§ 272 Abs. 1 Nr. 1)
- Antrag auf Anordnung des Gerichts, dass bestimmte Rechtsgeschäfte nur bei Zustimmung des Sachwalters wirksam sind (§ 277)
- Überprüfung durch Rechnungslegung und Schlussrechnung in der Eigenverwaltung durch den Schuldner (§ 281 Abs. 1)
- Beauftragung der Erstellung eine Insolvenzplans im Rahmen der Eigenverwaltung (§ 284 Abs. 1)
- Beauftragung des Treuhänders, im Rahmen des Restschuldbefreiungsverfahrens die Erfüllung der Obliegenheiten des Schuldners zu überwachen (§ 292 Abs. 2 Satz 1)
- Beauftragung eines Gläubigers mit der Anfechtung von Rechtshandlungen nach §§ 129–174 (§ 313 Abs. 2 Satz 3).

2. Aufgaben der Gläubigerversammlung auch über das Gesetz hinaus? Die Gläubigerversammlung ist über die ihr vom Gesetz zugewiesenen Kompetenzen hinaus frei, zu allen Aspekten das Insolvenzverfahren betreffend Willensäußerungen abzugeben.[81] Allerdings binden diese – soweit sie das Handeln des Insolvenzverwalters betreffen – diesen nicht,[82] sondern stellen vielmehr nur **Vorschläge** dar, die in sein pflichtgemäßes Ermessen bei der Ausübung seiner Verwaltung einfließen können.[83] Andernfalls würde das gesetzlich vorgesehene Gefüge missachtet, das unter Führung und Aufsicht des Gerichts die Gläubigerversammlung als Instrument der Interessenvertretung der Gläubiger und den Insolvenzverwalter als den tatsächlichen Verwalter vorsieht. Die in der Praxis typischen

---

[81] Zu den ungeschriebenen Kompetenzen der Gläubigerversammlung ausführlich *Pape* NZI 2006, 65.
[82] Vgl. zB *Oelrichs*, 66 f.; *Uhlenbruck/Uhlenbruck* § 74 RdNr. 13; *Jaeger/Gerhardt* KO § 74 RdNr. 11, die der Idee von ungeschriebenen Kompetenzen vor allem im Hinblick auf § 160 Abs. 2 nahe stehen; strikt gegen derartige Kompetenzen Kübler/*Prütting*/Bork § 74 RdNr. 6; *Kübler*, FS Kreft, 382 f.; siehe den Überblick bei *Pape* NZI 2006, 65, 68.
[83] So nun ausdrücklich auch *Pape* NZI 2006, 65, 70; im Ergebnis wohl auch *Oelrichs*, 66 f.

Fälle sind die Forderung der Gläubigerversammlung an den Insolvenzverwalter, eine Anfechtungsklage zu erheben oder einen bestimmten Gegenstand in die Masse einzubeziehen.[84] Es ist allerdings missverständlich, wenn man annähme, die **Nichtbeachtung von Vorschlägen** der Gläubigerversammlung könne den Insolvenzverwalter schadensersatzpflichtig machen. Denn nicht etwa die Nichtbeachtung der Vorschläge, sondern die – autonom festzustellende – Unpflichtgemäßheit des Handelns des Insolvenzverwalters führt zu dessen Schadensersatzpflicht, auch wenn das ex post als pflichtgemäß befundene Handeln gerade dem entspricht, was mit dem Inhalt der Vorschläge der Gläubigerversammlung übereingestimmt hätte. Die Forderung der Gläubigerversammlung kann insoweit nur ein Hinweis im Zusammenhang mit der Ermittlung des rechtmäßigen Verwalterhandelns sein.[85]

III. Verhältnis der Gläubigerversammlung zu den anderen Verfahrensbeteiligten

15   **1. Zum Insolvenzgericht.** Das Insolvenzgericht hat im Verhältnis zur Gläubigerversammlung eine **Leitungsfunktion** im formalen Sinne (§ 76 Abs. 1) und eine materielle **Aufsichtsfunktion** (§ 78).[86] Das Gericht wird in seiner Aufsichtsfunktion aber nur auf Antrag eines absonderungsberechtigten Gläubigers, eines nicht nachrangigen Gläubigers oder des Insolvenzverwalters tätig. Über die Gegenstände das Insolvenzverfahren betreffend, deren Entscheidung oder Mitbestimmung der Gläubigerversammlung zugeordnet sind, darf das Gericht nicht entscheiden. Es hat insoweit nur eine **Letztkontrolle** (§ 78 Abs. 1), die ihrerseits mit Rechtsmitteln überprüfbar ist. Ein allgemeines Aufsichtsrecht würde der gewünschten Stärkung der Gläubigerautonomie zuwiderlaufen. Ebenso darf das Gericht in den Fällen, in denen niemand (mit Stimmberechtigung) an der Gläubigerversammlung teilnimmt, Beschlüsse fassen oder ersetzen, um das Verfahren voranzubringen.[87] Dasselbe gilt auch für die Frage der Bestellung des Insolvenzverwalters. Die Gläubigerversammlung ist grundsätzlich frei, ihren Willen durchzusetzen, nämlich in Form der Abwahl des vom Insolvenzgericht bestimmten Insolvenzverwalters und der Neubestimmung eines anderen Verwalters, doch hat auch hier das Insolvenzgericht die Letztkontrolle, gegen welche wiederum der Rechtsweg eröffnet ist, § 57 Satz 3.

16   **2. Zum Gläubigerausschuss. a) Eigenständige Aufgaben des Gläubigerausschusses.** Das Verhältnis von Gläubigerversammlung zum Gläubigerausschuss ist ebenso wie in der KO in der InsO nicht ausdrücklich geregelt worden. Der Gläubigerausschuss ist als das flexiblere Instrument zur Wahrung der Gläubigerinteressen vorgesehen. Dem Gläubigerausschuss sind daher in der InsO eine Reihe von eigenständigen Aufgaben zugeteilt worden (vgl. §§ 66 Abs. 2, 158, 160).[88] Genau wie die Gläubigerversammlung hat aber auch der Gläubigerausschuss nur innenrechtliche Aufgaben und keine Vertretungsbefugnis.[89] Da die Einrichtung eines Gläubigerausschusses nur fakultativ ist, ist die **Gläubigerversammlung formal dem Gläubigerausschuss im Rang übergeordnet**. In materieller Hinsicht lassen sich die Zuständigkeitsbereiche von Gläubigerversammlung und Gläubigerausschuss wie folgt in vier Kategorien einteilen.[90]
– Alleinige Zuständigkeit der Gläubigerversammlung (zB §§ 57 Abs. 1, 66 Abs. 3)
– Zuständigkeit des Gläubigerausschusses mit Letztentscheidungsrecht der Gläubigerversammlung (zB §§ 100, 149, 157 in Verbindung mit §§ 158, 161)
– Zuständigkeit des Gläubigerausschusses mit der subsidiären Zuständigkeit der Gläubigerversammlung, wenn kein Gläubigerausschuss (mehr) besteht (§ 160 Abs. 1 Satz 2)
– alleinige Zuständigkeit des Gläubigerausschusses; besteht ein solcher nicht, ist der Insolvenzverwalter vom Erfordernis der Zustimmung der Gläubigerorgane befreit (zB §§ 187 Abs. 3 Satz 2, 195 Abs. 1 Satz 2).

17   **b) Materielles Rangverhältnis (Ersetzungsbefugnis der Gläubigerversammlung).** Problematisch ist indes, wie das **materielle Rangverhältnis** beider Gläubigerselbstverwaltungsorgane im Fall einer Kollision ausgestaltet ist. Praktisch wirkt sich diese Frage aus, wenn es darum geht, ob die Gläubigerversammlung einen Beschluss des Gläubigerausschusses ändern bzw. ersetzen kann. Der Streit um die Ersetzungskompetenz ist vorwiegend in der älteren Literatur ausgetragen worden,

---

[84] Siehe auch *Oelrichs*, 66 ff.
[85] Vgl. etwa *Waldmann* DJ 1943, 518.
[86] Siehe etwa *Haarmeyer/Wutzke/Förster*, Handbuch, Kap. 6 RdNr. 47; *Smid* § 74 RdNr. 2; *Pape* RdNr. 180.
[87] Siehe *Pape* RdNr. 180; *Mohrbutter/Mohrbutter/Pape*, 7. Aufl. 1997, Kap. V. RdNr. 72 ff.; *Ehricke* NZI 2000, 57, 60 ff.
[88] Zum speziellen Problem der „Generalermächtigung" zugunsten des Insolvenzverwalters durch den Gläubigerausschuss siehe *Kübler*, FS Kreft, 383 f.
[89] Vgl. § 69 RdNr. 1 ff.; *Heidland*, Kölner Schrift, 2. Aufl., S. 711, 713 ff. (RdNr. 3 ff.).
[90] Diese Kommentierung folgt der Einteilung von *Hegmanns*, 55.

wenngleich seine Bedeutung nach wie vor aktuell ist und insoweit noch nicht von einem geklärten Problem ausgegangen werden kann.[91] Gegen die Ersetzungsbefugnis wurde im Wesentlichen eingewendet, dass die Gläubigerversammlung nicht befugt sei, durch eine Ersetzung eines Beschlusses des Gläubigerausschusses ihre eigene Kompetenz zu erweitern. Zudem entfalle bei einem Beschluss der Gläubigerversammlung eine Haftung nach § 89 KO, und zudem ordne § 133 KO für den Fall, dass kein Gläubigerausschuss bestehe, im Gegensatz zu § 134 KO gerade nicht die Entscheidung durch die Gläubigerversammlung an. Diesen Argumenten kann indes, insbesondere vor den Neuregelungen der Insolvenzordnung, nicht gefolgt werden. Schon der Hinweis auf die unterschiedliche Kompetenzausgestaltung in § 133 und in § 134 KO verfängt im Geltungsbereich der Insolvenzordnung nicht mehr, denn die Nachfolgevorschrift des § 161 sieht in Abs. 1 Satz 2 auch für die Fälle, welche früher in § 133 KO geregelt waren, die subsidiäre Entscheidungsbefugnis der Gläubigerversammlung vor. Ferner regelt die Insolvenzordnung ausdrücklich die Kompetenz der Gläubigerversammlung, Beschlüsse des Gläubigerausschusses zu ändern: §§ 100, 149, 157 in Verbindung mit § 158 und § 161. Dabei handelt es sich jedoch nicht um nur **eng begrenzte Ausnahmefälle der Zulässigkeit einer Ersetzungskompetenz,**[92] sondern es sind wegen der hervorragenden Bedeutung des Beschlussinhalts für die Gesamtheit der Gläubiger im Gesetz besonders betonte Fälle der ohnehin stillschweigend vorausgesetzten Ersetzungsbefugnis. Im Hinblick auf § 161 schiene es darüber hinaus auch wertungsmäßig wenig überzeugend zu sein, dass die Gläubigerversammlung zwar dann, wenn ein Außenstehender sich betroffen fühlt und das Insolvenzgericht mitwirkt, das von ihr eingesetzte Organ direkt kontrollieren und korrigieren darf, nicht jedoch dann, wenn sie selbst mit einem Beschluss des Gläubigerausschusses nicht einverstanden ist.[93] Die Ersetzungsbefugnis ergibt sich ferner aus dem allgemeinen systematischen Verhältnis von Gläubigerversammlung als Macht gebendem und der Gläubigerversammlung als von ihr eingesetztem und jederzeit absetzbaren Organ (§§ 67, 68, 70). Die Einsetzung eines Gläubigerausschusses stellt keine Handlung der Gläubiger dar, mit der sie im Rahmen ihrer Selbstverwaltung in der Versammlung ein „Konkurrenzorgan" schaffen wollen. Vielmehr ist der Ausschuss geschaffen, um flexibler und schneller auf anstehende Probleme bei der Insolvenzabwicklung reagieren zu können, ohne etwa erst den relativ schwerfälligen Abstimmungsmechanismus in der Gläubigerversammlung in Gang zu setzen.[94] Der Ausschuss trägt dabei aber nur den Willen der Versammlung in diesem flexibleren Organ weiter. Insbesondere wird mit der Einsetzung des Gläubigerausschusses nach außen hin deutlich gemacht, dass auch dort, wo die Insolvenzordnung nur die Ab- bzw. Zustimmung mit dem Gläubigerausschuss erfordert, die Gläubigermitbestimmung gewahrt werden soll.[95] Allein der Umstand, dass die Gläubigerversammlung den Ausschuss insgesamt (§ 68) oder Mitglieder des Ausschusses jederzeit abberufen kann (§ 70), und über die Bestimmung der Mitglieder des Ausschusses auch dessen inhaltliches Wirken determinieren kann, zeigt daher in aller Deutlichkeit, dass der Ausschuss gleichsam nur als **Exekutivabteilung der Gläubigerversammlung** zu verstehen ist, die keinen eigenen, nur seiner Entscheidung vorbehaltenen Bereich hat.[96] Der Hinweis, eine Ersetzungsbefugnis bestehe schon deshalb nicht, weil sonst sämtliche Bestimmungen, in denen ausdrücklich geregelt ist, dass die Gläubigerversammlung tätig werden kann, solange kein Ausschuss eingesetzt sei, keine Funktion habe, weil die Versammlung ohnehin immer das Votum des Ausschusses ersetzen könne,[97] verfängt ebenfalls nicht. Insoweit handelt es sich nämlich um Klarstellungen, die die Kompetenzen der Gläubigerversammlung ausdrücklich betonen, ohne aber an der Rangfolge der Kompetenzträger etwas ändern zu wollen. Allerdings geht die Macht der Gläubigerversammlung auch nicht insoweit, dass sie sich ohne gesetzliche Grundlage an die Stelle des Gläubigerausschusses setzen und dessen Kompetenzen wahrnehmen kann. Mit der Wahl des Ausschusses durch die Gläubigerversammlung wird letzterer selbstständig und die Gläubigerversammlung darf nur noch in ausdrücklich geregelten Fällen in die Tätigkeit des Ausschusses eingreifen. Andernfalls würde die besondere Haftung des Ausschusses, die der Absiche-

---

[91] Siehe u.a. *Jaeger* KuT 1934, 1; *ders.*, 75 f.; *Jaeger/Weber* KO §§ 133, 134 RdNr. 4; *Th. Wolff*, Konkursordnung – Kommentar, 2. Aufl. 1921, § 133, Anm. 1 (S. 424); *Seuffert*, Deutsches Konkursprozessrecht, 1899, 314; *W. Kisch*, Grundriss des deutschen Konkursrechts, 10. und 11. Aufl. 1932, 54. In neuerer Zeit siehe ausführlich *Hegmanns*, 51 ff.; *Haarmeyer/Wutzke/Förster*, Handbuch, Kap. 6; *Pape* RdNr. 176; vgl. zudem Kilger/K. Schmidt KO §§ 133, 134 Anm. 1, jedoch ohne Begründung der dort vertretenen Auffassung.
[92] So etwa *Jaeger/Weber* KO § 135 RdNr. 2 zu dem nunmehr in § 161 geregelten Fall.
[93] *Hegmanns*, 59.
[94] Vgl. *Haarmeyer/Wutzke/Förster*, Handbuch, Kap. 6 RdNr. 3.
[95] Ähnlich *Hegmanns*, 61. Siehe auch *Frege* NZG 1999, 478, 479; *Heidland*, Kölner Schrift, 2. Aufl. 711, 720 (RdNr. 18 f.).
[96] Vgl. auch *Haarmeyer/Wutzke/Förster*, Handbuch, Kap. 6 RdNr. 2; anders dagegen *Pape* RdNr. 176 und *Kübler/Prütting/Bork* § 69 RdNr. 7.
[97] Siehe *Pape* 2. Aufl. RdNr. 177; *Heidland*, Kölner Schrift, 2. Aufl. 711, 721 (RdNr. 19).

rung der Wahrnehmung der Rechte und Pflichten der Ausschussmitglieder dienen soll und die keine Parallele bei der Gläubigerversammlung hat, nicht zu erklären sein.[98]

17a c) Verhältnis zum vorläufigen Gläubigerausschuss und das materielle Rangverhältnis zu Entscheidungen des vorläufigen Gläubigerausschusses. Gänzlich unklar ist das Verhältnis der Gläubigerversammlung zum vorläufigen Gläubigerausschuss. Nach § 22a Abs. 1 hat das Insolvenzgericht gem. § 21 Abs. 2 Nr. 1a einen vorläufigen Gläubigerausschuss einzusetzen, wenn der Schuldner in dem dem Bestellungsakt vorausgegangenen Geschäftsjahr zwei der drei in § 22a Abs. 1 Nr. 1 bis 3 genannten Voraussetzungen erfüllt hat. In diesem Stadium, also vor Eröffnung des Insolvenzverfahrens, kann sich unstreitig keine (vorläufige) Gläubiger*versammlung* bilden. Damit kommt es zu etwaigen Kollisionsfragen nur in den Fällen, in denen der vorläufige Gläubigerausschuss ganz oder teilweise auch nach Eröffnung des Insolvenzverfahrens in Form eines Gläubigerausschusses weiter besteht – sei es in Form eines vorläufigen Gläubigerausschusses, der vor der ersten Gläubigerversammlung vom Insolvenzgericht nach § 67 Abs. 1 eingesetzt wird oder sei es in Form eines Gläubigerausschusses, der seine Legitimation durch den entsprechenden Willen der Gläubigerversammlung erhalten hat – sowie in den Fällen, in welchen Beschlüsse des im Eröffnungsverfahren eingesetzten vorläufigen Gläubigerausschusses bzw. des nach der Eröffnung des Verfahrens durch das Insolvenzgericht eingesetzten vorläufigen Gläubigerausschuss auch nach Eröffnung des Insolvenzverfahrens bzw. zum Zeitpunkt der ersten Gläubigerversammlung noch Bestand haben. Zu einer etwaigen „Überleitung" der Mitglieder des nach § 22a eingesetzten vorläufigen Gläubigerausschusses in einen vorläufigen oder endgültigen Gläubigerausschuss nach Eröffnung des Insolvenzverfahrens schweigt die InsO. Dieses Schweigen könnte dahingehend verstanden werden, dass das Gesetz davon ausgeht, dass mit Eröffnung des Insolvenzverfahrens die Mitglieder des nach § 22a eingesetzten vorläufigen Gläubigerausschusses automatisch zu Mitgliedern eines nach der Eröffnung des Insolvenzverfahrens eingesetzten oder weiterbestehenden vorläufigen oder endgültigen Gläubigerausschusses werden, es sei denn, dass sie in dem Fall des § 22a Abs. 2 a.E. ihre Einverständniserklärung nur für die Zeit bis zur Eröffnung des Insolvenzverfahrens abgegeben haben oder aus anderen Gründen vor Eröffnung des Insolvenzverfahrens aus dem nach § 22a eingesetzten Gläubigerausschuss ausscheiden.[99]

17b Gegen eine solche Auffassung spricht jedoch, dass es bislang zu den Grundpfeilern des deutschen Insolvenzrechts gehört hat, dass die Entscheidung für oder gegen einen Gläubigerausschuss und dementsprechend über die Art und den Umfang der aktiven Beteiligung der Insolvenzgläubiger am Verfahren grundsätzlich den Insolvenzgläubigern obliegt.[100] Es ist weder im Rahmen der Novellierung der InsO durch das ESUG noch darüber hinaus ein Hinweis darauf ersichtlich, dass sich an dieser Grundentscheidung durch die Einführung des § 22a oder durch andere Bestimmungen etwas hätte ändern sollte. Unabhängig davon spricht auch gegen eine unveränderte „Überleitung" der Mitglieder des vorläufigen Gläubigerausschusses gem. § 22a in einen vorläufigen Gläubigerausschuss, der vom Insolvenzgericht nach § 67 vom Insolvenzgericht eingesetzt worden ist, dass sich in § 27 Abs. 2 keine Regelung dergestalt findet, dass in dem Eröffnungsbeschluss des Insolvenzgerichts auch die Angabe der Personen enthalten sein müsse, die aus dem vorläufigen Gläubigerausschuss des Eröffnungsverfahrens in einen vom Insolvenzgericht mit der Eröffnung des Verfahrens eingesetzten vorläufigen Gläubigerausschuss übernommen werden. Da aber die Einsetzung eines Gläubigerausschusses mit oder nach Eröffnung des Insolvenzverfahrens durch das Insolvenzgericht nach § 67 Abs. 1 nur durch einen Beschluss zu erfolgen kann,[101] folgt aus der fehlenden Nennung dieser Bestimmung in den Vorschriften zum Inhalt eines Eröffnungsbeschlusses entweder, dass (1) das Insolvenzgericht einen gesonderten Beschluss nach § 67 Abs. 1 erlassen muss, um einen vorläufigen Gläubigerausschuss im eröffneten Verfahren einsetzen zu können – mit der Folge, dass in einem solchen Fall ein neuer vorläufiger Gläubigerausschuss eingesetzt werden würde und damit gerade keine automatische „Überleitung" der Besetzung des vorläufigen Gläubigerausschusses des Eröffnungsverfahrens in einen vorläufigen Gläubigerausschuss im eröffneten Verfahren erfolgt – oder (2) dass die unterbliebene Aufnahme derartiger Regelungen lediglich ein Redaktionsversehen darstellt – mit der dann unterstellten Folge, dass vom Gesetzgeber gewollt wäre, dass bei einer „Überleitung" der ursprünglichen Besetzung des vorläufigen Gläubigerausschusses aus dem Eröffnungsverfahren in einen vorläufigen Gläubigerausschuss nach Eröffnung des Verfahrens eine entsprechende Regelung in den Eröffnungsbeschluss aufzunehmen sei und dass ohne einen entsprechenden Passus keine Beibehaltung der personellen Besetzung des vorläufigen Gläubigerausschusses des Eröffnungsverfahrens

---

[98] So überzeugend *Pape* 2. Aufl. RdNr. 177; vgl. auch *Heidland*, Kölner Schrift, 2. Aufl. 711, 721 f. (RdNr. 20 f.).
[99] Im Ergebnis ähnlich HambKomm-*Schmidt*, 3. Aufl., 2009 § 67 RdNr. 8.
[100] S. statt vieler *Beck/Depré/Graeber*, Praxis der Insolvenz, 2. Aufl., 2010, § 10 RdNr. 7.
[101] Vgl. dazu oben Kommentierung zu § 67 RdNr. 5.

im eröffneten Verfahren möglich wäre – oder (3) dass der vorläufige Gläubigerausschuss des Eröffnungsverfahrens in seiner Besetzung auch ohne Beschluss des Insolvenzgerichts in das eröffnete Verfahren „übergeleitet" würde – mit der Folge, dass es dann im Hinblick auf den oben angeführten Grundsatz und die Bestimmung des § 67 Abs. 1 zu kaum zu überwindenden Widersprüchen käme und es zudem im eröffneten Verfahren zwei Arten von vorläufigen Gläubigerausschüssen gäbe, die jedenfalls hinsichtlich ihrer Entstehungsvoraussetzungen Unterschiede aufweisen. Für die Annahme, es läge ein Redaktionsversehen vor (Variante 2) gibt es keinen Anhaltspunkt. Es gäbe insbesondere keinen plausiblen Grund dafür, dass der Gesetzgeber durch die neue Regelung des § 27 Abs. 2 Nr. 5 zwar deutlich macht, dass er von der Beibehaltung der vom vorläufigen Gläubigerausschuss des Eröffnungsverfahrens vorgeschlagenen Person des Insolvenzverwalters auch nach der Eröffnung des Insolvenzverfahrens ausgeht, indem er für den Fall, dass das Insolvenzgericht von der vorgeschlagenen Person des Verwalters abweichen möchte, vorschreibt, dass dieses Abweichen im Eröffnungsbeschluss begründet werden muss, er es aber zugleich übersehen haben soll, eine Regelung vorzusehen, aus der hervorgeht, dass die personelle Besetzung des vorläufigen Gläubigerausschuss nach § 22a vom Gericht auch in dem von ihm nach § 67 Abs. 1 eingesetzten Gläubigerausschuss beibehalten bleiben soll. Gegen eine schlichte „Überleitung" des vorläufigen Gläubigerausschusses nach § 22a in das eröffnete Verfahren, ohne weitere Beteiligung des Insolvenzgerichts, spricht, dass das Gesetz nach wie vor die klare Trennung zwischen dem Eröffnungsverfahren und dem eröffneten Verfahren vorsieht und daraus abzuleiten ist, dass – ebenso wie dies bei einem vorläufigen Insolvenzverwalters der Fall ist – auch die Amtszeit des nach § 22a gebildeten vorläufigen Insolvenzausschusses mit Eröffnung des Insolvenzverfahrens endet.[102] Dafür spricht ferner, dass § 67 Abs. 1 auf den vorläufigen Gläubigerausschuss des Eröffnungsverfahrens nicht und die übrigen Regelungen nur entsprechend mit Modifikationen anwendbar erklärt werden[103] und dass der vorläufige Gläubigerausschuss nach § 22a seine wichtigste Funktion, nämlich die Mitwirkung an der Verwalterauswahl nach § 56a bereits vor der Eröffnung des Insolvenzverfahrens erfüllt hat[104]. In seinem Beschluss über die Eröffnung des Insolvenzverfahrens hat das Insolvenzgericht daher zu entscheiden, ob ein vorläufiger Gläubigerausschuss eingesetzt werden soll oder nicht. In ersteren Fall muss das Insolvenzgericht zudem festlegen, ob der einzusetzende vorläufige Gläubigerausschuss dieselbe Besetzung haben soll, die er schon als vorläufiger Gläubigerausschuss im Eröffnungsverfahren hatte oder ob er hinsichtlich seiner personellen Besetzung ganz oder teilweise von der früheren Besetzung des Gläubigerausschusses abweichen soll.[105]

Da es sich bei einem im eröffneten Verfahren eingesetzten vorläufigen Gläubigerausschuss auch dann, wenn er personell dem vorläufigen Gläubigerausschuss des Eröffnungsverfahrens entspricht[106], um einen solchen handelt, der vom Insolvenzgericht nach § 67 Abs. 1 eingesetzt wird, regelt sich das Verhältnis der Gläubigerversammlung zu diesem vorläufigen Gläubigerausschuss nach den allgemeinen Vorgaben des § 68 Abs. 1 S. 2 bzw. des § 68 Abs. 2. Die Gläubigerversammlung hat demnach die Möglichkeit, die Absetzung des bis dahin amtierenden vorläufigen Gläubigerausschusses zu beschließen. Sie kann dann die Mitglieder eines neuen Gläubigerausschusses bestimmen, wobei es ihr frei steht, die Mitglieder des endgültigen Gläubigerausschusses nach anderen als den vormals maßgeblichen Kriterien auszuwählen. Die Gläubigerversammlung kann sich auch darauf beschränken, nur bestimmte Mitglieder des Gläubigerausschusses abzulösen bzw. den Gläubigerausschuss um weitere neue Mitglieder zu ergänzen. Damit ergibt sich ein ganz erheblicher Konflikt zu dem mit der Möglichkeit der Einsetzung eines vorläufigen Gläubigerausschusses im Eröffnungsverfahren verfolgten Zweck. Mit dieser Möglichkeit soll nämlich insbesondere dazu beigetragen werden, geeignete Rahmenbedingungen für erfolgreiche Sanierungsanstrengungen eines nach den von diesem aufgestellten, individuellen Kriterien ausgewählten vorläufigen Insolvenzverwalters und ggf. des Schuldners unter seiner Mitwirkung vor Eröffnung des Insolvenzverfahrens zu schaffen. Um diese positiven Umfeldbedingungen für eine Sanierungslösung möglichst langfristig zu sichern, besteht die Vorstellung, sie auch im eröffneten Verfahren beizubehalten. Dafür ist die Wahrung der Kontinuität in der Person des (vorläufigen) Insolvenzverwalters und in der personellen Besetzung des (vorläufigen) Gläubigerausschusses vom Eröffnungsverfahren in das eröffnete Verfahren eine wichtige Voraussetzung, weil damit gesichert werden kann, dass das gerade diesen Personen im Eröffnungsverfahren entgegengebrachte Vertrauen der Verkehrskreise und die Akkumulation von dessen know how und Fähigkeiten nicht im eröffneten Verfahren verloren gehen, sondern auch in diesem

---

[102] Vgl. zu alledem *Schmitt* in: FK-InsO, 7. Aufl., 2013, § 67 RdNr. 18a ff.; *Kübler/Prütting/Bork* § 67 RdNr. 12; *Obermüller*, ZInsO 2012, 18, 21; *Frind*, ZInsO 2011, 2249.
[103] *Frind*, ZInsO 2011, 2249.
[104] *Obermüller*, ZInsO 2012, 18, 21.
[105] So ausdrücklich auch *Kübler/Prütting/Bork* § 67 RdNr. 12.
[106] Zur Bedeutung der Beibehaltung der personellen Zusammensetzung des vorläufigen Gläubigerausschusses des Eröffnungsverfahrens auch im eröffneten Verfahren vgl. Obermüller, ZInsO 2012, 18, 21.

Abschnitt des Verfahrens als wichtige Bestandteile für die Fortsetzung der Sanierung genutzt werden können. Dieser Ansatz ist jedoch nicht praktikabel, wenn die Gläubigerversammlung die Möglichkeit hat, die Kontinuität der personellen Besetzung des Gläubigerausschusses teilweise oder vollständig zu zerstören. Allerdings lässt sich aus den Neuregelungen in der InsO oder dem mit diesen verbundenen Zweck keine Hinweise entnehmen, dass entgegen des beibehaltenen Wortlauts des § 68 Abs. 1 S. 2 und Abs. 2 die bisher bestehenden Rechte der Gläubigerversammlung im Hinblick auf die Einsetzung oder die Besetzung des Gläubigerausschusses beschränkt werden könnten. Bei der Beibehaltung der Rechte der Gläubigerversammlung nach § 68 Abs. 1 S. 2 und Abs. 2 dürfte es sich auch nicht um ein Versehen des Gesetzgebers gehandelt haben. Zum einen entstünde bei der Möglichkeit, die Rechte der Gläubigerversammlung in Fällen, in denen ein vorläufiger Gläubigerausschuss im Eröffnungsverfahren eingesetzt und dieser dann in seiner personellen Zusammensetzung dann vom Gericht als vorläufiger Gläubigerausschuss nach § 67 beibehalten bleibt, zu beschränken ein nicht auflösbarer Widerspruch. Bei gleicher normativer Grundlage wären der Gläubigerversammlung im Hinblick auf einen vorläufigen oder auf einen endgültigen Gläubigerausschuss, der in seiner personellen Besetzung dem vorläufigen Gläubigerausschuss des Eröffnungsverfahrens entspricht, weniger oder andere Rechte eingeräumt, als in den Fällen, in denen ein vorläufiger Gläubigerausschuss nach Eröffnung des Insolvenzverfahrens durch das Insolvenzgericht nach § 67 Abs. 1 mit einer anderen personellen Besetzung eingesetzt worden ist. Zum anderen stellt die Beibehaltung der Rechte der Gläubigerversammlung gegenüber dem Gläubigerausschuss ein zentrales Instrument zum Schutz der allgemeinen Gläubigerautonomie im Insolvenzverfahren dar. Die Rechte der Gläubigerversammlung nach § 68 Abs. 1 S. 2 und § 68 Abs. 2 bieten nämlich die Gewähr dafür, dass in den Fällen der Sanierungsbemühungen von Unternehmen im Vermögen des insolventen Unternehmensträgers die allgemeine Gläubigerautonomie nicht zu einer Autonomie von Großgläubigern oder von institutionellen Gläubiger verkürzt wird, indem allen in der Gläubigerversammlung vertretenen Mitgliedern die Möglichkeit eröffnet wird, darüber zu entscheiden, ob die möglicherweise ohne oder gegen ihren Willen vorgenommene Einsetzung bzw. Besetzung des vorläufigen Gläubigerausschusses für den weiteren Verfahrensablauf aufrechterhalten bleiben soll. Besondere bedeutsam dürfte dies in solchen Fällen sein, in denen nach § 22a Abs. 4 der Schuldner oder der vorläufige Insolvenzverwalter Personen benannt haben, die als Mitglieder des vorläufigen Gläubigerausschusses in Betracht kommen und welche dann vom Insolvenzgericht zunächst in die Besetzung des vorläufigen Gläubigerausschuss nach § 22a übernommen und dann wegen des Kontinuitätsgedankens bei der Einsetzung eines vorläufigen Gläubigerausschusses nach § 67 Abs. 1 beibehalten worden sind, welche aber nicht (mehr) dem Willen (der Mehrheit) der Gläubigerversammlung entsprechen.

17d Die Beibehaltung der Rechte der Gläubigerversammlung gegen den Gläubigerausschuss umfasst neben den speziellen Rechten der § 68 Abs. 1 S. 2 und Abs. 2 gelten auch die oben unter RdNr. 17 genannten weiteren Rechte. Nach Maßgabe der dort beschriebenen Möglichkeiten besteht für die Gläubigerversammlung die Möglichkeit, die vom vorläufigen Gläubigerausschuss im Vorverfahren getroffenen Entscheidungen zu ändern. Die Gläubigerversammlung ist insbesondere nicht an ein vormals ausgearbeitetes Sanierungskonzept gebunden oder gehalten, die darauf basierenden Maßnahmen nicht durch entgegengesetzte Maßnahmen abzuschwächen oder ganz leerlaufen zu lassen. In materieller Hinsicht stehen der Gläubigerversammlung zudem dieselben Rechte gegenüber Beschlüssen des nach § 22a eingesetzten vorläufigen Gläubigerausschusses zu, deren Wirkungen über den Zeitpunkt der Eröffnung des Insolvenzverfahrens reichen, wie sie ihr gegen Beschlüsse eines vorläufigen Gläubigerausschusses, der nach der Eröffnung des Insolvenzverfahrens vom Insolvenzgericht eingesetzt worden ist oder eines (ordentlichen) Gläubigerausschusses zustehen (dazu s. oben RdNr. 17). Damit zeigt sich ein weiterer erheblicher „Konstruktionsfehler" in den Neuerungen zur Ermöglichung besserer Sanierungsbedingungen für Unternehmen im Insolvenzverfahren über das Vermögen des Unternehmensträgers, denn ebenso wie die personelle Kontinuität ist das Vertrauen auf den Fortbestand der vom vorläufigen Gläubigerausschuss im Vorverfahren getroffenen Grundentscheidungen und Beschlüssen für eine nachhaltige Sanierungsarbeit von großer Bedeutung. Gleichwohl stehen sie in der normativen Praxis unter dem Vorbehalt einer möglichen Änderung durch die Gläubigerversammlung. Da sich das gemeinsame Interesse der Gläubiger nach dem Interesse der in der betreffenden Abstimmung anwesenden Mehrheit richtet, kann ein formal ordnungsmäßiger Mehrheitsbeschluss in der Gläubigerversammlung, mit dem z. B. Maßnahmen gefordert werden, die der bislang angestrebten Sanierung zuwiderlaufen, nicht mit dem Hinweis angegriffen werden, die beschlossene Maßnahme sei nicht mit dem Sanierungskonzept vereinbar und verstoße daher gem. § 78 gegen das gemeinsame Interesse der Gläubiger. Die größte Bedeutung der Rechte der Gläubigerversammlung gegenüber den Entscheidungen des Gläubigerausschuss wird im Zusammenhang mit der Wahl eines anderen Insolvenzverwalters gem. § 57 S. 1 liegen. Es bleibt der Gläubigerversammlung nämlich z. B. unbenommen, die Auswahl der Person, die der vorläufige Gläubigerausschuss im Eröffnungsverfahren in seiner ersten Sitzung nach der Bestellung einer Person zum vorläufigen Insolvenzverwalter, die durch das Insolvenzgericht ohne vorherige Anhörung des vorläufigen Gläubigerausschusses im Vorverfahren ausgewählt wurde, einstimmig gewählt und daraufhin vom Insolvenzgericht zum neuen vorläufigen Insolvenzverwalter bestellten Person (vgl. § 56a Abs. 3) wieder rückgängig zu machen, wenn dieser dann mit Eröffnung des Insolvenzverfahrens zum Insolvenzverwalter geworden ist. Aus den durch das ESUG novellierten Regelungen der InsO ist kein Hinweis zu entnehmen, dass die Gläubigerversammlung bei der Ausübung ihrer Rechte insoweit z. B. an das früher entworfene Anforderungsprofil an einen (vorläufigen) Insolvenzverwalter gebunden wäre. Mit dieser Möglichkeit wird allerdings die Vorstellung des Gesetzgebers ganz erheblich entwertet, nach der es eine der maßgeblichen Komponenten für eine erfolgreiche Sanierung von Unternehmen im Insolvenzverfahren über das Vermögen des Unternehmensträgers im Rahmen eines neuen Sanierungsansatzes im deutschen Insolvenzrecht sein soll, dass es ermöglicht wird, dass das Insolvenzgericht auf Vorschlag eine Person zunächst zum vorläufigen Insolvenzverwalter im Eröffnungsverfahren und dann zum Insolvenzverwalter im eröffneten Verfahren ernennt, die den speziellen, vom vorläufigen Gläubigerausschuss im Eröffnungsverfahren für die konkreten Bedürfnisse der Sanierungssituation zugeschnittenen Anforderungen an einen „Sanierungsverwalter" in besonderem Maße entspricht, und welche das Vertrauen der von der Insolvenz des Schuldners besonders betroffenen Wirtschaftskreise genießt.

3. Zum Insolvenzverwalter. Das Verhältnis der Gläubigerversammlung zum Insolvenzverwalter ist prinzipiell dadurch gekennzeichnet, dass der Verwalter der Wahrer der Interessen der Gläubiger nach außen hin ist. Daher unterliegt er dem Vertrauen der Gläubigerversammlung, welches ihm von dieser auch wieder entzogen werden kann (§ 59 Abs. 1). Dem Insolvenzverwalter obliegt die eigentliche Aufgabe der Verwaltung, und die Gläubigerversammlung unterstützt ihn in genau bezeichneten Angelegenheiten. Es besteht aber keine allgemeine Weisungsbefugnis gegenüber dem Verwalter hinsichtlich seiner üblichen Geschäfte. Die Gläubigerversammlung ist an die gesetzlichen Mitwirkungsbefugnisse gebunden und übt in nicht unbeträchtlichem Maße Kontrolle über die Maßnahmen des Insolvenzverwalters aus.[107]

4. Zum Insolvenzschuldner. Das Verhältnis der Gläubigerversammlung zum Insolvenzschuldner ist naturgemäß nicht besonders ausgeprägt. Allerdings ist auf Anordnung des Gerichts der Schuldner der Gläubigerversammlung gegenüber verpflichtet, über alle das Verfahren betreffenden Verhältnisse Auskunft zu erteilen, soweit der Gläubigerversammlung diese Informationen nicht bereits durch den Insolvenzverwalter mitgeteilt worden sind bzw. von diesem mitgeteilt werden können.[108] Außerdem wird das Verhältnis von Gläubigerversammlung und Schuldner auch im Hinblick auf die Anordnung der Überwachung des Schuldners im Restschuldbefreiungsverfahren nach § 292 Abs. 2 Satz 1 bedeutsam.[109] Ferner spielt die Gläubigerversammlung auch eine maßgebliche Rolle im Zusammenhang mit der Eigenverwaltung des Schuldners,[110] was sich daran zeigt, dass die Gläubigerversammlung bei Versagung der Eigenverwaltung durch das Gericht deren nachträgliche Anordnung nach § 271 oder andersherum bei einer gerichtliche Anordnung auch die Aufhebung der Eigenverwaltung (§ 272 Abs. 1 Nr. 1) beantragen kann. Berührungspunkte ergeben sich schließlich auch in dem Umstand, dass es die Gläubigerversammlung und nicht etwa das Insolvenzgericht oder der Insolvenzverwalter ist, die letztendlich beschließen kann, ob und in welchem Umfang dem Schuldner und seiner Familie Unterhalt aus der Insolvenzmasse gewährt werden soll (§ 100 Abs. 1).[111]

IV. Einberufung der Gläubigerversammlung durch das Insolvenzgericht

Aus der Funktion des Insolvenzgerichts als Aufsichtsbehörde über die Gläubigerversammlung folgt unmittelbar, dass die Gläubigerversammlung **ausschließlich durch das Insolvenzgericht einberufen** werden kann.[112] Unter welchen Umständen dies geschieht, regelt sich nach § 75. Nur durch den Akt des Insolvenzgerichts (der ersten Einberufung) wird die Gläubigerversammlung als

---

[107] Siehe *Blersch*/Goetsch/Haas § 74 RdNr. 1; *Buck* in Huntemann u.a., Der Gläubiger im Insolvenzverfahren, Kap. 10, RdNr. 8 f.
[108] Vgl. *Pape* 2. Aufl. RdNr. 286; zum Umfang der Auskunftspflicht siehe auch *Grub*, Kölner Schrift, 671, 689 (RdNr. 44 f.); Kübler/Prütting/Bork/*Lüke* § 97 RdNr. 3 ff.; *Nerlich*/*Römermann*/*Wittkowski* § 97 RdNr. 4 ff.; unten § 97 RdNr. 14 ff.
[109] Dazu ausführlich unten *Ehricke* § 292 RdNr. 42 ff.
[110] Vgl. zu diesem Komplex *Pape* RdNr. 271; *ders.*, Kölner Schrift, 895, 902 f. (RdNr. 8 f.); *Vallender* WM 1998, 2129, 2138 f.; *Hess* § 270 RdNr. 50 ff.; *Smid* § 270 RdNr. 9 ff.; ferner vgl. unten §§ 270, 271, 272.
[111] Siehe *Grub*, Kölner Schrift, 671, 685 ff. (RdNr. 36 ff.); *Pape* RdNr. 273. Zu Einzelheiten siehe unten die Kommentierung zu § 100.
[112] Einhellige Auffassung: *Hess* § 74 RdNr. 4; *Nerlich*/*Römermann*/*Delhaes* § 74 RdNr. 1; HambKomm-*Preß* § 74 RdNr. 3; *Andres*/*Leithaus* §§ 74, 75 RdNr. 2; HK-*Eickmann* § 74 RdNr. 2; *Braun*/*Herzig* § 74 RdNr. 4; *Jaeger*/*Gerhardt* § 74 RdNr. 22; Uhlenbruck/*Uhlenbruck* § 74 RdNr. 15; *Braun*/*Herzig* § 74 RdNr. 4.

Organ des Insolvenzverfahrens konstituiert.[113] Eine durch den Insolvenzverwalter oder durch eine Gläubigermehrheit oder sogar durch die Gläubigergesamtheit einberufene Gläubigerversammlung ist keine Gläubigerversammlung im Sinne der Insolvenzordnung;[114] den auf solchen Versammlungen gefassten Beschlüssen kommt keinerlei rechtliche Wirkung zu, es sei denn, es gelten durch das vereinfachte Verfahren Besonderheiten (§ 312).[115] Sie können auch nicht etwa nachträglich durch das Gericht genehmigt werden. Das Gesetz sieht dazu keine Handhabe vor.

21   **1. Zwingende Einberufung.** Die Einberufung der Gläubigerversammlung durch das Insolvenzgericht muss neben den in § 75 genannten Fällen[116] erfolgen in den Fällen des Berichtstermins (§§ 29 Abs. 1 Nr. 1, 156 ff.), des Prüfungstermins (§§ 29 Abs. 1 Nr. 2, 176 ff.), der Schlussrechnungslegung (§ 66), nach der vorläufigen Untersagung von Rechtshandlung gem. § 160 durch das Insolvenzgericht (§ 161 Satz 2), des Schlusstermins nebst Schlussrechnungslegung (§§ 197, 66) und des Erörterungs- und Abstimmungstermins bezüglich eines Insolvenzplans (§ 235), es sei denn, es gelten durch das vereinfachte Verfahren Besonderheiten (§ 312). Ein Ermessen hat das Gericht im Hinblick auf die Tatbestände der zwingenden Einberufung einer Gläubigerversammlung nicht.[117] Möglich sind freilich die Verbindung von Berichts- und Prüfungstermin (§ 29 Abs. 2) oder/und die Verbindung von Prüfungstermin mit dem Erörterungs- und Abstimmungstermin zur Annahme und Bestätigung eines Insolvenzplans (§ 236).

22   **2. Fakultative Einberufung.** Das Gericht kann nach billigem Ermessen auch auf eigene Initiative die Gläubigerversammlung einberufen.[118] Dieses **Ermessen wird durch eine Zweckdienlichkeitsabwägung** bestimmt, welche sich wiederum am gemeinsamen Interesse der Insolvenzgläubiger ausrichten muss. Insoweit besteht eine Verbindung zu den Befugnissen des Insolvenzgerichts nach § 78, wobei es aber keine Deckungsgleichheit in den Voraussetzungen gibt. Verbindlich aufzustellende Regeln für das pflichtgemäße Tätigwerden des Gerichts lassen sich naturgemäß nicht formulieren. Doch hat das Gericht, freilich stets unter angemessener Berücksichtigung der Kompetenzen des Insolvenzverwalters und der Autonomie der Gläubigerversammlung, in jedem Stand des Verfahrens zu überprüfen, ob es durch die Einberufung der Gläubigerversammlung in den Fortgang des Verfahrens einzugreifen hat, um das Verfahren insgesamt zu beschleunigen.[119] Dies kann beispielsweise angezeigt sein, um Schaden von den Gläubigern abzuwenden, welchen möglicherweise das Gericht, aber – eventuell aus Entfernungsgründen – nicht die anderen Beteiligten erkennen. Konkret wird es sich dabei regelmäßig um Fragen der Verwaltung oder sogar der Entlassung des Insolvenzverwalters handeln,[120] oder darum, problematische Sachverhalte einer Klärung zuzuführen (zB Stellungnahme der Gläubigerversammlung zur Freigabe unverwertbarer Gegenstände).[121]

23   **3. Funktionale Zuständigkeit.** Die funktionale Zuständigkeit liegt beim Richter, soweit es sich um die erste, im Eröffnungsbeschluss einzuberufende Gläubigerversammlung gemäß § 29 Nr. 1 handelt. In den übrigen Fällen ist der Rechtspfleger funktional zuständig (vgl. § 18 Abs. 1 Nr. 1 RPflG).[122]

24   **4. Rechtsmittel gegen die Einberufung oder eine Vertagung.** Im Gegensatz zum früheren Recht, welches allen Beteiligten eine Beschwerderecht gegen die Einberufung einer Gläubigerversammlung durch das Insolvenzgericht eingeräumt hat,[123] besteht gegen die Einberufung durch den Richter **mangels ausdrücklicher Regelung kein Rechtsmittel mehr** (vgl. § 6).[124] Beruft hingegen der Rechtspfleger eine Gläubigerversammlung ein, so besteht die Möglichkeit einer sofortigen

---

[113] *Smid* § 74 RdNr. 2; *Uhlenbruck/Uhlenbruck* § 74 RdNr. 15.
[114] *Nerlich/Römermann/Delhaes* § 74 RdNr. 1; *Smid* § 74 RdNr. 2; *Buck* in Huntemann u.a., Der Gläubiger im Insolvenzverfahren, Kap. 10, RdNr. 19; *Kübler/Prütting/Bork* § 74 RdNr. 7; *Braun/Herzig* § 74 RdNr. 4; *Uhlenbruck/Uhlenbruck* § 74 RdNr. 14.
[115] So auch *Buck* in Huntemann u.a., Der Gläubiger im Insolvenzverfahren, Kap. 10, RdNr. 19; *Jaeger/Gerhardt* § 74 RdNr. 12.
[116] Dazu siehe unten in dieser Kommentierung bei § 75 RdNr. 2 ff.
[117] Siehe zB HK-*Eickmann* § 74 RdNr. 3; *Uhlenbruck/Uhlenbruck* § 74 RdNr. 15.
[118] HK-*Eickmann* § 74 RdNr. 3; *Uhlenbruck/Uhlenbruck* § 74 RdNr. 15; *Braun/Herzig* § 274 Rn. 4; *Mohrbutter/Ringstmeier/Voigt-Salus/Pape* § 21 RdNr. 174 ff.
[119] *Kübler/Prütting/Bork* § 74 RdNr. 8; *Smid* § 74 RdNr. 3; HK-*Eickmann* § 74 RdNr. 3; *Nerlich/Römermann/Delhaes* § 74 RdNr. 2; LG Stuttgart ZIP 1989, 1595.
[120] Vgl. LG Stuttgart ZIP 1989, 1595 f.
[121] LG Wiesbaden MDR 1970, 598; *Oelrichs*, 30; *Uhlenbruck/Uhlenbruck* § 74 RdNr. 15.
[122] Siehe *Smid* § 74 RdNr. 3; *Braun/Herzig* § 74 RdNr. 5; *Andres/Leithaus* §§ 74, 75 RdNr. 2.
[123] Siehe nur *Jaeger/Weber* KO, § 94 RdNr. 26; *Kilger/K. Schmidt* KO § 93 Anm. 2.
[124] OLG Köln ZInsO 2001, 1112; LG Göttingen ZInsO 2000, 628; *Uhlenbruck/Uhlenbruck* § 74 RdNr. 15; HK-*Eickmann* § 74 RdNr. 9; *Kübler/Prütting/Bork* § 74 RdNr. 8; *Nerlich/Römermann/Delhaes* § 74 RdNr. 15; *Hess* § 74 RdNr. 14; *Buck* in Huntemann u.a., Der Gläubiger im Insolvenzverfahren, Kap. 10 RdNr. 35.

Erinnerung gem. § 11 Abs. 2 RPflG. Gegen die Vertagung oder die Ablehnung der Vertagung ist wegen § 6 Abs. 1 ebenfalls keine sofortige Beschwerde gegeben. Eine etwaige analoge Anwendung des § 75 Abs. 3 scheitert an dem in § 6 Abs. 1 enthaltenen Enumerationsprinzip. Zudem scheitert eine Analogie an der fehlenden Vergleichbarkeit. Während im Falle der Ablehnung eines Einberufungsantrags eine Gläubigerversammlung gar nicht erst stattfindet, hat der Gläubiger im Falle der (Ablehnung einer) Vertagung Gelegenheit, in der zunächst einberufenen Gläubigerversammlung seine Interessen wahrzunehmen.[125]

V. Teilnahmeberechtigte

1. Allgemeines. Die Gläubigerversammlung ist nur **parteiöffentlich**.[126] Die öffentliche Bekanntmachung erfolgt aufgrund der Neufassung von § 9 Abs. 1 Satz 1 durch das Gesetz zur Vereinfachung des Insolvenzverfahrens[127] ausschließlich im Internet. Bundesweit einheitlich dient hierfür die Internetplattform „www.insolvenzbekanntmachungen.de". Der Kreis der Teilnahmeberechtigten wird in § 74 Abs. 1 Satz 2 festgelegt. Dies sind neben allen Insolvenzgläubigern und dem Insolvenzverwalter auch die absonderungsberechtigten Gläubiger, die Mitglieder des Gläubigerausschusses und der Schuldner. Im Vergleich zu der Konzeption der Gläubigerversammlung nach dem Recht der KO sind als wesentliche Änderungen zum einen die Stärkung der Rechte der absonderungsberechtigten Gläubiger und zum anderen die Abschaffung der Konkursprivilegien mit der Folge der Einebnung von Sonderinteressen der Arbeitnehmer und des Fiskus festzustellen.[128] Die Einbeziehung der dinglich gesicherten Gläubiger in die Gläubigerversammlung ist auf Grund der ganz anderen Interessenlage als die der Insolvenzgläubiger nicht unproblematisch,[129] sodass Konflikte zwischen gesicherten und nicht gesicherten Gläubigern vorprogrammiert sind. Gleichwohl rechtfertigt sich die Einbeziehung dieser Gläubigergruppe wegen der nach § 223 Abs. 2 möglichen Eingriffe in ihre Rechte im Insolvenzplanverfahren.[130]

Die Rechte in der Gläubigerversammlung werden bei Insolvenzgläubigern, die juristische Personen sind, durch ihre **organschaftlichen Vertreter** wahrgenommen. Ist der Schuldner eine juristische Person so ist dessen Vertretungsorgan an der Gläubigerversammlung teilnahmeberechtigt. Dies ist einer der (seltenen) Fälle, in denen die Geschäftsleitungsorgane von Kapitalgesellschaften (also bei der GmbH der Geschäftsführer und bei der AG der Vorstand) neben dem Insolvenzverwalter als Liquidator noch eine eigene Aufgabe haben.[131] Die Rechte in der Gläubigerversammlung müssen allerdings **nicht höchstpersönlich ausgeübt** werden.[132] Die Gläubiger können sich vielmehr auch vertreten lassen, wobei die Vertretungsmacht nachzuweisen ist (vgl. § 4, §§ 80, 88 ZPO). Bei anwaltlichen Vollmachten entfällt der Nachweis.[133]

2. Einzelheiten. a) Insolvenzgläubiger. Teilnahmeberechtigt an der Gläubigerversammlung sind alle Insolvenzgläubiger, also auch die nachrangigen gem. § 39.[134] Dazu gehören auch die Gläubiger bestrittener Forderungen.[135] Andernfalls wäre ihnen die Möglichkeit verwehrt, im Rahmen der Stimmrechtsfestsetzung nach § 77 Abs. 2 ihre Rechte in der Versammlung geltend zu machen, insbesondere einen Antrag auf gerichtliche Feststellung des Stimmrechts gem. § 77 Abs. 2 Satz 2 zu stellen und ggf. die Entscheidung noch in der Versammlung anzufechten.[136] Unproblematisch ist die Teilnahme dieser Gläubiger an der Gläubigerversammlung nach dem Prüfungstermin. Findet hingegen eine Gläubigerversammlung schon vor dem Prüfungstermin statt, besteht das Problem, dass zu diesem Zeitpunkt noch nicht in allen Fällen sicher ist, ob die von den teilnahmewilligen Gläubigern behaupteten Forderungen tatsächlich in der geltend gemachten Höhe oder überhaupt bestehen. Diese Frage ist jedoch wichtig für die Berechtigung zur Teilnahme an der Gläubigerversammlung und für die Abstimmungsmodalitäten im

---

[125] BGH ZInsO 2006, 547; FK-*Schmitt* § 74 RdNr. 17.
[126] Siehe zB HK-*Eickmann* § 74 RdNr. 4; *Nerlich/Römermann/Delhaes* § 74 RdNr. 3; *Haarmeyer/Wutzke/Förster*, Handbuch, Kap. 6, RdNr. 58; *Pape* RdNr. 199.
[127] Gesetz vom 13.4.2007 (BGBl. I S. 509).
[128] Siehe *Pape* RdNr. 189.
[129] Vgl. dazu u.a. *Häsemeyer* RdNr. 6.10; *Jelinek* in Leipold, Insolvenzrecht im Umbruch, 24 ff.; *Pape* RdNr. 191.
[130] Ausführlicher zum Ganzen *Pape* 2. Aufl. RdNr. 293 ff.; vgl. ferner auch *Landfermann* BB 1995, 1649, 1650.
[131] Vgl. dazu *Smid/Smid/Rattunde* § 80 RdNr. 35; unten § 80 RdNr. 68 und 114.
[132] Siehe *Pape* 2. Aufl. RdNr. 293; *Uhlenbruck/Uhlenbruck* § 74 RdNr. 6 ff.; Kübler/Prütting/Bork § 74 RdNr. 9a; *Blersch/Goetsch/Haas* § 74 RdNr. 6 und 8; HK-*Eickmann* § 74 RdNr. 10; *Jaeger/Gerhardt* § 74 RdNr. 18.
[133] Siehe *Pape* 2. Aufl. RdNr. 294; *Blersch/Goetsch/Haas* § 74 RdNr. 6; Kübler/Prütting/Bork § 74 RdNr. 9a.
[134] Dazu ausführlich *Pape* 2. Aufl. RdNr. 294; vgl. ferner *Uhlenbruck/Uhlenbruck* § 74 RdNr. 6 und 9.
[135] So auch *Pape* RdNr. 197; *Nerlich/Römermann/Delhaes* § 74 RdNr. 12; *Uhlenbruck/Uhlenbruck* § 74 RdNr. 6; *Oelrichs*, 28; vgl. auch *Braun/Herzig* § 74 RdNr. 12.
[136] Überzeugend *Pape* 2. Aufl. RdNr. 205; vgl. auch *Uhlenbruck/Uhlenbruck* § 74 RdNr. 6 und 9.

Rahmen dieser Gläubigerversammlung. Entsprechend der Vorschriften zur Feststellung des Stimmrechts (§ 77 Abs. 2) ist es für die Teilnahmeberechtigung erforderlich, aber auch ausreichend, wenn der betreffende Gläubiger mit lediglich behaupteten Forderungen die für die Aufnahme dieser Forderungen in die Insolvenztabelle notwendigen Einzelheiten mitteilt[137]. Die vereinzelt gebliebene Auffassung des AG Aurich, dass von dem Gläubiger mit einer nur behaupteten Forderung verlangt werden müsse, diese glaubhaft zu machen, um an der Gläubigerversammlung teilnehmen zu dürfen,[138] hat sich nicht durchsetzen können.[139] Diese ablehnende Haltung ist überzeugend, denn die Glaubhaftmachung des Bestehens einer Forderung als verschärfte Anforderung ist nur in gesetzlich bestimmten Fällen und als erleichterte Form der Nachweisführung bei beweisbedürftigen Tatsachen vorgesehen.[140] Da eine Glaubhaftmachung nicht einmal im gesetzlichen Feststellungsverfahren bestrittener Forderungen erforderlich ist, wird man sie erst recht nicht für die Zulassung von Gläubigern mit behaupteter Forderung an der Teilnahme an einem frühen ersten Berichtstermin fordern können.[141] Teilnahmeberechtigt sind auch die Genossen in einer Genossenschaftsinsolvenz.[142]

28   **b) Insolvenzverwalter.** Schon im Hinblick auf seine Stellung und aus dem Verhältnis der Gläubiger zum Insolvenzverwalter (s. oben **RdNr. 18**) folgt unproblematisch die Notwendigkeit der Teilnahmeberechtigung des Insolvenzverwalters. Im Gesetz nicht geregelt ist dagegen die Teilnahmeberechtigung des Sachwalters im Rahmen der Eigenverwaltung (§§ 270 ff.) und des Treuhänders im vereinfachten Insolvenzverfahren nach §§ 311 ff. Dabei handelt es sich aber offensichtlich um ein **redaktionelles Versehen,** denn gem. §§ 270 Abs. 1 Satz 2 und 304 Abs. 1 treten der Sachwalter bzw. der Treuhänder in diesen besonderen Verfahren an die Stelle des Insolvenzverwalters und nehmen funktional dessen Position ein. Es ist daher kein Grund ersichtlich, warum diese Verfahrensbeteiligten nicht dann insoweit auch so behandelt werden sollen wie der Insolvenzverwalter, dessen Platz sie übernehmen.[143] Die Teilnahmeberechtigung von Sachverwaltern und Treuhändern ergibt sich daher aus der *analogen Anwendung* des § 74 Abs. 1 Satz 2.

29   **c) Mitglieder des Gläubigerausschusses.** Nachdem in der ursprünglichen Fassung der Insolvenzordnung die Teilnahmeberechtigung der Gläubigerausschussmitglieder nicht erwähnt war, hat der Gesetzgeber kurz vor Inkrafttreten der Insolvenzordnung den § 74 Abs. 1 Satz 2 entsprechend ergänzt. Dies war allein schon deshalb notwendig, um Widersprüche auszuräumen, die sich dadurch ergaben, dass nach der ursprünglichen Fassung der Gläubigerausschuss die Einberufung der Gläubigerversammlung hätte beantragen dürfen (§ 75 Abs. 1 Nr. 2), dann aber von der Teilnahme ausgeschlossen wäre. Zugleich ist damit klargestellt worden, dass nicht nur Mitglieder des Gläubigerausschusses, die gleichzeitig auch Gläubiger sind, an der Gläubigerversammlung teilnehmen dürfen, sondern auch externe Mitglieder gem. § 67 Abs. 3. Das Teilnahmerecht gilt auch für solche Personen, die noch nicht dem Gläubigerausschuss angehören, wenn die Wahl dieser Person zum Beschlussgegenstand der Gläubigerversammlung gehört.[144] Auch die Mitglieder des vorläufigen Gläubigerausschusses sind teilnahmeberechtigt.[145] Soweit es sich dabei um Gläubiger handelt, sind diese ohnehin nach den allgemeinen Regeln teilnahmeberechtigt.

30   **d) Absonderungsberechtigte Gläubiger, Aussonderungsberechtigte, Massegläubiger.** Absonderungsberechtigte Gläubiger sind Insolvenzgläubiger, soweit der Schuldner ihnen auch persönlich haftet (§ 52 Satz 1) und daher zur Teilnahme an der Gläubigerversammlung berechtigt. Absonderungsberechtigte Gläubiger ohne persönliche Forderung nehmen ebenfalls an der Gläubigerversammlung teil, haben aber nur ein auf den etwaigen Ausfall beschränktes Stimmrecht.[146] Die absonderungsberechtigten Gläubiger haben grundsätzlich die gleichen verfahrensrechtlichen Befugnisse wie die anderen Insolvenzgläubiger.[147] Dort, wo absonderungsberechtigte Gläubiger von verfahrensrechtlichen Befugnissen ausgeschlossen sind (zB §§ 59 Abs. 2 Satz 2, 64 Abs. 3, 177 Abs. 1 Satz 2, 178 Abs. 1 Satz 1 oder 283 Abs. 1 Satz 1), ist im Einzelfall exakt zu prüfen, ob ihnen möglicherweise diese Befugnisse analog zugestanden werden. Dies hängt davon ab, ob die absonderungsberechtigten Gläubiger ohne persönliche Forderung – die anderen sind ohnehin schon wegen § 52

---

[137] S. *Nerlich/Römermann/Delhaes,* § 74 RdNr. 12; *Braun/Herzig* § 74 RdNr. 12; *Jaeger/Gerhard,* § 74 RdNr. 16.
[138] AG Aurich, ZInsO 2006, 782.
[139] *Hanken,* ZInsO 2006, 784; *Herzig* EWiR 2006, 689; *Jaeger/Gerhardt* § 74 RdNr. 16.
[140] So *Braun/Herzig* § 74 RdNr. 12.
[141] *Jaeger/Gerhardt* § 74 RdNr. 16.
[142] Siehe HK-*Eickmann* § 74 RdNr. 10.
[143] S. *Braun/Herzig* § 74 RdNr. 10; *Pape* 2. Aufl. RdNr. 206; ebenso HambKomm-*Preß* § 74 RdNr. 12.
[144] Siehe *Blersch*/Goetsch/Haas § 74 RdNr. 11.
[145] Vgl. *Kübler*/Prütting/Bork § 74 RdNr. 9a.
[146] *Uhlenbruck/Uhlenbruck* § 74 RdNr. 10; *Mohrbutter/Ringstmeier/Voigt-Salus/Pape* § 21 RdNr. 183 f.; vgl. auch *Marotzke,* FS Kirchhof, S. 321, 334 ff.
[147] *Oelrichs,* 28.

Satz 1 den Insolvenzgläubigern gleichgestellt – vom Schutzbereich der betreffenden Befugnisse erfasst sind.[148] Das dürfte zB im Fall von § 59 Abs. 2 Satz 2 zu bejahen, in den Fällen der §§ 64 Abs. 3 und 177 Abs. 1 Satz 2 beispielsweise aber zu verneinen sein.

Die Teilnahmeberechtigung von Aussonderungsberechtigten (§ 47 Satz 1) oder Massegläubigern (§§ 53, 55) ist in § 74 Abs. 1 Satz 2 nicht vorgesehen. Es besteht dafür auch kein weiteres Bedürfnis: Aussonderungsberechtigte sind keine Insolvenzgläubiger, die aus der Masse befriedigt werden müssten.[149] Es besteht daher auch keine Notwendigkeit, ihnen im Rahmen der Gläubigerversammlung eine Mitwirkungsbefugnis an der Verwaltung der Masse einzuräumen. Der Hinweis, dass ihnen eine Teilnahmeberechtigung deshalb eingeräumt werden müsste, weil sie damit Einfluss auf die ordnungsgemäße Verwaltung der Gegenstände nehmen könnten, was ihre Chance, zu ihrem Recht zu kommen, vergrößern würde,[150] vermag kein anderes Ergebnis zu rechtfertigen. Denn die Aussonderungsberechtigten sind durch die allgemeinen, eigentumsschützenden Normen des Rechts hinlänglich vor einem unsachgemäßen Umgang mit ihren Gegenständen geschützt. Massegläubigern ist ebenfalls nur ein untergeordnetes Interesse an der Teilnahme zuzugestehen, weil ihre Forderungen im Verfahren ohnehin vorweg berichtigt werden.[151] Für den Fall der Masseinsuffizienz, in denen das Verfahren dann nur noch der Befriedigung der Massegläubiger dient und jene daher in diesem Fall ein Interesse an der Einflussnahme im Rahmen der Gläubigerversammlung hätten, hat der Gesetzgeber die Ersetzung der Insolvenzgläubiger durch die Massegläubiger ausdrücklich abgelehnt.[152]

e) Andere Teilnahmeberechtigte. Soweit es die Besonderheiten des Verfahrens oder der Verfahrenszweck es erfordert, kann das Insolvenzgericht **nach pflichtgemäßem Ermessen auch andere Personen zur Gläubigerversammlung zulassen,**[153] etwa zu Ausbildungszwecken (Studenten, Auszubildende, Rechtsreferendare, Rechtspflegeranwärter) oder zur Befriedigung eines (erheblichen) öffentlichen Informationsbedürfnisses (Pressevertreter).[154] Ferner können ggf. nach Nachweis eines besonderen Interesses zur Teilnahme zugelassen werden Sachverständige, Vertreter von Standesorganisationen wie der IHK oder der Handwerkskammer etc., Organe von Gläubigerschutzvereinigungen, Gesellschafter einer Gesellschaft in der Insolvenz, die weder als Gläubiger noch als vertretungsbefugtes Organ ohnehin die Teilnahmeberechtigung besitzen, der Aufsichtsrat bzw. Aufsichtsratsmitglieder einer AG in Insolvenz und Angehörige des Schuldners. In besonderen Fällen kann das Gericht auch Massegläubigern die Teilnahme an der Gläubigerversammlung gestatten.[155]

f) Versammlung von Gläubigern von Schuldverschreibungen. Im Insolvenzverfahren über das Vermögen eines Schuldners, der Schuldverschreibungen im Sinne des § 1 SchVG[156] nach dem 5.8.2009 ausgegeben hat, bilden die Gläubiger von derartigen Schuldverschreibungen eine besondere Gläubigergruppe. Nach § 19 Abs. 1 Satz 1 SchVG gelten für sie die Vorschriften der InsO soweit nicht die folgenden Absätze des § 19 SchVG etwas anderes bestimmen. Die Einberufung der Gläubigerversammlung im Insolvenzverfahren erfolgt deshalb nicht nach § 9 Abs. 1 durch den Schuldner oder den gemeinsamen Vertreter der Gläubiger, sondern nach § 74 Abs. 1 durch das Insolvenzgericht. Gemäß § 19 Abs. 2 Satz 1 SchVG haben die Gläubiger die Möglichkeit, einen gemeinsamen Vertreter zur Wahrnehmung ihrer Rechte im Insolvenzverfahren durch Mehrheitsbeschluss zu bestellen. Ist dies noch nicht geschehen, hat das Insolvenzgericht für diesen Zweck eine Gläubigerversammlung nach den §§ 9 ff. SchVG einzuberufen. Der gemeinsame Vertreter ist gemäß § 19 Abs. 3 SchVG allein berechtigt und verpflichtet, die Rechte der Gläubiger im Insolvenzverfahren geltend zu machen.[157]

---

[148] Pauschal wird eine analoge Anwendung bejaht von *Uhlenbruck/Uhlenbruck* § 74 RdNr. 10 im Anschluss an *Oelrichs*, 28.

[149] Ebenso *Uhlenbruck/Uhlenbruck* § 74 RdNr. 11; *Andres*/Leithaus §§ 74, 75 RdNr. 8; FK-*Schmitt* § 74 RdNr. 11; vgl. aber auch *Smid* § 74 RdNr. 5; dagegen zu Recht *Mohrbutter/Ringstmeier/Voigt-Salus/Pape* § 21 RdNr. 186.

[150] So *Smid* § 74 RdNr. 5.

[151] *Uhlenbruck/Uhlenbruck* § 74 RdNr. 11; *Blersch/Goetsch/Haas* § 74 RdNr. 10.

[152] Siehe ausführlich *Pape* RdNr. 195; vgl. auch *Blersch/Goetsch/Haas* § 74 RdNr. 10.

[153] *Nerlich/Römermann/Delhaes* § 74 RdNr. 14; HK-*Eickmann* § 74 RdNr. 10 f.; *Andres*/Leithaus §§ 74, 75 RdNr. 8; *Blersch/Goetsch/Haas* § 74 RdNr. 12; *Pape* 2. Aufl. RdNr. 199 ff.

[154] Dazu siehe ausführlich unten § 76 RdNr. 5.

[155] *Uhlenbruck/Uhlenbruck* § 74 RdNr. 11.

[156] Gesetz vom 31.7.2009 (BGBl. S. 2512).

[157] Siehe dazu ausführlicher *Leber*, Der Schutz und die Organisation der Obligationäre nach dem Schuldverschreibungsgesetz, 2012, S. 140 ff.; *Schönhaar*, Die kollektive Wahrnehmung der Gläubigerrechte in der Gläubigerversammlung nach dem neuen Schuldverschreibungsgesetz, 2011 *Kuder* ZInsO 2009, 2025; 2026 f.; Kübler/Prütting/*Bork* § 74 RdNr. 16 bis 18; *Uhlenbruck/Uhlenbruck* § 74 RdNr. 20; zur Rechtslage nach dem SchVG vom 4.12.1899 vgl. *Blersch/Goetsch/Haas* § 74 RdNr. 5; *Hess* § 74 RdNr. 25 f. und § 76 RdNr. 6 ff.; Haarmeyer/Wutzke/Förster, Handbuch, Kap. 6 RdNr. 58; *Than*, FS Horn, 521; *Delhaes*, FS Metzler, 39 ff.; *Hopt* WM 1990, 1733; *Hess/Obermüller*, Verfahrensbeteiligte, RdNr. 1153 ff.

VI. Das Einberufungsverfahren

33 Das Verfahren zur Einberufung ist in der Insolvenzordnung nicht näher ausgestaltet worden. Daher greifen ergänzend (§ 4) die allgemeinen zivilprozessualen Vorschriften ein.

Eine Berufung der Gläubigerversammlung ergeht in **Form eines Beschlusses,** der öffentlich bekanntzumachen (§ 74 Abs. 2 Satz 1) ist.[158] Gläubiger, die dem Gericht namentlich und mit ladungsfähiger Anschrift bekannt sind, müssen daher nicht durch Zustellung gem. §§ 192 ff. ZPO geladen werden. Der Beschluss muss **Ort, Zeit und Inhalt** (Tagesordnung) der Versammlung beinhalten. Grundsätzlich hat das Insolvenzgericht bei der Bestimmung des Zeitpunkts ein Ermessen. Allerdings sind hinsichtlich der Fristen über § 4 die §§ 217, 2. Alt., 219, 222 und 227 ZPO zu beachten. Daher ist es erforderlich, dass zwischen dem Zeitpunkt, an dem die Bekanntmachung als bewirkt gilt (nach Verstreichen von zwei Tagen nach dem Tag der Veröffentlichung der Bekanntmachung, § 9 Abs. 1 Satz 3) oder – ausnahmsweise – in den Fällen des § 74 Abs. 2 Satz 2 durch Verkündung ersetzt ist und ersetzt werden durfte,[159] und dem anberaumten Termin drei volle Tage liegen. Das bedeutet, dass das Insolvenzgericht im Regelfall die Ladung zumindest sechs Tage vor Stattfinden der Gläubigerversammlung bekanntzumachen hat.[160] Diese Frist ist als **Mindestfrist** zu verstehen, die für bestimmte Gläubigerversammlungstermine durch zusätzliche Bestimmungen ergänzt werden. Der Prüfungstermin soll zB nicht früher als eine Woche nach Ablauf der Anmeldefrist der Forderungen durch die Insolvenzgläubiger angesetzt werden (§ 29 Abs. 1 Nr. 2). Zwischen der öffentlichen Bekanntmachung des Schlusstermins und dem Termin selbst soll eine Frist von mindestens drei Wochen liegen (§ 197 Abs. 2).[161] Für die Berechnung der Fristen, insbesondere unter Beachtung von Sonnabenden, Sonntagen und gesetzlichen Feiertagen, gelten § 222 ZPO, §§ 187 ff. BGB. Wird diese Frist nicht eingehalten, kann von den Beteiligten Terminverlegung verlangt werden (§ 227 ZPO).[162] Dieser ist vom Insolvenzgericht in dem speziellen Fall der Nichteinhaltung der Frist auch zu entsprechen.[163] In anderen Fällen kann die Gläubigerversammlung einen neuen Termin nur anregen, nicht jedoch anordnen. Das Gericht hat dann nach § 227 ZPO zu prüfen, ob ein erheblicher Grund vorliegt und entsprechend zu entscheiden. **Diese Entscheidung ist unanfechtbar** (§ 227 Abs. 2 Satz 3 ZPO). Entgegen dem Wortlaut muss aber eine Überprüfung der Zurückweisung des Antrags auf Vertagung bei Nichteinhalten der Frist jedenfalls dann möglich sein, wenn ansonsten wesentliche, grundrechtlich geschützte Rechte der beteiligten Gläubiger unannehmbar verkürzt würden. Ansatzpunkt ist hier die Beschwerde nach § 252 ZPO. Das Gesetz sieht auch Regeln vor, die im Hinblick auf den maximalen Zeitpunkt, an dem die Gläubigerversammlung stattfinden muss, dem Ermessen des Insolvenzgerichts Grenzen ziehen: Der Berichtstermin soll nicht später als sechs Wochen und darf nicht später als drei Monate nach Eröffnung des Insolvenzverfahrens liegen (§ 29 Abs. 1 Nr. 1). Als zeitliche Grenze für die Festlegung des Prüfungstermins ist in § 29 Abs. 1 Nr. 2 zwei Monate nach Ablauf der Anmeldefrist der Forderungen durch die Insolvenzgläubiger vorgesehen. Der Zeitraum zwischen dem Antrag auf Einberufung der Gläubigerversammlung nach § 75 und dem Termin soll drei Wochen nicht überschreiten (§ 75 Abs. 2). Der Schlusstermin soll nach § 197 Abs. 2 nicht später als zwei Monate nach öffentlicher Bekanntmachung liegen.

34 Das Insolvenzgericht hat schließlich auch **den Ort zu bestimmen** und bekannt zu machen, an dem die Gläubigerversammlung stattfinden soll. Es hat dabei Vorsorge zu treffen, dass Räumlichkeiten gewählt werden, die der voraussichtlichen Teilnehmeranzahl angemessen sind. Das bedeutet, dass die Gläubigerversammlung auch an einem anderen Ort als dem Gerichtsgebäude stattfinden kann (§ 4, § 219 ZPO).[164] Das Insolvenzgericht muss in jedem Fall den Versammlungsort nach Lage und Anschrift genau beschreiben, damit auch ortsunkundigen Teilnehmern die Teilnahme ermöglicht wird. Die Kosten für die fremden Räumlichkeiten sind Masseverbindlichkeiten.[165]

35 Gegen die Einberufung der Gläubigerversammlung, die Bestimmung des Ortes, des Termins oder der Tagesordnung kann **keine sofortige Beschwerde** eingelegt werden, wenn der Beschluss von

---

[158] So auch die nahezu übereinstimmende Meinung, siehe *Uhlenbruck/Uhlenbruck* § 74 RdNr. 16; *HK-Eickmann* § 74 RdNr. 7.
[159] Dazu sogleich unten RdNr. 38 ff.
[160] Zu Problemen mit dieser Frist siehe *Blersch/Goetsch/Haas* § 74 RdNr. 16; vgl. ferner *Buck* in Huntemann u.a., Der Gläubiger im Insolvenzverfahren, Kap. 10, RdNr. 46; *HambKomm-Preß* § 74 RdNr. 8; *Nerlich/Römermann/Delhaes* § 74 RdNr. 4.
[161] Siehe *Nerlich/Römermann/Delhaes* § 74 RdNr. 4.
[162] *Uhlenbruck/Uhlenbruck* § 74 RdNr. 16; *Senst/Eickmann/Mohn* RdNr. 72; *Jaeger/Gerhardt* § 74 RdNr. 20.
[163] *Zöller/Stöber* ZPO § 227 RdNr. 6.
[164] *Blersch/Goetsch/Haas* § 74 RdNr. 17; *Nerlich/Römermann/Delhaes* § 74 RdNr. 6; *HK-Eickmann* § 74 RdNr. 6; *Uhlenbruck/Uhlenbruck* § 74 RdNr. 19; *HambKomm-Preß* § 74 RdNr. 10; *Pape* RdNr. 204; *Buck* in Huntemann u.a., Der Gläubiger im Insolvenzverfahren, Kap. 10, RdNr. 47.
[165] *Uhlenbruck/Uhlenbruck* § 74 RdNr. 19.

Einberufung der Gläubigerversammlung 36, 37 § 74

dem Insolvenzrichter erlassen worden ist. Das ergibt sich aus § 6.[166] Eine Beschwerdemöglichkeit ergibt sich auch nicht aus den über § 4 anwendbaren Vorschriften der ZPO. Insbesondere ist gem. § 227 Abs. 2 ZPO die Entscheidung eines Gerichts, eine Verhandlung zu vertagen, nicht anfechtbar.[167] Etwas anderes gilt jedoch bei der Einberufung der Gläubigerversammlung durch den Rechtspfleger, wo die sofortige Erinnerung gem. § 11 Abs. 2 Satz 1 RPflG möglich ist.[168]

VII. Öffentliche Bekanntmachung der Tagesordnung und ihre Ausnahmen

1. Bestimmtheitsgrundsatz. Die Gläubigerversammlung kann nur dann wirksam Beschlüsse 36 über bestimmte Gegenstände fassen, wenn jene dieser mittels einer **öffentlichen Bekanntmachung** zur Kenntnis gebracht werden. Sinn und Zweck dieser Regelung ist die Wahrung des rechtlichen Gehörs und die Gewährleistung der Mitwirkungsrechte aller Beteiligten. Daher kann eine Ausnahme auch dort nicht gemacht werden, wo es sich um Gegenstände handelt, die Kraft ausdrücklicher gesetzlicher Vorschriften auf die Tagesordnung einer bestimmten Gläubigerversammlung gesetzt werden müssen (zB Bestellung eines Gläubigerausschusses in der ersten Gläubigerversammlung, § 68).[169] Zudem darf das Insolvenzgericht eine Beschlussfassung über einen nicht öffentlich bekannt gemachten Gegenstand nicht gestatten.[170] Aus dem erwähnten Sinn und Zweck ergibt sich ferner, dass die **Gegenstände der Tagesordnung dem wesentlichen Inhalt nach angegeben werden müssen.**[171] Damit wird gewährleistet, dass auch die mit der Insolvenzordnung nicht vertrauten Gläubiger, denen die Kenntnis der spezifischen Vorschriften, insbesondere mit ihren Querverbindungen, nicht abverlangt werden kann, sich hinsichtlich der einzelnen Gegenstände konkret vorbereiten und sich genaue Informationen besorgen. Daher reichen auch allgemeine Andeutungen, wie etwa „Verwertung der Masse" oder „Genehmigung von Anträgen des Verwalters" nicht.[172] Dasselbe gilt auch für einen Tagesordnungspunkt wie zB „Entschließung über die in § 132 (KO) bezeichneten Gegenstände".[173] Die gegenteilige Auffassung[174] kann nicht überzeugen, denn sie verkürzt über Gebühr die Mitwirkungsmöglichkeiten von gesetzesunkundigen Gläubigern, denen die „in § 132 (KO) bezeichneten Gegenstände" bzw. die in „§§ 100, 149 bezeichneten Gegenstände" fremd sind. Wollte man von jedem Gläubiger verlangen, dass er sich in dieser Rechtsmaterie zumindest in den Grundlagen auskennt oder sich rechtlichen Rat einholt, würden die Eingangsschranken zur Teilnahme an der Gläubigerversammlung prohibitiv hoch gehängt. Das entspricht nicht dem Grundgedanken der Gläubigerversammlung.[175] Nicht von der Notwendigkeit vorheriger öffentlicher Bekanntmachung erfasst, sind bloße Verhandlungen oder Diskussionen über ein nicht in die Tagesordnung aufgenommenes Thema.[176]

Bestimmte **Tagesordnungspunkte werden zum Teil vom Gesetz vorgegeben.** In der ersten Gläubigerversammlung etwa muss die Tagesordnung enthalten: Berichterstattung des Insolvenzverwalters (§ 156), die Abstimmung über die Beibehaltung des alten Insolvenzverwalters oder die Wahl eines anderen (§ 57); die Wahl bzw. Beibehaltung eines Gläubigerausschusses und seiner Mitglieder (§ 68); die Entscheidung über das Schicksal des schuldnerischen Unternehmens (§ 157 Abs. 1).

2. Einschränkungen. a) Keine Einschränkung des Bestimmtheitsgrundsatzes auf Grund 37 **des Wortlauts des § 74 Abs. 2 Satz 1.** Einschränkungen hinsichtlich des Bestimmtheitsgrund-

---
[166] Siehe LG Göttingen ZIP 2000, 1945; HambKomm-*Preß* § 74 RdNr. 15; *Nerlich/Römermann/Delhaes* § 74 RdNr. 15; *Braun/Herzig* § 74 RdNr. 15.
[167] LG Göttingen ZIP 2000, 1945, 1946; *Braun/Herzig* § 74 RdNr. 15.
[168] Siehe *Nerlich/Römermann/Delhaes* § 74 RdNr. 15; *Hess* RdNr. 15; *Braun/Herzig* § 74 RdNr. 15.
[169] OLG Köln LZ 1910, Sp. 798; RGZ 143, 265; *Uhlenbruck/Uhlenbruck* § 74 RdNr. 16; *Jaeger/Gerhardt* § 74 RdNr. 19; *Nerlich/Römermann/Delhaes* § 74 RdNr. 7; HK-*Eickmann* § 74 RdNr. 7; *Buck* in Huntemann u.a., Der Gläubiger im Insolvenzverfahren, Kap. 10, RdNr. 49.
[170] LG Cottbus v. 16.3.2007 (Az 7 T 484/06) RdNr. 26 (zitiert nach juris); *Nerlich/Römermann/Delhaes* § 74 RdNr. 7.
[171] Siehe BGH NZI 2008, 430; *Buck* in Huntemann u.a., Der Gläubiger im Insolvenzverfahren, Kap. 10, RdNr. 48 f.; HambKomm-*Preß* § 74 RdNr. 6; *Blersch/Goetsch/Haas* § 74 RdNr. 14; *Hess* § 74 RdNr. 8; *Haarmeyer/Wutzke/Förster*, Kap. 6, RdNr. 93; *Kübler* ZIP 1983, 1100; *Kübler/Prütting/Bork* § 74 RdNr. 11; *Uhlenbruck/Uhlenbruck* § 74 RdNr. 16.
[172] So auch LG Cottbus v. 16.3.2007 (Az. 7 T 484/06) BGH NZI 2008, 430; *Nerlich/Römermann/Delhaes* § 74 RdNr. 8; *Kübler/Prütting* § 74 RdNr. 11; *Jaeger/Gerhardt* § 74 RdNr. 19; *Kübler* ZIP 1983, 1100.
[173] So der Entscheidung des LG Freiburg/Brsg. ZIP 1983, 1098 zugrundeliegende Fall.
[174] LG Freiburg ZIP 1983, 1098; *Uhlenbruck* Rpfleger 1983, 9493; *Uhlenbruck/Delhaes*, Konkurs- und Vergleichsverfahren, 283 f. (RdNr. 463 ff.); abgeschwächt aber: *Kuhn/Uhlenbruck* KO, § 98 RdNr. 1; offensichtlich aufgegeben nun in *Uhlenbruck/Uhlenbruck* § 74 RdNr. 16.
[175] So im Ergebnis auch *Kübler/Prütting/Bork* § 74 RdNr. 11; *Kübler* ZIP 1993, 1100, 1101; *Uhlenbruck/Uhlenbruck* § 74 RdNr. 16.
[176] Siehe *Nerlich/Römermann/Delhaes* § 74 RdNr. 7; *Jaeger/Gerhardt* § 74 RdNr. 19.

§ 74   38, 39   2. Teil. 3. Abschnitt. Insolvenzverwalter. Organe der Gläubiger

satzes der Tagesordnung könnten auf den ersten Blick aus dem Vergleich des Wortlauts des § 74 Abs. 2 Satz 1 mit dem der Vorgängernorm des § 98 KO abgeleitet werden. Denn während § 98 KO sich auf den „Gegenstand, über welchen in der Gläubigerversammlung ein Beschluss gefasst werden soll" bezieht, stellt § 74 Abs. 2 Satz 1 allgemeiner auf die Tagesordnung ab. Tatsächlich lassen sich im Geltungsbereich der Insolvenzordnung aber keine größeren Einschränkungen ableiten, als früher unter der Konkursordnung. Denn ausweislich der Vorarbeiten sollte damit keine Veränderung des Anwendungsbereichs, sondern nur eine sprachliche Straffung gemeint sein.[177] Der Präzisierung des Inhalts der Tagesordnung dienen auch die Hinweise auf die anzugebende Zeit und den Ort der stattzufindenden Versammlung. Auch diese müssen genau bezeichnet werden.

38   **b) Vertagung auf sofort verkündeten Termin.** Nach § 74 Abs. 2 Satz 2 kann allerdings – ebenso wie früher in § 93 Abs. 2 Satz 2 KO – eine **öffentliche Bekanntmachung dann unterbleiben,** wenn in der Versammlung eine Vertagung auf einen sofort, d.h. in der vertagten Verhandlung selbst,[178] verkündeten neuen Termin angeordnet wird (zu einem Rechtsmittel gegen die Vertagung s. oben RdNr. 24). Das gilt auch für die Vertagung des allgemeinen Prüfungstermins nach § 176.[179] Zwar werden dadurch den nicht in der betreffenden Gläubigerversammlung anwesenden Gläubigern die Mitwirkungsoptionen am Verfahrensablauf verkürzt, doch ist dies hinzunehmen, weil es im Risikobereich des einzelnen Gläubigers liegt, wenn er die ihm eingeräumten Möglichkeiten zur Gläubigerbeteiligung durch sein Fehlen in der Versammlung nicht wahrnimmt und dadurch möglicherweise keine Kenntnis von einer Vertagung erlangt.[180]

39   Ganz problematisch ist, ob ein erneute öffentliche Bekanntmachung (einschließlich der Tagesordnung) auch dann unterbleiben kann, wenn **mit der Vertagung ein Wechsel in der Tagesordnung einhergeht,** was zur Folge haben könnte, dass durch Mehrheitsbeschluss eine Erweiterung der bekannt gemachten Tagesordnung für die nächste Versammlung möglich wäre, ohne dass diese veröffentlicht werden müsste.[181] Dies ist bejaht worden mit Blick auf die Änderungen in der Regelungslage der Insolvenzordnung im Vergleich zu der der Konkursordnung.[182] Während § 93 Abs. 2 KO nur die öffentliche Bekanntmachung der Einberufung einer Gläubigerversammlung im Falle der Vertagung entbehrlich gemacht habe, sei in § 98 KO ausdrücklich geregelt gewesen, dass in jedem Falle, also auch im Falle einer Vertagung, die Tagesordnung habe öffentlich bekannt gemacht werden müssen. Da der Gesetzgeber in der Regelung des § 74 Abs. 2 auf eine derartige Trennung verzichtet und demnach im Falle einer Vertagung auch auf die öffentliche Bekanntmachung der Tagesordnung für die vertagte Versammlung verzichtet habe, müsse eine Erweiterung der Tagesordnung bzw. eine darüber hinausgehende Beschlussfassung durch die Gläubigerversammlung zulässig sein. Dieser Auffassung kann jedoch nicht gefolgt werden. Unabhängig davon, ob nach der Rechtslage in der Konkursordnung tatsächlich die Tagesordnung für die Vertagung erneut öffentlich bekannt gemacht werden musste, die Einberufung der Gläubigerversammlung dagegen nicht,[183] ist sie nicht mit dem Regelungsansatz des § 74 Abs. 2 Satz 2 zu vereinbaren. Die Vertagung in § 74 Abs. 2 Satz 2 bezieht sich dem Wortlaut nach nicht auf die Gläubigerversammlung als solche sondern nur auf „die Verhandlung". Damit wird ganz deutlich, dass die Verschiebung auf einen späteren Zeitpunkt nur Tagesordnungspunkte betreffen kann, die schon in der ersten Gläubigerversammlung verhandelt worden sind und insoweit ordnungsgemäß öffentlich bekannt gemacht wurden. Daraus folgt zugleich unmittelbar, dass **eine Erweiterung des Gegenstandes für die neue Sitzung, auf die vertagt wurde, nicht erlaubt ist,** weil über diesen (dann neuen) Tagesordnungspunkt in der vorherigen Versammlung gerade nicht verhandelt wurde. Gegen die Möglichkeit der Erweiterung der Tagesordnung ohne vorherige öffentliche Bekanntmachung durch eine Vertagung spricht auch,

---

[177] Begr. RegE, BT-Drucks. 12/2443, 153, zu § 85.
[178] Vgl. *Nerlich/Römermann/Delhaes* § 74 RdNr. 3; HK-*Eickmann* § 74 RdNr. 8; FK-*Schmitt* § 74 RdNr. 9; *Smid* § 74 RdNr. 6; *Kübler/Prütting/Bork* § 74 RdNr. 12; *Uhlenbruck/Uhlenbruck* § 74 RdNr. 17; *Blersch/Goetsch/Haas* § 74 RdNr. 15; *Braun/Herzig* § 74 RdNr. 8; HambKomm-*Preß* § 74 RdNr. 9; *Jaeger/Gerhardt* § 74 RdNr. 19; dagegen aber *Hess/Weis/Wienberg* 2. Aufl. § 74 RdNr. 6.
[179] Vgl. AG Rastatt ZIP 1980, 754 f.; *Kübler/Prütting/Bork* § 74 RdNr. 12.
[180] So auch *Blersch/Goetsch/Haas* § 74 RdNr. 15.
[181] Das gilt auch für die Reduzierung der Tagesordnung, die aber im hiesigen Zusammenhang unproblematisch ist, weil eine Verringerung der Gegenstände auf der ordnungsgemäß bekannt gemachten Tagesordnung den Transparenzanforderungen stets entspricht.
[182] *Blersch*/Goetsch/Haas § 74 RdNr. 15 unter Berufung auf *Haarmeyer/Wutzke/Förster* Kap. 6, RdNr. 96, die allerdings an der angegebenen Stelle insoweit nicht die Vertagung behandeln, sondern die Frage der Erweiterung oder Reduzierung der Sitzungs-Tagesordnung im Vergleich zur bekannt gemachten Tagesordnung.
[183] Unmittelbar zur Unterstützung dieser Sichtweise finden sich keine eindeutigen Nachweise; vgl. nur *Kuhn/Uhlenbruck* KO § 98 RdNr. 1 und § 93 RdNr. 3; *Kilger/K. Schmidt* KO § 98 Anm. 1 und § 93 Anm. 3; *Jaeger/Weber* KO § 98 RdNr. 1 und § 93 RdNr. 7.

dass damit die Gefahr bestünde, dass der Schutzzweck der öffentlichen Bekanntmachung, nämlich den Gläubigern die Möglichkeit der Vorbereitung auf dieses Thema zu geben, und der mithin als Ausprägung des rechtlichen Gehörs zu verstehen ist,[184] in empfindlichen Umfang leer läuft. Darüber hinaus würde man dann, wenn die Erweiterung der Tagesordnung im Rahmen einer Vertagung ohne erneute öffentliche Bekanntmachung zugelassen wäre, auch ein **erhebliches Missbrauchspotenzial** eröffnen.[185] Beispielsweise wäre es dann möglich, dass in einer Gläubigerversammlung, an der nur ein oder wenige Gläubiger teilnehmen, eine Vertagung der Sitzung unter Ergänzung der Tagesordnung in ihnen genehmer Weise auf Gegenstände beschlossen würde, die von wesentlichem Interesse aller Gläubiger sind, ohne dass dies öffentlich bekannt gemacht zu werden brauchte. Der Schutz der anderen Gläubiger könnte dann allenfalls nur noch gewährleistet werden, indem das Insolvenzgericht entweder sein in § 74 Abs. 2 Satz 2 eingeräumtes Ermessen ausübt („kann unterbleiben") und trotzdem die vertagte Sitzung öffentlich bekannt macht, oder nach § 78 eingreift. Die von der Möglichkeit der Vertagung unter Erweiterung der Tagesordnung erwartete **Flexibilität und Reaktionsschnelligkeit**[186] wiegt die Beeinträchtigung der Gläubigerinformationsrechte nicht auf.[187] Denn es geht insoweit nicht um die Informationen, die ein Gläubiger aus eigenem Verschulden – auf Grund der Nichtteilnahme an der ordnungsgemäß bekannt gemachten Versammlung, in der die Vertagung beschlossen wurde – nicht erlangt hat, sondern gerade um Gegenstände, von denen er nicht weiß und nicht vorwerfbar nicht wissen konnte, dass diese nunmehr zur Verhandlung anstehen. Die Verbindung von öffentlicher Bekanntmachung mit der Einberufung der Gläubigerversammlung schafft für die Gläubiger einen Vertrauensstatbestand, dass auch nur der bekannt gemachte Gegenstand verhandelt und ggf. beschlossen wird. Sie dürfen sich dann auch berechtigterweise darauf verlassen, dass andere Themen nicht behandelt worden sind. Es geht mit der Möglichkeit der Ergänzung der Tagesordnung bei Vertagung in der Versammlung also gerade nicht, wie behauptet, um eine Stärkung der Gläubigerautonomie, sondern es folgt im Gegenteil aus der Vorenthaltung von Informationen eine Schwächung der Position der Gläubiger. Daraus folgt, dass der Berichtstermin ohne öffentliche Bekanntmachung nicht vertagt werden darf, wenn im nächsten Termin gem. § 235 ein Insolvenzplan erörtert werden oder über ihn abgestimmt werden soll. Unzulässig ist auch die Vertagung eines Prüfungstermins zu späteren besonderen Prüfungsterminen i.S.v. § 177 (§ 177 Abs. 3 Satz 1).[188]

c) **Einschränkungen durch vertragliche Abreden?** Fraglich ist, ob im Anwendungsbereich **40** des § 74 Abs. 2 vertragliche Abreden der Gläubiger zulässig sein sollen, die die Vorschriften über die Einberufung der Versammlung einschränken oder abbedingen. Dies kann etwa **aus Praktikabilitätsgründen** (Beschleunigung von Verwalterhandeln) durchaus sinnvoll sein. So hat es beispielsweise das Reichsgericht[189] für rechtmäßig erachtet, dass die Gläubigerversammlung die Vorschrift des (früheren) § 98 KO insoweit abbedungen hat, dass ein vom Verwalter abgeschlossener Vertrag, der abredegemäß lediglich von der Genehmigung der Gläubigerversammlung abhing, tatsächlich wirksam werden sollte, wenn vereinbart ist, dass die Zustimmung der Gläubigerversammlung auch ohne Einhaltung der Einberufungsvoraussetzungen ausreichen soll. Vor dem Hintergrund, dass § 74 Abs. 2 das rechtliche Gehör wahren will, stellt es in der Tat keinen Widerspruch dar, wenn die Voraussetzungen, die diese Vorschrift aufstellt, unter Einhaltung exakt beschriebener Kriterien ausnahmsweise von den Regelungsadressaten ihren Bedürfnissen angepasst werden. In derartigen Fällen beinhaltet eine solche Abrede nichts weiter als den Verzicht der Mitglieder der Gläubigerversammlung auf ihre verfahrensrechtlichen Rechte (insbesondere Verzicht auf das rechtliche Gehör). Das setzt aber voraus, dass der Beschluss seinerseits *ordnungsgemäß zustande gekommen* ist, dass er von *allen Gläubigern einstimmig* getragen wird und dass er sich auf *einen genau definierten Bereich* bezieht.

In allen anderen Fällen sind die **Anforderungen, die sich aus § 74 Abs. 2 ergeben, nicht** **41** **disponibel.** Damit würde ansonsten der Schutzcharakter der Norm ausgehöhlt werden können. Zudem wäre es kaum plausibel, warum auf der einen Seite daran festgehalten wird, auch bereits gesetzlich vorgeschriebene Gegenstände auf die Tagesordnung zu setzen, wenn auf der anderen Seite zugleich aber die formalen Voraussetzungen für die Einberufung der Gläubigerversammlung vertraglich abbedungen werden dürfen.

---

[184] Siehe oben RdNr. 36.
[185] So jetzt auch HK-*Eickmann* § 74 RdNr. 8; *Braun/Herzig* § 74 RdNr. 8; *Uhlenbruck/Uhlenbruck* § 74 RdNr. 17; *Graf-Schlicker/Castrup* § 74 RdNr. 6; FK-*Schmitt* § 74 RdNr. 9.
[186] *Blersch*/Goetsch/Haas § 74 RdNr. 15.
[187] Ebenso HK-*Eickmann* § 74 RdNr. 8.
[188] *Uhlenbruck/Uhlenbruck* § 74 RdNr. 18; vgl. ferner OLG Celle NJW-RR 2002, 989.
[189] RG JW 1893, 487.

42 **3. Besondere Formen der Bekanntmachung. a) Auszugsweise Bekanntmachung.** Die öffentliche Bekanntmachung nach § 74 richtet sich nach der allgemeinen Vorschrift des § 9. Danach kann eine öffentliche Bekanntmachung auch nur auszugsweise stattfinden (§ 9 Abs. 1 Satz 1, 2. HS). Das weist darauf hin, dass gewisse Abstriche bezüglich der exakten Bezeichnung der Tagesordnungspunkte hingenommen werden können. Allerdings darf die Bekanntmachung der Gegenstände auch in der auszugsweisen Bekanntmachung nicht in dem Maße verkürzt werden, dass der mit der Bekanntmachung verfolgte Sinn und Zweck ausgehöhlt werden kann. Auch insoweit bedarf es immer der **Bekanntmachung des wesentlichen Inhalts**.[190] Im Zweifel muss auf Grund des hohen Interesses am Bestimmtheitsgrundsatz der Tagesordnung das Interesse an einer verkürzten Bekanntmachung zurücktreten, sodass eine auszugsweise Bekanntmachung eines Gegenstandes im Streitfall als nicht hinreichend anzusehen ist.

43 **b) Zustellung an einzelne Beteiligte.** Die Zustellung an einzelne Beteiligte, kann eine öffentliche Bekanntmachung nicht ersetzen.[191] Damit wird vorgebeugt, dass Teilnahmeberechtigte an der Gläubigerversammlung, die dem Gericht oder dem Insolvenzverwalter nicht bekannt sind, eine Verkürzung ihrer Rechte (rechtliches Gehör) erleiden. Das heißt aber gleichzeitig, dass allerdings eine Zustellung an alle Beteiligten einzeln dann ausreicht, wenn der **Kreis der Versammlungsteilnehmer exakt feststeht**. Denn in diesem Fall besteht die Gefahr der Verletzung der Beteiligungsrechte gerade nicht mehr. Bei einem solchen Verfahren ist ein später dann in der Versammlung gefasster Beschluss insoweit wirksam.

44 **c) Bekanntmachung gem. § 235 Abs. 2 Satz 2.** Bei der Bekanntmachung des Erörterungs- und Abstimmungstermins hinsichtlich eines Insolvenzplans gem. § 235 Abs. 1 hat das Gericht sicher zu stellen, dass sich alle Beteiligten vorab ausreichend auf die Gläubigerversammlung und die Erörterung des Insolvenzplans einstellen können.[192] Dazu muss das Gericht mit der öffentlichen Bekanntmachung der Gläubiger insbesondere ausdrücklich darauf hinweisen, dass der Insolvenzplan und die eingegangenen Stellungnahmen in der Geschäftsstelle des Gerichts eingesehen werden können (§ 235 Abs. 2 Satz 2). Die Insolvenzgläubiger, die Forderungen angemeldet haben sind ebenso wie die absonderungsberechtigten Gläubiger, der Insolvenzverwalter, der Schuldner, der Betriebsrat und der Sprecherausschuss der leitenden Angestellten besonders zu laden. Das Gericht muss der Ladung einen Abdruck des Planes oder eine Zusammenfassung seines wesentlichen Inhalts beifügen (§ 235 Abs. 3).

45 **4. Wirkung der Verletzung des Bestimmtheitsgrundsatzes. a) Nichtigkeit.** Von den wenigen und eng begrenzten Ausnahmen abgesehen, ist **jeder Beschluss über einen nicht oder nicht bestimmt genug angekündigten Gegenstand nichtig.**[193] Das gilt allgemeiner Auffassung nach allerdings nicht, wenn ein Beschluss über nicht oder nicht bestimmt genug angekündigte Gegenstände gefasst worden ist, dabei aber alle Beteiligten anwesend waren und kein Widerspruch erfolgt ist.[194] Hier soll die Nichtigkeitsfolge nicht eintreten, weil davon ausgegangen wird, dass alle Beteiligten von der Versammlung wussten und damit rechtliches Gehör für alle gewährt worden ist. Da es sich bei § 74 Abs. 1 um eine zwingende Vorschrift handelt, auch wenn der früher eindeutigere Wortlaut des § 98 KO („muss") nun durch „sind" ersetzt wurde, besteht diese Unwirksamkeit nach den allgemeinen Regeln von vornherein, endgültig und im Verhältnis zu jedermann.[195]

46 **b) Rechtsbehelfe.** In der früheren Literatur und Rechtsprechung wurde zwar noch gemeint, dass die Unwirksamkeit erst dann geltend gemacht werden könne, wenn diese durch das Insolvenz- oder das Beschwerdegericht festgestellt werde,[196] doch hat eine solche Auffassung übersehen, dass das Insolvenzgericht insoweit keinerlei gesetzliche Kompetenzen hat, die Beschlüsse der Gläubigerversammlung aufzuheben.[197] Die **Gläubigerversammlung hat zudem nicht die Fähigkeit,**

---

[190] Vgl. *Blersch*/*Goetsch*/*Haas* § 74 RdNr. 15; *Nerlich*/*Römermann*/*Delhaes* § 74 RdNr. 7; *Kübler*/*Prütting*/Bork § 74 RdNr. 11; *Jaeger*/*Gerhardt* § 74 RdNr. 22; s. auch LG Cottbus v. 16.3.2007 (Az 7 T 484/06).
[191] *Smid* § 74 RdNr. 6; *Jaeger*/*Gerhardt* § 74 RdNr. 22; s. auch LG Cottbus v. 16.3.2007 (AUz 7T 484/06).
[192] Vgl. *Smid*/*Rattunde*, Insolvenzplan, RdNr. 198; *Buck* in *Huntemann u.a.*, Der Gläubiger im Insolvenzverfahren, Kap. 10, RdNr. 44.
[193] Einhellige Meinung: s. nur *Kübler*/*Prütting*/Bork § 74 RdNr. 13; *Braun*/*Herzig* § 74 RdNr. 7; *Nerlich*/*Römermann*/*Delhaes* § 74 RdNr. 9; *Jaeger*/*Gerhardt* § 74 RdNr. 22; siehe auch *Hahn*, 287.
[194] *Hess* § 74 RdNr. 9; *Kübler*/*Prütting*/Bork § 74 RdNr. 15; *Nerlich*/*Römermann*/*Delhaes* § 74 RdNr. 9; OLG Königsberg JW 1931, 2588, mit Anm. *Kleinfeller*; *Jaeger*/*Weber* KO § 98 RdNr. 1.
[195] Vgl. BGH ZIP 2008, 1030; s. ferner *Buck* in Huntemann u.a., Der Gläubiger im Insolvenzverfahren, Kap. 10, RdNr. 49; *Kübler*/*Prütting*/Bork § 74 RdNr. 13; *Braun*/*Herzig* § 74 RdNr. 7; *Jaeger*/*Gerhardt* § 74 RdNr. 22.
[196] *Kleinfeller* JW 1931, 2588; *Titze* JW 1934, 980; RGZ 143, 263; RGZ 149, 185.
[197] Vgl. *Hess* § 74 RdNr. 10; *Kübler*/*Prütting*/Bork § 74 RdNr. 13; *Nerlich*/*Römermann*/*Delhaes* § 74 RdNr. 9.

Rechtsentscheidungen zu erlassen, die etwa Rechtskraft entfalten und gegebenenfalls anfechtbar sein können. Die frühere Auffassung wurzelt in der Vorstellung, dass die Gläubigerversammlung ein Organ der Rechtspflege sei;[198] wie dargelegt, soll die Gläubigerversammlung aber die Belange der Gläubiger wahren. So ist etwa eine Klage auf Feststellung, dass ein gesetzeswidriger Beschluss der Gläubigerversammlung nichtig oder jedenfalls nicht bindend sei, allein schon wegen Fehlens eines Rechtsverhältnisses im Sinne des § 256 ZPO nicht zulässig. Ebenso kommt eine Gestaltungsklage auf rückwirkende Vernichtung eines Gläubigerversammlungsbeschlusses nicht in Betracht.[199] Auch eine Anwendung des § 6 scheidet aus, weil sich diese Vorschrift nur auf Beschlüsse des Insolvenzgerichts, nicht aber auch auf solche der Versammlung bezieht. Aufgrund der umfassenden Wirkungen der Nichtigkeit bedarf es demnach keines gerichtlichen Beschlusses über die Aufhebung der Versammlung.[200] Hat das Insolvenzgericht gleichwohl einen solchen Beschluss erlassen, in welchem die Gläubigerversammlung wegen eines Einberufungsmangels aufgehoben wird, so ist gegen diese Entscheidung nur dann ein Rechtsmittel (Erinnerung) zulässig, wenn der Beschluss von einem Rechtspfleger erlassen worden ist. Hat ein Insolvenzrichter einen solchen Beschluss erlassen, so ist diese Entscheidung nicht mit der sofortigen Beschwerde anfechtbar (vgl. § 6).[201]

c) Auswirkung der Nichtigkeitsfolge auf einstweilige Entscheidungen nach § 100 Abs. 2. 47
Die Nichtigkeitsfolge bezüglich eines Beschlusses der Gläubigerversammlung auf Grund fehlerhafter Ankündigungen in der Tagesordnung hat auch zur Folge, dass vom Insolvenzverwalter oder dem Gläubigerausschuss getroffene einstweilige Entscheidung nach § 100 Abs. 2 weiter fortwirkt, selbst wenn der Inhalt des Beschlusses von der einstweiligen Entscheidung abweicht. Da ein Beschluss der Gläubigerversammlung, der auf einer nicht ordnungsgemäßen Tagesordnung beruht, nichtig ist, ist er als nicht-existent anzusehen und kann damit auch keine Wirkung entfalten. Da aber § 100 Abs. 2 (wie die Vorgängervorschrift des § 129 KO) durch seinen Wortlaut „bis zur Entscheidung der Gläubigerversammlung" **auf den Zeitpunkt einer wirksamen Entscheidung abstellt,** bleiben die einstweiligen Anordnungen solange wirksam, bis die Gläubigerversammlung einen wirksamen Beschluss gefasst hat.[202] Andernfalls würde man die Nichtigkeitsfolge indirekt umgehen können und damit, insbesondere in der so sensiblen Frage wie der Festlegung von Unterhaltszahlung aus der Insolvenzmasse, die Interessen bestimmter Gläubiger beeinträchtigen, ohne dass diese die Gelegenheit dazu gehabt hätten, sich zu äußern, weil ihnen das rechtliche Gehör gefehlt hat.

§ 75 Antrag auf Einberufung

(1) Die Gläubigerversammlung ist einzuberufen, wenn dies beantragt wird:
1. vom Insolvenzverwalter;
2. vom Gläubigerausschuß;
3. von mindestens fünf absonderungsberechtigten Gläubigern oder nicht nachrangigen Insolvenzgläubigern, deren Absonderungsrechte und Forderungen nach der Schätzung des Insolvenzgerichts zusammen ein Fünftel der Summe erreichen, die sich aus dem Wert aller Absonderungsrechte und den Forderungsbeträgen aller nicht nachrangigen Insolvenzgläubiger ergibt;
4. von einem oder mehreren absonderungsberechtigten Gläubigern oder nicht nachrangigen Insolvenzgläubigern, deren Absonderungsrechte und Forderungen nach der Schätzung des Gerichts zwei Fünftel der in Nummer 3 bezeichneten Summe erreichen.

(2) Der Zeitraum zwischen dem Eingang des Antrags und dem Termin der Gläubigerversammlung soll höchstens drei Wochen betragen.

(3) Wird die Einberufung abgelehnt, so steht dem Antragsteller die sofortige Beschwerde zu.

Schrifttum: Siehe bei § 74.

---

[198] *Kleinfeller* JW 1931, 2588; *Voß* AcP 97 (1905), 396, 411, 416 ff.; vgl. auch RGZ 143, 263, 266.
[199] Vgl. aber *Oetker* ZHR 78 (1916), 534, 539.
[200] S. LG Saarbrücken, ZIP 2008, 1031 – dazu Kirchhoff ZInsO 2007, 1196 f.; vgl. auch BGH NZI 2011, 713 f.
[201] BGH NZI 2010, 648.
[202] *Kübler* ZIP 1983, 1100, 1101.

Übersicht

	Rn.		Rn.
I. Zweck der Vorschrift	1	2. Nicht nachrangige Gläubiger und absonderungsberechtigte Gläubiger	7, 8
II. Antrag	2–5	3. Großgläubiger	9
1. Form	2	4. Schätzung durch das Gericht	10
2. Inhalt	3–5	IV. Einberufungsfrist	11, 12
III. Antragsberechtigte	6–10	V. Rechtsmittel	13–15
1. Insolvenzverwalter, Gläubigerausschuss, Insolvenzschuldner	6	VI. Versammlung von Gläubigern von Schuldverschreibungen (§ 19 SchVG)	16

I. Zweck der Vorschrift

1 § 75 ergänzt § 74 insoweit als festgelegt wird, wer neben dem Insolvenzgericht, das von Amts wegen immer die Gläubigerversammlung einberufen kann,[1] durch einen Antrag die Initiative zur Einberufung der Gläubigerversammlung übernehmen darf.[2] Die in § 74 enthaltenen Regelungen finden daher auch bei der auf Initiative der Verfahrensbeteiligten nach § 75 einzuberufenden Gläubigerversammlung Anwendung. Die Neuregelung hat den Kreis der Antragsberechtigten, die in § 93 Abs. 1 Satz 2 KO genannt waren, sinngemäß übernommen[3] und teilweise erweitert. Die **Erweiterung des Kreises der Initiativberechtigten** ändert freilich nichts an der ausschließlichen Kompetenz des Insolvenzgerichts (zuständiger Insolvenzrichter oder Rechtspfleger) zur Vornahme bzw. Durchführung der Einberufung. Die Regelung orientiert sich dabei an der Vorstellung, dass auf Grund der Möglichkeit, mit der Antragsberechtigung wesentlich auf den Gang des Verfahrens und die Art und Weise der Gläubigerbefriedigung Einfluss nehmen zu können,[4] auch all denjenigen Akteuren eine Antragsberechtigung zustehen muss, die auf Grund des von ihnen repräsentierten bedeutenden Teils der im Verfahren geltend gemachten Vermögensrechte ein besonderes wirtschaftliches Interesse am Ausgang des Verfahrens haben. Damit erfährt die Gläubigerautonomie eine zusätzliche Stärkung.[5] Denn durch die Antragsberechtigung wird ermöglicht, dass die Gläubiger kurzfristig auf das Insolvenzverfahren Einfluss nehmen.[6]

II. Antrag

2 **1. Form.** Das Initiativrecht der in Abs. 1 Genannten wird durch die **Stellung eines förmlichen Antrages** an das Insolvenzgericht ausgeübt.[7] Ein solcher Antrag muss auf die Einberufung der Gläubigerversammlung gerichtet sein und ist nicht formgebunden. Liegt ein zulässiger Antrag vor, muss das Insolvenzgericht eine Gläubigerversammlung anberaumen und zwar unabhängig davon, aus welchem Grund ein Antrag gestellt wurde.[8] Er kann daher sowohl mit formlosem Schreiben oder zu Protokoll der Geschäftsstelle als auch per Fax oder E-Mail gestellt werden. Bei Erklärungen, aus denen nicht klar ersichtlich hervorgeht, ob es sich um einen förmlichen Antrag oder um eine informelle Mitteilung an das Insolvenzgericht handelt, muss nach allgemeinen Grundsätzen – etwa durch Hinweis (vgl. § 4, § 139 ZPO) oder durch Auslegung – geklärt werden, ob es sich um einen Antrag im Sinne des § 75 handelt.[9] In jedem Fall steht es dem Insolvenzgericht frei, unabhängig davon, ob es sich um einen förmlichen Antrag handelt oder nicht, anlässlich des ihm zugegangenen Hinweises aus eigener Initiative die Gläubigerversammlung einzuberufen, wenn es dies aus seinem

---

[1] Siehe oben in dieser Kommentierung bei § 74 RdNr. 20 ff.
[2] Vgl. HK-*Eickmann* § 75 RdNr. 1; *Uhlenbruck/Uhlenbruck* § 75 RdNr. 1; HambKomm-*Preß* § 75 RdNr. 1; PraxisKommInsO/*Huhnold,* § 75 RdNr. 1.
[3] Begr. RegE, BT-Drucks. 12/2443, 133 zu § 86.
[4] Begr. RegE, BT-Drucks. 12/2443, 133 zu § 86.
[5] *Blersch*/Goetsch/Haas § 75 RdNr. 1; *Nerlich/Römermann/Delhaes* § 75 RdNr. 1; *Uhlenbruck/Uhlenbruck* § 75 RdNr. 1; *Buck* in Huntemann u.a., Der Gläubiger im Insolvenzverfahren, Kap. 10, RdNr. 2.
[6] *Nerlich/Römermann/Delhaes* § 75 RdNr. 1.
[7] Dazu *Gundlach/Frenzel/Schmidt* ZInsO 2002, 1128, 1130.
[8] Siehe FK-*Schmitt* § 75 RdNr. 10; *Graf-Schlicker*/Castrup § 75 RdNr. 2; *Blersch*/Goetsch/Haas § 75 RdNr. 2; *Uhlenbruck/Uhlenbruck* § 75 RdNr. 7; vgl. auch LG Traunstein NZI 2009, 654, 655; OLG Celle ZInsO 2002, 373 f.
[9] Siehe OLG Celle ZInsO 2002, 373 f.; vgl. auch HambKomm-*Preß* § 75 RdNr. 4; *Andres*/Leithaus §§ 74, 75 RdNr. 5.

pflichtgemäßen Ermessen heraus für notwendig erachtet.[10] Ein bloßer Hinweis bzw. eine „Aufforderung" ohne Antragscharakter verpflichten das Gericht hingegen nicht zur Einberufung.[11]

2. Inhalt. Der Inhalt des Antrages muss **alle notwendigen Angaben zur Antragsberechtigung** enthalten (dazu sofort RdNr. 4), weil das Gericht ansonsten nicht feststellen kann, ob überhaupt eine Antragsberechtigung gem. § 75 Abs. 1 vorliegt. Zudem muss aus dem Antrag mit hinreichender Klarheit hervorgehen, zu welchem Zweck die Gläubigerversammlung einberufen werden soll, damit das Gericht im Hinblick auf die erforderlichen Angaben zur Tagesordnung eine ordnungsgemäße Einberufung vornehmen kann (vgl. § 74 Abs. 2 Satz 1).[12] Derartige Zwecke können etwa sein,[13] dass der Insolvenzverwalter und der Gläubigerausschuss bei Entscheidungen von hoher Bedeutung für das Verfahren der Meinung sind, dass die Gläubigerversammlung gehört werden und ihre Stellungnahme geboten wird; dass der Gläubigerausschuss eine Zustimmung zu einer Maßnahme des Insolvenzverwalters verweigert, dies aber in die Verantwortung der Gläubigerversammlung übergibt; dass der Insolvenzverwalter eine Entscheidung der Gläubigerversammlung nach § 197 Abs. 1 Nr. 3 über nicht verwertbare Massegegenstände herbeiführen möchte, um sich vor einer Haftung nach § 60 zu schützen; oder dass die Gläubigerversammlung den Insolvenzverwalter oder ein Mitglied aus dem Gläubigerausschuss abwählen möchte.

Einer **Begründung** bedarf der Antrag hingegen nicht.[14] Diese wäre nur dann notwendige Antragsvoraussetzung, wenn das Insolvenzgericht auch über die Zweckmäßigkeit, die Interessenmäßigkeit oder über ein besonderes Bedürfnis des Antragstellers an der Einberufung zu befinden hätte. Aus dem Wortlaut („... ist einzuberufen ...") ergibt sich jedoch bereits, dass das Gericht dann, wenn der Antrag von einem Berechtigten unter Nennung der erforderlichen Angaben zur Tagesordnung gestellt wurde, **kein Ermessen** hat und die Gläubigerversammlung einberufen muss.[15] Die entgegengesetzte Auffassung[16] gesteht dem Insolvenzgericht grundsätzlich eine Inhaltskontrolle des Antrages zu, mit der Folge, dass in Ausnahmefällen der Einberufungsantrag abzulehnen ist, wenn der Antrag aus offensichtlicher Willkür gestellt wurde.[17] Es ist in der Tat nicht ganz von der Hand zu weisen, dass es aus Gründen des Verfahrensfortganges und der Verfahrensökonomie sinnvoll erscheinen kann, wenn das Insolvenzgericht in den Fällen, in welchen der Antrag zB bloße Schikane darstellt, oder wenn in der Versammlung über Gegenstände verhandelt werden soll, die nicht im Kompetenzbereich der Gläubigerversammlung liegen, die Einberufung der Gläubigerversammlung ablehnen darf. Gleichwohl würde eine inhaltliche Überprüfung des Einberufungsantrages durch das Insolvenzgericht ein Übergriff in die Entscheidungsautonomie der in Abs. 1 Genannten darstellen, die der Konzeption der Insolvenzordnung nach in eigener Verantwortung unabhängig oder lediglich unter der Aufsicht des Insolvenzgerichts ihre Verfahrensaufgaben wahrnehmen.[18] Das Risiko, in bestimmten Fällen – die in der Praxis aber freilich kaum relevante Bedeutung erlangen dürften – „überflüssige" Gläubigerversammlungen abhalten zu müssen, ist damit gleichsam die Kehrseite der Einräumung des vom Insolvenzgericht autonomen Initiativrechts der in Abs. 1 genannten Beteiligten. Unabhängig von der **Neutralitätspflicht des Insolvenzgerichtes** ist eine kursorische Prüfung des Antrages durch das Insolvenzgericht allerdings insoweit doch zu befürworten als dort, wo sich entsprechende Hinweise ergeben, zu überprüfen ist, ob der Einberufungszweck gesetzeswidrig ist.[19] Denn das Insolvenzgericht darf nicht durch eine gleichsam mechanische Umsetzung eines Antrages auf Einberufung einer Gläubigerversammlung die Voraussetzungen für ein gesetzeswidriges Verhalten schaffen.[20]

Liegen die formalen Voraussetzungen des Antrages (oben RdNr. 3) nicht vor, so ist dem Antragsteller nach dem über § 4 heranzuziehenden Rechtsgedanken des § 139 ZPO aufzugeben, den

---

[10] Vgl. *Blersch*/Goetsch/Haas § 75 RdNr. 2; *Hess* § 75 RdNr. 8; *Uhlenbruck*/Uhlenbruck § 75 RdNr. 1.
[11] So auch *Gundlach*/Frenzel/Schmidt ZInsO 2002, 1128, 1130.
[12] Siehe *Uhlenbruck*/Uhlenbruck § 75 RdNr. 7; *HK-Eickmann* § 75 RdNr. 7; *Kübler*/Prütting/Bork § 75 RdNr. 6; *Blersch*/Goetsch/Haas § 75 RdNr. 2.
[13] *Kübler*/Prütting § 75 RdNr. 6; *Nerlich*/Römermann/Delhaes § 75 RdNr. 1; *Pape* RdNr. 205; vgl. auch LG Wiesbaden MDR 1970, 598.
[14] Insoweit auch *Uhlenbruck*/Uhlenbruck § 75 RdNr. 7; *HambKomm-Preß* § 75 RdNr. 4.
[15] Siehe BGH ZInsO 2004, 1312; *HK-Eickmann* § 75 RdNr. 8; *Braun*/Herzig § 75 RdNr. 11; *Nerlich*/Römermann/Delhaes § 75 RdNr. 1; *Kübler*/Prütting/Bork § 75 RdNr. 7; *Blersch*/Goetsch/Haas § 75 RdNr. 2; *Uhlenbruck*/Uhlenbruck § 75 RdNr. 7; *Handbuch zur Insolvenz*/Kraemer, Fach 2, Kap. 8, RdNr. 4; *Pape* RdNr. 206.
[16] *FK-Hößl*, 2. Aufl., § 75 RdNr. 4 f. – nicht mehr aufrechterhalten in *FK-Kind*, 4. Aufl., § 75 RdNr. 10; s. allerdings AG Duisburg NZI 2010, 910 f., das offenbar ein Ermessen des Insolvenzgerichts bei offenkundig willkürlichen Anträgen befürwortet.
[17] LG Stendal ZIP 2012, 2030; AG Duisburg NZI 2010, 910.
[18] So auch *Blersch*/Goetsch/Haas § 75 RdNr. 2; der Sache nach ebenso *Uhlenbruck*/Uhlenbruck § 75 RdNr. 7.
[19] *Jaeger*/Gerhardt § 75 RdNr. 4; vgl. auch *HK-Eickmann* § 75 RdNr. 9.
[20] So auch AG Duisburg NZI 2010, 910, 910. LG Stendal ZIP 2012, 2030.

Antrag zu ergänzen.[21] Wird dem Mangel nicht abgeholfen, so hat das Insolvenzgericht den Antrag abzulehnen.[22]

III. Antragsberechtigte

1. Insolvenzverwalter, Gläubigerausschuss, Insolvenzschuldner. Antragsberechtigt sind zunächst der **Insolvenzverwalter** (§ 75 Abs. 1 Nr. 1)[23] und der **Sonderinsolvenzverwalter**,[24] soweit sie jeweils wirksam bestellt worden sind. Auch wenn eine ausdrückliche Regelung des Sonderinsolvenzverwalters wie noch in § 77 RegE InsO vorgesehen in der endgültigen Fassung der Insolvenzordnung nicht enthalten ist, muss er auf Grund seiner Stellung und Funktion im Verfahren hinsichtlich des Initiativrechts dem ordentlichen Insolvenzverwalter gleichgestellt sein.[25] Des Weiteren ist der wirksam bestellte Gläubigerausschuss antragsberechtigt (§ 75 Abs. 1 Nr. 2). Das Initiativrecht bezieht sich insoweit auf das Organ als solches, sodass **einzelne Mitglieder des Gläubigerausschusses** nicht antragsberechtigt sind, es sei denn, sie seien von den übrigen Mitgliedern des Gläubigerausschusses dazu bevollmächtigt.[26] Ist ein solcher Beschluss nach Ansicht des Insolvenzgerichts gem. § 72 nicht wirksam, so liegt kein wirksamer Antrag vor, und das Gericht hat das Ansinnen der betreffenden Mitglieder des Gläubigerausschusses abzulehnen.[27]

Nicht von § 75 Abs. 1 als antragsberechtigt genannt ist der Insolvenzschuldner. Er hat grundsätzlich nur die Möglichkeit, unter Darlegung wesentlicher Gründe beim Insolvenzgericht die Einberufung der Gläubigerversammlung von Amts wegen gem. 74 Abs. 1 anzuregen.[28] Etwas anderes soll für den Fall der Unterhaltsgewährung gelten; hier ist der Schuldner wegen des existenziellen Interesses an dem Beratungsgegenstand über den Wortlaut des § 75 Abs. 1 hinaus antragsberechtigt.[29]

2. Nicht nachrangige Gläubiger und absonderungsberechtigte Gläubiger. Ebenso wie bereits in § 93 Abs. 1 Satz 2 KO sind gemäß § 75 Abs. 1 Nr. 3 mindestens fünf nicht nachrangige Insolvenzgläubiger (§§ 38, 39) antragsberechtigt, deren Forderungen nach Schätzung des Insolvenzgerichts zusammen ein Fünftel derjenigen Summe erreicht, die sich aus dem Wert aller Absonderungsrechte und den Forderungen aller nicht nachrangigen Insolvenzgläubiger ergibt. Berechtigt zur Antragstellung sind auch Gläubiger bestrittener Forderungen, denn weder ein vorläufiges noch ein endgültiges Bestreiten hat einen Einfluss auf das Antragsrecht des Gläubigers. Das ergibt sich daraus, dass das Insolvenzgericht nicht die Aufgabe hat, vor einer Entscheidung über die Einberufung der Gläubigerversammlung die Forderungsberechtigung zu klären.[30] Im Gegensatz zur Konkursordnung trägt die Insolvenzordnung nunmehr dem Umstand Rechnung, dass auch die absonderungsberechtigten Gläubiger ein spezifisch-eigenes wirtschaftliches Interesse an dem Ausgang des Verfahrens haben und daher antragsberechtigt sein sollten. Daher sieht § 75 Abs. 1 Nr. 3 vor, dass auch fünf absonderungsberechtigte Gläubiger, deren valutierende Rechte mindestens ein Fünftel derjenigen Summe erreicht, die sich aus dem Wert aller Absonderungsrechte und den Forderungen aller nicht nachrangigen Insolvenzgläubiger ergibt, zur Stellung eines Antrages auf Einberufung berechtigt sind.[31] Die Summenvorgabe bei den mindestens fünf absonderungsberechtigten oder nicht nachrangigen Gläubiger bezieht sich jeweils auf zusammen mindestens 20 % der *gesamten Forderungsbeträge*, also aller zu dem Zeitpunkt bekannten Insolvenzforderungen. § 75 Abs. 1 Nr. 3 meint nicht, wie möglicherweise aus dem insoweit nicht ganz eindeutig formulierten Wortlaut abgeleitet werden könnte, dass jeweils die fünf Absonderungsberechtigten bzw. die mindestens fünf nicht nachrangigen Gläubiger nur jeweils 20 % der Forderungsbeträge aller Absonderungsberechtigten bzw. 20 % der Forderungsbeträge aller nicht nachrangigen Insolvenzgläubiger repräsentieren müssen. Wenn einem Absonderungsberechtigten auch die persönliche Forderung zusteht, so ist er auch Insolvenzgläubiger.

---

[21] Siehe OLG Celle ZInsO 2002, 373, 374; dazu *Gundlach/Frenzel/Schmidt* ZInsO 2002, 1128, 1129.
[22] Vgl. HK-*Eickmann* § 75 RdNr. 9.
[23] S. LG Traunstein ZInsO 2009, 1964 zu den Auswirkungen der Entlassung eines Insolvenzverwalters auf dessen vorher gestellten Antrag auf Einberufung einer Gläubigerversammlung.
[24] *Braun/Herzig,* § 75 RdNr. 2; *Blersch/Goetsch/Haas* § 75 RdNr. 3; *Uhlenbruck/Uhlenbruck* § 75 RdNr. 3; HambKomm-*Preß* § 75 RdNr. 5; HK-*Eickmann* § 75 RdNr. 3; s. ferner BGH ZInsO 2009, 476 zur fehlenden Beschwerdebefugnis eines Gläubigers, dessen Antrag auf Einsetzung eines Sonderverwalters vom Insolvenzgericht abgelehnt worden ist.
[25] *Blersch*/Goetsch/Haas § 75 RdNr. 3.
[26] *Blersch*/Goetsch/Haas § 75 RdNr. 4; *Uhlenbruck/Uhlenbruck* § 75 RdNr. 3.
[27] *Uhlenbruck/Uhlenbruck* § 75 RdNr. 3.
[28] *Blersch*/Goetsch/Haas § 75 RdNr. 11; *Uhlenbruck/Uhlenbruck* § 75 RdNr. 3; *Buck* in Huntemann u.a., Der Gläubiger im Insolvenzverfahren, Kap. 10, RdNr. 31.
[29] LG Schwerin ZInsO 2002, 1086 f.; aA HambKomm-*Preß* § 75 RdNr. 5.
[30] S. BGH ZInsO 2004, 1312; *Pape* ZInsO 2007, 293, 302.
[31] Begr. RegE, BT-Drucks. 12/2443, 133 zu § 86; vgl. auch BGH ZInsO 2004, 1312.

Er entscheidet dann – sofern er ordnungsgemäß angemeldet hat – die Forderungshöhe, ansonsten den Realisierungswert der Sicherheit.[32] Wert des Absonderungsrechts und des Forderungsrechts dürfen nicht gemeinsam zur Berechnung der Quote herangezogen werden. Das Antragsrecht auf Einberufung steht auch Insolvenzgläubigern mit angemeldeten, aber ungeprüften oder bestrittenen Forderungen zu und auch dann, wenn die Forderung erst nach Ablauf der Anmeldefrist bei dem Verwalter angemeldet wurden.[33]

Der Antrag kann von den mindestens fünf Gläubigern als **Gesamtantrag**, als **Einzelanträge** 8 oder **in gemischter Form** – zB drei Gläubiger mit einem Gesamtantrag und zwei Gläubiger mit Einzelanträgen – gestellt werden.[34] Dort, wo einzelne Anträge eines oder mehrerer Antragsteller eingehen, in denen weitere Anträge angekündigt werden, um das gesetzlich geforderte Quorum zu erreichen, hat das Insolvenzgericht im Hinblick auf die in Abs. 2 vorgesehene Entscheidung, zeitnah die Gläubigerversammlung einzuberufen, eine kurze Frist von nicht mehr als fünf Werktagen zu setzen, innerhalb derer die Antragsteller dafür Sorge zu tragen habe, dass die angekündigten Anträge gestellt werden; andernfalls sind die vorliegenden Anträge abzulehnen.[35] Das Gesetz erfordert nicht, dass es sich bei den fünf Antragstellern jeweils um fünf nicht nachrangige Insolvenzgläubiger oder fünf Absonderungsgläubiger handelt, vielmehr sind alle Kombinationsformen möglich.[36]

3. Großgläubiger. In § 75 Abs. 1 Nr. 4 ist dem Umstand Rechnung getragen worden, dass es 9 zu einer erheblichen Benachteiligung von Großgläubigern kommen kann, wenn die Berechtigung zur Stellung eines Antrages auf Einberufung der Gläubigerversammlung mit der Mindestkopfanzahl von fünf verknüpft wird. Es kommt nämlich häufig vor, dass ein oder mehrere Gläubiger, die aber nicht die Anzahl fünf erreichen, weit mehr als 20 % der Forderungen oder Rechte innehaben und damit ein vitales wirtschaftliches Interesse an der Gestaltung des Verfahrens haben, aber wegen des Kopferfordernisses nicht in der Lage wären, die Berufung einer Versammlung zu beantragen. Dieser Zustand trifft insbesondere Banken. Insoweit kam es in der Praxis im Geltungsbereich der Konkursordnung nicht selten zu teilweise dubios anmutenden Versuchen solcher Gläubiger, die geforderte Kopfzahl von fünf zu erreichen. Um derartige **Umgehungsversuche** von vornherein zu beschneiden und dem wirtschaftlichen Interesse dieser Gläubiger Rechnung zu tragen, ist auf Betreiben des Rechtsausschusses[37] die Regelung aufgenommen worden, dass auch nur ein oder mehrere – d.h. bis zu vier – absonderungsberechtigte Gläubiger oder nicht nachrangige Insolvenzgläubiger einen Antrag bei Gericht stellen dürfen.[38] Um aber nur die Großgläubiger in den Genuss einer geringeren Kopfzahl zur Antragstellung kommen zu lassen und so zu verhindern, dass über die Regelung des § 75 Abs. 1 Nr. 4 die des § 75 Abs. 1 Nr. 3 ausgehöhlt wird, indem sehr kleine Minoritäten der Majorität mit der Einberufung einer Gläubigerversammlung ihren Willen aufdrängen können, ist mit dem geringeren Kopfanzahlerfordernis verbunden, dass deren Absonderungsrechte und Forderungen nach der Schätzung des Gerichts *zwei Fünftel derjenigen Summe* erreicht, die sich aus dem Wert aller Absonderungsrechte und den Forderungen aller nicht nachrangigen Insolvenzgläubiger ergibt.

4. Schätzung durch das Gericht. Das Gericht muss in den Fällen der Nr. 3 und Nr. 4 das 10 Volumen der Forderungen und Absonderungsrechte der Antragsteller bestimmen. Es darf dabei die Summe der Forderungsgesamtheit gemäß § 4, § 287 Abs. 2 ZPO schätzen. Eine ganz **exakte Berechnung** ist dabei weder nötig noch praktisch möglich,[39] denn bei dieser Schätzung kommen sowohl die festgestellten Forderungen zum festgestellten Betrag in Ansatz, als auch alle anderen, also die nicht geprüften, die (vorläufig) bestrittenen,[40] die Ausfallforderungen und die Forderungen der Pfandbriefgläubiger, sowie die der anderen aussonderungsberechtigten Gläubiger, in ihrem mutmaßlichen Wert.[41] Weitergehende Ermittlungen sind nicht erforderlich, insbesondere muss das Insolvenzgericht nicht die Gläubigereigenschaft von Antragstellern klären oder die Berechtigung einer

---

[32] Vgl. HK-*Eickmann* § 75 RdNr. 5; HambKomm-*Preß* § 75 RdNr. 6.
[33] BGH ZIP 2004, 2339; *Graf-Schlicker/Castrup* § 75 RdNr. 5.
[34] So auch *Uhlenbruck/Uhlenbruck* § 75 RdNr. 3; HambKomm-*Preß* § 75 RdNr. 7.
[35] *Blersch*/Goetsch/Haas § 75 RdNr. 5.
[36] Ebenso *Blersch*/Goetsch/Haas § 75 RdNr. 5; *Uhlenbruck/Uhlenbruck* § 75 RdNr. 3.
[37] Im RegE war diese Nr. 4 noch nicht enthalten; vgl. Beschlussempfehlung des Rechtsausschusses, BT-Drucks. 12/7302, 164, zu § 86 Abs. 1.
[38] Vgl. *Blersch*/Goetsch/Haas § 75 RdNr. 9; *Uhlenbruck/Uhlenbruck* § 75 RdNr. 6.
[39] Vgl. BGH NZI 2009, 604; LG Essen v. 28.9.2010 (Az. 7 T 470/09); AG Essen v. 10.8.2009 (Az. 164 IN 123/08); s. ferner *Frind*, ZInsO 2011, 1126; *Plathner/Sajogo*, ZInsO 2011, 1090 ff.; *Smid* § 75 RdNr. 4; *Blersch*/Goetsch/Haas § 75 RdNr. 6 ff. *Jaeger/Gerhardt* § 75 RdNr. 8.
[40] BGH ZIP 2004, 2339, 2340; so auch HK-*Eickmann* § 75 RdNr. 6; HambKomm-*Preß* § 75 RdNr. 9; *Andres/Leithaus* §§ 74, 75 RdNr. 6; *Uhlenbruck/Uhlenbruck* § 75 RdNr. 6; FK-*Schmitt* § 75 RdNr. 7.
[41] Zu den Problemen bei der Berechnung siehe ausführlich *Blersch*/Goetsch/Haas § 75 RdNr. 7 f.

zur Insolvenztabelle angemeldeten Forderung feststellen.⁴² Eine abstrakte Missbrauchsmöglichkeit reicht nicht aus, das Antragsrecht zu versagen.⁴³ Voraussetzung ist indes, dass die Forderungen bzw. Rechte ordnungs- und fristgemäß angemeldet worden sind.⁴⁴ Als Quelle dienen insoweit die Insolvenztabelle, die Auskunft des Insolvenzverwalters über die angemeldeten Forderungen oder die Glaubhaftmachung des Gläubigers über den Umfang der von ihm angemeldeten Forderungen.⁴⁵ Nicht ausreichend ist **die bloße Glaubhaftmachung von Forderungen eines Gläubigers** gegenüber dem Insolvenzgericht bei Antragstellung.⁴⁶ Zwar ergibt sich aus § 75 nicht ausdrücklich, dass eine Forderungsanmeldung – wie bei § 77 Abs. 1 – Voraussetzung ist, doch macht es praktisch keinen Sinn, Gläubigern prinzipiell ein Initiativrecht einzuräumen, die noch nicht einmal ihre Forderungen angemeldet haben und daher in der von ihnen gewünschten Gläubigerversammlung kein Stimmrecht hätten.⁴⁷

In einem zweiten Schritt hat das Gericht das Volumen der ermittelten Absonderungsrechte bzw. Insolvenzforderungen ins Verhältnis zu setzen zur Summe aller im Verfahren bisher bekannten Absonderungsrechte und Insolvenzforderungen.⁴⁸

Die Bewertung und **Berechnungsgrundlage des Insolvenzgerichts** muss dargelegt und dokumentiert werden. Dies ergibt sich bereits aus dem Umstand der Beschwerdemöglichkeit nach Abs. 3.

IV. Einberufungsfrist

11 In § 75 Abs. 2 wird in Ergänzung zur alten Rechtslage nunmehr eine **zeitliche Begrenzung** zwischen Eingang des Antrages und dem Termin der Gläubigerversammlung eingeführt. Damit soll nach dem Willen des Reformgesetzgebers der Einfluss der Gläubiger auf den Ablauf des Insolvenzverfahrens verstärkt werden.⁴⁹ Gleichzeitig wird damit das Institut der Gläubigerversammlung flexibler gestaltet. Im Hinblick auf das Gesamtverfahren dürfte damit ein erheblicher Zeitdruck geschaffen werden, der der Beschleunigung des Verfahrens dient.⁵⁰ Für die Berechnung der Frist gelten §§ 187 ff. BGB. Die Ladungsfristen ergeben sich aus § 4, § 217 ZPO. Berücksichtigt man die Bekanntmachungsfiktion des § 9 Abs. 1 Satz 3, muss die öffentliche Bekanntmachung spätestens sechs Tage vor dem Termin der Gläubigerversammlung stattfinden.⁵¹

12 Hinsichtlich der **Dreiwochenfrist** bis zum Termin der Gläubigerversammlung hat das Gericht einen gewissen **Ermessensspielraum**. Die Frist ist nicht, wie zum Teil vertreten wird, absolut bindend.⁵² Zum einen sprechen schon Praktikabilitätsgründe im Blick auf den Zeitrahmen dagegen. Zum anderen ergibt aus dem Wortlaut der Norm, dass es sich um eine „Sollvorschrift" handelt, also in begründeten Fällen auch Ausnahmen möglich sein können.⁵³ Aus diesem Grund führt eine Überschreitung der Frist auch nicht zur Unwirksamkeit der Terminbestimmung.⁵⁴ Die Ausnahmen sind freilich im Hinblick auf den damit bewirkten Zweck eng zu fassen. Denkbar wäre zB eine Ausnahme von der Dreiwochenfrist beispielsweise dann, wenn es den Mitgliedern der Gläubigerversammlung innerhalb dieser Frist billigerweise nicht möglich ist, sich angemessen auf die Versammlung vorzubereiten. Die Neufassung des § 9 Abs. 1, der die zentrale Veröffentlichung entsprechender Bekanntmachungen im Internet vorsieht, macht es den Insolvenzgerichten leichter, die Frist des Abs. 2 zu wahren.⁵⁵

---

⁴² S. dazu LG Essen v. 28.9.2010 (Az. 7 T 470/09); BGH ZIP 2004, 2339, 2340; kritisch mit Hinweis auf Missbrauchsmöglichkeiten Braun/*Herzig*, § 75 RdNr. 7.
⁴³ BGH NZI 2005, 31 f.
⁴⁴ Siehe HK-*Eickmann* § 75 RdNr. 6; *Uhlenbruck*/*Uhlenbruck* § 75 RdNr. 6; Graf-Schlicker/*Castrup*, § 75 RdNr. 2; vgl. ferner BGH NJW-RR 2005, 278.
⁴⁵ Vgl. BGH NZI 2009, 604, 604; *Blersch*/Goetsch/Haas § 75 RdNr. 6; *Haarmeyer*/*Wutzke*/*Förster*, Kap. 6, RdNr. 53.
⁴⁶ So aber offensichtlich *Blersch*/Goetsch/Haas § 75 RdNr. 6; wie hier HambKomm-*Preß* § 75 RdNr. 10.
⁴⁷ Vgl. nun auch BGH NJW-RR 2005, 278.
⁴⁸ Zu den zum Teil ganz erheblichen Berechnungsproblemen siehe sehr ausführlich *Blersch*/Goetsch/Haas § 75 RdNr. 8.
⁴⁹ Begr. RegE BT-Drucks. 12/2443, 133 zu § 86; vgl. auch *Kübler*/Prütting/Bork § 75 RdNr. 8.
⁵⁰ Siehe *Haarmeyer*/*Wutzke*/*Förster*, Handbuch, Kap. 6 RdNr. 52; *Kübler*/Prütting/Bork § 75 RdNr. 8; *Blersch*/Goetsch/Haas § 75 RdNr. 12; HambKomm-*Preß* § 75 RdNr. 11.
⁵¹ *Uhlenbruck*/*Uhlenbruck* § 75 RdNr. 8; *Blersch*/Goetsch/Haas § 75 RdNr. 12; *Haarmeyer*/*Wutzke*/*Förster*, Handbuch, Kap. 6 RdNr. 52.
⁵² *Haarmeyer*/*Wutzke*/*Förster*, Handbuch, Kap. 6 RdNr. 52. Wie hier *Uhlenbruck*/*Uhlenbruck* § 75 RdNr. 8.
⁵³ *Uhlenbruck*/*Uhlenbruck* § 75 RdNr. 8; *Blersch*/Goetsch/Haas § 75 RdNr. 12; *Kübler*/Prütting/Bork § 75 RdNr. 8; *Hess* § 75 RdNr. 12.
⁵⁴ *Kübler*/Prütting/Bork § 75 RdNr. 8; *Uhlenbruck*/*Uhlenbruck* § 75 RdNr. 8.
⁵⁵ *Kübler*/Prütting/Bork § 75 RdNr. 8; *Uhlenbruck*/*Uhlenbruck* § 75 RdNr. 8.

V. Rechtsmittel

Das Insolvenzgericht entscheidet über die Einberufung der Gläubigerversammlung oder über die Ablehnung des Antrags durch Beschluss. Das Gericht darf dabei lediglich prüfen, ob ein ordnungsgemäßer Antrag vorliegt.[56] Das ist dann der Fall, wenn er den Voraussetzungen des Abs. 1 entspricht und die erforderlichen Angaben zur Tagesordnung gem. § 74 Abs. 2 enthält.[57] Liegen die Voraussetzungen vor, so besteht kein Ermessen des Insolvenzgerichts, sodass die Einberufung auch durch das Beschwerde- oder Rechtsbeschwerdegericht angeordnet werden kann.[58] Werden die Angaben zur Tagesordnung – ggf. auch nach Hinweis – nicht mitgeteilt, ist der Antrag auf Einberufung einer Gläubigerversammlung abzulehnen.[59] Nach § 75 Abs. 3 ist bei einer **Ablehnung** des Antrages dem oder den Antragsteller(n) das Rechtsmittel der sofortigen Beschwerde (§ 6) eröffnet. Das Beschwerderecht folgt spiegelbildlich aus dem Antragsrecht.[60] Damit hat der BGH sich in seiner Rechtsprechung der vorher bereits in der Literatur vertretenen Auffassung angeschlossen, dass nach § 75 Abs. 3 nur derjenige berechtigter Antragsteller, bei Gläubigern mithin nur die Antragsteller, die allein oder gemeinsam mit anderen das Quorum nach § 75 Abs. 1 Nr. 3 oder Nr. 4 erfüllen.[61] 13

Ausdrücklich ist dieses Rechtsmittel aber nicht für den positiven **Fall vorgesehen, wo das Insolvenzgericht eine Versammlung einberuft.**[62] Deshalb kann auch eine etwaig zu knapp angesehene Fristsetzung oder eine ganz erhebliche Fristüberschreitung des § 75 Abs. 2 nicht mittels der sofortigen Beschwerde überprüft werden. Für eine solche **Rechtsschutzlücke** ist keine Begründung ersichtlich. Es kann auch nicht davon ausgegangen werden, dass der Gesetzgeber bewusst einen Verstoß des Gerichts gegen eine diesem auferlegte Frist hinzunehmen bereit war. Das gilt insbesondere deshalb, weil diese Frist notwendig ist, damit die zur Teilnahme an der Gläubigerversammlung Berechtigten sich hinlänglich auf die Versammlung vorbereiten können und damit ein möglichst schleuniger Verfahrensablauf gewährleistet werden soll. Vielmehr ist von einem Versehen des Gesetzgebers auszugehen, der durch eine **teleologische Extension** der Regel des Absatzes 3 behoben werden kann, wonach auch in den Fällen des Verstoßes gegen Abs. 3 bei Einberufung der Gläubigerversammlung gegen diesen Beschluss die sofortige Beschwerde möglich ist. Andernfalls entstünde ein Wertungswiderspruch insoweit, als gegen die Einberufung durch einen Richter kein Rechtsmittel möglich ist, wohl aber gegen die Einberufung, die durch einen Rechtspfleger vorgenommen worden ist, weil in diesem Fall gem. § 11 Abs. 2 RPflG die befristete Erinnerung besteht.[63] 14

Da die Ablehnung des Antrags eine **Beschwer nur für den Antragsteller** darstellt, kann auch nur dieser die sofortige Beschwerde erheben. Daraus folgt, dass es, soweit nur mehrere Antragsteller zusammen das Quorum in Abs. 1 Nr. 3 oder Nr. 4 erreicht haben, auch eines gemeinsamen Antragswillens im Rechtsbehelfsverfahren bedarf, sodass sie nur gemeinsam die sofortige Beschwerde einlegen dürfen.[64] Insoweit besteht kein Rechtsbehelf für den einzelnen Gläubiger.[65] Ebenso darf in dem Fall, in dem der Antrag des Gläubigerausschusses abgelehnt worden ist, nicht jedes einzelne Mitglied des Gläubigerausschusses die sofortige Beschwerde erheben, da dieses nicht Antragsteller war und daher durch die Ablehnung des Antrags nicht beschwert ist.[66] Die Frist für die Einlegung der sofortigen Beschwerde beträgt zwei Wochen (§ 4 i. V. m. § 569 Abs. 1 ZPO). Die Beschwerdefrist beginnt mit der Verhinderung der Ablehnungsentscheidung oder mit der Zustellung an den oder die Antragsteller (§ 6 Abs. 2 Satz 1).[67]

Beschwerdebefugt ist ein Antragsteller, der zwar ein Antragsrecht nach § 75 Abs. 1 behauptet, dessen Antragsrecht aber durch eine Entscheidung des Insolvenzrechts verneint wird. Damit wird 15

---

[56] Siehe OLG Celle ZInsO 2002, 373; vgl. dazu *Gundlach/Frenzel/Schmidt*, ZInsO 2002, 1128.
[57] HK-*Eickmann* § 75 RdNr. 9.
[58] BGH NJW-RR 2005, 278.
[59] Siehe HK-*Eickmann* § 75 RdNr. 9.
[60] BGH NJW-RR 2011, 690; *Braun/Herzig* § 75 RdNr. 13.
[61] Vgl. *Braun/Herzig*, § 75 RdNr. 13, HambKomm-*Preß*, § 75 RdNr. 13; FK-*Kind*, § 75 RdNr. 13; Vorauflage RdNr. 13.
[62] Siehe HK-*Eickmann* § 75 RdNr. 14; *Nerlich/Römermann/Delhaes* § 75 RdNr. 6; *Braun/Herzig*, § 75 RdNr. 11; *Uhlenbruck/Uhlenbruck* § 75 RdNr. 10; so auch OLG Köln ZInsO 2001, 1112; LG Göttingen ZIP 2000, 1945.
[63] Vgl. *Kübler*/Prütting/Bork § 75 RdNr. 9; FK-*Schmitt* § 75 RdNr. 15; *Graf-Schlicker/Castrup* § 75 RdNr. 8; s. zudem OLG Köln ZInsO 2001, 1112.
[64] *Braun/Herzig* § 75 RdNr. 13; HambKomm-*Preß* § 75 RdNr. 13; auch BGH NJW-RR 2011, 690; vgl. HK-*Eickmann* § 75 RdNr. 13; anders offenbar *Hess* § 75 RdNr. 7.
[65] BGH NJW-RR 2011, 690; *Braun/Herzig* § 75 RdNr. 13; FK-*Schmitt* § 75 RdNr. 13.
[66] Unrichtig daher FK-*Hössl*, 2. Aufl., § 75 RdNr. 15 (dagegen zutreffend FK-*Kind*, 4. Aufl., § 75 RdNr. 13) und *Pape* RdNr. 206 in Fn. 161 aE.
[67] *Uhlenbruck/Uhlenbruck* § 75 RdNr. 10.

klargestellt, dass eine Partei, die ihr Antrags- und Beschwerderecht behauptet, in dem Verfahren über diese Frage als beschwerdebefugt behandelt wird.[68] Die **Einlegung der sofortigen Beschwerde** konnte einhelliger Auffassung nach im alten Recht nicht erfolgreich damit begründet werden, dass die Forderungen der Antragsteller nicht die quantitativen Erfordernisse der Summe erreicht hätten oder dass die Schätzung des Gerichts unrichtig gewesen sei.[69] Das ergab sich aus den Vorschriften der § 95 Abs. 3 und 96 Abs. 2 KO. Auch wenn in den Nachfolgeregelungen der Insolvenzordnung der Anfechtungsausschluss aufgehoben wurde (vgl. § 18 Abs. 3 Satz 2 RPflG), ist weitgehend vertreten worden, dass das Nichterreichen der 20 %-Marke bzw. der 40 %-Marke bzw. die Behauptung, die Schätzung des Gerichts sei nicht korrekt, keine hinreichende Beschwer darstellt, die zur Einlegung einer sofortigen Beschwerde berechtigen würde.[70] Dafür sprechen im Wesentlichen Zweckmäßigkeitserwägungen. Ohne diese Schranke käme es nämlich zu einer erheblichen Blockierung des gesamten Verfahrens und der Möglichkeit, die Einberufung der Versammlung durch Gläubiger immer wieder zu verschleppen, weil die Überprüfung der Schätzung des Gerichts nur auf Grund umfangreicherer Prüfungen erfolgen kann und daher regelmäßig viel Zeit in Anspruch nimmt.[71] Der BGH hat nunmehr entschieden, dass auch eine Beschwerde eines antragsberechtigten Gläubigers zulässig ist, wenn sie darauf gestützt wird, dass das Gericht das Quorum nach § 75 Abs. 1 Nr. 4 fehlerhaft geschätzt hat. Begründet wird dies im Wesentlichen damit, dass in solchen Fällen nicht bereits das Recht der Gläubiger auf Zusammenkunft abgelehnt wird.[72] Der Beschluss, mit dem das Insolvenzgericht einen Antrag auf Vertagung der Gläubigerversammlung ablehnt, ist dagegen nicht mit der sofortigen Beschwerde anfechtbar.[73] Eine entsprechende Anwendung des § 75 Abs. 3 kommt nicht in Betracht, weil dies nicht mit dem in § 6 Abs. 1 enthaltenen Enumerationsprinzip vereinbar wäre.[74]

VI. Versammlung von Gläubigern von Schuldverschreibungen (§ 19 SchVG)

16   Gemäß §§ 19 Abs. 2 Satz 2 SchVG[75] hat das Insolvenzgericht eine Gläubigerversammlung einzuberufen, wenn noch kein gemeinsamer Vertreter für alle Gläubiger bestellt wurde. Solange kein Insolvenzverfahren eröffnet wurde, hat die Einberufung durch den Schuldner oder einen gemeinsamen Vertreter der Gläubiger nach § 9 Abs. 1 Satz 2 und 3 SchVG zu erfolgen, wenn Gläubiger, deren Schuldverschreibungen zusammen fünf Prozent der ausstehenden Schuldverschreibungen erreichen, dies schriftlich mit der Begründung verlangen, sie wollten einen gemeinsamen Vertreter bestellen oder abberufen, sie wollten nach § 5 Abs. 5 Satz 2 SchVG über das Entfallen der Wirkung der Kündigung beschließen oder sie hätten ein sonstiges besonderes Interesse an der Einberufung. Die Anleihebedingungen können auch andere Gründe für eine Einberufung vorsehen. Es handelt sich aber hier nicht um eine Gläubigerversammlung im Sinne des § 74, sondern lediglich um die spezielle Versammlung von Gläubigern von Schuldverschreibungen im Sinne des SchVG.[76]

§ 76 Beschlüsse der Gläubigerversammlung

(1) Die Gläubigerversammlung wird vom Insolvenzgericht geleitet.

(2) Ein Beschluß der Gläubigerversammlung kommt zustande, wenn die Summe der Forderungsbeträge der zustimmenden Gläubiger mehr als die Hälfte der Summe der Forderungsbeträge der abstimmenden Gläubiger beträgt; bei absonderungsberechtigten

---

[68] S. BGH, NZI 2007, 723 RdNr. 7 f.; vgl. auch BGH, NZI 2009, 604 RdNr. 3.
[69] *Kuhn/Uhlenbruck* § 94 RdNr. 2a; *Jaeger/Weber* KO § 93 RdNr. 6; *Kilger/K. Schmidt* § 94 Anm. 2; OLG Karlsruhe NJW-RR 1988, 1336. Anders *Th. Wolff* KO § 94 Anm. 3; *Pasquay* ZHR 66 (1910), 382, 383 f.; *Hess/Kropshofer* KO § 93 RdNr. 5.
[70] *Blersch*/Goetsch/Haas § 75 RdNr. 15; *Uhlenbruck/Uhlenbruck,* § 75 RdNr. 7; vgl. auch *Kübler*/Prütting/Bork § 75 RdNr. 11; FK-*Schmitt* § 75 RdNr. 13; kritisch HK-*Eickmann* § 75 RdNr. 12, *Pape* RdNr. 206 (dort Fn. 161).
[71] *Blersch*/Goetsch/Haas § 75 RdNr. 15.
[72] BGH ZInsO 2007, 271.
[73] BGH v. 5.4.2006 (Az. IX ZB 144/05); LG Göttingen ZIP 2000, 1945, 1946, *Ganter*, oben, § 6 RdNr. 14; HK-InsO/*Kirchhof,* § 6 RdNr. 7.
[74] S. BGH v. 5.4.2006 (Az. IX ZB 144/05) RdNr. 4; OLG Köln ZInsO 2001, 1112.
[75] Gesetz vom 31.7.2009 (BGBl. S. 2512).
[76] Siehe *Kuder* ZInsO 2009, 2025; 2026 f.; *Kübler*/Prütting/Bork § 75 RdNr. 12; *Blersch*/Goetsch/Haas § 75 RdNr. 10; HK-*Eickmann* § 75 RdNr. 15; zur Rechtslage nach § 18 Abs. 4 SchVG 1899 siehe MünchKommInsO-*Ehricke*, 2. Aufl., § 75 RdNr. 16; *Buck* in Huntemann u.a., Der Gläubiger im Insolvenzverfahren, Kap. 10, RdNr. 139; vgl. ferner *Seuffert* ZZP 27 (1990), 101, 113 f.; *König* ZZP 28 (1901), 414, 418.

Beschlüsse der Gläubigerversammlung 1, 2 § 76

Gläubigern, denen der Schuldner nicht persönlich haftet, tritt der Wert des Absonderungsrechts an die Stelle des Forderungsbetrags.

Schrifttum: Siehe bei § 74.

Übersicht

	Rn.
I. Inhalt der Vorschrift und Normzweck	1, 2
1. Inhalt der Vorschrift	1
2. Normzweck	2
II. Leitung der Gläubigerversammlung	3–13
1. Allgemeines	3, 4
2. Öffentlichkeit der Gläubigerversammlung	5
3. Ordnungsgewalt	6–8
4. Ablauf der Gläubigerversammlung	9–13
a) Allgemeines	9
b) Sachliches Eingreifen des Insolvenzgerichts	10
c) Auskunfts- und Äußerungsrecht des Schuldners	11
d) Protokoll	12
e) Gläubigerversammlung und Einsatz neuer Kommunikationstechniken?	13
III. Beschlüsse der Gläubigerversammlung	14–30
1. Begriff und Umfang des Beschlusses	14
2. Beschlussfähigkeit	15–17
3. Befugnis des Insolvenzgerichts bei Beschlussunfähigkeit	18–20
a) Problemstellung	18

	Rn.
b) Keine Ersetzungsbefugnis des Gerichts bezüglich der den reinen Verfahrensablauf beeinflussenden Rechte	19
c) Ersetzungsbefugnis des Gerichts in den anderen Fällen?	20
4. Übertragung der Befugnis, zukünftige Entscheidungen zu treffen, auf das Insolvenzgericht	21
5. Probleme der Beschlussfassung in „Rumpfversammlungen"	22
6. Stimmberechtigung der Gläubiger	23
7. Insbesondere Stimmrecht der absonderungsberechtigten Gläubiger	24, 25
a) Allgemeines	24
b) Berechnung des Stimmrechts	25
8. Beschlussfassung	26–30
a) Zustandekommen von Beschlüssen	26
b) Zählung der Stimmen	27
c) Mehrheiten	28–30
IV. Anfechtbarkeit und Unwirksamkeit von Beschlüssen	31–35
1. Bindungswirkung	31, 32
2. Anfechtbarkeit	33
3. Nichtigkeit	34, 35
V. Beschlüsse über den Insolvenzplan	36

I. Inhalt der Vorschrift und Normzweck

1. Inhalt der Vorschrift. § 76 enthält Vorschriften zur inhaltlichen Ausgestaltung der Gläubigerversammlung. Abs. 1 regelt die **Leitung der Gläubigerversammlung,** und Abs. 2 behandelt die **für die Beschlüsse erforderlichen Mehrheiten.** Die Regelung des Abs. 1 hat in vollem Umfang die bereits vorher in § 94 Abs. 1 KO und § 15 Abs. 4 Satz 1 GesO normierte Rechtslage übernommen. Abs. 2 weicht jedoch von der früheren Rechtslage entscheidend ab, da für das Zustandekommen eines Beschlusses nicht mehr auf die Kopfmehrheit, sondern auf eine Summenmehrheit abgestellt wird. 1

2. Normzweck. Die Gläubigerversammlung äußert sich durch Beschlüsse im Rahmen der Gläubigerversammlung. Die Meinungsbildung und die Umsetzung des gefundenen Meinungsbildes in einem Beschluss bedarf einer Ordnung, damit der Ausdruck des Willens der Gläubigerversammlung nach innen wie nach außen auch Bestand hat und (rechtsverbindlich) wirksam wird. Den **formalen Ordnungsrahmen** gibt § 76 vor, indem es die Leitung der Versammlung den Gläubigern entzieht und einer „neutralen", also nicht durch Eigeninteressen geprägten Stelle, nämlich dem Insolvenzgericht, überträgt, und indem es festlegt, bei welchen Mehrheitsverhältnissen sich die unterlegenen Gläubiger einem anderen Willen unterwerfen müssen.[1] Die Übertragung der Leitung der Gläubigerversammlung soll dazu beitragen, dass der Ablauf und die Ergebnisse der Gläubigerversammlung den gesetzlichen Anforderungen entsprechen, insbesondere soll sichergestellt werden, dass alle angekündigten Tagesordnungspunkte erschöpfend behandelt werden und die Möglichkeit gewährleistet ist, dass sich jeder Gläubiger zu Wort melden kann.[2] Die Maßgeblichkeit der absoluten Mehrheit der Forderungsbeträge für das Zustandekommen eines Beschlusses soll die Abstimmung und damit 2

---
[1] Zu der Bedeutung von Mehrheitsentscheidung und Minderheitenschutz in der Gläubigerversammlung vgl. oben § 74 RdNr. 10 f.
[2] *Kübler*/Prütting/Bork § 76 RdNr. 3.

das Verfahren in der Gläubigerversammlung vereinfachen.[3] Mit der Gewährung des vollen Stimmrechts für die absonderungsberechtigten Gläubiger soll der Einbeziehung dieser Gruppe in das Insolvenzrecht Rechnung getragen werden.[4] Bedenken an der Regelung des Absatzes 2 bestehen vor allem in der Befürchtung, die Gläubigerversammlung werde in ihren Beschlüssen nunmehr durch Groß- und Sicherungsgläubiger beherrscht.[5] Diese Befürchtung wurde allerdings bereits im Vorfeld der Schaffung der Insolvenzordnung erkannt. Es ist davon ausgegangen worden, dass die Kleingläubiger durch die Repräsentationsvorschrift des § 67 Abs. 2 und die Möglichkeit des Antrages auf Aufhebung des Beschlusses gem. § 78 hinreichend geschützt werden.[6] Unabhängig von dem Fall der Abwahl des Insolvenzverwalters bleibt es aber bei dem Prinzip der Summenmehrheit. Dieser Schutz ist im Hinblick auf die Abwahl eines Insolvenzverwalters als nicht ausreichend angesehen worden. Im Hinblick auf die Gefahr, dass Großgläubiger im Wege der Abwahl vom Insolvenzverwalter ihnen genehme Verwalter bestimmen können und damit die Interessen der übrigen Gläubiger empfindlich betroffen sein könnten, ist durch das InsÄndG 2001 die Vorschrift des § 57 S. 2 dahingehend geändert worden, dass nunmehr die Kopf- und Summenmehrheit zur Abwahl eines Insolvenzverwalters erforderlich ist.[7]

II. Leitung der Gläubigerversammlung

1. Allgemeines. Die Gläubigerversammlung besteht aus dem in § 74 Abs. 1 Satz 2 benannten Personenkreis, also allen absonderungsberechtigten Gläubigern, allen Insolvenzgläubigern, sowie deren durch Vollmacht ausgewiesenen Vertretern, dem Insolvenzverwalter und dem Schuldner. Hinzu kommen noch die Mitglieder des Gläubigerausschusses.[8] Die Aufgabe des Insolvenzgerichts ist die Leitung der Gläubigerversammlung.[9] Dabei nimmt das Gericht eine **neutrale Stellung** ein. Es hat zum einen die Aufgabe, die Einigung der Gläubiger zu fördern und zwischen den Gläubigerinteressen zu vermitteln. Insoweit kommt dem Insolvenzgericht eine Schiedsrichterfunktion zu.[10] Dem neutralen Stellung des Insolvenzgerichts widerspräche es, wenn man annehmen wollte, dass das Insolvenzgericht im Rahmen der Gläubigerversammlung eine Hinweispflicht treffen würde, die über das zur Wahrung eines fairen und Ordnungsmäßigen Ablaufes notwendigen Maßes hinausgeht.[11] Zum anderen hat es die Aufgabe, für einen ordnungsgemäßen Ablauf einer Versammlung zu sorgen. Funktionell obliegt die Leitung der Gläubigerversammlung dem Rechtspfleger, soweit sich der Insolvenzrichter nicht diesen Teil des Verfahrens gem. § 18 Abs. 2 RPflG vorbehalten oder nachträglich an sich gezogen hat.[12] In der Praxis kommt dies selten vor.[13]

Der Rechtspfleger bzw. der Insolvenzrichter können als Versammlungsleiter in entsprechender Anwendung der Vorschrift des RPflG bzw. der ZPO für die Ablehnung von Rechtspflegern und Richtern abgelehnt werden.[14] Ablehnungsgründe können zB der vor die erste Gläubigerversammlung gezogene Prüfungstermin zur Verhinderung des gerichtlich bestellten Verwalters,[15] die wiederholte Vertagung des Prüfungstermins zur Verhinderung einer Abwahlentscheidung[16] oder die Vorwegnahme der Einschätzung der Erfolgsaussichten eines Antrages nach § 78 Abs. 1 in der Gläubigerversammlung[17] sein.

2. Öffentlichkeit der Gläubigerversammlung. Die Versammlungen sind nichtöffentlich, weil der Richter oder der Rechtspfleger in dieser Versammlung nicht als erkennender Richter im Sinne

---

[3] Begr. RegE, BT-Drucks. 12/2443, 133.
[4] Begr. RegE, BT-Drucks. 12/2443, 133.
[5] Siehe Kübler/Prütting/Bork § 76 RdNr. 6; Buck in Huntemann u.a., Der Gläubiger im Insolvenzverfahren, Kap. 10, RdNr. 66; Grub DZWIR 1999, 133, 134; Uhlenbruck NZI 1998, 14; vgl. aber auch Uhlenbruck/Uhlenbruck § 76 RdNr. 1 f.
[6] Begr. RegE, BT-Drucks. 12/2443, 133.
[7] Siehe u.a. HambKomm-Frind § 57 RdNr. 2 ff.
[8] Siehe oben in dieser Kommentierung bei § 74 RdNr. 29.
[9] S. hierzu BGH v. 19.7.2007 (Az. IX ZR 77/06) zu der Wirksamkeit von Beschlüssen einer nicht durch das Gericht geleiteten Gläubigerversammlung.
[10] Siehe Begr. RegE, BT-Drucks. 12/2443, 79 f.
[11] Vgl. BGH v. 7.10.2010 (Az IX ZB 53/10), NZI 2011, 713 RdNr. 5 f. – der BGH konnte diese Frage in der vorliegenden Entscheidung offen lassen; ferner s. unten RdNr. 10.
[12] Blersch/Goetsch/Haas § 76 RdNr. 2; HK-Eickmann § 76 RdNr. 2; Smid § 76 RdNr. 3; Kübler/Prütting/Bork § 76 RdNr. 7; Nerlich/Römermann/Delhaes § 76 RdNr. 1; Buck in Huntemann u.a., Der Gläubiger im Insolvenzverfahren, Kap. 10, RdNr. 50; HambKomm-Preß § 76 RdNr. 6.
[13] Siehe Pape RdNr. 211.
[14] OLG Zweibrücken ZInsO 2000, 236; LG Göttingen ZInsO 1999, 300; AG Göttingen Rpfleger 1999, 289.
[15] LG Düsseldorf ZIP 1985, 631.
[16] Vgl. LG Göttingen ZInsO 1999, 300; Pape RdNr. 211.
[17] Anders hingegen Kübler/Prütting/Bork § 76 RdNr. 11.

des § 169 GVG tätig wird.[18] Stattdessen ist die Versammlung **„parteiöffentlich"**. Aus diesem Grund hat das Insolvenzgericht dafür Sorge zu tragen, dass sämtliche Teilnahmeberechtigten, aber auch nur diese an der Versammlung partizipieren können. Zu diesem Zweck ist es zulässig, vor Beginn der Gläubigerversammlung Ausweiskontrollen durchzuführen oder einen geeigneten Nachweis über die rechtsgeschäftliche oder organschaftliche Vertretungsbefugnis zu verlangen, wobei für Rechtsanwälte §§ 80, 88 Abs. 2 ZPO gelten.[19] In **Großverfahren** bietet es sich aus organisatorischen Gründen an, im Vorfeld der Gläubigerversammlung an die Teilnahmeberechtigten Stimmkarten auszugeben, die zur Teilnahme an der Gläubigerversammlung berechtigen. Diese Stimmkarten werden nach vorherigem Nachweis der Berechtigung innerhalb eines bekannt gemachten Zeitraumes ausgegeben.[20] Die fehlende Öffentlichkeit bei der Gläubigerversammlung hat neben diesem formalen Grund zudem auch die wichtige Funktion, sensible Informationen über Geschäftsverbindungen, Betriebsgeheimnisse, etc. vor der Öffentlichkeit zu schützen. Daher ist es nicht unproblematisch, ob ausnahmsweise einzelnen Personen, die nicht dem gesetzlich aufgezählten Teilnehmerkreis angehören, die Anwesenheit in der Gläubigerversammlung gestattet werden darf.[21] Virulent ist diese Frage hauptsächlich bezüglich der Teilnahme von Pressevertretern bei Großverfahren geworden.[22] Nach § 4 in Verbindung mit § 175 Abs. 2 Satz 1 GVG kann das Insolvenzgericht den Zutritt einzelner Personen gestatten, sogar ohne die Beteiligten anzuhören (§ 175 Abs. 2 Satz 3 GVG).[23] Doch ist es fraglich, ob dies auch im Rahmen einer Gläubigerversammlung geschehen darf. Es handelt sich bei der Gläubigerversammlung nämlich nicht eigentlich um eine „nicht-öffentliche Verhandlung" im Sinne des § 175 GVG, sondern diese hat eher den Charakter einer „privaten Zusammenkunft" unter hoheitlicher Aufsicht, die zB verglichen werden kann mit Versammlungen von Körperschaften öffentlichen Rechts unter hoheitlicher Aufsicht. Es geht in Gläubigerversammlungen um die **Wahrung privater Interessen** der Gläubiger, die Mitwirkung des Gerichts hat in wesentlichen Schutzwirkung gegenüber der Minderheit und Aufsichtswirkung gegenüber dem Insolvenzverwalter, sodass deshalb erhebliche Zweifel daran bestehen, ob § 175 GVG hier tatsächlich Anwendung finden sollte. Unabhängig davon ist darauf hinzuweisen, dass sich die Gläubiger durch die Pressebeteiligung leicht unter Druck gesetzt fühlen können und möglicherweise aus Angst vor der Öffentlichkeit vor unpopulären Maßnahmen zurückschrecken, die aber ihrem Interesse durchaus dienlich wären. Die Nicht-Zulassung von Pressevertretern hat insoweit auch nichts mit „Geheimniskrämerei" zu tun, sondern es geht um die Abwägung widerstreitender Interessen, bei denen das Interesse der Gläubiger auf Grund des Umstandes, dass es sich um ihre Angelegenheiten handelt und nicht öffentliche Belange betroffen sind, regelmäßig überwiegt. Dass die Medien möglicherweise Informationen „aus dritter Hand" besorgen, die ein falsches Bild über das Verfahren wiedergeben, was sich nachteilig auf das Verfahren auswirken kann, ist freilich ein generelles Problem, das sich wohl kaum durch eine großzügige Zulassung zu Gläubigerversammlungen lösen lassen dürfte.[24] Jedenfalls sollte die Zulassung von Pressevertretern mit Hinblick auf diese schützenswerten Interessen der Beteiligten und den rechtstatsächlichen (schlechten) Erfahrungen der Wahrung eines ordnungsgemäßen Ablaufs des Verfahrens bei der Teilnahme der Presse äußerst restriktiv gehandhabt werden.[25] Denkbar wäre etwa eine Regelung, wonach die Presse bereits dann nicht zugelassen werden dürfte, wenn schon *ein Mitglied der Gläubigerversammlung* der Teilnahme widerspricht oder ein für die Durchführung des Verfahrens wesentlicher Sachverhalt erörtert werden muss, der der Geheimhaltung bedarf.[26] Dort, wo ohnehin Mitteilungen des Insolvenzgerichts oder Auskünfte der Pressestelle des Gerichts zu erhalten sind, sind diese jedenfalls als hinreichend anzusehen, sodass sie die Zulassung von Pressever-

---

[18] *Vallender*, Kölner Schrift, 115, (RdNr. 84); *Blersch/Goetsch/Haas* § 76 RdNr. 3; *Kübler/Prütting/Bork* § 76 RdNr. 12; *Mohrbutter/Pape* RdNr. V.58; *Uhlenbruck/Delhaes* RdNr. 46; *Hess/Kropshofer* § 72 RdNr. 4; *Uhlenbruck/Uhlenbruck* § 76 RdNr. 14.
[19] Siehe nur *Buck* in *Huntemann u.a.*, Der Gläubiger im Insolvenzverfahren, Kap. 10, RdNr. 51; *Blersch/Goetsch/Haas* § 76 RdNr. 3; *Kübler/Prütting/Bork* § 76 RdNr. 8; *Hess* § 76 RdNr. 16; *Uhlenbruck/Uhlenbruck* § 76 RdNr. 12.
[20] So *Blersch/Goetsch/Haas* § 76 RdNr. 3; *Kübler/Prütting/Bork* § 76 RdNr. 8.
[21] Siehe bereits oben § 74 RdNr. 5, 25 f. und 31.
[22] LG Frankfurt ZIP 1983, 344; dazu *Kübler/Prütting/Bork* § 76 RdNr. 12; *Nerlich/Römermann/Delhaes* § 76 RdNr. 1; *Uhlenbruck/Uhlenbruck* § 76 RdNr. 16.
[23] Vgl. *Vallender*, Kölner Schrift, 249, 269 (RdNr. 64); *Hess* § 76 RdNr. 15; *Nerlich/Römermann/Delhaes* § 76 RdNr. 1; *Kübler/Prütting/Bork* § 76 RdNr. 12; *Blersch/Goetsch/Haas* § 76 RdNr. 3; *Uhlenbruck/Delhaes* RdNr. 47; *Uhlenbruck/Uhlenbruck* § 76 RdNr. 16; aus der älteren Literatur siehe *Pasquay* ZHR 66 (1910), 34, 92.
[24] Siehe auch *Uhlenbruck/Uhlenbruck* § 76 RdNr. 16.
[25] Anders jedoch *Kübler/Prütting/Bork* § 76 RdNr. 13; im Ergebnis ähnlich wie *Uhlenbruck/Uhlenbruck* § 76 RdNr. 16.
[26] *Nerlich/Römermann/Delhaes* § 76 RdNr. 1; *Kilger/K. Schmidt* § 94 Anm. 1; insoweit wohl auch *Kübler/Prütting/Bork* § 76 RdNr. 14.

tretern sperren.²⁷ Auch das Argument, dass sich ohne Zulassung Pressevertreter Forderungen verschafften und als Gläubiger an dem Verfahren teilnehmen können,²⁸ vermag nicht zu überzeugen. Denn in diesem Fall sind die betreffenden Pressevertreter dann vom Insolvenzverfahren Betroffene, und es wird hier, wie sonst auch, kaum möglich sein, Personen, die ein Interesse an der Versammlung haben, daran zu hindern, über die Erlangung einer Gläubigerposition Zutritt zur Versammlung zu bekommen. Das gilt beispielsweise auch für Konkurrenten des Schuldners. Schließlich ist in der Diskussion um die Zulassung von Pressevertretern noch zu beachten, dass es sich bei dem immer wieder zitierten Fall des LG Frankfurt (AEG-Vergleich) um die Gestattung des Zutritts zu einem *Vergleichstermin* in einem Verfahren mit bundesweiter wirtschaftlicher Bedeutung handelte. Damit liegt eine doppelte Ausnahmesituation vor: Zum einen wird man derartige Großverfahren nicht mit den üblichen Insolvenzverfahren gleichsetzen können, wo die Interessen der einzelnen Beteiligten doch gegenüber dem Informationsbedürfnis einer breiten Öffentlichkeit überwiegen, und zum anderen ging es in dem betreffenden Verfahren nur um den Zutritt zum Vergleichstermin. Dieser ist inhaltlich sehr wohl zu unterscheiden, von den anderen Terminen, in denen es etwa um die Fortführung oder den Verkauf von Unternehmen oder Betriebsteilen geht.

6 **3. Ordnungsgewalt.** Der Richter oder der Rechtspfleger hat neben der Leitung der Versammlung auch die Ordnungsgewalt (§ 4 in Verbindung mit §§ 136, 144, 176 bis 183 GVG). Dem Gericht stehen damit die **sitzungspolizeilichen Befugnisse** (§ 176 GVG) zur Aufrechterhaltung der Ordnung (§ 177 GVG) gegenüber allen Anwesenden zu.²⁹ Dies umfasst u.a. die Befugnis, Verwarnungen auszusprechen, das Wort zu entziehen, Teilnehmern bestimmte Plätze zuzuweisen oder Teilnehmer des Raumes zu verweisen.³⁰ Auch Ordnungsmittel wegen Ungebühr (§ 178 GVG) können verhängt werden, wobei ein Rechtspfleger wegen § 4 Abs. 2 RPflG allerdings keine Verhängung von Ordnungshaft anordnen darf.³¹ Die sitzungspolizeilichen Befugnisse bestehen unabhängig vom Versammlungsort, also auch außerhalb des Gerichtsgebäudes.³²

7 **Ordnungsmittel** werden insbesondere dort relevant, wo ausnahmsweise Medien zur Versammlung zugelassen sind und störende Ton, Lichtbild- oder Filmaufnahmen machen.³³ Sie finden im Gegenteil (selbstverständlich) keine Anwendung, wo die Teilnahme von Gläubigern bestrittener Forderungen in Frage steht, denn insoweit geht es um eine im Rahmen der Versammlung materiellrechtlich zu prüfende Frage und nicht um einen damit überhaupt nicht zusammenhängenden Aspekt der Ordnung der Versammlung.³⁴

8 Vor der **Verhängung des Ordnungsmittels** ist dem Betroffenen immer rechtliches Gehör zu gewähren,³⁵ es sei denn, der Hergang und der Ungebührwille stehen außer Zweifel, und bei der Anhörung muss mit weiteren groben Ausfälligkeiten gerechnet werden, oder der Betroffene ist nicht ansprechbar oder hat sich vor seiner Anhörung entfernt.³⁶

9 **4. Ablauf der Gläubigerversammlung. a) Allgemeines.** Das Gesetz lässt den Ablauf der Gläubigerversammlung ungeregelt und erlaubt damit eine flexible Handhabung durch die Versammlungsleitung. Die **Struktur der Verhandlungsleitung** ergibt sich aus den über § 4 anwendbaren entsprechenden Regelungen der ZPO. So obliegt es dem Rechtspfleger oder dem Richter zunächst die Versammlung zu eröffnen (§ 136 Abs. 1 ZPO). In diesem Zusammenhang hat er den Zutritt der Berechtigten zu organisieren und zu kontrollieren (dazu oben RdNr. 6 ff.). Zu Beginn der Versammlung ist dann die Anwesenheit der Teilnehmer aufzunehmen und festzustellen, dass die anwesenden Gläubiger gem. § 77 stimmberechtigt sind, sowie eine entsprechende Stimmliste zu führen.³⁷ Der Rechtspfleger oder der Insolvenzrichter haben über die Reihenfolge der Wortmeldungen und

---

²⁷ Ähnlich *Haarmeyer/Wutzke/Förster* Kap. 6 RdNr. 58; vgl. auch *Uhlenbruck/Delhaes* RdNr. 47; *Uhlenbruck/Uhlenbruck* § 76 RdNr. 16.
²⁸ So *Kübler/Prütting/Bork* § 76 RdNr. 13; *Uhlenbruck/Delhaes* RdNr. 47; *Uhlenbruck/Uhlenbruck* § 76 RdNr. 16.
²⁹ Vgl. etwa *Vallender*, Kölner Schrift, 115, 141 RdNr. 84; HambKomm-*Preß* § 76 RdNr. 4. Wegen Einschränkungen des § 177 GVG bei Anwälten siehe MünchKommZPO-*Zimmermann* § 177 GVG RdNr. 3.
³⁰ Vgl. *Buck* in Huntemann u.a., Der Gläubiger im Insolvenzverfahren, Kap. 10, RdNr. 52; HambKomm-*Preß* § 76 RdNr. 4; HK-*Eickmann* § 76 RdNr. 2; *Jaeger/Gerhardt* § 76 RdNr. 2.
³¹ *Uhlenbruck/Uhlenbruck* § 76 RdNr. 13; HambKomm-*Preß* § 76 RdNr. 4; *Braun/Herzig*, § 76 RdNr. 5..
³² HK-*Eickmann* § 76 RdNr. 2.
³³ Siehe *Smid* § 76 RdNr. 4; *Uhlenbruck/Uhlenbruck* § 76 RdNr. 12.
³⁴ Hierzu ausführlich aber *Smid* § 76 RdNr. 5.
³⁵ BayObLGSt 25, 207; OLG Hamm DRiZ 1970, 27.
³⁶ *Vallender*, Kölner Schrift, 115, 141 (RdNr. 84); vgl. auch OLG Hamm JMBl. NRW 1977, 131; OLG Hamm MDR 1976, 780; OLG Koblenz MDR 1987, 433; OLG Düsseldorf NJW 1989, 241.
³⁷ Siehe FK-*Schmitt* § 76 RdNr. 3; *Smid* § 76 RdNr. 7; *Blersch/Goetsch/Haas* § 76 RdNr. 5; *Buck* in Huntemann u.a., Der Gläubiger im Insolvenzverfahren, Kap. 10, RdNr. 61.

der Sitzungsbeiträge zu entscheiden und erteilen in der Versammlung entsprechend das Wort.[38] Der Rechtspfleger oder der Richter können eine kurze Zusammenfassung voranstellen. Dies bietet sich vor allem bei der Diskussion über einen Insolvenzplan an.[39] In der Gläubigerversammlung hat grundsätzlich jeder Gläubiger das Recht, sich zur Sache zu äußern. Zwar ist dieses **Äußerungsrecht** nicht direkt aus Art. 103 Abs. 1 GG abzuleiten, weil die Gläubigerversammlung nicht unmittelbar gerichtliche Entscheidungen vorbereitet,[40] doch ergibt sich dieses Recht bereits aus dem Sinn und Zweck der Gläubigerversammlung. Da es in der Gläubigerversammlung um die Wahrung der Interessen der einzelnen Gläubiger geht, ist ihnen sehr weitgehend die Möglichkeit zur Stellungnahme zu gewähren. Das hat neben dem Aspekt der Befriedigung des Erörterungsbedürfnisses zwischen den Beteiligten auch die Funktion, dass eine Einigung tatsächlich „ausgehandelt" bzw. ausdiskutiert werden kann. Ferner entspricht es den rechtsstaatlichen Anforderungen an ein justizförmiges Verfahren, dass sich die stimmberechtigten Gläubiger zu allen für sie relevanten Punkten äußern und informieren können müssen.[41] Die Leitung der Versammlung hat dabei vornehmlich die Aufgabe, die Diskussion und die Meinungsäußerungen zu strukturieren und auf eine zielgerichtete Diskussion zu drängen. Der Richter oder der Rechtspfleger hat zwar das Recht, demjenigen, der seinen Anforderungen nicht Folge leistet, das Wort wieder zu entziehen (§ 136 Abs. 2 ZPO), doch sollte dies im Interesse einer gründlichen Aussprache und dem Versuch, dadurch Lösungen für die relevanten Fragen zu finden, und im Hinblick auf das Recht auf rechtliches Gehör äußerst zurückhaltend angewendet werden. Denkbar sind allenfalls solche Situationen, in denen ein Teilnehmer sich in einer Art und Weise äußert, die an die Schwelle der **Ungebühr** nach § 178 GVG reicht. Der Rechtspfleger oder der Richter hat weiterhin dafür zu sorgen, dass in organisatorisch einwandfreier Manier die einzelnen Beratungsgegenstände behandelt werden (§ 136 Abs. 3 ZPO). Dazu gehört vor allem auch die Durchführung der in der jeweiligen Gläubigerversammlung notwendigen Abstimmungen als Grundlage der ordnungsgemäßen Beschlussfassung. In diesem Zusammenhang muss von ihm der jeweilige Abstimmungsgegenstand hinreichend verdeutlicht und die Stimmen gezählt werden,[42] wobei jede Art und Weise ausreicht, durch welche die Abstimmung erkenntlich gemacht wird. Im Rahmen der Leitung von Gläubigerversammlungen, in denen es um einen Insolvenzplan geht, sind besondere Anforderungen an den Rechtspfleger bzw. den Insolvenzrichter zu stellen.[43] Diese beziehen sich vor allem im Hinblick auf das Obstruktionsverbot (§ 245) und die damit einhergehende Gruppenbildung.[44] Schließlich obliegt es dem Rechtspfleger oder dem Richter als Versammlungsleiter, gegebenenfalls die Versammlung zu vertagen und einen neuen Termin zu bestimmen (§ 136 Abs. 2, 2. HS ZPO) sowie die Versammlung zu schließen (§ 136 Abs. 4 ZPO).

b) Sachliches Eingreifen des Insolvenzgerichts. Nicht unproblematisch ist, ob es mit der grundsätzlichen Neutralität der Versammlungsleitung durch den Rechtspfleger oder den Insolvenzrichter zu vereinbaren ist, wenn diese in einer Art und Weise in die Versammlung eingreifen, die **über den rein formalen Leitungscharakter hinausgeht.** Der Konzeption der Konkursordnung lag die Vorstellung zugrunde, dass aus dem Leitungsrecht des Gerichts keine Ermächtigung zum sachlichen Eingreifen in die Verhandlung resultierte.[45] Dem ist grundsätzlich auch für die Insolvenzordnung zu folgen. Es würde nämlich das Prinzip der Gläubigerautonomie verletzen, wenn das Insolvenzgericht die inhaltlichen Entscheidungen, die von der Gläubigerversammlung zu treffen sind, durch sachliche Interventionen steuern bzw. beeinflussen würde.[46] Das Insolvenzgericht soll gerade nicht Sachwalter allgemeiner, im Insolvenzverfahren nicht repräsentierter wirtschaftlicher oder sozialer Interessen sein, sondern Hüter der Rechtmäßigkeit des Verfahrens.[47] Allerdings wird man im Insolvenzverfahren zur Wahrung eines **fairen und ordnungsgemäßen Ablaufs** der Gläubigerversammlung nicht hinter den Standard zurückbleiben dürfen, der durch §§ 139 und 278 Abs. 3 ZPO für das ordentliche zivilprozessuale Verfahren gesetzt wird.[48] Entsprechend sind sachdienliche

---

[38] *Blersch*/Goetsch/Haas § 76 RdNr. 4; *Uhlenbruck*/Uhlenbruck § 76 RdNr. 12.
[39] *Uhlenbruck*/Uhlenbruck § 76 RdNr. 4.
[40] So *Baur*/Stürner RdNr. 5.32, im Anschluss daran *Vallender,* Kölner Schrift, 115, 141 (RdNr. 82).
[41] *Baur*/Stürner RdNr. 5.32.
[42] *Blersch*/Goetsch/Haas § 76 RdNr. 5; *Nerlich*/Römermann/Delhaes § 76 RdNr. 4.
[43] Siehe ausführlich *Uhlenbruck*/Uhlenbruck § 76 RdNr. 6.
[44] Vgl. *Smid* in FS *Pawlowski,* 387, 399 f.; *ders.,* InVo 2001, 4 f.; LG Traunstein ZInsO 1999, 577; *Uhlenbruck*/Uhlenbruck § 76 RdNr. 6.
[45] Siehe Motive II, 314; *Jaeger*/Weber KO § 94 RdNr. 1.
[46] Ebenso *Blersch*/Goetsch/Haas § 76 RdNr. 6; HambKomm-*Preß* § 76 RdNr. 8; *Buck* in Huntemann u.a., Der Gläubiger im Insolvenzverfahren, Kap. 10, RdNr. 52; *Nerlich*/Römermann/Delhaes § 76 RdNr. 1; in der Tendenz ähnlich *Kübler*/Prütting/Bork § 76 RdNr. 10 f.
[47] So die Begr. RegE, BT-Drucks. 12/2443, 79 f.
[48] So auch *Uhlenbruck*/Uhlenbruck § 76 RdNr. 5.

verfahrensrechtliche Hinweise oder Anregungen an die in der Gläubigerversammlung anwesenden, sachunkundigen Gläubiger, einschließlich der Aufklärung über die Rechte und Pflichten der Gläubiger, von der Leitungsmacht des Insolvenzgerichts gedeckt.[49] **Äußerungen des Insolvenzgerichts in materieller Hinsicht** betreffen hingegen den Inhalt der Entscheidungsgegenstände und gehören damit nicht in den verfahrensrechtlichen Zusammenhang der Gläubigerversammlung und unterfallen mithin nicht mehr der Kompetenz der Verfahrensleitung durch das Insolvenzgericht. Demzufolge darf sich das Insolvenzgericht auch nicht im Hinblick auf § 78 zu geplanten Beschlüssen, die nach seiner vorläufigen Einschätzung dem gemeinsamen Interesse der Insolvenzgläubiger widersprechen könnten, vorweg äußern.[50] Die Entscheidung des Insolvenzgerichts nach § 78 Abs. 1 bedarf nämlich stets eines Antrages, und das Insolvenzgericht würde mit seiner Äußerung der Einschätzung der Lage in der Gläubigerversammlung nicht nur eine bestimmte Entscheidung der Gläubiger vorwegnehmen oder steuern, sondern auch das Antragserfordernis und im Ergebnis sogar die Regelung des § 78 Abs. 1 selbst weitgehend (nämlich jedenfalls im Hinblick auf die anwesenden Gläubiger) leerlaufen lassen.[51] Zudem ist diese Auffassung auch nicht von der Gesetzesbegründung gedeckt, wonach der Richter oder der Rechtspfleger kraft ihrer fachlichen Autorität vermittelnd und schlichtend aber nicht (vor-)entscheidend wirken soll.[52] Daraus ist allenfalls eine Mediationspflicht abzuleiten,[53] wobei die Unabhängigkeit streng zu beachten ist und der Rechtspfleger oder der Insolvenzrichter keinesfalls in sachlicher Hinsicht eingreifen oder Vorgaben machen darf.

11   c) **Auskunfts- und Äußerungsrecht des Schuldners.** Nicht geregelt ist die Frage, ob auch der **Schuldner in der Gläubigerversammlung rechtliches Gehör** in Form von Auskunftsbegehren und Äußerungen zum Verfahren gegenüber den Beteiligten beanspruchen kann. Für den Berichtstermin in § 156 Abs. 2 ist ausdrücklich die Möglichkeit für den Schuldner festgeschrieben, Stellung zu dem Bericht des Insolvenzverwalters zu nehmen. Da an anderer Stelle solche Rechte nicht vorgesehen sind, darüber hinaus § 79 Abs. 1 auch nur den Gläubigern in der Versammlung Informationsrechte einräumt, und vor dem Hintergrund, dass es in der Gläubigerversammlung um die Wahrung der Interessen der Gläubiger, nicht aber um die des Schuldners geht, ist ein allgemeiner Anspruch des Schuldners auf Auskunft und Gelegenheit zur Stellungnahme abzulehnen.[54] Die Einbeziehung des Schuldners in den Kreis der Teilnahmeberechtigten erklärt sich daraus, dass er den Gläubigern und dem Verwalter zur Klärung von undurchsichtigen Verhältnissen, die aus seiner Sphäre stammen, im Hinblick auf eine möglichst effiziente Verwaltung zur Verfügung stehen soll. Er hat also bildlich gesprochen nur passive Mitwirkungspflichten, die ihn nicht berechtigen, selbst Auskünfte zu verlangen. Allerdings wird man **im Einzelfall** auf der Grundlage des Prinzips eines fairen Verfahrens dem Schuldner nicht absprechen können, sich vor den Gläubigern zu äußern und sich über den Stand der Verhandlungen zu informieren. Um nicht aber den Ausnahmecharakter einer solchen Befugnis leerlaufen zu lassen, muss diese Befugnis sehr restriktiv gehandhabt werden. Denkbar sind deshalb nur besonders gelagerte Fälle, wie zum Beispiel die Möglichkeit des Schuldners, durch die Äußerung in der Gläubigerversammlung, einen etwaigen Verdacht von Unregelmäßigkeiten in der Behandlung von Massegegenständen nach Insolvenzeröffnung etc. auszuräumen. Ist der Insolvenzschuldner der deutschen Sprache nicht mächtig, so ist – soweit erforderlich (zB im Rahmen des § 97) – in entsprechender Anwendung des § 185 Abs. 1 Satz 1 GVG vom Gericht ein Dolmetscher hinzuziehen. Für den Dolmetscher gilt § 189 GVG entsprechend. Es ist ihm der Zutritt zur Gläubigerversammlung zu gewähren, es sei denn, er wird gem. §§ 406, 41, 42 ZPO, § 191 Satz 1 GVG ausgeschlossen oder abgelehnt.[55]

12   d) **Protokoll.** Neben der Sicherstellung des ordnungsgemäßen Ablaufs der Versammlung beinhaltet die Leitung im Sinne des § 76 Abs. 1 auch die **Dokumentierung der Beschlussfassung** durch ein gerichtliches Protokoll. Bei der Erstellung des Protokolls finden über § 4 die Regeln über die Protokollierung mündlicher Verhandlungen im Zivilprozess gem. §§ 159 ff. ZPO insoweit entsprechende Anwendung als sie auf die Besonderheiten der Gläubigerversammlung im Vergleich zu einer mündlichen Verhandlung im Zivilprozessverfahren passen. Für die Protokollführung ist grundsätzlich ein Urkundsbeamter der Geschäftsstelle hinzuzuziehen (vgl. § 159 Abs. 1 Satz 2 ZPO).

---

[49] So auch *Blersch*/Goetsch/Haas § 76 RdNr. 6; *Uhlenbruck*/Uhlenbruck § 76 RdNr. 4 f.
[50] So aber *Kübler*/Prütting/Bork § 76 RdNr. 11; vgl. insoweit auch AG Bremen v. 16.12.2009 (Az. 514 IN 20/09) = BeckRS 2010, 07745.
[51] Vgl. insoweit den der Entscheidung des BGH v. 7.10.2010 (Az. IX ZB 53/10) zugrunde liegenden Sachverhalt.
[52] Begr. RegE, BT-Drucks. 12/2443, 80.
[53] So *Uhlenbruck*/Uhlenbruck § 76 RdNr. 5.
[54] So auch *Vallender*, Kölner Schrift, 115, 141 (RdNr. 83); anders *Baur*/Stürner RdNr. 5. 32.
[55] Zu alledem *Uhlenbruck*/Uhlenbruck § 76 RdNr. 17.

Der Rechtspfleger oder der Insolvenzrichter und der Urkundsbeamte/die Urkundsbeamtin der Geschäftsstelle müssen das Protokoll unterschreiben (§§ 4, 163 Abs. 1 Satz 1 ZPO). Ist der Inhalt des Protokolls ganz oder teilweise mit einem Tonbandgerät o.ä. aufgezeichnet worden, muss der Urkundsbeamte/die Urkundsbeamtin die Richtigkeit der Übertragung prüfen und durch seine/ihre Unterschrift bestätigen (§§ 4, 163 Abs. 1 Satz 2 ZPO). Das **Protokoll enthält:** Die Namen der Anwesenden, wobei auch auf die Stimmliste Bezug genommen werden kann, wenn sie dem Protokoll als Anhang beigefügt wird, der Gang der Gläubigerversammlung in Form eines Inhaltsprotokolls und die Ergebnisse der gefassten Beschlüsse.[56] Dieses Protokoll ist nach der Fertigstellung an den Verwalter, an den Schuldner, an die teilnehmenden Gläubiger und ggf. an den Gläubigerausschuss zu übersenden. Das Gesetz lässt das Wie der Übermittlung offen. Ausreichend ist danach die Versendung mit einfachem Brief; möglich ist die Bekanntmachung auch per E-Mail. Damit wird die Beweiskraft des Protokolls nach §§ 4, 165 ZPO herbeigeführt. Soweit dagegen vorgebracht wird, dass vor dem Hintergrund mehrtägiger Gläubigerversammlungen und im Erörterungstermin nach § 235 Abs. 1 bei einer Übersendung des Protokolls eine unangemessene arbeits- und kostenmäßige Belastung des Gerichts eintrete und daher von der Übersendung des Protokolls Abstand genommen werden soll,[57] kann dies nicht überzeugen. Ohne Übersendung des Protokolls werden die Vorgaben der §§ 4, 165 ZPO nicht erfüllt, und das Protokoll erwächst nicht in Beweiskraft. Insoweit muss ein etwaig erhöhter Arbeitsaufwand des Gerichts hingenommen werden; Kosten können sich ggf. durch den Einsatz moderner Kommunikationsmittel beherrschen lassen. **Unrichtigkeiten** können im Nachhinein noch nach Maßgabe der §§ 4, 164 ZPO korrigiert werden.[58] Die Protokollierung ersetzt schließlich auch die notwendige Beurkundung der Schriftform, soweit diese gesetzlich vorgeschrieben ist.[59]

e) Gläubigerversammlung und Einsatz neuer Kommunikationstechniken? Noch nicht in vollem Umfang geklärt ist die Frage, ob eine Gläubigerversammlung auch mittels der neuen Kommunikationstechniken per **Konferenzschaltung über Fernsprecher** oder im **Internet** möglich sein soll.[60] Die Vorteile einer solchen Art der Versammlung liegen in einer erheblichen Zeit- und Kostenersparnis der Beteiligten und damit einhergehend möglicherweise in einer vergrößerten Bereitschaft, an Gläubigerversammlungen mitzuwirken. Derzeit hat diese Frage freilich noch keine besonders große praktische Bedeutung, weil die kommunikationstechnischen Voraussetzungen, die dazu notwendig wären, weder bei Gericht noch bei den meisten Gläubigern vorhanden sind. Zudem ist die Form der Konferenzschaltung, jedenfalls soweit die mündliche Kommunikation angesprochen ist, momentan noch nur in denjenigen Fällen technisch möglich, wo relativ wenige Teilnehmer, also entsprechend wenige Gläubiger, vorhanden sind. Im Internet hingegen könnten freilich bereits schon in ganz erheblichem Umfang Teilnehmer an einer Versammlung partizipieren, wobei sich insoweit das Problem stellt, wie zu gewährleisten ist, dass die Gläubigerversammlung ihren Charakter als nur parteiöffentlich wahren kann. Geht man davon aus, dass in Zukunft eine Entwicklung in die hier angedeutete Richtung nicht ganz unwahrscheinlich ist, so ist festzustellen, dass eine solche Form der Gläubigerversammlung vom Gesetz her nicht grundsätzlich ausgeschlossen ist. Voraussetzung ist allerdings, dass die Erfordernisse des § 76 gewahrt bleiben, insbesondere, dass auf Grund der technischen Möglichkeiten es gewährleistet bleibt, dass das Insolvenzgericht die Versammlung leitet. Ferner kann eine derartige virtuelle Versammlung nur dann den rechtsstaatlichen Ansprüchen genügen, wenn die Gläubiger mit dieser Form der Kommunikation vertraut sind, wenn sie die Möglichkeit haben, mittels der entsprechenden Technik an den „Versammlungen" teilzunehmen und wenn sie schließlich ihr Einverständnis haben, auf diesem Wege zu kommunizieren. In Zukunft wird daher diese Möglichkeit allenfalls in den Fällen zum Einsatz kommen können, in welchen es nur wenige Gläubiger gibt, die jeweils auf einem entsprechend hohen technischen Kommunikationsstandard ausgerüstet sind. Ein Beispiel wäre die Insolvenz eines abhängigen Konzernunternehmens, dessen Schuldner nur Banken und andere Unternehmen des Konzernverbundes sind.

Unabhängig von den persönlichen Voraussetzungen muss bei einer solchen Form der „Versammlung" jedenfalls auch gewährleistet sein, dass alle Teilnehmer ihre Teilnahmerechte ebenso (einfach) wie bei einer Versammlung nach derzeitigem Verständnis wahrnehmen und ausüben können. Ferner

---

[56] Siehe *Buck* in Huntemann u.a., Der Gläubiger im Insolvenzverfahren, Kap. 10, RdNr. 54; *Uhlenbruck/Delhaes* RdNr. 596 ff.; *Uhlenbruck/Uhlenbruck* § 76 RdNr. 18.
[57] *Uhlenbruck/Uhlenbruck* § 76 RdNr. 18.
[58] Vgl. hierzu *Haarmeyer/Wutzke/Förster,* Handbuch, Kap. 6 RdNr. 57 und 59; *Buck* in Huntemann u.a., Der Gläubiger im Insolvenzverfahren, Kap. 10, RdNr. 55; *Blersch/Goetsch/Haas* § 76 RdNr. 4; *Hess* § 76 RdNr. 16; *Smid* § 76 RdNr. 6.
[59] So *Smid* § 76 RdNr. 6; *Uhlenbruck/Uhlenbruck* § 76 RdNr. 19; *Pape* RdNr. 212; RGZ 165, 162.
[60] Siehe grds. bejahend *Uhlenbruck/Uhlenbruck* § 76 RdNr. 18; sehr ausführlich dazu nun *Heller.* Die virtuelle Gläubigerversammlung (...), 2010.

muss sichergestellt sein, dass die **Datensicherheit** in jeder Hinsicht gewährleistet ist. Und schließlich ist erforderlich, dass Vorkehrungen getroffen werden, die dafür sorgen, dass jeder Teilnehmer auch eindeutig seine **Teilnahmeberechtigung** nachweisen kann.

III. Beschlüsse der Gläubigerversammlung

14 **1. Begriff und Umfang des Beschlusses.** Ein Beschluss ist jede in Übereinstimmung mit den dafür vorgesehenen formalen Kriterien herbeigeführte Willensäußerung der Gläubigerversammlung. **Ein Beschluss umfasst dabei auch eine Wahl und eine Empfehlung.** Das charakteristische Merkmal eines Beschlusses, zB im Gegensatz zu einer unverbindlichen Äußerung der Gläubigerversammlung, ist die Bindungswirkung der Versammlung an ihre Entscheidung, die durch das in § 76 geregelte Abstimmungsergebnis legitimiert wird. Beschlüsse können unterschiedliche Außenwirkungen entfalten. Das hängt vom Adressaten des Beschlusses und von der durch Gesetz zugewiesenen Kompetenz der Gläubigerversammlung ab. So sind beispielsweise bloße Empfehlungen der Gläubigerversammlung, die den gesetzlich vorgesehenen Aufgabenkatalog der Versammlung überschreiten, für den Insolvenzverwalter regelmäßig irrelevant.[61]

15 **2. Beschlussfähigkeit.** Voraussetzung für eine wirksame Beschlussfassung ist die Beschlussfähigkeit der Versammlung. Die Beschlussfähigkeit der Gläubigerversammlung hängt nicht von einer **Mindestzahl** erschienener oder wirksam vertretener Gläubiger oder einer Mindestquote ab.[62] Die Gläubigerversammlung ist daher beschlussfähig, sobald ein Gläubiger erschienen ist.[63] Die Insolvenzordnung enthält – nimmt man die Neuregelung des § 160 Abs. 1 S. 3 einmal davon aus – keine ausdrückliche Regelung über die Beschlussfähigkeit der Gläubigerversammlung, und sie kennt auch keine Bestimmung über die Mindestwesenheit in der Versammlung. Eine solche wäre auch mit dem Grundsatz der Gläubigerautonomie nicht vereinbar, die nicht nur die Möglichkeiten eröffnet, das Verfahren mitzugestalten, sondern auch die Wahl offenlässt, überhaupt Mitwirkungsrechte in Anspruch zu nehmen. Aus diesem Grund sind auch etwaige Erwägungen abzulehnen, aus der grammatikalischen Fassung des § 76 Abs. 2 die Notwendigkeit der Anwesenheit zweier Gläubiger mit Stimmrecht zu folgern.[64] In der Praxis ist häufig zu beobachten, dass in der Tat der Vertreter der Hausbank der Einzige anwesende Gläubiger ist. Mit dieser Regelung ist freilich die Gefahr verbunden, dass der einzig erschienene Gläubiger die Möglichkeit hat, in seinem speziellen Interesse Entscheidungen zu treffen und – dort, wo nicht besondere Mehrheitserfordernisse genannt sind, wie zB in § 244 – versuchen wird, eigennützige (zum Beispiel Durchsetzung eines ihm genehmen Insolvenzverwalters[65]) oder möglicherweise auch **verfahrensfremde Ziele** durchzusetzen.[66] Vor dem Hintergrund, dass die Entscheidungen der Gläubigerversammlung nicht anfechtbar sind und grundsätzlich auch nicht ohne weiteres aufgehoben werden können,[67] kann dies zu erheblichen **Interessenkonflikten** und Problemen führen. Die nicht erschienenen Gläubiger sind aber nicht schützenswert, weil es in ihrer autonomen Entscheidung liegt, ihre Mitwirkungsbefugnisse in der Gläubigerversammlung auszuüben.[68] Tun sie dies nicht, so ist ihnen im Nachhinein ein Einwand abgeschnitten, die übrigen abstimmenden bzw. der allein abstimmende Gläubiger haben ausschließlich eigene Interessen und nicht die der Gesamtheit der Gläubiger verfolgt.[69] Der einzig erschienene Gläubiger – ebenso wie in dem Fall, dass mehrere Gläubiger zur Gläubigerversammlung erschienen sind – ist in seinem Stimmverhalten auch nicht an eine wie immer geartete Treuepflicht gebunden, auf Grund derer die Verfolgung von Eigeninteressen einschränkt sein könnte.[70]

---

[61] Siehe oben in dieser Kommentierung bei § 74 RdNr. 18.
[62] Vgl. *Buck* in Huntemann u.a., Der Gläubiger im Insolvenzverfahren, Kap. 10, RdNr. 62; *Haarmeyer/Wutzke/Förster*, Handbuch, Kap. 6 RdNr. 60; *Nerlich/Römermann/Delhaes* § 76 RdNr. 3; HambKomm-*Preß* § 76 RdNr. 7; *Uhlenbruck/Uhlenbruck* § 76 RdNr. 20; siehe auch LG Neuruppin ZIP 1997, 2130; LG Köln ZIP 1997, 2053, *Ehricke* NZI 2000, 57, 58.
[63] LG Berlin, KuT 1929, 47; LG Neuruppin ZIP 1997, 2130; *Jaeger/Gerhardt* § 76 RdNr. 6; *Uhlenbruck/Uhlenbruck* § 76 RdNr. 20; *Kübler/Prütting/Bork* § 76 RdNr. 22; *Pape* Rpfleger, 1993, 430; *Uhlenbruck/Delhaes* RdNr. 608.
[64] *Ehricke* NZI 2000, 57, 58; HK-*Eickmann* § 76 RdNr. 5.
[65] § 57 Satz 2 steht dem nicht entgegen; vgl. auch *Jaeger/Gerhardt*, § 76 RdNr. 7.
[66] Vgl. dazu *Uhlenbruck/Uhlenbruck* § 76 RdNr. 20; *Pape* Rpfleger 1993, 430.
[67] Dazu siehe unten RdNr. 31 ff.
[68] So jetzt auch in *Uhlenbruck/Uhlenbruck* § 76 RdNr. 20; vgl. ferner *Braun/Herzig* § 76 RdNr. 7.
[69] Vgl. *Buck* in Huntemann u.a., Der Gläubiger im Insolvenzverfahren, Kap. 10, RdNr. 62; *Ehricke* NZI 2000, 57, 58.
[70] Ausführlich dazu *D. Schul* 45 ff.; siehe ferner *Ehricke* NZI 2000, 57, 58 f.; *Häsemeyer* ZHR 160 (1996), 109, 125 ff.; *ders.*, FS Gaul, 1997, 175, 177 ff.

Beschlüsse der Gläubigerversammlung 16–19 § 76

Voraussetzung für die Beschlussfähigkeit der Gläubigerversammlung ist ferner, dass zumindest **16** einer der erschienenen Gläubiger ein Stimmrecht hat (unten RdNr. 23) und dieser auch an der Versammlung teilnehmen will **(Teilnahmewille).**[71] Der Teilnahmewille des Gläubigers muss dem versammlungsleitenden Rechtspfleger oder Insolvenzrichter wenigstens konkludent deutlich gemacht werden. Er wird in der Regel bereits durch physische Präsenz am Versammlungsort indiziert. Will ein stimmberechtigter Gläubiger den durch die Anwesenheit erzeugten Rechtsschein des Willens an der Teilnahme zerstören, so bedarf es einer ausdrücklichen Erklärung gegenüber dem Insolvenzgericht. Dies ist etwa dann der Fall, wenn ein einzelner erschienener Gläubiger in der Versammlung erklärt, er wolle nur dann an der Versammlung teilnehmen, wenn noch zumindest ein weiterer stimmberechtigter Gläubiger der Versammlung beiwohnt und teilnehmen will. Erscheint dann niemand anderes mit Stimmrecht, so ist trotz Anwesenheit des einen stimmberechtigten Gläubigers die Gläubigerversammlung so zu behandeln als sei niemand erschienen. Der Wille eines Gläubigers, trotz Anwesenheit nicht teilnehmen zu wollen, ist – schon allein aus Gründen der Rechtsklarheit – in dem gerichtlichen Protokoll über die Versammlung aufzunehmen.

Beschlussunfähigkeit der Gläubigerversammlung liegt vor, wenn niemand erschienen ist. Dem **17** ist gleichgestellt, wenn die erschienenen Gläubiger vom Stimmrecht ausgeschlossen sind.[72]

3. Befugnis des Insolvenzgerichts bei Beschlussunfähigkeit. a) Problemstellung. Die **18** Frage, welche Befugnis das Gericht haben soll, wenn kein Gläubiger zur Gläubigerversammlung erschienen ist, obwohl ordnungsgemäß dazu geladen wurde, ist genau wie in der KO auch im neuen Recht ungeregelt geblieben. Die betreffenden Vorschriften über die Rechte der Gläubigerversammlung enthalten keine Aussage darüber, ob die dort vorgesehenen Befugnisse der Gläubigerversammlung ersetzt werden können. *Dass* die Gläubiger auf die **Inanspruchnahme bzw. Ausübung der Rechte verzichten können,** ergibt sich freilich bereits aus dem Grundsatz der Gläubigerautonomie, welcher alle Vorschriften prägt, die der Gläubigergesellschaft Mitbestimmungsrechte zubilligen.[73]

Damit behält der alte Streit darüber, ob das Insolvenzgericht in der Versammlung die notwendigen Entscheidungen der Gläubiger durch eine **eigene Beschlussfassung** ersetzen kann, oder ob keine diesbezüglichen Beschlüsse gefasst werden dürfen,[74] weiterhin Bedeutung. Auf der einen Seite wird vertreten, dass es dem Gericht im pflichtgemäßen Ermessen gestattet sein müsse, Regelungen für den Fortgang des Verfahrens zu treffen, wenn die Versammlung deshalb beschlussunfähig ist, weil niemand erschienen ist.[75] Dagegen wird von der hM davon ausgegangen, dass es dem Insolvenzgericht nicht gestattet sei, die fehlende Mitwirkung der Gläubiger durch eine eigene Beschlussfassung zu ersetzen.[76] Auch andere Verfahrensbeteiligte dürfen die Entscheidungsfindung der Gläubigerversammlung nicht ersetzen.[77]

b) Keine Ersetzungsbefugnis des Gerichts bezüglich der den reinen Verfahrensablauf **19** **beeinflussenden Rechte.** Bei näherer Betrachtung wird indes deutlich, dass diese Frage gar nicht bei allen Befugnissen der Gläubigerversammlung virulent wird. Denn bei der Nicht-Mitwirkung der Gläubigerversammlung **bezüglich der den reinen Verfahrensablauf beeinflussenden Rechte** braucht niemand die fehlende Äußerung der Versammlung zu ersetzen, weil das Gesetz selbst der Inaktivität schon als eine Möglichkeit der Willensäußerung vorsieht. Das betrifft insbesondere die Fälle der Wahl eines anderen Insolvenzverwalters und der Einrichtung eines (anderen) Gläubigerausschusses oder die Änderung seiner Zusammensetzung. Hier wäre es völlig unnötig, wenn das Gericht

---

[71] Siehe auch *Uhlenbruck/Uhlenbruck* § 76 RdNr. 20.
[72] HK-*Eickmann* § 76 RdNr. 5; *Blersch*/Goetsch/Haas § 76 RdNr. 7; HambKomm-*Preß* § 76 RdNr. 8; *Uhlenbruck/Uhlenbruck* § 76 RdNr. 21; *Pape* RdNr. 213; *Ehricke* NZI 2000, 57, 58; *Kilger/K. Schmidt* § 95 KO Anm. 2; LG Frankenthal ZIP 1993, 378; *Haarmeyer/Wutzke/Förster* Kap. 6 RdNr. 60.
[73] *Uhlenbruck/Uhlenbruck* § 76 RdNr. 21.
[74] Ausführlich dazu *Pape* Rpfleger 1993, 430 ff.; *Ehricke* NZI 2000, 57 ff.; *Kübler,* FS Kreft, 388 ff.; *Heukamp* ZInsO 2007, 57, 58.
[75] LG Frankenthal ZIP 1993, 378; tendenziell auch *Hess* § 76 RdNr. 23 (siehe aber ebenda RdNr. 22); vgl. ferner *Schmittmann,* InsbürO 2010, 24; *Buck* in Huntemann u.a., Der Gläubiger in der Insolvenz, Kap. 10, RdNr. 63; *Haarmeyer/Wutzke/Förster,* Handbuch, Kap. 6 RdNr. 60; *Kilger/K. Schmidt* § 95 KO Anm. 2; siehe ferner auch *Uhlenbruck/Delhaes* RdNr. 599, wenngleich insgesamt mit eher widersprüchlicher Aussage.
[76] Siehe *Pape* Rpfleger 1993, 430 ff.; *ders.* EWiR 1993, 480; *ders.* ZInsO 1999, 305, 306; *Heukamp* ZInsO 2007, 57, 58; *Kübler*/Prütting/Bork § 76 RdNr. 23; HK-*Eickmann* § 76 RdNr. 5; HambKomm-*Preß* § 76 RdNr. 8; *Blersch*/Goetsch/Haas § 76 RdNr. 7; OLG Koblenz ZIP 1989, 660; *Eickmann* EWiR 1990, 723, 724; *Kuhn/Uhlenbruck* § 94 KO RdNr. 2; aber nunmehr *Uhlenbruck/Uhlenbruck* § 76 RdNr. 21; für den Fall der §§ 133, 134 KO (= § 160) ebenso *Kilger/K. Schmidt* §§ 133, 134 KO Anm. 1, der sich allerdings insoweit in Widerspruch zu seiner Auffassung in § 95 Anm. 2 setzt.
[77] Ausführlicher *Heukamp* ZInsO 2007, 57, 58.

oder sogar der Verwalter die fehlende Äußerung der Versammlung ersetzen können sollte. Ein Feststellungsbeschluss des Insolvenzgerichts, etwa dergestalt, dass der vom Gericht ernannte Verwalter auch Verwalter bleibt, oder dass ein Gläubigerausschuss nicht eingerichtet wird oder in seiner bestehenden Besetzung nicht geändert wird, erübrigt sich, weil sich dies aus dem Schweigen der Versammlung ohnehin ergibt und ein zusätzlicher Beschluss des Gerichts keinerlei Bedeutung für den weiteren Verfahrensablauf hätte.[78]

20   **c) Ersetzungsbefugnis des Gerichts in den anderen Fällen?** Relevant wird die Frage der Ersetzungsbefugnis daher nur bei den Fragen, wo die Gläubigerversammlung Einfluss auf den Ablauf des Verfahrens nehmen kann. Das betrifft besonders die **Befugnisse in den §§ 160 bis 163.** Hier würde ein fehlender Beschluss der Versammlung den weiteren Verfahrensablauf scheinbar blockieren,[79] weil die entsprechenden Anweisungen oder Genehmigungen der Gläubigerversammlung fehlen. Nach § 160 Abs. 1 Satz 3, der durch das Gesetz zur Vereinfachung des Insolvenzverfahrens[80] eingeführt wurde, gilt bei Beschlussunfähigkeit der Gläubigerversammlung eine entsprechende Zustimmung als erteilt. Genauer betrachtet, wirkt sich dies wegen § 164 allerdings nur im **Innenverhältnis** aus, sodass die fingierte Zustimmung letztlich nur Auswirkungen auf die Kompetenzverteilung zwischen Versammlung und Insolvenzverwalter im Innenverhältnis hat.[81] Aus diesem Grund führt die Zustimmungsfiktion in § 160 Abs. 1 Satz 3 nicht weiter.[82]

Diese Feststellung ist für die Frage bedeutsam, ob das Insolvenzgericht in diesen Fällen eine **Ersetzungsbefugnis** haben soll. Die Entscheidungen über die wirtschaftliche Verwertung liegen dem Gesetz nach zunächst bei dem Insolvenzverwalter, der sich allerdings bei bestimmten Entscheidungen nach dem Willen der Gläubigerversammlung richten muss.[83] Wenn aber die Gläubigerversammlung die ihr eingeräumten Rechte nicht in Anspruch nehmen will, so bleibt es bei der wirtschaftlichen Entscheidungskompetenz des Insolvenzverwalters. Einer Genehmigung des Gerichts anstelle der Versammlung bedarf es nicht, weil diese mittelbar schon durch die Inaktivität der Gläubiger ausgedrückt ist, indem sie durch ihr Desinteresse zeigen, dass sie an der betreffenden Handlung des Verwalters nichts zu erinnern haben.[84] Wenn die Gläubiger eine wirtschaftlich optimale Verwertung wollen, und mit den Maßnahmen des Insolvenzverwalters nicht einverstanden sind, ergibt sich aus dem Grundsatz der Gläubigerautonomie, dass sie ihre Rechte selbst wahrnehmen müssen. Tun sie dies nicht, ist darin gerade ein Einverständnis mit dem Handeln des Insolvenzverwalters zu sehen. Das Schweigen der Gläubigerversammlung kann deshalb nicht dahingehend gewertet werden, dass sie dem Gericht – stillschweigend – die Entscheidungskompetenz überließen.[85] Wenn man richtigerweise das Nichterscheinen der Gläubiger in der Versammlung als Zustimmung zum Handeln des Insolvenzverwalters wertet,[86] kommt es dabei auch nicht zu einem Stillstand des Verfahrens. Der Insolvenzverwalter darf also im Anschluss an eine derartige Versammlung so handeln, als hätte er ein *placet* für seine Aktivitäten erhalten. Im Außenverhältnis kann er ohnehin weiterhandeln; die fingierte Zustimmung schneidet nur im Innenverhältnis den Gläubigern die Argumentation ab, der Verwalter habe die Beteiligungsrechte der Gläubiger verletzt und sich dadurch schadensersatzpflichtig gemacht.[87]

Eine Ersetzung der Beschlüsse der Versammlung durch das Gericht wäre ferner auch aus **systematischen Gründen der Kompetenzabgrenzung** zwischen Gericht und Gläubigerversammlung und Insolvenzverwalter nicht möglich. Die Beteiligung der Gläubiger an der Verfahrensabwicklung hat, wie ausgeführt, den Sinn und Zweck, das Gericht grundsätzlich von Entscheidungen freizustellen, die nicht die rechtliche, sondern die wirtschaftliche Seite der Verwertung betreffen. Ausnahmen können in den besonderen Fällen der §§ 58 und 78 bestehen. Da demnach das Insolvenzgericht

---

[78] *Pape* Rpfleger 1993, 430, 432; *Ehricke* NZI 2000, 57, 60; *Kübler/Prütting/Bork* § 76 RdNr. 23; *Uhlenbruck/Uhlenbruck* § 76 RdNr. 22.
[79] In diese Richtung auch *Buck* in *Huntemann u.a.*, Der Gläubiger im Insolvenzverfahren, Kap. 10, RdNr. 63; *Hess* § 76 RdNr. 23; vgl. auch *Uhlenbruck/Uhlenbruck* § 76 RdNr. 22; *Heukamp* NZI 2007, 57, 58 ff.; *Zimmermann*, ZInsO 2012, 245.
[80] Gesetz vom 13.4.2007 (BGBl. I S. 509).
[81] *Heukamp* ZInsO 2007, 57, 62; ähnlich *Kübler/Prütting/Bork* § 76 RdNr. 23; HambKomm-*Preß* § 76 RdNr. 8.
[82] Kritisch schon zum Regierungsentwurf *Heukamp* ZInsO 2007, 57, 61 f.
[83] Siehe auch § 74 RdNr. 18.
[84] Vgl. auch *Nerlich/Römermann/Delhaes* § 76 RdNr. 3; *Blersch/Goetsch/Haas* § 76 RdNr. 7.
[85] *Uhlenbruck/Delhaes* RdNr. 599; *Blersch/Goetsch/Haas* § 76 RdNr. 7.
[86] Siehe *Ehricke* NZI 2000, 57, 61; *Kübler/Prütting/Bork* § 76 RdNr. 23; vgl. aber auch *Blersch/Goetsch/Haas* § 76 RdNr. 7.
[87] So auch *Pape* Rpfleger 1993, 430, 432; *ders.* RdNr. 213; *Ehricke* NZI 2000, 57, 61; *Kübler/Prütting/Bork* § 76 RdNr. 23; *Uhlenbruck/Uhlenbruck* § 76 RdNr. 22; HambKomm-*Preß* § 76 RdNr. 8.

nicht als wirtschaftlicher Sachwalter der Gläubiger fungiert, sondern seine Aufgabe darin besteht, die Einigung der Gläubiger zu fördern und zwischen den Gläubigerinteressen zu vermitteln, kann es dem Gericht nicht zukommen, den Gläubigern die Entscheidung über die wirtschaftlichen Fragen abzunehmen, wenn sie diese Entscheidungsrechte nicht wahrnehmen.[88] In diesem Fall liegt ein Verzicht dieser Rechte vor, auf Grund dessen sie ersatzlos entfallen. Darüber hinaus können dem Insolvenzgericht keine über die gesetzlich normierten Anordnungsmöglichkeiten hinausgehenden Rechte gegenüber der Gläubigerversammlung zukommen, weil es ansonsten zu einer Aufweichung der Grenzen der Verantwortlichkeit von Gericht und Gläubigerversammlung käme, die mit der bloßen Leitungsfunktion **(Schiedsrichterfunktion)** des § 76 Abs. 1 und mit dem Grundgedanken der Gläubigerautonomie nicht vereinbar ist.[89] Im Verhältnis von Insolvenzgericht zu Insolvenzverwalter käme es bei einer gedachten Ersetzungsbefugnis der Beschlüsse der Versammlung durch das Gericht insoweit zu einer systematischen Inkongruenz, als das Gericht darauf beschränkt ist, den Verwalter zu beaufsichtigen (§ 58). Das beinhaltet lediglich eine *nachträgliche* Bewertung der Aufgabenerfüllung des Insolvenzverwalters. Die Ersetzung des Beschlusses der Gläubigerversammlung durch das Gericht würde aber dazu führen, dass das Gericht dem Verwalter auch im Vorhinein Vorgaben für seine Aufgabenerfüllung machen könnte; das entspricht aber gerade nicht der ihm obliegenden Aufsichtsmaßnahmen.[90]

4. Übertragung der Befugnis, zukünftige Entscheidungen zu treffen, auf das Insolvenzgericht. Eine ganz andere Frage als die, ob das Insolvenzgericht bei Nicht-Erscheinen der Gläubiger statt ihrer die Beschlüsse fassen darf, ist indes, ob es der Gläubigerversammlung erlaubt ist, in einem Beschluss dem Insolvenzgericht zukünftig die Befugnis zu übertragen, an ihrer Stelle Genehmigungen zu erteilen. Von Interesse könnte dies insbesondere im Hinblick auf die Genehmigungen in §§ 100 und 157 sein. Auch diese Frage ist umstritten.[91] Im Gegensatz zur obigen Streitfrage überzeugt aber an dieser Stelle das Argument nicht, die Gläubigerbeteiligung liefe leer, wenn die Rechte der Gläubiger auf das Insolvenzgericht übertragen würden, sodass eine Ersetzungsbefugnis des Gerichts auf Grund der Übertragung dieser Befugnis durch die Gläubigerversammlung nicht möglich sei.[92] Denn hier geht es darum, dass die Gläubigerversammlung eine andere Person dazu ermächtigt, ihr Interesse wahrzunehmen.[93] Nirgendwo in der Insolvenzordnung ist abzuleiten, dass eine solche Ermächtigung unzulässig ist. Es ist vielmehr gerade **Ausdruck der Gläubigerautonomie, dass die Gläubiger die Befugnis übertragen können**, statt ihrer bestimmte Entscheidungen zu treffen. Nach allgemeinen Regeln kommt eine Ausnahme nur dann in Betracht, wenn es durch die Ermächtigung zu Interessenkonflikten kommen würde, etwa wenn der Insolvenzverwalter mit der Wahrnehmung der Gläubigerinteressen beauftragt würde und sich selbst die Handlungen genehmigen könnte. In der Übertragung der Wahrnehmung der Gläubigerentscheidungen an das Gericht liegt aber implizit das Einverständnis, dass das Gericht diese Rechte nach billigem Ermessen ausüben werde. Gleichzeitig ist die Ermächtigung genau auf die Bereiche beschränkt, die in dem Beschluss der Gläubigerversammlung zur Übertragung der Entscheidungsbefugnis auf das Gericht bezeichnet sind.[94] So kann beispielsweise ein Beschluss der Gläubigerversammlung, die Genehmigung der Verwertung des Grundbesitzes und des Vorratsvermögens, auf das Insolvenzgericht zu übertragen, nicht dahingehend ausgelegt werden, dass die Versammlung ihre Rechte vollständig auf das Insolvenzgericht übertragen hätte.[95] Außerdem wird durch eine derartige Übertragung der Entscheidungsbefugnisse der Sinn und Zweck der Gläubigerbefugnisse nicht beeinträchtigt, weil die Gläubigerversammlung jederzeit in einer weiteren Versammlung die Bevollmächtigung des Gerichts abändern oder aufheben darf.

5. Probleme der Beschlussfassung in „Rumpfversammlungen". Zuweilen, besonders in Großverfahren, kommt auch der Fall vor, dass die Gläubiger in viel größerer Anzahl als erwartet erscheinen. Wenn dann der Umstand eintritt, dass es an einem genügend großen Raum mangelt,

---

[88] *Pape* Rpfleger 1993, 430, 432.
[89] *Pape* Rpfleger, 1993, 430, 432; *ders.* ZInsO 1999, 305, 306; *Ehricke* NZI 2000, 61.
[90] Dazu siehe oben die Kommentierung in diesem Kommentar zu § 58 RdNr. 1 und 15 ff.; ferner vgl. *Nerlich/Römermann/Delhaes* § 58 RdNr. 5 ff.; *Kübler/Prütting/Bork/Lüke* § 58 RdNr. 5 ff.
[91] Siehe *Ehricke* NZI 2000, 57, 62; *HK-Eickmann* § 76 RdNr. 5; *Mohrbutter/Ringstmeier/Voigt-Salus/Pape* § 21 RdNr. 180 f.; *Heukamp* ZInsO 2007, 57, 59 ff.; *Blersch/Goetsch/Haas* § 76 RdNr. 7; *Jaeger/Gerhardt*, § 76 RdNr. 7; *Uhlenbruck/Uhlenbruck* § 76 RdNr. 23; *Andres/Leithaus* §§ 76, 77, RdNr. 3; OLG Celle, Rpfleger 1994, 124 mit Anm. *Pape* EWiR 1993, 101; *Uhlenbruck/Delhaes* RdNr. 599 ff., 608.
[92] *Mohrbutter/Ringstmeier/Voigt-Salus/Pape* § 21 RdNr. 180.
[93] Vgl. OLG Celle Rpfleger 1994, 124; zustimmend auch *HK-Eickmann* § 76 RdNr. 5.
[94] OLG Celle Rpfleger 1994, 124; vgl. *Uhlenbruck/Uhlenbruck* § 76 RdNr. 23; dagegen aber *Andres/Leithaus* §§ 76, 77 RdNr. 3.
[95] OLG Celle Rpfleger 1994, 124; *Uhlenbruck/Uhlenbruck* § 76 RdNr. 23.

sodass nicht alle Gläubiger an der Versammlung teilnehmen können (sog. Rumpfversammlung),[96] kommt es zu teils erheblichen Problemen. Da gegenüber jedem Gläubiger gewährleistet sein muss, dass er die ihm zur Verfügung stehenden Mitwirkungsrechte ausüben kann, gehört es zur Leitung der Gläubigerversammlung, dass das Insolvenzgericht sich um einen genügend großen Raum kümmert, der ggf. außerhalb des Gerichtsgebäudes liegen kann, und dass Kommunikationsanlagen zur Verfügung stehen, sodass für jeden Teilnehmer gewährleistet ist, seine Rechte tatsächlich in Anspruch zu nehmen.[97] Der Aufwand für die Verlagerung der Versammlung vom Gerichtsgebäude in andere, passende Örtlichkeiten sind **Massekosten**.[98] Findet hingegen eine Versammlung statt, obwohl nicht alle Gläubiger aus Platzgründen an ihr teilnehmen konnten, so hat das Gericht seine Amtspflicht verletzt.

Da es sich bei einer solchen Versammlung **nicht um eine ordnungsgemäße Gläubigerversammlung** gemäß § 74 handelt, sind die in dieser „Versammlung" gefassten Beschlüsse nichtig und nicht etwa nur unwirksam, denn für eine nachträgliche Heilung ist keine Möglichkeit vorgesehen.[99] Wertungsmäßig liegt dieser Fall nämlich gleich mit Beschlüssen, die in einer Versammlung gefasst wurden, die nicht ordnungsgemäß einberufen wurde.[100]

Noch nicht völlig geklärt sind die **Folgen** eines solchen Geschehens. So wird etwa vertreten, dass es zur Amtspflicht des Gerichtes gehöre, eine neue Gläubigerversammlung mit derselben Tagesordnung einzuberufen.[101] Zudem könne jeder Gläubiger, gleichgültig ob ihm die Teilnahme nicht möglich war oder ob sie ihm möglich war und er überstimmt wurde, beim Insolvenzgericht die erneute Einberufung der Gläubigerversammlung beantragen (§ 75 Abs. 1).[102] Dies ist nach den Vorstellungen der Insolvenzordnung allerdings nur dann möglich, wenn die betroffenen Gläubiger, die eine neue Versammlung erwirken wollen, gleichzeitig die quantitativen Erfordernisse des § 75 Abs. 1 Nr. 3 oder 4 erfüllen. Denn das Gesetz sieht keine Möglichkeit der Beantragung einer Gläubigerversammlung außerhalb der Erfordernisse des § 75 vor. Wenn diese Erfordernisse hingegen nicht vorliegen, was in den meisten Großverfahren üblicherweise der Fall sein dürfte, kann der Weg zu einer neuen Gläubigerversammlung auch nicht, wie gemeint wird,[103] gegebenenfalls über eine Beschwerde gegen den Beschluss führen, welcher den gestellten Antrag zur Einberufung der Gläubigerversammlung abgelehnt hat. Denn die sofortige Beschwerde könnte den Beschluss des Insolvenzgerichts im Hinblick auf die hier interessierende Fragestellung ohnehin nur bestätigen, weil sich auch die zweite Instanz nicht über die Anforderungen des § 75 hinwegsetzen kann. Prozessual ist es daher nur möglich, dass die ausgeschlossenen oder die unterliegenden Gläubiger eine Feststellungsklage nach § 256 ZPO erheben mit dem Begehren, das Gericht möge feststellen, dass der bzw. die auf der betreffenden Versammlung gefassten Beschlüsse unwirksam seien. Bei einem positiven Feststellungsurteil könnten dann diejenigen, die von diesem Urteil beschwert sind, erneut die Einberufung einer Versammlung mit denselben Gegenständen beantragen, was dann im Hinblick auf § 75 unproblematisch ist, weil diese Gruppe bei derartigen Großversammlungen die Anforderungen ohne Schwierigkeiten erfüllen können. Selbstverständlich steht es aber auch allen anderen Antragsberechtigten, insbesondere dem Insolvenzverwalter oder dem Gläubigerausschuss frei, bei derartigen Vorfällen die Einberufung einer neuen Versammlung zu beantragen.

Ob zur Lösung der mit einer Rumpfversammlung verbundenen Probleme auch der Weg, eine Anfechtungsklage in Form einer **Gestaltungsklage** zu erheben, Erfolg versprechend ist,[104] ist offen, allerdings ist es nicht unmittelbar ersichtlich, wie das Begehren der ausgeschlossenen Gläubiger bzw. der bei der Abstimmung in der betreffenden Versammlung unterlegenen Gläubiger mit dieser Klageform besser und/oder schneller erfüllt werden könnte.

23 **6. Stimmberechtigung der Gläubiger.** Stimmberechtigt ist jeder, der ein Stimmrecht nach § 77 hat. Dies sind die Insolvenzgläubiger mit festgestelltem Stimmrecht und die absonderungsberechtigten Gläubiger. Kein Stimmrecht haben nachrangige Gläubiger und Massegläubiger. Zu ein-

---

[96] Der Begriff stammt von *Jaeger/Weber* KO § 94 RdNr. 4 und ist von *Jaeger/Gerhardt* § 76 RdNr. 8 übernommen worden; vgl. auch *Nadelmann* KuT 1932, 37; *Schumann* DJ 1935, 1210, 1214; *Uhlenbruck/Uhlenbruck* § 76 RdNr. 23.
[97] Siehe oben § 74 RdNr. 34.
[98] *Jaeger/Weber* KO § 94 RdNr. 4; *Kübler/Prütting/Bork* § 76 RdNr. 22; vgl. auch *Uhlenbruck/Uhlenbruck* § 76 RdNr. 23.
[99] Siehe auch unten RdNr. 34; anders, allerdings ohne Begr., *Kübler/Prütting/Bork* § 76 RdNr. 22; *Uhlenbruck/Uhlenbruck* § 76 RdNr. 23.
[100] Siehe § 74 RdNr. 20.
[101] *Jaeger/Gerhardt* § 76 RdNr. 8.
[102] Siehe *Kübler/Prütting/Bork* § 76 RdNr. 22; *Jaeger/Gerhardt* § 76 RdNr. 8.
[103] *Jaeger/Gerhardt* § 76 RdNr. 8.
[104] Vgl. auch die bei Kilger/*K. Schmidt* KO § 94 Anm. 4 anklingende Idee.

zelnen Aspekten der Stimmrechte und -verbote siehe unten bei § 77. Das Stimmrecht kann auch durch einen Stimmrechtsbevollmächtigten ausgeübt werden. Ist der Stimmrechtsbevollmächtigte ein Anwalt, so ist die ihm erteilte Stimmrechtsvollmacht dann unwirksam, wenn dieser Anwalt zugleich Drittschuldner, Schuldner und Insolvenzgläubiger in derselben Gläubigerversammlung vertritt (Verstoß gegen das Verbot der Vertretung widerstreitender Interessen (§ 43a Abs. 4 BRAO; §§ 134, 139 BGB).[105] Eine vorausgehende konstitutive Zurückweisung des Anwalts durch den Versammlungsleiter ist nicht erforderlich.[106]

7. Insbesondere Stimmrecht der absonderungsberechtigten Gläubiger. a) Allgemeines. 24
Das Stimmrecht der absonderungsberechtigten Gläubiger ist neu in die Insolvenzordnung aufgenommen worden, weil diese Gläubiger nunmehr in das neue Insolvenzverfahren eingebunden werden,[107] indem ihnen im Gegenzug für die an den Insolvenzverwalter eingebüßte Verwertungsbefugnis ihrer Sicherheiten (§ 166 Abs. 1) ein Stimmrecht eingeräumt wird. Es spiegelt sich aber auch hier das allgemein in der Insolvenzordnung anzutreffende Bemühen wider, den einzelnen Gläubigern differenziert danach, wie stark ihr Interesse an der Verfahrensgestaltung ist, unterschiedliches Gewicht in der Versammlung zu geben. Allerdings ist die sprachliche Fassung dieses neuen Regelungsbereichs in § 76 Abs. 2, 2. HS nicht vollständig gelungen, denn es wird nur kryptisch geregelt, wie das Stimmrecht der absonderungsberechtigten Gläubiger zu berechnen ist. Es hätte zur Rechtssicherheit beigetragen, wenn dieses neue Gebiet von Anfang an genauer und ausführlicher gestaltet worden wäre.

b) Berechnung des Stimmrechts. Bei der Berechnung des Stimmrechts der absonderungsbe- 25
rechtigten Gläubiger sind **drei unterschiedliche Fälle** zu betrachten, wobei der Angelpunkt die persönliche Haftung des Schuldners darstellt: Haftet der Schuldner dem Gläubiger persönlich, d.h. richtet sich die Forderung des absonderungsberechtigten Gläubigers gegen ihn selbst, so bestimmt sich das Stimmrecht des Gläubigers nach der Höhe der Forderung.[108] Haftet der Schuldner dem Gläubiger persönlich, und ist die Forderung nur teilweise durch ein Absonderungsrecht gesichert, so berechnet sich das Stimmrecht aus der Höhe der gesicherten Forderung; hinsichtlich des ungesicherten Teils der Forderung ist der absonderungsberechtigte Gläubiger wie ein ungesicherter Gläubiger zu behandeln, sodass dieser Betrag in gleicher Weise zur Abstimmung berechtigt und dem gesicherten Betrag hinzugerechnet wird.[109] Der dritte Fall betrifft die Situation, wo sich die Forderung des absonderungsberechtigten Gläubigers gegen einen Dritten richtet, der Schuldner also nicht persönlich haftet, so etwa, wenn an dem Grundstück des Schuldners eine Hypothek oder eine Grundschuld bestellt worden ist, die eine Forderung gegen den Ehepartner des Schuldners sichert. Hier berechnet sich der Wert des Stimmrechts nach dem Wert des Absonderungsrechts. Dieser entspricht bei nicht akzessorischen Sicherungsrechten dem Betrag, der dem Gläubiger nach der Verwertung der Sicherheit zufließen wird. Bei **akzessorischen Sicherungsrechten** ist das Absonderungsrecht in seiner Höhe auf den Betrag der gesicherten Forderung beschränkt. Wenn zB der in einer Hypothek angegebene Wert den der Forderung des Gläubigers gegen einen Dritten übersteigt, ist lediglich der niedrigere Wert der Forderung für die Ermittlung des Stimmrechts entscheidend. Im anderen Fall, wenn der Wert der Forderung den Wert der Sicherheit übersteigt, richtet sich das Absonderungsrecht und damit der für das Stimmrecht maßgebende Wert nach dem Wert der (niedrigeren) Sicherheit.[110] Sowohl im Fall der akzessorischen Sicherheiten als auch bei nicht akzessorischen Sicherheiten muss der maßgebliche Wert notfalls vom Gericht geschätzt werden.[111] Auch die Schätzung ist, genau wie die Stimmenzählung, nur eine gerichtliche Feststellung und deshalb keine mit einer Beschwerde anfechtbare Entscheidung. Gesamtgläubiger

---

[105] S. AG Hamburg, NZI 2007, 415; AG Duisburg v. 8.10.2007 (Az. 62 IN 32/07); *Braun/Herzig*, § 76 RdNr. 7.
[106] AG Duisburg v. 8.10.2007 (Az. 62 IN 32/07).
[107] Vgl. *Buck* in Huntemann u.a., Der Gläubiger im Insolvenzverfahren, Kap. 10, RdNr. 77; *Blersch/Goetsch/Haas* § 76 RdNr. 10; FK-*Schmitt* § 76 RdNr. 12; *Nerlich/Römermann/Delhaes* § 76 RdNr. 5; HambKomm-*Preß* § 76 RdNr. 11; *Graf-Schlicker/Castrup* § 76 RdNr. 5; *Kübler/Prütting/Bork* § 76 RdNr. 19; *Uhlenbruck/Uhlenbruck* § 76 RdNr. 28.
[108] *Uhlenbruck/Uhlenbruck* § 76 RdNr. 28; *Nerlich/Römermann/Delhaes* § 76 RdNr. 5; *Kübler/Prütting/Bork* § 76 RdNr. 19; *Blersch/Goetsch/Haas* § 76 RdNr. 10; *Oelrichs*, 75; *Buck* in Huntemann u.a., Der Gläubiger im Insolvenzverfahren, Kap. 10, RdNr. 79.
[109] Siehe *Haarmeyer/Wutzke/Förster*, Handbuch, Kap. 6 RdNr. 63; *Buck* in *Huntemann u.a.*, Der Gläubiger im Insolvenzverfahren, Kap. 10, RdNr. 83; *Uhlenbruck/Uhlenbruck* § 76 RdNr. 28.
[110] *Buck* in Huntemann u.a., Der Gläubiger im Insolvenzverfahren, Kap. 10, RdNr. 81; *Oelrichs*, 75; *Uhlenbruck/Uhlenbruck* § 76 RdNr. 28; *Nerlich/Römermann/Delhaes* § 76 RdNr. 5.
[111] Begr. RegE, BT-Drucks. 12/2443, 133, zu § 87; *Haarmeyer/Wutzke/Förster*, Handbuch, § 6 RdNr. 63; *Buck* in Huntemann u.a., Der Gläubiger im Insolvenzverfahren, Kap. 10, RdNr. 81; *Hess* § 76 RdNr. 30.

einer Forderung haben nur eine einzige, einheitlich abzugebende Stimme.[112] Das Gesetz sieht in § 237 Abs. 1 Satz 2 für absonderungsberechtigte Gläubiger bei der Abstimmung über den Insolvenzplan eine Besonderheit vor. Sie sind nur insoweit zur Abstimmung als Insolvenzgläubiger berechtigt, als ihnen der Schuldner auch persönlich haftet und sie auf die abgesonderte Befriedigung verzichten oder bei ihr ausfallen.[113]

26   **8. Beschlussfassung. a) Zustandekommen von Beschlüssen.** Die Beschlüsse kommen nur mit den Stimmen der in der Versammlung persönlich erschienenen oder wirksam vertretenen (stimmberechtigten) Insolvenzgläubiger in einem förmlichen Abstimmungsverfahren zustande. Auch bei nur einem stimmberechtigten Gläubiger ist eine förmliche Abstimmung notwendig.[114] Die **Vertretungsmacht** ist ggf. nachzuweisen und von Amts wegen zu prüfen (§ 4; §§ 80, 88 ZPO), es sei denn, es handelt sich um eine anwaltliche Vollmacht.[115] Wenn eine Forderung mehreren Gläubigern gemeinschaftlich zusteht (gesamthänderische Bindung i.S.v. § 428 BGB), so gewährt diese Forderung nur ein einheitliches Stimmrecht.[116] Entsprechendes gilt für Nießbraucher und Gläubiger und Pfandgläubiger und Verpfänder – das Abstimmungsrecht ist im gleichen Sinne auszuüben.[117] Schriftlich eingesandte oder telefonisch abgegebene Stimmen zählen daher nicht;[118] es gilt das Prinzip der Unmittelbarkeit. Zum Teil wird allerdings vertreten, dass auch die in einer Versammlung nicht persönlich anwesenden oder nicht wirksam vertretenen Gläubiger stimmberechtigt seien. Sie könnten ihr Stimmrecht schriftlich[119] oder dann, wenn ein organisatorisch reibungsloser und zumutbarer Verlauf gewährleistet wird, sogar fernmündlich[120] abgeben. Dies habe insbesondere in Großverfahren eine große Bedeutung. Zuzugeben ist, dass im multimedialen Zeitalter mit extrem kurzen Kommunikationszeiten und der Möglichkeit gekoppelter visueller Präsenz trotz räumlicher Distanz das **Unmittelbarkeitserfordernis** dem herkömmlichen Verständnis nach überdacht werden könnte.[121] Doch liegt der rechtlichen Regelung der Abstimmung in der Gläubigerversammlung derzeit (noch) ein anderes Bild zugrunde. Dies wird deutlich, wenn man sich die Parallelregelung der §§ 235, 242 ansieht. Im Rahmen des Insolvenzplanes ist die schriftliche Ausübung des Stimmrechts ausdrücklich geregelt. Da sich eine entsprechende Regelung im Zusammenhang mit der Ausübung des Stimmrechts in den allgemeinen Regeln nicht findet, lässt sich im Umkehrschluss feststellen, dass eine solche auch nicht gewollt war.[122] So spricht § 77 Abs. 2 gegen die Möglichkeit einer schriftlichen Stimmabgabe in der Gläubigerversammlung. Diese Regelung sieht nämlich vor, dass sich die Stimmberechtigung bei streitigen Stimmrechten aus einer Einigung mit dem Insolvenzverwalter und den *erschienenen* Gläubigern ergibt; die Norm setzt also eine persönliche Präsenz in der Gläubigerversammlung voraus. Aus dem Umstand, dass nunmehr nach Summen und nicht nach Köpfen abgestimmt werde,[123] ist nichts anderes zu folgern, denn es lässt sich in keiner Hinsicht erkennen, dass dieser Paradigmenwechsel neben seinem Ziel, eine Änderung der Gewichtung bei der Abstimmung in Gläubigerversammlungen zu bewirken, auch eine Änderung des Unmittelbarkeitsprinzip und des früheren Modus der Abstimmung bewirken sollte.

27   **b) Zählung der Stimmen.** Die Zählung der Stimmen durch das Gericht ist nur eine **gerichtliche Feststellung,** und selbst wenn diese protokolliert wird, ist sie keine mit der Beschwerde anfechtbare Entscheidung.[124]

28   **c) Mehrheiten. aa) Streit um die Neuregelung.** Im Gegensatz zur entsprechenden Regelung in der KO (§ 94 KO) haben sich mit Inkrafttreten der InsO im Hinblick auf die Mehrheitenregelung

---

[112] *Braun/Herzig,* § 76 RdNr. 12; *Kübler*/Prütting/Bork, § 76 RdNr. 17.
[113] *Uhlenbruck/Uhlenbruck* § 76 RdNr. 29.
[114] BGH NZI 2007, 732 f.; *Nerlich/Römermann/Delhaes* § 76 RdNr. 4; *Braun/Herzig,* § 76 RdNr. 7; vgl. auch LG Köln ZIP 1997, 2053.
[115] S. aber AG Hamburg NZI 2007, 415; *Braun/Herzig,* § 76 RdNr. 7; *Nerlich/Römermann/Delhaes* § 76 RdNr. 4; *Kuhn/Uhlenbruck* § 97, ohne RdNr.
[116] Siehe *Kübler*/Prütting/Bork § 76 RdNr. 16 f.; *Uhlenbruck/Uhlenbruck* § 76 RdNr. 27.
[117] *Kübler*/Prütting/Bork § 76 RdNr. 17; *Uhlenbruck/Uhlenbruck* § 76 RdNr. 27.
[118] So auch *Uhlenbruck/Uhlenbruck* § 76 RdNr. 24; *Kübler*/Prütting/Bork § 76 RdNr. 21; *Braun/Herzig* § 76 RdNr. 10; *Pape* RdNr. 214; *Oelrichs,* 72.
[119] So *Blersch*/Goetsch/Haas § 76 RdNr. 9; *Hess* § 76 RdNr. 31; *ders./Obermüller,* Verfahrensbeteiligte, RdNr. 1151.
[120] Vgl. *Blersch*/Goetsch/Haas § 76 RdNr. 9.
[121] S. dazu etwa *Braun/Herzig,* § 76 RdNr. 7; *Nerlich/Römermann/Delhaes* § 76 RdNr. 4; vgl. auch oben RdNr. 13.
[122] Ebenso nunmehr *Uhlenbruck/Uhlenbruck* § 76 RdNr. 25; vgl auch *Hess,* § 76 RdNr. 8.
[123] So das wesentliche Argument von *Blersch*/Goetsch/Haas § 76 RdNr. 9.
[124] Vgl. bereits zur KO *Kuhn/Uhlenbruck* § 97 ohne RdNr.; *Jaeger/Weber* KO § 97 RdNr. 1; OLG Rostock OLGZ 35, 254, 255.

einige Änderungen ergeben. Diese beziehen sich zunächst einmal darauf, dass **Kopfmehrheiten** bei der Abstimmung außer in dem Sonderfall des § 57 Satz 2 keine Rolle mehr spielen. Um die Abschaffung der Kopfmehrheit zugunsten einer reinen Summenmehrheit gab es im Gesetzgebungsverfahren erbitterten Streit. Die Begründung des Regierungsentwurfes meinte noch, dass für das Zustandekommen eines Beschlusses zusätzlich zu der Summenmehrheit noch eine Kopfmehrheit kommen müsse, weil damit die Beschlüsse auf eine breitere Grundlage gestellt werden können und damit übermäßigem Gewicht von Großgläubigern vorgebeugt werde.[125] Damit wäre die Regelung ähnlich der in § 15 Abs. 4 Satz 2 GesO ausgestaltet gewesen. Der Rechtsausschuss des Bundestages hingegen sah die Minderheitsrechte durch die Überprüfung der Beschlüsse durch § 78 und durch die Vertretung im Gläubigerausschuss ausreichend gewährleistet. Er meinte, durch das bloße Erfordernis der Summenmehrheit eine Vereinfachung und Beschleunigung der Beschlussfassung und damit des Verfahrens insgesamt zu erreichen.[126] Der Vermittlungsausschuss sah den völligen Verzicht auf ein bestimmtes Quorum nach Köpfen als nicht vertretbar an, um den Großgläubigern keine zu große Machtfülle zukommen zu lassen, insbesondere weil auch die absonderungsberechtigten Gläubiger ein Stimmrecht hätten.[127] Der Kompromissvorschlag des Vermittlungsausschusses, der die Zustimmung von mehr als einem Drittel der abstimmenden Gläubiger neben der Mehrheit der Forderungsbeträge für einen Beschluss verlangte,[128] ist nicht Gesetz geworden. Ebenfalls an dem strikten Bestreben, auf das Erfordernis einer Kopfmehrheit zu verzichten, gescheitert ist der Vorschlag des § 87 Abs. 3 RegE, wonach eine Sonderregelung für Rechte vorgesehen war, die mehreren Gläubigern gemeinschaftlich zustehen, die bis zur Insolvenzreife ein einheitliches Recht gebildet haben oder an denen ein dingliches Recht besteht.[129] Dieser Hintergrund ist als Gesetzgebungswille bei der Auslegung des § 76 stets zu beachten. Die Änderung der reinen Summenmehrheit in § 57 Satz 2 lässt keine Verallgemeinerung zu, da sich diese Änderung ausschließlich auf den besonderen Fall der Abwahl des Insolvenzverwalters beziehen sollte.[130]

bb) Mehrheitsregel. Danach gilt also, dass Beschlüsse der Gläubigerversammlung die **absolute Mehrheit der anwesenden oder vertretenen Stimmen** nach Forderungsbeträgen und Absonderungsbeträgen bedürfen (§ 76 Abs. 2, 1. HS).[131] Das Abstimmungsergebnis errechnet sich aus dem Vergleich der abstimmungsberechtigten Summe (Abstimmungssumme) mit der zustimmenden Summe (Zustimmungssumme).[132] Die früher durchgeführte Differenzierung mit relativer Stimmenmehrheit für die Wahl der Mitglieder des Gläubigerausschusses und absoluter Mehrheit für sonstige Beschlüsse, gibt es daher im neuen Recht nicht mehr. Damit soll gewährleistet werden, dass prinzipiell jedes Mitglied des Gläubigerausschusses von einer absoluten Mehrheit in der Gläubigerversammlung gestützt wird.[133]

Enthält sich ein Gläubiger bei einer Entscheidung der Stimme, so wird die von ihm repräsentierte Forderung so behandelt, als habe er sich nicht an der Abstimmung beteiligt. Damit wirkt sich die Enthaltung also auf die Abstimmungs- und nicht auf die Zustimmungssumme aus.[134]

Kommt es bei der Abstimmung nach § 57 Satz 2 zudem zusätzlich auf die Kopfmehrheit an, so gelten dieselben Regeln wie bei der Berechnung der Summenmehrheit auch für die Berechnung der Kopfmehrheit.[135]

cc) Summengleichheit, Kopfgleichheit. Bei Summengleichheit ist der **Antrag nicht angenommen**. Da sich in diesem Fall nicht die absolute Mehrheit der Abstimmungssumme für den Antrag ausgesprochen hat, ist der Beschluss nicht zustande gekommen.[136] Das Gleiche gilt für die nach § 57 Satz 2 notwendige Kopfgleichheit.

---

[125] Begr. RegE, BT-Drucks. 12/2443, 133 zu § 87.
[126] Begr. Rechtsausschuss, BT-Drucks. 12/7302, 164, zu § 87 Abs. 2.
[127] Vermittlungsausschuss, BT-Drucks. 12/7666, 4.
[128] Vermittlungsausschuss, BT-Drucks. 12/7666, 4.
[129] Zu alledem vgl. *Smid* § 76 RdNr. 1 f.; *Blersch/Goetsch/Haas* § 76 RdNr. 1; *Kübler/Prütting/Bork* § 76 RdNr. 1 f.
[130] Siehe statt vieler HambKomm-*Frind* § 57 RdNr. 2.
[131] *HK-Eickmann* § 76 RdNr. 10; *Blersch/Goetsch/Haas* § 76 RdNr. 8; *Uhlenbruck/Uhlenbruck* § 76 RdNr. 33; *Kübler/Prütting/Bork* § 76 RdNr. 20; *Pape* RdNr. 214.
[132] Vgl. *HK-Eickmann* § 76 RdNr. 7; *Uhlenbruck/Uhlenbruck* § 76 RdNr. 33; *Pape* RdNr. 214.
[133] Begr. RegE, BT-Drucks. 12/2443, 133, zu § 87.
[134] So auch *Pape* RdNr. 214; *Blersch/Goetsch/Haas* § 76 RdNr. 8; *HK-Eickmann* § 76 RdNr. 8; HambKomm-*Preß* § 76 RdNr. 9; *Uhlenbruck/Uhlenbruck* § 76 RdNr. 33; *Oelrichs*, 77. Anders hingegen *Buck* in Huntemann u.a., Der Gläubiger im Insolvenzverfahren, Kap. 10, RdNr. 65, der die Enthaltungen als Gegenstimmen zählen will.
[135] Vgl. *Marotzke* ZIP 2001, 173, 173 f.; *Uhlenbruck/Uhlenbruck* § 76 RdNr. 1.
[136] Vgl. *Nerlich/Römermann/Delhaes* § 76 RdNr. 4; *Hess* § 76 RdNr. 27; *Uhlenbruck/Uhlenbruck* § 76 RdNr. 33; *HK-Eickmann* § 76 RdNr. 11.

IV. Anfechtbarkeit und Unwirksamkeit von Beschlüssen

31 **1. Bindungswirkung.** Die Beschlüsse der Gläubigerversammlung haben in den Fällen, in welchen das Gesetz der Gläubigerversammlung Mitwirkungsbefugnisse zugesteht, für den **Verwalter bindende, aber keine weisende Wirkung.** Das ergibt sich unmittelbar aus dem Sinn und Zweck der Gläubigerautonomie. Wären die Beschlüsse nur unverbindlich, so würden die Mitwirkungsbefugnisse der Gläubiger letztlich leerlaufen und die Gläubigerautonomie ausgehöhlt. Allerdings binden die Beschlüsse den Verwalter nur im *Innenverhältnis,* sodass ein Abweichen von den Empfehlungen ihn ggf. schadensersatzpflichtig machen kann. In den Fällen, in denen die Gläubigerversammlung nur Empfehlungen ausspricht, ist der Verwalter daran auch im Innenverhältnis nicht gebunden. Problematisch ist, ob ein Insolvenzverwalter auch nach Verwalterwechsel an die zuvor gefassten Beschlüsse der Gläubigerversammlung gebunden ist. Dies ist jedenfalls für die Beschlüsse zu bejahen, die den alten Insolvenzverwalter nicht ad personam betrafen. Der neue Insolvenzverwalter hat die Verwaltung in dem Zustand, in welchem sie ist, wenn er ins Amt gelangt, fortzuführen. Das beinhaltet auch die Maßgeblichkeit früherer Beschlüsse der Gläubigerversammlung. Meint er, derartige Beschlüsse seien nachteilig, so kann er einen neuen Beschluss herbeiführen.

32 Auch die nicht erschienenen und nicht ordnungsgemäß vertretenen Gläubiger sind an die gefassten Beschlüsse gebunden. Die Gläubiger selbst sind an ihre Beschlüsse so lange gebunden, bis sie diese in einer anderen Gläubigerversammlung wieder aufheben, wobei derartige Beschlüsse Wirkung nur ex nunc entfalten.[137]

33 **2. Anfechtbarkeit.** Beschlüsse der Gläubigerversammlung sind, ebenso wie nach der Konkursordnung, nicht anfechtbar, denn es handelt sich bei diesen nicht um eine Entscheidung des Insolvenzgerichts (vgl. § 6).[138] Allerdings kann gegen einen Beschluss der Gläubigerversammlung **mittelbar Rechtsmittel** im Wege des Antrags nach § 78 Abs. 1 eingelegt werden. Danach kann ein überstimmter Insolvenz- oder absonderungsberechtigter Gläubiger noch in der Gläubigerversammlung die Aufhebung des gefassten Beschlusses mit der Begründung verlangen, dieser liefe dem gemeinsamen Interesse der Gläubiger zuwider. Ein solches Vorgehen ist ausweislich der Gesetzesbegründung auch dann zulässig, wenn dem Antragsteller das Stimmrecht in der Abstimmung versagt wurde. Wird der Antrag abgelehnt, so steht dem Antragsteller nach § 78 Abs. 2 dagegen die sofortige Beschwerde zur Verfügung, in der dann die Rechtmäßigkeit des Beschlusses und/oder der Stimmrechtsversagung überprüft werden kann.[139] Unter bestimmten Voraussetzungen mag ausnahmsweise auch der Inhalt des Beschlusses im Rahmen einer Feststellungsklage gem. § 256 ZPO oder in Schadensersatzprozessen überprüft werden.[140] Zu einer Aufhebung des Beschlusses der Gläubigerversammlung führt dies jedoch nicht.

34 **3. Nichtigkeit.** Beschlüsse einer Gläubigerversammlung können jedoch unter verschiedenen Voraussetzungen **keinerlei Wirkung** entfalten. Dies ist z.B. der Fall, wenn die Gläubigerversammlung nicht vom Insolvenzgericht einberufen worden ist oder wenn die Einberufung nicht vorschriftsgemäß erfolgt ist (keine oder keine hinreichend genaue öffentliche Bekanntmachung der Gegenstände der Versammlung;[141] Nichtbeachtung der Fristen; Nichtbekanntgabe der Uhrzeit des Termins[142] etc.). Dasselbe gilt, wenn der Gegenstand der Beschlussfassung außerhalb der Beschlussfassung der Gläubigerversammlung liegt (siehe die Aufzählung der Zuständigkeiten vgl. zu § 74 RdNr. 13), oder, wenn der Beschluss in einer zwar ordnungsgemäß einberufenen, aber nicht ordentlich geführten Versammlung gefasst wurde, insbesondere, wenn einem oder mehreren Gläubigern durch die Leitung der Versammlung das rechtliche Gehör versagt wurde (vgl. oben RdNr. 5). Ein Spezialfall der letzten Gruppe ist der Fall einer „Rumpfversammlung", denn auch dort werden den nicht an der Versammlung teilnehmenden Gläubigern nicht nur die Teilnahmebefugnisse, sondern

---

[137] *Hess* § 76 RdNr. 33; *Pape* RdNr. 214; *Nerlich/Römermann/Delhaes* § 76 RdNr. 6.
[138] Siehe OLG Zweibrücken NZI 2001, 35; OLG Saarbrücken NZI 2000, 179; LG Göttingen NZI 2000, 479; *Kübler/Prütting/Bork* § 76 RdNr. 24; *Blersch/Goetsch/Haas* § 76 RdNr. 12; HambKomm-*Preß* § 76 RdNr. 14; *Nerlich/Römermann/Delhaes* § 76 RdNr. 7; *Uhlenbruck/Uhlenbruck* § 76 RdNr. 35; *Pape* ZIP 1991, 837, 841; *ders.* ZIP 1990, 1251; *Kirchhof,* ZInsO 2007, 1196, 1196 f.
[139] Siehe *Blersch/Goetsch/Haas* § 76 RdNr. 12; *Pape* RdNr. 214; *Buck* in Huntemann u.a., Der Gläubiger im Insolvenzverfahren, Kap. 10, RdNr. 99; zu Einzelheiten siehe unten § 78 RdNr. 31 ff.
[140] Siehe ausführlich *Oelrichs,* 77 f.; ferner vgl. auch *Pape* RdNr. 214; *Kübler/Prütting/Bork* § 76 RdNr. 24; *Nerlich/Römermann/Delhaes* § 76 RdNr. 7; *Blersch/Goetsch/Haas* § 76 RdNr. 13; *Uhlenbruck/Uhlenbruck* § 76 RdNr. 35; *Buck* in Huntemann u.a., Der Gläubiger im Insolvenzverfahren, Kap. 10, RdNr. 99.
[141] LG Cottbus v. 16.3.2007 (Az. 7 T 484/06).
[142] BGH, NZI 2010, 648; AG Duisburg NZI 2010, 303, 304.

im Ergebnis auch das rechtliche Gehör genommen (siehe oben RdNr. 22).[143] Ferner haben Beschlüsse keinerlei Wirkung, wenn ihr Inhalt gegen §§ 134, 138 BGB verstößt.

Es ist aber missverständlich, wenn gemeint wird, derartige Beschlüsse seien (nur) unwirksam oder lediglich anfechtbar. Das würde nämlich voraussetzen, dass sie im Nachhinein noch heilbar wären oder erst eine Anfechtungshandlung notwendig wäre. Ersteres ist aber gerade nicht mehr möglich, und für Letzteres gibt es dem Regelungsansatz des Gesetzes nach keinen Anhaltspunkt.[144] Ebenso bedarf es auch keiner Feststellung des Gerichts, dass entsprechende Beschlüsse keinerlei Wirkung entfalten. Vielmehr sind solche Beschlüsse nichtig und auf Grund der Nichtigkeit zu behandeln, als seien sie niemals gefasst worden. Auf diesen Umstand kann sich deshalb jeder Beteiligte jederzeit berufen. Es bedarf daher auch keine besonderen Feststellungsentscheidung des Insolvenzgerichts über die Nichtigkeit. Ergeht eine solche Entscheidung gleichwohl, ist dagegen keine sofortige Beschwerde möglich.[145] Er wird allerdings, außer in den Fällen einer Feststellungsklage, regelmäßig nur inzident in Rechtsstreitigkeiten geprüft werden und entsprechend dort Auswirkungen haben.[146] 35

V. Beschlüsse über den Insolvenzplan

Ein Sonderfall der Beschlussfassung der Gläubigerversammlung findet sich in den Vorschriften für die Abstimmung über den Insolvenzplan. Siehe dazu die entsprechenden Kommentierungen der §§ 242 ff. 36

§ 77 Feststellung des Stimmrechts

(1) ¹Ein Stimmrecht gewähren die Forderungen, die angemeldet und weder vom Insolvenzverwalter noch von einem stimmberechtigten Gläubiger bestritten worden sind. ²Nachrangige Gläubiger sind nicht stimmberechtigt.

(2) ¹Die Gläubiger, deren Forderungen bestritten werden, sind stimmberechtigt, soweit sich in der Gläubigerversammlung der Verwalter und die erschienenen stimmberechtigten Gläubiger über das Stimmrecht geeinigt haben. ²Kommt es nicht zu einer Einigung, so entscheidet das Insolvenzgericht. ³Es kann seine Entscheidung auf den Antrag des Verwalters oder eines in der Gläubigerversammlung erschienenen Gläubigers ändern.

(3) Absatz 2 gilt entsprechend
1. für die Gläubiger aufschiebend bedingter Forderungen;
2. für die absonderungsberechtigten Gläubiger.

Schrifttum: Siehe bei § 74.

Übersicht

	Rn.		Rn.
I. Inhalt der Vorschrift	1	3. Vorrang der Einigung	10–12
II. Stimmrechte angemeldeter und nicht bestrittener Forderungen (Abs. 1)	2–6	4. Gerichtliche Entscheidung	13–18
		a) Allgemeines	13, 14
		b) Kriterien für die Stimmrechtsfestsetzung	15–17
1. Allgemeines	2		
2. Festgestellte Insolvenzforderungen	3	c) Nicht geeignete Kriterien für die Ermessensausübung	18
3. Auflösend bedingte und nicht fällige Forderungen	4		
4. Angemeldete, aber noch nicht geprüfte Forderungen	5, 6	IV. Abänderung und Anfechtbarkeit der Entscheidung über die Stimmrechtsfestsetzung	19–30
III. Stimmrecht bestrittener Forderungen (Abs. 2)	7–18	1. Abänderungsmöglichkeit der Stimmrechtsentscheidung	20–24
1. Allgemeines	7	a) Allgemeines	20
2. Berechtigung zum Bestreiten	8, 9	b) Voraussetzungen	21–24

---

[143] Anders soweit ersichtlich nur *Höver* DJ 1935, 513, 516.
[144] Ebenso *Buck* in Huntemann u.a., Der Gläubiger im Insolvenzverfahren, Kap. 10, RdNr. 99.
[145] BGH, NZI 2011, 713.
[146] Vgl. *Uhlenbruck/Uhlenbruck* § 76 RdNr. 35; *Blersch/Goetsch/Haas* § 76 RdNr. 13; HambKomm-*Preß* § 76 RdNr. 15.

	Rn.		Rn.
2. Anfechtung der Entscheidung über die Stimmrechtsfestsetzung	25–30	VI. Ausschluss des Stimmrechts	35–38
		1. Allgemeines	35
a) Stimmrechtsfestsetzung durch den Rechtspfleger	25	2. Einzelfälle	36–38
		a) Verbot des Insichgeschäfts	36
b) Stimmrechtsfestsetzung durch den Richter	26–30	b) Verbot des Richtens in eigener Sache	37
V. Wirkung der Stimmrechtsfestsetzung	31–34	c) Grenzen der Stimmrechtsausschlüsse	38
1. Allgemeines	31	VII. Erweiterung auf die Fälle des Absatzes III	39–42
2. „Bleibendes Stimmrecht"	32		
3. Stimmrechtsfestsetzung nur für die gegenwärtige Versammlung	33	1. Aufschiebend bedingte Forderungen	40
4. Materielle Berechtigung des Gläubigers	34	2. Forderungen absonderungsberechtigter Gläubiger	41, 42

I. Inhalt der Vorschrift

1   In § 77 sind die alten Regelungen der §§ 95 und 96 KO, § 71 VglO aufgegangen. Verbunden damit sind allerdings Ergänzungen und Klarstellungen. Mit § 77 ist die Regelung des § 88 RegEInsO unverändert Gesetz geworden. Die Vorschrift des § 77 regelt die Feststellung der Stimmrechte für die Abstimmungen in Gläubigerversammlungen, wobei sie bei der Feststellung der Stimmrechte in einer Abstimmung über einen Insolvenzplan gem. §§ 237 Abs. 1, 238 nur teilweise entsprechende Anwendung findet. Durch § 77 werden Aussagen getroffen, wer das Recht hat, an Abstimmungen in der Gläubigerversammlung teilzunehmen. Die Teilnahmeberechtigung ist zwar Voraussetzung für die Teilnahme an der Gläubigerversammlung (oder für die wirksame Vertretung dort), die wiederum notwendige Bedingung für die Stimmberechtigung ist, doch **folgt aus der bloßen Teilnahmeberechtigung in der Gläubigerversammlung noch nicht die Stimmberechtigung.**[1] Stimmberechtigt sind nur Gläubiger; Insolvenzverwalter oder Mitglieder des Gläubigerausschusses, die nicht zugleich auch Gläubiger sind, haben trotz Teilnahmeberechtigung keine Stimmberechtigung. § 77 konkretisiert damit also die Vorschrift des § 76 Abs. 2 mit den dort als maßgeblich vorgesehenen Mehrheiten der Zustimmungssumme im Vergleich zur Abstimmungssumme (oben § 76 RdNr. 28 ff.), in dem geregelt wird, *wer* überhaupt und *in welchem Umfang* befugt ist, an der Beschlussfassung der Gläubigerversammlung mitzuwirken. Systematisch genauer wäre es allerdings gewesen, wenn diese Vorschrift mit der des § 76 in der Folge im Gesetz ihren Platz getauscht hätte. Auswirkungen auf den Regelungsinhalt hat die **verfehlte systematische Stellung** jedoch nicht.

II. Stimmrechte angemeldeter und nicht bestrittener Forderungen (Abs. 1)

2   **1. Allgemeines.** Der in § 77 Abs. 1 Satz 1 niedergelegte Grundsatz, dass angemeldete und nicht bestrittene Forderungen ein Stimmrecht gewähren, entspricht dem Recht der KO (§ 95 Abs. 1 Satz 1 KO). Er ist aber im Rahmen der engeren Einbeziehung absonderungsberechtigter Gläubiger in das Verfahren von den Ausfallforderungen auch auf die gesamten Forderungen absonderungsberechtigter Gläubiger erstreckt worden. Damit ist die Konsequenz aus dem in § 74 Abs. 1 Satz 2 vorgesehenen Teilnahmerecht an der Gläubigerversammlung und aus der Berücksichtigung des vollen Betrages der persönlichen Forderungen gem. § 76 Abs. 2 gezogen worden.[2] Eine Erweiterung der Regelung im Vergleich zu den Vorläufervorschriften der KO findet sich auch in § 77 Abs. 1 Satz 2. Dadurch wird klargestellt, dass diejenigen Gläubiger, die nur mit Nachrang zu den übrigen Insolvenzforderungen am Verfahren teilnehmen (§ 39) und daher regelmäßig keinen wirtschaftlichen Wert verkörpern, zwar an der Versammlung teilnehmen können und sich so über den Ablauf des Verfahrens informieren können, aber kein Stimmrecht haben. Etwas anderes gilt, wenn sie als Vertreter stimmberechtigter Gläubiger auftreten. Dann gibt ihnen das Stimmrecht der Forderung desjenigen, den der Vertreter wirksam vertritt, das Stimmrecht.[3] Ohne Stimmrecht sind auch Masseglaubiger, weil ihre Ansprüche grundsätzlich erst nach Einleitung des Verfahrens entstehen. Aussonderungsberechtigte Gläubiger, die nicht gleichzeitig Insolvenzgläubiger sind, haben allenfalls

---

[1] Siehe BGH v. 23.10.2008 (Az. IX ZB 235/06) RdNr. 8 f.; *Jaeger/Gerhardt* § 77 RdNr. 18; *Pape* RdNr. 215; *Nerlich/Römermann/Delhaes* § 77 RdNr. 1; *Kübler*/Prütting/Bork § 77 RdNr. 6; *Blersch*/Goetsch/Haas § 77 RdNr. 4; HambKomm-*Preß* § 77 RdNr. 1; *Braun*/Herzig § 77 RdNr. 1; *Uhlenbruck*/Uhlenbruck § 77 RdNr. 2.
[2] So *Kübler*/Prütting/Bork § 77 RdNr. 5.
[3] *Uhlenbruck*/Uhlenbruck § 77 RdNr. 2.

ein Stimmrecht in Höhe ihres mutmaßlichen Ausfalls.[4] Ansonsten sind sie nicht stimmberechtigt.[5] Ein Stimmrechtsausschluss soll unter Zugrundelegung des Rechtsgedankens der §§ 181, 34 BGB auch bei Gläubigern vom Gericht festgestellt werden können, wenn die Beteiligung eines einzelnen Gläubigers zu speziellen Verfahrensfragen bedenklich erscheint. In diesem Fall ist das Stimmrecht auf Null Euro festzusetzen. Ein solcher Fall soll dann anzunehmen sein, wenn eine besondere Gewichtung des Eigeninteresses des Gläubigers wegen einer erheblichen Betroffenheit durch den Abstimmungsgegenstand vorliegt, zB bei Insichgeschäften des betroffenen Gläubigers mit der Masse oder wenn eine Sanktionierung oder Sonderlast des Gläubigers beschlossen werden soll.[6] Eine derartige Festsetzung des Stimmrechts auf Null kann aber nur in extremen Ausnahmefällen gerechtfertigt sein, weil ansonsten das berechtigte Interesse des Gläubigers, seine Eigeninteressen in der Gläubigerversammlung durchzusetzen, ausgehöhlt würde.[7]

Nur anwesende Gläubiger haben ein Stimmrecht.[8] Eine schriftliche Stimmrechtsausübung sieht das Gesetz nur in § 242 vor. Diese Vorschrift ist eine spezielle Regelung im Planverfahren und nicht verallgemeinerbar.[9] Findet eine Gläubigerversammlung vor dem Prüfungstermin statt, so sind die anwesenden Gläubiger stimmberechtigt, gegen deren Forderungen der Insolvenzverwalter oder stimmberechtigte Gläubiger keinen Einwand erhoben haben.[10]

2. Festgestellte Insolvenzforderungen. Forderungen, die ordnungsgemäß zur Tabelle angemeldet sind (§§ 28, 174 ff.), und gegen die im Prüfungstermin (§ 176) oder im schriftlichen Verfahren (§ 177) kein Widerspruch erhoben worden ist, bzw. bezüglich derer ein Widerspruch beseitigt worden ist (§ 178 Abs. 1 Satz 1), sind nach den Voraussetzungen des § 178 Abs. 1 festgestellt (festgestellte Insolvenzforderungen), und gem. § 77 Abs. 1 Satz 1 uneingeschränkt stimmberechtigt.[11]

3. Auflösend bedingte und nicht fällige Forderungen. Dasselbe gilt auch für auflösend bedingte Forderungen, solange die auflösende Bedingung nicht eingetreten ist (§ 42), was von Versammlung zu Versammlung vom Insolvenzgericht festzustellen ist, und für nicht fällige Forderungen (§ 41).[12]

4. Angemeldete, aber noch nicht geprüfte Forderungen. § 77 Abs. 1 Satz 1 setzt im Gegensatz zu § 95 Abs. 1 Satz 1 KO, der auch die Feststellung der Forderung verlangte, für die Stimmberechtigung nur die Anmeldung und das fehlende Bestreiten voraus. Daraus folgt, dass angemeldete, aber noch nicht geprüfte Forderungen mit dem vollen Betrag (vorläufig[13]) stimmberechtigt sind, soweit sie nicht bestritten wurden.[14] In vielen Fällen der Praxis erfolgt die Anmeldung der Forderung selbst erst in der Versammlung, die dann typischerweise dort auch vorläufig bestritten wird.[15] **Im Bestreitensfall** richtet sich das Verfahren nach Abs. 2.[16] Das Nicht-Bestreiten bezieht sich in dem Fall der ungeprüften Forderung nicht auf den Prüfungstermin und das schriftliche Verfahren, da regelmäßig beide mangels Prüfung noch nicht stattgefunden haben, sondern auf die Gläubigerversammlung, in der das Stimmrecht ausgeübt werden soll.[17] Die Einbeziehung ungeprüfter Forderungen in die Stimmberechtigung ist deshalb von Bedeutung, weil der Berichtstermin nach der Konzeption des § 29 Abs. 1 grundsätzlich vor dem Prüfungstermin stattfindet,[18] sodass insoweit die bis dahin nicht angemeldeten Forderungen auch noch nicht geprüft sein können. In späteren Gläubigerver-

---

[4] *Kübler/Prütting/Bork* § 77 RdNr. 6; *Uhlenbruck/Uhlenbruck* § 77 RdNr. 2.
[5] Vgl. OLG Celle NZI 2001, 317 f.; *Beutler/Beutler* EWIR 2001, 587; *Braun/Herzig* § 77 RdNr. 4.
[6] AG Kaiserslautern NZI 2006, 46, 47; vgl. auch AG Dresden ZInsO 2006, 888, wonach die Frage, ob Stimmrechtsverbote eingreifen, einzelfallbezogen zu prüfen ist.
[7] Vgl. insoweit *Smid*, InVo 2007, 3; *Plathner/Sajogo*, ZInsO 2011, 1090, 1092.
[8] Siehe *Uhlenbruck/Uhlenbruck* § 77 RdNr. 2; *Oelrichs*, 72.
[9] *Uhlenbruck/Uhlenbruck* § 77 RdNr. 2.
[10] *Uhlenbruck/Uhlenbruck* § 77 RdNr. 2 und siehe insoweit auch AG Hamburg NZI 2000, 138.
[11] *Kübler/Prütting/Bork* § 77 RdNr. 8; *Nerlich/Römermann/Delhaes* § 77 RdNr. 2; *Braun/Herzig* § 77 RdNr. 3; *Uhlenbruck/Uhlenbruck* § 77 RdNr. 12; *Blersch/Goetsch/Haas* § 77 RdNr. 2; *HK-Eickmann* § 77 RdNr. 4; *Pape* RdNr. 217.
[12] *Pape* RdNr. 219; *HK-Eickmann* § 77 RdNr. 14; *Uhlenbruck/Uhlenbruck* § 77 RdNr. 2; *Jaeger/Weber* KO § 96 RdNr. 2.
[13] Zur Differenzierung zwischen dem vorläufigen und dem bleibenden Stimmrecht siehe unten RdNr. 31 f.
[14] S. BGH ZIP 2004, 2339 – dazu *Gundlach/Schirrmeister* EWiR 2005, 359; vgl. zudem *Pape* RdNr. 220; *ders.* ZIP 1991, 837, 840; *Uhlenbruck/Uhlenbruck* § 77 RdNr. 13; *Kübler/Prütting/Bork* § 77 RdNr. 9 ff.; *Blersch/Goetsch/Haas* § 77 RdNr. 4; *Buck* in *Huntemann u.a.*, Der Gläubiger im Insolvenzverfahren, Kap. 10, RdNr. 91 f. Siehe auch *Haarmeyer/Wutzke/Förster*, Handbuch, Kap. 6 RdNr. 61; *Jaeger/Weber* KO § 95 RdNr. 4.
[15] S. *Kübler/Prütting/Bork*, § 77 RdNr. 28 f.; *Braun/Herzig*, § 77 RdNr. 3.
[16] Siehe *Buck* in *Huntemann u.a.*, Der Gläubiger im Insolvenzverfahren, Kap. 10, RdNr. 91.
[17] *Kübler/Prütting/Bork* § 77 RdNr. 9 und *Pape* RdNr. 220, Fn. 204.
[18] Siehe OLG Düsseldorf ZIP 1985, 628, 630 f.

sammlungen sind Forderungen dann als nicht geprüft anzusehen, wenn sie nach Ablauf der Anmeldefrist angemeldet wurden und die Prüfung wegen Widerspruch des Verwalters oder eines Gläubigers gegen die Prüfung im ordentlichen Prüfungstermin nicht erfolgen konnte oder wenn wegen einer erst nach dem Prüfungstermin erfolgten Anmeldung ein besonderer Prüfungstermin bestimmt oder die Prüfung im schriftlichen Verfahren angeordnet worden ist und noch nicht stattgefunden hat.[19]

6   Unklar ist, ob eine **Stimmberechtigung eine ordnungsgemäße Anmeldung der Forderung** gem. § 174 (formelle Anmeldung) voraussetzt[20] oder ob die bloße Nennung der Forderung im Termin (tatsächliche Geltendmachung) genügt.[21] Dem Wortlaut der Norm nach ist grundsätzlich davon auszugehen, dass diejenigen Forderungen keine Stimmberechtigung haben, die erst in der Gläubigerversammlung benannt werden („angemeldet ... worden sind"). Damit reicht es für eine „Anmeldung" der Forderung i. S. d. § 77 Abs. 1 nicht aus, dass sich der Gläubiger dieser Forderung in der Versammlung berühmt.[22] Dieses Verständnis wird gestützt durch den Sinn und Zweck der Regelung. Zum einen wird durch die vorherige Anmeldung die Absicht der Teilnahme am Verfahren wirksam bekundet, und zum anderen soll damit eine zügige Durchführung der Versammlung gewährleistet werden, weil dann bereits bei Beginn der Versammlung der Kreis der ggf. stimmberechtigten Gläubiger feststeht und insoweit möglicherweise umfassende und langwierige Prüfungen im Termin vermieden werden.[23] Ein Verweis auf den gesetzgeberischen Willen, einen Gleichklang mit dem früheren Recht zu erreichen, das eine Ad-hoc-Anmeldung in der Gläubigerversammlung ohne weiteres zuließ,[24] verfängt nicht. Ein solcher gesetzgeberischer Wille lässt sich im Hinblick auf § 77 Abs. 1 nicht nachweisen. Vielmehr gilt insoweit: „Die für das frühere Recht geltenden Überlegungen sind für das neue Recht nicht mehr zutreffend."[25] Allerdings ist eine **differenzierte Sichtweise** notwendig. Betrachtet man nämlich, dass das Anmeldeerfordernis des § 77 in einem engem Zusammenhang mit § 28 und § 174 steht, so muss von dem soeben aufgestellten Grundsatz der Voraussetzung einer förmlichen Anmeldung für die Stimmberechtigung eine Ausnahme gemacht werden, wenn die erste Gläubigerversammlung *vor dem Ende der in § 28 Abs. 1 bezeichneten Anmeldefrist* stattfindet.[26] Hier darf es dem Gläubiger nämlich nicht zu Nachteil gereichen, dass er die Frist für seine Anmeldung ausschöpfen wollte und er daher zum Zeitpunkt des Stattfindens der Gläubigerversammlung seine Forderung noch nicht nach § 174 angemeldet hat,[27] denn er ist in seinem Vertrauen zu schützen, dass er keine Rechte verliert, wenn und solange er die gerichtlicherseits gesetzte Frist ausschöpft. Zudem ist zu bedenken, dass es im Ergebnis auch nicht mit dem Grundsatz der Gläubigerautonomie zu vereinbaren wäre, wenn einige Gläubiger von der gegebenenfalls bestehenden Notwendigkeit für die Gläubigerversammlung, schnell und frühzeitig – also noch vor Ende der Anmeldefrist – in der Lage zu sein, wichtige Entscheidungen zu treffen (zB gem. § 57), ausgeschlossen würden, weil sie ihre Forderungen noch nicht gem. § 174 angemeldet haben. Liegt also der Termin der Gläubigerversammlung vor dem Ende der Anmeldefrist, so ist es für das Anmeldeerfordernis des § 77 Abs. 1 ausreichend, wenn der Gläubiger erst zu Beginn der betreffenden Verhandlung die Stimmberechtigung darlegt. Werden die Angaben des betreffenden Gläubigers nicht bestritten, so gibt die Forderung ein entsprechendes Stimmrecht. Wird sie bestritten, so hat der Gläubiger sie zu beweisen oder das Bestehen der Forderung glaubhaft zu machen. Auch die vielzitierte Entscheidung des AG Hamburg betraf übrigens gerade nur den (besonderen) Fall, in welchem die erste Gläubigerversammlung vor Ende der Anmeldefrist lag;[28] diese Entscheidung stützt daher nicht die allgemeine Aussage, die Forderung dürfe vom Gläubiger auch erst in der

---

[19] So *Kübler/Prütting/Bork* § 77 RdNr. 11.
[20] So ausdrücklich *Blersch/Goetsch/Haas* § 77 RdNr. 3; HK-*Eickmann* § 77 RdNr. 3; *Braun/Herzig*, § 77 RdNr. 3; zur KO: *Jaeger/Weber* KO § 95 RdNr. 1; Kilger/*K. Schmidt* § 95 Anm. 1.
[21] Vgl. *Pape* RdNr. 220; *Buck* in Huntemann u.a., Der Gläubiger im Insolvenzverfahren, Kap. 10, RdNr. 92; *Nerlich/Römermann/Delhaes* § 77 RdNr. 3; *Uhlenbruck/Uhlenbruck* § 77 RdNr. 3; *Andres/*Leithaus §§ 76, 77 RdNr. 5; *Haarmeyer/Wutzke/Förster*, Handbuch, Kap. 6 RdNr. 64; vgl. zur KO *Höver* KuT 1932, 5, 6; ders. DJ 1935, 513, 516.
[22] So aber *Uhlenbruck/Uhlenbruck* § 77 RdNr. 3.
[23] Vgl. zum alten Recht *Jaeger/Weber* KO § 95 RdNr. 5.
[24] *Uhlenbruck/Uhlenbruck* § 77 RdNr. 3 aE.
[25] So das Zitat von *Uhlenbruck/Uhlenbruck* § 77 RdNr. 3.
[26] Ebenso *Braun/Herzig* § 77 RdNr. 3; HK-*Eickmann* § 77 RdNr. 3; *Kübler/Prütting/Bork* § 77 RdNr. 28 f.; ebenso wohl auch *Uhlenbruck/Uhlenbruck* § 77 RdNr. 3.
[27] Vgl. AG Frankfurt, NZI 2009, 441; ebenso offenbar auch *Buck* in Huntemann u.a., Der Gläubiger im Insolvenzverfahren, Kap. 10, RdNr. 92; im Ergebnis ebenso *Kübler/Prütting/Bork* § 77 RdNr. 29; FK-*Hössl*, 2. Aufl., § 77 RdNr. 4; ohne Differenzierung HambKomm-*Preß* § 77 RdNr. 4.
[28] AG Hamburg NZI 2000, 138, 139: der Berichtstermin war auf den 8.10.1999 gelegt, während die Anmeldefrist erst am 1.11.1999 endete.

Gläubigerversammlung angemeldet werden, um als „angemeldete" Forderung im Sinne des § 77 Abs. 1 zu gelten.

III. Stimmrecht bestrittener Forderungen (Abs. 2)

1. Allgemeines. Forderungen, die vorläufig (dazu sogleich unten RdNr. 17) oder endgültig 7
bestritten sind (zur Berechtigung zum Bestreiten sogleich unten RdNr. 8), werden im Hinblick auf das mit ihm verbundene Stimmrecht dem Verfahren nach § 77 Abs. 2 unterworfen. Dabei macht es keinen Unterschied, ob es sich um geprüfte oder ungeprüfte Forderungen handelt.[29] Danach hängt die Stimmberechtigung bestrittener Forderungen zunächst davon ab, ob sich der Insolvenzverwalter, und die in der Gläubigerversammlung erschienenen Gläubiger über die Stimmberechtigung einigen können. Ist dies nicht der Fall, so entscheidet das Insolvenzgericht über das mit der Forderung zusammenhängende Stimmrecht. **Hintergrund dieser Regelung** ist, dass vermieden werden soll, die Gläubiger bestrittener Forderungen immer bis zu einer rechtskräftigen Entscheidung in einem Feststellungsprozess (§§ 179, 180, 183) vom Stimmrecht in der Gläubigerversammlung auszuschließen.[30] Der Vorrang der Einigung vor einer Entscheidung des Insolvenzrichters ist Ausdruck der Gläubigerautonomie im Insolvenzverfahren.[31]

Etwas anderes ergibt sich für den Schuldner auch nicht aus § 283 Abs. 1 Satz 2. Diese Vorschrift erlaubt dem Schuldner zwar im Rahmen der Eigenverwaltung mit feststellungshindernder Wirkung eine Forderung zu bestreiten, doch hat dies keine Bedeutung für die Stimmberechtigung des betreffenden Gläubigers. Zum einen erwähnt § 77 Abs. 1 das Bestreiten des Schuldners als Einschränkung der Stimmrechtsgewährung weder direkt noch durch einen Verweis auf § 283 Abs. 1 Satz 2. Zum anderen hat der Schuldner **bei der Eigenverwaltung** kein Recht, bei den Einigungsverhandlungen der Versammlung dadurch Einfluss zu nehmen, die Versammlung oder das Gericht zu einer Stimmrechtsfestsetzung zu zwingen, da er weder stimmberechtigt ist und auch nicht an die Stelle des Insolvenzverwalters getreten ist. An dessen Stelle agiert vielmehr der Sachwalter, der ebenfalls die Möglichkeit des Bestreitens hat und auf Grund seiner Stellung mit seinem Bestreiten auch das Stimmrecht des Gläubigers blockieren kann.[32]

2. Berechtigung zum Bestreiten. Da das Stimmrecht der Gläubiger in der Gläubigerversamm- 8
lung auf diejenigen Gläubiger beschränkt ist, deren Befriedigung vom Ausgang des Verfahrens, d.h. vom Erfolg oder Misserfolg der Abwicklung, tatsächlich abhängig ist,[33] besteht grundsätzlich das Bedürfnis auch nur denen ein **Mitbestimmungsrecht** zuzubilligen, die wirklich etwas vom Schuldner zu fordern berechtigt sind, d.h. deren Forderungen festgestellt sind. Gläubiger, bei denen dies noch nicht feststeht, weil ihre Forderungen bestritten sind, kann man – so bereits die grundlegenden Überlegungen in den Motiven der KO, welche auch für die InsO noch maßgeblich sind – nicht unbedingt zur Abstimmung in der Gläubigerversammlung zulassen, ohne Gefahr zu laufen, dass wichtige Angelegenheiten durch offenbar unberechtigte Personen entscheiden zu lassen. Man darf selbst für solche Forderungen, für welche der Gläubiger vor der Insolvenzverfahrenseröffnung einen Titel gegen den Gemeinschuldner oder von ihm erlangt hatte, keine Ausnahme machen; es würde sonst für dieses überaus umfassende, oft entscheidende Gebiet der Gläubigerrechte das Prüfungs- und Anfechtungsrecht der übrigen Gläubiger vereitelt und dem Gemeinschuldner die Tür geöffnet werden, bereitwilligen Personen bestimmenden Einfluss auf die Beschlussfassung zu verschaffen.[34] Vor diesem Hintergrund haben daher jeder stimmberechtigte Gläubiger und der Insolvenzverwalter die Möglichkeit, der **Forderung eines Gläubigers zu widersprechen** mit der Folge, dass die Feststellungswirkung des § 178 Abs. 1 nicht eintritt. Gleiches gilt jedoch nicht für den Schuldner, weil sein Bestreiten die Feststellung der Forderung nach § 178 Abs. 2 nicht hindert, und für den Gläubiger ohne Stimmrecht (§ 77 Abs. 1 Satz 1), also ein nachrangiger Gläubiger oder einer, dem das Stimmrecht endgültig versagt wurde.[35] Haben Gläubiger wechselseitig jeweils die Forderungen des anderen bestritten, greift § 77 Abs. 2 ein, weil hier wie dort nicht entschieden werden kann, ob ein Bestreiten i.S.v. § 77 überhaupt vorliegt.[36]

---

[29] Siehe *Kübler/Prütting/Bork* § 77 RdNr. 14 f.; *Uhlenbruck/Uhlenbruck* § 77 RdNr. 15 ff.; *Pape* RdNr. 221.
[30] Dazu unten RdNr. 14; siehe auch *Nerlich/Römermann/Delhaes* § 77 RdNr. 4; *Uhlenbruck/Uhlenbruck* § 77 RdNr. 15.
[31] Siehe AG Duisburg NZI 2003, 447; *Smid* § 77 RdNr. 6; *Braun/Herzig* § 77 RdNr. 6.
[32] So überzeugend *Pape* RdNr. 225.
[33] Siehe *Pape* ZIP 1991, 837, 838; vgl. auch *Hahn*, 287.
[34] *Hahn*, 287.
[35] HK-*Eickmann* § 77 RdNr. 4; *Blersch/Goetsch/Haas* § 77 RdNr. 2; *Nerlich/Römermann/Delhaes* § 77 RdNr. 2; *Kübler/Prütting/Bork* § 77 RdNr. 14; *Delhaes* KTS 1955, 45, 46; *Pape* ZIP 1991, 837, 839; *ders.* RdNr. 211.
[36] So HK-*Eickmann* § 77 RdNr. 4.

9 Ohne eine weitergehende Regelung des Stimmrechts würde aus der Möglichkeit des Bestreitens allerdings folgen, dass der betroffene Gläubiger bis zum rechtskräftigen Abschluss der von ihm nach §§ 179, 180, 183 zu betreibenden Feststellungsklage von der **Mitwirkung in den Gläubigerorganen ausgeschlossen wäre,** was in der Praxis bei der üblichen Dauer von Insolvenzfeststellungsklagen dazu führen kann, dass der betreffende Gläubiger die Zeit des gesamten Verfahrens von der Mitwirkung in Höhe der bestrittenen Forderung ausgeschlossen bliebe.[37] Ein solcher Zusammenhang ist besonders bedenklich, weil damit eine einfache Möglichkeit bestünde, (rechts-)missbräuchlich oder – wie es in den Vorarbeiten zur Konkursordnung beschrieben wurde – ohne allen rechtlichen Grund aus frivolen oder böswilligen Motiven Forderungen zu bestreiten,[38] um Gläubiger von der Mitbestimmung in der Versammlung fernzuhalten. Dieses Dilemma versucht das Gesetz dadurch zu lösen, dass es Regeln bereithält, mit denen das Stimmrecht bei bestrittenen Forderungen festgesetzt wird. Dem Inhalt nach übernimmt die hierfür einschlägige Regelung des § 77 Abs. 2 Satz 1 und 2 im Wesentlichen die Regelung des § 95 Abs. 1 Satz 2 und 3 KO.

10 **3. Vorrang der Einigung.** Ist eine Forderung bestritten worden, so fordert das Gesetz zunächst eine Einigung zwischen den Beteiligten. Nach dem Wortlaut des § 77 Abs. 2 Satz 1 gehören zu den Parteien, die den Konsens über die Stimmberechtigung herstellen sollen, der Insolvenzverwalter und die in der Gläubigerversammlung vertretenen stimmberechtigten Gläubiger.[39] Fraglich ist jedoch, ob entgegen des eindeutigen Wortlauts der Norm **auch der das Stimmrecht begehrende Gläubiger** zu den Beteiligten gehört.[40] Dafür spricht, dass der Ausschluss der Beteiligung des anmeldenden Gläubigers dazu führen kann, dass es bei einer gegen die von ihm begehrte Stimmberechtigung seiner Forderung gerichtete Entscheidung zu einer erheblichen Beeinträchtigung seiner (weiteren) Verfahrensteilnahmerechte kommt. Insoweit wird darauf verwiesen, dass es sich ohne die Beteiligung des anmeldenden Gläubigers um einen verfahrensrechtlichen Vertrag zu Lasten eines Dritten handele.[41] Da es sehr problematisch sein dürfte, die **Einigung als einen (verfahrensrechtlichen) Vertrag** zu qualifizieren, ist dieses Gegenargument äußerst zurückhaltend zu beurteilen. Schwerer wiegt indes der Hinweis, der Gesetzgeber wollte für die Einigung hinsichtlich des Stimmrechts streitiger Forderungen die alten Regelungen des § 95 KO und § 71 Abs. 2 VglO in die Neuregelung der InsO übernehmen, wonach zu den Parteien, bei denen der Konsens suchen sollten, sowohl der Verwalter als auch die stimmberechtigten Gläubiger, soweit sie der Anmeldung widersprachen, als auch der anmeldende Gläubiger gehörten.[42] In der Tat wird in der Begründung zu § 88 RegE auf diese beiden Normen Bezug genommen.[43] Betrachtet man die – freilich nicht ganz eindeutige – Begründung allerdings näher, so wird man ein **Redaktionsversehen** bei der Ausgestaltung des § 77 Abs. 2 nicht mit aller Klarheit belegen können,[44] denn die Inbezugnahme der beiden Vorschriften des älteren Rechts bezieht sich offensichtlich nur auf die Einigung zwischen den in der Gläubigerversammlung erschienenen stimmberechtigten Gläubigern und dem Insolvenzverwalter; die Begründung lautet: „Das Stimmrecht für streitige Forderungen wird – wie nach § 95 KO und nach § 71 Abs. 2 VglO – in erster Linie durch eine Einigung zwischen dem Insolvenzverwalter und den in der Gläubigerversammlung erschienenen stimmberechtigten Gläubigern festgelegt, hilfsweise durch Entscheidung des Gerichts (Abs. 2)." Eine mögliche Abweichung von der früheren Rechtslage ist durch die Stärkung der Privatautonomie geprägt und von der Idee einer Entlastung der Justiz durch die Subsidiarität der Entscheidung des Insolvenzgerichts geleitet. Da die stimmberechtigten Gläubiger regelmäßig ein Interesse daran haben dürften, den Kreis der Stimmberechtigten klein zu halten, und im Zweifel dahin tendieren, der bestrittenen Forderung keine Stimmberechtigung zuzubilligen, kommt dem Insolvenzverwalter eine wesentliche Rolle bei der Einigung zu, die dem Gesetzgeber,

---

[37] *Nerlich/Römermann/Delhaes* § 77 RdNr. 4; *Braun/Herzig,* § 77 RdNr. 8; *Wenzel* ZInsO 2007, 751; s. zudem AG Duisburg, NZI 2003, 447. Vgl. ferner auch *Pape* ZIP 1991, 837, 839; *ders.* KTS 1993, 31.
[38] *Hahn,* 287.
[39] S. AG Duisburg, NZI 2003, 447; *Braun/Herzig,* § 77 RdNr. 6; *Wenzel,* ZInsO 2007, 751.
[40] Bejahend: AG Hamburg, ZInsO 2005, 1002 f.; *Smid* § 77 RdNr. 5 f.; *Braun/Herzig* § 77 RdNr. 8; *Blersch/Goetsch/Haas* § 77 RdNr. 4; *Kind/Herzig,* EWiR 2006, 175 f.; *Frind* ZInsO 2011, 1726, 1727; verneinend: *Kübler/Prütting/Bork* § 77 RdNr. 16; *Nerlich/Römermann/Delhaes* § 77 RdNr. 4; *HK-Eickmann* § 77 RdNr. 5; *Buck* in Huntemann u.a., Der Gläubiger im Insolvenzverfahren, Kap. 10, RdNr. 85; unklar *Pape* RdNr. 221 (dort verneinend) und Fn. 208 (dort bejahend).
[41] So *Smid* § 77 RdNr. 6; HambKomm-*Preß* § 77 RdNr. 7 unter Berufung auf AG Hamburg ZInsO 2005, 1002.
[42] Zur früheren Rechtslage vgl. etwa *Jaeger/Weber* KO § 95 RdNr. 2; *Kuhn/Uhlenbruck* § 95 RdNr. 2; *Kilger/K. Schmidt* § 95 Anm. 2; *dies.* § 71 VglO Anm. 4.
[43] BT-Drucks. 12/2443, 133; vgl. dazu *Uhlenbruck/Uhlenbruck* § 77 RdNr. 19; *Braun/Herzig* § 77 RdNr. 8 Fn. 10; *Plathner/Sajogo* ZInsO 2011, 1090, 1091.
[44] So aber *Smid* § 77 RdNr. 5, der meint, die Vorschrift des § 77 Abs. 2 Satz 1 habe entsprechend dem § 71 Abs. 2 Satz 1 VglO formuliert werden sollen.

der die Gläubigerautonomie im Auge hatte, möglicherweise nicht in dem Umfang bewusst war. Da er im Verfahren nämlich im Interesse der Gläubigergesamtheit handelt, obliegt es ihm, ggf. Zweifel an der Berechtigung der Verwehrung der Stimmberechtigung zu äußern und damit die Entscheidung an das Gericht zu leiten, wenn es nach den Umständen nicht unwahrscheinlich ist, dass der anmeldende Gläubiger auf Grund einer zwar bestrittenen Forderung doch zu der Gruppe derjenigen Gläubiger gehört, deren Interessen er im Rahmen der Verwaltung zu vertreten hat und die ein tatsächliches Interesse an der Mitwirkung in der Gläubigerversammlung hat. Anders formuliert: im Rahmen der **jetzigen Konzeption der Konsensfindung** bei der Stimmberechtigung bestrittener Forderungen muss der Insolvenzverwalter Garant dafür sein, dass durch das Bestreiten von Forderungen einige Gläubiger nicht versuchen, aus sachfremden Erwägungen und durch kollusives Handeln (missbräuchlich) andere – möglicherweise unliebsame – Gläubiger von der Mitwirkung in der Gläubigerversammlung auszuschließen. Sollten (eher ausnahmsweise) die Gläubiger bereit sein, dem anmeldenden Gläubiger ein Stimmrecht zusprechen wollen, der Insolvenzverwalter aber nicht, so hat sich der Insolvenzverwalter bei seiner Position im Rahmen der Konsensfindung darauf zu besinnen, dass jede Entscheidung der Gläubigerversammlung auf einer möglichst breiten Basis stehen sollte und der Grundsatz *in dubio pro creditore* gilt. Vor diesem Hintergrund wird auch von der Rechtsprechung vertreten, dass eine Einigung unter Einbeziehung des Gläubigers der bestrittenen Forderung erfolgen muss.[45]

Aus dem Wortlaut des § 77 Abs. 2 ergibt sich, dass der Einigungsversuch **notwendige Voraussetzung** für eine gerichtliche Festsetzung des Stimmrechts ist („Kommt es nicht zu einer Einigung ..."). Auch dadurch wird die Gläubigerautonomie in diesem Bereich besonders betont. Es ist gleichzeitig Ausdruck der grundsätzlichen Entscheidung, dass eine autonom zwischen den Gläubigern gefundene Lösung der Probleme hinsichtlich der Stimmberechtigung im Rahmen einer möglichst staatsfernen Bewältigung von Gläubigerangelegenheiten Vorrang genießt vor hoheitlich angeordneten Lösungen. Um aber das Einigungserfordernis nicht leerlaufen zu lassen, ist daher ein *ernsthafter* Einigungsversuch erforderlich.[46] Dieser ist entsprechend § 160 Nr. 1 ZPO in Verbindung mit § 4 zu protokollieren. Notwendig ist die Protokollierung auch für den Fall, dass ein Rechtspfleger die Versammlung leitet, um den Richter im Hinblick auf seine Änderungsbefugnis ins Bild setzen zu können.[47] Ob ein solcher tatsächlich unternommen wurde, oder ob es sich nur lediglich um einen **Scheinversuch** handelte, kann das Gericht nach Lage der Dinge entscheiden, wenn es in derselben Verhandlung eine Entscheidung fällt. Ist das Gericht nach billigem Ermessen der Auffassung, der Einigungsversuch der Parteien sei nicht ernsthaft genug gewesen, etwa weil offensichtliche Spielräume für eine Einigung noch nicht ausgelotet worden sind, kann es unter Berücksichtigung eines zügigen Verfahrensfortgangs den Parteien aufgeben, noch in derselben Versammlung einen weiteren Versuch zur Einigung zu unternehmen. Ausnahmen gibt es allerdings dort, wo eine Einigung nach Lage der Dinge ausgeschlossen ist. Das ist dann der Fall, wenn der Anmeldende in der betreffenden Sitzung weder anwesend noch ordentlich vertreten ist. Ist das Insolvenzgericht der Auffassung, dass eine Einigung ernsthaft versucht, gleichwohl aber ohne Erfolg geblieben ist, hat es das Stimmrecht festzusetzen.

Die **Einigung stellt auf Gläubigerseite einen einstimmigen Beschluss dar,**[48] dem sich dann der Insolvenzverwalter anschließen kann.[49] Stimmenthaltungen können an einem ansonsten positiven Einigungsvotum nichts ändern; sie sind insoweit als „Nullum" zu bewerten.[50] Die Einigung zwischen den stimmberechtigten Gläubigern und dem Insolvenzverwalter kann sich auf die Einräumung des vollen Stimmrechts oder eines teilweisen Stimmrechts beziehen.[51] Eine Einigung über das Stimmrecht wirkt grundsätzlich nicht nur für die Gläubigerversammlung, in der die Einigung erfolgt, sondern auch für die folgenden Termine, es sei denn, die Forderung wird abweichend von der Einigung zu Tabelle festgestellt.[52] Das ergibt sich zwar nicht aus dem Wortlaut des § 77 Abs. 2, doch wäre es nicht mit den Anforderungen an einen zügigen Ablauf von Gläubigerversammlungen vereinbar, wenn jedes Mal erneut eine Einigung über das Stimmrecht erzielt werden müsste. Wie jeder Beschluss der Gläubigerversammlung kann aber auch der Beschluss über die Einigung durch

---

[45] AG Hamburg ZInsO 2005, 102.
[46] So auch *Braun/Herzig* § 77 RdNr. 8.
[47] Überzeugende Argumentation insoweit vom AG Frankfurt/M. v. 6.5.2009 (Az. 810 IE 5/08 M) RdNr. 6 (zitiert nach juris).
[48] *Braun/Herzig* § 77 RdNr. 7.
[49] Siehe FK-*Hössl*, 2. Aufl., § 77 RdNr. 10.
[50] So zu Recht *Braun/Herzig* § 77 RdNr. 7; FK-*Schmitt* § 77 RdNr. 8.
[51] So auch *Braun/Herzig* § 77 RdNr. 9.
[52] *Uhlenbruck/Uhlenbruck* § 77 RdNr. 19; *Braun/Herzig* § 77 RdNr. 15.

einen neuen Beschluss ersetzt werden,[53] der durch einen Abänderungsantrag herbeigeführt werden kann. Dies wird in der Praxis aber nur in solchen Fällen erfolgen, in denen später bekannt wird, dass die Basis der Einigung über das Stimmrecht falsch war.

13 **4. Gerichtliche Entscheidung. a) Allgemeines.** Ist das Insolvenzgericht der Auffassung, dass eine Einigung ernsthaft versucht, gleichwohl aber ohne Erfolg geblieben ist, so hat es nach § 77 Abs. 2 Satz 2 über das Stimmrecht des betreffenden Gläubigers zu entscheiden.[54] Zu dieser Entscheidung ist das Gericht in jedem Fall verpflichtet, in dem im Rahmen einer Gläubigerversammlung die Stimmberechtigung auf Grund eines Bestreitens unklar ist und eine Einigung gescheitert ist.[55] Die **Entscheidung ergeht in der Form eines Beschlusses,** der jedenfalls dann zu begründen ist, wenn er von einem Rechtspfleger erlassen wurde.[56] Er ist regelmäßig in der betreffenden Versammlung zu verkünden. Eine Entscheidung im Büroweg oder eine Vertagung ist statthaft, sollte aber auf Grund der mit der Entscheidung angestrebten schnellen Rechtssicherheit die seltene Ausnahme bleiben.[57]

14 Das Gericht trifft seine Entscheidung nach der Überprüfung, ob die Forderung in ihrer vom Anmelder behaupteten Art überhaupt eine Insolvenzforderung sein kann und ob sie ordnungsgemäß angemeldet wurde bzw. ob die ordnungsgemäße Anmeldung ausnahmsweise entbehrlich ist, auf Grund einer kursorischen Prüfung des Vortrages und der vorgebrachten Beweismittel des anmeldenden Gläubigers und des bestreitenden Verwalters bzw. der anderen Gläubiger.[58] Das Insolvenzgericht hat dabei den jeweiligen Vortrag auf seine **sachliche Glaubhaftigkeit** und seine **rechtliche Schlüssigkeit** hin zu überprüfen. Dazu muss eine kursorische Forderungsprüfung erfolgen, wenn eine Gläubigerversammlung vor dem Termin des allgemeinen Prüfungstermins stattfindet. Um eine solche kursorische Forderungsprüfung zu ermöglichen, muss von dem Gläubiger neben dem Forderungsbetrag auch der Lebenssachverhalt dargelegt werden, der die geltend gemachte Frage trägt.[59] Das Stimmrecht ist zu versagen, wenn das Insolvenzgericht unter Zugrundelegung aller Umstände im Rahmen der Ausübung pflichtgemäßen Ermessens (dazu im Einzelnen sofort in RdNr. 15 ff.) zu der Überzeugung gelangt, die angemeldete Forderung bestehe nicht, sie begründe kein Stimmrecht (zB dann, wenn sich das Darlehen des Gläubigers als Gesellschafterdarlehen nach § 39 ff. Abs. 1 Nr. 1 herausstellt[60]) oder sie ist als Masseforderung gar nicht beteiligt.[61] Bestehen **Zweifel,** so sollte das Stimmrecht gewährt werden, um eine möglichst breite Abstimmungsbasis für die Entscheidungen der Gläubigerversammlung zu sichern („in dubio pro creditore").[62] Ob die Anwendung einer xxxin dubio pro creditorexxx-Regel in jedem fall der nicht eindeutigen Feststellbarkeit eines Stimmrechts sachgerecht ist, könnte aber zum teil durchaus fraglich sein. Jedenfalls bei der Feststellung eines Stimmrechts pro Kopf begegnet dieser Grundsatz keinen Bedenken.[63] Das Insolvenzgericht kann das Stimmrecht auch auf einen Bruchteil der Forderung festsetzen.[64] Das wird es in der Regel dann tun, wenn der Vortrag des anmeldenden Gläubigers und der stimmberechtigten Gläubiger bzw. des Insolvenzverwalters mehr oder weniger gleichermaßen überzeugend waren. Wird die Forderung des Gläubigers nur zum Teil bestritten, ergeht eine gerichtliche Entscheidung auch nur hinsichtlich dieses Teils. Das Gleiche gilt, wenn eine Einigung nur für einen Teil der Forderung erzielt werden konnte.[65]

15 **b) Kriterien für die Stimmrechtsfestsetzung.** Das Gericht ist hinsichtlich der Kriterien, an welchen es sich bei der Stimmrechtsfestsetzung leiten lässt, im Rahmen seines billigen, **pflichtgemäßen Ermessens** frei. Ein völlig freies Ermessen steht ihm hingegen nicht zu.[66] Zwar lässt sich argumentieren, dass gerade in dem Fall, in welchem ein Beschluss unanfechtbar ist, von vornherein mehr oder weniger genaue Grundsätze vorliegen müssen, an denen sich das Gericht zu orientieren

---

[53] Vgl. *Braun/Herzig* § 77 RdNr. 15.
[54] Siehe *Uhlenbruck/Uhlenbruck* § 77 RdNr. 20; HambKomm-*Preß* § 77 RdNr. 8; AG Duisburg NZI 2003, 447.
[55] Einschränkend *Kübler/Prütting/Bork* § 77 RdNr. 17: Verpflichtung des Gerichts zu einer Entscheidung über das Stimmrecht nur, wenn eine Abstimmung in der Gläubigerversammlung ansteht, für die das Stimmrecht geklärt sein muss.
[56] BVerfG ZInsO 2004, 1027.
[57] So HK-*Eickmann* § 77 RdNr. 10; HambKomm-*Preß* § 77 RdNr. 14.
[58] Siehe HK-*Eickmann* § 77 RdNr. 7; *Pape* RdNr. 224.
[59] AG Frankfurt/M v. 6.5.2009 (Az. 810 IE 5/08 M) Ziff. 12 (zitiert nach juris).
[60] Vgl. dazu LG Leipzig ZIP 1998, 1038; *Pape* EWiR 1998, 783; *Kübler/Prütting/Bork* § 77 RdNr. 19.
[61] HK-*Eickmann* § 77 RdNr. 8.
[62] Siehe *Kübler/Prütting/Bork* § 77 RdNr. 20; HK-*Eickmann* § 77 RdNr. 8; HambKomm-*Preß* § 77 RdNr. 8; *Pape* ZIP 1991, 837, 843; vgl. auch OLG München Rpfleger 1970, 201.
[63] Vgl. die gewichtigen Zweifel bei *Wenzel*, ZInsO 2007, 751,752.
[64] Siehe nur *Pape* RdNr. 221.
[65] Siehe hierzu ausführlich *Frind* ZInsO 2011, 1726; *Uhlenbruck/Uhlenbruck* § 77 RdNr. 20.
[66] Ebenso *Pape* RdNr. 224; *Buck* in Huntemann u.a., Der Gläubiger im Insolvenzverfahren, Kap. 10, RdNr. 86; *Haarmeyer/Wutzke/Förster*, Handbuch, Kap. 6 RdNr. 64; *Kübler/Prütting/Bork* § 77 RdNr. 18. *Uhlenbruck/Uhlenbruck* § 77 RdNr. 21. Anders *Nerlich/Römermann/Delhaes* § 77 RdNr. 4.

habe,⁶⁷ doch bedeutet die Festlegung von Kriterien für die Stimmrechtsfestsetzung eine Einschränkung des Gerichts, flexibel auf den betreffenden Fall eingehen zu können. Gerade das Ermessen des Gerichts ist in den Motiven zur KO als die einzige Möglichkeit gesehen worden, den Widerstreit zwischen dem Missbrauch eines erschlichenen Stimmrechts mit Hilfe einer bloßen Anmeldung nicht (zu Recht) bestehender Forderungen und dem Missbrauch des Ausschluss bestimmter Gläubiger von der Mitwirkung durch bloßes Bestreiten zu lösen.⁶⁸ Daher ist es gerade *kein* Manko, wenn Lehre und Rechtsprechung keine allzu starren Kriterien zur Strukturierung der Ermessensentscheidungen entwickeln, sondern nur bestimmte Orientierungspunkte für das Gericht an die Hand geben.⁶⁹ **Im Rahmen seines Ermessensspielraums** hat sich das Insolvenzgericht allerdings der allgemeinen Beweislastregeln zu bedienen, wonach etwa jeder anmeldende Gläubiger hinsichtlich seiner Forderung die Beweislast trägt.⁷⁰ Die materielle Berechtigung der Forderung ist unter Berücksichtigung der Substantiierungsregeln des § 138 Abs. 3 ZPO zu erkennen. Dabei spielen, wie in anderen Verfahren auch, Urkundenvorlagen und die Darlegungen der Parteien die bedeutendsten Rollen,⁷¹ ohne dass daraus folgte, dass dann, wenn der anmeldende Gläubiger keine präsentiere Beweismittel hat, das Insolvenzgericht das Stimmrecht automatisch ablehnen müsse.⁷² Ob die Anwendung einer „in dubio procedere"-Regel in jedem Fall der nicht eindeutigen Feststellbarkeit eines Stimmrechts sachgerecht ist. Könnte aber zum Teil durchaus fraglich sein. Jedenfalls bei der Feststellung eines Stimmrechts pro Kopf begegnet dieser Grundsatz keinen Bedenken.⁷³

Bei bestrittenen titulierten Forderungen gilt eine Umkehr der Beweislast. Das lässt sich daraus ersehen, dass nach § 179 Abs. 2 auch der Bestreitende die Feststellungsklage erheben muss.⁷⁴ Diese Forderungen haben auf Grund des Titels zunächst die Vermutung der Richtigkeit für sich.⁷⁵ In Ausnahmefällen, die sich vor allem bei Vollstreckungsbescheiden und notariellen Urkunden ergeben können, mag eine Beschränkung des Stimmrechts in Frage kommen, wenn der Bestreitende glaubhaft darlegt, dass der Titel zu Unrecht ergangen ist und noch prozessual angegriffen werden kann oder dass der titulierte Anspruch bereits erfüllt ist oder dass der Anmeldende den Titel erschlichen hat oder die strengen Voraussetzungen für eine Restitution vorliegen.⁷⁶

Bei der Stimmrechtsfestsetzung von sogenannten **„vorläufig" bestrittenen Forderungen** ist stets Zurückhaltung bei der Versagung oder der Einschränkung des Stimmrechts angezeigt.⁷⁷ Das ergibt sich unabhängig davon, ob man das „vorläufige" Bestreiten überhaupt als zulässig ansieht,⁷⁸ schon daraus, dass nach dem Willen des Verwalters die Forderung nicht endgültig bestritten sein soll,⁷⁹ sondern er mit dem „vorläufigen" Bestreiten nur zu erkennen geben will, dass er sich auf Grund bis dahin fehlender Möglichkeiten, die Forderung sorgfältig zu prüfen, noch nicht endgültig entschieden hat, ob er die betreffende Forderung anerkennt oder bestreiten will. Daher kommt eine Versagung oder Beschränkung des Stimmrechts regelmäßig nur dann in Betracht, wenn Umstände dargelegt werden, die die Forderung, unabhängig von dem Bestreiten, zweifelhaft erscheinen lassen.

Insgesamt gesehen ist also ein Stimmrecht umso eher zuzusprechen, je überzeugender die für das Vorhandensein einer entsprechenden Forderung vorgebrachte Begründung ist. Zugleich spielt für die Stimmrechtsentscheidung auch der Umfang des Bestreitens eine wichtige Rolle. Ein nicht oder ein nur unzureichend begründetes Bestreiten der angemeldeten Forderung spricht eher dafür, das Stimmrecht zu bejahen.⁸⁰

---

⁶⁷ So ganz ausdrücklich und ausführlich *Pape* ZIP 1991, 837, 842 ff.; vgl. auch *Kübler/Prütting/Bork* § 77 RdNr. 18 ff.
⁶⁸ *Hahn,* 287.
⁶⁹ Im Ergebnis ebenso *Uhlenbruck/Uhlenbruck* § 77 RdNr. 21 f.
⁷⁰ Siehe nur RGZ 87, 85.
⁷¹ Ausführlich dazu *Pape* ZIP 1991, 837, 842 ff.; *Buck* in Huntemann u.a., Der Gläubiger im Insolvenzverfahren, Kap. 10, RdNr. 91; *Kübler/Prütting/Bork* § 77 RdNr. 19; *Braun/Herzig,* § 77 RdNr. 11.
⁷² So auch *Kübler/Prütting/Bork* § 77 RdNr. 20; *Uhlenbruck/Uhlenbruck* § 77 RdNr. 22; *Smid,* InVo 2007, 38; anders BezG Leipzig ZIP 1992, 1507 – dazu *Pape* EWiR 1992, 1197.
⁷³ Vgl. die gewichtigen Zweifel bei *Wenzel,* ZInsO 2007, 751, 752.
⁷⁴ Vgl. RGZ 85, 67; RGZ 86, 237; OLG Braunschweig OLGZ 23, 308; vgl. auch *Uhlenbruck/Uhlenbruck* § 77 RdNr. 22.
⁷⁵ *Pape* ZIP 1991, 837, 844; *Kübler/Prütting/Bork* § 77 RdNr. 19; *HK-Eickmann* § 77 RdNr. 9.
⁷⁶ Siehe *Pape* ZIP 1991, 837, 844; *HK-Eickmann* § 77 RdNr. 9; *Andres/Leithaus* §§ 76, 77 RdNr. 5.
⁷⁷ *Pape* ZIP 1991, 837, 844.
⁷⁸ Zum Meinungsstand siehe *Kübler/Prütting/Bork/Pape* § 179 RdNr. 5 f.; *Uhlenbruck/Delhaes* RdNr. 797; *Eickmann,* Aktuelle Problem des Insolvenzverfahrens aus Verwalter und Gläubigersicht, 2. Aufl. 1983, 59 f.; vgl. auch zur Zulässigkeit des vorläufigen Bestreitens seitens des Verwalters im Prüfungstermin *Godau-Schüttke* ZIP 1985, 1042, 1044.
⁷⁹ *Kübler/Prütting/Bork* § 77 RdNr. 19; *Pape* ZIP 1991, 844.
⁸⁰ Siehe *Kübler/Prütting/Bork* § 77 RdNr. 19; *Pape* ZIP 1991, 837, 844; vgl. auch *Uhlenbruck/Uhlenbruck* § 77 RdNr. 21; *Frind* ZInsO 2011, 1726, 1728.

18 c) Nicht geeignete Kriterien für die Ermessensausübung. Bei der Entscheidung über die Gewährung eines vollen oder teilweisen Stimmrechts geht es nur um die Frage, ob die angemeldete Forderung besteht, weil nur sie die Stimmberechtigung mit sich bringt. Daher sind alle anderen Erwägungen, die nicht zu deren Beantwortung beitragen, sachfremd und dürfen **im Rahmen des Ermessens keine Rolle** spielen. Daher ist es beispielsweise nicht zulässig, die Stimmrechtsentscheidung von einem erwarteten Abstimmungsverhalten abhängig zu machen.[81] Ebenso darf ein angeblich mangelndes Engagement des Gläubigers in früheren Gläubigerversammlungen, insbesondere dessen Ausbleiben, keine Rolle spielen.[82] Auch die Person des anmeldenden Gläubigers selbst stellt kein Merkmal dar, das die Ermessensentscheidung des Insolvenzgerichts in die eine oder andere Richtung determinieren könnte. So darf dem Fiskus oder einer juristischen Person öffentlichen Rechts nicht eher ein Stimmrecht eingeräumt werden als einer Privatperson und einem Unternehmen nicht eher als einem Verbraucher.[83] Kein Erwägungsgrund für die Versagung des Stimmrechts ist auch eine enge wirtschaftliche Verflechtung des Gläubigers mit dem Schuldner,[84] was insbesondere in Konzernsachverhalten große Relevanz hat.

IV. Abänderung und Anfechtbarkeit der Entscheidung über die Stimmrechtsfestsetzung

19 Die Möglichkeiten, die Entscheidung des Insolvenzgerichts über die Festsetzung oder die Versagung eines Stimmrechts anzugreifen, sind im Vergleich zum früheren Recht vergrößert worden.[85] Im Einzelnen ist genau zu differenzieren. Zum einen gibt es die bereits in § 95 Abs. 1 Satz 4 KO vorgesehene Selbstüberprüfung des Gerichts mit der Möglichkeit der Abänderung der Entscheidung (§ 77 Abs. 2 Satz 3) (RdNr. 20 ff.). Zum anderen gibt es nunmehr auch eine Fremdüberprüfung der gefällten Entscheidung, wobei insoweit wiederum danach differenziert werden muss, ob die Stimmrechtsentscheidung durch einen Rechtspfleger oder einen Richter getroffen wurde (RdNr. 25 ff.).

20 1. Abänderungsmöglichkeit der Stimmrechtsentscheidung. a) Allgemeines. Die Abänderung einer Entscheidung beinhaltet die Selbstüberprüfung der vom Insolvenzgericht getroffenen Stimmrechtsentscheidung. Als solche ist sie aus der Perspektive der Betroffenen in der Praxis zwar grundsätzlich qualitativ niederrangiger als eine Überprüfung der Entscheidung durch eine andere Person. Sie ist aber gleichwohl ein Instrument, den Ansatz der grundsätzlichen Unanfechtbarkeit der Stimmrechtsentscheidung aufzulockern.[86]

21 b) Voraussetzungen. Voraussetzung für eine **Änderung der getroffenen Entscheidung** ist zunächst ein **Antrag;** von Amts wegen findet keine Überprüfung der eigenen Entscheidung statt. Dieser Antrag bedarf keiner Form. Es muss allerdings aus den Umständen deutlich werden, wer diesen Antrag stellt, dass er auf die Abänderung der Stimmrechtsentscheidung gerichtet ist und aus welchen Gründen eine solche Abänderung begehrt wird. Antragsbefugt sind der Insolvenzverwalter oder ein in der Gläubigerversammlung erschienener Gläubiger, wobei es sich weder um den bestreitenden Gläubiger handeln muss noch um einen, dem ein Stimmrecht zusteht.[87] Der Antrag kann unabhängig davon gestellt werden, ob der Rechtspfleger oder der Richter die Stimmrechtsentscheidung getroffen hat.[88] Umstritten ist, ob der Antrag auch noch in einer späteren Versammlung gestellt werden darf[89] oder nur in der laufenden Versammlung, in der auch das Stimmrecht festgesetzt worden ist.[90] Vor dem Hintergrund, dass die Stimmrechtsfestsetzung bestrittener Forderungen ohnehin nur für die jeweilige Versammlung gilt, kann eine Abänderung auch nur in der betreffenden Versammlung beantragt werden;[91] in einer späteren Versammlung würde auf Grund der vorzubrin-

---

[81] *Pape* RdNr. 221; *ders.* ZIP 1991, 837, 845 f.; *Kübler*/Prütting/Bork § 77 RdNr. 21.
[82] Vgl. OLG München Rpfleger 1970, 201 f.; *Kübler*/Prütting/Bork § 77 RdNr. 21; *Pape* ZIP 1991, 837, 845.
[83] Überzeugend AG Frankfurt/M. v. 6.5.2009 (Az. 810 IE 5/08 M) RdNr. 7 (zitiert nach juris); s. zudem *Smid* KTS 1993, 1, 22; *Pape* ZIP 1991, 837, 844 f.; *Kübler*/Prütting/Bork § 77 RdNr. 21.
[84] *Kübler*/Prütting/Bork § 77 RdNr. 21; *Pape* ZIP 1991, 837, 845 f.; vgl. aber auch AG Wolfratshausen ZIP 1990, 597 f. – dazu *Pape* EWiR 1990, 597.
[85] Zum früheren Recht vgl. u.a. *Mohrbutter/Mohrbutter/Pape* 7. Aufl. 1997, Kap. V RdNr. 65; *Pape* KTS 1993, 31, 33 ff.; *Smid* KTS 1993, 1 ff.
[86] So auch *Kübler*/Prütting/Bork § 77 RdNr. 24.
[87] Vgl. *Smid* § 77 RdNr. 6 f.; FK-*Schmitt* § 77 RdNr. 25 HambKomm-*Preß* § 77 RdNr. 9; *Uhlenbruck*/Uhlenbruck § 77 RdNr. 24.
[88] Siehe *Pape* RdNr. 235, Fn. 237.
[89] So HK-*Eickmann* § 77 RdNr. 12; *Andres*/Leithaus §§ 76, 77 RdNr. 7.
[90] So *Nerlich/Römermann/Delhaes* § 77 RdNr. 12; *Braun/Herzig*, § 77 RdNr. 21; *Haarmeyer/Wutzke/Förster*, Handbuch, Kap. 6 RdNr. 65; *Pape* RdNr. 253.
[91] Siehe OLG Celle ZIP 2001, 658; AG Göttingen, ZInsO 2009, 1821, 1821 f.; *Beutler/Beutler* EWiR 2001, 587, 588; *Uhlenbruck*/Uhlenbruck § 77 RdNr. 23; *Plathner/Sajogo* ZIP 2011, 1090, 1092.

genden Tatsachen ohnehin neu entschieden werden. Zudem spricht auch die Regelung des § 18 Abs. 3 Satz 3, 2. HS RPflG gegen die Möglichkeit eines Antrages in einer späteren Versammlung. Diese Norm lässt den Antrag auf Anfechtung der Stimmrechtsentscheidung nur bis zum Schluss des Termines zu, in dem die Abstimmung erfolgt ist. Da es sich bei dieser Norm um eine im Vergleich zur Abänderung weitergehende Vorschrift handelt, weil die Überprüfungsbreite der Stimmrechtsentscheidung insgesamt weiter gefasst ist (siehe dazu unten RdNr. 25), lässt sich folgern, dass dann, wenn bei einer weitergehenden Überprüfung nur innerhalb derselben Versammlung der Antrag gestellt werden darf, erst Recht in der weniger weit gehenden Überprüfung des Stimmrechts der Antrag in derselben Zeit gestellt sein muss. Eine solche zeitliche Maßgabe hat allerdings zur Folge, dass eine Abänderungsentscheidung in der Praxis eher die Ausnahme bleiben dürfte.[92]

Der Antrag auf Abänderung kann nur **vor einer Abstimmung** gestellt werden, im Rahmen derer es auf die Stimmrechtsfestsetzung ankommt. Nach der Abstimmung bleibt allein der Weg der Anfechtung der Stimmrechtsfestsetzung nach § 18 Abs. 3 Satz 2 RPflG.[93] Das belegt der Wortlaut des § 18 Abs. 3 Satz 2 RPflG („Hat sich die Entscheidung des Rechtspflegers auf das Abstimmungsergebnis ausgewirkt"), und dies ergibt sich zudem auch aus der dort – und nicht auch in § 77 Abs. 2 – angeordneten Wiederholung der Abstimmung.

Der Antrag ist dann **begründet,** wenn sich die der ersten Entscheidung zu Grunde gelegten Tatsachen geändert haben. Das setzt regelmäßig voraus, dass neue Tatsachen vorgetragen werden, die dem Insolvenzgericht bei seiner Entscheidung noch nicht bekannt waren. Ausgeschlossen ist es nicht – wenn wohl eher doch nur theoretischer Natur –, dass das Gericht nach Antrag auf Abänderung eine andere als die bereits in derselben Versammlung getroffene Entscheidung als geboten ansieht und daher den Antrag auf Abänderung als begründet ansieht und ihm entspricht.[94] 22

Vom Gesetz nicht ausgeschlossen, aber wohl regelmäßig nur theoretisch möglich, sind **weitere Anträge auf Abänderung** der Stimmrechtsentscheidung. Sie unterliegen jeweils denselben Voraussetzungen wie der erste Abänderungsantrag. Um Erfolg zu haben, bedarf es dann in jedem Fall wiederum nochmals neuer Tatsachen, die im Vorfeld des vorherigen Antrags nicht vorgetragen wurden und die belegen, dass sich die der vorherigen Entscheidung zu Grunde gelegte Situation geändert hat. 23

Entgegen der verbreitet vertretenen Auffassung[95] ist jeder Abänderungsentscheid des Rechtspflegers zwar wegen § 11 Abs. 3 Satz 2 RPflG nicht mit der Erinnerung angreifbar, doch ist er nach denselben Regeln anfechtbar wie ein ursprünglicher Stimmrechtsfestsetzungsentscheid, also nach § 18 Abs. 3 Satz 2 RPflG.[96] Es handelt sich bei der Stimmrechtsfestsetzung nach Abänderung nämlich weiterhin um eine „Entscheidung des Rechtspflegers" im Sinne des § 18 Abs. 3 Satz 2 RPflG, die als solche (noch) einer Fremdüberprüfung durch einen Richter unterworfen ist.[97] Etwas anderes gilt dann, wenn der Richter abgeändert hat, denn dann liegt keine Rechtspflegerentscheidung mehr vor.[98] 24

2. Anfechtung der Entscheidung über die Stimmrechtsfestsetzung. a) Stimmrechtsfestsetzung durch den Rechtspfleger. Hat ein Rechtspfleger die Stimmrechtsfestsetzung vorgenommen, so ist diese Festsetzung nach § 18 Abs. 3 Satz 2 RPflG in der Fassung des Art. 14 EGInsO zumindest dann überprüfbar, wenn sie sich **auf das Ergebnis der Abstimmung ausgewirkt** hat. Das ist dann der Fall, wenn bei einer anders lautenden Entscheidung auch das Ergebnis anders ausgefallen wäre.[99] Eine „Auswirkung" liegt auch dann vor, wenn mehrere Stimmrechtsentscheidungen zusammen das Abstimmungsergebnis beeinflusst haben.[100] Auf Antrag eines Gläubigers oder des Verwalters, der noch in der Versammlung gestellt werden muss, in der die Abstimmung stattgefunden hat,[101] überprüft dann der Richter die Stimmrechtsfestsetzung.[102] Aus Praktikabilitätsgründen sollte bei einer Anfechtung nach § 18 Abs. 3 Satz 2 RPflG versucht werden, sofort die Entscheidung des Richters einzuholen, um keine größe- 25

---

[92] Vgl. HK-*Eickmann* § 77 RdNr. 12; *Pape* RdNr. 235.
[93] Ebenso *Nerlich/Römermann/Delhaes* § 77 RdNr. 12.
[94] So auch *Kübler*/Prütting/Bork § 77 RdNr. 24; *Uhlenbruck/Uhlenbruck* § 77 RdNr. 23.
[95] *Pape* RdNr. 235; *Kübler*/Prütting/Bork § 77 RdNr. 24; HK-*Eickmann* § 77 RdNr. 13; *Andres*/Leithaus §§ 76, 77 RdNr. 7; vgl. auch LG München I ZInsO 2000, 684.
[96] BGH NZI 2009, 106 ff.
[97] Ähnlich wohl auch *Nerlich/Römermann/Delhaes* § 77 RdNr. 12; *Braun*/Herzig, § 77 RdNr. 21; *Graf-Schlicker*/Castrup § 77 RdNr. 6.
[98] Zutreffend HK-*Eickmann* § 77 RdNr. 12.
[99] BGH NZI 2009, 106 ff.; AG Frankfurt/M. v. 6.5.2009 (810 IE 5/08 M); AG Mönchengladbach ZInsO 2001, 141; *Pape* RdNr. 237; der Sache ähnlich HambKomm-*Preß* § 77 RdNr. 18.
[100] AG Mönchengladbach ZInsO 2001, 141; FK-*Schmitt* § 77 RdNr. 24.
[101] Siehe *Uhlenbruck/Uhlenbruck* § 77 RdNr. 23; HK-*Eickmann* § 77 RdNr. 12.
[102] Siehe auch LG München I ZInsO 2000, 684.

ren Verzögerungen im Fortgang des Verfahrens zu verursachen.[103] Dazu steht es im Ermessen der Versammlungsleitung, die **Versammlung kurzzeitig zu unterbrechen,** um eine Entscheidung des Richters einzuholen. Ist der Insolvenzrichter nicht erreichbar, so ist die Gläubigerversammlung zu vertagen.[104] Möglich ist stattdessen auch, dass in der Gläubigerversammlung der Beschluss gefasst wird, den Vollzug des gefassten Beschlusses bis zu einem Votum des Richters auszusetzen.

Entspricht der Richter dem Antrag, kann er das Stimmrecht neu festsetzen und die **Wiederholung der Abstimmung** anordnen.[105] Die Entscheidung über eine Abänderung liegt im pflichtgemäßen Ermessen des Richters. Er hat sich dabei von denselben Kriterien leiten zu lassen, die für die Stimmrechtsentscheidung durch den Rechtspfleger gelten.[106] Dies kann entweder sofort geschehen oder aber in der nächsten Gläubigerversammlung. Dazu hat das Insolvenzgericht dann von Amts wegen die Gläubigerversammlung zu vertagen (§ 74 Abs. 2 Satz 2), bis der Richter seine Entscheidung über die Neufestsetzung des Stimmrechts getroffen und die Wiederholung der Abstimmung angeordnet hat.[107] Die Neufestsetzung mit dem Erfordernis der Wiederholung der Abstimmung beseitigt die Wirksamkeit der ersten Abstimmung.[108] Die Entscheidung des Richters ist ihrerseits unanfechtbar.[109] Wenn der Richter eine Abänderung vorgenommen hat, unterfällt ein erneuter Antrag auf Änderung desselben Stimmrechts nicht dem § 18 Abs. 3 Satz 2 RPflG, weil insoweit nun keine Rechtspflegerentscheidung mehr vorliegt.[110] Mit der Neuregelung des § 18 Abs. 3 Satz 2 RPflG ist im Vergleich zur alten Gesetzeslage das Manko der Unangreifbarkeit von Stimmrechtsentscheidungen ein Stück weit behoben worden. Zugleich ist eine Regelung geschaffen worden, die dem Ausgleich des Interesses an der Effizienz der Abwicklung von Gläubigerversammlungen und an der Verlässlichkeit der Entscheidungen der Gläubigerversammlung mit dem Interesse der Gläubiger auf Überprüfbarkeit von Entscheidungen über die Stimmrechtsfestsetzung Rechnung trägt.[111]

26   **b) Stimmrechtsfestsetzung durch den Richter. aa) Problemlage.** Hat ein Richter die Stimmrechtsfestsetzung vorgenommen, so kann gegen diese Festsetzung mangels gesetzlicher Grundlage (vgl. § 6) nicht vorgegangen werden.[112] Hier bleibt dem betroffenen Gläubiger **nur der Weg über die Abänderung.**[113] Bedenken daran ergeben sich insbesondere aus dem Umstand, dass gegen eine, im Einzelfall durchaus mit weitreichenden Konsequenzen verbundene Festsetzung des Stimmrechts, kein Rechtsmittel eingelegt werden kann, weil nachträgliche Erkenntnisse über die angemeldete und bestrittene Forderung, die im Gegensatz zu der Stimmrechtsfestsetzung des Gerichts stehen, auf die Wirksamkeit der zuvor unter Ausschluss oder Mitwirkung des betroffenen Gläubigers gefassten Beschlüsse ohne Einfluss sind.[114] **Trotz erheblicher Kritik** an der früheren Regelung[115] ist in der Insolvenzordnung – ohne dass sich in den Materialien hierfür eine Begründung fände[116] – an der Unanfechtbarkeit der richterlichen Entscheidung über die Stimmrechtsfestsetzung festgehalten worden.[117] Die früher bereits geäußerten Bedenken an dieser Konzeption werden trotz der Entschärfung der Situation bei einer Rechtspflegerentscheidung durch § 18 Abs. 3 Satz 2 RPflG auch in Bezug auf die derzeitige Regelung aufrechterhalten.[118]

---

[103] Siehe *Pape* Rpfleger 1997, 147, 149; *Bernsen*, Kölner Schrift, 1843, 1854 (RdNr. 29); *Buck* in *Huntemann u.a.*, Der Gläubiger im Insolvenzverfahren, Kap. 10, RdNr. 88.
[104] *Braun/Herzig* § 77 RdNr. 24.
[105] AG Dresden ZInsO 2006, 888; *Haarmeyer/Wutzke/Förster*, Handbuch, Kap. 6 RdNr. 65; *Mohrbutter*/Pape RdNr. V. 68; *Uhlenbruck/Uhlenbruck* § 77 RdNr. 23.
[106] Vgl. *Nerlich/Römermann/Delhaes* § 77 RdNr. 12; *Pape* RdNr. 237; zT anders FK-*Hössl*, 2. Aufl., § 77 RdNr. 22.
[107] Siehe *Buck* in Huntemann u.a., Der Gläubiger im Insolvenzverfahren, Kap. 10, RdNr. 91; FK-*Hössl*, 2. Aufl., § 77 RdNr. 24; *Haarmeyer/Wutzke/Förster*, Handbuch, Kap. 6 RdNr. 66; *Bernsen*, Kölner Schrift 1843, 1854 (RdNr. 29).
[108] *Kübler/Prütting/Bork* § 77 RdNr. 25; *Nerlich/Römermann/Delhaes* § 77 RdNr. 12; *Uhlenbruck/Uhlenbruck* § 77 RdNr. 23.
[109] HK-*Eickmann* § 77 RdNr. 13; *Kübler/Prütting/Bork* § 77 RdNr. 25; *Haarmeyer/Wutzke/Förster*, Handbuch, Kap. 6 RdNr. 65; *Pape* KTS 1993, 31, 32; vgl. zur Verfassungsmäßigkeit BVerfG NJW-RR 2010, 1063, 1064.
[110] Vgl. HK-*Eickmann* § 77 RdNr. 12.
[111] Vgl. *Kübler/Prütting/Bork* § 77 RdNr. 25; *Pape* RdNr. 234; *Uhlenbruck/Uhlenbruck* § 77 RdNr. 23.
[112] *Uhlenbruck/Uhlenbruck* § 77 RdNr. 23; HambKomm-*Preß* § 77 RdNr. 18.
[113] *Buck* in Huntemann u.a., Der Gläubiger im Insolvenzverfahren, Kap. 10, RdNr. 89; vgl. auch *Nerlich/Römermann/Delhaes* § 77 RdNr. 12; *Hess* § 77 RdNr. 9; *Kübler/Prütting/Bork* § 77 RdNr. 24.
[114] *Pape* ZIP 1991, 837, 842.
[115] Umfassend *Pape* ZIP 1991, 837; *ders.* KTS 1993, 31, 33; *Smid* KTS 1993, 1; Kilger/*K. Schmidt* § 95 Anm. 2.
[116] Soweit *Uhlenbruck/Uhlenbruck* § 77 RdNr. 23 im Hinblick auf die Abänderbarkeit auf die Materialien (Begr. RegE zu Art. 14 EG InsO. BT-Drucks. 12/3803, S. 64–66) abstellt, so ergibt sich daraus nur eine Aussage über die Möglichkeit der Abänderung einer Entscheidung des Rechtspflegers, nicht aber die des Insolvenzrichters.
[117] *Uhlenbruck/Uhlenbruck* § 77 RdNr. 23.
[118] *Haarmeyer/Wutzke/Förster*, Handbuch, Kap. 6 RdNr. 65 f.; siehe auch *Pape* RdNr. 233; *ders.* Rpfleger 1997, 147 ff. und *Kübler/Prütting/Bork* § 77 RdNr. 23.

bb) Widerstreit der Meinungen. Es stehen sich bei der Frage der Unanfechtbarkeit richterlicher Stimmrechtsentscheidungen zwei Auffassungen gegenüber, die plakativ bereits als Widerspruchspaar „**Verfahrenseffizienz und Verfassungsrecht**" bezeichnet wurden.[119] Zum einen wird aus Rechtssicherheitserwägungen verbunden mit Überlegungen zur Beschleunigung des Verfahrens die Unanfechtbarkeit bejaht.[120] Mit der Unanfechtbarkeit wird namentlich dem Bedürfnis Rechnung getragen, die sofortige Gültigkeit von Beschlüssen vor nachträglichen Änderungen zu sichern und damit ihre **Handlungsfähigkeit zu gewährleisten.** Eine rückwirkende Beseitigung von Beschlüssen der Versammlung über die Anfechtung der Stimmrechtsfestsetzung würde dagegen die ganze Verfahrensabwicklung stark verkomplizieren und weiter verlangsamen. Denkbar wäre sogar, dass durch das Bestreiten von Forderungen und die Anfechtung von nachfolgenden Stimmrechtsfestsetzungen das gesamte Verfahren immer wieder torpediert werden könnte, sodass es zu einer weitgehenden Lähmung der Abwicklung der Insolvenz käme und das Verfahren insgesamt in letzter Konsequenz ad absurdum geführt würde.

Zum anderen weist die Gegenansicht auf **verfassungsrechtliche Bedenken** hin, die sich daraus ergäben, dass durch die Versagung des Stimmrechts, auch wenn es nur der Höhe nach erfolge, unmittelbar in die Rechtsstellung des Gläubigers eingegriffen werde, sodass bedenklich sei, gegen einen solchen Eingriff keine Rechtsmittel zur Verfügung zu stellen.[121] Zudem sei zu bedenken, dass damit eine gewisse Chance geschaffen werde, mittels des Bestreitens von Forderungen und der nachfolgenden Versagung des Stimmrechts die Gläubigerversammlung majorisieren zu können.[122] Auch könne ein berechtigtes Interesse der Gläubiger an der Beibehaltung einer in einem gedachten Rechtsmittelverfahren als falsch erkannten Stimmrechtsfestsetzung nicht zugestanden werden, da das Interesse des von einer sachlich falschen Stimmrechtsentscheidung betroffenen Gläubigers auf Einräumung seiner vollen Mitwirkungsrechte höher einzustufen sei.[123]

cc) Stellungnahme. α) Rechtslage de lege lata. De lege lata ist **für die Praxis die Rechtslage eindeutig:** Eine Stimmrechtsfestsetzung durch den Richter bleibt auch nach neuem Recht unanfechtbar.[124] Zwar ist in § 77 Abs. 2 im Gegensatz zur Regelung des § 95 Abs. 3 KO nicht ausdrücklich vorgesehen, dass die Entscheidung des Gerichts hinsichtlich der Stimmrechtsfestsetzung unanfechtbar sei, sodass man möglicherweise doch annehmen könnte, dass der soeben referierte Streit hier durchaus Auswirkungen hat. Jedoch macht § 6 deutlich, dass hier kein Rechtsmittel möglich ist. Außerdem geht aus der Entstehungsgeschichte des § 77 Abs. 2 deutlich hervor, dass der Gesetzgeber ausschließlich und nur unter bestimmten Kriterien dort die Aufhebung der Unanfechtbarkeit der Stimmrechtsfestsetzung wollte, wo die Versammlung durch den Rechtspfleger geleitet wurde;[125] die Unanfechtbarkeit von richterlichen Entscheidungen sollte aus § 95 Abs. 3 KO ohne Änderungen übernommen werden. Auch die in der Literatur vorgeschlagene Möglichkeit, dass der Richter nach Feststellung des Abstimmungsergebnisses seine Stimmrechtsentscheidung korrigiert,[126] mag im Hinblick auf die Unanfechtbarkeit der Stimmrechtsentscheidung wünschenswert sein, es gibt dafür jedoch keine rechtliche Grundlage. Zudem bestünde die Gefahr, dass das Insolvenzgericht auf diese Weise ein Ergebnis korrigieren kann, das seinen Vorstellungen vom Verfahrensablauf nicht entspricht.[127]

β) Rechtslage de lege ferenda. Auch de lege ferenda sollte sich an der derzeitigen Regelung trotz der verbreiteten Kritik nichts ändern. Ohne auf die detaillierte Kritik aus verfassungsrechtlicher

---

[119] *Smid* KTS 1993, 1; vgl. auch *dens.* § 9 RdNr. 15 ff.
[120] Siehe etwa *Jaeger/Weber* KO § 95 RdNr. 2; *Jaeger*, 78; *Voß* AcP 97, 396, 408.
[121] Sehr ausführliche Darlegung dieser Bedenken bei *Smid* KTS 1993, 1, 5 ff.; *ders.* § 9 RdNr. 17 ff.; ferner siehe Kilger/*K. Schmidt* § 95 Anm. 2; *Haarmeyer/Wutzke/Förster*, Handbuch, Kap. 6 RdNr. 65; *Pape* ZIP 1991, 837, 847 ff. Der BGH teilt diese Bedenken nicht. Seiner Auffassung genügt es den Anforderungen des Art. 19 Abs. 4 GG, dass Entscheidungen des Rechtspflegers, die nach den allgemeinen regeln des Verfahrensrechts nicht anfechtbar sind, gem. § 11 Abs. 2 RPflG dem Richter vorzulegen sind. Die Vorschrift des § 18 Abs. 3 RPflG entsprechender Vorlagemöglichkeit des § 11 Abs. 2 RPflG funktional (BGH v. 5.4.2006 (Az: IX ZB 49/05), RdNr. 6); vgl. insoweit auch BVerfG NZI 2010, 57.
[122] *Pape* ZIP 1991, 837, 848; *ders.* KTS 1993, 31.
[123] *Pape* ZIP 1991, 837, 848.
[124] BGH v. 5.4.2006 (Az.: IX ZB 49/05), RdNr. 5; vgl. zudem *Plathner/Sajogo*, ZInsO 2011, 1090, 1091 f.; *Wenzel* ZInsO 2007, 751; *Bernsen/Bernsen*, FS Görg, 2010, 27, 39.
[125] S. BGH v. 23.10.2008 (Az.: IX ZB 235/06) RdNr. 8; BGH NZI 2007, 723, 724; *Jaeger/Gerhardt* § 77 RdNr. 13. Allgemein Begr. des RegE zur Aufhebung und Änderung von Gesetzen, abgedr. bei *Kübler/Prütting* S. 47.
[126] *Uhlenbruck/Uhlenbruck* § 77 RdNr. 25.
[127] Das sah auch *Uhlenbruck/Uhlenbruck*, 12. Aufl., § 77 RdNr. 20.

Sicht eingehen zu müssen,[128] reicht es aus, darauf hinzuweisen, dass eine Änderung der Stimmrechtsfestsetzung nicht etwa schlechterdings ausgeschlossen ist, sodass damit die **Nachprüfbarkeit der Festsetzung mittelbar zumindest erreicht werden kann.** Dies dürfte jedenfalls für den verfassungsrechtlich geforderten Rechtsschutz ausreichend sein. Nach § 77 Abs. 2 Satz 3 kann das Gericht nämlich auf Antrag des Verwalters oder eines erschienenen Gläubigers seine Entscheidung wieder ändern.[129] Damit ist eine Korrektur unrichtiger Entscheidungen hinsichtlich der Stimmrechtsfestsetzung möglich. Der Einwand, dass in der Regel die Neigung, einen einmal gefassten Beschluss nachträglich als falsch anzuerkennen, beim Insolvenzgericht gering sei und ein Änderungsantrag nur dann Erfolg haben werde, wenn sich die tatsächlichen Grundlagen geändert haben,[130] verfängt dagegen nicht. Zum einen sagt ein behaupteter oder auf Erfahrungswerten gestützter Unwille eines Gerichts, seine einmal getroffene Entscheidung ohne weiteres zu revidieren, nichts aus über die Möglichkeit, gegen eine als falsch aufgefasste Festsetzung anzugehen. Es ist verfassungsrechtlich nämlich nicht erforderlich, dass Rechtsschutz immer durch eine nächsthöhere Instanz gewährt werden muss. Zudem darf man auch nicht davon ausgehen, dass das Insolvenzgericht leichtfertig die Festsetzung bestimmt hat. Ist dem Gericht ein Fehler unterlaufen, der ihm in einem Antrag nach § 77 Abs. 2 Satz 3 dargelegt wird, darf nicht davon ausgegangen werden, das Gericht würde ohne weiteres halsstarrig an seiner einmal getroffenen Auffassung festhalten. Wenn sogar neue Umstände (Änderung der tatsächlichen Grundlagen) angeführt werden können, dann ist erst recht davon auszugehen, dass die einmal gefällte Entscheidung korrigiert wird. Als ultima ratio steht insoweit auch das Druckmittel eines Amtshaftungsprozesses[131] zu Verfügung, um den Richter davon abzuhalten, möglicherweise wider besseres Wissen an der einmal gefällten Entscheidung festzuhalten. Schließlich kann ein gewisser Rechtsschutz durch die Feststellungsklage vor einem ordentlichen Gericht erzielt werden.

30 Selbst wenn diese Möglichkeiten zur Korrektur von Stimmrechtsfestsetzungen den rechtsstaatlichen Anforderungen an die Überprüfbarkeit gerichtlicher Entscheidungen hinlänglich genügen, so mag im Einzelfall gleichwohl der Eindruck entstehen, dass sich ein einzelner Gläubiger nicht ausreichend gegen einen entsprechenden Beschluss wehren könne. Dies ist jedoch letztlich im **Hinblick auf das Beschleunigungsinteresse** in der Versammlung und dem Interesse an der Bestandskraft von Entscheidungen der Gläubigerversammlung hinzunehmen. Denn der Unanfechtbarkeit von Stimmrechtsentscheidungen der Richter liegt eine Ausprägung des allgemeinen ungeschriebenen Grundsatzes des Insolvenzverfahrens zugrunde, dass die Verfolgung von Individualinteressen und Sondervorteilen einzelner zum Schaden des Gesamtinteresses verboten ist.[132]

V. Wirkung der Stimmrechtsfestsetzung

31 **1. Allgemeines.** Im Gegensatz zum früheren Recht wird nicht mehr nach dem so genannten „bleibenden" und dem nur auf die einzelne Versammlung bezogenen Stimmrecht unterschieden. Die Wirkung der Entscheidung über die Stimmrechtsfestsetzung hängt aber nach wie vor davon ab, ob es sich um eine geprüfte oder um eine ungeprüfte Forderung handelt. Zwar ergibt sich diese **Differenzierung** nicht mehr aus dem Wortlaut der Norm, wie dies bei der Vorgängernorm des § 95 Abs. 1 Satz 2 KO der Fall war („ein bleibendes Stimmrecht"), doch sind aus den Vorarbeiten zur Insolvenzordnung keinerlei Hinweise darauf zu entnehmen, dass dieser Aspekt im neuen Recht eine Änderung erfahren sollte.[133]

32 **2. „Bleibendes Stimmrecht".** Ein bleibendes Stimmrecht ist mit einer geprüften und unbestrittenen Forderung verbunden.[134] Im Fall, dass eine geprüfte Forderung bestritten wurde, erhält der Gläubiger ein bleibendes Stimmrecht, unabhängig davon, ob das Stimmrecht durch Einigung der Parteien oder Entscheidung des Insolvenzgerichts festgesetzt wurde.[135] Das bedeutet, dass dem Gläubiger für die nachfolgenden Versammlungen das Stimmrecht im festgesetzten Umfang zusteht. Es entfällt erst, wenn endgültig über das Bestehen der Forderung in einer Feststellungsklage rechtskräftig entschieden worden ist (§ 183 Abs. 1).

---

[128] Siehe insbesondere *Smid* KTS 1993, 1, 5 ff. mit außerordentlich differenzierten Betrachtungen.
[129] Vgl. *Kilger/K. Schmidt* KO § 95 Anm. 3; *Uhlenbruck/Delhaes* RdNr. 802.
[130] So *Pape* ZIP 1991, 837, 849.
[131] Siehe OLG München Rpfleger 1970, 201 (bezüglich eines Rechtspflegers); ganz deutlich auch *Smid* § 9 RdNr. 20.
[132] *Kilger/K. Schmidt* KO § 99 Anm. 1a.
[133] Vgl. *Pape* RdNr. 220; *Haarmeyer/Wutzke/Förster*, Handbuch, Kap. 6 RdNr. 64; *Kübler/Prütting/Bork* § 77 RdNr. 9 ff.; HK-*Eickmann* § 77 RdNr. 11.
[134] *Pape* RdNr. 220; *Andres*/Leithaus §§ 76, 77 RdNr. 8.
[135] *Kübler/Prütting/Bork* § 77 RdNr. 26; vgl. HK-*Eickmann* § 77 RdNr. 11; HambKomm-*Preß* § 77 RdNr. 15; *Uhlenbruck/Uhlenbruck* § 77 RdNr. 27; *Jaeger/Weber* KO § 95 RdNr. 3; *Pape* ZIP 1991, 837, 839.

3. Stimmrechtsfestsetzung nur für die gegenwärtige Versammlung. Bei einer ungeprüften 33 Forderung ist die Stimmrechtsfestsetzung nur für die gegenwärtige Versammlung maßgebend. Dabei ist gleichgültig, ob die Forderung bestritten wurde oder unbestritten ist. In jeder künftigen Versammlung ist die Forderung, wenn sie weiterhin noch ungeprüft ist, weiterhin zum angemeldeten Betrag stimmberechtigt, es sei denn es ist ein Widerspruch dagegen erhoben worden und das Gericht muss nun (erneut) entscheiden.[136] Stellt sich eine Stimmrechtsentscheidung auf Grund einer rechtskräftigen Entscheidung in dem Verfahren nach §§ 179 ff. als unzutreffend heraus, so hat dies ex nunc-Wirkung. Mit Ausnahmen der Rechtsfolgen des § 18 Abs. 3 Satz 2 RPflG bleiben frühere Abstimmungen wirksam.[137]

4. Materielle Berechtigung des Gläubigers. Die Wirkung einer Stimmrechtsfestsetzung 34 bezieht sich nur auf das Stimmrecht in den Gläubigerversammlungen und auf die in § 256 für den Fall der Bestätigung eines Planes festgelegten Rechtsfolgen. Die materielle Berechtigung des Gläubigers bleibt von der Entscheidung über das Stimmrecht unberührt. Ebenso hat diese Entscheidung keine Auswirkungen auf sein Antrags- und Beschwerderecht im Verfahren, etwa in den Fällen der §§ 78, 216, 251, 253, 289 Abs. 2 Satz 1.[138]

VI. Ausschluss des Stimmrechts

1. Allgemeines. Grundsätzlich gilt, dass ein stimmberechtigter Gläubiger auch **in eigenen** 35 **Angelegenheiten** mitbestimmen darf, denn nicht jede wirtschaftliche oder rechtliche Beteiligung am Gegenstand der Abstimmung ist mit dem Stimmrecht unvereinbar.[139] Gleichwohl gibt es eine Reihe von Interessenkollisionen, bei denen es nicht hinnehmbar wäre, wenn ein von dem Abstimmungsgegenstand betroffener stimmberechtigter Gläubiger mit abstimmen würde. Daher sind – in Anlehnung an die Regelungen in § 34 BGB, § 47 Abs. 4 GmbHG, § 136 Abs. 1 AktG oder § 43 Abs. 6 GenG – eine Reihe von Tatbeständen entwickelt worden, die zu einem Ausschluss des betreffenden Gläubigers von bestimmten Abstimmungen führt.[140] Dieser Ausschluss darf aber nicht als Stimmrechtsversagung oder Stimmrechtsverbot bezeichnet werden; auch terminologisch sollte man nämlich deutlich machen, dass bei Befangenheit des Gläubigers nicht etwa das gesamte Stimmrecht verloren geht, sondern nur die Berechtigung dieses dort geltend zu machen, wo der Abstimmungsgegenstand ihn individuell betrifft.[141]

Der Ausschluss ist in das Protokoll der Versammlung aufzunehmen und vom Insolvenzgericht **durch einen Beschluss festzustellen** und zu begründen.[142] Dogmatischer Anknüpfungspunkt ist nicht § 77, da dieser nur die Stimmrechtsentscheidung für eine bestimmte Gläubigerversammlung und nicht die für eine einzelne Abstimmung vorsieht.[143] Da aber die Entscheidung über das Stimmrecht für eine einzelne Abstimmung ein wesensgleiches Minus zur Entscheidung über das Stimmrecht für eine ganze Gläubigerversammlung darstellt, kann hier **§ 77 analog** angewendet werden. Das bedeutet, dass die Möglichkeiten, gegen einen Stimmrechtsausschluss anzugehen, dem Sinn und Zweck des Ausschlusses nach dem entsprechen, was für die Versagung des Stimmrechts für die gesamte Gläubigerversammlung gilt.[144]

---

[136] Siehe zur KO *Jaeger/Weber* KO § 95 RdNr. 4; *Kuhn/Uhlenbruck* KO § 95 RdNr. 3; Kilger/*K. Schmidt* KO § 95 Anm. 1; *Siegelmann* KTS 1960, 136; ders. DRiZ 1968, 133.
[137] *Kübler*/Prütting/Bork § 77 RdNr. 27; *Pape* ZIP 1991, 837, 840; vgl. auch *Jaeger/Gerhardt* § 77 RdNr. 19.
[138] Siehe *Kübler*/Prütting/Bork § 77 RdNr. 27; *Andres*/Leithaus §§ 76, 77 RdNr. 8; FK-*Schmitt* § 77 RdNr. 20; *Buck* in Huntemann u.a., Der Gläubiger im Insolvenzverfahren, Kap. 10, RdNr. 87; Begr. RegE, BT-Drucks. 12/2443, 133 f.
[139] S. ausführlich dazu Bernsen, FS Görg, 2010, 27, x4 ff.; vgl. ferner *Braun/Herzig*, § 77 RdNr. 18, der eine Einschränkung allerdings nur für solche Fälle anerkennen will, in denen es um Entscheidungen der Gläubigerversammlung geht, die dem betreffenden Gläubiger sanktionieren; vgl. insoweit auch AG Kaiserslautern, NZI 2006, 46 f.
[140] Ausführlich *Oelrichs*, 93 ff. – dazu mit berechtigter Kritik, insbesondere an der einfachen Übertragung gesellschaftsrechtlicher Stimmverbote auf den Ausschluss des Stimmrechts in der Gläubigerversammlung, *Smid* ZZP 114 (2001) 105, 106 f.; dagegen wiederum *Bernsen/Bernsen*, FS Görg, 2010 27, 34 ff. Vgl. des Weiteren *Pape* RdNr. 228 ff.; *Grell*, NZI 2006, 77 ff.; *Plathner/Sajogo*, ZInsO 2011, 1090, 1092; dagegen wiederum *Bernsen/Bernsen*, FS Görg, 2010, 27, 34 ff.; *Buck* in Huntemann u.a., Der Gläubiger im Insolvenzverfahren, Kap. 10, RdNr. 93; *Nerlich/Römermann/Delhaes* § 77 RdNr. 9; *Kübler*/Prütting/Bork § 77 RdNr. 21a; *Uhlenbruck/Uhlenbruck* § 77 RdNr. 4 ff.
[141] Siehe LG Göttingen ZIP 1999, 129; *Berg-Grünenwald* EWiR 1999, 661; *Pape* RdNr. 228; *Nerlich/Römermann/Delhaes* § 77 RdNr. 9; *Uhlenbruck/Uhlenbruck* § 77 RdNr. 5.
[142] Siehe *Pape* RdNr. 230; *Mohrbutter/Ringstmeier/Voigt-Salus/Pape* § 21 RdNr. 223; *Uhlenbruck/Uhlenbruck* § 77 RdNr. 10; *Bernsen/Bernsen*, FS Görg, 2010, 27, 38.
[143] Zutreffend *Pape* RdNr. 229.
[144] Zustimmend *Bernsen/Bernsen*, FS Görg 2010, 27, 38. Anders, jedoch ohne Begr. *Pape* RdNr. 229, der sich auf „besondere Regelungen für Inkompatibilitäten", welche allerdings nicht genauer spezifiziert werden, stützen möchte. Wie hier *Mohrbutter/Ringstmeier/Voigt-Salus/Pape* § 21 RdNr. 223; vgl. auch AG Göttingen ZInsO 2009, 1821 f.

Folge des Ausschlusses des Stimmrechtes ist, dass in der betreffenden Abstimmung der Wert des ausgeschlossenen Stimmrechts nicht zur Abstimmungssumme hinzugerechnet wird.[145] Andere Rechte des betreffenden Gläubigers werden nicht tangiert. Wird in der Gläubigerversammlung zusätzlich noch über andere Tagesordnungspunkte entschieden, so kann der von der Einzelentscheidung ausgeschlossene Gläubiger wieder mitstimmen.[146] Das Stimmrechtsverbot wird unanfechtbar festgestellt.[147] Stellt sich in der Gläubigerversammlung oder später heraus, dass ein Gläubiger zu Unrecht von der Stimmabgabe ausgeschlossen worden ist, so bleibt der betreffende Beschluss wirksam.[148] Das Gericht hat zudem festzustellen, ob sich der unberechtigte Stimmrechtsausschluss auf das Ergebnis der Abstimmung ausgewirkt hat. Die Stimme des Gläubigers, der zu Unrecht ein Stimmrechtsverbot erhalten hat, wird nachträglich in das Beschlussergebnis einbezogen.[149]

36   **2. Einzelfälle. a) Verbot des Insichgeschäfts.** Ein Stimmrechtsausschluss kommt dann in Betracht, wenn die Gläubigerversammlung einen Beschluss fassen will, der die Vornahme eines Rechtsgeschäftes oder einer rechtsgeschäftlichen Handlung mit bzw. gegenüber einem Stimmberechtigten vorsieht.[150] Das gilt insbesondere in den Fällen der Veräußerung nach § 160 Abs. 2 Nr. 1 oder wenn ein Darlehen, das die Insolvenzmasse erheblich belasten würde, bei ihm aufgenommen werden soll (§ 160 Abs. 2 Nr. 2). Ferner ist in Anlehnung an entsprechende Regelungen in den § 136 Abs. 1 AktG, § 47 Abs. 4 Satz 1 GmbHG ein Stimmrechtsausschluss auch dann angezeigt, wenn ein Rechtsgeschäft mit dem der stimmberechtigten Gläubiger vorgenommen werden soll, das zu einer Befreiung von oder zur Stundung einer Verbindlichkeit gegenüber der Masse führt.[151] Ebenso ist ein Gläubiger von der Ausübung seines Stimmrechts ausgeschlossen, wenn über die Einleitung oder Erledigung eines Rechtsstreites mit ihm abgestimmt wird.[152] Erfasst werden dabei auch alle vorbereitenden Maßnahmen und die Maßnahmen, die den Fortgang des Verfahrens betreffen.[153]

37   **b) Verbot des Richtens in eigener Sache.** Die Anwendung des allgemeinen Grundsatzes, dass niemand in seiner eigenen Sache soll richten dürfen, führt zu folgenden **Fallgruppen:**[154] Ein stimmberechtigter Gläubiger darf nicht mitstimmen, wenn es um die Billigung oder Missbilligung seines eigenen Verhaltens geht, wenn gegen ihn Sanktionen verhängt werden sollen, wie zB die Abberufung eines Stimmberechtigten aus dem Gläubigerausschuss (§ 70), oder wenn Maßnahmen beschlossen werden sollen, die eine Entscheidung über Sanktionen erst ermöglichen (Beschluss der Gläubigerversammlung, den Insolvenzverwalter oder den Schuldner um bestimmte Informationen bzw. Auskünfte zu bitten). Ebenso gilt ein Stimmrechtsausschluss, wenn in der Versammlung Zuwendungen an den stimmberechtigten Gläubiger beschlossen werden. Denkbar sind auch Stimmrechtsausschlüsse bei Verfahrensentscheidungen, die Bezug auf Beschlüsse nehmen, bei denen bereits ein Stimmrechtsausschluss bestanden hat. Will die Gläubigerversammlung beispielsweise über einen Antrag an das Insolvenzgericht auf Abberufung eines stimmberechtigten Gläubigers aus dem Gläubigerausschuss abstimmen, so darf der betroffene Gläubiger auch dann sein Stimmrecht nicht nutzen, wenn es um die Absetzung dieses Punktes von der Tagesordnung oder um die Vertagung dieser Versammlung geht.

38   **c) Grenzen der Stimmrechtsausschlüsse.** Die Grenzen des Stimmrechtsausschlusses sind grundsätzlich **weit zu ziehen.**[155] So darf auch ein Vertreter nicht mitstimmen, wenn der Vertretene einem Stimmrechtsausschluss unterliegt.[156] Andernfalls würden die Stimmrechtsausschlüsse sehr leicht umgangen werden können. Stimmrechtsausschlüsse sind auch dort denkbar, wo es nicht nur um das eigene Betroffensein geht, sondern auch um das nahe stehender Personen (vgl. § 138), soweit

---

[145] Ebenso *Oelrichs*, 118.
[146] *Uhlenbruck/Uhlenbruck* § 77 RdNr. 9.
[147] *Uhlenbruck/Uhlenbruck* § 77 RdNr. 10.
[148] *Oelrichs*, 120 f.; *Uhlenbruck/Uhlenbruck* § 77 RdNr. 11.
[149] *Uhlenbruck/Uhlenbruck* § 77 RdNr. 11.
[150] *Oelrichs*, 105 ff.; *Nerlich/Römermann/Delhaes* § 77 RdNr. 9; *Uhlenbruck/Uhlenbruck* § 77 RdNr. 6; *Buck* in Huntemann u.a., Der Gläubiger im Insolvenzverfahren, Kap. 10, RdNr. 93.
[151] Ausführlich dazu *Oelrichs*, 106; vgl. auch *Pape* RdNr. 229.
[152] Siehe eingehend *Oelrichs*, 107 f.; außerdem *Pape* RdNr. 229; *Nerlich/Römermann/Delhaes* § 77 RdNr. 9; K/P/B/*Kübler* § 77 RdNr. 21a; *Buck* in Huntemann u.a., Der Gläubiger im Insolvenzverfahren, Kap. 10, RdNr. 93.
[153] *Oelrichs*, 107.
[154] Es werden hier die von *Oelrichs*, 108 ff. dargelegten Fallgruppen übernommen; vgl. aber auch *Pape* RdNr. 229; *Buck* in Huntemann u.a., Der Gläubiger im Insolvenzverfahren, Kap. 10, RdNr. 93; *Kübler/Prütting/Bork* § 77 RdNr. 21a; *Uhlenbruck/Uhlenbruck* § 77 RdNr. 6.
[155] AG Göttingen, ZInsO 2003, 1821, 1821 f.
[156] *Bernsen/Bernsen*, FS Görg, 2010, 27, 37; *Oelrichs*, 111 f. siehe auch BGH ZIP 1985, 423, 425.

eine „qualifizierte Nähebeziehung" besteht.[157] Zu denken ist etwa daran, dass dem Leitungsorgan einer abhängigen Konzerngesellschaft die Befangenheit des Leitungsorgans der herrschenden Gesellschaft zugerechnet wird mit dem Erfolg, dass auch in dieser Hinsicht ein Stimmrechtsausschluss besteht. Ist eine Personengesellschaft Insolvenzgläubiger, so kommt ein Stimmrechtsausschluss in Betracht, wenn ein persönlich haftender Gesellschafter befangen ist.[158] Schließlich sind Dritte, die nicht unmittelbar befangen sind, einem Stimmrechtsausschluss unterworfen, wenn es sich um Bürgen oder Garanten handelt, weil diese für den Hauptschuldner einstehen müssen und daher insoweit Interessenidentität besteht.

Eine Grenze für den Stimmrechtsausschluss wird auch dort gezogen, wo der betreffende Gläubiger durch das Abstimmungsergebnis **nicht mehr nur individuell betroffen ist,** sondern die Betroffenheit über die Folgen des Beschlusses auch andere Gläubiger trifft. So ist beispielsweise die Selbstwahl in den Gläubigerausschuss noch nicht ausreichend für einen Stimmrechtsausschluss, weil die anderen Gläubiger ebenso betroffen sind, wie der einzelne Gläubiger auch.[159]

VII. Erweiterung auf die Fälle des Absatzes III

Die Vorschriften des § 77 Abs. 2 werden gem. Abs. 3 auf zwei weitere Fälle bezogen. Zum einen gelten die Bestreitensvorschriften auch für die Gläubiger aufschiebend bedingter Forderungen – das entspricht der alten Rechtslage in § 96 KO – und für die absonderungsberechtigten Gläubiger.

1. Aufschiebend bedingte Forderungen. Aufschiebend bedingte Forderungen sind zum vollen Betrag stimmberechtigt, soweit die Forderung nicht bestritten wird.[160] Auch hier entscheiden im Bestreitensfall entweder der Insolvenzverwalter und die anwesenden stimmberechtigten Gläubiger im Konsens oder (subsidiär) das Insolvenzgericht über das Stimmrecht. Muss das Gericht entscheiden, so hat es gemäß den allgemeinen Regeln das Stimmrecht nach pflichtgemäßem Ermessen auszuüben.[161] Ein Gesichtspunkt, der im Rahmen des Ermessens auch berücksichtigt werden kann, ist die **Wahrscheinlichkeit des Bedingungseintritts.** Bei aufschiebend bedingten Forderungen könnte dann das Stimmrecht versagt oder nur eingeschränkt gewährt werden, wenn die Möglichkeit des Eintritts der Bedingung so weit entfernt liegt, dass die Forderung keinen gegenwärtigen Vermögenswert besitzt (vgl. § 191 Abs. 2 Satz 1).[162] Man sollte jedoch dieses Kriterium nicht zu sehr in den Vordergrund stellen,[163] denn damit würde den betreffenden Gläubigern eine formal mit der Forderung einhergehende Position im Verfahren bzw. seine Mitwirkungsbefugnisse eingeschränkt oder entzogen. Zwar kennt auch § 77 Abs. 1 Satz 2 mit den nachrangigen Gläubigern Fälle, wo eine formal bestehende Gläubigerposition nicht mit einem Stimmrecht verbunden ist, weil die Forderung keinen wirtschaftlichen Wert besitzt, doch ist aus dem Umstand, dass aktuell diese Gruppe von Gläubigern ausdrücklich von der Stimmberechtigung ausgenommen wurde, zu schließen, dass die Gruppe der Gläubiger mit aufschiebend bedingten Forderungen, bei denen der Eintritt der Bedingung weit entfernt liegt, diesen nicht gleichgestellt werden sollte. Unterstützt wird dieses systematische Argument auch durch § 77 Abs. 3 Nr. 1, der für jene Gruppe von Gläubigern nur einen Bezug zu Abs. 2, nicht aber zu Abs. 1 Satz 2 herstellt. Der Grund dafür dürfte insbesondere darin gelegen haben, dass es dann zu **schwierigen Abgrenzungsproblemen** kommt, wenn entschieden werden muss, wann eine Bedingung weit entfernt genug ist, damit die Forderung keinen gegenwärtigen Vermögenswert bildet. Nochmals schwieriger dürfte es sein, in solchen Fällen ein beschränktes Stimmrecht festzulegen, weil es keine Kriterien dafür gibt, wann im Gegensatz zum völligen Ausschluss des Stimmrechts eine bloße Beschränkung eingreifen soll und in welcher Höhe der Inhaber der bedingten Forderung dann stimmberechtigt sein soll.

2. Forderungen absonderungsberechtigter Gläubiger. Anders als in der Konkursordnung sind nun auch absonderungsberechtigte Gläubiger grundsätzlich in Höhe ihrer Forderung stimmbe-

---

[157] Siehe *Oelrichs,* 112 ff.; das bloße Bestehen einer verwandtschaftlichen oder persönlichen Nähebeziehung begründet dagegen keinen Stimmrechtsausschluss; *Uhlenbruck/Uhlenbruck* § 77 RdNr. 7; vgl. auch BGH ZIP 1985, 423, 425.
[158] Vgl. *Oelrichs,* 113 f.
[159] Siehe *Pape* RdNr. 231; *Nerlich/Römermann/Delhaes* § 77 RdNr. 9; *Oelrichs,* 110; vgl. auch *Jaeger/Gerhardt* § 77 RdNr. 15.
[160] *Uhlenbruck/Uhlenbruck* § 77 RdNr. 28; *Nerlich/Römermann/Delhaes* § 77 RdNr. 5; HambKomm-*Preß* § 77 RdNr. 12; *Kübler/Prütting/Bork* § 77 RdNr. 30; *Hess* § 77 RdNr. 16; HK-*Eickmann* § 77 RdNr. 14; *Pape* RdNr. 226; *ders.* ZIP 1991, 837, 840.
[161] Siehe *Pape* ZIP 1991, 837, 840.
[162] Siehe *Kübler/Prütting/Bork* § 77 RdNr. 30; *Nerlich/Römermann/Delhaes* § 77 RdNr. 5; HK-*Eickmann* § 77 RdNr. 14; *Uhlenbruck/Uhlenbruck* § 77 RdNr. 28; FK-*Schmitt* § 77 RdNr. 15; *Pape* RdNr. 226.
[163] Anders aber zB *Kübler/Prütting/Bork* § 77 RdNr. 30: „maßgeblich zu berücksichtigen".

§ 78 2. Teil. 3. Abschnitt. Insolvenzverwalter. Organe der Gläubiger

rechtigt.[164] Die Regelung des § 77 Abs. 3 Nr. 2 verweist für die Festsetzung des Stimmrechts von absonderungsberechtigten Gläubigern, deren Forderung bestritten wurde, auf die allgemeinen Festsetzungsvorschriften des Abs. 2. In der Praxis dürfte diese Regelung aber nur selten eingreifen, denn der dort geregelte Fall tritt nur dann ein, wenn der Wert des Absonderungsrechts selbst streitig ist und keine persönliche Forderung besteht. Steht dem absonderungsberechtigten Gläubiger hingegen auch noch eine Insolvenzforderung zu, so ist das Stimmrecht nach den für die Insolvenzforderung maßgeblichen Regeln zu bestimmen. Aus dem Umkehrschluss zu § 76 Abs. 2, 2. HS folgt, dass es auf den Wert des Absonderungsrechts insoweit nicht ankommt.[165]

42 **Im Rahmen der Entscheidung** muss der absonderungsberechtigte Gläubiger die Wirksamkeit seines die Absonderungsberechtigung begründenden Rechts schlüssig darlegen, wobei für in das Grundbuch eingetragene Rechte § 891 BGB maßgeblich ist. Das Gericht hat dann den auf das Recht entfallenden Verwertungserlös zu schätzen und darauf aufbauend das Stimmrecht festzulegen. Nach den allgemeinen Regeln (oben § 76 RdNr. 25) kann bei akzessorischen Rechten der Wert nicht höher liegen als die Forderung des Gläubigers; bei nicht akzessorischen Sicherungsrechten kommt es nur auf den tatsächlich zu realisierenden Erlös an.[166]

§ 78 Aufhebung eines Beschlusses der Gläubigerversammlung

(1) Widerspricht ein Beschluß der Gläubigerversammlung dem gemeinsamen Interesse der Insolvenzgläubiger, so hat das Insolvenzgericht den Beschluß aufzuheben, wenn ein absonderungsberechtigter Gläubiger, ein nicht nachrangiger Insolvenzgläubiger oder der Insolvenzverwalter dies in der Gläubigerversammlung beantragt.

(2) ¹Die Aufhebung des Beschlusses ist öffentlich bekanntzumachen. ²Gegen die Aufhebung steht jedem absonderungsberechtigten Gläubiger und jedem nicht nachrangigen Insolvenzgläubiger die sofortige Beschwerde zu. ³Gegen die Ablehnung des Antrags auf Aufhebung steht dem Antragsteller die sofortige Beschwerde zu.

Schrifttum: Siehe bei § 74.

Übersicht

	Rn.		Rn.
I. Inhalt und Konzeption der Vorschrift	1, 2	3. Beschlüsse, die keiner Ausführung mehr bedürfen	12–16
1. Inhalt	1	a) Allgemeines	12
2. Konzeption	2	b) Bestellung/Abberufung von Mitgliedern des Gläubigerausschusses	13
II. Antragserfordernis	3–9	c) Wahl eines anderen Insolvenzverwalters	14–16
1. Antragsberechtigung	3, 4		
a) Allgemeines	3	**IV. Das gemeinsame Interesse der Insolvenzgläubiger**	17–30
b) Keine Antragspflicht des Insolvenzverwalters	4	1. Begriff des gemeinsamen Interesses	17–19
2. Antragsbefugnis	5–8	2. Aufhebung des Beschlusses der Gläubigerversammlung	20, 21
a) Allgemeines	5–7		
b) Antragsbefugnis des Insolvenzverwalters	8	3. Konflikt zwischen Minderheitenschutz und Mehrheitsprinzip	22–25
3. Zeit und Form der Antragstellung	9	a) Problemstellung	22
III. Voraussetzungen für die Aufhebung des Beschlusses	10–16	b) Erfordernis zusätzlicher Kriterien	23–25
1. Beschluss	10	4. Entscheidungsbefugnis des Gerichts	26–28
2. Beschlüsse, die der Ausführung noch bedürfen	11	a) Mehrheitsentscheidung	26
		b) Einstimmige Entscheidung aller Gläubiger. Entscheidung auf der Grundlage unrichtiger Unterrichtung	27

---

[164] Siehe ausführlich *Uhlenbruck/Uhlenbruck* § 77 RdNr. 29.
[165] So überzeugend *Pape* RdNr. 226 f.; *Mohrbutter/Ringstmeier/Voigt-Salus/Pape* § 21 RdNr. 210; *Uhlenbruck/Uhlenbruck* § 77 RdNr. 29; in der Tendenz wohl anders *Kübler/Prütting/Bork* § 77 RdNr. 31; HK-*Eickmann* § 77 RdNr. 16.
[166] Zu alledem siehe HK-*Eickmann* § 77 RdNr. 14 ff.; *Uhlenbruck/Uhlenbruck* § 77 RdNr. 29; vgl. auch *Kübler/Prütting/Bork* § 77 RdNr. 31.

	Rn.		Rn.
c) Entscheidung, die gegen ein Verbotsgesetz oder die guten Sitten verstößt	28	V. Aufhebungsbeschluss	31, 32
		1. Beschluss	31
		2. Öffentliche Bekanntmachung	32
5. Zweckmäßigkeitsentscheidungen durch das Insolvenzgericht?	29	VI. Rechtsmittel	33–35
6. Wirkungen des Aufhebungsbeschlusses	30	VII. Änderung von Beschlüssen durch die Gläubigerversammlung	36

I. Inhalt und Konzeption der Vorschrift

1. Inhalt. Die Autonomie der Gläubiger im Insolvenzverfahren spiegelt sich besonders deutlich in dem Umstand wider, dass Beschlüsse der Gläubigerversammlung inhaltlich nicht der Aufsicht durch das Insolvenzgericht unterliegen und jenem daher auch keine Möglichkeit eingeräumt ist, von sich aus Beschlüsse zu ändern oder aufzuheben. Eine **Kontrolle des Insolvenzgerichts** kann daher folgerichtig nur auf Initiative der Gläubiger oder des Insolvenzverwalters stattfinden, die mit ihrem so genannten „Veto" einen Beschluss der Gläubigerversammlung aufheben lassen können.[1] Die Aufhebungskompetenz liegt damit grundsätzlich beim Insolvenzgericht (vgl. auch unten RdNr. 26). Die rechtliche Grundlage dafür schafft § 78, der inhaltlich und von der Funktion her im Wesentlichen der Vorschrift des alten § 99 KO entspricht, ohne aber kongruent mit ihr zu sein, und die Aufsichts- und Kontrollkompetenzen des Insolvenzgerichts nach §§ 58, 59 und 70 vervollständigt.[2] Notwendig ist eine derartige Vorschrift als **Korrektiv** für die typischerweise in der Gläubigerversammlung auftretenden Interessendivergenzen, die im Vergleich zur Lage im Geltungsbereich der Konkursordnung noch dadurch verstärkt werden, dass nunmehr auch die absonderungsberechtigten Gläubiger in den Entscheidungs- und Mitwirkungsprozess der Gläubiger einbezogen sind. Während nämlich die absonderungsberechtigten Gläubiger auf Grund ihrer dinglichen Sicherung in der Regel ein Interesse daran haben, dass die Gegenstände des Schuldners – notfalls auch unter Inkaufnahme des Zerschlagungswertes – schnell verwertet werden, liegt es meist im Interesse der ungesicherten Insolvenzgläubiger, dass der Insolvenzverwalter die Masse vergrößert und erst zu einem späteren Zeitpunkt die Gegenstände zu einem going-concern-Wert veräußert.[3] Diese Vorschrift ist damit eine **wesentliche Ausprägung des Grundsatzes des Verbots der Verfolgung von Individualinteressen und Sondervorteilen** einzelner zum Schaden eines Gesamtinteresses.[4] Gleichzeitig findet sich hier das auf die Gläubigerversammlung zugeschnittene Instrumentarium zur Lösung des Konfliktes zwischen verbandsautonomer Gestaltung des (Mehrheits-)Willens und Minderheitenschutz, das gleichzeitig die Grenze der Gläubigerautonomie beschreibt. Die Regelung ist allerdings nicht als allgemeine Vorschrift des Minderheitenschutzes überstimmter Gläubiger zu verstehen.[5] Sie zielt daher der Sache nach nicht auf die Verhinderung von Machtmissbrauch durch Großgläubiger ab,[6] wenngleich § 78 für diese Fälle einen Hauptanwendungsfall darstellen dürfte.

2. Konzeption. Die Ausgestaltung der Aufhebungskompetenz im Einzelnen ist im Rahmen seiner Neufassung umstritten gewesen. Nach dem Regierungsentwurf sollte der damalige § 89 RegEInsO einer neuen Konzeption folgen, welche das Kriterium des Widerspruchs eines Beschlusses gegen das „gemeinsame Interesse" der Gläubiger durch eine „unangemessene Benachteiligung eines Teils der Gläubiger" ersetzt.[7] Diese sollte insbesondere vorliegen, wenn einige Gläubiger im Hinblick auf ihre besonderen rechtlichen oder wirtschaftlichen Interessen durch den Beschluss erheblich schlechter gestellt werden als sie ohne den Beschluss stünden, und in dem Beschluss keine Vorsorge dafür getroffen wird, dass diese Schlechterstellung durch Sicherheitsleistungen, Ausgleichszahlungen oder in anderer Weise beseitigt wird (§ 89 Abs. 1 und Abs. 2 RegEInsO). Dem lag die Auffassung zugrunde, dass es sich bei dem „gemeinsamen Interesse" um einen irreführenden Begriff handele, der zu wenig berücksichtige, dass die

---

[1] Vgl. dazu allgemein *Kübler/Prütting/Bork* § 78 RdNr. 2; *Blersch/Goetsch/Haas* § 78 RdNr. 5; *Uhlenbruck/Uhlenbruck* § 78 RdNr. 1 und 4; *Smid* § 78 RdNr. 1; HK-*Eickmann* § 78 RdNr. 1; *Pape*, 2. Aufl., RdNr. 305; *Buck* in *Huntemann u.a.*, Der Gläubiger im Insolvenzverfahren, Kap. 10, RdNr. 102.
[2] Siehe auch *Blersch/Goetsch/Haas* § 78 RdNr. 1.
[3] Siehe *Kübler/Prütting/Bork* § 78 RdNr. 2; *Pape* RdNr. 292.
[4] So zur KO Kilger/*K. Schmidt* KO § 99 Anm. 1b).
[5] Siehe *Jaeger/Gerhardt* § 78 RdNr. 1; *Kübler/Prütting/Bork* § 78 RdNr. 2; *Blersch/Goetsch/Haas* § 78 RdNr. 1; *Braun/Herzig* § 78 RdNr. 3; *Pape* RdNr. 287; anders wohl *Hegmanns*, 95; siehe auch AG Neubrandenburg ZInsO 2000, 111.
[6] So HambKomm-*Preß* § 78 RdNr. 1.
[7] Siehe Begr. RegE, BT-Drucks. 12/2443, 134, zu § 89. Dazu vgl. auch *Uhlenbruck/Uhlenbruck* § 78 RdNr. 1; *Smid* § 78 RdNr. 2; HK-*Eickmann* § 78 RdNr. 1; *Kübler/Prütting/Bork* § 78 RdNr. 1; *Blersch/Goetsch/Haas* § 78 RdNr. 1.

einzelnen Gläubiger bzw. Gläubigergruppen unterschiedliche Interessen haben können. Insbesondere im Hinblick auf die Einbeziehung der absonderungsberechtigten Gläubiger würde dieser Tatsache mit der Formulierung der „unangemessenen Benachteiligung eines Teils der Gläubiger" besser Rechnung getragen.[8] Obwohl durchaus gute Gründe für eine derartige Neukonzeption sprachen,[9] ist man im Rechtsausschuss dieser Ansicht allerdings nicht gefolgt, sondern hat sich zum „bewährten System" des § 99 KO bekannt.[10] Damit könne auf ein bekanntes und anerkanntes Instrument zurückgegriffen werden, das in der Vergangenheit noch keine größeren Schwierigkeiten gemacht habe. Zudem würde dadurch vermieden, dass die absonderungsberechtigten Gläubiger ihre Sonderinteressen in der Gläubigerversammlung durch Mehrheitsbeschluss durchsetzen können. Schließlich wirke sich eine Konzeption, die auf die Verletzung des gemeinsamen Interesses als Maßstab für den Aufhebungsbeschluss des Insolvenzgerichts abstellt, gerichtsentlastend aus.[11] Der umfassendere Minderheitenschutz ist zu Recht nicht in die endgültige Fassung aufgenommen worden. Zwar hätte diese Konzeption für die Minderheitspositionen eine Stärkung gegenüber der Verfolgung von Sonderinteressen besonders mächtiger Gläubiger(gruppen) geboten, und damit möglicherweise eine Kompensation zu dem neu eingeführten Stimmrechtsmodus darstellen können, doch sprechen entscheidende Praktikabilitätsgründe dagegen. Das Abstellen auf die Benachteiligung bestimmter Interessen hätte nämlich eine erheblich vermehrte Anzahl von Streitigkeiten zwischen den Gläubigergruppen zur Folge.[12] Die Möglichkeit einer in der Gläubigerversammlung unterlegenen Gruppe, den Beschluss aufheben zu lassen, würde zudem im Ergebnis praktisch dazu führen, dass der Ansatz der Gläubigerautonomie geschwächt worden wäre, weil in einer Vielzahl von Fällen letztlich das Gericht und nicht mehr die Gläubiger die Entscheidungen getroffen hätte.[13] Ein effektiver Verfahrensfortgang wäre dann nicht mehr gewährleistet. Zudem fördern Eingriffe des Gerichts in das weitgehend von Autonomie geprägte Insolvenzverfahren die Rechtsunsicherheit.[14] Ferner darf nicht übersehen werden, dass die Interessen eines Teils der Gläubiger auch ein Stück weit stets in dem Gesamtinteresse aller Gläubiger aufgehen und damit im Hinblick auf die Überprüfung von Entscheidungen der Gläubigerversammlung ebenfalls Berücksichtigung finden. Schließlich trägt das *gemeinsame Gläubigerinteresse* potentiell auch die Sicherstellung der Gleichbehandlung der Gläubiger in sich, weil nämlich kein Gläubiger die Möglichkeit haben soll, dasjenige durchzusetzen, was jedenfalls dem kleinsten gemeinsamen Nenner des Interesses eines jeden anderen Gläubigers widerspricht.

In der Begründung des Rechtsausschusses wird davon ausgegangen, dass die Regelung des § 78 ebenso wie ihre Vorgängernorm in der Praxis nur eine geringe Bedeutung erlangen wird. Dem ist zu Recht bereits mit dem Hinweis auf die Einbeziehung der absonderungsberechtigten Gläubiger widersprochen worden.[15] Dadurch entsteht von vornherein eine Diversifizierung der Interessen in der Gläubigerversammlung, die als Konsequenz eine vergrößerte Bereitschaft der überstimmten Gläubiger zur Stellung eines Antrages auf Aufhebung eines Beschlusses hat.[16]

II. Antragserfordernis

1. Antragsberechtigung. a) Allgemeines. Zum Antrag auf Aufhebung eines Beschlusses der Gläubigerversammlung berechtigt sind formal alle absonderungsberechtigten und alle nicht nachrangigen Gläubiger, die in der Gläubigerversammlung, in der der betreffende Beschluss gefasst worden ist, anwesend waren.[17] Ebenso darf der Insolvenzverwalter einen Antrag nach § 78 stellen, um damit gegebenenfalls das Interesse der in der Gläubigerversammlung nicht anwesenden Gläubiger zu wahren. Dieses ist zugleich auch der Grund, warum ein vom Gericht ernannter, aber von der Versammlung abgewählter Verwalter noch ein Antragsrecht besitzt.[18] Etwas anderes gilt allerdings dann, wenn

---

[8] Begr. RegE, BT-Drucks. 12/2443, 134, zu § 89.
[9] Ausführlich *Neumann,* 304 und 307 ff.
[10] Bericht des Rechtsausschusses, BT-Drucks. 12/7302, 164 zu § 89.
[11] Bericht des Rechtsausschusses, BT-Drucks. 12/7302, 164, zu § 89.
[12] Bei der Abstimmung über den Insolvenzplan ist wegen der Besonderheiten im Planverfahren abweichend vom Grundsatz eine Abstimmung nach Summen- und Kopfmehrheit vorgesehen, vgl. unten § 244 RdNr. 4 ff. Ebenso ist auch bei der Abwahl des Insolvenzverwalters ist gem. § 57 Satz 2 ein Schutz der Minderheit durch Einführung der Summen- und Kopfmehrheit eingeführt worden.
[13] Insoweit ebenso *Smid* § 78 RdNr. 3; vgl. ferner Blersch/Goetsch/Haas § 78 RdNr. 1.
[14] Siehe *Buck* in Huntemann u.a., Der Gläubiger im Insolvenzverfahren, Kap. 10, RdNr. 102.
[15] Vgl. *Kübler*/Prütting/Bork § 78 RdNr. 3; *Buck* in Huntemann u.a., Der Gläubiger im Insolvenzverfahren, Kap. 10, RdNr. 102.
[16] Vgl. *Kübler*/Prütting/Bork § 78 RdNr. 2.
[17] *Blersch*/Goetsch/Haas § 78 RdNr. 5; *Kübler*/Prütting/Bork § 78 RdNr. 9; *Nerlich*/Römermann/Delhaes § 78 RdNr. 2; *Uhlenbruck*/Uhlenbruck § 78 RdNr. 4; HambKomm-*Preß* § 78 RdNr. 3.
[18] So auch *Mohrbutter*/Mohrbutter/Pape 7. Aufl. 1997, RdNr. V. 80; *Pape* EWiR 1990, 923. Anders hingegen OLG Hamm ZIP 1990, 1145.

der abgewählte Verwalter sofort durch einen neuen Verwalter ersetzt wird, es sei denn, der Antrag des abgewählten Verwalters auf Aufhebung eines Beschlusses der Gläubigerversammlung bezieht sich nur auf den Vorgang der Abwahl selbst. Nicht antragsberechtigt sind die nachrangigen Insolvenzgläubiger, der Gläubigerausschuss und einzelne Gläubigerausschussmitglieder, der Schuldner und Massegläubiger.[19]

b) Keine Antragspflicht des Insolvenzverwalters. Im Hinblick auf das Antragsrecht des Insolvenzverwalters wird immer wieder darauf hingewiesen, dass sich dieses zu einer Antrags*pflicht* verdichte, wenn der Beschluss der Gläubigerversammlung dem gemeinsamen Interesse der Gläubiger widerspreche.[20] Dem ist indes nicht zu folgen, denn der Umstand, ob ein bestimmter Beschluss dem gemeinsamen Interesse der Insolvenzgläubiger widersprochen hat, stellt sich endgültig immer erst ex post heraus, nämlich nach der Entscheidung durch das Gericht. Es wäre mithin unbillig, dem Verwalter die Pflicht auferlegen zu wollen, gegen etwas vorzugehen, das ex ante noch nicht notwendigerweise erkennbar ist. Folge einer solchen Pflicht wäre es, dass der Insolvenzverwalter praktisch gezwungen wäre, gegen jeden Beschluss einen Antrag auf Aufhebung zu stellen um zu gewährleisten, dass er nicht etwa einen Beschluss übersieht, der gegen das allgemeine Interesse der Gläubiger verstößt und er sich damit schadensersatzpflichtig macht. Das würde zu einer unerwünschten erheblichen Verschleppung der gesamten Abwicklung der Insolvenz führen. Daher kann der Insolvenzverwalter nur ein Antrags*recht* zur Überprüfung des Beschlusses der Versammlung haben, nicht aber eine mit Schadensersatz bewehrte Pflicht. Zwar hat der Insolvenzverwalter die Aufgabe, die gesetzeskonforme Abwicklung des Insolvenzverfahrens zu gewährleisten, insbesondere hat er Missbräuchen der Gläubigerautonomie entgegenzuwirken, vor allem, wenn sie einer gesetzeskonformen Abwicklung des Verfahrens entgegenstehen, doch führen auch diese Aufgaben nicht zu einer Antragspflicht. Unabhängig davon, dass eine solche Pflicht sich nicht mit dem Wortlaut des § 78 Abs. 1 decken würde, wonach der Insolvenzverwalter mit den anderen Genannten gleichbehandelt wird und jenen ebenfalls keine Antragspflicht auferlegt wird, betrifft die ausdrücklich beschriebene Verpflichtung den dem Insolvenzverwalter zugewiesenen, alleinigen Kompetenzbereich im Hinblick auf die Abwicklung des Verfahrens. Sie ist nicht auf eine Kontrolle materieller Entscheidungen der Gläubiger im Rahmen ihrer Willensbildung gerichtet.

2. Antragsbefugnis. a) Allgemeines. Antragsbefugt (also **materiell antragsberechtigt**) sind grundsätzlich alle, die auch (formal) antragsberechtigt sind. Wegen der fehlenden Antragsberechtigung sind nachrangige Insolvenzgläubiger (§ 39), der Gläubigerausschuss oder einzelne Gläubigerausschussmitglieder, die nicht zugleich auch Insolvenzgläubiger sind, Massegläubiger oder der Schuldner daher auch nicht antragsbefugt.[21]

Die Antragsbefugnis ist nicht davon abhängig, ob im Einzelfall möglicherweise eine Stimmberechtigung nach § 77 untersagt oder eingeschränkt worden ist.[22] Auch der Gläubiger einer streitigen Forderung, dem das Gericht das Stimmrecht versagt hat, soll einen Antrag auf Überprüfung eines Beschlusses der Gläubigerversammlung stellen können. Damit wird eine gewisse **Kompensation** dafür geschaffen, dass die Stimmrechtsfestsetzung nach § 77 nur sehr beschränkt anfechtbar ist.[23] Aus diesem Grund geht die Auffassung fehl, die meint, der antragstellende Gläubiger müsse in der betreffenden Versammlung stimmberechtigt gewesen sein.[24]

Voraussetzung für die Antragsbefugnis ist eine **Beschwer des Antragstellers.**[25] Eine solche liegt vor, wenn der Antragsteller in dem angegangenen Beschluss überstimmt worden ist. Ebenfalls beschwert sind die Gläubiger, die kein Stimmrecht hatten oder in der Versammlung zur Abstimmung nicht anwesend

---

[19] *Uhlenbruck/Uhlenbruck* § 78 RdNr. 4.
[20] Siehe *Kübler/Prütting/Bork* § 78 RdNr. 10; *Jaeger/Gerhardt* § 78 RdNr. 6; *Uhlenbruck/Uhlenbruck* § 78 RdNr. 6; *Pape*, 1. Aufl., RdNr. 290; *ders.* ZInsO 2000, 469, 475; *J. Mohrbutter* KTS 1956, 179; vgl. aber *Hegmanns*, Der Gläubigerausschuss, 1986, S. 95 f.
[21] *Uhlenbruck/Uhlenbruck* § 78 RdNr. 4.
[22] Siehe *Nerlich/Römermann/Delhaes* § 78 RdNr. 2; *Haarmeyer/Wutzke/Förster*, Handbuch, Kap. 6 RdNr. 68; *Uhlenbruck/Uhlenbruck* § 78 RdNr. 4; *Blersch/Goetsch/Haas* § 78 RdNr. 5; *Buck* in Huntemann u.a., Der Gläubiger im Insolvenzverfahren, Kap. 10, RdNr. 103; *Kübler/Prütting/Bork* § 78 RdNr. 9; *Braun/Herzig* § 78 RdNr. 9; Anders jedoch ohne Begründung FK-*Hössl*, 2. Aufl., § 78 RdNr. 5; wie hier FK-*Kind*, 4. Aufl., § 78 RdNr. 9; FK-*Schmitt* § 78 RdNr. 9.
[23] Siehe *Haarmeyer/Wutzke/Förster*, Handbuch, Kap. 6 RdNr. 68; Begr. RegE, BT-Drucks. 12/2443, 134, zu § 89.
[24] So FK-*Hössl*, 2. Aufl., § 78 RdNr. 5; anders FK-*Kind*, 4. Aufl., § 78 RdNr. 9; FK-*Schmitt* § 78 RdNr. 9; vgl. auch *Kübler* in FS Kreft, 380.
[25] Widersprüchlich *Uhlenbruck/Uhlenbruck* § 78 RdNr. 4, der auf der einen Seite ein besonderes Rechtsschutzbedürfnis des Antragstellers verneint, sodann aber – wie die ganz hM – die einzelnen Gründe für eine (notwendige) Beschwer des Antragstellers auflistet.

waren,[26] wobei letzterer Fall praktisch deshalb kaum Bedeutung erlangen wird, weil ein in der Gläubigerversammlung nicht anwesender Gläubiger nicht in derselben Gläubigerversammlung den notwendigen Antrag stellen kann; denkbarer Anwendungsfall ist daher nur die vorübergehende Abwesenheit eines Gläubigers während einer Abstimmung. **Eine Beschwer fehlt** dagegen grundsätzlich dem Gläubiger, der dem Beschluss der Gläubigerversammlung zugestimmt hat.[27] Zwar ist in § 78 im Gegensatz zu § 99 KO die Antragsbefugnis nicht auf die „überstimmten Gläubiger" beschränkt, doch würde das Recht zu Lasten anderer Beteiligter widersprüchliches Verhalten hinnehmen, wenn jemand einen Beschluss angreifen dürfte, dem er zuvor zugestimmt hat. Das ist mit allgemeinen Rechtsgrundsätzen nicht zu vereinbaren.[28] **Ausnahmsweise muss aber dort anderes gelten,** wo ein Gläubiger in nicht vorwerfbarer Weise auf Grund fehlender oder unrichtiger Informationen oder irrtumshalber für einen Beschlussantrag gestimmt hat und sich für ihn dieser Umstand noch während der Gläubigerversammlung aufklärt. In diesem Fall liegt nämlich doch eine Beschwer des betreffenden Gläubigers vor, weil sein wirklicher Wille tatsächlich nicht dem entspricht, wofür er votiert hat.[29]

8   **b) Antragsbefugnis des Insolvenzverwalters.** Die Antragsbefugnis steht dem Insolvenzverwalter grundsätzlich immer zu, weil er seiner Aufgabenzuweisung nach die Interessen der nicht anwesenden Gläubiger zu wahren hat. Das bedeutet aber zugleich, dass der Insolvenzverwalter keinen Antrag auf Aufhebung eines Beschlusses der Gläubigerversammlung stellen darf, wenn **ein Beschluss einstimmig unter voller Beteiligung aller Gläubiger gefasst wurde.**[30] Er darf das Insolvenzgericht auch dann nicht anrufen, wenn die vollzählige Anzahl der Gläubiger einstimmig einen Beschluss getroffen hat, der gegen Verbotsgesetze oder gegen die guten Sitten verstößt.[31] Denn der Verwalter wird durch einen solchen Beschluss nicht beschwert. Ein solcher Beschluss ist in entsprechender Anwendung der §§ 134, 138 BGB bereits von vornherein nichtig, sodass er ihn weder ausführen muss noch darf. Sein Abweichen von einem solchen Beschluss kann deshalb später auch keinen Schadensersatzanspruch der Gläubiger gegen ihn begründen.

Die Antragsbefugnis des Insolvenzverwalters entfällt auch dort, wo er den mit dem Antrag verfolgten Zweck auch durch einfachere und effektive Weise durch andere Maßnahmen innerhalb des Insolvenzverfahrens erreichen kann.[32] Schließlich hat der in der ersten Gläubigerversammlung abgewählte Insolvenzverwalter kein Antragsrecht, da das Amt nicht auf Dauer angelegt ist und die Abwahlentscheidung der Gläubigerversammlung nicht durch ein eigenes Antragsrecht leerlaufen darf.[33]

9   **3. Zeit und Form der Antragstellung.** Der Antrag auf Ausübung des Vetorechts des Insolvenzgerichts ist **noch in der beschließenden Gläubigerversammlung,** d.h. vor der formalen Schließung der Gläubigerversammlung, zu stellen.[34] Dabei ist unter „Gläubigerversammlung" nur die formal korrekte und vom Insolvenzgericht geleitete Gläubigerversammlung zu verstehen.[35] Die Vertretung ist nach den allgemeinen Regeln möglich. Ein Antrag, der erst in der nächsten Gläubigerversammlung gestellt wird, ist verfristet und damit unzulässig.[36] Das dient der Rechtssicherheit über den Bestand von Beschlüssen und der Beschleunigung des Gesamtverfahrens. Das Recht zur Geltendmachung einer außerordentlichen Beschwerde wegen Verletzung des rechtlichen Gehörs kommt bei Nichtausschöpfung der zur Verfügung stehenden Rechtsbehelfe nicht in Betracht.[37]

Der Antrag bedarf keiner Form, insbesondere kann er daher auch mündlich gestellt werden. Voraussetzung für jeglichen Antrag ist jedoch, dass der Antragsteller an der Gläubigerversammlung

---

[26] Siehe *Blersch*/*Goetsch*/*Haas* § 78 RdNr. 5; *Smid* § 79 RdNr. 6; HambKomm-*Preß* § 78 RdNr. 5; *Nerlich*/*Römermann*/*Delhaes* § 78 RdNr. 2; *Uhlenbruck*/*Uhlenbruck* § 78 RdNr. 4; HK-*Eickmann* § 78 RdNr. 5; *Pape* RdNr. 289; vgl. auch AG Göttingen ZIP 2003, 592.
[27] *Blersch*/*Goetsch*/*Haas* § 78 RdNr. 5; *Smid* § 78 RdNr. 6; *Nerlich*/*Römermann*/*Delhaes* § 78 RdNr. 2; HK-*Eickmann* § 78 RdNr. 5; *Haarmeyer*/*Wutzke*/*Förster*, Handbuch, Kap. 6 RdNr. 68; anders *Uhlenbruck*/*Uhlenbruck* § 78 RdNr. 4.
[28] So auch HK-*Eickmann* § 78 RdNr. 5; *Kübler*, FS Kreft, 381.
[29] So jetzt auch *Andres*/*Leithaus* § 78 RdNr. 3.
[30] *Hegmanns*, 97; HambKomm-*Preß* § 78 RdNr. 3; *Andres*/*Leithaus* § 78 RdNr. 3.
[31] So aber zB *Becher* LZ 1914, Sp. 254.
[32] So ausdrücklich *Blersch*/*Goetsch*/*Haas* § 78 RdNr. 5; HambKomm-*Preß* § 78 RdNr. 3.
[33] HambKomm-*Preß* § 78 RdNr. 3 unter Bezugnahme auf BGH ZIP 2003, 1613; *Graf-Schlicker*/*Castrup* § 78 RdNr. 3; s. auch BGH ZIP 2004, 2341.
[34] OLG Celle ZInsO 2001, 320, 321; KG NZI 2001, 310, 312.
[35] Näher unten RdNr. 10; vgl. *Braun*/*Herzig* § 78 RdNr. 3 unter Berufung auf BGH NZI 2007, 732 ff.
[36] *Blersch*/*Goetsch*/*Haas* § 78 RdNr. 6; *Nerlich*/*Römermann*/*Delhaes* § 78 RdNr. 2; *Uhlenbruck*/*Uhlenbruck* § 78 RdNr. 7; HK-*Eickmann* § 78 RdNr. 6; *Kübler*/*Prütting*/*Bork* § 78 RdNr. 10; *Buck* in Huntemann u.a., Der Gläubiger im Insolvenzverfahren, Kap. 10, RdNr. 103; LG Göttingen ZInsO 2000, 466; LG Düsseldorf KTS 1957, 191; *Haarmeyer*/*Wutzke*/*Förster*, Handbuch, Kap. 6 RdNr. 68 vgl. auch Begr. RegE BT-Drucks. 12/2443, 134.
[37] OLG Celle ZInsO 2001, 320, 321.

teilgenommen hat.[38] Er ist vom Insolvenzgericht zu Protokoll zu nehmen.[39] Eine **Begründung des Antrags** ist formal nicht erforderlich, doch ist sie zweckmäßig, um dem Insolvenzgericht darzulegen, worin die Beanstandung an dem Beschluss der Gläubigerversammlung liegt, woraus sich also die Beeinträchtigung des gemeinsamen Interesses der Insolvenzgläubiger ergibt, und so zur Entscheidungsgrundlage des Gerichts beizutragen.[40]

III. Voraussetzungen für die Aufhebung des Beschlusses

1. Beschluss. Die Aufhebungsentscheidung des Insolvenzgerichts bezieht sich auf Beschlüsse der Gläubigerversammlung. Das umfasst alle Entscheidungen der Gläubigerversammlung nach § 76 Abs. 2. Daher ist auch eine von der Gläubigerversammlung getroffene Wahl (Insolvenzverwalter, Mitglieder des Gläubigerausschusses) ein Beschluss, der in den Anwendungsbereich des § 78 fällt.[41] Neben auszuführenden Beschlüssen können auch Unterlassungsbeschlüsse der Gläubigerversammlung Gegenstand von Aufhebungsbeschlüssen sein. Denkbar sind insbesondere Beschlüsse der Gläubigerversammlung, den Insolvenzverwalter an der Durchführung eines vorgeschlagenen Anfechtungsprozess zu hindern, obwohl die Erfolgsaussichten gut sind, oder dem Verwalter zu untersagen, ein bestimmtes Rechtsgeschäft zu tätigen, obwohl für die Masse dadurch ein erheblicher Gewinn oder eine spürbare Entlastung der Kosten entstehen würde.[42] Zu weit geht es jedoch, wenn man § 78 auch auf „sonstige Willensäußerungen der Gläubigerversammlung" anwenden will.[43] Begründet wird die extensive Anwendung der Vorschrift damit, dass auf Grund des Fehlens eines allgemeinen Anfechtungsverfahrens § 78 als Ausdruck des allgemeinen Prinzips zu verstehen sei, dass bei Vorliegen der sonst erforderlichen Voraussetzungen alle Maßnahmen und Entschließungen im Rahmen der Selbstverwaltung verhindert werden sollen, die für die Gesamtgläubigerschaft nicht interessengerecht und nützlich sind.[44] Dies ist zwar richtig, doch kommt es hierauf bei bloßen Willensäußerungen der Gläubigerversammlung gar nicht an. Denn derartige Erklärungen entfalten von vornherein schon keine rechtliche Wirkung[45] und führen daher auch bei niemanden zu einer Beschwer, der im Rahmen eines Überprüfungsverfahrens nach § 78 abgeholfen werden müsste.

Beschlüsse, die unter Verletzung der formellen Voraussetzungen zustande gekommen sind (Zustandekommen in einer Versammlung, die nicht durch das Insolvenzgericht einberufen wurde, § 74 Abs. 1; Zustandekommen in einer zwar durch das Insolvenzgericht aber nicht ordnungsgemäß einberufenen Versammlung, § 74 Abs. 2; Zustandekommen in einer nicht durch das Insolvenzgericht geleiteten Versammlung, § 76 Abs. 1; Zustandekommen unter Nichteinhaltung der Abstimmungsvorschriften der §§ 76 Abs. 2, 77) fallen nicht in den Anwendungsbereich des § 78. § 78 erlaubt eine Beschlussaufhebung nur bei konkreten Inhaltsmängeln und ist daher weder unmittelbar noch analog anwendbar bei Mängeln im Verfahren.[46] Das Gleiche gilt für Beschlüsse, die gegen ein Verbotsgesetz oder gegen die guten Sitten verstoßen,[47] weil sie bereits von vornherein nichtig sind und deshalb keiner Aufhebungsentscheidung des Insolvenzgerichts bedürfen.[48] Der BGH sieht keinen Raum für eine entsprechende Anwendung des § 78.[49] Nach § 6 sei bei Entscheidungen des Insolvenzgerichts das Rechtsmittel der sofortigen Beschwerde auf die gesetzlich ausdrücklich geregelten Fälle beschränkt und für eine analoge Anwendung des § 78 Abs. 2 Satz 3 bestehe kein dringender Bedarf.[50] Trotzdem wird ein Aufhebungsbeschluss zur Klarstellung der

---

[38] LG Göttingen ZIP 2000, 1501; *Pape* ZInsO 2000, 469, 475; *Uhlenbruck/Uhlenbruck* § 78 RdNr. 7.
[39] *Uhlenbruck/Uhlenbruck* § 78 RdNr. 7.
[40] Vgl. *Nerlich/Römermann/Delhaes* § 78 RdNr. 2; *Blersch/Goetsch/Haas* § 78 RdNr. 6. Siehe auch unten RdNr. 20 ff.
[41] Anders OLG Neustadt NJW 1955, 1931 mit zutreffender Gegenauffassung von *Berges* KTS 1956, 14 f.
[42] Siehe statt vieler *Pape* ZInsO 2000, 469, 476; *ders.*, 2. Aufl., RdNr. 312; *Kübler/Prütting/Bork* § 78 RdNr. 13; vgl. auch LG Göttingen ZInsO 2000, 349, 350.
[43] So *Blersch/Goetsch/Haas* § 78 RdNr. 2; wie hier *Braun/Herzig* § 78 RdNr. 10.
[44] *Blersch/Goetsch/Haas* § 78 RdNr. 2; *Uhlenbruck/Uhlenbruck* § 78 RdNr. 8.
[45] Siehe bereits oben § 76 RdNr. 14.
[46] BGH NZI 2010, 648, 648 f.; *Braun/Herzig* § 78 RdNr. 10.
[47] *Kübler/Prütting/Bork* § 78 RdNr. 5; *Nerlich/Römermann/Delhaes* § 78 RdNr. 4; *Braun/Herzig* § 78 RdNr. 10.
[48] Vgl. FK-*Schmitt* § 78 RdNr. 10; *Kübler/Prütting/Bork* § 78 RdNr. 5 und 14; *ders.*, FS Kreft, 376; *Pape* ZInsO 2000, 469, 474; HambKomm-*Preß* § 78 RdNr. 6; *Jaeger/Gerhardt* § 78 RdNr. 3; *Uhlenbruck/Uhlenbruck* § 78 RdNr. 8; *Görg* DZWIR 2000, 364, 365; BGH NZI 2011, 713, 714; siehe auch OLG Dresden, Beschl. v. 27.2.2002 – 13 W 13/02 gegen eine „Auflebung" nichtiger Beschlüsse.
[49] BGH NZI 2011, 713, 714; vgl. auch BGH NZI 2010, 648; *Kirchhof* ZInsO 2007, 1196, 1197; *Blank*, EWiR 2008, 373, 374.
[50] BGH NZI 2011, 713, 714; *Braun/Herzig* § 78 RdNr. 10.

Rechtslage als wünschenswert angesehen.[51] Eine Verpflichtung des Insolvenzgerichts, über eine Inzidenzprüfung hinaus, eine eingehende Prüfung der Nichtigkeit des Beschlusses vorzunehmen, gibt es nicht.[52] In der Praxis ist aber die Trennlinie zwischen nichtigen Beschlüssen und solchen, die nach § 78 aufzuheben sind, unscharf.[53] Daher wird sich das Insolvenzgericht in der Regel stets eingehender prüfend mit der Frage der Nichtigkeit beschäftigen und auseinandersetzen.[54] Von § 78 Abs. 1 gedeckt ist die bloße Feststellung des Insolvenzgerichts, dass ein bestimmter Beschluss der Gläubigerversammlung nichtig ist.[55] Bei Vorliegen eines Feststellungsinteresses kann daher ein Antrag auf eine solche Feststellung gestellt werden.[56] Fraglich ist, ob der Feststellungsantrag nur in der betreffenden Gläubigerversammlung gestellt werden darf.[57] Dafür sprechen wesentliche Gründe der Rechtssicherheit. Zwar ist es richtig, dass einem nichtigen Beschluss nicht nur deshalb zur Durchsetzung verholfen werden kann, weil die Nichtigkeit nicht innerhalb der Frist des § 78 Abs. 1 geltend gemacht worden ist,[58] doch würde es zu einer erheblichen Risiko bei der Verfahrensabwicklung führen, wenn auch außerhalb der betreffenden Gläubigerversammlung die Nichtigkeit geltend gemacht werden dürfte und vom Gericht noch geprüft werden müsste. Zudem entschärft sich das Problem dadurch, dass immer dann, wenn auf Grund des für nichtig erachteten Beschlusses eine Handlung vorgenommen werden soll, die Nichtigkeit des Beschlusses geltend gemacht und dann inzident geprüft werden kann. Es ist daher zu differenzieren zwischen dem Antrag auf Feststellung der Nichtigkeit, die nur innerhalb der Frist des § 78 Abs. 1 möglich ist, und die Berufung auf die Nichtigkeit, die jederzeit möglich ist.

11 **2. Beschlüsse, die der Ausführung noch bedürfen.** Der Antrag auf Überprüfung kann einhelliger Auffassung nach grundsätzlich jederzeit gegen einen Beschluss gerichtet werden, welcher der **Ausführung** durch ein anderes Verfahrensorgan, wie Insolvenzverwalter oder Gläubigerausschuss, noch bedarf.[59] Darunter fallen insbesondere Beschlüsse, den Betrieb des Schuldners fortzuführen oder einzustellen oder bestimmte Gegenstände aus der Masse zu veräußern. Auch ein Beschluss der Versammlung, der dem Insolvenzverwalter Passivität auferlegt, zB kein Darlehen aufzunehmen oder einen bestimmten Gegenstand nicht zu veräußern, sind Beschlüsse, die der „Ausführung" noch bedürfen. Jene liegt dann in der Untätigkeit des Verwalters.[60] Zu den Beschlüssen, die der Ausführung noch bedürfen und hinsichtlich derer ein Antrag auf Überprüfung gestellt werden darf, gehört die Untergruppe der Beschlüsse der Gläubigerversammlung, die den Insolvenzverwalter ermächtigen, einen Anspruch zu erfüllen, wenn triftige Gründe für die Anfechtbarkeit dieses Anspruchs vorliegen.[61] Ebenso ist der Beschluss der Gläubigerversammlung, einen Antrag beim Insolvenzgericht zu stellen, es möge eine vom Insolvenzverwalter erteilte Geschäftsfreigabeerklärung für unwirksam erklären, auf Antrag nach § 78 der insolvenzgerichtlichen Kontrolle zu unterwerfen.[62] Da es § 78 Abs. 1 dem Insolvenzgericht nur ermöglicht, das gemeinsame Interesse der Insolvenzgläubiger gegenüber der jeweiligen Mehrheit der Insolvenzgläubiger zu wahren, hat es aber keine Kompetenz dazu, im Interesse des Insolvenzverwalters dessen eventuelle Inanspruchnahme auf Schadensersatz durch die Gläubiger zu verhindern. Selbst wenn der Insolvenzverwalter ein eigenes Antragsrecht in der Gläubigerversammlung hat und von diesem Gebrauch macht, darf das Insolvenzgericht daher nur über die Wahrung der allgemeinen Interessen der Insolvenzgläubiger entscheiden. Eine Ausnahme gibt es allerdings dort, wo aufgrund besonderer Umstände oder wegen einer Entscheidung des Gesetzgebers, die von der Gläubigerversammlung geäußerte Meinung der Gläubiger als letztgültig anzusehen ist und daher nicht von einer Entscheidung des Insolvenzgericht in Frage gestellt werden darf.[63]

---

[51] *Kübler*/*Prütting*/*Bork* § 78 RdNr. 14; *Kübler* in FS Kreft, 377; *Jaeger*/*Gerhardt* § 78 RdNr. 3; *Uhlenbruck*/ *Uhlenbruck* § 78 RdNr. 8; LG Cottbus v. 16.3.2007 (Az.: 7 T 484/06); AG Duisburg NZI 2010, 303, 303 f.
[52] Vgl. *Uhlenbruck*/*Uhlenbruck* § 78 RdNr. 8.
[53] Siehe *Görg* DZWIR 2000, 364, 365.
[54] Vgl. *Uhlenbruck*/*Uhlenbruck* § 78 RdNr. 8; *Kübler* in FS Kreft, 377.
[55] *Oelrichs*, 58; *Uhlenbruck*/*Uhlenbruck* § 78 RdNr. 8; *Kübler* in FS Kreft, 377.
[56] *Kübler*, FS Kreft, 377; *Oelrichs*, 58.
[57] So *Uhlenbruck*/*Uhlenbruck* § 78 RdNr. 8; *Görg* DZWIR 2000, 364, 365.
[58] Siehe *Kübler*, FS Kreft, 377.
[59] Einhellige Ansicht: Vgl. statt aller *Buck* in Huntemann u.a., Der Gläubiger im Insolvenzverfahren, Kap. 10, RdNr. 107; *Pape* RdNr. 288; *Nerlich*/*Römermann*/*Delhaes* § 78 RdNr. 3; *Uhlenbruck*/*Uhlenbruck* § 78 RdNr. 9; *Haarmeyer*/*Wutzke*/*Förster*, Handbuch, Kap. 6 RdNr. 69.
[60] Siehe etwa *Jaeger*/*Gerhardt* § 78 RdNr. 13; *Senst*/*Eickmann*/*Mohn* RdNr. 74; anders ausdrücklich noch Kilger/*K. Schmidt* KO § 99 Anm. 1b).
[61] BGH v. 12.6.2008 (Az IX ZB 220/07) RdNr. 7 ff.
[62] LG Duisburg v. 24.6.2010 (Az: 7 T 109/10); ferner vgl. *Berger* ZInsO 2008, 1101, 1105; *Henze*, ZVI 2007, 349, 357.
[63] BGH NZI 2011, 713, 713 f.; *Braun*/*Herzig* § 78 RdNr. 10a, jeweils zum Beschluss der Gläubigerversammlung, einen Antrag zur Aufhebung der Eigenverwaltung zu stellen.

3. Beschlüsse, die keiner Ausführung mehr bedürfen. a) Allgemeines. Besonderen Streit 12 hat es hingegen im Rahmen der KO um die Frage gegeben, ob das Gericht auch solche Beschlüsse der Gläubigerversammlung aufheben darf, die einer Ausführung nicht mehr bedürfen, weil sie konstitutiv sind. Bedeutung hat diese Auseinandersetzung im Hinblick auf die Bestellung bestimmter Personen zu Mitgliedern des Gläubigerausschusses, auf die Absetzung von Mitgliedern des Gläubigerausschusses oder im Hinblick auf die Wahl eines Insolvenzverwalters gewonnen.[64] Im Gegensatz zum Wortlaut des § 99 KO, der von der Untersagung „der Ausführung eines von der Gläubigerversammlung gefassten Beschlusses" spricht, ist die neue Regelung des § 78 Abs. 1 nun weiter gefasst, indem sich die Aufhebungskompetenz des Gerichts allgemein auf einen „Beschluss" bezieht.[65] Damit ist *jeder* Beschluss der Gläubigerversammlung gemeint, sodass unmissverständlich das Insolvenzgericht auch die Kompetenz hat, konstitutive Beschlüsse, insbesondere solche nach § 68 zu überprüfen.[66] Der bisherige Streit um diese Frage ist damit im Anwendungsbereich der InsO hinfällig geworden. Mit diesem eindeutigen Wortlaut des § 78 Abs. 1 ist deshalb auch die vereinzelt vertretene Auffassung unvereinbar, nach der im Rahmen des § 78, anders als noch nach § 99 KO, nur die Ausführung eines noch nicht ausgeführten Beschlusses angefochten werden könne, nicht jedoch ein Beschluss, der einer Ausführung nicht mehr bedürfe.[67] Es trifft nämlich gerade nicht zu, dass der Gesetzgeber dem Insolvenzgericht ausdrücklich keine Aufhebungskompetenz für die Wahl eines Mitglieds des Gläubigerausschusses zugebilligt habe, sodass diese Frage zukünftig eindeutig im Sinne einer restriktiven Anwendung geklärt sei. Zudem ergeben sich auch unabhängig von der Formulierung des § 78 Abs. 1 weder aus den Vorarbeiten zur Insolvenzordnung noch aus anderen Umständen Hinweise darauf, dass der Gesetzgeber hinsichtlich der Überprüfungsmöglichkeiten des Insolvenzgerichts nach § 78 Abs. 1 eine Entscheidung für eine „enge Lesart" hat treffen wollen. Vielmehr finden sich vereinzelt Hinweise darauf, dass der Aufhebungskompetenz des Insolvenzgerichts durchaus ein Bedeutungszuwachs zukommen soll, weil dadurch eine Kompensation für fehlende Rechtsschutzmöglichkeiten anderswo bewirkt werden könne.[68] Nur scheinbar fällt in die Kategorie der Beschlüsse der Gläubigerversammlung, die keiner Ausführung werden dürfen (und daher den Anwendungsbereich des § 78 entzogen sein sollen) der Beschluss der Gläubigerversammlung, die Erklärung des Insolvenzverwalters zur Freigabe des Vermögens des Schuldners aus selbstständiger Tätigkeit („Geschäftsfreigabeerklärung") sei unwirksam. Tatsächlich ist ein solcher Beschluss wegen Verstoßes gegen ein gesetzliches Verbot nichtig, denn die Gläubigerversammlung hat keine Kompetenz, einen solchen Beschluss zu fassen. Nach dem eindeutigen Wortlaut des § 35 Abs. 2 S. 3 und den gesetzgeberischen Motiven[69] ist nämlich allein das Insolvenzgericht dazu berufen, die Unwirksamkeit der Geschäftsfreigabeerklärung des Insolvenzverwalters einzuordnen. Die Gläubigerversammlung kann durch einen entsprechenden Beschluss eine solche Anordnung nur beantragen, nicht aber selbst die Unwirksamkeit unmittelbar herbeiführen oder feststellen.[70]

b) Bestellung/Abberufung von Mitgliedern des Gläubigerausschusses. Die Bestellung von 13 Mitgliedern des Gläubigerausschusses erfolgt durch Wahl in der Gläubigerversammlung (vgl. § 68 Abs. 1). Wählt die Gläubigerversammlung eine bestimmte Person zum Mitglied des Gläubigerausschusses, so fällt dieser Beschluss in den Anwendungsbereich des § 78.[71] Das bedeutet, dass der Beschluss gem. § 78 aufzuheben ist, wenn die Wahl dieser Person dem gemeinsamen Interesse der

---

[64] Bejahend: *Hess/Kropshofer* KO, § 99 RdNr. 4; *Kilger/K. Schmidt* KO, § 99 Anm. 1b); *Uhlenbruck/Uhlenbruck* § 78 RdNr. 9; *Jaeger/Gerhardt* § 78 RdNr. 15; *Mohrbutter/Mohrbutter/Pape* RdNr. V. 77; *Jauernig* § 42 IV; *Prütting* in RWS Forum Insolvenzrecht 2000, 29, 42; *Muscheler/Bloch* ZIP 2000, 1474, 1476; *Senst/Eickmann/Mohn* RdNr. 30; *W. Obermüller*, FS Möhring, 101, 102; *J. Mohrbutter* KTS 1968, 254; *Waldmann* DJ 1943, 518; *Kiesow* JW 1936, 1143 f.; LG Düsseldorf KTS 1957, 191; LG Augsburg KTS 1971, 119; LG Tübingen ZIP 1983, 1357. Ablehnend: *Wagner*, Konkursrecht, 1980, 54; *Baur* in *Baur/Stürner*, 11. Aufl. 1983 § 57 RdNr. 1051; *Hegmanns*, 90 ff.; OLG Rostock Seuff.Arch 86, 318 f.; OLG Düsseldorf LZ 1913, Sp. 570 ff.; OLG Neustadt NJW 1955, 1931; OLG Nürnberg KTS 1968, 252; LG Nürnberg-Fürth Rpfleger 1971, 435 f.

[65] Siehe insoweit auch *Kilger/K. Schmidt* KO, § 99 Anm. 1b) mit dem Hinweis auf eine ausdehnende Auslegung des § 99 KO.

[66] So auch *Kübler* in FS Kreft, 378; vgl. auch BGH ZIP 2010, 2113. Anders hingegen oben *Gößmann* § 68 RdNr. 9.

[67] *Blersch*/Goetsch/Haas § 78 RdNr. 3; *Haarmeyer/Wutzke/Förster*, Handbuch, Kap. 6 RdNr. 69.

[68] Vgl. dazu auch *Pape* RdNr. 286; *Buck* in Huntemann u.a., Der Gläubiger im Insolvenzverfahren, Kap. 10, RdNr. 106.

[69] BT-Drs. 16/3227, S. 17.

[70] Überzeugend AG Duisburg NZI 2010, 303, 303 f.

[71] Ganz hM, siehe statt vieler *Uhlenbruck/Uhlenbruck* § 68 RdNr. 9 f.; *Kübler/Prütting/Bork* § 68 RdNr. 11; *Heidland*, Kölner Schrift, 711 RdNr. 18; *Vogl* InVO 2001, 389; LG Düsseldorf KTS 1957, 191; LG Tübingen ZIP 1983, 1357. Anders oben *Gößmann* § 68 RdNr. 9; AG Köln ZInsO 2003, 957, 958; OLG Neustadt KTS 1956, 14, m. abl. Anm. von *Berges*; OLG Nürnberg KTS 1968, 252, m. abl. Anm. von *Mohrbutter*.

Insolvenzgläubiger widerspricht, es sich mithin um eine ungeeignete Person gehandelt hat[72] denn § 78 gilt für alle Beschlüsse der Gläubigerversammlung.[73]

Die neue Insolvenzordnung lässt – theoretisch – zwei Wege zu, Personen aus dem Gremium des Gläubigerausschusses abzuberufen. Denn neben der Möglichkeit eines *einzelnen Gläubigers* bzw. *des Insolvenzverwalters,* mittels § 78 Abs. 1 dagegen vorzugehen, sieht § 70 Satz 2 vor, dass die *Gläubigerversammlung insgesamt* ebenfalls die Entlassung eines Mitglieds des Gläubigerausschusses betreiben kann.[74] **Beide Vorschriften sind nebeneinander anzuwenden,** denn sie betreffen jeweils unterschiedliche Entscheidungsgegenstände.[75] Gemäß § 70 Satz 2 geht es um den Vollzug eines wirksam zu Stande gekommenen Beschlusses der Gläubigerversammlung durch das Insolvenzgericht, wohingegen § 78 Abs. 1 die Möglichkeit eröffnet, den Beschluss selbst anzugehen. Während die Stellung des Ausschussmitglieds nach § 70 Satz 3 durch eine Anhörungspflicht und die Möglichkeit für das Mitglied zur sofortigen Beschwerde geschützt wird, ergibt sich ein entsprechender „Schutz" nach § 78 Abs. 1 mittelbar aus dem hochgesteckten und damit präventiv wirkenden Erfordernis, dass die Entscheidung über Ernennung oder Abberufung des Mitglieds des Gläubigerausschusses gegen das gemeinsame Interesse der Gläubiger verstoßen muss. Ob dies auch praktisch möglich ist, hängt indes davon ab, wie der Begriff des „gemeinsamen Interesses" konkret verstanden wird.[76]

14   c) **Wahl eines anderen Insolvenzverwalters.** Zu einem wesentlichen Streitpunkt im Rahmen des § 78 hat sich die Frage entwickelt, ob ein Antrag auf Aufhebung eines Beschlusses der Gläubigerversammlung nach § 78 Abs. 1 zulässig ist, wenn er sich gegen die **Wahl eines anderen Insolvenzverwalters gem. § 57 Satz 1 richtet.** Einer Auffassung nach stellt die Vorschrift über die Versagung der Ernennung des neu gewählten Verwalters gem. § 57 S. 3 und 4 eine abschließende Spezialregelung dar,[77] während die Gegenauffassung eine gleichzeitige Anwendbarkeit beider Normen bejaht.[78] Der BGH hat sich der Meinung angeschlossen, dass bei der Abwahl eines Insolvenzverwalters die Regelungen des § 57 Sätze 3 und 4 insoweit als abschließende Sonderregelung anzusehen sind. Begründet worden ist dies u.a. mit dem Hinweis, dass der Gesetzgeber in Kenntnis der Gegenstimmen keinen größeren Korrekturbedarf gesehen habe und es unterlassen habe, die Frage des Verhältnisses der §§ 57 und 78 Abs. 1 genauer zu regeln.[79] Betrachtet man den Regelungsansatzpunkt der jeweiligen Vorschriften, so lässt sich eine Verdrängung des § 78 Abs. 1 durch § 57 Sätze 3 und 4 auch im Lichte der Argumente des BGH nicht begründen. Beide Vorschriften setzen nämlich in ihrem Eingreifmechanismus unterschiedlich an. Daher verfängt auch der Einwand des BGH nicht,

---

[72] Siehe insoweit etwa AG Köln ZInsO 2003, 657, 658; *Hess* § 78 RdNr. 8; vgl. auch *Uhlenbruck/Uhlenbruck* § 78 RdNr. 19; *Vogl* InVO 2001, 389.

[73] *Uhlenbruck/Uhlenbruck* § 78 RdNr. 19; *Kübler,* FS Kreft, 378.

[74] Der Unterschied in der Antragsbefugnis – einerseits ein individueller Gläubiger, andererseits die Gläubigerversammlung – ist das wesentliche Argument gegen die Auffassung *Hegmanns,* 92, wonach diese Vorschrift lex specialis gegenüber § 78 (§ 99 KO) sei, sodass sich daraus ergebe, dass Versammlungsbeschlüsse über die Absetzung von Gläubigerausschussmitgliedern nach § 99 KO zulässig seien; vgl. insoweit auch OLG Neustadt NJW 1955, 1931. Gegen die intensive Entgegnung *Hegmanns* zur hM sei an dieser Stelle noch zweierlei vorgebracht: Zum einen stellt es keinen Wertungswiderspruch dar, wie *Hegmanns,* 92 meint, wenn die Gläubigerversammlung bezüglich des Verwalters weitergehende bzw. unangreifbarere Rechte hat als bezüglich des Gläubigerausschusses, denn der Verwalter ist für die Verwirklichung der Interessen der Gläubigergesamtheit wesentlich wichtiger als der Gläubigerausschuss, der nicht einmal eingesetzt zu werden braucht. Zum anderen übersieht *Hegmanns,* wie *Mohrbutter/Pape,* 7. Aufl. 1997, RdNr. V 78 bereits betont hat, dass es hier nicht um einen zu weiten Eingriff in die Gläubigerautonomie geht. Einerseits ist die Aufhebungskompetenz des Gerichts oft die einzige Möglichkeit, um das Interesse von Minderheiten zu schützen. Andererseits, und das dürfte der entscheidende Einwand sein, ist die Gläubigerautonomie gerade nicht schrankenlos gewährleistet, und eine solche Schranke bildet § 78 (§ 99 KO).

[75] Anders AG Köln ZInsO 2003, 957, 958 unter Berufung auf die hiesige Kommentierung zu § 68 von *Gößmann* RdNr. 7 ff. Wie hier *Andres*/Leithaus § 78 RdNr. 2; *Braun/Herzig* § 78 RdNr. 10; vgl. auch *FK-Schmitt* § 78 RdNr. 15.

[76] Dazu siehe ausführlich unten in diesem Kommentierungsabschnitt RdNr. 17 ff.

[77] So OLG Naumburg ZIP 2000, 1394; OLG Zweibrücken ZIP 2000, 2173, 2174; KG ZIP 2001, 2240; LG Traunstein ZIP 2001, 2142; LG Hechingen ZIP 2001, 1970; *Buck* in Huntemann u.a., Der Gläubiger im Insolvenzverfahren, Kap. 10, RdNr. 105; *K/P/B/Lüke* § 57 RdNr. 7; *Braun/Herzig* § 78 RdNr. 14; *Jaeger/Gerhardt* § 78 RdNr. 15, *Andres*/Leithaus § 78 RdNr. 2; *Kesseler* DZWIR 2002, 133; *ders.* KTS 2000, 491, 509 ff.

[78] AG Bonndorf DZWIR 2002, 83; AG Holzminden DZWIR 2001, 82 mit abl. Anm. von *Tetzlaff; Smid/Wehdeking* InVo 2001, 81, 83 ff.; *Görg* DZWIR 2000, 364, 366 f.; *Pape* EWiR 1990, 923; *ders.* NZI 2001; *ders.* EWiR 2000, 683; *ders.* ZInsO 2000, 469, 477; vgl. auch *Haarmeyer/Wutzke/Förster,* Handbuch, Kap. 6 RdNr. 96 ff.; *Röder-Persson* DZWIR 2000, 489; *Muscheler/Bloch* ZIP 2000, 1474, 1478 ff.; *Paulus* DZWIR 1999, 53, 58; *Uhlenbruck/Uhlenbruck* § 78 RdNr. 17 f.; offen gelassen OLG Celle ZInsO 2001, 755.

[79] Siehe BGH ZIP 2003, 1613; BGH ZInsO 2004, 1314; BGH NJW-RR 2005, 200; BGH ZIP 2004, 2341 für die Rechtsbeschwerde des Insolvenzverwalters nach Anzeige der Masseunzulänglichkeit; bestätigt incidenter auch in BGH NZI 2011, 1548, 1549 (RdNr. 14).

der Gesetzgeber sei im Hinblick auf die Lösung des Konfliktes untätig geblieben und habe durch die Änderung des § 57 Satz 1 deutlich gemacht, dass die Vorschrift lex specialis zu § 78 Abs. 1 sei. Der Gesetzgeber hatte nämlich gar keine Veranlassung, das Verhältnis von § 78 Abs. 1 zu § 57 zu regeln, weil es eindeutig ist und eigenständige Regelungsbereiche abdeckt. So geht es bei § 57 Satz 3 darum, ob das Insolvenzgericht einen wirksam zustande gekommenen Beschluss der Gläubigerversammlung, in dem ein anderer Insolvenzverwalter gewählt worden ist, vollziehen muss, während § 78 Abs. 1 den Antragsbefugten die Möglichkeit gibt, gegen den Beschluss *als solchen* vorzugehen. Zeitlich gesehen muss das Gericht ggf. zunächst über den Antrag nach § 78 Abs. 1 entscheiden, bevor es seine Entscheidung nach § 57 Satz 3 trifft.[80] Darüber wird man auch kaum mit dem Hinweis, dies sei eine „formal juristische Spitzfindigkeit"[81] hinweggehen können. Die Befürworter der Spezialität von § 57 kommen im Kern ihrer Argumentation immer wieder darauf zurück, dass das gemeinsame Interesse der Gläubiger im Tatbestandsmerkmal der „Geeignetheit" in § 57 geprüft werde und dass es daher nicht einsehbar wäre, neben dieser Norm noch eine weitere Vorschrift mit dem gleichen Prüfungsinhalt anzuwenden.[82] Damit wird aber der Fokus auf die Fälle verengt, in denen die Frage der Geeignetheit des Insolvenzverwalters mit dem gemeinsamen Interesse der Gläubiger übereinstimmt.[83] Diese Engführung übersieht aber die Fälle, in denen die Bestellung eines speziellen an sich geeigneten Insolvenzverwalters gegen das gemeinsame Interesse der Gläubiger verstößt. Nach § 57 Satz 3 könnte dann die Bestellung nicht verwehrt werden, während nach § 78 Abs. 1 das Gericht den Beschluss über die Wahl des neuen Insolvenzverwalters aufheben muss. Eine derartige Gleichsetzung führt zu Rechtsschutzlücken, die vor dem Hintergrund der ohnehin knappen Rechtsschutzmöglichkeiten in der InsO, vermieden werden sollten. Zudem ist in diesem Zusammenhang erneut darauf hinzuweisen, dass § 78 und § 57 andere, keineswegs möglicherweise de facto doch kongruente Anwendungsbereiche haben. § 78 richtet sich gegen einen Beschluss der Gläubigerversammlung, und § 57 bezieht sich auf die Folgen eines wirksamen Beschlusses, nämlich die Frage der Bestellung eines Insolvenzverwalters. Dabei ist § 78 Abs. 1 auch keineswegs ein unselbständiger Bestandteil des Verfahrens nach § 57 Satz 3.[84] Der Umstand, dass es sich um zwei selbständige Möglichkeiten der Überprüfung der Wahl eines Insolvenzverwalters handelt, die zwar praktisch zum selben Ergebnis führen, dogmatisch aber voneinander zu trennen sind, wird daran deutlich, dass die Rechtsschutzmöglichkeiten anders ausgestaltet sind. Wollte man bei der Wahl eines neuen Insolvenzverwalters nur § 57 anwenden, so würde man – unabhängig von den übrigen Erwägungen – den Gläubigern ein Rechtsschutzdefizit auferlegen.[85] Dies ließe sich jedenfalls nicht für die Minderheit der Gläubiger rechtfertigen, die auch durch die Änderung des § 57 Satz 4 nicht geschützt wird. Insoweit bleibt es bei der Geltung des Grundsatzes, dass im Rahmen demokratischer Entscheidungsfindung immer eine verfahrenstechnische Absicherung des Ausgleichs der Mehrheitsentscheidung durch die Wahrung der Minderheitsrechte erfolgen muss.[86] Des Weiteren spricht gegen eine Spezialität des § 57 Satz 3, dass im Rahmen der dortigen Befugnis des Insolvenzgerichts, die Bestellung eines neu gewählten Insolvenzverwalters zu versagen, nur die Gründe der Eignung des betreffenden Insolvenzverwalters eine Rolle spielen.[87] Dagegen darf das Insolvenzgericht in diesem Zusammenhang nicht die „Interessenkonformität" der Verwalterbestellung im Hinblick auf das gemeinsame Interesse der Insolvenzgläubiger prüfen.[88] Dazu bedarf es eines Antrages, der nur im Rahmen des § 78 Abs. 1, nicht aber im Zusammenhang mit der Entscheidung über die Versagung der Bestellung eines neu gewählten Insolvenzverwalters nach § 57 Satz 3, gestellt werden kann.[89] Denkbar ist daher durchaus, dass ein gewählter neuer Insolvenzverwalter gem. § 57 auch dann ernannt werden muss, wenn der Beschluss zum Wechsel offenkundig gegen das gemeinsame Interesse der Insolvenzgläubiger verstößt, etwa wenn der erste vom Gericht ernannte Verwalter über besondere Fachkenntnisse verfügte, die der neu gewählte Verwalter nicht hat, ohne dass dies seine Eignung als solche in Frage stellen würde, oder wenn die Verfahrenslage einen Wechsel ganz unabhängig von der Person nur mit konkretem, beträchtlichem Schaden ertragen würde.[90] Solche

---

[80] Vgl. *Görg* DZWIR 2000, 364, 365; *Smid/Wehdeking* InVo 2001, 81, 83 f.
[81] So *Kesseler* DZWIR 2002, 133, 135 f.
[82] Vgl. *Graeber* ZIP 2000, 1465, 1472; *Kesseler* DZWIR 2002, 133, 136; *ders.* KTS 2000, 491, 512 f.; *Tetzlaff* DZWIR 2001, 858.
[83] Vgl. *Jaeger/Gerhardt* § 78 RdNr. 15.
[84] So *Kesseler* DZWIR 2002, 133, 136.
[85] Dies gesteht auch *Kesseler* DZWIR 2002, 133, 137, ein.
[86] So *Prütting* in Bork/Kübler, Insolvenzrecht 2000, 42.
[87] Siehe dazu zB LG Traunstein ZIP 2001, 2142.
[88] So auch *Uhlenbruck/Uhlenbruck* § 78 RdNr. 18.
[89] Vgl. *Smid/Wehdeking* InVo 2001, 81, 84; *Görg* DZWIR 2000, 364, 367.
[90] Siehe *Görg* DZWIR 2000, 364, 367. Insoweit greift das Argument des LG Traunstein ZIP 2001, 2142, zu kurz, denn § 78 Abs. 1 erfasst gerade die Fälle, in denen das gemeinsame Interesse der Gläubiger beeinträchtigt sein kann, dass es dem Insolvenzverwalter an der Geeignetheit fehlt.

Aspekte können nur in der Überprüfung des Beschlusses der Gläubigerversammlung gem. § 78 Abs. 1 berücksichtigt werden, dessen Anwendung neben § 57 Satz 3 aus diesem Grund ihre volle Legitimität erhält. In diesem Zusammenhang ist zu Recht auch darauf hingewiesen worden, dass mit der Annahme § 57 Satz 3 sei lex specialis zu § 78 Abs. 2 die Stellung der überstimmten Gläubiger gravierend beeinträchtigt würde. Da gemäß § 57 Satz 3 nur die Versagung *der Ernennung* eines neu gewählten Verwalters anfechtbar ist, würde es nach Abwahlentscheidungen in der Gläubigerversammlung für die unterlegenen Gläubiger keine Rechtsbehelfe mehr geben, wenn das Insolvenzgericht die Wahlentscheidung der Mehrheit bestätigt.[91] Dies ist jedoch nicht hinnehmbar im Hinblick darauf, dass § 78 zwar keine Regelung des Minderheitenschutzes ist, gleichwohl aber das einzige Instrument zur Wahrung des gemeinsamen Interesses der Insolvenzgläubiger vor der nachteiligen Einflussnahme bestimmter Abstimmungsberechtigter darstellt. Schließlich lassen sich auch aus einem vergleichenden Blick auf die neuere Entscheidung des IX. Zivilsenats des BGH vom 21. Juli 2011 Argumente für die parallele Anwendbarkeit von § 57 S. 3 und § 78 entwickeln. In dieser Entscheidung hatte sich der BGH mit dem Verhältnis von § 272 Abs. 1 Nr. 1 zu § 78 als Spezialnorm auseinander zu setzen. In diesem Zusammenhang arbeitete der BGH einen zentralen Gesichtspunkt heraus, mit Hilfe dessen die Spezialität im Verhältnis dieser beiden Normen bestimmt werden könne. Im Falle einer prinzipiell möglichen Anwendbarkeit beider Normen auf denselben Sachverhalt stellte er nämlich darauf ab, in welcher Form und in welchem Umfang in den jeweils betreffenden Normen aufgrund der Entscheidung des Gesetzgebers die autonome Entscheidungsmöglichkeiten der Gläubiger Ausdruck gefunden haben. Auch wenn dieses Kriterium in Bezug auf einen konkreten Sachverhalt erarbeitet und verwendet worden ist, dürfte es aufgrund seines allgemeinen Ansatzes durchaus verallgemeinerungsfähig sein, denn diesem Kriterium liegt die Überlegung zugrunde, dass dann, wenn sich der Gesetzgeber dafür entschieden hat, im Rahmen der Anwendung einer bestimmten Norm den Gläubiger ein Mehr an Autonomie als bei der anderen Norm einzuräumen, die Gerichte diesem Willen durch eine Vorrang der einen im Vergleich zu der anderen Norm auch zum Durchbruch zu verhelfen haben. In dem zu entscheidenden Fall ist der BGH überzeugend zu dem Ergebnis gekommen, dass der Gesetzgeber in § 272 Abs. 1 Nr. 1 der Gläubigerautonomie in ganz besonderem Maße Platz und Bedeutung verschaffen wollte. Die Gläubiger sollten nämlich die Möglichkeit erhalten, die ohne Beteiligung der Gläubiger vom Insolvenzgericht angeordnete Eigenverwaltung durch einen das Insolvenzgericht grundsätzlich bindenden Beschluss der Gläubigerversammlung revidieren zu können. Eine derartig starke Folge des in einem Beschluss einer Gläubigerversammlung zum Ausdruck kommenden Willens der Gläubiger hat der Gesetzgeber hingegen in der Vorschrift des § 78 nicht vorgesehen. In dem sich überschneidenden Anwendungsbereich beider Normen lag es daher auf der Hand, dass § 272 Abs. 1 Nr. 1 als die im Vergleich zu § 78 speziellere Norm zu qualifizieren war. Überträgt man nun dieses Kriterium auf das Verhältnis zwischen § 78 und § 57 S. 3 und S. 4, so ist eine deutliche Entscheidung des Gesetzgebers für mehr Autonomie der Gläubiger in der einen oder in der anderen Vorschrift nicht zu erkennen. Man könnte fast eher der Auffassung sein, dass das Zusatzerfordernis der Kopfmehrheit eine Einschränkung der Gläubigerautonomie bewirke mit der Folge, dass unter Zugrundelegung des Prüfungsschritts aus der Entscheidung des BGH vom 21.7.2011 der § 78 vorrangig zu § 57 S. 3 und 4. anzuwenden sei. Dies wäre freilich ein wenig überzeugendes Ergebnis. Eben so wenig überzeugend wäre es aber auch, auf dem Hintergrund des Kriteriums des gesetzgeberischen Willens zur Gläubigerautonomie dem § 57 S. 3 und S. 4 einen Anwendungsvorrang vor dem § 78 einräumen zu wollen. Dies wird allerdings vom BGH getan, indem er auf den Gleichlauf des Verhältnisses von § 271 Abs. 1 Nr. 1 zu § 78 und des § 57 S. 3 und 4 zu § 78 verweist und deshalb auf die Gleichbehandlung des Vorranges zwischen § 57 S. 3 und 4 zu § 78 und § 272 Abs. 1 Nr. 1 zu § 78 abstellt. Gegen eine solche Gleichsetzung spricht aber zum einen der unterschiedliche Wortlaut in den jeweiligen Normpaaren. In § 272 Abs. 1 Nr. 1 wird ebenso wie in § 78 ein Antrag an das Gericht und das Vorliegen bestimmter Voraussetzungen gefordert, damit das Gericht sodann einen rechtsgestaltenen Akt (einmal den eigenen Anordnungsbeschluss und einmal den Beschluss der Gläubigerversammlung). § 57 S. 3 kennt hingegen kein Antragserfordernis, sondern es wird ausdrücklich nur geregelt, wann das Gericht den ausschließlich ihm zustehenden Bestellungsakt verweigern kann. Es kommt im Rahmen des § 57 auch gar nicht zu einer Aufhebung irgend eines Beschlusses, wie in den anderen beiden Vorschriften. § 57 S. 3 bestimmt nur den Grund, aus dem sich das Insolvenzgericht der Folgepflicht hinsichtlich eines bestimmten Votums der Gläubigerversammlung widersetzen darf. Zum anderen wird bei der Annahme der Verhältnisse von § 272 Abs. 1 Nr. 1 zu § 78 und von § 57 S. 3 und 4 zu § 78 übersehen, dass der BGH das Kriterium des gesetzlichen Willens zur Feststellung des Vorrangs einer Norm vor

---

[91] *Pape* EWiR 2000, 683, 684; *ders.* ZInsO 2000, 469, 477; *ders.* RdNr. 291; vgl. auch LG Baden-Baden ZIP 1997, 1350; OLG Karlsruhe WM 1998, 47.

einer anderen an der zentralen Voraussetzung anknüpft, dass die beiden in Frage stehenden Vorschriften zumindest einen in Überschneidungsbereichen kongruenten Anwendungsbereich haben; andernfalls kommt es nämlich von Anfang an nicht zu einer Normanwendungskollision. Während bei § 272 Abs. 1 Nr. 1 und § 78 zumindest in signifikanten Bereichen eine Rechtsanwendungskollision besteht, sind die Anwendungsfälle für § 57 S. 3 und 4 und § 78 sowohl formal als auch materiell unterschiedlich. Es besteht daher von Anfang an keine Kollision bei den Sachverhalten, hinsichtlich derer die jeweiligen Normen zur Anwendung kommen sollen, so dass es dementsprechend auch keiner Vorrangregelung bedarf und deshalb beide Vorschriften auch – jeder für die ihnen zugewiesenen Sachverhalte – nebeneinander anwendbar sind.

Vor dem Hintergrund der hier angeführten Erwägungen und unter Berücksichtigung der in Literatur und Rechtsprechung ausgetauschten Argumenten sowie unter selbstkritischer Bewertung des eigenen Standpunktes wird auch in der 3. Auflage ausdrücklich an der in den Vorauflagen vertretenen Auffassung festgehalten. Es wird dabei auch nicht übersehen, dass die h.M. weiter an Zulauf erhält. Dies ändert jedoch nichts an den Problemen und Brüchen in den Begründungsansätzen der Vertreter der h.M. Zudem sind – soweit ersichtlich – die hier vorgebrachten Argumente auch noch kaum Gegenstand einer dogmatisch vertieften Beschäftigung gewesen, an dessen Ende Widersprüchlichkeiten oder Argumentationsfehler an der hier vertretenen Auffassung und Begründung herausgearbeitet worden wären.[92] An diesem Ergebnis ändert auch die Neufassung des § 57 Satz 2 nichts. Zwar mag durch die Einführung der „doppelten Mehrheit" bei der Insolvenzverwalterabwahl das Problem des Minderheitenschutzes entschärft worden sein, doch hat dies keinen Einfluss auf das Verhältnis des § 57 Satz 3 zu § 78 an sich und bleibt daher, mit § 78 weiterhin eine Korrekturmöglichkeit von Beschlüssen der Gläubigerversammlung bereit zu halten.[93]

Im Zusammenhang mit der Abwahlentscheidung der Gläubigerversammlung stellt sich die Frage, **15 ob dem abgewählten Insolvenzverwalter selbst ein Antragsrecht nach § 78 Abs. 1 zusteht.**[94] Der Wortlaut des § 78 Abs. 1 lässt es zu, dass der bisherige Insolvenzverwalter beim Insolvenzgericht einen Antrag auf Aufhebung des Abwahlbeschlusses stellt, denn in der Gläubigerversammlung, in der der Antrag gestellt werden muss, ist der neue Insolvenzverwalter noch nicht bestellt, sodass der abgewählte formal immer noch antragsberechtigt ist. Die Befugnis, den Antrag gem. § 78 Abs. 1 zu stellen, steht dem Insolvenzverwalter aber stets nur im Rahmen der Wahrnehmung der ihm gegenüber den Insolvenzgläubigern obliegenden Pflichten zu. Seine eigenen Interessen kann er mit § 78 nicht verfolgen.[95] Daher endet grundsätzlich mit seiner Abwahl auch die Befugnis, Anträge gem. § 78 Abs. 1 zu stellen, denn zu diesem Zeitpunkt ist er auf Grund des Willens der Gläubiger von der Pflicht zum Schutz ihrer gemeinsamen Interessen entbunden. Diese eindeutige Aussage lässt sich allerdings nur treffen, wenn der Abwahlbeschluss von allen Gläubigern einstimmig getroffen wurde oder wenn die Mehrheit aller Gläubiger einen Beschluss gefasst hat und kein unterlegener Gläubiger einen Antrag zu dessen Aufhebung nach § 78 Abs. 1 stellt. Ganz erhebliche **Schwierigkeiten gibt es aber, wenn an dem Abwahlbeschluss nicht alle stimmberechtigten Gläubiger teilgenommen haben.** In diesem Fall kann nämlich nicht mehr differenziert werden, ob ein Antrag des Insolvenzverwalters nur aus der Verfolgung eigener Interessen motiviert ist oder ob er damit tatsächlich die Interessen der nicht anwesenden Gläubiger wahren will. Im Zweifel wird man hier dem Insolvenzverwalter die Befugnis zur Antragsstellung nicht absprechen können, weil ansonsten die Gefahr bestünde, dass die Interessen der nicht an der Abstimmung beteiligten Gläubiger, das Abstimmungsergebnis daraufhin überprüfen lassen, ob es mit dem gemeinsamen Interesse aller Insolvenzgläubiger übereinstimmt, ausgehöhlt würde. Da der Insolvenzverwalter in diesem Fall die Gründe, die für eine Verletzung der gemeinsamen Interessen aller Insolvenzgläubiger durch seine Abwahl summarisch darlegen muss,[96] ist die Gefahr, dass er durch den Antrag versteckt doch nur eigene Interessen verfolgen will, auf ein in der Praxis erträgliches Maß eingedämmt.

Da das gemeinsame Grundinteresse der Insolvenzgläubiger auf eine bestmögliche Befriedigung **16** gerichtet ist,[97] könnte ein Beschluss der Gläubigerversammlung über Auswechslung des Insolvenzverwalters bereits deshalb erfolgreich nach § 78 Abs. 1 angegangen werden, weil die Auswechslung des Insolvenzverwalters notwendigerweise mit höheren Kosten verbunden ist, die die für die Insolvenzgläubiger zur Verteilung vorgesehene Masse schmälern würden.[98] Unabhängig davon, ob sich

---

[92] Ebenso *Uhlenbruck/Uhlenbruck* § 78 RdNr. 18; HK-*Eickmann* § 78 RdNr. 9.
[93] So ebenfalls HK-*Eickmann* § 78 RdNr. 9; *Uhlenbruck/Uhlenbruck* § 78 RdNr. 18.
[94] Dazu vgl. *Smid/Wehdeking* InVo 2001, 81, 84; *Görg* DZWIR 2000, 364, 366 f.; *Muscheler/Bloch* ZIP 2000, 1474, 1479 f.; *Graeber* ZIP 2000, 1465, 1473.
[95] Siehe *Smid/Wehdeking* InVo 2001, 81, 84; *Görg* DZWIR 2000, 364, 366 f.
[96] Siehe dazu RdNr. 4 und 8.
[97] Vgl. *D. Schulz*, 61 ff.; RdNr. 17.
[98] So *Muscheler/Bloch* ZIP 2000, 1474, 1479; AG Magdeburg als Insolvenzgericht im Rahmen der Entscheidung, die das OLG Naumburg ZIP 2000, 1394, getroffen hat.

die Auswechslung von Insolvenzverwaltern tatsächlich stets massebelastend auswirkt,[99] ist eine solche Position nicht haltbar. Richtig ist, dass durch die Kosten der Auswechslung zwar die zu verteilende Masse (zunächst) verringert wird und damit formal das gemeinsame Interesse der Gläubiger beeinträchtigt würde. Doch ist dies hinzunehmen. Wesentlicher Grund dafür ist zum einen, dass ansonsten das Verfahren der Wahl eines anderen Insolvenzverwalters gem. § 57 praktisch leerliefe. Zum anderen kann überhaupt nicht genau festgestellt werden, ob es nicht möglicherweise insgesamt gesehen durch den Verwalterwechsel zu gar keiner Verringerung der Masse kommt. Denn bei der Vor- und Nachteilsberechnung muss auch einfließen, welche positiven Effekte die Bestellung eines neuen Insolvenzverwalters für die Vergrößerung der Masse hat und ob diese nicht eventuell die Verluste aus der Masse, die zunächst mit dem Verwalterwechsel einhergehen, zumindest wieder ausgleichen. Eine solche Rechnung ist aber aus Sicht ex ante nicht möglich, und daher lässt sich auch keine Aussage treffen, dass der Insolvenzverwalterwechsel zu einer Verringerung der Masse und daher zu einer Beeinträchtigung des gemeinsamen Interesses der Insolvenzgläubiger führen würde.

IV. Das gemeinsame Interesse der Insolvenzgläubiger

17 1. **Begriff des gemeinsamen Interesses.** Das Insolvenzgericht wird den angegriffenen Beschluss aufheben, wenn dieser dem **gemeinsamen Interesse der Insolvenzgläubiger** widerspricht. Probleme bereitet der Begriff des gemeinsamen Interesses auf Grund seiner Unschärfe. Abzulehnen ist ein Verständnis dieser Umschreibung als ein weiter und nicht näher bestimmter, allgemeiner Sammelbegriff und als Grundlage für richterliche Billigkeitsentscheidungen. Das würde zu einer Beeinträchtigung der Vorhersehbarkeit des Bestands von Entscheidungen der Gläubigerversammlung und damit zu erheblicher Rechtsunsicherheit führen. In der Praxis würde ein solches Verständnis letzten Endes wie eine Einladung für die unterliegenden Gläubiger wirken, immer wieder gegen den Beschluss anzugehen, womit das gesamte Verfahren verschleppt werden könnte.
  Versucht man hingegen, dem Begriff des gemeinsamen Interesses Konturen zu geben, so wird man an der Erkenntnis ansetzen müssen, dass das gemeinsame Interesse der Insolvenzgläubiger eine **abstrakte Beschreibung** der Zusammenfassung *aller gleichartigen individuellen, also konkreten, Interessen* der Insolvenzgläubiger ist.[100] Wie oben bereits ausgeführt wurde, lässt sich als das einzige (konkrete) Interesse, welches tatsächlich jeder Gläubiger hat, die Verringerung seines individuellen Ausfalls beschreiben. Eine Realisierung *aller* solcher individuellen Interessen der einzelnen Gläubiger ist nur erreichbar, wenn unter Bewahrung des Grundsatzes der anteilmäßig gleichen Verteilung *(par condicio creditorum)* die Haftungsmasse des Schuldners vergrößert wird.[101] Verbunden damit ist noch eine zeitliche Komponente: Die Vergrößerung der Haftungsmasse muss zumindest *mittelfristig* erreichbar sein. Damit wird der Umstand beachtet, dass zwar einige Gläubiger durchaus bereit sind, längere Zeit zuzuwarten, bis sich die Haftungsmasse des Schuldners auf Grund bestimmter Maßnahmen vergrößert, dass aber andere Gläubiger dagegen ein Interesse an einer schnellen Abwicklung haben und insoweit bereit sind, auf eine möglichst umfangreiche Vergrößerung der Masse zu verzichten. Die zumindest mittelfristige Erwartung einer Vergrößerung der Haftungsmasse durch eine bestimmte Maßnahme erfordert von jedem dieser Interessen Abstriche und entspricht daher einem unterstellten durchschnittlichen Gläubigerinteresse, das jeder einzelne Gläubiger gegen sich gelten lassen muss. Damit besteht das abstrakte (gemeinsame) Interesse der Insolvenzgläubiger also in einer **zumindest mittelfristig erreichbaren Vergrößerung der Haftungsmasse,** oder anders ausgedrückt in einer **„bestmöglichen Gläubigerbefriedigung".**[102] Der Begriff des „gemeinsamen Interesses" ist daher als fiktive Beschreibung des Interesses aller Gläubiger aufzufassen. Durch die Vergemeinschaftung aller Individualinteressen zu einem fiktiven Gesamtinteresse, besteht freilich die Gefahr, dass in Einzelfällen Individualinteressen nicht hinreichend berücksichtigt werden. So mag es für einen Gläubiger, der dringend Mittel benötigt, nicht in seinem Interesse sein, noch zuzuwarten, weil dann später sein Ausfall möglicherweise geringer wäre. Sein einzelnes berechtigtes Interesse wäre eventuell mit einer Regelung, die auf die „unangemessene" Benachteiligung abstellt, besser bedient. Doch ist diese Benachteiligung im Einzelfall im Hinblick auf die anderen hinzunehmen. Es gilt das Majoritätsprinzip, und es würde eine nicht zu rechtfertigende Beherrschung der Mehrheit

---

[99] Zweifelnd *Smid/Wehdeking* InVo 2001, 81, 85.
[100] Vgl. *D. Schulz,* 54 ff.; allgemein dazu auch *Uhlenbruck* WM 1999, 1197, 1201; *Kübler*/Prütting/Bork § 78 RdNr. 2.
[101] So auch *Kübler*/Prütting/Bork § 78 RdNr. 6; *Jaeger/Gerhardt* § 78 RdNr. 10; *Blersch*/Goetsch/Haas § 78 RdNr. 4; HK-*Eickmann* § 78 RdNr. 10.
[102] Siehe *Nerlich/Römermann/Delhaes* § 78 RdNr. 6; *Kübler*/Prütting/Bork § 78 RdNr. 6; *Blersch*/Goetsch/Haas § 78 RdNr. 4; *Braun/Herzig* § 78 RdNr. 3; *Muscheler/Bloch* ZIP 2000, 1474, 1478; *Smid/Wehdeking* InVo 2001, 81, 84; BGH NZI 2008, 490; LG Berlin ZInsO 2000, 519; KG NZI 2001, 310, 311.

durch die Minderheit bedeuten, wenn jede Mehrheitsentscheidung nach dieser Maßgabe angefochten werden kann.[103]

In ein solches Konzept sind die **Interessen der absonderungsberechtigten Gläubiger** nur 18 schwer einzuordnen, da ihre Interessen schon vom Grundsatz her jedenfalls hinsichtlich der angesprochenen zeitlichen Komponente anders ausgerichtet sind als die der ungesicherten Gläubiger. Da der Wortlaut des § 78 Abs. 1 von dem „gemeinsamen Interesse der *Insolvenzgläubiger*" spricht, wird deutlich, dass im Hinblick auf die Aufhebung eines Beschlusses der Gläubigerversammlung die Interessen der absonderungsberechtigten Gläubiger nachrangig sind.[104] Das bedeutet etwa, dass die Majorisierung eines Beschlusses der Gläubigerversammlung durch Grundpfandgläubiger hinsichtlich einer (negativen) Entscheidung über die Betriebsfortführung dem gemeinsamen Interesse der Insolvenzgläubiger widerspricht, wenn bei Fortführung eine Quotenerwartung besteht.[105] In einem gewissen formalen Widerspruch der Nachrangigkeit der Interessen der absonderungsberechtigten Gläubiger steht allerdings der Umstand, dass ihnen in der Gläubigerversammlung ein Stimmrecht eingeräumt ist und sie auch den Antrag auf Aufhebung des Beschlusses stellen dürfen. Beides erfährt dadurch eine „Entwertung", dass das mit dem Stimmrecht zum Ausdruck kommende Interesse der absonderungsberechtigten Gläubiger im Zweifel nicht dieselbe Wertigkeit hat wie bei den ungesicherten Gläubigern. Zu rechtfertigen ist dies allerdings damit, dass durch die Beachtung der Interessen der Insolvenzgläubiger unter Nachordnung der Interessen der absonderungsberechtigten Gläubiger deren Interessen jedenfalls nicht verschlechtert werden, während eben dies in der umgekehrten Konstellation der Fall ist, und um insoweit einen Ausgleich zu schaffen, ist es notwendig, die Interessen der gesicherten Gläubiger zurückzustellen. Bildhaft ausgedrückt, müssen sich die absonderungsberechtigten Gläubiger, um ein Gleichgewicht der Gruppen von gesicherten und ungesicherten Gläubigern in der Gläubigerversammlung herzustellen, bei der Entscheidung über die Aufhebung von Beschlüssen der Gläubigerversammlung ihren „Vorteil" der Sicherung in Form eines „Nachteils" in der Beachtung ihrer Interessen anrechnen lassen. Dass sie gleichwohl die Möglichkeit haben, den Antrag nach § 78 Abs. 1 zu stellen, hängt damit zusammen, dass absonderungsberechtigte Gläubiger auch als Insolvenzgläubiger agieren und die Beeinträchtigung ihres Rechts auf anteilsmäßige Befriedigung ihrer persönlichen Forderung aus der Insolvenzmasse müssen geltend machen können.[106]

Für die Entscheidung des Insolvenzgerichts ist es nach dem eindeutigen Wortlaut unerheblich, 19 ob der Beschluss dem Interesse des Schuldners oder der Massegläubiger widerspricht; es kommt auf die Verletzung der Interessen von Massegläubigern oder des Schuldners nicht an.[107] Eine Verletzung des gemeinsamen Interesses der Gläubiger liegt dann nicht vor, wenn ein Beschluss der Gläubigerversammlung dazu führt, dass es für keinen Gläubiger zu einer Schlechterstellung kommt, für einen oder mehrere Gläubiger hingegen aber zu einer Besserstellung. Einseitige Vorteile bestimmter Gläubiger führen nicht zu einer Verletzung des *gemeinsamen* Interesses der Gläubiger, wenn diese nicht schlechter stehen als vorher[108]. Das gilt nach einer Entscheidung des AG Bremen auch in dem Fall, in dem eine Vielzahl der (ungesicherten) Gläubiger vor und nach dem inkriminierten Beschluss nur mit einer Null-Quote rechnen konnten, für einige Gläubiger durch den Beschluss der Gläubigerversammlung allerdings die Möglichkeit geschaffen wurde, zukünftig mit einer Verbesserung ihrer Position im Vergleich zu derjenigen vor der Abstimmung in der Gläubigerversammlung rechnen zu können. Das AG Bremen hat dies damit begründet, dass § 78 nur die Schlechterstellung der Position der Gläubiger erfasse, nicht aber die Besserstellung einzelner Gläubiger im Vergleich zum status quo ante der übrigen Gläubiger[109]. Eine weite Auslegung des Begriffes der Verletzung der gemeinsamen Interesse aller Gläubiger, die auch eine Ungleichbehandlung bestimmter Gläubiger durch die Besserstellung einzelner anderer Gläubiger erfasst, sei wegen des Ausnahmecharakters des § 78 hinsichtlich der in der Gläubigerversammlung grundsätzlich herrschenden Gläubigerautonomie nicht mög-

---

[103] Ebenso *Braun/Herzig* § 78 RdNr. 3.
[104] Allg. Meinung, siehe nur HK-*Eickmann* § 78 RdNr. 2; Kübler/Prütting/Bork § 78 RdNr. 7; *ders.*, FS Kreft, 374; *Nerlich/Römermann/Delhaes* § 78 RdNr. 6; *Pape* RdNr. 287; *Buck* in Huntemann u.a., Der Gläubiger im Insolvenzverfahren, Kap. 10, RdNr. 104; Blersch/Goetsch/Haas § 78 RdNr. 4; *Haarmeyer/Wutzke/Förster*, Handbuch, Kap. 6 RdNr. 68; siehe aber auch *Braun/Herzig* § 78 RdNr. 4: „Nicht geschützt im Sinne des ‚gemeinsamen Interesses' ist das Recht der absonderungsberechtigten Gläubiger auf abgesonderte Befriedigung (...)."
[105] Vgl. insoweit den Fall des AG Neubrandenburg ZInsO 2000, 111, mit Anm. von *Förster;* kritisch *Braun/Herzig* § 78 RdNr. 3 Fn. 4; *Uhlenbruck/Uhlenbruck* § 78 RdNr. 11.
[106] Im Ergebnis ebenso *Kübler*/Prütting/Bork § 78 RdNr. 8; *Uhlenbruck/Uhlenbruck* § 78 RdNr. 11.
[107] Vgl. nur *Buck* in Huntemann u.a., Der Gläubiger im Insolvenzverfahren, Kap. 10, RdNr. 104; Kübler/Prütting/Bork § 78 RdNr. 8; *Braun/Herzig* § 78 RdNr. 5, der insoweit die hier in der 1. Aufl. gewählte Formulierung offenbar missverstanden hat (siehe aaO Fn. 4).
[108] AG Bremen v. 16.12.2009 (Az 514 IN20/90) = BeckRS 2010, 0775.
[109] AG Bremen v. 16.12.2009 (Az 514 IN20/90) = BeckRS 2010, 0775.

lich[110]. Wenngleich der Eindruck einer aufgrund eines zu formaler Anwendung des Rechts entstehenden Unbilligkeit durch die Entscheidung des AG Bremen nicht vollkommen von der Hand zu weisen ist, ist sie gleichwohl zustimmungswürdig. § 78 will seinem Regelungszweck nach nämlich die gerechte Wahrung der Interessen aller Gläubiger bewirken. Dabei setzt § 78 schon voraus und akzeptiert es auch, dass die Interessenlage der Gläubiger und deren „Ausgangspositionen" durchaus verschieden sind[111]. Diese können und dürfen daher nicht mithilfe des Insolvenz Gerichts angeglichen werden.

20 **2. Aufhebung des Beschlusses der Gläubigerversammlung.** Das Insolvenzgericht hat demnach also einen Beschluss dann aufzuheben, wenn dieser nach seinen Ermittlungen dazu führt, dass die gemeinsamen Interessen der Gläubiger eindeutig und in erheblichen Umfang verletzt worden sind. Das ist typischerweise dann der Fall, wenn die Möglichkeiten zu einer zumindest mittelfristigen Vergrößerung der Masse nicht hinreichend ausgeschöpft oder sogar ganz vereitelt werden. **Ein Ermessen steht dem Gericht insoweit nicht zu.**[112] Da dies für das Gericht oft nur schwer festzustellen sein wird, bedarf es für seine Entscheidung regelmäßig der Information durch die Gläubiger und den Insolvenzverwalter.[113] In ganz besonders gelagerten Ausnahmefällen ist sogar denkbar, dass sich das Gericht den Sachverstand außenstehender Dritter besorgt. Für die Bewertung des gemeinsamen Interesses der Insolvenzgläubiger nach § 78 Abs. 1 und die Feststellung des Widerspruchs hierzu ist auf den *tatsächlichen* Kenntnisstand der abstimmenden Gläubiger abzustellen.[114] Deshalb ist ein Beschluss der Gläubigerversammlung selbst denn nicht nach § 78 Abs. 1 aufzuheben, wenn die Gläubigerversammlung vom Insolvenzveerwalter fehlerhaft informiert worden ist.[115] Die Schwierigkeiten für das Gericht festzustellen, ob ein Beschluss der Gläubigerversammlung gegen das gemeinsame Interesse der Insolvenzgläubiger verstößt, erlaubt es ihm aber nicht, im Zweifel die Entscheidung der Gläubigerversammlung zu bestätigen.[116] Zwar würde dies zu einer Arbeitsentlastung der Insolvenzgerichte führen und zunächst hat auf Grund der Gläubigerautonomie ein Beschluss der Versammlung auch die „Richtigkeitsvermutung" für sich, doch würde durch eine solche Praxis die Kontrollfunktion des § 78 ausgehöhlt.[117] Im Übrigen hat das Gericht zu prüfen, ob die geltend gemachte Verletzung des Interesses des Gläubigers effektiv durch andere Instrumente geschützt werden können. So begründen zB Fehlinformationen der Gläubigerversammlung durch den Insolvenzverwalter nicht die Aufhebung eines Beschlusses der Gläubigerversammlung, wenn dieses Verhalten Haftungsansprüche gem. § 60 gegenüber dem Verwalter begründet.[118]

Allerdings ist nicht zu verkennen, dass es in der Praxis regelmäßig **Unschärfen** in der Feststellung einer Verletzung des gemeinsamen Interesses geben wird. In den Zweifelsfällen, in denen allenfalls nur eine geringfügige Benachteiligung anzunehmen sein könnte, muss dann vor dem Hintergrund der Gläubigerautonomie das durch die Mehrheitsentscheidung legitimierte Ergebnis durch das Insolvenzgericht bestätigt werden. Beschlüsse sind nur dann aufzuheben, wenn die Verletzung des gemeinsamen Interesses eindeutig und nicht ganz unerheblich ist.[119]

21 Die **Folge** der Verknüpfung der Aufhebung eines Gläubigerversammlungsbeschlusses mit einem Verstoß gegen die gemeinsamen Interessen der Gläubiger ist, dass es demnach dann keinen Grund zur Aufhebung eines Beschlusses gibt, wenn der Inhalt des Beschlusses keine Auswirkungen auf die

---

[110] AG Bremen v. 16.12.2009 (Az 514 IN20/90) = BeckRS 2010, 0775.
[111] S. *Jaeger/Gerhardt* § 78 RdNr. 1.
[112] *Nerlich/Römermann/Delhaes* § 78 RdNr. 7; *Kübler*/Prütting/Bork § 78 RdNr. 13; HambKomm-*Preß* § 78 RdNr. 11; *Uhlenbruck*/Uhlenbruck § 78 RdNr. 14.
[113] *Buck* in Huntemann u.a., Die Gläubiger im Insolvenzverfahren, Kap. 10, RdNr. 104; *Braun/Herzig* § 78 RdNr. 13; *Hess* § 78 RdNr. 20; *Hess/Obermüller*, 536 ff.; vgl. auch bereits *Mohrbutter/Haarmann* KTS 1956, 177, 179; *Jaeger/Gerhardt*.
[114] S. unten RdNr. 27; *Braun/Herzig* § 78 RdNr. 13; AG Frankfurt/M. v. 6.5.2009 (Az. 810 IE 5/08 M RdNr. 10 (zitiert nach juris).
[115] S. KG InsO 2001, 1548, 1548 ff.; dazu vgl. *Pape* ZInsO 2001, 691; *Smid* DZWIR 2002, 37 und unten RdNr. 27.
[116] So FK-*Hössl*, 2. Aufl., § 78 RdNr. 4; LG Berlin ZInsO 2000, 519; *Braun/Herzig* § 78 RdNr. 11; im Ergebnis ebenso *Uhlenbruck/Uhlenbruck* § 78 RdNr. 14.
[117] Ebenso *Pape* RdNr. 287.
[118] Vgl. KG NZI 2001, 310, 311; HambKomm-*Preß* § 78 RdNr. 11; *Graf-Schlicker/Castrup* § 78 RdNr. 2; FK-*Schmitt* § 78 RdNr. 13; kritisch dagegen *Pape* ZInsO 2001, 691.
[119] So im Wesentlichen auch *Kübler*/Prütting/Bork § 78 RdNr. 7; *Jaeger/Gerhardt* § 78 RdNr. 14; *Pape* RdNr. 287; *Braun/Herzig* § 78 RdNr. 11; KG DZWIR 2002, 34; BGH v. 10.12.2009 (Az.: IX ZB 263/08); LG Berlin ZInsO 2000, 519. AG Bremen v. 16.12.2009 (Az 514 IN 20/09) = BeckRS 2010, 07745. Problematisch daher die Entscheidung AG Neubrandenburg ZInsO 2000, 111, wonach auch die Vereitelung nur geringster Quoten zur Aufhebung berechtigen soll.

Vergrößerung der Haftungsmasse des Gemeinschuldners hat.[120] Das betrifft insbesondere die Frage der Ab- bzw. Zuwahl von Mitgliedern des Gläubigerausschusses. Dies führt jedoch letztlich zu keiner bedenklichen Schutzlücke, denn die Ab- oder Zuwahl von Mitgliedern des Ausschusses ist in § 68 und § 70 Satz 2 hinreichend geregelt.[121] Die Abwahl des Insolvenzverwalters hat dagegen wesentliche Bedeutung für die Vergrößerung der Haftmasse.

3. Konflikt zwischen Minderheitenschutz und Mehrheitsprinzip. a) Problemstellung. 22
Neben den rechtstatsächlichen Problemen für das Gericht festzustellen, ob ein angegangener Beschluss gegen die zumindest mittelfristige Vergrößerung der Haftungsmasse verstößt, ist die Befugnis des Insolvenzgerichts, in die Entscheidungsautonomie der Gläubigerversammlung einzugreifen, auch in anderer Hinsicht nicht unproblematisch.

Die Entscheidung des Gerichts über die Aufhebung eines Beschlusses befindet sich immer in einem Dilemma: Auf der einen Seite geht es der Regelung des § 78 Abs. 1 funktional, wie oben beschrieben, darum, den berechtigten Schutz der Minderheit gegenüber einer obsiegenden Mehrheit in der Gläubigerversammlung zu sichern.[122] Diese Funktion führt aber auf der anderen Seite zu einem Konflikt mit dem Mehrheitsprinzip bei Entscheidungen nach § 76 Abs. 2. Denn wenn schon allein der Umstand des Unterliegens eines Gläubigers zu der Aufhebung der Mehrheitsentscheidung durch das Insolvenzgericht führen kann, wird prinzipiell jeder, der in der Versammlung unterlegen ist, versuchen die Mehrheitsentscheidung anzufechten, umso seine individuellen Interessen doch noch durchzusetzen. Damit könnte das Mehrheitsprinzip im Ergebnis ad absurdum geführt werden. Es bestünde zudem die Möglichkeit des Missbrauchs, indem die Gläubiger dadurch Anreize erhalten, entweder Minderheiten zu bilden, um sich dann ihr Abstimmungsverhalten abkaufen zu lassen oder aber sich nach der Abstimmung den Verzicht auf die Stellung eines Aufhebungsantrages von der Mehrheit entlohnen zu lassen.

b) Erfordernis zusätzlicher Kriterien. Um aber einen Missbrauch der Überprüfung von 23
Beschlüssen durch das Insolvenzgericht einzudämmen, ist es erforderlich, den Antrag mit einem zusätzlichen Kriterium zu verbinden.[123]

aa) Rechtlich geschütztes Interesse des antragstellenden Gläubigers. Zur Lösung dieses 24
Dilemmas ist vorgeschlagen worden, dass nicht allein der Verstoß gegen die gemeinsamen Interessen ausschlaggebend sein soll, sondern, dass das Interesse der Gläubiger besonders anerkannt, nämlich **rechtlich geschützt** sein müsse.[124] Der Schutzzweck des § 78 würde damit reduziert auf die Verteidigung geschützter Rechte überstimmter oder abwesender Einzelgläubiger. Ein solcher Vorschlag führt genau besehen freilich auch nicht weiter. Als geschützte Rechtspositionen der Gläubiger kämen wohl im Wesentlichen nur der Gleichbehandlungsgrundsatz und Eigentumsrechte in Betracht.[125] Der Gleichbehandlungsgrundsatz wird jedoch durch die Befugnisse, die der Gläubigerversammlung zustehen, gar nicht tangiert, sodass sich ein Antrag auf Aufhebung ohnehin nie darauf stützen kann, dass durch einen Beschluss dieser Grundsatz verletzt worden sei. Im Gegensatz dazu ist der Hinweis darauf, dass durch den in Frage stehenden Beschluss in die Eigentumsrechte des Gläubigers eingegriffen wurde, derart pauschal, dass damit keine wirksame Einschränkung einherginge. Denn jedem Antrag liegt immanent die Beschwer zugrunde, durch den Beschluss in seiner Befriedigungserwartung – und damit in seinen Eigentumsrechten – mittelbar oder unmittelbar beeinträchtigt worden zu sein.

bb) Schutzinteresse des antragstellenden Gläubigers. Als zusätzliches Erfordernis zum 25
Antrag ist stattdessen das **Schutzinteresse** darzulegen. Dieses Erfordernis lässt sich hier aus dem Sinn und Zweck des § 78 Abs. 1 begründen. Demnach ist es erforderlich, dass der Antragsteller summarisch darlegt, dass der Beschluss das gemeinsame Interesse der Insolvenzgläubiger verletzt, und Hinweise dafür gibt, dass der Beschluss im Vergleich zur Sachlage ohne den betreffenden Beschluss mittelfristig nicht zu einer Vergrößerung der Haftungsmasse des Schuldners führt. Es reicht dagegen regelmäßig nicht aus, dass der Antragsteller die Beeinträchtigung des gemeinsamen Interesses nur schlicht behauptet oder etwa lediglich dartut, dass seine eigenen Interessen durch den Beschluss tangiert werden.

---

[120] S. *Braun/Herzig* § 78 RdNr. 17.
[121] Die parallele Anwendbarkeit nimmt u.a. auch *Braun/Herzig* § 78 RdNr. 15 an; dagegen AG Köln NZI 2003, 657, 657 f.
[122] *Hahn*, 289.
[123] Siehe dazu *Pape* ZInsO 2000, 469, 476.
[124] *Hegmanns*, 94.
[125] Vgl. *Hegmanns*, 95.

26 4. Entscheidungsbefugnis des Gerichts. a) Mehrheitsentscheidung. In der Praxis ist der typische Fall der, dass das Insolvenzgericht einen Beschluss der Gläubigerversammlung aufheben kann, wenn es bei dem Abstimmungsergebnis eine Minderheit gegeben hat. Dieser ist im Wesentlichen unproblematisch. Eine Minderheit ist auch dann gegeben, wenn zwar das Abstimmungsergebnis in der Versammlung einstimmig ausgefallen ist, aber nicht alle abstimmungsbefugten Gläubiger anwesend waren oder ihre Stimme abgegeben haben. Es ist zudem gleichgültig, ob auch der Antrag aus Reihen der Minderheit oder von einem oder mehreren Gläubigern der Mehrheit gestellt wird, denn zum einen ist maßgeblich, dass der Beschluss gegen das gemeinsame Interesse der Gläubiger verstoßen hat – dieses Monitum kann jeder darlegen –, und zum anderen differenziert das Gesetz bei der Antragsbefugnis des § 78 Abs. 1 nicht.

27 b) Einstimmige Entscheidung aller Gläubiger. Entscheidung auf der Grundlage unrichtiger Unterrichtung. Schwieriger zu beurteilen ist die Entscheidungsbefugnis des Gerichts, wenn unter Beteiligung aller abstimmungsberechtigten Gläubiger ein einstimmiger Beschluss ergangen ist. Grundsätzlich hat das Insolvenzgericht in einem solchen Fall **keinen Raum für die Bejahung der Voraussetzungen zur Aufhebung des Beschlusses.** Allgemein gilt nämlich, dass das Gericht stets bemüht sein muss, im Rahmen seiner Entscheidungskompetenz einen Ausgleich zwischen notwendiger Rechtskontrolle und Gläubigerautonomie herzustellen.[126] Da es aber bei der Aufhebung eines Beschlusses der Gläubigerversammlung durch das Insolvenzgericht nur darum geht, ob dieser Beschluss dem gemeinsamen Interesse aller Gläubiger widerspricht, kann es nicht darauf ankommen, ob sich die Kontrolle nur auf einstimmige, d.h. mit den Stimmen aller Gläubiger und nicht nur aller anwesenden Gläubiger, oder nur durch Mehrheit gefasste Entscheidungen bezieht.[127] Zwar spricht zunächst eine Vermutung dafür, dass eine Entscheidung, die von den Stimmen aller Gläubiger getragen wird, auch dem Interesse aller Gläubiger entspricht, denn wenn alle Gläubiger übereinstimmend der Meinung sind, eine Beschlussfassung entspreche nicht ihrem Interesse, würden sie diesen Beschluss nicht fassen,[128] insbesondere steht es dem Gericht nicht an, wirtschaftliche Zweckmäßigkeitserwägungen an die Stelle der autonom getroffenen Entscheidung zu setzen.[129] Doch gibt es im Gesetz keinen Anhaltspunkt, aus dem entnommen werden könnte, dass derartige Beschlüsse der Kontrolle durch das Insolvenzgericht per se entzogen wären. Denkbar ist nämlich, dass **in Ausnahmefällen** auch ein einstimmig unter Anwesenheit aller Gläubiger gefällter Beschluss gegen das gemeinsame Interesse verstößt. Dies wäre etwa dann der Fall, wenn die Grundlagen für die Willensbildung bei dem Beschluss unzutreffend waren und sich dies später dann herausstellte. So können etwa bei einem Beschluss, den Betrieb des schuldnerischen Unternehmens einzustellen, der deshalb einstimmig ergangen ist, weil der Gläubigerversammlung unrichtige Daten zur Verfügung gestanden hatten, bei einem oder mehreren Gläubiger Zweifel an dessen Richtigkeit entstehen. Diese Zweifel könnten damit begründet werden, dass auf Grund der erst später bekannt gewordenen Daten die Prognose für den Erfolg einer Aufrechterhaltung des Betriebes nunmehr positiv ist. In diesem Fall würde die Vergrößerung der Befriedigungsaussichten aller Insolvenzgläubiger mit dem erfolgten Beschluss geschmälert werden, sodass er gegen das gemeinsame Interesse der Insolvenzgläubiger verstoßen würde.[130] Allgemein wird damit aber die Frage aufgeworfen, **auf welchen Kenntnisstand bei der Feststellung des gemeinsamen Interesses der Gläubiger** und dem etwaigen Widerspruch hierzu durch einen Beschluss der Gläubigerversammlung abzustellen ist. Praktisch geht es dabei um das Problem der Fehlinformation der Gläubiger durch den Insolvenzverwalter, genereller um die Frage, in welchem Umfang „neue Tatsachen" bei einer Entscheidung nach § 78 zu berücksichtigen sind.[131] Das KG hat entschieden, dass es auf den Kenntnisstand der Gläubiger bei der Abstimmung ankommt.[132] Eventuelle Fehlinformationen der Gläubiger könnten nur eine Haftung des Insolvenzverwalters begründen, nicht aber die Aufhebung des Beschlusses.[133] Diesem Ansatz ist nicht zuzustimmen.[134] Zum einen wird die Problematik ohne Not auf die Ebene der Verwalterhaftung verlagert,[135] und zum anderen wird damit übersehen, dass der § 78 bei der Überprüfungsmöglichkeit der Entscheidung der Gläubigerversammlung davon ausgeht, dass diese Willensbildung auf

---

[126] Vgl. *Blersch/*Goetsch/Haas § 78 RdNr. 4.
[127] Anders *Hegmanns,* 95; wie hier HK-*Eickmann* § 78 RdNr. 12.
[128] Überzeugend *Hegmanns,* 93; vgl auch *Kübler/*Prütting/Bork, § 78 RdNr. 12.
[129] *Blersch/*Goetsch/Haas § 78 RdNr. 4.
[130] So auch HK-*Eickmann* § 78 RdNr. 12; im Ergebnis ebenso *Pape* ZInsO 2001, 691, 693 f.; *Uhlenbruck/ Uhlenbruck* § 78 RdNr. 14 f.; *Oelrichs,* 56.
[131] *Uhlenbruck/Uhlenbruck* § 78 RdNr. 14 f.; *Kübler,* FS Kreft, 375 f.
[132] KG ZInsO 2001, 411.
[133] So auch *Braun/Herzig* § 78 RdNr. 13; *Smid* DZWIR 2002, 37 f.
[134] So auch *Kübler,* FS Kreft, 376.
[135] *Pape* ZInsO 2001, 691, 693; im Anschluss daran *Uhlenbruck/Uhlenbruck* § 78 RdNr. 15.

einer – jedenfalls bis zum Zeitpunkt des Endes der Gläubigerversammlung – zutreffenden Informationsbasis beruht.[136] Es geht insoweit eben nicht nur um eine Fehlinformation durch den Insolvenzverwalter, sondern um die Fassung eines Willensbeschlusses in der Gläubigerversammlung auf zutreffender Tatsachenbasis. Daher greift ein bloßer Verweis auf die Verwalterhaftung zu kurz. Zudem darf nicht übersehen werden, dass es der Zweck der Vorschrift des § 78 Abs. 1 ist, die bestmögliche Verwertung der Insolvenzmasse zu gewährleisten. Dieses Ziel wird nur erreicht, wenn eine objektiv richtige Aufhebungsentscheidung getroffen wird. Dies ist aber nur dann vollständig gewährleistet, wenn auch die neuen Erkenntnisse während des Aufhebungsverfahrens berücksichtigt werden.[137] Es überzeugt daher nicht, wenn das KG davon ausgeht, dass der objektivierte Maßstab nichts über die der Interessenfeststellung und Interessenbewertung zugrunde zu legende Tatsachenbasis nach Perspektive und Zeitpunkt aussagt.[138] Die vom KG herangezogenen Zitate aus der Begründung des Regierungsentwurfs stützen dessen Auffassung ebenfalls nicht. Dort wird nur verdeutlicht, dass § 78 dazu dienen soll, dem Missbrauch einer Mehrheit in der Gläubigerversammlung entgegenzuwirken. Dass ein Gericht nicht dazu verpflichtet sein soll, eine objektive nachträgliche Prüfung der „wahren" Interessenlage vorzunehmen, lässt sich daraus nicht ableiten.[139] Da all dies aber noch in derselben Versammlung geschehen muss, damit die Antragsfrist gewahrt bleibt, dürfte es sich bei entsprechenden Fällen freilich nur um theoretisch vorkommende Ausnahmefälle handeln.

c) Entscheidung, die gegen ein Verbotsgesetz oder die guten Sitten verstößt. Das Insolvenzgericht braucht dort nicht nach § 78 Abs. 1 einzuschreiten, wo ein von der Gläubigerversammlung gefasster Beschluss gegen ein Verbotsgesetz oder gegen die guten Sitten verstößt.[140] Zwar lässt sich beides als abstrakter Schutz von Minderheitsinteressen oder von öffentlichen Interessen verstehen, die nicht durch einen Gläubigerversammlungsbeschluss verletzt werden dürfen, doch bedarf es keiner Aufhebung der Beschlüsse, wie § 78 sie vorsieht, da sie wegen des Verstoßes gegen §§ 134, 138 BGB auch ohne Ausspruch der Unwirksamkeit durch das Gericht schon per se nichtig sind.[141]

5. Zweckmäßigkeitsentscheidungen durch das Insolvenzgericht? Noch ungeklärt ist die Frage, ob das Insolvenzgericht nur einen Beschluss aufheben darf, oder ob es auch Zweckmäßigkeitsentscheidungen treffen darf.[142] Die Frage wird in der Praxis zB dort relevant, wo die Mehrheit beschließt, dass das Unternehmen des Schuldners veräußert werden soll. Stellt nämlich das Gericht fest, dass die Veräußerung des gesamten Unternehmens nicht im gemeinsamen Interesse der Gläubiger liegt, wohl aber die Veräußerung nur eines Betriebsteils, dann stellt sich die Frage, ob das Gericht nach § 78 Abs. 1 nur die Befugnis hat, den Beschluss über die Veräußerung des Unternehmens aufzuheben, oder ob es zudem auch die Veräußerung nur des betreffenden Betriebsteils anordnen darf. Es geht damit also um die Grenzziehung zwischen gerichtlicher Kontrolle und Gläubigerautonomie.

Einer Auffassung nach darf das Insolvenzgericht derartige **Zweckmäßigkeitsentscheidungen** treffen, wenn es der Überzeugung ist, dass dies zu einer Vergrößerung der Haftungsmasse führt[143] und damit im gemeinsamen Interesse der Gläubiger liegt. Der Eingriff in die Gläubigerautonomie sei hinzunehmen, weil § 78 Abs. 1 gerade eine Schranke dieser Autonomie darstelle. Diese Argumentation stellt sich bei näherem Hinsehen freilich als zirkulär heraus: die Begründung für den Eingriff wird durch diesen selbst gegeben.

§ 78 Abs. 1 bietet vielmehr eine Begrenzung der Gläubigerautonomie, indem die mit Mehrheit verabschiedeten Beschlüsse einer Kontrolle am Maßstab des gemeinsamen Interesses der Gläubiger unterworfen werden und das Gericht ggf. befugt ist, den betreffenden Beschluss aufzuheben. Weiter reicht die Befugnis des Gerichts nicht. Das ergibt sich zum einen aus dem Wortlaut des § 78 Abs. 1, der nur von Aufhebung eines Beschlusses spricht, nicht aber von einer Modifizierung oder Ersetzung des Beschlusses der Versammlung. Zum anderen widerspräche dies dem Grundsatz der Verhältnismäßigkeit. Die Beeinträchtigung des Mehrheitsprinzips in der Gläubigerversammlung durch die Über-

---

[136] *Oelrichs*, 56 f.
[137] So überzeugend *Kübler*, FS Kreft, 376.
[138] KG NZI 2001, 310, 311.
[139] Siehe dazu ausführlich *Pape* ZInsO 2001, 691 ff.
[140] Vgl. *Kübler/Prütting/Bork* § 78 RdNr. 5; *Nerlich/Römermann/Delhaes* § 78 RdNr. 4; *Hegmanns*, 97 verneinend; *Becher* LZ 1914, Sp. 254; *Jaeger/Weber* KO § 99 RdNr. 1.
[141] Siehe oben § 76 RdNr. 34 f.; BGH NZI 2011, 713; vgl. ferner *Delhaes/Nerlich/Römermann* § 78 RdNr. 5; FK-*Schmitt* § 78 RdNr. 10; HambKomm/*Preß* § 78 RdNr. 6; *Jaeger/Gerhardt*, § 78 RdNr. 3 – anders noch: *Jaeger/Weber* KO § 99 RdNr. 1; *Braun/Herzig* § 78 RdNr. 10.
[142] Siehe *Blersch/Goetsch/Haas* § 78 RdNr. 4; *Hegmanns*, 95; *Kübler*, FS Kreft, 375; *Kilger/K. Schmidt* § 99 Anm. 1c) mit Hinweis auf die „positive Beschlussfeststellungsklage" im Gesellschaftsrecht – dazu K. Schmidt NJW 1986, 2018 ff.
[143] So auch *Jaeger/Gerhardt* § 78 RdNr. 3.

prüfung muss wegen der Gläubigerautonomie so gering wie möglich gehalten werden. Dies geschieht, indem das Gericht einen Beschluss aufhebt; jeder positiv-gestaltende Eingriff nimmt eine weitere Entscheidung der Gläubigerversammlung vorweg.[144] Das Gericht hat aber nicht die Aufgabe, sich an die Stelle der Gläubigerversammlung zu setzen und für diese positiv zu beschließen. Es bleibt die autonome Aufgabe der Versammlung, erneut über die verschiedenen Aspekte in dem aufgehobenen Beschluss zu debattieren und ggf. einen neuen Beschluss zu treffen. § 78 Abs. 1 erlaubt es dem Gericht daher nur, mit negativer Wirkung einzugreifen;[145] alle weiteren Aktivitäten sind auf Grund der Gläubigerautonomie der Gläubigerversammlung vorbehalten.

30 **6. Wirkungen des Aufhebungsbeschlusses.** Der Beschluss der Gläubigerversammlung wird mit Rechtskraft der Entscheidung des Insolvenzgerichts beseitigt; bis dahin bleibt er wirksam. Im Gegensatz zu der alten Regelung des § 99 KO ermöglicht es § 78, dass ein Gläubigerversammlungsbeschluss allein durch seine Aufhebung beseitigt wird.[146] Bis zur Entscheidung über den Antrag nach § 78 Abs. 1 bleibt die Ausführung des Beschlusses gehemmt.[147]

V. Aufhebungsbeschluss

31 **1. Beschluss.** Das Insolvenzgericht entscheidet über den Antrag auf Aufhebung eines Gläubigerversammlungsbeschlusses in Form eines Beschlusses. **Funktional zuständig** ist die Person, die die Sitzungsleitung gem. § 76 Abs. 1 innehat, also regelmäßig der Rechtspfleger, es sei denn, der Insolvenzrichter hat sich die Entscheidung vorbehalten.[148] Der Beschluss ist **mit Gründen zu versehen,** aus denen hervorgeht, auf welcher Grundlage die Abwägung der unterschiedlichen Interessen vorgenommen wurde und wie die Beeinträchtigung des gemeinsamen Interesses der Gläubiger festgestellt wurde. Die Begründung eines Beschlusses ist einerseits auf Grund der Möglichkeit, gegen den Beschluss mit Rechtsmitteln anzugehen, notwendig, doch ist er andererseits vor dem Hintergrund etwaiger Verzögerungen im Insolvenzverfahren problematisch. Oftmals wird nämlich die Sachlage nicht eindeutig sein und die Entscheidung über den Widerspruch des Versammlungsbeschlusses gegen das gemeinsame Interesse der Insolvenzgläubiger sich als schwierig herausstellen. Dies führt dazu, dass das Insolvenzgericht dann nicht in der Lage sein wird, noch in der Gläubigerversammlung selbst eine Entscheidung zu treffen. Damit kann die Gefahr bestehen, dass Entscheidungen, die für den Verfahrensfortgang von Wichtigkeit sind, nicht getroffen werden können, was sich wiederum nachteilig für das gesamte Verfahren auswirken kann.[149] Zudem ist nicht auszuschließen, dass dieser Umstand auch potentiell den Spielraum für missbräuchliche Verzögerungen eröffnet. Aus diesem Grunde sollten die Anforderung an die Entscheidung des Insolvenzgerichts und an die sie tragende Begründung nicht zu hoch angesetzt werden. Ausreichend ist, wenn für die Rechtsmittelinstanz eine Plausibilitätskontrolle möglich ist. Eine Entscheidung im Büroweg oder eine Vertagung ist statthaft.[150] Vor dem Hintergrund des Interesses an einer schnellen Entscheidung sollte von davon aber nur zurückhaltend Gebrauch gemacht werden. Bei einer Vertagung entsteht das Problem, wie „neue Tatsachen" gewürdigt werden sollen.[151]

Wird der Beschluss des Insolvenzgerichts noch in der Versammlung gefasst, so ist er zu **verkünden.**[152]

32 **2. Öffentliche Bekanntmachung.** Der Aufhebungsbeschluss des Gerichts muss gem. § 78 Abs. 2 Satz 1 öffentlich nach Maßgabe des § 9 bekannt gemacht werden und zwar auch dann, wenn der Beschluss in der Gläubigerversammlung verkündet worden ist. Dies ist notwendig, damit allen, denen das Recht zur sofortigen Beschwerde zusteht und die nicht an der Gläubigerversammlung teilgenommen haben, die Entscheidung des Insolvenzgerichts bekannt gemacht wird. Gegenüber abwesenden Gläubigern bewirkt die öffentliche Bekanntmachung gem. § 9 Abs. 1 Satz 3 in Verbindung mit Abs. 3 die Zustellung der Entscheidung, die wiederum die Frist für die sofortige Beschwerde nach § 6 Abs. 2 in Gang setzt. Für die – auch nur freiwillige – Zustellung der Entscheidung an die in der Gläubigerversammlung anwesenden Gläubiger oder an die bekannten Verfahrensteilnehmer, ggf. auch durch den Insolvenzverwalter gem. § 8 Abs. 3,[153] ist nach der derzeitigen

---

[144] Im Ergebnis ebenso *Braun/Herzig* § 78 RdNr. 17.
[145] *v. Wilmowsky/Kurlbaum* KO § 99 Anm. 1.
[146] Siehe statt vieler *Kübler/Prütting/Bork* § 78 RdNr. 11.
[147] HK-*Eickmann* § 78 RdNr. 13.
[148] Siehe oben § 76 RdNr. 3 f.
[149] Vgl. hierzu auch *Buck* in Huntemann u.a., Der Gläubiger im Insolvenzverfahren, Kap. 10, RdNr. 110.
[150] HK-*Eickmann* § 78 RdNr. 13.
[151] Vgl. dazu nochmals *Pape* ZInsO 2001, 691 ff.
[152] Siehe *Blersch/Goetsch/Haas* § 78 RdNr. 7.
[153] So aber *Blersch*/Goetsch/Haas § 78 RdNr. 8; vgl. auch HK-*Eickmann* § 78 RdNr. 14; *Uhlenbruck*/Uhlenbruck § 78 RdNr. 20; FK-*Hössl*, 2. Aufl., § 78 RdNr. 10.

gesetzlichen Regelung dagegen kein Platz.[154] Zwar könnte damit zu einer gewissen Vereinfachung und Beschleunigung des Verfahrens beigetragen werden, zumal sich diese Entscheidung nicht mehr an einen noch unbekannten bzw. noch offenen Adressatenkreis wendet, doch hat der Gesetzgeber diese vom Bundesrat vorgeschlagene Ergänzung mit dem Hinweis auf die Gefahr der unterschiedlichen Laufzeit von Beschwerdefristen und den Bedenken der Arbeitsbelastung der Insolvenzgerichte auf Grund allfälliger Postrückläufe für nicht zweckmäßig gehalten.[155] Eine unterlassene und fehlerhafte öffentliche Bekanntmachung hat allerdings nur Auswirkung auf die Beschwerdefrist nach § 6 Abs. 2, berührt mithin die materiell-rechtlichen Aspekte der Entscheidung des Gerichts nicht.

VI. Rechtsmittel

Gegen die Entscheidung der Aufhebung eines Beschlusses der Gläubigerversammlung kann die **sofortige Beschwerde** eingelegt werden (§ 6, § 577 ZPO), wenn die Entscheidung von einem Richter getroffen wurde.[156] Das Beschwerderecht steht dabei jedem nicht nachrangigen und jedem absonderungsberechtigten Gläubiger zu. Das gilt auch, wenn die betreffenden Gläubiger in der Gläubigerversammlung nicht erschienen sind, weil sie an die Beschlüsse der Gläubigerversammlung dennoch gebunden sind.[157] Auf Grund dieser weitgehenden Beschwerdebefugnis bedarf es dann auch keiner Beschwerdebefugnis des Insolvenzverwalters als Wahrer der Interessen der Gläubiger mehr.[158] Trifft der Rechtspfleger die Entscheidung, so steht den von der Beschwerdemöglichkeit nach § 78 Abs. 2 Satz 2 ausgeschlossenen Personen nicht die Erinnerung nach § 11 Abs. 2 RPflG offen, da ansonsten die von § 78 Abs. 2 Satz 2 gewollte Rechtsmittelbeschränkung unterlaufen würde.[159] 33

Wird der Antrag auf Aufhebung des Beschlusses der Gläubigerversammlung abgelehnt, steht dem Antragsteller als Beschwertem gem. § 78 Abs. 2 Satz 3 dagegen die sofortige Beschwerde (§ 6, § 577 ZPO) zu. **Das Beschwerderecht hat insoweit dann auch der Insolvenzverwalter.**[160]

Eine Aufhebungsentscheidung des Insolvenzgerichts hat **aufschiebende Wirkung**, wenn gegen diese Entscheidung Rechtsmittel eingelegt worden sind. Gegenüber dem Interesse an einer möglichst schleunigen Abwicklung des Verfahrens überwiegen hier die Rechtsklarheit und die Rechtssicherheit hinsichtlich der Beschlüsse der Gläubigerversammlung.[161] Es wäre nämlich für die Abwicklung des Verfahrens höchst unvorteilhaft, wenn bestimmte Maßnahmen, die von der Gläubigerversammlung gewollt oder nicht gewollt wurden, im Nachhinein wieder korrigiert werden müssten. 34

Eine Entscheidung der Gläubigerversammlung selbst ist nicht mit der sofortigen Beschwerde anfechtbar. Dies ergibt sich aus § 6, wonach nur Entscheidungen des Insolvenzgerichts dem Rechtsmittel der sofortigen Beschwerde unterliegen. Ein Beschluss der Gläubigerversammlung ist jedoch keine Entscheidung des Insolvenzgerichts.[162] 35

VII. Änderung von Beschlüssen durch die Gläubigerversammlung

Im Zusammenhang mit der Aufhebung von Beschlüssen durch das Insolvenzgericht stellt sich als Annexfrage, ob und wenn ja, inwieweit die **Gläubigerversammlung selbst Beschlüsse ändern bzw. aufheben kann**. Eine spezielle Regelung findet sich in § 157 Satz 3 für die Entscheidung über die Stilllegung oder die vorläufige Fortführung des Betriebes, sowie für den Auftrag an den Verwalter, nach ihren Vorgaben einen Insolvenzplan auszuarbeiten. Auch die Änderung der Zusammensetzung des Gläubiger- 36

---

[154] Ebenso *Braun/Herzig* § 78 RdNr. 18; HambKomm-*Preß* § 78 RdNr. 13; FK-*Schmitt* § 78 RdNr. 18.
[155] Vgl. BT-Drucks. 12/2443, 251, Nr. 14; BT-Drucks. 12/2443, 264, zu Nr. 14.
[156] *Uhlenbruck/Uhlenbruck* § 78 RdNr. 21.
[157] *Pape* RdNr. 289; *Buck* in Huntemann u.a., Der Gläubiger im Insolvenzverfahren, Kap. 10, RdNr. 111; *Blersch*/Goetsch/Haas § 78 RdNr. 8; *Hess* § 78 RdNr. 23; *Nerlich/Römermann/Delhaes* § 78 RdNr. 8; *Uhlenbruck/Uhlenbruck* § 78 RdNr. 21; HK-*Eickmann* § 78 RdNr. 15.
[158] Vgl. im Weiteren dazu BVerfG ZIP 2005, 537.
[159] So zu Recht *Braun/Kind* § 78 RdNr. 23.
[160] Allg. Meinung, siehe statt aller *Blersch*/Goetsch/Haas § 78 RdNr. 9; HambKomm-*Preß* § 78 RdNr. 15; *Nerlich/Römermann/Delhaes* § 78 RdNr. 9; *Uhlenbruck/Uhlenbruck* § 78 RdNr. 21; *Buck* in Huntemann u.a., Der Gläubiger im Insolvenzverfahren, Kap. 10, RdNr. 111; *Pape* RdNr. 290. Vgl. insoweit den in Bezug auf § 57 ergangenen Beschluss des BVerfG ZIP 2005, 537, der dem Insolvenzverwalter bei der Abwahl in der ersten Gläubigerversammlung keinen Rechtsschutz zubilligen möchte. Auf die Möglichkeit, nach § 78 Abs. 1 Rechtsschutz zu erlangen, wie es in den Instanzen versucht wurde, geht das BVerfG nicht explizit ein.
[161] Anders: *Buck* in Huntemann u.a., Der Gläubiger im Insolvenzverfahren, Kap. 10, RdNr. 110; wie hier HambKomm-*Preß* § 78 RdNr. 16.
[162] Siehe dazu OLG Saarbrücken NZI 2000, 179.

§ 79 1, 2   2. Teil. 3. Abschnitt. Insolvenzverwalter. Organe der Gläubiger

ausschusses (§ 68 Abs. 2) und die Entlassung des Insolvenzverwalters (§ 59) können gegebenenfalls als besondere Regelungen im Hinblick auf die Revision eigener Beschlüsse verstanden werden. Darüber hinaus trifft das Gesetz aber keine generelle Aussage. Das ist freilich auch nicht nötig, denn bereits aus dem Grundsatz der Gläubigerautonomie folgt unmittelbar, dass jede Entscheidung in der Gläubigerversammlung durch eine andere Entscheidung der Gläubigerversammlung aufgehoben werden kann. Andernfalls wäre der Gläubigerversammlung insbesondere die Möglichkeit genommen, auf Änderungen der Umstände zu reagieren. Dies wäre aber sinnwidrig, weil es nicht die Aufgabe der Gläubigerversammlung ist, einmalig bestimmte Entscheidungen zu treffen, sondern individuell und dynamisch am Prozess des Insolvenzverfahrens teilzunehmen.[163] Dies wird von der Gegenposition[164] übersehen. Aus den ausdrücklichen Regelungen zur Revision eigener Entscheidungen der Gläubigerversammlung lässt sich zudem nicht der Umkehrschluss ziehen, dass in allen anderen Fällen keine Änderung oder Aufhebung von Beschlüssen der Gläubigerversammlung durch sie selbst möglich sei. Vielmehr stellen diese Vorschriften ausdrückliche Regelungen des ungeschriebenen allgemeinen Grundsatzes für solche Sachbereiche im Insolvenzverfahren dar, bei denen die besondere Betonung der Revisionsmöglichkeit auf Grund der Regelungsmaterie notwendig erscheinen.

§ 79 Unterrichtung der Gläubigerversammlung

[1]Die Gläubigerversammlung ist berechtigt, vom Insolvenzverwalter einzelne Auskünfte und einen Bericht über den Sachstand und die Geschäftsführung zu verlangen. [2]Ist ein Gläubigerausschuß nicht bestellt, so kann die Gläubigerversammlung den Geldverkehr und -bestand des Verwalters prüfen lassen.

Schrifttum: Siehe bei § 74.

I. Allgemeines

1   § 79 Satz 1 **ergänzt die Regelung des § 66 Abs. 3,** wonach die Gläubigerversammlung dem Verwalter aufgeben kann, zu bestimmten Zeitpunkten während des Verfahrens Zwischenrechnung zu legen. Damit entspricht die Vorschrift dem Inhalt nach im Wesentlichen der Regelung nach § 132 Abs. 2 KO, § 15 Abs. 5 Satz 2 GesO. Im Gesamtgefüge der Insolvenzordnung ist § 79 Satz 1 die Schwestervorschrift zu § 58 Abs. 1 Satz 2 und korreliert mit § 69 Satz 2. Sie ergänzt damit das Instrumentarium der Gläubiger zur Informationsgewinnung und trägt damit der Vergrößerung der Mitwirkungsrechte der Gläubiger im Insolvenzverfahren Rechnung. Dem liegt die Vorstellung zugrunde, dass die Ausübung der Verfahrens- und Mitwirkungsrechte der Gläubigerversammlung nur dann sachgerecht möglich ist, wenn sie bezüglich aller relevanten Umstände vom Insolvenzverwalter Informationen erlangen kann.[1] § 79 Satz 1 eröffnet der Gläubigerversammlung daher die Möglichkeit, sich neben den gesetzlich vorgeschriebenen Informationspflichten des Insolvenzverwalters (§§ 153, 155, 156, 188, 66) von diesem in Form von Berichten und Auskünften sowohl über Einzelheiten als auch über den allgemeinen Verfahrensstand der Verwaltung und seine Geschäftsführung informieren zu lassen, umso einen vollständigen Kenntnisstand über die jeweilige Sachlage zu erhalten.[2] Das in § 79 Satz 1 statuierte Informationsrecht besteht auch, wenn ein Gläubigerausschuss eingerichtet ist.[3] Anderes gilt für die Kassenprüfung nach Satz 2 (siehe unten RdNr. 14).

II. Informationsberechtigte und -verpflichteter

2   **1. Informationsberechtigte.** Dem Wortlaut des § 79 Satz 1 ist zu entnehmen, dass das Informationsrecht **nur der Gläubigerversammlung als Organ** und nicht etwa der Gläubigergesamtheit zusteht.[4] Daher hat der einzelne Gläubiger keinen Auskunfts- und Berichtsanspruch gegenüber

---

[163] So bereits *Jaeger/Weber* KO § 97 RdNr. 1.
[164] *Buck* in Huntemann u.a., Der Gläubiger im Insolvenzverfahren, Kap. 10, RdNr. 112 ff.
[1] Vgl. Begr. RegE, BT-Drucks. 12/2443, 134, zu § 90; siehe ausführlich *Pape* RdNr. 251; *Smid* § 79 RdNr. 1; FK-*Schmitt* § 79 RdNr. 1; *Kübler/Prütting/Bork* § 79 RdNr. 2; *Nerlich/Römermann/Delhaes* § 79 RdNr. 1; *Uhlenbruck/Uhlenbruck* § 79 RdNr. 1.
[2] Vgl. FK-*Schmitt* § 79 RdNr. 1; HK-*Eickmann* § 79 RdNr. 2; *Nerlich/Römermann/Delhaes* § 79 RdNr. 1; *Blersch/Goetsch/Haas* § 79 RdNr. 1; *Uhlenbruck/Uhlenbruck* § 79 RdNr. 1.
[3] So auch HambKomm-*Preß* § 79 RdNr. 1; *Braun/Herzig* § 79 RdNr. 3.
[4] Siehe *Nerlich/Römermann/Delhaes* § 79 RdNr. 2; *Blersch/Goetsch/Haas* § 79 RdNr. 3; *Kübler/Prütting/Bork* § 79 RdNr. 5; FK-*Schmitt* § 79 RdNr. 3; *Hess* RdNr. 6; *Smid* § 79 RdNr. 3; *Uhlenbruck/Uhlenbruck* § 79 RdNr. 4; vgl. auch BGHZ 62, 1, 3.

dem Insolvenzverwalter, es sei denn, er ist durch einen Beschluss der Gläubigerversammlung dazu legitimiert, den Insolvenzverwalter außerhalb der Versammlung um Informationen zu bitten.[5] Dem einzelnen Gläubiger steht es aber selbstverständlich frei, sich durch Einsicht in die bei Gericht geführten Akten über den Verfahrensstand zu informieren (§ 4, § 299 ZPO).[6] Das Recht auf Einzelauskunft kann sich außerhalb der Gläubigerversammlung allerdings aus anderen Rechtsgründen ergeben, so zB bei öffentlich-rechtlichen Anzeige-, Melde- und Auskunftspflichten[7] oder auf gesellschaftsrechtlicher Grundlage.[8] Zudem haben Aussonderungsberechtigte einen Anspruch gegenüber dem Insolvenzverwalter, soweit die Auskunft zur Durchsetzung ihrer Ansprüche im Verfahren notwendig ist.[9] Die Zuweisung des Informationsrechts an die Gläubigerversammlung hat zur Folge, dass der Informationsanspruch auch nur in einer ordnungsgemäß einberufenen Gläubigerversammlung durchgesetzt werden kann. Es wäre allerdings wenig zweckmäßig, zur Befriedigung des allgemeinen Informationsbedürfnisses der Gläubiger stets Gläubigerversammlungen einzuberufen,[10] sodass in der Praxis in Gläubigerversammlungen Beschlüsse gefasst werden, die den Insolvenzverwalter verpflichten, regelmäßig sämtliche am Verfahren beteiligte Gläubiger durch Rundschreiben (zB auch durch E-Mail) über den Stand des Verfahrens und die Geschäftsführung zu unterrichten. Prinzipiell kann die Gläubigerversammlung auch beschließen, dass der Insolvenzverwalter jedem Gläubiger hinsichtlich bestimmter Umstände regelmäßig Einzelauskünfte erteilt.

Die Informationsberechtigung der Gläubigerversammlung **entfällt auch nicht etwa dadurch, dass ein Gläubigerausschuss eingerichtet ist.** Zwar läge es nicht vollständig fern anzunehmen, dass durch die Überwachungstätigkeit des Gläubigerausschusses gemäß § 69 und die damit einhergehende laufende und umfassende Information des Ausschusses durch den Insolvenzverwalter das Informationsbedürfnis der Gläubiger bereits gedeckt sei und deshalb ein weitergehender Anspruch auf Information der Gläubigerversammlung im Hinblick auf eine dann doppelte Informationserteilung durch den Insolvenzverwalter keine Grundlage hätte, doch widerspräche dies sowohl dem Wortlaut der Norm als auch deren Intention. Wesentlich ist, dass durch die Informationserteilung in der Gläubigerversammlung nicht nur Kenntnis über den Sachstand vermittelt wird, sondern auch ein persönliches Vertrauensverhältnis zwischen Insolvenzverwaltern und denjenigen Gläubigern aufgebaut werden kann, die nicht im Gläubigerausschuss vertreten sind. Zudem wird dadurch gegenüber jedem Gläubiger das – in Insolvenzverfahren psychologisch wichtige – Gefühl vermittelt, er habe durch die besondere Rechenschaft, die er vom Insolvenzverwalter im Rahmen der Gläubigerversammlung verlangen kann, eine persönliche Kontrolle über ihn. Aus denselben Motiven ist eine zusätzliche regelmäßige Informationserteilung gegenüber der Gläubigerversammlung auch bei Bestehen eines Gläubigerausschusses nicht entbehrlich.[11] 3

2. Informationsverpflichteter. Informationsverpflichteter ist der Insolvenzverwalter. Daraus ergibt sich, dass er bei den entsprechenden Versammlungen anwesend sein sollte, um seine Verpflichtung erfüllen zu können. **Höchstpersönliches Erscheinen** ist jedoch ebenso wenig vorgeschrieben wie die persönliche Erteilung der Auskünfte.[12] Diese Aufgabe kann auch von sachkundigen Vertretern übernommen werden. Allerdings muss der Insolvenzverwalter sicherstellen, dass die Informationspflichten auch von dem Vertreter vollumfänglich erfüllt werden können. Es steht der Gläubigerversammlung allerdings frei, ausdrücklich (durch Beschluss) darauf zu bestehen, vom Insolvenzverwalter persönlich die begehrten Informationen zu erhalten. 4

Aus der Konzeption der Vorschrift, die nur dem Organ und nicht dem Einzelnen das Informationsrecht zubilligt, ergibt sich, dass der Insolvenzverwalter, wenn es nicht entsprechende Beschlüsse der Gläubigerversammlung gibt,[13] grundsätzlich[14] **außerhalb der Gläubigerversammlung** Insol- 5

---

[5] Vgl. insoweit *Heseler* ZInsO 2001, 873; *Bork/Jacoby*, ZInsO 2002, 398; ferner s. auch *Schlinker/Henke* ZInsO 2010, 503.
[6] So auch *Smid* § 79 RdNr. 3; *Blersch*/Goetsch/Haas § 79 RdNr. 5; vgl. auch *Nerlich/Römermann/Delhaes* § 79 RdNr. 1; *Pape* RdNr. 253.
[7] Siehe *Uhlenbruck/Uhlenbruck* § 79 RdNr. 4 ff.
[8] Vgl. dazu *Uhlenbruck/Uhlenbruck* § 79 RdNr. 6 mwN.
[9] Vgl. BGHZ 70, 86, 91; *Häsemeyer* ZZP 80 (1967), 262 ff.
[10] Siehe auch *Blersch*/Goetsch/Haas § 79 RdNr. 1.
[11] So aber *Blersch*/Goetsch/Haas § 79 RdNr. 2; *Haarmeyer/Wutzke/Förster*, Handbuch, Kap. 6 RdNr. 92; wie hier: HK-*Eickmann* § 79 RdNr. 2; *Braun/Herzig* § 79 RdNr. 3.
[12] Siehe dazu FK-*Schmitt* § 79 RdNr. 8; *Braun/Herzig* § 79 RdNr. 8; *Blersch*/Goetsch/Haas § 79 RdNr. 4; HambKomm-*Preß* § 79 RdNr. 2; skeptisch HK-*Eickmann* § 79 RdNr. 2.
[13] Auch insoweit ablehnend *Smid* § 79 RdNr. 3.
[14] Ausnahmen gibt es auf Grund der Pflichten in den §§ 156, 69 Satz 2 oder auf Grund öffentlich-rechtlicher Pflichten, vgl. *Uhlenbruck/Uhlenbruck* § 79 RdNr. 5; vgl. aber auch BayObLG v. 8.4.2005 (Az.: 3 ZBR 246/04) zu individuellen Auskunftsansprüchen von Gesellschaftern der Schuldnerin bezüglich der Insovenzmasse.

venzgläubigern weder spezielle Fragen beantworten noch den Sachstand allgemein darlegen darf. Damit soll nämlich verhindert werden, dass es zu Ungleichgewichten in der Informationslage der Gläubiger kommt. Vor diesem Hintergrund ist eine Auffassung, die es bloß in das Belieben des Insolvenzverwalters stellen will, Informationen auch außerhalb der Gläubigerversammlung bzw. außerhalb der Vorgaben, die durch die Beschlüsse der Gläubigerversammlung gemacht sind, zu erteilen,[15] nicht haltbar. Es besteht auch ein praktisches Bedürfnis, den Insolvenzverwalter von Anfragen freizuhalten. Wäre er nämlich in einer Vielzahl ausgesetzt, so bestünde die Gefahr, dass wesentliche Kapazitäten des Insolvenzverwalters, die für die eigentliche Verwaltung benötigt würden, dadurch gebunden wären, das Informationsbedürfnis der Gläubiger zu befriedigen.[16]

III. Umfang der Unterrichtung

6   **1. Allgemeines.** Die Gläubigerversammlung darf nach Bedürfnis, also wiederholt nach dem jeweiligen Stand des Verfahrens, und jederzeit vom Verwalter einzelne Auskünfte oder einen Bericht zum Sachstand verlangen.[17] Im Hinblick auf die Anzahl der zu erstattenden Berichte könnte der Wortlaut des § 79 Satz 2 zwar zu Missverständnissen Anlass geben, weil dort von „*einem* Bericht" die Rede ist. Im Hinblick auf die Vorschriften des § 132 Abs. 2 KO und § 15 Abs. 5 Satz 2 GesO, deren Regelungsinhalt insoweit in der Insolvenzordnung nicht geändert werden sollte, ist aber nicht von einer bloß einmaligen Berichterstattung auszugehen.[18] Der Wortlaut will offensichtlich vielmehr verhindern, dass pro Informationsaufforderung vom Insolvenzverwalter mehr als nur ein Bericht erstellt werden muss, umso die Arbeitsbelastung für den Insolvenzverwalter zu minimieren.

7   Das Unterrichtungsrecht der Gläubigerversammlung umfasst Berichte und Informationen. Um das Informationsbedürfnis der Gläubigerversammlung ausreichend befriedigen zu können, müssen **der Bericht und die Auskünfte der Lage nach vollständig sein** und vom Insolvenzverwalter nach besten Wissen und Gewissen erteilt werden.[19] Wesentlich ist dabei, dass sich die Gläubigerversammlung auf Grund der Informationen und Berichte ein genaues und zutreffendes Bild vom Verfahrensstand und/oder der Geschäftsführung des Insolvenzverwalters machen kann. Die Pflichten des Insolvenzverwalters bestehen nur im Rahmen des Zumutbaren, sodass stets eine Abwägung zwischen dem Zeit- und Arbeitsaufwand des Insolvenzverwalters und dem Informationsinteresse der Gläubigerversammlung vorzunehmen ist.[20] Im Zweifel überwiegt aber Letzteres.

8   **2. Berichte.** Da die Berichte an keine Formvorschrift gebunden sind, kann die Gläubigerversammlung beschließen, dass der Verwalter in der nächsten Versammlung oder zu einem bestimmten Termin einen Bericht vorzulegen hat. Sie kann anstelle dessen oder zusätzlich auch bestimmen, dass der Verwalter in regelmäßigen Abständen, beispielsweise monatlich oder vierteljährlich, einen Bericht abzuliefern hat.[21] Dabei kann festgelegt werden, ob dieser schriftlich abzufassen ist und beim Insolvenzgericht niedergelegt werden soll, oder ob er mündlich in einer Gläubigerversammlung vorgetragen werden muss.[22] Zudem darf verlangt werden, dass der (schriftliche oder mündlich verfasste) Bericht erläutert wird. Möglich ist auch, dass die Berichte im Internet vorgehalten und laufend aktualisiert werden.[23] Die Berichte dienen dazu, den Gläubiger allgemein und breitflächig zu informieren, und sie umfassen im Einzelnen regelmäßig den aktuellen Stand des Verfahrens, insbesondere den Stand der Abwicklung, und die Darlegung der Geschäftsführung, also die Vorgehensweise des Insolvenzverwalters im Rahmen des Insolvenzverfahrens. Im Einzelnen lässt sich differenzieren in den Sachstandsbericht, der ein Bericht über den Abwicklungs- und Verfahrensstand darstellt, und in den Geschäftsführungsbericht. Der Geschäftsführungsbericht ist ein Rechenschaftsbericht.[24] Die **Zwischenrechnungslegung** wird grundsätzlich nicht von § 79 Satz 1 erfasst, sondern von § 66 Abs. 3. Etwas anderes gilt nur dann, wenn das Bedürfnis besteht, neben den in einem Beschluss nach § 66 Abs. 3 festgelegten Terminen, eine weitere Zwischenrechnungslegung zu bekommen. Diese Zwischenrechnungslegung hat dabei jedoch nichts mit der Rechnungsle-

---

[15] So *Nerlich/Römermann/Delhaes* § 79 RdNr. 2; *Kübler/Prütting/Bork* § 79 RdNr. 5.
[16] Überzeugend *Nerlich/Römermann/Delhaes* § 79 RdNr. 2; vgl. auch *Blersch/Goetsch/Haas* § 79 RdNr. 6.
[17] Ausführlich *Uhlenbruck/Uhlenbruck* § 79 RdNr. 2 ff.; siehe ferner *Kübler/Prütting/Bork* § 79 RdNr. 4; *HambKomm-Preß* § 79 RdNr. 3; *FK-Schmitt* § 79 RdNr. 9; *Nerlich/Römermann/Delhaes* § 79 RdNr. 3.
[18] So auch *Kübler/Prütting/Bork* § 79 RdNr. 4.
[19] Siehe *Nerlich/Römermann/Delhaes* § 79 RdNr. 4; *FK-Schmitt* § 79 RdNr. 8 f.
[20] *Braun/Herzig* § 78 RdNr. 9; *FK-Schmitt* § 79 RdNr. 9; *HambKomm-Preß* § 79 RdNr. 7; *Nerlich/Römermann/Delhaes* § 79 RdNr. 3.
[21] *Uhlenbruck/Uhlenbruck* § 79 RdNr. 8.
[22] Siehe *Blersch/Goetsch/Haas* § 79 RdNr. 5; *Nerlich/Römermann/Delhaes* § 79 RdNr. 3; *Uhlenbruck/Uhlenbruck* § 79 RdNr. 11.
[23] Vgl. *Braun/Herzig* § 79 RdNr. 7.
[24] Ausführlich *Uhlenbruck/Uhlenbruck* § 79 RdNr. 14.

gung des Unternehmens zu tun, sondern dient allein der Rechenschaftslegung des Verwalters.[25] Die Zwischenrechnungslegung kann in einem Geschäftsführungsbericht vorgenommen werden.[26]

3. Auskünfte. § 79 Satz 1 bietet ferner auch die rechtliche Grundlage für die Gläubigerversammlung, vom Insolvenzverwalter nur **einzelne, spezielle Auskünfte** zu verlangen. Damit soll das konkrete Informationsbedürfnis über *individuelle* Aspekte befriedigt werden, ohne dass ein gesamter Sachstandsbericht angefertigt werden müsste. Damit wird die Möglichkeit geschaffen, dass sich die Gläubigerversammlung innerhalb einer Versammlung schnell über virulente Aspekte (zB Handhabung der Abwicklung, Art und Weise der Forderungsprüfung oder der Rechnungs- und Kassenprüfung, Personen, die für den Insolvenzverwalter tätig sind) informiert, um dann ihre Meinungsbildung abschließen zu können.[27] Das dient insgesamt der Verfahrensbeschleunigung. Die Information über individuelle Aspekte muss dabei nicht eigens durch einen Beschluss der Gläubigerversammlung erfragt werden oder *uno voco* erfolgen, vielmehr hat auch das einzelne Mitglied in der Versammlung Recht, Auskunft zu verlangen.[28] Diese Fragen sind als Fragen der Gläubigerversammlung zu verstehen. Die Gläubigerversammlung kann beschließen, dass **bestimmte Fragen aus ihren Reihen nicht gestellt oder vom Insolvenzverwalter nicht beantwortet werden sollen.**[29] Dies hat dort besondere Bedeutung, wo die Befürchtung des Missbrauchs von Informationen durch einen Gläubiger oder eine Gläubigergruppe besteht. Umgekehrt besteht auch die Möglichkeit (zB gegen Großgläubiger), gegen einen Beschluss mittels des Antrags nach § 78 Abs. 1 vorzugehen. 9

4. Informationsverweigerungsrecht des Insolvenzverwalters. Die Rechenschaftspflicht des Verwalters soll nicht dazu führen, bestimmten Gläubigern einen Informationsvorsprung vor den anderen Gläubigern zu verschaffen. Insoweit ist der Verwalter ausnahmsweise befugt, **Informationen zu verweigern,** die von Gläubigern außerhalb der Gläubigerversammlung verlangt werden. In Bezug auf Informationen, die im Zusammenhang mit der Gläubigerversammlung von den Gläubigern verlangt werden, steht dem Insolvenzverwalter grundsätzlich kein Verweigerungsrecht zu, da er die Verwaltung ausschließlich und gerade im Interesse der Gläubiger führt.[30] Das gilt auch für sensible Verfahrensvorgänge, denn auch insoweit liegt es in der Entscheidungskompetenz der Gläubigerversammlung, ob und gegebenenfalls wie eine derartige Maßnahme durchgeführt wird. Der Insolvenzverwalter darf sich nicht auf die Gefährdung eines übergeordneten (gleichsam objektiven) und durch die Geheimhaltung zu schützendes Gläubigerinteresse berufen,[31] denn ein solches drückt sich erst durch das Votum der Gläubigerversammlung aus und darf nicht vom Insolvenzverwalter antizipiert werden.[32] Soweit argumentiert wird, dass im Hinblick auf die erforderlichen Mehrheitserfordernisse in der Gläubigerversammlung und zum Schutz von Minderheiten die Informationspflicht des Insolvenzverwalters eingeschränkt werden kann,[33] ist dem nicht zu folgen. Die Minderheit in der Gläubigerversammlung wird durch die Möglichkeit, den Antrag auf Aufhebung eines Beschlusses gem. § 78 Abs. 1 zu stellen, geschützt. Das gilt auch für den Fall des Missbrauchs von Informationsrechten durch einen Großgläubiger oder eine Gläubigergruppe. Die Stellung eines solchen Antrags steht dabei im Kompetenzbereich des einzelnen, antragsberechtigten Gläubigers. Der Insolvenzverwalter ist nicht befugt, dem vorzugreifen, indem er bestimmte Informationen oder Berichte nicht erteilt. Er ist im Gegenteil dazu verpflichtet, der Gläubigerversammlung erschöpfende Informationen und Berichte zu liefern, damit eine umfassende Entscheidungsgrundlage für Beschlüsse der Gläubigerversammlung gegeben ist. 10

Ausnahmen kann es nur dort geben, wo es um Rechtsstreitigkeiten gegen einen Gläubiger geht. Im Rahmen der Vorbereitung oder Durchführung eines solchen Rechtsstreits ist es im Interesse der anderen Gläubiger gerechtfertigt, dass Informationen über die Erfolgsaussichten oder prozessuale Einheiten nicht bekannt gegeben werden, um die eigene Position nicht zu gefährden.[34]

5. Information bei der Eigenverwaltung und beim Insolvenzplan. Bei der Eigenverwaltung durch den Schuldner werden die Informationsrechte der Gläubiger hauptsächlich durch § 281 11

---

[25] Vgl. *K. Schmidt*, Liquidationsbilanzen und Konkursbilanzen, 1989, 78; *Jaeger/Gerhardt* § 79 RdNr. 6.
[26] Siehe *Uhlenbruck/Uhlenbruck* § 79 RdNr. 14.
[27] Siehe auch *Uhlenbruck/Uhlenbruck* § 79 RdNr. 2.
[28] Vgl. *Thole,* ZIP 2012, 1533, 1539; *Uhlenbruck/Uhlenbruck* § 79 RdNr. 4; *Nerlich/Römermann/Delhaes* § 79 RdNr. 2.
[29] *Nerlich/Römermann/Delhaes* § 79 RdNr. 2; insoweit auch HambKomm-*Preß* § 79 RdNr. 8.
[30] Ebenso *Blersch/Goetsch/Haas* § 79 RdNr. 6; weitergehend *Nerlich/Römermann/Delhaes* § 79 RdNr. 4; *Braun/Herzig.* § 79 RdNr. 10
[31] So aber *Nerlich/Römermann/Delhaes* § 79 RdNr. 4.
[32] Anders zT *Uhlenbruck/Uhlenbruck* § 79 RdNr. 12; FK-*Schmitt* § 79 RdNr. 10.
[33] Vgl. HambKomm-*Preß* § 79 RdNr. 8.
[34] Insoweit übereinstimmend *Nerlich/Römermann/Delhaes* § 79 RdNr. 4; *Blersch/*Goetsch/Haas § 79 RdNr. 6; *Uhlenbruck/Uhlenbruck* § 79 RdNr. 12.

gewährleistet.³⁵ Eine Erweiterung der Informationspflichten des Schuldners in Verbindung mit dem Sachwalter hinsichtlich der Verwaltung scheint im Hinblick auf § 270 Abs. 1 Satz 2 möglich, der auf die allgemeinen Vorschriften und damit auch auf § 79 verweist. Im Rahmen der Planerfüllung nach Aufstellung eines Insolvenzplans besteht eine Informationspflicht des überwachenden Insolvenzverwalters nur gegenüber dem Gläubigerausschuss oder dem Insolvenzgericht (§ 261 Abs. 2). Der Bericht ist ein Überwachungsbericht, der die Darstellung der Entwicklung des Unternehmens enthält.³⁶

12 **6. Information gegenüber dem Schuldner.** § 79 Satz 1 regelt ausschließlich die Unterrichtung der Gläubigerversammlung durch den Insolvenzverwalter. Diese Vorschrift ist daher keine Grundlage für ein Informationsrecht gegenüber dem Schuldner, selbst wenn ein Bedürfnis der Gläubigerversammlung nach Auskunft vom Schuldner besteht (zB im Rahmen der Unterhaltsfragen nach § 100).³⁷ Der Gläubigerversammlung bleibt in diesen Fällen kein anderer Weg, als gegenüber dem Insolvenzverwalter – in dem durch § 79 gezogenen Rahmen – zu insistieren, detailliertere Auskünfte zu erteilen oder einen Beschluss zu fassen, das Gericht um eine Anordnung nach § 97 Abs. 1 zu ersuchen.³⁸

IV. Erzwingung der Berichterstattung

13 Die Auskunftspflichten des Insolvenzverwalters gegenüber der Gläubigerversammlung sind **nicht einklagbar.**³⁹ Denkbar ist jedoch, dass die Gläubiger dem Insolvenzgericht den Hinweis geben, den Insolvenzverwalter unter Androhung eines Zwangsgeldes dazu anzuhalten, seinen Pflichten nachzukommen (§ 58).⁴⁰ § 58 Abs. 1 Satz 1 stellt zunächst darauf ab, dass der Verwalter seine Pflichten nicht erfüllt und differenziert nicht danach, wem gegenüber diese Pflichten zu erfüllen sind.⁴¹ Zudem kann die Verweigerung oder Schlechterstellung der Informationspflichten Grund für einen Antrag der Gläubigerversammlung auf Entlassung des Insolvenzverwalters gem. § 59 Satz 2 sein, sodass mit der Drohung, einen solchen Antrag zu stellen, der Insolvenzverwalter bewegt werden kann, die zurückgehaltenen Informationen zu erteilen.⁴²

V. Kassenprüfung durch die Gläubigerversammlung

14 § 79 Satz 2 weist der Gläubigerversammlung die Befugnis zu, den Geldverkehr und -bestand des Verwalters zu prüfen. Im Gegensatz zum Gläubigerausschuss ist die Gläubigerversammlung zu einer solchen Überprüfung aber nicht verpflichtet. Das Recht der Gläubigerversammlung zur Kassenprüfung bedeutet aber nicht, dass jeder Einzelne zur Kassenprüfung berechtigt ist.⁴³ Die Gläubigerversammlung kann einen **Sachverständigen beauftragen,** die Prüfung vorzunehmen; es dürfen auch einzelne Mitglieder der Gläubigerversammlung mit dieser Aufgabe betraut werden.⁴⁴ Die Befugnis zur Kassenprüfung ist jedoch subsidiär und greift nur ein, wenn kein Gläubigerausschuss bestellt ist.⁴⁵ Ist ein solcher jedoch eingesetzt, steht diesem die Kassenprüfung nach § 69 Satz 2 zu.⁴⁶ Um in dem Fall, in dem die Gläubigerversammlung einen Sachverständigen betraut, die Prüfung vorzunehmen, nicht in Widerspruch zur h.M. zu geraten, dass die Gläubigerversammlung nicht imstande ist, wirksam rechtsgeschäftlich zu handeln, wird man annehmen müssen, dass in diesem Fall die Gläubigerversammlung nur Bote des mutmaßlichen Willens des Insolvenzverwalters auf Abschluss eines entsprechenden Vertrages mit dem Sachverständigen ist. Der Sachverständige erfüllt in einer solchen Konstellation seine Verpflichtungen gegenüber dem Insolvenzverwalter durch die Vorlage seiner Prüfungsergebnisse an die Gläubigerversammlung. Die Kosten für die Prüfung sind dementsprechend **Massekosten.**⁴⁷

---

³⁵ *Uhlenbruck/Uhlenbruck* § 79 RdNr. 16.
³⁶ Einzelheiten unten § 261 RdNr. 7 ff.; siehe ferner *Uhlenbruck/Uhlenbruck* § 79 RdNr. 15.
³⁷ Ebenso *Kübler/Prütting/Bork* § 79 RdNr. 5; wohl auch *HK-Eickmann* § 79 RdNr. 4.
³⁸ Vgl. *HK-Eickmann* § 79 RdNr. 4.
³⁹ *Braun/Herzig* § 79 RdNr. 12; *Kübler/Prütting/Bork* § 79 RdNr. 7; *Andres/Zeithaus* § 79 RdNr. 6.
⁴⁰ *Uhlenbruck/Uhlenbruck* § 79 RdNr. 10.
⁴¹ Siehe aber *Kübler/Prütting/Bork* § 79 RdNr. 7.
⁴² Vgl. zu diesem Komplex *Kübler/Prütting/Bork* § 79 RdNr. 7; *Hess* § 79 RdNr. 9; *Smid* § 79 RdNr. 4; *Lüke* JuS 1986, 2, 7; vgl. auch *Jaeger/Gerhardt* § 79 RdNr. 11; *Uhlenbruck/Uhlenbruck* § 79 RdNr. 9; *Braun/Herzig* § 79 RdNr. 11.
⁴³ *Uhlenbruck/Uhlenbruck* § 79 RdNr. 17.
⁴⁴ Siehe *FK-Hössl*, 2. Aufl., § 79 RdNr. 9; *Nerlich/Römermann/Delhaes* § 79 RdNr. 6; *Blersch/Goetsch/Haas* § 79 RdNr. 8; *Uhlenbruck/Uhlenbruck* § 79 RdNr. 17.
⁴⁵ *Uhlenbruck/Uhlenbruck* § 79 RdNr. 17; *Braun/Herzig* § 79 RdNr. 13.
⁴⁶ Einzelheiten siehe oben § 69 RdNr. 18 f.
⁴⁷ *Smid* 79 RdNr. 5; *Uhlenbruck/Uhlenbruck* § 79 RdNr. 17.

Sachregister

Fette Zahlen = Paragraphen; magere Zahlen = Randnummern

Abbaurechte 35 165; **47** 324
Aberkannte Ansprüche 38 52
Abfindungen; Insolvenzforderung **55** 16; Masseverbindlichkeit **55** 189 f, 193; Massezugehörigkeit **35** 180, 184, 192, 201
Abgabenabsonderungsrecht; Sachhaftung **51** 244 ff; Vorrang **51** 12, 266
Abgabenschuldverhältnis 38 94a
Abgeleiteter Eigentumsvorbehalt 47 96a f
Abgesonderte Befriedigung; Abwendung durch Sicherheitsleistung **vor 49** 110; bevorzugte Befriedigung **53** 14; des Fiskus **51** 12, 243 ff; aus gesetzlichem Pfandrecht **50** 84 ff; des Haftpflichtgläubigers **51** 238 ff; aus öffentlich verfangenen Sachen **51** 261 ff; aus Pfändungspfandrecht **50** 66 ff; bei Sicherungsabtretung **51** 136 ff; bei Sicherungsübereignung **51** 48 ff; aus unbeweglichem Vermögen **49** 5 ff; aus Vertragspfandrecht **50** 4 ff; bei Zurückbehaltungsrechten **51** 217 ff
Abhilfe; Berücksichtigung neuen Vorbringens **6** 46; durch Beschluss **6** 48; bei Erinnerung **6** 60; bei Rechtsbeschwerde **6** 117; bei sofortiger Beschwerde **6** 44 ff; **34** 14 f
Ablehnung der Verfahrenseröffnung; Abweisung mangels Masse **34** 35; Beschwerderecht **34** 35 ff; Maßgeblichkeit letzter Tatsachenentscheidung **16** 44; Zurückweisung des Antrags **34** 35
Ablehnung von Gerichtspersonen; Ablehnungsberechtigte **4** 43; anwendbare ZPO-Vorschriften **4** 41 ff; Betroffene **4** 41 ff; nicht Insolvenzverwalter **4** 42; Rechtsmittel **4** 44b; Selbstablehnung **4** 43a
Absonderung; Abgabenabsonderungsrecht **51** 12, 243 ff; Ablösung durch Verwalter? **vor 49** 111; keine abschließende Regelung **vor 49** 13; absonderungsfähige Rechte **vor 49** 16; aus akzessorische Sicherheiten **vor 49** 35 ff, 104 f; **50** 4 ff; bei anhängiger Zwangsvollstreckung **49** 87 f; Anwartschaftsrecht **vor 49** 22; aufschiebend bedingte Rechte **vor 49** 27 ff; Auskunftspflicht des Verwalters **vor 49** 129 ff; Beachtung durch vorläufigen Verwalter **vor 49** 109b f **vor 49** 1 f; besondere Abreden **vor 49** 99 ff; Bestandserweiterung **49** 38 f; Bruchteile **49** 10 f; bei Dauerschuldverhältnissen **vor 49** 24; dingliche Surrogation **vor 49** 63 ff; bei dinglichen Fordeurngen **38** 10; Durchsetzung der abgesonderten Befriedigung **49** 84 ff; Einstellung des Verfahrens **49** 90 f; Entstehung der Absonderungsrechte **vor 49** 17; Erlöschen **vor 49** 112 ff; im Eröffnungsverfahren **22** 48; Ersatzabsonderung **vor 49** 167 ff; Ersatzanspruch bei unberechtigter Veräußerung **22** 51; erweiterte Eigentumsvorbehalt **vor 49** 16; Erweiterung kraft Gesetzes **vor 49** 42; Erwerb vormerkungsgesicherter ~ **vor 49** 45; eigene Fälligkeit **vor 49** 19a; fehlende Fälligkeit der gesicherten Forderung **vor 49** 32 ff; gegenständliche Begrenzung **vor 49** 16 ff; Geltendmachung **vor 49** 128b; Gesamthypothek **49** 40 f; Gesellschaftersicherheit **vor 49** 97 ff; Gesellschaftssicherheit **vor 49** 16; gesetzliche Pfandrechte **50** 84 ff; **vor 49** 16; gesicherte Forderung entsteht nach Eröffnung **vor 49** 35 ff; gesicherte Rechtsposition **vor 49** 21; Grundstücke **49** 5; Grundstücksbestandteile **49** 13 ff; grundstücksgleiche Rechte **49** 6; Grundzüge **vor 49** 9 ff; Haftung des Schuldners **vor 49** 50 ff; Haftung des Verwalters **60** 54 ff; Haftungsumfang **49** 42 ff; **50** 26b, 79; **vor 49** 59 ff; Herausgabepflicht des Verwalters **vor 49** 129 ff; Herausgabevollstreckung **vor 49** 163 ff; Hochseekabel **49** 8; Insolvenz des Haftpflichtversicherungsnehmers **vor 49** 47; bei Insolvenzplan **vor 49** 12, 152 ff; Insolvenzverschleppung **vor 49** 90; institutionelle Garantie **vor 49** 9 ff; des Kautionsversicherer **vor 49** 49a; Knebelung **vor 49** 80 f; Krediterschleichung **vor 49** 89; Kreis der Absonderungsrechte **vor 49** 16 ff; künftig entstehende Rechte/Sachen **vor 49** 23 ff; **50** 8; Leistung auf Sicherungsrecht **vor 49** 112 f; Luftfahrzeuge **49** 9; Masseverbindlichkeiten **53** 15; Miet- und Pachtforderungen **49** 31; Mobiliarpfandrechte **vor 49** 16; Nebenanspruch **vor 49** 52; Nebenforderungen **49** 42 f; nicht fällige Forderungen **41** 12 ff; nicht-akzessorische Sicherheiten **vor 49** 37 ff, 106 ff; noch nicht anhängige Zwangsvollstreckung **49** 89 ff; bei nur dinglicher Haftung **vor 49** 54 ff; bei nur persönlicher Haftung **vor 49** 58; bei persönlicher und dinglicher Haftung **vor 49** 51 ff; Pfandgläubiger **50** 4 ff; durch Pfandklage **49** 84; Pfandrechte an unbeweglichen Gegenständen **vor 49** 16; Pfändungspfandrecht **50** 66 ff; **vor 49** 16; Pfandverwirkungsabreden **vor 49** 102 ff; Pflichten des Verwalters **60** 54 ff; Poolvereinbarungen **vor 49** 102e; Prioritätsprinzip **vor 49** 73 ff; Prüfungspflicht des Verwalters **vor 49** 129 ff; Rangordnung bei Mehrfachabtretung **51** 210 ff; Rangordnung bei Mehrfachübereignung **51** 128 ff; Rangordnung bei unbeweglichen Sachen **49** 46 ff, 82 f; Rangordnung der Pfandgläubiger **50** 53 ff, 81, 119 ff; rechtserhaltende, -bestätigende Maßnahmen **vor 49** 43 f; rechtsgeschäftliche Surrogation **vor 49** 68 ff; Reformdiskussi-

2117

Absonderungsberechtigte

Fette Zahlen = §§

on **vor 49** 6 ff; im Restschuldbefreiungsverfahren **vor 49** 162; keine Rückwirkung **vor 49** 17; bei Sachhaftung **51** 244 ff; eingetragene Schiffe/Schiffsbauwerke **49** 7; Schuldenbereinigungsverfahren **vor 49** 12, 12, 158 ff; bei Sicherheitsentstehung nach Sicherungsanordnung **vor 49** 30 f; bei Sicherheitsgegenstand entsteht nach Eröffnung **vor 49** 21 ff; bei Sicherungsabtretung **vor 49** 16; **51** 136 ff; bei Sicherungseigentum **51** 4 ff; **vor 49** 16; **51** 48 ff; Sondernachfolge **vor 49** 103 ff; Stellung der Absonderungsberechtigten **vor 49** 150; Surrorgathaftung **vor 49** 63 ff; Tilgung gesicherter Forderung **vor 49** 114; Übersicherung **vor 49** 82 ff; an unbeweglichen Vermögensgegenständen **22** 52; Unter-Deckung-Nehmen von Drittansprüchen **vor 49** 92; Untergang des Sicherungsmittels **vor 49** 117 f; Veränderung nach Verfahrenseröffnung **vor 49** 42; Verarbeitungsklausel **vor 49** 70; Veräußerung des Sicherungsmittels **vor 49** 119; Verbindungsklausel **vor 49** 69; im vereinfachten Insolvenzverfahren **vor 49** 161; Vereitelung **55** 31 f; Verfallabreden **vor 49** 102 ff; Verhältnis zu gegenständlich begrenzten Vorrechten **vor 49** 4 ff; Verhältnis zur Aussonderung **vor 49** 3; verlängerte Eigentumsvorbehalt **vor 49** 16; Verleitung zum Vertragsbruch **vor 49** 91; Vermieterpfandrecht **vor 49** 35 f; Versicherungsforderungen **49** 32 ff; **vor 49** 16; Vertragspfandrecht **50** 4 ff; Verwertungsabreden **vor 49** 99 ff; Verwirkung **vor 49** 128; Verzicht **vor 49** 120 ff; Verzugsschaden **vor 49** 72; bei Vorausabtretung von Forderungen **22** 55; Vorausabtretungsklausel. **vor 49** 71; wiederkehrende Leistungen **49** 31; Wirksamkeitsrisiken **vor 49** 79 ff; zeitliche Begrenzung **vor 49** 17 ff; Zinsansprüche **49** 44; **vor 49** 59 ff; Zubehör **49** 14; Zurückbehaltungsrecht wegen nützlicher Verwendungen **51** 10; zwingendes Recht **vor 49** 14 f

Absonderungsberechtigte; Rangfolge abgesonderter Befriedigung **49** 45 ff; **vor 49** 73 ff; Selbstverwertungsrecht **1** 15; **51** 220; **52** 21 ff; **vor 49** 163 ff; Stellung im Insolvenzverfahren **vor 49** 150; Wechsel **vor 49** 103 ff; Zwangsvollstreckung **vor 49** 163 ff

Absonderungsstreit; Allgemeines **vor 49** 137 ff; Aufnahme unterbrochenen Rechtsstreits **vor 49** 145; Beweislast **vor 49** 144; einstweilige Verfügung **vor 49** 149; Klageart und Klageantrag **vor 49** 142 f; Schiedsabrede **vor 49** 148; Streitwert **vor 49** 146; Titelumschreibung **vor 49** 147; Zustimmung **vor 49** 145a

Abstimmungstermin **27–29** 95, 77, 82, 85 f; **57** 13; **74** 21, 44

Abtretung; Insolvenz des Zedenten **47** 211; Insolvenz des Zessionars **47** 215; kaufmännischer Verkehr **47** 208 f; Prioritätsgrundsatz **47** 210; Sicherungszession s. dort; stille ~ **47** 130; Vorausabtretung s. dort; Zustimmung **47** 207, 209

Abtretungsverbot 35 388 f; **47** 205

Abwahl des Insolvenzverwalters 56 89

Abweisung mangels Masse; Abweisungsbeschluss **26** 32; Allgemeines **26** 11 ff; Anhörung des Schuldners **26** 24 ff; Auflösung der Gesellschaft **26** 46 ff; berufs- und gewerberechtliche Folgen **26** 55a; Beschlussfassung **26** 32 ff; Beschwerderecht **34** 43 ff; Eintragung in Schuldnerverzeichnis **26** 42 ff; Einzelvollstreckungsmaßnahmen **26** 55a; Entstehungsgeschichte **26** 2 ff; Erstattungsanspruch **26** 56 ff; Feststellung der Massekostendeckung **26** 14 ff; gesellschaftsrechtliche Folgen **26** 46 ff; Gesetzgebungsverfahren zur InsO **26** 6 ff; Höhe des Vorschusses **26** 28; Kostenentscheidung **26** 33 ff; Löschung wegen Vermögenslosigkeit **31** 46; Massekostendeckung **26** 27 ff; Mitteilung an Registergericht **31** 22 f; Normzweck **26** 1; Rechtsfolgen **26** 41 ff; Rechtsmittel **26** 38 ff; bei Stundungsverfahren **26** 27; Voraussetzungen **26** 11; vorherige Anhörung **16** 31 f; Vorschussanspruch **26** 60 ff; Zustellung, Bekanntmachung **26** 37

Abwesenheitspfleger; Antragsberechtigung **13** 78

Abwickler; Antragsberechtigung **13** 21; **15** 7, 8; Antragspflicht **15a** 81, 109 ff

Abzahlungshypothek 49 74

Abzinsungspflicht 41 17 ff

Ad-hoc-Publizität 14a 320; **30** 15

AGB-Pfandrecht 47 202; **vor 49** 36; **50** 5, 43 ff

Agenturkonten 47 400

Akteneinsicht; Aktenversendung **4** 71; durch Amtshilfe **4** 68; Antrag auf gerichtliche Entscheidung **6** 16; anwendbare ZPO-Vorschriften **4** 57 ff; Ausschluss bei besonderem Interesse **4** 75; durch Beteiligte **4** 57 ff; **58** 23; durch Dritte **4** 62 ff; Erteilung von Auskünften **4** 76 ff; Gutachten **4** 74; Kopien, Abschriften **4** 72; sofortige Beschwerde **6** 68; Verfahren **4** 69 ff; nur Verfahrensakten **4** 73; Zuständigkeit **4** 69

Aktgebühr 54 21

Aktien; Aussonderung **47** 18, 388a, 412; Sicherungsübertragung **51** 119b; Verpfändung **50** 20, 45; Verwahrung vertretbarer Wertpapiere **47** 412 ff

Aktiengesellschaft; Antragsberechtigte **15** 19; Antragspflicht **15a** 48, 66; Anwendung von § 43 **43** 14; Auflösung der Gesellschaft **11** 29; Führungslosigkeit **15** 17 f; Insolvenz bei Entstehung **11** 28; Insolvenz der Gesellschaft **35** 252 ff; Insolvenz des Aktionärs **35** 250 f; Insolvenzfähigkeit **11** 27; Insolvenzmasse **35** 249 ff; Konzern **11** 35; Nichtigkeit **11** 30; Verschmelzung, Spaltung, Umwandlung **11** 31 ff

Magere Zahlen = Randnummer

Aktivmasse

Aktivmasse; Begriff **35** 21; Maßnahmen zur Maximierung **1** 28 ff; Parteidisposition **Einl.** 49
Aktivprozesse; Ablehnung der Prozessaufnahme **55** 47; Aufnahme durch Verwalter **55** 46; Aufnahme durch vorläufigen Verwalter **24** 2, 22 ff; Entstehung von Masseverbindlichkeiten **55** 46 f; Teilungsmassestreit **35** 25; **55** 46
Akzessorische Gesellschafterhaftung 41 35; **43** 13 ff, 43; **44** 35 ff
Akzessorische Sicherheiten vor 49 35 ff, 115
Alleineigentum 47 37 ff
Allformel 51 61
Allgemeiner Gerichtsstand 3 17 ff; **4** 38
Allzuständigkeit Einl. 67 f
Altenteilsrecht 35 459
Altersrente 35 47a; **36** 45a
Altersteilzeitansprüche 38 72b; **55** 175
Altlastenproblematik; Adressat der Beseitigungsverfügung **55** 94; Ersatzvornahmekosten **55** 100 ff; Freigabe **35** 95 ff; **38** 45; **55** 105 ff; **60** 16; Gefahrenbeseitigung und Kostenerstattung **55** 88 ff; Insolvenzforderung **55** 96, 101; Masseansprüche **55** 102; bei Masseunzulänglichkeit **55** 104; ordnungsrechtliche Verantwortlichkeit **55** 89; Unterlassungsansprüche **38** 39; Verhaltens- und Zustandsverantwortlichkeit **55** 90a ff; Verletzung von Ordnungspflichten **55** 95
Amtsbetrieb 4 12; **5** 8 ff; **Einl.** 52
Amtsermittlungspflicht; (s. a. Untersuchungsgrundsatz); Allgemeines **vor 2** 17a; Amtsermittlungen und Sicherungsmaßnahmen **5** 57; Beginn und Umfang **16** 6 ff; Beweisanordnungen in Parallelverfahren **16** 19; Eröffnungsgrund **16** 6 ff; Eröffnungsvoraussetzungen **16** 6 ff; Feststellung der Massekostendeckung **26** 14 ff; Haftungsfragen **5** 62 ff; Kosten **5** 58 ff; Mitwirkung des Schuldners **16** 13 ff; Rechtsmittel **5** 61; **16** 20; Übertragung von Ermittlungsbefugnissen **16** 45 ff; **20** 43; Unterstützung des Schuldners **20** 37 ff; Untersuchungsgrundsatz **5** 11 ff; zulässige Beweismittel **16** 17 f
Amtsgeheimnis 20 82
Amtsgericht; als Insolvenzgericht **2** 3 f; als Vollstreckungsgericht **2** 5 f
Amtshaftung; Klage **56** 108; bei unberechtigten Eröffnungsanträgen **14** 16; **34** 109 ff; bei Verletzung der Aufsichtspflicht **58** 62; bei willkürlicher Nichtbestellung **56** 180
Amtshilfe 4 68
Amtsniederlegung 59 3; **70** 3
Amtstheorie 35 23; **55** 25; **56** 146; **60** 6
Anderkonten; Begriff **47** 395; Insolvenz der Bank **47** 399; Insolvenz des Treugebers **47** 398; Insolvenz des Treuhänders **47** 395 ff
Aneignungsrechte 47 323 ff
Anerkenntnis 24 23; **47** 489 f; **53** 55
Anerkennungsgrundsatz 32–33 35

Anfechtbarkeit; Änderung des Güterstandes **37** 47 ff; Entscheidungen des Gerichts **4** 31; Handlungen des vorläufigen Verwalters **22** 189 ff; unentgeltlicher Verfügungen **39** 26; Verpflichtungsgeschäfte **24** 13
Anfechtungsanspruch; Aussonderungskraft **45** 8; **47** 346; keine Ersatzaussonderung **48** 8c
Angehörige des Schuldners 10 16 ff; **20** 18
Anhörungspflicht; Abgrenzung zur Vernehmung **14** 122; bei Abweisung mangels Masse **16** 31 f; **26** 24 ff; von Angehörigen des Schuldners **10** 16 ff; anzuhörende Personen **14** 123 ff; Art der Anhörung **10** 22 ff; **14** 133 ff; Ausnahmen **14** 131; **21** 31; im Beschwerdeverfahren **27–29** 16; Durchführung **10** 22 f; Entbehrlichkeit **10** 9 ff; **14** 131; Ermessensspielraum **10** 9 ff; zum Ermittlungsergebnis **16** 25 ff; **27–29** 14; zum Eröffnungsantrag **14** 120 ff; **27–29** 14; bei Eröffnungsreife **16** 26 ff; im Eröffnungsverfahren **21** 31 ff; bei fehlendem gesetzlichen Vertreter **14** 129 ff; bei führungslosen juristischen Personen **10** 21; bei Gesamtgutinsolvenz **14** 128; bei Gesellschaft des Bürgerlichen Rechts **14** 125; Gewährung rechtlichen Gehörs **14** 121 f; Grundsatz **14** 123; bei Haftanordnung **21** 31; bei juristische Personen **10** 19 ff; bei mehreren Vertretungsberechtigten **14** 124; bei Nachlassinsolvenz **14** 127; der Niederlassung ausländischen Rechtsträgers **14** 130; bei Partenreederei **14** 126; bei Personenvereinigungen **10** 19 ff; bei Prozesskostenhilfeantrag des Gläubigers **14** 144; des Schuldners **1** 126; **10** 3 ff; des Schuldners im Ausland **10** 10 f; Themen **14** 139 f; bei unbekanntem Aufenthalt **10** 14; unterlassene Anhörung **14** 141 ff; als Verfahrensgrundrecht **5** 77; **10** 3; Verkürzung bei Sicherungsmaßnahmen **21** 31 ff; Verletzungsfolgen **10** 24; **14** 141 ff; des Vertreters des Schuldners **10** 16 ff; bei Verzögerung des Verfahrens **10** 12 f; des vorläufigen Gläubigerausschusses **22a** 129 ff; **56a** ff; vor Zurückweisung wegen Unzulässigkeit/Unbegründetheit **16** 33; vor Zustellung des Antrags **14** 132
Anhörungsrüge 5 89; **6** 90, 93, 107; **8** 170
Anlagevermögen InsVV 11 31
Anmeldung der Forderungen; (s. Forderungsanmeldung)
Anschlussbeschwerde; formelle Beschwer **6** 31; materielle Beschwer **6** 31; unselbständige ~ **6** 4i, 30, 39a, 52
Anschlussrechtsbeschwerde; unselbständige ~ **6** 118 ff
Anschlusszession 51 120
Anteil eines Gesellschafters; (s. Gesellschaftsanteile)
Anteilsaussonderungsrecht 47 46
Antrag; (s. Eröffnungsantrag, Eigenantrag, Gläubigerantrag)

Antragspflicht; der Abwickler **15a** 81, 109 ff; bei Aktiengesellschaft **15a** 48, 66; im Allgemeininteresse **15a** 9; Änderungen **15a** 3 f; Antragsfrist **15a** 117 ff; des Aufsichtsrats **15a** 93, 115; bei Auslandsgesellschaften **15a** 50 ff; Belohnungsstrategie **15a** 39; bestellter Mitglieder des Vertretungsorgans **15a** 70 ff; Dispositivität **15a** 139; Disqualifizierungsstrategie **15a** 39; dogmatische Einordnung **15a** 30 ff; Durchsetzung **15a** 322 ff, 1, 140 ff; erfasste Gesellschaften **15a** 47 ff, 96; Erfüllung **15a** 132 ff; Erlöschen der Pflicht **15a** 135 ff; bei Europäischer wirtschaftlichen Interessenvereinigung **15a** 96; faktischer Organmitglieder **15a** 75 ff, 98; Fristen **15a** 118 ff; bei Führungslosigkeit **15a** 83; bei Genossenschaft **15a** 48, 66; des Geschäftsführers **15a** 66; bei Gesellschaft bürgerlichen Rechts **15a** 96; der Gesellschafter **15a** 82 ff, 112 ff; Gläubigerschutz **15a** 8; bei GmbH **15a** 48, 66; Haftungsstrategie **15a** 39, 44; Harmonisierung **15a** 46; Höchstfrist **15a** 117; Insolvenzgrund **15a** 116; bei juristischen Personen **15a** 48, 65 ff; bei Kommanditgesellschaft auf Aktien **15a** 48, 67; Kontroll-/Überwachungspflichten des Antragspflichtigen **15a** 178; Kontrollstrategie **15a** 39; Leitlinien für Antragszeitpunkt **15a** 128 ff; der Mitglieder des Vertretungsorgans **15a** 65 ff, 97 ff; als nicht delegierbare Pflichtaufgabe **15a** 70, 176; Normzweck **15a** 6 ff; bei offener Handelsgesellschaft **15a** 96; ohne schuldhaftes Zögern **15a** 117, 121 ff; der organschaftlichen Vertreter **15a** 98; bei Personengesellschaften **15a** 49, 95 ff; persönlicher Schutzbereich **15a** 8 f; Pflichtige **15a** 64 ff; zur rechtzeitige Verfahrenseinleitung **15a** 7; regulierungstheoretischer Hintergrund **15a** 35 ff; sachlicher Schutzbereich **15a** 10 ff; als Schutzgesetz i. S. d. § 823 Abs. 2 BGB **15a** 140; Schutzzweck **15a** 10 ff; Systematik **15a** 33 f; bei Umwandlungen **15a** 63; Unionsrecht **15a** 45 f; bei Unkenntnis der Gesellschafter **15a** 89 ff; Verbraucherinsolvenz **15a** 47; beim Verein **15a** 48, 66; Verletzung **15a** 140 ff, 159, 322 ff; bei vermittelter Stellvertretung **15a** 98 ff, 102 ff; Verzögerungsanreize **15a** 35 ff; Voraussetzungen **15a** 47 ff; der Vorstandsmitglieder **15a** 66; zeitlicher Anwendungsbereich **15a** 5, 117 ff; Zielsetzung **15a** 7

Antragspflichtverletzung; Insolvenzverschleppung **15a** 140 ff; Strafbarkeit **15a** 322 ff

Antragsrecht; (s. a. Eigenantrag, Eröffnungsantrag, Gläubigerantrag) abschließende Regelung **15** 66; Abwesenheitspfleger **13** 78; Abwickler **15** 8; bei Aktiengesellschaft **15** 19; Antragstellung durch einzelne Berechtigte **15** 75 ff; Aufsichtsbehörden der Krankenkassen **13** 62; Aufsichtsrat **15** 17 f; bei Auslandsgesellschaften **15** 63 ff; Betreuer **13** 16, 76 ff; Betriebsrat **15** 69; bei drohender Zahlungsunfähigkeit **15** 91 ff; beim Eigenantrag **13** 15 ff; bei eingetragener Genossenschaft **15** 22; beim eingetragener Verein **15** 28; Eröffnungsantrag **13** 14 ff; bei Europäischer Aktiengesellschaft **15** 23 ff; bei Europäischer Genossenschaft **15** 23 ff; Feststellung **15** 71 ff; bei führungsloser Gesellschaft **15** 12 ff; bei Führungslosigkeit **15** 12 ff, 21, 62; bei Genossenschaft **15** 22; Geschäftsführer **15** 21; bei Gesellschaft bürgerlichen Rechts **15** 48 ff; Gesellschafter **15** 31, 33; Gläubiger **13** 25 ff; bei GmbH **15** 21; bei Gütergemeinschaft **13** 18; bei juristischen Personen **15** 7 ff; bei Kapitalgesellschaft & Co. **15** 55 ff; bei Kommanditgesellschaft auf Aktien **15** 20; bei Kredit- und Finanzdienstleistungsinstituten **15** 36; Liquidators **15** 8, 22; Mitglieder des Vertretungsorgans **15** 7 ff, 37, 40, 59 ff; bei Nachgesellschaften **15** 35; Nachtragsliquidator **15** 8, 35; nichtrechtsfähigen Verein **15** 29; Notgeschäftsführer **15** 8; Notvorstandsmitglied **15** 8; bei Offener Handelsgesellschaft **15** 48 ff; öffentlich-rechtlicher Gläubiger **14** 90 ff; öffentlich-rechtlicher Verwaltungskommissar **13** 21 ff; **15** 8; Organe, Organmitglieder **15** 67 f; bei Partenreederei **15** 52; bei Partnerschaftsgesellschaft **15** 51; beim Pensions-Sicherungs-Verein **13** 47; bei Personengesellschaften **15** 48 ff; persönlich haftende Gesellschafter **15** 20, 37, 41 ff, 48, 51 ff; bei Stiftungen **15** 30; Unabhängigkeit von Geschäftsführung/Vertretungsmacht **15** 9; bei Versicherungen **15** 36; des Vertretungsorgans **15** 7 ff; Verwaltungsrat **15** 24 ff, 27; bei Vorgesellschaften **15** 32; bei Vorgründungsgesellschaft **15** 31; bei Vor-Kapitalgesellschaft **15** 31 ff; Vormund **13** 78; Vorstandsmitglieder **15** 19, 22, 23, 27 ff

Antragsrücknahme; Kosten **15** 87 ff

Anwaltszwang 4 46; **6** 107

Anwartschaftsrecht; betagte Forderungen **38** 17; Durchgangs- oder Direkterwerb **51** 88 ff; bei Eigentumsvorbehalt **47** 2; **51** 81 ff; **55** 138; Sicherungsübereignung **vor 49** 22; **50** 9; **51** 49, 81 ff; Übertragung **51** 83; Verfügung über bestehendes ~ **51** 85 f; Verfügung über nicht bestehendes ~ **51** 87; bei Vermieterpfandrecht **50** 89; Verpfändung **50** 9, 29a

Anzeige der Masseunzulänglichkeit; (s. Masseunzulänglichkeitsanzeige)

Anzeigepflichten; des Insolvenzverwalters **56** 53 f

Apothekeneinrichtung 36 75 ff

Aquisitionsverwalter 56 77

Äquivalenzprinzip 55 13 f

Arbeitgeberverbände 4 9

Arbeitnehmer; Ausgleichsansprüche **12** 21 ff; Aussonderungsrecht **60** 58a; Freistellung **60** 44; Gläubigerausschuss **67** 16; Haftung des Verwalters **61** 18; rückständige Ansprüche **53**

Magere Zahlen = Randnummer

3; Weiterbeschäftigung im Eröffnungsverfahren **55** 234
Arbeitnehmererfindungen; alte Rechtslage **35** 332 ff; Neuregelungen **35** 337 f; Überblick **35** 331
Arbeitseinkommen; Abtretung, Verpfändung, Pfändung **vor 49** 11; Ansprüche nach Eröffnung **55** 173 f; Ansprüche vor Eröffnung **55** 171 f; Entgeltansprüche bei Masseunzulänglichkeit **55** 172; Entgeltansprüche nach Eröffnung **55** 173 f; Entgeltansprüche vor Eröffnung **55** 171 f; Insolvenzforderungen **55** 173 f; Masseforderungen **55** 171, 234 ff; Pfändungsbeschränkungen **50** 71; rückständige Ansprüche **35** 434; des Schuldners **1** 29a; Sicherungsabtretung **51** 205 ff; Sonderleistungen **55** 180 ff; übergegangene Ansprüche **55** 234; Unpfändbarkeit **36** 42; Verpfändung/Pfändung **50** 2
Arbeitsförderungsgesetz 60 86
Arbeitskraft 35 436
Arbeitslosengeld 55 177
Arbeitsrechtliche Ansprüche; Abfindungsansprüche **55** 189; Allgemeines **38** 72; Altersteilzeit **38** 72b; **55** 175; Arbeitszeitkonten **55** 187 f; Arbeitszeugnis **55** 198; Begründung neuer Arbeitsverhältnisse **55** 200; betriebliche Altersversorgung **38** 72c; **55** 204 f; Betriebsratskosten **55** 199; Differenzlohnanspruch **55** 177; Entgeltansprüche bei Masseunzulänglichkeit **55** 172; Entgeltansprüche nach Eröffnung **55** 173 f; Entgeltansprüche vor Eröffnung **55** 171 f; Entschädigung aus Wettbewerbsabrede **55** 196; Freistellung **55** 176; Insolvenz des Arbeitgebers **55** 170 ff; Insolvenz des Arbeitnehmers **55** 201; als Insolvenzforderungen **55** 173 f; Karenzentschädigung **55** 196; Kündigung durch vorläufigen Verwalter **22** 63; als Masseverbindlichkeiten **55** 169 ff; Nachteilsausgleich **55** 191; Nebenleistungen **55** 179; Schadenersatzansprüche **55** 195; Sonderleistungen **55** 180 ff; Sozialplanansprüche **55** 193; Sozialversicherungsträger **55** 202 f; unveränderter Fortbestand **55** 169; Urlaubsansprüche **38** 72a; **55** 183; Verfrühungsschaden **55** 195; kein Wahlrecht des Verwalters **55** 169 ff
Arbeitszeitflexibilisierung 47 388
Arbeitszeitkonten 55 187 f
Arbeitszeugnis 55 198
Arrestpfändung 50 66a
Asservatenkonten 47 408
Asset Deal 1 90a
Aufforderung; an Drittschuldner **27–29** 71 ff; zur Forderungsanmeldung **27–29** 46 ff; zur Mitteilung von Sicherungsrechten **27–29** 56 ff
Aufhebung; Beschlüsse der Gläubigerversammlung **78** 10 ff; der Bestellung des vorläufigen Verwalters **25** 14 ff; des Insolvenzbeschlags **32–33** 79; des Verfahrens **Einl.** 16

Arbeitnehmererfindungen

Aufhebung des Eröffnungsbeschlusses; Abwicklung der Masseverbindlichkeiten **34** 105 ff; allgemeine Wirkungen **34** 87 ff; Bekanntmachungen **34** 99 ff; Mitteilung an Registergericht **34** 101; Rechtshandlungen des Verwalters **34** 94 ff; Terminologie **34** 86; Verwaltungs- und Verfügungsrecht des Schuldners **34** 93; Wirkung **34** 90 ff
Aufhebung von Sicherungsmaßnahmen; Aufhebung der Verfügungsbefugnis des Verwalters **25** 23 ff; Befriedigung der begründeten Verbindlichkeiten **25** 25; Befriedigung sonstiger Masseverbindlichkeiten **25** 27; Begleichung der Kosten **25** 26; Bekanntmachung **25** 28; Bestellung des vorläufigen Insolvenzverwalters **25** 14 ff; Entstehungsgeschichte **25** 2 f; Gesetzgebungsverfahren zur InsO **25** 4 f; als Kehrseite der Anordnung **25** 10, 16; Normzweck **25** 1; Pflichten des vorläufigen Verwalters **25** 23 ff; Rechtsstellung des vorläufigen Verwalters **25** 23 ff; Verfahren **25** 20 ff; von Amts wegen **25** 10; Wirksamkeit vorgenommener Rechtshandlungen **25** 24
Aufhebung vorläufiger Verwaltung; Aufhebungsverfahren **25** 20 ff; Legitimationswirkung fortdauernder Bestellung **25** 15 ff; Rechtsstellung nach Aufhebung der Verfügungsbefugnis **25** 23 ff
Auflassung 35 172
Auflösend bedingte Forderungen; Anwendungsbereich **42** 4 ff; Bedingungseintritt im Verfahren **42** 8; Bedingungseintritt nach Verfahrensende **42** 10; Berücksichtigung im Verfahren **42** 7; Betreiten im Prüfungstermin **42** 8; Einbeziehung **41** 1; Einzelforderungen **38** 17; **42** 4; Entstehungsgeschichte **42** 2 f; ganzes Schuldverhältnis **42** 4; Rechtsfolgen bei Bedingungseintritt **42** 8 ff; Rückgewähr gezahlter Dividenden **42** 9; Steuerforderungen **42** 5; Vollstreckungsgegenklage **42** 8
Auflösung kraft Gesetzes 31 40
Auflösungsvermerke; gesellschafts-, registerrechtliche Wirkungen **31** 40 ff; Löschung wegen Vermögenslosigkeit **31** 46; Registereintragung **31** 38; Zuständigkeit des Rechtspflegers **31** 32
Aufnahme unterbrochener Prozesse; Aktivprozesse **55** 46 ff; Ansprüche des beauftragten Anwalts **55** 54 f; Beendigung des Insolvenzverfahrens **55** 56; Passivprozesse **55** 49 ff; Schuldenmassestreit **55** 51 ff; Vergleichsabschluss **55** 52 f; durch Verwalter **55** 45 ff; durch vorläufigen Verwalter **24** 2, 22 ff
Aufrechnung; keine Anwendung des § 41 **41** 40; Insolvenzgläubiger **53** 16; Massegläubiger **53** 52
Aufrechnungsverbot 1 36
Aufschiebend bedingte Forderungen 38 17; **42** 1, 11

2121

Aufsichtsbehörden

Aufsichtsbehörden; Antragsberechtigung 13 62; Beschwerdeberechtigung 34 45, 63
Aufsichtspflicht; Anwendungsbereich 58 6 f; Auskunftsrecht des Gerichts 58 22 ff; Beginn 58 10 ff; des Insolvenzgerichts 58 8 ff; Intensität 58 15 ff; Maßnahmen 58 13 f; Normzweck 58 1 ff; sofortige Beschwerde 58 4; Umfang 58 20 ff; verfahrensbezogene ~; Verletzung 58 62; Zwangsgeld gegen Insolvenzverwalter 58 45 f; Zwangsmittel gegen Insolvenzverwalter 58 29 ff; Zweckmäßigkeit 58 20, 39
Aufsichtsrat; Antragsberechtigung der Mitglieder 15 17 f; Antragspflicht 15a 93 f, 115; gesellschaftsrechtliche Überwachungspflicht 15a 94
Aufträge; Aufwendungsersatz 55 63 ff; Erlöschen mit Verfahrenseröffnung 53 29; 55 118
Aufwendungen des Erben 51 222
Augenschein 5 48
Ausfallbürgschaft 43 9; 44 8
Ausfallschaden 61 30
Ausgleichsansprüche 38 86
Auskunfts- und Mitwirkungspflicht; Abgrenzungen 20 54 ff; aktive/passive ~ 22 172; Allgemeines **Einl.** 91; Amtsgeheimnisse 20 82; der Angehörigen des Schuldners 20 18; der Angestellten des Schuldners 20 20; Anordnungen des Gerichts 20 84 ff; Art und Weise der Auskunft 20 30 ff; Aufsicht über Sachverständigen 20 88; Auskunftspflicht 20 24 ff; Berechtigte 20 12 ff; Bereitschaftspflicht 20 46; Drittwirkung 20 78 ff; Durchsetzung 20 64 ff; bei Eigenverwaltung 20 0 6; Eingriff in Freiheit des Schuldners **Einl.** 91; Entgelt 20 74 ff; Entstehungsgeschichte 20 9; der Erben 20 21; Ergänzung der Auskunft 20 34; im eröffneten Verfahren 20 5; im Eröffnungsverfahren 20 3; 22 171 ff; des faktischen Geschäftsführers 20 17; gerichtliche Ermittlungstätigkeit 5 40 ff; bei Gesamtgutinsolvenz 20 22; der gesetzlichen Vertreter natürlicher Personen 20 19; Gläubigerschutz 20 4; Grenzen 20 47 ff; Haftentscheidungen 20 84; des Insolvenzverwalters 55 61; bei Nachlassinsolvenz 20 21; Normzweck 20 2 ff; der Organe des Schuldners 20 15 ff; organisatorische Zumutbarkeit 20 51 ff; Pflichtverletzungen 20 64 ff, 70 ff; Rechtsmittel 20 84 ff; im Restschuldbefreiungsverfahren 20 7; sachliche/persönliche Zumutbarkeit 20 48 ff; Sanktionen 20 67 ff, 70 ff; im Schuldenbereinigungsverfahren 20 60 ff; des Schuldners 1 130 ff; 20 15 ff; strafrechtliche Verantwortlichkeit 20 72; Tatbestandsvoraussetzungen 20 11; Umfang 20 24 ff; Unmöglichkeit 20 53; Unterstützungspflicht 20 35 ff; Verhältnismäßigkeitsgrundsatz 20 64 ff; Verpflichtete 20 15 ff; bei Verschwiegenheitspflicht 20 49; Vorbereitung der Auskunft 20 33; gegenüber vorläufigem Insolvenzverwalter 20 3; wirkungsvolle Verfahrensdurchführung 20 2; Zeugnisverweigerungsrecht 20 78 ff; zivilrechtliche Haftung 20 70; Zwangsmittel 20 67 ff, 89; Zwischenstreit über Drittwirkung 20 83
Auskunftsansprüche; keine Insolvenzforderungen 38 45
Auskunftserteilung; im beendeten Verfahren 4 78; im eröffneten Verfahren 4 77; im Eröffnungsverfahren 4 76a
Auskunftsklage 47 472
Auskunftskosten 47 469
Auskunftsrecht; Durchsetzung 58 45 ff; des Gläubigerausschusses 69 27; des Insolvenzgerichts 58 22 ff; des Sachverständigen 16 57 ff
Auslagenersatz; Abgrenzungen **InsVV** 4 2 ff; Angemessenheit **InsVV** 4 7; 63 46; Anspruch **InsVV** 18 2 ff; Auslagenpauschale **InsVV** 8 27 ff; Einzelabrechnung **InsVV** 8 27 ff; erstattungsfähige Auslagen **InsVV** 4 5 ff; **InsVV** 18 5; Fälligkeit 63 18; Festsetzung der Auslagen **InsVV** 4 8; Haftpflichtversicherung **InsVV** 18 7; 54 51; Reisekosten **InsVV** 18 5; als Verfahrenskosten 54 51; 65 20; des Verwalters 63 46
Ausländische Insolvenzverfahren; Anerkennungsgrundsatz 32–33 35; Bekanntmachungen 30 19 ff; Eintragungsantragsrecht 32–33 38 ff; Eintragungsersuchen des Insolvenzgerichts 32–33 49 ff; Grundbuchvermerk 32–33 35 ff, 103; Löschung von Eintragungen 32–33 52; örtliche Zuständigkeit 3 2; Registervermerke 31 48 ff; 32–33 35 ff, 103
Ausländischer Insolvenzverwalter; Beschwerdeberechtigung 34 42, 64; Zustellung des Eröffnungsbeschlusses 30 13
Auslandsgesellschaften; Antragsberechtigte 15 63 ff; Antragspflicht 15a 62; keine Insolvenzantragspflicht 15a 50 ff; Insolvenzfähigkeit 11 17a ff; Partikular-Insolvenz 15a 61; sittenwidrige Schädigung 15a 312
Auslandsinsolvenz; mit Inlandsbezug 35 42
Auslandsvermögen; Ermittlung und Sicherung 20 44; Massezugehörigkeit 35 36 ff
Ausschließliche Zuständigkeit 2 11 f; 3 27 ff
Ausschließung von Gerichtspersonen 4 40 ff
Ausschluss von Massegläubigern 53 64
Außergerichtliche Sanierung; Allgemeines 16 1; Förderung 1 86 ff
Aussetzung des Verfahrens 4 15
Aussonderung; Alleineigentum 47 37 ff; Anderkonten 35 119; Aneignungsrechte 47 232 ff; Anerkennung 47 456 ff, 489; Auskunftsklage 47 472; Auskunftskosten 47 469; Auskunftspflicht des Verwalters 47 460 ff; Aussonderungsbefugnis 47 36 ff; **Einl.** 96; aussonderungsfähige Gegenstände 47 15 ff; begrenzte dingliche Rechte 47 328 ff; Begriff 47 5 ff; Berücksichtigung bei Verwaltervergütung 47 471; Beseitigungsansprüche 47 353a; Besitz 47 326 ff; Bestimmtheit 47 32 f; beweg-

liche Sachen **47** 17 f; Computersoftware **47** 17; Darlegungslast **47** 448; Daten **47** 31a; Datenträger **47** 353b; dingliche Aussonderungsberechtigung **47** 37 ff; bei dinglichen Forderungen **38** 10; Durchsetzung **47** 472 ff; Effektengeschäfte **47** 300 ff; des Ehegatten **47** 437 ff; Eigentum an Sachen **47** 37 ff; Eigentumsvorbehalt **22** 49; **47** 54 ff; **60** 56; Einleitung **47** 1 ff; Einwendungen/Einreden des Schuldners **47** 436b ff; Einwendungen/Einreden des Verwalters **47** 436d ff; durch Erben **47** 337; Erbschaftsanspruch **47** 335 f; im Eröffnungsverfahren **22** 48; Ersatzanspruch bei unebrechtigter Veräußerung **22** 51; Factoring **47** 257 ff; Finanzierungsleasing **47** 218 ff; Gegenstand **47** 15 ff; Geld **47** 19; Geldforderungen **60** 58; Gesamtgut **37** 32; gesamthänderisch gebundenes Eigentum **47** 51 f; gewerbliche Schutzrechte **47** 339; Grundbuchberichtigungsanspruch **47** 334; Haftung des Verwalters **60** 54 ff; Herausgabeansprüche **22** 48; **47** 341 ff, 429 ff; Herausgabepflicht des Verwalters **47** 463 ff; von Inhaberpapieren **47** 18; Inhaberschaft an Forderungen **47** 204 ff; im Insolvenzplanverfahren **47** 494 f; Irrtum des Verwalters **47** 457; Kommissionsgeschäfte **47** 287 ff; Kosten **47** 467 ff, 470; Massebefangenheit **47** 35a; bei Masseveränderungen **47** 35; Miteigentumsanteile **47** 18, 45 ff; mittelbare Stellvertretung **47** 286; Nichtzugehörigkeit zum Schuldnervermögen **47** 34; Normzweck **47** 3 f; Nutzungsbefugnis **47** 471c f; obligatorische Herausgabeansprüche **47** 341 ff; offene Fremdkonten **35** 119; Orderpapiere **47** 18; Persönlichkeitsrechte **47** 339; Pflichten des Verwalters **60** 54 ff; Pflichten des vorläufigen Verwalters **47** 471a ff; Rechte **47** 30; Rückgewähransprüche **47** 346; Rückübertragung nach Vermögensgesetz **47** 436a; Scheinbestandteile **47** 26 f; schuldrechtliche Aussonderungsberechtigung **47** 340 ff; Schuldscheine **47** 18; Sicherungseigentum **47** 53; Sicherungszession **47** 217; Stufenklage **47** 472; Surrogate **47** 31; Traditionspapier **47** 18; Transportgeschäfte **47** 299a; Treuhandverhältnisse **47** 354 ff; unbewegliche Sachen **47** 20; Unterlassungsansprüche **47** 352 ff; Urheberrecht **47** 339; Vereitelung **55** 31 f; Verhältnis zur Absonderung **47** 11 ff; Verletzung eines Aussonderungsrechts **47** 452 ff; Verschaffungsansprüche **47** 347 ff; Versicherung für fremde Rechnung **47** 311 ff; Versorgungsansprüche **47** 425 ff; Verteidigung eines massefremden Rechts **47** 5; Vertrag zugunsten Dritter **47** 216; Verträge für fremde Rechnung **47** 286 ff; Verwaltungskosten **47** 467 f; Verwertungsstopp **47** 471c; Verwirkung **47** 495; Verzicht **47** 495; vormerkungsgesicherte Ansprüche **47** 333; Wegnahmerechte **47** 232 ff; Wertpapierverwahrung **47** 409 ff; wesentliche Bestandteile **47** 21 ff, 42; Zession **47** 205 ff; Zubehör **47** 28 f; Zugehörigkeit zur Masse **47** 35 ff; zwingendes Recht **47** 14

Aussonderungsgut; Auskunftspflicht des Verwalters **47** 460 ff; Beschädigung oder Zerstörung **48** 26; Erhaltungspflicht **47** 458; im Eröffnungsverfahren **22** 106; Herausgabepflicht des Verwalters **47** 463 ff; Prüfungspflicht des Verwalters **47** 446 ff; Sicherungspflicht **47** 458

Aussonderungsprozess; Anerkenntnis im Prozess **47** 489 f; Auskunftsklage **47** 472; Beweisfragen **47** 487 f; einstweilige Verfügung **47** 491; Feststellungsklage **47** 479; **vor 49** 142; Gerichtsstand **47** 476; Grundbuchberichtigung **47** 480; Handelssache **47** 477; Herausgabebegehren **47** 480; Klageänderung **47** 483 ff; Klageart und Klageantrag **47** 479 ff; Leistungsklage **47** 479; normales Streitverfahren **47** 473; Parteien **47** 478; Pfandklage **vor 49** 142; prozessuale Gestaltungsklage **47** 479; rechtshängige Prozesse **47** 474 f; Rechtsschutzbedürfnis **47** 482; Rückübertragungsbegehren **47** 480; Stufenklage **47** 472; Unterlassungsbegehren **47** 480; Urkundenprozess **47** 479; Vollstreckung **47** 494 f; Zuständigkeit **47** 477; Zwischenfeststellungswiderklage **47** 478

Aussteuer 35 433

Austauschklausel 51 108

Austauschverträge; Erfüllungsablehnung **55** 125 f; Erfüllungswahl **55** 121 ff; kein Erlöschen mit Verfahrenseröffnung **55** 119; Grundsatz **55** 119; Masseverbindlichkeiten **55** 119 ff; teilbare Leistungen **55** 127 ff; Wahlrecht des Verwalters **55** 119 ff

Auswahl des Verwalters; Abweichung von vorgegebenen Anforderungen **56a** 43; Abweichung von Vorschlag **56a** 39, 48 ff; Allgemeines **27–29** 29; Anforderungsvorschlag **56a** 26 ff, 43 ff; Anhörung des vorläufigen Gläubigerausschusses **22a** 129 ff; **56a** 6 ff; Anhörungsverfahren vor der Auswahl **56a** 17 ff; Aufgabe des Richters **57** 6; absolute Ausschließungsgründe **56** 79 f; Auswahlentscheidung **56** 85a; Auswahlkriterien **56** 85 ff, 99; Auswahlverschulden **56** 177 ff; Belastbarkeit **56** 73 ff; Einbeziehung der Insolvenzgläubiger **56a**; Einflussnahme **56a** 1 ff; **57** 1; Einzelfalleignung **56** 21 ff; Entscheidungsbegründung **56a** 48 ff, 56; Ermessen des Insolvenzgerichts **56** 85a; Ermessenseinschränkung **56a** 45; Ermessensorientierung **56a** 46 f; Erreichbarkeit des Verwalters **56** 65 ff; Ersetzungsrecht **56a** 57 ff; in erster Gläubigerversammlung **57** 6 ff; fachliche Voraussetzungen **56** 56 ff; festgelegter Verwalterkreis **56** 117 f; gerichtliche Anhörungspflichtung **56a** 8; Geschäftsfähigkeit **56** 17 ff; Hinderungsgründe **56** 79 f; Konkurrentenklage **56** 172; nur natürliche Personen **56** 15 f; organisatorische Vorausset-

Auswahlverschulden Fette Zahlen = §§

zungen **56** 62 ff; Ortsnähe/Gerichtssprengel **56** 68 ff; Personenvorschlag **56a** 25, 39 ff; persönliche Anforderungen **56** 55 ff; Qualifikationsanforderungen **56** 12 ff; **57** 26; Qualität der Leistungen **56** 125 ff; Rechtsmittel gegen Auswahlentscheidung **56a** 79 f; **56** 172; **57** 6a; nach Reihenfolge **56** 116; keine schematische ~ **56** 87; Sonderinsolvenzverwalter **56** 51; Staatshaftung bei Auswahlverschulden **56** 177 ff; technische/personelle Verhältnisse **56** 123; Unabhängigkeit **57** 28 ff; Unabhängigkeit des Verwalters **56** 25 ff; Versagungsgründe bei Gläubigerwahl **57** 24 ff; Vertrauen **56** 119 ff; Vorauswahllisten **56** 91 ff; des vorläufigen Insolvenzverwalters **22** 18 ff; Vorschlagsrechte **56a** 23 ff; **56** 34a, 127 ff; Vorwegbeurteilung **56** 10; Wahl eines anderen Verwalters **22a** 136 ff; **57** 8 ff; Wahlrecht der Gläubigerversammlung **57** 6 ff; wirtschaftliche Absicherung **56** 124; Zuverlässigkeit **56** 119 ff
Auswahlverschulden 15a 177

BaFin; Antragsrecht **13** 50 ff; Beschwerdeberechtigung **34** 63; Beschwerderecht **34** 63; Finanzunternehmen aus dem Europäischen Wirtschaftsraum **13** 61; Kredit- und Finanzdienstleistungssektor **13** 51 ff; Mitteilungen an ~ **30** 15; Versicherungswirtschaft **13** 59 f; Zustellung des Eröffnungsbeschlusses **30** 11
Bahnpfandgläubiger 49 83
Banken; Sonderinsolvenzrecht **Einl.** 24b ff
Bankenpool 47 190
Bankgeheimnis 5 30
Bankvertrag 35 395
Bargeschäft 22 71
Bassinvertrag 47 185, 192, 363, 388e; **51** 23
Bauforderungen 35 384
Bedingte Forderungen 38 17
Befangenheit 4 41 ff; **16** 54; **56** 35
Befreiungsanspruch 45 8
Befriedigung durch vorläufigen Verwalter; Anwendungsbereich **25** 6 ff; bei Aufhebung des Verfügungsverbots **25** 23 ff; Befriedigung durch vorläufigen Verwalter **25** 5; bei beschränktem Verfügungsverbot **25** 7; als besonderes Abwicklungsverfahren **25** 6; Entstehungsgeschichte **25** 2 f; Gesetzgebungsverfahren zur InsO **25** 4 f; bei Rücknahme des Insolvenzantrages **25** 9
Befristete Forderungen 41 9 ff
Behörden; Akteneinsicht **4** 68; Auskünfte **5** 48
Beihilfenrückforderung 38 95
Beiordnung eines Rechtsanwalts; Notarwalt **6** 107; Prozesskostenhilfe **4** 22b, 24a; Rechtsmittel bei Ablehnung **4d** 1 ff; Stundungsverfahren **4a** 21 ff
Beitragspflichten 38 94a
Bekanntmachungen; Änderungen, Berichtigungen, Ergänzungen **30** 7; Anordnung durch Beschluss **9** 9; Anwendungsbereich **9** 7 ff; Art **9** 10 ff; Aufhebung des Eröffnungsbeschlusses **34** 99 ff; Aufhebungsbeschluss **78** 32; ausländische Insolvenzverfahren **30** 19 ff; ausländischen Gläubiger **30** 12 f; auszugsweise Veröffentlichung **9** 12; besondere Zustellungen **30** 11; Einleitung **9** 1 ff; des Eröffnungsbeschlusses **30** 4; Ersetzung Printmedien durch Internet **9** 10 ff; fakultative Anwendung **9** 8; durch Geschäftsstelle des Amtsgerichts **30** 4; keine Heilung unwirksamer Beschlüsse **9** 29; Inhalt **9** 17 ff; im Inland **30** 4 ff; innerhalb EU **30** 9; InsNetV **9** 14; **9 Anh**; der Insolvenzverwalterbestellung **56** 163; Internet **9** 11; Kosten **9** 30; kraft ausdrücklicher Vorschrift **9** 7; Kreditinstitute **30** 17 f; Mitteilungen an Gerichte, Behörden **30** 14 ff; Normzweck **9** 5 f; Publizitätswirkung **9** 25 ff; Regelungsermächtigung **9** 13; Schutz der Masse **9** 5a; Sinn und Zweck **23** 1 f; **30** 2, 4; Tagesordnung der Gläubigerversammlung **74** 36 ff; unrichtige ~ **30** 8 f; von Verfügungsbeschränkungen **23** 7 ff, 14 f; Versicherungsunternehmen **30** 17 f; weitere Veröffentlichungen **9** 4b, 15 f; wiederholte Veröffentlichungen **9** 4b, 15; Wirksamkeit **9** 20 ff; **30** 6; Zustellungswirkung **9** 23 f
Beratungshilfe 4 20
Bereicherungsansprüche; keine Aussonderung **47** 347; Ersatzaussonderung **47** 24; **48** 8a; Insolvenzforderungen **38** 71; Masseverbindlichkeit **53** 24; aus ungerechtfertigter Massebereicherung **55** 211 ff
Bergwerkseigentum 49 6
Berichtigungen 4 79; **30** 7
Berichtspflichten; Nichterfüllung **59** 31
Berichtstermin; Angabe im Eröffnungsbeschluss **27–29** 77; Entfallen bei Verbraucherinsolvenz **27–29** 97 ff; Fristen **27–29** 82; Tagesordnungspunkte **27–29** 91 ff; Terminsverbindung **27–29** 84
Berufsgeheimnis 35 155
Berufsgrundsätze; Insolvenzverwalter **56** 182
Berufsständische Versorgungswerke; Beendigung der Mitgliedschaft **35** 47a
Berufsverbot 56 79
Beschlagnahme; Anordnung des Gerichts **20** 64; Begriff **49** 15; Enthaftung **49** 20 f; Miet- und Pachtforderungen **49** 26 ff; bei Sachhaftung nach § 76 AO **51** 252 ff; Veräußerung/Entfernung nach ~ **49** 20 ff
Beschleunigung des Verfahrens 5 4; **58** 35
Beschlussfassung; Gericht **22** 21; Gläubigerausschuss **72** 3 ff; Gläubigerversammlung **1** 59; **76** 14 ff; vorläufiger Gläubigerausschuss **22a** 7 ff
Beschränkt persönliche Dienstbarkeit 35 173, 454 ff
Beschwerde; Abhilfe durch Insolvenzgericht **6** 44 ff; **34** 14 f; bei Ablehnung der Eröffnung **34** 35 ff; bei Ablehnung der Verwalterentlassung **59** 63 ff; bei Abweisung mangels Masse

2124

Magere Zahlen = Randnummer

26 38 ff; 34 43 ff; allgemeine Voraussetzungen 6 21 ff; Änderungen 6 4j ff; Angriffs- und Verteidigungsmittelfrist 6 4g; gegen Anordnung der sofortigen Wirksamkeit 6 75 ff; gegen Anordnung von Sicherungsmaßnahmen 21 38 ff; Anschlussbeschwerde 6 4i, 52, 30, 39a; keine aufschiebende Wirkung 6 51; 34 16 ff; außerordentliche Beschwerde 6 70 ff; Aussetzung der Vollziehung 6 51; 34 16 ff; Bedingungslosigkeit 6 25; Beschwer 6 30 ff; 34 69; Beschwerdeberechtigung 6 26 ff; 34 37 ff, 55 ff; Beschwerdegericht 6 4 f; Beschwerdesumme 6 4h, 37; Beteiligtenfähigkeit 6 22; einfache ~ 6 65; Einlegung 6 4k, 40 ff; 34 11; bei Entlassungsentscheidungen 59 63 ff; Entscheidung des Beschwerdegerichts 6 54 ff; Entscheidung über Beschwerde 34 19 ff; gegen Entscheidungen des Insolvenzgerichts 6 12 ff; 34 1 ff; Enumerationsprinzip 6 6 ff; gegen Eröffnungsbeschluss 34 55 ff; im Eröffnungsverfahren 34 27 ff; Fassung ab 2002 6 4a ff; Fassung bis 2002 6 1 ff; Frist 6 38 ff; 34 12 f; aufgrund gesetzlicher Anordnung 6 6; Gründe 6 43; 34 47 ff; Grundsätze 6 53 ff; bei Haftentscheidungen 20 84; Inhalt 6 41; Kosten 6 83 ff; 34 23 ff; 54 23 ff; gegen Kostenfestsetzungsbeschluss 64 12 ff; bei Mängel des Eröffnungsbeschlusses 34 80 ff; gegen nachträgliche Änderung, Ergänzung, Berichtigung 27–29 134; neue Angriffs- und Verteidigungsmittel 34 73; Nichtigkeitsbeschwerde 34 13; Normzweck 6 5; Rechtsbeschwerde 6 91 ff; 34 22; Rechtskraft der Entscheidung 6 74; Rechtskraftwirkung insolvenzgerichtlicher Beschlüsse 6 79 ff; Rechtsschutzbedürfnis 6 35 f; Rücknahme 6 52a; sofortige ~ außerhalb § 6 6 66 ff; sofortige ~ nach § 6 6 ff; Stattgabe 34 20; Streitwertbeschwerde 6 65; bei Unbegründetheit des Eröffnungsantrags 34 78; bei Unwirksamkeit des Eröffnungsantrags 34 74 f; bei Unzulässigkeit des Eröffnungsantrags 34 74 f; Verbot der Schlechterstellung 6 72; nach Verfahrensbeendigung 6 19 f; Verfahrensfähigkeit 6 23; bei Verfahrensfehlern 34 76; Verfahrenshandlungsvoraussetzungen 6 21 ff; Vertretungsmacht 6 24; Wertberechnung 54 27 f; Wiederaufnahme des Verfahrens 6 86 f; Wirksamkeit der Entscheidung 6 74 ff; 34 21; Zielsetzung 34 47 ff, 70 ff; nach ZPO 4 88; 6 66 ff; zulässiger Angriff 6 36a; Zulassungsrechtsbeschwerde 6 4j; gegen Zurückweisung des Eröffnungsantrags 34 37 ff; Zustellung 6 73; Zwangsgeldbeschluss 58 60 ff

Beschwerdegericht; Anordnung von Sicherungsmaßnahmen 34 21; Verfahrenseröffnung durch ~ 27–29 150 ff; 34 52 f

Beseitigungsanspruch 38 44, 45; 47 353a; 55 60

Besitz; Aussonderung 47 44, 326 ff

Beschwerdegericht

Besitzergreifung; Inbesitznahme des Schuldnervermögens 35 76 ff; Verzicht auf ~ 35 79

Besitzschutzansprüche 22 186

Besserungsabrede 38 51

Bestallungsurkunde; Herausgabepflicht 56 166; des Insolvenzverwalters 56 3, 7, 161 f

Bestandserhaltungsfunktion 21 13; 22 14

Bestellung des Verwalters 56; (s. a. Auswahl des Insolvenzverwalters); Anhörungspflichten 22a 129 ff; Aufhebung 25 14 ff; 56 80, 176; Bekanntmachung 56 163; Bestellungsbeschluss 56 141; Bestellungshindernisse 59 18 ff; Einzelfallentscheidung 56 82; des gewählten Verwalters 57 36 ff; Gläubigerbeteiligung 56a; Neubestellung 56a 70; 57 6 ff; eines neuen Verwalters 59 61 f; Nichtigkeit 56 80; Rechtsmittel 56 167 ff; 57 42 ff; Versagung 57 2, 24 ff; des vorläufigen Verwalters 22 3, 21, 30; 56 8; Wahl eines anderen Verwalters 57 8 ff; willkürliche Nichtbestellung 56 180; Zeitpunkt 56 81, 135 ff; Zuständigkeit 56 159; 57 23

Bestimmtheitsgrundsatz 74 36 ff, 45

Bestrittene Forderungen; (s. Streitige Forderungen)

Betagte Forderungen 38 17; 41 6; (s. a. Nicht fällige Forderungen)

Beteiligte; nach Ablehnung des Insolvenzantrags 4 60; Akteneinsicht 4 57 ff; Begriff vor 2 10 ff; 4 59 ff

Betreuer; Antragsberechtigung 13 16, 76 ff

Betriebliche Altersversorgung; Anwendbarkeit des § 45 45 12 ff; Aussonderung von Ansprüchen 47 315 ff; Bezugsberechtigungen 47 316 ff; Direktversicherung 47 315 ff; Insolvenzforderungen 38 72c; Masseverbindlichkeiten 55 204 f

Betriebsfortführung; (s. Unternehmensfortführung)

Betriebslizenzen 35 232

Betriebsmitteldarlehen; Aufnahme durch vorläufigen Verwalter 22 72

Betriebsrat; Antragsrecht 15 69; Kosten 55 67, 199

Betriebsstilllegung; (s. Unternehmensstilllegung)

Bewegliche Sachen; Absonderung 50 7 ff; Aussonderung 47 17 f; Computersoftware 35 160 ff; Eigentumsvermutung 47 438 ff; Ersitzung 35 144; Haushalt 36 8 ff; Herausgabevollstreckung vor 49 163 ff; Massezugehörigkeit 35 136 ff; nicht wesentliche Grundstücksbestandteile 35 138 f; persönliche Sachen 36 8 ff; pfandrechtsbelastete Gegenstände 35 142 ff; Pfändungspfandrecht 50 67; Sicherungsübereignung 35 141; 51 49; Unpfändbarkeit 36 7 ff; Verbindung, Vermischung, Verarbeitung 35 144; 47 23; Vertragspfandrecht 50 7 ff; Verwendungen 51 217

2125

Beweisaufnahme Fette Zahlen = §§

Beweisaufnahme; anwendbare ZPO-Vorschriften **4** 86; Unanfechtbarkeit **34** 29
Beweisrecht; anwendbare ZPO-Vorschriften **4** 56 ff; freie Beweiswürdigung **4** 56; Glaubhaftmachung **4** 56; offenkundige Tatsachen **4** 56
Beweisverfahren; (s. a. Selbständiges Beweisverfahren); Amtsermittlungen **5** 51 ff
Bewertung von Vermögensgegenständen InsVV **11** 28 ff
Bezugsrechte **50** 21
BGB-Gesellschaft; (s. Gesellschaft bürgerlichen Rechts)
Bilanzaufstellungsanspruch **38** 46
Bindungswirkung; des Eröffnungsbeschlusses **34** 110
Blankokredit **50** 65
Blockmodell **55** 175
Börsennotierungsgebühren **55** 67
Brautgeschenke **35** 433
Briefe **35** 154
Briefgeheimnis Einl. 90
Briefgrundpfandrechte **32–33** 22, 71 f; **49** 55 ff
Bruchteile **49** 10 f
Bruchteilsgemeinschaft; Insolvenzunfähigkeit **11** 63a
Buchführung **20** 41; **60** 21 f, 65; (s. a. Rechnungslegung)
Buchprüfungsgesellschaften **56** 4
Bund; Insolvenzunfähigkeit **12** 3, 10
Bundesagentur für Arbeit; Schaden bei Insolvenzverschleppung **15a** 237 ff; übergegangene Ansprüche **55** 234 ff
Bundesanstalt für Finanzdienstleistungsaufsicht; (s. BaFin)
Bundesanzeiger; Veröffentlichungen **9** 4b
Bundesligalizenzen **35** 324a
Bundesverband einer Krankenkasse; Insolvenzfähigkeit **12** 12a
Bürgschaft; Ausfallbürgschaft **43** 9; Einrede der Vorausklage **43** 11; Insolvenz des Hauptschuldners **43** 8 ff; Insolvenz des Sicherungsgebers **43** 11 f; Insolvenzforderungen **35** 402; **38** 30; Regressansprüche **38** 31 ff; **43** 10
business judgment rule **15a** 126; **60** 90a, 70, 109

Cashflow; nach Soll-Kapitaldienst **19** 68; nach Steuern **19** 68; Netto-Cashflow **19** 94 ff
Computersoftware **35** 160 ff; **47** 17
Contractual Trust Agreements **35** 127a; **47** 388
Culpa in Contrahendo; Ansprüche bei Insolvenzverschleppung **15a** 284 ff

Darlehen; Aufnahme durch vorläufigen Verwalter **22** 72; vertragliche Ansprüche **35** 392 f
Daseinsvorsorge **12** 20
Daten **47** 31a, 353b
Datenträger **47** 31a, 353b

Dauerschuldverhältnisse; Einbeziehung von Forderungen **1** 30; Erfüllungswahlrecht **55** 146 ff; Inanspruchnahme der Gegenleistung **55** 229, 231; Insolvenzfestigkeit **vor 49** 24; Insolvenzforderungen **38** 19 ff; Insolvenzverschleppungshaftung **15a** 224 ff; Masseverbindlichkeiten **55** 229 ff, 8, 117, 146 ff; Miet-/Pachtverhältnisse über unbewegliche Sachen **55** 148 ff; bei vorläufiger Insolvenzverwaltung **22** 60
Dauerwohnrechte **35** 170
debtor in possession Einl. 21
deferred compensation **47** 388
Degressionsausgleich InsVV **3** 29 ff
Deliktische Ansprüche; Ansprüche des Gläubigers **35** 62; Ansprüche des Schuldners **35** 51; Massezugehörigkeit **35** 51, 62, 426; gegen Verwalter **60** 75; wegen Schädigung der Masse **60** 12
Delistung **56** 115, 109 ff
Deregulierung **1** 46; **vor 2** 2
Derivativer Pflichtausschuss; Antragsrecht auf Einsetzung **22a** 104 ff; Anwendungsbereich **22a** 100 ff; Benennung der Ausschussmitglieder **22a** 113 ff; gerichtliche Einsetzungsentscheidung **22a** 119 ff; Mitwirkungspflicht bei Nicht-Benennung **22a** 116 ff; namentliche Benennung **22a** 114 f; Zusammensetzung **22a** 113
Deutsche Ausgleichsbank **12** 13
Deutsche Bundesbank **12** 13
Deutsche Genossenschaftsbank **12** 12
Deutsche Girozentrale **12** 12
Deutsche Siedlungs- und Landesrentenbank **12** 13
Dienstbekleidung **36** 30 f
Dienstverhältnisse; Abfindungen **55** 189; Altersteilzeit **55** 175; Arbeitszeitkonten **55** 187 f; Arbeitszeugnis **55** 198; betriebliche Altersversorgung **55** 204 f; Betriebsratskosten **55** 199; Entgeltansprüche bei Masseunzulänglichkeit **55** 172; Entschädigung aus Wettbewerbsabrede **55** 196; Freistellung **55** 176; Insolvenz des Arbeitgebers **55** 170; Insolvenz des Arbeitnehmers **55** 201; Karenzentschädigung **55** 196; Kündigung **22** 63; **55** 169; Masseverbindlichkeiten **55** 169 ff; Nachteilsausgleich **55** 191; Nebenleistungen **55** 179; Schadenersatzansprüche **55** 195; Sonderleistungen **55** 180 ff; Sozialplanansprüche **55** 193; Sozialversicherungsträger **55** 202 f; unveränderter Fortbestand **55** 169; Urlaubsanspruch **55** 183; Verfrühungsschaden **55** 195; Vergütungsansprüche nach Eröffnung **55** 173 f; Vergütungsansprüche vor Eröffnung **55** 171 f; Wahlrecht des Verwalters **55** 169 ff
Dingliche Ansprüche; Ansprüche auf Aussonderung **38** 53; sachenrechtliche Schadensersatzansprüche **38** 73; verbriefte Forderungen **38** 74

Magere Zahlen = Randnummer **Dingliche Surrogation**

Dingliche Surrogation 47 31; **48** 10; **vor 49** 63 ff; **50** 9, 112a
Dingliches Vorkaufsrecht 35 439; **47** 330
Dispositionskredit 50 70
Dividendenscheine 50 19
Doppelanmeldungsverbot; absonderungsberechtigte Rückgriffsgläubiger **44** 31; Ansprüche aus eigenem Recht **44** 7; Aufrechnungsbefugnis **44** 32; Ausschluss der Verwalterrechte **44** 40; Ausschluss des Gesellschafterregresses **44** 33 ff; Befreiungsanspruch **44** 7; Entstehungsgeschichte **44** 3 f; Gesamtschuld **44** 5 ff; gesamtschuldähnliche Verhältnisse **44** 5 ff; Leistungen nach Verfahrenseröffnung **44** 20; Leistungen vor Verfahrenseröffnung **44** 26 ff; Normzweck **44** 1 f; Rechtsstellung des Rückgriffsberechtigten **44** 12 ff; Regressansprüche des Mitschuldners **44** 5 ff; Teilbefriedigung des Gläubigers **44** 23 f, 28; Teilmithaftung **44** 25; Verhältnis Gesellschaft/Gesellschafter **44** 33 ff; Vollbefriedigung des Gläubigers **44** 21 ff, 27
Doppelberücksichtigungsgebot; Ausnahmen **43** 43 ff; Entstehungsgeschichte **43** 3; Gesamtschuldverhältnisse **43** 5 ff; Gesellschaftersicherheiten **43** 27; **44a** 21 ff; Insolvenz eines Gesamtschuldners **43** 35; mehrere Insolvenzverfahren **43** 34; Rechtsfolgen **43** 33 ff; Sachmithaftung **43** 18 ff; Teilmithaftung **43** 28 ff; Vollbefriedigung des Gläubigers **43** 36 ff; Zahlungen vor Verfahrenseröffnung **43** 39 ff
Doppelbesicherung 44a 30 ff
Doppelinsolvenz 35 190; **53** 43 ff; **55** 208
Doppelseitige Treuhand 35 126 ff; **47** 386 ff
Dreiseitige Treuhand 47 386 ff
Dritte; Akteneinsicht **4** 62 ff; Begriff **4** 62
Drittschuldner; Aufforderung zur Nichtleistung an Schuldner **27–29** 71 ff
Drittwiderspruchsklage 47 10
Drittwirkung; Auskunftspflicht **20** 78 ff
Drohende Zahlungsunfähigkeit; Abgrenzung **18** 2; Abgrenzung zur Zahlungsunfähigkeit **18** 59 ff; Antragstellung **18** 75; Definition **18** 19; Eigenantragsrecht **15** 1; Einschränkung des Antragsrechts **18** 75; Entstehungsgeschichte **18** 8 ff; im Entwurf einer Insolvenzordnung (EInsO) **18** 12 ff; Ermöglichung frühzeitiger Eröffnung **1** 22; Erster Bericht der Kommission **18** 8 ff; Finanzplan **18** 23 ff; Länge des Prognosezeitraums **18** 52 ff; maßgebender Zeitpunkt **18** 44 ff; Mindestwahrscheinlichkeit **18** 35; Nachweis **18** 20 ff; Normzweck **18** 1 ff; Problem der Voraussichtlichkeit **18** 20 ff; Prognosezeitraum **18** 59 ff, 19, 52 ff; Regierungsentwurf **18** 12 ff; Reichweite der Prognose **18** 73; Überprüfbarkeit der Prognose **18** 50; Überschneidungsbereich zur Überschuldung **18** 76 ff; Voraussichtlichkeit **18** 21, 44 ff; als zusätzlicher Eröffnungsgrund **16** 4

Druckantrag 4 34; **13** 114; **14** 29 f, 57
Durchgriffserinnerung 6 61
Durchgriffshaftung; juristischen Personen des öffentlichen Rechts **12** 9, 20; Vereinsmitglieder **11** 18
Durchsuchung; Anordnung des Gerichts **20** 64; Geschäftsräume **16** 61; **21** 91; Wohnung **21** 91; **Einl.** 89

Echte Freigabe 35 85, 90 ff
Echte Treuhand 35 117 ff, 126; **47** 354
Echte Verwaltungstreuhand 47 360 ff
Effektengeschäfte; Aussonderung **47** 300 ff; Begriff **47** 300; Effektenkommission mit Selbsteintritt **47** 309; Einkaufskommission von Wertpapieren **47** 301 ff; Festpreisgeschäfte **47** 300, 310; Insolvenz des Marktkontrahenten **47** 308; Insolvenzvorrecht **47** 304; Miteigentum am Sammelbestand **47** 302; Verkaufskommission von Wertpapieren **47** 307
E-Geld-Kreditinstitut; Bekanntmachung des Eröffnungsbeschlusses **30** 17
Ehegatten; Anspruch auf Kostenvorschuss **4a** 13; Aussonderungsrecht **47** 437 ff; Eigentumsvermutung **37** 8 ff; **47** 438 ff; fortgesetzte Gütergemeinschaft **37** 39 ff; Gütergemeinschaft **37** 16 ff; güterrechtliche Besonderheiten **47** 445; Güterstandswechsel **37** 47 f; Gütertrennung **37** 14 f; in der Insolvenz **Einl.** 98 f; keine Solidarhaftung **47** 437; Unterhalt **40** 29; vermögensrechtliche Ansprüche **36** 52; Zugewinngemeinschaft **37** 6 ff
Eheliche Gütergemeinschaft; Begriff **37** 16 ff; Insolvenzmasse **37** 20 ff
Eidesstattliche Versicherung; Vollständigkeit/Richtigkeit des Massebestands **53** 62
Eidestattliche Versicherung; Erzwingung **21** 72
Eigenantrag 15; (s. a. Antragsrecht, Eröffnungsantrag); keine Anfechtbarkeit **13** 75; Anhörung übriger Antragsberechtigten **15** 78 ff; Antragsberechtigte **13** 15 ff; Antragspflichten und -obliegenheiten **13** 66 ff; Antragstellung durch einzelne Berechtigte **15** 75 f; durch Auslandsgesellschaften **15** 63 ff; keine Bedingung oder Befristung **13** 72 ff; Beschwerdebefugnis **15** 89; besondere gesetzliche Vertretungsmacht **15** 2; durch Betreuer des Antragsberechtigten **13** 16, 76 ff; Betriebsrat **15** 69; Darstellung der wesentlichen Umstände **13** 100; bei drohender Zahlungsunfähigkeit **15** 1; wegen drohender Zahlungsunfähigkeit **15** 90 ff; Erledigung **13** 127 ff; Feststellung des Antragsrechts **15** 71 ff; Folgen inhaltlicher Mängel **13** 109 ff; Formularzwang **13** 91 f; gesetzliche Vertretung **13** 76 ff; Glaubhaftmachung **15** 77; durch juristische Personen **13** 20 ff; **15** 7 ff; durch Kapitalgesellschaft & Co. **15** 55 ff; Kosten bei Zurückweisung, Rücknahme **15** 87 ff; notwendiger In-

2127

Eigenkapitalersetzende Nutzungsüberlassung Fette Zahlen = §§

halt **13** 93 ff; obstruktives Verhalten des Schuldners **13** 89; durch Offene Handelsgesellschaft **15** 48 ff; durch öffentlich-rechtlichen Verwaltungskommissar **13** 21 ff; Organe, Organmitglieder, Gesellschafter **15** 67 f; durch organschaftliche Vertreter **13** 20; Partei-, Prozessfähigkeit **13** 15, 76 ff; durch Personengesellschaften **13** 20 ff; **15** 37 ff; durch persönlich haftende Gesellschafter **15** 3; durch persönlich haftenden Gesellschafter **13** 20; Prokuristen, Handlungs-, Generalbevollmächtigte **15** 70; als Prozesshandlung **13** 70 ff; Rechtsschutzinteresse **13** 86 ff; Rücknahme **13** 116; **15** 83 ff; Schriftform **13** 90; durch Schuldner als natürliche Person **13** 15 ff; Schutz der Gesellschaft **15** 4; bei Überschuldung **15** 1 ff; Vereinfachung der Eigenantragstellung **15** 3; Vertretung durch Bevollmächtigte **13** 82 ff; Verzicht auf Antragsrecht **13** 19; Wegfall des Antragsrechts **13** 149; bei Zahlungsunfähigkeit **15** 1 ff
Eigenkapitalersetzende Nutzungsüberlassung 39 47
Eigenkonten 47 391 f
Eigentum; Alleineigentum **Einl.** 88; Vermutung **47** 43; Vorbehaltsverkauf **1** 35
Eigentümergrundschuld 32–33 15; **49** 63 ff
Eigentumsvermutung; bei Ehegatten **37** 8 ff; **47** 438 ff
Eigentumsvorbehalt; abgeleiteter ~ **47** 96a f; Absonderungsrecht des Vorbehaltslieferanten **35** 147; Abtretungsverbote und -beschränkungen **47** 164 ff; Abwehrklausel **47** 59; abweichende Vereinbarungen **47** 80; Anwartschaftsrecht des Vorbehaltskäufers **55** 138; Aussonderung **47** 54 ff; **60** 56; Aussonderungsrecht des Vorbehaltslieferants **35** 140, 147; Bedingungseintritt **47** 81; Benutzungsrecht des Verwalters **47** 65; besitzloses Pfandrecht **47** 55; Bestimmbarkeit der abgetretenen Forderung **47** 131 ff; Bezugnahme auf unwirksame Klausel **47** 58; einfacher ~ **22** 49; **47** 54 ff; Einziehungsermächtigung **47** 159 ff; Erlöschen **47** 81 ff; erweiterter ~ **47** 87 ff; und gesetzliches Pfandrecht **47** 180; bei Globalzession **47** 181 ff; kraft Handelsbrauchs **47** 59a; Insolvenz des Abnehmers **47** 99; Insolvenz des Käufers **47** 62 ff, 92 f, 111 ff, 98, 102 ff; **55** 135; Insolvenz des Verkäufers **47** 76 ff, 94, 100, 104, 116; **55** 138 ff; Knebelung des Vorbehaltskäufers **47** 139; Kollisionsfälle **47** 170 ff; Konzernverrechnungsklausel **47** 95; nachgeschalteter ~ **47** 101 ff; nachträgliche Übersicherung **47** 140; Nutzungen **47** 72; Poolvereinbarungen **47** 189 ff; und rechtsgeschäftliches Pfandrecht **47** 179; Sicherheitenpool **47** 189 ff; Sicherungskonflikte **47** 170 ff; und Sicherungsübereignung **47** 175 ff; Sonderregelungen **55** 134; Übersicherung des Vorbehaltsverkäufers **47** 140; Verarbeitungs-

klausel **35** 146; **47** 106 ff; Verarbeitungsverbot **47** 117; Verbindung, Vermischung, Verarbeitung **47** 84, 134; Verbindungsklausel **47** 118; Vereinbarung **47** 57 ff; verlängerter ~ **22** 49; **47** 105 ff; Vermeidung der Aussonderung **47** 63 ff; Vertragsbruchstheorie **47** 181; Verwendungen **47** 72; Verzicht **47** 82; Verzichtsklauseln **47** 182 f; Vorausabtretung **47** 129 ff, 144 ff; Vorausabtretungsklausel **47** 119 ff; Wahlrecht des Verwalters **47** 63 ff; **55** 135 f; weitergeleiteter ~ **47** 97 ff; Weiterveräußerung **47** 85 f; Weiterveräußerungsermächtigung **47** 123 ff, 145; Wirksamkeit der Vorausabtretung **47** 137 ff; Wirkungen der Vorausabtretung **47** 141 ff
Eigenvermögen 37 18, 22
Eigenverwaltung; Ablehnung **27–29** 34; Antrag des Schuldners **27–29** 33; Begründung der Ablehnung **27–29** 116; besondere Verfahrensart **Einl.** 21; bei drohender Zahlungsunfähigkeit **1** 27; Inhalt des Eröffnungsbeschluss **27–29** 33 ff; als Regelanordnung **21** 22; Registervermerke **32–33** 9; Schuldnerschutz **1** 119 ff; Übernahme der Kassenführung **27–29** 75; Unterrichtung des Gläubigerausschusses **69** 25; keine Verfügungsverbote **21** 54
Eignung; Einzelfalleignung **56** 21 ff; des Insolvenzverwalters **56** 12 ff; Prüfung **56** 10; Vorwegbeurteilung **56** 10
Eilverfahren; Eröffnungsverfahren **16** 22 ff
Einberufung der Gläubigerversammlung; auf Antrag **75**; Antragsberechtigte **75** 6 ff; Bekanntmachung der Tagesordnung **74** 36; durch Beschluss **74** 33; Bestimmtheitsgrundsatz **74** 36 ff; Einberufungsbefugnis **74** 20; **75** 6 ff; Einberufungsfrist **75** 11 f; fakultative ~ **74** 22; Großgläubiger **75** 9; Ort **74** 34; Rechtsmittel **74** 24; **75** 13 ff; Verfahren **74** 33 ff; Vertagung **74** 24, 38 ff; Zuständigkeit, funktionale **74** 23; zwingende ~ **74** 21
Einfache Beschwerde; Anwendungsbereich **6** 65
Einfacher Eigentumsvorbehalt; Abwehrklausel **47** 59; abweichende Vereinbarungen **47** 80; besitzloses Pfandrecht **47** 55; Bezugnahme auf unwirksame Klausel **47** 58; Erlöschen **47** 81 ff; kraft Handelsbrauchs **47** 59a; als Hauptsicherungsmittel **47** 54; Insolvenz des Käufers **47** 62 ff; Insolvenz des Verkäufers **47** 76 ff; Kollisionsfälle **47** 170; Verbindung, Vermischung, verarbeitung **47** 84; Vereinbarung **47** 57 ff; Vermeidung der Aussonderung **47** 63 ff; Verzicht **47** 82; Weiterbenutzung des Vorbehaltsguts **47** 65, 471e; Weiterveräußerung **47** 85 f
Eingetragene Lebenspartner 37 5
Eingetragener Verein; Antragsberechtigung **15** 28
Einheitlichkeit des Insolvenzverfahrens 1 9 ff, 19

Magere Zahlen = Randnummer

Einheitsverfahren

Einheitsverfahren Einl. 6 ff
Einkaufskommission von Wertpapieren 47 301 ff
Einkommensteuerforderungen; Aufteilung 55 71; Insolvenz der Gesellschaft 55 72; Insolvenzforderung 38 81; 55 71; Masseverbindlichkeit 55 71
Einkünfte aus selbständiger Tätigkeit; Freigabemöglichkeit 35 47c ff; Neuerwerb 35 47a ff; Neuregelungen 35 47b
Einkünfte aus selbstständiger Tätigkeit; Sicherungsabtretung 51 209b; Unpfändbarkeit 36 42
Einlagenkreditinstitut; Bekanntmachung des Eröffnungsbeschlusses 30 17
Einlagensicherungs- und Anlegerentschädigungsgesetz 50 35
Einsichtsrecht; Bücher, Geschäftspapiere 20 40; des Sachverständigen 16 57 ff; des vorläufigen Insolvenzverwalters 22 15
Einstellung; der Immobilienverwertung 49 90 f; des Insolvenzverfahrens 6 153; 53 70 ff; wegen Masseunzulänglichkeit 53 70 ff; der Zwangsvollstreckung 21 70 ff, 79 ff
Einstweilige Anordnungen; des Rechtsbeschwerdegerichts 6 109, 152
Eintragung von Insolvenzvermerken; Genossenschaftsregister 31 32 ff; Grundbuch 32–33 12 ff; Handelsregister 31 32 ff; Luftfahrzeug-Pfandrechtsregister 32–33 96 f; Partnerschaftsregister 31 32 ff; Schiffs- und Schiffsbauregister 32–33 92 ff; Vereinsregister 31 32 ff
Einwendungen; gegen Eröffnungsgrund 14 88 f; gegen Forderung 14 83 ff; 16 38 f; Glaubhaftmachung 14 82 ff; Rechtsverteidigung des Schuldners 14 82 ff
Einzelermächtigung; zur Begründung von Masseverbindlichkeiten 55 226
Einzelschadenshaftung 60 35 ff, 118
Einzelvollstreckungsverfahren 4 32 ff; **Einl.** 1
Einziehung von Außenständen 22 54 ff
Einziehungsbefugnis 21 102; 51 137
Einziehungsstopp; Anordnungsvoraussetzungen 21 96 ff; Fortführung des Unternehmens 21 96; Grundvermögen 21 100; als vorläufige Sicherungsmaßnahme 21 96 ff; wirtschaftlicher Ausgleich 21 101; als zusätzliche Sicherungsmaßnahme 55 223
Einziehungsverbot 21 72
Einzugsermächtigung 36 45e; 51 137; 60 18a
Einzugspapiere; Sicherungsabtretung 51 188 f
Enthaftung; durch nach Beschlagnahme 49 20 f; ohne Veräußerung 49 22; durch Veräußerung, Entfernung von Grundstück 49 15 ff
Entlassung des Verwalters; Anhörung 59 55 ff; Antrag 57 19; Antrag des Verwalters 59 7, 7, 47 ff; Beeinträchtigung der Verfahrensabwicklung 59 13; bei Bestellungshindernisse 59 18 ff; Entscheidung von Amts wegen 59 42 ff; Gläubigerantrag 59 52 f; bei Gläubigerbevorzugung 59 32 f; Gründe 59 16 ff; bei Haftungsansprüche gegen Verwalter 59 25 ff; Herausgabepflichten 58 57 ff; bei Interessenkollisionen 59 34; bei Kanzleiaufgabe 59 38a; bei Krankheit 59 21, 49; bei Nicht- oder Schlechterfüllung der Pflichten 59 28 ff; Rechtsmittel 59 63 ff; Schuldnerantrag 59 54; bei Straftaten 59 22 ff; bei Unfähigkeit zur Amtsausübung 59 17; Verdachtsmomente 59 15; Verfahrensnachteile 59 38; Verhältnis zu Schadensersatzansprüchen 59 39; Verhältnismäßigkeit 59 11 ff; Verschulden des Verwalters 59 37; zerrüttetes Vertrauensverhältnis 59 34; des vorläufigen Verwalters 59 8; aus wichtigem Grund 58 45; 59 11 ff; Zuständigkeit 59 40 f
Entlassung eines Ausschussmitglieds; Anhörung 70 17; auf Antrag 70 9, 13 ff; Eigenantrag 70 16; Rechtsbehelfe 70 20; als Sanktion 70 5 ff; von Amts wegen 70 10 ff; aus wichtigem Grund 70 5 ff
Entnahmeklausel 51 59, 94
Entscheidungen des Insolvenzgericht; grundsätzliche Unanfechtbarkeit 6 6; 34 5, 28; Rechtsmittelzulassung 6 6 ff; 34 27 f
Entschuldungsprinzip Einl. 93, 5, 70 f
Entwicklung der Insolvenzordnung; Änderung der Rahmenbedingungen **Einl.** 39; Arbeit des BT-Rechtsausschusses **Einl.** 44; Diskussionsentwurf **Einl.** 40; erneuter Reformbedarf **Einl.** 45c; Gesamtvollstreckungsordnung **Einl.** 42; Referentenentwurf **Einl.** 41; Regierungsentwurf **Einl.** 43; Verabschiedung und Inkrafttreten **Einl.** 45 ff
Entwicklung des Insolvenzrechts; Entstehung der neuen Insolvenzordnung **Einl.** 39 ff; Entwicklung der Insolvenzstatistik **Einl.** 33; französischer Konkurs **Einl.** 29; Funktionsverlust der Insolvenzverfahren **Einl.** 33 f; Gemeines deutsches Recht **Einl.** 28; Gesamtvollstreckungsordnung der neuen Bundesländer **Einl.** 42; historische Grundlagen bis zur alten Konkursordnung **Einl.** 26 ff; Insolvenzrechtskommission **Einl.** 35 ff; italienische Stadtrechte **Einl.** 27; Konkursordnung von 1877 **Einl.** 31 f; Kritik an der Konkurs- und Vergleichsordnung **Einl.** 33 f; Preußische Konkursordnung **Einl.** 29; römisches Recht **Einl.** 26; Vergleichsrecht **Einl.** 32
Erbbaurecht 35 167; 47 331; 49 6
Erben; Auskunfts- und Mitwirkungspflicht 20 21
Erbengemeinschaft; Haftung mehrerer Personen 43 17; Insolvenzunfähigkeit 11 63c
Erbrechtliche Ansprüche; Aussonderung 47 335 ff; Massezugehörigkeit 35 48 ff, 430; Pandrechtsbestellung 50 35 ff; Vertragspfandrecht 50 26

2129

Erfindung Fette Zahlen = §§

Erfindung 35 285 ff
Erfüllung der Forderung; nach Antragstellung **14** 49 f; Kostenentscheidung **14** 151 ff
Erfüllungsablehnung; Rechtsfolgen **55** 125
Erfüllungswahl; bei Insolvenz des Leasinggebers **47** 245 ff; bei Insolvenz des Leasingnehmers **47** 229; bei Insolvenz des Vorbehaltskäufers **47** 68 ff; Masseverbindlichkeiten **55** 121 ff; Umfang der Masseverbindlichkeit **55** 122; Verzug des Schuldners **55** 123; Verzugszinsen/ Vertragsstrafen **55** 124
Erhalt des Unternehmens; sekundärer Verfahrenszweck **Einl.** 2
Erinnerung; Abhilfe **6** 60; Durchgriffserinnerung **6** 61; gegen Entscheidungen des Rechtspflegers **6** 58 ff; gegen Entscheidungen des Richters **6** 57; gegen Entscheidungen des Urkundsbeamten **6** 62; Frist **6** 60; gegen Maßnahmen der Zwangsvollstreckung **6** 63 f
Erkennbarkeit der Insolvenz 15a 173 ff
Erklärungen; zu Protokoll **4** 25, 87; im Termin **4** 87
Erledigung der Hauptsache 4 28, 54
Erledigungserklärung; Allgemeines **13** 127 ff; beiderseitige ~ **13** 131; Eröffnungsantrag **13** 127 ff; Kosten **13** 134; missbräuchliche ~ **13** 141 ff; mit Widerspruch des Schuldners **13** 137 ff; ohne Widerspruch des Schuldners **13** 131 ff; Schweigen des Schuldners **13** 132; Widerruf **13** 130; Wirkung **13** 130; Zulässigkeit im Eröffnungsverfahren **13** 128
Erlöschen; des Absonderungsrechts **vor 49** 112 ff; der Antragspflicht **15a** 135 ff; des Eigentumsvorbehalts **47** 81 ff; der Kontokorrentabrede **22** 60
Erlösklausel 51 60, 94
Ermittlungen; (s. Amtsermittlungspflicht, Untersuchungsgrundsatz)
Ermittlungshandlungen; Unanfechtbarkeit **34** 29
Ermittlungskostenvorschuss; Anfall **13** 163 ff; Aufteilung bei Parallelverfahren **13** 166
Ernennung; keine Beschwerdemöglichkeit **27–29** 38; des Insolvenzverwalters **27–29** 29 ff; Nachholung **27–29** 37; des Treuhänders **27–29** 35 f
Erneuerungsscheine 50 21
Eröffnung des Insolvenzverfahrens; Ablehnung **16** 44 ff; **27–29** 12; **34** 35 ff; durch Beschwerdegericht **27–29** 150 ff; **34** 52; bei Kostendeckung **1** 23; mehrfache ~ **34** 122 f; notwendige Feststellungen **27–29** 7 ff; rechtliches Gehör **27–29** 17 ff; Überzeugung des Gerichts **16** 34 ff; **27–29** 10 ff; unberechtigte ~ **34** 109; Voraussetzungen **27–29** 7 ff
Eröffnungsantrag; (s. a. Antragsrecht, Antragspflicht, Eigenantrag, Gläubigerantrag); Abweisung mangels Masse **26** 11 ff; allgemeine Anforderungen **13** 69 ff; keine Anfechtbarkeit **13** 75; Antrag und Antragsbegründung **13** 96 ff; Antragsberechtigte **13** 14 ff; Antragspflicht **15a**; Anwendungsbereich **13** 13; durch Aufsichtsbehörden der Krankenkassen **13** 62; durch ausländischen Insolvenzverwalter **13** 63 ff; durch Auslandsgesellschaften **15** 63 ff; Autonomie der Beteiligten **13** 1; durch BaFin **13** 50 ff; keine Bedingung oder Befristung **13** 72 ff; durch Betreuer des Antragsberechtigten **13** 16; Bewertung durch Gericht **14** 11; Bezeichnung der Parteien **13** 93 f; wegen drohender Zahlungsunfähigkeit **15** 90 ff; als Druckantrag **13** 115; Eigenverantwortung der Beteiligten **13** 1; Entstehungsgeschichte **13** 5 ff; Erledigungserklärung **13** 127 ff; erneuter ~ **34** 54; Folgen inhaltlicher Mängel **13** 109 ff; Formularzwang **13** 91 f; unbeschränkte Geschäftsfähigkeit **13** 15; gesetzliche Vertretung **13** 76 ff; durch Gläubiger **13** 25 ff; Güterstand der Gütergemeinschaft **13** 18; durch juristische Personen **13** 20 ff; **15** 7 ff; durch Kapitalgesellschaft & Co. **15** 55 ff; Mängel **34** 80 ff; mehrere Anträge **14** 150; nachträglicher Wegfall des Antragsrechts **13** 145 ff; durch natürliche Personen **13** 15 ff; Neuregelung **13** 4; Normzweck **13** 1 ff; notwendiger Inhalt **13** 93 ff; durch öffentlich-rechtliche Gläubiger **14** 90 ff; durch öffentlich-rechtlichen Verwaltungskommissar **13** 21 ff; durch organschaftliche Vertreter **13** 20; Partei- und Prozessfähigkeit **13** 76 ff; **27–29** 8; durch Personengesellschaften **13** 20 ff; **15** 37 ff; durch persönlich haftenden Gesellschafter **13** 20; Pflichten und Obliegenheiten **13** 66 ff; als Prozesshandlung **13** 70 ff; Rechtsmissbräuchlichkeit **1** 7; Rechtsschutzinteresse **13** 86 ff; Rücknahme des Antrags **13** 113 ff; Schadensersatzpflicht bei unberechtigtem Antrag **14** 12 ff; Schriftform **13** 90; durch Schuldner **13** 14 ff; Stapelanträge **14** 48; Unbegründetheit **16** 6 ff, **34** ff; **27–29** 12; **34** 78; unberechtigter Gläubigerantrag **14** 12 ff; Unwirksamkeit **34** 74 f; Unzulässigkeit **13** 114 f; **27–29** 12; **34** 74 f; Vertretung durch Bevollmächtigte **13** 82 ff; Verzögerungsanreize **15a** 35 ff; bei vorheriger Antragstellung **14** 47 ff; Wegfall des Antragsrechts **13** 145 ff; Zulässigkeit **16** 6; **21** 29; **27–29** 8; Zurückweisung **27–29** 12; Zusatzanträge **13** 112; Zuständigkeitsdarlegungen **13** 95; zweiter Eröffnungsantrag **13** 87 f
Eröffnungsbeschluss; abgestufte Bekanntgabe der Gründe **27–29** 118; Änderung **27–29** 131; Angabe der Verfahrensart **27–29** 28; Angaben bei Sondervermögen **27–29** 20 f; Anordnung des schriftlichen Verfahrens **27–29** 101; Aufforderung an Drittschuldner **27–29** 71 ff; Aufforderung an Sicherungsgläubiger **27–29** 56 ff; Aufforderung zur Forderungsanmeldung **27–29** 45 ff; Aufhebung **34** 86 ff; Ausspruch der Eröffnung **27–29** 17; Begründung **27–29** 114 ff; Bekanntgabe der Gründe **27–29** 118;

Magere Zahlen = Randnummer

Bekanntmachung **30** 4 ff; Berichtigung **4** 79; **27–29** 132; Beschwer **34** 69 ff; Beschwerdegrund **34** 72 ff; Beschwerderecht **34** 55 ff; Beschwerdeziel **34** 70 ff; Bestimmung der Termine **27–29** 77 ff; Bindungswirkung **34** 110 ff; Eigenverwaltung **27–29** 33 ff; Eingangsdatums des Antrags **27–29** 44; Ernennung des Insolvenzverwalters **27–29** 29 ff; Ernennung des Treuhänders **27–29** 35 f; fakultative Anordnungen **27–29** 110 ff; Funktion **27–29** 1; Heilung von Mängeln **34** 116; Hinweis auf Restschuldbefreiungsantrag **27–29** 107 ff; Inhalt **27–29** 17 ff; **Einl.** 8; keine Kostenentscheidung **13** 155; **27–29** 117; Mängel **34** 116 ff; keine materielle Rechtskraft **4** 80b; Mitteilungen an Registergericht **31** 10 ff; Nachholen notwendiger Anordnung **27–29** 130; Nichtigkeit **34** 113 ff; Pflichtangaben **27–29** 18 ff; rechtliche Wirkungslosigkeit **34** 113 ff; Richtervorbehalt **27–29** 143 ff; Richtigstellung nach Rüge **27–29** 133; Rückwirkung **27–29** 128; Scheinbeschluss **34** 113; Schuldnerangaben **27–29** 22 ff; Unterzeichnung **27–29** 122 f; Verkündung **27–29** 121; Verlassen des gerichtsinternen Bereichs **27–29** 124 ff; Vermögensangaben **27–29** 18 ff; Vermögensbezeichnung **27–29** 18; als Vollstreckungstitel **27–29** 19; Wegfall der Voraussetzungen nach Rechtskraft **34** 126; Wirksamkeit **34** 126; Wirksamwerden **27–29** 43, 119 ff; Wirkungen **Einl.** 9; Zeitpunkt der Eröffnung **27–29** 40 ff; zusätzliche Anordnungen **27–29** 102 ff; Zuständigkeit des Rechtspflegers **27–29** 135 ff
Eröffnungsgrund; (s. a. Überschuldung, Zahlungsunfähigkeit); Allgemeines **16** 1 ff; Amtsermittlungspflicht **16** 6 ff; Anwendungsbereich **16** 5; Darlegung im Eröffnungsantrag **13** 101 ff; empirische Häufigkeit **19** 21; Entstehungsgeschichte **16** 1 ff; Feststellung **22** 153 ff; Geltung für alle Insolvenzverfahren **16** 5; Glaubhaftmachung **14** 73 ff, 104; insolvenzbegründende Forderung **16** 37 ff; materielle Beweislast **16** 40; Normzweck **16** 1 ff; Systematik **16** 4; Zeitpunkt des Vorliegens **16** 41 ff
Eröffnungsverfahren; Abschlussmöglichkeiten **13** 12; Amtsermittlungspflicht **13** 11; **16** 6 ff; Auskunfts- und Mitwirkungspflicht **20** 11 ff; als besonderes streitiges Verfahren **13** 11; **14** 7; Betriebsfortführung **22** 83 ff; als Eilverfahren **16** 22 ff; Ermittlungen durch Sachverständige **16** 45 ff; Eröffnungsbeschluss **27–29** 7 ff; **Einl.** 8; Eröffnungsvoraussetzungen **Einl.** 7; Gläubigerautonomiezuwachs **22a** 31; Gliederung in Unterabschnitte **13** 10; Grundstruktur **13** 9 ff; Hinweis auf Restschuldbefreiung **20** 90 ff; Kosten **13** 151 ff; **54** 9 ff; Kostenhaftung **54** 11; Masseverbindlichkeiten **53** 25 f; **55** 225 ff; neue Grundstruktur **22a** 30 ff; quasi-streitiges Verfahren **vor 2** 17; rechtliches Gehör zum Ergebnis der Ermittlungen **16**

Eröffnungsgrund

25 ff; Rechtsmittelausschluss **34** 5; sanierungsorientierte Verfahrensvorbereitung **22a** 32 ff; Verlust der gerichtlichen Gestaltungsmacht **22a** 31; vorläufige Sicherungsmaßnahmen **21** 1 ff; Wirkungen der Eröffnung **Einl.** 9
Erörterungstermin; Angabe im Eröffnungsbeschluss **27–29** 77
Erreichbarkeit des Verwalters 56 65 ff
Ersatzabsonderung; analoge Anwendung des § 48 **vor 49** 169; unberechtigte Verfügung **vor 49** 173a; unterscheidbares Vorhandensein **vor 49** 175 f; Vereitelung des Absonderungsrechts **vor 49** 171; Voraussetzungen **vor 49** 167 ff; zweite Ersatzabsonderung **vor 49** 176
Ersatzaussonderung; Abgrenzungen **48** 10 ff; Abtretung des Anspruchs auf Gegenleistung **48** 45 ff; Abtretungsverbot **48** 50; analoge Anwendung **48** 13 f; anfechtungsrechtlicher Rückgewähranspruch **48** 8c; Aufrechnung des Drittschuldners **48** 66; Aussonderungsgegenstand **48** 15 f; bei Ausstehen der Gegenleistung **48** 45 ff; Begriff der Gegenleistung **48** 32; Bereicherungsanspruch **47** 24; Bereicherungsansprüche **48** 8a; Beweislast **48** 73b; Billigkeitsgründe **48** 3; als echte Aussonderung **48** 5; Einbau aus Werklieferungsvertrag **48** 24; Einleitung **48** 1 f; Einschränkung **48** 1; Einzahlung fremden Geldes auf eigenes Konto **48** 22; Einziehung einer fremden Forderung **48** 34; Einziehung fremder Forderung **48** 20 f; entgeltliche Veräußerung **48** 31; bei erbrachter Gegenleistung **48** 54 ff; Ersatz ersparter Aufwendungen **48** 72; Erweiterung **48** 2; Gegenleistung **48** 32 ff; Geltendmachung **48** 73a; Gerichtsstand **48** 73; Herausgabe der erbrachten Gegenleistung **48** 54 ff; individuell bestimmter Gegenstand **48** 5; Inhalt **48** 44 ff; keine Masseforderung **48** 11b; kein neuer Anspruch **48** 7; Normzweck **48** 3 f; Pflicht zur unterscheidbaren Anlage **48** 64; rechtsgeschäftliche Übertragungen **48** 18; Rechtsnatur **48** 5 ff; Schuldbefreiung als Gegenleistung **48** 34; bei schuldrechtlichen Ansprüche **48** 8; Surrogationsprinzip **48** 4; Tatbestände **48** 12 ff; Teil eines Gesamtpreises **48** 69 f; Teil eines Kontoguthabens **48** 71 f; Umfang **48** 67 ff; unberechtigte Veräußerung **48** 27 ff; Unterscheidbarkeit der Gegenleistung **48** 55 ff; Veräußerung **48** 17 ff; Veräußerung nach Eröffnung **48** 12 f; Veräußerung vor Eröffnung **48** 12; Versteigerungserlös als Gegenleistung **48** 42; volle Gegenleistung **48** 67 ff; Voraussetzungen **48** 15 ff; wirksame Verfügung **48** 43 f; Zwangsmaßnahmen **48** 23; Zweitersatzaussonderung **48** 9, 74 ff
Ersatzklausel 51 59, 108
Ersatzschulen; Insolvenzfähigkeit **12** 17
Ersatzvornahmekosten; als Insolvenz- oder Masseansprüche **55** 100 ff; als Insolvenzforde-

Ersatzzustellung

Fette Zahlen = §§

rung **38** 41; für Sanierung von Umweltaltlasten **35** 95 ff
Ersatzzustellung 8 24
Ersetzung des Verwalters; Befugnis der Gläubigerversammlung **56** 89; Befugnis des vorläufigen Gläubigerausschusses **56a** 57 ff
Erstantrag 14 51
Erstattungsanspruch; des Kostenvorschussleistenden **26** 56 ff
Erträge 50 7
Ertragsfähigkeitsprognose 19 72 ff
Erweiterter Eigentumsvorbehalt; Ausdehnung in horizontaler Richtung **47** 87; Insolvenz des Käufers **47** 92 f; Insolvenz des Verkäufers **47** 94; Kontokorrentvorbehalt **47** 88 ff; Konzernvorbehalt **47** 95 f; Sicherungsübereignung **51** 80
Erzeugnisse 49 13, 22; **50** 7
ESUG; Entstehungsgeschichte **22a** 10 ff; Schutzschirmverfahren **Einl.** 6 a
EuInsVO; Anwendungsbereich **3** 23
Europäische Aktiengesellschaft; Antragsberechtigte **15** 23 ff; Antragspflicht **15a** 48
Europäische Genossenschaft; Antragsberechtigte **15** 27
Europäische Verordnung über Insolvenzverfahren; (s. EuInsVO)
Europäische wirtschaftliche Interessenvereinigung; Antragsberechtigte **15** 53
Europäische Wirtschaftliche Interessenvereinigung; Antragspflicht **15a** 96; Gesellschaft ohne Rechtspersönlichkeit **11** 2; Insolvenzfähigkeit **11** 61; Insolvenzmasse **35** 213 f; Rechtsnatur **11** 60
Evokationsrecht 27–29 147 ff
Existenzvernichtender Eingriff 11 17b
Experimentierklausel 6 4 f
Exterritorialität 34 117

Fachanwalt für Insolvenzrecht 56 19, 61
Factoring; Abrechnungskonto **47** 281; Auswirkung auf vom Factor geführte Konten **47** 280 ff; Begriff **47** 257 ff; Debitorenzahlungen an Klienten **47** 271 f; Delkredere **47** 187, 258; Dienstleistungsfunktion **47** 258; echtes ~ **47** 187, 258; Globalzession **47** 187; **51** 216; Insolvenz des Factors **47** 274 ff; Insolvenz des Klienten **47** 262 ff; Insolvenzrechtsreform **47** 261; Kollision mit verlängertem Eigentumsvorbehalt **47** 187, 273; nicht voll abgewickelte Geschäfte **47** 264 ff; Sicherung gegen Verlust der Forderung **47** 284 f; Sperrkonto **47** 282; Treuhandkonto **47** 283; unechtes ~ **47** 188, 259; **51** 137; Verfahren **47** 260; vollabgewickelte Geschäfte **47** 263; Vorschussverfahren **47** 260
Fahrnisversicherung 36 47
Faktische Geschäftsführer; Auskunfts- und Mitwirkungspflicht **20** 17; Beschwerdeberechtigung **34** 40, 58

Faktische Gesellschaft; Insolvenzunfähigkeit **11** 47
Faktische Organmitglieder; fehlende Antragsberechtigung **15** 11; Antragspflicht **15a** 75 ff
Fälligkeit; insolvenzrechtlicher Begriff **17** 7a; Vergütungsanspruch des Verwalters **63** 18; zivilrechtlicher Begriff **17** 7a
Familienrechtliche Ansprüche; Kapitalabfindungsanspruch **38** 78; Massezugehörigkeit **35** 431 f; Unterhaltsansprüche **38** 76; Versorgungsausgleichsansprüche **38** 78
Fehlerhafte Gesellschaft 11 47
Festsetzung; der Vergütung bei Nichteröffnung **26a** 4 ff
Feststellung; des Eröffnungsgrunds **22** 153 ff
Feststellungsanspruch 45 8a
Feststellungsklage 47 479; **vor 49** 142
Filialklausel 50 46; **51** 37
Finanzierungsleasing; abweichende Vereinbarungen **47** 255; Andienungsrecht **47** 246a; Begriff **47** 218 ff; Forfaitierung **47** 248; Händler- bzw. Herstellerleasing **47** 221; Immobilienleasing **47** 234 ff, 252; Insolvenz des Leasinggebers **47** 239 ff; Insolvenz des Leasingnehmers **47** 223 ff; Insolvenz des Lieferanten **47** 254 ff; Insolvenzrechtsreform **47** 222; Investitionsgüter-Leasing **47** 221; Konsumgüter-Leasing **47** 221; Kündigung des Leasingvertrages **47** 223 ff; Mobilienleasing **47** 224 ff, 228; Nebenleistungsverpflichtungen **47** 249; Rechtsstellung einer Refinanzierungsbank **47** 248; Sale-and-lease-back **47** 220; Teilamortisation **47** 220; Vollamortisation **47** 220
Finanzplan; als Basis der Fortführungsprognose **19** 60; Beispiel **18** 30 ff; Ermittlung drohender Zahlungsunfähigkeit **18** 23 ff; Ermittlung objektiver Zahlungsunfähigkeit **17** 10 ff; Grundlagen **18** 23 ff; Grundstruktur **17** 14; Messung der Zahlungsunfähigkeit **17** 10 ff
Finanzplanüberschuss; Definition **19** 94 ff
Finanzsicherheiten; Privilegierung **21** 104 ff
Finanzstatus; Sinn und Zweck **17** 13; Zahlungsunfähigkeit **17** 13 f
Firma; Allgemeines **35** 484 ff; Einzelkaufmann **35** 492 ff; gesellschaftsvertraglicher Vorbehalt **35** 506; GmbH & Co. KG **35** 504; Kapitalgesellschaften **35** 489 ff; Nachlassinsolvenzverfahren **35** 505; Personenhandelsgesellschaften **35** 501 ff
Firmenbestattung; gewerbsmäßige ~ **3** 40
Firmenfortführung 43 5
Firmenwert; Bewertung **InsVV 11** 34
Fischereirechte 47 324
Fiskusprivileg 12 8
Förderung; als Pfandgegenstand **50** 16 ff
Förderung der Sanierung; außergerichtliche Sanierung **1** 86 ff; im Insolvenzverfahren **1** 90 ff; durch übertragende Sanierung **1** 90 ff; durch vereinfachte Kapitalherabsetzung **1** 96

Magere Zahlen = Randnummer

Forderungen

Forderungen; Altenteilsrecht **35** 459; Ansprüche aus Darlehensverträgen **35** 392 f; Ansprüche aus Mietverhältnissen **35** 460 ff; Ansprüche aus Versicherungen **35** 409 ff; Arbeitseinkommen **35** 434 ff; Arbeitskraft **35** 436; Aussteuer **35** 433; Baugeld **35** 385; beschränkt persönliche Dienstbarkeit **35** 454 ff; Bestreiten des Schuldners **16** 38; Bewertung **InsVV** 11 35; Brautgeschenke **35** 433; aus Bürgschaft **35** 402 ff; erbrechtliche Ansprüche **35** 430; familienrechtliche Ansprüche **35** 431; aus Garantie **35** 402 ff; aus Gemeinschaftskonten **35** 397b; höchstpersönliche Ansprüche **35** 390; Honorarforderungen **35** 438; insolvenzbegründende ~ **16** 37 ff; Insolvenzmasse **35** 383 ff; Kontokorrentforderungen **35** 394 ff; aus Kreditauftrag **35** 402 ff; künftige ~ **38** 17; Leasing **35** 463a; Leibrente **35** 447 f; Masse(un)zugehörigkeit **35** 392 ff; als Massebestandteil **35** 383 ff; Nießbrauch **35** 449 ff; Nutzungsrecht aus HöfeO **35** 459; Pandrechtsbestellung **50** 35 ff; Patronatserklärungen **35** 402 ff; prozessuale Kostenerstattungsansprüche **35** 463b; rechtsgeschäftliche Abtretungsverbote **35** 388 f; rechtskräftige Titulierung **16** 39; Rente **35** 434; Rücknahme hinterlegter Sache **35** 424 f; Schadensersatz **35** 426 ff; aus Schenkungswiderruf **35** 433; Schuldbefreiungsansprüche **35** 399 ff; aus Schuldmitübernahme **35** 402 ff; Steuererstattungsansprüche **35** 421 ff; Überblick **35** 383; Unpfändbarkeit **36** 39 ff; Unterhaltsansprüche **35** 435; Unterlassungsansprüche **35** 429; unübertragbare Ansprüche **35** 384 ff; Vertrag zugunsten Dritter **35** 406; Vertragspfandrecht **50** 16 ff; vollstreckbare Titel **16** 39; Vorkaufsrechte **35** 439 ff; Wechselansprüche **35** 420; Wertpapieransprüche **35** 420; mit Zweckbestimmung **35** 391

Forderungsanmeldung; Aufforderung im Eröffnungsbeschluss **27–29** 46 ff; Aufforderung zur ~ **27–29** 46 ff; Frist **27–29** 48 ff, 82; Unwirksamkeit **60** 53; Versäumen der Anmeldefrist **27–29** 54 f; Zwischenfrist **27–29** 52

Forderungsrang 13 38; **14** 24

Forderungsübergang 38 33, 65; **55** 234

Formalisierungsgrundsatz Einl. 69

Formlose Mitteilungen 8 39 ff

Formularwesen 5 92

Fortführung des Unternehmens; (s. Unternehmensfortführung)

Fortführungspflicht; Begriff **22** 91; Entstehung **22** 84 ff; im Eröffnungsverfahren **22** 83 ff; des vorläufigen Insolvenzverwalters **22** 88

Fortführungsprognose; Ansatz- und Bewertungsregeln bei negativer ~ **19** 103 ff; Ansatz- und Bewertungsregeln bei positiver ~ **19** 129 ff; als Element der modifizierten zweistufigen Methode **19** 40; Finanzplan als Basis **19** 60; mehrwertige ~ **19** 64 ff; bei Überschuldung **19** 95 ff; als Zahlungsfähigkeitsprognose **19** 59

Fortgesetzte Gütergemeinschaft; (s. a. Gesamtgut, Gesamtgutinsolvenz); Ablehnung **37** 44; Allgemeines **37** 2; Begriff **37** 39 f; eingetragene Lebenspartner **37** 39; Insolvenz des überlebenden Ehegatten **37** 42 ff; Insolvenz eines Abkömmlings **37** 45; Insolvenz zwischen Aufhebung und Auseinandersetzung **37** 46; Insolvenzmasse **37** 41 ff; Masseverbindlichkeit **53** 28; Sonderinsolvenzverfahren über Gesamtgut **37** 40

Fortsetzungsfeststellungsantrag 6 36

Frachtführerpfandrecht 50 112 ff

Fragerecht; des Sachverständigen **16** 64

Freigabe; Abgrenzung **35** 85 ff; Anfechtbarkeit **35** 100; Anwendungsbeispiele **35** 90 ff; echte ~ **35** 85, 90 ff; **47** 481; Einführung **35** 84; bei Einkünften aus selbständiger Tätigkeit **35** 47c ff; Eintritt der Rechtswirkungen **35** 47c; Ersatzvornahmekosten **55** 105 ff; fiduziarische ~ **47** 481; Freigabeerklärung **35** 47c; Genehmigung durch Gläubigerorgane **35** 102; Inhalt der Freigabeerklärung **35** 100; kein Insolvenzvermerk **32–33** 17; Kostenbeteiligung **35** 91; Löschung des Insolvenzvermerks **32–33** 78; modifizierte ~ **35** 88 f; **47** 481; **55** 42; Negativerklärung **35** 47c; Rückgängigmachung **35** 101; von Sicherungsgut **35** 87; bei Übersicherung **vor 49** 87; Umwelaltlastenprobleme **35** 95 ff; unechte ~ **35** 86; **47** 7, 481; Verhinderung der Steuerbelastung **35** 90, 92 ff; durch vorläufigen Insolvenzverwalter **22** 37; Wirkung **35** 103; Zulässigkeit in Gesellschaftsinsolvenz **35** 104 ff; Zustimmung **35** 47m

Freihändiger Verkauf; Verwertungsabreden **vor 49** 99a ff; Zustimmung **vor 49** 109h

Freiheit; Eingriffe **Einl.** 88

Freiwillige Gerichtsbarkeit; Zuständigkeit **2** 6a

Freizeitguthaben 45 8

Fristen; Anmeldefrist **27–29** 82; anwendbare ZPO-Vorschriften **4** 50; Berichtstermin **27–29** 82; Prüfungstermin **27–29** 82; Soll-Fristen **27–29** 83; bei Terminsverbindung/-trennung **27–29** 84 ff; Überschreitung der Terminfristen **27–29** 84

Früchtepfandrecht 50 114

Führungslose Gesellschaft; Aktiengesellschaft **15** 17 f; Anhörung **10** 21; Antragsberechtigung **15** 12 ff; Antragspflicht **15a** 83; Begriff **15a** 88; Genossenschaft **15** 17 f; GmbH **15** 14 ff; Kapitalgesellschaft & Co. **15** 62; Prozessfähigkeit **4** 45a

Funktionelle Zuständigkeit; des Rechtspflegers **2** 20 ff; **27–29** 135 ff; Richtervorbehalt **2** 21; **27–29** 143 ff

Funktionsverlust des Insolvenzrechts 26 2; **Einl.** 33 f

2133

Garantie

Fette Zahlen = §§

Garantie 35 402
Garantievertragliche Ansprüche 38 69
Gastwirtpfandrecht 50 104
Gebäudeeigentum 49 5
Gebrauchsleihe vor 49 55
Gebrauchsmuster 35 293 f; **50** 25
Gebrauchsüberlassung 48 19
Gefahrbeseitigungsansprüche 38 40
Gefährdungshaftungsanspruch; als Masseverbindlichkeit **55** 62
Gefahrenbeseitigungsanspruch; Adressat der Beseitigungsverfügung **55** 94; Ersatzvornahmekosten **55** 100 ff; Haftungsbeendigung durch Freigabe **55** 105; als Insolvenzforderung **55** 101; insolvenzrechtliche Einordnung **55** 95 ff; bei Masseunzulänglichkeit **55** 104; als Masseverbindlichkeit **55** 102; ordnungsrechtliche Verantwortlichkeit **55** 89 ff
Gegenglaubhaftmachung; Einwendungen gegen Eröffnungsgrund **14** 88 f; Einwendungen gegen Forderung **14** 83; als Rechtsverteidigung des Schuldners **14** 82 ff
Gegenseitige Verträge; nach §§ 320 ff. BGB **55** 119; Erfüllungsablehnung **55** 125 f; Erfüllungswahl **55** 121 ff; Erfüllungswahl des Verwalters **53** 23a; kein Erlöschen mit Verfahrenseröffnung **55** 119; fortbestehende Dauerschuldverhältnisse **53** 23b; Kauf unter Eigentumsvorbehalt **55** 134 ff; Masseverbindlichkeiten **53** 23 ff; **55** 116 ff; teilbare Leistungen **55** 127 ff; Wahlrecht des Verwalters **55** 119 ff
Gegenvorstellung 6 88 ff
Gehaltsansprüche; (s. a. Arbeitseinkommen); Neuerwerb **35** 47, 47n
Geheimgebrauchsmuster 35 295
Geheimpatente 35 306
Gehörsrüge 5 89; **6** 90, 93, 107, 170; **8** 170
Geldbußen 39 22 ff
Geldentschädigung; wegen menschenunwürdiger Haftbedingungen **35** 427a; wegen Verletzung des Persönlichkeitsrechts **35** 427b
Geldliquidation; Grundsatz **Einl.** 65 f
Geldstrafen 39 22 ff
Gemeinden; Insolvenzunfähigkeit **12** 3, 15 f
Gemeindeverbände; Insolvenzunfähigkeit **12** 3, 15 f
Gemeinschaftliche Gläubigerbefriedigung; keine Einflussnahme finanziell Unbeteiligter **1** 71; gerechte Verteilung der Insolvenzmasse **1** 72 ff; Grundsatz der Gleichbehandlung **1** 52; **38** 4; Haftungsverwirklichung nach Vermögenswert **1** 69 f; Stärkung der Gläubigerautonomie **1** 53 ff; Ziel des Insolvenzverfahren **38** 2
Gemeinschaftskonten 35 398b; **47** 405 ff
Genehmigungen; Massezugehörigkeit **35** 511 ff; personenbezogene Erlaubnis **35** 512 ff; Sachgenehmigungen **35** 516
Generalbevollmächtigte; kein Antragsrecht **15** 70

Generalermächtigungen; Unzulässigkeit **55** 222
Genossenschaft; Antragsberechtigte **15** 22; Antragspflicht **15a** 48; Auflösung **11** 41; Führungslosigkeit **15** 17 f; Haftung **11** 40; Insolvenz der Genossenschaft **35** 231 ff; Insolvenz eines Genossen **35** 228 ff; Insolvenzfähigkeit **11** 39; Nachschusszahlungen **35** 231 ff; Pfändbarkeit von Geschäftsanteilen **50** 24
Genossenschaftsregister; eingetragene Rechtsträger **31** 5; Eintragungspflichten **31** 10; mitzuteilende Entscheidungen **31** 10 ff; registergerichtliches Verfahren **31** 32 ff
Gerichtskosten; keine Begriffserweiterung **54** 33; Beschwerdeverfahren **54** 23 ff; Durchführung des Insolvenzverfahrens **54** 17 ff; Ermittlungskostenvorschuss **13** 163 ff; Eröffnungsverfahren **13** 157 ff; **54** 9 ff; Gebühren und Auslagen **54** 6; gebührenfreie Geschäfte **54** 29; Gebührentatbestände **54** 9 ff; Kostentragung des Insolvenzverwalters **54** 7; Massekostenvorschuss **54** 30 ff; Sachverständigenentschädigung **13** 170; Verfahrenskostenvorschuss **13** 163 ff
Gerichtssprache 4 93
Gerichtsstand; (s. a. Örtliche Zuständigkeit) **3** 16 ff; Absonderungsstreit **vor 49** 140; allgemeiner ~ **3** 16 ff; Aussonderungsklagen **47** 476; Bestimmung durch höheres Gericht **3** 33 ff; Gerichtsstandserschleichung **3** 8, 38 ff; von Gesellschaftern **3** 15; von juristischen Personen/Gesellschaften **3** 13; Kompetenzkonflikte **3** 34 f; verbundener Unternehmen **3** 14; Vereinbarungen **47** 476
Gesamtgläubiger; keine Anwendung des § 43 **43** 45
Gesamtgut bei Gütergemeinschaft; bei allein verwaltendem Ehegatten **37** 21 ff; Anhörung des Schuldners **14** 128; Anwendungsbereich **37** 5 ff; Aufhebung der Gemeinschaft vor Eröffnung **37** 23; Auskunfts- und Mitwirkungspflicht **20** 22; Aussonderungsrecht **37** 32; bei ehelicher Gütergemeinschaft **37** 16 ff; Einbeziehung des Neuerwerbs **37** 21; Entstehungsgeschichte **37** 4; bei fortgesetzter Gütergemeinschaft **11** 66 f; **37** 39 ff; gemeinschaftliche Verwaltung **11** 68 f; **37** 32 ff; Gesamtgutsverbindlichkeiten **37** 24, 37, 40; Gesamthandsgemeinschaft der Ehegatten **37** 16; bei Güterstandswechsel **37** 47 f; Insolvenzanfechtung **37** 47 f; Insolvenzfähigkeit **11** 66 ff; Insolvenzmasse **37** 20 ff, 36, 41 ff; Normzweck **37** 1 ff; Sondervermögen **11** 66; **37** 3; Verwaltung durch einen Ehegatten **37** 21 ff; Verwaltungsformen **37** 20 ff; Zugehörigkeit zur Insolvenzmasse **36** 52; **37**
Gesamtgutinsolvenz; Sonderinsolvenzverfahren **37** 34, 38, 40
Gesamthand 47 51 f
Gesamthypothek 49 40 f

2134

Magere Zahlen = Randnummer

Gesamtrechtsnachfolge 38 33

Gesamtschaden; Allgemeines **60** 116 ff; Haftung des Verwalters **60** 11 ff, 116 ff; Verjährung von Ansprüchen **62** 4

Gesamtschuld; absonderungsberechtigte Rückgriffsgläubiger **44** 31; akzessorische Gesellschafterhaftung **43** 15; allgemeine Anwendungsfälle **43** 5; Aufrechnungsbefugnis **44** 32; Ausnahmen **43** 43 ff; Bürgschaft/Garantie **43** 8 ff; Doppelanmeldungsverbot **44** 5 ff, 12 ff; Doppelberücksichtigungsgrundsatz **43** 1 ff; echte Gesamtschuld **43** 5; Erbengemeinschaft **43** 17; Firmenfortführung **43** 5; Gegensatz: Haftung im Stufenverhältnis **43** 6; gemeinsamer Schuldvertrag **43** 5; gesamtschuldähnliche Verhältnisse **43** 5 ff; **44** 5 ff; Gesellschafter einer OHG oder KG **43** 15 f; Gläubigerschutzaspekt **43** 3; Haftung von Gesellschaft und Gesellschaftern **43** 13 ff; Insolvenz eines Gesamtschuldners **43** 35; Leistungen nach Verfahrenseröffnung **44** 20; Leistungen vor Verfahrenseröffnung **44** 26 ff; mehrere Insolvenzverfahren **43** 34; Patronatserklärung **43** 8; Personalsicherheiten **43** 7 ff; Rechtsfolgen **43** 33 ff; Rechtsstellung des Rückgriffsberechtigten **44** 12 ff; Schuldbeitritt **43** 7; Schuldmitübernahme **43** 5; Spaltung **43** 5; Teilbefriedigung des Gläubigers **44** 23 f, 28; unechte Gesamtschuld **38** 65; **43** 5; Vollbefriedigung des Gläubigers **43** 36 ff; **44** 21 ff, 27; Wechselschuldner **43** 5; Zahlungen vor Verfahrenseröffnung **43** 39 ff

Gesamtvollstreckungsrecht 4 3, 32; **Einl.** 1, 42

Geschäftsbesorgungsverträge; Erlöschen mit Verfahrenseröffnung **53** 29; **55** 63, 118

Geschäftsbücher; Aufbewahrungspflichten **36** 74; Herausgabe **36** 67 ff; Massezugehörigkeit trotz Unpfänbarkeit **36** 65 ff

Geschäftsführer; Bestellungshindernis **15a** 318

Geschäftsführung ohne Auftrag 38 70; **55** 63 ff

Geschäftskosten des Verwalters; bei Abschluss von Dienst- und Werkverträgen **InsVV 4** 9 ff; allgemeine ~ **InsVV 4** 1; Ersatz angemessener Auslagen **InsVV 4** 2 ff; Versicherungsbeiträge **InsVV 4** 25 ff

Geschäftskunde 56 17 ff

Geschäftsleiterhaftung; Insolvenzverschleppung **15a** 155, 317

Geschäftsstelle des Amtsgerichts; Übermittlung an Registergerichte **31** 24 ff

Geschäftsverteilung; anwendbare Vorschriften **4** 90

Geschmacksmuster; Absonderung **50** 25; Anspruch auf Herausgabe **35** 330; Massezugehörigkeit **35** 325; Überblick **35** 325 ff; Verwertung nach Anmeldung **35** 327 ff; Verwertung vor Anmeldung **35** 328

Gesamtrechtsnachfolge

Gesellschaft bürgerlichen Rechts; Akzessorietätstheorie **11** 50, 56; Anhörung des Schuldners **14** 125; Antragsberechtigte **15** 48 ff; Antragspflicht **15a** 49, 96; Doppelinsolvenz **35** 187 ff; Doppelverpflichtungstheorie **11** 50; Grundbucheintragung **32–33** 14; Grundbuchfähigkeit **32–33** 19; Haftung der Gesellschafter **11** 56; haftungsrechtliche Verselbstständigung **11** 50; Insolvenz der Gesellschaft **35** 186 f; Insolvenz des Gesellschafters **35** 179 ff; Insolvenzfähigkeit **11** 3, 49 f; Insolvenzmasse **35** 179 ff; Organisationsbereich **11** 51 ff; Rechtsnatur **11** 49; teilweise rechtliche Verselbstständigung **11** 49; Voraussetzungen **11** 55

Gesellschaft mit beschränkter Haftung; Antragsberechtigte **15** 21; Antragspflicht **15a** 48, 66; Anwendung von § 43 **43** 14; Ersatzzuständigkeit der Gesellschafter **15a** 83; Führungslosigkeit **15** 14 ff; GmbH & Co. KG s. dort; Insolvenz der Gesellschaft **35** 244 ff; Insolvenz des Gesellschafters **35** 240 ff; Insolvenzantragspflicht **11** 25; Insolvenzfähigkeit **11** 22 f; Pfändbarkeit von Geschäftsanteilen **50** 22; vereinfachte Kapitalherabsetzung **1** 96; Verlustdeckungshaftung **11** 25; Vorbelastungsverbot **11** 24; Vor-GmbH **11** 24 f

Gesellschaft ohne Rechtspersönlichkeit; Antragspflicht **15a** 49; Begriff **11** 2; **15a** 49

Gesellschafter; Antragspflicht **15a** 112 ff; Gesellschaftersicherheiten s. dort; Nachforschungspflichten **15a** 91; sittenwidrige Schädigung **15a** 305 f

Gesellschafterbesicherte Drittdarlehen; Anwendung des § 43 **43** 27; begrenzter Regressanspruch **44a** 24 ff; Beschränkung des Kreditgebers **44a** 20 ff; Besicherung durch Gesellschafter **44a** 15 ff; betroffene Gesellschaften **44a** 9 ff; Doppelbesicherung **44a** 30 ff; **vor 49** 98; Entstehungsgeschichte **44a** 6 f; früheres Recht **vor 49** 97a f; Insolvenz haftungsbeschränkter Gesellschaft **44a** 9 f; Kleinbeteiligungsprivileg **44a** 12, 18; **vor 49** 98b; Kredit eines Dritten **44a** 11 ff; Kreditierungsfunktion **44a** 13; Nachrang **39** 46; Nachrang der Rückgewährforderung **vor 49** 98b; Neuregelung **44a** 1 ff, 6 ff; nominelle Unterkapitalisierung **44a** 6; Rechtsfolgen **44a** 20 ff; Rechtslage nach MoMiG **vor 49** 98a ff; Sanierungsprivileg **44a** 12, 18; **vor 49** 98b; Sicherheitsverwertung vor Verfahrenseröffnung **44a** 28; Sicherheitsverwertung während des Verfahrens **44a** 26 f; Sicherungsgeber **44a** 18; im Überschuldungsstatus **44a** 29; Unabdingbarkeit des § 44a **44a** 33; verfahrensmäßige Beschränkung des Kreditgebers **44a** 20 ff; Verwertung **vor 49** 98c; wirksame Sicherheitenbestellung **44a** 17; zwingendes Recht **44a** 33 f

Gesellschafterdarlehen; (s. a. Rückgewähr von Gesellschafterdarlehen); Begriff **39** 41 f;

Gesellschafterhaftung   Fette Zahlen = §§

betroffene Gesellschaften **39** 58 f; Forderungen auf Rückgewähr **39** 36 ff; KonTraG und KapAEG **35** 274; Nachrang der Rückgewährforderung **39** 36 ff; Neuregelung **39** 36 ff; Rückgewähranspruch **39** 36 ff
Gesellschafterhaftung; akzessorische ~ **43** 15, 43; **44** 35 ff; Altverbindlichkeiten **53** 39; Doppelinsolvenz **53** 43 ff; Enthaftung **53** 45; Geltendmachung persönlicher Haftung **53** 38; Haftungsbefreiung **53** 45; Haftungsbeschränkung **53** 40; Insolvenzforderungen **53** 39; Insolvenzplan **53** 45; Masseschulden **53** 39; Neuverbindlichkeiten **53** 40 ff; Reichweite **53** 39 ff; Sperrwirkung des § 93 **53** 38
Gesellschafterregress; Anwendbarkeit des § 44a **44a** 8 ff; Ausschluss **44** 33 ff
Gesellschaftersicherheit; (s. Gesellschafterbesicherte Drittdarlehen)
Gesellschaftsanteile; Anteilsaussonderungsrecht **47** 46; an BGB-Gesellschaft **35** 179; bei GmbH **35** 140 ff; Massezugehörigkeit **35** 179 ff; offene Handelsgesellschaft **35** 192 ff; Pandrechtsbestellung **50** 35 ff; als Pfandgegenstand **50** 22 ff; Sicherungsabtretung **51** 209 ff; Vertragspfandrecht **50** 22 ff
Gesellschaftsrechte; bei Aktiengesellschaft **35** 249 ff; bei BGB-Gesellschaft **35** 179 ff; bei Europäische wirtschaftliche Interessenvereinigung **35** 213 f; bei Genossenschaften **35** 228 ff; Gesellschafterdarlehen **35** 272 ff; bei GmbH **35** 240 ff; bei GmbH & Co. KG **35** 208 ff; bei juristischen Personen des öffentlichen Rechts **35** 236 ff; bei Kapitalanlagegesellschaft **35** 256 ff; bei Kommanditgesellschaft **35** 200 ff; Massezugehörigkeit **35** 179 ff; beim nicht rechtsfähigen Verein **35** 227; bei Offene Handelsgesellschaft **35** 191 ff; beim rechtsfähigen Verein **35** 220 ff; Schadensersatz gegen Organe/Gesellschafter **35** 268 ff; bei stiller Gesellschaft **35** 215 ff; beim Versicherungsverein auf Gegenseitigkeit **35** 226
Gesellschaftsrechtliches Zahlungsverbot; Haftung bei Verstoß **15a** 156
Gesellschaftssicherheit; Fallgruppen **vor 49** 93 ff
Gesetz zur Erleichterung der Sanierung von Unternehmen; (s. ESUG)
Gesetzlicher Richter 5 75; **Einl.** 84
Gesetzliches Pfandrecht; bei Aufhebung einer Gemeinschaft **50** 116a; des Begünstigten bei Hinterlegung **50** 107 ff; des Frachtführers **50** 112 ff; des Gastwirts **50** 104; gutgläubiger Erwerb **50** 117 f; der Haftpflichtgläubiger **50** 115; des Inventarpächters **50** 103; des Kommissionärs **50** 108 f; des Lagerhalters **50** 111; der Lieferer von Düngemitteln/Saatgut **50** 114; Rangordnung **50** 119 ff; der Rückversicherungsgläubiger **50** 116; der Schiffseigner **50** 113; des Spediteurs **50** 110; der Vermieter und Verpächter **50** 84 ff; des Werkunternehmers **50** 105 f
Gestaltungsrechte; kein Antragsrecht **13** 31; keine Insolvenzforderungen **38** 47; **45** 8; Verfahrensbeteiligung des Schuldners **1** 124 f
Gewährleistungsansprüche 45 7
Gewerbesteuerforderungen 38 84
Gewerbeverbote 56 79
Gewerbliche Schutzrechte; Aussonderung **47** 339; Pandrechtsbestellung **50** 35 ff; als Pfandgegenstand **50** 25; Vertragspfandrecht **50** 25
Gewerkschaften 4 9
Gewerkschaftsvertreter 67 16
Girokonten 50 69
Glaubhaftmachung; Allgemeines **14** 63 f; Beweismaß **14** 65 ff; Beweismittel **14** 66; Einwendungen des Schuldners **14** 82 ff; Einwendungen gegen Eröffnungsgrund **14** 88 f; des Eröffnungsgrunds **14** 73 ff, 104; der Forderung **14** 70 ff, 101 ff; Gegenglaubhaftmachung s. dort; beim Gläubigerantrag **14** 63 ff; zur Spezifizierung **14** 63; bei Überschuldung **14** 80; überwiegende Wahrscheinlichkeit **14** 65, 69; der vorherigen Antragstellung **14** 81; bei Zahlungsunfähigkeit **14** 75 ff
Gläubiger; (s. a. Insolvenzgläubiger, Massegläubiger); Antragsberechtigung **13** 25 ff; Beschwerdeberechtigung **34** 37, 55 ff; Bevorzugung **59** 32; frühzeitige Beteiligung **21** 46 ff; Gleichbehandlungsgrundsatz **1** 52; öffentlichrechtliche ~ **14** 90 ff; als Partei **5** 47; Schadensersatzpflicht bei unberechtigtem Antrag **14** 12 ff; als Verfahrensbeteiligte **vor 2** 13; verfassungsrechtliche Stellung **Einl.** 95 ff
Gläubigerantrag; allgemeine Voraussetzungen **13** 25 ff; bei anderweitiger Befriedigungsmöglichkeit **14** 27 f; keine Anfechtbarkeit **13** 75; Anhörung des Schuldners **14** 120 ff; Antragsberechtigte **13** 25 ff; Antragspflichten und -obliegenheiten **13** 66 ff; Anwendungsbereich **14** 5 f; des Arbeitnehmers **13** 42 ff; bei auflösend bedingter Forderung **13** 36; **14** 30; bei aufschiebend bedingter Forderung **13** 35; **14** 26; durch Aufsichtsbehörden der Krankenkassen **13** 62; durch ausländischen Insolvenzverwalter **13** 63 f; durch BaFin **13** 50 ff; keine Bedingung oder Befristung **13** 72 ff; Begründetheit **14** 5; bei Beschränkung der Einziehungsbefugnis **13** 39 ff; besondere Voraussetzungen **14** 17 ff; bei betagten Forderungen **13** 35 f; **14** 26; durch Betreuer des Antragsberechtigten **13** 78; des Betriebsrentners **13** 45; als Druckmittel **14** 57, 1, 30 f; einziger Gläubiger als Antragsteller **14** 20; entgegenstehende Entscheidung des Prozessgerichts **14** 44 f; Entstehungsgeschichte **14** 2 f; Entstehungszeitpunkt der Forderung **13** 34 f; Erfüllung der Forderung nach Antragstellung **14** 47 ff; Erledigung **13** 127 ff; Folgen inhaltlicher Mängel **13** 109 ff; Formularzwang **13** 91 f; ge-

2136

Magere Zahlen = Randnummer

Gläubigerausschuss

richtliches Prüfungsverfahren 14 7 ff; gesetzliche Vertretung 13 76 ff; Glaubhaftmachung 14 63 ff; Kostenentscheidung nach Erfüllung 14 151 ff; Kostenhaftung 54 12, 19; bei Nachlass- und Gesamtinsolvenz 13 40; Normzweck 14 1; notwendiger Inhalt 13 93 ff; Nutzlosigkeit des Antrags 14 21 ff; durch öffentlich-rechtliche Gläubiger 14 90 ff; Partei-, Prozessfähigkeit 13 76 ff; Partikularinsolvenzverfahren 14 46; persönlicher Anspruch des Gläubigers 13 32 ff; als Prozesshandlung 13 70 ff; rechtliche/wirtschaftliche Nutzlosigkeit 14 21 ff; rechtliches Interesse an Insolvenzeröffnung 14 18 ff; Rechtsschutzinteresse 13 86 ff; Rechtsverteidigung des Schuldners 14 82 ff; Rücknahme 13 113 ff; Sachverhaltsdarstellung 13 99; Schadensersatzpflicht bei unberechtigtem Antrag 14 12 ff; Schriftform 13 90; Sekundärinsolvenzverfahren 14 46; Sittenwidrigkeit 14 13, 39 ff; Stapelanträge 14 48 ff; durch Träger der Insolvenzsicherung 13 46 ff; bei übergegangenem Recht 13 46; unberechtigter ~ 14 12 ff; Unerheblichkeit des Forderungsrangs 13 38; 14 24; Unverhältnismäßigkeit 14 39 ff; venire contra factum proprium 14 32; Verfolgung verfahrensfremder Zwecke 14 29 ff; bei Vergleichsverhandlungen mit Schuldner 14 32; Verhältnismäßigkeit 14 39 ff; verjährte Forderungen 13 25; Vermögensanspruch des Gläubigers 13 28 ff; Vertretung durch Bevollmächtigte 13 82 ff; Verzicht 13 49; vorherige Antragstellung 14 47 ff; durch Vormund, Abwesenheitspfleger, Betreuer 13 78; Wegfall des Antragsrechts 13 145 ff; weiterer Gang des Verfahrens 14 145 ff; widersprüchliches Verhalten 14 37 f; Zulässigkeit 14 1 ff; Zustellung des Antrags 14 132

Gläubigerausschuss; Abberufung von Mitgliedern 78 13; absonderungsberechtigte Gläubiger 67 14; Abstimmung 72 3 ff; Abwahl 68 15; Anhörungsrecht bei Verfahrenseinstellung 69 17; Anordnung bei Eröffnung 27–29 111; Anregungen 67 12; Anwesenheit des Verwalters 72 12; Arbeitnehmer 67 16; Aufgaben InsVV 17 10 ff; 69; 73 6; Aufgabenzuweisung 69 13; Auflösung 70 18a; Ausgewogenheit 67 15; Auskunftsanspruch 69 27; Auslagen 54 51; Auslagenersatz InsVV 18 2 ff; Ausscheiden des Mitglieds 70 19; Bedeutung von § 78 68 9 f; Beginn der Mitgliedschaft 67 27; 68 12 ff; Beginn des Insolvenzverfahrens 67 2; Bemessung der Vergütung 54 50; berufsspezifische Besonderheiten InsVV 17 30 ff; Beschlüsse nicht beschwerdefähig 6 17; Beschlussfähigkeit 72 9 ff; Beschlussfassung 72 3 ff; Bestellung von Mitgliedern 78 13; Bestimmungsrecht bei Hinterlegung 69 16; Betriebsratsvorsitzende 67 16; Bundesanstalt für Arbeit 67 20; Eigenantrag auf Entlassung 70 16; eigenständige Aufgaben 73 16; eigenständiges Organ 69 1 f; Einberufung 72 9 ff; Einberufung der Gläubigerversammlung 69 15; einmalige Vergütung InsVV 17 26 ff; Einsetzungszuständigkeit 67 3; Einsicht in Bücher und Geschäftspapiere 69 18; Einstehenmüssen für Dritte 71 17 f; Ende der Mitgliedschaft 67 28; 68 12 ff; 70 19; endgültiger ~ InsVV 17 10; Entlassung auf Antrag 70 9, 13 ff; Entlassung von Amts wegen 70 10 ff; Entscheidung über Einsetzung 67 6; Entscheidungsbefugnis der Gläubigerversammlung 68 5 ff; Errichtung des endgültigen Ausschusses 68 5 f; Ersatzmitglieder 67 25; 70 19; Ersetzungsbefugnis der Gläubigerversammlung 68 11; Exekutivabteilung der Gläubigerversammlung 73 17; fakultativer Antragsausschuss InsVV 17 10; als fakultatives Organ 67 6; fehlerhafte Beschlussfassung 72 22; Forderungshöhe 67 15; gesamtschuldnerische Haftung 71 15 f; Geschäftsordnung 72 5 f; gesetzliche Pflichten 71 6; Gewerkschaftsvertreter 67 16; Größe 67 11; 68 8; Haftung der Mitglieder 71 5 ff; Individualisierung der Aufgaben 69 4 f; Inkompatibilitäten 67 22; Interessenkollisionen 72 14 ff; Interessenwiderspruch 67 22; Interimsausschuss InsVV 17 10; juristische Personen 67 17; 68 16; 73 7; Kontrollbefugnisse 69 11, 18 f; Ladungsfrist 72 9; Mitgliedschaft 67 17 ff; 68 12 ff; kein Mitgliedschaftsanspruch 67 10, 13; Mitwirkung bei Verteilung 69 22; Mitwirkung beim Planverfahren 69 23 f; Mitwirkungsbefugnisse 69 20 f; nachlässige Pflichterfüllung 71 1; Nicht-Gläubiger 67 21; 68 16; Pflichtausschuss InsVV 17 10; Protokollierung 72 7 f; Prüfung der Rechnungslegung 60 39 f; regelmäßige Vergütung InsVV 17 17 ff; Repräsentationsprinzip 68 7; Sachkunde und Erfahrung 71 8; Sanktionsentlassung 70 5 ff; Schadensersatzpflicht der Mitglieder 71 5 ff; Selbstorganisation 69 8; 72 5 f; Stellung 69 9 ff; Stellvertreter 67 26; Stilllegung des Unternehmens 69 21; Stimmrechtsausschluss 72 14 ff; Tagesordnung 72 9; Teilnahme an Gläubigerversammlung 74 29; keine Überkreuzbesetzungen 67 17; Überwachung des Verwalters 69 18 f; unabhängige Amtsführung 69 2; Unterrichtung bei Eigenverwaltung 69 25; Unterrichtung bei Vergütungsfragen 69 26; Unterstützung/Überwachung InsVV 17 11; Verbot von Partikularinteressen 69 2, 7; verfahrensrechtliche Aufgaben 69 14 ff; Vergütung der Mitglieder InsVV 17 7 ff; 54 49; 73 8 ff; Verhältnis zur Gläubigerversammlung 69 10; Verteilung der Aufgaben 69 8; 71 16; vorläufiger ~ s. dort; Wahrnehmung der Aufgaben 69 6 f; Zusammensetzung 67 9 ff; 68 7 f; Zustimmung 55 23; Zweckmäßigkeitskontrolle 69 11; Zweier-Ausschuss 67 11

Gläubigerautonomie   Fette Zahlen = §§

Gläubigerautonomie; Einflussnahme auf Verfahrensgang **1** 68; gerichtliche Prüfungen **22a** 60 ff; Mitbestimmung über Insolvenzplan **1** 61 ff; Mitsprache über Masseverwertung **1** 54 ff; Stärkung **1** 53 ff; Verfassungsrecht **Einl.** 81 ff; Vorrang **22a** 148

Gläubigerbefriedigung; bestmögliche ~ **1** 20 ff; gemeinschaftliche ~ **1** 51 ff; gleichmäßige ~ **Einl.** 1, 62 f; Marktkonformität der Insolvenzabwicklung **1** 43 ff; Maßnahmen gegen Massearmut **1** 21 ff

Gläubigerbeirat 68 18

Gläubigerschutzverbände 4 9

Gläubigerversammlung; Ablauf **76** 9 ff; Absonderungsgläubiger **74** 29; Allgemeines **1** 56; Änderung von Beschlüssen **78** 36; Anfechtbarkeit von Beschlüssen **6** 17; **76** 33; Antrag auf Beschlussaufhebung **78** 3 ff; Arbeitsteilung **74** 4; Aufgaben **74** 12 ff; Aufhebung von Beschlüssen **78** 10 ff; Aufhebungsbeschluss **78** 32; Auskünfte **79** 9; Aussonderungsgläubiger **74** 29; Befugnisübertragung auf Insolvenzgericht **76** 21; Berichte **79** 8; Beschlussaufhebung **78** 1 ff; Beschlüsse **76** 14 ff; Beschlussfähigkeit **76** 15 ff; Beschlussfassung **76** 26 ff; Beschlussunfähigkeit **76** 16 ff; Bindungswirkung von Beschlüssen **76** 31 f; Eigenverwaltung **74** 6a; Einberufung auf Antrag **75** 1 ff; Einberufung durch Gericht **74** 20 ff; Einsatz neuer Kommunikationstechniken **76** 13; Entscheidungsbefugnis **68** 5; Entwicklung **74** 1 ff; Ersetzungsbefugnis **56** 89; **68** 11; **74** 17; **76** 19 f; Erzwingung der Berichterstattung **79** 13; fakultative Einberufung **74** 22; Feststellung des Stimmrechts **77**; Funktionslosigkeit in Kleinverfahren **74** 4a; gemeinsames Interesse der Insolvenzgläubiger **78** 17 ff; Gläubigerautonomie **74** 3; Informationsberechtigung **79** 2 ff; Informationsrecht **79** 2 ff; Informationsverpflichteter **79** 4 f; Informationsverweigerungsrecht des Insolvenzverwalters **79** 10; Insolvenzgläubiger **74** 27; Insolvenzplanbeschlüsse **76** 36; Insolvenzverwalter **74** 28; Interesse der Gläubiger **74** 7; Interessenwahrung der Gläubiger **74** 2; Kassenprüfung **79** 14; Kleinverfahren **74** 4a; Kontrolle des Insolvenzgerichts **78** 1; Leitung **76** 3 ff; Massegläubiger **74** 29; Mehrheitsentscheidung **57** 11; **74** 10 f; **76** 26 ff; Mehrheitsprinzip **78** 22 ff; Minderheitenschutz **74** 11; **78** 22 ff; Mitglieder des Gläubigerausschusses **74** 29; Mitwirkungsrechte **74** 12 f; Nichtigkeit von Beschlüssen **76** 34 f; Ordnungsgewalt **76** 6 ff; Parteiöffentlichkeit **4** 7 ff; **74** 25; **76** 5; Protokoll **76** 12; Rechte des Schuldners **76** 11; Rumpfversammlungen **76** 22; Sachkunde der Gläubiger **74** 4; sachliches Eingreifen des Insolvenzgerichts **76** 10; keine Sachwaltung öffentlicher Interessen **74** 4; Sanierung des Schuldners **74** 6; Schuldverschreibungsgläubiger **74** 32; **75** 16; Selbstverwaltungsorgan **74** 2; Stellung zu anderen Beteiligten **74** 15 ff; Stimmberechtigung der Gläubiger **76** 23; Stimmrecht angemeldeter/nicht bestrittener Forderungen **77** 2 ff; Stimmrecht bestrittener Forderungen **77** 7 ff; Stimmrecht der Absonderungsberechtigten **76** 24 f; **77** 41 f; Stimmrechtsausschluss **77** 35 ff; Stimmrechtsfestsetzung **77** 1 ff; Tagesordnung **57** 11; **74** 36 ff; Teilnahmeberechtigung **1** 58; **74** 25 ff; **77** 1; Teilnahmewille **76** 16; Treuepflicht **74** 8 f; Unterrichtung **79** 1 ff; Verantwortungsteilung **74** 4; Verbraucherinsolvenzverfahren **74** 6a; Verhältnis zum Gläubigerausschuss **74** 16, 17a ff; Vertagung **74** 38 ff; Wahl des Verwalters **57** 6 ff; Wahl eines anderen Verwalters **78** 14; Zerschlagungs- und Verteilungsverfahren **74** 5; Zutrittgestattung **4** 7 ff; Zweckmäßigkeitsentscheidungen **78** 29; zwingende Einberufung **74** 21

Gläubigerverzeichnis 22a 91

Gläubigerwechsel 38 33

Gleichmäßige Gläubigerbefriedigung Einl. 1, 62 f

Globalzession; als AGB-Vereinbarung **51** 174; Anfechtbarkeit **51** 174b; dingliche Freigabeklausel **47** 181 ff; **51** 173; Factoring-Globalzession **47** 187 ff; Knebelung **51** 173; Kollisionsfälle **51** 215 ff; Prioritätsprinzip **51** 215; als revolvierende Sicherheit **51** 172; Übersicherung **51** 173; bei verlängertem Eigentumsvorbehalt **47** 181 ff, 187 ff; Vertragsbruchstheorie **47** 181; **vor 49** 173; Verzichtsklauseln **47** 182 f; Zahlstellenklausel **47** 183a

GmbH; (s. Gesellschaft mit beschränkter Haftung)

GmbH & Co. KG; kein einheitliches Insolvenzverfahren **35** 208; Firma **35** 504; Gesellschaftseinlagen **35** 211; Insolvenzfähigkeit **11** 26; Insolvenzmasse **35** 208 ff; Simultaninsolvenz **11** 26; Struktur **11** 26

Grauverwaltung 56 76, 152

Großinsolvenzen 56 62

Grundbuchamt; Entscheidungszuständigkeit **32–33** 55; Prüfungsrecht **32–33** 23, 54

Grundbuchberichtigung 32–33 33; **47** 40, 334, 480

Grundbucheintragungen; Amtspflicht des Gerichts **32–33** 24; auf Antrag des Verwalters **32–33** 30 ff; Antragsrecht, Antragspflicht **32–33** 30 ff; bei ausländischen Insolvenzverfahren **32–33** 35 ff; bereits anhängige Eintragungsanträge **32–33** 68 ff; Berichtigung **32–33** 33; **47** 40, 334, 480; betroffene Rechte des Schuldners **32–33** 12 ff; Briefgrundpfandrechte **32–33** 71 f; keine eigenständige konstitutive Bedeutung **32–33** 62; bei Eigentumsrechten **32–33** 18 ff; Eigenverwaltung **32–33** 9; bei eingetragenen Rechten **32–33** 22 f; Eintragungsinhalt **32–33** 26 f, 59; Entscheidung des Grundbuchamts **32–33** 55 ff; Eröffnung des Verfah-

2138

Magere Zahlen = Randnummer **Grundbuchsperre**

rens **32–33** 8; auf Ersuchen des Insolvenzgerichts **32–33** 24 ff; Gebührenfreiheit **32–33** 60; Grundbuchsperre **32–33** 65; bei Grundstücksrechten **32–33** 22 f; Insolvenzanzeige **32–33** 26; Insolvenzplanüberwachung **32–33** 10; Löschungsvermerke **32–33** 76 ff; nachfolgende Eintragungsanträge **32–33** 66 f; Nachtragsverteilung **32–33** 11; Neuerwerb **32–33** 73; nicht ersichtliche/angemeldete Rechte **49** 81; Prüfungsrecht des Grundbuchamts **32–33** 23, 54; Rechtsmittel **32–33** 55 ff; Rückgewähr zur Masse **32–33** 73; Unrichtigkeit des Grundbuchs **32–33** 15; Unverzüglichkeit **32–33** 53; Verfahren des Grundbuchamts **32–33** 53 ff; Verfügungsbeschränkungen **23** 18 ff; **32–33** 2, 6, 74; Vermutung der Richtigkeit **32–33** 63; Vollstreckungsverbot **32–33** 75; von Amts wegen **32–33** 24; vorläufige Sicherungsmaßnahmen **32–33** 6 f; Wirkungen **32–33** 61 ff; bei zur Masse gehörenden Rechten **32–33** 12 ff; Zuständigkeit **32–33** 25
Grundbuchsperre 32–33 65
Grunddienstbarkeiten 35 173
Grunderwerbsteuerforderungen 38 85
Grundpfandrechte; brieflose ~ **49** 60; Eigentümergrundschuld **49** 63 ff; Gesamtgrundpfandrecht **49** 62; Gutgläubiger Erwerb bei Bestellung **49** 67 ff; Hypothek, Sicherungsgrundschuld **49** 61; Rangklasse **49** 55 ff; rechtsgeschäftlich begründete ~ **49** 57 ff; Voraussetzungen **49** 57; Zwangshypothek **49** 69 ff
Grundrechte des Gemeinschuldners; Auskunfts- und Mitwirkungspflichten **Einl.** 91; Befugnis zur Verfassungsbeschwerde **Einl.** 94; Eingriffe in das Briefgeheimnis **Einl.** 90; Eingriffe in die Wohnung **Einl.** 89; Eingriffe in Freiheit und Eigentum **Einl.** 88; Eingriffe in informationelles Selbstbestimmungsrecht **Einl.** 92; Menschenwürde **Einl.** 93; Rechtsschutz gegen Eingriffe **6** 70 ff
Grundsätze ordnungsgemäßer Insolvenzverwaltung 56 43, 181
Grundschuld; Eigentümergrundschuld **33** 15; Insolvenzmasse **35** 170; Sicherungsabtretung des Rückgewähranspruchs **51** 209p
Grundsteuerforderungen 38 85
Grundstücke; Absonderung **49** 84 ff; absonderungsberechtigte Gläubiger **49** 45 ff; Aussonderung **47** 20 ff; Begriff **49** 5; Bestandserweiterung **49** 38 f; Bestandteile **35** 138; **47** 21 ff; **49** 13; Enthaftung **49** 15 ff; Erzeugnisse **49** 13; Gesamthypothek **49** 40 f; Grundpfandhaftung **49** 26 ff; Haftung für Nebenforderungen **49** 42 f; Haftung für Zinsen **49** 45 ff; Haftungsverband **49** 12 ff; Haftungsumfang **49** 42 ff; Insolvenzmasse **35** 164; nicht wesentliche Bestandteile **35** 138; Rangordnung **49** 46 ff; Scheinbestandteile **47** 26; wesentliche Bestandteile

47 21 ff; Zubehör **47** 28 f; **49** 14; Zwangsversteigerung **49** 84; Zwangsverwaltung **49** 84
Grundstücksgleiche Rechte; abgesonderte Befriedigung **49** 6; Aufzählung **49** 6; Insolvenzmasse **35** 165
Gutachten; Anforderungen **16** 67 f
Gütergemeinschaft; (s. Eheliche Gütergemeinschaft, Fortgesetzte Gütergemeinschaft, Gesamtgut); Antragsberechtigte **13** 18; Begriff **37** 16 ff; Eigenvermögen **37** 18; Fallgruppen **37** 1; Insolvenz des allein verwaltenden Ehegatten **37** 21 ff; Insolvenz des nicht verwaltenden Ehegatten **37** 28 ff; Insolvenz eines Ehegatten bei gemeinschaftlicher Verwaltung **37** 32 ff; Insolvenz zwischen Aufhebung und Auseinandersetzung **37** 35 ff; Insolvenzmasse **37** 20 ff; Neuerwerb **35** 52; Sondergut **37** 18; Vorbehaltsgut **37** 18
Güterrechtsregister 31 47
Güterstand; (s. Gütergemeinschaft, Gütertrennung, Zugewinngemeinschaft)
Güterstandswechsel; nach Eröffnung **37** 47 ff; Insolvenzanfechtung **37** 47 ff
Gütertrennung; allgemeine Regeln der Insolvenzordnung **37** 5; Begriff **37** 14; Eigentumsvermutung **37** 15; eingetragene Lebenspartner **37** 14, 16; Insolvenzmasse **37** 15
Gutgläubiger Erwerb; gesetzliche Pfandrechte **50** 117 ff; Pfändungspfandrecht **50** 78; des Sicherungseigentums **51** 75 ff; Vertragspfandrecht **50** 34, 42

Haft; Anordnung **20** 68; **21** 94; bei Auskunfts-/ Mitwirkungsbegehren **5** 42; **20** 68; Rechtsmittel gegen Anordnung **20** 84
Haftopferzuwendungen 35 427a
Haftpflichtgläubiger; abgesonderte Befriedigung **51** 234 ff; Ansprüche des Haftpflichtgläubigers **50** 115; Geltendmachung des Absonderungsrechts **51** 238 ff; Verfügung über Versicherungsanspruch **51** 240; Versicherungsfall nach Eröffnung **51** 237; Versicherungsfall vor Eröffnung **51** 235 ff
Haftpflichtversicherung; Erstattungfähigkeit **InsVV 4** 25 ff; des Insolvenzverwalters **60** 111a
Haftung der Gläubigerausschussmitglieder; Aktivlegitimation **71** 11 ff; Anwendungsbereich **71** 5 ff; keine Aufrechnung mit Vergütungsansprüchen **71** 20; Einstehenmüssen für Dritte **71** 17 f; gesamtschuldnerische Haftung **71** 15; gesetzlicher Anspruch **71** 3; Haftungstatbestand **71** 5 f; Kausalität **71** 10; Normzweck **71** 1 ff; Passivlegitimation **71** 14 ff; Rechtsfolgen **71** 9; Verhältnis zu anderen Ansprüchen **71** 21 ff; Verjährung **71** 19; Verschulden **71** 7 f
Haftung der Masse 60 112
Haftung des Insolvenzgerichts 21 42 ff; **58** 62

2139

Haftung des Verwalters Fette Zahlen = §§

Haftung des Verwalters; nach Arbeitsförderungsgesetz **60** 86; gegenüber Aus-/Absonderungsberechtigten **60** 54 ff; wegen Begründung von Masseverbindlichkeiten **53** 85; deliktische **60** 75 ff; für Einzelschäden **60** 35 ff, 116 ff; für Erfüllung sozialrechtlicher Pflichten **60** 87 f; bei Erhaltung der Masse **60** 15 ff; Exkulpation **53** 88; Feststellung von Masseansprüchen **53** 90; für Gehilfen **56** 150; für Gesamtschaden **60** 11 ff, 116 ff; Haftpflichtversicherung **60** 111a; Haftung für Dritte **60** 93 f; bei Inbesitznahme der Masse **60** 11 ff; gegenüber Insolvenzgläubigern **60** 48 ff; Kausalität **60** 105 ff; **61** 46 ff; gegenüber Massegläubigern **60** 36 ff; **61** 8 ff; mitwirkendes Verschulden **60** 95; wegen Nichterfüllung von Masseverbindlichkeiten **53** 84; **61** 7 ff; Prozessuales **60** 119 ff; **61** 52 ff; Rechtsgrund **60** 4 ff; Rechtsirrtum **60** 92; Schaden **60** 105 ff; **61** 46 ff; gegenüber Schuldner **60** 65 ff; gegenüber sonstigen Beteiligten **60** 68 ff; gegen sonstigen Beteiligten **61** 33; steuerrechtliche **60** 81 ff; Verjährung von Ansprüchen **62** 1 ff; aus Verletzung insolvenzspezifischer Pflichten **60** 10 ff; Verschulden **61** 43 ff; Verschuldensmaßstab **60** 89 ff; verspätetet Anzeige der Masseunzulänglichkeit **53** 91; bei Verteilungsfehlern **53** 89; vertragliche/quasivertragliche **60** 72 ff; bei Verwertung und Verteilung **60** 30 ff; Voraussetzungen **60** 11 ff; des vorläufigen Verwalters **22** 208 ff; Zustimmungen **60** 96 ff

Haftung mehrerer Personen; absonderungsberechtigte Rückgriffsgläubiger **44** 31; Aufrechnungsbefugnis **44** 32; Ausnahmen **43** 43 ff; Gesamtschuldverhältnisse **43** 5 ff; Gesellschaftersicherheiten **43** 27; **44a** 21 ff; Insolvenz eines Gesamtschuldners **43** 35; Leistungen nach Verfahrenseröffnung **44** 20; Leistungen vor Verfahrenseröffnung **44** 26 ff; mehrere Insolvenzverfahren **43** 34; Rechtsfolgen **43** 33 ff; Rechtsstellung des Rückgriffsberechtigten **44** 12 ff; Sachmithaftung **43** 18 ff; Teilbefriedigung des Gläubigers **44** 23 f, 28; Teilmithaftung **43** 28 ff; **44** 25; Verbot der Doppelmeldung **44** 1 ff; Vollbefriedigung des Gläubigers **43** 36 ff; **44** 21 ff, 27; Zahlungen vor Verfahrenseröffnung **43** 39 ff

Halterhaftung 55 62

Handelsregister; eingetragene Rechtsträger **31** 5; Eintragungspflichten **31** 10; mitzuteilende Entscheidungen **31** 10 ff; registergerichtliches Verfahren **31** 32 ff

Handelsvertreter; Provisionsanspruch **55** 16, 144

Handlungsbevollmächtigte; kein Antragsrecht **15** 70

Handlungsstörer 55 89

Handwerksinnungen; Insolvenzfähigkeit **12** 12

Handwerkskammern; Insolvenzfähigkeit **12** 17

Hausgeld 49 51a; **55** 83 ff

Haushalt 36 8

Haushaltsbegleitgesetz 14 4

Hausrat 36 60 ff

Hausverwaltung InsVV 3 27 f

Heilung von Mängeln 8 38a; **34** 116

Heimfallanspruch 47 331

Heimstätte 35 166

Herausgabeansprüche; Aussonderung **47** 341 ff, 465; des Insolvenzverwalters **22** 40; schuldrechtliche ~ **47** 341 ff; des Vermieters **47** 465

Herausgabeklage 58 58

Herausgabepflicht des Verwalters; Aussonderungsgut **47** 463; des entlassenen Verwalters **58** 57 ff

Hilfskräfte des Verwalters; Allgemeines **56** 149 ff; eigene Angestellte **55** 37; **56** 151; Beauftragung für Insolvenzmasse **55** 38; Vergütungsansprüche **55** 36 ff

Hinterlegung; Pfandrecht des Berechtigten **50** 107

Hinterlegungsstelle; Anordnung bei Eröffnung **27–29** 111

Hinweis auf Restschuldbefreiung; Adressat **20** 95 ff; als Amtspflicht des Insolvenzgerichts **20** 91; Anwendungsbereich **20** 90; Beginn der Antragsfrist **20** 99 f; Entbehrlichkeit **20** 92; Entstehungsgeschichte **20** 10; fehlerhafter ~ **20** 101 f; Form **20** 95; Hinweis **27–29** 107 ff; Inhalt **20** 96 ff; **27–29** 108; Nachholung bei Versäumnis **20** 94; Normzweck **20** 8; Notwendigkeit **20** 92 ff; Schutz des Schuldner **20** 8; als Soll-Vorschrift **20** 101; Sondervorschrift bei Verbraucherinsolvenz **20** 90; Straffung des Verfahrens **20** 8; unberechtigtes Unterlassen **27–29** 109; bei Verbraucherinsolvenz **20** 90, 98; Verpflichtete **20** 91; Versäumnis **20** 94, 102; Zeitpunkt **20** 93

Hochseekabel 49 8

Höchstpersönliche Ansprüche 35 390; **38** 37, 77

Hoffmann'sche Formel 41 21

Honorarforderungen; von Ärzten, Steuerberatern, Rechtsanwälten **35** 438; aus schweigepflichtigen Berufe **35** 385; Übertragbarkeit **50** 74

Hypotheken 35 170

Hypothekenpfandbriefe 27–29 104

IKB Deutsche Industriebank AG 12 12

Immaterialgüterrechte; Allgemeines **35** 283 ff; Arbeitnehmererfindungen **35** 331 ff; Erfindung **35** 285 ff; Gebrauchsmuster **35** 293 ff; Geschmacksmuster **35** 325 ff; Internet-Domains **35** 382a; Know-how **35** 374 ff; Lizenzen **35** 310 ff; Markenrecht **35** 365 ff; Mas-

Magere Zahlen = Randnummer

sezugehörigkeit 35 283 ff; Patente 35 296 ff; Urheberrechte 35 339 ff
Immobilienleasing 47 234 ff, 252
Immunität 34 117
Inbesitznahme der Masse; durch Besitzergreifung des Verwalters 35 76; Haftung des Verwalters 60 11 ff; Pflichten des Verwalters 60 11 ff; Schuldnervermögen 22 37; 35 76 ff; Verzicht auf Besitzergreifung 35 79; durch vorläufigen Verwalter 60 14a
Individualschaden 60 118; 62 3
Industrie- und Handelskammern; Insolvenzfähigkeit 12 17
Informationelle Selbstbestimmung 9 8; Einl. 92
Informationsanspruch; amtliche Informationen 20 55
Informationsrecht; der Gläubigerversammlung 79 2 ff; des Schuldners 1 128; des vorläufigen Verwalters 22 15, 144, 173
Inhaberpapiere 47 18; 51 119a
Inkassozession 51 137
Innengesellschaften 11 48, 53
In-sich-Geschäft 51 125
Insiderinformation 15a 320
InsNetV 9 14; 9 Anh
Insolvenzanfechtung; (s. a. Anfechtbarkeit); Verschärfung 1 38 ff
Insolvenzanzeige 32–33 26
Insolvenzaufrechnung 53 16
Insolvenzbeschlag; Aufhebung 32–33 79; haftungsrechtliche Zuweisung 35 22; sofortige Beschwerde 6 68; Zuweisung der Insolvenzmasse 35 22
Insolvenzfähigkeit; abgegrenztes Vermögen 11 9; Aktiengesellschaft 11 27 ff; Auslandsgesellschaften 11 17a ff; BGB-Gesellschaft 11 59 ff; Dauer 11 5; Ende 11 70 ff; Europäische Wirtschaftliche Interessenvereinigung 11 60 f; Fortdauer nach Auflösung 11 71 ff; Funktion und Voraussetzungen 11 9; gemeinschaftlich verwaltetes Gesamtgut 11 68 f; Genossenschaft 11 39 ff; Gesamtgut bei fortgesetzter Gütergemeinschaft 11 66 f; GmbH 11 22 ff; grundsätzliche Festlegung 11 1; Insolvenz-, Rechts-, Parteifähigkeit 11 10; Insolvenzverfahren und Liquidation 11 72; juristische Personen 11 12 ff; juristische Personen des öffentlichen Rechts 12 12 f; KGaA 11 36 ff; Körperschaften des öffentlichen Rechts 11 17; Mangel 34 118; Nachlass 11 64 f; natürliche Personen 11 11; nichtrechtsfähige Sondervermögen 12 18; nichtrechtsfähiger Verein 11 21 f; OHG, KG 11 42 ff; Partenreederei 11 62 f; Partnerschaftsgesellschaft 11 57 ff; rechtsfähiger Verein 11 18; Stiftung 11 19; stille Gesellschaft 11 48; Wohnungseigentümergemeinschaft 11 63b
Insolvenzforderungen; Ansprüche auf betriebliche Altersversorgung 38 72c; Ansprüche aus Abgabenschuldverhältnissen 38 94a;

Immobilienleasing

Ansprüche aus Altersteilzeitverhältnis 38 72b; Ansprüche aus Geschäftsführung ohne Auftrag 38 70; Ansprüche bei Gläubigerwechsel 38 33 f; arbeitsrechtliche Ansprüche 38 72 ff; auflösend bedingte Forderungen 38 17; 42 ff; aufschiebend bedingte Forderungen 38 17; Aufwendungsersatzansprüche 55 63 ff; Ausgleichsansprüche eines Handelsvertreters 38 96; ausländischer Währung 38 14; Befreiungsansprüche gem. § 257 BGB 38 63; Begründetheit der Forderung 38 15 ff; Beihilfenrückforderungsansprüche 38 95; bereicherungsrechtliche Ansprüche 38 71; betagte Forderungen 38 17; dingliche Ansprüche 38 73 ff; Einkommensteuerforderung 38 81; nicht fällige Forderungen 41 1 ff; familienrechtliche Ansprüche 38 76 ff; 40 1 ff; fehlerhafte Behandlung 53 48 f; 55 19; garantievertrgliche Ansprüche 38 69; Gesamtschuldansprüche 38 65; Honoraransprüche des Betriebsratsberaters 38 106; Kapitalabfindungsanspruch 38 78; Kontokorrentforderungen 38 103; Kosten eines Strafverfahrens 38 108; Kostenerstattungsansprüche 38 107; Lastschriftverkehr 38 102; Lohnsteuerforderungen 38 94; mietrechtliche Ansprüche 38 68; nicht fällige Forderungen 41 4 f; Provisionsansprüche 38 97; Rückgriffsansprüche 38 30 ff; Rückgriffsrechte 38 64 ff; rückständige Arbeitnehmeransprüche 53 3; rückständige Versicherungsprämien 38 105; sachenrechtliche Schadensersatzansprüche 38 73; Schadensersatzansprüche 38 26 ff, 67, 73; Scheckregress 38 67; schuldrechtliche Ansprüche 38 59 ff; Steuerforderungen 38 24; steuerrechtliche Ansprüche 38 79 ff; Sukzessivlieferungsverträge 38 24; Überbrückungsgeld 38 72c; übergegangene Entgeltansprüche 55 236; bei Überweisungen 38 100 f; Umsatzsteuerforderung 38 87 ff; Unterhaltsansprüche 40 1 ff; Urlaubsansprüche 38 72a; verbriefte Forderungen 38 74; verfahrensrechtliche Vermögensansprüche 38 107 ff; Vermögensanspruch 38 14 ff; Versorgungsausgleichsansprüche 38 78; Vertragsstrafenforderung 38 62; Wechselansprüche 38 66, 98 f; WEG-Ansprüche 38 75; wiederkehrende Ansprüche 38 19 ff; wiederkehrende Leistungen 46 1 ff
Insolvenzfreies Vermögen; Freigabe 35 58, 104 ff; Verwaltungs- und Verfügungsbefugnis 35 78
Insolvenzgeld 49 51; 55 206, 234 ff
Insolvenzgericht; Abteilung des Amtsgerichts 2 4; Allzuständigkeit Einl. 67 f; Amtsgericht als ~ 2 3 f; Amtspflichtverletzung 21 42 ff; Aufsicht 22 213 ff; 58 1, 8 ff; Auskunftsrecht 58 22; Bestellung des vorläufigen Verwalters 22 21; dezentrale Zuständigkeit Einl. 68; Einschreitenspflicht 58 1; Entscheidungen 4 81 ff; 6 12 ff; erforderliche Überzeugung 16 34 ff;

Insolvenzgläubiger

Funktion im Insolvenzverfahren **vor 2** 10 f; Haftung **21** 42 ff; **58** 62; Hinweispflicht auf Restschuldbefreiung **20** 90 ff; Leitungsfunktion **73** 15; Letztkontrolle **73** 15; örtliche Zuständigkeit **3** 1 ff; Rechtsmittel gegen Entscheidungen **6** 6 ff; sachliche Zuständigkeit **2** 1 ff; Übermittlungspflichten **31** 11 ff; Überwachungspflicht **58** 1; Unanfechtbarkeit der Entscheidungen **6** 6; Unanfechtbarkeit von Anordnungen **20** 85 ff; Verletzung der Aufsichtspflicht **58** 62; Zustimmungen **60** 96 ff; Zweckmäßigkeitsentscheidungen **78** 29; Zwischenverfügung **14** 8

Insolvenzgläubiger; Abgrenzung der Gruppe **38** 6; Abgrenzung von Massegläubigern **53** 18; Begriff **38** 1 ff; Begründetheit der Forderung **38** 15 ff; bei beschränkter Schuldnerhaftung **38** 12; Definition **13** 27 ff; **38**; dingliches Haftungsrecht **38** 10 ff; Einleitung **38** 1 ff; gemeinsames Interesse **78** 17 ff; materiell-rechtliche Bestimmung **38** 5; nachrangige Befriedigung **39** 1 ff; nicht erzwingbare Verbindlichkeiten **38** 5; persönliche Gläubiger **38** 10 ff; Pflichten des Verwalters **60** 48 ff; Teilnahme an Gläubigerversammlung **74** 27; Vermögensansprüche gegen Schuldner **38** 14 ff; Verteilungsgerechtigkeit **1** 83 ff; Verzicht auf Verfahrensteilnahme **38** 7 ff

Insolvenzmasse; Abgrenzung in zeitlicher Hinsicht **35** 71; bei Aktiengesellschaft **35** 249 ff; Allgemeines **35** 15 ff; **Einl.** 10 ff; Altenteilsrecht **35** 459; Anreicherung **1** 29 f; Ansprüche aus Darlehensverträgen **35** 392 f; Apothekeneinrichtung **36** 75 ff; Arbeitnehmererfindungen **35** 331 ff; Arbeitseinkommen **35** 434 ff; Arbeitskraft **35** 436; Auflassung **35** 172; Auseinandersetzungsguthaben **35** 229; Auslandsbezug einer Inlandsinsolvenz **35** 36 ff; Auslandsvermögen **35** 36 ff; Ausnahmen der Massezugehörigkeit **36** 5 ff; Aussteuer **35** 433; Begriff **InsVV 1** 4; **35** 15 ff; bereinigte ~ **53** 5; Bereinigung der Istmasse **Einl.** 11; beschränkt persönliche Dienstbarkeit **35** 173, 454 ff; bewegliche Sachen **35** 136 ff; bei BGB-Gesellschaft **35** 179 ff; Brautgeschenke **35** 433; Bürgschaft **35** 402 ff; Computersoftware **35** 160 ff; Dauerwohnrechte **35** 170; Definition **35** 19 ff; bei Doppelinsolvenz **35** 187 ff, 197 ff; Einbeziehung des Neuerwerbs **35** 2, 43 ff; Entstehungsgeschichte **35** 7 ff; Erbbaurecht **35** 1 167; erbrechtliche Ansprüche **35** 430; Erfindung **35** 285 ff; Erhaltung der Masse **60** 15 ff; europäische wirtschaftliche Interessenvereinigung **35** 213 f; familienrechtliche Ansprüche **35** 431 f; Feststellung der Passivmasse **Einl.** 14; Forderungen **35** 383 ff; Freigabe **35** 84 ff; frühere Regelung **35** 7 ff; Funktion **38** 1, 3 ff; Garantie **35** 402 ff; Gebrauchsmuster **35** 293 ff; Gemeinschaftskonten **35** 398b; Genehmigungen **35** 511 ff; bei Genossenschaften **35** 228 ff; Geschmacksmuster **35** 325 ff; Gesellschafteranteile **35** 179 ff, 192 ff; Gesellschaftseinlagen **35** 208, 211, 216 ff; Gesellschaftsrechte **35** 179 ff; Gesellschaftsvermögen **35** 185 f, 196, 244 ff; Gesetzgebungsverfahren **35** 13 ff; Gläubigergleichbehandlung **38** 4; bei GmbH **35** 240 ff; bei GmbH & Co. KG **35** 208 ff; Grunddienstbarkeiten **35** 173; Grundschulden **35** 170; Grundstücke **35** 164; Grundstücksbestandteile **35** 138 ff; grundstücksgleiche Rechte **35** 165; bei Gütergemeinschaft **37** 20 ff; Haftung für Pflichtverletzungen des Verwalters **55** 28; haftungsrechtliche Zuweisung **35** 22; **38** 3; Honorarforderungen **35** 438; Hypotheken **35** 170; Immaterialgüterrechte **35** 283 ff; Inbesitznahme **35** 76 ff; **60** 11 ff; Inlandsbezug einer Auslandsinsolvenz **35** 42; bei Insolvenz der Aktiengesellschaft **35** 252 ff; bei Insolvenz der BGB-Gesellschaft **35** 185 f; bei Insolvenz der Genossenschaft **35** 231 ff; bei Insolvenz der GmbH **35** 244 ff; bei Insolvenz der Kommanditgesellschaft **35** 202 ff; bei Insolvenz der oHG **35** 196; bei Insolvenz des Aktionärs **35** 250 f; bei Insolvenz des BGB-Gesellschafters **35** 179 ff; bei Insolvenz des GmbH-Gesellschafters **35** 240 ff; bei Insolvenz des Inhabers des Stillen Gesellschaft **35** 216 ff; bei Insolvenz des Kommanditisten **35** 201; bei Insolvenz des oHG-Gesellschafters **35** 192 ff; bei Insolvenz des stillen Gesellschafters **35** 219; Insolvenz des Vereins **35** 221 ff; bei Insolvenz des Vereinsmitglieds **35** 220; bei Insolvenz eines Genossen **35** 228 ff; Insolvenzbeschlag **35** 22; Internet-Domains **35** 382a; Istmasse **35** 19; **47** 4; **Einl.** 10; bei Kapitalanlagegesellschaften **35** 256 ff; Know-how **35** 374 ff; Kommanditeinlage **35** 202; bei Kommanditgesellschaften **35** 200 ff; Kontokorrentforderungen **35** 394 ff; Kreditauftrag **35** 402 ff; landwirtschaftliches Inventar **36** 75 ff; Leasing **35** 463a; Leibrente **35** 447 f; Liquidation **60** 31; Lizenzen **35** 310 ff; Luftfahrzeuge **35** 174 ff; Markenrecht **35** 365 ff; massebezogene Prozesse **35** 24 ff; Massezugehörigkeitsstreit **35** 30 f; mietvertragliche Ansprüche **35** 460 ff; Neuerwerb **35** 43 ff; Nießbrauch **35** 449 ff; Normzweck **35** 1 ff; Nutzungsrecht an HöfeO **35** 459; bei Offener Handelsgesellschaft **35** 191 ff; Patente **35** 296 ff; Patronatserklärungen **35** 402 ff; pfandrechtsbelastete Gegenstände **35** 142 f; Prozessführung für die Masse **35** 23 ff; Prozessführungsbefugnis **35** 23 ff; prozessuale Kostenerstattungsansprüche **35** 463b; Prüfungspflicht des Verwalters **47** 446 ff; räumlicher Umfang **35** 34 ff; Reformvorschläge **35** 10 ff; Rente **35** 434 ff; Rentenschulden **35** 170; Rückauflassungsvormerkung **35** 172; Rücknahme hinterlegter Sachen **35** 424 f; Schadensersatzansprüche **35** 426 ff, 254,

Magere Zahlen = Randnummer

268 ff; Schenkungswiderruf **35** 433; Schiffe **35** 174 ff; Schuldbefreiungsansprüche **35** 399 ff; Schulden-/Teilungsmasse **35** 21; Schuldmitübernahme **35** 402 ff; Sollmasse **35** 19 f; **47** 3; **Einl.** 10; Sonderinsolvenz **35** 72 ff; Sondermasse **35** 72 ff; Steuererstattungsansprüche **35** 421 ff; Teilungsmasse **Einl.** 15; Treuhand **35** 116 ff; unbewegliche Sachen **35** 164 ff; Unterhaltsansprüche **35** 435; Unterlassungsansprüche **35** 429; Unternehmens- und Betriebsveräußerung **35** 464 ff; Urheberrechte **35** 339 ff; Verbindung, Vermischung, Verarbeitung **35** 144 ff; bei Vereinen **35** 220 ff; Vereinsvermögen **35** 223, 226; Vermehrung der Istmasse **Einl.** 12; Versicherungansprüche **35** 409 ff; beim Versicherungsverein auf Gegenseitigkeit **35** 226; Verteilung **Einl.** 15; Vertrag zugunsten Dritter **35** 406 ff; Verwaltungskosten **47** 467 f; Verwertung und Verteilung **60** 30 ff; Verwertungsentscheidung **Einl.** 13; Voraussetzungen **35** 16; bei Vorbehaltseigentum **35** 140 f; Vorkaufsrechte **35** 439 ff; Vormerkung **35** 172; Wechselansprüche **35** 420; Wertpapieransprüche **35** 420; Wohnungs- und Teileigentum **35** 168; Wohnungsrechte **35** 170; bei Zugewinngemeinschaft **37** 7 ff; Zweite Insolvenz **35** 75

Insolvenzordnung; Entlastung durch Verweisung **4** 2; Entstehung **Einl.** 39 ff; Verfahrensgrundsätze **Einl.** 46 ff; Verweisung auf ZPO-Vorschriften **4** 3 f

Insolvenzplanüberwachung; Auslagen **InsVV** **6** 26; Gläubigerausschuss **InsVV** **6** 28; Registervermerk **32–33** 10; durch Sachwalter **InsVV** **6** 14; Vergütungsanspruch des Verwalters **InsVV** **6** 15 ff; **63** 43; Vergütungsfestsetzung **InsVV** **6** 17 ff; Vergütungsvorschuss **InsVV** **6** 27; durch Verwalter **InsVV** **6** 13

Insolvenzplanverfahren; Absonderungsrechte **vor 49** 151 ff; als Alternative zum Liquidationsverfahren **Einl.** 6; Annahme und Bestätigung **Einl.** 19; Ausführung **Einl.** 20; Aussetzung der Verwertung **vor 49** 152; Hierarchie der Insolvenzzwecke **Einl.** 4; Inhalt **Einl.** 18; Legitimierung durch Gläubiger **1** 64 ff; Massegläubiger **53** 63; Mitbestimmung **1** 61 ff; Mitwirkung des Gläubigerausschusses **69** 23; Planersteller **56** 28 ff; Planinitiative **1** 62 ff; Struktur und Ablauf **Einl.** 17 ff

Insolvenzrecht; Entwicklung/Entstehung **Einl.** 25 ff; Geschichte **Einl.** 25 ff; Ordnungsfunktion **26** 27

Insolvenzrechtskommission Einl. 35 ff

Insolvenzrichter; Unabhängigkeit **56** 175; Vorbehaltsaufgaben **56** 159; **57** 23

Insolvenzschuldner; Auskunftspflicht **5** 40 ff; eidesstattliche Versicherung **5** 43; Inanspruchnahme nach Verfahrensbeendigung **53** 32 f; Inanspruchnahme während des Verfahrens **53** 31; Nachhaftung **53** 33 ff; Partei **5** 40

Insolvenzordnung

Insolvenzsperre 12 8

Insolvenzstatistik Einl. 33

Insolvenztabelle; (s. a. Forderungsanmeldung); Rechtskraft der Eintragung **4** 80

Insolvenzunfähigkeit; Bruchteilsgemeinschaft **11** 63a; des Bundes **12** 3, 10; Deutsche Ausgleichsbank **12** 13; Deutsche Bundesbank **12** 13; Deutsche Siedlungs- und Landesrentenbank **12** 13; Erbengemeinschaft **11** 63b, 63c; Gemeinden **12** 3, 15 f; Gemeindeverbände **12** 3, 15 f; Kirchen **12** 4, 11; der Länder **12** 3, 10; Landeszentralbanken **12** 13; öffentlich-rechtlicher Rundfunk **12** 5, 11

Insolvenzverfahren; Begriff und Wesen **vor 2** 3 ff; Beteiligte **vor 2** 10 ff; Einheitlichkeit **1** 9 ff; Einheitsverfahren **Einl.** 6 f; Eröffnungsverfahren **vor 2** 17; **Einl.** 7 ff; Insolvenzplanverfahren **Einl.** 17 ff; Liquidationsverfahren **Einl.** 10 ff; Notwendigkeit **1** 8; Statistik und Bewährung **Einl.** 45d; Struktur und Ablauf **vor 2** 15 ff; Verfahrensstruktur **Einl.** 6 ff; Verwertungsgrundsätze **Einl.** 74 ff; Ziele **1** 20 ff; Zulässigkeit **11**; Zulassungsverfahren **vor 2** 16; Zweck **Einl.** 1 ff.

Insolvenzverfahrensrecht; formelles Insolvenzrecht **vor 2** 1; als Gesamtvollstreckungsrecht **4** 3; **Einl.** 1; zwingendes Recht **vor 2** 2

Insolvenzvermerke; (s. a. Grundbuchvermerk, Registervermerke, Registermitteilungen); Abweisung mangels Masse **31** 22 f; bei ausländischen Verfahren **31** 48 ff; **32–33** 35 ff, 103; Eigenverwaltung **32–33** 9; Eintragung in Register **31** 32 ff; Eintragung von Amts wegen **31** 32; Eintragungsantrag des Verwalters **32–33** 30 ff, 99; Eintragungsersuchen des Gerichts **32–33** 24 ff, 98; Eintragungspflichten des Registergerichts **31** 10 ff; Eintragungswirkung **32–33** 61 ff; Eröffnung des Verfahrens **31** 10 ff; **32–33** 8; Genossenschaftsregister **31** 5 ff; Grundbuch **32–33** 12 ff; Handelsregister **31** 5 ff; Löschung **32–33** 76 ff; Luftfahrzeugpfandrechtsregister **32–33** 96 f; Nachtragsverteilung **32–33** 11; Partnerschaftsregister **31** 5 ff; registergerichtliches Eintragungsverfahren **31** 32 ff; Schiffs- und Schiffsbauregister **32–33** 92 ff; Sinn und Zweck **31** 1 f; Übermittlungspflicht durch **31** 1 ff; Überwachung des Insolvenzplans **32–33** 10; unverzügliche Eintragung **31** 32; Vereinsregister **31** 5 ff; Verfügungsbeschränkungen **31** 10 ff, 34; **32–33** 5 ff; vorläufige Sicherungsmaßnahmen **32–33** 6 f; Zuständigkeit des Urkundsbeamten **31** 32; bei Zweigniederlassungen **31** 36 f

Insolvenzverschleppungsdelikt; Allgemeines **15a** 322 f; Antragspflicht **15a** 325 ff; geschütztes Rechtsgut **15a** 322; Insolvenzgrund **15a** 330; Irrtum **15a** 336; objektiver Tatbestand **15a** 324 ff; subjektiver Tatbestand **15a** 335 f; System der strafrechtlichen Delikte **15a** 323; Teilnahme **15a** 337; Verjährung **15a** 339; Ver-

2143

Insolvenzverschleppungshaftung

Fette Zahlen = §§

letzung der Antragspflicht **15a** 331 ff; keine Versuchsstrafbarkeit **15a** 338; Voraussetzungen **15a** 324 ff

Insolvenzverschleppungshaftung; als Abberufungs-, Ausschlussgrund für Geschäftsleiter **15a** 319; Ansprüche aus Culpa in Contrahendo **15a** 284 ff; Ansprüche aus Schutzgesetzverletzung **15a** 140 ff, 290 ff; Ansprüche aus sittenwidriger Schädigung **15a** 295 ff; Ansprüche der Bundesagentur für Arbeit **15a** 237 ff; Ansprüche der Sozialversicherungsträger **15a** 232 ff; Bedeutung **15a** 158; Beihilfe durch Unterlassen **15a** 278; als Bestellungshindernis für Geschäftsführer **15a** 318; Betrug und Falschangaben **15a** 290 ff; Darlegungs- und Beweislast **15a** 265 ff; als Dauerdelikt **15a**; bei Dauerschuldverhältnissen **15a** 224 ff; Eigenhaftung **15a** 284 ff; entgangener Lohn als Schaden **15a** 227 ff; Entstehung des Schadensersatzanspruchs **15a** 248 ff; Erkennbarkeit der Insolvenz **15a** 173 ff; Ersatz des negativen Interesses **15a** 194 ff, 206 ff; Fälligkeit des Schadensersatzanspruchs **15a** 248 ff; als Gefährdungsdelikt **15a** 145; Geschäftsleiter- und Liquidatorenhaftung **15a** 155; Geschäftsleiterhaftung **15a** 317; geschützter Personenkreis aus § 15a **15a** 160 ff; Haftung Dritter **15a** 274 ff; Haftung Dritter gegenüber Antragspflichtigen **15a** 283; Haftung Dritter gegenüber Gesellschaft **15a** 279 ff; Haftung Dritter gegenüber Gläubigern **15a** 282; Haftung gem. § 823 Abs. 2 BGB **15a** 140 ff; Haftung mehrerer Antragspflichtiger **15a** 271; Haftung wegen existenzvernichtenden Eingriffs **15a** 279; haftungsausfüllende Kausalität **15a** 200 ff, 270; Haftungskonkurrenzen **15a** 153 ff; Haftungsvoraussetzungen **15a** 159 ff; bei hybride Finanzierungsformen **15a** 231; Individualschaden **15a** 187 ff, 204 ff, 256; Innen- und Außenhaftung **15a** 151; Insolvenzstraftaten **15a** 294; Integritätsinteresse vertraglicher Gläubiger **15a** 217 ff; bei Kontokorrent **15a** 224 ff; Kreditausfallschaden **15a** 196; Kreditgeber **15a** 300 ff; als Kündigungsgrund des Geschäftsleiters **15a** 321; bei langfristigen Geschäftsbeziehungen **15a** 224 ff; Mitverschulden **15a** 247; Prozessuales **15a** 253 ff; Quotenschaden der Altgläubiger **15a** 181 ff, 203 f, 253 ff; Rechtswidrigkeit **15a** 169; Schaden **15a** 180 ff; Schadensermittlung **15a** 180; Schadensnachweis **15a** 269; Schutz der Aus- und Absonderungsberechtigte **15a** 161; Schutz der Gläubiger **15a** 160; kein Schutz von Gesellschaft/Gesellschaftern **15a** 162; als Schutzgesetzverletzung **15a** 140 ff, 290 ff; Schutzzweck der Norm **15a** 201 f; sittenwidrige Schädigung **15a** 295 ff; sittenwidrige Sicherstellung **vor 49** 90; als Sonderdelikt **15a** 142; Spezialgesetze **15a** 153 f; Strafbarkeit **15a** 322 ff; als Tätigkeitsdelikt **15a** 147; Teilnehmerhaftung **15a** 142, 275 ff; Überschuldungsnachweis **15a** 267; als Unterlassungsdelikt **15a** 146 ff; Verjährung **15a** 249 ff; Verletzung der Antragspflicht **15a** 159; als Vermögensdelikt **15a** 144; Vermögensschaden **15a** 193 ff, 205; Verschulden **15a** 170 ff; Veruntreuung **15a** 293; Verzicht und Vergleich **15a** 272 f; zeitliche Zurechnung **15a** 218 ff; Zuständigkeit **15a** 262 ff

Insolvenzverursachungshaftung 15a 157

Insolvenzverwalter; Abhängigkeitsbesorgnis **56** 37; Abwahl **56** 89; Amtstheorie **56** 146; Anfechtung von Handlungen des vorläufigen Verwalters **22** 189 ff; Anzeigepflichten **56** 53 f; Aufsicht durch das Gericht **58** 6 ff; Auskunftspflicht **47** 460 ff; **vor 49** 129 ff; **55** 61; absolute Ausschließungsgründe **56** 79 f; Auswahl **6** 11; **27–29** 29; **56** 81 ff; Auswahlermessen des Insolvenzgerichts **56** 2; Beendigung des Verwalteramts **56** 164 ff; Befangenheitsbesorgnis **56** 35; Beginn des Verwalteramts **56** 139 ff; Begründung der Auswahl **27–29** 29; Begründung von Masseverbindlichkeiten **55** 21 ff; Belastbarkeit **56** 73 ff; berufliche Qualifikation **56** 56 ff; Berufsgrundsätze **56** 182; Berufsgruppen **56** 18, 57; Berufsrecht **Einl.** 100; keine Beschwerde gegen Ernennung **27–29** 38; Bestellungsurkunde **56** 161 f; Bestellungszeitpunkt **56** 135 f; bestmöglicher ~ **56** 23; Eintragungsantrag **32–33** 30 ff; Einzelfalleignung **56** 21 ff; Entlassung **58** 45; **59** Erhaltung der Masse **60** 15 ff; ermessensfehlerfreie Auswahl **6** 11; Erreichbarkeit **56** 65 ff; Ersetzung **56a** 57 ff; **56** 89; fachliche Voraussetzungen **56** 56 ff; Gehilfen **56** 149 ff; Geschäftskundigkeit **56** 17 ff; Haftung **35** 47k; **53** 84 ff; **60**; **61** 7 ff; Herausgabepflichten **47** 463 ff; **vor 49** 129 ff; **58** 57 ff; Inbesitznahme der Masse **60** 11 ff; insolvenzspezifische Pflichten **60** 10 ff; insolvenzzweckwidrige Handlungen **55** 25 ff; Interessenkollision **56** 9, 24, 26, 35; **57** 30; Irrtum **47** 457; Konkurrentenklage **56** 172; Konzern~ **56** 50; bei Konzerninsolvenzverfahren **56** 44; Legitimationsnachweis **56** 161 f; mehrere ~ **27–29** 32; **56** 158; Mitarbeiter **56** 150; natürliche Person **56** 15 f; nur natürliche Personen **56** 4 f; Nicht- oder Schlechterfüllung **59** 28 ff; Nichterfüllung von Masseverbindlichkeiten **61** 7 ff; organisatorische Voraussetzungen **56** 62 ff; Organtheorie **56** 145; Ortsnähe/Gerichtssprengel **56** 68 ff; Partei kraft Amtes **4** 22; **35** 23; **53** 53; persönliche Anforderungen **56** 55 ff; Pflichten **60** 10 ff; **47** 458 ff; **58** 31 ff; Pflichtverletzungen **55** 28 ff; Praxiserfahrung **56** 19 f; Prozesskostenhilfe **4** 21 ff; Prüfungspflicht **vor 49** 129 ff; Qualifikation **56** 12 ff; Rechnungslegungspflicht **55** 61; Rechtsmittel gegen Maßnahmen **56** 18; Rechtsstellung **56** 142 ff; registerrechtliche Aufgaben **31** 43; Sonder~ **56** 49, 153 ff; straf-

Magere Zahlen = Randnummer

rechtlich relevantes Verhalten **58** 42 f; Straftaten **59** 22 ff; Tätigkeitsbeschreibung **60** 17; Teilnahme an Gläubigerversammlung **74** 28; Unabhängigkeit **56** 25 ff; **57** 30; unerlaubte Handlungen **55** 34; Unfähigkeit **56** 80; als Verfahrensbeteiligter **vor 2** 14; verfahrensbezogene Pflichten **58** 32 ff; verfassungsrechtliche Rahmenbedingungen **Einl.** 100; Vergütung **54** 36 ff; **63**; Verhaltenskodex **56** 43, 55, 181a; Verletzung beruflicher Pflichten **56** 55; Vertreter **56** 149 ff; Vertretungstheorie **56** 144; Verwalter-Gesellschaften **56** 38 ff; Verweigerung einer Konformitätserklärung **56** 55; Verwertung/Verteilung der Masse **60** 30 ff; Vorauswahl **56** 91 ff; vorherige Beratung des Schuldners **56** 31 ff; Vorschlagsrecht **56** 34a, 127 ff; wirtschaftliche Absicherung **56** 124; Zulassung **56** 137 f; Zuverlässigkeit **56** 119 ff; zweckmäßiges Handeln **58** 39

Insolvenzverwaltung; Grundsätze ordnungsgemäßer ~ **56** 181; Kosten **54** 14 f

Insolvenzzweck; Entschuldung **Einl.** 5; gleichmäßige Gläubigerbefriedigung **Einl.** 1; Hierarchie **Einl.** 3 f; Liquidation und Unternehmenserhaltung **Einl.** 2; primärer Verfahrenszweck **Einl.** 1; sekundäre Verfahrenszwecke **Einl.** 2; wirtschaftspolitische Grundverfassung **Einl.** 3

Institutsgarantie Einl. 77 f, 79 f

InsVV; (s. Vergütung)

Interessenkollision 56 35 ff; **57** 30; **59** 34

Interimsausschuss InsVV 17 10

Internationale Zuständigkeit; Anwendungsbereich EuInsVO **3** 23; ausländischer Insolvenzgerichte **3** 24a; inländischer Insolvenzgerichte **3** 22 ff; bei Insolvenzverschleppungshaftung **15a** 264; konkurrierende ~ **3** 26; Mangel **34** 117; Rechtslage außerhalb der EuInsVO **3** 24 ff

Internationales Seeschifffahrtsregister 32–33 94

Internet; Begriff **9** 11; Ersetzung der Printmedien **9** 10; InsNetV **9** 14; **9 Anh**; öffentliche Bekanntmachung **9** 4b; regelmäßige Kontrolle der Veröffentlichungen **9** 23

Internet-Domains; als pfändbares Vermögenrecht **35** 382a

Intertemporäres Deliktsrecht 15a 5

Inventarpfandrecht 50 48, 103

Inverwahrnahme 21 90

Istmasse Einl. 10 ff

Italienische Stadtrechte Einl. 27

Jagdrechte 47 324

judicial self-restraint 22a 43

Juristische Personen; Abwickler als Antragsberechtigte **15** 8; Antragsberechtigte **15** 19 ff; Antragspflicht **15a** 48; Entstehung und Auflösung **11** 13; Entstehungsstadien **11** 14; Eröffnungsantrag **15** 7 ff; Errichtungsmängel **11** 15;

Insolvenzverwaltung

faktische Organmitglieder **15** 11; Führungslosigkeit **15** 12 ff; Insolvenzfähigkeit **11** 12 ff; Löschung **11** 13; Mitglieder des Vertretungsorgans **15** 7 ff; Verschmelzung, Umwandlung **11** 17; Vorgesellschaft **11** 14; Vorgründungsgesellschaft **11** 15

Juristische Personen des öffentlichen Rechts; Auflösung nur aufgrund Gesetzes **12** 13; Ausgleichsansprüche der Arbeitnehmer **12** 21 ff; bisherige Rechtslage **12** 3 ff; Bund und Länder **12** 3; Funktionsfähigkeit des Staates **12** 1; Gemeinden, Gemeindeverbände **12** 3, 15 f; als insolvenzfähig erklärte ~ **12** 12 f; Kirchen, kirchliche Organisationen **12** 4, 11; landesrechtliche Regelungen **12** 22 ff; Neuregelung durch InsO **12** 6 f; nichtrechtsfähige Sondervermögen **12** 18; Normzweck **12** 1 f; öffentlich-rechtliche Rundfunkanstalten **12** 5, 11; Schutz der Arbeitnehmer **12** 2; unter Landesaufsicht **12** 6, 14 ff; Unzulässigkeit des Insolvenzverfahrens **12** 10 f; verfassungsrechtliche Unzulässigkeit **12** 11; Vermögen des Bundes, der Länder **12** 10; Zulässigkeit des Insolvenzverfahrens **12** 8 f

Kalte Zwangsverwaltung InsVV 3 34; **49** 84; **vor 49** 100 ff

Kammern; Insolvenzfähigkeit **12** 17

Kapitalabfindungen 40 14

Kapitalanlagegesellschaft; gesetzliche Regelungen **35** 256 ff; Miteigentumslösung **35** 260; Schutz des Sondervermögens **35** 264 ff; Sondervermögen **35** 259 ff; Treuhandlösung **35** 263; Überblick **35** 256 ff; verdrängende Verfügungsmacht **35** 262

Kapitalentschädigung 35 427a

Kapitalgesellschaft & Co; Antragspflicht **15a** 49

Kapitalgesellschaft & Co.; Abwickler **15** 59 ff; erfasste Gesellschaften **15** 56 ff; Führungslosigkeit **15** 62; Grundgedanke **15** 55; Mitglieder des Vertretungsorgans **15** 59 ff

Karenzentschädigung 55 196

Kassenführung 27–29 75

Kassenprüfung 79 14

Kaufmännisches Zurückbehaltungsrecht; Forderungen aus Handelsgeschäft **51** 224 ff; Gegenstand **51** 228; Rang **51** 268; weisungswidrige Zurückbehaltung **51** 229; Wirkungen **51** 230 ff

Kaution 55 164

Kautionsrückgewähranspruch 38 68

Kautionsversicherungsvertrag vor 49 49a

Kirchen; Insolvenzunfähigkeit **12** 4

Kirchliche Organisationen; Insolvenzfähigkeit **12** 4

Kleinbeteiligungsprivileg 39 57; **44a** 12, 18; **vor 49** 98b

Kleininsolvenz; vereinfachtes Verfahren **Einl.** 23

2145

Knebelung

Fette Zahlen = §§

Knebelung 47 139; 51 173; **vor 49** 80 f
Know-how; Abwicklung 35 380 ff; Begriff 35 374 ff; Beschlagnahmefähigkeit 35 377; Lizenz 47 339; Rechtsnatur des Know-how-Vertrags 35 378 f
Kommanditgesellschaft; Abgrenzung 11 44; Antragsberechtigte 15 48 ff; Antragspflicht 15a 49; Anwendung von § 43 43 15 f; faktische Gesellschaft 11 47; fehlerhafte Gesellschaft 11 47; Gesellschaft ohne Rechtspersönlichkeit 11 2; Haftung der Gesellschafter 11 46; Insolvenz der Gesellschaft 35 202 ff; Insolvenz des Kommanditisten 35 201; Insolvenzfähigkeit 11 42 f; Insolvenzmasse 35 200 ff; persönliche Haftung der Gesellschafter 11 43; Voraussetzungen 11 45
Kommanditgesellschaft auf Aktien; Antragsberechtigte 15 20; Antragspflicht 15a 48; Auflösung 11 37; Haftung 11 38; Insolvenzfähigkeit 11 36
Kommanditistenhaftung 38 12 ff
Kommission für Insolvenzrecht Einl. 35 f
Kommissionär; Befriedigung 47 293; **vor 49** 16
Kommissionsgeschäft; Allgemeines 47 288 ff; Aussonderung 47 287 ff; Begriff 47 287; Insolvenz des Einkaufskommissionärs 47 298 f; Insolvenz des Kommittenten 47 292 ff; Insolvenz des Verkaufskommissionärs 47 294 ff; Insolvenzforderung 35 128 ff; Verkaufskommission 35 128 f
Kommissionsklauseln 51 96
Kommissionspfandrecht 50 108 f
Kommunale Eigenbetriebe 12 16
Konformitätserklärung 56 55
Konfusion 51 216a
Konkurrentenklage 56 172
Konkursordnung von 1877 Einl. 31 ff
Konsortialklausel 51 37
Konsortialkredit 47 390a
Konten zugunsten Dritter 47 404
Kontensperre 21 89; 50 45a
Kontokorrentabrede; Erlöschen 22 60
Kontokorrentforderungen; Bankkontokorrent 51 186 ff; Insolvenz des Zedenten 51 187; Insolvenzforderung 38 103; Massezugehörigkeit 35 394 ff; Periodenkontokorrent 51 184; Sicherungsabtretung 51 184 ff; Staffelkontokorrent 51 185
Kontokorrentklausel 51 37
Kontokorrentvorbehalt 47 88 ff
Kontrollpflicht 15a 178
Konzentrationsmaxime 2 4; **Einl.** 59
Konzerninsolvenz; Kodifikationsvorhaben **Einl.** 45c; rechtliche Selbstständigkeit der Unternehmen 11 35; 35 72; Unabhängigkeit des Insolvenzverwalters 56 44
Konzerninsolvenzverwalter 56 50
Konzernklausel 51 37
Konzernverrechnungsklausel 47 95

Konzernvorbehalt 1 35; 47 2, 95 f; **vor 49** 11
Körperschaftsteuerforderungen 38 82 f
Kosten des Verfahrens; (s. a. Gerichtskosten, Vergütung); bei Abweisung mangels Masse 26 33; anwendbare Vorschriften 4 27 ff; Beschwerde 6 83; Erledigung im Eröffnungsverfahren 13 134 ff; des Eröffnungsverfahrens 13 151 ff; Gerichtskosten 54 6 ff; Kostenhaftung 54 11 ff; Rücknahme des Eröffnungsantrags 13 125 f; Vergütung der Gläubigerausschussmitglieder 54 49 ff; Vergütung der Sachwalter/Treuhänder 54 48 f; Vergütung des Insolvenzverwalters 54 36 ff; Vergütung des vorläufigen Verwalters 54 42 ff; Zwangsmittel im Eröffnungsverfahren 20 69
Kostenbeschwerde 6 65
Kostendeckung; Prüfung durch vorläufigen Verwalter 22 145 ff
Kostenentscheidung; bei Abweisung mangels Masse 13 154; bei Antragsrücknahme 13 152; nach Erfüllung der Forderung 14 151 ff; bei Unzulässigkeit/Unbegründetheit 13 153
Kostenerstattungsansprüche 35 427b, 463b; 38 107
Kostengrundentscheidung; keine isolierte Anfechtung 4 30; sofortige Beschwerde 6 68
Kostenvorschuss; (s. Verfahrenskostenvorschuss, Vergütungsvorschuss)
Kraftfahrzeugsteuer 38 85; 55 67, 77 ff
Krankenkasse; Insolvenzfähigkeit 12 12a
Kredit- und Finanzdienstleistungsinstitute; Antragsberechtigte 15 36
Kreditanstalt für Wiederaufbau 12 13
Kreditauftrag 35 402
Kreditausfallschaden 15a 196
Kredithilfe vor 49 55
Kreditinstitute; Bekanntmachung des Eröffnungsbeschlusses 30 17; Reorganisationsverfahren **Einl.** 24c; Restrukturierung **Einl.** 24c; Sanierungs- und Reorganisationsverfahren **Einl.** 24d
Kreditlebensversicherung 47 322c
Kredittäuschung vor 49 89
Kreishandwerkerschaften; Insolvenzfähigkeit 12 12
Kündigungsrecht; des vorläufigen Verwalters 22 59 ff
Kündigungsschutzprozess 45 8a
Künftige Rechte; Entstehenszeitpunkt **vor 49** 21 ff; Verpfändung 50 41a, 53
Künftiger Erwerb; Arbeitseinkommen des Schuldners 1 29a; Sicherung 21 12

Ladung; besondere Zustellung 8 9; Zustellung 8 8
Lagergeschäft 47 46
Lagerhalterpfandrecht 50 111
Länder; Insolvenzunfähigkeit 12 3
Landesärztekammern; Insolvenzfähigkeit 12 17

Magere Zahlen = Randnummer

Landeszentralbanken

Landeszentralbanken; Insolvenzunfähigkeit **12** 13
Landverpächterpfandrecht 50 88
Landwirtschaftliche Rentenbank; Insolvenzfähigkeit **12** 12
Landwirtschaftliches Inventar; Massezugehörigkeit **36** 75 ff
Lästigkeitsprämie 49 75d; **vor 49** 99e
Lastschriftverkehr; Insolvenzforderung **38** 102; Lastschriftrückgabe **36** 45e; Widerruf **21** 58; **82** 23 ff
Leasing; (s. a. Finanzierungsleasing); Aussonderung des Leasingguts **47** 219; finanzierter ~ **55** 168; Finanzierungs-Leasing **47** 220 ff; Insolvenz des Leasinggebers **55** 140; Insolvenz des Leasingnehmers **55** 139; Kündigung durch vorläufigen Verwalter **22** 61; Massezugehörigkeit **35** 463a; Nutzungsentschädigung **55** 139; Operating-Leasing **47** 219; Sicherungsabtretung **51** 199; Wahlrecht des Insolvenzverwalters **55** 139 f
Lebenspartner, eingetragene 37 5
Lebensversicherung InsVV **11** 38; **51** 190 ff; **60** 58a
Legitimationspapiere 50 21
Leibrente 35 447 ff
Leistung einer Sicherheit 27–29 113
Leistungsklage 47 479
Lieferantenpool 47 48, 190
Lieferung von Waren und Energie 55 129
Liquidation; Entscheidung durch vorläufigen Insolvenzverwalter **22** 98; der Masse **60** 31; sekundärer Verfahrenszweck **Einl.** 2; Verschleppung **60** 29
Liquidationsverfahren; Alternative Insolvenzplanverfahren **Einl.** 6; Aufhebung des Verfahrens **Einl.** 16; Bereinigung der Istmasse **Einl.** 11; Feststellung der Passivmasse **Einl.** 14; gesellschaftsrechtliches ~ **11** 72; Insolvenzmasse **Einl.** 10; Struktur und Ablauf **Einl.** 10 ff; Vermehrung der Istmasse **Einl.** 12; Verteilung **Einl.** 15
Liquidator; Antragsberechtigung **15** 8; Haftung **15a** 155
Liquiditätsbilanz; als Planungsrechnung **17** 19; als Stichtagsrechnung **17** 19; Zahlungsunfähigkeit **17** 18
Liquiditätskennzahl 17 18 ff
Liquiditätsstatus 17 13
Liquiditätsvorschau 22 70
Litlohnansprüche 49 51
Lizenzen; ausschließliche ~ **35** 321 ff; Betriebslizenzen **35** 232; Bundesligalizenzen **35** 324a; einfache ~ **35** 310 ff; Übertragbarkeit **50** 25; Zwangslizenzen **35** 324
Lizenzverträge; Erfüllungswahlrecht **55** 143; Insolvenz des Lizenzgebers **55** 143; Insolvenz des Lizenznehmers **55** 143; Rechtsnatur **35** 312 ff

Lohn- und Gehaltsansprüche; als Insolvenzforderungen **55** 173 f; bei Masseunzulänglichkeit **55** 172; als Masseverbindlichkeiten **55** 171; Massezugehörigkeit **35** 47, 47n; Sonderleistungen **55** 180 ff
Lohnsteuerforderungen 38 94
Lombardkredit 50 5
Löschungsanspruch; des nachrangigen Grundschuldgläubigers **49** 75c
Löschungsbewilligung; Absprachen über Abgabe **49** 75d
Löschungsvermerke; Allgemeines **32–33** 76 f; Aufhebung des Insolvenzbeschlags **32–33** 79; Eintragung des Löschungsvermerks **32–33** 87 ff; Freigabe eines Massebestandteils **32–33** 78; Löschungsantrag des Verwalters **32–33** 83 ff; Löschungsantrag eines Betroffenen **32–33** 86; Löschungsersuchen des Insolvenzgerichts **32–33** 80 ff; wegen Vermögenslosigkeit **31** 46
Lotteriegewinne 35 48 ff
Luftfahrzeuge; abgesonderte Befriedigung **49** 84 ff; Aussonderungsfähigkeit **47** 17; Befriedigungsrangordnung **49** 82; Begriff **49** 9; Massezugehörigkeit **35** 176
Luftfahrzeug-Pfandrechtsregister 32–33 96 f

Mantelsicherungsübereignung 51 126
Mantelzession 51 175 ff
Manuskripte 35 153
Marginalverwalter 56 91c
Markenrechte; geschäftliche Bezeichnungen **35** 370 f; Marken **35** 365 ff; **50** 25; Verwertung von Markenware **35** 372 f
Markenregister; Mitteilungen an ~ **30** 16
Marktkonformität der Insolvenzabwicklung 1 43 ff
Maschinelle Herstellung; von Tabellen, Verzeichnissen **5** 90 ff
Masse; (s. Insolvenzmasse)
Massearmut; Feststellung als erledigendes Ereignis **26** 33; Gegenmaßnahmen **1** 21 ff; im im gerichtlichen Verfahren **53** 77 ff; Masselosigkeit **53** 78; Masseunzulänglichkeit **53** 79 f
Massebereicherungsanspruch; Bereicherung ohne rechtlichen Grund **55** 215 f; als Insolvenzforderung **55** 212; bei Masseunzulänglichkeit **55** 210; als Masseverbindlichkeiten **55** 209 ff; Regelungsinhalt **55** 209 f; Umfang **55** 217; unmittelbare Bereicherung **55** 211 ff; Vermögensmehrung nach Eröffnung **55** 209, 214; Vermögensmehrung vor Eröffnung **55** 212
Massedarlehen; Aufnahme durch vorläufigen Insolvenzverwalter **22** 72
Massegläubiger; Abgrenzung von Insolvenzgläubigern **53** 18; Ansprüche gegen Gesellschafter **53** 37 ff; Ansprüche gegen Schuldner **53** 30 ff; Aufrechnung **53** 52; Ausschluss **53**

2147

Massegutachten

64; außerhalb des Insolvenzverfahrens **53** 46, 50; Befriedigung **53** 50 f; Bereicherungsausgleich **53** 83; Geltendmachung der Masseverbindlichkeiten **53** 46 f; gerichtliche Geltendmachung **53** 53 ff; Gleichrangigkeit **53** 11; Haftung des Verwalters **61** 8 ff; im Insolvenzplanverfahren **53** 63; irrtümliche Geltendmachung **53** 48 f; Kennzeichnung **53** 5 ff; im massearmen Insolvenzverfahren **53** 65 ff; Nebenintervention **53** 17; Neumassegläubiger **53** 72; Pflichten des Verwalters **60** 39 ff; Rangordnung **53** 11, 67 ff; Rechtsstellung **53** 46 ff; Verteilungsgerechtigkeit **1** 73 ff; Vollstreckung **53** 58 ff; Vollstreckungsverbot **53** 81 ff; Vorwegbefriedigung **53** 12 ff
Massegutachten; Fehlerquellen **22** 158 ff; inhaltliche Prüfungstiefe **22** 159 ff
Massekosten; (s. a. Kosten des Verfahrens); nach § 58 Nr. 2 KO **54** 4; **55** 2; Reduzierung **53** 21; Umfang **53** 20
Massekostendeckung; Bewertung nach Verkehrswert **26** 21; Deckungsprognose **26** 23; als Eröffnungsvoraussetzung **53** 66; Feststellung **26** 14 ff; heranzuziehendes Vermögen **26** 20 ff; Vermögen als künftige Insolvenzmasse **26** 14a; durch Vorschussleistungen oder Stundung **26** 27 ff; zu deckende Kosten **26** 15 ff
Massekostenvorschuss; (s. Verfahrenskostenvorschuss)
Masselosigkeit 53 68 f, 78
Masseprozess; Gerichtsstand **35** 32 ff; Prozessführungsbefugnis **35** 24 ff
Masseschulden; (s. a. Masseverbindlichkeit); Bezeichnung **55** 12
Massesurrogation 35 55 ff
Masseunzulänglichkeit; Einstellung **53** 70 ff
Masseunzulänglichkeitsanzeige 27–29 112; **53** 91 f; **60** 45 f
Masseverbindlichkeiten; Abfindungen **55** 189; abschließende Regelung **55** 20; Absonderungsrechte **53** 15; aus Abwicklung bestehender Rechtsbeziehungen **55** 18; Abwicklungsgeschäfte **55** 18; aus Aktivprozessen **55** 46; Altmasseverbindlichkeiten **53** 76; aus anhängigen Rechtsstreitigkeiten **55** 43 f; anhängiger Rechtsstreit **53** 54; Ansprüche gegen Gesellschafter **53** 37 ff; Ansprüche gegen Schuldner **53** 30 ff; Äquivalenzprinzip **55** 13 f; Arten **53** 19 ff; **55** 10 ff; aufgezwungene ~ **53** 7 f, 59 f; aus Auflösung einer Gesellschaft **53** 29a; Ausgleichsansprüche für Aus-/Absonderungsberechtigte **53** 29c f; Auskunftsanspruch **55** 61; aus außergerichtlichem Vergleich **55** 53; aus Austauschverträgen **55** 119 ff; Befriedigung **53** 50; keine Begriffsbestimmung **55** 13; Begründung **53** 85 ff; **55** 225 ff; aus "Begründung" "in anderer Weise" **55** 66 ff; Begründung nach Verfahreneröffnung **55** 15 ff, 24; Begründungsprüfung **53** 50; Beseitigungsansprüche **55** 60; aus betrieblicher Altersversorgung **55** 204 f; Betriebsveräußerung **53** 29b; Dauerschuldverhältnisse **53** 8; aus Dauerschuldverhältnissen **55** 117, 146 ff, 229 ff; aus Dienst- und Arbeitsverhältnissen **55** 169 ff; echte ~ **53** 9 f; Einsatz von Hilfskräften **55** 36 ff; Einzelermächtigung zur Begründung **55** 226; Entstehungsgeschichte **55** 7 ff; aus Erfüllungswahl **55** 121; Erlöschen von Aufträgen **53** 29; aus Eröffnungsverfahren **53** 25 f; **55** 225 ff; Ersatzvornahmekosten **35** 95 ff; fehlerhafte Behandlung **53** 49; **55** 19; Feststellung von Masseansprüchen **53** 90; Feststellungsstreit **53** 53 29e; fortgesetzte Gütergemeinschaft **53** 28; aus Gefährdungshaftung **55** 62; Gefahrenbeseitigungsanspruch **55** 88 ff; aus gegenseitigen Verträgen **55** 23 ff; **55** 116 ff; Geltendmachung **53** 46 ff; Geltendmachung unabhängig vom Verfahrensstand **53** 46; gerichtliche Geltendmachung **53** 53; Geschäftsführung ohne Auftrag **55** 63 ff; geschuldete Leistung **53** 47; Gesellschafterhaftung **53** 37 ff; bei Gesellschafts- und Gesellschafterinsolvenz **55** 207 f; kraft gesetzlicher Anordnung **53** 22; gewillkürte ~ **53** 7 f; Haftung des Insolvenzverwalters **53** 84 ff; Haftung für Nichterfüllung **61** 7 ff; Haftung wegen Nichterfüllung **53** 84; Haftungsansprüche **55** 28 ff; aus Handlungen des Insolvenzverwalters **55** 21 ff; aus Handlungen des vorläufigen Verwalters **55** 228; Haus-/Wohngeldforderungen **55** 83 ff; insolvenzzweckwidrige Handlungen **55** 25 ff; irrtümliche Geltendmachung **53** 48; Kosten des Verfahrens **53** 20 f; Kostenerstattungsanspruch des Prozessgegners **55** 45; Kostenerstattungsansprüche **55** 88 ff; Lohnansprüche **55** 234; Massverwaltungskosten **55** 35; Minderung laufender und künftiger ~ **22** 58 ff; Nachlassinsolvenzverfahren **53** 28; aus neu begründeten Rechtsgeschäften **55** 18; Neugeschäfte **55** 24; Neumasseschuld **53** 72 ff; Neustrukturierung **55** 2; Normzweck **55** 1 ff; öffentliche Lasten **55** 81 f; oktroyierte Masseschulden **55** 4; aus Passivprozessen **55** 49 ff; aus Pflichtverletzungen **55** 28 ff; Privilegierung **53** 1; aus Prozesshandlungen des Verwalters **55** 41 ff; aus Prozessvergleich **55** 52; Rangordnung **53** 11; Rechnungslegungsanspruch **55** 61; Rechtsgeschäfte des Insolvenzverwalters **55** 21 ff; Schadensersatzansprüche **55** 30 ff; aus Schuldenmassestreit **55** 51; Schuldner **53** 30; im Schutzschirmverfahren **53** 25b f; **55** 6; aus Schutzschirmverfahren **55** 227; Sekundäransprüche aus Vertragsverhältnissen **55** 30; sofortiges Anerkenntnis **53** 55; sonstige ~ **53** 22 ff; **55** 1 ff; Sozialplanansprüche **53** 27; der Sozialversicherungsträger **55** 202 f; Steuerforderungen **53** 57; **55** 68 ff, 239 f; übergegangene Arbeitsentgeltansprüche **55** 234 ff; unechte ~ **53** 9 f; aus unerlaubten Handlungen **55** 34; aus ungerechtfertigter

Magere Zahlen = Randnummer

Bereicherung **53** 24; **55** 209 ff; Unterhaltsansprüche **53** 26; Unterlassungsansprüche **55** 57 ff; Verbindlichkeiten aus Neuerwerb **55** 110 ff; Vergütungsanspruch des Verwalters **63** 28 ff; Versicherungsprämien **55** 35; Verteilungsfehler **53** 89; Verwaltungsausgaben **53** 22a; Vollstreckung **53** 58; Vorwegbefriedigung **53** 1, 12 ff
Masseverwaltungskosten 55 35
Massezugehörigkeitsstreit 35 30
Materielle Rechtskraft 4 80 ff
Mehrere Insolvenzverwalter 56 158
Mehrfache Eröffnung 34 122 f
Menschenwürde Einl. 93
Miet- und Pachtforderungen; über bewegliche Gegenstände **51** 198; Grundpfandhaftung **49** 26 ff; Massezugehörigkeit **35** 460 ff; **38** 68; Sicherungsabtretung **51** 195 ff; über unbewegliche Gegenstände/Räume **51** 195 ff; **55** 148 ff
Mietkauf 47 220
Mietverhältnisse; Anspruch auf Schönheitsreparaturen **55** 157 ff; Ansprüche aus Mietbeendigung **55** 152; Bestandsschutz **55** 163; Betreiberpflicht **55** 161; über bewegliche Gegenstände **55** 132; Erfüllungswahl **55** 132, 148; Freigabe **55** 166; Gewährleistungsansprüche **55** 163; Insolvenz des Mieters **55** 132; Kaution **55** 164; Kündigung durch vorläufigen Verwalter **22** 61; Mietvorauszahlung **55** 164; Nutzungsentschädigung **55** 155; Rückgabeanspruch **55** 153 ff; rückständige Ansprüche **55** 150; rückständige Verbindlichkeiten **55** 132; Rücktritt **55** 151; Schuldner als Mieter **55** 149; Schuldner als Vermieter **55** 163 ff; Sonderkündigungsrecht **55** 149; über unbewegliche Sachen und Räume **55** 148 ff; Unter-/Zwischenvermietung **55** 167; bei Veräußerung des Grundstücks **55** 165; Wohnraummietverhältnis **55** 162
Minderheitenschutz 1 65, 67
Mindestvergütung InsVV 2 12 ff
Mitbesitz 47 327a
Miteigentum; Absonderung **50** 12; Aussonderungsfähigkeit **47** 18, 45 ff; Sicherungsübereignung **51** 127
Miteigentumslösung 35 260
Miterbenvorkaufsrecht 55 443
Mitgliedschaftsrechte 38 54 ff; **47** 30; **50** 14
Mitteilungen; (s. a. Registermitteilungen); Anordnung über Mitteilungen in Zivilsachen **30** 14; formlose ~ **8** 39 ff; an Gerichte und Behörden **30** 14; an Registerbehörden **31**
Mittelbare Stellvertretung 47 286
Mittelpunkt geschäftlicher Tätigkeit 3 10 ff
Mitverschulden 61 45
Mitwirkungspflicht des Schuldners; Abgrenzungen **20** 54 ff; aktive und passive ~ **22** 172; Allgemeines **1** 130 ff; der Angehörigen des Schuldners **20** 18; der Angestellte des

Masseverwaltungskosten

Schuldners **20** 20; Anordnungen des Gerichts **20** 84 ff; Aufsicht über Sachverständigen **20** 88; Auskunftspflicht **20** 24 ff; Berechtigte **20** 12 ff; Bereitschaftspflicht **20** 46; Durchsetzung **20** 64 ff; bei Eigenverwaltung **20** 0 6; Entgelt **20** 74 ff; Entstehungsgeschichte **20** 9; der Erben **20** 21; im eröffneten Verfahren **20** 5; im Eröffnungsverfahren **20** 3; **22** 171 ff; des faktischen Geschäftsführers **20** 17; bei Gesamtgutinsolvenz **20** 22; der gesetzlichen Vertreter natürlicher Personen **20** 19; Gläubigerschutz **20** 4; Grenzen **20** 47 ff; Haftentscheidungen **20** 84; bei Nachlassinsolvenz **20** 21; der Organe des Schuldners **20** 15 ff; organisatorische Zumutbarkeit **20** 51 ff; Pflichtverletzungen **20** 64 ff, 70 ff; Rechtsmittel **20** 84 ff; im Restschuldbefreiungsverfahren **20** 7; sachliche/persönliche Zumutbarkeit **20** 48 ff; Sanktionen **20** 67 ff, 70 ff; Schuldenbereinigungsverfahren **20** 60 ff; des Schuldnerschutz **20** 15 ff; strafrechtliche Verantwortlichkeit **20** 71; Tatbestandsvoraussetzungen **20** 11; Unmöglichkeit **20** 53; Unterstützung bei Amtsermittlungen **20** 37 ff; Unterstützung bei Sicherungsmaßnahmen **20** 45; Unterstützungspflicht **20** 35 ff; Verhältnismäßigkeitsgrundsatz **20** 64 ff; Verpflichtete **20** 15 ff; wirkungsvolle Verfahrensdurchführung **20** 2; zivilrechtliche Haftung **20** 70; Zwangsmittel **20** 67 ff, 89
Modifizierte Freigabe 35 88 f
Mündliche Verhandlung; Allgemeines **5** 65; Anordnung **5** 69 f; Entscheidungen des Insolvenzgerichts **5** 66 ff; freigestellte ~ **4** 13; vorgeschriebene Termine **5** 71
Mündlichkeitsprinzip Einl. 53 ff, 87

Nacherben 60 68
Nacherbenvermerk 32–33 22
Nachforderungsprinzip Einl. 70 f
Nachforschungspflicht; der Gesellschafter **15a** 89 ff
Nachgeschalteter Eigentumsvorbehalt; Begriff **47** 101; Insolvenz des Erstkäufers **47** 102; Insolvenz des Verkäufers **47** 104; Insolvenz des Zweitkäufers **47** 103; Insolvenz von Erst- und Zweitkäufer **47** 103a; Kombination mit verlängertem Eigentumsvorbehalt **47** 101
Nachgesellschaft; Antragsberechtigte **15** 35
Nachhaftung; des Schuldners **53** 33; unbefriedigt gebliebene Masseverbindlichkeiten **53** 32
Nachlass; Insolvenzfähigkeit **11** 64 f
Nachlassinsolvenz; Anhörung des Schuldners **14** 127; Auskunfts- und Mitwirkungspflicht **20** 21; Firma **35** 505; Geldbußen **39** 24; Masseverbindlichkeit **53** 28; örtliche Zuständigkeit **3** 18; Sonderinsolvenz **11** 64 f; **Einl.** 24 f
Nachrangige Insolvenzforderungen; absoluter Nachrang **39** 1; Antragsberechtigung **13** 38; Befriedigungsrangfolge **39** 9, 12; Beschränkung der Rechte nachrangiger Gläubi-

2149

Nachschubklausel   Fette Zahlen = §§

ger **39** 7 f; Einleitung **39** 1 ff; Forderungen auf unentgeltliche Leistungen **39** 25 ff; Funktion der Vorschrift **39** 1 ff; Geldbußen/-strafen **39** 22 ff; Konzeptionswechsel **39** 2 ff; Neuerwerbseinbeziehung **39** 6; Ordnungs- und Zwangsgelder **39** 22 ff; Rangfolgen im Verteilungsverfahren **39** 4; Rechtsverfolgungskosten **39** 20 f; Rückgewähr von Gesellschafterdarlehen **39** 36 ff; Säumniszuschläge **39** 17 ff; vereinbarter Nachrang **39** 62 f; Verfahrensrechtliches **39** 67 f; Zinsen und Kosten **39** 11, 64 ff
Nachschubklausel 51 30, 59, 94, 99
Nachteilsausgleich 55 191
Nachtragsliquidator 15 8, 35
Nachtragsverteilung; Anordnung **InsVV 6** 2; Massezufluss **InsVV 6** 3 ff; Registervermerk **32–33** 11; Vergütungsanspruch des Verwalters **InsVV 6** 2 ff; **63** 42; Vergütungsfestsetzung **InsVV 6** 12; Vorhersehbarkeit **InsVV 6** 7 ff
Nahrungsmittel 36 13
Namenspapiere 50 21, 39
Natürliche Personen; Insolvenzfähigkeit **11** 11
ne ultra petita 6 72
Nebenintervention 4 14; **53** 17
Negativerklärung 47 353; **51** 149; **55** 113 ff
nemo subrogat contra se 44 2
Netto-Cashflow; Definition **19** 94 ff
Neuerwerb; Abgrenzung **35** 55 ff; Abschluss des Insolvenzverfahrens **35** 66 ff; Ansprüche aus unerlaubter Handlung **35** 51; Einbeziehung in Insolvenzmasse **35** 2, 43 ff; Einkünfte aus selbständiger Tätigkeit **35** 47a ff; Entscheidungsbefugnis **35** 53 f; Erbschaften **35** 48 ff; Freigabe **55** 110; Grundbuchvermerk **32–33** 73; bei Gütergemeinschaft **35** 52; Lohn- und Gehaltsansprüche **1** 29a; **35** 47; Lotteriegewinne **35** 48 ff; Masseanreicherung **1** 29 f; Negativerklärung **55** 113 ff; Neugläubiger **35** 59 ff; Pensions- und Rentenansprüche **35** 47; Positiverklärung **55** 110 f; Rechtserwerb auf Grund Vertrags **35** 45 f; Schenkungen **35** 48 ff; teleologische Reduktion **35** 44; Überblick **35** 43; während des Insolvenzverfahrens **35** 45 ff; Zusammenhang mit Restschuldbefreiung **35** 44
Neugläubiger; deliktische Ansprüche **35** 62; Problemstellung **35** 60; Unterhalt **35** 61; vertragliche Ansprüche **35** 63 ff
Neumassegläubiger 53 72 ff, 79a
Neumasseschuld 53 72 ff
Nicht fällige Forderungen; Abzinsungsgrundsatz **41** 17 17; Abzug des Zwischenzinses **41** 17 ff; Anwendung bei Absonderungsrechten **41** 13 ff; keine Anwendung bei Aussonderungsrechten **41** 12; Anwendungsbereich **41** 4 ff; aus Arbeitszeitkontenvereinbarung **41** 7; Art der Forderung **41** 6 ff; Aufrechnung **41** 40; Ausnahmen von Fortwirkung **41** 31; befristete Forderungen **41** 9 ff; Berechnung der Forderung **41** 21 ff; Entstehungsgeschichte **41** 3; fortdauernde Wirkung **41** 26 ff; Fortwirkung vorzeitiger Fälligkeit **41** 26 ff; Hoffmann'sche Formel **41** 21; bei Insolvenz des Bürgen **41** 38; bei Insolvenz des Garanten **41** 39; Insolvenzforderungen **41** 4 f; nicht Masseansprüche, -forderungen **41** 5; nicht fällige Forderungen **41** 6 f; Normzweck **41** 1 f; aus Stundung/Ratenzahlung **41** 7; bei ungewissem Fälligkeitszeitpunkt **41** 8; Versorgungsanwartschaften **41** 7; Vorverlegung der Fälligkeit **41** 1; aus vorzeitiger Pachtvertragskündigung **41** 7; Wirkung gegenüber Dritten **41** 32 ff; Wirkung zugunsten des Gläubigers **41** 27; Wirkung zulasten des Gläubigers **41** 28 ff
Nicht-akzessorische Sicherheiten vor 49 37 ff
Nichteheliche Lebensgemeinschaften 37 10
Nichterfüllung von Masseverbindlichkeiten; Bereicherungsansprüche **61** 13; Entlastung des Verwalters **61** 24; Haftung des vorläufigen Verwalters **61** 34 ff; Haftung für Nichterfüllung **61** 7 ff; Haftungsvoraussetzungen **61** 7 ff; Kausalität **61** 46 ff; bei nicht insolvenzspezifischen Pflichten **61** 39 ff; Prozessuales **61** 52 ff; Schaden **61** 46 ff; Verjährung von Ansprüchen **62** 1 ff; Verschulden **61** 43 ff; Vertrauensschaden **61** 30, 46
Nichterfüllungsschaden 47 72
Nichterfüllungswahl des Verwalters; bei Insolvenz des Leasinggebers **47** 247; bei Insolvenz des Leasingnehmers **47** 230; bei Insolvenz des Vorbehaltskäufers **47** 113; bei Vorbehaltseigentum **47** 72 ff
Nichtigkeit; des Eröffnungsbeschlusses **34** 113 ff; Kreditvertrag **51** 40
Nichtigkeitsbeschwerde 34 13
Nichtrechtsfähiger Verein; Antragsberechtigte **15** 29; Insolvenz **35** 227; Insolvenzfähigkeit **11** 20 f
Nichtzulassungsbeschwerde 6 94; **34** 22
Niederschlagung der Forderung 14 98
Nießbrauch 32–33 22; **35** 449 ff
non liquet 14 83
Notanwalt 4 46; **6** 107
Notgeschäftsführung 15 8; **55** 65
Notvorstand 15 8
Nutzlosigkeit des Eröffnungsantrags 14 21 ff
Nutzungsausfallentschädigung 55 223
Nutzungspfand 50 7
Nutzungsrechte 22 104 ff

Obligatorische Herausgabeansprüche 47 341 ff
Obstruktion eines Beteiligten 13 89; **16** 36
Obstruktionsverbot 1 66
Oder-Konto 35 398b; **47** 406
Offene Handelsgesellschaft; Abgrenzung **11** 44; Antragsberechtigte **15** 48 ff; Antragspflicht **15a** 49, 96; Anwendung von § 43 **43** 15 f;

Magere Zahlen = Randnummer

Offenkundige Tatsachen

Doppelinsolvenz **35** 197 ff; Eröffnungsantrag **15** 48 ff; faktische Gesellschaft **11** 47; fehlerhafte Gesellschaft **11** 47; Gesellschaft ohne Rechtspersönlichkeit **11** 2; Haftung der Gesellschafter **11** 46; Insolvenz der Gesellschaft **35** 196; Insolvenz des Gesellschafters **35** 192 ff; Insolvenzfähigkeit **11** 42 f; Insolvenzmasse **35** 192 ff; persönliche Haftung der Gesellschafter **11** 43; Voraussetzungen **11** 45
Offenkundige Tatsachen 4 56; **5** 18
Öffentlich verfangene Sachen; Absonderungsrechte **51** 261 ff
Öffentliche Bekanntmachung; (s. Bekanntmachung)
Öffentliche Grundstückslasten 49 53 ff; **51** 262
Öffentliche Lasten 55 81 f
Öffentliche Zustellung 8 27 f
Öffentlichkeitsgrundsatz 4 7 ff; **5** 72; **Einl.** 56 ff, 87
Öffentlich-rechtliche Gläubiger; Amtshaftung **14** 16; Antragsberechtigung **14** 90 ff; Einwendungen des Schuldners **14** 105 ff; Eröffnungsantrag als öffentlich-rechtliche Handlung **14** 91 ff; Festsetzung der Forderung **14** 94; Glaubhaftmachung der Forderung **14** 101 ff; Glaubhaftmachung des Eröffnungsgrunds **14** 104; Rechtsgrundlagen **14** 92 f; Rechtsschutz gegen Eröffnungsantrag **14** 116 ff; Sozialversicherungsträger **14** 111 ff; Steuergeheimnis **14** 109 f; Steuergläubiger **14** 108 ff; Substantiierung der Forderung **14** 100; Vollstreckbarkeit der Forderung **14** 91; Vollstreckung gegen nicht rechtsfähige Personenvereinigungen **14** 99; Vollstreckungsanweisung der Finanzverwaltung **14** 108; Vollstreckungsvoraussetzungen **14** 95 ff
Öffentlich-rechtliche Kreditinstitute; Insolvenzfähigkeit **12** 17
Öffentlich-rechtliche Rundfunk; Insolvenzunfähigkeit **12** 5, 11
Öffentlich-rechtlicher Verwaltungskommissar 13 21 ff; **15** 8
Oktroyierte Masseschulden 55 4, 147
Oktroyierte Nutzung 55 231
Optionsscheine 50 21
Orderpapiere 47 18; **50** 39; **51** 119c
Ordnungsfunktion 26 27
Ordnungsgelder 39 22 ff
Ordnungsmittel 6 68 f; Rechtsbehelfe gegen Festsetzung **6** 68 f
Organtheorie 35 23; **56** 145
Originärer Pflichtausschuss; Allgemeines **21** 47a; Antragsgrundsatz **22a** 94 ff; Anzahl der Arbeitnehmer **22a** 86 f; Beibringungsgrundsatz **22a** 76 ff; Bilanzsumme **22a** 80 ff; Mitgliederbenennungsrecht **22a** 94 ff; notwendige Schuldnerangaben **22a** 88 f; Schwellenwerte **22a** 72 ff; Umsatzerlöse **22a** 84 f; verpflichtende Einsetzung **22a** 72 ff

Örtliche Zuständigkeit; allgemeiner Gerichtsstand **3** 16 ff; Anknüpfungstatsachen **3** 7 ff; ausschließliche Zuständigkeit **3** 27 ff; ausländische Insolvenzverfahren **3** 2; Bestimmung des zuständigen Gericht **3** 33 ff; **4** 39; von Gesellschaftern **3** 15; juristische Personen/Gesellschaften **3** 13; Kompetenzkonflikte **3** 34 f; bei Masseprozessen **35** 32 ff; bei mehrere selbständige wirtschaftliche Tätigkeiten **3** 12; bei mehreren Niederlassungen **3** 11; mehrfache Zuständigkeiten **3** 20 f; Mitschuldner mit verschiedenen Gerichtsständen **3** 36 f; Nachlassinsolvenzverfahren **3** 2, 18; Normzweck **3** 2; Partikularverfahren **3** 2; Prüfung von Amts wegen **3** 37; bei selbständiger wirtschaftlicher Tätigkeit **3** 7 ff; Tätigkeitsmittelpunkt **3** 10 ff; Unzuständigkeit des angerufenen Gerichts **3** 27 ff; verbundene Unternehmen **3** 14; Zuständigkeitserschleichung **3** 8, 38 ff
Örtliche Zuständigkeit; mehrfache Eröffnung **34** 122 f

Pachtverhältnisse; (s. a. Miet- und Pachtforderungen); über bewegliche Gegenstände **55** 132; Erfüllungswahlrecht **55** 146; Kündigung durch vorläufigen Verwalter **22** 61; rückständige Ansprüche **55** 150; Rücktritt **55** 151; Schuldner als Pächter **55** 149; Sonderkündigungsrecht **55** 149; über unbewegliche Sachen und Räume **55** 148 ff
par conditio creditorum 1 52; **Einl.** 1, 62 f
Parteidisposition Einl. 47 ff, 81 ff
Parteifähigkeit; Abgrenzung **11** 10; anwendbare ZPO-Vorschriften **4** 45 f
Partenreederei; Anhörung des Schuldners **14** 126; Antragsberechtigte **15** 52; gemeinschaftlich zustehendes Schiff **11** 62; Gesellschaft ohne Rechtspersönlichkeit **11** 2; Insolvenzfähigkeit **11** 63; Rechtsnatur **11** 62; Teilschuldner **11** 63
Partikularinsolvenz; kein Antragsrecht des Schuldners **13** 24; Übermittlungspflichten **31** 6, 30
Partnerschaftsgesellschaft; Angehörige freier Berufe **11** 57; Antragsberechtigte **15** 51; Auflösung **11** 59; Gesellschaft ohne Rechtspersönlichkeit **11** 2; Haftung **11** 58; Insolvenzfähigkeit **11** 57
Partnerschaftsregister; eingetragene Rechtsträger **31** 5; Eintragungspflichten **31** 10; mitteilende Entscheidungen **31** 10 ff; registergerichtliches Verfahren **31** 32 ff
Passivmasse; Begriff **35** 21; Feststellung **Einl.** 14; Parteidisposition **Einl.** 49
Passivprozesse; Ablehnung der Prozessaufnahme **55** 49; Aufnahme **24** 27; **55** 49; Begriff **35** 26; Freigabe des Prozessgegenstandes **55** 49; Schuldenmassestreit **55** 51; sofortiges Anerkenntnis **55** 50, 51

2151

Patente Fette Zahlen = §§

Patente; Geheimpatente **35** 306; Lizenz **47** 339; Recht auf das Patent **35** 301 ff; **50** 25; Recht aus dem Patent **35** 300; Überblick **35** 296 ff; Verletzungsansprüche **38** 38; Vorbenutzungsrechte **35** 307 ff
Patronatserklärung 35 402 ff; **43** 8
Pauschalanordnungen 21 22
Pensionsansprüche 35 47
Pensions-Sicherungs-Verein; Antragsberechtigung **13** 47; Beschwerdebefugnis **34** 46, 62
Personalsicherheitsansprüche 35 402
Personengesellschaft; Abwickler **15** 47; Antragsberechtigte **15** 48 ff; erfasste Gesellschaften **15** 38 f; Eröffnungsantrag **15** 37 ff; Gesellschafterhaftung **53** 37 ff; persönlich haftende Gesellschafter **15** 41 ff
Personengesellschaften; Pfändbarkeit von Geschäftsanteilen **50** 23
Personenhandelsgesellschaften; Firma **35** 501 ff
Persönliche Sachen 36 8
Persönlichkeitsrechte 47 339
Pfandbriefe 27–29 104
Pfandbriefgläubiger; Einberufung einer Versammlung **27–29** 104; Sonderregelungen **27–29** 104
Pfandklage 49 84
Pfandrechte; (s. a. Gesetzliches Pfandrecht, Pfändungspfandrecht, Vertragspfandrecht); Aussonderung **47** 329; gesetzliches Pfandrecht **50** 84 ff; Nachpfandrecht **50** 6; Pfändungspfandrecht **50** 66 ff; Sicherungskraft **50** 3; Vertragspfandrecht **50** 4 ff
Pfändungspfandrecht; Akzessorietät **50** 66b; Allgemeines **50** 66 ff; Arrestpfändung **50** 66a; Entstehen **50** 76 ff; Erlöschen **50** 82 ff; an Forderungen und Rechte **50** 68 ff; Gegenstand **50** 67 ff; kein gutgläubiger Erwerb **50** 78; an körperlichen Sachen **50** 67; Pfändungsbeschränkungen **50** 71 ff; Rangordnung **50** 81; Rückschlagsperre **50** 2, 66, 77, 83; Umfang der Pfandhaftung **50** 79 f; Vorpfändung **50** 66a; wirksame Pfändung **50** 76
Pfändungsschutz; (s. a. Unpfändbarkeit); P-Konto **35** 398a; **36** 45b ff; Verzicht **36** 58 f
Pfandverstrickung 47 6
Pfandverwirkungsabrede vor 49 102 ff
Pfleger; Bestellung **27–29** 105 f
Pflichten des Verwalters; Anfechtung von Rechtshandlungen **60** 12; gegenüber Aus- und Absonderungsberechtigten **60** 54 ff; Erhaltung der Masse **60** 15 ff; gegenüber Gericht **58** 33 ff; Inbesitznahme der Masse **60** 11 ff; gegenüber Insolvenzgläubigern **60** 48 ff; insolvenzspezifische ~ **58** 30 ff; **60** 10 ff; gegenüber Massegläubigern **60** 39 ff; nicht insolvenzspezifische Pflichten **60** 72 ff; gegenüber Schuldner **58** 31; **60** 65 ff; verfahrensbezogene ~ **58** 32; Verwertung/Verteilung der Masse **60** 30 ff
Pflichtteilsanspruch 35 430; **50** 75

Politische Parteien; Insolvenzfähigkeit **12** 11
Poolvereinbarungen; (s. Sicherheitenpool)
Positiverklärung 35 47i; **55** 111 f
Post; Begriff **8** 16a; Zustellung durch ~ **8** 23 ff; Zustellung durch Aufgabe zur ~ **8** 16 ff
Postsperre; Anordnung bei Eröffnung **27–29** 111; vorläufige ~ **21** 88; Zustellungen bei ~ **8** 10a
Präklusionswirkung 53 64
Praxis des Freiberuflers; Insolvenzbeschlag **35** 507 ff; Veräußerung **35** 507
Praxisunterlagen 35 155 ff
Presseberichterstatter 4 8
Preußische Konkursordnung Einl. 30
Prioritätsprinzip; der Absonderungsrechte **vor 49** 73 ff; Durchbrechung **vor 49** 76 ff; Verteilung der Erlöses **1** 51
Produkthaftung 55 62
Prokura; Registerlöschung bei Eröffnung **31** 34
Prokuristen; kein Antragsrecht **15** 70
Protokoll; anwendbare ZPO-Vorschriften **4** 48; Erklärungen zu ~ **4** 25, 87
Provisionsanspruch 38 97; **55** 16, 144
Prozessfähigkeit; anwendbare ZPO-Vorschriften **4** 45 f
Prozessführungsbefugnis; Aktivprozess **35** 25; Amtstheorie **35** 23; Anhängigmachung von Neuverfahren **24** 28 ff; Aufnahme unterbrochener Aktivprozesse **24** 22 ff; Aufnahme von Passivprozessen **24** 27 ff; bei insolvenzfreiem Vermögen **35** 28; des Insolvenzverwalters **35** 23 ff; **55** 42; Passivprozess **35** 26; Schuldenmassestreit **35** 27; des Schuldners **24** 21; **35** 28; des Verwalters **60** 14; des vorläufigen Verwalters **22** 184; **24** 2, 17 ff
Prozessgericht; Zuständigkeit **2** 7 ff
Prozesshandlungen des Verwalters; Entstehung von Masseverbindlichkeiten **55** 41 ff
Prozesskostenhilfe; Anhörung des Schuldners **14** 144; Anmeldung einer Insolvenzforderung **4** 24; Anspruch des vorläufigen Verwalters **6** 26; **24** 29 ff; Antrag des Insolvenzverwalters **4** 21 ff; **6** 26; Antrag des Schuldners **4** 17 ff; Antrag eines Insolvenzgläubigers **4** 23 ff; Anwaltsbeiordnung **4** 22b, 24a; Ausschluss **4** 17a, 19, 21; Herbeiführung insolvenzgerichtlicher Entscheidung **4** 24; im Masseprozess **4** 22; für Rechtsmittel nach Stundungsablehnung **4d** 13; Wiedereinsetzung nach Bewilligung **4** 24b
Prozesskostenvorschuss; Anspruch gegen Ehegatten **4** 19
Prozessleitung; anwendbare ZPO-Vorschriften **4** 47
Prozessstandschaft; gewillkürte **55** 42
Prozessuale Überholung 6 36, 102
Prozessvergleich; Begründung von Masseverbindlichkeiten **55** 52
Prüfungspflicht des Verwalters 47 446 ff

Magere Zahlen = Randnummer

Prüfungstermin

Prüfungstermin; Angabe im Eröffnungsbeschluss 27–29 77 f; Fristen 27–29 83; Kosten 54 21; Tagesordnungspunkte 27–29 94; Terminsverbindung 27–29; bei Verbraucherinsolvenz 27–29 99
Pseudoverwalter 56 160
Publizitätspflichten 55 67

Qualifikation; des Verwalters 56 12 ff; Vorwegbeurteilung 56 10
Quotenanrechnung 45 53
Quotenschaden 60 118
Quotenschaden der Altgläubiger; Begriff Altgläubiger 15a 181 ff; Berechnung 15a 183 ff; Einschränkung der Haftung 15a 203 f; Geltendmachung durch Insolvenzverwalter 15a 253

Rang; nachrangige/„angehängte" Sicherheiten 51 31a
Rangordnung; Abgabenabsonderungsrecht 51 266; Absonderung wegen nützlicher Verwendungen 51 267; absonderungsberechtigte Gläubiger 49 45; **vor** 49 73 ff; bei Bahneinheiten 49 83; gesetzliche Pfandrechte 50 119 ff; bei Grundstücken 49 46 ff; kaufmännisches Zurückbehaltungsrecht 51 268; Masseverbindlichkeiten 53 11; bei Mehrfachabtretung 51 210 ff; bei Mehrfachübereignung 51 128 ff; nachrangige Gläubiger 39 9 f; der Pfandgläubiger 50 53 ff, 81, 119 ff; Pfändungspfandrecht 50 81; Prioritätsgrundsatz 50 53, 81; Prioritätsprinzip 51 210; bei Schiffen, Schiffsbauwerken, Luftfahrzeuge 49 82; versicherungsrechtliches Absonderungsrecht 51 269; Vertragspfandrechten 50 53 ff; der zu befriedigenden Forderungen 39 9
Raumsicherungsübereignung 51 94; **vor** 49 74
Raumsicherungsvereinbarung 51 62
Räumungsanspruch 47 465
Rechnungslegung; Anspruch 38 46; Rechnungslegungslast 45 16a
Rechnungslegung, externe; gegenüber Schuldner 60 64; als mittelbare Pflicht des vorläufigen Verwalters 22 202; Pflicht des Verwalters 60 21, 64, 81
Rechnungslegung, interne; Adressat 22 206; 54 43; 60 22; Anwendungsbereich 60 1; Art und Umfang 22 205 ff; bei Aufhebung/Einstellung des Verfahrens 60 7 ff; Beanstandungen 60 37; Begriffsbestimmungen 60 2 ff; Darstellung des Rechnungswesens 60 19 ff; dienende Unterlagen 36 65; bei Entlassung/Abwahl des Verwalters 60 11; Form und Inhalt 60 14 f; Grundsätze 60 13 ff; als höchstpersönliche Pflicht 60 13; als Nebenpflicht gem. § 242 BGB 55 61; Normzweck 60 5 f; Pflichtenerfüllung durch Verwalter 56 32 f; 60 21; Pflichterfüllung durch vorläufigen Verwalter 22 201 ff; 54 43; 60 10; Prüftechnik 60 27 f; Prüfung durch Gericht 60 23 ff; Prüfung durch Gläubigerausschuss 60 39 f; Prüfungsgrundsätze 60 26; Prüfungspflicht 58 26 f; 60 23; Sachverständige 60 29 ff; Tätigkeitsbeschreibung 60 17; Veranlassungstatbestände 60 7 ff; Verfahrensdaten 60 16; Verletzung der Prüfungspflicht 60 38; Zwangsmaßnahmen 60 25
Rechte; absolute ~ 50 14; Aussonderungsfähigkeit 47 30; als Pfandgegenstand 50 14 ff; Pfändungspfandrecht 50 68 ff; relative ~ 50 14
Rechtliches Gehör; (s. a. Anhörung, Gehörsrüge); Allgemeines **Einl.** 60 f, 84; Art und Weise 5 81; bei Aufsichtsmaßnahmen 5 86; Einschränkung 5 84; 21 31 ff; zum Ergebnis der Ermittlungen 16 25 ff; im Eröffnungsverfahren 14 120 ff; 21 31 ff; Gewährungspflicht 5 79; Rechtsmittel bei Verletzung 5 88; zur Sachverhaltsaufklärung 5 78; bei Sicherungsmaßnahmen 5 84; 21 31 ff; als Verfassungsgrundsatz 5 76 ff; bei Verwaltungsmaßnahmen 5 85; Verwirkung 10 16; vorgeschriebene Anhörung 5 77; Zustellung des Antrags 14 132
Rechtliches Interesse; Einzelheiten 14 20 ff; Gläubigerantrag 14 18 ff; als Regelfall 14 19; Sozialversicherungsträger 14 114 f; Zweck des Tatbestandsmerkmals 14 18
Rechtsanwaltskammern; Insolvenzfähigkeit 12 17
Rechtsanwaltskosten; als Insolvenzforderungen 54 34; 55 54; als Masseverbindlichkeiten 55 54
Rechtsausschuss des Deutschen Bundestags Einl. 44
Rechtsbeschwerde; Abhilfebefugnis 6 117; Aktenanforderung 6 122; Allgemeines 6 91 ff; Anschlussrechtsbeschwerde 6 118 ff; Anwaltszwang 6 107; Anwendbarkeit des § 34 34 22; Aufhebung Beschwerdeentscheidung 6 145 ff; keine aufschiebende Wirkung 6 108; außerordentliche ~ 6 170 f; Begründetheit 6 136 ff; Begründetheitsprüfung 6 125 ff; Begründung 6 110 ff; Bekanntgabe der Entscheidung 6 154; keine Berücksichtigung neuer Tatsachen/Beweise 6 126; Beruhen auf Gesetzesverletzung 6 138 ff; Beschwer 6 101; Beweiswürdigung 6 128; Bindungswirkung der Entscheidung 6 155 f; Einlegung 6 104 ff; einstweilige Anordnungen 6 109, 152; Entscheidung über ~ 6 142 ff; Form 6 106; zur Fortbildung des Rechts 6 98; Frist 6 104 ff; Gehörsrüge 6 170 f; bei grundsätzlicher Bedeutung 6 97; Gültigkeitsirrtum 6 137; Interpretationsfehler 6 137; Nachprüfung von Ermessensentscheidungen 6 129; notwendiger Inhalt 6 106; Prüfung der Zulässigkeit 6 123 f; Rechtskraft der Entscheidung 6 155 f; Rechtsschutzbedürfnis 6 102; Rechtsverletzung 6 114, 138 ff; Rücknahme 6 121; zur Sicherung einheitlicher Rechtsprechung 6 99;

2153

sonstige Entscheidungen **6** 151 ff; Stattgabe **6** 145 f; Subsumtionsfehler **6** 137; Verfahren vor Gericht **6** 122 ff; Verfahrensmängel **6** 133; Verfahrensrüge **6** 115; Verletzung des Gesetzes **6** 136 ff; Verwerfung als unzulässig **6** 143; Verwerfung der sofortigen Beschwerde **6** 147; Wiedereinsetzung in vorigen Stand **6** 105, 110; zulässiger Angriff **6** 103, 113; Zulässigkeit **6** 92 ff; Zulässigkeit der Erstbeschwerde **6** 124; Zulassung **6** 54, 92 ff; Zurückverweisung **6** 144, 148 ff; Zuständigkeitsrügen **6** 134; Zwischenentscheidungen **6** 151

Rechtsfähiger Verein; Durchgriffshaftung **11** 18; Insolvenz des Vereins **35** 221 ff; Insolvenz des Vereinsmitglieds **35** 220; Insolvenzfähigkeit **11** 18; Insolvenzmasse **35** 223

Rechtsfähigkeit 11 10

Rechtsgeschäftliche Surrogation 47 31; **48** 11a

Rechtshängigkeit 4 53

Rechtshilfe 2 12; **4** 91 f; **5** 55

Rechtsirrtum 60 92; **61** 43

Rechtskraft; von Beschwerdeentscheidungen **6** 74 ff; von insolvenzgerichtlichen Beschlüssen **6** 79; materielle ~ **4** 80 ff; Rechtsbeschwerdeentscheidung **6** 155 f; Rückbindung **6** 55, 156

Rechtsmittel; Ausschluss im Eröffnungsverfahren **34** 5; außerordentliche Beschwerde **6** 70 ff; einfache Beschwerde **6** 65; Erinnerung **6** 57 ff; sofortige Beschwerde **6** 6 ff; sofortige Beschwerde außerhalb § **6** 66 ff; Verbot der Schlechterstellung **6** 72; Zweispurigkeit **6** 4b

Rechtsmittelbelehrung 4 31

Rechtspfleger; funktionelle Zuständigkeit **2** 20 ff; **27–29** 135 ff; Rechtsbehelfe gegen Entscheidungen **6** 58 ff; Zuständigkeitsübergang nach § 18 RPflG **27–29** 135 ff

Rechtsschutzbedürfnis; Aussonderungsklagen **47** 482; beim Eröffnungsantrag **13** 86 ff; bei Rechtsbeschwerde **6** 102; sofortige Beschwerde **6** 35 f

Rechtsschutzgewährleistung Einl. 101

Rechtsstaatsprinzip 5 74

Rechtsverfolgungskosten; Nachrangigkeit **39** 20 f

Refinanzierungsregister 47 390e

reformatio in peius 6 72

Regelvergütung; Berechnung **InsVV 2** 10 f; fiktives Normalverfahren **InsVV 2** 3 ff; Mindestvergütung **InsVV 2** 12 ff; Vergütung konkreter Tätigkeit **InsVV 2** 7 ff; Zu- und Abschläge **InsVV 2** 15; **InsVV 3**

Registermitteilungen; Abweisung mangels Masse **31** 22 f; Aufhebung des Eröffnungsbeschlusses **34** 101; an ausländische Registerbehörden **31** 27 ff; bei eingetragenen Rechtsträgern **31** 5 ff; Eröffnung des Verfahrens **31** 10; mitzuteilende Entscheidungen **31** 10 ff; Übermittlung durch Geschäftsstelle **31** 24 ff; Übermittlungspflichten des Insolvenzgerichts **31** 11 ff; unverzügliche Eintragung **31** 32 f; Verfügungsregelungen **31** 10; Wirkung der Eintragungen **31** 40 ff; Zeitpunkt der Übermittlung **31** ff; bei zur Eintragung angemeldeten Rechtsträgern **31** 7

Registerpublizität 31 39

Registervermerke; auf Antrag des Verwalters **32–33** 30 ff, 99; über ausländische Insolvenzverfahren **31** 48 ff; Eigenverwaltung **32–33** 9; Eintragung von Amts wegen **31** 52 f; Eintragungsersuchen des Insolvenzgerichts **31** 60; **32–33** 24, 60, 98; Eröffnung des Verfahrens **32–33** 8; nach EuInsVO **31** 53 ff; gelöschter Rechtsträger **31** 38; Genossenschaftsregister **31** 1 ff; Handelsregister **31** 1 ff; Inhalt der Eintragung **31** 34 f; Löschung wegen Vermögenslosigkeit **31** 46; Luftfahrzeug-Pfandrechtsregister **32–33** 96 f; Nachtragsverteilung **32–33** 11; Partnerschaftsregister **31** 1 ff; Registerpublizität **31** 39; Schiffs- und Schiffsbauregister **32–33** 92 ff; Überwachung des Insolvenzplans **32–33** 10; unverzügliche Eintragung **31** 32 f; Vereinsregister **31** 1 ff; Verfügungsbeschränkungen **23** 18 ff; **31** 34; **32–33** 5 ff; vorläufige Sicherungsmaßnahmen **32–33** 6 f; bei Zweigniederlassungen **31** 36 f

Reisekostenvorschuss 4a 25

Reiseveranstalter 12 17

Rektapapiere 50 21, 39

Rentenansprüche 35 47, 428

Rentenscheine 50 19

Rentenschulden 35 170

Restitutionsanspruch 38 44

Restrukturierung; Fonds **Einl.** 24d; von Kreditinstituten **Einl.** 24c

Restschuldbefreiung; (s. a. Hinweis auf Restschuldbefreiung); als Anhangsverfahren **Einl.** 22; Entschuldung als Insolvenzzweck **Einl.** 5; Hinweispflicht **20** 90 ff; **27–29** 107 ff; Kosten **54** 22; Reformvorhaben **Einl.** 45c; Schuldnerschutz **1** 100 ff

Revalutierung der Sicherheit 51 44

Richter; Evokationsrecht **27–29** 147 f; funktionelle Zuständigkeit **2** 20 ff

Richtervorbehalt 2 21; **27–29** 143 ff

Richtigkeitserklärung 13 220

Römisches Recht Einl. 26

Rückauflassungsvormerkung 35 172

Rückbindung 6 55, 156

Rückgewähr von Gesellschafterdarlehen; Abtretung der Forderung **39** 54; andere Gesellschaftsformen **39** 58 f; atypisch stiller Gesellschafter **39** 50; ausländische Gesellschaften **39** 60 f; Convenants **39** 52; doppelnützige Treuhand **39** 53; Eigenkapitalersatz **35** 275 ff; eigenkapitalersetzende Nutzungsüberlassung **39** 47; Einbeziehung Dritter **39** 48 ff; entsprechende Rechtshandlungen **39** 43 ff; gesellschafterbesicherte Drittdarlehen **39** 46; Gesellschafterstellung des Darlehensgebers **39**

48 ff; Kleinbeteiligtenprivileg **39** 57; Nachrang abgeleiteter Zinsansprüche **39** 45; Nachrangigkeit der Finanzierungsleistung **39** 36 ff; nahestehende Personen **39** 49; Pfandgläubiger **39** 51; Rechtslage nach MoMiG **35** 282a; Rechtslage vor MoMiG **35** 273 ff; Sanierungsprivileg **39** 55 f
Rückgewähransprüche; anfechtungsrechtliche ~ **47** 346; **48** 8c; des Eigentümers **49** 75a f; Gesamtschuldnerrückgriff **38** 30; aus Gesellschafterdarlehen **39** 36 ff; Schuldbefreiungsanspruch **38** 31 f
Rücknahme; von Anträgen **4** 54; anwendbare ZPO-Vorschriften **4** 54; des Eröffnungsantrags **13** 113 ff; **15** 94; Kosten **13** 152; der Rechtsbeschwerde **6** 121; sofortige Beschwerde **6** 52a; des Eröffnungsantrags **13** 113 ff
Rücknahme des Eröffnungsantrags; Allgemeines **13** 113 ff; Druckantrag **13** 115; beim Eigenantrag **13** 116; durch einstweiligen Rechtsschutz **13** 115; Kostenfolge **13** 125 f; Rechtsfolgen **13** 122 ff; zeitliche Beschränkung **13** 117 ff
Rücknahme hinterlegter Sachen 35 424 f; **36** 49
Rückschlagsperre; Pfändungspfandrecht **50** 66, 77, 83; Verschlechterung für Pfändungspfandgläubiger **50** 2; Zweck **1** 37
Rückstellungen 60 45b
Rückversicherungsgläubiger 50 116
Rückwirkung; Eröffnungsbeschluss **27–29** 128; unechte ~ **14** 54
Ruhen; des Eröffnungsantrags **14** 42; des Verfahrens **4** 15

Sachgesamtheiten 50 11; **51** 49
Sachhaftung; Absehen von Geltendmachung **51** 259; Begriff **51** 245; Beschlagnahme **51** 252 ff; Entstehen **51** 248 ff; Erlöschen **51** 260; Geltendmachung **51** 257 f; Übergang des Absonderungsrechts **51** 260; unterworfene Waren **51** 246 ff; verbrauchsteuerpflichtige Waren **51** 246; zollpflichtige Waren **51** 247; Zweck und Bedeutung **51** 244
Sachkunde InsVV 5
Sachliche Zuständigkeit; Amtsgericht als Insolvenzgericht **2** 3 f; Amtsgericht als Vollstreckungsgericht **2** 5 f; arbeitsgerichtliche Streitigkeiten **2** 10; ausschließliche Zuständigkeit **2** 11 f; besondere Sachkunde/Erfahrung **2** 2; freiwillige Gerichtsbarkeit **2** 6a; Gewährleistung zügiger Abwicklung **2** 2; bei Insolvenzverschleppungshaftung **15a** 262 ff; Konzentration **2** 2, 4, 19a; Normzweck **2** 2; Zuständigkeit des Prozessgerichts **2** 7 ff
Sachmithaftung; absonderungsberechtigte Rückgriffsgläubiger **44** 31; analoge Anwendung des § 43 **43** 19 f; Aufrechnungsbefugnis **44** 32; Begriff **43** 18; Doppelanmeldungsverbot **44** 9 ff, 12 ff; Gesellschaft und Gesellschafter **43** 23; Leistungen nach Verfahrenseröffnung **44** 20; Leistungen vor Verfahrenseröffnung **44** 26 ff; nachträgliche Übertragung des Sicherungsgutes **43** 24 ff; Rechtsfolgen **43** 33 ff; Rechtsstellung des Rückgriffsberechtigten **44** 12 ff; Teilbefriedigung des Gläubigers **44** 23 f, 28; teilweise Mithaftung **43** 22, 28; Verwertung während des Verfahrens **43** 22; Vollbefriedigung des Gläubigers **44** 21 ff, 27
Sachverhaltserforschung 5 11
Sachverständige; Anforderungen an Gutachten **16** 67 f; Aufgabenkreis **16** 46 ff; Auskünfte zum Verfahrensstand **16** 66; Auskunfts- und Einsichtsrecht **16** 57 ff; Auswahl **16** 54 f; Beaufsichtigung durch Gericht **16** 48; **20** 88; eigene Ermittlungen **5** 35; Einsicht in strafrechtliche Ermittlungsakten **16** 65; Entschädigung und Vergütung **16** 69; Ermittlungen im Eröffnungsverfahren **16** 45 ff; Ermittlungsbefugnisse **5** 36; **16** 56 ff; im Eröffnungsverfahren **5** 34 ff; Fragerecht gegenüber Dritten **16** 64; Haftung **22** 143; Hilfskräfte **16** 55; Rechnungslegung **60** 29 ff; schriftliches Gutachten **5** 34; Vergütung **5** 38; vorläufiger Insolvenzverwalter **22** 35; Zutrittsrecht **16** 63
Sachverständigenvergütung; Ablichtungen/Ausdrucke **InsVV 11** 124; Abrechnung und Anweisung **InsVV 11** 127 f; Auslagen **InsVV 11** 120; Fahrtkostenersatz **InsVV 11** 121; Festsetzung **InsVV 11** 129 ff; isolierte Sachverständige **InsVV 11** 115 ff; nach JVEG **InsVV 11** 107 ff; schwacher vorläufiger Verwalter **InsVV 11** 111 ff; starker vorläufiger Verwalter **InsVV 11** 110; Stundensatz **InsVV 11** 109 ff; Tagegeld/Übernachtungskosten **InsVV 11** 122; Umsatzsteuer **InsVV 11** 120
Sachwalter; Aufgabenbereich **InsVV 12** 3 f; Bestellung **56** 8; Eintragungsantrag **32–33** 32; Vergütung **InsVV 12** 5 ff; **54** 48
Sammelkonten 47 408
Sammellagerung 47 46
Sammelverwahrung 47 46
Sanierung; außergerichtliche ~ **1** 86 ff; Förderung **1** 85 ff; übertragende ~ **1** 90 ff; vereinfachte Kapitalherabsetzung **1** 96
Sanierung von Umweltaltlasten; aus Massemitteln **35** 95 ff
Sanierungsbedürftigkeit 16 1
Sanierungsförderung; außergerichtliche Sanierung **1** 86 ff; im Insolvenzverfahren **1** 90 ff; durch übertragende Sanierung **1** 90 ff; durch vereinfachte Kapitalherabsetzung **1** 96
Sanierungsorientierte Verfahrensvorbereitung; Entwicklung von Sanierungszenarien **22a** 35; Interessenanalyse **22a** 35; Rahmenbedingungen bei Sanierungsprozessen **22a** 33 f
Sanierungsprivileg 39 55 f; **44a** 12, 18; **vor 49** 98b
Sanierungsverfahren; besondere Verfahrensart **Einl.** 24b ff

Säumniszuschläge

Säumniszuschläge; Nachrangigkeit **39** 17 ff
Schadensersatzansprüche; Deliktsansprüche **35** 426; Insolvenzmasse **35** 254, 268 ff; Massezugehörigkeit **35** 426 ff; Nichterfüllungsschaden **38** 28; aus Pflichtverletzungen des Verwalters **55** 28 ff; **60** 105 ff; aus pVV und c. i. c. **38** 27; sachenrechtliche ~ **38** 73; der Sicherungsgläubiger **27–29** 65 ff; bei unberechtigter Antragstellung **14** 12 ff; wegen unberechtigter Vollstreckung **38** 109 ff; aus unerlaubter Handlung **38** 26; Verjährung von Ansprüchen **62** 4; vertragliche ~ **38** 67; Verzugsschaden **38** 28; Vorteilsausgleichung **60** 111; wegen wegen Verletzung dinglicher Rechte **38** 29
Schätzung; zur Forderungsumrechnung **45** 21 ff
Scheck; Regressansprüche **38** 67; Sicherungsabtretung **51** 188
Scheinauslandsgesellschaften 11 17b
Scheinbeschluss 34 113
Scheinbestandteile 47 26 f; **51** 49, 93
Scheingeschäft 47 436b
Scheingesellschaft 11 47
Scheme of Arrangement 14 74
Schenkungen 35 48 ff
Schenkungswiderruf 35 433
Schiedsabrede vor 49 148
Schiffe, Schiffsbauwerke; abgesonderte Befriedigung **49** 84 ff; Aussonderungsfähigkeit **47** 17; Befriedigungsrangordnung **49** 82; Begriff **35** 175; **49** 7; Massezugehörigkeit **35** 174 ff; Registerfähigkeit **35** 174
Schiffsbauregister 32–33 92 ff; **49** 7
Schiffsbauwerke 49 7
Schiffseignerpfandrecht 50 113
Schiffshypothek 32–33 93
Schiffspfandbriefe 27–29 104
Schiffsregister; Partenreederei **31** 9; Zuständigkeit **35** 176
Schlussrechnung; Pflicht des Insolvenzverwalters **58** 36
Schmerzensgeldansprüche 35 427
Schriftliches Verfahren; Anordnung **5** 64a; **27–29** 101; Aufhebung, Änderung der Anordnung **5** 64c; Ermessen **5** 64a; freigestelltes ~ **5** 64a ff; geringe Gläubigerzahl **5** 64b; öffentliche Bekanntmachung **5** 64d; Rechtsmittel **5** 64e; überschaubare Vermögensverhältnisse **5** 64b; geringe Verbindlichkeitshöhe **5** 64b; Voraussetzungen **5** 64b; Zweckmäßigkeit **5** 64a
Schriftlichkeit Einl. 55
Schriftsätze; anwendbare ZPO-Vorschriften **4** 52a; formlose Mitteilungen **8** 39 ff
Schriftstücke; zustellungsbedürftige ~ **8** 6 ff
Schuldbefreiungsansprüche 35 399; **38** 31 f
Schuldbeitritt 43 7
Schuldenbereinigungsplan; Absonderungsrechte **vor 49** 158 ff; Allgemeines **Einl.** 23; außergerichtlicher ~ **vor 49** 158; gerichtlicher ~ **vor 49** 159 f
Schuldenbereinigungsverfahren; Auskunfts- und Mitwirkungspflichten **20** 60 ff; Unanfechtbarkeit der Einleitung **34** 29
Schuldenmasse; Begriff **35** 21
Schuldenmassestreit 35 27
Schuldmitübernahme 35 402; **43** 5
Schuldner; Auskunfts- und Mitwirkungspflicht **20** 2 ff; Beschwerdeberechtigung **34** 55 ff, 38, 43 f; besonderes Pflichtverhältnis **20** 2; Haftung gegenüber Absonderungsberechtigten **vor 49** 50 ff; Inanspruchnahme **53** 31, 32 ff; Nachhaftung **53** 33; nicht existenter ~ **34** 120 f; als Rechtsträger **53** 30 ff; als Verfahrensbeteiligter **vor 2** 12; verstorbener ~ **34** 120 f
Schuldnerantrag; Kostenhaftung **54** 15, 18
Schuldnerschutz; Anhörungsrechte **1** 126; Antragsrechte **1** 129; Auskunfts- und Mitwirkungspflichten **1** 130 ff; Eigenverwaltung des Schuldners **1** 119 ff; Gestaltungsrechte **1** 124; Informationsrechte **1** 128; Restschuldbefreiung **1** 100 ff; Teilnahmerechte **1** 127; Verbraucherinsolvenzverfahren **1** 110 ff; Vereinbarungen **Einl.** 103 ff; Verfahrensbeteiligung des Schuldners **1** 123 ff; Ziel des Insolvenzverfahrens **1** 97 ff
Schuldnerverzeichnis 26 42 ff
Schuldrechtliche Ansprüche 38 59 ff
Schuldscheine 47 18; **50** 13
Schuldverschreibungsgläubiger; Sonderregelungen **27–29** 103; Versammlung **74** 32; **75** 16; Versammlungseinberufung **27–29** 103
Schutzgesetzcharakter; § 15a InsO **15a** 140
Schutzschirmverfahren; Allgemeines **1** 27; **Einl.** 6a; Auswahl des vorläufigen Verwalters **21** 50; Begründung von Masseschulden **55** 227; Einstellung von Vollstreckungsmaßnahmen **21** 70; Kompetenz zur Masseschuldbegründung **53** 25b; Masseverbindlichkeiten **53** 25b; keine Verfügungsverbote **21** 54
Schutzschrift 10 23; **14** 136
Schwimmdocks 49 7
Seeverfrachterpfandrecht 50 113
Seeversicherung 51 232
Sekundärinsolvenzverfahren 13 24
Selbständiges Beweisverfahren 5 56
Selbstkontrahieren 56 148
Selbstständige Tätigkeit; Abtretung von Vergütungsansprüchen **35** 47n; als Anknüpfungstatsachen **3** 7 ff; Einkünfte als Neuwerb **35** 47a ff; Freigabemöglichkeit von Einkünften **35** 47c ff; Selbständigkeit **3** 9 f; Sicherungsabtretung von Einkünften **51** 209b; Tätigkeitsmittelpunkt **3** 10 ff; Verbindlichkeiten aus Neuerwerb **55** 110 ff; wirtschaftliche Tätigkeit **3** 7 ff
Selbstverwertungsrecht 1 15
SEPA-Lastschriftverfahren 36 45e
Share Deal 1 90a

Magere Zahlen = Randnummer

Sicherheitenpool

Sicherheitenpool; Absonderungsrecht **vor 49** 102e; Allgemeines **47** 189; Aussonderungsrecht **47** 189 ff, 195; Bankenpool **47** 190; mit einfachem Eigentumsvorbehalt **47** 195 ff; mit erweitertem Eigentumsvorbehalt **47** 199a; gemischte Verträge **47** 190; Insolvenzplan **47** 203a; Konsortialkredit **47** 390a; Lieferantenpool **47** 190; Rechtsnatur **47** 191; Treuhandverhältnis **47** 388d, 390a, 362, 388b; mit Verarbeitungs- und Verbindungsklauseln **47** 200 f; Verwertungsgemeinschaft **47** 203; Vorausabtretungsklauseln **47** 202 f; Zentralregulierungsvertrag **47** 192

Sicherungsabtretung; (s. a. Sicherungsübertragung); Absonderungskraft **51** 4 ff; als abstraktes Verfügungsgeschäft **51** 13; Abtretungsverbot **51** 147 ff; Allgemeines **51** 136 ff; von Arbeitsentgelt **51** 205 ff; Bedingungen **51** 16, 145; Begriff **51** 136 f; Bestellung der Sicherheit **51** 141 ff; Bestimmtheitsgrundsatz **51** 152 ff; dingliche Einigung **51** 141 ff; Eigentümerbriefgrundschuld **51** 162; Einigung unter Bedingungen **51** 145; von Einkünften aus selbstständiger Tätigkeit **51** 209b; Eintragung **51** 162; bei Einzugspapieren **51** 188 f; Erlöschen des Sicherungsrechts **51** 216b; Formfreiheit **51** 144; fremder Rechte **51** 163; gebuchte Rechte **51** 162; Gegenstand **51** 138; von Gesellschaftsanteilen **51** 209c ff; gesicherte Forderung **51** 33 ff; Globalzession **51** 139, 172 ff; Grundlagen **51** 13 ff; Inkassozession **51** 137; Insolvenz des Sicherungszedenten **51** 150a; Insolvenz des Sicherungszessionars **51** 150a; Kollisionsfälle **51** 210 ff; von Kontokorrentforderungen **51** 184 ff; künftiger Arbeitslohn **1** 29a; von Leasingansprüchen **51** 199; von Lebensversicherungsforderungen **51** 190 ff; Mantelzession **51** 175 ff; mehrere Globalzessionen **51** 215; mehrfache Singularzessionen **51** 210 ff; von Miet- oder Pachtforderungen **51** 195 ff; Namens-(Rekta-)papiere **51** 161; offene/stille Sicherungszession **51** 180 ff; Rangordnung **51** 210 ff; Recht der DDR **51** 140; des Rückgewähranspruchs einer Grundschuld **51** 209p; Sicherstellungsvertrag **51** 13 ff; Sicherungsmittel **51** 26 ff, 138; von Sozialleistungen **51** 205 ff; von Steuererstattungsansprüchen **51** 200 ff; Sukzessivabtretung **51** 216a; Teilabtretung **51** 155, 178 f; verbriefte Rechte **51** 161; Verfügungsobjekt **51** 146 f; beim verlängertem Eigentumsvorbehalt **51** 171; Vorausabtretung **51** 164 ff; wirtschaftliche Funktion **51** 139; zusätzlicher Rechtsakt **51** 160 ff; Zustimmungsvorbehalt **51** 147 ff, 151

Sicherungseigentum; Absonderungsrecht des Sicherungsgläubigers **35** 141; im Eröffnungsverfahren **22** 107

Sicherungsgläubiger; Aufforderung des Gerichts zur Mitteilung **27–29** 59; Mitteilung bei Eigenverwaltung **27–29** 64; Mitteilungsinhalt an Verwalter **27–29** 62 f; Mitteilungspflicht **27–29** 57 ff; Schadensersatzpflicht **27–29** 65 ff; unterlassene/verzögerte Mitteilung **27–29** 65 ff; Unverzüglichkeit der Mitteilung **27–29** 63

Sicherungsgut; Freigabe **35** 87; Verwertung durch vorläufigen Insolvenzverwalter **22** 82

Sicherungsmaßnahmen; (s. Vorläufige Sicherungsmaßnahmen)

Sicherungsmittel; Allgemeines **51** 26; bedingte und künftige Rechte **51** 27; Inbegriffe von Gegenständen **51** 28; Kombination von Sicherheiten **51** 29; Kumulation von Sicherheiten **51** 30; Mehrheit **51** 28 ff; nachrangige/ „angehängte" Sicherheiten **51** 31a; Nachschubklausel **51** 30

Sicherungsrechte; Begriff **27–29** 60

Sicherungssequester **21** 46

Sicherungstreuhand; Insolvenz des Schuldners **47** 383; Insolvenz des Treugebers **47** 381, 384; Insolvenz des Treugebers und des Schuldners **47** 385; Insolvenz des Treugebers und des Treuhänders **47** 382; Insolvenz des Treuhänders **47** 375 ff; Mietkaution **47** 374, 380

Sicherungsübereignung; (s. a. Sicherungsübertragung); gemäß § 929 BGB **47** 177; Absonderungskraft **51** 4 ff; als abstraktes Verfügungsgeschäft **51** 13; mittels Abtretung eines Herausgabeanspruchs **47** 178; Allformel **51** 61; Allgemeines **51** 48 ff; angehängte Sicherheit **51** 128; Anschlusszession **51** 120; antizipierte Einigung **51** 59; von Anwartschaften **51** 49, 81 ff; Austauschklausel **51** 108; Bedingungen **51** 14 ff, 57; Begriff **51** 48; Begründung **51** 56 ff; Besitzerlangung **51** 65 ff; mittels Besitzkonstituts **47** 176; als besitzloses Pfandrecht **51** 50; durch Besitzmittlungsverhältnis **51** 66 ff, 76; Bestimmtheitsgrundsatz **51** 61; von beweglichen Sachen **51** 49; dingliche Einigung **51** 56 ff; Einigung und Abtretung des Herausgabeanspruchs **51** 72 ff, 78; durch Einigung und Übergabe **51** 70 ff, 77; Erlösklauseln **51** 60; Ersatzklausel **51** 59, 108; beim erweiterten Eigentumsvorbehalt **51** 80; Erweiterung, Verlängerung **51** 59; Gegenstand **51** 49; gesicherte Forderung **51** 33 ff; Grundlagen **51** 13 ff; gutgläubiger Erwerb **51** 78 f; durch Insich-Geschäft **51** 125; Mantelsicherungsübereignung **51** 126; Mehrfachabtretung **51** 133 f; Mehrfachübereignung **51** 129 ff, 135a; Nachschubklauseln **51** 59; Prioritätsprinzip **51** 129, 133; Rangordnung **51** 128 ff; Raumsicherungsvereinbarung **51** 62; Recht der DDR **51** 51 ff; Sachgesamtheiten **51** 49, 61; von Scheinbestandteilen **51** 90 ff; Sicherstellungsvertrag **51** 13 ff; Sicherungsmittel **51** 26 ff; Übertragung von Miteigentum **51** 127; und Eigentumsvorbehalt **47** 175 ff; Verarbeitungs-

Sicherungsübertragung

klausel **51** 110; Verbindungsklausel **51** 115; von verbrauchbaren Sachen **51** 108; Verfügung als Nichtberechtigter **51** 128 ff; verlängerte ~ **51** 120 ff; von Vorbehaltsware **51** 79; von Warenlagern **51** 94 ff; von Wertpapieren **51** 116 ff; wirtschaftliche Funktion **51** 50; von Zubehör **51** 49, 90 ff; von zur Verarbeitung bestimmten Sachen **51** 109; von zur Verbindung/Vermischung bestimmten Sachen **51** 114 f

Sicherungsübertragung; (s. a. Sicherungsübereignung, Sicherungsabtretung); Absonderung **47** 381; **51** 4; Absonderungskraft **51** 4 ff; Änderung oder Ergänzung **51** 20 ff; auflösende Bedingungen **51** 16 ff; aufschiebende Bedingungen **51** 14 ff; Aussonderung **47** 375 ff; Austausch des Sicherungsgebers **51** 21; Austausch des Sicherungsmittels **51** 20; Auswechslung/Änderung **51** 44; als besitzloses Pfandrecht **51** 7; beteiligte Personen **51** 22 ff; dauernde Einrede **51** 9a; dingliche Freigabeklausel **51** 19; Fehlen der gesicherten Forderung **51** 38 ff; gesicherte Forderung **51** 33 ff; Grundlagen **51** 13 ff; Lehre vom geteilten Eigentum **51** 6; Mehrheit gesicherter Forderungen **51** 46; bei Nichtgewährung des Kredits **51** 38 f; Revalutierung der Sicherheit **51** 44; Schuldner-/Gläubigerwechsel **51** 47; Sicherheitenpool **51** 25; Sicherstellungsvertrag **51** 13 ff; Sicherung einer fremden Schuld **51** 35; Sicherungsabtretung **51** 136 ff; Sicherungsmittel **51** 26 ff; Sicherungsübereignung **51** 48 ff; an Treuhänder **51** 23; Umwandlungsprinzip **51** 8; bei Unwirksamkeit des Kreditvertrags **51** 40; Wegfall der gesicherten Forderung **51** 41 ff; wirtschaftliche Betrachtungsweise **51** 9; zugunsten Dritter **51** 24; Zweckbestimmungserklärung **51** 33

Sicherungszession; (s. Sicherungsabtretung)
Siegelung 22 45
Simultaninsolvenz 11 26
Sittenwidrige Schädigung; durch Auslandsgesellschaften **15a** 312; Darlegungs- und Beweislast **15a** 313 ff; durch Geschäftsleiter und andere Antragspflichtige **15a** 298; durch Gesellschafter **15a** 305 f; bei Insolvenzverschleppung **15a** 295 ff; durch Kreditgeber **15a** 300 ff; Prozessuales **15a** 313 ff; Schaden **15a** 307; Schutzbereich des verletzten Sittengebots **15a** 308; Sittenwidrigkeit **15a** 297 ff; Vorsatz **15a** 310 f
Sittenwidrigkeit; des Eröffnungsantrags **14** 13, 39 ff
Sitz; Gesellschaften **3** 19; natürliche Personen **3** 17 f
Sitzungspolizei 4 93
Sitzverlegung 3 19, 45
Societas Cooperativa Europaea; (s. Europäische Genossenschaft)

Societas Europaea; (s. Europäische Aktiengesellschaft)
Sofortige Beschwerde; (s. Beschwerde)
Software 47 17, 339
Sollmasse; Legaldefinition **35** 19 f; verwertbarer Bestand **Einl.** 10
Sondergut 37 18
Sonderinsolvenz; gemeinschaftlich verwaltetes Gesamtgut **11** 68 f; Gesamtgut bei fortgesetzter Gütergemeinschaft **11** 66 f; Nachlass **11** 64 ff
Sonderinsolvenzrecht; für Banken und Versicherungen **Einl.** 24b ff; für Sondervermögen **Einl.** 24 f
Sonderinsolvenzverwalter; Aufgaben **56** 153a f; Bestellung **27–29** 32; **56** 153 ff; Unanfechtbarkeit der Einsetzung **6** 26; Vergütung **63** 56 ff
Sonderkonditionen 55 129
Sonderkonten 47 401; **48** 59; **60** 72
Sonderleistungen 55 180 ff
Sondermassen 35 74
Sondermüll 60 16
Sonderrechtsnachfolge 38 33
Sondervermögen; Angaben im Eröffnungsbeschluss **27–29** 20 f; nichtrechtsfähige ~ **12** 18; der öffentlichen Hand **12** 18; Sonderinsolvenzverfahren **Einl.** 24 f
Sozialleistungen; Pfändungsbeschränkungen **50** 71; Sicherungsabtretung **51** 205 ff
Sozialplanansprüche; Insolvenzforderungen **38** 58; **39** 2; **55** 194; Masseverbindlichkeiten **53** 10, 27; **55** 193; als oktroyierte Verbindlichkeiten **61** 12; Vollstreckungsverbot **53** 61
Sozialrechtliche Pflichten; Haftung des Verwalters **60** 87 f
Sozialversicherungsträger; Akteneinsicht **4** 68; Beitragsnachweis als (fiktiver) Leistungsbescheid **14** 113 ff; Besonderheiten beim Eröffnungsantrag **14** 111 ff; Einzugsstellen **14** 111 f; Insolvenzfähigkeit **12** 17; Masseverbindlichkeiten **55** 202 f; rechtliches Interesse **14** 114 f; Schaden bei Insolvenzverschleppung **15a** 232 ff
Spediteurpfandrecht 50 110
Sperrkonten 47 402 f; **50** 51 ff
Staateninsolvenz Einl. 102
Staatsbankrott 12 10
Staatshaftung; (s. a. Amtshaftung); Ansprüche **35** 427a; bei Auswahlverschulden **56** 177 ff
Staatskasse; Beschwerdebefugnis **4d** 5 ff
Stapelanträge 14 48, 51
Statistik Einl. 45d
Steuerberatungsgesellschaften 56 4
Steuerberatungskosten; als Auslagen **54** 39; als Masseverbindlichkeit **55** 36
Steuererstattungsansprüche 35 421 ff; **51** 200 ff
Steuerforderungen; Allgemeines **38** 79 f; auflösend bedingte Forderungen **42** 5; Begrün-

2158

dung durch Schuldner unter Zustimmung **55** 244 ff; Begründung durch vorläufigen Verwalter **55** 241 ff; aus Einkommensteuer **38** 81; **55** 71 ff; Geltendmachung **55** 80; aus Gewerbesteuer **38** 84; aus Grund- und Grunderwerbsteuer **38** 85; als Insolvenzforderung **38** 25; aus Körperschaftssteuer **38** 82 f; aus Kraftfahrzeugsteuer **38** 85; **55** 77; Lohnsteuer **38** 94; bei Masseunzulänglichkeit **55** 79; als Masseverbindlichkeiten **55** 68 ff, 239 ff; nach Verfahrenseröffnung **55** 239 ff; Regelungszweck **55** 239; Säumnis- und Verspätungszuschläge **38** 80; aus Umsatzsteuer **38** 87 ff; Umsatzsteueranspruch **55** 74 ff; aus Vermögensteuer **38** 86; Verspätungszuschläge **55** 245; Zeitpunkt insolvenzrechtlicher Begründetheit **55** 69 ff
Steuergeheimnis 14 109 f
Steuerrechtliche Haftung 60 81 ff
Stiftungen; Antragsberechtigte **15** 30; Einkünfte **36** 44; Insolvenzfähigkeit **11** 19
Stille Gesellschaft; Insolvenz des Geschäftsinhabers **35** 216 ff; Insolvenz des stillen Gesellschafters **35** 219; Insolvenzunfähigkeit **11** 48; **15** 54; **35** 215
Stilllegung; (s. Unternehmensstilllegung)
Stimmrechte; Abänderung der Festsetzung **77** 20 ff; absonderungsberechtigter Gläubiger **76** 24 f; **77** 41 f; Anfechtbarkeit der Festsetzung **77** 25 ff; angemeldete/nicht bestrittene Forderungen **77** 2 ff; bei aufschiebend bedingte Forderungen **77** 40; Ausschluss **77** 35 ff; Berechnung **76** 25; bei bestrittenen Forderungen **77** 7 ff; bleibendes Stimmrecht **77** 32; Feststellung **52** 22; **77**; der Gläubiger **76** 23; in Gläubigerversammlung **76** 23 ff; des Sicherungsnehmers **51** 209e; Verlust bei Selbstbetroffenheit **72** 14; Wirkung der Festsetzung **77** 31 ff
Stimmrechtsausschluss; Gläubigerausschuss **72** 14; Gläubigerversammlung **77** 35 ff
Strafbarkeit; Insolvenzverschleppung **15a** 322 ff
Straftaten; Insolvenzstraftaten **15a** 394 ff; des Verwalters **56** 99; **59** 22 ff
Streitgenossenschaft 4 14
Streitige Forderungen; gerichtliche Entscheidung **77** 13 f; Stimmrecht **77** 7 ff; Vorrang der Einigung **77** 10 ff
Streitwertbeschwerde 6 65
Stufenklage 47 472
Stundung der Verfahrenskosten; Änderung der Entscheidung **4b** 8 ff; Änderung von Amts wegen **4a** 46; Anpassung bei wesentlichen Änderungen **4b** 8 ff; Antragserfordernis **4a** 6 f; Antragsform **4a** 33; Antragsfrist **4a** 33; Antragsinhalt **4a** 34 ff; Antragsprüfung **4a** 37 ff; Anwendungsbereich **4a** 3; Aufhebung **4c** 1 ff; Ausschluss **4a** 13; Bedürftigkeit **4a** 8 ff; Beiordnung eines Rechtsanwalts **4a** 21 ff; berechtigter Personenkreis **4a** 3, 6; Beschwerde **34** 49; einzusetzendes Vermögen **4a** 11 ff; Entscheidung des Insolvenzgerichts **4a** 41 ff; Erfolgsaussicht **4a** 14 ff; Fehlen sonstiger Hindernisse **4a** 18 ff; Fehlen von Versagungsgründen **4a** 15 ff; maßgeblicher Zeitraum **4a** 4; Normzweck **4a** 2; bei Ratenzahlungsmöglichkeit **4a** 12; Rechtsmittel **4a** 45; Rechtsmittel gegen Ablehnung **4d** 1 ff; keine Rücklagenverpflichtung **4a** 13; Verfahren **4a** 33 ff; je Verfahrensabschnitt **4a** 9 f, 30, 43; Verfahrenskosten **4a** 9 f; Verlängerung **4b** 3 ff; Voraussetzungen **4a** 6 ff; Wirkungen **4a** 25 ff; Zuständigkeit **4a** 41
Stundungsanpassung; Anwendungsbereich **4b** 8; Ermessensspielraum des Gerichts **4b** 13; Unterrichtungspflicht des Schuldners **4c** 5; **4b** 12; Verfahren **4b** 12; Voraussetzungen **4b** 9 ff
Stundungsaufhebung; Ermessensentscheidung **4c** 19; bei Fehlen der Stundungsvoraussetzungen **4c** 8; bei Fehlen einer Erwerbstätigkeit **4c** 11 ff; Normzweck **4c** 2; Rechtsmittel des Schuldners **4d** 3 f, 9 ff; bei unrichtigen/unterlassenen Angaben **4c** 3 ff; Verfahren **4c** 18 ff; bei Versagung/Widerruf der Restschuldbefreiung **4c** 15 f; Voraussetzungen **4c** 3 ff; Vorsatz/grobe Fahrlässigkeit **4c** 6; Wirkung **4c** 17; bei Zahlungsrückstand **4c** 9 f; Zuständigkeit **4c** 18
Stundungsmodell; als Prozesskostenhilfeersatz **4a** 2; Reform **Vor 4a** 5; als staatliche Finanzhilfe **Vor 4a** 2; Zielsetzung **Vor 4a** 2 ff
Stundungsverfahren; keine Abweisung mangels Masse **26** 27; Steuerberatungskosten als Auslagen **26** 19
Stundungsverlängerung; Anwendungsbereich **4b** 3; einzusetzendes Vermögen/Einkommen **4b** 4; Normzweck **4b** 2; Ratenfestsetzung **4b** 5 f; Verfahren **4b** 7; Voraussetzungen **4b** 4
Substantiierung 20 58 f; **34** 32
Sukzessivabtretung 51 216a
Sukzessivlieferungsvertrag 35 70
Surrogate 47 31

Tabelle; maschinelle Herstellung **5** 90 ff
Tagesordnung; Berichtstermin **27–29** 91 ff; Bestimmtheitsgrundsatz **74** 36 ff; Gläubigerversammlung **74** 36 ff; öffentliche Bekanntmachung **74** 36 ff; Prüfungstermin **27–29** 94; bei verbundenen Terminen **27–29** 96; Verletzung des Bestimmtheitsgrundsatzes **74** 45
Tankstellenkonten 47 400
Tätigkeit; Ausübung selbständiger wirtschaftlicher ~ **3** 7 ff
Tätigkeitsmittelpunkt; Anknüpfung an tatsächlichen Verhältnisse **3** 10; mehrere Niederlassungen **3** 11; mehrere selbständige wirtschaftliche Tätigkeiten **3** 12
Teilabtretung 51 178 f
Teilbare Leistungen 55 127
Teilhypothekenbrief 47 47

Teilmithaftung Fette Zahlen = §§

Teilmithaftung; abweichende AGB-Regelungen **43** 32; keine Anwendung des § 43 **43** 28 ff; Gesamtschuldner, Bürgen **44** 25; Kritik **43** 30 f; aufgrund persönlicher Verpflichtung **43** 28; aufgrund Sachmithaftung **43** 28
Teilnehmerhaftung 15a 59, 275 ff
Teilungsmasse 35 21; **Einl.** 15
Teilvermögen 34 119
Terminsbestimmungen; anwendbare ZPO-Vorschriften **4** 49; Art der Termine **27–29** 77 f; Entstehungsgeschichte **27–29** 79; Ermessen innerhalb gesetzlicher Fristen **27–29** 80; Fristenbeginn **27–29** 82 f; gesetzliche Fristen **27–29** 82 f; im Eröffnungsbeschluss **27–29** 77 f; Kriterien **27–29** 80 f; nachträgliche Neubestimmung **27–29** 129, 131; Normzweck **27–29** 77; Überschreitung der Terminfristen **27–29** 88; bei Verbindung, Trennung **27–29** 84 ff; Verlegung, nachträgliche Trennung **27–29** 87; zwingendes Recht **27–29** 78, 83
Tiere 36 14 f; **47** 17
Tilgungshypothek 49 73
Titelumschreibung vor 49 147
Titulierte Forderungen 16 39
Tod des Schuldners 27–29 21; **34** 120 f
Todesfallversicherungen 36 45
Traditionspapier 47 18
Transportgeschäfte 47 299a
Treuepflicht; gesellschaftsrechtliche ~ **74** 9; Gläubigerversammlung **74** 8
Treuhandbindung 36 57b
Treuhänder; Aufgabenbereich **InsVV 13** 5 f; Aufsicht **56** 6; Bestellung **56** 8; Eintragungsantrag **32–33** 30; Ernennung **27–29** 35 f; Überwachungstätigkeit **InsVV 15** 1 ff; Vergütung **InsVV 13** ; **54** 48a; Vergütungsvorschuss **InsVV 15** 10 ff; **InsVV 16** 15 ff
Treuhandgrundschulden 47 390e
Treuhandkonten 21 68; **22** 71; **47** 354, 392 f; **50** 47
Treuhandlösung 35 263
Treuhandverhältnis; Anderkonten **47** 395 ff; uftrag und Stellvertretung **35** 132 ff; Auftrag/Geschäftsbesorgungsvertrag **47** 355; Bestimmtheitsprinzip **47** 358a; dingliche/schuldrechtliche **47** 356 ff; Doppeltreuhand **35** 126 ff; **47** 386 ff; dreiseitige Treuhand **47** 386 ff, 390b; echte Treuhand **35** 117 ff; **47** 354; eigennützige Treuhand **47** 354, 373 ff; Ermächtigungstreuhand **47** 354; Erwerbstreuhand **47** 354; fiduziarische Treuhand **47** 354; Gemeinschaftskonten **47** 405 ff; Herkunftsprinzip **47** 357a; Insolvenz des Treugebers **35** 125; Insolvenz des Treuhänders **35** 116 ff; Kommissionsgeschäft **35** 128 ff; Konten **47** 391 ff; Konten zugunsten Dritter **47** 404; Oder-Konto **47** 406; Offenkundigkeitsprinzip **47** 357b, 392a; Rechtsbegriff **47** 355; Sammelkonten **47** 408; Sicherungstreuhand **47** 354, 373; Sonderkonten **47** 401; Sperrkonten **47** 402 f; Surrogation **35** 124; Surrogationsverbot **47** 357; Tankstellen- und Agenturkonten **47** 400; Treugeberinsolvenz **35** 125; Treuhandgrundschulden **47** 390e; Übertragungstreuhand **47** 354; Und-Konto **47** 407; unechte Treuhand **35** 121 ff; **47** 354; uneigennützige Treuhand **47** 354, 359 ff; Unmittelbarkeitsprinzip **47** 357, 392a; Vereinbarungstreuhand **47** 354, 390c f; Vermögenstrennungsprinzip **47** 358, 392a; Verwaltungstreuhand **47** 354, 359 ff; Vielfältigkeit der Verhältnisse **47** 354; Vollmachtstreuhand **47** 354; wirtschaftliche Zuordnung **47** 34

Überbrückungsgeld 38 72c
Überfall 47 323
Überhang 47 323
Überlastung des Verwalters 56 9, 73 ff
Übermittlungspflicht; (s. a. Registermitteilungen); des Insolvenzgerichts **31** 11 ff
Übernahmevertrag 35 400
Überschuldung; ältere zweistufige Methode **19** 36 ff; Antragspflichten und -rechte **19** 146 f; Bewertung bei positiver Fortführungsprognse **19** 129 ff; Bewertung von Rückstellungen **19** 141; Eigenantragsrecht **15** 1 ff; einstufige Messvorschriften **19** 22 ff; Entstehungsgeschichte **19** 4 ff; Entwicklung bis zum FMStG **19** 11 ff; Entwurf einer Insolvenzordnung (EInsO) **19** 10; Erster Bericht der Kommission **19** 6 ff; Ertragsfähigkeitsprognose **19** 7, 72 ff; Finanzplanüberschuss **19** 94; FMStG **19** 51 ff; Fortbestehensprognose **19** 40, 95 ff; Fortführungsprognose **19** 64 ff; Glaubhaftmachung **14** 80; Kapitalbedarfsdeckung **19** 90 ff; Konkursordnung von 1877 **19** 4 f; Liquidations- bzw. Fortführungsstrategien **19** 22; mehrwertige Fortführungsprognose **19** 64 ff; Messung **19** 21 ff; modifizierte zweistufige Methode **19** 51 ff, 16, 39 ff; Nachweis **15a** 267; Netto-Cashflow **19** 94; Normzweck **19** 1 ff; ökonomischer Unternehmenszustand **19** 1; prinzipielle Vorgehensweisen zur Messung **19** 21 ff; Probleme und Meinungsvielfalt **19** 95 ff; Prognoseanknüpfung **19** 72 ff; rechnerische ~ **19** 40, 42; als rechtspolitisch bedeutsamster Insolvenzgrund **19** 57; Rechtsprechung/Definition vpr InsO-Einführung **19** 15 ff; Schuldendeckungspotential **19** 57; als Terminierungsregel **18** 1; **19** 1; Überschneidungsbereich **19** 148 ff; Überschuldungsbilanz **15a** 267; Überschuldungsstatus **19** 95 ff; überwiegende Wahrscheinlichkeit **19** 77 ff; Vermögensbewertung **19** 95 ff; Vermögensbewertung bei negativer Fortführungsprognose **19** 103 ff; Zahlungsfähigkeitsprognose **19** 57, 59, 72 ff; als zusätzlicher Eröffnungsgrund **16** 4; zweistufige Methode nach § 19a.F. **19** 43 ff, 58 ff
Übersicherung 51 30, 173; Allgemeines **vor 49** 82 f; nachträgliche ~ **vor 49** 85 ff; ursprüngliche ~ **vor 49** 84

Magere Zahlen = Randnummer

Übertragende Sanierung; Förderung **1** 90 ff; Fortführungsstrategie **22** 100
Übertragungstreuhand 35 116 ff
Überwachungspflichten; des Antragspflichtigen **15a** 178
Überweisungen 38 100 f
Umrechnung von Forderungen; amtlicher Wechselkurs **45** 24; Ansprüche aus betrieblicher Altersversorgung **45** 12 ff, 26; Anwendungsbereich **45** 4 ff; Aufrechnung **45** 60 f; ausländische Währung **45** 17; Befreiungsanspruch **45** 8; Berechnung des Kapitalbetrags **46** 7 ff; Berücksichtigung späterer Entwicklungen **45** 29 ff; keine Drittwirkung **45** 50 ff; Entstehungsgeschichte **45** 2; Folgen für Haftung des Dritten **45** 52 ff; Forderungen auf wiederkehrende Leistungen; Forderungen mit unbestimmtem Geldbetrag **45** 10 ff; Forderungen mit unbestimmtem Termin **45** 11; fortdauernde Wirkung **45** 36 ff; Fremdwährungsforderungen **45** 17 ff; Geldrente **45** 11; Gewährleistungsansprüche **45** 7; gewöhnlicher Wert **45** 25; bei Haftung der Gesellschafter **45** 57 ff; bei Haftung von Bürgen/Gesamtschuldnern **45** 50 ff; nur Insolvenzforderungen **45** 4 f; im Insolvenzplanverfahren **45** 47 ff; Kollision mit älterem Vollstreckungstitel **45** 45; Kursort **45** 20; Kurswert **45** 19; Langlebigkeitsrisiko **45** 31; Leibrente **45** 11; Maßgeblichkeit der Forderungsfeststellung **45** 43; Messbarkeit der Mitwirkungsrechte **45** 1; Naturalleistungen **45** 7; nicht auf Geld gerichtete Fordeurngen **45** 6 ff; Normzweck **45** 1; prognostizierte künftige Entwicklung **45** 30; Rechnungseinheiten **45** 18; Rechnungslegungslast des Schuldners **45** 16a; Rechtslage nach Forderungsfeststellung **45** 31, **39** ff; Rechtslage vor Forderungsfeststellung **45** 32 ff, 37 f; Rentenansprüche **45** 53 ff; Rückgabe aus einem Leihverhältnis **45** 7; Schadensersatzansprüche **45** 10; Schätzung durch Gläubiger **45** 21 ff; Sterblichkeitsgewinn **45** 31; taxmäßige/übliche Vergütung **45** 25; Vergleichbarkeit der Forderungen **45** 1; Verschaffung von Grundschulden **45** 7; Versicherungsmathematik **45** 26; Versorgungsanwartschaften **45** 15 f, 28; vertretbare Handlungen **45** 7; Wegnahme/Trennung einer Sache **45** 7; wiederkehrende Leistungen **46** 3 ff; Wirkung gegenüber Dritten **45** 50 ff; Zahlungserfolgsort **45** 20; maßgeblicher Zeitpunkt **45** 3
Umsatzsteuer; Begründetheit **55** 74; Forderungen **38** 87 ff
Umsatzsteuerpflicht; des Verwalters **InsVV 7** 2 ff
Umsatzsteuerschulden; als Masseverbindlichkeit/Insolvenzforderung **55** 74 ff; Verwertung von Sicherungsgut **55** 75
Umschuldung Einl. 103 ff

Umweltaltlasten; Massemittel zur Sanierung **35** 95 ff
Unabhängigkeit; des Insolvenzrichters **56** 175; des Verwalters **27–29** 29; **56** 25 ff; **57** 28 ff; des vorläufigen Verwalters **22** 18 ff
Unanfechtbarkeit; Anordnungen im Zusammenhang mit §§ 304, 305 **34** 31 ff; Entscheidungen des Insolvenzgerichts **6** 6 ff; Rechtsmittelausschluss im Eröffnungsverfahren **34** 5, 28; von vorbereitenden Maßnahmen **34** 29 f
Unbewegliches Vermögen; abgesonderte Befriedigung **49** 84 ff; Aussonderungsfähigkeit **47** 20; Bestandteile **49** 13; Bruchteile **49** 10 f; Enthaftung **49** 15 ff; Erzeugnisse **49** 13; Gebäudeeigentum **49** 5; Gegenstände abgesonderter Befriedigung **49** 5 ff; Grundstücke **49** 5; grundstücksgleiche Rechte **49** 6; Massezugehörigkeit **35** 164 ff; Miet- und Pachtverhältnisse **55** 148 ff; Rangordnung **49** 46 ff, 82 f; Verwendungen **51** 221; Zubehör **49** 14 ff
Und-Konto 35 398b; **47** 407
Unechte Freigabe 35 86
Unechte Gesamtschuld 38 65
Unechte Treuhand 35 121 ff
Uneigennützige Treuhand 47 359 ff
Unentgeltliche Leistungsforderungen; Anfechtbarkeit **39** 26; Erfassung von Umgehungstatbeständen **39** 30 ff; Erweiterung des Anwendungsbereichs **39** 30 ff; Grundlagen **39** 25 f; Nachrangigkeit **39** 25 ff; Unentgeltlichkeit **39** 27; verschleierte unentgeltliche Leistung **39** 32 ff
Unerlaubte Handlungen; Ansprüche aus ~ **35** 51; Ansprüche des Gläubigers **35** 62; Ansprüche des Schuldners **35** 51; des Insolvenzverwalters **55** 34
Ungerechtfertigte Massebereicherung; Masseverbindlichkeiten **55** 209 ff
Universalitätsgrundsatz Einl. 64
Universalitätsprinzip 35 36
Unmittelbarkeitsgrundsatz 5 72; **35** 122 f
Unpfändbares Vermögen; keine Inbesitznahme **22** 39
Unpfändbarkeit; Altersrenten **36** 45a; Altersvorsorgevermögen **36** 45a; Ansprüche auf Herausgabe/Verschaffung unpfändbarer Sachen **36** 46; Ansprüche aus Gesellschaftsverhältnis **36** 50 f; Arbeitseinkommen **36** 42; Begriffsbestimmung **36** 5 f; Bestattungsgegenstände **36** 38; bewegliche Sachen **36** 7 ff; Bezüge aus Todesfallversicherungen **36** 45; Dienstbekleidung, -ausrüstung **36** 30 f; Einkünfte aus selbständiger Tätigkeit **36** 42; Einkünfte aus Stiftungen **36** 44; Erwerbsgegenstände der Witwen/minderjährigen Erben **36** 29; Fahrnisversicherung **36** 47 f; Familienpapiere **36** 36; Forderungen **36** 39 ff; Gegenstände zur Erwerbstätigkeit **36** 17 ff; Geldbetrag aus Lohn, Gehalt **36** 32 f; Grenzen der Beschlagsfähigkeit **36** 4 ff; Haushalt **36** 8 ff;

Untätigbleiben des Gerichts

Haushaltsbücher **36** 36; Hausrat **36** 60 ff; Hilfs- und Krankenkassenbezüge **36** 45; Kirchen- und Schulbücher **36** 34 f; künstliche Gliedmaßen **36** 37; Lastschriftrückgaben **36** 45e; keine Massezugehörigkeit **36** 5 ff; Nahrungsmittel **36** 13; Naturalien landwirtschaftlicher Arbeitnehmer **36** 16; persönliche Sachen **36** 8 ff; Pfändungsschranken in Sozialgesetzen **36** 57; Pfändungsschutzkonto **36** 45b ff; Pfändungsschutzverzicht **36** 58 f; Pflichtteilsanspruch **36** 53 f; Recht der Eltern nach § 1649 Abs. 2 BGB **36** 56; Regelungszweck **36** 1 ff; Rentenansprüche **36** 42; Rücknahme hinterlegter Sachen **36** 49; Sachgesamtheiten **36** 7 ff; Schadensersatzansprüche **36** 53 f; Schenkungswiderruf **36** 53 f; Systematik **36** 1 ff; Tiere **36** 14 f; Trauringe **36** 36; Treuhandbindung **36** 57b; Unterhaltsansprüche **36** 42; Urheberrecht **36** 57a; Vermögensansprüche zwischen Ehegatten **36** 52; Vorkaufsrechte **36** 55; Witwen-, Waisenbezüge **36** 45; Zugewinnausgleich **36** 53 f; Zuständigkeitsregelung **36** 79; bei Zweckbestimmung **36** 57b

Untätigbleiben des Gerichts 6 14

Unterbrechung anhängiger Prozesse 4 15; **24** 20 f; **53** 35, 54; **55** 43 f

Unter-Deckung-Nehmen; Ansprüche Dritter **vor 49** 92

Unterhaltsansprüche; Anwendungsbereich **40** 5 ff; nach aufgehobener Ehe **40** 7; Begriff **40** 6 ff; eheliche ~ **40** 8; Einbeziehung des Neuerwerbs **40** 1; Entstehungsgeschichte **40** 4; familienrechtliche ~ **40** 6 ff; Feststellungsklage **40** 17; Härtefallklausel **40** 23; laufende ~ **40** 5, 18 ff; nach LPartG **40** 11; als Masseverbindlichkeit **53** 26; nach nach §§ 1615l, n BGB **40** 10; nacheheliche ~ **40** 8; Nachforderungsrecht **40** 15; nicht familienrechtliche ~ **40** 14; Normzweck **40** 1 ff; Pfändbarkeit **35** 435; **36** 43; rechtsgeschäftlich begründete ~ **40** 14; Restschuldbefreiungsverfahren **40** 16 f, 25; rückständige ~ **40** 5, 15 ff; Schuldner als Erbe des Unterhaltpflichtigen **40** 25, 2, 19 ff; Schuldner als Unterhaltspflichtiger **40** 22 ff, 25; schuldrechtlicher Versorgungsausgleich **40** 12; bei Sicherungsmaßnahmen **22** 46; Übergang **40** 13, 17, 19; aus unerlaubter Handlung **40** 14; Unterbrechung des Unterhaltsverfahrens **40** 24; Unterhalt aus Insolvenzmasse **40** 30; Unterhaltsverpflichtung des Schuldners **35** 61; unter Verwandten **40** 9

Unterhaltsschuldner; als Erbe des Unterhaltspflichtigen **40** 25, 2, 19 ff; gesteigerte Unterhaltspflichten **40** 26; Obliegenheit zur Einleitung des Insolvenzverfahrens **40** 26 ff; als Unterhaltspflichtiger **40** 22 ff, 25

Unterlassener Erwerb 35 54

Unterlassungsansprüche; Aussonderungsrecht **47** 352 ff; Begründung vor Verfahrenseröffnung **55** 57; keine Insolvenzforderungen

38 38 ff; **45** 8; Massezugehörigkeit **35** 429; vertragliche ~ **55** 57; gegenüber Verwalter **55** 58

Unternehmen; Bewertung des insolventen Unternehmens **35** 465; Verwertung in seiner Gesamtheit **35** 464; **36** 28a

Unternehmenserhaltung; Förderung der Sanierung **1** 85 ff; sekundärer Verfahrenszweck **Einl.** 2

Unternehmensforführung; 4-Stufenmodell **22** 96 ff; Abstimmungskonsens der Beteiligten **22** 103; allgemeine Problematik **55** 225; arbeitsrechtliche Folgen **22** 110; Befugnisse des vorläufigen Insolvenzverwalters **22** 77; Begründung von Masseverbindlichkeiten **55** 228; Bestehen verlängerter Eigentumsvorbehalte **47** 471e; Definition **22** 91 f; Entstehung der Fortführungspflicht **22** 84 ff; im Eröffnungsverfahren **22** 83 ff; Fortführungsgrundsatz mit Stilllegungsvorbehalt **22** 94; Fortführungskonzept **22** 88, 95; Fortführungspflicht **55** 224; Fortführungspflicht des vorläufigen Verwalters **22** 88; Gebot der Vermögenserhaltung **22** 89; Haftung **22** 121 f, 208; Nutzungs- und Verwertungsrechte **22** 104 ff; Pflichten des Verwalters **60** 23 ff, 44a; Prüfung der Fortführungsaussichten **22** 95 ff; Prüfung der Sanierungsfähigkeit **22** 96 ff; rechtliche Rahmenbedingungen **22** 102 ff; als Regelfall **22** 88; Sinn und Zweck **22** 89 f; tatsächliche und wirtschaftliche Voraussetzungen **22** 93 ff; übertragende Sanierung **22** 100; unternehmerische Fehlentscheidungen **60** 29a; Voraussetzungen **22** 93 ff; Ziel der Haftungsverwirklichung **22** 89

Unternehmensfortführung; Aus- oder Auslaufproduktion **InsVV 1** 36; Fortführungsprognose bei Überschuldung **19** 95 ff; Pflicht **22** 83 ff; Vergütung des Verwalters **InsVV 1** 33 ff; **InsVV 3** 21 ff

Unternehmensstilllegung; Allgemeines **22** 111 ff; Antrag auf Zustimmung des Insolvenzgerichts **22** 113 f; als Ausnahme **22** 88; dauerhafte Vermögensminderung **22** 113; im Eröffnungsverfahren **22** 111 ff; keine Generalermächtigung **22** 116; bei offensichtliche Sanierungsunfähigkeit **22** 112; Pflichten des Verwalters **60** 23 ff, 44a; Stilllegungsentscheidung **22** 115 ff; Teilstilllegung **22** 111; Umsetzung der Stilllegungsentscheidung **22** 115 ff; Unterrichtung des Schuldners **22** 119; Zustimmungen **60** 96 ff

Unternehmensübernahme; Schuldenhaftung aus § 25 HGB **35** 480 ff

Unternehmensveräußerung; durch Insolvenzverwalter **35** 464; Leistungsstörungen und Rückabwicklung **35** 474 ff; Veräußerungsgeschäft **35** 468 ff; Voraussetzungen **35** 465 ff

Unternehmergesellschaft 11 17b, 22

Magere Zahlen = Randnummer **Unternehmerische Fehlentscheidungen**

Unternehmerische Fehlentscheidungen 60 29a
Unterrichtserteilung 38 43
Unterschrift; (s. Unterzeichnung)
Unterstützungspflicht; bei Amtsermittlungen 20 37 ff; Grundsatz 20 35 f; bei Sicherungsmaßnahmen 20 45; Umfang 20 37 ff
Untersuchungsgrundsatz; Anwendungsbereich 5 12 ff; Art, Umfang der Ermittlungen 5 21 f; Aufklärungsmittel 5 23 ff; Begrenzung durch Sondervorschriften 5 15e; Beweisverfahren 5 51 ff; Ermessen 5 21; 16 7; im eröffneten Verfahren 5 15; im Eröffnungsverfahren 5 14; gegenständliche Begrenzung 5 16 f; im Insolvenzplanverfahren 5 15c; Notwendigkeit der Ermittlungen 5 18 ff; Schranken des Amtsbetriebs 5 12a; selbständiges Beweisverfahren 5 56; im Verbraucherinsolvenzverfahren 5 15b; Verfahrensgrundsatz 4 11 f; **Einl.** 51; im Vergütungsfestsetzungsverfahren 5 15d; Versagung, Widerruf der Restschuldbefreiung 5 15a; Zulassungsvoraussetzungen 5 13
Unterzeichnung; Eröffnungsbeschluss 27–29 122; Nachholen der Unterschrift 27–29 123
Unübertragbare Ansprüche 35 384 ff
Unverhältnismäßigkeit; des Gläubigerantrags 14 39 ff
Unvertretbare Handlungen; Allgemeines 38 43 f; Ansprüche auf Vornahme 38 43 ff; aus Zustandsverantwortlichkeit 38 45; Auskunftsansprüche 38 46
Unvollkommene Verbindlichkeiten 38 48
Unvollständige Ansprüche 38 50 f
Unzulänglichkeit der Masse; verfrühte Anzeige 60 46; verspätetet Anzeige 60 45
Unzuständigkeit; Ablehnung des Eröffnungsantrags 3 31; Insolvenzeröffnung durch unzuständiges Gericht 3 32; Verweisung 3 27 ff
Unzuverlässigkeit, gewerberechtliche 56 79
Urheberrechte; abgeleitete Rechte 35 350 ff; Aussonderungskraft 47 339; Geldforderungen 35 348; insolvenzrechtliche Verwertbarkeit 35 340 ff; körperliche Gegenstände 35 353 ff; Pfändbarkeit 35 340 ff; Unpfändbarkeit 50 25; Unübertragbarkeit 35 339; 36 57a; Vergütungs- und Schadensersatzansprüche 35 364; Verwertungsrechte 35 342 ff; Vollstreckung 35 341 ff
Urkunden 5 50; 35 153 f
Urkundsbeamte 6 62
Urlaubsansprüche 38 72a; 45 8; 55 183 ff

venire contra factum proprium 14 32
Verarbeitung; Absonderung 35 147; 51 110 ff; **vor 49** 70; Aussonderungsrecht 35 147; 47 106 ff; Kollisionsfälle 47 174; massezugehöriges Eigentum; bei vorläufigen Sicherungsmaßnahmen 22 49
Verarbeitungsverbot 47 117
Veräußerungsverbote 51 264 ff

Verbindung; Absonderung 51 115; **vor 49** 69; Aussonderung 47 118; Massezugehörigkeit 35 144 ff
Verbot der Schlechterstellung 6 72
Verbraucherinsolvenz; kein Berichtstermin 27–29 97 ff; Prüfungstermin 27–29 99; Reformvorhaben **Einl.** 45c; Schuldnerschutz 1 110 ff; vereinfachtes Verfahren
Verbriefte Forderungen 38 74
Vereidigung 5 53
Verein; Insolvenzverschleppung 15a 153; nichtrechtsfähiger ~ 11 20; rechtsfähiger ~ 11 18
Vereinbarter Nachrang 39 62 f
Vereinbarungstreuhand 47 390c f
Vereinfachtes Verfahren; absonderungsberechtigte Gläubiger **vor 49** 161; Verbraucherinsolvenz **Einl.** 23
Vereinfachung des Verfahrens 5 4
Vereinsregister; eingetragene Rechtsträger 31 5; Eintragungspflichten 31 10; mitzuteilende Entscheidungen 31 10 ff; registergerichtliches Verfahren 31 32 ff
Verfahrensbevollmächtigte 13 83 f
Verfahrensfähigkeit 6 23
Verfahrensfremde Zwecke 14 29
Verfahrensgrundsätze; allgemeine ~ **Einl.** 47 ff; Allzuständigkeit des Insolvenzgerichts **Einl.** 67 f; Amtsbetrieb 5 8 ff; **Einl.** 52; Amtsermittlungspflicht 5 11 ff; Bedeutung **Einl.** 46; dezentrale Zuständigkeit **Einl.** 67 f; Einleitung 5 1 ff; Entschuldungsprinzip **Einl.** 70 f; Formalisierungsgrundsatz **Einl.** 69; freie/formgebundene Verwertung **Einl.** 75; freier oder insolvenzgebundener Neuerwerb **Einl.** 72 f; freigestellte mündliche Verhandlung 5 65 ff; freigestelltes schriftliches Verfahren 5 64a ff; Gesetzlicher Richter 5 75; gleichmäßige Gläubigerbefriedigung **Einl.** 62 f; Grundsatz beschränkten Vollstreckungszugriffs **Einl.** 74; Grundsatz der Geldliquidation **Einl.** 65 f; Grundsatz effektiver Verwertung **Einl.** 76; insolvenzspezifische ~ **Einl.** 62 ff; Konzentrationsmaxime **Einl.** 59; maschinelle Herstellung von Tabellen/Verzeichnissen 5 90 ff; Mündlichkeit **Einl.** 53 ff; Nachforderungsprinzip **Einl.** 70 f; Normzweck 5 4; Öffentlichkeit 5 72; **Einl.** 56 ff; Parteidisposition **Einl.** 47 ff; rechtliches Gehör 5 76; **Einl.** 60 f; Rechtsstaatsprinzip 5 74; Universalitätsgrundsatz **Einl.** 64; Unmittelbarkeit 5 72; Untersuchungsgrundsatz **Einl.** 51; Verfahrenseinleitung 5 5 ff; Verfahrensherrschaft 5 5 ff; verfassungsrechtlich gewährleistete ~ 5 73 ff; Verwertungsgrundsätze **Einl.** 74 ff
Verfahrenskonzentration Einl. 59
Verfahrenskosten; bei Abweisung mangels Masse 26 33; anwendbare Vorschriften 4 27 ff; Begriffsbestimmung 26 11; Beschwerde 6 83; Erledigung im Eröffnungsverfahren 13 134 ff;

Verfahrenskostenvorschuss   Fette Zahlen = §§

des Eröffnungsverfahrens **13** 151 ff; Gerichtskosten **54** 6 ff; Kostenbegriff **53** 66; Kostenhaftung **54** 11 ff; Massekostendeckung **53** 66; als Masseverbindlichkeit **53** 20 f; Reduzierung **53** 21; Rücknahme des Eröffnungsantrags **13** 125 f; Umfang **53** 20; Vergütung der Gläubigerausschussmitglieder **54** 49 ff; Vergütung der Sachwalter/Treuhänder **54** 48 f; Vergütung des Insolvenzverwalters **54** 36 ff; Vergütung des vorläufigen Verwalters **54** 42 ff; Vorrang **53** 6; Zwangsmittel im Eröffnungsverfahren **20** 69
Verfahrenskostenvorschuss; Anspruch gegen Ehegatten **4a** 13; Auslöser und Umfang **26** 63 ff; Durchsetzung des Anspruchs **26** 66 ff; Erstattung **54** 32; Festsetzung durch Beschluss **26** 66 ff; nicht ausreichender ~ **53** 68; Normzweck **26** 60; Rückzahlungsanspruch **54** 31; als unvollkommener Haftungsanspruch **26** 62; Verhinderung der Abweisung mangels Masse **26** 60 ff; Voraussetzungen **13** 163 ff; **26** 60 ff; **54** 30 ff; Vorschussverpflichtete **26** 61 f; Zweckgebundenheit **54** 30
Verfahrensverzögerung 58 35
Verfahrenszweck; (s. Insolvenzzzweck)
Verfallabrede vor 49 102 ff
Verfassungsbeschwerde Einl. 94
Verfassungsrecht Einl. 81 ff
Verfolgungsrecht 47 2; **50** 112
Verfrühungsschaden 55 195
Verfügungsbefugnis; Aufhebung **25** 23 ff; des Schuldners **21** 47; des vorläufigen Verwalters **22** 53 ff
Verfügungsbeschränkungen; nach § 21 Abs. 2 Nr. 2 InsO **24** 7 ff; absolute Unwirksamkeit von Verfügungen **24** 7, 10 f; allgemeine ~ **24** 9; Anwendbarkeit der §§ 81, 82 **24** 12 ff; Aufrechnungserklärungen **24** 12a, 15; Bekanntmachung **23**; Definition Verfügung **24** 12 f; Eintragung in sachenrechtliche Register **23** 18 ff; **32–33** 2, 6, 74; Einzelzustellung **23** 16 ff; Entstehungsgeschichte **24** 3 f; Finanzsicherheiten und Verrechnungen **24** 9; Genehmigung von Verfügungen **24** 11; Gesetzgebungsverfahren zur InsO **24** 5 f; Grundbuchvermerk **23** 18 ff; **24** 12c; kein Gutglaubensschutz **24** 10, 12d; Leistungen an Schuldner **24** 14; materiell rechtlicher Anwendungsbereich **24** 8 f; Normzweck **24** 4 1 f; prozessuale Wirkungen **24** 16 ff; Rechtsnatur **24** 7 ff; Reformvorschläge **24** 5 f; Registervermerk **23** 18 ff; **31** 34; **33** 5 ff; schwebende Verfügungsunwirksamkeit **24** 10 f; sonstiger Rechtserwerb i.S.d. § 91 Abs. 1 **24** 10; Übergang der Prozessführungsbefugnis **24** 17 ff; Verstoß **24** 12d; Vorausabtretungen **24** 12b; Vorausverfügungen **24** 12b; Wirkungen **24** 1 ff, 10 ff
Verfügungsgeschäft; Beispiele **24** 12a; Definition **24** 12 f; Prozesshandlungen **24** 12;

Schutzrechtsübertragungen **24** 12; Unwirksamkeit **24** 10 f; zivilrechtlicher Sinn **24** 12
Verfügungsverbot; absolutes ~ **21** 55, 59; allgemeines ~ **21** 47, 54; Anordnung **21** 54 ff; Aufgaben/Befugnisse des vorläufigen Verwalters **22** 36 ff; beschränktes ~ **21** 59 ff; Grundbuchvermerk **22** 46; relatives ~ **21** 59; als vorläufige Sicherungsmaßnahme **21** 54 ff; Wirkungen **21** 57 ff; im Zahlungsverkehr **21** 58
Vergleich; für Masse ungünstig **60** 14; Haftung des Verwalters **61** 14
Vergleichsordnung Einl. 32 ff
Vergleichsverfahren Einl. 79 f
Vergütung des Gläubigerausschussmitglieds; Anspruch gegen Staatskasse **73** 29; Auslagenersatz **InsVV 18** 2 ff; **73** 21; Bemessungsgrundlage **73** 1, 14 f; berufsspezifische Besonderheiten **InsVV 17** 30 ff; **73** 7; einmalige Vergütung **InsVV 17** 26 ff; **73** 19; Entstehung **InsVV 17** 15; **73** 11; Erhöhung/Minderung **73** 16; Fälligkeit **73** 12; Festsetzung **InsVV 17** 35 ff; **73** 24 ff; bei Kostenstundung **InsVV 17** 46; Masseverbindlichkeit **73** 10; Rechtsmittel gegen Vergütungsbeschluss **73** 30 ff; regelmäßige Vergütung **InsVV 17** 17 ff; keine Tätigkeitsvergütung **73** 8; Umsatzsteuer **InsVV 18** 9; **73** 23; Verjährung **InsVV 17** 16; **73** 13; Vorschüsse **InsVV 17** 29; **73** 22; Zeitaufwandsentschädigung **73** 8
Vergütung des Sachwalters; bei Aufhebung der Eigenverwaltung **InsVV 12** 27; Auslagen **InsVV 12** 13 f; Berechnungsgrundlage **InsVV 12** 7; Festsetzung **InsVV 12** 16; bei Kostenstundung **InsVV 12** 26; Regelvergütung **InsVV 12** 5 f; vorläufiger Sachwalter **InsVV 12** 20 ff; Vorschuss **InsVV 12** 17 ff; Zu- und Abschläge **InsVV 12** 8 ff
Vergütung des Treuhänders; Auslagen und Umsatzsteuer **InsVV 14** 20; Entnahme **InsVV 16** 14; Festsetzung **InsVV 14** 21; Festsetzung des Stundensatzes **InsVV 15** 9; **InsVV 16** 3 ff; bei Kostenstundung 22 f; Mindestvergütung **InsVV 14** 12 ff; Motivationsrabatt **InsVV 14** 8; Regelvergütung **InsVV 14** 7 ff; **InsVV 15** 5 ff; Überwachung der Schuldnerobliegenheiten **InsVV 15** 1 ff; Vergütungsvereinbarungen **InsVV 14** 19; Verzicht **InsVV 14** 18; Vorschuss **InsVV 15** 10 ff; **InsVV 16** 15 ff
Vergütung des Verwalters; Abfindung von Aus-/Absonderungsrechten **InsVV 1** 23 ff; Abweichung von Regelvergütung **63** 37 ff; kein Abzug von Masseverbindlichkeiten **InsVV 1** 28 ff; Anspruch gegen Staatskasse **63** 60 ff; aufrechenbare Forderungen **InsVV 1** 27; Auslagenersatz **54** 39; **63** 46; Berechnungsgrundlage **InsVV 1**; **63** 35; Berechnungszeitpunkt **InsVV 1** 5; Bereinigung der Masse **InsVV 1** 13; Berücksichtigung belasteter Massegegenstände **InsVV 1** 18 ff; Berück-

sichtigung von Aussonderungsrechten **47** 471; besonders zu vergütende Tätigkeiten **63** 41 ff; durchlaufende Gelder **InsVV 1** 45 f; Einsatz besonderer Fachkunde **63** 41; Einsatz besonderer Sachkunde **InsVV 5**; Entnahme- und Zurückbehaltungsrecht **63** 31 ff; Entstehung **63** 17; Ersatz angemessener Auslagen **InsVV 4** 2 ff; Fälligkeit **63** 18; Festsetzung **4** 80 f; **InsVV 8**; **54** 38; **64**; Geschäftskosten **InsVV 4**; Haftpflichtversicherung **InsVV 4** 25 ff; Insolvenzplanüberwachung **InsVV 6** 13 ff; **63** 43; Kostenvorschuss **InsVV 1** 40; Masseverbindlichkeit **63** 28 ff; Maßgeblichkeit der Insolvenzmasse **InsVV 1** 4 ff; Mehrheit von Verwaltern **63** 53 ff; Minderung **63** 44; Mindestvergütung **InsVV 2** 12 ff; Nachtragsverteilung **InsVV 6** 2 ff; **63** 42; Neuerwerb **InsVV 1** 12; Pauschalierung **54** 39; Rang des Vergütungsanspruchs **63** 28 ff; rechtliche Grundlagen **54** 37; Regelsätze **InsVV 2**; Regelvergütung **54** 37; Rückzahlungsanordnung **63** 34; Schätzwertberechnung **InsVV 1** 14; Sollmasse als Ausgangspunkt **InsVV 1** 10 f; Sonderinsolvenzverwalter **63** 56 ff; späterer Massezufluss **InsVV 1** 6; Staffelvergütung **63** 36; Steuerberatungskosten **54** 39; Stundung **63** 60 ff; Tätigkeitsvergütung **63** 17; Umsatzsteuerpflicht **InsVV 7** 2 ff; **63** 47; bei Unternehmensfortführung **InsVV 1** 33 ff; Verfassungsmäßigkeit der Regelungen **63** 13 ff; Vergütungsvereinbarungen **63** 48 ff; Verjährung **63** 19 f; Verordnungsermächtigung **65** 1 ff; Verwirkung **63** 21 ff; Verzinsung **63** 25 f; Vorschuss **InsVV 9**; **54** 41; **63** 27; bei vorzeitiger Amtsbeendigung **InsVV 1** 7 ff; **InsVV 3** 43 f; bei vorzeitiger Verfahrensbeendigung **InsVV 1** 14; Zu- und Abschläge **InsVV 2** 15; **InsVV 3**; **54** 38a; zurückfließende Beträge **InsVV 1** 41 ff

Vergütung des vorläufigen Verwalters; Abschläge **InsVV 11** 61 ff; Ausfallhaftung der Staatskasse? **54** 45 f; Auslagen **InsVV 11** 72 ff; Berechnungsgrundlage **InsVV 11** 27 ff; **63** 10; Bewertung der Vermögenswerte **InsVV 11** 31 ff; Bewertungszeitpunkt **InsVV 11** 28; Eigenständigkeit des Anspruchs **InsVV 11** 26; einzubeziehende Vermögenswerte **InsVV 11** 29 ff; Erstattungsanspruch **54** 44; Fälligkeit **InsVV 11** 76; Festsetzung **InsVV 11** 76 ff; **26a** 4 ff; **54** 43; **64**; als Gutachter **54** 47; keine Kostenübernahme antragstellender Gläubiger **54** 46; Mindestvergütung **InsVV 11** 68 ff; rechtliche Grundlagen **54** 42; **63** 16; Rechtsentwicklung **InsVV 11** 1 ff; Rechtsmittel **26a** 7 ff; Regelvergütung **InsVV 11** 2, 60; keine Rückwirkung **26a** 10; Sachverständigenhonorar **InsVV 11** 107 ff; Schuldner **InsVV 11** 98 ff; Tätigkeitsvergütung **InsVV 11** 22 ff; Umsatzsteuer **InsVV 11** 74; Verjährung

Vergütung des vorläufigen Verwalters

InsVV 11 96 f; Vorschuss **InsVV 11** 75; **54** 43; Zuschläge **InsVV 11** 61 ff

Vergütungsfestsetzung; Amtsermittlung **InsVV 8** 10; Anhörung der Beteiligten **64** 5; auf Antrag **InsVV 8** 3 ff; **InsVV 11** 77 ff; **InsVV 16** 8; **InsVV 17** 35; **64** 4; Anwendungsbereich **64** 1 f; Bearbeitungszeit **64** 10; Bekanntgabe **64** 11; Beschlussfassung **64** 6 ff; Entscheidung des Insolvenzgerichts **64** 6 ff; Ergänzung des Beschlusses **InsVV 8** 22 ff; Erstattung der Auslagen **InsVV 8** 27 ff; Festsetzung der Auslagen **InsVV 4** 8; Festsetzungsbeschluss **InsVV 8** 13 ff; Gläubigerausschussmitglied **73** 24 ff; Insolvenzplanüberwachung **InsVV 6** 17 ff; Mitglieder des Gläubigerausschusses **InsVV 17** 35 ff; nachträgliche Änderung **InsVV 11** 89 ff; nachträgliche Massezuflüsse **InsVV 8** 22 ff; Nachtragsverteilung **InsVV 6** 12; Rechtskraftwirkung **64** 21; Rechtsmittel **InsVV 8** 17 ff; **InsVV 11** 84 ff; **InsVV 16** 13; **InsVV 17** 42 ff; **64** 12 ff; Sachverständigenhonorar **InsVV 11** 129 ff; Treuhändervergütung **InsVV 14** 22 f; **InsVV 16** 8 ff; Verfahren **InsVV 8** 9 ff; **InsVV 16** 10 ff; **InsVV 17** 36 ff; **64** 5 ff; Verjährung des Vergütungsanspruchs **64** 9; des Verwalters **54** 38 ff; vorläufiger Verwalter **InsVV 11** 76 ff; Zuständigkeit **InsVV 8** 9; **InsVV 11** 80 f; **64** 3

Vergütungsvereinbarungen InsVV 14 19; **63** 48 ff

Vergütungsvorschuss; Anwendungsbereich **InsVV 9** 6 ff; Auslagen **InsVV 9** 18; Begriff **InsVV 9** 1; Berechnungsgrundlage **InsVV 9** 15 ff; Entnahme aus Masse **InsVV 9** 9 ff; Gläubigerausschuss **73** 22; Höhe **InsVV 9** 15 ff; Mitglieder des Gläubigerausschusses **InsVV 17** 29; des Sachwalters **InsVV 12** 17 ff; im Stundungsverfahren **InsVV 9** 34; des Treuhänders **InsVV 15** 10 ff; **InsVV 16** 15 ff; Umsatzsteuer **InsVV 9** 19; des Verwalters **InsVV 9**; Voraussetzungen **InsVV 9**; des vorläufigen Verwalters **InsVV 11** 75; Zustimmungsverfahren **InsVV 9** 20 ff

Verhaltenskodex 56 43, 55, 181a

Verhaltensstörer 55 90a

Verhaltensverantwortlichkeit 55 109

Verhältnismäßigkeitsgrundsatz; bei vorläufigen Sicherungsmaßnahmen **21** 23 ff

Verjährte Ansprüche; fehlendes rechtliches Interesse **14** 25; als Insolvenzforderung **38** 49

Verjährung; Ansprüche aus Insolvenzverschleppung **15a** 249 ff, 337; Hemmung **60** 14; des Vergütungsanspruchs **InsVV 11** 96 f; **63** 19; **64** 9

Verkaufskommission 35 128; **47** 39, 307

Verkehrssicherungspflichten; Verletzung **60** 76 ff

Verkehrswert InsVV 11 30

Verkündung; Eröffnungsbeschluss **27–29** 121

Verlängerter Eigentumsvorbehalt; Abtretungsverbote und -beschränkungen **47** 164 ff; Allgemeine Geschäftsbedingungen **47** 122, 136; Ausdehnung in vertikaler Richtung **47** 105; Begriff **47** 105; Bestimmbarkeit der abgetretenen Forderung **47** 131 ff; Betriebsfortführung **47** 471e; Einziehungsermächtigung **47** 159 ff; bei Factoring-Globalzession **47** 187 ff; bei Globalzession **47** 181 ff; Insolvenz des Käufers **47** 111 ff; Insolvenz des Verkäufers **47** 116; Knebelung des Vorbehaltskäufers **47** 139; Kollisionsfälle **47** 170 ff, 181 ff; mehrere Vorausabtretungsklauseln **47** 173 ff; bei nachfolgende Sicherungszession **47** 186; nachträgliche Übersicherung **47** 140; ordnungsgemäßer Geschäftsverkehr **47** 124; Surrogate **47** 105; Übersicherung des Vorbehaltsverkäufers **47** 140; Verarbeitungsklausel **47** 106 ff; Verarbeitungsverbot **47** 117; Verbindung, Vermischung, Verarbeitung **47** 134; Verbindungsklausel **47** 118; Vertragsbruch **47** 181; **vor 49** 91; Verzichtsklausel **47** 182 f; **vor 49** 91; Vorausabtretung **47** 129; Vorausabtretung in der Insolvenz **47** 144 ff; Vorausabtretungsklausel **47** 119 ff; Weiterveräußerungsermächtigung **47** 123 ff, 145; Wirksamkeit der Vorausabtretung **47** 137 ff; Wirkungen der Vorausabtretung **47** 141 ff
Verleitung zum Vertragsbruch 47 181; **vor 49** 91
Vermächtnis 45 7a
Vermieterpfandrecht; Absonderungsberechtigte **50** 85; Auskunftsanspruch **50** 102; besitzloses Pfandrecht **50** 84; Eigentum des Mieters **50** 89; eingebrachte Sachen **50** 86; Entfernung vom Grundstück **50** 95a ff; Entstehung nach Verfahrenseröffnung **vor 49** 35 f; Erlöschen des Absonderungsrechts **50** 95; gesicherte Forderungen **50** 90 ff; körperliche Sachen **50** 87; Rangordnung **50** 81; **vor 49** 77; Voraussetzungen **50** 86 ff; Zeitpunkt des Einbringens **50** 86a ff
Vermögen; Begriff **InsVV 11** 29; Bezeichnung als Inbegriff **27–29** 18; Gesamt- oder Sondervermögen **27–29** 18; insolvenzfreies ~ **35** 58; als künftige Insolvenzmasse **26** 14a
Vermögensansprüche; als Insolvenzforderungen **38** 14 ff
Vermögensbewertung; DCF-Methoden **19** 132, 138; bei negativer Fortführungsprognose **19** 103 ff; bei positiver Fortführungsprognose **19** 129 ff; nach Teilwert **19** 134; zu Wiederbeschaffungspreisen **19** 101, 131
Vermögenssteuerforderungen 38 86
Vermögensverschiebungen 1 48
Vermögensverwalter; nach § 34 Abs. 3 AO **22** 193
Vernehmung des Schuldners 14 122
Verordnungsermächtigung; Insolvenzrechtliche Vergütungsverordnung **65**

Verpächterpfandrecht; (s. a. Vermieterpfandrecht); Absonderungsberechtigte **50** 85; Auskunftsanspruch **50** 102; besitzloses Pfandrecht **50** 84; Eigentum des Pächters **50** 89; eingebrachte Sachen **50** 86; Entfernung vom Grundstück **50** 95a ff; Entstehung **50** 84 ff; Erlöschen des Absonderungsrechts **50** 95; gesicherte Forderungen **50** 90 ff; körperliche Sachen **50** 87; Rangordnung **vor 49** 77; **50** 81; Voraussetzungen **50** 86 ff; Zeitpunkt des Einbringens **50** 86a ff
Verpfändung; Anwartschaftsrecht **50** 9, 29a; beweglicher Sachen **50** 7 ff, 28 ff; künftig entstehender Rechte **50** 53, 15, 41a; künftig entstehender Sachen **vor 49** 21 ff; **50** 8; Pfandrechtsbestellung **50** 27 ff; von Rechten **50** 14 ff, 35 ff
Verpflichtungsgeschäfte; Anfechtbarkeit **24** 13
Versäumnisverfahren 4 16
Verschaffungsansprüche; Anhalterecht nach Art. 71 Abs. 2 CISG **47** 349 ff; keine Aussonderungsberechtigung **47** 347 ff; Leistung aus der Masse **47** 347; Positivenklärung **47** 348
Verschleierte unentgeltliche Leistung 39 32 ff
Verschulden des Verwalters 60 89 ff
Verschwiegenheitspflicht 20 49
Versicherung für fremde Rechnung; Allgemeines **47** 311 ff; Altersversorgung von Führungskräften **47** 322a; Aussonderung **47** 311 ff; Direktversicherung bei Versorgungszusage **47** 315; eingeschränkt unwiderrufliche Bezugsberechtigung **47** 321; Ersatzaussonderungsrecht **47** 314; Herausgabe des Versicherungsscheins **47** 313; Insolvenz des Versicherten **47** 314; Insolvenz des Versicherungsnehmers **47** 314; Kreditlebensversicherung **47** 322c; Rückdeckungsversicherung des Arbeitgebers **47** 322; unwiderrufliche Bezugsberechtigung **47** 320; widerrufliche Bezugsberechtigung **47** 316 ff
Versicherungen; Antragsberechtigte **15** 36; Aufrechterhaltung ausreichender ~ **60** 15; Bekanntmachung des Eröffnungsbeschlusses **30** 18; Bestellung eines Pflegers **27–29** 105; Sonderinsolvenzrecht **Einl.** 24b ff
Versicherungsbeiträge; Erstattungfähigkeit **InsVV 4** 25 ff
Versicherungsforderungen; Aussonderungsrecht **60** 58a; Berufsunfähigkeitszusatzversicherung **51** 190b; Grundpfandhaftung **49** 32 ff; Insolvenz des Versicherungsnehmers **51** 193; aus Lebensversicherungen **51** 190 ff; Pandrechtsbestellung **50** 35 ff; Sicherungsabtretung **51** 190 ff; unwiderrufliches Bezugsrecht **51** 192; Vertragspfandrecht **50** 26a; Verwertungsrecht des Insolvenzverwalters **51** 193a
Versicherungsprämie 38 106; **55** 35

Magere Zahlen = Randnummer

Versicherungsrechtliche Zurückbehaltungsrechte; aus Haftpflichtversicherung **51** 234 ff; Versicherung für fremde Rechnung **51** 232 ff
Versicherungsverein auf Gegenseitigkeit 35 226
Versicherungsvertragliche Ansprüche; Bezugsberechtigten **35** 416 ff; Direktversicherung **35** 419; Eintrittsrecht der Angehörigen **35** 416 ff; Fahrnisversicherung **36** 47; Insolvenz des Versicherers **38** 104; Insolvenz des Versicherungsnehmers **38** 105; Massezugehörigkeit **35** 409 ff; Restschuldversicherung **35** 419; Rückkaufswert **35** 419a; verbundene Geschäft **35** 419; vor Eintritt des Insolvenzverfahrens **35** 410; während des Insolvenzverfahrens **35** 411 ff
Versorgungsansprüche; Anwartschaften **47** 371b f; Ausgleichsansprüche **38** 78; kein Aussonderungsrecht **47** 426; Bilanzrückstellungen **47** 426; Reservefonds mit eigener Rechtspersönlichkeit **47** 427; Reservefonds ohne eigene Rechtspersönlichkeit **47** 428; Versorgungszusagen **55** 204
Versorgungsverträge 55 129
Verspätungszuschläge 55 245
Verteilung der Masse; Pflichten des Verwalters **60** 30 ff
Verteilungsgerechtigkeit 1 73 ff; **53** 3
Verteilungsmasse; Maximierung **1** 28 ff
Vertrag zugunsten Dritter; Aussonderungsrecht **47** 216; keine Massezugehörigkeit **35** 406 ff
Vertragliches Schuldnerschutzverfahren Einl. 103 ff
Vertragliches Umschuldungsverfahren Einl. 103 ff
Vertragsaufspaltung 55 127
Vertragspfandrecht; §§ 448, 449 ZGB **50** 49 f; abgesonderte Befriedigung **50**; AGB-Pfandrecht der Banken/Sparkassen **50** 43 ff; akzessorische Sicherheit **50** 27; Allgemeines **50** 4 f; Anwartschaftsrecht **50** 9; Anzeige der Verpfändung **50** 37; Besitzerlangung **50** 30 ff; Bestellung **50** 27 ff; an beweglichen Sachen **50** 7 ff, 28 ff; dingliche Einigung **50** 28 ff, 36, 44; Eintragung im Grundbuch **50** 38; erbrechtliche Positionen **50** 26; Erlöschen **50** 59 ff; Erstreckung auf Zinsen **50** 18; Forderungen **50** 16 ff; Gegenstand **50** 7 ff; Gesellschaftsanteile **50** 22 ff; gesetzlicher Übergang **50** 59 ff; gewerbliche Schutzrechte **50** 25; Grundlagen **50** 27; gutgläubiger Erwerb **50** 34, 42; Inventarpfandrecht **50** 48; Konsolidation **50** 60, 64; künftig entstehende Sachen/Rechte **50** 8, 15, 41a; Miteigentumsanteile **50** 12; Nachverpfändung **50** 6, 64; Nutzungspfand **50** 7; Prioritätsgrundsatz **50** 53; Rangordnung **50** 53 ff; an Rechten **50** 14 ff, 35 ff; Rückgabe der Pfandsache **50** 63; Sperrkonto **50** 51 ff; Übergabe einer Sache **50** 39 f; Übertragung

Versorgungsansprüche

der gesicherten Forderung **50** 58; Umfang der Pfandhaftung **50** 26b; Untergang des Pfandgegenstandes **50** 62; Verpfändung zugunsten Dritter **50** 27; Versicherungsforderungen **50** 26a; Verzicht **50** 65; Wegfall der gesicherten Forderung **50** 59 ff; Wertpapiere **50** 19 ff; wirtschaftliche Bedeutung **50** 4; Zustimmung Dritter **50** 41
Vertragsstrafe 38 62
Vertrauensschutz 56 11
Vertrauensverhältnis 59 35
Vertretertheorie 35 23; **56** 144
Vertretung; anwendbare ZPO-Vorschriften **4** 45 f; durch Bevollmächtigte **13** 82 ff; durch gesetzliche Vertreter **13** 76 ff
Vertretungsmacht 6 24
Verwahrerinsolvenz; Bestellung eines Pflegers **27–29** 106
Verwalteramt; Ablehnung **56** 171; keine Annahmepflicht **56** 139; Beendigung **56** 164 ff; Beginn **56** 139 ff; Höchstpersönlichkeit **56** 149
Verwalterauswahl; (s. Auswahl des Verwalters)
Verwalter-Gesellschaften 56 38 ff
Verwalterpflichten; (s. Pflichten des Verwalters)
Verwaltungsausgaben 53 22a
Verwaltungsbefugnis; des Schuldners **21** 47; des vorläufigen Insolvenzverwalters **22** 53 ff
Verwaltungskommissar; Antragsberechtigung **13** 21 ff
Verwaltungskosten 47 467 f
Verwaltungsrat; Antragsberechtigung **15** 24 ff, 27
Verwaltungssequester 21 46
Verwaltungsverbot; Aufgaben/Befugnisse des vorläufigen Verwalters **22** 36 ff
Verweisung; anwendbare ZPO-Vorschriften **4** 55; bei Unzuständigkeit **3** 27 ff
Verwendungen; auf bewegliche Sachen **51** 217; nützliche ~ **51** 217 ff; auf unbewegliche Sachen **51** 221; Zurückbehaltungsrechte **51** 217 ff
Verwertung der Masse; bei Betriebsfortführung **22** 104 ff; Entscheidung **Einl.** 13; Pfandrechte **50** 53 ff; Pflichten des Verwalters **60** 30 ff; unbewegliche Sachen **49** 84 ff
Verwertungsabreden; Absonderungsrecht **vor 49** 99 ff; Einziehungsrecht des Verwalters **vor 49** 101; freihändiger Verkauf **vor 49** 99a ff; kalte Zwangsverwaltung **vor 49** 100 ff
Verwertungsgrundsätze; freie/formgebundene Verwertung **Einl.** 75; Grundsatz beschränkten Vollstreckungszugriffs **Einl.** 74; Grundsatz effektiver Verwertung **Einl.** 76
Verwertungsmaßnahmen; im Eröffnungsverfahren **22** 73 ff; Unzulässigkeit der Verwertung im technischen Sinn **22** 76; Verwertung von Sicherungsgut **22** 82

Verwertungsstopp Fette Zahlen = §§

Verwertungsstopp; Anordnungsvoraussetzungen **21** 96 ff; Fortführung des Unternehmens **21** 96; Grundvermögen **21** 100; als vorläufige Sicherungsmaßnahme **21** 96 ff; wirtschaftlicher Ausgleich **21** 101; als zusätzliche Sicherungsmaßnahme **55** 223
Verwertungsverbot 20 48, 71
Verwirkung; Vergütungsanspruch des Verwalters **63** 21 ff
Verzeichnisse; maschinelle Herstellung **5** 90 ff
Verzicht; auf Absonderungsrecht **vor 49** 120 ff; auf Pfandrecht **vor 49** 120 ff; **50** 65; auf Recht zur Stellung eines Eigenantrags **13** 19; auf Teilnahme am Insolvenzverfahren **38** 7 ff
Verzichtsklausel, dingliche vor 49 91
Völkerrechtliche Exemtion 34 117
Vollabwicklungsgrundsatz 1 47
Vollmachten, anwaltliche 4 46
Vollstreckbare Titel; Einwendungen des Schuldners **14** 84 ff
Vollstreckung; der Massegläubiger **53** 58 ff
Vollstreckungsabwehrklage 4 35
Vollstreckungsgegenklage 42 8
Vollstreckungsgericht; Amtsgericht **2** 5 f; Anfechtbarkeit von Entscheidungen **6** 15
Vollstreckungsverbot; Absonderungsberechtigte **vor 49** 165; bei Anordnung vorläufiger Maßnahmen **21** 70 ff; bei Anzeige der Masseunzulänglichkeit **53** 81 ff; bei aufgezwungenen Masseverbindlichkeiten **53** 59 f; Grundbuchvermerk **32–33** 75; Massegläubiger **53** 81 f; Sozialplanansprüche **53** 61
Vollzugsdefizit 22 14
Vorausabtretung; Absonderungsrecht **51** 168; bei Anordnung vorläufiger Verwaltung **22** 55; Direkterwerb **51** 166; Entstehen der Forderung **51** 165; Insolvenz des Zedenten **51** 168 ff; Kollision mehrerer Abtretungen **51** 212; mehrfache ~ **51** 167; Mietforderungen **35** 463; Prioritätsprinzip **51** 211; Wirkungen **51** 166 f
Vorausabtretungsklausel 47 173, 202 ff, 24, 119 ff; **vor 49** 71
Vorauswahllisten; Ablehnung der Aufnahme **56** 104; Allgemeines **56** 91 ff; Aufnahmeentscheidung **56** 100 ff; Aufnahmeverfahren **56** 95 ff; Ausformung **56** 95 ff; Beendigung der Bestellung **56** 109 ff; Begrenzung **56** 91c; Delistung **56** 109 ff; Entscheidung des BVerfG **56** 91b; Kriterien **56** 99; Listenführung **56** 93 f; Streichung von Liste **56** 109 ff; verfügbare Verwalter **56** 91; Verwalterbewerbungen **56** 93 f; Verweigerung einer Listenaufnahme **56** 91b; Wirkung auf Bestellungspraxis **56** 105 ff
Vorbehaltsaufgaben 56 159; **57** 23
Vorbehaltseigentum; Benutzungsrecht des Verwalters **47** 65; kein Sicherungseigentum **47** 56; Wahlrecht des Verwalters **47** 63 ff; Weiterbenutzung **47** 65, 471e
Vorbenutzungsrecht 35 307 ff

Vorbereitende Maßnahmen; Unanfechtbarkeit **34** 29 f
Vorführung 5 42
Vorgesellschaft; Aktiengesellschaft **11** 28; Antragsberechtigung **15** 32; Antragspflicht **15a** 48; Insolvenzfähigkeit **11** 15; Rechtsverhältnisse **11** 24
Vorgründungsgesellschaft; Antragsberechtigung **15** 31; Insolvenz(un)fähigkeit **11** 15
Vorherige Antragstellung; Anforderungen an „Erstantrag" **14** 55 ff; Forderungserfüllung nach Antragstellung **14** 49 f; Glaubhaftmachung **14** 81; Neuregelung **14** 47 f; Rechtsfolge **14** 58; Regelungsgehalt **14** 47 f; Voraussetzungen **14** 49 ff; Zwei-Jahres-Zeitraum **14** 51 ff
Vor-Kapitalgesellschaft; Antragsberechtigte **15** 31 ff
Vorkaufsrecht; dingliches ~ **47** 330; Miterben~ **35** 443; **47** 332; persönliches ~ **35** 384; **47** 332; des Schuldners **35** 43 ff, 439 ff; Unübertragbarkeit **35** 384, 439 ff; **36** 55; **47** 332
Vorläufige Insolvenzverwaltung; Anordnung **21** 46 ff; **22** 16 f; Bekanntmachung der Anordnung **23** 7 ff; Bestandserhaltungsfunktion **22** 14; Entstehungsgeschichte **22** 4 ff; Grundbuchvermerk **23** 18 ff; Normzweck **22** 1 ff; Registervermerk **23** 18 ff; schwache vorläufige Verwaltung **22** 14; Sicherung des schuldnerischen Vermögens **22** 2; starke vorläufige Verwaltung **22** 14; Werterhaltungsfunktion **22** 14; zentraler Kern anzuordnender Sicherungsmaßnahmen **22** 1
Vorläufige Sicherungsmaßnahmen; Anordnung verschiedener Insolvenzgerichte **3** 32a; Aufhebung **25**; ab Beginn des Insolvenzverfahrens **21** 1, 10; Bekanntmachung des Beschlusses **21** 36; Beschränkung der Verfügungsmacht **21** 11; Bestandserhaltungsfunktion **21** 13; bisherige Regelung **21** 4 f; Durchsuchungen **21** 91; Einschränkung der Vollstreckungsmöglichkeiten **21** 11; Einstellung von Vollstreckungsmaßnahmen **21** 70 ff, 79 ff; Entstehungsgeschichte **21** 4 ff; Erforderlichkeit **21** 19 ff; Erlass des Anordnungsbeschlusses **21** 35; kein Ermessensspielraum **21** 2; Gesetzgebungsverfahren zur InsO **21** 8 ff; Haftung des Insolvenzgerichts **21** 42 f; internationale Wirkungen **21** 106 f; Inverwahrnahme von Gegenständen **21** 90; Kontensperre **21** 89; Mindestkriterium **21** 18; Mittel-Zweck-Relation **21** 23; Normzweck **21** 1 ff; Pauschalanordnungen **21** 22; Postsperre **21** 88 ff; Privilegierung von Finanzsicherheiten **21** 104 f; rechtliches Gehör **5** 84; **21** 31 ff; Rechtsmittel **21** 38 ff; Reformvorschläge **21** 6 f; Schutzschildfunktion **21** 1; Sicherungszweck **21** 13; Spektrum möglicher Maßnahmen **21** 15, 44 f; Unzulässigkeit von Pauschalanordnungen **21** 22; Verfügungsverbote **21**

Magere Zahlen = Randnummer

54 ff; Verhältnismäßigkeitsgrundsatz 21 2, 23 ff; Verwertungs- und Einziehungsstopp 21 96 ff; Vollstreckungsverbot 21 72 ff; Voraussetzungen 21 15; vorläufige Insolvenzverwaltung 21 46 ff; Werterhaltungsfunktion 21 13; Wirksamwerden 21 37; Zeitpunkt und Zeitraum 21 29 f; zulässiger Eröffnungsantrag 21 16 ff; Zustimmungsvorbehalte 21 65 ff; Zweckrichtung 21 11 ff

Vorläufiger Gläubigerausschuss; Abberufung 22a 128; Allgemeines 1 60; Amtsermittlungspflicht des Gericht 22a 65, 152; Anhörung bei Verwalterauswahl 22a 129 ff; 56a 6 ff; Anhörungspflichten 22a 129 ff; 56a 6 ff; Anhörungsverzicht 56a 9 ff; Antragsrecht auf Einsetzung 22a 104 ff, 28, 94 ff; Anzahl der Mitglieder 22a 59; Arbeitnehmeranzahl 22a 86 f; Aufgaben 22a 123 ff; 67 8; ausgeschlossene Personen 22a 56; Auswahl der Mitglieder 22a 40 ff; Befreiungstatbestände 22a 141 ff; Beibringungsgrundsatz 22a 76 ff; Benennungsrechte 22a 40 ff, 94 ff, 113 ff; Bestellung 22a 22 ff; Bilanzsumme 22a 80 ff; Bindung des Insolvenzgerichts an Vorgaben 56a 34 ff; Bundesagentur für Arbeit 22a 54; derivativer Pflichtausschuss 21 47a; 22a 23, 100 ff; Eignung zur Tätigkeit 22a 50; eingestellter Geschäftsbetrieb 22a 149; Einlagensicherungsfond 22a 54; Einsetzungsbremse 22a 141 ff; Einsetzungsentscheidung 22a 119 ff; Einsetzungskriterien 22a 30 ff; Einsetzungspflicht 22a 72 ff; Einsetzungsverfahren 56a 15 ff; Ende der Ausschusstätigkeit 22a 164 ff; bei Erreichen der Schwellenwerte 22a 72 ff; Ersetzungsrecht 56a 57 ff; ESUG 22a 10 ff; fakultativer Ausschuss 22a 23, 122; gerichtliche Prüfung 22a 60 ff, 96; kein gerichtliches Mitgliederbenennungsrecht 22a 40 ff; Gewerkschaftsvertreter 22a 51; Gläubigerautonomie 22a 60 ff, 148; Haftung der Mitglieder 22a 126 f; Inhaber unbestrittener/titulierter Forderungen 22a 54; Interimsausschuss 22a 23, 26; 67 8; juristische Personen 22a 58; Kredit-/Kreditausfallversicherer 22a 54; Leistungs- und Teilhaberechte 22a 1; Mitwirkungspflicht bei Nicht-Benennung 22a 116 ff; nachteilige Vermögensveränderung 22a 159 ff; namentliche Benennung 22a 114 f; Neuregelung 21 47a; ordnungsgemäße Konstituierung 56a 22; originärer Pflichtausschuss 21 47a; 22a 23, 71 ff; Pensionssicherungsverein 22a 54; Plausibilitätskontrolle 22a 60, 64; Poolvertreter 22a 58; Qualifikation 22a 47 ff; Rechte 22a 123 ff; Rechtsbehelfe 22a 169 ff; Rechtsträger von Behörden 22a 58; Regelungsentstehung 22a 10 ff; Repräsentativität 22a 47 ff, 96; als Sanierungs- und Steuerungsinstrument 22a 17; im Schutzschirmverfahren 22a 28, 124; Schwellenwerte 22a 72 ff; Sperrwirkung 22a 26, 71; Stärkung der Gläubiger-

Vorläufiger Gläubigerausschuss

rechte 22a 2; Steuerungs- und Gestaltungsorgan 22a 1; Teilhabe- und Gestaltungsrechte 22a 68; Umsatzerlöse 22a 84 f; Unterstützung bei Sanierung 22a 5 ff; Unverhältnismäßigkeit der Einsetzung 22a 150; Verbesserung der Sanierungschancen 22a 2; Vergütungsverzicht 22a 156; Vertretung 22a 55; Verwalterprofil 22a 69; Verwaltervorschlag 22a 69, 96; 56a 23 ff; Verzögerung 22a 159 ff; bei vorläufiger Eigenverwaltung 22a 28; zeitgleiche Bestellung mit vorläufigem Verwalter 22a 70; Zusammensetzung 22a 113, 48, 51 ff; Zweckmäßigkeitskontrolle 22a 125

Vorläufiger Sachwalter; Aufgaben **InsVV** 12 4; Neuregelung **InsVV** 12 2; Vergütung **InsVV** 12 20 ff

Vorläufiger Verwalter; Abwicklungsmaßnahmen 22 73 ff; Allgemeines 22 15; Anfechtbarkeit von Handlungen 22 189 ff; Anhängigmachung von Neuverfahren 24 28 ff; Arbeitgeberfunktion 22 62; Aufgaben 21 48, 50 ff; 22 36 ff; 55 220 ff; Aufgabenzuweisung 21 50 ff; Aufhebung der Bestellung 25 14 ff; nach Aufhebung der Verfügungsbefugnis 25 23 ff; Aufnahme unterbrochener Aktivprozesse 24 22 ff; Aufnahme von Passivprozessen 24 27 ff; Aufsicht des Insolvenzgerichts 22 213 ff; Aufsicht durch das Gericht 58 6 ff; Aufzeichnung und Wertermittlung 22 42 ff; Auswahl 21 50; 22 18 f; Beachtung künftiger Absonderungsrechte **vor 49** 109b ff; Befriedigung bei Wegfall des Sicherungszwecks 25 6 ff; Befugnisse 22 36 ff; Begründung von Masseverbindlichkeiten 22 64 ff; 55 225 ff; 61 34 ff; beschränkte besondere Verfügungsbefugnis 22 31; Besitzschutzansprüche 22 186; Besitzverhältnisse 22 39; Bestellung 56 8; Bestellung, isolierte 22 3, 30; Betriebsfortführungspflicht 22 83 ff; Darlehensaufnahme 22 72; Eignung 22 18 ff; Einsichtsrecht 22 15; Einzel- und Gruppenermächtigungen 22 70a, 132; Einzelanordnung 55 226; Einzelkompetenzen 21 51, 132; Einziehung von Außenständen 22 54 ff; Erlangung der Sachherrschaft 22 37; Erstellung des Massegutachtens 22 158 ff; Feststellung des Eröffnungsgrundes 22 153 ff; ohne flankierende Beschlussfassung 22 128 ff; Freigabe 22 37; Generalermächtigungen 55 222; generelle Verwalterpflichten 22 29; mit gerichtlich zugewiesenen Einzelkompetenzen 22 131 f; gutachterliche Tätigkeit 22 138 ff; 54 47; Haftung 22 208 ff; 61 34 ff; halbstarker ~ 55 226; Handlungsrahmen 22 36 ff; Inbesitznahme 22 37 ff; Inbesitznahme der Masse 60 14a; Informationsrechte 22 15; Kosten 13 168 ff; Kündigungsrecht 22 59 ff; Legitimationswirkung fortdauernder Bestellung 25 15 ff; Liquidationsstrategie 33 98; Minderung von Masseverbindlichkeiten 22 58 ff; Nutzung des Absonderungsguts 22 50; ohne Verfügungsbefugnis

2169

Vormerkung Fette Zahlen = §§

21 48; Partei kraft Amtes **22** 24; Pflichten bei Aussonderungsbegehren **47** 471a; Prozessführungsbefugnis **22** 184 ff; **24** 2, 17 ff; Prozesskostenhilfeanspruch **24** 29 f; Prüfung der Fortführungsaussichten **22** 163 ff; Prüfung der Kostendeckung **22** 145 ff; Rechnungslegungspflicht **22** 201 ff; Rechtsstellung **21** 48 ff; **22** 22 ff; **55** 220 ff; im Regelinsolvenzverfahren **22** 15; zum Sachverständigen bestellten ~ **22** 35; schwacher ~ **21** 52 ff; **55** 219; **22** 28 ff, 127 ff; Sicherungsmaßnahmen **22** 45 ff; Siegelung **22** 45 ff; starker ~ **22** 15, 23 ff; **55** 218, 220; Stellung ggü Aus-/Absonderungsberechtigte **22** 48 ff; steuerrechtliche Pflichten **22** 193 ff; Umsetzung der Sicherungs- und Erhaltungsfunktion **22** 37 ff; Unabhängigkeit **21** 50; **22** 18 ff; im Verbraucherinsolvenzverfahren **22** 15; bei Verfügungsverbot gegen Schuldner **22** 23 ff; Vergütung **26a** 1 ff; Vergütung und Auslagen **13** 168 ff; Vergütungsvorschuss **InsVV 9** 8; Vermögenssicherung **22** 37; als Vermögensverwalter **22** 193; Versicherung der Vermögensgegenstände **22** 47; kein Vertreter des Schuldners **22** 23; ohne Verwaltungs- und Verfügungsbefugnis **22** 28 ff, 127 ff; mit Verwaltungs- und Verfügungsbefugnis **22** 15, 23 ff; Verwaltungs- und Verfügungsmaßnahmen **22** 53 ff; Verwertungsmaßnahmen **22** 73 ff; Weiterveräußerung bzw. Weiterverarbeitung **22** 49, 73 ff; mit Zustimmungsvorbehalt **22** 32 ff, 133 ff; **55** 221; Zutrittsrecht **22** 15; Zwangsbefugnisse **22** 178 ff
Vormerkung; Aussonderungskraft des gesicherten Anspruchs **47** 333; **55** 142; Insolvenzvermerke **32–33** 22; Massezugehörigkeit **35** 172; kein Wahlrecht des Insolvenzverwalters **55** 141 f
Vormund; Antragsberechtigung **13** 78
Vorpfändung; keine Absonderungskraft **50** 66a
Vorrang; der Steuerverwaltung **53** 4; der Verfahrenskosten **53** 6
Vorrechte 47 331
Vorschlagsrecht; Abweichung von Vorschlag **56a** 39; Anforderungsprofil **56a** 44; Anforderungsvorschlag **56a** 26 ff, 43 ff; fehlerhafte/unzureichende Vorschläge **56a** 32 ff; durch Gläubiger **56** 34a, 129; Personenvorschlag **56a** 25, 39 ff; des Schuldners **56** 34a, 130 ff; des vorläufigen Gläubigerausschusses **56a** 23 ff; **56** 127 f
Vorschuss; (s. Verfahrenskostenvorschuss, Vergütungsvorschuss)
Vorsteuerabzug des Schuldners InsVV 7 4
Vorstrafen 56 79
Vorteilsausgleichung 60 111; **61** 51
Vorwegbefriedigung; abgesonderte Befriedigung **53** 14; Aufrechnung **53** 16; Aussonderung **53** 13; Regelungsinhalt **53** 12
Wahlrecht des Verwalters; Ausschluss **55** 141; bei Eigentumsvorbehalt **47** 63 ff, 113; **55** 134 ff; bei gegenseitigen Verträgen **55** 116 ff; Haftung des Verwalters **60** 53b; bei Leasingvertrag **47** 228 ff, 245 ff; **55** 139 f; Verzögerung der Wahlrechtsausübung **47** 232 f
Wahlverwalter; Bestellung **57** 36 ff; Handlungen des bisherigen Verwalters **57** 40; Vergütung des bisherigen Verwalters **57** 41
Wahrheitspflicht 4 47
Waisenrente 36 45
Warenlager; Bestimmtheitsgrundsatz **47** 32; **51** 61 ff, 103, 131; Direkterwerb **51** 101; Durchgangserwerb **51** 101; Entnahmeklausel **51** 94; Erlösklausel **51** 94; Kollision von Sicherungsrechten **51** 81a, 104; Kommissionsklauseln **51** 96; Markierungsvertrag **51** 104; mehrfache Sicherungsübereignung **51** 130 ff; Nachschubklausel **51** 94, 99; Raumsicherungsvertrag **51** 62, 94, 104, 107a; Sicherungsmittel **51** 28; Sicherungsübereignung **51** 61 ff, 94 ff; Verfügungsbefugnis des Sicherungsgebers **51** 94 ff; vorweggenommene Sicherungsübereignung **51** 99 ff; wechselnder Bestand **51** 130 ff, 63, 94 ff
Wechselansprüche 35 420; **38** 66, 98 f; **51** 188
Wegfall des Antragsrechts; nach Eröffnung **13** 150; vor Eröffnung **13** 145 ff
Wegnahmerechte 47 323 ff
Weitergeleiteter Eigentumsvorbehalt; Begriff **47** 97; Insolvenz des Abnehmers **47** 99; Insolvenz des Käufers **47** 98; Insolvenz des Verkäufers **47** 100; als Sonderform des Eigentumsvorbehalts **47** 97
Weiterveräußerungsermächtigung 47 123 ff, 145
Werkunternehmerpfandrecht 50 105 f
Werterhaltungsfunktion 21 13; **22** 14
Wertpapiere; Abtretung der verbrieften Forderung **51** 116; Einkaufskommission von Wertpapieren **47** 301 ff; Massezugehörigkeit **35** 420; Pandrechtsbestellung **50** 35 ff; als Pfandgegenstand **50** 19 ff; Sicherungsübereignung **51** 116 ff; Übertragung des Wertpapiers **51** 116; Verkaufskommission von Wertpapieren **47** 307; Vertragspfandrecht **50** 19 ff
Wertpapierverwahrung; Aussonderung von Zins- und Dividendenansprüchen **47** 421; Drittverwahrung **47** 417; Insolvenz des Verwahrers **47** 413; Insolvenz einer Kapitalanlagegesellschaft **47** 424; Insolvenz eines Hinterlegers **47** 422 f; offene Verwahrung unvertretbarer Wertpapiere **47** 411; offene Verwahrung vertretbarer Wertpapiere **47** 412 ff; Sammelverwahrung **47** 420; Sonderverwahrung **47** 413; Streifbandverwahrung **47** 413; Tauschverwahrung **47** 414; unregelmäßige Verwahrung **47** 415; mit Verfügungsermächtigung **47** 416; in verschlossener Form **47** 410; Vorrecht nach DepotG **47** 420a
Wesentliche Bestandteile 47 21 ff, 42
Wettbewerbsverbote 35 429

Magere Zahlen = Randnummer

Widersprüchliches Verhalten 14 37 f
Wiederaufnahme des Verfahrens 4 89; **6** 86
Wiedereinsetzung in vorigen Stand 4 51 f; **6** 68, 105, 110
Wiederherstellungsklausel 49 36
Wiederkaufsrecht 35 444
Wiederkehrende Leistungen; Abzahlungshypothek **49** 74; Berechnung des Kapitalbetrags **46** 7 ff; Entstehungsgeschichte **46** 2; Grundpfandhaftung **49** 26 ff; Insolvenzforderungen **38** 19; Rangklasse 4 **49** 72 ff; Tilgungshypothek **49** 73
Winterbauumlage 55 203
Wirtschaftliche Tätigkeit 3 7 ff
Wirtschaftsprüfungsgesellschaften 56 4
Witwenrente 36 45
Wohngeldforderungen 55 83 ff
Wohnung; Eingriffe **Einl.** 89
Wohnungseigentum; Gegenstand abgesonderter Befriedigung **49** 5; Massezugehörigkeit **35** 168
Wohnungseigentümergemeinschaft; Insolvenzfähigkeit **11** 63b
Wohnungsrechte 35 170

Zahlstellenklausel 47 183a
Zahlungseinstellung; Regelvermutung für Zahlungsunfähigkeit **14** 77; **17** 5, 27 f
Zahlungsfähigkeitsprognose 19 59, 72 ff
Zahlungsstockung 17 5, 18a
Zahlungsunfähigkeit; allgemeiner Eröffnungsgrund **16** 4; **17** 1, 4 f; Begriffsbestimmung **17** 6 ff; Beseitigung **17** 34 ff; Beweisanzeichen **17** 30a; Bewertungsmaßstab **17** 15 ff; fällige Zahlungspflichten **17** 7 f; Finanzplan **17** 10 ff; Finanzstatus **17** 13 f; Glaubhaftmachung **14** 75 ff; Kenntnis des Gläubigers **17** 33; konkludente Handlungen **17** 29 ff; Liquiditätsbilanz **17** 18 ff; Liquiditätslücken **17** 15 ff; Messung **17** 10 ff; Nachweis **17** 32 f; Normzweck **17** 1 ff; objektive ~ **17** 10 ff; als Terminierungsregel **18** 1; Unmöglichkeit der Erfüllung **17** 8 f; Vermutungsregelung **17** 5, 27 f; Wiederaufnahme der Zahlungen **17** 35; Zahlungsstockung **17** 5, 18a; maßgeblicher Zeitpunkt **17** 26 ff
Zahlungsunwilligkeit 14 79
Zahlungsverbot; Haftung bei Verstoß **15a** 156
Zession; (s. a. Sicherungsabtretung); Abtretungsverbot **47** 205; Insolvenz des Zedenten **47** 211; Insolvenz des Zessionars **47** 215; kaufmännischer Verkehr **47** 208 f; Prioritätsgrundsatz **47** 210; Zustimmung des Drittschuldners **47** 209; Zustimmungsvorbehalt **47** 207
Zeugen; Beeidigung **5** 32; als Beweismittel **5** 24 ff; Entschädigung **5** 33; Zeugenschutzprogramm **3** 17; Zeugnisverweigerungsrechte **5** 27, 51; Zwangsmittel **20** 89
Zeugenschutzprogramm 20 49

Widersprüchliches Verhalten

Zeugnisverweigerungsrecht 5 27, 51; **20** 49, 78 ff
Ziele des Insolvenzverfahrens; Begrenzung der Verwalterrechtsmacht **1** 7; bestmögliche Gläubigerbefriedigung **1** 20 ff; Förderung der Sanierung **1** 85 ff; gemeinschaftliche Gläubigerbefriedigung **1** 51 ff; Schuldnerschutz **1** 97 ff
Zinsen 39 11
Zinsscheine 50 19
Zivilprozessordnung; anwendbare Vorschriften **4** 37 ff; Anwendungsausschluss **4** 7 ff; entsprechende Anwendung **4** 6; subsidiäre Geltung **4** 5; Verweisung auf Vorschriften **4** 3 f
Zollpflichtige Waren; Absonderungsrecht **51** 243 ff; Sachhaftung nach § 76 AO **51** 244 ff
Zu- und Abschläge; Abschlagstatbestände **InsVV 3** 39 ff; Auslagerung von Aufgaben **InsVV 3** 49; Bearbeitung von Aus-/Absonderungsrechten **InsVV 3** 16 ff; Buchhaltungstätigkeiten **InsVV 3** 37; Degressionsausgleich **InsVV 3** 29 ff; Einsatz besonderer Sachkunde **InsVV 5** 10 ff; Erhöhungstatbestände **InsVV 3** 8 ff; Faustregeltabellen **InsVV 3** 5; geringe Arbeitsbelastung **InsVV 3** 45 ff; Hausverwaltung **InsVV 3** 27 f; Insolvenzplanerstellung **InsVV 3** 33; kalte Zwangsverwaltung **InsVV 3** 34; lange Verfahrensdauer **InsVV 3** 38; Masseanreicherung **InsVV 3** 8 ff; Mitwirkungsverweigerung des Schulners **InsVV 3** 36; tatrichterliche Entscheidung **InsVV 3** 4; Unternehmensfortführung **InsVV 3** 21 ff; vorläufige Verwaltung **InsVV 3** 40 f; vorzeitige Amtsbeendigung **InsVV 3** 43 f; vorzeitige Verfahrensbeendigung **InsVV 3** 43 f; weitgehend verwertete Masse **InsVV 3** 42; Zustellungsübertragung **InsVV 3** 35
Zubehör; Absonderung **49** 84 ff; Aussonderungsfähigkeit **47** 28 f; Begriff **47** 28 f; Enthaftung **49** 23; Sicherungsübereignung **51** 49, 90 ff; Verwertung **60** 63
Zugangssperre 22 46
Zugewinnausgleich 35 432; **37** 11 ff
Zugewinngemeinschaft; allgemeine Regeln der Insolvenzordnung **37** 5; Begriff **37** 6; Eigentumsvermutung **37** 8 ff; eingetragene Lebenspartner **37** 6, 10; Insolvenzmasse **37** 7 ff; Zugewinnausgleich **37** 11 ff
Zulässigkeit des Insolvenzverfahrens; (s. a. Insolvenzfähigkeit, Insolvenzunfähigkeit); bisherige Rechtslage **11** 6 f; Einleitung **11** 1 ff; Entstehungsgeschichte **11** 5 ff; Festlegung der Insolvenzfähigkeit **11** 1 ff; Gesetzgebungsverfahren **11** 8; Normzweck **11** 1 ff
Zulässigkeit von Zwischenentscheidungen 4 54a
Zulassung als Verwalter 56 138
Zulassungsrechtsbeschwerde 6 4j
Zurechnung des Verwalterhandelns 55 28

2171

Zurückbehaltungsrecht

Fette Zahlen = §§

Zurückbehaltungsrecht; nach § 273 BGB **51** 242 ff; Absonderungskraft **51** 10 f; bereicherungsrechtliches ~ **51** 241; gegenüber Aussonderungsbegehren **47** 436c; handelsrechtliches ~ **51** 11, 223 ff; kaufmännisches ~ **51** 223 ff; wegen nützlicher Verwendungen **51** 217 ff; vereinbartes ~ **51** 242d; versicherungsrechtliches ~ **51** 232 ff; bei Verwendungen auf bewegliche Sachen **51** 217 ff; bei Verwendungen auf unbewegliche Sachen **51** 221

Zurückweisung des Insolvenzantrags; Anhörung **16** 33; Beschwerderecht **34** 37 ff

Zusatzanträge 13 112

Zuständigkeit; Allzuständigkeit des Insolvenzgerichts **Einl.** 67 f; ausschließliche ~ **2** 11 f; Bestimmung des zuständigen Gerichts **4** 39; dezentrale ~ **Einl.** 68; Ermächtigung zu abweichender Regelung **2** 14 ff; Erschleichung **3** 8, 38 ff; funktionelle ~ **2** 20 ff; **27–29** 135 ff; des Insolvenzgerichts **2** 3 f; bei Insolvenzverschleppungshaftung **15a** 262 ff; internationale ~ **3** 22 ff; örtliche ~ **3**; des Prozessgerichts **2** 7 ff; Prüfung von Amts wegen **2** 13; **3** 37; des Rechtspflegers **2** 20 ff; **27–29** 135 ff; sachliche ~ **2**; des Vollstreckungsgericht **2** 5 f

Zustandsverantwortlichkeit 38 45; **55** 89, 106, 107

Zustellung; Adressaten **8** 10 f.; Anordnung von Verfügungsbeschränkungen **23** 16 f; Anordnung vorläufiger Verwaltung **23** 16 f; durch Aufgabe zur Post **8** 16 ff; durch Aushändigung an Amtsstelle **8** 26; Beglaubigung des zuzustellenden Schriftstücks **8** 13; von Beschlüssen **4** 85; Beschwerdeentscheidung **6** 73; Bewirken **8** 12 ff; Einleitung **8** 1 ff; Einzelzustellung **23** 16 f; Ersatzzustellung **8** 24; formlose Mitteilungen **8** 39 ff; Gebot besonderer ~ **8** 9; von gerichtlichen Entscheidungen **8** 14; als Gewährleistung rechtlichen Gehörs **14** 132; Heilung von Zustellungsmängeln **8** 38a; durch Insolvenzverwalter **8** 31 ff; Ladung **8** 8; nichtverkündete Entscheidungen **8** 9, 11; Normzweck **8** 5; öffentliche ~ **8** 27 f; Parteibetrieb **4** 26; an Personen im Ausland **8** 29 ff; an Personen mit berufsbedingt erhöhter Zuverlässigkeit **8** 25; an Personen unbekannten Aufenthalts **8** 27 f; durch Post/Gerichtsbediensteten **8** 23 ff; Vereinfachung/Beschleunigung **8** 5; verkündeter Entscheidungen **8** 9, 11; von Amts wegen **8** 12; bei vorläufiger Postsperre **8** 10a; als Wirksamkeitserfordernis **8** 11; Zustellungsart **8** 15 ff; zustellungsbedürftige Schriftstücke **8** 6 ff; an Zustellungsbevollmächtigten **8** 28; Zustellungswirkung bei öffentlicher Bekanntmachung **9** 23 f

Zustimmungerfordernis; bei besonders bedeutsamen Rechtsgeschäfte **55** 23

Zustimmungsverfahren; bei Vorschussentnahme **InsVV 9** 20 ff

Zustimmungsvorbehalt; allgemeiner ~ **21** 47; **22** 32, 133 ff; Anordnung **21** 65 ff; **22** 32 ff; Begründung von Steuerforderungen **55** 244 ff; konkreter ~ **22** 33; Rechtswirkung **21** 65; als vorläufige Sicherungsmaßnahme **21** 65 ff; vorläufiger Verwalter **55** 221

Zutrittsrecht; Ermächtigung **16** 63; des Gerichts **16** 63; **20** 39; des vorläufigen Verwalters **22** 15, 179

Zuverlässigkeit; des Verwalters **56** 119 ff

Zwangsgeld; Androhung **58** 48 ff; Festsetzung **58** 51 ff; Höhe **58** 55 f; gegen Insolvenzverwalter **58** 45 f; nachrangige Insolvenzforderung **39** 22 ff; Rechtsmittel **58** 60 ff; Zuständigkeit **58** 47

Zwangshypothek 49 69 ff

Zwangslizenzen 35 324

Zwangsmittel; bei den Auskunfts- und Mitwirkungsbegehren **20** 64 ff; gegen Dritte **20** 73; Durchsuchungsanordnung **20** 64; Kosten im Eröffnungsverfahren **20** 69; gegen Schuldner **20** 67 ff; Verhältnismäßigkeit **20** 64; des vorläufigen Verwalters **22** 178 ff; gegen Zeugen **20** 89; Zweckmäßigkeit **20** 66

Zwangsversteigerung; Durchsetzung abgesonderter Befriedigung **49** 84; Einstellung **21** 79

Zwangsverwalter 60 71

Zwangsverwaltung; Durchsetzung abgesonderter Befriedigung **49** 84; Einstellung oder Untersagung **21** 79; einstweilige Einstellung **22** 52; kalte ~ **49** 84; **vor 49** 100 ff

Zwangsvollstreckung; durch Absonderungsberechtigten **vor 49** 163 ff; anwendbare Vorschriften **4** 32 ff; bei Eröffnung anhängige ~ **49** 87 ff; bei Eröffnung noch nicht anhängige ~ **49** 89 ff; Einstellung **21** 70 ff, 79 ff; durch Massegläubiger **53** 58; Rechtsbehelfe gegen Maßnahmen **6** 63 f; Vollstreckungsverbot **21** 70 ff

Zweckmäßigkeit des Verwalterhandelns 58 39 ff

Zweigniederlassungen 31 36 ff

Zweitantrag 13 87 ff

Zweite Insolvenz 35 75

Zweitersatzabsonderung vor 49 176

Zweitersatzaussonderung 48 74 ff, 75c, 76 f

Zwischenfeststellungswiderklage 47 478

Zwischenfrist; bei Forderungsanmeldung **27–29** 52

Zwischenverfügungen 4 54a; **14** 8; **34** 29, 31

Zwischenzins 41 17 ff